I0605502

EERDMANS

DICCIONARIO BÍBLICO

DICCIONARIO
BÍBLICO
EERDMANS

DICCIONARIO BÍBLICO EERDMANS

David Noel Freedman
Jefe Editorial

Allen C. Myers
Editor Asociado

Astrid B. Beck
Editora Administrativa

Adrián Aizpiri
Coordinador de la edición en castellano

Samuel Pagán, David Gómez Ruiz, Marcos Antonio Eduino Pereira
Editores de la edición en castellano

Miami, Florida, EUA

Diccionario Bíblico Eerdmans

Publicado en español por Editorial Patmos,
1009 Park Centre Blvd.
Miami Gardens, FL. 33169 USA
www.editorialpatmos.com

Publicado originalmente en inglés por Wm. B. Eerdmans Publishing Co.
255 Jefferson Ave. S.E., Grand Rapids, Michigan 49503 /
P.O. Box 163, Cambridge CB3 9PU U.K. con el título *Eerdmans Dictionary of the Bible*

Diseñada de portada por Leonardo Francia
Dieseño interior por Luiz Kessler
Traducción de mapas por Juan Carlos Cevallos

Incluye referencias bibliográficas.

ISBN 13: 978-1-58-802749-8

Traducción de mapas: DABAR Editores

Categoría: Referencia

Impreso en Brasil
Printed in Brazil

Contenido

Listado de Mapas vi

Editores Consultores vii

Colaboradores viii

Prefacio xxv

Introducción xxvii

Abreviaturas xxxii

Entradas A-Z 1

Listado de Mapas

Mapas en blanco y negro

Ruta del Éxodo 658

Jerusalén en tiempos de David y Salomón 952

Jerusalén en el período posexílico 952

Jerusalén en tiempos de Jesús 955

Sección de mapas a colores *(en la sección final del libro)*

Características físicas de Palestina 1855

Sitios arqueológicos 1856

El mundo de los patriarcas 1857

Colonización y territorios tribales 1858

El imperio de David y Salomón 1859

La monarquía dividida: Israel y Judá 1860

El imperio asirio 1861

Judá después de la caída de Israel 1862

Los imperios del siglo VI a.C. 1863

Israel bajo Persia (posexílico) 1864

Israel bajo los macabeos 1865

El mundo romano y el Mediterráneo Oriental en el siglo I d.C. 1866

Palestina en tiempos del Nuevo Testamento 1867

El ministerio de Jesús 1868

Viajes misioneros de Pablo 1869

Sitios modernos 1870

Consultores

David E. Aune
Profesor de Nuevo Testamento
y Cristianismo Primitivo
University of Notre Dame
Notre Dame, IN

Bruce C. Birch
Profesor de Antiguo Testamento
Wesley Theological Seminary
Washington, DC

John J. Collins
Profesor de Antiguo Testamento
Escuela de Divinidad de la University de Yale
New Haven, CT

William G. Dever
Profesor de Arqueología del Oriente Próximo
y Antropología
University of Arizona
Tucson, AZ

Everett Ferguson
Profesor Emérito de Biblia
Abilene Christian University
Abilene, TX

Victor Paul Furnish
Distinguido profesor
de Nuevo Testamento
Escuela de Teología de Perkins,
Southern Methodist University
Dallas, TX

Carol Meyers
Profesor de Religión
University Duke
Durham, NC

J. Maxwell Miller
Profesor de Antiguo Testamento
Escuela de Teología Candler,
University Emory
Curador, Fernbank Museo
de Historia Natural
Atlanta, GA

James C. Moyer
Profesor de Estudios Religiosos,
Head, Departamento de Estudios Religiosos
Southwest Missouri State University
Springfield, MO

Jack M. Sasson
Mary Jane Wirthen Profesor
de Estudios Bíblicos y Judaicos
Escuela de Divinidad,
Vanderbilt University
Nashville, TN

Marion L. Soards
Profesor de Estudios del Nuevo Testamento
Louisville Presbyterian Theological Seminary
Louisville, KY

James C. VanderKam
Profesor de Escrituras Hebreas
University of Notre Dame
Notre Dame, IN

Colaboradores

Susan Ackerman, Profesor Asociado de Religión, Dartmouth College, Hanover, NH
James R. Adair, Jr., Director, ATLA Centro de Textos Electrónico de Religión, American Theological Library Association, Chicago, IL
Sujey Adarve-Valdes, Estudiante de Posgrado, Wheaton College, Wheaton, IL
Martin C. Albl, Presentation College, Aberdeen, SD
Dale C. Allison, Jr., Profesor Asociado de Nuevo Testamento y Cristianismo Primitivo, Theological Seminary Pittsburgh, Pittsburgh, PA
Gary A. Anderson, Profesor de Antiguo Testamento, Harvard Divinity School, Cambridge, MA
Robert T. Anderson, Profesor de Estudios Religiosos, Michigan State University, Lansing, MI
Stephen J. Andrews, Profesor Asociado de Antiguo Testamento y Hebreo, Theological Seminary Baptista del Sureste, Wake Forest, NC
Victoria Andrews, Estudiante de Posgrado, Theological Seminary Union, New York, NY
Deborah Ann Appler, Profesor Asistente de Biblia Hebrea, Moravian Theological Seminary, Bethlehem, PA
Gary P. Arbino, Profesor Asistente de Antiguo Testamento, Golden Gate Baptist
Theological Seminary, Mill Valley, CA
Kenneth J. Archer, Instructor Adjunto, Theological Seminary Ashland, Ashland, OH
Melissa L. Archer, Instructor de Nuevo Testamento y Griego, Theological Seminary Ashland, Ashland, OH
Randal A. Argall, Profesor Asistente de Religión, Jamestown College, Jamestown, ND
Richard S. Ascough, Profesor Asistente de Nuevo Testamento, Queen's Theological College, Kingston, ON
Paul S. Ash, Ph.D. Candidato, Emory University, Atlanta, GA
Rodney Ashlock, Ph.D. Estudiante, Baylor University, Waco, TX
Kenneth Atkinson, Profesor Asistente de Religion, University del Norte de Iowa, Cedar Falls, IA
Melissa M. Aubin, Profesor Asistente de Religión, Florida State University, Tallahassee, FL
Hector Avalos, Profesor Asistente de Estudios Religiosos; Chair, Latino Studies Program, Iowa State University, Ames, IA
Alan J. Avery-Peck, Kraft-Hiatt Profesor de Estudios Judaicos, College of the Holy Cross, Worcester, MA
Lloyd R. Bailey, Profesor Visitante de Religion, Methodist College, Fayetteville, NC
Martha Jean Mugg Bailey, Estudiante de Posgrado, Claremont Graduate University , Claremont, CA
Randall C. Bailey, Andrew H. Mellon Profesor de Biblia Hebrea, Interdenominational Theological Center, Atlanta, GA
Samuel E. Balentine, Profesor de Antiguo Testamento, Theological Seminary Baptist' en Richmond, Richmond, VA
Andrew H. Bartelt, Presidente, Departamento de Teología Exegética; decano administrativo, Theological Seminary Concordia, St. Louis, MO
Alicia Batten, Instructor en Teología, University de St. Thomas, St. Paul, MN
Mary Ann Beavis, Profesor Asistente de Estudios Religiosos, St. Thomas More College, University de Saskatchewan, Saskatoon, SK
Lyn M. Bechtel, Escuela Teológica Drew, Madison, NJ
David R. Beck, Profesor Asistente de Nuevo Testamento y griego, Theological Seminary Baptista del Sureste, Wake Forest, NC

Bob Becking, Profesor, Facultad de Teología, University de Utrecht, Utrecht, Netherlands

Alice Ogden Bellis, Profesor Asistente de Lengua y Literatura del Antiguo Testamento, Howard University School de Divinity, Washington, DC

Don C. Benjamin, Director Ejecutivo, Instituto de Teología Kino, Phoenix, AZ

Jon L. Berquist, Editor Académico, Chalice Press, St. Louis, MO

Allan R. Bevere, Ministro Asociado, Mentor United Methodist Church; Profesor Adjunto, Theological Seminary Ashland, Mentor, OH

Arnold Gottfried Betz, Visiting Profesor Asistente Visitante de Hebreo y Antiguo Testamento, The University de the South School de Theology, Sewanee, TN

Julye Bidmead, Ph.D. Candidato, Vanderbilt University, Nashville, TN

Gerald M. Bilkes, Ph.D. Candidato, Theological Seminary Princeton, Princeton, NJ

Ira Birdwhistell, Profesor Asistente de Religión, Georgetown College, Georgetown, KY

Lawrence Boadt, Presidente, Paulist Press, New York, NY

Gabriele Boccaccini, Profesor Asociado de Judaísmo del Segundo Templo y Literatura Rabínica Primitiva, University de Michigan, Ann Arbor, MI

Walter R. Bodine, Investigador afiliado, Babylonian Collection, Yale University, New Haven, CT

Karla G. Bohmbach, Profesor Asistente de Religión, Susquehanna University , Susquehanna, PA

Oded Borowski, Profesor Asociado de Arqueología Bíblica y Hebreo, Emory University, Atlanta, GA

Hendrik L. Bosman, Profesor, Facultad de Teología, University de Stellenbosch, Matieland, South Africa

Steven C. Bouma-Prediger, Profesor Asociado de Religión, Hope College, Holland, MI

Barbara E. Bowe, Profesor Asociado de Estudios Bíblicos, Catholic Theological Union, Chicago, IL

Mary Petrina Boyd, Ph.D. Candidato, Theological Seminary Union en Virginia, Kent, WA

Laurie J. Braaten, Profesor Asociado de Antiguo Testamento, Eastern Nazarene College, Quincy, MA

Christian M. M. Brady, Director, Estudios Judíos, University Tulane, New Orleans, LA

Monica L. W. Brady, University de Notre Dame, Notre Dame, IN

Robin Gallaher Branch, Ph.D. Candidato, University de Texas en Austin, Austin, TX

Joachim Braun, Profesor de Musicología, University Bar-Ilan, Ramat-gan, Israel

H. Alan Brehm, Profesor Asistente de Nuevo Testamento, Theological Seminary Baptista del Suroeste, Fort Worth, TX

James E. Brenneman, Escuela Teológica Episcopal en Claremont, South Pasadena, CA

B. Keith Brewer, Ph.D. Candidato, University Drew, Madison, NJ

Carl Bridges, Profesor de Nuevo Testamento, Johnson Bible College, Knoxville, TN

Thomas V. Brisco, Profesor Asociado de Historia Bíblica y Arqueología, Theological Seminary Baptista del Sureste, Fort Worth, TX

Ann Graham Brock, Ph.D. Candidato, University de Harvard, Cambridge, MA

James A. Brooks, Profesor de Nuevo Testamento, Theological Seminary Bethel, St. Paul, MN

Alexandra R. Brown, Profesor Asociado Visitante de Estudios Religiosos, Wake Forest University School of Divinity, Winston-Salem, NC

Walter E. Brown, Profesor de Antiguo Testamento y Hebreo, Theological Seminary Baptista de New Orleans, New Orleans, LA

William P. Brown, Profesor Asociado de Antiguo Testamento, Theological Seminary Union en Virginia, Richmond, VA

Daniel C. Browning, Jr., Profesor Asociado de Religión, William Carey College, Hattiesburg, MS

Gordon Brubacher, Profesor Asociado de Estudios Bíblicos y Arqueología, Doane College, Crete, NE

Alan Ray Buescher, Profesor Adjunto, Theological Seminary Baptista del Sureste, Fort Worth, TX

Roger Bullard, Barton College, Wilson, NC

Gary M. Burge, Profesor de Nuevo Testamento, Wheaton College, Wheaton, IL

Theodore W. Burgh, The University of Arizona, Tucson, AZ

Aaron A. Burke, Ph.D. Estudiante, University of Chicago, Chicago, IL

Joel Burnett, Profesor Asistente de Religión, University Gardner-Webb, Boiling Springs, NC

Keith A. Burton, Oakwood College, Huntsville, AL

Rick W. Byargeon, J. Wash Watts Profesor Asociado de Antiguo Testamento y Hebreo, Theological Seminary Baptista New Orleans, New Orleans, LA

Ryan Byrne, Ph.D. Estudiante, The Johns Hopkins University, Baltimore, MD

Jane M. Cahill, Arqueólogo, Excavaciones de la Ciudad de David, University Hebrea, Jerusalem, Israel

COLABORADORES

Michael Cahill, Profesor de Estudios Bíblicos, University Duquesne, Pittsburgh, PA

Chris Caldwell, Ph.D. Estudiante, University Baylor, Waco, TX

Dexter E. Callender, Jr., Profesor Asistente de Estudios Religiosos, University de Miami, Coral Gables, FL

A. B. Caneday, Profesor Asociado de Estudios Bíblicos, Northwestern College, St. Paul, MN

Greg Carey, Profesor Asistente de Nuevo Testamento, Theological Seminary of Lancaster, Lancaster, PA

Timothy B. Cargal, Conferenciante en Filosofía y Religión, University del Kentucky del Oeste, Bowling Green, KY

David M. Carr, Profesor de Antiguo Testamento, Theological Seminary Union, New York, NY

Henry L. Carrigan, Jr., Director Editorial, Trinity Press International, Harrisburg, PA

John T. Carroll, Profesor Asociado de Nuevo Testamento, Theological Seminary Union en Virginia, Richmond, VA

Warren Carter, Profesor Asociado de Nuevo Testamento, Escuela de Teología de Saint Paul, Kansas City, MO

Thomas Scott Caulley, Profesor de Estudios del Nuevo Testamento, Manhattan Christian College, Manhattan, KS

J. Bradley Chance, Profesor de Religión, William Jewell College, Liberty, MO

Benjamin C. Chapman, Sicólogo, Fallsview Psychiatric Hospital, Cuyahoga Falls, OH

Mark W. Chavalas, Profesor Asociado de Historia, University of Wisconsin-La Crosse, La Crosse, WI

Emily Cheney, Conferenciante, Western Kentucky University, Bowling Green, KY

Randall D. Chesnutt, Profesor de Religión, Pepperdine University, Malibu, CA

Mark A. Christian, Profesor de Adjunto Religión, Belmont University, Nashville, TN

David Cleaver-Bartholomew, Primera Iglesia Congregacional de Chelsea (U.C.C.), Chelsea, MI

Ann Coble, Profesor Asistente de Educación Cristiana y Religión, Westminster College, New Wilmington, PA

R. Dennis Cole, Profesor de Arqueología Bíblica, Theological Seminary Baptista of New Orleans, New Orleans, LA

Matthew S. Collins, Director de Programa de Área, Society of Biblical Literature, Atlanta, GA

Michael B. Compton, Conferenciante, Mary Washington College, Richmond, VA

F. Connolly-Weinert, Profesor Asociado de Estudios Bíblicos, St. John's University, Jamaica, NY

Stephen L. Cook, Profesor Asistente de Antiguo Testamento, Theological Seminary of Virginia, Alexandria, VA

Robert B. Coote, Profesor e Antiguo Testamento, Theological Seminary of San Francisco, Graduate Theological Union, San Anselmo, CA

Joseph A. Coray, Centro de Ministerio, Loyola University Chicago, Chicago, IL

L. Wm. Countryman, Profesor de Nuevo Testamento, The Church Divinity School of the Pacific, Berkeley, CA

Steven L. Cox, Profesor Asistente de Nuevo Testamento y Griego, Theological Seminary Mid-America Baptist, Germantown, TN

Sidnie White Crawford, Profesor Asociado de Biblia Hebrea; presidente, Departamento de Literatura Clásica, University of Nebraska, Lincoln, NE

James L. Crenshaw, Robert L. Flowers Profesor de Antiguo Testamento, Duke University, Durham, NC

Bruce C. Cresson, Profesor de Religión, Baylor University, Waco, TX

Bennie R. Crockett, Jr., Profesor de Religión y Filosofía, William Carey College, Hattiesburg, MS

Vaughn CroweTipton, Pastor, Northwest Baptist Church, Ardmore, OK

Peter T. Daniels, New York, NY

Peter H. Davids, Director Local de Estudios/Consejero y Director Espiritual, Schloss Mittersill Study Centre, Mittersill, Austria

Stevan Davies, Profesor de Estudios Religiosos, College Misericordia, Dallas, PA

Casey W. Davis, Capellán, Roberts Wesleyan College, Rochester, NY

Thomas W. Davis, Director Titular de Proyectos, R. Christopher Goodwin & Associates, Inc., Frederick, MD

Lisa W. Davison, Profesor Asistente de Antiguo Testamento, Theological Seminary Lexington, Lexington, KY

Peggy L. Day, Profesor Asociado de Estudios Religiosos, The Unversity of Winnipeg, Winnipeg, MB

Nancy L. deClaissé-Walford, Profesor Asistente de Biblia Hebrea y Lenguas Bíblicas, McAfee School of Theology, Mercer University, Atlanta, GA

Robert Delsnyder, Ph.D. Candidato, Wycliffe College, Toronto, ON

Carol J. Dempsey, O.P., Profesor Asistente de Estudios Bíblicos y Teología, University of Portland, Portland, OR

Robert A. Derrenbacker, Jr., Ph.D. Candidato, Wycliffe College/Toronto School of Theology, Toronto, ON

David A. de Silva, Profesor Asistente de Nuevo Testamento, Theological Seminary of Ashland, Ashland, OH

LaMoine F. DeVries, Profesor Asistente de Estudios Religiosos, Southwest Missouri State University, Springfield, MO

Meindert Dijkstra, Facultad de Teología de la University de Utrecht, Utrecht, Netherlands

F. W. Dobbs-Allsopp, Profesor Asistente de Estudios Semíticos, Yale University, New Haven, CT

William R. Domeris, Conferenciante Titular, Departamento de Estudios Religiosos, University of Witwatersrand, Johannesburg, South Africa

John R. Donahue, S.J., Profesor de Nuevo Testamento, Jesuit School of Theology at Berkeley, Berkeley, CA

David A. Dorman, Asistente presidencial, Theological Seminary Fuller, Pasadena, CA

David A. Dorsey, Profesor de Antiguo Testamento, Evangelical School of Theology, Myerstown, PA

Thomas B. Dozeman, Profesor de Antiguo Testamento, Theological Seminary Unido, Dayton, OH

Philip R. Drey, Andrews University, Berrien Springs, MI

Mark Dubis, Conferenciante en Lenguas Bíblicas, Theological Seminary George W. Truett , Baylor University, Waco, TX

Patricia Dutcher-Walls, Profesor Asistente de Escritura Hebrea y Antiguo Testamento, Knox College, Toronto, ON

Keith L. Eades, Profesor Asistente de Estudios Cristianos, California Baptist College, Riverside, CA

Jennie R. Ebeling, Ph.D. Candidato, The University of Arizona, Tucson, AZ

Terry W. Eddinger, Profesor Asistente de Antiguo Testamento, Houston Graduate School of Theology, High Point, NC

Bart D. Ehrman, Profesor Asociado de Estudios Religiosos, University of North Carolina at Chapel Hill, Chapel Hill, NC

Dale Ellenburg, Profesor Asistente de Nuevo Testamento y Griego, Mid-America Baptist Theological Seminary, Germantown, TN

J. Harold Ellens, Investigación Académica, Instituto de Antigüedad y Cristianismo, Claremont Graduate University, The University of Michigan, Farmington Hills, MI

Susan (Elli) Elliott, Pastor, Zion United Church of Christ, Sterling, CO

Gedef Emberling, Curador Asistente, Department de Arte del Antiguo Cercano Oriente, The Metropolitan Museum of Art, New York, NY

John C. Endres, S.J., Profesor Asociado de Sagrada Escritura (Antiguo Testamento), Jesuit School of Theology at Berkeley, Berkeley, CA

Archie W. England, Profesor Asistente de Antiguo Testamento, Mid-America Baptist Theological Seminary, Germantown, TN

Tamara Cohn Eskenazi, Profesor de Biblia, Hebrew Union College–Jewish Institute of Religion, Los Angeles, CA

A. Joseph Everson, Profesor de Religión, California Lutheran University, Thousand Oaks, CA

Mark R. Fairchild, Profesor Asociado de Biblia y Religión, Huntington College, Huntington, IN

Kathleen A. Farmer, Profesor de Antiguo Testamento, United Theological Seminary, Dayton, OH

Fearghus O. Fearghail, D.SS., St. Kieran's College, Kilkenny, Ireland

Alysia Anne Fischer, The University of Arizona, Tucson, AZ

John T. Fitzgerald, Profesor Asociado de Estudios Religiosos, University of Miami, Coral Gables, FL

James W. Flanagan, Hallinan Profesor de Religión, Case Western Reserve University , Cleveland, OH

John D. Fortner, Profesor Asociado de Biblia Hebrea y Antiguo Oriente Cercano, Harding University , Searcy, AR

John Fotopoulos, Loyola University Chicago, Chicago, IL

Donald Fowler, Pastor, Cedar Heights Baptist Church, Cedar Falls, IA

James Francis, Conferenciante titular en Estudios Religiosos, University of Sunderland, Sunderland, United Kingdom

Terence E. Fretheim, Profesor de Antiguo Testamento, Luther Seminary, St. Paul, MN

Lisbeth S. Fried, Estudiante de Posgrado, Departamento de Estudios Hebreos y Judaicos, New York University , New York, NY

Michael J. Fuller, Profesor de Antropología, St. Louis Community College at Florissant Valley, St. Louis, MO

Russell T. Fuller, Profesor Asistente de Interpretación del Antiguo Testamento, Southern Baptist Theological Seminary, Louisville, KY

Pamela Gaber, Director, Temple Emmanuel Religious School, Tucson, AZ

Dennis Gaertner, Profesor de Nuevo Testamento, Johnson Bible College, Knoxville, TN

COLABORADORES

Julie Galambush, Profesor Asistente de Religión, The College of William and Mary, Williamsburg, VA

Aaron M. Gale, Asistente de Investigación, John Carroll University, University Heights, OH

Jack J. Garland, Jr., Baylor University , Waco, TX

Linda Oaks Garrett, Instructor Adjunto en Inglés, Jefferson State Community College, Birmingham, AL

Beverly Roberts Gaventa, Helen H. P. Manson, Profesor de Literatura y Exégesis del Nuevo Testamento, Theological Seminary of Princeton, Princeton, NJ

Conrad Gempf, Conferenciante Titular, Centro de Investigación Teológica de Grado y Posgrado, London Bible College, Middlesex, England

Bruce W. Gentry, Pastor, Payneville Baptist Church, Payneville, KY

Jeffrey C. Geoghagen, University of California, San Diego, La Jolla, CA

Jeffrey B. Gibson, Conferenciante en Humanidades, Harry S Truman College, Chicago, IL

Florence Morgan Gillman, Profesor Asociado de Estudios Bíblicos, University of San Diego, San Diego, CA

John L. Gillman, Conferenciante en Estudios Religiosos, San Diego State University , San Diego, CA

Beth Glazier-McDonald, Profesor Asociado de Religión, Centre College, Danville, KY

W. Edward Glenny, Profesor de Nuevo Testamento; Director de Estudios de Posgrado, Central Baptist Theological Seminary, Minneapolis, MN

Roger Good, Ph.D. Candidato, University of California, Los Angeles, Los Angeles, CA

William R. Goodman, Jr., Profesor de Estudios Religiosos, Lynchburg College, Lynchburg, VA

Stephen Goranson, Profesor Visitante de Estudios Religiosos, University of North Carolina at Wilmington, Wilmington, NC

Frank H. Gorman, Jr., T. W. Phillips, Cátedra de Estudios Religiosos, Bethany College, Bethany, WV

Ronald L. Gorny, Instituto Oriental, The University of Chicago, Chicago, IL

Hemchand Gossai, Profesor de Religión, Muhlenberg College, Allentown, PA

Lester L. Grabbe, Jefe de Teología, The University of Hull, Hull, United Kingdom Gene B. Gragg, Profesor, Oriental Institute, The University of Chicago, Chicago, IL

M. Patrick Graham, Margaret A. Pitts, Profesor Asociado de Bibliografía Teológica; Director, Pitts Theology Library, Emory University , Atlanta, GA

Sandra L. Gravett, Profesor Asistente de Filosofía y Religión, Appalachian State University , Boone, NC

Barbara Green, O.P., Profesor de Estudios Bíblicos, Dominican School of Philosophy and Theology, Graduate Theological Union, Berkeley, CA

Joel B. Green, Profesor de Interpretación del Nuevo Testamento, Asbury Theological Seminary, Wilmore, KY

D. Larry Gregg, Profesor Asociado de Religión y Filosofía, Gardner-Webb University , Boiling Springs, NC

Zeljko Gregor, Andrews University , Berrien Springs, MI

F. V. Griefenhagen, Profesor de Estudios Religiosos, Luther College, University of Regina, Regina, SK

Sheila Marie Dugger Griffith, The University of Virginia, Charlottesville, VA

Michael A. Grisanti, Profesor Asociado de Antiguo Testamento, Central Baptist Theological Seminary, Minneapolis, MN

Daniel Grossberg, Profesor Asociado de Estudios Judaicos y Estudios Religiosos, The University at Albany, State University of New York, Albany, NY

Jennifer L. Groves, Director, Publicaciones Arqueológicas, Andrews University , Berrien Springs, MI

Mayer I. Gruber, Profesor Asociado de Estudios Bíblicos, Ben-Gurion University of the Negev, Beersheva, Israel

Michael D. Guinan, O.F.M., Profesor de Antiguo Testamento y Lenguas Semíticas, Franciscan School of Theology, Berkeley, CA

Judith M. Gundry-Volf, Profesor Asociado de Nuevo Testamento, Yale Divinity School, New Haven, CT

Charles J. Guth, Profesor de Nuevo Testamento, Prairie Graduate School, Calgary, AB

Darrell D. Gwaltney, Jr., Profesor Asistente de Religión y Literatura, Palm Beach Atlantic College, West Palm Beach, FL

Robert D. Haak, Profesor Asociado de Antiguo Testamento, Augustana College, Rock Island, IL

Donald A. Hagner, George Eldon Ladd, Profesor de Nuevo Testamento, Fuller Theological Seminary, Pasadena, CA

John F. Hall, Profesor de Literatura Clásica y Historia Antigua, Brigham Young University, Provo, UT

Kevin D. Hall, Profesor Asistente de Religión, Oklahoma Baptist University , Shawnee, OK

Baruch Halpern, Cátedra de Estudios Judíos; Profesor de Historia Antigua, Literatura Clásica, Estudios del Mediterráneo Antiguo y Estudios Religiosos; Director, Estudios Judaicos, The Pennsylvania State University, University Park, PA

Mark W. Hamilton, Ph.D. Candidato, Harvard University , Cambridge, MA

John S. Hammett, Profesor Asistente de Teología Sistemática, Southeastern Baptist Theological Seminary, Wake Forest, NC

Philip C. Hammond, Profesor Emérito de Antropología, University of Utah, Fountain Hills, AZ

A. Perry Hancock, Profesor Asistente de Educación Cristiana, New Orleans Baptist Theological Seminary, New Orleans, LA

Lowell K. Handy, Conferenciante Titular, Loyola University Chicago, Chicago, IL

James W. Hardin, Asistente Visitante de Investigación, Cobb Institute of Archaeology, Mississippi State University , Mississippi State, MS

Philip A. Harland, University de Toronto, Toronto, ON

J. Albert Harrill, Profesor Asistente de Estudios Religiosos, DePaul University , Chicago, IL

Daniel J. Harrington, S.J., Profesor de Nuevo Testamento, Weston Jesuit School of Theology, Cambridge, MA

E. Lynne Harris, Profesor Asistente, University of Illinois at Chicago, Chicago, IL

John L. Harris, Profesor Asistente de Religión, East Texas Baptist University , Marshall, TX

Roy A. Harrisville, Profesor de Nuevo Testamento, Luther Seminary, St. Paul, MN

Stanley Harstine, Baylor University , Waco, TX

Patrick J. Hartin, Profesor Asociado de Estudios Religiosos, Gonzaga University , Spokane, WA

Paul Anthony Hartog, Ayudante de Cátedra, Loyola University Chicago, Chicago, IL

John D. Harvey, Profesor Asociado de Nuevo Testamento, Columbia Biblical Seminary and Graduate School of Missions, Columbia, SC

John E. Harvey, Wycliffe College, University de Toronto, Toronto, ON

Frank M. Hasel, Profesor de Teología sistemática y Interpretación Bíblica, Seminar Schloss Bogenhdeen, Bogenhdeen, Austria

Michael G. Hasel, Profesor Asociado de Oriente Cercano y Arqueología, Southern Adventist University, Collegedale, TN

Alan J. Hauser, Profesor de Antiguo Testamento, Appalachian State University , Boone, NC

L. Daniel Hawk, Profesor Asociado de Antiguo Testamento y Hebreo, Ashland Theological Seminary, Ashland, OH

David M. Hay, Joseph E. McCabe Profesor de Religión, Coe College, Cedar Rapids, IA

J. Daniel Hays, Profesor Asistente de Religión, Ouachita Baptist University , Arkadelphia, AR

Charles W. Hedrick, Profesor de Estudios Religiosos, Southwest Missouri State University , Springfield, MO

Ronald S. Hendel, Profesor de Oriente Cercano, University of California,

Berkeley, CA

Richard A. Henshaw, Profesor Emérito, Colgate Rochester Divinity School, Rochester, NY

Gary A. Herion, Profesor Asociado de Estudios Religiosos, Hartwick College, Oneonta, NY

Richard S. Hess, Profesord e Antiguo Testamento, Denver Seminary, Denver, CO

Theodore Hiebert, Profesor de Antiguo Testamento, McCormick Theological Seminary, Chicago, IL

Michael D. Hildenbrand, University of California, Berkeley, Berkeley, CA

Charles E. Hill, Profesor Asociado de Nuevo Testamento, Reformed Theological Seminary, Maitland, FL

T. R. Hobbs, Profesor de Antiguo Testamento, International Baptist Theological Seminary, Prague, Czech Republic

Kenneth G. Hoglund, Profesor Asociado de Religión, Wake Forest University , Winston-Salem, NC

Robert L. Hohlfelder, Profesor de Historia, University of Colorado, Boulder, CO

Eric Holleyman, Pastor, Meadowbrook Baptist Church, Waco, TX

Steven W. Holloway, Conferenciante, St. Xavier University , Chicago, IL

Tawny L. Holm, Departamento de Estudios Religiosos, DePauw University , Greencastle, IN

Kenneth G. Holum, Profesor de Historia, University of Maryland, College Park, MD

Michael M. Homan, Ph.D. Student, University of California, San Diego, La Jolla, CA

Paul K. Hooker, Pastor, Rock Spring Presbyterian Church, Atlanta, GA

David C. Hopkins, Profesor de Biblia Hebraica, Theological Seminary Wesley, Washington, DC

Denise Dombkowski Hopkins, Profesor de Biblia Hebraica, Theological Seminary Wesley, Washington, DC

COLABORADORES

Leslie J. Hoppe, O.F.M., Profesor de Estudios del Antiguo Testamento, Catholic Theological Union, Chicago, IL

Edwin C. Hostetter, Instructor, Ecumenical Institute of Theology, Baltimore, MD

H. Wayne House, Decano Académico, Profesor de Teología, Michigan Theological Seminary, Plymouth, MI

George Howard, Profesor de Religión, University of Georgia, Athens, GA

David B. Howell, Profesor Asistente de Religión, Carson-Newman College, Jefferson City, TN

Cheryl Lynn Hubbard, Doctoral Candidato, Union Theological Seminary in Virginia, Richmond, VA

Moyer Hubbard, Profesor Asistente de Nuevo Testamento, Talbot School of Theology, La Mirada, CA

John R. Huddlestun, Profesor Asociado de Estudios Religiosos, College of Charleston, Charleston, SC

Alice Hunt Hudiburg, Ph.D. Estudiante, Vanderbilt University , Nashville, TN

Douglas S. Huffman, Profesor Asistente de Biblia, Northwestern College, St. Paul, MN

Ronald V. Huggins, Spokane, WA

Bradford Scott Hummel, Southwestern Baptist Theological Seminary, Fort Worth, TX

Michael L. Humphries, Profesor Asistente de Literatura Clásica, Southern Illinois University , Carbondale, IL

Brian P. Irwin, Ph.D. Candidato, Wycliffe College, University of Toronto, Toronto, ON

Glenna S. Jackson, Profesor Asistente, Departamento de Religión y Filosofía, Otterbein College, Westerville, OH

Paul F. Jacobs, Profesor de Filosofía y Religión, Mississippi State University , Mississippi State, MS

Clayton N. Jefford, Profesor Asociado de Escritura Sagrada, St. Meinrad School of Theology, St. Meinrad, IN

T. J. Jenney, Pastor/Director de Ministerio, University Church at Purdue, West Lafayette, IN Timothy P. Jenney, Profesor de Estudios Bíblicos, North Central University, Minneapolis, MN

Joseph E. Jensen, The Catholic University of America, Washington, DC

Alexander H. Jdefe, Profesor Asistente de Antropología and Estudios Judíos, The Pennsylvania State University, University Park, PA

Richard Warren Johnson, Ph.D. Candidato, New Orleans Baptist Theological Seminary, New Orleans, LA

Marc A. Jolley, Editor Asistente, Mercer University Press, Macon, GA

Barry A. Jones, Profesor Asistente de Religión, Mars Hill College, Mars Hill, NC

F. Stanley Jones, Profesor Asociado de Estudios Religiosos, Calilfornia State University , Long Beach, Long Beach, CA

Gregory Jordan, Presidente; Profesor de Biblia y Religión, King College, Bristol, TN

Donald Juel, Richard J. Dearborn, Profesor de Teología del Nuevo Testamento, Princeton Theological Seminary, Princeton, NJ

Felix Just, S.J., Profesor Asistente de Estudios Teológicos, Loyola Marymount University, Los Angeles, CA

Isaac Kalimi, Seminario de Estudios Judíos, The University of Oldenburg, Jerusalem, Israel

John Kaltner, Profesor Asistente de Estudios Religiosos, Rhodes College, Memphis, TN

Joel S. Kaminsky, Profesor Asistente, Departamento de Religión y Literatura Bíblica, Smith College, Northampton, MA

John Kampen, Vice Presidente, Decano de Asuntos Académicos, Bluffton College, Bluffton, OH

Seán Kealy, C.S.Sp., Profesor de Escritura, Duquesne University, Pittsburgh, PA

Howard Clark Kee, Investigador Titular, University of Pennsylvania, Haverford, PA

James A. Kelhdefer, Ph.D. Candidato, The University of Chicago, Chicago, IL

Sharon R. Keller, Profesor Visitante Asistente de Biblia Hebraica, Hebrew Union College–Jewish Institute of Religion, New York, NY

Mark Kiley, Profesor Asociado de Teología y Estudios Religiosos, St. John's University, Staten Island, NY

Hyun Chul (Paul) Kim, Ph.D. Candidato, Claremont Graduate University, Claremont, CA

Greg A. King, Profesor Asociado de Estudios Bíblicos, Pacific Union College, Angwin, CA

Cheryl A. Kirk-Duggan; Director, Centro para Mujeres y Religión; Profesor Asistente de Teología y Estudios de Mujerismo, Graduate Theological Union, Berkeley, CA

Paul J. Kissling, Profesor de Antiguo Testamento, Great Lakes Christian College, Lansing, MI

Shmuel Klatzkin, Rabbi, Hillel Academy, Dayton, OH

Ralph W. Klein, Decano y Profesor de Antiguo Testamento, Lutheran School of Theology at Chicago, Chicago, IL

Lee E. Klosinski, Director de Educación, AIDS Project Los Angeles, Los Angeles, CA

Robin J. DeWitt Knauth, Harvard University , Cambridge, MA

Gary N. Knoppers, Jefe, Literatura Clásica y Antigua Civilización Mediterránea, The Pennsylvania State University, University Park, PA

Craig R. Koester, Profesor Asociado de Nuevo Testamento, Luther Seminary, St. Paul, MN

Lynne Alcott Kogel, Instructor, Ecumenical Theological Seminary, Detroit, MI

Wade Kotter, Profesor Asistente de Biblioteconomía, Weber State University, Ogden, UT

Charles R. Krahmalkov, Profesor de Lenguas Bíblicas Antiguas, The University of Michigan, Ann Arbor, MI

Mark S. Krause, Decano Académico; Profesor de Nuevo Testamento, Puget Sound Christian College, Edmonds, WA

Siegfried Kreuzer, Profesor de Antiguo Testamento y Arqueología Bíblica, Kirchliche Hochschule/ School of Theology Wuppertal-Barmen, Wuppertal, Germany

Jeffrey K. Kuan, Profesor Asistente de Antiguo Testamento, Pacific School of Religion, Berkeley, CA

William S. Kurz, S.J., Profesor de Nuevo Testamento, Marquette University, Milwaukee, WI

Øystein S. LaBianca, Profesor de Antropología; Director Asociado, Instituto de Arqueología, Andrews University, Berrien Springs, MI

Samuel Lamerson, Profesor Asistente de Nuevo Testamento, Knox Theological Seminary, Fort Lauderdale, FL

Jeffrey S. Lamp, Pastor, Primera Iglesia Metodista Unida, Spiro, OK

Jane S. Lancaster, Ph.D. Candidato, Southern Methodist University, Dallas, TX

Francis Landy, Profesor de Estudios Comparativos, University of Alberta, Edmonton, AB

Scott M. Langston, Profesor Adjunto de Antiguo Testamento y Hebreo, Southwestern Baptist Theological Seminary, Fort Worth, TX

Christopher Scott Langton, Profesor Asociado de Religión, Principia College, Elsah, IL

Stuart Lasine, Profesor Asociado de Religión; Coordinador, Master en Artes en Programa de Estudios Liberales, Wichita State University , Wichita, KS

David Paul Latoundji, Instructor de Biblia, Nyack College, Nyack, NY

Betty P. Lawson, Escritor Freelance, Wake Forest, NC

Gene J. Lawson, The Divinity School, Vanderbilt University , Nashville, TN

J. Gregory Lawson, Profesor Asistente de Educación Cristiana, Southeastern Baptist Theological Seminary, Wake Forest, NC

Nancy Lee, Conferenciante Visitante Fulbright, Josip J. Strossmayer University, Osijek, Croatia

Timothy A. Lenchak, S.V.D., Coordinador Bíblico, Society of the Divine Word, Rome, Italy; Director, Dei Verbum Biblical Pastoral Program, Nemi, Italy

Dale F. Leschert, Investigador Independiente, New Westminster, BC

Amy-Jill Levine, E. Rhodes y Leona B. Carpenter, Profesor de Estudios del Nuevo Testamento, The Divinity School, Vanderbilt University , Nashville, TN

Thomas E. Levy, Profesor de Antropología y Estudios Judaicos, University of California, San Diego, La Jolla, CA

Theodore J. Lewis, Profesor Asociado de Biblia Hebraica y Antiguo Medio Oriente, University of Georgia, Athens, GA

Gary W. Light, Pastor, Winfree Memorial Baptist Church, Midlothian, VA

Tod Linafelt, Profesor Asistente de Estudios Bíblicos, Georgetown University , Washington, DC

C. Shaun Longstreet, University of Notre Dame, Notre Dame, IN

Douglas Low, Profesor Asociado de Estudios Religiosos, Oakland City University , Oakland City, IN

Jenny Manasco Lowery, Columbus, IN

Joe E. Lunceford, Profesor de Religión, Georgetown College, Georgetown, KY

Marilyn J. Lundberg, Editor Asociado, *Maarav* (Western Academic Press), Rolling Hills Estates, CA

John M. Lundquist, Susan and Douglas Dillon Chief Librarian of the Oriental Division, The New York Public Library, New York, NY

Ramón Luzárraga, Departamento de Teología, Marquette University , Milwaukee, WI

Larry L. Lyke, Profesor Asistente de Hebreo Bíblico, Yale Divinity School, New Haven, CT

P. Kyle McCarter, Jr., William Foxwell Albright, Profesor de Estudios Bíblicos y del Antiguo Medio Oriente, The Johns Hopkins University , Baltimore, MD

L. David McClister, Instructor de Estudios Bíblicos, Florida College, Temple Terrace, FL

Clifford Mark McCormick, Instructor de Hebreo, University of North Carolina at Chapel Hill, Chapel Hill, NC

COLABORADORES

Jeff H. McCrory, Jr., The National Presbyterian Church, Washington, DC

Katharine A. Mackay, Ph.D. Estudiante, The University of Arizona, Tucson, AZ

Steven L. McKenzie, Profesor Asociado de Antiguo Testamento, Rhodes College, Memphis, TN

John L. McLaughlin, Profesor Asistente, Departmento de Teología y Estudios Religiosos, Wheeling Jesuit University , Wheeling, WV

Tim McLay, St. Stephen's University , St. Stephen, NB

Iain S. Maclean, Conferenciante Titular de Religión y Filosofía, Roanoke College, Salem, VA

Jennifer K. Berenson Maclean, Profesor Asistente de Religión, Roanoke College, Salem, VA

John A. McLean, Presidente, Michigan Theological Seminary, Plymouth, MI

Allan J. McNicol, Profesor de Nuevo Testamento, Institute for Christian Studies, Austin, TX

Patricia A. MacNicoll, Ph.D. Candidato, Theological Seminary Union en Virginia, Richmond, VA

John McRay, Profesor de Nuevo Testamento y Arqueología, Wheaton College Graduate School, Wheaton, IL

Dennis R. Magary, Profesor Asociado de Antiguo Testamento y Lenguas Semíticas, Trinity Evangelical Divinity School, Deerfield, IL

F. Rachel Magdalene, Iliff School of Theology/University of Denver, Denver, CO

Jodi Magness, Profesor Asistente de Arqueología Clásica y del Medio Oriente, Tufts University , Medford, MA

David C. Maltsberger, Director, Capilano Seminary Extension Centre, North Vancouver, BC

Sara R. Mandell, Profesor de Estudios Religiosos, University of South Florida, Tampa, FL

Dale W. Manor, Profesor Asociado de Biblia y Arqueología, Harding University, Searcy, AR

Joel Marcus, Profesor de Nuevo Testamento y Orígenes del Cristianismo, Boston University , Boston, MA

W. Harold Mare, Profesor de Nuevo Testamento, Covenant Theological Seminary, St. Louis, MO

Claude F. Mariottini, Profesor de Antiguo Testamento, Northern Baptist Theological Seminary, Lombard, IL

W. Creighton Marlowe, Profesor Asociado de Estudios del Antiguo Testamento, Tyndale Theological Seminary, Badhoevedorp, Netherlands

Rick R. Marrs, Profesor de Religion, Pepperdine University , Malibu, CA

Eric F. Mason, Ph.D. Candidato, University of Notre Dame, Notre Dame, IN

Steve Mason, Profesor de Literatura Clásica y Estudios Religiosos, York University, North York, ON

Frank J. Matera, Profesor de Nuevo Testamento, The Catholic University of America, Washington, DC

William D. Matherly, Ph.D. Candidato, University of Notre Dame, Crossville, TN

David Lertis Matson, Profesor Asistente de Estudios Bíblicos, Milligan College, Milligan College, TN

Christopher R. Matthews, Weston Jesuit School of Theology, Cambridge, MA

Victor H. Matthews, Profesor de Estudios Religiosos, Southwest Missouri State University , Springfield, MO

Gerald L. Mattingly, Profesor de Estudios Bíblicos, Johnson Bible College, Knoxville, TN

Laura B. Mazow, Ph.D. Candidato, The University of Arizona, Tucson, AZ

Richard E. Menninger, Profesor Asistente de Matemática y Religión, Ottawa University , Ottawa, KS

David Merling, Profesor Asociado de Arqueología y Historia de la Antigüedade; Director Asociado/Curador, Institute of Archaeology, Andrews University , Berrien Springs, MI

Marvin Meyer, Profesor de Religión, Chapman University, Orange, CA

Tony S. L. Michael, Instructor, Centro de Estudios de Religión, University of Toronto, Toronto, ON

Piotr Michalowski, George G. Cameron, Profesor de Lenguas del Antiguo Medio Oriente y Civilizaciones, The University of Michigan, Ann Arbor, MI

Robert D. Miller, II, Profesor Asistente de Escrituras, Mt. St. Mary Seminary, Emmitsburg, MD

Stephen R. Miller, Profesor de Antiguo Testamento y Hebreo, Mid-America Baptist Theological Seminary, Germantown, TN

Watson E. Mills, Profesor de Estudios del Nuevo Testamento, Mercer University , Macon, GA

Paul Mirecki, Profesor Asociado de Estudios Religiosos, University de Kansas, Lawrence, KS

Alan C. Mitchell, Profesor Asociado de Estudios Bíblicos, Georgetown University , Washington, DC

Gregory Mobley, Profesor Asistente de Antiguo Testamento, Andover Newton Theological School, Newton Centre, MA

Andrea Lorenzo Molinari, Marquette University , Milwaukee, WI

Megan Bishop Moore, Ph.D. Estudiante, Emory University, Atlanta, GA

Donn F. Morgan, Profesor de Antiguo Testamento, The Church Divinity School de the Pacific, Berkeley, CA

R. David Moseman, Ph.D. Candidato, Baylor University , Waco, TX

Paul K. Moser, Profesor de Filosofía, Loyola University Chicago, Chicago, IL

Harold R. Mosley, Profesor Asistente de Antiguo Testamento y Hebreo, New Orleans Baptist Theological Seminary, New Orleans, LA

Alden A. Mosshammer, Profesor de Historia, University of California, San Diego, La Jolla, CA

Mark E. Moulton, Estudiante de Posgrado, Wheaton College Graduate School, Wheaton, IL

Robert L. Mowery, Archivista y Bibliotecario de Colecciones Especiales, Illinois Wesleyan University, Bloomington, IL

James R. Mueller, Asociado Profesor de Religión, University of Florida, Gainesville, FL

Kenneth D. Mulzac, Profesor Asistente de Interpretación del Antiguo Testamento, Oakwood College, Huntsville, AL

Phillip B. Munoa, III, Profesor Asociado de Religión, Hope College, Holland, MI

Roland E. Murphy, O. Carm., George Washington Ivey, Profesor Emérito de Estudios Bíblicos, Duke University , Washington, DC

Richard F. Muth, Fuller E. Callaway, Profesor de Economía, Emory University , Atlanta, GA

Edward P. Myers, Profesor de Biblia y Doctrina Cristiana, Harding University College of Bible and Religion, Searcy, AR

Daniel S. Mynatt, Profesor Asistente de Religión, Anderson College, Anderson, SC

Beth Alpert Nakhai, Conferenciante, Departamento de Estudios del Medio Oriente y Comisión de Estudios Judaicos, The University of Arizona, Tucson, AZ

Mark D. Nanos, St. Mary's College, University de St. Andrews, Fife, Scotland

Kathleen S. Nash, Profesor Asociado de Estudios Religiosos, LeMoyne College, Syracuse, NY

Scott Nash, Profesor Asistente de Cristianismo, Mercer University , Macon, GA

Peter K. Nelson, Profesor Asistente de Nuevo Testamento, Trinity Evangelical Divinity School, Deerfield, IL

Richard D. Nelson, Kraft, Profesor de Estudios Bíblicos, Lutheran Theological Seminary at Gettysburg, Gettysburg, PA

Russell Nelson, Profesor Asociado de Estudios Religiosos, Concordia University College of Alberta, Edmonton, AB

William B. Nelson, Jr., Profesor Asociado de Antiguo Testamento, Westmont College, Santa Barbara, CA

Friedbert Ninow, Eau Claire Seventh Day Adventist Church, Berrien Springs, MI

W. E. Nunnally, Profesor Asociado de Judaísmo Primitivo y Orígenes Cristianos, Central Bible College, Springfield, MO

Richard W. Nysse, Profesor de Antiguo Testamento, Luther Seminary, St. Paul, MN

Douglas E. Oakman, Profesor Asociado de Religión, Pacific Lutheran University , Tacoma, WA

J. Randall O'Brien, Profesor Asociado de Religión, Baylor University , Waco, TX

Michael Patrick O'Connor, Profesor Asociado de Estudios Semíticos, Catholic University of America, Washington, DC

Margaret S. Odell, Profesor Asistente de Religión, St. Olaf College, Northfield, MN

J. P. J. Olivier, Profesor de Antiguo Testamento, University of Stellenbosch, Stellenbosch, South Africa

Ben C. Ollenburger, Profesor de Teología Bíblica, Associated Mennonite Biblical Seminary, Elkhart, IN

Dennis T. Olson, Profesor Asociado de Antiguo Testamento, Princeton Theological Seminary, Princeton, NJ

Steven M. Ortiz, Ph.D. Estudiante, The University of Arizona, Tucson, AZ

Carroll D. Osburn, Art Carmichael Distinguido Profesor de Estudios del Nuevo Testamento, Abilene Christian University , Abilene, TX

Carolyn Osiek, Profesor de Nuevo Testamento, Catholic Theological Union, Chicago, IL

Richard E. Oster, Jr., Harding Graduate School of Religion, Memphis, TN

Thomas W. Overholt, Profesor de Estudios Religiosos, University of Wisconsin–Stevens Point, Stevens Point, WI

David I. Owen, Profesor de Estudios del Medio Oriente, Cornell University , Ithaca, NY

J. Edward Owens, Profesor Asistente de Estudios Bíblicos, St. John's Seminary, Camarillo, CA

Jim Oxford, Jr., Ph.D. Candidato, Baylor University , Waco, TX

James H. Pace, Profesor de Estudios Religiosos, Elon College, Elon College, NC

COLABORADORES

Wesley T. Paddock, Profesor Asociado de Antiguo Testamento, Manhattan Christian College, Manhattan, KS

Kim Paffenroth, Profesor, Core Humanities Seminar, Villanova University , Villanova, PA

Aaron W. Park, Ph.D. Candidato, Claremont Graduate University , Claremont, CA

Dale Patrick, Profesor de Biblia, Drake University , Des Moines, IA

Brian Peckham, Profesor Asociado de Antiguo Testamento y Hebreo, Regis College, University of Toronto, Toronto, ON

Richard I. Pervo, Sundett Family, Cátedra de Nuevo Testamento y Estudios Cristianos, University of Minnesota, Minneapolis, MN

Mark Anthony Phelps, Instructor, Ozarks Technical Community College, Springfield, MO

John J. Pilch, Profesor Conferenciante de Teología, Georgetown University, Washington, DC

Wayne T. Pitard, Profesor Asociado de Biblia Hebrea, University of Illinois, Urbana, IL

J. Curtis Pope, Profesor de Estudios Bíblicos, Florida College, Temple Terrace, FL

Stanley E. Porter, Profesor de Teología, Roehampton Institute London, London, United Kingdom

D. T. Potts, E. C. Hall, Profesor de Arqueología del Medio Oriente, University of Sydney, Sydney, Australia

Donald R. Potts, Presidente, Departamento de Religión, East Texas Baptist University , Marshall, TX

Mark Allan Powell, Robert and Phyllis Leatherman, Profesor de Estudios del Nuevo Testamento, Trinity Lutheran Seminary, Columbus, OH

Terrence Prendergast, S.J., Arzobispo de Halifax, Halifax, NS

Carolyn Pressler, Profesor Asociado de Antiguo Testamento, United Theological Seminary of the Twin Cities, New Brighton, MN

James J. H. Price, Profesor de Estudios Religiosos, Lynchburg College, Lynchburg, VA

J. Randall Price, Profesor de Antiguo Testamento, Faith Theological Seminary, Tacoma, WA

William H. C. Propp, Profesor Asistente de Historia, University de California, San Diego, La Jolla, CA

Paul R. Raabe, Profesor de Antiguo Testamento, Concordia Theological Seminary, St. Louis, MO

Anson F. Rainey, Profesor de Cultura del Medio Oriente Antiguo y Lingüística Semítica, Tel Aviv University , Tel Aviv, Israel

Troy K. Rappold, Asistente de Grado, Cincinnati Bible College and Seminary, Cincinnati, OH

Ilona N. Rashkow, Profesor Asociado de Literatura Comparada y Estudios Feministas, State University of New York at

Stony Brook, Stony Brook, NY

Charles A. Ray, Jr., Profesor Asociado de Nuevo Testamento y Griego, New Orleans Baptist Theological Seminary, New Orleans, LA

Paul J. Ray, Jr., Asistente del Curador, Horn Archaeological Museum, Andrews University , Berrien Springs, MI

Paul L. Redditt, Profesor de Antiguo Testamento, Georgetown College, Georgetown, KY

Jonathan L. Reed, Profesor Asociado de Religión, University of La Verne; Director, Brethren Colleges Abroad, Marburg, Germany

Stephen Alan Reed, Profesor Asistente de Religión y Filosofía, Jamestown College, Jamestown, ND

Stephen Breck Reid, Profesor Asociado de Estudios del Antiguo Testamento, Austin Presbyterian Theological Seminary, Austin, TX

David Rensberger, Profesor Asociado de Antiguo Testamento, Interdenominational Theological Center, Atlanta, GA

James L. Resseguie, Decano y Profesor de Nuevo Testamento, Winebrenner Theological Seminary, Findlay, OH

John Reumann, Ministerium of Pennsylvania Profesor de Nuevo Testamento y Griego (Emeritus), Lutheran Theological Seminary at Philadelphia, Philadelphia, PA

Earl J. Richard, Profesor de Estudios del Nuevo Testamento, Loyola University, New Orleans, LA

Peter Richardson, Profesor de Orígenes Cristianos, University College, University de Toronto, Toronto, ON

C. Mack Roark, Ruth Dickinson Profesor de Biblia, Oklahoma Baptist University, Shawnee, OK

Calvin J. Roetzel, Arnold Lowe, Profesor de Estudios Religiosos, Macalester College, St. Paul, MN

Jeffrey S. Rogers, Dana, Profesor Asistente de Religión, Furman University , Greenville, SC

Chris A. Rollston, Investigación Posdoctoral y Titular de Enseñanza, The Johns Hopkins University, Baltimore, MD

C. Gilbert Romero, Capellano del Campus, California State University at Los Angeles, Los Angeles, CA

Mark F. Rooker, Profesor Asociado de Antiguo Testamento y Hebreo, Southeastern Baptist Theological Seminary, Wake Forest, NC

Edmon L. Rowell, Jr., Editor Titular, Mercer University Press, Macon, GA

Nicole Jeanne Ruane, Estudiante de Posgrado, Union Theological Seminary, New York, NY
Michael L. Ruffin, Profesor Asistente, Escuela de Religión, Belmont University, Nashville, TN
Ronald H. Sack, Profesor de Historia, North Carolina State University, Raleigh, NC
Katharine Doob Sakenfeld, William Albright Eisenberger, Profesor de Literatura y Exégesis del Antiguo Testamento, Princeton Theological Seminary, Princeton, NJ
Anthony J. Saldarini, Profesor de Teología, Boston College, Chestnut Hill, MA
E. P. Sanders, Profesor de Artes y Ciencia, Duke University, Durham, NC
Stanley P. Saunders, Profesor Asistente de Nuevo Testamento, Columbia Theological Seminary, Decatur, GA
Linda S. Schearing, Profesor Asistente de Estudios Religiosos, Gonzaga University , Spokane, WA
Donald G. Schley, Profesor Asociado, Colorado Technical University, Colorado Springs, CO
Brian B. Schmidt, Profesor Asistente de Antiguo Oeste y Cultura Asiática, The University of Michigan, Ann Arbor, MI
Tammi J. Schneider, Profesor Asistente de Religión, Claremont Graduate University, Claremont, CA
William Schniedewind, Profesor Asistente de Estudios Bíblicos y Lenguas Semíticas del Noroeste, University of California, Los Angeles, Los Angeles, CA
William R. Scott, Director, BIBAL Press, North Richland Hills, TX
David Ralph Seely, Profesor Asociado de Escritura Antigua, Brigham Young University , Provo, UT
Jo Ann H. Seely, Provo, UT
Timothy W. Seid, Pastor, Smith Neck Friends Meeting House, South Dartmouth, MA
Donald Senior, Profesor de Nuevo Testamento, Catholic Theological Union, Chicago, IL
Charles S. Shaw, Pastor, Mount Zion United Methodist Church, Central, SC
William H. Shea, Investigador Asociado, Biblical Research Institute, Silver Spring, MD
Steven M. Sheeley, Profesor Asociado de Religión, Shorter College, Rome, GA
Gerald T. Sheppard, Profesor de Literatura y Exégesis del Antiguo Testamento, Emmanuel College of Victoria University in the University of Toronto, Toronto, ON
Stephen J. Shoemaker, Profesor Asistente de Estudios Religiosos, University of Oregon, Eugene, OR
Gary Steven Shogren, Profesor de Nuevo Testamento, Seminario ESEPA, San José, Costa Rica
Ronald A. Simkins, Profesor Asociado de Teología, Lenguas del Medio Oriente y Civilizaciones, Creighton University , Omaha, NE
Lawrence A. Sinclair, Pershing E. MacAllister Profesor, Carroll College, Waukesha, WI
Thomas B. Slater, Profesor Asistente de Religión, University of Georgia, Athens, GA
Barry D. Smith, Profesor Asociado de Estudios Religiosos, Atlantic Baptist University, Moncton, NB
Dennis E. Smith, Profesor Asociado de Nuevo Testamento, Phillips Theological Seminary, Enid, OK
James V. Smith, Ph.D. estudiante, Loyola University Chicago, Chicago, IL
Mark S. Smith, Profesor de Teología, St. Joseph's University, Philadelphia, PA
Richard Smith, Conferenciante, Claremont Graduate University, Claremont, CA
Robert Harry Smith, Profesor de Nuevo Testamento, Pacific Lutheran Theological Seminary, Berkeley, CA
Robert W. Smith, Profesor Asociado de Historia, Florida Christian College, Kissimmee, FL
Daniel L. Smith-Christopher, Profesor Asociado de Estudios Teológicos (Antiguo Testamento), Loyola Marymount University, Los Angeles, CA
Will Soll, Profesor Asociado de Estudios Bíblicos, Aquinas Institute of Theology, St. Louis, MO
Irving Alan Sparks, Profesor de Estudios Religiosos, San Diego State University, San Diego, CA
Kenton Lane Sparks, Profesor Residente, Providence Baptist Church, Raleigh, NC
Michael Spence, Nashville, TN
F. Scott Spencer, Profesor Asociado de Religión, Wingate University, Wingate, NC
John R. Spencer, Profesor Asociado de Estudios Religiosos, John Carroll University, University Heights, OH
Richard A. Spencer, Profesor Asociado de Filosofía y Religión, Appalachian State University, Boone, NC
Joe M. Sprinkle, Profesor Asistente de Antiguo Testamento, Toccoa Falls College, Toccoa Falls, GA
Jeffrey L. Staley, Profesor Adjunto de Nuevo Testamento, Pacific Lutheran University, Tacoma, WA
Cecil P. Staton, Jr., Profesor, College of Liberal Arts, Mercer University , Macon, GA
Richard A. Stephenson, Profesor de Planificación, East Carolina University, Greenville, NC

COLABORADORES

Perry L. Stepp, Pastor, DeSoto Christian Church, DeSoto, TX

Gerald L. Stevens, Profesor Asociado de Nuevo Testamento y Griego, New Orleans Baptist Theological Seminary, New Orleans, LA

Jeanne Stevenson-Moessner, Profesor Asistente de Teología Pastoral y Formación Cristiana, University of Dubuque Theological Seminary, Dubuque, IA

Robert R. Stieglitz, Profesor Asociado de Civilizaciones del Mediterráneo Antiguo, Rutgers University, Newark, Newark, NJ

Robert E. Stone, II, Ann Arbor, MI

Laurence Hull Stookey, Hugh Latimer Elderdice, Profesor de Prédica y Adoración, Wesley Theological Seminary, Washington, DC

Mark L. Strauss, Profesor Asistente de Nuevo Testamento, Bethel Theological Seminary, West Campus, San Diego, CA

Brent A. Strawn, Profesor Asistente de Estudios Bíblicos, Asbury Theological Seminary, Wilmore, KY

John T. Strong, Conferenciante en Estudios Religiosos, Southwest Missouri State University, Springfield, MO

L. Thomas Strong, III, Profesor Asistente de Griego del Nuevo Testamento; Cátedra, Departamento de Estudios Teológicos, New Orleans Baptist Theological Seminary, New Orleans, LA

Louis Stulman, Distinto Profesor de Biblia Hebrea, Winebrenner Theological Seminary; Profesor de Religión, University of Findlay, Findlay, OH

Jerry L. Sumney, Profesor Asociado de Estudios Bíblicos, Lexington Theological Seminary, Lexington, KY

Jesper Svartvik, Departamento de Teología y Estudios Religiosos, Lund University, Lund, Sweden

Hans Svebakken, Ph.D. Investigador, Loyola University Chicago, Chicago, IL

Dennis M. Swanson, Bibliotecario Jefe, The Master's Seminary, Sun Valley, CA

Marvin A. Sweeney, Profesor de Biblia Hebrea, School of Theology at Claremont; Profesor de Religión, Claremont Graduate University , Claremont, CA

Ron E. Tappy, G. Albert Shoemaker, Cátedra de Biblia y Arqueología; Director, Kelso Bible Lands Museum, Pittsburgh Theological Seminary, Pittsburgh, PA

Lynn Tatum, Conferenciante en Religión, Baylor University, Waco, TX

Michelle Ellis Taylor, Ph.D. Investigador, Brandeis University, Waltham, MA

Lucille M. Thibodeau, P.M., President, Rivier College, Nashua, NH

Matthew A. Thomas, Ph.D. Investigador, Claremont Graduate University, Claremont, CA

James W. Thompson, Profesor de Nuevo Testamento, Abilene Christian University, Abilene, TX

Mark A. Throntveit, Profesor de Antiguo Testamento, Luther Seminary, St. Paul, MN

Bonnie Thurston, Profesor Asociado de Nuevo Testamento, Pittsburgh Theological Seminary, Pittsburgh, PA

Patrick A. Tiller, Profesor Asistente de Nuevo Testamento, Harvard Divinity School, Cambridge, MA

Philip L. Tite, Estudiante de Posgrado, Wilfrid Laurier University, Waterloo, ON

Anthony J. Tomasino, Conferenciante, University of Chicago, Chicago, IL

Michelle Tooley, Profesor Asistente de Religión, Belmont University, Nashville, TN

Warren C. Trenchard, Profesor de Nuevo Testamento y Literatura del Cristianismo Primitivo; Asistente Titular del Presidente, La Sierra University, Riverside, CA

Allison A. Trites, John Payzant, Distinguido Profesor de Estudios Bíblicos, Acadia Divinity College, Wolfville, NS

Jeffrey T. Tucker, Nashville, TN

W. Dennis Tucker, Jr., Profesor Asistente de Religión, Ouachita Baptist University, Arkadelphia, AR

Christopher Tuckett, Rylands Profesor de Crítica Bíblica y Exégesis, University de Manchester, Manchester, United Kingdom

David L. Turner, Profesor visitante de Nuevo Testamento, Grand Rapids Baptist Seminary, Grand Rapids, MI

Eugene Ulrich, Profesor de Escrituras Hebreas, University of Notre Dame, Notre Dame, IN

J. A. Vadnais, Ph.D. Candidato, New Orleans Baptist Theological Seminary, New Orleans, LA

Jorge L. Valdes, Ph.D. Investigador, Loyola University Chicago, Chicago, IL

David M. Valeta, Ph.D. Candidato, University of Denver/Iliff School of Theology, Denver, CO

Donald R. Vance, Profesor Asistente de Lenguas Bíblicas y Literatura, Oral Roberts University, Tulsa, OK

David Vanderhodet, Profesor Asistente de Teología, Boston College, Chestnut Hill, MA

Leanne Van Dyk, Profesor Asociado de Teología Reformada, Western Theological Seminary, Holland, MI

Miles V. Van Pelt, Conferenciante en Griego, Gordon College, Wenham, MA

Robert E. Van Voorst, Profesor de Nuevo Testamento, Western Theological Seminary, Holland, MI

John S. Vassar, Baylor University , Waco, TX

Pauline A. Viviano, Profesor Asociado de teología, Loyola University Chicago, Chicago, IL

Ralph W. Vunderink, Profesor Adjunto, Aquinas College, Grand Rapids, MI

Larry L. Walker, Profesord e Antiguo Testamento Lenguas Semíticas, Mid-America Baptist Theological Seminary, Memphis, TN

Carey Walsh, Profesor Asistente de Biblia Hebrea, Rhodes College, Memphis, TN

Duane F. Watson, Profesor Asociado de Estudios del Nuevo Testamento; Presidente, Departamento de Religión y Filosofía, Malone College, Canton, OH

JoAnn Ford Watson, H. R. Gill Chair, Profesor de Teología; Presidente, Departamento de Historia de la Iglesia, Teología y Filosofía, Ashland Theological Seminary, Ashland, OH

Judith Romney Wegner, Profesor Visitante Asociado de Estudios Religiosos, Connecticut College, New London, CT

Rodney A. Werline, Profesor Asistente de Biblia Hebrea y Judaísmo Primitivo, Emmanuel School of Religion, Johnson City, TN

Jim West, Profesor Adjunto de Biblia, Quartz Hill School of Theology, Petros, TN

Marsha C. White, Conferenciante, Andover Newton Theological School, Newton Centre, MA

Pete F. Wilbanks, Pastor, Osyka Baptist Church, Osyka, MS

Joel F. Williams, Profesor Asociado de Biblia, Columbia International University, Columbia, SC

Tyler F. Williams, Instructor de Antiguo Testamento, North American Baptist College/Edmonton Baptist Seminary, Edmonton, AB

Wendell Willis, Profesor Asociado de Biblia, Abilene Christian University, Abilene, TX

J. Christian Wilson, Profesor de Estudios Religiosos, Elon College, Elon College, NC

Kevin A. Wilson, Ph.D. Investigador, The Johns Hopkins University, Baltimore, MD

Donald H. Wimmer, Profesor de Estudios Religiosos, Seton Hall University, South Orange, NJ

Joseph F. Wimmer, S.T.D., Profesor Asistente de Estudios Bíblicos, Washington Theological Union, Washington, DC

John D. Wineland, Profesor Asociado de Historia, Kentucky Christian College, Grayson, KY

Willard W. Winter, Profesor de Estudios Bíblicos, Cincinnati Bible College and Seminary, Cincinnati, OH

Gregory A. Wolfe, Profesor Adjunto, New Orleans Baptist Theological Seminary, New Orleans, LA

Lisa Michelle Wolfe, Ph.D. Candidato, Garrett Evangelical Theological School, Evanston, IL

R. Glenn Wooden, Profesor Asistente de Lenguas Bíblicas, Acadia Divinity College, Wolfville, NS

Robert B. Wright, Profesor de Biblia Hebrea, Temple University, Philadelphia, PA

Frank D. Wulf, Ph.D. Candidato, Columbia University /Union Theological Seminary, New York, NY

Stephen Von Wyrick, Profesor de Religión, University of Mary Hardin-Baylor, Belton, TX

Seung Ai Yang, Profesor Asistente de Nuevo Testamento, Jesuit School of Theology at Berkeley, Berkeley, CA

Charles Yeboah, Ph.D. Investigador, Loyola University Chicago, Chicago, IL

Kent L. Yinger, Director de Programa, Centro de Estudios Teológicos Avanzados, Fuller Theological Seminary, Pasadena, CA

Christine Roy Yoder, Instructor en Antiguo Testamento, Columbia Theological Seminary, Decatur, GA

K. Lawson Younger, Jr., Profesor de Antiguo Testamento, Lenguas Semíticas, e Historia del Antiguo Medio Oriente, Trinity International University Divinity School, Deerfield, IL

Randall W. Younker, Profesor Asistente de Antiguo Testamento Arqueología Bíblica, Director, Instituto de Arqueología, Andrews University, Berrien Springs, MI

Frank J. Yurco, Egiptólogo e Investigador Asociado, Field Museum of Natural History, Chicago, IL

Juris Zarins, Profesor de Antropología, Southwest Missouri State University, Springfield, MO

Mark Ziese, Profesor Asociado de Antiguo Testamento, Cincinnati Bible Seminary, Cincinnati, OH

Jeffrey R. Zorn, Profesor Asistente Visitante de Estudios del Medio Oriente, Cornell University, Ithaca, NY

Colaboradores en la edición castellana

Adrián Aizpiri, Coordinación Editorial.

Dr. Samuel Pagán, Profesor de Biblia hebrea en el colegio universitario Dar al-Kalima, Belén

Dr. Nohemí Pagán, Profesora de espiritualidad y castellano en el colegio universitario Dar al-Kalima, Belén

Madeline Pereira, secretaria del comité y editora del Instituto Lingüístico de Verano

Mayra Urízar de Ramírez, Profesora de Biblia, y traductora y editora de materiales bíblicos

David Gómez, Traductor, pastor y profesor del Instituto de Superación Ministerial, University México Americana del Norte

Max Gallardo, Traductor y profesor asistente de Biblia, Global University, Springfield

Lillie Pagán, Profesora universitaria de literatura castellana, traductora y pastora

Dr. David Cortés-Fuentes, Profesor de Nuevo Testamento y pastor

Luis Magín Álvarez, Traductor y profesor de historia eclesiástica del Seminario Teológico Bautista de Venezuela

Prefacio

Dos palabras del título de este volumen requieren de algunos comentarios (esto es, definición o explicación y elaboración): «Bíblico» y «Diccionario». Bíblico se refiere a la Biblia cristiana, como regularmente se usa en lugares donde la gran mayoría de la gente tiene alguna afiliación con la iglesia cristiana, e incluye tanto al Antiguo Testamento como al Nuevo Testamento. Para los protestantes, el AT es esencialmente lo mismo que las Escrituras Hebreas, que la comunidad judía reconoce como Escritura sagrada. Los cristianos católicos también aceptan los apócrifos o deuterocanónicos como parte del AT. Todo lo anterior se trata en este diccionario, así como el NT, que prácticamente todos los grupos cristianos aceptan como Escrituras canónicas.

En cuanto al segundo término, los diccionarios generalmente vienen en dos tamaños: De varios volúmenes, como el clásico *Hastings' Dictionary of the Bible* (últimamente de cinco volúmenes), el más reciente *Interpreter's Dictionary of the Bible* (originalmente de cuatro volúmenes, con un suplemento que posteriormente se le agregó); y los diccionarios de un volumen como el familiar *Eerdmans Bible Dictionary*, del cual el presente volumen representa no simplemente una nueva edición sino, en esencia, un nuevo comienzo. Habría sido mejor utilizar nombres distintos para productos distintos, ya que las dos clases de diccionario difieren notablemente en idea, acercamiento, función y utilidad. Los primeros son más como enciclopedias (que quizá sea un mejor término para identificarlos) y tienen una mayor pretensión, es decir, de proveer información importante y útil acerca de la Biblia en su mundo, y de cubrir el tema con suficiente profundidad y amplitud para que tanto el lector general como el especialista satisfagan sus necesidades e intereses acerca de cierto texto o tema, sin necesidad de otros recursos. En efecto, eso es mucho pedir y hasta los diccionarios más extensos hacen un gran esfuerzo por cumplir con ese criterio (por eso proporcionan amplias bibliografías para estudio e investigación adicionales).

Por otro lado, el diccionario bíblico de un volumen tiene el propósito de ser una obra de referencia de respuesta rápida. En tanto que debería cubrir el mismo territorio que la obra más grande, y contener el mismo número de entradas, todo, desde definiciones hasta descripciones y discusiones, se reducirá proporcionalmente para que encaje en el formato más restringido. En pocas palabras, tiene que ser abarcador pero no exhaustivo. Debe proveer suficiente información precisa acerca de libros y personas, lugares y eventos, definir palabras y expresiones más largas y, por lo tanto, cumplir con el propósito básico de cualquier diccionario: explicar. Más allá de ese servicio básico, debe proporcionar las pistas para una elaboración e iluminación adicional, para que el lector interesado pueda dar seguimiento al tema en una obra de referencia más grande y detallada, o en libros y artículos dedicados a ese tema.

Más específicamente, un diccionario bíblico moderno debe proporcionar suficiente información precisa para definir y explicar todos los términos y expresiones característicos que se encuentran en la Biblia. Además, debe reflejar el estado presente de la investigación erudita en este campo, que incluye no solamente los resultados establecidos y tradicionales de la erudición seria, sino desarrollos y tendencias más recientes, de la manera más imparcial y no partidista posible.

En tanto que la obtención de esa meta podría considerarse lejos del alcance de seres humanos falibles, el intento, no obstante, se justifica y se pueden utilizar medios y rutas distintos para alcanzarla o aproximarse a ella. Una manera es escoger un parangón de virtud inviolable, cuyo juicio equilibrado y sensatez estable sean incuestionables, como un editor que escriba todos los artículos y que edite toda la obra. Esto se ha intentado en años pasados, pero en el mundo actual de la Biblia eso es pedir demasiado de alguna persona. Un proceso alternativo es compilar una lista larga de colaboradores, que representen y reflejen un amplio espectro de perspectivas y posturas relacionadas a la Biblia, y pedirles que usen su experiencia para escribir acerca de lo que mejor conocen, de la mejor manera posible. Mientras que los resultados difícilmente serán uniformes y quizá no produzcan una superficie llana, la mezcla reflejará fielmente el estado actual de los estudios y un amplio espectro de actitudes y opiniones eruditas en cuanto a los asuntos esenciales y a los más periféricos.

Por lo tanto, no afirmamos unanimidad ni uniformidad en el tratamiento de los variados y numerosos temas de la Biblia. Pero hemos intentado cubrir la mayor parte, si no todos los asuntos relacionados que probablemente surjan y de los que los lectores buscarán información y guía. Hemos armado un listado respetable de colaboradores, cuyo principal atributo común es que son eruditos serios, que se han ganado el respeto de sus colegas en nuestro campo de estudio y que tienen algo que ofrecer de valor material.

Damos crédito especial a nuestro Editor Asociado, Allen C. Myers, ex alumno mío de la University of Michigan, quien ha logrado una obra editorial hercúlea al formar un volumen erudito y accesible de tantas piezas diversas. Su tarea es asombrosa y poco envidiable. Los que somos editores sabemos y reconocemos su dedicado trabajo e interminables horas para que este proyecto dé fruto.

Para presentar esta obra al público, con afán hemos tratado de proporcionar información útil para mantener los altos niveles de validez, integridad y valor establecido, logrado por las ediciones anteriores de esta obra de referencia. Estamos siguiendo los pasos de líderes acreditados y nos alzamos sobre hombros de gigantes.

David Noel Freedman
Jefe Editorial

Prefacio a la edición castellana

En la tradición del famoso Diccionario Bíblico de Eerdmans, la Editorial Patmos se siente orgullosa de traducir, adaptar y presentar esa importante obra al mundo hispano parlante. El objetivo ha sido poner a la disposición de los creyentes y las iglesias, este importante recurso literario y teológico, que puede contribuir positivamente, y de forma significativa, a una mejor comprensión de las Sagradas Escrituras. Y ese entendimiento adecuado del mensaje bíblico, les permitirá llevar a efecto ministerios transformadores.

Los usos del *Diccionario Bíblico Eerdmans* pueden ser varios. En primer lugar, académicos, y profesores y profesoras de universidades, seminarios e institutos bíblicos se beneficiarán grandemente de la información valiosa que se incluye pues les ayudará en sus tareas investigativas y docentes. Los pastores y las pastoras encontrarán en el diccionario material importante que pueden utilizar en sus estudios bíblicos, sermones y devociones. Y las personas laicas disfrutarán las definiciones que se incluyen, pues tienen el potencial de bendecirles de forma considerable, incluso pueden ser de gran ayuda a quienes están comenzando en la fe cristiana.

Esperamos que este diccionario, que está en la tradición de la educación cristiana transformadora y en la pasión por la Palabra de la Editorial Patmos, sea de gran bendición para su vida.

Dr. Samuel Pagán
Editor de la edición castellana

Introducción

El *Diccionario Bíblico Eerdmans* está diseñado como una herramienta para el uso bíblico práctico que refleja los descubrimientos recientes y la extensión de la erudición bíblica actual, que incluye la apreciación del análisis crítico de temas literarios, históricos, arqueológicos, sociológicos y otros asuntos metodológicos. Aproximadamente 5000 entradas identifican a las personas y los lugares que se mencionan en la Biblia, así como fenómenos culturales, naturales, geográficos y literarios, asuntos con los que los estudiantes bíblicos de todos los niveles se pueden topar al leer o en discusiones. Se han incorporado artículos que explican e interpretan enfoques importantes de teología, texto y transmisión de la Biblia, de arqueología del Oriente Medio, de escritos extrabíblicos y las tradiciones eclesiásticas relevantes, en un esfuerzo por hacer de este el diccionario bíblico de un volumen más completo disponible en castellano.

La Editorial, en la tradición de Eerdmans, ha seleccionado como editores y colaboradores a una multitud de autoridades de primera categoría en el campo. Los autores representan a un rango de posturas críticas y teológicas y reflejan el lugar creciente de los intereses interdisciplinarios de la erudición bíblica. A los contribuyentes se les ha encargado que sean sensibles al gran espectro de interpretación, que representen de manera objetiva las perspectivas divergentes y que presenten bibliografías inclusivas. Los editores y los consultores han procurado identificar no solamente personas, lugares y otros fenómenos pertinentes, sino también los temas significativos que ocupan a la erudición bíblica y los campos relacionados. Con este fin, han reclutado casi 600 eruditos destacados y los han emparejado con temas relacionados a sus áreas de especialización. Los artículos que no tienen firma han sido escritos por los editores.

Aunque la intención original era simplemente revisar y actualizar la edición de 1987 del *Diccionario Bíblico Eerdmans,* el preeminente erudito bíblico David Noel Freedman estimuló a los editores a edificar sobre la experiencia obtenida al producir ese volumen, y a desarrollar, en esencia, una obra de referencia totalmente nueva que representaría los enormes adelantos que se han hecho en la erudición bíblica en décadas recientes. El volumen en cuestión es un testimonio de la sabiduría y visión del Profesor Freedman, así como de su reputación internacional como un gigante en el campo de los estudios bíblicos y editor por excelencia. Estamos en deuda con su gran devoción a los estudios bíblicos y deseo de comunicar los frutos de la erudición, y nos hemos beneficiado enormemente, no solo de su habilidad de dirigir a los actuales gigantes del campo, sino de su entusiasmo por identificar y orientar a la próxima generación de eruditos.

Cómo usar el *Diccionario Bíblico Eerdmans*

Los artículos aparecen en orden alfabético, según el siguiente esquema. Las palabras compuestas que tienen un guión o espacio (p.ej. Beer-seba; El Elyon) se tratan como una palabra entera. En las palabras principales que tienen una coma (p.ej., Isaías, Libro de) el orden alfabético se restringe a la palabra que precede a la coma, como los títulos que tienen material entre paréntesis (p.ej. Adoración [Nuevo Testamento]). Si el mismo nombre representa personas, lugares, deidades, etc., se proporcionan artículos separados. Cuando un artículo de nombre designa a más de una persona o lugar, las entradas múltiples están organizadas en orden de primera aparición, según el canon en español, y no necesariamente cronológicamente.

Para adecuar de mejor manera los matices de las traducciones bíblicas en español, esta edición se basa en la Biblia Reina-Valera, Revisión 1960, con atención en lecturas alternas de otras versiones cuando es procedente. Las citas bíblicas siguen la versificación de la RVR60; las versificaciones variantes para el TM o LXX están en paréntesis, p.ej.: «Nm 16.36-50 (TM 17.1-15)». Los relatos paralelos se indican por el símbolo de igual (p.ej., 2 S 22.2-51 = Sal 18.1-50) o simplemente por «par.» (p.ej. Mt 17.1-8 par.).

En lugar de tratar de diseñar una pronunciación hispanizada artificial en los nombres de personas y lugares, en los títulos de los artículos los editores han proporcionado transliteraciones de las formas hebreas, arameas o griegas de los nombres y, de esta manera, aproximarse a las pronunciaciones originales (véase la Tabla de transliteración y pronunciación, en las páginas finales al comienzo y al final del libro) De igual manera, en la mayoría de casos no se ha hecho ningún intento de conjeturar un «significado» de los nombres bíblicos. Las formas variantes de los nombres, incluso la ortografía alterna que aparece en la RVR60 y los nombres secundarios o inscripciones de personas y lugares, se incluyen en los títulos de los artículos, después de la transliteración/pronunciación (p.ej., «[también JEREMOT]»). Las siglas técnicas de los textos del Mar Muerto y del Nag Hammadi se indican en los títulos de esos artículos.

En muchos asuntos de interpretación, en la actualidad no hay consenso en la erudición, y el campo de los estudios bíblicos refleja un pluralismo de metodologías y suposiciones, impulsadas simultáneamente por la creciente especialización y por una apreciación de la comprensión que se obtiene de los estudios interdisciplinarios, sin mencionar la explosión masiva de información. Por lo tanto, en sus intentos de resolver asuntos de investigación continua, es de entender que los autores variarán en sus aplicaciones de textos y evidencia material. Se ha hecho un esfuerzo concertado para proporcionar discusiones equilibradas que reflejan distintos puntos de vista (cf., p.ej., los artículos CONQUISTA, NARRATIVA BÍBLICA y ASENTAMIENTO: ARQUEOLOGÍA). En tanto que se ha hecho el esfuerzo de uniformar los asuntos de ortografía y citas, no siempre ha sido posible, o quizás hasta deseable, resolver las interpretaciones diversas de fechas y ubicación geográfica. En ocasiones los lectores quizás deseen comparar artículos relacionados de otras cronologías e identificaciones. Tanto a.C. como d.C. se usan con fechas, de acuerdo la preferencia de cada autor.

Los nombres modernos de sitios históricos y arqueológicos se identifican con las formas árabes convencionales y con el hebreo moderno, donde sea necesario. Entre la información adicional están los números del mapa de referencia de seis a diez dígitos, insertados en el sistema cuadriculado, que es usado por los arqueólogos profesionales, para ubicar sitios en Israel y Jordania. Los primeros tres dígitos (o en algunos casos cuatro o cinco dígitos antes del punto) indican el eje norte-sur, y los tres dígitos finales (o los que siguen al punto), especifican el eje este-oeste. (Para ver más, consulte el mapa de sitios arqueológicos en la sección de mapas en la parte final del libro.)

Las bibliografías dan al lector la oportunidad de investigar artículos y libros adicionales del estudio actual, así como tratamientos más completos del contenido. Se ha hecho el esfuerzo de indicar las ediciones y traducciones al español más recientes. Las ilustraciones (p.ej., cuadros, fotos y dibujos lineales), así como la sección de mapas a color, se han seleccionado cuidadosamente para complementar de manera significativa el texto y realzar más la comprensión del contenido.

Reconocimientos

Un proyecto de esta dimensión habría sido imposible sin la contribución de muchas personas. Particularmente merecen nuestro agradecimiento los Editores Asociados Julye M. Bidmead y Bruce E. Willoughby, cuya atención cuidadosa a los detalles al revisar las referencias e información y su diestro ingenio en el texto y formato han ayudado a producir una ayuda de referencia que es tanto exacta como legible. Además de las recomendaciones de los Consultores, Oded Borowski, Kathleen Farmer, Alysia Anne Fischer, Peter Machinist, Dale W. Manor, Gerald L. Mattingly, Michael P. O'Connor, Lynn Tatum y Randall W. Younker, han hecho un valioso trabajo al identificar y enumerar a los colaboradores de una variedad de especialidades.

Los colegas y amigos y amigas de Wm. B. Eerdmans Publishing Company y Editorial Patmos han reforzado este proyecto completamente, con experiencia y dedicación. Especial agradecimiento a Alix Kayayan, quien desarrolló la base de datos computarizada, que sin ella habría sido imposible la clasificación de autores, asignaciones y el proceso editorial y de producción; a Donald M. Prus, por supervisar a un equipo de teclistas y que ingeniosamente afrontó una infinidad de asuntos tipográficos; a T. A. Straayer, editor informático extraordinario; y a Klaas Wolterstorff, por desarrollar un diseño y encauzar el Diccionario a la imprenta. En particular, estamos agradecidos por el incansable apoyo de Wm. B. Eerdmans, Jr., que a lo largo de los años ha demostrado un compromiso incomparable con la erudición bíblica seria y responsable y una fascinación por la dedicación al mercado de ideas.

En la edición castellana, debemos mencionar las contribuciones destacadas de Madeline Pereira, en la revisión del material, y las recomendaciones estilísticas y de contenido de la Dra. Nohemí Pagán.

En el transcurso de la preparación de este volumen, ha llegado a estar muy claro que, además de ser autoridades en sus campos respectivos de especialización, los eruditos bíblicos son, no obstante, mortales, sujetos a las pruebas y agitaciones de la existencia humana. Su perseverancia, para algunos en medio de enfermedades y tragedia personal y familiar, es testimonio de su compromiso, no solo con la erudición sino con las mismas verdades que este volumen busca iluminar.

LOS EDITORES

Abreviaturas

AARAcad	American Academy of Religion Academy Series
AAS	Antiguo Árabe del Sur
AASOR	Annual of the American Schools of Oriental Research
AB	Anchor Bible
ABD	*The Anchor Bible Dictionary*, ed. D. N. Freedman
ac.	acadio
a.C.	Antes de Cristo
ADAJ	*Annual of the Department of Antiquities of Jordan*
AGJU	Arbeiten zur Geschichte des antiken Judentums und des Urchristentums
AJA	*American Journal of Archaeology*
AJBA	*Australian Journal of Biblical Archaeology*
AJSL	*American Journal of Semitic Languages and Literature*
AJP	*American Journal of Philology*
ale.	alemán
ALGHJ	Arbeiten zur Literatur und Geschichte deshellenistischen Judentums
AnBib	Analecta biblica
ANEP	*The Ancient Near East in Pictures*, ed. J. B. Pritchard
ANET	*Ancient Near Eastern Texts*, ed. J. B. Pritchard
AnOr	Analecta orientalia
ANRW	*Aufstieg und Niedergang der römischen Welt*, ed. H. Temporini and W. Haase
AOAT	Alter Orient und Altes Testament
AOS	American Oriental Series
arab.	árabe
ARAB	*Ancient Records of Assyria and Babylonia*, ed. D.D. Luckenbill
aram.	arameo
ARM	Archives royales of Mari
asir.	asirio
ASOR	American Schools of Oriental Research
ASORDS	ASOR Dissertation Series
ASORMS	ASOR Monograph Series
ASTI	*Annual of the Swedish Theological Institute*
ASV	American Standard Version
AT	Antiguo Testamento
AUM	Andrews University Monograph
AUSS	*Andrews University Seminary Studies*
BA	*Biblical Archaeologist*
bab.	babilonio
BAR	*The BA Reader*
BARev	*Biblical Archaeology Review*
BASOR	*Bulletin of the American Schools of Oriental Research*
BBR	Bulletin for Biblical Research
BETL	Bibliotheca ephemeridum theologicarum lovaniensium
BHK	*Biblia Hebraica*, ed. R. Kittel
BHQ	*Biblia Hebraica Quinta*
BHS	*Biblia Hebraica Stuttgartensia*
BIBAL	Berkeley Institute of Biblical Archaeology and Literature
Bibl	Biblica
BibOr	Biblica et Orientalia
BibRev	Bible Review
BIOSCS	Bulletin of the International Organization for Septuagint and Cognate Studies
BJ	Biblia de Jerusalén
BJR	Bulletin of the John Rylands Library
BJS	*Brown Judaic Studies*
BLS	Bible and Literature
BN	*Biblische Notizien*
BNTC	Black's New Testament Commentaries
BR	*Biblical Research*
BSac	*Bibliotheca Sacra*

BTB	*Biblical Theology Bulletin*
BWANT	Beiträge zur Wissenschaft vom Alten und Neuen Testament
BZAW	*Beihefte zur ZAW*
BZNW	*Beihefte zur ZNW*
CAH	*Cambridge Ancient History*
CANE	*Civilizations of the Ancient Near East*, ed. J. M. Sasson
CBC	Cambridge Bible Commentary
CBQ	*Catholic Biblical Quarterly*
CBQMS	*CBQ* Monograph Series
CIJ	*Corpus inscriptionum judaicarum*
CIL	*Corpus inscriptionum latinarum*
Com.	Comentario
ConBNT	Coniectanea biblica, Nuevo Testamento
ConBOT	Coniectanea biblica, Antiguo Testamento
Cowley	A. E. Cowley, *Aramaic Papyri of the Fifth Century B.C.*
CRINT	Compendia rerum iudaicarum ad novum testamentum
d.C.	Después de Cristo
DDD	*Dictionary of Deities and Demons in the Bible*, ed. K. van der Toorn, B. Becking, and P. W. van der Horst, rev. ed.
diss.	disertación
DMOA	Documenta et monumenta orientis antiqui
DS	Dissertation series
EA	Tell el-Amarna tablets
EDNT	*Exegetical Dictionary of the New Testament*, ed. H. Balz and G. Schneider
egip.	egipcio
elam.	elamita
EncJud	*Encyclopaedia Judaica* (1971-72)
EPRO	Etudes préliminaires aux religions orientales dans l'empire Romain
ERE	*Encyclopaedia of Religion and Ethics*, ed. J. Hastings
ErIsr	*Eretz-Israel*
EvQ	*Evangelical Quarterly*
ExpTim	*Expository Times*
fen.	fenicio
FOTL	Forms of the Old Testament Literature
FRLANT	Forschungen zur Religion und Literatur des Alten und Neuen Testaments
gr.	griego
gr. a.	griego antiguo
GN	nombre de lugar
HAR	*Hebrew Annual Review*
HBT	*Horizons in Biblical Theology*
HDR	Harvard Dissertations in Religion
heb.	hebreo
hebM.	hebreo moderno
Herm	Hermeneia
HO	Handbuch der Orientalistik
HR	*History of Religions*
HSM	Harvard Semitic Monographs
HSS	Harvard Semitic Studies
HTR	*Harvard Theological Review*
HTS	Harvard Theological Studies
HUCA	*Hebrew Union College Annual*
HUCM	*Hebrew Union College Monographs*
ICC	International Critical Commentary
IDB	*Interpreter's Dictionary of the Bible*, ed. G. A. Buttrick; *Sup*, ed. K. Crim
IEJ	*Israel Exploration Journal*
Int	*Interpretation*
IOS	*Israel Oriental Society*
IRT	Issues in Religion and Theology
ITC	International Theological Commentary
ISBE	*International Standard Bible Encyclopedia*, ed. G. W. Bromiley
JAAR	*Journal of the American Academy of Religion*
JAC	*Jahrbuch fur Antike und Christentum*
JANES	*Journal of the Ancient Near Eastern Society*
JAOS	*Journal of the American Oriental Society*
JBL	*Journal of Biblical Literature*
JBLMS	*JBL* Monograph Series
JCS	*Journal of Cuneiform Studies*
JEA	*Journal of Egyptian Archaeology*
JESHO	*Journal of Economic and Social History of the Orient*
JFSR	*Journal of Feminist Studies in Religion*
JIES	*Journal of Indo-european Studies*
JJS	*Journal of Jewish Studies*
JNES	*Journal of Near Eastern Studies*
JNSL	*Journal of Northwest Semitic Languages*
JPS	Jewish Publication Society
JQR	*Jewish Quarterly Review*
JRAS	*Journal of the Royal Asiatic Society*
JSJ	*Journal for of Study of Judaism*
JSNT	*Journal for the Study of the New Testament*

JSOT	*Journal for the Study of the Old Testament*
JSP	*Journal for the Study of the Pseudepigrapha*
JTS	*Journal of Theological Studies*
K	Kethibh
KAH	*Keilschrifttexte aus Assur historischen Inhalts*
KAI	*Kanaanäische und aramäischeInschriften*, ed. H. Donner and W. Röllig
KJV	King James Version
KTU	*Die keilalphabetischen Texte aus Ugarit*, ed. M. Dietrich, O. Loretz, and J. Sanmartín
lat.	latín
LXX	Septuaginta
m.	murió
MAL	Middle Assyrian Laws
mar.	margen
NAB	New American Bible
NASB	New American Standard Bible
NCBC	New Century Bible Commentary
NEAEHL	*The New Encyclopedia of Archaeological Excavations in the Holy Land*, ed. E. Stern
NEB	New English Bible
NHMS	Nag Hammadi and Manichaean Studies
NHS	Nag Hammadi Studies
NIB	*The New Interpreter's Bible*, ed. L. Keck et al.
NIBC	New International Biblical Commentary
NICNT	New International Commentary on the New Testament
NICOT	New International Commentary on the Old Testament
NIDNTT	*New International Dictionary of New Testament Theology*, ed. C. Brown
NIGTC	New International Greek Testament Commentary
NIV	New International Version
NVI	Nueva Versión Internacional
NJB	New Jerusalem Bible
NJBC	*The New Jerome Biblical Commentary*, ed. R. E. Brown, J. A. Fitzmyer, and R. E. Murphy
NJPSV	New Jewish Publication Society Version
NKJV	New King James Version
NLT	New Living Translation
NovT	*Novum Testamentum*
NRSV	New Revised Standard Version
NT	Nuevo Testamento
NTOA	Novum Testamentum et orbis antiquus
NTS	*New Testament Studies*
OBO	Orbis biblicus et orientalis
OBT	Overtures to Biblical Theology
OE	Old English
OEANE	*Oxford Encyclopedia of Archaeology in the Near East*, ed. E. M. Meyers
OGIS	*Orientis Graecae Inscriptiones Selectae*, ed. W. Dittenberger OIP Oriental Institute Publications
OLZ	Orientalische Literaturzeitung
Or	Orientalia
OrSuec	*Orientalia suecana*
OTG	Old Testament Guides
OTL	Old Testament Library
OTP	*The New Testament Pseudepigrapha*, ed. J. H. Charlesworth
OTS	Old Testament Studies
OuTS	Oudtestamentische studien
PEF	Palestine Exploration Fund
PEQ	Palestine Exploration Quarterly
PGM	*Papyri graecae magicae*, ed. K. Preisendanz
pers. a.	persa antiguo
PTMS	Princeton Theological Monograph Series
PW	*Real-Encyclopädie der classischen Altertumswissenschaft*, ed. A. Pauly-G. Wissowa
Q	Qere
RB	*Revue biblique*
REB	Revised English Bible
ResQ	*Restoration Quarterly*
RevExp	*Review and Expositor*
RS	Texto Ras Shamra
RSO	*Revista degli studi orientali*
RSV	Revised Standard Version
SAOC	Studies in Ancient Oriental Civilization
SBLABS	Society of Biblical Literature Archaeology and Estudios Bíblicos
SBLDS	Society of Biblical Literature Dissertation Series
SBLEJL	Society of Biblical Literature Early Judaism and Its Literature
SBLMasS	Society of Biblical Literature Masoretic Studies
SBLMS	Society of Biblical Literature

	Monograph Series
SBLRBS	Society of Biblical Literature Resources for Biblical Study
SBLSBS	Society of Biblical Literature Sources for Biblical Study
SBLSCS	Society of Biblical Literature Septuagint and Cognate Studies
SBLSP	Society of Biblical Literature Seminar Papers
SBLSS	Society of Biblical Literature Semeia Studies
SBLWAW	Society of Biblical Literature Writings of the Ancient World
SBT	*Studies in Biblical Theology*
ScrHier	Scripta Hierosolymitana
SEÅ	*Svensk exegetisk årsbok*
sem.	semítico
SHANE	Studies in the History of the Ancient Near East
SJLA	Studies in Judaism in Late Antiquity
SJOT	*Scandinavian Journal of the Old Testament*
SJT	Scottish Journal of Theology
SNTSMS	Society for New Testament Studies Monograph Series Sond Sonderreihe
SOTSMS	Society for Antiguo Testamento Studies Monograph Series
SPB	Studia postbiblica
SR	*Studies in Religion/Sciences religieuses*
SSN	Studia semitica neerlandica
STDJ	Studies on the Texts of the Desert de Judah
sum.	sumerio
Sup	Supplement o Suplemento
SVTP	Studia in Veteris Testamenti Pseudepigrapha
sir.	siriaco
TBT	*The Bible Today*
TD	*Theology Digest*
TDNT	*Theological Dictionary of the New Testament*, ed. G. Kittel and G. Friedrich
TDOT	*Theological Dictionary of the Old Testament*, ed. G. J. Botterweck, H. Ringgren, and H.-J. Fabry
TEV	Today's English Version
Tg.	Targum
TGUOS	*Transactions of the Glasgow University Oriental Society*
TM	Texto Masorético
TNTC	Tyndale New Testament Commentaries
TOTC	Tyndale Old Testament Commentaries
TS	*Theological Studies TynBul Tyndale Bulletin*
UBS	United Bible Societies
UF	*Ugarit-Forschungen*
ugar.	ugarítico
USQR	*Union Seminary Quarterly Review*
UT	C. H. Gordon, *Ugaritic Textbook*
UUÅ	Uppsala universitetsårsskrift
VC	*Vigiliae christianae*
VT	*Vetus Testamentum*
VTSup	Supplements to *VT*
Vulg.	Vulgata
WBC	Word Biblical Commentary
WTJ	*Westminster Theological Journal*
WUNT	*Wissenschaftliche Untersuchungen zum Neuen Testament*
WVDOG	Wissenschaftliche Verdefentlichungen der Deutschen Orientgesellschaft
ZA	Zeitschrift für Assyriologie
ZÄS	Zeitschrift für ägyptische Sprache und Altertumskunde
ZAW	Zeitschrift für die alttestamentliche Wissenschaft
ZDMG	Zeitschrift der deutschen morgenländischen Gesellschaft
ZDPV	Zeitschrift des deutschen Palästina-Vereins
ZNW	*Zeitschrift für die neutestamentliche Wissenschaft*

Libros Bíblicos

Antiguo Testamento

Gn	Génesis
Ex	Éxodo
Lv	Levítico
Nm	Números
Dt	Deuteronomio
Jos	Josué
Jue	Jueces
Rt	Rut
1–2 S	1–2 Samuel
1–2 R	1–2 Reyes
1–2 Cr	1–2 Crónicas
Esd	Esdras
Neh	Nehemías
Est	Ester
Job	Job

Sal	Salmos
Pr	Proverbios
Ec	Eclesiastés
Cnt	Cantares
Is	Isaías
Jer	Jeremías
Lm	Lamentaciones
Ez	Ezequiel
Dn	Daniel
Os	Oseas
Jl	Joel
Am	Amós
Abd	Abdías
Jon	Jonás
Mi	Miqueas
Nah	Nahúm
Hab	Habacuc
Sof	Sofonías
Hag	Hageo
Zac	Zacarías
Mal	Malaquías

Nuevo Testamento

Mt	Mateo
Mr	Marcos
Lc	Lucas
Jn	Juan
Hch	Hechos
Ro	Romanos
1–2 Co	1–2 Corintios
Ga	Gálatas
Ef	Efesios
Fil	Filipenses
Col	Colosenses
1–2 Ts	1–2 Tesalonicenses
1–2 Ti	1–2 Timoteo
Tit	Tito
Flm	Filemón
He	Hebreos
Stg	Santiago
1–2 P	1–2 Pedro
1–2–3 Jn	1–2–3 Juan
Jud	Judas
Ap	Apocalipsis

Libros apócrifos o deuterocanónicos

Tb	Tobit
Jdt	Judit
Ad Est	Adiciones a Ester
Sab	Sabiduría
Ecle	Eclesiástico
Bar	Baruc
C. Jer	Carta de Jeremías
Or Azar	Oración de Azarías
Sus	Susana
Bel	Bel y el dragón
1–2–3–4 Mac	1–2–3–4 Macabeos
1–2 Esd	1–2 Esdras
Or Man	Oración de Manasés

Obras Antiguas

Libros pseudoepigráficos

Adán y Eva	Vida de Adán y Eva
Ap Ab	Apocalipsis de Abraham
2–3 Ap Bar	2–3 Apocalipsis de Baruc
Ap El	Apocalipsis de Elías
Ap Ms	Apocalipsis de Moisés
Asc Ms	Ascensión de Moisés
Asc Is	Ascensión de Isaías
1–2–3 En	1–2–3 Enoc
Ep Arist	Epístola de Aristeas
Ap Gr Esd	Apocalipsis Griego de Esdras
Hist Rec	Historia de lo Recabitas
Jub	Jubileos
Mart Is	Martirio de Isaías
Od Sal	Odas de Salomón
Sal Sal	Salmos de Salomón
Or Sib	Oráculos Sibilinos
T 12 Patr	Testamentos de los Doce Patriarcas
T Benj	Testamento de Benjamín

Rollos del Mar Muerto

DC	Documento de Damasco (Fragmento Zadokita)
1QapGen	Génesis Apócrifo
1QH	Himnos de Acción de Gracias (*Hôdayôt*)
1QIsa[a,b]	Rollo de Isaías, primera y segunda copias
1QM	Rollo de la Guerra (*MilFāmâ*)
1QpHab	Pesher de Habacuc
1QS	Manual de Disciplina/Regla de la Comunidad (*Serek hayyaFad*)
3Q15/3QInv	Rollo de cobre
4QDibHam	Palabras de las Luminarias
4QMess ar	Texto «Mesiánico» Arameo
4QpNah	Pesher de Nahum

4QpPs37	Pesher del Salmo 37
4QSam	Texto de Samuel
4QTob	Texto de Tobit
4QXII	Texto de los Profetas Menores
11QMelch	Texto de Melquisedec
11QT	Rollo del Templo
8Hev XII gr	Texto griego de los Profetas Menores de Naḥal Hever

Textos Rabínicos

ʿAbod. Zar.	*ʿAboda Zara*
ʾAbot. R. Nat.	*ʾAbot de Rabbi Nathan*
ʿArak.	*ʿArakin*
b.	Talmud babilonio
B. Bat.	*Baba Batra*
Bek	*Bekorot*
Ber.	*Berakot*
Bik.	*Bikkurim*
B. Mej	*Baba Mejiʿa*
B. Qam.	*Baba Qamma*
Dem.	Demai
ʿEd.	ʿEduyyot
ʿErub.	ʿErubin
Giṭ.	Ginnin
Hag.	Hagiga
Hal.	Halla
Hor.	Horayot
Hul.	Hullin
Ker.	Keritot
Ketub.	*Ketubot*
Kil.	*Kilʾayim*
m.	Mishnah
Maʿas.	*Maʿaserot*
Mak.	*Makkot*
Makš.	*Makširin*
Meg.	*Megilla*
Meʿil.	*Meʿila*
Menah	*Menaḥot*
Mid.	*Middot*
Midr.	Midrash
Miqw.	*Miqwaʾot*
Moʿed Qan.	*Moʿed Qanan*
Ned.	*Nedarim*
Neg.	*Negaʿim*
Nez.	*Neziqin*
Nid.	*Niddah*
Ohol.	*Oholot*
ʿOr.	*ʿOrla*
Pesaḥ	*Pesaḥim*
Qidd.	*Qiddušin*
Qod.	*Qodašin*
Gen. Rab. (etc.)	*Genesis Rabbah*
Roš Haš.	*Roš Haššana*
Šabb.	*Šabbat*
Sanh.	*Sanhedrin*
Šeb.	*Šebiʿit*
Šebu.	*Šebuʿot*
Šeqal.	*Šeqalim*
Sop.	*Soperim*
Sukk.	*Sukka*
t.	Tosepta
Taʿan.	*Taʿanit*
Tem.	*Temura*
Ter.	*Terumot*
Tg. Ps.-J.	*Targum Pseudo-Jonathan*
Tohar.	*Toharot*
T. Yom	*Tebul Yom*
ʿUq.	*ʿUqjin*
y.	Talmud de Jerusalén
Yad.	*Yadayim*
Yebam.	*Yebamot*
Zebaḥ.	*Zebaḥim*
Zer.	*Zeraʿim*

Escritos Cristianos Antiguos

Hch. Pil.	Hechos de Pilato
Ap. P.	Apocalipsis de Pedro
Const Apost.	Constituciones Apostólicas
Agustín	
Civ. Dei	De civitate Dei (Ciudad de Dios)
Ber.	Bernabé
Basilio (el Grande)	
Ep.	Epístolas
1–2 Clem.	1–2 Clemente
Clemente de Alejandría	
Ecl. proph.	Eclogae ex scriptorisprophetics
Exhort.	Exhortation to the Greeks (Protrepticus)
Misc.	Miscellanies (Stromateis)
Did.	Didache
Epifanio	
Adv. haer.	Adversus lxxx haereses (Panarion)
Eusebio *HE*	*Historia ecclesiastica*
Onom.	Onomasticon
Praep. ev.	Praeparatio evangelica

Vita Const.	Vida de Constantino
Ev. Tom.	Evangelio de Tomás
Hermas *Vis.*	*Visiones*
Hipólito *Ref.*	*Refutación de todas las Herejías*
Ignacio de Antioquía *Ef.*	*Epístola a los Efesios*
Magn.	*Epístola a los Magnesios*
Fld.	*Epístola a los Filadelfos*
Polic.	*Epístola a Policarpo*
Rom.	*Epístola a los Romanos*
Esmirn.	*Epístola a los Esmírneos*
Tral	Epístola a los Tralienses
Ireneo	
Adv, haer.	*Adversus omnes haereses*
Jerónimo *Ep.*	*Epistulae*
Justino Mártir	
Apol.	Apologia
Dial.	Dialogus contra Tryphonem
Lactancio	
Div. inst.	*Divinae institutiones*
Mart. Pol.	Martirio de Policarpo
Orígenes *Comm. en Jn.*	*Comentario de Juan*
Contra Cels.	Contra Celsum
De prin.	De principiis
Ex. mart.	Exhortación al Martirio
Hom. Luke	Homilías sobre Lucas
Policarpo de Esmirna *Fil.*	*Epístola a los Filipenses*
Prot. Stg.	Protoevangelio de Santiago
Tertuliano	
Ad Mart.	Ad Martyras
Adv. Marc.	Adversus Marcionem
Apol.	Apologeticus
De bapt.	De baptismo
De fuga	De fuga in persecutione
De praescr. haer.	De praescriptione haereticorum
Vicente de Lérins	
Common.	Commonitorium

Otras Obras Antiguas

Esquilo *Sup.*	*Las Suplicantes*
Aristophanes	
Plut.	Pluto
Ateneo *Deip.*	*Deipnosdeistass*
M. Aurelio *Med.*	*Meditaciones*
Cícero *De leg.*	*De legibus*
Ep. ad Fam.	Epistulae ad familiares
Tusc. disp.	Tusculanae disputationes
Verr.	In Verrem
Curcio Rufo	
Hist. Alex.	Historiae Alexandri Magni
Dion Casio *Hist.*	*Historia Romana*
Diodorus Siculus	
Hist.	Biblioteca Histórica
Dionisio de Halicarnaso	
Arq. Rom.	Arqueología Romana
Eurípides *Alc.*	*Alcestis*
Iph. A.	Iphigenia in Aulis
Iph. T.	Iphigenia in Tauris
Tro.	Trojan Women
Heródoto *Hist.*	*Historia*
Hesíodo *Teog.*	*Teogonía*
Homero *Od.*	*Odisea*
Josefo *Cont. Ap.*	*Contra Apionem*
Ant.	Antigüedades Judías
BJ	Bellum Judaicum (The Jewish War)
Vita	Vida
Livy *Urb. cond.*	*Ab urbe condita*
Ovidio *Metam.*	*Metamorfosis*
Pausanias	
Descr. Gr.	Descripción de Grecia
Filón *Apol. Jud.*	*Apologia pro Iudaeis*
Flacc.	Contra Flaccum
Heres	Quis rerum divinarum heres
Leg.	De legatione ad Gaium
Quod omn.	Quod omnis probus liber sit
Somn.	De somniis
Spec. leg.	De specialibus legibus
Filóstrato	
Vit. Ap.	Vida de Apolonio de Tiana
Focio *Bibl.*	*Biblioteca (Myriobiblion)*
Platón *Symp.*	*Symposium*
Plinio (El Viejo)	
Nat. hist.	Naturalis historia
Plinio (el Joven) *Ep.*	*Epistulae*
Plutarco *Cic.*	*Cícero*
Quaest. conv.	Quaestiones convivales
Vita Caes.	Vida de César
Polibio *Hist.*	*Historias*
Pseudo-Filón	

LAB	Liber antiquitatum biblicarum (Antigüedades Bíblicas)
Ptolomeo *Geog.*	*Geografía*
Quintiliano	
Inst. orat.	De institutione oratoria
Séneca *Dial.*	*Diálogos*
Ep.	Ad Lucilium epistulae morales
Strabo *Geog.*	*Geografía*
Suetonio *Claud.*	*Vida de Claudio*
Tácito *Ann.*	*Annales ab excessu divi Augusti*
Hist.	Historias
Varro	
De ling. lat.	De lingua latina
Veleyo Patérculo	
Hist. rom.	Historia romana
Jendeonte *Anab.*	*Anábasis*
Laced.	Lacedaemoniorum republica (Constitución de Esparta)

A

A
Símbolo usado para designar el Códice Alejandrino.

AARÓN (Heb. *ʾahărōn*)
Descendiente de Leví y hermano de Moisés (Ex 6.20; Nm 26.59; 1 Cr 6.3 [TM 5.22]), que junto con Moisés y su hermana, María, guiaron a los israelitas fuera de Egipto y a través el desierto (Mi 6.4; Ex 4.10-16; 7.1-25). Fue el primer sumo sacerdote de Israel y antepasado de la familia sacerdotal de los sacerdotes aaronitas (Ex 28.1-2; Nm 18.1-7).

Sumo sacerdote (Éxodo-Números y Crónicas)
Aarón y sus descendientes son presentados frecuentemente como figuras centrales y sacerdotes predominantes del culto de Israel en Éxodo-Números y 1-2 Crónicas. Aproximadamente el 85 por ciento del número total de referencias a Aarón en la Biblia (346) se concentra en los libros del Pentateuco: Éxodo, Levítico y Números. Allí, especialmente en las así llamadas secciones sacerdotales del Pentateuco, Aarón y sus hijos son los sumos sacerdotes exaltados que supervisan los sacrificios de Israel y el culto centrado en el arca y el tabernáculo (Ex 27-30). Los aaronitas son responsables del Urim y Tumim, las suertes sagradas para determinar la voluntad de Jehová (Ex 28.30; Lv 8.5-9; Nm 27.21). Aarón y sus hijos son los únicos sacerdotes autorizados a presidir los variados rituales y ofrendas (Lv 6-8). La ceremonia de ordenación de Aarón y sus hijos se relata en Levítico 8-9. En Levítico 21 aparece una lista de una serie de prescripciones diseñadas para mantener la santidad del sacerdocio aaronita. Aarón es descendiente de la tribu sacerdotal de Leví (Ex 6.16-25), pero Aarón y sus hijos representan un clan especial entre los levitas que en forma única están autorizados a acercarse y oficiar en los rituales asociados con el tabernáculo de reunión (Nm 3.5-10). Se asigna a Aarón y sus hijos el deber de bendecir a los israelitas en la forma de la así llamada bendición aarónica en Números 6.22-27. El predominio sacerdotal de Aarón por sobre los otros levitas se enfatiza en la rebelión de Coré, Datán, y Abirám en Números 16, el florecimiento de la vara de Aarón en Números 17, y la clasificación de responsabilidades sacerdotales entre los aaronitas y otros levitas (Nm 18).

Los libros de 1-2 Crónicas, posteriores al exilio babilónico, reflejan una perspectiva elevada del clero aaronita, similar a la hallada en la tradición sacerdotal del Pentateuco. Aarón y sus descendientes presentan ofrendas y sacrificios expiatorios en «el lugar santísimo» (1Cr 6.49 [34]). Los sacerdotes aaronitas son «apartados» de otros levitas para los deberes más sagrados de la adoración del templo en quemar incienso, ministrar, y bendecir (1Cr 23-24; cf. 2Cr 26.16-21).

En otras partes del Antiguo Testamento
Las alusiones a Aarón o a los sacerdotes aaronitas son muy raras o no aparecen en otras secciones del AT, tales como en la historia deuteronomista o en los libros proféticos. Incluso el libro de Ezequiel, escrito durante el exilio babilónico, que dedica atención significativa a asuntos relacionados con los sacerdotes y la adoración de templo, nunca menciona a Aarón o a los aaronitas. En cambio, Ezequiel denomina otro grupo sacerdotal, «los hijos de Sadoc», como los sumos sacerdotes verdaderos que reciben la ayuda de los levitas (Ez 40.46; 44.15; 48.11). Igualmente, 1-2 Samuel y 1-2 Reyes raramente mencionan al clero aaronita y se concentran en cambio en los levitas y los descendientes de Sadoc como sacerdotes durante la monarquía de Israel (p. ej. 1 R 2.27). Así, el clero aaronita desempeñó por lo visto un papel exiguo en la mayoría de la literatura del preexilio y el exilio (historia deuteronomística y Ezequiel). Sin embargo, la figura de Aarón y el sacerdocio aaronita surgieron, aparentemente, como el grupo sa-

cerdotal preeminente en el segundo templo o período del postexilio, como responsables de la adoración y rituales en el templo de Jerusalén.

Representaciones negativas y no sacerdotales

Las secciones del Pentateuco que los eruditos a menudo datan como previas a las tradiciones sacerdotales del exilio tienden a retratar a Aarón en una función no sacerdotal, compartiendo el liderazgo junto a Moisés (Ex 4.27-31; 11.10; 12.31; 16.33-34). Estas tradiciones más tempranas en el Pentateuco también retratan a Aarón negativamente, en oposición o en rebelión contraMoisés o Jehová (Ex 32, la idolatría del becerro de oro; Nm 12, la rebelión de Aarón y María contra Moisés; Nm 20, la infidelidad de Moisés y Aarón al golpear la roca). La única referencia profética a Aarón en Miqueas 6.4 presenta a Aarón simplemente como un líder más de los israelitas en el desierto, junto con Moisés y María.

Nuevo Testamento

El sacerdocio de Aarón disminuye en importancia a la luz de la importancia expiatoria de la muerte y resurrección de Jesús en el NT. En Hechos 7.40 se recuerda la participación idólatra de Aarón con el becerro de oro. La Epístola a los Hebreos reconoce el papel legítimo de Aarón como sumo sacerdote (He 5.4), y aún así afirma ahora a Cristo como el sumo sacerdote superior que se levantó «según el orden de Melquisedec» (cf. Gn 14.17-24) antes que «según el orden de Aarón» (He 7.11).

Carácter: Un resumen

La forma presente del texto bíblico equilibra la prominencia de Aarón como líder y sacerdote con una percepción del potencial de desobediencia entre todos los líderes, incluso en un sumo sacerdote como Aarón (Ex 32.1-6, 25; Lv 10.1-3; Nm 12.1-16; 20.1-13). Al final, tanto el sumo sacerdote Aarón como el incomparable profeta y líder Moisés son penados a morir sin entrar en la tierra prometida de Canaán (Nm 20.12, 22-29; Dt 34.1-12). Aarón, como muchos líderes y figuras prominentes en la Biblia, tiene una humanidad falible, pero él permaneció al mismo tiempo como un agente eficaz para la obra bendita y salvífica de Dios entre el pueblo de Dios.

Bibliografía. A. Cody, A History of Old Testament Priesthood. AnBib 35 (Roma, 1969); W. Horbury, «The Aaronic Priesthood in the Epistle to the Hebrews» JSNT 19 (1983): 43-71; R D. Nelson, Raising Up a Faithful Priest: Community and Priesthood in Biblical Theology (Louisville, 1993); L. Sabourin, Priesthood: A Comparative Study. Studies in the History of Religions 25 (Leiden, 1973).

Dennis T. Olson

AB (Heb. *'ab*)

Quinto mes del sagrado calendario hebreo (julio-agosto); este nombre adoptado en la época posterior al exilio babilónico, fue tomado prestado por los judíos del abu babilonio. En este mes se cosechan las uvas y los higos y en el séptimo día un gran ayuno conmemora la destrucción de Jerusalén por parte de Nabucodonosor (587-586 a. C.).

ABADÓN (Heb. *'ăbaddôn*)

Significa en hebreo «lugar de destrucción», del verbo *'ābad*, «fallecer» o «fallar» En sus cinco menciones en el AT (Sal 88.11 [TM 12]; Job 26.6; 28.22; 31.12; Pr 15.11), es un sinónimo de «Seol».

En el griego del NT *Abaddṓn* es el nombre de un ángel que gobierna un enjambre mortal de langostas, que el visionario ve como una plaga sobre la humanidad, y gobierna sobre el infierno en sí (Ap 9.11). Parece que la base de esta «personificación» se remonta hacia Job 28.22, donde Abadón habla, junto con la «muerte».

Jim West

ABAGTA (Heb. *ăbagtā'*)

Uno de siete eunucos del rey Asuero (Jerjes I, aprox. 480 a. C.) que sirvió como su funcionario (Est 1.10). El nombre es probablemente de origen iraní medo (quizás «el regalo de la fortuna»).

ABANA (Heb. *'ăbānâ*)

Río, junto con el río Farfar al sur, que alimenta el gran oasis Ghouta en donde está localizada la ciudad de Damasco. El nombre moderno del río es Barada; su fuente está en una gran laguna elevada en la cordillera del Antilíbano (por lo general identificada con el Monte Amana; cf. Cnt 4.8). El río desciende por el este de la montaña, fluye por Damasco, y desaparece en un lago pantanoso al este de la ciudad. El Abana y el Farfar son en gran parte responsables de la fertilidad por la que la región de Damasco es famosa; ellos proporcionan una barda contra la invasión del desierto del Este.

Naamán, el general del ejército de las fuerzas de arameas, compara el Abana (Q Amana) y el Farfar con el río de Jordán en el cual Eliseo le dijo que se zambullese siete veces para curar su lepra (2R 5.12).

Ronald A. Simkins

ABARIM (Heb. *'ăḇārîm*)
Un cordón montañoso al este del Mar Muerto y frente al desierto de Judea, cuya faz da al valle del Jordán. El nombre probablemente refleja la antigua orientación oriental: uno iría al Abarim (es decir, «la región más allá») en un viaje hacia el este a Transjordania.

Ya que los israelitas se acercaron a Canaán desde el este, ellos tuvieron que pasar por el Abarim. Ellos acamparon en sus alturas y descendieron de ellas a las llanuras de Moab (Nm 33.47-48). Del Monte Nebo, una de las cumbres del Abarim, Moisés vio la Tierra Prometida (Dt 32.49).

Jeremías da al Abarim la mismo importancia geográfica que El Líbano y Basán (22.20), sugiriendo que el Abarim fue visto como abarcando un territorio geográfico grande. Hay alguna indicación que a veces el nombre Abarim se refirió a las montañas al sur de Moab (Nm 33.44), aunque no se den límites algunos para el Abarim.

David Merling

ABBA (Gk. *abbá*)
Término para dirigirse a Dios. Las tres veces que aparece en el NT está seguido de la traducción nominativa « (el) Padre». Marcos asevera que Jesús se dirigió a Dios como «Abba Padre» en el huerto de Getsemaní (14.36), pero tanto Mateo (26.39, 42) como Lucas (22.42) omiten la palabra Abba. Pablo afirmó que el Espíritu clama «Abba Padre» en los corazones de creyentes (Gá 4.6) y que los creyentes claman «Abba Padre» en el Espíritu de adopción (Ro 8.15).

Aunque la fórmula «Abba (el) Padre» trata Abba como una forma de estado enfática, Abba funciona como un vocativo en el NT. Algunas traducciones por lo tanto acentúan esta fórmula como «¡Abba Padre!» Ya que tanto niños pequeños como niños mayores se dirigían a sus padres como «Abba», esta palabra debe ser traducida como «padre» y no como «papacito». Abba no puede ser definido como un mero balbuceo expresado por niños pequeños. La mayoría de los eruditos suponen que Abba es una palabra aramea, aunque el hebreo no puede ser excluido.

Bibliografía. J. Jeremias, The Prayers of Jesus. SBT 2/6 (Naperville, 1967), 11-65; J. Barr, «'Abbā Isn't 'Daddy'», JTS n.s. 39 (1988): 28-47; M. R D'Angelo, «'Abbā and 'Father'», JBL 111 (1992): 611-30.

Robert L. Mowery

ABDA (Heb. *'aḇdā'*) (veáse también OBADÍAS)

1. Padre de Adoniram, uno de funcionarios de Salomón (1R 4.6).

2. Levita, el hijo de Samúa, que se estableció en Jerusalén después del exilio (Neh 11.17). En 1 Crónicas 9.16 presentan su nombre como Obadías el hijo de Semaías.

ABDEEL (Heb. *'aḇdĕ'ēl*)
Padre de Selemías, uno de los cortesanos de Joacim (Jer 36.26).

ABDI (Heb. *'aḇdî*)

1. Un levita de la familia de Merari. Era el abuelo de Etán, un cantor del templo durante los días de David (1Cr 6.44 [TM 29]).

2. Padre del levita Cis, un contemporáneo del rey Ezequías (2Cr 29.12).

3. Israelita que tuvo que divorciar de su esposa extranjera durante el ministerio de Esdras (Esd 10.26; 1 Esd 9.27)

ABDÍAS (Heb. *'ōḇadyâ, 'ōḇadyāhû*)

1. El administrador o mayordomo a cargo de la casa del rey Acab (1 R 18.3-16) que supervisó la finca de Acab y, probablemente, fue el responsable del comercio real y la minería. Como devoto adorador de Jehová, escondió 100 profetas de Jehová durante el programa de Jezebel y, a petición de Elías, organizó una audiencia para Elías con Acab, una reunión que llevó al enfrentamiento entre Elías y los profetas de Baal.

Bibliografía. T. N. D. Mettinger, *Solomonic State Officials.* ConBOT 5 (Lund, 1971).

2. Un descendiente posterior al exilio de David, uno de los hijos de Hananías (1Cr 3.21).

3. Un jefe de la tribu de Isacar, hijo de Israhías (1Cr 7.3).

4. Un hijo de Benjamín, el hijo de Azel y un descendiente de Saúl (1Cr 8:38; 9:44).

5. Un levita que fue uno de los primeros en regresar a Jerusalén (1Cr 9.16). También puede ser llamado Abda (Neh 11.17).

6. Un líder gadita que se unió al ejército de David en Siclag y sirvió como un guerrero y oficial (1Cr 12.9).

7. El padre de Ismaías, que era un gobernante de la tribu de Zabulón durante los últimos días de David (1Cr 27.19).

8. Un príncipe encargado por el rey Josafat para enseñar la «ley de Jehová» al pueblo de Judá (2Cr 17.7-9).

9. Un merarita levita que ayudó a supervisar la reparación del templo durante el reinado de Josías (2Cr 34.12).

10. Un jefe de familia que regresó a Jerusalén con Esdras; descendiente de Joab (Esd 8.9).

11. Un líder que añadió su sello a la renovación del pacto bajo Esdras y el liderazgo de Nehemías (Neh 10.5[6]). Él puede ser el mismo individuo como **10** anteriormente.

12. Un portero durante el sumo sacerdocio de Joiacim cuya tarea era la de vigilar las entradas de las puertas (Neh 12.25).

13. Abdías el profeta, quien muy probablemente vivió y ministró c. a mediados del siglo V a.C.

MICHAEL A. GRISANTI

ABDÍAS (Heb. *ʿōḇaḏyâ*), LIBRO DE

Uno de los doce profetas menores, con sólo 21 versículos, el libro más corto de la Biblia hebrea. En el TM se sigue a Amós, quizás porque los compiladores canónicos querían conectarlo con Amós 9.12; la LXX agrupa los tres libros sin fecha (Joel, Abdías, Jonás) juntos siguiendo los tres libros del siglo VIII (Oseas, Amós, Miqueas).

Texto

El texto hebreo de Abdías ha sido bien conservado. El texto más antiguo que existe está en el rollo de los Profetas Menores de Wadi Murabbaʿat (c. 135 d.C.), un texto protomasorético que difiere del Códice de Leningrado (1008 d.C.) en unos pocos lugares. Las antiguas versiones también dan fe de los textos que por lo general están de acuerdo con el Códice de Leningrado.

Estilo

El libro consta de una composición poética (vv. 1-18) con una conclusión en prosa (vv. 19-21). La poesía muestra la utilización sistemática y dominante de paralelismo que opera «horizontalmente» entre dos líneas contiguas o cola y «verticalmente» entre las agrupaciones más grandes de las líneas o cola. Las líneas poéticas son escuetas, por lo general de 4-10 sílabas y 2-4 acentos de longitud. La poesía también se basa en una acción común de las imágenes, aunque no hay una imagen que se desarrolla más allá de un solo verso: p.ej., v. 4 compara la morada excelsa de Edom con la de un nido de águila; v. 10 equipara la vergüenza de una ropa que cubrirá a Edom; v. 16 emplea la metáfora de la copa de la ira; y v. 18 compara a Israel con el fuego y a Edom con estopa.

Composición

Mucho debate académico se ha concentrado en la historia de la composición del libro y la unidad. Las evaluaciones varían de una unidad originalmente compuesta por una persona llamada Abdías a una colección de ocho fragmentos originalmente independientes. Algunos estudiosos suponen una falta de unidad original, pero consideran que el libro en su forma final para reflejar cohesión redaccional. Lo que hace que el debate es la cantidad de diversidad evidente en el libro en términos de estilo, énfasis y perspectiva. Si el lector asume que el discurso profético puede emplear perspectivas divergentes e incluso disonantes, énfasis y estilos dentro de la misma composición, entonces no hay razón para dudar de la unidad original de este pequeño libro.

Paralelos bíblicos

Abdías ofrece un estudio de la intertextualidad ya que muchas de sus expresiones, imágenes y motivos aparecen en el AT en otros lugares. Casi cada versículo refleja paralelismos con otros textos bíblicos. Particularmente significativo es la superposición entre Abdías y la profecía de Edom de Jeremías (vv. 1-4 = Jer 49.14-16; vv. 5-6 = Jer 49.9-10; vv. 7-8 = Jer 49.7) y entre Abdías y partes de Joel (v. 10 = Joel 3.19[TM 4.19]; v. 11 = Joel 3.3[4.3]; v. 15a = Joel 1.15; 2.1; 3.14[4.14]; v. 15b = Joel 3.4, 7[4.4, 7]; v. 17 = Joel 2.32[3.5]; 3.17[4.17]). El grado de superposición plantea la cuestión de la dependencia. La mayoría de los estudiosos sostienen que Abdías dependía de que Jeremías o ambos utilizaran una tercera fuente, y Joel dependió de Abdías.

Fecha y marco histórico

A diferencia de otros libros proféticos, el título no proporciona información cronológica. Sólo sabemos el nombre del profeta («el que sirve a Jehová»), un nombre muy común en el antiguo Israel. Cualquier otra información debe inferirse de los contenidos de la profecía. Tradiciones judías tempranas, seguidas por Jerónimo, identificaron al profeta con el Abdías de 1 Reyes 18, el oficial a cargo del palacio de Acab que escondió 100 profetas. Algunos eruditos lo sitúan en el momento de la rebelión de Edom contra Joram c. 845 a.C. (2R 8.20-22; 2Cr 21.8-17). Las dos fechas propuestas harían que nuestro profeta fuese el más antiguo de los profetas escritores, casi un siglo antes que Amós. Otros eruditos datan Abdías entre mediados y finales del siglo V durante el período persa. Lutero y Calvino lo localizaron después de la caída de Jerusalén en 587/586, y los eruditos más recientes coinciden en colocar al menos el núcleo del libro en el exilio babilónico.

El libro parece encajar mejor en la primera mitad del período del exilio, después de la caída de Judá y de Jerusalén ante Babilonia en 587/586 y antes de la caída de Edom en 553. De acuerdo con los vv. 10-14 los edomitas se pusieron del lado de los «extranjeros» que atacaron a Judá y Jerusalén. El profeta condena a los edomitas por regodearse con la caída de Judá, saqueando las ciudades de Judá, y capturando a los refugiados de Judá (cf. Ez 25.12-14; 35–36; Sal 137; Lam 4.21-22). Trabajos arqueológicos recientes han revelado una presencia edomita en el Neguev durante el siglo VII–principios del siglo VI, por lo que algunos edomitas tuvieron la oportunidad de tomar ventaja de los problemas de Judá. Quizá esta presencia proporciona el fondo de la declaración en el v. 20: «Los cautivos de Jerusalén que están en Sefarad poseerán las ciudades del Neguev» (los exiliados que regresaron recuperarán las ciudades del Neguev del control edomita). El proceso de asentamiento edomita en el sur de Judá continuó de manera que más tarde esta área fue llamada Idumea. Según la Crónica de Nabonido de Babilonia, Nabonido de Babilonia hizo campaña contra Edom en 553 (cf. vv. 7, 11); La arqueología parece dar fe de esta campaña, ya que varios sitios edomitas revelan evidencia de destrucción en el siglo VI. Durante el período persa los nebateos comenzaron a emigrar a la tierra de Edom.

Estructura y género

El libro se divide en cinco partes: vv. 1-4; 5-7; 8-15; 16-18; 19-21, conectado por el uso de enlaces y tópicos gramaticales.

La voz del autor del libro es el profeta Abdías, que funciona como portavoz de Jehová y aborda el discurso de Jehová a Edom en vv. 1-15 y a Judá en vv. 16-18. El uso de la forma plural de «vosotros» en v. 16a señala el cambio de destinatario a los hijos de Judá. Los últimos tres versículos se presentan como propia expansión del profeta. Los dos primeros tercios del libro (vv. 1-15) consisten en anuncios de la fatalidad, la acusación y la advertencia para Edom, mientras que la última tercera parte (vv. 16-21) contiene promesas de restauración y victoria para Israel. Gran parte del libro se refiere a los edomitas que, según la tradición bíblica, son los descendientes de Esaú. El discurso profético de juicio contra Edom ocurre también en Isaías, Jeremías, Ezequiel, Joel, Amós, y Malaquías. Esto es parte de una categoría más amplia, las profecías contra las naciones extranjeras.

Contenido

Abdías anuncia la fatalidad futura de Edom. Dio os ha reclutado a las naciones para atacar a Edom y con ello quebrantará a Edom, a pesar del sentido de seguridad de Edom en función de su ubicación en las montañas de Edom (vv. 1-4). Los escondites de Edom y los tesoros escondidos no pasarán desapercibidos (vv. 5-7); las naciones que atacan resultarán ser propios socios del pacto de Edom (es decir, ¿los babilonios?). Dios destruirá a los sabios de Edom, y aterrorizará a sus guerreros para que todo el mundo sea cortado de Edom (vv. 8-9). El profeta intenta persuadir a Edom que ninguno de sus puntos fuertes y defensas pueden defenderlos de la inminente destrucción: su estatus entre las naciones, su ubicación inaccesible, escondites y riquezas, aliados, sabiduría y el poder militar.

Abdías a continuación explica las bases para el futuro juicio para Edom como se basa en la pasada violencia de Edom contra su propio hermano, Jacob (v. 10). En vez de venir a la defensa de su hermano, los edomitas tomaron parte con los invasores «extranjeros» y «extraños» e incluso actuó como uno de esos extraños (v. 11). Los versículos 12-14 cumplen una doble función. En primer lugar, especifican los cargos: Edom se regodeaba con la desaparición de Judá y se aprovechó de la situación por el saqueo y la captura de los sobrevivientes de Judá. En segundo lugar, sirven como advertencias para Edom para detener sus hostilidades contra los judaítas antes de que sea demasiado tarde (v. 15a). En aquel día Jehová juzgará a Edom (y presumiblemente las otras naciones; v. 15b).

Comenzando en el v. 16 el profeta se dirige a la cuestión del estado futuro de Israel. Si bien el juicio de Edom se basa en las acciones pasadas de Edom, la futura restauración de Israel se basa únicamente en el compromiso incondicional de Dios a Jacob y Sión. Esto se representa como una revocación de la sentencia recientemente vivida por Israel. Así como los hijos de Judá y Jerusalén bebieron la copa de la ira de Jehová, así también las otras naciones, incluyendo Edom tendrán que beberla (v. 16; Jer 25.15-29). Pero el monte Sión será el lugar de escape del juicio divino inminente (v. 17a). Considerando que fue profanado por «extranjeros» y «extraños» en el pasado (v. 11), en el futuro Sión recuperará su estatus sagrado (v. 17a; cf. Joel 3.17[4.17]). Los israelitas van a recuperar su tierra (v. 17b), y derrotarán y erradicarán completamente a Edom (v. 18).

La conclusión se expande en las promesas divinas hechas en vv. 17-18. Todo Israel, incluyendo a los exiliados, recuperarán la totalidad de sus tierras (vv. 19-20), y el monte Sión gobernará sobre el monte de Esaú (v. 21a). Jehová manifestará definitivamente su dominio sobre todas las naciones (v. 21b). Estos dos temas del reino escatológico de Jehová y el día escatológico de Jehová (v. 15) llegaron a ser importantes en el NT y por lo tanto contribuyen a la importancia continuada de Abdías.

Bibliografía. J. R. Bartlett, *Edom and the Edomites*. JSOTSup 77 (Sheffield, 1989); E. Ben Zvi, *A Historical-Critical Study of the Book of Obadiah*. BZAW 242 (Berlin, 1996); P. R. Raabe, *Obadiah*. AB 24 (New York, 1996); «Why Prophetic Oracles against the Nations?» in *Fortunate the Eyes That See*, ed. A. B. Beck et al. (Grand Rapids, 1995), 236-57; H. W. Wolff, *Obadiah and Jonah* (Minneapolis, 1986).

PAUL R. RAABE

ABDIEL (Heb. *ʿabdîʾēl*)
Gadita que moró en Galaad o en Basán. Fue el padre del jefe Ahí (1 Cr 5.15).

ABDÓN (Heb. *ʿab̲dôn*) (**LUGAR**)
Ciudad levítica en el territorio tribal de Aser (Jos 21.30; 1 Cr 6.74) adjudicado a la familia de Gersón. Es probablemente Khirbet ʿAbdeh, hoy una ruina como a 17 km (10 mi) NNE de Aco. En Josué 19.28, Hebrón debería ser quizás traducido Abdón.

ABDÓN (Heb. *ʿab̲dôn*) (**PERSONA**) (también ACBOR)

1. Hijo de Hilel el piratonita, uno de los llamados jueces menores (Jue 12.13-15). El comentario de que él tenía 40 hijos y 30 nietos que cabalgaban sobre70 asnos es quizás una indicación de su riqueza. Él fue sepultado en Piratón en «el monte de Amalec», el territorio asignado a la tribu de Efraín.

2. Hijo de Sasak, incluido en una lista entre los descendientes de Benjamín (1Cr 8.23).

3. Hijo primogénito de Jehiel; el tío de Saúl (1Cr 9.36). La genealogía también aparece en 1 Crónicas 8.29-38 con algunas variaciones textuales.

4. Hijo de Micaía; uno de los siervos del rey Josías enviado a Hulda la profetisa después del descubrimiento del libro de la ley por parte de Hilcías (2Cr 34.20). En el paso paralelo en 2 Reyes 22.12 llaman a esta persona Acbor (2) el hijo de Micaías.

JAMES R ADAIR

ABED-NEGO (Heb. *ʿăb̲ēd̲nĕgô*)
Uno de los cuatro jóvenes israelitas llevados ante el tribunal del rey babilonio Nabucodonosor (Dn 1.7). Su nombre hebreo, Azarías, fue cambiado a Abednego por el eunuco principal de Nabucodonosor, Aspenaz. El nombre parece ser una perversión del nombre acadio *Arad-nabû*, «siervo de Nabû» (dios personal de Nabucodonosor). El cambio de nombres de las personas a fin de cambiar su futuro era una práctica común a través del Cercano Oriente antiguo.

Las aventuras de los cuatro jóvenes en el tribunal babilónico están registradas en Daniel 1-3. Ellos permanecieron fieles a sus tradiciones religiosas y a sus leyes alimenticias, al alimentarse sólo de verduras y agua, y por lo tanto Dios les otorga conocimiento y sabiduría. Daniel es nombrado jefe sobre toda la provincia de Babilonia, mientras que los otros tres son nombrados administradores en el reino (2.48-49). Después de rehusar adorar una imagen de oro erigida por Nabucodonosor, los hombres son arrojados en un horno encendido. Ellos son salvados por un mensajero de Dios debido a su fidelidad, y bendecidos y honrados por Nabucodonosor (3.12-30).

Primera de Macabeos 2.59 presenta a Azarías, Ananías, y Misael entre aquellos fieles a Dios.

NANCY L. DECLAISSÉ-WALFORD

ABEJA
Heb. *dĕb̲ôrâ* probablemente se refiere a la abeja de banda *(Apis fasciatta)*. Las abejas son conocidas por su tendencia a enojarse y picar cuando son provocadas. La abeja es un símbolo de la búsqueda de Israel por parte de los amorreos (Dt 1.44), del salmista por sus enemigos (Sal 118.12), y del pueblo de Dios por Dios (Is 7.18). Las abejas son más comúnmente asociadas con el preciado artículo que proveen: la miel, sin embargo sólo en Jueces 14:8 las abejas y la miel se mencionan juntas. La apicultura está atestiguada desde los primeros tiempos en Egipto y Palestina, pero al parecer no era practicada en Mesopotamia hasta cerca del siglo VIII a.C.

Por extraño que parezca, la miel de abeja es permitida como alimento de acuerdo a la tradición ju-

día, aunque la abeja no lo es. La moderna domesticación de las abejas se remonta a 1880, en Israel en gran parte la especie *Apis ligustica*.
Véase Miel.

Randall W. Younker/Jesper Svartvik

ABEL (Heb. *'āḇēl*) **(LUGAR)**
Abel de Bet-maaca, quizás un centro de culto famoso por su sabiduría, al cual Joab fue enviado para recibir consejo (2S 20.18).
Véase ABEL-BET-MAACA.

ABEL (Heb. *heḇel*) **(PERSONA)**
Segundo hijo de Adán y Eva; «pastor de ovejas» (Gn 4.2).
Véase CAÍN Y ABEL.

ABEL-BET-MAACA (Heb. *'āḇēl bêt-ma'ăḵâ*)
Ciudad citada en textos bíblicos y otros escritos antiguos del Cercano Oriente, mejor identificados con la moderna Tel Abil Al-Qam («Pradera del Trigo»; 204296). Éste último es un montículo imponente de 10 ha, (25 a.) en la frontera del norte de Israel cerca de Metula, cerca de una cascada substancial de los tributarios del río de Jordán, en la juntura del valle de Hule y el valle de Beqa' en el Líbano. El sitio es mencionado en los Textos Egipcios de Execración de Bruselas (Nº. 47), que datan de los siglos XIX-XVIII a.C.; en la lista de sitios de la primera campaña militar asiática de Tutmosis III por el 1468 a.C. (probablemente Nº 92; *'u-bil*); y posiblemente en las Cartas de Amarna (Nº 256; *yuabilîma*) del siglo XIV a.C.

Varias referencias bíblicas sugieren que Abel-bet-maaca (también llamado Abel-maim) fue originalmente parte de las posesiones de la famosa familia jordana de Maaca, más tarde asignada a la tribu de Dan «una madre en Israel», es decir, probablemente un centro de culto (cf. 2S 20.14-22). Según 1 Reyes 15.20 (2Cr 16.4) Abel-bet-maaca fue capturada por Ben-hadad I de Damasco por el 829. Ambos textos bíblicos (2R 15.29) y posiblemente los textos asirios (a-b-il [ak-kal]) muestran que Abel-bet-maaca fue tomado por Tiglat-Pileser III por 733-732.

El sitio nunca ha sido excavado, pero los sondeos superficiales de William G. Dever en 1973 arrojaron evidencias de ocupación a través de casi todas las Edades de Bronce, Temprana, Media y Tardía, con muros particularmente fuertes y un glacis del Bronce Medio, así como la ocupación en períodos de Hierro I-II, persas, helénicos, romanos, bizantinos, y posteriores. Las escasas pruebas arqueológicas confirman que la posición magnífica ubicación estratigráfica de Abel-bet-maaca, los abundantes recursos materiales, y la defensa fuerte la convirtieron sin duda en una ciudad tan importante como las cercanas Hazor y Dan en la mayoría de los períodos. Asentada en el borde de las fronteras históricas de Israel, Aramea, y Fenicia, Abel-bet- Maaca era en efecto «la entrada norte» del Israel antiguo.

Bibliografía. W. G. Dever, «'Abel-Beth-Ma'acah: 'Northern Gateway of Ancient Israel'», en The Archaeology of Jordan and Other Studies, ed. L. T. Geraty y L. G. Herr (Berrien Springs, 1986), 207-22; J. Kaplan, «The Identification of Abel-Beth- Maachah and Janoah», IEJ 28 (1978): 157-60; H. Tadmor, «The Southern Border of Aram», IEJ 12 (1962): 119-22.

William G. Dever

ABEL-MEHOLA (Heb. *'āḇēl mĕḥôlâ*)
La ciudad natal de Eliseo (1R 19.16). Según Jueces 7.22 Gedeón persiguió a los madianitas «hacia Zerera» (Saretán), hasta «la frontera de Abel-mehola» (cf. 1R 7.46). Allí él cruzó el Jordán (Jue 8.4), entonces Abel-mehola puede haber sido un territorio o ciudad cerca del Jordán. Primero de Reyes 4.12 menciona a Abel-mehola como parte del territorio gobernado por un administrador llamado Baana, notando que Abel-mehola estaba «más abajo de Jezreel», y menciona Saretán y Bet-seán como ciudades cercanas.

Los eruditos han ofrecido numerosas sugerencia en cuanto a su posición, incluso Tel a Abû Sifri, cerca del cruce del Wadi el-Helway y el Wadi Maliḥ (que puede conservar el nombre Mehola), Sur del Bet-shean pero alguna distancia del Jordán, y Tel a Abû Sûs (203197), aprox.15 km. (11 mi) S de Bet-sean y más cerca del Jordán. De los dos, éste es el más probable.
El término «meholatita» (1S 18.19; 2 S 21.8) aparentemente se refería a un residente de Abel-mehola.
Paul L. Redditt

ABEL-MIZRAIM (Heb. *'āḇēl miṣrayim*)
Un nombre dado a Atad, un lugar cerca de la rivera del Jordán donde José, acompañado por dignatarios egipcios, guardaron luto por su difunto padre Jacob (Gn 50.11). El nombre es un juego en Heb. *āḇal* («llevar luto») y *'ēḇel,el* («luto de ritos»). Basándose en Génesis 50.10-11 («al otro lado del Jordán, » «los

moradores de la tierra») y v. 13 («lo llevaron sus hijos a la tierra»), algunos eruditos han concluido que se ubicaba en la Transjordania, al norte del Mar Muerto.

Véase ATAD.

ABEL-QUERAMIM (Heb. *'ābēl kĕrāmîm)*
Una ciudad en Amón, en la que Jefté persiguió a los amonitas (Jue 11.33; Heb. «la vega de las viñas»). Ha sido identificada de varias maneras con la moderna Na'ūr (228142), aprox. 14 km (9 mi) de Amán; Tel el-'Umeiri (234142), 10 km (6 mi) al sur de Amán; y Tel Saḥāb (245142), 12 km (7.5 mi) SE de Amán.

ABEL-SITIM (Heb. *'āḇēl haššiṭṭîm)*
Un lugar de campamento para los israelitas al final de la peregrinación por el desierto (Nm 33.49). Es probablemente que sea el mismo Sitim, localizado al este del Jordán, en Moab.

ABGAR (Gk. *Abgaros)*
Título común de los reyes de Edesa, la capital de Osroene, un pequeño reino en el recodo norte del río Eufrates (Turquía moderna). Eusebio (HE 1.13) informa que los archivos de Edesa contenían copias de la correspondencia entre Abgaro Ukkama (Abgaro V «el Negro») y Jesús en el cual Abgaro solicita que Jesús venga a Edesa para sanarle. La historia es en general considerada como apócrifa, el resultado de revisionismo histórico algún tiempo después de que Abgaro IX (ca.179-214 d. C.) se convirtió al cristianismo.

Charles Guth

ABI (Heb. *'ăḇî*) (también ABIJAH)
La esposa de Acaz y madre de Ezequías (2R 18.2). El nombre es una forma acortada de Abijah (5) (2Cr 29.1).

ABI-ALBÓN (Heb. *'ăḇî-'ălēḇôn*) (también ABIEL)
Uno de los 30 valientes de David (2S 23.31); llamado Abiel (2) el arbatita en 1 Crónicas 11.32 (cf. LXX *Abiēl*). Él puede haber sido un habitante de Betarabá.

ABIAM (Heb. *'ăḇîyām)*
Variación del nombre del rey Abías de Judá (esp. TM 1 R).

ABÍAS (Heb. *'ăḇîyâ*) (también ABI, ABIJAM)
1. Segundo hijo de Samuel, que sirvió (juntos con su hermano, Joel) como un juez en Berseba y se corrompió por el cohecho (1S 8.2-3; 1Cr 6.13 [TM 28]).

2. Hijo de Jeroboam I, rey de Israel. Cuando él cayó enfermo, envió a su esposa disfrazada al profeta Ahías en Silo; el engaño fracasó y Abías murió en Tirsa, de acuerdo con la profecía (1R 14.1-18; cf. LXX 3 R 12.24g-n).

3. Rey de Judá (ca. 913-911 a. C.), hijo de Roboam y Maaca (Micaías, 2Cr 13.2), hija de la hija de Absalón llamada Tamar y Uriel. El TM de 2 Crónicas lee Abías (*'ăḇîyâ*), mientras el TM de 1 Reyes lee Abijam *ăbiyām*); la versión LXX lee Abiou. Abías fue a la guerra (probablemente un conflicto fronterizo) con el rey Jeroboam I de Israel (1R 15.7b; 2Cr 13.3, 13-19). Aunque el historiador deuteronomista pensara negativamente de la actividad religiosa de Ahías (1R 15.3-5, en peculiar fraseo deuteronomista), el cronista le describe como un rey piadoso. Por lo tanto, según el cronista, Abías ganó su guerra contra Roboam (2Cr 13.15-19). Abías también tuvo éxito en su vida personal: él tuvo 14 mujeres, 16 hijas, y 22 hijos (2Cr 13.21). El discurso en 2 Crónicas 13.4-12, que fue asignado a Abías, contiene los conceptos teológicos principales del cronista.

4. Jefe de la octava división de sacerdotes (1Cr 24.10). Según Lucas 1.5 Zacarías, el padre de Juan el Bautista, perteneció a esta división.

5. Esposa de Acaz y madre de Ezequías, rey de Judá (2Cr 29.1). La llaman Abi (LXX Abou) en 2 Reyes 18.2.

6. Esposa de Hezrón (1Cr 2.24 TM). Abías no aparece en la Versión Siriaca, y algunos comentaristas la consideran como una glosa.

7. Hijo de Bequer de la tribu de Benjamín (1Cr 7.6, 8; LXX lee «Zamria»).

8. Uno de los sacerdote que firmaron («pusieron su firma sobre») el convenio renovado de la comunidad en el tiempo de Nehemías (Neh 10.7; cf. 12.4, 17).

9. Sacerdote que volvió de Babilonia con Zorobabel y Josué (Neh 12.1-4) y era jefe de un grupo sacerdotal (v.7).

El nombre Abías aparece también en un sello conservado en ostracones (p. ej, de Samaria y Arad).

Bibliografía. I. Kalimi, The Books of Chronicles: A Classified Bibliography (Jerusalem, 1990), 173-74, nos. 1691-1705.

Isaac Kalimi

ABIASAF (Heb. *'ăḇî'āsāp*) (también EBIASAF)
Un levita de la familia de Coré y contemporáneo de Finees el nieto de Aarón (Ex 6.24-25). En 1 Crónicas 6.23; 9.19 lo llaman Ebiasaf. El Asaf de 1 Crónicas 26.1 puede ser una forma abreviada (LXX B Abia-Safar).

ABIATAR (Heb. *'ebyāṯār*)
Descendiente de Itamar (y Elí; 1S 22.20-23), que finalmente sirvió como sumo sacerdote durante el reinado de David.

Abiatar sirvió como sacerdote en Nob con su padre Ahimelec. Cuando Saúl masacró a los sacerdotes compañeros de Abiatar, incluyendo su padre, Abiatar huyó para unirse a David, trayendo consigo el efod (1S 22.20-22; 23.6, 9). Él sirvió a David y se desempeñó como el sacerdote principal de David en los años previos a Hebrón y también en Hebrón. Su función exacta durante su huida de Saúl hacia el desierto permanece poco clara.

Después de la rebelión de Absalón contra David (2S 15.1-12), Sadoc actuó como el sumo sacerdote y dirigió el traslado del arca, mientras Abiatar dirigía la ofrenda de varios sacrificios, hasta que todos los refugiados hubieron dejado Jerusalén (v. 24). Sin embargo, David ordenó a ambos hombres volver a Jerusalén con el arca y servir como sus «informantes» (15.25-29; cf. 17.15-16). A lo largo del resto del reinado de David, Abiatar sirvió como uno de los consejeros de David (1Cr 27.34).

Salomón expulsó a Abiatar de su oficio sacerdotal después de que Abiatar apoyó a Adonías como rey (1 R 1-2). Esto representó el final profetizado de la línea del sacerdocio de Elí. Salomón exilió a Abiatar y sus descendientes a Anatot y revocó sus privilegios sacerdotales (1 R 1.19, 25; 2.22, 26, 35). Algunos han sugerido que Jeremías, que descendía de una familia sacerdotal de Anatot, pueda haber sido un descendiente de Abiatar.
En una lista de los funcionarios de David, Sadoc es mencionado como el homólogo sacerdotal de Ahimelec, el hijo de Abiatar (2 S 8.17; cf. 1 Cr 24.3, 6, 31), pero en la mayoría de casos Sadoc y Abiatar sirven como equivalentes. Así, varios eruditos sugieren que los nombres de Ahimelec y Abiatar se han invertido aquí (cf. Syr). Otros afirman que Abiatar dio el nombre de Ahimelec a su hijo. En cualquier caso, durante la mayoría de este período, Sadoc y Abiatar compartieron los deberes sacerdotales.

Bibliografía. P. McCarter, P. McCarter, 2 Samuel. AB 9 (Garden City, 1984); E. H. Merrill, Kingdom of Priests: A History of Old Testament Israel (Grand Rapids, 1987).

MICHAEL A. GRISANTI

ABIB (Heb. *'āḇîḇ*)
Nombre original del primer mes hebreo, mencionado con relación a la fiesta del pan sin levadura o la Pascua de los judíos (marzo-abril); después del exilio fue llamado Nisán (Neh 2.1; Est 3.7). Sus designaciones como «mes de los oídos» (Heb. *ḥōḏeš hā'āḇîḇ*, «mes de oído joven de cebada [u 'otro grano']»; p. ej, Ex 13.4) puede señalar a la luna nueva más cercana o precedente al crecimiento de la cebada.

ABIDA (Heb *'ăḇîḏā'*)
Descendiente de Abraham y Cetura a través de Madián, su cuarto hijo (Gn 25.4 = 1 Cr 1.33).

ABIDÁN (Heb. *'ăḇîḏān*)
Hijo de Gedeoni; «jefe» de la tribu de Benjamín durante la peregrinación por el desierto (Nm 2.22; 10.24). Abidán ayudó a Moisés a llevar a cabo el censo (Nm 1.11), e hizo su ofrenda durante el noveno día de la dedicación del templo (7.60, 65).

ABIEL (Heb. *'ăḇî'ēl*) (también ABI-ALBÓN)
1. Un benjaminita, el padre de Kish y Ner. También el abuelo del rey Saúl y Abner, el comandante del ejército de Saúl (1 S 9.1; 14.51).
2. Un guerrero arbatita (1 Cr 11.32) y miembro de los valientes de David conocidos como los «treinta». En 2 Samuel 23.31 lo llaman Abi-albon.

KENNETH ATKINSON

ABIEZER (Heb. *'ăḇî'ezer*) (también IEZER)

1. Descendiente de Manasés (1 Cr 7.18). En Números 26.30 aparece una forma abreviada de su nombre (Iezer). A los abiezeritas se les dio una sección en el territorio tribal de Manasés al oeste del Jordán (Jos 17.2) que incluyó la ciudad de Ofra. Gedeón era un abiezerita (Jue 6.11; cf. v. 34).

2. Uno de los valientes de David, el comandante de la novena división de su ejército (2 S 23.37=1 Cr 11.28; 27.12). Él era de Anatot en Benjamín.

ABIGAIL (Heb. *'ăḇîgayil, 'ăḇîgal*)

1. Esposa de Nabal, luego de David (1 S 25), y madre del segundo hijo nacido de David, llamado ya sea Quileab (2 S 3.3), Daniel (1 Cr 3.1), o Daluia (2 S 3.3 LXX). Abigail acompañó a David en su visita al rey Aquis en Gat (1 S 27.3) y fue más tarde tomada como rehén durante una ofensiva amalecita en la fortaleza de David en Siclag (30.5). Después de su rescate, ella fue con David a Hebrón (2 S 2.2), donde ella le dio un niño (2 S 3.3 = 1 Cr 3.1). De las cinco referencias a Abigail fuera de 1 Samuel 25, todas menos una (1 Cr 3.1) se refieren a ella como la viuda de Nabal. En cada una, ella está estrechamente asociada con otra de las mujeres de David: Ahinoam.

Enfoques literarios recientes de la caracterización de Abigail la presentan como «una esposa modelo y mujer modesta» (Adele Berlin) «y una mujer 'de sentido común'» (Atalya Brenner). Un enfoque diferente enfatiza las palabras proféticas de Abigail en 1 Samuel 25.28-31 y la presenta como «la profetiza-intermediaria elegida por Dios», un carácter más subversivo que el realizado comúnmente (Alice Bach).

2. Hermana de David (1 Cr 2.16) y de Sarvia (2 S 17.25), y madre de Amasa (2 S 17.25; 1 Cr 2.17). Ella fue hija ya sea de Isaí (1 Cr 2.16) o de Nahas (2 S 17.25) y la esposa ya sea de Itra el israelita (2 S 17.25) o de Jeter el ismaelita (1 Cr 2.17) o jezreelita (1 Cr 2.17 LXX). Algunos eruditos sugieren que Itra-Jeter fue la verdadera personalidad de Nabal, y por lo tanto habría sólo una Abigail, la hermana de David, que más tarde se convirtió en su esposa.

Bibliografía. A. Bach, «The Pleasure of Her Text», en The Pleasure of Her Text (Philadelphia, 1990), 25-44; A. Berlin, Poetics and Interpretation of Biblical Narratives (Sheffield, 1983); A. Brenner, The Israelite Woman: Social Role and Literary Type in Biblical Narrative (Sheffield, 1985); J. D. Levenson and B. Halpern, «The Political Import of David's Marriages», JBL 99 (1980): 507-18.

LINDA S. SCHEARING

ABIHAIL (Heb. *'ăbîḥayil*)

1. Levita de la familia de Merari; el padre de Zuriel (Nm 3.35).

2. Esposa de Abisur de la familia de Judá (1 Cr 2.29).

3. Hombre de la tribu de Gad; padre de siete hijos (1 Cr 5.14).

4. La hija Eliab, hermano de David y esposa de Jerimot, hijo de David. Su hija Mahalat se convirtió en la esposa del rey Roboam de Judá (2 Cr 11.18).

5. Padre de la reina Ester y tío de Mardoqueo (Est 2.15; 9.29).

ABILA (Gr. *Abila*)

Ciudad localizada en el valle Quailiba, 12 millas romanas al este de Gadara (moderno Umm Qais), y a cerca de 4 km (2,5 mi) al sur del río Yarmuk. Abila (231231) abarca un área de aproximadamente 1 km (0,6 mi) de norte a sur, y 0,5 km (0,3 mi) de este a oeste. Consiste de dos tells (Tell Abila en el norte, y Umm el-'Amad en el sur), un centro cívico en una cuenca asentada entre campos agrícolas fértiles en derredor, y una vertiente en la base del tell al sur. Abila, como una ciudad de Decápolis fundada probablemente por los sucesores helénicos de Alejandro Magno (según la tradición de moneda; Abila tenía el topónimo Seleucia), fue capturada por el rey seléucida Antioco III, por el rey asmoneo Alejandro Janeo, y por Pompeyo. Plinio (*Nat hist.* 5.74) la llama una tetrarquía-reino, y Ptolomeo (Geog. 5.7.22), una ciudad de Decápolis. Abila también llevó los títulos Coele-Siria, «independiente» y «soberana». La historia arqueológica de Abila (de 3500 a. C. hasta 1500 d. C.) revela restos de asentamiento desde tiempos de la era del bronce temprana hasta épocas islámicas. La ciudad sigue el clásico plano de ciudad con avenidas principales en ángulos rectos. Los restos excavados incluyen basílicas, un complejo de baño-ninfeo (norte), un complejo de teatro con cavea (sur), una iglesia, y un foro o complejo urbano. Un muro fortificado de fecha helénica-romana (y posiblemente de la Edad del Hierro) rodea la acrópolis del Tell Abila. Una amplia necrópolis se extiende en derredor del sitio, y consiste en gran parte de complejos de tumbas helénicas tardías, romanos y bizantinos.

Bibliografía. W. H. Mare, «Abila», NEAEHL 1.1-3; Mare et al., Reportes preliminares en The Near East Archaeological Society Bulletin (Chicago, 1981-1996).

W. HAROLD MARE

ABILINIA (Gr. *Abilēnē*)

Una región en la parte este del cordón montañoso Anti-Líbano. Su capital, Abila, quedaba aproximadamente 27 km (17 mi) al noroeste de Damasco. En tiempos del NT Lisanias era el tetrarca de este distrito (Lc 3.1). Después de la muerte de Lisanias la tetrarquía fue concedida a Agripa I (37 d. C.) y más tarde a Agripa II (53).

ABIMAEL (Heb. *'ăbîmā'ēl*)

Uno de los hijos de Joctán (Gn 10.28; 1 Cr 1.22); progenitor de una tribu árabe del sur.

ABIMELEC (Heb. *'ăbîmelek*)

1. El rey de Gerar que, creyendo que Sara era la hermana de Abraham, la tomó para sí como su esposa (Gn 20.2) hasta que Dios le reveló que ella era esposa de Abraham y la muerte sería el resultado de acosarla. Abimelec también aparece en una historia similar en la que participan Rebeca e Isaac (Gn 26.1-16), donde él advierte que otros no acosen a Rebeca o ellos serán condenados a muerte, sugiriendo que aprendió del primer episodio. En este último relato lo llaman «Abimelec, rey de los filisteos», que sólo puede ser un anacronismo que refleja que una historia contada mucho después de que los supuestos acontecimientos sucedieron.

2. Hijo de Gedeón (Jerobaal) y su concubina de Siquem (Jue 8.31).Su historia (Jue 9) se cuenta para demostrar los peligros de tener un rey, las preferencias divinas por líderes escogidos individualmente, y la inutilidad de confiar en dioses fuera de Jehová. Su nombre, «mi padre es rey», puede ser un mecanismo literario; por otra parte esto sugeriría que Gedeón se veía a sí mismo como un rey y entonces nombró de esta manera a este hijo para reflejar ese estatus, o quizás fue un nombre de dinastía tomado después de hacerse del poder, para legalizar su propia reclamación del trono. El nombre Abimelec era relativamente común en la Siria-Palestina antigua.

Al hacerse de la monarquía que por herencia le debería haber pertenecido a sus 70 hermanastros por las esposas oficiales de Gedeón, Abimelec, con la persuasión de los ciudadanos de Siquem y la ayuda del personal del templo de Baal-berit («Baal del pacto»), mató a todos sus hermanos excepto uno; Jotam, el más joven, que logró escapar (un común tema de complot). El populacho de Siquem declaró rey a Abimelec en sucesión de su padre, que había sido un juez popular. Él estableció su capital fuera de Siquem, finalmente en Aruma (Jue 9.31, 41), lo que puede explicar la rebelión consiguiente por parte de Siquem. Él reinó por tres años.

Jotám declaró que la duplicidad de los habitantes de Siquem y de Abimelec se volvería contra ellos. Esto se llevó a cabo cuando Siquem declaró a Gaal hijo de Ebed, un recién llegado a la ciudad, su rey en lugar de Abimelec. En la batalla consiguiente Abimelec y su aliado en la ciudad, Zebul, derrotaron a Siquem, invadiendo la ciudad baja y después quemando el centro de la ciudad con miles de sus ciudadanos dentro. El templo de El-berit, donde el pueblo había huido, no fue de protección alguna, ya que todos fueron muertos y las ruinas de la ciudad sembradas con sal para garantizar su destrucción continua.

Desde allí Abimelec se movió a Tebes e intentó la misma táctica, sólo que aquí una mujer en la fortaleza de la ciudad dejó caer una piedra de molino en su cabeza. Sabiendo que iba a morir, le pidió a su escudero que le matara de modo que nadie dijera que una mujer lo había matado, pero esto sólo garantizó que él sería recordado (2 S 11.21).

3. En el título del Salmo 34, un gobernante delante el cual David fingió locura a fin de escapar. La historia a la que esta afirmación alude parece estar relacionada con el rey Aquis de Gat (1 S 21.10-22.1), pero puede referirse posiblemente a otro incidente donde David usó la misma astucia con un jefe diferente por lo demás no registrado. Con menos probabilidad, se ha sostenido que Aquis y Abimelec eran dos nombres diferentes para el mismo gobernante.

4. Uno de los dos sacerdotes principales de David, el hijo de Abiatar (1 Cr 18.16 TM). Aunque algunas traducciones retienen la forma hebrea del nombre, la mayoría de traductores asumen un error de escriba y leen «Ahimelec hijo de Abiatar» con 2 Samuel 8.17; 1 Crónicas 24.6.

Bibliografía. J. P. Fokkelman, «Structural Remarks on Judges 9 and 19», in *«Sha ʿarei Talmon»*, ed. M. Fishbane and E. Tov (Winona Lake, 1992), 33-45; B. Halpern, «The Rise of Abimeleck Ben-Jerubbaal», HAR 2 (1978). 79-100.

Lowell K. Handy

ABINADAB (Heb. *ʾăḇînāḏāḇ*)

1. Padre de Eleazar. En 1 Samuel 7.1 se relata que los hombres de Quiriat-jearim trasladaron el arca desde Bet-semes a la «casa de Abinadab» donde el hijo de Abinadab recientemente consagrado, Eleazar, tomó responsabilidad sobre el arca. Abinadab también fue el padre de Uza y posiblemente Ahio (2 S 6.3, 4; 1 Cr 13.7), si es que Heb. *ʾaḥyô* es un nombre personal y no una referencia a Eleazar, «su hermano». La consagración de Eleazar, la posesión del arca por 20 años, y el ambiguo término hebreo *bêṯ* sugieren que la «casa de Abinadab» se refiere a un templo.

2. Segundo hijo de Isaí (1 S 16.8; 1 Cr 2.13), que sirvió en el ejército de Saúl contra los filisteos en Ela, donde David mató a Goliat (1 S 17.13).

3. Cuarto hijo de Saúl (1 Cr 8.33; 9), que murió con sus hermanos Jonatán y Malquisúa en el monte Gilboa (1 S 31.2; 1 Cr 10.2). En 1 Samuel 14.49 se omite Abinadab en la genealogía de Saúl.

William D. Materly

ABINOAM (Heb. *ʾăḇînōʿam*)

Padre de Barac de la tribu de Neftalí (Jue 4.6, 12; 5.1, 12).

ABIRAM (Heb. *'ăḇîrām*)

1. Hijo de Eliab, un rubenita (Nm 16.1). Abiram, junto con su hermano Datán, su primo On y Coré, organizaron una rebelión contra Moisés y Aarón en el desierto. Se les unieron 250 líderes de la congregación de Israel (Nm 16.1-35). Los conspiradores, motivados por la envidia, acusaron a Moisés de exaltarse a sí mismo, y desafiaron su interpretación de quién era santo ante Dios.

Cuando Moisés pidió a Abiram y Datán presentarse ante él, ellos se negaron, quejándose que Moisés había fracasado en conducir al pueblo a una tierra de campos y viñas. Abiram, Datán, Coré, y todas sus familias y posesiones, excepto los hijos de Coré, fueron entonces tragados vivos por la tierra (16.31-33). Los líderes de la congregación que se habían unido a la rebelión fueron consumidos por el fuego del Señor (16.35; 26.9; Dt 11.6; Sal 106.17).

2. Hijo primogénito de Hiel, de Bet-el (1 R 16.34). Abiram murió durante el reinado de Acab, porque su padre puso los cimientos para la reconstrucción de Jericó en violación directa a la maldición declarada por Josué después de la conquista de Jericó (Jos 6.26). Algunos eruditos sugieren que su muerte fue concebida como un sacrificio al poner el cimiento.

Alan Ray Buescher

ABISAG (Heb. *'ăḇîšag*)

La virgen sunamita que atendió al envejecido rey David (1 R 1.4, 15). Que David no tuvo relaciones sexuales con Abisag es a veces interpretado como una indicación de la inhabilidad del rey para gobernar. El Talmud sin embargo, nota que David no convirtió a Abisag en su esposa porque él rehusó exceder el número legal de mujeres —18— permitido a un rey (Sanh. 22a).

Más tarde, Abisag se convirtió en un factor político en la lucha por la sucesión entre los hijos de David. Después de que Salomón fue declarado rey y David había muerto, Adonías pidió la mano de Abisag en matrimonio (1 R 2.17). Salomón interpretó la petición de Adonías como un intento de tomarse el trono y pidió su ejecución (1 R 2.22-25).

En la tradición judía, Abisag es vista en sus años posteriores como la sunamita que da hospitalidad a Eliseo el profeta (2 R 4.8-37).

Robin Gallaher Branch

ABISAI (Heb. *'ăḇîšay*)

Uno de los tres hijos de Sarvia, la hermana de David, que sirvió con David cuando él huyó de la corte de Saúl (1 S 22.1-2). Abisai tuvo la responsabilidad especial de ser comandante de los guerreros de elite de David —los *šālîšîm* (2 S 23.18-19)— entre los que también era el más sobresaliente. Un reporte le atribuye a Abisai el salvar la vida de David durante las guerras filisteas (2 S 21.16-17). Dentro de la administración de David, Abisai aparece como una especie de segundo a cargo del ejército, y es típico del círculo interno de consejeros de David, con su combinación de lealtad al rey, y aún así independiente de éste.

Abisai notoriamente está ausente de la intriga que rodeó la lucha entre Salomón y Adonías por el trono (1 R 1-2), y en efecto él pudo haber muerto algún tiempo antes de que esto comenzara. Benaía hijo de Joiada aparece aquí como el líder de la elite de guerreros de David.

Abisai y su hermano Joab proporcionan también una clave sutil para la explicación del texto en cuanto a la personalidad de David. El registro involucra a Abisai en el asesinato por venganza de Joab contra Abner hijo de Ner (2 S 3.30), y lo asocia con Joab en la condenación de David «de los hijos de Sarvia» como hombres despiadados y sanguinarios (3.39; 16.10). Mientras David parece renunciar a la violencia contra sus enemigos (1 S 26.6-12; 2 S 16.9-14), Abisai y Joab aparecen como los típicos hombres violentos, cuyos hechos despiadados los alcanzarán. Al mismo tiempo el escritor aprecia, y claramente revela, la ironía en la condena por parte de David de los mismos hombres sobre cuyos hombros claramente descansa la seguridad de su reino.

Bibliografía. D. G. Schley, «Joab and David: Ties of Blood and Power,» in History and Interpretation, ed. M. P. Graham, W. P. Brown, and J. K. Kuan (Sheffield, 1993), 90-105.

Donald G. Schley

ABISALOM (Heb. *'ăḇîšālôm*)

Grafía diferente del nombre Absalón (1 R 15.2, 10).

ABISMO

Las caóticas y aterradoras aguas cósmicas de las cuales el mundo se originó (Heb. *tĕhôm*; Gr. *ábyssos*). En la epopeya de creación babilónica, Enuma Elis, la diosa monstruosa Tiamat, cuyo nombre está etimológicamente relacionado con Heb. *tĕhôm*, es asesinada por el dios Marduc en una batalla cósmica. Después de que derrota a Tiamat, Marduc corta el cuerpo de la diosa en dos partes: Una se convierte en la tierra, y la otra llega a ser el cielo. Marduc así crea el mundo y establece el orden del caos.

Aun cuando haya ecos de esta epopeya babilónica en el Génesis, Dios allí crea el orden del caos «separando las aguas de las aguas» y «haciendo un firmamento» y separando las aguas bajo el firmamento de las aguas encima de él (Gn 1.6-7). ¡Dios no doma a un dragón gigantesco! Él divide y contiene las aguas con su aliento (Sal 33.6-7), y usa «las fuentes del grande abismo» para quitar la violencia y la corrupción del mundo (Gn 7.11; cp. 8.2). Estas aguas también son los instrumentos del poder y providencia de Dios en la conducción de los israelitas fuera de Egipto (Ex 15.5-8).

El abismo también se refiere a la parte inferior de la tierra (Jon 2.3, 5-6 [TM 4, 6-7]) y la región de los muertos (Job 38.16; Ro 10.7), y ocasionalmente se refiere a la batalla primitiva entre Dios y los monstruos del caos: Rahab, Leviatán y el dragón (cp. Is 51.9-10).

Henry L. Carrigan, Jr.

La traducción Reina Valera usa la palabra «abismo» 41 veces en el AT, Gr. ábyssos («océano primigenio» o «mundo de los muertos») aparece con frecuencia en la versión LXX como una traducción del Heb. *tĕhôm*, «las aguas de lo profundo». *tĕhôm*, tratado como un nombre propio, se deriva de la misma raíz semítica que Tiamat, la diosa que aparece en el antiguo relato babilónico de creación, Enuma Elish. Sin embargo, no parece ser personificado en el AT y se refiere a diversas cosas, tales como el acontecimiento de la creación (Gn 1.2; Job 38.16; Sal 33.7), bendiciones y fertilidad (Gn 49.25; Dt 8.7; Sal 78.15), y destrucción (Gn 7.11; 8.2; Ez 26.19; Amós 7.4). Está también asociada con el Mar Rojo (Ex 15.5; Is 51.10; Sal 106.9).

Cuando no se usa «abismo» para traducir *tĕhôm*, a menudo se emplea «profundo» (cf. Gn 1.2 DHH). Y, por lo general, «abismo» traducido en el NT, se refiere al lugar de los muertos (Ro 10.7) y es sinónimo del infierno o Hades. Con más frecuencia se refiere al lugar donde moran las fuerzas de mal (p.ej., Lc 8.31; Ap 9.1, 2).

John R Spencer

ABISÚA (Heb. *'ăḇîšûa'*)

1. Hijo del sumo sacerdote Finees (1 Cr 6.4 [TM 5.30]) y bisnieto de Aarón (6.50 [35]). Según Esdras 7.5 él fue un antepasado de Esdras el escriba.

2. De la tribu de Benjamín, uno de los hijos de Bela, y nieto de Benjamín (1 Cr 8.4).

ABISUR (Heb. *'ăḇîšûr*)

Judaíta de la familia de Hezrón; un hijo de Samai y hermano de Nadab. Se casó con Abihail y se convirtió en padre de dos hijos (1 Cr 2.28-29).

ABITAL (Heb. *'ăḇîṭāl*)

Una de las mujeres de David y madre de su quinto hijo Sefatías (2 S 3.4 = 1 Cr 3.3).

ABITOB (Heb. *'ăḇîṭûḇ*)

Uno de los dos hijos de Saharaim y su primera esposa Husim (1 Cr 8.11).

ABIU (Heb. *'ăḇîhû'*)

Sacerdote israelita del período de la peregrinación en el desierto. La genealogía sacerdotal pone en una lista a Abiú, Nadab, Eleazar e Itamar, como hijos de Aarón, dados a él por Elisabet (Ex 6.23; Nm 26.60; 1 Cr 6.3 [TM 5.29]; cf. Ex 28.1). Abiú y Nadab encontraron la muerte por ofrecer a Jehová «fuego extraño» (Heb. *'ēš zārâ*, una cruz; Lv 10.1-2). La narrativa sacerdotal (P) enfatiza aquí la responsabilidad de los sacerdotes aaronitas y explica el dominio de los descendientes de Eleazar, el hermano más joven de Abiú, en el culto de Jerusalén (Nm 3.2, 4; 1 Cr 24.1, 2). En contraste con P, la tradición elohista (E) celebra la heterogeneidad sacerdotal que Nadab y Abiú representan, con su historia de la participación de ellos en la ratificación del pacto en el Mt. Horeb (Ex 24.1, 9).

Bibliografía. J. C. H. Laughlin, «The 'Strange Fire' of Nadab and Abihu», JBL 95 (1976): 559-65.

Stephen L. Cook

ABIUD (Heb. *'ăḇîhûḏ*)

El tercer hijo de Bela, el hijo de Benjamín (1 Cr 8.3). Algunos eruditos enmiendan el texto para leer Heb. *'ăḇî 'ēhûḏ*, «el padre de Eud». Otros lo consideran una variante de Aod (cf. LXX Abioud).

ABIUD (Gr. *Abiou´d*)

El hijo de Zorobabel, según la genealogía de Mateo de Jesús (Mt 1.13).

ABNER (Heb. *'aḇnēr*)

Tío de Saúl y comandante de su ejército (1 S 14.50). Abner por lo visto tuvo al menos un hijo, cierto Jaasiel, que lideró la tribu de Benjamín durante el reinado de David (1 Cr 27.21).

Mientras Saúl gobernaba sobre Israel, Abner puede haber servido como el guardaespaldas personal de Saúl. David una vez reprendió a Abner por dejar de proteger a Saúl mientras ellos dormían (1 S 26.13-25). Después de la muerte de Saúl, Abner instigó el acceso del hijo de Saúl Is-boset al trono de Israel y encabezó la transferencia de la capital de Gabaón a Mahanaim en Transjordania (2 S 2.8, 12). Durante el breve reinado por dos años de Isboset, parece ser que Abner todavía servía como comandante del ejército, pero parece haber tenido mucho más poder. Cuando el liderazgo de Is-boset comenzó a debilitarse, Abner buscó asumir el poder al tomar a una de las concubinas de Saúl, Rizpa (el acceso al harén real indicaba la legítima reclamación de alguien al trono). Cuando Is-boset le encaró por sus maquinaciones, Abner desertó a favor de David. Las motivaciones de Abner son inciertas, pero quizás él creyó que tenía una mayor posibilidad de ganar el trono de Israel aliándose con David. Él también podría haber esperado reemplazar a Joab como comandante del ejército de David.

Después de visitar a David en Hebron para acordar el acceso de David al trono de Israel, Abner fue asesinado por Joab para vengar la muerte de su hermano Asael, que Abner había matado alegando defensa propia, después una batalla en Gabaón (2 S 2.18-28). La motivación secundaria de Joab pudo haber sido la amenaza de que Abner planteaba tomar la posición de Joab en el ejército de David. Aunque el texto no involucra a David en el asesinato de Abner, algunos eruditos creen que él puede haberlo ordenado ya que 2 Samuel se esfuerza tanto por decir lo contrario.

Paul s. Ash

ABOGADO

Término técnico (Gr. *nomikós*) utilizado en el NT para un experto en la ley. Aunque los Evangelios tienen expertos en la ley judía (por ejemplo, Lc 11.45-46), parece que el abogado Zenas (Tit 3.13) es perito en derecho romano. Se mencionan los abogados con los fariseos en varios lugares en Lucas (Lc 7.30; 14.3; véase 11.53, «escribas») y típicamente están en oposición a Jesús en los Evangelios (véase Mt 22.35; Lc 10.25).

Robert A. Derrenbacker, Jr.

ABOGADO

Véase PARACLETO.

ABOMINACIÓN DESOLADORA

La usurpación del derecho de Dios de adoración por un poder político pagano (Heb. *šiqqûs šōmēm*; Gr. *bdélygma tḗs erēmṓseōs*). Una parte de las antiguas tradiciones apocalípticas cristianas y judías, la abominación desoladora ocurrió en 167 a. C., con la profanación del templo de Jerusalén por el gobernador seléucida Antíoco IV Epífanes (Dn 9.27; 11.31; 12.11; 1 Mac 1.54, 59). Antíoco por la fuerza puso fin a la adoración judía e introdujo la adoración de Zeus Olimpos (2 Mac 6.1), colocando un altar a Zeus sobre el altar de los holocaustos (Josefo Ant.12.253). En Daniel la frase «el desolador» es quizás una deformación burlona «del Señor del cielo» (*baʿal šāmên*), El Zeus Olimpos griego.

La tradición judía posterior y el NT consideraron esta abominación desoladora como paradigma profético para ataques idólatras análogos contra el pueblo de Dios por paganos. Jesús predijo que una abominación desoladora ocurriría en Judea (Mt 24.15; Mr 13.14), pero el referente es incierto. Las propuestas incluyen el intento de Calígula de erigir su estatua en el templo en 39-40 d. C.; acontecimientos que llevan a la destrucción de Jerusalén en 70 d. C. (Lc 21.20), sobre todo la actividad de los zelotes en el templo (Josefo BJ 4.196-207); y la venida del anticristo. El hombre de pecado de Pablo (2 Ts 2.1-12) y la bestia de Apocalipsis (Ap 13, 17) son otras versiones de la tradición de abominación desoladora.

Bibliografía. D. Ford, The Abomination of Desolation in Biblical Eschatology(Washington, 1979).

Duane F. Watson

ABRAHAM (Heb. *ʾaḇrāhām*)

Hijo de Taré, esposo de Sara, padre de Ismael e Isaac, y abuelo de Jacob. Es el patriarca común de las tres religiones llamadas «abrahámicas»: Los judíos remontan su ascendencia a Abraham a través de su hijo Isaac y su nieto Jacob-Israel, los musulmanes trazan la suya por su hijo Ismael, y los cristianos reclaman ser la descendencia espiritual de Abraham por la fe (Gá 3.6-7, 29).

La historia bíblica de Abraham describe su escogimiento divino como ascendiente de la nación de Israel y pone en marcha el largo proceso por el cual sus descendientes finalmente se convierten en una nación numerosa en una tierra que les pertenece. Al comienzo Abraham vive con su esposa Sara y su sobrino Lot en la ciudad mesopotámica de Harán. Jehová le ordena dejar su casa ancestral y mudarse a una nueva tierra, donde sus descendientes serán bendecidos divinamente y se convertirán en una gran nación (Gn 12.1- 3). Esta promesa no puede cumplirse dentro del tiempo de vida de Abraham, pero su cumplimiento es predicho en los acontecimientos que siguen, cuando Abraham y Sara toman residencia en la tierra prometida a ellos, y nace Isaac, el hijo de quien la nación descenderá.

El gran patriarca primero aparece como «Abram» (*'aḇrām*, Gn 11.26), pero finalmente Dios cambia su nombre a *'aḇrāhām* (17.5). Las dos formas probablemente se originaron como variantes dialectales. La forma más larga, con una h interna corresponde a un modelo muy común en arameo; el sentido en una u otra forma era «el Padre es exaltado», el Dios de Abraham es alabado como el padre divino de los parientes. Aun así, el autor de Génesis 17, pasaje en el que se promete a Abram una multitud de descendientes, da una interpretación temática del nuevo nombre como «el padre de una multitud *'aḇ-hămôn*) de naciones». Este capítulo contiene la articulación formal de la versión sacerdotal (P) del pacto entre Dios y los descendientes de Abraham, y el cambio de nombre es una indicación del cambio de estatus que ocurre cuando el pacto es establecido, dando a entender una nueva identidad con relación a quien otorga el nombre (cf. 2 R 23.34). La esposa de Abram recibe también un cambio de nombre, de Sarai a Sara (Gn 17.15), y el nombre de su nieto será cambiado de Jacob a Israel (17.15; 32.28 [TM 29]).

Para algunos estudiosos, es difícil decir si las historias tradicionales sobre Abraham estuvieron basadas en la vida de un individuo histórico y, de ser así, cuándo exactamente el Abraham histórico pudo haber vivido. Los escritores bíblicos le consideraron como una figura del pasado distante, que vivió muchas generaciones antes del establecimiento de Israel como una entidad política, y los eruditos modernos han intentado identificar un contexto preisraelita en el cual las historias podrían encajar. Siguiendo un período no urbano a finales del tercer milenio a. C., hubo dos siglos de restablecimiento gradual en Mesopotamia, Siria y Palestina (Bronce Medio I o IIA), seguidos de una era de aumento de población y extensión cultural, caracterizada por el desarrollo de grandes centros urbanos (Bronce Medio II o IIB). Ya que Abraham y su familia son presentados como nómadas, aun después de llegar a Canaán, los historiadores han intentado asociar los viajes de Abraham y su familia con los movimientos de pueblos durante el período de asentamiento del Bronce Medio I, o entender sus actividades en términos de nuestro conocimiento de pueblos nómadas que viven junto a las grandes ciudades del Bronce Medio II.

La referencia más temprana a Abraham que ha sobrevivido puede estar en un texto de egipcio del siglo X a.C., que se refiere a un lugar en el Neguev llamado «la fortaleza de Abraham», escrita en una lista entre los sitios conquistados por la vigésimo segunda dinastía del rey de Sheshonq (Sisac) en su incursión en Palestina durante el reinado de Roboam (cf. 1 R 14.25-26; 2 Cr 12.2-12). Si Abraham por quien esta fortaleza fue nombrada es el patriarca bíblico, entonces la tradición de Abraham estaba bien establecida en el Neguev antes del siglo X a.C. Esto sería consecuente con el escenario geográfico de la narrativa bíblica, en la cual Abraham tiene lazos fuertes con el Neguev —sobre todo con Beerseba, donde nace Isaac y es criado— y con otros lugares más al sur, siendo Hebrón el más notable, cerca del cual la familia de Abraham tuvo su residencia principal en «el encinar de Mamre» (Gn 13.18; 14.13; 18.1). Estas asociaciones geográficas son a veces tomadas como una indicación de que la tradición de Abraham se originó en el sur, pero ellas son más probablemente el resultado de una orientación sureña de la tradición que se desarrolló después del asentamiento del Neguev en el siglo XI a.C. y, más en particular, después del establecimiento de la dinastía davídica con sus fuertes asociaciones con Hebrón, la capital tradicional de la tribu de Judá. En efecto, hay algunas indicaciones de que las asociaciones geográficas más tempranas de Abraham no fueron con Hebrón, sino con la patria israelita original en el campo montañoso al norte de Jerusalén. Sea que la tradición de Abraham se originó en el sur o el norte, sin embargo, en la forma presente de la tradición, Abraham no es una figura regional, sino un patriarca de toda la tierra. Esto quizás se muestra más claramente en los lugares de culto que se dice que él ha fundado, que se extienden a través de la zona central del Israel antiguo, al norte y al sur. Él construye un altar a Jehová en Siquem en las colinas samaritanas centrales (Gn 12.6-7), otro al norte de Jerusalén a un punto entre Bet-el y Hai (v.8), y un tercero en Hebrón en las colinas del sur de Judea (13.18). En Beerseba en el Neguev del norte él planta un árbol sagrado (21.33).

Como fundador de estos santuarios, Abraham inicia el proceso por el cual la adoración a Jehová es establecida en todas partes de Canaán. Él también participa en varias otras actividades fundacionales —negociaciones territoriales, compras de tierra y hasta expediciones militares— que determinan y clarifican las relaciones de su familia con los pueblos vecinos. Éstas son las acciones de un patriarca fundador, cuyas obras definen los papeles sociales y la conciencia étnica de sus descendientes. El vehículo más importante de esta definición social y étnica es la compleja genealogía en la cual Abraham es presentado y que se extiende por los matrimonios que él contrae y los niños que él procrea. Su trasfondo de familia es documentado principalmente en Génesis 11.10-32, una continuación de la genealogía de Sem el hijo mayor de Noé, comenzada en 10.21-31. Sem fue el «padre de todos los hijos de Heber» (10.21), es decir los hebreos, que en la tradición bíblica son contrastados con los cananitas y otros pueblos originarios de la Tierra Prometida. Abraham mismo fue el mayor de los tres hijos de Taré (Gn 11.26), durante cuyo tiempo de vida se dice que la familia se mudó de Ur, en Mesopotamia del sur, a Harán, en el Río Balikh al noroeste de Mesopotamia. Por el tiempo de los escritores bíblicos Harán era una importante ciudad de caravanas, desde la cual los viajeros podían cruzar el Eufrates y viajar al sur, vía el oasis de Tadmor (Palmira), a Damasco, usando la Carretera del Rey y siguiendo, al este de la Jordania, a Canaán y a puntos más lejanos del sur. Ésta es claramente la ruta que se cree que la familia de Abraham habría tomado, y los lazos familiares con Harán, y por último con Ur, reflejan la creencia israelita de que sus vínculos ancestrales más tempranos estaban con los pueblos de Transeufrates, no con los pueblos originarios de Canaán. Así los nombres de los ascendientes inmediatos de Abraham (Gn 11.22-26; 1 Cr 1.26-27) equivalen a los nombres de ciudades de los alrededores de Harán: Serug, el nombre del bisabuelo de Abraham, era el nombre de una ciudad situada entre Harán y el Éufrates; Nacor, el nombre tanto del abuelo de Abraham como de uno de sus dos hermanos, era el nombre de una ciudad (Nakhur) localizada sureste de Harán en el alto Balikh; y Taré era el nombre de una ciudad (Til-[sha]-Turakhi) en la cuenca del Río Balikh. El nombre del otro hermano de Abraham, Harán (*hārān*), es similar pero no idéntico al nombre de la ciudad de Harán (*ḥārān*) en sí.

Los nombres de los descendientes de los tres hijos de Taré, Abraham, Nacor, y Harán, corresponden a los nombres de los pueblos reconocidos por los escritores bíblicos como pertenecientes al grupo de parentesco más amplio de Israel. Los hijos de Nacor llevan los nombres de las 12 tribus de los arameos. Ocho de éstas estaban localizadas en el desierto sirio, la patria aramea (Gn 22.20-23), mientras que las cuatro restantes se expandieron finalmente hacia el oeste, al interior de Siria (v. 24). Lot, el hijo de Harán fue el padre de Moab y Ben-ammi, los antepasados epónimos de los amonitas y moabitas transjordanios (Gn 19.37-38), que son por lo tanto conocidos en la tradición bíblica como «los hijos de Lot» (Dt 2.9, 19; Sal 83.8 [9]). Al atribuir su patrimonio al sobrino de Abraham, la tradición les concedió un parentesco menor con Israel, y al presentar las circunstancias de su concepción como una unión incestuosa entre Lot y sus hijas (Gn 19.30-38), la tradición arroja una sombra sobre su linaje, sobre todo en contraste con las circunstancias prometedoras del nacimiento del antepasado de Israel, Isaac.

Los propios descendientes de Abraham se pueden dividir en tres grupos: los que descendieron de Ismael (ismaelitas o árabes), los que descendieron de Isaac (edomitas e israelitas), y los que descendieron de varios hijos de Cetura (una línea colateral de árabes). Sus estatus relativos en la tradición israelita se reflejan en el estatus de sus madres. Isaac fue el hijo de Sara, la esposa de Abraham, y padre de Jacob-Israel, cuyos 12 hijos fueron los antepasados de las 12 tribus que finalmente heredarían la tierra prometida a Abraham en Canaán. Como se muestra en el «Génesis edomita» de Génesis 36, Esaú-Edom, el otro hijo de Isaac, fue el antepasado epónimo de los edomitas, que la tradición israelita dividió en tres grupos, descendidos de las tres mujeres de Esaú. Los otros hijos de Abraham fueron los hijos de sus concubinas, Agar y Cetura, y él los despidió «hacia el oriente» (Gn 25.6), es decir, a Arabia. Así los 12 hijos de Ismael, y el hijo de Agar, llevan los nombres de 12 pueblos de Arabia del norte (Gn 25.13-15; 1 Cr 1.29-31), que habitaron el desierto sirio al este y el sudeste de Galaad. Éstas fueron las tribus hagritas o agarenas (1 Cr 5.10, 19-20; cf. Sal 83.6 [7]; Bar 3.23); la mayoría de sus nombres son aquellos de las tribus mencionadas en fuentes bíblicas o no bíblicas. Los nombres de los hijos de Cetura (Gn 25.2; 1 Cr 1.32) son más difíciles de explicar que aquellos de Agar, pero en general parece que ellos también equivalen a los nombres de grupos y sitios árabes. Tomadas en conjunto, por lo tanto, las tradiciones genealógicas asociadas con Abraham identifican a Israel dentro de tres grupos de parentesco de fronteras progresivamente estrechas y afinidad creciente. El grupo más general es el de los semitas o descendientes de Sem y, más en particular, los descendientes de Heber o hebreos. El siguiente grupo comprende los pueblos descendientes de los tres hijos de Taré, el padre de Abraham. Éstos incluyen los arameos y los pueblos transjordanios de Amón y Moab. El grupo más estrecho es el de los pueblos abrahámicos, los descendientes de Abraham mismo. Este incluye a los ismaelitas o tribus árabes del norte, los edomitas, y los israelitas mismos.

La característica más asombrosa del retrato de Abraham en la narrativa de Génesis, y por la que se le admira en la tradición posterior, es su obediencia pasiva a las directivas divinas que él recibe. Al principio de su historia se le pide que deje su patria y viaje «a la tierra que te mostraré», un lugar del que él no sabe nada. El hecho que él parece aceptar este llamado sin cuestionamiento o vacilación puede ser una consecuencia de la brevedad literaria de la narración, pero en la interpretación posbíblica su aceptación pasiva ha sido vista como un paradigma de la obediencia incondicional que proviene de confiar en Dios. Esto es aún más evidente en la historia del acto de «atar» (*ʿăqēḏâ*) a Isaac, relatada cerca del final de la narrativa de Abraham (Gn 22.1-19). Después de que Isaac nace y la promesa divina de progenie, que había sido puesto en peligro por la vejez de Abraham y esterilidad de Sara, parece ir camino a su cumplimiento, Dios prueba a Abraham instruyéndole llevar a Isaac a «uno de los montes que yo te diré» y sacrificarle allí como un holocausto. Otra vez Abraham obedece sin vacilar y está a punto de matar a su hijo cuando Dios interviene y provee un carnero para la ofrenda. Principalmente sobre la base de esta historia notable, Abraham llegó a ser considerado como un modelo de fe o confianza en Dios para judíos y cristianos y también para musulmanes, en cuya tradición es Ismael, en vez de Isaac, cuyo sacrificio se demanda.

P. Kyle McCarter, Jr.

ABRAHAM, APOCALIPSIS DE

Apocalipsis judío escrito en algún punto entre el primero y mediados del siglo II d. C., probablemente compuesto en una lengua semita, pero existente sólo en eslavo. Aunque la obra pueda no ser una combinación de escritos, la mayoría de los eruditos identifican dos partes principales y varias interpolaciones posibles.

1. Capítulos 1-8 es una historia tardía y graciosa sobre la conversión de Abraham de la idolatría, después que él reflexiona sobre la naturaleza de los ídolos y ora que él pueda conocer al Creador, que entonces se le aparece en una teofanía.

2. Capítulos 9-32, el apocalipsis original, es un midrash de 15.9-17. Dios instruye al ángel Yaoel (*YHWH ʾl*) para ayudar a Abraham a ofrecer sacrificios en Horeb, donde Abraham encuentra al ángel caído Azazel. Yaoel entonces lleva a Abraham a un viaje al otro mundo y le muestra una visión de Dios, del trono de Dios y sus asistentes (cf. Ez 1,10), los variados cielos, la tierra y el abismo, y una imagen que representa toda historia humana (cf. 1 En 1-36).

Bibliografía. R Rubinkiewicz, «Apocalypse of Abraham», OTP 1 (Garden City, 1983): 681-705; G. Vermes, «Jewish Literature Composed in Hebrew or Aramaic», en E. Schürer, The History of the Jewish People in the Age of Jesus Christ (175 B.C.–A.D. 135), rev. ed., 3/1 (Edinburgh, 1986): 288-92.

R Glenn Wooden

ABRAHAM, TESTAMENTO DE

Libro seudoepigráfico en el que Abraham aprende del arcángel Miguel que el tiempo de su muerte ha llegado. Abraham, sin embargo, rechaza morir, usando su posición privilegiada como amigo de Dios para prevenir lo inevitable. De este modo la historia se desvía de una anticipada reunión en el lecho de muerte (un testamento) para volverse apocalíptica en naturaleza, a medida que Abraham recorre el mundo habitado y viaja a la escena del juicio. El tema principal es que Dios es compasivo y paciente con los pecadores, deseando que todos se arrepientan y vivan. Al final de historia, Dios envía al ángel Muerte, que toma el alma de Abraham mediante un engaño.

El texto existe en una forma larga (Recensión A) y una breve (Recensión B).

El texto judío original fue escrito probablemente en un griego semitizado en Egipto alrededor del 100 d. C.

Bibliografía. E. P. Sanders, «Testament of Abraham», OTP 1:871-902.

Randal A. Argall

ABRAM (Heb. *'abrām*)
Nombre original del patriarca Abraham.

ABRONA (Gk. *Abrōna*)
Arroyo a lo largo del cual Holofernes destruyó todas las ciudades fortificadas (Judit 2.24; cf. Códice Sinaítico Chebrōn, Vulg. *Mambre*). Algunos eruditos lo identifican con el río Habur.

ABRONA (Heb. *'abrōnâ*)
Un lugar donde los israelitas acamparon durante su peregrinación por el desierto (Nn 33.34-35). Es un oasis, posiblemente 'Ain Defiyeh/ 'Ein Avrona, aprox. 15 km (9 mi) al norte de Ezión-geber.

ABSALÓN (Heb. *'abšālōm*; Gr. *Apsalōmos, Abessalōm*) (también ABISALOM)

1. El tercer hijo de David, nacido de Maaca, hija del rey Talmai de Gesur (2 S 3.3 =1 Cr 3.2); probablemente un antepasado de Maaca, esposa de Jeroboam y madre de Abiam (1 R 15.2, Abisalom). Absalón desempeña un papel principal en las narraciones que relatan el castigo profetizado a David por Natán debido a los delitos de adulterio y asesinato (2 S 12.11-12). David sufrió muchas de las consecuencias profetizadas por sus delitos, a través de las acciones de un hijo retratado como una imagen negativa de él: buen parecer (1 S 16.12; 2 S 14.25), carismático (3.36; 15.1-6) y astuto al tratar con sus enemigos (cap. 13; 1 R 2.5-6).

Absalón planeó y ordenó el asesinato de Amnón, en represalia por la violación de su hermana Tamar, y huyó para exiliarse en Geshur, la ciudad de su abuelo (2 S 13). Poco después de su retorno y reconciliación con David, orquestada por Joab (2 S 14), Absalón intentó usurpar el reino de su padre. Cuando las personas llegaban a Jerusalén buscando justicia, él les aseguraba los méritos de sus casos, pero se quejaba que no estaba en una posición que les permitiría ayudarlas. Abrazaba y besaba a los que venían a inclinarse ante él (2 S 15.1-6). Con el pretexto de cumplir un voto, viaja a Hebrón, donde David había sido coronado rey, y envió a emisarios a través del reino para anunciar su coronación con señales de sonido de trompeta. Las noticias de la rebelión de Absalón se extendieron rápidamente, y David fue obligado a buscar refugio en Mahanaim, la ciudad al este del río Jordán donde Abner, el general de Saúl, había fallado en perpetuar la dinastía de Saúl a través de Isboset. Husai, los sacerdotes Sadoc y Abiatar, y los hijos de los sacerdotes permanecieron en Jerusalén como agentes de David. Después de entrar a Jerusalén, Absalón demostró su reclamación del trono tomando a 10 de las concubinas de David. Su decisión de esperar, como le aconsejó Husai, en vez de perseguir inmediatamente y matar a David, como Ahitofel le aconsejó, selló su destino. Los seguidores de David estaban preparados y derrotaron las fuerzas de Absalón. Mientras montaba en una mula, la cabeza de Absalón se atascó en la rama de un roble. Joab lo mató, y arrojó su cuerpo en un hoyo en el bosque y lo cubrió con un montón de piedras.

2. Uno de dos mensajeros que se dice estaría implicado en negociaciones entre Judas Macabeo y Lisias, el gobernador de Coele-Siria y Fenicia (2 Mac 11.17); posiblemente la misma persona que fue padre de Matatías (1 Mac 11.70) y Jonatán (13.11), comandantes en el ejército Macabeo.

Bibliografía. C. Conroy, Absalom Absalom! Narrative and Language in 2 Samuel 13–20. AnBib 81 (Rome, 1978); J. P. Fokkelman, Narrative Art and Poetry in the Books of Samuel, 1. King David (Assen, 1991); R. Polzin, David and the Deuteronomist: 2 Samuel (Bloomington, 1993); R. N. Whybray, The Succession Narrative. SBT, 2nd ser. 9 (Naperville, 1968).

Keith L. Eades

ABUBILLA
Un pájaro de color canela o amarillento (Heb. *dûkîpat*), la única especial de la familia Upupidae. Unos 30 cm (12 in) de largo, la abubilla es reconocida por su gran cresta de oro, con bandas blancas y negras en la punta. Para su protección, exuda un olor desagradable. Se alimenta de diversos tipos de insectos y gusanos, por lo cual urga en montones de estiércol. Su nombre zoológico (*Upupa epops*) es una combinación de Lat. *upopa* y Gr. *epops,* siendo ambos onomatopéyicos, imitando su canto.

Dibujos y leyendas de la antigüedad indicant que la abubilla era importante en la zona del Mediterráneo, probablemente en prácticas mágicas. La abubilla es listada en Levítico 11.19; Deueronomio 14.18 como alimento no permitido. Sin embargo, si se comprende la palabra hebrea de manera diferente, los caraítas tradicionalmente se abstuvieron de comer pollo.

Jesper Svartvik

ACAB (Heb. *'aḥ'āḇ*)

1. Rey de Israel (aprox. 875-854 b.C.) y sucesor de su padre Omri, que acordó un matrimonio entre Acab y Jezabel, hija de Ed-Baal, rey de Tiro, para asegurar buenas relaciones entre Fenicia e Israel. Setenta hijos de Acab en Samaria fueron asesinados por Jehú en su rebelión (2 R 10), y su hija (o hermana) Atalía reinó en Judá (843-837) hasta que fue asesinada. Archienemigo del profeta Elías, Acab es considerado por la historia deuteronomista como uno de los reyes más malvados de Israel (1 R 16.30, 33; 21.25; Mi 6.16) y es comparado con el vil Manasés de Judá (2 R 21.3). Aun así, parecen haber inconsistencias entre el texto bíblico y los datos arqueológicos.

Relato bíblico

El texto supone que las acciones malvadas de Acab acarrearon la sequía y hambre que asolaron a Israel y condujeron a las actividades proféticas de Elías (1 R 16.29–22.40; 2 Cr 18. 21). El pecado principal de Acab es su colusión con Jezabel para promover la adoración a Baal en Israel, junto con la adoración a Jehová. Acab construyó un templo y un altar en Samaria para este dios cananita (1 R 16.32), Eligio un poste sagrado para la diosa Cananea Asera (v. 33) también permitió que Jezabel mantuviera a 450 profetas de Baal y 400 profetas de Asera (18.19). Aun así, la lealtad de Acab a Jehová es evidente cuando él va a la batalla en nombre de Jehová (1 R 20, 22), nombra a Obadías («siervo de Jehová») como administrador de su palacio, da a sus hijos nombres con el nombre de Jehová, y presta atención a las palabras de los profetas Micaías (1 R 22) y Elías. Bajo las órdenes de Elías él reúne a los profetas de Baal para una prueba en el Monte Carmelo (1 R 18) y más tarde se viste de cilicio ante las palabras de juicio que Elías le trajo (21.17-29). Según él deuteronomista, Acab hace lo incorrecto sólo porque «Jezabel su mujer lo incitaba» (1 R 21.25), fuertemente ilustrado en la historia de la viña de Nabot.

La viña de Nabot (1 R 21) arroja luz acerca del poder y derecho de la realeza en Israel antiguo. Nabot representa la antigua moral tribal que insiste en que la tierra permanezca en la tribu (Lv 25.23; Nm 36.5-9), mientras que Acab representa la nueva administración estatal que es más despótica. Acab deseaba la viña de Nabot (cf. Is 5, un símbolo de Israel), situada al lado de su palacio, para plantar un huerto (que simboliza la fertilidad). Su petición de comprar esta tierra es rechazada por Nabot porque ella debe permanecer en la familia de Nabot como herencia. Derrotado, Acab vuelve a casa a su esposa complaciente, Jezabel, que idea un plan para tomar la viña acusando falsamente a Nabot de traición, por lo cual Acab ordena su muerte y confisca la propiedad. Sin embargo, según 2 Reyes 9, que los eruditos sugieren refleja una versión más antigua del relato de la viña, Acab no sólo es el único responsable de la muerte de Nabot (vv. 25-26), sino que él también asesina a los hijos de Nabot. En castigo, Dios prometió que los perros lamerían la sangre de Acab y Jezabel (1 R 21.20-24). Acab se arrepiente y su castigo es diferido a sus hijos. Sin embargo, la sangre de Acab es lamida por perros y las prostitutas se bañaron en ella (22.38), no en Jezreel como se profetizó, sino en Ramot de Galaad donde Acab y el rey Josafat de Judá unieron fuerzas contra los arameos.

El texto reconoce, pero minimiza las fuertes capacidades de liderazgo de Acab. Se menciona que él reina durante 22 años, construye y fortifica ciudades, mantiene fronteras pacíficas por medio de alianzas matrimoniales (Atalía con Joram de Judá, Acab con Jezabel de Fenicia), y forma tratados con gobernantes tales como Ben-adad (1 R 20) y Josafat (cap. 22). De hecho, en 2 Crónicas se registra que Josafat pagó tributo a Acab e Israel (2 Cr 18). Incluso se esboza una imagen de líder valiente cuando Acab, sangrando profusamente y a punto de morir, pide ser sostenido en su carro para proporcionar estímulo a sus tropas cuando ellas luchan contra el enemigo. Sin embargo, el texto retrata una imagen aún más fuerte de Acab como un líder débil. Después de volver victorioso de la batalla (esta escena omite mencionar el nombre de Acab), Acab está resentido y malhumorado porque el profeta le condena por no matar a Ben-adad, conforme a las reglas del anatema (*ḥērem*; 1 R 20). Él se queja y rechaza comer cuando es incapaz de comprar la viña de Nabot, y permite que Jezabel gobierne en su lugar. Es esta imagen de Acab, como el «marido fastidiado» dominado por Jezabel, la que predomina en la historia bíblica. Los datos históricos, sin embargo, crean una imagen más prestigiosa de Acab.

Relato histórico

Muchos historiadores consideran el programa de edificaciones de Acab como tan impresionante como los de Herodes y Salomón. Los datos arqueológicos sugieren que Acab fortificó las ciudades de Dor, Megido, Hazor, Jezreel, Dan, y ʿEn-gev construyendo muros con casamatas. Además, se le considera responsable de los intrincados sistemas hídricos en Megido y Azor, que protegió los abastecimientos de agua de aquellas ciudades de la amenaza asiria. Los centros urbanos se duplicaron bajo el gobierno de Acab, quizás debido a su voluntad de equilibrar tanto los intereses cananeos como los israelitas. La refinada cultura material fenicia descubierta en Israel da testimonio de la estrecha relación entre estas dos culturas, especialmente a medida que desaparece después del fallecimiento de la dinastía del rey Omri. Una inscripción monolítica de Salmanasar III, rey de Asiria, registra la batalla de Qarqar donde una coalición de reyes, incluyendo a Acab, se levantó contra los asirios. Aunque Asiria ganó, ni Hamat (Hama) ni Damasco fueron tomadas. Acab proveyó el mayor número de recursos con sus 2000 carros y 10 mil soldados. Además, una piedra moabita del siglo IX (Estela de Mesha) indica que Omri («la tierra de la casa de Omri», quizás Acab) controló Moab por muchos años. Claramente, pruebas históricas sugieren que Acab fue un rey fuerte y políticamente inteligente.

Fuentes rabínicas

Muchas fuentes rabínicas acentúan el poder militar de Acab y consideran tanto a Acab como Manasés como sobresalientes debido a que su grandeza fue desviada para hacer el mal. El rabino Johanan sostiene que Acab es digno de 22 años de poder porque él reverenció las 22 letras de la Torah y apoyó a los sabios. El Zohar sostiene que era aceptable para Acab tomar la propiedad de Nabot, pero no ejecutarle. Otros sugieren que Acab fue pariente de Nabot y heredero, y por lo tanto autorizado para tomar la propiedad (San. 48b).

2. Hijo de Colaías (Jer 29.21-23) que, junto con Sedequías, hijo de Maasías, es acusado por el profeta Jeremías de profetizar falsamente y de cometer adulterio. Él y Sedequías predijeron un retorno temprano del exilio, incitando disturbios y caos en Babilonia que llevó a la ejecución de ellos por parte de Nabucodonosor rey de Babilonia.

Deborah A. Appler

ACACIA

Árbol nativo del Mediterráneo del que existen cinco especies. La mayoría crece en el desierto de Judea, el Neguev y el Sinaí, mientras que una variedad (Acacia raddiana) es encontrada en las partes central y norte de Israel. La acacia (Heb. *shiṭṭîm*) es un árbol fuerte, capaz de resistir las condiciones climáticas extremas del desierto. La acacia se usa como combustible, para la construcción y sombra. El tronco, las ramas y las hojas proporcionan también comida a una diversidad de animales. Aunque algunas variedades de acacia alcanzan baja altura, 4-5 m (13-16 pies), otras tienen troncos centrales y pueden alcanzar alturas de 12-15 m (40-50 pies). La madera de acacia se usó de forma ostensible en la construcción del Tabernáculo, el arca del pacto y otros objetos sagrados (Ex 25-27, 30, 35-38).

Bibliografía. N. Hareuveni, Tree and Shrub in Our Biblical Heritage (Kiryat Ono, 1984); Y.Waisel and A. Alon, Trees of the Land of Israel (Tel Aviv, 1980).

Alan Ray Buescher

ACAD (Heb. *akkaḏ*; Acad. a-ga-dé) (también AKKAD)

Una ciudad al norte de Babilonia incluida en una lista junto con Babel y Erec como una parte del reino de Nimrod, en la tierra de Sinar (Gn 10.10); también llamada Agade, Akkad. Acad fue fundada como capital del imperio establecido por Sargón I (aprox. 2330-2274 a. C.). El Imperio Acadio incluyó toda Mesopotamia, partes de Anatolia, el norte de Siria, y hasta la costa mediterránea. Con el cambio del centro político de Mesopotamia de Sumeria a Acad, la lengua, la cultura y el arte militar semíticos acadios reemplazaron a los de los sumerios. El nieto de Sargón Naram-sin destruyó el gran palacio de Ebla por el 2250. Acad fue destruida por los gutianos por el 2150 y nunca fue reconstruida.

El lugar ocupado por la ciudad permanece incierto. Unos la localizan cerca de Babilonia y otros cerca de Sippor, posiblemente Tell Der o Tell Sesubar Aun después de la destrucción de la ciudad, el nombre Acad designó la región del norte de Babilonia, y «Acad y Sumer» se usó aún en el período persa para referirse a toda Babilonia.

Bradford Scott Hummel

ACADIO

A menudo un término general para los dialectos de la antigua lengua semita hablada en Mesopotamia y sus alrededores, y registrada en documentos tan tempranos como aprox. 2350 a.C. y hasta el siglo I d.C. Usada en una forma más precisa, la palabra «acadio» designa la fase histórica más temprana del Oriente Semítico que aparece en textos desde 2350 hasta 1950 a.C. aproximadamente. Esta fase es denominada como acadio antiguo. La mayoría de estos textos viene de la dinastía fundada por Sargón de Acadia.

A partir de entonces, se pueden distinguir variados dialectos del acadio. Un dialecto norteño dentro de Mesopotamia se adoptó en la tierra de Asiria. Aunque no se produjeron cambios en el idioma en períodos bien demarcados, el desarrollo del asirio puede ser trazado en términos generales como sigue. El asirio antiguo es registrado por el 1950-1750 aprox., principalmente en textos de las colonias mercantes asirias en Anatolia. El asirio medio aparece por aprox. 1530-1000, y el neoasirio cerca de 1000-612. Durante este último período el asirio recibió cada vez más influencia del arameo, debido a la expansión del Imperio Asirio. Fue por este tiempo que Asiria alcanzó la cúspide de su poder y en el siglo VIII conquistó Israel, el reino del norte, y llevó a la gente de las 10 tribus del norte en cautiverio.

Un dialecto sureño del acadio dentro de Mesopotamia parece primero como babilonio antiguo por 2000-1600 aprox., mejor conocido por la colección de la ley de Hamurabi. Se puede distinguir subdialectos regionales, y una forma elevada de la lengua conocida como el dialecto hímnico-épico que se convirtió en el medio para las composiciones literarias. Después de la invasión kasita de Babilonia, surgió el babilonio medio (1600-1100 aprox.), y durante la segunda mitad del segundo milenio se convirtió en la lengua franca de la diplomacia internacional en el Cercano Oriente antiguo. En el mismo período, el babilonio estándar (Al. *Jungbabylonisch*), que se parecía al dialecto hímnico-épico más antiguo, se convirtió en el idioma literario. El neobabilonio (aprox. 1100-539), como en el caso del neoasirio, refleja la creciente influencia lingüística del arameo, que por su parte durante este período sustituyó al acadio en la diplomacia internacional. Fue el Imperio Neobabilónico el que conquistó a Judá en el siglo VI, mientras Nabucodonosor era el rey de Babilonia. El babilonio tardío (aprox. 539 a.C.–75 d.C.) se rindió cada vez más al arameo y representa el intento final de la clase sacerdotal restante de conservar sus tradiciones antiguas, a medida que el arameo y luego el griego se convirtieron en los medios de comunicación dominantes.

Varias gramáticas introductorias, una gramática descriptiva estándar, tres silabarios, y dos diccionarios de varios volúmenes están disponibles ahora, o cerca de su finalización, poniendo el estudio del acadio en una buena base. Es, junto al eblaita, una de las lenguas semíticas probadas más tempranas y la más extensamente documentada de todas las lenguas del Cercano Oriente antiguo.

WALTER R. BODINE

ACAICO (Gr. *Achaïkós*)
Alude a un cristiano (Gr. «una persona de Acaya») de Corinto a quien la iglesia corintia envió a Pablo mientras estaba en Éfeso (1 Co 16.17).

ACÁN (Heb. *ʿākān*)
Judaíta, hijo de Carmi, hijo de Zabdi, hijo de Zera, que malversó algunos bienes que debían ser completamente dedicados a Dios, después de la conquista y destrucción de Jericó (Jos 7.1). Inmediatamente después, Israel pierde su siguiente batalla contra Hai y deduce que Dios está enojado con ellos. Josué ora a Dios, que responde que la pérdida de esta batalla se produjo porque alguien violó las reglas acerca de los bienes prohibidos de Jericó. Dios instruye a Josué a echar suerte para determinar quién violó las reglas de guerra. Cuando las suertes son echadas al día siguiente se determina que Acán es el culpable. Él es encarado y admite haber tomado erróneamente una variedad de bienes y haberlos enterrado bajo su tienda de campaña. Cuando los bienes, en efecto, son descubiertos, Acán, su familia entera, y todas sus posesiones son traídas hasta el Valle de Acor (un juego de palabras con Acán) donde son quemados y apedreados (Jos 7.25-26).

JOEL S. KAMINSKY

ACÁN (Heb. *yaʿăqān*) (también JAACÁN)
Uno de los hijos de Ezer el horita, de la familia de Esaú (Gn 36.27). En 1 Crónicas 1.42 lo llaman Jaacán.

ACAYA (Gr. *Achaía*)
Hogar de los acayos, como llamó Homero a los griegos que atacaron a Troya, el pueblo dominante en la Península de Peloponeso al norte de Grecia durante el período micénico. Cuando Roma comenzó a amenazar a Grecia, las ciudades estados del Peloponeso del norte (Acaya propiamente tal), lideradas por Corinto, formaron la liga Acaya, para resistir. Cuando los romanos derrotaron la liga y destruyeron Corinto, Acaya se convirtió en una provincia romana adjunta a Macedonia, pero reconocida como distinta.

En el 27 a. C. Augusto designó a todo el Peloponeso y la tierra al sur de una línea que se dirigía aproximadamente desde el Golfo Eubiano al oeste hasta Actio como la nueva provincia senatorial de Acaya. Corinto se convirtió en su capital. El norte de Grecia en gran parte formó la provincia de Macedonia. Los romanos también con frecuencia se refirieron de un modo general a toda Grecia como Acaya.

Las cartas de Pablo y el libro de Hechos siguen las designaciones provinciales romanas y se refieren al sur de Grecia como Acaya y al norte de Grecia como Macedonia. Pablo usó más a menudo el término Acaya para indicar expresamente Corinto y su territorio circundante (cf. Hch 18.12, 27; Ro 15.26; 1 Co 16.15; 2 Co 1.1; 9.2; 11.10; 1 Te 1.7-8).

SCOTT NASH

ACAZ (Heb. *'āḥāz*)
Una forma abreviada de nombres tales como Ocozías y Jehoacaz («Jehová ha aferrado»). Éste último aparece en un texto asirio de Tiglat-Pileser III (Ac. *iaúhazi*) como el nombre del rey de Judá (ANET, 282-84).

1. Rey de Judá en el siglo VIII a.C. A la edad de 20 años Acaz heredó el trono de su padre Jotam y gobernó sobre Judá durante 16 años (aprox. 742-727). El deuteronomista retrata a Acaz en términos completamente negativos en 2 Reyes 16, reprobándolo con una fórmula evaluativa estándar: «No hizo lo recto ante los ojos de Jehová su Dios» y comparó su maldad con la de los reyes de Israel: «Anduvo en los caminos de los reyes de Israel» (2 R 16.2-3). Acaz es acusado de apostasía religiosa (2 R 16.4), por haber construido un nuevo altar en el templo de Jerusalén, según el modelo de un altar de Damasco (vv. 10-16), así como por hacer alianza política con el rey asirio Tiglat-Pileser III (vv. 7-9). Claramente, la intención del deuteronomista al decribir a Acaz en forma tan negativa es establecer un agudo contraste con su sucesor, Ezequías, que según el deuteronomista «Hizo lo recto ante los ojos de Jehová» (2 R 18.3), llevó a cabo una reforma religiosa quitando los lugares altos, quebrando las imágenes, y derribando los símbolos de Asera (v. 4). Además, Ezequías «se rebeló contra el rey de Asiria y no le sirvió» (2 R 18.7), rompiendo así la alianza establecida por Acaz.

La presentación que Crónicas hace de Acaz es aún más negativa que la del deuteronomista. Los eruditos generalmente concuerdan en que el cronista redactó el material del relato de Reyes para que encajara con su propia perspectiva teológica. Aunque en general la condena del cronista hacia Acaz es muy similar a la del deuteronomista, él difiere en la interpretación de los acontecimientos. En primer lugar, en la descripción de la invasión de Judá por parte de una alianza entre Siria (Damasco) e Israel (la llamada guerra Siro-Efrainita), el deuteronomista sólo registra que ellos no conquistaron Judá; pero el cronista describe con más detalle en el fracaso de Acaz, con respecto al exilio de judíos a Damasco, una gran matanza infligida por Peka, y el traslado de cautivos y despojo a Samaria (2 Cr 28.5-15). En segundo lugar, la apelación de Acaz a Tiglat-Pileser por ayuda es puesta en el contexto de la crisis siro-efrainita en el relato de Reyes, resultando en la victoria de Tiglat-Pileser sobre Siria. El cronista, sin embargo, puso aquella apelación en el contexto de ataques por parte de edomites y filisteos. Según el cronista, Tiglat-Pileser atacó a Acaz en vez de venir en su ayuda. En tercer lugar, para el deuteronomista, la apostasía religiosa de Acaz comenzó con su visita a Damasco para reunirse con Tiglat-Pileser; para el cronista, la apostasía Acaz vino en el tiempo de apuro, donde en vez de arrepentirse «añadió mayor pecado contra Jehová; porque ofreció sacrificios a los dioses de Damasco» (2 Cr 28.22-23). Claramente, la intención teológica del cronista es mostrar que los pecados religiosos de Acaz le convirtieron en el peor rey en la historia de Judá, y por lo tanto Jehová le castigó entregándolo en las manos de sus enemigos. No obstante, Acaz no se arrepintió, sino se volvió a los dioses de sus enemigos.

Un acontecimiento de importancia significativa durante el reinado de Acaz es la Guerra Siro-efrainita, que la mayoría de los eruditos fechan en aprox. 734. Esta crisis está relacionada con un movimiento antiasirio más extendido, encabezado por Rezín de Siria, en la parte sudoeste del Imperio Asirio. El ataque contra Jerusalén, por parte de Rezín y Peka de Israel, probablemente ocurrió a consecuencia de la respuesta negativa de Acaz de afiliarse a la coalición. Isaías indicó que el sitio de Jerusalén tuvo como objetivo la sustitución de Acaz con un cierto «hijo de Tabeel» (Is 7.6). Este intento probablemente se hizo para asegurar la participación Judá en la alianza. Isaías, sin embargo, animó a Acaz a permanecer firme en su política de neutralidad (Is 7.3-4).

2. Un tataranieto de Saúl, nombrado en las listas genealógicas benjaminitas en 1 Crónicas 8.35-36; 9.41-42.

Bibliografía. P. R. Ackroyd, «Historians and Prophets», *SEÅ* 33 (1968): 18-54; «The Biblical Interpretation of the Reigns of Acaz and Ezequías», en In the Shelter of Elyon, ed. W.B. Barrick y J.R Spencer, JSOTSup 31 (Sheffield, 1984), 247-59; S. A. Irvine, Isaiah, Acaz, and the Syro-Ephraimitic Crisis. SBLDS 123 (Atlanta, 1990).

JEFFREY K. KUAN

ACBOR (Heb. *ʿakbôr*) (también ABDÓN)

1. El padre del rey edomita Baal-hanan (Gn 36.38-39 = 1 Cr 1.49).

2. El hijo de Micaías; un tribunal oficial del rey Josías enviado para consultar a la profetisa Hulda (2 R 22.12, 14). En 2 Crónicas 34.20 lo llaman Abdón (4) el hijo de Micaía. Según Jeremías 26.22; 36.12 él fue el padre de Elnatán.

ACEITE, UNGÜENTO

La mayor parte del aceite señalado en la Biblia es el aceite de oliva. La extracción del aceite de la baya varía de un lugar a otro y de una época a otra. Sin embargo, los fundamentos son claros. Las aceitunas se cosechan entre septiembre y diciembre. A principios de la temporada los olivos son verdes, y más tarde la oliva se volvía negra y el contenido de aceite se incrementaba. La extracción de aceite requería que las bayas fueran majadas o trituradas. Esto se hacía caminando sobre ellas con los pies (Mi 6.15), machacando en un mortero, o presionándolas con una gran piedra. A continuación, la pulpa de la aceituna se coloca en cestas de trama abierta con espacios suficientes para que el aceite se filtre. La primera extracción era la más valiosa y fue utilizada con alimento, para uso religioso (Ex 29.40), y para el comercio (1 R 5.11[TM 25]). La pulpa restante se calentaba y se colocaba en una tina. Mediante el uso de una palanca, barra, y piedras pesadas el aceite se presiona de la pulpa. Esta segunda extracción, e incluso una tercera extracción, produjeron un tipo de aceite que normalmente se utilizaba para las lámparas de aceite y otros usos domésticos. Se utilizaron molinos para las grandes cantidades de aceitunas. Estos molinos incluían una pila de piedra circular bastante grande (hasta 2.5 m [8 pies] de diámetro) en la que se colocaban las aceitunas. A continuación, una pesada rueda de piedra vertical se gira alrededor de la pila para aplastar las aceitunas. Una o dos personas o un animal daban vuelta a la piedra empujando una barra alrededor de un pivote.

El uso de aceite de oliva era extenso. El aceite de oliva, vino, y grano eran los tres productos agrícolas más importantes de la Tierra Prometida (Dt 7.13). Las aceitunas y el aceite de oliva eran alimentos básicos en la dieta y se servían en casi todas las comidas. El pan se come habitualmente con aceite de oliva. Este, y rara vez otros aceites como el aceite de castor y el aceite de sésamo, tomaba el lugar de la mantequilla y la grasa animal. Se mezclaba con harina para hacer tortas o pan (1 R 17.12-16), y a menudo se mencionaba con otros alimentos como la harina fina (Lv 2.1-4), vino (Ap 6.6), y miel (Ez 16.13).

Debido a que el aceite de oliva ardía sin despedir mucho olor, se utilizaba en las lámparas de aceite para iluminación. Aceite de oliva de primera calidad se utilizaba para la luz continua en el tabernáculo (Ex 27.20) y proporcionaba la luz en el candelabro del templo (25.6). Fue usado para ungir reyes (1 S 16.1-13; 2 R 9.1-3), sacerdotes (Ex 29.7-35; Lv 8.12), un profeta (Is 61.1), estelas (Gn 28.18), así como el tabernáculo y su contenido (Ex 30.23-29). El aceite se utilizaba en rituales de purificación (Lv 14.10-29), ofrendas de alimentos (Ex 29.40; Lv 2), y con los sacrificios de animales (Nm 15.1-16).

El aceite se utilizaba en el antiguo Cercano Oriente para ungir el cuerpo. Era una protección contra las quemaduras solares y las moscas, y mantenía la piel suave. El aceite se aplicaba al cuerpo después del baño (Rut 3.3), pero en tiempos de luto no se utilizaba aceite (2 S 14.2; cf. 12.20). A los huéspedes se les lavaba sus pies y su cabeza era ungida con aceite (Lc 7.46). Se usaba el aceite en moretones, llagas y heridas (Is 1.6), y los enfermos eran ungidos con aceite (Mr 6.13). Los ancianos de la iglesia oraban por los enfermos y los ungían (Stg 5.14). El Buen Samaritano derramó aceite y vino en las heridas de un viajero golpeado (Lc 10.34).

Debido a su singular importancia el aceite de oliva con frecuencia era exportado. El mayor socio comercial era Fenicia. Salomón dio a Hiram de Tiro c. 435 mil l. (115 mil gal.) de aceite a cambio de asistencia en la construcción del templo (1 R 5.11[25]). En Egipto y Mesopotamia se producía poco o nada de aceite de oliva, y tenía que ser importado como un artículo de lujo. Israel suministraba al menos parte de ello (Os 12.1[2]). También era un buen cultivo comercial dentro del país (2 R 4.7; Lc 16.6).

El aceite era un símbolo de prosperidad (Dt 32.13), hospitalidad (Sal 23.5), y gozo (45.7[8]). Las palabras de engaño eran más suaves que el aceite (Sal 55.21[22]), como el habla de una mujer extraña (Pr 5.3).

El AT no distingue entre el aceite y el ungüento, lo cual no es sorprendente, ya que el aceite de oliva era una parte de la mayoría de los ungüentos. Varias especias fueron utilizadas con el aceite de oliva para hacer sus perfumes y ungüentos. Estos incluyen la mirra (Est 2.12; Mt 2.11), nardo (Mr 14.3), bálsamo (Gn 37.25; Jer 8.22), y aloes (Sal 45.8[9]; Jn 19.39). Frascos de alabastro o vidrio se utilizaban para mantener el ungüento.

Los ungüentos se usaron en ceremonias religiosas (Ex 30.22-25), en preparación para el entierro (Lc 23.56), para la protección y el embellecimiento de la piel (Est 2.3, 9, 12), y la hospitalidad para un invitado (Lc 7.46).

Bibliografía. R. Frankel, S. Avitsur, and E. Ayalon, *History and Technology of Olive Oil in the Holy Land* (Arlington, 1994).

James C. Moyer

ACÉLDAMA (Gr. *Akeldamách*)
El lugar que Judas compró con el dinero que recibió por traicionar a Jesús (Hch 1.18-19). Posteriormente, Judas sufrió una caída fatal en su propiedad, su sangre que se derramó en el campo, de ahí el nombre «Campo de sangre» (transliterado del arameo *ḥăqēl dĕmaʾ*). Este registro es armonizado a menudo con el que se halla en Mateo 27.3-10, que también menciona un «Campo de Sangre» en relación con Judas. En el registro de Mateo, sin embargo, Judas se ahorca (Mt 27.5), el «campo del alfarero» es comprado por los principales sacerdotes después de la muerte de Judas (v. 7), y «la sangre» de su nombre se refiere a «la sangre inocente» de Jesús (vv. 4, 6, 8). Probablemente, es mejor considerar los dos registros como variantes independientes de una leyenda etiológica; los dos autores adaptaron sus versiones de la historia de modo completamente diferentes. El sitio tradicional de Acéldama está en el valle de Hinom al sur de Jerusalén, un área asociada con la idolatría y el sacrificio de niño en el AT (2 R 23.10; Jr 7.30-34; 19.1-13).

Bibliografía. P. Benoit, «The Death of Judas», en Jesus and the Gospel, 1 (New York, 1973): 189-207; J. Finegan, The Archaeology of the New Testament, ed. rev. (Princeton, 1992), 245-46.

Kim Paffenroth

ACO (Heb. *ʿakkô*)
Una ciudad costera levantina identificada con Tell el-Fukhkhâr/Tel Aco (1585.2585), un tell que abarca 200 dúnames, aproximadamente 700 m (2300 pies) tierra adentro. Su importancia como un importante centro económico y político puede ser atribuida a su posición en la unión tanto de rutas comerciales marítimas como terrestres que conectan la costa con Galilea, el valle del Jordán, así como la Transjordania y Siria. Originalmente un centro cananita, Aco es mencionada como una ciudad no conquistada por el tiempo de la conquista de Canaán (Jue 1.31) así como una ciudad portuaria por el tiempo de Pablo (Hch 21.7). La ciudad helenística-romana fue llamada Ptolemaida, localizado entre el puerto y el tell. Durante el período de las cruzadas era conocido como San Jean D'Acre o Acre, y posteriormente fue llamado Akka por sus conquistadores árabes.

Evidencias arqueológicas y la mención del nombre en fuentes de textos antiguos indican que estuvo continuamente habitada por un período de cuatro milenios. Durante la Edad del Hierro, Aco fue habitada por los filisteos; evidencia de metalurgia y cerámica micénica confirman este vínculo con las islas del Mediterráneo. Pronto a continuación se convirtió en un importante centro comercial y marítimo fenicio, como muestran las excavaciones submarinas en el puerto. En el Área B se han encontrado numerosos ejemplos de utensilios domésticos, estatuillas y joyería, que evidencian su papel como importante centro comercial entre las ciudades costeras fenicias y el continente. Debido a la expansión de Asiria hacia el oeste llevada a cabo por Tiglat-Pileser III, se impuso tributo a las ciudades fenicias, que más tarde se unieron a la rebelión de Ezequías, dando como resultado las desastrosas invasiones por parte de Senaquerib en el 701 a. C. Asurbanipal alardea que él mató a aquellos habitantes de Aco que no eran sumisos, colgando sus cadáveres en estacas que él erigió alrededor de la ciudad, y deportó a los demás (ANET, 300). Desde el 530 en adelante Aco fue una base estratégica para las operaciones militares persas contra Egipto.

Como una ciudad con estatus de polis, Aco se convirtió en un enlace importante en el comercio internacional entre el mundo helenístico y el nabateo, controlando el acceso al continente de Palestina. Bajo el gobierno ptolemaico su nombre fue cambiado a Ptolemaida. Durante las guerras Macabeas, los seléucidas la usaron como un centro desde el cual los judíos fueron perseguidos. Pompeyo conquistó la ciudad en 63 a.C. y amplió su territorio. Como Colonia Claudia Ptolemaida sirvió como centro de los soldados, la industria, y el comercio durante los tiempos romanos y bizantinos. Aco también es famoso debido a la derrota de Napoleón allí en 1799.

Bibliografía. M. Dothan, et al., «Acco», NEAEHL 1.16-31; E. Linder, «The Harbor of Akko Excavations (1973-75 Seasons)», International Conference of Underwater Archaeology (Philadelphia, 1975).

J. P. J. Olivier

ACOR (Heb. *ʿāḵôr*)

Un valle en la frontera judeo-benjaminita (Jos 15.7) donde los israelitas apedrearon a Acán y su familia debido a su infidelidad, lo que tuvo como consecuencia el fracaso de los israelitas en Hai (7.11, 12, 20-21). Acor significa «problema», que puede derivarse de la situación grave provocada por Acán (Jos 7.25).

La posición exacta de este valle es problemática, aunque los eruditos lo hayan identificado con la moderno el-Buqeiʿah.

Dos profetas del siglo VIII citaron Acor como una promesa para los escogidos. Aunque Acor fue el valle del «problema», escatológicamente se convertirá en un lugar de descanso «para que las manadas se recuesten» (Is 65.10) y una «puerta de esperanza» (Os 2).

Bibliografía. F. M. Cross and J. T. Milik, «Explorations in the Judaean *Buqêʿah*», BASOR 142 (1956): 5-17; L. E. Stager, «Farming in the Judean Desert during the Iron Age», BASOR 221 (1976): 145-58.

David merling

ACRABATANE (Gr. *Akrabattḗnē*)

Una fortaleza en la frontera entre Judá e Idumea, cerca de la cuesta de Acrabim, donde Judas Macabeo derrotó a los idumeos (1 Mac 5.3).

ACRABIM (Heb. *ʿaqrabbîm*)

Un paso montañoso («Paso del Escorpión») en la frontera del sur de Canaán (Nm 34.4; Jos 15.3; Jue 1.36), que algunos eruditos identifican con Naqb eṣ-Ṣafā. En esta región Judas Macabeo derrotó a los idumeos (1 Mac 5.3).

ACRE

Una unidad de medida (Heb. *ṣemeḏ*, «yugo») que designa la cantidad de tierra que un equipo de bueyes puede arar en un día, que varió con los métodos agrícolas (1 S 14.14; Is 5.10).

ACRÓSTICO

Una forma poética en la cual las letras iniciales o las señales de cada línea, copla, o estrofa, cuando se leen en sucesión, deletrean un nombre, oración, alfabeto, o algún modelo alfabético. Los acrósticos son conocidos a partir de muchos períodos históricos y tradiciones literarias, siendo el más antiguo de la Mesopotamia antigua. El AT contiene varios acrósticos alfabéticos parciales y completos (Nah 1; Sal 9-10, 25, 34, 111, 112, 119, 145; Pr 31.10-31; Lm 1, 2, 3, 4). Estos acrósticos explican el alfabeto hebreo detalladamente con las letras iniciales de cada línea (Sal 111, 112), copla (Lm 3), o estrofa (Lm 1, 2, 4).

Los eruditos han postulado que los acrósticos son usados en el AT como mecanismos pedagógicos o como ayudas nemotécnicas, que tuvieron que ver con energías mágicas, o que ellos simplemente transmitían un sentido de plenitud. Independientemente de la plausibilidad de estas teorías, el acróstico es fundamentalmente una forma poética, y funciona de modos análogos a otras formas poéticas (p.ej., el soneto o sextina en la tradición poética castellana), tales como presentar una coacción estética en la composición del poeta y la introducción de un modelo formal de la repetición, que pueden ser manejadas para conseguir efectos variados, incluyendo el incorporar coherencia y dinamismo, y señalar un cierre. La forma es medular en la poesía en general, y el acróstico representa un importante mecanismo de forma en la poesía hebrea.

F. W. Dobbs-allsopp

ACSA (Heb. *ʿaḵsâ*).

La única hija de Caleb (1 Cr 2.49), que la prometió en matrimonio a quien capturara la ciudad de Debir, conocida como Kiriat-sefer. Otoniel, el sobrino de Caleb, tomó la ciudad y se casó con Acsa. Su dote fue un área del Neguev, y más tarde ella convenció a Caleb de darle como regalo de boda las vertientes superiores e inferiores cerca de Hebrón (Jos 15.16-19; Jue 1.11-15).

Carol J. Dempsey

ACSAF (Heb. *ʾaḵšāp̱*)

Un asentamiento fronterizo otorgado a la tribu de

Aser (Jos 19.25). El rey cananita de la ciudad se alió con Jabín de Hazor para oponerse al avance israelita y fue derrotado posteriormente (Jos 11.1; 12.20). La ciudad es mencionada en los Textos de Execración Egipcios y más tarde en el Papiro Anastasi I (siglo XIII a. C.). Acsaf estaba entre las ciudades conquistadas por el Faraón Tutmosis III. Una carta entre las Tablillas Amarna describe al rey de Acsaf enviando 50 carros para ayudar al rey de Jerusalén. Las ruinas de la ciudad pueden ser Khirbetel-Harbaj/Tel Regev (158240) en la parte sur de la planicie de Aco.

David c. Maltsberger

ACUB (Heb. *ʿaqqûḇ*)

1. Un hijo de Elioenai de la línea real de David (1 Cr 3.24).

2. El jefe de una familia levítica de porteros del templo postexílico (1 Cr 9.17; Esd 2.42 = Neh 7.45; 11.19; 12.25).

3. El jefe de una familia de criados del templo postexílico (Esd 2.45).

4. Uno de los levitas que expuso las palabras de la ley que Esdras leyó ante el pueblo reunido en asamblea (Neh 8.7).

ACUEDUCTO

Una estructura elevada, a menudo apoyada por una serie de arcos, en los cuales un canal abierto traía el agua a ciudades y áreas secas. Los tres estanques de Salomón, aprox. 21 km (13 mi) al sur de Jerusalén, estuvieron conectados con la capital por medio de dos acueductos; construidos por Herodes el Grande (37-4 a.C.), ellos fueron reparados posteriormente por Poncio Pilato (Josefo, *Ant.* 18.3.2 [60]).

ACZIB (Heb. *ʾaḵzîḇ*)

1. Una ciudad en la Sefela, que pertenecía a la tribu de Judá (Jos 15.44). Un nombre variante de la ciudad podría ser Quezib, donde la esposa cananita de Judá, Sela, dio a luz a su tercer hijo (Gn 38.5). Eusebio (*Onom.* 172) identificó la ciudad con Casbi, cerca de Adulam. Los eruditos en gran parte aceptan esta identificación, que corresponde al moderno Tell el-Beiḍā/Horvat Lavnin (145116), 5 km (3 mi) al oeste de Adulam. El profeta Miqueas hace un juego de palabras con su nombre, declarando que las casas de Aczib serán un engaño (*ʾaḵzāḇ*)) para los reyes de Israel (Mi 1.14).

2. Una ciudad importante en antigüedad localizada en la costa mediterránea, a lo largo de la Vía Maris, aproximadamente 14 km (9 mi) al norte de Aco. Hasta 1948 el tell fue el sitio del pueblo moderno de Ez-Zib (1598.2727). La presencia del pueblo impidió la excavación del montículo, aparte de cuatro cementerios extensos, hasta las excavaciones 1963-64 por parte de Moshe W. Prausnitz. Las excavaciones han indicado que Aczib fue ocupada desde la Edad del Bronce Media hasta el período musulmán. Durante el período israelita la ciudad fue asignada a la tribu de Aser (Jos 19.29), pero el texto bíblico afirma que la tribu fracasó en expulsar a sus habitantes cananitas (Jue 1.31). Durante el Bronce Medio la ciudad fue separada del continente por un canal profundo, uniendo el cauce del río Qarn/Naḥal Keziv al norte con la bahía al sur, convirtiendo la ciudad en una isla. La ciudad alcanzó su tamaño más grande durante la Edad de Hierro, ampliándose el este más allá del canal, hasta que fuera conquistada por Senaquerib durante su tercera campaña en 701 a.C.

Ronald A. Simkins

ADA (Heb. *ʿāḏâ*)

1. Una de las dos mujeres de Lamec el cainita. Ella fue la madre de Jabal y Jubal (Gn 4.19-21, 23).

2. Una esposa de Esaú. Ella fue la hija de Elón el hitita y madre de Elifaz (Gn 36.2, 4).

ADADA (Heb. *ʿaḏʿāḏâ*)

Una ciudad en el sur de Judá (Jos 15.22). El nombre debería ser probablemente leído Ararah (Heb. *ʿarʿārâ*) y ser identificado con el ʿArʿarah moderno (148062), aprox. 19 km (12 mi) al sudeste de Beerseba, según algunos el sitio de Aroer (1 Sam 30.28).

ADAD-NIRARI (Acad. *Adad-nirari*)

1. Adad-nirari I (1307-1275 a.C.) tuvo éxito en expandir Asiria al oeste, a través del Río Eufrates. Él conquistó Mitani, protectorado de Hanigalbat.

2. Adad-nirari II (911-891 a.C.) consolidó las posesiones de sus antecesores e hizo una campaña contra los arameos al oeste del río Habur. Él también luchó en la frontera babilonia, una acción que resultó en una coexistencia pacífica entre los dos estados para el resto del siglo IX a.C.

3. Adad-nirari III (810-783 a.C.), hijo del legendario Semiramus, heredó un estado debilitado por la guerra civil. Sin embargo, tuvo algún éxito moderado en Babilonia y asevera en sus anales haber destruido una coalición centrada en Damasco, la que él capturó. Entre aquellos de su lista de reyes vasallos están Joás de Israel (Acad. Ia-a-su mat Sa-me-ri-na-a), que no había sido parte de la coalición damascena. Adad-nirari III puede haber sido el «salvador» de Israel mencionado en 2 R 13.5. Otro enemigo de la coalición siria, Zakkur de Hamat, afirma haber repelido un ataque con sitio de Benadad de Damasco, que probablemente se beneficia de la presencia de Adad-nirari III en la región.

Bibliografía. A. K. Grayson, Assyrian Rulers of the Early First Millennium B.C. (1114-859 B.C.) (Toronto, 1991); A. R. Millard and H. Tadmor, «Adad-Nirari III in Syria», Iraq 25 (1973): 57-64.

MARK W. CHAVALAS

ADAÍA (Heb. *ʿăḏāyâ, ʿăḏāyāhû*)

1. Hombre de Boscat, y abuelo materno del rey Josías (2 R 22.1).

2. Levita de la familia de Gersón (1 Cr 6.41 [TM 26]).

3. Benjaminita, uno de los hijos de Simei (1 Cr 8.21).

4. Sacerdote y el hijo de Jeroham, de la familia de Malquías (1 Cr 9.12 = Neh 11.12).

5-6. Los descendientes de Bani y de Binúi que tuvieron que despedir a sus mujeres extranjeras (Esd 10.29, 39).

7. Judaíta, hijo de Joiarib (Neh 11.5).

8. Padre de Maasías; uno «de los jefes de centenas» en quien Joiada el sacerdote confió en su rebelión contra la reina Atalía (2 Cr 23.1).

ADALÍA (Heb. *ʾăḏalyāʾ*)
Uno de los 10 hijos de Amán el agagueo (Est 9.8; cf. Pers. *ādārya*, «honorable»).

ADAM (Heb. *ʾāḏām*)
Una ciudad en la Transjordania, aprox. 30 km (19 mi) al norte del punto donde los israelitas cruzaron el Jordán enfrente de Jericó (Jos 3.16). El sitio es el moderno tell ed-Dâmiyeh (201167), aprox. 2 km (1,2 mi) al sur de la boca del Río Jaboc.

ADAMA (Heb. *ʾăḏāmâ*)
Una ciudad en el territorio de Neftalí (Jos 19.36), posiblemente puede ser identificada con Hajar ed-Damm, aprox. 4 km (2,5 mi) al noreste de donde el río Jordán desemboca en el Mar de Galilea.

ADAMI-NECEB (Heb. *ʾăḏāmî hanneqeḇ,*)
Pueblo en la baja Galilea, asignado a la tribu de Neftalí (Jos 19.33). Su significado es «Paso de la Tierra Roja», el pueblo puede ser probablemente asociado con el moderno Tel Adami/Khirbet et-Tell/ed-Dâmiyeh (193239), justo al oeste del Mar de Galilea. Construido en un cadena rocosa baja, 160 m (524 pies) por sobre el nivel del mar, el asentamiento fue construido a lo largo de pequeño cauce (Naḥal Adami). Los aldeanos probablemente se ganaban la vida pastoreando rebaños a lo largo de las cuestas cercanas y por medio de agricultura básica.

DAVID C. MALTSBERGER

ADÁN (Heb. *ʾāḏām*)
La palabra hebrea *ʾāḏām* significa «humano» y puede estar usada ya sea colectivamente («humanidad») o individualmente («un ser humano»). Cuando se usa en contraste con una palabra para mujer o fémina, puede también indicar a un humano específicamente varón. En Génesis 1–5 la palabra es usada para referirse al primer ser humano, Adán. Esta palabra está usada en contextos que juegan con los diferentes sentidos de la palabra: colectivo, individual, género no específico y varón.

La palabra Adán se usa colectivamente en la creación de los humanos en Génesis 1.27, más tarde aludido en 5.12, donde Adán («humano») es definido como «masculino y femenino». En un segundo relato de la creación de Adán en 2.7 (de una fuente literaria diferente) se da el sentido de que éste es un individuo, humano y varón, ya que de él la mujer es formada más tarde (2.22). No obstante, el lenguaje de sexualidad y distinción de género no se usa explícitamente hasta que la mujer es creada (2.23-24), indicando que el sexo y el género no son un énfasis de la personalidad de Adán hasta este momento. Por lo tanto, Adán antes de la creación de mujer en cierto modo «no todavía» era expresamente varón, y puede ser visto tanto como un individuo así como un ser humano colectivo. Por lo tanto, no sólo Adán sino todos los humanos nacen del polvo y el aliento vivificador de Dios, y el comentario de Dios de que «No es bueno que el hombre esté solo», pertenece a todos los humanos («No es bueno que los humanos estén solos»).

La interacción entre el individuo Adán y la «humanidad» colectiva es esencial para comprender la naturaleza de Adán en el huerto de Edén. Las motivaciones, los miedos y los castigos de la primera pareja, pueden relacionarse con la humanidad en general. En las enseñanzas ricas pero ambiguas de la narración bíblica, hay un sentido de que todos los «humanos» recapitulan el drama de los primeros «humanos» en términos morales, sexuales y espirituales. Todas las personas toman de la fruta peligrosa del conocimiento en algún punto de su desarrollo, implicando tanto ganancia como pérdida, y todos los seres humanos están condenados a morir. Los sentidos múltiples y ambiguos de la narración reflejan la complejidad de la condición humana.

Un tema que se repite en Génesis 1–8 es el vínculo entre Adán y la tierra (*ʾăḏāmâ*). Adán es hecho del polvo de la tierra, y es de este *ʾăḏāmâ* que Adán obtiene su nombre (2.7). En las maldiciones pronunciadas por Dios, la tierra es maldita debido a Adán (3.17), y Adán volverá a la tierra de la cual él fue tomado (3.19). La tierra es una parte esencial de Adán, el componente «terrenal» de su identidad, aun así Adán es separado de la tierra debido a la desobediencia. No está totalmente claro cómo esto se aplica a Adán como una representación de la humanidad en general, pero parece que un sentido de nuestra identidad dividida, tanto terrenal como separada de la naturaleza, está implícito. Cuando Dios levanta la maldición sobre la tierra al final del diluvio (8.21), parece que Dios señala su reconciliación con la naturaleza dividida de la humanidad.

En tradiciones postbíblicas, el carácter de Adán es representado de modos variados. El libro apócrifo La vida de Adán y Eva representa a la pareja después de su expulsión como arrepentida de sus pecados, y como una recompensa por el arrepentimiento, Adán es elevado al paraíso divino. La restauración de Adán al paraíso es descrita como una prefiguración de la restauración de todos los justos al paraíso al final de los tiempos. En los escritos de Pablo, la Segunda Venida de Cristo es la solución al pecado de Adán, y por medio de Cristo los justos serán restaurados de vuelta al paraíso divino en un estado de gloria. En los Rollos del Mar Muerto y los escritos rabínicos, Adán es glorioso y sobrehumano antes de su exilio del Edén, pero es disminuido en estatura cuando es desterrado. Según algunas tradiciones místicas judías, la gloria original de Adán puede ser recobrada por la contemplación mística de las esencias eternas de Dios. En la reinterpretación por parte de Agustín de la teología paulina, el pecado de Adán es transmitido por medio de las relaciones sexuales (expresamente por el semen) a cada generación subsiguiente, con la única excepción de Cristo, que fue concebido sin pecado.

RONALD S. HENDEL

ADÁN, LIBROS DE
Varios documentos pseudoepigráficos, rabínicos y gnósticos exponen y expanden la narrativa bíblica de Adán y Eva (Gn 1–4). De los muchos libros atribuidos a Adán, los más importantes y probablemente los más antiguos son el Apocalipsis Griego de Moisés y la Vida Latina de Adán y Eva. Estos documentos son judíos en pensamiento y contienen información de traslapo similar, aunque reteniendo tradiciones únicas. Su relación literaria ha sido difícil de determinar. Los documentos fueron probablemente traducidos de originales hebreos antes del 400 d.C. Los contenidos de los documentos son relatados en forma de midrash y se concentran en los acontecimientos que siguieron a la expulsión de Adán y Eva del paraíso terrenal, prestando atención especial a la naturaleza y las consecuencias del pecado; a Satanás, el ángel caído; a Dios, que debe ser temido y contemplado para alcanzar misericordia; a la resurrección de los muertos, que restaurará lo que se perdió en la caída. Curiosamente, el sacrificio no es expuesto como expiatorio ni hay interés por la expectativa mesiánica. Otra literatura de Adán incluye la Cueva de Tesoros, el Combate de Adán y Eva, el Testamento de Adán, y el Apocalipsis de Adán, un documento judío gnóstico encontrado en la biblioteca de Nag Hammadi.

KENNETH J. ARCHER

ADAR (Heb. *ʾăḏār*)
El doceavo mes del año hebreo (febrero-marzo; Esd 6.15), durante el cual se celebraba la Fiesta de Purim (Esd 9.17, 19, 21; cf. Acad. *adaru*). En el año intercalario babilónico, que por lo general caía cada segundo o tercer año, se añadía un treceavo mes que era llamado «segundo Adar».

ADAR (Heb. *ʾaddār*) **(LUGAR)**
Una ciudad a lo largo de la frontera del sur de Judá (Jos 15.3), al oeste del páramo de Zin. En el relato paralelo de Números 34.4 su nombre es combinado con el de Hezrón para leer Hazar-adar.

ADAR (Heb. *ʾaddār*) **(PERSONA)**
Un hijo de Bela el Benjaminita (1 Cr 8.3), probablemente la misma persona que Ard (Gn 46.21).

ADASA (Gr. Adasa)
El lugar de la derrota por parte de Judas Macabeo del general sirio Nicanor en 161 a.C. (1 Mac 7.40-45). Josefo localiza la ciudad a 4 km (2.5 mi) al su-

reste de Beth-horón (Ant. 12.10.5) en la carretera principal a Jerusalén. Unos identifican el sitio con la moderna Khirbet Adâseh, aprox. a mitad de camino entre Beth-horón y Jerusalén.

DENNIS M. SWANSON

ADBEEL (Heb. *ʾădbĕʾēl*)
El tercer hijo de Ismael (Gn 25.13 = 1 Cr 1.29). Las inscripciones del rey asirio Tiglat-Pileser III mencionan una tribu árabe del Norte, Idiba'ilu, que moraba cerca de la frontera de Egipto.

ADDAN (Heb. *ʾaddān*) **(PERSONA)**
Un líder de los judíos que volvieron del exilio en Tel-melah y Tel-harsha (1 Esd 5.36).

ADDÁN (LUGAR) (también ADÓN)
Una ciudad en Babilonia, aún no identificada. Los exiliados que volvieron procedentes de allí no pudieron demostrar su ascendencia (Est 2.59 = Neh 7.61, «Adón»).

ADI (Gr. *Addí*)

1. El líder de un clan de israelitas que volvieron del exilio y que se habían casado con mujeres extranjeras (Esd 9.31).

2. Según la genealogía de Lucas, un antepasado preexílico de Jesús (Lc 3.28).

ADIDA (Gr. *Adida*)
Un pueblo de Judea que Simón Macabeo fortificó (1 Mac 12.38) y donde él acampó contra Trifón (13.13). Es probablemente el mismo que Harim (Esd 2.32)/Hadid (Neh 7.37).

ADIEL (Heb. *ʿăḏîʾēl*)

1. Un líder de la tribu de Simeón (1 Cr 4.36).

2. Un sacerdote, el hijo de Jazera y padre de Masai (1 Cr 9.12).

3. El padre de Azmavet, que pusieron a cargo de los tesoros de David (1 Cr 27.25).

ADÍN (Heb. *ʿāḏîn*)
El padre y antepasado de varios judíos que volvieron del exilio (454 en Esd 2.15; 655 en Neh 7.20). En Nehemías 10.16 (TM 17) él es una de las cabezas de familia que sellaron el convenio renovado.

ADINA (Heb. *ʿăḏînāʾ*)
Uno de los hombres fuertes de David, el hijo de Siza de la tribu de Rubén (1 Cr 11.42).

ADINO (Heb. *ʿăḏînô*)
Las versiones más antiguas (p.ej., RVR) han traducido 2 Samuel 23.8 como «Joseb-basebet… éste era Adino el eznita *ʿăḏînô hāʿeṣî*)», pero eruditos y traducciones más modernos enmiendan el texto a la luz de 1 Crónicas 11.11 para leer «Joseb Basébet… mató con su lanza (*yeʿddnô hāʿeṣnô*)». Esta lectura también se halla en algunos manuscritos de la LXX.
CHRISTIAN M. M. BRADY

ADITAIM (Heb. *ʿăditayim*)
Una ciudad en la herencia de la tribu de Judá (Jos 15.36), una de 14 ciudades mencionadas en conjunto como ubicadas en las faldas de las colinas de Judá. La posición exacta de esta ciudad es desconocida.
AARON M. GALE

ADIVINACIÓN
El arte de determinar el futuro o averiguar la voluntad divina. Un aspecto importante de la vida durante el antiguo Cercano Oriente, la adivinación no era una práctica mística, sino un proceso basado en observación empírica y causa-efecto, practicada por especialistas capacitados. La regularidad de pruebas era tan segura que los presagios particulares fueron registrados, convirtiéndose en una especie de precursor del método científico occidental.

Los diversos procesos contenían en su núcleo un entendimiento que el universo es ordenado, incluso el mundo terrenal. Los dioses eran responsables de mantener este orden. Considerando sus poderes, esto era una tarea rutinaria, pero en la naturaleza realmente ocurrían cosas raras.

Estas anomalías fueron entendidas como concesiones de los dioses a fin de comunicar un mensaje a la gente (ya que las formas más directas de comunicación no eran normalmente posibles). Así, cuando se notaba una anomalía en la naturaleza, su causa había que buscarla en un acontecimiento extraño en la esfera humana mundana, la razón fundamental para el contacto divino. La certeza de esta conexión es celebrada en un viejo texto babilonio que con júbilo proclama, «Šamaš... eres tú el que anota los oráculos e indica las decisiones divinas en las entrañas de las ovejas».

Había una amplia variedad de modos de adivinación, pues todos los aspectos de la naturaleza eran medios potenciales para este tipo de comunicación divina. Las tradiciones de adivinación mejor atestiguadas fueron conservadas en la extensa literatura de adivinación de Mesopotamia en los milenios segundo y primero a.C., un particular género literario caracterizado por una gramática especial. Los textos están por lo general organizados según las dos primeras palabras de la línea introductoria, la prótasis, que consiste en la declaración condicional (p. ej., «Si un feto tiene una X... »). Muchos textos se originan en la observación de acontecimientos históricos específicos. Por ejemplo, un texto de Mari encontrado en un modelo de hígado de arcilla proclama: «Cuando mi país se rebeló contra el Ibbi-sin [de Ur, aprox. 2027-2003 a. C.], es así que el hígado apareció». Otros textos se originaron en circunstancias más mundanas y no fácilmente explicables (p. ej., «Si el pelo del pecho de un hombre se riza hacia arriba, entonces él se convertirá en esclavo»). La mayoría de observaciones de este tipo son hechas cuando una persona presenta a un animal para que el sacerdote interprete el destino del dueño. Se supuso después de algún tiempo que uno podría encontrar regularidad en los mensajes mismos. A medida que los catálogos para tipos de adivinación se ampliaron, surgió un deseo de plenitud. El resultado fueron varios acontecimientos teóricos que eran lógicamente imposibles (p. ej., «Si la oveja tiene siete hígados, entonces el rey del universo se levantará»).

La noción de regularidad en la comunicación divina llevó a varias prácticas en las cuales alguien podría determinar la voluntad de los dioses. Los rituales fueron realizados con regularidad respecto a acontecimientos principales, como el echar suertes antes de entrar en batalla. La gente de Mesopotamia pensaba que los presagios eran más confiables que las formas más directas de comunicación divina, como se evidencia en la biblioteca de Zimri-lim, rey de Mari (aprox. 1775 a.C.). Varios mensajes proféticos en éxtasis fueron entregados, generalmente atribuidos al dios Dagán, que fueron dirigidos al rey durante sus campañas militares. Estos mensajes fueron acompañados por cabello y muestras de ropa del mensajero de dios, para ser probados por presagios para confirmar la validez del mensaje.

Entre los medios más comunes usados en la adivinación estaban fetos de animal (sobre todo malformados), hígados, vesículas biliares, riñones, pulmones, cabello, modelos de vuelo de aves, meteoritos, el clima, sueños, y modelos del comportamiento de animales. El interés en interpretar órganos internos de animales para el sacrificio se remonta a dos circunstancias. En primer lugar, los ejemplos son ubicuos e identificados. En segundo lugar, ellos son destapados durante el curso del ritual, en el cual hay un sentido mayor del nexo espacial entre los reinos divino y humano.

La práctica de adivinación fue casi universalmente condenada en el AT. La excepción principal es la práctica de echar suertes, que es una actividad integral del sumo sacerdote (Nm 27.21).

No está del todo claro cuál era la forma del Urim y Tumim del sumo sacerdote, pero la función de los objetos era proporcionar respuesta de «sí» o de «no» (cp. 2 S 5.19). Las suertes determinaron la división de la tierra (p. ej., Nm 26.55-56), la aprobación divina de candidatos para oficio (p. ej., rey, 1 S 10.20-21; sacerdote, 1 Cr 24.5), y culpa (Nm 5.15-30; Jos 7.14-15).

Una forma de echar suertes manipulando flechas es atestiguada en 2 Reyes 13.14-19 e involucra al rey Joás de Judá. La misma práctica es atribuida a Nabucodonosor en Ezequiel 21.21, aunque no hay ningún registro de esta práctica en la literatura neobabilónica.

Otras prácticas toleradas (o al menos no condenadas en el mismo contexto) que se fundamentaban en comportamientos particulares como señales de aprobación divina, son las siguientes: En la narrativa de Gedeón, el juez pide señales de Jehová (Jue 6.36-40) y luego lee la señal asociada con la manera de beber el agua (Jue 7.4-7). Jonatán cree que la colocación de los filisteos es una señal que refleja la aprobación divina (1 S 14.8-12).

Oniromancia, la interpretación de sueños, es tolerada en el AT (Gn 40.5-8; Dn 1.17). Las narrativas atribuyen la interpretación completamente a Jehová, aparentemente con exclusión de que el intérprete es entrenado en la disciplina de la interpretación de sueños (que era de interés enorme en Egipto así como Mesopotamia).

Todas otras formas de adivinación, como examinar las entrañas de animales, astrología, nigromancia (consultar a los muertos), hidromancia (la interpretación de modelos de agua e interacciones con sustancias extrañas), están prohibidas en el AT. Una serie de términos se refieren a campos que practican varios tipos de adivinación, pero lamentablemente no hay suficientes datos para establecer con precisión los límites semánticos para estos títulos. Deuteronomio 18.10-11 enumera una serie de términos que denotan a practicantes religiosos paganos, incluso varios tipos de adivinos, que no se les permite sobrevivir después de la posesión israelita de Canaán, debido a que su presencia continua podría lle-

Modelo de hígado de arcilla, inscrito con presagios y fórmulas mágicas para instruir a estudiantes de adivinación (Primera Dinastía de Babilonia, c. 1830-1550 a. C.). Más extensamente atestiguados en Babilonia, los modelos también han sido descubiertos en Alalak y Hazor (Copyright Museo británico)

var al sincretismo. El estado proscrito se ilustra en el encuentro de Saúl con una nigromante, que al principio tiene miedo de participar en su comercio con él (1 S 28.3-25). La presencia continua de adivinos es atestiguada en Isaías 3.1-5, donde ellos son puestos en una lista entre la élite de Jerusalén y Judá (junto con jueces, ancianos, profetas y jefes militares) que serán deportados después de la conquista, llevando al colapso del orden social. Esto subraya el grado de revocación del pacto, cuando estas clases proscritas no sólo son toleradas, sino reverenciadas en la sociedad de Judea.

Por otra parte, el modo preferido de comunicación divina en la sociedad israelita era por medio de éxtasis, en clara distinción a la subordinación de todos los fenómenos extáticos a la confirmación del presagio en la literatura de Mesopotamia.

Bibliografía. J. Bottero, Mesopotamia: Writing, Reasoning, and the Gods (Chicago, 1992).

Mark Anthony Phelps

ADLAI (Heb. *ʿad̲lay*)

El padre de Shafat, que pastaba los rebaños de David en los valles (1 Cr 27.29).

ADMA (Heb. *ʾad̲mâ*)

Una ciudad de la llanura, situada en el valle de Sidim en el extremo sur del Mar Muerto, mencionada en la descripción de los límites de los cananeos (Gn 10.19). Su rey Sinab, al principio un aliado de Quedorlaomer (Gn 14.2), se alió con los reyes de Sodoma, Gomorra y Zeboim en una rebelión contra su soberano (v. 8). Aunque no se la menciona en la historia de la destrucción volcánica de Sodoma y Gomorra (Gn 19.24-29), Adma y Zeboim simbolizan juntas la devastación total que puede resultar del mal y la falta de arrepentimiento (Dt 29.23 [TM 22]; Os 11.8).

Richard a. Spencer

ADMATA (Heb. *ʾad̲māṯāʾ*)

Uno de los siete príncipes en el reino de los medos y persas bajo el rey Asuero (Est 1.14). Estos asesores jurídicos (mencionado también en Esdras 7.14) compartían el poder práctico del gobierno (cf. Est 1.13-21).

ADMÍN (Gr. Admín)

Un antepasado de Jesús que vivió antes que el rey David (Lc 3.33).

ADNA (He *ʿad̲nāʾ*)

1. Hijo de Pahath-moab; uno de aquellos a los que se ordenó despedir a su esposa extranjera (Esd 10.30).

2. Sacerdote de la familia de Harim que volvió con Zorobabel del exilio (Neh 12.15).

ADNAS (Heb. *ʿad̲nāḥ, ʿad̲nâ*)

1. «Príncipe de millares» de la tribu de Manasés que abandonó a Saúl y vino para ayudar a David en Siclag (1 Cr 12.20 [TM 21]).

2. Alto oficial, quizás comandante, bajo el rey Josafat (2 Cr 17.14). Él era de la tribu de Judá.

ADÓN (Heb. ʾaddôn)

Forma alternativa del lugar llamado Addán (Neh 7.61).

ADONAI (Heb. *ʾăd̲ōnāy*)

Nombre divino, generalmente traducido como «el Señor» o «mi Señor». En el período postexílico tardío, se convirtió en un sustituto del nombre impronunciable de Dios. Los masoretas escribían las vocales de este nombre con las consonantes hebreas del nombre personal divino (YHWH), indicando al lector que debía ser pronunciado «Adonai»; los traductores cristianos posteriores leen esa particular combinación de consonantes y vocales como «Jehová».

ADONÍAS (Heb. *ʾăd̲ōnîyâ, ʾăd̲ōnîyāhû*)

1. El cuarto hijo de David, nacido en Hebrón a su esposa Haguit (2 S 3.4 = 1 Cr 3.2).

La elección de David de este nombre, uno de los acoples israelitas más tempranos de *'ādôn*, «señor», con un elemento teofórico, puede representar su ambición de adoptar, o adaptarse a, las tradiciones reales cananeas de Judea y Jerusalén, viéndose como el heredero legítimo de la línea cananea real en Jerusalén.

De conformidad con la tradición dinástica cananea, Adonías, el hijo mayor (de los hijos que aún vivían) del rey, viendo el estado debilitado de su padre, formó un grupo de partidarios dentro del tribunal real para adelantar su reclamación del trono. Estos partidarios incluían a Joab, el comandante del ejército (su hermano Abisai estaba probablemente muerto por este tiempo), y Abiatar, el hijo de Ahimelec, el sacerdote de Nob que había sobrevivido a la masacre que Saúl hizo porque ellos se afiliaron con David. Las aspiraciones de Adonías fueron impedidas por los partidarios más fuertes de Salomón, que incluían a Betsabé, Sadoc, Natán el profeta, y Benaía hijo de Joiada, por este tiempo comandante de los guardaespaldas, y los cereteos y peleteos, y quizás hasta «los grandes» (cf. 1 R 1.5-53). Éstos, con la cooperación del senil y el impotente David, ungieron a Salomón en lugar de Adonías.
Aunque Salomón al principio perdonó la vida de su hermano mayor, la sumisión de Adonías parece haber sido en gran parte política y por el momento. Sus intenciones verdaderas se revelaron por su petición a Salomón de desposar a Abisag la sunamita, la hermosa esposa (todavía virgen) del difunto David. Salomón sagazmente reconoció en esta petición el intento de su hermano de adjudicarse la virilidad real, al tomar la joven esposa que su difunto padre había sido incapaz de fecundar. Por consiguiente, Salomón ordenó que Benaía matara a Adonías, junto con Joab. Así Adonías se convirtió en el último de los hijos de David en morir, en la larga y sangrienta lucha por el trono de su padre.

D. G. Schley

2. Un levita entre aquellos que enseñaron la Ley a través de las ciudades de la Judá postexílica (2 Cr 17.8).

3. Miembro del grupo de levitas que firmaron el convenio con Nehemías (Neh 10.16 [TM 17]).

ADONI-BEZEC (Heb. *'ădōnî-bezeq*)
El rey de Bezec, una ciudad en Palestina del sur. Él fue derrotado por las fuerzas de Judá, que lo mutilaron con severidad debido al tratamiento cruel que él mismo había infligido a otros 70 reyes (Jue 1.4-7). Sus propias tropas lo devolvieron a Jerusalén, donde él murió. Algunos eruditos lo identifican con Adoni-zedek, rey de Jerusalén en el momento de la conquista de Canaán (cf. Jos 10.1-3).

ADONICAM (Heb. *'ădōnîqām*)
El jefe de una familia de exiliados retornados (Esd 2.13=Neh 7.18). Puede ser el mismo que el Adonías mencionado en Nehemías 10.16 (TM 17).

ADONIRAM (Heb. *'ădōnîrām*) (también ADORAM, HADORAM)
El hijo de Abda; capataz sobre el trabajo forzado bajo David, Salomón, y Roboam (1 R 4.6; 5.14). También lo llaman Adoram (2 S 20.24; 1 R 12.18; 2 Cr 10.18). Roboam lo envió a las tribus descontentas de Israel, probablemente para negociar con ellas, pero fue en vano; la gente le mató a pedradas.

ADONISEDEC (Heb. *'ădōnî-ṣedeq*)
Un rey amorreo de Jerusalén. Adonisedec organizó una coalición de otros cuatro reyes amorreos para atacar Gabaón porque sus habitantes hicieron la paz con Josué (Jos 10.1-26). Después de la derrota de la coalición por parte de Josué, los cinco reyes fueron descubiertos escondidos en una cueva. Josué los hizo matar y colgó sus cuerpos en árboles hasta la puesta del sol, y luego los sepultó en la misma cueva. El nombre significa «mi Señor es justo» o «mi Señor es Sedec». La teoría de que Adonisedec es idéntico con Adoni-bezec de Jueces 1, es improbable.

Kenneth Atkinson

ADOPCIÓN
La transferencia legal de una persona de una familia o esclavitud a otra familia, mejorando así la situación del adoptador y el adoptado. El NT usa las imágenes de adopción para representar la relación entre los creyentes y Dios. Pablo supuso que la imagen se aplicó primero a la relación de Dios con Israel (Ro 9.4).

Fórmulas de adopción

La adopción en el antiguo Cercano Oriente fue tramitada delante de testigos mientras el adoptador afirmaba: «Tú eres mi hijo/hija [de aquí en adelante 'hijo(a)]», «Él/ella/PN es mi hijo(a)», «Lo(a) llamé / PN mi hijo(a)». El Hijo o hija podía responder «Usted es mi padre/madre». Las mismas fórmulas eran usadas para «legitimar» a niños engendrados por esposas secundarias, tales como concubinas o esclavas. Un homólogo negativo de estas fórmulas desconocía y desheredaba a un hijo o hija, o por parte del hijo o hija, rechazaba a los padres. El acto de la adopción era descrito como «hacer/toman/designar/establecen como un hijo». Los padres estaban obligados a criar a los hijos proporcionando un oficio y herencia; se requería que los hijos obedecieran a sus padres. Los hijos desobedientes eran castigados, desheredados, y a veces se vendían de vuelta a la esclavitud. En ocasiones, los adoptadores invertirían esta decisión y adoptarían de nuevo al hijo desheredado.

Adopción e imaginería de adopción

La mayoría de las «adopciones» en el AT son realmente legitimaciones (p.ej., Gn 30.3-5) o transferencias intergeneracionales de la herencia (p.ej., 48.5-6). Los ejemplos más cercanos a la adopción incluyen: la hija del Faraón que, motivada únicamente por la compasión, tomó a Moisés y «lo prohijó» (Ex 2.10); Mardoqueo que tomó a su prima huérfana, Ester, «como hija suya» (Est 2.7; cf. v. 15). La relación de Jehová con su pueblo es a veces expresada en imágenes de adopción. La elección de Abraham refleja las costumbres de adopción: «Jehová, Dios de los cielos... me tomó de la casa de mi padre y de la tierra de mi parentela, y me habló y me juró, diciendo: A tu descendencia daré esta tierra» (Gn 24.7). «Israel es mi hijo, mi primogénito» (Ex 4.22) es una fórmula de adopción, incluyendo la declaración de estatus de herencia. La redención de Israel de Egipto está enmarcada en fórmulas de adopción en Éxodo 6.6b-7: «Os libraré de su servidumbre, y os redimiré con brazo extendido, y con juicios grandes; y os tomaré [otras traducciones usan «adoptaré»] por mi pueblo y seré vuestro Dios». Oseas 11.1-7 lee como un contrato de rechazo de adopción: «Cuando Israel era muchacho yo lo amé, y desde Egipto llamé a mi hijo» (v. 1). Jehová adoptó a Israel sacándola de la esclavitud egipcia, y aun así Israel despreció el cuidado paternal de Jehová (Os 11.2-4) Jehová castigará a su hijo desobediente y lo devolverá a la esclavitud (es decir, Egipto y Asiria, vv. 5-7). Pero la compasión de Jehová le mueve a restaurar la relación y aceptar de vuelta a su hijo desheredado (Os 11.8-9; cf. 1.10 [TM 2.1]; 2.23 [25]). El plan de Jehová, en Jeremías 3.19, de adoptar a Israel y concederle una herencia fue frustrado debido a la desobediencia del hijo.

El rey davídico era declarado hijo de Jehová por adopción (2 S 7.14) en una ceremonia de investidura pública, en la cual se anuncia el decreto de Jehová: «Mi hijo eres tú; yo te engendré hoy» (Sal 2.7). El rey responde: «Mi Padre eres tú, mi Dios, y la roca de mi salvación» (Sal 89.26 [27]). Como hijo de Dios él carga con la responsabilidad del bienestar del pueblo de Dios y su tierra (Sal 72.2-7). Dios también lo señala como el primogénito de reyes (Sal 89.27 [28]), en quien la comisión dada a los antepasados se cumple, que «benditas serán en él todas las naciones» (Sal 72.17; cf. Gn 12.2-3). Cuando este decreto divino fue aplicado a Jesús (Mr 1.11; 9.7) se recalcó su papel como Mesías davídico, no su adopción.

Pablo declara que los creyentes son librados de la esclavitud y se convierten en «hijos» de Dios al ser incorporados en Cristo, el hijo de Dios, a través de la obra del Espíritu Santo (Gá 3.26; Ro 8.14-16). Los hijos de Dios son librados de la esclavitud al pecado y a la muerte (Ro 6), de la condenación de la Ley y de la carne (7.4-8.14), y de los espíritus elementales (Gá 4.8-9). El Espíritu les permite reconocer su adopción por el grito, «¡Abba, Padre!» (Ro 8.14-15; Gá 4.5-6). Pero la adopción no se completa hasta la plena revelación de la nueva creación de Dios. En el sufrimiento presente, ellos esperan su gloriosa adopción corporal final, como herederos juntamente con Cristo, «el primogénito entre muchos hermanos», en cuya imagen ellos están siendo transformados (Ro 8.18-29; Gá 6.15; cf. 2 Co 5.17). Apocalipsis 21.7 usa la fórmula de adopción para presentar un punto afín: «El que venciere heredará todas las cosas, y yo seré su Dios, y él será mi hijo».

La incorporación de los gentiles en la herencia de Israel, manifestada ahora en la redención de Cristo, es la obra de adopción por parte de Dios (Ef 1.5 sigs.; cf. 2.11-22). Igualmente, las fórmulas de adopción de Oseas son usadas para dar a entender la inclusión de los gentiles, por parte de Dios, en su obra final de misericordia revelada en Cristo (Ro 9.25; 1 P 2.10).

Bibliografía. L. J. Braaten, Parent-Child Imagery in Hosea (Tesis, Boston University, 1987); S. M. Paul, «Adoption Formulae: A Study of Cuneiform and Biblical Legal Clauses», Maarav 2 (1979-80): 173-85; J. H. Tigay, «Adoption: Alleged Cases of Adoption in the Bible», Enc Jud 2.298-301.

LAURIE J. BRAATEN

ADORACIÓN, ISRAELITA

La vida litúrgica en el antiguo Israel puede ser dividida en tres rubros principales:

1.Momentos fijos calendáricos de adoración. Estos incluyen las tres grandes fiestas de peregrinación (Ex 23.14-17; Dt 16) y otras fiestas menores y mayores vinculadas al calendario (Lv 23; Nm 28–29).

2.Momentos de adoración que celebran grandes momentos fundacionales de la historia de Israel. Estos incluyen la inauguración de un sumo sacerdote (Lv 8) o un rey (1 R 1.32-37), la celebración del pacto (cf. Jos 24), y la procesión del arca al templo (Sal 24.7-10; Sal 132).

3.Ocasiones irregulares para la adoración que tiene que ver con el individuo o un pequeño clan. Estas incluyen momentos episódicos de lamentación (2 S 3.31-35) o celebración (1 S 20.28) en lo que se relacionan con hermandades más pequeñas; y ocasiones irregulares similares para toda la comunidad como la derrota (lamentación, Jos 7.6) o victoria (celebración, 1 S 18.6-8) en la batalla.

Fiestas anuales

Las fiestas de temporada pueden subdividirse en dos grupos: las tres grandes fiestas de peregrinació (Ex 23.14-17; Dt 16): Panes sin levadura/Pascua, Semanas (o como a veces se conoce, Pentecostés), y Tabernáculos; y las fiestas menores de calendario que no implican tal peregrinación (Lv 23; Nm 28–29): sábado, luna nueva, año nuevo, y tal vez el día de la expiación.

Aunque la Biblia fija muy específicamente en qué estación y mes deben llevarse a cabo estas fiestas, no proporciona ninguna guía explícita en cuanto a cómo los meses israelitas coincidieron cada año con la misma temporada. Está claro que el calendario preexílico, que parecía funcionar sobre una base lunar, tenía algún método de intercalación que impedía que se desviaran demasiado de sus rubros estacionales. A diferencia del Islam, donde las fiestas pueden oscilar a través de las estaciones del año, en Israel eran estables. Esto es importante de entender, pues ya a principios del período del Segundo Templo la manera por la cual se fijan las estaciones fue muy reñida con dos opciones disponibles: un calendario solar preciso o un calendario lunar con intercalaciones fijas aunque periódicas de los meses a fin de lograr estabilidad de calendario.

Las tres grandes fiestas de peregrinación estaban vinculadas a los momentos clave en el calendario agrícola israelita. Los panes sin levadura (Dt 16.1-8) marcaron la cosecha de los primeros granos nuevos. Nada leudado se permitía durante esta fiesta. La fiesta duraba siete días y estaba íntimamente asociada con la fiesta de la Pascua. Debido a esta estrecha asociación, la fiesta de los panes sin levadura era con frecuencia «historizada,» lo que significa que sus orígenes agrícolas fueron desplazados a favor de una asociación simbólica con la salida de Egipto (Dt 16.3). La fiesta de las semanas (Dt 16.9-12) ocurría unas siete semanas (50 días, por ello el término «Pentecostés») después. Esta fiesta duraba sólo un día y no recibió asociación histórica por la mayor parte del período bíblico. Su importancia era, en origen, puramente agrícola. Era una fiesta en honor a los primeros frutos, sobre todo los de la cosecha de trigo de verano. Con el tiempo esta fiesta llegó a ser asociada con la entrega de la Torá en el Mt. Sinaí. Esto ya había ocurrido en la fuente sacerdotal (cf. la fecha dada en Ex 19.1), y las asociaciones se enriquecieron y profundizaron en el período del Segundo Templo. La fiesta de los tabernáculos (Dt 16.13-15) es una fiesta de siete días como los panes sin levadura y marca el final del ciclo agrícola y el (esperado) inicio de las lluvias de invierno. Este festival es sin duda el más complejo de los tres. En un primer nivel la habitación en tabernáculos representa una práctica agrícola de la creación de viviendas temporales en el campo mientras se levantaba la cosecha (cf. Dt 16.13). Sin embargo, debido a que Israel vivió en tales «tabernáculos» durante su viaje de Egipto a Canaán, la fiesta también trató de recrear ese momento (cf. Lv 23.42-43).

Otras celebraciones estacionales

Los momentos de reposo y luna nueva eran conocidos como ocasiones de celebración litúrgica, aunque no tenían la fuerza de una fiesta de peregrinación de todos los hijos de Israel. Los textos bíblicos que describen la observancia del sábado son poco frecuentes, aunque las leyes que prescriben su existencia son tempranas y generalizadas. El «descanso» experimentado en el día de reposo (Gn 2.2) fue a menudo comparado con el descanso experimentado en el templo (Sal 132.14). En el código de santidad, la observancia del sábado y el respeto por la ley del templo a menudo se combinan (Lv 19.30). Uno puede afirmar que en algún nivel más profundo la observancia del sábado en el hogar privado se mantenía en algún tipo de relación analógica con las festividades públicas dentro del templo. Las fiestas en el día de la luna nueva se atestiguan, pero muy brevemente. La celebración del año nuevo (conocida en la fuente sacerdotal como «El primer día del mes séptimo» (Lv 23.24)) era un acontecimiento importante. Sin embargo, nuestras fuentes también son escasas en cuanto a qué es exactamente lo que sucedía en ese día. Parte del problema tiene que ver con qué mes era considerado el primero. La Biblia contiene evidencia para un año nuevo de primavera y uno de otoño. La fuente sacerdotal favorece el otoño, sin embargo, el calendario del antiguo Israel sugiere que el «primer día del mes séptimo» llegó en la primavera (Nisán). Algunos eruditos han sugerido que nuestro conocimiento de este festival se puede ampliar al presumir que el año nuevo fue la ocasión para la celebración de la institución de la monarquía, tanto divina como humana. Para estos eruditos, muchos de los salmos reales tienen su origen en este festival y proporcional cierto grado de detalle acerca de las prácticas litúrgicas en este día.

El día de la expiación, de acuerdo con P (Lv 16), es el día santo más solemne en el antiguo Israel. Sólo en este día el sumo sacerdote entraba en el lugar santísimo y ofrecía incienso. También fue el día en que los pecados de toda la comunidad se transferían a un macho cabrío que luego era conducido al desierto, llevando el pecado del pueblo. De acuerdo con la forma final de P, la fecha se fijó en el otoño y cayó entre el día de año nuevo (o el primer día del mes séptimo) y los tabernáculos. Algunos han argumentado que, en su origen, este día santo era un rito ocasional que fue llevado a cabo cada vez que la comunidad creía que el complejo del templo requería la limpieza de sus diversas impurezas. En alguna fecha posterior este rito de limpieza del templo se combinó con la práctica de penitencia personal y el día se convirtió en un rito fijo de purgación general, tanto de las personas como del templo. Este día fijo de purificación del templo se llegó a conocer como el día de la expiación. Todo nuestro conocimiento del rito proviene de las leyes muy concisas sobre el rito en el Pentateuco; el propio día santo fue pasado por alto en los libros de Samuel y Reyes.

Momentos fundacionales

Algunos de los momentos litúrgicos más conmovedores en la Biblia están asociados con los momentos fundacionales de las grandes instituciones (la construcción del templo, el establecimiento del pacto) y con sus familiares cercanos: momentos cuando figuras importantes se instalaron en un oficio (coronación de reyes, instalación del sumo sacerdote).

Sacerdocio

Los ritos asociados con los sacerdotes en general y el sumo sacerdote en particular giran en torno a la santidad graduada de los alrededores del templo. Una de las principales razones de la institución del sacerdocio en Israel es la creencia de que la presencia de la deidad en el templo puede ser la fuente de seguridad y peligro. Debido a la alta pureza moral y de culto que se requiere de los que se acercan a la divinidad (cf. Sal 15, 24), La cultura israelita tuvo mucho cuidado en mantener un riguroso control sobre quién tenía permitido el acceso a las localidades interiores del templo. Los ritos asociados con estos momentos de ordenación incluyeron la unción con aceite, la limpieza de sacrificio, y el adorno con prendas especiales (Lv 8). La unción con aceite sirve para marcar al sumo sacerdote como especialmente santo y enteramente entregado a la deidad. Las vestiduras de los sacerdotes igualaban esos lugares dentro del templo donde se les permitió el acceso. Lo más glorioso de los ornamentos sacerdotales, los que se ponían sobre el sumo sacerdote, correspondía muy de cerca con las cortinas que adornaban el interior del templo (el lugar santo y el lugar santísimo). Pues era sólo el sumo sacerdote, en el día de la expiación, el que tenía permitido el acceso a la sala más sagrada en todo el templo, un momento de gran oportunidad para el sacerdote y el pueblo que representaba, pero también un momento de gran aprensión si el individuo que entraba no estaba adecuadamente preparado. Los otros sacerdotes eran investidos con prendas durante una ceremonia de instalación; estas prendas se ajustaban a los tejidos que se encuentran en las partes del templo a las que se les permitió la entrada.

Monarquía

Para los reyes, la ceremonia de instalación o coronación era muy diferente. En este día ellos también eran ungidos con aceite y vestidos con el atuendo ceremonial. Pero además, con frecuencia se les cambiaba el nombre y eran «adoptados» por la deidad como «un hijo de Dios» (cf. Sal 2.7). Se pensaba que este alto estatus mítico era conferido por el acto de la unción con aceite en el día de coronación. Algunos han argumentado que este momento de coronación, aunque limitado formalmente a la inauguración del oficio de un rey, se celebraba en un festival anual a la realeza de Dios. La evidencia de esta celebración proviene principalmente de otras fuentes del antiguo Cercano Oriente y la creencia de que sólo un festival así está detrás de numerosos salmos que alaban a la deidad como rey.

Renovación de pacto

El tema del establecimiento de un pacto y la renovación del pacto, sin duda, tenía profundas resonancias litúrgicas en el antiguo Israel. Este tema, sin embargo, ha ocasionado considerable debate entre los eruditos sobre cuándo un festival así habría tenido inicio. Algunos eruditos creen que el modelado de la identidad religiosa israelita según una carta convenio se inició en el período más temprano de la historia israelita bajo la influencia hitita, mientras que otros creen que esta influencia comenzó mucho más tarde, durante el período neoasirio. En cualquier caso, es claro que el libro de Deuteronomio en particular, y la historia deuteronómica en general, ha imaginado que la vida de adoración de Israel se caracterizaba por un período de reflexión sobre su carta de pacto. Esto es muy evidente en las palabras del propio Moisés cuando encargó a los hijos de Israel a renovar el pacto en Siquem después de haber entrada a la Tierra Prometida (Dt 27). Este encargo de Moisés no solo es cumplido en Siquem, pero se convierte en objeto de una larga narrativa (Jos 24). Este episodio en particular ha dado numerosa evidencia erudita para postular otras ceremonias de renovación de pacto semejantes durante los reinados de varios reyes de Israel. Tal vez fue un festival similar a este lo que finalmente condujo a la fiesta de las semanas y dio a esta fiesta la identidad sinaítica que llegó a tener en la época del Segundo Templo.

Véase Ritual.

Bibliografía. M. Haran, *Temples and Temple-Service in the ancient Israel* (Oxford, 1978); I. Knohl, *The Sanctuary of Silence* (Minneapolis, 1995); H.-J. Kraus, *Worship in the ancient Israel* (Richmond, 1966); G. E. Mendenhall, *Law and Covenant in the ancient Israel and the Ancient Near East* (Pittsburgh, 1955); S. Mowinckel, *The Psalms in the Israel Worship* (Nashville, 1967).

GARY A. ANDERSON

ADORACIÓN, NUEVO TESTAMENTO

La adoración en el NT por lo general significa expresión de alabanza o acción de gracias (Lc 17.15-16). A veces implica obediencia como una actitud de súplica (Mt 8.2). En cualquier caso, es la respuesta humana apropiada a la magnífica gloria de Dios. Llamados y estímulo a la adoración abundan (Col 4.2; Heb. 13.15). La centralidad de la adoración de los cristianos es evidente en un libro como el Evangelio de Lucas, que abre y cierra con escenas que representan adoradores (Lc 1.8; 24.52-53) y contiene 21 referencias específicas a personas glorificando, alabando y dando gracias a Dios. Del mismo modo, el libro de Apocalipsis se inunda de imágenes de adoración.

Orígenes

La adoración cristiana parece haberse desarrollado como una adaptación de lo que había llegado a ser practicado en las sinagogas de la diáspora durante el período intertestamentario. Esto no es sorprendente, ya que los primeros cristianos eran judíos y probablemente continuaron durante un tiempo la adoración en las sinagogas hasta que esto se hizo imposible (Jn 9.22; 16.2). A pesar de que Hechos retrata a los primeros discípulos de Jesús adorando todavía en el templo de Jerusalén (Hch 2.46), El culto de sacrificios asociado con esa institución llegó a ser visto como obsoleto en los escritos del NT. Esto se debe no sólo al hecho histórico de que el templo fue destruido en 70 d.C., antes de que gran parte del NT fuera escrito, pero también a la proposición teológica de que la muerte de Jesús en la cruz tuvo un efecto redentor haciendo innecesarios los sacrificios posteriores (He 9.11-12, 24-26).

La adoración en la sinagoga, sin embargo, fue principalmente verbal (un «servicio de la Palabra»), y el NT representa la adoración cristiana desde el principio como también incluye participación activa en una comida sagrada. De hecho, Hechos 2.46 representa incluso a aquellos creyentes que continuaron la adoración en el templo como también reuniéndose regularmente para «el partimiento del pan.» Esta comida parece haber tenido características en común con festividades judías (como la Pascua) y los simposios helenísticos (banquetes sociales). Pablo contrasta la celebración cristiana con las comidas paganas en 1 Corintios 10.14-22.

Descripción

El libro de Hechos describe a los cristianos reuniéndose para adorar cada día (Hch 2.46) pero también observa una preferencia por «el primer día de la semana» (20.7; cf. 1 Cor 16.2). Los lugares de culto parecen ser considerados irrelevantes por algunos textos del NT (Mt 18.20); cuando se designan lugares, los lugares de reunión más típicos son las casas de los miembros de la comunidad (Hch 2.46; 1 Cor

16.19). En cuanto al contenido, el NT nunca describe un servicio de adoración cristiana en detalle. La reconstrucción de tales servicios o la reflexión sobre su carácter general emplea tres fuentes.

En primer lugar, los escritos del NT incorporan materiales que se utilizaron sin duda en la adoración cristiana primitiva. Estos incluyen himnos (Lc 1.46-55), doxologías (Rom 16.25-27), oraciones (Mt 6.1-13), y declaraciones de credos y confesiones (1 Cor 15.3-5). La existencia de tales materiales indica un grado bastante alto de desarrollo litúrgico.

En segundo lugar, aunque nunca se prescribe una liturgia para la adoración cristiana, a menudo se mencionan elementos de adoración. Estos incluyen elementos característicos de servicio de la sinagoga judía: oración (1 Tim 2.1-2, 8), cantar (Ef 5.19), enseñanza (Hch 2.42), predicación (Fil 1.15-18), colección de ofrendas (1 Cor 16.2), y lectura pública (1 Tim 4.13). Esta última se transformó a principios cuando los nuevos escritos llegaron a leerse junto con las Escrituras, incluyendo obras que con el tiempo se convirtieron en parte del NT (1 Ts 5.27; Ap 1.3). En algunos lugares, estos elementos estándar de adoración se complementaron por la práctica de dones espirituales as hablar en lenguas y profetizar (1 Cor 14.24-33). También se mencionan con frecuencia dos rituales principales de la liturgia cristiana, bautismo (Mt 28.19; Rom 6.1-11) y la cena eucarística (Mr 14.16-26; 1 Cor 11.23-26). Otros rituales incluyen lavado de los pies (Jn 13.3-15), unción con aceite (Mr 6.13; Stg 5.14), intercambio de un beso de paz (1 P 5.14), y la imposición de las manos, que puede haber sido asociado con la oración (Hch 28:8), la recepción del Espíritu (8.17), o la ordenación (13.3; 1 Tim 5.22).

En tercer lugar, las descripciones más explícitas de servicios de adoración que se encuentran en los escritos poco después del período del NT, como la Didajé (c. 100) y la primera Apología de Justino Mártir (c. 155). Estos documentos enumeran algunas de las características mencionadas anteriormente en lo que parecen órdenes cronológicas fijas. La Apología de Justino es meramente descriptiva, pero la Didajé intenta definir o regular lo que considera el procedimiento normativo.

Teología

El NT absorbe la preocupación de los profetas del AT que la adoración sea integrada en la vida de fe. Así, los pasajes que dan prioridad a la misericordia sobre el sacrificio (Os 6.6) o denuncian el culto de labios, pero no de corazón (Is 29.13) se citan en nuevos contextos (Mt 9.13; Mr 7.6-7). La adoración genuina no es simplemente para la exhibición (Mt 6.1-18) sino que implica la entrega de uno mismo a Dios en obediencia fiel (Rom 12.1).

La característica teológica más de la adoración del NT es la centralidad de Cristo como su fundamento, mediador y objeto final. En primer lugar, lo que Cristo ha hecho se convierte en el más grande de todos los motivos para alabar a Dios (1 Cor 1.4). Esta perspectiva da color a la narrativa de Lucas de la crucifixión, donde la muerte de Jesús en sí se convierte en una ocasión para glorificar a Dios (Lc 23.47).

A continuación, leemos que las gracias se dan a Dios no sólo «por» Jesucristo sino «a través de» Jesucristo (Rom 1.8; He 13.15). Un tema común en el Evangelio de Juan es que el Padre es glorificado a través del Hijo (Jn 17.4). Puesto que Dios es Espíritu invisible, los que adoren en Espíritu y en verdad deben adorar a Dios dado a conocer por medio del Hijo (Jn 1.18; 4.24).

Finalmente, Cristo es representado como alguien que es digno de recibir alabanza (Fil 2.9-11; Ap 5.11-14). El Evangelio de Mateo relata su historia de Jesús desde esta perspectiva, presentando a Jesús como alguien que recibe adoración nueve veces durante su vida en la tierra (p.ej., Mt 2.11; 14.33; 28:9). A la luz de Mateo 4.10, tal adoración no es simplemente homenaje o respeto pero, en la mente de este evangelista, la evidencia de que Cristo ahora recibe lo que normalmente es una prerrogativa exclusiva de Dios.

La adoración centrada en Cristo es definitivamente histórica y escatológica en orientación. Refleja a la vez sobre la revelación de Dios en la vida y ministerio del Jesús terreno y anticipa la consumación de todas las cosas. Este doble enfoque es evidente en gran parte del material de adoración preservado en los escritos del NT, incluyendo himnos (Fil 2.6-11) y la liturgia eucarística (1 Cor 11.23-26). *Véase* Ritual.

Bibliografía. F. Hahn, *The Worship of the Early Church* (Philadelphia, 1973); D. P. Peterson, *Engaging con Dios: A Biblical Theology of Worship* (Grand Rapids, 1992).

Mark Allan Powell

ADORAIM (Heb. *'ăḏôrayim*) (también ADORA) Una ciudad en Judá que fue fortificada por Roboam (2 Cr 11.9), más tarde llamada Adora (Gr. *Adōra*; 1

Mac 13.20). Ha sido identificada con la moderna Dûrā (152101), 8 km (5 mi) al sudoeste de Hebrón.

ADORAM (Heb. *'ădōrām*) (también HADORAM)
El hijo de Abda; capataz sobre el trabajo forzado bajo David, Salomón, y Roboam (2 S 20.24; 1 R 12.18). Roboam lo envió para hacer la paz con las tribus insatisfechas de Israel, pero ellas lo mataron a pedradas.

ADORAM (Heb. *hăḏōrām*)
(también ADONIRAM, ADORAM, JORAM)

ADORAM (Heb. *hăḏōrām*)

1. Un descendiente de Joctán; antepasado de una tribu árabe (Gn 10.27; 1 Cr 1.21).

2. Hijo del rey Toi de Hamat, quien fue enviado por su padre para felicitar a David en su victoria sobre Hadad-ezer (1 Cr 18.10). En 2 Samuel 8.10 él y su padre son llamados Joram (**1**) y Toi.

3. Un oficial del rey Roboam que era capataz sobre el trabajo forzoso (2 Cr 10.18). En 1 Reyes 4.6; 5.14(TM 28) él es llamado Adoniram y en 12.18 Adoram, una forma abreviada de ese nombre.

ADRAMELEC (Heb. *'aḏrammeleḵ*) **(PERSONA)**
Uno de los dos hijos de Senaquerib de Asiria que, con su hermano, asesinaron a su padre y se escaparon a la tierra de Ararat (2 R 19.36-37 = Is 37.37-38). Formas variantes del nombre se hallan en las obras de Abydenus y Polistoro.

ADRAMELEC (Heb. *'aḏrammeleḵ*) **(UN DIOS)**
Un dios adorado por los de Sefervaim (2 R 17.31), un pueblo traído a Samaria por Sargon II, después de su destrucción en 722 a.C. Poco se sabe sobre este dios, que no es mencionado en ningún registro babilónico o asirio. Según 2 Reyes 17.31 los de Sefervaim «quemaban a sus hijos en el fuego para adorar a Adramelec», probablemente un rito mágico o dedicatorio, antes que un sacrificio, comparado con la frase «pasar… por fuego» (v. 17; 21.6) y contrastado con las ofrendas quemadas a Baal (Jer 19.5). El nombre es semítico occidental y puede significar que «el glorioso es rey».

MICHAEL D. HILDENBRAND

ADRAMITIO (Gr. *Adramýtteion*)
Un puerto en Misia, en la costa oeste de Asia Menor. En su cuarto viaje el apóstol Pablo viajó de Cesarea a Mira en Licia en una «nave adramitena» (Hch 27.1-6) antes de trasbordarse a un barco con destino a Roma. Después de ser saqueada por piratas turcos, aprox. 1100 d.C., el puerto fue abandonado; un nuevo asentamiento (moderna Edremita) se ubica en tierra más adentro.

ADRIA (Gr. *Adrías*)
Parte del Mar Mediterráneo al sur de Italia y Grecia, entre Creta y Malta, llamada ahora Mar Jónico. Aquí el barco que llevaba a Pablo y otros presos iba a la deriva antes de encallar en Malta (Hch 27.27).

ADRIANO
Emperador del imperio romano en 117-138 d.C., y pariente lejano de su predecesor, el emperador Trajano. Adriano sucedió a Trajano con pocas objeciones ya que era popular con la corte y tenía una carta, supuestamente escrita por Trajano en su lecho de muerte, designándolo como su heredero.

Adriano era originario de la provincia de España, como Trajano, y sus orígenes pueden explicar en parte la atención que dedicó a la administración y mejora provincial. Poco gasto se hizo en edificios públicos en las provincias, y se hizo mucho para mejorar la fortificación de la frontera y obras de defensa. El muro de Adriano en la frontera de Inglaterra y Escocia es solo un ejemplo de fortificaciones masivas que Adriano llevó a cabo. De hecho, Adriano supuestamente pasó más tiempo en la provincia que en Roma.

El reino de Adriano fue testigo de la rebelión de Bar Kojba en Judea (132-135). Cuando la rebelión fue finalmente aplastada, todos los judíos fueron expulsados de la provincia, que dejó de ser llamada Judea y se convirtió en Siria Palestina. Respecto al cristianismo, Adriano mantuvo la política de tolerancia de Trajano, como se prueba en la correspondencia del emperador (122-123) con Minucio Fundo, proconsul de Asia.

Bibliografía. S. Perowne, *Hadrian* (1960, repr. London, 1986).

JOHN F. HALL

ADRIEL (Heb. *'aḏrî'ēl*)
El hijo de Barzilai el meholatita a quien Saúl dio a su hija Merab como esposa, aunque él ya se la había prometido a David (1 S 18.19; según TM 2 S 21.8 la hija más joven, Mical). Posteriormente, David entregó a los cinco hijos de Adriel en manos de los gabaonitas como un pago por la matanza llevada a cabo por Saúl (2 S 21.8).

ADULAM (Heb. *'ăḏullām*)
Una ciudad en la sefela de Judá (Jos 15.35). Aunque

no ha sido excavada, se la identifica comúnmente con Tell esh-Sheikj Madhkûr/ḥorvat ʿAdullam (150117), 8 km (5 mi) al sur de Bet-semes. Localizada en la parte del sur del valle de Ela, Adulam, junto con el sitio de Soco, guardaba una de las rutas de la llanura costera a las tierras altas de Judá. Es una de las ciudades fortificadas más al oeste, a lo largo del límite de Judá.

En la historia de Judá y Tamar, el amigo Hira de Judá es identificado como un adulamita (Gn 38.1, 12, 20). El rey de Adulam es puesto en una lista entre aquellos que Josué y los israelitas derrotaron (Jos 12.15). David tomó refugio de Saúl en la cueva de Adulam, después de huir de Gat (1 S 22.1-2). Los «valientes» de David se reunieron aquí; tres de ellos corrieron de la cueva y entraron en territorio filisteo para conseguir el agua del pozo de Belén para su líder (2 S 23.13-17). Primera de Crónicas 11.15 registra que los tres hombres se reunieron con David en «la peña» (Heb. *haṣṣūr*), en la cueva de Adulam, una descripción consecuente con el carácter de fortaleza de la cueva; en 2 Samuel los hombres bajaron a la cueva a principios «de la siega» (*qāṣîr*), una substitución basada en la sintaxis confusa del texto. Adulam es incluida entre la lista de ciudades que Roboam fortificó (2 Cr 11.7) y es diversamente asignada al tiempo de Ezequías y Josías. El profeta Miqueas (Mi 1.15), un contemporáneo de Ezequías, la incluyó en su lamentación sobre las ciudades de Judá.

Adulam era una de las ciudades habitadas de nuevo por los exiliados que volvieron de Babilonia (Neh 11.30). Durante el período helenístico, Judas Macabeo y sus hombres descansaron allí después de una batalla con el gobernador de Idumea (2 Mac 12.38). Los restos de un edificio público romano-bizantino tardío han sido identificados en el sitio.

Bibliografía. Y. Aharoni, The Land of the Bible, 2a ed. (Philadelphia, 1979); V. Fritz, «The 'List of Rehoboam's Fortresses' in 2 Chr. 11.5-12. A Document from the Time of Josiah», ErIsr 15 (1981): 46*-53*; Z. Ilan, «Ancient Synagogues Survey: Judean Shephelah», Excavations and Surveys in Israel 7- 8 (1988/89): 5-6; N. Na'aman, «Hezekiah's Fortified Cities and the LMLK Stamps», BASOR 261 (1986): 5-21; «The Kingdom of Judá under Josiah», Tel Aviv 18 (1991): 3-71; A. F. Rainey, «The Biblical Shephelah of Judá», BASOR 251 (1983): 1-22.

JENNIFER L. GROVES

ADÚLTERA

Según la ley del pacto, una adúltera es una mujer casada o formalmente comprometida (Heb. *ʾrś*) que fue juzgada de haber consentido tener relaciones sexuales con cualquier varón fuera de su (futuro) marido (Dt 22.13-27). Las esclavas, sin embargo, porque eran legalmente impotentes para rehusar las relaciones sexuales con sus dueños, no eran tenidas por responsables, si ellas tuvieran relaciones sexuales con sus dueños mientras estaban prometidas o quizás casadas con alguien más (Lv 19.20-22). Levítico 20.10; Deuteronomio 22.22 claramente prescriben la muerte como el castigo tanto para un adúltero como para una adúltera (*nōʾāpeṯ*). La claridad aparente de esta declaración es puesta en duda por textos que prevén castigos alternativos (p.ej., Lv 18.20, 24-29; Nm 5.11-31; 2 S 11–12; Pr 6.24-35). Algunos eruditos mantienen que los textos se diferencian porque ellos datan de diferentes períodos históricos y así atestiguan cambios con el tiempo. Otros hacen diferencia entre el castigo aplicado a aquellos sorprendidos en el acto mismo de adulterio en contraposición de aquellos hallados culpables ya sea a través de procedimientos legales o por ordalías rituales. También se ha sugerido que la realeza estaba exenta de la ley. Finalmente, en base de evidencias comparativas del Cercano Oriente antiguo, se ha sostenido que algunos textos bíblicos (p.ej., Lv 20.1 y Dt 22.22) no especifican el castigo necesario, sino más bien la pena máxima, y suponen como conocimiento común en la cultura del tiempo que la compensación era una alternativa a la venganza severa. En varios libros proféticos (p.ej., Jer 2–3; Ez 16; 23; Os 1–4) y Lamentaciones, el adulterio es empleado como una metáfora para el quebrantamiento del convenio. En Ezequiel 16, p.ej., Jerusalén es personificada como la esposa de Jehová, cuyo comportamiento «adúltero» consiste en dar adoración a otras deidades además de Jehová, y hacer alianzas políticas inadecuadas con naciones extranjeras. El lenguaje de la primera ofensa, que describe la adoración ilícita en términos metafóricos como un acto de la infidelidad sexual, ha sido entendido como prueba para la llamada prostitución «sagrada» «o ritual», según se afirma un componente «de ritos de fertilidad» asociados con la adoración de deidades extranjeras. Esta interpretación ha sido recientemente desafiada, y de manera convincente, como el error de confundir el lenguaje figurado y polémico con la realidad social. En efecto, en términos generales, los textos que retratan adúlteras metafóricas en contraposición con las literales deben ser analizados cuidadosamente antes de usarlos como pruebas potenciales para reconstruir prácticas sociales que pertenecen al adulterio literal y a adúlteras. Es necesaria la precaución extrema debido al peligro de atribuir equivocadamente al vehículo, o lenguaje figurado, de la metáfora (adulterio) rasgos propiamente asociados con el tenor, o sujeto principal, de la metáfora (la violación del convenio).

Bibliografía. P. Bird, «'To Play the Harlot': An Inquiry into an Old Testament Metaphor», en Gender and Difference in Ancient Israel, ed.P. L.Day (Minneapolis, 1989), 75-94; M. Fishbane, «Accusations of Adultery: A Study of Law and Scribal Practice in Numbers 5.11-31», HUCA 45 (1974): 25-45; J. Galambush, Jerusalem in the Book of Ezekiel: The City as Jehová's Wife. SBLDS 130 (Atlanta, 1922); J. Hackett, «Can a Sexist Model Liberate Us? Ancient Near Eastern 'Fertility' Goddesses», JFSR 5 (1989): 65-76; R. Westbrook, «Adultery in Ancient Near Eastern Law», RB 97 (1990): 542-80.

PEGGY L. DAY

ADULTERIO

En el antiguo Cercano Oriente y en el AT (Lv 18.20; 20.10; Dt 22.22) el adulterio era interpretado como las relaciones sexuales voluntarias entre una mujer casada y un hombre que no era su marido. Sin embargo, la relación sexual entre un hombre casado y otra mujer no era considerada adulterio a menos que ella estuviera casada. La mujer prometida está también obligada a la fidelidad, pero se muestra indulgencia a un hombre casado o comprometido (Ex 22.16-17 [TM 15-16]; Dt 22.28-29; Pr 5.15-20; Mal 2.14- 15). Algunos eruditos hacen una distinción entre leyes del antiguo Cercano Oriente, donde el adulterio era un mal privado contra el marido, que podría procesar a un ofensor, y las leyes bíblicas, donde el adulterio era una ofensa contra Dios, con el procesamiento obligatorio y una condena de muerte, o, en algunos casos, expiación a través de una ofrenda por el pecado (Lv 19.20- 21). Otros sostienen que las leyes bíblicas y las del antiguo Cercano Oriente bíblico concuerdan en que el adulterio era una ofensa contra el marido, con el procesamiento a su discreción (Pr 6.32-35).

La paternidad equivocada y su efecto en herencia de familia, así como la protección del interés económico del marido, eran los motivos primarios de por qué el adulterio era un pecado y estaba incluido en el Decálogo (Ex 20.14; Dt 5.18). El adulterio fue también usado como una metáfora para el comportamiento idólatra e inmoral de Israel (p.ej., Jer 3.6-13; 23.9-15; Ez 16.30-43; Is 57.3-13).

Bibliografía. H. McKeating, «Sanctions against Adultery in Ancient Israelite Society», JSOT 11 (1979): 57-72; R. Westbrook, «Adultery in Ancient Near Eastern Law», RB 97 (1990): 542-80.

HENDRIK L. BOSMAN

ADUMÍN (Heb. *'ădummîm*)

Un paso montañoso (RVR «subida») en el límite norte de Judá (Jos 15.7) y en el límite sur de Benjamín (18.17). El nombre moderno, Talʿat ed-Damm («la subida de sangre»), se refiere a la roca de piedra calcárea roja del lugar (Heb. «rocas rojas»). El paso está cerca de Khan el-Ahmar, que según la tradición era el sitio de la posada del Buen Samaritano en el camino de Jerusalén a Jericó (cf. Lc 10.34-35).

AFEC (Heb. *'ăpēq*)

1. Una ciudad importante de la antigüedad, localizada en la moderna Ras el-'Ayin (143168) justo encima de abundantes vertientes que dan crecimiento al Río Yarkón. Su importancia está relacionada no sólo con la fuente de agua (excedida en volumen sólo por las fuentes del Río Jordán), sino con el hecho de que ésta controlaba la Vía Maris, tierra interior forzada por los pantanos creados por el Yarkón entre las vertientes y el Mar Mediterráneo, que pasaba por el valle estrecho entre las vertientes y el comienzo de la colina central justo al este del sitio.

Afec es mencionada en los Textos de Execración egipcios y en listas topográficas tanto de Tutmosis III como de Amenhotep II. Es mencionada en las historias de las conquistas de Josué y del conflicto de hebreo-filisteo en el tiempo de Elí y Samuel. La ciudad helenística localizada aquí era conocida como Pegae, y cuando Herodes el Grande reconstruyó la ciudad en el siglo I a.C. fue renombrada Antipatris. Un chequeo arqueológico del sitio fue hecho en 1923 por William F. Albright, y limitadas excavaciones tempranas fueron conducidas por J. Ory en 1935-36 y Abraham Eitan en 1961. Una campaña mayor, por un consorcio de escuelas israelíes y americanas y organizaciones de 1972-1985, fue dirigida por Moshe Kochavi y Pirhiya Beck de la Universidad de Tel-Aviv. Esta excavación produjo tanto importantes hallazgos como pruebas de una historia de extensa ocupación del sitio que comienza en el Bronce Temprano I (3100), aunque una cueva calcolítica más temprana y restos de cerámica dispersos fueran desenterrados. Se documentaron restos de los periodos Bronce Temprano II, Bronce Medio II A y B, Bronce Tardío I y II, Hierro I y II, persa (justo fuera del tell en sí), helenístico, romano, bizantino, umaya y otomano. Arqueológicamente los materiales más impresionantes son los del periodo Bronce Medio II A-B (áreas A y X) con estratificación secuencial clara dentro del período identificado, y de la ocupación del Bronce Tardío (área X). Kochavi ha identificado 11 documentos a partir del período del Bronce Tardío —egipcio, hitita, acadio, sumerio y cananeo— incluyendo una carta de Ugarit (en acadio).

Referencias a Afec (de Sarón) son encontradas en Josué 12.18 (una de las ciudades cuyo rey fue derrotado por Josué); 1 Samuel 4 (ciudad desde la cual los filisteos contrataron a los hebreos en la batalla de Ebenezer; donde los filisteos victoriosos capturaron el Arca de la Alianza); 1 Samuel 29.1 (el lugar desde el cual los filisteos lanzaron su batalla contra Saúl en Mt. Gilboa).

Bibliografía. A. Eitan, P. Beck, and M. Kochavi, «Aphek,» *NEAEHL* 1:62-72.

Bruce C. Cresson

2. Una ciudad cananea del norte que lindaba con la tierra de los amorreos (Jos 13.4) y tradicionalmente identificada con Afqā (231382), 37 km. (23 mi) al noreste de Beirut.

3. Una ciudad asignada a la tribu de Aser en los alrededores de Aczib, Uma y Rehob (Jos 19.29-30; Jue 1). La mayoría de los eruditos identifican este Afec con Tell Kurdâneh, 9 km. (5,6 mi) al sureste de Acco. Otros la identifican con Tell Kabri (164268), 4 km (2,5 mi) al Este de Nahariya.

4 Una ciudad en el Golán desde la cual Ben-hadad lanzó un asalto contra los israelitas, y a la que él huyó después de ser derrotado por Acab (1 R 20.26-30). Ésta es probablemente la Afec mencionada en la predicción de Eliseo acerca de la derrota de Joás por parte de los arameos (2 R. 13.17). Tradicionalmente identificada con Afiq en el valle Naḥal ʿEn Gev, la ciudad es identificada ahora con ʿEn Gev/ Khirbet el-ʿÂsheq (210243).

Ronald A. Simkins

AFECA (Heb. *ʾăpēqâ*)
Una ciudad en el área montañosa de Judá, cerca de Bet-tapúa (Jos 15.53). Su posición precisa permanece incierta; los sitios sugeridos incluyen Khirbet el-Hadab (155098), Khirbet Kana'an (157102), y Khirbet Marajim (152099).

AFÍA (Heb. *ʾăpîah*)
Un benjamita, padre de Becorat y antepasado de rey Saúl (1 S 9.1).

AFORISMO

Uno de varios términos para dichos breves y sustanciales de sabiduría popular. Como expresión de las percepciones de una persona, puede ser distinguida del proverbio, que es generalmente una expresión no atribuida de sabiduría colectiva. Su autoridad depende por lo tanto del prestigio de aquella persona. En este sentido el aforismo está estrechamente relacionado con la *chreia*, aunque la *chreia* generalmente sea más explícita en su interés biográfico.

Los aforismos representan uno de los modos característicos del discurso de Jesús, y por lo tanto son de interés especial para la investigación del Jesús histórico. Mientras los dichos de sabiduría típicamente funcionan para apoyar valores tradicionales y cosmovisiones, los aforismos de Jesús a menudo reflejan sus desafíos radicales a la sabiduría aceptada por esos días (Lc 12.37; Mr 8.35 par.; 10.31 par.; Lc 9.60; Mt 8.22).

Los aforismos se hallan en muchas formas. En los Evangelios ellos incluyen bienaventuranzas (Mt 5.3-12; Lc 6.20-23; Evangelio de Tomás 54, 68–69), dichos condicionales (Mr 3.24-25 par.), advertencias (Lc 12.22 par.), paralelismo sinónimo (Mr 4.22; Jn 13.16), paralelismo antitético (Mr 2.17 par.; Lc 6.45), y declaraciones recíprocas (Lc 6.37-38; 12.8-9; Mt 10.32-33; cf. 1 Clem 13.2).

Los aforismos no son dichos, ni transmitidos en aislamiento. Los aforismos de Jesús fueron recolectados en colecciones temáticas (Mt 7.7-11 = Lc 11.9-13, petición; Mt 7.1-5, opinión; Lc 11.42-48; Mt 23.13-36, ayes) y usados para formar la conclusión a historias de «declaración» (Mr 2.17; 12.17). Los eruditos recientes han sostenido que los escritores del NT ampliaron los aforismos o *chreiai* en narrativas más grandes mediante el uso de reglas estándares encontradas en la *progymnasmata* (guías retóricas básicas).

Ya que los aforismos de Jesús fueron al principio entregados y transmitidos oralmente, el intento de recuperar la fraseología exacta (*ipsissima verba*) es dudosa. Es más fructífero hablar de una estructura estable (*ipsissima structura*) que pudo experimentar cambios. John Dominic Crossan hace la importante diferencia entre variación de función y variación hermenéutica. La variación de función implica cambios (extensiones, contracciones, conversión, substitución, transposición) que no afectan el sentido básico del aforismo. Ésta habría sido una característica natural de la enseñanza de Jesús cuando él habló a diferentes audiencias; compárese: «Pero muchos primeros serán postreros, y postreros, primeros» (Mt 19.30) con: «Así, los primeros serán postreros, y los postreros, primeros» (20.16). La versión en el apócrifo Evangelio de Tomás 4, sin embargo, es una variación hermenéutica, ya que éste proporciona una interpretación distinta: «Ya que muchos que son primeros se convertirán en últimos, y ellos se volverán uno y lo mismo.»

Bibliografía. D. E. Aune, «Oral Tradition and the Aphorisms of Jesus,» en *Jesus and the Oral Gospe Tradition*, ed. H. Wansbrough. JSNTSup 64 (Sheffield, 1991), 211-65; J. D. Crossan, *In Fragments: The Aphorisms of Jesus* (San Francisco, 1983); V. K. Robbins, «The Chreia,» en *Greco-Roman Literature and the New Testament*, ed. D. E. Aune. SBLSBS 21 (Atlanta, 1988), 1-23.

Martin C. Albl

ÁFRICA

Aunque la Biblia no mencione África por su nombre, varios lugares y pueblos del norte africano sobresalen en acontecimientos e imágenes tanto del AT como del NT.

El lugar mencionado con más frecuencia es Egipto. Desde el tiempo de los patriarcas hasta el tiempo de los apóstoles, Egipto poseyó un recurso de grano abundante que fue buscado por naciones de todas partes del Mediterráneo oriental (p.ej., Gn 41.50–42.25). El Éxodo de Egipto, posiblemente el acontecimiento más importante en la historia judía (Ex 3.1–20.21), se convirtió en un recurso teológico significativo (p.ej., Am 5.25; Is 40.3). Egipto fue también un lugar de refugio para judíos disidentes o refugiados (p.ej., 2 Mac 1.1-9; Mt 2.13-15, 19-20). Egipto e Israel también compartieron en la tradición de sabiduría del Cercano Oriente antiguo (cf. Pr 22.17–24.34 y la Instrucción egipcia de Amenemope). Finalmente, la política unió Egipto e Israel (p. ej., 1 R 11.1; cf. Nah 3.8-9).

Cus (Heb. lit., «negro») a menudo es mencionado en el AT. Debido a influencias griegas y romanas, unos traducen «Etiopía». Otros escritos antiguos se refieren a Cus como «Nubia». En la Biblia, Cus se refería a las tierras al sur de Egipto. Los escritores bíblicos a menudo vinculaban Egipto y Cus, sugiriendo que ellos los asociaban de algún modo (p.ej., Is 45.14; Ez 30.4-9; Sal 68.31 [TM 32]). Como con Egipto, Cus también era un lugar de refugio (Sof 3.10).

El NT menciona a egipcios, cireneos, libios y cusitas-etíopes (p.ej., Mr 15.21; Hch 2.10; 11.20-21; 18.24). Hechos 8.26-39 registra el bautismo de un funcionario etíope importante por parte del diácono Felipe.

Recientemente, la erudición bíblica afroamericana ha desafiado la exégesis eurocéntrica tradicional de los pueblos africanos en la Biblia, en el sentido de que ella no refleja las perspectivas bíblicas más neutrales y, en efecto han «desafricanado» la Biblia. Antes bien, los africanos fueron muy respetados y a menudo usados como ejemplos positivos por los escritores bíblicos.

Bibliografía. D. Adamo, Africa and Africans in the Old Testament (San Francisco, 1997); R. A. Bennett, Jr., «Africa and the Biblical Period», HTR 64 (1971): 483-500; C. H. Felder, Troubling Biblical Waters: Race, Class, and Family (Maryknoll, 1989), 5-48; ed., Stony the Road We Trod (Minneapolis, 1991), 127-84.

THOMAS B. SLATER

AFSES (Heb. *happiṣṣēṣ*)

El líder de la división 18 de sacerdotes durante la época de David (1 Cr 24.15).

AFÚS (Gr. *Apphoús*)

Apodo de Jonatán (**16**), el hijo más joven de Matías (1 Mac 2.5) y sucesor de Judas Macabeo.

AGAG (Heb. *'ăgag*)

Nombre de dos reyes amalecitas (Nm 24.7; LXX «Gog»; 1 S 15.8-9, 20, 32-33), o posiblemente un nombre dinástico para todos sus reyes. En 1 Samuel 15 la respuesta negativa de Saúl para finalmente matar a Agag, por la crueldad de Amalec para con Israel en el Éxodo (Ex 17.8-16; Dt 25.17-19), desemboca en la decisión por parte de Jehová y Samuel de rechazar a Saúl como rey. Al final, Samuel mismo termina matando a Agag.

Balaam predice que el futuro rey (o reyes) de Israel será(n) más elevado(s) que el exaltado rey Agag (Nm 24.7). La LXX interpretando mesiánicamente lee, «él gobernará sobre muchas naciones; y su reino será exaltado como Gog».

Paul J. Kissling

AGAGITA (Heb. *ăgagî*)
Un gentilicio asociado con Amán, el enemigo de los judíos (Est 3.1, 10; 8.3, 5; 9.24; cf. LXX), refiriéndose ya sea al rey amalecita Agag, que se le ordenó a Saúl que matara (1 S 15.2-3), o a la nación amalecita, el enemigo de Israel desde la peregrinación en el desierto (Dt 25.17-19).

AGÁPE (Gr. *agápē*)
De las varias palabras griegas que significan «amor», por mucho, la más común en el NT es la familia *agápē*. Aunque los cristianos no crearon la palabra (es común en la LXX, y escasa en los escritos clásicos), ellos sí la convirtieron en una palabra definida para la vida y enseñanza cristianas. En el NT, la forma verbal de la expresión es la más frecuente. El uso de *agápē* es el más prominente en las escrituras de Juan (cerca de un tercio del total de usos).

Los Evangelios Sinópticos contienen un registro de la afirmación de Jesús acerca del «Gran Mandamiento», como el amor a Dios y al prójimo (Mr 12.30-31; Mt 22.38-39; Lc 10.27). El Evangelio de Juan, que carece de esta historia, contiene un énfasis aún mayor del amor en la enseñanza de Jesús, ya que «Dios es amor» (1 Jn 4.8). Juan acentúa el amor como la relación indisoluble entre Jesús y Dios (Jn 15.9, 10; 1 Jn 3.16), Jesús y su pueblo (Jn 13.1, 34), el creyente y Dios (1 Jn 3.17), y entre los creyentes (Jn 13.34-35; 1 Jn 3.10-18).

Pablo principalmente usa la forma sustantiva para mostrar el amor de Dios por la humanidad «en que siendo aun pecadores, Cristo murió por nosotros» (Ro 5.8). Pablo describe a Dios como «Dios de paz y de amor» (2 Co 13.11), y el sacrificio de Cristo como la verdadera definición del «amor». Raramente habla Pablo del amor del creyente hacia Dios (1 Co 2.9; Ro 8.28); su tema más común es «la fe». Sin embargo, el amor es una de la realidades clave de la vida cristiana (junto con la fe y la esperanza, 1 Co 13.13).

Bibliografía. V. P. Furnish, The Love Command in the New Testament (Nashville, 1972); W. Klassen, Love of Enemies. OBT 15 (Philadelphia, 1984).

WENDELL WILLIS

ÁGAPE
Véase CENA DEL SEÑOR

AGAR (Heb. *hāgār*)
Mujer egipcia, sierva de la matriarca Sarai. La historia de Agar, que representa dos cadenas de tradición en Génesis 16, 21, es una de competencia de estatus, maternidad alquilada, conflicto étnico, lucha de clases, abuso, exilio y triunfo.

La estéril Sarai da a agar a Abram «por mujer» (Gn 16:3), por lo que cualquier posible descendente fuese un heredero legítimo de acuerdo con la ley contemporánea de Mesopotamia. Sarai llega a lamenter el día que manipuló tal unión. Agar, al concebir, se burla de Sarai (Gn 16:4), orillando a Sarai a abusar de ella a cambio. Agar huye al desierto, embarazada y a pie, avanzando 240 km (150 mi) en dirección sur rumbo a Shur. El angel del Señor la envía de regreso a Sarai con promesas similares a las hechas a Abraham, Isaac, y Jacob. Su hijo, que debía ser llamado Ismael, tendría una descendencia tan numerosa que no podría contarse (Gn 16:10): 12 tribus que llegarían a ser una gran nación (17.20). Algunos años más tarde (Gn 21.8-21), en el destete de Isaac, Sara vio a Ismael que se burlaba (RVR60, NVI, LBLA) o jugaba (JER) con él. El incidente, aunque pudiera haber sido positivo, es interpretado por Sara como una amenaza para la herencia de Isaac. Ella le pide a Abraham que despida a la familia de Agar e Ismael de una vez por todas. Agar, al encontrarse una vez más en el desierto sin sustento, deja a Ismael para que muera (aquí la edad del hijo no encaja lo suficiente en el contexto). Una vez más, Dios interviente, proporcionando alimento y agua y reiterando las promesas anteriores a Agar. Más tarde, ella encuentra una esposa egipcia para su hijo casi crecido.

El apóstol Pablo alegoriza la historia de Sara y Agar (Gl 4.21-31) para describir a la descendencia literal de Sara como esclavos (como Agar) del antiguo pacto, mientras que la descendencia por fe (y promesa) de Sara llegó a ser la esencia del nuevo pacto de libertad. Irónicamente, para hacer que esta analogía funcionara, Pablo, como muchos comentaristas antes y después, pasa por alto la ambigua fidelidad de Sara y Agar.

Bibliografía. A. O. Bellis, *Helpmates, Harlots, Heroes* (Louisville, 1994); P. E. Tarlow and E. C. Want, «Bad Guys, Textual Errors and Wordplays in Genesis 21:9-10,» *Journal of Reform Judaism* 37/4 (1990): 21-29; P. Trible, «Hagar: The Desolation of Rejection,» in *Texts of Terror.* OBT 13 (Philadelphia, 1984), 9-35; C. Westermann, *Genesis 12-36* (Minneapolis, 1985).

JAMES E. BRENNEMAN

ÁGATA
Véase Calcedonia

AGE (Heb. *'āgē'*)
Ararita y padre de Sama uno de los valientes de (2 Sam. 23.11).

AGRADECIMIENTO (También OFRENDA DE ACCIÓN DE GRACIAS)
Respuesta que un Dios amoroso espera de su pueblo. La acción de gracias es una actividad que involucra la comunidad de fe en ambos el AT y el NT (p.ej., 1 Cr 16.35; Esd 3.11; Sal 44.8 [TM 9]; 79.13; 2 Co 1.11; 4.15; Ef 1.16).

En el AT las ofrendas de acciones de gracias eran expresiones de agradecimiento (Lv 7.12-15; 22.29) que mostraban gratitud por la liberación de problemas, aflicciones o muerte (Sal 56.12 [13]; 107.17-22; 116.17). En Jerusalén, los músicos del Templo tocaban la lira y proveían liderazgo en «acciones de gracias y alabanzas» (1 Cr 25.3; 2Cr 5.13). En días de David, líderes calificados conducían las «alabanzas y acción de gracias» (Neh 12.46). Cuando Manasés fue restaurado, ofreció «sacrificios de acción de gracias» en gratitud por la liberación (2 Cr 33.16; cf. Sal 50.14; Am 4.5). En tiempos de Nehemías, Matanías y otros levitas dirigían las acciones de gracias públicas y las «alabanzas y acción de gracias» (Neh 12.8; 11.17).

Dar gracias era prominentemente destacado en los Salmos (Sal 7.17 [18]; 28.7; 30.4 [5]; 50.23; 69.30 [31] 86.12; 111.1). El salmista agradeció a Dios por liberarle de enemigos (Sal 35.11-18), acusadores hostiles (109.29-30) y muerte (86.12-13). Se incluyen canciones para dar gracias (Sal 26.7; 42.4 [5]; cf. Is 51.3; Jer 30.19), exhortaciones para entrar en la presencia de Dios con acción de gracias (Sal 95.2; 100.4), y llamados para «dar gracias» (97.12; 105.1; 107.1; 118.1; 136.1-3; cf. 1 Cr 16.8, 34; 2 Cr 20.21; Is 12.4; Jer 33.11).

Jesús dio gracias (Mc 8.6 par.; 14.23 par.; Lc 22.17, 19; Jn 6.11, 23; 1 Co 11.24; cf. Mt 11.25 par.), y la Cena de Señor es la comida de dar gracias más grande de la Iglesia (la eucaristía). El leproso que fue sanado agradeció a Dios (Lc 17.16), pero el fariseo con pretensiones de superioridad equivocadamente agradeció a Dios porque no era como los demás (18.11).

Pablo hizo hincapié en dar gracias (1 Co 14.16; 2 Co 9.11-12; Fil 4.6; 1 Ts 3.9; cf. Ef. 5.4, 20; Col 2.7; 4.2; 1 Ti 2.1), especialmente para Cristo (2 Co 2.14; 9.15); la ingratitud significa depravación (Ro 1.21). La comida es aceptada si se recibe «con acción de gracias.» (1 Ti 4.3-4). El dar gracias es un aspecto de adoración celestial (Ap 4.9; 7.12).

Allison A. Trites

ÁGRAFA(Gr. *ágrapha*)
Término técnico (lit., «[cosas] no escritas») en referencia a los dichos de Jesús no registrados en los cuatro evangelios canónicos. Dichos atribuidos a Jesús en otros lugares en el NT (p. ej., Hch 20.35; 1 Co 11.24-25) a veces se consideran ágrafa; sin embargo, el término generalmente se reserva para dichos extracanónicos. El ágrafa se encuentra en diversas fuentes, tales como antiguos manuscritos del NT (p. ej., Códice Beza [D] en Lucas 6.5), textos apócrifos (p. ej., Evangelio de Tomás, Evangelio de Felipe), fragmentos de papiro (p. ej., papiros oxirrinco), los escritos de los padres de la iglesia, el Talmud, y textos islámicos. Un número limitado de ágrafa (esp. algunos en el Evangelio de Tomás) podrían ser dichos auténticos de Jesús, pero los ágrafa son más indicativos de cómo la tradición de Jesús se desarrolló y apropió para satisfacer las necesidades de diversas comunidades.

Bibliografía. J. Jeremias, *Unknown Sayings of Jesus*, 2nd ed. (London, 1964); W. D. Stroker, *Extra-canonical Sayings of Jesus* (Atlanta, 1988).
Jeffrey T. Tucker

AGRICULTURA
La agricultura, junto con la crianza de ganado, fue uno de los dos componentes principales de la economía israelita. Los agricultores israelitas probablemente aprendieron sus habilidades de los cananeos, los antiguos habitantes de la tierra. Aunque la agricultura fue practicada en todo el país, su naturaleza cambiaba según la característica de las condiciones ambientales particulares de cada región. La carencia de tierras apropiadas en el país montañoso fue resuelta por la tala de árboles y posterior limpieza, y la introducción de terrazas de cultivo, un método que artificialmente creó áreas niveladas adaptadas para el cultivo de granos y huertos. La escasez de agua en zonas áridas fue superada con la práctica de la agricultura dependiente de la escorrentía superficial, que utilizó la captación de aguas de lluvia y su desviación a parcelas agrícolas.

A diferencia de Egipto o Mesopotamia, la irrigación de parcelas agrícolas no fue comúnmente practicada en los tiempos del Israel bíblico debido a la carencia de fuentes acuíferas y la naturaleza del suelo (cf. Dt 11.11. «La tierra a la cual pasáis para tomarla es tierra de montes y de vegas, que bebe las aguas de la lluvia del cielo»).

Los cultivos más comunes eran granos (*dāgān*) que incluyeron trigo (*ḥiṭṭâ*), cebada (*śĕʿōrâ*), y mijo. Las legumbres, aunque cultivadas por el agricultor israelita, probablemente no eran tan comunes como los granos ya que no todas las especies son mencionadas en la Biblia, y la mayoría es conocida mejor como producto de muestras arqueológicas. Las especies cultivadas en el período israelita incluyen haba (pôl), lenteja (*ʿăḏāšîm*), arveja amarga, garbanzo, guisante, y fenogreco. Otros cultivos incluyeron linaza (pištâ) y ajonjolí.

Una parte importante de la agricultura israelita era el cultivo de árboles frutales. El más común era la parra (*gepen*), seguida respectivamente por la aceituna (*zayiṯ*), la granada (*rimmôn*), la palmera datilera (*tāmār*), y el sicómoro (*šiqmîm*). Otros árboles frutales incluyen el *tappûăḥ* (posiblemente membrillo o albaricoque), la *bāḵāʾ* (la mora, posiblemente negra), y la algarroba. Otros árboles cultivados para la cosecha de su fruto eran aquellas que producían nueces, que incluyeron la almendra (*šāqēḏ*), el pistacho (posiblemente *bonnîm*), y la nuez de nogal (*ʾĕgôz*).

No se sabe mucho sobre el cultivo de verduras, un elemento alimenticio que no era muy respetado (Pr 15.17). Sin embargo, varias referencias bíblicas indican que la horticultura fue practicada en huertos hogareños, en áreas urbanas, y por la nobleza (1 R 21.2; 2 R 21.18, 26). Sólo una vez se enumeran algunas verduras, cuando los israelitas en el desierto ansían la carne, pescado, «los pepinos (*qiššuʾîm*), los melones *ʾăḇaṭṭiḥîm*), los puerros [?] (*ḥāṣîr*), las cebollas (*bĕṣālîm*) y los ajos (*šûmîm*) » (Nm 11.5). Los pepinos fueron cultivados en potreros grandes y requerían guardia contra el robo (Es 1.8) y el daño de las aves (Jr 10.5).

Una forma de la horticultura fue el cultivo de hierbas y especias, que incluyeron el comino (*kammōn*), el comino negro (*qeṣaḥ*) y el cilantro (*gaḏ*), todos los cuales son mencionados en la Biblia.

La agricultura es una ocupación estacional, y todas las tareas están predeterminadas por la época del año y el clima prevaleciente. Aunque varias de las temporadas y tareas agrícolas son mencionadas en la Biblia, la mejor fuente para el ciclo agrícola es el llamado Calendario Gezer, una inscripción descubierta en Tel Gezer en 1908. El documento comienza con «dos meses de recolección (de aceitunas)» (mediados de agosto a mediados de octubre) seguido por «dos meses de siembra (granos)» (mediados de octubre a mediados de diciembre) «y dos meses de siembra tardía (de legumbres y verduras)» (mediados de diciembre a mediados de febrero). Esto fue seguido «de un mes de malas hierbas que

Los trabajadores cosechan y aventan el grano (abajo) mientras los escribas registran la cosecha (arriba). Pintura mural de la tumba de Menna, escribano de los campos del señor de las dos tierras del Egipto Superior e Inferior (siglo XV a.C.) (Cortesía del Instituto Oriental de la Universidad de Chicago) **Texto de fotografía**

azadonan (para el heno)» (mediados de febrero a mediados de marzo). Los otros leen esta entrada como «un mes de desmalezar con azadón». Luego venía «un mes de cosecha de la cebada» (mediados de marzo en el equinoccio de primavera a mediados de abril) «y un mes de cosecha (trigo) y medir (grano)» (mediados de abril a mediados de mayo; la última palabra tiene varias lecturas sugeridas). El listado termina «con dos meses de la cosecha de uvas» (mediados de mayo a mediados de julio) «y un mes de (recolectar) la fruta de verano» (mediados de julio a mediados de agosto). El análisis del Calendario de Gezer muestra que los tres festivales de peregrinación (Pascua/Pesaḥ, Semanas/Šāḇu'ôt, Cabañas/Sukkôm), que comenzaron como celebraciones agrícolas, se celebraban de acuerdo con sus divisiones estacionales.

Las tareas agrícolas requirieron instrumentos especiales. La arada, que fue hecha para la siembra, fue realizada con un arado de madera (*maḥărēšâ*) que tenía una punta metálica, y era tirado por ganado bovino (bueyes, vacas) o por burros. Esta actividad ocurría en el otoño después de las primeras lluvias. Un instrumento relacionado era la aguijada (*malmāḏ* o *dārḇān*), que tenía en un extremo una punta de hierro en un eje de madera para pinchar a los animales, y un extremo llano, parecido a una pala, al otro extremo para quitar el barro de la punta del arado. Otras tareas fueron hechas con otros instrumentos, como la hoz (*maggāl* o *ḥermēš*) para la cosecha, trineo trillador (*môrag*) o trilladora de rueda (*'ôpan 'ăgālâ*), y horqueta aventadora (*mizreh*) y tamices (*kĕḇārâ* y *nāp̄â*). El labrado del suelo en los huertos y jardines era hecho con una azada (*ma'dēr*) y otro instrumento para cavar *'ēṯ*). Un instrumento que fue desarrollado sobre todo para el trabajo en la viña fue un cuchillo de poda (*mazmērâ*), que también fue usado para cosechar uvas (*zāmîr*).

La buena producción se asegura por medio de la restauración de la fertilidad del suelo y al protegerla contra parásitos y enfermedades. Para la fertilidad se empleaban varios métodos incluyendo la fertilización con abono de animal (*dōmen*) y cenizas (*'ēper* y *dešen*), y el abono verde (usando leguminosas para el enriquecimiento del suelo con nitrógeno). Todos estos métodos fueron usados en combinación con la rotación de cultivos, que incluyó barbechar. En cuanto a control de plagas (langostas, ratones o gusanos) y enfermedades, no mucho se podría haber hecho en las circunstancias de entonces que simplemente mantener buenas prácticas agrícolas. Las plagas y las enfermedades eran consideradas castigos de Jehová por no observar el pacto. Así, se creía que la observancia de los términos del pacto prevenía la aparición de plagas y enfermedades. En caso de tal acontecimiento, se consideraba que la oración y el arrepentimiento eran provechosos. Un año agrícola bueno era el que rendía una abundancia de productos. El profeta Amós lo expresa mejor: «He aquí vienen días, dice Jehová, en que el que ara alcanzará al segador, y el pisador de las uvas al que lleve la simiente» (Am 9.13). Para usar y consumir los productos, tenían que ser tratados y almacenados. Después de la trilla y el aventamiento, el grano limpio (*bar*) era almacenado generalmente cerca de la casa en hoyos de almacenaje privados y en grandes silos de propiedad del sector público (gobierno, templo). Para el uso inmediato, los productos secos eran guardados en vasijas de boca amplia. Mientras que los granos eran por lo general molidos para producir harina, que se usaba para hacer pan, las legumbres eran consumidas como potaje o avena (*nāzîḏ*). Las legumbres eran almacenadas principalmente en vasijas de almacenaje. Las vasijas de almacenaje también se usaban para guardar frutas secas (higos, dátiles o pasas), el vino y el aceite de oliva. La producción de estos últimos requería instalaciones especiales tales como el *yeqeḇ*, y *gaṯ* para la fabricación del vino y la prensa para aceitunas para hacer el aceite. La prensa para aceitunas más eficiente en el período israelita era la prensa de viga. El aceite no se usaba solamente como alimento, sino también para la iluminación y como un elemento en cosméticos. Otros productos de fruta incluyeron zumo fresco, mermeladas y jarabes. El exceso de producción era usado para pagar impuestos, como se ilustra en el Samaria Ostraca. Algo del exceso de producción fue ofrecido como sacrificios en santuarios locales y en los templos nacionales, y una cierta cantidad se ofrecía como trueque a cambio de provisiones. No sólo personas individuales participaban en la agricultura, sino también la realeza y la nobleza, como está ejemplificado por el Rey Uzías (2 Cr 26.10).

Véase GANADERÍA.

Bibliografía. O. Borowski, Agriculture in Iron Age Israel (Winona Lake, 1987).

ODED BOROWSKI

AGRIPA (Gr. *Agríppas*) Véase Herodes (Familia) 16, 18.

AGUA

Un requisito fundamental para el apoyo y la supervivencia de la vida vegetal y animal. Con el pan, el agua siempre ha sido entendida como el sustento mínimo necesario para la vida humana (cf. Gn 21.14; Ex 23.25); la falta de cualquiera de ellos significa extrema necesidad y finalmente la muerte (Is 3.1; Ez 4.17; cf. Is 30.20). El agua también se utilizaba ampliamente para el baño, para lavarse y la limpieza ceremonial.

Aspectos físicos

Palestina depende en gran medida de las precipitaciones fluviales para la humedad. A diferencia de Mesopotamia y Egipto, con sus grandes ríos alimentados por las cuencas de las montañas, una ligera variación en las precipitaciones anuales en Palestina puede producir una grave sequía. De hecho, las sequías productoras de hambruna eran un problema particular en todos los tiempos bíblicos (Gn 26.1; 1 R 17.1).

En años normales, Palestina tiene una estación de lluvia de otoño a invierno, separadas por un período de sequía estival (Sal 32.4). La cantidad de lluvia varía mucho en toda Palestina, pero las planicies costeras promedian c. 56 cm (22 in) por año. En general, el norte y el oeste de Palestina obtienen la mayor cantidad de lluvia, al igual que las laderas de los montes que dan al mar. El sur de Palestina es virtualmente un desierto, especialmente en la región alrededor del Mar Muerto.

Palestina no sólo carece de los grandes ríos y las cuencas hidrográficas, sino también de lugares adecuados para las reservas de agua. Por lo tanto, históricamente sus habitantes tuvieron que utilizar una gran variedad de instalaciones de almacenamiento hechos por el hombre. Los pozos (Gn 21.30; 29.2-8; Jn 4.11-12) son agujeros profundos que han sido excavados en el suelo a la profundidad de la capa freática con el fin de abastecer de agua durante todo el año. En general, el pozo está rodeado por un muro de piedra sobre el suelo para la seguridad y por debajo del suelo para evitar que el pozo ceda o necesite ser excavado de nuevo. Las cisternas (2 Cr 26.10; Jer 2.13), también cavadas en el suelo, eran alimentadas por conductos que dirigían el agua de lluvia de los techos o superficies del terreno. En general, tanto los pozos como las cisternas fueron cubiertos con el fin de evitar la evaporación o la contaminación. Los estanques (2 S 2.13; Is 7.3; Jn 5.2-7), por lo general no se recubrían, eran hechos mediante la represa de manantiales o la construcción de un estanque poco profundo de mampostería.

Importancia poco profunda

Cosmología

Desde tiempos inmemoriales, los pueblos antiguos deben haber sido conscientes de que existía agua por encima y por debajo de la tierra. Descendía de lo alto en forma de lluvia y se podría obtener, si alguien estaba dispuesto a escarbar lo suficiente, de las profundidades de la tierra. En muchas sociedades del Cercano Oriente esta aparente paradoja se explicaba por la historia de la batalla primordial entre el héroe-dios y el dragón del caos. En la versión babilónica, el victorioso Marduk divide el cuerpo de la hembra Tiamat. Luego crea la tierra del cuerpo de ella, poniendo la tierra en el seno de caos por debajo de las aguas del cielo y por encima de las aguas del abismo (cf. Heb. *tĕhôm;* Acad. *tiâmtu,* «Tiamat»).

El AT reconoce este conocimiento básico del universo, o cosmogonía, pero lo modifica a la luz del monoteísmo israelita (el relato de la creación, Gn 1.1-10; el relato del Diluvio, 7.11; cf. Ex 20.4; Dt 4.18; 2 S 22.14-17; Job 26.5-13; Sal 104.3-6; 136.6; 148.4-7; Jer 10.11-13; Am 9.5-6; Jon 2.2-6). Así que las «aguas del cielo, » o aguas cósmicas, son las aguas que están sobre la tierra retenida por el firmamento. La lluvia cae cuando Dios abre las puertas del firmamento (Gn 7.11; 8.2). El cielo es azul (el color del océano) porque las aguas se pueden ver a través del firmamento de cristal transparente (cf. Ez 1.26, que describe a Dios como sentado sobre el firmamento en un trono de color of lapislázuli [azul o turquesa], el color de agua profunda y el cielo).

Ritual

Los israelitas también reflejan una concepción antigua del Cercano Oriente al extender en un sentido metafísico la propiedad física del agua como agente de limpieza primario: el agua también tiene el poder de hacer a una persona ceremonialmente limpia. La interpretación de Ezequiel 16.4, p.ej., depende de esta doble propiedad de limpieza.

El ritual del AT para la limpieza, en su forma más básica, abarca bañarse, lavarse la ropa, y esperar hasta la tarde (Lv 15.5-27; 16.26-28; 17.15; 22.6; Dt 23.10-11). Así a Aarón y sus hijos se les exige lavarse con agua antes de que se pongan las vestiduras sacerdotales (Ex 29.4-9; cf. 30.17-21; 40.12-15, 30-32). El agua también se utiliza para la purificación en otro tipo de rituales: la limpieza de las entrañas y las patas de un becerro o de las ovejas antes de sacrificarlo en holocausto (Lv 1.9, 13), o la limpieza de un traje o una vasija de metal de la sangre de un sacrificio por el pecado (6.27-28[TM 20-21]).

Debido a que el agua misma podría contaminarse (Lv 11.32-36), más tarde los rabinos establecieron la cantidad mínima de agua necesaria para un baño de purificación ceremonial como cuarenta seahs (264 1. [280 cuartos de galón; *m Miqw.* 1:1-8; cf. Jn 2.6). Esta cantidad de agua, sentían ellos, garantizaba que el poder de limpieza natural del agua no llegaría a ser anulado a través de una cantidad excesiva de inmundicia.

Los casos más graves de inmundicia fueron limpiados por el uso de «agua viva» (o agua corriente), agua que fluía de una manera tal que se renueva continuamente y por lo tanto no podía hacerse impuro (Lv 11.32-36; cf. *m. Miqw.* 1). «Agua viva» fue utilizada para la limpieza de un leproso o una casa contaminada por la lepra. El sacerdote tomaba dos aves, matando a la primera sobre agua corriente. Luego sumergía hisopo, madera de cedro, grana, y la otra, la ave viva en la mezcla de la sangre y el agua, y rociaba el fluido siete veces en la casa o en el individuo. Posteriormente, dejaba libre la avecilla viva en un campo cercano (Lv 14.1-7, 48-53).

«Agua viva» es también un elemento de las «aguas amargas» y el «agua de purificación.» Las «aguas amargas» (Heb. *mê hammārîm ham'ārărîm;* Nm 5:18-19) eran administradas por el sacerdote a una mujer sospechosa de adulterio (vv. 16-29; cf. Ex 32.19-20). El sacerdote escribía maldiciones en un libro a lo que la mujer respondía: «Amén, amén» (cf. Jn 1.51; 3.3, 5). A continuación lavaba la lista y mezclaba el agua sucia con el polvo del tabernáculo y esta agua «santa» (*mayim qĕḏōšîm,* probablemente agua corriente). Después, la mujer era obligada a beber el agua. Si ella era inocente no habría ningún daño, pero si era culpable el agua haría que su abdomen se hinchara y el muslo cayera.

El «agua de purificación» (Heb. *mê niddâ;* Nm 19.9) era también agua combinada con varios otros ingredientes para hacer más eficaz su poder de limpieza. Un sacerdote ofrecía una vaca alazana en holocausto fuera del campamento junto con madera de cedro, hisopo y grana de acuerdo con la ceremonia apropiada (Nm 19.1-22). Luego mezclaba las cenizas del fuego con agua corriente y rociaba esta «agua de purificación» sobre cualquier persona o cualquier cosa que hubiese tocado un cuerpo muerto. Esto se hacía en el tercero y séptimo día. Después de bañarse en el séptimo día, la parte ofensora era considerada ceremonialmente limpia. Los israelitas también usaron el «agua de purificación» para purificar el botín madianita que habían capturado (Nm 31.23). El «agua de expiación» usada para purificar a los levitas (*mê haṭṭāṯ;* Nm 8:7) es probablemente idéntica a la del agua de purificación.

Las referencias al agua en el NT se producen con frecuencia en conexión con el bautismo cristiano (Hch 8.36-39; He 10.22; 1 P 3.20) y el bautismo de arrepentimiento de Juan (Mt 3.11; Mr 1.8; Hch 1.5; 11.16). El bautismo es un rito de paso que inicia la conversión del mundo en la comunidad de los regenerados, y por lo tanto, en su primera asociación, un ritual de limpieza iniciático. El simbolismo del agua es particularmente apropiado en este ritual. Aquí el iniciado es sumergido en el agua (que recuerda las aguas del inframundo, y por lo tanto un símbolo de la muerte). Luego se eleva a una nueva vida (tal vez como el bebé recién nacido emerge del útero con una explosión de agua [cf. Jn 3.5] o una reminiscencia de la creación del mundo «del agua» [Rom 6.3-4; Col 2.12]). El bautismo es también un ritual de limpieza, los iniciados emergen «lavados los cuerpos con agua pura,» un símbolo de una limpieza interior (Heb. 10:22).

Espíritu Santo

Varios pasajes del AT usan figurativamente el agua para el espíritu de Dios (Is 44.3-4; cf. Ez 36.25-26; Joel 2.23, 28[3:1]) o para Dios mismo (Jer 2.13; 17.13). Incluso más pasajes se refieren al Espíritu en términos normalmente utilizados para un fluido (*šāpak̠,* «derramar, » Ez 39.29; Joel 2.28-29[3.1-2]; *yāṣaq,* Is 44.3; *nāḇa',* Pr 1.23; *'ārâ,* Is 32.15; *mālē',* «ser lleno,» Ex 31.3; 35.31; Dt 34.9). También el Espíritu está activo en la creación, en el que se encuentra flotando sobre la faz de las aguas (Gn 1.2).

El espíritu de Dios puede haber llegado a ser asociado con el agua que da vida o con la limpieza (cf. *m. Soṭa* 9.15). O puede haber una asociación mitológica más profunda entre el espíritu de Dios y las aguas cósmicas (cf. Gn 1.2; Ez 1.26).

El NT utiliza el agua para el espíritu en todas estas conexiones. Lucas-Hechos, sobre todo, continúa el vocabulario «orientado a los fluidos» del Espíritu («derramar,» Hch 2.17-18; 10.45; «lleno,» Lc 1.15, 41, 67; Hch 2.4; 4.8; Ef 5.18).

El simbolismo del agua más complejo en el NT puede ser el del Evangelio de Juan, donde el agua ocurre como un punto focal de varios incidentes. Además del bautismo de Jesús (Jn 1.26-33), siete de estas perícopas de «agua» son exclusivas de Juan: la transformación del agua en vino (2.7-9; 4.46), las conversaciones de Jesús con Nicodemo (3.5) y la mujer samaritana (4.7-15), la curación del hombre en el estanque de Betesda (5.3-7), la proclamación de Jesús en la Fiesta de los Tabernáculos (7.38), el lavatorio de pies de los discípulos (13.5), y la sangre y el agua que brotaron del costado del crucificado Jesús (19.34). Juan usa el agua casi exclusivamente para expresar su teología del Espíritu, que está estrechamente vinculada a la actividad del Espíritu (Jn 1.32-33; 3.5-8; 7.38-39; cf. 19.30) o la limpieza ceremonial que se desplaza (2.6; 13.10-11). La clave de este entendimiento se encuentra en el ritual de libación del agua de la Fiesta de los Tabernáculos, que era acompañada por una oración de la «lluvia tardía» de otoño, que la iglesia primitiva creía ser el derramamiento del Espíritu Santo (Hch 2.4, 16-21; cf. Joel 2.28-32[3.1-5]). Jesús anuncia que Él es la fuente de esa «agua viva» en esta misma ceremonia (Jn 7.38-39; cf. desde esta perspectiva el agua que brota del costado del Señor crucificado; 19.34; cf. Zac 12.10; 13.1).

«Agua de vida» (Ap 21.6; 22.1, 17; cf. 7.17, «agua viva») denota verdadera vida eterna, por la que los están en esta vida terrenal tienen sed. La imagen señala no sólo una fuente que fluye agua constantemente, sino también su calidad, que contiene, crea y comunica vida.

Timothy P. Jenney

AGUA DE PURIFICACIÓN

El agua utilizada para «limpiar» o eliminar diversas formas de impureza ritual (Heb. *mê niddâ*, «aguas de impureza»). Consistía en las cenizas de la vaca alazana, madera de cedro, hisopo, y material escarlata mezclado con el agua de un arroyo (Lv 14.4-8, 49-52; Nm 19.2-19).

El agua se aplicaba en tres maneras: inmersión, aspersión, y lavamiento de manos. La inmersión se requería del sacerdote que sacrificaba la vaca alazana (Nm 19.7), el botín (31.21-23), el leproso limpiado (Lv 14.8-9), quien tuvo una emisión de semen (Lv 15.16-18), la mujer menstruante o el que tuvo contacto con una mujer menstruante (vv. 19-24), alguien que tuvo una descarga o que haya tenido contacto con cualquiera que lo hizo (vv. 2-15, 25-28), y cualquier persona que haya tenido contacto con un cadáver o cierto animal muerto (5.2; 11.8-40; Nm 19.11-13; Dt 14.8; Hag 2.13).

La aspersión precede a la inmersión en el caso del leproso (Lv 14.1-7) y el que se había vuelto impuro a causa de un cadáver (Nm 19.14-19). La aspersión sola se utilizaba en la consagración de los levitas (Nm 8.7) y en la limpieza de las casas afectadas por la lepra (Lv 14.49-52). Evidentemente el hisopo se sumergía en el agua para llevar a cabo este rito (Nm 19.18). El lavado de manos para eliminar la impureza ritual era practicado casi exclusivamente por los sacerdotes (Ex 30.17-21; 40.31; 2 Cr 4.2-6).

La limpieza lograda por estos métodos involucraba la impureza ritual, y no la impureza moral (pecado). Autores posteriores, sin embargo, utilizaron ese lenguaje figurado para referirse a la limpieza moral (Sal 26.6; 51.2, 7[TM 4, 9]; Is 1.16-18; Jer 4.14; Ez 36.25).

En el NT la inmersión (bautismo) se conoce como «purificación» (Lc 2.22; Jn 3.25; Hch 21.24, 26). Además de las situaciones que requieren inmersión en el AT, la tradición había añadido la entrada en el templo (Josefo *Ant.* 12.145; *m. Yoma* 3:3; *y. Yoma* 40b) y grave impureza (*Para* 3:7; cf. He 6.2; 9.10). Los prosélitos (gentiles convertidos al judaísmo) tuvieron que someterse a la inmersión (*y. Qidd.* 64d; *Yebam.* 46a-47b; 71a; *Ker.* 9a; cf. también 1QS 3.1-9; 4:20-23), que probablemente es el antecedente del bautismo cristiano. La aspersión aparece solo en el sentido figurado (He 9.13; 10.22; cf. 1QS 4:20-23).

El lavado de manos disfrutó de un notable aumento de popularidad en el judaísmo intertestamental. Evidentemente los sabios expandieron este requisito de pureza sacerdotal para aplicarlo a la gente común sobre la base de Levítico 15.11 (*Ḥul.* 106a; cf. *t. Ḥag.* 3.2-3; *Dem.* 2.2). Una posición más estricta sobre el lavado de manos fue tomada por la escuela de Shamai, que requería el lavado de manos antes y después de las comidas (*y. Šabb.* 1.7 [3c]; cf. *BJ* 2.129-30). Los más indulgentes inicialmente lo resistieron (*ʿEd.* 5:6; *ʿErub.* 21b), un desarrollo directamente reflejado en el NT (cf. Mr 7.1-16 par.; Lc 11.37-41). Tal purificación ceremonial proporciona el contexto en el cual entender la presencia de grandes cantidades de jarras de agua en las bodas de Caná (Jn 2.6). El lavado de manos es mencionado metafóricamente en Santiago 4:8.

W. E. Nunnally

AGUIJADA

Punta afilada usada para pinchar la yunta cuando se ara. Era hecha de una rama recta de madera resistente a la que se le quita la corteza. La otra punta a menudo tenía una pieza llana, parecida a un cincel de hierro, que permitía que los agricultores quitaran raspando el barro y la arcilla que obstruían las rejas del arado. La variedad con punta de hierro seguramente fue la usada por Samgar cuando mató a 600 filisteos (Jue 3.31). La práctica de afilar aguijadas de hierro con limas es atestiguada en 1 Samuel 13.21. La «aguijada» aparece metafóricamente para «los dichos del sabio» en Eclesiastés 12.11, recordando al lector que la enseñanza sapiencial pincha al género humano hacia la vida sabia. Pablo recuerda sus coces contra el aguijón de Dios, es decir, tercamente luchando contra la voluntad de Dios para él antes de su conversión (Hch 26.14).

J. A. VADNAIS

ÁGUILA

Ave rapaz grande. En el AT Heb. nešer designa tanto al buitre como al águila. El buitre abominable inmundo o águila gier (Heb. *rāḥām* o *rāḥāmā*; Lv 11.18; Dt 14.17), que no podía ser comido, es diferente al nešer. Casi todos los usos de nešer se refieren al águila, y la mayoría de las veces las referencias son metafóricas.

Para los escritores bíblicos, el águila era símbolo de velocidad (Dt 28.49; 2 S 1.23; Jer 4.13; Lm 4.19), notable por construir su nido en lugares elevados (Jer 49.16), por elevarse rápidamente a las alturas (Pr 23.5), y por atacar a su presa feroz y rápidamente (Job 9.26; Hab 1.8). Otras características que fueron apreciadas incluyeron su majestuosa grandeza (Abd 4), su cuidado suave y protector para sus crías (Ex 19.4-6; cp. Dt 32.11), y su vigor juvenil (Sal 103.5; Is 40.31, «levantarán alas como las águilas»). En la visión del carro de trono (Ez 1.10), el profeta Ezequiel vio cuatro querubines, cada uno tenía cuatro caras (de hombre, león, buey y águila). El escritor de Apocalipsis tomó prestada esta imagen en su visión del cordero en el trono, rodeado por cuatro criaturas, que parecen ser de león, buey, humano y águila (Ap 4.7; Gr. *aetós*). Juan también empleó la grandeza del águila y su capacidad para el vuelo (o fuga) respecto a la mujer de Apocalipsis 12.14 (cp. 8.13). Aparte de estas referencias, el águila se menciona en el NT sólo en Mateo 24.28 (= Lc 17.37), donde la referencia es claramente a aves que comen carroña y no el águila noble del AT.

RICHARD A. SPENCER

ÁGUILA

Un pájaro o presa mencionado sólo en las listas de animales inmundos (Lv 11.13; Dt 14.12; Heb. *ʿoznîyâ*). La especie exacta es imposible de determinar en base a las escasas referencias bíblicas, pero la tradición talmúdica apoya la identificación de la ave como el águila pescadora *(Pandion haliaëtus)*, un gran halcón que se alimenta de peces. Otros posibles candidatos son el aguilucho (o corto de punta) águila (*Circaëtus gallicus;* cf. Aram. *ʿûzyāʾ*, «águila de mar»; como LXX), el quebrantahuesos *(Gypaëtus barbatus aureus)*, o el buitre negro *(Aegypius* [or *Vultur*] *monachus)*.

AGUJA

Implemento delgado, agudo en un extremo, con un ojo para el hilo o una cinta de cuero. Los arqueólogos han encontrado agujas de hueso, marfil, hierro y bronce en todo el mundo antiguo, y algunas datan del sexto milenio a.C. La habilidad para la bordadura era considerada un don de Dios, y fue utilizada en la fabricación del tabernáculo (Ex 31.6-10). En realidad, lo difícil que era el corte y la confección de la ropa en los tiempos bíblicos, fue uno de los factores de la popularidad de las túnicas de un mismo estilo para hombres y mujeres, tenían poco cosido y pocas costuras. Cuando tuvo que hacerlo, Pablo se sostuvo a sí mismo como fabricante de carpas, lo que involucraba unir con hilos tiras de tela (Hch 18.3).

El uso de agujas está sobreentendido cuando Adán y Eva «cosieron hojas de higuera» (Gn 3.7). La palabra «aguja» aparece sólo en Mateo 19.24 (= Mr 10.25; Lc 18.25). Mateo y Marcos usan la palabra griega *rhaphís*, una aguja de coser, mientras que Lucas utiliza *belónē*. Algunos han especulado que la elección de Lucas refleja sus antecedentes médicos, y que *belónē* era una aguja quirúrgica, pero no hay una evidencia clara que apoye esta idea. En los relatos de los tres evangelios, el ojo de una aguja, uno de los agujeros más pequeños comunes al hogar, es contrastado con un camello, uno de los animales más grandes comunes en Palestina. Los primeros intérpretes sostenían que «el ojo de una aguja» era el nombre de un estrecho portón de Jerusalén, pero este criterio ya no es aceptado. Tal interpretación no explicaría la conclusión de los discípulos de que la salvación era imposible; la expresión es simplemente una hipérbole oriental típica utilizada para comunicar la gran dificultad que enfrentan quienes, siendo ricos, lo dejan todo para seguir a Cristo.

JOHN S. HAMMETT

AGUR (Heb. *'āgûr*)
Autor de una colección de proverbios (Pr 30.1); hijo de Jaqué de Masa. Probablemente él fue compatriota del rey Lemuel de Masa (Pr 31.1).

AHARA (Heb. *'aḥĕraḥ*)
El tercer hijo de Benjamín (1 Cr 8.1).

AHARHEL (Heb. *'ăḥarḥēl*)
El hijo de Harum de la tribu de Judá (1 Cr 4.8).

AHASBAI (Heb. *'ăḥasbay*)
El padre de Elifelet, uno de los valientes de David (2 S 23.34). Él puede haber sido un habitante de Abel-bet-maaca (2 S 20.14) o de Maaca en Siria (10.6).

AHASTARI (Heb. *hā'ăḥaštārî*)
Descendientes de Asur y Naara (1 Cr 4.6). Esta familia de otra manera desconocida figura entre los componentes geográficos y étnicos de Judá.

AHAVA (Heb. *'ahăwā'*)
Un río o canal en Babilonia; posiblemente también el nombre de un pueblo o asentamiento asociado con él. Esdras menciona Ahava como el sitio donde él reunió a los exiliados que iban a volver a Jerusalén y proclamó un ayuno preparatorio antes del viaje (Esd 8.15, 21, 31).

Los intentos de localizar Ahava son complicados por los datos limitados para reconstruir la ruta de regreso de Esdras, y por la abundancia de variantes textuales para el nombre en los manuscritos relevantes (TM, LXX, Etíope). Mientras las ubicaciones exactas son desconocidas y varios lugares han sido propuestos, la mayoría está dentro de un radio de 200 km (125 mi) de Babilonia.

Monica L. W. Brady

AHBÁN (Heb. *'aḥbān*).
Hijo de Abisur y Abihail y hermano de Molid, de la tribu de Judá (1 Cr 2.29).

AHER (Heb. *'aḥēr*)
Un benjaminita, padre de Husim (1 Cr 7.12).

AHÍ (Heb. *'ăḥî*)
El hijo de Abdiel de la tribu de Gad, que moró en Basán (1 Cr 5.15). El nombre puede ser una contracción de Ahías. En 1 Crónicas 7.34 la palabra hebrea debería ser probablemente tomada como un epíteto («su hermano»; cf. DAH) antes que como un nombre personal.

AHIAM (Heb. *'ăḥî'ām*)
Uno de los valientes de David. Él fue hijo de Sarar, ararita (2 S 23.33) o más probablemente Sacar (1 Cr 11.35; cf. LXX para ambos).

AHIÁN (Heb. *'aḥyān*)
El hijo de Semida de la tribu de Manasés (1 Cr 7.19).

AHÍAS (Heb. *'ăḥîyâ*)
Uno que puso su sello en el pacto renovado bajo Nehemías (Neh 10.26 [TM 27]).

AHÍAS (Heb. *'ăḥîyâ*)
1. Hijo de Ahitob y bisnieto de Elí. Ahías era un sacerdote en Silo que sirvió con el ejército de Saúl como portador del efod (1 S 14.3). Él se encargó del Arca de la Alianza, dejada por entonces en Quiriat-jearim (1 S 14.18-19).

2. Un profeta de Silo. Ahías rasgó su ropa en 12 piezas delante de Jeroboam, el capataz de Salomón encargado del trabajo obligatorio de la casa de José, simbolizando la inminente división del reino (1 R 11.29-31; 12.15; 2 Cr 10.15). Además de la predicción del acceso de Jeroboam al trono del reino del norte, Ahías más tarde pronosticó la muerte del hijo de Jeroboam (1 R 14.2-18; 1-18; 15.29-30).

3. Hijo de Sisa; un secretario bajo Salomón, (1 R 4.3).

4. Padre de Baasa, rey de Israel; miembro de la tribu de Isacar (1 R 15.27, 33; 21.22; 2 R 9.9)

5. Hijo de Jerameel; miembro de la tribu de Judá (1 Cr 2.25).

6. El hijo de Aod, un benjaminita, que fue llevado al cautiverio (1 Cr 8.7).

7. Un pelonita; uno de los valientes de David (1 Cr 11.36).

8. Un levita responsable de la tesorería del templo bajo el rey David (1 Cr 26.20).

Kenneth Atkinson

AHICAM (Heb. *'ăḥîqām*)
El hijo de Safán (2 R 22.12) y padre de Gedalías (25.22). Él fue uno de los funcionarios del rey Josías enviado a la profetisa Hulda para consultar al Señor (2 R 22.14; 2 Cr 34.20). Después él protegió a Jeremías del rey Joacim y sus seguidores (Jr 26.24).

AHIEZER (Heb. *'ăḥî'ezer*)
1. El hijo de Amisadai. Él fue un representante de la tribu de Dan durante la peregrinación en el desierto, ayudó a Moisés en el censo de los israelitas

(Nm 1.12; 2.35) y ofreció de un sacrificio en la dedicación del altar (7.66-72).

2. Un pariente de Saúl, jefe de los benjaminitas de Gabaa, que desertó a David en Siclag (1 Cr 12.3).

AHILUD (Heb. *'ăḥîlûḏ*)

Padre de Josafat, que fue cronista de David y Salomón (2 S 8.16; 20.24; 1 R 4.3). Él también puede haber sido el padre de Baana, uno de los doce gobernadores de Salomón (1 R 4.12).

AHIMAAS (Heb. *'ăḥîma'aṣ*)

1. Padre de Ahinoam, esposa de Saúl (1 S 14.50).

2. Hijo del sacerdote Sadoc. Junto con Jonatán, el hijo de Abiatar, mantuvo a David informado del progreso de la rebelión de Absalón (2 S 15.27, 36; 17.20). Cuando Absalón murió, Ahimaas insistió personalmente en comunicar las noticias al rey (2 S 18.19-30).

3. Uno de los gobernadores de Salomón, asignado a Neftalí (1 R 4.15). Él estuvo casado con Basemat, hija de Salomón. Algunos eruditos sugieren que el nombre indica el padre de un oficial, cuyo nombre ha sido omitido del registro, y que por lo tanto podría ser el mismo que **2** más arriba.

AHIMÁN (Heb. *'ăḥîman*)

1. Uno de los descendientes de Anac, los «gigantes» que habitaron la Canaán preisraelita (Nm 13.22). Junto con sus hermanos Sesai y Talmai, él fue expulsado de Hebrón por Caleb (Jos 15.14; Jue 1.10).

2. Un levita, portero del templo postexílico (1 Cr 9.17-18).

AHIMELEC (Heb. *'ăḥîmeleḵ*)

1. Hijo de Ahitob de la casa de Elí (1 S 22.9) y padre de Abiatar (30.7). Él fue sumo sacerdote durante el reinado de Saúl en Nob (21.1 [TM 2]), el santuario principal de Jehová después de la caída de Silo. Ahimelec ayudó a David durante su huida de Saúl (1 S 21.1-9 [2-10]). Saúl entonces ordenó matar a Ahimelec y a los otros sacerdotes de Nob, cumpliendo así la profecía contra la casa de Elí (2.31-36). El incidente es registrado en el encabezado introductorio del Salmo 52 y por Jesús (Mt 12.1-4; Mr 2.23-28; Lc 6.1-5).

2. Un heteo compañero y amigo de David cuando éste se escondía de Saúl en el desierto (1 S 26.6).

3. El hijo de Abiatar y nieto de Ahimelec (1; 2 S 8.17; 1 Cr 24.6), que cumplió una función sacerdotal con Zadoc durante el reinado de David (18.16; 24.31).

NANCY L. DE CLAISSÉ-WALFORD

AHIMOT (Heb. *'ăḥîmôṯ*)

Levita de la familia de Coat, segundo hijo de Leví (1 Cr 6.25 [TM 10]); un antepasado de Elcana el padre de Samuel.

AHINADAB (Heb. *'ăḥînāḏaḇ*)

Hijo de Ido. Uno de los 12 gobernadores de Salomón, él fue responsable del territorio de Mahanaim (1 R 4.14).

AHINOAM (Heb. *'ăḥînō'am*)

1. Hija de Ahimaas (origen desconocido) y esposa del rey Saúl (1 S 14.50). Ahinoam es la única esposa mencionada en relación con Saúl y es posiblemente la madre de sus siete niños (1 S 14.49-50; 1 Cr 8.33-40; 9.39-44; pero véase 2 S 12.8).

2. Esposa jezreelita de David y madre de su hijo primogénito, Amnón. Después de casarse con David (1 S 25.43), ella lo acompañó en su visita al rey filisteo Aquis (27.3). Más adelante ella fue tomada como rehén en una incursión amalecita en Siclag (30.5), Ahinoam fue rescatada posteriormente y acompañó a David a Hebrón (2 S 2.2), donde él fue coronado rey de Judá. Todas las referencias a Ahinoam la colocan en estrecha proximidad literaria con otra de las mujeres de David, Abigail. Esta Ahinoam y **1** más arriba pueden ser la misma persona, considerando el comentario de Natán a David, «te di... a las mujeres de tu señor» (2 S 12.8).

Bibliografía. J. D. Levinson and B. Halpern, «The Political Import of David's Marriages», JBL 99 (1980): 507-18.

LINDA S. SCHEARING

AHÍO (Heb. *'aḥyô*)

1. Hijo de Abinadab, en cuya casa se guardó temporalmente el arca. Cuando él y su hermano Uza condujeron el arca en un carro camino a Jerusalén (2 S 6.3-4; 1 Cr 13.7), y alcanzaron a avanzar sólo hasta la era de Nacón (2 S 6.6).

2. Hijo de Bería de la tribu de Benjamín (1 Cr 8.14). Basándose en la LXX, algunos traductores prefieren leer «su hermano».

3. Benjaminita, descendiente de Jeihel y Maaca (1 Cr 8.30-31); hermano de Cis, el padre de Saúl (9.35, 37).

AHIRA (Heb. *'ăḥîra'*)
El hijo de Enán de la tribu de Neftalí, encargado de ayudar a Moisés en el censo (Nm 1.15). Números 7.78-83 describe su ofrenda de parte de la tribu.

AHIRAM (Heb. *'ăḥîrām*)
El tercer hijo de Benjamín y antepasado de los ahiramitas (Nm 26.38). Él puede ser la misma persona que Aher (1 Cr 7.12) o Ahara (8.1).

AHISAHAR (Heb. *ăḥîšaḥar*)
Un guerrero benjaminita, uno de los hijos de Bilhán de la familia de Jediael (1 Cr 7.10-11).

AHISAMAC (Heb. *ăḥîsāmāḵ*)
Un danita, el padre de Aholiab (Ex 31.6; 35.34; 38.23).

AHISAR (Heb. *'ăḥîšār*)
Un dignatario bajo el rey Salomón, responsable del palacio (1 R 4.6).

AHITOB (Heb. *'ăḥîṭûḇ,*; Gr. *Achitōb*)

1. Uno de los dos hijos de Finees y nieto de Elí; padre de Ahías (1 S 14.3) y Ahimelec (22.9).

2. Hijo de Amarías y padre de Sadoc el sacerdote (2 S 8.17; 1 Cr 6.7-8 [TM 5.33-34]; cf. 1 Esd 8.2; 2 Esd 1.1); abuelo de Sadoc (1 Cr 9.11; Neh 11.11).

3. El hijo de otro Amarías y abuelo de otro sacerdote llamado Sadoc (1 Cr 6.11-12).

4. Un antepasado de Judit; hijo de Elías y padre de Rafaín (Jdt. 8.1).

AHITOFEL (Heb. *'ăḥîṯōpel*)
Un hombre de la ciudad de Gilón en la región montañosa de Judá. Sirvió como consejero de David (1 Cr 27.33), su sabiduría fue muy estimada, como palabras proféticas de Dios (2 S 16.23).

La insatisfacción por el reinado tardío de David se asentó profundamente, y cuando Absalón el hijo de David se rebeló, Ahitofel (lit. «hermano de necedad» [?]) se unió a la causa rebelde y se convirtió en el cerebro detrás de la revolución (2 S 15.12ss.). Después de ocupar Jerusalén, Ahitofel aconsejó a Absalón profanar el harén de David, para así tomar posesión simbólica del reino, y perseguir a David antes de que sus fuerzas pudieran consolidarse (2 S 16.20–17.4). Su advertencia de perseguir a David fue frustrada por Husai, uno de los seguidores leales de David y espía, que promovió la demora (2 S 17.5-14). Al ver que su consejo era rechazado y que la rebelión de Absalón estaba condenada al fracaso, Ahitofel se suicidó al colgarse (2 S 17.23).

Unos creen que Ahitofel puede haber sido el abuelo de Betsabé, ya que ella es mencionada en 2 Samuel 11.3 como la hija de Eliam, que según 23.34 era el hijo de Ahitofel. Parece improbable que Ahitofel fuera lo bastante viejo para tener a una nieta casada en el momento del gran pecado de David. También parece improbable que Ahitofel confabulara contra los intereses de su nieta y su bisnieto. Es más fácil creer que había dos hombres en Israel llamados Eliam. Sin embargo, esto explicaría quizás la defección de Ahitofel, al tener sus raíces en el asesinato por parte de David del esposo de su nieta y la corrupción sexual de su nieta Betsabé.

John l. Harris

AHIUD (Heb. *'ăḥîhûḏ, 'ăḥîhuḏ*)

1. El hijo de Selomi. Él fue un líder de la tribu de Aser designado para ayudar a Moisés en la división de Canaán (Nm 34.27).

2. Un descendiente de Aod, cabeza de una ancestral familia benjaminita (1 Cr 8.7).

AHLAB (Heb. *'aḥlāḇ*)
Una ciudad costera en la herencia tribal de Aser, al norte de Tiro. Aser fue incapaz de expulsar a los residentes canaanitas de la ciudad y fue obligado a asimilar con la gente que vive en la tierra (Jue 1.31). Es probablemente la misma que Mahalat (Jos 19.29), localizada en la moderna Khirbet el-Maḥâlib (172303) al sur del Río Litani, que cayó ante las fuerzas asirias de Senaquerib en 701 a.C.

David c. Maltsberger

AHLAI (Heb. *'aḥlay*)

1. La hija («hijos» en 1 Cr 2.31 significa «descendientes») de Sesán de la tribu de Judá. Como su padre no tenía a ningunos herederos varones, él la dio en matrimonio a su esclavo egipcio Jarha (1 Cr 34-35); ellos fueron los padres de Atai.

2. El padre de Zabad, uno de los valientes de David (1 Cr 11.41).

AHOA (Heb. *'ăḥôah*)
Hijo de Bela, el primogénito de Benjamín (1 Cr 8.4). El nombre debería ser probablemente leído Ahías, debido a una probable ditografía con 1 Crónicas 8.7 (que da a los hijos primarios como Naamán, Ahías, y Gera). Las versiones griega, siriaca y aramea apoyan la lectura alternativa (LXX Achia).

Nancy l. De claissé-walford

AHOHI (Heb. *ʾăḥôḥî*)
El padre de Dodo y abuelo de Eleazar, uno de los valientes de David (2 S 23.9).

AHOHÍTA (Heb. *ʾăḥôḥî*)
Un patronímico o gentilicio dado a tres de los valientes de David: Dodo (1 Cr 11.12; cf. 2 S 23.9), Salmón (23.28), e Ilai (1 Cr 11.29; quizás el mismo que Salmón).

AHOLA (Heb. *ʾohŏlâ*),

AHOLIBA (*ʾohŏlîḇâ*)
Los nombres dados en Ezequiel 23 a dos hermanas, las ciudades personificadas de Samaria y Jerusalén, respectivamente. En una metáfora que se basa principalmente en Jeremías 3:6-11; Ezequiel 16, las capitales se representan como esposas de Jehová, y sus diversos enlaces internacionales como una serie de encuentros sexuales, todos actos de adulterio contra Jehová. La destrucción de las ciudades está por lo tanto justificada como la ejecución, sancionada legalmente, de su esposa por un marido enfurecido. La airada desesperación de este oráculo contra Jerusalén es traída a través de sus crudas imágenes sexuales y representaciones de violencia salvaje contra las dos mujeres.

Los nombres de las hermanas simbolizan su identidad religiosa: «Ahola» (Samaria) puede ser traducida como «un tabernáculo pertenece a ella» y «Aholiba» (Jerusalén), «mi tienda está en ella.» Las ciudades «tiendas» son sus centros de adoración: Samaria tiene su propia tienda, mientras que Jerusalén alberga el santuario de Jehová. En una recopilación transparente de las relaciones internacionales del reino del norte, Ahola es censurada por su enlace con Asiria y por sus constantes coqueteos con Egipto, infidelidades que culminaron con su muerte, es decir, la destrucción de Samaria en 722 a.C. Aholiba sigue el ejemplo de su hermana, agasajando a los amantes Asiria y Babilonia, pero continuando la lujuria tras los egipcios. La metáfora refleja la situación de Judá a principios de los años 580, cuando Jerusalén había transferido la lealtad de Asiria a Babilonia, pero siguió manteniendo relaciones con Egipto. En respuesta, Jehová anuncia que está a punto de castigar a Aholiba y, sorprendentemente, la anteriormente ejecutada Ahola también: es decir, todo Israel será destruido.

Julie Galambush

AHOLIAB (Heb. *ʾohŏlîʾāḇ*)
El hijo de Ahisamac de la tribu de Dan, un artesano y diseñador. Él y Bezaleel fueron responsables de la construcción del tabernáculo (Ex 31.6; 35.34; 36.1-2; 38.23).

AHOLIBAMA (Heb. *ʾohŏlîḇāmâ*)
1. Una esposa de Esaú, y la hija de Aná hijo de Zibeón heveo (Gn 36.2, 25). Ella dio a luz tres hijos (Gn 36.5, 14, 18). Aholibama no se nombra entre las esposas de Esaú en Gn 26.34; 28.9.
2. El jefe de un clan edomita (Gn 36.41; 1 Cr 1.52).

AHUMAI (Heb. *ʾăḥûmay*)
El hijo de Jahat de la tribu de Judá (1 Cr 4.2).

AHUZAM (Heb. *ʾăḥuzzām*)
Un hijo de Asur y Naara de la tribu de Judá (1 Cr 4.6).

AHUZAT (Heb. *ʾăḥuzzaṯ*)
Un «amigo» (un término técnico que significa «consejero») del rey filisteo Abimelec. Él y Ficol acompañaron a su soberano, que quiso hacer un pacto con Isaac (Gn 26.26).

AÍA (Heb. *ʿayyâ*)
Una ciudad de Judá repoblada después del exilio (Neh 11.31). Puede ser la misma que Gaza (1 Cr 7.28).

AÍN (Heb. *ʿayin*)
1. Una ciudad por la frontera este de la Tierra Prometida, al oeste de Ribla (Nm 34.11) y al norte del Mar de Cineret (Galilea). Si el hebreo («primavera») representa un nombre de lugar, su ubicación es incierta. Los lugares propuestos son Khirbet Dufneh (209292) o Khirbet ʿAyûn (212236).

2. Una ciudad de Judá, incluida en una lista antes de Rimón en Josué 15.32; 1 Crónicas 4.32; probablemente la misma que En-rimón (p.ej., Jos 19.7; Neh 11.29).

3. Una ciudad levita dada a los descendientes de Aarón (Jos 21.16). Puede estar la misma que **2** más arriba.

AIN FESHKA
Una vertiente salobre aprox. 2 km (1.3 mi) al oeste del Mar Muerto y 12 km (7.5 mi) al sur de Jericó. Estaba cerca de las cuevas donde se hallaron los Rollos del Mar Muerto.

AIN KAREM (Heb. *ʿân kerem*)
Un pueblo 8 km (5 mi) al oeste de Jerusalén, conocido como la casa tradicional de Zacarías y Elisabet y el lugar de nacimiento de Juan el Bautista (cf. Lc 1.57-66). Por consiguiente, Ain Karem («vertiente de la viña») también es identificado como el lugar donde María visita a su pariente Elizabet y donde el nacimiento de Jesús es predicho (cf. Lc 1.39-56).

ROBERT A. DERRENBACKER, JR

AJA (Heb. *ʾayyâ*)

1. El hijo de Zibeón y hermano de Aná; uno de los jefes de los horeos (Gn 36.24; 1 Cr 1.40).

2. El padre de Rizpa, concubina de Saúl (2 S 3.7). David dio a sus dos hijos a los gabaonitas para compensar los males que Saúl les había hecho (2 S 21.8-11).

AJALÓN (Heb. *ʾayyālôn*)

1. Una ciudad levita localizada en el área tribal original de Dan (Jos 19.42; 21.24). Cuando los danitas fueron incapaces de arrojar a los amorreos (Jue 1.34-35), ellos dejaron la Sefela y se trasladaron al norte de Palestina. Con el tiempo, Ajalón fue incorporada en el reino de Judá. Ajalón fue una de las ciudades que Roboam fortificó (2 Cr 11.5-10). Fue una de las ciudades tomadas por los filisteos en el siglo VIII a.C. (2 Cr 28.16-18).

Edward Robinson identificó Ajalón con la moderna Yâlō (152138), basándose en descripciones dadas por Jerónimo y Eusebio. Posteriormente, William F. Albright distinguió una segunda Ajalón en Tell Qoqa, justo al este de Yâlō, representando la fortaleza de Yâlō así como una ocupación más temprana. No se han hecho excavaciones en uno u otro lugar, pero restos de cerámica tan tempranos como de la Edad del Bronce tardía han sido encontrados en ambos lugares.

2. El lugar del entierro de Elón el juez, localizado en el territorio de Zabulón (Jue 12.12).

SCOTT M. LANGSTON

AJAT (Heb. *ʿayyāṯ*)
Una forma sustituta de Hai (Is 10.28).

AJENJO
Cualquiera de varias especies de una planta parecida a un arbusto del género *Artemisia,* conocido por su sabor amargo (LXX «amargura»). Las referencia bíblicas a la planta (Heb. *laʿănâ;* Gr. *ápsinthos*) son metáforas de la amargura y la tristeza, que evoca desafortunadas circunstancias, incluyendo la advertencia en contra de una relación ilícita con una mujer sin principios (Pr 5.4), la amargura del juicio de Dios sobre el pecado (Jer 9.15[TM 14]), juicio, subjugación, y el desamparo (Lam 3.15, 19), y la injusticia (Am 5.7; 6.12). El ajenjo se utiliza a veces con «hiel» (Lam 3.1; cf. Dt 29.18[17]; Jer 9.15; 23.15; NVI «agua envenenada»). En el libro de Apocalipsis una estrella llamada Ajenjo cae de los cielos y una tercera parte de las aguas se vuelve amarga y venenosa, causando la muerte de muchos (Ap 8.10-11).

T. J. JENNEY

AJICAR (Gr. *Achiacharos*)
Un sabio y consejero legendario de la corte asiria, quizás la leyenda se inspiró en un personaje histórico. Los libros atribuidos a Ajicar, o que trataban sobre él, se propagaron ampliamente en la antigüedad mediterránea. La versión más temprana existente de tal libro viene de un papiro arameo fechado aprox. 420 a.C., aunque su composición generalmente se fecha un siglo o dos más temprano(s).

El texto consta de dos partes. En la primera se cuenta la historia de Ajicar, un respetado sabio y consejero que, sin hijos en la vejez, adopta a su sobrino Nadin como su hijo y sucesor en la corte. Nadin, sin embargo, conspira la desgracia y muerte de Ajicar al falsificar documentos que lo hacen parecer culpable de la traición. El complot, sin embargo, al final falla y recae sobre Nadin.

La segunda parte consiste en refranes atribuidos a Ajicar que guardan una semejanza general con la literatura de sabiduría del AT, sobre todo con el libro de Proverbios (p.ej., Ajicar 7.96. «Mi hijo, no blasfemes el día hasta que hayas visto la noche»). Un trozo de consejo de *evita la vara y echarás a perder a tu hijo* es bastante parecido a Proverbios 23.13-14 para suscitar la especulación de que los dos podrían haber tenido una fuente común.

Aunque este texto fue hallado en la colonia judía de Elefantina, el Ajicar que aparece en el texto es asirio de nacionalidad y religión. Sin embargo, a medida que la historia circuló en medios judíos y (posteriormente) cristianos, las referencias a «los dioses» fueron sustituidas por referencias a «Dios» o al «Señor», y se le otorgó a Ajicar un pedigrí judío. Sobre la base de tal versión, el libro de Tobías introdujo a Ajicar en la familia de Tobías como su sobrino, el hijo de Hanael (Tob 1.21). La conexión sirve para localizar a Tobías más plausiblemente en los asuntos de la corte de Asiria, y el sobrino de Ajicar (llamado Nadab) proporciona un contraste para la conducta filial de Tobías y Sara (Tob 11.18).

WILL SOLL

AJIOR (Gr. *Achiōr*)
Un comandante amonita bajo el general asirio Holofernes que intentó disuadir a su comandante de atacar a los israelitas (Jdt 5.5-21). Los oficiales de Holofernes desatendieron la interpretación «deuteronomista» de la historia por parte de Ajior, y en cambio le amenazaron de muerte (Jdt 5.22-23). Judit, sin embargo, salvó su vida al decapitar a Holofernes. Viendo la mano de Dios en este acto, Ajior aceptó la circuncisión (una de los pocos amonitas que lo hicieron) y se convirtió en un miembro leal de la casa de Israel (Jdt 14.10).

AJO
Una hierba protuberante (*Allium sativum* L.) relacionada con la cebolla, probablemente de la estepa Kirghiz, de mucha demanda aun en la antigüedad como un condimento para la comida.

Los israelitas conocieron el ajo (Heb. *šûm*) y otros alimentos sazonados trabajando en Egipto (Nm 11.5). Los pequeños bulbos de ajo, envueltos en su propia piel delgada, fueron tejidos juntos a través de cuerdas, triturados en mortero, y restregados con aceite. A veces la gente los comía con pan. El aceite contenido en las células del bulbo da al ajo su olor agudo y sabor fuerte; en los tiempos bíblicos se consideraba que este aceite estimulaba la actividad y se utilizó como un remedio para la melancolía.

ʿAJJUL, TELL EL
Un lugar (0934.0976) ubicado a 9 km (6 mi) al sudoeste de Gaza. Las primeras excavaciones importantes fueron emprendidas por Sir William Flinders Petrie entre 1930 y 1934, que identificó el sitio como la antigua Gaza. William F. Albright pensó que el sitio era Beth-eglayim. Aharon Kempinski desafió aquella identificación, creyendo que ella era la ciudad Sharuhen de los hicsos. El lugar ha revelado tres ocupaciones generales de la ciudad, cinco fases de «palacios» o fortalezas, y numerosos grupos de tumbas.

La ocupación comenzó primero en el lugar en la Edad del Bronce temprana, período IV, con cementerios al este y oeste del montículo donde se encontró la cerámica. El «atrio» del cementerio fue encontrado dentro del patio del palacio, y precede a la primera fase de edificación en el montículo. Todas estas tumbas pertenecen al periodo del Bronce Medio I, y en algunas se encontró escarabajos que datan del Reino Medio Tardío, documentando la influencia egipcia en la ciudad.

Un gran foso rodea aproximadamente tres lados del tell. No fue construido, como el glacis típico de la Era del Bronce media, sino fue cortado de la piedra arenisca de la colina misma. Los bloques removidos fueron usados como material de cimiento para el complejo del palacio. Un muro de adobe fue construido a lo largo del foso en un período posterior, pero puede descansar en cimientos de la Edad del Bronce media.

Cubriendo aprox. 2000 metros cuadrados (2392 yardas cuadradas), el Palacio I fue construido en un cuadrado con cámaras en sus lados, alrededor de un patio central. Colocado encima de algunas tumbas en el atrio del cementerio, el Palacio I fue fundado en el de la Edad del Bronce media, período II, después del 1780 a.C. Este palacio fue contemporáneo con el primer nivel de la ocupación en la ciudad (Ciudad III). Una tumba suntuosa, probablemente de un noble hicso, contenía los restos de unos caballos y un carro. Los datos de la cerámica indican que este nivel fue destruido en el siglo XVI.

El Palacio II fue construido encima del Palacio I en un estilo diferente, y mucho más pequeño. Juzgando por la variedad de cerámica chipriotas de importación, las fases del Palacio II/Ciudad II pueden haber durado hasta 1400 o de la Edad del Bronce tardía, periodo IB. El palacio III es un edificio muy diferente del palacio anterior, construido «de ladrillo negro» con paredes muy gruesas y probablemente de dos niveles de altura. Albright lo consideró una fortaleza egipcia en el Camino de Zile-Gaza. La fase final del Palacio III y Ciudad I data del siglo XIV. El Palacio IV, ligeramente modificado en tamaño, probablemente data de la Edad del Bronce tardía, periodo IIB (el siglo XIII). La tumba «del gobernador», un entierro muy suntuoso al pie del tell, reveló un escarabajo de Ramses II y un gran anillo de sello de Tutankamón, documentando una presencia egipcia oficial en el sitio. El palacio final, Palacio V, no puede ser fechado con exactitud, pero puede datar de la Edad del Hierro temprana.

ʿAjjul es uno de los sitios más ricos en Palestina, mejor conocido por la calidad artística de sus pequeños hallazgos. Usando cloisonné y granulación, los joyeros de ʿAjjul crearon magníficas pulseras de oro, aros, dobleces, pendientes, y ornamentos para el cabello. El trabajo en oro es contemporáneo con otro gran medio de arte, cerámica bicromática. Conocido como artículo pintado de ʿAjjul, esta cerámica o su influencia alcanzó lugares tan lejanos como Chipre, Cilicia, y el norte de Siria, y floreció para aprox. 60-75 años desde 1550 hasta principios del siglo V. Posiblemente la cerámica más atractiva se produjo en Palestina, sus diseños presentaban figuras geométricas, peces y aves pintadas en rojo y negro.

Bibliografía. O. Tufnell and A. Kempenski, «{Ajjul, Tell el-», NEAEHL 1.49-53.

Thomas W. Davis

AKAD

Véase ACADIO.

AKENATÓN (Egip. *ʾkh-n-ítn*)

El rey egipcio de la dinastía dieciochoava, que sobresalió principalmente por sus reformas religiosas. El segundo hijo de Amenhotep III y su gran esposa Tiye, Akenatón ascendió al trono después de la muerte repentina de su padre y gobernó durante 17 años (1379-1362 a.C.). La esposa principal de Akenatón fue Nefertiti, que desempeñó una función destacada en la corte.

Por la información derivada de relieves en piedra, se sabe de una esposa menor, Kiya, y seis hijas también.

Un vez que ascendió al trono como Amenhotep (Amenofis) IV, el nuevo rey residió al principio en Tebas, donde su padre reinó en sus últimos años, y completó el trabajo de dos pilones en Karnac comenzado por Amenhotep III. Sin embargo, Akenatón evidenció tempranamente una preferencia singular de una deidad solar, Atón, simbolizado por un disco solar con manos que se extienden hacia abajo. Akenatón construyó cuatro templos a Atón en Tebas, uno de los cuales, el Gempaaten, sirvió como lugar para un festival *sed* poco común, en el tercer año de su reinado. Durante este período, Akenatón eliminó sistemáticamente los nombres de dioses tradicionales de los relieves en piedra e instituyó un estilo de arte revolucionario para representarlo a él y a la familia real. El rey aparece con un cuello y nariz largos, una cara huesuda, pechos prominentes y nalgas grandes. Si estos rasgos de una manera realista retratan la fisonomía del rey, indicando quizás un desorden genético, o si el estilo fue querido para poner el rey aparte de la experiencia humana normal, permanece indeterminado. Pero el estilo de Amarna desafió las convenciones egipcias tradicionales del arte. Akenatón mudó su residencia oficial en el año 5 de Tebas a un lugar que él escogió personalmente para honrar a Atón. La nueva capital, Aketatón («horizonte que el disco solar ha elegido») estaba repleta de templos dedicados a Atón, palacios ceremoniales y personales para el rey, cuartos para artesanos y trabajadores, y tumbas para importantes funcionarios gubernamentales. La tumba del rey fue preparada en un lecho seco de un río remoto al este de la ciudad. Hoy conocido como Tell el-Amarna, Aketatón sirvió como capital de Egipto durante 12 años y ha revelado un depósito de correspondencia de la realeza escrita en acadio. Las Cartas de Amarna proporcionan un detalle vívido del Levante del sur en el siglo XIV.

Las tumbas de Amarna contienen el «Himno a Atón», una composición poética que exalta a Atón como creador y sustentador del universo. Los eruditos han notado semejanzas entre este himno y el Salmo 104. Akenatón está estrechamente unido al Atón en el himno, apareciendo como el equivalente terrenal al gran disco solar, el dador de vida y abastecedor de *maat*. Ya sea que las innovaciones arrolladoras de Akenatón debieran o no ser descritas como monoteísmo, henoteísmo, o algún otro término, es de nuevo discutible. Pero la ruptura de Akenatón con la religión egipcia tradicional le marcó como un hereje en generaciones posteriores.

Bibliografía. C. Aldred, *Akhenaten, King of Egypt* (New York, 1988); B. J. Kemp, *Ancient Egypt* (New York, 1989); D. B. Redford, *Akhenaten, The Heretic King* (Princeton, 1984).

Thomas V. Brisco

AKETATÓN (Egip. *ʾkht-ʾitn*)

La ciudad capital del faraón revolucionario Akenatón (Amenhotep IV, aprox. 1363-1347 a.C.), la moderna Tell el-Amarna, 322 km (200 mi) al sur de El Cairo en la rivera este del Nilo.

Véase AMARNA.

AKIBA

El maestro principal de la tradición rabínica durante las tres primeras décadas del siglo II d.C. En su defensa entusiasta de las Escrituras, Akiba desarrolló una hermenéutica en la cual cada palabra, letra, y marca crítica exigía interpretación. Para Akiba no había ninguna palabra superflua, o siquiera letras, en las Escrituras. Este enfoque sirvió como la metodología operativa para la mayoría del midrash que seguiría en la tradición rabínica. Se le acredita también a Akiba con haber ordenado la Torah oral de una manera sistemática basada en temas.

Akiba murió como mártir. En132 d.C. Simón bar Kokhba, cuyos seguidores proyectaron en él expectativas mesiánicas, condujeron una rebelión contra el emperador Trajano y el gobierno romano. El apoyo de Bar Kokhba por parte de Akiba y su negativa de abandonar la enseñanza pública de la Torah condujo a su muerte temprana a manos del gobierno romano.

W. Dennis tucker, jr.

ALABANZA

Expresión de adoración que acepta y reconoce a Dios como la fuente final y el dador de todo bien. En la Biblia, la alabanza engloba una serie de elementos. (1) El llamado a la alabanza puede expresarse en una diversidad de maneras, incluyendo «alabar» (Heb. *hll;* p.ej., Sal 113.1, 3; 117.1); «dar gracias» (*ydh;* 136.1-3); «bendecir» (*brk;* 34.1[TM 2]; 113.2; 134.1); «engrandecer» (*gdl;* 34.3[4]; 69.30[31]); «glorificar» (*šbF;* 117.1); «cantar» (*šir;* Sal 33.3; Éx. 15.21). Los eruditos discuten los matices de diferencia entre los diversos términos, pero todos ellos pertenecen claramente al mismo campo semántico. (2) El llamado es dirigido a un público diverso: el yo íntimo (Sal 103.1, 2); la comunidad de Israel (113.1; 135.1, 2); todos los pueblos y naciones (117.1); e incluso la creación misma (148.3-10). Los seres humanos, de hecho, están llamados a ser la voz de la alabanza que rinden todas las criaturas. (3) La razón o motivación de la alabanza (introducida a menudo por la palabra *ki*, «por, porque»), es una acción de Dios a mi/nuestro favor. Puede ser un acto de rescate o liberación cuando estábamos muy necesitados (Sal 22.23-31[24-32]; 30.1-12 [2-13]), o más comúnmente los actos de creación (103), de fidelidad y constancia (117.1, 2). En términos de la crítica de la forma, los primeros han sido llamados «acciones de gracias», y los últimos, «himnos». Claus Westermann propone ver a los primeros como salmos de «alabanza narrativa», y a los últimos como «alabanza descriptiva». Así como el lamento es la oración que se hace en la angustia, por las experiencias de la calamidad y la aflicción, la alabanza es la oración que se hace por las experiencias de la bendición, la vida, y la salud; como tal, se centra en el Dador y el don. En el NT, la obra de Dios en Jesús está igualmente señalada por la alabanza. La alabanza está presente en su nacimiento (Lc 1.46-55, 68-79; 2.13, 14), como también en su entrada triunfal en Jerusalén (19.37, 38, y par.). La comunidad cristiana es llamada a alabar a Dios constantemente (Col 3.16, 17); la palabra griega *eucharístein* significa básicamente «rendir gracias y alabanza». El libro de Apocalipsis abunda en himnos de alabanza cósmica (p.ej., Ap 19.1, 2, 5, 6-8).

Bibliography. P. D. Miller, *They Cried to the Lord: The Form and Theology of Biblical Prayer* (Minneapolis, 1994); C. Westermann, *Praise and Lament in the Psalms* (Atlanta, 1981).

Michael D. Guinan, O.F.M.

ALABASTRO

Una variedad de yeso firme, de grano muy fino, usado para estatuario y como una piedra decorativa de interior, sobre todo para floreros y figuras ornamentales esculpidas. Es translúcido, y por lo general de color blanco, pero puede ser sombreado o teñido con otros tonos de color claro. Los términos bíblicos traducidos como alabastro (Heb. *šayiš*; Gr. *alábastron*) también pueden referirse al mármol, aunque el alabastro probablemente fue introducido en Israel desde Egipto mucho antes que el mármol fuera importado del mundo griego. En 1 Crónicas 29.2, David incluye el mármol (alabastro) entre los materiales de construcción que él ha recolectado para la construcción del templo. El Cantar de los Cantares usa un término relacionado, *šēš*, para describir las piernas del novio como pilares o columnas de mármol (Cnt 5.15). Los Evangelios relacionan la historia de una mujer que unta los pies de Jesús con un perfume costoso, que es llevado en una caja o frasco de alabastro (Mt 26.7; Mr 14.3; Lc 7.37).

Martha jean mugg bailey

ALALAKH (Acad. *alalaḫ*)

Tell ʿAṭachana ʿAṭšan), un montículo en el noroeste de Siria (en la moderna provincia turca de Hatay) cerca de la boca del Río Orontes. Fue primero excavado en 1937 por el arqueólogo británico Sir Leonard Woolley. Las tablillas descubiertas en la segunda temporada confirmaron que el lugar era la ciudad comercial antigua de Alalakh, que prosperó durante las eras del bronce media y tardía (aprox. 2400-1200 a.C.). Alalakh fue en variadas épocas un vasallo de Ebla, Ur III, Yamḫad, Mitani, y Hatti. Fue por lo visto destruida por los Pueblos del Mar.

Diecisiete niveles de asentamiento fueron descubiertos durante las ocho temporadas de la excavación, con archivos de la realeza encontrados en los Niveles IV y VII. Los archivos consistieron en más de 500 tablillas de arcilla, sobre todo en la lengua acadia. La mayoría de las tablillas era listas (p.ej., censos, inventarios y raciones), pero se encontraron contratos y escrituras de propiedad. Los textos retratan una sociedad estratificada, con ʿApiru incluidos entre la clase inferior. El numeroso segmento hurriano de la población en el estrato VII se convierte en el grupo predominante por el estrato IV. Además de los textos, una 104 inscripción de línea en una estatua del rey Idrimi ofrecen importante información histórica sobre el período.

Bibliografía. D. J. Wiseman, The Alalakh Tablets (New York, 1953); C. L. Woolley, Alalakh: An Account at Tell Atchana in the Hatay, 1937-1949 (Oxford, 1955).

JAMES R. ADAIR

ALAMELÉC (Heb. *ʾalammeleḵ*)
Una ciudad en el territorio de Aser (Jos 19.26). Aunque el lugar no haya sido identificado, el nombre es conservado en la denominación del Río el-Melek, que desemboca en el arroyo Kishon cerca de Monte Carmelo.

ÁLAMO
En las tierras bíblicas estaban muy difundidos dos tipos de álamos. El álamo blanco (*Populus alba*; Heb. *liḇneh*) es llamado así por su corteza, y por el reverso blanco de sus hojas. Este árbol, de crecimiento rápido, medra en suelos húmedos como los de las riberas de los ríos, donde puede alcanzar una altura de 30 m (100 p.). Su blanda madera podía usarse para hacer instrumentos o vigas de techo. La corteza de color blanco grisáceo contiene salicina, que reduce la fiebre o la inflamación de las articulaciones. Jacob ponía ramas descortezadas de álamo blanco, de avellano y de castaño en los bebederos de las cabras de Labán para lograr las crías que deseaba (Gén 30.37). El álamo blanco es uno de los árboles de sombra de las montañas donde Israel practicaba su idolatría (Os 4.13). Los esquejes de este árbol arraigan con facilidad (cf. Os 14.05[TM 6]).

Otro álamo de gran estatura, el álamo Eufrates (*Populus euphratica*; He *ʿărāḇâ)*, crece bien en el suelo salado cercano al Jordán y a los manantiales salobres del desierto. Estos eran, probablemente, los árboles que cortaban los profetas de Eliseo junto al Jordán (2 R 6.4). Sus hojas que no han madurado parecen hojas de sauce, por lo que el árbol es confundido a veces con el sauce. Los «sauces del arroyo» eran lo suficientemente grandes como para ocultar al behemot (Job 40.22; cf. Is 44.4.). Estuvo entre las cuatro ramas utilizadas en la ceremonia de lulab en la fiesta de los Tabernáculos (Lv 23.40), y es probablemente el árbol sobre el que colgaban sus arpas los exiliados en Babilonia (Sal 137.2).

Bibliography. F. N. Hepper, *Baker Encyclopedia of Bible Plants* (Grand Rapids, 1992); M. Zohary, *Plants of the Bible* (Cambridge, 1982).

LAURIE J. BRAATEN

ALAMOT (Heb. *ʿălāmôṯ*)
Un término oscuro que probablemente se refiere al nombre de una melodía, o quizás a un instrumento musical o procedimiento del culto (Sal 46 epígrafe [TM 1]; 48.14 [TM 15] con enmienda; 1 Cr 15.20; y posiblemente en el epígrafe a Sal 9 [1]). Algunos lo relacionan con *ʿalmâ*, «mujer joven», y sugiere que esto denote el canto en el estilo de una doncella joven, es decir, como una soprano. La mayoría de las versiones modernas leídas «según alamot» (Sal 46 NVI).

TYLER F. WILLIAMS

ALBAÑILES
Trabajadores cualificados en el corte de piedra para su uso en muros y edificios. Aunque los hombres ordinaries cortan piedra para su uso en sus casas y otros proyectos de pequeña escala, los albañiles cualificados (Heb. *gāḏar*, *ḥāṣaḇ*, *ḥāraš*) fueron empleados para proyectos especiales de construcción. Piedras bien presentadas fueron usadas en las construcciones reales, tales como palacios, templos y murallas de defensa en ciudades, proyectos que podían pagar los trabajadores especializados en el arte. Albañiles fenicios fueron enviados por Hiram de Tiro para construir el palacio de David en Jerusalén (2 S 5:11 = 1 Cr14:1). Estructuras que datan del período salomónico muestran obras de alta calidad en el corte de piedras, al igual que los palacios de Omri y Acab descubiertos en Samaria. El túnel de Ezequías (2 R 20:20; 2 Cr 32:30) muestra altos conocimientos

de corte de piedra, como los albañiles tallaban en la roca sólida de ambos extremos y trabajaban hacia el medio. Los edificios de Herodes en Jerusalén y en otros lugares muestran habilidades de cantería de alta calidad. Albañiles expertos fueron capaces de cortar piedras para muros con tanta precisión que no necesitaron utilizar mortero. Como la piedra relativamente suave estaba disponible en Palestina para proyectos de construcción, fue utilizada ampliamente en los fundamentos de la construcción y en murallas de la ciudad en muchos sitios. En Hazor fue utilizado el basalto del lugar (una piedra volcánica dura) para hacer ortostatos para su uso en bases de pared y umbrales. En Egipto, donde era costosa, la piedra se utilizó para construir templos y monumentos reales, sobre todo las pirámides de Giza. Los bloques de piedra caliza utilizados para construir la Gran Pirámide en Giza muestran una alta habilidad en el corte de piedra; en muchos casos, los bloques se cortaron y se colocaron de manera tan precisa que una hoja de afeitar no puede pasar a través de las costuras entre ellas.

JENNIE R. EBELING

ALCIMO (Gr. *Alkimos*)
Un sumo sacerdote en Jerusalén (161-159 a.C.), designado por el rey seléucida Demetrio I Sóter (1 Mac 7; 2 Mac 14). Él había servido antes como sumo sacerdote (2 Mac 14.3), pruebas que apoyan la aseveración de Josefo de que él al principio fue designado por Antíoco V Eupátor en 162 a.C. para suceder a Menelao (*Ant.* 12.385).

Alcimo es implicado en un complot que causó la muerte de 60 hasideos (1 Mac 7.12-16). Las fuentes lo culpan de las atrocidades de Nicanor, el general griego encargado de sofocar la rebelión judía, y las campañas subsecuentes de Báquides (1 Mac 9.1-53). La muerte de Alcimo es interpretada como un castigo por su intento de derribar el muro del atrio interior del santuario (1 Mac 9.54-57).

JOHN KAMPEN

ALEF
La primera letra del alfabeto hebreo, representando la oclusión glotal (transliterada ʼ). El carácter hebreo (א) designa el Códice Sinaítico, un manuscrito griego de la Biblia del siglo IV d.C.

ALEGORÍA
Una narración que usa figuras y acciones simbólicas para sugerir sentidos escondidos detrás de las palabras literales del texto. Es similar a los géneros de enigma y parábola, que usan lenguaje figurado e imágenes para comunicar una verdad escondida detrás del sentido literal de las palabras. La palabra «alegoría» se originó en el mundo griego, y fue usada con más frecuencia por autores que deseaban retener las verdades de cosmovisiones tradicionales cuando las tradiciones antiguas estaban siendo desafiadas por un conocimiento nuevo. Las historias homéricas de dioses fueron interpretadas alegóricamente por griegos posteriores, que deseaban «desmitificar» los cuentos de deidades caprichosas e inmorales del Olimpo y hacerlos más significativos intelectualmente y más aceptables éticamente, por parte de personas cuya cosmovisión se había vuelto más científica y compleja. La palabra «alegoría» en sí, fue usada primero en tiempos helenísticos por filósofos estoicos y cínicos que buscaban responder a los ataques contra el panteón olímpico que habían sido hechos por Xenófanes, Pitágoras, y Platón.

En el judaísmo helenístico, aprox. mediados del siglo II a.C. Aristóbulo de Alejandría usó una interpretación alegórica del AT extensamente cuando él procuró conciliar las Escrituras hebreas con la cultura griega. Filón de Alejandría se convirtió en el teólogo judío que usó la interpretación alegórica más extensamente y fue capaz de mantener un equilibrio entre la lectura alegórica y la literal de la Ley. Una interpretación alegórica del AT fue empleada en el judaísmo palestino, aunque su interés, a diferencia de los alegoristas de Alejandría, no guardó tanta relación con interrogantes de cosmología y psicología. La interpretación alegórica del Cantar de los Cantares por parte de los escribas en Palestina permitió que esta obra extraordinaria fuera aceptada y más tarde añadida al canon.

Las Escrituras del AT no son interpretadas alegóricamente de un modo extenso en los Evangelios Sinópticos o en Juan, aunque algunos eruditos bíblicos consideran la interpretación de la parábola del sembrador (Mr 4.13-20) como una alegoría de la parábola por parte de la Iglesia Primitiva o posiblemente por Jesús mismo. Algunos ven una interpretación alegórica de la parábola del trigo y la cizaña (Mt 13.36-43) y la parábola de la red (vv. 47-50). Pablo también usa la alegoría en 1 Corintios 5.6-8 al abordar el problema de la disciplina de iglesia en asuntos de moralidad, con la levadura en la tradición del Éxodo representando la malicia y la maldad;

Cristo es denominado «nuestra pascua». En 1 Corintios 9.3-10 la expresión «no pondrás bozal al buey que trilla» (Dt 25.4) representa «al cosechador» de la iglesia que espera «recibir del fruto» cosechado. En 1 Corintios 10.1-11, el bautismo y la celebración de la Cena del Señor son comparados con el Éxodo y las experiencias de los israelitas en el desierto, y «están escritas para amonestarnos a nosotros, a quienes han alcanzado los fines de los siglos» (v. 11).

En Gálatas 4.21-31 Pablo alegoriza las historias de Agar y Sara para mostrar que aquellos que dependen de la ley, en vez de la fe en la promesa de Dios, perderán su herencia. El uso de la alegoría por parte de Pablo es similar a la de Filón de Alejandría, pero está más cerca de la interpretación usada por los judíos de Palestina. Al relacionar las Escrituras hebreas con sus tiempos y experiencias, él prefiere usar la exégesis de cumplimiento, convencido de que el acontecimiento de Cristo permite ahora a los creyentes ver el verdadero significado de las Escrituras.

En las escrituras de los padres de la iglesia temprana (p.ej., Justino Mártir, Clemente, Orígenes, Ireneo y Tertuliano), la interpretación alegórica de la Escritura se hizo muy común.

Bibliografía. F. Büchsel, «all3goréZ», TDNT 2.260-63; J. Jeremías, The Parables of Jesus, 3ra ed. (London, 1972).

WILLIAM R. GOODMAN, JR.

ALEJANDRA (Gr. *Aléxandra*)

1. Alejandra Salome, reina asmonea de Judea (76-67 a.C.) También conocida en hebreo como Shelamzion (o Salomé, un diminutivo griego del hebreo). Fue la esposa de Alejandro Janeo (103-76), también puede haber sido la viuda de Judá Aristóbulo I (104-3), aunque esto es incierto (compare a Josefo *Ant.* 13.320 con BJ 1.85); de ser así, su matrimonio con Janeo puede haber sido un matrimonio levirato. Nada se sabe de su familia. Ella nombró a su hijo mayor, Hircano II, como sumo sacerdote (*Ant.* 20.242; 15.179); él actuó como regente durante su enfermedad, aunque su hijo más joven, Aristóbulo II, aprovechó la oportunidad de consolidar su posición. El reinado de Alejandra, recordado por su piedad en la literatura rabínica en términos elogiosos (*Lev.Rab.* 35.10; b. *Ta'an.* 23a; *Sipra* 110b), se caracterizó por el predominio de los fariseos (*BJ* 1.108-114; *Ant.* 13.408-415). Josefo evalúa su reinado de dos modos contradictorios: en *Ant.* 13.430-32 ella es hambrienta de poder, absolutista y responsable de la rivalidad entre Hircano y Aristóbulo; en *BJ* ella es amable, sumamente religiosa, una administradora experta, aunque bajo el dominio de los fariseos. Ella reforzó Judea y la conservó en paz, a diferencia de los reinados de su marido y sus hijos. Aparentemente, ella es mencionada, junto con Hircano y Emilio Scauro, en varios fragmentos del Mar Muerto (4Q322, 323, 324a, b).

2. Alejandra, hija de Hircano II y madre de Mariamme I (esposa de Herodes); amiga de Cleopatra VII de Egipto (*Ant.* 15.42, 62-63). La mayoría de la disensión en la casa de Herodes se formó en torno de ella. Ella presionó a Herodes para designar a su hijo como sumo sacerdote, aunque él era muy joven para tomar el puesto, y fue devastada por su muerte temprana. Cuando ella tramó para ganar el control de Judea durante la enfermedad de Herodes, después de la ejecución de Mariamme (29 a.C.), Herodes la ejecutó (aprox. 28; *Ant.* 15.247-252).

3. Alejandra, la hija de Aristóbulo y nieta de Mariamme I, casada primero con Filipo de Calcis, que fue asesinado por su padre Ptolomeo Menae de Calcis, de modo que éste pudiera casarse con Alejandra (*BJ* 1.85-86; *Ant.* 14.126).

4. Alejandra, hija de Fasael y Salampsio, nieta de Herodes y Mariamme I, casada con Timio de Chipre y sin hijos (Ant. 18.131).

Bibliografía. P. Richardson, Herod, King of the Jews and Friend of the Romans (Columbia, S.C., 1996), 74-78; M. O. Wise, Thunder in Gemini (Sheffield, 1994) cap. 5.

PETER RICHARDSON

ALEJANDRÍA (Gr. *Alexandria*)

Un puerto en el Mar Mediterráneo, en el Delta Occidental en la boca de un ramal del río Nilo. El lugar está aprox. 210 km (130 mi) al norte de El Cairo, establecida sobre una leve colina entre el lago Mareotis en el sur y el mar en el norte y oeste. Esta posición fue escogida por el mismo Alejandro Magno, que dio instrucciones a Cleomenes de Naukratis para organizar las finanzas y la construcción, mientras encargó que Deinocrates de Rodas creara el plano de la ciudad. El 7 de abril del 311 a.C. Alejandría fue fundada y Cleomenes se convirtió en su primer gobernador. De todas las ciudades y monumentos construidos por Alejandro, o en su nombre, este resultó ser el más duradero y productivo.

Alejandría siempre ha estado en particular bien situada para el comercio de alta mar, presentando una península conocida desde tiempos grecorromanos como Cabo Lochias que con la costa del continente forma una gran bahía y puerto, protegido por la isla de Faros. Aquí se construyó el faro de Faros, una de las siete maravillas del mundo antiguo (cf. Strabo Geog. 17). Desde tiempos grecorromanos el lugar se ha hundido 4 m (13 pies), modificando la costa y sumergiendo muchas características de la ciudad antigua, incluso el puerto en sí, y partes del barrio judío y los palacios de la nobleza.
Cuando Alejandro murió en 323, Ptolomeo I Soter, uno de sus tres principales comandantes militares, se adjudicó la parte sudeste del imperio, estableciendo una dinastía de familia que gobernó Egipto desde Alejandría hasta el 80 a.C. Bajo los ptolomeos Alejandría prosperó como capital de Egipto y como centro intelectual, político y económico. Como tal se convirtió el corazón cultural y educativo del mundo helenístico.

En 306 a.C. Ptolomeo estableció la biblioteca de Alejandría en honor de Alejandro, cuyo cuerpo él había traído de Babilonia y había sepultado en su capital. La biblioteca adquirió gran fama bajo bibliotecarios, eruditos de investigación y científicos tales como Demetrio de Faleron (235-283), Zenodotus de Éfeso (325-260), Apolonio de Rodas (305-240), Calímaco de Cirene (305-ca. 235), y Eratóstenes de Cirene (275-195). La biblioteca era realmente un centro universitario de investigación, enseñanza, y escritura en ciencia, artes, literatura, historia, lingüística y las humanidades en general. Los eruditos y la adquisición de cada libro posible en el mundo fueron apoyados por generosos honorarios o asignaciones de la tesorería real. Demetrio coleccionó 250 mil libros, y por el tiempo de la visita de Julio César la biblioteca podría jactarse de poseer más de 1 millón de volúmenes, además de una gran colección de artefactos arqueológicos e históricos, e instrumentos científicos.

La filosofía y la ciencia, de la cual la biblioteca ha sido famosa desde su fundación, fue empirismo racionalista aristoteliano. Aproximadamente por el 100-150 d.C. la estabilidad del mundo del Mediterráneo fue enormemente entorpecida por la expansión del Imperio Romano, y el idealismo especulativo del platonismo ganó influencia. La filosofía religiosa y transcendental estaba en ascenso, florecieron las religiones de misterio, y el gran centro de investigación de Alejandría cambió de las ciencias naturales y sociales hacia la especulación religiosa. El platonismo medio vino para dominar la cultura helenística. Filón el Judío (30 a.C.–50 d.C.) se convirtió en el erudito más recordado en Alejandría por el tiempo de Cristo. Dos siglos más tarde el neoplatonismo compitió con la teología especulativa cristiana por el dominio. Plotino (203-aprox. 270), Porfirio (aprox. 234-305), Olimpos (350-391), e Hipatia (350-415) son neoplatónicos prominentes. La perspectiva cristiana fue representada por la Escuela Catequética de Clemente (150-215) y Orígenes (185-253) y por prelados tales como Teófilo (aprox. 350-435) y Cirilo (aprox. 375-444).

Se piensa que Alejandría ha desempeñado un papel importante en el crecimiento del cristianismo, bajo la influencia del apóstol Marcos, en cuyo honor la catedral central es llamada. La teología alegórica especulativa de los teólogos de Alejandría resultó ser la influencia definitiva que formó la doctrina ortodoxa cristiana en los Concilios Ecuménicos de Nicea (325) y Calcedonia (451). Después de Calcedonia el neoplatonismo secular o pagano disminuyó, y el cristianismo de Alejandría absorbió sus principios esenciales para crear la escuela de Alejandría de neoplatonismo cristiano, una influencia importante en la civilización occidental.

En 47 a.C. Julio César luchó una batalla naval en la bahía en Alejandría, durante la cual aproximadamente 50 mil volúmenes de la biblioteca fueron destruidos en un incendio. En 391 d.C. Teofilo destruyó las cohortes paganas de Olimpos y otras que estaban en barricadas en la extensión pública de la biblioteca en el Serapeum, destruyendo a los paganos y otros 50 mil volúmenes. Durante la conquista árabe la ciudad y la biblioteca fueron saqueadas en 641-642. La prominencia de Filón en Alejandría en el tiempo de Cristo simboliza la importancia de la comunidad judía en la vida de la ciudad. Se relata que Alejandro había acomodado a un gran número de judíos allí desde el comienzo. La traducción de la Biblia hebrea al griego, la Septuaginta, fue completada allí en algún momento entre 150 y 50 a.C. Filón dice que la comunidad había crecido a un millón por su tiempo. Varias represiones por parte de la Roma Imperial y posteriormente por los arzobispos cristianos redujeron la comunidad a la virtual extinción por 150 d.C. Esta se levantó de nuevo por el siglo IV, pero fue eliminada por Cirilo de Alejandría en 415, el mismo año en que él hizo asesinar al filósofo pagano Hipatia.

Bibliografía. J. H. Ellens, *The Ancient Library t of Alejandria and Early Christian Theological Development.* Occasional Paper 27 (Claremont, 1993-95); B. A. Pearson, «Earliest Christianity in Egypt», en *The Roots of Egyptian Christianity*, ed. Pearson and J. E. Goehring. Studies in Antiquity and Christianity 1 (Philadelphia, 1986), 132-59.

ALEJANDRO (Gr. *Aléxandros*)

1. Alejandro III de Macedonia; hijo de Felipe II de Macedonia y Olimpia. La marcha triunfante de Alejandro a través del Cercano Oriente antiguo fue el catalizador que causó la síntesis cultural llamada helenismo.

Alejandro nació en el 356 a.C. y murió 32 años más tarde en 323 de agotamiento, heridas de guerra, enfermedad y embriaguez, después de marchar con sus tropas desde Grecia a través del Asia Menor, Palestina, Egipto, el Cercano Oriente, Mesopotamia, y hasta el Río Indo. Al hacerlo, él conquistó el área geográfica más grande que haya sido dominada alguna vez por una sola persona. A lo largo del camino él revolucionó la táctica de la guerra, fundó ciudades, y plantó elementos de la cultura griega destinados a cambiar para siempre la forma y el entendimiento propio del mundo antiguo. Tales logros le adjudicaron el calificativo de «el Grande».

La vida temprana de Alejandro parece haber sido dominada por su madre, una mujer fuerte con una ambición para su hijo que rivalizó con la de su marido. Felipe II tuvo éxito en ejercer dominio sobre los cordones montañosos del norte de Grecia, y habiendo consolidado su posición, amplió su influencia en las regiones del sur de la península. No es sorpresa que el joven Alejandro heredara la ambición, la energía y la determinación de dos progenitores tan tenaces. Bajo la influencia mentora de Aristóteles, desde 342 hasta 340, Alejandro bebió profundamente del pozo de la cultura griega y nunca perdió su amor por *La Ilíada* de Homero. Parece que él compartió tanto con Aristóteles como con su padre una visión de la dominación griega del mundo.

Alejandro, de 14 años de edad, sirvió en 340 como regente de su padre y comandó el ala izquierda del ejército macedonio en la batalla de Queronea. Después del asesinato de su padre en 336, Alejandro ascendió al trono a la edad de 20 años. Después de eliminar a todos los rivales potenciales y consolidar sus alianzas políticas con los generales más importantes de su padre, Antípater y Parmenión, Alejandro ejerció su dominio sobre el resto de Grecia. Rápidamente se convirtió en el líder titular de la Liga de Corinto, establecida por su padre en 337, y lanzó un ataque masivo contra el Imperio Persa que ya estaba en decadencia.

En 334 Alejandro condujo una fuerza combinada de aproximadamente 40 mil tropas a través del estrecho que separa Grecia de Asia Menor. En las batallas del Gránico (334) e Issos (333) derrotó el ejército persa, conducido por el rey Darío en persona. Alejandro rápidamente marchó con sus tropas atravesando Siria, hacia el sur a través de Palestina, conquistando Egipto en 331. El vacilante Imperio Persa procuró por última vez impedir su avance, pero fue diseminado para siempre en Gaugamela en 331. Habiendo superado el último impedimento significativo a su progreso, Alejandro y su ejército avanzaron rápidamente a través de Mesopotamia, los restos del Imperio Persa, y hasta el Río Indo. Allí sus tropas agotadas rehusaron ir más lejos, por haber estado en campaña militar durante ocho años, dejando incumplido el sueño de Alejandro de conquistar India. Después su muerte inesperada en 323, el imperio de Alejandro se dividió entre sus generales más poderosos, resultando en la aparición del Imperio Seleúcida en Siria y la dinastía de los Ptolomeos en Egipto. Estos dos sucesores dinásticos de Alejandro ejercieron influencia significativa en la vida, cultura y conocimiento religioso del judaísmo en los siglos III y II a.C.

Alejandro es mencionado explícitamente en 1 Macabeos 1.1-8; 6.2. Parece que las referencias más ambiguas se encuentran en Daniel 7; 11.3-4. Hay algo de discrepancia en cuanto a si Zacarías 9.1-8 se refiere a la conquista de Palestina por parte de Alejandro. El Corán incluye a Alejandro en una lista entre los profetas que precedieron a Mahoma, y el Talmud se refiere al tratamiento que Alejandro dio a los judíos durante el sitio de Tiro.

Es difícil sobrestimar la influencia de la carrera de Alejandro sobre el mundo antiguo. Entre las contribuciones más importantes uno podría incluir: (1) La visión de una civilización con una cultura dominante proporcionó un modelo a posteriores personajes que establecieron imperios occidentales, incluyendo a Julio César y los emperadores romanos.

Podría sostenerse que Alejandro fue el primer conquistador importante producido por Europa; antes de su tiempo los grandes líderes militares fueron producto de los imperios de Mesopotamia, Egipto, e Irán-Irak. (2) La innovación en el arte de la guerra. Alejandro modernizó a sus ejércitos y eliminó series de equipaje excesivo y no combatientes. Él hizo un uso extenso de la caballería y mantuvo su ejército móvil dejando atrás a los heridos. Se les ordenó permanecer donde estaban para establecer asentamientos (*pólis*) de estilo griego encontrados y casarse con mujeres de la población local. El resultado era la fundación de puñados de cultura griega a través de Palestina-Siria, el Delta egipcio, la Península Arábiga y Mesopotamia. (3) La propagación de la lengua y cultura griega a través del Cercano Oriente antiguo. Esta innovación lingüística resultó en la aparición del griego koiné como la lengua franca del mundo antiguo, haciendo posible la comunicación, el comercio, y el intercambio de ideas. El koiné estaba destinado a convertirse en la lengua del NT y el cristianismo temprano. (4) La fundación de ciudades que se convertirían en grandes centros intelectuales, tales como Alejandría en Egipto. Fue allí en Alejandría que eruditos judíos traducirían el AT al griego (la Septuaginta). (5) El derribamiento de las barreras entre las culturas orientales y occidentales, resultando en la aparición del helenismo. Después de la conquista de Alejandro, la tendencia hacia el sincretismo en lengua, cultura, religión, e instituciones políticas, aumentó enormemente.

También parece haber una parte oculta y tenebrosa de la personalidad y el carácter de Alejandro. Cuando el asesinato de Felipe en 336 se produjo tan súbitamente, luego de su divorcio de Olimpia, algunos sospecharon que el joven Alejandro y su madre desempeñaron algún papel en la muerte de Felipe. Fuentes antiguas relatan que Olimpia inculcó en Alejandro la conciencia de que él tenía una relación especial con los dioses. Más tarde él reclamaría ser descendiente de Heracles y de ser el hijo de Zeus-Amón. Su contacto con la cultura persa le condujo a un orientalismo creciente en su comportamiento. Parece que él fue atraído en particular por la práctica persa de *proskynēsis* o postración delante del gobernante divino. Algunos han sospechado que sólo la muerte le impidió a Alejandro declarar su propia divinidad. Sus últimos años se caracterizaron por llevar una vida de libertinaje que contribuyó indirectamente, si no directamente, a su muerte.

D. Larry Gregg

2. Alejandro Balas de Esmirna. Afirmando ser el hijo del gobernante seléucida Antíoco IV Epifanes, desafió el gobierno de Demetrio I, que a su vez había arrebatado el trono a Antíoco V en 162 a.C. Su reclamación es aceptada por los macabeos (1 Mac 10.1) y Josefo (Ant. 13.2.1 [35]), pero puesto en duda por otras autoridades antiguas y la mayoría de los eruditos más modernos. Balas fue apoyado por enemigos poderosos de Demetrio I, incluyendo Ptolomeo VI Filometro de Egipto; hasta el senado romano aprobó su reclamación (Polibio *Hist.* 33.18).

Al buscar aliados para enfrentar la amenaza de Balas, Demetrio procuró persuadir a su antiguo enemigo Jonatán Macabeo. Balas, sin embargo, sobrepujó a Demetrio ofreciendo a Jonatán el puesto de sumo sacerdote de los judíos, junto con otros honores de realeza. Balas finalmente derrotó y mató a Demetrio (150) y se casó con la hija de Ptolemeo. Él resultó ser un jefe impopular y débil, sin embargo, y fue desafiado pronto por el hijo de Demetrio (más tarde Demetrio II). Aunque apoyado por Jonatán, Balas fue derrotado ampliamente fuera de Antioquía en 145 por las fuerzas combinadas de Demetrio y Ptolemeo, que se había vuelto en contra de su antiguo yerno. Balas huyó a Arabia, sólo para ser muerto por asesinos allí.

3. Alejandro Janeo, rey asmoneo y sumo sacerdote de Judea (103-76), sucesor de su hermano Aristóbulo. El reinado de Janneo estuvo marcado por guerra continua. Él amplió agresivamente su reino atacando a los idumeos, las ciudades costeras griegas, y la Transjordania.

Los enemigos internos de Janeo lo consideraron indigno del sumo sacerdocio. Cuando una muchedumbre le arrojó frutas mientras él oficiaba durante la Fiesta de los Tabernáculos, Janeo reaccionó masacrando a 6000 personas. La rebelión abierta estalló en 94 a.C.; durante la guerra civil de seis años consiguiente murieron 50 mil judíos. Los opositores de Janeo apelaron al seléucida Demetrio III para intervenir; él al principio derrotó a Janeo, pero fue finalmente expulsado. En venganza, Janeo crucificó a 800 opositores, celebrando una fiesta con sus concubinas mientras las mujeres y los niños de sus opositores fueron asesinados ante sus ojos (Josefo *Ant.* 13.13.5–14.2 [372-80]; *BJ* 1.4.46 [90-98]). El pesher de Qumran sobre Nahum alude a estos acontecimientos, llamando a Janeo «el león airado» que «colgó hombres vivos del árbol». Las aseveraciones eruditas de que los fariseos encabezaron la oposición a Janeo y las teorías de que algunos opositores formaron la parte de la comunidad Qumran son controversiales. Los excesos en la bebida llevaron a Janeo llevar a su muerte en 76 a.C.

4. Un hijo de Simón de Cirene y hermano de Rufo (Mr 15.21). Parece ser que Marcos supone que estos dos hijos son conocidos por sus lectores; no hay referencias a ellos en Mateo y Lucas. Una inscripción en un osario del siglo I d.C., en una tumba en el Valle de Cedrón, posiblemente propiedad de una familia de Cirene, lee: «A Alejandro, el hijo de Simón»; aunque da que pensar, no puede ser vinculado con seguridad con el Alejandro de Marcos.

5. Un miembro de la familia del sumo sacerdote que interrogó a Pedro y Juan después de su arresto (Hch 4.6).

6. Un judío de Éfeso que intentó sin éxito hablar a una muchedumbre enardecida, reunida para protestar por la predicación de Pablo (Hch 19.33-34).

7. Uno que, junto con Himeneo, «naufragaron» en cuanto a su fe y fueron entregados «a Satanás» (1 Ti 1.19-20). Quizás sea el mismo Himeneo que afirmaba que la resurrección ya se había producido (2 Ti 2.17-18); Alejandro puede haber enseñado esto también.

8. Un calderero que causó «muchos males» al autor de 2 Timoteo y se opuso a su enseñanza (2 Ti 4.14-15). Él podría ser el mismo Alejandro mencionado en 1 Timoteo 1.19-20.

Véase HERODES (Familia) 7.

Bibliografía. N. Avigad, «A Depository of Inscribed Ossuaries in the Kidron Valley», IEJ 12 (1962): 1-12; L. L. Grabbe, Judaism from Cyrus to Hadrian, 1. The Persian and Greek Periods (Minneapolis, 1992); E. Schürer, The History of the Jewish People in the Age of Jesus Christ (175 b.c.–a.d. 135), ed. rev., 1 (Edinburgh, 1973).

Martin Albl

ALEMA (Gr. *Alema*)
Una ciudad en Galaad, quemada por Judas Macabeo después haber liberado a sus cautivos judíos (1 Mac 5.26, 35). La preposición griega *en* en v. 35 sugiere que Alema fue un distrito en el cual las cinco ciudades precedentes estuvieron localizadas. Puede ser la misma que Helam.

ALEMET (Heb. *ʿālemeṯ*) **(LUGAR)** (también ALMÓN)
Una ciudad de refugio en el territorio tribal de Benjamín (1 Cr 6.60), llamada también Almón.

ALEMET (Heb. *ʿālemeṯ*) **(PERSONA)**

1. Un hijo de Bequer de la tribu de Benjamín (1 Cr 7.8).

2. Un descendiente de Saúl; hijo de Joada (1 Cr 8.36) o Jara (9.42).

ALFA Y OMEGA
La primera y la última de las letras del alfabeto griego. La declaración «soy el alfa y la Omega» es atribuida a Dios (Ap 1.8; 21.6) y a Jesús (22.13), explicada como «el principio y el fin» (21.6; 22.13) y «el primero y el último» (1.17; 2.8; 22.13). Probablemente las tres frases aluden a Isaías 44.6; 48.12, donde Jehová afirma su grandeza superior eterna. «El alfa y la Omega» denominan a Jesucristo como el creador y el punto culminante del universo (cf. Ro 11.36; Ef 1.10).

Bibliografía. A. König, *The Eclipse of Christ in Eschatology* (Grand Rapids, 989), 23-31.

A. B. Caneday

ALFABETIZACIÓN
En el mundo antiguo, la escritura era una habilidad especializada que pocas personas poseían. Las habilidades para leer y escribir eran raras y por lo tanto representan una capacidad concentrada mayormente en el control de los dirigentes políticos, religiosos y económicos. En las culturas más alfabetizadas dentro del mundo antiguo, como la Grecia helenística, las tasas de alfabetización pueden haber sido 0,1 a 1 por ciento de la población. En las zonas más rurales y menos centralizadas, como el antiguo Israel, la tasa de alfabetización puede haber sido significativamente menor.

La narración, la poesía, las epístolas y los poemas épicos (las formas literarias utilizadas en el AT y el NT) hicieron, probablemente, un uso poco frecuente de la escritura. El ejemplo más común de escritura fue posiblemente las inscripciones hechas en objetos, tales como la frecuente inscripción hebrea *lmlk* («para el rey», o «propiedad del rey») encontrada en objetos supuestamente utilizados en el interior del palacio real, o en otro lugar para el servicio del rey. Usos como éstos de la escritura son difíciles de calificar de verdadero alfabetismo; las personas posiblemente distinguían un jarrón real de uno común, porque el real tenía una escritura sobre el mismo, mientras que el otro no. No hacía falta la capacidad de leer para asignarles un significado a lo que había sido marcado.

Otro uso temprano y frecuente de la escritura era el que se hacía en el comercio. Los inventarios exigían hacer una relación de las mercancías que eran de un propietario, y esta lista se escribía, indicando posiblemente la cantidad. Con el fin de facilitar el comercio, junto con el envía podía enviarse una copia del inventario, para que un lector en otro lugar pudiera verificar que se recibió todo lo que había sido despachado. Cuando el comercio aumentó, los escritos debieron haberse vuelto más complejos y adquirido mayor importancia como medio de comunicación por las distancias.

En Israel, los gobiernos y el Templo también tenían motivos para hacer documentos escritos para referencias posteriores. Estos pudieron haber incluido listas, tales como censos o registros de impuestos, y también compilación de leyes y crónicas. Es probable que amanuenses profesionales escribieran y leyeran estos documentos como un servicio a los líderes religiosos y políticos para quienes trabajaban. En la mayoría de estos casos, la escritura existía como un medio para que quienes escribían se comunicaran entre sí, más que como una manera de transmitir información a una variedad de personas de orígenes diferentes. La mayor tasa de alfabetización de la antigüedad permitió más tarde una mayor utilización de la escritura para una amplia comunicación. Las cartas como las de Pablo a las comunidades cristianas locales ofrecen ejemplos de comunicación a distancia de una persona a un grupo de otras. Incluso en esos casos, Pablo probablemente empleó un escribano para escribir al menos muchas de las cartas que se atribuyen a él en lugar de escribirlas él mismo. La educación de Pablo implica que podía leer, pero incluso si podía escribir, a veces prefirió no hacerlo. Cuando una iglesia local recibía una carta, probablemente tenía una persona que leía la carta en voz alta al resto de la comunidad. Se desconoce cómo los escribas aprendieron a escribir y leer en el antiguo Israel. Los estudiosos han argumentado la existencia de escuelas oficiales o de prácticas de aprendizaje más individualizadas, pero ninguna evidencia clara queda que pruebe esto. En tiempos del NT, se conocía que ambas prácticas existían.

JON L. BERQUIST

ALFABETO (Véase ESCRITURA)

ALFEO (Gr. *Halphaios*)

1. El padre del apóstol Santiago (Mt 10.3; Mr 3.18; Lc 6.15; Hch 1.13). Él es probablemente la misma persona que Cleofas, el marido de María y el padre de Santiago y José (Jn 19.25; cf. Mt 27.56; Mr 15.40), aunque esta identificación se apoya más en la tradición que en cualquier prueba concreta.

2. El padre de Leví el recaudador de impuestos (Mr 2.14; cf. Mt 9.9).

J. HAROLD ELLENS

ALGARROBA

Árbol leguminoso (*Ceratonia siliquia*), que se cree que es el *kerátion* de Lucas 15.16 (cf. Mt 3.4). Produce vainas, las semillas parecidas a guisantes son comestibles. El árbol a veces es llamado pan de san Juan porque la tradición sostiene que él se alimentaba de estos guisantes.

RANDALL W. YOUNKER

ALGODÓN

Algodón (*Gossypium herbaceum* L.) es originario de la India, y no era cultivado en el antiguo Cercano Oriente hasta después de las conquistas de Alejandro Magno. Sin embargo es apropiado que el rey persa Asuero, rey de las tierras «desde la India hasta Etiopía» (Est 1.1), tuviera cortinas de algodón blanco (Heb. *karpas*) en su palacio en Susa (Est 1.6).

La ropa en tiempos bíblicos era principalmente de lino, que se hace de la planta de lino, o lana. Después que el algodón se esparció hacia el oeste, se convirtió en un cultivo importante en el Cercano Oriente y lo sigue siendo hoy.

MEGAN BISHOP MOORE

ALHEÑA

Un arbusto (*Lawsonia inermis* L.) que produce flores blancas muy perfumadas. Los pétalos de alheña pueden ser molidos y convertidos en una pasta para teñir las uñas, las palmas de las manos y las plantas de los pies de un color marrón rojizo. Esto se considera un signo de belleza en algunas culturas. Se han encontrado momias egipcias con las uñas teñidas de alheña. La alheña también se usa para teñir las crines y las colas de los caballos, así como el cabello humano y las barbas. El perfume está hecho de alheña. El arbusto de la alheña puede alcanzar una altura de más de 3 m (10 pies). Crece tanto cultivado como silvestre en Israel. Alguna vez se pensó que heb. *kōper* era el alcanfor (*Camphora officinarum* Nees), pero en realidad no está relacionada con esa planta. La alheña aparece solo dos veces en la Biblia, en ambas ocasiones como símbolos de amor (Cnt 1.14; 4.13).

MEGAN BISHOP MOORE

ALIMENTOS
Referencias a los «alimentos» y temas relacionados aparecen en cada libro en la Biblia, comenzando con Génesis 1 y terminando en Apocalipsis 22. En realidad, algunas de las historias más conocidas se encuentran los relacionados con los alimentos y la adquisición de comida. Los ejemplos del AT incluyen la tentación de Eva de Adán; José que salva del hambre al pueblo de Egipto y a su propia familia; los hijos de Israel comiendo maná en el desierto; Rut que espiga trigo en los campos de Booz; David, el pastorcillo valiente; Eliseo que mantuvo el aceite de la viuda fluyendo; los jóvenes hebreos que no comerían la comida impura del rey.

Los ejemplos del NT son numerosos también. Ellos incluyen historias sobre Jesús que convierte el agua en vino; la ayuda de los discípulos a la captura de peces; la alimentación de los 5000 con cinco panes y dos pececillos; su última cena. Jesús también dijo parábolas que a menudo abordan temas relacionados con la comida, p. ej., la parábola del sembrador; las malas hierbas; la semilla de mostaza y la levadura; la oveja perdida; los trabajadores en la viña; y el banquete de bodas. A estos ejemplos muchos otros pueden ser añadidos del libro de Hechos y las cartas de Pablo, Pedro y Juan.

Hay varias razones de la importancia de los alimentos en la Biblia. En la antigüedad la mayoría de las personas eran productores de alimentos: agricultores, pastores y pescadores. En otras palabras, la vida diaria de casi cada hombre, mujer y niño fue alcanzada en actividades tales como cuidar el corral y animales de pastoreo, despejar y arar, plantar y cuidar los granos, cosechar y procesar las cosechas, transportar y almacenamiento de los alimentos, la preparación y el consumo de alimentos, y la preocupación por guardar lo suficiente para sobrevivir hasta la siguiente cosecha.

La comida es también un tema central en toda la Biblia debido a la red de interacciones que evoca; interacciones entre la gente y la tierra, entre la gente como actores sociales, y entre la gente y el Divino. En otras palabras, la manera como los alimentos fueron producidos, distribuidos, preparados, y comidos tenía consecuencias que iban bastante más allá del suministro del alimento a los cuerpos de las personas. La comida servida en los tiempos bíblicos, como hoy, es un instrumento poderoso para comunicar el sentido social: para expresar hospitalidad (Abraham y sus visitantes angelicales); conmemorar pruebas de la intervención divina en asuntos humanos (las festividades anuales), y sellar pactos entre pueblos e individuos (la Última Cena).

Con mucho, los ingredientes más importantes en las dietas del pueblo eran el trigo (*Triticum durum, Triticum vulgare, Triticum spelta*) y la cebada (*Hordeum vulgare*). En Egipto, donde la precipitación es prácticamente inexistente, el trigo fue cultivado a través de las orillas del Nilo a través de riego por inundación. Un sistema similar fue usado por la antigua gente de Mesopotamia quienes produjeron su trigo en campos irrigados por una red extensa de canales unidos al río Éufrates.

En el Levante al sur el paisaje y las condiciones climáticas son completamente diferentes; de ahí que se usaran métodos diferentes para cultivar el grano. En este paisaje de llanuras costeras, colinas interiores y valles, montañas y desiertos, donde los veranos son calientes y secos y los inviernos son suaves y húmedos, una amplia variedad de estrategias se empleó para producir cereales. A través de las llanuras costeras y en el valle del Jordán donde los manantiales, los ríos, y las corrientes las aguas fueron desviados a acueductos y canales para suministrar agua para regar campos de cereal. A través de las laderas de las áreas montañosas los aldeanos mantuvieron presas de desviación de cauce del río y terrazas de ladera para conservar la humedad y retener el suelo para sus cosechas de grano. Otros dependieron de la trashumancia (movimiento del pueblo y animales de pasto, sobre todo ovejas y cabras) entre áreas de crecimiento de grano de invierno y tierras de pasto de verano. Todavía otros (a saber, los beduinos del desierto) cultivaron poco o nada de trigo, pero confiaron en varios arreglos de sociedad con aldeanos para su suministro de trigo.

Mientras el trigo y la cebada eran el corazón a las dietas de todos estos grupos diferentes a través de todos los tiempos bíblicos, otros cereales (mijo, arroz), legumbres (lentejas, frijoles, guisantes, arveja), verduras (cebollas, ajo, pepinos), frutas (aceitunas, uvas, granadas, melones, higos, dátiles, manzanas), aves de corral (palomas, pollos), carne (ovejas, cabra, ganado, cerdos), leche, raíces silvestres, peces, y la caza también fueron consumidos, pero de ningún modo al mismo grado en todos los tiempos y lugares. Lo que determinó qué y cuánto de estos otros artículos fueron incluidos en la dieta eran dónde y cuándo la gente vivió, su modo de subsistencia (pueblos agrícolas, trashumancia, vida pastoril), su situación económica (rico o pobre), acceso a mercados, y creencia religiosas.

Dadas estas contingencias, resulta que los alimentos más comúnmente consumidos por los patriarcas, que la Biblia indica eran trashumantes, difiere algo de los de sus descendientes que se establecieron permanentemente en pueblos en las tierras altas de Canaán. Mientras el trigo y la cebada eran predominantes en ambas dietas, la carne de animales gregarios machos y queso, cuajadas, y leche producida por animales hembras conformó el grueso de los ingredientes restantes (Gn 18.6-8). Cabe señalar, sin embargo, que la carne de animales gregarios sacrificados no fue comida todos los días, sino más bien en ocasiones especiales. La caza silvestre, la miel, los dátiles, y las especias obtenidas por caza y colección también eran importantes para la dieta patriarcal (Gn 27.3-4).

Por el contrario, las dietas consumidas por los hogares del pueblo en Canaán eran mucho más variadas en términos de artículos producidos en la localidad. Por ejemplo, una comunidad típica cultivaría el trigo y la cebada en las áreas más llanas, y pastaría ovejas y cabras en el rastrojo; cultivaría aceitunas, uvas, y otros árboles frutales en las colinas inferiores, con parcelas de verduras y especias irrigadas alrededor del pueblo (Is 5.1-3). Este modelo tradicional aseguró que la dieta típica de pueblo en Canaán incluyó no sólo granos y subproductos de animal, sino también verduras, frutas y nueces.

Los alimentos consumidos por las élites de pueblos y ciudades más grandes, como Jerusalén y Cesarea eran aún más variados debido a la amplia gama de productos alimenticios importados de sitios distantes y la mayor riqueza para comprar alimentos exóticos. La dieta de una persona rica podría incluir, por lo tanto, carnes exóticas y pescado, verduras, frutas, y especias importadas de tan lejos como Asia Sudoriental, norte de África, o Europa. También había muchas personas pobres sin tierras que vivían en y alrededor de estas ciudades, muchos de ellos subsistieron pidiendo y hurgando.
Dada la diversidad geográfica de la tierra de Canaán, y teniendo en cuenta los cambios con el tiempo de condiciones políticas de la región a través de tiempos bíblicos, las condiciones económicas de varios grupos indígenas, incluso las tribus israelitas diferentes, varió bastante con el tiempo y espacio. Por lo tanto, sus dietas también. Así los alimentos comidos por los descendiente de Benjamín alrededor de Jerusalén en la época de David y Salomón, p. ej., no eran exactamente los mismos que aquellos comidos por los descendientes de Rubén en Transjordania. Además, un milenio más tarde, en la época de Cristo, muchos nuevos artículos alimenticios estaban disponibles debido al comercio intercontinental inmensamente aumentado, de manera que las dietas, sobre todo en áreas urbanas, incluyó artículos que no se conocían mil años antes (p. ej., garum y pollo).

A pesar de tales discontinuidades regionales y temporales, las reglas de pureza de culto sirvieron para separar la dieta israelita dondequiera que los judíos vivieran. Además de restringir cuestiones de animal como los mamíferos que tenían pezuña hendida o rumiaban (Lv 11.1-8; Dt 14.6-8) y diversas aves, peces e insectos «limpios» (Lv 11.9-47; Dt 14.9-21), las regulaciones prohibieron cualquier comida que había sido contaminada por el contacto (por la cocina o de otra manera) con agua contaminada por un animal impuro muerto (Lv 11.32-38); otra legislación gobernó modos de preparación y combinaciones de productos alimenticios (p. ej., Ex 23.19 par.).

Øystein S. LaBianca

ALMA

Aunque el heb. *nepeš* tiene una amplia gama de usos, muy frecuentemente designa a la fuerza vital de los seres vivientes. De esta manera, la tierra está llena de «seres vivientes» que tienen el «aliento de vida» (Gn 1.20-21, 24, 30). Cuando Dios crea a Adán, Dios sopló en la nariz de Adán el aliento de vida y Adán se convierte en un «ser viviente» (Gn 2.7). Lejos de referirse simplemente a un aspecto de la persona, «alma» se refiere a toda la persona. De esta manera, se dice que un «cadáver» es un «alma muerta», aunque la palabra usualmente se traduce como «persona muerta» (Lv 21.11; Nm 6.6). «Alma» también puede referirse a la vida misma de una persona (1 R 19.4; Ez 32.10).

«Alma» frecuentemente se refiere por extensión a toda la persona. De esta manera, Lea da a luz 16 almas a Jacob (Gn 46.18), y cuando Jacob se traslada a Egipto, había «70 personas («almas») en su casa» (v. 27). En el Shemá (Dt 6.4-9) a los israelitas se les ordena a que amen a su Dios con todo su corazón, alma y fuerzas. Aunque «alma» aparece en la traducción como una facultad separada del cuerpo, el versículo es una exhortación para amar a Dios con todo el ser.

El alma también es la sede de las emociones. Es tanto el centro de gozo en Dios (Sal 86.4; cf. 62.1[TM 2]) como la sede del deseo del mal en el malo (Pr 21.10).

En el NT «alma» (gr. *psychē*) se refiere al ser viviente de toda la persona (Hch 2.41; 3.23) y a la vida de una persona. Después de la muerte de Herodes, el ángel ordena a José que lleve a su esposa e hijo (Jesús) de regreso a Israel, porque «ya murieron los que amenazaban con quitarle la vida (alma) al niño» (Mt 2.20 NVI). En la parábola del joven rico insensato (Lc 12.13-20), el joven dice a su alma que tiene muchos bienes guardados para muchos años; entonces Jesús le dice: «esta noche vienen a pedirte tu alma («fuerza vital»)».

Aunque el NT contiene poca evidencia del dualismo cuerpo-alma que es claro en la filosofía helenística, algunos pasajes indican que el alma subsiste después de la muerte (Lc 9.25; 12.4; 21.19). En tanto que Platón, en el mito de Er en *La República*, parece sostener la preexistencia de las almas, la Biblia no ofrece evidencia de esa creencia. Aparentemente algunos pensadores cristianos antiguos, como Orígenes, creían que el cuerpo terrenal era una prisión en la que el alma estaba atada por algún mal que había cometido en el reino celestial. En cuanto a la inmortalidad de almas, el ejemplo bíblico más claro puede encontrarse en Apocalipsis, donde a las «almas de los decapitados por causa del testimonio de Jesús y por la palabra de Dios» se les pide que descansen «un poco más» hasta el juicio final (Ap 20.4).

HENRY L. CARRIGAN, JR.

ALMENDRA

El almendro, *Amygdalus communis* deriva su nombre hebreo (*šāqēd*) del verbo «despertar» u «observar». En un juego en palabras, el Señor muestra a Jeremías una rama de almendro como un signo de que Él está observando y preparado para actuar (Jr 1.11).

En Palestina se produce tres especies del almendro; dos especies silvestres, *Prunus amygdalus* y *Amygdalus communis*, éstas tienen fruto amargo y no son comestibles, mientras que la tercera especie, de huerto, *Prunus dulcis*, tiene una nuez comestible y produce un suave aceite de almendra. Los almendros producen flores rosadas en febrero (véase Ec 12.5, donde se las compara con el pelo blanco de la vejez). Copas de oro, en forma de flor de almendro embellecieron el candelero en el templo (Ex 25.33-34; 37.19-20), y la vara de Aarón produjo flores de almendra y nueces, como reconocimiento de su posición como cabeza del linaje sacerdotal (Nm 17.8 [TM 23]). Las nueces de almendra estaban entre los productos que Jacob envió a José en Egipto (Gn 43.11). La palabra hebrea *lûz* se refiere también al almendro (Gn 30.37), y es el antiguo nombre de Bet-el.

MEGAN BISHOP MOORE/RANDALL W. YOUNKER

ALMODAD (Heb. *ʾalmôdād*)

El primero de los 13 hijos de Joctán; el nieto de Eber. Él fue el antepasado de una tribu árabe del sur (Gn 10.26; 1 Cr 1.20).

ALMÓN (Heb. *ʿalmôn*) (también ALEMET)

Una ciudad de la tribu de Benjamín (Jos 21.18), dada a los descendientes del sacerdote Aarón como una de las 48 ciudades levíticas (cf. Jos 21.1-42; 1 Cr 6.54-81). La variante Alemet aparece en 1 Crónicas 6.60 (TM 45). Almón es probablemente identificada con la moderna Khirbet *ʿAlmît* (176136), localizada a 8 km (5 mi) al noreste de Jerusalén.

JOHN R. SPENCER

ALMÓN-DIBLATAIM (Heb. *ʿalmōn diblāṯayim*)

Uno de los campamentos de Israel durante la peregrinación por el desierto (Nm 33.46, 47). También es mencionada en la estela del rey Mesa de Moab (línea 30), que se rebeló contra el dominio israelita en el siglo IX a.C. El lugar claramente estaba todavía en manos de moabitas por el siglo VI (Jer 48.22; llamada Bet-diblataim, «Casa de los dos pasteles de higo»). Su ubicación es desconocida, aunque pueda ser identificada con Deleilât esh-Sherqîyeh (228116) o Deleilât el-Gharbiyeh.

ROBERT DELSNYDER

ALMUD

Medida para productos secos (Gr. *módios*), casi igual a 7.4 l. (7.8 qt.). En Mateo 5.15; Marcos 4.21; Lucas 11.33 designa un recipiente que puede utilizarse para cubrir una luz.

ALMUG
Véase SÁNDALO.

ÁLOES
Plantas suculentas de la familia Liliaceae. Los áloes son identificados principalmente con acumulaciones subtropicales de la provincia eritreasudanés, que se halla en el este de África y se extiende al interior del sur de Arabia. Es una planta solitaria, con tallo corto cuyas hojas gruesas forman una roseta distintiva. Es un género africano con más de 180 especies, 20 de las cuales se hallan en Arabia. En el Dhofar omaní sólo dos especies son comúnmente identificadas. El *Áloe Dhufarensis* es una planta medicinal bien conocida, usada para una variedad de dolencias. Éstas son tratadas principalmente con zumo de áloe seco. Cuatro especies principales son conocidas de Yemen; una vez más, aunque se usan con objetivos medicinales, algunas se usan con un propósito aromático. El *Aloe Barbadensis* ha sido analizado científicamente y se halló que contiene un antibiótico (barbaloin) activo en el tratamiento contra la tuberculosis. El *Aloe Barbadensis* ha sido comparado con el extendido *Aloe Vera*.

En el contexto bíblico (Cnt 4.14; Pr 7.17) el uso alterno de finales plurales masculinos o femeninos para la planta sugiere poca familiaridad con el producto, y su inclusión con la mirra, el incienso y la canela sugieren un producto extranjero exótico. Los áloes son mencionados también en el NT (Jn 19.39) en relación con los ritos de entierro de Jesucristo. Las plantas de áloe mencionadas por fuentes clásicas son claramente identificadas con el sudoeste de Arabia, especialmente con la isla de Socotra. Campos especiales en la región fueron dedicados para cultivar sangre de dragón, incienso, mirra y áloes.

Bibliografía. S. A. Ghazanfar, Handbook of Arabian Medicinal Plants (Boca Raton, 1994); A. G. Miller and M. Morris, Plants of Dhofar (Muscat, 1988).

JURIS ZARINS

ALÓN (Heb. *'allôn*)
Un simeonita, hijo de Jedaías y descendiente de Semaías (1 Cr 4.37).

ALÓN-BACUT (Heb. *'allôn bāḵûṯ*)
El lugar (lit., «el roble del llanto») cerca de Bet-el donde Débora, la ama de Rebeca, fue sepultada (Gn 35.8). Este sitio podría ser el mismo que la «palmera de Débora» donde la profetisa-juez juzgó posteriormente a Israel (Jue 4.5).

WILLARD W. WINTER

ALTAR

Evidencia bíblica

La palabra hebrea *mizbēaḥ*, traducida como «altar», se deriva de la raíz *zbḥ*, «matanza». De manera interesante, una cosa que parece no haber sido hecha en los altares mencionados en la Biblia fue matar. Cuando se ofrecieron animales, su matanza sucia y visceral se llevaba a cabo cerca, pero no sobre los altares. Los altares en que ofrendas sustanciales fueron hechas comúnmente estaban ubicados en los patios del templo, y era el patio en sí el que proporcionó el lugar para la matanza de animales.

En general, en el mundo antiguo del Cercano Oriente, la preparación y la ofrenda de comida a dioses tenían mucho que ver con el concepto de deidades como seres suprahumanos, con necesidades físicas humanas. La comida y la bebida fueron ofrecidas para mantenerlos contentos y así positivamente dispuestos hacia sus adoradores. La adoración en el altar israelita, derivándose de cómo se hacía en precedentes cananeos, seguramente incluyó aquel sentido tradicional de ocuparse de las necesidades del Ser Divino. Más significativo, sin embargo, fue el entendimiento israelita de que el altar era un lugar en el cual podría invocar a Dios y tener un encuentro con Él.

Para el Israel temprano, los altares a menudo estuvieron asociados con la adoración espontánea. Cuando las aguas del Diluvio retrocedieron, Noé construyó un altar para ofrecer un holocausto, y el olor suave de la ofrenda quemada apaciguó a Jehová (Gn 8.20-21). Abraham, Isaac, y Jacob construyeron altares para marcar los lugares en que Jehová se les apareció (Gn 12.7; 22.9-13; 35.1, 7) y para ayudarles en la invocación de su Dios (Gn 12.8; 13.4; 26.25). Esta práctica siguió en el período de los jueces (Gedeón, Jue 6.24). Jacob y Moisés construyeron altares como parte de las ceremonias que llevaban el objetivo de poner nombre a un lugar, consagrando así lugares de la importancia extraordinaria (Gn 33.20; 35.7; Ex 17.15-16). Estas muchas formas de construcción de altares parecen apropiadas, en ausencia de un santuario centralizado con un altar permanente.

En el desierto, se le dieron a Israel instrucciones específicas sobre la construcción de altares (Ex 20.24-26; Dt 27.5-7). Aunque en otros países en el antiguo Cercano Oriente un altar podría haber estado enfrente de una estatua de algún dios, para Israel todas las estatuas de dioses fueron proscritas (Ex

20.23). Los altares para la ofrenda de animales podrían ser hechos de tierra (Ex 20.24) o piedras rústicas (v. 25) y, para conservar la modestia, no podía incluir escalones (v. 26). Estos altares sencillos, indudablemente del mismo tipo hecho por los patriarcas de Israel, fueron usados en rituales para invocar el nombre y bendición de Jehová (Ex 20.24).

En combinación con pilares sagrados (*maṣṣēḇâ*), los altares eran lugares de donde se hacía pacto entre Israel y Dios (Ex 24.4-8; Jos 8.30-35) o entre tribus israelitas (Jos 22.26-29). En el monte Ebal, Josué construyó un altar de piedra rústica como parte de una ceremonia de pacto que vinculó a las 12 tribus y Jehová (Jos 8.30-31). Durante el período de los jueces y la monarquía, previos a la construcción del Templo, los altares proporcionaron un medio desde el cual gobernar (Samuel, 1 S 7.17) y un medio de proteger a Israel del pecado (Saúl, 1 S 14.31-35) o castigo inmerecido (David, 2 S 24.10-25).

Además, los altares eran sitios de refugio, que proporcionaban santuario al temeroso o al acusado falsamente (1 R 1.50-53). Aquellos acusados justamente no podían salvarse por aferrarse al altar (Ex 21.14; 1 R 2.28-34), tampoco se podía jurar falsamente por el altar (1 R 8.31-32).

Las descripciones del altar del tabernáculo usado por los israelitas durante su peregrinación por el desierto indican un objeto complicado y construido cuidadosamente, la construcción (Ex 27.1-8; 37.25–38.7) y uso (29.10-26, 36-42; Lv 1–7) del cual estaba sujeto a regulación detallada. A través de la observancia apropiada de las reglas sacerdotales, la santidad sería alcanzada y Jehová moraría entre el pueblo de Israel (Ex 29.37, 42-46). Aquí, también, las regulaciones acerca de la modestia prevalecieron (Ex 28.42-43). El altar sacerdotal se usó no sólo para ofrendas de animales, sino para ofrendas de granos (Lv 14.20; Nm 5.25) y rituales de sangre (Ex 24.6; 29.12; Lv 1.11; 4.18, 34; 5.9).

La composición tardía de este material sacerdotal clarifica la dicotomía aguda entre los sencillos altares de piedra del período premosaico y de la era de la conquista y los jueces, y la estilización excepcionalmente ornamentada del altar del Templo. Los autores del texto sacerdotal pueden haber imaginado tales objetos rituales transportados por el desierto, pero el testimonio de la arqueología y de textos escritos más cercanos a la era en cuestión (pasajes no sacerdotales en la Torah y los Escritos) demuestra que esto no fue así.

Altar de cuatro cuernos de Beerseba, reconstruido. Las piedras fueron reutilizadas en muros de un lugar de almacenaje de la Edad del Hierro II, quizás después de la reforma cúltica de Ezequías (Phoenix Data Systems, Neal y Joel Bierling)

Antes bien, no fue hasta el período monárquico que objetos religiosos ornamentados fueron incorporados en la adoración israelita. Parece que el impulso hacia la elaboración vino del deseo de Salomón de la pompa de la realeza, incluyendo una magnífica construcción templo-palacio. Debido a una carencia de recursos naturales, y de trabajadores israelitas competentes para construir los edificios necesarios y trabajar los objetos deseados, Salomón confió en materiales y artesanos fenicios (1 R 5.1-11 [TM 15-25]; 7.13-14).

Como parte de este magnífico diseño, Salomón ordenó la construcción y la instalación de un altar de cedro revestido de oro, para ubicarlo en el santuario interior (*dĕḇîr*) del templo de Jerusalén recién construido (1 R 6.20-22). Puede haber sido ante este mismo altar que Salomón presentó su oración a Dios a favor de Israel (1 R 8.22, 54). Sin embargo, el altar de bronce mucho más grande, sobre el cual Salomón y los reyes subsecuentes de Judá presentaron sacrificios en público, estuvo situado al aire libre (1 R 8.62-64).

Aproximadamente dos siglos más tarde, un segundo altar al aire libre fue añadido al templo. Asa ordenó uno nuevo, con escalones, construido al estilo del altar asirio en Damasco. Este fue usado para las ofrendas de los sacerdotes. El altar de bronce del tiempo de Salomón fue desplazado de su posición original, y fue usado entonces exclusivamente por el rey (2 R 16.10-15).

A pesar de la visión bíblica de un culto centralizado, subsiguiente a la construcción del templo de Jerusalén, tanto pruebas textuales como arqueológicas apoyan la popularidad de altares en lugares alternativos. Con el tiempo ellos se convierten en símbolo de la maldad israelita y de las transgresiones de los reyes (Manasés, 2 R 21.3-5; reformas de Josías, 23.12). Como parte de su esfuerzo por legitimar la adoración en la nación norteña de Israel, Jeroboam construyó un altar en Bet-el (1 R 12.32-33). Este altar fue condenado más tarde como ilegítimo (2 R 23.15; Am 3.14), pero en general la legitimidad de altares múltiples a Jehová durante el período monárquico está clara (1 R 18.30-39; 19.10, 14).

Los altares fueron parte de la legítima praxis religiosa de no israelitas también (Balaam, Nm 23.28-30; los profetas de Baal, 1 R 18.25-27). Para los profetas y deuteronomistas, ellos eran la parte del ensamblaje cúltico cananeo (juntos con pilares sagrados [*maṣṣēḇâ*] y astas [*'ăšērâ*] que tuvieron que ser erradicados de entre los israelitas (Ex 34.13; Dt 7.5; 12.3; Jue 2.2; 6.25-32; 1 R 16.32; 18.26; 2 R 11.18).

Las descripciones proféticas de los altares reflejan el entorno social en que ellos se desarrollaron. Algunas comparten la perspectiva sobre los altares mencionada más arriba, describiendo los altares ajenos al Templo como sitios de transgresión israelita (Jr 11.12-13; 17.1-3; Os 4.19; 8.11; Am 2.8). La visión sacerdotal de Ezequiel, acerca del templo restaurado, incluye un altar complejo, supervisado por el sacerdocio sadoquita. Las regulaciones para las ofrendas se detallan allí (Ez 40.46-47; 43.13-27).

Pruebas arqueológicas

La tradición cananea de presentar ofrendas sobre altares de piedra se remonta al menos al período del santuario calcolítico en En-gadi.

El área sagrada de Megido contenía una serie de altares de la Edad del Bronce Temprana, que comienzan con EB I. Desde la EB III, el altar circular 4017, construido de piedras rústicas, de 8 m (26 pies) en diámetro y 1.4 m (4.6 pies) de alto, fue montado por siete peldaños y rodeado por una pared. Huesos de animales y piezas rotas de cerámica se hallan alrededor de él. Algo más tarde, los templos 4040, 5269 y 5192 fueron construidos en la cercanía, e incluyeron altares con adobes enyesados en sus paredes traseras.

En la Siquem del Bronce Medio II un altar de piedra enyesado se levantó contra la pared trasera del templo 7300, rodeado por huesos de animal y cerámica. En otras partes en el sitio, una serie de altares de ladrillo, que median casi 4 m (13 pies) se halló en el patio del templo-fortaleza 1B de la Edad del Bronce Media IIC. En el templo-fortaleza 2 perteneciente a la Edad del Bronce Tardía IIB, permanece un altar de piedra rústica 5.2 m (17 pies) abandonado hace mucho tiempo.

En Hazor el patio interior del templo H de la Edad del Bronce Tardía I contenía una plataforma rectangular grande y dos altares de piedra más pequeños, así como huesos de animales y cenizas. De la Edad del Bronce Tardía II, varios altares de piedra cuidadosamente esculpidos fueron encontrados dentro del santuario interior del templo. Al mismo tiempo, un altar de piedra enorme estaba en el Área F, un lugar de culto al aire libre. Esculpidas en su superficie había dos depresiones unidas por un canal estrecho, que conducía al sistema de drenaje cercano.

A través de la Edad del Bronce Tardía, un altar con escalones, cubierto de yeso, se ubicó a lo largo de la pared trasera del santuario Tel Mevorakh (1441.2156). Numerosas ofrendas fueron encontradas allí y en las inmediaciones. Altares similares, con artefactos en ellos y en la cercanía, y cenizas y huesos de animales alrededor de ellos, fueron encontrados en templos de fosa contemporáneos en Laquis.

Un altar de la Edad del Hierro Temprana, hecho de una sola piedra rectangular grande, fue encontrado dentro de un recinto en el sitio del Toro, una cima en el Manasés bíblico. Delante de él, yacían ofrendas en un suelo de superficie de piedras planas.

Dos santuarios fueron parte del Megido de la era de Salomón. Un altar grande con cuernos estuvo en el patio del santuario del edificio 2081. Soportes y altares de piedra para ofrendas más pequeños, con cuernos y sin ellos, fueron también parte de su ensamblaje para el culto. Similares mesas y altares de piedra para ofrendas, rodeados por cenizas y huesos de animales, fueron establecidos en varias posiciones en el edificio-santuario 338. Si un altar más grande estuvo alguna vez en su patio, desapareció hace ya mucho tiempo.

El recinto sagrado de Dan en Área T fue construido por Jeroboam I a finales del siglo X a.C. Un patio interior contuvo un altar de 7.5 × 5 m (24.5 ×16.5 pies) construido de cantos de basalto rodados, cubierto por grandes bloques de travertino. Objetos de culto están en el pavimento adoquinado que rodea el altar. El una vez destruido recinto sagrado de Dan fue restaurado durante el gobierno de Jeroboam II, por el siglo VIII. Un altar hermosamente construido, alcanzado por escaleras en dos lados, estaba rodeado por una pared grande. Un cuerno de un altar de piedra que originalmente tenía 3 m (10 pies) de alto fue encontrado en la cercanía, así como un altar más pequeño de cuatro cuernos. Un altar de 1.03 m (3.3 pies) de piedra caliza fue descubierto en un pequeño cuarto. Unas palas, un cucharón, y cenizas que contenían huesos de animal se hallaron cerca, y dos pequeños altares de piedra estaban cerca de una pared.

Altares de piedra grandes fueron encontrados en las Arad y Beerseba de la Monarquía Dividida. En Beerseba, un altar de 1.5 m (5 pies) había sido desmontado, sus bloques reutilizados, y por lo tanto su lugar original es desconocido. Este se parece a los altares de patio de Dan y Megido, así como a los altares de incienso más pequeños que se hicieron cada vez más populares en este período. En la fortaleza judeana de Arad, un gran altar de piedras rústicas, cuadrado, estaba en el patio del santuario. Estaba cubierto de una losa de sílex acanalada por canales enyesados. La entrada al santuario estaba flanqueada por dos pequeños altares de piedra para incienso.

Bibliografía. Y. Aharoni, «Megiddo», NEAEHL 3.1003-12; A. Biran, Biblical Dan (Jerusalem, 1994); S. Gitin, «Incense Altars from Ekron, Israel and Judá», ErIsr 20 (1989): 52*-67*; A. Mazar, «The 'Bull Site' — An Iron Age I Open Cult Place», BASOR 247 (1982): 27-42; O. Tufnell, C. H. Inge, and L. Harding, Lachish II (Tell el Duweir): The Fosse Temple (Oxford, 1940); G. E. Wright, Shechem: The Biography of a Biblical City (New York, 1965); Y. Yadin and A. Ben-Tor, «Hazor», NEAEHL 2.594-606.

BETH ALPERT NAKHAI

ALTÍSIMO

Apelativo de Dios (Heb. *ʿelyôn*). Conforme a formas autenticadas en la literatura ugarítica (Ugar. *ʿly* cf. UT, no. 1855), aparece en la poesía hebrea más arcaica dentro de los relatos patriarcales (p.ej., Nm 24.16; Dt 32.8; cf. 2 S 22.14 = Sal 18.13 [TM 14]; cf. Hch 7.48). Aparece también en la forma compuesta Dios Altísimo (*ʾēl ʿelyôn*; p.ej., Gn 14.18-20; cf. Mr 5.7).

ALÚS (Heb. *ʾālûš*)

Un lugar donde los israelitas acamparon entre Dofca y Refidim (Nm 33.13-14), posiblemente la moderna Wadi el-ʿE shsh.

ALVA (Heb. *ʿalwâ*)

Un jefe tribal edomita (1 Cr 1.51).

ALVÁN (Heb. *ʿalwān*)

Un hijo o clan de Seir (1 Cr 1.40).

AMAD (Heb. *ʿamʿād*)

Un pueblo fronterizo del territorio de Aser cerca del monte Carmelo (Jos 19.26). Su posición precisa es desconocida.

AMAL (Heb. *ʿāmāl*)

Uno de los hijos de Helem; cabeza de una familia aserita (1 Cr 7.35).

AMALEC (Heb. *ʿămālēq*), **AMALECITAS** (*ʿămālēqî*)

Un pueblo nómada (o seminómada), descendiente de Amalec, un nieto de Esaú (Gn 36.11-12). Los amalecitas no son mencionados específicamente fuera de la Biblia, la que señala Edom como su origen (cf. Gn 36.15-16) y los identifica como enemigos tradicionales de los hebreos. En Gn 14.7 se menciona la victoria de Quedorlaomer sobre «el país de los amalecitas» un anacronismo que debe ser explicado como una inserción editorial. En Nm 24.20, en lo que puede ser entendido como la única referencia positiva a Amalec en la Biblia, Balaam se refiere a los amalecitas como un pueblo muy antiguo («cabeza de naciones»).

Aunque ellos salieron de Edom, su estilo de vida nómada los llevó a una distribución extendida, mayormente a lo largo de la franja de la zona agrícola del sur de Canaán (p.ej., Nm 13.29; Jue 2.15; 1 S 15.7; 30.1-2). Los amalecitas se extendieron a través de un territorio grande, desde el occidente de Sinaí hasta Arabia, e hicieron un uso extenso de camellos (Jue 6.5; 7.12). A causa de su distribución y movilidad, Amalec entró en contacto frecuente con los hebreos, desde la época de la peregrinación por el desierto hasta el reinado de David. Todas las referencias del AT a contactos entre los amalecitas y los israelitas describen una interacción hostil; lo mismo parece aplicarse a los encuentros de Israel con la mayoría de los pueblos nómadas que habitaban las regiones más allá de las principales tierras agrícolas.

La hostilidad amalecita-israelita comenzó cuando los hebreos estaban en Sinaí, con un ataque no provocado por parte de Amalec (Ex 17.8-16; Dt 25.17-18; cf. 1 S 15.2-3). Aunque Israel derrotó a los amalecitas (Ex 17.13), persistió un largo período de guerra sin tregua. Cuando los israelitas intentaron entrar por el sur de Canaán, ellos fueron bloqueados por los cananeos y los amalecitas (Nm 14.44-45; Dt 1.44). Más adelante, el rey moabita Eglón empleó amonitas y amalecitas para atacar a los hebreos, y los agresores de transjordania capturaron «la ciudad de las palmeras» (Jue 3.12-14). En los días de Gedeón, Amalec invadió áreas tan al oeste y al norte como la región de Gaza y el valle de Jezreel (Jue 6.3-5, 33), uniendo fuerzas con los madianitas «y los hijos del oriente» y atacando en camellos (Jue 6.5; 7.12). Los relatos de 1-2 Samuel son los más importantes para entender la confrontación entre Israel y Amalec, sobre todo el exterminio de éste último. En la primera referencia a un ataque hebreo contra los amalecitas, 1 Samuel 15 describe el ataque de Saúl contra «la ciudad de Amalec" que era probablemente más un campo que una ciudad. Aunque Saúl ganó esta batalla, él dejó de ejecutar «el anatema» (Heb. *ḥērem*) contra Agag y el despojo amalecita; Samuel identificó la transgresión espiritual de Saúl y mató a Agag, el rey amalecita (1 S 15.8-9, 20, 32-33). Agag era probablemente un nombre tradicional o título para un rey amalecita, o jefe tribal (cf. Nm 24.7).

David continuó la hostilidad con Amalec, que aprovechó la ausencia de David y saqueó su base en Siclag. David fue capaz de localizar esta banda de merodeadores, derrotarlos, y recuperar sus posesiones (1 S 27.8-9; 30.1-25). David se enteró de que Saúl había sido muerto por un amalecita, probablemente un mercenario en el ejército filisteo (2 S 1.1-10). Posteriormente, David anuló la amenaza amalecita (2 S 8.12; 1 Cr 18.11). Por lo visto los amalecitas, junto con otros grupos nómadas, fueron denominados a partir de entonces con el término colectivo «árabe(s)».

Aunque se ha recobrado un conocimiento considerable acerca de los pueblos nómadas, a través de la investigación arqueológica, ningún artefacto o sitio específicos ha sido vinculado con Amalec con certeza alguna. Es posible que algunos asentamientos fortificados en las tierras altas del Neguev, y aun Tel Masos (cerca de Beerseba), tengan conexiones amalecitas.

Bibliografía. D. Edelman, «Saúl's Battle Against Amaleq (1 S 15),» *JSOT* 35 (1986): 71-84; I. Eph{al, *The Ancient Arabs* (Leiden, 1982).

GERALD L. MATTINGLY

AMAM (Heb. *'ămām*)
Un pueblo no identificado en la Sefela, asignado a Judá (Jos 15:26). Puede haber estado cerca de Beerseba.

AMANA (Heb. *'ămānâ*)
Una montaña (Cnt 4:8) en el cordón montañoso del Antilíbano, cerca del Río Amana.

AMARÍAS (Heb. *'ămaryâ*)

1. El segundo hijo de Hebrón, primo de Moisés y Aarón, que aparece en una lista en la genealogía de la tribu de Leví (1 Cr 23.19;24.23).
2. Un sacerdote, descendiente de Eleazar y Finees (1 Cr 6.7, 52 [TM 5.33; 6.37]).
3. El hijo de Azarías que sirvió como sacerdote en el templo de Salomón (1 Cr 6.10-11 [5.37]).
4. Un sumo sacerdote en el templo de Jerusalén durante el tiempo del rey Josafat de Judá (2 Cr 19.11).

5. Un sacerdote levita en el tiempo del rey Ezequías de Judá (2 Cr 31.15).
6. El hijo de Ezequías y padre de Gedalías, que fue abuelo del profeta Sofonías (Sof 1.1).
7. Un sacerdote, hijo de Azarías y uno de los antepasados de Esdras el escriba (Esdras 7.3).
8. Un hombre de la familia de Azzur, que se posiblemente habría casado con una mujer extranjera en el tiempo de Esdras (Esd 10.42).
9. Uno de los sacerdotes que firmaron como testigos de los compromisos de la comunidad durante el tiempo de Nehemías (Neh 10.3 [4]).
10. «El hijo de Amarías», aparece en una lista en Nehemías 11.4 entre aquellos que habitaron Jerusalén en los días de Nehemías.

El nombre también aparece en varios sellos (p.ej., de Quiriat-jearim) e inscripciones, tal como la inscripción en un asa de vasija de Gabaón y otras encontradas en Kuntillet ʿAjrud /ḥorvat Teman.

Isaac Kalimi

AMARILLO

Uno de los indicadores de «lepra» mencionado en las estipulaciones legales para el diagnóstico de enfermedades de la piel es que el cabello es «amarillento y delgado» (Heb. *ṣāhōḇ dāq;* Lv 13.30; véase vv 32, 36). Favus, una enfermedad causada por un hongo, se caracteriza por el color amarillento del pelo, y puede ser uno del complejo de condiciones de la piel mencionados en Levítico 13.

AMARNA

Tell el-Amarna, localizado a mitad de camino entre Menfis y Tebas en la rivera Este del Nilo, del cual reciben su nombre una edad y una «revolución» cultural o religiosa. Esta ciudad de entre 20 y 50 mil habitantes fue construida en territorio virgen, según los proyectos del Faraón Amenofis IV (Akhenatón). Comenzado en el quinto año del reinado del monarca (siglo XIV a.C.), el lugar fue habitado por sólo una generación, después de la cual fue abandonado. Su historia única permite que sea estudiada como uno de los representantes más importantes del urbanismo antiguo. El rey y su familia residieron en la parte norte de la ciudad, y conservaron su propio abastecimiento de comida. Las numerosas casas privadas parecen haber sido todas ocupadas por profesionales con títulos. Sus propios siervos y los otros trabajadores deben haber vivido con ellas o quizás adyacentes a las casas más grandes. Las casas de los profesionales son uniformes en diseño, sean más grandes o más pequeñas en tamaño, y reflejan una identidad común donde la gran división, económicamente hablando, está entre el rey y su familia, por una parte, y todos los demás, en la otra. Algunos funcionarios trabajaban en una serie de pequeñas oficinas al lado de la casa real. En una de éstas fue encontrada la colección de documentos cuneiformes conocidos como las Cartas de Amarna.

Akhenatón llamó al lugar Akhetaten, u «Horizonte del Aten (el disco del sol)», reflejando el cambio de perspectiva que su reinado trajo a Egipto. Al alejarse del centro religioso de Tebas (donde ya a principios de su reinado él había añadido un centro de culto a Aten en el templo de Karnak), Akhenaten se separó de la religión egipcia tradicional, con su adoración de una variedad de deidades, en muchas formas naturales. En lugar de esta complejidad, Akhenatón introdujo la adoración de Aten, el disco del sol, simbolizando al dador de toda la vida. Akhenatón y su familia recibieron aquella vida y la mediaban a todo Egipto. En el arte del período, la familia real es representada como un grupo particular que reciben en forma única los rayos del disco Aten, y que aparecen juntos como una familia afectuosa. El alargamiento distintivo de los cráneos y áreas pélvicas, en las representaciones de la familia real, puede reflejar un intento artístico surrealista de interpretar sus papeles exclusivos como intermediarios reales de lo divino, antes que indicar alguna enfermedad genética. Los dibujos de Akhenatón y su familia, siempre mujeres, realzaban el estatus del faraón, e insinúan al espectador moderno que, a pesar de la «revolución» cultural de Amarna, la percepción que Akhenatón tenía de sí mismo no se diferencia de la que muestran otros faraones del Reino Nuevo.

Aunque Akhenatón a menudo haya sido visualizado como un precursor auténtico de la religión monoteísta característica de Israel, otras perspectivas ven en él un ejemplo de tendencias intelectuales en Mesopotamia, así como Egipto, durante los siglos XIV, XIII y XII a.C. Otras deidades siguieron siendo toleradas y adoradas en Egipto, y el Himno al Sol y otras fuentes textuales para la teología de Amarna parecen tomar prestado con mucho detalle de himnos y oraciones más tempranos a otras deidades. El atenismo apareció y desapareció con Akhenatón y su familia inmediata. Éste no sobrevivió en ningún aspecto de la religión o cultura de Egipto, y todo el incidente parece haber sido olvidado en las generaciones sucesivas que abandonaron el lugar y volvieron a Tebas y al templo de Amón-Ra en Karnak.

Bibliografía. B. J. Kemp, *Ancient Egypt: Anatomy of a Civilization* (London, 1989).

RICHARD S. HESS

AMARNA, CARTAS DE

Una colección de correspondencia internacional que data a partir de mediados del siglo XIV a.C., y descubierta en la antigua capital de Amarna en Egipto. Estos textos forman la mayoría de los 380 documentos cuneiformes separados, que captaron primero la atención del mundo erudito a finales del siglo XIX. Ellos forman un archivo parcial de los faraones de Egipto, e ilustran sus relaciones internacionales por ese tiempo. Los textos son de interés particular en que revelan detalles acerca del mundo social de Siria-Palestina, la lengua de esta región, y una historia política más amplia de la Edad del Bronce Tardía. En este tiempo el Nuevo Reino Egipcio reclamó Palestina y áreas al norte, incluyendo todo El Líbano moderno y un área de Siria. La correspondencia de los líderes de la ciudad y los administradores egipcios de esta región revela un mundo de muchas ciudades pequeñas y ciudades-estado, cada una en rivalidad con sus vecinas por poder y apoyo militar del faraón. Todos los líderes aseveraban sujeción al faraón, pero la correspondencia indica que los líderes de las ciudades buscaban su propia ventaja política, y aprovecharon cada oportunidad para desacreditar a sus vecinos como *Ḫabiru* o desleales a la corona. Antes que atestiguar una situación política decadente, esta correspondencia refleja más probablemente los esfuerzos del faraón de debilitar las fuerzas políticas y militares de cada ciudad-estado, al ponerlas unas contra otras y así minimizar la fuerza militar requerida para mantener la soberanía egipcia sobre esta región. El mundo social de este período ha sido comparado con aquel retratado más adelante en el libro de Jueces, en el sentido que cada localidad fue dejada para luchar por su propia supervivencia.

Akhenaten y Nefertiti presentan ofrendas al dios-sol Aten. Relieve de piedra caliza en barandilla en Tell el-Amarna (18a Dinastía); ahora en el Museo del Cairo (Fotografía cortesía de The Metropolitan Museum of Art)

Los textos que perduraron registran las carreras de ciertos líderes y sus familias, a medida que ellos se elevan en poder hasta que el faraón decida que se han convertido en una amenaza para el equilibrio político. Este fue el caso de Labaya, el líder de Siquem, que parece haber ganado varias ciudades e interferido con las actividades de otras ciudades independientes (p.ej., Gezer). Por lo visto se le concedió su deseo de visitar al Faraón, pero murió o fue asesinado antes de llegar a Egipto. Más lejos hacia el norte, el reino de Amurru fue conducido por un cierto Azira, que se involucró en política dudosa y fue llamado a Egipto. Finalmente él y su reino se aliaron con los enemigos hititas. En la costa, Rib-addi de Biblos escribió docenas de cartas al faraón esperando que él interviniera y rescatara Rib-addi de varios problemas con enemigos locales. Al final leemos de un golpe de estado dentro de Biblos, con Rib-addi expulsado de su ciudad.

Aunque la mayoría de la correspondencia de Amarna fue escrita en escritura cuneiforme acadia, la *lingua franca* del Cercano Oriente antiguo por este tiempo, está claro que las cartas de escribas en las ciudades de Palestina y regiones adyacentes reflejan dialectos locales en su vocabulario, morfología, sintaxis y otros aspectos gramaticales. En algunos casos, términos semíticos occidentales son puestos junto a sus equivalentes acadios, con una indicación de que ellas son glosas para explicar los sentidos de estas palabras. En otras cartas ellos aparecen como parte del texto, sin indicación de que los escribas estaban conscientes de que ellos escribían algo diferente al idioma oficial de la correspondencia. Los lingüistas han identificado varias formas gramaticales y estilísticas como semíticas occidentales, tales como el *waw*-consecutivo en una oración narrativa, formas verbales con sufijos comunes en singular, y formas retóricas de expresión que se asemejan al hebreo bíblico tardío. Éstas incluyen la repetición triple de frases e ideas, el uso de quiasmo, y técnicas de paralelismo comunes en los Salmos y otras formas de poesía y prosa bíblica. Los textos de lugares, como Jerusalén y Siquem, así como Tiro y Biblos, dan testimonio de una lengua «cananea» presente en la Siria-Palestina del siglo XIV a.C.

La constitución étnica del liderazgo en Palestina durante la Edad de Amarna es una de líderes semitas occidentales a lo largo de la costa, pero tierra adentro se evidencia la presencia de líderes con nombres norteños (hititas y horeos). Así, Jerusalén tiene a un líder cuyo nombre contiene a la diosa horea Hebat. Esta influencia de Anatolia y del norte de Siria, quizás también reflejada en algunos grupos demográficos e individuos mencionados en Josué, Jueces y 1-2 Samuel, es un ejemplo del mundo internacional en el que los textos de Amarna fueron escritos. Los mensajes políticos de los reyes de Babilonia, Asiria, Mitani, los hititas, y Alasiya (Chipre) se abrieron camino a la corte real del faraón. Cada uno de éstos describe preocupaciones por el comercio, si se mantienen rutas comerciales en vista de las amenazas de bandidos y asesinos, proporcionar inventarios de una vasta gama de artículos de lujo enviados a la corte egipcia como comercio (oficialmente como «un regalo»), o simplemente buscar derechos de paso por las tierras y reinos intermedios. Aquí está representado «un club» de la elite de las naciones más poderosas de la época, y sus preocupaciones por adquirir bienes preciosos para su propio prestigio. Las Cartas de Amarna son una colección única de documentos que dan testimonio de un comercio y preocupaciones políticas similares a las encontradas más adelante en las monarquías israelitas y criticadas por los profetas.

Bibliografía. R. S. Hess, *Amarna Personal Names.* ASORDS 9 (Winona Lake, 1993); W. L. Moran, *The Amarna Letters* (Baltimore, 1992).

RICHARD S. HESS

AMASA (Heb. *ʿămāśāʾ*)

1. Pariente de David (2 S 19.13 [TM 14]) e hijo de Itra el israelita (2 S 17.25) o de Jeter el ismaelita (1 Cr 2.17). Durante su rebelión contra David, Absalón designó a Amasa como comandante del ejército (2 S 17.25). Después de la derrota de Absalón, David designó a Amasa como su comandante de ejército en el lugar de Joab (2 S 19.14). Poco después, David ordenó a Amasa reunir a los hombres de Judá dentro de tres días para reprimir una insurrección, pero Amasa tomó más tiempo del requerido y fue reemplazado (2 S 20.1-6). Más tarde, cuando Joab encontró a Amasa cerca de la gran piedra en Gabaón, él le apuñaló (2 S 20. 7-10), como lo había hecho antes con Abner (3.27). Debido a que los soldados se detenían para ver al asesinado Amasa, su cadáver fue removido del camino (2 S 20.12). Joab entonces retomó su papel como comandante del ejército, hasta que él mismo fuera muerto por Benaía por asesinar a Abner y Amasa (1 R 2.5, 32).

Amasa puede ser el mismo individuo que Amasai *ʿămāśay),* el «jefe de los treinta», que juró fidelidad a David mientras él estaba en Siclag (1 Cr 12.18 [19]).

2. El hijo de Hadlai, un efrainita (2 Cr 28.12). Después de que los israelitas bajo Peka capturaron 200 mil judaitas en el reinado de Acaz de Judá, el profeta Obed dijo al ejército israelita que la subyugación de los judaitas sólo añadiría a sus ofensas contra el Señor. Amasa y otros hombres efrainitas por lo tanto trajeron a los cautivos a sus parientes en Jericó (2 Cr 28.8-15).

JOHN E. HARVEY

AMASAI (Heb. *ʿămāśay*)

1. Levita, el hijo de Elcana, y un antepasado de Samuel (1 Cr 6.25, 35 [TM 10, 20]).
2. Jefe de los treinta de David que vino a él en Siclag (1 Cr 12.18 [19]). Él es quizás el mismo que Amasa, el hijo de Abigail e Itra.
3. Uno de los sacerdotes que hicieron sonar la trompeta cuando el arca fue devuelta a Jerusalén (1 Cr 15.24).

4. Padre de Mahat; un contemporáneo del rey Ezequías (2 Cr 29.12). Aunque a menudo identificado con **1** más arriba, este Amasai vivió mucho más tarde.

AMASÍAS (Heb. *ʿămasyâ*)
El hijo de Zicri de Judá. Uno que se ofreció para el servicio, él fue comandante de más de 200 mil soldados (quizás 200 unidades; 2 Cr 17.16).

AMASÍAS (Heb. *ʾămaṣyâ, ʾămasyāhû*)
1. Simeonita, el padre de Josías (1 Cr 4.34).
2. Levita de la familia de Merair, que era el hijo de Hilcías y el padre de Hasabías (1 Cr 6.45 [TM 30]). Él estaba entre aquellos designados sobre el servicio de canto «delante de la tienda del tabernáculo de reunión» (1 Cr 6.31-32 [16-17]).
3. Sacerdote del santuario real israelita en Bet-el durante el reinado de Jeroboam II. Él reportó al rey que Amós había profetizado la muerte de Jeroboam y el exilio de Israel, un mensaje que la nación ya no podía tolerar. Amasías ordenó a Amós volver a Judá y nunca más profetizar en Bet-el. El profeta respondió prediciendo el desastre para Amasías, su esposa y sus hijos (Am 7.10-17).
4. Rey de Judá, hijo de Joás y Joadán. Él ascendió al trono a la edad de 25 años, y según se informa continuó durante 29 años en la primera mitad del siglo VIII a.C. Ya que es difícil armonizar los 29 años de Amasías y el reinado de 52 años de su hijo Azarías-Uzías en este período, unos han sugerido que los dos fueron coregentes en parte de sus reinados. El gobierno de Amasías está descrito en 2 R 14.1-20, que por lo visto es sacado de los archivos reales de Judá, y en 2 Cr 25.1-28, que es esencialmente una revisión del relato de 2 Reyes.

En 2 Reyes se caracteriza a Amasías generalmente en una forma positiva, y agrega que él mostró refreno en el castigo de los asesinos de su padre, y emprendió una guerra exitosa contra Edom, en la cual él capturó Sela y la renombró Jocteel (2 R 14.1-7). Lamentablemente, Amasías desafió entonces a Joás e Israel para medir sus fuerzas en batalla, y cuando el rey israelita intentó disuadirle por medio de una fábula ingeniosa, él rehusó escuchar. Por consiguiente, el ejército de Judá fue derrotado en batalla en Bet-semes y Amasías fue capturado, los muros de Jerusalén reducidos en una envergadura de 400 codos, el templo y el tesoro real saqueados, y rehenes fueron llevados a Samaria (2 R 14.8-14). Puede suponerse que Amasías volvió al trono, sobreviviendo al final a Joás por 15 años. Más tarde él fue asesinado por conspiradores que le habían perseguido hasta Laquis (2 R 14.17-20).

En 2 Crónicas se concuerda con el perfil del relato en 2 Reyes, pero lo aumenta en forma evidente. En cuanto a la guerra con Edom, p.ej., 2 Crónicas explica que Amasías salió a luchar contra Edom con 300 mil tropas judaitas y una fuerza de 100 mil mercenarios israelitas, a quienes él había pagado 100 talentos de plata. Un profeta condenó el alquiler de tropas israelitas y persuadió a Amasías a enviarlos a casa. Judá conquistó a Edom y destruyó a 20 mil de sus soldados, antes que 10 mil de 2 Reyes (2 Cr 25.5-13). Además, 2 Crónicas agrega dos elementos adicionales que están relacionados con la guerra posterior con Israel. En primer lugar, los mercenarios israelitas atacaron y saquearon ciudades de Judea «desde Samaria hasta Bet-horón», porque Amasías los habían excluido de la campaña edomita (2 Cr 25.13). Este ataque por israelitas puede ser considerado como el motivo para el desafío posterior de Amasías a Israel para la guerra. En segundo lugar, Amasías volvió de su campaña contra Edom y trajo consigo los dioses edomitas, y los adoró. Cuando un profeta condenó su comportamiento, Amasías lo amenazó con la muerte, por consiguiente el profeta anunció que Dios destruiría al rey (2 Cr 25.14-16). Por lo tanto, cuando Amasías desafió a Joás para que luchara, y Joás intentó disuadirle, 2 Crónicas explica que el rey de Judá dejó de prestar atención a la advertencia, porque Dios había decretado destruirle por su pecado (2 Cr 25.20). Aunque Amasías sobrevivió esta batalla, 2 Crónicas relata que la conspiración final contra Amasías fue la consecuencia del pecado del rey (2 Cr 25.27).

Los rasgos generales del reinado de Amasías que se hallan en 2 Reyes han sido aceptados por historiadores, pero no ha sido así el caso con las adiciones de 2 Crónicas, ya que el tamaño de las fuerzas militares parece excesivo, y los informes sobre dioses edomitas y las interacciones proféticas con Amasías pueden haber sido ideadas por el cronista a fin de explicar los desastres del reinado del rey.

Bibliografía. M. P. Graham, «Aspects of the Structure and Rhetoric of 2 Chronicles 25,» en *History and Interpretation*, ed. Graham et al. JSOT Sup 173 (Sheffield, 1993), 78-89.

M. PATRICK GRAHAM

AMASSAI (Heb. *ʿămaššay*)
Un sacerdote que vivió en Jerusalén durante el tiempo de Nehemías. Él era el hijo de Azarel (Neh 11.13) y posiblemente idéntico a Masai (1 Cr 9.12).

AMATISTA
Una piedra transparente, púrpura o rojiza, apreciada para fabricar cuentas, sellos y amuletos. Las recientes traducciones en español leen «amatista» para el Heb. *ʾaḥlāmâ*, una piedra grabada en el pectoral del sumo sacerdote (Ex 28.19; 39.12). La Septuaginta traduce *améthystos* para *ʾaḥlāmâ*, y la añaden a la lista de piedras que describen al rey de Tiro (Ez 28.13). Se usa para designar uno de los cimientos en el fundamento de la muralla de la nueva Jerusalén (Ap 21.20). Algunas traducciones leen «cristal» o «jaspe» para estos términos hebreos y griegos.

JOSEPH E. JENSEN

AMAW (Heb. *ʿammô*)
La patria de Balaam, al oeste del Eufrates (Nm 22.5). Su capital fue Emar, aprox. 80 km (50 mi) al sur de Carquemis y al sudoeste de la ciudad de Balaam, Petor (Acad. Pitru). Según la inscripción Idrimi, aproximadamente dos siglos antes (aprox. 1450 a.C.) Amaw estaba bajo el control de Alalakh.

ÁMBAR
Una resina fósil translúcida amarillenta a pardusca (Heb. *ḥašmal*) usada para hacer objetos ornamentales (Ez 1.4, 27; 8.2, *Reina Valera 1909*). La Septuaginta lee Gr. *ḗlektron* y la Vulg. tiene Lat. *electrum,* una aleación que contiene cuatro oro de partes y una parte de plata. Otros, sobre la base de Acad. *ešmaru* (de Elam. *ilmasu,* «taracea» o «bronce»), algunas versiones inglesas traducen «bronce reluciente» (RSV).

AMÉN (Heb. *ʾāmēn;* Gr. *amḗn*)
Transliteración de una raíz hebrea que conlleva la idea de veracidad y firmeza. Tanto en el AT como en el NT está palabra acompaña declaraciones solemnes, tales como aserciones reales o divinas. La mujer acusada de adulterio, bajo la ley mosaica, debía responder al procedimiento para indagar su culpa con un doble «Amén» (Nm 5.22). Cuando las maldiciones de la ley fueron leídas a los israelitas, ellos debían responder con «Amén» (Dt 27.15-26). Benaía usó la palabra para indicar la afirmación divina de la decisión de David de nombrar a Salomón para sucederle como rey (1 R 1.36). Cuando David trajo el arca del pacto a Jerusalén, la gente respondió a un larguísimo canto de alabanza a Dios con «Amén» (1 Cr 16.36). En los Salmos un doble «amén» es añadido a las oraciones de bendición al Señor (Sal 41.13; 72.19; 89.52). Jeremías usa este término para expresar su deseo de que la falsa profecía de Hananías fuera verdad (Jr 28.6). En todos, excepto dos de los pasajes mencionados (Jr 28.6; 1 Cr 16.36), la Septuaginta tienen *génoito*, «que así sea» para *āmēn*.

El uso en el NT sigue estrechamente el del AT. El Gr. *amḗn* es añadido a las oraciones, declaraciones solemnes o doxologías (p.ej., Mt 6.13; Mr 16.20; Lc 24.53; Jn 21.25). En dos pasajes, Jesús es denominado como nuestro *amḗn* (2 Co 1.20; Ap 3.14). El NT también contiene numerosos ejemplos donde *amḗn* es traducido «de cierto» o verdaderamente (p.ej., Mt 5.18; Mr 3.28; Lucas 4.24; Juan 1.51).

JOE E. LUNCEFORD

AMENEMOPE, INSTRUCCIÓN DE
Un texto didáctico egipcio fechado a finales del siglo XII a.C. La única copia completa es conservada en un papiro del siglo VI d.C. Presentadas como las palabras de Amenemope a su hijo más joven, estas instrucciones para bienestar y conducta apropiada están divididas en un prólogo y 30 capítulos numerados, el último de los cuales funciona como un epílogo. El interés dominante es distinguir a la persona ideal («la verdaderamente silenciosa»), que es honesta, modesta y respetuosa, disciplinada, tranquila, amable con los demás y preocupada por el menos favorecido, de la persona «acalorada» irascible y engañosa. Se hace hincapié en la honestidad en las interacciones personales y comerciales, satisfacción con posesiones materiales mínimas y defensa a favor de los pobres. El estrecho paralelo estructural y temático entre Amenemope y el libro de Proverbios, en particular «las Palabras de los sabios» en Pr 22.17–24.22, han suscitado un debate de erudición en cuanto a la naturaleza de la relación literaria. Aunque algunos hayan debatido por la prioridad de Proverbios o por la derivación de ambos textos de una fuente original egipcia o semítica común, el consenso consiste es que Amenemope tuvo la prioridad y sirvió como un modelo para la colección de Proverbios «de los 30 dichos» (Pr 22.20).

Bibliografía. G. E. Bryce, *A Legacy of Wisdom* (Lewisburg, Pa., 1979); M. Lichtheim, *Ancient Egyptian Literature* (Berkeley, 1976), 2.146-63.

CHRISTINE ROY YODER

AMI (Heb. *'āmî*) (también AMÓN)
Un antepasado de una familia de «siervos de Salomón» (Esdras 2.57). Lo llaman Amón en Nehemías 7.59.

AMIEL (Heb. *'ammî'ēl*)

1. Hijo de Gemali, de la tribu de Dan. Él fue uno de los 12 varones enviados para reconocer Canaán (Nm 13.12).

2. Padre de Maquir, de la tribu de Manasés, de Lodebar (2 S 9.4; 17.27).

3. Padre de Bet-súa-Betsabé, la esposa de Urías, que más tarde se convirtió en esposa de David (1 Cr 3.5). Como el resultado de una transposición de las consonantes, el nombre aparece en 2 S 11.3 como Eliam.

4. Sexto hijo de Obed-edom; un portero en el templo (1 Cr 26.5).

AMIGO
En el uso bíblico, un término que cubre un amplio espectro de relaciones, de lo íntimo a lo remoto. El AT captura el significado de estas relaciones en los sustantivos derivados básicamente de las raíces *'hb* y *r'h*. En la LXX y el NT la palabra habitual es Gr. *phílos*, y de vez en cuando *hetaíros*. La Vulg. casi siempre traduce Lat. *amicus*.

En el AT los términos expresan relaciones humanas completamente normales que son gobernadas por las convenciones de amistad del antiguo Cercano Oriente. Simplemente, pueden connotar la relación de vecinos y conocidos (Lv 19.18; Jer 6.21; Mi 7.5), así como más cercanos que acentúan la igualdad entre amigos (Dt 13.6 [TM 7]) y raya en lo familiar (Sal 35.14; Pr 18.24; 27.10). Legendaria en este aspecto es la amistad entre David y Jonatán (1 S 18.1-3; 20.17; 2 S 1.26). La amistad con Dios también es posible, como Moisés es llamado un amigo de Dios y habla con Dios cara a cara, como los amigos hablan (Éx 33.11). Jueces 5.31 refleja la sabiduría convencional de que uno debe ayudar a los amigos y hacer daño a los enemigos. La literatura sapiencial presta especial atención a la importancia de la amistad leal (Sir 6.14-16), aconseja sobre su valor (Pr 18.24; Ec 4.9-12; Sir 6.1; 25.1), y advierte de su fragilidad (Pr 19.4; Sir 6.8-13; 9.10; 13.21; 22.20; 37.1). Sirac 22.21-22 acentúa la posibilidad de reparación para la amistad dañada.

El NT no presenta una enseñanza unificada sobre amigos y amistad, pero los autores del NT realmente muestran un poco de interés sobre el tema. Aunque Pablo no use la palabra «amigo», él muestra familiaridad con las convenciones de la amistad (Ro 5.6-8; 13.8-10; 1 Co 1.10; Gá 4.12-20; Fil 2.2-4; 4.14-16) y hasta emplea elementos de la carta amistosa en su correspondencia (Fil 1.3-4, 7-8, 27; 2.12). Mateo usa Gr. *phílos* sólo una vez (Mt 11.19), y es el único autor del NT en usar *hetaíros*, tres veces en el vocativo (20.13; 22.12; 26.50). Lucas usa *phílos* más que los otros autores del NT (p. ej., Lucas 7.6, 34; 11.5-8; 12.4; 16.9; 23.12; Hch 10.24; 19.31). Lucas es el único autor de los evangelios en incluir la parábola del amigo persistente (Lc 11.5-8). La peculiarmente lucana Parábola del hijo pródigo (Lc 15.11-32) refleja aspectos del *topos* grecorromano sobre la amistad, y hasta desafía la ética de reciprocidad (6.34-35a; 14.12-14; Hch 20.35), que rigió la amistad en su día. En el Evangelio según San Juan el término «amigo» toma un significado especial que implica la estrecha relación con Jesús (Jn 3.29; 11.11; 15.14-15). El Evangelio de Juan refleja los motivos de amistad comunes de compartir (Jn 15.15) y lealtad al punto de muerte (10.11, 15, 17-18; 15.13; cp. 11.16; 1 Jn 3.16). De esta manera, los autores del NT asignan y adaptan a sus propias necesidades las tradiciones de amistad helenistas-judías y grecorromanas de su día.

Bibliografía. A. C. Mitchell, «'Greet the Friends by Name': New Testament Evidence for the Greco-Roman *Topos* on Friendship", en *Greco-Roman Perspectives on Friendship*, editor.
J. T. Fitzgerald. SBLRBS 34 (Atlanta, 1997), 225-62.

ALAN C. MITCHELL

AMINADAB (Heb. *'ammînāḏāḇ*; Gr. *Aminadáb*)

1. Líder de la tribu de Judá cuyo linaje se remonta a través de Rut a David (Rut 4.19-20; Mt 1.4). Él fue el hijo de Ram (Rut 4.19; llamado Admin en algunos textos de Lucas 3.33), padre de Naasón (Nm 1.7; 2.3) y de Elisabet, la esposa de Aarón (Ex 6.23).

2. Levita, hijo de Coat y padre de Coré (1 Cr 6.22 [TM 7]; Septuaginta «Izhar»; cf. Ex 6.18).

3. Jefe de la familia levítica de Uziel, descendiente de Coat (1 Cr 15.10-11). Él estuvo entre los levitas que trajeron el arca desde la casa de Obed-edom a Jerusalén.

4. Padre de Ester, según la Septuaginta (Est 2.15; 9.29), aunque el TM llama Abihail como su padre.

5. Rey de Beth-ammon (Acad. *Ammin adbi*), que dio el tributo a Asurbanipal (*ANET*, 294a). No es imposible que él sea idéntico con el mismo nombre que aparece en un sello del siglo VII a.C.

ISAAC KALIMI/GREGORY A. WOLFE

AMISABAD (Heb. *ʿammîzāḇāḏ*)
Hijo de Benaía, uno de los treinta de David. Él sirvió como comandante de la división para el tercer mes (1 Cr 27.6).

AMISADAI (Heb. *ʿammîšaddāy*)
El padre de Ahiezer de la tribu de Dan (Nm 1.12; 2.25; 7.66, 71; 10.25).

AMITAI (Heb. *ʾămittay*)
Padre del profeta Jonás, de Gat-hefer en el territorio de Zabulón (2 R 14.25; Jon 1.1).

AMIUD (Él *ʿammîhuḏ*)

1. Padre de Elisama de Efraín (Nm 1.10; 2.18; 7.48, 53; 10.22); un antepasado de Josué (1 Cr 7.26).

2. Padre de Semuel, que representó la tribu de Simeón en la división de la tierra de Canaán (Nm 34.20).

3. Padre de Pedael de la tribu de Neftalí, que ayudó en la división de la tierra (Nm 34.28).

4. Padre del rey Talmai de Gesur (2 S 13.37; TM *ʿammîhûr*).

5. Uno de los exiliados que volvió a Jerusalén; e hijo de Omri de la familia de Fares hijo de Judá, y padre de Utai (1 Cr 9.4).

AMMA (Heb. *ʾammâ*)
Una colina cerca de Gía, en el «camino del desierto de Gabaón» (2 S 2.24), donde Abner hizo una tregua con Joab su perseguidor (vv. 26-28).

AMMI (Heb. *ʿammî*)
Un nombre («mi pueblo») dado a Israel, que simboliza la aceptación divina (Os 2.1 [TM 3]), en contraste con Lo-ammi («no mi pueblo», 1.9), que significó el rechazo divino del pueblo de Dios.

AMMON (Heb. *ʿammôn*)

AMNÓN (Heb. *ʾamnôn, ʾamnōn*)
1. Hijo primogénito de David y Ahinoam de Jezreel (2 S 3.2 = 1 Cr 3.1). Su historia ilustra el juicio anunciado por Natán por los crímenes de adulterio y asesinato por parte de David (2 S 12.11-12). El deseo obsesivo de Amnón por su hermosa hermanastra Tamar le afligía. Siguiendo el consejo de su primo Jonadab, Amnón fingió estar enfermo y pidió a David que enviara a Tamar para visitarlo y prepararle comida. Cuando Tamar trajo la comida a su cuarto, él la detuvo y la indujo a rendirse a su deseo. Ella retrocedió y rogó que él hablara con su padre sobre matrimonio, pero Amnón se negó a escucharla. Él la violó y luego ordenó que la echaran de su casa. Cuando ella rogó que no añadiera más al mal que ya le había hecho, Amnón ordenó que la lanzaran a la calle. Incapaz de consolar a su hermana, Absalón buscó la venganza cuando dos años más tarde él invitó al rey y los príncipes a celebrar la trasquiladura de sus rebaños en Baal-hazor. David no quiso ir, quizás sospechoso de la petición de Absalón de que se permitiera asistir a Amnón, pero finalmente permitió que todos los príncipes asistieran al banquete de Absalón. Cuando Amnón estaba bajo la influencia del vino, Absalón ordenó que sus criados lo mataran, venganza que él había considerado desde la violación de Tamar por parte de Amnón.
2. Hijo de Simón, descendiente de Judá (1 Cr 4.20).

Keith L. Eades

AMOC (Heb. *ʿāmôq*)
Uno de los sacerdotes y cabeza de familias que volvieron con Zorobabel del exilio babilónico (Neh 12.7); un antepasado de Eber, un sacerdote en los días del sumo sacerdote Jedaías (v. 20).

AMÓN (Heb. *ʾāmôn*) **(DEIDAD)**
Dios egipcio del viento (Jr 46.25). Como Amón-Re, el era dios supremo del periodo del Reino Nuevo.

AMÓN (Heb. *ʾāmôn*) **(PERSONA)** (también AMI)

1. Rey de Judá, hijo de Manasés, nieto de Ezequías, y padre de Josías. Su reinado fue breve, duró sólo dos años (643-642 a.C.; 2 R 21.19-26; 2 Cr 33.21-25).

Amón ascendió al trono después de la muerte de Manasés. Tenía sólo 22 años de edad al momento de su coronación (2 R 21.19), él debe haber sido uno de los hijos más jóvenes de Manasés. Su madre era Mesulemet, la hija de Haruz. Amón recibe la común evaluación negativa dada por los redactores deuteronomistas (2 R 21.20). Él fue asesinado por sus «siervos» (probablemente funcionarios de la administración real) en el palacio, pero no se revela los motivos del asesinato. Es muy posible que, considerando la continuación aparente de Amón de la política de Manasés, de sumisión a los asirios, es que sus asesinos pueden haber esperado revivificar esperanzas de independencia para Judea; de ser así, fue un esfuerzo vano condenado al fracaso. El texto de 2 Reyes 21.24 está claro que «el pueblo de la tierra», probablemente la aristocracia hacendada, procuró que Amón fuera reemplazado por su hijo Josías de ocho años, durante cuya minoría de edad la política de sumisión continuó. Otra posibilidad consiste en que Amón fue asesinado por gente que deseaba una restauración de las reformas religiosas iniciadas por Ezequías a finales del siglo VIII, y que fueron abandonadas por Manasés a principios del séptimo. Es también posible que Amón fuera muerto por otros miembros de la familia real en una lucha por el trono. Al final, nada concluyente se puede decir en cuanto a las circunstancias o motivos de la muerte de Amón, y el veredicto final es el del redactor deuteronomista que lo condena por su fracaso en desechar las maldades de su padre.

2. Un funcionario («gobernador») de la ciudad de Samaria (1 R 22.26 = 2 Cr 19.25). Amón aparece en la narración acerca de la profecía de Micaías como una de las dos personas acusadas de encarcelar y poner bajo guardia al profeta durante la ausencia del rey en Ramot de Galaad.

3. Una persona mencionada entre aquellos que retornaron del exilio en Babilonia bajo Zorobabel y Josué (Neh 7.59). En el texto paralelo de Esdras 2.57 el nombre aparece en una lista con una ortografía diferente, Ami (Heb. *ʾāmî*).

Bibliografía. M. Cogan and H. Tadmor, *II Kings*. AB 11 (Garden City, 1988), 275-76; A. Malamat, «The Historical Background of the Assassination of Amon,» *IEJ* 3 (1953): 26-29.

PAUL K. HOOKER

AMONITAS (*ʿammônîm*)

Un pueblo sedentario que vivió al este del Jordán en la cabecera del río Jaboc, conocido también por los anales de Senaquerib (*ANET*, 279), Tiglat-pileser III (282), y Asurbanipal (294). Aunque material particularmente de la cultura amonita pudiera no ser claramente distinguible de antes de la Edad del Hierro, los amonitas como pueblo surgieron, posiblemente, en la Edad de Bronce Media alrededor de Rabbah (Rabbath-ammon), quizás cuando el pueblo amonita dominó a los refaítas, un grupo étnico rival (cf. Septuaginta Dt 2.21). La cultura amonita alcanzó su auge en riqueza, poder e influencia durante los siglos IX-VI a.C. Los sitios relevantes excavados incluyen la ciudadela de Ammán, Tell Safut, Tell Siran, Tell Jawa (al sur), Khilda, Khirbet el-Hajjar, Meqabelein, Rujm el-Malfuf, Tell el-Mazar, Tell Sahab, Tell el-ʿUmeiri, y Umm ad-Dananir.

Los límites geográficos y la influencia política y militar del reino amonita sin duda variaron de vez en cuando. Del área original limitada más o menos a los alrededores más amplios de Rabbah en sí, se dice que los amonitas controlaron el área completa entre Wadi Môjib (Arnón) y Wadi Zerqa (Jaboc), desde el desierto oriental hasta el Río Jordán. El dominio amonita fue con frecuencia eclipsado por asentamientos tribales premonárquicos y, más tarde, por los reyes israelitas y judaitas.

Los amonitas entran en la escena bíblica en una alianza con los amalecitas, para ayudar al rey moabita Eglón a derrotar a Israel (Jue 3.12-14). La posterior subyugación de 18 años fue interpretada como un castigo por el abandono de Israel de la relación con Dios, y preferir adorar a los baales y Astarots de sus vecinos (Jue 10.6-18). Los amonitas fueron derrotados por Jefté (Jue 11.33), masacrados por Saúl (1 S 11.11), y obligados a pagar tributo a David (2 S 8.12), que finalmente los conquistó. Posteriormente, la amonita Naama se casó con Salomón y le dio a Roboam, futuro rey de Judá (1 R 14.21, 31). La animosidad israelita hacia los amonitas (y moabitas) es enérgicamente declarada: «No entrará amonita ni moabita en la congregación de Jehová, ni hasta la décima generación de ellos» (Dt 23.3 [TM 4]).

La religión amonita era de la clase típica de politeísmo de culto a la fertilidad, presente en todas partes en la antigüedad. La deidad masculina Baal y sus consortes Astarot/Astarte/Asera se unían ritualmente, asegurando la fertilidad y bienestar tanto de personas como de la tierra. Cuando los israelitas aceptaron estas creencias y prácticas, los escribas y los profetas las denunciaron. Milcom era el principal dios amonita. Su preciosa corona de oro la robó David para sí mismo. La esposa amonita de Salomón persuadió al rey no simplemente a construir un templo a Milcom, sino aun hasta a abandonar a Jehová por la adoración de su dios amonita natal. El equivalente de Milcom es representado en la forma de estatuillas de fertilidad femenina de terracota, encontradas en muchas excavaciones de la Edad del Hierro. La cultura religiosa de los amonitas, siendo ajena a la fe israelita, es lo que los convierte en enemigos independientemente del cambio de situaciones políticas y militares.

Cuando los reinos del norte y del sur cayeron, los amonitas dejaron de ser un enemigo común para Israel y Judá. La población de la parte baja de Galaad con toda la probabilidad estaba ya compuesta tanto por amonitas como por tribus y familias israelitas, que de ningún modo estaban siempre en enemistad una con otras. Durante el exilio, y sobre todo después de la destrucción del templo de Jerusalén, muchos judíos buscaron refugio entre los amonitas al este del Jordán (Jr 40.11).

Quizás es el escritor sacerdotal, interesado en las genealogías, quién pone a los amonitas en una mejor perspectiva. Las narraciones del origen de la ascendencia epónima los conectan con Abraham a través de Lot (Gn 19.38). La ascendencia amonita fue concebida (literariamente si es que no también literalmente) por una unión entre Lot y una de sus hijas, sin que éste se diera cuenta. Como generalmente sucede con las etiologías, el interés no está en la biología, sino en transmitir un valor, en este caso una relación positiva entre israelitas y amonitas debido a un vínculo ancestral (Gn 11.27). Lot emigra con Abraham (Gn 12.45); posteriormente Abraham rescata a Lot (14.12-16). La hija más joven de Lot llama a su hijo Ben-ammi, «el hijo de mi pariente», aclarando que todos los amonitas son parientes de todos los israelitas.

Uno puede ver fácilmente un paralelo entre las incursiones israelitas en Raba-amon, por la Era del Hierro tardía, y las antiguas invasiones israelitas bajo Moisés. El autor de Deuteronomio 2, al prohibir a Moisés invadir el territorio amonita, da la razón del porqué los judaitas de la Edad del Hierro no deberían usurpar su país anfitrión: el Señor lo había dado a los descendientes de Lot (v. 19). En la cosmovisión de la antigüedad, las tierras pertenecen a dioses. Presentando sus orígenes como una medida la propia dispensación de Jehová, comunica el reconocimiento de Israel de la legitimidad del reino amonita, su existencia misma se deriva por último de un acto de Jehová. Una ocasión plausible para afirmar este valor habría sido ante un enemigo común: Babilonia.

Aunque puede ser correcto hablar del final de un reino amonita eficaz y particular poco después de la Edad del Hierro tardía, es erróneo pensar de ellos como que simplemente fueron absorbidos en la población local poco después. La fuerza amonita continuó. Las conquistas mundiales de los persas y griegos la eclipsaron, pero no necesariamente disminuyeron, el significado regional de los amonitas, que perduraron claramente hasta el período helenístico. La región se volvió importante otra vez con significativos influjos helenísticos, pero todavía conservó en su propia identidad cultural bajo los ptolomeos. Ptolomeo II la renombró Amón Filadelfia y finalmente se convirtió en una ciudad clave de Decápolis. El poder e influencia amonita permanecieron al menos hasta la derrota por Judas Macabeo en el siglo II (1 Mac 5.6).

DONALD H. WIMMER

AMOR

Cualidad interna que se expresa exteriormente como un compromiso de buscar el bienestar de los demás a través de actos concretos de servicio. El amor es un concepto bíblico central para definir la relación entre Dios y los seres humanos. Varias palabras se utilizan en el Antiguo Testamento para describir diversos aspectos del amor. La más común es el hebreo *'āhab* y sus derivados, que caracterizan las relaciones que alternan de lo secular a lo sagrado.

Relaciones humanas

Amor describe la gama completa de las relaciones entre los sexos (por ejemplo, Gn 29.18, 20; Jue 16.4; 1 S18.20). La atracción física y el amor sexual son poderosas fuerzas internas (Cnt 8.6-7; Pr 5.19-20). El amor es el vínculo entre padres e hijos (Gn 22.2; 44.20). El amor de los padres siempre busca lo mejor para el hijo, que puede incluir la disciplina física (Pr 13.24; véase 3.12).

El amor es el vínculo de la dedicación mutua y el compromiso que se expresa en una amistad cercana como la de David con Jonathan (1 S 18.1-4; 20.17; 2 S 1.26) y la devoción de Rut, que busco el bienestar de Noemí más allá de todas las expectativas culturales o los requisitos legales (Rut 4.15).

Relaciones humanas con la divinidad

Tora

El libro de Deuteronomio resume la historia de la relación de Dios con Israel como la libre expresión de amor que Jehová haya otorgado. Jehová eligió el pueblo de Israel y los sacó de Egipto debido a su pacto y porque amaba a sus antepasados (Dt 4.31-37). Toda la narrativa del llamado, la elección, el Pacto y las promesas hechas a la familia de Abraham, Isaac y Jacob (Gn 12-50) se declara aquí como la historia del amor inmerecido de Dios, otorgado a Israel como un acto motivado de su pura gracia.

Los israelitas pudieron ser llamados a responder con un amor incondicional hacia Dios adoptando solamente la unidad de la revelación divina en la historia de la salvación como un acto de amor de Jehová (Dt 6.4-6). Pero debido a la condición humana del corazón, que fácilmente se aparta de su compromiso con Jehová (Dt 8.1-20) y resiste obstinadamente a la voluntad de Dios (10.16), Jehová en un sorprendente acto de gracia se compromete a permitir que Israel le ame y obedezca mediante la circuncisión del corazón de Israel (Dt 30. 6). El amor de Israel, como el de Jehová, se demuestra con actos de amor que se expresa en obediencia a la ley de Jehová en las tareas diarias de la vida (Dt 6.7-9). La ley es la manera de Israel de imitar el amor de Jehová que había experimentado cuando Israel fue redimido de Egipto (por ejemplo, Dt 24.17-18).

Aunque Jehová fue selectivo en la elección de Abraham y su descendencia de todos los pueblos del mundo (Dt 19.14-15), la protección y el cuidado providencial de Dios se extiende a los marginados de la sociedad, incluso los extranjeros (v. 18; véase Ex 23.9). El objetivo primario y definitivo de Dios en la formación de un pueblo es que Israel sea una fuente de bendición a todo el mundo (Gn 12.2-3), a través del cual todas las naciones aprenderán que la voluntad de Jehová es la paz eterna (Is 2.2-4). Israel fue ordenado que mostrara actos concretos de amor a sus enemigos y no tomara represalias contra quienes cometían agravios contra él (Pr 24.29).

Profetas

Los profetas, especialmente Oseas y Jeremías, describen el amor de Jehová por Israel en términos de imágenes familiares. Israel es hijo adoptivo de Jehová, a quien Jehová otorgó su cuidado paternal rediméndolo de Egipto y proveyendo para él en todo el camino (Os 11.1-4). Israel también es la mujer quien Jehová ama (Os 3.1). Dios exige que los israelitas tengan una relación íntima con Él caracterizada por el «amor fiel» (o «leal»; Heb. *hesed*) y el «conocimiento de Dios» (Os 4.1-2). Pero para decepción de Jehová, el amor de Israel es tan fugaz como el rocío de la madrugada (Os 6.4-6), se desvanece como la promiscuidad sexual con dioses cananeos en el culto de la fertilidad (3.1; 4.10-14; véase Jer 2.20-25; 3.6-10). Donde la restauración de la relación parece imposible, el amor de Dios trasciende el amor humano. Dios es el Santo cuya compasión restaurará a su hijo perdido (Os 11.8-9; véase Jer 31.15-20), curándolo y permitiéndole regresar a Él (Os 14.1-8 [TM-2-9]; véase Jer 3.21–4:1). Asimismo, Dios persuadirá a su esposa perdida y establecerá un matrimonio eterno (Os 2.16-23 [TM 18-25]). Del mismo modo, Jehová sacara su pueblo desanimado del exilio debido a su gran amor por ellos (Is 43.4-5). Su ira momentánea o juicio, se desvanecerá ante esta compasión y amor eterno.

Evangelios Sinópticos

En el NT el amor de Dios (Gr. *agápē*) por los seres humanos es expresa por medio de Cristo y es efectivo mediante el don del Espíritu Santo.

El amor de Dios es evidente a través de la obra de Jesús, que hace actos de misericordia como curar a los enfermos y aceptar lo inaceptable al comer con los publicanos y los pecadores y perdonar sus pecados. En las parábolas, Jesús presenta a Dios como quien otorga su amor, misericordia y perdón como actos de gracia inmerecida (por ejemplo, Mt 18.23-35; Lc 15.11-32). Quienes reciben el perdón compasivo de Dios también deben tratar a los demás con el mismo amor. El Gran mandamiento es el resumen de la ley del AT, un doble mandamiento de amar a Dios y al prójimo (Mt 22.34-40 párrafo que cita Dt 6.4; Lv 19.18). En la parábola del buen samaritano Jesús define al prójimo como quien muestra compasión más allá de las fronteras étnicas y religiosas (Lc 10.29-37). Amor es hacer bien incluso a aquellos que no te aman, incluso a tu enemigo (Lc 6.27-36).

Escritos juaninos

En los trabajos relacionados con Juan, el amor de Dios se enuncia claramente. El amor de Dios para el mundo se demuestra mediante el envío de su Hijo, Jesús, a morir por los pecados del mundo para que aquellos que creen en él tengan vida (Jn 1.29; 3.16; véase 20.31). Aquellos que pertenecen al Hijo, le aman y muestra su amor guardando sus mandamientos (14.15), directo como el mandamiento de amar uno al otro (15.12).

Debido a la gran obra de amor de Dios, los creyentes deberían amarse los unos a los otros (1 Jn 4.10-11). Los nacidos de Dios pueden amar a Dios y guardar sus mandamientos por la fe (1 Jn 5.1-5), porque el amor es una característica esencial que define a Dios. El amor que el creyente muestra es «amor perfecto», el amor de Dios que ha alcanzado su perfección, o meta, en amar a los demás (1 Jn 4.17-18). Los creyentes muestran el amor de Dios por actos concretos de servicio que satisfacen las necesidades humanas reales, así como Jesús mostró el amor de Dios al dar su vida por ellos (1 Jn 3.16-17).

Cartas paulinas

Para Pablo, el amor comienza con el «Dios de amor y paz" (2 Co 13.11) cuyo acto misericordioso de amor conciliador se revela en Cristo. Nada en la creación puede separar al reconciliado de este amor (Ro 8.35-39). Según Pablo «porque toda la ley en esta sola palabra se cumple: Amarás tu prójimo como a ti mismo» (Gá 5.14). La famosa descripción de Pablo del amor cristiano en 1 Corintios 13 también puede considerarse como un retrato de Cristo. El poder de amar proviene de Dios solamente. El Espíritu Santo derrama el amor de Dios al corazón del cristiano, produciendo amor como el primer fruto del Espíritu (Ro 5.5; Gá 5.22), que hace libre al creyente del poder del pecado mediante la manifestación del amor de Cristo en sus vidas (Ro 8.1-9).

En resumen, el amor de Dios es la aceptación inmerecida de todas las personas que se expresa en actos concretos de providencia y salvación. Mediante la fe en Cristo, el cristiano puede amar con el amor de Dios a través de la obra del Espíritu Santo.

Bibliografía. V. P. Furnish, *The Love Command in the New Testament* (Nashville, 1972); W. Klassan, *Love Your Enemies: The Way To Peace.* OBT 15 (Philadelphia, 1984); A. Nygren, *Agape and Eros* (1953, repr. Chicago, 1982).

LAURIE J. BRAATEN

AMOR-MISERICORDIA

También significa la «bondad», «misericordia» y el «amor inquebrantable», especialmente cuando se describe a Dios. La traducción tradicional «misericordia» entró en uso del inglés a través de la Biblia de *Coverdale* 1535 y la KJV de 1611. La principal definición del hebreo *ḥeseḏ* es «lealtad demostrada», es decir, la lealtad que se exhibe en acciones en lugar de palabras o sentimientos (por ejemplo, Gn 40.14; Ex 20.6). Además, el término tiene una calidad magnánima. La misericordia es un tipo de lealtad que no sólo cumple con la obligación sino que va la segunda milla (Jer 2.2), al igual que los israelitas obedecieron a Moisés cuando siguieron a Dios a una «tierra no sembrada». Este compuesto lingüístico que representa una virtud apilada encima de otra expresa una beneficencia especial y notable. Un matiz final de la misericordia es su carácter asimétrico. El comportamiento digno del término debe ser generoso: una virtud otorgada unilateralmente y generalmente asociada con la parte que posee la ventaja social. Por ejemplo, Rahab la prostituta recuerda a los espías israelitas que ella les había tratado «amablemente» al ocultarles y negar la presencia de ellos al rey de Jericó (Jos 2.12). Este aspecto de la bondad amorosa ayuda a explicar su popularidad en las descripciones de Dios (por ejemplo, Sal 107.1): la lealtad que Dios demuestra a la creación tiene una calidad voluntaria, amable.

De las muchas cosas que se dice de Dios en el Antiguo Testamento, su misericordia es una de las más prevalentes basada en su ocurrencia en tantos procederes (por ejemplo, Ex 34. 6; Nm 14.18; 1 R 8.23). Ella describe mejor la calidad de Dios en el Antiguo Testamento que atrae la obediencia, alabanza y el amor de los individuos.

Bibliografía. K. D. Sakenfeld, «Loyalty and Love: The Language of Human Interconnections in the Hebrew Bible,» in *Backgrounds for the Bible,* ed. M. P. O'Connor and D. N. Freedman (Winona Lake, 1987), 215-29.

GREGORY MOBLEY

AMORREOS (Heb. *'ĕmōrî*)

Un término etnolingüístico usado para el término sumerio *mar-tu* y el Acad. *amurrû*. La designación es imprecisa, ya que la palabra amorreo fue usada en forma desigual en periodos y sitios diferentes. Aunque de uso temprano, la palabra hizo su primera aparición significativa durante el tiempo de los reyes acadios (2334-2154 a.C.) que describieron a Jebel Bishri, en Siria, como la montaña amorrea. Esto no significa que ésta sea su tierra natal o sólo lugar de residencia; un siglo más tarde Gudea describiría dos de tales «montañas de amorreos», Jebel Bishri y Jebel Hamrin, al noreste de Sumeria. En textos tempranos de Ebla, de la Siria del tercer milenio, no hay mención de los amorreos o de la lengua. Un lugar con el nombre *mar-tu* es mencionado, pero es todo, y por lo tanto hay que concluir que los amorreos entraron en la región en algún punto después de 2400. Durante el tiempo de la tercera dinastía de Ur (2112-2004) en Mesopotamia, los amorreos aparecen por primera vez en números. Personas en una amplia variedad de comercios y ocupaciones fueron identificadas como «amorreos» en textos administrativos, pero no todos ellos llevaban nombres amorreos. A la inversa, otros con nombres amorreos no son descritos como perteneciendo a ningún grupo étnico. La mayoría de estas personas estaba integrada ya en la sociedad de Mesopotamia. Otras fuentes, incluyendo copias posteriores de cartas reales de los reyes la tercera dinastía de Ur, describen una situación diferente: amorreos hostiles en las fronteras del noreste del Imperio, que continuamente amenazaban la estabilidad del estado. Más exactamente, ellos fueron identificados como perteneciendo al clan Tidnum, y se tuvo que construir una línea de fortificaciones contra ellos, que atravesaba los ríos Tigris y Eufrates, y entraba en la región de Diyala. Durante el reinado de los últimos reyes de la tercera dinastía de Ur, estos amorreos, que organizaban incursiones desde los valles en las montañas del Este, invadieron la mayoría del área del norte de Sumeria y fueron un factor influyente en la caída definitiva del Imperio. Los estados sucesores que surgieron de la confusión fueron gobernados por jefes amorreos, que no escondieron sus orígenes y a menudo usaban títulos tales como «caudillo amorreo» «o rey de la tribu amnanum» como parte de su título. Por el siglo XIX a.C., las dinastías que gobernaban ciudades de Mesopotamia, tales como Isin, Larsa, Uruk, y Babilonia eran de ascendencia amorrea.

La situación era algo diferente en Siria y el norte de Mesopotamia. Sólo un puñado de nombres personales es conocido de fuentes de la tercera dinastía de Ur; la mayoría de ellos son lingüísticamente cercanos a la antigua lengua eblaita que a la amorrea. Por la época de Zimrilim, rey de Mari (siglo XVIII a.C.), todas las ciudades y pueblos desde la costa mediterránea a las Montañas Zagros, y hasta el Golfo Pérsico, estaba en manos de dinastías amorreas, colindadas por horeos al norte y otros grupos de lengua diferente en Irán. Nadie es expresamente denominado por el término genérico amorreo, aunque designaciones tribales más específicas están bien certificadas. Además de la población asentada, tenemos ahora pruebas textuales de una población de amorreos nómadas, considerada en fuentes antiguas como diferentes de la gente asentada, y designada con un término amorreo especial, *hanâ*. Hay pruebas abundantes de la organización tribal de los amorreos, que acompañó tanto a los grupos demográficos asentados como a los nómades. La estructura tribal era fluida, y uno no puede transferir información de un período y aplicarla a otro. En Siria durante el siglo XVIII a.C. varios clanes fueron incorporados bajo dos grupos más grandes, el Yamina (Benê-Yamina) y Sim'al (Benê- Sim'al), «los hijos de la Izquierda (Norte)» y los «de la Derecha (Sur).» Los primeros se hallaban principalmente en la región de Ḫabur, mientras los últimos se asentaron y apacentaban en el área alrededor de Mari.

El amorreo, clasificado como semítico occidental, era una de al menos tres presencias lingüísticas semíticas que fueron usadas durante el segundo milenio a.C., junto con variedades de acadio y una serie diferente de dialectos, posiblemente relacionados con el acadio, que eran los descendientes del eblaíta del tercer milenio. A diferencia de las otras dos, nunca fue escrito, y los hablantes amorreos decidieron escribir exclusivamente en acadio. La lengua es por lo tanto conocida a partir de nombres personales, palabras tomadas del acadio contemporáneo, así como las que sobrevivieron más tarde en el lenguaje literario de Babilonia. La historia de los amorreos y de la lengua amorrea es difícil de trazar después del siglo XVI a.C. Las palabras *mar-tu* y *amurrû* se siguieron usando en una variedad de formas en textos, y un reino de Amurru existió en Siria occidental, pero no está claro que conexión, si es que alguna, tiene con los amorreos de tiempos más tempranos.

Bibliografía. G. Buccellati, «Amorreos,» *OEANE*, 1.107-11; R. M. Whiting, «Amorite Tribes and Nations of Second-Millennium Western Asia,» *CANE*, 2.1231-42.

PIOTR MICHALOWSKI

AMÓS (Heb. *ʿāmôs*), **LIBRO DE**

Una recopilación de discursos, dichos, y reportes de visiones atribuidos a la carrera de un personaje profético del siglo VIII a.C. Es el más temprano de los libros del AT que contienen mensajes de profetas individuales, conservados en la antigüedad como la parte del libro de los Doce Profetas Menores.

Amós el profeta

Según la escasa información dentro del libro en sí, que es la única fuente histórica disponible, el profeta Amós era un residente de Judá, el reino del sur, que profetizó en Israel, el reino del norte, durante mediados del siglo VIII a.C. Amós es identificado como un residente de Tecoa, un villorrio 10 km (6 mi) al sur de Jerusalén, en el límite del desierto de Judá. En Amós 1.1 se lo describe como un *nōqēḏ* («pastor»), mientras que en 7.14 Amós se refiere a sí mismo como un *bôqēr* («boyero») «y recojo higos silvestres». Esta combinación de términos de oficio sugiere que Amós fue ya sea un obrero estacional de habilidades variadas o posiblemente una persona de algunos medios económicos, que poseía ovejas, ganado y tierra suficiente para cultivar higos de sicómoro, así como forraje de ganado. Aunque Amós tomara parte conciente en la actividad de profetizar, él explícitamente negó la vocación de *nāḇî'* (7.14), un profeta profesional apoyado por un santuario cúltico o sostenido por el rey. Él se esforzó en demostrar que él sólo profetizaba por un llamado divino, bajo circunstancias extraordinarias (3.8; 7.15). El mensaje de Amós retrató instituciones religiosas contemporáneas tan corrompidas que quizás eso explica por qué un no especialista, como Amós, fue obligado a realizar el papel profético de intermediario religioso.

Contexto histórico

Amós 1.1 sitúa su actividad durante los reinados de Jeroboam II en Israel (786-746) y Uzías en Judá (783-742). Estos dos monarcas fueron capaces de explotar un período de relativa debilidad entre las superpotencias regionales de Egipto y Asiria, asegurando así estabilidad política y extensión territorial. El control de la ruta comercial intercontinental que pasaba a través de la región de Transjordania, alimentó la prosperidad económica y la extensión burocrática del gobierno monárquico de Jeroboam. Excavaciones en Samaria, la capital de Jeroboam, han arrojado evidencia arqueológica del crecimiento demográfico urbano y el desarrollo de una elite económica, que poseía grandes casas amuebladas con artículos de lujo importados. La redistribución acelerada de tierra, recursos económicos y autoridad social, de una sociedad basada en la tierra y parentesco a una burocracia centralizada de un estado creciente, creó la mayoría de la conmoción social que proporciona el escenario del mensaje de Amós. Amós es retratado como el portavoz de Jehová para aquellos que estaban privados de derechos, a consecuencia del rápido cambio social.

Amós 1.1 fecha la profecía de Amós a «dos años antes del terremoto.» Su mensaje empleó imágenes del terremoto (8.8; 9.1, 5, 9) para describir el juicio inminente de Jehová sobre Israel. Un terremoto durante el reinado de Uzías fue lo suficiente severo para ser recordado aproximadamente tres siglos más tarde en Zacarías 14.4-5. Evidencia arqueológica de la ciudad israelita norteña de Hazor indica que un terremoto severo ocurrió a mediados del siglo VIII a.C. Amós también usa la imagen de un eclipse solar (8.9) para describir el juicio divino. Dos eclipses solares pueden ser datados dentro de la vida supuesta de Amós (784 y 763). El mensaje de Amós quizás debe su preservación a la percepción, entre algunos de sus oyentes, de que él había identificado una conexión entre las perturbaciones cósmicas del cielo y la tierra y la conmoción social del Israel del siglo VIII.

Contenido

La introducción en 1.1 describe muy brevemente el libro como «las palabras de Amós... que profetizó acerca de Israel» indicando la naturaleza visionaria y reveladora del mensaje de Amós. Amós 1.2 funciona como una tesis para el libro entero. El rugido indignado de Jehová, enfurecido desde su trono universal en Jerusalén, señala la angustia y la destrucción que acompaña a todo el orden creado, y demuestra la dimensión cósmica de las ofensas sociales y morales de Israel.

Los capítulos 1 y 2 contienen un discurso unificado que consta de siete oráculos de juicio muy estilizados contra los estados vecinos de Israel, que concluyen con Judá y siguen con un octavo y extenso oráculo sobre el juicio contra Israel mismo. Cada oráculo comienza con la fórmula: «Así ha dicho Jehová: Por tres pecados de… y por el cuarto, no revocaré su castigo», seguido por una descripción general de castigo. El efecto retórico de los siete primeros oráculos es enfatizar el juicio concluyente contra Israel mismo. A diferencia de las acusaciones generales contra sus vecinos, los delitos de Israel son explicados detalladamente en una lista de siete ofensas que son violaciones de las tradiciones del pacto de Israel. En una inversión de las tradiciones sagradas de Israel de elección y salvación que es característica del mensaje de Amós, la historia de salvación de Israel no la exime del juicio, sino en cambio intensifica su castigo debido a su relación única y responsabilidad ante Jehová (3.1-2).

Los capítulos 3–6 emplean una variedad de mecanismos retóricos y figuras literarias para describir los pecados de Israel y anunciar el juicio de Jehová. La versatilidad retórica de esta sección incluye el uso de acertijos (3.38; 6.12), una parábola (3.12), una burla (4.1), ironía (4.4-5), doxologías (4.13; 5.8-9), un lamento funerario (5.1-2), y oráculos de ayes (5.18; 6.1; 6.4). La denuncia que Amós hace de Israel está basada en la ironía del aumento de la explotación social y económica, por una parte, y un grado elevado de actividad religiosa, por la otra. La prosperidad de Israel es descrita en expresiones como «casas de invierno», «casas de verano», «casas de marfil», (3.15), y «casas de piedra labrada» (5.11), donde el rico vivía en ocio e indulgencia (6.4-6) a expensas de los pobres privados de derecho (4.1; 5.10-12). Se declara que sus innumerables prácticas religiosas son detestables a Jehová (5.21-24) porque ellas sirven para aislar al rico de la grave situación de los pobres, y mitigar las demandas de la conciencia. Amós ironiza las observancias religiosas de Israel como una actividad que realmente aumenta su transgresión (4.4-5). Aunque los israelitas disfruten trayendo sacrificios, diezmos y ofrendas voluntarias, las copiosas acciones religiosas de Israel no demuestran que el pueblo se haya «vuelto» a Jehová (4.6, 8, 9, 10, 11). La conquista militar (3.11) y el exilio (5.27; 6.7) describen el juicio que caerá sobre Israel.

Los capítulos 7–9 contienen una serie de informes de cinco visiones de la ruina inminente de Israel. En las dos primeras visiones (7.1-6), a Amós se le muestra amenazadoras imágenes de juicio, primero por una plaga de langostas y luego por fuego. Después de cada visión, Amós intercede por Israel y Jehová revierte la decisión de juicio. La tercera visión de una plomada (7.7-9), sin embargo, es seguida de una declaración de juicio, sin intercesión y ninguna revocación del castigo

Los informes de las visiones son interrumpidos en 7.10-17 por un relato de la confrontación de Amós con Amasías, sacerdote del santuario real en Bet-el. El objetivo de esta narrativa, que representa la intratabilidad del establecimiento religioso de Israel, es para explicar por qué el juicio de Jehová ya anunciado no será otra vez revocado. El irrevocable juicio de Jehová se repite en la cuarta visión (8.1-3) por medio de un juego de palabras en el hebreo. La visión de una cesta de la fruta de verano (*qāyiṣ*) es interpretada para dar a entender que el final (*qēṣ*) ha llegado para Israel.

En la quinta visión, Amós ve a Jehová sobre el altar del templo pronunciando la destrucción completa para el pueblo y la tierra en un lenguaje evocador de un terremoto. La visión es seguida de un oráculo (9.2-4) que describe el alcance completo de la destrucción que Jehová traerá y por una doxología final (9.5-6), que afirma la justicia de la deidad omnipotente que ejecuta tal juicio.

La sección final del libro (9.7-15) suaviza los oráculos de ruina de las secciones precedentes, limitando el grado de destrucción de Israel. Amós 9.8 afirma que Jehová no destruirá completamente «la casa de Jacob.» Amós 9.9-10 usa la metáfora del tamiz, por el cual los pecadores de Israel son tamizados por el juicio, mientras un remanente permanece. Amós 9.11-15 es el pasaje más esperanzador en el libro, con su promesa de un tiempo de restauración y salvación para el pueblo de Israel, en alguna fecha futura indeterminada. Este pasaje final está en tal contraste con el tono de juicio del resto del libro que muchos concluyen que fue una adición tardía. La cosmología del libro de Amós, sin embargo, sugiere que si el juicio divino es un correctivo a la injusticia colectiva, entonces el resultado esperado sería una armonía restaurada una vez que el juicio se complete. La restauración prometida en Amós 9.11-15, independientemente de su origen y aunque completamente en contraste con el resto del libro, es sin embargo compatible con la dimensión cósmica del mensaje de Amós.

Composición

Además de 9.11-15, otros pasajes, tales como las tres doxologías, ciertas referencias a Judá, y algunos oráculos contra las naciones han sido también puestos en duda como adiciones tardías a una colección «original» del material de Amós. Aunque hayan sido propuestas numerosas reconstrucciones de las variadas capas literarias de composición en el libro, cada propuesta está basada en una perspectiva subjetiva de cómo habrían sido tales formas «más tempranas» del libro. Los estudios recientes han procurado demostrar cómo el contenido entero del libro puede ser entendido dentro del contexto histórico del profeta Amós en el siglo VIII, o entendido cómo el trabajo coherente de un redactor no muy desvinculado de la situación histórica de Amós. Si uno acepta todo el libro de Amós como un producto del siglo VIII, el libro en su forma presente muestra una consistencia de mensaje y una coherencia de pensamiento de los diversos refranes y figuras literarias conservadas dentro de él. Los ecos del mensaje sobrepujante del profeta Amós, de un orden creado establecido sobre un fundamento de justicia social, siguen inspirando a lectores y reformadores a través de los siglos.

Bibliografía. F. I. Andersen and D. N. Freedman, *Amos.* AB 24A (New York, 1989); J. H. Hayes, *Amos, The Eighth-Century Prophet* (Nashville, 1988); S. M. Paul, *Amos.* Herm (Minneapolis, 1991); M. Polley, *Amos and the Davidic Empire* (Oxford, 1989).

BARRY A. JONES

AMOZ (Heb. *ʾāmôṣ*)
El padre del profeta Isaías (2 R 19.2; Is 1.1). La tradición lo identifica como el hermano del rey Amasías de Judá y tío del rey Uzías.

AMPLIAS (Gr. *Ampliátos*)
Un miembro de la comunidad cristiana en Roma que Pablo llama afectuosamente «amado mío en el Señor» (Ro 16.8; otras versiones traducen el nombre como Ampliato, *Versión Nacar-Colunga* y otras).

AMRAFEL (Heb. *ʾamrāpel*)
Rey de Sinar y uno de los cuatro reyes del oriente que se unieron con Quedorlaomer, rey de Elam, para atacar a los cinco reyes en el Valle del Mar Muerto (Gn 14.1, 9). Esta coalición saqueó Sodoma y Gomorra antes de tomar cautivo a Lot, el sobrino de Abraham. Abraham organizó una partida que derrotó la coalición y rescató a Lot y a los otros cautivos. Sinar, donde Amrafel residía, fue identificada más tarde en el AT con Babilonia (Is 11.11; Dan 1.2; Zac 5.11), mientras los Targúmenes y 1 QapGen 21.23 la interpretaron como Babel. Amrafel fue identificado una vez con el rey babilonio Hammurabi, bajo la suposición de que Amrafel reflejaba una interpretación hebrea inexacta de una variante del nombre cuneiforme. De ser correcto, esto situaría históricamente a Abraham entre 1728 y 1686 a.C. Sin embargo, no existe ninguna documentación de que Hammurabi alguna vez hizo una campaña en Palestina. Otros usan los «textos de Quedorlaomer» acadios, las llamadas tablillas Spartoli, para comparar Amrafel con Marduk-apaliddina II (Merodac-baladán), jefe de la tribu caldea de Bît-yakin, que dos veces arrebató el trono babilonio de Asiria (722-710 y 703). Estas teorías permanecen como poco convincente desde el punto de vista filológico, aunque los detalles geográficos y las posibles influencias acadias apoyen la credibilidad básica de la narración. Con mayor probabilidad, Amrafel fue un miembro de una coalición de personajes de poca importancia, que Abraham pudo derrotar con sólo 318 guerreros.

Bibliografía. M. C. Astour, «Political and Cosmic Symbolism in Genesis 14 and in its Babiloniaian Sources,» en *Biblical Motifs,* ed.A.Altmann (Cambridge, Mass., 1966), 65-112.

Kenneth Atkinson

AMRAM (Heb. *ʿamrām*)

1. El nieto de Leví (Ex 6.16-18) e hijo (o «descendiente») de Coat; esposo de Jocabed, la hermana de su padre (Ex 6.20; 1 Cr 6.2-3 [TM 5.28-29]). El clan de Amram incluyó a sus tres niños famosos: Moisés, María, y Aarón (Nm 26.59). Como parte de la tribu de Leví, a los amramitas se les asignaron tareas asociadas con el centro de culto de Israel (Nm 3.27), incluyendo la tesorería (1 Cr 26.23-24). El nombre aparece a menudo en listas genealógicas.

2. El hijo de Bani. Residente postexílico de Jerusalén, que se divorció de su esposa extranjera durante las reformas de Esdras (Esd 10.34).

J. Randall O'Brien

AMRAM
(Heb. *ḥamrān*) (también HEMDÁN)
Hijo mayor de Disón (1 Cr 1.41). En Génesis 36.26 se le llama Hemdán.

AMSI (Heb. *ʾamṣî*)
1. Levita de la familia de Merari; hijo de Bani y antepasado de Etán (1 Cr 6.46 [TM 31]).
2. Sacerdote, hijo de Zacarías y antepasado de Adaías (Neh 11.12).

AMULETO
Objeto de características mágicas portado para proporcionar protección sobrenatural contra enfermedad, accidentes, maldiciones y espíritus malignos, y para asegurar bienestar físico y material. Los amuletos eran hechos de piedras semipreciosas, gemas, cuentas, metales preciosos, y materiales perecederos, y muchos tenían inscripciones con símbolos religiosos o conjuros mágicos (cf. Zac 14.20; Ap 2.17). Imágenes en miniatura de dioses o diosas también fueron usadas como amuletos (cf. Gn 35.4). Los amuletos estaban presentes en todas partes del Cercano Oriente antiguo, y han sido descubiertos numerosos ejemplos: discos de sol, medialunas, ankhs y estatuillas de Astarte. Isaías condena el uso de amuletos y objetos mágicos similares (Is 3.18-21; cf. Ex 32.3-4; Jue. 8.21, 26; 2 Mac 12.40).

Paul Anthony Hartog

ANA (Gr. *Hánna*)

1. La esposa de Tobit y madre de Tobías (Tb 1.9, 20). Ella ejemplifica a la esposa buena y madre obediente.

2. Una anciana viuda de la tribu de Aser que con devoción servía diariamente en el templo, y estuvo allí en la presentación del niño Jesús (Lc 2.36-38). Ella, como Simeón, reconoció al Mesías y proclamó la redención a todos en Jerusalén. Ella es la única mujer en el NT que se le da el título de profetisa.

3. Madre de María y abuela de Jesús en escritos apócrifos (esp. el Protoevangelio de Santiago). Ana era estéril y recibió las noticias de su niño de mensajeros angelicales. Ella prometió dedicar al niño a Dios, y llevó a María al templo a la edad de tres años.

JO ANN H. SEELY

ANA (Heb. *ḥannâ*)
Madre de Samuel (1 S 1.20) y esposa de Elcana, el efrainita de Ramataim (v. 1). Ana, la primera de las dos esposas de Elcana, era estéril. Aunque Elcana favoreció a Ana (él le daba una doble porción cada año en el sacrificio de Silo), Penina (su segunda esposa y madre de sus hijos) hizo la vida de Ana miserable (1 S 1.6-8). Un año, Ana fue delante del Señor en Silo y prometió que si Dios le daba un hijo, ella lo dedicaría como un nazareo (1.9-11). Mientras ella oraba, el sacerdote de Silo, Elí, equivocadamente pensó que estaba borracha, pero ella le aseguró que estaba sobria y que su intención era piadosa (1.12-18). Al regreso de la familia a Ramataim, Ana quedó embarazada y dio a luz un hijo al que llamó Samuel («Por cuanto lo pedi a Jehová,» 1.19-20). Sólo después del destete de Samuel, Ana finalmente regresó a Silo. Trayendo un sacrificio de un toro de tres años de edad, una efa de flor, y un odre de vino, ella presentó a Samuel al Señor (1.21-28) y cantó una canción (2.1-10). Mientras Samuel se quedó con los sacerdotes en Silo (2.11), Ana volvió a casa y más tarde tuvo otros cinco hijos (tres hijos y dos hijas; v. 21). Cada año, Ana volvía a Silo y traía ropa para Samuel, que se quedó ministrando con los sacerdotes (2.19-20). La historia de Ana contiene varios temas literarios comunes: la esposa estéril (cf. Sara, Gn 11.30; Rebeca, Gn 25.21; Raquel, Gn 29.31; y la esposa de Manoa, Jue 13.2); la rivalidad entre las esposas estériles y las fructíferas (p.ej., Sara/Agar, Gn 16.4; Raquel/Lea, 30.1-24), y la dedicación de los hijos por nacer de las antes estériles esposas como nazareos (la esposa de Manoa, Jue 13). Lo que distingue el relato de Ana de los otros es su dimensión ritual. Solo Ana se enfrenta al Señor, hace un voto, y, posteriormente sacrifica a Dios en el cumplimiento del voto. Por otra parte, la oración de Ana es única en el AT; rara vez se nos dice de las oraciones de mujeres, y en ningún otro momento se nos da el detalle de su contenido. El canto de alabanza de Ana (1 S 2) a veces se piensa que es secundario al relato del nacimiento de Samuel; su influencia en el Magnificat de María (Lc 1.46-55) es ampliamente reconocida. Tratamientos recientes de la historia de Ana, hace hincapié en su caracterización como «víctima y redentor » (Lillian Klein) y su sacrificio como un ejemplo de la religión de las mujeres (Carol Meyers).

Bibliografía. L. R. Klein, «Hannah: Marginalized Victim and Social Redeemer,» en *A Feminist Companion to Samuel and Kings,* ed. A. Brenner (Sheffield, 1994), 77-92; C. Meyers, «The Hannah Narrative in Feminist Perspective,» in *Go to the Land I Will Show You,* ed. J. E. Colesin and V. H. Matthews (Winona Lake, 1996), 117-26.

LINDA S. SCHEARING

ANÁ (Heb. *ʿănah̠*)
1. Hijo de Zibeón, heveo; padre de Aholibama, esposa de Esaú (Gn 36.2, 14, 18; 1 Cr 1.40). Según Génesis 36.24, él descubrió manantiales en el desierto. **2.** Cuarto hijo de Seir, horeo (Gn 36.20, 29; 1 Cr 1.38, 41). Las dificultades textuales hacen la relación entre Aná **1** y **2** muy incierta.

ANAB (Heb. *ʿănab̠*)
Una de las ciudades en la parte montañosa de Judá, donde Josué derrotó a los anaceos (Jos 11.21; 15.50). Ha sido identificada con Khirbet *ʿAnâb* ej-Òeghîreh (145091), c. 5 km. (3 mi) al oeste de Debir.

ANAC (Heb. *ʿănāq*)
Hijo de Arba y antepasado de Ahimán, Sesai, y Talmai (Nm 13.22; Jos 15.13-14; 21.11; Jue 1.20). El nombre también es tomado como una designación tribal equivalente a los anaceos, considerados como los descendientes de Anac.

ANACEOS (Heb. *ʿănāqîm*)
Los descendientes de Anac (Nm 13.22) que vivieron en la parte sur de Canaán, sobre todo en la ciudad de Hebrón. El nombre original de Hebrón era Quiriat-arba, nombrado según su fundador Arba, el antepasado de Anac (Jos 15.13) y el más prominente de los anaceos (14.15).

Descendientes de los *nephilim* (Nm 13.32-33), los anaceos eran un pueblo de gran estatura (cf.Heb. *ʿănāq*, «cuello largo» o «gigante»), que fueron comparados con los refaítas en Amón (a quienes las amonitas llamaban zomzomeos; Dt 2.20-21) y con los emitas en Moab (v. 10). Anaceos puede ser un término genérico usado en el AT para describir la altura imponente de todos los habitantes originales de Canaán, más bien que un nombre propio para una nación o tribu en particular (cf. Amós 2.9). Cuando Moisés envió a los 12 espías a explorar la tierra de Canaán, 10 de ellos trajeron un reporte pesimista, declarando que ellos estaban aterrorizados por la altura de los habitantes de Canaán (Nm 13.32-33). A pesar de su altura, los anaceos fueron conquistados por Josué y expulsados de la tierra. Sólo un pequeño remanente sobrevivió, encontrando refugio en las ciudades filisteas de Gaza, Gat, y Asdod (Jos 11.21-22). Cuando Caleb conquistó Hebrón, la fortaleza de los anaceos, él expulsó sus tres clanes, Ahimán, Sesai, y Talmai (Nm 13.22; Jos 15.14).

Claude F. Mariottini

ANAHARAT (Heb. *ʾănāḥărāṯ*)
Ciudad en el valle de Jezreel adjudicada a Isacar (Jos 19.19). Aparece en una lista de las ciudades capturadas por Tutmosis III, ha sido identificada con Tell el-Mukharkhash/Tel Rekhesh (194228), a 7 km (4 mi) al sudeste del Monte Tabor.

ANAMELEC (Heb. *ʿănammelek*)
Una deidad de Sefarvaim, ante quien eran sacrificados niños (2 R 17.31). La identificación es incierta, posiblemente el Anu mesopotámico o el Anat sirio.

ANAMIN (Heb. *ʿănāmîm*)
Descendientes de Egipto (Gn 10.13; 1 Cr 1.11), diversamente considerado como los kenemitas (del oasis Knmt al oeste de Egipto), cirenios, o habitantes del delta de Nilo.

ANÁN (Heb. *ʿānān*)
Uno de los jefes que pusieron su sello al pacto renovado bajo Nehemías (Neh 10.26).

ANANI (Heb. *ʿănānî*)
Uno de los siete hijos de Elioenai, un descendiente postexílico de David (1 Cr 3.24).

ANANÍAS (Heb. *ʿănanyâ*) **(LUGAR)**
Ciudad que los benjaminitas repoblaron después del exilio (Neh 11.32), quizás el-ʿAzarîyeh (Betania bíblica; 174131), aprox. 3 km (2 mi) al este de Jerusalén.

ANANÍAS (Heb. *ʿănanyâ*) **(PERSONA)**
Padre de Maasías, cuyo hijo Azarías ayudó en la reconstrucción de los muros de Jerusalén (Neh 3.23).

ANANÍAS (Gr. *Hananías*)
1. Miembro de la comunidad cristiana primitiva en Jerusalén, esposo de Safira (Hch 5.1-10). Ananías y su esposa retuvieron parte del dinero recibido por la venta de una propiedad que habían prometido donar a la iglesia, dando sólo una porción a la comunidad. Pedro interpreta esto como mentir al liderazgo apostólico, al Espíritu Santo y a Dios. Por consiguiente, tanto Ananías como Safira murieron, aparentemente como consecuencia del juicio de Dios. La naturaleza exacta de su pecado no es aclarada (p.ej., el texto no dice si ellos explícitamente afirmaron dar la suma total de la venta). En 1 Corintios 5.1-8 se halla una confirmación de que tales pronunciamientos solemnes eran de vez en cuando hechos contra miembros pecadores de la comunidad, dejando la posibilidad de que la historia de Ananías esté basada en tradiciones de la comunidad primitiva de Jerusalén y pueda tener una raíz histórica.

2. Discípulo de Damasco que desempeñó un papel importante en el llamado y conversión de Saulo-Pablo (Hch 9.10-18; 22.12-16). Ananías recibe una visión para ir visitar a Saulo, ahora ciego en Damasco, e imponerle las manos para que él pudiera recibir la vista. Ananías protesta, dada la reputación de Saulo como perseguidor de la iglesia. Por el recuento de la visión de Ananías, el lector se informa de que Saulo será el instrumento de Dios para anunciar el nombre de Dios delante de judíos y gentiles (Hch 9.15). El relato de Pablo de este acontecimiento, por su discurso en Hechos 22, esencialmente complementa Hechos 9. Parece improbable que Lucas hubiera inventado este personaje, considerando la asociación negativa del nombre con otros personajes en Hechos. 3.

3. El 21er Sumo sacerdote judío, designado por Herodes Agripa II, y que ejerció aprox. 47-58 d.C. Él fue asesinado por rebeldes judíos en el año 66 por inclinarse a favor de los romanos. Ananías aparece en Hechos como el sacerdote ante quien Pablo fue traído (Hch 23.2-5), y que personalmente supervisó el caso contra Pablo ante el gobernador romano Félix (24.1).

Bibliografía. G. Lüdemann, *Early Christianity According to the Traditions in Acts* (Minneapolis, 1989).

J. Bradley Chance

ANÁS (Gr. *Hánnas*)
El sumo sacerdote designado por Quirinio, gobernador de Siria, que sirvió 6-15 d.C. (Josefo *Ant.* 18.2.1-2 [26-27]). Cinco de sus hijos y su yerno Caifás se convirtieron en sumos sacerdotes. Aunque el

arresto, proceso judicial y ejecución de Jesús ocurrieron durante el sacerdocio de Caifás, Anás es designado como sumo sacerdote en Lucas 3.2 (junto con Caifás); Hechos 4.6 (sin Caifás). En Juan 18.13-14 Caifás es claramente identificado como el sumo sacerdote en ejercicio; sin embargo, el registro da a entender que Anás es el sumo sacerdote que interrogó primero a Jesús. Estas referencias a Anás como sumo sacerdote reflejan el poder e influencia que los ex sumos sacerdotes siguieron ejerciendo después de su deposición (*b. Pesaḥ.* 57a). El deseo del cuarto evangelio de concentrarse en el papel de los romanos en el arresto y proceso de Jesús puede explicar el registro más largo del interrogatorio por parte de Anás (Jn 18.19-24) y el tratamiento superficial del interrogatorio por parte de Caifás (vv. 24, 28).

EMILY CHENEY

ANAT (Heb. *ʿănāṯ*)
Diosa semítica de la región noroeste de la guerra. Anat es retratada inequívocamente en los textos ugaríticos manejando el arco y la espada, tanto contra enemigos humanos como sobrenaturales, y es aun descrita como caminando alegremente sobre la sangre de los guerreros muertos. Los eruditos concuerdan en que ella desempeña un papel de apoyo en la búsqueda de su hermano Baal de un palacio y la monarquía, que una residencia real implica. La perspectiva consensuada de que Anat es concebida en Ugarit como una «diosa de fertilidad», sexualmente activa y consorte de su hermano Baal, ha sido desafiada recientemente. Los críticos aseveran que ningún texto inequívocamente se refiere a Anat como teniendo relaciones sexuales o concibiendo hijos, e impugnan la noción de que todas las deidades femeninas son diosas de fertilidad sexualmente activas y reproductivas.

La diosa Anat no es claramente mencionada en ninguna parte del AT, aunque su nombre pueda aparecer como un componente del nombre propio *Samgar bet Anath* (p.ej., Jue 3.31) y el nombre de lugar Bet-anat (Jos 19.38; Jue 1.33). Sobre la base de una enmienda conjetural, se ha propuesto leer una referencia a la diosa en Éxodo 32.18; Oseas 14.8 (TM 9). Varios eruditos han sugerido que la «reina del cielo» en Jeremías 7.18; 44.17 es Anat, y uno ha entendido Job 31.1 como refiriéndose a Anat por el equivalente hebreo de su calificativo ugarítico *btlt* («virgen»). Alusiones a Anat han sido propuestas para Jueces 5 y Cantares 7. El descubrimiento de un templo de Anat en Bet-sán sugiere aquel mencionado en 1 Samuel 31.10.

Bibliografía. P. L. Day, «Anat,» DDD, 36-43; N. H. Walls, *The Goddess Anat in Ugaritic Myth*. SBLDS 135 (Atlanta, 1992). Peggy L. Day

ANAT (Heb. *ʿănāṯ*)
Padre del juez Samgar (Jue 3.31; 5.6).

ANATEMA
Receptor u objeto de una maldición. Gr. *anáthema* y su verbo cognado *anathematízō* («poner bajo una maldición») están usados en la Septuaginta para traducir palabras de la raíz hebrea *ḥrm*„ que identificaba objetos completamente dedicados a Dios y, notablemente, las ciudades canaanitas que estaban bajo la prohibición israelita. Varias veces en el NT las palabras se refieren a juramentos (Mr 14.71; Hechos 23.12, 14, 21).

En los escritos de Pablo *anáthema* significa «maldición». Dios es normalmente el sujeto implícito de la maldición, convirtiendo el término en sinónimo de condenación (Ro 9.3; 1 Co 16.22; Ga 1.8, 9). Pablo usa otro lenguaje de maldición para aquellos que procuran ser justificados por la Ley (Ga 3.10, 13), y él recalca que nadie que habla por el Espíritu (es decir, una declaración carismática) puede decir que «Jesús es anatema» lo opuesto de lo cual es la confesión «Jesús es el Señor» (1 Co 12.3).

GARY S. SHOGREN

ANATOLIA
Véase ASIA MENOR.

ANATOLIA, CULTOS DE
La vida religiosa de Anatolia refleja influencias culturales diversas en el curso de varios miles años. Desde tan temprano como el séptimo milenio a.C., cabezas de toros y una diosa madre mostraron prominencia en santuarios domésticos en Çatal Höyük. Las tablillas a partir del tercer milenio comienzan el registro histórico y muestran interacciones entre antiguas colonias comerciales asirias y gobernantes anatolios locales. La civilización hitita posterior dominó la mayoría de la península para el segundo milenio. Los hititas dejaron enormes esculturas en roca de sus deidades, incluyendo una galería de 63 deidades en un santuario de roca natural en Yazilikaya, su santuario nacional cerca de su capital (Ḫattuša /Boghazköy) al este de Ankara.

En medio del primer milenio, reinos más pequeños dominaron territorios dentro de la península.

En el este montañoso, la cultura urartiana prosperó (c.900-600). El efímero imperio frigio se levantó en el oeste, seguido por el Imperio Lidio centrado en Sardis. La cultura lidia, que muestra más afinidad con la cultura griega, tuvo su apogeo bajo la Dinastía Mermnada (c. 700-550) antes de ceder el paso al Imperio Persa Aqueménida. La dominación persa en Anatolia (546-334) dejó su legado en la adoración de deidades, como el dios-lunar Mên y la diosa Anaietis (Anahita) y en grupos religiosos que persistieron bien entrada la era cristiana. Una familia persa mantuvo el importante sacerdocio de Artemisa en Éfeso hasta el siglo IV d.C. Además, licios, pisidios, pamfilianos, carianos, licaonianos, cilicios, y capadocios cada uno representa culturas distintas en sus respectivos territorios étnicos.

En la era helenística, la presencia de pobladores griegos y sus deidades se amplió desde el Asia Menor occidental hacia el interior anatolio. La adoración de deidades, tales como Zeus, Apolo, Leto, y Artemisa, sin embargo, refleja también la aplicación de nombres griegos a deidades anatolias tradicionales como Apolo Lairbenos. La religión griega y anatolia debería ser vista como entidades superpuestas que mutuamente influyeron la una en la otra.

Los asentamientos judíos en el interior de Asia Menor eran conocidos tan temprano como por el siglo III a.C., cuando Antíoco III restableció 2000 familias judías de Babilonia en Lidia y Frigia. Una sinagoga importante en Sardis da testimonio de su prominencia allí, y permanece evidencia de su importancia en otros lugares. Los eruditos discrepan del significado de inscripciones que mencionan al *Theos Hypsistos* (Dios más exaltado) como influencia judía en Anatolia.

Los gálatas cruzaron desde Europa hasta Anatolia en 278 a.C. como una migración en masa de cientos de miles de merodeadores celtas. Ellos mantuvieron su organización tribal, y fueron una presencia dominante en el interior aun después de que fueron sometidos por Atalo I de Pérgamo. Los gálatas adoptaron muchas prácticas religiosas de los territorios que ellos ocuparon, y se abrieron camino hacia posiciones importantes en la ciudad-templo de Pessinos.

Bajo la dominación romana el proceso de helenización se extendió, y el culto imperial romano se convirtió en otro rasgo principal de la vida religiosa anatolia. Los emperadores fueron incorporados en el modelo anatolio de deidades monárquicas. La adoración al emperador añadió santuarios impresionantes a ciudades anatolias, y un estilo romano de actividad religiosa pública, incluyendo juegos, banquetes y distribuciones de comida.

La adoración de la madre de los dioses *(Mētēr Theōn)* fue una característica constante de la religión anatolia. Representaciones helenizadas más tardías de ella, sentada entre dos leones, revela notables semejanzas iconográficas con una terracota de la diosa entre dos felinos, descubierta en Çatal Höyük. En fuentes modernas a menudo es llamada Cibeles, y uno de sus nombres más tempranos era Kubaba. En la era grecorromana, además *Mētēr Theōn,* ella era conocida como Agdistis, o por un nombre de un lugar local. Por lo general ella era llamada como una montaña local, como la *Mētēr* Dindimena ya que el Monte Dindimo cubre su ciudad-templo en Pessinos. La Mētēr Sipylene era también una imagen enorme de la diosa esculpida en el Monte Sipylus probablemente durante la era hitita. Similares figuras enormes esculpidas en la roca sobreviven de los frigios.

La madre de los dioses era atendida por funcionarios autocastrados llamados *galli.* Su compañero masculino, también castrado, era Atis, y llamaron al sacerdote-rey de su templo el Atis. En Capadocia en Anatolia del Este, la Madre de Dioses cedió el paso a la diosa Mâ (Bellona).

Las formas de organización de culto y adoración reflejan una variedad de influencias, incluso formas griegas y romanas. Varios rasgos caracterizan la naturaleza religiosa distintiva de Anatolia, incluyendo ciudades-templos gobernadas por sacerdotes-reyes y habitadas por esclavos sagrados *(hierodouloi).* Además de Pessinus, estaban las grandes ciudades-templos de Mâ, Anaeitis, Venasian Zeus, Mên, y otras. Las ciudades-templos con frecuencia funcionaban como centros comerciales en las rutas comerciales y tenían grandes posesiones de tierra.

Muchos anatolios percibieron sus deidades como poderosos personajes monárquicos que administraron la justicia a todos los niveles de la vida comunitaria. Las inscripciones de confesión de Frigia y Lidia cuentan las experiencias del castigo de delincuentes por parte de estas deidades «vigilantes». Habiendo sido castigados por la deidad, ellos inscribieron una estela para admitir y conmemorar el poder de la deidad como una forma de recompen-

Procesión de doce dioses, asistentes al festival del año nuevo en honor al dios de la tormenta Ḫattuša. Cámara B del santuario hitita en Yazilikaya (Association HATTI, Université de Paris-I, Sorbonne)

sa. Maldiciones abundantes invocan el castigo divino sobre delincuentes potenciales, especialmente como protección para tumbas y lápidas sepulcrales. Las víctimas también ponían maldiciones escritas en templos para abogar su caso e invocar la acción divina contra culpables. Ángeles y cetros también desempeñaron un papel en este sistema judicial divino. Esta naturaleza «judicial» es vista en los nombres de deidades anatolias particulares como el par divino Santo y Justo *(Hosios* y *Dikaios),* retratados con balanzas y cetro, y la diosa Dikaiosynē.

La adoración anatolia incluyó formas entusiásticas asociadas con la posesión divina. Los *galli* de la madre de los dioses eran conocidos por su posesión frenética por parte de ella en su acto de autocastración y subsecuentes actos sangrientos de autocastigo, pero las formas orgiásticas de la adoración no estuvieron limitadas a ellos.

El contexto anatolio es significativo para los escritos del NT, incluyendo Hechos, Gálatas, Colosenses, 1 Pedro, y Apocalipsis; y otros escritos cristianos tempranos, incluyendo Ignacio de Antioquía, el Martirio de Policarpo, y los Padres Capadocios.

Bibliografía. E. Akurgal, *Ancient Civilizations and Ruins of Turkey*, 4th ed. (Istanbul, 1978); S. Mitchell, *Anatolia: Land, Men, and Gods in Asia Minor*, 2 vols. (Oxford, 1993); S. R. F. Price, *Rituals and Power: The Roman Imperial Cult in Asia Minor* (Cambridge, 1984); L. Robert, *Opera Minora Selecta*, 5 vols. (Amsterdam, 1969-1989).

SUSAN (ELLI) ELLIOTT

ANATOT (Heb. *ʿănāṯôṯ*)

Una ciudad levítica en el territorio tribal de Benjamín. Abiatar, el sacerdote de David, poseía algunos campos allí y fue desterrado de la ciudad por Salomón (1 R 2.26-27). Dos de los guerreros de elite de David, Abiezer (2 S 23.29) y Jehú (1 Cr 12.3), eran de Anatot. El profeta Jeremías vino de Anatot (Jr 1.1; 29.27) y poseía un campo allí (32.7-9); irónicamente, alguna de la oposición más feroz contra Jeremías vino de la gente de Anatot (11.21-23). Después del exilio de Babilonia, la gente de esta ciudad estuvo entre la primera en volver a Judá (Esdras 2.23).

El lugar geográfico de Anatot no ha sido identificado concluyentemente. Dos sitios han sido sugeridos, cerca de la moderna Anata (175135; 5 km [3 mi] al noreste de Jerusalén) y el otro inmediatamente al sur de Anata en Râs el-Kharrûbeh (174135). Sondeos en el último sitio han arrojado pequeñas cantidades de fragmentos de cerámica de la Edad del Hierro, durante los períodos romanos. Algunos eruditos creen que el sitio cambió de Râs el-Kharrûbeh durante la Edad del Hierro a Anata durante los períodos helenísticos y romanos. Recientemente, Khirbet Deir es-Sidd ha sido sugerido como una tercera posibilidad; los sondeos del sitio indican un asentamiento durante fines del siglo VII y principios del siglo VI a.C.

Bibliografía. Y. Nadelman, «The Identification of Anatot and the Soundings at Khirbet Deir es-Sidd,» *IEJ* 44 (1994): 62-74.

SCOTT M. LANGSTON

ANATOTÍAS (Heb. *ʿanĕṯōṯîyâ*)

Un benjaminita, uno de los hijos de Sasac (1 Cr 8.24).

ANCIANO

Un hombre de autoridad, al principio un hombre más viejo en la familia y estructura social patriarcal. Ancianos de Israel (Heb. *zāqēn*) se mencionan tan pronto como Éxodo 3.16, 18, y grupos llamados «ancianos» sirven una variedad de funciones en varios contextos a lo largo del AT. Los ancianos a veces representan a toda la gente entera o ciudades individuales (p. ej., Ex 19.7-8; 24.1, 9; Dt 21.1-9; Jue 11.4-11); a veces ellos sirven como autoridades gobernantes (p. ej., Jos 20.4; 2 R 10.1, 5; Esd 6.7-8), a veces como jueces (p. ej., Dt 21.18-21; Rt 4.1-12; 1 R 21.8-14), y a veces como consejeros (p. ej., 2 S 17.4, 15; 1 R 20.7-8). La institución siguió en tiempos posteriores, con consejos de ancianos (Gr. presbýteros) sirviendo tanto funciones administrativas como judiciales en comunidades judías locales, así como representando la comunidad ante autoridades exteriores (p. ej., Jdt 7.23; 11.14; 1 Mac 12.35; Mr 11.27; 15.1; Hch 4.5-8; 24.1). El más alto de tales consejos era el Sanedrín en Jerusalén. Algunas comunidades cristianas tempranas adaptaron esta institución para su propio gobierno. Segunda de Juan 1 y 3 Juan 1 son los únicos casos en la literatura cristiana bíblica y temprana donde un individuo es denominado «el anciano», sin la mención de un cuerpo de ancianos. La posición exacta afirmada es por lo tanto confusa, pero claramente este «anciano» era de tal estatura que él podría ser identificado por el título solo.

Véase Presbítero, Presbiterio.

DAVID RENSBERGER

ANCIANO DE DÍAS

Aram. *ʿattîq yômîn* aparece en «la visión del trono» de Daniel 7.9-14, después de la aparición inicial de cuatro grandes bestias que se levantan del mar (cf. 7.22). Tal término en referencia a Dios, probablemente el referente aquí, no tiene precedente en los textos hebreos, aunque se ha sugerido asociaciones con el «Padre Eterno» de Is 9.6b. La fuente más probable de las imágenes son tradiciones cananeas, ya que a *El*, el jefe del panteón divino, se le denomina *ʾabu šanima* («padre de años») y a menudo es retratado en un trono con asistentes divinos (cf. Is 6). La asociación de *El* con la edad avanzada generalmente («barba gris») también es notable en la mitología cananea.

Bibliografía. M. Pope, *El in the Ugaritic Texts.* VT-Sup 2 (Leiden, 1955).

DANIEL L. SMITH-CHRISTOPHER

ANDRÉS (Gr. *Andréas*)

Uno de los 12 apóstoles, siempre entre los primeros cuatro así llamados (Mt 10.2; Mr 3.18; Lc 6.14; cf. Hch 1.13). Andrés es el hermano de Simón Pedro (Mt 4.18; Mr 1.16; Lc 6.14; Jn 1.40), y el hijo de Juan (Mt 16.17; Jn 1.42).

Los dos primeros evangelios identifican a Andrés y Pedro como pescadores que manejaban su comercio en la región del mar de Galilea (Mt 4.18; Mr 1.16), y ambos relatan que Andrés vivía con Pedro y su familia en Capernaum (Mr 1.29). Andrés es uno de cuatro apóstoles que preguntaron a Jesús sobre la destrucción del templo y que recibieron una instrucción especial (Mr 13), él está presente más tarde en Jerusalén con los otros apóstoles que esperan la promesa del Espíritu (Hch 1.12-14).

El Evangelio de Juan representa a Andrés como uno de los discípulos de Juan del Bautista que, después de oír que Juan proclama que Jesús es «el Cordero de Dios», le cuenta a Pedro que Jesús es «el Mesías» y le trae a Jesús (Jn 1.35-42). Uno de cuatro de los discípulos de Jesús de Betsaida (Jn 1.43-51), Andrés es el que dirige la atención de Jesús al muchacho con los panes y peces (6.8) y quién, junto con Felipe, informa a Jesús de que un grupo de griegos desea verle (12.20-22).

Andrés aparece en varios hechos apócrifos (p.ej., Hechos de Andrés). Según la tradición, Andrés predicó en Esticia y fue crucificado en Acaya. Él es el santo patrón de Escocia y Rusia, su fecha de fiesta es el 30 de noviembre.

Bibliografía. K. R. Brooks, ed., *Andreas, and the Fates of the Apostles* (Oxford, 1961); P. M. Peterson, *Andrew, Brother of Simon Peter*. NovTSup 1 (Leiden, 1958).

JEFFREY T. TUCKER

ANDRÉS, HECHOS DE

Uno de varios libros apócrifos (c. mediados del siglo II) de los hechos de varios apóstoles individuales. Es mencionado primero por Eusebio (*HE* 3.25.26), quién lo consideró como herético. Ningún manuscrito completo sobrevive, pero puede recopilarse en gran parte, y el *Liber de Miraculis* de Gregorio de Tours (siglo VI) contiene un resumen extenso. Escrito originalmente en griego, partes y fragmentos sobrevivieron en griego, latín, cóptico y armenio. Ninguna fuente o tradiciones históricas auténticas perceptibles yacen en el texto. Parece ser una creación completamente ficticia para la inspiración, edificación y entretenimiento de su audiencia cristiana del siglo II. El valor del libro está en su reflexión del pensamiento de una rama del cristianismo de entonces. La historia cuenta cómo, después de la ascensión de Jesús, el apóstol Andrés, el hermano de Pedro, emprende viajes misioneros a través de Asia Menor y Macedonia. Él realiza milagros, sanidades y exorcismos de demonios, y resucita a los muertos. Él enfrenta un problema en Patrae cuando él sana y posteriormente convierte a Maximila, la esposa del procónsul Aegeas, y también convierte al hermano del procónsul, Stratocles. Maximila entonces elige una vida de celibato, ante el horror de su esposo. Aegeas toma venganza crucificando a Andrés. Andrés predica desde la cruz durante tres días, exhortando a su auditorio al celibato y desprecio por las cosas de este mundo. Aegeas finalmente decide liberar a Andrés, pero Andrés no acepta. Él condena a Aegeas y luego muere. Aegeas más tarde se suicida.

Los Hechos de Andrés muestra muy poca teología cristiana, y Andrés dice poco sobre Cristo. Aunque algunos eruditos hayan visto afinidades con gnosticismo, neoplatonismo o estoicismo, la obra no muestra ninguna posición filosófica consistente.

Bibliografía. J.-M. Prieur and W. Schneemelcher, «The Hechos de Andrés», en *New Testament Apocrypha*, ed. E. Hennecke-W. Schneemelcher, rev. ed. (Louisville, 1991), 2.101-151.

J. CHRISTIAN WILSON

ANDRÓNICO (Gr. *Andrónikos*)

1. Gobernador bajo Antíoco IV el Epífanes (2 Mac 4.31-38). Según 2 Macabeos, fue sobornado por Menelao y posteriormente animado para asesinar a Onías, en represalia por denunciar el delito; por esto Antíoco ordenó su ejecución. Otras fuentes indican que Antíoco IV le hizo matar para cubrir el asesinato de Andrónico del hijo de Seleuco IV, Antíoco (Diodorus Siculus *Hist*. 30.7.2-3).

2. Comandante de la guarnición en Gerizim bajo Antíoco IV el Epífanes (2 Mac 5.23; cf. v. 22, «gobernador»).

3. Cristiano judío, quizás originalmente de la comunidad judía en Tarso, y compañero de prisión con Pablo. De aquellos a quien el apóstol envía sus saludos, llaman a Andrónico y Junias «muy estimados entre los apóstoles» (Ro 16.7).

ANEM (Heb. *ʿānēm*) (también EN-GANIM)

Ciudad levítica en el territorio tribal de Isacar, dada a los gersonitas (1 Cr 6.73 [TM 58]). En Josué 19.21; 21.29 es llamada En-ganim, que puede ser identificada con la moderna Jenîn (178207) o Khirbet Beit Jann (196235). Por motivos topográficos el sitio más posible es ʿOlam (197230), 11 km (7 mi) al este del monte Tabor, o Khirbet ʿAnim (202231), 3 km (2 mi) al noreste de ʿOlam.

ANER (Heb. *ʿānēr*) (LUGAR)

Ciudad de la media tribu de Manasés (1 Cr 6.70 [TM 55]), asignada al clan de los coatitas como una ciudad levita. En una segunda lista de ciudades levitas en Josué 21.25, Aner es sustituida por Taanac. Sobre la base de ese error o confusión, la mayoría de eruditos concuerdan en que las ciudades son las mismas.

ANER (Heb. *ʿānēr*) (PERSONA)

Un amorreo que, con sus hermanos Mamre y Escol, ayudó a Abraham en su batalla contra los cuatro reyes de oriente (Gn 14.13, 24). Como los nombres de los hermanos, Aner puede ser una designación geográfica.

TROY K. RAPPOLD

ANFÍPOLIS (Gr. *Anphípolis*)

Ciudad macedonia en la costa norte del Mar Egeo, aprox. 4-5 km (2,5–3 mi) tierra adentro de la ciudad portuaria de Eyon y aprox. 50 km (31 mi) al sudeste de Filipos a lo largo de la Vía Ignacia. Esta toma su nombre («alrededor de la ciudad») del Río Estrimón, que se curvaba alrededor de la ciudad escalonada en tres lados. Fundada por tracianos y colonizada por atenienses (437 a.C.), finalmente cayó ante los romanos (168), que la convirtieron en la capital del primer distrito de Macedonia.

Lucas indica que Pablo y Silas pasaron por Anfípolis en su camino desde Filipos a Tesalónica (Hch 17.1).

RICHARD S. ASCOUGH

ÁNGEL

Ser espiritual, principalmente un mensajero (Heb. *mal'āḵ*;Gr. *ángelos*) de parte de Dios (p.ej., Gn 16.7, 9; Ex 3.2; Nm. 22.22-35). Otras designaciones incluyen «hijos de Dios» (Job 1.6; Sal 29.1), «santos» (p. ej., Sal 89.7; Dn 8.13), y «vigilante» (Dn 4.13, 17, 23 [TM 10, 14, 20]). A veces «ejército de los cielos» se refiere también a los ángeles (1 R 22.19 = 2 Cr 18.18; Sal 148.2; Neh 9.6). La palabra hebrea *mal'āḵ* también es usada para referirse a los profetas humanos (2 Cr 36.15-16; Is 44.26; Hag 1.13), los sacerdotes (Mal 2.7), y los vientos (Sal 104.4); La palabra griega *ángelos* puede referirse también a mensajeros humanos (Lc 9.52; Mr 1.2).

Los ángeles son una parte de la creación de Dios, creados ya sea al principio o algún día antes de la creación de la tierra (Sal 148.2-5; Neh 9.6; Col 1.15-17). Ellos son de una categoría más elevada que los humanos (He 2.7) y son mayores en poder y fuerza (2 P 2.11; cf. 2 R 19.35). Sin embargo, ellos no deben ser adorados por los humanos (Col 2.18; Ap 22.8-9). Los ángeles no son omniscientes como sí lo es Dios, ya que ellos no saben el tiempo de la venida de Cristo (Mt 24.36; cf. 1 P 1.12). Tampoco ellos son omnipresentes, ya que se dice que van de un lugar a otro (Dn 9.21-23). Los ángeles son seres espirituales (He 1.14). Ellos no mueren, ni tampoco se casan (Lc 20.36; Mr 12.25). Aunque nunca se da el número total de los ángeles, se dice que ellos son innumerables (Dn 7.10; He 12.22; Ap 5.11).

Los ángeles pueden ser malos (2 P 2.4; Jud 6; cf. Ap 12.7) o buenos. Parece ser que los ángeles buenos actúan en conjunto con la obra del Espíritu Santo para traer el mensaje de Dios a la humanidad. Si un ángel trae otro mensaje, él caería bajo la maldición de Dios (Ga 1.8-9). Satanás todavía puede aparecerse como un ángel de luz, y sus ministros como ministros de justicia, en maneras engañosas y potentes (2 Co 11.14-15). La frase «sean tronos, sean dominios, sean principados, sean potestades» puede referirse a ángeles (Col 1.16).

Los ángeles tienen una función que cumplir en el orden de Dios en el cielo, y los arcángeles tienen ciertas responsabilidades sobre otros ángeles de su orden (1 Ts 4.16; cf. Ap 12.7). Los ángeles justos cumplen la obra de Dios (Sal 103.20). Ellos efectúan la venganza y la ira de Dios sobre el desobediente, como se ve en el juicio sobre Israel (2 S 24.16); sobre Balaam (Nm 22.31); y cuando Jesús retorne con sus ángeles poderosos para tomar la venganza en aquellos que no conocen a Dios u obedecen el evangelio (2 Ts 1.7-10).

Los ángeles justos administran el mensaje de Dios a la humanidad al dar la ley de Moisés (Ga 3.19; He 2.2) y aparecen como humanos en la revelación de los mensajes de Dios a los patriarcas (Gn 18.1–19.5). Habría que mostrar la hospitalidad a forasteros, ya que algunos pueden haber hospedado a ángeles sin saberlo (He 13.2). Los ángeles anuncian el nacimiento de Jesús a María (Lc 1.26-28) y en multitudes cantan en su nacimiento (2.8-15). Ellos ministran a Jesús después de su tentación (Mt 4.11) y aparecen en su resurrección y ascensión (28.1-7; Hch 1.11). Los ángeles están sujetos ahora a Cristo y administrarán su misión cuando Él venga otra vez (1 P 3.22; 1 Ts 4.16; Mt. 25.31).

Los ángeles obran en el destino de las naciones para el bien del pueblo de Dios. Los ángeles buenos resisten a Satanás mientras la palabra de Dios está siendo predicada al rey de Persia (Zac 3.1). Ellos participan en la protección del justo y acampan cerca de los que temen al Señor (Sal 34.7 [8]), y ellos libran al pueblo de Dios de sus enemigos (2 R 6.15-17). Los ángeles libran a Pedro de la prisión y tranquilizan a Pablo en la gran tormenta en el mar (Hch 12.7; 27.23). Ellos están encargados de guardar al justo de todos sus caminos, y son espíritus ministradores de aquellos que son herederos de la salvación (Sal 91.11; He 1.14). Los ángeles representan a individuos delante del trono de Dios (Mt 18.10; cf. Dn 12.1), y si se refiere a los ángeles divinos en Apocalipsis 2–3, entonces se les dan asignaciones específicas a congregaciones de la Iglesia.

Los ángeles están activos en las oraciones del justo, y tales oraciones sirven de mucho ante Dios (Dn 9.21-23). Los ángeles participan de alguna manera en asambleas de adoración (cf. 1 Co 11.10). Ellos se alegran por cada pecador que se arrepiente (Lc 15.10), y ayudan en el transporte de los redimidos al paraíso de Dios (16.22).

Bibliografía. H. Bietenhard, «Angel, Messenger,» *NIDNTT* 1.101-3.

EDWARD P. MYERS

ÁNGULO, EL
Una ubicación en el muro de Jerusalén donde el rey Uzías construyó una torre para reforzar la defensa (2 Cr 26.9). El ángulo o esquina (Heb. *hammiqṣôaʿ*) es también mencionado como parte de las reparaciones a los muros de Jerusalén ordenadas por Nehemías (Neh 3.19-20, 24-25). Puede haber estado localizado a lo largo de la pared oriental, ya que en Nehemías 3 es puesto en una lista junto con la Puerta de las aguas, el muro de Ofel, y la Puerta oriental.
Bibliografía. G. Auld and M.L. Steiner, *Jerusalem, 1. From the Bronze Age to the Maccabees* (Macon, 1996), 16-18, 39-40; W. H. Mare, *The Archaeology of the Jerusalem Area* (Grand Rapids, 1987), 119-37.

DAVID M. VALETA

ANÍAS (Heb. *ʿănāyâ*)

1. Uno de los seis hombres (probablemente sacerdotes) que estuvieron de pie a la diestra de Esdras cuando él leyó al pueblo el libro de la ley (Neh 8.4).

2. Un jefe que, de parte de su pueblo, pone su sello al convenio renovado bajo Nehemías (Anaías, Neh 10.22 [TM 23]). Él puede ser la misma persona de 1 más arriba.

ANILLOS
Los anillos que se describen en la Biblia muy frecuentemente son de oro o de bronce, en tanto que los que se encuentran en el registro arqueológico también son de plata, hierro, cobre y hueso. Las mujeres los usaban en los dedos, la nariz (Gn 24.22) y en las orejas como adorno. En los hombres se asociaban con la identidad o autoridad y generalmente tenían la forma de anillos de sello (Gn 41.41-42); véase la irrevocabilidad de un decreto que había sido sellado con un anillo de sello (Est 8.8). Los anillos se consideraban artículos de lujo (Is 3.21) y simbolizaban posición (Stg 2.2). Estaban entre los artículos que Aarón reunió para hacer los becerros de oro en Sinaí (Ex 32.2-4).

Los anillos estaban asociados con lo sagrado. Además de ser parte de la adoración de otros dioses (Gn 35.4) y de la adoración inapropiada a Jehová (Ex 32.4), los anillos eran parte del marco (26.24), mesa y altar (25.26-27) del tabernáculo. Los anillos de oro se usaban para unir el efod del sacerdote a su pectoral (Ex 28:26-28).

Los anillos también eran dispositivos funcionales. Las cortinas en el palacio del rey persa pasaban por anillos de plata (Est 1.6), y unas varas se insertaban en anillos que estaban unidos a los lados del arca para facilitar su transporte (Ex 25.12). Los anillos se usaban figurativamente como una metáfora de belleza (Pr 11.22), de valor (25.12) y de gente poderosa (Jer 22.24; Hag 2.23).

KATHARINE A. MACAY

ANIM (Heb. *ʿānîm*)
Ciudad fronteriza en la llanura montañosa de Judá (Jos 15.50). Es llamada Ḫawina en las Cartas de Amarna. Según Eusebio (*Onom.* 26.9) estaba ubicada a 9 millas romanas al sur de Hebrón; debiera ser posiblemente identificada con Khirbet Ghuwein et-Taḥtā (156084), 20 km (12.5 mi) al sur de Hebrón.

ANIMALES
Casi todos los comentaristas advierten que es prácticamente imposible tener una certeza del 100 por ciento al identificar términos hebreos para animales con especies científicas modernas. La fauna de hoy no es idéntica a aquella del pasado; también, muchos de los términos hebreos aparecen como nombres aislados, que aparecen sólo una o dos veces en la Biblia, en textos que no dan ninguna pista cierta en cuanto al hábitat o características del animal nombrado; finalmente, los nombres para un animal dado a veces cambió con el tiempo o al mismo animal le dan un nombre diferente los pueblos vecinos que hablan un dialecto o lengua similar, pero no idéntico. A pesar de los problemas, sin embargo, los eruditos modernos han llegado a un consenso general para la identidad de la mayoría de los términos para animal encontrados en la Biblia. Ellos han hecho esto combinando etimología, lenguas comparadas, examen del contexto del texto, y estudio de la fauna actual, así como la fauna en el registro arqueológico.

Mamíferos

Al menos 128 especies de mamíferos salvajes han sido identificadas en el Israel moderno hasta ahora. Éstas incluyen un gran número de pequeños mamíferos (p.ej., roedores, murciélagos), así como mamíferos marinos. Además de los mamíferos salvajes, al menos 10 especies de mamíferos domesticados viven en Israel. Éstas incluyen al perro, gato, cerdo, ovejas, cabras, ganado bovino, bueyes, burros, caballos, y camellos.

El AT proporciona al menos 60 palabras que han sido identificadas como pertinentes a mamíferos en un sentido genérico o específico. De éstas, ocho han sido aplicadas a la familia del caballo; seis al ganado grande; 14 al ganado pequeño; 14 a carnívoros; siete a roedores; una al mono; y un término genérico que se refiere a animales grandes. Nueve términos se aplican a otros mamíferos diversos.

Agrupando estos términos según si los mamíferos eran salvajes o domesticados, parece que al menos 30 términos se refieren a mamíferos salvajes, mientras el resto son domesticados. Los mamíferos salvajes pueden ser divididos en tres grupos: herbívoros grandes, carnívoros grandes, y mamíferos pequeños. Los herbívoros incluyen al buey salvaje, asno salvaje u onagro, cabra salvaje, gacela, íbice, gamo, corzo y cerdos salvajes. Los carnívoros incluyen al oso, zorro, lobo, hiena, chacal, pantera y león. Los mamíferos pequeños incluyen roedores, ratón, liebre, murciélago, y posiblemente el puercoespín. Un término, *qôb*, se refiere al mono, que, aunque probablemente mantenido como animal doméstico exótico, era sin embargo salvaje.

Los mamíferos domésticos de la Biblia también pueden estar divididos en varios grupos: camello, familia del caballo (caballos, burros, mulas), ganado grande, y ganado pequeño (ovejas y cabras). La familia del perro también debería ser probablemente incluida aquí, aunque los perros salvajes eran indudablemente también abundantes. De los animales domésticos, las ovejas y las cabras desempeñaban el papel más significativo en las vidas de los pueblos bíblicos, ya que ellas proporcionaban carne, leche, queso, piel y pelo de cabras o lana. No es de sorprender entonces, que sus huesos provean la mayor cantidad de restos de fauna en un sitio arqueológico.

Anfibios

Como Palestina es sobre todo una región árida, hay pocas especies anfibias. Los herpetologistas han identificado siete especies de anfibios que viven actualmente en la región: tres ranas, dos sapos, una salamandra, y un tritón.

La referencia más conocida a un anfibio en el AT aparece en el relato de la segunda plaga egipcia (Ex 8.1-15), generalmente entendida como una plaga de ranas (*ṣĕpardēaʿ*; cf. Sal 78.45; 105.30). Las ranas también aparecen en la plaga de Apocalipsis 16.13 (Gr. *bátrachos*). Ya que las plagas ocurrieron en Egipto, el tipo de rana implicada debería ser identificada con una de las especies locales, ya sea la común *Rana esculanta* (rana verde) o la *Rana punctata* (rana manchada).

Reptiles

Aunque los anfibios son raros, los reptiles son abundantes en Palestina. Al menos 126 especies han sido identificadas en tiempos modernos. Éstas incluyen el lagarto, la serpiente, y familias de tortuga.

El grupo más abundante de reptiles son los lagartos, de los cuales hay al menos 40 especies. Al menos siete palabras hebreas han sido traducidas como «lagarto» por variados traductores, mayormente de la lista de alimentos inmundos en Levítico 11.29-30, aunque probablemente sólo tres o cuatro palabras realmente se refieran a lagartos y hasta aquí no hay ninguna certeza. La palabra hebrea *lĕṭāâ* parece ser un término general para el lagarto, aunque unos hayan comparado éste con el abundante lagarto verde sirio. Otros miembros comunes o famosos de la familia del lagarto, que podrían ser mencionados en la Biblia, incluyen al gecko *ʾănāqâ* [?]), el skink (*ḥōmeṭ* [?]), el lagarto de cola espinoza (también conocido como cocodrilo de tierra, posiblemente Heb. *ṣāb*,), y el monitor (*kōaḥ* [?]).

Hay en la actualidad aproximadamente 35 especies de serpientes en Palestina, ocho de las cuales son venenosas. Diez palabras hebreas y cuatro griegas han sido traducidas como serpiente, víbora, o como áspid. Los contextos sugieren que los escritores de la Biblia sólo estaban interesados en las serpientes venenosas.

Correlacionar los términos hebreos y griegos con especies específicas es difícil. El término hebreo *peten* probablemente se refiere a la cobra egipcia. La palabra *śārāp* es probablemente un término general para víboras de desierto, de las cuales hay cuatro especies en Palestina. Una de las más probables de ser identificada con la serpiente ardiente es la víbora alfombra, que ha sido numerosa y muy venenosa.

Aunque no parezca haber ninguna referencia a tortugas en la Biblia, hay, sin embargo, actualmente 12 miembros de la familia de la tortuga en Palestina. Además de siete especies o subespecie de tortugas de mar, hay varias especies de tortugas de agua dulce y tortugas que moran en la tierra. Los miembros bien conocidos de la familia de la tortuga en Palestina incluyen a la tortuga de caparazón suave (*Trionyx triunguis*), la tortuga acuática con el cuello rayado o tortuga de charca (*Mauremys caspica rivulata*

[*Clemys caspica*]), y la tortuga común o tortuga mora (*Testudo graeca terrestris*).

Algunas especies de reptiles importantes ya no habitan en Palestina. El cocodrilo del Nilo (*Crocodylus niloticus*) habitaba desde el Río de Nilo hasta los ríos a lo largo de la costa de Palestina hasta el siglo XIX. En efecto, el Río Zerqa, que fluye al Mediterráneo cerca de Cesarea, era conocido como el Río Cocodrilo. Sin embargo, los cocodrilos han sido desde entonces completamente eliminados de la región al norte de la Presa de Asuán en Egipto.

RANDALL W. YOUNKER

ANNO DOMINI (DESPUÉS DE CRISTO)

Calculados a partir del nacimiento de Jesús, la datación de años «d.C.» y el concepto de «una era cristiana» resultó del ciclo pascual desarrollado en el siglo VI por el monje escita Dionisio el Exiguo. En lugar del año 753 a.u.c. («desde la fundación de la ciudad» de Roma) en que el sistema está basado, se cree ahora que el nacimiento de Jesús habría ocurrido algo antes, probablemente c. 7 a 6 a.C.

ANTELÍBANO (Gr. *Antilibános)*

Un cordón montañoso al este del Líbano, que se extiende de Kadesh (Siria) hasta Dan (Jdt 1.7). Separado de Líbano por el Valle de Beqaʿ, el monte más alto del cordón es el Mt. Hermón (cf. Dt 3.9, Sirión).

ANTEPASADO

Fundador de una familia o pueblo. Los descendientes se consideraban a sí mismos como expresiones de antepasados inmediatos o distantes, y los antepasados eran considerados como presentes en las instituciones y las tradiciones de la familia. El término usado para «antepasado» (Heb. *ʾāḇ*) es la palabra para «padre», traducido «patriarca» en algunos pasajes y versiones.

Israel participó en su salvación y llamado a través de la acción misericordiosa de Dios hacia Abraham, Isaac y Jacob. Jehová era «Dios de vuestros padres» (Dt 1.11), y a través de ellos se le prometió a Israel la tierra (1.8; Gn 28.13), muchos descendientes (Dt 13.17), y una bendición (Gn 12.3). A causa de su juramento de pacto con los antepasados, Jehová libró a Israel de Egipto (Dt 7.8; Ex 2.24-25; 6.2-9) y seguiría siendo misericordioso con ellos (Dt 4.31). Sin embargo, el cumplimiento continuado de las promesas se apoyaba en la obediencia de Israel al pacto de Sinaí (Dt 29.1 [TM 28.69]-30.20). El profeta del exilio apeló a los antepasados para inspirar la esperanza de la futura liberación que Dios haría (Es 51.1-3).

El NT afirma que la historia de la salvación, que culmina con la obra de Dios en Cristo, tuvo su principio en las promesas y la elección de los antepasados (Lc 1.46-55; Hhc 13.15-41; Ro 9; Ga 3.15-16). Pablo declara que a través del misterio de la piedad de Dios, la elección de Israel a través de los antepasados no sería revocada (Ro 11.11-35).

Bibliografía. C. Barth, «God Chose the Fathers of Israel,» en *God with Us* (Grand Rapids, 1991), 38-55; C. Beqaʿ, *The Promises to the Fathers: Studies in the Patriarchal Narratives* (Philadelphia, 1980).

LAURIE J. BRAATEN

ANTICRISTO

«Anticristo» «y anticristos» aparecen en la Biblia sólo en 1 Juan 2.18, 22; 4.3 y 2 Juan 7, y está ausente en otra literatura cristiana antes de la de Policarpo en el siglo II d.C. Aunque hacia el principio del siglo III (p.ej., Hipólito), la expectativa de un anticristo escatológico se había vuelto muy desarrollada en la teología cristiana, y ha permanecido siempre como un tema de interés intrínseco de muchos cristianos. Las tentativas de identificar a un Anticristo individual tienen una larga y triste historia.

Está claro que Juan aplicó el término plural «anticristos» a aquellos antiguos miembros de las congregaciones cristianas que se habían apartado recientemente del rebaño (1 Jn 2.19) bajo una influencia de enseñanza y práctica falsas. Sin embargo, debido a que Juan dice muy poco sobre el Anticristo singular, los antecedentes bíblicos para este personaje están en alguna controversia.

Muchos eruditos distinguen dos tradiciones bíblicas principales que implican personajes escatológicos en contra de Dios y sus propósitos, uno que advierte de un perseguidor político o militar y uno de una influencia engañosa. Por ejemplo, en su discurso en el olivar, Jesús habló tanto de la aparición de la abominación de la desolación de Daniel (Dn 9.27; 11.31; 12.11; Mt 24.15 par.) y de la venida de profetas falsos y Cristos falsos que engañarían, si fuera posible, hasta los elegidos (Mt 24.24 par.). Parece que el «cuerno pequeño» de Daniel (Dn 7.8, 20, 24) presagia un personaje que Pablo llama el «inicuo» (2 Ts 2.3-10), un enemigo perseguidor con pretensiones de autodeificación. Las expectativas extremas de Daniel del futuro son presentadas otra vez en Apocalipsis 13 como una bestia terrible que proviene del mar, incorporando muchas de las características de las cuatro bestias de Daniel 7.3-8.

Pero Juan continúa, al describir a otra figura de Anticristo, una segunda bestia, que se levanta de la tierra y apoya a la primera bestia en sus ataques diabólicos contra los justos. Esta Bestia de la Tierra tiene las características especiales de un profeta falso (así llamado en Ap 16.13; 19.20; 20.10) que engaña con sus mentiras blasfemas. No hay unanimidad hasta que punto el Anticristo de Juan representa sólo una de estas hebras o una combinación, aunque de la descripción limitada de Juan en 1 y 2 Juan, su figura de Anticristo tiene más en común con la imagen de profeta falso engañador, ya que esto tiene que ver con un desmentido de la verdad sobre Jesucristo (1 Jn 2.22; 4.1-3; 2 Jn 7).

Bibliografía. G. C. Jenks, *The Origins and Early Development of the Antichrist Myth*. BZNW59 (Berlin, 1991); C. E. Hill, «Antichrist from the Tribe of Dan,» JTS n.s. 46 (1995): 99-117.

Charles E. Hill

ANTÍGONO (Gr. *Antígonus*)

1. Uno de los generales de Alejandro Magno, entre los primeros de los diádocos. Sátrapa en Frigia durante la vida de Alejandro, él comenzó a ampliar su poder a través de oriente en 316 a.C. Él reclamó la corona en 306, designándose así el sucesor de Alejandro. Atacado por una coalición de otro diádoco, él fue muerto en batalla en 302.

2. Hijo del jefe asmoneo Juan Hircano. Cuando Aristóbulo I, hermano de Antígono, se convirtió en sumo sacerdote (104), encarceló a su madre y sus otros hermanos, pero a Antígono le permitió permanecer libre. Acusado de planear el asesinato de su hermano, Aristóbulo fue ejecutado (Josefo, *Ant.* 13.303-317; *BJ* 1.80-84).

3. Antígono II, rey y sumo sacerdote de Judea (40-37 a.C.); hijo de Aristóbulo II, que había arrebatado el trono de su hermano Hircano II en el año 67. Los romanos devolvieron el sumo sacerdocio a Hircano, y llevaron cautivos a Antígono y Aristóbulo a Roma en el año 63 (Josefo *Ant.* 14.5-79; *BJ* 1.116-158). En el año 56 ellos escaparon, y Aristóbulo intentó volver a tomar el trono. Aunque Aristóbulo fue recapturado, Antígono fue liberado (*Ant.* 14.92-95; *BJ* 1.171-74). En el año 40, después de la muerte de su padre, Antígono derrocó a Hircano con la ayuda de Partia. Él mutiló los oídos del sumo sacerdote (según BJ 1.270, con sus propios dientes) para descalificarle de acceder alguna vez al sacerdocio. El senado romano, sin embargo, confirió la monarquía a Herodes, y Antígono fue finalmente removido del trono. Él fue decapitado en 37 a.C. (*Ant.* 15.2; *BJ* 1.357).

Anthony J. Tomasino

ANTÍLOPE

Un rumiante veloz y con cuernos (Heb. *tĕʾô*), mencionado en una lista como animal limpio, y por lo tanto apropiado para comer (Dt 14.5). La Biblia distingue varias especies, incluyendo la gacela, el íbice, y el oryx. Debido a su velocidad, cazar a un antílope requirió el uso de una red o alguna otra trampa (cf. Is 51.20; el fracaso de Israel bajo la ira de Dios es comparado con un antílope atrapado en una red).

ANTÍOCO (Gr. *Antíochos*)

Los acontecimientos descritos en 1–2 Macabeos y Daniel ocurren en el contexto de la historia seléucida en el siglo II a.C. La secuencia de gobernantes seléucidas (con sus años aproximados de reinado) es como sigue: Antíoco III (223-187), Seléuco IV Filópator (187-175), Antíoco IV Epifanes (175-164), Antíoco V Eupátor (164-162), Demetrio I Soter (162-150), Alejandro I Balas (150-145), Demetrio II Nicator (145-139), Antíoco VI (y Trifo) (145-142), y Antíoco VII Sidetes (138-129). Una tabla genealógica puede ayudar a clarificar las relaciones entre estos gobernantes.

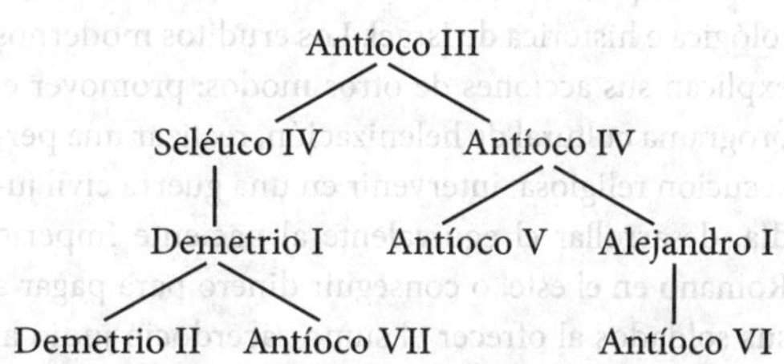

1. Antíoco III. Bajo su gobierno Judea, como parte de la Coele-Siria quedó bajo el control seléucida antes que el dominio ptolomeo (egipcio) después de su victoria en Panium en 200 a.C. Sus derrotas a manos de los romanos en Termópilas (191) y Magnesia (190), y su rendición en Apamea (188) comprueba su extensión imperial. Él murió en Elam en 187 mientras saqueaba el templo de Bel.

2. Antíoco IV Epifanes. Fue el más famoso e importante Antíoco en relación con los estudios bíblicos. Hijo de Antíoco III, le enviaron como rehén a Roma después de la batalla de Magnesia y permaneció allí hasta 176. Después de pasar algún tiempo en

Atenas, él supo que su hermano Seléuco IV había sido asesinado, entonces viajó a Antioquía de Siria y reclamó el trono seléucida para él en 175. Antíoco IV invadió Egipto en 170 y otra vez en 168. Él fue obligado a retirarse de Egipto por el general romano Popillius Laenas o ser considerado como un enemigo de Roma. En su regreso de Egipto él saqueó el templo de Jerusalén (quizás dos veces, o sólo en 168). Con el estímulo de un grupo de judíos «progresistas» (1 Mc 1.11-15), Antíoco IV ya sea promovió o cooperó para un programa que estableció instituciones griegas en Jerusalén (el gimnasio, etc.), decretó nuevas leyes en lugar de la Torah, y trajo un nuevo orden de adoración al templo de Jerusalén. Descrito en fuentes judías como «el sacrilegio desolador» o «la abominación desoladora» (cf. Dn 11.31; 12.11; 1 Mc 1.54; Mt 24.15; Mr 13.14), el nuevo culto incluía la adoración «del Señor del cielo», con la mayor probabilidad de que fuera la deidad semítica Baal Shamin, que era probablemente considerado como el equivalente del creador y señor del cielo y la tierra israelita.

El grado y objetivo de la participación de Antíoco IV en los asuntos judíos entre 168 y 164 permanecen sin resolver. Sus actividades son atribuidas a la arrogancia personal en 1 Macabeos, mientras que Daniel y 2 Macabeos las consideran como la parte de la disciplina de Dios antes de la vindicación escatológica e histórica de Israel. Los eruditos modernos explican sus acciones de otros modos: promover el programa cultural de helenización, realizar una persecución religiosa, intervenir en una guerra civil judía, desarrollar el equivalente al naciente Imperio Romano en el este, o conseguir dinero para pagar a sus soldados al ofrecer el sumo sacerdocio judío al mejor postor y saquear el templo de Jerusalén y su tesoro. Una combinación de varios de estos motivos parece probable.

Según 1 Macabeos, la resistencia judía al programa de Antíoco IV y sus colaboradores judíos se consolidó en torno a la familia macabea o asmonea conducida primero por un sacerdote de Modein llamado Matatías (1 Mc 2) y luego por sus hijos Judas, Jonatán y Simón, en turno. A comienzos del 164 Antíoco IV dio una amnistía condicional a los rebeldes judíos y terminó la persecución religiosa y el edicto contra la observación de la Torah. Esto coincidió con la campaña de Antíoco IV de reforzar la parte este de su imperio. Las fuentes antiguas dan relatos contradictorios de su muerte (Dn 11.40-45; 1 Mc 6.1-16; 2 Mc 1.13-17; 9.1-28). Lo más probable es que murió de alguna enfermedad en Tabae, Persia (Polibio *Hist.* 31.9) a fines de 164, por la fecha de la purificación de Judas Macabeo y la nueva dedicación del templo de Jerusalén.

El hecho que llamaron su hijo y sucesor Antíoco V Eupator («de un padre bueno») sugiere que Antíoco IV era respetado. Él fue el primer rey seléucida en ser designado *theós* («dios») en sus monedas, una práctica que probablemente aumentó la oposición judía. Polibio lo describió como encantador, pero errático (y también el juego de palabras *epimanḗs* [«loco»] sobre *epiphanḗs* [«(dios) manifiesto»]) y como estudiante y patrocinador de las costumbres religiosas locales (no un perseguidor religioso como los textos judíos sugieren).

3. Antíoco V. Coronado como rey en 164 a los nueve años de edad, con Lisias como su primer ministro (2 Mc 10.11). Ellos fueron impedidos de recapturar Jerusalén principalmente porque tuvieron que volver a Antioquía y sofocar una rebelión por parte de Felipe, un cortesano que afirmó que Antíoco IV le había prometido a él la tutela y el poder (1 Mc 6.14-17, 55-63; 2 Mc 13.23). A fines de 162 o a principios de 161, Antíoco V y Lisias fueron ejecutados por Demetrio I, el hijo de Seléuco IV (1 Mc 7.1-4; 2 Mc 14.1-2).

4. Antíoco VI, el hijo de Alejandro Balas, cuyo reclamo de ser hijo de Antíoco IV (cf. 1 Mc 10.1) fue disputado aún en la antigüedad. Antíoco VI fue coronado rey a principios de 144 por los esfuerzos de Trifo, que se convirtió en el verdadero gobernante (11.54-59) y tuvo éxito en la captura de Jonatán Macabeo (12.39-53). Trifo fue tan lejos como asesinar a Antíoco VI en 142 y reclamar la monarquía para él (13.31-32).

5. Antíoco VII. Un hijo de Demetrio I (1 Mc 15.1, 10), reclamó el trono seléucida en 138. Él renovó el intento de ganar mayor control sobre Jerusalén y otras partes de la tierra de Israel (15.38-16:10), pero su interés principal fue ampliar el Imperio Seléucida contra los partos. Él murió en 129, ya sea en batalla o por suicidio, al ser derrotado por el ejército parto bajo el mando de Fraates.

Bibliografía. E. Bickerman, *The God of the Maccabees.* SJLA 32 (Leiden, 1979); M. Hengel, *Judaism and Hellenism* (Philadelphia, 1974); O. Mørkholm, *Antíoco IV of Syria* (Copenhagen, 1966); E. Schürer,

The History of the Jewish People in the Age of Jesus Christ (175 b.c.-a.d. 135), rev. ed. (Edinburgh, 1973-1987); V. Tcherikover, *Hellenistic Civilization and the Jews* (Philadelphia, 1959).

Daniel J. Harrington, S.J.

ANTIOQUÍA (Gr. *Antiócheia*)

1. Antioquía de Pisidia. Una ciudad en la parte sur de la provincia romana llamada Galacia, en la parte central de Turquía moderna. Más exactamente estuvo localizada en Frigia, un distrito adyacente a Galacia del sur en el límite norte del distrito de Pisidia. Los límites de ambos distritos no estaban definidos. Strabo, un geógrafo del siglo I, la ubicó en Frigia en el lado sur de un faldeo de montaña que está enfrente de Pisidia. Por lo tanto, él la llamó «Antioquía cerca de Pisidia» o «Antioquía hacia Pisidia» (*Geog.* 12.8.14). Esto concuerda con los mejores manuscritos de Hechos 13.14, que tienen «Antioquía pisidiana», antes que «Antioquía de Pisidia» como en otras traducciones.

Evitando Perge, Pablo fue directamente a Antioquía en su primera visita al Asia Menor (Hch 13.13-14). Él probablemente la visitó otra vez en su segundo viaje (Hch 16.6) y puede haber pasado por ella otra vez en su tercer viaje (18.23). La ciudad estaba en la plenitud de su importancia cuando Pablo estuvo allí, funcionando como el centro tanto de la administración civil como militar en Galacia del sur, con caminos que conducían desde allí a varias colonias. En 25 a.C. el emperador Augusto había fundado de nuevo la ciudad como una colonia romana y la había poblado con veteranos de las legiones. La adoración al emperador prosperó aquí, realzada por varios edificios relacionados con el culto imperial. La mayoría de la construcción en Antioquía fue hecha bajo los emperadores Tiberio y Claudio. Tiberio fue el constructor principal del templo de Augusto que estaba en el centro de la ciudad. Otros dos templos estuvieron cerca de éste dedicados a la adoración pagana, uno de los cuales un excavador de Antioquía ha descrito como el mayor entre los sitios sagrados del sudoeste de Anatolia.

2. Antioquía de Siria es la más grande e importante de las 16 ciudades del mundo antiguo, que fueron nombradas en honor al emperador sirio Antíoco. Su hijo, Seleuco I Nicátor, el fundador del Imperio Seléucida, la construyó y le dio tal nombre en su honor. Estaba localizada 80 km (50 mi) al sur del punto donde la península de Asia Menor se encorva al sur en el litoral Mediterráneo oriental de Siria-Palestina, y al pie del monte Silpio en el Río Orontes, que le daba acceso a la ciudad portuaria mediterránea de Seleucia.

La población de la ciudad a mediados del siglo I d.C. puede haber alcanzado 300 mil personas, aunque otras estimaciones le otorgan no más de 100 mil. La cifra mayor es sugerida por el geógrafo del siglo I Strabo (*Geog.* 16.2.5), que dijo no era más pequeña que Alejandría de Egipto. Aquella ciudad tenía más de 300 mil ciudadanos a mediados del siglo I a.C. (Diodorus Siculus *Hist.* 17.52).

Antioquía tenía una población judía numerosa y acaudalada en el siglo I (Josefo *BJ* 7.43). Estos judíos construyeron sinagogas maravillosamente decoradas, y «constantemente atraían a sus ceremonias religiosas multitudes de griegos» (*BJ* 7.45). La primera mención de Antioquía en el NT se hace en referencia a un prosélito de la fe judía de esta ciudad, un Nicolás, que aceptó a Cristo y fue designado posteriormente como uno de siete hombres para supervisar las necesidades de las viudas helenistas en Jerusalén, en los primeros días de la Iglesia (Hch 6.5).

El trabajo de misionero fue hecho por personas que huyeron de las persecuciones en Jerusalén, y pronto después de llegar a Antioquía «hablaron también a los griegos» (Hch 11.20). Estos «griegos» eran probablemente «temerosos de Dios», gentiles que eran con frecuencia atraídos al monoteísmo judío (p.ej., Hch 10.22). Esta actividad misionera resultó en un «gran número» (Hch 11.21) de conversiones de gentiles y motivó a la iglesia de Jerusalén a enviar a Bernabé a Antioquía para supervisar el progreso. Bernabé, impresionado por el gran número de conversos y probablemente consciente de la comisión de Pablo de predicar a los gentiles (Hch 26.17), le trajo desde Tarso para ministrar en Antioquía.

Durante un año, ellos trabajaron juntos en este centro gentil (Hch 11.26) que posteriormente se convirtió en la iglesia que patrocinó sus viajes misioneros al mundo gentil (13.3; 15.40; 18.22-23). El término «cristiano» («seguidor del Mesías») fue primero aplicado a los discípulos de Jesús en esta ciudad predominantemente gentil-cristiana (Hch 11.26).

Eusebio registra una tradición en el siglo IV de que el primer obispo de Antioquía fue Pedro (*HE* 3.36.2), que fue sucedido por Evodio y luego por el famoso mártir Ignacio de Antioquía, que murió durante el reinado de Trajano (c. 108; *HE* 3.22).

Uno de los acontecimientos más notables en la historia de la iglesia primitiva que se relaciona con distinciones étnicas ocurrió en Antioquía. Cuando Pedro visitó a Pablo en una ocasión, estos dos influyentes líderes de la iglesia del siglo I discutieron en presencia de la iglesia entera sobre la vacilación de Pedro en cuanto a las exigencias a los conversos gentiles. Pablo acusó a Pedro de actuar «no sinceramente» (Gr. «hipócritamente»). En esta situación tan dramática, Pablo le resistió «cara a cara, porque era de condenar» (Ga 2.11), reprochando a este importante apóstol «delante de todos» (v. 14).
Antioquía fue indudablemente la ciudad más importante después de Jerusalén en la extensión temprana de la Iglesia. Después de que el concilio de Jerusalén terminó, las decisiones alcanzadas por el concilio fueron inmediatamente enviadas a Antioquía, en una carta que fue llevada por dos «varones principales entre los hermanos», Silas y Judas, indicando la importancia de Antioquía ante los ojos de la iglesia de Jerusalén. Pablo y Bernabé los acompañaron (Hch 15.22).
Debido a que moderna la ciudad de Antakya se levanta sobre el sitio de la antigua Antioquía, poca excavación arqueológica ha sido conducida allí. La mayoría de nuestra información sobre la ciudad debe ser por lo tanto sacada de escritores antiguos, más considerablemente Strabo, Evagrio, Procopio, Libanio, el emperador Julian, Juan Crisóstomo, y sobre todo la *Crónica* de Juan Malalas. Varias personas prominentes contribuyeron a los proyectos de edificación en Antioquía, entre ellos los jefes helenísticos Seleuco I (311-281 a.C.) y Antíoco Epifanes (175-164) y los jefes romanos Pompeyo, Julio César, Augusto César, Tiberio César, Calígula, y Claudio.

Antioquía fue construida siguiendo el plano urbano de una ciudad helenística típica con calles organizadas en manzanas de 112 m × 58 m Herodes el Grande construyó una calle con columnas, que corría a lo largo de toda la ciudad, de norte a sur, y dividía a Antioquía por la mitad (Josefo *BJ* 1.425; *Ant.* 16.148). Se le acredita a Tiberio la construcción de portales monumentales en cada intersección principal de las calles de la ciudad.

La ciudad estaba rodeada por un muro y contenía muchos edificios importantes, incluyendo un palacio y un circo, ambos comenzados en 67 a.C. Comenzando en 47 a.C. Julio César construyó un teatro, un anfiteatro, baños públicos, un acueducto, y quizás la basílica más antigua del este, para el uso del culto de Roma. El edificio llevó su nombre e incluía una estatua suya. Él también reconstruyó el templo de Panteón.
Parte de la reconstrucción fue resultado de dos terremotos que azotaron Antioquía por el tiempo de Pablo, uno en 37 d.C., a principios del reinado de Calígula (37-41), y el segundo durante el reinado de Claudio (41-54). El último temblor también dañó Éfeso, Esmirna, y otras ciudades del Asia Menor.
El «Cáliz de Plata de Antioquía», supuestamente descubierto aquí en 1910 y que algunos pensaron era la copa usada por Cristo en la Última Cena, ha sido fechado por autoridades entre el siglo II y el sexto.

John McRay

ANTIPAS (Gr. *Antipás*)

1. Herodes Antipas, hijo de Herodes el Grande y Malthace. Él fue el tetrarca de Galilea que encarceló y decapitó a Juan el Bautista (Mt 14.1-11 = Mr 6.14-28) y que se burló de Jesús en su proceso (Lc 23.7-11). *Véase* Herodes (Familia) 11.

2. Cristiano de Pérgamo que fue martirizado debido a su fe (Ap 2.12)

ANTÍPATER (Gr. *Antipátros*)

1. Hijo de Jasón, uno de los dos delegados enviados por Jonatán Asmoneo a Roma y Esparta (Josefo, *Ant.* 13.169; 1 Mc 12.16; 14.22) para negociar, aparentemente con éxito, renovaciones de tratados con Judea.

2. Noble idumeo (c. 100-43 a.C.), hijo de Antipas y padre de Herodes. *Véase* Herodes (Familia) **1**.

3. El hijo mayor de Herodes y su primera esposa Doris. *Véase* Herodes (Familia).

Peter Richardson

ANTIPATRIS (Gk. *Antipatrís*)
Ciudad reconstruida por Herodes el Grande en 9 a.C. en el sitio de Afec (**1**), renombrada según el nombre de su padre Antipater. Localizada en la moderna Râs el-ʿAin/Tel Afeq (143168) en la llanura costera, éste era quizás un punto de control y estación caminera entre la marítima Cesarea y Jerusalén. Antipatris es mencionada en Hechos 23.31 como el lugar donde Pablo pasó una noche cuando era llevado por la guardia romana desde Jerusalén a Cesarea durante el tiempo en que Félix era procurador romano.

Bruce C. Cresson

ANTISEMITISMO Y EL NUEVO TESTAMENTO

Es un hecho trágico que varios textos del NT hayan sido usados para promover el antisemitismo a través de la historia de la iglesia, hasta incluir la era moderna. Estos textos han sido sesgados de su marco original y contexto histórico; ellos han sido dogmatizados y repetidamente usados para atribuir maldad al pueblo judío; han sido empleados para justificar la persecución de los judíos en los últimos 2,000 años, culminando en el asesinato de 6 millones de judíos en el Holocausto nazi.

Algunos de los ejemplos más notorios pueden mencionarse aquí. El Evangelio de Mateo, que está lleno de polémica contra los judíos, registra a la muchedumbre que pide la crucifixión de Jesús lanzando el grito: «Su sangre sea sobre nosotros, y sobre nuestros hijos» (Mt 27.25). Las palabras amargas contra «los judíos» en el Cuarto Evangelio llegan a su punto culminante en la declaración: «Vosotros sois de vuestro padre el diablo» (Jn 8.44). Al comentar sobre el sufrimiento de los cristianos de Tesalónica, Pablo dice que las iglesias de Judea también sufrieron «de los judíos, los cuales mataron al Señor Jesús y a sus propios profetas, y a nosotros nos expulsaron; y no agradan a Dios, y se oponen a todos los hombres, impidiéndonos hablar a los gentiles para que éstos se salven; así colman ellos siempre la medida de sus pecados, pues vino sobre ellos la ira hasta el extremo» (1 Ts 2.14-16). En la carta a la iglesia de Esmirna, Juan escribe: «Yo conozco… la blasfemia de los que se dicen ser judíos, y no lo son, sino sinagoga de Satanás» (Ap 2.9; cf. 3.9).

Además del tema de la responsabilidad por la muerte de Jesús, el delito más tarde descrito como «deicidio», muchos pasajes se ocupan del juicio sobre los judíos por su incredulidad al mensaje del evangelio. A menudo un fuerte lenguaje retórico puede ser usado para referirse a los fariseos en particular: p.ej., «hipócritas», «hijo(s) del infierno», «insensatos y ciegos», «guías ciegos», «generación de víboras» (Mt 23). Otro elemento clave es el tema del desplazamiento de Israel por parte de la iglesia: p.ej., «el reino de Dios será quitado de vosotros, y será dado a gente que produzca los frutos de él» (Mt 21.43); «Sabed, pues, que a los gentiles es enviada esta salvación de Dios; y ellos oirán» (Hch 28.28, después de citar de Is 6.9-10, aplicada a los judíos que no creen en el evangelio); «Y os digo que vendrán muchos del oriente y del occidente, y se sentarán con Abraham e Isaac y Jacob en el reino de los cielos, mas los hijos del reino serán echados a las tinieblas de afuera; allí será el lloro y el crujir de dientes» (Mt 8.11-12).

Es una gran ironía que estas palabras, escritas por judíos, fueran usadas para justificar el antisemitismo. Jesús mismo fue un judío, y el autor del Cuarto Evangelio declara que «la salvación viene de los judíos» (Jn 4.22). Todos los primeros cristianos eran judíos y además no consideraron su fe como foránea, sino como la culminación de la esperanza de Israel (cf. Hch 28.20). El hecho es que este lenguaje vitriólico refleja un debate interno, con judíos que hablan en contra de judíos, cristianos judíos contra judíos de la sinagoga. Este tipo de lenguaje incendiario recuerda al usado por los profetas del AT en su crítica de Israel. La dureza de la polémica además refleja las convenciones de la retórica antigua.

Claramente es un error considerar este material como antisemítico (es decir, que avala el prejuicio racial), y aun la palabra antijudaísmo no es adecuada, aunque de seguro hay alguna polémica contra el judaísmo en el NT. Debido a que el material en cuestión es contextual e históricamente condicionado, los siguientes factores de mitigación deben ser tenidos en consideración: (1) la crítica excepcionalmente áspera de los judíos en el NT no refleja simplemente la polémica interna, sino la hostilidad que resulta de la persecución judía de los cristianos judíos; (2) la mayoría de la polémica del NT es dirigida contra el liderazgo antes que al pueblo en conjunto; (3) aplicar cualquiera de este material a judíos o al judaísmo del presente es culpable no simplemente de anacronismo, sino de un malentendido grave y mal uso de él. Aun si el NT pone la responsabilidad de la muerte de Jesús sobre los judíos, aquella generación (y sus niños) pasaron hace mucho de la escena, entonces no tiene sentido poner la culpa sobre los judíos modernos. Por supuesto, los cristianos que son teológicamente conscientes se dan cuenta que la verdadera responsabilidad de la muerte de Jesús recae tanto sobre ellos como sobre los judíos.

Considerando la historia de abuso trágico de este material, los cristianos deben considerarse ahora como bajo la obligación permanente de enfatizar lo que estos pasajes *no* significan. El cristianismo y el antisemitismo son mutuamente exclusivos.

DONALD A. HAGNER

ANTONIA (Gr. *Antōnia*), **FORTALEZA**
Una fortaleza grande edificada por Herodes el Grande en el extremo noroeste del Monte del Templo. La Antonia reemplazó una fortaleza más temprana (Neh 2.8; 7.2) que Herodes quitó durante la nivelación de excavaciones, sustituyéndola por una estructura más impresionante nombrada en honor a su patrocinador Marco Antonio. La Antonia, por lo tanto, debe haber sido construida en algún momento antes de la derrota de Antonio en 31 a.C. y sirvió como la morada de Herodes en Jerusalén hasta la construcción de un nuevo palacio en el lado occidental de la ciudad.

La Antonia estuvo localizada en una plataforma rocosa elevada (45 × 120 m), ahora ocupada por la escuela Omariyyeh; precipicios profundos y escarpas naturales la protegieron por todos lados. Según Josefo (*BJ* 5.238-47), la Antonia tenía cuatro torres en las esquinas y cuatro torrecillas que dominaban los atrios del templo más abajo. La fortaleza contenía baños, pórticos, patios y otras facilidades convenientes para los invitados de la realeza, pero también había suficiente espacio para acomodar una cohorte romana, normalmente acuartelada allí (cf. Hch 21.27-37). La Antonia estaba conectada con los alrededores del templo por dos escaleras que conducían abajo a los pórticos del recinto de templo, y por un túnel (*Ant.* 15.424). El depósito de agua Struthion en el lado noroeste de la Antonia suministraba agua a la fortaleza.

Es materia de debate si la Antonia fue el lugar donde se llevó a cabo el proceso de Jesús delante de Pilato. Los procuradores romanos también podrían haberse quedado en el palacio de Herodes o en el palacio Asmoneo, ambos localizados en la parte alta de la ciudad.

THOMAS V. BRISCO

ANTORCHA
Luz cargada en la mano que consistía de una sustancia inflamable, tal como un palo de madera resinosa o un manojo de cáñamo. Como una fuente de luz que provee visión en la oscuridad, se usa a menudo en forma poética para hablar sobre nueva visión obtenida.

En el ritual del pacto entre Abram y Jehová (Gn 15.17), una antorcha se paseaba entre las piezas de los animales sacrificiales. Colocando sus antorchas debajo de jarras permitieron a los 300 hombres de Gedeón sorprender al campamento madianita (Jue 7.16,20) y Sansón ató una antorcha en los rabos de muchas zorras para quemar el suministro de comida de los filisteos. Judas condujo a soldados y guardias con antorchas para encontrar a Jesús en el jardín.

Usado poéticamente, la antorcha puede representar iluminación y poder. La salvación para Jerusalén es como una «antorcha encendida» (Is 62.1). En su visión de la presencia de Dios, Ezequiel vio algo que procedía de las cuatro criaturas que parecían como «antorchas entre ellos» (Ez 1.13). Zacarías habla de Jerusalén como el instrumento de Dios, la cual «como antorcha» devorará a todos los pueblos alrededor (Zac 12.6). En la revelación de Daniel acerca de la gran batalla, un ángel guerrero tenía ojos como «antorchas de fuego» (Dn 10.6). De aquel que está sentado sobre el trono celestial vienen «siete antorchas encendidas» que son los siete espíritus de Dios (Ap 4.5). Cuando el tercer ángel abre el sello, él sopla su trompeta y una gran estrella «ardiendo como una antorcha» cae del cielo (Ap 8.10).

ANTROPOLOGÍA
Véase Humanidad.

ANTROPOMORFISMO
La acción de atribuir características humanas a Dios, específicamente la conceptualización de Dios como teniendo aspectos y forma (Gr. *ánthrōpos*) humana (Gr. *morphḗ*), pero no emociones humanas (tales como amor o cólera), que se conoce como antropopatismo. El lenguaje antropomórfico está presente en todas partes de la Biblia, pero es más frecuente en el AT (esp. el Pentateuco y Salmos) que en el NT. Las descripciones figuradas de Dios como teniendo rasgos humanos incluyen referencias al rostro (Sal 34.16 [TM 17]), ojos (2 Cr 16.9), labios (Pr 16.27), boca (Is 1.20), oídos (Stg 5.4), manos (Ex 15.17), dedo (Lc 11.20), brazo (Jn 12.38), y pie (Lm 1.15) de Dios. Otras imágenes antropomórficas conllevan características humanas. Dios es representado como caminando por el huerto (Gn 3.8) y oliendo sacrificios (8.21). Mientras otras religiones antiguas imaginaron a sus deidades como adoptando realmente forma animal o humana (o como un híbrido de animal y características humanas, como en Egipto) las tradiciones religiosas judías antiguas reflejadas en las Escrituras se abstuvieron de tal cosa. Aunque Génesis 1.27 proporcione una razón fundamental aparente para las imágenes antropomórficas, el peligro inherente consiste en que tal

lenguaje figurado, empleado para expresar cómo la gente ha experimentado al Dios trascendente, es confundido con lenguaje literal, en particular con respecto al género de Dios. Muchas referencias de Jesús a Dios como «Padre» pueden ser mejor entendidas en el trasfondo de las descripciones antropomórficas de Dios por parte de Israel. El antropomorfismo supremo es la aseveración del NT de que Dios entró en carne humana en la persona de Jesús de Nazaret.

Jeffrey T. Tucker

ANUB (Heb. *ʿānûḇ*)
Judaita, hijo de Cos (1 Cr 1.8)..

ANUNCIACIÓN
El acontecimiento cuando el ángel Gabriel informa a María que de ella nacerá un hijo llamado Jesús, que reinará sobre Israel para siempre (Lc 1.26-38; cf. Mt 1.18-25, en que un ángel informa a José; Prot. Stg 10-12). Esta anunciación es paralela a la profecía del nacimiento de Juan el Bautista (Lc 1.8-25) y parece inspirarse sobre registros del AT (Gn 18.1-15; Jue 13.2-7).

Además de un anuncio, los acontecimientos milagrosos que rodean los nacimientos de personas prominentes también eran convencionales en la literatura helenística (p.ej., Diogenes Laertius Lives 3.1-2; Flavius Philostratus Life de Apollonius de Tyana 1.4-6).

Greg Carey

ANZUELO
Heb. *wāw* designa un gancho o una clavija de donde las cortinas y otros tapices se suspendíanen el tabernáculo israelita (p.ej., Ex 26.32; 27.10-11). En Job 41.1(TM 40.25) un anzuelo se considera insuficiente para controlar el monstruo Leviatán (cf. Mt 17.27; Gr. *ánkistron*). Un dispositivo similar puede ser indicado por Heb. *ḥaḥ* (p.ej., 2 Cr 33.11; Job 41.2[40.26]; Ez 29.4) y *ṣinnôṯ* (Am 4.2), términos generalmente traducidos como «espino» (cf. Job 5.5; Pr 22.5).

AÑO
Unidad básica del calendario para los israelitas antiguos y otros pueblos del cercano oriente. Estaba basado en el ciclo anual del movimiento del sol, la luna, y las estrellas, y en el ciclo de plantar y cosechar frutos. El AT no menciona un calendario total del antiguo Israel, así que uno debe ser construido basado en las referencias en varios pasajes a días, fechas, meses, estaciones, y años.

El AT no es claro si el año del antiguo Israel comenzaba en la primavera o en el otoño.

Éxodo 23.16 y 34.22 declaran que el festival de otoño, la fiesta de la siega, ha de ser celebrada al final o «a la salida del año» (23.16; (34.22). Levítico 23.5 y Números 28.16 afirman, sin embargo, que la pascua, la fiesta más importante en la primavera, ha de ser celebrada en día catorce del primer mes. El calendario de Gezer (cerca de 925 a.C.) indica que el año comenzaba en el otoño. El otoño puede haber marcado el final/comienzo del calendario agrícola, mientras la primavera marcaba el comienzo del calendario cúltico. No importa cuándo comenzaba el año, los nombres de los meses tomados de Babilonia, eran fijos.

Hebreo	**Babilónico**	**Equivalente**
Nisan (Abib)	Nisanu	marzo/abril
Iyyar (Zib)	Ayaru	abril/mayo
Siván	Siwanu/Simanu	mayo/junio
Tammuz	*Du'uzu*	junio/julio
Ab	Abu	julio/agosto
Elul	Elulu/Ululu	agosto/septiembre
Tishri	Tisritu	septiembre/octubre
(Mar)hesván	(W)arah-sammu	octubre/noviembre
Kislev	Kisliwu/Kislimu	noviembre/diciembre
Tébet	Tebitu	diciembre/enero
Sabat	Sabatu	enero/febrero
Adar	Addaru	febrero/marzo

En la Biblia solo se ofrecen cuatro nombres de los meses. Los meses de la primavera Abib (Nisan) y Ziv (Iyyar) y los meses de otoño de Etanim (Tishri) y Bul (Marhesvan). Estos eran los meses más importantes del año, dado que eventos significativos en la vida agrícola de Palestina y el equinoccio solar ocurría en los mismos.

El año en el Israel antiguo estaba dividido por grandes festivales. Las descripciones bíblicas de los festivales enfatizaban, en su mayor parte, su importancia cúltica, pero la mayoría de los festivales estaban incorporados en celebraciones agrícolas que ya existían. Las celebraciones cúlticas del antiguo Israel comenzaban con la pascua, la fiesta de los panes sin levadura, y la fiesta de las primicias, que eran observadas comenzando el día catorce de Abib (Nissán. Ex 12; Lv 23.5-14). La celebración coincidía con la cosecha temprana de cebada en Palestina.

Pentecostés, o la Fiesta de las semanas, que se observaba 50 días después de la pascua, marcaba el don de la Ley en Sinaí y el final de la cosecha de granos (Lv 23.15-22). Levítico 23.24-25 declara que un descanso sabático debía ser observado en el primer día de Tishri. El judaísmo más tardío celebró este día como en Día de Año Nuevo *(rôš haššānâ)*. El AT, sin embargo, no contiene referencias a la celebración del año nuevo.

En el décimo día del séptimo mes (Tishri), los israelitas celebraban el Día del Perdón (*yôm kippur;* Lv 23.26-32). El día quince del mismo mes se celebrada la Fiesta de las Cabañas o Tabernáculos, también llamada la Fiesta de la Convocación (Lv 23.33-44). La fiesta conmemoraba la peregrinación de los israelitas en el desierto y su vida en tabernáculos y coincidía con la cosecha del otoño. En adición, el antiguo Israel celebraba un año sabático cada siete años, en el cual la tierra agrícola se dejaba en barbecho, y un año de jubileo cada 50 años en el cual tenía lugar un descanso general y la liberación de la propiedad poseída.

El calendario de 364 días existe desde a lo menos el siglo III a.C., pero no está claro si el calendario fue utilizado por la población general de las comunidades judías. El calendario judío del presente evolucionó a través de varios siglos después de terminar el periodo bíblico. Algunos mantienen que el problema de la fecha de la última cena en el NT puede solucionarse mediante la postulación del uso del calendario de 364 días por la comunidad judía. Los evangelios sinópticos indican que Jesús y sus discípulos cenaron la pascua cerca del oscurecer cuando el 15 de Nisán comenzaba (Mt 26.17-19; Mr 14.12-21; Lc 22.7-13). Juan, sin embargo, implica que la cena fue al comienzo del el 14 de Nisán Jn 18.28; 19.14, 31, 42). Si los autores de los sinópticos utilizaron el calendario de 364 días y Juan utilizó el calendario lunisolar, entonces las discrepancias en fechas puede ser explicada. Sin embargo, no hay evidencia alguna que Jesús y sus discípulos utilizaron el calendario de 364 días, y muchos sugieren que Juan ajustó su historia desde una perspectiva teológica para presentar a Jesús como el cordero pascual.

Bibliografía. D. J. A. Clines, «The Evidence for an Autumnal New Year in Pre-exilic Israel Reconsidered,» *JBL* 93 (1974). 22–40; J. Finegan, *Light fRo the Ancient Past,* 2nd ed. (Princeton, 1959) 2.552–98; W. S. LaSor, D. A. Hubbard, and F. W. Bush, *Old Testament Survey,* 2nd ed. (Grand Rapids, 1996), 632–36.

NANCY L. DE CLAISSÉ-WALFORD

AÑO NUEVO

Tradicionalmente, un tiempo de celebración, de renovación y de ceremonias. En las sociedades agrarias del antiguo Cercano Oriente, las fiestas del Año Nuevo coincidían con la temporada cíclica agrícola; el fenómeno de transición de una temporada a la siguiente era celebrado con complejas ceremonias. Los pueblos del antiguo Cercano Oriente celebraban las fiestas de Año Nuevo en las temporadas de siembra y cosecha, al comienzo o al final del año agrícola. El festival de *akītu*, de las primeras sociedades mesopotámicas, llamado usualmente festival de Año Nuevo, apareció por primera vez en Tishri alrededor del tiempo del equinoccio de otoño; en los períodos posteriores, especialmente en Babilonia, se celebraba en el equinoccio de primavera durante los primeros 12 días de Nisán. De la misma manera, el antiguo Israel observaba las fiestas agrícolas, que pueden haber sido las celebraciones de Año Nuevo.

La fecha del Año Nuevo en el antiguo Israel es imprecisa, y un tema de discusión entre los eruditos. Algunos piensan que había dos días de Año Nuevo: el Año Nuevo de primavera, en conmemoración del nuevo año religioso; y el festival de otoño, que celebraba el Año Nuevo civil. El AT contiene escasas evidencias de la celebración del Año Nuevo y de las ceremonias que lo acompañaban. En los primeros tiempos de la historia de Israel, la fiesta de otoño (*hehāg;* 1 R 8.2, 65) y la fiesta de Jehová (*hag-YHWH;* Jue 21.19), que se celebraban en el séptimo mes (Tishri), marcaban el comienzo del nuevo año. Jeroboam (1 R 12.32) celebraba esta misma fiesta en el mes octavo. Ezequiel 40.1 dice que el *rōʾš haššānâ* («el principio del año») es el 10 de Tishri. Estas celebraciones en otoño reflejan la influencia del calendario solar; después del exilio, cuando fue adoptado el calendario lunar, el Año Nuevo se celebraba el primer día de luna nueva en el mes de Nisán. En Levítico 25.9, el sonido del shofar en el día décimo del mes séptimo puede designar el comienzo del nuevo año, como lo hace en las posteriores celebraciones judías del Rosh Hashaná. Con base en la evidencia comparativa del dramatismo ceremonial cultual del antiguo Cercano Oriente, Sigmund Mowinckel propuso la teoría de que los salmos 47, 93, 96-100, eran salmos de entronización conteniendo cada uno de ellos una liturgia que celebraba la entronización de Jehová. El *Sitz im Leben* de estos salmos era la recreación anual del dramatismo cultual ceremonial cuando Jehová era celebrado como rey, creador y salvador del mundo.

Las fiestas de Año Nuevo del antiguo Cercano Oriente consistían en una serie de elementos semejantes: procesiones del rey y de las deidades, complejos sacrificios, oraciones, ritos de purificación y limpieza del templo, y celebraciones para conmemorar la derrota del caos y la restauración de orden. En la literatura ugarítica, el mito de la muerte y la resurrección de Baal, como dios de la fertilidad, que celebraba su triunfo sobre Mot y la construcción de su palacio, ha sido asociado con las festividades en Canaán del Año Nuevo en el otoño. En las ceremonias egipcias de Año Nuevo en el templo de Edfu, la estatua del dios Horus era sacaba de su templo, para ser expuesta a los rayos del sol a fin de volver a unir su cuerpo con su alma. El festival de *akītu* en Babilonia, que se convirtió en la más importante celebración religiosa y política de la historia de Mesopotamia, consistía también en ritos complejos muy elaborados. Los templos de Marduk y Nabu eran purificados ritualmente, ornamentados con adornos lujosos, y colmados con ofrendas y banquetes fastuosos. La epopeya de la creación, el Enúma Elish, que conmemoraba la victoria de Marduk sobre el caos, era recitada delante de su estatua. El festival de *akītu* celebraba la supremacía de Marduk como el dios nacional, así como la hegemonía del rey como el representante elegido de Marduk. El rey era sometido a una humillación ritual, despojado de su corona, de su cetro y de su espada, obligado a arrodillarse y a prestar juramento, afirmando que no había descuidado sus deberes como rey, y prometiendo respetar a Marduk y al pueblo de Babilonia. El rey «tomaba de la mano» a Marduk y encabezaba una procesión de las estatuas de Marduk y de las deidades vecinas a través de la ciudad (una imponente ceremonia que contemplaban los habitantes de Babilonia) hasta la casa de *akītu*, que estaba en los contornos de los muros ciudad. Se fijaba el destino de la tierra, presuntamente del año siguiente, y la fiesta terminaba con el regreso de los dioses a sus templos.

JULYE BIDMEAD

AÑO SABÁTICO

«Séptimo año» de un ciclo de siete años, designado como un «año de descanso» y «año de remisión». El año sabático extiende el principio del día de reposo semanal, de descansar en el séptimo día, fundamental para la comunidad del pacto (Ex 31.12-17). Los diez mandamientos motivan el día de reposo como imitación de la acción de Dios de descansar después de crear el mundo (Ex 20.8-11), o como recuerdo de la liberación de Israel de la esclavitud en Egipto (Dt 5.12-15). Entonces, este principio se extiende a todo el séptimo año, a fin de que se aparte para descansar del trabajo, proveer de comida al pobre, perdonar las deudas y leer la ley. Más adelante, el perdón de deudas se conecta con el perdón de pecados en los Rollos del Mar Muerto (11QMelch 2; 1QDM 3). La liberación de esclavos también se otorga en el ciclo de siete años, pero al séptimo año, después del contrato de una persona determinada y no como una liberación universal (Ex 21.2-4; Dt 15.12-15). Un paralelo del antiguo Cercano Oriente es la tradición mesopotámica de los edictos de *mīšarum* (p. ej., el Edicto de Ammisaduqa), emitido bajo la ascensión de un rey nuevo, que también proporcionaba cancelación de deudas y liberación de esclavos por deuda. Finalmente, el Año Sabático se extiende más en el Año de Jubileo, cada siete Años Sabáticos, cuando la propiedad de la tierra vuelve a la línea heredada (Lv 25.8-17; 23-28).

El texto principal sobre el Año Sabático es Lv 25.1-7, 20-22, que hace énfasis en el «descanso para la tierra». Se prohíbe sembrar tierras, podar viñas y cosechar los frutos. El producto de la tierra desatendida será comida para esclavos, trabajadores contratados, extranjeros, ganado y animales silvestres. La legislación de Ex 23.9-12 es casi idéntica (que aquí se llama el «séptimo año»).

Se debate en cuanto a lo que esto significa y cómo aplicarlo. Un sistema de rotación de barbecho, que permite la revitalización de la tierra como en la agricultura moderna, es atractivo pero no tiene base. Un año sin cultivar que se acate universalmente amenaza con severas dificultades, a nivel de subsistencia, a una economía que se basa en la agricultura. Esa dificultad parecería inconsecuente con el propósito establecido de esta legislación, de proveer de comida y ayuda al pobre. Otra posibilidad es que, dado que el calendario judío comienza con la cosecha y termina con la siembra, es que la ley visualice una cosecha completa que se siembra en el sexto año, que luego está exenta de cosecha, pero que se deja para el pobre y para los animales como comida, y un poco de ella se replantará de manera natural cuando el sembrar esté prohibido más tarde ese año. Esto permitiría dificultades mínimas para la comunidad y el máximo beneficio para los pobres, pero poco del beneficio ambiental que se espera en nuestra comprensión moderna de «barbecho».

Las leyes paralelas de Dt 14.28-15.18 no mencionan un barbecho, sino que proveen de alimentación para el pobre al destinar un diezmo de productos cada tres años para los levitas, los extranjeros, las viudas y los huérfanos. Al «séptimo año» se le llama «año de remisión» (o, de acuerdo con NVI, «año de cancelación de deudas») para cancelar deudas. Deuteronomio 31.10-13, además, ordena una asamblea pública en el «año de remisión», cada séptimo año en el que se leerá la Ley, posiblemente como parte de una ceremonia regular de renovación de pacto. Como con la liberación de esclavos en el séptimo año, calculado de manera individual desde el momento en que comenzó la esclavitud, es posible que la cancelación de deudas «de siete años» (Dt 15) originalmente significara siete años desde el tiempo en que se incurriera en deuda, tiempo en el que el pago total se habría completado con intereses, así como seis años de trabajo de esclavo, calculado según el pago anual normal de un trabajador contratado, pagarían el precio de un esclavo (cf. Lv 25.47-53). Hammurabi §88 y Eshnunna §§18a, 20, 21 especifican una tasa de interés anual del 20 por ciento. Esa clase de interés excesivo estaba prohibido categóricamente en Levítico 25.35-38, lo cual puede explicar su fracaso en mencionar cualquier cancelación de préstamos después de siete años. Esta tasa de pago, si se cumplió en Israel, habría pagado toda la deuda original en cinco años, más un 40 por ciento adicional el sexto y séptimo años antes de la cancelación. Sin embargo, parecería que Deuteronomio 15.9 implica que (por lo menos en años posteriores) el «año de remisión» se acataba universalmente. Si así es, posiblemente la cancelación de deudas fue temporalmente, como se necesitaba por la falta de ingreso relacionado con la agricultura que se esperaba en un año de barbecho. Solamente el interés o el pago que se tenía que efectuar ese año se perdonaba, o se posponía el pago total por ese año. La misma raíz verbal que aquí se utiliza para la «reducción» de deudas (*šmn*) se utiliza también para el cese temporal de trabajo agrícola durante el año de barbecho. De otra manera, la presión de abstenerse de dar préstamos poco después de la «remisión» (como se advierte en Dt 15.7-11), o de evadir la ley, llega a ser irresistible. Las referencias bíblicas a estas leyes (como con muchas otras leyes) a menudo registran incumplimiento (Lv 26.43; 2 Cr 36.20-21; Jer 34.8-22; Neh 5.1-13), pero más tarde se confirma la práctica en 1 Mac 6.48-54; Josefo *Ant.* 11.8.6(343-44); 13.8.1(234-35); 14.10.6(202); 16.2(475); 15.1.2(7); *BJ* 1.2.4(60); 1QM 2.6-9. Estos mencionan una política de no emprender la guerra en Años Sabáticos, de remisión de impuestos/tributo anual judíos como consideración del barbecho del Año Sabático y de escasez de comida ocasionada por el barbecho.

Véase ROBIN J. DEWITT KNAUTH

AÑUBLO

Plaga que da a las plantas un verde pálido y las vuelve estériles, tal vez como resultado del hongo o del ardiente viento solano. La palabra Heb. *yērāqôn* puede también indicar, palidez del rostro humano, o una palidez enfermiza de las plantas. El añublo está en la lista de plagas (junto con el viento abrasador, el granizo, el hambre, la fiebre, la espada y el tizoncillo), que eran consideradas castigos que Dios enviaba a su pueblo por su desobediencia (Dt 28.22; Am 4.9; Hag 2.17). Salomón ruega que, cuando el añublo o cualquiera de las otras plagas se presenten, Dios escuche las oraciones de su pueblo, perdone sus pecados y los salve (1 R 8.37 = 2 Cr 6.28).

JOE E. LUNCEFORD

AOD (Heb. *'ēhûd*)

1. Segundo juez de Israel, hijo de Gera, un descendiente de Benjamín. La historia de su liberación de Israel del poder del rey Eglón de Moab sigue la fórmula estándar para los jueces principales (Jue 3.12-30). El grado al cual la narrativa es historia o fórmula es debatido. Según la cronología bíblica, esta historia debería haber ocurrido durante el siglo XII; sin embargo, la conexión moabita hace una fecha tan temprana improbable.

Aod es representado como zurdo; al mismo tiempo se le muestra como muy agudo. Ambas características le sirven al tratar con Eglón, que es presentado como crédulo. En el 18º año del dominio moabita, los israelitas seleccionaron a Aod para entregar el tributo al rey moabita. El hecho que Aod sólo pudiera usar una mano, probablemente hizo que Eglón supusiera que él no fuera ninguna amenaza. Sin embargo, con un juego de palabras en «la palabra secreta de Dios», Aod convence a Eglón de concederle una audiencia exclusiva. Esta «cosa secreta de Dios» es una daga que Aod usa para matar a Eglón en su propia cámara. Asegurando la puerta entre él y los guardias, Aod escapa para levantar un ejército en Israel bajo su orden, a fin de atacar y aniquilar las tropas moabitas en el río Jordán. Israel entonces tuvo 80 años de paz. El texto nunca afirma que Aod gobernó sobre Israel como hace con otros jueces, aunque la historia de Débora comienza con una referencia a la muerte de Aod (Jue 4.1).

2. Uno de siete hijos de Bilhán listado en la genealogía de Benjamín en 1 Crónicas 7.10.

3. Descendiente de Benjamín, el padre de Naamán, Ahías, y Gera (1 Cr 8.6).

Bibliografía. M. Z. Brettler, «¿Los polos nunca se juntan? La historia de Aod como historia y literatura», HUCA 62 (1991): 285-304; B. Halpern, «El asesinato de Eglón», BibRev 4/6 (1988): 32-41, 44; L. K. Handy, «Risa inquieta: Aod y Eglón como humor étnico», SJOT 6 (1992): 233-46.

LOWELL K. HANDY

APAIM (He *'appayim*)
Un hijo de Nadab y padre de Isi; un descendiente de Jerameel de Judá (1 Cr 2.30-31).

APELES (Gr. *Apellēs*)
Una persona «aprobada en Cristo,» que es saludada por Pablo (Ro 16.10).

APIA (Gr. *Apphía*)
Una mujer a quien la Epístola de Pablo a Filemón fue dirigida (Flm 2). Ella es denominada como «la hermana», a menudo, esto es tomado como una indicación de que ella era la esposa de Filemón, pero quizás esto indica principalmente su posición de respeto en la comunidad (Gr. «la hermana»).

APOCALIPSIS
Un género literario (Gr. *apokálypsis*, «revelación, develación») relacionado con visiones o profecías de los tiempos del fin o la era por venir.
Véase APOCALÍPTICO.

APOCALIPSIS, LIBRO DE
El último libro del NT, también llamado Apocalipsis (o revelación) de Juan.

Género
El libro de Apocalipsis es ampliamente considerado como parte del género apocalíptico, un género de literatura de revelación ampliamente representado en el judaísmo primitivo de c. 200 a.C., a 200 d.C. El término «apocalipsis» mismo, utilizado como designación genérica moderna para la literatura de revelación similar al Apocalipsis de Juan (p.ej., 1-2 Enoc, 2-3 Baruc, 4 Esdras), se deriva del título del libro como se encuentra en sus primeras palabras. «la revelación (Gr. *apokálypsis*) de Jesucristo» (Ap 1.1). El libro se enmarca formalmente como una carta, con un precepto epistolar que concluye con una doxología (1.4-6) y una conclusión epistolar que consiste en una bendición de gracia (22.21), aunque las características típicas epistolares no se encuentran en el cuerpo de la obra. Contiene una serie de características que a menudo se dice caracterizan el género apocalíptico incluyendo seudónimos, los informes de visiones, reseñas de la historias presentados como profecías, especulación de números, la presencia de un «ángel intérprete,» la expectativa de un fin inminente, pesimismo, dualismo, determinismo, e imágenes extrañas. Dichas listas son problemáticas ya que muchas de estas características se encuentran en contextos literarios escatológicos que claramente no son los del género apocalíptico. Una descripción más adecuada del género apocalíptico tiene en cuenta las tres dimensiones genéricas relacionadas de forma, contenido, y función. (1) Forma. Un apocalipsis es una narración en prosa en primera persona, con una estructura episódica que consiste en visiones reveladoras a menudo mediada al autor por un revelador sobrenatural, tan estructurado que el mensaje revelador central constituye un clímax literario, y enmarcado por una narración de las circunstancias que rodean la experiencia de revelación primaria. (2) Contenido. La comunicación de una perspectiva trascendente por lo general escatológica, de la experiencia humana a través de una variedad de recursos literarios, estructuras, e imágenes, que (3) funcionan para que los receptores del mensaje sean animados a continuar buscando, o si es necesario modificar, su forma de pensar y comportamiento de conformidad con las perspectivas trascendentes.

Paternidad literaria
El autor de Apocalipsis nos dice que su nombre es Juan en cuatro ocasiones en el marco del libro (1.1,

4, 9; 22.8). Puesto que Juan (la forma castellana de Ioannes, a su vez la forma griega del nombre hebreo Yohanan, que significa «Jehová es clemente») era un nombre relativamente común en la antigüedad, no es inmediatamente evidente quién era realmente este Juan particular. El autor se identifica además como «su (de Dios) siervo» (1.1), así como «vuestro hermano, y copartícipe vuestro en la tribulación, en el reino y en la paciencia de Jesucristo» (v. 9), pero esto no ayuda mucho, excepto que se indica que el autor se refiere a su audiencia como iguales. El libro es tradicionalmente parte del corpus de san Juan, que consta de cinco composiciones: el Evangelio de Juan, las tres cartas de Juan, y el Apocalipsis de Juan. Sin embargo, el nombre de Juan se produce sólo en los títulos del Evangelio y las cartas de Juan, que parece haber sido añadido a estas obras en algún momento en el siglo II de la era cristiana. Aunque hubo alguna duda en la iglesia antigua de que Apocalipsis fue escrito por el apóstol Juan (las opiniones disidentes del anciano Gayo y Dionisio, obispo de Alejandría, fueron preservados por Eusebio *HE* 7.25), el punto de vista común entre los padres de la iglesia de los siglos II y III fue que todas estas obras fueron escritas por el apóstol Juan, el hijo de Zebedeo y el hermano de Santiago. Los eruditos críticos modernos, conscientes de las diferencias notables en la gramática, el vocabulario, el estilo y la perspectiva teológica entre el Evangelio y las cartas de Juan y el Apocalipsis de Juan, generalmente asignan estas obras a por lo menos dos autores diferentes, ninguno de los cuales se piensa que sea el apóstol Juan. Varios eruditos han propuesto que el Apocalipsis fue escrito por la sombría figura de Juan el Anciano (Eusebius *HE* 3.29.2-4), o por Juan Marcos o por Juan el Bautista o el hereje Cerinto (3.28.2; Epiphanius *Adv. haer.* 51.3-6).

A pesar de que ya no es posible saber quién era este Juan que escribió el Apocalipsis, es posible reconstruir un perfil básico de su identidad social. Dado que el nombre de Juan era exclusivamente un nombre judío hasta que llegó a ser usado por los cristianos a partir del siglo II, el origen judío del autor es cierto. La gramática de Apocalipsis indica que el autor era un hablante nativo de hebreo o arameo, que revela un interés en Jerusalén y el templo judío y exhibe una íntima familiaridad con el AT, por lo general en hebreo, aunque ocasionalmente en griego. Además, el autor era un cristiano que se consideraba a sí mismo un profeta en la tradición judeo-cristiana. Aunque el autor no se identifica explícitamente a sí mismo como un profeta, él describe el libro que está escribiendo como una «profecía» (1.3) y un «libro profético» (22.7, 10, 18-19). Su auto conciencia profética se revela también por la presencia de dos comisiones en el libro (1.9-20; 10.1-11) que son similares a las narrativas de llamado profético en el AT (Is 6.1-13; Jer 1.4-10; Ez 2.8–3.3; cf. 1 En. 14.8-25). El autor llega cerca de interpretarse a sí mismo como un profeta en las palabras atribuidas al ángel revelador en Apocalipsis 22.9. «Yo soy consiervo tuyo, de tus hermanos los profetas.» Juan parece haber sido un miembro de un círculo o gremio profético, tal vez como un profeta maestro, que ejerció un ministerio profético entre las iglesias cristianas de Asia Romana. Es probable que el autor haya sido un judío de Palestina que se convirtió en un cristiano y emigró a Asia Romana a raíz de la Primera Revuelta Judía (66-73).

Fecha

Durante el siglo XIX la opinión dominante entre los eruditos era que el Apocalipsis fue escrito entre el 64 y 70 d.C. Desde principios del siglo XX, sin embargo, se ha producido un cambio gradual hacia el nuevo consenso de que Apocalipsis fue escrito c. 95, hacia el final del reinado de Domiciano (81-96). La razón principal de este cambio de opinión es que los proponentes de la fecha anterior leen Apocalipsis en el contexto de persecución de Nerón, que tuvo lugar en Roma tras el gran incendio en el año 64, mientras que los defensores de la fecha posterior leen Apocalipsis en el contexto de la supuesta persecución domiciana de finales de los 90. Entre las debilidades de la fecha temprana está el hecho de que «Babilonia» no fue utilizada como un símbolo de Roma antes de la primera revuelta judía de 66-73, y el hecho de que el mito de Nerón *redux* («devuelto») o *redivivus* («vuelto a la vida»), reflejado en Apocalipsis 13 y 17, no se empezó a poner en boga hasta algún tiempo después del suicidio de Nerón el 9 de junio de 68. La principal debilidad de la fecha domiciana radica en el hecho de que los eruditos reconocen ahora que ninguna persecución generalizada, con aprobación oficial, tuvo lugar bajo ese emperador. Tanto la fecha anterior como la posterior propuesta para Apocalipsis contienen aspectos de la solución correcta, ya que parece que el libro fue escrito durante un período de 30 años comenzando por los mediados de los años 60 y no se completó hasta el final del siglo I o a comienzos del segundo.

Propósito y marco

A lo largo de Apocalipsis hay un énfasis en la represión y la persecución experimentada por los seguidores de Jesús. Apocalipsis 6.9-11 describe el grito de venganza de los muertos por la palabra de Dios y el testimonio que tenían. Apocalipsis 2.13 indica que Antipas de Pérgamo había sido ejecutado por su fe. De la ramera sobre la Bestia, que representa Roma, se dice que está « ebria de la sangre de los santos, y de la sangre de los mártires de Jesús» (17.6). Hasta hace poco, se pensaba que la persecución bajo el emperador Domiciano proporcionó el marco histórico y temporal para la composición del libro: el final del reinado de Domiciano (81-96). Ahora se sabe que la llamada persecución de Domiciano fue en gran parte la invención de los padres de la iglesia desde el siglo III, quienes probablemente estaban extrapolando la situación histórica en la que Apocalipsis fue escrito del libro mismo. Si bien es evidente que realmente se había producido alguna persecución (p.ej., la ejecución de Antipas de Pérgamo), no está tan claro si otras referencias a la persecución se refieren al pasado o a las expectativas del autor para el futuro. El autor considera el momento actual como un período crítico en la historia del mundo y de forma inminente espera que el conflicto final entre Dios y Satanás que se promulgó por medio del pueblo de Dios en contra de esas personas detenidas en la esclavitud por el Imperio. Mientras que ninguna persecución oficial de los cristianos fue puesta en marcha por Domiciano, es probable que la oposición esporádica a los cristianos tomó diversas formas en Asia Romana, y que estos incidentes fueron considerados por Juan de Patmos como presagiando el conflicto escatológico venidero. En esta situación de tensión y conflicto, el autor proporciona a su audiencia la garantía divina de que su Dios estaba totalmente en control de los acontecimientos históricos y que con el tiempo sería reivindicado por él.

Fuentes e integridad

El autor de Apocalipsis presenta una cercana familiaridad con muchas de las obras que llegaron a comprender el AT, en particular con los libros proféticos tales como Isaías, Jeremías, Ezequiel, y el apocalipsis de Daniel. A pesar de que hace alusión al AT de 300 a 400 veces (las evaluaciones de los eruditos varían considerablemente), nunca cita formalmente un texto bíblico. Sin embargo, el AT se utiliza en una variedad de maneras en Apocalipsis. Con frecuencia el autor utiliza frases y motivos del AT (a menudo un pastiche de alusiones a dos o más libros) como un vehículo para expresar sus propios puntos de vista teológicos. Mientras que otros autores cristianos primitivos característicamente utilizan el AT para demostrar que las promesas bíblicas se han cumplido en Cristo, el autor de Apocalipsis rara vez utiliza el AT de esta manera. Ocasionalmente utiliza segmentos más grandes de libros tales como Ezequiel y Daniel para estructurar las secciones de sus relatos visionarios.

Además de alusiones al AT, el autor también hace uso frecuente de las tradiciones apocalípticas que también se reflejan en obras casi contemporáneas como las Similitudes de Enoc (1 En. 37–41), 4 Esdras, y 2 Baruc, aunque no parece probable que aluda a estas obras directamente.

Estructura

Apocalipsis exhibe la más compleja estructura de cualquier apocalipsis judío o cristiano. Una de las características más evidentes es la importancia que el autor da al número siete, que ocurre 54 veces a lo largo del libro. El autor hace un amplio uso de los grupos de siete, como las siete proclamas a la siete iglesias (caps. 2–3), y los relatos visionarios de los siete sellos (6.1–8.1), las siete trompetas (8.2–11.18), y las siete copas (15.1–16.21). Varios intentos para organizar otras secuencias de visión no numeradas en grupos de siete no han demostrado ser convincentes (p.ej., A. Y. Collins, *The Combat Myth*). Estas series de siete se yuxtaponen con otras unidades de texto que tienen poco que ver con las heptadas dentro de la cual están incorporadas o el contexto más amplio de Apocalipsis. Estas unidades textuales casi independientes, a menudo llamados «interludios,» incluyen 7.1-17 (el sellamiento de los 144 mil); 10.1-11 (el ángel con el librito); 11.1-13 (los dos testigos); la mujer, el niño, y el dragón (12.1-18); las bestias del mar y de la tierra (13.1-18); la ramera de Babilonia (17.1-18); la caída de Babilonia (18.1-24); el jinete sobre el caballo blanco (19.11-16). Estas unidades son muy diferentes entre sí. Algunas son visiones simbólicas cuyo significado no está explicado (12.1-18), mientras que el significado de otras visiones simbólicas se explica por un ángel intérprete (17.1-18). Otras no son visiones sino narraciones proféticas (11.1-13; 13.1-18). Todos estos textos son extremadamente importantes para el autor, que los ha incrustado en las estructuras literarias unificadas. La diversidad de forma, estilo y estructura sugiere que estas unidades textuales no fueron escritas originalmente para su inclusión en sus contextos literarios presentes, pero fueron más bien adaptados al contexto en que el autor produjo una composición acabada hacia finales del siglo I.

Mientras que las cuatro series de siete dominan Apocalipsis 1–16, los caps. 17–22 están dominados por una estructura literaria muy diferente. Apocalipsis 17.1–19.10 y 21.9–22.9 son un par de revelaciones angelicales con una estructura de inicio y conclusión similar.

Ap 17.1–19.10	**Ap 21.9–22.9**
17.1 Vino uno de los siete ángeles que tenían las siete copas y habló conmigo, diciendo: «Ven acá y te mostraré la sentencia contra la gran ramera…»	21.9 Entonces vino a mí uno de los siete ángeles que tenían las siete copas llenas de las siete plagas postreras y habló conmigo, diciendo: «Ven acá, te mostraré la desposada, la esposa del Cordero.»
17.3 Y me llevó en el Espíritu al desierto Y vi . . .	21.10 Y me llevó en el Espíritu a un monte grande y alto.
y me mostró . . . [Informe de visión 17.3b–19.9]	[Informe de visión 21.10b–22.5]
19.9b Y me dijo: Estas son palabras verdaderas de Dios . . .	22.6 Y me dijo: Estas palabras son fieles y verdaderas . . .
19.10 Yo me postré a sus pies para adorarle	22.8b Y después que las hube oído y visto, me postré para adorar a los pies del ángel que me mostraba estas cosas.
Pero él me dijo: Mira, no lo hagas; porque yo soy consiervo tuyo, de tus hermanos los profetas, y de los que guardan las palabras de este libro. Adora a Dios.	Y él me dijo: Mira, no lo hagas; yo soy consiervo tuyo, y de tus hermanos que retienen el testimonio de Jesús. Adora a Dios; porque el testimonio de Jesús es el espíritu de la profecía.

Estas estructuras paralelas formales enmarcan una secuencia de visiones. Apocalipsis 17.1-3; 19.9-10 enmarca tres secuencias de visión: la ramera en la bestia escarlata (17.4-18), la caída de Babilonia (18.1-24), y la celebración de la victoria en la sala del trono celestial (19.1-8). Apocalipsis 21.9-10; 22.6-9 enmarca la visión de la nueva Jerusalén (21.11–22.5). Estas revelaciones angelicales pareadas en 17.1–19.10 y 21.9–22.9 también enmarcan, y por lo tanto ponen de relieve, el texto en 19.11–21.8, que contiene visiones que narran la derrota final de los enemigos de Dios.

Los Cuatro Jinetes (Apocalipsis 6: 2-8), Grabado en madera de El Apocalipsis de Albrecht Dürer (probablemente 1496/1498). Muerte, Hambre, la peste y la guerra pisotean a sus víctimas (Rosenwald Collection, © 2000 Junta de síndicos, la Galería Nacional de Arte, Washington)

Bibliografía. D. E. Aune, *Revelation*, 3 vols. WBC 52 (Nashville, 1997-98); R. Bauckham, *The Climax of Prophecy. Studies on the Book of Revelation* (Edinburgh, 1993); G. K. Beale, *The Book of Revelation.* NIGTC (Grand Rapids, 1999); A. Y. Collins, *The Combat Myth in the Book of Revelation.* HDR 9 (Missoula, 1976); *Crisis and Catharsis. The Power of the Apocalypse* (Philadelphia, 1984); J. J. Collins, ed., *The Origins of Apocalypticism in Judaism and Christianity,* vol. 1 of *Encyclopedia of Apocalypticism* (New York, 1998); L. L. Thompson, *The Book of Revelation. Apocalypse and Empire* (Oxford, 1990).

David E. Aune

APOCALÍPTICO

Un adjetivo usado para describir una amplia categoría de fenómenos vinculados por una cosmovisión similar. Éste es parte de una constelación de términos (apocalipticismo, escatología apocalíptica) derivados del género literario *apocalipsis.*

El nombre del género «apocalipsis» se deriva del griego *apokálypsis* («revelación» o «develación»), que aparece en la línea de apertura del libro del NT llamado Apocalipsis. Este libro, el ejemplo por excelencia de un apocalipsis en la literatura cristiana temprana, da su nombre al género completo. El género en sí puede ser definido como «un género de literatura de revelación con un marco narrativo, en el cual una revelación es mediada por un ser del mundo trascendente a un recipiente humano, revelando una realidad superior que es tanto temporal, en tanto que prevé la salvación escatológica, como espacial, en cuanto implica la participación del mundo sobrenatural» (Collins, *Apocalipsis,* 9). Los apocalipsis se caracterizan por la presencia de visiones, simbolismo, un vidente humano y un mediador del mundo trascendente, un viaje fuera de este mundo, un énfasis en acontecimientos en el reino cósmico antes que en el humano, un interés evidente en ángeles y demonios, la noción de la transcendencia de Dios, y el carácter pseudónimo del autor. Considerando esta definición, hay sólo un ejemplo de un verdadero apocalipsis en el AT: Daniel 7–12. Mientras que el único apocalipsis cristiano del NT es el libro de Apocalipsis (que es excepcional por no usar el autor un pseudónimo).

El género, sin embargo, estaba más extendido que los ejemplos canónicos. El apocalipsis como género prosperó entre 250 a.C. y 250 d.C., dando muchos más ejemplos a la literatura en libros tales como 1 Enoc, 4 Esdras, y 2 Baruc. Sin embargo, los antecedentes de la literatura apocalíptica pueden ser encontrados mucho antes, en las tradiciones proféticas y de sabiduría del antiguo Israel, y las mitologías del Oriente Medio antiguo. La literatura apocalíptica usa la profecía, en la cual el mensaje de Dios acerca de una situación histórica particular es comunicado a un recipiente humano mediante una experiencia auditiva o visual, a través de su énfasis en la visión, la revelación especial dada al recipiente humano, y el uso de acontecimientos históricos para revelar el plan escondido de Dios. Los textos proféticos tardíos que contienen características incipientes de apocalipsis incluyen Ezequiel 1–3 y Zacarías 1–6. Los antecedentes de apocalipsis en la tradición de sabiduría pueden ser vistos en particular en el material especulativo de libros tales como 1 Enoc, donde en el Libro de las Lumbreras Divinas Enoc es llevado en un viaje fuera de este mundo y le es mostrado los secretos del reino divino (cf. Job 37–38). Finalmente, la influencia de la antigua mitología del Oriente Medio, sobre todo las literaturas de Babilonia y Persia, puede ser discernida en el tipo de símbolos usados en la literatura apocalíptica, p.ej., el mar como un símbolo de caos (Dn 7.2-3; Ap 13.1). El género «apocalipsis» presta su nombre a una amplia variedad de fenómenos informalmente organizados bajo la rúbrica «apocalíptico». Los motivos de la aparición de este tipo de literatura y sus fenómenos asociados con el período del segundo Templo no son totalmente claros, pero parece haber una fuerte conexión con alguna crisis, causando un sentimiento de impotencia social, política o religiosa, en una comunidad o un individuo. A veces la crisis es evidente para el lector posterior, tal como la persecución de los judíos por parte de Antíoco IV Epifanes, reflejada en Daniel 7–12, o la destrucción del segundo Templo por parte de los romanos en 70 d.C., reflejado en 4 Esdras o 2 Baruc. Sin embargo, a veces la crisis precipitadora no es tan evidente, y puede haber sido de importancia sólo para el autor original. Este es el caso para grandes porciones de la literatura del Libro de Enoc.

Este sentido de crisis y perdición inminente explica la aparición de un fenómeno conocido como la escatología apocalíptica, en la cual la cosmovisión apocalíptica es aplicada a acontecimientos en torno al fin del mundo, por lo general pensados como inminente. La escatología apocalíptica declara que las condiciones adversas del mundo presente, causadas por la crisis precipitadora, terminarán en juicio para el malo y vindicación para el justo, ambos como acción de Dios. El juicio del mundo presente incluye por lo general su destrucción, seguida de una existencia nueva y gloriosa para el justo. Un ejemplo fuerte de esto se halla en Apocalipsis 20–21, en que ocurre un juicio, el juicio de todos los muertos ante «el Gran Trono Blanco», después los condenados son lanzados en el lago del fuego. Después de este juicio, el vidente expresa:

> Vi un cielo nuevo y una tierra nueva; porque el primer cielo y la primera tierra pasaron, y el mar ya no existía más. Y yo Juan vi la santa ciudad, la nueva Jerusalén, descender del cielo, de Dios, dispuesta como una esposa ataviada para su marido (21.1–2).

La escatología apocalíptica es la parte del movimiento conocido como apocalipticismo, un término usado para describir una cosmovisión o universo simbólico cuyas características han sido extrapoladas de los apocalipsis. Comunidades enteras, no simplemente individuos, pueden tener una cosmovisión mejor descrita como apocalíptica, con una tendencia a creer que la historia se mueve hacia una crisis, que el *eschaton* ocurrirá pronto (dentro del tiempo de vida de la comunidad o el creyente), y a poner énfasis en la posesión de la comunidad de una revelación que le da conocimiento especial (y a veces secreto) sobre la era presente. Dos comunidades del período del segundo Templo que han sido descritos como apocalípticas son la comunidad de Qumrán y los cristianos primitivos. Aunque la comunidad de Qumrán claramente no produjo ningún apocalipsis como tal, su literatura está impregnada de apocalipticismo. Por ejemplo, los *pesherim*, un tipo de interpretación bíblica única de la comunidad, usan a los profetas bíblicos y salmos para interpretar acontecimientos contemporáneos en la existencia de la secta, como la parte del despliegue del drama escatológico. El Rollo de Guerra (1QM), una descripción de las batallas de la era escatológica, supone que el pueblo y los ángeles luchan juntos en el ejército de Dios, y es sólo la intervención decisiva de Dios en la batalla final lo que causa la derrota del ejército de Belial.

Ha sido reconocido desde hace mucho tiempo que al menos partes de la comunidad cristiana primitiva eran apocalípticas en su perspectiva. El Evangelio de Marcos entiende la venida de Jesús como el alba de la era escatológica, y el Evangelio termina con la expectativa del inminente retorno de Jesús en gloria (Mr 16.6-7). El apóstol Pablo igualmente espera el retorno de Jesús en su tiempo de vida, con la resurrección subsecuente de los muertos (1 Ts 4.13–5.11). También, Pablo insinúa en 2 Corintios de un viaje fuera de este mundo en el cual él fue llevado «al tercer cielo» (2 Co 12.1-4). Los apocalipsis también ocurren en la tradición mística del judaísmo posterior, p.ej., 3 Enoc (Sefer Hekalot),

La bestia del mar y la bestia con cuernos de cordero (Ap 13.1-13) (Grabado de Albrecht Dürer, 1498)

indicando quizás la persistencia del pensamiento apocalíptico en el período rabínico.

Bibliografía. J. H. Charlesworth, ed., OTP, 1: *Apocalyptic Literature and Testaments* (Garden City, 1983); J. J. Collins, *The Apocalyptic Imagination*, 2nd ed. (Grand Rapids. 1998); *The Scepter and the Star: The Messiahs of the Dead Sea Scrolls and Other Ancient Literature* (New York, 1996); Collins, ed., *Apocalypse: The Morphology of a Genre*. Semeia 14 (1979); P. D. Hanson, *The Dawn of Apocalyptic*, rev. ed. (Philadelphia, 1979).

SIDNIE CRAWFORD BLANCO

APÓCRIFOS, LIBROS

El término libros «apócrifos», del griego para «escondido» u «obscuro» (*apó + krýptein*, «esconder aparte»), se refiere a una colección de 15 libros juzgados canónicos por los católicos romanos y ortodoxos griegos, pero no por judíos ni protestantes. La razón de que Jerónimo (420 d.C.) y Cirilo de Jerusalén (386 d.C.) aplicaron por primera vez el nombre a la colección permanece incierta; sólo 4 Esdras (2 Esdras) sugiere un volumen escondido (12.37-38; 14.4-6, 42-46). Quizás al principio el título indicó libros guardados de lecturas públicas debido a opiniones heréticas; quizás se refirió a escrituras escondidas de aquellos que carecían de sabiduría.

Las etiquetas «del AT» o «judíos» son añadidas a menudo a los «libros apócrifos» para distinguir esta colección de los «libros apócrifos cristianos» o «del NT.» El término católico romano usado para referirse a tal colección es «deuterocanónicos», indicando no un estatus secundario sino que los libros se reconocieron como canónicos más tarde, en contraste con los «protocanónicos» (hebreos) «del AT». La iglesia oriental, que también usa el término «deuterocanónicos», reserva el término «apócrifos» para aquellas obras no canónicas también llamadas «pseudepígrafos».

Los 15 libros más a menudo identificados como el grueso de los libros apócrifos incluyen textos atribuidos a personajes sobresalientes del pasado (Baruc y la Epístola de Jeremías, por lo general incorporada dentro de Baruc; La oración de Manases; 1 Esdras /3Esdras; 2 Esdras/4Esdras), novelas (Judit), cuentos populares (Tobías), historias (1 y 2 Macabeos), literatura de sabiduría (Ben Sirach/Eclesiástico, Sabiduría de Salomón), y adiciones a textos bíblicos hebreos (Adiciones al libro de Ester; Adiciones al libro de Daniel). A excepción de 4 Esdras, los textos existen en sus formas completas más tempranas sólo en griego; en copias de la Septuaginta, ellos son propagados por las traducciones griegas de los textos hebreos antes que reunidos por separado. 4 Esdras aparece primero en las antiguas traducciones latinas de la Septuaginta, y a través de esta unión gana su lugar en los libros apócrifos.

Tanto las iglesias ortodoxas griegas como las iglesias eslavas amplían los libros apócrifos para incluir 3 Macabeos y Salmo 151, aunque estos textos sean a veces considerados como menos autoritativos. 3 Macabeos aparece en varios manuscritos de la Septuaginta así como en la Peshita y la mayoría de biblias armenias. Salmo 151 aparece en el Códice Sinaítico, en la mayoría de los manuscritos griegos del Salterio, y en la Siriaca. Finalmente, 4 Macabeos, presente en algunos manuscritos griegos importantes, no posee ningún estado canónico aunque sí ha influido en el pensamiento y prácticas ortodoxas, y aparece como un apéndice en las biblias ortodoxas griegas. Estos tres textos, junto con los otros 15, son impresos hoy en los libros apócrifos de versiones de la Biblia orientadas ecuménicamente.

Los libros en sí son difíciles de identificar en cuanto a fecha, procedencia y lengua original. Ellos se extienden a partir de finales del siglo III a.C. hasta el siglo I d.C., con 4 Esdras, el único Apocalipsis en la colección, fechado después de la destrucción del templo de Jerusalén en 70 d.C. Algunos eruditos insisten que excepto 2 Macabeos y la Sabiduría de Salomón, todos fueran escritos en Israel ya sea en hebreo o en arameo; otros abogan por orígenes en el griego y la Diáspora (sobre todo de Alejandría). El descubrimiento en Masada de fragmentos de Ben Sirac en hebreo, y en Qumrán no sólo de Ben Sirac sino también de Tobías tanto en hebreo como en arameo y la Epístola de Jeremías en griego, no ha resuelto los debates sobre lengua o procedencia.

Estos libros fueron escritos por judíos, pero si las comunidades judías alguna vez los reconocieron como divinamente inspirados permanece una cuestión sin resolver. Probablemente las versiones griegas y la fecha relativamente tardía de las obras influyeron en el proceso de toma de decisiones. El NT, en sí considerablemente escrito por judíos, no contiene ninguna cita directa de los libros apócrifos; sin embargo, los argumentos por la influencia de Ben Sirac en Mateo, la Sabiduría de Salomón en Pablo y la Epístola a los Hebreos, y Macabeos en el Evangelio de Juan son plausibles.

Varias otras fuentes judías tempranas muestran conocimiento de obras apócrifas. Josefo sabe de las Adiciones a Ester; las escrituras rabínicas citan a Ben Sirac 16 veces; la celebración de Januca depende de acontecimientos relatados en 1 y 2 Macabeos, aunque el tenor militarista de los libros no los hizo atractivos para los intereses rabínicos. La madre martirizada de los Macabeos y sus siete hijos, aparecen en el Talmud así como en las Lamentaciones Rabbah.

Una familiaridad similar es mostrada por los escritores patrísticos: Clemente de Roma cita Sabiduría de Salomón, Judit y las Adiciones a Ester; Policarpo cita Tobías; 2 Macabeos aparece en el Pastor de Hermas, y las Constituciones Apostólicas, señala además que Baruc es leído en la adoración judía; el Fragmento Muratorio incluye la Sabiduría de Salomón como un libro del NT.

Las iglesias orientales, que dependen de la Septuaginta antes que de los rollos hebreos, reconocieron los libros apócrifos como autoritativos. Aunque el Sínodo de Constantinopla (1642), siguiendo proclamaciones más tempranas del Sínodo de Laodicea (360) y otros, consideró los libros como no canónicos, pero dignos de lectura, el Sínodo de Jerusalén (1672), en su autodefinición de ortodoxia, motivada por los desafíos protestantes, expresamente reconoció a Ben Sirac, Sabiduría de Salomón, Judith, y Tobías como canónicos.

Jerónimo, siguiendo el hebreo antes que la Septuaginta para su versión latina, la Vulgata (382), traduce sólo las Adiciones a Ester y Daniel, y, a pedido de dos obispos, Tobías y Judit; él reconoció estas obras como ausentes en las Escrituras hebreas. Para Jerónimo, los textos apócrifos tenían valor didáctico (p.ej., él aprobó a Judit porque valorizaba una viuda célibe) pero no poseían importancia doctrinal. A medida que la iglesia occidental copiaba biblias, fue añadiendo textos apócrifos, tales como 4 Esdras, conservado en el antiguo latín de la Vulgata, pero dejó de lado la nota de Jerónimo; así los libros apócrifos se incluyeron como Escritura sagrada. El Concilio de Trento (1546) reafirmó para el catolicismo romano el carácter canónico de todos los libros apócrifos excepto 1-2 Esdras y el la Oración de Manasés; aunque estás obras aparecen como un apéndice a la Vulgata de 1592. El Primer Concilio Vaticano (1870) confirmó la decisión de Trento.

Aun así la opinión de Jerónimo nunca se perdió. La Biblia de Wycliff (1382), traducida de la Vulgata, cita a Jerónimo en su decisión de poner los libros apócrifos en una lista (menos 4 Esdras) como carentes de autoridad. Lutero (bajo la influencia de Jerónimo, el «Tratado sobre la diferencia entre nuestra versión [la Vulgata] y la verdad hebrea» por Nicolás de Lyra, el judío convertido al cristianismo (m. 1340), una creciente preferencia cultural por las autoridades más antiguas, y quizás por citas católicas de los libros apócrifos en apoyo del Purgatorio (2 Mac 12.43–45) y el mérito ganado por las obras (p.ej., 2 Esdr 8.33), recolectó los libros apócrifos en una sección a final de su traducción del AT de 1534 y declaró que los libros, aunque de edificación, no eran sagrados. La Biblia de Ginebra (1599) los omitió completamente (esto puede haber sido involuntario; los volúmenes aparecen en el índice); el tercer artículo de la Confesión de Westminster del Calvinismo (1646-1648) compara los libros con obras seculares.

El comienzo del siglo XVII atestiguó también la impresión de la Biblia inglesa King James sin los libros apócrifos. Aunque la Iglesia de Inglaterra incluyera los volúmenes en sus Biblias y lecturas de ellos en sus leccionarios, los Treinta y Nueve Artículos (1562, 1571) niegan el uso de las obras en la determinación de la doctrina (Art. 6). En 1827 la Sociedad Bíblica Británica y Extranjera rechazó el apoyo de organizaciones hermanas en Europa que imprimieran Biblias que contuvieran los libros apócrifos; pronto, a partir de entonces, la Sociedad Bíblica Americana comenzó a imprimir biblias sin los apócrifos. Haciendo este texto corto más popular, debido a su menor costo.

Desde mediados del siglo XX, a medida que el ecumenismo ganó popularidad y los eruditos reconocieron el valor de los libros apócrifos para reconstruir la historia judía, tanto en su propio derecho como para un trasfondo de los orígenes cristianos, los volúmenes han sido introducidos de nuevo a lectores judíos y protestantes. Las traducciones modernas con frecuencia contienen los libros apócrifos.

Históricamente, los libros apócrifos proporcionan información sustancial sobre el judaísmo helenístico y romano temprano. 1 y 2 de Macabeos ofrece comentarios contradictorios sobre la dinastía asmonea y la relación entre piedad y política; las Adiciones a Ester y Daniel así como 2 Macabeos y Tobías enfatizan la resistencia a la asimilación, en particular en la Diáspora, a través de regulaciones alimenticia y endogamia; Ben Sirac refleja criterios helenísticos mediterráneos de honor y vergüenza, y la preocupación por el control de las mujeres; y la Sabiduría de Salomón, bajo la influencia de la filosofía griega, desarrolla el concepto de sofía como la manifestación de lo divino. Las preocupaciones litúrgicas junto con un enfoque más profundo sobre la piedad personal son demostradas no sólo por el Salmo 151 y las invocaciones de Manasés, Azarías, y los Tres Jóvenes, sino también por las oraciones atribuidas a Tobías y su nuera Sara, Judit, y Susana.

Comparados con la Biblia hebrea, los libros apócrifos muestran un interés creciente en personajes femeninos de sustancia, temas de cuentos populares (Tobías), y la novela como entretenida así como instructiva (Judit); Susana es posiblemente la primera novela de detectives. Comparados con los libros pseudoepígrafes y los últimos libros de la Biblia hebrea, los libros apócrifos carecen perceptiblemente de lo apocalíptico y, sobre todo, de materiales proféticos; esta ausencia puede ser explicada por la opinión de que la profecía clásica terminó con Esdras o aun el sentido de que la colección de profetas estaba completa.

Informativos en cuanto a la iglesia y la sinagoga concierne, las obras apócrifas influyeron en la pintura, música y drama; Chaucer y Shakespeare, Milton y Longfellow, Handel y Anton Rubinstein, Rembrandt y Artemesia Gentileschi, todos encontraron inspiración en los libros apócrifos. Incluso Cristóbal Colón argumentó a partir de 2 Esdras 6.42 que el paso de Europa hacia el oeste y hasta Asia debería tomar sólo unos días.

Bibliografía. N. R. M. de Lange, *Apocrypha: Jewish Literature of the Hellenistic Age* (New York, 1978); B. M. Metzger, *An Introduction to the Apocrypha* (Oxford, 1977); S. Meurer, ed., *The Apocrypha in Ecumenical Perspective*. UBS Mon 6 (New -York, 1992); H. H. Rowley, *The Origin and Significance of the Apocrypha*, rev. ed. (London, 1967); M. E. Stone, ed., *Jewish Writings of the Second Temple Period*. CRINT 2/2 (Philadelphia, 1984).

AMY-JILL LEVINE

APOLIÓN (Gr. *Apollyōn*)

Traducción griega de la palabra hebrea *ăḇaddôn*. La palabra, que significa «destructor», ocurre sólo una vez en el NT y se refiere «al ángel del abismo» (Ap 9.11). La Septuaginta traduce el término hebreo en el griego como *apṓleia*. En la literatura griega el dios de la destrucción y la pestilencia a menudo está relacionado con esta palabra.

JIM WEST

APOLONIA (Gr. *Apollōnía*)
Una ciudad macedonia al sur del Lago Bolbe, asentada en la Vía Ignacia aprox. 43 km (27 mi) al suroeste de Anfípolis y 50 km aprox. (31 mi) al este de Tesalónica. Pablo y Silas pasaron por Apolonia en su camino de Filipo a Tesalónica (Hch 17.1).
Varias otras ciudades llevaban este nombre, estando la más famosa en el punto terminal de la Vía Ignacia en Ilírico.

Richard S. Ascough

APOLONIO (Gr. *Apollōnios*)

1. Hijo de Tarseas (o tal vez «de Tarso»), gobernador de Coele-Siria y Fenicia durante el reinado de Seleuco IV. Según 2 Macabeos 3.4-7 urdió con un judío llamado Simón y Seleuco para saquear los tesoros del templo en Jerusalén. Apolonio mandó a su ministro principal Heliodoro para llevar a cabo la orden, pero Heliodoro fue frustrado por una aparición divina.

2. Hijo de Menesteo, gobernor de Coele-Siria y Fenicia durante el reinado de Seleuco IV y Antíoco IV, seguramente idéntico al **1** anterior. Según 2 Macabeos 4.21 fue enviado a Egipto por Antíoco para asistir a la coronación de Ptolomeo VI el Filometor, y volvió con noticias de que Egipto se había vuelto hostil hacia Antíoco.

3. General de los soldados mercenarios misios al servicio de Antíoco IV Epífanes. Según 2 Macabeos 5.24-26; 1 Macabeos 1.29-32 Apolonio fue mandado a Jerusalén con órdenes de saquear la ciudad. Fingiendo venir en paz, atacó y masacró a los judíos en el día de reposo. Él seguramente debe ser identificado con el general Apolonio que vino con un gran ejército de Samaria para aplastar la rebelión macabea (1 Mac 3.10 12). En la batalla subsiguiente, Apolonio fue derrotado y perdió su espada ante el líder rebelde Judas.

4. Hijo de Geneo, uno de los gobernadores locales (Gr. *stratēgós*) que, después de que los rebeldes hubieron hecho las paces con Antíoco V (164 a.C.), «rehusó permitir a los judíos vivir en paz» e incitó renovadas confrontaciones militares (2 Mac 12.2).

5. Gobernador de Coele-Siria, designado por el monarca seléucida Demetrio II (147). Josefo lo identifica como el hijo de **1** más arriba (*Ant.* 13.86 102). Según 1 Macabeos 10.69-87 Apolonio desafió al sumo sacerdote asmoneo Jonatán a luchar, ya que Jonatán apoyaba al rival de Demetrio, Alejandro Balas, por el trono seléucida. Jonatán respondió tomando la ciudad de Jope de la guarnición de Apolonio. Apolonio intentó atraer Jonatán a una emboscada, pero Jonatán lo puso en fuga. Apolonio y sus tropas huyeron a Asdod, donde tomaron refugio en el templo de Dagón. Jonatán quemó totalmente el templo y saqueó la ciudad.

Bibliografía. J. C. Dancy, *A Commentary on 1 Maccabees* (Oxford, 1954); J. Goldstein, I Maccabees . AB (New York, 1976); E. Schürer, *A History of the Jewish People in the Age of Jesus Christ*, rev. ed., 4 vols. (Edinburgh, 1973-1987).

Anthony J. Tomasino

APOLOS (Gr. *Apollṓs*)
Un judío de Alejandría, mejor conocido por su conexión con la situación que Pablo enfrentó en la Primera Epístola a los Corintios. Algunos corintios lo estimaban como su maestro (1 Co 1.12; 3.4), y Pablo lo describe como un colaborador en la obra del «campo» de Dios (3.5-9) y siervo de Cristo junto con él (3.22; 4.6). Sin embargo, él no está presente Corinto cuando Pablo escribe, y se resiste ante la sugerencia de Pablo de volver allí (16.12).

Hechos 18.24-28 contiene la única información biográfica sobre Apolos. Teniendo un conocimiento cuidadoso de las Escrituras y gran fervor oratorio, él aprendió «el camino del Señor», enseñado con más precisión acerca Jesús, y recibió el bautismo de Juan. Él habló vigorosamente en la sinagoga en Éfeso y fue reconocido por Priscila y Aquila, que le invitaron a su casa y le instruyeron más adecuadamente en el evangelio. Apolos entonces fue a Acaya con aliento y cartas de recomendación de algunos creyentes efesios. En Corinto él ayudó enormemente a los creyentes, y enérgicamente refutó a judíos en debate público, probando por las Escrituras que Jesús era el Cristo.

Este esbozo ha incentivado la especulación acerca de los problemas enfrentados por Pablo en 1 Corintios. La designación de Apolos como *anḗr lógios* («un hombre elocuente», Hch 18.24) sugiere que la raíz del problema es una valoración excesiva de la retórica grecorromana, aunque su herencia alejandrina es considerada para sugerir que él era un filósofo de la escuela de Filón, experto en técnicas de exégesis alejandrina. Esto ha llevado a suposiciones de que la sabiduría gnóstica, helenística-judía, o tendencias neumáticas excesivas subyacen en las divisiones de Corinto. Pablo no culpa a Apolos de las dificultades en Corinto y lo describe como un compañero valioso en su ministerio. La falta es de aquellos corintios que son divisivos.

Bibliografía. A. D. Litfin, *St. Paul's Theology of Proclamation.* SNTSMS 79 (Cambridge, 1994).

JEFFREY S. LAMP

APOSENTO ALTO

Cuarto en lo alto de una casa o sobre el techo de una casa palestina grande. Fue en un cuarto de huéspedes como esos (gr. *anágaion)* en Jerusalén, que Jesús reunió a sus discípulos para la Última Cena (Mr 14.15= Lc 22.12; cf. Mt 26.18). El aposento alto es descrito como «grande» y «amueblado» que indica la provisión de cojines para cenar. Luego la tradición (siglo X d.C.) identifica el cuarto como una recamara cerrada (el *Coenaculum* o Cenáculo) en el segundo piso de la mezquita *en-Nebi Daud*, la cual también se dice que contiene la tumba de David en el primer piso.

El griego *hyperṓon* designa el lugar en Jerusalén donde los discípulos se quedaron después de la ascensión de Jesús (Hch 1.12-14). El uso del articulo definitivo (el), sugiere que es el reconocido lugar donde se llevó a cabo la Última Cena. También pudiera ser el hogar de María, la madre de Juan Marcos (Hch 12.12).

Otras referencias a un aposento alto incluyen un lugar en Jope donde llevaron a Tabita/Dorcas después de su muerte, donde subsiguientemente fue resucitada por Pedro (Hch 9.36-43), y un lugar en Troas donde Pablo predicó hasta tarde en la noche y un joven llamado Eutico cayó rendido de sueño desde el tercer piso (Hch 20.7-12).

B. KEITH BREWER

APOSTASÍA

El acto de «alejamiento» «rebelión», o «separación» (Gr. *apostasía,* quizás derivado de *aphístēmi,* «estar lejos de», «rebelde», «separado», o «alejarse de»). Un término relacionado es *apostatḗs,* «un rebelde» o «apóstata» (cf. variación textual en Stg 2.11).

En la Septuaginta estos términos se refieren a varias clases de separación relacional, incluyendo separación y rebelión política (p.ej., 2 Cr 21.8; Tb 1.4; 2 Mac 5.8; 1 Esd 2.23) o abandono religioso, rebelión, o separación de Dios o del pacto (p.ej., Dt 32.15; Jos 22.18-19, 22; 2 Cr 33.19; Is 30.1; Jr 2.19; 1 Mac 2.19).

Hechos 21.21 se refiere a la opinión de algunos cristianos de Jerusalén de que Pablo enseñaba a rechazar la ley de Moisés. El sustantivo también aparece como una referencia apocalíptica a una rebelión al final de la edad (2 Ts 2.3). Dos usos teológicos específicos del verbo que son problemáticos, son una advertencia a evitar tener un corazón malo «para apartarse del Dios vivo» (He 3.12), que recuerda la analogía histórica de la rebelión contra Dios de los antiguos israelitas (Nm 14.26-45; Sal 95.7-11), y una referencia a aquellos que «apostatarán de la fe» en los últimos días (1 Ti 4.1). Usos similares del verbo aparecen en Lucas 8.13; Hechos 15.38; 19.9; y Apocalipsis 3.8.

Según Hebreos 6.6 *(parapesóntas),* algunos individuos «cayeron» (Biblia de las Américas) «recayeron» (Reina Valera 1960). Esto puede implicar la negación de la fe durante la persecución.

BENNIE R. CROCKETT, JR.

APÓSTOL

«Un enviado», generalmente a proclamar un mensaje. El uso en el NT armoniza con la idea del AT de un mensajero especial de Dios (cf. 2 R 2.2; 2 S 24.13). El término tiene una variedad de sentidos específicos en el NT, pero «mensajero especial, particularmente de Dios» captura mejor el sentido dominante.

Según Marcos 3.14-15 Jesús «estableció a doce, para que estuviesen con él, y para enviarlos a predicar, y que tuviesen autoridad para sanar enfermedades y para echar fuera demonios» (cf. Mt 10.1-4; Lc 6.13-16). Los 12 apóstoles, junto con otros discípulos, fueron enviados por Jesús para proclamar el mismo mensaje que él proclamó: «El tiempo se ha cumplido, y el reino de Dios se ha acercado; arrepentíos, y creed en el evangelio» (Mr 1.15; cf. 6.7-13; Lc 9.1-6, 60). Según Mateo 10.2-4, los Doce eran Simón, también conocido como Pedro, y su hermano Andrés; Santiago, hijo de Zebedeo, y su hermano Juan; Felipe y Bartolomeo; Tomás y Mateo el recaudador de impuestos; Jacobo, hijo de Alfeo, y Tadeo; Simón el Cananeo, y Judas Iscariote, que traicionó a Jesús (cf. Lc 6.14-16; Jn 1.40-51; Hch 1.13; véase Hechos 1.15-26 para el sucesor de Judas).

Al principio, Jesús envió los Doce «a las ovejas perdidas de la casa de Israel», antes que a los gentiles o a los samaritanos (Mt 10.5-6; cf. 15.24). La importancia de los Doce para la casa de Israel se hace explícita en Mateo 19.28, donde Jesús comenta a sus discípulos: «De cierto os digo que en la regeneración, cuando el Hijo del Hombre se siente en el trono de su gloria, vosotros que me habéis seguido también os sentaréis sobre doce tronos, para juzgar a las doce tribus de Israel.» Los Doce representan así la misión de Jesús de traer renovación a todo

Israel, a través de su inauguración del reino de Dios (cf. Ap 21.12-14).

Los apóstoles estuvieron presentes en momentos claves de la misión de Jesús, incluyendo la alimentación de los cinco mil (Mr 6.30-44), la Última Cena (Lc 22.14), y el huerto de Getsemaní (Mr 14.32-43). Pedro y los dos hijos de Zebedeo también estuvieron presentes en la transfiguración de Jesús (Mr 9.2-8), y Jesús les pidió en particular acompañarle en el huerto de Getsemaní (14.33). Aun así, aquellos tres no mostraron ningún entendimiento especial de Jesús o fidelidad a Él (cf. Mr 10.35-41; 14.66-72; Lc 9.33). En Mateo 26.31 los apóstoles son descritos como dispersados ante el arresto de Jesús (cf. Mr 14.27), y Juan 20.19 los representa como escondiéndose con miedo a consecuencia de la detención y crucifixión de Jesús. Sin embargo, cuatro Evangelios representan a los apóstoles como testigos de Jesús resucitado (Mr 14.28; 16.7; Mt 26.32; 28.16; Lc 24.36-53; Jn 20.19-29; 21.1-14; cf. Hch 1.1-3; 1 Co 15.5). Lucas representa a los apóstoles como receptores del poder del Espíritu de Dios de proclamar un mensaje de arrepentimiento y perdón a través de Jesús a todas las naciones (Lc 24.46-48; Hch 1.4-8; 2.1-13; cf. Jn 20.19-23; Mt 28.16-20). El NT no restringe el término «apóstol» a los Doce seleccionados por Jesús. En Hebreos 3.1 Jesús mismo es llamado «apóstol y sumo sacerdote de nuestra profesión»; esto encaja con las referencias de Jesús a sí mismo como el «enviado» por Dios (Mt 15.24; Mr 9.37; Lc 9.48; Jn 3.17, 34; cf. Lc 10.22; Mt 11.27). En Gálatas 1.19 Pablo da a entender que Jacobo, el hermano de Jesús, era un apóstol (cf. 1 Co 9.5), y en 1 Corintios 15.9 Pablo se refiere a él como un apóstol (cf. 9.1; 2 Co 11.5; Ga 1.1). En Hechos 4.14 Lucas se refiere a Bernabé y Pablo como apóstoles, y en Romanos 16.7 Pablo da a entender que Andrónico y Junias eran apóstoles en Roma. (Quizás estos últimos eran marido y esposa.).

Pablo distinguió a los apóstoles verdaderos de los falsos (2 Co 11.13; cf. Ap 2.2), y él reconoció las «señales de un apóstol» verdadero, por lo visto incluyendo «paciencia… señales, prodigios y milagros» (2 Co 12.12). Pablo puede también haber pensado en el hecho de haber visto a Jesús resucitado como suficiente para que él fuera un apóstol (1 Co 9.1). En alguna medida, algunas personas en Corinto y Galacia habían desafiado el apostolado de Pablo (cf. Ga 2.8), quizás a causa de que él no había seguido a Jesús antes de su resurrección. Pablo insistió que él era un apóstol llamado por Jesucristo y Dios el Padre, no por medios humanos (Ga 1.1). En la tradición paulina, los apóstoles por lo visto no eran sólo profetas (Ef 4.11); de todos modos, esta tradición podría hablar de apóstoles y profetas como el fundamento de la casa de Dios.

Bibliografía. F. H. Agnew, «*The Origin of the Concept*,» *JBL* 105 (1986): 75-96; R. E. Brown, «The Twelve and the Apostolate,» NJBC, 1377-81.

PAUL K. MOSER

APÓSTOLES, EPÍSTOLAS DE LOS

Un texto de mediados del siglo II, probablemente de origen egipcio, que representa un intento de la Iglesia «ortodoxa» de usar el diálogo de revelación, un género típicamente usado por los gnósticos, para combatir el gnosticismo. Escrito como una carta de los discípulos a la iglesia universal, el texto incluye una catenaria de milagros (Ep Apost 5), una descripción detallada de la resurrección (9-12), y pasajes explicativos de varios puntos de la teología cristiana. El texto salió a luz en 1895 con el descubrimiento de partes principales de una traducción copta. Fragmentos latinos y una completa traducción etíope fueron encontrados más tarde.

Bibliografía. C. Detlef and G. Müller, «Epistula Apostolorum» en *New Testament Apocrypha*, ed. W. Schneemelcher and R. McL. Wilson, rev. ed. 1 (Philadelphia, 1991): 249-84; J. V. Hills, *Tradition and Composition in the Epistula Apostolorum*. HDR 24 (Minneapolis, 1990).

ANDREA LORENZO MOLINARI

AQUEMÉNIDA (también ACAMÉNIDA)

Designación de la casa real de Persia, desde Ciro II (559-530 a. C.) en adelante (del persa *Hakhāmanish*, quizás «amistoso en naturaleza», antepasado epónimo de la dinastía; Gr. *Achaimenēs*). Fue Ciro el que permitió a los exiliados judíos devolver a Jerusalén «los utensilios de la casa de Jehová» (Esd 1.7). Los recursos enormes y variados del imperio hicieron posible el arte Aqueménida (o Acaménida).

AQUILA (Gr. *Akýlas*)

1. El esposo de Priscila (Prisca) y compañero de Pablo. Un natural de Ponto, pero más tarde residente de Roma, Aquila encontró a Pablo en Corinto después de que él, Priscila, y otros judíos habían sido expulsados de Roma por Claudio (Hch 18.2-3).

Muchos eruditos asocian esta expulsión con la declaración de Suetonio de que el emperador expulsó a los judíos de Roma debido a la instigación de *Chrestus* (*Claud.* 25.4), que puede ser una referencia a la predicación de Jesucristo (*Cristos*). Aquila posterior se mudó a Éfeso, donde su hogar fue usado como lugar de reunión de la iglesia (Hch 18.26; 1 Co 16.19). Según Hechos, él y Priscila instruyeron a Apolos «más exactamente» en cuanto al Camino (Hch 18.26), aunque algunos eruditos creen que esto es propaganda «pro-paulina» de Lucas, que sabía que Apolos era un rival de Pablo en Corinto (cf. 1 Co 1.12; 3.4-9). Aquila posteriormente volvió a Roma, otra vez abriendo su casa para la iglesia (Ro 16.3-5). Unos han concluido que, como fabricante de tiendas, capaz de moverse con la frecuencia relativa y poseer una casa bastante grande para reuniones de iglesia, él era un hombre de algunos medios.

2. Traductor de Escrituras hebreas al griego durante el primer cuarto del siglo II d.C. Un natural de Sinope en Ponto, él fue primero convertido al cristianismo, y luego al judaísmo. Él estudió bajo el Rabino Akiva. La traducción de Aquila era muy literal y fue aceptada por la sinagoga como una alternativa a la Septuaginta, que se había convertido cada vez más en la Biblia de los cristianos. Su traducción existe hoy sólo en fragmentos. Tanto Jerónimo como Orígenes emplearon esta traducción, con Orígenes incluyéndola en su Hexapla. Algunos han identificado a Aquila con Onquelos, el compilador del Tárgum del Pentateuco, pero no hay ningún consenso en esto.

Bibliografía. S. Jellicoe, *The Septuagint and Modern Study* (1968, reimpresión Winona Lake, 1993), 76-83.

J. Bradley Chance

AQUIM (Gr. *Achím*)

Un antepasado postexílico de Jesús (Mt 1.14).

AQUIS (Heb. *ʾāḵîš*)

El rey de la ciudad filistea de Gat durante el tiempo de David (1 S 21-29) y en los comienzos del reinado de Salomón (1 R 2.39). A pesar de dos patronimias diferentes, Maoc (1 S 27.2) y Maaca (1 R 2.39), es la misma persona.

Cuando David huía de Saúl, buscó dos veces refugio con Aquis. En la primera ocasión, David fingió locura para evitar que le atacaran (1 S 21.12-13 [TM 13-14]), y rápidamente dejó a Aquis. En la segunda, Aquis recibió a David y, a petición de éste, dio a David y sus seguidores la ciudad de Siclag como un feudo (1 S 27.1-6). David rápidamente se ganó el favor de Aquis, quién lo usó a él y su grupo como sus guardaespaldas. En la preparación para una batalla con Saúl, los reyes filisteos se reunieron en Afec (1 S 29). David y su grupo querían participar en la batalla, pero, a pesar de los esfuerzos de Aquis, otro reyes insistieron en que David se fuera. Poco después, David se convirtió en rey de Jud á y dejó el servicio a Aquis. Según el registro bíblico, al menos 40 años más tarde Aquis todavía gobernaba Gat (1 R 2.39-40).

Paul S. Ash

AR (Heb. *ʿār*)

Sitio cerca de la frontera moabita del norte, situada en el Río Arnón (Nm 21.15, 28; Dt 2.18). El nombre («ciudad») también puede referirse al territorio moabita en general (Dt 2.9,29). Ar y Kir juntos se refieren a los dos sitios principales de Moab o a ciudades moabitas en general (Is 15.1). Ar ha sido identificada con Rabat-moab antiguo, Areópolis (Rabbah moderno) y recientemente con Khirbet el- Bālūʿ (244855), que encaja mejor con las condiciones geográficas descritas en Números 21.15.

Bibliografía. J. M. Miller, «*The Israelite Journey through (around) Moab and Moabite Topon-ymy*», JBL 108 (1989): 577-95; U. Worshech and F. Ninow, «Preliminary Report on the Third Campaign at the Ancient Site of el-Balu in 1991", ADAJ 38 (1994): 195-203. Friedbert Ninow

ARA (Heb. *ʾărāʾ*)

Hijo de Jeter, de la tribu de Aser (1 Cr 7.38).

ARA (Heb. *āraḥ*)

1. El hijo mayor de Ula de la tribu de Aser (1 Cr 7.39).

2. Israelita cuyos descendientes (775, según Esd 2.5; 652 en Neh 7.10) volvieron del Exilio por el tiempo de Zorobabel. Él es probablemente el mismo que el Ara mencionado en Nehemías 6.18, cuyo hijo Secanías fue el suegro de Tobías el amonita.

ARAB (Heb. *ărāḇ*)

Ciudad en la región montañosa de Judá, al suroeste de Hebrón (Jos 15.52); posiblemente el lugar de nacimiento de Paarai «arbita» (2 S 23.35). El sitio ha sido identificado como la moderna er-Râbiyeh (153093), al este de Dumah (Deir ed-Dômeh).

ARABÁ (Heb. *ărāḇâ*)
Término traducido en algunos contextos como «desierto», «llanura» o «soledad». Sus sentidos son sacados de un lugar específico conocido como «el Arabá», distinguido de otros contextos generales por la presencia del artículo definido (Jos 11.16), que incluía tres regiones principales dentro del Valle de la Gran Falla. Primero es el Valle del Jordán, que desciende hacia el sur a lo largo del Río Jordán a partir del extremo sur del Mar de Cineret hasta el Mar Muerto bajo el nivel del mar (Dt 3.17). En referencia a esta área, el término es traducido como «llanura», como en «la llanura de Jericó» (Jos 4.13) y frente a ellos «los campos de Moab» (Nm 33.49). La segunda región incluye el Mar Muerto y sus tierras bajas circundantes. La tercera se extiende hacia el sur ascendiendo al principio rápidamente desde el Mar Muerto y luego descendiendo muy gradualmente al nivel del mar en el Golfo de Elath. La mención de esta tercera región tiene que ver «con el camino de Arabá», que se refiere a varios caminos que corren a lo largo entre el norte y el sur y se alinean desde Ezión-Geber (2 S 4.7). Como una formación de tierra, el Arabá creó una frontera distinta entre la tierra de Israel y sus enemigos al este, Amón, Moab, y Edom.

Hay características particulares que tipifican la ecología y el clima de cada una de estas tres divisiones del Arabá. Aunque la lluvia es esencialmente consistente en cada una, el Valle del Jordán es el más exuberante a lo largo del río y en particular en su extremo sur, donde abundan vertientes en las llanuras de Jericó. En contraste absoluto, un clima desértico caracteriza la región desde el sur del Mar Muerto. Sus variaciones tanto en geografía como en clima probablemente contribuyeron a su asociación con «boscaje» o «espesura» y su traducción ocasional como tal (Jer 49.19), «desierto» (Is 35.6), y «las llanuras» (2 R 25.4-5). Como un paisaje diverso, éste habría proporcionado sitios excelentes para refugio, como en caso de la huida de David al ser perseguido por Saúl en el «desierto de Maón» (1 S 23.24), y el intento de Sedequías de escapar de los caldeos (Jr 39.4).

Aaron A. Burke

ARABÁ, ARROYO (Heb. *naḥal hā'ărāḇâ*)
Arroyo que representa el límite sur de Israel en el oráculo de condenación dado por Amós (Am 6.14). De ser identificado con el arroyo Zered (o arroyo *el-Ḥesā*), su cruce por parte de los israelitas marcó el final de su peregrinación por el desierto (Nm 21.12; Dt 2.13-14). Puede ser el mismo que el «torrente de los sauces» (Is 15.7).

ARABIA
Término usado para referirse a un área que a veces abarca el desierto del norte de Siria (cf. el viaje de Pablo «a Arabia» después de su revelación, Ga 1.17), en ocasiones al Sinaí (la ubicación del Monte Sinaí «en Arabia», Ga 4.25), y anómalamente para glosar Saba en Salmo 72.10,15 en la Septuaginta. La Arabia bíblica no fue por cierto interpretada como la totalidad de la Península Arábica, pero podría ser comparada con un paralelogramo hacia arriba, que se extiende desde el oasis de Dedán en el suroeste, a través del oasis Jawf en el extremo sur del Arroyo Sirhan, hasta arriba en el desierto sirio, a través de las fronteras de Palestina y el Neguev, y abajo a través de Hijaz. En este respecto no era tan diferente de la muy posterior provincia romana de Arabia. En cuanto a los habitantes de Arabia, tanto las fuentes bíblicas como las no bíblicas, sobre todo los registros neoasirios y neobabilónicos, dejan claro que Arabia estaba poblada por una variedad de grupos y contenía comunidades sedentarias que vivían en ciudades y pueblos así como agricultores y pastores. Varias toponimias y etnonimias del Norte de Arabia, registradas en fuentes neoasirias, pueden ser identificadas con nombres mencionados en el AT también. Así, la gente de *Massa' (uru Mas'ayya)* que trajeron un tributo a Tiglat-Pileser III es idéntica con Massa del AT (Gn 25.14; 1 Cr 1.30), que aparece en una lista como un hijo de Ismael y da nombre a un pueblo no lejos de Tema, como se muestra por la referencia a una guerra contra Massa' (*ms*[']) en una inscripción de Jabal Ghunaym. Tema, un importante asentamiento oasis en la ruta de Dedán a Duma (Gn 25.14), aparece tanto en fuentes neoasirias como en neobabilónicas (*uru Temayya*), así como en la lista de los hijos de Ismael (Gn 25.15; 1 Cr 1.30; cf. Job 6.19; Is 21.14; Jr 25.23). La patria de «los príncipes de Cedar» (Ez 27.21) aparece en fuentes neoasirias como *ku rQid-ri, kur Qi-id-ri, kur Qí-id-ri, ku rQada-ri*; está claro que el centro de esta región era Duma (Gn 25.14; Acad. *Uru A-du-um-ma-tu, uru A-du-mu-u, uruA-du-mu-tu*) en el oasis Jawf en el norte de la moderna Arabia Saudita, aunque las tribus cedaritas se extendieran más extensamente desde las fronteras de Mesopotania a la periferia de Pa-

lestina. Los *Idiba'ilu (lúIdiba'ilayya)* son Abdeel, uno de los hijos de Ismael (Gn 25.13; 1 Cr 1.29) y, según Génesis 25.3 en la Septuaginta, un hijo de Dedán. El Hajappa (*uruHayappâyya*) puede ser identificado con Efa (Gn 25.4; 1 Cr 1.33), un hijo de Madián, y a veces identificado con el sitio de Ruwwafa en el noroeste de Arabia Saudita. La inclusión de sabeos (*lúSaba'ayya*) entre los pueblos de Asiria sugiere la existencia de una Saba del norte o, por lo menos, de tribus sabeas en el Norte de Arabia así como en el sur.

El AT se refiere diversamente a *'ărab/'ărāb* (Jr 25.24; Ez 27.21; 2 Cr 9.14; Is 21.13) o *'arḇiyyīm/ 'arḇī'īm/ 'arḇīm* (2 Cr 17.11; 21.16; 22.1; 26.7; Nh 4.7 [TM 4.1]), es decir «árabes». Ha sido costumbre identificar a éstos como alguna clase de beduino, nómadas, pastores, moradores de tiendas, o criadores de camellos, o derivar los términos *'ărāḇâ*, como significando «estepa» o «desierto». Otros eruditos señalan varios casos (p.ej., Jer 25.24; 2 Cr 9.14 comparado con 1 R 10.15) donde una frase como «todos los reyes *'ereḇ*, que moran en el desierto» se contrasta con «todos los reyes de *'ărāḇ*,». La raíz hebrea *'ereḇ*, significando «mezcla», parece ser usada así para glosar *'ăraḇ*,» un término para los moradores del desierto del Norte de Arabia, ya sean migratorios o sedentarios, usado también en registros neoasirios de campañas contra Arabia (*kur Arb-a, kurAra/i/ub-, mat Aribi*) y los árabes (*lú Arba-, lúArab-*), y cuando se habla del tributo traído a Asiria por tribus de esta región. La naturaleza «mixta» del *ăraḇ* podría explicar por qué ellos no son mencionados en las genealogías del AT. Es importante recordar, sin embargo, que estos «árabes» no estaban confinados a Arabia, sino aparecen en todas partes desde la Fértil Media Luna hasta Mesopotamia.

La importancia de Arabia para los habitantes de Israel indudablemente no se basaba tanto en la riqueza de sus rebaños (cf. los 7700 carneros y 7700 machos cabrios traídos por los árabes a Josafat, 2 Cr 17.11; cf. Ez 27.21) que en la riqueza (p.ej., oro y plata, 2 Cr 9.14) derivada de su posición en la ruta que unía el comercio de incienso y los estados comerciales de Arabia del Sur, tales como Saba, y el mundo del Mediterráneo. Además, sería difícil entender la preocupación de sucesivos monarcas neoasirios, y la campaña extensa en la región por parte de Nabónido, si sólo fuera por el producto agrícola y pastoral en el área, todo lo cual estaba disponible en Asiria y Babilonia. El incienso de alta calidad, por otra parte, era monopolio de Arabia del Sur, y aun si existieran otras fuentes (p.ej., Somalia e India) éstas generalmente eran de una calidad inferior.

Que esa «Arabia» nunca fue unificada políticamente es evidentemente claro de las fuentes neoasirias, ya que aunque se mencionan varias reinas árabes allí, nada sugiere que cualquiera de ellas gobernara sobre un país unificado identificado como «Arabia». Del mismo modo, cuando la Biblia se refiere a «todos los reyes de Arabia» (p.ej., 2 Cr 9.14; cf. Peshita *malkē 'arbāyē*; Vulg. *reges Arabiae*) éstos debieran ser probablemente entendidos en el sentido de numerosos jeques locales, cada uno basado en una de las ciudades de Arabia y que gozaban de la lealtad de una población relativamente pequeña y geográficamente circunscrita. La naturaleza descentralizada de la Arabia bíblica explica la multitud de etnonimias que puede ser adjudicadas al área, y la ausencia «de un rey de todos los árabes», un título nunca certificado en la Biblia, confirma que «Arabia» nunca tuvo un significado político.

Bibliografía. G. W. Bowersock, *Roman Arabia* (Cambridge, Mass., 1983); I. Ephal, *The Ancient Arabs* (Leiden, 1982); J. Retsö, «The Earliest Arabs,» *Orientalia Suecana* 38/39 (1989-1990): 131-39; R. Zadok, «Arabians in Mesopotamia during the Late-Assyrian, Chaldean, Achaemenian and Hellenistic Periods,» ZDMG 131 (1981): 42-84; «On Early Arabians in the Fertile Crescent,» *Tel Aviv* 17 (1990): 223-31.

D. T. Potts

ARACEO (Heb. *'arqî*)

Habitante de la ciudad de Arqat, moderna Tell 'Arqah (250436), c. 18 km (11 mi) al norte de Trípoli. En Génesis 10.17; 1 Crónicas 1.15 los araceos son mencionados entre los descendientes de Canaán. En las Cartas de Amarna la ciudad es llamada Irqata; en tiempos romanos era conocida como Cesárea Libani. Arkantu, mencionada por Tutmosis III, puede ser el mismo lugar.

ARAD (Heb. *'ărāḏ*) **(LUGAR)**

Ciudad en la región desértica del Neguev. En el relato de la entrada de los israelitas en la región, «el rey de Arad» es mencionado como luchando contra Israel (Nm 21.1-3). Después de un fracaso de inicial los israelitas fueron victoriosos, «Y Jehová escuchó la voz de Israel, y entregó al cananeo, y los destruyó a ellos y a sus ciudades»; el lugar fue llamado Horma o «destrucción» (cf. Nm 33.40). En Josué 12.14 Arad aparece en una lista de reyes derrotados por Josué. Jueces 1.16 informa que los ceneos se unieron a los judaítas al establecerse cerca de Arad.

La lista de ciudades conquistadas por Sisac de Egipto (960 a.C.) incluye «las ciudadelas de Arad el Grande y Arad de la casa de YRHM», ya sea la casa de Yeroham o Jerahmiel. Pruebas arqueológicas no clarifican las identificaciones de estos araditas.

Tel ʿArad (162075), 30 km (19 mi) al este de Beerseba y 32 km (20 mi) al sur de Hebrón, ha retenido el nombre antiguo. Es un sitio grande con un pequeño pero pronunciado montículo de la ciudadela. La ciudad baja fue excavada entre 1964 y 1982 por Ruth Amiran. Asentamientos no fortificados son certificados desde el período calcolítico hasta 2950 (Edad del Bronce I). Las murallas que fortifican la ciudad datan de periodo Edad del Bronce II, y encierran un área de 10 ha. (25 a.). Edificios públicos y privados, incluyendo un palacio y templos, han sido identificados, así como un embalse de construcción sólida. La ciudad sufrió una destrucción masiva en el aprox. 2800, pero la ocupación continuó hasta aprox. 2650. La extinción de la Arad cananea podría ser probablemente atribuida a la disminución de lluvias en el área, y quizás también a la inestabilidad política a través del Cercano Oriente.

La excavación de la ciudadela por Yohanan Aharoni muestra un vacío de aprox. 1500 años de abandono desde la ciudad de la Era del Bronce hasta la construcción de un asentamiento en el área de la ciudadela por aprox. 1200. Seis sucesivos estratos de la Edad del Hierro III siguieron, en forma de una fortaleza rectangular. Un templo o centro de culto con un lugar santísimo ha sido identificado aquí. Aharoni sugiere que el estrato XI fue destruido por Sisac. También en la ciudadela hubo un asentamiento persa no fortificado, seguido por fortalezas helenísticas y romanas. El sitio es notable por haber producido más ostraca (mayormente hebreo, pero algún arameo) que cualquier otro sitio arqueológico en el mundo bíblico antiguo.

Bibliografía. M. Aharoni, R. Amiran, and O. Ilan, «Arad,» *NEAEHL* 1. 75-87; Y. Aharoni, *Arad Inscriptions* (Jerusalem, 1981); R. Amiran, *Early Arad* (Jerusalem, 1978).

Bruce C. Cresson

ARAD (Heb. *ʿărad̲*) **(PERSONA)**
Hijo de Bería y descendiente de Benjamín (1 Cr 8.1

ARADO, REJA DE ARADO
El arado de un solo surco era un poste recto (un tronco delgado o una rama larga) que corría paralelo al suelo. Un yugo hacía posible que el labrador fijara un extremo a un animal de tiro; una rama o brazo proyectado hacia abajo desde el otro extremo del poste en un ángulo, con un punto de arado de reja asegurado en el extremo del brazo. El labrador empujaba el arado hacia abajo para que la reja del arado hiciera contacto con el suelo y atravesara su superficie. Antes de la invención del hierro, se hicieron puntos de arado de piedra, madera, o bronce; incluso después que el hierro entró en uso (después c. 1200 a.C.), muchas rejas de arado eran todavía hechas de bronce. Estos puntos han sobrevivido en muchos sitios arqueológicos.

En los tiempos bíblicos el arado era bastante primitivo y los agricultores fueron capaces de hacer poco más que arañar la superficie y cortar un surco poco profundo en el suelo. El punto del arado rompió el suelo compactado, quemado por el sol para dar lugar a las semillas para germinar y permitir que la precipitación de invierno penetre en su interior. Por lo tanto requiere afilarse para ser eficaz (1 S 13.19-22). Una vez que un agricultor rompía el suelo, era necesario romper los terrones y nivelar la superficie con una azada o rastra (Is 28.24-25). Los arados fueron generalmente uncidos a bueyes, pero también se utilizaron vacas. La ley mosaica prohibía uncir un buy con un asno (Dt 22.10). Cuando comenzaban las primeras lluvias de finales de otoño, el arado para las cosechas de invierno podría tener lugar (cf. Pr 20.4).

Arar se utilizó metafóricamente en todo el AT (p. ej., Job 4.8; Sal 129.3; Jer 26.18 = Mi 3.12; Os 10.11). Por ejemplo, una era de paz llegará cuando la gente convertirá las espadas en rejas de arado (Is 2.4; Mi 4.3; pero Joel 3.10[TM 4:10]). Jesús usó el proceso de arar para enfatizar la importancia del compromiso con el reino de Dios (Lc 9.62).

Bibliografía. O. Borowski, *Agriculture in Iron Age Israel* (Winona Lake, 1987); J. A. Thompson, *Handbook of Life in Bible Times* (Downers Grove, 1986).

Gerald L. Mattingly

ARAM (Heb. *ărām*) **(LUGAR)**
Territorio de los arameos, que abarcaba el área del triángulo *Ḥabur* en oriente, hasta la región del Éufrates medio, a través de la mayoría de Siria, y sur del Valle Beqaʿ, Damasco, y las Alturas del Golán. En algunos casos, Aram se refiere a esta área en general o al menos a secciones grandes de ella (más claramente en 1 R 10.29 = 2 Cr 1.17, donde Salomón comercia con los reyes de Aram), pero en otras ocasiones se aplica a componentes específicos (p.ej., Jue 10.6). En Amós 9.7 es una designación general para la gente de la región.
El uso del término equivale al hecho que Aram nunca se convirtió en un estado grande y unificado, sino antes bien consistió de varias secciones. Sólo a finales del siglo IX a.C., bajo el mando de Hazael, Aram-Damasco dominó la mayoría de Aram y hasta rivalizó con Asiria. La división regional de Aram se refleja en los nombres compuestos que designan el área, la ciudad principal, o la dinastía local:

Padán-aram: Región a lo largo del camino (Acad. *paddanu)* a través del triángulo *Ḥabur*, hacia Harán por el Río Balikh, y sobre el Éufrates.

Aram-naharaim: Parte occidental de Padán Aram (cf. Gn 24.10) y áreas a lo largo de la gran curva del Éufrates (cf. Dt 23.4 [TM 5]; Jue 3.8). En Números 23.7; Jue. 3.10; Os 12.12 (13) el término general Aram designa este área.

La mayoría de los estados de estas dos regiones adoptaron el nombre de la dinastía gobernante o la capital, p.ej., Gozán (2 R 17.6; 19.12), Harán (cf. Gn 11.31; 29.4), Petor (cf. Nm 22.5; Dt 23.4 [5]); Betedén (cf. 2 R 19.12; Amós 1.5).

Aram-zobah: También llamado Aram-beth-rehob (según la dinastía fundadora): Abarcaba el Valle *Beqaʿ* del Líbano, extendiéndose en parte a lo largo del Orontes, abajo hasta Hamath, y al interior de las Montañas Antelíbano, posiblemente también hasta el Éufrates (cf. 2 S 8.3, 9). En el siglo X Aram-soba se convirtió en parte del Aram-Damasco, pero el nombre Soba todavía es hallado en listas asirias de aprox. 700 como el nombre de una provincia asiria en el *Beqaʿ*.

Aram-Damasco: Según 1 Reyes 11.23-24, algún tiempo después de la derrota que David infligió a los de Aram-soba, Rezón tomó el poder en Damasco. Así, Damasco se volvió aramea de la misma manera que Jerusalén se había vuelto israelita por la conquista de David. Aram-Damasco se convirtió en el estado más poderoso en el sur de Siria. En los siglos IX y VIII inició y condujo coaliciones contra Asiria. En el último terció del siglo IX y a principios del siglo VIII, Aram-Damasco luchó y capturó partes de Israel, notablemente las Alturas del Golán (cf. 2 R 10.32-33 y la inscripción de Tell Dan). Bajo el reinado de Hazael (aprox. 842-800) Aram-Damasco se convirtió en un imperio que dominó grandes áreas de Siria y Palestina. Hazael aun cruzó el Éufrates para atacar a Asiria. Asiria recapturó Damasco en el año 732. Aram-Damasco representa el poder arameo en el AT, donde a menudo es simplemente llamado Aram.

Aram-maacah y **Gesur**: Estados pequeños en la Transjordania, entre el Monte Hermón y el Río Yarmouk, mencionados sólo en el AT. Aram-maaca se unió con Aram-zobah contra David (2 S 10.6, 8). Gesur estaba por lo visto al sur de Aram-maaca. Maaca, la hija del rey Talmai de Gesur, se casó con David y fue la madre de Absalón (2 S 3.3; cf. 13.37-38). El carácter Arameo de Aram-maaca y Gesur es disputado, pero en 2 Samuel 15.8 Gesur es llamado explícitamente una parte de Aram.
El estado arameo de Sam'al/Ya'udi, moderno Zinjirli en el sudeste Turquía, aprox. 100 km (62 mi) al oeste de la curva del Eufrates, ha arrojado documentos importantes, pero no es mencionado en el AT.

Bibliografía. S. C. Layton, «Old Aramaic Inscriptions,» *BA* 51 (1988): 172-89; P. E. Dion, «Syro-Palestinian Resistance to Shalmaneser III in the Light of New Documents,» *ZAW* 107 (1995): 482-89; N. Na}aman, «Hazael of ʽAmqi and Hadadezer of Beth-rehob,» *UF* 27 (1995): 381-94.
Siegfried Kreuzer

ARAM (Heb. *'ărām*) **(PERSONA)**
1. Uno de los hijos de Sem y nieto de Noé; antepasado epónimo de los arameos (Gn 10.22-23; 1 Cr 1.17).
2. Hijo de Kemuel y nieto del hermano Nacor de Abraham (Gn 22.20-21).
3. Hijo de Semer de la tribu de Aser (1 Cr 7.34).
4. Antepasado de Jesús (Mt 1.3-4; Gr. *Aram*).

ARAMEO (Heb. *'ărāmît*)
Lengua semítica del noroeste estrechamente relacionada con la lengua hebrea. Bien certificada en múltiples y muy duraderos dialectos (los dialectos arameos modernos son hablados hasta este día en partes del Medio Oriente y en otras partes), su importancia para los estudios bíblicos no puede ser más enfatizada. Secciones del AT (Dn 2.4–7.28; Esd 4.8–6.8; 7.12-26; Jr. 10.11; Gn 31.47 [sólo dos pala-

bras]), y palabras individuales y frases en el NT son conservadas en el original arameo. El arameo fue el sucesor del acadio como el medio de comunicación internacional y de diplomacia en el Cercano Oriente antiguo por la mayoría de la última mitad del primer milenio a.C., y era uno de los principales idiomas hablados durante el surgimiento del cristianismo y el judaísmo rabínico. Como tal, éste tuvo una influencia marcada en el hebreo bíblico tardío y el rabínico. Dos de las principales traducciones antiguas del AT están escritas en arameo: la Peshita Siríaca y los targúmenes judíos, que son partes significativas tanto del Talmud Babilonio como del Palestino, y la entera recopilación literaria del cristianismo siríaco. Finalmente, las fuentes textuales arameas conservan una riqueza del material comparativo invaluable de todos los períodos históricos, que abarcan una amplia variedad de temas, como lingüística, historia, literatura, epistolografía, religión, relaciones internacionales, y teoría y práctica legal. Para objetivos clasificatorios, el arameo puede estar dividido en cinco fases o períodos principales.

Arameo antiguo

Esta es la fase más temprana del arameo, el límite más bajo de lo que está convencionalmente marcado por la caída del Imperio Neoasirio (aprox. 612). Relativamente pocas inscripciones de este período, escritas sobre piedra o en otros materiales imperecederos, han sobrevivido. Pero esta escasez de piezas escritas desmiente la importancia verdadera del arameo en este período, cuando fue finalmente adoptado como la lengua internacional de la diplomacia (cf. 2 R 18.26). Lingüísticamente, muchos de los rasgos que llegaron a caracterizar a dialectos arameos tardíos habían surgido recién en esta fase temprana de la lengua. Sin embargo, cuatro rasgos lingüísticos innovadores han sido identificados que son compartidos por las inscripciones tempranas y por toda la sucesión de dialectos arameos: 1) cambio de vocálica * א *n* a **r* en palabras, como *br* «hijo» (cf. Heb. *bēn,* Ugar. *bn,* Fen. *bn;* cf. también las palabras para «hija» «y dos» en dialectos posteriores); 2) nivelando a través de las terminaciones **-nā*para la primera persona plural; 3) creación de la raíz causativa-reflexiva **hittaqtal;* y 4) pérdida completa de la raíz niphal. Estas innovaciones compartidas constituyen al arameo como una subrama genética del semítico nor-occidental, junto al ugarítico y cananeo. Además, el inventario fonémico protosemítico permanece básicamente presente en esta fase temprana, sin embargo, debido al uso del alfabeto0cananeo de 22 letras, algunas grafemas se usan para más de un fonema: *q* = *q y ḍ; z = z y ḏ; š = š, ś, y ṭ; ṣ = ṣ* y *ṯ*·[=*ẓ*]; *ḥ = ḥ* y *ḫ;* ʿ = ʿ y *ǵ.* Por otra parte, el arameo de esta fase está marcado por una carencia general de estandarización y por la diversidad dialéctica. Entre las inscripciones más tempranas están la estela acadio-aramea bilingüe del Tell Fakhariya y estela Tell Dan, ambas datan de mediados del siglo IX. Ésta última con su referencia a «la Casa de David» *(bytdwd)* proporciona la primera referencia no bíblica a la dinastía davídica. Otras notables inscripciones arameas antiguas incluyen la inscripción Zakur, una estela cuyo contenido se parece fuertemente al de los salmos bíblicos de acción de gracias, el Tratado Sefire, que es una buena fuente para identificar maldiciones semíticas del oeste, y las inscripciones Hadad e Panammu, que representan un dialecto arameo antiguo muy idiosincrásico utilizado por los reyes del antiguo Sam'al, el moderno Zinjirli).

Arameo oficial

Esta fase de arameo, que termina aprox. 200, representa una forma de la lengua que está muy estandarizada y sorprendentemente homogeneizada. Es en este período que se estabiliza el inventario de rasgos que llega a caracterizar todos los dialectos arameos más tardíos. Tales rasgos incluyen la serie de fusiones de fonema que diferencia el inventario consonante del arameo oficial y dialectos posteriores de aquel de arameo antiguo (*ḍ* >ʿ; *ḏ* > *d; ṯ* > *t; ṯ* . [= *ẓ*] > *ṭ; ḫ* > *ḥ; ǵ* >ʿ), el femenino plural jusivo de *yiqtĕlān,* la forma infinitiva de repique *miqtal,* la terminación nominal plural femenina *-ān,* y la realización de la categoría de carácter decisivo como la terminación sufija *-ā'*. El nombre el arameo oficial (o arameo imperial) se suscita porque este dialecto es usado en todas partes del Imperio Neobabilónico y, por sobre todo, en los imperios persas. Los restos textuales a partir de este período están dispersos a través de una extensa región geográfica (Egipto, Arabia, Palestina, Siria, Mesopotamia, Asia Menor, Armenia, y el Valle del Indo) y representan un amplio espectro de géneros (cartas, contratos y documentos legales, textos literarios, conjuros, inscripciones en monumentos), que sugiere que lo que ha sobrevivido debiera representar sólo una fracción de lo que existió originalmente. El mayor número de los hallazgos textuales vienen de Egipto, donde el clima seco es muy propicio para la preservación de papiro y cuero, y por mucho el más significativo de los hallazgos egipcios es el archivo de la colonia militar judía en Elefantina. Éste consiste principalmente en cartas, varias clases de documentos legales, y fragmentos de textos literarios. El material arameo del libro de Esdras probablemente data de este período también.

Arameo medio

Este período abarca aproximadamente desde 200 a.C. hasta 200 d.C. y representan una etapa de la lengua en que el dialecto estandarizado comienza a dividirse en dialectos regionales reconocibles, un desarrollo influenciado, sin duda, por el reemplazo del arameo por el griego como lengua administrativa del Medio Oriente durante los períodos helenísticos y romanos. Los principales hallazgos epigráficos vienen de Palmira, el reino árabe de Petra (nabateos), Hatra, y Qumrán. Los textos de Palmira son una fuente especialmente rica para la onomástica e información sobre la celebración *marzēaḥ*. En Qumrán la mayoría de los textos no bíblicos, y que no fueron producidos por la secta, están en arameo, incluyendo el Génesis Apócrifo y el Targum de Job. Las secciones arameas del libro de Daniel proceden de este período, así como las palabras arameas y frases aisladas en los textos griegos de Josefo y el NT, y las fórmulas legales encontradas en fuentes rabínicas tempranas. Algunos Targúmenes (Onkelos y Jonatán) y el material arameo en la escritura demótica conservada en el Papiro Amherst 63 pueden datar de este período también.

Arameo tardío

Esta etapa data aproximadamente del 200 d.C. al principio de la conquista islámica (aprox. 700) y representa el cuerpo de literatura e inscripciones en arameo más abundante que se halla encontrado. El arameo tardío puede estar dividido en tres ramas principales: 1) una rama occidental (palestina), que consiste de arameo palestino judío (incluyendo los dialectos del Talmud y targúmenes palestinos), el arameo palestino cristiano, y el arameo samaritano; 2) una rama oriental (babilónica), que consiste de arameo del Talmud Babilónico y mandaico, la lengua de una secta gnóstica no cristiana del sur de Babilonia; y 3) siriaco literario, que consiste de literatura litúrgica del cristianismo siriaco. El siriaco es el dialecto arameo mejor certificado. En los dialectos orientales, las formas verbales imperfectas están marcadas por una *l*- prefijada, mientras que en siriaco la misma forma es marcada por una *n*- prefijada Ambos contrastan con la *y*- prefijada de los dialectos más tempranos. Otros rasgos lingüísticos característicos del arameo tardío han sido notados también, incluyendo un declive en los estados absolutos y de construcción del sustantivo, aumento del uso del pronombre posesivo *dil-*, el reemplazo de pasivos interno con una *ʼt*- prefijada, y fuerte influencia griega.

Arameo moderno

Varios dialectos (Neo) arameos son hablados hoy. Éstos incluyen Maʼlula (una ciudad al noreste de Damasco), turoyo y Mlaḥso (hablados en el sureste de Turquía), Neosiriaco (originalmente hablado en partes de Kurdistán, pero ahora esparcido ampliamente), y Neomandaico (hablado en el sur de Irak e Irán occidental).

Bibliografía. K. Beyer, *The Aramaic Language: Its Distribution and Subdivisions* (Göttingen, 1986); J. A. Fitzmyer, «The Phases of the Aramaic Language,» *A Wandering Aramean* (Missoula, 1979), 57-84; repr. *The Semitic Background of the New Testament* (Grand Rapids, 1997), 57-84; J. Huehnergard, «Remarks on the Classification of the Northwest Semitic Languages,» en *The Balaam Texts from Deir ʼAlla Re-Evaluated*, ed. J.Hoftijzer y G. van der Kooij (Leiden, 1991), 282-93; E. Y. Kutscher, «Aramaic,» en *Hebrew and Aramaic Studies*, ed. Kutscher et al. (Jerusalem, 1977), 90155. F. W. Dobbs-Allsopp

ARAMEOS (Heb. *ărammîm*)

La designación para un gran número de pueblos que hablaban dialectos relacionados con la lengua semítica occidental conocida como arameo. Los pueblos arameos florecieron a fines del segundo milenio a.C. en Siria, y se extendieron hacia el sudeste en Mesopotania y hacia el suroeste en Siria central y del sur a principios de primer milenio. Los estados arameos de Zobah, Damasco, Beth-rehob, Gesur, y Maaca en el sur de Siria desempeñaron papeles importantes en la historia del Israel bíblico. Aunque ellos nunca se fundieron en una sola entidad políti ca o cultural grande, los arameos cumplieron una parte importante en la historia del Oriente Medio.

Los israelitas sintieron una relación cultural cercana con los arameos y la describieron en las tradiciones conservadas en el libro de Génesis. En Génesis 22.21 Aram, el antepasado epónimo de los arameos, es descrito como el nieto de Nacor, el hermano de Abraham, mientras en la Tabla de Naciones en Génesis 10.22 se dice que Aram es uno de los hijos de Sem. Génesis 25.20; 31.20 llaman a los parientes de Abraham, Bethuel y Labán, como arameos, y Jacob mismo es llamado «un arameo a punto de perecer» en Deuteronomio 26.5. Estas tradiciones de relaciones de familia deben ser vistas en el contexto de la creencia general expresada en Génesis, de que Israel estuvo relacionado por sangre con la mayoría de los pueblos de habla semítica alrededor de ellos (con la excepción de los cananeos). Ellas no nos proveen de percepción histórica significativa sobre los orígenes complejos de varios grupos étnicos de la Siria-Palestina.

Los arameos son probablemente descendientes de los pueblos amorreos que vivieron en Siria durante la primera mitad del segundo milenio. Pero las referencias tempranas más claras a pueblos llamados arameos sólo ocurren en textos asirios de fines del siglo XII y de principios del siglo XI. Por ese tiempo, Tiglat-Pileser I luchó una serie de batallas contra tribus arameas a lo largo del curso del Río Eufrates Medio en el Mt. Bishri, región de Siria. A fines del siglo XI y a principios del siglo X, varios estados de arameos habían surgido en Mesopotamia superior y en Siria, incluyendo *Bir-zamani*, Bīt-bahiani, Bīt-ḫalupe, y *Laqu* sobre los ríos Tigris y Ḫabur, Bīt-adini a lo largo de la gran curva del Río Eufrates, Yahan (más tarde llamado Bīt-agusi) al oeste de Bīt-adini, y Sam'al, una pequeña ciudad-estado conocida debido al gran número de inscripciones encontradas en el sitio. Hamath, en Siria central, al parecer tenía una población variada de arameos y anatolios. En el sur de Siria otros dos estados arameos, Aram-zobah y Aram-Damasco, se convirtieron en poderes políticos importantes, el primero en el siglo X, el segundo en los siglos IX y VIII. Varias tribus arameas emigraron también hacia el sur al interior de Mesopotamia a fines del segundo milenio.

Israel entró en el conflicto con Aram-soba durante el reinado de David a fines del siglo XI o a principios del siglo X. Cuando Soba, por lo visto el poder político dominante en la región por entonces, intervino en un conflicto entre Amón e Israel, el ejército de David luchó contra ellos en un punto muerto (2 S. 10.15-19 = 1 Cr. 19.16-19). Encontrándose otra vez en el sitio de Helam, Israel derrotó el ejército de Soba y trajo a muchos de los aliados de éste en la órbita de Israel. Una tercera batalla descrita en 2 Samuel 8 puede ser una versión variante de la batalla de Helam, pero es más probable una cuenta de una batalla final entre los dos estados en los cuales Soba fue derrotado claramente. Esté nunca más desempeñó un papel principal en la historia siro-palestina.

A principios del siglo IX, Aram-Damasco había surgido como un poder formidable, atacando el norte de Israel durante el reinado de Baasa (1 R 15.16-22) y conduciendo una coalición de 12 estados (incluyendo Israel bajo Acab) contra la invasión de Siria del norte por parte de Salmanasar III de Asiria en 853 (cf. las inscripciones de Salmanasar en *ANET*, 278-81). En tres confrontaciones con Salmanasar (853, 848, 843), Hadadezer de Aram-Damasco y la coalición detuvo al ejército asirio. Dentro de poco a partir de entonces (c. 842-841) Hazael, un usurpador, se hizo del trono en Damasco (cf. 2 R. 8.7-15) y la coalición colapsó. Hazael fue obligado a luchar solo contra Salmanasar III tres veces más (841, 838, 837), pero nunca fue totalmente derrotado. Después de que Salmanasar concentró su atención en otra parte, Hazael procedió a crear un imperio en torno a Damasco, dominando prácticamente todos los estados al sur de Damasco, incluyendo Israel y Judá (2 R 10.32-33; 12.17-18). Por cerca de 40 años Damasco estuvo en la cúspide de su poder.

La situación cambió, sin embargo, a principios del siglo VIII, cuando Bir-hadad, el hijo de Hazael, perdió el imperio que su padre había creado. Israel recobró su independencia en una serie de batallas durante el reinado del Rey Joás (2 R 13.22-25) y realmente dominó Damasco por un tiempo, durante el reinado de Jeroboam II (14.28). Finalmente Damasco, como los otros estados de Siria, fue anexado por el Imperio Asirio y perdió su estatus como estado independiente.

La principal contribución cultural de los arameos a la civilización antigua del Oriente medio fue su lengua y escritura. El arameo se convirtió en la lengua predominante de Siria a principios del primer milenio, pero esta se extendió desde allí a través del Oriente Medio. La política asiria de deportar partes grandes de la población de estados rebeldes llevó a que un gran número de arameos se quedaron a vivir en Asiria. A mediados del siglo VIII la lengua aramea fue usada ampliamente en Asiria, y por el siglo VI era la lengua predominante en Mesopotamia. El arameo se convirtió en la *lingua franca* oficial del Imperio Persa, y por la época helenística la lengua y la escritura habían sustituido la mayoría de las lenguas locales y las escrituras de la Siria-Palestina, incluyendo el hebreo. Las traducciones al arameo del texto bíblico (targúmenes) fueron hechas y usadas junto con los textos hebreos originales. El arameo fue probablemente la lengua primaria de Jesús de Nazaret, y, como el siriaco, continuó siendo usado por partes de la Iglesia Oriental durante siglos.

Bibliografía. J. A. Brinkman, *A Political History of Post-Kassite Babiloniaia, 1158-722 B.C.* AnOr 43 (Rome, 1968); J. C. Greenfield, «Aramaic Studies and the Bible,» *VTSup* 32 (1981): 110-30; «Aspects of Aramean Religion,» en *Ancient Israelite Religion,* ed.P. D.Miller, P. D. Hanson, y S. D. McBride (Philadelphia, 1987), 67-78; J. D. Hawkins, «The Neo-Hittite States in Syria and Anatolia,» *CAH2* 3/1.372-441; W. T. Pitard, *Ancient Damascus* (Winona Lake, 1987); «Arameans,» en *Peoples of the Old Testament World,* ed.A. J. Hoerth, G. L. Mattingly, and E. M. Yamauchi (Grand Rapids, 1994), 207-30.

WAYNE T. PITARD

ARAM-MAACA (Heb. *ăram maʿăḵâ)*
Nombre alternativo para el reino arameo Maaca (1 Cr 19.6).

ARAM-NAHARAIM (Heb. *ʾăram nahărāyim)*
Área geográfica localizada alrededor de la gran curva del Río Éufrates en el norte de Siria. Los textos egipcios a partir de la última mitad del segundo milenio a.C. se refieren a esta tierra como *Nhrn,* y las Cartas de Amarna la llaman *na-aḫ-ri-ma.*y *na-ri-ma.* Los límites exactos de la tierra no pueden ser determinados, pero incluía territorio en ambas riveras del Eufrates, así como ciudades, como Harán, Nacor, Petor y Tunip.

Siguiendo a la Septuaginta, el término es con frecuencia traducido como «Mesopotamia» en versiones españolas. En Génesis 24.10 se refiere a la patria de la familia Abraham. Tanto Balaam, el hijo de Beor (Dt 23.4), como el rey Cusan-risataim, que fue el primero en oprimir a Israel por el tiempo de los Jueces (Jue 3.8), eran naturales de Aram-naharaim. David luchó contra tropas mercenarias del área, contratadas por Hanún y las amonitas (1 Cr 19.6; cf. Sal 60 inscripción [TM 1]).

Bibliografía. J. J. Finkelstein, « 'Mesopotamia, -'» JNES 21 (1962): 73-92; R. T. O'Callaghan, *Aram Naharaim.* AnOr 26 (Rome, 1948).

STEPHEN J. ANDREWS

ARAM-SOBA (Heb. *ʾăram ṣôḇâ)*
Designación alternativa de Soba (introducción al Sal 60 [TM 1]), un poderoso estado arameo derrotado por David.

ARÁN (Heb. *ărān)*
El hijo más joven de Disán el horeo; antepasado epónimo de un clan edomita (Gn 36.28; 1 Cr 1.42).

ARAÑA
Arácnido del orden Araneae, de las cuales hay numerosas especies en Palestina (heb. *ʿakkāḇîš*). Las arañas se distinguen de los insectos por la división de su cuerpo en dos porciones, el cefalotórax y el abdomen, y son únicas entre los animales por sus hileras, apéndices en su abdomen que emiten, a través de tubérculos que giran, un fluido sedoso. La manera en la que una telaraña se teje es una metáfora de las acciones pecaminosas deliberadas del malo (Is 59.5). La telaraña en sí tipifica la frágil existencia del impío (Job 8.14).

ARAQ EL-EMIR
Sitio (221147) localizado en el Arroyo eṣ-Sîr. Fue ocupado, con algunos vacíos, desde la Edad de Bronce Temprana hasta el período bizantino, y probablemente es la bíblica Ramat-mizpa (Jos 13.26). Permanecen restos de Qaṣr *el-*ʿAbd, «Fortaleza del Siervo», identificada como Tiro y construida por Tobiad Hircano (siglo II a.C.), un descendiente de Tobías (Neh 2.10; cf. Esd 2.60; Josefo *Ant.* 12.4.1 [229-35]). Dos inscripciones arameas de un Tobías, de los siglos V y VI, fueron encontradas en las cercanías. El Gr. *týros* (del Heb. *ṣôr,* «roca») es conservado en el nombre del arroyo.

Bibliografía. P. W. Lapp–N. L. Lapp, «Iraq el-Emir,» NEAEHL 2.646-49.

PAUL J. RAY, JR.

ARARAT (Heb. *ʾărārāṭ)*
Nombre bíblico para un país (Urartu asirio) en el este de Asia Menor, cerca de Lago Van, que abarca partes de Turquía, Armenia, Irán e Irak. El territorio ganó prominencia como una entidad política principal durante el siglo IX a.C. Urartu bloqueó los avances desde el norte de Asiria, y las campañas principales en el territorio urartu fueron emprendidas por los jefes asirios Salmanasar III (859-824) y Sargón II (722-705). Urartu finalmente sucumbió ante los medos, que destruyeron la región en 585. El territorio fue incorporado más tarde en el imperio persa.

Después de asesinar a su padre, los hijos de Senaquerib huyeron «a la tierra de Ararat» (2 R 19.37 = Is 37.38). En el oráculo de Jeremías contra Babilonia el reino de Ararat es convocado por Dios, junto con naciones vecinas (Jr 51.27).

Génesis 8.4 registra que el arca de Noé descansó sobre «los montes de Ararat.» La tradición temprana procuró identificar un pico específico como la ubicación del arca de Noé. Josefo cita al sacerdote babilónico Beroso del siglo III de que partes del arca habían sido descubiertas en Armenia, en la montaña de los gordeanos (*Ant.* 1.93). La identificación moderna del Mt. Ararat con Ağri Daǵ, una montaña en el este de Turquía, se basa en una tradición postbíblica tardía.

KENNETH ATKINSON

ARARITA (Heb. *hahărārî, hā'rārî*)
Designación no identificada de un númmero de los héroes de David: Sama, hijo de Age (puede referirse principalmente al padre, 2 S 23.11), Sama (diferente ortografía también en hebreo) y Sarar (v. 33), Jonatán hijo de Sage (1 Cr 11.34), y Ahíam hijo de Sacar (v. 35). El epíteto pudiera estar conectado con *har*, «motaña,» y por lo tanto referirse a un pueblo, una zona geográfica, o una dinastía en una zona montañosa.

JESPER SVARTVIK

ARATO (Gr. *Arétos*)
Poeta estoico del siglo III a.C., de Soli en Cilicia. En su discurso en el Areópago Pablo cita del poema de Arato *Phaenomena* (Hch 17.28).

ARAUNA (Heb. *ărawnâ*) (también ORNÁN)
Habitante jebuseo de Jerusalén que ofreció su era a David como sitio para el sacrificio en un tiempo de plaga contra Israel y Jerusalén (2 S 24.16-25; 1 Cr 21.15-28). En Crónicas lo llaman Ornán. David insistió en una compra legal de la era por 50 siclos de plata (2 S 24.24; cf. 600 siclos de oro, 1 Cr 21.25). En obediencia a Gad el vidente, David erigió un altar aquí en el cual él presentó ofrendas, terminando así con una plaga de tres días impuesta por el Señor debido al censo de David. El cronista identifica la posición de la era como Monte Moriah y el sitio del futuro Templo de Salomón (1 Cr 22.1; 2 Cr 3.1).

El nombre puede estar relacionado con el horeo *iwirne*, «jefe», y así representa un título, más bien que un nombre personal (cf. el uso del artículo definido con Arauna, 2 S 24.16, y la asociación del título «rey,» v. 23 TM).

JOHN D. FORTNER

ARBA (Heb. *'arba'*)
Padre de Anac (Jos 15.13; 21.11), considerado como el mayor de los anaceos (14.15).
Véase KIRIATH-ARBA.

ARBATÁ (Gr. *Arbátta*)
Región a cuyos habitantes judíos Simón Macabeo condujo sin peligro a Jerusalén después de derrotar a las tropas sirias en Galilea (1 Mac 5.23). Josefo llama el lugar la toparquía de Narbata, que fue un lugar de retirada de los judíos de Cesarea durante la guerra judía de 66-70 d.C. (*BJ* 2.14.5; 18.10). Está localizada aprox. 16 km (10 m) al sur del Monte Carmelo, al oeste de Samaria.

RICHARD A. SPENCER

ARBATITA (Heb. *hā'arbāti*)
Residente de Bet-araba, una ciudad en la frontera entre Judá y Benjamín. Este gentilicio tiene que ver con Abi-albón/Abiel, uno de los campeones de David (2 S 23.31; 1 Cr 11.32).

ARBELA (Gr. *Arbēla*)
Pueblo en la baja Galilea probablemente puede ser identificado con Khirbet Irbid/Arbel (1955.2467) en el lado del sudeste del Río Hamam. El sitio está enfrente de un acantilado con numerosas cuevas estratégicamente importantes que eran escondites favoritos de refugiados, rebeldes y bandoleros. Josefo relata que los ejércitos seléucidas sitiaron y capturaron a muchos judíos que habían huido allí (*Ant.* 12.11.1; cf. 1 Mac 9.2) y que Herodes tuvo gran dificultad desalojando a los bandidos de las cuevas (*Ant.* 14.15.4-5; *BJ* 1.16.2-5). Josefo mismo hizo fortificar las cuevas en preparación para la Primera Rebelión judía (*BJ* 2.20.6; *Vita* 37) y llevó a cabo una importante convocación de judíos galileos en el pueblo (*Vita* 60).

RANDALL D. CHESNUTT

ARBITA (Heb. *hā'arbî*)
Gentilicio dado a Paarai (2 S 23.35), refiriéndose a su padre o a la ciudad de su residencia (cf. Arab, Jos 15.52).

ÁRBOLES
Botánicamente hablando, cualquier planta leñosa perenne con tallo o tronco, y por lo menos de 3 metros

de altura (10 pies). Las plantas leñosas menores de 3 metros son arbustos. Por lo menos, 51 términos hebreos y 12 griegos han sido identificados en la Biblia que se refieren a tipos específicos de plantas o árboles leñosos. Estos números podían ser contrastados con la flora contemporánea del Israel moderna, que contaba con más de 850 géneros y 3500 especies de plantas; sin embargo, antiguos escritores bíblicos no usaban nuestro moderno sistema de clasificación, y algunos de sus términos probablemente abarcaban varias especies modernas. Más allá de las referencias de tipos de árboles específicos, la Biblia contiene más de 300 referencias generales de bosques, arboledas o árboles en general o en el sentido genérico.

Los árboles eran importantes durante los tiempos bíblicos por razones variadas. Los árboles proveían madera para construir casas, muebles, herramientas y mangos para las armas; instrumentos musicales, botes, barcos, carrozas, y carruajes, vagones y yugos. Los árboles proporcionaban combustible para fines domésticos, cúlticos e industriales. Algunas especies, por supuesto, producían comida en forma de frutas y nueces. Productos de varias especies de árboles incluían ungüentos, perfumes, aceites para lámparas, especies, soga, taninos para el cuero, y químicos para tinta. Definitivamente, los árboles jugaron un papel muy importante en la vida diaria de las personas de la antigüedad, que (p.ej., los árboles o su madera) fueron hasta convertidos en objetos para venerar.

Los árboles eran también importantes para el ambiente. Ellos proporcionaban casa y refugio para pájaros y bestias, sus ramas de hojas daban sombra para cubrir del sol y cubierta de la lluvia. Los sistemas de raíces prevenían la erosión. Por lo tanto, la remoción de bosques durante los periodos romano y otomano tuvo un impacto devastador en el ambiente, tornando la tierra en un desierto virtual. Afortunadamente, un reciente proyecto de reforestación agresiva tanto en Israel como en Jordania está revirtiendo gradualmente los efectos negativos, y los bosques han sido restablecidos en las altas tierras de lo que fue la antigua Palestina.

Los varios árboles y las plantas leñosas mencionadas en la Biblia se pueden dividir en cuatro categorías: árboles de frutos con cáscara y frutas; árboles y arbustos de bosque; árboles de fuentes de agua; y árboles de tierras salvajes. Árboles de frutos de cáscara incluían las almendras, pistachos, y nueces. Árboles de frutas cultivadas incluían la granada, el higo, aceitunas, palmas de dátiles, moras negras, algarrobo, cítricas, manzanas y la vid. Los árboles del bosque incluían el cedro, el ciprés, el abeto, el enebro, pino, roble, terebinto, sicómoro, tamarisco, acacia, estoraque, mirto, laurel, ébano, y el sándalo rojo. Árboles del desierto o de regiones de tierras salvajes incluían el tamarisco sin hojas, la acacia común, el mudar (manzana de Sodoma), y el enebro fenicio.

Debe añadirse que muchos productos de árboles que se mencionan en la Biblia, incluyendo madera y objetos de gran valor como el incienso, mirra, canela y el ébano, no venían de árboles nativos sino que fueron importados de otras tierras. La ubicación única de Palestina donde pasan tantas carreteras importantes del Medio Oeste, hacía fácil a su gente el adquirir tantos productos de árboles exóticos.

Conocemos los siguientes árboles y plantas leñosas en la Biblia, que no fueron designados por sus nombres comunes en la traducción al español. Para otros árboles, hay que consultar las entradas de forma individual.

Heb. *ōren* (Is 44:14) ha sido traducida de varias formas «fresno», «abeto», «cedro», «pino». Sin embargo, la palabra para laurel en Targum Jonathan es aram. *'ûrnā'* y en arábico es *ġār*, sugiere que el heb. *'ōren* , se refiere probablemente al mismo árbol, el laurel *(laurus nobilis L.).*

No es seguro cuál de los árboles representa el Heb. *tĕ'aššûr* (Is 41.19; 60.13; cf. Ez 27.6), pero varios comentaristas sugieren que el árbol de boj *(Buxus longifolia)*, que crece en las regiones montañosas de Palestina. Otros botánicos han sugerido el ciprés o el cedro.

Se ha sugerido que el árbol de retama (*Retama raetam*) debe ser identificado con el Heb. *rōṯem*, el arbusto bajo el cual dormía Elías (1 R 19.4-5; Job 30.4).

Algunas autoridades piensan que el «árbol hermoso» de Levítico 23.40 (*ayēṣ hāḏār*), es el citrón *(citrus medica)*, a pesar de que su aparición en Palestina fue tardía.

El Heb. *'ahāl* (Nm 24.6; Sal 45.8 [9]; Pr 7.17; Cnt 4.14) ha sido traducida frecuentemente como «sábila,» pero probablemente se identifica mejor con la madera de águila (*aquilaria agallocha*) un árbol alto con hojas y maderas aromáticas.

El Gr. *alóē* (Jn 19.39), sin embargo, es propiamente identificado con una de varias especies de la

ÁRBOLES DE LA BIBLIA

NOMBRE COMÚN	HEBREO/GRIEGO	REFERENCIAS PRINCIPALES	NOMBRE CIENTÍFICO
Acacia	šinnîm	Ex 26.15	*Acacia raddiana*
Algum (Véase almug)	'algûmmîm = almuggîm?	2 Cr 2.8 (7); 9.10-11	*Juniperus Phoenicia excelsa?*
Almendra	šāqēḏ, lûz	Gn 43.11; Nm 17.8 (23); Ec 12.5; Jer 1.11; Gn 28.19; 30.37	*Prunus amygdalus; Prunus dulcis; Amygdalus communis*
almug	almuggîm= algûmmîm?	1 R 10.11-12	*Pterocarpus santolinus*
Sábila (Véase palo de águila)	alóē	Jn 19.39	*Aloe vera; A. succotrina*
Manzana	tappûaḥ	Pr 25.11; Cnt 2.3, 5; 7.8(9); 8.5; Jl 1.12	*Malus sylvestris*
Albaricoque (Véase manzana)			
Fresno (véase laurel)			
Laurel	'ōren	Is 44.14	*Laurus nobilis L.*
Árbol de laurel, cedro, [nativo]	'ezrāḥ	Sal 37.35	
Árbol de Madera de boj	tĕ'aššûr	Is 41.19; 60:13; Ez 27.6	*Buxus longifolia*
Hiniesta	rōṯem	1 R 19.4-5; Job 30.3-4	*Retama raetan*
Algarrobo	kerátion	Lc 15.16	*Ceratonia siliquia*
Casia	qiddâ, qĕṣî'â	Ex 30.24; Ez 27.19; Sal 45.8 (9)	*Cinnamomum cassia*
Cedro	'erez	Ver concordancia	*Cedrus libani*
Canela	qinnāmôn	Ex 30.23; Pr 7.17; Cnt 4.14	*Cinnamomum verum (antes C. Zeylanicum)*
Cidra	'ēṣ hāḏār	Lv 23.40	*Citrus medica*
Ciprés (Véase siempre verde)			
Palma de dátiles	tāmār	Ex 15.27; Nm 33.9; Jue 1.16; Sal 92.13 (14) Cnt 7.8	*Phoenix dactylifera*
Palo de águila o sábila	'ahāl, 'ăhālîm, 'ăhālôṯ 'ăhālôm	Nm 24.6; Sal 45.8 (9); Pr 7.17	*Aquilaria agallocha Roxb.*
Ébano	hoḇnîm	Ez 27.15	*Dalbergia melanoxylon O Diospyrus ebenum*
Siempre verde	bĕrôš	Ver concordancia	*Abies cilicica; Cupressus Sempervirens; J. excelsa*
Higo	tĕ'ēnâ, pag, bikkûrâ bikkûrâ, dĕḇēlâ	Ver concordancia	*Ficus Carica*
Abeto (Véase siempre verde)			
Incienso	lĕḇônâ; líbanos	Ex 30.34; Lv 2.1; Cnt 3.6; Mt 2:11; Ap18.13	*Boswellia sacra B. papyrifera*
Árbol de Madera amarilla	gōḇer	Gn 6.14	*Cupressus sempervirens?*
(ciprés)	kōper	Cnt 1.14; 4.13 (7.11)	*Lawsonia inermis*
Alheña (Alheña egipcia)	tirzâ	Is 44.14	*Quercus ilex*
Roble de encina (ver pino)		Mt 27.5	*Cercis siliquastrum*
Árbol de Judas	'aro'ār	Jer 17.6; 48.6	*Juniperus phoenicia*
Enebro (Véase siempre verde)	bāḵā'; sykáminos	2 S 5.23-24	*Morus nigra*
Mora		1Cr 14.14 Lc 17.6	
Mirto	hăḏas	Neh 8.15; Is 41.19; 55.13; Zac 1.8, 10-11	*Myrtas communis*
Nuez (Véase nogal)		Ver concordancia	*Quercus ithaburencis,*
Roble	'allôn, 'ēlôn		*Q. calliprinos*
		Dt 6.11; 8.8	*Olea europeae*
Olivo	zayiṯ; elaía	Ro 11.17, 24	*Elaeagnus angustifolia*
Olivo (silvestre)	agriélaios	Neh 8.15; Is 41.19	*Pinus pinea*
Pino (piedra); ver (siempre verde)	'ēṣ šemen	Gn 30.37, Ez 31.8	*Platanus orientalis*
Plátano	'ermôn	Ex 28.33, 1 S 14.2; 2 Cr 3.16; Cnt 4.3; Jl 1.12; Hag 2.19	*Punica granatum*
Granada	rimmôn		
		Gn 30.37	*Pupulus alba*
Álamo	liḇneh	Gn 37.25; Jer 8.22	*Liquidambar orientalis*
Red Saunders (Véase almug)		Os 4.13	*Stryax officinalis*
Estoraque	ṣŏrî	1Cr 27.28; 2 Cr 9.27; S 78.47; Is 9.10	*Ficus sycomorus*
Estoraque	liḇneh		
Higo de sicómoro	šiqmâ	Gn 21.33; 1 S 22.6, 31.13	*Tamarix aphylla; T. Pentandra*
Tamarisco	'ēšel	Os 4.13	*Pistacia atlántica; P. Palaestina*
Terebinto (árbol de pistacho)	'ēlâ, 'allâ	Gn 40.9-10; Dt 8.8	*Vitris vinifera*
		Cnt 6.11	*Juglans regia*
Parra	gepen		
Nuez de Nogal	'ĕḡôz		
Sauce	'ărāḇâ	Lv 23.40; Job 40.22; Sal 137.2; Is 15.7	*Salix alba/Populus euphratica*

sábila (*Aloe vera, A. sucotrina*), una espinosa y suculenta planta. Muy probablemente, el Heb. *bĕrôš* se refiere a varias especies de hojas perennes, incluyendo el abeto siciliano *(Abies cilicica)*, que crece en el Líbano. Posiblemente también incluye el ciprés, *(Cupressus sempervirens)* que se ha esparcido bastante en Palestina.

El *Cercis siliquastrum* se ha identificado como el árbol de Judas, la clase de árbol en el que se piensa que se ahorcó Judas (Mt. 27.5). El Heb. *ʿarʿār* (Jer 17:6; cf. 48:6 TM), probablemente se refiere al enebro *(Juníperos potencia;* cf. Árabe *ʿarʿar)*.

He *ʿermôn* (Gn 30.37; Ez 31.8) es usualmente identificado con el árbol de plátano *(platanus orientalis)*.

El estoraque o liquidámbar (*liquidámbar orientalis*), es posiblemente identificado con el Heb. *ṣŏrî* (Gn 37.25; Je 8.22), de donde el Gr. *estoraque* parece derivarse.

La nuez (*juglans regia*), un árbol nativo del oeste de Asia, es generalmente identificada con el Heb. *ʾĕgôz* (Cnt 6.11)

Randall W. Younker

ARCA DE NOÉ

Según Génesis 6.1-8, Dios decidió destruir a la raza humana por medio de un gran diluvio, excepto sólo la familia del justo Noé. El medio de escape para lo anterior iba a ser un gran barco («arca»), las dimensiones del cual son dadas con exactitud (6.14-16). La discusión del trabajo de artesanía por parte de los padres de la iglesia y conservadores modernos, se ha centrado en si sus dimensiones eran adecuadas para acomodar el inmenso número de pasajeros animales para un viaje de un año de duración («de todo lo que vive… dos de cada especie,» Gn 6.19). También se ha afirmado que los restos del arca sobreviven en el presente en una montaña en el Oriente Cercano. El problema de la «suficiencia» ha provenido del fracaso de los intérpretes de darse cuenta que las personas antiguas describieron acontecimientos de tiempos primigenios con imágenes fantásticas y números simbólicos.

En el relato paralelo mesopotámico, el héroe (llamado Utnapishtim) evitó el diluvio construyendo un barco cuyas dimensiones son 120 codos en cada lado. Ya que la medida en ese tiempo implicaba la nota decimal en base de 60 (mientras que los usos de sistema modernos se basan en 10), el barco no sólo siguió un diseño divino, sino fue de dimensiones casi mágicas e «ideales»: un cubo de 60×2 codos por lado. ¡Así éste no podía fallar en sobrevivir las aguas del diluvio!

Al arca de Noé son asignadas las dimensiones $300 \times 50 \times 30$ codos (aproximadamente 127×23 14 m $\times$ [$450 \times 75 \times 45$ pies]). Puesto de otra manera, es 60×5 codos de largo, 60/2 codos de alto, y tiene un volumen (de $60^3 \times 2) + (60^2 \times 5)$ codos cúbicos. Tales dimensiones se supone significa una construcción ideal de origen divino. De este modo, que los intérpretes hayan atribuido significado literal a las cifras no es sólo malentender la naturaleza y la intención del texto, sino también generar una vana discusión sobre la capacidad del arca. Otros relatos de tiempos primigenios utilizan enumeración «ideal», incluso la duración de la vida de generaciones prediluvianas (cf. Gn 7.11; Dt 34.7). Está claro que estos números son simbólicos, de otra manera los escritores no habrían permitido una contradicción con Génesis 6.3.

Las reclamaciones modernas de que los restos del arca aún sobreviven están basadas en relatos contradictorios, supuestas fotografías y documentos que han desaparecido, o son de origen cuestionable, formaciones geológicas identificadas erróneamente, y mala interpretación de imágenes de satélite. Al menos nueve sitios han sido propuestos para el lugar de desembarco del arca, extendiéndose desde Asia Menor hasta Afganistán. Varios han producido «madera del arca», afirmando haber sido fechado por fuentes fidedignas como de una edad de 5000 años (aproximadamente el tiempo de Noé según la cronología bíblica). Sin embargo, ninguna de las pruebas es científicamente digna de crédito, y parece que la madera en cambio pertenece al siglo VII d.C.

El sitio de desembarco comúnmente propuesto, la espectacular montaña Agri Dag (Masis, «Monte Ararat») en Armenia (Turquía), fue así identificada sólo después el siglo XIII d.C. Aseveraciones cristianas y judías tempranas se centraron en el Monte Qardu (ahora llamado Jabal Judi).

Bibliografía. L. R. Bailey, *Noah* (Colombia, S.C., 1989), ch. 4; *Genesis, Creation, y Creationismo* (New York, 1993), Appendix VII.

Lloyd R. Bailey

ARCA DEL PACTO

El cofre de madera de acacia que contenía las dos tablas de los Diez Mandamientos y, según el NT (He

9.4), la vara de Aarón que reverdeció (Nm 17.1-11 [TM 16-26]) y una urna de oro llena de maná (Ex 16.33-34); también llamada «el arca de Dios», «el arca del Señor», «y el arca del testimonio.» La forma del arca era rectangular, midiendo 2.5 × 1.5 × 1.5 cubos, o aproximadamente 114 cm × 69 cm × 69 cm (45 in × 27 in × 27 in). Estaba suspendida en varas que pasaban por anillos en sus lados, y por la que podía ser cargada (Ex 25.10-22; 37.1-9).

Muchos eruditos concuerdan que la fuente textual más antigua que menciona el arca es la llamada Canción del Arca en Números 10.35-36. De ser así, entonces a partir del tiempo de nuestras atestiguaciones más tempranas se presumía que el arca representaba la presencia de Dios en el culto y, de hecho, era prácticamente sinónima con la deidad. Así, según la canción, cada vez que el arca era levantada para dirigir a los israelitas adelante en sus andanzas por el desierto, Moisés decía, «Levántate, oh Jehová»; del mismo modo, cada vez que el arca era puesta en tierra en un nuevo campo, Moisés decía, «Vuelve, oh Jehová.» Esta simultaneidad del arca y la deidad es indicada también en lo que se considera por lo general como el nombre más completo y más arcaico del arca: «el Arca del pacto de Jehová de los ejércitos que moraba entre los querubines» (1 S 4.4; cf. 2 S 6.2). Lo que parece ser imaginado aquí es un trono en el que la deidad se sienta invisiblemente sobre el arca, en las alas extendidas de los querubines, con el arca misma sirviendo como el estrado de Dios. Esta imagen de un trono de querubines con estrado es con frecuencia encontrada en el arte semítico occidental, y los textos bíblicos explícitamente se refieren al arca como un estrado (1 Cr 28.2; Sal 99.5; 132.7; Lm 2.1) y describen las alas de los querubines desplegadas por encima del arca después de que es alojada en el templo de Salomón (1 R 6.23-28; 8.6-7).

La Canción del Arca y el antiguo nombre litúrgico asociando el arca con Jehová de los ejércitos también recalcan tanto que Dios tiene que ver con el arca como una deidad guerrera como que el arca misma funciona para los israelitas como una adarga o escudo. En la Canción del Arca, Moisés sigue su orden al arca «Levántate, oh Jehová» con una exhortación de que los enemigos de Dios deberían entonces dispersarse y los que aborrecen a la deidad debían huir. En el nombre litúrgico «el Arca del pacto de Jehová de los ejércitos que mora entre querubines,» «los ejércitos» son más probablemente «los ejércitos divinos», el ejército cósmico que lucha en el nombre de Dios para asegurar una victoria israelita en la batalla (p.ej., Jue 5.20, «desde los cielo pelearon las estrellas»). Este entendimiento de la función militar del arca ilumina también narrativas como Josué 6.1-21, donde la ciudad de Jericó cae ante los israelitas después de que los guerreros circunvalaron sus paredes durante siete días, haciendo sonar trompetas y llevando el arca. El mismo patrón militar está presente en la narrativa del arca de 1 Samuel 4–6, donde el arca es traída de su entonces lugar sagrado en Silo para estar presente cuando los israelitas van a guerra contra los filisteos.

La eficacia militar del arca en la narrativa del arca, sin embargo, es al principio puesta en duda, cuando el arca es capturada por los filisteos y llevada por ellos al templo del dios Dagón en Asdod (1 S 5.1-2). Pero este fracaso del arca en traer una victoria militar inmediata en la tierra es sólo el prólogo a un recuento último de la superioridad militar del arca en el reino cósmico. Durante la estadía del arca en Asdod, la estatua de Dagón e, implícitamente, él mismo Dagón es destruido; los ciudadanos de Asdod son heridos por una plaga, como al final lo es el pueblo a lo largo de Filistea. Los filisteos no tienen otro remedio que devolver el arca a Israel, que convierten así en los «vencedores» en esta batalla sin que se levante una espada.

Como el arca se mueve de un lugar a otro como parte de las campañas militares de Israel y como una parte del asentamiento general de la gente en la tierra, es más comúnmente descrita como alojada en una tienda de campaña (aunque haya algunas indicaciones de un lugar sagrado existente en Silo). Los eruditos a menudo han comparado el arca con el *qubbāh,* un santuario de tienda de campaña portátil de árabes preislámicos que contenía dos piedras y que era usada durante tiempos de batalla y también para la adivinación (cf. Jue 20.7-28). Finalmente, sin embargo, el arca terminó permanentemente en Jerusalén, en la cámara más interna del templo. La historia de cómo llegó allí se encuentra en 2 Samuel 6 y también en Salmo 132, una de las muy pocas menciones explícitas del arca fuera del Pentateuco y los libros históricos (cf. por otra parte sólo Jer 3.6). Según Samuel y materiales de Salmos, el arca desapareció después de ser devuelta a los israelitas por los filisteos; p.ej., entre el final de la narrativa del arca en 1

Samuel 7.1-2 y 2 Samuel 6, sólo se menciona una vez (1 S 14.18), y a menudo se asume que esta referencia es error textual. Las razones del olvido del arca en este punto son confusas; sólo podemos suponer que, cuales sean los motivos, no fue considerada como importante por Saúl, el soberano cuya monarquía se establece comenzando en 1 Samuel 8. Independientemente de la causa de su olvido temporal, 2 Samuel 6; Salmo 132 están ambos completamente claros que el arca surge de nuevo en la religión israelita cuando David el sucesor de Saúl procura establecerla como el símbolo de culto en Jerusalén, su capital recién capturada. Consecuente con la tradición más antigua, David alojó el arca en Jerusalén en una tienda de campaña. El edificio de un templo y la consagración del arca en su lugar santísimo son dejados a Salomón el hijo de David. Pero hasta en el templo de Salomón, hay una inclinación a la costumbre, como 1 Reyes 8 parece indicar, que la morada de tienda de campaña más antigua es erigida sobre el arca en el lugar santísimo.

Con Salomón, la historia del arca termina algo repentinamente. La tradición judía y la mayoría de eruditos suponen que permaneció en el templo durante casi 400 años, hasta la destrucción de Jerusalén por parte de los babilonios en 586 a.C., pero no es mencionada en la lista de botines que los babilonios tomaron del templo (2 R 25.13-17). Quizás esto indica que el arca fue llevada de Jerusalén ya a finales del siglo X, como parte de las campañas militares emprendidas por el faraón Sisac durante el reinado de Roboam hijo de Salomón. O quizás el destino del arca después de Salomón permanece desconocido porque sus cronistas lo encontraron de poco interés. Seguramente en el libro de Deuteronomio, cuyos autores también proporcionan nuestros relatos primarios de la monarquía postsalomónica, el arca es de mucho menos importancia que en, por ejemplo, las tradiciones sacerdotales de Éxodo 25.1 – 31.11; 35.1–40.38.

Bibliografía. F. M. Cross. «The Priestly Tabernacle,» en *BA Reader* 1, ed. G. E. Wright and D. N. Freedman (Garden City, 1961), 201-28; *Canaanite Myth and Hebrew Epic* (Cambridge, Mass., 1973); R. E. Friedman, «The Tabernacle in the Temple,» *BA* 43 (1980): 241-48; P. D. Miller and J. J. M. Roberts, *The Hand of the Lord: A Reassessment of the «Ark Narrative» of 1 Samuel* (Baltimore, 1977); C. L. Seow, *Myth, Drama, and the Politics of David's Dance.* HSM 44 (Atlanta, 1989); R. de Vaux, *Ancient Israel* (1961, repr. Grand Rapids, 1997); M. H. Woudstra, *The Ark of the Covenant from Conquest to Kingship* (Philadelphia, 1965).

Susan Ackerman

ARCÁNGEL

«Jefe» o «primer ángel» (Gr. *archángelos*). A partir del período postexílico el término se refería a un ángel que encabezaba un grupo particular de ángeles. El número de arcángeles varía, de siete (Tob 12.15; 2 Esd 5.20), a cuatro (1 En 87.2-3; 88.1), a tres (90.31). Miguel (Judas 9; Dn 10.13; 12.1; 1 En 9.1; 10.11), Gabriel (Dn 8.16; 1 En 9.1; 20.7; 40.9), Rafael (Tob 3.17; 12.14; 1 En 10.4; 40.9), y Uriel (9.1; 19.1; 20.2) son arcángeles especiales que sirvieron como mediadores entre Dios y los humanos. Los arcángeles serán oídos en la Segunda Venida de Cristo (1 Ts 4.16).

Edward P. Myers

ARCO IRIS

Arco de bandas de colores en el cielo, producido por la refracción doble y reflexión individual de los rayos del sol en la niebla o lluvia (heb. *qešem*; gr. íris). La Biblia utiliza este fenómeno meteorológico familiar para representar la majestad gloriosa de Dios (Ez 1.28; Ec 43.11; 50.7; Ap 4.3; 10.1), en visiones de la habitación de su trono, o como uno de sus esplendores creativos. Es más conocido como la señal que apareció después del Diluvio, del pacto de Dios con Noé de nunca más destruir toda la vida de esa manera (Gn 9.8-17). En este contexto, la palabra hebrea *qešem*, que también indica el arco de un guerrero (Sal 7.12 [TM 13]; Lm 2.4; Hab 3.9-11), trae a la memoria la antigua imagen del Cercano Oriente del dios guerrero de la tormenta (cf. Sal 18.7-15[8-16]). Dios está haciendo a un lado su arco de guerra en las nubes para indicar un pacto de paz, un desarme divino con el cual Dios ha prometido contener el juicio destructivo final. En lugar de eso, parte de la responsabilidad del juicio se le da a la humanidad en forma de leyes que ella misma respetará (Gn 9.4-6).

Robin J. Dewitt Knauth

ARCO Y FLECHA

Los hallazgos arqueológicos han proporcionado una descripción relativamente precisa del desarrollo del arco (Heb. *qešet*). Los primeros arcos fueron hechos de una sola pieza de madera, la que podría ser de hasta 1.7 m (5.5 ft.) de longitud, y reforzadas con tendones de animales. Arcos posteriores eran más cortos y hechos de tiras unidas de maderas y cuerno de animal.

Grabados rupestres del Paleolítico superior atestiguan el uso del arco en la prehistoria como un dispositivo para la caza y la defensa. Fue una de las primeras armas de guerra. Con la introducción del arco compuesto en Akkad en el siglo XIII a.C., el arco se convirtió en el arma de largo alcance preeminente. Este desarrollo aumentó el alcance de 10 m (100 yds.) a 40 m (400 yds.) Fue directamente responsable de la organización de las primeras unidades de tiro con arco y el desarrollo de la cota de malla. Con la introducción de la malla, el arco podría desplegarse entre caballería (cf. 2 R 9.24).

Los enemigos locales de Israel también emplearon el arco. Fueron los arqueros filisteos los que parecen haber cambiado la tendencia de la batalla en la que el rey Saúl fue muerto (1 S 31.3). Del mismo modo, un arquero sirio fue responsable de la muerte del rey Acab (1 R 22.35). Dentro de Israel el uso del arco se desarrolló a lo largo de líneas similares. El número de arqueros presente en el relieve de Laquis, el número de puntas de flecha puestos al descubierto, y la frecuencia en que aparecen en el AT sugieren que el uso del arco estaba extendido en Israel. Se encontraron unidades de arqueros entre las tropas de Israel (1 Cr 5.18; 8.40; Sal 78.9; cf. Gn 49.24).

Debido a que el arco era una vista común en el antiguo Israel, el término se usa con frecuencia en sentido figurado: para significar estar listos para la batalla (Sal 7.12[TM 13]; 11.2; Jer 46.9; 50.14, 29; 51.3; «entesar el arco» se refiere no al acto de lanzar, sino a sujetar el arco en preparación para la batalla), para referirse a las fuerzas invencibles (Is 21.15), el juicio de Dios (Sal 7.13[14]; Os 1.5; Jer 49.35), la paz divinamente impuesta (Sal 46.9[10]; 76.3[4]; Os 2.18[20]; Ez 39.9), la maldad (Sal 78.57; Os 7.16), derrota (1 S 2.4), y la victoria (2 R 13.15-17).

Heb. *ḥēṣ* («fleche») se deriba de la raíz «dividir». Artefactos egipcios muestran que el eje de la flecha normalmente era de 76 cm (30 pulg.) de longitud y estaba hecha de una caña hueca con tres conjuntos de plumas en un extremo. Como confirmación adicional, las tabletas de Nuzi utilizan la misma palabra tanto para la «caña» como para el «eje de la flecha». La hoja estaba hecha de piedra, cobre, bronce o hierro, la composición cambia con cada avance tecnológico. El impulso para estos cambios fue proporcionado por la creciente eficacia de la armadura. La Biblia (Gn 27.3; Is 22.6; Jer 5.16; Lam 3.13) y la arqueología indican que las flechas se almacenaron en aljabas de cuero. Las tabletas de Nuzi y Amarna y relieves asirios indican que las aljabas podrían contener entre 20 y 50 flechas.

La flecha era un arma tan eficaz de destrucción que se convirtió en una metáfora popular. La flecha podría referirse al juicio de Dios (Dt 32.23, 42; Sal 7.13[14]; 45.5[6]; 64.7[8]; Ez 5.16; 39.3), severas aflicciones (Job 6.4; Sal 38.2[3]), habla injuriosa (Sal 64.3-4[4-5]; Sal 9.8; Prov 25.18), fuerza numérica (Sal 127.4-5), relámpagos (18.14[15] [= 2 S 22.15]; 77.17-18[18-19]; 144.6; Hab 3.11), paz divinamente impuesta (Sal 76.3[4]), peligro repentino (91.5), y posiblemente pruebas y tentaciones de parte de Satanás (Eph. 6:16).

Bibliografía. R. Gonen, *Weapons of the Ancient World* (Minneapolis, 1976); T. R. Hobbs, *A Time for War.* OTS 3 (Wilmington, 1989); Y. Yadin, *The Art of Warfare in Biblical Lands,* 2 vols. (Jerusalem, 1963).

W. E. Nunnally

ARD (Heb. *'addār*) (también ADAR)

Descendiente de Benjamín e hijo de Bela, mencionado en una lista entre ancestrales líderes de clan que acompañaron a Jacob a Egipto (Gn 46.21; Nm 26.40). En 1 Crónicas 8.3 es llamado Adar.

ARDÓN (Heb. *'ardôn*)

Tercer hijo de Caleb y Azuba, de la tribu de Judá (1 Cr 2.18).

ARELI (Heb. *'ar'ēlî*)

Hijo de Gad y nieto de Jacob (Gn 46.16 Num. 26.17).

AREOPAGITA (Gr. *Areopagitēs*)

Miembro del prestigioso consejo de Atenas que sostuvo sus sesiones en o cerca del Areopagos. Dionisio, uno de los conversos de Pablo, era un areopagita (Hch 17.34).

AREÓPAGO (Gr. *Áreios págos*) (también COLINA DE MARTE)

Colina rocosa c. 115 mts. (377 pies) de alto, cerca del Acrópolis y Ágora en Atenas, cuyo nombre fue sacado de Ares el dios griego de la guerra (también llamada Colina de Marte, según el dios romano Marte). Areópago se refiere también al concilio que una vez se reunía en dicha colina. (Este concilio retuvo el nombre aun después de cambiar su lugar de reunión a la Estoa Real.) La autoridad del Areópago fluctuó a lo largo del tiempo, pero durante la era romana era responsable de variados asuntos educativos y filosófico-religiosos, así como de cuestiones legales tales como falsificación y estándares de medición.

Los filósofos epicúreos y estoicos trajeron a Pablo al Areópago para una audiencia, después de que él discutió con judíos y temerosos de Dios en la sinagoga y Ágora (Hch 17.16-21). Los eruditos están divididos en cuanto al uso que Hechos hace del término Areópago. Pablo habló como un polemista experto, y aunque él no convenciera la multitud, algunos atenienses realmente creyeron en Cristo (Hch 17.22-34).

Bibliografía. F. F. Bruce, *The Book of the Acts* rev. ed. NICNT (Grand Rapids, 1988); H. J. Cadbury, *The Book of Acts in History* (London, 1955); F. Stagg, *The Book of Acts: The Early Struggle for an Unhindered Gospel* (Nashville, 1956).

Steven L. Cox

ARETAS (Gr. *Harétas*)

1. Aretas I, el primer gobernante nabateo mencionado en la literatura antigua. Según 2 Macabeos 5.8 el sumo sacerdote judío Jasón de alguna manera se indispuso con Aretas cuando él huyó de Jerusalén a Nabatea en 168 a.C. Aquí, Aretas es llamado *týrannos*, que puede indicar que todavía no llamaban a los jefes nabateos como reyes. Después del estallido de la rebelión macabea, los líderes nabateos son representados como simpatizantes de los revolucionarios (1 Mac 5.25; 9.35).

2. Aretas II (c. 100 a.C.), que prometió ayudar a la ciudad de Gaza cuando fue sitiada por el monarca Asmoneo Alejandro Janeo (Josefo *Ant.* 13.356-364). Sin embargo, su ayuda llegó demasiado tarde, y la ciudad fue derrotada. Josefo describe a Aretas II como «una persona muy ilustre», indicativo del poder creciente del reino nabateo.

3. Aretas III (aprox. 87-62 a.C.), quién, según Josefo, ganó control de Damasco y Coele-Siria. Él invadió Judea y derrotó a Alejandro Janeo en batalla, pero se llegó a un acuerdo y volvió a su propia tierra (*Ant.* 13.392; *BJ* 1.103). En 65 Aretas III apoyó a Hircano II en su lucha contra Aristóbolo II, sitiando a Aristóbolo en Jerusalén, pero el general romano Escauro le ordenó retirarse. Durante su retirada, Aretas fue atacado y vencido por Aristóbolo (*Ant.* 14.14 33; *BJ* 1.123-130).

4. Aretas IV (9 a.C.–40 d.C.), llamado Eneas al principio. Él proveyó a los romanos de tropas para sus campañas contra los judíos durante las rebeliones que siguieron a la muerte de Herodes del Grande (4 a.C.; *Ant.* 17.287; *BJ* 2.68). Más tarde en su reinado (c. 36 d.C.) Aretas IV se enfadó con Herodes Antipas, tetrarca judío, cuando Herodes divorció a la hija de Aretas para casarse con Herodías. El malestar resultante fue exacerbado por disputas fronterizas, y Aretas y Herodes fueron a la batalla, con Aretas como victorioso. Aunque reprendido por el emperador romano Tiberio, Aretas no sufrió ninguna consecuencia por el incidente. No mucho después, el apóstol Pablo también tuvo un episodio desagradable con Aretas IV. En 2 Corintios 11.32-33, Pablo cuenta cómo el gobernador de Damasco, bajo el rey Aretas, había guardado la ciudad a fin de capturar a Pablo, pero él se escapó en una cesta bajada por una ventana. La historia revela que Damasco todavía estaba bajo el control nabateo, aunque estaba dentro de la provincia romana de Coele-Siria.

Bibliografía. G. W. Bowersock, *Roman Arabia* (Cambridge, Mass., 1983); A. Kasher, *Jews, Idumeans, and Ancient Arabs* (Tübingen, 1988); E. Schürer, *A History of the Jewish People in the Age of Jesus Christ (175 b.c.-a.d. 135),* rev. ed. (Edinburgh, 1973-1987).

Anthony J. Tomasino

ARFAD (Heb. *ʾarpāḏ*; Akk. *arpadda*)
Ciudad aramea (Tell Rifaʿat) c. 30 km (18,6 mi) al norte de Aleppo en el noroeste de Siria. El territorio de Arfad ocupó la estepa entre los ríos Orontes y Eufrates. Estratégica en su posición, condujo la lucha en siria del norte contra el avance al oeste de los asirios durante los siglos IX y X a.C. Aunque un tratado fue convenido entre Asiria y Arfad en 754, ya por 740 la ciudad cayó ante Tiglat-Pileser III. En la literatura bíblica Arfad siempre esta unido a su vecino del sur, Hamat (2 R 18.34 = Is 36.19; Is 10.9; Jer 49.23).

Gary P. Arbino

ARFAXAD (Heb. *ʾarpaḵšaḏ*; Gr.*Arphaxád*).
Hijo de Sem (Gn 10.24; 11.10-13; 1 Cr 1.17-18, 24; cf. Lc. 3.36). El nombre no parece ser semítico, y el debate continúa sobre la identidad de la nación de la cual fue progenitor, con conjeturas basadas en la primera o última mitad de su nombre derivada diversamente del caldeo, asirio u horeo.

W. Creighton Marlowe

ARFAXAD (Gr. *Arphaxád*)
1. Rey desconocido de Media que fue muerto por Nabucodonosor (Jdt 1.1-15).
2. Antepasado de Jesús en la genealogía de Lucas (Lc 3.36).

ARGOB (Heb. *ʾargōḇ*) **(LUGAR)**
Región con 60 ciudades fortificadas y numerosos pueblos en Basán, el reino de Og (Dt 3.4, 13-14). Fue conquistado por Israel y asignado a la tribu de Manasés. Jair la renombró Havot-jair (Dt 3.14). Es incluida en la discusión del sexto distrito administrativo de Salomón, y parece se contrastada «con las ciudades de Jair» en Galaad (1 R 4.13). Claramente al este del Río Jordán y el Mar de Cineret, la posición precisa de Argob es desconocida.

Argob también aparece en 2 Reyes 15.25, donde, junto con Arie, ha sido entendido tanto como una referencia a una persona (cf. LXX, NVI) así como un nombre de lugar transpuesto de v. 29.

ERIC F. MASON

ARGOB (Heb. *ʾargōḇ*) **(PERSONA)**
Una persona relacionada con la matanza de Pekaía (2 R 15.25); omitido en algunas traducciones. Algunos eruditos consideran Argob y Arie como nombres de lugares (cf. 2 R 15.29).

ARIDAI (Heb. *ʾărîḏay*)
Uno de los 10 hijos de los Amán, asesinados por los judíos (Est 9.9).

ARIDATA (Heb. *ʾărîḏāṯāʾ*
Uno de los 10 hijos de Amán el agagueo (Est 9.8).

ARIE (Heb. *ʾaryēh*)
Junto con Argob, ya sea una víctima o un conspirador en la masacre en el palacio real en Samaria (2 R 15.25). Algunas versiones (p.ej, BJ) omiten los nombres debido a dificultades textuales; posiblemente deberían ser incluidos con los nombres de sitios capturados por Tiglat-Pileser III (2 R 15.29).

ARIEL (Heb. *ʾărîʾel*) **(LUGAR)**
Un nombre secreto para designar a Jerusalén (Is 29.1-2, 7) en un oráculo tanto acerca del sitio o ataque de la ciudad como acerca de su preservación. El término hebreo puede designar aquí el fogón de un altar (cf. 1QIsa*a*; Ez 43.15-16).

ARIEL (Heb. *ʾărîʾel*) **(PERSONA)**
1. Miembro de la delegación enviada por Esdras el escriba para obtener ministros del Templo (Esd 8.16; cf. 1 Esd 8.43, «Iduel»).
2, 3. Dos moabitas muertos por Benaía, uno de los campeones de David (2 S 23.20 = 1 Cr 11.22).

ARIETE
Instrumento utilizado en la guerra de asedio para romper los muros de una ciudad. Consistía de un cilindro pesado suspendido en una estructura que se utilizaba por los operadores de la máquina para protección de piedras y flechas lanzadas por los defensores de la ciudad. Todo el motor era generalmente propulsado por cuatro o seis ruedas y era construido de madera. Su forma más antigua proviene de Asiria, y era conocido como una arma de asedio efectiva de los babilonios (Ez 21.22; 26.9). Los eruditos creen que los sistemas de fortificación de las ciudades de la Edad de Bronce y Hierro en Palestina fueron construidos con el ariete en mente. En la Edad de Bronce Media, cuando el ariete estaba haciendo su primera aparición en Palestina, un complejo sistema de gruesos muros de la ciudad, las murallas de barro, y puertas sofisticadas es común. En Ezequiel 4.2 al profeta se le dice que haga un modelo de Jerusalén sitiada con arietes de pie contra sus muros. Los relieves de Babilonia retratando el sitio de Laquis claramente muestran arietes atacando las partes vulnerables de la ciudad.

JENNIE R. EBELING

ARIMATEA (Gr. *Arimathaía*)
Lugar mencionado por cada uno de los Evangelios como la ciudad natal de un hombre rico llamado José. Luego de obtener permiso para sacar el cuerpo de Jesús de la cruz, él lo preparó para el entierro y lo colocó en su propia tumba (Mt 27.57; Mr 15.43; Lc 23.50; Jn 19.38). Referida como «una ciudad de Judea» por Lucas (Lc 23.50), ha sido identificada tanto con Ramataim como con Rentis, c. 24 km (15 mi) y 32 km (20 mi) respectivamente al este de Jaffa. La tradición posterior (Eusebio y Jerónimo) identifica Arimatea como el lugar de nacimiento de Samuel, llamado Ramá en 1 Samuel 1.19.

JOHN GILLMAN

ARIOC (Heb. *ʾaryōḵ*)
1. Rey de Elasar (Gn 14.1, 9), quien junto con Amrafel, Quedorlaomer, y Tidal lucharon en contra de otros cinco reyes en el valle de Sidim. Arioc es quizás idéntico con Arriwuk, un hijo de Zimrilim y

contemporáneo de Hammurabi, conocido de los archivos de Mari, o el Ariukki de los documentos Nuzi.

2. El capitán de los guardaespaldas de Nabucodonosor (Dn 2.14-15, 24-25), encargado por el rey de ejecutar a todos los sabios en Babilonia, ya que ellos no podían interpretar el sueño de Nabucodonosor.

3. Rey de los caldeos (Jdt 1:6), de otra manera no identificado. El texto griego aquí está corrupto.
Jesper Svartvik

ARISAI (Heb. *'ărîsay*)
Uno de los 10 hijos de Amán el agagueo quienes fueron muertos por los judíos (Est 9.9).

ARISTARCO (Gr. *Arístarchos*)
Cristiano judío que Pablo llama «mi colaborador» (Flm 24) y «mi compañero de prisiones» (Col 4.10; Gr. *sunaichmálōtos,* lit. «prisionero de guerra», pero probablemente usado metafóricamente). Natural de Tesalónica, Aristarco trabajó con Pablo en Asia y estaba con él cuando la muchedumbre se amotinó en Éfeso (Hch 19.29). Él fue compañero de viaje de Pablo desde Troas a Asia (Hch 20.4, 6) y más tarde a Roma (27.2; Flm 24). Ambas referencias de viajes en Hechos ocurren en pasajes «nosotros», y se ha sugerido que Aristarco sólo pudo haber viajado con Pablo como su esclavo. Ya que Aristarco estaba asociado con el área y era conocido en Asia proconsular, la comunidad de Filemón tendría una preocupación especial por él. Posiblemente 2 Corintios 8.18-19 se refiere a él como el «hermano» que viajó con Pablo, ya que *sunékdēmos,* «compañero de nuestra peregrinación», sólo se usa allí y en Hechos 19.29, que claramente se refiere a Aristarco.

BONNIE THURSTON

ARISTEAS (Gr. *Aristaíos*), **CARTA DE**
Se supone sea una epístola de Aristeas, que fue miembro de la corte de Ptolomeo II Filadelfo, a su hermano Filócrates. Este escrito seudoepígrafo, cuenta una historia de la traducción de la Biblia hebrea al griego (la Septuaginta: LXX). Aristeas describe cómo Ptolomeo II (285-247 a.C.) vino para hacer una petición formal al sumo sacerdote en Jerusalén, pidiéndole proveer a 72 traductores (seis de cada una de las 12 tribus) que emprenderían la creación de una versión griega de la Ley judía (Pentateuco). Incluida en esta sección de la carta hay un catálogo de los regalos enviados por el rey egipcio al sumo sacerdote, el informe del bibliotecario al rey sobre las Escrituras judías, «los textos» completos de la petición del rey y la respuesta afirmativa del sumo sacerdote, y descripciones sustanciales del Templo de Jerusalén y Palestina. Cuando los traductores llegan a Alejandría, el rey prepara un banquete que dura siete días. Durante el banquete, la descripción del cual cubre casi un tercio del libro, el rey pregunta a cada uno de los invitados sobre su Dios y religión. Una breve descripción de la traducción exitosa de la Ley al griego concluye la obra.

La carta probablemente fue escrita en Egipto, quizás Alejandría, durante la última mitad del siglo II. Su objetivo es doble: 1) ofrecer «una apología» extensa del judaísmo y la Ley judía; y 2) defender la idoneidad completa de la traducción griega de la Ley para objetivos religiosos. Cuando la historia llegó a ser usurpada, transmitida, y alterada por cristianos en defensa de su uso de la Septuaginta contra la Biblia hebrea, este segundo tema ha llegado a dominar la lectura del texto. Sin embargo, dada las reflexiones ampliadas de la Ley judía, el templo, Palestina, y el consejo sabio de los traductores, parece claro que el objetivo primario era promover un mejor entendimiento del judaísmo en un entorno egipcio.

Bibliografía. R. J. H. Shutt, «Letter of Aristeas,» *OTP* 2 (Garden City, 1985): 7-34; J. R. Bartlett, *The Jews in the Hellenistic World* (Cambridge, 1985).

JAMES R. MUELLER

ARISTIÓN (Gr. *Aristíōn*)
Cristiano del siglo I conocido de Papías, una autoridad primaria para tradiciones sobre el Señor. Se dice que Aristión y Juan, caracterizados como «los discípulos del Señor» análogamente con varios de los 12 apóstoles, comunicaron información a Papías «como la palabra de una voz viva y sobreviviente» (Eusebio *HE* 3.39.4). Probablemente el texto indica que Aristión y Juan conocían personalmente a Jesús, aunque no fueran miembros de los doce. Algunos leen los mismos datos como implicando que los dos eran discípulos no de Jesús, sino de alguno de los Doce.

Aristión no debería ser confundido con Aristón de Pella, que Eusebio conocía como quien había escrito sobre la Rebelión de Bar Kojba (*HE* 4.6.4), a pesar de la identificación de los dos, hecha por Máximo el Confesor. Sin embargo, una identificación del Aristión conocido de Papías, que es se supone ampliamente como exacta, es la que se encontró en una adscripción de un manuscrito armenio del siglo X de la autoría de Marcos 16.9-20 («el final más largo» de Marcos) «al presbítero Aristión.» Suponer que esta es la misma persona conocida de Papías no es, sin embargo, necesariamente suponer que él en efecto escribiera los versículos en cuestión.

FLORENCE M. GILLMAN

ARISTÓBULO (Gr. *Aristóboulos*)

1. Aristóbulo I, hijo mayor de Juan Hircano; también llamado Judas *(Yehuda)*. Según Josefo él fue el primero de aquella dinastía en reclamar el título de rey. Aunque Hircano había transferido autoridad sobre el reino a su esposa, Aristóbulo se apoderó del trono, encarcelando y privando de comida a su madre hasta la muerte. Él también encarceló a tres de sus hermanos en este esfuerzo y luego asesinó a su hermano Antígono, con quien al principio él había compartido el poder. Él asumió las posiciones de sumo sacerdote y rey sólo durante un año, de 104 a 103 a.C. Algunos eruditos atribuyen a él las monedas que portan la inscripción «Judá el Sumo Sacerdote...».

2. Aristóbulo II, el hijo más joven de Alejandro Janeo y Salomé Alejandra. Tras la muerte de Alejandro Janeo, Alejandra designó a su hijo mayor Hircano II como sumo sacerdote mientras ella asumió la corona. Ella mantuvo este puesto durante nueve años (76-66 a.C.). Cuando ella enfermó, Aristóbulo II se proclamó rey. Ella murió antes de que pudiera desafiar su reclamación. Aristóbulo obligó a Hircano a abandonar su reclamación al trono y al sumo sacerdocio. Aliado con Antípatro, el padre de Herodes el Grande, Hircano II consiguió el apoyo de Aretas, el rey nabateo de Petra, para sitiar a su hermano en el templo. Este sitio fue levantado por la intervención del general romano Escauro, enviado por Pompeyo. Después de que Pompeyo comenzó a encontrar resistencia por parte de Aristóbulo, él gradualmente cambió su opinión y puso a Aristóbulo bajo arresto. Con la ayuda de Hircano, Pompeyo capturó Jerusalén y ocupó el templo en 63 a.C. Aristóbulo y su familia fueron llevados cautivos a Roma. Él se escapó para levantar una fuerza en Judea otra vez y fue nuevamente devuelto a Roma como cautivo. Aristóbulo fue liberado por Cesar en 49 a.C., pero fue envenenado antes de que pudiera llegar a Judea.

3. Una persona en Roma, a cuya familia Pablo envió saludos (Ro 16.10). Algunos eruditos la identifican como el nieto de Herodes el Grande y hermano de Herodes Agripa I.

Véase HERODES (Familia) 7.

JOHN KAMPEN

ARMAGEDÓN (Gr. *Harmagedṓn*)

De acuerdo con el libro del Apocalipsis, es el lugar donde las fuerzas de mal deben reunirse para un ataque final contra las fuerzas de Dios (Ap 16.16; «Armagedón»). El nombre griego transcribe el hebreo *har magedōn* (lit., «la montaña de Magedón»), que muchos eruditos creen debería ser leído *har magedōn*, «montaña de Meguido.»

La ciudad de Meguido era estratégica militarmente porque protegía el pasaje entre el norte y el sur por el cordón montañoso del Carmelo. La región fue el centro de atención de muchas batallas antiguas (p.ej., Jue 5.19; 2 R 23.29-30 = 2 Cr 35.22-24). Aunque no haya ninguna evidencia de una montaña en Palestina que alguna vez fue llamada Magedón o Meguido, el monte Carmelo es una cima prominente c.8 km. (5 mi) al noreste de Meguido. Este bien puede haber sido la asociación que el autor de Apocalipsis quiso que sus lectores hicieran. La idoneidad del monte Carmelo como símbolo del fracaso del mal yace en el hecho que fue la ubicación de la derrota por parte de Elías de los profetas de Baal (1 R 18.22-40). De hecho no se describe batalla en Apocalipsis, sin embargo; para el autor, la batalla en principio ya había sido ganada por la muerte y resurrección de Jesús.

JOE E. LUNCEFORD

ARMAS

Desde fechas tan remotas como podamos determinar, los seres humanos han necesitado armas para cazar y para protegerse a sí mismos. Ya en 7000 a.C. Jericó tenía un muro alrededor de la parte central de la ciudad con una torre en el interior del muro. Este método de protección de las ciudades con muros continuó durante todo el período bíblico. Cualquier ciudad importante tenía que gastar la mano de obra y dinero para construir ese muro de protección. Debido al costo, estos muros cubrían sólo una pequeña zona de la ciudad y contenían principalmente palacio, templo y edificios del gobierno además de algunas zonas de habitación. La mayor parte de la población vivía y cultivaba fuera de las murallas, y se precipitaba en el interior de los muro de la ciudad en el momento de un ataque. El complejo de sistema de puerta era diseñado para prevenir el acceso fácil a la ciudad, y las paredes se hacían suficientemente altas y gruesas que no podían ser escaladas o atravesadas. Dentro de la ciudad tenía que haber grandes suministros de alimento y agua para resistir los asedios que podrían durar tres años o más (Samaria, 2 R 17.5-6; Jerusalén, 25.1-12). El enemigo trataba de penetrar la puerta o los muros de la ciudad al socavar los cimientos, debilitando las paredes, o escalándolas con escaleras. Los arietes con ruedas acercaban a los soldados enemigos cerca de las paredes donde el largo rayo con una punta de metal podría ser utilizado para aflojar y desprender el material de la pared y abrirse paso. Por supuesto, los soldados dentro de la ciudad trataban de evitar que esto sucediera. En muchos casos, el estado de sitio era un callejón sin salida hasta que la comida o el agua se acababan y la ciudad se rendía.

Las armas ofensivas se pueden dividir en armas de mano o corto alcance, mediano alcance, y largo alcance. Entre las armas de corto alcance, el garrote generalmente era más largo en el extremo agudo (Pr 25.18). El mazo era una variante del garrote con una cabeza de piedra o metal (posiblemente implicado en Sal 68.21[TM 22]; Hab 3.13). El hacha de guerra venía con ejes utilizados para el corte de madera (posiblemente Jer 51.20). La lanza tenía una afilada hoja colocada en el extremo de un palo largo. Era un arma blanca o de estoque (Jn 19.34). La espada era muy frecuente (más de 400 apariciones en el AT), utilizada para apuñalar en el combate cuerpo a cuerpo. Era corta o más larga, recta y generalmente se mantenía en una funda (1 S 17.51). La espada en forma de hoz era curva como una hoz afilada en un solo lado. Se utilizaba para hacer un tajo más que para punzar, y está implícita en «herir a alguien a filo de espada» (Jos 8.24; Jue 21.10).

Las armas de alcance medio incluyen una lanza que era lo suficientemente ligera para ser arrojada (1 S 18.11). Más común en esta categoría es la jabalina, que por lo general era más pequeña que la lanza (1 S 17.6-7). Era esencialmente una flecha larga con una cuerda en bucle alrededor del eje. Esto aumentaba la distancia y precisión debido a los giros que la cuerda producía.

Las dos armas de largo alcance fueron la honda y la piedra y el arco y la flecha. La honda era una cuerda larga hecha de materiales tejidos en cada extremo con una bolsa para contener la piedra en el medio. Luego de dar vueltas sobre la cabeza del hondero varias veces, una cuerda se soltaba, la piedra entonces era expulsada de la bolsa y viajaba a más de 150 kph. Las piedras eran de 5-8 cm (2-3 in) de diámetro, después de haber sido redondeadas en lechos de wadis. A menudo los honderos trabajaban para redondearlas aún más para que volaran con más precisión (Jue 20.16). La honda y piedras de David pusieron a Goliat en el rango, pero incluso la jabalina de Goliat no pudo alcanzar a David, lo que explica por qué Goliat estaba tratando de acercarse a David (1 S 17.41, 48).

El arco y la flecha eran las armas de más largo alcance, eficaz hasta 160-180 m (175-200 yds.). Arcos compuestos en la época clásica podrían alcanzar hasta los 155 m (500 yds.) en casos excepcionales. El arco era 1-2 m (3-6 pies) de largo, y podía ser hecho de madera, o trozos de madera, cuerno y tendón, o incluso de bronce (2 S 22.35). Las flechas eran de astas de madera o cañas con una punta de flecha de piedra o de metal y plumas rectoras. El peso ligero y la rectitud eran la clave para la precisión y la distancia. Una aljaba de cuero que contenía 20-30 flechas era atada a la espalda o colgada al hombro. Las aljabas sobre carros podían contener hasta 50 flechas. Jonatán utilizó un arco en la guerra (2 S 1.22), pero también para señalar a David (20.18-23). Los benjaminitas (2 Cr 17.17) así como los rubenitas, gaditas, y la media tribu de Manasés tenían arqueros expertos (1 Cr 5.18). Cuatro reyes israelitas o de Judea fueron heridos o muertos por flechas enemigas: Saúl (1 S 31.3), Acab (1 R 22.34), Joram (2 R 9.24), y Josías (2 Cr 35.23).

El carro de hierro fue el arma ofensiva final. Tirado por dos caballos, era una plataforma de combate móvil para dos o tres soldados. El carro era valioso cuando la tierra era plana y abierta, pero inútil en la región montañosa boscosa. Esta es la razón por qué Israel, que no tenía carros hasta la época de Salomón, podía tomar el monte pero no fue capaz de expulsar a los habitantes de la planicie costera (Jue 1:19).

La defensa contra las armas ofensivas incluía un arco portado para proteger el cuerpo y varias piezas de armadura que se llevan en el cuerpo. Aunque los escudos venían en una variedad de formas, se pueden dividir en dos grupos por tamaño (2 Cr 23.9). El escudo más pequeño era redondo y cubría alrededor de la mitad del cuerpo. Podía sostenerse en una mano y un arma ligera en la otra mano para el combate cuerpo a cuerpo. Nehemías y la tribu de Benjamín preferían estos escudos más pequeños (Neh 4.16; 2 Cr 14.8). El pavés era también pequeño y redondo, pero se llevaba en el brazo en lugar de en la mano (Jer 46.3). El escudo más grande era más rectangular y cubría la mayor parte, si no todo, del cuerpo. A menudo se requería de un escudero para sostenerlo delante del guerrero (1 S 17.41). Las tribus de Judá (2 Cr 14.8[7]), Gad (1 Cr 12.8) y Neftalí (12.34) utilizaron este tipo de escudo con lanzas. El escudo largo se solía utilizar en los asedios. Cuero, madera, y metal normalmente se utilizaban para hacer los dos tipos de escudos.

La armadura protegía el cuerpo al tiempo que permitía movilidad de las manos y las piernas. El casco, a menudo hecho de metal pero también de cuero, venía en una variedad de formas y con frecuencia se decoraba de manera diferente para distinguir al enemigo de un camarada. Goliat (1 S 17.5) y Saúl (v. 38) llevaban cascos de bronce. Aunque los cascos eran raros tan temprano, parecen haber llegado a ser comunes después (2 Cr 26.14; Jer 46.4). Los cascos romanos eran hechos de hierro con penacho o pelo para decoración.

La cota de malla era necesaria para proteger en contra de la flecha. Era hecha de pequeñas placas de metal atadas o cosidas en forma de escamas de pez. Podían numerar 700-1000 por «cota,» haciendo la «cota» pesada y cara. David encontró la armadura de Saúl pesada y torpe y no la utilizó (1 S 17.38-39). La coraza era una pieza de armadura de metal utilizada por soldados griegos y romanos que cubría el cuello y el torso con una segunda pieza de protección de la espalda (Ef 6.14). La armadura de la pierna o greba cubría las espinillas y eran raras (cf. 1 S 17.6).

Dado que la guerra era común en el mundo antiguo, la referencia simbólica a las armas es frecuente en la Biblia. La espada es a menudo un símbolo de destrucción y juicio (Ex 5.3) y también se asocia con justicia (Rom 13.4). El arco simboliza el poder de una nación; Dios rompe el arco para derrotar a una nación (Jer 49.35). El poder y la majestad de Dios se representan a menudo destrozando las armas de guerra (Sal 76.3[4]). La protección de Dios se puede describir por el escudo (Gn 15.1; Pr 30.5). En Efesios 6.10-17 Pablo exhorta a los cristianos a vestirse de toda la armadura de Dios, a fin de estar firme en contra del diablo; el soldado romano es su inspiración junto con Isaías 59.17.

Bibliografía. R. Gonen, *Weapons of the Ancient World* (Minneapolis, 1976); Y. Yadin, *The Art of Warfare in Biblical Lands in the Light of Archaeological Study,* 2 vols. (New York, 1963).

James C. Moyer

ARMONI (Heb. *'armōnî*)
Uno de los dos hijos de Saúl y Rizpa a quien David dio a los gabaonitas, junto con otros cinco de los descendientes de Saúl, como el pago por la sangre que derramó el antiguo rey (2 S 21.8).

ARNÁN (Heb. *'arnān*)
Descendiente de Zorobabel; hijo de Refaías (1 Cr 3.21).

ARNÍ (Gr. *Arní)*
Antepasado de Jesús (Lc 3.33). En Mateo 1.3-4 el nombre se da como Aram (A veces traducido como «Ram», seguido de listas de los descendientes de David en Rut 4.19 y los descendientes de Judá en 1 Cr 2.9-10).

ARNÓN (Heb. *'arnôn*)
Una de las cuatro principales corrientes perennes de Transjordania. La fuente de Arnón está cerca el-Lejjun, 16 km (10 millas) al noreste de Kerak, de cual corta transversalmente la meseta moabita (moderno arroyo Môjib) al noroeste por 24 km (15 millas) y luego gira al oeste donde fluye por otros 24 km (15 millas) en el gran valle de Rift, que finalmente desemboca en el lado este del mar Muerto en Ras el-Ghor. El gran desfiladero que la corriente ha erosionado a lo largo de miles de años (que varía de 3 km [2 millas] a 5 km [3 millas] de ancho y 390 m [1300 pies] a 690 m [2300 pies] de profundidad) ha servido como un límite natural y político a lo largo de la historia (p.ej., Nm 21.13; Dt 3.8, 16; Jos 13.16).

Randall W. Younker

AROD (Heb. *'ărôd*) (también ARODI)
Sexto hijo de Gad (Nm 26.17). En Génesis 46.16 lo llaman Arodi.

AROER (Heb. *'ărô'ēr*)

1. «Aroer, que está junto a la ribera del arroyo de Arnón», una ciudad que marca la frontera sur de Sehón del reino amorreo de Hesbón (Dt 2.36; Jos 12.2; Jue 11.26). Fue asignada a los rubenitas (Jos 13.16), aunque fueron los gaditas los que la reconstruyeron y ocuparon (Nm 32.34). Según la inscripción de Mesa (l. 26), Mesa de Moab (c. 830 a.C.), tomó más tarde la ciudad de los israelitas y la fortificó. Temporalmente cayó bajo el mando de Hazael de Damasco (2 R. 10.33) pero fue por lo visto reconquistada de nuevo por Moab poco después (Jer 48.19).

Aroer sobre el Arnón es con seguridad identificada con ʿArâʿir (228097), c. 5 km (3 millas) al sur de Dibón, al este del antiguo camino romano. Las excavaciones expusieron seis niveles de ocupación desde c. 2250 a.C. hasta el siglo III d.C., con un intervalo ocupacional durante la Edad del Bronce media. Una fortaleza fue establecida en el sitio durante la Edad de Bronce y del Hierro tardía.

2. Ciudad en Galaad cerca de la frontera de Gad «enfrente» o «delante de» Rabá (probablemente Raba-amón; Jos 13.25; Jue 11.33). Es-Sweiwina, oeste de Ammán, ha sido sugerido como posible lugar.

3. Ciudad cerca de Damasco (Is 17.2a). La Septuaginta no lee un nombre de lugar, y no ha sido identificada tal ciudad cerca de Damasco.

4. Asentamiento al oeste del Jordán (1 S 30.28). El sitio puede ser ʿArʿarah (148062) en el Neguev, c. 19 km (12 mi) al sur este de Beerseba, aunque excavaciones allí no han revelado ninguna ocupación antes del siglo VII a.C. Un mejor candidato puede ser Tell Esdar (1475.0645), 2.5 km (1.5 mi) al norte de ʿArʿarah, donde unos restos del siglo IX o décimo han sido encontrados.

RANDALL W. YOUNKER

AROERITA (Heb. *hāʿărōʿērî*)
Gentilicio asociado con Hotam, el padre de dos de los valientes de David, por lo visto designando al natural de Aroer **1** (1 Cr 11.44).

ARPA
Un instrumento musical usado principalmente en la adoración (Heb. *nēḇel*). A pesar de que la identificación precisa de este instrumento es incierta, ejemplos y dibujos de instrumentos similares son conocidos de Egipto, Asiria, y Babilonia. Las arpas probablemente constaban de 10-20 cuerdas (cf. Sal 144.9) colocadas en un marco abierto perpendicular a un tablero de sonido, y era tocado sin un plectro. Estos instrumentos podrían haber tenido una variedad de tamaños, a juzgar por los ejemplos conocidos en el antiguo Cercano Oriente.

Como instrumentos de la aristocracia, las arpas estaban hechas de maderas y metales preciosos (1 R 10.12 = 2 Cr 9.11). El instrumento tiene un papel en las visiones del Apocalipsis (Ap 5.8; 14.2; 15.2. Sólo raramente la Biblia representa el arpa en el uso secular (Is 5.12; 14.11; Am 5.23). Junto con la lira y el sofar, el arpa era parte del grupo de instrumentos utilizados en el culto por el sacerdocio de Jerusalén (p.ej., 2 Cr 29.25; Sal 33.2; 81.2[TM 3]).
Véase Lyre.

JENNIE R. EBELING

ARQUELAO (Gr. *Archélaos*)
Hijo de Herodes el Grande que heredó Judea, Idumea y Samaria a la muerte de su padre. Él fue nombrado por su padre para recibir el título de rey. El historiador judío Josefo es ambiguo sobre esto, pareciendo decir que sólo le fue prometido después de un período de prueba (*Ant.* 17.195; cf. *BJ* 2.93). Su única mención en el NT es Mateo 2.22, que declara que María y José tenían miedo de vivir en Judea con el niño Jesús porque Arquelao estaba gobernando allí.

JOE E. LUNCEFORD

ARQUEOLOGÍA Y LA BIBLIA
Con el comienzo de un nuevo milenio el campo de la arqueología bíblica se encuentra esforzándose por conseguir una arqueología social de la Siria-Palestina, que se aleja de los acontecimientos particulares mencionados en datos textuales, hacia la explicación de los procesos más generales responsables del cambio cultural. Durante años los arqueólogos bíblicos han sido reacios a experimentar con perspectivas teóricas que los alejarían de los límites del texto bíblico. Esto es porque la Biblia era la lente primaria a través de la cual todos los datos arqueológicos tenían que ser escudriñados. Hasta hace poco la arqueología bíblica era el epítome de una disciplina histórica obsesionada con acontecimientos particulares y pueblos mencionados en el texto. Sin embargo, algunas escuelas de pensamiento histórico han sido también influenciadas por las ciencias sociales, que ponen mayor hincapié en lo general y largo plazo de los procesos históricos, antes que en acontecimientos específicos a corto plazo.

La geografía, sobre todo la geografía histórica, ha desempeñado un papel fundamental en la arqueología de la Tierra Santa desde principios del siglo XIX. Los enfoques interdisciplinarios son en particular apropiados para la arqueología, que por definición trata con una cantidad creciente de datos, tanto cultura material como textual. Es importante conceptuar factores a largo plazo, tales como aquellos acerca de la geografía física, que trabajan juntos para estructurar la historia, factores «habilitadores e inhibidores» que crearon oportunidades para que las sociedades en Palestina se desarrollaran y cambiaran.

Escenario geográfico

La evolución de las sociedades en Palestina, desde el principio, hace más de 1.5 millones de años, ha sido moldeada por su posición geográfica, que a su vez ha creado un clima, topografía, hidrología y otros recursos naturales únicos. Debido a su mención en la Biblia y medios contemporáneos, la Tierra Santa (un término menos políticamente saturado que Israel, Jordania, Palestina o territorios palestinos autónomos) es un muy lugar pequeño, generalmente la mayoría del Levante sureño. La Tierra Santa tiene sólo 410 km (256 mi) desde la frontera con El Líbano hasta al Golfo de Eilat/Aqaba. Es aprox. 80 km (50 mi) de ancho desde el Río de Jordán hasta el Mediterráneo. Cuando Jordania es incluida, la anchura de la región es aprox. 325 km (225 mi). Las fronteras de Israel antiguo, «desde Dan hasta Beerseba», coinciden con el Mediterráneo y zonas semiáridas donde el asentamiento permanente es facilitado por la precipitación adecuada para la agricultura. El Mediterráneo y la zona semiárida en Jordania forman una franja estrecha que corre entre el norte y el sur que es aproximadamente de sólo 40 km (25 mi) de ancho. Tomando juntas la tierra fértil de la zona de Mediterráneo y las zonas semiáridas del Neguev y Transjordia, la región incluye aproximadamente 20 000 km cuadrados (7725 millas cuadradas), un área casi el tamaño de New Jersey.

La posición de la Tierra Santa en el puente de tierra que une dos continentes principales, África y Asia, ha determinado su papel en la historia del Oriente Medio antiguo. Esta posición única puso a Palestina en la periferia de los grandes poderes antiguos en Egipto y Mesopotamia. No hubo ninguna gran civilización que evolucionara en Palestina, pero en muchos aspectos la herencia de la Biblia que evolucionó en esta área periférica ha permanecido más tiempo que algo que Egipto y Mesopotamia hayan producido. Palestina careció de grandes ríos, como el Nilo, Tigris y Éufrates, que proporcionaron fuentes importantes de agua para sistemas de agricultura muy productivos, que evolucionaron en el Oriente Medio a principios de la Edad de Bronce. Más que cualquier otra región en el Oriente Medio antiguo, Palestina siempre estaba directamente o indirectamente relacionada con otras partes del Oriente Medio y del Mediterráneo oriental.

Arqueología bíblica

En el mundo de la arqueología académica internacional, hasta hace poco no se oía mucho sobre la arqueología de Israel y Jordania, excepto descubrimientos sensacionales, tales como los Rollos del Mar Muerto. La arqueología en esta parte del Mediterráneo oriental ha estado dominada por una obsesión por encontrar prueba material de los acontecimientos y pueblos mencionados en la Biblia, y verificar o contradecir aspectos de los textos bíblicos. Ha sido «históricamente particular» en su perspectiva. Un correctivo importante es el énfasis de la escuela de Archivos Franceses sobre cómo las sociedades, y sus economías respectivas, cambian con relación a diferentes escalas de tiempo. Desarrollada como un paradigma alternativo en la historia europea, su tensión en la dialéctica entre tres escalas de tiempo diferentes que influyen en el cambio, la hace en particular apropiada para la arqueología. Las escalas temporales incluyen «el largo plazo», que representa las condiciones incambiables, o que cambian despacio, de la geografía física y cómo la gente responde a ellos. Las fuerzas a largo plazo se concentran en el ambiente natural con coacciones y oscilaciones geológicas, climáticas y geomorfológicas. Esto es seguido por las dimensiones temporales de «término medio», que están relacionadas con procesos sociales y económicos de cambio más rápido, caracterizados por ciclos de cambio sociopolítico, agrario y demográfico. Finalmente, hay procesos «a corto plazo», que son acontecimientos de rápido efecto en la historia.

Este paradigma postula un alejamiento del estudio del único y particular para conseguir percepciones más amplias de la historia humana. Este explícitamente llama a la investigación interdisciplinaria con todas las disciplinas interesadas en la sociedad humana, procurando adaptar datos y conceptos para el estudio de la historia de una amplia variedad de campos, incluyendo economía, lingüística, sociología, antropología, psicología y las ciencias naturales. Una ventaja de éste es la noción de que procesos históricos diferentes funcionan a niveles temporales diferentes. A menudo, los arqueólogos siro-palestinos han trabajado según la noción de que los arqueólogos recuperan los restos de una comunidad que vivió una vez, detenida en un punto particular del tiempo. En realidad, los arqueólogos raramente encuentran «acontecimientos instantá-

Muros Mudbrick en el Área C en Tel Rehov/Tell es-Sarem, mirando al oeste. Un importante sitio de la Edad del Hierro, esta sección de la ciudad baja muestra tres estratos de ocupación (siglos X-IX a. C.) (Foto por John Camp, Expedición Tel Rehov)

neos» fosilizados en depósitos arqueológicos. En cambio, el registro arqueológico es por lo general un compuesto de actividades repetidas realizadas en el mismo lugar durante el tiempo, con pequeñas evidencia del individuo. Así, el problema de la percepción del tiempo por parte de los arqueólogos se halla en el centro de los esfuerzos recientes de convertir a la arqueología siro-palestina una disciplina «secular», alejada del particularismo histórico que hasta hace poco caracterizó la arqueología bíblica.

Tanto el «término medio» como el «largo» están más allá de la percepción de individuos pasados. Ellos actúan como «estructuras» que forman marcos habilitadores e inhibidores de la vida humana, tanto comunal como individual. La concentración en estas estructuras del tiempo hace el «término medio» y el «largo» de importancia particular para los investigadores arqueológicos, donde lo individual con frecuencia escapa al reconocimiento en el registro arqueológico. Estas escalas de tiempo múltiples y jerárquicas representan aspectos de una serie continua, y proveen a la arqueología de un instrumento heurístico para conceptuar el tiempo y el cambio sociedades prehistóricas, protohistóricas e históricas.

La insatisfacción por su desprecio por la historia y su búsqueda científica «leyes de comportamiento cultural» inmutables, llevó a la mayoría de los arqueólogos que trabajan en Israel y Jordania prácticamente no a hacer caso de la arqueología «nueva» o «procesual», que se desarrolló en los Estados Unidos a finales de los años 1960 y a lo largo de los años 1980. Esta escuela ha evolucionado desde entonces a una tentativa de integrar las dimensiones cognoscitivas y simbólicas de la cultura antigua con factores ambientales, y explorar el papel de la ideología como una fuerza organizativa activa. Quizás lo más importante es su tensión en proyectos interdisciplinarios que incluyen a especialistas en arqueolo-zoología, arqueolo-botánica, geología, antropología física, arqueología, epigrafía, y otros campos.

El examen de los aspectos más generales de una sociedad, como las dimensiones domésticas de culturas antiguas, incluyendo la religión, puede iluminar la naturaleza dinámica de sociedades antiguas. La preocupación renovada con la historia abogada por la arqueología europea y americana «postprocesual» exige la reconsideración de cómo integrar las enormes cantidades de datos arqueológicos y etnohistóricos acumulados, en perspectivas del pasado más sintéticas. Por ejemplo, en sus estudios de la religión cananea e israelita más temprana, que combinan datos textuales y arqueológicos, William G. Dever ha mostrado cómo la religión israelita, que el AT proclama como supuestamente yavista, era algo más sincrética de lo que se suponía anteriormente.

Fundamentos: Política, prestigio y poder

Desde el comienzo, hasta tan tarde como el 1800, la Biblia permanecía indisputable en el centro de la vida intelectual y religiosa a través de Europa y América. Con el advenimiento del siglo «conocimiento científico» del siglo XIX su exactitud literal fue desafiada. El crecimiento de la arqueología bíblica fue un esfuerzo de defender «la verdad» de la Biblia y desarrollar un nuevo entendimiento de las raíces de su lugar de nacimiento. En muchos aspectos esto todavía caracteriza la agenda escondida de muchos arqueólogos bíblicos.

Quizás el catalizador principal del interés occidental en la Tierra Santa eran las agendas políticas de las superpotencias europeas del siglo XIX. Hacia el final del siglo XVIII cuando el imperio otomano establecido en Turquía todavía dominaba la mayoría del Oriente Medio, incluyendo Palestina, el mundo estaba en vísperas de cambio. Desde mediados de los años 1500, los turcos otomanos controlaban un imperio enorme que incorporó no sólo el Oriente Medio sino también el norte de África y Europa oriental. Con el debilitamiento de este imperio, los poderes de la Europa occidental hicieron planes para tomar el territorio otomano, sobre todo aquellas áreas críticas para asegurar la buena operación del «sistema mundial» europeo.

Cuando la orilla del Mediterráneo oriental se convirtió en el eslabón más débil de los otomanos, tanto los franceses como los británicos estuvieron interesados en el control del Istmo de Suez, y así de las rutas comerciales de India y el oriente lejano hacia Europa. Además del equipo de sitio y artillería pesada, Napoleón encargó que una elite de científicos, ingenieros, naturalistas, orientalistas, y anticuarios revisaran cada faceta del Egipto contemporáneo, y propusiera los mejores medios para su restauración. Así, Napoleón contribuyó decisivamente a la promoción de la naciente disciplina de la arqueología e interés europeo por el Oriente Medio antiguo. Uno de los descubrimientos más importantes durante la expedición napoleónica fue la Piedra Roseta, que con el tiempo sirvió como la clave para entender los jeroglíficos egipcios. Por primera vez fue posible datar aproximadamente los materiales arqueológicos en Palestina, comparándolos con objetos bien fechados de Egipto. Esto se convertiría en la piedra angular para una metodología usada por eruditos posteriores para datar las diferentes capas de montículos en Palestina, mediante la asociación de materiales locales con importaciones egipcias.

Algunos de los exploradores tempranos que contribuyeron al objetivo europeo de ganar control del territorio otomano, junto con la investigación de antigüedades, incluyeron a Johan Lewis Burckhard, que en 1812 descubrió las ruinas de Petra. Otros aventureros incluyeron a la diletante Lady Hester Lucy Stanhope, que, informada de un tesoro maravilloso sepultado bajo el montículo de Ascalón, desenterró una estatua sin cabeza de un emperador romano, considerado como el primer artefacto arqueológico descubierto en Palestina.

Principio de exploración científica

El principio de la investigación arqueológica científica en Palestina puede ser remontada a Edward Robinson a principios del siglo XIX. A diferencia de los exploradores anteriores que llegaron a Palestina, Robinson estaba calificado en forma única para estudiar los sitios antiguos, basándose en su conocimiento de historia bíblica y hebreo bíblico. Hacia 1838, él y Eli Smith fueron capaces de identificar más de 100 sitios principales mencionados en la Biblia, en parte porque Smith dominada el idioma árabe y muchos de los pueblos retuvieron rastros de los nombres hebreos antiguos (p.ej., Gezer/Tell Jezer).

Sin embargo, la arqueología era el instrumento más débil de Robinson, debido a su propia inexperiencia en un campo que en sí todavía permanecía en pañales. Parece que Robinson no entendió siquiera la naturaleza de un tell, tomando los miles de montículos antiguos dispersos a través del paisaje para formaciones naturales, y dejando así de reconocer tales sitios importantes como Laquis y Jericó. Sin embargo, él promovió la disciplina de la geografía histórica que todavía es una importante faceta de investigación en la arqueología bíblica.

Agendas nacionales tempranas

Como resultado de sus viajes y publicaciones, sobre todo *Biblical Researches in Palestine* [Investigaciones bíblicas en Palestina] (1841), Robinson revolucionó la investigación bíblica. En respuesta, los británicos establecieron el Fondo de Exploración de Palestina (FEP), que patrocinó varias de las grandes investigaciones geográficas de Palestina occidental y Transjordia, así como excavaciones en varios sitios importantes.

Sobre la base del trabajo pionero de Robinson y Smith en la geografía histórica de la Tierra Santa, el FEP en 1865-66 envió a Charles W. Wilson, un oficial del cuerpo de ingenieros reales, para supervisar la primera cartografía científica de Jerusalén. Wilson descubrió un arco que llevaba al monte del Templo, que todavía lleva su nombre, pero cuando él experimentó numerosos problemas técnicos con la cartografía, el FEP envió a otro explorador, Charles Warren, cuya misión era aparentemente planear un sistema de alcantarilla moderno para Jerusalén. Warren hizo una serie de ejes intrincados por las gruesas capas de basura de la Ciudad Vieja, cortando de hecho a través de la estratigrafía de la ciudad, causando una carencia completa de fechas exactas para evaluar tales descubrimientos, tal como las cisternas subterráneas asociadas con Haram ash-Sharif, la entrada al Templo herodiano, y otros hallazgos. Quizás el proyecto más ambicioso realizado bajo los auspicios del FEP fue la investigación de los tenientes Charles R. Conder y H. H. Kitchener en el siglo XIX, que más tarde ayudaron a «conquistar» Sudán. Entre 1872-1878 los dos realizaron una investigación geográfica mucho más sofisticada que la de Robinson, registrando 10 mil sitios que cubren 15 500 km cuadrados (6000 millas cuadradas) y con la publicación de siete volúmenes con mapas topográficos en gran escala de la Tierra Santa, notablemente exactos.

Aproximadamente 10 años más tarde un estadounidense, el teniente naval William F. Lynch, condujo la primera investigación científica del Mar Muerto, produciendo numerosos mapas, dibujos e información sobre la flora, fauna y geología de la región. Como pensador fundamentalista, Lynch creía que el valle del Mar Muerto reflejaba las descripciones bíblicas, y procuró encontrar las Sodoma y Gomorra bíblicas.

El explorador francés Charles Clermont-Ganneau, que comenzó a trabajar bajo los auspicios del FEP en 1873, participó en varios descubrimientos excepcionales que sirven como cotas de referencia para la arqueología siro-palestina. Entre estos están la frontera divisoria de Gezer que lleva el nombre cananeo del sitio, una inscripción griega del siglo I a.C. que advierte a los gentiles no entrar en el atrio del Templo, y la Piedra Moabita.

La víspera de la Primera Guerra Mundial vio los comienzos de excavaciones arqueológicas sistemáticas y controladas en Palestina. Antes de los años 1890, el FEP había concentrado la mayoría de su trabajo dentro de los límites de la Ciudad Antigua de Jerusalén. En 1890 ellos emprendieron una excavación principal en el Neguev, un área cerca de la Península de Sinaí con acceso al estratégico Istmo de Suez, en la esperanza de proporcionar la primera evidencia científica de la aparición de la civilización bíblica. Para esta tarea ellos designaron al egiptólogo británico Sir William Flinders Petrie, que se convirtió en el primer arqueólogo bíblico en entender la importancia de los tell como montículos artificiales compuestos de escombros sobrepuestos, que representan diferentes civilizaciones antiguas. Esto lo aprendió de Heinrich Schliemann, el excavador de la Troya homérica, que demostró cómo, mediante la observación de la estratigrafía, los cambios de la cultura material podrían ser ordenados en secuencia, con el material más temprano en el fondo y el más reciente encima. Trabajando en Egipto a partir de 1880, Petrie desarrolló el método científico de la datación de cerámica, de modo que pudiera ser ideada una cronología detallada basada en cambios estilísticos en formas de cerámica egipcias comunes. Fue la posibilidad de unir su cronología egipcia con aquella de la vecina Palestina del sur que llevó a Petrie a aceptar la oferta de dirigir las primeras excavaciones sistemáticas en la Tierra Santa. Sobre la base de un reconocimiento de sitios en Palestina del sur, Petrie eligió Tell el-Hesi para sus excavaciones pioneras en 1890. Registrando y datando metódicamente los materiales arqueológicos, Petrie introdujo un método realmente científico de reproducir observaciones e interpretaciones. En seis semanas de excavaciones en Tell el-Hesi, él descubrió 11 ciudades sucesivas que se remontan a la Edad del Bronce Media. Usando artefactos egipcios hallados en cada capa, como anclas cronológicas, él fue capaz de datar objetivamente la cerámica local y otros restos. Aunque esta forma de datar sería mejorada y clarificada por eruditos posteriores, Petrie sacó a la arqueología palestina del ámbito de estudios puramente bíblicos y ayudó a encajar las antigüedades palestinas en el contexto cultural del Oriente Medio en su totalidad.

Mejoramiento de métodos de excavación

Cuando Petrie volvió a trabajar en Egipto, el FEP eligió a un estadounidense, Frederick J. Bliss, como su sucesor en Tell el-Hesi, desde 1891-1894. Allí él excavó una zanja gigantesca, en forma de cuña denominada ahora como «Corte Bliss» Aunque muchos eruditos británicos lo critiquen por cavar casi un tercio del montículo y usar cortes artificiales de «capas» arbitrariamente a través del sitio, los estadounidenses consideran a «Bliss» como un excelente estratigrafo que refinó los conceptos de Petrie. En 1892, él descubrió la primera tablilla cuneiforme encontrada en Palestina, contemporánea con aquellas de Tell el-Amarna y que mencionaba a Laquis. Entre 1894-1897 Bliss continuó el trabajo de Warren en Jerusalén. Él entonces se afilió con R. A. S. Macalister en el primer proyecto arqueológico regional, excavando cuatro tell principales en la Sefela: Tell eṣ-Ṣafi /Tel Ẓafit, Tell Zakariyeh/Tel Azecah, Tell el-Judeideh, y Tell Ṣandaḥanna. Esto fue la primera vez que fue desenterrada una secuencia completa, que abarca desde la Edad de Bronce hasta el período de las Cruzadas.

La iniciativa de excavaciones en ciudades bíblicas

Para ayudar a establecer una presencia británica significativa en la arqueología de la región, el FEP inició un proyecto a largo plazo principal conducido por Macalister, que en 1902-8 cavó en Tell Jezer/el-Jazari (Gezer). A pesar de su gran potencial, las excavaciones de Macalister en Gezer reflejan algunas de las peores prácticas de ese tiempo. Él se abrió camino a través del montículo, cavando una sola zanja de aproximadamente 12 metros hasta alcanzar el lecho rocoso, luego cavando otra detrás de ella y llenando la primera con los restos anteriores. No hubo ningún control de la estratigrafía, y la interrelación entre artefactos y capas fue ignorada. Aún a pesar de estas faltas, los tres volúmenes de *The Excavation of Gezer* (1912) de Macalister permanecen como una de las contribuciones principales a esta fase temprana de la excavación en Palestina.

Una presencia estadounidense permanente

Hacia 1900 los estadounidenses también deseaban desempeñar un papel decisivo en la exploración de Palestina, y así se formaron las Escuelas Estadounidenses de Investigación Oriental, un consorcio de universidades interesadas en la arqueología, historia bíblica, y antropología de la Tierra Santa, establecidas en Jerusalén (ahora el Instituto de Investigación Arqueológica W. F. Albright). Aunque las instituciones estadounidenses habían excavado en otra parte en el Oriente Medio, ellas carecieron de experiencia en Palestina. Decididas a conducir excavaciones en

Voluntarios en la excavación TelMiqne/Ekron midiendo las ubicaciones de rasgos particulares en la zanja mientras hacen un dibujo de la sección (Phoenix Data Systems, Neal y Joel Bierling)

una escala comparable a los esfuerzos británicos y austriacos, ellos reclutaron al renombrado egiptólogo estadounidense George Andrew Reisner, bajo el patrocinio del reciente Museo Semítico Harvard, para dirigir su primera campaña importante en Sebaste (Samaria). El papel dual del sitio como capital del reino israelita y ciudad posterior reconstruida por Herodes el Grande la convertía en algo especialmente atractivo. Los palacios fantásticos y los edificios públicos construidos por Omri y su hijo Acab harían del sitio una de las excavaciones más importantes en el país.

La mayor contribución de Reisner a la arqueología Siro-palestina fue la introducción de la técnica de cavar denominada «capa de escombros», que consiste en separar las capas de ocupación de estratos sobrepuestos, trazando un detallado mapa de la posición de artefactos importantes. Reisner combinó este método con un detallado sistema de registro, incluyendo archivos fotográficos, un informe escrito diario, mapas, planos arquitectónicos, puntos de hallazgos, y un registro de hallazgos. El impacto de Reisner fue reducido por el estallido de la Primera Guerra Mundial, que retrasó la publicación de su informe hasta 1924.

Lawrence y Musil

Antes de la Primera Guerra Mundial la única región en Palestina occidental que el FEP tenía que investigar aún era el desierto de Negeb en el sur, adyacente al estratégico Canal de Suez. Para esto ellos enlistaron a dos arqueólogos jóvenes, C. Leonard Woolley, excavador de la ciudad mesopotámica de Ur, y T. E. Lawrence, conocido más tarde como Lawrence de Arabia por su papel en la rebelión árabe contra los otomanos. Debido al significado obvio de la región debían estallar hostilidades entre Gran Bretaña y el imperio otomano, Lawrence debía usar su investigación arqueológica como un subterfugio para el reconocimiento militar. La investigación principal de Woolley y Lawrence se centró en el árido desierto central de Negeb, donde ellos registraron impresionantes sitios nabateos tales como Oboda (ʿAvdat), Sobata (*Shivta*) y Elusa (*Haluxa*).

De mucha mayor importancia para la erudición y exploración temprana es el menos conocido orientalista checo Alois Musil (1868-1944). Musil es reconocido por los antropólogos occidentales por su estudio seminal, *The Manners and Customs of the Rwala Bedouin* [Las costumbres y tradiciones de los beduinos rwala] (1928), hasta hoy la etnografía estándar del beduino árabe del norte. Además de este trabajo etnográfico, él publicó *Arabia Petraea* (1917-18), una serie de informes sobre sus investigaciones topográficas y culturales del Neguev, Transjordia y Arabia que todavía son confiables. Musil contribuyó decisivamente a la grabación de cientos de sitios arqueológicos, inscripciones, y monumentos, incluyendo muchos de los «castillos del desierto» en Jordania que datan del período islámico temprano.

Tradición orientalista por excelencia

El erudito estadounidense William F. Albright representa lo que puede ser considerado como la «edad de oro de la arqueología bíblica» (1925-1948). Durante casi 50 años, después de su primera visita a Palestina en 1919, Albright produjo un número asombroso de escritos sobre historia, arqueología, estudios del Cercano Oriente antiguo, epigrafía y más, que ayudó a unir las disciplinas generales de arqueología e investigación bíblica. En los años antes de Albright, la arqueología de Palestina jugó poca o ninguna parte en las controversias bíblicas e históricas generadas por Julius Wellhausen y la escuela de la alta crítica. Albright se convirtió en el protagonista arqueológico más importante en el debate al proporcionar nuevos datos, principalmente textos encontrados en excavaciones en otros países del Oriente Cercano. Él usó la definición más amplia de «arqueología bíblica», abarcando todas las tierras mencionadas en la Biblia y por lo tanto teniendo el mismo alcance que «la cuna de la civilización.» Para Albright, excavaciones en cualquier parte de esta amplia región arrojaría luz, directa o indirectamente, sobre la Biblia.

Durante este período, el público, en particular en el mundo de habla inglesa, se fascinó sobre cómo la arqueología podría certificar o «demostrar» la historia más temprana de Israel. Al examinar pruebas internas del texto bíblico, los eruditos bíblicos alemanes, como Albrecht Alt y Martin Noth trataron de identificar los acontecimientos históricos «originadores» que eran la fuente de las narrativas del AT. Albright también participó en la búsqueda del Israel antiguo, pero él empleó evidencias externas (no bíblicas) proporcionadas por la arqueología en Palestina y tierras vecinas, antes que la historia de la tradición basada sólo en la Biblia. Como «orientalista» él se propuso ubicar a Israel y sus tradiciones dentro de aquellas del amplio Oriente Cercano antiguo, examinando la Biblia a la luz de los datos textuales y la cultura material del antiguo Oriente Cercano.

La formación académica de Albright fue en asiriología y estudios históricos-bíblicos arraigados en la erudición alemana. Como un arqueólogo autodidacta, él rápidamente vinculó este campo con la geografía histórica. Durante sus años formativos en Palestina, él no se desarrolló como un arqueólogo bíblico, sino más bien como un historiador cultural, procurando transformar la arqueología bíblica en la historia del Mediterráneo oriental, entendiendo la literatura bíblica como perteneciente a un ambiente de culturas.

El poder del intelecto de Albright, como se refleja en sus prolíficos escritos, tuvo un impacto enorme en el discurso erudito a partir de principios de los años 1920, hasta su muerte en 1971. Sorprendentemente, él tenía poca experiencia arqueológica de campo. Su reputación como arqueólogo está basada en sus excavaciones importantes en Tell Beit

Mirsim, un pequeño tell en el sur de la Sefela. Su análisis de la cerámica y estratigrafía del sitio clarificó la cronología de Edad del Bronce Media, Tardía, y edades del hierro (aquellos períodos más estrechamente asociados con el AT) y representa uno de los pilares en los cuales la datación arqueológica relativa en Palestina se apoya. El dominio que Albright tuvo de tantas disciplinas dio a su voz una autoridad que pocos cuestionaron durante su vida. Su dominio de campos tan diversos como acadio, hebreo, el AT, de estudios del Oriente Cercano, historia, religión, geografía histórica y arqueología proporcionó un modelo a la primera generación de eruditos israelíes de lo que debería constituir una base cuidadosa en la arqueología bíblica.

El desarrollo de la «arqueología bíblica»

Otro orientalista prominente fue Roland de Vaux, O.P., un experto en historia del Oriente Cercano antiguo, el AT, y la arqueología siro-palestina. Además de escribir historias del Israel antiguo, de Vaux excavó (1946-1960) el norteño *Tell El-* Farʿah (identificado como el sitio de Tirsa, capital del reino del norte antes de que Omri transfiriera la capital a Samaria) y Khirbet Qumran. Sin embargo, si los eruditos, como Albright, Musil y de Vaux se distinguen por su amplitud, varios de los estudiantes de Albright continuaron limitando la arqueología bíblica a un campo parroquial con el objetivo de «demostrar» la Biblia.

Quizás más que ningún otro, Nelson Glueck representa al arquetípico «arqueólogo bíblico.» Su perspectiva de la arqueología en la Tierra Santa se concentró más en dos cuerpos de datos: la Biblia y exámenes de superficie de sitios en Palestina oriental y occidental. Sin embargo, la contribución de Glueck al campo, en particular el estudio de patrones de asentamientos, no puede ser minimizada. A partir de 1932 y hasta 1947 él emprendió una serie de investigaciones arqueológicas individuales increíbles en Transjordania, sobre todo en las regiones de Amón, Edom y Moab, viajando a pie, en camello, o a caballo, haciendo mapas, recolectando restos de cerámica, y fotografiando sitios. Él construyó mapas de distribuciones de asentamientos, período por período, basándose en tipos característicos de cerámica recolectada en la superficie. Privado de acceso a Jordania después del establecimiento del estado de Israel, Glueck condujo una serie de investigaciones similares en el desierto de Negeb. Sin embargo, Glueck tenía relativamente poca experiencia como excavador, trabajando sólo en dos sitios significativos, el templo nabateo en Khirbet y-Tannur (1937) y Tell el-Kheleifeh (1938-1940), que él aceptó como Ezion-geber la ciudad portuaria de Salomón, y que él fechó en los siglos X-V. Glueck también identificó un gran complejo de edificios que contenía gruesos depósitos de ceniza, hollín y evidencia de fuego como una sofisticada instalación de procesamiento de cobre. La investigación posterior ha mostrado que la cerámica más temprana no es más temprana que el siglo VIII, tampoco los restos indican trabajo de metales en el sitio. Antes bien, esto representa una aplicación demasiado subjetiva de la arqueología para la investigación bíblica.

Otro estudiante de Albright, George Ernest Wright, continuó con la herencia de la «arqueología bíblica» a partir de principios de los años 1950 hasta los años 1970. Aunque su trabajo temprano estuvo enraizado en la arqueología, habiendo escrito una tesis importante que ofrece la primera tipología de cerámica sistemática para Palestina (1937), su carrera posterior se caracterizó por el mayor interés de Wright en la teología e hizo un impacto significativo en el entendimiento de los eruditos estadounidenses acerca de la arqueología palestina. Para Wright, el papel de la arqueología era exponer la base histórica de la fe judeo-cristiana, y demostrar cómo la revelación había llegado a través de la historia. Para este fin, él fundó la revista especializada *Biblical Archaeologist* [Arqueólogo Bíblico], en parte para atraer apoyo popular a la arqueología en Siro-Palestina. La mayor contribución de Wright como excavador fue su trabajo en Siquem (*Tell Balâtah*), considerado como una línea divisoria en la arqueología estadounidense, al introducir un método pedagógico de escuela de campo y registro de datos, lo que influyó en una generación de arqueólogos estadounidenses y también eruditos israelíes posteriormente.

Hacia una arqueología secular

La arqueología británica en Palestina nunca tuvo las relaciones fuertes con la teología que caracterizó el período post-Albright, de la investigación entre eruditos estadounidenses. Comenzando a finales de los años 1920, la arqueología británica se llegó a vincular con la prehistoria, con el trabajo de Dorothy Garrod en el sitio de una cueva de la Edad de Piedra del Arroyo Mughara en los Montes Carmelo. De

1920-26 John Garstang sirvió como el director fundador del *British Mandatory Department of Antiquities* de Palestina. En 1930-36 él realizó excavaciones importantes en Jericó, donde se encontró con problemas relacionados con el Éxodo y reveló la existencia de la culturas precerámica neolíticas en el Levante. Una contribución importante fue el uso por parte de Kathleen M. Kenyon del método de excavación de «capa de escombros» empleada en Gran Bretaña por Sir Mortimer Wheeler.

Una creciente insatisfacción por la orientación teológica de la «arqueología bíblica» puede ser apreciada en varios estudiantes de Wright. Como muchos de ellos, un miembro del equipo de excavación del Tell Balâtah, Paul W. Lapp se concentró en la tipología de cerámica de períodos posteriores (200 a.C.–70 d.C.). Basado en sitios bien estratificados, su estudio detallado presentó la recopilación de cerámica más completa entonces posible, y representó un avance significativo. Antes de que muriera a la edad de 39 años, él había realizado proyectos de campo importantes que cubren una amplia variedad de sitios incluyendo Bab edh-Dhraʽ (EB), ʽAraq el-Emir (helenístico), Taanac (cananeo), y las cuevas del Arroyo ed-Daliyeh (que contenía documentos en arameo que datan de c. 375-335). Lapp introdujo también la práctica de preparar planes prioritarios diarios, y ubicar en un mapa tridimensional la posición exacta de cada artefacto descubierto ese día.

Aparición de la arqueología israelí

La aparición y el desarrollo del estado de Israel han tenido un efecto profundo en la arqueología de la Tierra Santa. En muchos sentidos, el número total de investigadores e infraestructura local extensa tendrá implicaciones significativas para el futuro del campo. Aunque la historia del pueblo judío, en particular de los períodos Primero y Segundo del Templo, ha proporcionado motivación considerable para la investigación, la interpretación y el análisis han estado lejos de ser dogmáticos. Muchos de los eruditos más jóvenes preocupados por los años de las edades de Bronce y Hierro son defensores de perspectivas más amplias de la arqueología siro-palestina, vinculada a marcos interpretativos tales como la ecología cultural.

Las raíces de la arqueología israelí se remontan a los principios del movimiento sionista y la fundación de la *Jewish Palestine Exploration Society* (Sociedad para la Exploración de la Palestina Judía) en 1914. Entre los pioneros de arqueología en Israel estuvieron Nahman Avigad, Michael Avi-Yonah, Ruth Amiran, Immanuel Ben-Dor, Avraham Biran, Benjamin Mazar, E. L. Sukenik, y Shmuel Yeivin. La mayoría fue educada en el extranjero en especialidades tales como lenguas del Oriente Cercano antiguo, estudios bíblicos y clásicos, y ellos aprendieron a excavar viendo a expediciones extranjeras en su país en los años 1920 y años 1930.

En estos primeros años, el número limitado de excavaciones realizadas por eruditos palestinos judíos se llevaron a cabo en sitios relacionados con la Biblia y la historia judía antigua: los sitios Filisteos de ʽAfulah (Valle de Jezreel) y Nahariya (costa de Sarón) por Moshe Dotan, y Tell a Qasile por Mazar; el pueblo de los siglos II-IV de Beth Sheʽarim por Mazar, Pesah Bar-Adon de Pesah, Imanuel Dunayevsky, Moshe Jaffe, y Jacob Kaplan; y la sinagoga en Beth Alpha por Sukenik y Avigad.

Lo que catapultó a la joven erudición arqueológica israelí hacia un nivel similar a los esfuerzos estadounidenses y europeos, fue el trabajo de Yigael Yadin en Azor, iniciado en 1955. Esta excavación en gran escala de un sitio bíblico clave modeló la arqueología de campo israelí al concentrarse en los períodos principales relacionados con el AT. Las excavaciones de Yadin de Hazor fueron modeladas como un campo de formación para una generación entera de arqueólogos israelíes. Su erudición estaba arraigada en una interpretación literal de la Biblia con vínculos claros con el registro arqueológico. Sin embargo, el conocimiento de Yadin de la historia y cultura antigua del Oriente Cercano hizo sus perspectivas más sintéticas que aquellas de Glueck o Wright. Su trabajo en Masada en los años 1960 coincidió con las aspiraciones de una nación joven que buscaba sus raíces.

Yadin seleccionó Hazor, que es mencionada varias veces en fuentes no bíblicas, debido a su papel central en la historia del Israel antiguo. Él siguió el método de excavación Reisner-Fisher, que implicaba la exposición cuidadosa de áreas grandes para trazar el plan arquitectónico y el desarrollo urbano del sitio, en muchos aspectos anunciando la metodología de eruditos ahora interesados en la arqueología social. El acercamiento de Yadin generó un debate entre la escuela israelí de arqueología, que se concentró en grandes exposiciones de aéreas, y el método estadounidense, que se concentraba en áreas más pequeñas con un control estratigráfico más estricto. Este debate a menudo incisivo en los años 1970 fue generado porque los estadounidenses excavaban de nuevo sitios grandes, como Gezer, Ai, y Tell el-Hesi, con el objetivo «de corregir» los errores de eruditos más tempranos.

En Israel, se desarrolló una rivalidad que se concentró no sólo en la filosofía de cómo se debiera hacer la arqueología, sino mejor dicho en la interpretación histórica. Sobre la base de sus excavaciones en Hazor, Yadin sostuvo que el establecimiento israelita comenzó sólo después de la destrucción de Hazor como se describe en Josué 11.10-14. La investigación de Galilea superior por parte de Yohanan Aharoni, sin embargo, mostró muchos establecimientos de la Edad de Hierro no amurallados, en un área relativamente inhóspita que había estado casi deshabitada en la Edad de Bronce. Estos datos desafiaron la interpretación estricta de la Biblia por parte de Yadin y apoyaron las perspectivas de Alt, que argumentaba en contra de la conquista literal representada en Josué. En muchos aspectos, este choque sofocó la colaboración entre eruditos israelíes, un efecto que se hace sentir hasta hoy.

Ruth Amiran, del recién fundado Museo de Israel, introdujo una sistematización de la cerámica palestina basada tanto en la tipología como en la cronología en su obra clásica *Ancient Pottery of the Holy Land* [Cerámica antigua de la Tierra Santa] (1963). Sus excavaciones de una ciudad de la Edad del Bronce en Tel Arad en la parte norte del Neguev es notable para el cuadro que ésta provee de una de las ciudades amuralladas más tempranas en la parte sur del Levante.

Los eruditos israelíes han reunido colecciones significativas para estudios comparativos en la arqueología. Naomi Porat y Yuval Goren tienen una extensa colección de diapositivas de petrográficos de la cerámica del sur del Levante en la Investigación Geológica de Israel y la Universidad de Tel-Aviv. Patricia Smith, Baruch Arensburg, e Israel Hershkovitz han acumulado grandes colecciones de restos humanos que abarcan tanto períodos prehistóricos como históricos. Mordechai Kislev en la Universidad Bar Ilan tiene una colección abundante de materiales macrobotánicos de sitios arqueológicos en el Levante, y Eitan Tchernov ha construido una colección completa de restos de fauna arqueozoológica y reciente en la Universidad Hebrea en Jerusalén. Estas colecciones sirven como importantes puntos de referencia para especialistas asociados con el trabajo de campo arqueológico en la parte sur del Levante.

Los eruditos israelíes han desempeñado un papel central en la revivificación del debate acerca de los procesos del asentamiento de los israelitas en Canaán. El discurso se concentra en cuatro modelos generales de asentamiento: una interpretación literal de una conquista militar como se describe en el libro de Josué; «una infiltración» más pacífica, como se aprecia en Jueces; «una revuelta campesina»; y un modelo de simbiosis. La contribución israelí ha sido encabezada por amplias investigaciones arqueológicas de campo por parte de Israel Finkelstein, Adán Zertal, Ram Gophna y otros. Esta enorme base de datos de patrones de asentamiento ha hecho posible evaluar con detención estos y otros modelos con datos empíricos difíciles antes no disponibles, proveyendo una fuente adicional de datos no bíblicos para examinar la historicidad de los registros bíblicos. Finalmente, hubo varias excavaciones en gran escala en sitios, incluyendo Acco, Aphek, Bet-shean, Dan, Meguido, Tel Qasile, Tel Mevorakh, Tel Sera' y Yoqne'am que proporcionan datos adicionales para probar modelos arqueológicos.

Erudición revisionista

Desde fines de los años 1970, los eruditos que usan la metodología de la crítica literaria y teoría crítica (desarrollada por la alemana «Escuela de Francfort», un enfoque que subraya que en todo conocimiento histórico influyen las perspectivas políticas del investigador) han visto la Biblia como literatura pura que carece de cualquier hecho histórico. Al «reconstruir» el texto de forma similar a como eruditos literarios desenredan grandes obras de la literatura, ellos afirman que la edición del AT no se completó antes que los siglos II y I a.C. y que David, Salomón, y otros personajes bíblicos son simplemente una parte de los mitos sobre la fundación de Israel. De ser correctas, estas perspectivas tienen un efecto profundo en la interpretación del registro arqueológico, sobre todo para la Edad del Hierro, cuando acontecimientos importantes tales como el asentamiento israelita, la formación del estado, y otros procesos sociales son fechados. La agenda política de los revisionistas es un asunto central, como se afirma en el libro *In Search of Ancient Israel* [En busca del Israel antiguo] (1992) por Philip R. Davies, que alega que los eruditos bíblicos y los arqueólogos han creado una historia temprana ficticia de los israelitas en la tierra (siglo XIII al año 586 a.C.). Al reconstruir al Israel antiguo, estos eruditos se toman mucha molestia en tratar de explicar muchas de las notas de referencia de la arqueología siro-palestina. Por ejemplo, ellos niegan cualquier conexión entre la gente llamada «Israel» en la Estela Merneptah (c.1208) y el Israel de David y Salomón. Ellos también rechazan la validez del análisis crítico de fuentes, al demostrar que materiales literarios más antiguos, tales como el Cántico de Débora, fueron introducidos en la Biblia o en materiales no bíblicos. Algunos revisionistas afirman que la «Inscripción de Siloé», que conmemora la finalización del túnel de Ezequías, no data de fines del siglo VIII a.C., como es aceptado universalmente por los epígrafos, sino más bien del siglo II, que no toma en cuenta la evidencia de sintaxis y lexicografía. Otros minimalistas han ido tal lejos como para denominar la inscripción «Casa de David», descubierta en Tell Dan, como una falsificación planeada por el excavador y afirmar que, igualmente, una inscripción filistea del siglo VII descubierta en Ekrón, es una falsificación promulgada por arqueólogos. Como los negadores del Holocausto, estas reclamaciones revisionistas están en peligro de ser aceptadas por un público ignorante, obligando a eruditos objetivos a encarar y exponer estas falsedades.

Desarrollo reciente

La influencia del enfoque de archivos a la historiografía tiene mucho para hacer con la necesidad de la arqueología bíblica de integrar datos históricos, con la arqueología que aún trabaja con las coacciones de los datos de cultura material y textual, para producir una historia social de la Tierra Santa. El resultado es un alejamiento de la orientación histórica-particularista del campo, que se había cristalizado con Wright y Glueck. Como se mencionó, la búsqueda de una historia política de Israel, con su énfasis en la confirmación de acontecimientos asociados con personalidades mencionadas en la Biblia, había estado dominada en los Estados Unidos por eruditos protestantes comprometidos con la Biblia, y en Israel por eruditos criados en el AT y bajo la influencia de las enseñanzas de Albright. Durante los años 1960 los arqueólogos profesionales en los Estados Unidos crecientemente consideraban a los arqueólogos bíblicos como aficionados no científicos.

En 1975 William G. Dever fue el primero en proponer una nueva arqueología siro-palestina secular, separada completamente de lo que él vio como una arqueología bíblica determinista, teológicamente motivada. La «nueva arqueología» que había llegado a dominar otras ramas de la arqueología en los años 1960 fue vista como un acercamiento explícitamente científico, para el cual la historia era de poca consecuencia, y Dever demostró el valor de concentrarse en ambiente, economía y asuntos sociales.

Un crítico menos abierto de la arqueología bíblica tradicional, Lawrence E. Stager ha mezclado con cuidado conceptos tomados de la antropología y la sociología, así como ecología, etnoarqueología, estudios bíblicos e historia antigua para interpretar tradicionales materiales de fuente proporcionados por el AT y la arqueología «contaminada». En la reconstrucción de la organización social de la casa israelita, él mezcla registros bíblicos con hechos arqueológicos firmes de los planos de asentamiento, para mostrar cómo la familia israelita extendida vivía en la antigüedad. En otra parte, él observa la fase temprana del asentamiento israelita para determinar por qué no todas las tribus respondieron a la llamada de Débora para luchar, en Jueces 4—5. Al estudiar la ecología local de donde las variadas tribus vivieron, la arqueología de estas áreas, y datos bíblicos acerca de variaciones en la economía entre las tribus, Stager proporciona percepciones innovadoras en la dinámica social del Israel temprano. Del mismo modo, él usa esta perspectiva más amplia para examinar los procesos del asentamiento filisteo, así cómo de qué manera «una arqueología de destrucción» (es decir, la conquista babilónica de Filistea) puede ser establecida en el sitio de Ascalón. *Véase* CERÁMICA.

Bibliografía. W. F. Albright, *The Archaeology of Palestine and the Bible* (Cambridge, Mass., 1932); W. G. Dever, «The Contribution of Archaeology to the Study of Canaanite and Early Israelite Religion,» en *Ancient Israelite Religion*, ed. P. D. Miller, P. D. Hanson, and S. D. McBride (Philadelphia, 1987), 209-47; P. J. King, *American Archaeology in the Mideast* (Philadelphia, 1985); T. E. Levy, ed., *The Archaeology of Society in the Holy Land*, 2nd ed. (London, 1998); A. Mazar, *Archaeology of the Land of the Bible, 10,000–586 b.c.e.* (New York, 1990); P. R. S. Moorey, *A Century of Biblical Archaeology* (Louisville, 1991); N.

A. Silberman, *Digging for God and Country: Exploration, Archaeology, and the Secret Struggle for the Holy Land, 1799-1917* (1982, repr, New York, 1990.); L. E. Stager , «The Archaeology of the Family in Ancient Israel,» *BASOR* 260 (1985): 1-35.

THOMAS E. LEVY

ARQUIPO (Gr. *Árchippos*)

Miembro de la iglesia de Colosas que Pablo saluda y recuerda como fiel a su ministerio (Col 4.17). Arquipo («maestro del caballo») también es denominado como «compañero de milicia» de Pablo (Gr. *sustratiōtēs,* Flm 2), dando a entender que ellos habían servido antes juntos. Él era miembro de la casa de Filemón, quizás un hijo o hermano, y puede haber sido el dueño de Onésimo el esclavo (Flm 8-20). Si la frase «recibido en el Señor» es un término técnico para los principios de ordenación, entonces Arquipo puede haber sido un diácono en Colosas.

BONNIE THURSTON

ARQUITA (Heb. *hā'arkî*)

Miembro de un clan de Benjamín cerca de Bet-el. El gentilicio es aplicado a Husai, el amigo y consejero de David (2 S 15.32). Según Josué 16.2 el territorio del clan estaba en Atarot (quizás Atarot-adar).

ARQUITECTURA

La arquitectura, como el arte o la ciencia de la edificación, busca satisfacer las necesidades físicas, ideológicas, sociales y creativas de la humanidad por el diseño de estructuras funcionales. A través de los siglos de existencia humana, la humanidad ha reclamado el derecho de expresar, por medios personales y monumentales, estas necesidades dentro de los límites de materiales disponibles. Archivos textuales y arqueológicos en el Oriente Cercano antiguo dan testimonio de los monumentos dejados a través del curso de milenios en «la cuna de la civilización».

Materiales y construcción

Los materiales de construcción disponibles en Palestina estaban limitados al hallazgo natural de piedra caliza local y basalto, maderas, y tierra usada para hacer adobes. Las referencias bíblicas al uso de estos materiales son abundantes y reflejan exactamente técnicas de construcción locales.

La piedra caliza era el material de construcción más común, especialmente en las regiones costeras y el área montañosa central, mientras que el basalto se usaba en el norte, en particular en el Valle del Jordán y Galilea. Las grandes piedras rústicas se usaron como cimientos y paredes, rellenando con piedras delgadas las grietas y áreas desiguales, antes de que las paredes fueran cubiertas con barro o yeso. No fue hasta la Edad del Bronce Tardía que la albañilería de sillar fue introducida para la edificación más fina, como es evidente en varios de los palacios y templos en Jasor y la puerta de la Edad del Bronce Tardía en Megido. Estos ortotastos en el norte de Palestina reflejan una fuerte influencia anatolia. Durante períodos posteriores la albañilería de sillar fue desarrollada aún más y usada en todas partes de Palestina, sobre todo durante el período de la monarquía israelita y después (1 R 5.18). La piedra siguió siendo un material de construcción principal durante los tiempos helenísticos y romanos.

La madera fue usada ampliamente (Jos 17.15, 18) en la construcción de artezonado (1 R 6.9), refuerzo de paredes (6.36; Esd 5.8; 6.4) y para columnas interiores hechas de madera o piedra (1 R 7.2). Las maderas locales usadas en la construcción incluyeron la palmera datilera, el enebro, el roble, el olivo, el pino, el álamo y el nogal. El famoso cedro del Líbano era importado desde el norte y transportado a Palestina y Egipto, donde era apreciado como una de las maderas más finas (2 S 5.11; 1 R 5.8-9; 7.2).

El adobe fraguado por el sol era usado a través del Oriente Cercano como un material versátil en la construcción de edificios fortificados, domésticos, de culto y administrativos. Se pensó una vez que el arco fue introducido durante el período persa, pero dos puertas arqueadas hechas de adobe han sido encontradas en Tell Dan y Ascalón, que datan de la Edad del Bronce Media. El adobe era fácilmente moldeado en formas y fraguado por el sol, añadiendo a veces la paja como un elemento que aceleraría el secado y la consistencia. El adobe era adherido con barro o betún (Gn 11.3). Las paredes eran entonces terminadas ya sea con barro o con una capa de yeso sobre la superficie. Se requeriría mantenimiento regular para prevenir el decaimiento. El uso combinado de estos materiales en diferentes edificios y diseños arquitectónicos varió a través de la historia de la Palestina antigua.

Examen general

Palestina, como un puente de tierra entre los imperios de Egipto, Anatolia, y Mesopotamia, estaba en la intersección de las civilizaciones antiguas. Desde el principio de urbanización en Edad del Bronce II-III (3000-2400 a.C.) y sobre todo durante la Edad del Bronce media II-III (1850-1550 a. C.) las ciudades-estado de Palestina reflejaron las fuertes influencias de Siria y Mesopotamia, un factor que continuó en la Edad del Bronce tardía, acompañado por el impacto creciente de Egipto en cuanto a arquitectura y cultura material. Con el colapso de la civilización de la Edad del Bronce durante un extenso período de aproximadamente 1250 a 1150, cambios arquitectónicos comenzaron a producirse a medida que variados grupos étnicos, como los israelitas y los filisteos, comenzaron a ampliar su asentamiento. A lo largo de los siglos siguientes las poderosas fuerzas de Asiria, Persia, Grecia y Roma desempeñarían un papel interactivo con las culturas locales en el desarrollo arquitectónico.

Fortificaciones. La construcción de fortificaciones proporcionó protección contra animales merodeadores y el ataque de fuerzas militares. El desarrollo de la ciudad fortificada indicó el establecimiento permanente cuando una población se identificó con cierta región, y sintió que su tierra debía ser defendida. Las estructuras defensivas incluyeron terraplenes y glacis, paredes y puertas.

El terraplén y el glacis fueron introducidos durante la Edad del Bronce II y continuaron durante períodos urbanos hasta que ellos aparecieron otra vez en sitios de la Edad del Hierro. El terraplén era un montículo urbanizado de tierra que rodeaba la ciudad y servía como base para muros de protección más grandes. Algunos piensan que fue construido como una defensa contra el ariete, pero el terraplén también previno la erosión y la debilitación de los muros que rodeaban la ciudad. El glacis era la periferia externa del terraplén o montículo *(tell)* hecho de tierra, yeso con pizarra, ladrillo o piedra, comprimidos. Aparece en sitios del periodo de la Edad del Hierro II en Beer-seba, Laquis, Tel Malḥata (Tell el-Milḥ), Tell en- Naṣbeh y Gezer.

La construcción de muros de la Edad del Hierro tomó varias formas. En la época del Hierro I, existieron pocas ciudades fortificadas fuera de la pentápolis filistea a lo largo de la llanura costera del sur. Las excavaciones en Ascalón, Tel Mikné-Ecrón, y Asdod revelaron grandes muros de ladrillo de barro y torres que datan de los siglos XII y XI. Otras ciudades estaban rodeadas por un simple cinturón de casas, los muros externos servían para la defensa. Ejemplos de este sistema defensivo hasta el tiempo de la Monarquía Unida aparecen en Bet-semes, Gezer, Meguido, Tell en-Naṣbeh, y Lakis. Durante y después de la Monarquía, cuando la administración se volvió centralizada, las fortificaciones se desarro-

Almacén de la Edad de Hierro con dos filas de pilares monolíticos que flanquean el pasillo del centro; dinastía ómrida (c. 875 a.C.), Azor (W. S. LaSor)

llaron aún más. Durante los siglos X hasta el VIII, muros con casamatas fueron construidos en Hazor, Tell Beit Mirsim, Samaria, y ʿEn Gev Estos muros con casamatas consistían en dos muros paralelos con un espacio entre ellos, dividido por paredes transversales en pequeños cuartos que funcionaban para el almacenaje o estaban llenos de tierra para refuerzo y apoyo de arrumbamientos superiores. El muro contrabalanceado es encontrado en Gezer y Meguido, y muros masivos construidos de piedra también son evidentes en Tell en-Naṣbeh, Hazor, Tel Batash-Timnah, Jerusalén y Tel MalFata.

La vida en la puerta de la ciudad figuró en instituciones importantes en la Palestina antigua. «La plaza de la puerta de la ciudad» (2 Cr 32.6) era un área para establecer acuerdos delante de testigos, un asiento para los ancianos, profetas y jueces de la ciudad. En las puertas de Meguido (estrato V-A) y Dan, posibles «sitios altos» fueron encontrados (2 R 23.8) que equivalen a las descripciones bíblicas.

La puerta de la Edad del Hierro se desarrolló en una manera sucinta. Durante el siglo X el portal de tres entradas de la Edad del Bronce Tardía fue ampliado a cuatro entradas con seis cámaras. Estaba flanqueado a ambos lados con torres masivas de aproximadamente dos pisos de alto, que estaban abiertas y accesibles durante la Edad del Hierro. Este portal de cuatro entradas ha sido atribuido a Salomón, que se dice reconstruyó los muros de Jerusalén, Hazor, Meguido, y Gezer (1 R 9.15), las ciudades más tardías revelan portales de este diseño junto con fina albañilería de sillar. Aunque haya discusión acerca de fechar estas puertas por el tiempo de Salomón, la albañilería de sillar, expresamente mencionada en relación a sus actividades de edificación (1 R 5.15-17 [TM 29-31]; 7.9-10), es citada en su favor. Durante el siglo IX los portales con tres entradas se volvieron prominente en sitios como Tell en-Naṣbeh, Beerseba, Meguido, y Tel Dan/Tell el-Qadi. Otras puertas de dos entradas simples proporcionaron un marco esencial en vario sitios de la Edad del Hierro II.

Edificios domésticos. Un nuevo tipo de casa fue introducido a principios de la Edad del Hierro. Debido a su descubrimiento inicial en la región montañosa, la casa de tres y cuatro cuartos fue a menudo asociada étnicamente con los israelitas. El edificio era típicamente diseñado en una forma oblonga, rectangular. El cuarto más amplio, el espacio más grande, estaba al fondo, con tres cuartos delanteros construidos perpendicularmente al cuarto más amplio. Una fila de pilares dividía los cuartos delanteros que creaban un tipo de patio. El edificio puede también haber tenido un segundo piso al menos sobre parte de la planta baja. Parece que el tamaño de la casa de cuatro cuartos indica que fue ocupada por familias nucleares.

Algunos piensan que el origen de la casa de cuatro fue una nueva innovación de la Edad del Hierro, mientras que otros señalan a predecesoras de la Edad del Bronce. La verdadera casa de cuatro cuartos más temprana se halla en sitios tales como Giloh (a fines del siglo XIII), Tel Masos, e ʿIzbet Ṣarṭah. Esta se volvió más común durante el siglo XII a través de la región montañosa central. Ciudades administrativas de la Edad del Hierro II tales como Meguido, Laquis, Hazor, y Tell en-Naṣbeh demuestran una planificación arquitectónica cuidadosa, y una proliferación de casas de cuatro cuartos en áreas domésticas. Así, esta forma se volvió cada vez más popular durante la Edad del Hierro en asentamientos y ciudades ocupadas por israelitas y filisteos (p.ej., Tell Qasile, Serʿ /Tell esh- Shariʿa).

Edificios dedicados al culto. Conocido sólo por su compleja descripción bíblica (1 R 6; 2 Cr 3.1-10; Ez 40–43), el Templo de Salomón es quizás el edificio dedicado al culto más conocido. Este era un edificio rectangular y largo con una entrada por su lado este. Sus dimensiones exteriores eran c. 25×20 m (82×65 pies), su pared c. 2,5-6 m (8-20 pies) de espesor. Dos pilares ornamentales flanqueaban la entrada. El interior estaba dividido en dos compartimentos, el lugar santo y el lugar santísimo. Los pisos interiores fueron revestidos con pino, mientras las paredes y el cielo fueron revestidos con cedro. El lugar santísimo también fue revestido con oro con la ayuda de artesanos fenicios. El templo sirvió a la comunidad israelita hasta su destrucción por parte de los babilonios en 586 a.C.

Otros edificios dedicados al culto en la Edad del Hierro II son conocidos, en lugares como Tell Dan, Arad y Tel Miqne-Ekron. Un gran podio encontrado en Tel Dan fue interpretado como un lugar alto dedicado al culto (*bāmâ*). Sus varias fases cubren los siglos X hasta principios del 9. El delineamiento de la estructura perfectamente cuadrada es hecho de fina albañilería de sillar con un relleno de tierra y basalto. Dentro de los límites de sus paredes de ci-

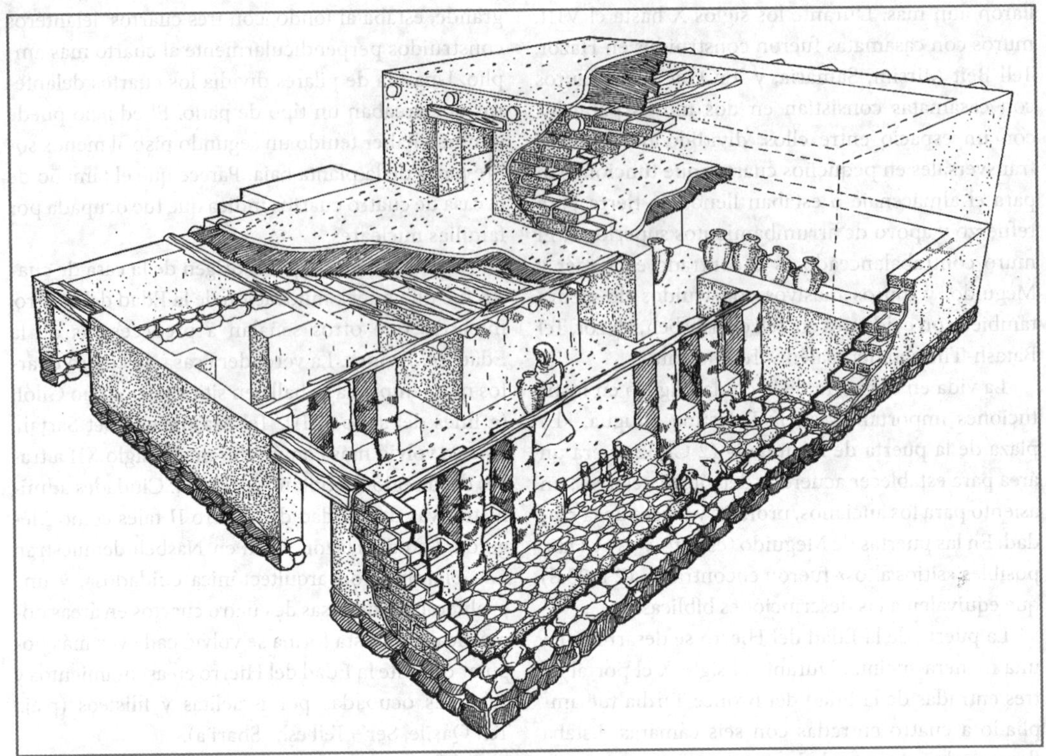

Reconstrucción de un artista de la «casa de cuatro cuartos israelita» (Giselle S. Hasel)

miento pareciera haber sostenido una superestructura maciza.

En Arad una serie de cuartos dentro de una fortaleza fueron identificados como un santuario debido a la estructura tripartita, un gran altar de sacrificio, y altares más pequeños dentro de las cámaras interiores. Dos platos hondos fueron encontrados, inscritos con una fórmula abreviada que podría ser interpretada como «santificado para sacerdotes.»

Un macizo templo asirio ha sido desenterrado en Tel Miqne-Ekron, que data del siglo VII. Una inscripción de dedicatoria menciona que Padi hijo de Acsi dedicó el templo a una diosa, y añade luz considerable a prácticas de culto religioso durante este período.

Edificios administrativos. Los edificios administrativos pueden ser clasificados bajo palacios o casas grandes y edificios de aristócratas, sostenidos con pilares durante la Edad del Bronce Tardía y hasta la Edad del Hierro.

La residencia del «gobernador» fue un desarrollo de la fase terminal de la Edad de Bronce Tardía. Se dice que este tipo de edificio tiene fuertes influencias egipcias y sirias. Éstos eran edificios cuadrados hechos de paredes de adobe, con un patio central rodeado por cuartos más pequeños. Se piensa que ellos servían a gobernadores locales que regían sobre Palestina, en el sur y a lo largo de las principales carreteras que llevaban al norte. La mayoría de estas residencias en sitios tales como Beth-shean (Tell el-Huṣn), Pella, Tell a Jemmeh, Tell el-Hesi, Tell es-Saʿidiyeh, Tel Seraʿ/Tell esh- Shariʿa, y Tell el- Farʿah (Sur) fueron destruidas durante la transición de la Edad del Bronce a la del Hierro (c. 1200) pero otras sobrevivieron o fueron edificadas en el la Edad del Hierro I (Tel Masos).

Las narrativas bíblicas proporcionan descripciones vívidas de los palacios de Salomón y David (2 S 5.11; 7.7; 1 Cr 17.1; 2 Cr. 2.3 [2]; 1 R 7.1-12). Como el templo, ellos fueron erigidos con la participación de hábiles artesanos fenicios, pero excavaciones arqueológicas tienen que localizarlos aún. Otros palacios encontrados en sitios como Meguido (Edificios 1723 y 6000) y Gezer («Palacio 10000») indican una construcción en la tradición siria *bit ilani*. Estos palacios fueron diseñados como dos pasillos alargados con el eje longitudinal paralelo a la fachada. El primer pasillo era un pórtico con una escalera que conducía a la entrada. Otra escalera dentro conducía a un segundo piso. El pasillo interior largo era el cuarto del trono. Otros palacios en Ramat Raḥel, Laquis, Hazor y Samaria indican un desarrollo arquitectónico adicional que se diferenció de influencias cananeas y asirias más tempranas. Las referencias bíblicas al uso de vigas de cedro en la construcción (1 R 6.36; 7.12) son apoyadas por evidencia arqueológica en estos sitios, donde aparecen huecos entre el sillar. Fragmentos de pinturas murales fueron encontrados en Ramat Raḥel.

Numerosos sitios experimentaron influencia asiria durante los siglos VIII y VII, cuando el Imperio Asirio se extendió y se establecieron centros administrativos en Palestina. «Edificios asirios de tribunal abierto» son hallados en Hazor (Edificio 3002), Meguido (Edificios 1052, 1369, y 1853), Gezer, Tell Jemmeh/Tel Reʿim, Tel Serʿ /Tell esh-Shariʿa, y Buseirah.

Edificios sostenidos con pilares son otro rasgo arquitectónico importante de la Edad del Hierro. Se piensa que las estructuras rectangulares, divididas por pilares en tres pasillos estrechos, cumplieron una función pública en Hazor, Tell Abu Hawam, Meguido, Tell Qasile, Tell el-Hesi, Beer-sheba, Tel Malhata, y Tell Masos. La función de estos edificios como establos, almacenes, cuarteles, o mercados permanece una cuestión de debate.

Desarrollo posterior. Influencias de las culturas helenística y romana se hicieron sentir cada vez más a través de la región. Los romanos establecieron no menos de 30 ciudades en Palestina; uno de los programas de edificación más impresionantes fue iniciado por Herodes el Grande (37-4 a.C.). Ciudades como la Cesarea marítima, la reconstrucción de Jerusalén, Beth-sean, Pella, y Banias (Cesarea de Filipos) indican una planificación cuidadosa de acueductos, cisternas, templos, anfiteatros, hipódromos, baños públicos y palacios, puestos en relación conjunta a fuentes y estatuas, creando así una atmósfera magnífica de poder, y cultura. A pesar de este espectáculo impresionante, la construcción de sinagogas, el templo en Jerusalén, y otros edificios da testimonio de la persistencia y naturaleza indomable de los elementos sociales, ideológicos y creativos todavía inherentes en las culturas locales y su herencia antigua.

Véase también CASA; TEMPLO.

Bibliografía. A. Biran, ed., *Temples and High Places in Biblical Times* (Jerusalem, 1981); W. G. Dever, «Palaces and Temples in Canaan and Ancient Israel,» CANE, 1.605-14; V. Fritz, The City in Ancient Israel (Sheffield, 1995); A. Kempinski and R. Reich, eds., *The Architecture of Ancient Israel* (Jerusalem, 1992); G. Leick, *A Dictionary of Ancient Near Eastern Architecture* (New York, 1988); Y. Shiloh, «The Casemate Wall, the Four-Room House, and Early Planning in the Israelite City,» BASOR 268 (1987): 3-15; L. E. Stager, «The Archaeology of the Family in Ancient Israel,» BASOR 260 (1985): 1-35.

MICHAEL G. HASEL

ARREPENTIMIENTO

Concepto bíblico que oscila desde el arrepentimiento o remordimiento
(Heb. *nāḥam*, «jadear, suspirar o apenarse») hasta un cambio total de parecer o de comportamiento (*šûḇ*, «dar vuelta»).

El heb. *nāḥam* usualmente se refiere al arrepentimiento de Dios, en lugar de la gente, aunque ocasionalmente se refiere al dolor humano por el pecado (Ex 13.17; Job 42.6; Jer 8.6; 31.19). El término típicamente describe la respuesta misericordiosa de Dios al arrepentimiento humano, en el que Dios aplaca el castigo.

En el AT, la idea básica del arrepentimiento humano se representa con *šûḇ*. Implica apartarse del pecado y buscar la justicia, a menudo con un pesar que lo acompaña. Un ejemplo claro de este sentido religioso del término aparece en 1 R 8.47, donde Salomón le suplica a Dios que oiga las oraciones de un pueblo arrepentido que vuelve a Dios. El arrepentimiento a menudo involucra cambio de la idolatría a la adoración genuina de Jehová y su comportamiento moral correspondiente (Is 1.10-17; Ez 14.6; 18.30; Am 4.6-11). En respuesta a este arrepentimiento, Dios perdona y restaura.

En el NT, el arrepentimiento principalmente se relaciona con las palabras griegas *metanoéō* y *metñoia*, que significan entender algo de manera distinta, después de considerarlo. Este cambio de parecer necesariamente lleva a actos modificados, al mantener la perspectiva griega de que la mente (noús) controla el cuerpo. El arrepentimiento contiene un tema central en la predicación de Jesús, de Pedro y de Pablo.

Jesús comenzó su ministerio con un llamado al arrepentimiento como prerrequisito para entrar al reino de Dios (Mr 1.15; Mt 4.17). Marcos 6.12-13 resume el ministerio de Jesús al decir que Jesús predicó el arrepentimiento, sacó demonios y sanó a los enfermos. En la conclusión de su ministerio terrenal, Jesús comisionó a sus discípulos a predicar el arrepentimiento y el perdón a todas las naciones en su nombre (Lc 24.47). Un llamado al arrepentimiento caracteriza al contenido de su predicación. Pedro, Pablo y el resto de los apóstoles proclamaron el evangelio del arrepentimiento (Mr 6.12). El sermón de Pedro en Pentecostés instruía a la gente a arrepentirse y a que creyeran en Jesús (Hch 2.38); después, hizo eco de este mensaje ante el Sanedrín (Hch 3.19). Pablo también condensó su evangelio como un llamado al arrepentimiento y a una vida recta (Hch 17.30; 26.20). Debido a que los evangelios hacen énfasis en la centralidad del arrepentimiento en la predicación de Jesús, y tanto Pedro como Pablo enseñaron que el arrepentimiento era la respuesta correcta al evangelio, la importancia del arrepentimiento para la teología del NT no se puede dejar de recalcar.

Los primeros padres de la iglesia le pusieron poca atención a la doctrina del arrepentimiento, pero para el segundo siglo, la tradición de la iglesia igualaba al arrepentimiento con la acción del bautismo, llevando a la dificultad de que los cristianos obtuvieran perdón por pecados posteriores al bautismo (Herm. Man 4.1-3). Tertuliano intentó resolver este problema al postular una confesión pública de pecados (*exomologēsis*) para limpiar los pecados posteriores al bautismo, pero se lo negaba a los que fueran culpables de adulterio, fornicación, asesinato o idolatría.

Para la Edad Media, la iglesia había desarrollado la idea de la confesión pública en la doctrina de la penitencia. Los católicos arrepentidos iban a hacer confesiones a un sacerdote, por lo menos una vez al año. Tomás de Aquino clasificó a la penitencia entre los elementos de arrepentimiento, confesión, satisfacción y absolución. El abuso de indulgencias provocó un rechazo del sacramento de la penitencia entre los escritores de la Reforma, aunque discutían el arrepentimiento en relación con el debate calvinista/arminiano sobre el libre albedrío. Los calvinistas consideraban el arrepentimiento como un regalo absoluto de Dios, entre tanto que los arminianos pensaban que el arrepentimiento implicaba la respuesta humana a la iniciativa de Dios.

El arrepentimiento, la fe, y la elección forman un conjunto de ideas entretejidas muy de cerca que expresan el evangelio. El llamado electivo para que la gente entre al reino de Dios surge como un llamado al arrepentimiento. La fe en la palabra de Dios da comienzo al arrepentimiento (Ro 10.11-17; Os 6.1-6; Jl 2.32 [TM 3.5]). La persona que se arrepiente repudia la perversidad del pecado, y lo considera serio y repulsivo. El Espíritu Santo genera vida dentro de los creyentes humanos a través del arrepentimiento y la fe. Los elegidos aceptan el llamado a apartarse de su condición rechazada, de no ser el pueblo de Dios, y a ser los que Dios reclama como sus hijos (Ro 9.25-26; Jl 2.25).

Linda Oaks Garret

ARRODILLAR

Una posición de humildad, entrega, respeto y adoración. Arrodillarse era una expresión de honor y sumisión a la realeza y diversas autoridades gubernamentales y religiosas (Gn 41.43). Arrodillarse era también una postura para dar a luz (1 S 4.19), y que simboliza la aceptación legal de un hijo (Gn 30.3). Lo más importante, arrodillarse era un acto, junto con una reverencia (Sal 95.6), que significaba una actitud reverente durante la oración y el culto, incluyendo el culto a Baal y a Dios (1 R 19.18; Rom 11.4). Tanto Jesús como sus seguidores se arrodillaron mientras oraban (Lc 22.41; Hch 9.40; 20.36). Cuando Esteban fue martirizado, se arrodilló y oró por los que lo mataron (Hch 7:60). Por último, en la segunda venida de Cristo su señorío será reconocido cuando en el nombre de Jesús se doble toda rodilla (Fil 2.10).

J. Gregory Lawson

ARROYO

Una pequeña corriente de agua. En el clima estacional de Palestina los lechos de los ríos tienden a brotar con la precipitación de lluvias durante las lluvias de invierno, pero se secan durante la sequía del verano (1 R 17.1-7; Job 6.15-17). Corrientes perennes como el río Jordán y sus afluentes principales son la excepción a la regla general, pero estas corrientes palidecen en comparación con el Nilo, Tigris, o Eufrates. Más a menudo los lechos de los ríos se convierten en quebradas secas durante el verano, y la supervivencia se vuelve mucho más difícil. Así heb. *naḥal*, como el arab. *wadi*, pueden referirse a una corriente o río perenne, un torrente de temporada (Jue 5.21), o meramente un valle o lecho de arroyo seco durante la sequía (Nm 13.23; Dt 2.13; 2 S 15.23). Metafóricamente, el torrente de la temporada de lluvias ilustra la demanda profética para la justicia penetrante (Am 5.24), la bendición profetizada a venir a Jerusalén (Is 66.12), o las palabras sabias de la boca de los justos (Pr 18.4). El problema implicado en atravesar el "orgullo" del Jordán (ya sea de la densa vegetación a lo largo del mismo que alberga animales peligrosos o de sus agitadas aguas turbulentas) oportunamente describe las dificultades y peligros de Israel (Jer 12.5; cf. 47.2). Un arroyo en la etapa seca sirve como una adecuada imagen de los volubles amigos de Job (Job 6.15-20). El carácter efímero de los arroyos se debe entender si se quiere apreciar la adecuación de la comparación de los ciervos jadeando por el agua con el salmista jadeando por Dios (Sal 42.1-2[TM 2-3]).

David L. Turner

ARSA (Heb. *'arṣā'*)
Administrador de la casa del rey Ela de Israel, en cuya casa el rey, mientras estaba borracho, fue asesinado por Zimri (1 R 16.9).

ARSACES (Gr. *Arsakēs*)
Líder militar parto, que a mediados del siglo III a.C. se rebeló contra Seleuco II y estableció una dinastía que continuó hasta el siglo III d.C. Arsaces se convirtió en el nombre que adoptaron todos los reyes partos. Partia obtuvo independencia oficial de Antíoco III, que fue incapaz de derrotar una coalición en que participó Partia. Antíoco IV también sufrió una derrota por parte de Arsaces VI (Mitrídates I). Después de la muerte de Antíoco IV, Mitrídates conquistó Media y Mesopotamia. En 161 Demetrio tomó Media de los partos después de su victoria sobre Timarco. En 141 su hijo Demetrio II marchó al este donde se encontró con el Imperio Parto en expansión, todavía bajo el dominio de Arsaces Mitrídates I. Los comandantes de Mitrídates derrotaron y capturaron a Demetrio y le trajeron a su rey (1 Mac 14.1-3). Mitrídates, sin embargo, trató a Demetrio II bien, y Demetrio posteriormente se casó con su hermana.

Rodney A. Werline

ARTAJERJES (Heb. *'artaḥšastā'*; Gr. *Artaxerxēs*)
Nombre común entre reyes persas de la dinastía aqueménida. Artajerjes es mencionado como el rey persa que comisionó las misiones de Esdras y Nehemías (Esd 7.1-28; Neh 2.1-8). Sobre la base de referencias no bíblicas de sus antagonistas Sanbalat y Gesem (cf. Neh 6.1), las misiones de Nehemías fueron ciertamente puestas en marcha durante el reinado de Artajerjes I (445 y 433 a.C.; Neh 2.1; 13.6-7). Hay menos acuerdo concerniente a Esdras, aunque cada vez más eruditos estan inclinados a datar su misión también por el tiempo de Artajerjes I (458; Esd 7.7).

1. Artajerjes I Longímano (465-424). Hijo y sucesor con Jerjes I, Artajerjes I primero afrontó rebelión de Egipto, la que fue aplastada en 455 por Megabizo, sátrapa de «más allá del Río» (*'Abar Nahar â*). En 448 Megabizo se sublevó y fue removido del puesto. Unos han visto este como el trasfondo de la misión de Nehemías. Por lo demás, el reinado de Artajerjes se desarrolló bastante pacíficamente.

2. Artajerjes II Mnemón (404-359). Hijo y sucesor con Darío II, su reclamación al trono fue desafiada en la batalla por Ciro el joven, como se relata en *Anabasis* de Jenofonte. El fracaso de Ciro (401) y la posterior derrota de los espartanos en Cnido (394) devolvió el control del oeste a Artajerjes. La hegemonía que sostuvo a lo largo de su largo reinado se debió en gran parte a las rivalidades entre varias ciudades-estado griegas, e igualmente entre sátrapas.

Gerald M. Bilkes

ARTEMAS (Gr.*Artemás*)
Compañero de Pablo al que el apóstol esperaba enviar a Creta a fin de permitir a Tito juntarse con Pablo en Nicópolis (Tit 3-12).

ARTEMISA (Gr. *Ártemis*)
La deidad patrona de Éfeso. Artemisa Efesia (una manifestación local de la diosa griega Artemisa y su equivalente romano Diana) es una forma de la diosa madre nativa anatolia, una deidad lunar y de fertilidad, conocida por su protección de la nueva vida, especialmente animales y mujeres al dar a luz. Éfeso aseveraba ser el lugar de su nacimiento, festejada dos veces al año, en la primavera artemisia de un mes de duración, que incluía celebraciones atléticas, teatrales y musicales así como banquetes y asambleas; y un evento de verano u otoño tardío recreando el nacimiento como parte de un culto de misterio. En estas celebraciones, las imágenes sagradas de Artemisa eran llevadas en procesión desde el Artemisio, el templo, hacia la ciudad y después de vuelta

al santuario. Canciones y aclamaciones de las muchedumbres, similares a «Grande es Diana de los efesios» (Hch 19.28, 34), eran cantadas durante las procesiones. Estos festivales atraían a miles de visitas y eran la principal industria económica de la ciudad. La tradición en Hechos 19.35 que su imagen de culto había «bajado del cielo» sugiere que la estatua original hubiera sido esculpida de un meteorito, aunque no sobreviva ninguna otra referencia literaria a aquella afirmación.

El centro del culto de Artemisa estaba en Éfeso, donde su imagen era acuñada en monedas de plata y las estatuillas llevadas en procesiones cívicas. Las conversiones al cristianismo seguramente habrían reducido las donaciones al Artemisio, habrían tenido una influencia perjudicial en el culto de adoración de la diosa, y habrían sido vistas como una amenaza a la actividad económica adjunta al templo. De esta manera, Demetrio, probablemente un miembro de la junta del templo, vio el cristianismo como una amenaza directa a la religión y economía de la ciudad, e incitó a los plateros para amotinarse por esta intrusión del Camino (Hch 19.23-41).

JOSEPH A. CORAY

ARTESA DE AMASAR
Un utensilio doméstico para la producción de pan y otros productos horneados y por lo tanto una imagen de hospitalidad. Sara probablemente utiliza una artesa para amasar (Heb. *miš'ereṯ*) cuando prepara tortas para los tres visitantes de Abraham (Gn 18:6). La adivina de Endor amasa y hornea pan para Saúl (1 S 28:24), y Tamar amasa pan para Amnón (2 S 13:8). Jeremías 7.18 cita a las mujeres amasando tortas para la reina del cielo como un ejemplo de la maldad de Israel.

La artesa es también una imagen de la vida y la muerte. Durante la segunda plaga, las ranas eran tan numerosas que llegaron incluso a las artesas de Egipto (Ex 8:3[TM 7:28]). Cuando los israelitas salieron de Egipto, llevaron sus artesas, todavía llenas de masa y cubiertas con sus ropas, en sus hombros (Ex 12:34). Deuteronomio 28 menciona artesas entre las bendiciones (v. 5) y maldiciones (v. 17).

VICTORIA ANDREWS

ARUBOT (Heb. *ărubbôṯ*) (también ARBATÁ)
Ciudad en el tercer distrito de Salomón, donde Benhesed debía juntar un suministro de comida para el rey un mes cada año (1 R. 4.10). Khirbet el-Hamam (163201) en el borde del sur del valle Dotán es una candidata probable de la ubicación. Cerca de Arrabeh (169201) conserva el nombre antiguo. En 1 Macabeos 5.23 es llamada Arbatá (cf. Narbatá en el período romano).

ARUMA (Heb. *ărûmâ*)
Ciudad en Efraín donde Abimelec, el hijo de Gedeón, residía (Jue 9.41), e identificada con la moderna Khirbet el-ʿOrmah (180172), c. 8 km (5 mi) al sur de Siquem. También puede aparecer en Jue 9.31, aunque el texto allí sea problemático. El TM lee *bĕtormâ,* que parece ser la preposición hebrea *bĕ* seguida por un sustantivo, de otra manera no comprobado. Los eruditos que aceptan esta lectura sacan *tormâ* de la raíz *rmh,* «engañar» (cf. RV60 «secretamente»; NVI «en secreto»). Otros, incluyendo la Versión Dios Habla Hoy, leen *tormâ* como simplemente una forma corrupta de Aruma.

WADE R. KOTTER

ARVAD (Heb. *'arwaḏ;* Gr. *Arados*)
La más al norte de las ciudades-estado fenicias, que ocupaba una pequeña isla (moderna Ruad; 229473) al lado de la costa siria c. 85 km (53 mi) al sur de Ugarit. En la Tabla de Naciones sus habitantes son incluidos entre los cananeos (Gn 10.18; 1 Cr 1.16). Las Cartas de Amarna indican que la marina de Arvad (Acad. *Ar-ma-da-a*) era la principal fuerza militar usada por una confederación de ciudades del norte contra las ciudades del sur de Biblos, Sidón y Tiro. La marina de Arvad impresionó a Tiglat-Pileser I de Asiria, quién cuenta acerca de su navegación a bordo de un barco arvadeo.

El archivo de asirio registra que Arvad recibió a Asurnasirpal II, probablemente como parte de relaciones comerciales con Asiria. Sin embargo, con el avance imperialista de Salmanasar III, Arvad se afilió a la coalición siria del norte contra Asiria en la batalla de Carcar en 853. Subsecuentemente Arvad se convirtió en vasallo de Asiria. Nabucodonosor capturó a Arvad y otras ciudades costeras, llevando a sus reyes cautivos a Babilonia. Las continuas proezas de Arvad en el mar resuenan en la profecía de Ezequiel contra Tiro (Ez 27.8). Los persas concedieron autonomía a las ciudades fenicias, pero por el 333 Arvad se rindió a Alejandro Magno, quién usó su armada para sitiar a Tiro. Para mediados del siglo II la ciudad era otra vez bastante importante para recibir una proclamación que declara la alianza entre Roma y Simón Macabeo (1 Mac 15.23).

Gary P. Arbino

ASA (Heb. *'āsā'*)

1. Nieto de Roboam y el tercer rey en gobernar el reino sur de Judá después de la división de la monarquía. Según 1 Reyes 15.10 gobernó 41 años (c. 913-873 a.C.). Su abuela («madre») Maaca sirvió como reina madre, cuya función principal era de consejera mayor al rey y a otros. Maaca tomó un papel protagínico en el culto en Jerusalén, y cuando Asa lo reformó destronó a Maaca por erigir una imagen a Asera.

Fueron sus esfuerzos por reformar la adoración en Jerusalén que le ganó a Asa la alabanza del autor de 1 Reyes 15. Él quitó los sodomitas asociados con ritos de fertilidad y destruyó las imágenes que sus precursores habían colocado en Jerusalén. Las imágenes incluyeron la Asera de Maaca, que Asa cortó y quemó «junto al torrente de Cedrón». Además, ofreció a Dios regalos votivos hechos de plata y de oro, y utensilios nuevos para la adoración.

Según 1 Reyes 15.16 Asa y Baasa, rey de Israel, lucharon una guerra fronteriza a lo largo de sus reinados. En cierta ocasión durante su guerra, Baasa «edificó a Ramá» (1 R 15.17), que quizás significó que él reconstruyó o fortificó Ramá de Benjamín (moderna Er-ram), que estaba a 8 km (5 mi) al norte de Jerusalén, en el camino por el que los asirios avanzaron contra aquella ciudad (Is 10.29). Asa ofreció a Ben-adad de Damasco «un presente» significativo, de plata y oro, para romper su alianza con Baasa y atacar a Israel. Cuando Ben-adad atacó las ciudades del norte Ijón, Dan, Abel-bet-maaca, Cineret, «y toda la tierra de Neftalí», Basaa fue obligado a moverse al norte a Tirsa para detener el avance de Ben-adad. Asa aprovechó la oportunidad de ordenar a su gente subir a Ramá y quitar los materiales de construcción para usarlos en la fortificación de Geba de Benjamín y Mizpa, estableciéndolas así como su frontera norte.

En 2 Crónicas 14.1 (TM 13:23) –16.14 se expande este relato del reinado de Asa por medio de una narrativa (14.9-13 [8-12]) de una invasión por parte de Zera el «cusita» (etíope) y discursos por Azarías hijo de Obed (15.2-7) y el vidente Hanani (16.7-10). La invasión fue relatada como evidencia de que la fuerza divina vencería fuerza militar. Después de la derrota de Zera, se dice que Israel atacó las ciudades alrededor de Gerar y a los dueños de ganado, que quizás debería ser entendida como evidencias adicionales de la protección de Dios sobre Asa, como recompensa por la obediencia. Los discursos parecen haber sido compuestos por el cronista, el primero para indicar la aprobación divina de las reformas de Asa, el segundo para indicar la desaprobación de la confianza de Asa en lo humano en vez de en la protección divina. Este patrón se mantiene en 2 Crónicas 16.12, donde el cronista condena a Asa otra vez por confiar en médicos y no en Dios para curarse de su enfermedad fatal de los pies, la naturaleza de la cual es obscura.

2. Levita cuyo hijo Berequías estuvo entre los primeros en recibir de vuelta sus posesiones familiares después del Exilio (1 Cr 9.16).

Bibliografía. N.-E. A. Andreasen, «The Role of the Queen Mother in Israelite Society,» *CBQ* 45 (1983): 179-94.

Paul L. Redditt

ASAEL (Heb. *'ăśâ'ēl*)

1. Uno de los hijos de Sarvia, la hermana de David. Él y sus hermanos, Joab y Abisai, estaban entre los seguidores de David a partir de su período de exilio de la corte de Saúl. Aunque Joab y Abisai sirvieron periodos extensos como comandantes en el ejército de David, Asael murió durante la larga guerra entre la casa de David y la casa de Saúl (2 S 2.18-32).

A pesar de su muerte temprana, Asael es incluido en la lista de *šālîšîm* de David (2 S 23.24 = 1 Cr 11.26), un cuerpo de guerreros élite que pueden haber luchado en escuadrillas de tres. La inclusión de Asael aquí sugiere que la lista de estos guerreros va al inicio de la monarquía de David. Su presencia aquí implica además que la lista es acumulativa con el tiempo, un hecho que refuerza la probabilidad que la referencia aquí es *šālîšîm,* no *šĕlôšîm* («los Treinta»). La presencia del nombre de Asael en la lista de los comandantes de David, de imposiciones mensuales de 24 mil hombres cada uno (1 Cr 27.7), proporciona pruebas que esta lista es una invención posterior idealizada.

2. Uno de un grupo de seis levitas enviados por el rey Josafat a los pueblos de Judá para enseñar el Libro de la Ley (2 Cr 17.7-8).

3. Levita que asistía en reunir diezmos y dedicadas ofrendas en el templo durante la centralización del culto en tiempos de Ezequías (2 Cr 31.11-13).

4. Padre de Jonatán, uno de los exiliados por el tiempo de Esdras. Este Jonatán, junto con Jahazías el hijo de Ticva, se opusieron a los esfuerzos de Esdras de hacer que los exiliados expulsaran a sus mujeres extranjeras y niños (Esd 10.15).

5. Hijo de Ezora, que despidió a su esposa extranjera después de la acción de Esdras (1 Esd 9.34).

Donald G. Schley

ASAF (Heb. *ʾāsāp̄*)

1. Padre de Joa, registrador del estado o «canciller» para el rey Ezequías (2 R 18.18, 37 = Is 36.3, 22) y uno de tres funcionarios que se encontron con los asirios durante el sitio de Jerusalén.

2. Hijo de Berequías el levita; epónimo ancestro de uno de las asociaciones prominentes de cantantes y músicos. Asaf, juntos con Hemán y Jedutún, fueron puestos por David a cargo del «servicio de canto» (1 Cr 6.39 [TM 2]; cf. 25:1; 2 Cr 5.12). Fue designado por David como el ministro «primero» delante del arca del Señor en Jerusalén (1 Cr 16.4-5; cf. 25.5, donde Hemán es preeminente), y una vez se le denomina como «vidente» (Heb. *ḥōzeh;* 2 Cr 29.30). Se dice que los hijos de Asaf «profetizaban bajo las órdenes del rey» durante el reinado de David (1 Cr 25.1-2), y los descendientes posteriores tomaron preeminencia como una asociación de cantantes del templo en tiempos posexílicos (Esd 2.41 [= Neh 7.44; 1 Esd 5.27]; Neh 11.22). Las superscripciones de 12 salmos son denominadas «de Asaf» (Sal 50, 73-83), que probablemente indica que fueron compuestos en el estilo o la tradición de Asaf. Las sugerencias de que los salmos son de origen israelita del norte o pertenezcan «a la tradición efrainita» son atrayentes, pero especulativas.

Bibliografía. M. J. Buss, «The Psalms of Asaph and Korah,» *JBL* 82 (1963): 382-92; H. P.Nasuti, *Tradition History and the Psalms of Asaph.* SBLDS 88 (Atlanta, 1988).

3. «Los hijos de Asaf», una de las divisiones de porteros en el segundo templo (1 Cr 26.1). Heb. *eb̲yāsāp̄* debería ser leído como Abiasaf.

4. El guarda del bosque o parque del rey Artajerjes (Neh 2.8). El rey le pidió enviar madera para la reconstrucción del templo y murallas de la ciudad.

Tyler F. Williams

ASAÍAS (Heb. *ʿăśāyâ*)

1. Un «siervo» de la realeza entre aquellos dignatarios enviados a la profetisa Hulda para consultar al Señor sobre el libro de la ley encontrado en el templo (2 R 22.12-14 = 2 Cr 34.20).

2. Líder de la tribu de Simeón que participó en la exterminación de los mehunim (1 Cr 4.36).

3. Un jefe de una familia merarita levítica designada por David para mover el arca a Jerusalén (1 Cr 6.30 [TM 15]; 15.6, 11).

4. Primogénito de los silonitas que volvió del exilio (1 Cr 9.5). En una lista paralela lo llaman Maasías el hijo de Baruc (Neh 11.5).

ASALARIADO

Una persona libre que trabajaba por un salario (Heb. *śāk̲îr;* Gr. *misthōtós*). Los asalariados trabajaban como jornaleros agrícolas (Lv 25.6), pastores (Jn 10.12-13), y mercenarios (Jer 46.21). Los «días» del asalariado eran penosos y largos (Job 7.1; 14.6). Los animales también fueron contratados para el trabajo (Ex 22.15[TM 14]).

Los asalariados servían sobre una base anual (Lv 25.53) o diariamente (Dt 24.15), trabajando el tiempo asignado para recibir sus salarios (Job 7.2). Isaías se refiere a años «como los años de un jornalero,» indicando que un asalariado no trabajaría un día más allá del acuerdo con su empleador (Is 16.14; 21.16). Algunos empleadores pagan salario prohíbe la oppression del asalariado (Dt 24.14-15).

Puesto que un asalariado no tenía la propiedad dentro de su trabajo dentro de su trabajo, la responsabilidad era fácilmente descuidada. Jesús se refirió a la falta de compromiso de una persona contratada (Jn 10.12-13).

Alan Ray Buescher

ASAMBLEA

Véase Congregación.

ASÁN (Heb. *ʿāšān*)

Una ciudad en la Sefela al principio asignada a Judá (Jos 15.42), pero debido a que el área era demasiado grande para que ellos la conquistarán, posteriormente fue reasignada a Simeón (19.7-9). Fue dada finalmente a los hijos de Aarón como una ciudad de refugio (1 Cr 6.57, 59 [TM 42, 44]). Unos leen «Asán» para «Aín» en Josué 21.16, una lista similar de ciudades levíticas, pero la relación entre los dos nombres es confusa en otras listas comparables de ciudades. Corasán («pozo de Asán») en 1 Samuel 30.30 puede ser el mismo sitio. Asán ha sido asociada con Khirbet ʿAsan, c. 8 km (5 mi) al noroeste de Beerseba.

Laura B. Mazow

ASAREEL (Heb. *'ăśar'ēl*)
Hijo de Jehalelel de la tribu de Juda (1 Cr 4.16).

ASARELA (Heb. *'ăśar'ēlâ*)
(también JESARELA)
Uno de los hijos de Asaf que junto con otros profetizaba con liras, arpas y címbalos (1 Cr 25.1-2; llamado Jesarela en v. 14).

ASBEL (Heb. *'ašbēl*) (también JEDIAEL)
Ya sea el segundo (1 Cr 8.1) o el tercer (Gn 46.21) hijo de Benjamín. En 1 Crónicas 7.6 el nombre es fraseado como Jediael (Heb. «conocido de Dios»), quizás para evitar connotaciones paganas alegadas en el nombre Asbel (cf. Isbaal, «hombre de Baal»).

ASCALÓN (Heb. *ašqĕlôn*)
Un puerto importante de la Palestina antigua, una de las ciudades de Filistea. El nombre, posiblemente relacionado con el término hebreo *šql,* «pesar,» podría referirse al papel económico de la ciudad (¿«Lugar de Pesas»?).

Localizado en la costa del sur de Israel, Ascalón (107119) ocupó una posición estratégica a lo largo de la carretera costera, la Vía Maris («Camino del Mar»). Un parque nacional afuera de la moderna Ascalón, 16 km (10 mi) al norte de Gaza, 64 km (40 mi) al sur de Tel-Aviv, marca el sitio de la ciudad antigua. Poblada sucesivamente desde al menos c. 3000 a.C. hasta 1270 d.C. por cananeos, filisteos, fenicios, judíos, griegos, romanos, cristianos bizantinos, musulmanes y cruzados, Ascalón fue testigo y participó en el desfile de la historia oriental y occidental.

En la Biblia Ascalón es listada como una de las cinco principales ciudades filisteas, la Pentápolis filistea (Jos 13.3; 1 S 6.17). Según Jueces 1.18 Judá tomó, pero no pudo conservar Ascalón. En Ascalón Sansón mató y despojó los cadáveres de 30 hombres a fin de salir bien en una apuesta (Jue 14.12, 19).

En su elegía por Jonatán y Saúl, David se refiere a Ascalón (2 S 1.20). La mayoría de referencias bíblicas a Ascalón aparecen en oráculos proféticos contra Filistea (p.ej., Jer 25.20).

La era filistea en; Ascalón comenzó a principios del siglo XII. Terminó casi 600 años más tarde, en 604, cuando el rey babilónico Nabocodonosor conquistó la ciudad y llevó su elite al exilio (Jer 47.5); 20 años más tarde un destino similar cayó sobre Jerusalén.

Por siglos peregrinos, aventureros y arqueólogos han visitado, saqueado y estudiado Ascalón, donde las columnas romanas y los terraplenes fatimidas todavía están de pie. Entre los descubrimiento de la actual excavación, conducida por Lawrence E. Stager, hay una pequeña estatua plateada de un ternero, que data del siglo XVI. Esta evidencia física para el uso de la iconografía bovina en la religión cananea arroja luz sobre el trasfondo de un número de pasajes bíblicos que mencionan el uso cúltico de imágenes de ternero o becerros (Ex 32; 1 R 12.28; Os 8.5). A través de de su historia, el estatus de Ascalón como puerto principal de la costa palestina sur prestó a la ciudad un carácter cosmopolita y diverso. Ascalón era famosa en la antigüedad por sus cebollas dulces; la palabra «cebolla escalonia» viene del nombre latín de la ciudad.

Bibliografía. L. E. Stager, «Ashkelon,»*NEAEHL* 1:103-12; *Ashkelon Discovered: From Canaanites and Philistines to Romans and Moslems* (Washington, 1991).

GREGORY MOBLEY

ASCENSIÓN
Subida al cielo. La literatura bíblica y no bíblica incluye muchas referencias a figuras que ascendieron al cielo. En el AT suben personajes vivos. Se supone que Enoc ascendió al cielo. Es descrito como uno que «caminó…con Dios» «y desapareció, porque le llevó Dios» (Gn 5.24). Se describe explícitamente a Elías como ascendiendo al cielo en «un carro de fuego con caballos de fuego» (2 R 2.11).

Literatura no bíblica

La literatura judía describe el descenso y la ascensión de ángeles y personajes humanos que ascienden y permanecen en el cielo. El ángel Rafael asciende al cielo en la presencia de Tobit y su hijo Tobías (Tb 12.20). José y Asenat describen la ascensión de un ángel al cielo en un carro en la presencia de Asenat (Jos 17.7-8). El libro 4 Esdras se refiere a hombres que han sido llevados y no han experimentado la muerte (4 Esdras 4.26). Varias versiones de 4 Esdras añaden un versículo al capítulo 14 describiendo cómo Esdras fue arrebatado hasta el lugar de aquellos como él. El libro 2 Baruc sugiere la futura ascensión de Baruc cuando esto enseña que él será preservado hasta el «final de tiempos» (2 Bar 13.3; 25.1). El Testamento de Moisés ha sido usado para enseñar que Moisés ascendió al cielo después de su muerte, pero el pasaje que enseña esto (T Mos 10.12) es cuestionable. Los textos místicos de 1-3 Enoc elaborados sobre la base de Génesis 5.24 al describir la ascensión divina, experiencias y final glorificación de Enoc como el ángel Metatrón. La transformación de Enoc en un ángel puede estar basada sobre la enseñanza de Daniel 12.3 de que los justo resplandecerán «como las estrellas», ya que las estrellas eran identificadas con ángeles (Job 38.7).

Varios otros textos judíos presentan figuras humanas que ascienden y retornan. Algunos textos no dejan claro si la acensión es física o de revelación (mística). El libro 3 Baruc describe la ascensión de Baruc bajo la guía de un ángel, y el aprendizaje de secretos divinos (3 Bar 2-17). En el Testamento de Leví, Levi asciende al trono de Dios y aprende misterios que él debe declarar a otros. El texto de Qumrán 4Q491 parece preservar la aseveración del maestro de justicia (o de uno de sus seguidores) que él ascendió a un trono divino. Otros materiales de Qumrán dan indicio de ascensión cuando describen miembros de la comunidad que se comunican con los ángeles (1QH 6:13; 3:20; 11:10; 2:10; 1QS 2:5-10). El Apocalipsis de Abraham y el Testamento de Abraham describen cómo Abraham ascendió al cielo bajo la dirección angelical, aprendió secretos divinos, y vio el trono de Dios (Apoc Abr 18.1ff.). El Testamento de Isaac describe la ascención de Isaac y su viaje al trono de Dios. En 3 Enoc se describe la ascención del rabino Ismael al cielo, donde ve el trono de Dios, es conducido en un recorrido por Metatrón, y aprende secretos divinos.

Estos relatos de ascender y descender pueden estar basados en la tradición judía de que Moisés ascendió al cielo cuando recibió la Ley (Orphica, una versión fragmentaria de 3 Enoc 15b).

Filón añade la idea de Moisés deificado cuando él entró en la presencia de Dios (*Vida de Moisés* 2.290-91). La historia rabínica de los cuatro rabinos que entraron en el paraíso (¿cielo?) preservada en *b. Hag.* 14b ilustra cómo los judíos en tiempos amoraicos continuaron su interés en ascenciones divinas y fueron advertidos sobre tomar ascenciones místicas al cielo. Las ascenciones místicas al cielo y las técnicas requeridas eran un elemento importante de lo que vino para ser conocido como misticismo Merkaba («Carro») y Hekalot («Tronos»).

Un texto se refiere a una ascensión divina que parece seguió a una resurrección. El Testamento de Job supone la resurrección de los hijos de Job y enseña su ascensión divina y glorificación (T Job 38.11–40.3); al final de su relato Job muere y su alma asciende al cielo en un carro (52.10). La ascensión del alma después de la muerte en el Testamento de Job es encontrada en otra parte (T Abr 20:9-12; T Isaac 7:1; Hist Rech 14:2-5).

Jesús

La ascensión de Jesús es la ascensión más prominente en la Biblia y se refiere a la partida final del Jesús resucitado de sus seguidores. Este acontecimiento es descrito en Hechos como un ascenso al cielo después de la resurrección de Jesús de entre los muertos (Hch 1.9-11). Lucas contiene una descripción de la ascensión de Jesús, pero la lectura es sospechosa (Lc 24.51). Lucas sí se refiere a la ascensión de Jesús como un marcador geográfico en su relato del ministerio de Jesús (Lc 9.51). La descripción de Hechos de la ascensión de Jesús en una nube (Hch 1:9) alude a Daniel 7.13, donde «uno como un hijo de hombre» viene «con las nubes del cielo» delante del «Anciano de días». Marcos y Mateo, ambos preservan la predicción de Jesús de que él volverá en las nubes del cielo (Mr 14.62 = Mt 26.64). La inferencia es que la nube de la ascensión será el medio del regreso de Jesús.

Apocalipsis continúa con esta asociación de Jesús con las nubes (Ap 1.7) y describe «uno sentado semejante al Hijo del Hombre» (¿Jesús?) en una nube blanca en cielo (14.14).

Hechos adicionalmente presenta la ascensión de Jesús como una exaltación a la diestra de Dios (Hch 2.33), una alusión a Salmos 110.1 («siéntate a mi diestra»), y como un acto de investidura de poder por la que Jesús dispensa el Espíritu y es reconocido «tanto Señor como Mesías» (Hch 2.33, 38). Esta representación está en armonía con la tradición cristiana temprana que Jesús se sentaría a la diestra de Dios (Mr 14.62 par.). Hechos 2.34-35 explícitamente une la ascensión de Jesús a una interpretación mesiánica del Salmo 110 que predice la entronización del Mesías sobre sus enemigos. La ascensión de Jesús y su glorificación en Hechos son así similares a las tradiciones de ascensión de Enoc, la entronización de Moisés en Ezequiel el Trágico (siglo II a.C.), la reclamación de entronización de 4Q491, y la creencia del rabino Akiba en la entronización del Mesías (*b Hag* 14a).

Otras escrituras del NT se refieren a la ascensión de Jesús ya sea como un acontecimiento futuro o suponen que sucederá. En el Evangelio de Juan Jesús se refiere a su futura ascensión (Jn 3.13; 6.62; 20.17), y la ascensión es aludida en numerosas ocasiones (7.33; 8.14, 21; 13.3; 14.2-3, 28; 16.5, 10, 28). Las referencias de Juan a la ascensión son usadas para enseñar el origen divino de Jesús y su relación especial a Dios el Padre. Él es el que descendió del cielo y luego ascendió al cielo. Este tema trae a la memoria a Tobit, y José y Asenet, donde los seres divinos descienden sólo para ascender (volver) a su domicilio divino.

Las Epístolas y Apocalípsis comparten la perspectiva de Hechos que la ascensión de Jesús resultó en su entronización a la diestra de Dios y su investidura de poder (Ef 1.20-21; Ap 1.12-20; 3.21; cf. 1 Pe 3.22). Pablo asocia la ascensión de Jesús con los acontecimientos de la Pasión (Ro 8.34; 1 Ti 3.16 conserva lo que parece ser un himno cristiano temprano que alude a la ascensión de Jesús en relación a otros acontecimientos de su vida). La descripción en Filipenses 2.9-10 de la exaltación de Jesús, al serle dado un nombre sobre todo nombre y recibir homenaje, alude a su ascensión-glorificación (cf. 3 En 10.1; 12.5; 14.1-5).

Hebreos se refiere a la ascensión de Jesús en el contexto del papel de Jesús como sacerdote divino, que subió a fin de entrar en el templo divino y hacer purificación por el pecado humano (He 1.3; 4.14; 6.19-20; 9.11-12). En la tradición judía posterior Metatrón no es un sacerdote que ofrece sacrificio como Jesús, pero él es designado al servicio litúrgico y es puesto en el cielo a fin de «servir el trono de gloria de día en día» (3 En 7.1).

Otras ascensiones en el NT

Tanto Pablo como Juan el autor de Apocalipsis son representados como emprendiendo ascensiones divinas. Sus ascensiones tienen varios paralelos con textos judíos místicos del siglo I d.C., como el Apocalipsis de Abraham y el Testamento de Abraham, que describen la ascensión y descenso divino de Abraham, y con 4Q491. En 2 Corintios 12.2-4 Pablo describe su ascenso divino donde aprende secretos divinos que no debe divulgar. Apocalipsis 4.1–16.21 representa la ascención divina de Juan, durante la cual él ve el trono de Dios y aprende secretos divinos (algunos de los cuales no debe revelar). Estos relatos ilustran que el cristianismo temprano compartía el interés místico judío en ascenciones divinas. En Juan 14.2-3 Jesús se refiere a la ascensión divina de sus seguidores cuando dice que vendrá otra vez (descenderá) y les llevará a lugares de moradas celestiales que preparará para ellos. Como Jesús, Metatrón, el Enoc ascendido y exaltado, era responsable del palacio divino y sus tiendas (3 En 11.6). Pablo también se refiere a la futura ascensión de los seguidores de Jesús y lo une con el patrón familiar de la nube (1 Ts 4.17). La descripción de Pablo de la futura transformación de los creyentes parece estar en conexión con el interés de ascensión-glorificación asociado con Jesús y el judaísmo temprano (1 Co 15.51-57; Flm. 3.21). Apocalipsis describe la futura ascensión de dos testigos martirizados en una nube (Ap 11.12), trayendo a la memoria la descripción de Hechos de la ascensión de Jesús en una nube (Hch 1:9).

Bibliografía. M. G. Abegg Jr., «Who Ascended to Heaven? 4Q491, 4Q427, and the Teacher of Righteousness,» en *Eschatology, Messianism, and the Dead Sea Scrolls,* ed. C. A. Evans and P. W. Flint (Grand Rapids, 1997), 61-73; M. Dean-Otting, *Heavenly Journeys: A Study of the Motif in Hellenistic Jewish Literature.* Judentum und Umwelt (Frankfurt, 1984); J. E. Fossum, *The Image of the Invisible God: Essays on the Influence of Jewish Mysticism on Early Christology.* NTOA 30 (Göttingen, 1995); M. Himmelfarb, *Ascent to Heaven in Jewish and Christian Apocalypses* (Oxford, 1993); C. R. A. Morray-Jones, «Paradise Revisited (2 Cor 12:1-12): The Jewish Mystical Background of Paul's Apostolate, Part 1: The Jewish Sources,» *HTR* 86 (1993): 177-217; «Part 2: Paul's Heavenly Ascent and Its Significance,» *HTR* 86 (1993): 265-92; A. F. Segal, «The Risen Christ and the Angelic Mediator Figures in Light of Qumran,» en *Jesus and the Dead Sea Scrolls,* ed. J. H. Charlesworth (New York, 1992), 302-28; J. D. Tabor, *Things Unutterable: Paul's Ascent to Paradise in Its Greco-Roman, Judaic, and Early Christian Contexts* (Lanham, 1986).

PHILLIP MUNOA

ASCENSO

Un grado de elevación, incluyendo aquel de un camino o escalera (p.ej, 2 Cr 32.33; Neh 3.19; 12.37). El hebreo *maʿălеh* a menudo se refiere a un paso de montaña porque se creía constituir la entrada a una cordón montañoso. Los ascensos importantes incluyen aquellos de Acrabim («paso Escorpión»; Nm

34.4; Jos 15.3; Jue 1.36) y Adumín (Jos 15.7; 18.17). En 2 Samuel 15.30 el ascenso del Monte de los Olivos simplemente significa la cuesta occidental de la montaña, que David y su séquito subió cuando fueron al este de Jerusalén. Inversamente, fue en el «descenso» de la misma montaña que Jesús bajó hacia la ciudad (Lc 19.37).

ASCENSO, CANCIONES DE

Una colección de 15 salmos (Salmos 120-134) de variados tipos unidos por el encabezado hebreo *šîr hammaʿălôṯ*, «cántico de ascenso gradual» (*šîr hammaʿălôṯ* en Sal 121). Cuatro interpretaciones del encabezado han sido sugeridas. (1) Orígenes y Agustín lo entendieron como refiriéndose místicamente a la subida del alma a Dios. (2) Teodoreto la consideró como una identificación de las canciones históricas cantadas por los exiliados que retornaron (cf. Esd 2.1; 7.9). (3) Algunos eruditos modernos tempranos sugirieron que el título se refiere a la forma de paralelismo como peldaño culminante de los mismos salmos. (4) La mayoría ha sostenido que las canciones eran cúlticas y cantadas al aproximarse al templo (cf. *b. Mid.* 2.5; *b. Sukk.* 51b).

Estudios recientes, enfocándose menos en el encabezado y más en el carácter de las canciones mismas, han concluido que estas canciones eran ofrendas votivas traídas al templo por peregrinos, y posteriormente incorporadas en una canción o devocionario por funcionarios del culto, o que representan un «salterio del peregrino» creado para animar a los israelitas del norte durante el período persa para hacer peregrinación al templo de Jerusalén.

Bibliografía. L. D. Crow, *The Songs of Ascents (Psalms 120–134)*. SBLDS 148 (Atlanta, 1996).

Tyler F. Williams

ASCETISMO

Aunque su connotación se relacionaba con el ejercicio físico, entrenamiento o práctica (del griego *áskēsis*), el ascetismo adoptó significado religioso en el período helenístico, indicando actividades de la mente, alma y voluntad. Como término religioso, la pureza ascética a menudo era vista como una condición para acercarse a los dioses, para llevar a cabo una comisión divina, o para sobrevivir una crisis histórica. Aunque la religión hebrea apreciaba el mundo, ésta también lo negaba en momentos importantes. Ayunar durante diversos períodos fue practicado en la Fiesta de Purim (Est 9.31), durante el Día de la Expiación (Lv 16.29-31; 23.26-32), y durante períodos de penitencia (1 S 7:6) o lamento (2 S 1.12; 3.35; Dn 9.3; 10.3). La participación en el culto de sacrificio (Lv 10.9) y la adopción del voto nazareo (Nm 6.2), ambas requerían al menos abstinencia temporal de vino y sexo. Los recabitas juraron no tener parte alguna en la plantación o cultivo de viñas, o en la producción y consumo de vino (Jer 35.7). Las relaciones sexuales también estuvieron prohibidas como preparación para la revelación divina (Ex 19.15), para luchar en una guerra santa (2 S 11.13), y para el servicio sacerdotal en el altar.

Estos actos ascéticos de negación de sí mismo cumplieron múltiples funciones. La abstinencia sexual practicada en la comunidad sacerdotal de Qumrán se pensaba que le colocaba a uno en la compañía de ángeles, y ofrecía un medio para entrar de nuevo en un mundo primigenio perdido. La abstención de compromisos sexuales, creía Pablo, le preparaba para permanecer fiel en la crisis escatológica (1 Co 7.32-35). Lucas sugiere que el ascetismo sexual ritualizaba una escatología realizada, que otorgaba un estatus angelical a los creyentes (Lc 20.34-36), un punto de vista compartido por los entusiastas corintos (1 Co 7). Esta piedad le permitía a uno trascender los límites físicos tan intransigentemente puestos sobre toda la humanidad al concentrarse en el *eschaton*. Este ascetismo, sin embargo, a diferencia de los filósofos cínicos, tenía fuertes lazos tradicionales con la cultura normativa judía y cristiana temprana. Donde los cínicos vieron los ascetismos como un intento de liberarse de los grilletes de la cultura normativa, el ascetismo judío y cristiano ofrecía un medio de devoción más intensa, de ocuparse en actos de negación de sí mismo para ofrecerse sin reservas a las tareas de Dios, y de participar en la historia sagrada de Israel.

Calvin J. Roetzel

ASDOD (Heb. *ašdôd*)

Una de las cinco principales ciudades filisteas. La ciudad antigua es identificada con la moderna Asdod/Esdûd (118129), 15 km (9 mi) al norte de Ascalón y c. 4 km (2.5 mi) del mar Mediterráneo.

Asdod era la parte del territorio tribal de Judá (Jos 15.46-47), aunque permaneciera bajo control filisteo. La ciudad es listada como una de las pocas ciudades donde los anaceos se radicaron durante el asentamiento israelita (Jos 11.22). Las narraciones del arca registran que los filisteos colocaron el arca de Dios en el templo de Dagón en Asdod, donde ellos desarrollaron tumores como juicio por parte de Dios (1 S 5.5-6). Asdod no es mencionada otra vez hasta que el rey Uzías de Judá conquistó la ciudad, y edificó ciudades en el «territorio de Asdod» (2 Cr 26.6). En 713 a. de C. Azuri el rey de Asdod se rebeló contra Asiria, y Sargón II conquistó la ciudad, colocando a Ahimetu en el trono.

De este punto en adelante la ciudad se convirtió en vasalla de Asiria. Según Heródoto, durante el reinado del rey asirio Asurbanipal, Asdod resistió un sitio egipcio durante 29 años antes de que fuera conquistada por Psamético I. Después de la conquista de la región por parte de Nabucodonosor, Asdod y su territorio se convirtió en una provincia babilónica. Durante este período Asdod es mencionada varias veces en los oráculos de los profetas (Jer 25.20; Am 1.8; 3.9; Sof 2.4; Zac 9.6).

Asdod (Gr. *Ázōtos*) es mencionada en varias fuentes desde los períodos persa hasta los romanos (Jdt 2.28; 10.77-78; 3.34; 16.10; Josefo *Ant.* 5.87; 5.128; 13.395; *BJ* 1.156, 165-66; 4.130). Judas Macabeo la capturó (1 Mac 5.68), y su sucesor, Jonatán, la quemó (10.84; 16.10). Felipe el Evangelista pasó por la ciudad de camino a Cesarea después de su encuentro con el eunuco etíope (Hch 8:40).

Excavaciones extensas del sitio antiguo por Moshe Dothan entre 1962 y 1970 han revelado un cuadro bastante completo del sitio. El tell consiste de una acrópolis de c. 8 hectáreas (20 acres) con una ciudad inferior de al menos 40 hectáreas (100 acres). Tell Asdod ha sido continuamente ocupada desde la Edad del Bronce Media hasta el período bizantino. Las excavaciones han expuesto 23 estratos. Un sistema de fortalecimiento grande, que consiste en un terraplén y un complejo de portal, fue construido durante el siglo XVII (Edad del Bronce Media III). Durante la Edad del Bronce Tardía (1500-1200) la ciudad siguió prosperando bajo el dominio egipcio, evidenciado por la excavación de un palacio-fortaleza egipcio con varios artefactos egipcios y navíos importados de los egeos. Esta ciudad fue destruida y habitada por los filisteos, que construyeron un taller de alfarero y nuevos edificios residenciales. Ella siguió creciendo y expandiéndose durante la Edad del Hierro I (1200-1000) hasta que fue destruida a principios del siglo X. Fue reconstruida y expandida en la ciudad inferior, probablemente a medida que inmigrantes de las ciudades filisteas interiores y costeras se mudaron, debido al fuerte estado israelita bajo David y Salomón. Las fases subsecuentes de ocupación y destrucción se deben con mayor probabilidad a campañas por parte de Uzías, Asiria y Egipto. El sitio fue continuamente ocupado en una menor escala desde los períodos persas hasta los bizantinos, con la mayor y notable actividad de construcción durante el tiempo de Herodes.

Steven M . Ortiz

ASENA (Heb. *'ašnâ*)

1. Una ciudad en la Sefela (tierras bajas) de Judá, mencionada en conexión con Estaol y Zora (Jos 15.33). El moderno pueblo de Aslín, al este de Azeca, y el arroyo Khirbet Allin, al sureste de Bet Shemesh, son posibles ubicaciones.

2. Una ciudad en la Sefela de Judá, más al sur que la **1** anterior (Jos 15.43). El sitio puede ser la moderna Idna (148107), 10 km (6 mi) al este de Laquis.

ASENA (Heb. *'asnâ*)

La cabeza de una familia de criados del templo que volvieron del exilio con Zorobabel (Esd 2.50).

ASENAT (Heb. *āsĕnaṯ*) (también ASENETH)

La hija egipcia de Potifera, sacerdote de On (Heliópolis). Dada a José como esposa por el Faraón, como parte de su recompensa por interpretar el sueño del Faraón (Gen 41:45), Asenat fue también la madre de Manasés y Efraín (Gn 41.50-52; 46.20). El nombre, que significa «que ella pertenece a Neit (una diosa egipcia)», era común durante el Reino Medio y el primer Período Intermedio. Una historia judía apócrifa, escrita en griego, cerca del comienzo de Era Común, José y Asenat explica cómo el patriarca José pudo casarse con la hija de un sacerdote egipcio. En la historia, Asenat se convierte a la religión de Israel antes de que ella se case con José, y se convierte en el prototipo de todos los futuros prosélitos del judaísmo.

Nancy L. deClaissé-Walford

ASENTAMIENTO: ARQUEOLOGÍA

A medida que la disciplina de la arqueología palestina se desarrollaba de 1920 a 1930, por lo menos en la apariencia de «arqueología bíblica», inevitablemente se enredó en una controversia historiográfica y teológica que por mucho tiempo fue crucial en los estudios bíblicos: ¿Existe evidencia *histórica* del «Éxodo» bíblico o «conquista de Canaán»?

Modelos Convencionales

En el período formativo, dos «modelos» clásicos, propuestos por eruditos bíblicos para explicar los orígenes israelitas, comenzaron a estar sujetos a pruebas arqueológicas: (1) El primero visualizaba la «infiltración pacífica» de nómadas pastorales, primero auspiciado por Albrecht Alt, Martin Noth y otros eruditos continentales. (2) La «hipótesis de la invasión» se basaba mayormente en el libro de Josué y fue propugnada por la «escuela de Baltimore» de William F. Albright, John Bright, G. Ernest Wright y otros. El primer modelo concordaba bastante bien con el «ideal nómada» de algunas tendencias de las narraciones patriarcales, pero resultó ser ingenuo etnográficamente y nunca encontró ninguna confirmación arqueológica, ya que los nómadas pastorales característicamente dejan algunos rastros en el récord arqueológico. El segundo modelo se basaba en una interpretación más bien literal y exclusiva de Josué, así como en nociones positivistas de «pruebas» arqueológicas de asuntos historiográficos (sin mencionar teológicos) que eran de actualidad en la época.

Alrededor de las décadas de 1960 y 1970, a medida que la arqueología de Palestina comenzó a madurar como una disciplina profesional y mayormente secular, llegó a ser evidente que ninguno de los modelos tradicionales de los orígenes de Israel podrían sostenerse, en vista del creciente cuerpo de evidencia arqueológica. Alrededor de la década de 1980, p. ej., el modelo de «invasión» había sido desacreditado casi completamente, por el hecho de que se había demostrado que en Jericó, Hai y Gabaón, todas centrales para los relatos de conquista de Josué, no había habido ninguna ocupación a mediados-finales del siglo XIII a.C., cosa que las narraciones habrían requerido como escenario histórico. Para resumir el asunto, de los 16 sitios cananeos que se afirma que fueron destruidos por las fuerzas de Josué, algunos han sido identificados y/o excavados, pero solamente dos, Betel y Hazor, han producido cualquier evidencia posible de una «destrucción israelita» y hasta eso es debatible.

En las décadas de 1960 y 1970, dos eruditos bíblicos estadounidenses, George E. Mendenhall y Norman K. Gottwald, ofrecieron versiones de un modelo de «revuelta de campesinos», en el que se veía que «Israel» había surgido del colapso de la sociedad cananea de la Edad de Bronce Tardía en los siglos XIII y XII. El cuadro era de varios grupos de gente «desplazada», tanto geográfica como ideológicamente, y en proceso de desarrollar una nueva identidad étnica y religiosa-cultural en la Edad de Hierro Temprana. El énfasis en la derivación autóctona, y no extranjera, resultó ser profético. Pero poca evidencia arqueológica genuina de «guerras de campesinos» del período de Bronce Tardío/Hierro I estaba próxima en ese tiempo, o posteriormente, y en cualquier caso, el modelo era demasiado marxista para atraer un amplio apoyo.

Modelos Nuevos

A finales de la década de 1980, una riqueza de nueva información arqueológica comenzó a acumularse, la cual requería de intentos más sofisticados en los modelos explicativos. Mucho de la información nueva llegó de estudios superficiales que arqueólogos israelíes llevaron a cabo en la Cirsjordania ocupada («Judea» y «Samaria», el corazón del Israel primitivo). Esta información se sintetizó primero e Israel Finkelstein la presentó en inglés en 1988 en *The Archaeology of the Israelite Settlement*. Este volumen describía algunas de las pequeñas aldeas que no tenían muros de los siglos XIII-XI (o Hierro I), la mayoría de las cuales estaban en el país alto, que se extendía desde la baja Galilea hasta el Néguev del norte, y no estaban ubicadas en las ruinas de ciudades cananeas destruidas sino que habían sido fundadas *de novo*. El repertorio cerámico todavía era reconocible en la tradición de la Edad de Bronce Tardía, pero no había utensilios importados ni cerámica bícroma. Por otro lado, se vieron elementos de discontinuidad cultural en las tecnologías nuevas, incluso extensos bancales en las laderas; el amplio uso de cisternas repelladas y silos cubiertos de piedra; la introducción gradual de implementos de hierro; y el desarrollo de una innovadora casa de patio de «cuatro habitaciones», muy apropiada para las necesidades de una sociedad y economía agrícola que tiene su base en la familia.

La implicación más significativa de la información nueva fue que había habido un cambio de larga escala en el tipo y patrón de asentamiento con la transición de la Edad de Bronce Tardía a la Edad de Hierro temprana; un cambio, por así decirlo, de sitios urbanos decadentes y estilos de vida a la «frontera del país alto», y *quizás* a una nueva identidad cultural y étnica (como lo pensaron Mendenhall y Gottwald). Se ha calculado que en el país alto samaritano y judío la población creció de alrededor de 12 mil, en el siglo XIII, a alrededor de 40 mil, en el siglo XII, y luego alrededor de 75 mil a finales del siglo XI, un cambio demográfico que no puede atribuirse a tasas de nacimiento naturales, sino que debe reflejar una afluencia importante de nuevos elementos demográficos. Las únicas preguntas entonces eran en cuanto a los orígenes y, con optimismo, a la identidad étnica de estos recién llegados.

La marcada continuidad cerámica en el repertorio de la Edad de Bronce Tardía dio indicios, a casi todos los arqueólogos, de orígenes autóctonos (es decir «cananeos») de los pobladores del país alto. Sin embargo, Finkelstein los vio mayormente como pastores nómadas locales en proceso de sedentarización; su compañero topógrafo Adam Zertal coincidió en cuanto al origen nómada, pero argumentó fuertemente en cuanto a un traslado de gente de Transjordania (en cuanto a la antigua hipótesis de Alt-Noth).

En una serie de estudios, William G. Dever propuso que los pobladores del país alto consistían de una colección de marginados urbanos, agricultores desplazados, refugiados de varios estratos de la sociedad cananea decadente, unos cuantos pastores nómadas locales (como los «shasu» de los textos egipcios) y, quizás, hasta algunos recién llegados de Egipto. El «Israel primitivo», entonces, habría constituido un elemento dentro de una sociedad sumamente compleja y multiétnica del Canaán de los siglos XIII-XII, en la que figuraban cananeos, egipcios, de los «pueblos del mar»/filisteos, y otros (no todos están documentados textualmente, pero son identificables étnicamente en los restos arqueológicos). Dever sugirió que se conectara la colección de la cultura material distintiva del *país alto* de la Edad de Hierro I con el «Israel» de la muy conocida Estela de la Victoria del Faraón Merenptah (de alrededor de 1207), pero que se separara al grupo involucrado del Israel *bíblico* al designarlos «protoisraelitas». Finkelstein estuvo de acuerdo al principio, pero a principios de la década de 1990 llegó a cuestionar cualquier identificación étnica. A pesar de esos desacuerdos, todos los arqueólogos y la mayoría de eruditos bíblicos ahora están de acuerdo en cuanto a cierta variación de un «origen autóctono», o modelo de «simbiosis», de los pueblos de la Edad de Hierro I del centro de Canaán. Pero hay que preguntar: Si estos no son los «israelitas» de Merenptah, ¿dónde *están*? ¿Y quiénes *fueron* los auténticos progenitores del «Israel», con el que todos coincidirían que surgió cerca de principios de la Monarquía de los siglos X-IX?

La posición «minimalista», por el momento, sería la de Finkelstein, al igual que la de la minoría de las escuelas bíblicas «revisionistas» de Philip R. Davies, Niels P. Lemche, Thomas L. Thompson y Keith W. Whitelam. La postura «maximalista», si hay una, tendría que adoptar alguna clase de conquista militar de larga escala, por parte de los israelitas que llegaron de Transjordania o incluso, a fin de cuentas, de Egipto, para lo que simplemente no hay evidencia arqueológica. El tratamiento presente ha intentado esbozar una postura de un grupo medio, que representa a un consenso creciente de eruditos, de varias escuelas distintas, que incluye prácticamente a todos los arqueólogos.

¿Hacia una racionalización teológica?

Solamente queda el problema que las nuevas formulaciones arqueológicas crearon para la historia bíblica y la teología, particularmente, cómo explicar las historias fundamentales y persistentes del «éxodo de Egipto» y la «conquista de Canaán», si los primeros israelitas originalmente hubieran sido elementos de la sociedad cananea de la Edad de Bronce Tardía. La mayoría de arqueólogos simplemente han considerado las tradiciones bíblicas como no históricas, o bien, han ofrecido racionalizaciones indiferentes y teológicamente ingenuas. Un intento más sofisticado de reconciliar las dos fuentes de información de los escritos históricos (es decir, textos y artefactos) podría ver que las historias bíblicas se originaron dentro de las tradiciones de los clanes de la «casa de José». Es posible que los elementos de estos pequeños grupos, que más tarde fueron identificados con las tribus de Benjamín y Judá, en realidad hayan salido de Egipto. Cuando ellos contaron su «historia», fue de una liberación milagrosa de la esclavitud y victoria sobre los enemigos de Jehová. Y con el tiempo, debido a que estos grupos del sur tuvieron una influencia desproporcionada en la formación de las tradiciones literarias del AT en su forma final, esta versión de orígenes distantes llegó a ser la historia de «todo Israel». De esta manera, las narraciones del Éxodo y la Conquista deben tomarse en serio, por lo menos como una clase de «Haggadah de la Pascua», que es teológicamente cierta, si no históricamente, y por lo tanto se preserva y se celebra aún ahora.

Véase Conquista: Narración Bíblica

Bibliografía. R. B. Coote and K. W.Whitelam, *The Emergence of Early Israel in Historical Perspective* (Sheffield, 1987); W. G. Dever, «Archaeology and the Emergence of Early Israel,» in *Archaeology and Biblical Interpretation,* ed. J. R. Bartlett (London, 1997), 20-50; «Ceramics, Ethnicity, and the Question of Israel's Origins,» *BA* 58 (1995): 200-213; «The Identity of Early Israel,» *JSOT* 72 (1996): 3-24; I. Finkelstein, *The Archaeology of the Israelite Settlement* (Jerusalem, 1988); «Pots and People Revisited: Ethnic Boundaries in the Iron Age I,» in *The Archaeology of Israel,* ed. N. A. Silberman and D. Small (Sheffield, 1997), 216-37; Finkelstein and N. Naʿaman, eds., *From Nomadism to Monarchy: Archaeological and Historical Aspects of Early Israel* (Washington, 1994); V. Fritz, «Conquest of Settlement? The Early Iron Age in Palestine,» *BA* 50 (1987): 84-100; N. K. Gottwald, *The Tribes of Yahweh* (Maryknoll, 1979); G. E.Mendenhall, «The Hebrew Conquest of Palestine,»*BA* 25 (1962): 66-87 (repr. *BA Reader* 3, ed. E. F. Campbell and D. N. Freedman [Garden City, 1970], 100-120); L. E. Stager, «The Archaeology of the Family in Ancient Israel,» *BASOR* 260 (1985): 1-35.

ASENÚA *(Heb. hassĕnuʾâ, hassĕnûʾâ)*

1. Padre de Hodavías; Benjamita cuyos descendientes vivieron en Jerusalén después del exilio (1 Cr 9.7).

2. Padre de Judá (**5**), que era segundo en el mando de Jerusalén durante la época de Nehemías (Neh 11.9).

ASER (Heb. *ʾāšēr*)

1. Un dios, el homólogo masculino de Asera, o una variante de Ashar, un elemento de nombre divino que ocurre en antiguo acadio y nombres amorreos.

2. El octavo hijo de Jacob, dado a luz por Zilpa, la criada de Lea, esposa de Jacob, y antepasado epónimo de una de las 12 tribus (Gn 30.12-13). Cuando Lea creyó pasada la edad de su maternidad, ella dio Zilpa a su esposo Jacob como concubina. Aser fue el segundo hijo nacido de Zilpa en Padan-aram, donde Jacob trabajó como pastor para Labán, su suegro. Aser siempre es mencionado después de que su hermano pleno Gad en las listas de los descendientes de Jacob (Gn 35.26; 46.17; Ex 1.4; 1 Cr 2.2).

3. Un territorio tribal fértil localizado en la región montañosa de Galilea occidental, con las tribus de Neftalí al este y Zabulón al sudeste (Gn 49.20; Dt 33.24; Jos 19.24-31). Debido a que la parte occidental de Aser adjuntaba a la costa fenicia, mantenía contacto cercano con el estado costero de Tiro. Durante la Conquista, la tribu fracasó en expulsar a los cananeos y en cambio vivió pacíficamente entre ellos (Jue 1.31). Aser fue criticado en la canción de Débora por no participar en la batalla contra Jabín, el rey cananeo de Hazor (Jue 5.17). Aser respondió más adelante al llamado de Gedeón para luchar contra los madianitas en la llanura de Jezreel (Jue 6.35; 7). Se registra que la tribu apoyó la monarquía de Isbaal (Is-boset) después de la muerte de Saúl (2 S 2.9; lea «aseritas»).

Aser se convirtió en uno de los 12 distritos administrativos de Salomón (1 R 4.16). La parte del norte de Aser, la «tierra de Cabul», fue más tarde entregada por Salomón a Hiram de Tiro como pago por madera y oro usados en la construcción del templo de Jerusalén (1 R 9.10-14). Los habitantes de Aser son puestos en una lista como respondiendo a la invitación de Ezequías para celebrar la Pascua en Jerusalén (2 Cr 30.11).

El NT lista a Ana como un miembro de la tribu de Aser (Lc 2.36). En Apocalipsis 7.6 Aser está entre aquellas tribus que son selladas.

Bibliografía. Y. Aharoni, *The Land of the Bible,* 2nd ed. (Philadelphia, 1979), 257-58; N. Na}aman, *Borders and Districts in Biblical Historiography* (Jerusalem, 1986), 40-62.

Kenneth Atkinson

ASERA (Heb. *ʾăšērâ*)

El nombre hebreo de una diosa amorrea o cananea, y el objeto de culto dedicado a ella. Una diferencia completa entre la deidad y los postes sagrados erigidos en su honor no siempre es posible en el AT (cf. Jue 3.7).

Asera puede haber sido la misma que Ašratum, la consorte de Amurru, una de las deidades principales mencionadas en una temprana lista babilónica de dioses; en las Cartas de Amarna su nombre aparece en el nombre personal Abdi-aširta («Siervo de Asera»). Los textos Ras Shamra la retratan (Ugar.ʾ *aṯrt*) como la pareja del dios supremo El (a veces llamaba Elat, «diosa») y la madre de 70 niños, incluyendo Baal (quizás también un consorte); a ella también se la llama «Señora Asera del mar.» En el ciclo de Baal ella intercede con El para proporcionar un palacio para Baal. Asera era la diosa madre, que debía distinguirse de Astarte, la diosa cananea de la fertilidad. Los centros de adoración estaban localizados a través del Oriente Cercano antiguo, en particular en Fenicia. Manifestaciones de adoración de Asera han sido identificadas en textos egipcios, hititas, filisteos y árabes.

La palabra hebrea *'ăšērâ* se refiere no sólo a la diosa sino también a los postes consagrados a ella (llamados ya sea Asera (p.ej., Dt 16.21; Jue 6.25, 28) o Aseras (p.ej., Ex 34.13; Dt 7.5; 12.3) que representaban a la deidad. Al principio pueden haber sido árboles vivos (cf. Dt 16.21; posiblemente una arboleda sagrada), pero en su uso posterior eran postes de madera, quizás estilizados para representar un árbol (cf. 2 R 17.10). Estos postes también pueden haber sido imágenes esculpidas de la diosa. Restos de lo que se cree ser tales postes, incluyendo los descubiertos entre hallazgos de la Edad del Bronce en Siquem, consistían principalmente en postes en los que la madera podrida ha dejado el suelo coloreado de forma diferente.

La adoración de Asera en el Israel antiguo es evidenciada en lugares sagrados locales durante el período de los jueces (Jue 3.7-8). Tanto Jeroboam I de Israel (1 R 14.15) como Roboam de Judá (v. 23), hijos y sucesores de Salomón, adoptaron la adoración a Asera en sus respectivos reinos. Cuando el rey Acab se casó con la princesa fenicia Jezebel, la adoración de Asera fue fuertemente promovida en el reino del norte, junto con la adoración de Baal. El profeta Elías contó aproximadamente 400 de sus profetas (y 450 de Baal) comiendo en la mesa de Jezebel (sin duda sostenidos por la reina; 1 R 18.19). La devoción de Israel a Asera es citada como una causa de su deportación a Asiria (2 R 17.10,16).

El culto a Asera estaba prohibido (Ex 34.13-14; Dt 7.5), y se hicieron varios intentos para erradicar la práctica (p.ej., Gedeón, Jue 6.25-30). Maaca la reina madre había puesto «una imagen» de Asera en Judá, que su nieto Asa destruyó en torrente de Cedrón (1 R 15.13; cf. 2 Cr 15.16). El rey Josías de Judá quemó los «objetos» y «mantos» tejidos de Asera (2 R 23.4, 7; 2 Cr 34.3, 7) que su precursor Manasés había erigido en el templo en Jerusalén (2 R 21,7; cf. 2 Cr 33.3, 19); las reformas más tempranas fueron realizadas por Josafat (2 Cr 19.3) y Ezequías (2 R 18.4). Juicios proféticos incluyen referencias a la continua devoción a los «postes sagrados» (Is 27.9; Jer 17.1ss.; Mic 5.14).

Inscripciones encontradas en Kuntillet ʿAjrud y el-Qom Khirbet mencionan «Yahvé y su *'ăšērâ*" Muchos eruditos interpretan esto como indicación de la diosa Asera como consorte de Yahvé (al estilo de Baal y Asera), pero el término probablemente indica el símbolo de culto o, menos probable, una célula o capilla.

Bibliografía. T. Binger, *Asherah: Goddesses in Ugarit, Israel and the Old Testament.* JSOT Sup 212 (Sheffield, 1994); J. Day, «Asherah in the Hebrew Bible and Northwest Semitic Literature,» *JBL* 105 (1986): 385-408; B. Margalit, «The Meaning and Significance of Asherah,» *VT* 40 (1990): 264-97; Z. Meshel, «Did Yahweh Have a Consort?" *BARev* 5 (1979): 24-35; S. A. Wiggins, *A Reassessment of 'Asherah.'* AOAT 235 (Neukirchen-Vluyn, 1993); N. Wyatt, «Asherah,» *DDD,* 99-105.

Allen C. Myers

ASESINATO

En sentido estricto, la privación intencional o premeditada de la vida humana. Debido a las complicaciones para determinar el motivo, el debate sobre el homicidio en la Biblia está colocado en un contexto más amplio de la privación de la vida. Se hace una distinción esencial entre la premeditación y un acto de Dios (Ex 21.12, 13). Por otra parte, se distingue entre la premeditación y la acción involuntaria o accidente. La premeditación está determinada por la enemistad previa (Nm 35.20, 21; Dt 4.42), el acto de emboscar (Nm 35.20; Dt 19.11), o la posesión de un arma potencialmente mortal (Nm 35.17-19). La acción involuntaria es llamada «sin intención» (Nm 35.11, 15; Dt 19.4).

El castigo estipulado para el asesinato era la pena capital (Ex 21.12; Lv 24.17). Para garantizar juicios justos se crearon lugares de refugio (Nm 35.9-34; Dt 4.41-43; 19.1-13; Jos 20.1-9). La práctica del refugio parece destinada a regular la costumbre de la venganza de sangre y la vendetta (Nm 35.19; Dt 19.12). Otras disposiciones fueron la multiplicidad de testigos (Nm 35.30), y el rechazo de fianzas (v. 32, cf. una excepción en Ex 21.28-30). A diferencia de otros códigos legales antiguos del Cercano Oriente, los códigos bíblicos no discriminaban según la clase social, aunque es imposible calibrar hasta qué punto ésta era la práctica real.

Se aplicaban diferencias dentro de la privación intencional de la vida. La muerte de un homicida no era considerada asesinato. Matar a alguien en legítima defensa también podía quedar excluido como asesinato (Ex 22.2[TM 1]). Matar en la guerra estaba también excluido (Dt 20.13). En el caso de los homicidios no resueltos, la comunidad realizaba una ceremonia de expiación (Dt 21.1-9).

El Decálogo prohíbe totalmente la privación ilegítima de la vida (Ex 20.13; Dt 5.17). El mandamiento es traducido por lo general como «No matarás», pero la palabra hebrea (*rāṣaḥ*) puede referirse también al homicidio involuntario (Nm 35.25-28; Dt 4.41, 42; Jos 20.3). Por tanto, la intención del mandamiento parece ir más allá del simple asesinato a la privación de la vida en general. Asociado con esto está el reconocimiento de que los actos externos tienen su origen en las inclinaciones internas. Eclesiástico llama asesinato a la opresión económica (Eclo 34.24-27). El NT pone en el mismo plano a la tendencia al aborrecimiento con el asesinato (Mt 5.21-26, 38-48; 1 Jn 3.15), pero esto ya está presente, en principio, en el AT (Lv 19.17, 18).

Cuando imperios extranjeros comenzaron a ejercer un mayor control sobre Judea, la jurisdicción sobre los homicidios pasó a manos de los estados extranjeros (Esd 7.25, 26). Pablo afirma que esta autoridad procede de Dios (Ro 13.4).

Bibliography. M. Greenberg, «Some Postulates of Biblical Criminal Law,» in *Yehezkel Kaufmann Jubilee Volume*, ed. M. Haran (Jerusalem, 1960), 5-28; B. S. Jackson, «Reflections on Biblical Criminal Law,» *JJS* 24 (1973): 8-38; repr. in *Essays on Jewish and Comparative Legal History*. SJLA 10 (Leiden, 1975), 25-63.

GERALD M. BILKES

ASFALTO

Un término usado para describir todos los hidrocarburos que son solubles en disulfuro de carbón, incluyendo gases, líquidos fácilmente móviles, líquidos viscosos y sólidos. En el entorno natural el asfalto es una sustancia no volátil de color oscuro, y relativamente dura. Sus componentes no minerales son fundibles y en gran parte solubles en disulfuro de carbono. Originalmente, el término fue utilizado para la brea mineral, alquitrán, asfalto, o limo, pero ahora se aplica a cualquiera de los líquidos viscosos inflamables o mezclas, solubles en disulfuro de carbón. La brea es una sustancia viscosa espesa obtenida del alquitrán hirviendo, mientras el limo es un cemento hecho de asfalto. El verdadero asfalto no se menciona en la Biblia. La brea era usada como mortero para asegurar la flotabilidad para la barquilla de Moisés (Ex 2.3; Heb. *ḥēmār*) y la construcción de Babel (Gn 11:3), y la brea se utilizó para el arca de Noé (Gn 6:14) y para el sellado de techos, conductos y acueductos.

RICHARD A. STEPHENSON

ASIA (Gr. *Asía*)

Designación tanto del continente como de la provincia romana de Asia. Los griegos antiguos usaron el término para las tierras fronterizas de la parte este del Mar Mediterráneo. La región se extendía por el norte hasta el Río Tanais y el Mar de Azov por sobre el Mar Negro, en el oeste del Mar Egeo, por el sur hasta partes de África, y por el este hasta el océano Índico. Los griegos consideraban Asia Menor como una península de Asia introduciéndose en el Mediterráneo. Con la muerte en 133 a.C. de Átalo III, el último rey de Pérgamo, la mayoría de Asia Menor fue heredada a los romanos, que la convirtieron en una provincia en 129 a.C. La provincia sufrió bajo líderes inescrupulosos y codiciosos, y finalmente se afilió con Mitrídates VI, el rey de Ponto, en rebelión contra Roma (88-84), que terminó en su derrota por parte de Sila y la reorganización de la provincia.

En el NT, la provincia de Asia es mencionada principalmente como una región de la actividad misionera de Pablo (Hch 13.1–16:10; 19:1-41). Pablo escribió cartas a Colosas y Éfeso (la ciudad capital donde ministró durante dos años, Hch 19:10). Creyentes en Asia son mencionados en las cartas (1 Co 16.19; 2 Co 1.8; 2 Ti 1.15; 1 P 1.1). La mención más notable de Asia en el NT es en las cartas de Juan a las siete iglesias de Asia (Éfeso, Esmirna, Pérgamo, Tiatira, Sardis, Filadelfia, y Laodicea, presentadas en el orden en que se las encontraría durante una visita), que simbólicamente representan todas las iglesias en Asia Menor (Ap 1.4–3.22).

RICHARD A. SPENCER

ASIA MENOR

Un término usado describir la península Anatolia limitada por el Mar Negro por el norte, el Mar Egeo por el oeste, y el Mar Mediterráneo en el sur. Esta región de c. 518 000 km cuadrados (200 000 millas cuadradas.), tres cuartos del tamaño de Texas, constituye hoy los dos tercios occidentales de la Turquía asiática. La parte central de la península consiste en una alta meseta árida (c. 1219 m [4000 pies] por sobre el nivel del mar) rodeada por montañas, más notablemente la cordillera póntica en el norte y las Montañas de Tauro a lo largo de la costa mediterránea.

Durante el período del AT, la posición estratégica de Asia Menor como puente de tierra entre Mesopotamia y Europa creó las circunstancias que permitieron que la cultura hitita prosperara. Sin embargo, esta posición geográfica también la convirtió en el campo de batalla entre culturas en conflicto como se ve con la guerra troyana, la guerra persa, y los conflictos entre los sucesores de Alejandro.

El significado bíblico principal de Asia Menor, sin embargo, yace en su papel importante en la extensión de cristianismo en el NT. El apóstol Pablo nació en Tarso en el sudeste de Asia Menor, y gran parte de su trabajo de evangelización estuvo concentrado en la península. En el tercer viaje misionero de Pablo él invirtió tres años en Éfeso, convirtiéndolo en el centro de toda su misión. Timoteo también trabajó con la iglesia de los efesios (1 Ti 1:3) entre los encarcelamientos romanos de Pablo, y Juan pudo haber vivido allí después de la destrucción de Jerusalén. Asia Menor continuó siendo una arena dominante para la labor cristiana después del período apostólico, como es evidente por los cuatro consejos ecuménicos sostenidos en Nicea (I y II), Éfeso, y Calcedonia.

Bibliografía. E. Akurgal, *Ancient Civilizations and Ruins of Turkey,* 8th ed. (Istanbul, 1993); E. C. Blake and A. G. Edmonds, *Biblical Sites in Turkey,* 4th ed. (Istanbul, 1990).

JESSE CURTIS POPE

ASIARCAS (Gr. *asiárchēs*)
Título de las autoridades de la asamblea de Asia (Gr. *koinón Asías*), que se reunía con regularidad en Éfeso, la capital de la provincia romana de Asia Menor. Ocupando el cargo por un plazo fijo, los asiarcas eran a menudo de familias importantes de las ciudades principales. Con frecuencia ellos eran benefactores de las celebraciones públicas de la ciudad y participaban en el gobierno cívico y provincial, y en el culto a los emperadores. Los asiarcas pueden haber obtenido títulos de templo, actuando como líderes en la adoración de la deidad local. Algunos de los asiarcas son descritos como amigos de Pablo, que procuran protegerle de una muchedumbre que se amotinaba (Hch 19:31).

JOSEPH CORAY

ASIDEOS (Gr. *Asidaíoi*) (también HASIDIM)
Un grupo judío en el siglo II a.C. (1 Mac 2.42; 7.13; 2 Mac 14.6). Muy poco se puede decir con certeza acerca de la naturaleza de este grupo y su papel en el desarrollo histórico del judaísmo. El término griego es una transliteración del heb. *ḥăsîḏîm,* «hasidim» o «piadoso.» Aunque el nombre parece derivar del heb. *ḥasîḏ* como se usa en el AT, no hay evidencia para sugerir que Salmo 149.1, u otras referencias en los Salmos deben ser usados como evidencia de este grupo.

Los asideos se incluyen en el relato del crecimiento de las fuerzas que se unieron al sacerdote Matatías y sus hijos en la revuelta de los Macabeos en 167 a.C. (1 Mac 2.39-48). Se describen en 1 Macabeos 2.2 como *ischyroí dynámei,* generalmente traducida como «poderosos guerreros » pero que podría igualmente referirse a «hombres poderosos,» un grupo de ciudadanos destacados de Judea. Los miembros de este grupo élite «se ofrecieron voluntariamente a la ley,» prometiendo violar la prohibición instituida por Antíoco IV contra su observancia (1 Mac 1.41-50). Se incluyen entre las prohibiciones los sacrificios y ofrendas en el templo así como la observancia de los sábados, festivales, y el rito de la circuncisión.

Algunos eruditos atribuyen los orígenes de los fariseos y los esenios a los asideos. En 1 Macabeos, Matatías y sus amigos son provocados a rebelarse cuando las tropas del rey seléucida atacan en sábado a un grupo de judíos que había huido al desierto buscando justicia (1 Mac 2.29-38). Al relacionar estos judíos que huyeron al desierto en 1 Macabeos 2.29 a los asideos en v. 42, estos últimos se consideran como los primeros padres de los dos movimientos más ampliamente atestiguados. Los esenios y los fariseos entonces crecen de una division en el movimiento hasídico. Otros eruditos han argumentado que la literatura apocalíptica como el libro de Daniel viene de este mismo grupo. Todas estas afirmaciones pueden permanecer sólo como hipotéticas.

El papel principal de los asideos también se describe en 1 Macabeos 7.12-18, donde se dice que eran «los primeros entre los israelitas » (v. 13), también conocidos como una «compañía de escribas» (v. 12). Su importancia política, sin embargo, es rebajada por el autor pro asmoneo de esta historia dinástica. Se dice que los asideos creyeron las palabras «amistosas» de Alcimo y Báquides (1 Mac 7.15), una confianza bastante mal puesta ya que dio lugar a la muerte de 60 miembros de su compañía en un día

(v. 16). El uso en 1 Macabeos 7.17 de Salmo 79.2-3 como un texto de prueba que explica el destino de los asideos sugiere que el autor los consideró como legítimos, pero tal vez equivocados mártires en nombre de Israel. Algunos eruditos han usado este pasaje como evidencia de que eran un grupo puramente religioso desinteresado en la política de la Judea del siglo II.

En 2 Macabeos 14.6 el impío sumo sacerdote Alcimo nombra a Judas Macabeo como líder de los asideos y los acusa de «fomentar guerras y rebeliones,» no permitiendo que el reino encuentre estabilidad. Parece que este autor está usando el prestigio de los asideos para exalter la reputación de Judas Macabeo, el héroe de esta historia.

La literatura rabínica contiene referencias a los «primeros Hasidim.» Su relación con el grupo mencionado en Macabeos no puede ser claramente establecida.

Bibliografía. P. R. Davies, «Ḥasidim in the Maccabean Period,» *JJS* 28 (1977): 127-40; M. Hengel, *Judaism and Hellenism*. 2 vols. (Philadelphia, 1974); L. Jacobs, «The Concept of Ḥasid in the Biblical and Rabbinic Literatures,» *JJS* 8 (1957): 143-54; J. Kampen, *The Hasideans and the Origin of Pharisaism*. SBLSCS 24 (Atlanta, 1988).

John Kampen

ASIEL (Heb. *ʿăśîʾēl;* Gr. *Asiēl*)

1. Padre de Seraías y bisabuelo de Jehú. Era uno de los jefes simeonitas que buscaban tierra en Gedor (1 Cr 4.35).

2. Un antepasado de Tobit, de la tribu de Neftalí (Tob 1.1).

3. Un escribano que copió los libros dictados por Esdras (2 Esr 14.24).

ASIMA (Heb. *ʾăšîmāʾ*)

Una deidad traída por pobladores arameos de Hamat a Samaria (2 R 17.30). Ella es mencionada en una inscripción de Teima. Una relación con el fenicio Ešmun y el elefantino Ešem-betel o con el término hebreo *ʾāšām* («culpa») es improbable, aunque Amós 8.14 puede contener un juego de palabras en este nombre (*ʾašmaṯ šomĕrôn*, «la vergüenza de Samaria»). Una conexión con el antiguo dios del ganado semítico *Iṯm* (identificado en Ugarit con Sumuqan Mesopotamio) es posible.

Meindert Dijkstra

ASÍNCRITO (Gr. *Asýnkritos*)

Cristiano romano a quien Pablo envía sus saludos (Ro 16.14).

ASIR (Heb. *ʾassîr*)

1. Un hijo de Coré de la tribu de Leví (Ex 6.24; 1 Cr 6.22 [TM 7]).

2. El hijo de Ebiasaf (1 Cr 6.23 [8]) y nieto de Coré (v. 37 [22]).

ASIRIA

Una designación política y geográfica para una importante civilización antigua mesopotámica. La extensión geográfica de la entidad política varió debido al estado político de Asiria en determinados períodos. Localizada en lo que es ahora el norte de Irak, Asiria es comúnmente referida como la tierra a lo largo del «Tigris medio»

La historia temprana de Asiria está vinculada en las configuraciones políticas de Babilonia hasta la ascensión de Assur-uballit I (reinó entre 1365-1330 a.C.). Los períodos Asirio Medio (1274-1077) y Neoasirio (911-612) son a veces referidos como «imperios». Dado que usan criterios diferentes (lengua, política, consideraciones históricas de arte), no todos los eruditos concuerdan en las fechas exactas de los períodos Medio y Neoasirio.

Las primeras referencias históricas a Asiria datan del período sargónico (2334-2193). Asiria en este tiempo era una serie de ciudades autónomas. Una máscara de bronce del rey Sargón de Acad (reinó entre 2334-2279), descubierta en el templo Ishtar de Nínive, testifica la presencia sargónica en Asiria. Nínive esta vinculada con Maništusu (reinó entre 2269-2255), el nieto de Sargón, por medio de una inscripción de Šamši-adad (reinó entre 1813-1781) afirmando que él restauró un templo en Nínive originalmente construido por Maništusu. Una punta de lanza de cobre perteneciente a Maništusu describe al gobernante de Assur como siervo de Maništusu. En el siguiente período Ur III, varias ciudades de Asiria fueron tratadas de manera diferente por la administración de Ur III. Por ejemplo, en una placa de piedra descubierta en Assur, Zarriqum afirma ser el gobernador de Assur y siervo del rey Amarsin (reinó entre 2046-2038) de Ur III. Mientras Assur fue un estado periférico gobernado por una persona nombrada por un rey, textos económicos de Nínive la muestran como un estado vasallo.

Toro alado con cabeza humana, uno de los dos que flanqueaba la entrada principal al cuarto del trono del palacio de Sargón II en Dur-Sharrukin/Khorsabad (721-705 a.C.) (Foto por Jean M. Grant; cortesía del Oriental Institute of the University of Chicago)

El antiguo período asirio es conocido por textos descubiertos en el sitio de Karum Kanesh (Kultepe) en Turquía, una ciudad habitada por una colonia de mercaderes asirios que conducía comercio en Anatolia. Las tabletas dan evidencia del comercio en estaño (necesario para el bronce) y tejidos.

Šamši-adad I es el gobernador más conocido del antiguo período asirio. Era uno de los amorreos de habla semítica que habían entrado a Mesopotamia, dominando la situación política en la primera mitad del segundo milenio. Capturó la ciudad de Ekallatum y luego tomó control de Assur. Šamši-adad afirma descender de los nómadas, pero se retrata a sí mismo como un gobernante legítimo de Assur, llevando a cabo construcción en aquella ciudad. Más información sobre él viene de un archivo en Mari, donde Šamši-adad I estableceió a su hijo Yasmaḫ-adad en el trono. La mayoría de la correspondencia entre padre e hijo ha sido excavada. El reinado de Šamši-adad I fue uno de relativa estabilidad y prosperidad. En el momento de su muerte, Hammurabi de Babilonia conquistó la mayoría de las áreas antes controladas por Šamši-adad.

Tiglat-Pileser III (747-727 a.C.) de pie en su carro de guerra con un conductor y un «tercer hombre» o «capitán» que sostiene un paraguas. Relieve de yeso del palacio en Nimrod (Derechos reservados, British Museum)

La unidad entre las ciudades-estado de Asiria colapsó y el siguiente período a menudo es llamado una «edad oscura» en Asiria debido a la escasez de evidencia. La Lista del Rey Asirio proporciona nombres de gobernadores sólo de la ciudad de Assur. Muchas de las ciudades que conforman «Asiria» cayeron bajo el control del reino de Mitani.

Assur-uballit (reinó entre 1363-1328) marca la ascensión al poder de la entidad política de Asiria. Él fue el primero en denominarse a sí mismo como «rey de Asiria.» Assur-uballit se dirige al rey egipcio como a un igual en dos cartas de Amarna, indicando su estatus como una figura principal en la escena internacional. Su hija se casó con el rey de Babilonia, y su nieto finalmente heredó el trono babilónico. Cuando el nieto fue muerto durante una rebelión, Assur-uballit depuso al usurpador y colocó alguien de su propia elección en el trono.

Los siguientes tres reyes mantuvieron el estatus de Asiria como un poder internacional. Durante los reinados de Enlil-nirari, Arik-den-ilu y Adad-nirari los límites de Asiria se extendieron, aunque perdieron el control de Babilonia. La expansión trajo riqueza a Asiria, estableciendo la infraestructura para el «Imperio» Asirio Medio. Salmanasar I (reinó entre 1274-1245) siguió haciendo campañas, y aseveró haber derrotado a los hititas, arameos, y el ejército de Mitani.

Tukulti-ninurta I (reinó entre 1244-1208) siguió luchando contra los hititas, y fue el primero en realizar deportaciones en masa. Entró en conflicto con Babilonia, saqueó la ciudad, derribó sus paredes, y trajo la estatua de su dios Marduk a Asiria. Por este hecho fue el único asirio en tener una histórica épica compuesta en su honor. Sin embargo, en otros círculos la destrucción de Babilonia fue considerada una ofensa a los dioses, y Tukulti-ninurta fue asesinado en su palacio en la nueva ciudad que fundó a través del río desde Assur.

Luego del asesinato de Tukulti-ninurta I, Asiria cayó en decadencia (1132-1076) coincidiendo con los movimientos y destrucciones, terminando la Edad de Bronce Tardía en el Mediterráneo oriental y con el colapso de la Babilonia casita. Asiria no sufrió tan severamente como las áreas circundantes, así que bajo Assur-reš-iši I (reinó entre 1133-1116) Asiria otra vez se hizo poderosa. Assur-reš-iši restauró la paz y la prosperidad a la región recobrando y reforzando fronteras, y reconstruyendo fortalezas. Con el reino asegurado, Tiglat-Pileser I (reinó entre 1114-1076) expandió Asiria. El conflicto con Babilonia no resultó en mucha ganancia, pero el éxito de Tiglat-Pileser I en la batalla contra los mushkis y arameos trajo riqueza a Asiria, suscitando un período de prosperidad. Como resultado hubo significativas operaciones de construcción en muchas ciudades asirias. Dos sistemas de leyes fueron compilados por este tiempo, uno fue la colección de edictos de palacio de varios reyes, y la otra una colección de leyes sobre el estatus de las mujeres en Asiria (que era en particular deficiente por este tiempo).

Después de muerte de Tiglat-Pileser I, Asiria entró en un período de decadencia, probablemente a consecuencia de una administración inadecuada de las tierras recién conquistadas. Assur-dan II (reinó entre 934-912) restauró la estabilidad interna de Asiria y fue el primero en hacer una campaña en el extranjero desde Tiglat-Pileser I. Adad-nirari II (reinó entre 911-891) siguió el trabajo de su padre, dirigiendo expediciones militares aún más extensas. Los arameos eran su preocupación principal, y después de continuas campañas, Adadnirari pudo emprender finalmente una «demostración de fuerza» ofensiva, emulada por su hijo y sucesor Tukulti-ninurta II (reinó entre 890-884). También fue el primero en establecer depósitos de almacenaje, el principio del sistema provincial de Asiria.

Asurnasirpal II (reinó entre 883-859), hijo de Tukulti-ninurta I, fue uno de los reyes asirios más famosos. Siguió haciendo campaña, pero a una escala aún mayor que sus precursores. Fue el primero en entrar en contacto con ciudades arameas y fenicias del oeste, y afirma haber alcanzado el Mediterráneo. Asurnasirpal II estableció tributo regular para los territorios conquistados. Esta gran riqueza fue usada para construir una nueva ciudad, Cala (Nimrod), que sirvió como la capital de Asiria para el siguiente reinado. Los relieves de palacio representan campañas y otras proezas y se convirtieron en una característica distintiva del período neoasirio. Asurnasirpal II usó la terminología sangrienta, por lo visto deleitándose en la crueldad, para describir sus proezas.

Salmanasar III (reinó entre 858-824) heredó el trono y siguió gobernando desde Cala. Hizo campañas cada año durante 31 años, continuando con la expansión de las fronteras de Asiria. En el oeste encontró coaliciones de ciudades-estado incluyendo Hadad-ezer de Damasco y Acab de Israel, que culmina en la batalla de Qarqar. Más tarde en su reinado «Jehú, hijo de Omri,» quién suplantó la dinastía omride en Israel, pagó tributo, una escena representada en el famoso Obelisco Negro de Salmanasar III. También ayudó al rey de Babilonia, Marduk-zakir-šumi, a recobrar el trono de su hermano Marduk-bel-usate.

El *turtanu* de Salmanasar III (segundo en autoridad) Dayan-assur condujo las cinco últimas campañas militares en su reinado. Posiblemente a consecuencia de la redistribución de poder, uno de los hijos de Salmanasar condujo una rebelión con el apoyo de ciudades tales como Asur y Nínive. Salmanasar III murió durante aquella rebelión. Su hijo Šamši-adad V (reinó entre 823-811) logró ascender al trono, pero Asiria ahora entró en un período de decadencia, mientras su vecino y enemigo Urartu ganaba predominio.

Adad-nirari III (reinó entre 810-783) heredó un reino debilitado. Hizo una campaña principalmente en contra de Babilonia con éxito poco significativo. Mejor conocida es la madre de Adad-nirari III, Sammuramat, conocida en tradiciones posteriores como Semíramis. Ella pudo haber desempeñado un papel significativo en el reinado de su hijo, ya que éste era joven cuando ascendió al trono; esto condujo a su estatus legendario en los escritos entre los arameos, griegos y persas. El siguiente rey Salmanasar IV (reinó entre 782-773) era tan débil que su *turtanu* Šamši-ilu reclamó victorias sobre Urartu sin mencionar el nombre del rey. Assur-dan III (reinó entre 772-755) y Assur-nirari V (reinó entre 754-745) hicieron poco mientras Urartu prosperaba.

Tiglat-Pileser III (reinó entre 747-727), probablemente el hermano más joven de Adad-nirari III y no el heredero designado al trono, fue el arquitecto de la última gran etapa de dominación asiria. Primero expulsó a Urartu fuera del territorio asirio y luego invadió el mismo Urartu. Después de la derrota de Arpad, muchos de los estados del sur y oeste trajeron sumisión y el tributo voluntario. Tiglat-Pileser III condujo su ejército por Siria y Fenicia hasta el sur de Palestina, finalmente capturando a Gaza, donde creó un centro comercial. Después de problemas prolongados con Babilonia él mismo tomó el trono babilonio bajo el nombre Pulu (Pul bíblico, 2 R 15.19-20). Llevó a cabo la reorganización y mejoramiento de la administración del ejército y de las provincias, practicando deportaciones en masa como política estándar.

Poco se sabe de Salmanasar V (reinó entre 726-722) además de que sitió Samaria después de que el rey Oseas de Israel se rebeló. Sargón II (reinó entre 721-705) probablemente usurpó el trono y comenzó la línea sargónida que incluyó el resto de los reyes asirios. Reclamó la captura, destrucción, y deportación de los habitantes de Samaria. Su reinado comenzó con rebeliones que él tuvo que reprimir en casa, y sólo entonces pudo considerar el problema en Samaria. Sargón siguió hasta Gaza, donde derrotó un ejército egipcio y sometió Filistea. Sargón construyó una nueva capital al noreste de Nínive en Khorsabad llamado Dur-šarrukin («la fortaleza de Sargón»), que fue abandonada casi tan pronto como fue habitada.

Senaquerib (704-681) fue criado en la «casa de sucesión» y así estuvo listo para seguir a su padre Sargón II. La mayoría de su tiempo estuvo ocupado con rebeliones en el oeste y con Babilonia. Sus anales registran sus campañas para luchar contra las ciudades rebeldes de Sidón, Ascalón, Judá, y los habitantes de Ecrón, que llegaron tan lejos como para entregar a su rey Padi a Ezequías de Jerusalén. La destrucción de Laquis por parte de Senaquerib es representada en relieves de pared que decoraban su palacio. Mientras emprendía guerra en el área, Senaquerib nunca capturó Jerusalén. Al final de esta campaña Senaquerib planeó, aunque nunca puso en práctica, una invasión de Egipto. Construyó un nuevo palacio en Nínive, revigorizando la ciudad antigua. Babilonia con regularidad se rebelaba, conduciendo finalmente a Senaquerib a destruir Babilonia. Más tarde fue asesinado por sus hijos.

Esar-hadón (reinó entre 680-669) llegó al trono en medio de la violencia del asesinato de su padre. El problemático principio afectó enormemente a Esar-hadón, quién invirtió la política babilónica de su padre y buscó pacificación, en gran parte de través de una campaña de reconstrucción. A pesar de la apariencia de que estaba constantemente enfermo y en temor de los dioses, Esar-hadón conquistó tan lejos como la capital de Menfis en Egipto. Fue en una campaña para reprimir la rebelión en Egipto, y murió allí. Su madre Naqi'a ejerció más autoridad que cualquier mujer anterior, escribiendo a veces inscripciones reales y también construyendo un palacio en Nínive. Su poder siguió durante el reinado de su nieto Asurbanipal.

A causa de las dificultades que afrontó Esar-hadón para ganar el trono, tomó pasos en su vida para asegurar una transición pacífica. Entronó a su hijo Asurbanipal (reinó entre 668-627) sobre el trono de Asiria y su hijo Šamaš-šum-ukin sobre el trono de Babilonia, e hizo que todos los vasallos en el Imperio hicieran un juramento de lealtad a ambos. La transición marchó bien. Asurbanipal juntó a 22 reyes y comenzó su invasión de Egipto. Hasta ahora desde Asiria, Asurbanipal tenía que designar a egipcios para gobernar en su lugar. Las rebeliones posteriores exigieron su regreso, tiempo en que Asurbanipal destruyó Tebas.

Cuando Egipto se rebeló por tercera vez Asurbanipal estaba tan ocupado con problemas en Elam que no pudo recobrar Egipto. Después de 17 años Šamaš-šum-ukin, el hermano de Asurbanipal, cansado de su estado secundario en Babilonia se rebeló. Asurbanipal respondió marchando en contra de su hermano. Después de tres años de batalla constante, Šamaš-šum-ukin prendió fuego a su palacio y murió en las llamas. Asurbanipal entonces tomó el trono de Babilonia bajo el nombre Kandalanu.

No hay registro alguno del resto de los 12 años del reinado de Asurbanipal. Parece que la lucha civil y los reveses militares debilitaron Asiria a un punto del que no pudo recuperarse. Una lucha por el trono después de la muerte de Asurbanipal debilitó aún más a Asiria, de modo que en 614 la ciudad de Assur fue destruida por los medos. Para 612 Nínive, Nimrod, y Assur estaban todas en ruinas. Una pequeña fuerza resistió en Harán hasta 609, punto en que el «imperio» neobabilónico abarcó toda la tierra bajo anterior control neoasirio.

Bibliografía. A. L. Oppenheim, *Ancient Mesopotamia*, 2nd ed. (Chicago, 1977); G. Roux, *Ancient Iraq*, 3rd ed. (Baltimore, 1992); H. W. F. Saggs, *The Might That Was Assyria* (1984; repr. New York, 1991).

TAMMI J. SCHNEIDER

ASKENAZ (Heb. *'aškĕnaz*)

El mayor de los tres hijos de Gomer, el hijo de Jafet (Gn 10.3; 1 Cr 1.6), y el nombre de un reino (Jer 51.27). Con mayor probabilidad fue el reino escita (cf. Asir. *Iš-ku-za*). Su conexión con las invasiones cimerias (Heródoto *Hist.* 4.11) explica su relación con Gomer.

Aliándose con los de Mannai, los escitas se sublevaron contra Asiria (siglo VII a.C.) pero fueron conquistados después por los medos y los persas. En 538 ellos proporcionaron contingentes de tropas para el ataque persa contra Babilonia.

ASMODEO (Gr. *Asmodaíos*)
Un demonio en el libro de Tobit que mata a los esposos de Sara durante su noche de boda. Según una recensión griega de Tobit, Asmodeo es motivado por los celos (4QTob[a] 6:15, «porque él la ama»), pero también podría haber actuado simplemente por malicia. En el Testamento de Salomón (siglo I-III d.C.), Asmodeo dice: «siempre estoy tramando complots contra recién casados; estropeo la belleza de las vírgenes y hago que sus corazones se vuelvan indiferentes» (T. Sol. 5:7). Siguiendo las instrucciones del ángel Rafael, Tobías hace que Asmodeo huya a Egipto, donde es atado por Rafael.

Una derivación para el nombre de Asmodeo venía del persa Aeshma Daeva, el demonio de la violencia e ira, se pensó una vez era prácticamente segura. Sin embargo, el Asmodeo del libro de Tobit carece de las proporciones cósmicas de Aeshma. Además, las pruebas filológicas son ambiguas, y una alternativa derivación hebrea del *šmd,* «destruir», ha encontrado creciente favor. Pero aun si el nombre no es el persa, Asmodeo probablemente considerado fue como un demonio «local» activo en Persia y Mesopotamia (cf. T. Sol. 5).

WILL SOLL

ASMÓN (Heb. *ʿaṣmôn*)
Un lugar en el páramo de Zin que era parte de la frontera del sur de la tierra de Israel (Nm 34.4-5), y la frontera sur de la asignación tribal de Judá (Jos 15.4). La posición probable es ʿAin Muweiliḥ (085010), al este de ʿAin el-Qudeirat (Cades barnea).

PETE F. WILBANKS

ASMONEOS (Gr. *Asamōnaios*)
Una familia sacerdotal prominente, pero no aarónica de Modín. Ellos comenzaron una revuelta en 167 a.C., en contra de su hegemonía, Antíoco IV Epífanes, el rey seléucida de Siria, y las facciones judías helenizadas en Judá y Jerusalén. Estas últimas incluían miembros de órdenes del sumo sacerdocio, la aristocracia que apoyó y fue apoyada por los seléucidas.

No está claro si la persecución religiosa de judíos no helenizados resultó de la rebelión o fue la causa de ella. La persecución consistió en una prohibición de la observancia del sábado, mantener las fiestas, y la circuncisión. También consistía en la profanación del templo y los sacerdotes, y la ofrenda de sacrificios a los dioses griegos en un altar pagano en el templo de Jerusalén así como en Judá y Jerusalén (Dn 11.31-33; 12.11; 1 Mac 1.1-64; 2 Mac 6.1-6). Aunque los rebeldes vieron esto como un intento de suprimir el judaísmo (1 Mac 1-2; 2 Mac 5.11–7.42), era tanto una acción socio-política para sostener las facciones pro sirias como una represión religiosa de los que estaban a favor de Egipto y eran antagónicos a Siria.

Matatías mató al oficial de Epífanes y al primer judío en sacrificar en un altar pagano en Modín. Luego Matatías y sus hijos, Juan «Gadi,» Simón «Tasi,» Judas «Macabeo,» Eleazar «Avarán,» y Jonatán «Apfus,» huyeron a las montañas, donde un grupo cada vez mayor de judíos, algunos de los cuales eran hasidim (1 Mac 2.42-44; 7.13-14; 2 Mac 14.6), se unió a ellos en su rebelión.

Cuando Matatías murió, el liderazgo pasó a Judas, apodado Macabeo («el martillo»), de donde se derivó el popular nombre de la familia. Aunque los asmoneos pronto se volvieron lo suficientemente fuertes como para luchar de manera más convencional y para derrotar a los ejércitos sirios, ellos realmente tuvieron éxito debido a que Epífanes estaba peleando contra los partos al mismo tiempo.

Al parecer, algún tipo de paz se declaró (165) permitiendo a Judas entrar a Jerusalén, aunque es más probable que después de lo que parecía ser una victoria milagrosa (1 Mac 4) él en realidad recapturó la ciudad. No tuvo acceso a Akra, una fortaleza siria, aunque trató de tomarla cuando Epífanes murió en 164/3. A su regreso a Jerusalén, Judas instituyó una celebración de ocho días como parte de la rededicación del templo de Jerusalén en 164 a.C. (1 Mac 4.52-59), posteriormente celebrada como hanuká (4.59; Juan 10.22).

Judas no había logrado la independencia, sin embargo. Incluso después de la muerte de Epífanes, Judas continuó luchando contra su sucesor, Antíoco V Eupator. Aunque Judas obtuvo una gran victoria sobre las fuerzas seléucidas, dirigidas por Nicanor, en Bet-horón en 161, sus tropas fueron derrotadas y él murió en una batalla más tarde en 161/160.

En este momento, los judíos helenizados de nuevo volvieron a tener ascendencia en Judá y Jerusalén.

El sucesor de Judas, Jonatán, a continuación tomó partido a favor de Alejandro Balas contra Demetrio, cada uno de los cuales tenía el apoyo más o menos abierto de diferentes facciones en Roma, se disputaban el trono seléucida. Balas primero nombró a Jonatán sumo sacerdote (153). Después de la muerte de Demetrio también nombró a Jonatán gobernador de la provincia de Judea (150). El éxito de Jonatán no duró mucho tiempo. Fue capturado y finalmente asesinado por el general sirio Trifón en 143 o 142.

Simón entonces tomó el liderazgo, expandiendo más el estado. En 141 tomó el Akra en Jerusalén. El siguiente año se convirtió en sumo sacerdote de los judíos en Judá y Jerusalén, a pesar de que él no era de un alto orden sacerdotal. También se convirtió en comandante en jefe y etnarca de los judíos (1 Mac 14.41-43), confirmado por el rey seléucida. Bajo el gobierno de Simón el estado se convirtió en autónomo y libre de tributo (Josefo *BJ* 1.53; *Ant.* 13.211). Esto no quiere decir que se independizó de la hegemonía siria, como muchos creen, porque la autonomía y la independencia no eran jurídicamente lo mismo en el mundo helenista y romano.

En 134 Simón y dos de sus hijos, Judas y Matatías, fueron asesinados por Tolomeo el yerno de Simón (1 Mac 16.11-17). Cuando la oferta de Tolomeo por el poder fracasó, el hijo restante de Simón, Juan Hircano, tomó el poder. Después de ser confirmado como sumo sacerdote, Hircano gobernó Judá y Jerusalén de 134 a 104. Él extendió las fronteras de su estado a su punto máximo desde Salomón. Cambió los «partidos» teo-político dando lealtad a los saduceos, a pesar de que los fariseos supuestamente contaban con el apoyo de las masas.

Después de que Hircano murió en 104, su hijo Arisbóbulo se convirtió en el primer asmoneo en tomar el título de «rey.» Gobernó durante un año, tiempo durante el cual se extendió el reino. Después de su muerte en 103, Alejandra, la viuda de Arisbóbulo se casó con uno de sus hermanos, Alejandro Janeo, que gobernó de 103 a 76.

Janeo peleó guerras en el extranjero, extendiendo el reino en gran medida. También abordó los conflictos internos que tenía su padre, de carácter religioso, al apoyar a los saduceos. A su muerte, aconsejó a Alejandra hacer las paces con los fariseos a fin de asegurar su dominio. Cuando Alejandra se convirtió en gobernante del reino (76) con el apoyo de los fariseos, hizo a su hijo Hircano II sumo sacerdote. Esto, sin embargo, no aseguró su sucesión.

A la muerte de Alejandra (66), sus hijos Arisbóbulo II e Hircano II se enfrascaron en una guerra civil. Pompeyo Magno fue invitado a intervenir y lo hizo en el 64, primero envió a su general Escauro. Un año más tarde el propio Pompeyo vino, capturó Jerusalén, e instaló a Hircano como sumo sacerdote y etnarca, pero no rey, del estado cuyo territorio redujo. Tomó a Arisbóbulo a Roma, haciéndolo desfilar en su triunfo.

A la luz de la política romana extranjera, Pompeyo, cuya asignación bajo la ley Gabinia era pacificar el mundo mediterráneo y que se le dio poderes ilimitados en la ley Manilea, no había actuado precipitadamente o sin razón. La hegemonía de Roma sobre los asmoneos había sido establecida como una especie de protectorado, de conformidad con la ley romana, cuando Roma había concedido a Judas y sus seguidores una *amicitia* («amistad» o acuerdo diplomático) en 161. Más tarde, cuando la *amicitia* se transformó en tratado de protectorado (*societas et amicitia*, «alianza y amistad») que fue renovado en la ascensión de cada asmoneo excepto para Arisbóbulo y Alejandro Janeo, el «reino cliente» estaba sujeto al puño de hierro del gobierno romano.

Hircano gobernó como cliente romano de 63 a 40. Después de la muerte de Hircano (40), Antígono II se convirtió, con el apoyo de los partos enemigos de roma, en el último gobernador de la familia asmonea. Gobernó durante tres años (40-37), momento en que Roma colocó un rey cliente, Herodes, que tenía vínculos matrimoniales con los asmoneos, en el trono de Judá y Jerusalén.

Bibliografía. E. Bickerman, *From Ezra to the Last of the Maccabees* (New York, 1962); S. R. Mandell, «Did the Maccabees Believe That They Had a Valid Treaty with Rome?» *CBQ* 53 (1991): 202-20; «The Beginnings of Roman Hegemony over Judá y Jerusalem,» *Approaches to Ancient Judaism* n.s. 3 (Atlanta, 1991): 3-83; M. Rostovtzeff, *The Social and Economic History of the Hellenistic World,* 3 vols. (Oxford, 1941).

Sara R. Mandell

ASNO

Un animal del género *Equus,* que incluye el asno salvaje (*Equus africanus, asinus, hemionus*) y su descendiente el burro domesticado. El término hebreo más frecuente para «asno» es *ḥămôr,* que se refiere al animal macho domesticado y está relacionado con una raíz semítica que quiere decir rojizo (aunque el asno sea a menudo gris o blanco, no rojo) y tiene posibles conexiones semíticas con la terquedad. Otro término común es *'āṯôn,* que designa el asno domesticado femenino o burra. De vez en cuando *'ayir* es usado, en el sentido de un potro o asno joven, que contiene el sentido lingüístico de llevar carga. El «asno salvaje» viene más frecuentemente del Heb. *pere',* pero el AT también menciona *'ārôḏ* y *'ărāḏ,* el onagro (un asno asiático salvaje). El término del NT es Gr. *ónos,* relacionado con *ónasthai* («ser útil»). Gr. *hypozýgion (hypó + zygós)* invoca la posición del animal «bajo» su «yugo». Gr. *onárion* se refiere en particular a un asno joven.

El asno era una bestia de carga, para cargar provisiones (Gn 44.13; Jos 9.4) tales como comida (Gn 42.26; 1 S 16.20), riqueza (Is 30.6), un cadáver (1 R 13.29), y hasta un carro (Is 21.7). El asno fue usado como medio de transporte (p.ej., Ex 4.20; 1 S 25.20), a menudo con una silla (Gn 22.3; 1 R 13.13). El asno era posesión valorada (Ex 20.17; 21.33; Dt 22.3; cf. Gn 43.18; Nm 31.28-35; Jos 7.24). Era un regalo digno (Gn 12.16; 32.15), contado como una bendición (24.35; Job 1.3; 42.12), y usado para intercambiarlo por comida (Gn 47.17). Ya que el asno es considerado inmundo (Lv 11.3; Dt 14.3-6; pero cf. 2 R 6.25), su primogénito debe ser redimido por substitución (Ex 13.13; 34.20).

El asno cumple una función sobresaliente en algunas narrativas bíblicas. En la historia de Balaam (Nm. 22.21-33) una burra (*'āṯôn*) es antropomorfizada, hablando y heroica (por su resuelta terquedad) al salvar a Balaam de la ira de Dios, por consiguiente conduciéndole de vuelta a la fidelidad. La quijada de un asno es usada para matar a 1000 hombres en la pelea de Sansón contra los filisteos por sus propios líos (Jue 15.14-20). La búsqueda por parte de Saúl de las asnas perdidas de su padre conduce al «vidente» Samuel, que unja a Saúl como el siguiente rey (1 S 9.1-27). En 1 Reyes 13.13-29 que un león y el asno permanecen sobre el cuerpo de «un varón de Dios» que fue castigado con la muerte por participar en un acto de culto ilegítimo.

La profecía del Mesías que monta en un asno (Zac 9.9) es repetida en el relato de Mateo de la entrada de Jesús en Jerusalén (Mat 21.2, 5-6), que evoca una imagen extraña de Jesús ensillado por el lado en un asno y un pollino. Hay significación para un rey mesiánico que monta en un asno ya que no era un animal usado en la guerra, sino para el trabajo. Sin embargo, el asno también fue considerado como un signo de prestigio (Jue 5.10; 2 S 16.2) y riqueza (Gn 30.43; 32.5).

Finalmente, cuando se le desafió acerca de trabajar el domingo, Jesús se refiere al cuidado de un asno o sacarlo del peligro (Lc 13.15; 14.5).

Bibliografía. G. Savran, «Beastly Speech,» *JSOT* 64 (1994): 33-55.

LISA MICHELLE WOLFE

ASOCIACIONES, VOLUNTARIAS

Un grupo de hombres o mujeres organizado sobre la base de membresía libremente elegida, para un objetivo común. En la antigüedad tales asociaciones fueron populares a partir del siglo V a. C. hasta el Imperio Romano tardío, a pesar de varios intentos de suprimirlos. Miles de asociaciones son atestiguadas por inscripciones y, en el caso de Egipto, papiros. Estas inscripciones más a menudo registran la lista de miembros de la asociación, decretos, o estatutos, aunque también pudieran registrar la fundación del grupo. Estos grupos eran relativamente pequeños, con membresía generalmente entre 10 y 100. Entre los miembros mismos es bastante común encontrar ciudadanos y no ciudadanos, amos y esclavos, hombres y mujeres, y ricos y pobres, todos juntos en una sola asociación (cf. Gal 3.28).

Tres amplias categorías de asociaciones pueden ser distinguidas. Las asociaciones funerarias aseguraron un entierro apropiado a cambio de una suma de inscripción, una cuota regular, o ambas. Las asociaciones religiosas se concentraban en la adoración de una deidad o deidades en particular, mediante actos cúlticos y días festivos especiales. Las asociaciones profesionales estaban formadas por comerciantes o artesanos que vivían en un lugar particular. No hay consistencia alguna en la terminología para las asociaciones, y se usaban muchos títulos incluyendo *thíasoi, collegia, ekklēsía, synagōgḗ, y koiná* . Casi todas las asociaciones adoraron una o varias deidades patronas y realizaban actos cúlticos, y la mayoría se juntaban para ocasiones sociales tales como banquetes o fiestas para beber. Tales acontecimientos sociales y religiosos eran financiados por patrocinadores humanos, que recibían variados honores a cambio de sus actos caritativos.

La organización interna de una asociación incluía la designación de varios oficiales y funcionarios. En su mayor parte esta reproducía la estructura civil. Sin embargo, hay poca consistencia entre los variados grupos en la terminología usada para estos funcionarios.

Se piensa generalmente que las asociaciones fueron populares porque ofrecían a una persona un sentido de pertenencia, en un tiempo cuando el parentesco tradicional y los grupos cívicos estaban siendo desarticulados. Por medio de la membresía un número de redes sociales podrían ser establecidas y estaba disponible caridad para los que pasaban por tiempos difíciles. La membresía en un grupo también permitía el logro de honor y prestigio que no estaba disponible por otros medios para la mayoría de las personas.

La referencia más obvia del NT de una asociación voluntaria es el relato en Hechos 19:23-40 del alboroto causado por los plateros en Éfeso. Las asociaciones voluntarias también han sido usadas por varios eruditos como una analogía para entender la formación temprana de comunidad y relaciones sociales paulinas, en particular la iglesia de los corintios.

Bibliografía. R. S. Ascough, *What Are They Saying About the Formation of Pauline Churches?* (New York, 1998); J. S. Kloppenborg and S. G.Wilson, eds., *Voluntary Associations in the Greco- Roman World* (London, 1996).

RICHARD S. ASCOUGH

ASÓN (Gr.*Ássos*)

Una ciudad estratégica en el Golfo de Adramitio, en la costa este del Mar Egeo, en Misia. La defensa de la ciudad incluía acantilados naturales y artificiales que se elevaban 215 metros (700 pies) por sobre el nivel del mar, complementada por una pared de 3,2 km (2 millas) de largo y 19,8 m (65 pies) de alto. Varios edificios públicos (incluyendo un gimnasio, tesorería, baños, un mercado, y teatro) estaban en las terrazas. Asón (Behramköy moderno) alojó un templo dórico dedicado a Atenea, y fue el centro de operaciones de filósofos platónicos, incluso Aristóteles. El estoico Cleantes nació en esta ciudad.

Asón era una parte del reino de los reyes pergamenianos y más tarde un puerto de Asia. Pablo viajó de Troas a Asón en un camino costero mientras Lucas y los otros rodearon Cabo Lectum por vía marítima (Hch 20.13-14).

STEVEN L. COX

ASPATA (Heb. *ʾaspāṯāʾ*)

Uno de los 10 hijos de Hamán muerto por los judíos (Est 9.7).

ASPENAZ (Heb. *ʾašpĕnaz*)

El jefe de los eunucos de Nabocodonosor, a cargo de reclutar nobleza judía entre los cautivos para el servicio del rey (Dn 1.3-4).

ASRIEL (Heb. *ʾaśrîʾēl*)

Un descendiente de Manasés (Nm. 26:31; Jos 17:2). Según 1 Cr 7:14 su madre era una concubina aramea.

ASSUR (Heb. *ʾaššûr;* Acad. *aššur*) **(DEIDAD)**

Deidad nacional asiria y cabeza del panteón; principalmente un dios de guerra, monarquía e ideología real. Su nombre es identificado con la ciudad, y de él se derivan los nombres Asiria y los asirios. Assur puede haber sido una deidad tribal local sin posición o linaje original en el panteón mesopotámico. Asimiló las características de Enlil, una deidad prominente en el panteón mesopotámico temprano, en algún momento durante el segundo milenio a.C. Assur se convirtió en el «señor del universo» y «el padre de los dioses.» Junto con su consorte Ninlil, que era también la esposa de Enlil, residió en el templo E-kur en Assur. Cuando el rey asirio Senaquerib destruyó Babilonia (c. 689), él sustituyó el culto babilonio de Marduk con su deidad Assur.

Assur es identificado como An-šar en Enuma Elish, la épica de creación mesopotámica, y en la versión asiria de este mito Assur desplaza a Marduk como el héroe triunfante que mata a Tiamat. Las puertas de bronce del templo de Senaquerib del año nuevo en Assur representan escenas de esta batalla. Además, Assur asumió el papel esencial desempeñado por Marduk en el Akîtu, el festival anual de año nuevo en el que el rey proclamaba la obediencia y lealtad a Assur y los ciudadanos de la tierra. Los reyes asirios de esta manera eran considerados no sólo los líderes administrativos del estado, sino también actuaban como sumos sacerdotes en el culto a Assur. La referencia más temprana a Assur aparece en viejos textos cuneiforme asirios de Capadocia, una importante colonia de comercio, que data de c. 2000. Assur, como una deidad, no es mencionada en el AT; sin embargo, el nombre aparece realmente como un componente del nombre de teofórico del rey asirio, Asurbanipal («Assur es el creador del heredero»).

JULYE BIDMEAD

ASSUR (Heb. *'aššûr;* Acad. *aššur*) **(LUGAR)**
La ciudad principal de Asiria durante la mayoría de su historia nacional. La ciudad (Qal'at Sherqat moderna) estaba en el centro de Asiria, a lo largo de la rivera occidente del Río Tigris, en la región fértil del norte de Irak, al norte del tributario Lesser Zab y el cordón montañoso Jebel Hamrin. Junto con Nínive y Erbil, Assur formaba un triángulo de ciudades asirias.

Aunque se conoce poco sobre su período prehistórico, Assur fue una ciudad establecida a principios del tercer milenio a.C., cuando era un centro religioso importante con varios edificios públicos, incluyendo un templo dedicado a la diosa Ishtar. Después del 2300, Assur se convirtió en parte del semítico imperio acadio, como lo evidencia una inscripción del rey acadio Manishutusu, encontrada en el sitio.

El nombre Assur ha presentado problemas a los eruditos ya que no era sólo el nombre de la ciudad, sino también de la deidad principal (a menudo deletreaba «Ashur» para distinguirlo de la ciudad). Hacia 2100, Assur era una ciudad vasalla de la tercera dinastía de Ur, como lo evidencia numerosas inscripciones en edificio de los «virreyes de Assur», que escribieron en el antiguo dialecto asirio del acadio.

A principios del segundo milenio, Assur parece haber sido una ciudad-estado importante, con murallas fortificadas e intereses comerciales en áreas distantes, más notablemente el puesto comercial en Kanesh en Anatolia central. Según la Lista de Rey Asirio y otros textos (de Mari y Tell a Leilan), el jefe amorreo Šamši-adad I (c. 1814-1781) conquistó Assur y la hizo parte de su imperio de gran extensión. Poco se sabe del destino de Assur durante los próximos siglos cercanos. Estuvo por lo visto bajo control del estado mitanio por aproximadamente un siglo, hasta el reinado de Ashur-uballit I (1365-1330), cuando la ciudad se convirtió en el centro de una gran organización política. El rey asirio Tukulti-ninurta I (1244-1208) transfirió el poder real a lo largo del Tigris a una nueva ciudad, Kar-tukulti-ninurta, que no sobrevivió mucho tiempo. Assur reclamó su título de ciudad principal poco después de esto y siguió siéndolo hasta el reinado de Asurnasirpal II (884-859), que se mudó cerca de Kalhu. Assur, sin embargo, siguió como el centro religioso principal del imperio asirio hasta que la ciudad fuera destruida en 614.

Bibliograpfía. H. W. F. Saggs, *The Might That Was Assyria* (1984, repr. New York, 1991).

MARK W. CHAVALAS

ASTAROT (Heb. *'aštārôṯ*) **(DEIDAD)**
Forma plural del nombre de la diosa cananea Astarte (versión Dios Habla Hoy, «Astarté»). Aparece en el AT en la frase «Baales y Astarot» (Jue 10.6; 1 S 7.4; 12.10), donde denota ya sea varias manifestaciones locales de Astarte o, más probablemente, diosas en general. El sentido último está implícito en 1 Samuel 7.3, donde «Astarot» es añadida como el equivalente femenino de «dioses extranjeros» (Heb. *'ĕlōhê hannēḵār*). Astarot puede ser entendido como un nombre divino singular en dos casos: Jueces 2.13, donde es paralelo del singular Baal, y 1 Samuel 31.10, que se refiere a «el templo de Astarot», «un templo de diosas,» o «un templo de una diosa.»
Véase Astoret.

JOEL BURNETT

ASTAROT (Heb. *'aštārôṯ*) **(LUGAR)**
Una ciudad en Basán, un lugar de morada (junto con Edrei) del rey amorreo Og, que intentó impedir el avance de los israelitas en su camino a Canaán (Dt 1.4; Jos 12.4). Después de la derrota de Og, la ciudad fue asignada a la mitad de la tribu de Manasés (Jos 13.31) y se convirtió en una ciudad levítica de los gersonitas (1 Cr 6.71 [TM 56]).

El nombre (la forma plural de la diosa de fertilidad cananea Astoret) es mencionado en formas variadas en distintas inscripciones antiguas, incluyendo los Textos de Execración Egipcios (siglo XIX a.C.), los archivos de Tutmosis III (1504-1450), las Cartas de Amarna, textos ugaríticos, y un relieve de Tiglat-Pileser III (745-727).

El lugar debe ser probablemente identificado con Tell 'Ashtarah (243244), c. 5 km (3 mi) al sur de Jeque Sa'd, por lo general identificado con Asterot-karnaim (Gn 14.5), y c. 32 km (20 mi) al este del Mar de Galilea. El sitio tiene evidencia de ocupación desde la Edad del Bronce Temprana hasta la Edad del Hierro I.

PAUL J. RAY, JR.

ASTAROT KARNAIM (Heb. *'aštěrôṯ qarnayim*)
El lugar donde Quedorlaomer y sus aliados derrotaron a Refaim (Gn 14.5).

Debido a las semejanzas de nombres y porque Og, rey de Basán, estaba entre los últimos de los refaitas (Dt 3.11; Jos 12:4; 13.12), Asterot Karnaim puede ser lo mismo que Astarot en Basán (Dt 1.4; Jos 9.10; 13.31; moderno Tell ' Aštarah en el sur Siria; 243244). Más probablemente, sin embargo, la combinación asindética Asterot-karnaim («la [diosa] con dos cuernos Astarte»; cf. Dt 1.4 TM) indica que el sitio estaba localizado cerca de Karnaim (1 Mac 5.26; Amós 6.13), moderno Tell a Sheikk Ṣa'd / Tel Ṣa'd (247249).

BRENT A. STRAWN

ASTAROTITA (Heb. *hāʿaštĕrātî*)
Un natural de astarot, un gentilicio aplicado a Uzías, uno de los «hombres fuertes de David» (1 Cr 11.44).

ASTARTE (Gr. *Astarte*)
Véase Astoret.

ASTORET (Heb. *ʿaštōret*;Fen. *ʿštrt;* Ugar. *ʿttrt*)
Una forma del nombre de la diosa cananea Astarte en el AT (Dios Habla Hoy, «Astarté»). Esta es una parodia deliberada del nombre, empleando las vocales del hebreo *bōšet,* «vergüenza.» Astarte es el homólogo semítico occidental del acadio Ishtar y el sumerio Inanna en su aspecto como una diosa de guerra y (probablemente) de la sexualidad. Esa Astarte cananea era, como Ishtar e Inanna, una deidad Venus, como lo refleja la tradición griega, es probable; como la estrella vespertina ella habría compartido ese papel con el dios Ashtar, que aparece como la estrella de la mañana y de cuyo nombre se saca la forma femenina Astarte.

Aunque desempeñando un papel sometido en el mito ugarítico, el carácter bélico de Astarte es reflejado en una formula de maldición que la invocaba para romper el cráneo de un enemigo (*KTU* 1.2 I 7-8; 1.16 VI 54-57). Aunque la discusión de la identidad de Astarte como diosa del amor sobrepasó a veces la evidencia, en la Epopeya Keret ella (junto con Anat) es mencionada como un estándar para la belleza femenina (*KTU* 1.14 III 41-44).

La relación especial de Astarte con Baal, quizás como consorte, es reflejada en su epíteto usado en la fórmula de maldición anteriormente mencionada (y en la inscripción fenicia de Eshmunazar), «nombre-de-Baal» (*šm bʿl,* alternativamente entendido como el «cielo-de-Baal»), un epíteto que denota su papel como la presencia materializada de Baal (cf. «el nombre» de Yahvé en el AT; p.ej., Ex 20.24; Dt 12.5; 2 S 7.13).

La conexión entre Astarte y Baal se refleja en textos de Egipto, donde la adoración de la diosa semítica se había extendido. En el texto Horus y Seth, del siglo XII a.C., Astarte y Anat, que están cercanamente asociadas en Egipto como lo están en Ugarit, son dadas como esposas a Seth, el dios egipcio identificado con Baal. Un texto mágico del siglo XIII que describe cómo Seth «abrió las matrices» de Anat y Astarte, «las dos grandes diosas que estaban embarazadas, pero no gestaron,» puede ser entendida como pruebas de Astarte como una diosa del amor sexual, pero milita en contra de un aspecto de fertilidad; al grado al que este tema en el texto egipcio conserva un elemento de mito originario en la Astarte semítica es incierto. Lo mismo puede ser dicho del papiro fragmentario de Astarte (*ANET,* 17-18), en el cual la diosa, como hija de Ptah, es dada como novia al mar. En Egipto Astarte es decididamente retratada como una diosa de la guerra, a menudo representada en arte como montada a caballo y blandiendo armas.

En fuentes fenicias Astarte es la diosa patrona tanto de Tiro como Sidón y consorte de Baal en cada ciudad. En la inscripción Tabnit de Sidón del siglo VI (*KAI* 13), el rey se identifica a sí mismo, y su padre antes de él, como «sacerdote de Astarte» e invoca su nombre en una maldición. Tabnit el hijo Eshmunazar llama a su madre «sacerdotisa de Astarte» y asevera haber construido templos para el dios Eshmun, para Baal-de-Sidón, y para el Astarte- nombre-de-Baal (*KAI* 14). Eshmunazar localiza el templo de Astarte en un área sacra de Sidón llamada «el cielo más alto» (1.17).

Exportada por los fenicios, la adoración de Astarte prosperó a lo largo del Mediterráneo, como lo indica el nombre de la diosa en numerosos nombres personales y en inscripciones de Cartago, España (ambas siglo VIII), e Italia (siglo VI, donde ella es comparada con la Uni-Juno etrusca). Para mediados del primer milenio Astarte había asumido el papel de la diosa Asera como la deidad marítima y había absorbido aspectos de Anat, con quien fue combinada más tarde como la diosa Atargatis. Durante los períodos helenísticos y romanos Astarte es identificada con Afrodita y Venus. En Grecia la Astarte fenicia es conocida como una diosa del amor y fertilidad.

Según 1 Reyes 11.5, 33 se le dio a la adoración de «Astoret, deidad de los sidonios» una aprobación oficial en Israel debido a una o varias de las mujeres extranjeras de Salomón. Josías es alabado por desmontar y «profanar» los lugares de culto a Astarte y otras deidades extranjeras (2 R 23.13-14). La colocación de los filisteos de la armadura de Saúl en un templo llamado *bêṯ ʿaštārôṯ* en 1 Samuel 31.10 posiblemente implica el carácter marcial de la deidad. Sin embargo, como *ʿaštārôṯ* aquí no es necesariamente el nombre de una diosa específica, no está claro con cuál deidad el templo, localizado ya sea en la llanura filistea o en Beth-shan, estaría asociado (cf. 1 Cr 10.10). No se sabe si Astarte desempeñó un papel central en la religión de los filisteos, cuyo dios principal era Dagón. La identidad de «la reina del cielo» en Jeremías 7.18; 44.17-25 es debatida.

Aunque las fuentes egipcias del nuevo reino se refieran a Astarte como la «Señora del cielo», este título también fue aplicado a Anat y Asera. Sin embargo, evidencias fenicias del primer milenio, nombres personales púnicos, y el hecho que el templo de Astarte de Sidón estaba localizado en un área llamada «el cielo más alto» (la inscripción de Eshmunazar) pesa a favor de Astarte como la diosa en cuestión. El aspecto de fertilidad de Astarte es reflejado indirectamente en un término relacionado con la productividad del rebaño (Heb. *ʿaštĕrōṯ ṣōʾneāk;* Dt 7.13; 28.4, 18, 51). Vestigios del período de adoración preasentamiento de Astarte son conservados en las toponimias Astarot (Jos 12.4; 1 Cr 6.71 [TM 56]), Astarot-karnaim (Gn 14.5), y Beestera (Jos 21.27).

Véase Astarot.

Bibliografía. F. M. Cross, *Canaanite Myth and Hebrew Epic* (Cambridge,Mass., 1973); S.M. Olyan, «Some Observations Concerning the Identity of the Queen of Heaven,» *UF* 19 (1987): 161-74; J. B. Pritchard, *Palestinian Figurines in Relation to Certain Goddesses Known Through Literature.* AOS 24 (Philadelphia, 1943).

Joel Burnett

ASTROLOGÍA

La creencia de que los cuerpos celestes, sobre todo luna, sol, planetas y estrellas (en el griego colectivamente llamado «estrellas»), influyen en el mundo sublunar.

La astrología, correctamente hablando, surgió en la esfera y período helenístico. Los babilonios veían las estrellas sólo como indicadores de la voluntad de los dioses, no como siendo en sí mismas las causantes de los acontecimientos. Esta antigua tradición babilónica (segundo milenio a.C.), que influyó en Grecia, Egipto, el Oriente Cercano, e India, es llamado *omina* («presagios») celeste en vez de astrología. Como ha sobrevivido con trabajos astrológicos posteriores, sin embargo, es a veces llamada astrología natural.

La astrología aplicada puede ser dividida en cuatro variedades: la genetlialógica (horóscopo de alguien en el nacimiento), catárquica (posición de las estrellas a principios de una acción), interrogativa (horóscopo cuando una pregunta es presentada), y general (efectos sobre grupos, naciones, o el mundo).

La astrología propiamente tal es demasiado posterior para haber influido en la tradición hebrea antigua. La naturaleza y grado de elementos de la antigua religión astral del cercano oriente (especialmente adoración del sol; cf. 2 R 17.16; 21.3-5; 23.11; Jer 8.2; Ez 8.16) en la religión israelita son condenados. Hay pocas pruebas de la tradición de presagios celestes (cf. Is 47.13-14).

Los materiales judíos que combinan presagios y astrología helenística pertenecen al intertestamentario. Los escritos de Qumrán y el Cairo Geniza están arrojando nueva luz sobre la magnitud y naturaleza de la astrología judía antigua (4Q186, 4Q318, Cambridge Geniza MS T-S H 11.51), a la que comunidades judías helenísticas, tales como la de Alejandría, seguramente contribuyeron. Estos descubrimientos añaden crédito adicional a las referencias antiguas a tratados astrológicos judíos bajo nombres como Set, Abraham, Salomón, y Esdras. También apoyan la suposición de una naturaleza originaria judía para tales tratados conservados en griego, latín, siríaco y árabe.

La validez general de la astrología fue confirmada en la tradición rabínica, aunque aquí se debatió si los judíos mismos estaban bajo la influencia de las estrellas (b. Šabb. 156a-b). Pruebas arqueológicas, tales como los zodiacos en sinagogas, señalan hacia tradiciones astrológicas más extendidas de lo que antes se suponía.

A menudo se piensa que el cristianismo antiguo rechazó estrictamente la astrología. Did. 3:4 instruye a no ser un intérprete de presagios o un astrólogo. Los argumentos morales y científicos contra la astrología se desarrollaron en la tradición greco-romana, así como una tradición judía de que ángeles caídos enseñaban la astrología a la humanidad, fueron adoptados por herejes cristianos. De todos modos, hay pruebas claras para la astrología cristiana a partir del período temprano (base astrológica para observancia del día de reposo y astrología catárquica en el libro de Elchasai, 116-17 d. C.; genetlialogía en Bardaisan, principio del siglo III; Mani).

En el NT, el comentario de Pablo en Gálatas 4:10 sobre una tendencia de observar días, meses, estaciones, y años parecen igualmente condenar los razonamientos astrológicos. El grupo de opositores cristianos que se combatió en Colosenses 2.8-23 probablemente habrán reconocido los poderes astrales (cf. Judas 8). Imágenes astrales y astrológicas saturan Apocalipsis (p.ej., Ap 11.12-13; 12.1), aunque aquí el poder de las estrellas nunca sea reconocido. Tales imágenes también son extensamente atestiguadas entre los «gnósticos», que diversamente usaron cálculos astrológicos.

El valor de la astrología es elogiado por el autor de la fuente pseudoclementina *Reconocimientos* 1.27-71 (c. 200), quién, de acuerdo con una tradición judía, glorifica a Abraham como el astrólogo preeminente. También bajo la influencia del precedente judío (y sectario helenístico), otro cristianos creían que las estrellas tenían poder sobre todos, menos los cristianos (Clemente de Alejandría *Extractos de Teodoto* 74.2–78.1; pseudoclementina *Reconocimientos* 9.31.1). Otros, como Orígenes, afirmaban que las estrellas eran indicadores de la voluntad divina, pero que los signos eran inteligibles sólo a los ángeles.

La estrella de Belén (Mt 2:1-12) era la manzana de la discordia ya en el cristianismo antiguo. En origen la estrella indudablemente pertenece a la tradición del presagio (similar a la oscuridad a la muerte de Jesús, Mr 15:33; Lc 23:44-45), relacionado quizás con una profecía del AT (Nm 24.17). El poder de la astrología se cristalizó en la tradición cristiana a través de la celebración del 25 de diciembre, el cumpleaños del sol (el rey de las estrellas), como Navidad.

Bibliografía. J. H. Charlesworth, «Jewish Astrology in the Talmud, Pseudepigrapha, the Dead Sea Scrolls, and Early Palestinian Synagogues,» *HTR* 70 (1977): 183-200; F. Cumont, *Astrology and Religion among the Greeks and Romans* (1912; repr. New York, 1960); D. Pingree, «Astrology,» *Dictionary of the History of Ideas,* ed. P. P. Wiener (New York, 1973), 1:118-26.

F. STANLEY JONES

ASTRÓLOGO

Los astrónomos mesopotámicos y egipcios practicaron lo que hoy se llamaría tanto astronomía como astrología, y su habilidad fue bastante avanzada como para permitir predicciones exactas de eclipses y construcción de calendarios. Lo monarcas neoasirios (743-612 a.C.) en particular fueron patrones fervorosos de los astrólogos a lo largo de su imperio, y la mayoría de su extensa correspondencia sobrevive. Los sacerdotes correlacionaron presagios celestes con otros tipos, sobre todo aquellos de la lectura de entrañas de ovejas, todos a beneficio de sus gobernadores en un esfuerzo por predecir y controlar el futuro.

Los textos bíblicos muestran consciencia de la importancia de la astrología en Mesopotamia (Is 47.13; Jer 10.2 llaman a la práctica «el camino de las naciones», Heb. *dereM haggôyim*) y predicen que sus practicantes compartirán en el desastre que espera a sus sociedades. Aunque no sobrevive evidencia directa de la astrología israelita, la Biblia no rechaza explícitamente el arte, y las listas de prácticas adivinatorias prohibidas visiblemente omiten su referencia (Lv 19.26-28; Dt 18:9-13; Zac 10.1-2; cf. Is 3.3). Segundo los textos del templo perpetúan esta ambivalencia, p.ej., por la inclusión de Daniel entre los astrólogos (aunque como su superior; Dn 2.27; 4.7, 10 [TM 4, 7]; 5.7, 11) y rastreando el descubrimiento de Abraham de Dios en parte a la astrología (Jub 12.16). Los reyes magos de Mateo 2 son sacerdotes persas cuya astrología los conduce a Jesús.

Bibliografía. S. Parpola, *Letters from Assyrian Scholars to the Kings Esarhaddon and Assurbanipal.* AOAT 5/1 (Neukirchen-Vluyn, 1970).

MARK W. HAMILTON

ASTRONOMÍA

Una ciencia antigua que intenta descubrir las leyes que gobiernan los cuerpos celestes. Se conoce que los calendarios, basados en observaciones astronómicas, fueron desarrollados por los egipcios y mesopotámicos tan temprano como el tercer milenio a. C. La astronomía fue ardorosamente estudiada por babilonios tempranos, que mezclaron sus observaciones astrales con su politeísmo, creando la astrología. Los zigurats babilónicos, tales como la torre de Babel, eran estructuras probablemente usadas para la observación de los cuerpos celestes. La astronomía hebrea fue indudablemente influenciada por los babilonios. Sin embargo, en conjunto las prácticas astrológicas babilonias tuvieron poco impacto sobre Israel.

La literatura hebrea demuestra realmente un poco de familiaridad con las observaciones astronómicas. Job 9.9 se refiere a observaciones de las constelaciones. Del mismo modo, los profetas Isaías (13.10) y Amós (5.8) sabían de tales constelaciones. En Amós 5.26 el profeta recuerda la rebeldía de Israel al seguir a deidades astrales (probablemente Saturno y Júpiter). Además, un pecado común durante la monarquía fue el problema de adorar al ejército del cielo. Mientras que estas prácticas eran más la excepción que la norma, sí indican el grado al cual la astronomía influyó en la vida israelita.

Las catástrofes astronómicas eran un aspecto común en las escrituras apocalípticas judías así como en pasajes escatológicos de la Biblia. Isaías 13.10 afirma que el día del Señor llegaría por un oscurecimiento del sol, luna y estrellas. Joel (2.10; 3.15 [TM 4.15]), Marcos (13.24-25), 2 Pedro (3.10) y Apocalipsis (8.10) igualmente afirman que las calamidades celestes acompañarían el día del Señor.

La narrativa del nacimiento según Mateo, incluye la visita de los reyes magos (astrólogos del este) que presenciaron un fenómeno astronómico y lo interpretaron como el signo de un nuevo rey. Esto a menudo ha sido explicado ya sea como un cometa, una supernova, o una convergencia de planetas. Mateo simplemente lo explica como una estrella y no proporciona ningún detalle adicional.

MARK R. FAIRCHILD

ASUERO (Heb. *ʾăḥašwērôš*; Gr. *ʾAssouēros*)

1. Con toda probabilidad, el nombre bíblico para Jerjes I (Pers. *khshayârshâ*), rey de Persia 486-465 a.C., hijo y sucesor de Darío I. Bajo su padre él fue sátrapa sobre Babilonia (498-486). Después de su ascenso al trono, él recobró Egipto (484), que se había rebelado a fines del reinado de Darío I. En 480, Jerjes marchó contra los griegos, ante quienes su padre Darío había perdido la batalla de Maratón (490). Al principio ganó una batalla importante en Termópilas (480), pero perdió en Salamina (480) y Micala (479), y con decisión en Eurimedón (466). Él implementó una estructura de impuestos que puso a los no persas en desventaja. Asuero es mencionado en Esdras 4.6 como el rey cuando «la gente de la tierra» elevó una acusación no especificada contra la comunidad en Jerusalén. Según el libro de Ester, él primero aprobó medidas antisemíticas (Est 3.12-14); posteriormente, por la mediación crucial de su esposa judía Ester, él permitió la resistencia armada de los judíos contra cualquier ataque organizado contra ellos (8.10-14).

2. Asuero el medo. Mencionado en Daniel 9.1, él es de otra manera desconocido y considerado problemático.

3. Según algunas versiones de Tobías 14.15, junto con Nabucodonosor un destructor de Nínive. La referencia plantea problemas históricos.

GERALD M. BILKES

ASUNCIÓN DE LA VIRGEN

Más de 50 libros apócrifos y homilías anteriores al siglo X en nueve lenguas antiguas registran ya sea el adormecimiento de la Virgen («durmiéndose») y asunción corporal («siendo subida») al cielo, o su adormecimiento sin una asunción. No hay, sin embargo, pruebas confiables de ninguna de estas doctrinas antes de finales del siglo V, en que se señala varios testigos, incluyendo apócrifos y homilías más tempranas, certificando la creencia en las doctrinas «rivales» de la asunción corporal y muerte sin asunción, respectivamente. El verdadero florecimiento de esta tradición ocurre principalmente en el siglo VI, en cuyo tiempo hay una proliferación de las narrativas que revisan los textos más tempranos y los purgan de heterodoxia. Los acontecimientos principales de la historia ocurren en Jerusalén (con la inclusión ocasional de un viaje a Belén), e incluye el reencuentro milagroso de los Apóstoles y la vuelta de Cristo para recibir el alma de su madre mientras deja su cuerpo.

Sólo ciertos textos continúan con el relato de la resurrección y asunción de la Virgen, pero todos se caracterizan por una hostilidad al judaísmo y frecuentes ataques contra los líderes judíos que, entre otras cosas, intentan quemar el cuerpo de la Virgen. Una tradición contraria localizando el final de la vida de la Virgen en Éfeso se desarrolla en un tiempo posterior, principalmente en la iglesia siriaca medieval.

Bibliografía. W. J. Burghardt, *The Testimony of the Patristic Age Concerning Mary's Death* (Westminster, Md., 1957).

STEPHEN J. SHOEMAKER

ASUNCIÓN DE MOISÉS

Véase MOISÉS, TESTAMENTO DE

ASUR (Heb. *'ašḥûr*)
El hijo de Hezrón y Abías, nacido después de la muerte de Hezrón. Según la Versión Dios Habla Hoy, fue hijo de Caleb y Efrata la esposa de Hezrón. Asur se convirtió en el «padre» o fundador de Tecoa (1 Cr 2.24).

ASUR (Heb. *'aššûr*) **(LUGAR)**

1. Asur, una ciudad importante de Asiria y en algún momento su capital (Ez 27.23).

2. Otro nombre para Asiria (Nm 24.22, 24).

ASUR (Heb. *'aššûr*) **(PERSONA)**
Uno de los hijos de Sem; antepasado epónimo de los asirios (Gn 10.22; 1 Cr 1.17).

ASUR
Véase Assur.

ASURBANIPAL (Acad. *Aššur-bāni-apli*)
El último de los grandes reyes asirios (668-627 a.C.). Asarhaddón designó a su hijo Asurbanipal como su heredero aparente durante su reinado, probablemente como resultado del trauma experimentado sobre su propia sucesión. Los vasallos asirios juraron su lealtad a Asurbanipal como rey de Asiria, y a su hermano Šamaš-š um-ukin, quien ocupaba el trono de Babilonia durante el reinado de Asarhaddón. Por consiguiente, a la muerte de Asarhaddón, Asurbanipal no tuvo que comenzar su reinado reprimiendo rebeliones como hicieron otros reyes asirios, y así podrían continuar el intento de su padre de controlar Egipto.

Asurbanipal juntó tropas auxiliares de la costa mediterránea y logró entrar a Tebas, la capital de Egipto superior. La distancia entre Asiria y Egipto era demasiado grande para una administración asiria directa, así que gobernantes locales sujetos a Asiria fueron puestos en control. Las rebeliones hicieron erupción poco después, incitando a Asurbanipal a destruir completamente Tebas. El levantamiento en Egipto hizo que Tiro y Arvad se sublevaran; ambas ciudades insulares fueron reducidas al hambre antes de que se rindieran. Asurbanipal entonces se concentró profundamente en Elam, en cuyo tiempo Egipto fue reforzado con tropas jónicas y carianas, como lo registra el historiador griego Heródoto. Asurbanipal finalmente mató al gobernador elamita Te'umman y trajo su cabeza de vuelta a Nínive, como lo representa en un relieve de su muro. Fue sólo después de esto que Šamaš-šum-ukin se cansó de su estado secundario en Babilonia y lideró una rebelión. Tomó tres años para reprimirla, terminándose sólo cuando el rey babilónico prendió fuego a su propio palacio y murió en las llamas. Asurbanipal tomó el trono de Babilonia bajo el nombre Kandalanu. Ningún archivo existente describe los últimos 12 años de su reinado.

Asurbanipal es el único rey asirio que asevera alfabetismo, y su biblioteca en Nínive, descubierta por Hormuzd Rassam en 1852, fue una de las llaves que abrieron la lengua y la historia de las civilizaciones acadias. La biblioteca incluye cartas, contratos, inscripciones económicas e históricas, textos literarios, religiosos y científicos.

Tammi J. Schneider

ASURIM (Heb. *'aššûrîm*)
Una tribu descendida de Jocsán y en último término de Abraham y Cetura, de la que poco se conoce (Gn 25:3). Aunque algunos comentaristas suponen que están relacionados con los asirios (quizás sobre la base de Gn 25:18), son probablemente un clan árabe.

ASURITAS (Heb. *hā'ăšûrî*)
Un pueblo localizado entre Galaad y Jezreel, gobernado brevemente por Is-baal/Is-boset el hijo de Saúl (2 S 2.9). Son probablemente aseritas (más bien que «asirios»), ya que «Aser» es el nombre colectivo para las tribus de Aser, Nebulón, y Neftalí.

ASURNASIRPAL (Acad. *Aššur-najir-apli*)
Asurnasirpal II (883-859 a.C.), es a menudo considerado como el «clásico» monarca «Neoasirio». Él heredó un reino estable y creciente de su padre, Tukulti-ninurta II, y luego emprendió 10 campañas militares principales a lo largo del Asia occidental. Él alcanzó tan lejos como el Mediterráneo por el oeste, y fue el primer rey asirio en entrar en los nuevos reinos fenicio, neohititas y arameos, de los que recibió poca resistencia y mucho tributo. Él movió la capital de Asiria de la ciudad antigua y religiosa de Assur a la nueva ciudad que construyó en Calah (Nimrod). El inmenso palacio de Asurnasirpal fue el primero adornado por monumentales relieves de piedra que representan sus logros. Su Estela Banquete conserva la lista de invitados, menú y festividades que inauguraron el nuevo palacio y la ciudad. Las inscripciones de Asurnasirpal están llenas de extravagantes adulaciones de sí mismo, detalles vívidos de sus éxitos militares, y descripciones del castigo a sus enemigos.

Tammi J. Schneider

ASVAT (Heb. *ʿaśwāṯ*)
Uno de los hijos de Jaflet, un descendiente de Aser (1 C 7.33).

ATAC (Heb. *ʿăṯāk*)
Una de las ciudades de Judá a la que David envió el botín de su victoria sobre los amalecitas (1 S 30.30). Es probablemente igual a la Éter mencionada en Josué 15.42; 19.7.

Steven M. Ortiz

ATAD (Heb. *ʾāṭāḏ*)
Un lugar «al otro lado del Jordán» donde la procesión de entierro de Jacob se detuvo durante siete días para llevar luto (Gn 50.10-11). La frase *gōren hāʾāṭāḏ*es por lo general traducida «el suelo de trilla de (el) Atad,» pero también podría ser traducido «el suelo de trilla de espinas», sugiriendo que Atad puede no ser un nombre propio. Cuando los cananitas locales vieron el luto (Gn 50.11), ellos renombraron el lugar Abel-mizraim («llanto de los egipcios»).

La posición y la identificación de Atad son desconocidas. Debería estar localizada en Transjordania, pero el mapa de Madeba del siglo VI d. C. proporciona la información de que un Alon-atad está localizada cerca de Bet-agla (moderno Deir Hajlah; 197136) entre Jericó y el Mar Muerto, que es el lado incorrecto del río de Jordania. Es incierto por qué el grupo de José habría tomado la ruta más larga a lo largo del extremo sur del mar Muerto.

Bibliografía. W. H. Shea, «The Burial of Jacob,» *Archaeology and Biblical Research* 5 (1992): 33-44.

Zeljko Gregor

ATAI (Heb. *ʿattay*)

1. Un hijo del esclavo egipcio Jarha por la hija de Sesán. Él se convirtió en el padre de Natán (1 Cr 2.35-36).

2. Un guerrero gadita que se unió a David en Siclag (1 Cr 12.11 [TM 12]).

3. Un hijo de Roboam y su esposa favorita Maaca (2 Cr 11.20).

ATAÍAS (Heb. *ʿăṯāyâ*)
Un judaita, el hijo de Uzías, que residió en Jerusalén después del exilio (Neh 11.4).

ATAJACAMINOS

Pequeña ave nocturna de la misma familia de la lechuza y el halcón (Heb. *taḥmās*), conocida también como añapero (*Caprimulgus europaeus*) o «chotacabras». Existen unas 95 especies conocidas, entre ellas las que proliferan en algunas partes de Europa, Asia y Palestina. Al menos una especie, la *Caprimulgus nubicus*, se encuentra en el norte de África, aunque sólo cuando migra hacia allá.

Es poco probable, sin embargo, que *taḥmās* signifique chotacabras, ya que éste es poco común en el Medio Oriente. Probablemente significa, más bien, un pequeño búho depredador, («lechuza»; LXX griega *glaúx*). Estas pequeñas aves nocturnas se alimentan de sus presas en la noche, y duermen en árboles a la luz del día en los bosques de Galilea. Esta ave era considerada inmunda y, por tanto, no podía comerse (Lv 11.16; Dt 14.15).

T. J. Jenney

ATALIA (Gr. *Attáleia*)
Una ciudad de puerto (Antalya moderna) está en la esquina del sudoeste del Menor de Asia en el Mar Mediterráneo, c. 36.5 metros (120 pies) por sobre la boca del Río Catarrhactes. La ciudad, fundada por Átalo II Filadelfo de Pérgamo (159-138 a.C.), y nombrada así en su honor, estaba localizada en la ruta comercial entre Macedonia-Siria-Egipto. Era el puerto para Perge, la capital de la provincia de Panfilia. Pablo y Barnabé pasaron por Atalia cuando ellos volvieron a Antioquía (Hch 14.25).

Los restos de la defensa helenística son evidentes en las murallas existentes. Estos muros, complementados con torres, se extendían hasta el puerto, que los atalianos podían cerrar al tirar de una cadena a través de la entrada. Una puerta triple, construida por Adriano (117-138 d.C.) y un acueducto, también permanecen todavía.

Steven L. Cox

ATALÍA (Heb. *ʿăṯalyâ*, *ʿăṯalyāhû*)
Reina de Judá (ca. 842-837 a.C.). Su linaje es incierto; identificada como hija de Acab y su esposa (posiblemente la reina Jezabel). Algunos eruditos dicen que pudo haber sido la hija de Omri y por lo tanto la hermana de Acab (2 R 8.18; 2 Cr 22.2). Su nombre es el uso documentado más antiguo de un nombre femenino con componente teofórico «Yahvé».

Atalía se casó con Joram, el príncipe heredero de Judá e hijo de Josafat. Aunque esto pudo haber sido un buen paso políticamente, porque emparentó las casas de Judá e Israel, el matrimonio fue desastroso espiritualmente para Judá. Cuando Joram tenía 32 años, heredó el trono y Atalía se convirtió en reina.

La primera acción de Joram fue asesinar a todos sus hermanos y otros príncipes (2 Cr 21.4). Atalía pudo haber apoyado, o aún más, probablemente haber instigado estos hechos.

Atalía introdujo la adoración de Baal Melkart en Jerusalén durante el reinado de su marido (2 R 8.16-18). Como su madre Jezabel, estaba fanáticamente dedicada a Baal Melkart. El Cronista la hace responsable de la impiedad de su hijo Ocozías (2 Cr 22.3), registrando que sus hijos entraron en el templo de Dios y usaron sus objetos sagrados para Baal (24:7).

Joram murió luchando contra los edomitas (2 R 8.24), y su hijo Ocozías se convirtió en rey, reinando durante un año (v. 26). Ocozías fue a Jezreel a visitar Joram, el hijo de Acab. Jehú de Israel se encontró con los dos reyes allí, matando a Joram e hiriendo mortalmente a Ocozías, que después murió en Meguido (2 R 9.27). Atalía se convirtió entonces en una reina madre muy poderosa, y viuda; sólo sus parientes, algunos de ellos sus nietos, se interponían entre ella y el trono. La ambición y el fanatismo incitaron a Atalía a masacrar la corte, casi erradicando así la dinastía davídica (2 R 11.1). El infante Joás hijo de Ocozías y su niñera fueron escondidos y salvados por Josaba, la tía de Joás (2 R 11.2 = 2 Cr 22.11).

Creyendo que todos los adversarios al trono estaban muertos, Atalía se había proclamado soberana. Durante seis años Joiada el sacerdote y su esposa Josaba ocultaron a Joás. En el séptimo año, Joiada instigó una revolución, cuidadosamente planeada por los sacerdotes y militares. Trajo a Joás, que estaba bien protegido con guardias armados, fuera del templo. Al niño le fue presentada una copia del pacto, fue ungido, y aclamado rey (2 R 11.12). Cuando Atalía oyó los gritos, se precipitó al templo. Dándose cuenta de la situación inmediatamente, rasgó sus trajes y lanzó un grito, «¡Traición! ¡Traición!», irónica y apropiadamente fueron las únicas palabras que pronunció en el relato (2 Cr 23.13).

Atalía fue sumariamente conducida a la puerta de los caballos y asesinada (2 R 11.15-16; 2 Cr 23.15). Después de su muerte el culto fue purificado, el templo de Baal destruido, y su sacerdote ejecutado (2 R 11.18 = 2 Cr 23.17).

2. El hijo de Jeroham y jefe de una prominente familia benjaminita que moró en Jerusalén (1 Cr 8.26).

3. El padre de Jesaías, que volvió de Babilonia junto con Esdras y 70 hombres. Él era un miembro de la familia de Elam (Esd 8.7). 1 Esdras 8.33 da su nombre como Gotholiah.

ROBIN GALLAHER BRANCH

ATAR Y DESATAR

Jesús confió las llaves del reino de los cielos y el poder de «atar y desatar» a Simón Pedro después de que el apóstol declarara que Jesús era el Mesías (Mt 16.16-19). Más tarde, Jesús otorgó a los discípulos (los doce en Mateo) autoridad similar para regular asuntos de disciplina en la iglesia (Mt 18.18), y cuando regrese tendrá el poder de «abrir y cerrar» (Ap 3.7).

El conectar las llaves con el poder de atar y desatar establece a Pedro, el proclamador de Cristo, como una autoridad sin igual. Mientras que maestros anteriores han cerrado el reino de los cielos a la gente (Mt 23.13), la predicación apostólica hizo que la gente aceptara el evangelio y entrara en el reino o lo rechazara y fuera excluido.

En el AT, las llaves también simbolizaban autoridad y responsabilidad divinamente ordenada (Is 22.15-25; Job 38.31). Término tales como «perdonar» y «retener» pecados en el mandato del Jesús resucitado a sus discípulos han permitido a algunos entender «atar y desatar» como autoridad para perdonar pecados (cf Jn 20.22-23).

Bibliografía. G. Bornkamm, «The Authority to 'Bind' and 'Loose' in the Church in Matthew's Gospel,» en *The Interpretation of Matthew,* ed. G. Stanton (Philadelphia, 1983), 101-14.

TERRENCE PRENDERGAST, S.J.

ATARA (Heb. *ʿăṭārâ*)

La segunda esposa de Jerameel; madre de Onam (1 Cr 2.26).

ATARGATIS (Gr. *Atargatis*)

Una diosa siria probablemente un compuesto de las diosas cananitas Astarte, Anat, y Asera. Sus imágenes por lo general la representan montando leones o acompañada de estos; su consorte, Hadad, está entronado sobre toros o acompañado de estos. Ella está conectada con los peces y lagunas sagradas, ambos de los cuales aparecen en sus imágenes y cerca de sus templos. Luciano *(De Siria Dea)* identifica a Atargatis con Hera y Hadad con Zeus. En su campaña contra naciones vecinas, Judas Macabeo quemó un templo de Atargatis en la ciudad galaadita de Carnain (1 Mac 5.43-44; 2 Mac 12.26; llamada Asterot-karnaim en Gn 14.5).

RODNEY A. WERLINE

ATARIM (Heb. *hāʼăṯārîm*)
Un lugar, posiblemente un camino, donde los israelitas fueron atacados por el rey de Arad (Nm 21.1). LXX y Vulgata leen «espías».

ATAROT (Heb. *ʻăṭārôṯ*)

1. Una ciudad en transjordania tomada por los israelitas de Sehón el amorreo (Nm 32.3) y asignado a la tribu de Gad, que la reconstruyó (Nm 32.34; Mesha Stela l. 10). Mesha, el rey moabita, más tarde la tomó de los gaditas (Mesha l. 11) después de la muerte de Acab. Ha sido identificada con Khirbet ʻAṭṭārûs (213109), c. 13 km (8 millas) al noroeste de Dibón.

2. Una ciudad en la frontera de Efraín y Benjamín (Jos 16.2), probablemente el mismo lugar que Atarot-adar (Jos 16.5; 18.13).

3. Una ciudad en Efraín (Jos 16.7) en el valle de Jordania, posiblemente identificada con Tell Sheikh edh-Dhiab.

4. Un lugar en Judá (1 Cr 2.54) que no ha sido identificado. Sin embargo, es posible leer Atroth-beth-joab («las coronas de la casa de Joab») como una aposición a Belén y los netofatitas.

Paul J. Ray, Jr.

ATAROT-ADAR (Heb. *ʻăṭārôṯ ʼaddār*)
Una ciudad benjaminita, en la frontera entre el territorio de Efraín (Jos 16.2, 5) al norte y Benjamín (18.13) al sur. La ciudad puede ser identificada con Khirbet Raddana (1695.1468), justo al norte de la moderna Ramallah, o con el pueblo moderno de ʻAṭṭara, localizado en el pie sur de Tell en-Naṣbeh (Mizpah; 179143), c. 12 km (8 millas) al noroeste de Jerusalén.

Bibliografía. W. F. Albright, Review of P. F.-M. Abel, *Géographie de la Palestine* 2, *JBL* 58 (1939): 177-87; J. A. Callaway, «Raddana, Khirbet,» *NEAEHL* 4:1253-54; J. R. Zorn, «Najbeh, Tell en-,» *NEAEHL* 3:1098-1102.

John R. Spencer

ATBASH
Un sistema criptográfico donde letras equidistantes a partir de la mitad del alfabeto representan una a otra. Así la primera letra del hebreo del alfabeto consonante *(aleph)* es cambiado para la última *(tau)*, la segunda letra *(beth)* por la segunda última *(shin)*, y así sucesivamente. El sistema de nombres hebreo representa sus dos primeros cambios (*aleph-tau, beth-shin = athbash*).

En el AT el código ha sido descubierto tres veces en Jeremías. En 25:26; 51:41 Babilonia *(bbl)* es llamada «Sheshak" *(ššk)*. En 51:1 Caldea *(kkdym)* es representada por «Leb-qamai,» una frase que significa «el medio (lit., «corazón») de los que se levantan contra mí» *(lb-qmy)*.

Nicole J. Ruane

ATENAS (Gr. *Athḗnai*)
Las más famosas de todas las ciudades griegas, nombrada en honor a Atenea, la diosa griega de la sabiduría. Atenas impartió al mundo occidental ideas influyentes y duraderas acerca del arte, la filosofía y la política. Aunque la ocupación en las cuestas de la Acrópolis, la masa rocosa que es el rasgo natural más prominente de Atenas, data de tiempos neolíticos, Atenas tuvo un estatus secundario a lo largo del período micénico (1600-1200 a.C.) y surgió como una ciudad importante sólo durante el siglo VIII, cuando comenzó a dominar la entera región de Ática. Atenas por lo visto resistió la invasión doria de Grecia c. 1200, y permaneció relativamente estable y aislada durante la era de oscurantismo (1200-750), aunque pudo haber cumplido un papel prominente en la inmigración jónica de griegos al Asia Menor (siglos XI y X).

En el siglo VII, Atenas comenzó su transición desde una monarquía hacia la democracia, con interrupciones periódicas por parte de tiranos. Anteriormente, el poder oficial estaba dividido entre gobernadores designados, con un concilio de nobles (el Areópago) ejerciendo papeles consultivos y de nombramiento, y una asamblea más grande de ciudadanos que gradualmente fue ganando más poder. El siglo VI presenció una serie de aristócratas, comenzando con Solón (c. 594), que iniciaron reformas constitucionales que condujeron a una forma de gobierno democrático. A principios del siglo V, Atenas condujo la resistencia griega frente a los intentos persas de conquistar Grecia, primero con la derrota del ejército persa en Maratón (490) y luego en el fracaso de la marina persa en Salamina (480).

La desaparición de la amenaza persa condujo a conflicto interno griego, en gran parte causado por las visiones ateneas de imperio y dominio de las otras ciudades-estado griegas, por medio de su marina y comercio. Bajo Pericles, Atenas alcanzó su cenit política y económicamente, así como culturalmente en arquitectura, literatura y drama. La rivali-

El templo de Zeus Olímpico construido en el siglo II a.C. bajo la Acrópolis. Originalmente, rodeado por más de 100 columnas corintias, este era el templo más grande en Grecia (Philip Gendreau, N.Y.)

dad creciente entre Atenas y Esparta hizo erupción con la Guerra del Peloponeso (431-404). Aunque derrotada por Esparta, Atenas rápidamente reapareció como un poder marítimo, y disfrutó de su mayor era de influencia en filosofía y oratoria, a principios del siglo IV.

El papel de Atenas como poder político cedió lugar a Macedonia bajo Felipe II más tarde en el siglo IV. El control macedonio de Atenas, junto con el resto de Grecia, fue sellado por la victoria de Felipe sobre Tebas y las fuerzas ateneas en Queronea, en Beocia en 338. Alejandro el Grande, hijo de Felipe, que había sido enseñado por Aristóteles, extendió el dominio macedonio, y con ello muchos aspectos de la cultura atenea, a lo largo del este del Mediterráneo y más allá. Ante la muerte de Alejandro (323), Atenas se rebeló contra los macedonios, pero fue sometida por Antípater, el general de Alejandro, que sustituyó la democracia Atenea por una oligarquía. Antígono Gónatas, el fundador de la dinastía antigónida, gobernando las porciones macedonias griegas del imperio de Alejandro, convirtió a Atenas en su capital cultural y religiosa (276). El anhelo ateneo por libertad condujo a una rebelión desastrosa bajo Cremónides (267-262). El período macedonio terminó para Atenas cuando Roma finalmente derrotó el último de los gobernantes antigónidas y dividió Macedonia en cuatro provincias romanas (168).

Atenas quedó a salvo de la devastación que Roma infligió a muchas ciudades griegas durante la segunda (200-197) y tercera (171-168) de las Guerras Macedónicas, porque se pusieron del lado de Roma. En 88, sin embargo, el nacionalismo ateneo condujo a la rebelión contra Roma y al apoyo de Mitrídates del Ponto. El general romano Sulla venció la resistencia atenea después de la derrota de Mitrídates, pero limitó su venganza contra la ciudad. Atenas también recibió el perdón de Julio César por ponerse de lado de Pompeyo (49-48) y de Antonio y Octavio por apoyar a Bruto (44-42). Octavio impuso penas sólo menores contra la ciudad por su apoyo a su rival Antonio (31).

Bajo el dominio romano, el poder político regional se concentró en reconstruir Corinto (44), la capital de la provincia romana de Acaya. Atenas siguió prosperando, sin embargo, como un centro de cultura, con la nobleza romana enviando a sus hijos allí para estudiar en sus escuelas filosóficas. Algunos de sus tesoros artísticos fueron confiscados por Calígula y Nerón, pero los emperadores romanos generalmente trataron la ciudad con gran deferencia.

Atenas es mencionada en la Biblia sólo en relación con el apóstol Pablo. Hechos 17.15-34 relata el episodio de Pablo predicando en Atenas. Discutió en la sinagoga con los judíos y predicó en el ágora (Hch 17.17), donde encontró filósofos epicúreos y estoicos (v. 18). El epicureismo y estoicismo habían estado centrados en Atenas desde fines del siglo IV a.C., como lo había estado la academia antigua de Platón (un alumno del famoso filósofo ateneo Sócrates), y el liceo de Aristóteles alguna vez alumno de Platón. Pablo entonces entregó su sermón famoso sobre el «Dios no conocido» en medio del Areópago (posiblemente la sala consistorial norte de la colina rocosa llamada el Areópago y no la colina en sí; Hechos 17.22-31). También se quedó en Atenas mientras enviaba a Timoteo para animar a los cristianos en Tesalónica (1 Ts 3.1).

Atenas prosperó en el siglo II d. C. debido al generoso patrocinio romano bajo Adriano y los emperadores antoninos. El ágora sufrió daño serio en la invasión hérula (gótica) del 267, causando la pérdida de confianza atenea en la protección romana y una reducción del área habitada. Bajo el gobierno bizantino temprano Atenas disminuyó en importancia. Siguió siendo un centro de educación filosófica sin embargo, hasta que el edicto de Justiniano (529) hizo cerrar sus escuelas. Para entonces, muchos de sus monumentos famosos habían sido convertidos en estructuras cristianas.

Bibliografía. R. Barber, *Greece,* 5th ed. (New York, 1988); M. Grant, *The Rise of the Greeks* (New York, 1987); R. Meiggs, *The Athenian Empire* (Oxford, 1972).

Scott Nash

ATER (Heb. *ʾāṭēr*)

1. El antepasado de una familia que volvió del Exilio bajo Zorobabel (Esd 2.16 = Neh 7.21).

2. Un levita, cabeza de una familia de porteros que volvieron a Jerusalén con Zorobabel (Esd 2.42 = Neh 7.45).

3. Un jefe israelita que puso su sello en el pacto renovado bajo Nehemías (Neh 10.17 [TM 18]).

ATLAI (Heb. *ʿaṯlay*)

Un israelita de la familia de Bebai. Era uno de los exiliados que volvieron, al que se le requirió divorciar a su esposa extranjera (Esd 10.28).

ATROT-BET-JOAB (Heb. *ʿaṭrôṯ bêṯ yôʾāḇ*)

Una de varias ciudades en Judá mencionada en la genealogía de Salma, hijo de Hur, un descendiente de Judá (1 Cr 2.54). Si estas ciudades están listadas en orden geográfico, entonces Atrot-bet-joab debe estar localizada entre Netofa (posiblemente Khirbet Bedd Fālûḥ [171119], sureste de Belén) y Manahat (probablemente el-Mâlḥah /Manaḥat [16712], al noroeste de Belén). Esto colocaría Atrot-bet-joab cerca del borde del desierto de Judea, aunque su posición moderna no haya sido todavía identificada.

Wade R. Kotter

ATROT-SOFÁN (Heb. *ʿatrōt šôpān*)

Una ciudad reconstruida por la tribu de Gad en Transjordania (Nm 32.35). Aunque la Septuaginta omite la palabra *ʿatrōt,* la Vulgata añade *et* (y) entre las dos, creando así dos sitios diferentes, Atrot y Sofán. Aunque Jebel ʿAttarus haya sido propuesto como el sitio, su ubicación está lejos de ser certera.

Zeljko Gregor

AUDIENCIA, SALA DE

Una sala (Gr. *akroatḗrion,* «el lugar de oír») en el pretorio de Herodes Agripa en Cesarea donde los casos criminales eran juzgados. Precisamente aquí Pablo afrontó no sólo a Festo el procurador romano y sus cinco tribunos sino también al rey Agripa y Berenice, después haber apelado a César (Hch 25:23).

AUGUSTO (Gr. *Augoústos*)

César Augusto, el primer emperador de Roma. Nacido el 19 de septiembre de 63 a.C., Cayo Octavio fue el nieto de Julia, hermana de Julio César. Por casi un siglo Roma había soportado el caos de una serie de conflictos civiles, y guerra entre facciones poderosas de la nobleza, cada lucha era por el poder último y durable en una república romana arcaica y agonizante. Por el 46 a.C. Julio César, posiblemente la mayor figura militar de la república, había consolidado el poder militar y político, y pronto sería nombrado cabeza del estado romano de por vida. Un emperador en todo, excepto en el nombre, César fue asesinado en los idus de marzo 44 a.C. César nombró a Octavio como su heredero y póstumamente hijo adoptivo (ahora llamado Gayo Julio César Octaviano, después de tomar el nombre de su padre adoptivo con el apodo «Octavio» que denota su apellido original). En los 13 años del caos que siguieron a la muerte de César, Octavio amplió gradualmente su propia influencia política y recursos militares, para finalmente derrotar a Marco Antonio y Cleopatra en 31 en la Batalla de Actium y surgir así como el único gobernante del Imperio Romano, expandido por su propia conquista y anexión de Egipto.

Octavio reorganizó el anticuado gobierno romano para mantener la supremacía para sí mismo y sus seguidores, enmascarando lo que era en efecto la soberanía de un emperador con la parafernalia constitucional del viejo sistema republicano. De esta manera, el políticamente hábil Octavio evitó la insensibilidad del César a la inclinación romana contra formas externas de monarquía. Él era simplemente conocido como *princeps* (lit., «primer ciudadano») y su gobierno es identificado por la historia como el Principado. Así, al «restaurar la República» Octavio fue honrado con aun otro cambio de nomenclatura, de aquí en adelante sería conocido como Emperador César Augusto. Los nombres fueron personales (lit., «él que gobierna, el siempre creciente César») pero todos los tres se convirtieron más tarde en títulos para el gobernador de Roma.

El largo reinado de 45 años de Augusto es considerado la edad de oro de Roma. Las legiones de Augusto guardaban las extensas fronteras del enorme Imperio que mantenía la *Pax Augusta,* la paz augusta. La paz trajo prosperidad, y la prosperidad alimentó las artes. Los grandes logros en la literatura permanecen hasta hoy como un testigo de los tiempos. Menos duraderos fueron los monumentos físicos erigidos por Augusto cuando él transformó la ciudad de ladrillo en una ciudad de mármol. La propia popularidad del *princeps* parecía ilimitada.

Un populacho adulador lo llamaba «padre de su tierra» y «segundo fundador de Roma.» En las provincias, Augusto insistió en la administración justa, con el resultado que el Imperio entero se benefició de su gobierno, con muchos provincianos que se esforzaban por ganar la codiciada denominación de ciudadano romano, y completamente dispuestos a prestar a Augusto el honor no solicitado de ser considerado como una divinidad viva en sus templos. Augusto sobrevivió a su amigo, yerno y heredero, Marco Agripa, y también sus nietos y herederos, Gayo y Lucio César, de modo que al acercarse su muerte él tuvo sólo a su hijastro Tiberio a quien él podría confiar Roma y su Imperio. Con la muerte de Augusto en 14 d.C. el Principado llegó a su final; Tiberio no tuvo ninguna vacilación en denominarse abiertamente como emperador. Aunque el «Imperio» se derivara del Principado, el logro de Augusto es sin embargo reconocido como la revivificación de Roma, y por permitir la continuación de su civilización y fuerza unificadora por el medio milenio que vendría.

Bibliografía. K. Galinsky, *Augustan Culture* (Princeton, 1996); F. Millar, *The Emperor in the Roman World, 31 b.c.–a.d. 337* (1977, repr. Princeton, 1992); R. Syme, *The Roman Revolution* (1939, repr. Oxford, 1960).

John F. Hall

AVA (Heb. *ʿawwā*)

Una ciudad en Asiria o Siria, posiblemente la misma que Iva, de la cual Salmanasar V tomó a colonos, restableciéndolos en las ciudades de Samaria, a cuyos habitantes israelitas él había deportado a Asiria (2 R 17.24; 722 a.C.).

AVARAN (Gr. *Auaran*)

Nombre alternativo de Eleazar (**8**), hijo de Matías (1 Mac 2.5), quién mató a un elefante en la batalla de Bet-zacarías (6:43-46).

AVÉN (Heb. *ʾāwen*)

1. Una abreviatura de Beth-avén, el apodo de peyorativo («Casa de Maldad») de la ciudad y santuario de Bet- el («Casa de Dios»; Os 10.8; cf. Jr 4.15). Amós primero acuñó el despectivo juego de palabras (Am 5.5), y Oseas lo adoptó (Os 4.15; 10.5).

2. Un epíteto burlón para un valle arameo, probablemente entre las montañas de Antilíbano y Líbano (Amos 1.5).

3. Una ciudad que el TM vocaliza como «Aven» (*ʾwn,* Ez 30.17), probablemente condenando el culto al Sol por parte de la metrópolis. La ciudad es probablemente la ciudad egipcia On (Heliópolis; cf. Gn 41.45, 50; 46.20).

Stephen L. Cook

AVES

La posición geográfica particular de Palestina, como una tierra-puente que conecta Europa, África y Asia, en conjunto con la confluencia de un número de zonas ambientales (p.ej., océano, lagos, río, montañas, valles, desiertos) dentro de un área geográfica pequeña, ha resultado en un rico conglomerado de especies de aves. No sólo un gran número de especies de aves tienen su hogar en Palestina (cerca de 150 especies son residentes permanentes que se multiplican en la tierra), la tierra-puente sirve como una ruta de vuelo mayor, proveyendo hogar temporal para un números de visitantes incalculable. De hecho, en años recientes a lo menos 380 especies diferentes han sido identificadas en Israel, mientras que unas 374 especies de aves han sido registrada para Jordania (no es sorpresa que la lista de especies en los países limítrofes traslapan en gran manera).

El AT contiene a lo menos 60 palabras hebreas distintivas en casi 203 pasajes que se refieren a aves de manera específica o genérica. El NT contiene 9 palabras griegas diferentes para aves dispersas en alrededor de 47 pasajes del NT, a pesar de que 8 de estas palabras aparentemente se refieren a tipos de aves o términos para aves que aparecen en el AT. De manera similar, la Apócrifa contiene 11 palabras para aves distribuidas en alrededor de 43 pasajes pero, otra vez, sólo una de estas palabras no aparece en el AT o el NT. De esta manera, en conjunto, el AT, NT, y la Apócrifa contienen a lo menos 62 términos relacionadas con aves en términos generales o específicos.

Identificación

Desafortunadamente, la correlación precisa de estos términos para aves en hebreo, arameo, griego y latín, con las especies científicas modernas no es siempre posible. En algunas ocasiones simplemente no es provista información suficiente para ser precisos sobre cuál especie de ave es indicada. También, un número de palabras hebreas y griegas son simplemente términos genéricos para aves, como el Heb. *ʿôp* («aves»), *gôzāl*,(«pollos»), y *ṣippŏr* («ave»). Sin embargo, el estudio cuidadoso del significado de las palabras mismas antiguas para aves, en conjunto con el contexto textual y el entendimiento de la población de aves presente y sus nichos ecológicos, ha proporcionado a los ornitólogos una buena idea de a qué especies de aves se refieren en muchos si no todos estos textos bíblicos.

En la antigüedad, por supuesto, los escritores bíblicos no clasificaron las aves de acuerdo a nuestro sistema taxonómico moderno. Pero sí describieron las diversas maneras en que los humanos se relacionaban con las aves, de manera que implícitamente crearon categorías amplias. Estas categorías incluían aves para comer, aves para ofrendas, y aves de abominación, i.e., que no eran adecuadas para ninguna de las categorías anteriores.

Aves domesticadas

Un número de aves fueron domesticadas y mantenidas como mascotas o como alimentos. Las mismas incluían a *yônâ* (paloma), *tôr* (tórtola), *barburîm* (gansos, patos), *qōrēʾ* (perdiz), *kĕlāw* (codorniz), *dĕrôr* (golondrina), y *sîs* (correcaminos). En algún momento, cerca del 14 000 a.C. los pollos domesticados fueron introducidos a Palestina.

Algunos eruditos han pensado que la crianza de palomos vino a ser una industria mayor durante el periodo helenista y después. La mayor evidencia en apoyo de esta idea es la aparición de criaderos, instalaciones que consistían en nichos cuadrados del tamaño de palomas usualmente en las paredes de las cuevas, a través de Palestina. *Columbarium* es la palabra latina para nido de palomas (Lat. *columba*, «paloma»; el nombre científico para la familia a las palomas es *Columbidae*). Desafortunadamente, ante la ausencia de cualquier evidencia positiva, el propósito actual de los columbaria es todavía motivo de debates. Otros usos sugeridos para los nichos incluyen almacenaje de cenizas humanas y colmenas de abejas.

Aves para las ofrendas

Una categoría importante de aves fue la de las usadas para ofrendas de sacrificio. Las aves podían ser utilizadas como animales sustitutos por otros animales en ofrendas quemadas (Lv 5.7-10) y varias ofrendas de purificación y expiación (Nm 6.10; Lev. 5.7, 11-12; 12.6-8; 14.10, 19-22, 30-31; 15.13-15, 29-30). La sustitución de aves en lugar de otros animales era generalmente determinado por el estatus social y económico de las personas haciendo el sacrificio (Lev. 5.7, 11; 12.8; 14.22, 30).

Un número de palabras hebreas son usadas para las aves que eran consideradas adecuadas o eran usadas en sacrificios. Las mismas incluyen *ʿôp* (cualquier ave), *tôr* (paloma), *bĕnî-yônâ* (tórtola), *gôzāl* (tórtola o cualquier ave joven), y *ṣippōrîm* (cualquier ave pequeña). En el NT, *trygōn* y *nossós*, se utilizaban para referirse a las tórtolas o cualquier ave de percha.

Aves de abominación

Una de las características de esta clase de aves mencionadas en la Biblia, es el gran número de aves de presa, aves de carroña y aves depredadoras. Esto no es

Aves de la Biblia

Nombre Común	Hebreo/Griego	Referencias Principales	Nombre Científico
cormorán	*šālāḵ*	Lv 11.17; Dt 14.17	*Merops apiaster*
erizos/lechuzas	*qippōd*	Is 14.23; 34.11; Sof 2.14	*Ixobrychus minutus; Botaurus stellaris*
búho	*baṯ (hay)ya'ănnâ*	Lv 11.16; Dt 14.15; Job 30.29; Isa 13.21; 34.13	*¿Otis tarda?*
zopilote (véase buitre)			
pollo	*órnis, aléktōr*	Mt 26.34, 74-75	*Gallus domesticus*
gallo, gallina	*śeḵwî, zarzîr*	Job 38.36; Pr 30.31	*Gallus domesticus*
pelícano	*šālāḵ*	Lv 11.17; Dt 14.17	*Phalacrocorax carbo*
golondrina	*āgûr, sîs, sûs*	Is 38.14; Jer 8.7	*Megalornis grus*
cuervo	*'ōrēḇ; kórax*	Gn 8.7; Lv 11.15; Dt 14.14; Lc 12.24	*Corvus cornix*
paloma	*yônâ, gôzāl*	véase la concordancia	*Streptopelia sp.; Columba sp.*
águila	*nešer; aetós*	Ex 19.4; Mt 24.28; Lc 17.37; Ap 4.7; 8.13; 12.14	*Aquila sp.*
gallinazo	*rā' â, dāyâ*	Dt 14.13; Lv 11.14	*Falco sp.*
aves gordas	*barburîm*	1 R 4.23(5.2)	*Branta sp.*
buitre	*nešer*	Mic 1.16	*Gyps fulvus*
halcón/gavilán	*nēṣ*	Lv 11.16; Dt 14.15; Job 39.26	*Accipiter sp.*
gallina	*órnis*	Mt 23.37	*Gallus domesticus*
garza/cigüeña	*'ănāpā*	Lv 11.19; Dt 14.18	*Ardea sp.*
garza	*dûkîpaṯ*	Lv 11.19; Dt 14.18	*Upupa epops*
Ibis	*tinšemeṯ*	Lv 11.18; Dt 14.16	*Threskiornis aethiopica*
milano	*rā'â*	Dt 14.13	*Milvus sp.*
azor	*'ozniyâ*	Lv 11.13; Dt 14.12	*Pandion halietus*
avestruz	*rěnānîm, baṯ haya'ănâ*	Job 39.13	*Struthio camelus*
búho	*yanšûp*	Lv 11.17; Dt 14.16; Is 34.11	*Tyto alba*
búho, águila	*qippōz*	Is 34.15	*Bubo bubo*
búho	*kôs*	Lv 11.17; Dt 14.16; Sal 102.6(7)	*Athene noctua*
búho	*lîlîṯ*	Is 34.14	*Otus scops*
búho	*taḥmās*	Lv 11.16; Dt 14.15	*Asio flammeus*
perdiz	*qōrē'*	1 S 26.20; Jer 17.11	*Caccabis chukaar; Ammoperdix heyi*
pelícano	*qā'aṯ*	Lv 11.18; Dt 14.17; Is 34.11; Sof 2.14	*Pelicanus onocrotalus*
codornices	*śělāw*	Ex 16.13; Nm 11.31-32; Sal 105.40	*Coturnix coturnix*
pajarillos	*ṣippôr; strouthíon*	Mt 10.29-31; Lc 12.6	*Passer domesticus; P. sp.*
cigüeña	*ḥăsîḏâ*	Lv 11.19; Dt 14.18; Job 39.13; Sal 104.17; Jer 8.7	*Ciconia alba; C. nigra*
gorrión	*děrôr*	Sal 84.3[4]; Pr 26.2	*Hirundo rustica*
grulla	*sîs, sûs*	Jer 8.7; Is 38.14	*Apus sp.; Cypselus apus*
gaviota	*šaḥap*	Lv 11.16; Dt 14.15	*Sterna fluviatilis* o *Larus sp.*
tórtola	*tôr*	Lv 5.7	*Streptopelia turtur*
buitre	*peres*	Lv 11.13; Dt 14.12	*Gypaetus barbatus*
buitre egipcio	*rāḥām, rāhāmâ*	Lv 11.18; Dt 14.17	*Neophron percnopterus*

sorprendente en vista del hecho de que estas aves son una gran proporción de la población de aves indígenas y migratorias de Israel, Jordania y Siria, debido a la variedad de factores geográficos, ambientales y ecológicos. Como estas aves tienden a «encontrar su alimento en las cunetas y pilas de excrementos, engulléndose de carne sucia y putrefacta, y la carroña y el excremento malolientes» o roedores y otras criaturas que cargan enfermedades, los humanos han tratado de evitar estas aves como alimento. Por esta razón no es sorprendente que a lo menos 20 de estas aves de presa y depredadoras son incluidas en las dos listas de animales impuros en el Pentateuco (Lv 11.13-19; Dt 14.11-18). Las aves en estas listas pueden ser divididas en cinco grupos: (1) aquellas con alas para remontar el vuelo; (2) aquellas con alas de picada; (3) aves que no vuelan; (4) aves de vuelo silencioso (búhos); (5) y aves con alas blancas adornadas en negro. La lógica detrás es esta forma de agrupar es que estas características de vuelos eran las más obvias que los ornitólogos antiguos pudieron observar sin la ayuda de binoculares. Las aves de rapiña en la Biblia incluyen al cuervo, buitre barbudo, y una variedad de halcones, águilas, búhos, y gaviotas.

Randall W. Younker

AVESTRUZ

Una gran ave, ricamente emplumada, de movimiento rápido, no voladora del género *Struthio.* Ahora se encuentra silvestre solamente en África, en tiempos antiguos los avestruces también abundaban en las llanuras áridas de Asia occidental. Los escritores bíblicos mencionan con frecuencia el avestruz (Heb. *bat hayyaʿănâ; rĕnāîm*) como una imagen de desolación (Is 13.21; 34.13; 43.20; Jer 50.39; cf. Job 30.29; Mi 1.8). Aunque muchos pueblos de Asia occidental lo cazaban para alimentos, los israelitas consideraban el avestruz omnívoro impuro (Lv 11.16; Dt 14.15). El avestruz es descrito como negligente de sus huevos (Job 39.14-16; Lam 4.3), dejando que fueran calentados por el sol durante el día e incubándolos durante la noche. La descripción del avestruz como tonto (Job 39.17) surge de esta supuesta negligencia y su incapacidad para tomar una acción evasiva cuando se persigue.

Nicole J. Ruane

AVIM (Heb. *ʿawwîm*)

1. Los habitantes de la región más tarde llamada la Llanura Filistea, cerca de Gaza, antes de que los filisteos («Caftoreos») los destruyeran y se instalaran el área (Dt 2.23). Unos fueron por lo visto desplazados al sur (cf. Jos 13.3).

2. Una ciudad dentro del territorio de la tribu de Benjamín (Jos 18.23), probablemente entre Bet-el y Parah. La forma de la palabra es gentilicia y puede no representar un nombre geográfico. El lugar podría ser idéntico entonces con Ai, pero no hay ningún consenso entre los eruditos sobre esto.

Willard W. Winter

AVISPA

Un gran insecto del orden de los himenópteros, que vive en un nido celuloso multicelular que las avispas hacen al masticar la corteza de los árboles. A pesar de que resultan útiles para el ser humano por masticar grandes cantidades de insectos para alimentar sus larvas, las avispas (Heb. *ṣirʿâ*) causan un gran daño a la fruta Madura y a la corteza del árbol. La más común en el Medio Oriente es la *Vespa orientalis,* una larga especie amarilla o color marrón rojizo que se considera la más dañina y agresiva de las variedades occidentales. Su picadura es muy dolorosa, y las secuelas duran varios días, a menudo paralizando a las víctimas más pequeñas. Así, la avispa se presenta como una figura de la intervención divina, descrita como enviada por delante de los israelitas para expulsar a los habitantes de la tierra (Ex 23.28; Dt 7.20; Jos 24.12).

Jesper Svartvik

AVISPA

Un insecto que pertenece al orden de los himenópteros, en particular la *Vespa orientalis* todavía se encuentra en ciertas partes de Palestina. Gr. *sphēx,* que en la LXX traduce Heb. *ṣirʿâ,* se utiliza en sentido figurado con referencia a la expulsión de Jehová de los habitantes pre israelitas de Canaán (Sab 12.8; cf. Ex 23.28; Dt 7.20; Jos 24.12). Algunos estudiosos sugieren que la avispa aquí representa el imperio egipcio y sus repetidas campañas militares en Canaán en la era del Bronce Tardío, debilitando las defensas de las ciudades estado y permitiendo que los hijos de Israel entraran y conquistaran. Otros vierten el término hebreo «depresión» o «desaliento,» el resultado del santo «terror» de Jehová durante la guerra (cf. Ex 15.14-16; 23.27; Jos 2.24).

John R. Huddlestun

AVIT (Heb. *ʿăwîṯ*)

Una ciudad de Edom y hogar del rey Hadad, cuyo

padre Bedad había derrotado a los madianitas (Gn 36.35; 1 Cr 1.46). Una posible ubicación es Khirbet el-Jiththeh, entre Maʿân y el-Basṭa.

AY

Una exclamación onomatopéyica (Heb. *hôy;* Gr. *ouaí*), en general de lamentación, expresando un estallido de emoción. En el AT *hôy* se utiliza para describir los lamentos fúnebres (1 R 13.30) y para atraer la atención (Is 55.1). Predominantemente ocurre en discursos proféticos, por lo general en una serie de tales expresiones, y señala un anuncio de destrucción inminente. La característica distintiva del oráculo de aflicción es la interjección de apertura, «Ay . . . ,» que es seguido por la descripción de las malas acciones y una predicción del juicio divino (Is 5.8-10; Mi 2.1-5). Algunos eruditos atribuyen el origen del oráculo ay a la práctica cúltica de maldiciones (Dt 27.15-26); otros, al lamento fúnebre. En el NT «ay» funciona como denuncia profética (Mt 11.21; Judas 11) o lamentación. Aparece predominantemente en los Evangelios Sinópticos.

Kenneth J. Archer

AYAH (Heb. *ʾayyâ*)

Una ciudad habitada por los benjaminitas que volvieron del exilio en Babilonia (1 Cr 7.28). La Septuaginta lee «Gaza», que sería distinta de la Gaza en Filistea. Ayah puede ser la misma que Aía en Nehemías 11.31. Algunos la identifican con un sitio cerca de Hai o con Hai misma (Esd 2.28).

Willard W. Winter

AYO

Un pedagogo (Gr. *paidagōgós*), normalmente un esclavo cuyo trabajo consistía en cuidar de un niño hasta que éste comenzara sus estudios con un gramático (Gayo *Institutes* 1.19; Jenofonte *Laced.* 3.1). Pablo compara las relaciones de un pedagogo a las de un padre (1 Co 4.15). En un texto muy debatido, Pablo desarrolla la metáfora del pedagogo respecto a la función de la ley para los gentiles (Gl 3.24): la ley fue una relación provisional para los gentiles «para llevarnos a Cristo»; como hijos de Dios, los creyentes gentiles ya no están bajo la tutela de la ley (v. 25).

Timothy W. Seid

AYUNO

Deliberada y con frecuencia prolongada abstinencia de comida y, a veces de bebida. La literatura antropológica comparativa sugiere que el ayuno es un fenómeno variado, que tiene que ser definido por el contexto. Por ejemplo, los ayunos en el antiguo Israel (heb. *jôm*), están relacionados con el duelo (2 S 1.12; 3.35 = 1 Cr 10.12; Jdt 16.24) o con actos religiosos de piedad (Lv 16). El ayuno parece darle un aire de dedicación extra a los actos religiosos como la oración (1 R 12.27-29; Jon 3.5). El heb. *ʿnh*, que usualmente se traduce como «afligir el alma» frecuentemente se entiende en el sentido de que incluye el ayuno (p. ej., Lv 16.31, que elabora los detalles del Día de Expiación), y por lo tanto un acto de arrepentimiento.

En el caso del duelo, el acto puede tener la intención de apaciguar la ira de Dios, para que el doliente no sea el próximo en morir, o quizás para evitar la contaminación con la misma muerte (o espíritus), como lo sugieren las comparaciones antropológicas. El ayuno (junto con el cilicio, el lamento, etc.) era parte de esos rituales que llamaban a la salvación de Dios, porque simbolizaban el estado debilitado de la persona (cf. El «estado reducido» de Ben-adad ante el Rey Acaz, que entonces tiene piedad de él; 1 R 20).

El ayuno se asocia con la preparación para revelaciones y visiones, similar a la práctica de la antigua Grecia de la «incubación» (Ex 34.28; cf. 1 R 19.8). La asociación del ayuno con revelaciones y visiones aumenta en popularidad durante el período helenístico (2 Bar 12.5; 21.1-3; Ap de Elías 1.21).

El ayuno también se asocia con la conducta de o la preparación para la «guerra de Jehová». Los israelitas practicaron el ayuno en Mizpa en vista de la amenaza filistea (1 S 7.6), y Saúl impone un ayuno a su milicia hasta tener éxito en la búsqueda de venganza en contra de los filisteos (1 s 14.24; cf. 2 S 11.11-12; 1 Mac 3.46; 2 Mac 13.12).

En el período postexílico, el ayuno se utilizaba como un medio para pedir la ayuda directa de Dios cuando la comunidad enfrentaba un gran peligro (Esd 8.21-22, 31b; Est 4.15-16; Dn 9.3; 6.17-25). Esta noción podría ayudar a explicar la referencia de Jesús a los demonios, que de otra manera sería enigmática, de que pueden ser expulsados «solamente con oración y ayuno» (Mr 9.29 = Mt 17.21). Tertuliano (*Sobre el Ayuno)* señala, al comentar sobre 1 Samuel 7.6, que cuando uno ayuna, «El cielo pelea por usted» y «la defensa divina será concedida». El ayuno de Jesús en el desierto puede tener elementos de preparación tanto para revelaciones como para la «guerra» con Satanás (Mt 4.1-11; gr. *nēsteúō*).

Los profetas contrastan el ayuno externo con la corrupción interna, haciendo énfasis en que la justicia social es el «ayuno» que Dios prefiere (Is 58; Zac 7.3ss.).

Bibliografía. R. Arbesmann, «Fasting and Prophecy in Pagan and Christian Antiquity,» *Traditio* 7 (1949): 1-71; D. L. Smith-Christopher, «Hebrew Satyagraha: The Politics of Biblical Fasting in the Post-Exilic Period (Sixth to Second Century b.c.e.),» *Food and Foodways* 5 (1993): 269- 92; E. Westermark, «The Principles of Fasting,» *Folklore* 18 (1907): 391-422.

Daniel L. Smith-Christopher

AZAFRÁN
Condimento acre anaranjado brillante (heb. *karkōm*), hecho de estigmas secos de *Crocus sativus* L. El azafrán de Cantares 4.14, que está entre los condimentos y plantas en la descripción de una joven mujer del jardín ideal, pueden haber sido de *Curcuma longa* o *Carthamus tinctorious.*

AZAI (Heb. *'aḥzay*)
Un sacerdote del tiempo de Esdras; el padre de Azareel y nieto de Imer (Neh 11.13). Él puede ser el mismo que Jazera en 1 Crónicas 9.12.

AZAL (Heb. *'āṣāl*)
Azal significa «noble» y posiblemente se refiere a una posición no identificada cerca de Jerusalén (Zac 14.5) .Otras traducciones dan la palabra como una preposición, «el lado de ello» (RSV), o un sustantivo, «el otro lado» (TEV).

Betty P. Lawson

AZALÍA (Heb. *'ăṣalyāhû*)
El hijo de Mesulam y padre de Safán el secretario, mencionado en relación al descubrimiento del libro de la Ley (2 R 22.3).

AZÁN (Heb. *'azzān*)
El padre de Paltiel, un jefe de la tribu de Isacar (Nm 34.26).

AZANÍAS (Heb. *'ăzanyâ*)
El padre de Jesúa el Levita, que puso su sello al convenio renovado hecho bajo Nehemías (Neh 10.9 [TM 1]).

AZAREEL (Heb. *'ăzar'ēl*) (también UZIEL)

1. Un coreita que se unió a David en Siclag (1 Cr 12.6 [TM 7]).

2. Un cantor levítico durante los días de David (1 Cr 25.18). Lo llaman Uziel en 1 Cr 25.4.

3. El hijo de Jeroham; líder de la tribu de Dan bajo David (1 Cr 27.22).

4. Un descendiente israelita de Bani que tuvo que despedir a su esposa extranjera durante la administración de Esdras (Esd 10.41).

5. El hijo de Azai, un descendiente de Imer, y el padre de Amasai (Neh 11.13).

6. Un sacerdote postexílico entre aquellos que tocaron instrumentos musicales en la dedicación de los muros de Jerusalén (Neh 12.36). Él es probablemente el mismo como **5** más arriba.

AZARÍAS (Heb. *'ăzaryâ, 'ăzaryāhû*)

1. Sumo sacerdote bajo Salomón; un hijo del sacerdote Sadoc (1 R 4.2).

2. Un hijo de Natán que era responsable «de los funcionarios» (quizás soldados acuartelados en el palacio o quizás oficiales) bajo Salomón (1 R 4.5).

3. El nombre de pila del rey Uzías (2 R 15.13; 2 Cr 26.1-23). El hijo de Amazías y Jecolías, él se convirtió en rey de Judá a la edad de 16 años (2 R 14.21; 1 Cr 3.12) y se dice que gobernó durante 52 años (2 R 15:1-2). Se piensa a veces que su reinado está limitado a 783-742 a.C., y muy probablemente sirvió como corregente con su hijo Jotam y quizás su padre Amazías también.

4. El bisnieto de Judá a través de Zera (uno de los hijos de Judá con su nuera Tamar) y Etán (1 Cr 2.8).

5. Un descendiente distante de Judá a través de Fares, Hezrón, y Jerameel (1 Cr 2.38-39).

6. Un descendiente de Aarón y nieto de Sadoc (1 Cr 6.9 [5.35]).

7. Un sacerdote en el templo de Salomón (1 Cr 6.10 [5.36 cuenta), nieto de **6** más arriba.

8. Un sacerdote, padre de Hilcías e hijo de Seraías (1 Cr 6.13 [5.39]).

9. Un hombre de la división coatita de levitas, cuyo varón de descendiente Hemán ministró en el templo por el tiempo de David (1 Cr 6.36 [21].

10. Un sacerdote y oficial principal del templo, puesto en una lista entre los pobladores más tempranos en Judá después del Exilio (1 Cr 9.11).

11. Un profeta, el hijo de Obed, que impulsó a Asa a emprender la reforma de culto (2 Cr 15.1-7).

12. El nombre de dos hijos del rey Josafat de Judá, asesinados cuando su hermano Joram subió el trono (2 Cr 21.2).

13-14. Dos oficiales militares, hijo de Azarías del hijo de Azarías y Jeroham de Obed, que ayudó al sumo sacerdote Joiada en la rebelión contra Atalía (2 Cr 23.1).

15. Un sacerdote, que junto con otros 80 sacerdotes, impidió al rey Uzías ofrecer un sacrificio en el altar de incienso en el templo (2 Cr 26.17, 20, en una narrativa que explica por qué el rey contrajo la lepra).

16. Un efrateo, numerado entre los jefes que se opusieron a traer cautivos judaitas a la ciudad de Samaria (2 Cr 28.12).

17-18. Dos levitas, padre de Joel coatita e hijo del merarita Jehalelel, entre aquellos que ayudaron a Ezequías en la limpieza del templo (2 Cr 29.12).

19. El sacerdote principal bajo Ezequías (2 Cr 31.10).

20. El abuelo de Esdras (Esd 7.1).

21. El padre de Amarías, otro antepasado de Esdras (Esd 7.3).

22. Una de las personas que repararon el muro de Jerusalén al lado de su propia casa (Neh 3.23-24), y un líder que participó en su dedicación (12.33).

23. Uno de los líderes de las personas que volvieron de Babilonia a Judá bajo Zorobabel (Neh 7.7). Esdras 2.2 da en cambio el nombre Seraías. Ambos nombres aparecen como los nombres de sacerdotes que firmaron un documento para Esdras, que promete obedecer la ley, abstenerse del negocio en el día de reposo, pagar los impuestos del templo, e impedir a sus hijas casarse con extranjeros (Neh 10.2[3]).

24. Uno de los hombres que interpretaron para la gente la ley leída por Esdras (Neh 8.7).

25. Uno de dos hombres que, después de la caída de Jerusalén en 586, condujo un grupo de judaitas a Egipto, tomando Jeremías y Baruc con ellos (Jer 43.2).

26. El nombre hebreo de Abednego, uno de los tres amigos de Daniel en Babilonia (Dn 1.6-7, 11, 19; 2.17).

PAUL L. REDDITT

AZARÍAS, ORACIÓN DE
Vease DANIEL, ADICIONES A.

AZAZ (Heb. *ʿāzāz*)
Un rubenita, el hijo de Sema y padre de Bela (1 Cr 5.8).

AZAZEL (Heb. *ʿăzāʾzēl*)
El macho cabrío sobre el cual todas las transgresiones y los pecados de las personas de Israel eran puestos durante el Día de Expiación (Yom Kippur). El macho cabrío era enviado luego al desierto (Lev. 16:8, 10, 21-22, 26).
Hay cuatro opiniones en cuanto al sentido original de esta designación: (1) una combinación *de ʿz,* «cabra» *ʾzl,* «irse, marcharse,» que puede ser traducido como «chivo expiatorio»; o (2) «remoción completa», que concuerda con el objetivo indicado para ambos machos cabríos (v. 21) y el día en general (v. 34); (3) el lugar al cual la cabra era enviada; y (4) un demonio de desierto o el diablo mismo (cf. 1 En. 8.1 y passim). El desierto o el páramo son con frecuencia descritos tanto por el AT como el NT como la habitación de espíritus malignos (Is 34.13; Mt 12.43 = Lc 11.24; Ap 18.2).

Bibliografía. E. L. Feinberg, «The Scapegoat of Leviticus Sixteen,» *BSac* 115 (1958): 320-31; L. L. Grabbe, «The Scapegoat Tradition: A Study in Early Jewish Interpretation,» *JSJ* 18 (1987): 152-67; H. Tawil, «{Azazel the Prince of the Steepe: A Comparative Study,» *ZAW* 92 (1980): 43-59.

MILES V. VAN PELT

AZAZÍAS (Heb. *ʿăzazyāhû*)

1. Un Levita que tocó la lira cuando el Arca del Pacto fue traída a Jerusalén (1 Cr 15:21).

2. Un efrateo, el padre de Oseas (1 Cr 27.20).

3. Un capataz del templo durante el reinado del rey Ezequías (2 Cr 31.13).

AZBUC (Heb. *ʿazbûq*)
El padre de cierto Nehemías, uno de aquellos que trabajaron en la restauración de los muros y puertas de Jerusalén (Neh 3.16).

AZECA (Heb. *ʿăzēqâ*)
Una ciudad de la Sefela de Judá (Jos 15.35). Los cinco reyes amorreo que Josué derrotó en Gabaón huyeron hasta tan lejos como Azeca (Jos 10.10-11). Los filisteos acamparon entre Azeca y Soco en el preludio de la batalla de David con Goliat (1 S 17.1), ilustrando la importancia estratégica de la ciudad en la zona fronteriza entre Judá y Filistea. Aparece entre los sitios fortificados por Roboam (2 Cr 11.9).
Azeca es con seguridad identificada con Tell a Zakariya (143123), un montículo triangular, plano en su cima, sobre un cordón montañoso importante, 117 metros (384 pies) por sobre del valle de Ela (cf. 1 S 17.2) . Un texto cuneiforme atribuido a la invasión de Judá por parte de Senaquerib por el 701 a.C., se jacta de tomar «la ciudad de Azeca, su fortaleza [de

Ezequías]... localizada en un canto de montaña, como hierro puntiagudo (?), dagas sin número que alcanzan alto hasta el cielo.» A pesar de su destrucción aparente por parte de Asiria, La importancia estratégica de Azeca siguió hasta el final de la monarquía. Durante la invasión de 587 de Babilonia, Jeremías nombró a Azeca y Laquis como las últimas ciudades fortificadas restantes en Judá (Jer 34.7). En una carta ostracon contemporánea, un comandante de campaña escribe a su superior en Laquis, «observamos las señales de Laquis ... ya que no podemos ver Azeca. »

Los judaitas que volvieron del exilio se instalaron en Azeca (Neh 11.30), y la ocupación siguió durante el período del Segundo Templo. Eusebio (*Onom.* 18.10) localiza Azeca entre el Eleuterópolis (Beth Guvrin) y Jerusalén. El Mapa de Madeba, del siglo VI a.C. dibuja un asentamiento Bethzachar y un lugar sagrado para «para San Zacarías» en el camino Jerusalén-Eleuterópolis; adyacente a estas descripciones parece un pueblo sin nombre en una montaña distinta, probablemente una representación de Azeca cuyo nombre fue transferido a Tell Zakariya.

En la excavación de Tell Zakariya por el Fondo de Exploración de Palestina en 1898-99, Frederick J. Bliss y R. A. S. Macalister se descubrió una fortaleza rectangular en la cumbre y torres defensivas separadas en el borde del montículo, que quizás provienen del tiempo de Roboam, y continúan en varias fases hasta el período romano. Una fase contiene azas de vasijas con sellos de escarabajos alados y la palabra *lmlk* («perteneciente al rey») conocido como del período de Ezequías y la invasión de Senaquerib en 701. Varios hallazgos sugieren el establecimiento del montículo, con interrupciones, de c. 1500 hasta el período Bizantino.

Bibliografía. E. Stern, «Azekah,» *NEAEHL* 1:123-24.

Daniel C. Browning, Jr.

AZEL (Heb. *'āṣēl*)

Un descendiente de Saúl y Jonatán, y padre de seis hijos (1 Cr 8.37-38; 9.43-44).

AZGAD (Heb. *'azgāḏ*)

El antepasado de varios exiliados israelitas, de los cuales algunos volvieron bajo Zorobabel (Esd 2.12 = Neh 7.17) y otros bajo Esdras (Esd 8.12). Él puede ser el Azgad de Nehemías 10.15 (TM 16) quien puso su sello al convenio renovado bajo Nehemías.

AZIEL (Heb. *'ăzî'ēl*)

Uno de los Levitas que tocaron el arpa cuando el Arca fue traída a Jerusalén (1 Cr 15.20). Probablemente es el mismo que el Jaaziel de 1 Crónicas 15.18.

AZIZA (Heb. *'ăzîzā'*)

Un israelita del linaje de Zatu, obligado por Esdras a divorciarse de su esposa extranjera (Esd 10.27).

AZMAVET (Heb. *'azmāweṯ*) **(LUGAR)** (también BET-AZMAVET)

Una ciudad en el área montañosa de Judá, a la que 42 miembros del clan volvieron del exilio con Zorobabel (Esd 2.24). La ciudad proporcionó cantores para la dedicación de los muros reconstruidis de Jerusalén (Neh 12.29). En Nehemías 7.28 es llamada Bet-azmavet. El sitio es identificado con la moderna Hizmeh (175138), c. 8 km (5 millas) NNE de Jerusalén.

AZMAVET (Heb. *'azmāweṯ*) **(PERSONA)**

1. Uno de los valientes de David (2 S 23.31 = 1 Cr 11.33), barhumita.

2. Un benjaminita cuyos dos hijos se unieron a David en Siclag (1 Cr 12.3).

3. Una persona responsable de las tesorerías en el palacio de David (1 Cr 27.25).

4. Uno de los hijos de Joiada; un descendiente de Saúl (1 Cr 8.36; en 9.42 su padre es llamado Jara).

Bibliografía. W. F. Albright, «Alemeth and Azmaveth,» *Excavations and Results at Tell el-Fûl (Gibeah of Saúl).* AASOR 4 (New Haven, 1924): 156-57; J. Simons, *The Geographical and Topographical Texts of the Old Testament* (Leiden, 1959).

Dennis M. Swanson

AZNOTH-TABOR (Heb. *'aznôṯ tāḇôr*)

Una ciudad al norte del Monte Tabor que marcaba el límite occidental del territorio de Neftali (Jos 19.34). Khirbet Umm-Jubeil (186237), 4 km (2.5 millas) al norte de la montaña, ha sido sugerido como el sitio, basándose en el descubrimiento reportado de cerámica de la Edad del Bronce Tardía; recientes investigaciones israelíes han identificado sólo materiales del periodo Hierro II y períodos posteriores en el sitio.

Thomas W. Davis

AZOR (Gr. *Azṓr*)

Un antepasado postexílico de José y Jesús según la genealogía de Mateo (Mt 1.13-14).

AZOTE
Látigo usado en castigo. En el AT y NT se empleaba la palabra tanto literal como metafóricamente. La ley israelita prescribía el azote con látigo hasta 40 golpes (Dt 25. 1-3); posteriormente el castigo fue reducido a 39 latigazos para evitar exceder la ley (2 Co 11.25). En la sinagoga o el sanedrín se practicaba el azote con un látigo de cuero dividido en varias cuerdas a causa de una conducta inaceptable o por quebrantar los rituales religiosos o las reglas de los rabinos. Jesús advirtió a sus seguidores que serían azotados en las sinagogas (Mt 10.17; 23.34). Los romanos utilizaban una vara, la caña, y el cinto o látigo de tiras de cuero con trozos filosos de hueso y metal. Azotar con el látigo era parte de la pena capital y se empleaba generalmente antes de la crucifixión (Mt 20.19; Mr 10.34; Lc 18:33; Jn 19.1). Los resultados eran terribles. También se empleaba el golpear con el látigo para forzar una confesión o como parte del interrogatorio (Hch 22.23-29). La palabra (y el término relacionado «azote») se utilizan metafóricamente para indicar tormento, enfermedad, problemas o sufrimiento (véase Job 5.21; Is 10.26). Jesús sanó a la mujer con flujo de sangre de su «enfermedad» (Gr. *mástix*; Lit., «azotes»; véase Mr 3.10; Lc 7.21). La imagen de la flagelación también representa la corrección y el castigo de aquellos que Jesús acepta (He 12.6), y esa imagen es tomada del AT (Pr 3.12 LXX; 1 R 12.11, 14; 2 Cr 10.11, 14).
Richard A. Spencer

AZOTO (Gr. *Ázōtus*)
Nombre griego de Asdod.

AZRICAM (Heb. *ʿazrîqām*)
1. Un hijo de Nearías, un descendiente de Zorobabel y David (1 Cr 3.23).
2. Un benjaminita, hijo de Azel y descendiente de Jonatán (1 Cr 8.38; 9).
3. Un Levita, el hijo de Hasabías y padre de Hasub (1 Cr 9.14 = Neh 11.15).
4. El comandante del palacio por el tiempo de Acaz. Él fue asesinado junto con Maasías y Elcana por el efrateo Zicri (2 Cr 28.7).

AZRIEL (Heb. *ʿazrîʾēl*)
1. La cabeza de una familia de la tribu de Manasés que vivió en Transjordania (1 Cr 5.24).
2. El padre de Jerimot, un jefe de la tribu de Neftalí durante los días de David (1 Cr 27.19).
3. El padre de Seraías, el cortesano de rey Joacim, durante el ministerio profético de Jeremías (Jer 36.26).

AZUBA (Heb. *ʿăzûbâ*)
1. La hija de Silhi y madre del rey Josafat (1 R 22.42 = 2 Cr 20.31).
2. Uno de las esposas de Caleb, el hijo de Hezrón, y madre de tres hijos (1 Cr 2.18-19).

AZUFRE
Probablemente fuego y azufre (cf. Lat. *ignis et sulphur* del gr. *púr kaí theíon*). A excepción de Job 18:15, todas las referencias bíblicas al azufre se combinan con fuego. Sodoma y Gomorra fueron destruidas por fuego y azufre (Gn 19.24). El salmista utiliza fuego y azufre como una metáfora para el juicio de Dios sobre los malvados (Sal 11.6). El lago que arde con fuego y azufre es el destino final del diablo, la bestia, el falso profeta (Ap 19.20; 20.10), la muerte, el hades (20.14), y todas las personas cuyos nombres no están escritos en el libro de la vida (21.8).

Joe E. Lunceford

AZUR (Heb. *ʿazzûr*)
1. Un israelita que, como representante del pueblo, puso su sello sobre el nuevo pacto cuando Nehemías era el gobernador (Neh 10.17 [TM 18]).
2. El padre del falso profeta Hananías de Gabaón (Jer 28.1).
3. El padre de Jaazanías, un contemporáneo de Ezequiel (Ez 11.1).

B

B
Una designación del Códice Vaticano griego, del siglo IV d.C.

BAAL (Heb. *baʿal*) **DEIDAD**
El dios cananeo de la tormenta y la fertilidad. Como epíteto de varias deidades semíticas occidentales, especialmente Adad, el nombre significa «señor», designando el estado legal de posesión o superioridad social. Con la excepción obvia de Jehová, Baal es la deidad más significativa en el Antiguo Testamento.

En una tierra dependiente de la agricultura alimentada por la lluvia, el dios de la tormenta es la deidad más significativa en la cultura. Baal sirve como el dios más poderoso del panteón cananeo, aunque su progenitor El es su cabeza. Además, el culto juega un papel en los rituales diarios de los miembros de la sociedad, dada la necesidad suprema de lluvia y su impacto continuo en la población.

Varios epítetos y funciones derivadas de esta deidad son atestiguados. Una extensión del concepto de lluvia es la fertilidad. Baal es representado iconográficamente como un buey, enfatizando el poder *fructativo* del dios. Mitos ugaríticos narran en detalle la lucha de Baal contra su rival, Mot («muerte»). Únicamente Baal de entre los miembros del panteón es lo suficientemente poderoso para combatir a Mot, cuando los dos poderes antitéticos chocan mitológicamente. El descenso de Baal a Mot (quien se lo traga) es representativo del ciclo agrícola, así como la vida durante el verano seco subtropical conlleva meses de aridez, entendido teológicamente como la ausencia del dios de la lluvia.

El poder inherente en una tormenta se presta para ser asociado con valientes en guerra. En la literatura ugarítica, Baal es el guerrero por excelencia. Su derrota de las fuerzas del caos, representado por el dios Yam («mar»), restaura el orden en la esfera divina. El rey de una sociedad que reverencia a Baal debía imitarlo en este aspecto, proteger la sociedad terrenal contra las fuerzas del caos (como virtualmente todos los reyes antiguos de Cercano Oriente, imitando sus dioses guerreros respectivos que derrotaban las fuerzas del caos). Iconográficamente, Baal es representado como un guerrero sosteniendo un rayo como su arma.

Un número de elementos del culto de Baal está atestiguado en el Antiguo Testamento. Profetas extáticos son representados en la confrontación de Elías con los 400 profetas de Baal en el monte Carmelo (1 R 18; véase también la obra egipcia Wenamón). Las cortaduras mencionadas en el ritual (1 R 18.28) probablemente estaban relacionadas con el culto de los muertos, porque la muerte de Baal es equiparada con la sequía. La asociación de Baal con este culto está implícito en la prohibición bíblica de cortarse el cabello o cortaduras en la piel durante el duelo (Lev 19.28; Dt 14.1; véase Jer 16.6; 41.5; 47.5; Os 7.14).

Las prácticas del culto de Baal afectaron profundamente la sociedad de Israel y de Judá en dos niveles. Primero, un número de temas litúrgicos, imágenes, y frases fueron adaptados por los israelitas. A pesar de que la práctica del culto a Baal estaba completamente prohibida, había una superposición teológica natural entre Jehová y las deidades de otros panteones. El hecho de que ambos, Jehová y Baal son representados como deidades de las tormentas (Job 38; Sal 29) es de esperarse en nichos ecológicos similares, con epítetos similares. Ambos son guerreros que «vuela sobre las alas del viento» (Sal 18.10 [TM 11] = 2 S 22.11; Sal 77.18 [19]). Ambos comparten enemigos comunes, Leviatán (p.ej. Job 3.8; 41.1 [40.25]; Sal 74.14; Is 27.1), Tannin [«monstruo marino»] (p.ej. Job 7.12; Sal 74.13; Is 51.9, Ez 29.3), y Yam [«mar»] (Sal 89.9). Los últimos ejemplos ilustran de la mejor manera la desmitologización israelita de los eventos, cuando la batalla entre Baal y Yam es reducida a un acto de creación. Para los israelitas, el orden es parte de la creación, ya que el universo fue creado y controlado por Jehová del caos hasta su finalización. Sus enemigos en el AT son mortales, que lo rechazan e intentan frustrar sus planes en el horizonte mundano.

En segundo lugar, las tendencias sincretistas de los israelitas En general se enfocaban en el culto a Baal. Otra vez, la razón para estas asociaciones surge de la superposición de funciones teológicas en el contexto del mismo nicho ecológico. Estas prácticas comienzan con la historia de los eventos en el desierto en Baal-peor (Nm 25; la naturaleza orgiástica del culto a Baal, no inusual entre deidades de fertilidad, probablemente es reflejada en Os 4.14; 1 R 23.6-7). Los ciclos de opresión política extranjera en Jueces se centran en esta deidad (p.ej. Jue 2.11, 13). De hecho, Gedeón por poco es asesinado por los hombres de la ciudad porque destruyó el altar a Baal y la imagen de Asera (Jue 6.25-32; la asociación de Asera con Baal en el AT puede haberse desarrollado de un mito fragmentario, en el cual esta diosa, la consorte de El, parece que intentaba seducir a Baal). Este grado de sincretismo es acentuado por la decisión de la gente del pueblo de dejar que Baal contendiera con Gedeón (de aquí la etimología popular de su nombre Jerubaal). Esta práctica sincretista plagó los israelitas hasta el exilio (Jer 2.8). Puede estar reflejada en nombres de Baal, aunque *baʿal* puede ser interpretado como un epíteto de Jehová. La substitución de *bōšeṯ* («vergüenza») por el elemento de Baal en los nombres es una afirmación teológica de los editores bíblicos posteriores (p.ej., 2 S 2.10).

El culto a Baal también fue auspiciado por las monarquías de Israel y Judá. Acab construyó un templo para Baal (1 R 16.31-33), y de hecho lo adoró (22.53), indudablemente motivado por Jezabel, su esposa de Tiro. La estructura del culto, incluyendo el sacerdocio en el templo, fue erradicada por el golpe sangriento de Jehú (2 R 10.18-27). Aprobación oficial de la adoración a Baal en Judá fue atribuida a Manasés (2 R 21.3). La reforma de Josías erradicó completamente el culto a Baal de la tierra durante su reinado (2 R 23.4-5). Sin embargo, la práctica persistió entre las masas. Fue culpado de la implementación de las maldiciones del pacto, en retribución por la infidelidad de Israel (Dt 30.15-20).

Mark Anthony Phelps

BAAL (Heb. *baʿal*) **(LUGAR)**
Una ciudad en el territorio de la tribu de Simeón (1 Cr. 4.33), Idéntica con Balaat-beer.

BAAL (Heb. *baʿal*) **(PERSONA)**
1. Un miembro de la tribu de Rubén, y descendiente de Joel que vivió antes de la deportación de las 10 tribus del norte (1 Cr 5.5).
2. Un miembro de la tribu de Benjamín, el cuarto hijo de Jeiel, un gabaonita antepasado de Saúl (1 Cr 8.30; 9.36).

BAALA (Heb. *baʿălâ*)
1. Otro nombre para Quiriat-jearim (Jos 15.9).
2. Una montaña en el territorio tribal de Judá, entre Ecrón y Jabneel (Jos 15.11).
3. Una ciudad en la parte sur de Judá (Jos 15.29), tal vez la misma que Bala (Jos 19.3) or Bilho Bilha (1 Cr 4.29). Supuestamente es Tulul el-Medhbah cerca de Jirbet el-Meshash/Tel Masos (entre Beerseba y el Mar Muerto).

BAALA DE JUDÁ (Heb. *baʿălê yĕhûḏâ*)
«Baal de Judá», la ciudad donde el arca del pacto fue tomada después de su regreso de Filistea (2 S 6.2) *Véase* Quiriat-jearim

BAALAT (Heb. *baʿălāṯ*)
Una ciudad originalmente localizada en el territorio tribal de Dan (Jos 19.44) más tarde fortificada por Salomón (1 R 9.18; 2 Cr 8.6). Tal vez es idéntica con Mt Baala (Jos 15.9). El lugar ha sido identificado como *el-Maghâr* (129138).

BAALAT-BEER (Heb. *baʿălaṯ bĕʾēr*)
Una ciudad asignada a la tribu de Simeón por Josué después de la conquista de Canaán (Jos 19.8). Es identificada como Ramá del Neguev. Su identificación posterior con la ciudad de Baal (1 Cr 4.33) puede indicar la afiliación cúltica de Baalat-beer (el nombre significa «dama del pozo»). La ciudad puede ser idéntica con Bealot (Jos 15.24).

Ryan Byrne

BAALBEK
Un pueblo localizado cerca de la fuente del río Orontes, en el borde oriental del valle fértil de *Beqaʿa*. Baalbek fue llamado Heliópolis por los griegos en honor al clásico dios-sol, que fue identificado con Baal durante el periodo helenista. El nombre semita indica una ocupación temprana o un santuario, pero no se ha encontrado evidencia de ocupación prehelénica.

La ciudad era el centro del culto de la llamada trinidad heliopolitana: Júpiter (Zeus) Heliopolitano, Mercurio (Hermes), y Venus (Afrodita). Sus contrapartes semíticos sincretistas eran Baal con Júpiter (Hermes), Atargatis con Venus (Afrodita); el equivalente local para Mercurio permanece problemático. Uno de los templos locales aparece en monedas de finales del segundo o siglo III.

Las ruinas arquitectónicas datan del periodo romano e incluyen un gran complejo del templo con una escalera grande y puertas ceremoniales que llevan a un gran patio exagonal. Piscinas de agua flanquean el altar central. Al oeste del patio estaba el templo de Júpiter, localizado en una plataforma rectangular que se elevaba más alto que todos los edificios que lo rodeaban. Al sur del templo de Júpiter estaba el llamado templo de Baco, a pesar de ser posible que fuera dedicado a Venus. A fines del siglo IV una basílica cristiana reemplazó el altar central, y una mezquita fue localizada al oeste del templo de Baco después de la conquista árabe. No lejos de la acrópolis hay una cantera donde fueron preparadas las piedras para los templos.

Thomas W. Davis

BAAL-BERIT (Heb. *baʿal bĕrîṯ*)
El nombre o título de una deidad adorada por los israelitas después de la muerte de Gedeón (Jue 8.33) cuyo templo estaba en Siquem (9.4). Baal pudo haber sido la deidad cananea Hadad, conocida por textos ugaríticos y bíblicos, pero la frase también puede ser un título «Señor o Amo del Pacto», aplicado a otra deidad. En Jueces 9.46 aparece el nombre El-berit (también encontrado en RS 24.278), que si identificado puede significar que El era el «Señor del pacto» o a la inversa que Baal era el «dios del pacto». Mientras muchos eruditos equiparan los dos templos y entienden ambos títulos como refiriéndose a la misma deidad, algunos ven lugares separados para los eventos narrados en Jueces 9.

La importancia del pacto y su dios o dioses para los habitantes de Siquem no puede ser determinado por el contexto de Jueces 8-9. Sin embargo, la tradición del pacto en Siquem para Israel es importante en Josué 8; 24; Jueces 9; y 1 Reyes 12. Siquem llegó a ser el lugar para el festival de otoño de la renovación del pacto para Israel.

Bibliografía. E. F. Campbell, «Shechem: Tel Balatah,» *NEAEHL* 4.1345–54; F. M. Cross, *Canaanite Myth and Hebrew Epic* (Cambridge, Mass., 1973).

Russell D. Nelson

BAAL-GAD (Heb. *baʿal gāḏ*)
Un pueblo cananeo que marca la frontera norteña de las conquistas de Josué (Jos 11.17; 12.7; 13.5). La lista de reyes en Josué 12 implícitamente incluye a Baal-gad dentro del territorio de Og, rey de Basán. El pueblo está localizado «bajo el Monte Hermón» y puede haber ocupado el lugar de la moderna Banias. Fuentes de aguas permanentes son, por su naturaleza, lugares sagrados, y el nombre del pueblo puede reflejar la fuente permanente en Banias (2112.2949).

Thomas W. Davis

BAAL-HAMÓN (Heb. *baʿal hāmôn*)
Un lugar desconocido donde Salomón tenía una viña (Cnt 8.11). De acuerdo a algunos comentaristas, «viña» se refiere al harén real; así pues, el nombre puede ser una alusión encubierta a Jerusalén.

BAAL-HANÁN (Heb. *baʿal ḥānān*)
1. Un hijo de Acbor, el séptimo rey de Edom (Gn 36.38 = 1 Cr 1.49).
2. Supervisor de los árboles de los olivares e higuerales en la Sefela durante el reino de David (1 Cr 27.28).

BAAL-HAZOR (Heb. *baʿal ḥāṣôr*)
Una montaña donde Absalón, el hijo del rey David, llevó a cabo una celebración de esquiladores, en la cual hizo matar a su hermano Amnón por la violación de Tamar, su media hermana (2 S 13.23). A los pies de la montaña pudo haber un asentamiento con el mismo nombre. La localización es generalmente considerada ser *Jebel 'Asûr* '(177153), localizada algunos 1032 m (3386 pies) sobre le nivel del mar, 7 km (4.5 mi) al noreste de Betel.

Willard W. Winter

BAAL-HERMÓN (Heb. *baʿal ḥermôn*)
Un lugar en las montañas del Líbano ocupado por los heveos (Jue 3.3) y asignado a la media tribu de Manasés (1 Cr 5.23). Es probablemente un pueblo heveo o un santuario en las pendientes o estribaciones de las montañas del Hermón. A pesar de que el sitio de Baal-hermón no ha sido identificado, cerca de dos docenas de lugares de culto antiguo son conocidos del área del Hermón desde las fechas de los periodos helenistas y romanos, indicando que la población local consideró al Monte Hermón como un lugar sagrado. Como la mayoría de las montañas altas en Palestina, Monte Hermón probablemente era el asiento de una deidad local.

Thomas W. Davis

BAALIS (Heb. *baʿălîs*)
Un rey de los hijos de Amón durante el ministerio de Jeremías (Jer 40.14). Él envió a Ismael el hijo de Netanías a asesinar al gobernador Gelalías con el fin de lograr la caída de Judá y para expandir su reino.

BAAL-MEÓN (Heb. *baʿal mĕʿôn*)
Un pueblo (la moderna *Maʿîn*, 219120) conocido de varias maneras como Baal-meón (Num 32.38), Beón (32.3), Beth-baal-meón (Jos 13.17), o Betmeón (Jer 48.23), localizado a 14.5 km (9 mi) al este del Mar Muerto. Parte del terreno que Moisés dio a los hijos de Rubén y a Gad en recompensa de los servicios militares contra Sehón el amorreo, Baal-meón fue reconstruida o fortificada por los hijos de Rubén (Num 32.38). Cayó en manos moabitas en el siglo IX a.C. en la revuelta dirigida por el rey Mesa, quien reclama en su estela (la inscripción de Mesa, 1.9) que él construyó una reserva en Baal-meón.

Robert Delsnyder

BAAL-PEOR
Véase Bet-peor; Peor.

BAAL-PERAZIM (Heb. *baʿal pĕrāṣîm*)
El lugar de la victoria de David sobre el ejército de los filisteos después de haber sido establecido como rey de toda la nación (2 S 5.20 = 1 Cr 14.11). A pesar de no haber sido localizada con precisión, el lugar más probable estaba sobre el valle de Rafaim, al suroeste de Jerusalén (cf., Mt Pezarim en Is 28.21, una alusión aparente a la victoria de David). El terreno alto allí le ofreció a David una ventaja táctica en su batalla contra los filisteos en el valle más abajo. Después de su victoria, David nombró el lugar como «Señor de Quebrantos» o «Arrebato Divino».

Dennis M. Swanson

BAAL-SALISA (Heb. *baʿal šālišâ*)
Pueblo en el área montañosa de Efraín (1 S 9.4), el hogar de un hombre que le dio a Eliseo los «panes de las primicias» (2 R 4.42). El lugar puede ser la moderna Jirbet Sirisya (151168), al suroeste de Siquem. Kefr Thilth (154174), a 5.5 km (3.5 mi) al norte, preserva el nombre antiguo.

BAAL-TAMAR (Heb. *baʿal tāmār*)
Un pueblo cerca de Gabaa donde Israel emboscó los hijos de Benjamín (Jue 20.33–36). Su ubicación y su identificación moderna son inciertas. El texto bíblico sugiere un lugar cerca de Gabaa, en el territorio de Benjamín al norte de Jerusalén. Algunos eruditos han identificado a Baal-tamar con «la palmera de Débora», ligeramente un poco más al norte de Efraín (Jue 4.5); otros, con el pueblo bíblico de Tamar (Ez 47.19; 48.28) y el pueblo romano de Tamara (*Meẓad Ḥaẓeva*, 1734.0242; o *Meẓad Ṭamar*, 1731.0485) en el Arabá.

John R. Spencer

BAAL-ZEBUB (Heb. *baʿal zĕbûb̲*)
El dios de la ciudad filistea de Ecrón. El rey israelita Ocozías consultó a Baal-zebub en relación a recuperación de una caída, después de lo cual Elías anunció la muerte de Ocozías (2 R 1.2, 3, 6, 16).

El nombre sugiere una deidad semita adoptada después de que los filisteos se establecieron en Canaán, aunque la etimología ha sido debatida. Si *baʿal* significa «señor, amo, esposo» o se refiere al dios cananeo de la tormenta depende de la interpretación de *zĕb̲ûb̲* («moscas»). El significado simple «señor de las moscas» sugiere, por extensión, control sobre enfermedades. Esto hace paralelo con el epíteto de Zeus como sanador, Gr. *apomuios* («apartador de moscas»), y puede ser sostenido por Ras Ibn Hani 78.20, en el cual Baal expulsa «moscas-demonios» *(dbbm)* de una persona enferma. Sin embargo, Ocozías sufre heridas, no enfermedad, levantando dudas en la conexión entre Baal-zebub y la enfermedad. Es más probable que el nombre era originalmente *baʿal -zĕb̲ûl* (véase Beelzebú en el NT). aunque *zĕbûl* solo puede significar «elevado, lugar exaltado» (de ahí «señor del cielo»), la frase *zbl bʿl* («príncipe Baal») en Ugarit apoya tomar Baal-zebul como una manifestación local del dios de la tormenta Baal. Baal-zebub pudo haber sido una forma despectiva del nombre original.

John L. McLaughlin

BAAL-ZEFÓN (Heb. *baʿal ṣĕp̲ôn*)
«Señor del norte», otro nombre para Baal, el dios cananeo de la tormenta. Baal-zefón ha sido comparado con el Zeus-casius griego; ambos eran patrones de las embarcaciones y los marinos.

Baal-zefón probablemente se refiere a una ciudad que tenía un templo dedicado al dios, y muy probablemente un puerto marítimo. En la historia bíblica Baal-zefón está localizada en el delta oriental cerca de Migdol y Pi-hahirot (Ex 14.2, 9; Nm 33.7). Otto Eissfeldt localizó a Baal-zefón en Mahammediyeh, al extremo occidental del lago Sirbonis al este de la bahía de Pelusio (cf. Herodoto *Hist.* 2.6; 3.5). Strabo (*Geog.* 16.2.28, 32–33) menciona un templo a Júpiter-casius (Zeus-casius) a mitad de camino en la franja de tierra entre el lago Sirbonis y el Mar Mediterráneo en *Ras Qaṣrun*. Los eruditos que siguen la ruta norte de Eissfeldt para el Éxodo identifican este lugar como Baal-zefón. William F. Albright ofreció una alternativa, Tahpenes (la moderna Tel Defneh en el Delta oriental), que de acuerdo a una tradición antigua tenía un templo a Baal-zefón.

La referencia bíblica al lugar puede haber sido una adición posterior para indicar el lugar de Pi-hahiroth y Migdol.

Bibliografía. W. F. Albright, «Baal-zefón,» *Festschrift Alfred Bertholet* (Tubingen, 1950), 1–14; J. Baines and J. Malik, *Atlas of Ancient Egypt* (New York, 1980); O. Eissfeldt, *Baal Zaphon, Zeus Kasios und der Durchzug der Israeliten durchs Meer* (Haale, 1932).

Lawrence A. Sinclair

BAANA (Heb. *baʿănāʾ*)

1. Un hijo de Ahilud (1 R 4.12); el supervisor de la parte sur del valle de Jezreel de Salomón, desde Meguido hasta el Jordán.

2. Un hijo de Husai y supervisor de Aser y Bealot durante el reinado de Salomón (1 R 4.16). Su padre probablemente era el consejero de David (2 S 15.32–37; 16.15–17.4).

3. El padre de Sadoc, quien ayudó a reparar las murallas de Jerusalén (Neh 3.4). Puede que sea el mismo que Baana **3** en Esdras 2.2 = Nehemías 7.7 o Nehemías 10.27 (MT 28).

BAANA (Heb. *baʿănâ*)

1. Hijo de Rimón quien, con su hermano Recab, asesinaron a Is-boset, el hijo de Saúl y trajeron su cabeza cortada a David (2 S 4.2–12), en un aparente intento de remover cualquier amenaza percibida contra la sucesión de David al trono de Israel. La repuesta de David fue típica del respeto mostrado a la casa de Saúl (cf. 2 S 1.11–16; 3.28–29); él ordenó la ejecución de ambos hermanos y un entierro propio para Is-boset.

2. El padre de Heleb, uno de las «hombres Fuertes» de David (2 S 23.29 = 1 Cr 11.30).

3. El último entre los 10 (ó 11, Neh 7.7) «líderes» (así 1 Esd 5.8) que regresaron con Zorobabel del exilio en Babilonia (Esd 2.2). Quizá es el mismo que el Baana que estaba entre aquellos que pusieron su sello en el pacto para guardar la Ley (Neh 10.27 [TM 10.28]).

C. Mack Roark

BAARA (Heb. *baʿărāʾ*)

Una esposa de un Saharaim el benjamita (1 Cr 8.8).

BAASA (Heb. *baʿšāʾ*)

El hijo de Ahías de la tribu de Isacar; el tercer rey del reino del norte que estableció su segunda dinastía. Él gobernó desde Tirza, al noreste de Siquem, por 24 años (c. 900–877 a.C.). Baasa asesinó al rey israelita Nadab mientras Israel sitió la ciudad de Gibetón (1 R 15.27–28; cf. vv. 29–30). Esta batalla indica la inestabilidad continua de los territorios tribales aunque un rey gobernaba en el reino del norte. Después del golpe, Baasa exterminó la casa de Jeroboam I, una suerte que también cayó sobre su propia casa (1 R 16.11). Aparentemente la exterminación de ambas casas fue tan completa que generaciones posteriores todavía recuerdan la brutalidad de los eventos (2 R 9.9).

Baasa y el rey Asa de Judá eran hostiles uno al otro durante sus reinados (1 R 15.16). Baasa bloqueó a Judá mediante la fortificación de Ramá, a 8 km (5 millas) al norte de Jerusalén, y controlando todo el paso a través de la región (1 R 15.17; 2 Cr 16.1). Asa construyó fortificaciones para defender su territorio contra Baasa (Jer 41.9), pero esto demostró ser insuficiente contra las fuerzas superiores de Baasa. Asa luego estableció una alianza con Benadad de Siria pagando al rey sirio con los fondos del templo de Jerusalén. Ben-adad procedió a atacar a Baasa desde el norte, forzando de esta manera al rey israelita a retirarse de Ramá y abandonar sus fortificaciones del sur (1 R 15.21; 2 Cr 16.5). Baasa perdió mucho de su territorio en el norte a los sirios. Al mismo tiempo, Asa removió las fortificaciones en Ramá que habían sido utilizadas por Baasa y extendió los reclamos territoriales de Judá hasta Mizpa en el norte.

Baasa gobernó bajo el escrutinio del profeta Jehú hijo de Hanani. Ela, el hijo de Baasa, sucedió a su padre después de la muerte aparentemente pacífica de Baasa. La historia bíblica condena a Baasa por que «anduvo en el camino de Jeroboam» (1 R 15.34), aunque Baasa fue el instrumento en las manos del Señor para castigar la casa de Jeroboam (v. 29).

Stephen Von Wyrick

BAASÍAS (Heb. *ba'ăkēyâ*)
Un hijo de Malaquías y antepasado del músico Asaf (1 Cr 6.40 [TM 6.25]).

BABEL (Heb. *bābel*), **TORRE DE**
Una «ciudad y una torre» en el centro del conflicto entro la voluntad divina y la voluntad humana según es narrada en Génesis 11.1-9. Babel (Gn 11.9) significa «puerta de Dios» (Acad. *bab-ilu*). El escritor bíblico, sin embargo, opta por un juego de palabras en su sonido y explica el significado utilizando el verbo hebreo «mezclar» (*bālal*): Babel es el lugar donde Jehová «mezcló» el lenguaje de toda la tierra.

A pesar de que la interpretación popular se ha enfocado en la «torre», esta palabra nunca aparece en el texto bíblico por sí sola, sólo en la expresión «una ciudad y una torre», una figura del lenguaje como endíadis en la cual dos sustantivos son enlazados con la conjunción «y» para expresar una misma idea: «una ciudad con una torre» o «una ciudad imponente». El texto bíblico explícitamente habla de «la ciudad» que «se llamaba babel» (Gn 11.8–9).

Esta historia es notable por su aparente familiaridad con las técnicas de construcción babilónicas y los términos técnicos en las inscripciones de las construcciones. Ladrillos cosidos en el fuego eran utilizados para las capas exteriores de arquitectura monumentales, y el asfalto caliente era utilizado como mortero (Gn 11.3). Inscripciones existentes en los edificios de Babilonia frecuentemente contienen la frase técnica, «con asfalto y ladrillos cosidos» (cf. «asfalto y ladrillo» en el proverbio 44, *ANET*, 425). Por otra parte, «una torre cuya cúspide llegue al cielo» (Gn 11.4) es muy similar a las expresiones frecuentemente encontradas de la misma idea, y en la formula de la fecha del año 36º de Hamurabi, en el cual se informa que «él construyó la torre del templo… cuya cumbre es tan alta como el cielo» (*ANET*, 270; cf. También la descripción de las ciudades cananeas en Deuteronomio 1.28; 9.1). Finalmente, la idea de «hagámonos un nombre» a través de proyectos de grandes edificios tales como templos y ciudades es una ambición común de los reyes.

La imagen de la torre en la perspectiva del texto bíblico es casi seguro el zigurat de Mesopotamia, una torre-escalera imponente, usualmente de siete niveles con un templo en su primer piso y una capilla-santuario en su cúspide. El famoso templo de Marduk en Babilonia, Etemenanki, era de cerca de 90 metros (300 pies) de alto. De acuerdo con la concepción religiosa babilónica, el templo en forma de torre-escalera era el lugar donde los cielos y la tierra se encontraban (la mima idea es reflejada en Génesis 28.17, donde Jacob sueña de una escalera que es designada «la puerta del cielo»).

Los comentaristas han identificado el «pecado» en Babel de varias maneras. En la interpretación judía tradicional, es la negativa de la humanidad para obedecer el mandamiento de llenar la tierra (Gn 1.28). Otros han visto el proyecto de construcción como otro intento humano de «ser como los dioses» (Gn 3.5, 22), o como un esfuerzo de asegurar el futuro separado de Dios. Arrogancia y orgullo, o de varias maneras, desconfianza y temor (incluso temor a la diversidad) se han propuestas. Si se lee a la luz de las grandes tradiciones de construcciones de ciudades en Mesopotamia en las cuales claramente se basa, y el llamamiento de Abraham que le sigue en Génesis 12, la historia de Babel es una crítica al centro cúltico urbano y una afirmación de que el nombre y la bendición que Jehová quiere es «a través de un pueblo peregrino y obediente» (Patrick D. Miller, 243).

Bibliografía. P. D. Miller, «Eridu, Dunnu, and Babel: A Study in Comparative Mythology,» *HAR* 9 (1985): 227–51; N. Sarna, *Understanding Genesis* (New York, 1966).

Jeffrey S. Rogers

BABILONIA (Sum. KÁ.DINGIR.RA; Acad. bābilim; Heb. *bābel;* Gr. *Babylṓn*)
Una ciudad inmensamente importante en la antigüedad («puerta del dios») situada en el río Eufrates al suroeste de Bagdad.

La historia temprana de Babilonia es oscura debido a la ausencia de fuentes escritas y la destrucción de los niveles arqueológicos más antiguos, pero durante el III periodo de Ur (cerca de siglo XXI a.C.) era la capital de la provincia y el asiento del gobernador local. Vino a ser un preeminente centro político y cultural en el sur de Mesopotamia durante los siglos XVIII-XIX bajo gobernantes amorreos de la Primera Dinastía, el más famoso de los cuales fue Hamurabi (1792-1750). Durante la última cuarta parte de su reino, Hamurabi transformó la ciudad en el centro de los que cautamente puede ser llamado un estado extraterritorial que controló la mayor parte del sur de Mesopotamia (Acad en el norte, y Sumer en el sur) y, a pesar de ser breve, territorio en la región del centro del Eufrates (Mari) y Asiria. Los reyes de la dinastía de Hamurabi derrocharon recursos extensos para fortificar y embellecer la ciudad, y su preeminencia cultural y religiosa floreció. En adelante Babilonia permaneció como el centro psicológico si no siempre el centro actual de la vida política y religiosa en el sur de Mesopotamia. La influencia extraterritorial de Babilonia bajo la primera dinastía duró poco tiempo.

Ya durante el reinado de Samsu-iluna, el sucesor de Hamurabi, la región sur adyacente al Golfo Pérsico, las tierras de las costas, impusieron su independencia; posteriormente, el territorio bajo control de Babilonia disminuyó. La ascensión del estado hitita bajo Mursilis I saqueó Babilonia después del 1600, dando fin a la Primer Dinastía. Por los próximos cinco siglos y medio, los no nativos casitas gobernaron Babilonia. El periodo es relativamente desconocido debido a la escasez de fuentes. Desde el final del periodo casita hasta el ascenso del estado mesopotámico de Asiria en el primer milenio, una serie de dinastías poco extraordinarias gobernaron Babilonia. El monarca más notable en la serie tal vez lo fue Nabucodonosor I (1125-1104) durante cuyo reino la estatua del culto a dios Marduk fue recuperada del exilio en Elam, y el gran poema épico Enuma-Elish, que celebraba el ascenso a la preeminencia de Marduk en el panteón, fue codificado. Marduk ha llegado a ser la deidad suprema en el panteón, patrón de la ciudad y sus reyes. El texto erudito topográfico conocido como TINTIR=Babilonia, que celebra la preeminencia teológica y cosmológica de la ciudad puede también ser fechado en este periodo.

Durante la mayor parte del dominio asirio del Oriente Cercano en el primer milenio, Babilonia permaneció como una espina en el lado de su vecino del norte. Por la mayor parte, los asirios respetaron la prominencia cultural y religiosa de la ciudad, aún cuando ellos la gobernaban, a pesar de algunas excepciones, como cuando Senaquerib destruyó la ciudad completamente en el 689 porque su persistente recalcitrancia. El periodo de mayor prosperidad y poder de Babilonio llegó bajo la dinastía neobabilónica fundada por Nabopolasar. La ciudad llegó a ser la capital de un estado imperial que cubrió la mayor parte del Cercano Oriente bajo el gobierno de su hijo Nabucodonosor II (605-562). Los reyes neobabilónicos emprendieron proyectos de construcción masivos, y Nabucodonosor, en parte para imitar los logros de Hamurabi, buscó hacer de Babilonia el centro económico y administrativo del mundo, un proyecto en el cual logró cierto éxito.

Excavaciones en Babilonia fueron llevadas a cabo entre 1899 y 1917 por la Deutsche Orientgesellschaft bajo la dirección de Robert Koldewey. En parte porque el alto nivel de agua borró las primeras ruinas, y en parte por la cantidad de proyectos de edificios en Neo-Babilonia, la mayoría de los resultados de las excavaciones ilustran la ciudad en su fase imperial durante mediado del siglo VI y después. La ciudad era de forma aproximadamente rectangular, dividida en dos por el río Eufrates. Estaba rodeada por dos murallas defensivas inmensas y un foso. Por otra parte a dos complejos de palacios enormes, Babilonia era el hogar para una multitud de templos, grandes y pequeños. Indudablemente el más importante era el Esagil («casa cuya cabeza es alta»), el complejo del templo de Marduk. Justo al norte del templo estaba el zigurat de Marduk, Etemenanki («hogar, fundamento plataforma del cielo y el abismo»), una torre de siete niveles con un pequeño santuario en su cima. Otra característica prominente de la ciudad era la Calle Procesional que estaba paralela al río en la mitad oriental de la ciudad: la misma conducía a la monumental Puerta de Ishtar que estaba decorada con ladrillos glaseados representando leones y dragones.

Babilonia es prominente en el AT, especialmente en textos históricos y proféticos de la era imperial, y Nabucodonosor, quien fue responsable del saqueo final de Jerusalén en el 587, comprensiblemente fue objeto de escarnio. Una de las historias más famosas concernientes a Babilonia, sin embargo, es la historia de la Torre de Babel en Génesis 11.1-9. Toda la humanidad, compartiendo un lenguaje, se asienta en la llanura en la tierra de Sinar, (un nombre para el sur de Mesopotamia) y determina construir una torre monumental para asegurar una reputación permanente. Dios confunde *(bālal)* su lenguaje para frustrar el plan, y el lugar es posteriormente llamado Babel *(bālal)*. Los eruditos han pensado por mucho tiempo que la torre puede ser un reflejo de Etemenanki, el zigurat de Marduk. Algunos han protestado que la descripción de «una torre cuya cúspide llegue al cielo» (Gn 11.4) refleja mejor el nombre ceremonial del templo Esagil, pero nótese el reclamo de Nabucodonosor: «Yo he decidido elevar la cúspide de Etemenanke para que compita con el cielo» (Weissback, 46, no. 3.22-26). La reputación de Babilonia de ser una ciudad imperial magnífica, aunque decadente sobrevivió la dinastía neobabilónica, como puede verse en la historia de la corte en Daniel (p.ej., Dn 4.30); mucho después, los primeros cristianos le asignaron el despreciable nombre de Babilonia a la ciudad imperial de Roma (Ap 14.8; 18.1-24).

Bibliografía. A. R. George, *Babylonian Topographical Texts.* Orientalia Lovaniensia Analecta 40 (Leuven, 1992); J. Oates, *Babylon,* rev ed. (London, 1986); F. H. Weissbach, *Das Hauptheiligum des Marduk in Babylon, Esagila und Etemenanki.* WVDOG 59 (1938, repr. Osnabrück, 1967).

David Vanderhooft

BABILONIA

Geografía

La tierra conocida por los griegos como Babilonia es sinónimo con la parte sur del Irak del presente. En Génesis 10.10 es conocida simplemente como la «tierra de Sinar» y era el centro del reino de Nimrod. Extendiéndose aproximadamente desde Bagdad al sur hasta el golfo pérsico, es caracterizada por el rico suelo alluvial de depósitos de los ríos Tigris y el Eufrates según éstos fluyen hacia el sur desde sus fuentes en las alturas de Asia Menor. Descrita por los historiadores del siglo II a.C. como baja Mesopotamia («la tierra entre los ríos», Babilonia es totalmente seca, recibiendo menos de 10 cm (4 pulgadas) de precipitación anual. Por consiguiente, la civilización, según la definimos, podía florecer sólo cuando métodos de irrigación habían sido desarrollados y empleados. Irrigación esencial podía ser lograda a causa del ciclo anual de inundaciones. Comenzando en marzo-abril, los niveles de las aguas del Tigris y el Eufrates comenzaban a subir, alcanzando sus niveles más altos al final de la primavera cuando sus bordes se desbordaban en las áreas bajas. Así, se podían plantar semillas sólo en el otoño, dado que las tierras estaban inundadas cuando el cultivo normalmente crece. La cosecha tomaba lugar la siguiente primavera.

La inundación anual no siempre fue confiable, y una escasez en la cantidad de agua fácilmente podía combinarse con otros factores para transformar a Babilonia en una tierra de turbulencias. Aunque el Valle del Tigris y el Eufrates, sin irrigación, era generalmente inhospitalario, no hubo barreras geográficas (incluyendo las montañas Zagros y el desierto de Siria) que previnieran la invasión de Babilonia por numerosos grupos étnicos. Así, mientras Egipto estaba grandemente aislado del mundo exterior por muchos siglos, Mesopotamia en general, y Babilonia en particular, fueron testigos de migración repetida, conquista, y reconquista. La resultante turbulencia en gran manera previno la creación de una nación fuerte y unida. Tales condiciones inhibieron la creación de localismos y aseguró la inestabilidad desde el tiempo de la primera aparición de centros urbanos hasta la caída de Babilonia en el 539.

Asentamientos prehistóricos

Nuestra evidencia arqueológica actual indica que Babilonia estuvo habitada ya en el sexto milenio. Las excavaciones han producido los restos de asentamientos grandes y pequeños, indicando el conocimiento de técnicas de irrigación que finalmente produjeron el establecimiento de grandes centros urbanos en tiempos históricos. Emplazamientos como Tel es-Sawan hasta Tel al-Ubaid revelan existencia sedentaria y el desarrollo de una variedad de viviendas domésticas, graneros, y estructuras religiosas (incluyendo el prototipo del templo babilónico estándar). A pesar de de que con toda certeza había variaciones locales en estilos de cerámicas y diseños de pinturas, la diversidad en los planos de la casa o el patrón de asentamiento general no impide la existencia de una «cultura» con características similares en su trasfondo. Sin embargo, el asunto de la etnicidad de los habitantes de Babilonia antes de la aparición de registros escritos probablemente no pueda ser resuelto a la satisfacción de todos.

El Tercer Milenio: Comienzo de la Historia

Las décadas que cerraban el cuarto milenio fueron testigos de la invención de la escritura y la aparición de los primeros registros históricos. Aunque el propósito original de la escritura cuneiforme es todavía objeto de debate considerable, es posible que fuera desarrollada en Babilonia para suplir las necesidades de un estado burocrático. Su invención puede ser puede ser rastreada hasta los sumerios, quienes aparecieron por primera vez cerca del 3200 y se establecieron en la mitad sur de Babilonia (llamada Sinar en Génesis 10). Aunque sus orígenes todavía son desconocidos, es ampliamente sostenido que eran indígenas de Babilonia. Vivían en ciudades estados más o menos independientes que eran consideradas estados individuales de dioses o diosas cuidadas y gobernadas por agentes humanos conocidos como *en* («señor») o *ensi* («mayordomo») operando desde complejos de templos. De acuerdo a la lista de reyes sumerios, estas teocracias competían unas con otras por el control no sólo de los derechos sobre el agua sino, con el tiempo, por todo el territorio de Sumer. En el periodo de la Dinastía Temprana (2900-2350), ciudades tales como Erec, Kis, y Ur hacían la guerra una contra la otra. En tiempos de crisis común, algunas de estas ciudades-estado se unían bajo un líder común llamado *lugal* («gran hombre») hasta que las condiciones mejoraran lo suficiente para permitir que las ciudades continuaran su existencia independiente. Finalmente, cerca del 2400, el *ensi* de Umma Lugalzagesi, derrotó a su vecino Lagás, y posteriormente reclamó ambas, la ciudad de Uruk y el reinado de toda Sumer.

Después de reinar por 25 años, las fuerzas de Lugalzagesi sucumbieron a las armas de Sargón, el líder de un pueblo semita conocido como los acadios. Los semitas aparecen en primer lugar en textos cerca de Nipur en Babilonia y en la región norte de Siria cerca de Ebla (Tel Mardih) cerca del 2600. Posiblemente estos semitas llegaron más temprano, porque la fecha del material de Ebla todavía es debatida. El comercio entre Sumer y los habitantes sirios de Ebla aparentemente había sido un hecho establecido ya a mediado del tercer milenio. En contraste, los acadios eran semitas orientales que originalmente vinieron del desierto árabe y establecieron una capital común desde la cual todo el sur de Mesopotamia fue gobernado. Sargón I fundó el reino acadio y gobernó desde Agade, localizada en algún lugar en el norte de Babilonia (llamada Acad en Génesis 10). El nieto de Sargón, Naram-sin no sólo conquistó Siria y destruyó la ciudad de Ebla, sino que reclamó ser divino. Sus súbditos sumerios consideraron esto como un sacrilegio, y cuando el reinado de Naram-sin fue invadido por el bárbaro Guti desde las montañas Zagros, ellos concibieron una explicación religiosa para la conquista que enfatizaba el reclamo de divinidad de Naram-sin como la causa de su derrota.

Los sumerios experimentaron un periodo final de florecimiento, el llamado periodo neosumerio (2100-1925), también comúnmente llamado el periodo de Ur III. El mismo comenzó cuando Utu-hegal de Erec y Ur-nammu de Ur destronaron los Guti y establecieron Ur como la capital común del reino sumerio. Bajo la dirección de Utu-hegal, se construyeron templos y zigurats en el sur de Babilonia, las pesas y las medidas (así como el calendario lunar) fueron estandartizados, y el primer código de leyes escritas en la historia occidental fue promulgado. Fue durante este periodo que las historias de Gilgamés probablemente fueron escritas (después de haber sido pasadas oralmente de generaciones anteriores).

El periodo de Ur III terminó debido a una combinación de factores. En primer lugar, una sequía prolongada forzó al rey de la dinastía Ur, Ibbi-sin (1950-1925), a comprar granos en el norte de Mesopotamia virtualmente a cualquier precio. En segundo lugar, los elamitas de Irak saquearon e incendiaron la ciudad de Ur y se llevaron cautivo a Ibbi-sin. Finalmente, otro grupo de semitas, los Amurru (AT amorreos; literalmente: «gente del oeste»), invadieron Mesopotamia desde el desierto sirio y ocuparon el territorio que los sumerios habían desarrollado.

Edad de Hamurabi; Llegada de los Indo-europeos

A pesar de haber sido señalados de manera no halagadora como nómadas que «comían carne cruda y vivían en tiendas», los amorreos eran un importante grupo semita que preservó el sistema de cultura y escritura de sus antepasados. Estaban orientados a la familia y a la tribu, con patriarcas individuales, o jeques tribales, a menudo dirigiéndolos contra pueblos semitas y otros amorreos. Para el 1800 estaban firmemente atrincherados en Babilonia, y la habían dividido en un número de áreas geográficas debiéndole alianza a un líder de una tribu particular con cuarteles centrales de lo que funcionaba como una capital provincial. La ciudad-estado continuaba existiendo sólo en teoría, y la propiedad llegó a ser asociada cada vez menos con los templos y en aumento con los ciudadanos privados.

La civilización amorrea es generalmente dividida en dos fases. La primera, comúnmente llamada el periodo Isin-Larsa (2000-1800), denota el dominio de dos centros urbanos, Isin y Larsa, cuyos «reyes» competían uno contra el otro por el poder (y la Asiria amorrea). Hacia el final de este periodo, el dinámico *Šamši-adad* (1813–1784) virtualmente redujo las ciudades de Asur, Ekalatum, y Mari a la supervivencia a través de la conquista, y sus hijos Ishme-dagan y *Yasmah-adad* le sucedieron en el control de Asur y Mari, respectivamente. El control conjunto de Asiria, sin embargo, duró poco tiempo, así como corta fue la independencia de las ciudades de Isin y Larsa en Sumer y Acad.

La segunda fase del dominio amorreo fue el periodo de la Antigua Babilonia (1800-1600) que fue testigo del surgimiento de Babilonia y su gobernante, Hamurabi (Hammurapi, 1792-1750). Durante un periodo de 30 años, Hamurabi cuidadosa y deliberadamente opuso un reino amorreo contra otro, descubriendo debilidades en sus adversarios. Con suma habilidad conquistó Asur y Mari y, para el 1763 redujo las ciudades de Isin y Larsa a la sumisión. Para el 1760 la totalidad de Mesopotamia fue efectivamente unida bajo el liderazgo dinámico de un hombre, y los logros militares, culturales, legales y administrativos asociados con su reino ampliamente justifican la designación de los últimos dos siglos de la civilización amorrea como «la época de Hamurabi». Fuera de dudas, uno de los eventos más importantes en el reino de Hamurabi fue la promulgación de un extenso código de leyes.

El periodo de la antigua Babilonia terminó cuando fue invadida por un grupo conocido como Indo-europeos. Viniendo originalmente de la estepa al norte de las montañas Cáucaso, se dividieron en dos grupos. El primero conocido simplemente como Indo-europeos occidentales, que emigraron a Anatolia (moderna Turquía), la península Balcánica, y Europa occidental. El segundo grupo, los Indo-arios, se establecieron en Mesopotamia, Irán, y el valle Indus. Los primeros de estos indo-europeos, los heteos, se establecieron en la cuenca del río Halys en Anatolia, conquistaron los nativos *Ḫatti* que vivían allí, y establecieron un pequeño reino centrado alrededor de la ciudad capital de *Hattuša* (moderna *Boghazköy*). En 1595 el rey heteo Mursili I condujo una audaz incursión en Babilonia, saqueando y quemando Babilonia, destruyendo el templo de Marduk, y tomando la estatua de Marduk de regreso a Siria. Así él puso fin a la dinastía de Hamurabi.

Un grupo conocido como los casitas se comenzaron a destacar después de la destrucción de Babilonia. La evidencia disponible al presente sugiere que los casitas eran indo-asirios que adoraban dioses tales como Shuriya, Buriya, y Marut, todos encontrados en el Rig Veda Indú. Los casitas reconstruyeron Babilonia y florecieron en el sur de Mesopotamia desde 1600 hasta 1200. Ellos evitaron guerras prolongadas con sus vecinos del norte y del oeste, floreciendo hasta el siglo XII, cuando fueron conquistados por los elamitas.

Primer Milenio

A pesar de que la historia de Babilonia durante el primer milenio todavía está encubierta en misterio, los elamitas, asirios, arameos, y caldeos jugaron papeles prominentes en el periodo. Como sus contemporáneos, los fenicios, los arameos eran semitas occidentales que adoraban un panteón de dioses y utilizaron un sistema de escritura que fue originalmente derivado de los jeroglíficos egipcios. Sin embargo, las semejanzas terminan ahí. Muchos eruditos todavía ven a los arameos como seminómadas que fueron obligados a migrar como resultado de las turbulencias causadas por el moviendo de los pueblos de la costa en el Mediterráneo oriental en el siglo XIII. Para el siglo XII ellos comenzaron a hacer sentir su perturbadora presencia en Babilonia. Los reyes asirios Tiglat-Pileser I y Assur-bel-kala tuvieron que conducir varias campañas contra ellos, y las fuentes escritas indican que para el final del siglo X estaban firmemente atrincherados en el área alrededor de Damasco y en Mesopotamia también. Para este tiempo eran ciertamente urbanos, y comerciaban (con asnos y camellos) con los hebreos y los asirios. Génesis (25.20; 29.1-8), 1 Samuel (14.47), y 1 Reyes (10.29; 11.23-25; 15.16-21) están repletos de historias de encuentros pacíficos y hostiles con los arameos durante los primeros años de la monarquía hebrea. Ezequiel 23.23; Jeremías 50.21 indican que eran inicialmente perturbadores en Babilonia en general y la ciudad de Babilonia en particular. Aunque ellos no parece que tuvieran influencia política por largo tiempo, el hecho de que los arameos nunca pudieron estar unidos bajo un gobernante significa que eran una fuente de continuas dificultades.

Los caldeos (Kaldu) aparecen en el sur de Babilonia ya en el comienzo del siglo IX. Su lugar de origen y etnicidad presentan problemas. Los griegos utilizaron el término «caldeo» para referirse a tribus particulares de Kaldu que finalmente derrocaron el poderoso imperio asirio y establecieron su capital en Babilonia. Mientras algunos insisten en identificar a los caldeos como arameos, no hay evidencia directa en las fuentes cuneiformes para apoyar esta idea. La pequeña evidencia que sobrevive sugiere que eran un grupo étnico separado y distinto de los arameos, y que estaban agrupados alrededor de unas cinco tribus. De cualquier manera, las tribus

Kaldu ya poseían el extremo sur de Babilonia para la segunda mitad del siglo IX y (como los casitas anteriores) habían adoptado la adoración del dios supremo Marduk. Su expansión hacia el norte los situaron en conflicto directo con las tribus arameas colectivamente llamadas Aramu. Su dios supremo era Sin, un dios cuya adoración estaba centralizada en Ur en el sur y Harán en el norte. En 729 Tiglat-Pileser III, el rey asirio que conquistó a Israel, puso fin a la independencia de Babilonia. Él recibió tributos del elusivo Marduk-apla-iddina (Merodac-baladán en 2 R 20.12; Is 39.1), quien era el jeque de la importante tribu caldea de Bit-yakin y un contemporáneo del rey Ezequías. Fue él quien logró unir a las tribus caldeas y las arameas para oponerse a la expansión asiria en el sur de Babilonia. Los reyes asirios Sargón III (722-705) y Senaquerib (705-681) fueron incapaces de capturarlo, y bajo su liderazgo las tribus de los caldeos y los arameos constituyeron una amenaza formidable para la estabilidad del imperio asirio, no sólo en Babilonia, sino también en Elam, Arabia, y Judá también. Senaquerib finalmente destruyó a Babilonia (694), que permaneció en ruinas hasta que su sucesor Esar-hadón (681-669) ordenó su reconstrucción. Los dos monarcas siguientes, Asurbanipal y su hermano *Šamaš-šum-ukin*, dividieron la totalidad de Mesopotamia en dos reinos, norte y sur, debiendo su fidelidad a soberanos diferentes. Pero después de la revuelta en 652, Babilonia volvió a ser parte del imperio Asirio, y permaneció así por los próximos 25 años.

Finalmente, sin embargo, el tamaño inmenso y la debilidad interna de Asiria tuvieron sus consecuencias. In 626 el jeque de Kaldu, Nabopolasar dirigió una revuelta y se declaró a sí mismo «rey de Babilonia». Ambos, Nabopolasar y el rey asirio Assur-etil-ilani (como el predecesor de *Sin-šarra-iškun* conocido para los babilónicos) reclamaron autoridad sobre Babilonia. Nabopolasar se alió con la poderosa Media, del norte de Irán y su rey Uvaksatra, conocido por los escritores griegos como Ciaxeres. Los dos monarcas unieron sus fuerzas y se prepararon para hacer frente a los asirios y sus aliados egipcios. Focos de resistencia a los caldeos ahora se desarrollaron en Babilonia (en Uruc y Nipur), pero Nabopolasar fue capaz de vencerlas, y las fuerzas de Nabopolasar derrotaron a los asirios en el último esfuerzo en Carquemis en 605. Con la derrota del rey asirio Asur-ubalit II, el imperio asirio pasó a la historia.

Nabopolasar murió en su hora de triunfo, y su trono pasó a su hijo, *Nabû-kudurri-usur* (AT Nabucodonosor). Con la dinastía caldea independiente ahora bajo control firme, Nabucodonosor hizo de Babilonia la sede central de una burocracia administrativa imperial. Durante su reinado de 43 años (605-562), él rodeó la ciudad capital con no menos de cinco murallas fortificadas con ladrillos cocidos y barnizados junto con varios palacios como sus residencias reales. Bajo su dirección, Marduk de Babilonia otra vez fue supremo. Su templo, el Esagila, y el zigurat Etemenanki (la infame torre de Babel) fueron restauradas, y Babilonia vino a ser la exhibición del mundo occidental.

Nabucodonosor hizo campañas en Siria y Palestina y en 597 sitió Jerusalén. Judá fue reducido al estatus de tributario y, de acuerdo a Jeremías, 2 Reyes, y 2 Crónicas, fue reducida a polvo en 586, cuando el monarca babilónico destruyó el templo de Salomón y deportó a los hebreos al cautiverio. Joacim de Judá fue encarcelado en Babilonia hasta que el hijo y sucesor de Nabucodonosor, Amel-marduk (Evil-merodac en 2 R 25.27; Jer 52.31) lo dejó en libertad. Los hebreos permanecieron en cautiverio por el resto de la dinastía caldea.

Nabucodonosor es muy prominente en el libro de Daniel, que cuenta las historias de la locura del rey. Estas historias indudablemente reflejan el intento del escritor hebreo de asociar a Nabucodonosor con los hechos del último rey de la dinastía caldea, Nabonido (555-539). Probablemente de origen sirio, Nabonido no sólo introdujo la adoración a Sin de Harán a la ciudad capital, sino que también estuvo ausente de Babilonia por varios años mientras llevaba a cabo una campaña al oasis de Tema en Arabia. Fue durante su ausencia que su hijo Bel-sarusur (Belsasar en Daniel 5) gobernó como corregencia. Poco tiempo después de su regreso a Babilonia, Nabonido tuvo que hacer frente a los persas, un pueblo Indo-ario originalmente asociado con la provincia de Persia en el suroeste de Irán. Bajo el liderazgo de su rey Ciro II (549-529), ellos tomaron Babilonia en 539, probablemente por medio de una combinación de fuerzas y traición de parte del gobernador de Babilonia, Gubaru (Gobryas en las fuentes clásicas). Nabonido fue enviado al exilio, y a los hebreos se les permitió regresar a Palestina (Esdras 6). Los persas continuaron gobernando Babilonia como parte de su imperio hasta el 331, cuando fueron conquistados por Alejandro el Grande.

La historia de Babilonia es una de numerosas y diversas culturas. Sin embargo, desde el tiempo de la aparición de Hamurabi hasta la caída de Babilonia misma, hay evidencia de un respeto continuo por los logros de los siglos anteriores. El politeísmo sumerio persistió, aun cuando Marduk era adorado como «rey de los dioses» en Babilonia durante los tiempos de los amorreos, casitas, y caldeos. La literatura sumeria fue traducida al acádico y como resultado de los esfuerzos de los escribas de los tiempos amorreos y casitas, las hazañas de tales héroes como Gilgamés fueron preservadas para la posteridad. Se mostraba gran respeto por los centros de culto de las deidades de las ciudades estados, y los monarcas tales como Nabonido, se enorgullecían de su restauración de santuarios «antiguos». Los logros de las civilizaciones de Babilonia (incluyendo la escritura, matemáticas, y astrología) fueron en gran parte preservados por los griegos, a través de los cuales vinieron a ser parte del legado de la antigüedad.

Bibliografía. A. K. Grayson, *Assyrian and Babylonian Chronicles* (Locust Valley, 1975); J. Oates, *Babylon* (London, 1979); A. L. Oppenheim, *Ancient Mesopotamia,* 2nd ed. (Chicago, 1977); G. Roux, *Ancient Iraq,* 3rd ed. (Baltimore, 1992); H. W. F. Saggs, *The Greatness That Was Babylon,* rev. ed. (London, 1988); D. J. Wiseman, *Nebuchadrezzar and Babylon* (Oxford, 1985).

RONALD H. SACK

BACBACAR (Heb. *baqbaqqar*)
Levita que regresó del exilio y fue electo por suerte para vivir en Jerusalén (1 Cr 9.15).

BACBUC (Heb. *baqbûq*)
Sirviente del Templo cuyo descendientes regresaron del exilio con Zorobabel (Esd 2.51 = Neh 7.53).

BACBUQUÍAS (Heb. *baqbuqyâ*)
Levita (Neh 11.17) y descendiente del músico Asaf. Uno de los exiliados que regresaron designado por suerte para residir en Jerusalén, él era el portero y el líder de un grupo de cantores del Templo (Neh 12.9, 25).

BAGOAS (Gr. *Bagōas*)
Eunuco a cargo de los asuntos personales del general asirio Holofernes (Jdt 12.11). Él fue instruido para que trajera a Judit al banquete del general y luego descubrió que ella asesinó a Holofernes (Jdt 14.14-18).

BAHURIM (Heb. *baḥûrîm*)
Pueblo (el moderno *Jirbet Ibqeʿdan*) localizado al lado norte del camino que conduce de Jerusalén a Jericó, al este del Monte de los Olivos.

Bahurim figura prominentemente en la historia davídica. Es el hogar de Simei, quien abusó e insultó a David cuando estaba huyendo de Absalón (2 S 16.5; 19.16; 1 R 2.8), y el lugar donde Abner obligó a Paltiel a dejar a su mujer Mical, la hija de Saúl, cuando estaba siendo devuelta a David (2 S 3.16). Azmavet, uno de la guardia militar de élite de David, era de Bahurim (2 S 23.31; 1 Cr 11.33 [TM «Bahurum»]).

DENNIS M. SWANSON

BALA (Heb. *bālâ*) (también BAALA; BILHA)
Ciudad en la parte sureña de Palestina, asignada a Simeón (Jos 19.3). También es llamada Bilha (1 Cr 4.29) y Baala (Jos 15.29).

BALAAM (Heb. *bilʿām*)
Profeta aludido en el AT y el NT así como en una inscripción en una pared en *Tel Deir ʿAllā* en Jordania; el libro de Números contiene el material más extenso. Balaam es introducido en el material bíblico cuando los israelitas se acercan a la tierra de Canaán después que habían derrotado a Sehón y a Og (Nm 21.21-35). Su tierra natal estaba en Petor (Nm 22.5; Dt 23.4), en algunas ocasiones identificada con Pitru en el Alto Eufrates. Balac, el rey de Moab de Transjordania, después de ser testigo de la derrota que Israel causó a los amorreos, envió mensajeros a Balaam pidiendo que maldijera los israelitas (Nm 22.1-6). Después que los mensajeros llegaron con las «dádivas de adivinación» (cf. Jos 13.22), Balaam les dijo que primero tenía que consultar a Jehová, una declaración intrigante para un no israelita. Balaam rehusó ir a Moab con estos mensajeros, pero recibió permiso de Dios a ir con el segundo grupo (Nm 22.7-21). Después de un incidente poco común con la asna de Balaam y el ángel de Jehová (22.22-35), Balaam llegó a Moab. Aunque Balac deseaba que Israel fuera maldecido, Balaam declaró que diría sólo lo que le había sido permitido por Dios (22.36-39). Después de ofrecer sacrificios, Balaam consultó a Jehová y recibió un mensaje divino (23.1-6). A desagrado de Balac, Balaam bendijo a Israel en su primer oráculo (23.7-12). Balac convenció a Balaam de que intentara maldecir a Israel, pero su segundo oráculo también fue una bendición (23.13-26). Dos oráculos adicionales de bendición

fueron pronunciados por Balaam, el final prediciendo que Israel reinaría sobre los reinos de Transjordania, incluyendo Moab (24.1-25).

A pesar de que las tradiciones arcaicas (en su mayoría JE) sobre Balaam en Números 22-24 son bastante positivas, hay otras tradiciones posteriores negativas sobre él. Por ejemplo, aparentemente había una tradición en la cual Balaam estaba dispuesto a maldecir a los israelitas, pero fue prevenido de hacerlo por Jehová (Dt 23.3-6; Jos 24.9-10; Neh 13.1-2), algo que difiere de las declaraciones en Números 22-24. Números 25.1-15 es una historia combinada, un componente se refiere a incidentes involucrando hombres israelitas y mujeres moabitas (1-5) y un segundo a incidentes involucrando a un hombre israelita y una mujer madianita (vv 6-15). Números 31 está consciente de esta historia combinada; el mismo sugiere que Balaam fue instrumental en la iniciación de la apostasía (v 16 P) y declara que murió junto a varios madianitas (v 8). Por otra parte, todas las referencias a Balaam en el NT son negativas, viéndolo como un prototipo de los falsos maestros en el periodo del NT (2 P 2.15; Jud 11; Ap 2.14).

Dos grupos mayores de los fragmentos de la inscripción en una pared fueron excavados en *Tel Deir ʿAllā* en el 1967, designadas Combinación I y Combinación II. El segundo es particularmente fragmentario y enigmático. Basado en la forma de la escritura como en el contexto arqueológico, los textos de la pared son fechados cerca del 700. El lenguaje de la inscripción tiene características arameas y cananeas, por consiguiente los eruditos están divididos en lo que respecta a su clasificación lingüística precisa. En cuanto a los paralelos entre el material bíblico y epigráfico, Combinación I menciona específicamente a «Balaam el hijo (*br*) de Beor», un «vidente de los dioses» que tuvo una visión nocturna en la cual el *Šaddayyīn* le mostró el futuro. El hecho de que el nombre y el patronímico son idénticos es ciertamente llamativo e indica que tanto el texto bíblico como las tradiciones epigráficas se relacionan con el mismo individuo. Más aún, en ambos textos ocurren diálogos nocturnos con dios(es) (Combinación I, línea 1; Nm 22.8, 19) y la raíz *ḥzh*, «vidente», también es usada con respecto a Balaam en ambos textos (Combinación II, línea 1; Nm 24.4). Finalmente, la referencia a *Šaddayyīn* («dioses de la montaña») es el equivalente lingüístico de *Šadday* («Dios de la Montaña» o «Dios Todopoderoso»), encontrado en el oráculo bíblico de Balaam (Nm 24.4). Las semejanzas entre el material bíblico y epigráfico demuestran que ambos dependen de una tradición similar sobre la misma figura, pero hay más diferencias que semejanzas, revelando lo distintivo de cada tradición.

Bibliografía. F. H. Cryer, *Divination in Ancient Israel and Its Near Eastern Environment.* JSOT Sup 142 (Sheffield, 1994); J. A. Hackett, *The Balaam Text from* Deir ʿAllā. HSM 31 (Chico, 1984); W. C. Kaiser, Jr., «Balaam Son of Beor in Light of *Deir ʿAllā* and Scripture,» in *Go to the Land I Will Show You,* ed. J. Coleson and V. Matthews (Winona Lake, 1996), 95–106; P. K. McCarter, Jr., «The Balaam Texts from *Deir ʿAllā*: The First Combination,» *BASOR* 239 (1980): 49–60; G. L. Mattingly, «Moabites,» in *Peoples of the Old Testament World,* ed. A. J. Hoerth, Mattingly, and E. M. Yamauchi (Grand Rapids, 1994), 317–33; M. S. Moore, *The Balaam Traditions.* SBLDS 113 (Atlanta, 1990).

Chris A. Rollston

BALAC (Heb. *bālāq;* Gr. *Balák*)
Hijo de Zipor y rey de Moab. Se llenó de temor cuando los israelitas derrotaron a los amorreos y entonces mandó a buscar a Balaam para que los maldijera (Nm 22-24). Sus vanos intentos de seducir al pueblo a la idolatría e inmoralidad son legendarios (Jue 11.25; Mi 6.5; Ap 2.14).

BALADÁN (Heb. *balʾădān*)
Rey de Babilonia, padre de Merodac-Baladán y contemporáneo del rey Ezequías de Judá (2 R 20.12- Is 39.1).

BALANZAS
A pesar de que el proceso moderno de acuñar monedas ya se había desarrollado en el Mediterráneo Oriental en el siglo VII a.C., las monedas no circulaban ampliamente en el Oriente Medio durante los días del AT. La plata y el oro, que eran utilizados como medios de intercambio, eran pesados en balanzas (Jer 32.10). Las pesas de piedra o metal marcadas con su peso eran utilizadas para determinar la cantidad de oro o plata puesto en el otro lado de la balanza.

Las pesas del siglo VII desenterradas en Timná (*Tel Baṭash /Tel el-Baṭâshī*) están hechas de piedra. Estas piedras redondas tienen una base plana, y consisten en dos tipos de medidas de peso: el pim y el shekel. Las tres piedras pim descubiertas pesan 7.72, 7.88, y 8.02 gm. Una pesa de dos shekels pesa 22.78 gm, una pesa de cuatro shekels pesa 43 gm, y dos pesas de ocho shekels pesan 91.2 gm. Y 91.16 gm. Así, el peso varía un poco.

Las monedas era ampliamente utilizadas para el tiempo del NT, pero el dinero era pesado en algunas ocasiones (Mt 26.15). Las balanzas son mencionadas en el NT sólo en Apocalipsis 6.5.

Mercaderes deshonestos fácilmente podían utilizar pesas más pesadas que la cantidad grabada en las mismas. De esta manera, el comerciante podía recibir más oro o plata de lo que el comprador pensaba que estaba pagando. Esta práctica deshonesta fue completamente condenada en el AT (cf. Lv 19.36; también Pr 11.1; 16.1; 20.23; Ez 45.10; Os 12.7 [TM 8]; Am 8.5; Mi 6.11). Las balanzas son utilizadas en forma figurada en la Biblia para indicar la integridad de la persona, vanidad sin valor, o bancarrota moral (Job 31.6; Sal 62.9 [10]; Dn 5.27).

Bibliografía. A. R. Burns, *Money and Monetary Policy in Early Times* (1927, repr. New York, 1965); M. I. Finley, *The Ancient Economy,* 2nd ed. (Berkeley, 1985); G. L. Kelm and M. Amihai, *Timnah* (Winona Lake, 1995).

Alan Ray Buescher

BÁLSAMO / AROMA

Arbusto (*Balsamodendrium Opolbalsamum*) que produce una especia preferida como fragancia (Heb. *bōkem;* Cnt 5.1, 13; cf. Ex 35.28). Heb. *bāḵā'* (2 S 5.23–24; 1 Cr 14.14–15) probablemente indica el árbol resinoso (*Pistacia lentiscus* L.), que es más un arbusto que un árbol y segrega una sabia lechosa. Un arbusto prominente en las colinas de Judea, sus muchas ramas y duras hojas proveen un lugar adecuado para protección y escondite.

BÁLSAMO/UNGÜENTO

Emanación de una planta de resino que se obtenía a través de cortaduras en la corteza (Heb. *ṣĕrî/ṣŏrî*). Los ismaelitas la comerciaban con Egipto (Gn 37.25), y José lo recibe como un regalo de Jacob (43.11). También aparece en una lista de exportaciones de Judea a Tiro ([resina] Ez 27.17). Mientras estas referencias resaltan el valor comercial del bálsamo como un aceite aromático, las referencias en Jeremías (Jer 8.22; 46.11; 51.8) resaltan su valor medicinal y su asociación con Galaad. Galaad aparentemente era famosa tanto por sus médicos como, especialmente, las propiedades medicinales del bálsamo, cuyo aroma tal vez contrarrestaba el olor de las heridas infectadas (Jer 8.22).

Identificaciones sugeridas para el «bálsamo» incluyen storax, bálsamo, y mastic, pero ninguna de estas plantas es autóctona de Palestina. Su asociación con Galaad puede reflejar la importancia de esa región en el comercio. Excavaciones recientes en el desierto de Judá (Tel Goren/Tel el-Jurn; 187097) han desenterrado un posible centro de producción de perfume (identificado como bálsamo/ungüento).

Rick R. Marrs

BAMOT (Heb. *bāmôṯ*), **BAMOT-BAAL** (*bāmôṯ-baʿal*)

Lugar donde los israelitas se detuvieron al norte de Arnón (Nm 21.19-20). Bamot es tal vez la misma que Bamot-Baal, lugar que Balac el rey de Moab designó para que Balaam maldijera a Israel (Nm 22.41). Bamot-Baal era una de las muchas ciudades dadas a Rubén, al mismo tiempo de ser contada con los pueblos alrededor de Hesbón (Jos 13.17). Bamot-Baal también puede corresponder a Bet-bamot de la estela de Mesa, un lugar que se le acredita ser construido por Mesa. La localización precisa de Bamot-Baal es desconocida, pero probablemente estaba localizada en el borde occidental de la meseta de Transjordania en el área del Monte Nebo. A pesar de no haber sido encontrada ninguna evidencia arqueológica, algunos eruditos la equiparan con Jirbet el-Quweiqiyeh, que corresponde con las referencias geográficas en la Biblia.

Philip R. Drey

BANI (Heb. *bānî*)

Tal vez una forma abreviada de Benaía; sin embargo, como ambos nombres aparecen en la misma lista, no es probable que sean idénticos.

1. Miembro de la tribu de Gad que fue un miembro de menor importancia en el grupo élite de guerreros de David conocido como «los treinta» (2 S 23.36). El pasaje paralelo dice «Hagrai» (1Cr 11.38).

2. Levita de la línea ancestral de Etán, que sirvió en el tiempo de David (1 Cr 6.46 [TM 31]).

3. Miembro de la tribu de Leví que era hijo de Fares (1 Cr 9.4).

4. Familia de la cual 642 miembros regresaron a Jerusalén del exilio en Babilonia (Esdras 2.10). Algunos miembros que se habían tomado mujeres extranjeras eran algunos de los que prometieron despedir sus mujeres extranjeras (Esd 10.29, 34). Una lista paralela dice Binúi (3) en lugar de Bani (Neh 7.15), pero algunos eruditos creen que los nombres representan dos familias distintas.

5. Padre de Rehum, que estaba íntimamente relacionado con el trabajo de Esdras. Él dirigió a un grupo de levitas que repararon parte de la muralla de Jerusalén en el tiempo de Nehemías (Neh 3.17). Bani también estuvo con Esdras mientras el escriba leía la ley al pueblo (Neh 8.7-8; cf. 9.4). Esdras leería un párrafo o dos y otros hombres lo explicarían, exponían, y posiblemente traducían el texto al arameo según era leído. No está claro si ellos tomaban turnos para hacer esto o si cada hombre tenía un grupo pequeño al cual le presentaban el material.

Bani pudo también ser el padre de Uzi, el supervisor de los 284 levitas electos por suerte para moverse a Jerusalén para ocupar la ciudad y trabajar en el templo (Neh 11.22). Originalmente la familia de Bani tenía cantores en la casa de Dios en el tiempo de David.

6. Uno que firmó con su sello el pacto renovado bajo Nehemías (Neh 10.15 [16]).

Wesley Paddock

BANQUETE

Véase Marzea; Cenas.

BAÑO

El lavado en agua de todo el cuerpo, en lugar de simplemente las manos, la cara, o los pies (Heb. *rāḥaṣ;* Gr. *loúō*).

Fue en el curso de un baño en el río Nilo que la hija de Faraón descubrió al bebé Moisés en una cesta (Ex 2.5). De acuerdo con Ezequiel 16.4 se acostumbraba bañar a los recién nacidos antes de ponerles pañal. Levítico 14.8 se refiere a bañarse en agua como parte de los ritos extensos para eliminar la impureza de una persona que ha sido diagnosticada por un sacerdote por haberse recuperado de la lepra; 2 Reyes 5.10 informa que Eliseo prescribió bañarse en el Jordán siete veces como una cura para la lepra. Juan 5:2-8 contrasta el poder curativo del estanque de Betesda con el de Jesús, que sana sin agua. Era costumbre que los dolientes no se bañaran y marcar el final de un período de duelo por el baño, ungiéndose a sí mismos y poniéndose ropa limpia (2 S 12.20). Las mujeres se bañaban y se ponían cosméticos y ropa fresca y /o joyería antes de atraer a un hombre para tener relaciones sexuales con ellos (Rut 3.3; Ez 23.40). 2 Samuel 11.2-4 informa que David vio a Betsabé, la esposa de Urías heteo, bañándose, que era un rito de purificación al final de la menstruación. De acuerdo con Levítico 15.16; Deuteronomio 23.10-11 la emisión de semen contamina al hombre; después de haberse bañado, vuelve a ser puro al anochecer (cf. 1 S 20.26; 21.5[TM 6]).

Mientras Éxodo 2.5; 2 Reyes 5.10-13 se refieren a bañarse en cuerpos naturales de agua, 2 Samuel 11 se refiere a bañarse en una piscina supuestamente llena de agua de lluvia en el techo de la casa de Betsabé. Judit repetidamente se purifica en un manantial natural (Jdt 12.7). La virtuosa Susana intentó, sin éxito, evitar que hombres malvados la violaran mientras se bañaba en un huerto cerrado (Sus. 17-27).

Tomando nota de que la mayoría de las referencias a bañarse en el AT se encuentran en las leyes de pureza y el sacrificio en Éxodo 29, 40; Levítico 14–17; Números 19, todos ellos asignados por algunos a la época posterior al exilio, muchos eruditos sostienen que, excepto para los ricos israelitas la mayoría de los israelitas de la Edad de Hierro rara vez se bañaban. No obstante los paralelos en textos hititas y asirios, muchos eruditos se han mostrado reacios a aceptar que las prescripciones de Levítico del baño como purificación de la contaminación resultante de las descargas genitales (Lv 15.18-33) era conocido en el período posterior al exilio, razonando que si hubiera sido parte de la ley preexílica, que Jesús vino a cumplir y no a abrogar (Mt 5.17), ni Jesús ni el cristianismo hubiera hecho luz de las leyes de pureza del Pentateuco (Mr 7.15; 1 Co 6.11).

El testimonio arqueológico de bañarse en la Edad de Hierro incluye una bañera del siglo IX encontrada en Tel Dan, lavabos del siglo VI que se encuentran en las habitaciones en Tell Beit Mirsim, cisternas forradas con yeso de cal que se encuentra en viviendas particulares israelitas típicas de principios de la Edad de Hierro, y la figura cerámica del siglo VIII de una mujer que se bañaba en un recipiente poco profundo (¿tal vez un bidé?) del cementerio er-Ras en ez-Zib.

Bibliografía. A. Biran, *Biblical Dan* (Jerusalem, 1994); E. Neufeld, «Hygiene Conditions in Ancient Israel (Iron Age),» *BA* 34 (1971): 42-66; R. de Vaux, *Ancient Israel* (1961, repr. Grand Rapids, 1997).

Mayer I. Gruber

BÁQUIDES (Gr. *Bakchidēs*)

Un oficial sirio a quien Demetrio I Soter envió a Jerusalén como general de un ejército en el 162 a.C. Él estableció a Alcimo como sumo sacerdote, le otorgó el control sobre Judea, y regresó al rey, dejando una fuerza protectora. Báquides regresó a Jerusalén en el 161/0 cuando derrotó y mató a Judas Macabeo. Posteriormente, incapaz de derrotar a Jonatán y Simón, reforzó un número de fortalezas y pueblos como contramedida antes de marcharse. Regresó otra vez en el 158, pero fue incapaz de derrotar a Jonatán, así que hizo las paces (1 Mac 7.8-20; 9.1-73; Josefo *Antigüedades* 12.10.1-3; 11.1-2; 13.1.1-6).

Bibliografía. H. A. Kennedy, «The First Period: From Antiochus Epiphanes to the Capture of Jerusalem by Pompey,» en E. Schürer, *The History of the Jewish People in the Age of Jesus Christ (175 B.C.–A.D. 135)*, rev. ed. (Edinburgh, 1973), 1.169, 173–76.

R. Glenn Wooden

BAR KOCHBA (Aram. *bar kôḵbāʾ*)

Título dado a Simón bar Kosiba, líder de la segunda rebelión judía (132-135 d. C.). Más frecuentemente es utilizado en los escritos cristianos primitivos, este epíteto aparece en algunas ocasiones en textos rabínicos. De acuerdo a tradición rabínica, Bar Kochba («hijo de la estrella») era un juego de palabras en el nombre de Bar Kosiba, inventado por Rabí Akiba en alusión a Números 24.17, «Saldrá estrella de Jacob, se levantará cetro de Israel» (j. Taʿan. 68d). La literatura rabínica interpretó este pasaje como una profecía mesiánica, así que el título implicaba que bar Kosiba era el mesías. Sus detractores, sin embargo, cocinaron un juego de palabras semejante, llamándolo Bar Koziba, «hijo de la mentira», con el cual es usualmente llamado en la literatura rabínica.

De acuerdo a la tradición rabínica, era descendiente de David, el sobrino de un tal Rabí Eleazar de Modeín. La tradición representa a Bar Kosiba como un hombre de gran fuerza e impetuosidad. Textos descubiertos en el *Wadi Murabaʿat*, incluyendo algunas de la correspondencia personal de Bar Kosiba, han revelado su nombre real y también indican que él de hecho usó el título mesiánico «príncipe de Israel». También muestran que era analfabeto, dependiendo de otros para escribir sus cartas.

Las causas para la rebelión de Bar Kochba son inciertas y probablemente complejas. De acuerdo al historiador romano del siglo III, Dio Casius, los judíos se revelaron cuando oyeron rumores de que el emperador Adriano planificaba convertir a Jerusalén en una colonia romana. Otra fuente romana atribuye la rebelión al intento de Adriano de prohibir la «mutilación de los genitales», que podría significar una prohibición de la circuncisión. Eusebio parece que atribuye la rebelión simplemente al fervor mesiánico. El curso de la guerra, sin embargo, revela que los judíos estaban bien preparados para pelear, y que la violencia no estalló de manera espontánea como en la Primera Rebelión. En virtud de sus preparativos, las fuerzas judías infligieron gran daño a las legiones romanas antes de ser sojuzgadas en el 135. Bar Kosiba murió en el sitio de Betar, cerca de Jerusalén, el último centro de resistencia judía.

Bibliografía. E. Schürer, *The History of the Jewish People in the Age of Jesus Christ (175 B.C.-A.D. 135)*, rev. ed. (Edinburgh, 1973–1987); Y. Yadin, *Bar-Kokhba* (New York, 1971).

Anthony J. Tomasino

BARAC (Heb. *bārāq*)

Líder militar israelita (Jue 4.6-22; 5.1-12, 15), el hijo de Abinoam de Cedes de Neftalí. Barac («relámpago») tuvo un papel secundario en la batalla entre la milicia israelita y el ejército cananeo del rey Jabín de Hazor y su general Sísara, según narrado tanto en lenguaje de prosa (Jue 4) y poesía (cap. 5). Barac aceptó la comisión de la profetisa Débora bajo la condición de que ella acompañase sus tropas (4.8). Esto ha sido a menudo interpretado como cobardía; sin embargo, no era inusual buscar garantía del apoyo divino por medio del profeta o sacerdote antes de comenzar la batalla. aunque Barac dirigió la milicia tribal israelita a una batalla en la cual ellos ganaron, la versión en prosa enfatiza que fue la intervención divina (4.15), así como la acción de dos mujeres, Débora (vv 8-9) y Jael (vv 12-22), que fueron decisivas. En la narración poética Débora y Barac son compañeros complementarios, actuando dentro de sus esferas respectivas de profeta y guerrero (5.12).

El catálogo de héroes en Hebreos 11.32 menciona a Barac (y omite a Débora). En las fuentes extra bíblicas, Barac tiene un papel mayor durante la guerra: de acuerdo a Josefo (*Ant.* 5), él asesinó a Jabín y arrasó a Hazor; de acuerdo a Pseudo-Filón (LAB 31.9), Barak decapita a Sísara y envía su cabeza a la madre del general cananeo.

Gregory Mobley

BARBA

Pelo que crece en la mitad inferior de la cara, por lo general excluyendo el bigote. Las barbas usadas durante períodos antiguos eran vistas con gran reverencia y a menudo simbolizaban fuerza y virilidad. En algunas culturas, como la antigua Babilonia, los juramentos importantes fueron juramentados en la barba. En contraste, los egipcios generalmente llevaban poco o nada de cabello en el cuerpo, pero algunos faraones llevaban barbas falsas para definir su posición. Para ilustrar aún más la importancia de la barba, la reina Hatshepsut (c. 1500 A.C.) se representa en retratos esculpidos con una barba falsa.

La barba también era de suma importancia en el antiguo Israel. Era considerada un signo de humillación para el hombre adulto no tener barba (2 S 10.4-5). Sin embargo, a menudo los hombres se afeitaban la barba durante los períodos de luto (Jer 41.5).

Las barbas variaban en formas y estilos en el antiguo Cercano Oriente. Diseños intrincados, rizos, y patrones definieron el estilo de barba usada por los asirios, babilonios, y sumerios. Esculturas de cada una de estas culturas representan barbas que se extienden al pecho medio o superior. Dependiendo de la cultura, el final de la barba puede haber sido redonda, plana o en punta.

Bibliografía. W. Cooper, *Hair, Sex, Society, and Symbolism* (New York, 1971); M. Roaf, *Cultural Atlas of Mesopotamia and the Ancient Near East* (New York, 1990).

THEODORE W. BURGH

BÁRBARO

Una persona de cultura o lenguaje no griego (Gr. *bárbaros*). Originalmente era un término onomatopéyico denotando un sonido tartamudeante ininteligible («bar bar»), que fue usado en la LXX, Filón, Josefo, y el NT para distinguir personas helenizadas «no civilizadas», a menudo pero no necesariamente con una connotación peyorativa.

En el NT los habitantes no helenistas de Malta, en dos ocasiones son llamados *bárbaroi* (Hch 28.2, 4; RV-60 «los naturales») sin connotaciones peyorativas, son alabados por su gentileza extraordinaria («con no poca humanidad»), y Pablo utiliza el término en su connotación lingüística original (1 Co 14.11; RV-60 «extranjero»). Pablo también usa «bárbaros» como un antónimo de «griegos», con ambos grupos juntos constituyendo los «gentiles», que son distinguidos de los «judíos» (Ro 1.14). Sin embargo, «griegos» puede ser utilizado en forma inclusive para referirse a los no judíos (ej., Ro 1.16; 2.9), formando un contraste (judío-griego) comparable con el utilizado por los griegos (griego-bárbaro). Quizás tres categorías étnicas pueden ser aludidas (judío/circuncidado; griego/incircunciso; bárbaro [incluyendo escita]) junto a dos categorías sociales (esclavo/escita, libre) en Colosenses 3.11.

ERIC F. MASON

BARBECHO

Tierra que se ha labrado pero que intencionalmente se queda sin cultivar. Cada séptimo año los campos de Palestina tenían que dejarse sin sembrar para darle un descanso a la tierra y de esta manera preservar su fertilidad (Lv 26.34-35). Cualquier cosa que germinara durante el Año Sabático tenía que dársele como sustento a los pobres y al ganado (Ex 23.11; Neh 10.31[TM 32]; cf. Pr 13.23). En Jeremías 4.3; Oseas 10.12, la instrucción de «haced para vosotros barbecho» significa «cultivar un campo nuevo» o, metafóricamente, «hagan una renovación en sus vidas».

BARCOS (Heb. *barqôs*)

El jefe de una familia de ministros del templo que regresó del exilio con Zorobabel (Esd 2.53 = Neh 7.55).

BARCOS Y NAVEGACIÓN

A medida que la era histórica emergía en las tierras bíblicas, alrededor de 3000 a.C., la navegación en las aguas profundas del Mediterráneo (y quizás en el Mar Rojo) ya tenía una tradición venerable. Aunque el advenimiento del viaje marítimo y la identidad de los primeros marinos que valerosamente navegaron lejos de la costa siguen sin conocerse, la evidencia arqueológica de Grecia, Chipre y Creta indica que esos viajes comenzaron hace por lo menos 10 mil años. Es muy posible que el inicio de la aventura de la humanidad con el mar sea mucho más antigua que lo que nuestras evidencian actualmente lo sugieren. Por ahora, la escasa información arqueológica de esta era prehistórica permite un poco más que amplias generalizaciones.

El transporte acuático en los grandes sistemas riparios de Egipto y Mesopotamia muy posiblemente precedieron a los viajes marítimos, pero los orígenes geográficos del viaje acuático en el Medio Oriente son inciertos. ¿Pertenece la aprobación de este gran avance del transporte a los primeros habitantes del corredor del Nilo o a sus homólogos que habitaron la ribera del Éufrates o del Tigris? A cualquiera que pertenezca el dominio de la invención, los primeros

Barcos fenicios *hippos* con proas en forma de cabeza de caballo que transportan madera desde el Líbano para la construcción del palacio de Sargón II en Dur-šarrukin. Relieve de alabastro de Khorsabad; Louvre (Caisse Nationale des Monuments Historiques et des Sites/S.P.A.D.E.M.)

barcos de río probablemente fueron hechos de cañas unidas con un lazo o pieles estiradas tensamente sobre mimbre. Los barcos de madera, que originalmente se asemejaban a las canoas, aparecieron después. Las técnicas de construcción de los barcos de tablas evolucionaron después para acomodar más mercadería y pasajeros. Es posible que el barco sumerio se hubiera construido con tablas de borde a borde, y que el aseguramiento se hubiera logrado con el uso de samblaje de mortaja y espiga. En el Egipto predinástico, es posible que los barcos de tablas hubieran sido ensamblados con lazos.

Los primeros barcos de alta mar fueron primos estructurales del antiguo barco de río, pero los rigores más grandes del viaje marítimo y las distancias que había que navegar estimularon el desarrollo de barcos de madera más duraderos. El uso primitivo de balsas de cañas y pieles, y de las canoas, dio paso a los cascos robustos, construidos de tablas en algún momento de la Era Neolítica, aunque no se puede determinar cuándo y dónde ocurrió este avance tecnológico, o si precedió o siguió a la aparición de barcos de río construidos de manera similar.

En el Mediterráneo, los barcos de la antigüedad finalmente evolucionaron a unas máquinas extraordinariamente sofisticadas, cada una con samblaje de mortaja y espiga para asegurar el entablado de borde a borde. Actualmente, todos los antiguos barcos hundidos que se han recuperado en el Mediterráneo, que se han fechado desde el período romano o antes, fueron construidos de esta manera. Ahora, este tipo de samblaje no es común en los barcos de madera, sino en los muebles de madera más costosos. Sin embargo, el Egipto faraónico parece haber seguido, y luego modificado, su tradición náutica de ataduras con lazos para fortalecer sus barcos de madera, para los desafíos de la navegación en aguas profundas. En tanto que los barcos egipcios funcionaban magníficamente en el Nilo, sus aptitudes en las aguas profundas fueron otro asunto, particularmente para el comercio con Punt por el Mar Rojo. El fracaso de los carpinteros de barcos egipcios para desarrollar o copiar el uso de samblajes de mortaja y espiga aseguró una debilidad estructural continua en sus cascos.

La propulsión de los barcos de la antigüedad estaba limitada al poder del viento, al remo o a ambos. Los remos pudieron haberse utilizado para los barcos de río, pero no habrían sido prácticos para las naves de aguas profundas. Según las pautas modernas, los barcos antiguos no llevaban muchas velas y no eran muy eficientes. Una gran vela cuadrada de lino era común y se pretendía que navegara ante el viento. Navegar contra el viento era mucho más difícil, pero no imposible, particularmente después de una innovación que data de la Edad de Bronce Tardía. En algún momento, a finales del segundo milenio, el botalón inferior de la vela mayor, comúnmente usado en los barcos anteriores, cayó en desuso y fue retirado. Surgieron las candalizas. Al ajustar estos lazos, que pasaban por aros de plomo hacia arriba de la vela y por el astillero, la forma o tamaño del barco podría alterarse para acomodar de mejor manera el viento prevaleciente.

Con esos barcos, los antiguos hicieron que el Mediterráneo y el Mar Rojo dejaran de ser barreras y se convirtieran en carreteras. La evolución de la navegación en alta mar fue un gran paso hacia delante. La vida marítima jugó un papel importante, aunque no se entendiera totalmente, en el avance del desarrollo de la civilización. Los mares antiguos llegaron a ser canales de comunicación y de transporte para la transferencia de cultura, artículos e ideas. Sin duda, el viaje terrestre entre las tierras bíblicas ocurría de manera rutinaria, pero el mar ofrecía una mejor alternativa de transporte. Viajar por barco era más rápido, más fácil y, probablemente, más seguro.

Aunque hay mención de los barcos enviados al Levante para obtener cedros en algunos de los primeros registros egipcios, se desconoce el origen nacional de los barcos que hacían este negocio. Es posible que estos primeros mercaderes fueran egipcios o sirocananeos de origen. Después los chipriotas, los fenicios (p. ej., las actividades de Salomón en el Mar Rojo con marinos de Hiram de Tiro; 1 R 10.22; 2 Cr 9.21), los griegos y finalmente los romanos dominaron el comercio por barco desde y hacia el Medio Oriente. Sin embargo, no toda civilización que surgió alrededor, o que controlara parte del litoral del Mediterráneo oriental, llegó a ser una potencia marítima. Los hititas, por ejemplo, nunca desarrollaron una talasocracia.

En tanto que es cierto que el comercio marítimo comenzó profundamente en el pasado colectivo de la humanidad, su organización, motivación (ganancia, según entendemos ese término actualmente, o intercambios de «regalo», entre los gobernadores y/o élites de la sociedad), evolución y extensión en distintos períodos de la historia antigua siguen siendo algunas de muchas interrogantes para las que no hay un consenso erudito.

La guerra en el mar también aparece en los registros más antiguos. Los barcos se utilizaron primero como transporte de tropas y como plataforma de peleas. La primera descripción existente de una batalla naval aparece como un relieve en la pared del templo mortuorio de Ramsés III en Medinet Habu. Allí, los artistas del faraón representan su triunfo sobre los invasores «Pueblos del Mar», atracadores y/o piratas que habían arrasado tierras por todo el oriente del Mediterráneo, antes de enfrentar su derrota en el Delta del Nilo (alrededor de 1190). Pero, ¿era esto una proclamación de victoria por medio de una hipérbole? Los eruditos siguen debatiendo sobre la trascendencia de este importante monumento.

En la Edad de Hierro, barcos de guerra especializados aparecieron equipados con un arma única. El espolón de bronce, ajustado en la línea de flotación de la proa, distinguió a una nueva clase de barcos diseñados específicamente para utilizar su potencial totalmente. Estos nuevos instrumentos de guerra, el ariete y el buque de guerra que estaba equipado con él, llegó a ser el sistema de arma marítima dominante del día. Las batallas en el mar llegaron a ser mucho más comunes y frecuentemente fueron decisivas para el destino de estados y gobernadores específicos. Las aspiraciones y sueños internacionales frecuentemente desaparecían debajo del mar, con los buques de guerra que perdían el combate naval, como lo asimiló Marco Antonio en Actium en 31 a.C.

Aunque las descripciones artísticas de barcos y temas marítimos, como Medinet Habu, y las fuentes literarias son limitadas en número, en décadas recientes se ha abierto una ventana nueva y promisoria al pasado marítimo antiguo. La arqueología marítima ha comenzado a darse cuenta del potencial del Mediterráneo y, en cierta medida, del Mar Rojo como archivos de la vida marítima y de los barcos antiguos.

Esta manera de investigación ya ha confirmado su promesa con algunos descubrimientos extraordinarios. George Bass y su equipo de arqueólogos de buceo han descubierto dos antiguos barcos que naufragaron en la costa turca. El más antiguo, que se encontró en la punta que ahora se conoce como Uluburun, data de finales del siglo XIV a.C. El otro, que fue descubierto en Cabo Gelidonya, naufragó alrededor de 1200. Juntas, estas dos excavaciones han proporcionado información inestimable, y frecuentemente única, sobre la naturaleza de la construcción y del tamaño de los barcos, de la carga que llevaban y del alcance geográfico del comercio marítimo de la Edad de Bronce.

Se está haciendo mucho trabajo submarino en Israel. Shelley Wachsmann dirigió un equipo que recuperó el casco de un barco pesquero del Mar de Galilea, que data de principios del Imperio Romano. También ha explorado un auténtico cementerio de barcos antiguos en el Lago Tantura, cerca del lugar de Dor. Kurt Raveh y Sean Kingsley también han excavado en el mismo lugar con resultados extraordinarios. Ehud Galili, Avner Raban y Elisha Linder también han contribuido a nuestro entendimiento de los barcos y la vida marítima en esta sección de la costa levantina.

Bibliografía. L. Casson, *The Ancient Mariners*, 2nd ed. (Princeton, 1991); *Ships and Seamanship in the Ancient World* (1971, repr. Baltimore, 1995).

ROBERT L. HOHLFELDER

BARÍAS
(Heb. *bārîaḥ*)
Hijo de Semaías, un descendiente postexílico de David (1 Cr. 3:22).

BARIS (Gr. *Baris*)
Una designación asmonea para fortificaciones (Heb. *birâ*). Baris era el nombre formal del palacio de Juan Hircano, construido cerca del 138 a.C. Fue construido en el lugar de una fortaleza anterior (Neh 2.8; 7:2), principalmente para proteger el lado norte vulnerable de Jerusalén de invasores. Al estar adyacente al templo, pronto vino a ser el foco de relaciones incómodas de partidos reales y sacerdotales. Por ejemplo, en días sagrados de importancia los sacerdotes tenían que solicitar a Baris para tener acceso a sus vestimentas (Josefo *Ant* 15.11.4). Cuando Herodes la reconstruyó como la Fortaleza Antonia, mantuvo su importancia político-religiosa.

DAVID A. DORMAN

BARJESÚS (Gr. *Bariēsoús*)
Un mago judío (Hch 13.6, 8).
Véase ELIMAS

BARJONA (Gr. *Bariōnás*)
Nombre paterno de Simón Pedro (Mt 16.17; cf. Heb. *bar yônâ*, «hijo de Jonás»). En Juan 1.42; 21.15-17 el discípulo es llamado «hijo de Juan». No está claro si dos nombres diferentes son indicados o un mismo nombre hebreo es traducido al griego en dos maneras diferentes.

BARRA
Viga usada para cerrar las puertas de ciudades (Heb. *bĕrîaḥ;* p. ej., Dt 3.5; Jue 16.3; Neh 3.3, 13–15; Sal 147.13), las puertas de casas (2 S 13.17), y prisiones (Sal 107.16 par. «puertas»); de acuerdo con Josefo (*BJ* 4.4.6 [298]) las puertas del Templo estaban aseguradas de la misma manera. Tales barras, usualmente vigas de madera aunque en algunas ocasiones eran de hierro (Is 45.2) o bronce (1 R 4.13), eran insertadas en agujeros en los dinteles de las puertas en la parte interior de la puerta o entrada y eran sostenidas en su lugar por medio de clavijas. Otro tipo de barra podía ser corrida a una posición asegurada desde la parte de afuera con la mano o un amarre; para abrir tales puertas se requería una llave (Jue 3.25).

Una ciudad con puertas y barras era considerada segura. De manera opuesta, una ciudad que perdía sus barras era considerada como conquistada (Am 1.5). Metafóricamente, las barras se refieren al dominio del Seol (Heb. *bāḏ*, Job 17.16) o del mar (38.10). En Levítico 26.13 «las coyundas de vuestro yugo» *(môṭâ)* simbolizan opresión.

BARRABÁS (Gr. *Barabbás*)
El «preso famoso» (Mt 27.16) a quien Pilato puso en libertad para la multitud durante la Pascua en lugar de Jesús. También es descrito como un ladrón (Gr. *lēstēs;* Jn 18.40) y uno encarcelado con rebeldes que habían cometido homicidio durante una rebelión (Mr 15.7; cf. Lc 23.19, 25). Los cuatro Evangelios indican que Pilato deseaba dejar libre a Jesús, pero la multitud insistió en Barrabás. Aunque no hay evidencia extrabíblica sobre la costumbre de libertar prisioneros durante la pascua, prácticas similares existían durante festivales en otras culturas antiguas.

Algunos manuscritos de Mateo 27.16-17 dan a Barrabás el nombre de Jesús Barrabás. Aunque esta parece ser la lectura preferida, que algunos escribas probablemente omitieron por reverencia a Jesucristo, todavía quedan algunas interrogantes. ¿Inventó Mateo el nombre común *Iēsoús* para crear un contraste entre Jesús Barrabás y Jesús llamado el Cristo? ¿O estaba siguiendo en este momento una fuente no utilizada por Marcos? Si es así, ¿alguna persona en la tradición de Mateo inventó el nombre? Como no podemos contestar estas preguntas con certeza, es imposible saber si Barrabás en realidad era llamado Jesús.

WARREN C. TRENCHARD

BARRAQUEL (Heb. *bāraḵēl*)
Padre de Eliú, el amigo de Job de Buz en Arabia oriental (Job 32.2, 6).

BARSABÁS (Gr. *Barsabbas*)
1. Sobrenombre de José (cv. El arameo *bar-šēḇā'*, «hijo del sábado»), también llamado Justo («el justo»). Fueron echadas suertes para determinar si él o Matías reemplazarían a Judas Iscariote como apóstol (Hch 1.23).

2. El sobrenombre de Judas, que fue enviado con Silas a ayudar a Pablo y a Bernabé en Antioquía (Hch 15.22). Igual que Silas, era un profeta (Hch 15.32).

BARTIMEO (Gr. *Bartimaíos*)
El mendigo ciego que clama «¡Jesús, Hijo de David, ten misericordia de mí!», y cuya vista Jesús le restaura cuando salía de Jericó (Mr 10.46-52). Bartimeo

no es un nombre propio sino una identificación «hijo de Timeo».

La historia de Bartimeo concluye la sección central del Evangelio según San Marcos (Mr 8.22-10.52), que comienza con el encuentro de Jesús con otro ciego en Betsaida (8.22-26). Ambas perícopas no sólo están interesadas en la restauración física de la vista sino que son altamente simbólicas del discípulo ideal. Bartimeo llega a ver y creer en Jesús, pero también «seguía a Jesús en el camino» a Jerusalén y la cruz (Mr 10.52).

La historia marcana de Bartimeo tiene paralelos con diferencias menores en Mateo 20.29-34 (*dos* hombres ciegos) y Lucas 18.35-43 (mientras Jesús *se acercaba* a Jericó), pero estos Evangelista no identifican al (los) ciego (ciegos).

Bibliografía. P. J. Achtemeier, «'And He Followed Him': Miracles and Discipleship in Mark 10.46–52, « *Semeia* 11 (1978): 115–45.

Felix Just, S.J.

BARTOLOMÉ Gr. *Bartholomaíos*)
Uno de los 12 discípulos originales de Jesús de acuerdo a los Evangelios Sinópticos y a Hechos. Algunos eruditos lo identifican con el Natanael de Juan 1.45-46, a quien Felipe trajo a Jesús. Las razones son: (1) Bartolomé es emparejado con Felipe en las listas de los tres Sinópticos. (2) El nombre (del arameo *bar tōlmay,* «hijo de Talmai») parece estar incompleto sin un nombre personal que le preceda. (3) Bartolomé nunca es mencionado en Juan, tampoco Natanael es mencionado en los Sinópticos. Hasta que se tenga más evidencia, sin embargo, la identificación es especulativa.

Una tradición mencionada por Eusebio asocia a Bartolomé con el trabajo misionero en India. Otra tradición lo sitúa como misionero en la región del Bósforo. Eusebio también establece que Bartolomé dejó una copia del Evangelio de Mateo en el idioma hebreo. Si tal escrito llegó a existir, no ha sobrevivido ningún manuscrito. Toda la tradición es cuestionable, a lo menos.

Joe E. Lunceford

BARTOLOMÉ EL APÓSTOL, LIBRO DE
Escrito apócrifo del siglo V o VI, existente sólo en algunos manuscritos coptos del periodo medieval. También conocido como El Libro de la Resurrección de Jesucristo, por el Apóstol Bartolomé, el trabajo incluye, en un orden fortuito, historias sobre el Cristo resucitado y su descenso al infierno para redimir, entre otros, a Adán. Tomás «El Incrédulo» también aparece, junto a su hijo Siofanes, a quien Tomás resucita de los muertos en un país lejano antes de su propio encuentro con el Jesús resucitado. El narrador, Bartolomé, le da órdenes a su hijo, quien es el primero en escuchar estas historias, que las proteja con mucho cuidad de los herejes y los incrédulos.

Ira BirdwhisTel

BARTOLOMÉ. EVANGELIO DE
Evangelio apócrifo mencionado en el comentario a Mateo de Jerónimo (Jerónimo también informa que Bartolomé predicó en India y murió en Albanopolis, en Armenia). Fue condenado en el decreto Gelasiano, referido en las obras de Epifanio el Monje, y puede haber sido citado en los escritos Pseudo Dionisiacos. Nada de este evangelio ha sobrevivido, aunque algunos lo asocian con las preguntas griegas, latinas, y eslavas de Bartolomé.

Bibliografía. J. K. Elliott, «The Questions of Bartholomew and the Book of the Resurrection of Jesus Christ by Bartholomew the Apostle,» *The Apocryphal New Testament* (Oxford, 1993), 652–72.

Richard A. Spencer

BARUC (Heb. *bārûḵ*)

1. Hijo de Zabai. Él ayudó en la reconstrucción de las murallas del templo bajo el liderazgo de Nehemías (Neh 3.20).

2. Uno de los 80 líderes que ratificaron el pacto de Nehemías (Neh 10.6). Como uno de los 22 firmantes de descendencia sacerdotal, Baruc estuvo de acuerdo a una observancia estricta de la Torá y la abstinencia de contactos exógamos con «los pueblos de la tierra».

3. Hijo de Colhoze, incluido en la lista del censo de los repatriados de Judea (Neh 11.5). Su hijo Maasías fue uno de los líderes de la provincia que se ofreció como voluntario para vivir en Jerusalén.

4. Hijo de Nerías, y nieto de Maasías. Baruc («el bendecido») es presentado en el libro de Jeremías como un compañero cercano y escriba del profeta (Jer 36.26, 32). Es un personaje prominente en los capítulos 32, 36, 43, 45.

Durante el sitio de Jerusalén por los babilónicos al comienzo del 587 a.C., Baruc participó en una transacción comercial entre Jeremías y Hanameel, el sobrino de Jeremías (Jer 32.12-15). La transacción incluyó la compra de la tierra de la familia con el propósito de prevenir la pérdida de la propiedad familiar. Jeremías confió el título de la compra a Baruc, a quien le instruyó depositarlo en «una vasija de barro, para que se conserven muchos días» (Jer 32.14). Como un acto simbólico, la transacción sirve para ilustrar que Judá sobrevivirá la tragedia presente y ser reconstruida y reconstruida como una nueva (aunque antigua) comunidad más allá del exilio y el desplazamiento.

En el cuarto año de Joacim, un año que simboliza el peligro de desmantelar las estructuras sociales y simbólicas, Baruc escribe en un rollo todos los oráculos de Jeremías fechados «desde los días de Josías» hasta el presente (Jer 36.1-8). El escriba de Jeremías después lee el rollo en el templo en un día sagrado dado que al profeta le estaba prohibido entrar. La lectura de Baruc crea un «espanto» considerable entre los oficiales, quienes pidieron a Baruc que repitiera el contenido del libro en su presencia. Después que el libro es leído en presencia de los oficiales reales, Jehudí lo leyó al rey Joacim, quien lo destruye sistemáticamente. Después de la destrucción del rollo, Jeremías le dicta otro rollo a Baruc con material adicional semejante.

Algunos eruditos disciernen en el dictado de Jeremías del rollo a Baruc claves importantes para entender el origen del libro de Jeremías. Entre los que sostienen tal punto de vista, existe poco consenso en lo que respecta al contenido de estos *urtextos*. Otros eruditos, sin embargo, arguyen que el género y *tandenz* de Jeremías 36 evitan juicios relacionados con desarrollos históricos del libro. Para este último, la perícopa es más teológica y didáctica que histórica o referencial.

Las otras referencias a Baruc en Jeremías «manifiestan» su obediencia y fidelidad (cf. La conducta ejemplar del etíope Ebed-melec en Jeremías 38.7-13; 39.15-18) en contraste con la rebelión y obstinación de la nación, que está en camino a la destrucción. El en capítulo 45 a Baruc se le promete su vida en medio de un mundo haciéndose pedazos. A pesar de la promesa, Baruc, como Jeremías, sufrirá profundamente como resultado de su vocación (Jer 45.1-5) y finalmente enfrentará el mismo destino que la nación de Judea: el desplazamiento y exilio en una tierra lejana (43.1-7).

A pesar de que Baruc es relativamente una figura menor en el libro de Jeremías, construcciones del segundo Templo lo transforman en un personaje independiente y principal. Así, mientras que a Baruc se le niega la prominencia que tanto deseó durante su vida (Jer 45.5), es irónicamente inmortalizado en la literatura judía posterior, como 2 Baruc, que predice su asunción.

Bibliografía. W. Brueggemann, «The 'Baruch Connection': Reflections on Jer 43.1–7, « *JBL* 113 (1994): 405–20; R. P. Carroll, *Jeremiah*. OTL (Philadelphia, 1986); W. L. Holladay, *Jeremiah 1*. Herm (Philadelphia, 1986); *Jeremiah 2*. Herm (Minneapolis, 1989).

LOUIS STULMAN

BARUC, LIBRO DE

Trabajo pseudoepigráfico de cinco capítulos atribuido a Baruc, el exaltado escriba de Jerusalén que aparece en el libro de Jeremías (Jer 32, 36, 43, 45). Es preservado en la LXX griega, donde sigue inmediatamente después del libro de Jeremías. Baruc 1.1-3.8 y tal vez todo el libro fueron traducidos del original hebreo. Es reconocido como canónico por comunidades Católico-Romanas y Ortodoxas, pero clasificado entro los apócrifos por las comunidades judías y protestantes porque no es parte de la Biblia Hebraica.

Baruc puede ser dividido en cuatro partes desiguales, las primeras dos de la cuales son prosa y las segunda dos poética: introducción narrativa (1.1-14); oración de confesión y arrepentimiento (1.15-3.8); poema de sabiduría de amonestación y exhortación (3.9-4.4); poema de consolación y aliento (4.5-5.9). A pesar de que cada una de las partes de Baruc tienen un estilo y tema distintivos, el autor ha enlazado las partes con palabras, temas, y tradiciones para que sus diversas perspectivas y propósitos retóricos trabajan juntos para formar una unidad retórica y literaria que se mueve del sufrimiento y arrepentimiento por el pecado (1.15-3.8) a devoción a la sabiduría y obediencia a los mandamientos de Dios (3.9-4.4) y concluye con exhortación a la perseverancia y la promesa de intervención divina (4.5-5.9).

Baruc toma y es parte de las tradiciones de Israel según se desarrollan del exilio en Babilonia a través del periodo del Segundo Templo: cf. 1.15-3.8 con Daniel 9, Jeremías y Deuteronomio; 3.9-4.4 con Job 28 y las tradiciones de Sabiduría; y 4.5-5.9 con Isaías 40-66. La oración de confesión y arrepentimiento, que se dirige a Dios con el título litúrgico de «Señor», es semejante a muchas oraciones del Segundo

Templo tales como Esdras 9.6-15; Nehemías 1.5-11; 9.5-37; Daniel 9; la Oración de Azarías (Dn 3.3-22 LXX); y las Palabras de los Luminarias (4QDibHam[a-c]). El poema de sabiduría identifica la verdadera sabiduría con la Ley bíblica (Torá) y la conducta sabia con la obediencia a los mandamientos de Dios, como hace otros libros del siglo II (p. ej., Eclo 24). Contrario a muchos textos sectarios y polémicos, tales como los encontrados en Qumrán, Baruc no distingue entre los judíos que son fieles a una manera particular de guardar la Ley y aquellos que son infieles. El autor invita a todos los judíos a reconocer la pecaminosidad de la nación, al arrepentimiento, a obedecer los mandamientos, y esperar por la ayuda divina en una nación restaurada. El autor ha producido una teología tradicional del centro del camino a la cual Israel se puede adherir bajo todas las circunstancias. La generalidad y poca originalidad de Baruc, por la cual ha sido criticado a menudo, lo hace atractivo a judíos de todas las inclinaciones. Parece que ha sido especialmente útil para judíos en la diáspora de habla griega dado que sobrevivió en griego.

El libro de Baruc es extremadamente difícil de fechar porque no provee alusiones a eventos contemporáneos con el autor(es) certeras y está expresado en lenguaje tradicional que tiene una cualidad «atemporal». Los eruditos modernos no sitúan la composición de Baruc en el periodo babilónico asignado por el marco narrativo, sino algún tiempo en el periodo greco-romano desde el 300 a.C. al 135 d.C., dentro de este marco la crisis macabea del 167-164 a.C., ha encontrado favor recientemente. Aunque Baruc 1.15-2.18 es literalmente repetido en Daniel 9.14-19 así como Baruc 5:5-9 al Salmo de Salomón 11, la evidencia para dependencia y la fecha es ambigua. El ambiente interno del libro y las alusiones a su tiempo de composición, son vagas y contradictorias.

El libro de Baruc como un todo está orientado hacia Jerusalén y probablemente se originó allí. El objetivo de las oraciones y las exhortaciones es la restauración de Jerusalén y su gente. El(los) autor(es) sabía(n) completamente las tradiciones bíblicas y del segundo Templo y apoyaba la adoración en el Templo, la santidad de Jerusalén, la restauración de Israel, y la obediencia a la Torá. El(los) autor(es) había(n) sido maestro(s) u oficial(es) en Jerusalén, parte del círculo de eruditos dedicado al estudio y promoción de las tradiciones de Israel. En el remolino de conflictos, peligros, y cambios durante el periodo helénico, Baruc probablemente buscó influenciar los puntos de vista, compromisos y políticas del pueblo y el liderazgo de Jerusalén animándolos a observar la teología deuteronomista tradicional, la sabiduría de Israel articulada en la Torá, y los mandamientos como su guía para la vida.
Anthony J. Saldarini

BARUC, SEGUNDO (APOCALIPSIS SIRIO DE)
Pseudoepígrafo judío en el cual Baruc, el escriba del profeta Jeremías, es el recipiente de una revelación en relación con la destrucción de Jerusalén y el Templo por Babilonia en el 587 a.C. El autor del texto está en realidad escribiendo después de la destrucción romana de Jerusalén en el 70 d.C. y utiliza la tragedia anterior para ofrecer un enfoque teológico al desastre de su propio tiempo.

El tema principal dirigido por las muchas preguntas, lamentos, oraciones, y visiones de Baruc es si el desastre significa que las promesas de Dios a Israel han fracasado. Baruc gradualmente llega a entender, y posteriormente enseña a la gente que las promesas de Dios no han fallado.

La pieza central del libro consta de tres visiones y diálogos en los cuales Dios revela, con mayores detalles, cómo las promesas serán cumplida (2 Bar 22–30, 36–43, 53–74). En suma, habrá un sufrimiento universal sobre la tierra, el Mesías aparecerá, el juicio ocurrirá, los muertos resucitarán, los impíos irán a su tormento, y los justos heredarán una tierra renovada. Es curioso que la restauración del templo no tiene lugar en estas visiones centrales, porque anteriormente en el libro a la tierra le fue ordenado abrir y ocultar los utensilios del templo hasta el fin del tiempo cuando se le ordenaría restaurarlos (6.6–9).

Después de cada una de estas visiones y diálogos, Baruc ofrece mensajes de consuelo que aumentan en eficacia según las visiones y los diálogos se vuelven más elaborados. La gente no debe estar triste por lo ocurrido, porque una tribulación mayor vendrá con el sacudimiento de toda la creación. Ellos deben perseverar en el temor de Dios, obedecer la Torá y sus maestros, confiar en la misericordia de Dios, y tener esperanza del bien en el futuro.

Una epístola que concluye el libro (capítulos 78-87), escrita a las nueve tribus y media de la cautividad asiria anterior, sirve como un repaso de los temas principales del apocalipsis, aunque no hace mención de ningún papel del final del tiempo para el Mesías y parece eliminar la idea de que los utensilios del templo serán restaurados (80.2). Claramente el papel de la Torá tiene mayor influencia sobre el pensamiento de este autor que el papel del Mesías o el Templo.

Se sugiere una fecha posterior al 70 d.C. para el texto por las pistas textuales, tales como la profecía de las dos destrucciones del Templo en el cap. 32. Sin embargo, es casi seguro que material tradicional previo al año 70 fue utilizado por el autor. El libro probablemente fue escrito originalmente en hebreo en Palestina. Existe en su totalidad sólo en la traducción siria, aunque un fragmento importante existe en griego.

Bibliografía. A. F. J. Klijn, «2 (Syriac Apocalypse of) Baruch,» *OTP* 1 (Garden City, 1983): 615–52.

Randal A. Argall

BARUC, TERCER (APOCALIPSIS GRIEGO DE)
Pseudepígrafo en el cual un ángel es enviado para consolar a Baruc quien está llorando por la destrucción de Jerusalén. El ángel parece ofrecer consuelo a modo de distracción mientras revela «los misterios de Dios» (3 Bar 1.18). El ángel lleva a Baruc a una gira guiada a los cinco cielos (capts 2-16). Al final, el ángel regresa a Baruc a la tierra donde Baruc bendice a Dios (capt. 17).

En los primeros tres cielos uno encuentra algunas interpretaciones novedosas sobre la torre de Babel, el jardín del Edén, el diluvio, y el movimiento del sol y la luna. En el cuarto cielo Baruc ve las almas de los justos. El ángel Miguel desciende al quinto cielo con el fin de recoger las virtudes de los justos. Las buenas obras son recogidas en una vasija enorme por otros ángeles, y Miguel lleva la vasija a Dios. Miguel regresa con bendiciones para los justos y maldiciones para los que hacen mal.

El mensaje del libro es que Dios permanece en control del mundo y recompensa a los justos y castiga a los impíos. Jerusalén y el Templo han sido destruidos, pero el ángel Miguel ejerce una función sacerdotal cuando ofrece las virtudes de los justos en el altar celestial.

El texto existe en griego y eslavo. Mientras que fue originalmente escrito en griego, el contenido de algunos capítulos parece que ha sido preservado de manera más confiable en la versión eslava. El texto es probablemente judío, con algunas interpolaciones cristianas. El lugar y la fecha de composición son inciertas, aunque muchos eruditos favorecen una fecha en el siglo II d.C.

Bibliografía. H. E. Gaylord, Jr., «3 (Greek Apocalypse of) Baruch,» *OTP* 1 (Garden City, 1983): 653–79.

Randal A. Argall

BARZILAI (Heb. *barzillay*)

1. Galaadita de Rogelim que trajo alimentos y suministros a David y sus seguidores en Mahanaim durante la rebelión de Absalón (2 S 17.27-29). David le ofreció a Barzilai una residencia en Jerusalén como un miembro de la corte real pero él declinó la oferta a causa de su avanzada edad y pidió que su hijo Quimam fuera en su lugar. David bendijo a Bazilai antes de proceder a Jerusalén (2 S 19.31-40), y antes de su muerte ordenó a Salomón favorecer a los hijos de Barzilai con un lugar en la mesa del rey (1 R 2.7).

2. Meholatita cuyo hijo Adriel se casó con Mical, la hija de Saúl (2 S 21.8).

3. Sacerdote que se casó con una de las hijas de Barzilai (probablemente **1** arriba). Adoptó el nombre de Barzilai como propio (Esd 2.61 =Neh 7.63; cf. 1 Esd 5.38). Sus hijos están entre los que fueron excluidos del sacerdocio como impuros, por no poder ofrecer pruebas de su genealogía sacerdotal (Esd 2.59-63 = Neh 7.61-65). Se ha sugerido que Barzilai puso en peligro su estado sacerdotal adoptando un nombre de una familia no sacerdotal.

Kenneth Atkinson

BASÁN (Heb. *bāšān*)
Aunque las fronteras precisas cambiaron a través del tiempo, el Basán generalmente se refiere a la pendiente, meseta fértil del norte de Jordania, situado al este del antiguo lago Hule, el Mar de Galilea, y el Alto Valle del Jordán. Su elevación varía de 850–500 m (2800–1650 pies) sobre el nivel del mar. Cuando se considera su extensión máxima, el límite norte de Basán era la presente al-Wa'arah, un desierto rocoso de 24 km (15 mi) al sur suroeste de Damasco, mientras que su límite al norte era el sur del río Yarmuc (que divide en dos a Basán) en el punto donde las colinas del norte de Galaad comienzan a surgir desde la meseta, cerca de 8 km (5 millas) al sur de la actual autopista Irbid-Mafraq.

Descompuestos volcánicos hicieron del suelo del norte de Basán extremadamente fértil para la flora natural y la agricultura. Por tal razón en tiempos bíblicos la región era famosa por su ganado, madera, y agricultura (Jer 50.19; Mi 7.14; Nah 1.4; Is 2.13; Ez 27.6; Dt 32.14; Sal 22.12 [TM 13]; Am 4.1).

Durante el tiempo del AT, parece que Basán se dividía en cuatro subregiones que correspondían bastante estrechamente con la topografía natural: (1) la tierra de Gesur, correspondiendo a la parte del norte de la presente Alturas de Golán, al noreste de Galilea; (2) la tierra de Maaca, equivalente a las alturas de Golán inmediatamente al este y sureste de Galilea; (3) el distrito de Argo en el noreste de Basán; (4) Habbot-jair, al sur del río Yarmuc (Nm 32.41; Jos 12.4, 5; 13.30).

De acuerdo con el AT, los habitantes originales de Basán fueron llamados Refaim. La media tribu de Manasés tomó posesión de la región, sin embargo, después de derrotar al rey Og en la batalla de Edrei (Nm 21.33-35; Dt 3.1-11; Jos 13.7, 8, 12). Basán técnicamente permaneció en el territorio del reino del norte después de la sucesión, pero continuamente cambiaba de manos durante los numerosos conflictos con Damasco (1 R 22.3; 2 R 8.28; 10.32, 33; 14.25). Tiglat-pileser III finalmente hizo de Basán una dependencia de Asiria después de su conquista de Damasco (2 R 15.29).

Durante el periodo greco-romano Basán fue dividido en tres distritos: (1) el Gaulanitis, que combinó los antiguos territorios de Gesur y Maaca; (2) Batanea, el cual, aunque preservó el antiguo nombre de Basán, realmente se refiere sólo al noroeste de Basán (AT Argob) – específicamente, el área entre el Gaulanitis al oeste y Jebel Druze al este; (3) la Meseta Gadarena (Basán del sur), al sur del Yarmuc. Las principales ciudades de esta región incluyen Seleucia, Hippos, Gamala, Decápolis, Abila, y Dión. El Basán estuvo en manos nebateas durante el siglo II a.C., hasta que pasó bajo el control Herodes el Grande. Fue gobernada por su hijo Felipe, y finalmente por Agripa II, su último gobernante judío.

Randall W. Younker

BASEMAT (Heb. *bākĕmaṯ*)

1. Una de las esposas de Esaú y madre de Reuel (Gn 36.4, 13, 17). En Génesis 26.34 ella es llamada hija de Elón el heteo, mientras que en 36.3 se dice que es la hija de Ismael (en 36.2 Ada es llamada hija de Elón el heteo). En Génesis 28.9 Mahalat es el nombre dado a la hija de Ismael que se casó con Esaú.

2. La hija de Salomón y esposa de Ahimaas, el oficial de Salomón en Neftalí (1 R 4.15).

BASÍLIDES, EVANGELIO DE

Evangelio perdido atestiguado por Orígenes (*Hom. Lucas* 1.5.5-7) compuesto por Basílides, un poeta y filósofo cristiano activo en Alejandría cerca 132-135, cuyo movimiento continuó allí hasta el siglo IV, y cuyos escritos eclécticos y amplios, incluyendo alguno de los comentarios más antiguos al NT, sobreviven sólo en fragmentos.

Bibliografía. H.-C. Puech, «The Gospel of Basilides,» in *New Testament Apocrypha*, ed. W. Schneemelcher and R. McL. Wilson, rev. ed., 1 (Louisville, 1991): 397–99; B. Layton, *The Gnostic Scriptures* (Garden City, 1987), 417–44.

Irving Alan Sparks

BASTARDO

Una persona de condición dudosa (Heb. *mamzēr*, «mixto»). Si la expresión se refiere a la descendencia de una mujer soltera o a la descendencia de matrimonios mixtos (uno de los padres gentil) no está claro. Un «bastardo» no puede entrar en la asamblea del Señor, ni siquiera en la décima generación de descendientes (Dt 23.2). Zacarías 9.6 denuncia al pueblo filisteo «bastardo» (NVI) de Asdod.

Una falta de disciplina significa ilegitimidad (Hb 12.8), ya que un padre reprende solo a un hijo a quien ama (Pr 3.12). Gr. *nóthos* aparece también en Sabiduría 4.3 respecto a la falta de resistencia de la descendencia "ilegítima" (BJ) de los impíos.

Scott Nash

BATALLAS DE JEHOVÁ, LIBRO DE

Una obra documentada sólo en Números 21.14-15, probablemente contiene poemas o canciones que celebran las victorias sobre los enemigos. El título, que según la tradición targúmica probablemente sirvió como la primera frase del primer poema, atribuye guerras, y por lo tanto celebra las victorias, al Señor. Números 21.14-15 cita este libro al describir los límites de Moab. Siguiendo de cerca en Números 21.17-18, 27-30 hay dos canciones que también pueden haber sido parte de la colección.

Esta fuente oscura destaca entre otras obras no disponibles, acreditadas en el AT: el libro de Jaser (Jos 10.13; 2 S 1.18), el libro de los hechos de Salomón (1 R 11.41), el libro de las crónicas de los reyes de Israel (14.19) y Judá (14.29), y varios anales (Esd 4.15; Est 2.23; 6.1).

Alice H. Hudiburg

BATANEA
(Gr. *Batanea*)
El nombre de Basán en el período greco-romano; una de las cuatro divisions del reino de Herodes el Grande.

BATANERO
Ocupación que implica el trabajo de la tela. Heb. *kāḇas,* implica pisar la tela con el objeto de limpiarla, mientras en el NT el Gr. *gnapheús* sugiere el acto de cardar la tela. El trabajo incluyó el espesamiento o el encogimiento de la nueva tela, así como la limpieza y tinte de la tela o ropa. A menudo el lavado de la tela implicó pisarla con los pies o golpearla (Éx 19.10; 2 S 19.24). Las soluciones utilizadas para la limpieza de la tela consistieron en la lejía (Mal 3.2), arcilla blanca, cenizas de plantas especiales, u otras mezclas alcalinas. Los arqueólogos han descubierto grandes ollas de barro que se cree haber sido colocados delante de las tiendas del batanero como urinarios públicos a fin de producir soluciones que ayudarían a separar la suciedad de la tela.
La ubicación de un batán requería campos y agua amplia. Después de lavar la tela era extendida en el suelo para ser blanqueada por el sol. Las referencias al campo del batanero aparecen en el AT (2 R 18.17; Is 7.3; 36.2). El trabajo del batanero de limpiar la tela llegó a ser una metáfora para la pureza (Sal 51.7 [TM 9]; Jer 2.22; 4.14; Zac 3.3-5; Ap 4.4).

Dennis Gaertner

BATO
Medida líquida (Heb. *bat*). De acuerdo con Ezequiel 45.11, 14 era una decimal parte del homer y así el equivalente del efa, una medida seca. Las excavaciones en Laquis han descubierto una jarra rota, datada en el siglo VIII a.C., inscrito *bt (lmlk)*, «bato (real)»; el volumen de esta jarra es de 22 l. (5.8 gal.).

BAT-RABIM
(Heb. *bat-rabbîm*)
Una puerta en la ciudad de Hesbón (Cnt 7.4[TM 5]), frente a Rabá.

BAUTISMO
Limpiezas rituales del cuerpo estaban bien establecidas en la Torá (p. ej., Ex 29.4; 30.17-21; 40.30-33; Lv 17.15-16; Dt 21.6), como a través del Oriente Cercano. Naamán fue instruido a que se lavara siete veces en el Jordán para ser sanado (2 R 5.10). Más tarde la lustración jugó un papel central en Qumrán. El lavado de los pies fue usado por Jesús como un ejemplo de su humildad y la necesidad de sumisión y servicio de sus seguidores (Jn 13.2-20).

Antes del periodo del NT, una limpieza ritual fue instituida para la purificación de los gentiles convertidos al judaísmo. Si este fue el antecedente al bautismo del NT, Juan el Bautista asumió un significado alterno por medio del cual la práctica anterior vino a ser un símbolo de arrepentimiento para judíos. Hay indicios de que más tarde la Iglesia estableció otra alteración crucial en el significado para su propio uso del bautismo. Si los bautismos cristianos y los de Juan el Bautista hubieran sido vistos como idénticos, el informe de Hechos 19.3-5 sería inexplicable. Esta distinción no es peculiar a la teología de Lucas. De acuerdo a Mateo, Juan estaba perplejo que Jesús hubiera venido a él para ser bautizado, dado que el arrepentimiento parecía no tener aplicabilidad para Jesús (Mt 3.13-17). Dentro de esta historia yace la distinción clave; Jesús solicita el bautismo no simplemente para identificarse a sí mismo con pecadores sino principalmente para «que cumplamos toda justicia».

«Cumplir» puede ser traducido como «completar o perfeccionar». El bautismo de Jesús es pues un signo de identificación sobre Jesús mismo. Él es el que completa la intención de Dios, quien trae a perfección de todo lo que Dios intentaba desde la creación. El bautismo cristiano es pues menos una negación (en muestra de renunciación) que una afirmación de ser incorporado en Cristo, quien es la perfección de todas las voluntades de Dios, y así de haber recibido el don de la nueva vida.

Este tema de llevar a cumplimiento todo lo que Dios quiere produce sentido a las alusiones oscuras en las historias del bautismo de Jesús. Los Sinópticos (Mt 3.13-17; Mr 1.9-11; Lc 3.21-22) mencionan agua y una voz, junto al descenso del Espíritu, un reminiscente del Espíritu de Dios moviéndose sobre las aguas y hablando de la creación a la existencia en Génesis 1.1-5. Así pues, Jesús, en su bautismo, es identificado como quien cumple la antigua creación instituyendo la nueva creación. Jesús, al ir al desierto por 40 días, es representado como el nuevo Moisés y el nuevo Elías (Ex 24.18; 1 R 19.8). De manera semejante la figura de la paloma lo identifica como el nuevo Noé (Gn 8.18-12), intensificando así el tema de la nueva creación. Ser bautizado como cristiano es recibir y ser recibido dentro de toda la historia sagrada en su cumplimiento; un don profundo del Espíritu Santo, cuya actividad en el bautismo es tan frecuentemente afirmada a través del NT.

Sin embargo, la secuencia precisa del bautismo en aguas, la recepción del Espíritu, y la asociada imposición de manos no es clara. En Hechos las mismas vienen en una variedad de órdenes (agua, manos, Espíritu: en 19.5-6 el uso de las manos es inmediato; en 8.14-17 la imposición de manos es pospuesta y hecha por otros; manos Espíritu, agua: 9.17-19; Espíritu, agua, sin mención de las manos: 10.44-11.18). Lo que es afirmado por Lucas en general, sin embargo, es que a través del bautismo la presencia y obra del Señor resucitado (que es lo que el Espíritu hace real para los cristianos) es compartida dentro de la comunidad (de ahí la importancia de la imposición de manos). Este don es visto por Lucas no como una transmisión estática sino como una interacción dinámica; una perspectiva compartida por la enseñanza del evangelio de Juan (Jn 3.1-8; 1 Jn 5.6-8). La importancia del bautismo para la iglesia primitiva es testificada por el estatus evangélico de acuerdo al rito en Mateo 28.19.

La alegada indiferencia al bautismo en 1 Corintios 1.14-17 se refiere solamente a la persona del administrador: el que uno sea bautizado por Pablo, Pedro, o Apolo no significa nada; uno debe ser centrado en Cristo en el cual él o ella es bautizado. Este pasaje en algunas ocasiones distorsionado tiene que ser interpretado a la luz de la clara afirmación de Pablo del bautismo como incorporación en la muerte y resurrección de Cristo (Ro 6.1-11) y en revestirse de Cristo, de manera que se recibe una nueva identidad junto a la cual toda distinción es disuelta (Ga 3.27-29). El comentario contundente de Pablo sobre Israel siendo «en unión con Moisés, fueron bautizados en la nube y en el mar» (1 Co 10.2) en realidad es muy iluminador cuando se resiste la tentación de suponer que el apóstol se refiere a un rito literal. Pablo está sugiriendo que así como una bandada fragmentada de refugiados encontraron una nueva identidad en el Éxodo y su resultado en el pacto en Sinaí, así quienes son bautizados en Cristo en adelante reciben una nueva identidad a través de su pacto con Dios.

Así también con la comparación que hace Pedro del bautismo a la salvación en el arca: ambos eventos hablan de la novedad ofrecida por la gracia de Dios mediante la cual la humanidad es rescatada de la destrucción. En Hebreos 6.2-4; 10.32 «iluminar» alude al bautismo; y en la iglesia antigua cuando se instruía a los catecúmenos Juan 9 se usaba liberalmente, cuando Jesús sanó al ciego de nacimiento.

El asunto del modo del bautismo en el NT es mucho menos claro de lo que usualmente se supone. El bautismo de 3000 en Jerusalén el día de Pentecostés (Hch 2.41), una ciudad sin ríos, crea dudas sobre la presunción usual de que todos los bautismos de NT eran por inmersión. De hecho, puede ser cuestionado si el NT prueba que la inmersión fue utilizada después de todo (a pesar de ésta ser la forma más probable). La iconografía antigua persistentemente presenta a Jesús de pie en el agua hasta su cintura (así como el bajar y subir de los Sinópticos y de la historia del eunuco en Hechos 8.36-38, así como la necesidad de agua abundante en Jn 3.23), con el Bautista derramando agua sobre la cabeza de Jesús. Cuando las iglesias comenzaron a construir bautisterios, algunos era lo suficientemente profundos para estar parado dentro pero no lo suficiente para acostarse, un hecho extraño si la inmersión era la forma invariable transmitida desde los apóstoles. Romanos 6.4 puede referirse al modo así como al significado; pero esto no es completamente claro; puede también referirse al tiempo, si el bautismo en Roma durante el tiempo de Pablo era administrado primordialmente en la pascua, como es cierto allí en los siguientes siglos.

El argumento de que el Gr. *baptízō* significa inmersión supone que una palabra puede tener sólo un significado, como si por el término «la cena del Señor» todavía hoy tenga que significar una cena completa servida sólo en el atardecer. Si la palabra para bautismo no significa otra cosa que inmersión, las referencias de Pedro y Pablo no tienen sentido, dado que ni en el gran diluvio ni en el escape a través del mar la gente fue cubierta con agua. Ciertamente la palabra utilizada en Lucas 11.38 no implica un baño completo.

De igual manera, tampoco el bautismo de infantes puede ser aprobado ni desaprobado por la Escritura. Que tendrían que haber infantes incluidos en el bautismo de las familias (Hch 16.31; 18.8; 1 Co 1.16) es pura conjetura; la afirmación de que los infantes no podían estar involucrados es también resultado de especulación, particularmente a la luz de la incorporación tradicional de los varones infantes en el pacto a través de la circuncisión.

Tanto el modo del bautismo como la edad en la cual pudo haber sido administrado tienen que ser resueltos a través de la teología sistemática y la eclesiología, no por apelaciones al mandato de la Escritura. A pesar de que las iglesias difieren en estos asuntos, todas están de acuerdo que el bautismo es la incorporación en la comunidad de la nueva creación de Cristo por la gracia del Espíritu. Mientras no todas las iglesias reconocen el bautismo de todas las otras iglesias, este acuerdo con relación a su significado esencial a lo menos apunta hacia el énfasis en la unidad en relación al bautismo expresado en Efesios 4.5.

Bibliografía. G. R. Beasley-Murray, *Baptism in the New Testament* (Grand Rapids, 1962); J. Daniélou, *The Bible and the Liturgy* (Notre Dame, 1956); W. F. Flemington, *The New Testament Doctrine of Baptism* (London, 1948); K. McDonnell, *The Baptism of Jesus in the Jordan* (Collegeville, 1996); L. H. Stookey, *Baptism* (Nashville, 1983).

LAURENCE HULL STOOKEY

BAVAI (Heb. *bawway*)
Hijo de Henadad, el «gobernador de la mitad de la región de Keila» (Neh 3.18). Él era uno de los levitas que ayudaron en la restauración de las murallas de Jerusalén bajo Nehemías (Neh 3.18). Puede ser el mismo que Binúi (Neh 3.24).

BAZLUT (Heb. *baṣlîṯ, baṣlûṯ*)
Sirviente del templo cuyos descendientes regresaron del exilio bajo Zorobabel (Neh 7.54; Esd 2:52).

BEALÍAS (Heb. *bĕʿalyâ*)
Guerrero benjaminita que se unió a David en Ziclag (1 Cr 12.5[TM 6]).

BEALOT (Heb. *bĕʿālôṯ*)
1. Ciudad en el Neguev de Judá (Jos 15.24), probablemente la misma que Baalat-beer (19.8).
2. Lugar en el territorio de Aser (1 R 4.16; cf. LXX Gr. *Baalōth*).

BEN-ABINADAB (Heb. *ben-ʾăḇînāḏāḇ*)
Administrador de la región de Neftat-dor que suplía provisiones reales un mes al año. Se casó con Tafat, la hija de Salomón (1 R 4.11).

WILLIAM D. MATHERLY

BEBAI (Heb. *bēḇay*)
1. Israelita cuyos descendientes regresaron del exilio, algunos de ellos bajo Zorobabel (Esd 2.11 = Neh. 7.16) y algunos bajo Esdras (Esd 8.11).
2. Israelita, uno de los jefes del pueblo que puso su sello al pacto renovado bajo Nehemías (Neh 10.15[TM 16]).

BEBIDA, BEBER
Bebida y beber ocurre en varios contextos: (1) consumo de fluidos para sustento corporal; (2) celebración comunal y vinculación; (3) de culto o uso sacramental; (4) en sentido metafórico, denotando actividad divina y humana; y (5) simbólicamente, para el sustento de la tierra por lluvia.

Las bebidas comunes naturales eran el agua, leche, vino, jugo de uva y vinagre. La cerveza también fue consumida extensamente en el antiguo Cercano Oriente ya en la Edad de Bronce Temprano. Como el agua era un artículo de primera, las fuentes abundantes fueron altamente apreciadas. La iconografía está repleta en el antiguo Cercano Oriente retratando varios líquidos como regalos de las deidades para el sustento de la vida humana. El beber y comer debían ser hechos para la gloria de Dios (1 Co 10.31); el exceso y el abuso fueron condenados (Pr 23.21; Is 22.13).

La gente que bebían y comían juntos formaba un lazo comunal especial, compartiendo tiempos alegres (Job 1.18). El vino era un símbolo de la bendición de Dios sobre la tierra, y el consumo de la mejor calidad marcó ocasiones especiales. El primer milagro registrado de Jesús en el Evangelio de Juan fue la conversión del agua en vino en un banquete de bodas (Jn 2.1-11). El ofrecimiento de una bebida a invitados era un acto común de hospitalidad (Jue 4.19). Dar una bebida a alguien que tiene necesidad es un acto de compasión cristiana (Mt 25.35).

Según la ley del diezmo, la gente debía comer y beber sus dones en la presencia del Señor con alegría, celebrando la beneficencia de Dios (Dt 14.22-27). Una ofrenda de libación (Heb. *neseḵ*) era derramada al Señor en el santuario durante muchas de las ofrendas de festival (p. ej., Nm 28.7-8, 10).

El vino rojo, bebido en la conmemoración de la Pascua, era simbólico de la sangre del cordero pascual y el pacto de Israel con Dios. En la Última Cena, el vino es reinterpretado como símbolo de un nuevo pacto en la sangre de Jesús (Lc 22.7-20). La copa de comunión debe ser bebida en conmemoración, celebración, y proclamación de la muerte de Cristo por los pecados de humanidad (1 Co 11.25-26).

La bebida se utuliza metafóricamente en contextos de recepción humana del juicio divino y abuso humano. Ya que Judá había rechazado el pacto y había abandonado a su Dios, «fuente de aguas vivas» (Jer 2.13; 17.13), ella bebería el agua envenenada (8.14) y bebería destrucción (Is 51.17-22; Ez 23.32-34; Sal 75.8 [TM 9]). Al final todas las naciones beberían la copa de la ira de Dios (Jer 25.19-29; Ap 14.9-10). La injusticia humana fue retratada en términos de bebida (Is 5.22-23) y su abuso (Jer 35.1-9), mientras que en la restauración Israel bebe el vino de la bendición de Dios (Is 27.2-5; 43.19-21).

El sustento de la tierra es representado en la manera de su bebida de las aguas del cielo y la tierra (Gn 2.6; Dt 11.11; Ez 31.14; He 6.7).

R Dennis Cole

BECERRO DE ORO

La historia del becerro de oro, o de fundición, (Ex 32) es parte de la revelación de la ley divina y del establecimiento del pacto en el Monte Sinaí de Éxodo 19-34. El relato comienza con Moisés que se separa del pueblo en la cima del Monte Sinaí, donde está recibiendo la revelación del rito del tabernáculo y una copia del Decálogo en tablas de piedra. La ausencia de Moisés preocupa a Israel, que le pide a Aarón dioses que los guíen, porque no saben qué le había ocurrido a Moisés. Aarón recolecta las joyas de oro del pueblo, que acaban de adquirir de los egipcios al salir de Egipto, y aparentemente moldea un becerro de oro con la forma de un bovino joven. Se describe que es fundido, haciendo énfasis en que fue hecho de metal líquido. La construcción del becerro rompe el pacto de Sinaí entre Dios e Israel, como se simboliza cuando Moisés destruye las tablas.

El becerro de oro llega a ser un símbolo fundamental de la desobediencia de Israel. Llega a simbolizar, en particular, el peligro de la idolatría para el antiguo Israel y, aunque es un ejemplo negativo, ilustra la manera en que la adoración a Jehová tiene que ser sin imágenes (no icónica). Las repetidas referencias a Éxodo 32 en todo el AT refuerzan este punto. Como resultado de la construcción del becerro de oro, Israel pierde la joyería que simbolizaba su triunfo sobre los egipcios (Ex 33.1-6). Moisés acentúa que Israel no solo hizo una imagen de metal o fundida, sino que este mismo acto de fabricación de una imagen era un rechazo de Jehová (Dt 9.6-21). El pecado del becerro de oro se presenta como hecho histórico en 1 Reyes 11-12, cuando Jeroboam I, el primer rey del reino del norte, es condenado por construir dos becerros de oro en Dan y Betel (1 R 12.28-29). Tan grande es este pecado que sella la destrucción de su reinado y llega a ser el símbolo central del gobierno malo en la historia deuteronómica. El profeta Oseas, también, condena la adoración del becerro de oro como idolatría (Os 8.5; 10.5-6; cf. Sal 106.19).

El símbolo negativo del becerro de oro continúa en la tradición judía y cristiana. En Pseudo-Filón la culpa se coloca solamente en los líderes del pueblo y no en Aarón (*LAB* 12). Esteban se refiere al incidente como una ilustración del carácter obstinado de Israel (Hch 7; cf. Dt 9.6-21).

Bibliografía. M. Aberbach and L. Smolar, «Aaron, Jeroboam and the Golden Calves,» *JBL* 86 (1967): 129-40; J. M. Sasson, «Bovine Symbolism in the Exodus Narrative,» *VT* 18 (1968): 380-87; «The Worship of the Golden Calf,» in *Orient and Occident*, ed. H. A. Hoffner. AOAT 22 (Neukirchen-Vluyn, 1973), 151-59.

BECORAT (Heb. *bĕḵôrat*)

Benjaminita, hijo de Afía y antepasado del rey Saúl (1 S 9.1).

BEDAD (Heb. *bĕdad*)

Padre de Hadad, rey de Edom (Gn 36.35; 1 Cr 1.46).

BEDÁN (Heb. *bĕḏān*)

1. Hijo de Ulam de la tribu de Manasés (1 Cr 7.17). Su abuela, la concubine de Manasés, era aramea (1 Cr 7.14).

2. Posiblemente un juez de Israel (1 S 12.11 LBLA). Su nombre aparece sólo aquí y no se menciona en el libro de Jueces.

Carol J. Dempsey

BEDELIO

Al parecer, una resina o goma espesa y amarillenta (Heb. *bĕḏōlaḥ*). La goma se deriva de árboles en Asiria, Babilonia, India, y Media y era valorada como una especie dulce o una goma fragante. El término se asocia con el oro y ónix como productos de la tierra de Havila (Gn 2.12), tal vez denota su valor. En Números 11.7 el maná se compara con el bedelio, en alusión a su color amarillento.

L. Thomas Strong III

BEDÍAS (Heb. *bēḏĕyâ*)

Israelita posterior al exilio que se vio obligado a despedir a su esposa extranjera (Esd 10.35).

BEELIADA (Heb. *bĕʿelyādāʿ*)
Hijo de David nacido en Jerusalén (1 Cr 14.7). El nombre («Baal conoce») fue cambiado a Eliada («Dios conoce») en 2 Samue 5.16; 1 Cr 3.8.

BEELZEBÚ (Gk. *Beelzeboúl*)
La traducción griega de Baal-zebul, corrompido en Baal-zebub en el AT. En los Evangelios Sinópticos Jesús es acusado de llevar a cabo excorcismos por el poder de Beelzebú, «el príncipe de los demonios» (Mt 12.24 = Mr 3.22 = Lc 11.15), y en Mateo 10:25 los oponentes de Jesús lo identifican con Beelzebú. En el NT Beelzebú es equiparado con Satanás, no solo de manera implícita por el título «príncipe de los demonios» sino explícitamente en Marcos 3.23. Peggy L. Day explica la conexión a través del juego de palabras *bĕʿēl dîḇāḇāʾ* (el equivalente arameo de *baʿal zĕbûb*, la forma corrupta de *baʿal zĕbûl*) y *bĕʿel dĕḇāḇāʾ* (Aram. «enemigo»).
Véase BAAL-ZEBUB.

Bibliografía. P. L. Day, *An Adversary in Heaven: śāṭān in the Hebrew Bible.* HSM 43 (Atlanta, 1988).

JOHN L. MCLAUGHLIN

BEER (Heb. *bĕʾēr*)
1. Un lugar de campamento («pozo») en Transjordania utilizado por los israelitas antes de que marcharan a Matana (Nm 21.16), asociado con el pozo cavado por los príncipes y nobles que se celebraba en el Cantar del Pozo (v. 18). La mayoría de los eruditos coinciden en que el sitio debe encontrarse en el noreste de Moab en el Wadi et-Temed, donde el agua adecuada para un gran número de personas se puede alcanzar fácilmente cerca de la superficie. Este es probablemente el mismo lugar que Beer-elim (Is 15.8).

Bibliografía. N. Glueck, *Exploration in Eastern Palestine, 1.* AASOR 14 (Baltimore, 1933-34): 1-113; A. H. Van Zyl, *The Moabites* (Leiden, 1960).

ZELJKO GREGOR

2. El lugar al que Jotam huyó de su hermano Abimelec (Jue. 9.21). Tal vez se debe identificar con el-Bireh, al este del Mt. Tabor.

BEERA (Heb. *bĕʾērāʾ*)
Hijo de Zofa de la tribu de Aser (1 Cr 7.37).

BEERA (Heb. *bĕʾērâ*)
Hijo de Baal; un jefe de la tribu de Rubén, quien fue deportado a Asiria por Tiglat-pileser III (1 Cr 5.6).

BEER-ELIM (Heb. *bĕʾēr ʾēlîm*)
Un lugar en Moab (Is 15.8; «pozo de los terebintos»), probablemente el mismo que Beer **1**, donde los israelitas acamparon durante la peregrinación en el desierto (Nm 21.16). Se ha identificado con el Wadi et-Temed.

BEERI (Heb. *bĕʾērî*)
1. El padre heteo de la esposa de Esaú, Judit (Gn 26.34).
2. El padre del profeta Oseas (Os 1.1).

BEER-LAHAI-ROI (Heb. *bĕʾēr laḥay rōʾî*)
Un pozo en el camino a Sur, en las cercanías de Cades-barnea y Bered. Aquí («pozo del Viviente que me ve»; cf. Vulg.) Hagar se encontró aquí con el angel de Jehová mientras descansaba durante su huída de Sarai (Gn 16.7-14). Más tarde, Isaac vivió cerca del pozo (Gn 24.62; 25.11).

BEEROT (Heb. *bĕʾērôṯ*)
Una de las cuatro ciudades de los heveos que hicieron pacto de paz con Josué (Jos 9.17) y fueron incorporadas a Benjamín (18.25-28; cf. 2 S 4.2-3). Los asesinos de Isboset, Bana y Recab (1 Sam. 4.2-3), vinieron de Beerot, al igual que Nahari, escudero de Joab (23.37 = 1 Cr 11.39).

Eusebio habló de un Beerot que fue contemporáneo con él y estaba «bajo Gedeón» en tiempos del AT (*Onom.* 48.9-10). Su descripción de la ubicación de la aldea sugiere una identificación con el-Jib (167139) al noroeste de Jerusalén en el camino de Jerusalén a Nicópolis (Emaús; cf. la traducción de Jerónimo de *Onom.* 49.8-9: Neápolis). Otras ubicaciones posibles incluyen la antigua cudad de Tell-en-Naṣbeh (170143) o el-Bîreh (170146), que aparece c. 11 km (7 mi) hasta la carretera que lleva al norte de Jerusalén a través de el-Jib. Tal vez la descripción de Eusebio de Beerot en relación con el séptimo hito significaba que se podía acceder o avistar desde ese punto de la carretera principal.

MARK E. MOULTON

BEEROT (Gr. *Berea*)
Lugar cerca de Jerusalén, tal vez en el camino entre Nablus y Jerusalén 16 km (10 mi) al norte de la ciudad. Beerot sirvió como un lugar de descanso para las fuerzas de Báquides y Alcimo (1 Mac 9.4), quienes llegaron allí con 20 mil soldados de infantería y 2000 de caballería. Otras dos posibles localidades

son *el-Bêreh* y Bir ez-Zait, cerca de 13 km (8 mi) al norte de Jerusalén.

Aaron M. Gale

BEEROT BENE-JAACÁN (Heb. *bĕʾērōṯ bĕnê-yaʿăqān)* (también BENE-JAACÁN)
Los «pozos de los hijos de Jaacán,» un lugar cerca de Edom donde los israelitas acamparon durante la peregrinación por el desierto (Dt 10.6). En Números 33.31-32 se llama simplemente Bene-jaacán. Jaacán, nombrado como descendiente de Esaú (1 Cr 1.42), era antepasado epónimo de un clan edomita. Moderno Birein (095031), 11 km (7 mi) al norte de Cades-barnea, puede ser el sitio.

Pete F. Wilbanks

Zona residencial en la parte occidental de Tell Beerseba (Hierro II, a finales del siglo VIII a.C.). Un centro administrativo real, la ciudad fue habitada por la élite de la administración pública, con los ciudadanos ordinarios viviendo en pueblos de los alrededores y granjas (Data Systems Phoenix, Neal y Joel Bierling)

BEERSEBA (Heb. *bĕʾēr šeḇaʿ*)
Una ciudad importante en el Neguev. Beerseba, que significa «pozo del juramento» (Gn 21.25-31) o «pozo de los siete» (26.26-35), es mencionada de manera prominente en los relatos del AT desde los patriarcas en Génesis hasta el reasentamiento después del exilio.

Beerseba se utiliza a menudo para indicar la extensión sur de la tierra: p.ej., desde Dan, en el norte, hasta Beerseba, en el sur (p.ej., Jue 20.1; 2 S 24.2). En la asignación de los territories tribales fue para Simeón, pero el territorio de Simeón fue asimilado en Judá. Beerseba fue a menudo considerada la «capital del Neguev.» Breves referencias incluyen el nombramiento de los hijos de Samuel como jueces en Beerseba (1 S 8.2); Elías pasa a través de Beerseba cuando huye de Jezebel (1 R 19.3); su lugar alto es destruido por Josías (2 R 23.8); Amós condena la adoración en Beerseba (Am 5.5; 8.14); su reocupación por exiliados que regresaron (Neh 11.27).

La identificación del sitio del pozo de Abraham e Isaac no es segura. Algunos abogan por un pozo en la moderna (Bir es-Sebaʿ; 130072), otros por un pozo encontrado en Tell es-Sebaʿ/Tell Beer Shevaʿ (134072) al este. Las referencias a la ciudad en las historias del período de Israel de ocupación y control de la tierra son casi seguramente a la ciudad excavada en Tell es-Sebaʿ bajo la dirección de Yohanan Aharoni de 1969 a 1976. La ciudad fue ocupada en la Edad de Hierro probablemente a partir del siglo XII a.C. El primer asentamiento fortificado fue construido c. 1000 y continuó hasta c. 700, tal vez destruida por Senaquerib.

Grandes áreas del tell fueron excavadas, revelando edificios públicos y privados, murallas defensivas, y, en las excavaciones más recientes, un sistema de suministro de agua. Aharoni identificó, entre otros muchos hallazgos, un altar de piedra con cuernos: las piedras del cual estaban desmanteladas y en un contexto secundario. El tell no fue ocupado por casi 300 años, entonces revela evidencias de ocupación en los períodos persa, helenístico, romano, y árabe temprano.

Bibliografía. Z. Herzog, *Beer-sheba 2* (Tel Aviv, 1984); J. Perrot, et al., «Beersheba,» *NEAEHL* 1:161-73.

Bruce C. Cresson

BEESTERA (Heb. *bĕʿeštĕrâ*) (también ASTAROT)
Ciudad (también llamada Astarot) localizada en la tierra de Manasés y pasada a los clanes de los levitas (Jos 21.27; 1 Cr 6.71 [TM 56]. Ha sido identificada con Tell *ʿAshtarah* (243244) en la Avenida Real. En los 1920s, William F. Albright descubrió cerámicas fechadas en las edades de Bronce Temprano y Hierro.

Philip R. Drey

BEHEMOT (Heb. *behēmôṯ)*
Literalmente una «gran bestia». El término representa el plural de majestad (el plural de la palabra hebrea para «bestia, ganado», acompañado de verbos en singular) implicando una simple bestia (Job 40.15). La identificación tradicional de behemot ha sido el hipopótamo. En la religión egipcia el rey, en el papel del dios Horus, cazaba hipopótamos, que simbolizaban a Set, el dios del caos, asesino de Osiris, el padre de Horus. Después de ganar la batalla, Horus asumía el trono egipcio y establecía el orden.

Desde el descubrimiento de textos ugaríticos que identifican a Leviatán (Job 41.1) como un personaje mítico, la identificación de behemot como hipopótamo ha sido cuestionada. Algunos textos posbíblicos confirman el carácter mitológico de ambas bestias (1 En 60.7-9; 2 Esd 6.49-52). Estos textos sugieren que behemot, como leviatán, en los mitos ugaríticos, tenía un prototipo en la mitología preisraelita, tal vez entendido como un monstruo primordial, un símbolo mítico del caos.

PATRICIA A. MACNICOLL

BEKA

Peso equivalente a medio (Heb. *beqa'*) siclo o c. 5712 g (.2 oz), la cantidad de plata impuesta a todos los varones israelitas para la construcción del tabernáculo (Ex 38.26).

BEL (Heb. *bēl;* Acad. *bēlu[m]*)

Nombre común acádico que significa «amo», «gobernante», «señor», o «dueño»; afín al semítico occidental *ba'l.* En acádico el término era utilizado ampliamente para referirse al rey o para especificar a varios oficiales (p.ej., *bēl pihati,* «gobernador»). Junto al nombre propio de cualquier deidad, *bēlu* puede ser utilizado como un apelativo en diversas formas de declaraciones diferenciales: ej., *bēlu Šamaš,* «señor *Šamaš,*» o *Marduk bēliya,* «Marduk, mi señor». El título honorífico «señor» era utilizado independientemente desde bien temprano para uno o varios dioses: originalmente Enlil, y luego Marduk. En Babilonia, vino a ser título ubicuo de Marduk, el dios patrón del estado y la ciudad de Babilonia (véase Enuma Elis).

En el AT Bel ocurre siempre como un nombre o título de Marduk (Is 46.1; Jer 50.2; 51.44). Todos estos tres textos en los cuales ocurre se fechan a la mitad del siglo VI a.C., durante, o inmediatamente después de la época imperial neobabilónica (605-539). En Isaías 46.1, Bel es emparejado con Nebo, el dios mesopotámico *Nabû; Marduk* y *Nabû* eran las deidades principales del estado de Babilonia. Isaías 46.1-2 los describe juntos en procesión apartándose sin esperanza de Babilonia hacia el exilio, probablemente una reinterpretación satírica de su procesión ritual durante el festival de año nuevo babilónico, o *festival akītu.* Jeremías 50.2b dice: «¡Tomada es Babilonia, Bel es confundido, deshecho es Merodac.». Aquí el uso de *bēl* como nombre para Marduk es explícito. En Jeremías 51.44 Jehová declara: «Y juzgaré a Bel en Babilonia». Es difícil determinar si los oráculos contra Babilonia en Jeremías 50-51 datan de un periodo antes de la caída de Babilonia o para el tiempo de Ciro el rey persa en 539. Claramente el profeta asume que Jehová rescatará (¿o ha rescatado?) a su pueblo de Babilonia y su dios titular, Marduk-Bel. Bel es encontrado otra vez en la historia apócrifa de Bel y el Dragón.

Numerosos nombres en la Biblia y en epígrafes semíticos están compuestos con *ba'l.* En la Biblia, sin embargo, sólo un nombre con certeza está compuesto con el *bēl* semítico oriental: Belsasar (deletreado de varias maneras: Aram. *Bēlša'ṣṣar* en Daniel 5; *bēlšaṣṣar* in 7.1; 8.1); la forma en acádico es *Bēl-šarra-uṣur,* «Bel (es decir, Marduk) protege al rey». Belsasar fue coronado príncipe e hijo de Nabonido, el último rey del imperio babilónico.

DAVID VANDERHOOFT

BEL Y EL DRAGÓN

Véase DANIEL, ADICIONES A.

BELA (Heb. *bela'*) **(LUGAR)**

Nombre original de Zoar, una de las «ciudades del valle» de Sidim (Gn 14.3), probablemente localizada en el banco sureste del Mar Muerto.

BELA (Heb. *bela'*) **(PERSONA)**

1. Hijo de Beor y rey de Edom que reinó desde la ciudad de Dinaba (Gn 36.32-33 = 1 Cr 1.43-44).

2. El hijo mayor de Benjamín (Gn 46.21; 1 Cr 7.6; 8.1). Sus descendientes eran los Balaitas.

3. El hijo de Azaz y pastor gobernante de la tribu de Rubén que poseía una gran cantidad de territorio en la tierra de Galaad (1 Cr 5.8-9).

BELÉN (Heb. *bêṯ leḥem, bêṯ halaḥmî;* Gr. *Bēthleém*)

Nombre de una ciudad originalmente derivado de la forma hebrea «*bayiṯ* , «casa», designando un lugar de culto, y el nombre de un par de deidades agrícolas mesopotámicas antiguas, Lamu y Laamu, mencionadas al comienzo de la cosmogonía del *Enuma Elis.*

1. Villa en el territorio tribal de Zabulón (Jos 19.15). Con toda seguridad era el pueblo natal del juez Ibzán (Jue 12.8, 10). El nombre sobrevive en el moderno *Beit Laḥm,* a 11 km (7 mi) al noroeste de Nazaret.

2. Belén de Judá, localizada a 8 km (5 mi) sursuroeste de Jerusalén, a una elevación de cerca de 762 m (2500 pies), y justo al este del camino de Hebrón que corre junto a la cordillera del area montañosa de Judá. La mención más antigua de la ciudad puede haber sido en el siglo XIV a.C. en las Tabletas Amarna (*ANET,* 489, n. 21) en las cuales el gobernador de Jerusalén Abdi-heba sugiere que Bit Lahmi (o *Bitilu Nin.urta*) ha caído en las manos del pueblo merodeante *'Apiru.*

El origen de la ciudad es desconocido, y el lugar es mencionado por primera vez como Efrata, y paréntéticamente Belén, justo al norte de donde murió Raquel después de haber dado a luz a Benjamín (Gn 35.19; 48.7). La ciudad no es mencionada en el texto hebreo de los lugares otorgados a Judá en Josué 15.1-63, aunque la LXX la incluye en el noveno distrito de Judá. Salma, nieto de Caleb a través de Efrata, es llamado «el padre de Belén» en 1 Crónicas 2.51. Inspección de la superficie del montículo inmediatamente al este de la Iglesia de la Natividad produjeron restos de las edades de Bronce y Hierro, pero todavía no se ha realizado excavación estratigráfica en la ciudad moderna.

Desde el tiempo de los jueces se han conocido habitantes israelitas en Belén. Aunque la ciudad no había sido asignada a los levitas, un joven levita de Belén sirvió como sacerdote de Micaía en el área montañosa de Efraín (Jue 17.7). Fue la casa de la concubina de un levita efrainita cuyo asesinato precipitó la guerra civil contra la tribu de Benjamín, conducente a la casi eliminación de la tribu (Jue 19-20). Belén fue el hogar de Elimelec y Noemí, y aquí Rut conoció a Booz, quien como su redentor-pariente compró el campo de su difunto esposo. Así Belén fue el pueblo natal de David, su descendiente a través de Obed e Isaí.

La ciudad creció a prominencia después que Samuel ungiera a David como el segundo rey de Israel (1 S 16.1-13). Los filisteos establecieron un puesto militar en Belén en los días de Saúl (2 S 23.13-17) mientras David estaba juntando su banda de guerreros. Más tarde Roboam fortificó a Belén y 14 otras ciudades de Judá como una red de defensa alrededor de Jerusalén (2 Cr 11.5-6). Mencionados entre los que regresaron del exilio en Babilonia bajo Zorobabel había 123 hombres de Belén (Esd 2.21; Neh 7.26 cita 188 combinados de Belén y Netofa).

La profecía de Miqueas concerniente la rey mesiánico (Mi 5.2 [TM 1] le era familiar a los líderes de Jerusalén a quienes Herodes llamó cuando los magos buscaron información concerniente el nacimiento del rey (Mt 2.1-8). Mateo escribe que Herodes luego ordenó el asesinato de los niños varones de dos años o menos en Belén (Mt 2.13-18).

Jesús nació en Belén cerca del 6 a.C., y los cristianos de comienzos del siglo II d.C. reverenciaban una cueva de piedra caliza como el lugar del nacimiento del Mesías (Justino Mártir, *Dial.* 78). Un pequeño bosque sagrado en el lugar fue dedicado a Adonis (Tamuz) en el tiempo de Adriano, siguiendo su supresión de la rebelión de Bar Kokhba de 132-135. Los judíos fueron expulsados de Belén y Jerusalén en el distrito de Aelia Capitolina, y numerosos

Campo tradicional de los pastores en Belén. En la distancia está el Tell Herodión (Allen C. Myers)

lugares sagrados tanto judíos como cristianos fueron profanados. Tertuliano confirma la ausencia de judíos en Belén, y en el Protoevengelio de Santiago del siglo II (Prot Stg 18.1; 19.2) se refiere a la cueva como la que José encontró para el nacimiento de Jesús. Orígenes que viajó por Palestina cerca del 215, habló del pesebre de Jesús (*Contra Cels.* 1.51).

Con el apoyo de Elena, la madre de Constantino el Grande, la construcción de la primera Iglesia de la Natividad comenzó sobre la cueva tradicional del nacimiento de Jesús (Eusebio, *Vida de Constantino* 3.25-32, 51-53). De acuerdo al peregrino Bordeaux (c. 333) la «basílica» fue construida «en la gruta que había sido el lugar del nacimiento del Salvador» (Eusebio 3.43). El santuario fue dedicado en el 31 de mayo del 339. Jerónimo residió en una de las cuevas aledañas desde el 385 al 420, durante el tiempo que preparó su traducción Vulgata.

Bibliografía. M. Avi-Yonah, «Bethlehem,» *NEAEHL* 1.203-10; J. Finegan, *The Archaeology of the New Testament*, 2nd ed. (Princeton, 1992), 22-43.

R. Dennis Cole

BELIAL (Heb. *beliyyaʿal;* Gr. *Beliár*)

En la literatura hebrea antigua, el posesivo «(de) *beliyyaʿal*» (p.ej., Dt 13.13 [TM 14]; Jue 19.22) provee una connotación maligna a la gente o las cosas (lit., «hijos de *beliyyaʿal*»). A pesar de que la etimología de la palabra permanece incierta, del paralelismo de Mot y Seol en 2 Samuel 22.5-6 = Salmo 18.4-5 (5-6) los eruditos reconocen un trasfondo mitológico original. Sin embargo, el contexto bíblico actual y la traducción griega de LXX siempre le otorgan el sentido de maldad general a la palabra.

En eñ periodo helénico-romano tardío, algunos grupos judíos (incluyendo los primeros cristianos), en línea con la teología del Libro de los Vigías (1 En 1-36), reclamaron la creencia en un origen angelical del mal. En algún punto, estos grupos tomaron el término Belial como uno de los nombres del jefe de los demonios, el diablo. No sabemos con exactitud cuándo ocurrió este fenómeno. Las dos referencias en el libro de Jubileos (de mediados del siglo II a.C.) todavía son ambiguas y pueden ser traducidas como «espíritus de maldad» (Jub 1.20) e «hijos de iniquidad» (15.33), semejante al uso bíblico de los términos como nombre común. Es en la literatura de Qumrán que Belial aparece clara y repetidamente como un nombre propio (p.ej., 1QH, 1QS, 1QM). El Documento de Damasco es tal vez la evidencia literaria existente más antigua de este uso (CD 4.13, 15; 5.8). Ninguna teología específica del papel y función del diablo parece haber sido relacionada a la denominación del diablo como Belial (o su variante como Beliar). El nombre era utilizado por documentos de diversas teologías, especialmente el Testamento de los Doce Patriarcas, la Vida de los Profetas (Vid Pro 4.6, 20; 17.2), los Oráculos Sibilinos (Sib Or 2.167; 3.63, 73), el Martirio y Ascensión de Isaías (p.ej. Mart Isa 1.8, 9; 2.4), y 2 Corintios 6.15. Después del siglo I d.C. tanto las tradiciones rabínicas como cristianas en ocasiones retienen el nombre Belial como parte de su herencia común. El nombre, sin embargo, nunca recuperó su popularidad anterior.

Bibliografía. P. Sacchi, *Jewish Apocalyptic and Its History.* JSP Sup 20 (Sheffield, 1997); J. A. Emerton, «Sheol and the Sons of Belial,» *VT* 37 (1987): 214-17.

Gabriele Boccaccini

BELMAIN (Gr. *Belmaín*) (también BALBAIM, BALAMON)

Aldea en Palestina donde los judíos levantaron fortalezas en su lucha contra Holofernes (Jdt 4.4). Si Betulia es otro nombre para Siquem, Belmain puede haber estado ubicada en las proximidades de Dotán, c. 14 km (9 mi) al norte de Samaria (cf. Jdt 7.3, Balbaim; 8.3, Balamon).

BELSASAR (Heb. *bēlša'ṣṣar;* Acad. *bēl-šarra-uṣur*)

Gobernante de Babilonia durante el tiempo de Daniel. De acuerdo a la Biblia, fue muerto cuando la ciudad fue capturada por los medos y los persas en el 539 a.C. (Dan 5.30).

Belsasar gobernó en lugar de su padre Nabonido (556-d529), quien estuvo en Arabia por un extenso periodo de tiempo. Nabonido le había confiado su ejército y reinado a su hijo, quien aparentemente era considerado como corregente, una situación única en la historia de Mesopotamia. Belsasar, sin embargo, nunca fue llamado rey, tampoco tuvo parte en los Festivales de Año Nuevo. Su titularidad en Babilonia duró hasta el año 14 del reino de su padre (c. 543), que pudo haber sido cuando Nabonido regresó. Un número de textos legales, contratos, y cartas describen a Belsasar como el príncipe y delinean sus responsabilidades como cogobernante supervisando las propiedades de los templos de Uruk y Sippar y arrendando las tierras de los templos. De acuerdo a las Crónicas de Nabonido, Belsasar era el nieto de Nabucodonosor II (cf. Bar 1.11-12), pero esto puede ser un atentado para justificar el reino de su padre, dado que Nabonido no era parte de la familia real.

El libro de Daniel puede tener eventos fechados durante el gobierno de Belsasar (cf. Dn 7.1; 81.), aunque textos cuneiformes los cuentan como durante el reino de su padre. El banquete bizarro de Belsasar (Dn 5) no aparece en fuentes extrabíblicas, y no hay indicios de que el reino estuviera a punto de caer. Su nombre desaparece abruptamente de los archivos en 543. Pudo haber sido capturado en Babilonia en 539 o derrotado por Ciro, el persa, mientras comandaba las fuerzas babilónicas en Apis. Belsasar es mencionado también por el historiador griego Herodoto (*Hist.* 1.188) y Josefo (*Ant.* 10.254).

Bibliografía. R. P. Dougherty, *Nabonidus and Belshazzar.* Yale Oriental Series 15 (New Haven, 1929); A. K. Grayson, *Assyrian and Babylonian Chronicles* (Locust Valley, 1975).

Mark W. Chavalas

BELTSASAR (Heb. *bēlṭšaʾṣṣar)*

El nombre babilónico (Acad. *balāṭsu-uṣur*, «protege su vida») dado a Daniel durante su cautividad en Babilonia (Dn 1.7; 2.26; 4.8-9). En Daniel 4.8, Nabucodonosor interpreta el nombre como derivado de la deidad babilónica Bel, pero esto es probablemente etimología popular. La LXX y la Vulgata dicen: «Baltasar» que en la tradición católico-romana vino a ser uno de los tres magos del oriente que visitaron al infante Jesús.

BEN

Usado como un prefijo, es un término que designa una relación o condición (Heb. *bēn*, «hijo de»; pl. *běnê*). Más a menudo, alude a algún descendiente directo varón, pero también puede aludir al miembro de una tribu o pueblo («hijos de Israel» Gn 42.5), origen nacional o geográfico («hijo de Jabes», 2 R 15.10), una clase social o profesional («hijos de los profetas», ej., 1 R 20.35; 2 R 2.3). «Hijos de Dios» puede referirse a creyentes, fieles (Gn 6.2; Os 1.10) o ángeles (Job 1.6; 2.1; 38.7).

BEN-ADAD (Heb. *ben-hădad)*

Lo más probable el nombre real tomado por el rey de Damasco (Aram. Bir-hadad). Aunque los eruditos debaten en cuanto a la precisión de cuántos gobernantes tienen este nombre en la Biblia y en la evidencia epigráfica preservada en acadio y arameo, probablemente tres reyes son atestiguados.

1. Ben-adad I (c. 885-865 a.c.), el hijo de Tabrimón y nieto de Hezión (1 R 15.18); contemporáneo de los reyes Baasa de Israel y Asa de Judá. Asa llamó a Ben-adad I para que lo ayudara atacando el norte de Israel mientras Baasa estaba restringiendo el acceso a Jerusalén a través de fortificaciones en la frontera (1 R 15.16-22 = 2 Cr 16.1-6). El plan funcionó para Asa, pues Ben-adad tomó los pueblos de «Ijón, Dan, Abel-bet-maaca, y toda Cineret, con toda la tierra de Neftalí» (1 R 15.20). Esta adquisición le dio a Damasco el control sobre las rutas comerciales al área sur de Fenicia. Para el tiempo del reino de Acab (875-853) la región estaba otra vez en manos israelitas.

2. Ben-adad II (c. 865-842), el hijo o el nieto de Ben-adad I. Contemporáneo con el rey Acab de Israel, Ben-adad II es conocido por su fracasado sitio de Samaria, seguida la primavera siguiente por la derrota catastrófica en Afec (1 R 20). Luchó del lado de Acab contra el rey asirio Salmanasar III en Qarqar (853), pero Acab murió en la batalla contra las fuerzas de su ex aliado en Ramot de Galaad (1 R 22.29-36). Ben-adad II fue luego asesinado por el usurpador Hazael, a quien Ben-adad había enviado para preguntar a Eliseo en relación a su recuperación de su enfermedad (2 R 8.7-15).

3. Ben-adad III (reinó desde c. 806), hijo del usurpador Hazael. Hazael había sido el rey más poderoso de Damasco, pero su hijo sufrió una serie de derrotas que redujo grandemente su reino heredado. Fue derrotado tres veces por Joás, que libertó a Israel del vasallaje de Damasco (2 R 13.25). De acuerdo a la estela de Zaccur, Ben-adad III no tuvo éxito en un sitio de Hazrac, una ciudad del reino de Hamat. Además, el rey asirio Adadnirari III atacó Damasco, haciendo que la ciudad se rindiera a su rey *Mar'i* (identificado como Ben-adad III) y pagara tributos en el 796.

La ambigüedad en enumerar los Ben-adad atestiguados se debe en parte a la estela de Melqart. El rey de Aram (título que un número de ciudades podían reclamar, no sólo Damasco) que comisionó la estela es Ben-adad. Su patronímico está roto, y su reconstrucción es motivo de debates. Frank Moore Cross es el proponente más fuerte para identificar este patronímico con el de Hadadezer de los anales asirios, quien es usualmente considerado como Ben-adad II. Así, el Ban-adad de la inscripción debe ser considerado Ben-adad III, y el hijo de Hazael sería Ben-adad IV.

Confusión adicional surge de la identidad del Hadadezer de los anales asirios. Es identificado con Ben-adad II por la mayoría de los eruditos, en base a la fuerza de la aparición de las referencias bíblicas señalando el líder de Damasco durante el mismo periodo. Esto sugiere la noción del uso de este nombre como un nombre real, asumido por todos los gobernantes de la ciudad.

Mark Anthony Phelps

BENAÍA (Heb. *bĕnāyâ, bĕnāyāhû*)

1. Hijo del sacerdote Jeoiada, de Cabseel, el pueblo sureño de Judá, comandante del ejército de Salomón. Benaía llegó a la prominencia bajo David, como comandante de los cereteos (cretos) y los peleteos (filisteos), la tropa mercenaria de los guardaespaldas de David (2 S 8.18; 20.23; 1 Cr 18.17). Los actos de Benaía eran renombrados entre los treinta de David, aunque no era parte de los primeros tres (2 S 23.20-23 = 1 Cr 11.22-25). Al final de la vida de David, él se unió a Salomón contra Adonías, y aseguró la posición de Salomón en el trono (1 R 1.36-38). Basado en la petición de Salomón, Benaía mató a Adonías (1 R 2.25), Joab (vv. 29-34), y Simei (v. 46). Salomón recompensó a Benaía nombrándolo al frente de su ejército en lugar de Joab (1 R 2.35). El Cronista añade que Benaía era el comandante sobre la milicia de David de 24 mil que sirvió durante el tercer mes, pero también sugiere que él puso a cargo a su hijo Amisabad (1 Cr 27.5-6). Otro hijo, Joiada, sucedió a Ahitofel como el consejero de David (1 Cr 27.34).

2. Efrainita de Piratón; uno de los Treinta de David (2 S 23.30 = 1 Cr 11.31). Se le había encargado la milicia de David de 24 mil que sirvieron durante el undécimo mes (1 Cr 27.14).

3. Uno de los varios jefes simeonitas que emigraron a la región de Gedor durante el reinado del rey Ezequías (1 Cr 4.36).

4. Músico levita que fue nombrado bajo la orden de David para que tocara el arpa frente al arca (1 Cr 15.18, 20; 16.5). Probablemente es el abuelo del levita Jahaziel, que profetizó durante el reinado de Josafat (2 Cr 20.14).

5. Uno de los sacerdotes nombrados por David para tocar la trompeta delante del arca (1 Cr 15.24; 16.6).

6. Levita que ayudó supervisando las contribuciones al Templo durante el reinado de Ezequías (2 Cr 31.13).

7-10. Cuatro israelitas que expulsaron sus esposas extranjeras durante el tiempo de Esdras Eran descendientes de Paros, Pahat-moab, Bani, y Nebo respectivamente (Esd 10.25, 30, 35, 43).

11. Padre de Pelatías, un oficial del pueblo cuya muerte fue parte de la visión de Ezequiel (Ez 11.1, 13).

Ronald A. Simkins

BEN-AMMI (Heb. *ben-ʿammî*)

Epónimo antepasado de los amonitas, representado como el producto de la relación incestuosa entre Lot y su hija más joven (Gn 19.38).

BEN-DECAR [Hijo de Decar] (Heb. *ben-deqer*)

Oficial a cargo del Segundo distrito administrativo de Salomón, que incluía Macaz y Bet-semes (1 R 4.9).

BENDECIR, BENDICIÓN

La raíz hebrea *brk* tiene un número de significados etimológicos no relacionados entre sí: las formas verbales y nominales de «bendecir»; las formas verbales y nominales de «arrodillarse»; y el sustantivo «estanque», «charco», «palangana». Incluso dentro del ámbito semántico de «bendecir», *brk* puede significar conferir bondad o favor o saludar, felicitar, agradecer, hacer la paz, adorar, o alabar. El participio pasivo de qal *bārûḵ*, con el significado de «bendición» ocurre más a menudo en la fórmula «bendito sea…» En siete instancias, *bāraḵ* es utilizado como «maldecir» (p.ej., Sal 10.3 [DHH]); porque tales maldiciones son dirigidas a Dios, muchos eruditos las atribuyen a enmiendas de los escribas a pesar de la ausencia de evidencia textual.

Brk es más a menudo una marca de relaciones, significando la existencia de alguna relación sagrada, legal, o social. Dios, los ángeles, y la humanidad pueden bendecir; Dios, la humanidad, y objetos inanimados pueden ser bendecidos. Precisamente lo que es comunicado por el acto de bendecir difiere dependiendo de quien ofrece y quien recibe la bendición. Lo más importante, sin embargo, bendecir es una declaración preformativa, o una declaración de algún acto, que trae bienestar sobre alguien, o algo en contraste con maldición, que es dañino para su receptor.

Dios bendice repetidamente a individuos (Job 42.12), grupos (cf. Ex 32.29), y naciones (Jer 4.2), particularmente a Israel (Dt 26.15), de acuerdo con su pacto de relación divino-humana. Esta idea es enfatizada en la historia deuteronomista y los profetas a través de la concesión divina de bendición por la obediencia al pacto, en oposición a maldición por violación del pacto (Dt 27-28). Tales bendiciones y maldiciones servirían para hacer cumplir las provisiones de la ley (Jos 8.34). Es probable que los escritores hebreos modelaran esta relación de pacto en los tratados de señorío del Cercano Oriente. Debe hacerse notar que hay gran desacuerdo entre los eruditos con relación a la extensión en la cual la bendición divina tiene que ver con la historia de la salvación en lugar de la naturaleza y la creación según es establecida en la historia primitiva. Los beneficios de Dios son diversos e incluyen vitalidad, salud, longevidad, fertilidad, tierra, prosperidad, honor, victoria, y poder. Dios también bendice a criaturas (Gn 1.22; Dt 28.4), y objetos inanimados, tales como la tierra (Dt 26.15), viviendas (Pr 3.33), cosecha (Dt 7.13), el pan y el agua (Ex 23.25), el trabajo (Dt 28.8), y el sábado (Gn 2.3), usualmente para el beneficio de la humanidad.

Los humanos también bendicen. Mientras que la erudición de principios del siglo XX sugirió que las menciones en el mundo antiguo tenían un poder independiente de Dios, la erudición más reciente concluye que Dios es la fuente original de todas las bendiciones humanas (Nm 6.22-27; 23.30). En primer lugar, humanos pueden bendecir a otros en su papel como intermediarios de Dios, p.ej., cabezas de familia (Gn 9.1), líderes (Ex 39.43), reyes (2 S 6.18 = 1 Cr 16.2), profetas (Nm 23.11), sacerdotes (1 S 2.20), o discípulos (Hch 3.26). Tales bendiciones podían poseer significado legal o sagrado. Una bendición en el lecho de muerte de un jefe de familia servía como un legado de propiedad irrevocable (Gn 27-28; 48-49). Una bendición también podía poseer el estatus legal de un tratado de paz cuando era ofrecida por un rey u otra autoridad (2 R 18.31 = Is 36.16). Los sacerdotes eran especialmente importantes por sus funciones litúrgicas (Nm 6.24-26).

En segundo lugar, una persona podía invocar la bendición divina sobre otra, que podía ser ofrecida por cualquiera en los asuntos más mundanos de la vida en saludos (Gn 47.7), al despedirse (Gn 24.60), entre anfitrión e invitado (1 S 25.14), en amistad (2 S 21.3), como felicitación (1 Cr 18.10), en gratitud (Neh 11.2), o en homenaje (2 S 14.22). Una persona puede bendecirse a sí misma (Dt 29/19 [TM 18]). En todos estos casos, la bendición indica la presencia de una relación entre el dador y el recipiente que está fundada en la relación humano-divina.

En tercer lugar, los humanos pueden bendecir cosas. Este es otro aspecto de la invocación del favor de Dios sobre la humanidad, que surge del uso del objeto bendecido. La consagración de artículos de sacrificio es, con toda posibilidad, el ejemplo más significativo de esta categoría (2 S 9.13).

Finalmente, los humanos y los ángeles pueden bendecir a Dios (Sal 134.1-2; 103.20). Los eruditos no están de acuerdo respecto al significado de este tipo de bendición; ¿significa la concesión de favor o bondad a Dios? La respuesta depende no sólo del punto de vista de la persona de la teología israelita, sino también en el punto de vista antropológico de los israelitas antiguos en relación al poder mágico del acto de hablar mismo. La erudición más reciente sugiere que con más probabilidad *brk* aquí indica sólo los actos de adoración, alabanza, o acción de gracias (Sal 115.17-18).

La palabra «bendecir» también puede ser utilizada para traducir el Heb. *ʾašrê* (o *ʾōšer*, Gn 30.13), que puede también ser traducido como «feliz» o «bienaventurado». Esta palabra se encuentra más frecuentemente en las fórmulas de bendición encontradas en los Salmos y Proverbios: «bienaventurados los…» En el NT el equivalente es el griego *makários*, que se encuentra más notablemente en las Bienaventuranzas (Mt 5).

En el NT las bendiciones de Jesús toman importancia considerable. Jesús bendice (Gr. *eulogéō*) los elementos de la Cena del Señor (Mt 26.26-28), y de la misma manera Pablo llama el vino de la comunión la copa de bendición (1 Co 10.16). Jesús también bendice los panes de los milagros de multiplicación de panes (Mt 14.19), así como a los discípulos (Lc 14.50-51). La bendición sobre quienes maldicen y se oponen a los seguidores del Señor es otro tema significativo (Lc 6.28). En los escritos de Pablo, «bendecir» toma un significado adicional en el cual Dios es llamado el bendito en el sentido de ser santo (Ro 1.25).

Bibliografía.*C.* W. Mitchell, *The Meaning of BRK «To Bless» in the Old Testament.* SBLDSal 95 (Atlanta, 1987); R. Westbrook, «Undivided Inheritance,» in *Property and the Family in Biblical Law.* JSOT Sup 113 (Sheffield, 1991), 188-41; C. Westermann, *Bles-*

sing in the Bible and the Life of the Church. OBT (Philadelphia, 1978).

F. Rachel Magdalene

Frank D. Wulf

BENE-BERAC (Heb. *bĕnê-bĕraq*)
Ciudad en la herencia tribal de Dan (Jos 19.45), localizada en el llano de la costa. El lugar ha sido identificado como la moderna *Keirîyah/Ibn Ibrâq* (133160), a 4 km (2.5 mi) al sur de Bene-barac, un suburbio de Tel Aviv que preserva el nombre bíblico.

BENEDICTUS
Cántico de Zacarías (Lc 1.68-79), proclamado al nacimiento de su hijo Juan el Bautista, y nombrado por la primera palabra en la versión latina. Como el Magnificat de María, es un himno profético de alabanza a Dios por su visitación y su genuina alianza bondadosa (cf. Salmos; Is 9; Mal 4; 1QM 14.4-5). El himno (especialmente los versos 76-77) ofrece una interpretación cristiana de Juan como precursor, a pesar de no decir nada sobre su trabajo como bautista o su muerte. La salvación de enemigos (no especificados) que odian (Neh 9.27; Sal 106.9-10) y significa «libertad del miedo para servir» (v. 74), perdón de pecados (v. 77), y paz (v. 79).

Sĕn Kealy, C.S.Sp.

BENE-JAACÁN (Heb. *bĕnê yaʿăqān*) (también BEEROT BENE-JAACÁN)
Campamento israelita durante el viaje por el desierto, localizado cerca de la tierra de Edom (Nm 33.31-32). En Deuteronomio10.6 es llamado Beerot bene-jaacán.

Pete F. Wilbanks

BEN-GEBER [HIJO DE GEBER] (Heb. *ben-geber*)
Oficial del sexto distrito administrativo de Salomón, que consistía del área norte de Galaad y Argob (1 R 4.13).

BEN-HAIL (Heb. *ben-ḥayil*)
Príncipe de la tribu de Judá, a quien el rey Josafat envió (con otros) a través de la ciudades del reino del sur con la intención de instruir al pueblo en la Ley (2 Cr 17.7).

BEN-HANÁN (Heb. *ben-ḥānān*)
Judaíta, uno de los cuatro hijos de Simón (1 Cr 4.20).

BEN-HESED [HIJO DE HESED] (Heb. *ben- ḥesed*)
Oficial de Salomón sobre el tercer distrito administrativo, que incluía a Soco y toda la tierra de Hefer. Residía en Arubot (1 R 4.10).

BEN-HINNON, VALLE DE
Véase Gehena; Hinom, Valle de.

BEN-HUR [HIJO DE HUR] (Heb. *ben- ḥûr*)
Oficial nombrado por Salomón sobre el área montañosa de Efraín, el primer distrito administrativo (1 R 4.8).

BENINU (Heb. *bĕnînû*)
Levita que puso su sello en el pacto renovado bajo Nehemías (Neh 10.13 [TM 14]).

BENJAMÍN (Heb. *binyāmîn*)

1. Uno de los 12 hijos de Jacob; también el territorio y tribu que lleva su nombre. Benjamín fue el hijo más joven de Jacob, uno de los dos hijos (junto a José) nacidos a Jacob y Raquel (Gn 34.16-19). Raquel murió durante el parto, llamando al niño «Benoni», «hijo de mi tristeza». Jacob lo renombró Benjamín, «hijo de la derecha-sur» (o «hijo de mi buena fortuna»: ¿la «tristeza» de Raquel vino a ser la «fortuna» de Jacob?). De hecho, Benjamín fue el hijo amado por Jacob (Gn 44.20), y José tomó esto en consideración con el fin de traer a Jacob y su clan a Egipto (cap. 42).

El territorio de Benjamín estaba localizado en las áreas montañosas de Judea. Su inestable límite al norte estaba cerca de Bet-el, su frontera al sur, cerca de Jerusalén. Al este Benjamín se extendió hasta el Jordán; el oeste, hasta la Sefela. Como Benjamín está entre Judá, la tribu preeminente del sur, y Efraín, la tribu preeminente del norte, su ubicación era estratégica. La orientación geográfica de su nombre («hijo del sur») probablemente resulta de la localización de Benjamín al sur de la tribu de José, Efraín. Una expresión de la importancia estratégica de Benjamín es que dos libros diferentes en la Biblia, Génesis al nivel familiar y Jueces a nivel tribal, terminan con historias sobre la restauración de un Benjamín extraviado al grupo mayor.

Relacionado, tal vez, con la ubicación estratégica de Benjamín fue la historia violenta de la tribu. Llamado «lobo arrebatador» (Gn 49.27), Benjamín produjo muchos guerreros: el juez Aod, asesino de Eglón, rey de Moab (Jue 3.15-23); las 700 tropas mencionadas en Jueces 20.16 (como Aod, estos guerreros eran «zurdos»); Saúl; los asesinos de Baana y Recab (2 Sa

4.2); y, entre los guerreros de David, Itai (23.29). Benjamitas de Gabaa violaron y trataron brutalmente a la esposa de un levita (Jue 19), causando una guerra civil entre los benjamitas y las otras tribus (cap. 20); los benjamitas fueron diezmados y los hombres sobrevivientes recurrieron a la captura de mujeres con el fin de mantener su linaje (cap. 21). Otro benjamita notable lo fue Jeremías (Jer 1.1).

A pesar de las antiguas conexiones con la casa de José (Sa 80.2 [TM 3]) y ayuda para un hijo preferido, Saúl, antes (2 S 2.9; 16.5-8), Benjamín se unió a Judá después de la división de la monarquía (1 R 12.21). Por el resto del periodo monárquico hasta el periodo del exilio, Benjamin, junto a Judá, componían la nación de Judá y más tarde la provincia persa de Yehud (Neh 11.4).

Pablo (Saulo) era benjamita (Ro 11.1), tocayo del ancestro tribal mencionado por el apóstol en un sermón en Antioquía (Hch 13.21).

Bibliografía. B. Halpern, *The First Historians: The Hebrew Bible and History* (1988, repr. University Park, Pa., 1996), 40-43.

Gregory Mobley

2. Hijo de Bilhán, de la tribu de Benjamín (1 Cr 7.10).

Israelita de la familia de Harim que había tomado una mujer extranjera como esposa (Esd 10.32). Puede que sea la misma persona que trabajó en la restauración de las murallas de Jerusalén y tomó parte en su restauración (Neh 3.23; 12.34).

BENO (Heb. *bĕnô*)
El hijo de Jaazías, un levita (1 Cr 24.26-27). El término hebreo puede ser traducido como «su hijo» (cf. LXX) más que como un nombre propio.

BENONI (Heb. *ben-ʾônî*)
Nombre (Heb. «hijo de mi tristeza») dado por Raquel a su hijo más joven. Jacob, sin embargo, lo cambió a Benjamín («hijo de la mano derecha»; Gn 35.18).

BENZOHET (Heb. *ben-zôḥēṯ*)
Hijo de Isi de la tribu de Judá (1 Cr 4.20). El nombre también puede ser interpretado para que signifique que él es el hijo de Zohet y nieto de Isi.

BEÓN (Heb. *bĕʿōn*)
Pueblo en el territorio de Rubén (Nm 32.3).
Véase Baal-meón.

BEOR (Heb. *bĕʿôr*)
1. Padre de Bela, primer rey de Edom (Gn 36.32; 1 Cr 1.43).

2. Padre del vidente Balaam (ej. Nm 22.5; cf. 2 P 2.15, Gr. *Bosór,* siguiendo el Vaticanus).

BEQUER (Heb. *beḵer),* BEQUERITAS (*baḵrî*)
El segundo hijo de Benjamín, de acuerdo con dos genealogías benjaminitas (Gn 46.21; 1 Cr 7:6), y el padre de Zemira, Joás, Eliezer, Elioenai, Omri, Jeremot, Abías, Anatot, y Alemet (1 Cr 7.8). Otras dos genealogías benjaminitas, sin embargo, omiten Bequer, incluyendo en la lista a Asbel como el segundo hijo de Benjamín (Nm 26.38; 1 Cr 8.1). En Génesis 46.21 Asbel es listado como el tercer hijo de Benjamín después de Bequer, pero no aparece en la genealogía de 1 Crónicas 7.6. Esta es solo una de las muchas inconsistencias con las genealogías benjaminitas.

Bequer también aparece en una genealogía como el Segundo hijo de Efraín (Nm 26.35), pero este nombre se omite en la LXX y puede haber sido colocado fuera de lugar de la genealogía de Benjamín que le sigue. Por otra parte, el segundo hijo de Efraín es Bered (1 Cr 7.20), un nombre que podría haber sido confundido por Bequer. La proximidad geográfica de Benjamín y Efraín también podría haber llevado a la confusión sobre la ascendencia del clan bequerita.

Ronald A. Simkins

BERA (Heb. *beraʿ*)
Rey de Sodoma, derrotado cuando Quedorlaomer invadió el valle de Sidim (Gn 14.2).

BERACA (Heb. *bĕrāḵâ*)
Guerrero benjamita que desertó a David en Siclag (1 Cr 12.3).

BERACA (Heb. *bĕrāḵâ*), **VALLE DE**
Lugar («valle de bendición») donde Josafat reunió sus soldados para bendecir a Dios después que varios pueblos de Transjordania invadieron su tierra, pero luego se mataron los unos a los otros (2 Cr 20.1-30). El lugar puede ser *el-Baqʿah* (170116), al noroeste de Kirbet et-Tuqu, bien situado cerca del camino de la cordillera entre Belén y En-gadi. El valle cerca de Belén donde Kirbet Bereikut (164117) está es otra posible localización. Dado que *bĕrēḵâ* significa «fuente de agua», el nombre moderno probablemente revela una asociación tradicional con

Wadi-el-Arrub, un lugar bien irrigado justo al sur de este lugar. De cualquier manera, el lugar no está lejos de Tecoa (2 Cr 20.20). Joel 3.2, 12 (TM 4.2, 12) puede aludir a Beraca en su profecía sobre un «valle de Josafat» apocalíptico.

MARK E. MOULTON

BERAÍAS (Heb. *bĕrā'yâ*)
Un hijo de Semaías, un descendiente de David después del exilio (1 Cr 3.22).

BERAÍAS (Heb. *bĕrā'yâ*)
Hijo de Simei y descendiente de Saharaim de la tribu de Benjamín (1 Cr 8.21).

BEREA (Gr. *Berea*)
Lugar cerca de Jerusalén, tal vez cerca del camino Nablus-Jerusalén, 16 km (10 mi) al norte de la ciudad. Berea sirvió como punto de parada para las fuerzas de Báquides y Alcimo (1 Mac 9.4), que arribaron allí con 20 mil soldados de infantería y 2000 de caballería. Otras dos ubicaciones posibles son el-Bîreh y Bir ez-Zait, c. 13 km (8 mi) al norte de Jerusalén.

AARON M. GALE

BEREA (Gr. *Béroia, Bérroia*)

1. Ciudad de Macedonia en las estribaciones del Monte Bermión, a 80 km (50 mi) al oeste de Tesalónica. La Via Egnatia pasaba a unos kilómetros al norte. Bajo los romanos vino a ser la sede de la confederación macedonia *(koinón)* y fue el asiento del culto imperial. En el siglo I d.C. era una ciudad populosa y próspera.
Pablo y Silas salieron de Tesalónica a Berea, donde lograron convirtieron un número de personas (Hch 17.10-14). Pablo salió nuevamente cuando líderes judíos vinieron de Tesalónica e incitaron a la multitud contra él. Silas y Timoteo permanecieron en Berea y más tarde se unieron a Pablo en Corinto. Se dice que Sópater, un acompañante de Pablo, era de Berea (Hch 20.4).

2. Nombre helénico de Alepo al norte de Siria, donde Menelao fue ejecutado (2 Mac 13.1-8).

RICHARD S. ASCOUGH

BERED (Heb. *bereḏ*) **(LUGAR)**
Lugar cerca del Pozo del Viviente-que-me-ve, asociado con la trayectoria de Agar (Gn 16.14). El Pozo del Viviente-que-me-ve estaba supuestamente localizado entre Bered y Cades, a pesar que la relación geográfica entre estos dos lugares es incierta. Tradiciones targúmicas sugieren que Bered debe buscarse al norte o noreste de Cades.

BERED (Heb. *bereḏ*) **(PERSONA)**
Hijo de Sutela y nieto de Efraín (1 Cr 7.20).

RYAN BYRNE

BERENICE (Gr. *Berníkē*)
Julia Berenice (nació el 28 d. C.), la mayor de las hijas de Agripa I y por consiguiente la bisnieta de Herodes el Grande (Josefo *Ant.* 18.132; 19.354). Berenice se casó por primera vez con Marcus Julius Alejandro quien murió en el 41. Luego se casó con su tío Herodes, rey de Calcis (*Ant.* 19.276-77; 20.104; *BJ* 2.217-21). Después de la muerte de Herodes en el 48, vivió con su hermano Agripa II. Mientras visitaba a Festo en Cesarea, cerca del año 59, ellos escucharon a Pablo presentar defensa de su fe (Hch 25.13-26.32). Para aplastar rumores de incesto (Juvenal *Sátiras* 6.156-60), Berenice convenció a Polemo rey de Cilicia a que se circuncidara y se casara con ella en el 63, pero ella pronto lo dejó, regresando a Agripa (*Ant.* 20.145-47).

Al comienzo de la Guerra de los judíos en el 66 d. C., con algún riesgo a la seguridad personal, Berenice y Agripa se mantuvieron firmes a favor de la paz con los judíos. Ella intercedió en vano con el procurador Gesius Florus a favor de los judíos que éste estaba asesinando (*BJ* 2.310-14, 405-6, 425-29). Como Agripa, Berenice pronto se puso de lado de los romanos y ayudó a financiar el ascenso de Vespasiano para ser emperador (Tácito *Hist.* 2.81). Ella vino a ser la amante de Tito, el hijo de Vespasiano, y se movió a Roma (cerca del 75), con la expectativa de ser su esposa (Dio Cassius *Hist.* 65.15). Pero cuando Tito llegó a ser emperador en el 79 despidió a Berenice a regañadientes de Roma con la intención de mejorar su reputación (Suetonio *Titus* 7). Algún tiempo antes de la muerte de Tito en el 81 Berenice regresó a Roma sin causar daño a su imagen pública (Dio Cassius *Hist.* 66.18). Berenice es llamada a menudo como «reina» (e.g., *BJ* 2.312; *Vita* 119, 180-81; Suetonio *Titus* 7; Tácito *Hist.* 2.2; Quintiliano *Inst. orat.* 4.1).
Berenice (también Bernice; Lat. *Veronica*) era un nombre herodiano común.

Bibliografía. D. C. Braund, «Berenice in Rome,» *Historia* 33 (1984): 120-23; J. A. Crook, «Titus and Berenice,» *AJP* 72 (1951): 162-75; R. Jordan, *Bereni-*

ce (New York, 1974); G. H. Macurdy, «Julia Berenice,» *AJP* 56 (1935): 246-53; R. D. Sullivan, «The Dynasty of Judaea in the First Century,» *ANRW* II.8,310-12

Douglas S. Huffman

BEREQUÍAS (Heb. *berekyâ, berekyāhû*)

1. Quinto hijo de Zorobabel enumerado entre los descendientes de David después del exilio (1 Cr 3.20).

2. Padre de Asaf, el músico levita (1 Cr 6.39 [TM 24]; 15.17).

3. Hijo de Asa; levita enumerado con los primeros que regresaron a Jerusalén después del exilio (1 Cr 9.16). La lista casi paralela en Nehemías 11.3-10 omite a Berequías.

4. Portero del arca durante el reino de David (1 Cr 15.23).

5. Hijo de Mesilemot, líder efraimita que objetó con éxito la captura de esclavos de Judá después de la invasión de Israel durante el reinado de Acaz (2 Cr 28.12).

6. Hijo de Mesezabeel y padre de Mesulam (Neh 3.4, 30).

7. Hijo de Iddo y padre del profeta Zacarías (Zac 1.1, 7). Esdras 5.1; 6.14 y Nehemías 12.16 identifican a Iddo como el padre de Zacarías.

William D. Matherly

BEREQUÍAS (Gr. *Barachías*)

Padre de Zacarías (Mt 23.35), aquí confundido con el Zacarías que fue asesinado en el Templo (2 Cr 24.20-23). Algunos eruditos los identifican con Berequías 7 (véase Zac 1.1).

BERI (Heb. *bērî*)

Hijo de Zofa de la tribu de Aser (1 Cr 7.36).

BERÍAS (Heb. *bĕrîʿâ*), **BERIAÍTAS** (Heb. *habbĕrîʿî*)

1. Hijo de Aser y padre de Heber y Malquiel (Gn 46.17; 1 Cr 7.30-31). Él fue el epónimo antepasado de los beriaítas (Nm 26.44).

2. Hijo de Efraín, nacido después que sus otros hijos habían sido asesinados por los hombres de Gat (1 Cr 7.23). El hebreo *bĕrāʿâ* («desastre») en este verso puede representar una etimología popular.

3. Benjamita, hijo de Elpaal y padre de nueve hijos (1 Cr 8.14). Los habitantes de Ajalón eran descendientes de Bería y su hermano Sema (1 Cr 8.13).

4. Hijo del levita Simei, de la línea de Gersón. Como eran pocos en número, sus hijos y los de su hermano Jeús fueron contados como una familia (1 Cr 23.10-11).

BERNABÉ (Gr. *Barnabás*)

José, apóstol altamente reputado y activo en (y tal vez fundador de) la misión a los gentiles y compañero superior de Saulo/Pablo. Era un levita de la diáspora en Chipre que vendió su campo y donó el precio a los apóstoles para el experimento de la comunidad de bienes en Jerusalén (Hch 4.36-37). Los apóstoles le pusieron por sobrenombre Bernabé (de acuerdo a Lucas, «hijo de consolación»); como el nombre probablemente significa «hijo de Nebo» (un dios sirio), pudo haber sido un nombre precristiano de la diáspora helenista. Eusebio reclama que él era uno de los Setenta (*HE* 1.12).

Pablo implica que Bernabé era un apóstol y que no tenía esposa (1 Co 9.1-7; cf. Hch 14.14). No se puede saber si Bernabé participó en el culto en el templo, pero su papel en Jerusalén lo hizo un defensor natural para Saulo quien, después de su conversión, deseaba ser presentado a los apóstoles (Hch 9.27). Después de que el cristianismo se extendió fuera de Palestina, Bernabé fue enviado a Antioquía como un líder, y como necesitaba ayuda, trajo a Pablo de Tarso para que le ayudara (Hch 11.19-26). Debido a sus papeles en Antioquía y Siria/Cilicia, fueron delegados para que llevaran una contribución con la ayuda para el hambre en Jerusalén (Hch 11.27-30).

Bernabé y Saulo, junto con Juan Marcos (el sobrino de Bernabé; Col 4.10), viajaron a través de Chipre, con Pablo todavía como el compañero de Barnabé, después que Marcos los abandonó Pablo comenzó a tomar el primer lugar (Hch 13.13, 43, 46, 50) mientras trabajaban en Panfilia, Licaonia, y Pisidia. De acuerdo a Lucas, ellos utilizaron las sinagogas como bases y tuvieron éxito especialmente entre los «temerosos de Dios» y «prosélitos». Los gentiles en Listra estaban tan impresionados que llamaron a Bernabé Júpiter y a Pablo Mercurio (Hch 4.8-18), implicando la superioridad de Bernabé.

Cuando regresaron a su base en Antioquía informaron sobre la respuesta de los gentiles al mensaje cristiano (Hch 14.24-28). Esto produjo debates sobre la circuncisión con «algunos que venían de Judea», primero en Antioquía y luego en Jerusalén (Hch 15.1-21). En Jerusalén Bernabé volvió a tomar el primer lugar, indudablemente a causa de su fama; la decisión del concilio fe enviada a cristianos en Antioquía, Siria, y Cilicia (Hch 15.22-29).

Esta tradición de Hechos es apoyada y en tensión con la forma en que Pablo narra los hechos en Gálatas 2.1-15. Bernabé y Pablo se separaron al poco tiempo después de haber llegado a Antioquía, aunque las razones ofrecidas son radicalmente diferentes: en Hechos en conflicto sobre Juan Marcos, en Gálatas sobre comer con gentiles (Hch 15.30-41; Ga 2.11-14). Pablo fue ambivalente con Bernabé: hostil en Gálatas 2.13, amistoso en 1 Corintios 9.6, neutral en Gálatas 2.1, 9. Es imposible describir los puntos de vista teológicos de Bernabé.

Los Hechos y la Epístola de Bernabé no provienen de él. Algunos argumentan que Bernabé escribió la carta a los Hebreos.

Bibliografía. R. E. Brown and J. P. Meier, *Antioch and Rome* (New York, 1983); A. von Harnack, *Mission and Expansion of Christianity* (New York, 1961), 58–59; G. Lüdemann, *Opposition to Paul in Jewish Christianity* (Minneapolis, 1989); L. H. Martin, «Gods or Ambassadors of God? Barnabas and Paul in Lystra,» *NTS* 41 (1995): 152–56; J. H. Schütz, *Paul and the Anatomy of Apostolic Authority* (Cambridge, 1975).

PETER RICHARDSON

BERNABÉ, EPÍSTOLA DE

Escrito cristiano anónimo de los años 70-135 d. C., con algunas características epistolares pero mejor entendido como una homilía. Fue incluido en algunos manuscritos del NT (Sinaítico), supuestamente por la estatura de Bernabé como un apóstol.

Un origen sirio-palestino es sugerido cada vez más, basado en varias alusiones (Ep. Bern. 4.10; 9.6), y asociaciones protorabínicas (7.6, 8, 10; 8.1), aunque la mayoría lo localizan en Egipto debido a sus afinidades exegéticas con Alejandría. También ha sido sugerida Asia Menor. Su fecha es deducida de la interpretación de 16.1-5; 4.4-5, así como si el autor utilizó o no documentos canónicos. Una mayoría la fecha en algún tiempo cerca de la Segunda Rebelión (132-135), aunque los finales de los 90s parecen ser más probables, mientras algunos la fechan para los 70s.

El libro no tiene destinatarios específicos. Se dirige a ambos «hijos e hijas» (1.1), el único trabajo cristiano primitivo que hace esto, aunque este énfasis desaparece. La relación de la iglesia con el judaísmo era un tema controversial para la comunidad, la cual probablemente era una mezcla de cristianos venidos del judaísmo y del mundo gentil. El autor era un cristiano gentil, tal vez previamente un temeroso de Dios o prosélito. El autor conoció bien el judaísmo y lo percibía como una amenaza, sintiéndose obligado a contrarrestar su atractivo. La atribución tradicional al Bernabé de Hechos y Pablo no puede ser correcta.

La obra, que hace extenso uso de tradiciones anteriores, contiene una homilía (2-16) y un documento de «los dos caminos» (18-20) (esta última parte probablemente comparte una fuente común con Didajé 1-5) sostenida por una introducción, pasaje de transición, y conclusión (1, 17, 21) con algunos elementos epistolares. Es parte de una tradición exegética cristiana en desarrollo en su dependencia de las escrituras del AT, mayormente de la LXX, aunque es más que una simple mezcla de tradiciones no relacionadas. El material semejante a una homilía en 2-16 tiene una estructura quiástica: sacrificio-templo (1.8-2.10; 16), ayuno-sabbath (3.1-4.6ª; 15), pacto (4.6b-6.19; 13-14), expiación (7-8; 12) circuncisión-bautismo (9-10; 11).

La epístola es dominada por una interpretación tipológica-alegórica de la Escritura, al servicio de una cristología elevada (sin interés en el Jesús histórico) y un interés ético sólido, en un trasfondo de una escatología inminente y una convicción sólida que el papel de Israel en el plan de Dios ha terminado. Los cristianos tienen conocimiento (*gnôsis)* del pasado, presente, y futuro. Gran parte de la importancia de Bernabé descansa en las convicciones que ha adoptado (observancia del octavo día, bautismo, muerte expiatoria de Jesús, la Cena del Señor) y las que ha rechazado firmemente (ayuno y leyes de comidas, sábados, circuncisión, sacrificio, templo). Bernabé advierte contra «naufragar por el proselitismo de su ley» (3.6), mientras que estando generalmente dentro la tradición haláquica (2.6; 5.9); el pacto no puede ser a la misma vez «de ellos y nuestro; es nuestro» (4.6). Hay poca evidencia de familiaridad con textos canónicos del NT, pero hay semejanzas con tradiciones mateanas. Bernabé es parte del desarrollo (Mateo, Hebreos, Melito) que destaca la diferenciación del judaísmo que resultó finalmente en una dirección antijudía.

Bibliografía. L. W. Barnard, «The 'Epistle of Barnabas' and Its Contemporary Setting,» *ANRW* II.27, 1 (Berlin, 1993): 159–207; J. C. Paget, *The Epistle of Barnabas.* WUNT 2/64 (Tübingen, 1993); P. Richardson and M. B. Shukster, «Barnabas, Nerva, and the Yavnean Rabbis,» *JTS* N.S. 34 (1983): 31–55; S. G. Wilson, *Related Strangers: Jews and Christians 70–170* C.E. (Philadelphia, 1995), ch. 4.

PETER RICHARDSON

BERNABÉ, HECHOS DE

Cuento legendario del siglo V o sexto, supuestamente escrito por Juan Marcos. Narra los viajes de Bernabé con Pablo (ambos son apóstoles) y su martirio en un hipódromo, después de haber sido sacado de una sinagoga.

PETER RICHARDSON

BEROTA (Heb. *bērôṯâ*)

Ciudad en la frontera norteña del Israel ideal (Ez 47.16). Puede ser la misma que Berotai.

BEROTAI (Heb. *bērôṯay*)

Ciudad de Hada-ezer, rey de Siria, de donde David tomó una gran cantidad de bronce (2 S 8.8). Probablemente puede ser identificada con la aldea moderna de Bereitân (257372), 13 km (8 mi) al sur de Baalbek. Puede ser la misma que Berota en Ezequiel 47.16. El pasaje paralelo en 1 Crónicas 18.8 dice Cun en su lugar.

BESAI (Heb. *bēsay*)

Cabeza de la familia de sirvientes del Templo que regresaron del exilio bajo Zorobabel (Esd 2.49 = Neh 7.52).

BESER (Heb. *beṣer*) **(LUGAR)**

Ciudad en el desierto de Transjordania en el territorio de Rubén (Dt 4.43). Fue asignada a los levitas y designada como ciudad de refugio (Jos 20.8; 21.36). De acuerdo a la Piedra de Mesa (l. 27), fue reconquistada y fortificada por Mesa, el rey moabita.

La localización e identidad de la antigua Beser es incierta. *Umm el-'Amad* (235132), a 12 km (7.5 mi) al noreste de Madaba, y el Tell Jalul, a 5 km (3.1 mi) a este de Madaba, han sido propuestos.

BESER (Heb. *beṣer*) **(PERSONA)**

Hijo de Zofa de la tribu de Aser (1 Cr 7.37).

RANDALL W. YOUNKER

BESO

Heb. *nāšaq* parece ser onomatopéyico, reflejando un sonido bilabial inspiratorio; Gr. *philéō, kataphiléō* («amar») apunta a besar como generalmente una expresión física de sincero afecto.

En el AT, besar sirve como una expresión de saludo (Gn 29.11, 13; 33.4; 45.15; 48.10; Ex 4.27) por lo general con la participación de miembros de la familia, de amistad (1 S 20.41; 2 S 15.5; 19.39), y de amor erótico (Pr 7.13; Cnt 1.2; 8.1). Parece referirse a besar los labios o alguna otra área de la cara, aunque el objeto directo «labios» aparece sólo una vez (Pr 24.26; cf. Cnt 1.2, «de su boca»).

En el mundo bíblico besar los pies es una expresión de reverencia. Tal beso se describe como «lamer el polvo» (Sal 72.9-11; Is 49.23; Mi 7.16-17); en el segundo pasaje el beso de reverencia es llamado también «comer el polvo,» una expresión que aparece en la humillación de la serpiente primordial (Gn 3.14). A la humillada nación de Judá se le pide «que se postren rostro en tierra» (Lam 3.29-30).

El resto de los casos del AT de besos implica un gesto de oración apóstata (1 R 19.18; Job 31.27; Os 13.2), saludar al rey cuando asciende al trono (1 S 10.1), y metáforas y símiles basados en el saludo de beso (Sal 85.10[TM 11]; Pr 27.6).

En el NT el beso santo era un símbolo de la comunión de todos los cristianos (Ro 16.16; 1 Cor 16.20; 2 Cor 13.12; 1 Ts 5.26; 1 P 5.14), y Jesús reprende a Simón por no saludarlo con un beso (Lc 7.45; cf. vv. 36-50). Precisamente porque se daba por sentado que las personas cercanas entre sí se besaban al reunirse, Judas pudo emplear el beso de Jesús para identificar a Jesús a los principales sacerdotes. El beso traidor de Judas (Mt 26.49; Mr 14.45; Lc 22.47) se convirtió de este modo en «el beso de la muerte.»

Bibliografía. M. I. Gruber, *Aspects of Nonverbal Communication in the Ancient Near East,* 2 vols. Studia Pohl 12 (Rome, 1980); W. Klassen, «Musonius Rufus, Jesus y Pablo: Three First-Century Feminists,» in *From Jesus to Paul,* ed. P. Richardson and J. C. Hurd (Waterloo, Ont., 1984), 185-206; C. Nyrop, *The Kiss and Its History* (1901, repr. Detroit, 1968).

MAYER I. GRUBER

BESODÍAS (Heb. *bĕsôḏyâ*)

Padre de Mesulam, que ayudó en la reparación de la puerta vieja de Jerusalén en el tiempo de Nehemías (Neh 3.6).

BESOR (Heb. *Bĕśôr*), Wadi

Arroyo donde David dejó 200 hombres cansados mientras los 400 restantes cruzaron en persecución de los amalecitas (1 S 30.9-10). Los amalecitas habían arrasado las ciudades del Neguev, incluyendo Siclag. El *Wadi Besor* (*Wadi Shallaleh/Ghazzeh, Naḥal Besor*) es uno de los dos mayores torrentes del Neguev occidental. Besor es el drenaje natural de las colinas del Neguev y la llanura de Beerseba hasta el mar Mediterráneo. Varios centros importantes antiguos están localizados a lo largo de esta fuente de agua, incluyendo *Tell el-Ajjul*, *Tell Jemmeh*, y *Tell el-Farʿah*.

STEVEN M. ORTIZ

BESTIA

Criaturas no especificadas del reino animal. Heb. *ḥayyâ* (cf. Aram. *hêwâ*) y *běhēmâ* más a menudo se refiere a los mamíferos y se utilizan con frecuencia como términos colectivos para una variedad de animales. Heb. *hayyâ* se refiere con frecuencia a animales salvajes, mientras que *běhēmâ* se aplica más comúnmente a animales domésticos, en su mayoría ganado.

A pesar de que un uso metafórico del concepto no era frecuente en el AT, Daniel usó Aram. *hêwâ* para las potencias mundiales que eran hostiles a Israel (Dn 7.1-12); los gobernantes mundiales emergentes eran vistos como poseyendo los atributos de las bestias salvajes. Esta metáfora se convirtió en el uso dominante de la bestia (Gr. *thēríon*) en el NT.

El libro de Apocalipsis usa «bestia» 37 veces para referirse a los enemigos de la iglesia. Una bestia sube del abismo (Ap 11.7), otra del mar (13.1), otra de la tierra (v. 11), y otra es descrita como una bestia escarlata en la que se sienta una mujer adúltera (17.3). La bestia de Apocalipsis preeminente emerge para convertirse en el anticristo que se opone y persigue a la iglesia y frustra la voluntad de Dios hasta la batalla final con Cristo (19.20).

Este uso metafórico de bestia se expande en otros pasajes del NT. Tito 1:12 comenta despectivamente que la gente de Creta son mentirosos, malas bestias, y glotones perezosos. En 1 Corintios 15.32 Pablo declara que él luchó contra fieras en Éfeso (Gr. *thēriomachéō*).

MARK R. FAIRCHILD

BETA (Heb. *beṭaḥ*)

Ciudad de Hada-ezer de la cual David tomó gran cantidad de bronze (2 S 8.8). El nombre probablemente debe ser pronunciado como «Tibhat» (véase 1 Cr 18.8).

BETÁBARA (Gr. *Bēthabará*)

Lugar donde Juan bautizaba al este del Río Jordán (por ejemplo, Jn 1.28 RV-60; el mapa de Madeba lo sitúa al oeste del río). El manuscrito más antiguo y más correcto, sin embargo, indica que el nombre es Betania 2.

BET-ANAT (Heb. *bêṯ-ʿănaṯ*)

Ciudad cananea («casa de [la diosa] Anat») asignada a Neftalí (Jos 19.38). Los habitantes no fueron expulsados, pero fueron obligados a trabajo forzado por los israelitas (Jue 1.33). Nombrada en las listas de varios faraones egipcios, puede ser identificada con la moderna *Ṣafed el-Baṭṭikh* (190289), cerca de 24 km (15 mi) al este sureste de Tiro.

AARON M. GALE

BETANIA (Gr. *Bēthanía*)

1. Aldea probablemente en la parte baja de la pendiente oriental de la cordillera del Monte de los Olivos, cerca de 3 km (2 mi) al este de Jerusalén. El nombre latino *Lazarium*, rastreable hasta el siglo IV d. C. y utilizado para la aldea y una iglesia antigua construida en el lugar tradicional de la tumba de Lázaro, es probablemente reflejado en el nombre árabe actual del poblado, el-Azariyeh (174131). El nombre Betania puede derivarse del hebreo *bêṯ ʿănanyâ*, «casa del pobre/afligido». La villa benjamita cerca de Jerusalén referida en Nehemías 11.32 como Ananías puede ser el mismo lugar. Artefactos y tumbas excavadas en el área cercana dan testimonio de un asentamiento desde 1500 a.C., y cerámica encontrada en la vecindad inmediata indican que Betania fue ocupada sin interrupción desde el siglo VI en adelante.

El NT identifica Betania como el hogar de María, Marta y Lázaro. Jesús visitó Betania seis días antes de la Pascua y fue ungido por María allí (Jn 12.1-8). También fue ungido allí por una mujer no nombrada en la casa de Simón el leproso (Mt 26.6; Mr 14.3), y su ascensión ocurrió cerca de allí (Lc 24.50).

Peregrinos han visitado la tumba tradicional de Lázaro en Betania desde por lo menos el siglo IV d.C. Excavaciones al comienzo de los 1950s revelaron evidencia de cuatro iglesias, la más antigua de fines del siglo IV.

2. «Betania, al otro lado del Jordán», lugar donde Juan el Bautista bautizaba (Jn 1.28). El lugar de esta Betania es desconocido, pero parece ser una ciudad en el lado oeste del río (cf. Jdt 1.9).

Bibliografía. W. H. Mare, *The Archaeology of the Jerusalem Area* (Grand Rapids, 1987); S. J. Saller, *Excavations at Bethany (1949-1953)* (Jerusalem, 1957).

Scott Nash

BET-ANOT (Heb. *bêṯ-ʿănôṯ*)
Pueblo mencionado sólo como parte de la herencia de la tribu de Judá (Jos 15.59). Su ubicación puede estar en algún lugar del área montañosa de Judá, tal vez la aldea de *Beit ʿAnûn* (162107), a 5 km (3 mi) al noreste de Hebrón.

BET-ARABÁ (Heb. *bêṯ-hāʿărāḇâ*)
Ciudad en el límite entre Judá y Benjamín (aunque el límite entre las tribus se dice que pasa al norte del asentamiento; Jos 15.6; 18.18). Es listado alternadamente tanto como un pueblo de Judá (Jos 15.61) y como un pueblo de Benjamín (18.22), sugiriendo que pudo haber cambiado de manos. Bet-arabá ha sido identificada con *ʿAin el-Gharabeh* (197139), cerca de 4.8 km (3 mi) al sureste de Jericó, en el banco del norte del Wadi Qelt.

Laura B. Mazow

BET-ARAM (Heb. *bêṯ hārām*) (también BET-ARÁN)
Ciudad de Gad localizada cerca del río Jordán al lado opuesto de Jericó (Jos 13.27); llamada Bet-arán en Números 32.36. Herodes el Grande cambió su nombre por Livias; Herodes Antipas la llamó Julias en honor a la esposa de Augusto. Ha sido identificada con la moderna *Tell Iktanû* (214136) en el lado sur del Wadi er-Rameh.

BET-ARBEL (Heb. *bêṯ ʾarbēʾl*)
Ciudad cuya localización permanece desconocida. Es comúnmente asociada con Arbela de Transjordania (la moderna Irbid), aunque otra Arbela existe al oeste del Mar de Galilea (1 Mac 9.2). Oseas cita la destrucción de Salmán de Bet-arbel para ilustrar lo que le espera a Israel (Os 10.14-15).

Philip R. Drey

BET-ASBEA (Heb. *bêṯ ʾa šbēaʿ*)
Residencia de «las familias que trabajan lino», un grupo que traza sus orígenes hasta (o bajo el liderazgo) de Sela el hijo de Judá (1 Cr 4.21). Localizada en la Sefela de Judá, ni el pueblo ni la gente es mencionada otra vez en la Biblia.

BET-AVÉN (Heb. *bêṯ ʾāwen*)
Ciudad benjamita situada cerca de Ai y Bet-el (Jos 7.2; 18.12); de acuerdo a 1 Samuel 13.5; 13.23, una ciudad al oeste de Micmas cerca de Bet-el. En Oseas, Bet-avén («casa de maldad») viene a ser un nombre peyorativo para Bet-el (Os 4.15; 5.8; 10.5), a causa de que los becerros de oro hechos por Jeroboam I fueron adorados allí (1 R 13.28-29). Gilgal y Bet-el eran ciudades con santuarios nacionales (Am 4.4; 5.5; Os 10.15; 12.4 [TM 5]). Bet-el y Bet-avén eran dos ciudades distintas en la historia antigua de Israel, pero la identificación de la última permanece incierta.

Aaron W. Park

BET-AZMAVET (Heb. *bêṯ-ʾazmāweṯ*)
Nombre alterno para Azmavet (Neh 7.28).

BET-BAAL-MEÓN (Heb. *bêṯ baʿal mĕʿôn*)
Nombre alterno para Baal-meón (Jos 13.17).

BET-BARA (Heb. *bêṯ bārâ*)
Lugar donde Gedeón reunió la tribu de Benjamín para que saliera al encuentro de los madianitas que huían (Jue 7.24). Aquí ellos capturaron y ejecutaron a los líderes madianitas Oreb y Zeeb, y trajeron sus cabezas a Gedeón (Jue 7.25). Como no ha habido identificación de Bet-bara, algunos han sugerido enmendar el texto para que diga «las llanuras del Jordán» (*hyrdn mʿbrwt*).

John A. McLean

BETBASÍ (Gr. *Baithbasi*)
Lugar en el desierto al sureste de Jerusalén donde Jonatán y Simón Macabeo se defendieron contra Báquides (1 Mac 9.62, 64).

BET-BIRAI (Heb. *bêṯ-birʾî*)
Pueblo donde vivieron los hijos de Simeón (1 Cr 4.31). La mayoría de los eruditos sugieren que Bet-birai es la misma que [Bet-] Lebaot asignada a Judá (Jos 15.32) pero luego reasignada a Simeón (19.6). Jebel el-Biri, a 32 km (20 mi) a suroeste de Beer-seba, puede preservar el nombre.

Laura B. Mazow

BET-CAR (Heb. *bêṯ-kār*)
Lugar elevado al suroeste de Mizpa, más allá de donde los israelitas persiguieron a los filisteos (1 S 7.11). Su ubicación precisa es desconocida, aunque algunos han sugerido su identificación con *ʿAin Kârim*.

BET-DAGÓN (Heb. *bêṯ-dāgôn*)

1. Pueblo incluido en la lista de la herencia tribal de Judá (Jos 15.20-62). Aunque la localización exacta del Tell es incierta, su asociación con ciudades tales como Libna, Maresa, y Laquis (Jos 15.41) la sitúan en la Sefela, o tierras llanas de la costa de Judá. Referencias a Bet-dagón ocurren en textos asirios *(Bit-Dagannu)*, el Prisma Taylor, y los textos de Ramsés III *(Bet dgn)*.

2. Pueblo en el límite sureño de la herencia tribal de Aser en el reino del norte (Jos 19.27). Ha sido asociado con un lugar moderno bajo el Monte Carmelo, Jelamet el-Atiqa.

Aaron A. Burke

BET-DIBLATAIM (Heb. *bêṯ diḇlāṯāyim*)

Pueblo nombrado en el oráculo de Jeremías contra Moab (Jer 48.22). Puede ser la misma que Almón-diblataim (Nm 33.46), un lugar de descanso durante el éxodo. El pueblo es mencionado junto a Medeba y Baal-meón en la Piedra Moabita del siglo IX.

BET-EDÉN (Heb. *bêṯ ʿeḏen;* Acad. Bīt-adini)

Nombre hebreo de un estado arameo localizado al este de la gran curvatura del río Eufrates en la Siria moderna. Bet-Edén fue hecha parte del imperio de Asiria en el 856 a.C. (2 R 19.12 = Is 37.12). Durante la primera mitad del siglo VIII un poderoso general asirio, *Šamši-ilu*, estableció un imperio asirio oriental basado en Bet-edén con él mismo como monarca (Am 1.5). La conexión entre Bet-edén, conocido como Padan-aram (el hogar ancestral de Abraham) en Génesis, y el «jardín del Edén» permanece incierta.

Gary P. Arbino

BET-EKED (Heb. *bêṯ-ʿēqeḏ*)

Lugar en el camino de Jezreel a Samaria, tal vez ha de ser identificado con la moderna Beit Qad (208192), cerca de 5 km (3 mi) al este de *Jenîn*. De acuerdo a Eusebio es Betacat, a 24 km (15 mi) de Legio en la llanura. Fue allí que Jehú encontró y mató los hermanos del rey Ocozías (2 R 10.12, 14).

BET-EL (Heb. *bêṯ-ʾēl*) **(DEIDAD)**

Deidad atestiguada por primera vez en el tratado de Esaradón en el siglo VII a.C., aunque ciertamente venerado en periodos más antiguos. A pesar de las muchas posibilidades, pocas referencias a este dios en la Biblia han sido convincentes. Las más probables son la textualmente corrupta Zacarías 7.2, en el nombre personal *Bêt-ʾēl-ṣar-ʾeṣer* («Que Bet-el proteja al príncipe») y Jeremías 48.13, donde Bet-el es paralelo al dios moabita Quemos. Pero aun estas instancias son inciertas. La primera puede ser elíptica (cf. RV-1960) o una circunlocución para Dios; la segunda, a pesar del paralelismo, todavía puede ser una designación topográfica.

Fuera de la Biblia, las referencias más clara están en el papiro de Elefantina y Filón de Biblos, quien cita a Sanchuniatón, el historiador fenicio del siglo VI a.C. quien reporta que Bet-el (Baitylus) era hermano de Elus (Cronos, El), Dagón, y Atlas, todos los cuales eran hijos de Urano y Ge.

Bibliografía. J. P. Hyatt, «The Deity Bethel and the Old Testament», *JAOS* 59 (1939): 81-98; *W. Röllig*, «Bethel,» *DDD*, 173-75.

Brent A. Strawn

BET-EL (Heb. *bêt-ʾēl*) **(LUGAR)**

1. Ciudad importante («casa de Dios») estratégicamente ubicada en el cruce 19 km (12 mi) al norte de Jerusalén en el límite de Efraín-Benjamín (para la fuente de esta ambiguedad compare Josué 18.22 y Jueces 1.22) y Judá. Sólo la ciudad de Jerusalén es mencionada más frecuentemente en el AT. Nunca es nombrada en el NT.

Abraham montó su tienda al este de Bet-el (Gn 12.8) antes de ir a Egipto y se estableció en Bet-el por un tiempo después de su regreso (13.3). El «Dios de Bet-el» habló a Jacob cuando éste estaba en Harán (Gen. 31.13). Más tarde se le instruyó a Jacob ir a Bet-el y construir un altar (Gn 35.1), lo cual hizo (v. 6). El segundo episodio también se refiere al lugar por sus nombres antiguos Luz y El-bet-el. Débora, ama de Rebeca, fue enterrada debajo de una encina cerca de Bet-el (Gn 35.8), y la más famosa Débora juzgó a Israel en un lugar entre Bet-el y Ramá (Jue 4.5). El arca del pacto fue llevada a Bet-el (tal vez implicado en Jueces 20.18 y confirmado en 20.27). Fue en Bet-el que el pueblo de Israel se reunió para consultar a Dios sobre quién debería ser el primero en hacer la guerra contra Benjamín para vengar la violación y muerte de una concubina de la tribu de Judá (Jue 20.18). Bet-el fue la primera parada del último viaje de Elías antes de ser llevado en un carro de fuego (2 R 2.3), y fue en Bet-el que su sucesor Eliseo expresó su ira contra los jóvenes que lo llamaron calvo (v. 23). Jeroboam, el primer rey del reino del norte de Israel, estableció una santuario israelita aquí (1 R 12.25-33) el cual fue condenado por el profeta sin nombre de Judá (1 R 13) y Amós. Finalmente, la ciudad fue destruida por Josué (2 R 23.15-20).

Excavaciones en la moderna *Beitîn* (172148) por William F. Albright y James L. Kelso implican una continua ocupación desde cerca del 2200 a.C. hasta los tiempos bizantinos. Fue incendiada completamente a fines del 1300 (Tardía Edad de Bronce), pero rápidamente reconstruida y prosperó hasta el periodo persa temprano. Bet-el era solo una pequeña villa después del exilio, pero reconstruida por Baccides en la segunda centuria a.C.

Algunos mantienen que Bet-el era primordialmente un santuario más que una ciudad. Albright, entre otros, buscó enlaces entre la ciudad y deidades semíticas occidentales del mismo nombre mencionada en el papiro de Elefantina y posiblemente en textos ugaríticos de Ras Shamra.

Véase AI.

Bibliografía. W. F. Albright, *From the Stone Age to Christianity* (New York, 1957); D. Livingston, «One Last Word on Bethel and Ai,» *BARev* 15/1 (1989): 11.

2. Pueblo en el Neguev de Judá mencionado en listas de pueblos en 1 Samuel 30.27; Josué 19.4 (Bethul); 1 Crónicas 4.30 (Bethuel).

ROBERT T. ANDERSON

BET-EMEC (Heb. *bêṯ hāʿēmeq*)

Ciudad en el borde del territorio asignado a la tribu de Aser (Jos 19.27). A pesar de ser descrita como localizada entre el valle de Jefte-el al sur de la ciudad y la ciudad de Cabul al norte, los arqueólogos generalmente la han identificado con Tell *MiMâs* (164263), al noroeste de Cabul (la moderna Kabul) y al noreste de Aco. Otros han sugerido una identificación con Kirbet Mudawer Tamra (169250), al sur de Kabul.

ERIC F. MASON

BETÉN (Heb. *beṯen*)

Ciudad en Aser (Jos 19.25). Eusebio identifica «Batnai» con Betbetén (cerca de Ptolemais o Acco), sugiriendo una identificación del lugar con el moderno *Khirbet Ibṭin/Ḥorvat Ivṭan* (160241), a 4 km (2.5 mi) al este noreste del Monte Carmelo.

BETER (Gr. *Baithēr;* Heb. *beṯer*)

Pueblo en la región asignada a Judá (Jos 15.59 LXX) cerca de Jerusalén. El lugar ha sido identificado como Kirbet el-Yahudi (162126), justo al suroeste de Mittar (donde el nombre antiguo es retenido), a 11 km (7 mi) al suroeste de Jerusalén. Beter (tal vez «casa de la montaña») también se señala en Cnt 2.17, pero el uso es probable más descriptivo que un nombre propio; en cualquier caso no añade nada a la identificación del lugar. Beter es más notable como la localización de la capital final de la rebelión de Bar Kokhba (segunda revuelta judía), 132-135 d.C. En 135 el general romano Adriano tomó la ciudad y masacró a los rebeldes, poniendo fin a la revuelta. El nombre del lugar tiene varias formas de deletrearse (Bettar, Bittir, y Beithther) a través de la historia desde la edad de hierro hasta la época romana.

Bibliografía. W. D. Carroll, «Bittir and Its Archaeological Remains,» *AASOR* 5 (1923-24): 77-104; J. Simons, *The Geographical and Topographical Texts of the Old Testament* (Leiden, 1959); D. Ussishkin, «Archeological Soundings at Betar, Bar Kochba's Last Stronghold,» *Tel Aviv* 20 (1993): 66-97.

DENNIS M. SWANSON

BETESDA (Gr. *Bēthesdá*)

Estanque localizado en Jerusalén cerca de «la puerta de las ovejas» (Jn 5.2; posiblemente «el estanque de las ovejas»). De acuerdo con Juan 5.1-9, muchos enfermos y con impedimentos físicos se congregaban alrededor de los cinco pórticos del estanque, y aquí Jesús sanó a un hombre que había estado «enfermo» por 38 años (pero no totalmente «paralizado»; cf. v. 7b). Excavaciones arqueológicas al lado de la presente iglesia de Santa Ana, justo al norte del Monte del Templo han revelado restos de un gran doble estanque que data de tiempos precristianos que con toda seguridad es la mencionada en Juan 5, pero la localización exacta de los «cinco pórticos» es todavía motivo de debate. Tradiciones terapéuticas continuaron en este lugar en el siglo II y después a través de un santuario dedicado a Asclepio, el dios romano de la salud.

La mayoría de las Biblias en español dicen Betesda, pero hay un número significativo de variantes en los textos griegos de Juan 5.2. Algunos erróneamente dicen Betsaida (cf. Jn 1.44). Otros dicen Betsata (Aram. «lugar de los olivos»), que algunos eruditos arguyen es la lectura original (UBS 4), pero esto es probablemente una variación de Beseta, la sección más reciente de Jerusalén en el siglo I (Josefo *BJ* 2.15.5 [328]; 5.5.2 [148-52]). La mayoría de los manuscritos del NT dicen Betesda, que significa «casa de misericordia» (Aram. *bêṯ ḥesdā'*) o «lugar de agua corriente» (Aram. *bêṯ'esdā'*). Esta última interpretación es apoyada por el Rollo de Cobre de Qumrán fechado en el siglo I, en el cual *bet 'esdatayim* (forma dual) aparentemente se refiere a un estanque doble cerca del Templo de Jerusalén (3Q15 11.12). Así, la confusión textual puede deberse a diferentes formas de transliteración al griego de nombres arameos similares, Betesda refiriéndose al estanque mismo mientras que Betsata se refiere a su localidad.

Bibliografía. J. Jeremias, *The Rediscovery of Bethesda* (Louisville, 1966); D. J. Wieand, «John V.2 and the Pool of Bethesda,» *NTS* 12 (1966): 392-404.

Felix Just, s.j.

BETESEL (Heb. *bêṯ hā'ēṣel*)
Ciudad en la parte sur de Judá, tal vez identificada con la moderna *Deir el-ʿAṣel*, cerca de 16 km (10 mi) al suroeste de Hebrón. El profeta Miqueas la cita en un juego de palabras en Heb. *'āṣal*, «retirar, retener» (Mi 1.11).

BETFAGÉ (Gr. *Bēthphagē*)
Aldea en el Monte de los Olivos cerca de Betania. El nombre significa «casa de los higos jóvenes». Los Evangelios mencionan a Betfagé como el lugar donde Jesús comenzó su entrada triunfal en Jerusalén (Lc 19.29; Mr 11.1; Mt 21.1). En la literatura talmúdica Betfagé (Beth Pagi) marca el límite oriental de Jerusalén.

La capilla franciscana en Betfagé, desde donde comienzan las ceremonias modernas del Domingo de Ramos, debe estar bien cerca de la localización de la aldea antigua. Hallazgos dispersos (tumbas, cisternas, una prensa para uvas) en el área indican ocupación desde el siglo II a.C. hasta el siglo VIII d.C.

Thomas V. Brisco

BET-GADER (Heb. *bêṯ-gāḏēr*)
«Hijo» de Haref en la genealogía de Hur de Judá (1 Cr 2.51). El nombre, como otros en esta lista, es probablemente un nombre de un lugar.
Véase Gedor (Lugar) **1.**

BET-GAMUL (Heb. *bêṯ gāmûl*)
Ciudad en Moab contra la cual Jeremías pronunció juicio (Jer 48.23). Es probable que se identifique con con Khirbet el-Jumeil (235099), cerca de 13 km (8 mi) al este de Dibón.

BETH (Heb. *bêṯ*; Gr. *bēth, baith, beth*)
Hebreo para «casa», frecuentemente utilizado para designar una familia o grupo social. El término es comúnmente el primer componente de los nombres compuestos tales como Bet-el («casa de Dios»), Betseán, y Bet-semes («casa del hijo»).

BET-HAGAN (Heb. *bêṯ-haggān*)
Pueblo al cual el rey Ocozías huyó de Jehú (2 R 9.27). Está localizado en la moderna *Jenîn* (178207), cerca de 10 km (6 mi) al sur de Jezreel cerca de Ibleam.

BET-HAQUEREM (Heb. *bêṯ-hakkerem*)
Pueblo a 4 km (2.58 mi) al sur de Jerusalén, recientemente identificado como *Ramat Raḥel* (1708.1275). Era notable como la «señal de humo», donde mensajes en señas eran enviados a Jerusalén y desde ella y estaciones militares alrededor podían retransmitir los mensajes (Jer 6.1). Durante el periodo persa fue el lugar del cuartel administrativo del distrito de Judá al sur de Jerusalén (Neh 3.14). Algunas otras localidades han sido sugeridas como posibles sitios, la más notable es la villa de *ʿAin Kârim* (a 6.5 km [4 mi] al oeste de Jerusalén). Hay ruinas en *Jebel ʿAli*, que tiene una vista de esta villa, que puede haber sido un lugar de señales, pero esta localización está en conflicto con Jeremías. Los documentos de Qumrán (3Q15 [3QInv]; 1QapGen) indican un lugar del mismo nombre en el Valle de Rey (2 S 18.18), pero esta localización no puede ser reconciliada con las referencias de Jeremías o Nehemías. La evidencia más convincente apunta hacia *Ramat Raḥel*, que es la que se ajusta más cercanamente a las fuentes del AT.

Bibliografía. Y. Aharoni, «The Citadel of Ramat Rahel,» *Archaeology* 18 (1965): 15-25; M. Avi-Yonah, *The Holy Land,* rev. ed. (Grand Rapids, 1977); N. Glueck, *Explorations in Eastern Palestine IV.* AASOR 25-28 (New Haven, 1951).

Dennis M. Swanson

BET-GILGAL (Heb. *bêṯ haggilgāl*)
Pueblo en Judá aparentemente ocupado por cantores del templo que participaron en la dedicación de la muralla de Jerusalén reconstruida en el tiempo de Nehemías (Neh 12.29). A pesar de haber sido identificada con ambas, Gilgal de Benjamín, al este de Jericó (Jos 4.19), y la de Judá (15.7), su ubicación permanece incierta.

BET-HOGLA (Heb. *bêṯ- ḥoglâ*)
Asentamiento marcando el borde tribal de Benjamín y Judá (Jos 15.6; 18.19), mencionado como posesión de Benjamín (18.21). Bet-hogla es identificada al presente basado en bases geográficas y lingüísticas con la moderna *ʿDier Hajlah*, cerca de *ʿAin Hajlah* (197136).

Ryan Byrne

BET-HORÓN (Heb. *bēṯ- ḥôrôn*)
Ciudad levítica del territorio tribal de Efraín (Jos 21.22; 1 Cr 6.68). El nombre significa «casa de Horón» (tal vez una deidad cananea). Dos ciudades son indicadas: la baja Bet-horón fue asignada a Efraín (Jos 16.3), mientras que la alta Bet-horón estaba en el límite entre Efraín y Benjamín (v. 5; 18.13-14). El cronista atribuye su construcción a Seera, la nieta de Efraín (1 Cr 7.24). Ambas ciudades estaban situadas en «el camino que sube a Bet-horón» a donde Josué persiguió a los amoreos que huían de su derrota en Gabaón (Jos 10.10-11). Su ubicación en la pendiente que lleva a la región montañosa de la planicie costera hizo las ciudades estratégicamente importantes y vulnerables a ataques. La alta Bet-horón ha sido identificada con *Beit ʿUr el-Fōqāʾ* (160143) y la baja Bet-horón con *Beit ʿUr et-Ṭahta* (158144).

Durante el reinado de Saúl, escuadrones filisteos atacaron Bet-horón (1 S 13.18). Salomón reconstruyó la baja Bet-horón (1 R 9.17; el cronista menciona ambas ciudades, llamándolas «ciudades fortificadas, con murallas, puertas y barras» 2 Cr 8.5-6). El faraón egipcio Sisac nombra a Bet-horón en su lista de lugares conquistados en Palestina, grabada en el templo de Amun en Karnak. Más tarde Bet-horón fue atacada por mercenarios renegados de Judea que causaban destrucción desde Samaria hasta Bet-horón (2 Cr 25.13). El área permaneció estratégicamente importante en el periodo intertestamentario. Judas Macabeo obtuvo una victoria en el lugar (1 Mac 3.16, 24). Los sirios utilizaron a Bet-horón como un campamento (1 Mac 7.39) y más tarde volvieron a fortificar la ciudad (9.50).

Daniel C. Browning, Jr.

BET-JESIMOT (Heb. *bêṯ hayěšîmôṯ*)
Uno de los últimos lugares donde los israelitas se detuvieron al final de su peregrinaje de 40 años (Nm 33.49). El pueblo, identificado con *Tell el-ʿAẓeimeh* (208132), estaba a lo largo de la antigua ruta («por el camino de Bet-jesimot»; Jos 12.3) que más tarde vino a ser la ruta de Jericó-Livias-Esbus conectando la Nueva Via Troyana. El pueblo fue asignado a la tribu de Rubén (Jos 13.20), pero luego fue tomado por los moabitas (Ez 25.9). En el periodo romano, un pueblo conocido como Besimot (Khirbet es-Suweimeh), preservando el nombre antiguo, estaba localizado cerca.

Bibliografía. N. Glueck, «Some Ancient Towns in the Plains of Moab,» *BASOR* 91 (1943): 7-26.

Paul J. Ray, Jr.

BET-LE-AFRA (Heb. *bêṯ lěʿaprâ*)
Pueblo pequeño en Judá («casa de vigor» o «casa del adulador»). El profeta Miqueas hizo un juego de palabras en su profecía de destrucción contra el reino del sur refiriéndose burlonamente a la ciudad como «casa de polvo» (Mi 1.10). Localizada al este Laquic y sur de Jerusalén, el asentamiento pudo haber sido saqueado por Senaquerib, el rey asirio, durante su invasión a Judá en el 710 a.C. Las ruinas del pueblo pueden ser identificadas con *eṭ- Ṭaiyibeh* (153107), al noroeste de Hebrón.

David C. Maltsberger

BET-LEBAOT (Heb. *bêṯ lěḇāʾôṯ*) (también BETH-BIRI)
Pueblo asignado a Simeón, localizado en la región del Neguev de Judá (Jos 19.6). En 1 Crónicas 4.31 es llamado Bet-birai.

BET-MAACA (Heb. *bêṯ-maʿăḵâ*)
Nombre alterno para Abel-bet-maaca (2 S 20.14-15).

BET-MARCABOT (Heb. *bêṯ hammarkāḇōṯ*)
Ciudad asignada a la tribu de Simeón después de la conquista de Canaán (Jos 19.5; 1 Cr 4.31). La semejanza de la lista paralela de las asignaciones a Judá (Jos 15.31-32) puede reflejar la asimilación territorial de Simeón con Judá, y sugiere que Bet-marcabot puede ser identificada con Madmana

Ryan Byrne

BET-MEÓN (Heb. *bêṯ mǎʿôn*)
Nombre alterno para Baal-meón (Jer 48.23)

BET-MILO (Heb. *bêṯ millôʾ*)
Fortaleza en la región de Siquem (Jue 9.6-20), posiblemente asociada con la torre Fortaleza que fue quemada por Abimelec y sus fuerzas (vv 46-49). Basado en el significado de *millôʾ* (Heb. *mlʾ*, «llenar»),

también puede ser identificada con el fundamento de la alta ciudad de Siquem.

John A. McLean

BET-NIMRA (Heb. *bêṯ nimrâ*) (también NIMRA) Ciudad en la herencia de Gad (Nm 32.36; Jos 13.27), llamada Nimra en Números 32.3. De acuerdo a Eusebio (*Onom.* 44.17) está a 8 km (5 mi) al norte de Livias (Bet-haram). El nombre es preservado en *Tell Nimrîn* (localizado en el *Wadi Nimrîn* en Transjordania, frente a Jericó), pero el asentamiento más antiguo de Bet-nimra (durante la Edad de Bronce) está en el adyacente Tell el-Bleibil (210146).

BETONIM (Heb. *bĕṭōnîm*) Ciudad transjordana otorgada por Moisés a la tribu de Gad (Jos 13.26). Eusebio (*Onom.* 48.11; 49.10) se refiere a Betonim como Botnia (Gr. *Botanei*), identificada con *Khirbet Baṭneh* (217154) o Batana al suroeste de *eṣ-Ṣalṭ*. La línea de Heshbon a Ramat-Mizpa a Betonim pudo haber delineado la frontera entre Rubén y Gad.

Philip R. Drey

BET-PASES (Heb. *bêṯ paṣṣēṣ*) Pueblo en el territorio de Isacar (Jos 19.21). La localización es desconocida, aunque algunos lo sitúan en *Kerm el- Ḥadîteh* (196232), al este del Monte Tabor.

BET-PELET (Heb. *bêṯ peleṭ*) Ciudad heredada por la tribu de Judá. A pesar de que su ubicación es desconocida, pudo estar en el extremo sur de Judá cerca del borde con Edom (Jos 15.27). Fue una des las ciudades habitadas después del exilio (Neh 11.26).

Aaron M. Gale

BET-PEOR (Heb. *bêṯ pĕʿôr*) Lugar la noroeste de Moab que sirvió como centro de culto para la adoración de Baal-peor, una deidad que residía en el Monte Peor. Estaba localizado al otro lado del valle bajo el Monte Peor, frente al lugar no especificado de la sepultura de Moisés (Dt 34.1-6). Finalmente cayó dentro del territorio asignado a la tribu de Rubén (Jos 13.20).

En el *Onomasticon* Eusebio sitúa a Bet-peor (Betfogor) frente a Jericó, a 9.6 km (6 mi) sobre Livias y 11 km (7 mi) de Esbus, una localización que corresponde casi perfectamente con *Khirbet el-Maḥaṭṭa* (= Khirbet es-Seik Jayil) en la cordillera de Musaqqar, justo al norte de Jebel en-Nebu, una identificación que la mayoría de los eruditos modernos han apoyado. Oswald Henke, sin embargo, cree que esta identificación ha «emigrado» durante los tiempos romanos y prefiere identificar el Bet-peor del AT con *Khirbet ʿAyûn Mûsā* (220131), un lugar en el cual se ha encontrado cerámica de la Edad de Hierro I (los fragmentos más antiguos en *Khirbet el- Maḥaṭṭa* eran de la Edad de Hierro II/Persa). Ninguno de los argumentos para cualquier identificación, sin embargo, puede ser considerado conclusivo al presente.

Randall W. Younker

BET-RAFA (Heb. *bêṯ rāpāʾ*) Hijo de Estón de la tribu de Judá (1 Cr 4.12), probablemente un nombre de un clan o un lugar.

BET-REHOB (Heb. *bêṯ rĕḥôḇ*) Lugar en el sur de Siria, cerca de la ciudad de Dan (Jue 18.28). Durante la campaña de David contra los amonitas, los amonitas tomaron 20 mil hombres de a pie sirios de Bet-rehob a sueldo (2 S 10.6). Esto no aparece en el pasaje paralelo de (1 Cr 19.6-7), posiblemente porque el cronista se enfoca en el contrato de carrozas y conductores de carrozas y Bet-rehob tenía sólo soldados de a pie. Esto puede sugerir que Bet-rehob se refiere a un área alta de las alturas de Golán y porciones de las alturas de Galilea cerca de la base del Monte Hermón, conde las carrozas no podían ser usadas. También puede referirse a toda la cordillera del Anti-Líbano.

Thomas W. Davis

BETSABÉ (Heb. *baṯ-šebaʿ*) (también BET-SÚA) Inicialmente la esposa de Urías heteo (2 S 11.3), uno de los guerreros de élite de David (23.39). La historia de David y Betsabé (2 S 11.1–12.25) comienza con Urías en el campo mientras David permanece en Jerusalén. Espiando a Betsabé desde su techo, David hace que la traigan a él, a pesar de que las investigaciones revelan que ella es la esposa de Urías. Cuando ella quedó embarazada, David intentó ocultar el adulterio trayendo a Urías de regreso y lo anima a visitar a su esposa. Cuando esto no funciona ordena que Urías sea asesinado, y rápidamente se casa con Betsabé para que el niño parezca legítimo (11.26-27a). Condenado por adulterio y asesinato, David se arrepiente y la sentencia de muerte es transferida a su hijo (12.13-23). David es entonces libre de culpa y su matrimonio con Betsabé es legal, por lo que el próximo hijo es legítimo (12.24). Este es Salomón, y la narración concluye con una anticipación de su futuro reinado (12.24b-25).

La historia de David y Betsabé es por lo tanto sobre el crimen, castigo, y arrepentimiento de David y el nacimiento de Salomón. Betsabé está presente solo cuando sea necesario para hacer avanzar la trama. Ella carece de caracterización, simplemente funciona como la esposa de Urías, el objeto del adulterio de David, la esposa de David, y la madre de Salomón.

Betsabé aparece enseguida en la narración de la sucesión de Salomón al trono de David (1 R 1–2), primero como conspiradora cómplice al lado de Natán (1.11-31), luego como reina madre mediando en la petición de Adonías por Abisag (2.13-22). Natán y Betsabé planean para convencer a un envejecido David que había jurado a Betsabé que Salomón sería su sucesor (1.11-27). Debido a la falta de memoria de David la estrategia funciona, y David hace rey a Salomón en lugar de Adonías (1.28-40). La historia reconoce un golpe de palacio real al tiempo que afirma la legalidad del reinado de Salomón (cf. Gn 27). También juega con el nombre de Betsabé («hija de juramento» o «hija de siete»), ya que el juramento de David aparece siete veces (1 R 1.13, 17, 20, 24, 27, 30, 35; cf. Gn 21.25-31).

La mediación de Betsabé de la petición de Adonías y su desenlace fatal (1 R 2:13-25) enciende la ambigüedad de la condición de Abisag. Ella llega a la corte como consorte de David, pero él nunca tiene relaciones con ella (1.1-4). Betsabé aparentemente no consideraba a Abisag una del harén, así que media la petición ante Salomón (2.18-21). Salomón, sin embargo, necesita un pretexto para eliminar a su rival (1.52), por lo que interpreta la solicitud como una arrogación de privilegio real (2.22-25; cf. 2 S 16.20-22).

El historiador de Salomón añadió 2 Samuel 10–12; 1 Reyes 1–2 a una historia de la corte existente de Saúl y David a fin de legitimar la sucesión de Salomón. Las escenas anticipan el ascenso de Salomón, contrasta la debilidad de David con la resolución de Salomón, y enlista la ayuda de Betsabé en el establecimiento del trono de su hijo.

En 1 Crónicas 3.5 ella es llamada Bet-súa.

Bibliografía. A. Berlin, «Characterization in Biblical Narrative: David's Wives,» *JSOT* 23 (1982): 69-85; P. K. McCarter, *II Samuel*. AB 9 (Garden City, 1984).

Marsha White

BETSAIDA (Gr. *Bēthsaïdá*)

Ciudad localizada a 3 km (1.7 mi) al norte noreste de la desembocadura del río Jordán en el Mar de Galilea. Era el hogar de los apóstoles Pedro, Andrés, y Felipe (Jn 1.44; 12.21). La abundancia de caza en las llanuras cercanas y pescados en las aguas es responsable por el nombre de Betsaida, que significa «casa del cazador-pescador».

Josefo informa que algún tiempo antes del año 2 a.C. bajo el tetrarca Herodes Felipe, la importancia de Betsaida aumentó a nivel de *polis* y fue llamada Betsaida Julias en honor a la hija del emperador Augusto (*Ant.* 18.2.1). También se dice que Felipe está enterrado en Betsaida (*Ant.* 18.4.6).

Algunos milagros del ministerio de Jesús se dice que ocurrieron en Betsaida o cerca de ella, tales como la alimentación de los 5000 (Mr 6.30-44), Jesús camina sobre las aguas (6.45-52), y la sanidad de un hombre ciego (8.22-26). Sin embargo, los habitantes de Betsaida parece que permanecieron en gran manera indiferentes a estas maravillas, ya que la ciudad es maldecida por Jesús junto a Corazín por no prestar atención a su mensaje (Mt 11.21-22).

Excavaciones en el monte de Betsaida, la moderna et-Tell (208255), comenzaron en el 1987 y se han desenterrado muchas ruinas fechadas desde la Edad de Hierro II hasta el periodo romano temprano, incluyendo algunos utensilios de pesca como anclas, anzuelos, y pesas para redes.

Bibliografía. R. Arav and R. Freund, eds., *Bethsaida* (Kirksville, Mo., 1995).

Michael M. Homan

BET-SEÁN (Heb. *bêṯ-šan*),
BET-SEÁN (*bêṯ-šĕʾān*)

Lugar en la confluencia de Jezreel y el Valle del Jordán (1977.2124) que sirve como centinela sobre las rutas comerciales del este al oeste y del norte al sur que pasan a través de los valles. La región es fértil con el agua disponible del río *Ḥarod* que fluye al norte del lugar. La cima del Tell *Beth-shean*/*Tell el-Ḥuṣn* cubre cerca de 4 hect. (10 a), y destaca imponente 80 m (260 ft) sobre el río. El acceso a la cima es a través de una depresión de tierra en la esquina noroeste donde ha sido encontrada una antigua entrada. De otra manera, el declive del tell se inclina a

Tell en Bet-seán, con Escitópolis romana debajo (Phoenix Data Systems, Neal y Joel Bierling)

unos intimidantes 30°. Las características físicas del lugar, han contribuido a su nombre, «casa de tranqulidad/descanso».

Las primeras referencias bíblicas al lugar narran la inhabilidad de Israel para conquistarlo (Jos 17.11; Jue 1.27). Aparentemente los filisteos controlaron Bet-seán por algún tiempo, porque ellos empalaron los cuerpos de Saúl y sus hijos en las paredes del templo de la ciudad (1 S 31.12). Finalmente la ciudad llegó a estar bajo el control israelita y aparece como parte de los distritos administrativos de Salomón (1 R 4.12).

Referencias extrabíblicas al lugar incluyen los anales de Tutmosis III y las tabletas de Amarna. La estela en Bet-seán indica la presencia egipcia durante los reinados de Seti I, Ramsés II, y Ramsés III.
Durante los tiempos helenista y romano, el lugar era conocido como Escitópolis (o Nisa Excitópolis; cf. 2 Mac 12.29) y fue parte de la Decápolis (cf. Mt 4.25; Mr 5.20; 7.31).

Excavaciones en Bet-seán comenzaron bajo el auspicio de la Universidad de Pensilvania (1921-33) bajo el liderazgo de C. S. Fisher, Alan Rowe, y Gerald Fitzgerald. Los israelitas han excavado el Tell y las areas adyacentes desde 1961, dirigidos por Gideon Foerster, Yoram Tsafrir, Yigael Yadin, Shulamit Geva, Amihai Mazar, y Gaby Mazor.
Hasta los tiempos romanos, la mayoría de los asentamientos eran en la montaña. Restos del periodo de cerámica neolítica B junto con el periodo de cobre han salido a la luz (strata XVIII-XVII; la Edad de Cobre ha sido bien representada en restos en la base del Tell). Edificaciones ovales, estructuras de muchas habitaciones, y calles que se cruzan representan la Edad de Bronce Temprana (XVI-XI). Hay abundancia de la cerámica distintiva de Kirbet Kerak EB III.

Con solo alguna evidencia de tumbas de BM IIA, el lugar parece que no había estado ocupado hasta BM IIB. Pero aun con su reocupación, la característica inusual del periodo BM IIB es la falta de fortificaciones, que eran tan frecuentes en otros lugares del BM.
Durante la Edad de Bronce Tardía, Bet-seán creció, y excavaciones han descubierto una secuencia de templos cada uno edificado sobre las ruinas del anterior orientado en un axis este-oeste. Varios altares y salones de culto fueron encontrados y restos egipcios han conectado el estrato con Tutmosis III (c. 1450 a.C.). Pocos restos del estrato VIII han sido encontrados, pero el próximo estrato (VII) tiene otro templo orientado norte-sur que con toda probabilidad fue construido durante la hegemonía de Ramsés II (ca. 1270). Este templo preserva motivos característicos egipcios, y los residentes recobraron una estela de Seti I de un periodo anterior y la pusieron en el templo.

El templo continúa en el estrato VI, pero con algunas modificaciones. La presencia egipcia es indicada además por la gran cantidad de parafernalia al estilo egipcio incluyendo marcos y una estatua de Ramsés III en basalto. El estrato finalizó con un conflicto extenso, que fue probablemente causado por la invasión de los pueblos del mar.

La estratigrafía del estrato V es confusa, pero a este periodo probablemente pertenece un par de templos que estaban orientados al este. Probablemente estos fueron los templos en los cuales los cuerpos de Saúl y sus hijos fueron empalados o colgados como trofeos de guerra (1 S 31.10; 1 Cr 10.10). Numerosos artefactos de culto de cerámica con serpientes moldadas, animales, y figuras humanas vienen de estos templos así como de la estela de Seti I, Ramsés II, y una estatua de Ramsés III. El estrato terminó por fuego, tal vez como consecuencia de la captura del lugar por David. Después la ciudad vino a ser parte de los distritos administrativos de Salomón (1 R 4.12), y las áreas del templo parecen que han sido convertidas en cuarteles administrativos.

El próximo estrato contiene restos de construcciones similares a los establos-almacenes de otros pueblos israelitas (p.ej., Megido, Beer-seba). El estrato fue destruido por fuego, probablemente por la invasión asiria bajo Tiglat-pileser III (c. 732). El lugar fue ocupado nuevamente con edificios pobremente construidos, pero este asentamiento aparentemente terminó durante la primera mitad del siglo VII.

Véase ESCITÓPOLIS.

Bibliografía. G. Foerster, «Beth-shan at the Foot of the Mound,» *NEAEHL* 1.223-35; Foerster, et al., «The *Bet She'an* Excavation Project (1989-1991),» *Excavations and Surveys in Israel* 11 (1993): 1-60; F. W. James, *The Iron Age at Beth Shan* (Philadelphia, 1966); A. Mazar, «Beth-shean,» *NEAEHL* 1.214-23; A. Rowe, *The Four Canaanite Temples of Beth Shan* 1 (Philadelphia, 1940); Y. Yadin and S. Geva, *Investigations at Beth Shean: The Early Iron Age Strata.* Qedem 3 (Jerusalem, 1986).

DALE W. MANOR

BET-SEMES (Heb. *bêṯ šemeš*)

1. Ciudad (lit., «casa del sol») ocupando una pequeña elevación cerca de la coyuntura del valle Sorek y la fosa a lo largo de la base occidental del área montañosa formada por el Wadi Ghurab y el Wadi en-Najil. La ciudad fue asignada a la tribu de Dan, pero nunca conquistada y ocupada (Jue 1.33). Durante el periodo de Salomón, fue asignada al segundo distrito (1 R 4.9). Amazías y Joás hicieron la guerra en la region, y por un tiempo la ciudad cayó bajo el control de los filisteos durante el reinado de Acaz (2 R 14.11; 2 Cr 28.18).

Excavaciones de la 8 ha (7 a), Tell Bet-semes/Tell er-Rumeile (1477.1286), al oeste de *ʿAin Shems*, reveló seis estratos fechadas desde el periodo de Bronce temprano hasta los periodos persas y helenistas. Los excavadores consideraron el Bronce Tardío como el periodo más próspero. Sólo escasos restos de los periodos anteriores sobreviven. Durante el periodo de los Hyksos (Bronce medio II), una muralla con una entrada al estilo sirio y dos torres cercan todo el lugar.

Una muralla completa rodeaba la ciudad del periodo Bronce tardío, con dos torres grandes establecidas a intervalos. Esta era una forma única de estilo de fortificación para el periodo ya que los mayordomos egipcios de Canaan apenas permitían a las ciudades construir defensas fuertes. La posición estratégica de la ciudad a lo largo del borde de la zona montañosa requería fuertes defensas para prevenir acceso a la Sefela por los invasores que venían desde la montaña. El asentamiento podía defenderse exitosamente contra invasores como una ciudad-estado independiente fuera del control egipcio. Restos de estructuras domésticas revelan patios pavimentados con yeso blanco y muchos embases de almacenaje. Un horno para derretir minerales fue encontrado no lejos de las instalaciones domésticas. Una tableta cuneiforme ugarítica y un ostracon alfabético cananeo fueron descubiertos cerca. Una serie de silos y cisternas servían para el almacenaje de trigo y agua. Otras ruinas incluían un santuario abierto al aire de cara a la puesta del sol y dos placas representando la diosa Astarot.

La ciudad de la edad de Hierro era más pequeña que su predecesora. Los residentes simplemente repararon la vieja muralla del Bronce tardío, habitando en casas de patio típicos. Durante la edad de Hierro II (siglos X-VIII) una muralla de casamata rodeaba la ciudad, bordeada por casas de cuatro habitaciones. La destrucción del estrato II es atribuido a la invasión de Babilonia en el 586.

2. Aldea cerca del límite entre Isacar y Neftalí, al sur del mar de Galilea (Jos 19.22). El lugar antiguo es lo más probable asociado con la moderna *Khirbet Sheikh esh-Shamsāwî* (199232).

3. Asentamiento asignado a Neftalí (Jos 19.38), pero no conquistado por Israel durante el periodo de la conquista y asentamiento (Jue 1.33). Localizado levemente al norte y hacia el oeste de Hazor (posiblemente *Khirbet Tell er-Ruweisī* [181271]), el lugar es mencionado en textos de maldición egipcios posteriores (siglo XIX a.C.).
4. Nombre en el TM para el egipcio On (Jer. 43.13 KJV; cf. LXX *Hēlíou póleōs*).
Bibliografía. E. Grant, «Beth Shemesh, 1928,» *AASOR* 9 (1929); *Ain Shems Excavations* 1-3 (Haverford, Pa., 1931-34); Grant and G. E. Wright, 4-5 (1938-39); W. H. Shea, «A Potential Biblical Connection for the Beth-shemesh Ostracon,» *AUSS* 25 (1987): 257-66.

David C. Maltsberger

BET-SITA (Heb. *bêṯ haššittâ*)
Lugar mencionado en la historia de la batalla entre los gedeonitas y los madianitas (Jue 7.22), lo más probable debe ser identificado con la moderna Shutta en el lado norte del valle de Jezreel, al este de la fuente de Harod (*ʿAin Jālûd*; 184217).

BET-SÚA (Heb. *baṯ-šûaʿ*)
1. La esposa cananea de Judá y la madre de sus hijos Er, Onán, y Sela (1 Cr 2.3). Su designación como la «hija de Súa» (Gn 38.2) sugiere que «Bet-súa» no representa un nombre propio.
2. Una forma alterna de Betsabé, la hija de Amiel, esposa de David, y madre de Simea, Sobab, Natán, y Salomón (1 Cr 3.5).

BET-SUR (Heb. *bêṯ- ṣûr*)
Pueblo en el área montañosa al sur de Judá (Jos 15.58) que puede haber sido del linaje de Caleb (1 Cr 2.45). Se dice que fue fortificada por Roboam (2 Cr 11.7) y aparentemente fue el centro de un distrito administrativo en el periodo después del exilio (Neh 3.16). Judas Macabeo derrotó a Lisias cerca de Betsur en el 165 a.C. (1 Mac 4.29). Lisias regresó en el 163 y tomó Bet-sur mediante un sitio (1 Mac 6.31, 49), dejando detrás a una pequeña guarnición. Báquides reconstruyó las fortificaciones en el 160 (1 Mac 9.52), y permaneció en manos seleucias hasta que Simón recapturó la ciudad en el 145 (11.65-66). El nombre del pueblo aparentemente sobrevive en el pequeño lugar de *Kirbet Burj eṣ-Ṣur*, a 20 km (12 mi) al sur de Jerusalén. Como este lugar es de la fecha de los periodos árabes y bizantinos, la mayoría de los eruditos aceptan el reclamo que la antigua Bet-sur debe ser identificada con las ruinas más grandes en *Khirbet eṭ-Ṭubeiqah* (1590.1108) solo a 500 m (.5 mi) del lugar más pequeño, más reciente. Dos temporadas de excavaciones en 1931 y 1957 expusieron extensas ruinas fechadas a la Media Edad de Bronce hasta el periodo del Segundo Templo. Estas excavaciones descubrieron que el asentamiento de la Edad de Hierro en el lugar no estaba fortificado, a pesar de ser incluido en la lista de los lugares fortificados por Roboam. La correspondencia entre la evidencia arqueológica e histórico es mucho mejor para el periodo de la rebelión macabea.
Bibliografía. R. W. Funk, «Beth-Zur,» *NEAEHL* 1.259-61; O. R. Sellers, et al., *The 1957 Excavations at Beth-Zur.* AASOR 38 (New Haven, 1968).

Wade R. Kotter

BET-TAPÚA (Heb. *bêṯ-tappûaḥ*)
Ciudad en la zona montañosa de Judá (Jos 15.53). El nombre es preservado en la moderna *Taffûḥ* (154105), a 5.5 km (3.5 mi) oeste noroeste de Hebrón.

BET-TOGARMA (Heb. *bêṯ tôgarmâ*)
Lugar al norte de Israel, probablemente la moderna Armenia, donde vivían los descendientes de Togarma (cf. Acad. Til-garimmu). En el oráculo de Ezequiel contra Tiro Bet-Togarma [«la casa de Togarma»] intercambia caballos y mulos por mercancía (Ez 27.14). Ezequiel 38.6 lo enlista como un aliado de Gog. De acuerdo con la Tabla de las Naciones (Gen. 10.3; 1 Cr 1.6) Togarma era uno de los tres hijos de Gomer, descendiente de Jafet, el hijo de Noé.

H. Wayne House

BETUEL (Heb. *bĕṯûʾēl*) **(LUGAR)** (*también BETUL)*
Pueblo en el cual vivieron los descendientes de Simeón (1 Cr 4.30). En Josué 19.4 el nombre es escrito como Betul. En una lista comparable de pueblos del sur de Judea, Queesil aparece en su lugar (Jos 15.30). Su ubicación cerca de Horma y Siclag sugiere que puede ser la misma que Bet-el en 1 Samuel 30.27. La ubicación es incierta pero identificaciones propuestas incluyen Kirbet er-Ras y Kirbet al-Qaryatein, cerca de Beer-seba.

BETUEL (Heb. *bĕṯûʾēl*) **(PERSONA)**
Hijo menor del hermano de Abraham, Nacor y Milca (Gen. 22.22), también llamado «el arameo» (25.20; 28.5).

Laura B. Mazow

BETULIA (Gr. *Baithuloua*)
Ciudad en Samaria en la cual ocurren los eventos del libro de Judit. Su existencia es incierta y su ubicación desconocida, pero Judit provee alguna información geográfica. Betulia está al norte de Jerusalén (Jdt 11.19), de frente a «Esdrelón, delante de la llanura cerca de Dotán», cerca de Betomestaim (4.6), en el «área montañosa de Samaria», sobre manantiales que suplían agua a la ciudad (6.11-12; 7.12-13). Las varias formas de escribir Betulia han sugerido la posibilidad de que no es un nombre verdadero de una ciudad sino un pseudónimo (por Bet-el, «casa de Dios»). Su significado también puede derribarse de *bêṭ ʿălîyâ, «casa de subida»*, que puede referise a una ciudad en las colinas de Samaria como Siquem. Los eruditos también argumentan que los nombres de las ciudades en Judit son elementos literarios simbólicos, y que el sitio de Betulia puede ser equiparado con la violación de Dina (Jdt 9; cf. Heb. *btwlh, «virgen»*).

MONICA L. W. BRADY

BET-ZACARÍAS (Gr. *Baithzacharía*)
Lugar donde Judas Macabeo se defendió contra Antioco V Eupator, quien había marchado contra Beth-sur (1 Mac 6.32-33; cf. Josefo *Ant.* 12.9.4). Es identificada con *Khirbet Beit Zekâriā* (161118), a 10 km (6 mi) al noreste de Bet-sur.

BETZATÁ (Gr. *Bēthzathá*)
El nombre usado por la DHH y encontrado en algunos manuscritos antiguos para el estanque comúnmente llamado Betesda (Jn 5.2).

FELIX JUST, S.J.

BET-ZET (Gr. *Bēthzaîth, Bēzéth*)
Lugar al que Báquides se retiró y donde mató a muchos de los judíos que lo habían abandonado (1 Mac 7.19; cf. Heb. *bêṯ zayiṯ*, «casa de oliva»). Ha sido identificado con Khirbet Beit Zita (161114), cerca de 6 km (4 mi) al norte de Bet-zur; una cisterna cernaca se dice que es el pozo hondo donde el general echó a los judíos asesinados.

BEULA (Heb. *bĕʿûlâ*)
Nombre simbólico dado a Israel, designando su prosperidad futura (Is 62.4 TM). En lugar de ser desamparada y desolada, Israel será «desposada» y sus numerosos habitantes removerán el reproche presente de su viudez.

BEZAI (Heb. *bēṣay*)
Jefe de una familia que regresó del exilio bajo Zorobabel (Esd 2.17 = Neh 7.23). Uno de sus representantes puso su sello en el pacto renovado (Neh 10.18 [TM 19]).

BEZALEEL (Heb. *bĕṣal'ēl*)
1. Miembro de la tribu de Judá descendiente de Caleb a través de Hur y Efrata (1 Cr 2.20). Artesano hábil (Ex 35.30-36.3), él y Aholiab fueron escogidos para construir el tabernáculo y su mobiliario (Ex 31.1-11; 38.22; 2 Cr 1.5) así como el arca de la alianza (Ex 37.1).

2. Regresado del exilio de la familia de Pahat-moab que fue obligado a divorciarse de su esposa extranjera (Esd 10.30).

BEZEK (Heb. *bezeq*)
1. Pueblo en el cual las tribus de Judá y Simeón derrotaron a Adoni-bezec y su ejército (Jue 1.1-7). Su ubicación es desconocida. La mayoría de los eruditos igualan esta esta ciudad con Bezec al noreste de Siquem (**2** abajo), pero otros la sitúan en algún lugar al sur de Siquem, probablemente más cerca de Jerusalén.

2. Pueblo donde Saul pasó lista de sus tropas para batalla (1 S 11.8-11). La mayoría de los eruditos identifican el lugar con la moderna Kirbet Ibzik (187197), cerca de 20 km (12.4 mi) al noreste de Siquem en el territorio de Manasés. Sin embargo, excavaciones no han podido encontrar vestigios de ocupación anterior a la edad de Hierro posterior y evidencia arqueológica reciente sugiere que el lugar cercano Kirbet Salhab (185195) de la edad de Hierro era su ubicación original.

WADE R. KOTTER

BIBLIA
Ni los judíos ni los cristianos originalmente llamaron sus Escrituras «La Biblia» (lit., «el Libro»). Los judíos a menudo usaron palabras que significaban «los Rollos», y los cristianos llamaron sus Escrituras «los Libros» (lit., «los códices»). En los primeros siglos, la Biblia cristiana apareció casi exclusivamente en forma de códices fascículos, cada uno conteniendo uno de los libros más grandes (p.ej. Isaías) o una colección de libros más pequeños (cartas de Pablo), así las Escrituras correspondían físicamente al latín *biblia*, «los libros» (cf. Jerónimo: *bibliotheca*, lit., «la biblioteca»). El término se deriva de *bublos* o *bu-*

blion, palabras tomadas del egipcio, que originalmente denotaban la caña y, luego, la resina interna de la planta de papiro de donde comúnmente se hacían los rollos.

Tanto en el hebreo de las Escrituras judías como en sus traducciones griegas más antiguas, uno de los nombres técnicos más comunes para las Escrituras era «los rollos». En Daniel 9.2, Daniel interpreta el libro de Jeremías que encuentra «en los Rollos» (cf. 1 Mac 12.9; 2 Clem 14.2). Sin el artículo definido el nombre en hebreo puede usarse genéricamente para referirse a «literatura» diferente a la Biblia.

El NT no tiene el plural griego *tá biblía*, como un nombre para la Escritura, aunque este término sí ocurren para colecciones no bíblicas (Jn 21.25; Hch 19.19; 2 Ti 4.13; Ap 20.12). La contraparte técnica es *haî graphaî*, «los escritos». El término griego en singular, *biblos* o *biblíon*, ocurre en referencia sólo a porciones de la Escritura, como un rollo solo (p.ej. «el libro de Moisés», Mt 12.26; «el libro de Isaías», Lc 3.4), un «libro» dentro de un rollo más grande (p.ej. «el libro [Joel] de los profetas», Hch 7.42), o simplemente un «libro» que viene a ser parte del NT mismo (p.ej. Jn 20.30).

La referencia más antigua a un código de pergamino usada para propósitos literarios (Lat. *membrana)* data de las últimas dos décadas del siglo I d.C. Una traducción griega de este término aparece en 2 Timoteo 4.13, cuando Pablo le pide a Carpo que traiga el capote dejado en Troas «y los libros (*tá biblîa*), mayormente los pergaminos (*tás membránas*)». Asumiendo la autoría paulina, esta referencia puede ser la referencia más antigua conocida a códices literarios. A qué se refería con esta referencia a «códices» permanece un misterio, mientras «los rollos» pueden fácilmente sugerir libros de las Escrituras judías, copias de cartas de Pablo, o alguna otra literatura. Tal vez Pablo editó y publicó la primera edición de sus propias cartas. *Membránas* puede referirse a notas fugaces de Pablo, algunos otros recursos desconocidos, o copias de una colección literaria en códice que Pablo mismo había publicado o una carta atribuida a Pablo editorialmente.

Escritura Judía

Heb. *tôrâ* puede significar enseñanza, instrucción y ley. Puede indicar enseñanza normativa por un sacerdote o rabino (Jer 18.18), una colección de mensajes proféticos escritos (Is 8.16), partes del libro de Deuteronomio u otra colección de leyes escritas, los primeros cinco libros (Jos 17-8), o todas las Escrituras judías (cf. Dn 9.10). Más tarde el término podía referirse a los asuntos revelados de la Torá escrita (Escrituras) y la Torá oral (Misná y Talmud).

Desde el siglo XIX, la mayoría de los eruditos han identificado «el libro de la Ley» mencionado en 2 Reyes 22-23 con a lo menos la parte fundamental del libro actual de Deuteronomio (tal vez los capítulos 12-26 y 28) (cf. Atanasio, Jerónimo, Crisóstomo). La mayoría de los eruditos modernos han argüido que detrás de lo que ellos consideran parcialmente ficticia descripción de los eventos en 2 Reyes descanse evidencia apuntando a un momento real asociado con la edición y primera lectura pública del libro de Deuteronomio. Sin embargo, la historia paralela en 2 Crónicas 34-35 presenta las mismas reformas de Josías en su año 11 (627), antes del descubrimiento «el libro de la Ley». Las citas extensas del Pentateuco en Crónicas también pueden implicar que los editores probablemente consideraron que éste era la Torá del Pentateuco más que simplemente el libro de Deuteronomio.

El rollo de cinco libros de la Ley, publicado y leído por primera vez cerca de la mitad del siglo V por Esdras (Neh 8), constituye el primer caso confiable de que un rollo sea considerado como parte de la Biblia judía. El rollo de la Torá de Esdras parece ser una combinación de varias tradiciones, sólo parcialmente armonizadas, de diferentes grupos de exiliados de Judá identificados en este periodo como «judíos» a quienes se les había permitido regresar a su tierra y reconstruir su Templo y vida religiosa juntos. (Sólo después de este periodo comenzamos a tener evidencia de «comentarios» a la Escritura judía, con la distinción entre «texto bíblico» y «comentario».)

De acuerdo con Josué 1.7-8 Josué instruyó al pueblo a que «de día y de noche meditarás» en «este libro de la Ley» (cf. Sa 1.2-3). Como parte de la «historia deuteronómica» prebíblica, el «rollo» en cuestión pudo haber sido Deuteronomio. Pero con edición posterior para el tiempo de Esdras, cuando Deuteronomio vino a ser parte de Pentateuco, «este rollo» claramente se refiere a los anteriores cinco libros de la Ley de Moisés.

El término «la Torá» sirve el doble propósito de calificar un exclusivo género de literatura bíblica –la Torá en cinco libros (Dt 1.5; 31.24)– y nombrar la naturaleza reveladora de la misma literatura, que por extensión posterior es también el sujeto de toda la Escritura judía. Esta Torá puede ser descrita como «cosas secretas», que sólo Dios puede revelar a Israel (29.29 [TM 28]; cf. 30.11-14). Dios revela la Torá a través de Moisés, quien es un «profeta» *par excellence* (cf. 34.10). (Tradición judía posterior generalizó esta idea para otros libros de la Escritura de tal manera que aun Salomón es llamado «profeta» en los targúmenes para describir su papel como escritor de Escritura. Aquí es un concepto especializado de inspiración profética para los libros de las Escrituras.) La Torá es escuchada en tiempos presentes y futuros en el sentido de que «son para nosotros y para nuestros hijos para siempre» (29.29 [28]; cf. 4.9-10; 6; 2, 7; esp. 31.13), hablando directamente a generaciones posteriores más que simplemente recordando o narrando ciertos eventos del pasado. La Torá no se expresa en lenguaje celestial sino que es «escrita» en palabras humanas en un rollo (cf. Ex 17.14; 24.4; 34.27; Nm 33.2; Dt 28.58, 61; 29.20, 21, 27 [19, 20, 26]; 31.9, 22).

Las palabras humanas escritas en la Biblia transmiten revelación sólo cuando son escuchadas como «testigos» o «testimonio» perpetuo de la Torá (Dt 31.26; cf. 32; 46) p.ej., cuando el testimonio del texto y su tema pueden ser escuchados al mismo tiempo. En este sentido, «testimonio» es un tipo de discurso peculiar a la Escritura, análogo pero no reducible a declaraciones legales en un juicio, testimonios de testigos, o los testigos que presencian lecturas de testamentos. Este testimonio es hablado por un profeta y testifica de algo que solo Dios hace saber. El lenguaje antiguo sobre «inspiración» (2 Ti 3.16) buscaba asegurar esta diferencia entre por un lado el lenguaje humano de la Biblia, mientras que el concepto de «revelación» ha sido usado para marcar la diferencia en términos del tema del cual el testimonio vive y encuentra su único reclamo de validez.

Este testimonio de la Torá es preservado como un «pacto» escrito (Dt 31.26) entre Dios e Israel. El mismo delinea su identidad como pueblo, sus términos para poseer y gobernar una tierra en particular, y otras obligaciones mutuas entre Dios e Israel el uno para con el otro. Más allá de estas narraciones esenciales, podríamos mejor describir el pacto como un conjunto de reglas particulares gobernando la conducta (mundana tanto como santa) y la propia construcción de lugares sagrados, utensilios sagrados, y procedimientos rituales.

La diferencia entre las leyes dadas en Éxodo y las de Deuteronomio han sido explicadas mediante el reclamo de que Moisés pronunció la Torá a la primera generación del Éxodo pero en Deuteronomio él «interpretó la Torá» (Dt 1.5) a la nueva generación después que la primera rebelde generación había muerto. Así, la necesidad de interpretar la Escritura de generación a generación está construida en la misma Escritura judía.

Dentro de la Biblia misma Moisés no es llamado «un autor», sino que es, más correctamente, la única persona nombrada «escribiéndola» y puede ser por consiguiente llamado el «autor designado» o aun so «autor».

El enlace entre varias personas nombradas y los libros de las Escrituras judías ha estimulado una preocupación sin fin con la «vida» de estas figuras bíblicas, sean o no nombradas explícitamente como escritores o no (ej. Jonás, Judit, Ester). Estas consideraciones tienen que informar cualquier criterio que aplicamos al juzgar la integridad de un libro bíblico en base a su nombrar un «escritor» principal, dominante o autoritativo. Cualquier esfuerzo moderno de hacer justicia a «escritores» y escribas de las Escrituras tiene que tomar en consideración este legado de diferencias considerables, de tal manera que sólo después de imaginación empática de un mundo diferente al nuestro nos aventuremos en el vernáculo de nuestro propio día una historia inteligible de las mismas cosas a través del tiempo.

La lista exacta de los libros y la determinación del texto oficial de la Biblia hebrea vino a ser in asunto particularmente importante con la llegada del judaísmo rabínico después de la destrucción del Templo en el 70 d.C. y la Segunda Guerra de los judíos de 132-135. A pesar de que la mayoría de los libros pertenecientes a las Escrituras judías ya habían sido reconocidos por algunos grupos judíos ya en los 180s a.C. (cf. Eclesiástico), las Escrituras judías entre los rabinos del siglo II puede ser mejor conocidas como una inclusiva, crítica masa de libros correspondiendo a la más amplia comunidad judía. Esa relativamente comprehensiva colección puede ser debatida en segundo lugar, condiciendo a listas oficiales, debates continuos sobre algunos libros, esfuerzos refinados para organizar el orden de los libros bíblicos, y esfuerzos para establecer un texto oficial. Sería más correcto históricamente decir que los judíos sintieron que Dios los había escogido a través de la Escritura, que decir que miembros de su liderazgo hubieran pensado que ellos escogieron los libros de las Escrituras.

La decisión sobre el texto específico de las Escrituras judías aparece más como una reacción al reconocimiento de la Escritura que como un esfuerzo para crearlas. De la evidencia de manuscritos de Qumrán y de traducciones griegas antiguas, podemos ver la existencia en periodos anteriores de varias tradiciones textuales, en algunas ocasiones con diferencias substanciosas. Podemos llamar el texto oficial de las Escrituras aceptado por los rabinos en el siglo II como «protomasorético». A pesar de tener precedentes en textos que pueden ser trazados hasta los siglos precedentes, también anticipan los masoretas reales del siglo VI d.C. quienes ayudaron a refinar los detalles textuales, añadiendo vocales, y otras anotaciones.

Biblia cristiana

No tenemos evidencia de una Biblia cristiana hasta el siglo II d. C., en el mismo periodo cuando los líderes rabínicos del judaísmo publicaron oficialmente los rollos de las Escrituras judías y comenzaron a codificar la Misná. El judaísmo rabínico y la cristiandad postapostólica comenzaron a consolidar sus propias identidades y a distinguirse claramente uno del otro.

La Biblia cristiana no es el producto de una iglesia triunfante en el oeste. Mientras la Biblia cristiana implica una distinción clara entre judíos y cristianos, también admite su dependencia directa de las Escrituras judías. Los cristianos no necesitan un manual de oración en el NT porque ya tiene uno significativo, el libro de los Salmos, que servía esta función tanto para la iglesia como para la sinagoga. Sin embargo, los cristianos interpretaron tradicionalmente los Salmos como un testimonio al evangelio y leían, de una manera completamente extraña al midrás judío, parte de los salmos de lamento como «mesiánicos». En general, los cristianos buscaron leer las Escrituras judías, a diferencia de los intérpretes judíos, a la luz del NT, pero también utilizaron «el AT» para suplementar y para iluminar el NT.

Los fragmentos textuales de la Biblia cristiana que han sobrevivido sugieren que fue publicada cerca del 150 en forma de códices facsímiles. Cada códice contenía una porción de la Escritura, probablemente uno para los Evangelios, para Hechos y las Cartas Generales, para las Cartas de Pablo, y para el libro de Apocalipsis. El AT estaba totalmente en griego, dependiendo de copias selectas (ej. Teodocio para Daniel) y mejoradas del traducciones griegas judías de originales hebreos. Esta puede ser en realidad la primera «LXX» publicada, significando una colección completa de traducciones griegas del las Escrituras judías en una simple serie publicada. No tenemos evidencia que una colección completa de rollos del griego antiguo haya jugado el mismo papel que jugó el AT griego dentro de la Biblia cristiana.

De acuerdo con Ireneo, obispo de Lyon, la Biblia cristiana debía prevalecer contra la versión de Marción que trataba las Escrituras judías como revelación inferior y contenía sólo un «Evangelio» (una edición expurgada de sus elementos «judaizantes» de Lucas) junto con el «Apóstol», una colección de 10 cartas de Pablo. Esta primera Biblia cristiana aparece como una colección de libros comprehensiva, generosamente ecuménica. Posteriormente, eruditos y líderes de la iglesia debatirían si ciertos libros realmente merecían este estatus y buscaron determinar una lista, orden, o texto de la Biblia más precisa. Al igual que en el caso de las Escrituras judías, la publicación de una masa crítica de libros parece haber ganado la circulación antes de decisiones más matizadas, incluyendo acuerdos sobre si el AT debía o no ajustarse con el hebreo de las Escrituras judías o simplemente basarse en la primera publicación oficial griega de la Biblia cristiana.

Los cristianos sabían qué caracterizaría una Biblia cristiana porque la noción de un cuerpo escritural ya había sido aceptada por varios siglos entre los judíos. «El Evangelio» indicaba tanto un género de libro bíblico exclusivo (los cuatro Evangelios) como el tema de la revelación para toda la Escritura cristiana, incluyendo el AT. Los cristianos retuvieron la Torá incorporándola en varias maneras como interpretada y cumplida por el Evangelio o como jugando papeles más limitados, tales como una ley (*nómos*) que servía como una preparación para escuchar el evangelio. Las Escrituras cristianas garantizaban acceso al evangelio revelado que ha sido «la Palabra» con Dios desde el comienzo (Jn 1.1-5) y pertenece también para el final del tiempo.

El entendimiento judío de la Escritura como testimonio profético de la Torá es evidente cuando los escritores del NT citan las Escrituras judías como «testimonio» revelado (ej. Hch 13.22; cf. He 2.6). Declaraciones relacionadas sobre la naturaleza de la

Escritura cristiana ocurren en la nota editorial al final del Evangelio de Juan (capítulo 21) y en la mención de las muertes inminentes de Pedro en 2 Pedro y de Pablo en 2 Timoteo. 2 Timoteo 1.8 parece suponer que este testimonio ahora pertenece a las formas «sanas» manifestadas en las Escrituras mismas (3.14-17).

2 Timoteo 3.15 claramente parece referirse al AT, pero la certeza en el v. 16 de que «toda la Escritura es inspirada por Dios» bien puede reflejar circunstancias del siglo II cuando esta Escritura cristiana será utilizada para refutar el evangelio de Marción, así como las propuestas de otros. Pedro parece anticipar la Biblia cristiana refiriendo a los lectores a «vuestros apóstoles», citando a Pablo como «apóstol» y las cartas de Pablo como un ejemplo principal. Lo que Pedro aparenta describir es la transición de una enseñanza prebíblica de Jesús y sus discípulos a una enseñanza bíblica de la enseñanza apostólica, a la par con las Escrituras judías.

En resumen, el punto de vista cristiano de «toda Escritura» como «testimonios» proféticos o apostólicos de la revelación de Dios del Evangelio juega un papel mayor en la edición posterior de los libros del NT y encuentra su precedente en el entendimiento judío de las Escrituras judías. Tanto los judíos como cristianos entendieron desde tiempos antiguos que la Biblia es a lo más un testimonio de una revelación que existía antes, en, y más allá de las palabras de la Biblia. Sólo a la luz de esta perspectiva podemos entender la lógica detrás de la midrás en la interpretación rabínica judía y la concepción de un «sentido literal» normativo de la Escritura como se propone por los cristianos. Para los cristianos, tanto la Torá como el Evangelio los dirigen a través del testimonio humano de la Escritura del lado de Dios, de tal manera que las mejores confesiones cristianas pueden de la misma manera ser a lo más un testimonio del misterio de la revelación de Dios más que capturarla completamente en palabras humanas.

Bibliografía. D. M. Carr, «Canonization in the Context of Community,» en *A Gift of God in Due Season,* ed. R. D Weis and D. M. Carr. JSOT Sup. 225 (Sheffield, 1996), 22-64; B. S. Childs, *Biblical Theology of the Old and New Testaments* (Minneapolis, 1992); H. Y. Gamble, *Books and Readers in the Early Church* (New Haven, 1995); G. T. Sheppard, «Biblical Interpretation After Gadamer,» *PNEUMA* 16 (1994): 121-41; *The Future of the Bible as Scripture in the Church* (Toronto, 1990); W. C. Smith, *What Is Scripture?* (Minneapolis, 1993); D. Trobisch, *Paul's Letter Collection* (Minneapolis, 1994).

Gerald T. Sheppard

BIBLOS (Gr. *Byblos*)
Nombre griego de una ciudad Antigua de Gebal (la moderna Jebeil; 210391). El nombre se piensa que está relacionado al griego *biblos,* «papiro», sugiriendo la manufactura de la ciudad o mercadeo con este material para escribir.

BICRI (Heb. *biḵrî*), (*habbiḵrîm*)
El padre de Seba, hombre de Benjamín que se rebeló contra David (2 S 20.1-22). El nombre probablemente designa a un miembro de la línea de Bequer (Gen. 46.21; 1 Cr 7.6, 8; cf. 2 S 20.14, «Barim»).

BIDCAR (Heb. *biḏqar*)
Asistente militar de Jehú durante el asesinato de Joram, rey de Israel (2 R 9.25).

BIENAVENTURANZAS
Una forma literaria mejor conocida por las nueve declaraciones plurales «bienaventurados» que comienzan el sermón del Monte de Mateo (Mt 5.3-12; cf. las cuatro en el sermón de la llanura de Lucas, Lc 6.20-23). Estas declaraciones son ejemplos de una forma común conocida como macarismos (del gr. *makários,* «bendito» o «feliz», que introduce con frecuencia la declaración) encontrada en la literatura egipcia, griega y hebrea. La forma parece haber pertenecido a contextos litúrgicos pero aparece con fines didácticos en material literario. Se utilizaba para proporcionar una breve exposición de la doctrina esencial. A menudo aseguraba y daba instrucciones sobre el destino en el más allá o sobre la justicia divina, pero de una manera que tiene claras implicaciones para la ética y la moral presentes. Colecciones de bienaventuranzas son también comunes en el inicio de las obras literarias, como en el Sermón del Monte.

En la literatura judía, las bienaventuranzas son más comunes en la adoración y sabiduría tradicionales (p.ej., Sal 1.1-2; 32.1, 2; 33.12; 41.1; 106.3; 119.1, 2; Pr 8.32, 34; Ecl 10.17; Sir 14.1, 2, 20; 25.8, 9; 34.17; 48.11; Sab 3.13). Ellas nombran una situación o acción en la que declaran que se experimenta la bendición o favor de Dios. Implícitamente exhortan a otros a manifestar esta forma de vida o experimentar esta situación. Para los que no lo hacen, la bendición funciona como condenación.

Las bienaventuranzas también aparecen en la literatura apocalíctica (Dn 12.12; 1 En 58.2; 81.4; 82.4; 2 En 42.6-14; 52.1-15). En una situación de crisis, el vidente revela la inminente reversión que Dios está a punto de provocar. Las bienaventuranzas tienden a declarar el juicio de Dios en el presente, y/o la promesa anticipada por Dios, veredictos favorables en el futuro. Como tales, requieren una forma de vida ahora que se basa en, y en consonancia con, el veredicto justo de Dios. Las bienaventuranzas pertenecientes tanto a la sabiduría (Ro 14.22) y las tradiciones apocalípticas (Ap 19.9; 20.6; 22.7) aparecen en las aproximadamente 40 bienaventuranzas en el NT.

Las nueve bienaventuranzas al comienzo del Sermón del Monte han provocado mucha discusión. Los eruditos han debatido sus orígenes. La opinión más común ve a tres de las primeras cuatro bienaventuranzas, las bendiciones sobre los pobres, los que lloran, y los que tienen hambre (Mt 5.3, 4, 6; cf. Lc 6.20-21), derivadas en al menos alguna forma de Jesús. Ellas ejemplifican la preocupación de Jesús por los pobres, mantienen una tension entre la experiencia presente y la bendición futura, que muchos ven como un reflejo de una tensión evidente a través del ministerio de Jesús. Algunos eruditos afirman también sobre la base de la multiple certificación que una cuarta bienaventuranza proviene de Jesús, la bendición en 5:11-12 sobre el sufrimiento (cf. Lc 6.22-23).

En este punto de vista, estas cuatro bienaventuranzas estuvieron presente (de alguna forma) en la colección de los dichos de Jesús conocida como Q (c. 50s D.C.). Esta colección fue probablemente ampliada en el tiempo antes de que el Evangelio fuera escrito (antes de los años 80) por la adición de cuatro bienaventuranzas a una forma de Q conocida por la comunidad de Mateo. Varias de estas bienaventuranzas (Mt 5.5, los humildes; 5.8, los de limpio corazón) probablemente se formaron al tomar de las bienaventuranzas que se encuentran en los salmos (Sal 37.11; 24.4). El escritor del evangelio de Mateo toma la colección de ocho y hace cambio de redacciones adicionales, tal vez sobre la base de Isaías 61, y tal vez añade la bienaventuranza que se encuentra en 5:10.

Hans Dieter Betz, sin embargo, sostiene que las Bienaventuranzas para los años 50 ya eran parte del Sermón del Monte, que había sido compuesto para instruir a los judíos cristianos acerca de ser discípulos de Jesús. Mateo se hizo cargo de todo el sermón a partir de su versión de Q y lo insertó en el Evangelio sin cambios.

También ha habido un considerable debate sobre cómo interpretar las bienaventuranzas de Mateo. ¿Prometen recompensas escatológicas para los virtuosos que manifiestan estas características en sus vidas, o proclaman reversiones de Dios para aquellos que se encuentran en estas circunstancias desafortunadas? ¿Son las bienaventuranzas «requisitos de ingreso» eticizados que exhortan a los lectores a una forma de vida por la que podrían entrar en el reino de Dios? ¿O son «bendiciones escatológicas» anunciadas a los que ya encontraron el reino de Dios en parte? ¿O es posible leerlas de una manera coherente? El «que llora» en Mateo 5.4 no necesariamente parece ser una virtud, mientras que ser un «pacificador» no es una situación que necesite revertirse.

Algunos han argumentado convincentemente que las Bienaventuranzas se dividen en tres estrofas de 5.3-6, 7-10, 11-12. Cada estrofa tiene 36 palabras; la primera y la segunda terminan con una referencia a la «justicia» (5.6, 10), y la primera evidencia aliteración de la letra *p*, en griego. La primera estrofa subraya situaciones que Dios invierte, circunstancias en que las personas están abiertas a la actividad salvadora de Dios. La segunda estrofa muestra cualidades de una forma de vida creada por la presencia salvadora de Dios. La tercera estrofa se ocupa de una consecuencia para la vida en comunidad. Una ventaja de este enfoque es que reconoce algún tipo de conexión entre las bienaventuranzas y el Evangelio del cual forman parte. En Mateo 4.17-25 Jesús ha demostrado la presencia del reino de Dios en su sanidad y predicación entre las multitudes afligidas. Las bienaventuranzas de 5.3-6 elaboran la experiencia de 4.23-25, mientras que 5:7-12 delinea las consecuencias adicionales de esa experiencia presente y futura.

Bibliografía. H. D. Betz, *The Sermon on the Mount.* Herm (Minneapolis, 1995), 91-153; W. Carter, *What Are They Saying About Matthew's Sermon on the Mount?* (New York, 1994), 12-25, 82-84; W. D. Davies and D. Allison, *The Gospel According to Saint Matthew.* ICC (Edinburgh, 1988), 1:429-69; D. E. Garland, *Reading Matthew* (New York, 1993); R. Guelich, *The Sermon on the Mount* (Waco, 1982), 62-118; M. A. Powell, *God with Us* (Minneapolis, 1995), 119-40.

WARREN CARTER

BIGTÁN (Heb. *bigĕṯān*),
BIGTANA (*bigĕṯānā'*)
Eunuco y cortesano del rey Asuero quien con Teres, también cortesano al lado de aquél, conspiró contra el rey (Est 2.21; cf. Pers. *Bagadāna*, «don de Dios»). Cuando se descubrió su trama, Mardoqueo convenció a su sobrina, la reina Ester, que informara al rey, quien ordenó la ejecución de los hombres (Est 6.2; cf. O. Pers. *Bagadāta*, «dado por dios»).

BIGVAI (Heb. *bigway*)
1. Líder de la comunidad después del exilio que regresó del exilio con Zorobabel (Esd 2.2 = Neh 7.7; cf. 1 Esd 5.8). Probablemente es la misma persona que más tarde selló el pacto con Esdras para guardar la Ley (Neh 10.16 [TM 17]). En el papiro Elefantino (30.1; 32.1) el nombre Bagoi (Aram. *bgwhy*) aparece, refiriéndose a un gobernador de Judá (410-407 a.C.).

2. Grupo numeroso de una familia («hijos de Bigvai») que regresaron a Palestina después del exilio con Zorobabel (Esd 2.14, 2056 miembros; Neh 7.19, 2067; 1 Esd 5.14, 2066). También es el mismo que una familia de un grupo menor (70 miembros) que regresaron más tarde con Esdras, dirigidos por Utai y Zebud (Esd 8.14; cf. 1 Esd 8.40, Utai hijo de Istalcurus).

Monica L. W. Brady

BILDAD (Heb. *bildaḏ*)
El suhita, uno de los tres amigos de Job cuya intención es consolación (Job 2.11) pero que viene a ser un consejero miserable (16.2). El nombre Bildad no aparece otra vez en el AT, tampoco Suha aparece como un nombre de lugar, pero ha sido conectado con Súa, el hijo de Abraham a través de Cetura, que vivió en un país oriental (Gn 25.2, 6; 1 Cr 1.32). Los eruditos especulan conexiones edomitas.

En los primeros dos ciclos de diálogos en el libro de Job, los amigos ofrecen discursos de aproximadamente igual longitud, a los cuales Job responde de manera equivalente. Bildad es la segunda persona que habla en cada ciclo. En el primer ciclo, el argumento de Bildad comienza y termina con justicia retributiva (Job 8.1-7, 20-22). Su tono es intransigente pero esperanzador; porque la justicia de Dios es segura, si Job suplica ante Dios y vive de manera justa, Dios restaurará a Job al lugar que tiene derecho. Bildad apela a la tradición de los antepasados (8.1-10) citando una parábola de dos plantas y la aplica a las circunstancias de Job (8.11-19). El discurso condenatorio de Bildad en el segundo ciclo (cap 18) se enfoca en el destino de los malvados, un tema sapiencial común, moviéndose desde la experiencia de terror de la vida del malvado (vv 7-15) hasta su muerte. El malvado se hunde en oscuridad total, no dejando memoria, nombre, o descendencia (vv 17-19). El tercer ciclo se aparta del patrón anterior: no hay discurso de Zofar, y el discurso de Bildad es acortado (cap. 25). Los eruditos argumentan un trastorno en el tercer ciclo; hay varias sugerencias para reconstruir el texto, pero no hay evidencia textual para apoyarlas. En su discurso final, Bildad argumenta que nadie es justo delante de Dios (25.4); si hasta la luna y las estrellas son impuras ante la presencia de Dios, también lo son los mortales (vv 4-5). En última instancia, las palabras de Bildad son refutadas por Dios (42.7).

Bibliografía. D. J. A. Clines, *Job 1-20.* WBC 17 (Waco, 1989); N. C. Habel, *The Book of Job.* OTL (Philadelphia, 1985); J. G. Janzen, *Job.* Interpretation (Atlanta, 1985).

Patricia A. MacNicoll

BILEAM (Heb. *bil'ām*)
Ciudad en la porción occidental de la media tribu de Manasés, asignada como una ciudad levita del clan de Coat (1 Cr 6.70 [TM 55]). El nombre es probablemente una forma alterna de Ibleam (Jos 17.11; Jue 1.27).

Troy K. Rappold

BILGA (Heb. *bilgâ*)
1. Cabeza de una familia sacerdotal, la decimaquinta división en servicio durante el tiempo de David (1 Cr 24.14).

2. Líder de una familia de sacerdotes que regresó del exilio con Zorobabel (Neh 12.5, 18).

BILGAI (Heb. *bilgay*)
Sacerdote entre las personas que estamparon su sello en el pacto renovado bajo Nehemías (Neh. 10.8 [TM 9]). Probablemente es el mismo que Bilga **2.**

BILHA (Heb. *Bilhâ*) **(LUGAR)** (también BAALA, BALA)
Pueblo en el área sureña de Judá (1 Cr 4.29), también llamada Bala (Jos 19.3) y Baala (15.29). El lugar no ha sido identificado.

BILHA (Heb. *bilhâ*) **(PERSONA)**

Sierva de Raquel, quien fue dada a Jacob como concubina (Gen 30.3); madre de Dan y Neftalí (vv 5-8; cf. 1 Cr 7.13). Después que Raquel dio a luz a Benjamín en su lecho de muerte, Rubén el hijo mayor de Jacob, cometió incesto con Bilha (Gen 35.22; cf. 49.4).

BILHÁN (Heb. *bilhān*)

1. Hijo de Ezer horeo, y descendiente de Seir (Gen. 36.27; 1 Cr 1.42), antepasado de un clan edomita.

2. Benjamita, el hijo de Jedaiel y padre de siete hijos (1 Cr 7.10).

BILSÁN (Heb. *bilšān*)
Prominente israelita que regresó del exilio con Zorobabel (Esd 2.2 = Neh. 7.7 = 1 Esd 5.8; LXX Gr. *Beelsarus*).

BIMHAL (Heb. *bimhāl*)
Hijo de Jaflet y descendiente de Aser (1 Cr 7.33).

BINA (Heb. *bin'ā'*)
Benjamita, el hijo de Mosa y descendiente de Saúl (1 Cr 8.37; 9.43).

BINÚI (Heb. *binnŝy*) (también BANI)

1. Uno de los hijos de Pehat-moab que fue obligado a divorciarse de su esposa extranjera (Esd 10.30).

2. Padre de 13 hijos que fueron forzados a divorciarse de sus esposas extranjeras (Esd 10.38).

3. Cabeza de una familia cuyos descendientes regresaron del exilio con Zorobabel (Neh 7.15). Es llamado Bani (**4**) en Esdras 2.10.

4. Levita posexílico y contemporáneo de Zorobabel (Neh 12.8), probablemente el hijo de Henadad que tomó parte en la reconstrucción de las murallas de Jerusalén y firmó con su sello el pacto renovado bajo Nehemías (3.24; 10.9 [TM 10]). De acuerdo a Esdras 8.33 era el padre de Noadías el levita. Esta persona puede ser la misma que Bavai (Neh. 3.18).

BIRSHA (Heb. *birša'*)
El rey de Gomorra durante el tiempo de Abraham (Gn 14.2), derrotado después de su rebelión contra Quedorlaomer (vv. 8, 10).

BIRZAVIT (Heb. *birzāwi*)
Hijo de Malquiel y nieto de Bería, descendiente de Aser (1 Cr 7.31). El nombre puede designar un lugar, probablemente Khirbet Bir Zeit, a 21 km (13 mi) al norte de Jerusalén.

BISLAM (Heb. *bišlām*)
Uno de los oficiales persas que envió una carta al rey Artajerjes I objetando las actividades de construcción en Jerusalén (Esd 4.7). Bislam puede haber sido un término arameo que significa «hijo de paz» (cf. LXX *en eirēnē*, «en paz»; pero cf. 1 Esd 2.16).

BITHIAH (Heb. *bityâ*)
Hija del faraón egipcio, esposa de Mered, de Judá (1 Cr 4.17 [TM 18]). Su nombre (Heb. «Hija de Jehová» sugiere que era una seguidora del Yahvismo.

BITINIA (Gr. *Bithynía*)

Región montañosa al norte de Asia Menor, localizada en el Mar Negro (Euxine). El reino helénico de Bitinia fue dejado en testamento para Roma por el rey Nocómedes IV (74 a.C.) y, unido a la región a su este, vino a ser la provincia romana de Bitinia-Ponto (c. 63). Prusa, una de sus ciudades más importantes, fue el hogar del filósofo Dio Crisóstomo, cuyos escritos proveyeron un vistazo importante de la vida civil en la provincia del siglo I. Hay evidencia de una sinagoga judía en Nicomedia ya para el siglo II o tercero.

Las comunidades cristianas de Bitinia y el Ponto están entre las dirigidas en 1 Pedro, y la correspondencia entre Plino el Joven (el gobernador romano) y el emperador Trajano revela que los cristianos eran lo suficientemente evidentes para merecer la reacción negativa de los habitantes locales (Plinio *Ep.* 10.96-97; c. 110 d. de C.). A Pablo y sus compañeros se les prohibió entrar en Bitinia por «el Espíritu» (Hch 16.7).

Bibliografía. C. P. Jones, *The Roman World of Dio Chrysostom* (Princeton, 1978); D. Magie, *Roman Rule in Asia Minor* (1950, repr. New York, 1975).

PHILIP A. HARLAND

BIZOTIA (Heb. *bizyôṯyâ*)
De acuerdo al TM, pueblo cerca de Beerseba (Jos 15.28). Sin embargo, el texto debe decir Heb. *bĕnô eyhā* («las hijas de ella»; p.ej., lugares alrededor; cf. LXX y Neh 11.27).

BIZTA (eb. *bizzĕṯā'*)
Uno de los siete eunucos que sirvieron como sirvientes para el rey persa, Asuero (Est 1.10).

BIZTA (Heb. *bizzĕṯā'*)
Uno de los siete eunucos u oficiales que servían delante de Asuero, rey de Persia (Est 1.10; cf. O. Pers. *Bagadāna, Bagadāta* «don de Dios»).

BLANCO

El AT no tiene un vocabulario bien desarrollado para los diferentes colores. Muchas palabras usadas para los colores eran originalmente descriptivas en lugar de un nombre para un color específico. Heb. *lāḇān* normalmente se traduce «blanco,» pero también puede contener los significados de «luz,» «brillante.» En Levítico 13 se aplica a las enfermedades de la piel (cf. Ex 4.6; 2 R 5.27, donde la piel enferma se asemeja a la nieve).

Tanto en el AT como en el NT «blanco» normalmente transmite pureza ritual. En el NT aparece con imágenes cristológicas como signo de pureza (Gr. *leukós;* Ap 3.4-5, 18; 7.9, 12-14) y también como un símbolo de salvación y/o pureza (4.4; 6.11; 19.14). Sin embargo, en Apocalipsis 6.2 el primer caballo, un caballo blanco, simboliza el sufrimiento que cualquier guerra trae; también constituye un castigo escatológico sobre la humanidad pecadora (cf. 19.11, 14). En general, en el libro de Apocalipsis « blanco» simboliza una asociación positiva con el Dios Todopoderoso, Cristo, o la justicia de los creyentes cristianos que han vencido como Cristo venció (p.ej., Ap 1.14; cf. 2.17, la piedra blanca dada a los cristianos que perservaron como muestra de su recepción en la vida eterna).

THOMAS B. SLATER

BLASFEMIA

Acto de maldecir o difamar el nombre de Dios. No es solo cometido contra Dios (Ex 22.28 [TM 27]) sino también como un acto de difamar, abusar, o injuriar otras personas o grupos (Ro 3.8; 1 Co 4.13; 1 P 4.4). Blasfemia también aparece en textos legales asirios (cf. Dn 3.29).

En general, las leyes del AT hacen hincapié la responsabilidad personal del individuo que comete blasfemia, y por lo tanto es el blasfemo, no su familia, quien recibe el castigo por el pecado (Lv 24.10-16). Como la blasfemia de una persona puede contaminar toda la comunidad, el castigo administrado por la comunidad misma funciona como para «quitarás el mal de en medio de ti» (Dt 17.7). Nehemías, sin embargo, acusa a todo Israel de haber cometido «grandes abominaciones (blasfemias)» (Heb. *ne' āṣâ)* cuando ellos hicieron y adoraron el becerro de fundición durante su peregrinaje por el desierto (Neh 9.18).

Los oponentes de Jesús lo acusaron de blasfemia en varias ocasiones (p. ej. Mt 9.3). Durante su juicio, el Senedrín acusó públicamente a Jesús de haber «blasfemado» y recomendaron la sentencia de la pena de muerte para él (Mt 26.65-66 = Mr 14.64). Las autoridades judías acusaron de blasfemia a muchos de los seguidores de Jesús y los apedrearon hasta la muerte (Hch 6.11; cf. Jn 10.31-39). Antes de su conversión Pablo blasfemó, persiguió, e insultó a Cristo (1 Tim 1.13) e injurió a los cristianos (Hch 26.11). Después de su conversión, Pablo amonestó a los cristianos diciendo «no demos a nadie ninguna ocasión de tropiezo» (2 Cor 6.3), para evitar el pecado de la blasfemia.

En Mateo y Marcos, Jesús enseña que la blasfemia contra el Espíritu Santo es un pecado eterno. Mateo 12.31-32 informa que mientras que «todo pecado y blasfemia será perdonado… el que hable contra el Espíritu Santo, no le será perdonado, ni en este siglo ni en el venidero.» Marcos 3.29 advierte que «cualquiera que blasfeme contra el Espíritu Santo… es reo de juicio eterno.»

HENRY L. CARRIGAN, JR.

BLASTO (Gr. *Blástos*)

Camarero del rey Agripa I (Hch 12.20). En su disputa con el rey, la gente de Tiro y Sidón «persuadió» (probablemente sobornó) a Blasto para que usara su influencia como camarero del rey para que les asegurara una audiencia con el rey.

BOANERGES (Gr. *Boanērgés*)

Apodo (del arameo, posiblemente Heb. *bĕnê regeš,* «hijos de disturbios» o *bĕnê rĕgez,* «hijos del trueno») dado por Jesús a Jacobo y a Juan, los hijos de Zebedeo (Mr 3.17). El nombre podría reflejar apropiadamente su conducta bastante tempestuosa durante la etapa posterior del ministerio de Jesús (Mr 10.35-39; cf. Lc 9.54).

BOCRU (Heb. *bōḵĕrû*)

Benjaminita, uno de los hijos de Azel y descendiente de Jonatán y Saúl (1 Cr 8.38; 9.44).

BOHÁN (Heb. *bōhan*)

Hijo o descendiente de Rubén, en memoria de quien un monumento fue nombrado (tal vez una roca; cf. Heb. *bōhen,* «dedo pulgar»). La roca servía como marca de frontera entre las tribus de Judá y Benjamín (Jos 15.6; 18.17).

BOLSA

La mayoría de las bolsas en la Biblia son de tres clases: un bolso o cartera pequeña (usualmente Heb. *kîs;* Gr. *ballántion*), una bolsa de viajero (Gr. *pḗra*), o un saco grande (Heb. *ʾamtaḥat*). El hebreo *śaq* usualmente se refiere al material, por ejemplo, tela de saco.

La gente en el AT y el NT cargaban el dinero en una bolsa (Pr 1.14; Lc 10.4) y el grano en sacos (Gn 42-44). Dios advirtió a los viajeros en el AT a no tener pesas falsas en sus bolsas o carteras (Dt 25.13; Prov 16.11; Miq 6:11). En su batalla con el gigante, el joven David depositó cinco piedras lisas en su saco pastoril (Heb. *kĕlî;* 1 Sa 17.40). Judit saca a escondidas la cabeza de Holofernes fuera del campamento asirio en su costal o bolsa de provisiones (Jdt 10.5; 13.9–10, 15).

Cuando Jesús envió a los Doce (Mt 10.10 = Mr 6.8; Lc 9.3) y los Setenta (-y dos) (Lc 10.4), él les dice que no lleven «alforja» con ellos. Después les dice que tomen una bolsa (Lc 22.35-36). Algunos eruditos rechazan la interpretación de una «bolsa de mendigo» y concluyen que la bolsa es simplemente una pieza de equipaje.

Jesús utilizaba la bolsa de moneda o cartera (*ballántion*) de forma figurada cuando exhortaba a la «manada pequeña» a dar a los pobres y, como consecuencia, recibir «bolsas que no envejezcan» (Lc 12.32-34).

BOOZ (Heb. *bōʿaz*)

1. Familiar acaudalado de la familia de Elimelec y Noemí, dueño de unos campos cerca de Belén. Booz es caracterizado como el protector de Rut la nuera extranjera de Noemí, al ordenar a los trabajadores del campo que no la molestaran y que dejaran granos extras para ella (Rt 2.15-16); instruyéndola en la preservación de su reputación (3.14); y persuadiendo públicamente al familiar más cercano de Noemí a que renunciara a sus derechos de comprar la tierra que pertenecía a Elimelec (4.7-10); y adquiriendo a Rut como su esposa y siendo el padre de Obed, el abuelo de David (vv. 17, 22).

Bibliografía. D. N. Fewell and D. M. Gunn, *Compromising Redemption: Relating Characters in the Book of Ruth* (Louisville, 1990); J. M. Sasson, *Ruth,* 2nd ed. (Sheffield, 1989).

2. Nombre de la columna erigida frente del Templo de Salomón (1 R 7.21; 2 Cr 3.17). El significado del nombre y su función es motivo de debate.

ALICE H. HUDIBURG

BOQUIM (Heb. *bōḵîm*)

Lugar («Los que lloran») al oeste del Río Jordán donde los israelitas lloraron por su desobediencia al violar el pacto con el Señor (Jue 2.4-5). El lugar es desconocido pero probablemente estaba cerca de Gilgal, en la zona montañosa al oeste de Jericó. Boquim ha sido asociada con Bet-el, donde una tradición anterior (Gn 35.8) llama el lugar de sepultura *Alón-bacut* («La encina del llanto»; cf. Jue 20.23, 26; 21.2).

LAURA B. MAZOW

BORDADO

El adorno de tela utilizando hilos de colores o texturizados de (en tiempos bíblicos) materiales naturales, como lana, algodón y seda. Pocos ejemplos de tela se han encontrado del mundo bíblico; nuestras mejores indicaciones son impresiones creadas cuando la tela fue colocada contra yeso o arcilla antes de que estos materiales más duraderos secaran. La preponderancia de evidencia arqueológica para tejidos está en la forma de pesas de telar y cobre, bronce y agujas de hueso. Aunque el bordado fuera una actividad extendida y entre las habilidades dadas por Dios a las tribus de Judá y Dan (Éx 35.35), en archivos textuales los fenicios están más estrechamente asociados con la industria; su nombre puede referirse a la tintura «púrpura de Tiro» que ellos produjeron de cáscaras de murex. Los restos de estas cáscaras en sitios costeros levantinos dan testimonio de esta industria, como las instalaciones de tinte y fabricación textil encontradas en sitios fenicios. Se dice que el bordado de lino hecho en Egipto fue tejido en las velas de los barcos de Tiro (Ez 27.7), y tela y ropa bordada fueron comercializadas entre Tiro, Edom, la Península Arábiga, y Mesopotamia (vv. 16, 24).

El color del bordado fue visto en el mundo bíblico como una señal de estatus. El púrpura fue asociado con la realeza, el carmesí con el lujo (2 S 1.24), y el azul con el pacto de Dios (Nm 15.37-40). El bordado aparece en las cortinas en la entrada del templo (Éx 26.36), en la puerta del atrio (27.16), en el atuendo de una novia (Sal 45.13 [TM 14]), cubierto sobre ídolos (Ez 16.18), y como despojo (Jue 5.30). El arte de bordado se emplea como una metáfora para la atención que Dios dio a Jerusalén (Ez 16.10, 13).

KATHARINE A. MACKAY

BORLAS

Un adorno colgante para vestiduras y otros artículos hechos para sujetar un manojo de cuerdas o hilos del mismo largo en un extremo. Los israelitas debían hacer borlas (heb. *gĕḏilîm*) para las cuatro esquinas de sus capas (Dt 22.12; cf. Nm 15.37-39, *ṣiṣiṯ*). heb. *gĕḏilîm* ocurre en otro lugar en el AT sólo en 1 R 7.17, donde describe una construcción de trabajo entramado que ofrece un efecto de cadenas o red a los capiteles en las cabezas de las dos columnas de bronce en el vestíbulo del templo de Salomón. Este uso es parecido al uso del *ṣiṣiṯ*, «flecos» en Ezequiel 8.3 (RVR «mechón [de pelo]»), en eso sugiere la apariencia de borlas, pero hace poco para elucidar su propósito. Si «flecos» y «borlas» son sinónimos, entonces la ley deuteronómica es una referencia abreviada de un vestido que está diseñado para recordar a los individuos acerca de sus obligaciones de pacto.

Kevin D. Hall

BOSCAT (Heb. *boṣqaṯ*)

Pueblo en la Sefela de Judá, parte de la herencia tribal y el hogar de Jedida, la madre de Josías (2 R 22.1). Aunque F.-M. Able relacionó a Boscat con *ed-Dawa'ime*, a 15 km (9 mi) al sureste de Laquis, su identificación no es ampliamente aceptada. Boscat estaba incluida dentro del mismo distrito que Laquis y Eglón (Jos 15.39).

Jennifer L. Groves

BOSES (Heb. *bôṣēṣ*)

Uno de los dos peñascos rocosos que flanquean la montaña que pasa cerca de Micmas (1 S 14.4), en lado norte del *Wadi eṣ-Ṣuweinît* cerca de 11 km (7 mi) al norte noreste de Jerusalén. El otro peñasco al sur del desfiladero opuesto a Geba, se llamaba Sene.

BOSOR (Gr. *Bosór*) **(LUGAR)**

Ciudad de Galaad capturada por Judas Macabeo (1 Mac 5.25, 36). Ha sido identificada con *Buṣr el-Ḥarîri*, en el borde sureño de *el-Lejā*.

BOSQUE

Las referencias bíblicas a los bosques superficies forestales de Palestina indican que esas zonas eran mucho más extensas en tiempos del Antiguo Testamento que el actual. Varias áreas boscosas son mencionadas por nombre. El Líbano sin duda contuvo el más grande de los bosques, que consistieron no sólo de los cedros famosos, sino también del pino y el mirto. Sólo los vestigios de lo que una vez fueron los extensos bosques del Líbano permanecen hoy. El Carmelo también tenía copiosos bosques en tiempos bíblicos (Cnt 7.5). David se escondió en el bosque de Haret después de partir de Moab (1 S 22.5). Josefo menciona los crecimientos de palmeras datileras del Valle del Jordán cerca de Jericó.

Las referencias bíblicas a incendios forestales indican las grandes extensiones de tierras bosques (Is 10.17-18; Jer 21.14; Am 7.4). Evidencia para los que una vez fueran bosques abundantes también son proporcionadas por los nombres de localidades que llevan los nombres de árboles o bosques (p. ej., Kiriat-jearim, «ciudad de bosques»). Estas áreas carecen ahora de tal vegetación.

Heb. *ḥōreš* indica una espesura o altura boscosa (Ez 31.3; 2 Cr 27.4; la NVI toma la palabra como un nombre propio en 1 S 23.15-19). Heb. *pardēs* denota un parque arbolado o huerto, aunque bastante extenso para suministrar madera (Cnt 4.13; Ec 2.5; Neh 2.8). La palabra hebrea usada con más frecuencia para espesura o área boscosa es *ya'ar*.

Los suelos y climas diferentes de Palestina produjeron una amplia variedad de árboles y arbustos. La mayor precipitación de las cuestas occidentales y del norte permitió la espesa vegetación en las cercanías de Carmelo y Galilea. Los árboles primarios eran robles, terebinto, cedros, y pinos Alepo. El área de la baja Galilea produjo robles de hoja caduca, mientras la región del Mar Muerto cultivó árboles tamarisco, sauces, álamo, y palmeras datileras. Las bestias salvajes, incluso oso y leones asiáticos, habitaron las áreas bosques (2 R 2.24; Am 3.4; Jer 5.6; 12.8).

Aunque la tala indiscriminada de árboles fuera prohibida (Dt 20.19), las una vez grandes extensiones de bosques estaban enormemente disminuidas para los tiempos romanos, excepto en áreas donde el acceso era difícil.

La tala de las tierras boscosas causó una disminución en la fertilidad del suelo y un aumento de la erosión. Con el tiempo áreas importantes de desierto se desarrollaron de estas áreas. Hoy en día, excepto por esfuerzos en conservación y reforestación de pinos, los únicos remanentes de los bosques antiguos están en Carmelo, Líbano, y Transjordania. En las demás partes, los arbustos predominan.

Bibliografía. D. Baly, *The Geography of the Bible*, rev. ed. (New York, 1974); M. Zohary, *Plants of the Bible* (Cambridge, 1982).

Harold R Mosley

BOSRA (Heb. *boṣrâ;* Gr. *Bosorra*)

1. La capital de Edom, moderna Buseirah (208018) al oeste de la Carretera Real en Jordania. Situada cerca de ambos, valiosas minas de cobre y el borde con Judá, la posición de Bosra fue una de gran significado estratégico. Supuestamente debido a confrontaciones anteriores, varios profetas del AT predijeron la caída de Bosra en manos de la venganza de Dios (Is 34.6; 63.1; Jer 49.13; Am 1.12). Excavaciones en Buseirah han desenterrado niveles de ocupación que datan aproximadamente de no antes del siglo VIII a.C. La ciudad alta ha provisto grandes edificios públicos, arquitectura monumental, construcciones de defensa impresitas, y posiblemente un complejo del templo. La importancia del los hallazgos cronológicos en las listas de los reyes edomitas (Gn 36.31; 1 Cr 1.44) permanece como un motivo de debates entre los eruditos.

Bibliografía. C.-M. Bennett, «Excavations at Buseirah, Southern Jordan, 1971,» *Levant* 5 (1973): 1-11.

2. Ciudad listada entre los asentamientos moabitas en una profecía polémica de condenación y destrucción (Jer 48.24). Bosra puede referirse *bṣr* en la Piedra Moabita o Beser, la ciudad de refugio (Dt 4.43; Jos 20.8; 21.36). A pesar de las muchas localizaciones posibles, una identificación arqueológica convincente de Bosra permanece incierta.

3. Ciudad en Galaad conquistada por Judas Macabeo (1 Mac 5.26-28), identificada con la moderna *Busr̄a aš-Šām*. Los nabateos informaron a Judas que muchos judíos estaban siendo mantenidos cautivos en Bosra. Inmediatamente él marchó en su ayuda, asesinó sus captores y saqueó la ciudad. Trajano le cambió el nombre al pueblo nabateo de Noba Trajana Bostra durante su reorganización de Arabia en el 105 d.C., haciéndola una capital de provincia.

Ryan Byrne

BRAZA

Unidad de medida (gr. *orguiá*) que representa la distancia entre las yemas de los dedos de ambos brazos extendidos, equivalente a 4 codos o 1.8 m (6 pies; Hch 27.28).

BRAZALETE

Una banda llevada en el brazo. Según 2 Samuel 1.10, el rey Saúl llevaba un brazalete (Heb. *ʾeṣʿādā),* quizás como una insignia de oficio. En Isaías 3.20 *haṣṣĕʿādôṯ* probablemente designa la joyería para el brazo de una mujer (RV60 «los atavíos de las piernas»; NVI «cadenillas de los pies»). Entre los artículos traídos por los oficiales principales de Moisés como un ofrecimiento de expiación del botín capturado habían «brazaletes y manillas» (Heb. *ʾeṣʿādâ wĕṣāmîḏ;* Nm 31.50), distinguiendo la joyería llevada en el brazo superior y la muñeca. Ornamentos de oro (Nm 31.50; 2 S 1.10; cf. Gn 24.22) son raros de entre los descubrimientos arqueológicos de tiempos bíblicos en Palestina, pero hierro, cobre y bronce son comunes. Entalladuras de Egipto y Mesopotamia antigua a menudo muestran figuras femeninas y masculinas que llevan ornamentos en sus brazos superiores, a veces junto con otros ornamentos en sus muñecas (cf. *ANEP).*

Joseph E. Jensen

BRAZALETES

Objeto decorativo usado en la muñeca o en la parte baja del brazo por ambos hombres y mujeres. Los brazaletes en el tiempo bíblico eran comúnmente hechos de cobre y bronce, pero plata, oro, hierro, y más tarde cristal también fueron usados. Los brazaletes estaban formados de varios diseños: anillos simples planos o redondos, alambres entretejidos, anillos sólidos o perforados. Algunos eran abiertos con ornamentos de animales. Cuencas y pendientes hechas de metal, cristal, faience, piedras, caracoles, huesos, y marfil eran unidos y a menudo usados en la muñeca. Los brazaletes eran considerados no sólo como utensilios de belleza, sino también como objetos de valor porque eran donados al tabernáculo (Nm 31.50) y eran ofrecidos como presentes a Rebeca con la esperanza de asegurar su matrimonio con Isaac (Gn 24.22). Se han encontrados en los brazos de esqueletos en tumbas antiguas.

Katharine A. Mackay
Thomas B. Dozeman

BREA

Una sustancia combustible natural que se utilizaba en la antigüedad como adhesive y sellador. Las palabras «asfalto» y «alquitrán» reflejan algo de la naturaleza del material, a pesar de que indican materiales manufacturados. La brea aparentemente era común en la zona del Mar Muerto, pero también estaba disponible en otras regiones y fue utilizada por diferentes pueblos. Palabras para brea aparecen tanto en acadio como en árabe, y existen referencias a su uso en la historia del diluvio babilónico. En el relato bíblico, Noé debía cubrir el arca con brea (Heb. *kōper*) para sellarla (Gn 6.14), y la madre de Moisés utilize brea para sellar la pequeña «arca» que lo sostendría durante su viaje por el Nilo (Ex 2.3). Isaías usa Corrientes de brea para describir el juicio de fuego que Edom tendría que soportar, un juicio que recuerda la destrucción de Sodoma y Gomorra (Is 34.9).

WALTER E. BROWN

BRONCE

Aleación de metal de color amarillento-marrón compuesto principalmente de cobre. Metalurgistas usan el término para designar aleaciones de cobre/estaño de menos de un 11 por ciento estaño. En textos antiguos y entre los eruditos contemporáneos «bronce» incluye cosas hechas de cobre y aleaciones con arsénico, antimonio, plomo, o plata, no simplemente estaño. En la KJV el término «bronce» es usado uniformemente, dado que el término que significa cobre/zinc hoy fue usado en todo tipo de aleación de cobre in 1611 d. C.

Aleaciones de cobre son usadas par manufacturar productos que son superiores que los hechos de cobre puro. Las de aleaciones de cobre proveen ventajas de producción por ser más fundibles, requieren menos temple, y por ser mas fluido en amoldarse. Los productos finales de bronce son más fuertes, menos susceptibles a la oxidación, y puede ser pulido hasta brillar. La proporción de cobre y los ingredientes de aleaciones pueden variarse de acuerdo con el propósito deseado del producto. El bronce es endurecido pero también llega a ser más frágil con incrementos en la proporción de estaño. Un contenido de estaño de cerca del 20 por ciento, por ejemplo, contribuye una cualidad sonora que es deseada en los címbalos, pero no proveerá la flexibilidad requerida para una espada. La mayor parte del bronce del antiguo Cercano Oriente tiene un contenido de estaño de uno 5-10 por ciento. Este bronce endurecido por medio de martillazos es tan fuerte como 5.5 en la escala de Moh, casi el doble de la dureza del cobre. El bronce reemplazó al cobre ampliamente dado que era un material superior para herramientas y armas que necesitaban mantenerse rígidas y mantener bordes afilados. El bronce fue el metal utilitario más importante hasta que la tecnología del hierro lo reemplazó.

El arte del trabajo con metales es identificado en la Biblia como teniendo su origen con Tubal-caín (Gn 4.22), quien es eponisticamente reconocido como el «padre de la metalurgia». La aplicación temprana del martillo y el fuego fueron básicos para toda la metalurgia subsiguiente. Evidencia de artefactos señalan hacia el trabajo con cobre teniendo lugar en la Alta Mesopotamia para el 6º milenio a.C. Aleaciones de cobre, particularmente cobre arsénico, está ampliamente evidenciadas en el cuarto milenio, con los mejores ejemplos conocidos la multitud de cabezas de mazas y coronas encontradas en *Naḥal Mishmar*. Este «bronce» fue casi exclusivamente el tipo utilizado en el 3er milenio. Bronce de estaño vino a ser dominante en el 2º milenio.

En la Biblia la tecnología del bronce era ampliamente conocida, y es evidente en la cantidad de artefactos de la última parte del 2º milenio y la primera parte del primero. Martillar, levantar, grabar, y moldear son vistos en la manufactura de los utensilios para el exterior tanto del tabernáculo como del Templo (Ex 27; 1 R 7). Aleaciones de cobre son relativamente valiosas en listas taxonómicas (Nm 31.22) como menos que oro y plata, que eran utilizadas dentro de las estructuras religiosas. El bronce era utilizado para la manufactura de objetos de alto uso ritual tales como tazones, lavaderos, altares, e instrumentos musicales (1 Cr 15.19); suministros militares tales como armaduras, lanzas, espadas y flechas (1 S 17.5-7; 2 Cr 12.10; Job 20.24); y equipo doméstico tales como puertas y mecanismos de cerraduras (Sal 107.16; 1 R 4.13). No resaltado en la Biblia pero evidenciado en los restos físicos son una variedad de herramientas, artículos personales que van más allá de lesnas (Dt 15.17) y espejos de mano (Ex 30.17).

Bibliografía. B. Rothenberg, ed., *The Ancient Metallurgy of Copper* (London, 1990).

ROBERT WAYNE SMITH

BRUJERÍA

La práctica de la hechicería (cf. Ex 22.18) o nigromancia (1 S 28) por la adivinación o la manipulación de los espíritus (generalmente malos) (cf. Dt 18.10-11).

Véase MAGIA; MEDIUM, HECHICERA.

BUENO

A diferencia del ideal abstracto platónico del «Bien», los textos bíblicos presentan la bondad como una cualidad de experiencia que se vive.

En el AT los árboles (Gn 2.9) y las espigas de granos (41.5) se describen como buenos (Heb. *ṭôḇ*). Entre los aspectos de la experiencia humana, de los que se dice que son buenos, están la hospitalidad (Gn 26.29), la lealtad (1 S 29.9), la prosperidad (Os 10.1) y la vejez (Gn 15.15). La bondad describe los placeres sensuales de dulzura (Jer 6.20), fragancia (Cnt 1.3) y belleza (Gn 24.16). El bien también lleva a los israelitas a «una tierra buena y ancha, a tierra que fluye leche y miel» (Ex 3.8), «buena tierra, tierra de arroyos, de aguas, de fuentes y manantiales» (Dt 8.7-10).

Los escritos bíblicos testifican en todas partes de la bondad de Dios, como la creación y su fidelidad a su pacto con Israel (Ex 18.9). Sin embargo, Josué recuerda a la comunidad israelita que el Señor «se volverá y os hará mal, y os consumirá, después que os ha hecho bien», si abandonan de los caminos de Dios (Jos 24.20). La exhortación de ser fieles al pacto y de andar en los caminos de Dios es común en la literatura profética (Jer 6.16; Os 3.5). El salmista da gracias en nombre de Dios «porque es bueno» (Sal 54.6[TM 8]), y el Espíritu y sus frutos son buenos (Sal 143.10; Gal 5.22). El salmista también hace énfasis en que no hay bien aparte de Dios (Sal 16.2), porque solo Dios es bueno (Mt 19.17).

En el NT, el Gr. *agathós* se refiere a la excelencia moral de una persona u objeto. Mateo constantemente contrasta *agathós* con *ponērós*, «mal», en sus descripciones de personas (Mt 5.45; 12.34-35; 22.10; 25.21-26). El Gr. *agathós* aparece más frecuentemente en el NT en Romanos, donde Pablo discute la bondad de Dios y el bien por el cual los humanos se esfuerzan.

El Gr. *kalós* se usa frecuentemente en los Evangelios Sinópticos en parábolas y exhortaciones morales. Objetos como «buen fruto» (Mt 3.10), la «buena semilla» (13.38) y «buenas perlas» (v. 45) significan la bondad que reside en Dios. El Gr. *chrēstós* aparece principalmente en las cartas paulinas y deutero-paulinas para referirse a la bondad de Dios.

BUENOS PUERTOS

Pequeña bahía de la costa sureña de Creta, al E del cabo Littinos y cerca de la ciudad de Lasea (Hch 27.8). El nombre (gr. *Kaloì Liménes*) probablemente fue elegido por los habitantes para atraer el comercio, pero los vientos del sudeste que prevalecían en el invierno en realidad hacía que el puerto fuera inseguro (cf. Hch 27.12).

BUEY

Un bovino macho castrado *(Bos taurus)* usado para la tracción, carne, piel, y otros productos. Las razas que se han identificado en contextos artísticos y arqueológicos incluyen variedades de los *Bos primigenius, Bos longifrons,* y *Bos indicus,* el cebú o «jorobado.» El hecho de que varias palabras hebreas y griegas se utilizan para el buey sugiere que existía una amplia variedad de razas, sexos, grados o usos (Heb. *bāqār, ʾelep, pār, šôr*; Gr. *bous, taúros*). La domesticación y el manejo de ganado comenzaron a más tardar el 6000 a.C. Es probable que haya una relación entre la intensificación de la cría de ganado y los períodos de sedentarismo o la vida del pueblo.

El buey era importante en las sociedades agrícolas del mundo bíblico. La castración templaba el carácter agresivo del buey y hacía manejable su inmensa fuerza y resistencia. El cuidado y control del buey recaía en su propio dueño (p.ej., Ex 21.28-29), y había reglas de uso y de mal uso. Las herramientas y aperos canalizaron el poder del buey incluido aguijones, yugo, arneses y cuerdas, arados, rastras, trillos, y posiblemente grandes molinos de mano o molinos rotatorios.

La inversion de los recursos necesarios para criar a estos animales hacía al buey muy valioso. Se menciona con frecuencia como un indicador de la riqueza o un objeto de botín. En correspondencia, el buey casi siempre aparece en primer lugar en las listas de sacrificio (p.ej., Dt 17.1; 2 S 24.22). Aparte de tales ofrendas costosas, solo los jóvenes o muy viejos probablemente fueron criados para la carne y las pieles.

MARK ZIESE

BÚHO

Una ave rapaz nocturna de la orden *Strigiformes,* figura entre las aves prohibidas para comer (Lv 11.17; Dt 14.16). El búho se caracteriza por tener ojos excepcionalmente grandes que se dirigen hacia adelante en lugar de los lados. Las plumas alrededor de los ojos irradian de un centro común y aumentan el tamaño aparente de los ojos. Sin embargo, a pesar de esto, los búhos confían en sus oídos mucho más a menudo que en sus ojos en su búsqueda de presas. Vuelan muy tranquilamente, aunque lentamente, y sorprenden a sus presas al descender de lo alto. Sus afiladas garras y su corto pico en forma de gancho son extremadamente poderosos y hacen difícil escapar.

Una serie de términos hebreos *(kôs, qāʾat̲, yanšûp̱, qipôd̲)* se traducen diversamente en la NVI como «búho,» «lechuza,» y «búho del desierto» (Sof 2.14 NTV) y «búho pequeño» y «búho grande» (Lv 11.17; Dt 14.16 NTV). Los intentos de asociar los términos hebreos con especies particulares son extremadamente problemáticos y puede que nunca se realicen. De esta lista, es bastante obvio que las traducciones pueden variar debido a la necesidad de distinguir entre diferentes palabras hebreas para búhos, no entre diferentes especies.

Jesper Svartvik

BUITRE

Cualquier pájaro grande de presa común en el antiguo Cercano Oriente, e incluye buitres, águilas, falcones y búhos. Varias palabras hebreas *(nešer, ʿayiṭ, peres, ʿoznîyâ, rāḥām)* son traducidas diversamente como «buitre,» «águila,» «halcón,» «ave de presa» y «feroz» o «ave de carroña,» aunque *nešer* (cf. NT Gr. *aetós*), es la más común. Las aves designadas con estos términos comparten muchas de las mismas características. Todas son grandes comedoras de carroña, tienen largas alas extendidas y cuerpos pesados, y vuelan a grandes alturas.

Mientras que el buitre se reconoce como devorador, representa varias imágenes en la Biblia. Se describe como volando con rapidez sobre su presa (Dt 28.49; Job 9.26; Pr 30.17; Hab 1.8), impura (Lv 11.13; Dt 14.12), vuela (Pr 23.5; 30.19), una que nutre sus crías (Dt 32.11; cf. Ex 19.4) y un querubín en una visión (Ez 1.10-14).

Tres diferentes aves grandes se nombran como impuras para comida, y representan tres diferentes palabras hebreas *(nešer, peres, ʿayiṭ)*. Las traducciones varían para cada tipo de ave, e incluyen «águila,» «buitre,» «osífraga» y «zopilote.» El NT traduce el Gr. *aetós* como «buitre», al describir un ave mientras vuela sobre un cuerpo (Mt 24.28 = Lc 17.37), pero «águila» para todas las otras imágenes. Como carroñero en ciudades amuralladas y villas de Egipto, el trabajo del buitre era tan valioso que la pena de muerte se le daba a cualquiera culpable de matar el ave. En altares a través del Antiguo Cercano Oriente, los buitres comían las entrañas de ganado, ovejas, cabros y aves que eran preparados para el sacrificio.

Bibliografía. G. R. Driver, «Birds in the Old Testament,» *PEQ* 87 (1955): 5-20, 129-40; «Once Again: Birds in the Bible,» *PEQ* 90 (1958): 56-58; Y. Leshem, «Trails in the Sky: Fall Migration of Raptors over Israel,» *Israel Land and Nature* 10 (1984-85): 70-77.

Michelle Ellis Taylor

BUL (Heb. *bûl*)

Octavo mes de calendario israelita (oct-nov; 1 R 6.38). También conocido como el mes de la lluvia, es el mes para sembrar trigo y cebada y el mes para cosechar olivas (en el norte de Galilea) y los higos de invierno. Después del exilio los hebreos adoptaron su nombre babilónico, *Marshshvan*.

BUNA (Heb. *bûnâ*)

Judaíta, hijo de Jerameel (1 Cr 2.25).

BUNI (Heb. *bunnî*)

1. Levita de después del exilio entre los que tomaron un papel de liderazgo en la confesión pública (Neh 9.4).

2. Israelita que estableció su sello en el pacto renovado bajo Nehemías (Neh 10.15 [TM 16]).

3. Levita, antepasado de Semaías de después del exilio (Neh 11.15).

BUQUI (Heb. *buqqî*)

1. Líder de la tribu de Dan; uno de los escogidos para ayudar a dividir la Tierra Prometida de Canaán (Nm 34.22).

2. Levita, hijo de Abisúa y descendiente de Aarón (1 Cr 6.5, 51 [TM 5.31; 6.36]), y antepasado del escriba Esdras (Esd 7.4).

BUQUÍAS (Heb. *buqqîyāhû*)

Hijo de Hemán y líder de la sexta división de cantores levitas (1 Cr 25.4, 13).

BUZ (Heb. *bûz*)

1. Hijo de Nacor y Milca (Gn 22.21). Sus descendientes formaron una tribu árabe (Jer 25.23), los buzitas (cf. Job 32.2, 6).

2. Padre de Jahdo, de la tribu de Gad (1 Cr 5.14).

BUZI (Heb. *bûzî*)

Sacerdote, el padre del profeta Ezequiel (Ez 1.3).

Carl Bridges

C

C
Símbolo usado para designar el Códice siriaco Efraín.

CAB (Heb. *qab*)
Una unidad de medida para productos secos y líquidos (2 R 6.5; del egip. *kb*[?]). La Mishná reconoce el cab como una sexta parte de un seah, una octava de un efa, o c. 1.2 l. (1.3 qt. líquido). Según Josefo (*Ant.* 9.4.4), un cab igualaría c. 1.91 l (2 qt).

CABALLO
Introducidos por primera vez a Palestina por los hicsos a principios del segundo milenio a.C., los caballos suelen mencionarse en contextos donde son enjaezados a un carro o montados en la caballería. Los caballos siempre pertenecían a la realeza, ya que sólo los reyes podían pagar su mantenimiento. Ellos tenían poco valor para el israelita ordinario, que utilizaban asnos y mulos en la vida cotidiana.

Los filisteos reunieron 30 mil carros y 6000 jinetes contra el rey Saúl (1 S 13.5). David mantuvo solo 100 caballos para sí mismo, eligiendo en su lugar desjarretar los que había capturado (2 S 8.4). Sin embargo, los caballos fueron uno de los pilares del poder de Salomón —tenía 4000 caballerizas 12 mil caballos (1 R 4.26)— y era un arma de primer orden en el ejército israelita. En la batalla de Qarqar en 853, Acab aportó 2000 carros a la coalición contra los asirios. La puerta de los Caballos, ubicada en la esquina sureste del muro de la ciudad (Jer 31.40; Neh 3.28), demostró cómo los caballos se habían convertido en algo esencial para Jerusalén. Mientras que el texto dice que Salomón importó sus caballos de Egipto (1 R 10.28), los egipcios deben haberlos importado de Anatolia.

Alrededor de dos tercios de las referencias bíblicas a los caballos son metafóricas. Los caballos se utilizan para referirse a los peligros de la realeza y el militarismo (Dt 17.14-16; Sal 20.7[TM 8]; Is 2.7). También figuran en la imaginería apocalíptica del Apocalipsis (Ap 6.2, 4-5; 19.11, 14, 19, 21).

Donald Fowler

CABAÑAS, FIESTA DE
Véase Tabernáculos, fiesta de.

CABELLO
El cabello y la moda siempre han sido importantes. Mientras que los egipcios afeitaban su cabeza, los hebreos y sus vecinos favorecieron el pelo largo y la barba, como en el caso de Absalón (2 S 14.26) y Jehú (nótese su cabello largo y barba en el Obelisco negro). En los tiempos del NT, los varones griegos y romanos llevaban el cabello corto y no usaban barba, mientras que las mujeres romanas tenían peinados muy individualistas (1 Co 11.6). La mayoría de las mujeres decentes llevaban el pelo trenzado (1 Ti 2.9; 1 P 3.3), y algunas llevaban una cubierta en la cabeza (1 Co 11.6). En Roma, las pelucas eran comunes entre las mujeres ricas. La esposa de Caracalla, Plautila, era representada en una estatua con el cabello extraíble para permitir que se mantuviera en la moda actual.

Tal vez el ejemplo más conocido acerca del cabello y de la religión es el del voto nazareo (Nm 6), por el que el participante hacía un juramento de no cortar su cabello (p.ej., Sansón, Jue 16.13-31). Si bien, los sacerdotes no debían afeitarse la cabeza (Ez 44.20), los leprosos recién limpiados debían hacerlo (Lv 14.8). El color del cabello de la piel infectada determina si la enfermedad era la lepra (Lv 13). El corte ceremonial del cabello con el fin de dedicarlo a los ídolos fue prohibido en varias ocasiones (Lv 19.27; Jer 9.26; Ez 5.1). Incluso el apóstol Pablo había hecho un voto de tipo nazareo, que fue consumado por un corte de cabello (Hch 18.18). Tanto en el AT como en el NT Dios fue concebido con el cabello «blanco como la lana» (Dn 7.9; Ap 1.14).

La cabeza y, por tanto, su cabello era el objeto de unción con aceite (Sal 45:7[TM 8]) y duelo. En el dolor el cabello podía ser arrancado (Esd 9.3) o cubierto con polvo y ceniza. María ungió los pies de Jesús con perfume caro utilizando su propio cabello (Lc 7.38; Jn 11.2), mostrando de este modo amor y hospitalidad.

El cabello también proporcionaba un medio eficaz para comunicar lenguaje idiomático (p.ej., Mt 10:30 par.; Lc 21.18) así como una metáfora símil común.

DONALD FOWLER

CABEZA

Generalmente la cabeza del cuerpo físico, el asiento de los órganos sensoriales y el cerebro (Heb. *rōʾš;* Gr. *kephalē*). Varios pasajes aluden a costumbres particulares relacionadas con la cabeza. La cubierta de la cabeza de uno era un acto de contrición (2 S 15.30) o vergüenza (Jer 14.3). Echar polvo sobre la cabeza era un acto de dolor (2 S 13.19; Lam 2.10; Ez 27.30; Ap 18.19). Afeitarse la cabeza también era un acto de dolor (Job 1.20; Jer 16.6), pero afeitar la cabeza de otra prsona era una forma de humillar a esa persona (1 Cr 19.4-5; 1 Co 11.5-6). Mediante la unción de la cabeza con aceite una persona era consagrada y recibía la bendición de Dios. Una ceremonia de unción acompañaba la instalación de nuevos sacerdotes (Ex 29.7; Lv 8.12) y reyes (1 S 10.1; 16.13).

A menudo, el término «cabeza» se refiere a uno en una posición de liderazgo (Jos 11.10; Jue 11.11). Pablo mezcló esta comprensión de cabeza con el concepto literal cuando habló metafóricamente de la iglesia como el cuerpo y Cristo como la cabeza (Ef 1.22-23; 4.15; Col 1.18; 2.19), hacen hincapié endo así la unidad de la Iglesia, que está unida bajo el liderazgo de Cristo (la cabeza).

«Cabeza» también puede referirse a lo que es más importante. Este es probablemente el sentido en las referencias a Jesús como la «cabeza *(kephalē)* del ángulo» (Mr 12.10; Mt 21.42; Lc 20.17; Hch 4.11; 1 P 2.7; cf. Sal 118.22). Del mismo modo, Mt. Sión se conoce como «cabeza de los montes » (Is 2.2; Mic. 4.1), y Jerusalén es exaltada «como preferente asunto de mi alegría» (Sal 137.6).

MARK R. FAIRCHILD

CABÓN (Heb. *Kabbôn)*

Ciudad en la asignación tribal de Judá (Jos 15.40), una de las 16 ciudades que pertenecen al distrito de Laquis en la Sefela suroeste. Su ubicación es desconocida, aunque recientemente ha sido identificada con Tel Haraqim (13363.10360). A veces se ha identificado con Macbena (1 Cr 2.49). Steven M. Ortiz

CABRA

La indicación de su importancia como animales domesticados en tiempos bíblicos es la aparición de siete palabras hebreas y tres griegas diferentes para «cabra» en la Biblia. Más allá del término general *ʿēz* (pl. *ʿizzîm*) para cabras hembras, cuatro palabras hebreas expresamente se refieren a la cabra macho (*śāʿîr, tayiš, ʿattûḏ* [pl. sólo], y *ṣāp̄îr*), una a un macho joven (*gĕḏî*), y una a la cabra salvaje (*ʾaqqô*). Las palabras griegas se refieren a un cabrito pequeño *(eríphion)*, un joven *(éríphos)*, y un macho adulto *(trágos)*.

La cabra doméstica común en Palestina es *Capra hircus.* Las cabras son distinguidas de sus primas las ovejas, con las que por lo general son guardadas, por los abrigos de pelo de éstas últimas (por lo general negro [cp. 1 S 19.13] o gris, pero a veces blanco, marrón, o cualquier combinación de estos), y sus cuernos llanos, enroscados. Mientras generalmente no tan deseable como las ovejas para la carne, las cabras son un animal más fuerte, menos exigente en la vegetación que comerán, y así tenderán a aparecer en mayores números en manadas que viven en ambientes más marginales. En realidad, la proporción de huesos de cabra a huesos de ovejas puede dar a los arqueólogos un poco de luz en las condiciones ambientales locales antiguas en el mundo antiguo. Lamentablemente, los hábitos de pasto de las cabras durante muchos siglos han tenido un impacto negativo principal sobre la vegetación de Palestina, tanto en la decadencia de varias comunidades de planta importantes como en la inhibición de su rejuvenecimiento.

Los subproductos de cabra han sido desde hace mucho tiempo rasgos familiares entre la gente del desierto de Palestina a partir de los períodos bíblicos hasta el presente e incluyen la leche (Pr 27.27), queso, botellas de piel de cabra para el agua y vino (p. ej., Mr 2.22), y la ropa de pelo de la cabra, almohadas, y tiendas de campaña (Ex 26.7; 35.26; 1 S 19.13; He 11.37). Mientras la carne de las cabras adultas es de calidad pobre, los cabritos constituyen una comida deseable (Jue 6.19; 13.15-23). Más allá de su papel de subsistencia en la sociedad israelita y judía antigua, las cabras, sobre todo los machos, desempeñaron un papel de culto importante, sirviendo como el sacrificio clave en varias ceremonias religiosas (p. ej., Nm 7.16).

RANDALL W. YOUNKER

CABRAS MONTESES, PEÑASCOS DE LAS
Una región desértica rocosa, cerca de En-gadi (Heb. *ṣûrê hayyĕʿēlîm*), no muy lejos de la orilla occidental del Mar Muerto, donde las cabras salvajes han sido durante mucho tiempo abundantes (1 S 24.2[TM 3]). En una de las cuevas de la zona David tuvo la oportunidad de matar al rey Saúl, pero se negó a levantar la mano contra el ungido de Jehová.

CABRITO
Una cabra joven (Heb. *gĕdî*). La carne del cabrito era considerada sabrosa (p.ej., Gn 27.9; cf. Lc 15.29) y quizás por esta razón se asoció con las comidas rituales (Jue 6.19) y sacrificios (Nm 15.11; 2 Cr 35.7). El mandato bíblico contra hervir el cabrito en la leche de su madre (Ex 23.19; 34.26; Dt 14.21) puede ser una prohibición de una práctica religiosa cananea (cf. *UT* 52.14); constituye la base de la ley kosher contra tomar leche y otros productos lácteos en la misma comida.

CABSEEL (Heb. *qaḇṣĕʾēl*)
Una ciudad en el sur de Judá, cerca de la frontera de Edom (Jos 15.21), el hogar de Benaía, uno de los guerreros de David (2 S 23.20 = 1 Cr 11.22). Tras el exilio fue repoblada con el nombre de Jecabseel (Neh 11.25). El sitio puede ser identificado con moderna Khirbet Gharreh/Tell ʿIra (148071), cerca de Wadi Mishash c. 21 km (13 mi) noreste de Beerseba.

CABUL (Heb. *kāḇûl*)
1. Ciudad fronteriza ubicada en el territorio de Aser (Jos 19.27). Generalmente se asocia con el moderno pueblo árabe de Kabul (170252) en la baja Galilea, c. 16 km (10 mi) al sureste de Acre. Cabul es la única ciudad fronteriza antigua oriental en el territorio de la tribu de Aser que mantiene el mismo nombre hoy.

2. Un distrito en Galilea que consta de 20 ciudades que le fueron dadas a Hiram de Tiro por Salomón como remuneración por cedro, madera de ciprés, y oro (1 R 9.13). El nombre Cabul («desagradable» o «estéril») denotaba el disgusto de Hiram con la región, aunque el significado exacto de la palabra es desconocido. De acuerdo con una versión alterna de la historia, fue Salomón quien recibió las ciudades de parte de Hiram (2 Cr 8.2), pero la versión en 1 de Reyes es considerada más auténtica.

JOHN FOTOPOULOS

CADES (Heb. *qāḏēš*),

CADES-BARNEA (*qāḏēš barnēaʿ*)
1. Cades-barnea, un sitio en el norte del Sinaí (el desierto de Zin; Nm 20.1; 33.36) donde Israel acampó al menos dos veces en sus andanzas. En la narrativa de la campaña de Quedorlaomer hacia el sur de Canaán, Cades es llamado En-mispat, «fuente de juicio» (Gn 14.7). Fue cerca de Cades que Agar recibió la promesa de Dios del nacimiento de Ismael (Gn 16.11-14). Moisés envió los espías desde Cades para reconocer Canaán, pero su informe destruyó la determinación de Israel de tomar la tierra (Nm 13–14; Dt 1.19). Por su falta de fe, Dios sentenció a Israel a vagar 40 años, lo que finalmente trajo a Israel de vuelta a Cades-barnea. También fue en Cades que María la hermana de Moisés murió y fue sepultada (Nm 20.1) y donde Israel se quejó una vez más por falta de agua (vv. 2-10). En Cades, Moisés desobedeció a Dios al golpear la roca con su vara para sacar el agua en lugar de hablarle como Dios le había mandado; esta insubordinación impidió la entrada de Moisés a Canaán (Nm 20.2-13). El sitio finalmente sirvió como un punto de referencia para la frontera sur de Judá (Jos 15.1-3; cf. v. 23, «Cedes»).

ʿAin el-Qudeirat (096006), el sitio identificado como Cades-barnea, no siempre encaja con los textos bíblicos. Trabajando en parte sobre la identificación hecha por Nathaniel Schmidt, C. Leonard Woolley y T. E. Lawrence (1914-1915) confirmaron las conclusiones de Schmidt. Moshe Dothan reexcavó el sitio en 1956, y Rudolph Cohen en 1972-1982.

Las excavaciones revelan tres fortalezas superpuestas que datan del siglo X a los siglos VII o VI a.C., seguido por alguna ocupación persa. La fortaleza del siglo X era un óvalo grande (c. 27 m [88 pies] de diámetro) con paredes de casamata. La colección de cerámica y el diseño del sitio sugieren que fue construido durante el reinado de Salomón, probablemente como parte de una línea defensiva a lo largo de la frontera sur de Judá. Probablemente fue destruida durante las campañas de Sisac en Israel y Judá.

La fortaleza fue reconstruida como dos siglos más tarde. La nueva fortaleza era rectangular (c. 60 × 40 m [196 × 131 pies]) con paredes sólidas (c. 4 m

[13 pies] de espesor) y ocho torres que se proyectan a lo largo de sus paredes. Una explanada de tierra y un foso protegía los muros de la fortificación. Uzías pudo haber dirigido la construcción de esta fortaleza (2 Cr 26.10). Probablemente fue destruida al final del reinado de Manasés en la mitad del siglo VII.

La última fortaleza fue construida con paredes de casamata y siguió básicamente el mismo plan rectangular como la fortaleza del medio. La explanada y el foso continuaron en uso. En la esquina noroeste de la fortaleza había una gran estructura circular de adobe (c. 1.9 m [6.3 pies] de diámetro). Esta estructura estaba llena de una capa espesa de cenizas y junto a ella había vasijas de cerámica, un pequeño incensario, y huesos de animal. Esta área puede haber sido un santuario para el personal del sitio o de la región. Cohen sugiere que esta fortaleza fue construida durante la época de Josías y destruida durante la campaña de Nabucodonosor cuando también destruyó Jerusalén.

Las excavaciones no han producido evidencia que indique la presencia de un gran número de personas en el lugar durante cualquier período en el que se cree que el éxodo se produjo. Los eruditos han interpretado este problema de manera diferente. Los conservadores pueden afirmar que la identificación es un error y que Cades-barnea debe identificarse con otro sitio todavía no descubierto. Otros sugieren que la historia bíblica es un relato etiológico. Un creciente número de eruditos sugieren que no hubo un grupo de personas que salieron de Egipto a acampar en Cades-barnea y por lo tanto no se debe esperar ningún resto.

Bibliografía. R. Cohen, «Excavations at Kadesh-Barnea, 1976-1978,» *BA* 44 (1981): 93-107; «the Iron Age Fortresses in the Central Negev,» *BASOR* 236 (1979): 61-79; *Kadesh-barnea* (Jerusalén, 1983); M. Dothan, «the Fortress at Kadesh-Barnea,» *IEJ* 15 (1965): 134-51.

2. Cades en el Orontes, moderno Tell Nebî Mind (291444) en Siria. Aunque los anales egipcios mencionan batallas anteriores en el sitio (p.ej., Tutmosis III, Seti I), el conflicto más notable ocurrió c. 1285 cuando Ramsés II y los hititas bajo Muwatallis lucharon cerca de Cades por el control de Siria. Ambos bandos sufrieron mucho en el conflicto y terminó con un tratado que ha sido preservado por las dos partes (*ANET,* 199-203); La versión hitita probablemente conserva los términos con más precisión. Ramsés se refirió a la batalla en varios grabados en el templo en Egipto.

Bibliografía. J. H. Breasted, ed., *Ancient Records de Egipto,* 5 vols. (Chicago, 1906-7).

Dale W. Manor

CADMIEL (Heb. *qadmîʾēl*)

El jefe de una familia levítica que con sus descendientes regresó bajo Zorobabel de la cautividad en Babilonia (Esd 2.40; Neh 7.43; 12.8, 24). Él y sus hijos supervisaron a quienes reconstruían el templo (Esd 3.9), participó en la confesión pública de pecado (Neh 9.4-5), y firmó el pacto renovado (10.9[TM 10]).

CADMONEOS (Heb. *qaḏmōnî*)

Un pueblo que figura entre los habitantes pre israelitas de Canaán (Gn 15.19). El nombre («orientales») probablemente representa la misma gente como los que son llamados los «hijos del Oriente» («la tierra de los orientales»; p.ej., Gn 29.1; Jue 6.3, 33; Job 1.3).

CAFAR-SALAMA (Gr. *Chapharsalama*)

Lugar cercano en el cual el general sirio Nicanor fue emboscado, perdiendo 500 soldados en batalla (1 Mac 7.31-32). Algunos estudiosos la identifican con Khirbet Selma (167140) cerca de ej-Jîb, c. 10 km (6 mi) noroeste de Jerusalén

CAFIRA (Heb. *kĕḇār*)

Una de las cuatro ciudades heveas que habían hecho un pacto de paz con Josué y los ancianos de Israel, escapando así de la aniquilación (Jos 9.17). Después del exilio los israelitas repoblaron Cafira, junto con Kiriat-jearim y Beerot (Esd 2.25; Neh 7.29). La ciudad ha sido identificada con la moderna Khirbet el-Kefîreh (160137), c. 8 km (5 mi) oeste de el-Jîb (Gabaón).

CAFTOR (Heb. *kabtôr*)

El séptimo «hijo» de Mizraim (Egipto) (Gn 10.13-14 = 1 Cr 1.11-12). Deuteronomio 2.23 informa que los caftoreos desplazaron a los aveos a lo largo de la costa palestina hasta Gaza. Caftor es, de acuerdo con Jeremías 47.4; Amós 9.7, el lugar de origen de los filisteos. La nota entre paréntesis en Génesis 10.14, sin embargo, indica que los Casluhim, no los capturim, son los antepasados de los filisteos, pero muchos eruditos sugieren que la nota debe ser trasladada al final del versículo.

El nombre Caftor es tradicionalmente asociado con la isla de Creta. Textos de Mari y Ugarit mencionan un lugar llamado Kaptara, descrito como más allá del Mar Alto y dentro de la esfera de influencia de Sargón de Acad. Documentos egipcios frecuentemente mencionan un lugar llamado Keftíu; ya que Egipto tuvo extensas relaciones comerciales con Creta después de 2200 a.C., identificar Keftíu con Creta explicaría las muchas referencias. Caftor también ha sido identificada con las regiones de la costa de Asia Menor o Siria. (La LXX traduce Caftor como Capadocia en Amós 9.7.) Creta, sin embargo, parece ser la ubicación más probable.

Pocas conexiones arqueológicas o literarias pueden hacerse entre los filisteos y Creta o Caftor. Los filisteos pueden haberse «detenido» en Caftor en sus viajes desde algún otro país de origen, o Caftor puede haberse convertido, para el segundo milenio, en un nombre para toda el área del Egeo.

Bibliografía. Y. Aharoni, *The Land of the Bible*, 2nd ed. (Philadelphia, 1979); G. A. Rendsburg, «Gen 10.13-14: An Authentic Hebrew Tradition Concerning the Origin of the Philistines,» *JNSL* 13 (1987): 89-96. Nancy L. de Claissé-Walford

CAÍDA, LA

Caída de la inocencia y del paraíso de la pareja primigenia, Adán y Eva, por medio de su tentación y desobediencia (Gn 3). Aunque la narración de Génesis no se refiere a la transgresión de la pareja como caída, algunos escritos del NT caracterizan la opción de la humanidad al pecado como a «caer en la condenación del diablo» (1 Ti 3.6) y a «caer en condenación» (Stg 5.12). Intérpretes cristianos posteriores como Agustín, Dante y John Milton desarrollan muy detalladamente el relato de Génesis de la desobediencia de Adán y Eva en una doctrina de la Caída.

La historia de Adán y Eva está incrustada en el segundo relato de la Creación (Gn 2.4b-4.1). Escrito probablemente alrededor de 950 a.C., como parte de la historia yavista de Israel, este relato es el más antiguo de las dos historias de la creación. En esta historia Dios crea a un ser humano y a una ayudante «femenina» y los establece en un jardín exuberante y paradisíaco, donde se suplen todas sus necesidades. Dios instruye al hombre a que no coma «del árbol del conocimiento del bien y del mal» para que no muera. La serpiente, una criatura descrita como sutil y astuta, convence a la mujer que el fruto de ese árbol es bueno y no morirá. Cuando los dos comen del fruto, reconocen inmediatamente las consecuencias de sus acciones. Dios los castiga por su falta y los expulsa del jardín (3.8-24). En sus elementos míticos, la historia también da explicaciones de por qué las serpientes se arrastran en el suelo (v. 14), por qué existe enemistad entre los seres humanos y las serpientes (v.15), la paradoja del placer sexual y el dolor de dar a luz (v. 16) y el conflicto continuo entre los humanos y la naturaleza (vv. 17-19).

El relato Génesis le debe su rico simbolismo literario a un número de otros mitos del antiguo Cercano Oriente. En el mito babilónico de Adapa, el sabio Adapa, después de seguir el consejo del dios celoso Ea, rechaza la oferta de Anu, de pan y agua de vida, y por lo tanto pierde su inmortalidad y la de la humanidad. En la Épica sumeria de Gilgamés, el héroe no logra obtener la inmortalidad cuando una serpiente le roba la planta de la eterna juventud.

En los escritos de Pablo del NT, la Caída adquiere una dimensión universal, al introducir el pecado y la mortalidad en la vida de toda la humanidad. Pablo reconoce que «como el pecado entró en el mundo por un hombre, y por el pecado la muerte, así la muerte pasó a todos los hombres, por cuanto todos pecaron» (Ro 5.12). En el *Paraíso Perdido,* Milton describe el pecado y la muerte, a los hijos de Satanás que construyen un puente a este mundo, para que ahora puedan movilizarse más fácilmente entre su reino y el mundo nuevo que Satanás acaba de conquistar en la Caída.

En contraste con otros mitos del Cercano Oriente, donde los humanos son víctimas de dioses celosos, Génesis describe al hombre y a la mujer como criaturas responsables, actuando de acuerdo a su propia voluntad. Su desobediencia se representa a menudo entonces como rebelión contra los mandamientos de Dios. Aunque no existe una doctrina del pecado original en la historia de Génesis, Agustín la utilizó para promulgar una interpretación que sostenía que el pecado de la primera pareja fue transmitido a cada generación sucesiva y, por lo tanto, todos los humanos fueron infectados con el pecado. Mientras que Agustín sostenía que la pareja actuó libremente, de acuerdo a su voluntad, afirmó claramente que su mala acción introdujo la corrupción a la buena creación de Dios. Ireneo utilizó la historia para demostrar que Dios es un Padre amoroso que ayuda a sus hijos a reconocer sus errores y a aprender de ellos. Muchos de los padres de la iglesia griegos (p. ej. Teodoro de Mopsuestia) hacen hincapié en la universalidad del pecado humano.

Mientras que muchos comentadores, desde Tertuliano hasta Milton, colocaron la culpa de la Caída en la mujer, la crítica feminista reciente ha rechazado esas afirmaciones y sostiene que la mujer actuó mucho más racionalmente que el hombre, que de hecho conversa con la serpiente, le hace preguntas y toma una decisión meditada. El hombre, por otro lado, actuó simplemente a partir de su apetito, al aceptar la fruta de la mujer sin hacer preguntas y comiéndosela.

Bibliografía. P. Trible, God and the Rhetoric of Sexuality. OBT 2 (Philadelphia, 1978).

HENRY L. CARRIGAN, JR.

CAIFÁS (Gr. *Kaïáphas*)
Con más frecuencia descrito como el sumo sacerdote que participó en el juicio judío de Jesús.

Las declaraciones de Lucas son confusas. Él usa solo la forma plural «sumos sacerdotes» en el relato de la pasión sin proveer sus nombres. En contraste, en los dos lugares donde menciona a Caifás, Lucas lo une al de Anás como el sumo sacerdote. Lucas 3.2 ubica la aparición de Juan el Bautista en el desierto en el tiempo del sumo sacerdocio de Anás y de Caifás. Esta frase es difícil de interpretar porque nunca más de una persona sirvió en ese oficio a la vez. En Hechos 4.6 Lucas atribuye el título «sumo sacerdote» a Anás pero menciona a Caifás como parte de la familia del sumo sacerdote. De acuerdo con Josefo, sin embargo, Anás fue sumo sacerdote aproximadamente entre 6 y 15 d.C., y Caifás entre 18 y 36 (*Ant.* 18.2.1-2; 18.4.3). Si Josefo está correcto, no era Anás sino Caifás quien era sumo sacerdote en el tiempo de Juan el Bautista y durante el período cristiano temprano. Lo más probable, las confusas declaraciones de Lucas reflejan la costumbre contemporánea de usar el título del oficio aun después de que el término haya expirado.

Mateo y Juan parecen ser históricamente más exactos. Mateo nombra solo a Caifás como sumo sacerdote. Los líderes judíos conspiraron para arrestar a Jesús en el palacio del «sumo sacerdote llamado Caifás» (Mt 26.3), y después de su arresto Jesús es llevado a «Caifás el sumo sacerdote» (v. 57). Juan menciona a Anás y Caifás por nombre pero nunca usa el título «el sumo sacerdote» para Anás. Caifás es designado como el «sumo sacerdote aquel año» (Jn 11.49, 51; 18.13) o simplemente como el «sumo sacerdote» (18.24), y Anás como «suegro de Caifás, que era sumo sacerdote aquel año» (v. 13). De acuerdo con Juan, después del arresto Jesús fue enviado primero a Anás, luego a Caifás (Jn 18.13, 24).

Bibliografía. R. E. Brown, *The Death of the Messiah* (New York, 1994), 1:404-11; W. Horbury, «The 'Caiaphas' Ossuaries and Joseph Caiaphas,» *PEQ* 126 (1994): 32-48. Seung Ai Yang

CAÍN (Heb. *qayin*) **Y ABEL** (*hebel*)
Caín era el hijo mayor de Adán y Eva (Gn 4.1), un «labrador de la tierra»; Abel, su segundo hijo, era un «pastor de ovejas» (v. 2).

La mayoría de las lecturas de las historias de Caín y Abel (Gn 4.3–5.32) condenan a Caín de sacrilegio y asesinato (4 Mac 18.11; 1 Jn 3.12) y las consideran una explicación para un conflicto irreconciliable entre agricultores y ganaderos. Hebreos ve a Caín como uno cuyo sacrificio no fue bueno como el de su hermano (He 11.4). Judas pronuncia juicio sobre aquellos que actúan como Caín y conducen a otros al pecado (Jud 11). Para Josefo y muchos rabinos, Abel representa al virtuoso, Caín el codicioso y tacaño. Abel es una víctima inocente, Caín un asesino. Para Agustín, las historias demuestran la proliferación del pecado. La desobediencia lleva al sacrilegio (Gn 4.3-7), asesinato (v. 8), perjurio (vv. 9-10), y venganza (vv. 23-24).

Antes de que Alejandro Magno trajera el helenismo al mundo de la Biblia en 333 a.C., ni las teologías de pecado original ni las etiologías sobre conflicto de clase aparecieron en las tradiciones del antiguo cercano Oriente. Al igual que las tradiciones Enuma Elis de Mesopotamia y las historias de Anubis y Bata de Egipto, las historias de Caín y Abel y las de Adán y Eva (Gn 2.4b–4.2) eran historias de creación sobre cómo los seres humanos aprendieron a criar niños, cultivar el campo, edificar ciudades, hacer tiendas, arrear ganado, tocar música, trabajar el metal, administrar justicia, y comercio.

Cuando las historias abren, Caín y Abel están ratificando pactos para plantar semillas y la reproducción de ganado. «Una ofrenda del fruto de la tierra» y «. . . de los primogénitos de sus ovejas, de lo más gordo de ellas» son expresiones bíblicas estándares para los sacrificios de agricultores y ganaderos. «Lo más gordo de ellas» (v. 4) no privilegia el sacrificio de Abel por encima del de Caín. Todos los sacrificios deben ser lo mejor.

Las traducciones que leen «. . . Y miró Jehová con agrado a Abel. . . pero no miró con agrado a Caín» (Gn 4.4,5) invitan a una dolorosa teología retratando a Jehová como caprichoso. Una mejor lectura sería «. . . y la tierra miró con agrado a Abel. . . pero no miró con agrado a Caín.» «Tierra» y «Jehová» aquí son sinónimos, tal como la apelación de Caín más adelante: «. . . me echas hoy de la tierra, y de tu presencia me esconderé» (v. 14). A pesar de que los dos ofrecen sacrificios aceptables, la tierra produce suficiente para el ganado de Abel, pero no lo suficiente para los cultivos de Caín.

El pecado que acecha a la puerta (Gn 4.7) no es la tentación a asesinar a Abel. Cuando llegan las cosechas, los seres humanos fácilmente aceptan la fertilidad como una bendición; pero cuando las cosechas no llegan, son tentados a ver su fertilidad como una maldición. Las historias recuerdan a los seres humanos que a pesar de la tentación a renunciar a la creatividad y permanecer estériles, ellos no deben permitir que el trabajo que requiere la creatividad los desanime de la agricultura. Cuando el sacrificio de granos de Caín no trae un buen año, él sacrifica a Abel. En las historias de Enuma Elis, Nintu-mami usa la sangre de Wei-la para humedecer la arcilla que utilizará para crear a los primeros seres humanos. Aquí Caín humedece el suelo con la sangre de Abel para traerlo a la vida. El sacrificio de Abel también altera el estatus de la casa de Caín. Al sacrificar al pastor cuyo ganado es su seguro contra el hambre cuando las cosechas son malas, Caín pone a su casa en total dependencia en Jehová para su supervivencia.

Jehová interviene, no para castigar a Caín como un juez sino más bien, como una partera, para prepararlo para enfrentar el trabajo que demanda la creatividad humana. Jehová enseña a Caín que él sobrevivirá en la tierra de Nod (Heb. *nôd*) buscando (*nw'*) y hurgando (*nwd*) para complementar la agricultura. Caín va a cultivar, pero no sin dificultad. El trabajo, enseña Jehová, es vida, no una sentencia de por vida.

Caín protesta. Los cazadores matan a los pepenadores humanos como si fueran animales depredadores. Jehová concede. Caín debe continuar hurgando, pero la marca o tatuaje apotropaico sobre Caín advierte a los cazadores que él está bajo la protección divina.

La esposa de Caín da a luz un hijo llamado Enoc, cuyo hijo Irad funda Eridu, la primera ciudad edificada antes del diluvio de acuerdo con la lista de reyes sumerios. La fertilidad en dar a luz y edificar la ciudad son puestas en paralelo al darles el mismo nombre. El dar a luz un hijo y la edificación de una ciudad describen la propagación de la vida. Al igual que los siete grandes maestros (Acad. *apkallu*) en las tradiciones mesopotámicas, la casa de Caín dota a la humanidad con todas las habilidades de la civilización. Caín es el primer maestro, seguido por Enoc, Irad, Mahujael, Metusael, Lamec, y Jabal, Jubal, y Tubal-caín.

Leída como una historia de creación del antiguo cercano Oriente, las historias de Caín y Abel enseñan que el sacrificio de vida humana es parte del descubrimiento de cómo crear vida. La mortalidad entra al mundo a través del autosacrificio de Adán y Eva o a través del sacrificio de Abel a manos de Caín. Por dolorosa que la mortalidad pueda ser, también es la clave de la creatividad humana. Sin muerte, no hay vida. Estas tradiciones bíblicas animan a los seres humanos a abrazar la fertilidad de la agricultura y el procrear hijos, lo que los hace la imagen de Jehová. Para dar vida a la tierra o a otro ser humano, Adán, Eva, Caín, y Abel cada uno debe sacrificar su vida de diferentes maneras.

Bibliografía. J. D. Levenson, *The Death and Resurrection of the Beloved Son* (New Haven, 1993) S. Niditch, *Underdogs and Tricksters* (San Francisco, 1987); J. G.Williams, *The Bible, Violence and the Sacred* (Valley Forge, 1995). Don C. Benjamin

CAÍN (Heb. ***qayin***) (LUGAR)

Un asentamiento incluido en la lista de ciudades en la asignación tribal de Judá (Jos 15.57). Con mayor frecuencia ha sido identificado con en-Nebi Yaqin (164100), un pequeño sitio c. 10 km (6 mi) suroeste de Hebrón. Desafortunadamente, el sitio no ha sido examinado de manera sistemática por los arqueólogos. Sin embargo, la similitud en el nombre y la ubicación del sitio en estrecha proximidad a otros asentamientos conocidos con los que Caín se agrupa en la lista de Josué 15 (p.ej., Maón, Carmel, Zif, y Juta) proporciona un fuerte apoyo circunstancial para esta identificación.

La LXX omite Caín en Jos 15.57, lo que sugiere a algunos que Caín podría ser una glosa añadida al TM para modificar Zanoa («Zanoa de Caín,» o «Zanoa de los ceneos») con el fin de distinguirla de una Zanoa diferente que aparece en el v. 34.

Wade R. Kotter

CAINÁN (Gr. *Kaïnám*)

1. De acuerdo con la genealogía de Lucas de Jesús, el hijo de Arfaxad (Lc 3.36; cf. LXX Gn 10.24; 11.12).

2. Otro nombre para Kenán, en la genealogía de Lucas (Lc 3.37; cf. Gn 5.9-14; 1 Cr 1.2).

CAINÁN (Heb. *qênān*)

Hijo de Enós y padre de Mahalalel (Gn 5.9-14; 1 Cr 1.2).

CAL, CALIZA

Óxido de calcio; polvo cáustico, blanco y grumoso que tiene varios usos industriales; normalmente se produce a partir de piedras calizas o de moluscos, por medio del calor intenso. Cuando se mezcla con agua forma una lechada utilizada para cubrir las paredes y otras superficies. En Deuteronomio 27.2, 4, la cal (Heb. *śîḏ*) es utilizada para dar una mano de cal a las piedras donde se escribirían las palabras de la Ley, tras el paso del pueblo de Israel por el Jordán. Cuando los huesos son calcinados, quedando reducidos a polvo, el resultado es la cal. Isaías 33.12 describe tal combustión como una aniquilación total. En Amós 2.1, Moab es condenado por haber reducido a cal los huesos del rey de Edom.

MARTHA JEAN MUGG BAILEY

CAL, LECHADA DE

Un yeso líquido coloreado con cal y se utiliza para blanquear los muros. Metafóricamente, «blanquear con cal» implica la hipocresía, el ocultamiento de la corrupción interna. Todas las referencias bíblicas para blanquear (excepto Pr 21.9 LXX) llevan esta fuerza. Ezequiel compara las promesas de paz hechas por los falsos profetas a una pared encalada de piedras sueltas (Ez 13.10-16), Y Pablo emplea imágenes similares al referirse a Ananías (Hch 23.3). Jesús llama a los fariseos «sepulcros blanqueados» (Mt 23.27), pero la práctica judía de blanquear las tumbas con el fin de evitar la contaminación accidental puede haber sugerido esta rica metáfora.

PERRY L. STEPP

CALA (Heb. *kālaḥ; acad. kalḫu*)

Capital del Imperio Asirio durante gran parte de la Edad de Hierro; ubicada en la moderna Nimrûd cerca de la confluencia de los ríos Tigris y Zab, c. 35 km (22 mi) al sur de Nínive (Tell Kuyunjik). La ciudad estaba ubicada a las orillas del Tigris. Las excavaciones revelaron que la ciudad estaba habitada desde principios del tercer milenio a.C., en adelante. Se menciona primero en documentos escritos del siglo XIII. De la leve evidencia del periodo asirio medio tardío se puede inferir que Kalḫu funcionaba como capital provincial en ese período. A principios de siglo IX Asurbanipal II reedificó y amplió la ciudad para convertirla en la capital del Imperio Neoasirio, con un número de palacios y templos. Kalḫu estaba ubicada en una región agrícola en el corazón de Asiria. Como centro político y religioso la ciudad también era un centro de escribas que albergaba su propia biblioteca. La ciudad funcionó también como el lugar donde se reunía el ejército antes de las campañas, aun después de que Sargón II movió la capital a Dur-sarrukén. Al final de los años de Esaradón Kalḫu funcionó de nuevo como capital por breve tiempo.

No se menciona deportación alguna de israelitas a Kalḫu en inscripciones asirias. Nombres personales de israelitas en inscripciones Neoasirias, sin embargo, dan evidencia de que después de la conquista de Samaria israelitas fueron traídos a Cala para servir en el ejército asirio.

Cala es identificada como una de las ciudades construidas por el heroico cazador Nimrod después de que él se mudó de Babel a Asur (Gn 10.11-12). La Tabla de Naciones no proporciona información histórica fidedigna o de la historia primitiva, sino parece reflejar relaciones del Imperio neoasirio en su cumbre.

Bibliografía B. Becking, *The Fall of Samaria.* Studies in the History of the Ancient Near East 2 (Leiden, 1992), 73-87; M. E. L. Mallowan, *Nimrud and Its Remains* (London, 1966). Bob Becking

CALABAZA

Las calabazas silvestres (Heb. *paqquʿōṯ*) que el siervo de Eliseo recogió cerca de Gilgal muy probablemente eran el fruto del *Citrullus colocynthis* (L.) Schrad., o coloquíntida (2 R 4.39). La coloquíntida es una parra rastrera que crece abundantemente en condiciones secas. Su fruto es redondo y amarillo, con manchas verdes, y es aproximadamente del tamaño de una naranja. Su pulpa es venenosa, que encaja bien con la historia de Eliseo. Esculturas con forma de calabaza adornaban el templo de Salomón (1 R 6.18). El pepinillo del diablo (*Ecbalium elaterium*) y el Arabica Cucumis (*Cucumis prophetarum*) también han sido sugeridos como la calabaza bíblica.

El Heb. *qîqāyôn* también se ha traducido como calabaza. Mientras Jonás esperaba afuera de Nínive, esta planta creció rápidamente para darle sombra, pero fue destruida por un gusano al día siguiente (Jon 4.6-7). Las calabazas crecen rápidamente; sin embargo, la Biblia no da ningún otro indicio que apoyaría cualquier identificación firme de *qîqāyôn.*

MEGAN BISHOP MOORE

CALAFATEADORES

Comerciantes (Heb. *maḥăzîqê bidqēk̲,* «los que fortifican tu brecha») hábiles en reparar grandes fugas en los buques marinos (Ez 27.9, 27). La tarea habría incluido el uso de brea o asfalto (cf. Gn 6.14). Más precisamente, estos trabajadores eran carpinteros de barcos, un comercio centrado en Gebal (Biblos; cf. 1 R 5.18). Ezequiel 27 es una lamentación sobre «el buen barco Tiro,» un centro marítimo fenicio importante.

CALAI (Heb. *qallay*)

El jefe de la familia sacerdotal de Salai en el tiempo del sumo sacerdote Joiacim (Neh 12.20).

CÁLAMO

Un artículo de comercio producido a partir de una caña aromática (Heb. *qāneh;* Cnt 4.14; cf. Ez 27.19). *Véase* Caña dulce.

CALAVERA, LA

Véase GÓLGOTA

CALCEDONIA

Variedad de cuarzo con una estructura cristalina microscópica, que ocurre en muchas variaciones de colores. La forma del ágata es coloreada con bandas alternas, nubes irregulares, o musgo como estructuras, generalmente de ópalo. Cuando se refiere a las gemas, el término calcedonia se utiliza para la variedad azul-gris de dicho cuarzo. El pectoral del juicio del sumo sacerdote es decorado con 12 piedras, engastadas en oro y cada una grabada con el nombre de una de las 12 tribus. La piedra central en la tercera de las cuatro filas es en heb. *šĕbô,* traducida más a menudo «ágata» (Ex 28.19; 39.12). En Apocalipsis 21.19 el tercero de los 12 cimentos de Jerusalén que descendió del cielo es calcedonia (Gr. *chalkēdṓn*).

MARTHA JEAN MUGG BAILEY

CALCOL (Heb. *kalkōl*)

1. El nieto de Judá por su nuera Tamar y su hijo Zera (1 Cr 2.6).

2. Uno de los hijos de Mahol, que probablemente era el nombre de un gremio de músicos. 1 R 4.31(TM 5.11) compara a Salomón favorablemente con Calcol, uno de los cuatro hombres más sabios de su día.

PAUL L. REDDITT

CALDEA

La región en el sur de Babilonia que bordea el Golfo Pérsico. Después de la llegada de una dinastía caldea al poder de Babilonia en 626 a.C., el término Caldea (Acad. *Kaldû;* Heb. *kakdîm*) llegó a ser sinónimo de «Babilonia.»

Tierra y gente

Esta región pantanosa entre los ríos Tigris y Éufrates bordeando el Golfo era llamada la «tierra del mar» por los asirios y los babilonios en el segundo milenio a.C., pero en el primer milenio «tierra de los caldeos,» por las tribus que vivieron allí. El nombre griego (*gēChaldaíōn, Chaldaí, Chaldaíoi*) sigue el acad. *Kaldû*, pero el hebreo no lo hace (*kaśdîm,* ' *ereṣkaśdîm;* cf. Aram. *kaśdāy*). Aunque no hay explicación satisfactoria para esto, la sugerida con más frecuencia es que la forma hebrea refleja un acadio anterior **kašdu.* (El hebreo *k* representaría por tanto el acadio *š* anterior a la asimilación de *š* a *l* antes de *d,* como ocurre comúnmente en el acadio posterior). Sin embargo, esta forma postulada **kašdu* sigue sin ser atestiguada en textos cuneiformes.

Los caldeos eran parte de una población babilonia heterogénea y fragmentada políticamente que también incluye los grupos tribales arameos y los habitantes nativos de ciudades tradicionalmente semi independientes. Había tres tribus caldeas mayores: Bīt-Dakkūri, Bīt-Amukāni, y Bīt-Yakīn, y dos menores, Bīt-Ša'alli y Bīt-Šilāni. Los Bīt-Dakkūri y los Bīt-Amukāni vivieron a lo largo de la parte central y baja del Eufrates, el antiguo asentamiento sur de Borsippa y el último justo por encima de Uruk, mientras los Blt-Yakln estaban activos a lo largo del Golfo Pérsico mismo, de Ur a los pantanos que se extendían hacia el este a Elam. La designación del hogar de Abraham como «Ur de los Caldeos» (Gn 11.28, 31; 15.7; Hch 7.4) refleja esta posterior asociación.

En la Biblia el término «caldeo» se utiliza en dos sentidos. En la mayoría de los contextos ocurre como sinónimo de «babilonio»; sin embargo, en Daniel es un término técnico para los practicantes de las ciencias tradicionales de Babilonia, es decir, astrólogos, magos y adivinos (Dn 2.2, 4).

Historia

Hay dos grandes períodos de la historia de Caldea: el primero en el que Babilonia y sus diversos pueblos fueron ensombrecidos por el Imperio Neoasirio; el segundo después de la caída del Imperio Neoasirio en que Babilonia estuvo bajo una dinastía Caldea.

Los asirios se encontraron por primera vez con tribus caldeas mientras trataban de estabilizar las rutas comerciales al sur durante principios del primer milenio. Sin embargo, cada vez que los asirios dejaban el sur solo durante un tiempo considerable las tribus caldeas rivalizaban con otros babilonios por el control de Babilonia; cada una de las tres tribus caldeas mayores fue capaz de poner un rey en el trono durante la primera mitad del siglo VIII.

Probablemente el caldeo más grande en este período temprano de la historia Caldea fue Marduk-aplaiddina II (bíblico Merodac-baladán) del Bltyakln. Él luchó con los asirios durante los reinos de Tiglat-pileser III, Sargón II, y Senaquerib, y fue capaz de tomar el poder en Babilonia al menos dos veces durante la última mitad del siglo VIII. Merodac-baladán se refugió en Elam más de una vez, y los elamitas a menudo prestaron su apoyo contra los asirios. En Isaías 39.1-8 = 2 Reyes 20.12-19 se dice que Merodac-baladán envió una embajada a Ezequías para solicitar la ayuda de Judá contra los asirios; tal vez esto fue ocasionado por un espíritu general de revuelta a través del Imperio Asirio después de la muerte de Sargón II.

El segundo período de la historia caldea comienza después de la muerte de Asurbanipal de Asiria. Los caldeos bajo Nabopalasar fueron capaces de rebelarse con éxito y capturar Babilonia en 626. Nabopalasar se alió después con los Medos para derrocar el Imperio Asirio; la gran ciudad asiria de Asur cayó en 614 y Nínive, la capital, en 612. El hijo de Nabopalasar, Nabû-kudurri-uṣur II (Nabucodonosor, 605-562) hizo campaña hacia el oeste a Siria y Palestina y derrotó a los egipcios, los rivales de Babilonia por el control de esa región, en Carquemis en 605. Nabucodonosor es más conocido en la Biblia por provocar el fin del reino de Judá (2 R 24–25; 2 Cr 36). En 605 durante la campaña occidental de Nabucodonosor, Joacim de Judá inicialmente se sometió a Nabucodonosor. Judá más tarde desertó a los egipcios, y Nabucodonosor fue provocado para atacar Jerusalén en 597, llevando al sucesor de Joacim, Joaquín, y a otros ciudadanos con él a Babilonia. Nabucodonosor entonces colocó a Matanías (nombre de trono Sedequías) en el trono de Judá, pero Judá se rebeló bajo su gobierno también. Jerusalén fue finalmente capturada por los babilonios en 587, y aún más judaitas fueron llevados al exilio.

Nabucodonosor fue un poderoso y exitoso gobernante que reedificó Babilonia y trajo prosperidad política y económica a Babilonia. Después de su muerte, el imperio decayó. Amêl-marduk (Evil-merodac, 2 R 25.27-30) el hijo de Nabucodonosor, y sus sucesores, Neriglisar (Nergal-sarezer, Jer 39.3) y Labāši-marduk, reinaron solo unos cuantos años entre ellos. Nabonido (556-539), con su hijo Belsasar como corregente, restauró cierta estabilidad, pero no pudo evitar la eventual caída de Babilonia ante los persas bajo Ciro el Grande en 539.

Bibliografía. J. A. Brinkman, *A Political History of Post-Kassite Babylonia, 1158-722 b.c.* AnOr 43 (Rome 1968); *Prelude to Empire: Babylonian Society and Politics, 747-626 b.c.* Occasional Publications of the Babylonian Fund 7 (Philadelphia, 1984); J. Oates, *Babylon,* rev. ed. (London, 1986); H. W. F. Saggs, *Babylonians* (London, 1995); *The Greatness That Was Babylon,* rev. ed. (London, 1988).

Tawny L. Holm

CALEB (Heb. *kālēb*)

1. El tercer hijo de Hezrón; hermano de Jerameel y Ram. En las genealogías de las tribus de Israel los descendientes de Caleb son miembros de la familia de Hezrón, el clan de Perez, y la tribu de Judá (1 Cr 2.9, 18, 42). Aunque su genealogía en 1 Crónicas 2.18-24; 2.42- 55 no es entendible, es claro que sus descendientes fueron los líderes de importantes clanes de Judá en cuyos nombres fueron nombradas las ciudades de Hebrón, Tapúa, Belén, Kiriat-jearim, y otras.

2. Hijo de Jefone, ceneceo (Nm 13.6; 32.12), y suegro de Otoniel, uno de los primeros jueces de Israel (Jos 15.17). Originalmente un clan edomita (Gn 36.15, Cenaz) que se estableció en el sur de Palestina, los ceneceos se nombran entre el pueblo de Canaán que debía ser expulsado por los descendientes de Abraham (15.19). Los calebitas aparecen en 1 Samuel 25.3 como un grupo distinto de la tribu de Judá. Muchos eruditos creen que los calebitas eran un clan ceneceo que se había incorporado a la tribu de Judá durante el reino de David. Cuando Moisés pidió que cada tribu designara un hombre para explorar la tierra de Canaán, Caleb fue seleccionado porque era uno de los líderes de Judá (Nm 13.3). Él fue enviado como uno de los 12 espías a reconocer la tierra de Canaán y traer un informe al pueblo de Israel. Mientras los otros 10 espías trajeron un informe pesimista, Caleb y Josué animaron al pueblo a confiar en Jehová y tomar posesión de la tierra. Debido a su fidelidad, a Caleb y Josué se les permitió entrar en la tierra y tomar parte en la conquista de Canaán (Nm 13.1–14.10; Jos 14.6; 13-14).

Cuando Moisés nombró a un grupo de personas como responsables para la distribución de la tierra de Canaán, Caleb fue seleccionado para representar la tribu de Judá (Nm 34.19). Él tenía 85 años de edad cuando conquistó la tierra que se le asignó a su clan (Jos 14.7, 10). Caleb recibió como su herencia la ciudad de Hebrón, formalmente conocida como Kiriat-arba de la que expulsó a los tres líderes de los anaceos (Jos 14.13-15; 15.14). Como recompensa por la conquista de Otoniel de Kiriat-sefer (Debir), Caleb dio su hija Acsa en matrimonio (Jos 15.15-19); ya que el texto no es claro, no está claro si Otoniel era hermano o sobrino de Caleb. La tierra ocupada por Caleb y sus descendientes fue conocida como el Neguev de Caleb (1 S 30.14). Su ubicación es desconocida, pero probablemente estaba ubicada al sur de Hebrón, la región donde vivió Nabal, un descendiente de Caleb (1 S 25.3).

Claude F. Mariottini

CALEB-EFRATA (Heb. *kālēḇʾeprāṯâ*)

El lugar donde Hezrón, el padre de Caleb, murió (1 Cr 2.24). La ubicación del lugar es desconocida. Si el texto hebreo es correcto, Caleb-efrata debía estar ubicada en la tierra de Gosén, puesto que Hezrón entró en Egipto con su padre Perez y su abuelo Judá (Gn 46.8-12). Si la ubicación de Caleb-efrata debe encontrarse en Canaán, entonces debe de estar cerca de Hebrón, donde Caleb se estableció después de que vino de Egipto. La lectura de la LXX de 1 Cr 2.24, «Caleb vino a Efrata,» es preferible porque Caleb-Efrata no aparece en ninguna otra parte en el AT como el nombre de una ciudad (cf. RSV «fue a Efrata,» es decir, una esposa de Hezrón).

Claude F. Mariottini

CALENDARIO

Véase Año.

CALÍGULA (Lat. *Calígula*)

Gayo Julio César Germánico. Nació el 31 de agosto del año 12 d.C., en Antium, c. 40 km (25 mi) al sur de Roma, hijo de Germánico, sobrino de Tiberio, fue apodado Calígula («Botitas») por legionarios amotinados en el Rin en 14. A pesar de que la madre y dos hermanos de Tiberio fueron asesinados por conspiración, el emperador se hizo amigo de Gayo y lo nombró su sucesor. Gayo sucedió a Tiberio en 37 con el apoyo de la guardia pretoriana, el senado y el pueblo.

El favor de Calígula terminó poco después. Acosado por enfermedad, gobernó despóticamente, instituyendo juicio por traición contra senadores y la guardia pretoriana y ejecutando a amigos y enemigos por igual. Su inclinación hacia espectáculos y vestidos extravagantes le acarrearon desgracia, al igual que las confiscaciones y extorsiones. En 39 despidió a los cónsules y desterró o ejecutó a miembros de su familia por conspiración. Sus campañas en Bretaña y Alemania fueron un fracaso. Al regresar a Roma en 40, Calígula asumió la parafernalia del culto imperial popular en el este pero que desagradaba en Roma. Él se edificó un templo a sí mismo en el Palatino y obligó a gran cantidad de ciudadanos para que fueran sus sacerdotes, y ordenó que el Templo de Jerusalén fuera convertido en un santuario imperial. Después de que Calígula fue asesinado el 24 de enero del 41, su nombre fue removido de los registros oficiales y sus estatuas destruidas.

Bibliografía. A. A. Barrett, *Caligula: The Corruption of Power* (New Haven, 1990); C. Scarre, *Chronicle of the Roman Emperors* (London, 1995).

Scott Nash

CALLE

Generalmente un camino urbano, usualmente de tierra, pero las palabras griegas y hebreas que normalmente se traducen como «calle» también pueden significar «mercado» o «bazar». La era del AT vio el surgimiento de calles como las conocemos. Antes de ese tiempo, las ciudades del antiguo Cercano Oriente simplemente tenían espacios abiertos entre las construcciones. En tiempos del NT, las ciudades más nuevas se planificaron y tuvieron un sistema de calles bien organizado. Sin embargo, las antiguas ciudades establecidas tenían una colección de calles no planificadas, que surgieron de acuerdo a los patrones de tráfico.

Metafóricamente, «calle» frecuentemente connota un lugar muy sucio o deplorable (Mi 7.10; Zac

10.5). Ya que las calles no estaban pavimentadas y los sistemas de desagüe eran primitivos (por lo menos en el período del AT), es fácil ver cómo surgieron estas connotaciones. Frases como «en las calles» son maneras bíblicas comunes de describir la palestra donde se proclama un mensaje al público (p. ej., Am 5.16). Jesús denuncia a los hipócritas que hacen exhibición pública al dar sus ofrendas «en las calles» (Mt 6.2).

CHRIS CALDWELL

CALLE DE LOS PANADEROS

Calle en Jerusalén (Heb. *ḥûṣ hā'ōpîm*), aparentemente el lugar donde miembros de la asociación de panaderos estaban concentrados (Jer 37.21). Como el hebreo *ḥûṣ* tiene el significado más general de «fuera de la casa» o «el terreno entre las casas», el «cuartel de los panaderos» debe ser una traducción mejor.

CALNE (Heb. *kalnēh*) (también CALNO)

Ciudad en el norte de Aram-naharaim (Am 6.2). Ubicada al extremo norte del Orontes, esta región se convirtió en un centro de resistencia al avance asirio en el siglo VIII a.C., Tiglat-pileser III atacó la coalición urartiana en 743, luego se dirigió contra el estado Neohitita de Unqi, cuya capital Kullania (Calne) fue tomada en 738 (registrado en Am 6.2 como precursos del juicio de Israel). Las inscripciones reales de Tiglat-pileser III muestran qu Samaria, Damasco, y Tiro pagaron tributo a Asiria en 738 (*ANET,* 282-84). La referencia a Calne en Amós 6.2 (e Is 10.9, donde es llamada Calno) ayuda a establecer una cronología relativa entre la derrota de Calne en 738 y las declaraciones proféticas después de este evento.

Génesis 10.10 (TM) lista Calne como una ciudad fundada por Nimrod, presumiblemente en el sur de Mesopotamia. Se supone que el texto hebreo está corrompido.

AARON W. PARK

CALNO (Heb. *kalnô*) (también CALNE)

Ciudad del norte de Siria capturada por Tiglat-pileser III en 738 a.C. (Is 10.9). La ubicación de Calno, llamada Kullanî en inscripciones asirias, ha sido identificada con Kullan Köy, c. 13 km (8 mi) noroeste de Alepo. A esta antigua capital del estado del estado de Unqi es llamada Calne en Amós 6.2.

HYUN CHUL PAUL KIM

CALVARIO

Traducción latina de Gólgota (Vulg. *calvaria* para gr. *kraníon,* «cráneo,» Mt 27.33 par.).

CALVO (CALVICIE)

El vocabulario bíblico sobre la calvicie se refiere a varios fenómenos. La pérdida del pelo de la cabeza *(qaraḥ)* o de la frente *(gibbēaḥ)* que se produce en los varones. La pérdida de pelo asociada con algunas enfermedades y la calvicie autoinfligida, se encuentran en ambos géneros.

La calvicie puede ser una condición ordinaria (Lv 13.40-41) o puede ser el resultado de cargar cosas en la cabeza (Ez 29.18). Eliseo reaccionó violentamente cuando un grupo de muchachos le gritaron «¡calvo, sube!» (2 R 2.23).

Si cierto tipo de llaga era encontrada en las áreas calvas, podía ser indicio de «lepra», y la persona tenía que ser examinada (Lv 13.43-44; cf. v 55).

La calvicie intencionalmente autoinfligida, asociada con el luto, es una práctica ordinaria en Israel en el tiempo de Jeremías (Jer 16.16). Tal calvicie estaba entre las respuestas apropiadas a los desastres nacionales, tanto en Israel (Is 22.12; Ez 7.18; Am 8.10; Mi 1.16; entre las mujeres sólo, Is 3.24) y en otros lugares (Is 15.2; Jer 47.5; 48.37; Ez 27.31). Sin embargo, tal calvicie estaba prohibida en la Torá: tanto para los sacerdotes (Lv 21.5; cf. Ez 44.20) y a todo Israel (Dt 14.1). Prácticas de luto relacionadas incluían cortar o acortar la barba (Lv 19.27; Is 15.2) y rasguñarse el cuerpo (Lv 19.28; 1 R 18.28; Jer 16.6).

VICTORIA ANDREWS/M. O'CONNOR

CAM (Heb. *hām*) (LUGAR)

Ciudad de los zuzitas que fueron derrotados por Quedorlaomer y sus aliados (Gn 14.5). Aparece listada entre Astarot-karnaim y Save-kiriataim, c. 16 km (10 mi) al este de Bet-san y mencionada como *hum* en la lista de Tutmosis III de las ciudades conquistadas en Palestina (no. 118; *ANET,* 242). Un pueblo moderno en Wadi er-Rejeileh, 6.5 km (4 mi) al sur de Irbid, todavía lleva el mismo nombre. En sus inmediaciones está un sitio conocido como Tell Hām (226213), donde se descubrieron tres muro megalíticos.

Bibliografía. N. Glueck, *Exploration in Eastern Palestine* IV. AASOR 25-28 (New Haven, 1951).

ZELJKO GREGOR

CAM (Heb. *ḥām*) (PERSONA)

Hijo de Noé. Cam normalmente aparece como el hijo mediano (Gn 5.32; 10.1; 1 Cr 1.4), pero en Génesis 9.24 se le llama el «más joven.» La etimología exacta del nombre es incierta. Algunos eruditos lo derivan de términos que connotan divinidad, pero una condición (semi-)divina para Cam es poco probable.

Cam escapó del diluvio en el arca, presumiblemente a causa de la justicia de Noé (Gn 6.8-9), y recibió la bendición de Dios (9.1). Más tarde, cuando Noé estaba borracho en su tienda, Cam «padre de Canaán» (Gn 9.18, 22) vio la «desnudez de su padre,» lo que puede referirse a un acto sexual (cf. Lv 18.7-19; 20.11-21). Al despertar, Noé inesperadamente maldijo a Canaán, hijo de Cam (Gn 9.25-27). La forma actual de la historia es, pues, un tanto enrevesada. Aun así, no fue sino hasta la Edad Media que la maldición de Canaán fue atribuida por error a Cam y utilizada con fines racistas.

Cam es también el progenitor de Cus, Egipto (cf. Sal 78.51; 105.23, 27; 106.22), y Fut (Gn 10.6-20; 1 Cr 1.8-16). Estos descendientes ocupan partes de África, Arabia, Syria-Palestina, y Mesopotamia.

Bibliografía. K. van der Toorn, «Ham,» *DDD*, 383-84.

Brent A. Strawn

CAMA

Las dos palabras hebreas más destacadas para cama son *miškāḇ*, «lugar de descanso, diván,» y *miṭṭâ*, «lugar para reclinarse» o «diván.» Los equivalentes del NT son gr. *krábattos*, más a menudo traducida como «cama» o «camastro» en traducciones modernas, y *klínē*, «cama, diván.»

La mayoría de las camas eran portátiles. Excavaciones arqueológicas en Jericó encontraron esteras simples tejidas como la cama normal, aunque una cama de madera tenía cordón de cuerda. En una sociedad seminómada, se requiere portabilidad. Para los más pobres, sus vestidos o capas servían como camas, lo que provocó la prohibición de mantener un manto como garantía de un préstamo (Ex 22.26-27). La mayoría de las veces en que ocurre en el NT están en relatos de sanidad, donde los cojos son traídos a Jesús acostados en sus camas y se van cargándolas.

Las personas más ricas tenían camas más importantes. El profeta Amós criticó las ostentosas camas de marfil (Am 6.4) propiedad de algunos en su día, y el rey Asuero de Persia muestra su esplendor en «lechos de oro y plata» (Est 1.6 LBLA). Entre los extremos de la riqueza y la pobreza están las camas que consisten en colchones sobre plataformas elevadas, o camas de madera con patas cortas (cf. 1 S 19.15; 28.23). Las lámparas podían ser colocadas sobre estas camas (Mr 4.21 = Lc 8.16).

La cama se utilizaba no sólo como un lugar de descanso, sino también como un lugar donde uno iba a esperar la muerte (Gn 48.2; 49.33). Era así utilizada como una expresión figurativa de la muerte (Job 17.13; Sal 139.8). El justo medita (Sal 4:4[TM 5]; 63.6[7]) y canta a Dios (Sal 149:5) en la cama, mientras que el malvado maquina maldades en su cama (Sal 36.4[5]). El perezoso se queda tranquilamente en la cama (Pr 26.14), cuando debería estar haciendo cosas más nobles (Sal 132.3).

La cama también se utiliza de manera eufemística para las relaciones sexuales. Rubén se acostó con la concubina de su padre, y por lo tanto violó el lecho de su padre (Gn 49.4; 1 Cr 5.1). En la única aparición de la cama en las Epístolas del NT, los creyentes son amonestados a mantener el lecho matrimonial sin mancha (Hb 13.4). En sentido similar la cama se utiliza en el contexto de la infidelidad de Israel a Dios (Is 57.7-8; Ez 23.17).

John S. Hammett

CAMARA DE LOS UTENSILIOS (Heb. *parbār*)

Una estructura conectada con el templo (1 Cr 26.18; cf. Heb. *parwārîm*, «recintos»; 2 S 23.11). La etimología y significado del término son inciertos, posiblemente una palabra tomada de sumerio («casa brillante,» o «templo del sol»), egipcio (una habitación o templo), o persa (un patio o columnata). Las interpretaciones van desde un inodoro o retrete para el sumo sacerdote o rey a un suburbio de Jerusalén.

Richard A. Spencer

CAMBISES (Pers. *Kanbujia, Kambujet*)

1. Cambises I, rey persa of Ansán (c. 600-559 a.C.) y vasallo de Astiages, rey del Imperio Medo. Se casó con la hija de Astiages llamada Mandane, con la que procreó a Ciro II («el Grande»), fundador del Imperio Aqueménido.

2. Cambises II, sucedió a su padre Ciro II como rey del Imperio Aqueménido (529-522). Fuentes babilónicas lo describen supervisando asuntos en Babilonia durante la administración de Ciro, pero él creó su propio prestigio al llevar a cabo la ambición no cumplida de su padre de anexar Egipto al imperio cuando conquistó Menfis en 525 y fundó la Vigésimo séptima Dinastía de Egipto. Sus hazañas militares y administrativas allí tuvieron bastante éxito (llegando al sur al menos más allá de la primera catarata del Nilo y al oeste más allá de Cirene), aunque parece que sus aún más grandes planes para conquistas al sur y al oeste se vieron frustrados por dificultades para el sostenimiento de las largas líneas de suministros necesarias para el mantenimiento de su ejército. De acuerdo con un papiro arameo de Elefantina en el sur de Egipto, el templo judío allí evitó la destrucción durante la campaña de Cambises, aunque muchos templos egipcios aparentemente no fueron tan afortunados.

Las circunstancias del fin de la vida de Cambises en Siria en 522 son inciertas. Fuentes persas sugieren suicidio o un accidente (de igual modo Herodoto). Sin heredero claro al trono (y una rebelión ya en marcha, dirigida por el hermano de Cambises Bardiya o un impostor, Gaumata [«Falso-Asmerdis»], haciéndose pasar por él), el gobierno persa cayó en un estado de confusión que fue solo temporalmente sofocado por Darío, quien se apoderó del trono persa en 521 y se dedicó a sofocar rebeliones en muchos lugares en todo el imperio. En este contexto de disensión e inestabilidad tras la muerte de Cambises, los profetas Hageo y Zacarías levantaron expectativas en Jerusalén de un regreso del poder real para los descendientes de David, en particular para Zorobabel quien en ese tiempo servía como gobernador de Judá bajo supervisión persa (Hag 2.20-23; Zac 4.6-10; 6.11-13). Sin embargo, Darío y su ejército pasaron a través de Palestina en 519 en ruta a Egipto, y el renaciente nacionalismo judío parece haber disminuido pronto.

Bibliografía. J. L. Berquist, *Judaism in Persia's* (Minneapolis, 1996); J. Boardman et al., eds., *CAH2*, 4: *Persia, Greece, and the Western Mediterranean* c. *525 to 479 b.c.* (Cambridge, 1988).

JEFFREY S. ROGERS

CAMBISTA

En la antigua Palestina, aludía al banquero que cambiaba la moneda local por la de otro país o provincia. Las monedas fueron muy utilizadas en el Imperio Romano, y muchas monedas de diferente tipo, peso y tamaño se utilizaban en la antigua Judea. Esto era especialmente así en Jerusalén durante la Pascua, cuando los judíos venían al Templo para ofrecer sacrificios. Además, todo varón judío debía pagar el impuesto anual del Templo consistente en medio siclo.

Las monedas romanas contenían imágenes de deidades e inscripciones que proclamaban la dominación romana, todo lo cual era ofensivo para los judíos. Por tanto, las autoridades judías insistían en que el impuesto del Templo fuera pagado con monedas que tuvieran imágenes más aceptables, por lo general los siclos acuñados en Tiro. Por un pequeño pago, los cambistas cambiaban otras monedas por siclos de Tiro. También es posible que vendieran animales para el sacrificio a los peregrinos, y que les prestaran dinero, también mediante el pago de una pequeña comisión.

Las mesas de los cambistas eran puestas en áreas periféricas, aproximadamente un mes antes de la Pascua. Cuando los peregrinos comenzaban a llegar a Jerusalén para la Pascua, las operaciones se mudaban al Templo (probablemente al atrio de los gentiles). Fue aquí donde se produjo la confrontación algo violenta de Jesús con los cambistas y sus compañeros en el comercio (Mt 21.12, 13; Mr 11.15-17; Lc 19.45, 46; Jn 2.13-16).

STEVEN M. SHEELEY

CAMELLO

Cualquiera de las dos especies de camello (Heb. *gāmāl;* Gr. *kámēlos*): el dromedario, camello de joroba, originario de Arabia; y el bactriano, camello de dos jorobas, llamado así por su origen en Asia central. El dromedario es el que normalmente se conoce en las Escrituras, aunque Isaías 21.7 pudiera referirse al camello bactriano, que se había extendido por Asiria por 1100 a.C.

Abraham recibe camellos de parte del faraón de Egipto (Gn 12.16). Los camellos también aparecen en la historia del siervo de Abraham enviado a buscar esposa para Isaac (Gn 24). Más a menudo sin embargo, los camellos son propiedad de los no israelitas: los egipcios (Ex 9.3), madianitas (Jue 6.5; 7.12), amalecitas (1 S 15.3; 27.9; 30.17), la reina de Sabá (1 R 10.2), el rey de Siria (2 R 8.9), y otros. Los camellos se utilizaron durante el reinado de David (1 Cr 12.40) y fueron traídos de regreso a Palestina por los que volvieron del exilio (Esd 2.67), pero siguieron siendo utilizados mucho más extensamente en las tierras del sur y el este de Palestina, donde sus características fisiológicas las hicieron singularmente adaptadas a la vida en el borde del desierto.

La ley mosaica prohibía comer la carne del camello (Lv 11.4), pero como había mejor leche y carne disponibles de otros animales domésticos, no se trataba de una privación muy grande. Además, los camellos tienden a ser malhumorados, intratables, y a veces peligrosos, por esa razón los hebreos preferían otros animales.

La piel del camello era utilizada por el pueblo judío para cuero, y de la gruesa capa de pelo que el camello soltaba cada primavera se tejía una tela áspera, como la que vestía Juan el Bautista (Mt 3.4 = Mr 1.6), posiblemente como símbolo de su estatus profético (cf. Zac 13.4; 2 R 1.8).

En Mateo 23.24 colar el mosquito (Aram. *qalmā'*) y tragar el camello *(gamlā')* produce un juego de palabras en arameo. Jesús comenta que es más fácil «pasar un camello por el ojo de una aguja, que entrar un rico en el reino de Dios» (Mt 19.24 = Mr 10.25; Lc 18.25). La sugerencia de que gr. *kámēlon* («camello») debe leerse *kámilon* («cable») carece de fundamento serio y es descartada por la mayoría de los eruditos.

Bibliografía. F. E. Zeuner, *A History of Domesticated Animals* (New York, 1963).

John S. Hammett

CAMINO

En el sentido más concreto, un camino (Dt 1.2; Rut 1.7) o un movimiento a lo largo de un camino en particular, es decir, un viaje (Ex 13.21; 1 R 19.4). Sin embargo, Heb. *dereḵ* también fue empleado de manera más amplia. Para caminar en los caminos de Dios destinados a vivir de acuerdo a su voluntad y mandamientos (Dt 10.12-13; 1 R 3.14). En Isaías «el camino del Señor» se puede referir a la prestación de la liberación de Dios de la esclavitud o el destierro (Is 40.3; 43.16-19). La palabra se utiliza a menudo para identificar el sentido general de la vida de una persona, sea justo o malvado (Jue 2.17-19; Sal 1.6; cf. Mt 7.13-14), sabio o necio (Pr 4.11; 12.15). En el NT Gr. *hodós* tiene un rango similar de significados. En el Evangelio de Marcos se utiliza varias veces para presentar a Jesús como «en el camino», es decir, en su viaje a Jerusalén (Mr 8.27; 9.33-34; 10.32). El contexto más amplio añade un significado más profundo a estas referencias más literales, ya que la voluntad de Jesús de ir por el camino del sufrimiento es un ejemplo para sus seguidores que también deben prepararse para sufrir (Mr 8.31-34). En Juan 14.6 Jesús afirma ser «el camino», es decir, el único medio de acceso a Dios (cf. Heb 9.8; 10.19-20). En Hechos «el Camino» funciona como un título para el mensaje cristiano (Hch 19.9, 23; 22.4; 24.22) o la comunidad cristiana (9.2; 24.14).

Joel F. Williams

CAMINO REAL

Una importante ruta (Heb. *dereḵ hammeleḵ*, «Carretera del Rey» o «camino real»), la «ruta principal» por la que Moisés trató de llevar a los hebreos a través de Edom y Moab (Nm 20.17; 21.22; cf. Dt 2.27). Muchos eruditos entienden el término hebreo como un nombre propio para la ruta internacional que conectaba Damasco con Aqaba (en el Mar Rojo) y lo asocian con el itinerario mencionado en Génesis 14.5-6. Una ruta debe haber atravesado Transjordania de norte a sur, pero se limitó a seguir los contornos transitables y no necesariamente una carretera bien hecha y mantenida oficialmente. En la Piedra Moabita del siglo IX a.C., el rey Mesa afirma que reparó la carretera que cruzaba el río Arnón (Wadi Môjib). A principios del siglo II a.C., los romanos establecieron un camino a través de esta misma región, y secciones de su pavimento y algunos hitos sobreviven hasta nuestros días. De hecho, una de las modernas carreteras de Jordania de norte a sur tiene el mismo propósito, aunque la topografía que los automóviles y los camiones pueden negociar a menudo varía de los que peatones, caballos, y animales de carga pueden requerir. Al igual que en la antigua ruta, la moderna «Carretera del Rey» conecta las ciudades de Amán, Madaba, Dibán, Karak, Buseira, y Aqaba.

Bibliografía. D. A. Dorsey, *The Roads and Highways of Ancient Israel* (Baltimore, 1991).

Gerald L. Mattingly

CAMINOS

Los caminos y las calles durante el período del AT eran generalmente de dos o más carriles de ancho (por lo menos de 3 a 4 m [10-13 pies]), lo suficientemente amplios como para darle cabida al tráfico de carrozas, carretas y carros. Durante el período romano, los caminos cambiaron de dos a cinco carriles de ancho. Hasta la época de los romanos, los caminos generalmente no estaban pavimentados. Aunque la tecnología de pavimentar ya existía, no se ha encontrado en Palestina ningún camino pavimentado del período prerromano, y las arterias no pavimentadas se asumen en la literatura bíblica (cf. Os 2.6[TM8]); Pr 15.19; 22:5). Las calles de la antigua Mesopotamia a veces se pavimentaban con técnicas que casi se igualan a las de los romanos, que comprenden una capa de base de ladrillos, colocada en asfalto, sobre la que se ponía una superficie pesada de una loza de piedra caliza, y los empalmes entre

Camino (posiblemente la «Carretera del Rey») que corre de norte a sur a lo largo del territorio moabita (J. R. Kautz)

ellas se sellaban con asfalto. En Israel, la pavimentación de las calles de la ciudad se confirma en una época tan temprana como la Edad de Bronce Temprana. Las calles de la Edad de Hierro en Tell Deir 'Alla estaban pavimentadas y el pavimento regularmente se renovaba. La calle principal de la Dan israelita estaba pavimentada con piedra. Entre las calles adoquinadas de la Edad de Hierro están la calle de 3.5 m (11.5 pies) de ancho que fue descubierta en Asdod y la calle del siglo X de Gezer. Se hace mención al proceso de la construcción de caminos durante el período del AT en Is 40.3; 57.14; 62.10; Mal 3.1. El procedimiento simplemente implicaba «despejar» (heb. *pnh*) el camino, «alisar» (*yšr*) y «nivelar» (*sll*) la superficie. Los romanos introdujeron la práctica de pavimentar las carreteras abiertas. Su tecnología presentaba fundamentos excelentes, drenajes adecuados y una o más capas de cemento o pavimento de piedra, diseñados para que duraran siglos. Los restos de muchas de estas carreteras romanas pavimentadas todavía existen ahora.

Los caminos generalmente recibían su nombre de acuerdo a sus destinos. Por ejemplo el «camino de Bet-semes», que se menciona en 1 Samuel 6.12, era el camino que llevaba a la ciudad de Bet-semes, el «camino de Basán» (Nm 14.25; Dt 3.1) llevaba a Basán y el camino de Bet-hagan (2 R 9.27 DHH, NIV) llevaba a Bet-hagan.

Ya que se han descubierto pocos rastros físicos de caminos prerromanos, determinar las ubicaciones de estas arterias primitivas es deductivo. Primero, podría haber evidencia de un camino particular en las fuentes históricas. Jueces 21.19 menciona una carretera de Betel a Siquem, que pasa por el oeste de Silo. Segundo, las líneas de inmigraciones antiguas, como lo revelan excavaciones o estudios arqueológicos, a menudo dan testimonio de la existencia de arterias antiguas, ya que los caminos determinaban patrones de inmigración. Ciudades, pueblos, aldeas, estaciones del camino y fuertes generalmente surgían a lo largo de los caminos; aun después de que un camino cayera en desuso y desapareciera, las ruinas de poblados que alguna vez florecieron a lo largo del camino seguían dando testimonio de la existencia del antiguo camino. Tercero, los cursos de rutas posteriores, frecuentemente preservan los cursos de los caminos del período del AT, ya que estos caminos posteriores usualmente seguían sencillamente los cursos de caminos primitivos. Finalmente, las condiciones geográficas y topográficas de un área determinaban en gran medida los cursos que los caminos tomaban. Pasos montañosos, vados de ríos, puertos, valles fáciles de atravesar, subidas y manantiales atraían a los caminos, mientras que los cañones profundos, las montañas altas, los pantanos, los desiertos y los ríos profundos eran barreras naturales que los caminos evitaban.

Se han rastreado los cursos de muchos caminos de Israel, tanto del período del AT como del NT. Se han identificado unos 245 caminos del período del AT, entre los que están 62 caminos que van de norte a sur, a lo largo del plano costero de Israel; 42 caminos que conectan el Plano de Sarón, al norte, con Transjordania y el Valle de Beqa'; 34 caminos de norte a sur, a lo largo de la región montañosa de Judea y Samaria; cinco caminos de norte a sur, a lo largo del Valle del Jordán occidental; 14 caminos locales en Galilea, 29 en Samaria y 59 en Judea. De estos, seis eran particularmente importantes en tiempos bíblicos, como dos carreteras de norte a sur y cuatro caminos de este a oeste. La más importante, sin duda, era la principal carretera costera internacional y sus ramas del norte. Esta carretera conectaba a Egipto en el sur con Fenicia y a Siria y Mesopotamia en el norte. Al salir de Egipto, el camino entraba a Canaán, cerca de Gaza, y procedía al norte, a través del plano costero, pasando por Ascalón, Asdod, Afec y luego rodeaba la orilla oriental del Plano de Sarón (que era pantanoso en tiempos bíblicos). Del extremo norte del Plano de Sarón, varios desfiladeros pasaban por la parte baja de la cordillera Monte Carmelo, hacia el Valle de Jezreel, y el más importante de ellos salía a Meguido. Desde el Valle de Jezreel, una rama giraba hacia occidente, pasando al norte del Monte Carmelo y de allí a Fenicia. Una segunda rama giraba a oriente y pasaba por Bet-seán para Transjordania. Una tercera rama continuaba hacia el norte y pasaba por el Monte Tabor, el Mar de Galilea, Hazor y finalmente llegaba a Mesopotamia.

La segunda carretera de norte a sur era el camino de Beer-seba–Jerusalén–Jezreel que se extendía a lo largo de la cima de la región montañosa israelita. Este camino llevaba de Beer-seba a Hebrón, Belén, Jerusalén, Gabaa, Ramá, Mizpa, Betel, Silo, Siquem, Samaria, Dotán, Ibleam y Jezreel. La carretera se ha llamado el «Camino de los Patriarcas» ya que Abraham, Isaac, Jacob y sus hijos frecuentemente viajaban por ella; es el camino que más frecuentemente se menciona en los relatos bíblicos.

Los cuatro caminos importantes que van de este a oeste proporcionaban paso, a través de la región montañosa israelita, y vinculaban el plano costero con el Valle del Jordán. La parte más norteña era el paso del Valle de Jezreel, que llevaba por los valles de Jezreel y Bet-sean, pasaba por los pueblos de Jocneam, Meguido, Taanac, Jezreel y Bet-sean. La segunda ruta de este a oeste pasaba por Samaria, el paso entre los Montes de Gerizim y Ebal, Siquem y el Valle de Fari'a. El tercer paso vinculaba la costa con el Valle de Jordán, pasando por Gezer, las subida de Bet-horon, Gabaón, Jerusalén (o, alternativamente, por Betel y Hai), y Jericó. El cuarto paso conectaba Gaza con el sur de Transjordania, pasando Gaza y Beer-seba.

Bibliografía. M. Avi-Yonah, «Map of Roman Palestine», *Quarterly of the Department of Antiquities of Palestine* 5 (1936): 139-93; L. Casson, *Travel in Ancient World* (1974, repr. Baltimore 1994), 163-75; D. A. Dorsey, *The Roads and Highways of Ancient Israel* (Baltimore, 1991); R. J. Forbes, «Land Transport and Road-Building», en *Studies in Ancient Technology*, 3rd. Ed. (Leiden, 1993) 2:131-92; *Notes on the History of Ancient Roads and Their Construction* (Amsterdam, 1934).

DAVID A. DORSEY

CAMITAS

1. Los descendientes de Cam, el menor de los tres hijos de Noé. Cam trajo una maldición sobre su propio hijo Canaán cuando «miró la desnudez de su padre » (Gn 9.18-27). La Biblia también conecta a los camitas con cusitas, descendientes de uno de los hijos de Cam (Gn 10.6). Los cusitas a veces han sido llamados camitas etíopes. En consecuencia, aunque difícil de confirmar étnica y geográficamente, muchos etíopes trazan su descendencia a través de Cam.

2. Camito-semita, una designación anterior del Bereber (Argelia y Marruecos), chádico (norte de Nigeria, Chad, y países vecinos; principalmente Hausa), Cusita-omótico (Etiopía y Somalia; principalmente Oromo y Somalia), y antiguos idiomas egipcios (después copto) y culturas relacionadas. Afro-asiático se ha convertido en la designación más común para este grupo linguístico. La cercanía de la relación entre afro-asiático, egipcio, y semita sigue siendo poco clara.

Bibliografía. M. Bernal, *Black Athena: The Afroasiatic Roots of Classical Civilization* (London, 1987); E. Ullendorff, *Ethiopia and the Bible* (Oxford, 1968).

MARK A. CHRISTIAN

CAMÓN (Heb. *qāmôn*)

El lugar de enterramiento de Jair el galaadita, un juez menor de Israel (Jue 10.5). Polibio (*Hist.*

5.70.12) se refiere a Camoun que Antíoco conquistó después de Pela, Abila, Gadara, y otros lugares en Galaad mientras luchaba contra Tolomeo Filopator. Camón ha sido asociada con Hanzir (207206), al norte de Jaboc y 8 km (5 mi) este de Pela, donde se han encontrado fragmentos de Hierro I y helenísticos. Krak-Canatha, entre Derala y Souweida, y Qamm (218221), 20 km (13 mi) suroeste del Mar de Galilea, también se han sugerido.

Philip R. Drey

CAMPAMENTO

Reunión o asentamiento temporal, a menudo ubicado cerca de agua (p.ej., Ex 15.27; Jos 11.5). Asentamientos militares temporales frecuentemente acampaban en llanuras o colinas o valles cercanos (p.ej., Jue 6.33; 1 S 17.2), y los líderes con frecuencia tomaban posiciones estratégicas en el límite o entrada de los campamentos para proteger el asentamiento (p. ej., Ex 32.26; 33.7; Nm 3.38; Jue 7.13).

En el Pentateuco «campamento» (generalmente Heb. *maḥăneh*) describe la manera en la que los israelitas, organizados por divisiones y estándares (Nm 1.52), viajaron por el desierto de Egipto a Canaán. Este campamento en el desierto incluía un tabernáculo de reunión, donde Moisés se reunía con Jehová (Ex 33.7-8) y los israelitas traían sacrificios (Lv 1.3). La tienda pudo haber estado ubicada fuera del campamento (Ex 33.7) o en el centro, rodeado por los levitas (Nm 1.53). Descripciones del campamento en el desierto pueden ser anacronistas; una asamblea de fiesta, quizás la fiesta de los tabernáculos, puede haber influenciado la descripción del campamento.

Los escritos del período del Segundo Templo contienen numerosas referencias a campamentos militares (p.ej., Jdt 6.11; 1 Mac 2.32; 1MQ 1.3; 1QH 2.25). Además de las referencias militares, los textos de Qumrán usan también «campamento» para describir una comunidad separada del mundo y viviendo bajo reglas específicas de pureza (p.ej., CD 7.6; 9.11).

En el NT el sufrimiento de Jesús fuera de la «puerta» es comparado con la quema de los cuerpos de los animales sacrificados que hacía el sumo sacerdote fuera del «campamento» (Gr. *parembolḗ*; He 13.11-12); Los cristianos deben reunirse con Jesús «fuera del campamento» y compartir su situación (v. 13). En Apocalipsis 20.9 «campamento» describe la reunión del pueblo de Dios. Jack J. Garland, Jr.

CAMPANILLA

Objeto de oro (Heb. *paʿămôn*, «badajo») sujetado a las sotanas del sumo sacerdote, que funcionaban como señal de sus movimientos en el santuario (Ex 28.33-35; 39.25-26). En Zacarías 14.20, se profetiza que los adornos tintineantes «campanillas de los caballos» (Heb. *mĕṣillôt*) llevarán la misma inscripción que el turbante del sumo sacerdote «Consagrado a Jehová» (cf. Ex 28.36; 39.30); en la edad escatológica, aún las cosas más profanas serán consideradas como al servicio de Dios.

CAMPEONES

Traducción de heb. *gibbôr*, «héroe,» o *gibbôr hayil*, «héroe valiente» (RV1960 extrañamente «hombre poderoso,» «varón esforzado y valiente»). En la era de combate cuerpo a cuerpo entre los cuerpos de infantería masivos, antes de la aparición de los carros pesados, personas de mayor estatura y mayor destreza marcial podían por sí mismos forzar brechas en la línea del enemigo. Tales héroes eran en especial aterradores a tropas más ligeramente armadas y milicias armadas de campesinos, como se ilustró por el terror de los israelitas frente a Goliat (1 S 17.4- 11). La mejor presentación literaria de estos campeones y sus habilidades debe encontrarse en la *Iliada* de Homero, donde Ajax, Aquiles, y Diomedes por separado en varias ocasiones lograron abrir brechas en las líneas troyanas. A veces, estos guerreros desafiarían a otro del lado opuesto a un combate singular, mientras ambos bandos observaban.

Goliat, Isbi-benob, Saf, y un cuarto, un campeón sin nombre se enumeran en 2 Samuel 21.15-22 como campeones filisteos. El uso indebido del término «gigantes» le da una apariencia de leyenda a estas historias, pero el listado de la altura de Goliat en los textos de Qumrán como «cuatro codos y un palmo» —1.98 m (6 pies 6 pul.)— ofrece una impresión más realista. David respondió con sus propios campeones, que figuran bajo el título de los *šĕlōšîm* (los «treinta») en 2 Samuel 23.8-39.

Donald G. Schley

CAMPESINADO

En el sentido antropológico, una clase de agricultores rurales cuyos excedentes fueron explotados por la clase(s) dominante(s). Caracterizados como autónomo/independiente y conservador/tradicional, encarnan la transición y la contradicción entre dos tipos opuestos de formación social: «feudalismo» y el estado-nación. Debido a que las fuentes escritas, incluida la Biblia, son el producto de la clase de escribas como una filial de la corte real, el campesinado no está en gran medida documentado.

La base agraria de la vida israelita se caracteriza por una combinación de la agricultura de grano, la ganadería y el cultivo de la vid y cultivos arbóreos. El agricultor israelita produjo y vivía de su variado rendimiento: grano (trigo y en menor medida, cebada); leche, carne, y las pieles de ovejas y cabras; y aceite de oliva, higos, y el vino de su huerta y viñedo. Algunos productos se utilizaban en el comercio y el trueque de materiales necesarios, como herramientas. En Israel semiárido, con precipitaciones variables y pocos ríos perennes, el hambre y la miseria se mantuvieron como una amenaza constante (Gn 12.10; 26.1; 41.56; 47.4, 13; Rut 1.1; 2 S 21.1; 1 R 18.2; 2 R 6.25; 25.3). La agricultura era una empresa familiar, donde todos los miembros realizaban las diversas tareas diarias.

La casa israelita, tipificada por la casa de habitaciones múltiples con columnas con un patio, era tanto una instalación agrícola, como el espacio de vida de la familia. Jarras de almacenamiento llenas de grano, vino y aceite probablemente habrían sido almacenadas en varias de las habitaciones, junto con otras cerámicas y herramientas. Los animales pueden haber sido guardados dentro de la casa durante la noche. El patio servía a menudo como un área de trabajo donde se encuentran las instalaciones agrícolas, y también como un corral para los animales. La arqueología y los relatos bíblicos sugieren que gran parte de la pobación vivió en pequeños pueblos o ciudades. Heb. *pĕrazôn* (Jue 5.7, 11) probablemente representa a los habitantes de las aldeas no fortificadas en el campo abierto que rodea las ciudades amuralladas (cf. Est 9.19; Ez 38.11); en tiempo de guerra se les permitía refugiarse dentro de las murallas a cambio de servicio como guerreros (cf. Hab. 3.14; Heb. *przw*). Algunos eruditos proponen un modelo de revuelta campesina de la conquista israelita.

Bibliografía. O. Borowski, *Agriculture in Iron Age Israel* (Winona Lake, 1987); M. Broshi and I. Finkelstein, «The Population of Palestine in Iron Age II,» *BASOR* 287 (1992): 47-60; B. Rosen, «Subsistence Economy in Iron Age I,» in *From Nomadism to Monarchy,* ed. I. Finkelstein and N. Na'aman (Washington, 1994), 339-51; Y. Shiloh, «The Four-Room House: Its Situation and Function in the Israelite City,» *IEJ* 20 (1970): 180-90; L. Stager, «The Archaeology of the Family in Ancient Israel, » *BASOR* 260 (1985): 1-35; E. R. Wolf, *Peasants* (Englewood Cliffs,1966).

CAREY WALSH/ALLEN C. MYERS

CAMPO DE SANGRE
Véase ACÉLDAMA

CAMPO DEL ALFARERO
Véase ACÉLDAMA.

CANÁ (Gr. *Kaná*)

Pueblo en la Galilea. Las únicas referencias en el NT a Caná están en el evangelio de Juan, que utiliza la frase «Caná de Galilea» (Jn 2.1; 4.46; 21.2); el último versículo dice que Natanael, discípulo de Jesús, era de Caná. La ubicación exacta de Caná (para distinguirla de Caná en Jos 16.8; 19.28) es desconocida. Dos iglesias en el lugar tradicional en el moderno pueblo de Kafr Kana conmemoran el milagro de Jesús de convertir el agua en vino ahí (Jn 2.1-11). Kafr Kana, 6 km (4 mi) al norte de Nazaret, era fácilmente accesible para Bizantino y los peregrinos de las cruzadas que viajaban por el camino principal de Séforis a Tiberias. Sin embargo, el lugar más probable es Kirbet Qânā (178247; el nombre es etimológicamente cercano), 13 km (8 mi) al norte de Nazaret a lo largo de la llanura de Asoquis (quizá conectada en Josefo *Vita* 14; 41). No se han realizado excavaciones en este lugar.

JONATHAN L. REED

CANÁ (Heb. *qānâ*)

1. Una corriente que define el límite entre los territorios de Efraín y Manasés (Jos 16.8; 17.9). En la descripción bíblica, Caná fluye hacia el oeste del Valle Micmetat a través de la Llanura de Sarón hasta el mar Mediterráneo. Caná ha sido identificado con Wadi Qanah, que ahora desemboca en el río Yarkon antes de llegar al Mediterráneo.

2. Una ciudad incluida en el territorio asignado a Aser (Jos 19.28). Muchos identifican Caná con moderna Qânā (178290), c. 10 km (6 mi) suroeste de Tiro. La ciudad marca parte de la frontera norte del territorio aserita. La ciudad no debe ser confundida con la Caná de Galilea (Khirbet Qânā/Ḥorvat Qana) mencionada en el NT.

Bibliografía. E. Danelius, «The Boundary of Ephraim and Manasseh in the Western Plain,» *PEQ* 90 (1958): 32-43.

C. SHAUN LONGSTREET

CANAÁN (Heb. *kĕnaʿan*) **(PERSONA)**
Hijo de Cam y nieto de Noé (Gn 9.18, 22); de acuerdo con 1 Crónicas 1.8 el hijo menor de Cam. Él llegó a ser el ancestro del pueblo que más tarde se conoció como los cananeos (Gn 10.15-19).

Por lo impropio de que Cam vio la «desnudez» de Noé (Gn 9.22-24), Noé maldijo a Canaán para que fuera «siervo de siervos» (Gn 9.25) para sus hermanos. Esta maldición, que se aplica más a sus descendientes que al propio Canaán, no implica la esclavitud de una raza en particular (como algunos han sostenido); sino que sugiere la posición inferior de los cananeos antes de la conquista en relación con el importante papel que desempeñaron sus vecinos, los egipcios y los habitantes de Mesopotamia. *Véase Cam* (Persona).

CANANEO (Gr. *Kananaíos)*
Un epíteto de Simón (7), un discípulo de Jesús (Mt 10.4 = Mr 3.18), aparentemente una transliteración de Aram. *qan'ān,* «celote.» En Lucas 6.15; Hechos 1.13 él es llamado Simón el celote.

CANANEOS (*kĕnaʿanî*)

Nombre

El origen del nombre Canaán y cananeo es oscuro. La raíz semítica obvia parece ser **knʿ* que aparece en hebreo y arameo en raíces verbales secundarias, que significa «inclinarse.» El sufijo átono *-an* no es común en semítico. El antiguo punto de vista de que representaba el nombre de una tela de color azul (cf. Nuzi *kinaḫḫu*) ha sido puesto en duda. Sin embargo, fuentes cuneiformes, en especial las cartas de Amarna, a menudo hablan de *Kinaḫḫi, Kinaḫni* como una ortografía para Canaán. El uso del signo *ḫ* es simplemente un medio gráfico para representar el gutural *ʿayin* para el que la *-n* a menudo es asimilada. Unos cuantos pasajes de la LXX traducen Canaán o cananeos como *phoiníkōn* (Jos 5.12; Job 40.25[TM 30]) o *phoiníkēs* (Ex 16.35; Jos 5.1). Un antepasado epónimo *Chnā* es citado por Sanquuniaton y explicado por Filón de Biblos como el primero en ostentar el título *Phoinikos,* «fenicio.»

Tierra

Fuentes bíblicas

Hay dos descripciones de frontera para la entidad geográfica conocida como la tierra de Canaán (Heb. *'ereṣ kĕnāʿan,* Nm 34.1-12; Ez 47.15-20; 48.1-28). La frontera sur es idéntica a la asignada a la herencia tribal de Judá (Jos 15.1-4); comienza en el límite sur del Mar Muerto y llega hasta la playa del Mediterráneo en el «arroyo de Egipto» (*naḥal miṣrayim* = Wadi el-ʿArîsh; cf. las inscripciones de Esaradón, siglo VII a.C.). El punto medio es señalado por Cades (-barnea) ubicada cerca de ʿAin Qudeis. Es dudoso que esta frontera sur estuviera vigente durante la Edad de Bronce tardía ya que no encuentra eco en las fuentes egipcias que tratan del Sinaí localizado al norte.

La frontera norte tiene dos puntos de anclaje cruciales: *lĕḇô'ḥâmaṯ* («la entrada a Hamat») es sin duda la moderna Lebweh situada en la divisoria de aguas entre los ríos Litani y Orontes en el Valle Beqaʿen el Líbano. El otro lado es Zedad, el moderno Ṣadâd al norte de Damasco. La frontera bordea al este abarcando todo el distrito de Damasco incluyendo la región de Basán y toca la orilla oriental de Cineret (Mar de Galilea). El río Jordán es la frontera oriental (cf. la controversia en Jos 22 sobre la relación de las tribus transjordanas con Israel aún cuando ellos vivían fuera de Canaán).

Los pasajes de Ezequiel revelan que esta frontera norte de Canaán era reconocida en el siglo VI. Debe reflejar el límite meridional real del reino de Hamat en la Edad de Hierro. La diferencia entre el área actual ocupada por la población asociada con Israel y el territorio geográfico de Canaán se expresa en «la tierra que queda» (Jos 13.1-6).

La referencia a la zona ocupada por los cananeos (Gn 10.19) solo hace uso de centros geográficos más grandes, p.ej., Sidón (desde la cual la frontera de Canaán siempre estuvo más al norte) y Gaza (donde la frontera de Canaán siempre estuvo más al sur). No hay justificación en este pasaje para identificar el arroyo de Egipto con Wadi Ghazzeh.

Fuentes no bíblicas

Por desgracia, el famoso tratado de paz entre Ramsés II y Hattusili III no tiene una descripción de la frontera que defina las esferas bajo el control político de las respectivas partes. Hay razón para creer, sin embargo, que reflejaría en detalle la descripción bíblica de la frontera de Números 34.7-9. Una cantidad de referencias de la Edad de Bronce apunta en esta dirección.

La primera alusión a cananeos es de un texto de Mari (A.3552) que es el informe de un general conocido por estar operando en las cercanías de Qatanum, donde ha llegado a un enfrentamiento con algunos *ḫabbātum u Kinaḫnu* («asaltantes y cananeos») que se encontraban en un lugar llamado Rāḫiṣu (cf. Rôgiṣu, la lista topográfica de Tutmosis III, no. 79; también textos de Amarna).

El renegado príncipe Idrimi se refiere en su autobiografía al pueblo de Ammiya en la tierra de Canaán, muy probable el moderno Amyûn en las colinas arriba de Byblos. Después que se apoderó del trono de Alalak, en el recodo norte del Orontes, los cananeos estaban presentes, pero listados como extranjeros.

De igual modo, textos ugaríticos registran «Yaʿilu un cananeo» (*KTU2* 496.7) tal como registran un egipcio o un hitita o un asirio. Por otro lado, un informe fragmentario de un pleito hallado en Ugarit (RS 20.182 A + B) menciona los «hijos de Ugarit» y los «hijos de Canaán» como los litigantes. Ugarit y su reino no formaban parte de Canaán y su pueblo no era considerado cananeo. Una epístola de Alasia (probablemente en Chipre) hace referencia específica a «la provincia de Canaán» (EA 36.15). El rey del imperio Mitani envió un embajador con una carta de presentación a «los reyes de la tierra de Canaán» (EA 30.1).

El uso de *knʿn* como sinónimo de *Phoinikē* en monedas de Beirut del período helenista muestra que Laodicea en Canaán (Beirut) se distinguía de su homónimo más famoso que se localizaba más al norte (11 km [6.8 mi] S de Ugarit).

Personas

Fuentes bíblicas

No es posible definir a un grupo étnico como los «cananeos,» sino a una entidad social reconocida en la Biblia como los «habitantes de Canaán» (Ex 15.15) es distinto de los filisteos, los edomitas y moabitas de Transjordania. La coalición de reyes en la batalla de Débora y Barac estaba formada por los «reyes de Canaán» (Jue 5.19). Los cananeos a menudo son mencionados y a veces contrastados con otros pueblos tales como los amorreos (Dt 1.7; Jos 5.1) o ferezeos (Gn 34.30). En Génesis 15.19-21 los cananeos aparecen entre una larga lista de pueblos, lo que demuestra que la entidad geográfica incluida en esa promesa a Abraham («desde el río de Egipto hasta el río grande, el río Eufrates,» Gn 15.18) era mucho más grande que la tierra de Canaán. Una cantidad de estas listas (Nm 13.29; Dt 1.7; Jos 5.1; 13.3; 17.15-18; Jue 1.1-36) coloca a los cananeos en la llanura costera en el interior de Jezreel los valles del Jordán.

En Génesis 10.16-18 se enumeran una cantidad de ciudades y poblaciones que se dicen ser parte del pueblo cananeo: Sidón (la más prominente ciudad-estado de Fenicia durante el último período israelita y persa), Het (los neohititas, los verdaderos hablantes del arameo para el siglo IX), y un grupo de pueblos pre israelitas: Jebuseos, amorreos, gergeseos, y heveos. En 2 Samuel 24.7 las «ciudades de los heveos y de los cananeos» son evidentemente las ciudades no conquistadas en el proceso inicial de establecimiento (Jue 1). Otras poblaciones de ciudades en Génesis 10.17-18 (cf. referencias extrabíblicas a ʿArqat, Siyanu, Arwad, Sumur, un Hamat en el Orontes) estaban todas en el extremo norte de Fenicia, algunas un poco afuera de la frontera bíblica norte de Canaán.

Un contexto usa el término cananeos como un epíteto para mercaderes (Is 23.8; cf. Pr 31.24; Zac14.21; Ez 16.29; 17.4; Os 12.7[8]; Sof 1.11; que reflejan el papel de los fenicios, la Edad de Hierro de los cananeos, en el comercio del Mediterráneo).

Fuentes no bíblicas

La lista del botín de la primera campaña de Tutmosis III como único gobernante menciona «640 cananeos,» pero se incluye en la lista ningún otro grupo nacional o étnico, solamente grupos sociales (p.ej., *ma-r-ya-na,* «guerreros de carro» [nobles]). Los *Kina-ʿ-nu* corresponden a los «horeos,» aquí residentes en el sur de Levante, y los nugaseos, residentes de la región central de Siria. De hecho, los cananeos en la primera lista corresponden a los horeos en la segunda. De manera que los egipcios conocían a los cananeos como una entre varias naciones o grupos étnicos en el Levante.

Cultura y religión

La imagen más detallada de antiguas creencias religiosas cananeas se halla en Filón de Biblos en la historia fenicia, preservada solo en la *Preparación para el Evangelio* de Eusebio y Porfirio *Contra los Cristianos.* Esta antigua obra probablemente se basa en parte en tradiciones fenicias originales de Tiro y Biblos y tal vez Sidón. Hay una cosmogonía y la historia de Kronos (a quien Filón iguala con El), quien finalmente vence a Urano su padre. Las fuentes de Filón y de Hesiodo parecen remontarse a las primeras tradiciones del cercano Oriente tales como el mito hitita Kumarbi. Los textos hablan de una creación cosmológica del caos y el gobierno de Kronos en la tierra. Hay algunos puntos sobresalientes de contacto con la cosmogonía bíblica en Génesis 1-2 y también contactos mitológicos con los mitos literarios y leyendas encontrados en Ugarit. Por lo general se asume en la literatura académica de hoy que los materiales ugaríticos, incluyendo las historias de varios miembros del panteón, reflejan la religión «cananea.» Sin embargo, geográfica y políticamente (también étnicamente) Ugarit no era una ciudad cananea.

Reconstruir una clara imagen de la religión cananea es prácticamente imposible. Cada una de las ciudades costeras de Fenicia así como la no fenicia Ugarit debe de haber tenido sus propias versiones distintas de los grandes mitos religiosos, teogonías, y cosmogonías. Algunas características, como el sacrificio de niños (atestiguadas principalmente en fuentes tardías y en la arqueología púnica [Cártago]), eran conocidas para los pueblos vecinos, pero la ideología de esa práctica no está registrada en ningún texto fenicio antiguo o clásico. Que Baal y Asera eran las deidades dominantes es evidente a partir de las muchas denuncias bíblicas de su adoración, pero no hay registro de la mitología o ideología unido a ello.

El punto de vista bíblico de las prácticas religiosas cananeas es absolutamente negativo. Un tema recurrente lo constituyen las frecuentes inclinaciones de Israel a adoptar las prácticas de los pueblos entre los que vivían en Canaán (Jue 3.1-6). A menudo se les exhorta a «quitad los dioses ajenos y a Astarot de entre vosotros» (1 S 7.3). El reino del norte fue destruido porque «fueron en pos de las naciones que estaban alrededor de ellos, de las cuales Jehová les había mandado que no hiciesen a la manera de ellas» (2 R 17.15; cf. Amós). Salomón también fomentó el culto a las deidades de los pueblos vecinos (1 R 11.4-8). El reinado de Manasés fue el más notorio por su adopción de prácticas de culto extranjeras (2 R 21.2-9; 2 Cr 33.2-9). Tal actitud polémica difícilmente permitió a ningún escritor bíblico la oportunidad de dar una evaluación objetiva de la religión cananea o de otros vecinos.

Las inscripciones fenicias y algunas fuentes grecorromanas proporcionan los nombres de varias deidades: p.ej., «La dama de Biblos,» «Baal del cielo,» Melqart (en Tiro), Asmún (en Sidón). Pero más allá de algunos temas míticos preservados en fuentes griegas, no hay un verdadero acceso a textos religiosos.

Varios templos excavados en contextos del Bronce Medio y Tardío en Palestina (p.ej., Hazor, Megido, Siquem, Bet-sean) muestran algunas características generales en común: patio exterior, vestíbulo, sala principal y habitación interior, nicho o plataforma para la imagen de la deidad. Sin embargo, rara vez tienen la misma orientación de la brújula, y tipos de altares asociados con ellos (si se encuentra en absoluto) no están ubicados de manera uniforme.

La adoración familiar puede inferirse por figurillas de culto y otros artefactos similares, pero su uso todavía se discute. Lo más probable es que tengan que ver con la fertilidad y el alumbramiento.

Formas artísticas en cerámica, tallas de marfil y orfebrería son básicamente lo mismo en Canaán como en el norte de Siria (incluyendo Ugarit). Realmente no hay arte «cananeo» distintivo con características que lo distinguen de todo el litoral mediterráneo (y Chipre). Tallas de marfil y arte glíptico muestran considerable adopción de formas y temas egipcios, pero esto es típico de toda el área, no solo de objetos encontrados en Canaán.

Languaje

La afirmación más legítima para el título cananeo va para lo que los eruditos modernos llaman fenicio. El fenicio se propagó más allá de las fronteras tradicionales de Canaán; fue adoptado por reinos en Cilicia y el norte de Siria, por colonias fenicias en Chipre y las costas del norte de África (púnico en la época grecorromana) y Malta. Sin embargo, las estrechas afinidades con el antiguo hebreo muestran que también fue un dialecto de la misma familia. Las cartas de Amarna de escribas cananeos fueron compuestas en una extraña mezcla de dialecto semita oriental y acadio. Dado que este lenguaje híbrido se confina a la región conocida por los textos geográficos como Canaán, las características lingüísticas semíticas orientales pueden legítimamente ser llamadas «cananeo.»

El ugarítico generalmente considerado un dialecto cananeo, pero a pesar de muchas isoglosas (y también expresiones y frases sintácticas y literarias) hay fuertes semejanzas con algunos dialectos del arameo. El llamado alfabeto fenicio corto de solo 22 caracteres era conocido esporádicamente en Ugarit (en contraste con el alfabeto nativo que constaba de muchas consonantes más), pero solo como una intrusión, una importación.

Bibliografía. M. C. Astour, «The Origin of the Terms 'Canaan,' 'Phoenician,' and 'Purple,'» *JNES* 24 (1965): 346-50; N. P. Lemche, *The Canaanites and*

Their Land. JSOTSup 110 (Sheffield, 1991); B. Mazar (Maisler), «Canaan and the Canaanites,» *BASOR* 102 (1946): 7-12; *The Early Biblical Period* (Jerusalem, 1980); A. F. Rainey, *Canaanite in the Amarna Tablets,* 4 vols.HO 25 (Leiden, 1996); «Unruly Elements in Late Bronze Canaanite Society,» in *Pomegranates and Golden Bells,* ed. D. P. Wright, D. N. Freedman, and A. Hurvitz (Winona Lake, 1995), 481-96; «Who Is a Canaanite? A Review of the Textual Evidence,» *BASOR* 304 (1996): 1-15; K. N. Schoville, «Canaanites and Amorites,» in *Peoples of the Old Testament World,* ed. A. J. Hoerth, G. L.Mattingly, and E.M.Yamauchi (Grand Rapids, 1994), 157-82; M. S. Smith, «Myth and Myth making in Canaan and Ancient Israel,» *CANE* 3:2031-41.

ANSON F. RAINEY

CANDACE (Gr. *kandákē*)
Título etíope para la reina y la reina madre. La Candace mencionada en Hechos 8.27 no es identificada por un nombre personal. Felipe bautizó al tesorero de ella, un eunuco etíope que vino a Jerusalén a adorar. De acuerdo con Bion de Soli (*Aethiopica* 1, c. siglo II a.C.), la Candace era la jefa de gobierno en el reino nubio de Meroe (ubicado en la moderna Sudán). El título Candace también es atestiguado en varias fuentes clásicas (cf. Strabo *Geog.* 17.1.54; Dio Cassius *Hist.* 54.5.4-5; Pliny *Nat. hist.* 6.35.186; Pseudo-Callistus 3.18).

JO ANN H. SEELY

CANDELABRO
Pedestal para lámparas llenas de aceite provistas de mechas, o un soporte que contenía a una o más de esas lámparas en su estructura.
Aunque las lámparas podían ponerse sobre una repisa o nicho, frecuentemente se colocaban en candeleros separados (Heb. *mĕnôrâ*; 2 R 4:10; Gr. *lychnía*; Mt 5.15). Mientras que algunos candeleros eran de una caña para una sola lámpara, otros tenían varios brazos en el pedestal.

Como en el caso de la lámpara, la mayoría de las referencias bíblicas sobre los candeleros dicen que eran utilizados para el culto: en el tabernáculo del desierto se usaba un candelabro de oro, de forma cilíndrica, y de siete brazos (Ex 25.31-40; 37.17-24); había diez candeleros de oro en el Templo de Salomón (1 R 7.49); y el candelero (quizás dos) del segundo Templo después del exilio, era un receptáculo con siete lámparas con forma de orquídea (cf. Zac 4.1-6; 11-14). Las visiones de Apocalipsis 1.12, 13, 20; 2.1 presentan a siete candelabros. El candelabro de siete brazos de los templos, del período romano, aparece en las primeras representaciones artísticas (cf. el arco de Tito en Roma), y constituye la base, en la tradición judía, de sus versiones posteriores.

MICHAEL D. GUINAN, O.F.M.

CANE (Heb. *kannēh*)
Ciudad de Mesopotamia que mantuvo relaciones comerciales con Tiro (Ez 27.23). Antiguos intentos para identificarla con Calne (Am 6.2) han sido desacreditados.

CANELA
Miembro de la familia del laurel. El árbol de canela (*Cinnamomum zeylanicum* Nees) es de hoja perenne y crece hasta 9 m (30 pies) de altura. El fruto del árbol de canela (Heb. *qinnāmôn;* Gr. *kinnámōmon*) proporciona un aceite fragante cuando se presiona. La corteza destilada también produce aceite de menor calidad. Rollos de la corteza y la corteza interna se usan para endulzar alimentos. Es probable que en tiempos bíblicos la canela haya sido importada del tropical lejano oriente a través de la ruta de seda. En tiempos antiguos, el aceite de canela era valorado como un perfume precioso. Era un ingrediente en el aceite sagrado de Moisés hecho para ungir el arca del pacto y el tabernáculo de reunión (Ex 30.23). La mujer «extraña» de Proverbios perfumaba su cama con canela (Pr 7.17). En el cantar de Salomón y Apocalipsis la canela aparece como un artículo de lujo (Cnt 4.14; Ap 18.13).

MEGAN BISHOP MOORE

CANON DEL ANTIGUO TESTAMENTO
Término cristiano para los escritos religiosos del antiguo Israel considerados como sagrados por el judaísmo y el cristianismo. El nombre «Antiguo Testamento» refleja el entendimiento del movimiento cristiano como el cumplimiento de la profecía de Jeremías (Jr 31.31) de un nuevo pacto (Lat. *testamentum*) entre Dios e Israel. El judaísmo utiliza una variedad de designaciones para sus escritos sagrados, incluyendo: (1) «escritura,» del Heb. *miqrāʾ*, «lo que se lee en voz alta;» (2) «Tanak,» un acrónimo creado por los nombres de las tres divisiones tradicionales de las Escrituras hebreas, Torá (Ley), Nebi'im (Profetas), y Ketubim (Escritos); y (3) «Torá,» después de la sección de los Escritos que son más importantes para la práctica judía.

El desarrollo del canon del AT es un resultado de la interacción entre dos distintos pero insuperables significados del término «canon.» «Canon» se deriva del semítico *qāneh, «*caña,» y toma su significado metafóricamente del uso de tales objetos como instrumentos de medición. Cuando se aplica a una colección literaria, canon en su sentido estricto se refiere a una lista fija de textos que poseen un estatus exclusivo relacionado con otros escritos. Sobre la base de una definición así, uno debe suponer que el canon del AT poseía una forma uniforme y una fecha precisa de origen. Sin embargo, la evidencia para su historia no proporciona una fecha de origen claramente identificable, ni una descripción sencilla, claramente identificable de su contenido. Bajo estas circunstancias, es necesaria una definición más amplia. Canon en su sentido más amplio es el funcionamiento normativo de determinados textos dentro de grupos sociales, sin consideración del contenido fijo o estatus exclusivo de los textos en uso. Por esta definición, los textos del AT fueron empleados como un «canon-en-formación» fluido, funcional por muchos años antes de su última definición como una colección fija y exclusiva.

Evidencia de un canon fijo

Los manuscritos hebreos y listas rabínicas de los libros definitivos de las Escrituras judías incluyen 24 libros arreglados en una división tripartita de Torá, Profetas y Escritos. La numeración de libros refleja el número de rollos usados para registrar cada libro en la antigüedad.

La primera referencia a una colección fija de Escrituras judías se encuentra en los escritos del historiador Josefo (*Ag. Ap.* 1.8, c. 90 a.C.). De acuerdo con Josefo, los 22 libros sagrados de las Escrituras judías fueron escritos durante el período clásico de la inspiración profética de Israel, del tiempo de Moisés al período de la restauración de Judá de mediados del siglo V. Aunque el contenido de las Escrituras se describe en tres secciones, estas secciones no son idénticas para una división rabínica tripartita. El canon de Josefo consistió de: (1) los cinco libros de Moisés; (2) 13 libros proféticos, incluyendo no solo los ocho libros de la sección rabínica de «profetas», pero también Job, Daniel, Crónicas, Esdras-Nehemías, y Ester; y (3) los cuatro libros de Salmos, Proverbios, Eclesiastés, y el Cantar de los Cantares. La diferencia entre los 22 libros en la lista de Josefo y los 24 en las listas rabínicas generalmente se explica contando Rut con Jueces y Lamentaciones con Jeremías. El número 22 es idéntico al número de letras en el alfabeto hebreo, simbolizando la integridad de la colección. La tradición de contar los libros como 24 es atestiguada en 4 Esdras 14.45, un pasaje más o menos contemporáneo de Josefo.

Los intentos de rastrear la historia de una colección fija de las Escrituras de una fecha anterior a Josefo son frustrados por un conjunto complejo de hallazgos. La LXX, la antigua traducción de las Escrituras judías del hebreo al griego, proporciona evidencia cronológica anterior para la historia del canon del AT, pero no sin complicar mucho esa historia. Excepto por la Torá, la LXX preserva los libros en un orden diferente, basado libremente en cronología y tipología literaria, y con una variedad de divergencias textuales de manuscritos hebreos existentes. La diferencia más significativa es que la traducción griega incluyó varios escritos no incluidos en el canon hebreo. Los textos adicionales encontrados en la LXX pero no en manuscritos y listas hebreos incluyen 1-2 Esdras, Judit, Tobías, 1- 2 Macabeos, Sabiduría de Salomón, Sirac, y Baruc, así como numerosas adiciones a libros individuales.

La traducción griega de las Escrituras judías debe su preservación al movimiento cristiano. La Biblia griega fueron las Escrituras de la Iglesia Primitiva, un hecho reflejado no solo en las numerosas citas de la LXX halladas en el NT, pero también en la aceptación de la mayoría de los libros de la Biblia griega en el canon de la Iglesia Primitiva, libros que han sido retenidos hasta el tiempo presente en el canon de las iglesias católica romana y cristiana ortodoxa. Aunque el cristianismo protestante acepta como canónicos solo esos libros de las Escrituras judías preservados en hebreo, el AT protestante todavía sigue el orden de la LXX y no la Biblia hebrea. Hasta el siglo XIX, incluso ediciones impresas de la Biblia protestante incluyeron los libros deuterocanónicos del AT católico y ortodoxo, que son designados como «Apócrifos» por el cristianismo protestante.

La mejor explicación de la diferencia entre el número y orden de libros en el canon judío rabínico y el de los manuscritos de la LXX y la Iglesia Primitiva es que, aparte de los cinco libros de la Torá, los límites y divisiones de las Escrituras judías no fueron completamente definidas en el tiempo de la traducción al griego, entre los siglos III y I a.C. Los descubrimientos de manuscritos de la región del Mar

Muerto, en especial Qumrán, apoya esta conclusión. La secta judía que vive en Qumrán preservó o estimó escritos religiosos más allá del canon hebreo posterior, tales como los libros seudónimos de Jubileos y Enoc, así como textos únicos a la comunidad Qumrán. La imagen general que la LXX y los manuscritos de Qumrán produce es que antes del siglo I d.C., los 24 libros del canon hebreo fueron preservados, traducidos, empleados, y estimados como Escritura, pero, aparte de la Torá, ellos no poseen un estatus exclusivo ni una forma uniforme. En base a la evidencia disponible, antes de la última mitad del siglo I d.C., las Escrituras judías consistieron de la Torá, un grupo de escritos vagamente definidos como «los profetas,» y un grupo indefinido de escritos misceláneos.

Proceso de canonización

Aunque la identificación de mediados a finales del siglo I d.C., como la fecha de la primera colección explícita limitada de las Escrituras judías satisface la estricta definición de canon como una colección fija de estatus exclusivo, tal descripción excluye extensamente evidencia para el uso autoritario de la mayor parte del AT en épocas muy anteriores a esta fecha mínima de origen. Algunos argumentan que la forma actual de partes del material bíblico se puede remontar directamente a la figura histórica de Moisés. La mayoría estaría de acuerdo en que, como mínimo, material preservado en Deuteronomio 12–26 está directamente relacionado con el rollo de la ley promulgado por el rey Josías de Judá en el siglo VII (2 R 22.8–23.25). Una gran parte de las Escrituras judías tomó su forma actual en el siglo VI durante el exilio babilónico, de modo que para esa época el escriba Esdras vino a Jerusalén de Babilonia a mediados del siglo V «con la Ley de su Dios en su mano» (Esd 7.14), gran parte del canon del AT posterior estaba en circulación más o menos en su forma actual.

La diferencia entre la aparición relativamente tardía del estatus exclusivo del canon del AT y la gran antigüedad del uso normativo de los escritos del AT demuestra la necesidad de ampliar la definición de canon para incluir el concepto más general de la función de texto como un estándar normativo de evaluación. En la etapa funcional de la formación del canon, el estatus de una obra canónica se asume implícitamente en su uso. Además, la función canónica de una obra es contingente a la situación en la que se usa y está por lo tanto sujeta a cambio dadas las exigencias del momento. El canon fijo, definitivo del AT es la etapa final reflejo de un largo y complejo proceso durante el cual los textos bíblicos continuaron funcionando de manera normativa sobre una extensa serie de circunstancias. Debido a la implícita y de alguna manera aleatoria naturaleza del continuo uso normativo de los libros canónicos, el proceso del desarrollo del canon se describe mejor de manera teórica que objetiva.

La etapa inicial en la formación del canon del AT fue la preservación escrita de su contenido. Para mucho del material el AT, sin embargo, esta etapa del proceso está envuelta en el misterio. La forma escrita actual de la mayor parte de los libros del AT es el resultado de un proceso de colección o compilación de material que existía en una forma anterior, oral o escrita, que no puede ser recreada con mucha certidumbre.

Con el fin de continuar el proceso que conduce a la canonización, el material escrito exige alguna forma de publicación o aprobación oficial dentro de una comunidad. El relato que aparece en 2 Reyes 23 de la promulgación de Josías del código de ley deuteronómica ofrece una rara visión de la clase de publicación oficial que era necesaria para la supervivencia de la literatura bíblica, a pesar del silencio del relato bíblico respecto a tales sanciones oficiales.

El hecho de que antiguos textos del cercano Oriente fuera de la Biblia han sobrevivido solo como descubrimientos arqueológicos muestra que la publicación y sanción oficial no garantizaba el estatus canónico continuo. Los textos publicados deben ser reproducidos textualmente, un esfuerzo que no debe ser subestimado en una cultura predominantemente oral. Factores económicos relacionados con la capacitación de escribas, la búsqueda y preparación de materiales para escribir, reproducción de largos textos a mano, el almacenamiento de textos y las copias, y la repetición del proceso de copiado exigió un grupo de interés muy motivado. Los textos preservados deben haber cumplido alguna necesidad apremiante de la comunidad que los preservaba, ya sea para la propia comprensión o la comunidad gobernante, con el propósito de justificar tal gasto en términos de labor y materiales. La comprensión de Israel de sus tradiciones como revelación, ya sea como instrucción sacerdotal *(tôrâ)* o como palabra profética *(dāḇār),* refleja el valor religioso explícito de las tradiciones preservadas. Las referencias a libros antiguos que ya no existen, tales como el libro de las Batallas de Jehová (Nm 21.14) y el libro de Jaser (Jos 10.13; 2 S 1.18), sugiere que solo una fracción de la literatura israelita era estimada lo suficientemente valiosa para sucesivas generaciones para recibir reproducción continua.

Más allá de la reproducción física, la transmisión textual para generaciones sucesivas requirió varios grados de interpretación actualizadora con el fin de apropiar los textos antiguos a nuevas situaciones. A menudo dicha interpretación toma la forma de alteración editorial del texto mismo, un proceso que es demostrable para el AT al comparar los textos de varios manuscritos antiguos. Otras interpretaciones contemporanizantes circularon de forma independiente del texto bíblico en la forma de tradición oral. La descripción en Nehemías 8 de Esdras leyendo la Torá de Moisés mientras los levitas «hacían entender…y ponían el sentido» proporciona un claro ejemplo del papel de interpretación en la transmisión de textos valiosos.

Si un texto sobrevive lo suficiente debido a la actualización y también a la continua supervivencia de la comunidad interpretadora, entonces alcanza significado agregado no solo por su contenido, pero también por su carácter «eterno.» Al texto se le otorga un estatus de «clásico» relacionado con otra literatura debido a su antigüedad y durabilidad. Este fenómeno podría explicar la proliferación de escritos seudónimos durante los siglos III y II. Con el tiempo, un nivel de estudio «crítico» surge con el fin de distinguir literatura clásica de otras obras imitativas arcaizantes. Los límites que surgen entre un texto clásico y un texto secundario se ilustran al comparar el libro de Daniel, que se incluye en el canon quizás debido a su entorno narrativo de exilio, y el libro de Sirac, que, aunque es altamente estimado tanto por el judaísmo como por el cristianismo, no obstante es excluido del canon judío debido a su origen consciente y explícito en el siglo II a.C., para la época de Josefo, el canon fue definido para excluir no solo textos escritos después de la época de Esdras y Nehemías, sino también aquellos textos que afirman haber sido escrito antes que Moisés.

El estudio y la reflexión de textos clásicos aumentan el estatus de tales textos y proporciona el contexto intelectual para un canon definido. Después que el número de obras canónicas es determinado, el texto, arreglo, y clasificación de los contenidos desarrolla un grado de estandarización. Es teóricamente posible que un texto pueda ser removido o agregado al canon en esta etapa tardía, pero tales cambios son extremadamente improbables. Las últimas etapas reflexivas del proceso canónico poseen una tendencia de autoperpetuación.

Canon e interpretación

El concepto del canon del AT como una etapa distinta en la historia del texto bíblico ha recibido renovada atención en los estudios recientes. Además de las varias etapas de desarrollo de textos bíblicos, la forma «canónica» final del texto se ha convertido en un tema de renovada investigación. El estudio de textos en su forma canónica supone que el texto ha sufrido una transformación de género de una categoría literaria anterior a una categoría distinta de una Escritura normativa y puede ser interpretada productivamente como tal.

Bibliografía. J. Barr, *Holy Scripture: Canon, Authority, Criticism* (Philadelphia, 1983); J. Barton, *Oracles de Dios* (London, 1986); B. S. Childs, *Introduction to the Old Testament as Scripture* (Philadelphia, 1979); D. N. Freedman, *The Unity of the Hebrew Bible* (Ann Arbor, 1991); J. A. Sanders, *From Sacred Story to Sacred Text* (Philadelphia, 1987); B. H. Smith, *Contingencies of Value: Alternative Perspectives for Critical Theory* (Cambridge, Mass., 1988).

Barry A. Jones

CANON DEL NUEVO TESTAMENTO

Uno no puede discutir el tema del canon del NT hoy sin reconocer una diversidad de evaluaciones de parte de estudiosos que lo abordan desde diferentes puntos de partida. El siguiente relato asume la validez permanente del canon tradicional del NT pero se escribe en diálogo con otros puntos de vista, en particular aquellos que, a partir de la evidencia histórica, pondrían en duda su legitimidad.

Fundamento profético del evangelio

El germen de un canon del NT se puede considerar como implícito en la consumación de la redención que conocemos como la encarnación, muerte, resurrección, y ascensión de Jesús. Esto es postulado ya en el AT, en lugares tales como Jeremías 31.31-34, que predice un nuevo pacto entre Dios y su pueblo. El autor de Hebreos, que explícitamente apropia la profecía de Jeremías, utiliza otros textos del AT a la vez que resaltan la naturaleza temporal e incompleta del antiguo pacto y señala hacia algo mejor que va a ser llevado a cabo en Cristo (Heb 7.17, 20; 8.8-13; 10.5-10, 16-18). Era una convicción fundamental de la Iglesia Primitiva que las Escrituras del AT anticipaban una mayor redención, y una adición a la revelación divina no puede ser visto como una consecuencia no natural de la esperanza profética realizada una vez que vino. En las palabras de Jesús en Lucas 24.47 se ve que no solo «el evento de Cristo» sino hasta la misión y mensaje de los primeros seguidores de Jesús fueron predichos por los profetas: «Así está escrito. . . que se predicase en su nombre el arrepentimiento y el perdón de pecados en todas las naciones, comenzando desde Jerusalén.» Isaías había profetizado una luz para las naciones (Is 49.6); una nueva ley y palabra del Señor estaba por irrumpir desde Jerusalén (Is 2.4-5 = Mi 4.1- 3). Los profetas predijeron no solo un Mesías, sino un mensaje que lo acompañara (Ro 1.1-2; 15.16-22; Is 66.18-21). Por lo tanto, puesto que el eventual canon del NT es la cristalización del mensaje de la misión apostólica original, tiene su autorización en principio en las escrituras del AT mismas.

Autorización y mensaje de los apóstoles

Esta autorización recibe la más alta validación en Jesús, como se puede observar en dos maneras. Primera, la misión apostólica original estaba fundada en una comisión especial de parte de Jesús. Como sus representantes los apóstoles representan a Jesús y hablan por él (Mt 10.40; cf. Jn 13.20; 20.21). Junto con Él ellos constituyen el fundamento de la iglesia (Mt 16.18; Gl 2.9; Ef 2.20; Ap 21.14). Ellos están dotados singularmente para su tarea por el Espíritu Santo (Mt 10.18-20; Mr 13.11; Hch 1.8; Jn 14.26; 15.26, 27; 16.13, 15). El concepto del «testigo» en 1 Pedro y Lucas-Hechos y la apelación de «testigo ocular» de Juan 1.1-3 corresponde a esto. La singular autoridad de los apóstoles, puesta aparte de la continuidad de los oficios en la iglesia, es claramente observada en los primeros escritos no apostólicos (1 Clem. 44.1-4; Ignacio *Ro* 4.3; *Magn.* 6.1; *Trall.* 7.1; 12.2; Policarpo Fil 3.2; 6.3). Segundo, la misión de los apóstoles es presentada en el NT como la misión del propio Jesús. En Isaías 49.6 la comisión de traer luz a los gentiles le pertenece al Mesías. Pero la misión de Pablo es la misión de Jesús (Ro 15.18-20), de modo que la profecía de Isaías se relaciona directamente con el propio llamado de Pablo (Hch 13.47). A través del libro de Hechos el trabajo de los apóstoles en la evangelización de las naciones se representa como la obra del Cristo ascendido (2.33; 14.3), y su predicación es la palabra del Señor (6.7; 12.24; 19.20). La forma del mensaje del evangelio fue dada por el propio Señor (Gl 1.12) y por el Señor a través de sus apóstoles (1 Co 11.23; 15.8; 2 P 3.2). Jesús traerá sus «otras ovejas,» y oirán su voz (Jn 10.16), pero ellas pueden oír esa voz solo a través de sus elegidos apóstoles (17.18, 20). El testimonio apostólico será el medio para transportar a los pecadores de la incredulidad a la fe (Jn 20.31).

Desde el punto de vista del NT, entonces, la misión apostólica es singularmente la misión del propio Jesús y es parte integral de su propia obra redentora como predijeron los profetas.

Conciencia de la autoridad apostólica

A menudo se afirma que la iglesia del siglo I tenía solo el AT, y algunas palabras de Jesús oralmente transmitidas, como su autoridad. Sin embargo, en los escritos del NT a menudo es perceptible que los autores consideraron sus enseñanzas como la palabra de Dios (1 Ts 2.13) en ninguna manera inferior, y en importantes aspectos superior, a la palabra de Dios que ellos conocían como la Ley, los Profetas, y los Escritos (1 P 1.10-12; Tit. 1.3; Heb 1.1-2). Tampoco esta evaluación de la sanción divina de su mensaje desapareció cuando el mensaje fue puesto por escrito. Pablo iguala su palabra escrita con su palabra hablada (2 Ts 2.15; 3.14), y su palabra hablada de instrucción y proclamación con la palabra de Dios (1 Ts 2.13; 2 Ts 3.1, 6, 14; cf. 1 Co 14.37). En Efesios 3.4 Pablo anticipa que sus lectores van a reconocer su comprensión del misterio de Cristo no solo al escucharlo sino al leer su epístola. Que Pablo percibió su actividad epistolar, aunque iba dirigida a muchos intereses particulares de iglesias particulares, como teniendo más validez que lo meramente local es vista en sus instrucciones de intercambiar cartas (Col 4.16) y probablemente en el carácter de Efesios, que parece haber sido enviada como carta circular a varias iglesias inicialmente. La colección y la publicación de las cartas de Pablo, en todo caso, marca un momento cuando ellas fueron percibidas como válidas para toda la iglesia, y probablemente como perpetuamente válidas. Hay ahora buena evidencia de la práctica contemporánea de publicar cartas y de la estabilidad del corpus paulino en la tradición de manuscritos para creer que fue el propio Pablo el primero en coleccionar y publicar una edición de sus cartas para ser distribuidas entre las iglesias. Una colección de las cartas de Pablo está generalmente disponible en las congregaciones y conocidas como Escritura al menos para la época de 2 Pedro 3.16. Y a través del NT uno discierne la deliberada construcción de un legado, un depósito, un cuerpo de enseñanza para ser dejado a las sucesivas generaciones (1 Co 11.2; 15.1-8; 1 Tim 6.20; 2 Tim 1.14; 2.2; Lc 1.1-3; 2 P 1.12-15; 1 Jn 1.1-4; Jud 3, 17; Ap 1.3; 22.18-19).

Extensión del Canon del NT

La autorización de una nueva entrega de revelación implícita en la redención obrada por Jesús por supuesto no marcó por adelantado el número preciso o identidad de los documentos que finalmente dan cuerpo a esa revelación. Desde el punto de vista teológico, la canonicidad, o estatus escritural, es en primer lugar un juicio divino, aunque su eco humano es imperfecto y no inmediatamente unánime.

Sería el fin del siglo IV (Carta Festal 39 de Atanasio, 369; los concilios de Hipona Regius, 393, y Cártago, 397) antes que las iglesias de oriente y occidente pudieran estar de acuerdo en todos los 27 libros que desde ese tiempo ha sido comúnmente confesada en todas las principales ramas del cristianismo (parte de las iglesias sirias y etíopes nunca se conformaron del todo al resto). Sin embargo ha sido ampliamente reconocido que para el fin del siglo II un «núcleo de canon» de 20 libros o más eran generalmente reconocidos a través de las iglesias. Esto ha sido enérgicamente cuestionado, sin embargo, por estudiosos que sostienen que la iglesia no estaba preocupada por la canonicidad, o los límites de sus colecciones de literatura escritural, hasta el siglo IV.

Es verdad que en el período de los padres apostólicos (c. 90-140) los evangelios apostólicos y las cartas son citados junto con algunas tradiciones orales ocasionales de palabras de Jesús; ambos usados como realidades, como si fueran aceptadas por todos los cristianos. La tradición oral ya cada vez menos confiable, sin embargo, la iglesia aún en este momento estaba dependiendo cada vez más exclusivamente en su depósito escrito.

Algunos han sostenido que la continua producción de pseudoepigráficos apostólicos en algunos círculos en los primeros siglos demuestra la apertura de la iglesia para recibir nuevos libros. Pero el uso preponderante de los nombres de apóstoles para tales obras muestra sin embargo donde se percibía por todos la autoridad en la iglesia para mentir. Serapio de Antioquía (fl. 180s) es citado a menudo por su disposición a aceptar el evangelio de Pedro como un documento escritural. Sin embargo, no era cuestión de estatus escritural, sino apropiado para lectura edificante, como se puede ver por sus palabras, «recibimos a Pedro y a otros apóstoles como Cristo, pero los escritos que falsamente llevaban sus nombres los rechazamos, como hombres de experiencia, sabiendo que los mismos no nos fueron entregados» (Eusebio *HE* 6.12.3-6). Serapio, como otros de su generación, no concibieron a la iglesia como autorizada para escoger los documentos que le placieran, pero como obligada a usar y preservar lo que les había sido entregado.

Es costumbre hablar de «criterios» como la apostilicidad, catolicidad, uso de la mayoría de las iglesias, y ortodoxia, como usados por las iglesias de los siglos II al IV para determinar sus documentos canónicos. Mientras que estos no funcionaron negativamente para excluir ciertos libros, no leemos, sin embargo, de otros que hallan aceptación porque «pasaron» estas pruebas. Tales libros simplemente funcionaron como lo habían hecho desde el principio, como documentos autorizados entregados a la iglesia por sus apóstoles y profetas. Se creía que la mayor parte de ellos habían sido escritos por apóstoles, pero la «apostolicidad» se extendió también a las obras de los colaboradores inmediatos de los apóstoles que participaron con ellos en la misión apostólica original. Para el fin del siglo II, cuando los líderes de la iglesia comenzaron a lidiar con el problema de diferentes colecciones, puede ser que no haya habido serias dudas sobre la recepción de la mayor parte de los libros (cuatro Evangelios, Hechos, 13 o 14 Epístolas Paulinas, 1 Pedro, 1 Juan), y estos libros «convenidos» prepararon el escenario, en términos de ortodoxia apostólica, para la aceptación del resto. Cualquiera que pudieran haber sido los «criterios» empleados rara vez fueron relevantes para alguno salvo para Hebreos, Santiago, 2 Pedro, 2 y 3 Juan, Judas, y Apocalipsis. De los libros en que existía alguna controversia, Hebreos y Apocalipsis sufrieron posteriormente después de su temprano reconocimiento. En el caso de Hebreos, que fue utilizado por Clemente de Roma en el siglo I, las dudas en cuanto a su paternidad literaria, con dudas residuales sobre un percibido rigorismo penitencial (He

6.4-6). Con Apocalipsis, por el contrario, los ataques iniciales en el siglo III se basaban en un supuesto apoyo para el montanismo y el quiliasmo, lo que provocó más preguntas sobre su autoría. Estos problemas impidieron la unanimidad en los siglos II y III mientras Hebreos era puesto en duda en Occidente, y Apocalipsis en el Este incluso a través del siglo IV. Eusebio relata que aparte de Hebreos y Apocalipsis, 2 Pedro, 2 y 3 Juan, Judas, y Santiago, aunque eran «conocidos por la mayoría,» fueron cuestionados por algunos (Eusebio *HE* 3.25.3). No leemos de objeciones teológicas a estas cinco breves epístolas; las dudas respecto a su autoría se debieron en gran parte a la falta de referencias a ellas en escritores anteriores (*HE* 2.23.25). Todos estos libros fueron conocidos y utilizados por la iglesia en Alejandría en los siglos II y III, hasta el Apocalipsis fue temporalmente eclipsado.

A pesar de la impresión que algunas veces se da, hay solo unos cuantos documentos fuera de los 27 tradicionales que pudieron haber gozado de prestigio local temporal, que se aproximara al de los otros. Investigando la historia de la iglesia a comienzos del siglo IV, Eusebio (*HE* 3.25) enumera cinco de tales obras a las que juzga que deben ser consideradas espurias: los Hechos de Pablo, el Pastor de Hermas, Apocalipsis de Pedro, la Epístola de Bernabé, y las Enseñanzas de los apóstoles. Además 1 Clemente debiera quizás ser mencionada. El primero de estos era conocido por Tertuliano, quien dijo que el libro había sido escrito recientemente por un presbítero de Asia por amor a Pablo, aunque lo encontró apartado del ministerio (*De bapt.* 17).

El Pastor de Hermas fue citado con moderación pero muy favorablemente por Ireneo, Clemente de Alejandría, y Orígenes. Aunque lo rechaza, Eusebio nos dice que era «leído públicamente» en muchas iglesias (*HE* 3.3.6). Fue específicamente excluido, sin embargo, por el fragmento Muratorio, la primera lista del canon del NT que ha sobrevivido, para cerca del fin del siglo II, como no apostólico ni profético, y tardío. Fue duramente criticado por Tertuliano, quien también relata que tanto el concilio ortodoxo como el montanista lo habían rechazado para entonces (*De pudicitia* 10).

Clemente de Alejandría citó del Apocalipsis de Pedro, como si fuera de Pedro, aunque no fue seguido en esto por Orígenes. El fragmento Muratorio dice que es aceptado por la iglesia, «aunque algunos de nosotros no queremos que sea leído en la iglesia.» Está ausente de las listas de canon del siglo IV.

La Epístola de Bernabé también fue utilizada por Clemente de Alejandría, aunque esto se basa en la noción de que era escrita por el compañero de Pablo y era por lo tanto cuasi-apostólico. Orígenes también le tenía un alto respeto, aunque no escribió ningún comentario u homilía en él. Tampoco Ireneo o Tertuliano parecen conocerlo, y era prácticamente desconocido en Occidente.

La Didajé, un manual de la iglesia no posterior a principios del siglo II, también fue citada favorablemente por Clemente y Orígenes. No es mencionado por el fragmento Muratorio o utilizado evidentemente por los primeros padres, aunque su doctrina de «dos caminos» puede ser la fuente de la misma enseñanza en Bernabé. Es listado por Atanasio como documento catequístico, pero no canónico.

La epístola de la iglesia romana a los Corintios, comúnmente conocida como 1 Clemente, era universalmente amada, aunque claramente ubicada por Ireneo en una categoría con las epístolas de Policarpo, y no con los apóstoles. Está ausente del fragmento Muratorio y de todas las demás listas de canon del siglo IV, con excepción de las más excéntricas (los cánones apostólicos).

Los intentos actuales para promover el Evangelio de Tomás del siglo II lo hacen a la luz de la unificada aversión de las fuentes patrísticas. Hipólito (c. 235) dice que un libro de este nombre perteneció a los gnósticos naasenos (*Ref.* 5.7.20). Orígenes lo critica como espurio (*Hom. Luc.* 1), y Eusebio aconsejó que fuera «rechazado como totalmente malvado e impío» (*HE* 3.25.6).

La Carta Festal de Atanasio de 369 es probablemente la primera lista existente de los 27 libros actuales y solo ellos, aunque hay un texto en disputa en Orígenes. Desde el fin del siglo IV existe una virtual unanimidad entre Oriente y Occidente sobre el canon del NT. Lutero lanzó un ataque bien conocido sobre la epístola de Santiago, y en menos medida a Judas, 2 Pedro, y Apocalipsis, pero ni siquiera sus más devotos seguidores siguieron su ejemplo. Calvino no vio conflicto en estos libros con la doctrina de la justificación por fe, no encontró nada en ellos indigno de los apóstoles, y aceptó su propio testimonio y el testimonio de la Iglesia Primitiva. Las iglesias protestantes han confirmado este juicio, añadiendo sus voces a la confesión de la iglesia ortodoxa y el catolicismo romano.

Bibliografía. H. Y. Gamble, *The New Testament Canon* (Minneapolis, 1985); G. M. Hahneman, *The Muratorian Fragment and the Development of the Canon* (Oxford, 1992); C. E. Hill, «The Debate over the Muratorian Fragment and the Development of the Canon,» *WTJ* 57 (1995): 437-52; B. M. Metzger, *The Canon of the New Testament* (Oxford, 1987); H. N. Ridderbos, *Redemptive History and the New Testament Scriptures*, 2nd ed. (Phillipsburg, N.J., 1988); D. Trobisch, *Paul's Letter Collection* (Minneapolis, 1994).

CHARLES E. HILL

CANTAR DE LOS CANTARES

«Cantar de los Cantares, el cual es de Salomón» (1.1), también se le llama «Cantar de los Cantares de Salomón». Uno de los Cinco Rollos que los judíos leían litúrgicamente varias veces en el año ritual, está asociado con la Fiesta de la Primavera de la Pascua. En las Biblias cristianas está agrupado con los otros escritos salomónicos, antecediendo a los profetas. La poesía de amor, aparentemente carente de contenido religioso, siempre ha parecido anómala; por consiguiente se desarrolló una larga tradición de interpretación alegórica y mística. La ansiedad hiperbólica que está ligada a ella puede ser ejemplificada por el Rabí Akiba, de quien se reporta que ha declarado que «el Cantar de los Cantares es el Santo de los Santos» (*m. Yd.* 3.5) y también que el «que lo gorjea en la casa del banquete pierde su parte en el mundo venidero» (*Sanh* 102b). Sin embargo, su influencia tanto en la poesía erótica secular occidental como en las tradiciones místicas judías y cristianas es incalculable.

No se sabe cuándo fue escrito Cantares. Los cálculos oscilan desde el siglo X al tercero a.C., y la mayoría de los comentadores recientes favorecen la fecha más reciente. Su adopción temprana como texto protocanónico se demuestra con la presencia de fragmentos entre los Rollos del Mar Muerto. Jerusalén es el centro de su mundo simbólico, que induce a la mayoría de los críticos a considerarla como el lugar de composición. Sin embargo, algunos eruditos ven evidencias de influencia israelita del norte, tanto en las alusiones geográficas como en el dialecto lingüístico. Tampoco hay unanimidad en la unidad literaria de Cantares. Muchos críticos discuten por la falta de alguna secuencia coherente en Cantares, que es una antología de poemas de amor; esto daría lugar a una diversidad de fechas y orígenes. Otros sostienen que fue una estructura literaria altamente articulada. Algunos autores han promovido una posición neutral, que es una elaborada composición que utiliza materiales preexistentes y tradicionales.

La mayor parte de Cantares consiste de monólogos o diálogos entre un par de amantes y la voz femenina es la dominante. A veces, una tercera voz impersonal que puede identificarse con la del narrador o poeta parece intervenir, y por lo menos en dos puntos (5.9; 6.1) hay un coro de las hijas de Jerusalén. Sin embargo, muchos críticos le asignan mucho más material al coro, y a veces también introducen un coro masculino (p. ej., 8.8-9).

En todo caso, no está claro qué es lo que sucede en Cantares. Se ha dedicado mucho esfuerzo para reconstruir una historia. Sin embargo, las reconstrucciones generalmente necesitan de considerable conjetura, y se arriesgan a imponer una estructura narrativa a un discurso lírico, no narrativo. Los amantes hablan al y del otro en memoria, anticipación y deseo; el límite entre la realidad e imaginación siempre es ambiguo. Por ejemplo, en el centro de Cantares, el hombre afirma que ha entrado a «su jardín» (5.1) que, en contexto, es una metáfora de la mujer; sin embargo, en el versículo siguiente, medio dormida, ella lo escucha afuera de su puerta, suplicándole que lo deje entrar. No sabemos si los amantes alguna vez tienen contacto sexual; de cualquier manera, son invención de la imaginación del poeta, y la tarea de la lírica es de comunicar las sensaciones de amor con el idioma. No está tan interesado en las aventuras de una pareja de amantes en particular como en hacerlos representantes de todos los amantes. Las distintas funciones que desempeñan —rey y pastor, chica del campo y la ciudad— son evidencia no tanto de orígenes diversos como de la encrucijada de los diversos paradigmas tradicionales de amor. Un personaje que particularmente se asocia con el hombre es el rey Salomón, no solamente como amante supremo y poeta (cf. 1 R 4.32 [TM5.12]), sino como símbolo de la perfección humana.

Cantares está compuesto de numerosas unidades de diverso tamaño, que usualmente están demarcadas claramente unas de otras y sin continuidad obvia. Estas son poemas separados o, para los que creen que Cantares tiene unidad literaria, se yuxtaponen y contrastan perspectivas y géneros. Varias unidades encajan con otras a lo largo del texto, frecuentemente con variaciones o inversiones significativas; los proponentes de la unidad consideran esto como el principio principal de la composición. Entre las unidades que encajan hay representaciones formales de los amantes, que técnicamente se llaman *wasfs* (4.1-7; 5.10-16; 6.5-7; 7.2-7[1-6]), en las que las partes del cuerpo están elaboradas metafóricamente; dos secuencias de sueños (3.1-4; 5.2-7), en las que la mujer busca a su amante a lo largo de la ciudad nocturna; dos descripciones de la primavera (2.10-13; 7.11-13[12-14]). El clímax del libro, que corresponde a la descripción del centro del jardín del amor (4.12-5.1), es un grupo de equivalencias, en las que se dice que el amor es tan fuerte como la muerte e inextinguible (8.6-7).

La calidad poética del libro justifica completamente el superlativo que el título afirma: «Cantar de los Cantares». Como toda la poesía grandiosa, es sensualmente rico, una analogía literaria del mundo sensual de los amantes, y está densamente poblado de significado. En particular, es extraordinario por su simbolismo intenso, y a veces extravagante, por la riqueza de su vocabulario y su aliteración penetrante y juego de palabras. Las metáforas frecuentemente cobran vida y ponen en entredicho la diferencia entre la figura y el referente. La distancia entre la imagen y su sujeto es una fuente de tensión estética y de riqueza de hermenéutica que permite la apertura de interpretación. Algunos eruditos han observado el estampado fonológico y las conexiones entre la aliteración y la metáfora a lo largo de Cantares, e intertextualmente en otras partes del AT, de modo que los sonidos y significados son mutuamente generativos.

A través de la metáfora, la experiencia de los amantes se transfiere al mundo y al idioma. A los amantes se les compara con animales y flores; de esta manera se convierten en representantes de la tierra de Israel en primavera. En una de las representaciones formales de los *wasfs* hay una comparación extensa entre la mujer y la tierra (7.1-6[2-7]). Esto ha llevado a que algunos sostengan que Cantares tiene que ver con una visión erótica del mundo. Las metáforas culminan en el contraste del amor con la muerte; el amor es de valor extremo, porque por sí solo es inmortal. Cantares puede compararse a Eclesiastés, al ver en los dos una reacción al desorden de la época helenística. Además, Cantares puede asociarse con la tradición de la sabiduría, con su búsqueda de valor y su humanismo.

Una gran cantidad de eruditos recientes han discutido las implicaciones feministas de Cantares. Algunos han postulado una autoría femenina, y señalan el predominio de la voz femenina en Cantares, y su inversión de los valores patriarcales. A otros les parece que la autoría femenina es improbable, dadas las condiciones de la producción literaria en el mundo antiguo y sugieren que Cantares es una fantasía erótica masculina y que la centralidad de la mujer expresa el deseo masculino.

Algunos críticos sostienen que Cantares tiene un elemento de autoparodia, que pone en entredicho su propio ideal de belleza; por lo tanto promueve el amor como el que transpira entre los seres humanos reales e imperfectos. Otros lo ven como algo que está impregnado de una visión cómica, de la integración del mundo por medio del amor.

Varios eruditos han investigado paralelos entre Cantares y otra literatura erótica del antiguo Cercano Oriente. Las correlaciones están especialmente cerca de la poesía de amor del antiguo Egipto. Otros críticos han explorado conexiones intertextuales entre Cantares y el resto del AT, como Eclesiastés y el jardín del Edén, y ven que estos se reconstituyen y se cuestionan en Cantares. Los que leen Cantares como una alegoría política o religiosa encuentran en él numerosas insinuaciones a la literatura profética o histórica.

La importancia espiritual de Cantares y la razón de su incorporación en el canon han estado sujetas a mucha discusión. Algunos lo consideran una obra puramente secular; otros encuentran referencias en ella a cultos mortuorios o de otra clase. En el clímax del libro (8.6) el nombre de Dios aparece, aunque como un sufijo del sustantivo *šalhebet*, «llama». Frecuentemente interpretado como un superlativo convencional («llama poderosa»), también podría significar que el amor es la llama de Dios, que arde en el altar. Las frecuentes referencias a la geografía de la tierra de Israel y al rey Salomón, así como una a David, sugieren que la historia de Israel y el paisaje se involucran en la red de comparaciones y alusiones. Si Salomón representa a Israel en el apogeo de su gloria, se evoca y critica a esa gloria de manera nostálgica, en el contexto de su transición.

Bibliografía. A. Bloch and C. Bloch, *The Song of Songs* (1995, repr. Berkeley, 1998); A. Brenner, ed., *A Feminist Companion to the Song of Songs* (Sheffield, 1993); M. V. Fox, *The Song of Songs and the Ancient*

Egyptian Love Songs (Madison, 1985); M. D. Goulder, *The Song of Fourteen Songs.* JSOTSup 36 (Sheffield, 1986); F. Landy, *Paradoxes of Paradise: Identity and Difference in the Song of Songs* (Sheffield, 1983); R. E. Murphy, *The Song of Songs.*Herm (Minneapolis, 1990);M. H. Pope, *Song of Songs.* AB 7C (Garden City, 1977).

FRANCIS LANDY

CÁNTICOS

Véase Cantar de los Cantares.

CANTO DE LOS TRES JÓVENES

Véase DANIEL, ADICIONES A.

CAÑA AROMÁTICA

Variedad de caña o césped aromático (heb. *qāneh*, «caña, rama, palo»; Ez 27.19). En Cantares 4.14 (NVI, LBLA), el término se traduce como «cálamo». Entre las plantas a las que se refiere de esta manera podrían estar el cálamo aromático (*Acorus calamus*), el limoncillo (*Andropogon citratus*) y otros céspedes y cañas. Estas plantas se usaban en perfumes (Cnt 4.14) y en el incienso que se hacía para la adoración en el Tabernáculo y el Templo (Ex 30.23; Is 43.24; Jer 6.20; cf. Ex 30.23, «caña aromática)

CAÑA, JUNCO

Las plantas de agua a las que la Biblia se refiere por varios nombres. Heb. *qāneh* se traduce generalmente caña pero también tiene el significado específico de una vara de medir igual a 6 codos (Ez 40.3, 5); por lo tanto de ella tenemos la palabra «canon» para referirse a los textos sagrados estándar de la Biblia. Gr. *kálamos* sigue el hebreo en la dualidad de significado: es el nombre de la planta que se le dio a Jesús para parecerse a un cetro cuando se burlaron de él (Mt 27.29), y es una unidad de medida (Ap 11, 21). Las cañas crecen en pantanos, ciénagas, y junto a los cuerpos de agua. Ellos son huecos y pueden ser más de 3 m (10 pies) de altura. Las cañas son fácilmente magulladas, inclinadas y rotas (Lc 7.24). El Rabsaces de Asiria comparó Egipto a una caña rota, que traspasará la mano «si alguno se apoyare, se le entrará por la mano y la traspasará» (2 R 18.21 = Is 36.6). Las cañas que crecen en el Cercano Oriente incluyen *Arundo donax y* varias especies de *Phragmites.* Heb. *ʾāḥû, ʾagmôn, ʾăgam, ʾēḇeh, y sûp* también se refieren a las plantas que crecen en pantanos y se han traducido de forma inconsistente como caña y junco. Los juncos son similares a las cañas. La totora (*Typha australis* sp.) Es una planta parecida al junco que prospera en Israel y Egipto.

Juncos y cañas se utilizan en una serie de industrias. Esteras, cestas, zapatos, lápices, pinceles, e incluso casas se construyeron de estas plantas acuáticas. Una caña, el papiro (*Cyperus papiro* L.) se transforma en papel. Papyrus también es boyante y, por tanto, se utilizó en la construcción de barcos (Is 18.2). El bebé Moisés fue colocado en una cesta de papiro (*gōme'*), que flotaba en el Nilo (Ex 2.3-5). El nombre bíblico para el Mar Rojo es *yam sûb*, o Mar de los Juncos.

MEGAN BISHOP MOORE

CAÑAS, MAR DE

Véase Mar Rojo.

CAOS

Un estado de confusión, vacío, o desorden. El caos preexistió antes que Dios trajera orden al universo durante la creación. En una épica de creación paralela, la babilónica Enuma Elis, la diosa del mar Tiamat representa el caos sin límite y el poder del océano. Marduk la derrota en una lucha heróica y luego corta su cuerpo en pedazos, creando así las fronteras ordenadas del mundo físico. Ecos de la épica babilónica se pueden encontrar en el libro de Génesis, donde la «tierra estaba desordenada (Heb. *tōhû*) y vacía, y las tinieblas estaban sobre la faz del abismo (*tĕhôm*)» (Gn 1.2).

Isaías y Jeremías a menudo predicen desolación y caos como el castigo de Dios para las naciones: El Señor «vacía la tierra y la desnuda, y trastorna su faz,» y Babilonia se convertirá en «la ciudad del caos,» desolada y destruida (Is 24.1-12). Así también Edom será asolada «de generación en generación» cuando Dios use su «cordel del caos» (Is 34.10-11 RVA; cf. Jer 49.7-22). Jeremías dirige su profecía sobre Judá pero insta a todas las naciones a volver a los caminos de Dios o de lo contrario la tierra volverá a su estado primitivo de «asolada y vacía» (Jer 4.23-28). En un pasaje donde él profetiza que todas las naciones se postrarán ante el Dios de Israel, Isaías destaca la omnipotencia de Dios al declarar que Dios «no la creó [la tierra] para el caos, para ser habitada la formó» (Is 45.18 Castillian).

HENRY L. CARRIGAN, JR.

CAPADOCIA (Gr. *Kappadokía*)

Un distrito áspero, montañoso en el centro este de

Asia Menor. Ubicada al norte de Cilicia y las montañas de Tarso, este de Frigia y Galacia, y al oeste del río Eufrates, Capadocia era famosa por la cría de caballos, el cultivo de trigo, y la producción de vinos. Debido a sus estratégicos pasos montañosos, a menudo fue objeto de conquistas extranjeras, dificultando la ubicación de sus cambiantes fronteras en la antigüedad. De 1700 hasta 1400 a.C., Capadocia fue un centro de la cultura hitita, conocida por su arte de la fundición de hierro y por sus minas de plata. Originalmente el distrito incluyó todo el territorio del noreste de Asia Menor, pero la parte norte fue segregada (probablemente bajo los persas) y llegó a conocerse como Capadocia en el Ponto (más tarde, simplemente Ponto) y la región sureña fue llamada Gran Capadocia. A diferencia de las regiones costeras de Asia Menor que estaban bajo fuerte influencia griega, esta región en lo profundo del accidentado territorio de Anatolia perpetuó sus tendencias persas hasta que los romanos hicieron una alianza con el rey Ariarates (164; cf. 1 Mac 15.22). Marco Antonio dio Capadocia a Arquelao para que la gobernara como rey (36 a.C.), una concesión perpetuada por Augusto. Cuando Tiberio sucedió a Augusto, llamó a Arquelao a Roma y lo despojó de su corona (14 d.C.). Capadocia se convirtió en provincia romana (17), administrada como 10 distritos ya que había muy pocas ciudades en la provincia.

Había capadocios presentes en Pentecostés (Hch 2.9), y entre los destinatarios de 1 Pedro 1.1. Su distrito no fue visitado por Pablo, posiblemente debido a su difícil posición geográfica. Capadocia llegó a ser famosa por los teólogos del siglo IV que produjo: Basilio (más tarde de Cesarea), Gregorio de Nazianzo, y Gregorio de Nisa.

Richard A. Spencer

CAPERNAÚM (Heb. *kĕpar naḥum*; Gr. *Kapharnaoúm*)
Ciudad en la costa noroccidental del mar de Galilea, identificada con la moderna Ḥum (Talḥum). Situada justo al oeste de la desembocadura el Jordán en el mar de Galilea, Capernaúm era una ciudad fronteriza que separaba los territorios de Herodes Antipas y Herodes Felipe durante el ministerio de Jesús. Ningún texto anterior al siglo I d.C., menciona Capernaúm, y es dudoso que el Nahúm en su nombre se refiera al profeta del AT. Josefo menciona dos veces de manera anecdótica a Capernaúm sin darle ninguna importancia política o cultural: una vez se cayó de su caballo cerca de ahí, y él (quizás incorrectamente) identificó las «fuentes de Heptapegón» como las «fuentes de Capernaúm» (*Vita* 403; *BJ* 3.520). Literatura rabínica posterior toma nota de la asociación de Capernaúm con el *minim*, un grupo judío no ortodoxo (que algunos simplemente suponen que son judíos cristianos; cf. Qoh. Rab. 1.8).

Excavaciones arqueológicas llenan el vacío dejado en textos literarios para Capernaúm. Más de un siglo de excavaciones han desenterrado paredes y fragmentos de la Edad de Bronce, pero los restos más importantes son de fecha de los períodos romano, bizantino, e islámico. Las edificaciones más importantes son la sinagoga del siglo IV y la iglesia octagonal del siglo V. La sinagoga es una de las más grandes en Israel; sus fachadas de piedra caliza blanca contrastaban fuertemente con las casas de basalto negro que la rodeaban. De interés debido a nombres paralelos en el NT es una inscripción aramea en una columna del período bizantino que lee «Alfeo, hijo de Zebedeo, hijo de Juan, hizo esta columna; bendito sea» (*CIJ*, 982-83). Si el piso de basalto de esta sinagoga representa una sinagoga del siglo I o no está en disputa. La iglesia octagonal del siglo V conocida como la casa de San Pedro era una reedificación de una iglesia casa en el siglo IV. La pintura cristiana hace probable que este sea el lugar mencionado por el peregrino Egeria del siglo IV como la «casa del príncipe de los apóstoles.» Uno especula que los restos debajo de esta estructura, la llamada *insula sacra* que fue construida en el siglo I a.C. y ocupada en el siglo I d.C., estaban asociados con Pedro (Mr 1.29-31). Excavaciones recientes también han descubierto una casa de baños pequeños, análogos a los usados por soldados romanos apostados a lo largo de las fronteras de Roma. La evidente asociación con el centurión de Capernaúm mencionado en el NT es socavada por la fecha probable de la casa de baños de fines del siglo I o del siglo II (Mt 8.5-13 = Lc 7.1-10). Más importante que estas estructuras posteriores para el entendimiento de la vida de Jesús ha sido el cuadro de Capernaúm del siglo I que las excavaciones pintan: casas de basalto hechas toscamente reforzadas con barro y estiércol y cubiertas con techos de paja (cf. Mr 2.1-12). Las casas consistían de habitaciones y corrales en torno a un patio central batido de tierra. Los caminos no pavimentados, el puerto toscamente hecho, y la falta de características arquitectónicas grecorromanas hace el uso del evangelio del gr. *pólis* difícilmente apropiado en su sentido

Ruinas de sinagoga en Capernaúm del siglo IV d.C., una basílica con techo a dos aguas. Sus detalles arquitectónicos ricamente adornados son únicos entre las sinagogas de Palestina (Consulate General of Israel in New York)

técnico propio (Mt 9.1; Lc 4.31). Con una población de no más de 1500, era un pueblo grande que se benefició de la pesca, como lo indican los muchos anzuelos encontrados ahí. Un bote del siglo I rescatado por los arqueólogos en las cercanías del Kibbutz Ginnosar proporciona una buena ilustración del tipo de pequeña embarcación utilizada por los pescadores galileos. Un hito romano que data de principios del siglo II confirma que una carretera principal conducía a través de Capernaúm hacia Siria, y la identificación tradicional de Mateo como recaudador de impuestos tal vez podría estar vinculado de manera más precisa al peaje fronterizo (Mt 9.9).

Los evangelios indican que el ministerio de Jesús se centró alrededor de Capernaúm, y no sería inexacto etiquetarla como su base de operaciones. Mateo 4.13 declara que Jesús dejó Nazaret por Capernaúm, y Marcos 2.1 describe a Jesús como estando «en casa» allí. Los evangelios registran varios milagros que tuvieron lugar en Capernaúm, incluyendo la sanidad de un paralítico que fue bajado a través de una abertura en el techo donde Jesús estaba predicando (Mr 2.1-12) y el exorcismo de un espíritu inmundo de un hombre en la sinagoga (1.23-28). Cinco de los discípulos fueron elegidos en o cerca de Capernaúm: Pedro y Andrés eran originarios de Capernaúm y fueron llamados a seguir a Jesús cerca de allí (Mr 1.16, 29), Santiago y Juan se encontraban pescando cerca de ahí cuando fueron llamados (1.21), y el banco de los impuestos de Mateo aparentemente estaba ubicado cerca de ahí (Mt 9.9-13). La singular relación de Jesús con Capernaúm quizás no sea más evidente que en su vehemente queja contra Capernaúm por su rechazo a responder a sus enseñanzas (Mt 11.23).

Bibliografía. S. Loffreda, *A Visit to Capharnaum* (Jerusalem, 1972); Loffreda and V. Tzaferis, «Capernaum,» *NEAEHL* 1:291-96; J. L. Reed, *The Population of Capernaum.* Institute for Antiquity and Christianity Occasional Paper 24 (Claremont, 1993); J. E. Taylor, *Christians and the Holy Places* (Oxford, 1993).

JONATHAN L. REED

CAPITÁN

Por lo general una persona de rango militar (Heb. *śār*). El título es además calificado por las responsabilidades específicas del oficial (p.ej., Gn 37.36; 2 R 1.9; 1 S 22.7; Ex 18.21). Heb. *śar ṣěḇā'*, lit., «jefe del ejército» (2 R 5.1 RVA), generalmente se traduce «comandante en jefe.»

En el NT Gr. *stratēgós* está restringido al material de Lucas y se usa con frecuencia en su sentido más simple como «jefe» (Lc 22.4), pero también como «capitán de la guardia del templo» (Lc 22.4; Hch 4.1; 5.24), es decir, un guardia del santuario. El plural se usa para oficiales civiles (RVA «magistrados») en Hechos (16.20, 22, 35, 36, 38).

El término *śār* también se encuentra en la inscripción de Mejad Ḥashavyahu, en una carta de Arad, en dos sellos antiguos, y en graffiti de Kuntilet ʿAjrud. Aquí, también, se usa en un contexto militar. Los sellos y el graffiti se refieren a un «capitán de la ciudad,» probablemente el comandante de la guarnición del pueblo (cf. 2 Cr 11.11, 18-23).

T. R. Hobbs

CAPITÁN DEL TEMPLO

El oficial sacerdotal que presidía sobre la guardia del templo y estaba sujeto al sumo sacerdote (Jer 20.1; 1 Cr 9.11; 2 Cr 31.13; Neh 11.11). El aspecto militar del templo, de lo cual el capitán del templo (Heb. *nāḡîḏ*) era responsable, incluía la vigilancia, el manejo de las puertas, mantenimiento de puestos de vigilancia (Josefo *BJ* 6.5.3), y la custodia de las tesorerías del templo. El término, traducido a menudo como «jefe,» «supervisor,» o «a cargo,» también se usaba en contextos administrativos (p.ej., 1 R 4.7).

En el NT el término (Gr. *stratēgós toú hieroú*) aparece en Hechos (4.1; 5.24; 26) y Lucas (22.4, 52; las formas plurales con más probabilidad indican subordinados del capitán). Josefo nota que Anano, el capitán del templo, fue arrestado con Ananías el sumo sacerdote y enviado a Claudio César en Roma (*Ant.* 20.6.2).

Bruce W. Gentry

CARACOL

Molusco gasterópodo que usualmente está encerrado en una concha espiral (heb. *šabbělûl*). El Talmud sugiere alguna clase de gasterópodo en Salmos 58.8(TM 9), ya sea una babosa (como en la NVI) o un caracol. El término es paralelo con «nace muerto» de la segunda mitad del versículo, lo cual sugiere la naturaleza efímera de la vida o el deseo del salmista de que sus enemigos nunca hubieran nacido (cf. Job 3.16; 10.18-19)

CARAVANA

Un grupo que viaja con animales de carga cargados con bienes y mercancía. Para países que carecían de la habilidad o capacidad de realizar comercio a través de viajes por mar, el comercio por caravana era vital para el bienestar económico. La posición geográfica de Israel entre tres continentes la hizo el centro del comercio terrestre. Como el viajar en el antiguo Cercano Oriente era un asunto peligroso y difícil debido al clima, los animales salvajes, y las bandas errantes de ladrones, las caravanas proporcionaban una ventaja de seguridad en números. Las caravanas eran operadas casi exclusivamente por autoridades de gobierno. El rey o líder de clan podía permitirse proporcionar una escolta armada, mantener fortalezas en puntos estratégicos a lo largo del camino (p.ej., la Fortaleza de Salomón en Arad), y proteger las fuentes de agua vitales de los oasis. Solo unas pocas caravanas «privadas» se registran en la historia, aunque grupos de individuos y familias eran bienvenidos para viajar con una caravana. Las caravanas normalmente viajaban durante la noche para evitar el calor del día y reducir la posibilidad de un ataque. Muchas caravanas eran extraordinariamente grandes y podían mover cantidades importantes de mercancías. Asnos, mulos y camellos eran los animales de carga utilizados con más frecuencia, aunque para 1900 a.C., las mulas más fuertes habían reemplazado a los asnos en la mayoría de las caravanas. Si bien los asnos y las mulas podían llevar cargas más grandes y eran más fáciles de manejar, los camellos tenían la ventaja de la rapidez y la capacidad de viajar largas distancias entre los oasis. La caravana promedio contaba con 100-300 animales; sin embargo, un registro da testimonio de una caravana de 3000 asnos. En otra ocasión 170 camellos transportaron 30 t, de mercancía de Damasco a la Meca. La Biblia registra varias caravanas famosas: los viajes de Abraham de Ur de los Caldeos a Canaán (Gn 12); la caravana de mercaderes a la que fue vendido José (Gn 37.25); la visita de la reina de Sabá a Salomón (1 R 10.1-2); y la huida de noche de José, María, y Jesús de Belén a Egipto (Mt 2.14).

Dennis M. Swanson

CARBÓN

Mientras que el carbón se entiende como una roca fácilmente combustible compuesta principalmente de material carbonoso, tal mineral no era conocido en el mundo bíblico. Más bien, el «carbón» (Heb. *gaḥelet, reṣep, peḥām;* Gr. *ánthrax*) de la Biblia era formado al colocar madera dura del enebro (Sal 120.4), en un fuego lento de calor intenso, que convertía la madera en carbón. El carbón puede también referirse a las brasas que se encuentran en un fuego de carbón (Lv 16.12; Sal 18.8[TM 9]; Pr 6.28; Is 47.14; Ez 10.2).

El carbón se usa en imágenes de sentido figurado para representar la pérdida de vida o el linaje de una persona (2 S 14.7) así como actos de bondad que inspiran culpa en el enemigo de uno (Pr 25.22; cf. Ro 12.20). Un carbón encendido es puesto en los labios de Isaías por un serafín a fin de purificar los labios inmundos del profeta de modo que él pudiera hablar lo que es verdad (Is 6.6).

MARTHA JEAN MUGG BAILEY

CARBUNCLO
Piedra de color rojo oscuro que se encuentra en la península de Sinaí. La RV1960 lee «carbunclo» para Heb. *'eqdaḥ,* el material de las puertas ideales de Sión (Is 54.12). Otras traducciones incluyen «cristal,» «berilo,» «piedra de fuego,» y «rojo granito.» Algunas traducciones previas utilizaron «carbunclo» para *bāreqet,* una piedra grabada en el pectoral del sumo sacerdote (Ex 28.17; 39.10) y una piedra que adornaba al rey de Tiro (Ez 28.13), donde la LXX *smáragdos,* «esmeralda,» sugiere una piedra de color verde. Traducciones recientes traducen «esmeralda» o «feldespato.»

JOSEPH E. JENSEN

CARCAS (Heb. *karkas*)
Uno de los eunucos que servían como chambelanes al rey persa Asuero (Est 1.10).

CÁRCEL, PATIO DE LA
Salón o espacio abierto en el complejo del palacio (Heb. *ḥăṣar hammaṭṭārâ*) donde los prisioneros (como Jeremías) fueron detenidos durante el sitio que Babilonia hizo en Jerusalén (p.ej., Jer 32.8, 12; 38.6, 13, 28).

CARDO
Varias palabras hebreas se han traducido «cardo,» «espina,» «zarza,» «zarzamora» y «ortiga,» y una traducción puede usar varios términos en español para la misma palabra en hebreo. Sin embargo, algunas traducciones han presentado el Heb. *dārdar* como cardo, con bastante consistencia. Esta palabra aparece solo dos veces en la Biblia, una vez como parte de la maldición de Dios a la tierra (Gn 3.18), y la otra, como símbolo de la destrucción de Israel (Os 10.8). En ambas ocasiones *dārdar* está junto a *qôj* usualmente traducida «espina.» El Heb. *ḥôaḥ,* a veces también se traduce como «cardo.» En el NT, «cardos» (Gr. *tríbolos*) se utiliza también en pareja con «espinas» (gr. *ákantha*).

Los cardos se han extendido por Israel. Algunas especies incluyen los cardos españoles (*Centaurea Ibérica Spreng*) el cual tiene hojas con apariencia de verticilo o espiral, el cardo terráqueo (*Echinops Viscosus DC*), que lleva flores redondas púrpura, el cardo sirio (*Notobasis syriaca* [L.] Coss), y el cardo santo o «cardo de María,» (*Silybum marianum* [L.] Gaertn).

Cardos y espinas pronto ocupan la tierra no cultivada y por lo tanto representan inutilidad (cf. Mt 7.16; He 6.8). Los cardos se queman fácilmente, y el fuego es la forma más común y efectiva de despejar o limpiar un campo.

MEGAN BISHOP MOORE

CAREA (Heb. *qārēaḥ*)
El padre de Johanán (**1**), un líder militar en Judá que se escapó de la deportación después de la conquista de Jerusalén por Babilonia (2 R 25.23; Jer 40.8; 41.11; 42.1, 8; 43.2).

CARIA (Gr. *Karia*)
Región en el suroeste de Asia Menor, limitada por Lidia en el norte, Frigia en el este, Licia en el sur, el mar Egeo en el oeste, y el mar Mediterráneo en el suroeste. La población de las ciudades costeras era griega y la población del interior se habría considerado a sí misma nativa y relacionados con los lidios y misianos. Controlada por los persas y después de Alejandro Magno por la isla de Rodas, Caria recibió su independencia de los romanos. De acuerdo con 1 Macabeos 15.23 Roma escribió a Caria y a otros países declarando apoyo para el gobierno de Simón sobre el estado judío. En 129 a.C. la región fue incorporada a la provincia romana de Asia.

Además de las ciudades importantes de Halicarnaso y Gnido (Hch 27.7), Mileto estaba en Caria (Hch 20.15-17; 2 Ti 4.20). Caria misma no se menciona en Hechos ya que formaba parte de la provincia de Asia en el tiempo de los viajes de Pablo. Ignacio de Antioquía, en su viaje a Roma y martirio, envió una carta a Tralles en Caria. Inscripciones, restos de sinagoga, y otra evidencia indican que Caria tenía una importante población judía. Douglas Low

CARITEOS (Heb. *kārî*)
Guardaespaldas que ayudaron a Joiada el sumo sacerdote a proteger el templo de Jerusalén durante la coronación del joven Joás (2 R 11.4, 19). Ellos pueden haber realizado una función similar a la de la Cereteos. Algunos estudiosos los asocian con Caria, una región que suministró a mercenarios a Egipto.

CARMELO (Heb. *karmel*)

1. Una cadena de montañas boscosas a lo largo de la costa septentrional de Israel que corre hacia el noroeste de la planicie de Esdraelón a la costa del Mediterráneo cerca de la moderna ciudad de Haifa, donde su promontorio (Mt. Carmelo o Jebel Kurmul) forma el puerto o la bahía de Acre. La cordillera separa la planicie costera de Acco al norte de las planicies de Sarón y Filistea en el sur. La altura promedio de la cordillera es 457 m (1500 pies), con su punto más alto cerca de Isfiya (530 m [1742 pies]). Debido a la altura del Carmelo y su ubicación cerca de la costa, las temperaturas durante el verano son suaves, el promedio anual de precipitación es de 91 cm (36 in). Estos factores dieron lugar a vegetación abundante, lo que explica por qué la región fue llamada Carmelo o «huerto.»

El evento bíblico más memorable vinculado a esta región gira en torno al tema de la fertilidad y la divinidad. De acuerdo con 1 Reyes 18 Elías desafió a los profetas de Baal y Asera en el Carmelo. Fue aquí donde Jehová demostró al pueblo de Israel que Baal no era el verdadero Dios, al consumir con fuego y relámpagos la ofrenda cubierta de agua y luego enviando lo que Baal no podía, lluvia. El fuego y la lluvia fueron pruebas convincentes de la soberanía de Dios para el pueblo que había estado practicando una religión sincretista.

2. Pueblo en el desierto de Judea (cf. Jos 15.55) que puede ser identificado con moderno el-Kirmil (162092), una aldea c. 13 km (8 mi) al sureste de Hebrón. Fue en esta área donde Saúl erigió un monumento en honor a su victoria sobre los amalecitas (1 S 15.12). Además, la historia de David y Abigail tuvo lugar en esta zona (1 S 25; cf. 27.3). Carmelo fue parte de una línea occidental de fortificaciones que protegían las carreteras de la zona y la estabilidad económica de la región, que se centraba principalmente en la cría de animales.

Bibliografía. O. Borowski, «The Carmel- Formidable Barrier and Wedge into the Sea,» *BibRev* 6/5 (1990): 46-52. Rick W. Byargeon

CARMESÍ
Véase Escarlata, carmesí.

CARMI (Heb. *karmî*) (también ACAR)

1. Hijo menor de Rubén, que acompañó a los demás hijos de Jacob a Egipto (Gn 46.9; Ex 6.14; 1 Cr 5.3; cf. Nm 26.6).

2. Un judaita y el padre de Acán (Jos 7.1,18; llamado «Acar» en 1 Cr 2.7).

3. Posible nombre alterno para Caleb en 1 Crónicas 2.18.

CARMITAS (Heb. *karmî*)
Clan rubenita cuyo antepasado fue Carmi **1** (Nm 26.6).

CARNAIM (Gr. *Ksarnaim*)
Ciudad en Galaad cuyos habitantes habían sido tomados cautivos (1 Mac 5.26; 2 Mac 12.21, 26), identificado con el moderno Tell Sheikh Ṣaʿd/Tel Ṣaʿd (247249), 5 km (3 mi) al noreste de Tell ʿAštarah. puede ser el mismo que Asterot-karnaim

CARNE
La carne (Heb. *bāśār*) no era quizás parte regular de la dieta en los tiempos bíblicos, y tal vez se comía sólo algunas veces con los sacrificios (1 S 2.13), en ciertas reuniones anuales, o cuando se daba la bienvenida a huéspedes especiales (Gn 18.7; Jue 13.15; Lc 15.27). Sin embargo, era un alimento apetecido, y parece indicar una comida abundante (Ex 16.12; Am 6.4; Dn 10.3). La oveja y la cabra eran los animales que más se comían, aunque también se consumía ganado vacuno y aves. La carne probablemente se comía asada (Is 44.16) o guisada (1 S 2.3; Ez 24.10), y había varias restricciones, tales como no comer la sangre de un animal (Dt 12.23), o el tendón del muslo (Gn 32.32 [TM 33]), o «guisar el cabrito en la leche de su madre» (Ex 23.19; Dt 14.21). Todos los animales considerados limpios para el sacrificio eran permitidos como alimento; de acuerdo con el código levítico eran los rumiantes de cascos y pezuñas, las aves (excepto los de carroña), y los peces con aletas y escamas (Lv 11). El cerdo y otros animales inmundos eran evitados.

Bibliografía. D. Brothwell and P. Brothwell, Food in Antiquity, rev. ed. (Baltimore, 1998); B. Rosen, «Subsistence Economy in Iron Age I,» in From Nomadism to Monarchy. Archaeological and Historical Aspects of Early Israel, ed. I. Finkelstein and N. Na'aman (Washington, 1994), 339-51.

Carey Walsh

CARNE

En el AT, principalmente la parte muscular del cuerpo (Gn 2.23). «Carne» (Heb. *bāśār*) se utiliza con referencia a los seres humanos y los animales (Gn 6.17), y tanto a los vivos como los muertos (1 S 17.44). La carne de animales puede ser utilizada para el sacrificio y para la alimentación (1 S 2.13).

En el NT la carne (Gr. *sárx*) es completamente diferente del cuerpo *(sṓma)*, y se refiere a la naturaleza humana. A veces se refiere al cuerpo humano (Gl 2.20), pero en otras ocasiones significa la humanidad en su conjunto (Mt 24.22). A veces hasta se emplea para enfatizar la naturaleza esencial de la especie humana como alma, cuerpo y espíritu (1 Jn 4.2). La carne puede sugerir la experiencia de la vida total, como un ser psicofísico (2 Co 7.5). La carne también se emplea para describir el compromiso de una pareja el uno para el otro en el matrimonio (Mt 19.5).

Del mismo modo, la carne se refiere a los aspectos más débiles de la naturaleza de la especie humana que son sujetos a la tentación (Mt 26.41; 2 P 2.18). Si una persona no resiste la tentación, entonces el deseo de pecar se incrementará (1 Jn 2.16) y el resultado será la esclavitud espiritual (Ro 6). Cuando esto sucede, el individuo será esclavizado a los deseos de la carne (Ef 2.3) y tendrá el modo de pensar de la carne (Ro 8.5-7). La consecuencia será la corrupción (Gal 6.8) y la inhabilidad de discernir la revelación de Dios de sí mismo (Mt 16.17).

La carne, sin embargo, no es naturalmente pecaminosa. Cristo vino en la carne (Jn 1.14) y fue sin pecado (He 4.15) de manera que él pudiera redimir a aquellos que están en la carne (Gl 2.20). Los que aceptan a Cristo como el Salvador permanecen físicamente en la carne, pero no viven según la carne pecaminosa (Ro 8.9). Ellos son guiados por el Espíritu a hacer morir las obras de la carne, pero no la carne misma (Ro 8.13).

Donald R Potts

CARNERO

Una oveja macho (Heb. *'ayîl*), que se utiliza con frecuencia en los sacrificios (p.ej., Lv 5.15; 6.6; cf. 1.10). Las pieles de carneros fueron utilizadas como una cubierta para el tabernáculo (Ex 36.19), y sus cuernos (Heb. *šôp̄ār*) se utilizaban para indicar el culto y la batalla (p.ej., Jos 6; 2 S 6.15). Cuando el obediente Abraham intentó sacrificar a Isaac, el Señor proveyó un carnero como holocausto substituto (Gn 22.13).

CARPINTERO

La habilidad de la carpintería no estaba completamente desarrollada en el Israel del AT. Tal vez debido a su trasfondo nómada, los israelitas dependieron en los más altamente capacitados artesanos de Tiro en la construcción del templo y palacios bajo David y Salomón. El rey Hiram envió carpinteros (Heb. *ḥārāš ʿēṣ*, «trabajadores en madera») para estos proyectos (2 S 5.11; 1 Cr 14.1). Más tarde, cuando el templo necesitó reparaciones, Joás y Josías pudieron encontrar carpinteros nativos para los proyectos de renovación (2 R 12.11; 22.6). Sin embargo, el cautiverio en Babilonia empobreció a Jerusalén de estos carpinteros especializados, junto con otros artesanos y ciudadanos ricos (Jr 24.1). En la época de Zorobabel los carpinteros fueron importados de Fenicia para la construcción del templo (Esd 3.7).

Las herramientas de los carpinteros incluyen el compás, lápiz, plano, sierra, martillo, hacha, azuela, cincel, plomada, taladro, lima, y escuadra (Is 44.13; Am 7.7-8). Las uniones podrían ser formadas con el uso de clavijas y clavos. Eran comunes las uniones ensambladas y en ángulo. Obras de arte de las tumbas, en especial en Egipto, ilustran el uso de estas herramientas y técnicas. En algunas ciudades, los carpinteros pueden haber formado gremios (1 Cr 4.14), y también usaban sus habilidades para tallar ídolos (Is 40.20; Jer 10.3).

En el NT la carpintería incluía la construcción de yugos, arados, tablas trilladoras, bancos, camas, cajas, ataúdes, botes, y casas. Proyectos de construcción más grandes, como los patrocinados por Herodes, pueden haber proporcionado empleo para carpinteros *(téktōn)* como José y Jesús (Mt 13.55; Mr 6.3). La adición de una habitación en los hogares de Palestina era común y en algunos casos puede requerir la ayuda de un carpintero.

Bibliografía. H.Hodges, *Technology in the Ancient World* (New York, 1980); S. Safrai and M. Stern, eds., *The Jewish People in the First Century,* 2 vols. (Assen, 1974-76). Dennis Gaertner

CARPO (Gr. *Kárpos*)
Compañero del apóstol Pablo (tal vez su anfitrión) que vivía en Troas, en cuyo cuidado Pablo había confiado sus libros y pergaminos (2 Ti 4.13). Mientras estaba en prisión esperando su ejecución, Pablo pidió que le enviaran sus libros. El capote citado aquí (Gr. *phailónēs*) puede haber sido un caso donde se colocaban los libros para protección.

CARQUEMIS (Heb. *karkĕmîš*)
Ciudad en Siria ubicada cerca de la frontera de Turquía, c. 100 km (62 mi) al norte de Alepo. La ciudad está bien atestiguada en textos del AT y eblaitas, acadios, ugaríticos, y egipcios. Excavaciones iniciales por el Museo Británico en 1879 y 1911-1920 revelan una cantidad de artefactos y un poco de la arquitectura del período neo hitita.

Habitado desde la época del calcolítico, el sitio está cerca del vado principal del río Eufrates. Por lo tanto, la ciudad estuvo continuamente ocupada, para sacar ventaja financiera de sus características geográficas naturales. La presencia del vado hizo también que el lugar estuviera sujeto a ataques frecuentes, ya que la mayoría de los poderes de la región aspiraban a tener acceso a la riqueza material generada por la ciudad. Gozó de independencia como se refleja en los textos procedentes de Ebla, Mari, Emar, y Ugarit. Carquemis fue anexada por Mitanni (siglo XV a.C.), conquistada por el faraón egipcio Tutmosis III (1504-1450), y gobernada por el poderoso rey hitita Šupiluliuma I (c. 1340). Comenzando con su hijo Piyasili, cinco generaciones de descendientes de Šupiluliuma gobernaron Carquemis ya que el gobierno hitita sobrevivió al imperio hitita (que cayó c. 1200). La ciudad dominó la escena política en Siria como capital provincial hitita. La influencia cultural hitita sobrevivió igualmente (de ahí el término neohitita), como estatuas de la Edad de Hierro revelan un estilo hitita. La ciudad fue incorporada en el Imperio Asirio en 717 por Sargón II, y sus clases altas fueron deportadas (cf. Is 10.9). El evento más significativo en torno a la ciudad fue la destrucción final del remanente del ejército asirio con sus aliados egipcios a manos de los ejércitos babilonios de Nabucodonosor en 605 (Jr 46.2-12; 1 Esd 1.25). Fue el intento mal aconsejado de Josías rey de Judá de impedir que el faraón egipcio Necao II se uniera con los asirios lo que le costó la vida (2 Cr 35.20-24).

Mark Anthony Phelps

CARRETERA
Una vía por lo general larga y bien mantenida (Heb. *mĕsillâ*), en contraste con un «camino» (*derek*, *šĕbîl*), que puede ir desde un camino trillado a una pequeña carretera. Las referencias a carreteras en el AT incluyen la ruta tomada por las vacas que transportan el arca hacia Bet-semes (1 S 6.12) y las alusiones a la construcción o mantenimiento de carreteras importantes (Is 40.3; 49.11; 62.10).

Las carreteras eran líneas de vida entre los grandes imperios de Egipto y Mesopotamia, que unían África y Asia. Entre ellos estaba Palestina como un puente de tierra. Los ejércitos, mercaderes, y peregrinos dependían de rutas estables y conocidas de transporte. El movimiento de personas y bienes a lo largo de las carreteras del antiguo Israel era constante (Pr 9.13-15; Lam 2.15). El control de carreteras o su destrucción en tiempo de guerra tuvo consecuencias graves. Por lo tanto, Isaías 40.3-4 describe tiempos de prosperidad en términos de buen paso en las carreteras.

Las vías comunes a menudo comenzaron como senderos pisoteados por el paso constante de personas y animales. Un día normal de viaje era de c. 32 km (20 mi) a pie, con el clima y el terreno como factores contribuyentes. Obviamente, las carreteras se construyeron en relación con el terreno natural, como pasos de montañas, valles, lagos y ríos, así como los pueblos y ciudades clave a lo largo del camino. Las carreteras mencionadas en el AT incluye el camino real (Nm 20.17; 21.22), también conocida en períodos diferentes como la carretera del Sultán y la vía de Trajano, y el gran camino del tronco, que va desde Egipto a Mesopotamia a través de la Media Luna Fértil (Ex 13.17; Is 9.1[TM 8.23]).

Durante el período romano, los avances en la ingeniería marcaron mejoras en la construcción y mantenimientos de carreteras. Las carreteras romanas tenían capas y contaban con drenaje. Los militares, el comercio y el transporte público se beneficiaron de estos nuevos métodos. Como en tiempos modernos, el gran enemigo de las carreteras era el tiempo de invierno. Esfuerzos anuales se organizaron para reparar carreteras después de la temporada de lluvias.

Bibliografía. D. A. Dorsey, *The Roads and Highways of Ancient Israel* (Baltimore, 1991); J. J. Pilch, «Travel in the Ancient World,» *TBT* 32 (1994): 100-107.

J. Edward Owens

CARRO
Vehículo con ruedas tirado por caballos (Is 28.28) o vacas (1 S 6.7) que se usa para transportar personas o bienes. Los carros se empleaban con mayor frecuencia para el trabajo agrícola (Is 28.27; Am 12.13), pero uno fue usado para llevar el arca del pacto (1 S 6.7; 2 S 6.3 = 1 Cr 13.7). Las cuerdas que tiran a un carro se usan como analogía para la forma en que alguien tira del pecado detrás de él (Is 5.18), mientras que un carro cargado es un símbolo para el castigo dado por Dios por las transgresiones (Am 2.13). Fuentes no bíblicas sugieren que carros con cuatro ruedas fueron usados en batalla, pero este tipo de vehículo ha sido encontrado solo en contextos agrícolas y mitológicos. El peso de un carro y la falta de maniobrabilidad no permitirían un rendimiento sobresaliente en la batalla, ni lo accidentado del terreno en la tierra de Israel sería adecuado para ello. El carro de dos ruedas fue claramente usado en contextos militares. La información obtenida de pinturas murales, floreros, relieves, carros verdaderos, el contexto de esqueletos de caballos, y descripciones literarias sugiere que el carro parece haber sido accesible para todos, mientras que el carro de dos ruedas era prerrogativa de la élite en el mundo antiguo.

KATHARINE A. MACKAY

CARROZA
Vehículo con ruedas que servía para una variedad de funciones sobre una larga historia, incluyendo transportación ordinaria, cacería, procesiones reales y religiosas, y la guerra. Su diseño fue alterado y mejorado a través de los siglos. Para la época que se realizaban carreras en carroza en las principales ciudades del Imperio Romano, este vehículo, en una forma u otra, había sido usado por más de tres milenios. La carroza es mejor conocida por su papel en la guerra, como una plataforma de combate móvil (para dos o tres pasajeros) en conflictos peleados en campos de batalla amplios, planos. La información sobre la evolución de la carroza viene de una variedad de fuentes: textos, arte, y restos arqueológicos, es decir, los restos de las carrozas actuales (en Egipto).

Las primeras carrozas fueron construidas en Mesopotamia durante la última parte del cuarto milenio a.C.; estos primeros modelos eran pesados, de cuatro ruedas, y a veces tirados por equipos de onagros. Para el primer milenio la carroza había pasado por casi cualquier variación imaginable en diseño y construcción. La información de las carrozas neoasirias no es igual a lo que se conoce sobre el vehículo egipcio, ya que muchos ejemplos de la última han sobrevivido en las tumbas egipcias. Si bien las carrozas fueron usadas por otros ejércitos del antiguo cercano Oriente (p.ej., en Anatolia, Siria, Israel), las carrozas de guerra egipcias de la Edad de Bronce Tardío y las asirias de la Edad de Hierro eran superiores a las de sus competidores, y se hicieron grandes esfuerzos (investigación y desarrollo) para mejorar la carroza de guerra. Cuando los ejércitos volvían de las batallas, las carrozas sufrían cambios en el diseño y construcción, como en el compromiso en la gran carroza en Cades-en-el-Orontes, en 1286.

Las carrozas sirvieron como símbolos de poder y prestigio, como cuando el faraón egipcio dio una carroza a José (Gn 41.43; cf. 46.29; 50.9; 2 S 15.1; 1 R 1.5). En el relato de Felipe y el eunuco etíope, el estatus de este último es indicado por su uso de una carroza para transportación (Hch 8.26-40). Los reyes egipcios eran retratados en carrozas para indicar su valor militar, y algunas de estas carrozas fueron sepultadas con ellos en tumbas reales.

Los hebreos se sintieron abrumados cuando se vieron frente a las carrozas de los egipcios en el Mar Rojo (Ex 14.6-7, 17-18; 15.4, 19). Estas eran las carrozas elegantes y ligeras conocidas por el arte del Nuevo Reino y similar a los ejemplos de las tumbas egipcias, incluyendo seis de la tumba de Tutankamón. Más tarde, los cananeos (Jos 11.4-9; 17.16; Jue 1.19; 4.3, 13) y filisteos (1 S 13.5) usaron carrozas contra los hebreos. Samuel advirtió a los hebreos que pidieron un rey que este paso al estatus de nación haría que ellos dieran a sus hijos para ponerlos en carrozas en tiempo de guerra (1 S 8.11-17).

David capturó carrozas en su guerra con los arameos (2 S 8.4); esto era más fácil a que Israel construyera las suyas, ya que la producción de carrozas requería experiencia considerable. Salomón le dio considerable atención al desarrollo de las fuerzas de carroza (1 R 4.26; 9.19, 22; 10.26, 29); el intento de identificar las instalaciones arqueológicas de Salomón de caballos y carrozas sigue siendo controversial. Las carrozas siguieron en uso por los reyes hebreos posteriores (1 R 22.34-38; 2 R 9.21-25; 2 Cr 35.24); Acab contribuyó las carrozas de su ejército a la coalición que enfrentó a Salmanasar III en Qarqar en 853. Jeremías 51.21 se refiere a Ciro como el arma de Dios que quebrantaría los «carros y a los que en ellos suben.» El único retrato de una carroza israelita se encuentra en el relieve de Senaquerib que documenta su ataque en Laquis en 701.

Bibliografía. M. A. Littauer and J. H. Crouwel, *Chariots and Related Equipment from the Tomb of Tuʿankhamun* (Oxford, 1985); *Wheeled Vehicles and Ridden Animals in the Ancient Near East.* HO 7, 1/2, B/1 (Leiden, 1979); Y. Yadin, *The Art of Warfare in Biblical Lands* (Jerusalem, 1963).

Gerald L. Mattingly

CARSENA (Heb. *karšĕnāʾ*)

Uno de los siete príncipes de los medos y los persas llamado para aconsejar al rey Asuero (Est 1.14).

CARTA

Las cartas estaban, en la antigüedad, entre algunos de los tipos más importantes de textos escritos, en parte porque se suponía que funcionaban como sustitutos de la presencia del autor. Además de algunos manuales sobre escritura de cartas, se conserva hoy un gran número de cartas helénicas del período que comenzó a mediados de siglo III a.C. Estos materiales proporcionan un recurso importante para la comprensión de las cartas del Nuevo Testamento.

La carta es la forma literaria más común del NT. Además de los casi 20 libros del NT escritos en esta forma, tanto en libros del AT (p.ej. 2 S 11.15) como del NT (Hch 15.23, 29), se encuentran incluidas algunas cartas.

Las cartas del período helénico constaban de varias partes o «períodos» convencionales: un saludo, a menudo una acción de gracias u oración, el cuerpo y un final. El saludo identificaba al remitente y al destinatario, y a veces incluía información acerca de cada uno, como su relación o sus respectivos lugares en la jerarquía social. Así pues, el saludo creaba un contexto para el resto de la correspondencia. También incluía, muchas veces, un deseo de buena salud para el destinatario. Cuando una carta incluía una acción de gracias o una oración a los dioses, ésta consistía en gran medida en un extenso deseo por buena salud, pero no era raro que incluyera también otros asuntos. Después del cuerpo de la carta, que contenía el mensaje principal y el propósito de la misma, el final se componía generalmente de formalidades convencionales y de saludos a, y de parte de, otros conocidos por el remitente y el destinatario.

A comienzos del siglo XX, Adolf Deissmann clasificó las cartas en dos tipos: las epístolas (que él veía como producciones literarias para un público general), y las cartas propiamente dichas (que eran privadas, estrictamente ocasionales, y no literarias). Aunque hubo escritos en forma epistolar compuestos principalmente como obras literarias, la discriminación que hace Deissmann no encaja de manera satisfactoria, ni con la producción de cartas en el mundo grecorromano en general, ni con las cartas del NT. Las cartas de Pablo son claramente ocasionales, y no adoptan el estilo elevado de una obra literaria, sino que son estrictamente privadas, ya que estuvieron destinadas a ser leídas a las congregaciones, como lo estuvieron todas las cartas del NT.

Los primeros escritores cristianos adaptaron la forma de la carta para satisfacer las necesidades de sus iglesias. Pablo amplía a menudo los períodos convencionales, para contribuir al propósito de las cartas de las que eran parte. Esto es más evidente en las acciones de gracias, que comunican de antemano los principales asuntos de la carta. Los estudios del uso que hace Pablo de cada uno de los períodos epistolares convencionales, revelan muchos patrones que contribuyen a nuestra comprensión de sus cartas. Los cuerpos de las cartas canónicas se basan en convenciones tanto epistolares como retóricas. Aunque los primeros escritores cristianos parecen tener un conocimiento práctico de los contenidos de los manuales sobre estilo epistolar, sus cartas no indican que estos escritores tenían una experiencia retórica avanzada. Sin embargo, a partir de finales del siglo II, los escritores de cartas cristianos estaban usualmente entrenados en la retórica, y comenzaron a producir cartas de carácter más literario.

El estilo de las cartas canónicas se ubica entre la correspondencia normal y las producciones literarias. Su equivalente más cercano parece ser las cartas escritas por los filósofos para exhortar y enseñar a sus lectores. Pero, incluso, este no es un equivalente exacto. Es significativo que los escritores del NT eligieran la carta como su género literario principal. Las cartas son, por su naturaleza, ocasionales, es decir, hechas para tratar situaciones específicas. Por tanto, su propósito es dar instrucciones específicas para situaciones particulares en las que se encuentran los destinatarios y los autores. Las cartas tienen también carácter de diálogo; son una conversación entre el remitente y el destinatario. Por esto, los lectores modernos necesitan conocer lo más posible las circunstancias tanto del remitente como de los destinatarios, para entender el contenido de una carta.

Algunos escritos del Nuevo Testamento, a los que se ha dado un perfil epistolar, no son en realidad cartas. Especialmente, Hebreos y Santiago tienen un final o un comienzo característico de una carta, pero son textos de un tipo diferente. Sin embargo, a pesar de que estos escritos no son cartas propiamente dichas, dan fe del poder del género epistolar como medio de enseñanza y de exhortación en el cristianismo primitivo.

Bibliografía. S. K. Stowers, *Letter Writing in Greco, Roman Antiquity. Library of Early Christianity 5* (Philadelphia, 1986); J. L. White, *Light from Ancient Letters. Foundations and Facets* (Philadelphia, 1986).

Jerry L. Sumney

CARTÁ (Heb. *qartâ*)

Una ciudad levítica en el territorio de la tribu de Zabulón, asignada a la familia gersonita (Jos 21.34). El sitio no ha sido identificado. Debido a que el nombre no aparece en un relato similar en 1 Crónicas 6, algunos eruditos sugieren que el nombre aquí puede ser un error de escriba derivada de Cartán en Josué 21.32.

CARTÁN (Heb. *qārtān*) (también QUIRIATAIM)

Una ciudad levítica de la familia de Gersón en el territorio de Neftalí (Jos 21.32); llamada Quiriataim en 1 Crónicas 6.76 (TM 61). No existe consenso en cuanto a la ubicación de este lugar, pero dos sitios son posibles: Khirbet el-Quneitereh/Tell Raqqat (199245), 1 km (.6 mi) norte de moderna Tiberias en el lado occidental del mar de Galilea; y Khirbet el-Qureiyeh, cerca de la moderna aldea libanesa de Aytarun (194280) en las montañas del norte de Galilea.

Bibliografía. J. L. Peterson, *A Topographical Surface Survey of the Levitical «Cities» of Joshua 21 and 1 Chronicles 6* (diss., Seabury-Western, 1977).

Pete F. Wilbanks

CASA

Un lugar de refugio o vivienda. Los textos bíblios y del Cercano Oriente y contextos arqueológicos contienen fuentes independientes complementarias para el desarrollo histórico y cultural de la casa en Siria-Palestina.

Uso textual

En su sentido básico, Heb. *bayiṯ* designa un edificio. El término abarca todos los niveles sociales y económicos de la sociedad y tiene una larga historia a lo largo de Mesopotamia, Egipto, y Siria-Palestina. Puede especificar una estructura en la que un hombre y su familia viven (Dt 19.1; 21.12); un palacio o edificio de un rey (Gn 12.15; Jer 39.8); un templo (1 S 5.2; 31.10), incluyendo el templo de Jehová (Ex 23.19; 34.26; Dn 1.2; Arad Ostraca); y, si el complejo se compone de varios edificios o habitaciones, una habitación o sala (Est 7.8; 2.3; Jer 36.22; cf. Am 3.15). El término también puede designar a la tumba o la residencia de los muertos (Job 17.13; 30.23; Sal 49.11[TM 12]; Ecl 12.5).

«Casa» designa con frecuencia las familias, clanes o tribus. La casa (o unidad social) se describe a menudo en contextos de culto (p.ej., Ex 12.3-11; 20.10). El término también puede referirse a dinastías gobernantes (p.ej., «la casa de Saúl,» 2 S 3.1; 9.1-3; «la casa de David,» 1 S 20.16; 1 R 13.2; cf., estela de Dan, estela Mesa).

El término también ocurre con frecuencia en nombres de lugares, junto con los nombres divinos (p.ej., Bethel, Gn 12.8; Bet-baal-meón, Jos 13.17; Bet-horón; 16.5; 18.13), como un término topográfico (Bet-Arabá, Jos 15.6, 61; 18.18; Bet-Sur, 15.58), como un simple sustantivo (Bet-esel, Mi 1.11; Bet-lebaot, Jos 19.6), o donde el segundo elemento es un nombre propio o de la familia (Bet-hogla, Jos 15.6; 18.19, 21; Atarot-bet-joab, 1 Cr 2.54). Paralelos a muchos de estos usos se pueden encontrar en fuentes antiguas del Cercano Oriente.

El término del NT, Gr. *oíkos,* tiene sentido literal y figurado. Jesús habló de «la casa de mi Padre» (Jn 2.16; 14.2) en referencia al templo. La «casa» de Dios se aplica a menudo a la iglesia (Ef 2.19-22; Heb. 3.1-6), una designación que refleja en parte la práctica cristiana de la utilización de las casas como lugares de encuentro y comunión (2 Ti 4.19; Flm 2; 2 Jn 10).

Contextos arqueológicos

El desarrollo de la arquitectura de las casas en Siria-Palestina se ha iluminado por más de un siglo de investigación arqueológica. Durante la Edad de Bronce Temprano al menos cinco tipos se pueden distinguir. Casas curvilíneas se han asociado con varios grupos étnicos. La planta alargada, ovalada, de casas en Yiftaḥel se atribuyó a la cultura invasora de Esdraelón. Las estructuras ovaladas de EB II excavadas en el Sinaí fueron atribuidas a las poblaciones locales. En Meẓer una casa rectilínea del calcolítico está estratigráficamente ubicada entre dos casas ovales del EB I. Las casas rectilíneas halladas en EB II Arad y Tell Chuera constan de varias salas anexas que dan apoyo a la interpretación de que se trataba de un complejo de la familia. Este tipo, que se encuentra en el sur del Sinaí, está estrechamente relacionado con la función al complejo de la familia, pero está hecha de cimientos de piedra subcircular con un pilar central y numerosos bancos.

Las casas de la Edad del Bronce Medio solían ser de dos pisos, con habitaciones alrededor de una sala con columnas (Tell Beit Mirsim, Meguido, y Tell Bi' a; cf. los modelos de arcilla de Emar). Las casas del Bronce Tardío demuestran continuidad con la tradición arquitectónica de BM. Durante este período de influencia de dinámicas culturales egipcias, hitita, gente del mar, e israelita, se introducen nuevos tipos de vivienda. Las «residencias» de tipo egipcio son introducidas en Siria-Palestina (Bet-san, Tell Far'ah [sur], Tell el-Ḥesi, Tel Masos, Afek, Pella) y se han asociado con la dominación política egipcia. Otras casas muestran influencias hititas (Tell Abu Hawam, Hazor). Al final de este y al comienzo de la Edad de Hierro aparece un nuevo tipo de casa que se deriva de las tradiciones arquitectónicas del BT. Esta «casa de cuatro habitaciones,» construida de piedra, cuenta con una sala central con habitaciones más pequeñas opuestas y por lo general se construye con un piso superior. Se ha asociado étnicamente con los israelitas, pero también se ha identificado en el litoral y los sitios transjordanos también. Durante el período de Hierro II, los elementos arquitectónicos babilonios y asirios se introdujeron en Siria-Palestina después de la incorporación de numerosos lugares como ciudades vasallos.

Durante los períodos helenístico y romano, la planificación de la ciudad se volvió muy avanzada y las casas fueron construidas en una planta rectangular. En la época romana, los ricos estaban haciendo casas de invierno en Jericó. Las casas típicamente se construyeron con un patio exterior rodeado de habitaciones con un patio interior acompañado por cuartos más privados. Los que estaban en los niveles más altos de la sociedad añadieron baños para sus hogares. El palacio de Herodes en Jerusalén, su palacio de invierno en Jericó, y la fortaleza en Masada contenían elaborados jardines y lujosos cuartos con pisos de mosaicos y baños asociados.

Bibliografía. P. M. M. Daviau, *Houses and Their Furnishings in Bronze Age Palestine.* JSOT/ASORMS 8 (Sheffield, 1993); H. A. Hoffner, «bayit,» *TDOT* 2.107-116; J. S. Holladay, Jr., «House: Syro-Palestinian Houses,» *OEANE*, 94-114; A. Kempinski and R. Reich, eds., *The Architecture of Ancient Israel* (Jerusalem, 1992); O. Michel, «oíkos,» *TDNT* 5.119-134; K. R. Veenhof, ed., *Houses and Households in Ancient Mesopotamia* (Istanbul, 1996).

Michael G. Hasel

CASA

La unidad básica de la estructura social en el mundo antiguo. La casa era más amplia que en los tiempos modernos e incluía no solo la familia inmediata, sino un amplio espectro de grupos de parentesco y trabajadores.

En el judaísmo como en la sociedad gentil, la casa era el lugar principal para la inculcación de creencias tradicionales y la moral, pero en dos aspectos importantes difiere. Primero, era el principal medio de mantener el vínculo entre la fe y la etnicidad, y segundo, no había distinción entre las esferas doméstica y pública de la religión. Recitar el Shema era reconocer la soberanía del único Señor y observar el mandamiento de enseñar esto a la familia propia (Dt 6, 11). Asimismo la observancia de la Torá rigió el modelo de vida tanto en la casa como en público (la preparación de alimentos, con quién puede casarse, y el ritmo del trabajo en relación con el día de reposo y las fiestas). El ethos patriarcal de la casa se refleja a lo largo de las líneas de género en Salmos 127; 113.9 (cf. Mt 7.9-10; Mr 6.24; Mt 10.35-36 par.; 1 Ti 2.15; 3.4; 5.14).

En la iglesia primitiva la casa siguió desempeñando un papel central como el lugar de reunión (Hch 2.46; 5.42; 1 Co 1.16; Flm 2; cf. Hch 16.15; 18.8) y como una metáfora autodescriptiva, «la familia de la fe» (Gá 6.10; cf. Ef 2.19; 1 Ti 3.15; 1 P 4.17). Esa descripción puede extenderse en su imagen doméstica a la mayordomía (2 Ti 2.20; cf. 2 Co 4.7). La comprensión metafórica de la iglesia como una familia puede derivar en parte de las referencias a Israel como una casa (Nm 12.7 [Heb 3.2, 5]; Jer 31.31 [Heb 8.8, 10]; Am 5.25-27 [Hch 7.42-43]; Am 9.11 [Hch 15.16]). La casa como el lugar principal para la expresión de la fe informa el recuerdo de la iglesia de los dichos de Jesús sobre la vida familiar y el entorno familiar «en la casa» (p.ej., Mr 10.2-31). Para Jesús el reino de Dios tiene prioridad incluso sobre la lealtad familiar (Mr 3.31-35; Mt 10.37; Lc 14.26), pero de igual manera no es un medio para evitar el deber filial de honrar a los padres (Mr 7.10; 10.19). La casa, por tanto, es a la vez el sujeto y el contexto de las demandas de discipulado. En efecto, el modelo misionero de los discípulos (y en Lucas los Setenta) en el uso de la casa como base (Mt 10.11 par.) se reforzaría la casa como un lugar de evangelización (1 Co 7.12-16).

En el código familiar en 1 Pedro 3.1-6 el número proporcional de los versículos dedicados al consejo para las esposas es expresivo de la delicada relación en la estructura patriarcal de la casa provocada por la conversión de la esposa. La tabla de deberes familiares aquí y en Efesios 5.21–6.9; Colosenses 3.18–4.1 refleja la ética cristiana que emerge dentro de la casa. La frase frecuente «en el Señor» continúa sirviendo como un recordatorio de las afirmaciones trascendentes del evangelio. La secuencia de los pares, p.ej., esposas-esposos, hijos-padres, esclavos-amos, por lo que se entiende que el inferior es mencionado primero, refleja una valoración distintiva de ejemplo de servicio, sin duda ayudado por el particular «igualitarismo» de la oración del Señor («padre nuestro»; cf. Mt 23.9-12). En formas como estas uno puede discernir la influencia que la fe cristiana comenzaba a ejercer sobre la vida familiar y la casa.

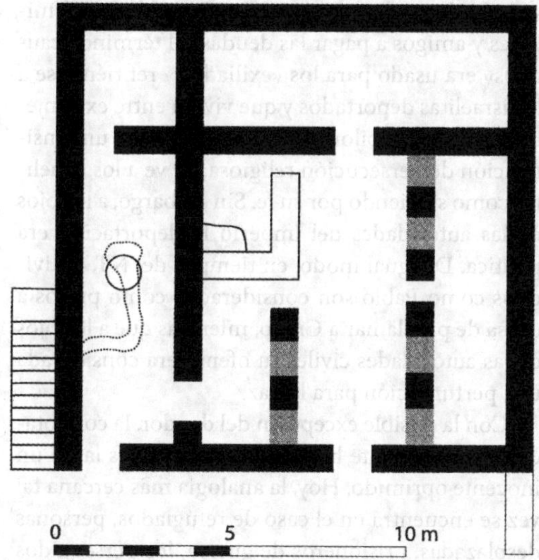

Planta alta de una «casa de cuatro habitaciones» israelita típica (Giselle S. Hasel)

Bibliografía. D. L. Balch, *Let Wives Be Submissive: The Domestic Code in 1 Peter.* SBLMS 26 (Chico, 1981); J. F. Gardner and T. Wiedemann, eds., *The Roman Household* (London, 1991).

James Francis

CASA DE CESAR

Pablo extendió saludos de «los de la casa de César» (Fil 4.22). Esto puede indicar que Pablo escribió desde Roma mientras esperaba el juicio ante César, y esas conversaciones ocurrieron entre la familia de César. Sin embargo, la frase tiene varios significados. Tan temprano como la época de Augusto, se podía hacer referencia al imperio como la casa de César ya que él era el *paterfamilias* de todo el reino. Tácito se refirió a la incorporación de Egipto en el *domus Cesaris* (*Hist.* 1.11). Con más frecuencia, se refería a la vasta burocracia imperial que constaba de personal de servidumbre, libertos, y esclavos (Filón *Flacc.* 35).

Scott Nash

CASA DEL PADRE

Literalmente, la estructura física en la que una familia vivía, vista como posesión del padre, debido a la orientación patriarcal de la sociedad bíblica (Gn 24.23; Dt 22.21; Jue 19.3). En sentido figurado, el heb. *bêṯ-ʾāḇ* significa la familia extensa, la estructura social más íntima y más pequeña, y la unidad básica de la sociedad israelita. Muchas «casas de padres» componían un «clan», y muchos «clanes» componían una «tribu». La «casa del padre» incluía al patriarca y su esposa, a los hijos solteros, a los hijos varones casados y nietos varones con sus familias, a los esclavos y sus familias y extranjeros residentes. Esta familia extensa fácilmente podría acercarse a los 100 miembros, que residían juntos en un grupo de moradas. Dirigidos por el patriarca, el *bêṯ-ʾāḇ* también era la unidad básica del ejército (cf. Gn 41.51; 46.31; Jue 9.5; 1 S 2.27-31; 2 Cr 25.5).

En el NT, el gr. *oíkos/oikíā toú patrós* tiene paralelos directos con el uso del AT. Aparece en referencia a la estructura física literal (Hch 7.20) y también a la familia extensa (Lc 16.27-28). El NT incluye dos matices metafóricos adicionales. Jesús usa la frase para referirse al templo (Jn 2.16) y al cielo (14.2; cf. Filón *Somn.* 1.43), ambos contextos se refieren al lugar de la morada de Dios.

W. E. Nunnally

CASIA

Árbol (*Cinnamomum cassia* Blume) cuya corteza se pela y produce un aceite fragante cuando se destila (Sal 45.8[TM 9]). Similar a la canela, a menudo se usa como un sustituto menos precioso para esa especie. Casia (Heb. *qiddâ, qĕṣîʿâ*) es originaria del lejano Oriente, y sus productos fueron traídos al antiguo Cercano Oriente a través de la «ruta de seda.» El aceite de casia estaba incluido en la mezcla que Moisés hizo para ungir el arca del pacto y el tabernáculo de reunión (Ex 30.24). Ezequiel la menciona como un producto que se comerciaba en Tiro (Ez 27.19). La segunda hija de Job fue nombrada Cecia (*qĕṣîʿâ*, Job 42.14).

MEGAN BISHOP MOORE

CASIFIA (Heb. *kāsipyāʾ*)
Lugar no identificado en Babilonia («lugar de plateros [¿?]»), no lejos del río Ahava (Esd 8.17). Fue a este pueblo que Esdras envió una delegación pidiendo a Iddo, su residente principal, «ministros para la casa de nuestro Dios.»

CASLUHIM (Heb. *kasluḥîm*)
Descendientes de Egipto el hijo de Cam (Gn 10.6, 14; 1 Cr 1.8, 12), llamados antepasados de los filisteos. Algunos eruditos relacionan estos pueblos con los habitantes de la región cerca del Mt. Cassius, este del delta del Nilo.
Véase Caftor.

CATAT (Heb. *qaṭṭāṯ*)
Ciudad en la frontera of Zabulón (Jos 19.15), probablemente la misma que la Quitrón de donde los cananitas no pudieron ser expulsados (Jue 1.30). El sitio no ha sido identificado, aunque Khirbet Quṭṭeneh (153226), 8 km (5 mi) suroeste de Tell Qeimûn (biblical Jokneam), es una posibilidad.

CAUDA (Gr. *Kaúda*)
Una pequeña isla, ahora llamada Gaudos, c. 37 km (23 mi) al sur de Creta, mencionada en conexión con el repentino vendaval que azotó el barco que llevaba a Pablo y otros prisioneros a Roma (Hch 27.16 NVI; RV1960 mg. «Clauda»). Al tomar refugio en el lado de sotavento (sur) de la isla, la tripulación pudo sobrevivir a la tempestad (Hch 27.17-19).

CAUTIVIDAD *Véase exilio*

CAUTIVOS
Término que abarca una gama de significados, incluyendo prisionero de guerra, esclavo, deudor, sospechoso de un crimen, deportado, exiliado, oprimido, y prisionero en sentido figurado. Estas categorías deben ser entendidas en las circunstancias de los tiempos bíblicos. El «prisionero» del sistema penitenciario moderno no se encuentra en la Biblia. Por lo tanto, los textos bíblicos que tratan de la libertad para los cautivos (p.ej., Lc 4.18) no se pueden aplicar de manera simplista a la sociedad actual, donde prevalecen principios diferentes de crimen y castigo.

En tiempos bíblicos los sospechosos de crimen eran detenidos en lo que sería considerado «prisión preventiva» hasta el juicio y la sentencia. El encarcelamiento era una transición para el castigo físico (p. ej., flagelación), muerte, esclavitud, o deportación y exilio. Los prisioneros de guerra fueron tratados de la misma manera. No se conocía el encarcelamiento simplemente como medio de castigo. Ocasionalmente, las personas sospechosas de actividades subversivas eran recluidas en prisión para frenar sus actividades e influencia. El encarcelamiento de deudores en tiempos bíblicos se entiende mejor en el sentido de retener como rehén para obligar a familiares y amigos a pagar las deudas. El término «cautivos» era usado para los «exiliados,» refiriéndose a los israelitas deportados y que vivían entre extranjeros como los babilonios. En este caso hay una insinuación de persecución religiosa: Se ve a los israelitas como sufriendo por su fe. Sin embargo, a los ojos de las autoridades del imperio la deportación era política. De igual modo, en tiempos del NT, individuos como Pablo son considerados como presos a causa de proclamar a Cristo, mientras que a los ojos de las autoridades civiles su ofensa era considerada una perturbación para la paz.

Con la posible excepción del deudor, la connotación estrictamente bíblica de «cautivo» es la de un inocente oprimido. Hoy, la analogía más cercana tal vez se encuentra en el caso de refugiados, personas desplazadas, prisioneros de guerra, los perseguidos por razones religiosas, y prisioneros por motivos de conciencia.

MICHAEL CAHILL

CAYADO
Cualquier palo sólido que se usaba como bastón para caminar (Gn 32.10[TM 11]; Mt 10.10), como defensa de los pastores en contra de los depredadores (Zac 11.7; cf. Sal 23.4), como objeto ceremonial parecido a un cetro (Gn 49.10; Is 14.5), para castigo (30.32), o como garrocha (Nm 22.27), como ídolo (Os 4.12) o arma de guerra (Is 10.24). El uso del cayado para apoyar el cuerpo es la base de la expresión «el sustento de pan» para que la comida sea suficiente para mantener a una determinada sociedad (Lv 26.26; Sal 105.16; Ez 4.16; 5.16; 14.13; cf. Is 3.1).

CAZA

La gente de los tiempos bíblicos cazaba por la alimentación, el deporte, y la protección de los seres humanos, animales domésticos, y los cultivos. La caza era una fuente importante de alimentos; Heb. *ṣayiḏ*, «caza,» también puede significar «alimento» o «juego.» Hay numerosas referencias a los animales salvajes como ciervos, gacelas, corzos, cabras montesas, antílopes, cabra montesa, muflón, y varias aves silvestres como fuente de alimento (p.ej., Dt 14.5; la historia de Sinuhe). Nombrado entre los descendientes de los siervos de Salomón está Poqueret-hazebaim («receptor de gacelas»; Esd 2.56 = Neh 7.59), tal vez preservando el nombre de una familia responsable de suministrar provisiones reales (cf. 1 R 4.23).

Nimrod, el héroe cazador, se identifica en la tabla de naciones como el fundador de muchas ciudades en Mesopotamia (Gn 10.9) y más tarde es llamado «poderoso» o guerrero (cf. 1 Cr 1.10; Mi 5.6[TM 5]). La caza a menudo estaba relacionada con la actividad de los héroes y guerreros en el antiguo Cercano Oriente (cf. Historia de Aqhat; Poema de Gilgamés; Jer 16.16). Muchas de las habilidades y las armas utilizadas en la caza son transferibles a la guerra. Algunas de las armas y las técnicas utilizadas para la caza son el arco y la flecha (Gn 27.3), espadas, cuchillos, hondas, varas, bastones (Sal 23.4), lanzas, redes, pozos, y trampas.

La caza es una actividad principalmente nómada o rural. Esaú fue diestro en la caza en campo abierto, lo que le granjeó el cariño de Isaac (Gn 25.27-28). Ismael, otro habitante del desierto, es representado como un arquero (Gn 21.20).

La caza como deporte y símbolo del poder real es común en el arte e historia egipcio y asirio. Los asirios guardaban a los leones en pozos, liberándolos para la caza real (cf. Benaía, 2 S 23.20 = 1 Cr 11.22); Esto puede explicar su presencia en la corte de Darío (Dn 6.7-24).

La caza como una forma de protección está especialmente conectada con un pastor que defiende al rebaño de los depredadores (1 S 17.34-37). Se sabe que leones, osos, leopardos, guepardos, lobos, y chacales habitaron en Palestina. Las imágenes de los animales salvajes que atacan se utilizan para describir a Israel y sus enemigos (Jer 5.6). Depredadores y presas viviendo en armonía se utilizan metafóricamente para describir la paz y la armonía de la era mesiánica (Is 11.6-7).

Bibliografía. O. Borowski, *Every Living Thing: Daily Use of Animals in Ancient Israel* (Walnut Creek, Calif., 1998); V. H. Matthews and D. C. Benjamin, *Old Testament Parallels: Laws and Stories of the Ancient Near East,* Ap ed. (New York, 1997); J. D. Wineland, «Hunting and Fishing,» in *By the Sweat of Thy Brow: Labor and Laborers in the Biblical World,* ed. G. Mattingly (Sheffield, forthcoming).

John D. Wineland

CEBADA

Grano invernal (*Hordeum;* Heb. *kĕʿōrâ*) plantado desde finales de octubre hasta diciembre. Su temporada de crecimiento es más corta que la del trigo, y su cosecha comienza en abril, coincidiendo con el festival de *Pesaḥ/maṣṣôṯ* (pascua). La cebada es mucho más resistente que el trigo a las severas condiciones ambientales; así su cultivo puede extenderse a regiones donde el cultivo del trigo no es posible debido a la poca precipitación o terrenos pobres. Estas características situaron a la cebada en la lista de las siete cosechas y árboles frutales con los cuales el Israel bíblico fue bendecido (Dt 8.8). La cebada, que fue domesticada con otros cereales en el período neolítico temprano, está dividida en tres especies: cebada de seis columnas (*H. vulgare* L. emend.), cebada de dos columnas (*H. disticon* L.), y cebada irregular (*H. irregulare* Åberg and Weibe).

La cebada puede ser comida cruda (2 R 4.42) o tostada (2 S 17.28). Puede ser molida como harina (*qemaḥ/śĕʿōrîm;* Nm 5.15) para pan (Jue 7.13) y otras delicias horneadas (Ez 4.12). Fue usada para hacer sopa espesa (Ez 4.9) y para producir cerveza (*šēḵār;* Is 29.9).

Bibliografía. O. Borowski, *Agriculture in Iron Age Israel* (Winona Lake, 1987); J. M. Renfrew, *Palaeoethnobotany* (New York, 1973).

Oded Borowski

CEDAR (Heb. *qēḏār*)

El segundo hijo de Ismael (Gn 25.13 = 1 Cr 1.29). En otros lugares en el AT este término se refiere a sus descendientes (los cedaritas), ya sea específicamente para el más prominente de los «hijos de Ismael» del norte de Arabia o generalmente y colectivamente a nómadas o beduinos árabes. En Salmo 120.5 las «tiendas de Cedar» se equiparan con Mesec, que probablemente no es una región de Asia Menor (como en Gn 10.2) sino un subgrupo cedarita. Cantares 1.5 los describe como de piel oscura (cf.

qādar, «*ser negro*»), y algunos repuntúan «Salomón» aquí a «Salmah,» una tribu que vivía al sur de los nabateos en el siglo III a.C. Isaías los describe como (1) guerreros y arqueros cuya gloria terminará (Is 21.16-17; algunos ven una referencia a la campaña de Nabonido de 552; pero nada en Jerermías 49.28-29, tiene que ver con el ataque de Nabucodonosor contra los árabes [«Cedar y los reinos de Hazor»] al sur de Damasco en 599/98); (2) habitantes de los pueblos del desierto (Is 42.11; recintos fortificados, probablemente temporales); y (3) poéticamente igualados con los criadores de ovejas de Nebaiot (60.7; tal vez una referencia a los nabateos del norte de Arabia; cf. Gn 25.13; también Ez 27.21, donde los «príncipes de Cedar» son igualados con los árabes como comerciantes de cabras y ovejas con los fenicios). Inscripciones asirias también los mencionan junto con los árabes y Nebaiot. Por último, la poesía de Jeremías 2.10 utiliza un merismo para comparar antitéticamente Cedar con los Kittim («chipriotas/griegos») como representantes, respectivamente, del este y del oeste.

Bibliografía. I. Eph῾al, *The Ancient Arabs* (Leiden, 1982).

W. Creighton Marlowe

CEDEMA (Heb. *qēḏĕmâ*)

Un hijo de Ismael («oriental») cuyos descendientes constitutían una tribu árabe, posiblemente a ser considerada entre los cadmoneos (Gn 25.15 = 1 Cr 1.31).

CEDEMOT (Heb. *qĕḏēmôṯ*)

Una zona silvestre probablemente al noreste del Arnón (Wadi Môjib) desde donde Moisés contactó al rey de Hesbón (Dt 2.26). Un puesto de avanzada o pueblo en esta zona del mismo nombre fue primero asignado al territorio de Rubén (Jos 13.18) y más tarde dado a los levitas (21.37; 1 Cr 6.79[TM 64]). Es mencionado en otros lugares sólo en Eusebio (*Onom.* 114.5-6). Cedemot ha sido identificado diversamente con Umm er-Rasas, Khirbet er-Remeil, Qasr ez-Za῾feran, y ῾Aleiyân. Moderna es-Saliyeh es actualmente el mejor candidato, ya que limita con el desierto y ha producido fragmentos de las edades del Bronce Tardío y Hierro temprana.

Paul J. Ray, Jr.

CEDES (Heb. *qeḏeš*) (también CADES-BARNEA, QUISIÓN)

1. Ciudad en la Alta Galilea, 10 km (6 mi) noroeste de Hazor, en las colinas cerca del lago Huleh. Tel Cedes/Tell Qades (199279) es el más grande tell en la Alta Galilea, y las excavaciones preliminares han identificado extensa ocupación en la edad de Bronce Antiguo y continuando hasta la época musulmana. Cedes es mencionada en la lista de los reyes cananeos derrotados por Josué (Jos 12.22). Es una de las ciudades fortificadas asignadas a Neftalí (Jos 19.37), la ciudad de refugio más septentrional (20.7), y una ciudad levítica asignada a los gersonitas (21.32 = 1 Cr 6.76[TM 61]). Tiglat-pileser conquistó a la ciudad durante la época del rey Peka de Israel, y deportó a sus ciudadanos a Asiria (2 R 15.29).

2. Un pueblo en la frontera sur de Judá, generalmente referido como Cades-barnea (Jos 15.23).

3. Una ciudad levítica de Isacar asignada a los gesonitas (1 Cr 6.72[57]). En el pasaje paralelo en Josué la ciudad es llamada Quisión (Jos 21.28), que es probablemente el nombre correcto. Cedes puede ser una corrupción textual influenciada por Cedes de Neftalí unos versículos más adelante.

4. Una ciudad en el sur de Neftalí en el que vivió Barak (Jue 4.6), y cerca de donde Heber ceneo habitó (4.11). Cedes se encuentra cerca de Saananim entre el monte Tabor y el río Jordán (Jos 19.33). El lugar de nacimiento de Barak se identifica generalmente con Cedes en la Alta Galilea, pero esta identificación es imposible porque Cedes era una ciudad cananea importante y Jueces 4 supone que el hogar de Barak es el mismo Cedes cerca de la morada de Heber en Saananim. Esta Cedes puede identificarse con Ḥorvat Qedesh/Khirbet Qedîsh (202237), un sitio grande con restos de la edad de Hierro ubicado en las laderas del suroeste que conducen al Mar de Galilea. Algunos sugieren identificar Cedes con Tel Cedes/Tell Abu Qudeis (1706.2183), que se encuentra a medio camino entre Meguido y Taanac, porque Jueces 5.19 afirma que la batalla fue «en Taanac, junto a las aguas de Meguido.» Sin embargo, Jueces 5 no menciona Cedes, ni Jueces 4 localiza la batalla cerca de Taanac. Estos dos textos podrían representar diferentes concepciones de la localización de la batalla.

Ronald A. Simkins

CEDRO

Los célebres cedros del Líbano son grandes árboles de montaña, coníferos, de hoja perenne (*Cedrus libani* Loud). Estos cedros (Heb. *᾽erez*) fueron nombrados con acierto, ya que no crecieron en Israel.

Cuando son árboles jóvenes, los cedros tienen forma de cono, pero a medida que envejecen, las ramas se extienden y se aplanan. Los cedros del Líbano llegan a crecer hasta 28 m (90 pies) de altura y pueden llegar a vivir hasta 3000 años. Había mucho más bosques de cedro en el Líbano en tiempos bíblicos de los que hay hoy. La madera del árbol era un producto popular usado en la construcción. Lleva una fragancia agradable y resiste los insectos.

La Biblia registra varios casos de los cedros del Líbano usados en construcción, el más conocido es el templo de Salomón. Salomón contrató con el rey Hiram de Tiro para que trajera grandes cantidades de cedro y otra madera para edificar el templo en Jerusalén (1 R 5; 2 Cr 2). El cedro era usado extensamente en la estructura, de los soportes y pilares hasta el revestimiento de madera y madera tallada. Además del templo, las casas del rico también eran hechas de madera de cedro. David vivió en una casa de cedro (2 S 7.2 = 1 Cr 17.1), y Ezequiel menciona el cedro que se usa en construcción (Ez 27.5).

La Biblia también contiene muchas referencias a la gran altura y a la fuerza de los árboles de cedro. Amós profetiza que la fuerza de los amorreos «eran altos como los cedros» (Am 2.9), y Ezequiel compara el poder de Asiria al cedro del Líbano (Ez 31.3-9). El salmista compara el crecimiento del justo con el de los cedros del Líbano (Sal 92.12[TM 13]), y Zacarías usa la imagen de cedros destruidos y caídos para mostrar cuán devastador será el juicio de Dios (Zac 11.1-2).

La madera de cedro también se asocia con la limpieza. El cedro, junto con hisopo y sangre, es prescrito en rituales de purificación en Levítico. 14.
Megan Bishop Moore

CEDRÓN (Heb. *qiḏrôn;* Gr. *Kedrṓn*)
El valle (y el arroyo que lo atraviesa en épocas de fuertes lluvias) que se encuentra al este de Jerusalén. La antigua ciudad amurallada de Jerusalén está en su lado oeste y el Monte de los Olivos en el este. Se sugiere que el nombre significa «oscuro,» «no claro,» o «turbio,» porque la corriente es espesa y opaca, con sedimento. En la ladera occidental del valle está el manantial de Guijón, el suministro principal de agua de la antigua Jerusalén. Esta fuente fluía hacia el valle, pero con la construcción del túnel de Ezequías (2 R 20.20) sus aguas fueron desviadas al estanque de Siloé dentro de la ciudad. En la vertiente oriental del valle hay muchas tumbas antiguas donde ciertos funcionarios reales, posiblemente algunos de los reyes de Judá, pueden haber sido enterrados. Desde las cercanías de Jerusalén el Valle de Cedrón sigue un curso hacia el sureste, extendiéndose a través del desierto de Judá, uniéndose al Mar Muerto c. 16 km (10 mi) debajo de la desembocadura del río Jordán.

Este valle es mencionado por primera vez en la Biblia como el lugar que David cruzó (es decir, el límite oriental de la ciudad) al huir de Jerusalén a causa de la rebelión de su hijo Absalón (2 S 15.23). Durante la Monarquía probablemente debía ser identificado como el lugar del jardín del rey (2 R 25.4; Neh 3.15).

Junto al monte del templo (valle/arroyo/campo) de Cedrón sirvió como un lugar conveniente donde se tomaron las imágenes y los altares de los ídolos para ser destruidos por los reyes reformadores: Asa (1 R 15.13), Ezequías (2 Cr 29.16; 30.14), y Josías (2 R 23.4-6; cf. v. 12).

El cedrón es mencionado sólo una vez en el NT. Después del discurso de despedida, Jesús junto con sus discípulos fue «con sus discípulos al otro lado del torrente de Cedrón, donde había un huerto [llamado Getsemaní en Mt 26.36], en el cual entró con sus discípulos» (Jn 18.1). La tradición identifica el Valle de Cedrón como el valle de Josafat («Jehová juzga»), donde Dios reunirá a todas las naciones y se sentará a juzgarlas (Jl 3.2, 12[TM 4.2, 12]).

John L. Gillman

CEELATA (Heb. *qĕhēlāṯâ*)
El séptimo campamento de los israelitas después de que salieron del desierto de Sinaí, situado entre Rissa y el monte Sefer (Nm 33.22-23). El nombre del lugar se deriva de la raíz *qhl*, «convocar una asamblea.» Kuntillet ʿAjrud (094956), 50 km (31 mi) sur de Cades-barnea, es una posible ubicación. Muchos sostienen que Ceelata (Nm 33.22-23) y Makelot (vv. 25-26) son lo mismo.

Pete F. Wilbanks

CEFAS (Gr. *Kēphâs*)
Apodo o sobrenombre dado al apóstol Pedro (del Aram. *kēpā'*, «roca»).

Véase Pedro.

CEGUERA
Una de las dolencias más mencionadas en la Biblia y en el antiguo Cercano Oriente. Las causas de la ce-

guera en el antiguo Israel incluyen defectos congénitos (Jn 9.1), trauma físico (Jue 16.21), y, probablemente, una amplia variedad de infecciones. Aunque las sociedades modernas y el Talmud reconocen grados de ceguera, la palabra hebrea normal para una persona ciega (*ʿiwwēr)* parece referirse a la ceguera total (p.ej., Dt 28.29). La palabra griega correspondiente usada en el NT es *typhlós* (p.ej., Mr 8.22).

El antiguo Israel tenía actitudes ambivalentes hacia los ciegos. El AT registra leyes que prohibían obstáculos que pudieran lesionar a los ciegos (Lv 19.14; Dt 27.18). Pero la ceguera era una de las maldiciones que Dios podía traer sobre los desobedientes (Dt 28.29), y algunos pasajes indican que los ciegos eran elementos indeseables que no estaban permitidos en el templo (2 S 5.8). Levítico 21.18 prohibe a lo ciegos servir como sacerdotes. También era impropio ofrecer animales ciegos como sacrificio (Mal 1.8).

La comunidad responsable de los textos de Qumrán parece ampliar las prohibiciones contra el ciego. Así, el Rollo del Templo (11QT 45.12-13) prohíbe la entrada de las personas ciegas en Jerusalén durante toda su vida, porque la ceguera era vista como una forma de impureza que podía contaminar la ciudad sagrada.

Las normas en Levítico y los textos de Qumrán, si se aplicaran en realidad, habrían creado un grupo de ciudadanos de segunda clase con poco acceso a importantes instituciones religiosas y sociales. Aunque la sanidad del ciego fue una señal de la venida del Mesías (Is 29.18; 35.5; Mt 11.2-6), Los esfuerzos de Jesús de curar y atender a los ciegos (Mt 9.27-31; 12.22) también puede ser visto como una crítica a la prácticas de atención de salud que se reflejan en Levítico y Qumrán.

Los eruditos también señalan los usos literarios de la ceguera y las personas ciegas en las historias bíblicas. Por ejemplo, Ahías conserva sus poderes proféticos perceptivos a pesar de que es físicamente ciego (1 R 14.4-5). El mensaje parece ser que el mensaje de Dios hablado es tan claro que no necesita depender de la visión (cf. 1 S 9.9, que señala que los profetas anteriormente eran llamados «videntes»). A través de la Biblia, la ceguera también se utiliza a menudo como un símbolo de la incredulidad (Is 43.8), ignorancia (Is 42.16; 56.10), y otras deficiencias morales (2 P 1.9).

HECTOR AVALOS

CELIBATO

La abstención del matrimonio en cumplimiento de un voto. El celibato como se describe en el NT tiene ascendencia judía y helenista.

El AT habla de votos nazareos tomados de por vida (Jue 13.5, 7; 16.17). La tarea profética puesta sobre Jeremías expresamente le prohibía el matrimonio (Jr 16.1-2). Filón informa que, con el propósito de permanecer en preparación perpetua para la revelación divina después de Sinaí, Moisés nunca volvió a «conocer» a su esposa Séfora (*Life of Moisés* 11.68-69). De acuerdo con Jubileos, Adán y Eva fueron castos en el Huerto hasta el tiempo de su expulsión (3.34-35; 4.1), y no fue hasta después del primer Jubileo después de su expulsión (49 años) que tuvieron intercurso sexual y niños.

Como símbolo para Jerusalén, la entrada en el lugar santo y la participación en el culto sagrado en Qumrán se requerían pureza sexual o celibato. De igual modo, dentro de las corrientes filosóficas helenistas populares de los últimos dos siglos a.C., el celibato funcionó como una condición para entrar en espacio sagrado, un escape de un mundo destituido, preparación para la comunión con los dioses, y un fundamento para una vida de virtud. Cualquier judío que pudiera leer, en contacto con los principales movimientos filosóficos de la época habría sido influenciado por este rico cuerpo de tradiciones y prácticas.

El celibato cristiano antiguo compartió muchas de estas tendencias. Lucas 20.34-36 refleja una creencia cristiana primitiva de que el celibato ofrecía un anticipo del escatón, y 1 Corintios 7 basa el celibato de Pablo en la inminente crisis escatológica.

Véase Asceticismo. Calvin J. Roetzel

CELO, CELOSO

La exhibición de devoción ferviente o envidia en beneficio de posesiones de valor (incluyendo personas) que se percibe estar bajo amenaza de reclamadores rivales. Celo justo (Heb. *qin'â;* Gr. *zēlos)* se manifiesta principalmente en el interés de mantener el lazo del pacto entre Jehová e Israel. El Señor mismo es «Dios celoso» (Ex 20.5; Dt 5.9; Jos 24.19), protegiendo ferozmente su pueblo y demandando su lealtad exclusiva. Cuando es «provocado a celos» por la apostasía de su pueblo, el Señor toma represalias en juicio, típicamente abandonándolos a poderes opresores extranjeros (Dt 29.14-29; 32.16-27; 1 R 14.22-26). A la larga, sin embargo, el celo del Señor por su propio honor (o «santo nombre», Ez 39.25) le incita a levantarse contra los enemigos de Israel en ira ardiente (Is 26.11-15; Sa 79.5-13) y los restaura a la Tierra Prometida y la ciudad santa de Jerusalén (también objetos del celo del Señor; cf. Ez 36.5-7; Jl 2.18-20; Zac 1.14-17).

En respuesta recíproca por la pasión fiel de Jehová, se espera que Israel se «consuma» en celo por el Señor, su Ley, y su santuario (Sal 69.9 [TM 10]; 119.139). Modelos clásicos incluye al sacerdote Finees, que mató a un israelita y su esposa extranjera (madianita), evitando así el «celo» devorador del Señor (supuestamente en relación con la asociación de Israel con idólatras; Nm 25.6-18), y el profeta Elías y el rey Jehú, ambos quienes demostraron celo excepcional por el Señor erradicando brutalmente, a través del fuego y la espada, el culto a Baal en el Israel del siglo IX (1 R 19.10, 14; cf. 18.20-46; 2 R 10.16-28).

En la era del segundo Templo, Finees y Elías son ambos recordados como héroes celosos (Eccl 45.23-26; 48.1-11; 1 Mac 2.26, 54, 58). Estas dos figuras llegaron a ser prototipos para Matatías y los rebeldes Macabeos contra la asimilación helenista; como sus antepasados, Matatías «se encendió en celo» por el pacto (1 Mac 2.24), provocando acción viciosa contra los colaboradores de Judea y las gobernantes griegos.

En el NT, el cuarto Evangelio se refiere al celo de Jesús, asociando su demostración disruptiva en el Templo con el «celo por tu casa me consume» del salmista (Jn 2.17; Sa 69.9 [10]. La mención de Simón, apodado *Zēlōtēs* entre los 12 apóstoles marca el único enlace entre el celo y el movimiento de Jesús (Lc 6.15; Hch 1.13; el «cananita» en Mt 10.4; Mr 3.18 probablemente proviene del equivalente arameo para «celoso»). Sin embargo, no se sabe nada sobre cualquier expresión particular de celo de parte de Simón. Cualquier conexión con el partido de los zelotes descrito por Josefo, una banda de guerrilleros campesinos israelitas que invadieron Jerusalén en el 67-68 d.C. en oposición al gobierno de Herodes y romano (*Guerra de los Judíos* 4.128-584), permanece especulativo.

Tanto sus cartas como el libro de Hechos atestiguan el celo intenso de Pablo por Dios y la Ley judía antigua, que lo motivó a tomar represalias violentas, no contra Roma o cualquier otro enemigo extranjero, sino contra los seguidores de Jesús el Mesías a quien él consideraba en cierta manera como un blasfemo violador del pacto (Ga 1.14; Fil 3.6; Hch 22.3). Hechos también describe a otros líderes judíos como celosos asaltantes de la iglesia (Hch 5.17; 13.45; 17.5); aquí, sin embargo, ellos aparecen celosos (envidiosos) no tanto por el honor de Dios sino por su propia posición que percibían socavada por evangelistas cristianos populares.

En el despertar de su conversión, el celo de Pablo fue redirigido hacia promover el Camino que había perseguido. Él continuó afirmando su «celo por Dios» de sus compatriotas judíos pero insistió que debían llegar a ser más «iluminados» en relación a la justicia que Dios estableció a través de la fe en Cristo, aparte de la Ley (Ro 10.1-4). Pablo tenía el objetivo de provocar a su pueblo a tal celo renovado haciéndolos celosos de su ministerio de salvación para los gentiles (Ro 10.19; 11.11, 14). Por otro lado, Hechos enfatiza que la misión gentil paulina fuera de la Ley de ninguna manera comprometía su afinidad con los creyentes judíos que permanecían «celosos por la Ley» (Hch 21.20-26).

Bibliografía. R. H. Bell, *Provoked to Jealousy. The Origin and Purpose of the Jealousy Motif in Romans 9–11*. WUNT 63 (Tübingen, 1994); R. A. Horsley, *Jesus and the Spiral of Violence. Popular Jewish Resistance in Roman Palestine* (1987, repr. Minneapolis, 1993); C. Seeman, «Zeal/Jealousy,» en *Biblical Social Values and Their Meaning*, ed. J. J. Pilch and B. J. Malina (Peabody, 1993), 185–88; N. T. Wright, «paul, Arabia, and Elijah (Gal. 1.17),» *JBL* 115 (1996). 683–92.

Scott Spencer

CELOS

Heb. *qin'â*; Gr. *zēlos, phthónos*, se refiere a una intensa gama de emociones que incluye varias palabras, tanto negativas, como «celos», y positivas, como «celo», «cólera» y «devoción». En el AT, la palabra significa una pasión por la justicia en una situación particular, y está asociada más con el Dios del pacto que con las personas. Dios es descrito como «celoso» cuando la prohibición de adorar otros dioses no es obedecida (Ex. 20.5; 34.14; Dt 4.24; 5.9; 6.15). El celo es como un fuego (Ez 36.5; Sof 1.18), y tipifica al Dios guerrero en acción (Is 42.13). El celo protege al pueblo (Is 26.11), a la tierra (Jl 2.18) y aun a Dios (Nm 25.11). La dedicación de Josué a Moisés es descrita como celo (Nm 11.29; cf. 1 R 19.10). Los hijos de Jacob estaban celosos de

José (Gn 37.11), al igual que los filisteos de Isaac (26.14). Los celos mantuvieron divididos a los reinos israelitas de Efraín y Judá (Is 11.13). Los celos pueden destruir a quienes los poseen, y también a su objeto (Job 5.2; Pr 6.34; Cnt 8.6).

En el NT casi nunca se habla de celos con relación a Dios. Se aplica a los humanos en el sentido positivo de celo (2 Co 9.2; 11.2; Ro 10.2), pero también negativamente, como envidia (Mt 27.18; Ro 13.13; 1 Co 3.3; 13.4; 2 Co 12.20; Ga 5.20; Stg 3.14; 1 P 2.1). Dios puede ser provocado a celos (1 Co 10.22). Los líderes religiosos judíos estaban celosos del éxito de la predicación de los cristianos primitivos (Hch 5.17; 17.5). Pero Pablo habla de un celo piadoso a los romanos (Ro 10.2; 11.11, 14). El cristiano debe tener celo por el Espíritu (1 Co 12.31; 14.1), por hacer el bien (1 P 3.13), y por las buenas obras (Tit 2.14). Y aunque Dios ha hecho morar en nosotros un espíritu inclinado a los celos, él también da mayor gracia a los humildes, y resiste a los soberbios (Stg 4.5, 6).

Bibliografía. J. A. Fischer, «Jealousy,» en Collegeville Pastoral Dictionary of Biblical Theology, ed. C. Stuhlmueller (Collegeville, 1996), 472-73.

SEÁN KEALY, C.S.SP.

CENA DEL SEÑOR

Comida celebrada en honor de Jesucristo para conmemorar su última cena con sus discípulos. En la teología bíblica, Cena del Señor es preferible a otros sinónimos. «Comunión» es una traducción discutible de 1 Corintios 10.16, y «eucaristía» no aparece como un nombre para este rito en el NT. En la teología histórica, la eucaristía se entiende, por lo general, como las oraciones consagratorias y el rito de comer «el pan» y beber «la copa», practicados por separado y aparte de una comida regular en la iglesia. Esta práctica puede ser de fecha tan temprana como el siglo II.

El término (Gr. *kyriakós,* «perteneciente al Señor») aparece sólo una vez en el NT (1 Co 11.20). Las primeras comunidades cristianas se reunían en las casas para compartir la comida principal del día (Gr. *deípnon*, que tenía lugar en el mundo greco-romano ya avanzado el día) en honor del Señor resucitado. La celebración de una comida en honor de Jesucristo en el día del Señor (Ap 1.10, el primer día de la semana en la numeración judía; cf. Hch 20.7, 1 Co 16.2) es venerado en la tradición cristiana (cf. Lc 24.1, 13, 29; fue el de la aparición del Jesús resucitado a sus discípulos después de su crucifixión). El término «ágape» (gr. *agápē*), también fue utilizado en este contexto (Jud 12; y en algunos manuscritos de 2 P 2.13).

Pablo

1 Co 11.17-34

Las instrucciones de Pablo a la iglesia en Corinto contienen la más antigua y sólida información histórica en cuanto a la Cena del Señor. Primera a los Corintios 11.17-34 trata el problema de desunión que amenazó con destruir a una iglesia que se reunía en una casa en Corinto. Según el v. 21, en el momento de la comida principal algunos quedaban con hambre, mientras que otros tenían más que suficiente, e incluso bebían en exceso. Al parecer, cada uno traía su propia comida, y los ricos tenían notoriamente más que los pobres. Quienes no tenían bastante, eran avergonzados y marginados (v. 22).

Pablo interpreta esto como el indicador de una plaga espiritual que había caído sobre la iglesia (vv. 27-32), por lo que insta a la congregación a dar una bienvenida cordial y hospitalaria a todos a la Cena del Señor (v. 33). Para fundamentar su argumento, Pablo relata la enseñanza apostólica que recibió sobre la Cena del Señor (vv. 23b-26). El que la comida tuvo su origen en la noche que Jesús fue traicionado (v. 23), está de acuerdo con los relatos sinópticos de lo que sucedió en el aposento alto. Evidentemente, Pablo entiende que Jesús tomó el pan y pronunció las palabras «esto es mi cuerpo que por vosotros es partido» (v. 24), al comienzo de la cena. La referencia no puede ser otra cosa que la ofrenda que hace Jesús de su vida (cuerpo) en la Cruz. La invitación a participar («Haced esto en memoria de mí») era un llamado a renovar la participación en los beneficios de la salvación realizada de una vez por todas por medio de esta ofrenda. Asimismo, cuando toma la copa (v. 25) al final de la comida, se aplica el mismo principio. El argumento de Pablo es que si todos los que estaban en la mesa pudieron recibir una bendición de esta magnitud, era inconcebible que los participantes no compartieran gustosamente con todos los otros creyentes los alimentos y la hospitalidad de la cena.

En realidad, puesto que la cena era no sólo una invitación para reclamar los beneficios de la salvación bajo el señorío de Cristo, sino también un anticipo de la participación en el futuro banquete mesiánico en la venida del Señor, ella podía verse como una proclamación de la fe de los corintios (v . 26). Sin duda, entonces, el hecho de no dar la bienvenida y no mostrar solicitud a los demás creyentes, indicaba que algunos estaban participando indignamente, y al hacerlo desvirtuaban y deshonraban el propósito del sacrificio de Cristo, que ellos supuestamente tenían la intención de celebrar (vv. 27, 29).

1 Co 10.14-22

Pablo habla también de la incompatibilidad de que los cristianos participaran en comidas en honor al Señor Jesús, y también en las dedicadas a otros señores. Pablo no creía que los dioses paganos tenían una existencia real, pero sí sostenía que detrás de ellos había fuerzas demoníacas con poder real (1 Co 10.19-21). Así como la comida y la bebida espiritual no protegieron a la generación del desierto (vv. 1-13), tampoco la participación en la Cena del Señor proveía un muro de protección contra los poderes demoníacos que eran reales en las comidas dedicadas a dioses paganos. En efecto, era incompatible con la confesión cristiana participar en ambas mesas; las dos se excluían mutuamente (v. 21).

En este contexto, Pablo da una enseñanza específica en relación con el privilegio que el Señor Jesús da los creyentes (vv. 16-17). Pablo utiliza un fragmento de la enseñanza sobre la copa de bendición, que probablemente tuvo su origen en la comida que hubo la noche en que Jesús fue traicionado (v. 16, cf. Lc 22.20). Esta es la terminología utilizada en la Pascua para referirse a la última copa que se toma al final de la comida. Pablo afirma que la copa de bendición es una participación (*koinōnía*) en la sangre de Cristo, y del pan en su cuerpo. Algunos, siguiendo el parecido que había con la actividad cultual grecorromana interpretan que Pablo está diciendo que el creyente se une realmente con el Cristo resucitado, a quien se cree presente en la comida. Pero, más probablemente, la referencia es sólo a la participación en los beneficios de la salvación alcanzada a través de la muerte (sangre y cuerpo) de Cristo.

Aludiendo al pan que es tomado y comido por muchos (1 Co 10.17), Pablo ve en esta acción común una expresión por parte de todos los participantes, de la unidad visible de la iglesia que, como extensión de ministerio terrenal de Jesús, constituye ahora su presencia en el mundo. Pablo anticipa aquí a 1 Corintios 12, donde de nuevo llama a la unidad dentro de la iglesia bajo la metáfora general de un cuerpo.

Mateo y Marcos

Una segunda enseñanza de peso está contenida en los relatos sinópticos de Mateo 26.17-30 y Marcos 14.12-26. Los eruditos no han podido determinar cuál de los dos relatos fue primero. Las pocas variantes se refieren básicamente al estilo del autor, o a las diferentes prácticas litúrgicas que había en las comunidades de las cuales se nutrieron estos evangelios.

Tanto Mateo como Marcos dan fe de que la Cena comenzó en una comida pascual (cf. Lc 22.7-9). La referencia a la copa (de bendición) después de la cena, indica que esta era la opinión unánime en la iglesia primitiva (Lc 22.20, 1 Co 11.25). La cronología diferente del relato que hace Juan de la Pasión (Jesús muere cuando el cordero pascual es sacrificado; Jn 13.1; 18.28; 19.14, 31) sugiere que Juan y los sinópticos reflejan la dependencia de calendarios o prácticas judías diferentes. El relato de Juan está regido también por una motivación teológica (cf. Jn 1.29).

Esta tradición está también más desarrollada litúrgicamente que la de 1 Corintios 11.24-26. El relato de la tradición destaca sólo las características de la comida que serían más útiles para una comunidad posterior que conmemorara la Cena. Si bien tal comunidad no podía negar el origen histórico de la Cena en el tiempo de la festividad pascual, la diferenciaba clara y suficientemente para que fuera una significativa y nueva realidad en la historia de la salvación.

Una diferencia importante en la enseñanza paulina, es que las palabras en cuanto al pan y la copa (que reflejan el desarrollo de la práctica cristiana) están, al parecer, al final de la comida. Las palabras de la institución para el pan (Mt 26.26; Mr 14.22) son las mismas que aparecen en 1 Corintios 11.24. Pablo añade la palabra griega *hypér*, «por vosotros», una versión que Mateo 26.28 y Marcos 13.24 conectan con la copa (y también Is 53.12). Es evidente que, tanto en los relatos de Pablo como en los de Mateo y Marcos, la muerte de Jesús es interpretada como hecha a favor de otros (es decir, expiatoria). Esto se encuentra subrayado por el énfasis de Mateo en 26.28, de que es «para remisión de los pecados». Como sucede con el relato de Pablo, aunque con un acento más litúrgico, la idea de que la Cena es una expectativa del banquete que habrá al final del mundo, es enfatizada tanto en Mateo (26.29) como en Marcos (14.25).

Lucas

El relato de Lucas parece conectar dos unidades principales (Lc 22.14-18, 19, 20). El primero destaca el hecho de que Jesús se está reuniendo con sus discípulos para un banquete final juntos, representando tal vez el acto culminante de las ocasiones anteriores cuando Jesús estuvo a la mesa (Lc 7.36-50; 11.37-52; 14.7-24). También sirve enfáticamente como una expectativa de las comidas que habrá en el reino de Dios, cumplida en cierta medida en las comidas con los discípulos después de la resurrección (Lc 24.30-35, 41-43).

Por tanto, Lucas ha entendido la comida pascual (Lc 22.7-13) como «un gran banquete», impresionante precursor de lo que será la vida en el reino de Dios. La copa, muy probablemente la *Qiddûš* o primera copa para dar gracias por el vino, que se tomaba ante de la comida propiamente, es incorporada a la escena del banquete (Lc 22.7-18).

Esto le permite a Lucas seguir el patrón básico de unir el pan y la copa, siguiendo el procedimiento acostumbrado en la primitiva tradición cristiana (Lc 22.19, 20). Sin embargo, Lucas no sólo utiliza los elementos de la otra tradición sinóptica, sino que incorpora también elementos de la tradición paulina, o de una parecida a la misma. Así, Lucas y Pablo coinciden en que el pan se toma al comienzo de la comida, y la copa al final (Lc 22.20). Lucas también utiliza el *hypér* con el cuerpo, y el llamado de «haced esto en memoria de mí» (Lc 22.19, 1 Co 11.24, 25).

El hecho de que un segmento importante de la tradición (occidental) textual antigua omite Lucas 22.19 b-20, ha sido siempre tema de discusión. El asunto es extremadamente técnico, y para los fines del presente artículo, estos versículos han sido aceptados como parte del texto fidedigno.

Otras tradiciones

En Juan 6.53-58, al final del discurso sobre el pan de la vida, Jesús habla de «comer su carne» y «beber su sangre». Aunque esto puede evocar el concepto juanino sobre el significado de la Cena del Señor, el texto puede reflejar también el énfasis en Juan de llamar a la persona a participar en el resultado de la vida encarnada de Cristo, para tener la vida eterna. Aquí no puede darse por sentado ninguna información adicional en cuanto al concepto que tenían los primeros cristianos sobre la Cena del Señor (lo mismo que He 6.4, 13.10).

Las referencias a las comidas en Hechos (p.ej., 2.42, 46; 27.35, con la posible excepción de 20.7, 11) refleja el énfasis de Lucas en la continuación de la práctica de los discípulos de compartir las comidas juntos. El término «partimiento del pan» aquí, se refiere a una práctica que era común al comienzo de la comida. Es una metáfora para referirse a una comida normal.

Conclusión

El día previo a la crucifixión, Jesús pasó largo tiempo en una comida con sus discípulos. Los detalles de lo que ocurrió allí han sido objeto de diversas interpretaciones a lo largo de la historia, pero nadie puede negar que la realidad de estos hechos ha dejado una huella indeleble en la conciencia de la iglesia. Desde entonces, cada primer día de la semana, personas en algún lugar del mundo se han reunido alrededor de una mesa en el nombre de Jesús. Las tradiciones estudiadas aquí indican que el elemento central de estas celebraciones de la Cena del Señor, es una proyección de la mente de los creyentes tanto hacia el pasado como hacia el futuro. Al volver al pasado, el creyente recuerda y reclama una participación en los beneficios de la muerte de Cristo. Al mismo tiempo, se prevé en el futuro la vida con el Señor resucitado en el reino de Dios plenamente realizado.

Bibliografía. X. Léon-Dufour, *Sharing the Eucharistic Bread* (New York, 1984); J. Jeremias, *The Eucharistic Words of Jesus* (Philadelphia, 1990); I. H. Marshall, *Last Supper and Lord's Supper* (Grand Rapids, 1981); B. F. Meyer, ed., *One Loaf, One Cup* (Macon, 1993).

Allan J. McNicol

CENAZ (Heb. *qĕnāz*), **CENEZEO** (*qĕnizzî*)

1. Un hijo de Elifaz, el primogénito de Esaú y Ada (Gn 36.11 = 1 Cr 1.36). Este Cenaz, normalmente entendido como el antepasado epónimo de los cenezeos, funcionó como un jefe de clan edomita (Gn 36.15, 42 = 1 Cr 1.51, 53).

Los cenezeos fueron uno de los 10 pueblos cuyos territorios Jehová en una teofanía prometió entregar a la progenie de Abram (Gn 15.19). En algún punto los cenezeos habían vivido evidentemente en o alrededor de Edom. Sin embargo, algunos o todos de ese grupo étnico deben haber migrado a la zona del Neguev de Canaán, tal vez ya en la Edad de Bronce Tardío. A su debido tiempo estos cenezeos llegaron a estar políticamente asociados con y luego absorbidos completamente por la tribu más dominante de Judá.

2. Hermano menor de Caleb (Jue 3.9), padre de Otoniel y Seraías (1 Cr 4.13).

3. El hijo de Ela y nieto de Caleb (1 Cr 4.15).

Bibliografía. E. C. Hostetter, *Nations Mightier and*

More Numerous: The Biblical View of Palestine's Pre-Israelite Peoples. BIBALDS 3 (North Richland Hills, 1995), 95-96.

EDWIN C. HOSTETTER

CENCREA (Gr. *Kenchreaí*)

Puerto marítimo griego ubicado en Acaya en el golfo Sarónico, c. 11 km (5 mi) al este de Corinto y c. 4 km (2.5 mi) al sur de Istmia. Sirvió como puerto oriental de Corinto tanto en el período clásico como en el período romano. Puesto que el puerto miraba hacia el Mediterráneo oriental, es natural que Pablo, Aquila, y Priscila hubiesen partido de allí en su viaje a Siria (Hch 18.18). La carta de Pablo a los romanos (Ro 16.1-2) menciona a la mujer cristiana Febe y a la congregación que ella ayudó a sostener en Cencrea.

RICHARD E. OSTER, JR.

CENDEBEO (Gr. *Kendebaios, Cendebaeus, Kendebaeus*)

Oficial sirio que fue derrotado por Juan Hircano. Cuando Antíoco VII reclamó el trono de Siria, él persiguió al usurpador Trifón, y en su ausencia nombró a Cendebeo «general, entregándole una parte de las tropas de infantería y de caballería» con instrucciones de «luchar contra el pueblo» de Judea (1 Mac 15.38-39). Bajo los hijos de Simón Macabeo Judas y Juan, los de Judea lucharon contra los sirios cerca de Modín. Los sirios huyeron y Juan los persiguió hasta Cedrón, donde cayeron 2000 y sus fortificaciones fueron destruidas (16.1-10).

EDMON L. ROWELL, JR.

CENEOS (Heb. *qênî*)

Un grupo nómada que vivió en la región sur del desierto de Canaán. Eran dueños de la tierra dada a Abram como resultado de la ceremonia del pacto (Gn 15.19). El nombre «ceneo» puede tener su origen en asociación con Caín, «herrero» (Gn 4), que construyó ciudades y estableció hornos de metal. La ubicación en el sur de los ceneos y la presencia de minería y fundición de cobre en esa región presta crédito a esta afirmación. Los ceneos juegan un papel permanente en la Biblia como aliados del sur de Israel comenzando en el período mosaico y que se extiende a través del tiempo de los jueces hasta la Monarquía.

El suegro de Moisés (Hobab, Jue 4.11; Jetro, Ex 3.1; Reuel, Ex 2.18; Nm 10.29) era un ceneo, y los eruditos han propuesto que Moisés puede haber aprendido el culto a Jehová de él (cf. Ex 18). Además, Jael, la esposa de Heber, un descendiente del suegro de Moisés, es alabada por matar a Sísara (Jue 5.24, Cantar de Débora).

Los ceneos se establecieron en el sur de Judá en Arad del Neguev (Jue 1.16) y continuaron sus buenas relaciones con Israel. Durante el reinado de Saúl, en las guerras amalecitas, se pidió a los ceneos abandonar las ciudades amalecitas para evitar daños (1 S 15.6). Más tarde, David llevó a Arad el botín de sus incursiones desde su campamento en Siclag (1 S 27.10; 30.29). En tiempos posteriores al exilio, en la genealogía de Judá el Cronista enumera a los recabitas, nómadas que adoraban a Jehová citados como aliados de Jeremías (Jer 35), como ceneos.

JEFF H. MCCRORY, JR.

CENEZEO

Véase CENAZ, CENEZEO.

CENIZAS

Un medio para denotar humillación, pena, indignidad o purificación. Como símbolo de humildad, las cenizas a menudo eran mezcladas con otros elementos. Cuando Abraham se acercó a Jehová, se refirió a sí mismo como «polvo y ceniza» (Gn 18.27). Del mismo modo, Daniel ayunó y se vistió de cilicio y ceniza (Dn 9.3; cf. Mt 11.21). En el apócrifo Adiciones a Ester (14.2), Ester puso ceniza y estiércol en su cabeza como signo de humildad. Las cenizas comúnmente eran usadas para expresar congoja. Jeremías animó a la nación a acongojarse por la destrucción próxima al revolcarse en ceniza (Jer 6.26; cf. Job 2.8). Comparar algo con ceniza sugiere la inutilidad del objeto (Job 13.12) o su destrucción (Ez 28.18; cf. Job 30.19). Sin embargo, las cenizas que eran producidas quemando una novilla roja eran usadas para traer purificación (Nm 19.9-10; cf. Heb 9.13).

SCOTT M. LANGSTON

CENSO

Una enumeración oficial de un grupo o grupos de personas. El censo está bien atestiguado en el antiguo Cercano Oriente, incluyendo Egipto, Mari, Ugarit, y Asiria. Sin embargo, el censo antiguo era diferente a uno moderno en su falta de integridad. Pocas veces toda una nación era contada o recogida su información en cuanto a edad, sexo, ingreso, u ocupación. El paralelo más cercano es el «Libro del Juicio final Asirio,» que enumeró y ordenó a las personas por edad y sexo, incluyendo información sobre el tamaño de la tierra y cosas parecidas. Este censo, sin embargo, estuvo restringido a la provincia de Harán en el norte de Siria.

Éxodo 30.11-16 hace del censo de los israelitas una parte fija de la ley. Además, la Biblia informa de un censo formal en tres ocasiones. De acuerdo con Números 1, poco después del éxodo los hombres en edad de ir a la guerra fueron contados; algunos creen que probablemente 603 550 sea una cifra exagerada derivada de una tradición de embellecimiento o de un período posterior de la historia de Israel. Esta cantidad excluye a levitas, mujeres, y niños. De acuerdo a Números 26, un censo de los israelitas fue levantado después de su entrada a Canaán. En esta ocasión, los hombres mayores de 20 años de edad fueron 601 730. Además de contar a los hombres elegibles para el servicio militar (Nm 1.3), estos dos censos establecieron el mantenimiento del tabernáculo y enfatizaron el estado de exención de los levitas (1.48-53). Además, el censo en Números 26 determinaría el tamaño de las concesiones de tierra para las tribus (vv. 52-56).

Como se registra en 2 Samuel 24, David envió a Joab a contar a los hombres que podían combatir en el ejército. Una vez más, la cantidad parece exagerada: 800 mil hombres de Israel y 500 mil de Judá (2 S 24.9). Debido a este censo, Jehová envió una plaga contra Israel y mató a 70 mil personas. Se desconoce la razón de la plaga. Posiblemente, el censo implicaba el reclutamiento militar y era contrario a las reglas de la guerra santa, subvirtiendo la prerrogativa de Jehová de dirigir el ejército, o quizás existía un tabú en contra de contar el pueblo. Más probable, sin embargo, es que en la raíz hubiera preocupaciones de culto. De acuerdo con Éxodo 30.11-15, como parte del censo los israelitas tenían que dar medio siclo como rescate específicamente para evitar una plaga. Además, fue descubierta evidencia en Mari que antes de un censo se exigía un ritual de purificación. Por lo tanto, David más probablemente no cumplió con la ley de purificación de medio siclo u otra exigencia de culto, causando la plaga.

El NT menciona un censo levantado durante el reinado de Augusto que ordenaba el registro de todas las personas que vivían en el Imperio Romano (Lc 2.1). Comenzando con Augusto, la administración romana regularmente realizaba un censo de las provincias para determinar el grado de impuestos. En Egipto parece haberse llevado a cabo cada 14 años. De acuerdo con Lucas, a causa de este censo José y María fueron a Belén donde Jesús nació.

Paul S. Ash

CENTINELA

Guardia responsable de guardar vigilia (heb. *ṣōpeh, šōmēr*), a menudo sobre una torre o muro, ya sea para el rey (1 S 14.16; 2 S 18.24-27; 2R 9.17-20), en una ciudad (Sal 127.1 [Dios en sentido figurado]; Cnt 3.3; 5.7), o incluso en un campo (Is 56.10; cf. Jer 4.17), y frecuentemente en la noche (Sal 127.1; 130.6; Is 21.11-12).

El profeta Ezequiel es nombrado guardia de la casa de Israel, y llega a ser su responsabilidad particular advertir a su pueblo de que se arrepienta de sus malos caminos (Ez 3.17; 33.2-7; cf. Os. 9.8).

CENTRO DE LA TIERRA

Un epíteto para los templos santos de los samaritanos y los israelitas, en monte Gerizim y monte Sion respectivamente, que cada grupo consideraba su lugar sagrado como el «centro» (espiritual) de la tierra (Heb. *ṭabbûr hāʾāreṣ;* Jue 9.37; Ez 38.12). La traducción LXX «ombligo» (Gr. *omphalós;* cf. Lat. *umbilicus*) sugiere una conexión con la mitología del antiguo Cercano Oriente donde el templo sirve como vínculo entre cielo y tierra. Este motivo pudo haber venido a través de la literatura de Ugarit a través de la mitología cananea de la montaña cósmica (es decir, Mt. Sion) o fue agregado al texto bíblico a través de la traducción LXX durante el período helenista. Sin embargo, la literatura judía del Talmud y la midrash entendió que la expresión significaba que Jerusalén era el punto desde el cual el mundo fue creado (*b. Yoma* 54b; Tanhuma *Kedoshim* 10).

Bibliografía. E. Burrows, «Some Cosmological Patterns in Babylonian Religion,» in *The Labyrinth: Further Studies in the Relation between Myth and Ritual in the Ancient World,* ed. S. H. Hooke (London, 1935), 43-70; S. Terrien, «The Omphalos Myth and Hebrew Religion,» *VT* 20 (1970): 315-38; A. J. Wensinck, «The Ideas of the Western Semites Concerning the Navel of the Earth,» in *Studies of A. J. Wensinck* (New York, 1978), 43-70.

J. Randall Price

CENTURIÓN

El rango designado para el comandante de una *centuria* romana, una subdivisión de una cohorte. Con toda su fuerza la *centuria* consistiría de 80 soldados (no el ciento que el nombre implica).

El centurión (Gr. *hekatontárchēs*) era el oficial de más alto rango no comisionado en el ejército romano y las cohortes auxiliares. En una legión el centurión principal de la primera cohorte era designado *primus pilus;* una posición que tendría por un solo año, tras lo cual era promovido fuera de la clase de centurión. En las cohortes auxiliares los centuriones eran clasificados en seis niveles, con el centurión principal segundo al mando después del *chiliarcha* o comandante. El centurión era la columna vertebral de la organización militar romana, los soldados profesionales del imperio (cf. Polybius *Hist.* 6.24). Los centuriones son mencionados varias veces en los Evangelios y Hechos, siempre de manera positiva, y dos son mencionados por nombre: Cornelio (Hch 10.1-8) y Julio (27.1-6). Aunque no se contaban entre la aristocracia en la sociedad romana, los centuriones eran ciudadanos romanos y con frecuencia llegaron a ser prósperos e importantes en asuntos locales (cf. Luc 7.2-5; Hch10.2). Jesús alabó la fe de un centurión (Mt 8.5-13).

Bibliografía. T. R. S. Broughton, «The Roman Army,» in *The Beginnings of Christianity,* ed. F. J. Foakes-Jackson and K. Lake (London, 1933), 5:427-45; B. Dobson, «The Significance of the Centurion and the 'Primpilaris' in the Roman Army and Administration,» *ANRW* II.1, 392-434.

Dennis M. Swanson

CEPO

Instrumentos para confinar y restringir prisioneros. Los cepos probablemente se hacían de madera y eran lo suficientemente voluminosos para ser un impedimento real, e incomodidad, para los que estaban atados a ellos. Los cepos tenían unos collares agobiantes (Jer 29.26) o bloques en los que los que se insertaban los pies para evitar movimientos (13.27; 33.11), como en los que Pasur puso a Jeremías cuando se enojó por el sermón del profeta en el templo (Jer 20.2-3; cf. 29.26). Una versión de los cepos era una clase de decoración tintineante que se le ponía a los necios para corregirlos (Prov 7.22). El propósito del aparato era darle incomodidad a la víctima, distorsionando o torciendo el cuerpo de manera poco natural. Algunas Biblias en inglés traducen el heb. *ʿēṣ* («madera») como «cepo», cuando realmente es parte de una frase técnica, «piedras y árboles», asociada con ritos de fertilidad (p. ej., Jer 2.27; 3.9; Hab 2.19). En Filipos, Pablo y Silas fueron colocados en cepos (Hch 16.24), que podrían haber sido fabricados de una viga de madera con cinco grupos de agujeros para extender las piernas y ocasionar diversos grados de dolor.

Richard A. Spencer

CERÁMICA

La cerámica es uno de los hallazgos más comunes y abundantes en los sitios del antiguo Cercano Oriente. Esto se debe a que todo el mundo tenía recipientes de cerámica, y porque una vez que la arcilla era calentada en un horno, podía romperse pero no desintegrarse como sucedía con los materiales orgánicos. La cerámica puede darnos mucha información sobre diversos aspectos de la vida antigua, entre ellos los patrones de comercio, diferencias étnicas, hábitos de alimentación y culinarios, y lo cultual y ritual. Con todo, la cerámica sigue siendo utilizada principalmente como un medio de fechado. Aunque el análisis de activación petrográfica y neutrónica puede ayudar a determinar el origen de la arcilla, a las fechas absolutas se llega por medio de la creación de sistemas de clasificación, o tipologías, que agrupan a los recipientes de cerámica en base a las características estilísticas

Características estilísticas

Entre las características estilísticas utilizadas para clasificar la cerámica están el barro, la técnica, el encendido, y el tratamiento de la decoración y de la superficie. El barro es el material con el cual se hace el recipiente. Esto incluye a los elementos de la arcilla y de rastreo del suelo, las inclusiones y el desgrasante. Las inclusiones son impurezas que quedan después que la arcilla ha sido limpiada por el alfarero.

El desgrasante es un material como el terrón o la paja que añade el alfarero a la arcilla como un aglutinante. La técnica se refiere al proceso de fabricación: a mano (apretando, enrollado); en una rueda; en un molde; o combinando cualquiera de estos. Los recipientes más antiguos eran hechos a mano, y la cerámica de artesanía ha seguido haciéndose en distintas partes del Cercano Oriente hasta los tiempos modernos. La cerámica hecha con rueda llegó a ser dominante después que se introdujo a eso del 2000 a.C. Los moldes, introducidos en el período helenístico, se usaban normalmente para la producción de lámparas de aceite y ciertos tipos de recipientes.

El proceso de cocimiento seca al recipiente, y eso determina su dureza relativa. La temperatura del horno y la cantidad de oxígeno que contiene, afectan también su color. Por ejemplo, los recipientes puestos a fuego en un horno con poco o ningún oxígeno absorberán el humo y se volverán grises o negros, mientras que un horno con mucho oxígeno producirá recipientes de color rojo.

La morfología se refiere al conjunto de forma, tamaño y proporciones del recipiente. Los recipientes abiertos, tales como los tazones, los vasos y los platos, son aquellos cuyo diámetro es más grande en el borde. Los recipientes cerrados, tales como los tarros, y las vasijas grandes y pequeñas, son aquellos cuyo borde es más estrecho que la anchura de su cuerpo. Los recipientes parcialmente abiertos o cerrados, tales como las cazuelas, se encuentran entre estas dos categorías.

Hay muchas clases de decoración o tratamiento de superficie, la mayoría de las cuales se aplican antes de que el recipiente sea puesto en el horno. Entre las más comunes está el engobe, que es una fina solución de arcilla mezclada con agua que se aplica a la superficie del recipiente antes del cocimiento (si se aplica después de éste se llama lavado). La pintura puede ser semejante en composición al engobe, pero se aplica con un pincel para formar patrones. Pueden hacerse diferentes diseños encajonados, tales como el peinado, la perforación y el estampado usando diversos instrumentos. La decoración plástica se refiere a piezas o tiras de arcilla aplicadas a la superficie del recipiente. El punto acanalado, que apareció por primera vez en los períodos persa y helenístico, consiste en bandas horizontales ondulantes creadas por el alfarero al hacer girar al recipiente sobre la rueda. El bruñido es el enceramiento de la superficie del recipiente frotándolo con una piedra, una concha, o incluso un puñado de hierba. El bruñido puede aplicarse directamente a la superficie del recipiente o sobre engobe. También puede utilizarse para crear un patrón de líneas oscuras que contrastan con las zonas no bruñidas. El glaseado verdadero, que consiste en un recubrimiento vítreo sobre la superficie del recipiente, no llegó a ser común fuera de Irán e Irak antes de comienzos del siglo IX d.C.

Aunque no puede determinarse con certeza el uso preciso de cada tipo de recipiente, es posible establecer grandes categorías funcionales basadas en las características estilísticas antes descritas. Entre la alfarería de mesa están los recipientes utilizados para comer o beber, tales como platos, tazones y platos usados para servir, como jarras y garrafas. Al igual que la porcelana fina contemporánea, la alfarería de mesa tiende a ser más ornamentada que otras categorías de recipientes. Entre los recipientes para cocinar están las ollas, cuyo reborde tiene un diámetro relativamente angosto; y las cazuelas, que tienen una forma más abierta. Partiendo del más grande al más pequeño, entre los recipientes para depósito están los pithoi, los tarros (por lo general de dos asas), jarras (de una asa), y las vasijas pequeñas. El cuello pequeño y angosto de estas últimas refleja su uso como contenedores de líquidos preciados, tales como perfumes y aceites aromáticos. Las lámparas de aceite iluminaban los espacios interiores. Evolucionaron en su forma, pasando de tazones abiertos y comunes, a tazones con un pico apretado, y luego a recipientes cerrados y moldeados.

Tipos de cerámica

Los siguientes son los principales tipos de cerámica característicos de Palestina desde el Neolítico hasta la época bizantina.

Periodo de cerámica neolítica (c. 6000-4000 a.C.)

La cerámica apareció en todo el Medio Oriente c. 6000 a. C. El período Neolítico fue testigo de la transición de una economía de recolectores (de cacería y frutos), a una economía de producción (de ganadería y agricultura). Todavía sigue siendo objeto de debate si la cerámica fue introducida a Palestina desde afuera, o si se desarrolló localmente a partir de características anteriores a la cerámica del Neolítico, tales como pisos de yeso pulido, y cráneos humanos enmasillados. Los recipientes neolíticos son hechos a mano, y tienen formas simples y redondas, con una base plana. La arcilla contiene una gran cantidad de desgrasante de paja y arenilla, y tiende a ser desmenuzable a bajas temperaturas de cocimiento. Algunos recipientes están ornamentados con engobe de crema, y cubiertos parcialmente por un engobe de rojo bruñido, con partes reservadas del engobe de la crema formando galones, triángulos, o diseños parecidos. Otros tienen bandas que contienen incisiones en espiguilla con engobe rojo que cubre el resto del recipiente.

Período calcolítico (c. 4000-3300)

La cerámica de este período sigue siendo artesanal. Las impresiones sobre la base plana de algunos de los recipientes indican que eran hechos mientras los hacían giraban lentamente sobre una alfombrilla. Los tipos comunes de decoración incluyen pintura roja en los bordes de tazones y cornetas, y un pesado moldeamiento de ristras en los tarros grandes. Entre las formas comunes de recipientes estaban los cuencos en forma de V, con paramentos rectos y bordes ligeramente abocinados; cornetas, una forma distintiva calcolítica parecida a un cono de helado; tazas pequeñas con una base de argolla elevada; cuencos y cálices con pie; jarros de borde ancho con asas o anudamiento; pithoi decorados con bandas de moldeamiento de ristras; y mantequeras, con cuerpo horizontal en forma de barril asas en ambas extremos, y cuello corto y angosto. Se cree que los últimos, que representan un tipo calcolítico distintivo, eran utilizados para batir la leche para convertirla en yogur, mantequilla o queso.

Temprana Edad del Bronce (c. 3300-2000)

La Temprana Edad de Bronce se subdivide en cuatro grandes fases: Bronce Temprano I, II, III y IV, en base principalmente a los cambios de los tipos de cerámica. La mayoría de la cerámica sigue siendo artesanal. Tres grupos principales de cerámica que se destacan por su forma y decorado se encuentran en el período EB I. El primero se caracteriza por una engobe rojo pulido a mano, que decora a cuencos de forma hemisférica con una base de ónfalo (cóncavo), grandes cuencos con bordes curvos, vasijas grandes y pequeñas y con asas altas, y teteras (jarras con picos). El segundo grupo se caracteriza por rayas de color marrón o rojo pintadas en grupos, o embadurnadas con vetas sobre un fondo beige, con formas que se corresponden con las del primer grupo. Al tercer grupo lo forman piezas de alfarería de un gris pulido, de forma fuertemente aquillada imitando a vasijas de metal. A ésta se conoce como alfarería del Valle de Jezreel o de Esdraelón, por el área donde se encuentra con más frecuencia. La cerámica de los períodos EB II-III forma un solo corpus. Los recipientes tienen paramentos gruesos y pesados, y una base grande y plana. La decoración está constituida en su mayor parte por un engobe de color rojo uniformemente pulido. El patrón de peinado que se encuentran en algunos recipientes les da un tintineo metálico. Entre las formas características están las bandejas; las vasijas pequeñas periformes (en forma de pera); las jarras altas de base plana y borde abocinado; y los llamados jarros de Abydos, con un cuerpo alto y elegante, base plana pequeña, y borde abocinado con una sola asa. En el período EB III hace una breve aparición un tipo distintivo de cerámica, el Jhirbet Kerak, llamado así debido al único sitio donde se encontró en abundancia. Los perfiles de estos recipientes se caracterizan por tener forma de S y por el exterior de color negro bruñido con borde e interior rojos, un color producido por el cocimiento.

La cerámica del período del período EB IV (el BM I de William F. Albright, y el BA-BM intermedio de K. M. Kenyon) evidencia elementos de continuidad y cambio del período anterior. Algunos recipientes eran hechos en parte a mano, y en parte con rueda. La mayoría tiende a tener paramentos relativamente delgados, con un tejido de color amarillo pálido o marrón claro común en el sur, y un tejido de color gris oscuro común en el norte. Entre las nuevas formas están las teteras con base muy ancha y plana; tazas pequeñas, vasijas pequeñas; y lámparas de aceite con cuatro picos. Aunque se mantiene el rojo bruñido, entre los nuevos tipos de decorado están las rayas encajonadas rectas u onduladas, y las rayas pintadas de blanco sobre arcilla oscura. Las nuevas formas de recipientes, y la cerámica oscura decorada levemente con pintura, reflejan la influencia siria.

Edad del Bronce Medio (c. 2000-1500)

La cerámica de la Edad del Bronce Medio representa una ruptura casi total con las tradiciones de la EB, tanto en términos de formas como de decoración. A pesar de que el engobe rojo bruñido es todavía común en el inicio del período, los envases más tardíos tienden a ser sin adornos. La decoración con pintura es rara. También la técnica cambia; se usa una rueda rápida que facilita la producción de recipientes de paramentos delgados y aquillados, con bases de argolla elevadas. Las formas características incluyen cuencos aquillados con bases de argolla elevadas, al comienzo con un engobe rojo bruñido, pero hechas más tarde con alfarería delgada y blanca («cáscara de huevo»). Una forma especial aparece ahora para las cazuelas, en vez de los jarros de borde ancho utilizados antes anteriormente para ese fin. Al comienzo del período, las cazuelas tienen una base plana y paramentos rectos con moldura de cuerdas. Éstas son reemplazadas por tazones hondos con paramentos carenados y borde abocinado, que siguen haciéndose hasta la Edad del Bronce reciente. Las jarras tienen una base plana redonda o pequeña, cuerpo en forma de huevo, y tienen o no asas. Las vasijas pequeñas tienen un cuerpo en forma de huevo, una pequeña base plana, y asas múltiples (dos o tres). Las lámparas de aceite consisten en

Tipos de cerámica característicos de los diversos períodos arqueológicos	
(Desde el Período Calcolítico hasta el Período Bizantino) 640 d.C.	Edad de Hierro I 1200 a.C.
Período bizantino 330 d.C.	Tardía Edad del Bronce 1550 a.C.
Período romano 63 a.C.	Mediana Edad del Bronce 1900 a.C.
Período helenístico 330 a.C.	Mediana Edad del Bronce I 2100 a.C.
Período persa 586 a.C.	Temprana Edad del Bronce 3100 a.C.
Edad de Hierro II 930 a.C.	Edad Calcolítica 4000 a.C.

un recipiente hondo con una sola boquilla ligeramente achatada. Un tipo distintivo de la última parte del período es la alfarería Tell el-Yehudiyeh; tiene este nombre por el sitio egipcio en el que fue encontrada por primera vez. Está representada por lo general, por vasijas pequeñas periformes con una asa, y con fondo hecho de cerámica oscura con engobe de color gris oscuro pulido, agujereadas por rayas encajonadas y puntos llenos de gis blanco.

Edad del Bronce Tardío (c. 1500-1200)

Aunque en Palestina aparecieron una nueva cerámica y nuevos elementos en la Edad del Bronce Tardío, la mayor parte de la cerámica representa un avance de los tipos del BM. En general, hay un marcado desmejoramiento de la cerámica local en el BT. A la vez, aumenta el número de importaciones, especialmente de Chipre y de la Grecia micénica. Dos finas cerámicas pintadas son características de la transición del BM al BR. La primera, la cerámica bicromática de Chipre, tiene diseños pintados en negro y rojo sobre un fondo claro. La decoración con pintura está dividida en zonas que contienen animales. La segunda, la cerámica local de «chocolate sobre blanco», está cubierta con un engobe blanco cremoso pulido sobre el que se dibujaban diseños geométricos con pintura espesa de color marrón oscuro o pardo rojizo. La influencia de estos dos tipos de cerámica se refleja en la popularidad de la decoración pintada en la alfarería local del Bronce Tardío. Al comienzo del período, gran parte de la pintura es bicromática (roja y negra, o marrón), y los patrones recurrentes son complejos y bien ejecutados. El desmejoramiento posterior se refleja en el uso de pintura monócroma de color marrón y patrones más sencillos. Además, el aquillado de los tazones se vuelve gradualmente menos prominente, y sus paramentos y sus bases más gruesos. Los hombros de las cazuelas son más aquillados, y tienen un borde bajo más grueso. Los cuencos con forma de huevo del BM tienen hombros angulares y una base alongada y puntiaguda. Las lámparas de aceite son más grandes y pesadas; la boquilla es más achatada, y el cuenco tiene una aletilla (borde) por todo alrededor.

Edad del Hierro (c. 1200-586)

La cerámica encontrada en sitios pequeños de la región montañosa, asociada por lo general con el asentamiento israelita durante la temprana Edad del Hierro, es tosca. Los paramentos son gruesos y están pobremente cocidos; los recipientes parecen haber sido cocidos usando una rueda lenta. Hay poca decoración, aparte de un ligero engobe de color amarillo claro. Muchas de las formas, como las cazuelas, representan avances de las formas del Bronce tardío. Las vasijas con borde de collar, un tipo de recipiente grande para almacenar, común en estos sitios, tienen forma elíptica, un borde grueso con un reborde alzado en la base del cuello, y dos asas en el cuerpo. Al mismo tiempo, en sitios asociados con el asentamiento filisteo de la región costera se ha encontrado una fina cerámica decorada de mesa. La decoración con pintura (al comienzo marrón, y después negra y roja); los motivos geométricos y de aves enmarcados por «metopas» y formas (incluyendo cráteras con asas horizontales; los tarros de estribo; y las «jarras para cerveza»), reflejan el aparente origen egeo de los filisteos. Durante la última parte de la Edad del Hierro (después del establecimiento del Reino Unificado), esta cerámica desaparece, y la influencia fenicia se hace evidente en términos de forma y decoración. También hay un mejoramiento total de la calidad de la alfarería local. La decoración con pintura pintada es poco común, y muchos recipientes están ahora cubiertos con un engobe rojo bruñido. Al comienzo, el engobe es de color rojo oscuro, y el bruñido cubre todo el recipiente en patrones irregulares. En los recientes más tardíos, el engobe es de color rojo anaranjado, y el bruñido se hacía sobre la rueda. Esto produce un patrón en espiral, con rayas bruñidas cada vez más espaciadas con el paso del tiempo. Las formas del Hierro II características incluyen grandes cuencos aquillados con gruesos paramentos y bordes volteados hacia fuera; cazuelas con un corto borde triangular; garrafas (jarras con un alto cuello acanalado); ánforas asimétricas; y lámparas de aceite pequeñas abiertas con boquillas muy achatadas y aletillas anchas

Cerámica Hierro II in situ, Gezer Campo VII (Phoenix Data Sistemas, foto de Robert A. Lyons)

Períodos persa, helenístico, romano y bizantino (c. 586 a.C-640 d.C)

El período de dominación persa de Palestina se corresponde con el florecimiento de la Atenas clásica. Sin embargo, fue con la conquista de Alejandro Magno (332 a.C) que la cultura griega comenzó a tener un impacto significativo en la cultura material de Palestina. En cuanto a la cerámica, esto se refleja principalmente en las lámparas de aceite, que son ahora cerradas, moldeadas y decoradas, y en los cambios de la cerámica fina de mesa. Del siglo V al siglo III, la cerámica de mesa cubierta con un engobe negro brillante (mal llamado barnizado negro) era muy popular en Grecia. En sitios del Cercano Oriente se han encontrado algunas veces fragmentos de esta cerámica importada. Durante los siglos I y II, esta cerámica fue reemplazada gradualmente por cerámica cubierta con un engobe rojo brillante (mal llamado barnizado rojo). Antes del siglo I, la cerámica de engobe rojo, llamada terra sigillata, se producía en sitios de todo el Mediterráneo oriental, y era común en los sitios romanos de toda Palestina. La cerámica de mesa de engobe rojo siguió siendo popular hasta la conquista musulmana; la producida entre los siglos IV y VII es llamada cerámica roja del período Romano Tardío. Los tipos más utilitarios de alfarería persisten en las tradiciones locales; los jarros para almacenar tienen un cuerpo en forma de bolsa, mientras que las cazuelas tienen la forma redondeada que apareció en la Edad del Hierro.

Bibliografía. R. Amiran, *Ancient Pottery of the Holy Land* (Jerusalem, 1969); J. W. Hayes, *Late Roman Pottery* (London, 1972); P. W. Lapp, *Palestinian Ceramic Chronology, 200 b.c.–a.d. 70* (New Haven, 1961); J. Magness, *Jerusalem Ceramic Chronology circa 200-800 c.e.* JSOTSup 103. ASORMS 9 (Sheffield, 1993); A. O. Shephard, *Ceramics for the Archaeologist* (Washington, 1971); E. Stern, *The Material Culture of the Land of the Bible in the Persian Period, 538-332 b.c.* (Warminster, 1982).

Jodi Magness

CERDO

Aunque el cerdo es el más conocido de los animales bíblicamente «inmundos», es comparativamente inusual en la Biblia (en el NT 8 de las 12 referencias aparecen en la historia del endemoniado gadareno). Está específicamente prohibido como comida en Levítico 11.7; Deuteronomio 14.8, aunque su pesuña es partida. Aparentemente era el único animal de pesuña partida que no rumiaba, que era considerado anormal o inmundo. Además, su naturaleza omnívora y hábitos de hurgar en la basura seguramente habrían sido considerados como inmundos. Alrededor del período intertestamentario, el cerdo parece haber llegado a ser el ejemplo paradigmático de inmundicia, ya que Antíoco lo usó para exponer a los judíos religiosos (2 Mac 6.18) y para profanar el altar del templo (1 Mac 1.47).

El cerdo se usa tanto en el AT como en el NT como una metáfora de la incongruencia. Una mujer indiscreta es como un aro en el hocico de un cerdo (Pr 11.22). Jesús ordena a sus discípulos que no lancen sus perlas a los cerdos (Mt 7.6).

El cerdo es inmundo para los judíos y los musulmanes, aunque los vecinos del antiguo Israel no compartían esta opinión. Actualmente el jabalí prospera en cualquier parte de la rivera del Río Jordán, así como en las áreas más remotas del Golán y la alta Galilea.

DONALD FOWLER

CERETEOS (Heb. *kĕrēṯî, kĕrēṯîm*)
Grupo mercenario junto con los peleteos que sirvieron como guardia personal de David. Es muy probable que David encontró estos guerreros durante «el tiempo que moró en la tierra de los filisteos» (1 S 27.11). Aunque por lo general se acepta que los cereteos eran de origen egeo y vivieron en la costa del Mediterráneo al sureste de Filistea, no hay suficiente evidencia para probar de manera concluyente su derivación exacta. Posiblemente habían sido establecidos anteriormente por los egipcios como mercenarios cretenses (cf. LXX Ez 25.16; Gr. *Krētes*) como puesto de avanzada al norte. Ezequiel 25.16; Sofonías 2.5 ubican a los cereteos y filisteos en paralelo y, junto con 1 Samuel 30.14, son las únicas referencias donde los cereteos no son listados junto con los peleteos.

Los cereteos se enumeran en las dos listas administrativas de David (2 S 8.18; 20.23) bajo el liderazgo de Benaía. Benaía es también mencionado como el general del ejército de Salomón en la lista de 1 Reyes 4.2-6, y no hay referencia separada para los cereteos y peleteos. Estos combatientes debían su absoluta lealtad a David y lo siguieron en su retirada de Jerusalén durante la revuelta de Absalón (2 S 15.18) y fueron fundamentales en el aplastamiento de la revuelta de Sabá (20.7).

BRUCE W. GENTRY

CERINTO (Gr. *Kērinthos*)
Gnóstico que enseñó una cristología adopcionista y sostuvo que Jesús era el hijo natural de José y María. Vivió cerca del fin del siglo I d.C. Cerinto es un buen ejemplo de la tendencia hacia el sincretismo en la vida religiosa del mundo helenista al traer el milenarismo judío, el ebionismo temprano y el gnosticismo egipcio, y una imaginación morbosa para influir en su comprensión de la naturaleza de Jesús de Nazaret. Además, parece haber sostenido que la materia es esencialmente mala; como Marción, que el Dios del AT era un ángel o demiurgo que creó el orden natural; que el supremo Dios era en última instancia incognoscible; y que después de la segunda venida, Jesús reinaría sobre un reino terrenal lujoso y sensual.

D. LARRY GREGG

CESAR (Gr. *Kaisar*)
Originalmente el nombre de la familia de Julio César, se asumió después de la adopción en la familia de Julio por los primeros tres emperadores: Augusto, Tiberio, y Calígula. Claudio, nieto de Augusto, no fue adoptado en el clan de los julios y comenzó una nueva tradición cuando tomó el nombre de César como un apodo y mantuvo su propio apellido. Emperadores posteriores siguieron el ejemplo, tomando el nombre de César ya sea en la ascensión o cuando fueron adoptados o nombrados como herederos. El apellido se convirtió entonces en una señal de estatus. En 285, el emperador Diocleciano otorgó el título de «Cesar» (coemperador) a Maximiano. Cuando Diocleciano elevó más tarde a Maximiano a emperador (Augusto), cada uno nombró coemperadores (Césares).

César es el título por el cual el NT se refiere a los emperadores: César Augusto (Lc 2.1), Tiberio César (3.1), Claudio César (Hch 17.7). Jesús afirma el pago de impuestos a César (Mt 22.17-21 par.).

En el juicio de Jesús, los líderes judíos acusaron a Pilato de no ser «amigo de César» (Jn 19.12), y los sacerdotes afirmaron no tener «más rey que César» (v. 15). Pablo ejerció su derecho como ciudadano romano para apelar su caso ante César (Hch 25.10-12), y se refirió a «la casa de César» (Fil 4.22).

Bibliografía. C. Scarre, *Chronicle of the Roman Emperators* (London, 1995).

SCOTT NASH

CESAREA (Gr. *Kaisáreia*)
Cesarea Marítima (1399.2115), importante ciudad portuaria griega y romana en el Mediterráneo, c. 40

Acueducto elevado que trae agua a la Cesarea romana de manantiales en la ladera sur del monte Carmelo
(Foto de Aaron Levin; derechos reservados Combined Cesarea Expeditions)

km (25 mi) al norte de Tel Aviv; conocida también como Cesarea Palestinae, «Cesarea de Palestina.» Herodes el Grande la edificó entre 22 y 10/9 a.C., en el lugar de un anterior pueblo fenicio y griego llamado Torre de Strato, llamándola así por el Emperador César Augusto. Como Josefo la describió (*BJ* 1.408-15), Cesarea era una moderna ciudad helenista con mercados, teatros, calles en un plano cuadriculado, y sobre todo un puerto de gran capacidad, que también llevaba el nombre de Augusto (Gr. *Sebastós*), con muelles artificiales que protegían a los barcos de las poderosas tormentas y corrientes costeras.

Cuando los romanos anexaron Judea en 6 d.C., Cesarea se convirtió en sede de los gobernadores romanos, incluyendo a Poncio Pilato. Vespasiano, aclamado emperador allí en 69, refundó Cesarea como colonia romana, la primera en la provincia, y permaneció como metrópoli de Palestina y centro de la administración romana hasta el fin de la antigüedad. Su cenit en población e influencia fue durante el comienzo de los períodos bizantino y cristiano, de los siglos III al V, cuando Cesarea fue sede metropolitana de Palestina y celebrada por la erudición bíblica. Orígenes y Eusebio enseñaron ahí y crearon y atendieron una famosa biblioteca. En 640/41 la ciudad sucumbió al asedio árabe. En los siglos X y XI Muslim Qaisariyyah era un próspero pueblo comercial y agrícola, sin embargo, mucho más pequeño que la antigua ciudad, y en los siglos XII y XIII continuó como centro de un principado cruzado. Destruido por los musulmanes en 1265 y 1278, el lugar permaneció mayormente abandonado hasta que fue rehabitado en 1884 por refugiados bosnios musulmanes, de los cuales sobrevivió una pequeña comunidad hasta la década de 1940.

Cesarea es prominente en los Hechos de los Apóstoles como un centro urbano principal del cristianismo primitivo. Pablo zarpó de ahí al comienzo de su misión y arribó al Puerto de Cesarea antes de proseguir rumbo a Jerusalén (Hch 9.30; 18.22). Felipe el evangelista aparentemente trajo el cristianismo a Cesarea poco tiempo después de la Crucifixión, y años después él y cuatro hijas mayores, aparentemente un núcleo de la comunidad de Cesarea, hospedaron a Pablo (6.5; 21.8). Arrestado por las autoridades romanas c. 60, Pablo fue encarcelado en Cesarea por el gobernador Félix hasta que fuese juzgado por el siguiente gobernador Festo y enviado desde ahí a Roma (23.33–27.1). Mientras tanto, Pedro también había traído el mensaje cristiano a Cesarea, donde fue alojado en casa de Cornelio, un centurión romano (Hch 10). Alrededor de este hombre y su familia aparentemente se formó la más antigua comunidad cristiana gentil de cualquier lugar.

El lugar nunca se extravió, pero solo hasta recientemente los arqueólogos exploraron grandes extensiones de él. Equipos israelíes e internacionales han explorado extensamente los puertos, donde los ingenieros de Herodes utilizaron concreto hidráulico, importado de Italia, para edificar los muelles. Debajo de las calles había un elaborado sistema de cloacas y drenajes, según describió Josefo. El teatro herodiano ha sido excavado, y más recientemente el anfiteatro en la costa donde Herodes patrocinó las carreras de carros cuando dedicó la ciudad. En la plataforma del templo, encima del pueblo en su lado oriental, estaba el templo de Herodes dedicado a Augusto, que tenía estatuas colosales de la diosa Roma y Augusto como un dios. Hacia el sur, adentrándose en el mar, estaba el palacio promontorio, sin duda el pretorio de los gobernadores romanos mencionado en Hechos, donde Pablo estuvo encarcelado y se defendió ante las autoridades. La excavación actual por debajo de niveles tardíos promete revelar restos físicos de un asentamiento urbano que nutrió primero al cristianismo primitivo

Bibliografía. K. G. Holum, R. L. Hohlfelder, R. J. Bull, and A. Raban, *King Herod's Dream: Caesarea on the Sea* (New York, 1988); K. G.Holum, A. Raban, and J. Patrich, ed., *Caesarea Papers II: Herod's Temple, the Later Harbor, Byzantine Praetorium and Warehouses, the Gold Coin Hoard, and Other Studies.* Journal of Roman Archaeology Sup (forthcoming); A. Raban and K. G. Holum, eds., *Caesarea Maritima: A Retrospective after Two Millennia.* DMOA 21 (Leiden, 1996) (with bibliog.); R. L. Vann, ed., *Caesara Papers: Straton's Tower, Herod's Harbour, and Roman and Byzantine Caesarea.* Journal of Roman Archaeology Sup 5 (Ann Arbor, 1992).

KENNETH G. HOLUM

CESAREA DE FILIPOS

(Gr. *Kaisáreia hēPhilíppou*)

La capital y residencia principal del tetrarca Herodes Felipe. Ubicada en el norte de Palestina en las faldas del monte Hermón, el lugar tiene varias características que conribuyeron a su desarrollo. A una elevación de 340 m (1100 pies) sobre el nivel del mar, tiene una vista dominante del fértil valle Huleh hacia el suroeste. Ubicada en la carretera este-oeste que iba desde Tiro a Damasco, estaba vinculada al sistema de ruta de comercio internacional. El lugar también contaba con una fuente, que proporcionaba agua para los habitantes, Junto con una cueva que la hacía atractiva para actividades de culto.

El lugar ha sido sugerido como la Baalgad del AT, Baal-Hermón, o Bet-rehob, pero fragmentos de cerámica encontrados hasta el momento no son anteriores al período helenista. Los primeros desarrollos tuvieron lugar durante ese período en el área de la cueva y el manantial. Los colonizadores griegos nombraron el lugar Paneión (también se deletrea Paneas y Panías) por el dios griego Pan; el territorio circundante también fue conocido como Paneas. Se cavaron nichos en la pared del acantilado y alrededor de la cueva, reconocido como el santuario o el lugar de habitación de la deidad, y dedicado a «pan y las Ninfas.» De acuerdo con Josefo, la región fue dada a Herodes por César Augusto en 20 a.C. Herodes a su vez construyó un hermoso templo de mármol blanco dedicado a Augusto, y es muy probable que se haya convertido en el punto focal del distrito de culto. El carácter del lugar cambió después de la muerte de Herodes el Grande en 4 a.C., cuando Paneión y su territorio llegó a formar parte de la tetrarquía del hijo de Herodes, Herodes Felipe. En 2 a.C., Herodes Felipe fundó la primera verdadera ciudad ahí, llamándola Cesarea en honor de César Augusto, y Filipos, para distinguirla de la Cesarea de la costa. Como la capital de Herodes Felipe, la ciudad funcionó como centro de adoración y de gobierno. Este estatus se refleja en el relato de la confesión de Simón Pedro (Mt 16.13; Mr 8.27). La ciudad fue reedificada por Herodes Agripa II c. 60 d.C., y le cambió el nombre a Neronías, en honor del emperador Nerón. Era una de las más magníficas ciudades del mundo romano. Después de la muerte de Nerón, el nombre fe revertido una vez más a Cesarea de Filipos. De acuerdo con Josefo, Vespasiano y Tito visitaron la ciudad (*BJ* 3.443-44; 7.23-24) durante el curso de la guerra Judío-Romana (66-70 d.C.), usando el lugar para el descanso y refresco de sus tropas. Posteriormente, el nombre del lugar se volvió a revertir, esta vez al anterior nombre Paneas, preservado en el nombre moderno del lugar, Banias.

Excavaciones recientes en el lugar se han concentrado en el área de culto en la base del acantilado cerca de la cueva de Pan y el centro urbano al sur. Las excavaciones en el precinto de culto han producido los restos de un templo, quizás el que fue edificado por Herodes el Grande. Las excavaciones del centro urbano han revelado evidencia de una gran basílica de entre el siglo III y el IV, una serie de arcos con habitaciones abovedadas, una sección de la ciudad de Cardo Máximus, y un monumental criptopórtico romano temprano.

Bibliografía. Z. U. Maʿoz, «Banias,» *NEAEHL* 1.136-43.

LaMoine F. DeVries

CESIA (Heb. *qĕṣîʿâ*)

La segunda hija nacida a Job después de que sus fortunas fueron restauradas (Job 42.14).

CESTA

En las culturas bíblicas, la gente usaba cestas para transportar cargas y almacenar materiales. Había cestas en varios tamaños, algunas con asas o tapas. Los textos bíblicos utilizan diversas palabras hebreas para referirse a las cestas. La *sal* lleva alimentos (Gn 40.16; Jue 6.19; Ex 29.3). La *ṭene'* mantenía ofrendas de alimentos (Dt 26.2). La *kĕlûḇ* era una cesta tejida holgadamente (Am 8.1; cf. Jer 5.27 «jaula»). Heb. *dûḏ* se refiere a diferentes tipos de contenedores: ollas de cocción (Job 41.20[TM 12]), cestas para llevar cargas (Sal 81.6[7]) o las cabezas de los enemigos sacrificados (2 R 10.7). El niño Moisés fue colocado en una *tēḇâ,* una caja de papiro sellado (Ex 2.3, 5; *tēḇâ* se refiere al arca de Noé en Génesis 6.14–9.18).

El NT menciona dos tipos de cestas. Después de la alimentación de los 5000, los discípulos reunieron 12 cestas (Gr. *kóphinoi*) de sobras (Mt 14.20 = Mr 6.43; Lc 9.17; Jn 6.13). Después de la alimentación de los 4000, reunieron los sobrantes en siete *spyrídes* (Mt 15.37 = Mr 8.8, 20). Los evangelistas mantienen una distinción entre los términos (Mt 16.9-10; Mr 8.19-20). Además, Pablo escapa de Damasco al ser descendido del muro en una *spyrís* (Hch 9.25; en 2 Co 11.33 Pablo describe esta cesta como una *sargánē,* un cesto grande). Así, el *spyrís* era probablemente una cesta grande, mientras que *kóphinos* era más pequeña.

Perry L. Stepp

CETURA (Heb. *qĕṭûrâ*)

La a menudo olvidada tercera esposa/concubina de Abraham, atestiguada primero después de la muerte de Sara (Gn 25.1-6). Ella es la madre de seis hijos de Abraham: Zimran, Jocsán, Medán, Midian, Isbac, y Súa (también figura en 1 Cr 1.32-33). Ellos se establecieron hacia el este y el sur de los israelitas, a lo largo de lo que se conoce comúnmente como la «ruta de incienso» a través del oeste de Arabia. Sus hijos suelen identificarse con importantes tribus arameas y árabes y ciudades. Estos descendientes de Abraham y Cetura ayudaron a ampliar el alcance de la descendencia de Abraham.

No hay otra ocurrencia conocida de Cetura como un nombre personal. Algunos eruditos sugieren que ella es una personificación del comercio del incienso (*qĕṭōreṯ,* «incienso»; *qĕṭôrâ,* «ofrenda de incienso»), pero no hay evidencia fuerte para probar esta teoría.

Lisa W. Davison

CHACAL

Miembro de la familia canina, común en el suroeste de Asia y el norte de África. El chacal oriental o dorado (*Canus aureus*) se asemeja a un zorro grande en su forma y actitud; tiene cara afilada, orejas pequeñas y cola espesa. Su pelaje es de color amarillo ceniciento, moteado con tonos rojos, pardos, blancos y grises. A diferencia del zorro, los chacales son animales sociables, tienen una sola pareja durante toda la vida, y vagan en manadas pequeñas cerca de asentamientos humanos. Son tímidos, carroñeros nocturnos, y se alimentan de animales putrefactos, desperdicios, vegetación y ganado pequeño desprotegido. Su sobrecogedor aullido le ha ganado el apodo hebreo de «los aulladores» (*tannîm, tannîn*). En la mitología egipcia, Anubis, la diosa con cabeza de chacal, era guardiana de los muertos.

El chacal es presentado en la Biblia como símbolo de aislamiento, ruina y dejadez (Job 30.29; Sal 44.19[TM 20]; Jer 9.1[10]). Es posible que los animales atrapados por Sansón y soltados después con teas atadas a sus colas, fueran chacales (Jue 15.4, 5; «zorras» en las versiones RVR, como también los animales «derribadores del muro» de la burla de Tobías (Neh 4.3[3.25]).

La identificación de chacales en la historia bíblica es difícil, debido al número de palabras hebreas y de sus traducciones al griego. La LXX traduce la palabra hebrea *tannîm* como la griega *drákontes,* que significa «dragones», o «sirenas». Esto produjo las traducciones de «monstruos» o «monstruos marinos» en las versiones RVR. Otro término hebreo, *šûʿāl,* es traducido comúnmente como «zorras» (Gr. *alṓpēx)* pero puede, en muchas partes, entenderse mejor como chacales (p.ej., Jue 15.4; Sal 63.10[11]; Ez 13.4; Neh 4.3).

Mark Ziese

CHACAL, POZO DEL
Pozo o manantial (Heb. *ʿên hattannîn*; quizá también «puerta del dragón») en el valle de Hinom, situado entre la puerta del Valle y la puerta del Basurero (Neh 2.13 NVI). Algunos eruditos identifican el sitio como En-rogel.

CHIPRE (Gr. *Kýpros*)
La encrucijada en el Mediterráneo oriental, una isla 70 km (44 mi) de la costa sur de Anatolia y 95 km (64 mi) del Levante, haciendo de ella una parada obligatoria tanto de los mercaderes como de los invasores. La prehistoria de la isla parece remontarse c. 8000-10,000 a.C. Sus primeras conexiones prehistóricas parecen ser con Anatolia a partir del período Neolítico hasta la Edad de Bronce Media. Sus conexiones con el Levante y el gran Cercano Oriente parecen no haber sido estrechas hasta la Edad de Bronce Tardío, cuando los contactos egeos también llegaron a ser aparentes.

La geología de Chipre ha sido particularmente influyente en su historia. El proceso formativo principal fue la formación volcánica del macizo de Troodos en el suroeste; la mayor anomalía magnética en la faz de la tierra. La cordillera Kyrenia en contraste es una larga cadena de rocas sedimentarias elevadas, formadas durante el período Mioceno tardío. A lo largo de la costa norte, al norte de la cordillera Kyrenia, está la planicie costera norte. La otra llanura cultivable importante es la planicie Mesaoria, que se extiende entre las dos cordilleras. Este paisaje severamente dividido llevó a una particular relación de las ubicaciones geográficas de la isla entre ellas, y con influencias del exterior. Donde la gente se asentó en lugares costeros, los lugares parecen enfocados hacia afuera en los períodos históricos, siendo influenciados más fuertemente por culturas extranjeras que por el pueblo de lugares al interior de la isla. Los sitios de la Mesaoria y sitios al suroeste de Troodos se enfocaron hacia adentro o eran más puramente chipriotas en su cultura.

La cultura del período calcolítico es conocida como la cultura Erimi, por el sitio de Erimi Pamboula. Durante este período la primera evidencia del uso del metal aparece en la forma de cobre. Algunos eruditos afirman que los objetos de cobre encontrados en sitios de Erimi no fueron hechos con cobre de Chipre, implicando comercio internacional.

El período calcolítico produjo la evidencia más antigua reconocida de prácticas religiosas en la isla, figuras femeninas cruciformes talladas en picrolita. Lo que parece ser objetos de culto, o al menos un ritual de alumbramiento, se han acreditado en Kissonerga Mosfilia, representado por un modelo de santuario o casa en figurines de arcilla que incluyen el de una mujer dando a luz.

El siguiente período de transición, la cultura Filia, es descrito como Calcolítico Tardío o Bronce Tempano. Hay claros desarrollos en la metalurgia, y aparecen fuertes vínculos con la cultura material de Anatolia, particularmente en cerámica. Estos son los primeros susurros de conexiones internacionales, que caracterizan los siguientes períodos chipriota Temprano y Medio (Bronce Temprano y Medio).

Es durante los comienzos del segundo milenio que el texto de Mari menciona primero «Alašiya,» ahora generalmente reconocido como el nombre mesopotámico para Chipre. Este nombre también aparece en Anatolia, Siria, Palestina, y Egipto después de este tiempo, generalmente en conexión con el cobre y el comercio del cobre. Durante el período Chipriota Medio la tendencia hacia la variación regional emerge en la isla, que caracteriza a la cultura chipriota en mayor o menor medida hasta el día presente. Durante este período el grueso de la población parece haberse concentrado en el extremo oriental de la isla, quizás centrándose en Kalopsida. Se ha sugerido que el comercio con el Levante jugó un papel en la prosperidad de la región oriental de Chipre, que puede explicar el desarrollo de ciudades portuarias como Enkomi y Kitión al final de este período. La región del norte, representada por Lapetos, Ayia Irini, y la más noroccidental Morfou, parece haber comenzado contactos con los egeos en esta época, además de continuar los contactos con Anatolia.

El comienzo del período Chipriota Tardío es la era de Enkomi. C. 1550 se construyó un fuerte al lado del puerto norteño de Enkomi, y de ahí el enorme centro urbano desarrollado, presumiblemente basado en el comercio del cobre. Desde c. 1400 en adelante, los micenos comenzaron una fuerte presencia en Chipre, dejando grandes cantidades de cerámica distintiva en sitios costeros del sur y del este. Algunas de estas formas «micénicas» se conocen solo por ejemplos hallados en Chipre. Las relaciones con el Cercano Oriente continuaron, con correspondencia registrada entre el rey de Alasia y el rey Akenatón de Egipto; una especie de tributo fue

Lugar de nacimiento legendario de Wanassa/Afrodita «de la espuma,» cerca de Pafos
(Phoenix Data Systems, Neal and Joel Bierling)

acordado, aunque hay muy poca evidencia de la hegemonía egipcia visible en el registro arqueológico.

C. 1200 cuando los grandes centros urbanos de los egeos fueron declinando, nuevos centros urbanos comenzaron a crecer en Chipre. Los nuevos centros aparecieron en el suroeste en Palaepafos (Kouklia), en Maa Palaeokastro, y en la parte del centro en Sinda. Todos estos lugares tienen fortificaciones construidas de mampostería ciclópea y arquitectura de élite, incluyendo complejos de palacios y templos enfrentados con bloques de piedra de buen corte.

También fechado al final del siglo XIII una cantidad de «complejos de palacios» regionales fuertemente reminiscentes de la cultura minoica, sobre todo Kalavassos Ayios Dimitrios, cerca de Maroni, y Alassa Pano Mantilari en el oeste. También perteneciente a este período es el asentamiento fortificado de Pyla Kokkinokremmos, cerca de Larnaca. La imagen que emerge es de centros regionales de comercio, la competencia entre los cuales aparentemente no era siempre amigable.

Aunque trastornos posteriores del Mediterráneo oriental no pasaron por alto a Chipre, poniendo fin a la habitación en Enkomi, Kitión, y Hala Sultán Tekke, hay amplia evidencia de la continuación de la vida urbana y el comercio por toda la isla. Esta continuidad es ejemplificada por recientes descubrimientos en Idalión. Restos fúnebres dan evidencia de continua prosperidad y comercio internacional.

En el primer milenio la geografía política de Chipre se unió en las bien conocidas ciudades-reinos, cada una con su propio carácter. En Kitión, los tirianos establecieron un nuevo reino fenicio quizás 50 años después de la destrucción de la fortificación ciclopeana de la ciudad chipriota posterior. En Salamis surgió la sucesora de la abandonada Enkomi. En la costa sur surgió Amatus, e Idalión, Ledra, Quitroi, y Tamasos en el interior. De esta época en adelante el nombre Alashiya desaparece, y Chipre es conocido como Kypros en el oeste y Yadnana en el este.

Los reyes asirios Sargón II (722-705) y Esaradón (680-669) afirmaron haber tenido hegemonía sobre la isla. Como en el caso de Egipto anteriormente, hay poca evidencia arqueológica, aunque rasgos generales del cercano Oriente aparecen en los estilos artísticos y el gusto de la cerámica del período. Frascos fenicios para almacenar son comunes, incluso en los lugares del interior hasta el siglo V, y la escultura chipriota se aferra a los «caracoles» en el cabello y las cuentas del cercano Oriente mucho después que otras culturas de occidente y el Levante han renunciado a ellas

En la misma época las costumbres funerarias a menudo siguen el modelo helénico con un «dromos» que conduce a una cámara mortuoria.

Al final del siglo VIII las supuestamente llamadas tumbas reales de Salamis con su monumental construcción, sacrificios de caballos, y ricos ajuares funerarios demuestran un alto nivel de riqueza material y comercio cosmopolita. No hay duda que el bronce era la fuente de la amplia prosperidad de Chipre arcaico, con las ciudades-reinos acuñando sus propias monedas y comercio por todo el Mediterráneo. Grandes cantidades de artefactos chipriotas se encontraron en el Levante, Naucratis, y Samos.

La religión en el primer milenio parece girar en torno al culto de la Gran Diosa, la «Wanassa» en el lenguaje chipriota nativo (excepto en Kitión, donde el tradicional panteón fenicio dominó). El santuario más famoso de la diosa estaba en Pafos, donde los reyes eran sacerdotes de su culto y periódicos festivales panchipriotas se llevaban a cabo. Los griegos la identificaron con Afrodita, y la leyenda de su nacimiento en Pafos refleja la antigüedad del culto ahí.

En 545 Ciro I de Persia afirmó su hegemonía sobre Chipre, pero una vez más el señor extranjero dejó poca marca, y las ciudades-reinos continuaron gobernándose a sí mismas y acuñando sus propias monedas. Después del 500 y la revuelta jónica, el regionalismo de la isla se volvió más pronunciado. La influencia griega era fuerte en Marión y Salamis, mientras que la cultura fenicia siguió siendo influyendo en Kitión. El «Eteochipriota» Amathus tenía su propio estilo autóctono influenciado por Egipto, y el ecléctico pero inconfundible estilo chipriota nativo dominó en Pafos, Idalión, y Tamasos. La industria de bronce (Gr. *kýpros*) permaneció fuerte, provocando muchas rivalidades militares y económicas. C. 450 Kitión conquistó Idalión y se hizo cargo de Tamasos algún tiempo después.

C. 300 los fenicios kitianos fueron expulsados de Idalión, presumiblemente por los griegos helénicos que entonces dominaron hasta el advenimiento de los romanos. Durante la segunda mitad del primer milenio el griego y el fenicio aparecen lado a lado en inscripciones, y presumiblemente fueron los idiomas del comercio. En sitios como Amathus e Idalión inscripciones nativas chipriotas no griegas en la escritura cipro-silábica continúa a lo largo del período helenista.

Durante el período helenista Chipre verdaderamente se convirtió en parte del mundo griego más grande. Solo Kitión trató de resistir, después de lo cual en 312 Ptolomeo tomó la ciudad y destruyó sus templos; y su carácter fenicio. El lugar sagrado fenicio nunca fue reedificado. El período helenista duró 200 años.

En 58 a.C., Chipre llegó a formar parte de la provincia romana de Cilicia y el centro de gravedad geográfica se desplazó al suroeste, con la ciudad capital en Neo Pafos, y otro importante centro urbano en Kourión. Los romanos no usaron el antiguo método de dos pasos de procesar el cobre, pero desarrollaron un eficiente proceso de fundición de un paso, todo lo cual fue conducido en las minas por ejércitos de esclavos. Las ciudades del interior cuya riqueza había dependido de la segunda etapa en el proceso del cobre se redujeron a ciudades agrícolas. Los métodos romanos contribuyeron significativamente a la deforestación de la isla. La presencia romana era importante a través del siglo IV d.C., cuando la isla fue considerada como centro de la cultura griega en el Imperio Romano oriental.

Bibliografía. S. Applebaum, *Jews and Greeks in Ancient Cyrene.* SJLA 28 (Leiden, 1979); P. Mac-Kendrick, *The North African Stones Speak* (Chapel Hill, 1980); R. Stillwell, «Cyrene (Shahat),» *The Princeton Encyclopedia of Classical Sites* (Princeton, 1976), 253-55.

RICHARD E. OSTER, JR.

CHUZA (Gr. *Chouzás*)

«Oficial» (RVR-1995 «administrador») de Herodes Antipas. Su oficio preciso no está claro (cf. Mt 20.8; Gl 4.2). Juana, la esposa de Chuza, estaba entre las seguidoras de Jesús (Lc 8.3), lo que sugiere que el mensaje de Jesús había logrado alcanzar la aristocracia. La presencia de Juana entre los seguidores de Jesús ha llevado a especulaciones de que Chuza había muerto antes de que ella comenzara a seguir a Jesús, o que él mismo era también un convertido; ninguna de las dos ideas es sugerida por el texto. Chuza pudo haber sido un nabateo, ya que el nombre Chuza ha sido encontrado en inscripciones nabateas y sirias.

KIM PAFFENROTH

CIELO

En la cosmología hebrea cielo (s) (Heb. *šāmayim*), la morada de Jehová, y la tierra comprenden la creación de Dios. El cielo representa el cielo atmosférico, la parte superior del mundo creado, y denota el firmamento (una bóveda o techo de la tierra). Se puede usar literalmente o metafóricamente, y denota realidad fija o realidad material. Designa el hogar único de Dios, un santuario, el trono de la majestad divina, la lejanía y la trascendencia. El cielo es un espacio que rodea la tierra (p.ej., atmósfera), un lugar de signos naturales y sobrenaturales, el espacio exterior. El firmamento (Gn 1.6-8), una masa sólida (Is 45.12), se apoya en pilares (Job 26.11) y tiene ventanas (Gn 8.2). Escatológicamente, *šāmayim* se refiere a un nuevo orden que sustituye el antiguo o actual orden imperfecto. Más tarde, el cielo significa el destino y la cúspide espiritual de la rectitud de pacto con Dios, ya que algunos grupos judíos apoyaron la resurrección de los muertos y el juicio final.

En el NT, cielo(s) (Gr. *ouranós*) y tierra comprenden toda la creación, aunque los dos son distintivos (Mt 6.9). Dios los creó a los dos, pero la humanidad no lo puede entender (cf. Is 40.12). Los cielos provocan sequías, son el hogar de las estrellas, y son la atmósfera de las nubes. En el escatón, aparecerán nuevas maravillas. El NT relaciona los cielos al gobierno de Dios o reino en la tierra al regreso de Jesús. El cielo, el asiento de la redención y la reconciliación, está más allá del tiempo; puede aparecer como una serie (tres o siete); y es fundamental para este mundo en el que se experimenta la felicidad, la alabanza, y el servicio. En el judaísmo posterior al exilio del NT, el cielo simboliza a Dios o el nombre divino y atribuye la autoridad divina. El cielo no es un lugar idílico de pura luz y gloria, sino una arena de conflicto, de ira divina. El punto culminante de los actos salvíficos de Dios se presenta como una catástrofe escatológica a través del juicio de Dios. Un nuevo cielo y una nueva tierra emergen: eterno, puro, y libre de la ira de Dios (Ap 21.1, 27; 22.3). El cielo, la morada de Dios y de Jesús, antes y después de su jornada terrenal, resurrección, y exaltación, produce voces, ángeles, el Mesías y almas.

Teológicamente, el cielo es el reino de Dios. A veces, Dios y el cielo se utilizan como sinónimos, y la apertura de los cielos señala la cercanía de Dios. El cielo es la morada de Cristo desde antes del tiempo con Dios, y también para los ángeles, Satanás, y los espíritus malos. Para Cristo, el cielo es un lugar de origen antes de venir a la tierra, y su destino en la Ascensión. Es el lugar de la actividad de Cristo a favor de la iglesia, y de donde viene en la Parousía. Soteriológicamente, el cielo es el escenario de la verdadera Jerusalén de la misericordia de Dios, las bendiciones y la verdad. El bendito reside en el cielo a través de la ascensión. En los Profetas y los Salmos, el cielo es el asiento de la soberanía divina.

El cielo es la morada de Dios y de los ángeles de Dios, el justo, y el santo. Es la casa verdadera de los cristianos en la tierra, los tesoros del fiel, y la arena de la salvación, el hogar definitivo de los discípulos de Cristo. Para Mateo, Jesús tiene la autoridad en el cielo y en la tierra, una mediación de arriba y mediación lógica eclesiológica de abajo. Para algunos, el reino de los cielos de Mateo se refiere a una realidad futurista, inminente, pero de otro mundo, donde el mundo actual ya no existe. Otros sostienen que el reino de los cielos de Mateo no siempre se refiere al futuro, como distintivo del reino de Dios ya ha comenzado. El reino de los cielos de Mateo puede estar ya iniciado en el ministerio de Jesús, y si no se reconoce, muestra la dureza espiritual de uno.

En Apocalipsis el cielo quiere enviar mensajeros para que los cristianos puedan entender las cosas espirituales. El cielo parece ser un campo de actividad en el que se actualizan, se lucha por ellas y se determinan las cualidades sociales humanas básicas. El mundo celestial, espiritual, tiene cuerpos celestiales, siempre mantenidos por la presencia energética divina que fue, es y será.

Para los cristianos, la cosmología contemporánea requiere de un cielo de la fe no contenido por un hemisferio sobre el horizonte como la sala trono de Dios. Dios no existe sólo en un sentido espacial localizado de cielo por encima del mundo, ni metafísico, más allá del mundo. Nuestra experiencia del cielo no está limitada por lo infinito o finito del universo en espacio y tiempo. El cielo de la fe es ontológico, una forma de ser. El cielo de Dios es el escenario de Dios de existencia simbolizado por el cielo físico visible, denotando una esfera misteriosa, invisible del gobierno de Dios, y completa todo lo que es bueno. El cielo simboliza la esperanza de resurrección a una experiencia de amor por la vida antes y después de la muerte, al estar interconectado y a la vez basado en el cielo y en la tierra. El cielo es ahora y en proceso, todavía no. El cielo encarna la visión de la vida eterna con Dios llena de reciprocidad, misericordia, y justicia que concede una libertad trascendente, un amor escatológico, y una salvación liberadora de la humanidad.

Bibliografía. D. A. Carson, «The ὅμοιος Word-group as Introduction to Some Matthean Parables,» *NTS* 31 (1985): 277-82; K. Grayston, «Heaven and Hell: A Door Opened in Heaven,» *Epworth Review* 19 (1992): 19-26; H. Küng, *Eternal Life?* (Garden City,

1984); J. Michl, «Heaven,» en *Sacramentum Verbi,* ed. J. B. Bauer (New York, 1970), 366-69; M. Pamment, «The Kingdom of Heaven According to the First Gospel,» *NTS* 27 (1981): 211-32; G. von Rad and H. Traub, «ouranós,» *TDNT* 5.497-543; K. Syreeni, «Between Heaven and Earth: On the Structure of Matthew's Symbolic Universe,» *JSNT* 40 (1990): 3-13.

CHERYL A. KIRK-DUGGAN

CIEN, TORRE DE LOS

Una torre en la esquina noreste de la muralla de Jerusalén cerca de la torre de Hananel, entre la puerta de las Ovejas y la puerta del Pescado. Fue restaurada por Nehemías (Neh 3.1; 12.39). El significado de su nombre es incierto, tal vez indicando su altura (quizá 100 codos de altura o accedida por 100 escalones) o su tamaño e importancia para la defensa (albergar una guarnición de «cien»). Algunas traducciones transliteran Heb. *hammēʾâ* y la llaman la torre de Mea (o Hamēa).

RICHARD A. SPENCER

CIERVA DE LA AURORA

Tal vez el nombre de una canción o una instrucción musical similar (Heb. *ʾayyeleṯ haššaḥar*), mencionada en el encabezado del Salmo 22(TM 1; NVI «la cierva de la aurora»). La frase sugiere un tema común de los Salmos, la ayuda de Dios a los necesitados (cf. Sal 46.5[6]).

CIERVO

Tres palabras hebreas se identifican comúnmente como ciervo: *ʾayyāl, yaḥmûr, ʿōper.* Todos estos tres animales eran adecuados para comer; *ʾayyāl* y *yaḥmûr* fueron expresamente designados como alimentos limpios (Dt 12.15; 14.5; 15.22).

Históricamente cuatro especies de ciervos han habitado Palestina: el ciervo rojo (*Cervus elaphus*), dos variedades del gamo (*Cervus [Dama] dama* y *D. Mesopotamica*), y el corzo (*Capreolus capreolus*). Mientras que el más bien grande ciervo rojo (altura 1.37 m [54 in]) era la especie predominante en Palestina durante los períodos prehistóricos, la evidencia arqueológica sugiere que su población más tarde disminuyó y finalmente desapareció debido a cambios climáticos y deforestación; sin embargo, fueron descubiertos huesos en Hesbán de niveles tan tardíos como los períodos del Hierro II o hasta Ayyubid/Mamluk. Los corzos son animales pequeños, delicados y tímidos (altura 76 cm [30 in]) que sólo se reúnen en pequeñas manadas y rara vez son vistos. Aunque sin duda estuvieran presentes en Palestina a través de los períodos bíblicos, rara vez han aparecido en restos arqueológicos, lo que sugiere que ellos fueran rara vez vistos o cazados y probablemente no sean mencionados en la Biblia.

El gamo ligeramente más grande (altura 102 cm [40 in]) era más visible ya que viajaban en manadas bastante grandes. Sus huesos aparecen con más frecuencia que cualquier otra especie de ciervos en sitios, como Hesbán y Tel Dan, lo que sugiere que ellos fueron bien conocidos por pueblos antiguos. Es, por lo tanto, probable que el ciervo que los israelitas antiguos conocían mejor era el gamo, que así debería ser identificado con el heb. *ʾayyāl* (Dt 12.22; 1 R 4.23 [TM 5.3]; Sal 42.1 [2]; Cnt 2.9, 17; Is 35.6).

Heb. *yaḥmûr* (1 R 4.23 [5.3]; Dt 14.5) tiene la connotación de «rojo», y ha sido, como *ʾayyāl,* asociado con el gamo que tiene un color oxidado pálido. Sin embargo, ya que 1 Reyes 4.23 (5.3) distingue entre los dos términos probablemente no deberían ser identificados con las mismas especies. Otra posibilidad es el ciervo rojo, que no sólo es rojo en color, pero posiblemente todavía vivía en el área durante la Edad de Hierro y períodos árabes. Una tercera suposición es el bubal o alce rojo (*Alcelaphus buselaphus; cp.* LXX Gr. *bubalos* para *yaḥmûr*).

Según el naturalista del siglo XIX H. B. Tristram, los árabes afirmaron haber cazado esta bestia cerca de los manantiales al este del Mar Muerto; aunque no hay otra evidencia de que estos animales alguna vez hayan vivido tan al norte como Palestina, ellos aparentemente vivieron en Egipto durante tiempos dinásticos.

Heb. *ʿōper* (Cnt 4.5; 7.3 [4]) tiene la connotación de «joven» y debería ser probablemente identificada con cualquier ciervo joven o animal parecido a un ciervo (como la gacela) y no comparada con una especie particular.

RANDALL W. YOUNKER

CILICIA (Gr. *Kilikía*)

Un país en el sur de Anatolia, la costa sudeste de Asia Menor. Cilicia tenía dos regiones geográficas distintas, las escarpadas costas occidentales (Cilicia áspera) y la planicie fértil en el este (Cilicia campestre). Está rodeada de montañas, en el oeste por sus propias montañas que la separan de Panfilia, en el norte por la cordillera del Tauro que la separa de Capadocia y Licaonia, y en el este por la cordillera del Amano que la separa de Siria. En la antigüedad Cilicia ofrecía la principal ruta comercial entre Siria y las secciones centrales de Asia Menor.

Los cilicianos afirmaban que su tierra había sido fundada por Cilix, el hijo de Agenor, quien acompañó a sus hermanos Cadmus y Fénix en busca de su hermana Europa, pero que se establecieron en su planicie fértil. Debido a su estratégica ubicación para el comercio, Cilicia fue invadida sucesivamente por los griegos micenos, los asirios, los persas (bajo quienes los cilicianos tuvieron cierto grado de autonomía como una satrapía), Alejandro Magno, los reyes seléucidas, y finalmente los romanos quienes lograron entrar en la provincia en 102 a.C. En 67 a.C., Pompeyo erradicó la piratería que floreció en las costas escarpadas (que eran inmanejables y no fueron agregadas a la provincia sino hasta el reinado de Vespasiano, 69-79 d.C.). En el 51-50 a.C. Cicerón como gobernador trató de mala gana corregir numerosos problemas administrativos previos. En 36 a.C., Marco Antonio dio Chipre y las accidentadas costas occidentales a Cleopatra como un regalo. Bajo los gobernadores romanos la región fue a veces unida a Siria por motivos de gobierno.

En el NT Cilicia es mejor conocida como el país de origen de Pablo (Hch 21.39; 22.3; 23.34) y una parada en sus viajes misioneros a través de Asia Menor (15.41; Gl 1.21).

Richard A. Spencer

CILICIO

Tipo de tela rústica, hecha de pelo de cabra (o camello). El cilicio (heb. *kaq*; gr. *sákkos*) aparece más frecuentemente en la Biblia (como en cualquier otra parte en el antiguo Cercano Oriente) como un material que se usaba para ropa durante épocas de aflicción y luto. Ya que las cabras en el mundo mediterráneo eran mayormente café oscuro o negras, el cilicio en sí era de color oscuro (cf. Is 50.3; Ap 6.12). Una prenda de cilicio podría cubrir todo el cuerpo, en cuyo caso se usaba holgadamente y se ceñía alrededor de la cintura con una faja o lazo, o podría ser un simple un taparrabos. El uso de cilicio podría simbolizar dolor o penitencia, ya sea a nivel personal (Gn 37.34; Jl 1.8) o nacional (Jud 4.10; Jon 3.8, en estos dos ejemplos, ¡hasta a los animales se les viste con cilicio!); también se describe como una vestidura profética en Apocalipsis 11.3. El material también se usaba para hacer tiendas, velas y carpetas.

CÍMBALOS

Instrumento musical (Heb. *mĕṣiltayim, ṣelṣĕlîm;* Gr. *kýmbalon*), que consta de dos discos o tazones (cf. Gr. *kýmbē*) de metal (1 Cr 15.19, bronce), sostenidos en las manos y golpeados. Se podían obtener diferentes sonidos (cf. Sal 150.5) de los címbalos de diferentes formas o quizás al sostener los instrumentos de manera vertical u horizontal.

Los címbalos se emplearon en la fiesta del retorno del arca a Jerusalén (1 Cr 15.16, 28; cf. 13.8) y la dedicación del templo por el rey Salomón (2 Cr 5.12-13). Asaf, Hemán, y Jedutún estaban a cargo de los címbalos (1 Cr 16.5, 42). Más tarde los levitas asumieron las funciones de cimbalistas, durante el reinado de Ezequías (2 Cr 29.25) y en la dedicación de la fundación del templo posterior al exilio (Esd 3.10) y de los muros de Jerusalén (Neh 12.27).

CINA (Heb. *qînâ*)

Ciudad en la parte sur del territorio asignado a Judá (Jos 15.22), probablemente asociada con los ceneos (Heb. «[aldea de]herrero»). El sitio está probablemente situado a lo largo del Wadi el-Qeini cerca de Arad.

CINERET (Heb. *kinnereṯ*)

1. Un gran lago de agua fresca en el norte de Israel conocido por varios nombres: Cineret (Nm 34.11; Dt 3.17; Jos 13.27), Cinerot (Jos 11.2; 12.3), el mar de Genesaret (Mr 6.53; Lc 5.1), el mar de Galilea (Mt 15.29; Mr 1.16), y lago Tiberias (Jn 6.1; 21.1). El nombre del mar puede haberse derivado del Heb. *kinnôr*, que significa «arpa,» reflejando la forma del lago.

2. Una ciudad (Heb. *kinnāreṯ*) ubicada en el lado noroccidental del mar de Cineret. Era una de las ciudades fortificadas en la asignación tribal de Neftalí (Jos 19.35). La ciudad es mencionada en la lista de Tutmosis III de ciudades conquistadas durante su campaña (c. 1468 a.c.). El lugar es identificado con el moderno Tell el-ʿOreimeh/Tel Cineret (2008.2529).

3. El territorio alrededor de la ciudad (Cinerot; Heb. *kinĕrôt*) y el lago conquistado por Ben-hadad del rey Baasa de Israel (1 R 15.20). En el NT es conocido como la tierra de Genesaret (Mt 14.34).

Bradford Scott Hummel

CIPRÉS

Cualquiera de un género de árboles *(Cupressus)* que son coníferas de hoja perene, con frecuencia en forma casi cilíndrica. El ciprés italiano (*Cupressus sempervirens*), común en muchos países a la orilla del Mediterráneo, crece a una altura de 30 m (90 pies).

La RVR-1960 traduce el heb. *bĕrôš* como «hayas» (Sal 104.17; Ez 27.5; 31.8), pero con más frecuencia «ciprés» (p.ej., 1 R 5.8[TM 22]; Os 14.8). Como con otros árboles de hoja perene mencionados en el AT, la identificación de este árbol es incierta.

CIRCUNCISIÓN

La eliminación del prepucio del miembro viril. Mientras que era practicado por algunos pueblos del antiguo Cercano Oriente por diversas razones y en maneras específicas, la circuncisión tenía un lugar único en la adoración y práctica del pueblo de Israel.

De acuerdo con Génesis la circuncisión fue primero practicada por los patriarcas y abarcaba a todos los varones de la casa, incluyendo esclavos; incluso los extranjeros residentes tenían que ser circuncidados para observar la Pascua (Gn 34.13-24). Normalmente, los niños varones eran circuncidados a los ocho días de nacidos (Gn 17.12; Lv 12.3). La circuncisión se convirtió en la señal de identidad más importante que separaba a los israelitas de los pueblos vecinos. Era un requisito del pacto de Dios (Gn 17.9-14), junto con la observancia del sábado y las leyes alimentarias. Para la época de los macabeos la circuncisión estaba íntimamente ligada a la identidad de Israel como el pueblo de pacto de Dios (1 Mac 1.14-15, 60-61; 2 Mac 6.10). Fue la marca más importante que distinguió al judío del gentil, aquellos que estaban dentro del pacto de los que estaban afuera.

Los pueblos conquistados eran circuncidados para que los habitantes pudieran ser vistos como parte de Israel (1 Mac 2.46; Josefo *Ant.* 13.257-58, 318). Para la época del judaísmo del Segundo Templo los términos «circuncisión» y «judío» eran prácticamente sinónimos. A pesar de que la circuncisión era practicada por otros pueblos de la época (p.ej., los egipcios), fuentes grecorromanas destacan la práctica como una marca distintiva del judaísmo (p.ej., Tácito *Hist.* 5.5.2).

Todo esto no debe malinterpretarse en el sentido de que solo la práctica externa de la circuncisión era importante para mantener el pacto. La circuncisión y la obediencia a todo el pacto iban de la mano. La transformación del corazón del individuo era de una importancia tan esencial que sin ella la circuncisión no tenía valor (Dt 10.16; 30.6; Jer 4.4; 9.25[TM 24]). Una fina distinción entre externo e interno no se puede mantener en el judaísmo; los que son el pueblo de Dios deben vivir como el pueblo de Dios.

En el NT la cuestión de la circuncisión viene a la superficie a finales de los años 40 d.C., con el Concilio de Jerusalén (Hch 15.1-29; cf. Gl 2.1-10). Por qué no parece ser un asunto importante a principios en la iglesia, es difícil de decir.

La discusión de la circuncisión en el NT encuentra su centro en el corpus paulino. En Gálatas Pablo insiste que a los creyentes gentiles no se les debe exigir la circuncisión. Para los oponentes de Pablo esto era nada menos que el abandono de un requisito que estaba tan inextricablemente ligado a la identidad nacional de Israel. Para los oponentes de Pablo uno no podía abandonar la circuncisión, la señal del pacto de Dios con Abraham, y permanecer fiel al pacto. Pablo argumenta con mucha fuerza en Gálatas que los gentiles pertenecen al pueblo de Dios en virtud de su fe en Cristo. Ellos no necesitan identificarse a sí mismos como judíos al identificar las insignias del pacto tan identificado con el Israel étnico. De acuerdo con Pablo la cruz es el camino por el que uno entra en el pacto, convirtiéndose en miembro del pueblo de Dios (cf. Col. 2.11). Por lo tanto Pablo puede acusar a sus oponentes de disminuir la cruz en su deseo de retener la circuncisión (Gl 5.11; 6.12-15). Para Pablo no se podría poner importancia en la circuncisión ni en la incircuncisión, judío ni gentil, en Cristo Jesús.

Bibliografía. J. M. G. Barclay, *Obeying the Truth: Paul's Ethics in Galatians* (Minneapolis, 1991); S. J. D. Cohen, «Crossing the Boundary and Becoming a Jew,» *HTR* 82 (1989): 13-33; J. Collins, «A Symbol of Otherness: Circumcision and Salvation in the First Century,» en *«To See Ourselves as Others See Us»: Christians, Jews, «Others» in Late Antiquity,* ed. J. Neusner and E. Frerichs (Chico, 1985), 163-86; J. D. G. Dunn, *The Partings of the Ways: Between Christianity and Judaism and Their Significance for el carácter de Christianity* (Philadelphia, 1991), 28-29, 124-27; J. Nolland, «Uncircumcised Proselytes?» *JSJ* 12 (1981): 173-94; F. Thielman, *Paul and the Law* (Downers Grove, 1994), 119-44.

Allan R. Bevere

CIRENE (Gr. *Kyrēnē*)

La capital de la provincia romana de Cirenaica en el norte de África (moderna Libia), ubicada c. 8 km (5 mi) hacia el interior. Cirene era, junto con Berenice, Arsinoë, Tolemaida, y Apolonia, parte de la región conocida como la Pentápolis (Plinio *Hist. nat.* 5.31). Fue establecida por los griegos en el siglo VII a.C. (Herodoto *Hist.* 4.145-59). Durante la mayor parte del período helenista esta región estuvo bajo el dominio de los Ptolomeos, pero cayó bajo la hegemonía romana en 96 a.C. Durante la primera mitad del siglo I a.C., Libia y Creta se unieron para formar la provincia senatorial romana de Cirenaica.

A pesar de que el diseño de la ciudad se deriva del período helenista, la mayor parte de las estructuras arqueológicas existentes vienen del período romano e incluyen el santuario de Deméter, un Augusteum, un templo de Zeus, un ágora, la casa de Jasón Magnus, baños trajánicos, un anfiteatro, un hipódromo, y un altar de Apolo. Cirene también tiene la más elaborada y amplia necrópolis de cualquier ciudad griega.

La presencia de una importante comunidad judía en Cirene data de al menos el primer período helenístico (cf. Strabo, citado en Josefo *Ant.* 16.7.2). Durante el primer período romano, numerosos judíos de Cirene participaron en la política local y en la vida cívica y no carecían de representación importante en la clase alta (Josefo *BJ* 7.11.2 [445]). Durante fines del siglo I y principios del siglo II d.C., la mayoría de los judíos en Cirene eran susceptibles, por razones sociales y económicas, a la retórica de los líderes mesiánicos judíos. Estos judíos del norte de África participaron en una sedición anti romana durante el reinado de Vespasiano y más tarde, con muchas más grandes consecuencias, durante el reinado de Trajano.

Bibliografía. S. Applebaum, *Jews and Greeks in Ancient Cyrene.* SJLA 28 (Leiden, 1979); P. Mac-Kendrick, *The North African Stones Speak* (Chapel Hill, 1980); R. Stillwell, «Cyrene (Shahat),» *The Princeton Encyclopedia of Classical Sites* (Princeton, 1976), 253-55.

RICHARD E. OSTER, JR.

CIRENIO (Gr. *Kyrēnios;* Lat. *Quirinius*)
Publio Sulpicio Quirino, gobernador (legado) y cónsul de Siria. Posiblemente como resultado del servicio militar distinguido durante las campañas de Augusto en Accio (31 a.C.) y España (20s), Quirino surgió de la clase plebeya para ser elegido cónsul en el 12 a.C. Cuando Augusto eliminó a Arquelao, hijo de Herodes el Grande, como gobernante de Judea en 6 a.C., Cirenio fue nombrado gobernador (legado) y encargado de la tarea de completar la anexión formal de Judea. Él disfrutó de un considerable favor político y poder durante los reinados de Augusto y Tiberio César hasta su muerte en 21 d.C.

Tanto Josefo (*Ant.* 27.13.5; 28.1.1) y una inscripción descubierta en Aleppo informan que Cirenio llevó a cabo un censo de Judea a efectos fiscales como parte de este proceso (cf. Hch 5.37). Lucas asocia el nacimiento de Jesús con este censo (Lc 2.1-7) y los «días del rey Herodes» (1:05), que murió en 4 a.C. Así pues, existe una diferencia de al menos una década en relación con la natividad.

TIMOTHY B. CARGAL

CIRO (Heb. *kôreš;* O. Pers. *kuruš*)
Ciro II, rey de Persia 558-530 a.C. Aunque fuentes antiguas relatan variadas historias sobre el linaje de Ciro y su ascenso al poder, parece más probable que haya sido el hijo de un monarca que gobernó grupos tribales nómadas centrados en la región de Pasargade. Un rey cliente del monarca de Media, Ciro fue aparentemente solicitado por nobles elamitas en 553 para rebelarse en contra de su señor medo. El rey de los medos saltó al campo para suprimir la revuelta de Ciro, solo para que su ejército se volviera en contra de él, por lo que se rindió ante Ciro. Para 550 Ciro había establecido Ecbatana, una de las principales ciudades de Media, como residencia real persa y había consolidado su gobierno sobre Persia y Media.

De los Medos, Ciro adoptó una cantidad de estructuras administrativas y sociales, dando al imperio persa una base que le serviría bien. Con la unificación de los «Medos y los Persas» (Dn 5.28; Est 10.2), una fuerza emergió en el antiguo Cercano Oriente que iba a dominar su historia por los siguientes 200 años.

Tan pronto como sintió que los recién combinados territorios estaban estables, Ciro comenzó a ampliar la esfera de su gobierno. El primer movimiento de Ciro fue hacia el noroeste, atacando el reino de Lidia, gobernado en esa época por Creso, cuya legendaria riqueza era el resultado del sagaz control del comercio terrestre entre Asia y el mundo griego. En 547 la capital Lidia de Sardis había caído ante los persas, y una gran parte del interior de Asia Menor estaba ahora sometida a Ciro. El siguiente esfuerzo de Ciro en expansión fue dirigido hacia el oeste en dirección a Babilonia, un imperio que había ocupado mucho del territorio dejado vacante por el Imperio Asirio cuando se derrumbó. Ya en 543 Nabonido, rey de Babilonia, había comenzado a hacer preparaciones para la guerra con Ciro. En 539 Ciro dirigió su ejército a la región de las llanuras de Diyala al este de Babilonia y se estableció como el legítimo monarca de la región, dedicándose por varios meses a la mejora de los sistemas de riego y otros recursos públicos que los reyes de Babilonia habían dejado caer en el abandono. Durante esta misma época Ciro pudo reforzar las fuerzas en la capital buscando socavar el gobierno de Nabonido, y a finales de 539 Ciro y su ejército pudieron entrar en Babilonia sin combatir. A Babilonia se le concedieron privilegios especiales de acuerdo con su historia notable, y Ciro había adquirido efectivamente el gobierno sobre todo el Cercano Oriente aparte de Egipto.

Es presumiblemente durante el tiempo que Ciro ocupaba la llanura de Diyala que los judíos del exilio en Babilonia comenzaron a sentir la mano de Dios en la formación de este inesperado cambio en el destino del mundo. La segunda parte de Isaías habla de Ciro como «pastor» de Dios (Is 44.28) y hace la atrevida afirmación de que Ciro es el ungido de Dios («Mesías»; 45.1). El profeta añade que Dios está detrás de la notable capacidad militar de Ciro, aunque Ciro no es un seguidor del Dios de Israel (Is 45.1-4). La conquista de Ciro de Babilonia es vista como el medio de la redención de Israel del exilio y el comienzo de un regreso a Sión. Esta misma evaluación positiva del papel de Ciro se refleja al final de Crónicas y el inicio de Esdras, donde se dice que Dios «despertó» el espíritu de Ciro para decretar el retorno de los exiliados a Jerusalén y el reestablecimiento del templo. Si bien la autenticidad de dicho decreto ha sido puesta en duda, hay claras indicaciones de que tanto la fraseología del decreto y el modelo de la política imperial persa hacia los pueblos sometidos dan credibilidad al decreto. Esta misma generalmente positiva evaluación del papel de Ciro en relación con la comunidad judía se refleja en las narrativas posteriores en Esdras donde el decreto de Ciro de reedificar el templo sirve para proteger la comunidad de interferencia de parte de los pueblos vecinos (Esd 3.7; 4.3, 5; 5.13-17; 6.3, 14). Fuera de estas menciones, la figura de Ciro no juega un papel importante en la Biblia.

Después de su absorción de Babilonia y sus explotaciones, Ciro aparentemente pasó tiempo atendiendo la infraestructura de su gobierno. Algunas de las principales capitales del imperio persa, como Pasargade, fueron fundados probablemente durante este tiempo. Sin embargo, hay poca documentación del gobierno de Ciro después de la captura de Babilonia. Para 530 Ciro se estaba moviendo al Asia Central, aparentemente con la intención de ampliar las fronteras del imperio. Antes de partir a esta campaña, nombró a su hijo Cambises como su sucesor al trono, y lo puso como rey sobre Babilonia. En el curso de la campaña en Asia Central, Ciro fue asesinado. Incluso contemporáneos cercanos como el historiador griego Herodoto admiten que había varias versiones de la historia de su fallecimiento. Los restos de Ciro fueron enterrados en un sencillo pero impresionante mausoleo en Pasargade, y antiguos visitantes informan de una inscripción autobiográfica donde se atribuye el crédito de haber fundado el imperio persa; no han sobevivido rastros de la inscripción.

Después de su muerte, Ciro se convirtió en una figura legendaria. Reconocido por su sagacidad política y su capacidad militar, muchos en el mundo griego vieron a Ciro como un líder ideal. El escritor griego Jenofonte escribió un relato semificticio de la primera educación de Ciro, la *Cyropaedia,* donde alaba los logros del rey persa, reales y exagerados, y bosqueja un curso ideal de estudio para desarrollar esos grandes líderes. Varios siglos más tarde, el historiador judío Josefo tuvo a Ciro embarcándose en la formación de un imperio mundial como el resultado de sus lecturas en el profeta Isaías. Esta última tradición está llena de improbabilidades históricas, pero evidencia el deseo de muchos de ver a Ciro como parte de su propia tradición religiosa y cultural.

Bibliografía. J. M. Cook, *The Persian Empire* (New York, 1983), 25-43;M. A.Dandamaev, *A Political History of the Achaemenid Empire* (Leiden, 1989), 10-69; A. Kuhrt, «The Cyrus Cylinder and Achaemenid Imperial Policy,» *JSOT* 25 (1983): 83-97.

KENNETH G. HOGLUND

CIS (Sum. *Kiš*) (LUGAR)

La capital de una ciudad-estado antigua situada en una rama ya muerta del Éufrates. El sitio actual (en Irak, noreste de moderna Hilla) consiste de una serie de tells c. 14.5 km (9 mi) suroeste de la antigua Babilonia.

De acuerdo con la lista de reyes sumerios, Cis representó la primera dinastía después del diluvio; fue aquí donde la realeza descendió del cielo y se le dio a la humanidad. El título «rey de Cis» fue de gran importancia en los períodos históricos tempranos, y fue de Cis que Sargón se propuso crear el reino of Acad. Cis floreció como una ciudad dinástica temprana que era un rival de Erec; estaba vinculada con el legendario rey Etana, y el rey Aga de la dinastía temprana II se opuso a Gilgamés. Cis estuvo ocupada de forma continua desde el tiempo de Acad a través de los períodos babilonio antiguo y kasita.

El sitio fue excavado por los franceses (comenzando en 1912), por una expedición conjunta Oxford (Museum Asmoleo) y Chicago (Museo Field; 1923-1933), y por una expedición japonesa dirigida por Hideo Fuji (1989); sólo una temporada de la expedición japonesa se completó antes de la Guerra del Golfo Pérsico de 1991. Las excavaciones han arrojado un nivel de depósito de inundaciones (c. 3300 a.C.), muchas tablillas cuneiformes de la ocupación anterior y el segundo milenio, tumbas, cerámica, palacios, templos, ziggurats, y canales, y una variedad de otros objetos. Debido al gran complejo de tells en el área general, se necesitan mucho más detallada excavación e investigación para aclarar las ocupaciones.

LARRY L. WALKER

CIS (Heb. *qîš*) (PERSONA)

1. Un benjamita de Gabaa, hijo de Abiel y padre de Saúl (1 S 9.1). Un hombre rico (cf. 1 S 9.3), Cis se describe como un *gibbôr ḥayil,* un «hombre bien situado» (JER), aparentemente una persona de estado militar o material privilegiado. La afirmación de Saúl de que él viene del más «pequeño» de los clanes de Benjamín (1 S 9.21) se refiere a un estatus o tamaños del clan. Cis fue enterrado en Zela en Benjamín, donde Saúl y Jonatán fueron también enterrados después que sus cuerpos fueron recuperados de los filisteos (2 S 21.14).

2. Un hijo (o descendiente) de Jeiel y Maaca (1 Cr 8.30; 9.36). Algunos eruditos equiparan este Cis con **1** al identificar a Jeiel («Jah[weh] es Dios») con Abiel («Mi padre es Dios»), pero esto no resuelve las dificultades planteadas por las genealogías dispares (1 S 9.1; 1 Cr 8.29-33; 9.35-39). Sin embargo, debido a que el Cronista en otro lugar designa correctamente el padre de Saúl (1 Cr 26.28), el linaje dado en 1 Crónicas 8-9 podría ser una genealogía variante, corrupta de Cis **1** o referirse a un Cis totalmente diferente, quizás el tío de **1** anterior (cf. 1 Cr 9.36).

3. Un levita del clan de Merari, hijo de Mahli y padre de Jerahmeel, cuyo nombre se convirtió en la designación para uno de los cursos levitas (1 Cr 23.21-22; 24.29). Sus hijos se casaron con sus primas, las hijas de Eliazar hermano de Cis (1 Cr 23.22).

4. Hijo de Abdi, también un levita del clan de Merari, que participó en la limpieza del templo durante las reformas de Ezequías (2 Cr 29.12).

5. Un benjaminita antepasado de Mardoqueo (Est. 2.5). Algunos eruditos leen el texto hebreo para que signifique que él en lugar de Mardoqueo había sido deportado durante la época del rey Joaquín (Est 2.6). Otros argumentan que la lista genealógica de 2.5 ha sido condensada para ligar a Mardoqueo con **1** anterior, haciendo a Mardoqueo un descendiente de la primera familia real de Israel.

JEFFREY C. GEOGHEGAN

CISÓN (Heb. *qîšôn*)

Un wadi (Wadi el-Muqaṭṭaʿ) que drena el valle de Jezreel occidental, la planicie de Esdraelón, y la llanura de Acco. Varios wadis alcanzan 6.5 km (4 mi) noreste de Meguido y desembocan en el Cisón: Wadi en-Nusf/Wadi Shemmah, sur de monte Gilboa; Wadi Muweili, desde el oeste del monte Tabor; Wadi el-Mujahiyeh, con orígenes en Galilea; brotan en las cercanías de Meguido; y wadis del Carmelo. El Cisón mide c. 35 km (23 mi) de largo. Durante los meses de invierno presentaba una formidable barrera en medio de la gran llanura.

El Cisón fue el escenario de la derrota de Sísara por los ejércitos de Débora y Barac (Jue 4.7, 13). El lugar exacto de la batalla decisiva es desconocido. La cercanía de «Taanac, junto a las aguas de Meguido» (Jue 5.19) puede referirse a la confluencia de varios wadis que alimentan el Cisón. Débora y Barac se enfrentaron a Sísara después de una lluvia cuando el Cisón estaba inundado, reduciendo la ventaja de los carros de Sísara y empantanando su ejército (Jue 5.21). La victoria israelita fue recordada en tiempos posteriores como evidencia de la protección de Dios (Sal 83.9[TM 10]).

El Cisón fue el escenario de la ejecución de Elías de los profetas of Baal subisguiente al encuentro en el monte Carmel (1 R 18.40).

STEPHEN VON WYRICK

CISTERNA

Receptáculo subterráneo para recoger y almacenar el agua de lluvia. Se distinguen de los depósitos de agua abiertos, que son más apropiadamente llamados estanques, y de los pozos, que extraen el agua de los acuíferos subterráneos.

La cisterna de típica forma de botella con un cuello estrecho que se expande en un área de almacenaje más grande se remonta al cuarto milenio a.C. El interior estaba a menudo forrado con yeso. Un cuello circular de piedra levantado fue construido alrededor de la boca de la cisterna, y una pesada piedra removible la cubría para reducir la evaporación y mantenerla libre de escombro. Las cisternas ubicadas en los lechos de los wadi eran llenadas por inundaciones estacionales, mientras que las cisternas de las laderas recibían los escurrimientos canalizados a ellos desde la cuenca. Las marcas en los collares de la cisterna indican que el agua era sacada directamente de ellas en contenedores de piel o cerámica en cuerdas. Las cisternas variaban en forma y tamaño. Las cisternas privadas, en hogares, tendían a ser pequeñas y en forma de botella, mientras que las que servían a comunidades enteras, como Arad y Masada, eran grandes recintos rectangulares, a menudo con escaleras que conducían al nivel del agua. Con frecuencia las cuevas en las laderas eran agrandadas y usadas como cisternas.

La Biblia se refiere a las cisternas (Heb. *bôr*) en pasajes que describen la riqueza y la abundancia de la tierra (Dt 6.11; 2 R 18.31 = Is 36.16; 2 Cr 26.10). Ellas no están sujetas a la impureza ritual (Lv 11.36). Los israelitas se escondieron de los filisteos en cisternas (1 S 13.6), Jeremías fue encarcelado en una (Jr 38.1-13), y la cisterna se convirtió en la tumba de aquellos muertos por Ismael en su rebelión en contra de Gedalías (41.7-9). Las cisternas se usan en sentido figurado como símbolos de rechazo de Dios (Jr 2.13), el juicio de Dios (14.3), y mortalidad (Ecl. 12.6).

James H. Pace

CITAS

El Antiguo Testamento contiene una serie de citas directas, todas poéticas, de libros que ya no existen, como el Libro de Jaser (Jos 10.12-13; 2 S 1.18-27) y el libro de las Batallas de Jehová (Nm 21.14-15). También aparecen citas indirectas de tales obras. Los libros de las Crónicas de los Reyes de Israel y Judá son las principales fuentes de 1-2 Reyes (p.ej., 1 R 14.19; 2 R 24.5). 1 Reyes 11.41 se refiere a un libro de los Hechos de Salomón. Un libro genealógico de los reyes de Israel fue utilizado por el Cronista (1 Cr 9.1), al igual que un Comentario sobre el Libro de los Reyes (2 R 24.27) y otras obras (1 Cr 27.24; 29.29; 2 Cr 12.15; 33.18-19). El Cronista también se inspiró en el Pentateuco y los libros de Samuel y Reyes (tal vez refiriéndose a este último por su nombre en, p.ej., 2 Cr 16.11; 32.32). Una cita más corta de un libro canónico es la cita de Miqueas 3.12 en Jeremías 26.18.

El Nuevo Testamento contiene más de 1000 citas y alusiones a cada una de las tres divisiones del AT. Éstas funcionan en una variedad de formas, en gran parte para subrayar la autoridad de una declaración del NT o para mostrar un evento como ordenado por Dios. El supuesto fundamental que subyace en este tipo de citas es que el origen divino de la salvación en Jesús y de la proclamación y posesión de la salvación por la Iglesia es reconocible sólo porque en los hechos señalados, el AT ha alcanzado su cumplimiento; las fórmulas de citas (p.ej., «para que se cumpliese lo que dijo el Señor por medio del profeta:» Mt 2.15) aclara esto. En otras partes la enseñanza del Antiguo Testamento se presenta como enseñanza ejemplar moral (p.ej., Mr 10.19), o puede ser citado sólo por razones de crítica y de revisión (p.ej., vv. 2-9).

El Nuevo Testamento cita el Antiguo Testamento, más a menudo de acuerdo con la LXX. Mateo es la excepción más importante a esta regla; 32 de sus citas difieren de la LXX, lo que puede indicar que se utiliza el TM o que él tenía acceso a una versión griega ahora perdida del AT. Algunas citas son targúmicas en el estilo (p.ej., Ro 12.19, citando Dt 32.35), mientras que otras se unen a la interpretación de cerca a la cita de una manera un tanto parecida a la de los comentarios de Qumrán (p.ej., Mr 1.2-4, citando Mal 3.1; Is 40.3). Por lo general, se hace el esfuerzo en la elección del texto y en su presentación para mostrar claramente la correspondencia entre el texto del AT y ese aspecto de la venidera redención en Cristo, que constituye el cumplimiento del texto en particular. A veces el significado de un pasaje del Antiguo Testamento en su contexto histórico original es hecho a un lado en su aplicación a una nueva situación en el NT; por ejemplo, lo que se dice de Salomón en 2 Samuel 7.14 se aplica a los creyentes en Cristo en 2 Corintios 6.18. En tales casos, se asume una correlación tipológica entre la forma original de la declaración y el nuevo enfoque, al igual que la continuidad subyacente de la historia de la salvación.

El libro pseudepigráfico de 1 Enoc es citado en

Judas 14-15 (1 En 1.9). Poetas griegos se citan en las Epístolas: Epiménides de Creta en Tito 1.12; Epiménides y Arato de Cilicia en Hechos 17.28; y Menandro de Atenas en 1 Corintios 15.33.

Cada uno de los escritores de los Evangelios fue dependiente de fuentes anteriores, tanto orales como escritas, como base para su trabajo. Estas fuentes fueron citadas libremente, como se puede ver en la forma en que Marcos sirve como una fuente de Mateo y Lucas, a veces citado textualmente y en otras cambiado de manera significativa por los evangelios posteriores. Autores aparte de los evangelistas citan abundantemente de fuentes hímnicas y poéticas (p.ej., Fil 2.6-11; 1 Ti 3.16; y himnos hallados en el libro de Apocalipsis). Algunos libros posteriores del NT fueron escritos con conocimiento de los demás escritos anteriormente, y contienen un desarrollo del pensamiento que se encuentra en las obras anteriores. 2 Pedro, por ejemplo, se basa en parte en la epístola de Judas, y Efesios es aparentemente un desarrollo del pensamiento en Colosenses y su aplicación a una situación nueva.

Bibliografía. J. M. Efird, ed., *The Use of the Old Testament in the New* (Durha, 1972); R. H. Gundry, *The Use of the Old Testament in St. Matthew's Gospel.* NovTSup 18 (Leiden, 1967).

LEE E. KLOSINSKI

CIUDAD

Dos tipos de ciudades aparecen en el mundo de la Biblia, una del antiguo cercano Oriente (Heb. *ʿîr*), la otra helenista (Gr. *pólis*). Los pueblos de Siria-Palestina establecidos en ciudades del antiguo Cercano Oriente como Jericó y Megido tan temprano como 3000 a.C. Ciudades hebreas en esta tradición han sido excavadas en Dan, Hazor, Laquis, Arad, y Beerseba. Después de conquistar Siria-Palestina en 333, Alejandro Magno de Macedonia estableció sus primeras ciudades helenistas. Las ciudades de Samaria (Gr. *Sebastos*) y Cesarea Marítima edificada por Herodes (73-4 a.C.) siguen esta tradición, al igual que Jerusalén, Jeras, y Bet-seán.

Las ciudades del antiguo Cercano Oriente y helenistas han sido definidas por el diseño arquitectónico y la estructura económica. Arquitecturalmente, una ciudad es un asentamiento donde la gente vive físicamente junta en torno a un conjunto de edificios monumentales rodeados por un muro. Económicamente, una ciudad o estado es un sistema centralizado para producir y distribuir bienes y servicios. Este sistema centralizado también se llama una «economía de superávit,» ya que produce más bienes básicos y servicios de los que su propio pueblo necesita para sobrevivir. Este excedente se usa para comerciar con otras ciudades por lujos.

Agricultores y ganaderos componen menos del 50 por ciento de la población de una ciudad. Los hogares restantes se especializan en habilidades como la escritura y en la manufactura de productos comerciales como el vino en Gabaón o textiles teñidos en Debir. Las ciudades controlaban no solo la tierra usada para la agricultura y pastizales, sino rutas comerciales también. Los primeros documentos escritos tratan de la administración de ciudades.

El santuario es la principal expresión arquitectónica de la autoridad de una ciudad para alimentar a su pueblo. Aquí los sacerdotes graban las cosechas y los rebaños como sacrificios, que son procesados, almacenados y redistribuidos. El palacio con su muro y puerta es la principal expresión arquitectónica de la autoridad de una ciudad para proteger a su pueblo. Aquí los monarcas resuelven disputas entre familias, comercian con sus socios de pacto, y ordenan a sus soldados. El estilo y arreglo de estos edificios en una ciudad del antiguo Cercano Oriente variaba. La mayoría de las ciudades helenistas estaban establecidas de acuerdo con el plan de Hipodamo de Mileto descrito en la *Política* de Aristóteles (2.1267b-1268a). La tierra de una ciudad helenista era examinada en rectángulos dividida por una calle principal (Lat. *cardo*) que corre de norte a sur y una calle principal *(decimanus)* que corre de este a oeste. Estas calles se cruzaban en el centro geográfico de la ciudad donde se ubicaba el mercado (Gr. *agorá*) o foro. Estaba rodeada por un paseo *(stoá)* alineado con columnas que sostienen el techo. Templos, una sala de reunión *(bouleutérion)*, una sala de banquete *(prytaneíon)*, teatros, gimnasio, estadio, y palacios eran ubicados en posiciones predeterminadas en esta red hipodamiana.

Algunas tradiciones del antiguo Israel y el cristianismo primitivo en la Biblia desafían los sistemas económicos que las ciudades apoyaban. Jericó y Ai son puestas bajo sitio (Jos 5.13–6.27). Betel es sentenciada por romper el pacto entre Jehová e Israel (Am 7.10-17). Sodoma (Gn 19), Jerusalén (Is 5.1-7; Jer 34–35; Ez 16), y Samaria (Am 4) son acusadas de injusticia social. Las ciudades de Jerusalén y Roma martirizaron a Jesús y Pablo. Este prejuicio, que con-

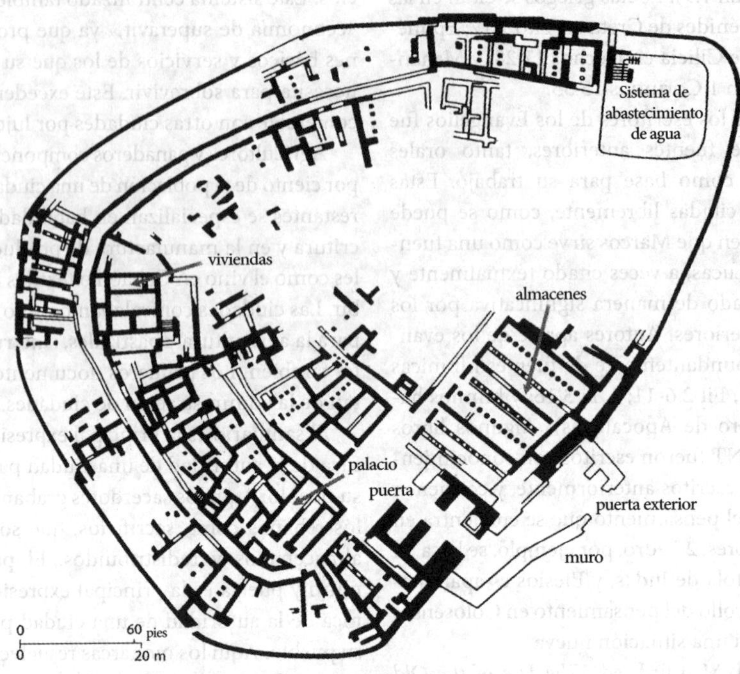

Plano de ciudad de la Edad de Hierro II Beerseba (estrato II, siglo VIII a.C. (siguiendo Ze'ev Herzog)

sidera que el antiguo Israel y el cristianismo primitivo tienen un estilo de vida nómada o de aldea que las ciudades amenazan destruir, es antiguo y arraigado. Por ejemplo, los yavistas, cuyas tradiciones (J) son la columna vertebral de los libros del Pentateuco, vivieron en la ciudad de Jerusalén. No obstante, sus tradiciones niegan que las ciudades fueran alguna vez un hogar apropiado para los hebreos. Para los yavistas, el Creador le da a Adán un huerto, no una ciudad (Gn 2.4-17). Las ciudades son los hogares de los asesinos como Caín (Gn 4.3–5.32), de fanfarrones como los ciudadanos de Babel (11.1-9), y de salvajes como el pueblo de Sodoma (19.1-38). La historia de los yavistas es el éxodo de Abraham de las ciudades de Mesopotamia (Gn 11.27–25.18), el éxodo de Moisés de las ciudades de Egipto (Ex 1.7–13.16), y la victoria de Josué sobre las ciudades de Canaán (Jos 1.1–Jue 21.25). Representan a los hebreos como un pueblo que o bien abandona las ciudades o las destruyen.

No obstante, las tradiciones del antiguo Israel y el cristianismo primitivo en la Biblia también endosan la economía que las ciudades apoyan. Betel es la primera tierra traspasada a los hebreos por Jehová (Gn 11.27–13.18; 28.10-22) y el lugar de las historias del arca (1 S 4–6; 2 S 6). Jerusalén es celebrada como el lugar de habitación de Jehová (Ez 40–48; Ap 21.1–22.7). Algunas de las más significativas palabras y obras de Jesús y Pablo tuvieron lugar en las ciudades de Cesarea, Filipos, Decápolis, Jerusalén, Cesarea Marítima, Antioquía, y Roma. En las tradiciones del éxodo, el establecimiento, la monarquía y el exilio, las ciudades juegan un papel positivo importante en la comprensión de Israel de sí mismo y de Jehová. A veces, los hebreos eran migrantes, itinerantes, o pastores, pero siempre estaban yendo a algún lugar. Incluso cuando los hebreos no tenían tierra, nunca estuvieron sin la promesa de una tierra, y el núcleo de esta tierra, con la que su destino está tan estrechamente ligado, es la ciudad. No solo las ciudades eran lugares adecuados para que el pueblo de Jehová habitara, pero la ciudad era un símbolo adecuado de Jehová.

Los antropólogos y sociólogos hoy siguen proporcionando evidencia de que una dicotomía entre los valores y el estilo de vida de personas que viven en ciudades y personas que viven dentro del país aparece solo después de la revolución industrial en la Europa occidental. En el mundo de la Biblia, las ciudades y villas eran dos partes de una sola economía. Las ciudades dependían de granjeros y ganaderos que les proporcionaban bienes para mantenerlos y proveer un excedente. Las ciudades protegían los cultivos de los agricultores, ofrecían a los agricultores hogares y mercados para sus cosechas, y les proporcionaban los beneficios de otras habilidades, como el trabajo del metal, la creación de cerámica, y el tejido, que agricultores y ganaderos ya no tenían tiempo para practicar. Puede haber habido divisiones entre ricos y pobres, entre el poderoso y el desamparado, entre militares y civiles, entre gobierno y gobernados, pero no había dicotomía entre el pueblo que vivió en ciudades y aquellos que vivieron en aldeas.

Bibliografía. D. C. Benjamin, *Deuteronomy and City Life* (Lanham, Md., 1983); F. Frick, *The City in Ancient Israel.* SBLDS 36 (Chico, 1977); V. Fritz and P. R.Davies, eds., *The Origins of the Ancient Israelite States.* JSOT Sup 227 (Sheffield, 1996); Z. Herzog, «Social Organization as Reflected by the Bronze and Iron Age Cities of Israel,» *Comparative Studies in the Development of Complex Societies* 2 (London, 1986); J. E. Stambaugh and D. L. Balch, *The New Testament in Its Social Environment.* Library of Early Christianity 2 (Philadelphia, 1986).

Don C. Benjamin

CIUDAD (NUEVO TESTAMENTO)

Las ciudades desempeñaron un papel importante en el mundo social, cultural y religioso del Imperio Romano, anecdóticamente ilustrado en la raíz latina de la palabra civilización (*civitas,* «ciudad»). El ministerio de Jesús tuvo lugar en las afueras de ciudades en Galilea y sus alrededores, los viajes de Pablo y la escritura de sus cartas ocurrieron en un contexto urbano, y la ciudad es un concepto teológico clave en varios libros de los libros del NT.

A pesar de que el término *pólis* ocurre más de 150 veces en el NT, el concepto griego de una ciudad-estado con gobierno propio, democrático ha dado paso a la realidad de necesidades administrativas romanas. Roma gobernaba su imperio a través de ciudades y distinguió entre una desconcertante variedad (p.ej., *civitas, colonia, municipium*). En el este, Roma integró las élites y gobernantes locales en una red de ciudades para cobrar los impuestos eficientemente en su imperio, e incluso creó confederaciones de ciudades, como la Decápolis, para facilitar su defensa. Las ciudades tenían mayor población que los pueblos o las villas, pero eran primordialmente reconocibles por sus características y modelos arquitectónicos distintivos. Las ciudades del período romano adoptaron varias características arquitectónicas de la *pólis* griega y proporcionaron servicios necesarios para lo que los romanos consideraron como vida civilizada: un *ágora,* una *basílica* utilizada como un tribunal o un edificio administrativo, un *odeón,* un acueducto, baños públicos, *nymphaea,* y templos. La disposición arquitectónica tendía hacia cuadrículas octagonales regularizadas, a menudo sometiendo artificialmente limitaciones y desafíos topográficos. Fachadas de fresco, mármol, o yeso, conectadas con vistas de columnas ingeniosamente ejecutadas que se centraban en monumentos del gobierno romano, como un templo, el estado de un emperador, o la *basilica.* La posición social del rico era visualmente reforzada en los asientos en teatros o anfiteatros o en inscripciones que declaran su munificencia.

En su estructura sociopolítica, las élites de la ciudad competían entre ellos por prestigio al patrocinar construcciones, su mantenimiento y los festivales públicos, hecho posible por las rentas y los impuestos que ellos recogían del campo. En diversos grados, ciudades individuales contaban con pocos residentes ricos pero muchos pobres, algunos de los cuales habían emigrado después de haber sido desposeídos de su tierra solo para convertirse en dependientes de la distribución y beneficiencia de las élites. Aparte de algunos cuantos ricos, algunos comerciantes, artesanos, soldados y trabajadores públicos, la población de una ciudad estaba compuesta principalmente por esclavos, artesanos, el crónicamente pobre, e indigentes. Las rutas de comercio a través de las más grandes ciudades, y en especial las que estaban cerca de la costa del Mediterráneo, facilitó la movilidad y juntó varios grupos culturales, étnicos, y religiosos, que a menudo chocaban. Tal agitación social y el descontento de los sustratos más pobres, eran temidos y severamente controlados por los gobernantes nombrados por los romanos.

Numerosas ciudades en Palestina ya habían sido urbanizadas en el sentido helenista en los primeros pocos siglos a.C. El gobierno de Herodes el Grande (37-4 a.C.) como rey cliente de Roma estuvo caracterizado por enorme actividad urbana y arquitectónica. Él fundó Cesarea Marítima como la más moderna y bella ciudad portuaria en el Levante, y Jerusalén y Sebaste-Samaria fueron transformadas con arquitectura urbana romana. Herodes Antipas, quien heredó Galilea del reino de su padre, edificó las ciudades de Séforis y Tiberias como sus capitales, aunque en una menor y más pequeña escala, y él aparentemente evitó claros signos de paganismo, como estatuas o templos paganos, y mantuvo sus monedas anicónicas. Aunque ninguna evidencia indica que Jesús visitó estas ciudades durante su ministerio, lo cierto es que tuvieron impacto sobre Galilea al realinear los patrones de comercio y canalizar los beneficios del producto agrícola del campo como impuesto para Antipas y Roma. La proclividad de los escritores de los evangelios por el término *pólis* (ellos incluso otorgan este título a las aldeas de Nazaret, Mt 2.23, y Capernaúm, Mt 9.1 y Lc 4.3) es indicativo de la imprecisión con que la designación era usada o tal vez incluso de su desconocimiento de estos sitios.

Mientras el ministerio de Jesús tuvo lugar en la cultura judía de las aldeas de Galilea al margen de los centros urbanos secundarios, Pablo estaba completamente inmerso en la vida urbana del mundo grecorromano. Su ciudad natal, Tarso, era una ciudad portuaria importante, y las ciudades que más se identificaron con sus viajes misioneros (Antioquía, Corinto, Éfeso) se contaban entre las más grandes y cosmopolitas de la época. Su diversidad y complejidad social, religiosa, y cultural dejó su marca en las cartas de Pablo y en Hechos; Pablo típicamente se ponía en contacto con las comunidades judías de estas ciudades, y de allí trataba de ampliarse para incluir a los gentiles. La última parte del libro de Hechos puede incluso leerse como los intentos de funcionarios de varias ciudades de hacer frente a la lucha política y a la agitación social que acompañaban las misiones de Pablo. La demografía de las comunidades paulinas era principalmente de clase baja, aunque fueron incluidos algunos propietarios de esclavos de la clase alta (p.ej., Filemón), y una mezcla de judíos y gentiles con varias herencias étnicas. Las visitas de Pablo a Palestina se limitaron principalmente a la gran ciudad portuaria de Cesarea y a Jerusalén (Hch 21–26).

La ciudad de Jerusalén misma juega un papel teológico en los Evangelios, Hechos, y el Apocalipsis. Dos veces Mateo explícitamente la llama «la ciudad santa» (Mt 4.5; 27.53), y Lucas presenta a Jerusalén como un tipo de *axis mundi,* el ombligo cristiano del mundo. Jesús constantemente se mueve hacia Jerusalén en el evangelio de Lucas culminando en su inevitable crucifixión que debe tener lugar allí, de acuerdo con Lucas 13.30-33. En el esquema geográfico de Hechos, el cristianismo se extiende desde Jerusalén. . . hasta los fines de la tierra. La crisis de la destrucción del templo de Jerusalén reverberó entre los primeros cristianos también, y sus consecuencias devastadoras se pueden ver en las predicciones que se encuentran en Marcos 13. La visión apocalíptica de Juan predice una nueva Jerusalén que sustituirá a la caída Babilonia/Roma (Ap 21).

Bibliografía. M. Finley, *The Ancient Economy* (Berkeley, 1973); W. Meeks. *The First Urban Christians: The Social World of the Apostle Paul* (New Haven, 1983).

Jonathan L. Reed

CIUDAD DE LA SAL

Ciudad en Judá (Jos 15.62; Heb. *ʿîr hammelaḥ*), ubicada en el desierto entre Nibsán y Engadi. Algunos eruditos sugieren identificación con Khirbet Qumrân (193127) sobre la base de los restos de los edificios de la Edad de Hierro II (900-600 a.C.).

CIUDAD DE LAS AGUAS

Otro nombre de Rabá **2** (2 S 12.27).

CIUDAD DE LAS PALMERAS

Otro nombre de Jericó o el valle circundante, famosa por sus muchos árboles de palmeras (Dt 34.3; 2 Cr 28.15). Era la residencia de los ceneos (Jue 1.16) y, después de su conquista, del rey Eglón (3.13). De acuerdo con antiguos historiadores, se tardaba cinco horas en recorrer a través de las palmeras por medio de los cruces de los cursos de agua.

CIUDAD DE MOAB

Un sitio vagamente señalado en la narrativa de Balaam y Balac (Nm 22.36; NVI «ciudad moabita»). Se describe como en la frontera de Arnón, al extremo (norte) del territorio de Balac. Dada la evidencia actual, cualquier intento de relacionar un lugar específico con el pueblo que tenía una posición tan importante en los días de Balac debe seguir siendo especulativo. Sin embargo, si «la ciudad de Moab» es identificada como «Ar de Moab» (Nm 21.28; Is 15.1), una cantidad de posibilidades existe, p.ej., Rabah (antigua Ar/Areopolis/Rabbath-moab), Karak (Kir/Kir-hareseth), Khirbet el-Misnaʿ (NE de Rabá),

Khirbet el-Medeineh (en la región nororiental de Moab), y Khirbet el- Bālūʿ (NE de Qasr). Todos estos lugares se localizan al sur de Wadi el-Môjib (Arnón), pero la mayoría está demasiado lejos de este cañón para considerarla cerca de la frontera de Moab. Los eruditos a menudo han identificado «la ciudad de Moab» con Ar (Nm 21.15; Dt 2.18), pero Khirbet el- Bālūʿ es la opción más probable debido a su ubicación, tamaño, e historia de ocupación (esto es, evidencia de asentamiento de la Edad de Bronce tardía y la Edad de Hierro).

Bibliografía. J. M. Miller, «The Israelite Journey through (around) Moab and Moabite Toponymy,» *JBL* 108 (1989): 577-95.

Gerald L. Mtingly

CIUDAD DEL CAOS

Epíteto (Heb. *qiryaṯ-tōhû*) para una ciudad de pecadores (Is 24.10 LBLA), se supone más comunmnete que sea Jerusalén pero posiblemente Babilonia, Samaria, Tiro, o una ciudad simbólica de maldad.

CIUDAD DEL SOL

Ciudad ubicada en el delta de Egipto al noreste del Cairo moderno. Sirvió como uno de los centros religiosos y espirituales importantes del antiguo Egipto, albergando templos a los dioses Re-Harachte y Atum. Sus cultos eran caracterizados como cosmológicos, y su fiesta del cielo era bien conocida.

Potifera, el padre de Asenat la esposa de José, era un sacerdote de On (Gn 41.45). La LXX (Ex 1.11b) agrega «y On, esto es, Heliopolis» después de Pitón y Ramesés, como la tercera ciudad que los israelitas edificaron para Faraón. Es poco probable que estas ciudades estuviesen ubicadas lejos de Gosén; Por lo tanto la originalidad de la LXX aquí es dudosa. Más probablemente, la mención de Josefo (*Ant.* 2.188) de que la familia de Jacob se estableció en Heliopolis se basa en la LXX. En Ezequiel 30.17, los jóvenes de Awen («iniquidad,» un juego de palabras con el nombre On, simbolizando todo Egipto) caerán por la espada e irán a cautividad. En Isaías 19.18 la ciudad es llamada *ʿîrhaheres,* «la ciudad de destrucción,» un juego del nombre «*ʿîr haḥeres*» (así en 1QIsa*a* y muchos MSS), que es *ʿîr hašemeš* («la ciudad del sol»; cf. Tg. Jonatán y Vulg.; también Job 9.7; Jer 43.13). Sin embargo, de acuerdo con este versículo «la ciudad del sol» será una de las cinco ciudades egipcias cuyos habitantes hablarán hebreo y adorarán a Jehová.

Isaac Kalimi

CIUDADANÍA

En el uso bíblico, un término que significa la comunidad donde uno es un miembro. A través de la Biblia, se representa a los individuos teniendo ciudadanía en tres tipos de comunidad. El primer tipo es la ciudadanía dentro de una entidad geográfica concreta. En Hechos 21.39 Pablo declara ser «de Tarso, ciudadano de una ciudad no insignificante,» acentuando la identificación de su ciudad natal como cierto orgullo cívico. El segundo tipo es un grupo que comparte un estado temporal especial que trasciende la geografía. Mientras que predicaba en Filipos y de nuevo más tarde en Jerusalén, Pablo revela dos veces su ciudadanía romana a las autoridades que lo arrestaron (Hch 16.37; 22.25). Lo hizo para reclamar los derechos que solo aquellos que tenían la ciudadanía disfrutaban por todo el Imperio Romano. El tercer tipo es un grupo unido con Dios como una iglesia local. Pablo proclama a los Filipenses que ellos ya tenían la ciudadanía en el cielo (Fil 3.20). Él ve no solo un grupo físico de personas que tienen fe en Jesucristo, pero una comunidad que en conjunto mantiene la calidad escatológica de la fe cristiana: esperanza en el regreso de Cristo, cuando ellos serán glorificados. La carta a los Efesios presenta a los creyenes de allí como ciudadanos de la «familia» de Dios (Ef 2.19); una vez separados de Dios por el pecado, su fe en Cristo los hace ciudadanos de una comunidad especial donde habita el Espíritu de Dios.

La representación en Hechos del ejercicio de Pablo de su derecho como un ciudadano de Roma es la más explícita demostración de ciudadanía en la Biblia. La ciudadanía romana era una condición política concedida solo a los hombres libres en todo el imperio. El que la tenía disfrutaba de derechos legales explícitos, y extensos privilegios implícitos debido a que tenía esta condición. Los derechos explícitos de la ciudadanía romana eran protección de castigos injustos (cf. Hch 16.37; 22.25), apelación de su caso judicial a César (25.9-11), y el derecho a votar en las elecciones romanas. (Algunos libertos, al recibir la ciudadanía romana, no ganaban este derecho.) Los primeros dos derechos tenían la mayor relevancia para los ciudadanos romanos fuera de Italia. (Un ciudadano tenía que estar físicamente presente en la ciudad de Roma para emitir su voto.) Pablo usó su derecho para asegurarse que él continuara predicando el evangelio por todo el imperio. Su ciudadanía le dio una condición frente a las autoridades locales, mediante la cual podía defenderse contra los ataques legales formulados por los adversarios que trataban de obstaculizar su actividad de evangelización (p.ej., Hch 17.22-23). Algunas veces, Pablo no necesitó abrir su boca, los cargos simplemente fueron desechados por no violar la ley romana (p.ej., Hch 18.14-15).

Más tarde, cuando fue encarcelado por la autoridad romana, Pablo tenía ciertos privilegios que se le concedían debido a su condición de ciudadano. Él podía recibir visitantes (Hch 23.17; 28.30), hacer visitas pastorales como lo hizo cuando estaba en Malta (28.8), y ordenar a un centurión romano a hacer su voluntad (23.17). El más importante fue su privilegio de predicar el evangelio sin restricción, incluso como prisionero de César en el centro del imperio (Hch 28.30).

Bibliografía. A. Berger, *An Encyclopedic Dictionary of Roman Law* (Philadelphia, 1953); M. Black, «paul and Roman Law in Acts,» *ResQ* 24 (1981): 209-18; P. van Minnen, «paul the Roman Citizen,» *JSNT* 56 (1994): 43-52; J. J.O'Rourke, «Roman Law and the Early Church,» in *The Catacombs and the Colosseum: The Roman Empire as the Setting of Primitive Christianity,* ed. S. Benko and O'Rourke (Valley Forge, 1971), 165-86; J. Richardson, *Roman Provincial Administration, 227 b.c. to a.d. 117* (London, 1976); A. N. Sherwin-White, *Roman Society and Roman Law in the New Testament* (Oxford, 1963).

Ramón Luzárraga

CIUDADELA

La parte fortificada de una ciudad o un palacio. Fue en tales cuartos de la casa del rey (palacio) en Samaria que Peka asesinó a Azarías, rey de Judá (2 R 15.25), y en Tirsa donde Zimri se suicidó (1 R 16.18). 1 Macabeos 13.50 describe la liberación de Simón de la ciudadela de Jerusalén de las manos del enemigo y «purificar la ciudadela de inmundicias.» De acuerdo con Josefo los reyes asmoneos la renombraron Baris (*Ant.* 18.91). Reedificada por Herodes el Grande y la llamó la Torre de Antonia, cayó en poder de los romanos en 70 d.C. Algunos eruditos piensan que la casa del carcelero de Filipos estaba ubicada en la ciudadela de Filipos (Hch 16.34). Salmo 48.3, 13(TM 4, 14) celebra la seguridad de Jerusalén, alabando a Dios por ser «conocido por refugio.»

Henry L. Carrigan, Jr.

CIUDADES DE LOS LEVITAS

Cuarenta y ocho ciudades asignadas a los levitas, extendidas a lo largo de los territorios de las otras tribus. La Biblia presenta a Leví como único entre las tribus israelitas, que no recibe heredad de tierras como las otras tribus (Jos 13 – 19). Dos textos proporcionan los nombres de estas ciudades: Josué 21.1-42; 1 Crónicas 6.54-81(TM 39-66). Números 35. 1-8 afirma que esta disposición era la voluntad divina. La tradición de las ciudades levíticas refleja la aparición temprana de los levitas como especialistas en materia de culto. Ellos mismos se sustentaban de este servicio a las otras tribus (Nm 18.21-24; Dt 18.1-4; Jos 13.14). Aunque en una etapa en la vida del antiguo Israel cualquier varón israelita podía ofrecer sacrificio, textos tales como Jueces 17 muestra que se preferían a los levitas. Sin embargo, la historia del sacerdocio en el antiguo Israel y la relación de los levitas con los sacerdotes, son temas que requieren más aclaraciones. ¿Cómo entender las ciudades levíticas?, espera la respuesta a estas preguntas.

¿Existían las ciudades levíticas como tal en el antiguo Israel, o eran construcciones teológicas? Al principio, los eruditos suponían que las ciudades levíticas existían para servir el propósito que se determina en la Biblia. Sin embargo, la evidencia arqueológica muestra que la mayoría de las ciudades mencionadas en las listas de Josué y 1 crónicas no fueron ocupadas durante la mayor parte del período monárquico y que la lista de Josué fue compilada aproximadamente en el siglo VIII a.C. Además, no todas las ciudades levíticas fueron parte de los reinos israelitas o judaítas en el siglo VIII, ni está claro por qué fue compilada en ese tiempo la lista en Josué 21.

No parece probable que las listas se ajusten con cualquier situación histórica previa al exilio. Probablemente, la lista fue la creación de los escritores posteriores al exilio que querían explicar la función de los levitas en la estructura social y religiosa temprana del antiguo Israel. Su propósito era ayudar a solucionar el problema que surgió con la centralización de la adoración en el Templo de Jerusalén. Una vez que la actividad sacerdotal estaba limitaba a Jerusalén, la presencia de y el apoyo para un gran número de especialistas en liturgia sin un santuario para servir se convirtió en un problema grave.

Bibliografía. A. G. Auld, «The 'Levitical Cities': Texts and History,» *ZAW* 91 (1979): 194-206.

Leslie J. Hoppe, O.F.M.

CIUDADES DE REFUGIO

La ley mosaica exige el establecimiento de un lugar, o lugares, de asilo, a donde cualquiera que mata accidentalmente o sin malicia pueda huir para escapar del vengador de la sangre. Éxodo 21.13 menciona solo un «lugar al cual huir,» pero Números 35.9-34; Deuteronomio 4.41-43; 19.1-13; Josué 20.1-9 hablan de apartar ciudades específicas (Heb. *ʿārê miqlāṭ*) para tal propósito.

El establecimiento de ciudades de refugio puede ser visto como un esfuerzo para limitar y controlar la venganza de sangre. En el antiguo Israel, como en cualquier otra parte en el antiguo Cercano Oriente, la venganza de sangre era aceptada como un medio para tratar con el derramamiento de sangre fuera del contexto de guerra. Si un miembro de la familia era asesinado, era la responsabilidad del *gōʾēl haddām,* «vengador de la sangre,» un pariente de sexo masculino, encontrar y matar a la persona que había quitado la vida del miembro de la familia, sin importar si el asesinato había sido intencional o no.

La provisión de lugares de refugio a donde un asesino accidental pueda ir, sin embargo, combina la conciencia de matar con alevosía (asesinato) y matar por accidente sin intención, con prohibiciones contra el derramamiento de sangre inocente.

En Números 35 el establecimiento de seis ciudades de refugio de entre las ciudades de los levitas es ordenado, al otro lado del Jordán y tres en la tierra de Canaán. Las ciudades fueron pensadas para cualquiera que mataba a una persona sin intención (cf. Nm 35.22-28). Si un asesino involuntario buscaba refugio en una de las ciudades, la «congregación» debía rescatar a la persona del vengador de la sangre y restaurarlo a la ciudad de refugio, done tenía que permanecer hasta la muerte del sumo sacerdote.

El pasaje de Números deja en claro que los culpables de asesinato, es decir, el homicida intencional, o que mataba con alevosía, tenía que ser muerto y en ningún caso podía librarse por medio del pago de un rescate. El asesino accidental tampoco podía regresar a su propia ciudad mediante el pago de un rescate. La intención en ambos casos parece ser evitar contaminar la tierra, porque «la sangre amancillará la tierra» (Nm 35.33), aparentemente aun la sangre derramada sin intención.

Josué 20 es semejante a Números 35, pero además pide que se haga un juicio (Jos 20.6), y nombra las seis ciudades de refugio (vv. 7-8): Cades en Galilea, en el monte de Neftalí; Siquem en el monte de Efraín; Kiriath-arba (Hebrón) en el monte de Judá; Bezer en el desierto dentro del territorio de Rubén; Ramot en Galaad de la tribu de Gad; y Golán en Basán de Manasés.

En Deuteronomio 4.41-43 solo las tres ciudades del otro lado del Jordán se mencionan. La separación de las tres ciudades restantes se trata en Deuteronomio 19.1-13, aunque esas tres no se mencionan. Deuteronomio también permite el establecimiento de tres ciudades adicionales si las fronteras de la tierra se agrandan.

La intención en Deuteronomio parece ser diferente a la de Números. Allí el propósito del asilo parece ser evitar que el asesino (aun si fue accidental) contamine la tierra al mantenerlo en un espacio delimitado. En Deuteronomio las ciudades están ahí para evitar el derramamiento de sangre inocente, es decir, la del asesino accidental (Dt 19.6, 10).

Bibliografía. D. Patrick, *Old Testament Law* (Atlanta, 1985); R. de Vaux, *Ancient Israel* (1961, repr. Grand Rapids, 1997).

MARILYN J. LUNDBERG G

CIUDADES DEL VALLE

Cinco ciudades (también llamadas «ciudades de la planicie») —Sodoma, Gomorra, Adma, Zeboim, y Bela (o Zoar)— en la región del valle del río Jordán y el Mar Muerto, en Génesis 14.3, 8, 10 llamado el valle de Sidim. Los reyes de estas ciudades (Heb. *ʿārê hakkikkār*) se rebelaron contra Quedorlaomer de Elam, provocando la batalla registrada en Génesis 14. Excepto para Zoar, las ciudades fueron destruidas por Jehová a causa de su corrupción (Gn 19.24-29).

CLAUDIA (Gr. *Klaudía*)

Mujer cristiana que vivía en Roma, entre los que enviaron saludos a Timoteo a través de Pablo (2 Ti 4.21). De acuerdo con una tradición posterior era la esposa de Pudente y la madre de Lino mencionados en el mismo versículo, o la esposa de Lino.

CLAUDIO

El cuarto emperador de Roma. Tiberio Claudio Drusus era nieto adoptivo y sobrino adoptivo de Augusto y nieto de Marco Antonio. Nació el 1 de agosto de 10 a.C., Claudio sobrevivió los asesinatos políticos de Sejanus durante el reinado de su tío, el emperador Tiberio, pero debido a sus discapacidades físicas él no era considerado un candidato para el trono como lo era su hermano y sobrinos. Tras el asesinato de su sobrino, el emperador Gayo (Calígula), Claudio fue encontrado escondido en el palacio por la guardia pretoriana que proclamó emperador al aturdido Claudio.

El reino de Claudio (41-54 d.C.) demostró excelente gestión, particularmente en la provincias, tal vez no esperada de quien pasó la mayor parte de su vida como historiador del pasado de Roma. Por primera vez, líderes provinciales fueron admitidos en el senado en Roma. Claudio estableció una burocracia gubernamental para facilitar aun más la administración eficiente y justa de las provincias. Él participó en varios proyectos de construcción que mejoraron el abastecimiento de Roma de agua y grano, incluyendo su exitosa construcción del puerto de Roma en Ostia. Centralizó con éxito el poder del emperador, pero su confianza en el consejo de los libertos y su aparente manipulación de parte de sus esposas empañó su reputación. Aunque a principios de su reinado, tal vez debido a la influencia de su amigo de la infancia, Herodes Agripa, Claudio había promulgado un edicto de proteger la libertad religiosa de los judíos en todo el imperio, más tarde ordenó la expulsión de los judíos de Roma debido a sus disturbios frecuentes a la instigación de «Crestus.»

Durante el reinado de Claudio, Bretaña y Tracia fueron agregados al imperio después de su conquista por los generales de Claudio. Su único hijo fue llamado Britannicus en honor a la dominación de Bretaña. La cuarta esposa de Claudio fue su sobrina Agripina, quien arregló el asesinato primero de Claudio y luego de Britannicus, para obtener y asegurar el trono de su hijo de su primer matrimonio, Nerón.

Bibliografía. B. Levick, *Claudius* (New Haven, 1990). John F. Hall/Scott Nash

CLAUDIO LISIAS (Gr. *Klaúdios Lysías*)
El tribuno o quiliarca (comandante de una tropa de 1000 soldados) de la cohorte romana estacionado en la fortaleza de Antonia en Jerusalén. Lisias no era un romano por nacimiento: su apodo es griego y su ciudadanía romana la obtuvo a un alto precio (Hch 22.28). Probablemente tomó el nombre latino de Claudio cuando recibió su ciudadanía.

Lisias puso a Pablo bajo la custodia protectora después que Pablo provocó un motín en el Templo (Hch 21.27- 36). Al enterarse que Pablo no era un terrorista (cf. Josefo *BJ* 2.261-63), Lisias le permitió hablar (Hch 21.37-40). Cuando Pablo estuvo a punto de provocar un segundo motín, Lisias lo metió en la fortaleza, donde Pablo escapó de ser azotado al revelar su ciudadanía romana (Hch 22.1-29). Después que Pablo compareció ante el Sanedrín el día siguiente, Lisias se enteró de un complot contra la vida de Pablo y lo envió por la noche bajo fuerte custodia a Cesarea, junto con una carta a Félix, el gobernador de Cesarea, explicando las circunstancias (Hch 23.26-30). La narrativa de Lucas presenta a los romanos, como en todas partes en Hechos, como equitativos y justos en sus tratos con Pablo.

Mark L. Strauss

CLEMENTE (Gr. *Klḗmēs*)
«Colaborador» que combatió juntamente con Pablo en el evangelio, entre aquellos «cuyos nombres están en el libro de la vida» (Fil 4.3). Esto indica su valor para Pablo, pero no revela nada más acerca de él. Clemente era un nombre latino común, apropiado para su presencia en la floreciente colonia romana de Filipos. Orígenes lo identifica como Clemente de Roma, el autor de 1 Clemente, pero esa identificación es especulativa en el mejor de los casos.

David R. Beck

CLEMENTE, EPÍSTOLAS DE
Dos textos atribuidos a Clemente, hallados en el Códice bíblico Alejandrino, del siglo IV, e incluidos en los padres apostólicos. En realidad, son dos documentos totalmente separados escritos por dos autores diferentes. Los dos reflejan una fuerte piedad tradicional influenciada por el judaísmo pero tienen muy poco en común.

1 Clemente
Uno de los primeros documentos cristianos fuera del canon del NT, 1 Clemente es una carta auténtica de la iglesia romana a la iglesia en Corinto escrita a la vuelta del siglo I. Estos cristianos romanos se vieron impulsados a escribir por el informe (1 Clem. 47.7) del recrudecimiento de las facciones y divisiones en Corinto, provocada por la deposición de algunos presbíteros de Corinto (44.6). En consonancia con la estrategia retórica aceptable, el autor, o autores, proporciona solo vagas alusiones de la naturaleza exacta de la disputa y su causa. Sin embargo, él considera sus efectos lo suficientemente serios para garantizar alguna respuesta de la comunidad de Roma en la forma de un llamado a la

restauración de la paz y la concordia (63.2). La carta fue llevada a Corinto por correos desde Roma (63.3; 65.1) quienes sin duda actuaban como mediadores en la disputa.

La identidad del autor, o autores, sigue siendo desconocida, pero la antigua tradición del tiempo de Eusebio a principio del siglo IV (*HE* 3.16.1; 38.1) atribuye la carta a «Clemente.» Quién pudo haber sido, permanece siendo desconocido, aunque muchos afirman que él era un liberto imperial de la casa de Tito Flavio Clemente y un (o *el*) líder entre los presbíteros de Roma. Podría haber sido el mismo Clemente mencionado por el pastor de Hermas (*Visiones* 2.4.3) cuya obligación era enviar comunicación desde Roma «a las ciudades del extranjero,» pero esta identificación de ninguna manera es segura. Sin embargo, es cierto que él no funcionó como un obispo monárquico, como Ireneo afirmó más tarde (*Cont. her.* 3.3.3), ya que otras fuentes antiguas (notablemente la carta de Ignacio a Roma) confirma que el episcopado monárquico no existió en Roma hasta al menos la mitad del siglo II. Además, 1 Clemente usa los términos «obispos» y «presbíteros» de manera intercambiable y siempre en plural.

Quienquiera que el autor, o autores, pueda haber sido, la cosmovisión y la perspectiva de la carta no son ambiguas. El autor comparte una evaluación positiva de la sociedad y el gobierno romano (61.1-3) y demuestra una preocupación por el mantenimiento del orden jerárquico consecuente con la perspectiva prevaleciente de la «élite social» bien educada de la sociedad romana. Esto está en marcado contraste con la perspectiva contemporánea del libro de Apocalipsis, que ve el sistema romano imperial la «Bestia» como algo a lo que hay que oponerse a toda costa, incluso al riesgo de muerte.

Eusebio informa (*HE* 4.22.1; 23.11) que 1 Clemente tuvo éxito en su intento de poner fin a la crisis en Corinto. Además, las perspectivas de la carta contribuyeron de manera significativa al posterior desarrollo de una teología del oficio eclesiástico en la iglesia.

2 Clemente

2 Clemente no es una carta en ningún sentido sino un sermón del siglo II exhortando a sus oyentes a la fidelidad en las virtudes cristianas tradicionales en vista del juicio venidero. No hay nada particularmente distintivo acerca del sermón, y su principal valor es que demuestra el estilo ordinario de la predicación cristiana en el siglo II. Escrito para un público cristiano predominantemente gentil de conversos (2 Clem 1.6), el predicador pone de relieve la necesidad de arrepentimiento y autocontrol, y recomienda la práctica de piedad judía tradicional del ayuno, oración y dar limosnas. Él exhorta a sus oyentes a mantener puro e incorruptible el «sello del bautismo» (6.9; 7.6; 8.6) de modo que puedan «reunir el fruto inmortal de la resurrección» (19.3).

BARBARA E. BOWE

CLEOFAS (Gr. *Kleopás*)

Uno de los dos discípulos a quienes se apareció Jesús en el camino a Emaús (Lc 24.13-32). Los dos iban hablando de la crucifixion de Jesús y no reconocieron a Jesús hasta que partió con ellos el pan en la casa. Algunos han identificado a Cleofas con Cleofas el esposo de María y que estaba al pie de la cruz de Jesús (Jn 19.25). El nombre probablemente es una forma abreviada de Cleopatros.

JOE E. LUNCEFORD

CLEOFAS (Gr. *Klōpás*)

El esposo de María que estuvo cerca de la cruz (Jn 19.25; la construcción griega «de María» permite también entenderlo como esposo o hermano). Algunos lo identifican con Cleofas, a quien el Señor resucitado apareció en el camino a Emaús (Lc 24.18) y con Alfeo, el padre de Santiago el menor.

CLIMA

El clima es asociado con el tiempo, pero difiere de él. El tiempo a menudo se define dentro de períodos cortos de tiempo, día, semana, mes, o año, y describe las condiciones atmosféricas que determinan los niveles de precipitación, dirección y la velocidad del viento, la ruta de la corriente de chorro y la temperatura. El clima define la condición de los diversos factores asociados con el tiempo, pero durante una larga duración, años o milenio. El clima no es la suma de las condiciones del tiempo, sino el estudio de las condiciones atmosféricas que determina los patrones del tiempo.

Dos sistemas de clima determinan el tiempo del cercano Oriente; (1) los vientos del oeste, que controlan el clima sobre Grecia, Turquía, Siria, Palestina, Iraq, e Irán; y (2) el monzón, que controla el clima sobre el este de África y Etiopía. Los vientos del oeste controlan la cantidad de precipitación en Turquía, donde se localizan las fuentes del Tigris y el río Eufrates, y determina el volumen de agua en el sistema del río. El monzón africano determina la cantidad de precipitación en Etiopía y el lago Victoria, donde se ubican las fuentes del río Nilo, y determina el volumen de agua en el río. Puesto que hay poca o ninguna lluvia en el sur de Mesopotamia, o en Egipto, estos dos sistemas son vitales para la supervivencia en las áreas. Los dos sistemas funcionan en concierto. Si las condiciones climáticas causan un cambio hacia el norte de los dos sistemas, entonces habrá menos precipitación en Turquía y niveles más bajos en los ríos de Mesopotamia, lo que lleva a una falta de alimento y hambruna. Egipto, por otra parte, tendría abundancia de agua y excedente de alimentos. Lo contrario también es cierto.

Un método recientemente desarrollado conocido como el modelado arqueoclimático es específico del lugar y de alta resolución, relacionando las condiciones de clima a sociedades específicas en lugares particulares dentro de un período dado de siglos o milenios. El modelo comienza con la variación del calor de la tierra y la atmósfera basados en la modulación volcánica de la entrada de radiación y la extensión del hielo que cubre la superficie de la tierra. Además, se incluyen los datos de dinámicas atmosféricas, la ubicación de la corriente de chorro, y la convergencia intertropical. El clima del pasado se puede calcular para cada sección de los hemisferios en intervalos de tiempo de 200 años y remontarse hasta 14 mil años. La técnica de modelado tiene importancia para el estudio del antiguo Cercano Oriente, mostrando importante cambio climático en los pasados 10 mil años.

Para Palestina el modelado ha mostrado que las condiciones del clima están conectados con los vientos del oeste y en muchos casos, pero no todos, contrarios a los de Egipto. Por ejemplo, la era predinástica de Egipto terminó con una inundación severa, mientras en Mesopotamia la era predinástica terminó con una sequía. En Palestina el fin de la Edad de Bronce temprana I terminó con una sequía. Estos eventos ocurrieron alrededor del mismo tiempo, 2900/2800 a.C.

Bibliografía. W. C.Brice, ed., *The Environmental History of the Near and Middle East Since the Last Ice Age* (New York, 1978); F. A. Hassan and S. W. Robinson, «High-precision Radiocarbon Chronology of Ancient Egypt, and Comparison with Nubia, Palestine and Mesopotamia,» *Antiquity* 61 (1987): 119-35; H. H. Lamb, *Climate: Present, Past, and Future* 1 (London, 1972);M. R. Rampino et al., eds., *Climate: History, Periodicity and Predictability* (New York, 1987), esp. 37-46.

LAWRENCE A. SINCLAIR

CLOÉ (Gr. *Chlóē*)

Mujer de negocios rica cuya gente trajo a Pablo en Éfeso la noticia de división dentro de la iglesia de Corinto (1 Co 1.11). La gente de Cloé (lit., «los de Cloé») eran miembros de su familia, socios, esclavos, o empleados libres. No está claro si ella residía en Corinto y enviaba a otros a hacer negocios en Éfeso o vice versa. No hay duda que los de Cloé eran cristianos, pero tal vez Cloé no, aunque la designación de Pablo «los de Cloé» es típico de la forma en que él se refiere a hogares cristianos (cf. Ro 16.10-11). Cloé puede haber sido la líder de la iglesia en su casa.

JOANN FORD WATSON

COA (Heb. *qôaʿ*)

Pueblo que probablemente vivió al este del río Tigris y al norte del territorio ocupado por Pecod (Ez 23.23). Se piensa generalmente que son los mismos gutis, de quienes se tiene conocimiento por fuentes cuneiformes.

COA (Heb. *qōweh, qōwēʾ*)

Reino neohitita en el sureste de Turquía durante la primera mitad del primer milenio a.C., rodeado por los Montes Tauro al norte, los Montes Amanos al este, y el Mediterráneo al sur. El territorio estuvo habitado por luvitas y hurritas. A Salomón le traían caballos de Coa (1 R 10.28 = 2 Cr 1.16). Fue conocido como Kizzuwadna en el período hitita (1650-1200), y como Cilicia en el grecorromano.

H. WAYNE HOUSE

COAT (Heb. *qĕhāt*)

Segundo hijo de Leví (Gn 46.11) y padre de Amram, Izhar (llamado Aminadab en 1 Cr 6.22), Hebrón y Uziel (Ex 6.16, 18). Entre sus descendientes estuvieron Aarón, Moisés y María.

Durante la peregrinación por el desierto, los coatitas acampaban en el lado sur o en lado izquierdo del tabernáculo de reunión, y resguardaban al santuario desde el sur. Sus tareas los presentan como la más importante de las familias levíticas. Tenían la responsabilidad de transportar el arca, la mesa, el candelero, los altares, los utensilios y el velo, todo lo requerido para el servicio, pero sólo después de que Aarón y sus hijos los envolvieran con paños y los pusieran en bolsas de cuero. A los coatitas no se les permitía tocar los instrumentos (Nm 3.27-31; 4.1-20; 7.9).

Como al resto de los levitas, a los coatitas les fueron asignados ciudades y ejidos en Canaán. En el territorio de Efraín estaban Siquem (una ciudad de refugio), Gezer, Kibsaim, Jocmeam y Bet-horón; en Dan: Elteque, Gibetón, Ajalón y Gat-rimón; y en la media tribu de Manasés: Taanac y Bileam (Jos 21.20-26; 1 Cr 6.66-70[TM 51-55]).

Durante el período del segundo Templo, una rama de los coatitas (los coreítas) eran los porteros, los guardias de las puertas y de los tesoros, y los encargados de la custodia, inventario y conservación de los utensilios y los muebles, y de la preparación de la comida del servicio (1 Cr 9.17-33). Los coatitas eran también funcionarios seculares y jueces en todo el territorio, y probablemente tenían a su cargo los juicios legales, el reclutamiento militar, el trabajo obligado no remunerado, y los impuestos para el mantenimiento de los asuntos seculares y cultuales del Templo (1 Cr 26.22-30). Durante el tiempo del cronista, los cantores del templo decían ser descendientes de Leví, y el cantor Hemán afirmaba ser su descendiente a través de la línea de Coat (1Cr 6.33-38[18-23]). En este tiempo, los coatitas eran conocidos por su fervor en el canto y la alabanza a Dios (2 Cr 20.19), y por su dedicación al cuidado, mantenimiento y santificación del templo (29.12ss., 34.12).

Bibliografía. R. G. Boling and G. E. Wright, *Joshua*. AB 6 (Garden City, 1982); S. Japhet, *I and II Chronicles*. OTL (Louisville, 1993); B. A. Levine, *Numbers 1–20*. AB 4 (New York, 1993).

Lisbeth S. Fried

COBRE

Un elemento metálico común rojizo. Ni el hebreo *(nĕḥōšet)* ni el griego *(chalkós)* distinguen entre el cobre y el bronce, y las modernas traducciones no son coherentes en su uso (RVA «cobre»; BJ «cobre» en Ez 22.18, pero RVA «bronce»; BJ «bronce» en 24.11). Los materiales metálicos mencionados en la Biblia fueron hechos generalmente de bronce; sin embargo, donde se hace referencia a metales o minerales nativos, el cobre es el término más correcto (Dt 8.9; Job 28.2).

El cobre fue uno de los primeros metales conocidos. Tan temprano como 8000 a.C., el cobre nativo fue martilleado para formar varios objetos. Dado que la mayor parte del cobre se produce con impurezas como óxidos y sulfuros, deben ser removidos a través del proceso de fundición. La tradición bíblica asoció los orígenes de la metalurgia con Tubal-caín (Gn 4.22). Las técnicas de trabajo del metal de extracción, fundición, vaciado, y martillado se adquirieron lentamente. Antes de 3000 la metalurgia significa trabajar con cobre casi exclusivamente, con solo algo de trabajo de plata, oro y plomo, pero durante el tercer milenio todos los metales conocidos por la antigua humanidad comenzaron a ser usados en gran variedad y combinación.

El gran avance en la metalurgia del cobre fue la adición de un segundo metal para formar aleaciones de bronce. El arsénico se añadió al cobre para mejorar sus propiedades. La adición del estaño, que era el elemento de aleación dominante, produjo bronce, y la adición del zinc produjo latón. Las aleaciones produjeron metales más fuertes y resistentes, con puntos de fusión más bajo y una gran facilidad de fundición debido a su mayor fluidez. Como resultado, las aleaciones podían formar moldes más sofisticados e intrincados y mejores herramientas. Mientras que el cobre se utilizaba extensamente, por lo general se encontraba en la forma de una aleación.

El número de objetos hechos de cobre o de aleación de cobre era extenso, incluyendo bandejas (Ex 27.3), herramientas, joyería, instrumentos musicales (1 Cr 15.19), y equipo militar. En tiempos del NT la mayoría de las monedas era de plata, pero las de baja denominación, como la blanca, eran hechas de cobre o bronce (Mt 10.9; Mr 12.42; Lc 21.2).

Palestina era relativamente pobre en recursos de cobre. Sin embargo, se localizó una mina de cobre en Timnaʿ junto a Wadi Arabah en el sur de Palestina (la mina era operada por egipcios y no por el rey Salomón como se pensó al principio), y se han encontrado muebles de cobre fundido en Bet-semes, Tell Qasile, y Ai (1 R 7.14, 45-46). Una de las mayores fuentes antiguas de cobre era Chipre.

Bradford Scott Hummel

COCODRILO, TIERRA

Véase Lagartija.

CÓDICE

Una tableta de madera (o tabletas conectadas con correas atadas a través de agujeros cerca de los bordes). El códice, la primera forma de libro, que en la época de los romanos comenzó a reemplazar al más complicado rollo, fue utilizado primero en operaciones comerciales y legales. Más tarde, los romanos experimentaron con un códice de hojas de pergamino dobladas y cosidas.

Véase Libro; pergamino.

CÓDICE ALEJANDRINO

Códice del siglo V (siglum A) que contiene el AT, excepto por varias mutilaciones, y la mayor parte del NT. Las partes faltantes son Génesis 14.14-17; 15.1-5, 16-19; 16.6-9; 1 Samuel 12.20–14.9; Salmos 49.19–79.10. Mateo hasta 25.6 está perdido, como también Juan 6.50–8.52; 2 Corintios 4.13–12.6, y, de acuerdo con la tabla de contenido, Salmos de Salomón. Se incluyen las cartas de Clemente de Roma. El manuscrito ahora contiene 773 folios, pero originalmente constaba de 822. Cada folio mide 32 por 26.3 cm (12.6 por 10.4 pul.). Hay dos columnas por página, y está escrito en caligrafía uncial. La obra de varios correctores es evidente.

La naturaleza del texto de Códice A, cuyo origen es desconocido, está lejos de ser uniforme. La influencia hexaplárica es evidente en Josué, Rut, Ester, y en un grado mucho mayor en Samuel y Reyes. Crónicas y 1-2 Esdras probablemente representan un texto alejandrino anterior, y hay elementos luciánicos en Job, Salmos, y los profetas. Los evangelios representan el texto bizantino; el resto del NT, con el Códice Vaticano y Códice Sinaítico, representa el texto alejandrino.

El códice ha estado en Inglatera desde 1627, cuando fue presentado al rey Carlos I por Cirilo Lucaris, patriarca de Alejandría (hasta 1621) y Constantinopla (1621-38). Lucaris obtuvo el manuscrito de monte Athos en 1616. Ahora encuadernado en cuatro volúmenes, se encuentra en el Museo Británico junto al Códice Sinaítico.

Carroll D. Osburn

CÓDICE BEZA

Un códice del siglo IV o V (siglum D o 05) cuyo origen es desconocido. El Códice Beza Cantabrigiensis, un representante importante del llamado texto occidental del NT, contiene textos paralelos, que han sido repetidamente corregidos, de griego y latín antiguo en páginas encontradas. El manuscrito incluye la mayor parte de los cuatro Evangelios y Hechos así como un fragmento de 3 Juan. Los evangelios están arregaldos en el orden occidental (Mateo, Juan, Lucas, Marcos). Las lecturas del Códice Beza son únicas en miles de casos, particularlmente en el texto de Hechos, que es casi 10 por ciento más grande que el texto generalmente aceptado. Los eruditos han tratado de determinar la motivación teológica detrás de las lecturas singularmente peculiares en el texto, pero la investigación sigue abierta. El códice fue donado por el reformador Teodoro Beza a la universidad de Cambridge en 1581.

Bibliografía. D. C. Parker, *Codex Bezae: An Early Christian Manuscript and Its Text* (Cambridge, 1992).

Paul Anthony Hartog

CÓDICE CLAROMONTANO

Un códice del siglo VI (siglum DP), la principal autoridad del llamado texto occidental de las Epístolas. El códice, cuyo origen es desconocido, contiene textos paralelos, que han sido repetidamente corregidos, de griego y latín antiguo en páginas encontradas. El manuscrito tiene las Epístolas de Pablo, incluyendo Hebreos, con la excepción de Romanos 1.1-7, 27-30, y 1 Corintios 14.13-22, de la que está perdido el texto griego. El códice contiene 533 folios, cada página mide 24.6 por 19.5 cm (9.7 por 7.7 pul.), con una columna de 21 líneas por página.

El Códice Claromontano a menudo está de acuerdo con el Códice Augiensis y el Códice Boernerianus. A diferencia del Códice Beza, el texto en el lado latín del Claromontano no siempre es dependiente del griego. Con unas pocas excepciones, el texto latino es remarcablemente similar al de Lucifer de Cagliari en el siglo IV.

Tanto el Códice Claromontano como el Códice Beza fueron en algún momento propiedad de Teodoro Beza, y ellos probablemente se corresponden. Como lo indicó Beza en el reverso de la portada, Claromontano fue encontrado en el monasterio en Clermont-en-Beauvoisis; se encuentra ahora en la Biblioteca Nacional en Paris.

Carroll D. Osburn

CÓDICE DE LENINGRADO

Codex Leningradensis (L), el manuscrito completo más antiguo existente de la Biblia Hebrea. Fue copiado c. 1008/1009 d.C. por el copista Shmuel ben Yaaqob en el Cairo, siguiendo los manuscritos autorizados de Aharon ben-Moshe ben-Asher de Tiberias. Como la Biblia Hebrea completa más antigua, que contiene puntos vocales y acentos, el código es particularmente valioso por sus notas marginales de

Folio 422V (Rut 3.13b–4.13a) del Códice de Leningrado
(Fotografía de Bruce y Kenneth Zuckerman, West Semitic Research)

la Masora en cuanto a las cuestiones textuales, tales como casos y variantes ortográficas. Es el texto base para la tercera (*BHK*) y cuarta (*BHS*) ediciones de la *Biblia Hebraica*; todas las notas masoréticas del Código de Leningrado serán incorporadas en la quinta edición (*BHQ*).

El código consta de 491 folios escritos en pergamino blanco grueso. Cada página tiene cuatro columnas, excepto Salmos, Proverbios y Job, que tienen dos columnas, con poesía intercalada en el texto. Después de los Profetas Menores, están los Escritos en orden «cronológico»: Crónicas, Salmos, Job, Proverbios, Rut, Cantar de los Cantares, Eclesiastés, Lamentaciones, Ester, Daniel y Esdras-Nehemías. Un colofón al comienzo indica la fecha y el lugar en que se hizo la copia; y dos colofones más dan el nombre del copista. El manuscrito presenta también 16 «páginas con diseño de alfombra», ilustradas, y también listas y poemas masoréticos compuestos por ben-Yaaqob y Moshe ben-Asher.

El código se conserva en la Biblioteca Nacional de Rusia, en San Petersburgo, y también está identificado como Firkovich B 19 A, obtenido de la colección de Abraham Firkovich en 1862.

Bibliofrafía. D. N. Freedman, ed., *The Leningrad Codex: A Facsimile Edition* (Grand Rapids, 1998).

Allen C. Myers

CÓDICE EFRAÍN SIRIO

Un códice griego (nombre completo Ephraemi Syri rescriptus Parisiensis), escrito en el siglo V o VI d.C., probablemente en Egipto. Originalmente constaba de toda la Biblia, el manuscrito fue separado y reutilizado en el siglo XII. El códice es por tanto un palimpsesto y debe su nombre al segundo texto, una traducción griega de los tratados del padre Efraín de la iglesia siria, que fue escrito sobre el original. El códice en la actualidad consiste de 209 folios: 64 folios del AT y 145 del NT. Cada libro canónico del NT está representado; solo partes de Proverbios, Eclesiastés, Cantares, Job, Sabiduría, y Sirac del AT se conservan. Se hicieron correcciones al texto bíblico en el siglo VI y de nuevo en el siglo IX. El códice es importante para la crítica textual, aunque el manuscrito sigue siendo difícil de descrifrar debido a su carácter palimpsesto.

Tawny L. Holm

CÓDICE LENINGRADENSE

Véase, Códice de Leningrado.

CÓDICE SINAÍTICO

Manuscrito uncial griego del siglo IV (א) originalmente contenía toda la Biblia. Escrito en vitela fina, 390 folios (de un total original de al menos 730), fue descubierto por Constantin von Tischendorf en el monasterio de Santa Catarina al pie del monte Sinaí. Hojas adicionales del AT, hasta ahora inéditas, fueron descubiertas en 1975. Aunque menos de la mitad del AT se conserva, el NT está completo. Además, la epístola de Bernabé y la primera cuarta parte del Pastor de Hermas se incluyen enseguida del libro de Apocalipsis.

El códice puede haberse originado en Egipto o Cesarea. El texto del AT refleja el griego antiguo. En el NT Sinaítico es citado con frecuencia como un testigo alejandrino, pero Juan 1–8 está más estrechamente relacionado con la tradición occidental. La antigüedad del manuscrito y la calidad de su texto lo hacen uno de los manuscritos más importantes de la Biblia.

Bibliografía. H. Lake and K. Lake, *Codex Sinaiticus Petropolitanus,* 2 vols.(Oxford, 1911-22).

James R. Adair

CÓDICE VATICANO

Uno de los más importantes manuscritos de la Biblia en griego. Producido cerca de la mitad del siglo IV y conservado en la Biblioteca del Vaticano al menos desde el siglo XV, Vaticano (siglum B) originalmente incluía todo el AT y el NT y los apócrifos o dueterocanónicos (los libros de Macabeos fueron omitidos, aparentemente de manera inadvertida, y ahora faltan los primeros 46 capítulos de Génesis, alrededor de 30 Salmos, el fin de Hebreos, las epístolas pastorales, y Apocalipsis). En el Códice B las epístolas generales siguen al libro de Hechos (y por lo tanto precede las cartas de Pablo), y el final largo de Marcos (16.9-19) y Juan 7.53–8.11 faltan. Vaticano es uno de los mejores representantes de la familia alejandrina de manuscritos, la recensión más antigua y confiable del texto bíblico. También es un testigo importante del origen y desarrollo de la LXX.

Jeffrey S. Rogers

CÓDICE WASHINGTONENSE

Manuscrito uncial en forma de códice de finales del siglo IV o principios del siglo V d.C., que contiene los cuatro Evangelios en el llamado orden occidental (Mateo, Juan, Lucas, y Marcos). El manuscrito (siglum W) se encuentra en la Freer Gallery del Smithsonian Institution, Washington.

Detrás del texto actual puede haber varios fragmentos de diferentes manuscritos de los evangelios que representan diferentes familias de textos que fueron reunidos y ordenados por un solo escriba. Esto explicaría los varios tipos de textos representados. Mateo y Lucas 8.13–24.53 representa el texto bizantino normal; Marcos 1.1–5.30 es occidental, similar al latín antiguo; Marcos 5.31–16.20 es del tipo de Cesarea; y Lucas 1.1–8.12; Juan 5.12–21.25 representa el tipo alejandrino. Una importante variante en W es una adición a Marcos 16.14, el llamado Freer Logion, en el que los discípulos ofrecen una excusa por no haber creído a los que habían informado la resurrección de Jesús.

Bibliografía. H. A. Sanders, *Facsimile of the Washington Manuscript for the Four Gospels in the Freer Collection* (Ann Arbor, 1912); *The New Testament*

Manuscripts in the Freer Collection, 1: *The Washington Manuscript of the Four Gospels* (1912, repr. New York, 1972).

William R. Goodman

CODICIAR

Un deseo intenso que puede manifestarse en varias acciones, buenas o malas, dependiendo del objeto de afecto y las intenciones de aquel en quien arde el deseo. Tales deseos están prohibidos cuando toman formas como envidia, celos, nutridos en la falta de fe en la provisión de Dios (cf. Fil 4.5-13; *'Abot* 4.1) y descuido de sus mandamientos (Pr 6.20-25).

El concepto de resistir la codicia fija el Decálogo (Ex 20.17; Dt 5.21) y presumiblemente precipita todos los demás pecados prohibidos (Filón *Leg.* 79-99). Los sujetos de la codicia pueden ser bueno (Pr 10.24; incluyendo Dios: Sal 68.16[TM 17]; Jesús: Lucas 22.15) o malo (Sal 10.3;Mt 5.28). De igual modo, los objetos de la codicia pueden ser bueno (Sal 132.13; Mt 13.17; incluyendo Dios: Is 26.8-9), neutral (Dt 12.20), o malo (Pr 24.1; Ro 1.24). Muchos personajes bíblicos, incluyendo a Eva (Gn 3.6) y Pablo (Ro 7.7-8), se ven afectados por este deseo intenso.

«Codiciar» y «codicia» son traducciones de sinónimos que se derivan del heb. *ḥāmad* (Ex 20.17) y *āwwâ* (Dt 5.21), ambos traducidos por gr. *epithymeín.* Los traductores también han usado «codiciar» y «codicia» para diferentes palabras hebreas que se refieren a emociones o acciones que claramente no son codicia (p.ej., avaricia, envidia, celos).

Bibliografía. W. L. Moran, «The Conclusion of the Decalogue (Ex 20,17 = Dt 5,21),» *CBQ* 29 (1967): 543-54; J. A. Ziesler, «The Role of the Tenth Commandment in Romans 7,» *JSNT* 33 (1988): 41-56.

Mark D. Nanos

CODO

La unidad básica de medida lineal en el antiguo Israel y otras sociedades del antiguo cercano Oriente.

Como el heb. *'ammâ* («brazo,» «codo») sugiere, el codo se originó como la distancia entre el codo y la yema de los dedos. Las subdivisiones del codo incluyeron el palmo, la mano, y el dedo. La medida real del codo varió de acuerdo con la fecha y la región, con las sociedades egipcia y babilonia empleando cada uno dos codos: uno largo y otro más corto. La referencia en 2 Crónicas 3.3 a «codos de medida antigua» (LBLA) sugiere que también en Israel estaba en uso más de un codo. Ezequiel 40.5; 43.13 puede tener un codo más largo en mente, refiriéndose como lo hacen a un codo que es un codo y una mano de largo.

Se han hecho muchos intentos para determinar el valor exacto de cada codo, con diversos resultados. Algunos eruditos han usado los 1200 codos mencionados en la inscripción de Siloé y el largo del túnel mismo para calcular la extensión del codo israelita. La probabilidad, sin embargo, de que 1200 sea un número redondo, más la incertidumbre de qué tan cerca el presente túnel preserva su extensión original, se combina para hacer este método poco confiable. Un mejor enfoque es el de Gabriel Barkay, que compara las mediciones de tumbas excavadas en la roca de la Edad de Hierro en el área de Jerusalén para llegar a un estimado de 52.5 cm (20.67 pul.) y 45 cm (17.71 pul.) para el codo largo y corto, respectivamente. Estos resultados sugieren que el codo largo israelita corresponde más estrechamente con el codo largo egipcio de siete manos y que el codo corto israelita medía seis manos de largo.

Bibliografía. G. Barkay, «Measurements in the Bible — Evidence at St. Etienne for the Length of the Cubit and the Reed,» *BARev* 12/2 (1986): 37.

Brian P. Irwin

CODORNIZ

Coturnix coturnix, una pequeña ave del tipo de faisanes de 19 cm (7,5 pulgadas) de longitud y un peso de 100 g. (3.5 oz.). En dos ocasiones, se dice que Dios suministró codornices a los israelitas en el desierto (Heb. *śĕlāw*) para comer (Ex 16.13; Nm 11.31-32). La codorniz pasa sobre el Mediterráneo durante sus migraciones anuales y eran capturadas por millones hasta la déceda de 1930, cuando sus números bajaron (cf. Nm 11.31).

Bibliografía. *Fauna and Flora of the Bible.* 2nd ed. Helps for Translators 11 (New York, 1980); A. Parmelee, *All the Birds of the Bible* (1959, repr. New Canaan, Conn., 1988).

Mthew A. Tomás

COHORTE

Unidad militar romana (Gr. *speíra*) compuesta generalmente por 600 hombres (el tamaño podía variar de 500 a 1000) bajo el liderazgo de un *chilíarchos.* La cohorte podía ser regular, es decir, una décima de una legión, o auxiliar, no agregada a la legión. Las cohortes auxiliares a menudo se dividían c. 4:1 entre infantería y caballería; estas eran las unidades estacionadas en regiones fronterizas y zonas lejanas del imperio. Mientras estaban estacionadas en todo el imperio, las cohortes reclutaban de la población local para reponer sus fuerzas (Josefo *BJ* 2.13.7), teniendo como recompensa la ciudadanía por 20 años de servicio. Durante el reinado de Claudio (41-54) la práctica ocasional de recompensar a las cohortes que lo merecían con la ciudadanía se hizo una práctica normal. No hubo tropas de legionarios estacionadas en Judea desde el año 6 al 66 d.C. Las unidades auxiliares estacionadas en Jerusalén funcionaban como tropas de guarnición y policía militar (cf. Mt 27.27; Mr 15.16; Jn 18.3, 22; Hch 21.31).

Las cohortes tenían nombres descriptivos u honoríficos. La compañía italiana, a la que estaba agregado el centurión Cornelio (Hch 10.1), estaba compuesta por ciudadanos romanos originalmente reclutados en Italia y probablemente estacionada en Cesarea del 41 al 44. Inscripciones que se refieren a la Cohorte II Itálica también atestiguan que esta cohorte estaba estacionada en Siria c. el 69 d.C. La compañía Augusta (*Cohors Augusta Sebastenorum*), a la que el centurión Julio estaba agregado (Hch 27.1), es atestiguada por evidencia epigráfica y Josefo como también estando estacionada en Siria. La identidad y función de esta cohorte se han disputado. Algunos identifican a Julio y su cohorte como *frumentarii,* funcionarios especiales que actuaban como enlace entre el emperador y las provincias y como policía imperial, pero estas obligaciones ampliadas no están atestiguadas antes del reinado de Adriano (117-138). En el tiempo de Hechos 27 los *frumentarii* tenían solo la responsabilidad inmediata de supervisar el transporte de grano a Roma.

Bibliografía. F. F. Bruce, *The Acts of the Apostles,* 3rd ed. (Grand Rapids, 1990), 510-12; D. B. Saddington, «The Development of the Roman Auxiliary Forces from Augustus to Trajan,» *ANRW* II.3, 176-201; A. N. Sherwin-White, *Roman Society and Roman Law in the New Testament* (Oxford, 1963), 155-61.

DENNIS M. SWANSON

COHORTE AUGUSTA

Véase COHORTE.

COJERA, TULLIMIENTO

En el Israel antiguo, que apreciaba mucho el concepto de un mundo ordenado y perfecto, y que valoraba la buena salud, los defectos físicos eran considerados vergonzosos. (Lv 21.18; Dt 15.21; Mal 1:8; cf. 2 S 5.6-8). Las personas cojas (Heb. *pisséaḥ*) o tullidas eran consideradas incapaces e inútiles (Pr 26.7). Tenían prohibida la entrada a los lugares santos (Lv 21.18), y tanto en el AT como en el NT, eran objetos de lástima y misericordia (2 S 4.4; 19.26[TM 27]; Job 29.15; Hch 3.2; 8.7; 14.8).

Por tanto, el comentario de Jesús a sus discípulos de que debían estar preparados para entrar al reino como cojos, en vez de sanos, era una declaración radical (Lc 14.13, 21). Al declarar que los cojos eran aptos para el reino de los cielos, trastocó la actitud que había en cuanto a la salud y la salvación. En una historia extraña, los profetas de Baal «saltan [cojean] (*pāsaḥ*) cerca [¿sobre?] del altar que habían hecho» (1 R 18.26]. Esto puede ser una referencia a una danza cultual, pero también un recurso simbólico para enseñar la inutilidad de las acciones de los profetas.

Bibliografía. J. H. Neyrey, «Wholeness,» in *Biblical Social Values and Their Meaning,* ed. J. J. Pilch and B. J. Malina (Peabody, 1993), 180-84; Pilch, «Biblical Leprosy and Body Symbolism,» *BTB 11* (1981): 108-13.

T. R. HOBBS

COJO, véase *lisiado*

COLAÍAS (Heb. *qôlāyâ*)

1. Benjamita; antepasado de Salú (Neh 11.7).

2. Padre del falso profeta Acab, un enemigo de Jeremías (Jer 29.21).

COLECTA

La colecta de Pablo de fondos de iglesias gentiles para la comunidad cristiana en Jerusalén en c. 53-56 d.C. (Gl 2.10; Ro 15.25-32; 1 Co 16.1-4; 2 Co 8–9; cf. Hch 24.17). La comprensión de la iglesia de Jerusalén del acuerdo en el concilio apostólico de «acordarse de los pobres» (Gl 2.10) se busca mejor en su propia designación como la comunidad escatológica fiel («el pobre»), más bien que en su pobreza económica. La mayoría de los estudios supone que Pablo consideró la colecta como una demostración de o un método para alcanzar la unidad eclesiológica, pero hay problemas con esta suposición. Es claro que Pablo en principio reconoce la prioridad escatológica de la iglesia de Jerusalén y vio la colecta como una conexión visible entre las dos misiones cristianas. Pero después de la controversia de Galacia, Pablo también contempla la colecta como prueba de la realidad de la gracia de Dios entre los gentiles y como un peregrinaje gentil simbólico que señalaría el escatón. Para el tiempo que él escribió Romanos, Pablo buscaba solo reconocer la deuda histórica de los gentiles a Jerusalén a través del alivio económico. Otros asuntos interpretativos incluyen: las relaciones de la colecta con el alivio del hambre en Hechos 11 y el tributo del templo; la retórica de Pablo persuadiendo a las iglesias a contribuir, y la respuesta de éstas; y la ausencia de ciertas ciudades del catálogo de participantes (cf. Ro 15.26; 1 Co 16.1; Hch 20.4).

Bibliografía. D. Georgi, *Remembering the Poor: The History of Paul's Collection for Jerusalem* (Nashville, 1992).

JENNIFER K. BERENSON MACLEAN

COLHOZE (Heb. *kol-ḥōzeh*)

1. Padre de Salum, gobernador de la región de Mizpa durante la administración de Nehemías (Neh 3.15).

2. Un judaita, padre de Baruc y antepasado de Maasías, quien se estableció en Jerusalén después del exilio (Neh 11.5). Él puede ser el mismo que **1** anterior.

COLLADO DE ARALOT (Heb. *giḇʿaṯ hāʿărālôṯ*)

El lugar, cerca de Gilgal, donde los israelitas que habían nacido durante el viaje de Egipto fueron circuncidados después de cruzar el río Jordán (Jos 5.3; «colina de prepucios»). Esta segunda circuncisión, marca la entrada de los israelitas en la Tierra Prometida. La RVR1909 asocia este lugar con *giḇʿaṯ* en la lista de ciudades de Benjamín en Josué 18.28 (RV1960 «Gabaa»). El sitio es por otra parte desconocido.

LAURA B. MAZOW

COLLADO O MONTE DE DIOS (Heb. *giḇʿaṯ hāʾĕlōhîm*)

Lugar («monte de Dios») donde Samuel le dice a Saúl que se encontraría con una banda de profetas (1 S 10.5). En tanto que claramente está en la región montañosa de Benjamín, debido a la similitud de otros nombres (Geba, Gabaa, Gabaón; todos del Heb. *giḇʿâ*, «montaña», característica topográfica dominante de Benjamín) la ubicación exacta de este lugar ha tenido un debate activo. El problema se complica más con los textos en español, que usualmente traducen los términos de manera descriptiva y no como nombres propios. La mención de una guarnición filistea sugiere que esta montaña era un «lugar alto» ampliamente conocido, cerca de Gabaa (cf. 1 S 10.10). Gabaón ha sido sugerido como un lugar alternativo, pero las excavaciones que se han hecho allí no han producido ninguna evidencia arqueológica de filisteos.

Bibliografía. Y. Aharoni, *The Land of the Bible*, 2nd ed. (Philadelphia, 1979); W. F. Albright, *Excavations and Results at Tell el-Fûl (Gibeah of Saul)*. AASOR 4 (New Haven, 1924); A. Demsky, «Geba, Gibeah, and Gibeon: An Historico-Geographic Riddle,» *BASOR* 212 (1973): 26-31; J. M. Miller, «Geba/Gibeah of Benjamin,» *VT* 25 (1975): 145-66.

DENNIS M. SWANSON

COLONIA

Territorios administrados como unidades políticas subordinadas dentro de entidades gubernamentales más grandes, como imperios.Una colonia puede tener alguna autonomía, pero en muchos aspectos está sometida al imperio o a otra entidad de gobierno. En el mundo antiguo, los imperios se expandían al conquistar naciones y ciudades y convirtiéndolas en colonias, con el propósito de extraer trabajo y riqueza de ellos al fundar la burocracia imperial.

Cuando el Imperio Babilónico conquistó la nación de Judá (597 a.C.), colonizó Jerusalén y sus alrededores. Esta no era solo una conquista militar; el Imperio Babilónico intencionalmente dejó en la zona de Jerusalén suficiente cantidad de campesinos y otras personas para sembrar la tierra, pagar impuestos y tributo, y proporcionar fuerza laboral para proyectos imperiales. Durante el tiempo del exilio (597-539), hubo comunidades judías no solo en Babilonia pero también en el área de Jerusalén.

En 539 Persia derrotó al Imperio Babilónico y tomó control de Jerusalén, a la que el imperio persa llamó la colonia de Yehud. Persia administró esta colonia a través de nombramientos o apoyando líderes como Sesbasar el gobernador, Josué el sumo sacerdote, Zorobabel el gobernador, Esdras el sacerdote y escriba, y Nehemías el gobernador.

Durante los períodos griego y romano, Judá y la región de Jerusalén formaron una colonia o unidad gubernamental similar dentro de los imperios gobernantes del día. A los gobernantes y administradores se les conocía por una variedad de términos, incluyendo reyes, tetrarcas, y gobernadores. Lucas y Hechos muestran una conciencia de estas estructuras políticas, nombrando varios de los gobernantes con sus títulos, incluyendo al rey Herodes de Judea

(Lc 1.5), Quirino el gobernador de Siria (2.2), Poncio Pilato el gobernador de Judea (3.1), Herodes el tetrarca de Galilea (Lc 3.1, 19; 9.7-9; Hch 12.1-6, 20-23; 13.1), Gayo el procónsul de Acaya (18.12-17), Félix el gobernador (23.24–24.27), Festo el gobernador (24.27–26.32), y el rey Agripa (25.13–26.32). Figuras parecidas aparecen en el resto del NT así como en la antigua literatura griega y latina. Aunque no es posible determinar la interrelación exacta de estos varios oficiales de gobierno, es claro que el cristianismo primitivo surgió en un imperio con una compleja administración burocrática reforzada a través de pequeñas colonias.

Jon L. Berquist

COLOR

Aunque el término abstracto «color» no se encuentra en el AT y no se usa en el NT, ambas partes de la Biblia cristiana describen varios colores. Athalya Brenner identifica cinco colores básicos mencionados en el AT: (1) rojo (Heb. *ādōm*); (2) blanco *(lābān);* (3) negro *(šāḥōr);* (4) verde *(yārôq);* y (5) amarillo *(ṣāhōb).* Aunque otros téminos que indican color también se encuentran en las Escrituras (p.ej., púrpura), no encajan en los criterios de colores básicos. Estos términos reunen tres características principales: (1) monolexémico (esto es, no expresiones como rojizo); (2) significado exclusivo (esto es, no debe ser un término que puede ser incluido bajo un color más amplio); y (3) aplicabilidad sin restricciones (esto es, el color tiene una aplicación universal; no está restringido a una clase estrecha de objetos). De los cinco principales términos de color, los tres dominantes son rojo, blanco, y negro.

El blanco es el término usado con más frecuencia y no solo describe el color de un objeto (el pelo en Lv 13) sino que también tiene importancia simbólica. Indica riqueza (Gn 49.12; Est 1.6), gozo (Ecl 9.8), o pureza (Ap 3.4; 7.9, 13-14). El blanco no era un color natural en Israel; los bataneros blanqueaban los tejidos naturales para adquirir el color.

El negro se usa para describir el color de objetos, como oveja (Gn 30.32-33, 35, 40) o pelo (Cnt 5.11), pero también puede simbolizar problema (Job 3.5) o juicio (2 P 2.17; Ap 6.5). El rojo se usa para describir el color de la piel (Gn 25.25), el guiso (v. 30), y la sangre (2 R 3.22). El rojo también se usa simbólicamente para describir el lujo (Is 63.2) y la guerra (Ap 6.4). Los matices del rojo incluyen términos de color tales como púrpura, escarlata, y carmesí. El púrpura, un símbolo del lujo o el reinado (Est 8.15; Cnt 3.10; Jn 19.2), se derivaba de las conchas murex a lo largo del litoral de Palestina, que da cuenta del nombre de la región: Canaán (la tierra de púrpura). Escarlata y carmesí se derivan del insecto femenino conocido como kermes y se usan para describir el color del pecado (Is 1.18).

A menudo existe la tendencia a sobre interpretar las Escritruas al agregar significado simbólico a un color en el texto. Los eruditos pueden sugerir que los colores del tabernáculo, predominantemente azul, púrpura, y carmesí, tienen algún profundo significado espiritual añadido a ellos. Sin embargo, si el texto no alude a un significado más profundo, es mejor evitar tales interpretaciones.

Bibliografía. A. Brenner, *Colour Terms in the Old Testament.* JSOTSup 21 (Sheffield, 1982).

Rick W. Byargeon

COLOSAS (Gr. *Kolossai*)

Ciudad en la meseta central de Asia Menor, 201 km (125 mi) al este del mar Egeo y 145 km (90 mi) al norte del mar Mediterráneo, situada mayormente en el banco sur del río Lico. Se encontraba en una ruta comercial importante que se extendía toda el Asia Menor por la costa del mar Egeo a la región siria del Eufrates. El fértil valle del Lico hizo a Colosas rica en aceitunas e higos, y la ciudad tenía una próspera industria de lana, especializada en lana negra y una famosa tela de lana teñida de rojo púrpura.

Parte del reino Frigio (siglo XII a VII a.C.), Colosas fue dominada sucesivamente por los cimerios, lidios, persas, griegos, seléucidas, gálatas, y romanos. Jenofonte (c. 401) se refirió a Colosas como «una grande y próspera ciudad,» pero Strabo más tarde aparentemente la consideró un pueblo pequeño (c. 15 d.C.). En el siglo I d.C., Colosas fue eclipsada por sus vecinos del norte, Laodicea y Hierápolis.

Monedas romanas de Colosas indican la adoración de numerosas deidades, incluyendo a Artemisa, Helios, Demetrio, Men, Isis, y Serapis. A este ambiente religioso probablemente se pueden agregar los misterios frigios, el culto imperial romano, y el judaísmo. La comunidad cristiana en Colosas probablemente fue fundada por Epafras, un compañero de Pablo (Col 1.7-8; 4.12-13; Flm 23). La carta a los Colosenses puede aludir a aspectos del ambiente sincretista de Colosas.

Un terremoto entre 60 y 64 d.C. devastó Laodicea y Hierápolis, y presumiblemente Colosas. Monedas acuñadas en Colosas aparecen de 150 a c. 250, pero no más tarde. La población cambió a la vecina Conae, pero el obispado allí mantuvo una referencia a Colosas hasta el siglo VIII.

Bibliografía. M. Barth and H. Blanke, *Colossians*. AB 34B (New York, 1994); J. B. Lightfoot, *St. Paul's Epistle to the Colossians and to Philemon* (1886, repr. Wheaton, 1997).

Scott Nash

COLOSENSES, CARTA A LOS

Una carta del NT que se presenta como una comunicación de Pablo y Timoteo a los cristianos en Colosas, una ciudad importante en el valle del Lico, c. 195 km (120 mi) al este de Éfeso (Col 1.1-2). Implica que la iglesia allí nunca fue visitada por Pablo pero fue fundada por uno de sus compañeros, un cierto Epafras (1.7-8; 4.12). Las referencias a otros líderes cristianos en 4.7-17 (tales como Tíquico, Onésimo, Marcos, Bernabé, Lucas, y Ninfa) ofrecen una imagen viva de la importancia de los contactos personales y los amigos en las iglesias paulinas (incluyendo congregaciones fundadas por los compañeros y discípulos de Pablo). Colosenses es también una comunicación oficial a una comunidad cristiana, y el escritor pide (¿ordena?) que sea leída en la iglesia allí y también en la iglesia de Laodicea; él además instruye a los Colosenses a leer «la carta de Laodicea» (presumiblemente una escrita por él mismo). Un motivo de la escritura de Colosenses es un deseo de repudiar vigorosamente una falsa postura religiosa que puede tentar a los destinatarios (2.8-23). La poderosa enseñanza de la carta sobre soteriología y ética tiene el propósito de proveer una sana alternativa a esta falsa posición.

El vocabulario y la sintaxis de Colosenses muestran semejanzas a las Epístolas Paulinas que no están en disputa, notablemente Romanos, 1-2 Corintios, y Gálatas. Muchas oraciones, sin embargo, son comparativamente largas, con expresiones pleonásticas, y estas características parecen distinguir el estilo de Colosenses de aquellas cartas de Pablo que no están en disputa. El tono general de la carta es menos personal y más formal que el que se encuentra en muchas de las Epístolas Paulinas que no están en disputa. Igual que Romanos y Efesios, Colosenses ofrece una clara división estructural entre una sección principal enfocada en doctrina y una centrada en exhortación. En su ataque a la falsa «filosofía,» Colosenses tiene una afinidad especial con Gálatas; respecto a los líderes de la iglesia mencionados por nombre, es muy cercana a Filemón; en las ideas teológicas y la fraseología, es extraordinariamente similar a Efesios (la mayoría de los eruditos piensan que el autor de Efesios fue directa y fuertemente dependiente de Colosenses).

La autoría de Colosenses ha sido debatida desde la primera mitad del siglo XIX, y un gran número de eruditos críticos hoy la considera deutero paulina. Eduard Schweizer propone que Timoteo realmente la compuso, mientras Pablo estaba en prisión bajo condiciones que hacían imposible que el apóstol escribiera toda la carta por sí mismo pero puede haberle permitido agregar los saludos finales. Algunos eruditos, sin embargo, continúan sosteniendo que Pablo escribió directamente la carta. La sintaxis de Colosenses, algunas de sus ideas teológicas (Cristo como cabeza de la iglesia; énfasis primordial en la escatología realizada), y algunas de las maneras en que Pablo es descrito (los sufrimientos de Pablo como completar «lo que falta de las aflicciones de Cristo» [1.24]) hacen muy dudoso que Pablo mismo sea el autor. Sin embargo, la influencia de Colosenses en Efesios es probablemente más fácil de explicar si la carta era generalmente entendida en la Iglesia Primitiva como habiendo sido obra de Pablo. Si Pablo escribió Colosenses, probablemente lo hizo cerca del fin de su vida, poco después de haber compuesto Filemón. Si Colosenses fue escrita por otra persona en nombre de Pablo, debe haber sido compuesta dentro de una década o dos de su muerte (Efesios, que parece depender de Colosenses, difícilmente puede ser posterior a alrededor del 90). El lugar de origen es desconocido, aunque Éfeso y Roma son buenas posibilidades.

Aparte de la polémica en 2.8-23, hay poca discusión. La mayor parte de la carta toma la forma de afirmaciones y amonestaciones concisas, aparentemente expresando «puntos de vista y conceptos previamente acuñados y establecidos» (Gunther Bornkamm). Al menos en el «himno» de 1.15-20 y la «mesa de tareas domésticas» en 3.18–4.1, Colosenses evidentemente se apoya en materiales tradicionalmente autoritarios de la iglesia. En contraste con una cantidad de otras Epístolas Paulinas, Colosenses en ninguna parte pone de relieve la autoridad de las Escrituras judías (no hay citas del AT, y muy pocas alusiones). Tal vez esto se deba a que los supuestos lectores de Colosas son mayormente gentiles (cf. 1.27), pero probablemente refleja el hecho de que la «falsa enseñanza» atacada en 2.8-23 tiene al menos algunas características judías. El escritor asume de diversas maneras y afirma la autoridad de Pablo, «ausente en cuerpo pero presente en espíritu» (2.5). Todas sus labores ministeriales son a favor de creyentes como los colosenses, y estas labores (y enseñanzas) son inspiradas por Dios (1.25-29).

La naturaleza exacta de la falsa enseñanza no es muy clara, aunque Colosenses sugiere que sus defensores la llaman una «filosofía» y destacaron «los espíritus elementales del universo,» visiones y adoración de (o junto a) ángeles, la observancia de fiestas especiales (incluyendo sábados), y ciertos rituales y regulaciones ascéticas (incluyendo la circuncisión y la evitación de ciertos alimentos). Muchos eruditos modernos han tratado de identificar la enseñanza. Más precisamente, relacionándola con los cultos de misterio paganos (Martin Dibelius), el gnosticismo (Bornkamm), o el judaísmo apocalíptico (Fred O. Francis). Otros han insistido que la «falsa enseñanza» no es cristiana en absoluto, sino simplemente una forma de judaísmo de la diáspora (Morna Hooker, James D. G.Dunn). Se sabe que una considerable población judía existió en el área de Colosas en el siglo I.

La cristología está en el corazón de Colosenses. La principal acusación contra la «falsa enseñanza» es que no se basa en Cristo y no se adhiere a él como cabeza de la iglesia. El Espíritu Santo apenas se menciona (1.8), pero se hace hincapié en Dios como Padre de Jesús y los cristianos y la fuente final de creación y salvación. Cristo es la imagen de Dios, aquel por quien y para quien Dios creó todas las cosas. Toda la plenitud (Gr. *plērōma*) de Dios habita en Cristo. Su obra redentora tiene resultados cósmicos y universales, aunque estos son conocidos en el presente solo en la iglesia (su cuerpo). La orientación ontológica de la cristología recuerda, y puede ser dependiente de, conceptos judíos helenistas de Sabiduría y la Palabra *(Logos)* divina. Se hace especial énfasis en la muerte salvadora de Jesús, que reconcilió todas las cosas en el cielo y en la tierra con Dios y simultáneamente constituyó una victoria sobre las fuerzas espirituales hostiles aliadas con un vínculo legal que amenazaba a los pecadores (2.13-15). La vida presente y futura de los creyentes es una de participación en Cristo: su existencia actual está «escondida» en él, y su vínculo con él asegura la gloria futura (1.27; 3.3-4).

La enseñanza ética en 3.5–4.6 se basa en la afirmación de que los cristianos han recibido una nueva naturaleza a través de morir y resucitar con Cristo (presumiblemente en el bautismo). Ellos deben «llegar a ser lo que ya son» renunciando a todas inclinaciones y prácticas pecaminosas y «revestirse» de un radicalmente nuevo yo marcado por la pureza, el amor y el perdón mutuos. Cristo vive en ellos, y ellos aparentemente son todos iguales espiritualmente (3.10-11). No obstante, en 3.18–4.1 los deberes de los creyentes se describen con relación a las posiciones del hogar (esposas-esposos, hijos-padres, esclavos-amos): a los inferiores se les enseña obedecer, y a los superiores a mandar, todo el mundo necesita tener en cuenta su sumisión común a un Señor celestial. El autor deliberadamente afirma un código moral jerárquico que no perturbaría las sensibilidades paganas o judías externas, pero afirma una ética de amor igualitaria que podría transformar o al menos hacer más tolerable los patrones «mundanos» de autoridad y sumisión.

Bibliografía. C. E. Arnold, *The Colossian Syncretism.* WUNT 2/77 (Tübingen, 1995); J. E. Crouch, *The Origin and Intention of the Colossian Haustafel.* FRLANT 109 (Göttingen, 1972); J. D. G. Dunn, *The Epistles to the Colossians and to Philemon.* NIGTC (Grand Rapids, 1996); F. O. Francis and W. A.Meeks, *Conflict at Colossae.* SBLSBS 4 (Missoula, 1973); A. T. Lincoln and A. J. M. Wedderburn, *The Theology of the Later Pauline Letters* (Cambridge, 1993); E. Schweizer, *The Letter to the Colossians* (Minneapolis, 1982).

DAVID M. HAY

COLUMNA DE NUBE, COLUMNA DE FUEGO
Manifestaciones complementarias de la presencia divina, nube de día y fuego de noche, para guiar a los israelitas a través del desierto (Ex 13.21). El término combinado sólo se produce en Éxodo 14.24. Este patrón se interrumpe una vez por el Mar de los Juncos; aquí la columna de nube se mueve a una posición defensiva detrás de los israelitas en la noche, al parecer, como complemento a la oscuridad de la noche para los egipcios y de este modo prevenir cualquier ataque nocturno. Además, la columna de nube se asocia a la presencia de Dios en el tabernáculo de reunión (Ex 33.9-10).

El fuego y la nube son ambos símbolos comunes de Dios en toda la Biblia. La nube revela la presencia de Dios y oculta la persona de Dios (p.ej., Ex 16.10;

Lv 16.2), mientras que el fuego significa el poder de Dios, la pasión y la pureza (p.ej., Ex 19.18; Mal. 3.2). Estas imágenes se remontan a las teofanías de los patriarcas y señalan hacia adelante a la teofanía en el monte Sinaí y más allá a las de los profetas.

Los estudiosos han tratado de conectar la columna de fuego y nube, con las antorchas pilares utilizados en ceremonias religiosas y militares o los pilares del templo de Salomón, así como las tormentas y erupciones volcánicas, pero tales esfuerzos siguen siendo conjeturas.

Bibliografía. J. I. Durham, *Exodus.* WBC 3 (Waco, 1987); T. W. Mann, «the Pillar of Cloud in the Reed Sea Narrative,» *JBL* 90 (1971): 15-30.

Cheryl Lynn Hubbard

COMADREJA

Un pequeño mamífero carnívoro del género Mustela, algunas especies de las cuales los israelitas consideraban impuros (Lv 11.29). Heb. *ḥōleḏ* puede derivar de la raíz semítica común *hld,* «excavar, deslizar.» Aunque la traducción «comadreja» *(Mustela nivalis)* es apoyada por la LXX y otras versiones, traductores más recientes han preferido las especies relacionadas «topo» *(Spalax Ehrenbergi)* o «rata topo» *(Spalax typhlus).*

John R. Huddlestun

COMANDANTE

Título de autoridad dado a líderes militares, de gobierno, cívicos y religiosos. El Heb. *śar* es traducido en una variedad de maneras en el AT. Se refiere a los príncipes egipcios del faraón (Gn 12.15), los capitanes de las unidades militares de Moisés (Nm 31.14), y hombres de honor o valor (Is 23.8). En ocasión de la muerte de Abner, David dijo: «¿No sabéis que un príncipe y grande ha caído hoy en Israel?» (2 S 3.38).

En los contextos de gobierno, servicio cívico, y religión, se hacen varias referencias relativas a los comandantes: Jueces 9.30, el gobernador de un pueblo; Génesis 40.16, jefe de los panaderos; Jeremías 35.4, funcionarios religiosos que servían en el templo; 1 Crónicas 24.5, en la organización de los sacerdotes del santuario, los hijos de Eleazar y los hijos de Itamar.

Daniel usa el término *śar* cuando se refiere a seres celestiales y divinos. El ángel Miguel es llamado el «príncipe» de Judá (Dn 10.21), y se hace referencia a Dios como un comandante, el «príncipe de los príncipes,» quien hará frente al ataque de un rey malvado (8.25).

A. Perry Hancock

COMBUSTIBLE

Material combustible en estado sólido, líquido o gaseoso, que emite calor cuando es encendido. Se utiliza para producir la energía calorífica para uso doméstico o industrial. Todos los combustibles son una combinación de carbón y compuestos de hidrógeno. El combustible puede ser categorizado en combustibles vegetales y animales recientes, como palos de madera, carbón de leña, y estiércol, combustibles fósiles, como turba, lignito, carbón y aceite, así como productos de destilación de planta y combustibles fósiles, como la gasolina de hoy.

La quema de combustibles (Heb. *peḥām*) por lo general causa la producción de una variedad de gases dañinos, como el monóxido de carbono. La Biblia hace mención de carbones *(gaḥelet)* causado por el enebro ardiente (Sal 120.4), la quema de estiércol para cocinar pan y pescado (Ez 4.15), y la madera usada como combustible para el calor (Jn 18.18). El combustible también se menciona en relación con holocaustos (Lv 16.12) y la producción de fuego o la ira del Señor (Is 9.19).

Richard A. Stephenson

COMENTARIO

El género de explicación de textos bíblicos, generalmente siguiendo el orden de los versículos a medida que se presentan. Los elementos constitutivos del comentario generalmente incluyen discusión crítica del texto relacionada con el establecimiento de un texto confiable y análisis gramatical y filológico que aborda palabras, frases, o sintaxis difíciles o inusuales. Una vez que estos elementos de «baja crítica» han sido aplicados, generalmente comienza la «alta crítica.» La alta crítica se interesa en la formación del texto en su contexto histórico e incluye análisis críticos de las fuentes, la forma, y la redacción. Junto con estos aspectos más técnicos del comentario, una cantidad de otras características del texto bíblico a menudo se analizan, incluyendo las cualidades literarias del texto y su significado teológico. Los comentarios a menudo incluyen enfoques interdisciplinarios que traen la teoría crítica actual para influir en el análisis de textos.

La historia del comentario bíblico es parte de la historia más grande de la exégesis de la Biblia. Tal vez los primeros ejemplos son paráfrasis arameas (cf. Neh 8.8) como los Targums y los midrashim (cf. 2 Cr 13.22 JB). Mucho de lo que aparece en el moderno género de comentario es atestiguado en comentarios de los períodos clásico tardío y medieval. Los comentarios críticos modernos a menudo ignoran la obra de estos comentarios tempranos porque se les considera «precríticos.» En realidad, sin embargo, los primeros comentarios comparten con sus versiones modernas la conciencia de las ambigüedades en gramática, lexicografía, variantes textuales, y significado en general. En términos generales, la diferencia entre las formas moderna y antigua de comentario no es la habilidad de reconocer los problemas de interpretar la Biblia sino, más bien, en la ubicación del significado. Se ha dicho que antes del enfoque «crítico» el mundo era entendido primordialmente a través de la Biblia, pero con el surgimiento del enfoque «crítico» la Biblia comenzó a ser entendida principalmente a través de las observaciones acerca del mundo en general.

LARRY L. LYKE

COMIDA
Véase HARINA.

COMIDA
Referencias a la «comida» y temas relacionados aparecen en cada libro en la Biblia, comenzando con Génesis 1 y terminando en Apocalipsis 22. En realidad, algunas de las historias más conocidas son aquellas que tratan con la comida y la adquisición de comida. Los ejemplos del AT incluyen la tentación de Eva de Adán; José que salva del hambre al pueblo de Egipto y a su propia familia; los hijos de Israel comiendo maná en el desierto; Rut que espiga trigo en los campos de Booz; David, el pequeño pastor valiente; Eliseo que mantuvo el aceite de la viuda fluyendo; los jóvenes hebreos que no comerían la comida impura del rey.

Los ejemplos del NT son numerosos también. Ellos incluyen historias sobre Jesús que convierte el agua en vino; la ayuda de los discípulos a atrapar pescados; la alimentación de los 5000 con cinco panes y dos pequeños peces; su última cena. Jesús también dijo parábolas que a menudo trataban con temas relacionados con la comida, p. ej., la parábola del sembrador; las malas hierbas; la semilla de mostaza y la levadura; la oveja perdida; los trabajadores en la viña; y el banquete de boda. A estos ejemplos muchos otros pueden ser añadidos del libro de Hechos y las cartas de Pablo, Pedro y Juan.

Hay varias razones de la importancia de la comida en la Biblia. En el mundo antiguo la mayor parte de personas eran productores de comida: agricultores, pastores y pescadores. En otras palabras, la vida diaria de casi cada hombre, mujer y niño fueron alcanzadas en tales actividades como cuidar el corral y animales de pasto, despejar y arar, plantar y cuidar los granos, cosechar y procesar las cosechas, transportar y almacenar productos alimenticios, preparar y consumir comida, y la preocupación por guardar lo suficiente para sobrevivir hasta la siguiente cosecha.

La comida también es un tema central a lo largo de la Biblia debido a la red de interacciones que evoca; interacciones entre la gente y la tierra, entre la gente como actores sociales, y entre la gente y el Divino. En otras palabras, la manera como la comida fue producida, distribuida, preparada, y comida tenía consecuencias que iban bastante más allá del suministro del alimento a los cuerpos del pueblo. La comida servida en los tiempos bíblicos, como hoy, es un instrumento potente para comunicar el sentido social: para expresar hospitalidad (Abraham y sus invitados angelicales); conmemorar pruebas de la intervención divina en asuntos humanos (las festividades anuales), y cerrar acuerdos entre pueblos e individuos (la Última Cena).

Con mucho, los ingredientes más importantes en las dietas del pueblo eran el trigo (*Triticum durum, Triticum vulgare, Triticum spelta*) y la cebada (*Hordeum vulgare*). En Egipto, donde la precipitación es prácticamente inexistente, el trigo fue cultivado a través de los bancos del Nilo por medio de la irrigación de los desbordamientos. Un sistema similar fue usado por la antigua gente de Mesopotamia quienes produjeron su trigo en campos irrigados por una red extensa de canales unidos al río Éufrates.

En el Levante al sur el paisaje y las condiciones climáticas son completamente diferentes; de ahí que se usaran métodos diferentes para cultivar el grano. En este paisaje de llanuras costeras, colinas interiores y valles, montañas y desiertos, donde los veranos son calientes y secos y los inviernos son suaves y húmedos, una amplia variedad de estrategias se empleó para producir cereales. A través de las llanuras costeras y en el valle del Jordán desde las fuentes, los ríos, y las corrientes las aguas fueron desviadas a acueductos y canales para suministrar agua para regar campos de cereal. A través de las cuestas de las áreas montañosas los aldeanos mantuvieron presas de desviación de cauce del río y terrazas de ladera para conservar la humedad y retener el suelo para sus cosechas de grano. Otros dependieron de la trashumancia (movimiento del pueblo y animales de pasto, sobre todo ovejas y cabras) entre áreas de crecimiento de grano de invierno y tierras de pasto de verano. Todavía otros, a saber el beduino de desierto, cultivaron poco o nada de trigo, pero confiaron en varios arreglos de sociedad con aldeanos para su suministro de trigo.

Mientras el trigo y la cebada eran el corazón de las dietas de todos estos grupos diferentes a través de todos los tiempos bíblicos, otros cereales (mijo, arroz), legumbres (lentejas, frijoles, guisantes, arveja), verduras (cebollas, ajo, pepinos), frutas (aceitunas, uvas, granadas, melones, higos, dátiles, manzanas), aves de corral (palomas, pollos), carne (ovejas, cabra, ganado, cerdos), leche, raíces salvajes, pescado, y la caza también fueron consumidos, pero de ningún modo al mismo grado en todos los tiempos y lugares. Lo que determinó que y cuanto de estos otros artículos fueron incluidos en la dieta eran donde y cuando la gente vivió, su modo de sustento (pueblos agrícolas, trashumancia, vida pastoril), su situación económica (rico o pobre), acceso a mercados, y creencia religiosas.

Considerando estas contingencias, resulta que las comidas más comúnmente comidas por los patriarcas, que la Biblia indica eran trashumantes, difiere algo de las de sus descendientes que se establecieron permanentemente en pueblos en las tierras altas de Canaán, Mientras el trigo y la cebada eran predominantes en ambas dietas, carne de animales gregarios masculinos y queso, cuajadas, y leche producida por animales hembras conformó el grueso de los ingredientes restantes (Gn 18.6-8). Hay que notar, sin embargo, que la carne de animales gregarios sacrificados no fue comida todos los días, sino más bien en ocasiones especiales. La caza salvaje, la miel, los dátiles, y las especias obtenidas por caza y colección también eran importantes para la dieta patriarcal (Gn 27.3-4).

Por el contrario, las dietas consumidas por casas de pueblo en Canaán eran mucho más variadas en términos de artículos producidos en la localidad. Por ejemplo, una comunidad típica cultivaría el trigo y la cebada en las áreas más llanas, y pastaría ovejas y cabras en el rastrojo; cultivaría aceitunas, uvas, y otros árboles frutales en las colinas inferiores, con parcelas de verduras y especias irrigadas alrededor del pueblo (Is 5.1-3). Este modelo tradicional aseguró que la dieta típica de pueblo en Canaán incluyó no sólo granos y subproductos de animal, sino también verduras, frutas y nueces.

Los alimentos consumidos por las élites de pueblos y ciudades más grandes, como Jerusalén y Cesarea eran aún más variados debido a la amplia variedad de productos alimenticios importados de sitios distantes y la mayor riqueza para comprar alimentos exóticos. La dieta de una persona rica podría incluir por lo tanto carnes exóticas y pescado, verduras, frutas, y especias importadas de tan lejos como Asia Sudoriental, norte de África, o Europa. También había muchas personas pobres sin tierras que vivían en y alrededor de estas ciudades, muchos de ellos subsistieron pidiendo y hurgando.

Considerando la diversidad geográfica de la tierra de Canaán, y dado los cambios con el tiempo de condiciones políticas de la región a través de tiempos bíblicos, las condiciones económicas de varios grupos indígenas, incluso las tribus israelitas diferentes, varió bastante con el tiempo y espacio. Por lo tanto, sus dietas también. Así los alimentos comidos por los descendiente de Benjamín alrededor de Jerusalén en la época de David y Salomón, p. ej., no eran exactamente los mismos que aquellos comidos por los descendientes de Rubén en Transjordania. Además, un milenio más tarde, en la época de Cristo, muchos nuevos artículos de comida estaban disponibles debido al comercio intercontinental inmensamente aumentado, de manera que las dietas, sobre todo en áreas urbanas, incluyó artículos que no se conocían mil años antes (p. ej., garum y pollo).

A pesar de tales discontinuidades regionales y temporales, las reglas de pureza de culto sirvieron para separar la dieta israelita dondequiera que los judíos vivieran. Además de restringir cuestiones de animal como los mamíferos que tenían pezuña hendida o rumiaban (Lv 11.1-8; Dt 14.6-8) y varias aves, peces e insectos «limpios» (Lv 11.9-47; Dt 14.9-21), las regulaciones prohibieron cualquier comida que había sido contaminada por el contacto (por la cocina o de otra manera) con agua contaminada por un animal impuro muerto (Lv 11.32-38); otra legislación gobernó modos de preparación y combinaciones de productos alimenticios (p. ej., Ex 23.19 par.).

Øystein S. LaBianca

COMIDAS
La Biblia menciona a menudo comidas, en contextos seculares y también religiosos. Las prácticas en cuanto a las comidas descritas tanto en el AT como en el NT deben interpretarse en relación con sus respectivos contextos culturales. El antiguo Cercano Oriente y el mundo grecorromano. Además, hay costumbres específicas a la tradición judía, tales como las leyes dietéticas.

Un antiguo relato en cuanto a prácticas sobre comidas, es la historia de Abraham ofreciendo comida a unos extraños en Mamré (Gn 18.1-8; cf. 19.1-3). La historia ilustra la antigua idea sobre hospitalidad, según la cual se esperaba que la persona se ocupara de proporcionar el bienestar indispensable a los extranjeros dignos, incluyendo especialmente una comida. Aquí, Abraham invita a sus huéspedes a recostarse (es decir, reclinarse) debajo de un árbol, mientras les trae agua para que se laven los pies, una costumbre asociada normalmente con la etiqueta donde se practicaba la reclinación. Abraham se convierte entonces tanto en anfitrión como en servidor de la comida, mientras Sara se queda dentro de la tienda, siguiendo la costumbre generalizada de que una mujer decente no debía acompañar a hombres en la mesa, especialmente en una donde estuvieran presentes comensales que no eran miembros de la familia.

La historia de Abraham ofrece un vistazo de las costumbres sobre comidas en los primeros tiempos de la historia judía. La reclinación pueden rastrearse ya en el siglo VII a.C., como se muestra en un relieve que muestra al rey asirio Asurbanipal reclinado en una fiesta en un jardín con su esposa (que está sentada, no reclinada, lo que indica su posición), comiendo y bebiendo, mientras que unos servidores que están cerca tocan música.

Las mismas costumbres están escritas en Amós 6.4-6. El banquete con personas reclinadas aparece aquí como una celebración fastuosa que incluye la bebida ceremonial de vino, la unción con aceite y el entretenimiento con música. Amós presenta la comida bajo una óptica negativa, como característica de los depravados ricos de Samaria, pero las costumbres que él describe estaban muy generalizadas en el mundo de su época.

En la época de Ben Sira, en el período del Segundo Templo, la comida lujosa es algo que debe abordarse como parte de la vida del hombre sabio. Los modales en el banquete descritos en Eclesiastés 31.12–32.13 presentan se parecen mucho a los del banquete grecorromano, y muestran hasta qué grado las costumbres de los judíos en cuanto a las comidas habían asimilado las costumbres grecorromanas, incluyendo aspectos tales como presidir la mesa (32.1, 2), normas para hablar (31.31; 32.3, 4, 7-9), el lugar de la música (32.4-6), así como órdenes para practicar la moderación en el comer y el beber (31.12 -18, 25-30).

Estos aspectos están ampliamente representados en las costumbres grecorromanas en cuanto a la comida, como está evidenciado, p.ej., en el *Banquete* de Platón (siglo IV) o en *Charlas de sobremesa* de Plutarco (siglo I d.C.). Estas costumbres se repiten también en descripciones de comidas del NT. Por ejemplo, siempre que se menciona la postura de las comidas relacionadas con Jesús, se dice que estaban recostados (reclinados) (p.ej., Mr 2.15; 8.6; 14.18). Los diversos términos griegos que significan literalmente «reclinados», están traducidos a menudo como «sentarse a la mesa» en las versiones modernas. Los comensales que se reclinaban, se colocaban de acuerdo con los patrones estándar; uno común era el del triclinium, en el que un mínimo de nueve comensales se inclinaban en tres lechos colocados en una configuración en forma de U alrededor de una mesa, tres comensales por lecho. Se recostaban sobre el codo izquierdo, dispuesto en un ángulo oblicuo sobre el lecho y casi paralelos entre sí. Los comensales eran también colocados por rango, y se ubicaban alrededor de la mesa de izquierda a derecha. Así, en Juan 13.23, en el que se deduce que el discípulo amado estaba «recostado al lado de Jesús», está descrito como teniendo una posición de honor, a la derecha del Señor mismo. Asimismo, en la parábola del rico y Lázaro (Lc 16.19-31), la posición de Lázaro en la otra vida como estando «en el seno» de Abraham (v. 23) se entiende mejor como teniendo un lugar de honor en el banquete mesiánico o en el banquete de la vida futura (sobre el «comer pan en el reino de Dios», cf. 14.15).

Ubicar a los invitados por rango, era el distintivo de un buen anfitrión, pero esto podía dar lugar a tensiones, como en Lucas 14.7-11 (cf. Plutarco, *Charlas de sobremesa* .2) Esta tensión social puede subyacer en el problema surgido en la Cena del Señor en Corinto (1 Co 11.17-34), donde las divisiones en la mesa se caracterizaban por el menosprecio a la iglesia de Dios y la humillación a los que no tenían nada (cf. v. 22). Las mujeres y los esclavos eran marginados aún más, al no permitírseles que se reclinaran, si es que estaban presentes en la mesa. Sin embargo, esta tradición estaba experimentando un cambio en el siglo I, ya que mujeres respetables estaban empezando a aparecer en banquetes con más frecuencia. En los Evangelios, las mujeres están con frecuencia presentes en las comidas de Jesús, pero estos relatos varían en cuanto a cómo describen la ubicación de las mujeres en la mesa, ya sea a los pies de Jesús, en el papel subordinado tradicionalmente aceptado (Lc 7.36-50; 10.38-42), o posiblemente reclinadas junto con los hombres (Mt 14.19-21; 15.35-38). Por otra parte, cuando Pablo habla de mujeres presentes en los servicios de adoración en Corinto como profetas (1 Co 11.5), se debe concluir que estaban presentes en la mesa (mencionado después en el razonamiento de Pablo, vv. 17-34), y que supuestamente estaban reclinadas junto con los hombres.

Según las antiguas costumbres, cuando alguien daba una comida en su casa, como la ofrecida por Leví/Mateo a Jesús (Mr 2.15 y par.), normalmente se enviaban invitaciones a los convidados (cf. Platón, *Banquete* 174E). Jesús se refiere a esta costumbre en un sentido simbólico cuando habla de «invitar» («llamar»), no a los justos sino a los pecadores a la mesa, es decir, al reino (Mr 2.17, cf. la referencia a las invitaciones en Lucas 14, 10, 12, 16). Al llegar a la comida, un criado lavaba los pies a los invitados antes de que éstos tomaran sus puestos en los lechos (*Banquete*, 175A). Esta costumbre está mencionada en Lucas 7.34, donde el fariseo que invitó a Jesús es criticado por Jesús no ofrecerle este acto elemental de hospitalidad; y en Juan 13.1-16, donde Jesús toma el papel de siervo para lavar los pies de los discípulos, una práctica que se mantuvo en algunos círculos de la iglesia primitiva (1 Ti 5.10). Lavarse las manos en la mesa antes de la comida era una práctica común tanto de paganos como de judíos (Ateneo, 14.641d; *m. Ḥag.* 2.5), pero se le había dado un significado religioso especial en el judaísmo farisaico. Jesús, como parte de su crítica a los fariseos, ignoró esta costumbre (Mr 7.1-8 y par.). Los huéspedes eran también normalmente ungidos en la cabeza con perfumes (Josefo, *Ant.* 19.238), una práctica a la que se da un significado simbólico en la historia de Jesús (Mr 14.3-9).

El banquete antiguo tenía dos platos principales, el sólido, *deípnon* («cena»), seguido por el de la bebida, o *sympósion* (simposio). Cada curso comenzaba con una bendición o libación sobre la comida y el vino, una costumbre adaptada de diferentes maneras por griegos, romanos y judíos (*Banquete*, 176A, m. Ber. 6), y que está reflejada en las bendiciones de Jesús en diversas comidas (p.ej., Mr 8.6). Los relatos de la Última Cena se refieren a los dos platos de comida, al indicar por separado las bendiciones sobre el pan y el vino (Mr 14.22-25 y par.). En las versiones paulina y de Lucas, estas bendiciones están explícitamente separadas por la frase «después de haber cenado» («después de la *deípnon*; 1 Co 11.23-25; Lc 22.19, 20).

El plato simposio estaba destinado a durar hasta la noche, y se esperaba que incluyera alguna forma de entretenimiento. Mientras que algunos griegos y romanos se inclinaban por el entretenimiento sensual, los griegos y romanos filosóficos tenían a menudo una conversación reflexiva sobre un tema filosófico como entretenimiento del simposio (p.ej., *Banquete* 176E). Del mismo modo, la tradición judía prefería una conversación sobre la ley en la mesa (como en Eclo 9.15, 16), y Jesús enseñaba a menudo en la mesa (p.ej., Lc 14). En la iglesia primitiva, es muy probable que el servicio de adoración comenzara con la comida comunitaria (o Cena del Señor), y después seguía en la mesa, ya que el reunirse «como iglesia» (1 Co 11.18) incluía tanto reunirse para «comer» (cf. v. 20), como reunirse [en el que] «cada uno tiene salmo, tiene doctrina, tiene lengua, tiene revelación, tiene interpretación» (14.26a).

Las comidas funcionaban también como marcadores de límites, ayudando a definir quiénes eran parte de la comunidad, y quiénes no. Las leyes judías sobre la comida funcionaban especialmente para definir los límites, porque quienes seguían estrictamente estas leyes por lo general no podían comer en una mesa de gentiles (Dn 1.8; Tb 1.10). Esto creó un problema en la iglesia primitiva, ya que el número de creyentes gentiles comenzó a hacerse más prominente. El asunto hizo crisis en Antioquía, en un incidente descrito por Pablo en Gálatas, donde los judíos cristianos se negaban a comer en la misma mesa con gentiles cristianos (Gal 2.11-14). Pablo argumentó vehementemente que la iglesia no puede tener más dos mesas, como no se pueden tener dos caminos para la salvación, porque en Cristo «ya no hay judío ni griego» (Gal 3.28). La tensión sobre las leyes de la comida se resolvió de una manera diferente según otra enseñanza presentada en Hechos 15, donde a los gentiles cristianos se les prescribió seguir una forma modificada de las normas judías en cuanto a la comida (abstenerse «de sangre y de ahogado», v. 29), permitiendo así que gentiles cristianos y judíos cristianos pudieran comer en la misma mesa. Pero Marcos, al igual que Pablo, no vio nguna solución intermedia en este asunto, al decir que Jesús había declarado «limpios todos los alimentos» (Mr 7.19). La mesa de Jesús, tal como está relatada por los Evangelios, era una en la que la inclusión de los marginados era la regla, simbolizado por la preferencia de Jesús de comer con gente impura y despreciable, como eran «los publicanos y los pecadores» (Mr 2.15-17 y par.).

Bibliografía. K. E. Corley, Private Women, Public Meals. Social Conflict in the Synoptic Tradition (Peabody, 1993); P. J. King, Amos, Hosea, Micah. An Archaeological Commentary (Philadelphia, 1988); D. E. Smith, «Table Fellowship as a Literary Motif in the Gospel of Luke,» JBL 106 (1987). 613-38; Smith and H. Taussig, Many Tables. The Eucharist in the New Testament and Liturgy Today (Philadelphia, 1990).

DENNIS E. SMITH

COMINO

Cuminum cyminum L., una hierba cuyas semillas se muelen para hacer un condimento picante que a menudo se agrega al pan. El comino (Heb. *kammōn;* Gr. *kýminon*) se siembra como grano (Is 28.25-27). Jesús reprende a los escribas y fariseos por gastar energía en el diezmo del comino (Dt 14.22-23) y hacen caso omiso de la justicia, la misericordia, y la fe (Mt 23.23).

MEGAN BISHOP MOORE

COMPAÑERO

Término que era utilizado para identificar a un socio en alguna empresa (Gr. *sýzygos*). Se usa como significado de «camarada» (Eurípides *Iph. T.* 250; Aristófanes *Plut.* 945), y «hermano» (Eurípides *Tro.* 1001). En la forma femenina el término es utilizado con el significado de «esposa» (Eurípides *Alc.* 314, 34).

Pablo pide a su «fiel compañero» que ayude a Evodia y a Síntique para que resuelvan sus desacuerdos (Fil 4.3), y puede que él se refiera tanto a Timoteo, Epafrodito, Silas, Lucas, el esposo o hermano de Evodia o Síntique, la esposa de Pablo, un oficial de la iglesia de Filipos, un hombre llamado Syzygos («compañero»), uno de los que estaban presos juntamente con Pablo, cualquier voluntario en la iglesia que pueda ayudar, toda la iglesia de los Filipenses, o Cristo mismo. La identidad de la persona permanece un misterio.

Bibliografía. . M. Hájek, «Comments on Philippians 4.3 — Who Was 'Gnésios Syzygos'?» *Communio Viatorum* 7 (1964). 261–62.

DOUGLAS S. HUFFMAN

COMPOSICIÓN ORAL

Los compositores de los materiales que hoy conforman el AT y el NT (y casi todos los demás materiales de la época) esperaban que la mayoría de personas que estuvieron en contacto con sus composiciones las oyeran, en lugar de leerlas. La tasa de alfabetización era inferior al 10 por ciento, por lo que las composiciones se estructuraron para el oído más que para el ojo. Las audiencias oyeron pistas sobre el significado y la estructura porque habían aprendido a comunicarse en un mundo donde esas pistas eran esenciales para la comprensión, tanto como los puntos y las sangrías de párrafo en la literatura moderna del español.

En una «cultura primordialmente oral,» una que no tiene contacto con la escritura, las actitudes y acciones hacia los problemas son más dependientes de la interacción interpersonal que en un conjunto abstracto de valores. Muchos eruditos relacionan el desarrollo del alfabeto fonético vocalizado al desarrollo del pensamiento abstracto. El pensamiento filosófico, entonces, es mínimo en este tipo de culturas. Por ejemplo, el principio de justicia no está definido pero se demostró en ilustraciones épicas. Uno actúa de cierta manera, no porque sea «correcta» sino con el fin de seguir el ejemplo de un héroe. De hecho, los cuentos épicos de la cultura oral son el principal medio de educación. Las normas morales, habilidades comerciales, historia, y cada aspecto de la vida en común se transmiten en la poesía oral.

Como una consecuencia natural de la necesidad de preservar el material tradicional, el énfasis está en la comunidad en lugar de un individualismo y el pensamiento individual. Los materiales tradicionales también se ocupan de cuestiones de alta practicidad e interés. Si una idea o procedimiento pierde su validez o utilidad, se olvida. Por lo tanto, estas sociedades tienden a ser muy conservadoras, manteniendo un equilibrio para las generaciones.

La característica principal de la composición oral es el uso de fórmulas y estilo temático. Las fórmulas son grupos predefinidos de expresiones o figuras retóricas usadas para comunicar ideas dadas dentro de la métrica poética. No indican el tema, estructura o estilo. Los temas son grupos de temas que normalmente se asocian entre sí en la composición de canciones tradicionales. Varios temas como el nacimiento, el consejo, y el matrimonio se suceden en patrones reconocibles y se encuentran en las composiciones orales de casi todos los lazos sociales primarios. Los poetas orales no buscan la originalidad de un autor literario. Simplemente siguen un tema y, en su mayor parte, utilizan fórmulas asociadas a ese tema para llenar la métrica de su canción.

En una sociedad primordialmente oral los poetas aprenden la técnica de fórmulas a través del aprendizaje, y es asimilada por el resto de la sociedad. Este estilo formulista (y temático) conduce a la coherencia y a la incoherencia. Mientras que el uso de fórmulas y temas que característicamente caen en su lugar dentro de canciones convencionales hace que las historias sean fáciles de recordar, también conduce a la sustitución de fórmulas y temas similares pero diferentes cuando se vuelve a contar la historia. La memorización palabra por palabra es extremadamente rara. Por lo tanto, los poetas orales pueden decir una canción cientos de veces con muy pocos cambios en el contenido general, pero es poco probable que diga exactamente de la misma manera dos veces.

Las composiciones orales en la forma de poesía y canción están presentes en todas las sociedades, y la influencia recíproca que fluye entre la literatura y el arte oral no debe ser subestimada. Esto es especialmente cierto en las culturas con un alto grado de oralidad residual, como los que produjeron la Biblia y la literatura de la Iglesia temprana. Los documentos bíblicos fueron escritos por autores que fueron influenciados por su propia habilidad de leer y escribir. Sin embargo, estos autores nunca olvidaron que se dirigían a públicos auditivos (cf. Ap 1.3). Claves auditivas y mnemotácnicas eran tan importantes en las composiciones literarias del AT y el NT como en composiciones orales en las sociedades primordialmentes orales.

Hay un alto grado de interacción entre un narrador o maestro y el público en una cultura oral. Los autores en una cultura con un alto grado de oralidad residual tienden a ser más conscientes de la relación hablante-audiencia. Ellos dialogan con su público y crean adversarios para argumentar en contra con el fin de defender su postura. Están más preocupados por cómo las relaciones se ven afectadas por un tema que una posición filosófica de los «correcto» versus «mal.» Ellos están más propensos a dar ejemplos a seguir y casos de alabanza y culpa en lugar de exponer un argumento lógico diseñado para promover una determinada acción.

Dado que la información no utilizada tiende a ser olvidada, fuera de frases hechas tradicionales (p.ej., en parénesis), los autores en las culturas con un alto grado de oralidad residual tienden a ocuparse de temas que le son de aplicación inmediata a la situación actual, ya sea del autor o de la audiencia, en lugar de asuntos teóricos. Los autores traerán ellos mismos y su público a discusión en lugar de buscar un tema desde la distancia.

Las figuras de lenguaje, que son ampliamente utilizadas en todas las formas de comunicación, son especialmente importantes en la composición oral. Desde el tiempo de Cicerón en adelante, el criterio retórico principal para juzgar el mérito de un discurso era el correcto uso de la metáfora y otras figuras. Las principales figuras del lenguaje incluyen la antítesis, la sinonimia, la vaguedad, la metáfora y los juegos de palabras.

La repetición, como se evidencia en los patrones estructurales como inclusio y quiasmo, ha sido hasta este punto el énfasis principal de la mayor parte de la crítica bíblica oral. Formas de repetition incluyen sonidos, construcciones gramaticales, palabras y temas. La repetición puede ser utilizada para agrupar elementos en bloques de alta frecuencia y para indicar las unidades o ser formado en inclusio y quiasmo para mostrar la estructura. Especialmente en el caso de repetición de palabra y tema, se puede propagar a través de grandes bloques de material para designar las estructuras principales.

Los compositores orales usan palabras raras debido a consideraciones fonéticas o retóricas. Con respecto a las consideraciones fonéticas, las palabras raras pueden ser elegidas con el fin de evitar el hiato, formar un pareado de rima, o dar énfasis adicional a una unidad en la que se agrupa un cierto sonido. Retóricamente, una palabra rara puede ser usada para llamar la atención de la audiencia o de influir en sus emociones.

El uso de un autor de fórmulas orales puede indicar material que el autor discute con frecuencia. En una cultura sin alfabetización, las fórmulas son palabras y frases que se ocupan de un tema específico y encajando en cierto ritmo. En un ambiente oral/literario, donde la métrica no es casi tanto de preocupación, una fórmula es más un cliché o una frase estándar que se utiliza para expresar un cierto pensamiento. Es el uso de una expresión en un entorno gramatical o contextual simplemente debido a su asociación habitual con esta configuración. Hay poca o ninguna deliberación consciente con respecto a su uso.

El conocimiento de la influencia de los principios de oralidad es particularmente útil en lo que respecta a la determinación de la estructura de un libro y unidades individuales dentro de ese libro. También ofrece información sobre los usos de las palabras y las formas que puede parecer inusual para los lectores en una sociedad plenamente alfabetizada.

Bibliografía. C. W. Davis, *Oral Biblical Criticism: The Influence of the Principles of Orality on the Literary Structure de Paul's Epistle to the Phillipians.* JSNTSup 172 (Sheffield, 1999); J. Goody and I. Watt, «The consequences of Literacy,» in *Literacy in Traditional Societies,* ed. J. Goody (Cambridge, 1968), 27-68; W. V. Harris, *Ancient Literacy* (Cambridge, Mass., 1989) E. A. Havelock, *The Literate Revolution in Greece and Its Cultural Consequences* (Princeton, 1982); A. B. Lord, *The Singer of Tales.* Harvard Studies in Comparative Literature 24 (Cambridge, Mass., 1960); W. J. Ong, *Orality and Literacy* (1982, repr. London, 1991).

Casey W. Davis

COMUNIDAD DE BIENES

Aunque no se encuentra en el NT, la expresión «comunidad de bienes» es una descripción común del intercambio de bienes en la iglesia primitiva de Jerusalén. De acuerdo con Hechos 2.44-47 los cristianos vivían juntos y tenían todas las cosas en común *(hápanta koiná),* habiendo vendido cada uno sus posesiones. Las ganancias de la venta de propiedades y edificios eran dados a los apóstoles para su distribución entre los miembros necesitados (Hch 4.32-35).

Bernabé, quien vendió su propiedad y dio las ganancias a la iglesia, sirve como un ejemplo positivo (Hch 4.36-37). Sin embargo, la práctica no carecía de problemas. Ananías y Safira mintieron al afirmar haber entregado todos sus bienes y fueron derribados por Dios (Hch 5.1-11). Las quejas acerca de la distribución desigual de alimentos hizo necesaria la formación de un comité de siete supervisores (Hch 6.1-6).

La existencia de un verdadero grupo comunitario dentro de la Iglesia Primitiva es puesta en duda por aquellos que encuentran contradicciones dentro del relato de Lucas. Otros sugieren que Lucas está simplemente presentando una imagen idealizada basada en el tema común de la filosofía griega de «todas las cosas en común.» Sin embargo, una cantidad de comentaristas ha sugerido antecedentes históricos para la práctica.

Algunos eruditos ven la regla de la comunidad de los rollos del Mar Muerto, que establece cómo los miembros de la comunidad deben compartir sus bienes. Algunos llegan a identificar en Hechos la terminología técnica para compartir la propiedad como la usada en el texto de Qumrán. Otros ven la práctica de compartir las propiedades dentro de los grupos esenios (Josefo *BJ* 2.8.2-4), aunque muchos que suponen que el grupo de Qumrán eran esenios ven la descripción de Josefo como una variación. Otros eruditos conectan la práctica de la iglesia primitiva con el relato rabínico posterior de la *quppâ,* una colecta semanal de dinero para los residentes pobres de un pueblo, y la *tamhûy,* una colecta diaria para los alimentos de los pobres no residentes. Sin embargo, hay alguna duda sobre si esto se practicaba en el siglo I d.C.

La práctica dentro de la Iglesia Primitiva murió pronto. No hay mención de ella en ninguna parte en el NT, y desaparece rápidamente de la narrativa de Hechos. Para Hechos 11.27-30 las iglesias de Judea habían empobrecido y necesitaban ayuda exterior (cf. colecta de Pablo).

Bibliografía. B. J. Capper, «Community of Goods in the Early Jerusalem Church,» *ANRW* II.26.2, 1730-74; K. Lake, «The Communism of Acts II. and IV.-VI. and the Appointment of the Seven,» in *The Beginnings of Christianity,* 1: *The Acts of the Apostles,* ed. K. Lake and H. J. Cadbury (1933, repr. Grand Rapids, 1966), 5:140-51; D. P. Seccombe, *Possessions and the Poor in Luke-Acts.* Studien zum Neuen Testament und seiner Umwelt B/6 (Linz, 1982), esp. 197-222.

Richard S. Ascough

COMUNIÓN
Algo que se comparte y/o aquellos que lo comparten (aunque cualquiera puede ser implícito, más que explícito, en un pasaje en particular). Especialmente en cuanto al uso que Pablo hace del gr. *koinōnía* («lo que es en común») para referirse a la Cena del Señor y a la relación que los creyentes tienen con Cristo, es difícil decir si el énfasis está en lo que se comparte (la Cena o creencia en Cristo) o en el acto de compartir con otros (la comunión).

El grupo de palabras *koinōnía* se usaba ampliamente en los primeros siglos de la era cristiana (y antes), y se refería a una variedad de situaciones y temas: proyectos compartidos en la guerra y vida civil, matrimonio (o relaciones sexuales), la vida de culto, sociedades comerciales, amistades y clubes. Antes de Platón, el proverbio «los amigos tienen todas las cosas en común» señala al compartir como estableciendo o manifestando un campo o relaciones. De esta manera, *koinōnía* en el NT no implica «intimidad» ni «una relación mística», a menos que esos significados estén presentes en el contexto.

Pablo frecuentemente usa *koinōnía* para describir a la Iglesia. Es la relación mutua en Cristo que resulta del llamado de Dios (1 Co 1.9) y que es sostenida por el Espíritu Santo (2 Co 13.14; Fil 2.1). Sin embargo, *koinōnía* también encuentra expresión completa cuando se aplica, ya sea al socorro de los pobres de Jerusalén (Ro 15.26) o al dinero que se da a los que enseñan (Gl 6.6). Esta distribución financiera, relacionada con el trabajo de la Iglesia, se manifiesta más claramente en Filipenses 4.14-20 (cf. He 13.16).

Un uso controversial se encuentra en 1 Corintios 10.16-18. Los eruditos del siglo XIX destacaron los paralelos que Pablo hace con la adoración pagana, para demostrar una comprensión «sacramental» de la Cena del Señor. Esta perspectiva ahora ha declinado, incluso entre los grupos cristianos altamente sacramentales. El hecho de que Pablo describe a los grupos judíos, paganos y cristianos como ejemplos de «comunión» limita las comparaciones con el supuesto sacramentalismo pagano, y también debería advertir en contra de cualquier supuesta singularidad de la comida cristiana. Más bien, los tres grupos son ejemplos de que al participar de una acción definida (esp. comer) se crea y manifiesta una comunidad particular. En términos bíblicos, participar es una acción de pacto.

La «comunión» de Hechos 2.42 probablemente significa la «vida común» o «comunidad», que incluye las comidas que se comparten y la partición del pan. Los usos de 1 Juan también hacen hincapié en la vida en común, vital en una iglesia que acaba de sufrir división. Juan recuerda a sus lectores que su relación de pacto con Dios está segura ya que es comunión con Dios y su Hijo (1 Jn 1.6-7).

Bibliografía. P. Perkins, «*Koinōnia* in 1 John 1:3-7,»*CBQ* 45 (1983): 631-41; J. P. Sampley, *Pauline Partnership in Christ* (Philadelphia, 1980).

Wendell Willis

CONANÍAS (Heb. *kônanyāhû*)

1. Levita a quien se le confió la supervisión de las contribuciones, los diezmos, y las cosas dedicadas durante el reinado del rey Ezequías (2 Cr 31.12-13).

2. Principal entre los levitas que contribuyó a la ofrenda de la Pascua en el tiempo del rey Josías (2 Cr 35.9).

CONCIENCIA
Esa cualidad de la conciencia humana que permite estar al tanto de las categorías de pensamiento y conducta moral e inmoral.

El hebreo no tiene una palabra específica para conciencia, aunque algunas traducciones modernas traducen así el hebreo *lēḇ,* «corazón» (p.ej., 1 S 25.31). Una posible razón para esta carencia es que la perspectiva de los escritores hebreos que la propia conciencia moral no es una categoría autónoma de personalidad; sino que la conciencia moral es una disposición a obedecer los mandamientos de Jehová Dios (Dt 30.14; Ecl 12.13b). En el pensamiento hebreo, la identidad moral del individuo encuentra su significado en relación con la naturaleza moral de los mandamientos de Jehová a la comunidad de fe, no autorreflexión o introspección individual (p.ej., Sal 1.1-3; 16.7-8; 24.4[TM 5]; 40.8[9]; 119.11. Respeto por el Señor es el comienzo de la sabiduría moral (Job 28.28; Sal 111.10; Pr 9.10; Sir. 1.11-30).

En Sabiduría 17.11, un texto que tiene importancia para el entendimiento de varias apariciones del término en el NT, «conciencia» se refiere a una mala conciencia moral. Tal uso implica una comprensión helenista de la naturaleza autónoma del proceso de la toma de decisiones morales humana. Si bien en el AT las decisiones morales propias son respuestas a la voluntad y la palabra de Jehová, en Sabiduría 17.11 las malas decisiones morales autónomas traen como resultado un mal carácter moral. Y, estas decisiones morales, sean buenas o malas, no están unidas necesariamente a la voluntad de Jehová.

El uso de Pablo de «conciencia» (Gr. *syneídēsis*) en 1 Corintios 8.7-13; 10.25-30 es significativo para el entendimiento de la evolución del significado del término en la literatura paulina en la cultura occidental. Discutiendo si un creyente cristiano debe comer carne ofrecida a los ídolos, Pablo usa «conciencia» como una equivalencia práctica a «deberes autoimpuestos,» «escrúpulos,» o incluso «conciencia preceptiva.» El origen de la conciencia, por lo tanto, variaría de acuerdo con la ideología del creyente, y Pablo no limita el término solo a una mala conciencia.

En otro lugar Pablo eleva el término al nivel de la autoconciencia y los pensamientos de uno, conocimiento, y hechos en relación con el señorío de Cristo (Ro 2.15; 9.1; 2 Co 1.12; 4.2; 5.11). El uso del término en el NT en la literatura no paulina imita la aplicación de Pablo del término a una perspectiva cristiana de autoconciencia moral (p.ej., Hch 23.1; 1 Ti 1.5, 19; 2 Ti 1.3; Tit. 1.15; Heb. 10.22; 13.18; 1 P 3.16, 21). La relación de la autoconciencia moral (esto es, conciencia) al Cristo resucitado es una identificación ideológica que tiene implicaciones a largo plazo para una cosmovisión occidental.

Bibliografía. C. A. Pierce, *Conscience in the New Testament.* SBT 15 (London, 1955); K. Stendahl, «The Apostle Paul and the Introspective Conscience of the West,» *HTR* 56 (1963): 199-215.

BENNIE R. CROCKETT, JR.

CONCILIO

El más alto tribunal de los judíos durante la época de Jesús, compuesto de 71 miembros de los sacerdotes, escribas, y «ancianos del pueblo,» y presidido por el sumo sacerdote. Tradicionalmente se pensaba que el concilio (Gr. *synédrion*) había tenido su comienzo con Moisés (Nm 11.16) y revivido bajo Esdras. Trataba todas las infracciones de la ley de Moisés, y desde entonces no había distinción en la mentalidad judía entre ley religiosa y civil, trataba los casos en ambas áreas. Su autoridad parece haber estado limitada a casos que no implicaban la pena de muerte (Jn 18.31), aunque eso se debate bastante. Jesús y Pablo fueron juzgados ante este augusto cuerpo. Condenó a Jesús bajo la acusación de blasfemia cuando admitió ser el Mesías (Mr 14.64), pero Pablo alteró tanto al tribunal al anunciar que él era un fariseo que los soldados romanos tuvieron que rescatarlo (Hch 23.6-10). Pablo finalmente apeló a César para evitar ser llevado de regreso ante el concilio en Jerusalén una vez más (Hch 25.11). Ya que la palabra es plural en Marcos 13.9 =Mateo 10.17, es evidente que eran concilios menores, pero a excepción de estos dos pasajes, las referencias son a la corte suprema.

JOE E. LUNCEFORD

CONCILIO APOSTÓLICO

Una reunión en Jerusalén (también llamado Concilio de Jerusalén) de representantes de la iglesia de Antioquía de Siria (incluyendo Pablo y Bernabé) juntos con ciertos apóstoles y los ancianos de la iglesia madre en Jerusalén, para responder a la reclamación de algunos cristianos judíos de que los convertidos gentiles tenían que ser circuncidados a fin de ser salvados (Hch 15.1-35).

Pedro es el primero en hablar en la asamblea, y la fuerza de sus comentarios es fuertemente contraria a insistir en la circuncisión como una exigencia para la salvación de los gentiles (Hch 15.7-11). Él recuerda al concilio de su experiencia con Cornelio, un gentil que temía a Dios que, junto con su familia y amigos, vino a la fe y recibió el Espíritu Santo completamente aparte del rito de la circuncisión (cf. Hch 10.1-11.18). Para Pedro esta era una evidencia apremiante de que Dios considera el corazón del judío y el del gentil por igual (Hch 15.8-9); la fe y no distinciones externas es el camino a la salvación (vv. 9-11). Luego Pablo y Bernabé hablan de las señales y maravillas que Dios hizo cuando ellos ministraron entre los gentiles, otra vez apelando a la actividad divina que gana a los gentiles para el evangelio como evidencia de que no se requiere la circuncisión para la salvación.

Jacobo (probablemente «hermano» de Jesús; cf. Mr 6.3) es convencido sobre todo por el testimonio de Pedro, y ve el apoyo bíblico a la apertura e interés de Dios para con los gentiles (Hch 15.13-21; cf Am 9.11-12). Jacobo entonces entrega una decisión que es aceptada por los apóstoles, los ancianos, y la iglesia entera (Hch 15.19-22): los gentiles no tienen que ser circuncidados para ser salvos, pero se les llama a aceptar ciertas expresiones de la ley judía a fin de promover la armonía y la moralidad dentro de sus congregaciones mixtas (vv. 20, 29). Lucas indica que esta decisión fue aceptada con gozo por la iglesia de Antioquía (Hch 15.31). El hecho de que ciertos distintivos judíos no son borrados y que la ley del AT no es puesta de lado, sin duda hace posible para los promotores de la circuncisión (al menos la mayoría) el aceptar esta decisión (cf. Hch 21.18-26).

A menudo se suscita la pregunta en cuanto a la posible convergencia del Concilio de Jerusalén y el relato de la visita de Pablo a Jerusalén en Gálatas 2.1-10. A favor de estos pasos como el recuento de una ocasión histórica sola están la asociación de Pablo con Bernabé y una preocupación por la circuncisión en ambos relatos. Los argumentos para el relato de Gálatas como la descripción de una visita a Jerusalén antes del Concilio, sin embargo, son significativos. Las dos visitas de Pablo a Jerusalén descritas en Gálatas (Ga 1.18-19; 2.1-10) equivalen a dos visitas mencionadas por Lucas en Hechos antes del Concilio (Hch 9.26-30; 11.30). De mayor importancia es que si Pablo estaba consciente de la decisión del Concilio Apostólico antes de escribir Gálatas, podríamos esperar bien que él apelara a aquella decisión, a fin de afirmar sus argumentos contra los perturbadores en Galacia que abogaban por la circuncisión para los conversos gentiles (cf. Ga 5.2, 6, 11-12; 6.12-13, 15), pero él no lo hace.

La importancia del Concilio Apostólico en la vida de la iglesia primitiva es muy grande. Se crea un precedente para manejar asuntos de conflicto y controversia teológica en una manera civilizada, razonada y conducida por el Espíritu, y se expresa un fundamento vital de la teología cristiana: La salvación es por la gracia a través de la fe, no por obras humanas (Hch 15.11).

Bibliografía. R. N. Longenecker, *Galatians*. WBC 41 (Waco, 1990), lxxiii-lxxxiii; I. H. Marshall, *The Acts of the Apostles*. TNTC (1980, reimpresión. Grand Rapids, 1996), 242-56.

Peter K. Nelson

CONCUBINA

Una mujer cuya condición en relación con su único compañero sexual legítimo, un hombre no esclavo, es algo diferente al de esposa principal. Heb. *pîlegeš* parece claramente ser una palabra de origen no semita. En consecuencia, los intentos de comparar el término con supuestos estatus paralelos en las culturas representadas por estos idiomas son de dudoso valor. El hecho que hay cognados claros en griego (*pallakis/pallakê*) y latín (*paelex*) sugiere que la palabra es de origen indoereupeo, prestado en los tres idiomas de un idioma fuente hasta ahora no evidenciado (p.ej., filisteo).

Algunos eruditos sostienen que la palabra originalmente era aplicada a mujeres no israelitas. El punto de vista de que una *pîlegeš* era la compañera mujer en un matrimonio matrilocal, supuestamente llamado *sadīqa* o *beena*, ha sido largamente abandonado. Esta opinión se basa en las premisas de que la residencia matrilocal es un indicador de matriarcado, una forma de organización social menos evolucionada que el patriarcado, y que en todas partes precedió al patriarcado, y fue postulada por analogía con las costumbres conyugales preislámicas. Los textos bíblicos típicamente citados en apoyo de este punto de vista (Jue 8.29-31; 19.1-30) han sido explicados con éxito de otra manera.

El debate acerca de si estas concubinas eran esclavas o «libres» sigue vivo. Los eruditos han observado que Bilha es mencionada como una esclava (p.ej., Gn 29.29; 30.3) y una concubina (35.22). De manera similar, la concubina no nombrada de Gedeón/Jerobaal (Jue 8.31) es referida como su esclava (9.18). El levita de Jueces 19–20 una vez se refiere a su concubina como una esclava (19.19), pero consideraciones de contexto indican que esto se debe entender como un caso de expresión respetuosa. Los eruditos que afirman que las concubinas eran esclavas generalmente entienden Éxodo 21.7-11 como regular el tratamiento de los hombres de sus concubinas aun cuando *pîlegeš* no se usa en estos versículos.

Los eruditos que aseguran que las concubinas no eran esclavas generalmente centran su argumento en la terminología del matrimonio, señalando que el lenguaje usado para describir el estatus marital de una concubina es paralelo al lenguaje usado para las esposas «libres.» Ambas son tomadas (*lāqaḥ*) por sus potenciales compañeros de matrimonio (p.ej., Jue 19.1; Gn 26.34), y el compañero de una concubina entra en una relación de yerno-suegro con el padre de ella (Jue 19.4-5). Cetura es explícitamente esposa (Gn 25.1) y concubina (1 Cr 1.32). También, 2 Samuel 20.3 aplica el término «viudez» (*'almānûṯ*) a 10 de las concubinas de David. Algunos eruditos especulan que las concubinas tenían una condición más baja que las esposas principales porque no se pagó dote (*mōhar*) por ellas, o no trajeron dote (*šillûḥîm*), pero ningún texto bíblico confirma o niega estas especulaciones.

Los hijos de las concubinas heredaban tierra paterna a discreción del padre (compare Gn 25.6, donde los hijos de las concubinas de Abraham reciben regalos pero no propiedad, con la tradición de que los cuatro hijos de Bilha y Zilpa —Dan, Neftalí, Gad, y Aser— se les asignó tierra por su padre Jacob/ Israel). Las concubinas eran parte de la herencia que se pasaba a los hijos (Gn 35.22; 2 S 3.8; 16.22; 1 R 2.17-22; cf. 2 S 12.8, donde las cuestiones de herencia y las relaciones con las concubinas se juxtaponen).

Inferir la estructura típica de la familia israelita de, p.ej., las imágenes de la casa de Jacob en Génesis, implícitamente no toma en serio consideraciones de forma y función. El hecho de que la palabra *pîlegeš* no se menciona en las colecciones legales de Éxodo y Deuteronomio, ni en la lista de relaciones sexuales prohibidas en Levítico 18, 20, debe precavernos en contra de señalar demasiado rápidamente que esta forma de arreglo conyugal era ampliamente practicada. Varios factores llevan a la conclusión de que los reyes en el antiguo Israel tenían concubinas, pero más allá de esto es difícil de afirmar.

Bibliografía. M. Bal, *Death and Dissymmetry* (Chicago, 1988); L. M. Epstein, «The Institution of Concubinage Among the Jews,» *Proceedings of the American Academy for Jewish Research* 6 (1934-35): 153-88; D. R. Mace, *Hebrew Marriage* (New York, 1953); J. Morgenstern, «*Beena* Marriage (Matriarchat) in Ancient Israel and its Historical Implications,» *ZAW* 47 (1929): 91-110; «Additional Note on *'Beena* Marriage (Matriarchat) in Ancient Israel,'» *ZAW* 49 (1931): 46-58; E. Neufeld, *Ancient Hebrew Marriage Laws* (London, 1944); C. Rabin, «The Origin of the Hebrew Word PIlegeš,» *JJS* 25 (1974): 353-64.

PEGGY L. DAY

CONDUCTO

En el sentido del medio ambiente, generalmente un canal cerrado o pasaje que es llenado con fluido bajo presión. Geológicamente, es un pasaje vertical a través del cual la lava fluye hacia arriba en un volcán. También puede ser considerado un tubo hecho al conectar cañas, troncos de árbol, baldosas, ladrillos, o tubería de plomo. Debido a que el agua es un recurso de enorme importancia en tierras áridas, en tiempos antiguos los conductos a menudo suministraban a los asentamientos con agua de manantiales y otras fuentes. En muchas partes de la tierra santa se excavaron pozos para recoger el agua del suelo, y los conductos (o *kanats*) los conectaron a un intrincado sistema de abastecimiento de agua. Muchos antiguos kanats están todavía en uso hoy en todo el Medio Oriente. Los conductos se mencionan en la Biblia como medio de obtener agua de manantiales y arroyos a asentamientos como Jerusalén. Por ejemplo, el conducto de un manantial al estanque de arriba y luego hacia abajo a otros dos estanques en Jerusalén durante la época de Ezequías e Isaías es bastante conocido. El conducto del estanque de arriba en el camino de la heredad del Lavador donde las prendas se lavaban era un lugar de reunión particularmente importante.

RICHARD A. STEPHENSON

CONFESIÓN

Confesar significa «decir lo mismo» o «estar de acuerdo con una declaración.» Ampliamente usado en contextos jurídicos antiguos, en textos bíblicos el término y sus cognados se usan para expresar creencia en Dios, reconociendo la falta de cumplir las leyes de Dios, y alabanza a Dios por la salvación. Estos significados son evidentes en los contextos litúrgicos individuales y comunitarios de los Salmos (Sal 9; 22; 34; 50.14; 51; 116). Confesar entonces sirvió como parte esencial de la adoración, funcionando para identificar, apartar, y reafirmar la membresía en el pacto (Dt 6.4-9).

En el NT, igualmente a menudo en contextos litúrgicos, la confesión expresa significados parecidos. Sin embargo, el enfoque está ahora en la centralidad de Jesús y su actividad en la salvación. Las primeras formulaciones son las que declaran que Dios ha resucitado a Jesús de la muerte (Ro 1.3; 4.24; 10.9; 1 Co 6.14; 15.15; 2 Co 4.13-14; 1 Ts 1.10). Este motivo de resurrección está vinculado tanto a la liberación de Dios de Israel de Egipto como al hecho de que Jesús ha sido elevado a la diestra de Dios y su papel venidero como juez (1 Co 16.22; Did 10.6).

La confesión de Jesús como el Cristo o Señor (Mr 8.29; Ro 10.9; 1 Co 8.6) es fundamental, tanto en el corpus paulino (donde forma la base del kerygma, 1 Co 15.3) como en los Evangelios (Mr 8.29 par.). En Romanos 10.9 la aclamación «Jesús es Señor» (como aquellas en 1 Co 8.6; 12.3; Fil 2.11) sirve como confesión cristológica que vincula a Jesús a la actividad creadora de Dios. La confesión funciona como criterio de ortodoxia (1 Jn 2.22; 4.2-3, 15; 5.1, 5). Es asociada con la persecución y está modelada en el ejemplo de confesión de Jesús mismo (1 Ti 6.13; Mt 10.17-18).

En el pensamiento cristiano posterior, la confesión a menudo se usa de manera intercambiable con el credo. Sin embargo, tal declaración sistemática y completa no existe en el NT. Más bien, debido al género del material (p.ej., cartas), existen solo breves declaraciones del señorío de Jesús (la confesión de Pedro; Mr 8.29 par.) y otros de carácter binitario o trinitario (Mt 28.19; 2 Co 13.13), que reflejan creencias y prácticas cristianas tempranas como las declaraciones confesionales en el bautismo (1 Ti 6.12; Hch 8.36-38 texto occidental). De estos elementos kerigmáticos, litúrgicos y catequísticos los credos posteriores fueron desarrollados del siglo II en adelante.

Bibliografía. O. Cullmann, *The Earliest Christian Confessions* (London, 1949); J. N. D. Kelly, *Early Christian Creeds,* 3rd ed. (London, 1976).

Iain S. Maclean

CONFIRMACIÓN

La práctica de la Iglesia Primitiva, bien establecida solo para el siglo III, de ungir con aceite e imponer las manos sobre los que salían de las aguas bautismales para la impartición del Espíritu Santo. La justificación bíblica de este acto doble se encuentra en Marcos 1.10, donde el Espíritu Santo descendió sobre Jesús cuando subió del Jordán; en Hechos 10.38, donde se dice que Jesús fue «ungido» con el Espíritu Santo; y en Hechos 8, donde el Espíritu Santo fue retenido en espera de la imposición de manos apostólicas. Este posterior vínculo entre el ministerio apostólico y la impartición del Espíritu Santo llevó a la insistencia de que solo el Obispo realizara el acto, y la necesidad de posponerlo hasta que el obispo hiciera sus rondas finalmente llevó, en el oeste, a que se tratara como una acción sacramental separada, llamada desde el siglo V en adelante *confirmatio.* En la baja Edad Media llegó a ser considerado como la renovación del sacramento del bautismo y asociado con un curso de instrucción en las creencias cristianas o un catecismo confesional prescrito.

Ronald V. Huggins

CONGREGACIÓN

Reunión o asamblea. Heb. *ʿēḏâ* y *qāhāl* son sinónimos en muchos contextos, en especial en referencia a las instituciones políticas del antiguo Israel. Mientras *ʿēḏâ* se usa para denotar a los funcionarios de Israel, *qāhāl* nunca aparece en tales contextos, lo que sugiere que el término no implica funciones legislativas o judiciales.

La función de *ʿēḏâ* es traer a juicio para castigar a los violadores del pacto (Nm 35.12, 24-25; Lv 24.14, 16); para arbitrar disputas intertribales (Jue 21.10, 13, 16); coronar reyes (1 R 12.20); y reprender a sus propios líderes (Jos 9.18-19). La *ʿēḏâ* podía incluir a toda la nación, incluyendo mujeres y niños; todos los varones adultos; o los líderes del pueblo. El uso de *qāhāl* es más o menos equivalente a *ʿēḏâ*, aunque es más general. Se usa para una multitud de naciones (Gn 28.3), un ejército (Nm 22.4; Ez 17.17; 23.46), y otras reuniones humanas de diversas clases. Aunque *qāhāl* es relativamente más frecuente en los libros posteriores de Crónicas, Esdras-Nehemías, y Ezequiel, ambos términos hebreos están esparcidos a lo largo del corpus bíblico desde Génesis hasta los Profetas Menores.

En el NT, el gr. *ekklēsía* designa «la asamblea [local]» o «iglesia» (1 Co 11.18) y «la iglesia [universal]» (12.28); *synagōgḗ,* «un lugar de asamblea» (Mt 10.17; Stg 2.2) o una reunión para adorar (Mt 4.23); y *plḗthos,* una «multitud de gente» (Lc 6.17), «comunidad» (Hch 6.2, 4), o «la iglesia» (15.30). La LXX siempre usa *synagōgḗ* para traducir el heb. *ʿēḏâ*, pero *qāhāl* es traducido tanto *ekklēsía* como *synagōgḗ.* En la literatura griega clásica y helenista *ekklēsía* se convierte en una expresión técnica para la asamblea del pueblo, que consta de hombres libres con derecho a votar. Aunque los tres términos son más o menos sinónimos en el NT, *ekklēsía* es el más común. Fue adoptado por los primeros cristianos sobre *synagōgḗ* para designar su compañerismo después de la resurrección de Jesús, pero no durante su vida.

Michael D. Hildenbrand

CONÍAS (Heb. *konyāhû*)

Forma alterna de Joaquín, el último rey de Judá (Jr 22.24, 28; 37.1).

CONOCER, CONOCIMIENTO

Las palabras para «conocimiento» y «conocer» en la Biblia (Heb. *yāḏaʿ*; Gr. *ginṓskō*) representan conceptos bíblicos importantes que son difíciles de capturar con una simple definición; tienen una amplia gama de significado. Sin embargo, un cierto grado de generalización es útil en un intento de caracterizar lo que es distintivo acerca del uso de «conocimiento» en el AT y NT.

En el AT el conocimiento es experiencial y relacional. El «varón de dolores» en Isaías 53.3 es «experimentado» (Heb. «conoce») en quebranto; es decir, él ha experimentado dolor. Cuando el profeta Oseas auncia que «no hay conocimiento de Dios en la tierra» (Os 4.1), él está equiparando el conocimiento con la lealtad y la fidelidad. Conocer a Dios es estar en relación con Dios (Os 6.6). El conocimiento de Dios consiste en reverente obediencia a Él (Pr 1.7).

Lo mismo ocurre en el plano humano: conocer a otro es tener una relación con esa persona. Por ejemplo, cerca del comienzo de Éxodo se informa que «se levantó sobre Egipto un nuevo rey que no conocía a José» (Ex 1.8); es decir, este nuevo faraón no reconoció ninguna relación ni obligación hacia los descendientes de José. El elemento experiencial y relacional uso de conocimiento en el AT quizás sea visto mejor en los numerosos pasajes en los que se refiere a las relaciones sexuales (p.ej., Gn 4.1; 1 R 1.4). Al mismo tiempo, el conocimiento puede tener los sentidos abstractos de realización (Jue 13.21), el discurso racional (Job 15.2), y comprensión de la naturaleza de la realidad (Job 12.3; Ecl 1.16).

En el NT el conocimiento también puede ser experiencial y relacional, como en el AT (p.ej., «conoce el Señor a los que son suyos »; 2 Tim. 2.19). En general, sin embargo, el NT utiliza el conocimiento en un sentido más teórico, de acuerdo con su rango de significado en griego. Por ejemplo, el conocimiento de Jesús es percepción hacia una verdad revelada, es decir, que Jesús, en contra de las apariencias, es en realidad la Palabra eterna de Dios (Jn 1.10). Debido al conocimiento, tanto en la filosofía griega como en la religión helenística, pueden tener una calidad abstracta, incluso mística. Pablo podría ser crítico del conocimiento, considerándolo como inferior a la virtud suprema, el amor (1 Cor 8.1-3). Las palabras del apóstol Pablo en 1 Corintios 13.8 («El amor nunca deja de ser. Pero. . . la ciencia, se acabará») no tendrían sentido para un profeta del AT para quien, en términos hebreos, el conocimiento de Dios es equivalente al amor a Dios (Sal 91.14).

Gregory Mobley

CONQUISTA: NARRATIVA BÍBLICA

En partes narrativas de Éxodo y Números, Moisés dirige a las 12 tribus unificadas de israelitas liberados de Egipto a través del desierto a la tierra de Canaán. Antes de arribar al río Jordán, los israelitas conquistan las tierras de los reyes Sehón y Og al este del Jordán y lleva a cabo la limpieza étnica de sus habitantes (Nm 21.21-35; Dt 2.24–3.17). Después de distribuir estas tierras a dos y media de las tribus (Nm 32.33-42; Jos 13.8-32) y nombrar a Josué como su sucesor (Nm 27.18-23; Dt 3.28; 31.7-23), Moisés muere. Josué dirige a los israelitas en el cruce del Jordán donde, en una orgía de terror, violencia, y caos, conquistan la tierra de Canaán y tratan de limpiarla de sus habitantes. Josué supervisa la distribución de esta tierra al resto de las tribus, y todas las tribus se establecen en sus nuevas posesiones (Jos 1–19, 21–22).

Esta conquista es presentada como el climax de la historia que comienza con la maldición de Canaán (Gn 9.25-26) y la promesa de Dios de la tierra de Canaán a Abram y sus descendientes (13.15). Pero no fue siempre así. Los primeros hilos narrativos (J, E) que componen los primeros cuatro libros de la Biblia dan poca o ninguna indicación de cómo la concesión de Dios de la tierra iba a ser cumplida y no da ningún indicio de una inminente conquista y limpieza étnica. Estos hilos tienen muchos temas distintivos, y no están relacionados con la conquista y concluyen en Éxodo (E) y Números (J). Ningún hilo deja rastro en Deuteronomio y Josué. El papel de Josué en Éxodo y Números es secundario a estos hilos, en los que es poco probable que apareciera en absoluto.

La historia de la conquista pretende ser sobre la guerra tribal, pero características importantes señalan a una perspectiva monárquica más bien que tribal, en particular de la casa de David. Un contexto monárquico se indica por la simple unidad de las tribus, la precisa delineación de un territorio inmenso para ser uniformemente habitado por ellos, la masacre de masas basado en la ley de dedicar las víctimas y el botín a un santuario central (Heb. *ḥērem*, «prohibición»), y el requirimiento de una estricta lealtad militar a un solo comandante, quien no pide consejo a nadie. La mayor parte del relato de conquista está limitado al territorio de Benjamín, inmediatamente al norte de la Jerusalén davídica (Jos 2–9). Esta sección se enfoca en tres localidades benjamitas que más tarde juegan un papel importante en el surgimiento de la casa de David y su reclamo de soberanía monárquica sobre Israel, como se presenta en la historia deutoronomista: Gilgal (1 S 13.8-14), Ai cerca de Betel (cf. Jos 12.9; Betel, 1 R 12.25–13.3, cumplido en 2 R 23.15-20), y Gabaón (2 S 2.12–3.1; 21.1-14). Benjamín es la tribu de la casa de Saúl, que David usurpó. La conquista concluye con dos campañas estereotipadas, una en Judá instigada por el rey de Jerusalén, más tarde la ciudad de David (Jos 10), la otra contra la alianza centrada en Hazor en el norte (11.1-15). El corazón de las tierras altas de Israel no juega ningún papel en la conquista como tal: las referencias pacíficas a Siquem en Josué 8.30-35; 24.1-28 son secundarias. En la distribución de la tierra a las tribus, Judá recibe por mucho el más detallado tratamiento (Jos 14.6–15.63). La distribución de la tierra conluye con tres episodios que también reflejan el punto de vista monárquico: las ciudades de refugio, designadas para reducir las disputas mortales; las ciudades y pastos asignados a Leví en las otras tribus; y una disputa sobre un altar que las tribus de Transjordania edificaron en potencial violación de la ley deuteronómica de centralización (Dt 12.2-27). Más que cualquier otra característica geográfica el Jordán, que en la larga historia de Palestina normalmente no fue considerado como una frontera natural (de ese modo la tribu de Manasés apareció en los dos lados), define el territorio conquistado bajo Josué; este punto de vista refleja la administración asiria en Palestina en los siglos VIII y VII a.C.

Por lo tanto, con toda probabilidad la narrativa de conquista refleja los intereses de la casa de David tarde en su dominio sobre Judá, y fue probablemente formulada en ese tiempo. Después de la caída de Samaria en 722, la casa de David revivió sus reclamos del territorio de Israel, que llegó a ser uno de los principales componentes de las reformas centralizadoras de Ezequías y Josías. El relato de conquista en sus historias de soberanía davídica, la base de la llamada historia deuteronomista, refleja su concepto de cómo un héroe monárquico una vez conquistó, y ahora puede reconquistar, la Canaán que en un tiempo supuestamente estuvo bajo la soberanía davídica. Una versión temprana de la historia deuteronomista fue compuesta por Ezequías para apoyar su plan de recuperar el territorio de Israel no mucho después de la caída de Samaria, contra intereses asirios.En su forma presente la historia refleja principalmente la centralización del templo davídico promulgada por Josías en 622 y extendida a territorio israelita, coherente con los intereses asirios (2 R 22.1–23.25).

La relación entre Josué y Josías es sugerida por el propio carácter real de Josué: él sucede a Moisés como por una sucesión dinástica; su cargo sigue la forma de una instalación real (Jos 1.1-9), en el que la promesa a la nación (Dt 11.24-25) se concentra en un solo comandante (Jos 1.5); él estudia la ley día y noche como se prescribe para el rey (Dt 17.18-19, Jos 1.7-8); ordena obediencia absoluta bajo pena de muerte; y supervisa la redistribución de la tierra conquistada a sus seguidores. El historiador deuteronomista usa la expresión «no apartarse de la ley ni a diestra ni a siniestra» solo con respecto a Josué y Josías (Jos 1.7; 23.6; 2 R 22.2), y la frase «libro de la ley» con respecto solo a Josué y Josías (Jos 1.8; 2 R 22.8, 11; cf. 14.6). Igualmente importante, la conquista comienza con la recapitulación y observancia de la Pascua (Jos 3.1–5.12), que vuelve a dejar de observarse, de acuerdo con la historia, hasta que Josías la reinstituye como el climax de su reforma, siguiendo la prescripción de la ley recién descubierta (2 R 23.21-23). En resumen, la conquista bíblica de Canaán, aunque emplea formas, motivos y tradiciones más antiguas, se originó como un reflejo de las reformas revanchistas de Ezequías y Josías.

El episodio de Jericó, Ai, y Gabaón que forma el grueso del relato de la conquista envuelve poco territorio. Son narraciones complejas que tratan numerosos asuntos, pero su principal propósito es intimidar a los oponentes de la centralización davídica. Hacen esto al ilustrar cómo la aterrorización *ḥerem,* que requiere la matanza de todos los habitantes de Canaán y la dedicación de todo el botín a Jehová (para el deuteronomista esto significa el templo davídico) se aplica para redefinir quién pertenece y quién está fuera del campamento israelita (Dt 20.10-18). Los cananeos Rahab y su familia son incluidos (Jos 2–6), El judaita Acán y su familia son excluidos (cps. 7–8), y los habitantes de Gabaón son incluidos (c. 9), ninguno de ellos basado en su identidad «étnica» original, sino en la lealtad o deslealtad al proyecto de conquista y aniquilación.

Dado el probable origen davídico tardío de la narrativa de la conquista, no es de sorprender que la evidencia arqueológica concuerde con poco de la destrucción descrita en Josué. Jericó, Ai, y Gabaón no muestra evidencia de una ocupación importante durante la Edad de Bronce Tardío. De los 16 sitios que se dice haber sido destruidos, solo tres, Betel, Laquis, y Hazor, muestran evidencia de destrucción, y Hazor fue destruida tanto como un siglo antes que Laquis. Además, la arqueología de las ciudades levíticas en Josué 21 muestra que este grupo de asentamientos no pudo haber existido antes del siglo VIII.

Sin embargo, el entusiasmo por la veracidad histórica de la conquista fue revivido en especial en los Estados Unidos después de la Segunda Guerra Mundial y en el nuevo estado de Israel en reacción a la erudición alemana que ponía en duda su veracidad.

Para el fin del siglo XX, sin embargo, había llegado a ser aparente para la mayoría de las autoridades familiarizadas con la evidencia arqueológica, histórica, y social relacionada con el antiguo Israel que Israel se originó como una formación tribal típica en la Palestina de la Edad de Bronce Tardío, y que esta formación participó con otros en el extenso reasentamiento gradual de las tierras altas a lo largo de la Edad de Bronce Temprana. El ímpetu principal para este reasentamiento no era una conquista concertada de un pueblo por otro, sino más bien el complejo conjunto de factores que impulsan el ciclo de extensión y contracción de asentamiento y agricultura en la historia a largo plazo de Palestina.

Véase Asentamiento: Arqueología.

Bibliografía. M. D. Coogan, «Archaeology and Biblical Studies: The Book of Joshua,» in *The Hebrew Bible and Its Interpreters,* ed. W. Propp, B. Halpern, and D. N. Freedman (Winona Lake, 1990), 19-30 ; R. B. Coote, *Early Israel* (Minneapolis, 1990); I. Finkelstein and N. Na'aman, eds., *From Nomadism to Monarchy* (Washington, 1994); R. D. Nelson, «Josiah in the Book of Joshua,» *JBL* 100 (1981): 531-40; L. L. Rowlett, *Joshua and the Rhetoric of Violence.* JSOTSup 226 (Sheffield, 1996); J. Van Seters, «Joshua's Campaign of Canaan and Near Eastern Historiography,» *SJOT* 2 (1990): 1-12; K. L. Younger, Jr., *Ancient Conquest Accounts.* JSOTSup 98 (Sheffield, 1990).

Robert B. Coote

CONSAGRAR

Dedicar u ordenar a una persona para el oficio sagrado (p.ej., Ex 29.33; Lv 16.32) o un objeto para propósitos sagrados (p.ej., 2 Cr 31.6; Ez 43.36).

Véase Santificar, Santificación.

CONSEJERO

Consejeros (Heb. *yōʿēṣ)* ocuparon un lugar regular en las cortes de los reyes israelitas (Is 3.3; Esd 7.14-15, 28). Su posición era tal vez próxima en poder al propio gobernante, como lo sugiere la yuxtaposición de «reyes y consejeros» (Job 3.14; 12.17-18; Mi 4.9). La corte de David tuvo dos consejeros, Ahitofel y Husai. El consejo de Ahitofel (Heb. *ʿēṣâ*) disfrutaba de tan extraordinaria reputación que era comparada a un oráculo del cielo (2 S 16.23). Era sabio para el rey emplear una «abundancia de consejeros» que lo aconsejaran en temas de seguridad nacional (Pr 11.14; 15.22) y la guerra (20.18; 24.6). El necio no atiende el consejo y acarrea ruina (Pr 1.25, 30), o sigue el mal consejo (1 R 12.6-14). El faraón de Egipto (Is 19.11) y Nabucodonosor en Babilonia (Dn 3.2) también tenían consejeros. Artajerjes de Persia tenía siete consejeros (Esd 7.14), correspondiendo a los «siete príncipes de Persia y Media» consultados por Asuero (Est 1.14).

Fuera de la corte del palacio, padres (Pr 1.8), ancianos (Ez 7.26), profetas (Jr 38.15; 2 Cr 25.16), y sabios (Jr 18.18; 49.7) típicamente actuaban como consejeros. Dios es un consejero (Sal 16.7; 32.8; 33.11; 73.24), y la ley y el testimonio de Dios son personificados como consejeros del pueblo (119.24). Dios no busca consejo, y nadie puede aconsejar a Dios (Is 40.13-14). Dios prometió a la dinastía davídica un «admirable consejero» (Is 9.6[TM 5]), sobre quien descendería «el espíritu del Señor . . . el espíritu de consejo» (11.2).

Daniel Grossberg

CONSOLACIÓN

Amor, interés, y consuelo extendido a alguien en tiempo de necesidad. La raíz hebrea *nḥm* es traducida «consuelo,» «aliento,» «comodidad,» y puede aparecer con relación a relaciones sexuales (Gn 24.67; 2 S 12.24; Rut 2.13), vino (aludido al asociar el nombre Noé con *nḥm,* «traer alivio» de la tierra; Gn 5.29; 9.20), visitas y regalos (Job 42.11), o simplemente la presencia de alguien (Lam 1.2, 9, 16). Dios consuela como el buen pastor (Sal 23.4) o por una promesa (119.50, 76, 82). Uno puede permanecer consolado incluso durante la aflicción (Job 6.10; Sal 94.19), o la esperanza de que Dios «consolaría» de nuevo (Sal 71.21; 135.14). Un Dios airado puede retener la compasión (Os 13.14) y dejar a Jerusalén sin consuelo (Lam 1.17, 21), pero después del castigo debido la divina consolación va a regresar (Is 12.1; Jer 31.13). Este pensamiento está profundamente arraigado en Deutero-Isaías (Is 49.13; 51.3, 12; 52.9) y Trito- Isaías (66.13).

El verbo griego «consolar» es *parakaléō;* los sustantivos formados de él, *paráklēsis* y *paráklētos,* pueden significar «consolación,» «aliento,» y «consolador.» en el NT Simeón esperó la «consolación de Israel» (Lc 2.25), la era mesiánica (cf. Is 61.2). El rico recibió su «consolación» aquí en la tierra (Lc 6.24);

en contraste, Lázaro fue «consolado» en el seno de Abraham (16.25). Las Bienaventuranzas prometen que aquellos que lloran «recibirán consolación» de parte de Dios (Mt 5.4).

Pablo fue «consolado» por otros (1 Ts 3.7; 2 Co 7.4) y les pidió «alentaos los unos a los otros» (1 Ts 4.18), haciendo notar que la habilidad para consolar a otros viene de «el Dios de toda consolación» (2 Co 1.3-4; cf. Ro 15.5; 2 Ts 2.16-17), en Cristo (Fil 2.1).

Jesús ha prometido enviar otro «Consolador,» el espíritu de verdad (Jn 15.26; 16.7), también enviado por el Padre (14.16-17), para que habite en los discípulos y los guíe. El propio Jesús sigue siendo un «Abogado» para con el Padre (1 Juan 2.1).

JOSEPH F. WIMMER

CONSOLADOR *Véase* Paracleto.

CONSTELACIONES

El arreglo arbitrario de estrellas en una zona del cielo (Heb. *kĕsîlîm*). En su forma singular («estúpido» o «aburrido») el término también se refiere a la constelación de Orión (Job 9.9; 38.31; Am 5.8; cf. Is 13.10). La identificación de las Pléyades con Heb. *kîmâ* es también relativamente cierta (Job 9.9; 38.31; Am 5.8). Sin embargo, la identificación de *ʿāš* (Job 9.9) o *ʿayiš* (38.32) es incierta. Pudiera referirse a Arturo, Osa Mayor, o Hyades. Heb. *mazzārôṯ* es también una constelación o una estrella cuya identificación es desconocida (Job 38.32). De acuerdo con Isaías, las constelaciones y estrellas no van a brillar el día de Jehová (Is 13.10).

Los sacerdotes de la *mazzārôṯ*, que fueron expulsados del templo por Josías, pudiera referirse a los sacerdotes de las constelaciones (2 R 23.5). Sin embargo, *mazzārôṯ* se puede tomar, siguiendo acad. *manzaltu*, como los signos del zodiaco.

WILLIAM D. MATHERLY

CONVERSIÓN

La noción de conversión como el «arrepentimiento» de Israel por la falta de obedecer los mandamientos divinos surge en la predicación de los profetas del siglo VIII. En Amós, quien habla contra pecados específicos, y Oseas, quien habló de la obstinación y «prostitución,» de Israel. Heb. *šûḇ* fue usado con el sentido de «volver» (a Dios). El término transmite movimiento y abarca una gama de significados («regresar, volver, darse vuelta»). En consecuencia, Jeremías jugó con su uso en contextos de pacto para permitir que *šûḇ* comunicara el doble significado de un cambio de lealtad de parte de Israel o Dios por el otro. Para Jeremías el término podía referirse a la apostasía y al arrepentimiento, y un pueblo que una vez se había alejado de Dios podía también tener un cambio de corazón y manifestar una nueva realidad interna al «arrepentirse.» Ezequiel y el deuteronomista generalmente expresan la invitación profética negativamente («volverse del mal»), pero en Jeremías casi siempre tiene una orientación positiva («volverse a Dios»). Para Jeremías la base esencial del arrepentimiento yace no en la humanidad, sino en la misma naturaleza de Dios como misericordioso. Es este rico punto de vista de arrepentimiento, invitando a Israel a cambiar su modo de pensar acerca de Dios, llegó a caracterizar las concepciones del NT de la conversión.

Los evangelios abren sus relatos sobre el ministerio de Jesús con la predicación de Juan el Bautista predicando «un bautismo de arrepentimiento para el perdón de pecados» (Mr 1.4). Mateo asemeja el mensaje de Juan y Jesús como uno de arrepentimiento (Mt 3.2; 4.17), y el Cuarto Evangelio describe al Bautista y a Jesús conduciendo de manera simultánea un ministerio de bautismo (Jn 3.22-23; pero cf. 4.2). En términos gráficos Juan el Bautista instó a la conversión a causa de un juicio apocalíptico venidero (cf. Mt 3.10-12 = Lc 3.9, 17). Jesús, en contraste, parece haber tomado un rumbo más compasivo, restando importancia al tema del juicio y poniendo de relieve el amor de Dios para aquellos, especialmente de la casa de Israel, que se hubieran perdido o (en sentido figurado) perecido (Lc 15.1-32).

Los eruditos se preguntan si Jesús experimentó una «conversión» o sugieren que el aspecto escandaloso del comportamiento de Jesús yace en su comunión en la mesa con pecadores sin llamarlos a arrepentirse de su forma de vida. El tema de «conversión,» en este último punto de vista, sería una retroyección en su ministerio por la Iglesia Primitiva (comparar «no he venido a llamar a justos, sino a pecadores al arrepentimiento» en Lc 5.32 con la fórmula más breve en Mr 2.17; Mt 9.13b). Sin embargo, la preponderancia de testimonio de todos los niveles (período de Jesús, la iglesia, los evangelistas) y formas de la tradición de Jesús (bienaventuranzas, parábolas, gestos de sanidad, acciones proféticas) muestra a Jesús llamando a un cambio de perspectiva acerca de lo que Dios estaba haciendo a través de su ministerio. Jesús insiste en la necesidad de prestar atención a su enseñanza por medio de un cambio de vida. Las manifestaciones de conversión son descritas bajo una variedad de imágenes como «volverse como niños» (Mt 18.3), «nacer de arriba/de nuevo» (Jn 3.3), y «renacer» (1 P 1.3).

Puesto que Pablo caracteriza la conversión gentil como un «volverse a Dios de los ídolos, para servir al Dios vivo y verdadero» (1 Ts 1.9), algunos prefieren describir su propia reorientación en el camino a Damasco (Hch 9.1-22; cf. Gl 1.15-22) como un «llamado.» En la parénesis paulina, se hace mucho hincapié en el cambio radical que ha ocurrido en los creyentes por su asociación con la muerte y resurrección de Jesús en el bautismo después de la conversión (Ro 6.1-11).

En el NT la naturaleza definitiva de la conversión es acompañada por exhortaciones a permitir que el «fruto del espíritu,» que habita en los discípulos, se haga manifiesto en sus vidas (Gl 5.22-26). Al creyente se le ordena «ocupaos en vuestra salvación con temor y temblor» (Fil 2.12). La expresión cristiana de la vida cambiada incluye humildad, compartir en comunidad los bienes (Lc 19.8; Hch 2.42-47), e imparcialidad a las distinciones humanas como aquellas entre rico y pobre (Stg 2.1-7).

Las Escrituras cristianas contienen una variedad de opiniones en relación con la naturaleza permanente de la conversión. A los creyentes se les insta a mantenerse firmes, «porque es imposible que los que una vez fueron iluminados y gustaron del don celestial. . . y recayeron» (Heb. 6.4-6). El glorificado Señor Jesús dirige a las siete iglesias el mismo llamado a «arrepentirse» (Ap 2.1–3.22).

Bibliografía. R. E. Clements, *Jeremiah.* Interpretation (Atlanta, 1988); W. L. Holladay, *The Root* šûbh *in the Old Testament* (Leiden, 1958); P. W. Hollenbach, «The Conversion of Jesus: From Jesus the Baptizer to Jesus the Healer,» *ANRW* II.25.1, 196-219; A. D. Nock, *Conversion: The Old and New in Religion from Alexander the Great to Augustine of Hippo* (1933, repr. Baltimore, 1998); K. Stendahl, «Call Rather than Conversion,» in *Paul Among Jews and Gentiles* (Philadelphia, 1976), 7-23.

Terrence Prendergast, S.J.

CONVOCACIÓN

Una solemne asamblea, mencionada en conexión con los festivales de Israel y seguida siempre con el mandato de no trabajar. Heb. *miqrā᾽-qōdeš* significa lit., «una santa proclamación» o «una proclamación de un día solemne» (2 R 10.20; Lv 23.36; Nm 29.35; Dt 16.8).

Siete días se asociaban con este término en Levítico 23: el primero y el séptimo días de los panes sin levadura (vv. 4-8); las semanas (v. 21); la fiesta de las trompetas, el primer día del séptimo mes (v. 24); el día de la expiación (v. 27); y el primer día y el octavo de las cabañas (vv. 35, 36). El sábado también es asociado con este término (Lv 23.3).

Michael D. Hildenbrand

COPA

Un recipiente pequeño que carecía de un vástago o mano, típicamente hecho de cerámica pero a veces de metal, como plata (Gn 44.2; cf. Jer 51.7). Estas copas eran la forma de cerámica más común representada en colecciones domésticas en la Edad de Hierro, y probablemente fueron utilizadas para comer y beber. Este estilo de taza poco profunda se halla en todo el antiguo Cercano Oriente, y es evidente, p.ej., en la tumba del rey Tutankamón y en relieves del rey asirio Asurbanipal. También se encontraron copas en las tumbas israelitas, lo que sugiere una creencia en una cena después de la muerte. Cálices (vasos con un tazón poco profundo sobre un pie alto) eran otro tipo de vaso para beber en el período bíblico.

Las copas se observaban en asociación con comidas (2 S 12.3; Sal 16.5; 23.5), pero ocurren en los textos principalmente para beber: vino (Gn 44.5; Pr 23.31; Am 6.6; Mt 26.27) y agua (10.42). La «copa del consuelo» en Jeremías 16.7 puede indicar una costumbre de beber si estaba de duelo por algún muerto. Ya que la copa era una característica esencial de la vida diaria, llegó a convertirse en símbolo para celebrar el impacto de Jehová en esa vida, a través de la ira o la salvación (p.ej., Is 51.17; Sal 11.6). La copa de vino en la Última Cena de Jesús era una característica de la cena y llegó a ser un símbolo que representaba su sangre en memoria para los discípulos y la Iglesia Primitiva (Mt 26.27 par.; 1 Co 11.26).

Bibliografía. R. Amiran, *Ancient Pottery of the Holy Land* (Jerusalem, 1963); J. Kelso, *The Ceramic Vocabulary of the Old Testament.* BASORSup 5-6 (New Haven, 1948): 3-48.

Carey Walsh

COPERO

Una posición de prestigio en las cortes reales del antiguo Cercano Oriente. El copero serviría el vino (Gn 40.13), pero también lo probaría como protección contra el veneno. Una vasija del siglo IX a.C., de 'En-gev tiene escrito «los coperos» y puede indicar una cantidad de vino que los coperos debían traer del almacén en cada ocasión. En su sueño en la prisión, el copero sirvió a faraón jugo recién exprimido de la uva en una copa (Gn 40.11); José interpretó que esto significaba que él sería restaurado a su posición. Nehemías había servido al rey persa Artajerjes como copero antes de regresar a su tierra después del exilio (Neh 1.11; 2.1). Jesús se convirtió en el copero útil y digno de confianza para sus discípulos cuando les ofreció la copa en la Última Cena (Mt 26.27).

CAREY WALSH

COPTO

La última etapa del egipcio, linguísticamente una rama independiente de la familia de idiomas afroasiática, que se esparció desde el extremo oriental de la peninsula arábiga a la costa noroccidental del continente africano. En los primeros siglos del período cristiano, se hicieron experimentos en escribir el egipcio, como se hablaba en ese tiempo, con el alfabeto griego. Este sistema de escritura, junto con su estructura linguística, es llamado copto. El demótico, la última etapa de la escritura jeroglífica, era complicado, difícil de leer, y retenía una sintaxis que ya no se hablaba. La ventaja del alfabeto griego, al alcance de la mano de un escritor educado, eran la sencillez, difusión, y la adición de vocales en lugar de un estricto sistema consonantado. El alfabeto griego, sin embargo, fue reorganizado para ajustarse a la fonética del copto hablado, y varios fonogramas demóticos se añadieron para suplir sonidos que no estaban en griego: *š, f, h, j, č, ti,* y en algunos dialectos, *ḫ*. el idioma copto, debido a varios cientos de años de helenización, también emplea un vocabulario considerable de derivación griega. El uso del copto declinó en los siglos siguientes a la conquista árabe de Egipto en 640 d.C.

Las oraciones coptas caen en tres patrones. Las oraciones «nominales» consisten de un predicado nominal más un pronombre sustantivo y se caracterizan por la ausencia del verbo «ser.» Las oraciones «bipartitas» tienen un sustantivo o pronombre como sujeto seguido por un predicado que consta de una frase preposicional, adverbio, infinitivo o verbo de estado, o el futuro auxiliar «ir a.» Las oraciones «tripartitas» tienen, en orden estricto, un marcador de tiempo, sujeto, y verbo, que son seguidos por objetos, modificadores, u otros elementos de la oración. A través de un sistema de «segundos» tiempos, negadores, y convertidores, las oraciones coptas pueden describir una amplia y sutil gama de expresiones. Sin embargo, el copto no usa varias características que se encuentran en griego, que deben ser tenidas en mente al estudiar textos bíblicos y textos relacionados con la Biblia, ya que en su mayor parte, estos son traducciones del griego. El copto no tiene un género neutro, verdaderos adjetivos, participios, una voz pasiva, o un verbo «tener,» y en otros aspectos, como el orden de palabras, la traducción del copto no se adhiere al griego.

La codificación del sistema de escritura, traducción y copiado de texto está vinculada, y es generalmente coextensiva con el desarrollo de la iglesia cristiana en Egipto y, en los primeros siglos, escuelas cristianas fuera de la iglesia como las valentinianas. La propagación de las enseñanzas religiosas a través de textos escritos resultó en el uso de varios dialectos, al menos una docena, que se extiende por el Valle del Nilo desde el delta hasta Tebas. Para el siglo IV, el sahídico, el dialecto del centro del país, comenzó a dominar como un «estándar» ortodoxo, y las obras de referencia más modernas en el idioma copto emplean este dialecto. La famosa biblioteca de textos de Nag Hammadi proporciona ejemplos útiles de esta etapa de transición. Desde los siglos VIII hasta el XI, con el reemplazo gradual del copto hablado con el árabe y la remoción del patriarcado a los monasterios del desierto al sur de Alejandría, el dialecto de esta región, bohaírico, fue preservado y todavía sobrevive, pero solo como idioma litúrgico para la Iglesia Ortodoxa Copta. «Copto» (Copto es simplemente una pronunciación arabizada de la palabra [en última instancia griega] «Egipto») ahora se refiere ampliamente al egipcio cristiano, y estudios coptos abarcan la lingüística, arquelogía, liturgia, historia y literatura.

Para el estudio de la Biblia, las versiones coptas de textos del NT de fecha tan temprana como los siglos III y IV. También existen versiones coptas de muchos pasajes de la LXX, como también importantes apócrifos del NT encontrados en Nag Hammadi, como el evangelio de Tomás, así como la pseudepígrafa del AT, incluyendo el Apocalipsis de Elías. Junto a estos hay cuerpos de literatura patrística, hagiográfica y mágica en copto del antiguo Egipto cristiano que nos da una imagen viva de las tradiciones bíblicas.

RICHARD SMITH

CORAL
Una pieza de semitranslúcida a opaca del esqueleto calcáreo secretado por pólipos de coral, un invetrebrado marino, a menudo usada como piedra preciosa (Heb. *rā'môṯ;* Job 28.18; Ez 27.16). El color suele ser rojo o naranja, pero puede ser blanco, crema, marrón, azul, o negro. El coral era uno de los bienes dados en pago a los mercaderes de Tiro (Ez 27.16). En Job 28.18 es una de las muchas piedras de menos valor que la sabiduría.

MARTHA JEAN MUGG BAILEY

CORASÁN (Heb. ***bôr-'āšān***)
Lugar («cisterna» o «pozo de Asán») en el sur de Judá a la que David envió parte del botín de su victoria sobre los amalecitas (1 S 30.30). Tal vez es el mismo que Asán.

CORAZÍN (Gr. *Chorazín*)
Pueblo en la alta Galilea reprendido por Jesús por su falta de arrepentimiento, aun cuando el pueblo había sido testigo de sus milagros (Mt 11.21; Lc 10.13). Fuentes rabínicas describen Corazín como un pueblo de tamaño mediano con una producción distintiva de trigo (*b. Menaḥ.* 85a). La ciudad prosperó en el siglo II d.C. Cuando la región se expandió con los refugiados de la revuelta de Bar Kochba.

Khirbet Karâzeh (2031.2575), c. 3 km (2 mi) noroeste de Capernaúm, fue identificada primero como Corazín a la mitad del siglo XIX por C. W. M. Van de Velde. Una sinagoga del siglo IV fue descubierta allí en 1926. El Departamento de Antigüedades y Museos de Israel condujo excavaciones allí en 1962-65 y trabajo de restauración en 1982-86.
Bibliografía. Z. Yeivin, «Ancient Chorazin Comes Back to Life,» *BARev* 13/5 (1987): 22-36.

STEPHEN J. ANDREWS

CORAZÓN
En general, el centro de las cosas (Dt 4.11; Mt 12.40). Los antiguos no parecen tan preocupados por el corazón (Heb. *lēḇ, lēḇāḇ;* Gr. *kardía*) como un órgano como lo estaban por otros órganos como el hígado y los riñones. Las referencias al corazón como un órgano físico son extremadamente raras en el AT (cf. 1 S 25.37). Incluso en 2 Samuel 18.14; 2 Reyes 9.24 el significado parece ser más amplio que el órgano específico del corazón, lo que indica los órganos internos. En Salmo 104.15 el «corazón» es afectado por alimentos y bebidas, lo que podría ser cierto del corazón literal como un órgano, pero probablemente denota una referencia más general a la «experiencia».

Corazón era de uso común, como hoy, del centro de algo, sean humano u otros objetos, y de este uso el término fue aplicado a toda la gama de cosas internas y centrales en los seres humanos. Los antiguos no utilizaron vocabulario psicológico detallado para hacer las sutiles distinciones utilizadas en el lenguaje moderno. Los hebreos pensaban en el ser humano completo y la personalidad con todos sus atributos físicos, intelectuales y sicológicos cuando usaban «corazón.» Se consideraba el centro de gobierno de todos ellos. Es el corazón (el núcleo) que hace e identifica a la persona (Pr 4.23). Carácter, personalidad, voluntad, y mente son términos modernos que reflejan algo del significado de «corazón» en su uso bíblico.

Con menos frecuencia «corazón» se utilizaba para las emociones que se expresan por órganos tales como el hígado y los intestinos, o los riñones, la región de los «lomos.» En general, el pensamiento hebreo ponía el enfoque emocional más bajo en la anatomía (hígado, intestinos, riñones) que lo intelectual o volitivo, que era colocado más alto en la anatomía (corazón). La misma geografía anatómica es generalmente cierta en español que utiliza la zona más alta de la «cabeza» (cerebro o mente) para expresar los asuntos intelectuales y volitivos, pero el «corazón» más bajo para los asuntos emocionales. Algunas traducciones modernas se inclinan a utilizar «conocer» o «comprensión» para traducir *lēḇ/ lēḇāḇ* (cf. NVI Ec 1.17; Pr 16.23); sin embargo, «corazón» es un término amplio y no hace las mismas distinciones en referencia a los procesos racional o mental como lo hizo la filosofía griega.

El uso del NT está matizado por el AT y contiene ejemplos muy similares. El corazón todavía se utiliza en el sentido físico, porque está hecho de «carne» (2 Co 3.3), pero también es el asiento de la voluntad (Mr 3.5; 7.21-23), el intelecto (2.6-8), y las emociones (Lc 24.32). Por lo tanto, también significa «persona» en el NT.

LARRY L. WALKER

CORBÁN (Heb. *qorbān*; Gr. *Korbán*)
Un término que se refiere a los regalos religiosos reservados para Dios. El regalo podía ser un animal para sacrificio (Lv 1.2, 3, 10), una ofrenda de vegetales (Lv 2.1, 5), o un regalo de metales preciosos (Nm

7.13; 31.50). En Levítico el término distingue el animal separado del resto del rebaño (Lv 22.27) o la gavilla de grano tomada de la cosecha (23.14) como una ofrenda para el Señor, removiendo así esta propiedad de usos mundanos. En el NT Jesús advierte de la práctica de declarar la propiedad como «corbán» para evadir responsabilidades hacia los padres (Mr 7.11-13), una estrategia que permitía al propietario evitar gastarlo en el apoyo a sus padres en la edad avanzada de ellos, permitiendo así la anulación de una obligación para con Dios.

DENNIS GAERTNER

CORDERO

Cría de la oveja, que no pasa de un año (Lv 17.3, 4; 1 S 17:34; Is 11.6; 65.25). Los corderos (Heb. *kebeś*) son mencionados en el AT usualmente en relación con el sistema de sacrificios. Había que ofrecer, continuamente, un cordero en la mañana y otro en la tarde (Ex 29.38-42; Nm 28.4). También se podía ofrecer un cordero como una ofrenda voluntaria (Lv 22.23), un holocausto (Gn 22.7, 8), una ofrenda de paz (Lv 3.1-7), una expiación por el pecado (Lv 5.6; Nm 6.12, 14), y anualmente en la Pascua para conmemorar la liberación de la esclavitud en Egipto (Ex 12.3, 5, 21). Sin embargo, algunas veces no parece haber una diferencia clara entre las ofrendas para el holocausto, de paz y por el pecado (Ez 45.15). Ofrecer el sacrificio de un cordero era también parte de la ceremonia de purificación de un leproso que había sido curado (Lv 14.1-10, 24, 25), y el primogénito de un asno podía ser redimido por un cordero (Ex 13.13).

El sacrificio de un cordero era un hecho tan común, que se usaba metafóricamente para referirse al sufrimiento o a la muerte de un inocente a favor de otros (2 S 12.1-6; el «siervo sufriente», Is 53.7). Jeremías se refirió a sí mismo como un cordero que había sido llevado para ser degollado (Jer 11.19), y Oseas dijo que Jehová apacentó al descarriado Israel como a un cordero (Os 4.16).

En el NT, la palabra aparece sólo en dos pasajes fuera del libro de Apocalipsis. Hechos 8.32, 33 cita el pasaje del «siervo sufriente», y 1 Pedro 1.19 utiliza a un cordero como metáfora para referirse al sacrificio de Cristo. Aquí el cordero (gr. *arníon*) es el Cristo crucificado, resucitado, exaltado y victorioso (p.ej., Ap 5.6, 8, 12, 13; 6.1, 16).

JOE E. LUNCEFORD

CORÉ (Heb. *qōraḥ*)

1. Miembro de un clan edomita, hijo (Gn 36.14) o nieto (v.16) de Esaú, mencionado como uno de los jefes de Temán.

2. Hijo mayor de Izhar (Ex 6.21.24; 1 Cr 6.38[TM 23]), descendiente de Leví, del grupo coatita de los sacerdotes levíticos (1 Cr 6.22[7] lo llama hijo de Aminadab). En el período del desierto, los coreítas eran los porteros del tabernáculo de reunión (1 Cr 9.19), cuya responsabilidad reanudaron en el período postexílico. Eran también uno de los principales grupos de cantores del Templo (2 Cr 20.19).

El libro de Números presenta a Coré y a sus aliados como un arquetipo de rebelión contra Moisés y el sacerdocio aarónico durante la peregrinación en el desierto (Nm 16; 26.9-11). Coré, Datán y Abiram, hijos de Eliab, y On hijo de Rubén, reunieron a 250 líderes de la congregación de Israel para protestar contra la exclusividad aarónica en cuanto a los sacrificios del altar. Se presentaron ante Moisés y Aarón para afirmar que toda la congregación, no sólo los sacerdotes aarónicos, era santa. Por tanto, su crítica no fue sólo contra los grupos levíticos y el sacerdocio aarónico, sino también contra cualquier grupo en cuanto a la santidad entre la congregación y el sacerdocio. Por eso, la rebelión de Coré representa el primer conflicto entre los laicos y el clero en Israel. Para encontrar una solución a la situación, Moisés sugiere que sea Jehová quien resuelva el conflicto el día siguiente. Coré y sus rebeldes debían presentarse con incienso en sus incensarios delante del tabernáculo de reunión, donde Jehová mostraría cuál incienso sería aceptable, solucionando así la controversia en cuanto a la santidad. El día siguiente se presentaron Coré y su grupo portando incensarios en las manos. Jehová respondió, haciendo que la tierra se abriera y se tragara a Coré, Datán y Abiram y a sus familias, y enviando después un fuego que consumió a los 250 aliados restantes. Después de esto, Jehová ordena que los incensarios de bronce de la rebelión que se habían quemado, fueran utilizados para cubrir el altar como una advertencia para quienes se atrevieran en el futuro a desafiar la hegemonía aarónica. Cuando la congregación vio lo que Jehová había hecho, comenzaron a murmurar, lo que originó más problemas. Indignado, Jehová envió una plaga que mató a 14 000 israelitas. Finalmente, Moisés interviene, y le ordena a Aarón que haga expiación por la congregación, lo que le pone fin al espantoso episodio. Algunos han insinuado que la historia de la rebelión de Coré es una retrospección al período de Moisés en el desierto, de posteriores controversias con los sacerdotes. Sea o no cierto, el episodio es una advertencia contra cualquier reto al sacerdocio aarónico.

3. Hijo de Hebrón sin relación con el Coré levítico o edomita, mencionado entre los descendientes de Judá (1 Cr 2.43).

4. Descendientes del Coré levítico. Los coreítas fueron porteros del tabernáculo de reunión (1 Cr 26.19), horneros (9.31) y escritores de cantos, comenzando con David y posteriormente en el servicio del Templo durante el período postexílico (6.31; 9.19). Son estos cantores coreítas los que aparecen en los encabezamientos de los salmos 42, 44-49, 84, 85, 87, 88.

Bibliografía. G. W. Coats, *Rebellion in the Wilderness* (Nashville, 1968); A. Cody, *A History of Old Testament Priesthood. AnBib 35* (Rome, 1969).

Jeff H. McCrory, Jr.

CORÉ (Heb. *qōrēʾ*, *qôrēʾ*)

1. Levita del linaje de Coré; antepasado de Salum (1 Cr 9.19) y Meselemías (26.1), porteros del Templo.

2. Levita; hijo de Imna (2 Cr 31.14). Fue nombrado por Ezequías guarda de la puerta oriental del Templo (la puerta del rey), y tuvo a su cargo la distribución de las ofrendas voluntarias

CORINTIOS, PRIMERA CARTA A LOS

Una de las cartas canónicas existentes de Pablo a los cristianos en Corinto. Aunque llamada 1 Corintios, no es la primera carta, porque Pablo escribió una carta previa a esta (también hubo una carta de la iglesia a Pablo), que no ha sobrevivido. El carácter de la carta la ha hecho una de las fuentes fundamentales para una descripción social de «los primeros cristianos urbanos.»

Autor, origen, fecha

Los autores son Pablo, apóstol a los gentiles, y Sóstenes (1 Co 1.1; cf. Hch 18.17?), sobre quien no se sabe nada. La carta fue enviada desde Asia (16.19), probablemente Éfeso. La fecha es menos segura: la mayoría sostiene una fecha «tardía», con base en una cronología de Hechos que pone la primera visita de Pablo a Corinto en el tiempo de Gayo (c. 51/52 d.C.) y 1 Corintios c. 53-55. Una opinión minoritaria sostiene que Hechos es confuso sobre si la audiencia de Gayo fue en la primera visita, que la primera visita de Pablo a Corinto fue «temprano» (41-42), y que 1 Corintios fue escrita entre 46 y 49.

Corinto

La ciudad de Corinto es bien conocida a través de excavaciones llevadas a cabo desde el siglo XIX. La información sobre Corinto y sus zonas aledañas en el período romano es muy rica y proporciona un contexto general y específico para la comprensión de la carta, incluyendo su entorno económico. Algunas características de las excavaciones han ayudado de manera significativa en la interpretación de Pablo o las actividades de la comunidad: salas para comidas cúlticas, inscripciones de benefactores (p.ej., por Erasto; Ro 16.23), evidencia de una sinagoga posterior, una carnicería, casas de ricos, puertos, y carreteras.

Ocasión

Después de su primera visita prolongada a Corinto, durante la cual se estableció una comunidad cristiana, Pablo fue a Éfeso y Asia, desde donde escribió una carta a Corinto (la «carta anterior»; 5.9-13), tomando una postura firme sobre las normas de la comunidad, tal vez argumentando a favor del acuerdo de los Corintios con el decreto apostólico de Hechos 15. Esta carta inicial (un fragmento de la cual puede estar incorporado en 2 Co 6.14–7.1) provocó una carta y mensajes orales en respuesta (5.1; 7.1, 25; 8.1; 12.1; 16.1, 12; cf. también 15.1; 11.2). De esta información, se puede hacer una reconstrucción de la carta de los corintios a Pablo y de la carta anterior de Pablo. Es obvio que los corintios tenían fuertes sentimientos sobre diversos asuntos, y surgió una variedad de preguntas.

La carta que conocemos como 1 Corintios es la respuesta de Pablo. Las anteriores comunicaciones provocaron en Pablo una fuerte necesidad de instruir a los corintios más extensamente en asuntos de la conducta y práctica cristianas: cuestiones sexuales, quejas, matrimonio, noviazgo, la virginidad, los alimentos, el sostenimiento apostólico, mujeres y hombres en la adoración, la Cena del Señor, los dones carismáticos, la resurrección, el apoyo para Jerusalén, incluso una visita de Apolos. Las condiciones en Corinto incluían incertidumbre y confusión por lo menos, disensión y oposición en el peor de los casos. La ocasión por tanto era difícil para Pablo: ¿Cómo responder a la información que él tenía de Corinto? El «tono» de 1 Corintios refleja esta ambivalencia, en algunos puntos áspero (su autografía manuscrita, 16.22; apelación de apertura, 1.10; amonestación, 4.14, 21), en otros puntos moderado y servicial.

Partidos y oposición

La sensación de tensión se encuentra en especial en la discusión de las quejas y divisiones (1.10–4.21), que comienza con una sugestiva identificación de algo parecido a partidos: «Yo soy de Pablo,... Apolos,... Cefas,... Cristo» (1.12). Si bien Pablo rechazó la validez de estos grupos, continuó hablando de ellos como si fueran una realidad objetiva en la situación de Corinto (3.4-5, 21-23; 4.6). Cuestiones entretejidas en los cps. 1–4 que pudieran influir en estos grupos incluyen bautismo, sabiduría, espiritualidad, madurez, precedencia, liderazgo, poder. Estos son diferentes de los asuntos éticos de los cps. 5–16; ellos incluyen las calificaciones para dirigir la congregación, estrechamente relacionado con las etiquetas partidistas de 1.12 y enfatizadas en 4.14-21. En Corinto hubo preguntas acerca del papel de Pablo como fundador y maestro (4.15-17; 3.1-3, 6-7, 10; 4.1-5; cf. también Ro 16.17-20, escrito desde Corinto); probablemente se trataba de un asunto de «clientelismo y poder.»

La evidencia para una comunidad en problemas es fuerte, ¿pero había oposición deliberada contra Pablo? Se han hecho varias sugerencias, por lo general derivados de los lemas contenidos en la carta («bueno es para el hombre no tocar mujer,» 7.1; «todos tenemos conocimiento,» 8.1; «el ídolo nada es en el mundo,» 8.4; «Todo me es lícito,» 10.23; «Anatema sea Jesús,» 12.3 RVA), o por el efecto espejo de la lectura del consejo de Pablo (que supone que si Pablo argumentó a favor de algo, alguien más estaba abogando en contra de lo mismo). Algunas veces se ha hecho un esfuerzo para vincular los lemas y los partidos y los líderes, pero sin resultados convincentes; p.ej., afirmaciones que antes se hacían sobre una oposición «gnóstica» en contra de Pablo rara vez se repiten ahora. No obstante, el tono y algunos de los detalles sugieren que había oposición; de ser así, es más probable que se refleje en el cuerpo de la carta (cps. 1–4) que en el consejo ético (cps. 5–16), ya que este tema es tratado de manera más directa en la primera sección principal, donde se discute el liderazgo rival.

Estrechamente relacionado con esta cuestión está el análisis de quiénes han sido líderes activos en Corinto. Pablo y Sóstenes y Apolos sin duda habían estado activos allí y eran vistos como líderes, aunque Sóstenes no entró en la imagen más allá de ser el coautor de la carta; Cefas/Pedro probablemente había estado en Corinto, ya que algunos lo vieron como una figura para un grupo; Timoteo había representado a Pablo (4.17; 16.10; cf. Ro 16.21), y Tito lo iba a hacer pronto si no lo había hecho ya (2 Co 2.13; 8.16; 12.18); Cloé (1.11) desempeñó una función, al igual que Estéfanas y Fortunato y Acaico (16.15, 17; 1.16); probablemente Crispo y Gayo (1.14; cf. Ro 16.23) fueron influyentes dentro de la comunidad; y no hay duda que Erasto también lo fue (Ro 16.23); Aquila y Prisca (16.19) y Silvano (2 Co 1.19) tuvieron algún papel en la etapa inicial. La lista es larga, sobrepasada solo por la lista más compleja de Romanos 16.1-16. Entre estas personas activas en Corinto había algunos que eran parte de los ricos y pobres y tenían cierta condición social, personas acostumbradas a ser tratadas con honor y deferencia, que actuaban como patrones y cosechaban el prestigio. Mientras que algunas personas conocidas como líderes en Corinto estaban estrechamente vinculadas con Pablo (Sóstenes, Timoteo, Tito, Aquila y Prisca), no todos lo estaban; si había oposición a Pablo, probablemente estaba centrada en el liderazgo de una o más de estas personas, en cuyo caso Apolos y Cefas/Pedro encabezan la lista.

Análisis literario y retórico

Una amplia variedad de teorías de partición se han desarrollado, con el argumento de repeticiones, superposiciones, costuras, y planes de viaje en conflicto. Ninguna ha logrado una amplia aceptación; el punto de vista común es que 1 Corintios (posiblemente con una o dos interpolaciones: ¿14.34-35?) es una unidad. Hay dos enfoques principales para analizar la estructura y la unidad de la carta. Una empleando un modelo de escritura de carta aboga por 1 Corintios como una respuesta en orden a temas externos orales y escritos (temas planteados con Pablo por los Corintios y reflejados en cps. 5–16) rodeados por elementos típicos de una carta. La otra, basada en convencionalismos retóricos de la antigüedad, aboga por una carta unificada de persuasión con su propia lógica interna, una retórica controlada por Pablo, no los recipientes. Los dos enfoques arriban a la misma conclusión sobre la unidad de la carta, aunque se mueven en diferentes direcciones con respecto al propósito de Pablo: en el primer caso él adopta una «retórica de reconciliación»; en el otro la carta es en gran medida una defensa del intento de Pablo de llevar a los Corintios a una conformidad con el decreto apostólico, argumentando que la tensión existente es derivada de esa decisión.

Principales problemas en Corinto

El asunto más divisivo es el liderazgo (1.10–4.21), en cuyo tema Pablo apela de varias maneras (1.10; 4.16), amenazadora (4.19-21), defensiva (2.1-5), condescendiente (3.1-4), sarcástica (4.8-13). Su objetivo principal es afirmar su prioridad en la fundación de la iglesia, minimizar los papeles de otros, Apolos en particular, e instar a la iglesia a evitar divisiones. Se da mucha atención a las cuestiones sexuales (cps. 5-7), de las que Pablo había escuchado oralmente (5.1) y por escrito (7.1). Los temas incluyen relaciones incestuosas, una demanda civil, continuas recurrencias a prostitutas (¿sagradas?), disputas conyugales, divorcio, noviazgo, y virginidad. Pablo también hace énfasis en la comida (cps. 8–10), al tratar con el consumo de alimentos ofrecidos a los ídolos y cuestiones de sacrificio, junto con una defensa de sus propias prácticas en apoyo (comida y dinero). Ese enfoque se mueve al interés sobre la adoración en la comunidad (cps. 11–14): códigos en el vestuario de hombres y mujeres, desórdenes en la observancia en la Cena del Señor, y el uso de los dones espirituales, en especial los dones espirituales más prominentes como hablar en lenguas. Un interés particular es la actitud de Pablo hacia las mujeres, concentrado principalmente en 11.2-16 (el papel de las mujeres en la adoración), pero incluyendo también los temas más generales de la «igualdad» sexual de las mujeres (c. 7) y su comentario lacónico en 14.33b-36 sobre si las mujeres deben hablar en las reuniones; el último pasaje a menudo es considerado una interpolación.

La cuestión doctrinal sostenida que Pablo aborda es la resurrección de la muerte, en la que hubo desacuerdos en la congregación (esp. 15.12-19). El capítulo 15 plantea la cuestión más general del conocimiento de Pablo y uso de las tradiciones de Jesús: la tradición de la muerte y la resurrección de Jesús (15.3-7); tradición de la Última Cena (11.23-26); el mandato del Señor sobre el divorcio y el sostenimiento apostólico (7.10; 9.14; cf. 11.2). Las implicaciones de la colecta de 1 Corintios de los materiales relacionados de Jesús todavía se debaten: ¿era más importante en Corinto, comparado con otras comunidades, porque algunos líderes tuvieron estrechos lazos con Jesús? Por último, Pablo describe los planes de viaje de él y Timoteo, mayormente relacionados con recoger y trasladar una colecta de apoyo a la hambruna en Jerusalén, pero también incluyendo una alusión a la negativa de Apolos de volver a Corinto (16.1-12; cf. 4.18-21).

Importancia

El continuo interés académico con 1 Corintios se deriva de varios factores. (1) Es una fuente básica para las descripciones de la ética de Pablo y su énfasis teológico. (2) En ninguna parte las tensiones dentro del cristianismo primitivo se ven más claramente que aquí; estas incluyen no solo asuntos relacionados con partidos y divisiones, sino también con cuestiones como el estatus social, el clientelismo, riqueza, esclavitud, y poder. (3) Muchos estudios se concentran en las dimensiones pastorales de la relación de Pablo con la comunidad. (4) La carta sirve como parte integral de un análisis diacrónico o longitudinal de asuntos en una iglesia durante un período de casi 50 años (esto es, hasta 1 Clemente en la mitad de la década de los años 90) e incluyendo una cantidad importante de intercambio de cartas, que muestra una preocupación constante con las divisiones (p.ej., 1 Clem 1.1; 3.1-4; 9.1) y una dinámica cambiante. En resumen, una lectura cuidadosa de 1 Corintios permite una sensación viva de la propagación del cristianismo, de las variadas relaciones de Pablo y sus congregaciones, de la independencia de pensamiento de Pablo, y la serie de figuras que surgió en los primeros desarrollos cristianos.

Bibliografía. J. K. Chow, *Patronage and Power: A Study of Social Networks in Corinth.* JSNTSup 75 (Sheffield, 1992); A. D. Clarke, *Secular and Christian Leadership in Corinth.*AGJU 18 (Leiden, 1993); J. C. Hurd, *The Origin of 1 Corinthians,* 2nd ed. (Macon, 1983); L. A. Jervis and P. Richardson, eds., *Gospel in Paul.* JSNTSup 108 (Sheffield, 1994);W. A. Meeks, *The First Urban Christians* (New Haven, 1983);M. M.Mitchell, *Paul and the Rhetoric of Reconciliation* (Tübingen, 1991); J. Murphy-O'Connor, *St. Paul's Corinth* (Wilmington, 1983); G. Theissen, *The Social Setting of Pauline Christianity* (Philadelphia, 1982).

PETER RICHARDSON

CORINTIOS, SEGUNDA CARTA A LOS

Parte de la correspondencia de Pablo con cristianos en la ciudad capital de Acaya romana.

2 Corintios es la más personal de las cartas de Pablo, sin embargo también es la mas difícil de interpretar. En términos de la antigua teoría epistolaria, es una carta mixta; contiene no solo un estilo literario y retórico, sino una cantidad de estilos y elementos diferentes, incluyendo la ironía, la autoalabanza, la reprensión, las amenazas, ataques, contraataques, oraciones, llamados, y exhortaciones. El documento también parece bastante inconexo. Por ejemplo, 6.14–7.1 parece ser una digresión que interrumpe la apelación que comienza en 6.11-13 y resume en 7.2-4. Sin embargo 6.11–7.4 mismo parece pertenecer a una digresión mucho mayor que comienza en 2.14. El documento también contiene dos extensas discusiones de la colecta para la iglesia de Jerusalén (cps. 8–9), en donde la segunda tiene un comienzo que parece ignorar la discusión anterior (9.1). El tono del documento también varía considerablemente. En c. 7, p.ej., Pablo se ve gozoso y conciliador, expresando confianza en los Corintios y alabando su arrepentimiento y obediencia. Por el contrario, en cps. 10–13 Pablo es irónico y discutidor, temeroso acerca de la devoción de los corintios a Cristo y censurándolos por su impenitencia y desobediencia. Tales digresiones, repeticiones, y diferencias en tono y estilo han llevado a muchos eruditos a concluir que 2 Corintios es un documento compuesto que contiene fragmentos de al menos dos o tal vez tantas como cinco cartas.

Conclusiones dispares sobre el número de cartas contenidas en 2 Corintios han llevado a reconstrucciones diferentes de la historia del contacto y la correspondencia de Pablo con la iglesia de Corinto. La iglesia en Corinto fue fundada por Pablo, con la ayuda de Silvano (Silas) y Timoteo, en su llamado segundo viaje misionero en c. 50 d.C. (1.19; Hechos18.1-17). De acuerdo con Hechos 18.11, esta visita inicial a Corinto duró cerca de 18 meses, durante ese tiempo él escribió 1 Tesalonicenses y, si es genuina, 2 Tesalonicenses. Después de su partida de Corinto, Pablo viajó al este a Éfeso en Asia Menor (Hch 18.18-21), que se iba a convertir en el centro de sus esfuerzos evangelizadores en su tercer viaje misionero (19.1). Todo contacto posterior de Pablo con la iglesia de Corinto se deriva de este último período, que duró algunos tres años (Hch 20.31). Este contacto incluye al menos cuatro cartas a Corinto por Pablo, al menos una carta a Pablo por los Corintios (1 Co 7.1), dos viajes posteriores de Pablo a la ciudad (2 Co 2.1; 12.14; 13.1-2; Hch 20.2-3) así como otros viajes hechos a Corinto por sus viajes a Timoteo (1 Co 4.17; 16.10-11) y Tito (2 Co 7.6-7; 8.6; 12.18), y al menos dos viajes a Pablo hechos por personas que vivieron en Corinto o habían visitado la ciudad (1 Co 1.11; 16.17).

La primera carta de Pablo a Corinto trata, al menos en parte, con el tema de la asociación con los fornicarios (1 Co 5.9). Esta carta, normalmente conocida como la Carta A o la «carta anterior,» casi seguramene está perdida, aunque algunos eruditos creen que un fragmento está preservado en 6.14–7.1. En esta carta Pablo instó a los corintios a no asociarse con los miembros fornicarios de la comunidad cristiana (cf. Ef 5.3-7), pero los corintios entendieron que les estaba ordenado separarse socialmente de los paganos inmorales. Pablo aclara su intención y aborda una serie de otros asuntos en su segunda carta a Corinto, la 1 Corintios canónica (Carta B). Esta carta, ocasionada por un informe oral acerca de la iglesia de Corinto por la gente de Cloé (1 Co 1.11) así como una carta de los mismos corintios (7.1), fue escrita desde Éfeso c. 54 (1 Co 16.8). Alrededor de la misma época de la Carta B, Pablo envió a Timoteo a Corinto, anticipando que su compañero regresaría a tiempo para acompañarlo en un viaje a través de Macedonia a Corinto (1 Co 4.17; 16.5-11). Precisamente qué sucede después del envío de Timoteo y la Carta B no está claro, y todas las reconstrucciones de este último período del contacto de Pablo con Corinto incluyen inferencias y conjeturas.

La mayoría de los intérpretes supone que Timoteo regresó a Pablo en Éfeso con un informe preocupante sobre la situación en Corinto. Los problemas presumiblemente implicaban la continuación de los mismos problemas tratados en la Carta B (12.20-21) así como la inclusión de nuevos problemas. La situación era lo suficientemente grave que movió a Pablo a posponer o cambiar los planes de viaje que había anunciado en 1 Corintios16.5, cuando él había anticipado viajar a Corinto por la vía de Macedonia. Él ahora viajó directamente a Corinto con el fin de tratar con los problemas en persona. Por desgracia, esta segunda visita fue un desastre; los problemas se agravaron en lugar de resolverse. Qué hizo esta visita tan dolorosa para Pablo, no se sabe (2.1-5). La opinión prevaleciente es que alguien en Corinto, un miembro de la congregación o alguien de afuera, enfrentó a Pablo y le profirió algunos insultos que despertaron serias dudas sobre su autoridad apostólica. Algunos eruditos, sin embargo, sugieren que el ofensor era el mismo individuo incestuoso de 1 Corintios 5; otros sostienen que el episodio doloroso involucraba dinero, es decir, que alguien acusó a Pablo de malversación de fondos o de robarle dinero que había sido depositado con el apóstol para la colecta para Jerusalén.

En cualquier caso, Pablo dejó Corinto con los problemas sin resolver. En lugar de regresar a Corinto pronto de ahí en adelante, como alguna vez fue su intención (1.15-16), escribió una carta llena de emoción en la que trata decisivamente con la situación que se deterioraba rápidamente. Esta carta (Carta C), generalmente conocida como la «carta severa» o la «carta de las lágrimas» (2.3-4; 7.8-12), fue escrita en Macedonia (1.16) o Éfeso (a donde finalmente regresó), y fue llevada a Corinto por Tito. Después de enviar la carta, Pablo comenzó a preocuparse por la forma en que sería recibida. Él finalmente dejó Éfeso y viajó a Troas, donde esperaba encontrarse con Tito y recibir el informe de su colaborador. Lleno de angustia, al punto que no pudo aprovechar la oportunidad para evangelizar la ciudad, dejó Troas y se fue a Macedonia en busca deTito (2.12-13). Cuando finalmente se encontraron, Tito dio a Pablo buenas noticias acerca del saludable efecto de la carta severa (7.15- 16). Consolado por el informe de Tito, Pablo escribió ahora una cuarta carta (Carta D) en la que expresó su gozo y aclaró los motivos que lo empujaron en su decisión de escribir la Carta C. Esta carta presumiblemente fue llevada de vuelta a Corinto por Tito.

La relación de las cartas C y D con 2 Corintios es un asunto de serio debate entre los eruditos. De acuerdo con una teoría que recientemente ha sido adoptada por una cantidad de eruditos, La carta C está perdida y la carta D es la 2 Corintios canónica. La gran ventaja de esta teoría es su simplicidad; todas las demás son más especulativas. El punto clave es si esta hipótesis puede explicar adecuadamente la fecha textual o si el texto mismo demanda una explicación más compleja. El problema más serio relacionado con este punto de vista es la clara ruptura entre cps. 1–9 y 10–13. Algunos eruditos han tratado de explicar la ruptura argumentando que los últimos cuatro capítulos son una perorata retórica en la que Pablo hace una poderosa apelación emocional a los corintios. La mayoría, sin embargo, sigue dudando si todas las diferencias entre cps. 1–9 y 10–13 pueden ser suficientemente explicados mediante semejante análisis retórico.

Una segunda teoría plantea un cambio de situación para la composición de cps. 10-13. De acuerdo con esta teoría, La carta C está perdida y Pablo escribió cps. 1–9 después de recibir el informe positivo de Tito. Antes de escribir los últimos cuatro capítulos, sin embargo, él recibió otro informe indicando que la situación no era tan feliz como Tito había indicado o las cosas habían cambiado dramáticamente desde que Tito salió. Este nuevo informe llevó al apóstol a cambiar el tono de su carta. 2 Corintios es, Por lo tanto, una carta (Carta D), pero fue escrita con dos situaciones diferentes en vista.

Una tercera teoría sostiene que cps. 1–9 una vez formaron una carta separada (Carta D) que fue enviada después que Tito dio su informe positivo. Cps. 10–13 son un fragmento de una quinta carta (Carta E), escrita después de que Pablo recibió un nuevo y negativo informe. Una variante de esta teoría sostiene que cps. 1–8 son carta D, y cp. 9 es el fragmento de una carta separada sobre la colecta (Carta E); en este punto de vista, el enviado que llevó esta carta regresó a Pablo con la noticia de los acontecimientos calamitosos en Corinto. Cps. 10–13 son por lo tanto la carta F, escrita en respuesta a este informe preocupante.

Si bien todas las teorías mencionadas anteriormente consideran la carta severa de Pablo como perdida, una cuarta teoría considera que los cps. 10–13 son un fragmento de esa carta. Cps. 10–13 son por tanto la carta C, escrita cronológicamente anteriores a cps. 1–9 (Carta D). En este caso, la correspondencia corintia termina con una nota feliz.

Lo mismo es verdad para una quinta teoría, la que, sin embargo, es considerablemente más compleja. De acuerdo con esta teoría, la tercera carta de Pablo a Corinto no era la carta severa sino una carta en la que el apóstol se defendió a sí mismo contra acusaciones formuladas en su contra por sus oponentes. Esta carta, preservada (excepto su antedata y posdata epistolar) en 2.14–6.13; 7.2-4, es carta C. El fracaso de esta primera apología provocó la visita dolorosa de Pablo a Corinto, después de la cual escribió la carta severa (Carta D), una segunda apología que casi es preservada completamente en cps. 10–13. Esta llevó al arrepentimiento de los corintios y a la quinta carta de Pablo (Carta E) para ellos, una carta de reconciliación contenida en 1.1–2.13; 7.15-16 (y 13.11-13). Después de esta reconciliación, Pablo escribió dos cartas administrativas, las dos relacionadas con la colecta. Una de estas (Carta F, a Corinto) es preservada en cp. 8, y la otra (Carta G, a Acaya) en cp. 9.

De acuerdo con las cinco teorías, Pablo vino a Corinto no mucho después de escribir la última de sus cartas a la iglesia de allí. Esta fue la tercera visita, durante la cual escribió su carta a los romanos y finalizó sus planes de viaje a Jerusalén con la colecta. El hecho de que estuviera dispuesto a dejar la zona del Egeo indica que tuvo éxito al defenderse de las acusaciones en su contra de parte de sus oponentes, un grupo de misioneros cristianos judíos (11.22-23) a quienes él repudia como falsos apóstoles (c. 13). Se discute si estos oponentes eran propagandistas judaizantes, gnósticos, o judíos helenistas, como es el tiempo de su llegada a Corinto. Cualquiera que haya sido su teología o el tiempo de llegada, ellos agravaron los problemas que Pablo enfrentó en sus tratos con los corintios. Aunque este fue un tiempo especialmente traumático en la vida del apóstol, los intercambios de Pablo con los corintios y sus oponentes dieron forma y sustancia a toda su teología.

Una última cuestión es la relación de 6.14–7.1 con la teología de Pablo. Esta sección interrumpe la apelación de Pablo en 6.11-13 y 7.2-4, contiene un gran número de palabras que no se encuentran en ninguna otra parte en las cartas de Pablo, y sus afinidades con los rollos del Mar Muerto. Los que defienden la autoría de Pablo de esta sección ofrecen diversas explicaciones, con algunos lo que sugiere que es un fragmento de la «carta anterior» mencionada en 1 Corintios 5.9, y otros argumentan que es una digresión en la que Pablo deliberadamente utiliza un lenguaje inusual y altamente emocional para tratar un problema en Corinto. Otros sostienen que esta sección no es de origen paulino, pero difieren en si el propio Pablo o un editor posterior lo insertó. Todavía otros consideran el pasaje como originalmente antipaulino, reflejando la teología de los oponentes de Pablo. Los continuos debates acerca de esta y otras partes de 2 Corintios sugieren que este documento continuará recibiendo atención como una de las piezas más fascinantes de la literatura cristiana primitiva.

Bibliografía. P. Barnett, *The Second Epistle to the Corinthians.* NICNT (Grand Rapids, 1997); H. D. Betz, *2 Corinthians 8 and 9.* Herm (Philadelphia, 1985); V. P. Furnish, *II Corinthians.* AB 32A (Garden City, 1984); R. P. Martin, *2 Corinthians.* WBC 40 (Waco, 1986); M. E. Thrall, *The Second Epistle to the Corinthians,* 1. ICC (Edinburgh, 1994); B. Witherington, III, *Conflict and Community in Corinth* (Grand Rapids, 1995).

John T. Fitzgerald

CORINTO (Gr. *Kórinthos*)

Una ciudad importante que controlaba el istmo que conecta Grecia continental y la Península del Peleponeso. Aunque su «edad de oro» fue cinco siglos antes de la visita de Pablo, Corinto había disfrutado un regreso a la prominencia y el resurgimiento de la construcción durante el siglo I d.C.

Corinto tuvo un papel destacado en la unificación de las ciudades-estado griegas al imperio mundial de Felipe de Macedonia y su hijo Alejandro. Dos siglos más tarde Corinto fue líder en el fallido intento de la Liga Aquea de detener la expansión romana en Grecia. Severamente dañada y castigada en 146 a.C. en la guerra con Roma, Corinto fue restaurada en 44 a una prominencia política y económica por Julio César y en 27 llegó a ser la capital provincial. Nuevos colonos de muchas partes se unieron a los locales buscando su fortuna en ese centro de comercio.

Una ciudad importante para el gobierno romano como la capital de Acaya, Corinto era la residencia del gobernador romano (ante quien Pablo compareció en 51 d.C., cuando Lucius Junius Gayo era gobernador). En la Corinto romana, los antiguos templos fueron restaurados y ampliados, se edificaron nuevas tiendas y mercados, se desarrollaron nuevos suministros de agua, y muchos edificios públicos se agregaron (incluyendo tres edificios de gobierno y un anfiteatro con capacidad para 14 mil). En el siglo I el mercado público (foro) de Corinto era más grande que cualquiera en Roma. Todas estas mejoras sugieren que cuando Pablo visitó Corinto c. 50 era la ciudad más hermosa e industriosa de su tamaño en Grecia. El conocido viajero Arístides comentó que si se realizaran competencias de belleza entre ciudades, como se informa que se hacía entre las diosas, Corinto se ubicaría con Afrodita (esto es, en primer lugar).

Comercio

La geografía de Corinto determinó su importancia comercial. Corinto estaba situada en un estrecho

El *béma*, una plataforma para el discurso público y la administración de justicia, en el agora o plaza de mercado en Corinto; construido 44 d.C. (Phoenix Data Systems, Neal and Joel Bierling)

(5.5 km [3.5 mi]) istmo que conecta la Grecia continental alta con el Peleponeso («casi una isla»). Localizada entre el mar Egeo en el este y el mar Adriático en el oeste y controlando dos puertos importantes, Corinto adquirió el apodo de «Corinto la rica.»

La agricultura era buena, pero limitada en la Corintia. Todo el comercio terrestre entre la Grecia alta y baja pasaba por Corinto, y mucho del comercio marítimo entre Roma y el imperio oriental también lo hacía. El viaje alrededor de la Grecia baja era muy peligroso, en especial cerca del Cabo de Malea («cabo del mal»). Por lo tanto, los envíos de mercancía a menudo llegaban a través de los puertos de Corinto, Cencrea (9.6 km [6 mi] este de la ciudad) y Lacea (3 km [2 mi] al oeste).

Corinto también tenía algo de industria ligera, manufacturando obras de bronce altamente apreciadas, incluyendo espejos pulidos artísticamente (cf. 1 Co 13.12; 2 Co 3.18). Los artesanos de la ciudad también hicieron cerámica valiosa y lámparas que eran exportadas alrededor del Mediterráneo.

Religión

Cerca de dos siglos después de la devastación romana de Corinto, muchas de las antiguas religiones de la zona estaban floreciendo de nuevo, a ellas se les había unido nuevas religiones traídas por los mercaderes y soldados a este centro comercial. Corinto era un lugar de «muchos dioses» y «muchos señores» (1 Co 8.5).

Tal vez lo más conocido para los estudiantes de la Biblia es la adoración de Afrodita, cuyo templo encima de la ciudad de Corinto (Acrocorinto) es tristemente famoso por sus supuestas «mil prostitutas sagradas.» Si bien Afrodita era una patrona de la ciudad, esta acusación moral probablemente nunca fue exacta. Tuvo su origen en la propaganda ateniense, y la imaginación lujuriosa de marinos le dio mucha prominencia. Corinto no era peor, ni mejor, que otras ciudades portuarias. Afrodita era adorada en varios lugares en la ciudad y por muchas razones, incluyendo como patrona de los marineros.

De igual fama en Corinto era Poseidón, señor del mar (del que dependía la vida comercial de Corinto) y provocador de terremotos (un peligro frecuente en el área). Poseidón tenía un templo muy grande en una aldea cercana donde los juegos bienales del Istmo se celebraban, en segundo lugar de los juegos olímpicos de Delfos (cf. 1 Co 9.24-25).

Un templo Corinto a Esculapio, el dios de la medicina, y su hija Higía incluía instalaciones de alojamiento, baños, una piscina, porches cubiertos para los muchos que venían al templo buscando sanidad (a menudo la receta incluía baños y ejercicio). Los excavadores del lugar encontraron un gran depósito de ofrendas votivas de terra-cotta dejadas por aquellos que vinieron en busca de sanidad. Estas copias de arcilla de partes del cuerpo humano, que fueron colgadas alrededor del templo por adoradores, pueden haber dado poder especial a la imagen de Pablo de la iglesia como el «cuerpo» de Cristo en 1 Corintios.

El generalizado culto griego de Demeter y Kore también tiene un santuario al lado de Acrocorinto. Aunque estaba en decadencia en el período romano, un gran número de comedores era mantenido al lado del templo y su teatro, ofreciendo luz a 1 Corintios 8, 10. Estas habitaciones eran usadas por algunos que sacrificaban en el templo e invitaban a sus amigos a una comida privada en estas instalaciones.

Algunas nuevas religiones del este del Mediterráneo, incluyendo el cristianismo, llegaron a la Corinto romana. Entre estas estaban los cultos de Isis, Serapis (una religión de misterio basada en Egipto), y la diosa frigia Cibeles, y el judaísmo. La famosa novela de conversión de Apuleyo, *Metamorfosis,* que alaba los misterios de Isis, está parcialmente situada en Corinto. Un dintel de la puerta de una sinagoga judía se ha encontrado (aunque es del siglo IV). Hechos y Filón mencionan presencia judía en la ciudad.

Cristianismo

La evidencia más temprana del cristianismo en Corinto está, por supuesto, dentro del propio NT. Pablo visitó la ciudad con más frecuencia y le escribió más cartas (posiblemente cuatro, con dos ahora perdidas) que a cualquier otro de sus puntos de misión. Más tarde 1 Clemente fue escrita a Corinto por un líder de la iglesia de Roma. Esta carta muestra que los viejos temas de las facciones y quejas que Pablo había tratado continuaban entre los cristianos de Corinto; haciendo referencia a las cartas que les envió Pablo, Clemente reprende a algunos creyentes más jóvenes que se habían sacudido el liderazgo de los ancianos.

Entre los hallazgos arqueológicos está una inscripción de dedicación que recuenta el regalo de Erasto, probablemente el cristiano que Pablo menciona en Romanos 16.23 como el *oikonómos* («comisionado de la ciudad»).

Bibliografía. D. W. Engels, *Roman Corinth* (Chicago, 1990); V. P. Furnish, «Corinth: What Can Archeology Tell Us?» *BARev* 14/3 (1988): 14-27; J. Murphy-O'Connor, *St. Paul's Corinth* (Wilmington, 1983); J. Wiseman, «Corinth and Rome, 1: 228 b.c. to a.d. 267,» *ANRW* II.7.1, 438-548; B. Witherington, *Conflict and Community in Corinth* (Grand Rapids, 1995).

Wendell Willis

CORNALINA

Una piedra de color marrón oscuro o rojo muy apreciada para talla y grabado. Algunas versiones leen «cornalina» para heb. *ʾōdem* (LXX *sárdion*), una piedra grabada en el pectoral del sumo sacerdote (Ex 28.17; 39.10) y una piedra que adorna al rey de Tiro (Ez 28.13). En el NT la RVA lee «sardio» para Gr. *sárdion,* describiendo la apariencia de Dios (Ap 4.3) y un cimiento en el fundamento del muro de la ciudad de la nueva Jerusalén (21.20). Otras traducciones de estos términos hebreo y griego incluyen «rubí,» «sardónice,» «sardonio,» y «jaspe rojo.»

Joseph E. Jensen

CORNELIO (Gr. *Kornḗlios*)

Centurión del ejército romano estacionado en Cesarea Marítima, el asiento del gobierno imperial romano en Palestina. Cornelio aparece como el primer gentil convertido al cristianismo (Hch 10.1-48; 11.1-18; 15.7-9, 13-18). El que se relate o se aluda a su conversión cuatro veces en Hechos sugiere algo de su importancia paradigmática, particularmente en los últimos dos casos donde tanto Pedro como Santiago invocan el recuerdo de Cornelio en el Concilio de Jerusalén para justificar la plena inclusión de los gentiles en la iglesia. Presentado como justo y piadoso, Cornelio pudiera representar esa clase de gentiles conocida como «temerosos de Dios,» quienes se adhirieron a la sinagoga y a quienes Hechos presenta como particularlmente sensibles al evangelio.

Después de invitar a Pedro a su casa, Cornelio, con toda su casa, escucha las palabras de paz salvífica y recibe el Espíritu Santo en lo que ha sido descrito como un «pentecostés gentil.» La participación de la familia en la salvación de Cornelio trajo como resultado la fundación de una congregación gentil y establece el modelo para otros casos de salvación de hogares en Hechos (16.14-15, 31-34; 18.8). La mesa de comunión que surge entre Pedro y la recién convertida casa de Cornelio provoca acaloradas críticas de ciertos cristianos de la circuncisión de regreso en Jerusalén (Hch 11.3), llevando a Pedro a volver a contar su propia experiencia de la «limpieza» de los gentiles (10.15, 28) y persuadir a la iglesia a adoptar su nuevo punto de vista en el proceso (11.18). Como resultado, la conversión de Cornelio inaugura la misión a los gentiles, que finalmente eclipsó a los judíos cristianos como los miembros dominantes en el pueblo de Dios (Hch 28.28).

Bibliografía. B. R. Gaventa, *From Darkness to Light: Aspects of Conversion in the New Testament.* OBT 20 (Philadelphia, 1986), 96-122; D. L.Matson, *Household Conversion Narratives in Acts.* JSNTSup 123 (Sheffield, 1996), 86-134. David Lertis Matson

CORO (Heb. *kōr*)

Generalmente una medida seca un poco más de 220 l. (58 lib), igual al homer (Ez 45.14). La provisión diaria de Salomón consistía de 30 coros de flor de harina (c. 6.5 kl [185 bu]) y 60 coros de harina corriente (c. 13 kl [370 bu]; 1 R 4.22).

CORONA

Pieza que se coloca en la cabeza y que significa posición u honor. El uso de una corona ponía a un personaje de la realeza o a un sumo sacerdote israelita aparte de los demás. Saúl (2 S 1.10) y Joás (2 R 11.12 = 2 Cr 23.11) usaban coronas, como presumiblemente lo hicieron otros reyes de Israel y de Judá (cf. Sal 89.39[TM 40]). Una corona, posiblemente un aro, con la palabras «Santidad a Jehová,» formó parte del tocado del sumo sacerdote (Ex 29.6; 39.30; Lv 8.9; cf. Ex 28.36-38). Cuando David capturó Rabá la capital amonita, él simbolizó su control sobre Amón al poner la corona de «su(s) rey(es)» (TM) o del dios «Milcom» (LXX) sobre su propia cabeza (2 S 12.30 = 2 Cr 20.2). Durante el exilio, Ester y su pariente Mardoqueo usaron coronas dadas por el rey persa (Est 2.17; 6.8; 8.15). El líder mesiánico recibiría una corona (Zac 6.9-14).

En el AT la corona (Heb. *ʿăṭārâ, keṭer, nēzer)* simboliza gloria personal (Job 19.9; Pr 4.9). Los signos de la vejez, como las canas y los nietos, comprenden una corona (Pr 16.31; 17.6). Una corona puede simbolizar orgullo impío (Is 28.1, 3, 5). Dios ha coronado a la humanidad con gloria, honor, y amor duradero (Sal 8.5[6]; 103.4).

En el NT la corona real *(diádēma)* y la guirnalda *(stéphanos),* dadas para mostrar honor o victoria, son distintas (contrastar Ap 14.14). Sin embargo, esta distinción no es consistentemente observada por los traductores de la LXX, los escritores pos apostólicos, y los traductores al español.

La corona real aparece solo tres veces en el NT, todas en Apocalipsis. El «gran dragón rojo» (el maligno) usa siete coronas, una por cada una de sus siete cabezas (Ap 12.3). De manera parecida la «bestia que sube del mar,» que recibe poder y autoridad del dragón, tiene diez coronas, una por cada uno de sus cuernos (13.1). «El Verbo de Dios,» que cabalga en un caballo blanco, que «se llamaba fiel y verdadero,» es coronado con «muchas coronas» (19.11-13). La corona real, entonces, aparece solo en la cabeza de Cristo, quien la merece, o en las cabezas de sus enemigos, que esperan derrocar su gobierno.

Carl Bridges

CORONA

Una guirnalda de hojas o flores usada alrededor de la cabeza. En el AT el término aparece con certeza sólo en Isaías 28.1, 3, 5 (Heb. *ʿăṭārâ*), Donde la corona usada por los ebrios de Efraín será pisoteada cuando Dios juzgue a Israel. Por lo demás, varias versiones en español traducen varias palabras hebreas como «corona de flores» o «trenzas (trabajo)», en referencia a las características decorativas de las vestiduras del sumo sacerdote (*ʿabōt;* Ex 28.14-25; 39.15-18; NVI «cadenas», «cordones») o el templo de Jerusalén (*gĕdilîm;* 1 R 7.17, 29-30, 37).

Una corona aparece en la cabeza de un maestro con éxito de una fiesta (Sir 32.2) y, en sentido figurado, en las cabezas de los mártires (4 Mac 17.15.). Jesús lleva una corona de espinas (Mt 27:29 par.). Los ganadores en los juegos griegos recibieron una corona de laurel, pino o apio (Plutarco *Quaest. conv.* 5.3.1-3), una imagen que se utiliza en las Epístolas para describir el debido honor a uno que complete con éxito la vida cristiana (1 Cor 9.25; 2 Tim 4.8; Stg 1.12; 1 P 5.4; Ap 2.10).

Carl Bridges

CORZO

Véase Ciervo

COS (Gr. *Kṓs*)

Una isla en el mar Egeo, al suroeste de Asia Menor con una ciudad del mismo nombre que el de su puerto principal. Floreciendo como parte de las rutas comerciales, Cos fue el lugar de nacimiento de Hipócrates y contaba con un santuario de Esculapio y una escuela de medicina. Una importante comunidad judía existió en Cos. Era una de las ciudades a las que el cónsul romano escribió declarando apoyo para el gobernador Simón sobre el estado judío (1 Mac 15.23). Josefo registra el interés de Herodes el Grande en Cos (*BJ* 1.21.11). Mientras Pablo estaba de regreso de su tercer viaje misionero, después de salir de Mileto, él y sus compañeros arribaron a Cos (Hch 21.1).

DOUGLAS LOW

COS (Heb. *qôṣ*)
Judaíta; padre de Anub y Zobeba (1 Cr 4.8).

COS (Heb. *haqqôṣ*)

1. El jefe de la séptima división de sacerdotes durante la época de David (1 Cr 24.10).

2. Una familia que regresó con Zorobabel del exilio. La mayoría fueron excluidos del sacerdocio porque no pudieron demostrar su ascendencia sacerdotal (Esd 2.61-62; Neh 7.63-64); sin embargo, parece desprenderse de 3.4, 21 que la descendencia sacerdotal fue demostrada por algunos.

COSAM (Gr. *Kōsâm*) Un antepasado, por otra parte desconocido, preexílico de Jesús (Lc 3.28).

COSECHA, FIESTA DE
Véase TABERNÁCULOS, FIESTA DE.

COSECHA
Véase AGRICULTURA.

COSECHA, LA FIESTA DE LA
Véase TABERNÁCULOS, LA FIESTA DE LOS

COSMÉTICOS
En el mundo antiguo hombres y mujeres usaban cosméticos de manera muy parecida a como se usan hoy en día: para embellecer y preservar la piel, para contraponer los olores corporales, y para adornar el cabello. El perfume es el cosmético más común encontrado en el AT (Est 2.12; Pr 27.9), utilizado principalmente para contrarrestar los olores naturales del cuerpo. Los perfumes también servían para propósitos higiénicos, proporcionar una alternativa al agua en el baño. Una clase de perfume, la mirra, se molía hasta convertirlo en polvo, se recogía en una pequeña bolsa, y se llevaba en el cuello de una mujer (Cnt 1.13). La alheña era usada para pintar las uñas y teñir el cabello (Cnt 4.13). Descubrimientos arqueológicos han desenterrado platos y paletas para cosméticos, espejos, y accesorios para el cabello como peines y horquillas.

Las pinturas murales egipcias revelan que una sustancia negra conocida como kohl se frotaba debajo de los ojos, probablemente como protector contra el brillo de los rayos del sol. El kohl era utilizado por mujeres para delinear los ojos y oscurecer las cejas, resaltando así la apariencia física. En el AT las mujeres que delineaban sus ojos eran consideradas como deshonrosas (Jr 4.30; Ez 23.40; cf. esp. Jezebel quien, antes de su violenta muerte, pintó sus ojos; 2 R 9.30). Además de sustancias usadas para embellecer los ojos, se aplicaban varios ungüentos para proteger y preservar la piel del clima árido del Medio Oriente.

JIM OXFORD, JR.

COSMOGONÍA, COSMOLOGÍA
Véase Visión del mundo.

COSTA, LITORAL
La orilla del continente (p.ej., Is 23.2, 6) o una isla (p.ej., Jer 2.10; 47.4) junto o en el mar Mediterráneo (Heb. *ʾî, gĕbûl*). La NVI frecuentemente traduce *gĕbûl* como «territorio» o «frontera» (p.ej., Ex 34.24; Jos 13.23). Las «costas» también indican naciones (gentiles) lejanas (p.ej., Is 40-66; Jer 31.10; Ez 26.15).

COSTILLA
Un hueso curvo, a menudo cartilaginoso, unido a la columna vertebral y la protección de las vísceras (Heb. *ṣēlāʿ; Aram. ʿalaʿ*). Fue a partir de una de las costillas de Adán que Dios formó a Eva (Gn 2.21-23). La segunda bestia en la visión de Daniel tiene tres costillas en su boca (Dn 7.5). En otros lugares el uso bíblico es menos preciso, traduciendo el término hebreo como «lado», con referencia a los muebles de culto (por ejemplo, Ex 25.12, 14; 26.20.), Cámaras laterales del templo (1 R 6.5-6; Ez 41.5), las hojas de una puerta (1 R 6.34), y la pendiente de una colina (2 S 16.13).

COTA DE MALLA
Armadura que consta de 400-600 placas de metal, que fueron perforadas o cosidas a una capa de tela o cuero. Las placas se superponen para proporcionar máxima protección; la armadura era más débil en la unión de la manga al cuerpo de la túnica y entre las escalas (1 R 22.34 = 2 Cr 18.33). Esta armadura se desarrolló probablemente para liberar las manos de tener que llevar un escudo, permitiendo así a los au-

rigas conducir y a los soldados manejar el arco y todavía tener protección.

La cota de malla era utilizada por extranjeros (1 S 17.5) o la élite (v. 38) hasta el tiempo de Uzías (2 Cr 26.14; Neh 4.16[TM 10]), que introdujo esta tecnología en las bases. El profeta Isaías usa la armadura metafóricamente para referirse al carácter justo y las acciones de Dios (Is 59.17). En el NT, Pablo aplica la metáfora de Isaías al estilo de vida justo del cristiano (Ef 6.14; 1 Ts 5.8).

Bibliografía. R. Gonen, *Weapons of the Ancient World* (Minneapolis, 1976); T. R. Hobbs, *A Time for War.* OTS 3 (Wilmington, 1989).

W. E. Nunnally

COZBI (Heb. *kozbî*)
La hija de Zur, un jefe madianita. Ella era la esposa o concubina de Zimri, el hijo de Salu, un simeonita. Se dijo que Cozbi, Zimri, y muchos israelitas participaron en actividades idólatras, es decir, la adoración de Baal-peor. La muerte de la pareja a manos de Finees, nieto de Aarón, puso fin a la plaga israelita que se entendía como retribución divina por los hechos ilícitos del pueblo (Nm 25.14-18).

Carol J. Dempsey

COZEBA (Heb. *kōzēḇā'*)
Una de las ciudades listada en la genealogía de Judá habitada por algunos de los hijos de Sela (1 Cr 4.22). Se ubicaba en la Sefela, considerada la misma que Quezib (Gn 38.5) y Aczib (Jos 15.44), que es identificado como Tel el-Beiḍā/Ḥorvat Lavnin (145116).

Steven M. Ortiz

CREACIÓN
El concepto de creación en el AT y NT exhibe al menos dos distintos significados aunque interrelacionados. Creación puede referirse al origen primigenio del mundo, el comienzo de la historia (p.ej., *creatio ex nihilo*). Además, la creación bíblica puede connotar el continuo orden y mantenimiento del mundo (*creatio continua* o *continuata*). Al primero pertenecen los relatos de la creación de las capas de composición sacerdotal y yahvista (Gn 1.1–2.3; 2.4b-25), así como las descripciones de Sabiduría de la creación cósmica en Proverbios 8.22-31. La creación como obra en progreso o continuación es puesta de relieve en ciertos Salmos (p.ej., Sal. 8, 19, 33, 104) y Job 38.12–41.34 (TM 41.26). Una vez más, estos dos sentidos de creación están inseparablemente unidos. Por una parte, los relatos de creación que describen el momento del origen del mundo también dicen algo importante sobre cómo el mundo está actualmente ordenado y estructurado. Por otra parte, los pasajes que tratan con la continua actividad creadora de Dios en el mundo frecuentemente tienen como su punto de referencia el acto primordial de creación.

Relacionado con el segundo significado, una tercera connotación de creación es evidente en la literatura bíblica. La creación puede significar nueva o futura creación, incluso la consumación de la historia. El tema de la nueva creación llega a ser prominente entre los profetas del exilio y posteriores al exilio (p.ej., Ez 40–48; Is 40–55). El nuevo comienzo de Dios de la historia implica un nuevo acto de creación. De esta manera la creación como el comienzo de la historia puede anticipar el fin de la historia; la consumación de la historia suele ser transmitida como el cumplimiento o la superación de la creación primordial (cf. Zac 14.6-8; Gn 1.3-18). Como tal, la nueva creación toma características marcadamente redentoras o soteriológicas: el caos es vencido (Is 27.1); el día va a vencer el terror de la noche (Is 60.19-20; Ap 21.23-24); y un nuevo cielo y una nueva tierra serán una fuente eterna de gozo (Is 65.17-25; Ap 21.1-4).

En todos los tres sentidos, el punto de vista bíblico de creación tiene poco que ver con concepciones científicas modernas de cómo llegó a existir el universo y cómo va a llegar a su fin (p.ej., las teorías del supuestamente llamado Big Bang y Big Crunch). Como sus contrapartes del antiguo Cercano Oriente, los relatos bíblicos de creación no hacen la distinción moderna entre naturaleza y cultura. La sociedad humana, su carácter y organización, era de suma preocupación para los cosmólogos antiguos, estuviera compuestos por la clase gobernante de la sociedad babilónica evidente en la *Enuma elis* o la jerarquía sacerdotal del antiguo Israel detrás de Génesis 1.1–2.3. Comunidad y cultura, en contraste, no entran en juego en las teorías modernas sobre el origen de la vida y el mundo. Los relatos de creación bíblica, sin embargo, invariablemente indican cómo la sociedad humana debe ser estructurada y organizada *vis-à-vis* creación. Por cada texto en el que la creación es su contexto, la vida moral de la comunidad es un subtexto importante. Además, la manera del informe es muy diferente de los informes científicos y teorías del origen de la vida y el cosmos: lejos de ser un estilo objetivo e impersonal, los antiguos relatos de creación se caracterizan por drama, poesía, y lenguaje prescriptivo. Ellos describen no solo un orden físico sino también uno moral y existencial.

La mayoría de los lectores modernos de la Biblia asocian la creación bíblica con el libro de Génesis, que realmente contiene dos relatos de creación, Génesis 1.1–2.3 (P) y 2.4b-25 (J). El relato sacerdotal (P) describe un proceso de creación que se extiende sobre seis días que comienza con la orden de Dios para la Creación de la luz primigenia antes del caos acuoso, oscuro (1.3). Es dudoso que se refiera a la noción de «creación de la nada» *(creatio ex nihilo)*. En ninguna otra parte se menciona la creación del agua y la oscuridad (cf. 2 P 3.5). De hecho, la noción de creación de la nada fue una tradición muy posterior en las Escrituras (cf. 2 Mac 7.28; Ro 4.17; Hb 11.3). Además, Génesis 1.1-2 es sintácticamente una cláusula temporal extendida que introduce la oración principal en v. 3. La luz es el primer acto creativo. Comenzando con el vacío carente de forma (*tōhû wāḇōhû,* v. 2), la creación de acuerdo con la tradición sacerdotal tiene que ver con la formación de estructuras interdependientes y la separación de cosas en sus categorías apropiadas (cf. Ez 44.23). Durante el proceso, Dios no tiene oposición; no hay monstruos del caos que deban ser sacrificados a fin de lograr la creación. De hecho, «los grandes monstruos marinos» proceden directamente del poder creativo de Dios (Gn 1.21).

La creación de la luz primigenia, distinguida de la luz de las esferas celestes (Gn 1.14-16), funciona para distinguir el día de la noche, poniendo así en movimiento el progreso del tiempo. En el segundo día, Dios crea una bóveda o firmamento que separa verticalmente las aguas de arriba de las aguas de abajo. La separación de las aguas de abajo trae como resultado la aparición de la tierra seca, a la que se le exhorta producir vegetación en el tercer día. Con los tres dominios de cielo, agua, y tierra firmemente establecidos sobre el curso de tres días, las esferas celestes de luz son creadas en el cuarto día, con abundante vida en los mares, el aire, y sobre la tierra apareciendo el quinto y el sexto días. Como el acto culminante de la obra de Dios, la humanidad, hombre y mujer, es creada en el sexto día. La descripción narrativa de creación, sin embargo, no termina aquí. Como el clímax y culminación de la narrativa, el séptimo día es separado como un día santificado del resto divino (Gn 2.1-3). De hecho, el número siete adquiere un significado crucial en el relato: los primeros dos versículos contienen un total de 21 palabras (7 + 14). Ciertas palabras clave «Dios,» «bueno,» y «tierra» aparecen en números divisibles por 7. Por medio de tales arreglos numéricos, el autor se ha tomado la molestia para demostrar el objetivo y la plenitud de la creación.

Además, el relato sacerdotal de creación refleja una estructura altamente refinada en la que los primeros tres días se colocan en paralelo con el segundo grupo de tres. De hecho, la estructura general puede muy bien reflejar la de un templo, con el último día representando un «lugar santísimo» temporal. En todo caso, el proceso de creación se caracteriza por un discernible ritmo de mandato divino y ejecución, así como aprobación («bueno») y diferenciación de material: tinieblas y luz, agua y tierra, animales y humanidad. Ciertos elementos como agua, tierra, y las esferas celestes asumen roles activos en el proceso y mantenimiento de la creación (p.ej., Gn 1.11-12, 16, 20). El papel más crítico, sin embargo, pertenece a la humanidad. Hombres y mujeres se distinguen del mundo animal por ser creados a la «imagen de Dios» (Gn 1.26-27). Este lenguaje de imagen tiene poco que ver con la esencia de la humanidad o de la naturaleza de Dios. Más bien, como representantes de Dios en la tierra, los seres humanos están dotados de la tarea (real) de administrar y ejercer dominio sobre toda la gama de vida en la tierra (Gn 1.26-31). Como parte de la mayordomía de la humanidad de la tierra, los seres humanos están obligados en todo lugar a observar el sábado (Ex 20.8-11; Lv 23.3; Dt 5.12-15), un acto que Génesis 2.1-3 pone en claro como un acto de *imitatio dei*.

Aunque tal vez refleja influencia egipcia, el relato de creación de Génesis 1 es verdaderamente único entre las cosmogonías del antiguo cercano Oriente. En lugar de un combate divino y luchas entre los dioses, como se muestra en el *Enuma elis* babilónico y la épica ugarítica de Baal, la creación de acuerdo con P se forja en paz y sistemáticamente a través de la palabra y la acción soberanas. En otros lugares en el AT, sin embargo, la lucha contra el caos comprende parte del proceso creativo (Is 51.9b-10; 27.1; Sal 74.13-14; Job 26.12). En estos pasajes, la creación presupone la derrota del caos acuoso, simbolizado por los animales marinos Rahab y Leviatán (cf. Sal 104.6-7, 9, 26). En comparación, el relato de la creación de Génesis 1 parece más «filosóficamente» orientado. Los «grandes monstruos marinos» creados en el quinto día se reportan como un hecho muy natural (Gn 1.21) como parte de la buena creación de Dios. Muchos eruditos han descrito el relato de creación de P como un relato desmitoligizado del tema de combate tan prevaleciente en las fuentes extra bíblicas, particularmente mesopotámicas. Tal contraste intencional tal vez no sea fortuito, ya que el relato fue probablemente escrito durante finales del período del exilio en Babilonia o a principios del período postexílico (fines del siglo VI a.C.). Además, los intérpretes modernos han observado un tipo de desarrollo sistemático, hasta «evolucionario,» del orden creado en Génesis 1, un movimiento de abajo hacia arriba, formas de vida más complejas, que culminan en la humanidad.

En contraste con el relato de P está el relato más antiguo yahvista (J) de creación que sigue (Gn 2.4b–3.25). Aquí, el orden de creación se invierte: el hombre *(ʼādām)* aparece primero, creado del suelo (*ʼădāmâ;* Gn 2.7), seguido por las plantas y los animales. Con el huerto del Edén como el escenario, J se enfoca en la creación separada del hombre y la mujer y la vocación de cada uno en el Huerto. Mientras Génesis 1.26-28 describe a los seres humanos ejerciendo dominio sobre la creación (cf. Sal 8.5-9[6-10]), Génesis 2.15-17 hace al hombre un siervo del suelo, una vocación que se convierte en una carga como resultado de la expulsión de la pareja del huerto (3.17-19). La creación de la mujer a partir del hombre (*ʼiššâ* de *ʼîš;* Gn 2.22) de ninguna manera implica subordinación de la mujer al hombre, sino más bien pone de relieve su común identidad, como poéticamente se expresó en júbilo del hombre en 2.23. La igualdad mutua de los sexos se rompe solo a través de la culpa del hombre a la mujer (Gn 3.12) y la maldición (v. 16).

En el NT hay, en comparación con el AT, una verdadera escasez de modelos cosmológicos. Sin embargo, las referencias al Creador y la creación son frecuentes (p.ej., Mr 10.6 = Mt 19.4; Mr 13.19 = Mt 24.21; Ro 1.20; 8.18-30; 1 Ti 4.4; 1 P 4.19; 2 P 3.4; Ap 4.11; 10.6; 21.1; 22.1-5). De hecho, durante el período helenista la doctrina de creación llegó a ser un dogma fundamental de fe para la Iglesia Primitiva en su respuesta al gnosticismo. Haciendo eco de Isaías y Génesis, el NT entiende la creación a la luz de la acción de Dios en Jesucristo, el cumplimiento de la historia y la creación. La revelación de Cristo inauguró una nueva era y en consecuencia una nueva creación (2 Co 5.17). Como la revelación del propósito de Dios en la historia, Cristo sostiene toda la creación (Jn 1.1-9; Ef 1.9-10; Col. 1.17; Hb 1.3). Sin embargo, la creación, de acuerdo con Pablo, se mantiene gimiendo, «con dolores de parto» (Ro 8.22). La nueva era que Pablo previó es una que implicaba la culminación de los propósitos de Dios en Cristo, en «la manifestación de los hijos de Dios» (Ro 8.19). La nueva era descrita en el libro de Apocalipsis recuenta la batalla primordial contra el dragón del caos (Ap 12.7-10; 20.2-3), cuya derrota marca el comienzo de un nuevo cielo y una nueva tierra, incluyendo una nueva Jerusalén (21.1-2), una ciudad sin necesidad de templo, sol o luna, «porque la gloria de Dios la ilumina, y el Cordero es su lumbrera» (21.23; cf. Is 60.19-20). Además, la nueva ciudad disfrutará del agua de vida y el árbol de vida (Ap 22.1-2; cf. Ez 47.1-12; Zac 14.8; Gn 2.9). Tomando de los temas e imágenes de los antiguos relatos de creación, la nueva era anticipada por Juan de Patmos es una nueva creación que sustituye a la edad primitiva.

Bibliografía. B. W. Anderson, *From Creation to New Creation.* OBT (Minneapolis, 1994); W. P. Brown, *Structure, Role, and Ideology in the Hebrew and Greek Texts of Genesis 1:1–2:3.* SBLDS 132 (Atlanta, 1993); R. J. Clifford, *Creation Accounts in the Ancient Near East and in the Bible.* CBQMS 26 (Washington, 1994); T. Hiebert, *The Yahwist's Landscape* (Oxford, 1996); J. D. Levenson, *Creation and the Persistence of Evil* (San Francisco, 1988); R. A. Simkins, *Creator and Creation* (Peabody, 1994).

William P. Brown

CRESCENTE (Gr. *Krḗskēs*)

Compañero de Pablo durante uno de sus términos en prisión (2 Ti 4.10). Cuando 2 Timoteo se escribió él había partido a Galacia (algunos textos leen Gr. *Gallía,* «Galia»), pero el texto no dice por qué.

CRETA (Gr. *Krḗtē*)

La más grande de las islas griegas, c. 274 km (170 mi) al sur de Atenas. Una avanzada civilización, denominada minoica por el arqueólogo Arthur Evans en honor al legendario rey Minos, comenzó a florecer en la isla en el tercer milenio a.C. y alcanzó su cenit c. 1500, como se evidencia en los extensos complejos palaciegos. Los minoicos ejercieron influencia sobre los micenos del continente y establecieron colonias en muchas islas griegas y en Asia Menor. Ellos desarrollaron una escritura todavía no descifrada (Linear A). Para el siglo XV Creta estaba reflejando la influencia de los micenos, que comenzaron a preservar los registros de la corte en escritura griega antigua (Linear B). El famoso palacio minoico en Knossos fue destruido c. 1380.

La desaparición de la civilización minoica aparentemente condujo a la inmigración, tal vez influenciando en parte el movimiento de los pueblos del mar Mediterráneo a varios lugares, incluyendo Palestina y Fenicia. En el AT Creta es llamada Caftor, el hogar original de los filisteos (Am 9.7). Desde 1100 los dorios de la península griega infiltraron Creta, dando lugar a la aparición de ciudades estado. El siglo VIII vio el desarrollo de las tendencias orientalizantes que finalmente afectaron otras partes de Grecia. Si bien Creta estuvo fuera de la corriente principal de la actividad griega durante los períodos clásico y helénico, aportó numerosos mercenarios y tenía la fama de fomentar la piratería. Cuando Grecia llegó a ser parte del Imperio Romano en el siglo II, Creta permaneció independiente hasta 67 a.C.

En el NT los cretenses estaban entre los varios grupos judíos en Jerusalén para la observancia de Pentecostés (Hch 2.11), y Pablo describe un peligroso viaje a lo largo de la costa sur de Creta, mencionando varios sitios cretenses (Hch 27). La carta de Pablo a Tito insinúa que él dejó a Tito en Creta para corregir problemas y nombrar ancianos en las iglesias (Tit 1.5). El que Pablo «dejó» a Tito ahí sugiere un viaje a Creta por Pablo que de otra manera no está atestiguado. La carta a Tito cita a uno de los propios profetas cretenses: «Los cretenses, siempre mentirosos, malas bestias, glotones ociosos» (Tit 1.12). Mientras que la verdadera fuente de esta declaración es incierta, los primeros escritores cristianos la atribuyeron al antiguo poeta Epiménides, uno de los siete legendarios hombres sabios de la antigua Grecia.

Bibliografía. P. Cameron, *Crete* (New York, 1988); M. Grant, *The Rise of the Greeks* (New York, 1987).

Scott Nash

CRIMEN, CRÍMENES

Término en español que denota, en contextos jurídicos, una violación seria, deliberada del orden de la sociedad, sujeta a sanciones de represalia. Una sociedad declara a través de sus órganos de soberanía que ciertos actos son tan perjudiciales para ella que el perpetrador debe sufrir proporcionalmente al daño. Las infracciones menores se denominan «delitos menores.» Las disputas entre miembros de la comunidad jurídica que se consideran violaciones del orden de la sociedad, salvo en la medida en que ponga en peligro la paz entre los miembros pertenece a la ley civil («daños»).

La ley bíblica difiere en varios aspectos significativos de la ley moderna. De acuerdo con el AT, la sociedad no legisla por sí misma, pero Dios como creador y soberano sobre Israel establece normas de justicia, y santidad para su pueblo. Los vecinos de Israel comparten esta creencia de que las normas sociales tienen un origen divino. Israel era distintivo en atribuir la ley directamente al Señor, que había formado al pueblo como su esfera de soberanía y hecho la obediencia a su voluntad un componente de su constitución.

El hebreo bíblico carece de términos que correspondan al español «crímenes,» «delitos menores,» y «daños,» indicando que los antiguos dadores de la ley no operaban con estas categorías. El hebreo tiene un conjunto de términos para normas de ley y otros para malas acciones, cada uno con su propio matiz, pero ninguno coincide con las categorías de delito y daño.

Es posible para el intérprete categorizar las leyes bíblicas como penal o civil por el tipo de sanciones impuestas. Delitos sancionados por represalia, muerte, castigo corporal, destierro, claramente caen dentro de «crimen,» mientras que las acciones que se resuelven por restitución son de orden civil. Cuando la restitución implica la compensación y la disuasión, la represalia y la restitución están implicadas. La ley israelita no tenía ninguna disposición para el encarcelamiento.

No hay evidencia en los textos jurídicos del AT de distinciones o diferencias jurídicas en las normas de las pruebas para la ley penal y civil.

Los crímenes capitales son formulados de manera diferente de los casos de menor magnitud. En Éxodo 21.1–23.19 las formulaciones comienzan con un participio describiendo la ofensa, y el verbo de la cláusula principal está en el pasivo causal aumentado por un infinitivo intensificado. Esto generalmente se traduce «el que hace X debe morir» (Ex 21.12,

15, 16, 17; 22.19[TM 18]; cf. 22.18, 20[17, 19]).

Si bien es común considerar que esto *exige* la pena de muerte, es posible que *otorgue permiso* para imponerla. En el caso de asesinato, las indicaciones son que se exigía purgar la tierra de «culpa de sangre» (Nm 35.31-34; Dt 19.11-13; 21.1-9). Por otra parte, es dudoso que maldecir o golpear a sus padres (Ex 21.15, 17) exija que los padres maten a sus hijos para evitar la ira de Dios en contra de la comunidad. Tal vez esta formulación es la autorización del Creador de matar a una criatura hecha a la imagen de Dios quien de otra manera está bajo la protección divina (cf. Gn 9.1-6).

La ley bíblica contiene muchas ofensas capitales que los intérpretes modernos clasificarían como «delitos sin víctimas.» Estas caen primordialmente en dos categorías, delitos religiosos y sexuales. La adoración de dioses distintos al Señor (Ex 22.20[19]; Dt 13; 17.2-7), profanar el nombre divino (Lv 24.10-16), dedicar los hijos a Moloc (Lv 20.1-5), y practicar la hechicería (Ex 22.18[17]; cf. Lv 20.6) son señaladas como violaciones del orden religioso. Los deberes de culto y las reglas para el sacrificio, etc., no están sujetos a sanciones penales o civiles sino bajo la jurisdicción del personal del santuario con sanciones de culto. Una variedad de uniones sexuales son condenadas como «abominaciones» (cf. esp. Lv 20.11-21). Ya que el antiguo Israel no tenía policía ni fiscal, las acusaciones por un delito debían originarse con los testigos (p.ej., Dt 17.2-7; 1 R 21.9-13).

Las acciones para remediar los crímenes normalmente se originarían con las víctimas o sus familiares. Los que cometen asesinato, secuestro para esclavitud, abuso de los padres (p.ej., Ex 21.12, 15-17), y adulterio (p.ej., Lv 20.10) son puestos bajo pena de muerte. Hay una gran dosis de «autoayuda» en la aprehensión, persecución y castigo de un homicida, reflejando probablemente una práctica temprana de venganza privada (grupo familiar); la comunidad ejerce autoridad judicial al otorgar o prohibir asilo. Aunque el adulterio se define en la ley israelita como un delito en contra del esposo, textos bíblicos jurídicos (Dt 22.13-27) conceden autoridad legal a los jueces a tomar decisiones y castigar; el interés de la sociedad en la fidelidad marital reemplaza los intereses personales del esposo.

La ley penal va más allá de los casos de pena capital, pero se dice muy poco sobre delitos menores. En Éxodo 21.22-25 se legisla un caso de aborto espontáneo debido a lesiones físicas: si la mujer no es lesionada, es un caso civil; si la mujer es lesionada se debe aplicar responsabilidad mediante la fórmula del talión. La mutilación no debe entenderse literalmente en esta fórmula, sin embargo, porque hay un solo caso que prescribe la mutilación en la ley casuística en toda la Biblia (Dt 25.11-12). El azotar se menciona en un pasaje (Dt 25.1-3), pero es ambiguo sobre cuándo debe aplicarse este castigo. La expresión «será cortado de entre su pueblo» (p.ej., Lv 20.6, 18) puede significar destierro, aunque algunos eruditos la interpretan como una sanción divina.

La ley que gobierna el robo, la pérdida y el daño de propiedad (Ex 22.1-15[21.37–22.14]) cae en la categoría de ley civil en la mayoría de los casos. La víctima inicia el caso y su propiedad le es restaurada con compensación por el sufrimiento si prevalece. Las acusaciones de robo o apropiación indebida que solo pueden resolverse mediante el recurso de un juramento (Ex 22.7-13[6-12]) pueden requerir a uno de los acusadores así como el acusado. Sin embargo, la compensación más bien elevada por el robo considerada como una sanción de «represalia» con un efecto disuasivo.

Las sanciones divinas se ven amenazadas por el fallo del sistema judicial de mantener la justicia en la sociedad (p.ej., Ex 22.21-27[20-26]) o hacer justicia en los tribunales (p.ej., 23.7). Estas sanciones extra legales tienen la misma lógica que la ley penal, donde Dios autoriza la pena capital y la impone a través de la agencia de jueces.

Bibliografía. M. J. Buss, «The Distinction between Civil and Criminal Law in Ancient Israel,» *Proceedings of the Sixth World Congress of Jewish Studies,* 1 (Jerusalem, 1977), 51-62; F. Crüsemann, *The Torah: Theology and Social History of Old Testament Law* (Minneapolis, 1996); M. Greenberg, «Some Postulates of Biblical Criminal Law,» in *Yehezkel Kaufmann Jubilee Volume,* ed. M. Haran (Jerusalem, 1960), 5-28; D. Patrick, *Old Testament Law* (Atlanta, 1985); R.Westbrook, *Studies in Biblical and Cuneiform Law.* Cahiers de la RB 26 (Paris, 1988).

Dale Patrick

CRISOL

Un recipiente usado para refinar la plata, más probablemente hecho de cerámica. Heb. *maṣrēp̱* se usó metafóricamente para describir la prueba o el juicio de Dios de la humanidad (Pr 17.3; 27.21).

CRISÓLITO

Piedra azul o verde encontrada en la península del Sinaí. Traducciones recientes como «crisólito» para el hebreo *taršîš* (LXX *chrysólithos*), algo destelleante o brillante (Ez 1.16; 10.9), una piedra gravada en el pectoral del sumo sacerdote (Ex 28.17-20; 39.10-13), y una piedra que adorna al rey de Tiro (Ez 28.13). También se usa para *bāreqeṯ* (LXX *smáragdos*) y *šōham* (LXX *bērýllion*). El griego *bḗryllos* designa el nivel en la fundación de la muralla de la ciudad de la nueva Jerusalén (Ap 21.20).

Algunas traducciones dicen «crisólito», «esmeralda», «malaquita», «ónice», o «topacio» para los términos hebreos y griegos.

JOSEPH E. JENSEN

CRISOPRASO

Una variedad de calcedonia de color verde manzana, valorada como una gema en Egipto, y la décima de las piedras preciosas en el fundamento del muro de la nueva Jerusalén (Ap 21.20; Gr. *chrysóprasos*).

CRISPO (Gr. *Krispos*)

Antiguo principal de la sinagoga en Corinto que fue bautizado con varios otros convertidos (Hch 18.8). De acuerdo con 1 Corintios 1.14 él y Gayo estaban entre los pocos creyentes bautizados por el propio Pablo.

CRISTAL

Término general para cualquier sólido homogéneo con un arreglo atómico que se repite regularmente. El cuarzo, o sílice cristalina, ocurre como un cristal hexagonal transparente, que puede estar coloreado por impurezas. El cristal, hecho por primera vez en tiempos antiguos, probablemente en el Medio Oriente, también se compone de sílice y puede ser formado en estructuras cristalinas. «Cristal» puede referirse a formas naturales o hechas por el hombre. El cristal (Heb. *gābîš*) se incluye en la lista de materiales que no pueden comprar sabiduría (Job 28.18). La cúpula o expansión por encima de los cuatro seres vivientes resplandecía como *qeraḥ* (RV1960 «cristal»; Ez 1.22); el término se usa con más frecuencia para la escarcha o el hielo, que forman cristales. Apocalipsis 4.6 se refiere a un mar de cristal, que era como *krýstallos*, relacionado también con la palabra para escarcha; 22.1 describe el agua de vida como clara como el cristal.

MARTHA JEAN MUGG BAILEY

Frasco de cristal verde con bobina de cuello y ondulaciones en s en el cuerpo, de Karanis en Fayum egipcio (siglos III o IV d.C.) (Kelsey Museum of Archaeology, University of Michigan)

CRISTAL

Los objetos de cristal se comenzaron a hacer al final del tercer milenio a.C. Antes del siglo I a.C. se hacían por vaciado o por molde. A fin de vaciar el cristal, el material caliente debe ser vertido en moldes o el cristal frío debe ser colocado en un molde en un horno caliente. Los objetos de cristal de molde más comunes eran platos hondos y pendientes. Los vasos formados en molde eran producidos girando el cristal caliente alrededor del centro de estiércol o arcilla. Cuando el cristal se enfriaba, el centro era quitado, dejando un interior hueco. El soplado del vidrio fue inventado en algún sitio en la Siria-Palestina en el siglo I a.C., y permitió que los artesanos produjeran cantidades considerablemente más grandes de cristal que los métodos de formación por vaciado o molde permitían, reduciendo así el coste de objetos de cristal y hacerlos más comunes.

El cristal se menciona como una materia preciosa comparada con el oro (Job 28.17), como una posesión de las hijas de Sión (Is 3.23; «ropa de gasa»), y como una metáfora para la claridad del oro en la Nueva Jerusalén (Ap 21.18, 21). Las referencias al cristal como un artículo de lujo reflejan el alto precio de objetos de cristal antes de la era romana.

Un mar de cristal aparece delante del trono de Dios (Ap 4.6; 15.2), quizás una referencia al mar de bronce en el Templo de Salomón (1 R 7.23-26) o a la división entre las aguas de arriba y las aguas de abajo (Gn 1.7).

Los espejos de cristal son mencionados en Isaías 3.23; Éxodo 38.8, donde son las posesiones de mujeres. Ellos también se mencionan con relación a ver a Dios o ver a alguien tal como es (1 Co 13.12; 2 Co 3.18; Stg 1.23). Es interesante que el cristal sea mencionado, ya que antes del período romano los espejos eran hechos de metal pulido, más bien que de cristal.

Bibliografía. M. Dayagi-Mendels, *Perfumes and Cosmetics in the Ancient World* (Jerusalem, 1989); D. F. Grose, *Early Ancient Glass* (New York,1989).

ALYSIA FISCHER

CRISTIANO

Término (Gr. *christianós*) encontrado en la Biblia solo en Hechos 11.26; 26.28; 1 Pedro 4.16. Tanto en escritores latinos como griegos, era común agregar el sufijo *-ianus* (latín) o *-ianos* (griego) a uno que era considerado el líder de un grupo. De acuerdo con Hechos 11.26 fueron los no cristianos de Antioquía de Siria los que primero aplicaron el nombre a los seguidores de Jesús. Esto indica que ellos eran conocidos por los forasteros como personas que seguían a uno conocido como *Christós,* e implica que desde un período relativamente temprano la gente reconoció algo distintivamente no judío acerca del movimiento (ya que es poco probable que los gentiles hubiesen conocido el significado judío de la palabra *christós, «*Mesías»). No fue sino hasta principios del siglo II que los cristianos comenzaron con cierta regularidad a emplear el término como una designación propia (p.ej., Ignacio y la Didajé). J. Bradley Chance

CRISTIANOS JUDÍOS

Núcleo original de un movimiento de reforma dentro del judaísmo, que luego emergió como una religión separada conocida como cristianismo. Debido a la dinámica y a los cambios dentro de este proceso, los estudiosos se han afanado por encontrar una definición históricamente aceptable de cristianismo judío. En un extremo están quienes se han concentrado en todo tipo de pensamiento cristiano primitivo expresado en formas que han sido tomadas prestadas del judaísmo (Jean Daniélou). En el otro extremo están los que han preferido utilizar el término «cristiano judío» sólo para el ala radical del movimiento que se negaba a aceptar a los cristianos gentiles (Hans Joachim Schoeps). La definición que sigue a continuación da espacio para la diversidad y para el desarrollo del concepto.

«Cristianismo judío primitivo» es equivalente a la comunidad de judíos que reconoció pronto a Jesús como una persona venerable, o como el mesías, y de esa manera a todo el cristianismo primitivo. El cristianismo primitivo contenía diversos conceptos poco desarrollados en cuanto a la naturaleza precisa del cristianismo. El «cristianismo judío primitivo» representa sólo un desarrollo del cristianismo primitivo. Sus características son: (1) la profesión de fe en Cristo; (2) la observancia judía (cuando era pertinente, hasta un grado que la separaba de la Gran Iglesia en desarrollo, de particularmente uno o más de los siguientes elementos: observancia del sábado, observancia del calendario judío, observancia de los mandamientos en cuanto a la pureza sexual, observancia de la circuncisión, y la asistencia a la sinagoga); y (3) alguna clase de relación genética directa con el primitivo cristianismo judío.

Parte del problema para definir al cristianismo judío primitivo está en que, como es evidente por las cartas de Pablo, los cristianos primitivos no adoptaron universalmente un solo nombre para ellos. Uno de los nombres más frecuentes era la de nazarenos («observadores»). Esta designación se preservó entre los cristianos judíos y, de hecho, entre todos los cristianos arameos, por largo tiempo. Otras autodefiniciones de los cristianos judíos eran ebionitas («los pobres») y Sampsaeanos («siervos [de Dios]»).

Fuentes

Las cartas de Pablo son la fuente más importante en cuanto a la historia más temprana del cristianismo judío. Ningún escrito cristiano judío se ha preservado intacto. Así pues, si bien ninguno de los escritos del NT son cristianos judíos en su forma actual, fuentes cristianas judías fueron utilizadas en Mateo, y una etapa del Q debe ser vista como cristiana judía. Marcos ha usado también contenidos derivados en última instancia del cristianismo judío. Sin embargo, Hechos debe ser usado con mucho mayor cuidado que lo que ha sido usual en el NT y en las investigaciones del cristianismo primitivo.

Fuera del NT han sobrevivido fragmentos de escritos cristianos judíos. La mayor parte de esta información se encuentra en los escritos patrísticos, particularmente en Justino Mártir, Hegesipo, la Didascalia y los heresiólogos. Hay fragmentos de tres evangelios; un «hechos de los apóstoles» cristiano judío encontrado en Reconocimientos Pseudoclementinos 1.27-71; otras porciones de los Pseudoclementinos; las antipaulinas Ascensiones de Santiago; y el Libro de Elcasai. Enseñanzas cristianas judías quizás han sido preservadas también en una parte del Evangelio de Tomás. Aunque la recién recuperada biografía griega de Mani añade información adicional y confirma que Mani llegó a la adultez siendo cristiano judío, es poco probable que escritores en lengua árabe hayan preservado cualquier otra enseñanza genuina.

Historia

La historia del cristianismo judío comienza con los discípulos de Jesús, quienes sin duda hablaban arameo. Después de la muerte de Jesús, su mensaje fue continuado por sus discípulos en Galilea y Judea, y el recuerdo de Jesús era venerado. Carismáticos errantes viajaban al norte, al este y al oeste (Corinto), y quizás también al sur (Egipto). Jerusalén se afirmó como el centro del movimiento bajo el liderazgo de «los pilares»: los apóstoles Juan, Pedro y particularmente Santiago «el Justo», un hermano de Jesús. Se hizo un intento por integrar al cristianismo gentil en aumento (la «comunidad», y una misión para corregir las congregaciones paulinas). En el 62 d.C., el sanedrín, bajo el liderazgo del sumo sacerdote Anás, dio muerte a Jacobo por transgresión de la ley. Siméon, un hijo de Cleofas tío de Jesús, se puso a la cabeza de la dispersa comunidad de Jerusalén, mientras que los nietos de Judas vinieron también a ser reconocidos como autoridades.

Los cristianos judíos continuaron esparciéndose poco a poco en el oriente de lengua aramea. La destrucción asociada con la primera revuelta judía contra Roma, contribuyó aún más a la desorganización entre los cristianos judíos palestinos, y a la disolución de los vínculos con el cristianismo gentil en aumento. El judaísmo rabínico institucionalizó su rechazo de los cristianos judíos al añadir una maldición a los «nazarenos» en la oración sinagogal. En Jerusalén, la preponderancia cristiana judía de la iglesia terminó con la fundación de la Aelia Capitolina después de la segunda revuelta judía. En la demás partes de Palestina, en Siria, en la Transjordania y en la alta Mesopotamia, los cristianos judíos sobrevivieron en enclaves hasta fines del siglo IV. La diversidad entre los cristianos judíos, en todos los periodos, no debe ser desestimada.

Bibliografía. J. Daniélou, A History of Early Christian Doctrine before the Council of Nicaea, 1 (Philadelphia, 1964); F. S. Jones, An Ancient Jewish Christian Source on the History of Christianity. Texts and Translations 37. Christian Apocrypha 2 (Atlanta, 1995); A. F. J. Klijn and G. J. Reinink, Patristic Evidence for Jewish-Christian Sects. NovTSup 36 (Leiden, 1973); H. J. Schoeps, Jewish Christianity: Factional Disputes in the Early Church (Philadelphia, 1969); M. Simon, Verus Israel: A Study of the Relations between Christians and Jews in the Roman Empire (135-425) (Oxford, 1986).

F. Stanley Jones

CRISTO

Gr. *Christós,* lit., «el Ungido,» una traducción de Heb /Aram. «el Mesías.» El término está relacionado con el verbo «ungir, untar.» Al igual que su homólogo hebreo, «Cristo» puede ser usado como adjetivo («el sacerdote ungido»; p.ej., Lv 4.5, 16) pero es más común como sustantivo. Como título, «el Cristo» tiene sentido solo en literatura judía y cristiana donde la práctica antigua (bíblica) de ungir con aceite como parte del ritual de instalación al oficio en vista. El término presume no solo un contexto bíblico sino una historia de interpretación, ya que la forma (un sustantivo y un artículo definido, sin modificadores) no está corroborada en la LXX griega así como en la Biblia hebrea

Epístolas Paulinas

El término aparece en el NT con mayor frecuencia en las Epístolas Paulinas (más de 200 veces solo en las cartas que no están en disputa). En la gran mayoría de casos, «Cristo» aparece en forma no titular. Puede aparecer con el nombre propio Jesús («Jesucristo,» «Cristo Jesús,» «el Señor Jesucristo»), o solo, en forma inarticulada («Cristo murió por nuestros pecados,» «en Cristo,» «bautizado en Cristo»), donde la referencia es claramente a Cristo, Jesús. Solo una vez en el corpus paulino «el Cristo» se refiere

***La Transfiguración,* Duccio di Buoninsegna** (1311; National Gallery, London). **Cristo se presenta ante los apóstoles Pedro, Juan, y Santiago y flanqueado por los profetas Moisés y Elías** (Art Resource, N.Y.)

claramente a una figura de la tradición judía, sin que necesariamente sea una referencia a Jesús («de quienes [los israelitas] son los patriarcas, y de quienes, según la carne, vino Cristo. . .»; Ro 9.5). Si bien el título nunca aparece como predicado nominal («Jesús es el Cristo»), los datos en las cartas de Pablo representan una etapa avanzada en una tradición cristológica en desarrollo, presuponiendo una confesión inicial hebreo/aramea, «Jesús es el Mesías.» Es posible leer las cartas de Pablo sin saber mucho acerca de «Cristo» aparte de que es alguna designación honorífica que aparece enseguida del nombre de Jesús. El significado del término es provisto por declaraciones acerca del Cristo, Jesús. Como Nils A. Dahl ha mostrado, sin embargo, una lectura más cuidadosa de las cartas de Pablo indica el grado que Pablo presupone una completa historia de tradición cristológica, incluyendo una compleja y sofisticada «exégesis mesiánica» de las Escrituras de Israel. Saber algo de la tradición mesiánica de Israel es por lo tanto importante para la comprensión del uso de Pablo del término.

Es sorprendente lo mucho que difieren las declaraciones «cristológicas» de Pablo del mesianismo judío tradicional. Aparte de unos cuantos pasajes como Romanos 2.16; 1 Corintios 15.24-28 que se refieren a juzgar y gobernar, la identificación de Jesús como «Cristo» tiene menos que ver con un oficio real que con sufrimiento, humillación y muerte (p. ej., 1 Co 1.22-24; 15.3-4). Pablo puede hablar en términos más tradicionales, p.ej., sobre la descendencia davídica de Jesús el Cristo, pero aun en estos casos es la muerte y vindicación de Jesús que está en el centro de su «oficio» (Ro 1.2-4).

Si bien «Hijo de Dios» es un término más amplio, su lugar en oráculos mesiánicos como 2 Samuel 7.14; Salmo 2.7, donde Dios se dirige al rey como «Hijo,» es una característica importante del título. Ser el Cristo prometido es parte de lo que significa ser «el Hijo de Dios.»

Si bien no explícitamente desarrollado en las cartas existentes, la identidad de Jesús como «Cristo» es central a la teología paulina. Si bien Jesús puede ser llamado «Hijo de Dios» y «Señor,» términos con vigencia en la tradición religiosa gentil así como judía, como «Cristo» Jesús pertenece a Israel (Ro 9.5). No es de extrañar, por lo tanto, que Pablo deba encontrar oposición judía a gran escala a su predicación teológica seria así como problemas personales. Están en juego las promesas de Dios a Israel. Romanos 9–11 son cruciales para la comprensión de Pablo del evangelio así como de su misión.

Que Jesús es el prometido Cristo es igualmente central a la reflexión de Pablo sobre la libertad de los gentiles a la adherencia a la ley de Moisés. Su argumento en Gálatas 3 sobre la participación gentil en la herencia de Abraham incluye citas y alusiones de una gran cantidad de textos, algunas de las cuales eran parte de la tradición mesiánica (2 S 7.10-14; Gn 49.10). En el centro de su argumento está la imagen de Cristo crucificado que muere «en el madero» y por lo tanto bajo la maldición de la ley de Dios (Gl 3.13; citando Dt 21.23). Que los gentiles están exentos de la obligación de la ley de Moisés está ligado con la muerte de Jesús como Cristo; y su vindicación por Dios en la Resurrección. Gálatas 3 en particular deja entrever toda una tradición de «exégesis mesiánica» que Pablo presupone y desarrolla más.

Es significativo que precisamente en el punto donde la reflexión teológica y pastoral de Pablo se aleja más de la tradición judía (Romanos y Gálatas) él hace el más extenso uso del argumento escritural aprendido paralelo al de las tradiciones de la escuela dentro del judaísmo. Si bien el conocimiento de la tradición mesiánica judía es crucial para la comprensión del argumento de Pablo, lo que más se destaca es la novedad de las conclusiones de Pablo: algo que hasta los colegas de Pablo dentro de la iglesia los encontraron subversivos y peligrosos.

Evangelios

En los evangelios «Cristo» se usa con mucho menos frecuencia que en las cartas de Pablo (Mateo, 17 veces; Marcos, 7; Lucas, 12 [Hechos, 28]; Juan, 18). Como en las Epístolas, «Cristo» puede ser usado con el nombre Jesús (p.ej., Mr 1.1). Sin embargo, el uso de «el Cristo» como título es más común («dónde había de nacer el Cristo,» Mt 2.4; «Tú eres el Cristo,» Mr 8.29; «el Cristo es hijo de David,» 12.35; «El Cristo, Rey de Israel, descienda ahora de la cruz,» 15.32); «pero éstas se han escrito para que creáis que Jesús es el Cristo, el Hijo de Dios. . .,» Jn 20.31). Solo en Lucas-Hechos el término aparece ocasionalmente en su forma más bíblica («Cristo el Señor,» Lucas 2.26; «el Cristo de Dios,» 9.20; «su Cristo,» Hch 3.18). En todos los casos, se espera que los lectores conozcan el significado del término: tenía que ver con un oficio real.

Hay muy pocas excepciones, como en Lucas 4.17-19, donde Jesús es «ungido» para predicar las buenas nuevas a los pobres, más claramente un oficio profético que real. En las demás partes en Lucas-Hechos, sin embargo, el contenido del oficio de Jesús como «un Salvador que es Cristo el Señor» es provisto por una tradición real: él es el «Hijo del Altísimo» que se sentará «en el trono de David su padre»; él «reinará sobre la casa de Jacob para siempre, y su reino no tendrá fin» (Lc 1.32-33). Él es a quien Dios ha hecho «Señor y Cristo» al resucitarlo de la muerte y sentarlo a su diestra (Hch 2.34, citando Sal 110.1). Pasajes como Lucas 4 se entienden mejor como llenando lo que significa ser «el Cristo» a través de una interpretación creativa de las Escrituras.

El término es especialmente raro dentro de los relatos del evangelio del ministerio de Jesús. En los Evangelios Sinópticos, son los demonios los que desde el principio saben quién es Jesús. Sin embargo de acuerdo con Marcos y Mateo, los demonios no reconocen a Jesús como «Mesías» sino como «el Hijo de Dios» (aunque «Hijo de Dios» es claramente un título asociado con el oficio real, como en Sal 2.7; 2 S 7.14). La gente común reconoce a Jesús como una figura profética: Juan el Bautista, Elías, o uno de los profetas (Mr 8.28 par.). En las narrativas del evangelio, la única persona que llama a Jesús «el Cristo» es Pedro; una percepción que en Mateo Jesús considera posible solo a través de la inspiración («no te lo reveló carne ni sangre, sino mi Padre que está en los cielos»; Mt 16.16-17). La «confesión» de

Jesús como el Cristo es seguida por la primera de las predicciones de Jesús de su inminente rechazo, muerte y resurrección (Mt 16.21-23; Mr 8.31-33). La reacción de Pedro, su «reprimenda» de Jesús, indica que «Cristo» y la cruz no van de la mano.

En todos los evangelios, «Cristo» aparece con más frecuencia, con imágenes reales relacionadas, en los relatos de la pasión: Jesús es arrestado, juzgado, escarnecido y ejecutado como rey. El oficio real se expresa de manera diferente por varios grupos en la historia. El jefe de los sacerdotes usa el lenguaje de la tradición al referirse a Jesús como «el Cristo,» «el Cristo de Dios,» o «el Cristo el rey de Israel.» Romanos, adecuado a su condición gentil, se refiere a Jesús como «el rey de los judíos,» usando «judíos» en lugar de «Israel» y viendo el título exclusivamente como una reivindicación política. Jesús es más frecuentemente identificado como «el Cristo» (= Rey) en ese punto en la historia donde él se ve menos como el prometido Mesías.

Aun aparte del conocimiento de la tradición bíblica judía, las historias del evangelio resaltan la extrañeza del término cuando se aplica a Jesús en este contexto. Para las autoridades judías, llamar a Jesús «el Cristo» es blasfemo y absurdo (Mr 14.63-65). Se burlan de él mientras pende sobre la cruz: «El Cristo, Rey de Israel, descienda ahora de la cruz, para que veamos y creamos» (Mr 15.32). Él no lo hace, lo que para las autoridades judías significa que él simplemente es otro impostor. La pretensión de ser el Cristo, que hace a Jesús culpable de sedición en el imperio de Cesar, no es menos absurda para los romanos, quienes tratan a Jesús en un remedo de investidura. Le pusieron un manto sobre él, hicieron una corona, y lo saludaron: «Salve, rey de los judíos» (Mr 15.17-19). Desde la perspectiva de los personajes, por lo tanto, las autoridades religiosas y políticas, hay algo sumamente inapropiado en llamar a Jesús «el Cristo.»

Desde la perspectiva de los lectores, las acusaciones y las burlas son irónicas. En varios puntos se dice a los lectores que Jesús es el Cristo; su vindicación de parte de Dios en su resurrección es prefigurada a través de las narrativas del evangelio. Que los enemigos de Jesús son quienes lo visten como rey y anuncian su identidad al mundo es una expresión literaria de la insistencia de Pablo que Dios ha elegido revelar la sabiduría a través de la locura (1 Co 1).

Lo que significa llamar a Jesús «el Cristo» es así unido fuertemente a su juicio, muerte y resurrección. Por lo tanto hay en los Evangelios y Pablo un elemento subversivo, un reconocimiento de que la carrera mesiánica de Jesús es una sorpresa, un escándalo, un momento crítico que demanda una nueva apreciación de todo el testimonio bíblico. Es conveniente que aquellos que no están persuadidos deben encontrar dicha confesión contraria a la herencia bíblica de Israel. Y mientras los creyentes en Jesús comenzaron a entender el testimonio del AT a la luz de su cruz y resurrección (finalmente rehacer la noción de «el Cristo» a través de una reconfiguración radical de la tradición mesiánica) el escándalo de un «Cristo crucificado» todavía permanece.

Entender lo que significa que Jesús es «el Cristo» en el NT es ayudado por el conocimiento de la tradición mesiánica judía. El lenguaje se deriva de las Escrituras de Israel y la historia de su exposición en épocas postbíblicas. Los detalles de la tradición del NT, sin embargo, están ligados a los detalles de la carrera de Jesús de Nazaret. Solo en vista de estos detalles, en especial los relatos del juicio y muerte de Jesús, es posible entender el cambio dramático en el significado de «el Mesías» como se usa de Jesús de Nazaret.

Más allá del Nuevo Testamento

La tradición judía y cristiana se desarrolló en diferentes direcciones a partir de una herencia común. Para los rabinos posteriores, el Rey-Mesías siguió siendo una de las figuras importantes en visiones y sueños del futuro. Para los seguidores de Jesús, «Cristo» se convirtió en gran parte en un segundo nombre de Jesús, aunque lo suficientemente importante para servir como la base para una nueva autodesignación que distinguiría a sus herederos de la herencia de Israel que confesó a Jesús de aquellos que no lo hicieron. Para el fin del siglo II, «cristiano» llegó a designar a un adorador del Dios de Israel que creyó en Jesús el Cristo, para distinguirlo de «judío.»

La tradición posterior de la iglesia llevó a cabo la tarea de darle sentido teológico y cristológico en un entorno gentil. La confesión de Jesús como «Cristo» se presuponía pero fue grandemente insignificante para la tradición dogmática y los desarrollos trinitarios. Incluso a mediados del siglo II, el tema de la identidad de Jesús como «Cristo» era importante para autores como Justino Mártir casi exclusivamente en el contexto de interpretación escritural.

Más importantes debían ser las imágenes bíblicas como el «Logos,» el «Señor,» y «el Hijo» y su relación con el Padre.

Sin embargo, mientras el NT comienza el proceso de reflexionar las nuevas reglas de hablar acerca de Dios como el que resucitó a Jesús de la muerte y es ahora revelado en Jesús, Jesús sigue siendo «el Cristo», enraizado en la tradición de Israel, cuya identidad está vinculada más estrechamente a su muerte y vindicación como «el rey de los judíos.»

Véase Mesías.

Bibliografía. J. H. Charlesworth, ed., *The Messiah: Developments in Earliest Judaism and Christianity* (Minneapolis, 1992); N. A. Dahl, *Jesus the Christ: The Historical Origins of Christological Doctrine* (Minneapolis, 1991); D. Juel, *Messianic Exegesis: Christological Interpretation of the Old Testament in Earliest Christianity* (Minneapolis, 1988); G. Vermes, *Jesus the Jew* (1973, repr. Philadelphia, 1981).

Donald Juel

CRISTO Y ABGAR

Una de las más intrigantes leyendas de la Iglesia Primitiva que implica la correspondencia del rey Abgar de Edesa con Jesús como es registrado por Eusebio y las enseñanzas de Addai. Abgar dice a Jesús que él ha escuchado de sus sanidades milagrosas, y ha concluido que Jesús debe ser Dios o el hijo de Dios, y entonces pide que Jesús venga a Edesa para que lo sane de su «sufrimiento.» La carta concluye con una oferta de refugio seguro ya que Abgar también sabía de la persecución de los judíos contra Jesús. La carta de Jesús en respuesta alaba la fe de Abgar pero declina la invitación. Jesús, sin embargo, promete enviar a un discípulo para sanar a Abgar y a predicar el evangelio después de su Ascensión. La enseñanza de Addai difiere del relato de Eusebio en que Jesús envía una respuesta oral, junto con un retrato de sí mismo, en lugar de una carta. Aunque la leyenda de Abgar circuló ampliamente en la iglesia primitiva y medieval (la carta de Jesús fue utilizada como amuleto para alejar el mal), los intérpretes más modernos están de acuerdo con la determinación de Roma del siglo VI que las cartas eran espurias.

Bibliografía. S. H.Moffett, *A History of Christianity in Asia,* 2nd ed. (Maryknoll, 1998); S. Runciman, «Some Remarks on the Image of Edessa,» *Cambridge Historical Journal* 3 (1929- 1932): 238-52; H. C. Youtie, «A Gothenberg Papyrus and the Letter to Abgar,» *HTR* 23 (1930): 299-302; «Gothenberg Papyrus 21 and the Coptic Version of the Letter to Abgar,» *HTR* 24 (1931): 61-65.

Charles Guth

CRISTOLOGÍA

En el sentido más amplio, la cristología trata de responder a la cuestión que Jesús plantea a sus discípulos en Marcos 8.27-29: «¿Quién dicen los hombres que soy yo?» En un sentido más estrecho, cristología es un estudio de los títulos que la Iglesia Primitiva atribuye al Jesús histórico siempre que dichos títulos (p.ej., Hijo de Hombre, Cristo, Hijo de Dios, Mesías, Maestro) refleje el propio entendimiento de Jesús de sí mismo. Todavía más estrechamente, la cristología se refiere a la doctrina teológica acerca de la persona y naturaleza de Cristo. Y el grado en que la humanidad y la divinidad están unidas en su persona. Mientras que los escritos del NT plantean interrogantes sobre la identidad de Cristo, declaraciones cristológicas explícitas no aparecen hasta bien entrado el siglo I cuando la Iglesia Primitiva está luchando por su propia definición y ortodoxia.

A pesar de que los credos de los siglos IV y V son los documentos más antiguos que definen la unión de la humanidad y la divinidad de Cristo, las primeras confesiones cristológicas en el NT identifican la divina naturaleza de Dios con la humanidad de Cristo. Pablo declara que «sólo hay un Dios, el Padre, del cual proceden todas las cosas, y nosotros somos para él; y un Señor, Jesucristo, por medio del cual son todas las cosas, y nosotros por medio de él» (1 Co 8.6). En Colosenses 1.15-20 Cristo es «la imagen del Dios invisible. . . en él fueron creadas todas las cosas. . . agradó al Padre que en él habitase toda plenitud.» Hebreos 1.10 proclama que Cristo no solo creó la tierra, sino que también «los cielos son obra de sus manos.» Incluso el escritor cristiano y mártir Policarpo valientemente testifica que Dios es el «padre de Jesucristo,» es decir, la actividad de Dios es conocida solo a través de la actividad de Cristo.

Tales confesiones cristológicas tempranas permitieron a la Iglesia Primitiva demostrar su identidad distintiva a los judíos y a los movimientos religiosos helenistas del siglo I. A medida que la iglesia creció, sin embargo, hubo grandes debates entre varios grupos cristianos sobre la persona y naturaleza de Cristo.

Dentro del siglo I los docetistas consideraron que la humanidad y el sufrimiento de Cristo eran aparentes y no reales. Para los docetistas, quienes creían que el cuerpo era malo, Dios no podía haber entrado en un cuerpo corrupto. Algunos docetistas afirmaron que Jesús escapó de la muerte, y Judas Iscariote o Simón tomó su lugar en la cruz. En contraste, los ebionitas negaban la divinidad de Jesús, afirmando que él era el hijo humano de José y María sobre quien Dios derramó su poder divino en su bautismo.

En el siglo IV un presbítero llamado Arrio alegó que no había dos naturalezas presentes en Cristo. Él llegó a negar que Cristo sea verdaderamente Dios. En el Concilio de Nicea en 325 Atanasio y una cantidad de otros obispos condenaron las ideas de Arrio y declararon que Jesús era plenamente divino e igual con el Padre. Más tarde en el siglo IV Apolinario, obispo de Laodicea, argumentó que la deidad de Cristo era tan dominante que la naturaleza divina de Cristo reemplazaba su naturaleza humana. En 381 el Concilio de Constantinopla ratificó el trabajo del Concilio de Nicea y declaró que Cristo era plenamente humano y plenamente divino. Durante el siglo V Nestorio, un monje de Antioquía, afirmó que había dos personas distintas, una humana y una divina, en Cristo. Nestorio también afirmó que el título atribuido a la Virgen María, «Theotokos,» o la que dio a luz a Dios, contradice la plena humanidad de Cristo. El Concilio de Éfeso (431) condenó a Nestorio y afirmó la fórmula nicena de la plena humanidad y divinidad de Cristo. Cerca de 20 años después Eutico, el jefe de un monasterio en Constantinopla, sostuvo que Cristo tenía dos naturalezas «antes de la encarnación» pero Cristo tenía solo una naturaleza «después de la encarnación.» el Concilio de Calcedonia (451) condenó las herejías de Nestorio y Eutico y estableció lo que ha llegado a ser la fórmula cristológica ortodoxa al declarar que es «un. . . Cristo. . . en dos naturalezas, sin confusión, sin cambio, si división, sin separación.» Aunque la definición de Calcedonia ha dominado el entendimiento teológico cristiano durante siglos, nuevas corrientes en la crítica bíblica continuaron planteando cuestiones importantes sobre la manera en que los escritos del NT presentan el propio entendimiento de Jesús así como la comprensión de la Iglesia Primitiva de Jesús. Centrándose en la imagen de Jesús en Q y en fuentes extracanónicas, John Dominic Crossan, Leif Vaage, Burton Mack, Gregory Riley, y el Seminario de Jesús han desafiado la imagen de Jesús como un profeta apocalíptico (Hijo de Hombre) anunciando el inminente reino de Dios. En estos escritos, Jesús es menos mesiánico Hijo de Dios que un campesino judío Mediterráneo (Crossan) que se identifica con los sectores marginados de la sociedad palestina y que expone sabios dichos morales (Mack) en el estilo de un filósofo cínico (Vaage). Tales debates demuestran la centralidad de la cristología para la fe cristiana así como su naturaleza dinámica.

Bibliografía. O. Cullmann, *Christology of the New Testament*, rev. ed. (Philadelphia, 1964).

HENRY L. CARRIGAN, JR.

CRÍTICA BÍBLICA

La crítica bíblica es una criatura de la ilustración, una época cuando se creía que toda empresa humana debe comparecer ante el juicio de la razón y juzgada de acuerdo a su relación a la verdad universal. Inevitablemente, el AT y el NT tuvieron que comparecer.

Los propósitos por los cuales la crítica bíblica era utilizada eran muchos y variados. Por ejemplo, el prelado francés, Richard Simon (m. 1712) sometió la Biblia al escrutinio crítico con el fin de probar que no era una regla de fe suficiente. El gran filósofo y pulidor de cristales, Benedict Spinoza (m. 1677) aplicó el método crítico para distinguir si la Biblia fue el origen del dogma, y por consiguiente de la persecución, y si podía ser reconocida como eternamente válida y por consiguiente terminar con el conflicto religioso. Debido a su examen riguroso en el *Tractatus*, Spinoza ha sido reconocido como el «padre» de la crítica bíblica moderna. Johan Salomo Semler (m. 1791), un crítico bíblico protestante temprano, aplicó la disciplina a la pregunta sobre el canon bíblico – principalmente con la intención de separar el AT del NT, y el orientalista Hermann Samuel Reimarus (m. 1768) la usó para distinguir el «sistema» de Jesús del de sus discípulos, que surge del intento de fraude.

Inicialmente, la palabra «crítica» no tenía una connotación negativa. El término alemán *Kritik*, para el cual sirve como traducción, simplemente señala al método de investigación discreto. Pero debido a la gran cantidad de resultados negativos a los cuales llegaron sus defensores, vino a ser asociado con ataques a las Escrituras sagradas, y por consiguiente identificado como un enemigo de la fe, identificación todavía hecha por algunos. Otros, en aquellos días y al presente, han insistido en que la crítica bíblica puede utilizarse para servir a los fines de la fe. En los Estados Unidos, la crítica bíblica en realidad llegó en manos de gente de fe. Moses Stuart de Andover (m. 1852), representativo del evangelicalismo de Jonathan Edwards, era atraído desde temprano a los críticos bíblicos alemanes, cuyos trabajos procedió a dominar e interpretar para los lectores americanos. El enfoque de Stuart al AT y el NT le ganó el título de «padre de la ciencia bíblica en América».

Si la crítica bíblica en los siglos XVII y XVIII sirvieron a los fines de la ilustración, ej., enaltecer las «verdades universales de la razón» de lo meramente histórico o «accidental», en el siglo XIX se embarcó en «excavación» histórica. A través de los avances de la arqueología y la capacidad de descifrar textos antiguos, los eruditos encontraron testigos del texto bíblico desconocidos anteriormente, que facilitó grandemente la aproximación a esos textos en sus originales o autógrafos. El pietista alemán, Johan Albrecht Bengel (m. 1752) procedió a agrupar los testigos en «familias» una práctica continuada por Brook Foss Westcott (m. 1901) y F. J. Anthony Hort (m. 1892) en Inglaterra. Esta crítica «baja» o textual vino a ser distinguida de la «alta crítica» con sus interrogantes concernientes a las fuentes, estructuras y contextos religioso-históricos de los escritos bíblicos. Mientras que los más cautelosos se limitaron a sí mismos a la baja crítica, en última instancia la restricción no garantizó seguridad. El llamado *Textus Receptus* («texto recibido») que había dominado desde el siglo XVI, y en el cual los ortodoxos habían basado su doctrina de inspiración verbal, ahora había perdido el favor. El resultado fue la eliminación de la neutralidad de la búsqueda de la baja crítica.

En la primera mitad del siglo XIX, los avances más grandes en la crítica bíblica fueron hechos por eruditos del AT, principalmente en la búsqueda de fuentes detrás del Pentateuco. Siguiendo la sospecha de las tradiciones judías sobre Moisés como el autor del Pentateuco, el erudito francés Jean Astruc (m 1766) elaboró la teoría de que el patriarca combinó dos fuentes mayores en su composición de Génesis, una usando el nombre divino Elohim, y la otra el nombre Jehová. Construyendo sobre la teoría de Astruc, eruditos del AT llegaron a la llamada teoría documentaria o hipótesis Graf-Kuenen-Wellhausen, nombrada por los tres proponentes principales, Karl Heinrich Graf (m. 1869) y Julius Wellhausen (m. 1918) de Alemania y Abraham Kuenen (m. 1891) de Holanda. De acuerdo a esta teoría el editor final del Pentateuco combinó cuatro fuentes (la Jahvista/Yahwista, Elohista, Deuteronomista, y la fuente Sacerdotal [Priestly], de ahí: JEDP.

Influenciados por sus colegas del AT, eruditos del NT se acercaron al problema de las semejanzas y diferencias entre los primeros tres Evangelios, el «Problema sinóptico». Si el Pentateuco parecía un grupo de fuentes distinguidas por sus usos del nombre divino o por su carácter legal o cúltico, la relación entre los Evangelios del NT abogaba por una teoría de fuentes análoga. Al comienzo optando por una fuente escrita singular (Gotthold Epharim Lessing, m. 1781) o por fragmentos de la tradición de Jesús (Friedrich Schleiermacher, m. 1834) detrás de todos los Evangelios, los eruditos llegaron a conformarse con la teoría de dependencia literaria entre los primeros tres (J. K. L. Gieseler, m. 1854), asignando al Cuarto Evangelio un lugar separado. De acuerdo con la «hipótesis de fuentes múltiples», el Evangelio de Marcos fue anterior y proveyó a Mateo y Lucas con sus bosquejos. Mateo y Lucas luego suplementaron lo que habían recogido de Marcos con una segunda fuente Sinóptica llamada «Q» (del alemán *Quelle*, «fuente»). Además, los coevangelistas de Marcos incluyeron material particular propio (p.ej., en Mateo la visita de los Magos, en Lucas las parábolas de la oveja perdida, la moneda perdida, y los dos hijos).

En la segunda parte del siglo XIX, los eruditos bíblicos se dedicaron en serio a la cuestión del contexto religioso de la Biblia, y nació la escuela de la historia de las religiones (*Religionsgeschichtliche Schule*). Por ejemplo, el erudito del AT, Herman Gunkel (m. 1932) intentó demostrar que la historia de la creación en Génesis dependía del mito babilónico, purgado de sus aspectos politeístas, mientras que Richard Teitzenstein (m. 1931) afirmó la influencia del gnosticismo en la cristología del NT. Otros insistieron que sólo el judaísmo suministraba el trasfondo para entender ambos testamentos, y resultó una división entre los eruditos que persiste hasta el presente. La influencia de la escuela de la historia de las religiones ha sido mixta. La idea de Reitzenstein de un «redentor redimido» gnóstico precristiano como el modelo para la caracterización de Cristo no ha sobrevivido a la luz de la evidencia reciente o por mejoras en las técnicas de interpretación de la evidencia anterior. Pero el estudio de Gunkel sobre el Espíritu en ambos testamentos dirigido contra la identificación romántica del espíritu como consciencia humana permanece axiomático.

El más importante y más conocido entre los críticos bíblicos del siglo XIX fue Ferdinand Christian Baur de Tübingen, Alemania (m. 1860). Bauer, atraído a la descripción de G. F. W. Hegel del desarrollo del «Espíritu Absoluto» hacia la autorrealización, situó la literatura del NT en el contexto de un conflicto y su resolución final entre dos partidos, un reflejado en el Evangelio de Mateo, con su alegado particularismo, y entendimiento nomístico judío del evangelio, y el otro representado por las cartas «genuinas» de Pablo (1-2 Corintios, Gálatas, y Romanos) con su evangelio universal y libre de la ley. La evaluación de Baur de cada libro del NT como reflejando las varias fases de este conflicto y su resolución ha sido descartada o corregida, pero su insistencia en interpretar el NT en su contexto histórico se ha mantenido como una de las principales reglas de interpretación.

Antes de la Primera Guerra Mundial, la erudición bíblica consistía principalmente en «crítica de las fuentes». Desde Astruc, Graf, Kuenen, y Wellhausen, hasta Lossing, Schleiermacher, y Gieseler y los cientos entre los que los negaban y los que los afirmaban, los eruditos se concentraban en asuntos relacionados con orígenes literarios. Ahora, se dio atención a la forma del texto bíblico antes de asumir su forma escrita, y su reflejo del «contexto vital» (*Sitz im Leben*) de la comunidad en la cual habían encontrado su hogar. El nombre del nuevo método fue «crítica de las formas».

En un famoso ensayo en 1938 («Das formgeschichtliche Problem des Hexateuchs»), Gerhard von Rad de Heidelberg (m. 1971) intentó demostrar que los primeros seis libros del AT descansaban sobre «credos históricos» o recitaciones de los actos salvíficos de Dios que habían tomado forma estereotipada, «canónica» para darle forma y contenido a la adoración de Israel. Von Ran quiso identificar los tiempos y lugares donde se originaron estos credos. Aquellos que reflejaban la promesa de la tierra tenían su origen cuando su posesión había sido desarrollada, en Gilgal cerca de Jericó, en el tiempo de Samuel y Saúl; aquellos que reflejaban la entrega de la ley tenían su «contexto vivo» en Siquem, durante la coalición de las doce tribus.

Los pioneros principales en la crítica de las formas del NT fueron Karl Ludwig Schmidt (m. 1956), Martin Dibelius (m. 1947), y Rudolf Bultmann (m. 1976). Schmidt y Dibelius procedieron cautelosamente con el aislamiento de unidades individuales de la tradición del Evangelio, supuestamente desarrolladas durante el período oral con propósitos de la predicación, mientras que Bultmann creía que el método le capacitaba para determinar la autenticidad o no autenticidad de una unidad de tradición determinada. En *Historia de la tradición sinóptica*, concluyó que la totalidad de la tradición sobre Jesús pasó por una revisión antes de ser escrita, habiendo pasado por períodos análogos con la evolución de tradiciones en círculos no bíblicos. Los eruditos conservadores sonaron una alarma, adhiriéndose estrictamente a la «más segura» crítica de las fuentes, o conformándose a sí mismos con la tarea puramente fenomenológica, clasificando las varias unidades de la tradición sinóptica. En los Estados Unidos, Benjamín Wisner Bacan (m. 1932) anticipó el análisis de las formas en el continente, y dio estímulo a la «investigación de análisis social» de la Universidad de Chicago con su libro *The Beginnings of Gospel Story* (1909).

Pisándoles los talones a la crítica de las formas siguió la crítica de la redacción, que se concentró en la interrogante de la intención del autor. Si la crítica de las formas investigó la «vida» del texto antes de su forma escrita final, la crítica de la redacción investigó la vida del texto una vez que había llegado a las manos del autor. La crítica de la redacción también tiene sus precursores. En su trabajo en los Evangelios, Bacon, Wellhausen, y William Wrede (m. 1906) ya habían luchado con la cuestión del grado en el cual la perspectiva teológica del autor afectaba su organización del material tradicional. Y, como fue el caso con la crítica de las formas, el método fue perfeccionado y afinado a un nivel que sus predecesores probablemente no lo reconocerían.

Un compañero en cada etapa de la evolución de la crítica bíblica ha sido «La búsqueda del Jesús histórico.» De hecho, la investigación sobre la vida y carrera de Jesús de Nazaret como un objeto separado de la fe a menudo ha sido útil a los críticos en su objetivo último. El siglo XVIII, Reimarus creía que su método descubría un propósito en Jesús que era antitético al de sus discípulos, y que ellos vanamente intentaron oscurecer, como las masivas contradicciones en los Evangelios testifican. Al comienzo del siglo XIX, David Friedrich Strauss (m. 1874) de Tübingen intentó eliminar de la historia de Jesús los niveles de mitos y leyendas derivadas del pensamiento judío y helenista. Críticos de fines del siglo XIX anunciaban la prioridad de Marcos y «Q» como las dos grandes pilares sobre las cuales basar una vida de Jesús auténtica. Esta confianza más tarde se rompió ante la constatación de que cada Evangelio fue escrito desde una perspectiva teológica distinta que hace imposible la distinción entre el mensaje de Jesús del mensaje de su comunidad. En el aclamado examen, Albert Schweizer (m. 1965) declaró en bancarrota esta «primera», búsqueda del siglo XIX del Jesús histórico, y concluyó con una línea que generaciones completas han memorizado:

Él viene a nosotros como el Desconocido, sin nombre, como de la antigüedad, a la orilla del lago, Él vino a quienes no lo conocieron. Él nos habla con las mismas palabras: «¡Sígueme!» y nos encarga con la tarea que Él tiene que cumplir en nuestro tiempo. (*La búsqueda del Jesús histórico*)

El siglo XX fue testigo de la reanudación de la investigación sobre la-vida-de-Jesús. La investigación de Bultmann del desarrollo de la tradición del Evangelio le permitió abandonar la búsqueda y dar prioridad a la proclamación o *kerigma* de la comunidad primitiva, desprovista de todo material conectado al Jesús histórico. El resultado fue una rebelión desde todos los lados. Ernst Käsemann (1906-1998) disparó la primera descarga con su ensayo de 1954, «El problema del Jesús histórico.» Él insistió que el escepticismo no necesita tener la última palabra; que, por ejemplo, el Sermón del Monte reflejaba una clara e inequívoca reflexión de la consciencia que el Jesús histórico tenía de sí mismo y de su misión. El ensayo de Käsemann fue seguido por una hueste de otros. Una «segunda» búsqueda llegó a su existencia que ocuparía a los eruditos en Norteamérica y el extranjero por más de 30 años. Más recientemente, una «tercera» búsqueda del Jesús histórico ha estado de moda. Menos disciplinada que la «primera» o la «segunda» en términos de su uso de herramientas aceptadas, es más radical en su distanciamiento del Jesús histórico de la proclamación de la comunidad cristiana.

La década de los años cincuenta llegó a ser la cima de la confianza en el método histórico. Desde ese tiempo los eruditos comenzaron a reflejar molestias sobre los resultados conflictivos y en algunas ocasiones absurdos a los que había llegado la crítica bíblica. Así, debido a la falta total de consenso aun en los asuntos menos argumentables, y llamando a una revisión radical o hasta el abandono de los métodos tradicionales.

Las consecuencias para la crítica textual (baja) han sido las menos dramáticas, a pesar de ser irritantes a personas educadas en los métodos tradicionales. Por ejemplo, la agrupación de textos en familias ha sido abandonada a favor de un método «genealógico-local». Una vez que una variedad de testigos para un texto dado ha sido establecida, este método somete cada testigo a escrutinio, línea por línea, oración por oración, para determinar si el testigo puede haber producido el otro.

El resultado para la anteriormente llamada alta crítica ha sido un conglomerado de métodos, con la intención de suplementar o reemplazar métodos del pasado. El método «estructuralista» está interesado en los aspectos «sincrónicos» en oposición a los aspectos «diacrónicos» del texto. Ocupado en la lógica de una historia completa en lugar de una oración dada, investiga el *cómo* un autor aparece en el texto e incorpora los lectores en el mismo. El método de «historia oral» trata el movimiento de lo «oral» a lo textual como sacrificio de la «metafísica de la presencia», e investiga la agitación sociológica y sicológica que tal movimiento refleja. Otra regla importante de lectura presta atención exclusiva al texto, rechazando toda crítica exclusiva y atención al objetivo del autor como una «falacia intencional». Otro método relacionado niega a las palabras cualquier referencia más allá de sí mismas, preocupándose sólo con las relaciones intratextuales de las palabras, con cualquier significado que pueda ser obtenido de la observación de la conexión entre los significantes, exclusivo de lo que significan. La «crítica de la respuesta del lector» describe la relación del texto con el lector, rechazando la autonomía del texto a favor de su dependencia de la participación del lector. De acuerdo con algunos, la lectura no simplemente descubre el significado de un texto sino que en realidad la crea, al efecto de que el lector o intérprete constituye el texto. No debe ser ignorada la lectura «feminista», que examina el texto bíblico para la reflexión o inhibición de las vidas e intereses de las mujeres. En contraste con períodos anteriores, gran parte de la crítica bíblica contemporánea toma su liderazgo de la comunidad de eruditos fuera de las disciplinas teológicas. En los Estados Unidos, nombres de eruditos en las humanidades aparecen con regularidad en ensayos, monografías y volúmenes que tienen que ver con crítica bíblica e interpretación. De hecho, una cantidad considerable de la crítica bíblica contemporánea es anglo-americana en carácter, dado que la crítica en Europa todavía ofrece mucho espacio a los métodos tradicionales.

Bibliografía. K. y B. Aland, *The Text of the New Testament,* 2nd ed. (Grand Rapids, 1989); H. Conzelmann y A. Lindemann, *Interpreting the New Testament* (Peabody, 1988); R. A. Harrisville y W. Sundberg, *The Bible in Modern Culture* (Grand Rapids, 1995).

Roy A. Harrisville

CROCUS

Cualquiera de un vasto género (*Crocus*) de hierbas de la familia iris (Heb. *ḥăḇaṣelet*), mencionada en Isaías 35.1 para simbolizar la belleza y esplendor. La «rosa de Sarón» (como las antiguas versiones) puede ser un crocus (Cnt 2.1), pero es más probable que se refiera al azafrán de la pradera (*Colchicum; acad. Dabsjillatu*), que se asemeja al crocus.

CRÓNICA

Un registro o lista de eventos. El género de crónica (Heb. *sēp̄er diḇrê hayyāmîm*) no debe igualarse con 1–2 Crónicas, que son historias que utilizan diversas fuentes y géneros, incluyendo crónicas. Una crónica enumera eventos sin ninguna conexión o coherencia necesaria y por lo tanto no constituye una historia en sí misma. Las crónicas eran generalmente mantenidas por el palacio o el templo para registrar eventos importantes con fechas precisas en secuencia cronológica. Las crónicas típicamente incluían breves pero altamente estilizados informes de campañas militares, proyectos de construcción, hazañas de caza y donaciones reales. Las Crónicas pueden ser tan específicas como una bitácora, que registra con precisión las actividades diarias en el palacio, o tan generales como los resúmenes de las principales obras del rey.

Los historiadores bíblicos citan varias crónicas como las de las crónicas (en algunas versiones «anales») de los reyes de Judá (esto es, 1 R 14.29; 15.7, 23), las Crónicas de los reyes de Israel (14.19; 15.31), los libros de los reyes de Israel y Judá (1 Cr 9.1; 2 Cr 16.11), el libro de los hechos de Salomón (1 R 11.41), las Crónicas del rey David (1 Cr 27.24), las Crónicas de Samuel, Natán, y Gad (29.29), las Crónicas de Semaías el profeta y de Iddo el vidente (2 Cr 12.15), las Crónicas de los reyes de Media y Persia (Est 10.2), y otras varias crónicas (Neh 12.23; Est 2.23; 6.1).

El género de crónicas usado por los historiadores bíblicos era común a lo largo del antiguo Cercano Oriente. Numerosas crónicas mesopotámicas y egipcias se conservan o son conocidas en antiguas referencias, como la Crónica de Weidner, las listas de fechas de Babilonia, y las listas de epónimo asirio.

Bibliografía. A. K.Grayson, *Assyrian and Babylonian Chronicles.* Texts from Cuneiform Sources 5 (Locust Valley, N.Y., 1975); B. Halpern, *The First Historians* (1988, repr. University Park, Pa., 1996); J. Van Seters, *In Search of History* (New Haven, 1983).

Bradford Scott Hummel

CRÓNICAS, LIBROS DE

Como muchos otros libros de la Biblia, Crónicas es anónimo y no tiene título. El nombre atribuido al libro por los primeros rabinos, «el libro de los eventos de los días» *(sēper dibrê hayyāmîm),* indica que ellos veían Crónicas como un libro sobre eventos pasados; una historia. El nombre dado en la LXX, *Paralipomena,* «las cosas dejadas fuera,» da testimonio de otra forma antigua de entenderlo: Crónicas registra los acontecimientos que quedaron fuera de la historia bíblica temprana. Pero fue la descripción de Jerónimo del libro como una «crónica,» un resumen de la historia divina, que demostró ser la más influyente en la historia de la interpretación cristiana.

Composición, fecha, y fuentes

Para la época en que el cronista escribió en el período posterior al exilio, mucha de la literatura que se asociaba con el AT ya había sido escrita. El autor toma extensamente de esta rica tradición literaria. Su dependencia en Génesis es evidente en las genealogías (1 Cr 1–9), y su dependencia en Samuel y Reyes es evidente en su narración de la monarquía (1 Cr 10–2 Cr 36). La deuda del cronista a la literatura anterior no está confinada, sin embargo, a su uso selectivo de Génesis, Samuel, y Reyes. Paralelos con o citas de Josué, Isaías, Jeremías, Ezequiel, los Salmos y Rut todos aparecen en Crónicas. Los eruditos generalmente están de acuerdo que el cronista también tuvo acceso a fuentes extrabíblicas, pero la naturaleza y extensión de estas fuentes están en disputa.

Dentro del período posterior al exilio Crónicas es muy difícil de fechar. No hay referencias específicas, ni sincronismo absolutos, ni citas extrabíblicas que podían ubicar definitivamente el libro dentro de cierta década o siglo. De hecho, un margen de más de 350 años (desde finales del siglo VI hasta mediados del siglo II a.C.) ha sido sugerido. Aunque no se puede asignar una fecha absoluta, una pasada el final del siglo III es improbable. Primero, uno debe permitir tiempo para que Crónicas o Crónicas-Esdras-Nehemías sea traído a Egipto y traducido en al menos dos obras diferentes (1 Esdras y *Paralipomena*). Segundo, *Paralipomena* es citado por Eupolemos, un escritor judío-helenista, en el siglo II (Eusebio *Praep. ev.* 9.30-34).

Los eruditos no están de acuerdo sobre la historia de la composición de Crónicas. Algunos creen que el libro pasó por una redacción sacerdotal, levítica, o deuteronomista. Los argumentos que no favorecen la unidad no logran, sin embargo, lidiar con las características distintivas de la técnica de composición del cronista: su deuda a una variedad de tradiciones bíblicas tempranas su destreza en citar y sintetizar pasajes originalmente dispares en los escritos deuteronómicos y sacerdotales, y su habilidad para negociar diferentes perspectivas ideológicas. No hay duda que uno se encuentra con pasajes prosacerdotales y prolevíticos en Crónicas. Pero antes de probar que Crónicas sufrió redacciones importantes, es más probable que estos textos evidencien la preocupación de un autor de mediar perspectivas históricamente diferentes dentro del contexto de la época posterior al exilio.

Estructura y temas principales

Crónicas tiene dos secciones principales: las genealogías de 1 Crónicas 1–9 y la historia de la monarquía (1 Cr 10–2 Cr 36). La primera sección, que forma la introducción a la obra, incluye breves genealogías de otras personas con quien Israel (Jacob) está emparentado (1 Cr 1), pero se concentra en la identidad y ubicación de las 12 tribus de Israel. El propio alcance y estructura del sistema genealógico del cronista subraya la indivisibilidad de Israel. Sin embargo, Judá, Leví, y Benjamín reciben las genealogías más extensas. El cronista crea un retrato completo de su pueblo y subraya el papel crucial que jugaron las tres tribus. La lista de aquellos en la comunidad restaurada (1 Cr 9) llama la atención a la continuidad entre la sociedad posterior al exilio y el Israel de las épocas pasadas. Cambios en la población, guerra, disturbios políticos, desastre natural, y exilio son parte de la historia cambiante, pero la relación de Dios con su pueblo permanece.

La cobertura del cronista de la monarquía procede de acuerdo con un bosquejo fundamentalmente histórico. Después de tratar brevemente y condenar el reinado de Saúl (1 Cr 10), el cronista dedica amplia atención al altamente exitoso surgimiento y reinado de David (1 Cr 11–29) y al glorioso reinado de Salomón (2 Cr 1–9). El resto del libro trata del surgimiento, continuación, y caída del reino de Judá. Al colocar los logros de David y Salomón en el centro de la historia israelita, el autor subraya la centralidad de la dinastía davídica en la vida de Israel.

En Crónicas, el ascenso de David al poder es un sueño político. Mientras en Samuel la unificación de Judá (2 S 2.4) e Israel (5.1-10) bajo el mando de David es un proceso largo, arduo, y muy controvertido, en Crónicas representantes de todo Israel vienen a David para ungirlo, aclamarlo rey, y prometerle apoyo (1 Cr 11–12). El primer acto público de David como rey es traer el arca del pacto a Jerusalén. Esta pasión por la adoración apropiada, una característica constante del reino de David, culmina en su legado a Salomón de una generosa dotación y planes detallados para edificar el templo de Jerusalén (1 Cr 22, 28–29). David también dedica mucha atención a Jerusalén, la ciudad elegida por el Señor (2 Cr 6.34, 38; 12.13; 33.7), las responsabilidades respectivas de sacerdotes y levitas (1 Cr 15; 23–24), y a cuestiones de canto y música (1 Cr 16.7-36; 25).

Pero David es más que un patrocinador de la adoración, el sacerdocio y la música. Él también es un líder astuto y un genio militar. El apoyo que David recibe y el consejo que busca de todas partes consolida la solidaridad nacional de Israel, mientras el extraordinario éxito de David contra los vecinos de Israel asegura el control completo sobre la tierra (1 Cr 11–12; 14; 18–20). Al legar una administración nacional (1 Cr 23–27) a su hijo y sucesor divinamente escogido asegura una transferencia pacífica del poder a Salomón y contribuye a su posterior éxito. De hecho, en el fin del reinado de David todo Israel, incluyendo el resto de los hijos de David, aclamaron el ascenso de Salomón (1 Cr 29.20-25; cf. 2 S 9–20; 1 R 1–2).

Al igual que David, Salomón recibe amplio apoyo popular al comienzo de su reinado. Él también es un ávido patrocinador de la adoración. Mucho del reinado de Salomón es, de hecho, dedicado a asuntos religiosos. Al inicio de su reinado, todo Israel acompaña a Salomón en el viaje al tabernáculo de reunión en Gabaón (2 Cr 1.2-5). De acuerdo con los deseos divinos, Salomón prepara y supervisa la construcción del largamente esperado templo de Jerusalén. Todos los santuarios religiosos anteriores, como el tabernáculo de reunión y el arca del pacto, gozaron de una condición sagrada, pero provisional. El establecimiento del templo bajo Salomón representa la culminación de tradiciones de culto dispares.

El valor del templo para todos los israelitas, enfatizado repetidamente durante las ceremonias de dedicación, es en especial aparente en la oración de Salomón (2 Cr 6.19-39; cf. 1 R 8.28-49). Al orar hacia el templo en momentos de dificultad, los israelitas pueden encontrar compasión divina, perdón y restitución. En su respuesta a las peticiones de Salomón, Dios afirma que si las personas responden a la calamidad humillándose, orando, buscando a Dios, o volviéndose a Dios, Dios «escucha desde el cielo, perdona sus pecados, y sana su tierra» (2 Cr 7.14). El interés del cronista en la importancia nacional del templo no se limita a su registro de la monarquía unida. Cuando posteriores monarcas, como Roboam (2 Cr 12.1-12), Abías (13.2-18), Asa (14.9-15[TM 8-14]), Josafat (18.28-34; 20.5-30), Ezequías (30.13-21; 32.16-26), y Manasés (33.10-13), responden a la adversidad de acuerdo con las peticiones de Salomón, Dios interviene y los restaura. Por el contrario, cuando el rey o el pueblo descuidan el templo, Israel sufre.

En Crónicas la solidaridad nacional que caracteriza la ascensión de Salomón y la dedicación del Templo continúa a través de su reinado (cf. 1 R 11). No hay ninguna indicación de tensión entre las tribus del norte y las tribus del sur hasta la división. Este cuadro idílico de la armonía intertribal ha sido mantenido como una señal de la amplitud de visión del cronista, pero esta visión tiene un límite. Debido a que la imagen del cronista de un reino unido es tan uniformemente positiva, en la práctica impugna cualquier persona o grupo que la viole. Después de haber retratado el establecimiento de instituciones políticas normativas de Israel e instituciones de culto en la época de David y Salomón, el cronista nunca reniega de su pertinencia a todos los israelitas.

Enseguida de la muerte de Salomón y la ascensión de su hijo Roboam, las 10 tribus del norte se separan de la dominación del sur (1 R 12.1-20; 2 Cr 11.1-17). Mientras que el autor de Reyes sigue el curso de los reinos del norte y del sur, el cronista se concentra en las tribus de Judá, Benjamín y Leví, que conforman el reino de Judá (2 Cr 11). En gran parte culpando mayormente a Jeroboam y a sus allegados por la división, el cronista ve la división política y la separación cúltica de Israel como una afrenta contra Dios (2 Cr 13.4-12). A diferencia del deutoronomista (1 R 11.11-13, 29-38; 14.9), el cronista ve las promesas davídicas como permanentemente válidas para las 12 tribus de Israel. Por lo tanto, el cronista pasa por encima la historia independiente del reino separatista que fundó Jeroboam. Sin embargo, el autor muestra un sostenido interés en la historia de Israel (norte) al registrar virtualmente cada incidente entre el norte y el sur mencionado en Reyes, así como una cantidad de otros contactos. La cobertura del cronista de la doble monarquía es, por lo tanto, ampliamente consecuente con el modelo que él estableció en las genealogías. Israel continúa abarcando todas las 12 tribus, pero Judá, Benjamín y Leví perpetúan las instituciones normativas establecidas durante la monarquía unida.

La monarquía judaita se caracteriza por logros y fracasos. El escritor consistentemente documenta los logros de los mejores reyes de Judá —Abías (2 Cr 13), Asa (cps. 14–15), Josafat (cps. 17; 19), Ezequías (caps. 29–31), y Josías (c. 34) —instituyendo reformas, reunificando al pueblo, y recuperando territorios perdidos. Retrocesos importantes ocurren en los reinos de Acaz (2 Cr 28) y Manasés (33.1-9). Sin embargo, consistente con el entendimiento del cronista de la misericordia divina, Manasés se arrepiente y disfruta una importante recuperación (33.10-19).

Durante la monarquía judaita los profetas juegan un papel importante en la sociedad. Mientras que el deuteronomista retrata muy pocos profetas activos en el reino del sur hasta después de la caída del reino del norte (2 R 17), el cronista retrata muchos. En Crónicas, la profecía representa una institución independiente que verifica la regresión popular y real. Hasta algunos de los mejores reyes de Judá, como Josafat, sucumben a los compromisos militares, comerciales, y de culto (2 Cr 18.1–19.3; 20.35-37). Como una institución divinamente ordenada, los profetas limitan el exceso y el abuso de poder, sancionando guerras (20.14-17) o rehusándose a hacerlo (18.4-27), alabando la humildad (12.5-8) o criticando la arrogancia (16.7-10), el fomento de reformas (15.1-7) o atacando la idolatría (25.15-16). La confianza en Dios es incluso igualada con confiar en su profetas (20.20). En comentario sobre la derrota y exilio de Judá, el autor declara que aunque Jehová envió un suministro constante de profetas para despertar al pueblo y a los líderes sacerdotes a la reforma, sus advertencias no fueron escuchadas (36.14-16).

Tanto Reyes como Crónicas terminan con el exilio babilónico, pero el final de Crónicas ofrece una más clara esperanza para el futuro. En los últimos versículos de su obra, el cronista presenta el decreto de Ciro alentando el retorno de los deportados de Babilonia a Judá (2 Cr 36.22-23). De esta manera, Crónicas contiene y relativiza la tremenda tragedia de las deportaciones a Babilonia. Como el comienzo de Crónicas introduce el pueblo de Israel y grafica su aparición en la tierra, el final anticipa su regreso.

Bibliografía. S. Japhet, *I and II Chronicles.* OTL (Louisville, 1993); H. G. M.Williamson,*1 and 2 Chronicles.* NCBC (Grand Rapids, 1982); *Israel in the Book of Chronicles* (Cambridge, 1977).

GARY N. KNOPPERS

CRONISTA

Un puesto administrativo importante en el gobierno hebreo similar a la del gran visir egipcio. Aunque no se describen deberes específicos en el relato bíblico, el cronista (Heb. *mazkîr*) sirvió como secretario de Estado, asesorando al rey en los asuntos gubernamentales importantes. La función estaba en manos de Josafat durante el reinado de David y Salomón (2 S 8.16; 20.24; 1 R 4.3; 1 Cr 18.15). Joa, el hijo de Asaf, sirvió bajo Ezequías y representaba al rey en su negociaciones con el Rabsaces (2 R 18.18, 37 = Is 36.3, 22). Otro Joa, el hijo de Joacaz, sirvió bajo Josías y fue puesto a cargo de las reparaciones del templo (2 Cr 34.8).

Bibliografía. D. J. Elazar, *Covenant and Polity in Biblical Israel* (New Brunswick, 1995); D. R. Gordan, *Old Testament in Its Cultural, Historical, and Religious Context* (1985, repr. Lanham, 1994).

A. PERRY HANCOCK

CRONOLOGÍA DEL ANTIGUO TESTAMENTO

El AT contiene un amplio conjunto de datos cronológicos que han sido usados para orientar la historia recitada en tiempo. Comenzando con el fin del período del AT contamos con cifras muy precisas para la cronología de los períodos persa y babilonio. La cronología presente allí probablemente no varía por más o menos de un año. Cuando se llega a la época de David al comienzo del primer milenio a.C., la variación probablemente todavía se limita a menos de una década.

La cronología para los eventos bíblicos del segundo milenio está basada en más variables; por lo que hay más flexibilidad a la posible época cuando tales eventos ocurrieron. El gran esquema de cronología del AT presentado aquí coloca las tres personalidades históricas de Abraham c. 2000, David c. 1000, y Esdras c. 450, proporcionando fechas para los eventos que se extendieron por más de 1500 años.

Temas especiales en la cronología bíblica

Intercalación

Prácticamente todos los calendarios semíticos de Asia Occidental operaban bajo el mes lunar, que es aproximadamente de 29.5 días. Sin embargo, los meses lunares conducen a un año que es más de 10 días más corto que el año solar, el tiempo que le toma a la tierra para dar una vuelta completa alrededor del sol. Con el fin de mantener el calendario lunar en alineación con el año solar, que determinaba el año agrícola, se hicieron ajustes agregando un mes extra cada tres años. La comunidad postexílica de Judá puede haber seguido el modelo babilónico de intercalación, lo que pudieron haber traído a su regreso del exilio. Cuando mucho la diferencia implicada aquí es un mes, lo cual no es significativo.

Calendarios de primavera u otoño

Se le da crédito a Moisés por introducir un calendario de primavera a primavera para el año religioso (Ex 12.2). Esto se aplicó a la primera Pascua y posteriormente a las fiestas religiosas que siguieron a lo largo del año (Lv 23). El asunto se complicó más tarde, sin embargo, por la adición de un nuevo año de otoño *(rōʾš haššānâ)*, que ha sido designado como el año civil.

Parece que el año nuevo de primavera fue usado para el año civil en el reino del norte y el año nuevo de otoño se utilizó para el año de reinado bastante consistentemente en el reino del sur, aunque algunos podrían revertir esta aplicación. Calculando los años de reinado, podría haber una diferencia hasta de seis meses, dependiendo de si el rey ascendió al trono después del año nuevo de primavera o después del año nuevo de otoño.

Cilindro que registra la captura incruenta de Babilonia por Ciro (536 a.C.), su restauración de los templos cautivos, y el regreso de prisioneros a sus propias tierras (Copyright Museo Británico)

Computando el año de ascenso y no ascenso

Los antiguos emplearon dos sistemas para tratar con el resto del año de reinado después que el antiguo rey había muerto. En el cálculo del año de no ascensión, el primer año de reinado del nuevo rey comenzaba inmediatamente, así que había un exceso de años de reinado en contraste con años de calendario. No había período de ascensión (año 0 del nuevo rey). Este era el sistema utilizado en Egipto y, posiblemente, por algunos períodos en el reino del norte de Israel.

En el cómputo del año de ascenso, el resto del año del calendario después de la muerte del antiguo rey no era contado, pero era computado como año 0. El primer año completo del nuevo rey comenzaba el siguiente año nuevo, en la primavera o el otoño, el que estuviera en uso en ese momento. Este sistema mantuvo el número de años de reinado y el número de años de calendario uniforme. Este sistema fue usado en Asiria y Babilonia, y también regularmente en el reino del sur de Judá. La diferencia que estos dos sistemas presentó podría implicar tan poco como algunos días o más que unos meses.

Corregencia

La práctica de dos reyes vivos o coreyes en el trono a la vez era una costumbre en Egipto ya en la 12ª dinastía (c. 2000 a.C.). Pudo haber habido corregencias en Judá cerca de Egipto, pero probablemente ninguna de importancia en el reino del norte. Parece probable que haya habido algunas corregencias durante la monarquía dividida, siguiendo el precedente de David y Salomón. Cuando Adonías intentó suplantar a David, el anciano rey puso a Salomón en el trono (1 R 1). Así, había dos reyes o corregentes en el trono del Reino Unido; David era el rey principal y Salomón el rey junior. La corregencia era aparentemente adoptada en tiempos de guerra o cuando el rey anciano estaba físicamente inhabilitado.

Uso de la LXX

En un buen número de casos el hebreo y la LXX dan un número diferente de años para un rey particular. Cuando se toman juntas estas variantes ofrecen un sistema cronológico diferente. Probablemente la LXX es expansionista (cf. Ex 12.40).

Cronología relativa y absoluta

El AT contiene una gran cantidad de datos cronológicos, pero casi todo esto es en términos relativos. Para la monarquía dividida, p.ej., las fechas se dan en términos de longitud de reinado y sincronismos con el reino contrario. Eso le da una datación relativa de rey A a rey B, pero no da una fecha absoluta a.C., para ninguno de ellos.

Por lo tanto es necesario que haya un sincronismo externo para ambos reinos que proporcione un sistema aún mejor de conectar estas fechas relativas a fechas absolutas a.C. Para el período de la monarquía dividida, esto es suplido por registros de Asiria y Babilonia. Estos incluyen listas de reyes, listas epónimas que nombran cada año, y entradas año por año en los anales o crónicas reales, todo lo cual puede ser calibrado astronómica y matemáticamente por los registros de eclipses, que pueden ser fechados en términos absolutos por astrónomos modernos. Por desgracia, sincronismos externos entre la Biblia y el antiguo Cercano Oriente aún no han aparecido para el segundo milenio y anteriores.

Historia del AT

De estas consideraciones teóricas nos volvemos a la verdadera cronología del AT. La mayoría de las cronologías comienzan en el principio y se abren paso a lo largo del curso de la historia del AT hasta su final. El enfoque adoptado aquí es un poco hacia la inversa por la razón de que el historiador trabaja de lo bien conocido a lo menos conocido.

Período persa

La cronología extrabíblica para el período posterior al exilio viene de diversas fuentes que fechan a los reyes persas: tabletas cuneiformes de contrato, las Olimpiadas de Grecia, el texto de un eclipse que menciona la muerte de Jerjes, y una lista de reyes del período seléucida.

Varios libros bíblicos contienen material fechado de este período, que comenzó en 539 con la caída de Babilonia (Dn 5). El decreto de Ciro para el regreso de los judíos es fechado en su primer año de reinado en Babilonia (2 Cr 36.22; Esd 1.1), 538. Darío I llegó al trono en 522. En 520 los profetas Hageo y Zacarías instaron la reedificación del templo, que se completó a principios de 515. Ester proporciona datos cronológicos del reinado de Jerjes (Asuero bíblico, Est 1.3-4; 2.16; 3.7, 12, 13; 8.9, 12; 9.1-21). El segundo regreso de los judíos del exilio dirigido por el propio Esdras siguiendo un decreto de Artajerjes I llegó a Jerusalén probablemente en el verano de 457, si Esdras estaba utilizando un calendario judío de otoño (Esd 7.7-8; cf. Neh 1.1). Nehemías registra que él fue enviado de regreso a Judá por Artajerjes en su vigésimo año (Neh 1.1; 2.1) y sirvió como gobernador de Judá por 12 años (5.14), 444-432.

Período neobabilónico

La cronología del reino neobabilónico está bien establecida a través de ciertas fechas de tabletas de contrato y las Crónicas de Nabopalasar, Nabucodonosor II, y Nabonido, y calibrada a través del texto de un eclipse del año 37 de Nabucodonosor. El período comienza con la llegada de Nabucodonosor al trono en 605 y termina con la conquista persa de Babilonia en 539.

Para los propósitos bíblicos este período se puede remontar hasta el 609, el año que el rey Josías murió en batalla con el egipcio Necao II en Carquemis (2 R 23.29). La cronología de los últimos cuatro reyes de Judá después de la muerte de Josías sigue un modelo:

Joacaz reinó tres meses (2 R 23.31)
Joacim reinó once años (2 R 23.36)
Joaquín reinó tres meses (2 R 24.8)
Sedequías reinó once años (2 R 24.18)

Correlaciones con la crónica de Nabucodonosor indican que Joacim gobernó hasta el fin de 598, y Joaquín se rindió ante Nabucodonosor en 2 de Adar 597. Sedequías reinó hasta 587 si se usó un calendario de primavera en Judá en esta época o 586 si se usó un calendario de otoño, Jerusalén resistió contra Nabucodonosor por tres años en lugar de dos años. El sitio de Nabucodonosor contra la ciudad comenzó a principios de 589 y terminó en el verano de 587 o 586.

No solo los escritores de 2 de Reyes y Jeremías conocen bien la cronología de los reyes de Judá, también conocían la del reinado de Nabucodonosor. Ellos pusieron doble fecha a los últimos años de Judá a Joaquín y Sedequías, y a Nabucodonosor (2 R 24.12; 25.2, 8).

Últimos años de Judá

La mayoría de las fechas en este período son sencillas y directas, pero comenzando con el reinado de Ezequías es uno de los problemas más difíciles en la cronología bíblica. Este problema se origina en el hecho de que la ascensión de Ezequías parece ser fechada en dos maneras diferentes, cada una conectada con un evento diferente en el que están implicados los asirios. La «primera» ascensión de Ezequías fechada en el tercer año de Oseas, el último rey del reino del norte (2 R 18.1). Esto parecería fechar la ascensión de Ezequías el 728 y el sitio de Samaria en 724-722. Pero otra incursión asiria importante en el oeste, que puede ser correlacionada directamente con la tercera campaña de Senaquerib en 701, es fechada solo en el décimo cuarto año de Ezequías, no en su año vigésimo séptimo o vigésimo octavo. Esto se aclara al suponer una corregencia, por la que Acaz, el padre de Ezequías, nombró a su hijo como corregente en 728 y el reinado de Ezequías solo comenzó en 715 cuando Acaz murió.

Las fechas para los reyes de Judá después que el reino quedó solo después de la caída de Samaria pueden ser tabuladas como sigue:

Ezequías — 728-686
corregente con Acaz — 728-715
corregente con Manasés — 696-686
Manasés — 696-642
corregente con Ezequías — 696-686
Amón — 642-640
Josías — 640-609

Últimos años de la Monarquía Dividida

El año 841 proporciona un conveniente punto de giro en la cronología de Israel y Judá porque los reyes de ambos reinos fueron ejecutados y un nuevo rey y una reina (una regente mujer) se hicieron cargo de estos reinos.

Este período es uno de los más complicados en toda la cronología bíblica debido a un exceso de años en la cronología relativa de Israel y Judá en relación con el número de años de calendario en cronología absoluta derivados de sincronismos con Asiria. Pequeños ajustes realizados para los calendarios de primavera y otoño y prácticas de ascensión y no ascensión pueden dar cuenta de algunos de estos.

Todos los reyes de Judá en este período fueron corregentes (aunque los reinos paralelos de Atalía y Joás fueron solo una cuasi corregencia). Para Israel, donde la corregencia parece no haber sido practicada, la solución yace en errores de escribas o en ajustes. Los reinados de Jeroboam y Peka parecen ser inexactos por exactamente una década.

Los sincronismos externos disponibles de fuentes asirias incluyen: (1) La recepción de tributo de Salmanasar II de parte de Jehú (841), (2) el pago de tributo de Joás de Israel a Adad-nirari III (probablemente 796), (3) el pago de tributo de Menahem a Tiglat-pileser III (probablemente c. 742-740), (4) el pago de tributo de Peka al mismo rey asirio (732), (5) la conquista de Samaria por Salmanasar en 722, y (6) la reconquista de Samaria por Sargón después de una rebelión en 720.

Primeros años de la Monarquía Dividida

La monarquía hebrea fue dividida en los reinos de Israel y Judá poco después de la muerte de Salomón en 932. Esta fecha se determina mediante el trabajo hacia atrás a través de la lista de reyes sucesivos. Puesto que el primero de ambos reinos fechó sus años de reinado desde la muerte de Salomón, crea un límite útil para el comienzo de este período. Las relativamente simultáneas muertes de los reyes Joram y Ocozías en 841 marcan un adecuado punto final para este período. El único sincronismo externo de importancia en este período es el contacto entre Acab y Salmanasar III en la batalla de Qarqar en 853.

La fecha de la muerte de Acab se discute. La referencia de los anales de Salmanasar indica que él estaba vivo durante el verano de 853. La cuestión es si él murió más tarde ese mismo año o el siguiente.

Hay tres corregencias en el reino del sur en este período. El más evidente es el que hay entre Joram y Josafat, ya que la ascensión de Joram de Israel está fechada doble en términos de sus reinados (2 R 1.17; 3.1). Josafat también había sido corregente con su padre Asa. Ocozías puede haber sido nombrado como corregente cuando su padre Joram cayó enfermo (cf. 2 R 8.25; 9.29).

Monarquía unida

Las fechas de dos de los tres reyes de la monarquía unida son relativamente sencillas. Los años de reinado oficial de Roboam y Jeroboam comienzan en 931, colocando la muerte de Salomón en el año anterior, 932. 1 Reyes 11.42 indica que su reino duró 40 años. Dada la naturaleza detallada de los registros de la corte en esa época, esta cifra puede ser tomada en serio.

El reinado de David también es fechado en 40 años. Ya que esta cifra se desglosa en siete años de gobierno en Hebrón y 33 años en Jerusalén, la especificidad de estas cifras debe ser aceptada (1 R 2.11). No se da indicación específica de la duración de la breve corregencia entre David y Salomón y si estaba incluida o excluida de los totales de sus años de reinado. Se podría estimar que podía haber durado de seis meses a dos años (cf. 1 R 2.39, 46).

La extensión del reinado de Saúl es más problemática. Parte de una fórmula de fecha para su reinado en 1 Samuel 13.1 parece haberse perdido en la transmisión del texto. El número «[20 y] dos años» es un estimado común aquí, pero otras combinaciones son posibles. La referencia en Hechos 13.21 a que el reinado de saúl duró 40 años parece ser un método esquematizado de tratar con esta brecha al proyectar los reinos de 40-años de David y Salomón al tiempo de Saúl.

Las fechas de los reyes de la monarquía unida pueden ser bosquejadas como sigue:

Saúl — (2)2 años, 1034(?)-1012
David — 40 años, 1012-972
Salomón — 40 años, 972-932

Período de los jueces

El libro de Jueces está repleto de una extensa cantidad de datos cronológicos. Aproximadamente dos docenas de declaraciones cronológicas se dividen casi por igual entre las declaraciones acerca de la duración de los períodos de opresión por los enemigos de Israel y las de los períodos de paz iniciados por los jueces liberadores de Israel. A primera vista estos datos parecerían proporcionar una extensa cronología de los Jueces.

Sin embargo, no hay sincronismos externos a Israel con los que cuantificar la información interna. Los enemigos de Israel en el libro de Jueces, con solo una excepción, son enemigos locales y no los grandes poderes del antiguo Cercano Oriente. Además, algunas de las opresiones fueron contemporáneas. Jueces 10.7 dice que Israel fue oprimido por los filisteos (en el oeste) y los amonitas (en el este) durante el mismo período de 18 años. No es fácil determinar cuántas más de las opresiones en otro lugar en Jueces fueron contemporáneas debido a la falta de datos específicos. Esta pregunta se puede extender a preguntar cuántas de las opresiones en algunas partes de Israel fueron contemporáneas con períodos de paz dirigidos por los jueces en otras partes. Por ejemplo, no todas las tribus respondieron al llamado a las armas dado por Débora y Barac (Jue 4-5). De igual modo, la opresión de Moab en Jueces 3 parece haber sido principalmente un ejercicio de la tribu del norte.

Una vez que la fecha del éxodo ha sido fijada, las fechas en Jueces pueden ser prorrateadas, ya que los límites bajos de este período con Samuel y Saúl pueden ser fijados con razonables aproximación. Fijar la fecha del éxodo, sin embargo, no es un proceso fácil. Hay, sin embargo, una fecha de más largo alcance en Jueces que puede ayudar con esa tarea. El reclamo de Jefté (Jue 11.26) que los israelitas se habían establecido en territorio amonita 300 años antes proporciona una cifra redonda que no es exacta, pero que todavía es útil. Si la fecha de Jefté se estima a c. 1100, entonces el asentamiento inicial fue c. 1400. Esto es coherente con una de las líneas de cronología que proporciona fechas para el éxodo.

Fechas del éxodo

El éxodo de Egipto fue identificado como un hito en la formación del antiguo Israel como un pueblo que hizo pacto con su Dios en Sinaí. Primero, sin embargo, vino la liberación. Ya que el faraón del éxodo no se menciona en el libro de Éxodo, se deben aplicar medios más indirectos para determinar la fecha de ese evento. Esto conduce a cuatro soluciones principales:

1. A finales del siglo XVI. Esto es consecuente con el uso de Josefo del historiador egipcio Maneto al sincronizar la partida de los israelitas con la derrota y expulsión de los hicksos. Es rechazada universalmente por los eruditos modernos.
2. Mitad del siglo XV. Esta fecha se basa en la declaración cronológica en 1 Reyes 6.1 que Salomón comenzó a edificar el templo en su cuarto año, 480 años después del éxodo. Una minoría de eruditos, mayormente conservadores, se ha adherido a esta fecha.
3. Siglo XIII. Este punto de vista se basa en tres puntos principales: (1) el nombre de Ramesés para una de las ciudades de almacenamiento edificada por los israelitas en Egipto (Ex 1.11) de donde salieron en el tiempo de su partida (12.37). Ramsés II fue un famoso e importante rey que gobernó Egipto por más de medio siglo, cubriendo la primera mitad del siglo XIII. Él edificó su capital del norte de Per-Ramsés en el área de Avaris, la antigua capital de los Hicsos. La identificación de esta ciudad con la ciudad bíblica es la primera piedra angular de esta teoría. (2) Lo que se pensaba que era una «ola de destrucciones» causada por los israelitas en lugares bíblicos estratégicos en Canaán. Un estudio más cuidadoso ha determinado que esto era un fenómeno mucho más complejo e irregular. (3) La estela de Mernepta (c. 1200), que menciona a Israel como un pueblo que estaba establecido en Canaán para el tiempo de su escritura.
4. Siglo XII. A medida que el consenso sobre la ola de destrucciones en Canaán a finales del siglo XIII se derrumbó, la gente miró a otras partes, tanto antes como después, para el éxodo y su posterior establecimiento. Evidencia arqueológica específica para el establecimiento de Israel aparece en el siglo XII, en la forma de muchos pequeños asentamientos de pueblos diseminados sobre la tierra con características principalmente israelitas. Mientras que la mayoría de los eruditos probablemente ahora se inclina hacia el siglo XII para la fecha del éxodo, una importante minoría se inclina hacia el siglo XV.

Permanencia

Una estimación de la cantidad de tiempo que los israelitas pasaron en Egipto depende de dos factores principales. (1) La declaración genealógica en Éxodo 6 da las dos generaciones que fueron a Egipto

(Leví y Coat) y las dos generaciones al final de la permanencia (Amram y Moisés). Si esta es una lista genealógica completa, entonces la permanencia debe haber sido un período de tiempo relativamente breve. Si, sin embargo, existe una brecha en la mitad de esa genealogía, entonces la permanencia pudo haber sido considerablemente más larga. (2) Éxodo 12.40 declara que los israelitas estuvieron en Egipto 430 años. Un papiro de la treceava Dinastía egipcia de fines del siglo XVIII favorece la cronología más larga para la permanencia. Esta es una lista de mujeres esclavas de un hogar, una cantidad de las cuales tienen nombres semíticos, algunos distintivamente israelitas. Si estos eran descendientes de Jacob y sus hijos, tienen que haber venido a Egipto durante la 12ª dinastía, no la 15ª dinastía (Hicsos) como indicaría la cronología corta para la permanencia.

Hasta ahora la evidencia arqueológica que ilumine este período ha sido mínima. La cuestión sigue abierta hasta que se descubra evidencia adicional que trate del asunto.

Patriarcas

De acuerdo con Génesis 47.7, 28, Jacob tenía 130 años cuando vino a vivir en Egipto. Él nació cuando Isaac tenía 60 años de edad (2.26). Abraham vino a Canaán cuando tenía 75 años de edad (12.4), e Isaac le nació cuando él era de edad de 100 años (21.5). Estas edades parecen excesivamente altas para los modernos, pero los historiadores deberían al menos trabajar con estas cifras como hipotéticas.

En términos generales, la cronología bíblica coloca la fecha para la entrada de Abraham en Canaán en c. 2000, con un margen de error de más o menos un siglo. Ha habido considerable debate acerca de qué período arqueológico debe ser identificado como la época de los patriarcas. Aquellos que favorecen la Edad de Bronce Temprana IV notan la experiencia semi nómada de Abraham. Los que favorecen la Edad de Bronce Media II A notan el número de ciudades establecidas en estas narraciones.

Bibliografía. D. N. Freedman and E. F. Campbell, «The Chronology of Israel and the Ancient Near East,» in *The Bible and the Ancient Near East,* ed. G. E. Wright (1961, repr. Winona Lake, 1979), 203-28; G. Galil, *The Chronology of the Kings of Israel and Judah* (Leiden, 1996); J. H.Hayes and P. K. Hooker, *A New Chronology for the Kings of Israel and Judah* (Atlanta, 1988); S. H.Horn, «The Chronology of King Hezekiah's Reign,» *AUSS* 2 (1964): 40-52; N. Na'aman, «Historical and Chronological Notes on the Kingdoms of Israel and Judah in the Eighth Century b.c.,» *VT* 36 (1986): 71-92; R. A. Parker and W. H. Dubberstein, *Babylonian Chronology 626 b.c.–a.d. 75* (Providence, 1956); W. H. Shea, «Exodus, Date of the,» *ISBE* 2 (Grand Rapids, 1982): 230-38; «Menaham and Tiglath-Pileser III,» *JNES* 37 (1978): 43-49; E. R. Thiele, *The Mysterious Numbers of the Hebrew Kings,* rev ed. (Grand Rapids, 1994); una cronología *of the Hebrew Kings* (Grand Rapids, 1977); D. J.Wiseman, *Chronicles of Chaldean Kings (626-556 b.c.)* (London, 1961).

William H. Shea

CRONOLOGÍA DEL NUEVO TESTAMENTO

La cronología del NT se puede dividir en la discusión de Jesús y del período apostólico, incluyendo en especial a Pablo. Todo estudio de cronología del NT, sin embargo, es complicado por varios factores: los autores del NT no estaban preocupados con la misma clase de mantenimiento de datos como estamos los modernos; los medios de calcular el tiempo eran diferentes en el mundo antiguo; y, lo más importante, hay pocas fechas establecidas firmemente alrededor de las cuales crear una cronología.

Vida de Jesús

Las cuestiones relativas a la vida de Jesús son: su nacimiento, el comienzo de su ministerio, su duración y su muerte.

Nacimiento

La discusión del nacimiento de Jesús gira alrededor de tres acontecimientos principales: la muerte de Herodes el Grande, el censo lucano y la visita de los magos.

Muerte de Herodes Mateo 2.1; Lucas 1.5 declaran que Jesús nació durante el reinado de Herodes sobre Judea, y Mateo 2.15, 19-20 que Herodes murió mientras Jesús era un bebé. Josefo declara que Herodes murió 34 años después de matar a Antígono en 37 a.C. y 37 años después de ser nombrado rey por los romanos en 40 a.C. (c. 4 a.C.), aunque algunos eruditos recientes argumentan a favor de la fecha de 4/3 a.C., para la muerte de Herodes; *Ant.* 17.190-91; *BJ* 1.665), que hubo un eclipse de luna el año que Herodes murió (12 o 13 marzo 4 a.C.; *Ant.* 17.167), y que la Pascua ocurrió después que su hijo Arquelao se convirtió en rey (17 abril 4 a.C.; *Ant.* 17.213; *BJ* 2.10). Por lo tanto Jesús nació antes del 4 de abril a.C., no en el año 0. En el siglo VI d.C., Dionysius Exiguus cometió un error al calcular la fecha, que no ha sido corregido.

Censo. Lucas 2.1-5 declara que un censo fue realizado por el Emperador Augusto antes de que Jesús naciera, y que los padres de Jesús viajaron a Belén para registrarse en su pueblo natal. Sin embargo, ningún historiador romano menciona un censo c. 4 a.C. En Lucas 2 se informa el censo en relación con la gubernatura de Quirino, quien llegó a ser gobernador de Siria después del 6 d.C., y realizó un censo en ese tiempo (*Ant.* 17.355; 18.356). Muchos de los eruditos, si no la mayoría, sostienen que Lucas erró en su cronología, al identificar de manera incorrecta al gobernador de Siria como Quirino, dando a Quirino el título equivocado, o introduciendo un censo anterior que nunca ocurrió.

Varios factores deben ser considerados antes de desechar el registro de Lucas. Primero, los romanos llevaron a cabo censos en todo su imperio. En el Egipto romano, está bien establecido que desde 33/34 d.C., hasta 257/258 se llevaron a cabo censos en intervalos de 14 años. Evidencia discutida recientemente, sin embargo, indica que durante el reinado de Augusto los censos se llevaron a cabo en intervalos de siete años, y se puede establecer con evidencia indirecta y directa para 11/10, 4/3 a.C., d.C. 4/5, y 11/12. Segundo, a la luz de la turbulencia al final del reinado de Herodes (*Ant.* 16.300-404; *BJ* 1.516-51), incluyendo lo que él percibió como amenazas a su poder por sus hijos y sus tensas relaciones con Roma y el hecho que era un rey cliente que gobernaba solo por el favor romano, pudiera ser que el censo egipcio de 4/3 a.C., fuese extendido a Judea o uno como ese se hubiese llevado a cabo allí, y este es al que se refiere en Lucas 2.1. Tercero, el edicto de Vibius Máximus en 104 d.C., (P. Lond. III 904.18-27), que todas las personas regresan a sus hogares para el censo, indica la plausibilidad del viaje a Belén registrado en los Evangelios. Por último, la gramática griega de Lucas 2.2 ha sido interpretada que este era «el censo previo, antes de que Quirino fuera gobernador de Siria.» Lucas puede estar usando la gubernatura de Quirino y el censo como un punto de referencia, ya que el censo de Quirino en 6 d.C., cuando Judea llegó a ser parte de Siria, fue traumático para los judíos; marcó el fin de siquiera la pretensión de autonomía. Esta evidencia apoya la fecha de c. 4 a.C., para el nacimiento de Jesús.

Los magos. Se han hecho varias propuestas respecto a la «estrella» que los magos o astrólogos siguieron en busca de Jesús (Mt 2.1-12). El cometa Halley, que puede ser visto cada 7 años, habría sido visible en el cielo en 12/11 a.C., pero esta fecha es demasiado temprana. Algunos postulan una forma de explosión espectacular de una estrella (supernova) c. 5/4 a.C., pero no hay evidencia firme. El astrónomo Johannes Kepler en 1606 calculó que había habido una conjunción de los planetas Marte, Júpiter, y Saturno en 7 a.C., algo que solo sucede cada 805 años. La astrología estaba muy extendida en el antiguo Cercano Oriente, con eventos especiales vistos para acompañar el nacimiento de personas importantes (p.ej., Alejandro Magno). Sin embargo, la historia de los magos agrega poco para establecer la fecha del nacimiento de Jesús.

La evidencia señala a la fecha del nacimiento Jesús c. 5/4 a.C. La fecha tradicional del 25 de diciembre (6 de enero para la Iglesia Oriental) se basa en la influencia del paganismo romano posterior sobre el cristianismo, y no se puede apoyar en ella.

Ministerio

El comienzo del ministerio de Jesús gira alrededor del de Juan el Bautista, las declaraciones en los Evangelios acerca de la edad de Jesús, y la edificación del templo. La historia de la visita de Jesús al templo cuando tenía 12 años (Lc 2.41-45) no provee evidencia para establecer una cronología precisa.

Juan el Bautista. Lucas 3.1-2 pretende fechar el comienzo del ministerio de Juan precisamente en el año quince del Emperador Tiberio. Sin embargo, esto tal vez no sea tan exacto como parece a primera vista. Si se usa el calendario Juliano, la fecha sería el 29 d.C.; si se usaron los años de reinado comenzando con la propia regencia de Tiberio (Más probable), la fecha sería 28/29; si los años de reinado comenzando con la corregencia de Tiberio son usados (11/12), sería 25/26 (aunque su corregencia es disputada por los historiadores, y no parece haber sido usada para fechar eventos en su reinado). (Esto supone que Lucas sabía cómo calcular fechas de acuerdo con estos métodos y estaba interesado en hacerlo.) Para la mayoría, la última fecha sería también temprana, aunque para algunos las primeras dos son demasiado tardías. No hay indicación en el NT respecto a la cantidad de tiempo entre el comienzo del ministerio de Juan y el bautismo de Jesús por él, pero los dos probablemente ocurrieron c. 28/29.

Edad de Jesús. Lucas 3.23 dice que Jesús era «como de treinta años» cuando comenzó su ministerio. La palabra traducida «como de» indica que «treinta» es un término aproximado. Aunque algunos han propuesto que 30 se usa aquí por razones teológicas o para indicar una edad de madurez espiritual, tales propuestas son probablemente en el mejor de los casos secundarias para servir como un indicador de tiempo aproximado. Según los cálculos de la fecha del nacimiento de Jesús, él habría comenzado su ministerio c. 27 (la fecha podría ser más tarde debido a que la extensión del tiempo es imprecisa).

El Templo. De acuerdo a Juan 2.13–3.21, Jesús visita Jerusalén en la Pascua. Se le dice que tomó 46 años para edificar el templo (todavía estaba en construcción, y nunca fue terminado completamente antes que los romanos lo destruyeran en el año 70). De acuerdo con Josefo (*Ant.* 15.380), la reedificación de Herodes del templo comenzó en el año dieciocho de su reinado (en *BJ* 1.401 Josefo la fecha en el año quince). Este era el mismo año que Augusto arribó a Siria (*Ant.* 15.354), que ha sido calculado como el año 20 a.C. (Dio Cassius *Hist.* 54.7.4). El año dieciocho de Herodes habría sido por tanto 20/19 a.C., y 46 años del comienzo del templo sería 28 d.C. Jesús probablemente comenzó su ministerio, por lo tanto, c. 28, a la edad de c. 31.

La duración del ministerio de Jesús es uno de los aspectos más controversiales en el establecimiento de la cronología de su vida, en especial ya que los Evangelios Sinópticos y Juan parecen estar en desacuerdo. Los Sinópticos mencionan una Pascua (Mt 26.17; Mr 14.1; Lc 22.1), mientras que Juan menciona tres (Jn 2.13, 23; 6.4; 11.55). Como resultado, las propuestas para la extensión del ministerio de Jesús van de uno a cuatro años. Muchos de los padres de la iglesia sostuvieron un ministerio de un año (algunos viendo Juan 2.13; 11.55 como indicadores del comienzo y el final del ministerio de Jesús con Pascuas). Otros abogan por un ministerio de tres a cuatro años basado en Juan, algunos incluso abogan por una cuarta Pascua no mencionada entre 2.13 y 6.4. Aunque mucho han criticado la confiabilidad de la cronología de Juan debido a sus tendencias teológicas, es demasiado extremo explicar todas las referencias a la Pascua en términos teológicos. Lo más probable es que el ministerio de Jesús duró tres años.

Muerte

La muerte de Jesús incluye consideración del día y el año de ese acontecimiento.

Día. Determinar el día de la muerte de Jesús una vez más aparentemente pone a los Evangelios Sinópticos y Juan en conflicto. Todos están de acuerdo que Jesús fue crucificado en un viernes (Mt 27.62; Mr 15.42; Lc 23.54; Jn 19.31, 42), antes del comienzo del sábado (y que fue resucitado al tercer día, domingo), y que era el tiempo de la Pascua. Los Sinópticos retratan a Jesús comiendo la Última Cena como una comida parecida a la Pascua con sus discípulos la noche antes de que él fue crucificado (Mt 26.17-35; Mr 14.12-25; Lc 22.7-38), aunque hay alguna ambigüedad de que ellos podrían considerar el día de los panes sin levadura como el día anterior a la Pascua (Mt 27.62; Mr 14.12; Lc 23.54). En los Sinópticos, el arresto, juicio y crucifixión de Jesús, aparentemente tuvieron lugar en la Pascua (15 de Nisán), el día anterior al sábado. Juan, sin embargo, retrata a Jesús comiendo la Última Cena en el día anterior a la Pascua (Jn 19.14, 16), o el día de Preparación (14 de Nisán), el mismo día en que fue asesinado y también el día anterior al sábado. Ha habido muchos intentos de reconciliar esta aparente discrepancia. Algunos han postulado que Marcos (seguido posteriormente por Mateo y Lucas) cometió un error al vincular la Última Cena con la comida de Pascua. Otros sugieren una comida pre-Pascua celebrada por Jesús y sus discípulos o que la Pascua era celebrada en varios días sucesivos debido a la gran cantidad de animales que se sacrificaban. Algunos sostienen que varios calendarios estaban involucrados, de acuerdo con la región o asociación religiosa. Qumrán puede haber seguido un calendario solar en lugar del calendario lunar seguido por otros judíos, pero no hay evidencia de que Jesús y sus seguidores siguieran el calendario de Qumrán. Algunos sugieren que los parámetros de un día fueron calculados de manera diferente: desde el amanecer hasta el amanecer (los Sinópticos: Galileos y fariseos) o de noche a noche (Juan: los de Judea y saduceos). Los que desean armonizar los relatos del evangelio con frecuencia favorecen esta última propuesta. No hay consenso entre los eruditos sobre esto, pero muchos eruditos sostienen, con base en Juan y la posible ambigüedad en los Sinópticos, que Jesús fue crucificado el viernes 14 de Nisán.

Año. El año de la muerte de Jesús es determinado

por dos factores: cuando el 14 de Nisán cae en viernes, y cuando la gente implicada en la muerte de Jesús estaba en funciones. Estas personas incluyen Pilato, prefecto de Judea, 26-36 (Mt 27.2-26; Mr 15.1-15; Lc 23.1-25; Jn 18.28–19.16; Hch3.13; 4.27; 13.28; *Ant.* 18.89); Herodes Antipas, tetrarca de Galilea y Perea, 4 a.C.–d.C. 39 (Lc 23.6-12; *Ant.* 18.240-56; 19.351); y Caifás, sumo sacerdote, 18-37 (Mt 26.3, 57; Jn 11.49-53; 18.13-14; *Ant.* 18.35, 90-95). Dentro del gobierno de Pilato, 27, 30, 33 y 36 parecen ser posibilidades teóricas para que el 14 de Nisán caiga en viernes. De acuerdo con el cálculo anterior, sin embargo, 27 es demasiado temprano y 36 demasiado tarde. La mayoría de los eruditos, en especial aquellos que abogan por un ministerio corto de Jesús, creen que Jesús fue asesinado el año 30. Los eruditos que están de acuerdo en un ministerio más largo tienden a creer que él murió en el año 33.

Período apostólico, incluyendo Pablo

La reconstrucción del período apostólico involucra el examen de tres cuerpos principales de evidencia: el libro de Hechos, las cartas de Pablo, y personas y eventos extrabíblicos. Puesto que hechos muy bien pudo haber sido escrito por alguien estrechamente asociado con el primer movimiento misionero cristiano, y a la luz del hecho que las cartas de Pablo no fueron escritas con una cronología histórica en mente, la distinción hecha con frecuencia entre Hechos como una fuente secundaria y las cartas de Pablo como fuentes primarias es claramente exagerada. Toda la información disponible debe ser juiciosamente pesada.

Hechos

El libro de Hechos proporciona la siguiente información de forma secuencial respecto a la cronología de la Iglesia Primitiva, en especial con referencia a Pablo: el apedreamiento de Esteban, en el que Pablo es un «joven» (Hch 7.58; posiblemente indicando su nacimiento en 5 a 15 d.C.); la conversión de Pablo, la estadía en Damasco, y el dramático escape (9.1-25; cf. 22.4-5; 26.12); primer viaje a Jerusalén, y luego a Tarso y Antioquía (9.26-30; 11.25-26); segundo viaje a Jerusalén, trayendo alivio para el hambre desde Antioquía (11.27-30; 12.25); primer viaje misionero (13.1–14.28); tercer viaje a Jerusalén, para el concilio apostólico (15.1-35); segundo viaje misionero (15.35–18.22; algunos colocan los eventos de 18.18–19.20 juntos, aunque Antioquía parece en Hechos marcar un punto de terminación y comienzo para los viaje de Pablo); tercer viaje misionero (18.23–21.16); último (cuarto o quinto) viaje a Jerusalén (21.17–23.10); encarcelamiento por dos años en Cesarea (23.12–26.32); y viaje a Roma y encarcelamiento ahí (27.1–28.31).

Es extremadamente difícil establecer la cantidad de tiempo que cada etapa de la cronología tomó, ya que Hechos tiene solo referencias infrecuentes a la cantidad de tiempo (11.26; 14.3, 28; 18.11; 19.8, 10, 22; 20.3; 24.27; 28.30).

Epístolas

Las cartas de Pablo, esp. Gálatas 1–2, proveen la siguiente cronología (la relación de estos eventos como se compila de las cartas individuales está sujeta a diferencia de opinión por los eruditos): la conversión de Pablo (Gl 1.12-16); estancia en Arabia y regreso a Damasco (v. 17); primer viaje a Jerusalén (vv. 18-20); estadía en Siria y Cilicia (vv. 21-24); segundo viaje a Jerusalén para entrevistarse con Pedro (2.1-10); incidente en Antioquía con Pedro (vv. 11-14; posiblemente antes del segundo viaje a Jerusalén); indicios de un primer viaje misionero macedonio y acayo/griego (1 Ts 1.8; 3.1; cf. Fil 4.15-16); estadía en Éfeso (2 Co 1.8-11), antes de ir a Troas y Macedonia (1 Co 16.8-9; 2 Co 2.12-13); y clara referencia a lo que probablemente fue un posterior viaje misionero macedoniio (filipense) y acayo/griego (1 Co 16.1-9; 2 Co 8-9; Ro 15.19-32).

Aparte de las dos referencia en Gálatas (Gl 1.18; 2.1), las Epístolas Paulinas no contienen indicadores de tiempo específicos. La anterior lista ofrece un probable arreglo de los eventos, aunque el primer viaje misionero puede haber ocurrido antes del segundo viaje a Jerusalén, ya que 1 Tesalonicenses no menciona la visita a Jerusalén. Esto es improbable, sin embargo, con base en la secuencia de Gálatas 1–2.

Referencias extrabíblicas

Puntos extrabíblicos de referencia cronológica atestiguan ocho eventos con posible relación en la cronología del NT. Todos tienen interpretaciones discutibles.

1. En 2 Corintios 11.32-33 Pablo menciona que el etnarca del rey Aretas estaba guardando Damasco. Cuestiones críticas incluyen disputas sobre la fecha de la muerte de Aretas (entre 38 y 40), la fecha en la que Aretas tomó control de Damasco (posiblemente tan tarde como 37, el ascenso de Calígula), y si este pasaje aun requiere que Aretas estaba en control de Damasco. La referencia puede indicar que la huida de Pablo tuvo lugar entre 37 y 38-40, o simplemente antes de 38-40.

2. Hechos 11.28 dice que un profeta llamado Agabo predijo una gran hambre durante el reinado de Claudio (41-54). Las posibles fechas oscilan entre 45, 46, 48 o después de 51. Algunos niegan que hubo tal hambre, ciertamente uno mundial (Suetonio *Claudio* 18; Tácito *Ann.* 12.43). Otra dificultad en fechar el segundo viaje a Jerusalén es que la profecía puede haber sido mucho antes de la hambruna misma.

3. Hechos 12.20-30 registra la muerte de Herodes Agripa I en 44 (cf. *Ant.* 19.343-52). Hechos coloca esto entre la historia de Pedro en vv. 1-19 así como la declaración resumen de v. 24 y reanudación de la historia de Pablo en v. 25. Es difícil establecer la relación cronológica exacta de estos eventos, aunque es probable que la secuencia sea correcta, y que el primer viaje misionero tuvo lugar después de la muerte de Herodes Agripa.

4. Hechos 13.7 dice que Sergio Paulo era procónsul de Chipre. Varias inscripciones vinculan a dicha persona con Chipre, pero son ambiguas respecto a referencia y fecha.

5. Hechos 18.2 se refiere a la orden de Claudio de que todos los judíos abandonen Roma. Suetonio (25.4) se refiere a la expulsión de judíos que estaban causando disturbios ante la instigación de un Crestus (no es claro si esta es una referencia a Cristo), pero no se da una fecha. La fecha tradicional de este evento (todavía sostenido ampliamente en círculos eruditos) es 49, siguiendo al historiador eclesiástico del siglo V Orosio (7.6.15), quien la fecha el año noveno del reinado de Claudio. De acuerdo con Dio Cassius (60.6.6), la expulsión de los judíos no era posible durante el levantamiento de los judíos en 41 debido a su gran número, pero esta fecha alternativa ha sido defendida en los últimos tiempos debido a la dudosa confiabilidad de la información de Orosio y la posibilidad de que la expulsión incluyera solo algunos judíos. Las implicaciones para el establecimiento de la cronología son significativas. La fecha más temprana sugiere una fecha anterior para la primera visita de Pablo a Corinto, aun si él no llegó inmediatamente después de Priscila y Aquila. Esto también requeriría una segunda visita a Corinto cuando Gayo era procónsul, posiblemente poco antes o después del concilio de Jerusalén. Hechos 18 proporciona alguna evidencia de fusión porque v. 8 se refiere a Crispo y v. 17 a Sóstenes como principal de la sinagoga. La fecha posterior, que sugiere que Hechos 18 registra una sola visita a Corinto durante la época de Gayo, es todavía más probable.

6. Hechos 18.12 se refiere a Gayo como procónsul de Acaya, ante quien Pablo fue arrastrado por los judíos. La conocida inscripción de Gayo (fragmentaria y en varias secciones importantes) encontrada en Delfos es un edicto de Claudio se refiere a Gayo como procónsul. Sobre la base de esta y otras inscripciones que establece su fecha, así como el hecho de que los procónsules generalmente servían por términos de un año, es posible establecer la fecha del cargo de Gayo a 51/52. Pablo parece haber estado en Corinto por el 51 o 52, hubiera sido esta o no su primera visita.

7. En Hechos 23.2; 24.1 Pablo aparece en la presencia de Ananías el sumo sacerdote. Nombrado en 47, Ananías fue enviado a Roma en 52 como el resultado de una disputa entre los judíos y los samaritanos, pero fue probablemente restaurado al poder cuando Claudio se pronunció a favor de los judíos, y continuó en ese cargo hasta que fue reemplazado, probablemente en 59 (*Ant.* 20.128-36; *BJ* 2.241-44).

8. Hechos 23.24–26.32 pone a Pablo en la custodia de los procuradores romanos Félix y Festo. Él estaba en custodia de Félix por dos años (24.27) antes de que Festo ocupara el cargo. De acuerdo con Hechos, poco después de su llegada Festo fue a Jerusalén y fue persuadido a llevar a Pablo ante el tribunal, pero Pablo apeló a César. Pocos días después el rey Herodes Agripa II visitó Cesarea, y durante su estadía Pablo compareció ante él. Es difícil establecer las fechas de procuradores de Félix y Festo. De acuerdo con Josefo, Félix tomó posesión de su cargo en 52 o 53 (*BJ* 2.247; *Ant.* 20.137). Existe controversia sobre cuándo su mandato llegó a su fin; muchos eruditos bíblicos abogan por una fecha c. 55, pero los eruditos clásicos prefieren una fecha posterior. La fecha temprana se basa en la noción de que Pallas, el rico y altamente influyente tesorero de Claudio (Suetonio 28) cayó en desgracia con Nerón en 55 y debe haber perdido inmediatamente su poder, y por tanto la autoridad para mantener a su hermano Félix en el cargo. Sin embargo, hay evidencia clara (Tácito *Ann.* 13-14) que Pallas retuvo mucho poder, hasta que fue envenenado por Nerón en 62 (cf. *BJ* 2.250-70). La fecha posterior de la sucesión de Félix por Festo, sin embargo, todavía se discute. Las estimaciones van del 56, sobre la base de la traducción latina de la *Crónica* (2.155) de Eusebio, a 58 a 61. Una fecha muy plausible es 59.

Síntesis de una cronología paulina

Sobre la base de la evidencia anterior, varios escenarios plausibles de una cronología paulina se pueden desarrollar. Tal vez lo más notable, los de Hechos y las Epístolas Paulinas tienen un sorprendentemente alto grado de armonía. La bibliografía a continuación proporciona líneas de tiempo alternas, pero la siguiente es una sugerencia plausible. No toda la información se ajusta igualmente bien, como lo indican los asuntos en disputa mencionados anteriormente. Cualquier cronología del NT está sujeta a numerosas limitaciones.

Uno debe primero decidir cuándo se convirtió Pablo. 33 o 34 d.C., es probable, con el resultado de que él estuvo tres años en Arabia y Damasco, antes de visitar por primera vez Jerusalén en 37. Después de c. 10 años más (Gl 2.1 marca 14 años después de su conversión), Pablo hizo su visita a Jerusalén a causa del hambre (probablemente debe ser igualado con Gl 2.1-10). El primer viaje misionero fue entonces de 47 a 48, y el concilio de Jerusalén de Hechos 15 en 49. Este orden, siguiendo Hechos, no es incompatible con la cronología paulina. El segundo viaje misionero (primera visita a Macedonia y Acaya/Grecia) duró de 49 a 52, y el tercero (segunda visita a Macedonia y Acaya/Grecia) de 53 a 57. Pablo fue arrestado en Jerusalén y encarcelado en Cesarea de 57 a 59. En 59 él fue enviado a Roma, donde estuvo encarcelado hasta el 62, y puede haber muerto ahí.

En este punto, Hechos no incluye nada más para una cronología paulina. Sobre la base de una posible colocación de las Epístolas Pastorales dentro de la cronología paulina, se ha postulado que Pablo fue liberado en 62, viajó por dos años en el Mediterráneo, posiblemente fue al occidente a España, y luego fue arrestado y asesinado en Roma en el 64 o 65 bajo Nerón.

Bibliografía. L. C. A. Alexander, «Chronology of Paul,» en *Dictionary of Paul and His Letters,* ed. G. F. Hawthorne and R. P.Martin (Downers Grove, 1993), 115-23; R. S. Bagnall and B.W. Frier, *The Demography of Roman Egypt* (Cambridge, 1994); H.W.Hoehner, «Chronology,» en *Dictionary of Jesus and the Gospels,* ed. J. B. Green and S. McKnight (Downers Grove, 1992), 118-22; R. Jewett, *A Chronology of Paul's Life* (Philadelphia, 1979); A. Kushnir-Stein, «Another Look at Josephus' Evidence for the Date of Herod's Death,» *Scripta Classica Israelica* 14 (1995): 73-86; G. Lüdemann, *Paul, Apostle to the Gentiles* (Philadelphia, 1984); L. McDonald and S. E. Porter, *Early Christianity and Its Sacred Literature* (Peabody, 2000); G. Ogg, *The Chronology of the Life of Paul* (London, 1968); B. W. R. Pearson, «The Lukan Censuses, Revisited,» *CBQ* 61 (1999): 262-82; R. Riesner, *Paul's Early Period* (Grand Rapids, 1998).

Stanley E. Porter

CRUCIFIXIÓN

Un modo particularmente horrible de castigo por el cual una persona (o a veces el cadáver de una víctima ejecutada) era clavada o atada a una cruz (Gr. *staurós,* †; también en la forma de una X- o T), o la estaca o árbol.

La crucifixión (del lat. *crux,* «cruz,» y una forma del verbo *figere,* «unir» o «atar») era una práctica ampliamente extendida en la antigüedad. Herodoto la menciona como una forma de ejecución entre los medos y los persas (*Hist.* 1.128.32; 3.132.2) y dice que Darío crucificó 3000 habitantes de Babilonia (3.159.1). Fuentes antiguas con diversos grados de exactitud mencionan la crucifixión entre los asirios, pueblos de la India, cartagineses, celtas, británicos, y alemanes. Alejandro Magno después del sitio de Tiro crucificó 2000 personas (Curtius Rufus *Hist. Alex.* 4.4.17); después de la muerte de Alejandro la rebelión contra sus sucesores fue reprimida con crucifixiones masivas (Diodorus Siculus *Hist.* 19.67.2). Josefo informa que Antíoco IV Epífanes después de su captura de Jerusalén en 168 a.C., azotó y crucificó a los judíos que se opusieron a la helenización forzosa «mientras aún estaban vivas y respiraban» (*Ant.* 12.5.4 [256]; el relato correspondiente en 1Macabeos 1.54-65 no menciona la crucifixión).

Bajo la influencia helenista durante el período asmoneo la crucifixión fue practicada entre los judíos. Alejandro Janeo (103-76) crucificó 800 fariseos *(anastaurōsas)* y asesinó a sus esposas y niños mientras ellos observaban desde las cruces, que Josefo llama «el acto más salvaje de todos» (*Ant.* 13.14.2 [380-83], *BJ* 1.4.6 [97]). También se hace alusión a este acto en el Qumrán pesher sobre Nahúm, donde Alejandro es llamado «el león de la ira» que colgó a hombres vivos (4QpNah 3-4.7-8 = 4Q169). El rollo del templo de Qumrán al comentar Deuteronomio 21.22-23 («porque maldito por Dios es el colgado») parece referirse a la crucifixión como un castigo esenio para la traición (11QT 64.6-13), aunque algunos autores interpretan este texto, como en Deuteronomio, en referencia a colgar en público a una persona ya ejecutada.

Bajo los romanos la crucifixión aumentó en extensión y severidad. Cicerón (106-43) la calificó «el más cruel y repugnante castigo» (*In Verrem* 2.5.64[165], 66[169]; cf. Hb 12.2). Con raras excepciones, los ciudadanos romanos y las clases altas se salvaron de la crucifixión, y llegó a ser clasificado como «el castigo de los esclavos» (*supplicium servile;* cf. Fil 2.7-8). El caso más famoso es la crucifixión de 6000 esclavos en la Vía Apia entre Capúa y Roma por Craso, la Victoria sobre Espartaco en la rebelión de los esclavos de 73-71 a.C. La crucifixión se empleó también en contra de las clases bajas por traición (p.ej., deserción del ejército) y como ejemplo público terrible contra las personas a las que se percibía como una amenaza al gobierno romano. Después de la revuelta abortada que siguió a la muerte de Herodes (4 a.C.) Varo, el gobernador romano de Siria, crucificó 2000 judíos (Josefo *Ant.* 17.10.10 [295]); durante el reinado de Calígula (37-41 d.C.) Flaco, el prefecto romano de Egipto, torturó y crucificó a los judíos en el anfiteatro de Alejandría como una forma de diversión (Filón *In Flaccum* 83-86), y poco antes del estallido de la guerra judía (66-72 d.C.) el procurador Gesio Floro torturó y crucificó ciudadanos judíos que también eran caballeros romanos (Josefo *BJ* 2.14.9 [306-7]). Nerón es el primer emperador romano en participar en la crucifixión en masa de cristianos (Tácito *Ann.* 15.44).

Como un medio público de ejecución, la crucifixión dio rienda suelta a los impulsos sádicos de los verdugos (Josefo *BJ* 5.11.1 [451]; Séneca *Dial.* 6.20.3; *Ep.* 101). Era precedida por azotes y otras formas de tortura. A los criminales a menudo se les obligaba a llevar una placa sobre su cuello enumerando la razón de su ejecución (Suetonio *Calígula* 32.2; *Domiciano* 10.1; Eusebio *HE* 5.1.44; cf. Mr 15.26 par.). Las víctimas eran clavadas con largos clavos o atados en varias posiciones doloras a cruces o tablones de madera. Hay alguna evidencia de una silla o *sedile* para apoyar el cuerpo del crucificado, que servía para prolongar el castigo y evitar la muerte por asfixia. A menudo las personas crucificadas permanecían colgadas por días y la muerte sobrevenía finalmente por pérdida de sangre o asfixia. Tanto hombres como mujeres eran crucificados. Normalmente como un terrible elemento de disuasión para futuros criminales, los cuerpos se dejaban en las cruces para que se descompusieran. Aunque prácticamente todas las fuentes antiguas sobre la crucifixión son literarias, el descubrimiento en 1968 de la tumba de un hombre crucificado al noreste de Jerusalén en el camino de Nablus ligeramente al norte de monte Scopus (Givʿat ha-Mivtar) proporcionó invaluable evidencia arqueológica para la crucifixión. La tumba está fechada en el siglo I d.C., y contenía los huesos de un hombre adulto entre 24 y 28 años de edad, Más probable de unos 1.65 m (5 pies 5 in) de altura, identificado por una inscripción como Yehoḥanan. Aunque algunos detalles siguen en disputa, ambos huesos del talón fueron traspasados por un largo clavo y aparentemente sus huesos de la espinilla se rompieron como un golpe de gracia. Aunque este descubrimiento históricamente no está relacionado con la crucifixión de Jesús, da una buena evidencia confirmatoria para los relatos de los evangelios sobre la crucifixión. La crucifixión de Jesús en los Evangelios, aunque es narrada con considerable reserva, refleja las antiguas fuentes literarias y arqueológicas. Jesús es azotado (Mr 15.15; Mt 27.26; Jn 19.1) antes de la crucifixión. Se espera que lleve el palo transversal de la cruz (Mr 15.21 par.) y, aunque no se menciona de manera explícita, es clavado a una cruz (Lc 24.39; Jn 20.27). Él es crucificado públicamente con *lēstai,* «bandidos sociales» (Mr 15.27; cf. Mt 27.23; Lc 23.33, *kakoúrgoi,* «malhechores») que pueden haber sido vistos como una amenaza para el orden social. A pesar de la costumbre general de negar la sepultura a los que eran crucificados, debido a la sensibilidad romana hacia las leyes judías que prohibían dejar a las víctimas expuestas durante la noche y en un día de fiesta, Jesús es sepultado. El ejemplo de Yehoḥanan muestra también que a los amigos y familiares se les daba permiso de comprar a una persona crucificada; Josefo dice que los judíos eran tan cuidadosos de los derechos de sepultura que las personas crucificadas eran bajadas de la cruz y sepultadas antes de caer la noche (*BJ* 4.5.2 [317]), y Filón menciona que en Alejandría el gobernador romano permitió que los cuerpos de las personas crucificadas fueran retirados antes de una fiesta (*In Flaccum* 83). El odio personal y la desgracia pública asociados con la crucifixión se reflejan en la proclamación de Pablo de Cristo crucificado como «para los judíos ciertamente tropezadero, y para los gentiles locura» (1 Co 1.23).

La paradoja en el corazón de la fe cristiana sigue inmediatamente: el Crucificado es «mas para los llamados, así judíos como griegos, Cristo poder de Dios, y sabiduría de Dios» (1 Co 1.24; cf. v. 18).

Bibliografía. J. A. Fitzmyer, «Crucifixion in Ancient Palestine, Qumran Literature, and the New Testament,» *CBQ* 40 (1978): 493-513; M. Hengel, *Crucifixion in the Ancient World and the Folly of the Message of the Cross* (Philadelphia, 1977).

JOHN R. DONAHUE

CRUZ

En el NT la cruz no representa simplemente el instrumento de la muerte de Jesús, sino que evoca una amplia gama de afirmaciones kerigmáticas y teológicas. La cruz no debe ser aislada del acontecimiento total de Cristo, la muerte *y resurrección*, entendido como el acto salvífico de Dios (Ro 4.24-25; 6.4-5; 2 Co 4.10-11). A pesar de la desgracia pública y el horror asociado con la crucifixión, en muy poco tiempo los primeros cristianos produjeron una apologética sostenida para la cruz junto con elaborada reflexión teológica.

La apología para la cruz surge del hecho de que, si bien había un precedente en el judaísmo para el sufrimiento y muerte de mártires (2 Mac 6.7–7.42), así como para la persecución de profetas y personas justas (1 R 18.4, 13; 2 Cr 24.20-22; Jer 26.20-23; 38.1-5), no hay expectativa precristiana de un Mesías que sufre y muere, en especial uno que tampoco es aceptado por su pueblo. Mientras que no hay un individuo claro que prefigura el sufrimiento y muerte de Jesús, los primeros cristianos se dirigieron a una amplia gama de textos del AT que fueron luego explícitamente aludidos o explícitamente citados para mostrar que la muerte de Cristo fue «conforme a las Escrituras» (1 Co 5.3). Principal entre estos era el cuarto «Canto del Siervo» de Isaías 52.13–53.12, no simplemente a través de citas explícitas, sino a través de alusión al silencio del sufriente, siervo de Dios y una persona justa que fue «herido fue por nuestras rebeliones» (53.5) y «llevado el pecado de muchos» (53.12). Esto se refleja en el uso de la fórmula (frecuente en fragmentos pre paulinos) *hypér* («por causa de»), que Cristo murió «por nosotros» o «por nuestros pecados» (1 Co 15.3; 11.23-25; Ro 4.25; 8.34; 1 Ti 2.6) y en el uso de formas de *paradídōmi* («cargó,» Is 53.6 LXX; cf. 1 Co 11.23; Ro 4.25; 8.32; Mr 9.31 par.; 10.33). Tales alusiones sirven para arraigar la cruz en la voluntad de Dios (Mr 8.31, *deí,* «es necesario»; 14.36, «no lo que yo quiero, sino lo que tú»), que a su vez es luego anunciado en las Escrituras. De igual influencia son las referencias a los Salmos del justo que sufre (Sal 22, 31, 34, 41, 69) y la semejanza del sufrimiento de Jesús con el justo de Sabiduría 2.12-20; 5.1-12. Tales textos se convierten en un almacén para ilustrar detalles de la narrativa de la Pasión.

Para la época de las cartas de Pablo (51-58 d.C.) ya se había dado una importante reflexión teológica sobre la cruz. Fundamentalmente (y paradójicamente) para Pablo la muerte de Jesús es una expresión del amor de Dios (Ro 5.8) y de Jesús (Gl 2.20). También es un acto de obediencia del «postrer Adán,» el cual revierte la desobediencia del primer Adán y sus desastrosos efectos de pecado y muerte (Ro 5.12-21). Pablo también se basa en una amplia variedad de imágenes de las Escrituras hebreas para describir el efecto de la cruz. Entre las principales están: justificación *(dikaiosýnē, dikaioún),* una absolución de los seres humanos por la cual pueden estar ante el tribunal o juicio de Dios como inocente, recto, o justo (Gl 2.16; Ro 3.26-28; 4.25; 5.18); expiación, una limpieza del pecado humano por la sangre del Cristo crucificado quien ahora es el nuevo «propiciatorio» dejando sin efecto el antiguo *kappōret* (Ro 3.25); rescate/ redención (*apolýtrōsis;* cf. *lýtron* [Mr 10.45]), una emancipación o manumisión de los seres humanos para lograr su liberación a través de un «rescate» por el cual Dios adquiere un pueblo en recuerdo de la redención prototípica que Dios llevó a cabo al sacar a su pueblo de Egipto (1 Co 1.30; Ro 3.24; cf. 8.32; Ef 1.14); y reconciliación *(katallagḗ, katallássein),* una restauración de la humanidad y el mundo *(kósmos)* a un estatus de amistad con Dios y con el prójimo (2 Co 5.18-20; Ro 5.10-11; 11.15; cf. Col. 1.20-22). Todos estos, y otros como salvación (2 Co 7.10; Ro 1.16; 10.10; 13.11), libertad (Gl 5.1, 13; Ro 8.1-2, 21; 2 Co 3.17), y nueva creación (Gl 6.15; 2 Co 5.17; Ro 6.4; 1 Co 15.45), sugieren un cambio de un estado de alienación de Dios y el prójimo a una renovación del amor de pacto de Dios y armonía con el prójimo.

Igualmente importante es la amplia aplicación de la muerte de Jesús del lenguaje tomado del culto sacrificial. La muerte de Cristo es una «ofrenda y sacrificio a Dios en olor fragante» (Ef 5.2), un sacrificio de Pascua (1 Co 5.7-8; Jn 19.14), un nuevo pacto ratificado por la sangre (muerte) de Jesús (Mr

14.24; 1 Co 11.25; Hb 7.22; 8.6; 9.15), y la ofrenda de los primeros frutos (1 Co 15.20, 23). El culto cristiano es en memoria de estas ofrendas (1 Co 11.25-26; Lc 22.19).

Los evangelios fueron escritos de manera retrospectiva de la muerte y resurrección, así que ellos no presentan simplemente una teología de la cruz, sino una narrativa de la vida del Crucificado. La enseñanza de Jesús en poder (Mr 1.27) y sus confrontaciones con la enfermedad, muerte, y el mal encarnado (los exorcismos) prefiguran la restauración de Dios de un mundo quebrantado a través de la muerte y resurrección de Jesús.

En los Evangelios y en otras partes en el NT la muerte de Jesús se convierte en un paradigma para la vida cristiana. El aspirante a seguidor debe estar preparado para tomar la cruz de Jesús (Mr 8.31 par.). Pablo exhorta a los cristianos en Filipos «Nada hagáis por contienda o por vanagloria» y propone el ejemplo de Cristo que no consideró el ser igual a Dios como algo a que aferrarse, sino que se vacío a sí mismo en la cruz (Fil 2.3-11); A los corintios se les dice que limiten sus propias libertades en lugar de escandalizar al hermano o la hermana por quien Cristo murió (1 Co 8.8-13; cf. Ro 14.15). En 1 Corintios 1.17–2.5 Pablo invoca la cruz como un principio crítico contra las pretensiones del sabio y el poderoso. Es piedra de tropiezo para los judíos y locura para los gentiles, pero para los que creen es poder y sabiduría de Dios (1.23-24). El estatus social marginado de una comunidad, que no obstante ha recibido los dones de Dios, es una señal paradójica que la cruz es en última instancia sabiduría, justificación, santificación y redención (cf. 2 Co 4.7-15).

La riqueza de imágenes y expresiones en el NT es un mandato para la iglesia a adaptar estas a los diferentes períodos de la historia. Las teorías clásicas de expiación (satisfacción, rescate), con fuertes tonos de apaciguar a un Dios airado, a menudo tienen poca relevancia para la gente hoy en día, mientras que los temas de liberación, salvación y derribar paredes de separación (Ef 2.14- 18) son la matriz de nuevas exploraciones teológicas. Aunque la gente se vuelve a la imagen de Jesús en la cruz en busca de solaz en momentos de sufrimiento, el NT no garantiza el uso de la cruz por el poderoso para instar al pueblo a soportar el sufrimiento y la injusticia. Es más bien la consecuencia del despojamiento de Jesús de poder y entrega de sí mismo por otros (Fil 2.6-11; Mr 10.42-45), y abarca el misterio de que ni siquiera Dios podía perdonar a su amado hijo del dolor de la condición humana. Sin embargo la cruz y la resurrección son los portadores de la promesa de un mundo roto y alienado.

Bibliografía. J. T. Carroll and J. B. Green, *The Death of Jesus in Early Christianity* (Peabody, 1995), esp. 256-79; J. A. Fitzmyer, «Reconciliation in Pauline Theology,» in *To Advance the Gospel* (1981, repr. Grand Rapids, 1998), 162-85; K. Grayston, *Dying, We Live* (Oxford, 1990); H.-E.Mertens, *Not the Cross but the Crucified.* Louvain Theological and Pastoral Monographs 11 (Grand Rapids, 1992).

John R. Donahue

CUADRANTE

Una de las dos monedas romanas de bronce: los *quadrans* (Gr. *kodrńtēs;* Mt 5.26; Mr 12.42), que representan 1/64 parte de un denario, y el *as* (Gr. *assárion;* Mt 10.29; Lc 12.6), un dieciseisavo de un denario.

CUARESMA

Período de preparación que antecede a la Pascua, de 40 días (seis semanas, no incluidos los domingos; cf. Mr 1.13). Originalmente era un tiempo de ayuno para los candidatos al bautismo, y luego se convirtió en un tiempo de penitencia y abstinencia general, con un énfasis cada vez mayor en la reflexión y la renovación espiritual.

CUARTO (Gr. *Koúartos;* Lat. ***Quartus*)**

Un cristiano (Lat. «cuarto») en Corinto, cuyo saludo a los cristianos de Roma se transmiten en la carta de Pablo (Ro 16.23). El epíteto de «nuestro hermano» lo identifica como un cristiano y no como un hermano de Erasto o Pablo

CUB (Heb. *kûḇ*)

Pueblo no identificado mencionado en la profecía contra Egipto (Ez 30.5 RVA), posiblemente los libios (LXX *Libyes;* cf. Heb. *lûḇ*) en la Cirenaica.

CUCHILLO

Un utensilio de corte, traducido por varias palabras hebreas. Heb. *mā'ăḵeleṯ* (de *'kl,* «comer») es un utensilio que se utilizó para matar un animal y prepararlo para la alimentación (Gn 22.6, 10; Jue 19.29). Este dispositivo de corte era lo suficientemente grande como para cortar a través de la carne humana y desmembrar un cuerpo humano.

Era, pues, probablemente el equivalente de un moderno cuchillo de carnicero (cf. Pr 30.14, par. *ḥereḇ,* «espada»).

Heb. *śakkîn* (Pr 23.2), se cree que es un préstamo lingüístico arameo, era una palabra común para un cuchillo de sacrificio en la literatura rabínica. El uso bíblico y los hallazgos arqueológicos proporcionan la distinción precisa entre un *mā'ăḵeleṯ* y un *śakkîn.* Heb. *ḥereḇ,* «espada,» a menudo se traduce «cuchillo» cuando la herramienta se utiliza para la circuncisión y para afeitarse (Jos 5.2; Ez 5.1-2); cf. la LXX, donde Gr. *máchaira* traduce *mā'ăḵeleṯ* y *ḥereḇ.* Heb. *ta'ar* se refiere a un utensilio para afeitarse (Nm 6.5; 8.7; Is 7.20; Ez 5.1) así como una navaja (Jer 36.23). La palabra no aparece en el NT.

Se han descubierto cuchillos en casi todas las excavaciones arqueológicas en Israel. Fueron hechos de cristal, metal, cobre y hierro.

MARK F. ROOKER

CUERNO

1. Un contenedor para líquidos o el aceite derramados sobre los ungidos para una tarea específica (1 S 16.1, 13; 1 R 1.39); Muy probablemente hecho de cuerno de un animal.

2. Un símbolo de poder, ayuda, victoria, o gloria (Dt 33.17; 1 R 22.11). El «cuerno de salvación» representa el poder Salvador del rey (2 S 22.3 = Sal 18.2[TM 3]). Un cuerno roto denota derrota (Jer 48.25). Los profetas predicen el futuro surgimiento de una bestia con cuernos múltiples, que representa los poderes opuestos a Dios (Zac 1.18-21[2.1-4]; Dn 7.8; Ap 13.1). En Apocalipsis 5.6 los siete cuernos del Cordero (Jesucristo) indican la abundancia de su poder.

Véase MÚSICA, INSTRUMENTOS MUSICALES.

CUERNOS DEL ALTAR

Proyecciones en forma de cuerno que se extendían hacia arriba desde las cuatro esquinas del altar (Ex 27;2; Lv 4.7; 1 R 1.50; 2.28; Ap 9.13). El cuerno era quizás un recordatorio simbólico de la fuerza, presencia y poder de Dios, tal vez derivado del toro o buey, animales conocidos por esas cualidades. El título semítico genérico para Dios, El, se compone de dos letras hebreas, la *alef,* en forma de una cabeza de buey con cuernos, y *lamed,* con forma de una aguijada de buey; combinadas, las dos letras comunican la idea de Dios como poder activo. Los cuernos quizás también representan picos de las montañas o un tipo de monte santo, es decir, la morada de la deidad (reflejada en la descripción del altar de Ezequiel; Ez 43.13-17; cf. también el zigurat de Mesopotamia, un tipo de montaña sagrada asociada con el hogar de la deidad).

Los cuernos jugaron un papel importante en el sistema de sacrificios a través del ritual del culto de colocar sobre ellos un poco de la sangre de la ofrenda por el pecado (Lv 4.7). Los cuernos también fueron reconocidos como un lugar de refugio (1 R 1.50; 2.28).

Las excavaciones arquelógicas en Meguido, Tell Beit Mirsim, y Beerseba han producido ejemplos desmantelados o intactos. Los altares con cuernos encontrados en las excavaciones de Meguido y Tell Beit Mirsim eran pequeños altares de piedra de caliza c. 6 m (2 pies) de altura. Una versión más grande construida con grandes bloques de piedra fue descubierta en Beerseba. Mientras que las ofrendas fueron hechas al parecer en la superficie de los altares, en algunos casos los cuernos podrían haber apoyado un recipiente o vasija en el que se hizo el sacrificio.

LAMOINE F. DEVRIES

CUERO

Material no procesado, utilizado comúnmente en la antigüedad para hacer varios productos, entre ellos cinturones, zapatos, botas y sandalias (Ez 16.10). Juan el Bautista usaba un cinto de cuero (Mt 3.4; Mr 1.6), al igual que Elías (2 R 1.8). Se usaban pieles de animales, con agujeros cosidos, como recipientes de leche, agua y vino (Jue 4.19; Gn 21.14; Mr 2.22); en otros envases hechos de cuero se guardaban aceite para cocinar, artículos de tocador, medicinas y aceite para las lámparas. También se utilizaba, con frecuencia, cuero para hacer camas y sillas; y las colgaduras de las paredes del tabernáculo eran de cuero (Ex 25.5; Nm 4.8). El equipo militar incluía también cascos, escudos, hondas y aljabas hechos de cuero, y para el cuidado de estos productos se utilizaba aceite para friegas en la superficie del cuero (2 S 1.21; Is 21.5).

En la Biblia está implícita la producción de cuero (Ex 25.5; Lv 13.48). A la piel del animal se le quitaban los pelos y la carne, y después era tratada para hacerla flexible y resistente al agua. El cuero, que se degrada con rapidez, ha dejado pocas piezas arqueológicas. Una excepción son los rollos del Mar Muerto. El rollo de Isaías consta de 17 hojas de cuero cosidas para formar una pieza que mide casi 7 metros (23 pies). Los pergaminos de Pablo (2 Ti 4.13) eran probablemente pieles que contenían escritos del AT.

Bibliografía. R. J. Forbes, «Leather in Antiquity,» en *Studies in Ancient Technology,* 3rd ed., 5 (Leiden, 1993), 1-79.

Dennis Gaertner

CUERPO

El pensamiento semítico no hizo una clara distinción entre los aspectos físicos y espirituales o psicológicos de la existencia humana, por lo que el AT no contiene ninguna palabra que connota «cuerpo» en el entendimiento moderno del término. Heb. *bāśār,* «carne», que designa básicamente todo el ser exterior de una persona (p.ej., Lv 13.3; Sal 109.24) como distinguible de partes específicas (piel, huesos, sangre; cf. Lam 3.4; Ez 37.6, 8), se refiere en general a todo el ser vivo y puede ser utilizado de manera intercambiable con *nepeš,* «alma». En el AT, el término se refiere colectivamente a la gente (Is 40.5), tanto vivos (Ex 30.32) como muertos (Sal 79.2), y a todos los seres vivos, incluyendo animales (Gn 6.19). También puede designar la carne para la comida: carne de animal como alimento para las personas (Nm 11.4) y carne humana como alimento para los animales (1 S 17.44).

El NT distingue más claramente entre «cuerpo» (Gr. *sṓma*) y «carne» (*sárx*). Aunque ambos pueden referirse al aspecto externo, *sṓma* tiene una connotación más holística (cf. Mt 5.29). Se refiere a los seres humanos vivos (Mt 6.22), a los seres humanos muertos (Mr 15.43), seres humanos resucitados (Ro 8,11), y las bestias (Hb 13.11), así como los cuerpos celestiales (1 Co 15.40). Una mayor distinción se hace entre la naturaleza física de los seres humanos y la naturaleza espiritual o alma (Mt 10.28; 1 Ts 5.23; cf. 2 Co 12.2-3). Como el órgano de generación, el cuerpo no debe ser utilizado para la inmoralidad sexual (1 Co 6.13, 16) ya que en la relación sexual pertenece a otro (7:4).

«Cuerpo» tiene un significado especial con referencia a Cristo. Su cuerpo crucificado es la manera de Dios de reconciliar a la humanidad pecadora con Él (Col 1.22). Como resultado de esta salvación, los cristianos se convierten en el cuerpo de Cristo en la comunidad de fe (1 Co 12.27). Como el cuerpo de Cristo, cada miembro de esta comunidad necesita a los demás y todos se pertenecen entre sí (Ro 12.5). A través de la observancia de la Cena del Señor, la comunidad cristiana celebra «la comunión del cuerpo de Cristo» (1 Co 10.16). Del mismo modo, el cuerpo de Cristo se edifica en la iglesia a través de su «obra del ministerio» (Ef 4.12). Cristo es no solo el Salvador del cuerpo de creyentes, sino también la cabeza de la Iglesia la cual es su cuerpo (Ef 5.23).

Bibliografía. N. P. Bratsiotis, «bāśār», *TDOT* 2:317-32.

Donald R. Potts

CUERPO DE CRISTO

Metáfora de la comunidad de los cristianos. El «cuerpo de Cristo» procede de las palabras de Jesús en la Última Cena cuando ofreció el pan para ser compartido como «mi cuerpo que por vosotros es partido» (1 Co 11.24; Lc 22.19). Aquí «cuerpo» (Gr. *sṓma*) se refiere a la presencia personal de Cristo en curso dentro de la comunidad. Al compartir la Cena del Señor, la comunidad reunida celebra la presencia del Cristo resucitado en medio de ellos «hasta que él venga» (1 Co 11.26). Ningún otro término o metáfora puede transmitir tan adecuadamente como *sṓma* la realidad colectiva que Pablo define como «cuerpo de Cristo».

Pablo usa *sṓma* para referirse tanto a la individualidad, es como «cuerpo» que seremos resucitados y transformados en el final del tiempo para ser como el «cuerpo glorioso» de Cristo (Fil 3.21), y la colectividad de la existencia humana, pero es la unión con Dios «en Cristo» lo que marca el carácter corporativo de la existencia cristiana. Así como las escrituras hebreas se habían referido a Israel como una «personalidad colectiva», así también, para Pablo, el «cuerpo» conserva este carácter esencialmente colectivo. Pablo usa la metáfora para contrarrestar los efectos divisivos del faccionalismo presente en Corinto, pero amplía su significado de manera extraordinaria (1 Co 12.12-31), afirmando su convicción sobre el «cuerpo» del Cristo resucitado e identificando este cuerpo con la comunidad cristiana (v. 27) formado por «muchos miembros» (v. 12). El bautismo marca la entrada del creyente en este cuerpo, y el compartir en un mismo espíritu es su carácter distintivo. Participar en la «Cena del Señor» (1 Co 11.17-34) sin «discernir el cuerpo» es hacer caso omiso de la presencia del Señor en la comunidad y por lo tanto acarrear juicio sobre sí mismo. «Discernir el cuerpo» no es otra cosa que reconocer en la comunidad el cuerpo de Cristo. La existencia auténtica para un cristiano, por lo tanto, se vive solo como miembro de un cuerpo, que es Cristo (Ro 12.5).

La analogía del cuerpo humano como imagen para el cuerpo social era ubicuo en la antigüedad (en los textos clásicos, cf. M. Aurelio *Med.* 7.13; Livy *Urb. cond.* 2.32).

BARBARA E. BOWE

CUERVO

Un pájaro negro, grande y fuerte c. 61 cm (2 pies) de largo con un gran pico de 7,6 cm (3 pul.). El cuervo (Heb. *ʿōrēḇ;* Gr. *kórax*) está ampliamente distribuido en toda Europa, Asia y África. Se alimenta de aves y pequeños animales, así como de semillas, bayas y frutas. También es en parte carroñero y fue designado como un ave inmunda probablemente a causa de este hecho y la gran variedad de su dieta (Lv 11.15; Dt 14.14). Palestina cuenta con ocho diferentes especies de cuervos (orden Passeres). Estas aves son particularmente fuertes con sus graznidos. Noé envió un cuervo para encontrar tierra seca debido a su fuerza de largo vuelo y la capacidad de alimentarse de muchas fuentes diferentes (Gn 8.7). Los cuervos alimentaron a Elías, cuando se estaba escondiendo de Acab (1 R 17.4-6). Esto habría sido contrario al patrón del cuervo, que por lo general se ocupa de sí mismo, incluso en detrimento de sus crías (Job 38.41; Sal 147.9). Jesús enseñó que el cuidado que Dios tiene del cuervo era una indicación de un mayor valor de los seres humanos para Dios (Lc 12.24).

JOHN A. MCLEAN

CUEVA

Un hueco natural en la ladera de una colina. Los primeros seres humanos usaron las cuevas para refugio, protección y residencia, y algunas de las primeras expresiones del arte humano se han encontrado en cuevas, como en Francia y España. Las cuevas también han tenido asociaciones mitológicas, representando simbólicamente las esferas de nacimiento y muerte, lugares de nacimiento para deidades, y entradas (bóvedas de nacimiento) de un mundo a otro. Algunos usos de cuevas en los textos bíblicos incluyen:

(1) Un lugar para sepultura. Abraham compró la cueva en Macpela como un lugar para sepultar a Sara (Gn 23.10), y de acuerdo con Mateo (Mt 27.60) Jesús fue sepultado en una cueva (cf. Jn 11.38).

(2) Un lugar donde esconderse. Cinco reyes amorreos se escondieron en una cueva en Maceda, donde fueron finalmente asesinados y posteriormente sepultados (Jos 10.16-27). David se escondió en la cueva de Adulam (1 S 22.1-2), y desde ahí formó su banda de seguidores. También usó un incidente dentro de una cueva para salvar la vida de Saúl, indicando así su apoyo al ungido del Señor (1 S 24.1-16). Abdías, visir del rey Acab, salvó una cantidad de profetas de la reina Jezebel al esconderlos en cuevas (1 R 18.3-4), y las cuevas se convirtieron en un lugar para esconderse del «terror del Señor» (Is 2.19-22 NVI).

(3) Un lugar de revelación. Elías escucha las palabras de Jehová en una cueva en monte Horeb (Sinaí), donde Dios le dijo que ungiera sucesores reales y proféticos (1 R 19.9-18).

Bibliografía. R. Stenuit, *Caves and the Marvelous World Beneath Us* (South Brunswick, N.J., 1966).

C. GILBERT ROMERO

CULPA DE SANGRE

La culpa en la que se incurría por la muerte injustificada de un animal o un ser humano. Infracciones específicas incluyen no llevar un animal sacrificado al tabernáculo para el sacrificio (Lv 17.4) y el «asesinato deliberado» de un ladrón que irrumpe después del amanecer (Ex 22.3; en contraste con v. 2[TM 1], el «homicidio accidental» por el cual el dueño de la casa mata a un ladrón que entra por la noche). Otros delitos que incurren en culpa de sangre pueden incluir la negligencia que conduce a una muerte accidental (Dt 22.8; Ez 33.6-9) y la venganza de sangre llevada a cabo dentro de una ciudad de refugio (Dt 19.10). Dichas infracciones podían ser expiadas solo con la sangre del responsable, y la parte culpable es plenamente responsable por la sangre derramada en la realización de su ejecución (Jos 2.19; 2 S 1.16; 1 R 2.37; Ez 18.13). David evita culpa de sangre al no vengarse de Nabal y así usurpar la autoridad divina (1 S 25.26, 33).

CULTO

Véase Adoración.

CUN (Heb. *kûn*)

Ciudad que pertenece a Hadadezer de Siria de donde el rey David saqueó una gran cantidad del bronce que después usó Salomón para la construcción del mar de bronce y otros objetos del templo (1 Cr 18.8; cf. 2 S 8.8, Berothai). Cun, llamada Conna por los romanos, a veces es identificada con la moderna Râs Baʿalbek, una aldea al suroeste de Ribla y c. 20 km (12.5 mi) N de Baalbek.

CUNEIFORME

Término para una variedad de sistemas de escritura usando grafemas de «formas de cuña» (Lat. *Cunea-*

tus.) Las cabezas triangulares de los trazos individuales de los símbolos fueron creados presionando el punto de una aguja por lo general de caña en arcilla húmeda. Los símbolos eran reproducidos con un cincel para metal e inscripciones de piedra. Los sumerios desarrollaron esta manera de escritura a finales del tercer milenio a.C., para registrar transacciones comerciales. Los símbolos eran originalmente pictográficos, llegando a ser principalmente silábica. Una cantidad de grupos de idiomas adoptaron (y adaptaron) el sistema, incluyendo el acadio, eblaita, ugarítico (un sistema de escritura alfabético), hititas, elamitas, hurritas, y antiguo persa. Mark Anthony Phelps

CURTIDO

Un proceso empleando una variedad de materiales y soluciones para transformar pieles fuertes de animales en un producto suave y flexible. Evidencias de textos y pinturas indican que la tecnología antigua puede ser rastreada a Egipto y requería el raimiento de pelo y piel de animal después de la cual la aplicación de limón, jugo de ciertas plantas y corteza u hojas de ciertos árboles producían el efecto deseado. Una forma del heb.

'ādōm (usado para pieles de animal teñidas en rojo) llevaba en sí misma el reflejo de este proceso (Ex 25.5; 26.14; 35.7, 23; 36.19; 39.34), ya que curtir un cuero tiende a producir una apariencia rojiza. La LXX usa el gr. *ēruthrodanōmé,* «teñir de rojo.»

Pieles curtidas servían a una variedad de usos y funcionaban como tapices en el tabernáculo (Ex 25.5; 26.14), también como la producción de ropa, cubos de piel y odres de agua (G 21.14; Jue 4.19; Mt 9.17)). Completos cueros de animales con los huecos cocidos servían como contenedores para la casa y almacenaban artículos como aceite para cocinar, artículos de tocador, medicinas y combustible para las lámparas. El cuero se usaba para muebles tanto como para la producción de armas tales como escudos, yelmos, lanzas y aljabas. Juan el Bautista era conocido por su correa de cuero (Mt 3.4; Mc 1.6) así como Elías su predecesor (2 R 1.8).

Vivir cerca de un curtidor no era considerada una experiencia placentera debido al olor producido en el proceso de trabajar con pieles de animales. Simón el curtidor (gr. *byrseús*) vivía fuera de la ciudad de Jope (Hch 9.43; 10.6, 32). La literatura talmúdica confirma frecuentemente esta actitud negativa hacia los curtidores. La decisión de Pedro de quedarse con Simón el curtidor destaca la receptividad del apóstol a la accesibilidad del evangelio a aquellos una vez considerados impuros.

Bibliografía. R. J. Forbes, «Leather in Antiquity,» *Studies in Ancient Technology* 5, rev. ed. (Leiden, 1966): 1-79.

Dennis Gaertner

CUS (Heb. *kûš*) **(LUGAR)**

La zona geográfica al sur de Egipto e inmediatamente al este del Mar Rojo, que abarca áreas de las modernas Sudán, Etiopía, Eritrea, Arabia Saudita, y Yemen (Est 1.1; Is 11.11; 18.1; Sof 1.1). La moderna erudición occidental distingue entre la Cus africana y la Cus árabe. Alguno siente que Cus en Génesis 2.13 es una referencia al territorio kasita en la región de Mesopotamia. Otros ven la referencia al origen de la esposa de Moisés como una indicación de que los madianitas también tenían una ciudad o región que llevaba el nombre Cus (Nm 12.1; Hab 3.7; cf. Ex 2.21). Aunque estas opiniones están muy extendidas, la noción de múltiples referencias geográficas para Cus es desafiada por la erudición contemporánea.

Bibliografía. C. H. Felder, *Troubling Biblical Waters* (Maryknoll, 1989); E. Ullendorff, *The Ethiopians,* 3rd ed. (Oxford, 1973).

Keith A. Burton

CUS (Heb. *kûš*) **(PERSONA)**

1. Hijo mayor de Cam y padre de Nimrod (Gn 10.6-8; 1 Cr 1.8-10). La Tabla de Naciones lo registra como el padre de Seba, Havila, Sabta, Raama y Sabteca.

2. Mensajero que informó a David la derrota y muerte de Absalón (2 S 18.21-23).

3. Benjaminita y oponente de David (Sal 7 sobrescrito [TM 1]). Keith A. Burton

CUSAÍAS (Heb. *qûšāyāhû*) (también QUISI)

Levita; descendiente de Merari que ministraba con cantos delante del tabernáculo en tiempos del rey David (1 Cr 15.17). Fue padre de Etán. En 1 Cr 6.55(TM 15) es llamado Quisi.

CUSÁN (Heb. *kûšān*)

Un pueblo o distrito citado en paralelo con Madián en Habacuc 3.7, posiblemente relacionado o incluso idéntico con Cus.

CUSÁN-RISATAIM (Heb. *kûšān riš'āmayim*)

Rey de Mesopotamia (Heb. *'aram nahărāyim*) a quien Jehová dio su pueblo como esclavos por ocho años antes de que Otoniel los liberara de su dominio (Jue 3.8-10).

CUSI (Heb. *kûšî*)

1. Padre de Selemías y antepasado de Jehudí que convocó a Baruc y luego leyó el rollo al rey Joacim (Jr 36.14, 21-23).
2. Padre del profeta Sofonías (Sof 1.1).

CUSITA

Gentilicio (Heb. *kûšî*) que designa a un esclavo etíope que fue escogido por Joab para llevar las noticias de la muerte de Absalón al rey David (2 S 18.21-23, 31-32).

Séfora, la esposa de Moisés, es identificada como una mujer cusita (*kûšît*), quizás haciendo referencia a un distrito en Madián (Nm 12.1).

CUTA (Heb. *kûṯ, kûṯâ; acad. Kutû*) (también CUT)
Ciudad norteña importante c. 30 km (19 mi) al noreste de la antigua Babilonia. El gran montículo artificial de Tell Ibrāhîm, casi ciertamente el sitio de la antigua Cuta, solo fue brevemente excavado en 1880 y sujeto a investigaciones en la superficie en el siglo XX; por lo que la historia política y de culto de la ocupación del sitio se limita esencialmente a fuentes escritas.

Los reyes neoasirios ansiosos de legitimar sus lazos políticos con Babilonia realizaron sacrificios en Cuta (Salmanasar III, Šamši-adad V, Adadnirari III, Tiglat-pileser III, Sargón II [?], Esaradón [?], Asurbanipal). Periódicamente Cuta se unió a otros ejércitos babilonios para resistir las ambiciones imperiales neo asirias, y fue conquistada por Senaquerib y Asurbanipal, quienes exiliaron babilonios por miles en el siglo VII a.C., y son por tanto los mejores candidatos para el rey asirio no nombrado detrás del asentamiento de cutitas exiliados en el antiguo reino del norte (2 R 17.24) que el favorito de los comentaristas, Sargón II.

Cuta fue el sitio de un popular panteón ctónico centrado en el dios Nergal en varias manifestaciones, su consorte Laṣ, y Ereškigal, reina del inframundo. La adoración del cutita Nergal es atestiguada desde el reinado de Naram-sîn en el tercer milenio y continúa en la era seléucida. 2 Reyes 17.30, parte de un largo pasaje que describe los cultos no yahvistas practicados por pueblos asentados en el antiguo reino del norte, afirma que los exiliados de Cuta adoraron a Nergal.

Bibliografía. D. O. Edzard and M. Gallery, «Kutha,» *Reallexikon der Assyriologie* 6 (Berlin, 1980-83): 384-87.

Steven W. Holloway

D

D

1. Un símbolo para el deuteronomista, una de las fuentes literarias del Pentateuco, que representa gran parte el libro de Deuteronomio.

2. Un símbolo que designa dos manuscritos bíblicos: Códice Beza (D) y Códice Claromontano (D2).

DABESET (Heb. *dabbešet*)
Una ciudad (o punto de referencia; Heb. «joroba») en la frontera sur de Zabulón (Jos 19.11). De las posibles identificaciones modernas Tell esh-Shammam/Tel Sem (164230), norte de Tell Qeimûn/Tel Yoqneam (Jocneam bíblico), es la más probable.

DABERAT (Heb. *daberat*)
Una ciudad levita asignada a los gersonitas (Jos 21.18 = 1 Cr 6.72 [TM 57]) en el territorio tribal de Isacar, en la frontera de Zabulón (19.12). El sitio ha sido identificado como Kirbet Dabqra (185233), al este de Dabûriyeh al pie noroeste del monte Tabor. Rabit (Jos 19.20) puede ser el mismo lugar.

DAFNE (Gr. *Dapnē*)
Una ciudad en los alrededores de Antioquía (Siria), c. 8 km (5 mi) al suroeste. Situada en un magnífico jardín unos 16 km (10 mi) En la circunferencia, Dafne fue el sitio de muchos santuarios, incluso el templo exquisito de Apolo, al pie de los inagotables manantiales. Dafne también era un lugar de asilo (Strabo *Geog.* 16.2.6); Onías el sumo sacerdote huyó al santuario de Apolo después de poner al descubierto la corrupción de Menelao (c. 171 a.C.; 2 Mac 4.32-33).

DAGÓN (Heb. *dagôn*)
Una deidad semítica occidental importante que se convirtió en el dios nacional de los filisteos después de su llegada a Canaán, El personaje de Dagón sigue en disputa. Una representación de Dagón como dios-pez surgió de una etimología popular basada en Heb. *dag*, «pez». Otra sugiere a Dagón como dios del grano (*dagan)*, esta última palabra tomada del nombre de la deidad o viceversa. Aun otro punto de vista ve tal aspecto de fertilidad como derivado del papel primario de Dagón como un dios-tormenta y reconstruye una etimología para el nombre basado en el árabe *dagana*, «ser sombrío, nublado.»

Dagón, cuyo nombre se atestigua comúnmente en nombres teofóricos del tercer milenio a.C., es reconocido en la inscripción de Sargón de Acad como la deidad principal de la alta Mesopotamia durante ese período (*ANET*, 268), una asociación que persiste un milenio más tarde en Ugarit, donde se le llama «Dagán de Tutul.» Dagón se destaca en el tercer milenio en Ebla (Siria) y durante el período Mari (principios del segundo milenio). Mientras Dagón está prácticamente ausente de la mitología ugarítica, su nombre aparece en las listas de ofrendas y dedicaciones, y un templo principal de la ciudad ha sido provisionalmente identificado como suyo.

El culto antiguo de Dagón por los cananeos, de quienes los filisteos heredaron su dios, se refleja en el nombre de lugar Bet-dagón. 1 Samuel 5.1-7 retrata a Dagón como la deidad nacional de los filisteos, representado por una estatua de culto y servido por sacerdotes en su templo en Asdod. En Jueces 16.23-24 los filisteos celebran un festival en honor a Dagón, a quien le atribuyen la entrega de su enemigo Sansón. Los filisteos muestran la cabeza de Saúl en un templo de Dagón, localizado quizás en Bet-san (1 Cr 10:10; cp. 1 S 31.10). Dagón, quien todavía era adorado en su templo en Asdod durante el siglo II, sobrevivió a los filisteos (1 Mac 10:83).

Bibliografía. D. E. Fleming, «Baal and Dagan in Ancient Syria,» *ZA* 83 (1993): 88-98; J. F. Healey, «The Underworld Character of the God Dagan,» *JNSL* 5 (1977): 43-51; F. J. Montalbano, «Canaanite

Dagon: Origin, Nature,» *CBQ* 13 (1951): 381-97; N. Wyatt, «The Relationship of the Deities Dagan and Hadad,» *UF* 12 (1980): 375-79.

JOEL BURNETT

DALET (Heb. *dalet*)

La cuarta letra del alfabeto hebreo. El carácter hebreo representa tanto el alto dental (transliterado *d*) y, con el dages, la interdental espirada (*d*).

DALFÓN (Heb. *dalpôn*)

Uno de los 10 hijos de Amán ejecutado por tratar de matar a todos los judíos en Persia (Est 9.7).

DALILA (Heb. *dĕlîlâ*)

La mujer que derrota a Sansón. El significado de su nombre es incierto; las propuestas incluyen «devota», «coqueta,» «rizo que cae,» y «pequeña.» Considerando la asociación del nombre Sansón con Heb. *šemeš* («sol»), parece que implica un juego de palabras con *laylâ* («noche»). La historia no especifica la identidad étnica de Dalila; lo más probable es que sea filistea, al igual que los otros amores de Sansón.

Las historias giran alrededor de las peligrosas amistades de Sansón con tres mujeres. El amor de Sansón por Dalila (Jue 16.2-22) es el tercero y el más letal de estos. Al ofrecérsele un gran soborno por los señores filisteos, Dalila consiente en descubrir el secreto de la fuerza de Sansón. Tres veces ella pregunta a Sansón como él puede ser dominado; y se le toma el pelo con una respuesta falsa. La cuarta vez Sansón divulga su secreto: su fuerza está en su cabello no cortado. Mientras Sansón duerme, Dalila afeita su cabeza, lo ata y lo entrega a sus enemigos.

Dalila ilustra un tema bíblico y folklórico común: la mujer «extraña» que atrapa a los hombres. La interpretación tradicional retrata a Dalila como la seductora engañosa por excelencia. En contraste, las interpretaciones feministas recientes sugieren que Dalila, como la mujer timnatea que engaña a Sansón para salvar su vida (Jue 14.1-20), es una mujer que hace lo que debe a fin de sobrevivir. Otros notan que desde una perspectiva filistea Dalila es como Jael, una heroína celebrada por seducir y luego matar al enemigo de Israel, Sísara (Jue 4.17-22; 5.24-27).

Bibliografía. J. L. Crenshaw, *Samson* (Atlanta, 1978); J. C. Exum, «Aspects of Symmetry and Balance in the Samson Cycle,» *JSOT* 19 (1981): 3-29; D. N. Fewell, «Judges», en *The Women's Bible Commentary,* editor. C. A. Newsom y S. H. Ringe (Louisville, 1992), 67-77.

CAROLYN J. PRESSLER

DALMACIA (Gr. *Dalmatía*)

Una provincia romana situada en la costa noreste del mar Adriático. Dalmacia proporcionó un modelo para la historia problemática posterior de los estados balcánicos. Esta zona montañosa adyacente a Macedonia cayó bajo la dominación romana en 228 a.C. Sin embargo, Roma nunca logró estabilizar completamente su control sobre la región.

Dalmacia tomó su nombre del Delmantae o Dalmante, pueblos tribales que al principio ocuparon el área. Durante tiempos del NT Dalmacia estuvo asociada con la provincia de Iliria (2 Ti 4.10). Varias fuentes antiguas atestiguan que la iglesia en Dalmacia fue susceptible a sectas, sincretismo y luchas internas.

D. LARRY GREGG

DALMANUTA (Gr. *Dalmanouthá*)

Un lugar en la orilla del Mar de Galilea al cual Jesús se retiró después de la alimentación de los cuatro mil (Mr 8.10). Las variantes del nombre incluyen Dalmounai (Códice Washingtoniano), Mageda (minúsculos 28, 565), Magedan (Siríaco Sinaítico), y Melegada (Códice Beza). En el pasaje paralelo (Mt 15.39) Magdala o Magadan aparece como el nombre del distrito.

La ubicación y la identificación de Dalmanuta son desconocidas, aunque ha sido identificada como un pequeño fondeadero al oeste de Capernaúm.

ZELJKO GREGOR

DÁMARIS (Gr. *Dámaris*)

Una mujer de Atenas señalada en Hechos 17.34 (omitido en Códice D) como creyente en el mensaje de Pablo acerca de la resurrección (cp. vv. 16-32). Ella es mencionada junto con el único otro creyente mencionado, Dionisio, un miembro del consejo gobernante ateniense (Areópago). Esta asociación inmediata con un funcionario civil y el enfoque más amplio en Hechos 17 en el alcance de Pablo a mujeres griegas de niveles superiores (vv. 4, 12) sugieren que Dámaris misma era una persona de cierta posición social.

Bibliografía. I. Richter, *Women in the Acts of the Apostles* (Minneapolis, 1995), 246-48.

F. SCOTT SPENCER

DAMASCO (Heb. *dammekeq;* Gr. *Damaskós*) Una ciudad en el sur de Siria que jugó un papel importante en la historia política de Israel durante el primer milenio a.C. Damasco también aparece en el NT en relación con la conversión de Saulo de Tarso al cristianismo.

La ciudad está situada en una cuenca bien regada a lo largo de los bancos del río Barada. La fertilidad de la región y su ubicación en la principal ruta comercial entre el norte y el sur hicieron de Damasco un jugador clave en la historia política y económica de la Siria-Palestina.

Como la ciudad sigue estando habitada, muy poca excavación se ha hecho debajo de los niveles del período romano. Sin embargo, el trabajo reciente en el patio de la mezquita Umayyad ha indicado que la ciudad estuvo ocupada por lo menos desde el tercer milenio. El registro escrito más antiguo de Damasco viene de una inscripción del faraón egipcio Tutmosis III, en el que se enumeran los nombres de las ciudades que se rindieron a él en 1482, tras una campaña egipcia en Canaán, La ciudad también aparece en tres de las Cartas de Amarna del siglo XIV.

Estos textos no sugieren que fuera una ciudad importante durante este período. Más bien, era simplemente una de varias ciudades a lo largo de la periferia norte del control político egipcio.

La ciudad llegó a ser importante políticamente durante el primer milenio, cuando surgió como la capital de un importante reino arameo, a veces llamado Aram-Damasco, pero por lo general referido simplemente como Aram en el AT. La primera información que tenemos acerca de Damasco en la Edad de Hierro viene de 2 Samuel 8 = 1 Crónicas 18, que relata una batalla entre tropas israelitas al mando del rey David y las de Damasco. Los israelitas derrotaron a Damasco, y David incorporó la ciudad a su nuevo imperio.

Durante el reinado de Salomón, sin embargo, cierto Rezón se proclamó rey en Damasco y se apartó de la soberanía israelita (1 R 11.13-25). Salomón no pudo restaurar su control sobre la región. Esto representa el comienzo de Aram-Damasco como una entidad política principal.

Desde principios del siglo IX Aram se convirtió en un serio rival del reino del norte de Israel. Bir-hadad (bíblico Ben-adad) atacó a Israel durante el reinado del rey Baasa, después de hacer una alianza antiisraelita con el rey Asa de Judá. Durante esta campaña capturó y destruyó varias ciudades en el norte de Israel (1 R 15.16-22). A mediados del siglo IX Aram era el estado más poderoso en Siria-Palestina, su rey Hadadezer encabezó una coalición de 12 estados contra la invasión del norte de Siria por los asirios. La inscripción de Monolito de Salmanasar III de Asiria se refiere a Acab de Israel como uno de los aliados principales de Hadadezer durante la batalla de Qarqar en 853.

C. de 842/841 Hazael, un oficial de la corte de Damasco, mató al rey de Damasco y se apoderó del trono (cp. 2 R 8.7-15). Siguieron dos o tres enfrentamientos adicionales con Salmanasar III entre 841 y 837, Hazael comenzó una política expansionista por la cual creó un imperio arameo importante que incluyó Israel y Judá, así como otros estados palestinos, como vasallos (2 R 10:32-33; 12.17-18). Por c., de 40 años Aram dominó la región. Pero después de la muerte de Hazael, su hijo Bir-Hadad perdió el control del imperio. Los asirios volvieron en 796, atacando la ciudad de Damasco y obligando al rey a pagar un pesado tributo. Bir-adad encabezó una coalición de estados contra Zacur, el rey de Hamat y Luas al norte de Siria, pero fue derrotado por éste. El rey Joás de Israel fue capaz de sacudirse la dominación de los sirios de Israel durante este tiempo (2 R 13.14-19, 24-25). Es probable que el relato de las dos batallas entre Israel y Damasco descrito en 1 Reyes 20 haya sido atribuido por error de redactores posteriores al reinado de Acab, y que es probablemente el relato de las victorias de Joás sobre Bir-adad, hijo de Hazael.

Durante el reinado de Jeroboam II (c. 786-746), Israel realmente convirtió a Damasco en un vasallo (2 R 14.25, 28).

El último período de poder político para Aram-Damasco se produjo en la década de 730, cuando el rey Radyan (Rezín bíblico) de Aram y Peka de Israel formaron una coalición antiasiria. Ellos intentaron obligar a Acaz de Judá a unirse a ellos, pero fueron detenidos cuando el ejército asirio bajo Tiglat-pileser III marchó sobre la región en 734 (2 R 16.5-9; Is 7.1-8.15). Durante los próximos dos años los asirios recapturaron todos los estados rebeldes, conquistando Damasco y anexándolo a Asiria en 732. Este fue el final de Aram-Damasco como un estado independiente.

Damasco permaneció como una ciudad importante a través de los siglos siguientes. Fue una capital provincial durante el período persa (539-334), y siguió floreciendo en los períodos helenístico y romano. La ciudad durante el período romano fue trazada según el plan helenístico tradicional. Tenía una pared sustancial, partes de la cual todavía se conservan, un impresionante *cardo maximus,* que puede ser «la calle que se llama Derecha» de Hechos 9.11, y uno de los templos más grandes de Siria romana. La construcción del templo de Júpiter Damasceno (Hadadramman) comenzó a principios del siglo I d. C., y restos sustanciales de sus dos paredes de recinto concéntricas todavía están de pie.

Bibliografía. J. M. Miller, «The Elisha Cycle and the Accounts of the Omride Wars,» *JBL* 85 (1966): 441-54; W. T. Pitard, *Ancient Damascus* (Winona Lake, 1987).

WAYNE T. PITARD

DAN (Heb. *dan*) **(LUGAR)**

Una ciudad en el norte de Galilea, en el Valle Huleh al pie suroeste del monte Hermón. Una de los manantiales que sirve como una fuente del río Jordán fluye de debajo de Tel Dan/Tell el-Qâdi (2112.2949), el sitio de la ciudad antigua. Un camino importante entre el norte y el sur, uniendo la ciudad siria de Qatna con la ciudad galilea de Hazor, pasó justo al oeste de Dan.

Los registros mesopotámicos y egipcios del segundo milenio mencionan la ciudad de Lais («León»), el nombre de la ciudad antes de ser conquistada por los danitas, quienes la renombraron en honor de su antepasado (Jue 18; «Lesem,» Jos 19.47).

Jueces 18 cuenta de la fundación de la ciudad y de su santuario. Los conquistadores danitas trajeron con ellos un sacerdote levita y parafernalia de culto (Jue 18.19-20). Un sacerdote que remontó sus raíces a Moisés (Jue 18.30) sirvió en el lugar sagrado danita. Después de la división de la monarquía, el rey israelita Jeroboam hizo el lugar sagrado de Dan (junto con Betel) uno de los dos santuarios para el reino del norte. Amós condenó estos lugares sagrados (Am 8.14), en que Jeroboam instaló imágenes de becerros (1 R 12.29-30; 2 R 10:29).

Dan fue conquistada por Ben-adad de Aram c. 900 a.C. (1 R 15.20); esto pone de relieve la amenaza perenne que Siria representaba para Dan, que estaba más cerca de Damasco que de Samaria, y mucho menos de Jerusalén. Dan permaneció israelita hasta 732, cuando Tiglat-pileser III (Pul) terminó la era israelita en Dan con su conquista de Galilea y el

Fragmentos A y B de la inscripción aramea Tel Dan, que contiene quizás la única referencia extrabíblica a la «casa de David» (*bwt dwd*) (Excavaciones Tel Dan, Colegio Hebreo Unión)

posterior exilio de muchos de sus habitantes (2 R 15.19, 29). Hay pruebas arqueológicas para el asentamiento en el sitio durante el período romano.

Como un puesto fronterizo, Dan fue inmortalizado en la frase común «desde Dan hasta Beerseba» (p. ej., Jue 20:1; 1 S 3) que marcó, respectivamente, los límites del norte y del sur de Israel.

Las excavaciones en Tel Dan, conducidas por Avraham Biran, han puesto al descubierto restos del recinto sagrado israelita y una inscripción aramea del siglo IX que menciona «la casa de David» (*byt dwd*), la única referencia extrabíblica existente al rey David.

Bibliografía. A. Biran, *Biblical Dan* (Jerusalén, 1994).

GREGORY MOBLEY

DAN (Heb. *dan*) **(PERSONA)**

El quinto hijo de Jacob y su primero de dos con Bilha, la sierva de Raquel (Gn 30:6). La estrecha relación entre Dan y su hermano Neftalí también es un asunto de proximidad geográfica; las tribus ocuparon áreas adyacentes del campamento durante la marcha del éxodo (Nm 2.25-31) y territorios vecinos en el reino de Israel.

Al principio los danitas (Heb. *haddanî*) intentaron instalarse en el sur, en los alrededores de Zora y Estaol (Jos 19.40-48). Este intento fracasó en una región atestada por amorreos indígenas (Jue 1.34), filisteos inmigrantes (cs. 13-16), y grupos israelitas, como los judaitas (15.9-13) y efrainitas (1.35). Como resultado, los danitas emigraron durante el período de los jueces al extremo norte (Jue 18; Jos 19.47). Cinco espías danitas salieron, consultando a un sacerdote levita en el monte de Efraín junto al camino, y descubrieron Lais, una ciudad tanto rica en recursos como vulnerable al ataque (Jue 18.7-10). Un grupo de 600 guerreros pronto siguió y tomó la ciudad, la que ellos renombraron en honor a su antepasado tribal. Los danitas obligaron al sacerdote levita a acompañarlos; él fundó el santuario en Dan (Jue 18.30-31). El territorio danita estaba en gran medida confinado solo a este centro urbano. Posiblemente, algunos danitas permanecieron en el sur, cuyo núcleo puede haber conservado el segundo distrito administrativo de Salomón (1 R 4.9).

En muchos aspectos los danitas son extraños. Al parecer, no tenían muchos clanes (sólo uno es puesto en una lista; Nm 26.42-43), y a veces se mencionan como un «clan» (*mispahâ;* Jue 13.2; 18.11) más bien que como una «tribu.» Los danitas fueron la única tribu que dejó de sostener (Jue 1.34-35; Jos 19.47) o recibir (Jue 18.1) una asignación tribal. Ellos son criticados en el canto de Débora por no unirse a la coalición israelita contra los cananeos (Jue 5.17). El danita mejor conocido, Sansón, fue el más inusitado de los jueces (Jue 13-16).

La bendición tribal en Génesis 49.17 («Será Dan serpiente junto al camino, víbora junto al camino») puede reflejar una reputación de violencia (nada sobre la conquista danita de Lais desmiente tal reputación).

Las palabras de Jacob en su lecho de muerte sobre Dan («Dan juzgará a su pueblo *como una* de las tribus de Israel»; Gn 49.16) tienen una calidad enigmática, y han dejado a algunos preguntándose si los danitas carecieron de condición de tribu completa en algún punto.

Otra pregunta sobre los danitas es su relación a otros grupos étnicos con nombres similares que emigran a la región cerca del final del segundo milenio. Los registros griegos llaman el *danaoi;* registros fenicios, el *dnym;* y egipcio, el *denye[n]* y *danuna.* Todos pueden estar relacionados; las evidencias no son concluyentes.

Las tribus galileas se rindieron ante el ejército asirio de Tiglat-pileser III en 732 a.C. (2 R 15.29), y muchos danitas estaban entre los exiliados obligados a reasentarse en Asiria. Las tribus del norte restantes fueron al exilio cuando Samaria cayó una década más tarde.

Las migraciones danitas probablemente terminaron en los distritos de Asiria.

Bibliografía. A. Malamat, «The Danite Migration and the Pan-Israelite Exodus-Conquest,» *Bibl* 51 (1970): 1-16; Y. Yadin, «And Dan, Why Did He Remain in Ships» *AJBA* 1 (1968-1971): 9-23.

GREGORY MOBLEY

DANA (Heb. *dannâ*)

Una ciudad en la región montañosa de Judá (Jos 15.49), cerca de Debir (Kiriat-sanna). Su posición aún no ha sido identificada.

DANIEL (Heb. *dani'el, danîye'l*)

1. El segundo hijo de David, según el cronista (1 Cr 3.1). El autor de los libros de Samuel recuerda su nombre como Quileab. Ya que él no figura en la lucha por la sucesión al trono de David (2 S 9–1 R 2), posiblemente murió antes de alcanzar la madurez o estaba física o mentalmente incapacitado.

2. Un sacerdote posexílico que volvió a la tierra de Israel en el tiempo de Esdras (Esd 8.2). Él era un descendiente de Itamar y es posiblemente el mismo Daniel que el sacerdote que apoyó el pacto de Nehemías (Neh 10:6).

3. Un individuo justo y sabio que Ezequiel coloca en la compañía de Noé y Job (Ez 14.14, 20; 28.3). Aunque el nombre sea vocalizado «Daniel» por los masoretas y por la mayoría de las traducciones, la ortografía hebrea sugiere que «Danel» es más correcto. Por lo tanto, puede haber una conexión entre el Danel de Ezequiel y el Danel del texto Aqhat de Ugarit (segundo milenio a.C.), un juez estimado que protegió los derechos de viudas y huérfanos. La conexión es más plausible cuando se considera que Ezequiel alude a Danel en un oráculo contra Tiro (Ez 28), ya que las culturas de Ugarit y Tiro eran ambas cananeas.

4. El héroe del libro que lleva su nombre. El libro de Daniel habla de un joven judío que fue llevado al exilio en Babilonia, donde los babilonios lo educaron para servir como uno de los consejeros del rey.

Aunque algunas historias sobre Daniel pudieran datar de siglos más antiguos, el libro de Daniel fue completado en el siglo II a.C. Si bien puede haber habido un Daniel del siglo VI, las tradiciones han sido formadas por preocupaciones de la era posterior. El libro fue escrito para animar a judíos que estaban siendo perseguidos por el rey seléucida Antíoco IV Epífanes. Sus oficiales obligaron a judíos a comer alimentos impuros, como la carne de cerdo, y así la historia de cómo Daniel y sus amigos no se contaminarían con la comida del rey era un recordatorio a los judíos para observar las leyes alimentarias (cap. 1). Los soldados requirieron que judíos adoraran a dioses griegos o murieran, y así las historias del horno de fuego (cap. 3) y Daniel en el foso de los leones (cap. 6) instan a la fidelidad a Dios, que conduciría a la liberación divina, o el martirio (3.17-18) con la esperanza de la resurrección (12.1-4).

Al igual que el Danel de la antigüedad, Daniel se destacó por su justicia y sabiduría. Al igual que José, podía interpretar sueños, que causaron su promoción a una posición alta en la corte (Dn 2.48; 5). Al igual que Moisés y Aarón mostraron más poder para obrar maravillas que los magos egipcios, Daniel mostró más poder para revelar cosas secretas que todos los magos de Babilonia, adivinos, hechiceros y caldeos (caps. 2, 4, 5). Dios también dio a Daniel sus propias visiones (caps. 7-12), que predicen el final del reino seléucida, la venida del reino de Dios (cap. 7), la resurrección de los muertos, y el juicio final (cap. 12). Daniel es mencionado en el NT en Mateo 24.15.

Bibliografía. J. J. Collins, *Daniel.* Herm (Minneapolis, 1993); J. E. Goldingay, *Daniel.* WBC 30 (Dallas, 1989); L. F. Hartman y A. A. Di Lella, *The Book of Daniel.* AB 23 (Garden City, 1978).

William B. Nelson, Jr.

DANIEL, LAS ADICIONES A

Las «adiciones» al TM de Daniel son varios textos encontrados en las versiones griegas del libro de Daniel. Complementando el texto hebreo-arameo de Daniel, ellos lo «interpretan» mediante la adición de textos orales a la narrativa en Daniel 3 y ampliando la caracterización de Daniel con dos historias más sobre él.

Estas adiciones representan géneros diferentes: dos relatos (Bel y la Serpiente; Susana), una oración (la oración de Azarías), y una canción de alabanza (Canto de los tres jóvenes). Aunque un original semítico sea extensamente supuesto para cada uno de los textos, sólo existen en versiones griegas: el griego antiguo (más cerca a la LXX) y Teodocio (volviendo hacia el TM). Dado que la traducción griega antigua (LXX) probablemente ocurrió en Alejandría c. 100 a.C., estos textos deben ser anteriores a esa era, sin embargo cada texto puede ofrecer pistas adicionales sobre su procedencia. Parece que el GA ha arreglado los textos en este orden: Daniel, Bel y Susana. Aparentemente, Teodocio tenía un orden diferente: Susana, Daniel y Bel.

Las historias no son muy importantes en la tradición judía, así que se consideran como «apócrifas» en círculos protestantes, mientras los católicos romanos las incluyen como deuterocanónicos y los ortodoxos los leen como parte de la LXX. Jerónimo utilizó el texto hebreo como la base para su traducción latina, pero también tradujo estas adiciones y señaló sus diferencias con el hebreo en un prefacio; ya que el prólogo por lo general se omite en posteriores impresiones, muchos consideraron las adiciones una parte integral de la Vulgata.

Las Biblias contemporáneas suelen colocar las historias de Susana y Bel como caps. 13 y 14 respectivamente. Las traducciones en las versiones católico romanas básicamente siguen la traducción de Teodocio, más bien que el GA (LXX).

Oración de Azarías

Esta oración (3.24-45 [Eng. 1-22]) y el canto siguiente (3.52-90 [29-68]) siguen la narrativa acerca de tres judíos jóvenes arrojados a un horno de fuego en Babilonia porque se habían negado a venerar una estatua que Nabucodonosor había erigido para ese fin. Estas dos adiciones caen entre 3.23 y 3.24 en la tradición masorética; ellas están unidas por una adición en prosa (3.46-51 [23-28]).

La oración de Azarías se parece a un tipo común en el período del Segundo Templo, en donde una petición de liberación y reivindicación es puesta en el marco de una oración que también contiene confesiones de justicia y misericordia divina, del pecado humano, descripciones de la presente humillación, un recordatorio de las promesas de pacto de Dios, y una promesa de contrición por parte de los pecadores (cp. Esd 9.6-15; Neh 1.5-11; 9.5-37; Dn 9.4-19; Bar 1.15-3.8; Sal 106). En muchos aspectos esta oración también recuerda a uno de los Salmos de Lamento Comunales (p. ej., Sal 44, 74, 79). Una característica inusual en esta oración es la referencia «a un rey injusto, el más malvado en todo el mundo» (3.32 [9]); esta expresión puede insinuar a Antíoco Epífanes y la época de los Macabeos (de manera similar v. 44 [21]).

Esta oración encaja torpemente en el contexto de narrativa de Daniel, ya que el apuro de los tres jóvenes ocurrió a pesar de su aparente inocencia ante Dios; en realidad, algunos consideran su perseverancia como un precursor a la tradición de martirio.

Sin embargo, si el texto viene de la época de los Macabeos esta oración encajaría mejor en aquel entorno y el texto de Daniel 7–12. Muchos eruditos abogan por un original hebreo y un comentario reciente favorece el hebreo sobre el arameo como la lengua de composición. El interludio en prosa después de esta oración no muestra ninguna evidencia de un original semítico, por lo que puede haber sido compuesto en el momento que la oración y el himno fueron incorporados en el Daniel hebreo-arameo; entonces serviría para introducir el himno siguiente.

El canto de los tres jóvenes

Este canto de alabanza a Dios por la liberación del horno se parece al género conocido como himnos en el estudio reciente de Salmos. Comienza con seis versos que declaran la gloria de Dios («bendito seas tú o tu nombre, etc.»; 3.52-57 [29-34]); lo que se asemeja a la introducción en el Salmo 144.1. También corresponde bien con una línea en el TM de Daniel donde Nabucodonosor es llevado a alabar al Señor después de que él atestiguó la salvación de estos hombres: «Bendito sea el Dios de Sadrac, Mesac, y Abed-nego, que envió su ángel y libró a sus siervos» (3.28). El himno continúa con imperativos típicos a alabar («bendecid al Señor») dirigidos a casi toda la creación en el cielo y en la tierra (3.58-89 [35-66]); que el fuego y el calor deberían alabar a Dios directamente después de la liberación del horno de fuego provee una conexión apropiada e irónica con el TM de Daniel. En la forma, este himno se parece a los Salmos 136, 148. Las órdenes a alabar a Dios en este canto pueden ser divididas por contenido en cuatro categorías: (1) cuerpos celestes (3.59-64 [36-41]); (2) elementos de la naturaleza (3.65-74 [42-51]); (3) la tierra y sus cuerpos (3.75-83 [52-59]); y (4) los seres humanos (3.83-91 [60-68]). Un estribillo antifonal («cantad la alabanza a él y exaltadle para siempre») también se encuentra en cada verso, y se parece a la respuesta encontrada a lo largo del Salmo 136. «Porque para siempre es su misericordia.» Tales antífonas recuerdan un entorno de adoración.

Las preguntas sobre la fecha de composición también deberían considerar el modo de describir la era: el templo sirve como el lugar de adoración, y ninguna persecución de judíos es aparente. El canto de los tres jóvenes ha encontrado un uso litúrgico cristiano en la liturgia de las horas, como un cántico que iguala algunos de los salmos cantado o recitado en el oficio.

Susana

Esta historia sobre Daniel que salva a Susana, una judía de Babilonia, comienza describiendo la lujuria de dos ancianos judíos por la esposa de su compañero y amigo, Joakim (vv. 1-14). Pronto descubren que cada uno tiene los mismos deseos, por lo que traman un complot para atraparla y que tenga relaciones sexuales con ellos mientras ella se baña sola en su jardín: van a amenazar con acusarla de adulterio con un hombre joven en el jardín si ella los rechaza (vv. 15-27).

Pero ella se niega, prefiriendo caer en su malvada injusticia que pecar ante los ojos de Dios. Así que en un juicio público ella es acusada de adulterio, la sentencia del cual es la muerte (vv. 28-41). Los lectores modernos pueden estar asombrados que los dos jueces también den el testimonio contra ella, y que a ella nunca se le permite hablar en el juicio; pero ella realmente eleva sus ojos al cielo, porque confía en Dios. Después de que la asamblea acepta el testimonio de los ancianos y la condenan a muerte, Susana hace una oración en voz alta de queja a Dios, que lo sabe todo, que ha sido falsamente acusada de acciones que ella no cometió y está a punto de morir a pesar de su inocencia. Finalmente, un hombre joven llamado Daniel es llevado por un espíritu de Dios a tratar de salvar a esta mujer inocente, que él lleva a cabo mediante un astuto proceso de interrogatorio de los dos ancianos, mostrando cómo ellos han dado versiones contrarias de un detalle importante: ¿bajo qué árbol ocurrió esto?

Como resultado, Daniel los condena por su delito (vv. 42-64). «Toda la congregación» se levanta contra los dos ancianos y los ejecutan, salvando así la sangre inocente de Susana. Ella recibe la alabanza de sus padres y marido, y Daniel crece en estatura ante el pueblo desde aquel día.

Varios motivos teológicos adornan esta historia. Dios es el Señor omnisciente del universo, así como Señor de la historia y el salvador de individuos que son justos. Dios responde al clamor del oprimido (como en el Éxodo). Un espíritu santo habita en el joven Daniel, y la obra salvadora de Dios ocurre por medio de su valor y su investigación en el molde de un embaucador. Dios también permite que los malos reciban como castigo lo que ellos habían planeado contra una mujer inocente, el otro aspecto de un Dios que salva.

Esta historia eleva los caracteres de grandes individuos y los deja como modelos a imitar.

La historia descrita aquí viene de la versión de Teodocio, que se diferencia bastante del GA en extensión, cantidad de detalle, y orden de contenido. El GA pone mucho menos énfasis en Susana como personaje, concentrándose más en los pecados de los ancianos. Los detalles de su baño son mucho menos elaborados, tampoco es ella el centro de la conclusión; GA, sin embargo, termina con una exhortación a buscar a más jóvenes como Daniel, que será piadoso y lleno de conocimiento y entendimiento (v. 62b).

En el GA esta historia por lo general aparece como c. 13 o 14. Esta versión más breve, concentrándose en cualidades de liderazgo, probablemente sirvió como una fuente para la traducción posterior de Teodocio, que por lo general localiza la historia de Susana antes de Daniel 1, presentando eficazmente al piadoso joven judío ante los llamados relatos de tribunal en Daniel 1-6.

Un original hebreo parece la mejor explicación de varias anomalías de traducción, y esto se entiende más fácilmente como compuesto en Palestina. Pero la versión GA, que es más orientada hacia cuestiones y categorías sociales, a menudo está relacionada con Alejandría, mientras que Teodocio, con su énfasis en carácter y ética individual, parece recordar más la novela helenística, que también surgió en entornos de la Diáspora (paralelo al entorno babilonio de la historia). Una hipótesis de que la traducción de Teodocio fue hecha en Siria (Antioquía) o en el Asia Menor (Éfeso) se ajusta mejor a esas cualidades de la traducción más popular. Parece que la erudición feminista reciente explora ambos caminos: con el enfoque en individuos, Susana toma el segundo lugar después de Daniel (Teodocio), mientras el análisis de género y papeles sociales (Susana como mujer y persona ajena) permite que la historia presente un mensaje sutil pero provocativo: Susana y el judaísmo son ambos vistos como «forasteros». El estudio reciente abarca varias posturas interpretativas, del análisis legal del caso del tribunal a la historia de la interpretación cristiana, sobre todo la posición alegórica desarrollada en la era patrística. Al igual que Judit, Susana ha proporcionado un tema bíblico enormemente popular a pintores. El estudio contemporáneo de estas pinturas tiende a concentrarse en detalles del texto de Teodocio que resulta más colorido y puede arrojar mucha luz interpretativa en respuestas a este relato a través de los siglos. En el leccionario católico la historia de Susana ha sido tradicionalmente leída un sábado en la Cuaresma.

Bel y la Serpiente

Tres historias sobre la burla de Daniel de la idolatría babilónica y sus esfuerzos para suprimirla se unen en esta adición, también conocida como Bel y el Dragón (o serpiente). La primera atañe a las raciones de bebida y comida diarias (sacrificios) traídos a la imagen de Bel (Marduc) cada día. El rey venera a este dios y pregunta a Daniel por qué él no adora a Bel.

Daniel responde que Bel no es ningún dios y nunca ha comido o ha bebido nada traído delante de la imagen. El rey desafía que 70 sacerdotes de Bel demuestren quién realmente come las ofrendas. La sabiduría inteligente de Daniel permite que él demuestre que la comida y la bebida realmente son consumidas por los sacerdotes y sus familias, por lo que el rey los ataca y justifica a Daniel. La segunda historia introduce una serpiente que los babilonios veneraban y el rey desafió a Daniel a negar que ésta fuera un dios vivo. En este caso Daniel demuestra que la serpiente viva no es dios alimentándola con una mezcla que hace que la serpiente se reviente después de tragarla; si la serpiente hubiera sido divina ella no habría comido la tarta mortal. En la tercera historia, los babilonios enojados con su rey por permitir que un judío ridiculice a sus dioses lo obligan a entregarle a Daniel, y ellos lo lanzan en una guarida de leones. El profeta Habacuc es transportado entonces por un ángel a Babilonia para alimentar a Daniel, así que cuando el rey viene más tarde al foso de los leones para llorar a Daniel él lo encuentra sano y salvo. El rey entonces confiesa la grandeza del Dios de Daniel («y no hay ningún otro además de ti» (v. 41) y da a los enemigos de Daniel el tratamiento que ellos habían planeado para él.

En cada caso, Daniel demuestra la insensatez de los ídolos de Babilonia y los que mantienen su adoración: Bel no vive, y la serpiente no es ningún dios. En cada caso el joven judío no sólo ridiculiza al dios extranjero sino también muestra que la adoración de ídolos ni siquiera debería ser permitida. En cada caso Daniel actúa con una astucia y sabiduría que recuerda algunas historias antiguas de Israel (p. ej., las comadronas en Ex 1). El escape del foso de los leones demuestra otra vez que el Dios de los judíos nunca abandona a los fieles; en cada caso Dios efectúa una inversión dramática de las fortunas de los dos bandos de la contienda. Algunos sostienen que estas historias demuestran un midrash sutil en Jeremías 51.34-35, 44; de ser así, los lectores podrían reflexionar sobre la crueldad de Babilonia contra Jerusalén en el siglo VI a.C., y reconocer su inversión de papeles en estas historias.

Las versiones GA y de Teodocio de esta historia difieren mucho menos que en Susana, pero lo suficiente para distinguir algunas tendencias. En GA Daniel desciende de una línea sacerdotal, por lo que esta historia probablemente es anterior a Daniel 1-6 con su opinión muy diferente de él; también la noción de un sacerdote judío en la corte del rey puede ser imaginada por la situación en el Egipto de los tolomeos, más bien que otros en aquel tiempo. Si la lengua original de la historia es el hebreo, entonces puede verse un entorno palestino anterior a las relaciones ásperas con Antíoco Epífanes. Un entorno de la Diáspora podría explicar mejor el contenido y la teología de la historia, pero la evidencia para una o la otra posición parecen menos que suficientes. En la historia de la interpretación, esta historia ha tenido mucho menos atracción para oyentes que la de Susana.

Bibliografía. J. Collins, *Daniel.* Herm (Minneapolis, 1993); M. D. Garrard, «Artemisia and Susanna,» en *Feminism and Art History,* editor. N. Broude y M. D. Garrard (Nueva York, 1982), 147-71; A.-J. Levine, «'Hemmed In on Every Side': Jews and Women in the Book of Susanna,» en *A Feminist Companion to Ester, Judith and Susanna,* editor. A. Brenner (Sheffield, 1995), 303-23; C. A. Moore, *Daniel, Esther and Jeremy: The Additions.* AB 44 (Garden City, 1977); E. Spolsky, editor, *The Judgment of Susanna.* SBLEJL 11 (Atlanta, 1996); M. J. Steussy, *Gardens in Babylon: Narrative and Faith in the Greek Legends of Daniel l.* SBLDS 141 (Atlanta, 1993).

JUAN C. ENDRES, S. J.

DANIEL, LIBRO DE

El relato de la actividad y las visiones de Daniel, un judío noble desterrado en Babilonia.

Contenido

El libro de Daniel contiene dos colecciones de material: (1) historias que describen la sabiduría piadosa de cuatro de los exiliados (Dn 2–6) y (2) informes de visiones atribuidos a Daniel (caps. 7–12). Tanto las narrativas como los informes de visiones dan expresión al conflicto de culturas.

El libro crea el marco para estas historias informando sobre la deportación de ciudadanos destacados por Nabucodonosor. Incluso en esta primera historia se nota el choque entre las culturas de los judíos y sus captores. Esto permanece como un elemento en los complots en historias posteriores; relatos que han llegado a ser algunas de las más atesoradas historias de la Biblia, como las narrativas del horno de fuego (cap. 3) y el foso de los leones (cap. 6). El conflicto cultural y teológico se manifiesta en la descripción de los gobernantes paganos. Los informes respecto al rey que quiso que se le interpretara un sueño, pero se negó a contarlo a los intérpretes (cap. 2) y la demostración extraña de Nabucodonosor de comer hierba como una vaca (cap. 4) representan comportamiento excéntrico. La crítica más aguda de los captores babilonios viene en el cap. 5, de donde aparece la escritura en la pared como un suceso inesperado en el banquete de Belsasar.

Los temas del conflicto siguen en los informes de las visiones. Ahora, sin embargo, la interacción entre la historia y los jugadores celestes se hace más explícita. Cada informe proporciona una versión secreta de la historia de los imperios y predice una desaparición del sistema colonial para ser reemplazado por el reino de Dios y los fieles a Dios. El informe de la primera visión (cap. 7) narra el paso de los imperios mundiales y la llegada en las nubes de «uno como un hijo de hombre» (7.13) quien recibe el poder «de el anciano de días.» Se puede trazar un paralelo entre este capítulo y el cap. 2, que también habla del final de los imperios reemplazados por un nuevo reinado de Dios. Los dos primeros informes de visiones utilizan descripciones de animales para los imperios. Como el cap. 4 retrata al rey como no actuando como humano, los informes de visiones clasifican el imperio como el pináculo de la humanidad que es todo menos humana.

La primera visión presenta a cuatro bestias, la segunda (cap. 8) un carnero y una cabra. Los informes de visiones son interrumpidos por la oración y una predicción del futuro (cap. 9). El último y más largo informe (caps. 10-11) narra el conflicto entre los imperios seléucida y ptolomeo. La conclusión del libro describe a Daniel recibiendo la instrucción de un ángel intérprete, que ocurre en los otros informes de visiones también. En esta instrucción, sin embargo, el texto da una de las referencias bíblicas más antiguas y más explícitas a la resurrección, la vida después de la muerte. La instrucción también aconseja el secreto hasta el tiempo apropiado.

El problema del bilingüismo

El libro de Daniel se mueve del hebreo (1.1-2.4a) al arameo, que era la lengua de la actividad diplomática en este tiempo (2.4b–7.28), y vuelve al hebreo (8.1–12.13). Incluso los materiales de Qumrán indican la naturaleza bilingüe del libro.

Los eruditos han ofrecido varias sugerencias para explicar este fenómeno.

Tales propuestas típicamente tratan de explicar el carácter bilingüe del libro a través de la reconstrucción de su redacción o composición. El cambio en la lengua se hace más intensamente problemático porque no cae en el cambio de la forma literaria.

Una teoría es que hubo un texto arameo del libro entero que ya no está disponible. Sin embargo, la retroversión del texto hebreo actual al arameo arroja esta tesis como improbable. De ahí que una historia de redacción más compleja debe ser ofrecida. Las narrativas fueron puestas en circulación como historias individuales reunidas primero en una colección que abarcaba de 3.31 hasta 6.28 en algún momento durante el siglo III a.C., esta colección fue ampliada añadiendo el cap. 2.

El cap. 7 fue añadido a la colección aramea probablemente durante la primera persecución seléucida. Estando aún en el contexto de persecución los caps. 8-12 fueron añadidos. Es difícil determinar si el cap. 1 fue escrito en hebreo para actuar como una *inclusio* para la colección aramea (caps. 2–7) o si fue compuesto en hebreo como una introducción al libro entero como lo tenemos.

Otra estrategia para entender la naturaleza bilingüe del libro se centra en paralelos sociológicos. Este enfoque hace la pregunta: ¿Cómo funciona el bilingüismo en comunidades con poder desproporcionado? Estos eruditos sostienen que el bilingüismo en el libro de Daniel es un reflejo del sistema colonial. Los pueblos colonizados mantienen una lengua indígena así como la lengua colonial.

El libro de Daniel refleja esta función política de la lengua.

Ambos enfoques proporcionan pistas sobre la función del bilingüismo tanto como estrategia retórica y como una consecuencia de una historia redaccional.

Fecha

Las fechas debatidas vienen en tres categorías: alusiones lingüísticas, históricas, y conocimiento de las costumbres persas y helenísticas. Mientras las narrativas describen un entorno babilonio, sólo una minoría de eruditos acepta esta afirmación tal y como está. La mayoría afirma que los datos sugieren de manera más realista un contexto helenístico del siglo II. Aunque la evidencia lingüística sea escasa, parecería que la presencia de palabras prestadas griegas y persas indicaría un contexto helenístico. Problemas históricos plagan los caps. 1–6. La fecha de la campaña de Nabucodonosor en Jerusalén en 606 parece poco probable según fuentes babilónicas, sino que más bien parece ser dependiente de 2 Crónicas 36.6. Parece que la designación de Belsasar como rey es menos que exacta; él era más bien el corregente con su padre, pero nunca rey en su propio derecho. Otro problema es Darío de Media. Varios gobernantes del imperio persa fueron llamados Darío, pero ninguno de ellos el Medo. Ningún imperio de Media reinó sobre Babilonia entre los imperios neobabilonio y persa. Si bien las narrativas contienen varios problemas respecto a alusiones históricas, las referencias en el cap. 11 parecen muy exactas hasta la descripción de la persecución en 167. Sin embargo, la predicción sobre la muerte de Antíoco IV Epífanes en 164 no se ajusta a otras fuentes, que indican una fecha un poco después de 167. Si uno entiende el cap. 11 como *vaticinia ex eventu* (profecía después del hecho), luego una fecha del siglo II parece la más apropiada. Sin embargo, si uno acepta la posibilidad de la predicción detallada, entonces el entorno representado en el texto es viable (los problemas de la exactitud histórica aludidos antes persisten, no obstante).

La colocación en el Canon

El libro de Daniel mantiene una ubicación diferente en la Biblia hebrea que en el AT cristiano.

Ambos arreglos fueron informados por la posición del argumento en la historia. La Biblia hebrea coloca a Daniel en la colección de los Escritos *(Ketubim)* entre Ester y Esdras-Nehemías. Esto se debe a que según la narrativa los acontecimientos siguen a las intrigas descritas en el libro de Ester y preceden a los esfuerzos de reconstrucción de Esdras y Nehemías. El canon cristiano toma su orden de los libros del AT griego (LXX), en el cual Daniel sigue a Ezequiel, el último de los Profetas Mayores. Precede al libro de los Doce (los Profetas Menores).

Mientras que el canon cristiano está de acuerdo en la colocación del libro, no hay acuerdo en cuanto a su alcance. La Biblia protestante incluye sólo aquellas partes de Daniel contenidas en la Biblia hebrea, pero la tradición católica sigue el texto griego, incluyendo la oración de Azarías y el canto de los Tres Jóvenes (o niños) en el cap. 3 entre vv. 23 y 24 y agregando las historias de Susana y Bel y el Dragón como caps. 13 y 14.

En la Biblia protestante éstos son vistos como adiciones y son considerados entre los libros apócrifos de la Biblia o deuterocanónicos.

Bibliografía. J. J. Collins, *Daniel.* Herm (Minneapolis, 1993); T. Craven, «Daniel and Its Additions,» en *The Women's Bible Commentary,* editor. C. A. Newsom y S. H. Ringe (Louisville, 1992), 191-94; D. N. Fewell, *Circle of Sovereignty: Plotting Politics in the Book of Daniel* (Nashville, 1991); André Lacocque, *The Book of Daniel* (Atlanta, 1979); D. Smith, *The Religion of the Landless* (Bloomington, Ind., 1989).

STEPHEN BRECK REID

DAN-JAÁN (Heb. *dān ya'an*)

Parte de la ruta que los hombres de David viajaron mientras levantaban un censo del pueblo (2 S 24.6 TM). Este sitio estuvo localizado en el extremo norte de la tierra de Israel entre los montes Hermón y Sidón. La LXX lee «a Dan y de Dan.» Algunos intérpretes leen *dān- ya'ar,* «Dan de la espesura,» demostrando la influencia aramea (cp. NEB «Dan-Iyyon»).

PETE F. WILBANKS

DANZA

La danza en la Biblia es asociada con varias ocasiones. Cumpleaños (Mt 14.6; Mr 6.21-22), bodas (suponiendo que Jer 31.12 se refiere a la danza como parte de una ceremonia de matrimonio y que Mt 11.17; Lc 7.32 se refiere a Jesús como novio), y las reuniones de familia (Lc 15.25) son todos marcados por la danza.

En su gran mayoría, sin embargo, la danza tiene que ver con eventos de culto. Los profetas de Baal realizan alguna clase de danza relajada alrededor del altar de Elías en el monte Carmelo en un intento de suplicar que su dios apareciera (1 R 18.26); Aarón y los israelitas danzaron delante del becerro de oro al pie del Monte Sinaí (Ex 32.6, 18-19); y David y los israelitas danzaron delante del arca del pacto cuando era traída a Jerusalén (2 S 6.1-23; 1 Cr 13.1-14; 15.1-29). La danza más generalmente en la alabanza a Dios es descrita en Salmos 26.6; 87.7; 149.3; 150:4, y la danza aparece como la antítesis de afligirse (Sal 30:11 [TM 12]; Ec 3.4; Lm 5). Considerando que el luto es un comportamiento convertido en rito en la religión israelita, la danza yuxtapuesta a él debería ser entendida como convertida en rito también. Asimismo, los nombres de algunos festivales israelitas tienen que ver léxicamente con la danza: p. ej., el verbo hebreo *pasah* (piel), «realizar una danza relajada,» es la raíz de «Pesac» o Pascua.

Algo sorprendente en la religión dominada por el varón de Israel, dos tipos de danza de culto parecen ser patrimonio exclusivo de mujeres. En primer lugar, las mujeres danzan en la celebración de una victoria israelita en la batalla (Ex 15.20-21; Jue 11.34; 1 S 18.6-7; Jdt 15.12-13). Si bien el contexto religioso de dicha danza puede no ser fácilmente aparente, es importante recordar que la guerra en el antiguo Israel era una actividad sagrada. Una danza frente a dos ejércitos (Cnt 6.13 [7.1]) y una danza de la virgen de Israel que celebra su restauración en Sión (Jer 31.4) probablemente también deberían ser entendidas como parte de la tradición de danza femenina de victoria. «El tambor de mano» o «pandereta» *(top)* mencionado en Jeremías 31.4 era un instrumento distintivo de danzas femeninas de victoria.

En segundo lugar, las mujeres danzan como parte de una festividad religiosa en el festival anual de la viña en otoño (Jue 21.19-21; Jer 31.12-13). Aunque la Misná (*Ta'an.* 4.8) traslada estas danzas a principios de la temporada de cosecha (el 15 de Ab y Yom Kippur), esta fuente rabínica deja en claro que la tradición de una danza femenina de cosecha dura por la mayor parte de un milenio.

Bibliografía. J. H. Eaton, «Dancing in the Old Testament,» *ExpTim* 86 (1975): 136-40; M. I. Gruber, «Ten Dance-Derived Expressions in the Hebrew Bible,» *Bibl* 62 (1981): 328-46; reimpreso en D. Adams y D. Apostolos-Cappadona, editores, *Dance as Religious Studies* (Nueva York, 1990), 48-66; C. L. Meyers, «Of Drums and Damsels: Women's Performance in Ancient Israel,» *BA* 54 (1991): 16-27; J. Sasson, «Of Drums and Damsels: Women's Performance in Ancient Israel,» en *Orient and Occident*, editor H. A. Hoffner. AOAT 22 (Neukirchen-Vluyn, 1973), 151-59.

SUSAN ACKERMAN

DARCÓN (Heb. *darqôn*)
Jefe de una familia de siervos de «Salomón» que volvieron del exilio bajo Zorobabel (Esd 2.56 = Neh 7.58).

DARDA (Heb. *Darda'*) (también DARA)
Uno de cuatro israelitas famosos cuya sabiduría sólo fue superada por el rey Salomón (1 R 4.31 [TM 5.11]). Se le llama un «hijo de Mahol,» probablemente denominando a un miembro de un gremio orquestal. En 1 Crónicas 2.6 es incluido entre los cinco descendientes de Zera de Judá (aquí llamado Dara, siguiendo el TM *dara'*).

DARICO
Una moneda de oro persa que pesa c. 8.4 g. (.3 onz), porta la imagen de Darío Histaspes I (c. 500 a.C.) y por tanto se supone que fue acuñada por aquel gobernante. El nombre puede derivarse del acadio *darag mana* (un sesenta de un mina; Heb. *'adarkôn;* Esd 8.27; cp. 1 Cr 29.7). La moneda *(darkemôn)* incluida entre las ofrendas de los exilios durante los reinados de Ciro (Esd 2.69) y Artajerjes (Neh 7.70-72) puede haber sido una dracma.

DARÍO (Heb. *dāreyāwes;* antiguo Pers. *darayavahuš*)

1. Darío I, rey de Persia 522-486 a.C. Darío, de linaje incierto, llegó al trono de Persia por circunstancias sospechosas. Su famosa inscripción de Behistún afirma que un pretendiente intentó tomar el trono de Cambises, el hijo de Ciro el Grande, quien había conquistado con éxito Egipto en 525. Mientras volvía a Persia, Cambises murió de manera misteriosa y repentina y Darío, con la ayuda de varias familias nobles persas, reprimió la rebelión del pretendiente. Después de un oráculo favorable que le denota como el rey, Darío se dedicó a consolidar su gobierno sobre un imperio plagado de disturbios por la sucesión al trono. Él tuvo éxito en gran parte debido al apoyo de la nobleza persa. A cambio, a Darío se le reconoce el establecimiento de satrapías, grupos administrativos grandes de entidades políticas más pequeñas, y la instalación de miembros de la nobleza persa como gobernadores (sátrapas) sobre estas unidades más grandes. Provistos de una medida de independencia, los sátrapas sin embargo parecieron cómodos en permanecer leales a la corte persa durante el reinado de Darío y más allá.

Uno de los administradores más calificados del imperio persa, Darío es reconocido por los griegos como un legislador. Esto bien puede ser un reflejo de los esfuerzos de Darío en la codificación de las costumbres jurídicas existentes en distintos territorios sometidos cuando él emprendió la reorganización de un imperio que había sido creado por el valor militar de sus precursores Ciro y Cambises, pero cuya situación jurídica y administrativa había sido descuidada. Un ejemplo famoso de la preocupación de Darío por el orden social de territorios sometidos es la misión del colaborador egipcio Udjahorresnet, que registra que fue encargado por Darío a ocuparse de la reorganización de escuelas de escribas entre otras tareas importantes. Además, Darío emprendió una campaña extensa de obras públicas en Egipto, incluso la terminación del precursor del Canal de Suez.

La propia expansión militar de Darío del imperio fue en gran parte dirigida hacia el oeste, y por el 493 los persas controlaron todas las ciudades-estado griegas del Asia Menor. Al darse cuenta de que las ciudades libres del continente griego presentaban una fuente persistente de agitación contra el gobierno persa en el Asia Menor, Darío emprendió amplios preparativos antes de lanzar una amplia campaña contra los griegos. En 490 una fuerza importante de quizás 15 mil tropas persas se reunió en las llanuras de Maratón para librar batalla con una coalición de fuerzas griegas. La batalla fue ganada por los griegos, y los persas se retiraron con fuertes pérdidas, sólo para volver varias décadas más tarde bajo Jerjes I para renovar el conflicto con Grecia.

Maratón permaneció en la conciencia griega como un símbolo de la determinación griega de permanecer libres de tiranos extranjeros, aunque para los persas esto pueda haber representado simplemente un pequeño revés.

Para la comunidad posexílica de Yehud, el distrito administrativo persa que rodea Jerusalén, Darío sirvió como una figura de apoyo en los esfuerzos de reconstruir el templo. Esdras relata cómo, a pesar de regresar a Jerusalén bajo Ciro, el trabajo del templo en Jerusalén no comenzó en serio hasta el segundo año del reinado de Darío, c. 520 (Esd 4.24). Durante ese año, los profetas Hageo y Zacarías, trabajando con Zorobabel el gobernador y Josué el sumo sacerdote, iniciaron un esfuerzo comunitario con éxito para reconstruir el templo que había estado en ruinas desde la conquista de babilonia de 587. Los adversarios locales de este esfuerzo solicitaron a Darío que detuviera el trabajo (Esd 5.6-17), a lo que Darío respondió con una orden clara que confirmaba el decreto más antiguo de Ciro permitiendo los esfuerzos de reconstrucción y llamando a sus oficiales imperiales a apoyar el trabajo (6.1-12). Aunque la autenticidad de partes de estos relatos ha sido puesta en duda, la preocupación general por el procedimiento apropiado parece estar en armonía con el papel mayor de Darío de usar la legislación para administrar un imperio cada vez más complejo y variado.

Entre las innovaciones de Darío estaba la introducción de la moneda imperial, lo que los griegos llamaron la «darica». Él también estableció varias nuevas formas de impuestos, colocando el imperio en una base financiera firme. Darío tomó parte en la edificación de complejos de palacios extensos en Susa y Persépolis, enfatizando su control completo del poder real dentro del centro del imperio persa. Después de la derrota de las fuerzas persas en la batalla de Maratón, al parecer emprendió preparaciones extensas para un nuevo esfuerzo militar contra los griegos. La muerte de Darío después de 36 años de gobierno (y a una edad mayor de 60) suspendieron estas preparaciones hasta que su hijo y sucesor Jerjes I pudiera emprender una tentativa renovada de derrotar a los griegos.

Bibliografía. J. M. Cook, *The Persian Empire* (Nueva York, 1983), 50-182; M. A. Dandamaev, *A Political History of the Achaemenid Empire* (Leiden, 1989), 83-178.

KENNETH G. HOGLUND

2. Darío II Ocus (423-404), hijo de Artajerjes I; también llamado Notus («el bastardo») porque su madre fue una concubina babilonia. Manipulado durante la mayor parte de su reinado por Parisatia, su media hermana y esposa, Darío logró recuperar ciudades griegas en el Asia Menor al aliarse con Esparta durante la guerra del Peloponeso (431-404). Él se menciona en el papiro arameo judío Elefantino.

3. Darío III Codomano (336-331), sobrino de Artajerjes III. El último monarca aqueménida, sufrió repetidas derrotas a manos de Alejandro Magno y las fuerzas macedonias (cp. 1 Mac 1.1-8).

4. Darío de Media, mencionado sólo en el libro de Daniel. Se le describe como alcanzando el gobierno sobre el imperio neobabilonio como resultado de la captura de Babilonia y la muerte de Belsasar (Dn 5.30-31). Llamado el hijo de cierto Asuero y un medo de nacimiento (Dn 9.1), él dividió el reino en 120 satrapías administradas por tres «presidentes» (6.1). Fue este el rey que ordenó arrojar a Daniel en el foso de los leones (Dn 6). Sin embargo, las fuentes griegas y babilónicas indican que fue Ciro I el persa quien conquistó Babilonia, y los relatos extrabíblicos no mencionan ni a un rey de Media llamado Darío, ni una invasión de Media a Babilonia. Algunos podrían identificar a este Darío con Nabonido, el último rey de Babilonia y corregente con Belsasar; o Ciro I, quizás confundido con Darío I.

DATÁN (Heb. *dātān*)
El hijo de Eliab (Nm 16.1; 26.9), quien junto con su hermano apoyó a Coré en el desafío del liderazgo de Moisés durante la peregrinación por el desierto (16.1-40). Como resultado ambos hermanos fueron «tragados» por la tierra (Nm 16.27, 31-33; cp. Dt 11.6; Sal 106.17).

DATEMA (Gr. *Dathema*)
Una fortaleza en Galaad reparada por judíos y usada como refugio cuando eran perseguidos por los gentiles (1 Mac 5.9). El sitio fue roto por Judas Macabeo y su hermano Jonatán. El lugar no ha sido positivamente identificado; las sugerencias incluyen Tell er-Ramet (Ramata) en Galaad y Tell Hamad, E de Carnaim-Karnaim.

ZELJKO GREGOR

DAVID (Heb. *dawīd*)
El segundo rey de Israel (c. 1010-970 a.C.).

Fuentes

1 Samuel 16–1 Reyes 2 son nuestras fuentes principales sobre David, complementado por 1 Crónicas. Otros textos lo mencionan, pero por lo general para simbolizar la dinastía en Jerusalén o un ideal salvífico.

Algunos eruditos sostienen que, como el rey Arturo, David es una invención tardía, pero esto es contradicho por la profundidad de su arraigo en la tradición. Dos inscripciones indican que por 830 (o 840) el estado en Judá fue identificado como «la casa de David» (la inscripción de Tel Dan y probablemente la piedra de Mesa) y confirman que David fue un constructor estatal más antiguo.

Los inicios de su importancia, atestiguada en el siglo IX, explican la trascendencia de David en el siglo VIII como un icono de Judá (Amós) y como el progenitor de una línea de reyes adoptados en el ascenso por Jehová (Isaías). Todo sugiere que la corte de Jerusalén aseguró el lugar de David en el canon literario mucho antes de la época del exilio.

1 Samuel 16–31 se representa como un relato del «ascenso» de David, o carrera juvenil, en interacción con el antiguo rey Saúl de la tribu de Benjamín. Este texto refleja dos fuentes paralelas ahora en combinación. Una división representativa arroja fuentes de narrativa como sigue:

A. 1 S 9.1-10:13; 13.1–14.52; 17.12-31, 41, 48b, 50, 55-58; 18.1-6a, 10-11, 17-19, 30; 20:1b–24.22 [TM 23]; 28.3-25; 31

B. 1 S 8; 10:17-27; 11-12; 15-16; 17.1-11, 32-40, 42-48a, 49, 51-54; 18.6b-9, 12-16, 20-29; 19; 25-27; 28.1-2; 29–30; 2 S 1ss.

Ambas fuentes contienen material legendario, incluyendo el relato de David al matar a Goliat, a quien 2 Samuel 21.19 identifica como la víctima de Elhanán (cp. 1 Cr 20:5; Josefo *Ant.* 7.302).

Después de presentar la monarquía, las fuentes A y B trazan la carrera temprana de David. En A la narrativa de David es interpuesta entre materiales (1 S 13–14; 28; 31) que se concentran en Saúl. En B la narrativa cambia de Saúl a David en cap. 16 y sigue a David a partir de entonces. Los componentes de B a menudo son mal identificados, y B ha sido entendida mal como una fuente tardía, antimonárquica. Su posición es más compleja, y su presentación acerca de los orígenes de la monarquía, como una institución adoptada por la iniciativa humana y apenas tolerada por Jehová, era programática para teologías de la monarquía israelita (cp. Os 13.10; Dt 17.14-15; Jue 8.22-23). También representa una reconstrucción constitucional más cercana de la monarquía temprana que los eruditos han reconocido hasta hace poco. Por el contrario, la fuente A trata la monarquía como un hecho. Pero como se concentra en Saúl y termina con su muerte a manos de los filisteos, su fecha, que antes se pensaba temprana, no está clara.

Esta fuente trata la monarquía de Saúl, mucho en el modelo de Abimelec (Jue 9), como un aborto, más bien como el mundo antediluviano, antes del establecimiento de la línea davídica.

2 Samuel, la continuación de la fuente B, muestra señales de recuerdo contemporáneo cercano. (1) 2 Samuel (como partes de B) responde a las acusaciones de que David se unió a los filisteos en la última batalla de Saúl e incitó los asesinatos de Abner, Is-boset, Absalón, Amasa, y todos excepto uno de los descendientes de Saúl, por no hablar de Urías el heteo; éstos son figuras cuya importancia política, y recuerdo, habían expirado para el tiempo del cisma salomónico. (2) 2 Samuel, tomado en el nivel literal, hace afirmaciones muy modestas sobre las conquistas de David, mientras las fuentes posteriores (Crónicas, Josefo, y hasta 2 R 14.25) hacen afirmaciones mucho más grandiosas. (3) Alguna poesía, notablemente los lamentos de David sobre Saúl y Abner y probablemente sus «últimas palabras,» son incuestionablemente antiguas. (4) la sintaxis de oraciones complejas no es típicamente la de la prosa bíblica posterior. (5) La delineación geográfica de las fronteras de Israel y el orden en el que se enumeran los componentes de su territorio se diferencia de las concepciones en textos bíblicos de los siglos VI-II-VII hasta V-IV. (6) Los modelos de asentamiento, sobre todo del Neguev y Filistea, reflejado en la fuente B (1 S 27–30) y en 2 Samuel, refleja la realidad del siglo X, pero no de épocas posteriores. (7) 1 Samuel 27.6 afirma que Siclag permanecía subordinada a los reyes de Judá en el momento de la escritura de Samuel. Como Siclag está en la zona de influencia inmediata de Gat, no podía haber pertenecido a reyes de Judá después del siglo VIII, y probablemente no fue establecida hasta los siglos IX-VIII. (8) 2 Samuel, un registro de negocios cortesanos, se mantiene como el principio de una línea de relatos en los libros de Reyes cuyas afirmaciones respecto a relaciones internacionales son generalmente confirmadas por pruebas externas, como en los casos de Roboam y Sisac o del Omrides y Mesa y Hazael, o por la lógica interna, como ocurre con el cisma salomónico y sus implicaciones tanto para las relaciones con Egipto como entre Judá e Israel.

2 Samuel describe la muerte de Saúl, el ascenso de David en Judá y la guerra civil con Is-baal, la llegada de David al trono israelita, la conquista de Jerusalén y el traslado del arca allí, la promesa de Jehová de la dinastía perpetua, las conquistas extranjeras de David, la guerra amonita y la aventura de David con Betsabé, la revuelta de Absalón, la rebelión de Seba, y el censo de David y la adquisición de la tierra para el templo. Intercalados hay detalles acerca de la descendencia, oficiales, y el ejército de David.

Gran parte del material en 1 Samuel 31–2 Samuel 24 se recoge en 1 Crónicas 10–21, aunque Crónicas también omite mucho como irrelevante. Aunque las partes no sinópticas de Crónicas contienen un poco de información independiente, el texto suele ser derivado y a menudo midrásico en el suministro de listas de oficiales. Sin embargo, Crónicas es importante como un testigo textual para reconstruir lecturas tempranas en Samuel.

Reyes se refiere a David como el recipiente de una concesión dinástica divina perpetua, por cuya causa Jehová se abstiene de destruir a Judá (pero no a Israel).

Por lo tanto, Reyes compara a los monarcas meritorios de Judá con David como un estándar, directamente o, por la comparación con un padre meritorio, indirectamente (excepción: Acaz).

Del mismo modo, Amós y Oseas se refieren a David como el emblema de la dinastía que recobrará el poder sobre Israel en la plenitud del tiempo. Isaías, Jeremías, y Ezequiel hacen más o menos lo mismo, al igual que Zacarías 12–13.

Esdras y Nehemías, como Crónicas, recuerdan a David como un fundador de culto (Esd 3.10; 8.20; Neh 12.24-46). Proverbios y Eclesiastés mencionan a David como un antepasado de sus presuntos autores. Rut se presenta como una historia sobre los antepasados de David, destacados por una genealogía. Cantares 4.4 menciona una de las obras públicas de David (cp. 2 R 11.10).

Por último, numerosos salmos mencionan a David en sus títulos, lo más probable como una figura emblemática, simbolizando la dinastía reinante. Varios mencionan a David como un personaje histórico, bien en el título (Sal 52, 54) o en el cuerpo del salmo (78, 89, 122, 132, 144). Salmo 18.50 (51); 72.20 lo menciona en colofones, mientras las alusiones a David han sido encontradas en otros salmos (p. ej., 83). Ninguno de este testimonio es claramente antiguo, y Salmo 89, 132, cuyas referencias son las más explícitas y extensas, principalmente se dirigen a las promesas dinásticas. Por otra parte, Amós 6.5 (mediados del siglo VIII) ya refleja la imagen de David como el poeta-cortesano.

En los textos que se refieren a períodos posteriores David encarna relaciones de estado, tanto nacionales como internacionales. Aunque las referencias a David en contextos judíos a menudo contrastan la dinastía con otras líneas posibles, las referencias acerca de Israel llevan la implicación que «David» o «la casa de David» son (el estado de) Judá (1 R 12.19). La frase es común en Isaías (7.2, 13; 22.22; cp. 9.7 [6]; 16.5; también 11.1-10) y en la era posexílica.

Nombre

La etimología del nombre de David es incierta. Los eruditos más antiguos identificaron un cognado acadio que significa «líder», pero esto estaba basado en una lectura incorrecta de la escritura cuneiforme. La raíz del término es *dwd*, por lo general interpretado como «tío (paterno)» o «amado.» Sin embargo, ningún texto trata el término como conteniendo un diptongo sujeto a contracción. Siempre se escribe *dwd* o hasta *dwyd* (La *y* representando una vocal de la clase *i*), nunca *dd* (como a veces es escrito «tío»).

Probablemente relacionado son los nombres *d (w) dw* (Dodo, p. ej., 2 S 23.9, 24) y Dodaw (y) ahu (2 Cr 20:37), en que el diptongo se contrae. Por otra parte, el rey moabita Mesa habla de quitar de Atarot el *'r' l dwdh*, el «Ariel» de *dwd* (de Atarot). Aquí *dwd* no se refiere a la casa de David.

La inscripción atribuye la fortificación de Atarot y Nebo a Omrides, la dinastía que iba a prestar a Israel su propio nombre («la casa de Omri»). Sin embargo, el *dwd* de Atarot era un elemento significativo, humano o no, tan singular como Jehová. Puesto que «el tío paterno» es raro como un elemento en nombres israelitas, el nombre David debería ser probablemente interpretado en el modelo confuso de Mesa. Puede o no ser un nombre de trono.

Patronímico

David es llamado «el hijo de Isaí» en el discurso directo en 1–2 Samuel sólo en contextos peyorativos, principalmente por Saúl (p. ej., el llamado de Seba a rebelarse, 2 S 20:1).

1 Reyes 12.16, respecto al cisma salomónico, es primero una protesta en contra de David, pero luego contra su dinastía y nieto. La fórmula fija, sin importar su antiguo origen, es prueba de la paternidad de David, como es la invocación de Isaí como el antepasado de la dinastía en Isaías 11.1, 10. El único texto en Samuel para denominar a David como «David hijo de Isaí» (2 S 23.1) introduce poesía arcaica. Esta misma locución en Crónicas sólo implica que el patronímico fue fijado para la época de aquel trabajo. El cronista suministra el patronímico para apuntalar su relato (1 Cr 10:14; 29.26; en poesía, 12.18), algo que él no haría para Moisés o Aarón. Esto puede reflejar algún programa ideológico: el cronista no nos dice «*cuál* David» era su tema, como, como otros nombres antiguos (patriarcas;

tribus, excepto Manasés; los primeros reyes) éste no se repite en los tiempos bíblicos. Sin embargo, la preservación del patronímico indica que el Isaí histórico poseyó medios y probablemente influencia.

Genealogía

La genealogía de David se registra al final de Rut y, de forma idéntica, en 1 Crónicas 2.3-17. La antigüedad de la tradición es discutible, pero P (a fines del siglo VII o a principios del siglo VI) llama al antepasado de David Naasón como el cuñado de Aarón (Ex 6.23) y jefe de Judá (Nm 1.7). Lo más probablemente es que esto refleja la genealogía más que inspirarla. Tampoco sería sorprendente donde el nombre del abuelo de David (Obed) es conservado.

Algunos ven en la historia de David de confiar sus padres al rey de Moab (1 S 22.4) prueba de una conexión moabita recordada en Rut. Aun así, la línea del abuelo de David a Naasón, de allí a Perez y Judá, parece forzada.

Ubicación de Belén

La genealogía de David, Rut, y 1 Samuel (16; 17.15, 58; 20:6, 28) ubican a la familia de David en Belén, durante varias generaciones. Más convincente es la referencia casi inconsciente de 2 Samuel 2.32 a la tumba ancestral de Asael allí. Miqueas 5.2 (1) indica que esta tradición estaba consolidada por el 700. Belén, a pesar de la asociación de la tumba de Raquel con ella (Gn 35.19; 48.7; Jer 31.15), era un barrio de descanso camino de una hora al sur de Jerusalén. La afiliación de David con el pueblo difícilmente es una invención.

La carrera temprana

1 Samuel presenta a David como la elección de Jehová, por la designación de Samuel, para suceder a Saúl. La narrativa lo lleva a la corte de Saúl, donde él se compromete en matrimonio con una de las hijas de Saúl (Merab, Mical). 2 Samuel 3 continúa con una historia de la entrega posterior de Mical a David al separarla de sus hijos y su anterior marido, y su posterior secuestro y falta de hijos.

Además, una cancioncilla, que provocaba la ira de Saúl, decía: «Saúl hirió a sus miles, y David a sus diez miles» (1 S 21.11). Todo esto apoya la asociación de David con la corte de Saúl. Por el contrario, cuando la mayor parte de Samuel fue escrita, habría sido político inflar la reputación de David como el aliado de Saúl y un asesino de filisteos, más urgentemente velar la realidad de que él fue durante un periodo crítico un vasallo filisteo y que permaneció como su aliado a lo largo de su reinado. Igualmente, la preservación de David de Mefi-boset el hijo de Jonatán puede haber sido calculada, y la implicación de que él tenía una relación especial con Jonatán sacada secundariamente por nuestro autor. Por lo tanto, no es seguro si David alguna vez sirvió en la corte de Saúl. Ninguno de los avisos que relatan los hechos de sus hombres (2 S 21.15-22; 23.8ss.) sugiere que lo hiciera.

Sin embargo, David era el vasallo de Aquis de Gat. Esta es una vergüenza para nuestros autores: la fuente A niega la asociación totalmente (1 S 21.10-15 [11-16]). La B suaviza el punto de la vergüenza absolviendo a David de la batalla en la cual Saúl falleció. Él estaba al servicio del rey filisteo de Gat, aunque llevado allí por la rabia de Saúl; él estuvo presente y era el guardaespaldas de Aquis, pero en virtud de este honor fue destacado al fondo; fue despedido por los otros reyes filisteos; él estaba lejos, incluso de su casa, persiguiendo a atracadores en todo el sur; y él mató al mensajero de la muerte de Saúl, que afirmó haberle matado (1 S 27; 29–30; 2 S 1).

Exactamente cuándo David, el fugitivo de Saúl, llegó a ser rey en Hebrón (2 S 2.2-4) es disputado.

El texto le asigna siete años en Hebrón, mientras Is-boset reina sólo dos y David toma Jerusalén poco después de su conflicto con el sucesor de Saúl. Algunos críticos postulan un interregno entre Saúl e Is-boset, que es contraindicado si David hubiera erigido un reino rival en el sur (así 2 S 2.5-9, donde Abner corona a Is-boset para prevenir declaraciones a favor de David que hacía una campaña electoral).

Otros sugieren que David se hiciera el rey de Judá cinco años antes de la muerte de Saúl. Lo más probable, sin embargo, David no ganó la lealtad del norte o transfirió su capital a Jerusalén sin demora. Esta opción explica como la tradición de conflicto con Filistea se levanta sobre la toma de Jerusalén. En Hebrón, la monarquía de David era probablemente poco impresionante, como la arqueología pobre del sitio y el establecimiento escaso del siglo XI de Judá sugiere, y continuó como un vasallo filisteo. Su toma de posesión en Jerusalén puede haber sido una declaración de independencia.

Relaciones históricas con la casa de Saúl

A la muerte de Saúl, un ataque contra Siclag (1 S 30:1-2) puede haber llevado a David a trasladar su residencia en las colinas de Judá. Esta expansión territorial en el interior histórico de Jerusalén debe haber sido una recompensa por el servicio, probablemente en el Jezreel. De Hebrón, David siguió su guerra episódica con Israel, cuyo rey era Is-boset y cuyo jefe de Estado Mayor era Abner (2 S 2–4). Finalmente, en consideración para un acierdo, Abner y 20 siervos (re) reclutaron a Mical la hermana de Is-boset como esposa de David. En el banquete de celebración, sin embargo, Joab el general de David puso una emboscada a Abner y sin duda a su escolta.

2 Samuel 3 presenta esto como la traición de Joab contra un hombre que calumnia a Is-boset para entregar a David el reino. Pero en ningún caso en el cual Joab mata por David (Urías, Absalón, Amasa) Joab sufre por insubordinación. Igualmente, Samuel alega que Mical era la prometida a David (1 S 19.11-24) antes de su matrimonio con Paltiel, el marido israelita de quien y de cuyos hijos Is-boset y Abner la separan. Estos esponsales no consumados ahora dan a su extradición un reconocimiento a regañadientes de un reclamo justo, evitando la imputación que la extradición significó la alianza pacífica. David a partir de entonces secuestró a Mical: él rompió la antigua unión de ella, luego rechazó la verdadera alianza con la casa de Saúl.

La muerte de Abner no propulsó a Israel en los brazos de David. En cambio, dos no israelitas, de la ciudad «gabaonita» de Beerot, asesinan a Is-boset y llevan su cabeza a Hebrón. David, sin embargo, los abatió, proclamando su inocencia (2 S 4). Los contemporáneos deben haberlo acusado de ordenar las muertes de Abner e Is-boset.

David conservó el cadáver de Abner y la cabeza de Is-boset hasta la consolidación de su autoridad sobre Israel. Algún tiempo antes de la rebelión de Absalón, remontando un hambre a la guerra de Saúl contra los gabaonitas, él extraditó a los últimos hijos y nietos sobrevivientes de Saúl.

Sólo después de esta purga repatría los cadáveres de Saúl y Jonatán al sepulcro de la familia en Benjamín (2 S 21.1-14).

David sólo eximió al nieto cojo de Saúl. Mefi-boset (Meri-baal), el hijo de Jonatán, moró en la corte, mientras un administrador, Siba, administró las tierras de Saúl (2 S 4.4; 9). Después de la rebelión de Absalón, David reasignó la mitad de la propiedad al administrador (16.1-4; 19.24-30 [25-31]). Los únicos otros parientes que sobrevivieron la purga fueron Simei, quién acusó a David de asesinar a toda la familia (2 S 16.5-10). Simei fue ejecutado en la transición al reinado de Salomón.

Un último «saulita» fue el hijo de David por la esposa de Saúl, Ahinoam de Jezreel. Amnón, el primogénito de David, fue asesinado por Absalón. El castigo de Absalón fue más severo que el de Joab por otros asesinatos: tres años en exilio y dos más bajo arresto domiciliario. Sin embargo, la muerte de Amnón, presentada como la venganza por su violación de la hermana de Absalón, quitó el último vestigio de la casa de Saúl de un papel en la sucesión. A la luz del modelo total, esto no era coincidencia; sobre todo ya que la violación fue sugerida a Amnón por el sobrino de David (2 S 13.1-5).

En general, David sistemáticamente exterminó la casa de Saúl, manteniendo a Mical y Mefi-boset como rehenes en la corte, para cubrir las apariencias.

Las historias del servicio juvenil de David en la corte de Saúl, sus relaciones con Jonatán, y su compromiso con la hija de Saúl lo ayudaron a absolverlo de los asesinatos de Abner e Is-boset y las ejecuciones de los otros descendientes de Saúl. Pero todo este desarrollo sirvió a la conveniencia de David. Las acusaciones contemporáneas contra las cuales la literatura responde parecen lejos de ser infundadas.

El ascenso a la monarquía

El primer nombramiento real de David fue como vasallo de Aquis de Gat, en la ciudad de Siclag. De Hebrón, después de la muerte de Saúl, reclamó la soberanía sobre Judá, un territorio escasamente poblado a finales del siglo XI, sobre todo en regiones al este de la Sefela.

Los elementos no sedentarios también pueden haber sido activos en el Neguev. Tampoco es Judá, o su «tribu» compañera Simeón, representada en ninguna tradición israelita premonárquica (esp. Jue 5.13-18). Probablemente ninguna «tribu», o sección israelita geográfica, existió antes de que David, su arquitecto, ocupara Hebrón. De ahí que Benjamín (lit., «el habitante del sur») era al principio el nombre para el grupo que ocupa el Israel meridional, incluido Judá.

El modesto establecimiento de David en Hebrón quedó a la disposición de Aquis, ayudando a contener las fuerzas israelitas en el interior. David también inició un modelo de diplomacia matrimonial. Su primera esposa, Ahinoam, era de Jezreel en el norte (el Jezreel judaita estaba deshabitado en esta época). La única otra Ahinoam en la Biblia era la madre de Jonatán, sugiriendo que David la tomó de Saúl. La segunda esposa de David, Abigail, también tiene sólo un álter ego, su hermana. Ella, por su parte, tuvo a un primer marido rico en Judá (1 S 25; cp. 2 S 17.25; 1 R 2.32; 1 Cr 2.17). Por medio de Ahinoam y Mical, David estableció un reclamo sobre el reino de Saúl. Por medio de Abigail (y el marido de ésta) y por la alianza matrimonial con el rey de Gesur (en el Golán), David también rodeó el norte. Él además añadió peticiones a Transjordania a desertar de Is-boset (2 S 2.5-7), una alianza temprana con los amonitas, y, al final de su reinado, una alianza con Tiro. Estas periferias, en combinación con sus aliados filisteos, David activó contra las tribus del norte. Él hizo concesiones a los gabaonitas de las colinas de Benjamín y varios elementos mercenarios, y construyó una coalición para contener a los israelitas.

Tras la muerte de Is-boset, David orquestó la suscripción a su liderazgo por parte de elementos en Israel. Samuel retrata a los colaboradores como la representación de todo el norte. Pero la dinámica de este desarrollo, en realidad, del sometimiento de David de elementos difíciles en el norte generalmente, no están abiertas para nuestra inspección. Que algún elemento de coerción estuvo implicado, sin embargo, está claro tanto por la posición defensiva adoptada por 2 Samuel, probablemente en defensa de la sucesión de Salomón, como de las rebeliones contra David bajo Absalón y contra la sucesión de Roboam bajo Jeroboam.

Administración y logros

2 Samuel nombra a muchos del personal de David. A menudo, los oficiales son identificados por gentilicios (Itai de Gat, Urías heteo). Aunque, probablemente en este modelo, 1 Samuel proporciona una breve lista de los oficiales de Saúl y 1 Reyes 4 proporciona una lista más completa de los oficiales de Salomón, nada remotamente similar aparece para ningún otro rey israelita. Aquí los informes sobre la Monarquía Unida se distinguen de la historiografía sobre épocas posteriores. Este informe de la maquinaria administrativa rudimentaria atestigua autoridad de estado en vías de desarrollo, ya sea que David haya conquistado Israel, sometiéndolo a la explotación imperial, o que David haya sido un conciliador, que indujo el apoyo de la ciudadanía.

Elementos extranjeros en el establecimiento de David, su colusión con Gabaón en la exterminación de la casa de Saúl, y los modelos de su diplomacia marital (Gesur, el norte de Manasés) y otro (Filistea y Amón, Tiro) todos amenazaron las tribus del norte. Por el contrario, 1–2 Samuel insiste que él tuvo un mandato popular, aun después de que los mercenarios de David derrotaron las exacciones tribales en la rebelión de Absalón, era políticamente oportuno reclamar la legitimación popular. La campaña de David por la reelección después de la rebelión de Absalón también indica la dependencia en la táctica de tener popularidad con sus súbditos.

Son las omisiones de Samuel las que mejor caracterizan este estado davídico. David no construyó un templo, sino que sólo unificó el estado con el nuevo icono central del arca en Jerusalén (2 S 6–7). David no organizó provincias nacionales, como Salomón lo haría, y no emprendió ninguna obra pública fuera de Jerusalén: ninguna fortificación, ninguna construcción de palacio.

Tampoco en el interior israelita, ni en el Valle de Jezreel, el texto alega conquista alguna: la captura de Meguido, Bet-san, y otras fortalezas de tierras bajas por los israelitas debería ser por lo tanto asignada a Saúl e Is-boset.

Es como un ingeniero del imperio, como el guerrero-héroe con una apasionante dimensión trágica, que David ha impreso él mismo en la cultura occidental. Además, las afirmaciones de conquista presentadas en Samuel son limitadas (contraste Reyes, Crónicas). David nunca domina territorio al Oeste de Gezer o en Filistea: bajo Salomón Gezer permaneció extraterritorial.

Los propios encuentros de David con los filisteos se limitan a las colinas cerca de Jerusalén, o no pueden ser localizados.

Igualmente, David somete Aram-zoba (en el Beqaʿ), Amón, Moab y Edom. Pero nada sugiere una campaña al norte de Dan, la confrontación con Aram viene durante la guerra contra Amón, en Transjordania. La actividad más septentrional en la que se dice que las tropas de David toman parte ocurre en Abel-Bet-maaca.

Tampoco es evidente cómo David dominó Transjordania. Samuel afirma que él puso una guarnición (en alguna parte del interior de) Damasco, contra «todo Edom,» donde masacró la población. Sus incursiones en Moab no se especifican.

Amón presenta un caso más enredado. David al principio se alió con el opositor real de Saúl, Nahas.

A la muerte de Nahas, David intervino en la sucesión, conquistando la capital, e instalando a Hanún ben-Nahas. Esto dio resultado durante la rebelión de Absalón, cuando Hanún ayudó a David contra las milicias tribales de Israel y Judá. Esto por su parte llevó a un matrimonio que hace a la hija de Hanún la madre del sucesor de Salomón. Amón, entonces, estaba sometido a Jerusalén de David, pero también era indispensable para el ejercicio de la autoridad nacional de David.

En teoría, la expansión de Israel, tanto interna (en fortalezas de tierras bajas) como externa (Transjordania), debería tener un fundamento próspero para el orgullo «nacional». Sin embargo, la acumulación de recursos y la innovación aun de una monarquía modesta, rodeada por mercenarios, dejaron a los linajes de campo con miedo de perder su autonomía. Las políticas de David (p. ej., la administración fiscal) probablemente llevaron a la rebelión de Absalón, que no fue dirigida contra la dinastía, sino contra David personalmente. Era una guerra acerca de la sucesión.

La insurrección fue masiva: el texto la retrata como la recompensa por el asesinato de David de Urías el heteo; lo que exculpa a los participantes de cargos de traición. El texto insiste en que David activamente hizo una campaña a favor de la reelección como el rey después de la rebelión de Absalón (2 S 19), hasta reemplazando a su asesino a sueldo, Joab, como comandante nacional con el general rebelde Amasa. El texto entonces culpa del asesinato de Amasa a la iniciativa de Joab, no de David (durante el pretexto de una rebelión fallida). Con el ejército en ascenso, la campaña humillante por la reelección y el nombramiento de Amasa señala a afirmaciones de imperio popular, y la importancia del apoyo popular.

Las políticas religiosas de David son transparentes. Más allá de la adopción del arca de una ciudad gabaonita como un símbolo nacional, él concedió dos estados sacerdotales: uno, probablemente de Judá, reclamando la descendencia de Aarón, y el otro conectado con Elí, en el santuario abandonado, Silo. Por otra parte, David prescindió de interferencia con asuntos clericales.

Además, si bien la liturgia de templo (p. ej., Sal 89) y 2 Samuel 7 afirmaría más tarde que la dinastía davídica era un don divino incondicional, los puntos de vista alternativos llegaron a expresarse (p. ej., Sal 132), más obviamente en la secesión de Israel en la muerte de Salomón.

Un logro importante, probablemente davídico, fue la sedentarización en el Neguev. Esto refleja la explotación del tráfico de caravana árabe a la costa, de allí en el extranjero. El comercio de especias, explotado a costas de Egipto, formó una base para la prosperidad estatal hasta la incursión de Sisac, cinco años después de la muerte de Salomón.

Políticamente, las creaciones duraderas de David fueron la nación (o «tribu») de Judá y una dinastía cuya longevidad dependió de sus sucesores. Aunque él escrupulosamente observó las formas de la soberanía popular, David también creó una grieta entre la cultura real y de campo, una grieta exacerbada por Salomón que más tarde erradicó aquellas formas.

La sucesión

David jugó la sucesión cerca de su chaleco. De sus hijos, el tercero, Absalón, mató al mayor, y fue a su vez muerto por Joab en la rebelión. El segundo hijo, por Abigail, nunca se menciona después de su nacimiento. Se esperó extensamente que el cuarto, Adonías, lo sucediera.

La competencia por la sucesión recapituló las relaciones tensas de la rebelión de Absalón. La expectativa popular se enfocaba (¿con esperanza?) en Adonías, y el apoyo de Joab sugiere que él era la persona designada de David. Partidario al pretendiente era el sacerdote Abiatar. De ese modo las fuerzas tradicionales, en la corte y fuera de ella, estaban a favor de la candidatura de Adonías.

La sucesión de Salomón, presentada favorablemente, sigue siendo un golpe. Detrás de Salomón está Sadoc, el sacerdote judaita; Benaía, el capitán mercenario; y los mercenarios de la capital. La administración de Salomón, con su énfasis en obras públicas y las exacciones que requirieron, colorea el contraste con el candidato tradicional. Aun las maniobras conciliatorias a comienzos del reinado –el matrimonio de Roboam con la hija de Absalón, la escritura de 2 Samuel para exculpar a David de asesinatos políticos y a la población de Israel de traición, y hasta la construcción del templo con sus implicaciones de deducción impositiva para los trabajadores (¿cerca de Jerusalén?)– todas sugieren que la transición fue gradual. Salomón comenzó persiguiendo el curso de su padre; sólo cuando una amenaza materializada de Egipto en su vigésimo cuarto año hizo que el impulso a la modernización se volviera urgente. Por esta razón, obras públicas (p. ej., en Meguido) no fueron completados antes de la destrucción del estrato salomónico allí.

El lugar de David en la tradición

La identificación de David como el mesías, «ungido» de Jehová y por tanto hijo, se deriva de la ideología real del templo a través de los siglos hasta el exilio babilonio. Como dinastía, David personificó el reinado de Jehová sobre Judá y, por extensión, Israel. La reinterpretación posterior de la concepción de David *redivivus* (esbozada en la comparación de los reyes de Judá con él en los libros de Reyes) y de la metáfora de entronización de su divina descendencia llevó a su ratificación como una futura esperanza en un período sin reyes davídicos (la Restauración). Además, la imagen de David como el fundador del culto, completamente desarrollada en la presentación de 1 Crónicas, se deriva de la asignación a su reinado de los estatutos dinásticos, por lo general asociados con la construcción del templo, y de los sobrescritos de los Salmos.

Mientras la edad de oro de Israel se asocia generalmente con Salomón, la figura davídica, mucho más aventurera y más trágicamente humana, naturalmente atrajo la atención y el afecto de lectores posteriores.

Bibliografía. D. Barthélemy, et al., *The Story of David and Goliath.* OBO 73 (Göttingen, 1986); W. Brueggemann, *David's Truth in Israel's Imagination and Memory* (Filadelfia, 1985); R A. Carlson, *David, the Chosen King* (Estocolmo, 1964); J. W. Flanagan, *David's Social Drama.* JSOTSup 73 (Sheffield, 1988); J. P. Fokkelman, *Narrative Art and Poetry in the Books of Samuel,* 1. *King David.* SSN 20 (Assen, 1981); D. M. Gunn, *The Story of King David.* JSOTSup 6 (Sheffield, 1978); P. K. McCarter, Jr., «El David Histórico,» *Int* 40 (1986): 117-29; L. Rost, *The Succession to the Throne of David* (Sheffield, 1982).

BARUCH HALPERN

DAVID, LA CIUDAD

El sitio que David tomó de los jebuseos e hizo la capital de todas las tribus, «la fortaleza de Sión» (2 S 5.7, 9). Situada en el territorio neutral entre las tribus del norte y del sur, se hizo tanto el centro político como religioso unificando el gobierno de David, y aquí él trajo el arca del pacto (2 Sam 6.1-23). El nombre también fue usado respecto a la ubicación de la tumba de David (1 R 2.10) y Salomón (11.43) así como otros reyes de Judá (14.31; 15.7, 8, 24; 22.50 [TM 51]; 2 R 8.24; 9.28; 12.21 [22]; 14.20; 15.38; 16.20), la colina del sureste o la parte más vieja de la ciudad a diferencia del resto de Jerusalén (Neh 3.15; 2 Cr 32.5, 30), y, por Josefo, la ciudad de Jerusalén en su conjunto.

La ciudad se menciona en los Textos de Execración egipcios que datan del período de Bronce Medio y en las Cartas de Amarna de la Edad de Bronce tardía.

Históricamente el nombre se utiliza en referencia a la parte más vieja de Jerusalén, la cordillera oriental también llamada Ofel. Al igual que los jebuseos, David fue atraído al sitio debido a sus rasgos únicos.

El sitio consistió de una estrecha cordillera entre el norte y el sur formada por el Valle de Cedrón en el este y el Valle Tirapeón o fabricantes de queso en el oeste y sur. Las cuestas escarpadas al este y oeste hicieron la ciudad de David un sitio casi impenetrable que podría ser fácilmente defendido. Además de sus rasgos de defensa naturales únicos, también tenía un abastecimiento de agua natural adecuado proporcionado por el manantial de Gihón al este de la colina en el Valle de Cedrón. Geográficamente, el sitio estaba localizado en la cordillera norte-sur que corría a lo largo de la tierra de Palestina y la principal carretera norte-sur que unía las ciudades principales en la región montañosa central.

Las excavaciones durante el siglo pasado han ayudado a proporcionar al menos un contorno parcial de la historia del sitio. Mientras evidencias de la residencia en el área se remontan al neolítico, la primera ciudad principal fue establecida durante la Edad de Bronce Medio cuando el sitio fue fortificado con una muralla masiva, descubierta durante las excavaciones de Kathleen Kenyon de 1960 hasta 1968. Este muro, que siguió en uso durante la Edad de Bronce Tardía, proporciona información valiosa sobre los límites de la ciudad jebusea, que cubrió c. 4.5-6 ha (11-15 a.). Otros rasgos descubiertos por Kenyon o más recientemente Yigael Shiloh incluyen una serie de terrazas situadas en la cuesta oriental de la cordillera, pruebas de la expansión del sitio al norte hacia el monte del Templo; la casa de terraza inferior, que data del siglo VIII a.C.; la casa de sillar con el diseño de casa sostenida con pilares típico de casas israelitas de la Edad de Hierro; la casa de Ahiel, llamada así debido a una inscripción en un fragmento de cerámica descubierto en la estructura;

el cuarto quemado, llamado por la capa gruesa de restos carbonizados en su suelo; y la casa de bula, en la que se descubrieron 51 bulas o sellos de arcilla, cuatro de los cuales datan de los siglos VII y VI.

Además de la fuente de Gihón, la ciudad de David tenía varios sistemas de agua. Éstos incluyen el Pozo de Warren, que contó con un túnel escalonado y de eje vertical para proporcionar acceso protegido al abastecimiento de agua de la ciudad durante tiempos de guerra; el canal de agua Siloé, que corría a lo largo del lado este de la cordillera de Ofel y llevaba el agua hacia el valle al este con fines de riego; y el túnel de Ezequías, cortaron 558 m (1831 pies) a través de roca de la cordillera para llevar agua del manantial de Gihón en el lado este de la ciudad al estanque de Siloé en el suroeste (2 R 18.13-18; 20:20).

Durante el reinado de Salomón la ciudad fue ampliada hacia el norte, cuando el monte del Templo fue añadido. Durante el siglo VIII, probablemente en el reinado de Ezequías, la ciudad se expandió a la colina occidental.

Bibliografía. D. Tarler y J. M. Cahill, «La ciudad de David,» *NEAEHL* 2.52-67.

LaMoine F. DeVries

DEBIR (Heb. *lid̲ēb̲ir*)

Lugar en Galaad oriental (Jos 13.26; NVR, siguiendo TM). El nombre es probablemente la forma original que en otros lugares se conoce como Lodebar.

DEBIR (Heb. ***dĕb̲îr*****) (LUGAR)** (también LIDEBIR, LO-DEBAR)

1. Una ciudad en la región montañosa del sur de Judá, citada en la narrativa de conquista de Josué (Jos 10.38-39). Ha sido identificada provisionalmente con Kirbet Rabûd (1515.0933), 13 km (c. 8 mi) sur suroeste de Hebrón. El sitio fue primero sugerido por Kurt Galling, y las excavaciones fueron conducidas por Moshe Kochavi en 1968-69, durante las cuales desenterraron la única ciudad grande de la Edad de Bronce Tardía (LB IIA) en las colinas de Hebrón que data de los siglos XIV y XIII a.C. Las cisternas amplias y los pozos superiores e inferiores cercanos de Bir ʿAlaqa concuerdan con el relato de Acsa, la hija de Caleb (Jos 15.15-19 = Jue 1.11-15).

Anteriormente el sitio había sido identificado con Tell Beit Mirsim (William F. Albright) y Kirbet Tarrame.

Los nombres más antiguos para el sitio eran Kiriat-sefer (Jos 15.15) y Kiriat-sana (v. 49). Después

Ciudad de David, con la terraza de Milo (derecha). A la izquierda se encuentran la casa bulla y la casa de Ahiel
(Phoenix Data Systems, Neal y Joel Bierling)

de conquistar la ciudad, se dice que Josué destruyó el remanente de Anac de Debir (11.21).

Bibliografía. M. Kochavi, «Rabud, Kirbet,» *NEAEHL* 4.1252.

2. Una ciudad gadita en la región de Galaad al norte de Pella (Jos 13.26; 2 S 9.4-13).
El nombre es escrito Lidebir en Josué 13.26 y Lo-debar en 2 Samuel 9.5. La familia de Jonatán huyó allí después de que los israelitas bajo Saúl fueron derrotados en el más bajo Valle de Jezreel y las laderas del monte Gilboa.

Mefi-boset, el hijo lisiado de Jonatán, fue traído por David de Lo-debar para residir en la corte en Jerusalén. La moderna Umm el-Dabar (207219), 18 km (11 m). Al norte de Pella (Tabaqat al-Faḥl), puede conservar el nombre original y la ubicación de la ciudad antigua.

3. Una ciudad junto a la frontera norte de Judá con Benjamín. Estuvo situada entre Jerusalén y el río Jordán, sobre el Valle de Acor y cerca de Gilgal (Jos 15.7).

R Dennis Cole

DEBIR (Heb. *dĕḇîr*) **(PERSONA)**
Rey de la ciudad amorreo-cananea de Eglón. Él era miembro de la coalición de reyes cananeos del sur quienes dirigidos por el rey Adonisedec de Jerusalén atacaron Gabaón después de que ésta firmó un tratado con Josué e Israel (Jos 10.3, 5). Después de su derrota inicial en Gabaón, los reyes huyeron hacia el oeste a la pendiente de Bet-horón, entonces hacia el sur por la Sefela a la zona de la cueva de Maceda (Jos 10.10-27).

R. Dennis Cole

DÉBORA (Heb. *dĕḇôrâ*)

1. Una de las mujeres más notables en el AT.

Débora («abeja») ocupa un lugar destacado en Jueces 4 y 5, que relatan una batalla decisiva entre los cananeos, bajo el mando de Jabín y su general Sísara, y una fuerza de milicia tribal israelita. Este episodio, ubicado en el período de los jueces, es uno de una serie de historias de liberación que constituyen la sección central del libro de Jueces. Jueces 4 es un relato narrativo, por lo general fechado a finales del período monárquico. Una versión poética y probablemente mucho más antigua, quizás datando a finales del siglo XII a.C., aparece en Jueces 5 y es conocida como el canto de Débora (aunque la inscripción en 5.1 la atribuya tanto a Débora como a su general Barac).

Su lenguaje arcaico de triunfo divino sobre los enemigos de Israel representa el único relato poético ampliado que acompaña la descripción de prosa de un episodio en Jueces.

Débora se identifica en Jueces 4.4 por dos términos: «profetisa», lit., «una mujer (Heb. *ʾiššâ*), un profeta»; y como alguien que «juzgaba a Israel» en el tiempo de un período de 20 años de opresión por los cananeos fuertemente armados. Entre estos dos términos está otro identificador, la frase *ʾēšeṯ lappîḏôṯ*, típicamente traducida «mujer de Lapidot (Antorchas).» Sin embargo, podría significar igualmente «mujer encendida (o animada)» (lit., «la mujer de antorchas») porque Lapidot, es de otra manera desconocido en la Biblia, es poco probable que sea el nombre de un hombre y porque el sustantivo *ʾēšeṯ* (construcción de *ʾiššâ*) puede significar «mujer de» así como «esposa de.» La necesidad de identificar a una mujer en relación con un hombre, más bien que el reconocimiento que la identidad de una mujer podría en algunos casos se mantiene independiente, al parecer influyó prácticamente todas las traducciones modernas y antiguas. Con todo, los diversos papeles que Débora juega como una mujer autónoma en la vida nacional garantizarían que su nombre apareciera con el epíteto «mujer encendida» y sin referirse a un hombre. Debido a la superposición entre territorio y grupos de parentesco en el antiguo Israel, su identidad de familia es suministrada por la información en Jueces 4.5 sobre su lugar geográfico (que ella viene de un lugar «entre Ramá y Betel en la región montañosa de Efraín») más bien que por el nombre de un pariente varón.

Débora desempeña una serie de papeles de liderazgo vitales. Como juez, ella está implicada en la actividad militar como están aquellos otros jueces que el Señor levantó «para librar a Israel.» Pero también, singularmente entre los jueces, Débora emite «juicio», o decisiones legales, cuando se sienta «bajo la palmera de Débora.» Además, ella es la única figura en Jueces a quien se la llama profeta. Esa designación puede estar relacionada con el canto que se le atribuye en el cap. 5, por arrebatos poéticos que relatan los poderes de salvación (o punitivos) de Jehová están con frecuencia relacionados con la actividad de profetas, que median la palabra de Dios al pueblo.

Débora también lleva el título de «madre en Israel» (Jue 5.7), quizás porque ella da consejo sabio a aquellos que buscan su ayuda (cp. 2 S 20.19). Lo más probable es que «madre» es el título honorífico para una figura femenina de autoridad o protectora en una familia o la comunidad más grande, como «padre» es para la autoridad masculina (cp. 1 S 24.11; Is 12.21).

Débora es consultada por los israelitas, que están muy preocupados por la amenaza cananea. Ella llama a su general Barac, que reúne tropas de dos tribus (Jue 4.6) o quizás seis (5.14-15). Sin embargo, debido a los números superiores y los recursos de la coalición enemiga, Barac se resiste a salir a luchar a menos que Débora también vaya. Al consentir en hacerlo así, ella se burla de él, diciendo que la victoria no será de él, sino que más bien pertenecerá a una mujer. La mujer no es Débora, sino Jael, la esposa de Heber ceneo, quien atrae a Sísara a su tienda de campaña y lo mata con una estaquilla (Jue 4.17-22; 5.24-27), asegurando así la victoria israelita.

Tanto la ironía irresistible del relato en prosa, que comienza y termina con las decisiones y los hechos de las mujeres, y la pasión viva de la versión poética, que concluye con dos escenas femeninas asombrosas, declaran la victoria contra grandes probabilidades en una batalla decisiva. De hecho, el canto de Débora se puede identificar como «un canto de victoria,» un género de arrebatos poéticos conmovedores que reconocen la intervención milagrosa de Jehová para salvar al pueblo, que de otro modo parece condenado. En el antiguo Israel, los compositores y ejecutantes femeninos típicamente cantaban tales canciones (cp. Ex 15.20-21, el canto «de la profetisa Miriam,» y el relato en 1 S 18.6-7 de mujeres ejecutantes que anuncian la victoria de David sobre el poderío militar superior de los filisteos). Además de pertenecer a un género atribuido a mujeres autoras, el canto de Débora expone aspectos temáticos, como cooperación y solidaridad entre ambos sexos, que caracterizan textos femeninos.

La prominencia de Débora como una mujer en el mundo mayormente masculino del mando militar y político a menudo es vista como extraña y notable. Sin embargo, a menos que fuera prohibido por la costumbre o la ley (como para monarcas y sacerdotes), las mujeres podrían actuar y actuaron en varios papeles públicos en la sociedad israelita. Como ellas tenían vidas útiles más cortas que los hombres, y porque su edad adulta era por lo general tomada con procreación, quizás pocas lo hicieron. Y debido a que los responsables del canon bíblico típicamente mostraron tendencias androcéntricas, se recuerdan las hazañas de mucho menos. Sin embargo, en períodos como los de los jueces, con modelos de liderazgo ad hoc descentralizados, típicamente proporcionan mayores posibilidades para que los talentos de mujeres surjan. Débora, todavía visible para nosotros unos milenios más tarde, puede representar a muchas otras de tales «madres» en el antiguo Israel.

Bibliografía. M. Bal, *Gender, Genre, and Scholarship on Sisera's Death* (Bloomington, Ind., 1988); M. D. Coogan, «A Structural and Literary Analysis of the Song of Deborah,» *CBQ* 40 (1978): 143-66; F. van Dijk-Hemmes, «Mothers and a Mediator in the Song of Deborah,» in *A Feminist Companion to Judges* (Sheffield, 1993), 110-14; D. N. Fewell and D. M. Gunn, «Controlling Perspectives: Women, Men, and the Authority of Violence in Judges 4 & 5,» *JAAR* 58 (1990): 389-411; J. Hackett, «In the Days of Jael: Reclaiming the History of Women in Ancient Israel,» in *Immaculate and Powerful: The Female in Sacred Image and Social Reality,* ed. C. W. Atkinson, C. H. Buchanan, and M. L. Miles (Boston, 1985), 15-38.

2. La nodriza de Rebeca, quien como la juez Débora tiene que ver con un árbol (Gn 35.8).

3. La abuela de Tobías (Tob 1.8).

Carol Meyers

DECÁLOGO
Ver Diez Mandamientos.

DECÁPOLIS (Gr. *Dekápolis*)
Un grupo de ciudades (Gr. «Diez Ciudades») en el sur de Siria y norte de Jordania (excepto Escitópolis, situada al sur del mar de Galilea justo al oeste del río Jordán), funcionando bajo ese nombre en los períodos romanos helenista y antiguo. Las fuentes literarias antiguas identifican no menos de 18 o 19 ciudades en el grupo, incluso Damasco, Filadelfia, Rafana, Escitópolis, Gadara, Hipo, Dión (Dium), Pella, Galasa (Gerasa) y Canatá, con Abila y varios otros qye figuran en una lista como tetrarquías o reinos (Plinio *Hist. Nat.* 5.74). También se inluyen Heliópolis, Abila (Quailiba), Saana (Sanamyn), Ina, Abila de Lisanias, Capitolias (Beit Ras), Adra (Edrei, Derʿa), Gadora, y Samoulis (Tolomeo *Geog.* 5.14.22). En el NT Decápolis se identifica, pero no se menciona ninguna ciudad individualmente (Mt 4.25; Mr 5.20; 7).

Varias ciudades siguieron en el período bizantino y en la época islámica (p. ej., Damasco, Abila/Quailiba, Pella, Filadelfia, Escitópolis). Algunas reclamaban a Alejandro Magno como el fundador (Gerasa, Pella, Filadelfia, Dion), pero la evidencia indica que, como ciudades de Decápolis, ellas fueron establecidas en el siglo III a.C., durante la dinastía tolomea antigua (Filadelfia/Amán, Nysa-Escitópolis). Aun otras fueron establecidas como ciudades de Decápolis durante la hegemonía seléucida después de la batalla de Panias en 198, cuando Antíoco III conquistó Abila (Quailiba), Gadara, Pella, Rabbatamana (Filadelfia) y Escitópolis identificando términos en monedas, como Antioquía (Gadara, Gerasa, Hipo) y Seleucia (Abila/Quailiba), indican al menos una conmemoración de identidad e influencia seléucida.

Las monedas de varias ciudades Decápolis a menudo son selladas con los términos *autonomos* («independiente, viviendo conforme a su propia ley»; Abila/Quailiba, Capitolias, Gadara), *eleutheros* («libre»; Nysa-Escitópolis), *asylos* («soberana, bajo protección divina»; Abila, Capitolias, Gadara, Hipo, Nysa-Escitópolis), y *hieros* («santificado, sagrado, separado»; Abila, Capitolias, Gadara, Hipo, Nysa-Escitópolis), lo que indica que estas ciudades disfrutaron o al menos reclamaron alguna clase de estado soberano, independiente y dedicado.

Las ciudades de la Decápolis pueden haber estado unidas por relaciones comerciales fuertes fomentadas por sistemas de camino bien establecidos, así como afinidad política griega y romana similar (la *polis*), conceptos sociales, culturales (escultura, pintura, arquitectura, monumentos) e influencias religiosas (la adoración del culto imperial; cp. estatuillas religiosas y otros artículos religiosos encontrados en tumbas helenistas y romanas). Esto es apoyado por la evidencia arqueológica de tumbas, urbanismo, y edificios públicos. En la época romano (después de 106 d.C.) Gerasa, Filadelfia, Canatá y Dión fueron organizadas con Nysa-Escitópolis, Hipo, Gadara, Abila, Capitolias, y Pella en Palaestina Secunda; Filadelfia, Adra'a, Gerasa, Canatá, y Filopópolis permanecieron en la Provincia de Arabia. Las monedas e inscripciones indican que antes del segundo siglo varias ciudades también fueron identificadas con el nombre de Coele-Siria: Filadelfia, bajo Adrián; Gadara, Abila, Escitópolis, bajo Marco Aurelio; Dión y Pella, bajo Caracala.

Bibliografía. M. Avi-Yonah, *The Holy Land* (Grand Rapids, 1966), 51, 69; A. N. Barghouti, «Urbanization of Palestine and Jordan in the Hellenistic and Roman Times,» en *Studies in the History and Archaeology of Jordan,* I, editor. A. Hadidi (Amán, 1982), 209-29; A. H. M. Jones, *The Cities of the Eastern Roman Provinces* (Oxford, 1937), 222-94; A. Spijkerman, *The Coins of the Decapolis and Provincia Arabia,* editor. M. Piccirillo (Jerusalén, 1978).

W. Harold Mare

DECISIÓN, VALLE DE (Heb. *ʿēmeq heḥārûṣ*)
El lugar donde Dios llevará a cabo la venganza contra las naciones durante el escatológico día del Señor (Jl 3.14 [TM 4.14]).

Ver Josafat, Valle de.

DECRETO
Una declaración pública hecha por un monarca o cuerpo gobernante que tenía fuerza de ley (cp. «edicto,» «interdicto»).

El decreto sería típicamente dicho en voz alta y posteriormente promulgado en forma escrita.

Aunque la literatura bíblica preexílica rara vez atribuye decretos a reyes humanos (Pr 8.15; Is 10.1; Jon 3.7), los textos posteriores se refieren a varios decretos publicados por monarcas imperiales (Est 1.19-22; Dn 2.5; 1 Mac 1.57; Hch 17.7). El decreto de Ciro (Esd 1.2-4; cp. 6.3-5) permite a los exiliados judíos volver a su patria y reconstruir su templo. Varios decretos que piden la aniquilación del pueblo judío o la supresión de sus prácticas religiosas presentan historias que ensalzan las ventajas de la obediencia a la ley de Dios (Est 3.15; 4 Mac 4). Un decreto por César Augusto proporciona la razón fundamental de narrativa para el viaje de María y José a Belén para el nacimiento de Jesús (Lc 2.1).

Varios pasajes retratan a Dios como uno que gobierna Israel o el mundo por medio de decretos (Dt 4.45; Job 28.26; Sal 78.5, 56; Jer 19.5; Ro 1.32). Pablo y sus intérpretes posteriores afirman que la salvación ofrecida por medio de Jesucristo es un cumplimiento de la sabiduría divina decretada por Dios antes de la creación del mundo (Ro 8.29-30; 1 Co 2.7).

Frank D. Wulf

DECRETUM GELASIANUM
Un documento latino que data en su forma actual del siglo VI d.C.; tradicionalmente atribuido al Papa Gelasio (492-496) pero quizás reflejo de las decisiones sinodales de 382 bajo el Papa Dámaso. De particular importancia para el establecimiento del canon cristiano son sus listas de libros canónicos tanto del

AT como del NT, los escritos de los padres de la iglesia como eran aceptados por la iglesia antigua, la «apócrifa» bíblica y las obras patrísticas, y varios libros rechazados como heréticos. Además esta compilación incluye declaraciones acerca de la primacía de Roma y la naturaleza de Cristo y el Espíritu Santo.

DEDÁN (Heb. *dĕḏān*)
Nombre dado al oasis al-ʿUla en el noroeste de Arabia, c. 300 km (186 mi) en el noroeste de Medina, como es confirmado por su presencia *(Ddn)* en la inscripción funeraria (SJ 138) de «Kabar'il, hijo de Mata''il, rey de Dedán» encontrada allí por los padres dominicos Antonin J. Jaussen y Rafael Savignac en 1909/1910. Catalogado como hijo de Cetura (Gn 25.3; 1 Cr 1.32) y de Raamá (Gn 10.7), Dedán es dos veces asociado con Edom (Jer 49.8; Ez 25.13) y una vez con la norteña ciudad árabe de oasis de Tema (Jer 25.23). Los habitantes de Dedán son conocidas como comerciantes (Ez 27.15-20), y los «caminantes de Dedán» son conocidos por pasar la noche «en el bosque en Arabia» (Is 21.13). Según registros, el rey babilonio Nabonido (555-539 a.C.) visitó Dedán y derrotó a su rey no nombrado.

En el siglo IV Dedán se había convertido en el sitio de una colonia comercial grande de comerciantes minaes del sur de Arabia, como es atestiguado por las inscripciones y graffiti Minaean en al-ʿUla y la aparición del nombre Dedán *(DDN)* en las inscripciones hierodule del templo Rṣf en Qarnaw (antigua Maʿin) en Yemen. Más tarde todavía llegó a ser la capital del reino Lihyanita, algunos 13 de los reyes son certificados epigráficamente. Antes de finales del siglo I a.C. Dedán parece haber sido eclipsada por la ciudad nabatea cercana de Hegra (Meda'in Salí).

Bibliografía. W. F. Albright, «Dedan», en *Geschichte und AT. Festschrift Albrecht Alt.* Beiträge zur historischen Theologie 16 (Tübingen, 1953), 1-12.

D. T. Potts,

DEDICACIÓN, FIESTA DE
Una celebración en conmemoración de la restauración del templo de Jerusalén y la consagración de su nuevo altar en 165 o 164 a.C. bajo Judas Macabeo (1 Mac 4.36-61). El nombre hebreo para la fiesta es Hanukah *(hănukkâ),* primero atestiguado en el siglo I d.C. *megillat taʿanit.* La observancia de ocho días comienza en el veinticinco de Quisleu (nov.-dic.); cp. Juan 10.22, que se refiere a que Jesús está en Jerusalén en invierno, durante la fiesta de Dedicación (Gr. *enkaínia,* «avivamiento, restauración»). La celebración inicial incluía la ofrenda de sacrificios, música, y el adorno del frente del templo y las cámaras de los sacerdotes (1 Mac 4.52-58). En esta primera celebración se decidió que la Hanukah debiera ser observada cada año (1 Mac 4.59; 2 Mac 10.8). Los ocho días de la Hanukah están probablemente basados en la duración de la dedicación de Salomón del primer templo (1 R 8.66; 2 Cr 7.9).

Los relatos de la nueva dedicación en 1 y 2 Macabeos se diferencian un tanto en énfasis. Mientras el enfoque de 1 Macabeos 4.36-59 es la dedicación (*enkainismós,* v. 56) del nuevo altar, 2 Macabeos pone de relieve la purificación (*katharismós, 1.1*8; 2.19; 10.3, 5, 7) del templo. 2 Macabeos 10.6-7 habla de las semejanzas de la celebración para la fiesta de los tabernáculos (incluso su duración de ocho días, la agitación de ramas); la asociación entre las dos fiestas también es hecha en 1.18.

Desde sus principios la Hanukah estuvo asociada con luz y fuego. Josefo (*Ant.* 12.7.7 §325) relata que la Hanukah misma era conocida como «Luces» (Gr. *phōtá*) y explica que el nombre vino «del hecho que el derecho de adorar nos apareció en un momento en que apenas nos atrevíamos a tener esperanza de ello.» 2 Macabeos 1.18 asocia la Hanukah «con la fiesta del fuego,» recordando una leyenda sobre el fuego del altar del Primer Templo que resulta en el fuego de altar en el tiempo de Nehemías (2 Mac 1.19-36). Una tradición talmúdica habla de una pequeña cantidad de aceite, encontrada por los macabeos tras su recuperación del templo, que milagrosamente ardió durante ocho días. 1 Macabeos 4.50; 2 Macabeos 10.3 describen cómo la restauración del templo incluyó el candelabro y la iluminación de lámparas, pero la razón del énfasis en la luz parece haberse obscurecido en un tiempo antiguo.

Joel Burnett

DEDICAR, DEDICADO
Ver Prohibición.

DEDO
En el uso bíblico, un instrumento de creatividad o productividad (p. ej., Is 2.8; 17.8; Mt 23.4; Lc 11.46), a menudo el equivalente de la mano (cp. Is 59.1, 3). Usado de manera antropomórfica, representa el poder divino (p. ej., Ex 8.19; 31.18; Sal 8.3; cp. Lc 11.20).

En varios ofendas, el sacerdote debía rociar o manchar con su dedo la sangre del sacrificio en los cuernos del altar (p. ej., Ex 29.12; Lv 4.25), En la parte frontal del propiciatorio (16.14), o delante del tabernáculo de reunión (Nm 19.4); en la limpieza de los leprosos, el sumo sacerdote fue expresamente instruido de usar «el dedo derecho» (Lv 14.16, 27). Los hebreos debían ligar las leyes del Pentateuco en filacterias en sus dedos (Pr 7.3).

Como una unidad de medida el dedo es la vigésimo cuarta parte de un cubo o 1.85 cm (.73 in; Jer 52.21).

DEFECTO

Un defecto físico, prohibido en los sacerdotes que sirven en el altar y en animales ofrecidos en el altar (Lv 21.17-21; 22.19-25). A los sacerdotes con defecto se les permitía prestar otros servicios en el santuario excepto en los que implicaban sacrificios en el altar, y animales con defectos limitados podrían ser ofrecidos como ofrendas voluntarias (Lv 22.23). Tampoco el sacerdote con defecto y el animal con defecto eran considerados impuros, ya que a los sacerdotes con defectos se les permitía comer la mayor parte de las ofrendas (Lv 21.22) que solo los sacerdotes puros podían comer, y los animales con defecto no estaban prohibidos como alimento. «Sin defecto» o «sin mancha» denota la ausencia de defecto físico general (Cnt 4.7; 2 S 14.25) y moral (Job 11.15; 31.7).

De la misma manera que los sacrificios del AT tenían que ser sin defecto físico, también lo fue Cristo sin mancha moral como el cordero sacrificial de Dios (Hb 9.14; 1 P 1.19). Los creyentes deben vivir vidas sin defecto o mancha moral (Fil 2.15), una característica que deben tener en el juicio divino (2 P 3.14). Por el contrario, los falsos maestros, como consecuencia de su conducta inmoral, son manchas entre el pueblo de Dios (2 P 2.13).

Michael D. Hildenbrand

DELAÍA (Heb. *dĕlāyâ, dĕlāyāhû*)

1. Uno de los hijos de Elioenai, un descendiente de David por medio de Zorobabel (1 Cr 3.24).

2. Un descendiente de Aarón; cabeza de la vigésimo tercera división sacerdotal durante los días de David (1 Cr 24.18).

3. El antepasado de un grupo de exiliados que no pudieron demostrar su ascendencia judía y así asegurar su herencia judía (Esd 2.60 = Neh 7.62).

4. El hijo de Mehetabel y padre de Semaías (Neh 6.10).

5. El hijo de Semaías (Jer 36.12); uno de tres príncipes que sin éxito rogaron al rey Joacim que no quemara el rollo profético de Jeremías (v. 25).

DEMANDA LEGAL

Los historiadores del sistema judicial antiguo advierten que es posible que el concepto moderno de «demanda» no se corresponda con ninguno de los procedimientos judiciales o extrajudiciales de que disponían los antiguos para zanjar sus disputas. Sin embargo, es posible encontrar ejemplos bíblicos en los que dos partes litigantes traen su caso ante una tercera para una decisión, ya sea un juez, un sacerdote, los ancianos o el rey (Dt 17.8-12; Jos 20.4; 2 S 15.2-6; 1 R 3.16-27; 2 R 6.26-31). Los diversos códigos legales de Israel facilitaron, a lo largo de los siglos que llevó la escritura del AT, la resolución de tales disputas (Ex 18.15, 16; 23.3, 6; Dt 19.15-19; 21.5; 2 Cr 19.5-11).

En el pasado se escribió mucho en cuanto al significado metafórico de una «demanda por el pacto» en ciertos textos proféticos, donde Jehová insiste en una querella contra Israel (p.ej., Is 1.1, 3; Jer 2.4-13; Mi 6.1-8). Sin embargo, la investigación más reciente ha puesto en duda que se pueda encontrar tal forma o tipo en estos libros proféticos.

El NT contiene sólo unas pocas referencias a la resolución de disputas en un marco legal formal. Mateo 5.25, 26, y Lucas 12.57-59 exhortan a las personas a llegar a un arreglo amistoso en sus disputas. Mateo define en 5.40 lo que puede ser un material de Q (cf. Lc 6.29), al hacer que la sustracción de la capa sea una prueba en un pleito. La referencia más extensa se encuentra en 1 Corintios 6.1-11, donde Pablo censura a los cristianos de estatus superior por llevar ante jueces locales a cristianos de estatus inferior, para zanjar asuntos de poca monta. Pablo les recuerda a los corintios que resolver sus disputas de esta manera es una deslealtad a su identidad cristiana. Como alternativa, Pablo sugiere el arbitraje privado como el mejor medio para resolver esos casos. En el arbitraje, un miembro imparcial de la comunidad, actuando como árbitro, podía sentenciar sobre una base más informal y equitativa. La solución propuesta ofrece ayuda a los cristianos de más bajo estatus, que estaban en desventaja en el sistema legal romano, y fortalece a la comunidad cristiana de Corinto.

Bibliografía. H.-J. Boecker, *Law and the Administration of Justice in the Old Testament and Ancient Near East* (Minneapolis, 1980); D. R. Daniels, «Is There a 'Prophetic Lawsuit' Genre?" *ZAW* 99 (1987): 339-60; D. J. Harrington, *The Gospel of Matthew*. Sacra Pagina 1 (Collegeville, 1991), 89; A. C. Mitchell, «Rich and Poor in the Courts of Corinth,» *NTS* 39 (1993): 562-86.

Alan C. Mitchell

DEMAS (Gr. *Dēmás*)
Un compañero de trabajo gentil que compartió el primer encarcelamiento de Pablo y envió saludos a la comunidad de Filemón (Flm 24) y los colosenses (Col 4.14). Él al parecer cayó «amando este mundo,» abandonó a Pablo, y se fue a Tesalónica (2 Ti 4.10), causando una grieta en las comunidades de Pablo. Algunos eruditos identifican a Demas (una forma acortada de Demetrio, Demócrito o Demóstenes) con el Demetrio de 3 Juan 12. Los Hechos apócrifos de Pablo (3.1, 4, 12-14) mencionan un Demas que insta a que Pablo sea arrestado por predicar el evangelio y quien enseña que la resurrección ha ocurrido ya (un problema notado en el Tesalonicenses canónico).

Bonnie Thurston

DEMETRIO (Gr. *Dēmḗtrios*)

1. Demetrio Poliorcetes (338-283 a.C.), rey de Macedonia e hijo de Antígono I. Dos veces intentó restaurar el imperio de Alejandro a un solo gobernante. En 307 comenzó a liberar Grecia del control de Casandro capturando Atenas. Al año siguiente tomó Chipre y los puertos de Asia y derrotó a Tolomeo I en una batalla naval, después de la cual él y su padre reclamaron la monarquía conjunta sobre el imperio de Alejandro. Después de no lograr capturar Egipto y Rodas en 305, volvió para controlar Grecia y para 303 planeó tomar Asia. Este intento falló en 301 en la batalla de Ipsus, donde Antígono fue asesinado y Demetrio derrotado por una alianza de Casandro, Lisímaco, Tolomeo I, y Seleuco I.

Dejado con el control de Chipre y algunas ciudades en el Asia Menor, Demetrio se alió con Seleuco I. Cuando esta alianza se deshizo en 296 por la posesión de Tiro y Sidón, Demetrio intentó volver a tomar Grecia una vez más. Por 293 gobernó Macedonia y siguió su dominación de Grecia hasta 289. En 289 Demetrio planeó de nuevo conquistar Asia, que causó una nueva alianza de Lisímaco, Tolomeo I, y Seleuco I contra él. En 285 fue obligado a rendirse a Seleuco I y murió en el cautiverio en 283.

2. Demetrio I Soter (162-150), rey de Siria e hijo de Seleuco IV. Fue criado como un rehén en Roma. Cuando el Senado rechazó devolverle como rey tras la muerte de su tío Antíoco IV, se escapó y volviendo a Fenicia hizo matar a Antíoco V y se proclamó rey. Él así intentó restablecer su reino instalándose en Antioquía, liberando las provincias babilónicas de Timarcus el milesiano, y apoyando el derrocamiento de Orofrenes de Ariarates V en Capadocia.

Tratando de consolidar aún más su reino, tomó medidas para detener el movimiento de independencia creciente en Judá bajo Judas Macabeo (1 Mac 7–9; 2 Mac 14–15). Demetrio designó a Alcimo como el sumo sacerdote de una familia sacerdotal legítima, así satisfaciendo muchas de las preocupaciones de los hasidim.

Nicanor también fue enviado para establecer la paz civil. Pero cuando Nicanor recibió la orden de arrestar a Judas, la guerra estalló otra vez causando la muerte de Nicanor. Demetrio respondió enviando a Bacquides con un gran ejército, que finalmente mató a Judas en batalla.

Eumenes entonces levantó a un contrademandante al trono, Alejandro Balas. Demetrio ofreció a Jonatán el mando militar y civil asmoneo, pero Alejandro lo sobrepasó ofreciendo a Jonatán el sumo sacerdocio. Por 153 Alejandro formó una coalición principal con Atalo II, Ariarates V, y Tolomeo Filometor contra Demetrio. A pesar de éxitos iniciales, Demetrio perdió el apoyo de muchas de sus tropas y murió en la batalla contra Alejandro.

3. Demetrio II Nicator, rey seléucida 145-140, 129-125. El hijo de Demetrio I, a la edad de 14 años fue enviado en 148-147 con mercenarios de Creta para desafiar a Alejandro Balas. Con el apoyo de Tolomeo VI Filometor comenzó a reinar en Antioquía en 145, y Alejandro fue derrotado y asesinado. La respuesta asmonea a Demetrio II varió según la situación política (1 Mac 10.67–13.30). Hasta su muerte Jonatán apoyó a Alejandro contra Demetrio II. Una vez en el trono Demetrio confirmó los honores pasados de Jonatán por Alejandro, así como redujo su tributo y amplió su territorio a Samaria. Como resultado las tropas judías apoyaron a Demetrio cuando los disturbios estallaron contra él en Antioquía.

Cuando Diodoto (Trifón) colocó al hijo de Alejandro Antíoco VI en el trono en Antioquía, Jonatán cambió su lealtad. Durante la batalla que siguió por el poder Jonatán amplió la fuerza política y la independencia de Judá. Como resultado Trifón capturó a Jonatán y más tarde lo mató. Pero cuando Trifón mató a Antíoco VI en 143-142 y se declaró rey, Simón apoyó a Demetrio a cambio de la independencia de Judá.

En 140 Demetrio luchó contra los Partos y fue capturado. Él fue liberado en 129 por Antíoco VII. Cuando éste murió en batalla, Demetrio recuperó el trono. Después de un intento fallido de conquistar Egipto y perder Antioquía a un pretendiente, fue asesinado a bordo de un barco en Tiro después de que le fue rechazada la entrada segura en Tolemaida.

4. Demetrio III Eucero (95-88), hijo de Antíoco VIII Gripo. Se proclamó rey en Damasco contra sus hermanos Antíoco XI y Felipe. Demetrio vino en ayuda de los judíos cuando Alejandro Janeo mató a 6000 personas durante un disturbio en la fiesta de los tabernáculos, pero después se marchó cuando las tropas judías cambiaron su apoyo a Alejandro (Josefo *Ant.* 13.13-14). En 88 atacó a su hermano Felipe, pero fue derrotado y tomado prisionero en Partia, donde murió.

5. Demetrio de Falerum (345-283), gobernador ambulante de Atenas bajo Casandro hasta 307 cuando Demetrio Poliorcetes (**1** arriba) atacó la ciudad. Demetrio de Falerum se rindió y se le dio salvoconducto a Egipto, donde sirvió como presidente y bibliotecario de la biblioteca en Alejandría bajo Tolomeo I.

La Carta de Aristeas afirma que Demetrio fue responsable de la traducción de las Escrituras hebreas al griego bajo Tolomeo II Filadelfo, pero no hay evidencia alguna de que Demetrio tuviera alguna posición en la biblioteca bajo Tolomeo II.

6. Demetrio, un platero en Éfeso (Hch 19.23-41) quién labra templecillos de plata de Artemisa. Su preocupación por la pérdida de negocio y la disminución de la adoración de la diosa que resulta de la predicación de Pablo incitó a sus artesanos del mismo tipo a amotinarse. El secretario del ayuntamiento recordó a la multitud reunida en el teatro que Pablo y sus seguidores no habían hecho nada ilegal contra el templo o el culto y sugirió que Demetrio en cambio formulara cargos civiles en los tribunales.

7. Una persona fuertemente recomendada a Gayo por el Anciano en 3 Juan 12. Ya que la carta tiene la intención de ser una carta de referencia en parte, es posible que Demetrio también sea el que llevó la carta.

Bibliografía. E. R Bevan, *The House of Seleucus,* 2 vols. (1902, reimpreso Nueva York, 1966).

RUSSELL NELSON

DEMONIO

En el griego clásico un dios o una pequeña divinidad (Gr. *daimōn*). En el pensamiento griego posterior, los demonios fueron concebidos como seres espirituales intermediarios que podrían subir o bajar (es decir, ellos pueden ser buenos o malos). Debido a esta naturaleza inconsecuente, los demonios se convirtieron en una explicación conveniente de las cosas malas que pasan en este mundo. Los escritores judíos y cristianos primitivos fundieron *daimónion* con Heb. *mal'āk;* Gr. *ángelos* («espíritu mensajero») y crearon una nueva división de espíritus buenos (ángeles) y espíritus malignos (demonios). En el NT y la literatura contemporánea el término *daimōnion* se vuelve más que peyorativo, refiriéndose no sólo a espíritus malévolos sino también y más exactamente a seres que en su naturaleza verdadera son agentes de Satanás y cuya misión es oponerse a la obra de Dios y su pueblo.

La tradición judía representa a los demonios como ángeles caídos que se habían unido a Satanás en su rebelión contra Dios (1 En 16.1; 19.1). Génesis 6.1-4 fue interpretado como un relato de la caída de los ángeles que descendieron a la tierra para cohabitar con mujeres, cuyos hijos se hicieron espíritus malignos en la tierra (1 En 69.4; Jub 4.15-22; 2 Bar 56.12).

Filón de Alejandría identificó a los ángeles de Génesis 6.1-4 con «demonios» (*De gigantibus* 6). En el AT, sin embargo, se pensó que tanto los espíritus buenos como los malos provenían de Jehová. Así, el «espíritu mentiroso» enviado al rey Sedequías no actuó por su cuenta, pero como dirigido por Dios (1 R 22.21-23), como también el espíritu maligno que atormentó a Saúl (1 S 16.15-16). Satanás mismo actúa bajo autoridad divina (Job 1.12). En el libro de Tobías, que contiene relatos complicados de actividades demoníacas, el demonio malo Asmodeo aflige a los siete novios sucesivos de Sara (hija de Raguel) con la muerte en su noche de bodas, pero él es exorcizado más tarde por el ángel Rafael (Tob 8.2-3).

Los demonios ocupan un lugar destacado como adversarios en el ministerio de Jesús, y como agentes de Satanás ellos deben ser vencidos si el ministerio de Jesús ha de tener éxito. Jesucristo mismo habla de haber venido para despojar los bienes de Satanás (Lc 11.21-22); la expulsión de demonios de personas es un medio por el cual Jesús hace así en los relatos del Evangelio (Mt 12.27-28). El judaísmo primitivo enseñó que cuando el Mesías viene, él derrocará el reino de Satanás.

De acuerdo con la literatura cristiana primitiva, los demonios no actúan en un vacío. Ellos «oprimen», atacando a la gente desde fuera, o «poseen», entrando en el cuerpo de un individuo y atacándolo desde dentro. Ellos causan enfermedades y dolencias de toda clase, aunque no todas las enfermedades puedan ser atribuidas a ellos (Mr 1.32; 2.10-12). Para la gente en el mundo antiguo, ciertas clases de enfermedad fueron causadas por demonios aun cuando los síntomas pueden ser explicados por la medicina moderna.

La presencia de un demonio en una persona a veces no podría ser obvia para un tercero a menos que sea encarado por un exorcista (Mr 1.21-28). La mayoría de las veces, sin embargo, una actividad demoníaca en la vida de una persona sería obvia (Mr 5.1-19 par.; 9.14-29 par.).

Bibliografía. E. Ferguson, *Demonology of the Early Christian World* (Nueva York, 1984); E. Langston, *Essentials of Demonology* (1949, reimpreso Nueva York, 1981); W. Wink, *Naming the Powers* (Filadelfia, 1986).

Charles Yeboah

DENARIO (Gr. *dēnárion*)
Una moneda romana de plata que pesa c. 3.64 gramos, aproximadamente igual a un dracma griego. Un obrero trabajaría todo el día por un denario en Palestina en la época de Cristo (Mt 20.2; cp. Tob 5.15-16, donde el ángel Rafael consiente en trabajar para Tobías por una dracma por día más gastos y sobresueldo). Cien denarios eran una deuda significativa pero manejable (Mt 18.28). Doscientos denarios alimentarían a 5000 personas para una comida (Mr 6.37 par. Jn 6.7), y una botella de perfume podría costar 300 denarios (Mr 14.5 = Jn 12.5). Un libra de trigo, o tres libras de cebada, podría costar un denario en tiempos de guerra (Ap 6.6). En la parábola de Jesús el buen samaritano pagó al posadero dos denarios por cuidar del viajero herido, esperando que el dinero no cubriría todos los gastos de la recuperación del hombre (Lc 10.35). Fue un denario lo que los adversarios de Jesús le trajeron cuando él dijo: «Dad a César lo que es César, y a Dios lo que es Dios» (Mt 22.19 = Mr 12.15; Lc 20.24).

Carl Bridges

DERBE (Gr. *Dérbē*)
Una ciudad en el sureste de Licaonia, un distrito de la provincia romana de Galacia. Derbe está en una carretera transitada que se extiende desde el este de Listra e Iconio a Tarso en Cilicia. Algunos arqueólogos creen que sus ruinas yacen en Kerti Hüyük, 4.8 km (3 mi) Noroeste de la moderna Zosta y 72.4 km (45 mi) sur de Konia (Iconio). Nada se sabe de la historia antigua de la ciudad.

Pablo visitó Derbe en su primer y segundo viaje misioneros (Hch 14.6, 20; 16.1), posiblemente porque era el hogar de Gayo, uno de sus compañeros de viaje (20.4). En el primer viaje de Pablo, después de ser apedreado y dejado por muerto en Listra (14.14-19) él viajó 48.3 km (30 mi) sureste a Derbe, el punto más oriental de ese viaje. Él entonces regresó a Listra y volvió sobre sus pasos por Iconio, Antioquía, y Perge en su camino a casa. Pablo volvió a visitar Derbe en su segundo viaje (16.1). No tenemos registro de ningún acontecimiento específico que haya sucedido allí.

Dale Ellenburg

DERECHA, CALLE LLAMADA
Calle de Damasco en la que a Saulo de Tarso (Pablo) se le instruyó que entrara después de su encuentro con el Jesús resucitado, hogar de un Judas (Hch 9.11). Al igual que muchas ciudades del período clásico (p. ej., Cesarea, Gerasa), Damasco estaba dividida por una calle larga, amplia y con columnata (*cardo maximus*) que se extendía hacia el occidente desde la Puerta Oriental de la ciudad. En los días de Pablo la calle estaba flanqueada por tiendas y arquitectura monumental como un arco Romano, un teatro y quizás un palacio. Los restos de esta calle (Arb. Darb al-Mustaqim) todavía pueden verse en fragmentos y bases de columnas.

D. Larry Gregg

DERECHO DE LA PRIMOGENITURA
El derecho del hijo primogénito de la madre de la familia para ser su heredero. Este heredero recibió

el doble de propiedad que los otros (Dt 21.17; MAL B:1).

Cuatro generaciones componen un hogar (Heb. *bêṯ 'āb*): el padre de familia y sus hermanos; su padre y tíos; sus hijos; y sus nietos (Lv 18.6-18). Las familias eran patrilineales: los miembros recibían estatus social del padre; sólo él designaba a sus herederos. Algunos designaban «herederos» o «primogénito» (Heb. *ben*) por derecho de nacimiento, otros por el logro. El uso del derecho de nacimiento redujo la competencia entre las madres y los hijos de la casa. En las historias de Isaac y Rebeca (Gn 27.1-45) y el código de Hamurabi, sin embargo, el logro designa a un heredero más competente que la primogenitura masculina, lo que ayudó a los hebreos a sobrevivir en un mundo inestable.

Bibliografía. V. H. Matthews y D. C. Benjamin, *Social World of Ancient Israel, 1250-587* b.c.e. (Peabody, 1993), 7-21, 110-20.

DON C. BENJAMIN

DESCALZO

A pesar de que los israelitas usualmente calzaban zapatos (sandalias) para la prevención de enfermedades y problemas de los pies, en algunas ocasiones caminaban descalzos. El estado de estar descalzo significó pobreza. En ocasiones el estar sin zapatos también implicaba ser capturado (2 Cr 28.15). Cuando era autoimpuesto representaba luto (ej., Ez 24.17, 23), vergüenza (Is 20.2-4; 2 S 15.30), y reverencia por lo santo (Ex 3.5; Jos 5.15; Hch 7.33). Quitarse los zapatos propios servía como confirmación de la adquisición de tierra (Sal 60.8 = 108.9). En Rut 4.7-8 el redentor cede sus derechos de redención a Booz quitándose su zapato. La sandalia de un hombre que rehusaba ejercer su responsabilidad de levirato le era quitada por la fuerza por la esposa de su hermano muerto, de esta manera señalándolo como una persona sin honor (Dt 25.9-10).

La elección de pobreza puede ser parte del discipulado cristiano. En Lucas 10.4 los setenta discípulos son instruidos a viajar sin zapatos como expresión de su vulnerabilidad y dependencia en Dios. Sin embargo, a los doce discípulos les es permitido tener sandalias (Mr 6.9). Ambos pasajes pueden implicar que los zapatos eran una necesidad en la antigua Judá.

NICOLE J. RUANE

DESCENSO AL INFIERNO

Una creencia extensamente sostenida en la iglesia primitiva, y más tarde un artículo del credo apostólico, que entre su crucifixión y resurrección Jesús descendió a los lugares inferiores de la tierra (Hades) bien para proclamar la victoria, liberar a los santos del AT, o proclamar el evangelio. Tales creencias y su posterior desarrollo en el credo pusieron de relieve la universalidad de la salvación ofrecida en Jesucristo.

Ningún pasaje bíblico se refiere a todos estos elementos, pero la tradición judía tenía analogías para tales descensos (Sal 16; 18; 42.7 [TM 8]; 69.2 [3]; Jon 2.2-6; 1 Enoc). Las fuentes del NT para el descenso al infierno son el discurso de Pedro en Pentecostés (Hch 2.24-31) y pasajes del corpus paulino (Ro 10.7; Ef 4.9; 1 Co 15.54). Los dichos de Jesús proveyeron fuentes adicionales para la elaboración posterior de la creencia (Mt 8.11; Lc 13.28-29; Jn 5.19-29).

El descenso de Jesús al infierno y resurrección posterior comúnmente se asocia con dos temas, el derrocamiento de los poderes o ángeles malignos y la liberación de los santos judíos justos. La idea de la predicación de Jesús a los muertos fue un desarrollo del siglo II asociado con 1 Pedro 3.18 por Justino, Clemente de Alejandría, Orígenes, Ireneo, e Hipólito. A finales del siglo IV Agustín de Hipona interpretó el relato de Pedro alegóricamente como refiriéndose al cristiano que predica a pecadores (los «muertos»). La cláusula «descendió a los infiernos» se incluyó por primera vez en el antiguo Credo romano de Aquilea por Rufino, c. 400 d.C.

Bibliografía. W. J. Dalton, *Christ's Proclamation to the Spirits,* 2da edición. AnBib 23 (Roma, 1989); B. I. Reicke, *The Disobedient Spirits and Christian Baptism* (Copenhague, 1946).

IAIN S. MACLEAN

DESCONOCIDO, EL DIOS

Designación de una inscripción puesta en un altar de Atenas «al dios desconocido,» usada por Pablo en el texto de su sermón en el Areópago de Atenas. Pablo tomó esta inscripción como una indicación de la religiosidad de los atenеos, y sobre esta base les predicó el evangelio cristiano, refutándoles la acusación de que él les predicaba de nuevos dioses (Hch 17.18). Mientras que los autores de la antigüedad (p.ej., Pausanias, Filóstrato, Tertuliano, Jerónimo) avalan la preocupación ateniense acerca de omitir algún dios de sus devocionales religiosos, no hay evidencia fuera del libro de los Hechos de algún altar a un dios desconocido. Por lo tanto, lo histórico de la inscripción y el sermón están sujetos a los debates de los doctos. Sin embargo, los estudiosos concuerdan que ambas cosas reflejan el clima religioso del siglo I d.C. en el mundo helenístico. La inscripción no sugiere noción alguna gnóstica ni monoteísta.

Bibliografía. H. Conzelmann, «The Address of Paul on the Areopagus,» in *Studies in Luke-Acts*, ed. L. E. Keck and J. L. Martyn (1966, repr. Philadelphia, 1980), 217-30.

CHRISTOPHER SCOTT LANGTON

DESIERTO

El ambiente árido hostil a la vida. En la Biblia, desierto funciona temáticamente como un lugar de revelación y una tierra de formación para la fe y la obediencia, en preparación para la misión.

El desierto es una región árida (la precipitación anual media de 25 cm [10 in] o menos), con escasa vegetación, pocos animales, poca o nada de agricultura, y densidad de población baja. («Desierto», un nombre poco apropiado común, simplemente denota una región deshabitada, sin referirse a recursos de comida y agua.) En los desiertos bíblicos las temperaturas son muy duras, a menudo superior a 45° C. (113° F.) durante días de verano y cayendo debajo del punto de congelación durante las noches de invierno. La mayor parte de precipitación ocurre en invierno. El principal medio de vida era pastorear ovejas y cabras.

Los varios desiertos mencionados en la Biblia son parte del mayor sistema de desierto Sahara árabe, pero cada uno tiene distintos rasgos geológicos, topográficos, meteorológicos, hidrológicos, de flora y de fauna.

Aunque a menudo simbólicas más bien que estrictamente históricas las historias bíblicas ubicadas en estos desiertos tienden a reflejar las diferentes condiciones de cada uno.

Características físicas

Neguev

La tierra de Abraham y Sara, el semidesierto de Neguev limitaba con las cuencas de Beerseba y Arad y era considerado parte de la Tierra Prometida. Tiene un poco de suelo suelto fértil y una precipitación anual media muy fluctuante de 10-25 cm (8-10 in.), a veces llegando a los 25 cm (10 in.) necesarios para el trigo de invierno. En años normales la vegetación para el pasto se encuentra en todos los fondos de cauce del río y en la mayor parte de laderas. Así, era una tierra de pasto nómada, pero de agricultura no fiable, convirtiéndose en un lugar de alto riesgo en años de sequía (cp. historias sobre Abraham, Isaac y José).

Sinaí

La ubicación del desierto de Sinaí, el entorno para el monte Sinaí y las historias de pacto, sigue siendo desconocido. De ser correlacionado con la enorme Península de Sinaí, cae en tres regiones diversas: (1) una llanura septentrional de dunas de arena y grava, cerca del litoral mediterráneo, con precipitación de 7.5-10 cm (3-4 in.); (2) la gran meseta central et-Tih, drenada por el sistema el-Arish, cubierta de caliza y sílex hacia el centro y piedra caliza hacia el sur, con precipitación de 2.5-5 cm (1-2 pulg.); (3) las altas montañas de granito del sur, incluyendo Jebel Mûsā, el tradicional monte Sinaí, en 2285 m (7296 pies), con precipitación en 7.5-10 cm (3-4 in.). Los oasis de agua perenne y vegetación sostienen una población modesta, pero la mayor parte del Sinaí es hostil a la vida.

Parán

Cruzado por los israelitas entre Sinaí y Zin, el duro desierto de Parán drena un área de gran meseta al noreste en el Valle de Grieta. Su piedra caliza escarpada y geología de Creta con llanuras de grava y aluvión, precipitación muy escasa (0-5 cm [0-2 in.]), y pocas fuentes de agua perennes, hacen la mayor parte de él particularmente hostil a la vida, una región difícil, caliente, mereciendo su descripción como «un desierto grande y espantoso, lleno de serpientes ardientes y escorpiones, y de sed, donde no había agua» (Dt 8.15). Llevar a los israelitas a salvo a través de este desierto proporcionó un ejemplo extremo de cuidado y poder divino, una imagen de Dios como el líder beduino, el buen pastor de su pueblo.

Zin

La ubicación para la mayor parte del «peregrinaje en el desierto» de los israelitas, el desierto de Zin es drenado por el sustancial sistema de Wadi Zin, entre Parán al sur y el Neguev al norte. Su precipitación anual media de 10-20 cm (4-8 in.) en Creta suaves, margas, y arcillas con algún loess aluvial, apoya muchas fuentes de agua perennes y alguna vegetación durante todo el año tanto en fondos de cauce del río como en algunas cuestas que ven al norte. Era sobrevivible por pastores que pastan cabras, pero no apoyó ninguna agricultura seca confiable.

Caravasar en Nuweiba en el desierto de Sinaí (Phoenix Data System, Neal y Joel Bierling)

Asociado con Zin estaba la región de oasis de Cades-barnea, retratada como un lugar de parada israelita importante y punto de encuentro. Estuvo aparentemente situada en una zona fronteriza entre Parán y Zin, ya que fue unido a ambos (Parán: Nm 13.26; Zin: 20.1; 27.14; 33.36). Y puede haber incluido todos los oasis de la moderna región ʽAin el-Qudeirat. Las historias sobre Moisés que envía a los 12 exploradores (Nm 13) y agua asombrosa que fluye de la roca (cap. 20) y los israelitas que intentan entrar en la Tierra Prometida prematuramente (14.39-45) ocurrieron allí durante una estancia prolongada (14.33, 35; Dt 1.46).

Condiciones y lecciones

La vida en el desierto enseña lecciones importantes sobre fe y ética. Sobrevivir en este ambiente implacable requiere tanto el conocimiento especializado como la disciplina para aplicarlo. Sin embargo, ninguna cantidad de habilidad y disciplina garantizará la supervivencia, así que la vida del desierto requiere que la gente se ayude entre sí, y también genera más directa confianza en Dios. Parece que el desierto facilita la revelación. La gente oye la voz de Dios con más claridad, libre de los obstáculos de la civilización o sus propias racionalizaciones.

Relatos bíblicos

El desierto desempeñó un papel importante en los relatos de los patriarcas (Gn 12–50). En conjunto, este ciclo creó una geografía de salvación simbólica en la cual las franjas de desierto de la Tierra Prometida más bien que las grandes civilizaciones del día (Mesopotamia y Egipto) funcionaron como el lugar elegido para la formación del naciente pueblo elegido.

Las historias de desierto más importantes están relacionadas con el Éxodo (Ex 15.22; 16.1; 17.1), Sinaí (18.5; 19.1-2), y la estancia de 40 años (Nm 14.33; 32.13; Dt 2.7).

El desierto funcionó como un lugar de refugio de la opresión, p. ej., para Agar de Sarai (Gn 16.7), Moisés del faraón (Ex 2.15–3.1), los benjaminitas de los israelitas (Jue 20.47), David de Saúl (1 S 23–26) y más tarde de Absalón (2 S 15–17), y Elías de Jezebel (1 R 19.1-4).

Los temas del desierto son similares en el NT. Juan el Bautista se preparó para su ministerio y lo realizó en el desierto, predicando un mensaje de arrepentimiento y justicia característico de los valores del desierto (Mt 3.1-12; 11.7-10; Mr 1.3-4; Lc 1.80; 3.1-20; Jn 1.23). Allí Jesús hizo su preparación final antes de emprender su ministerio público (Mt 4.1-11; Mr 1.12-13; Lc 4.1-13) y se retiró a lugares desérticos para renovación o revelación (Mt 14.13; Mr 6.30-32; Lc 4.42; 5.16; 6.12; Jn 6.15; 11.54).

Bibliografía. G. Brubacher, «City and Civilization Ideology in the Book of Genesis,» en *Within the Perfection of Christ,* editor. T. L. Brensinger y E. M. Sider (Napanee, Ind.), 33-46; A. Danin, *Desert Vegetation of Israel and Sinaí* (Jerusalén, 1983); E. Orni y E. Elisha, *Geography of Israel,* 4ta edición (Jerusalén, 1980); S. Talmon, «*midbār, ʿărābâ,*» *TDOT* 8.87-118.

GORDON BRUBACHER

DESIERTO

Literalmente, un lugar no habitado por seres humanos. Como tal, llegó a ser considerado la morada natural de los demonios (Mt 12.43; Lc 8.29). La palabra no implica necesariamente un área del desierto desolado, sólo una no habitada por seres humanos.

Con mucho, la mayoría de las referencias bíblicas son al desierto de Sinaí, en el que los israelitas vagaron durante 40 años. Por lo menos tres ideas teológicas significativas se asociaron con ese desierto: pacto, provisión milagrosa, y juicio. Fue en el desierto en el monte Sinaí, que a Israel se le dio la ley y se convirtió en el pueblo del pacto de Dios. Al parecer, esto se convirtió en idealizado como un tiempo de fidelidad al pacto (Jer 2.2). Oseas y Ezequiel predijeron que Dios llevaría a Israel de nuevo al desierto, para renovar el pacto (Os 2.14[TM 16]; Ez 34.25). En cuanto a la provisión milagrosa, se dice que Dios ha encontrado a «Jacob» en un yermo de horrible desierto y haber cuidado de él (Dt 32.10; cf. Os 9.10). Israel es exhortado en repetidas ocasiones a recordar cómo Dios lo guió en el desierto (Dt 8.2; 29.5; cf. Am 2.10). En Deuteronomio 8.26 se hace referencia a la provisión del maná en el desierto y está implícito en Nehemías 9.21; Oseas 13.5-6 (cf. Jer 31.2; Ap 12.6).

Más común que la mención de pacto o disposición de Dios en el desierto son pasajes que se refieren al juicio de Dios. Más frecuentemente mencionada es la muerte de la generación original que salió de Egipto (excepto Josué y Caleb) a causa de su falta de fe (Nm 14.22-23, 29, 32, 35; Jos 5.6; Sal 95.8-11; Ez 20.15). Referencias adicionales detallan el juicio de Dios en el desierto durante el período de los reinos hebreos y posteriores. Dios amenaza con hacer los ríos como un desierto (Is 50.2). Isaías se lamenta de que Sión se ha convertido en un desierto (Is 64.10). Ezequiel y Jeremías transmiten una amenaza que Dios hará a Israel como un desierto (Jer 22.6; Ez 6.14), y Jeremías se lamenta este juicio como ya llevado a cabo (Jer 4.26; 12.10). Los escritores bíblicos hablaron también de que Dios iba a juzgar las naciones extranjeras en el desierto, o predijeron que el juicio sería como un desierto. Se predice que Edom va a convertirse en un desierto asolado por la violencia hecha a Jacob (Joel 3.19[4.19]). Dios promete hacer de Nínive «seca como un desierto» (Sof 2.13) y abandonar el faraón en el desierto (Ez 29.5). Isaías, en particular, emplea el tema de la reversión de juicio, de hacer el desierto fecundo (Is 35.1, 6; 41.18-19; 43.19-20; 51.3).

Los escritores del Nuevo Testamento se refieren al desierto sólo escasamente. La pregunta de Jesús a sus discípulos dónde van a conseguir comida en el desierto (Mt 15.33). Pablo menciona haber estado en peligro en el desierto (2 Cor 11.26). De manera prominente, el desierto es el lugar del ministerio de Juan el Bautista (Mt 11.7; cf. 3.1; Mr 1.4; Lc 7.24).

JOE E. LUNCEFORD

DESNUDEZ

A diferencia del uso que tiene hoy en español, la desnudez en la Biblia puede referirse a una serie de estados, que van desde la carencia total de ropa hasta el estar vestido inadecuadamente (Job 22.6; Ez 18.7; Mt 25.36, 2 Co 11.27). Pero, al igual que hoy, aun los usos más literales de los términos hebreo y griego están cargados de significados y de alusiones metafóricas y simbólicas.

Aunque la desnudez total podía estar asociada con la inocencia de un niño recién nacido (Job 1.21; cf. Gn 2.25; Ez 16.7), era con frecuencia un eufemismo para referirse a los órganos sexuales o a la actividad sexual (Lv 18.1-23; 20.10-21; Ez 16.8). Esta serie de sentido eufemístico ha complicado los intentos por comprender la naturaleza exacta de la falta cometida por Cam contra Noé cuando «vio la desnudez de su padre» (Gn 9.22). Algunos comentaristas han sugerido que Cam pudo haber tomado la embriaguez de Noé como ocasión para tener algún tipo de conducta sexual con su padre, o una relación incestuosa con la esposa de Noé. Pero lo más plausible es que la frase deba ser entendida literalmente en este caso (cf. Gn 9.21, 23), y la severidad de la respuesta de Noé tiene que ver con a la afrenta a su dignidad, y a la falta de respeto de Cam.

La vergüenza de Adán y Eva por el reconocimiento de su desnudez después de su desobediencia (Gn 3.7) no es más que un ejemplo del hecho de que la desnudez estaba asociada con una diversidad de condiciones humanas a menudo consideradas vergonzosas o humillantes (cf. Is 47.3). La desnudez simbolizaba a los adúlteros (1 S 20.30), y era con frecuencia la característica definitoria en metáforas, como adúlteros y prostitutas, de quienes rechazaban a Dios (Lm 1.8; Ez 16.36, 37; Ap 17.16). La desnudez, en el sentido de estar vestido inadecuadamente, es una de las diversas privaciones utilizadas para representar tanto a la pobreza (Job 24.10; Is 58.7; Stg 2.15) como a la opresión de los enemigos (Dt 28.48; Ro 8.35). Por lo tanto, era utilizada a menudo como una figura de juicio, bien fuera contra Israel (Ez 23.29), las naciones (Is 20.2-4), o incluso personas (Os 2.3[TM 5]).

La desnudez estaba también asociada, tanto positiva (1 S 19.24; 2 S 6.20-21) como negativamente (Lc 8.27) a los estados de éxtasis espiritual. Las leyes relativas a la vestimenta de los sacerdotes y a la construcción de los altares, mostraba una especial preocupación de que evitaran descubrir su desnudez, accidentalmente, durante el desempeño de sus funciones (Ex 20.26; 28.42). Es tema de debate si estas leyes fueron una reacción directa contra aspectos de las prácticas religiosas cananeas, como algunos han sugerido, o si reflejaban un tabú más general en cuanto a la desnudez.

Timothy B. Cargal

DESPABILADERAS

Instrumentos de oro hechos por los hebreos y que se usaban en el servicio del Tabernáculo y el Templo. Este artículo en particular se asociaba específicamente con el candelero en el primer entorno y aparentemente también en el Templo salomónico (1 R 7.50; 2 Cr 4.22; *mĕzammĕrôṯ*). Otra traducción común de la palabra «Despabiladeras» es «tenazas» (*melqāḥayim*); el término se usa en Isaías 6.6 para describir un instrumento que se usó para tomar un carbón del altar. El heb. *melqāḥêhâ*, sinónimo aparente que se ha glosado como «Despabiladeras» (Ex 2.38; 37.23), se asocia más estrechamente con «cortar» o «podar» (2 R 12.13[TM 14]; 25.14; cf. «cuchillos», Biblia de Jerusalén).

DESTRUCCIÓN, MONTE DE

Monte geográfico ubicado (Heb. *harhammašḥîṯ*) E de Jerusalén en el que Salomón erigió los lugares altos para la adoración de las deidades de sus esposas extranjeras (1 R 11.7) y que fue destruido por el reformador rey Josías (2 R 23.13). La raíz hebrea *šḥt* puede entenderse como «destruir,» «corrupto,» «ruina,» y en un caso «defecto» (Lv 22.25). En muchos contextos lleva un sentido moral o cúltico de violación del pacto que espera el juicio divino, como con la profecía de Jeremías en contra de esa montaña (Jr 51.25). De la vulgata latina *Mons offensionis* ha llegado a ser el nombre moderno tradicional «Monte de la ofensa." El sitio probablemente debe ser identificado con la cresta sur del monte de los Olivos ocupado por la aldea Silwan en su lado occidental.

J. Randall Price

DESTRUCTOR

La manifestación del poder de Jehová como el ángel de la muerte. Para la plaga final sobre Egipto, Jehová promete matar a los hijos primogénitos de los egipcios (Ex 11.4-8). Cuando el agente de la destrucción divina pasa por la tierra (Ex 12.29), los israelitas evitan la calamidad al seguir la orden de Jehová de untar la sangre del cordero en los dinteles de sus puertas (vv.21-23). Un ángel destructor realiza otros actos de castigo después del censo de David (2 S 24.16-17) y entre el campamento asirio durante el sitio de Jerusalén en el reinado de Ezequías (Is 37.36). En el AT, el destructor (Heb. *el mašḥîṯ, šōḏēḏ*) también se refiere a agentes humanos empleados como instrumentos del poder de Jehová (Job 15.21; Is 21.2; Jer 4.7; 48.8, 15, 18).

En el NT, Pablo ordena que los corintios no se quejen como hicieron los israelitas en el desierto cuando Jehová desató al destructor (Gr. *olothreutēs*) sobre ellos (1 Co 10.10; cp. Nm

16.13-14, 41-50). No está claro si Pablo identifica al destructor como Satanás o como un ángel específico. La identificación última representa el punto de vista en la literatura rabínica.

William D. Matherly

DEUDA, INTERÉS, PRÉSTAMOS

La práctica de hacer préstamos a interés era un fenómeno generalizado en los tiempos bíblicos. La primera fuente legítima existente que regula tasas de interés es las Leyes de Esnuna (c. 1800 a.C.) en Babilonia donde las tasas de interés fueron limitadas al 20 por ciento para el dinero y el 33.3 por ciento para el grano. Éstas (en estándares modernos) cifras exorbitantes son bastante típicas durante tiempos del AT generalmente.

Dos términos comunes para el «interés» de la deuda en el AT son Heb. *nešeḵ* (lit., «mordedura») y *m/tarbîṯ* («aumento»). Los significados exactos son inciertos, pero *nešeḵ* puede referirse al interés «mordido» de antemano; p. ej., alguien sacando un préstamo de 100 unidades podría recibir 80 unidades, pero deber 100. el heb. *m/tarbîṯ* puede referirse a pagos regulares del interés posterior al préstamo. O bien, *nešeḵ* puede referirse para interés sobre el dinero, mientras *m/tarbîṯ* para interés en productos pagados en la cosecha.

El incumplimiento podría causar que cualquier garantía subsidiaria (una prenda o seguridad) sea tomada por el acreedor (Neh 5.3-5).

Si esto no cubría la cantidad, los deudores o sus niños podrían ser vendidos como esclavos (2 R 4.1; cp. Ex 22.3b [TM 2]; Mt 18.25) o en períodos posteriores ser puestos en la cárcel (Mt 18.30; Lc 12.57-59; 1 Mac 13.15). Los deudores podrían evitar temporalmente la detención refugiándose en el templo (1 Mac 10.43).

El Pentateuco procura proteger a los israelitas pobres de la explotación económica que siguen de préstamos a ellos con interés (Ex 22.25 [24]; Lv 25.35-38). Deuteronomio 23.19-20 (20-21) parece reducir las órdenes más antiguas, condenando totalmente la toma de interés (excepto de extranjeros), no sólo de los pobres. Sobre esta base, el cristianismo medieval, el judaísmo talmúdico, y el Islam ampliamente condenaron todo cobro de interés, aunque se tuvieran que idear las ficciones legales para evitar las dificultades prácticas creadas por esta aplicación literalista. Contra este enfoque, la excepción hecha para el interés de extranjeros indica que el Pentateuco no considera toda la toma del interés como algo malo.

Calvino y el movimiento protestante generalmente asimilaron Deuteronomio 23.19-20 (20-21) a los otros pasajes, limitando la prohibición de tomar interés a préstamos a los pobres. Además, Nehemías 5.1-13 sugiere que todas estas «leyes» servían como admoniciones morales, más bien que estatutos obligatorios: de ahí, Nehemías el gobernador lisonjeó, más bien que ordenó que los israelitas ricos dejaran de cobrar intereses de los israelitas pobres a pesar de que Esdras había hecho (dando por sentada la prioridad de Esdras) la ley mosaica la ley de la tierra (cp. Esdras 7.25-26). La toma del interés, aunque «legal», es desalentada por la Torá.

El año sabático (Dt 15.1-3; 31.10) y el año del jubileo (Lv 25.39-55) prescribían una remisión de deudas (otra vez exceptuando extranjeros) que puede significar la suspensión de un año del reembolso, más bien que la completa cancelación, aunque los eruditos todavía debatan el asunto. Esta regulación, practicada esporádicamente a lo más en tiempos del AT, fue introducida de nuevo por Nehemías (Neh 10.31). Los acreedores fueron amonestados a respetar la dignidad y los derechos de propiedad de los deudores al no entrar en la casa para apoderarse de la prenda de un deudor (Dt 24.10-11). Por compasión, los acreedores son animados a no tomar como prenda la única capa de una persona para que pueda mantenerse abrigado o su piedra de molino esencial para preparar la harina del pan (Ex 22.26-27 [25-26]; Dt 24.6, 12-13).

El no atender las necesidades de los deudores podría engendrar el malestar social: un elemento principal de los 400 primeros seguidores de David es que eran personas endeudadas que se sintieron privados de sus derechos por la administración de Saúl (1 S 22.2).

Proverbios condena la explotación de los pobres por la vía de la toma del interés (Pr 28.8), pero alaba a quien presta sin interés como prestando a Dios quien recompensará (19.17). Proverbios recomienda evitar deudas: un prestatario es el esclavo del prestamista (22.7), y puede hacer tomar su cama de bajo él si él no puede pagar (vv. 26-27). Garantizar un préstamo para alguien, sobre todo forasteros, es buscarse problemas (11.15; 17.18; 22.26), y cualquiera que se convierte en aval de deudas de riesgo a extranjeros o mujeres flojas puede esperar que prestamistas prudentes exijan la garantía subsidiaria por adelantado antes de completar el trato comercial con ellos (20.16; 27.13).

Prestar sin interés es una virtud y bendición otorgada por el justo (Sal 15.5; 37.26; 112.5; Ez 18.7-8, 17). Los malos hacen lo contrario y merecen la muerte o el exilio (Ez 18.13; 22.12).

Eliseo, mostrando preocupación práctica, realiza un milagro para ayudar a una viuda pobre a pagar sus deudas y evitar ser reducida a la esclavitud por un acreedor (2 R 4.1-7).

En el NT Jesús amplía las advertencias morales del AT, requiriendo a sus discípulos prestar a quienquiera que lo pida, no sólo a aquellos de quienes se puede esperar que lo devuelvan, incluso enemigos

(Mt 5.42; Lc 6.34-35). Pablo ilustra este espíritu de generosidad al aceptar las deudas del fugitivo, ahora esclavo convertido Onésimo (Flm 18).

El lenguaje comercial se utiliza con frecuencia en las parábolas: el hombre que escondió su talento es condenado por no invertir al menos el dinero en un banco donde recibiría interés (Mt 25.27; Lc 19.23), ilustrando así que los discípulos no deben ser pasivos, pero deben tomar riesgos ahora en vista del reino que está por venir. El mayordomo infiel que usa su autoridad para perdonar deudas para ganar amigos ante su inminente despido (Lc 16.1-8) ilustra la necesidad del uso prudente de la riqueza material en la época actual con recompensas eternas en mente. El siervo despiadado (Mt 18.23-35) pone de relieve que como el siervo estaba poco dispuesto a perdonar a otros sus deudas, entonces el Padre de Jesús estaría poco dispuesto a perdonar a alguien sus pecados si éste no perdona a su hermano de corazón. La parábola de los dos deudores (Lc 7.41-43) muestra que los pecadores a quienes les son perdonados muchos pecados, como deudores a quienes les fueron perdonadas grandes deudas, son más agradecidos que aquellos a quienes se les perdona poco.

El lenguaje de finanzas apuntala la descripción del NT del perdón. Gr. *aphíēmi*, «perdonar, despedir,» también es el término usado para el perdón de deudas. La versión de Mateo de la oración del Señor lee lit., «y perdónanos nuestras deudas, como también nosotros perdonamos a nuestros deudores» (Mt 6.12), el término «deuda» que refleja la locución aramea contemporánea donde «deuda» en los targums es la traducción regular para «pecado.» La versión de Lucas substituye «pecados» por «deudas»; así, Lucas interpreta «deuda» para su auditorio gentil como metafórico para el pecado (Lc 11.4). En los días de Jesús, donde los diezmos, el tributo, y los impuestos exigieron tanto como una mitad a dos tercios de los productos de un campesino, y donde el endeudamiento era proporcionalmente común, el lenguaje de Jesús representa imágenes concretas, vivas y habría recordado tanto la aplicación literal como figurada.

Colosenses 2.13-14 probablemente también usa el lenguaje financiero para describir el perdón. Allí el perdón de los pecados se compara con la anulación de un «código escrito,» es decir, probablemente «un certificado de la deuda» u «obligación de deudas.» Esta obligación es el pagaré debido por pecadores a Dios por violaciones de los mandamientos de Dios (la ley), una deuda que los pecadores son incapaces de pagar. Como un pagaré, hay una cláusula de castigo para el incumplimiento del pago, en este caso la muerte (cp. Ro 6.23). Pero esta obligación de deudas, con sus castigos, ha sido anulada al ser transferida y pagada en la cruz de Jesús.

Bibliografía. J. S. Kloppenborg, «Alms, Debt, and Divorce: Jesus' Ethics in the Mediterranean Context,» *Toronto Journal of Theology* 6 (1990): 182-200; S. E. Loewenstamm, «נשך y מ/תרבית,» *JBL* 88 (1969): 78-80; R P. Maloney, «Usury and Restrictions on Interest-Taking in the Ancient Near East,» *CBQ* 26 (1974): 1-20; P. T. O'Brien, *Colossians, Philemon.* WBC 44 (Waco, 1982), 124-25; A. Rugy, «Prohibition of Interest and Islam,» *Hamdard Islamicus* 12/3 (1989): 95-98; J. R Sutherland, «The Debate Concerning Usury in the Christian Church,» *Crux* 22/2 (1986): 3-9; «Usury: God's Forgotten Doctrine,» *Crux* 18/1 (1982): 9-14; C. J. H. Wright, *God's People in God's Land* (Grand Rapids, 1990), 167-73; D. Wright, «The Ethical Use of the Old Testament in Luther and Calvin,» *SJT* 36 (1983): 463-85.

JOE M. SPRINKLE

DEUEL (Heb. *dĕʻûʼēl*)

Un representante de la tribu de Gad en el desierto y el padre de Eliasaf (Nm 1.14; 7.42, 47). En Números 2.14 es llamado Reuel (**4**), probablemente resultando de una confusión de las consonantes hebreas *dalet y res.*

DEUTEROCANÓNICOS, LIBROS

Un nombre alterno («segundo canon») que las iglesias católicas y ortodoxas aplican a aquellos libros que se encuentran en la LXX y la Vulgata, pero no en el texto hebreo del AT. Según la decisión del Concilio de Trento (1548) y el Primer Concilio Vaticano I (1870) estos libros, como los del canon hebreo, son considerados como poseedores de autoridad divina y canónica.

Ver Libros apócrifos de la Biblia.

DEUTERO-ISAÍAS *Ver* Isaías, Libro de.

DEUTERONOMIO, LIBRO DE

Quinto y último libro del Pentateuco. Tanto desde el punto de vista literario como teológico, es difícil sobreestimar la importancia del libro de Deuteronomio. Aunque puede no ser una obra literaria maestra en sí mismo, su influencia literaria directa es difundida por una buena parte del AT. Por ejemplo, el escritor responsable de contar la historia del antiguo Israel en su tierra que se encuentra en Josué, Jueces, Samuel, y Reyes era un deuteronomista. Otros escritores que usan el lenguaje y pensamiento deuteronómico editaron varios libros proféticos, en particular, Oseas y Jeremías. Deuteronomio, que se presenta como una ley autoritaria escrita para Israel en su tierra es el primer libro que se ve a sí mismo como «Escritura» (Dt 17.19-20; 28.58; 29.19; 31.11). Deuteronomio, que ve el futuro de Israel como determinado por su cumplimiento de la ley, dio forma al desarrollo del judaísmo primitivo. Este libro, más que cualquier otro, permitió al antiguo Israel sobrevivir la pérdida de sus instituciones religiosas y culturales durante la crisis babilónica. Hizo de la Ley la institución religiosa preeminente y vivificante para Israel.

Deuteronomio se presenta como el testamento de Moisés a Israel, que él entrega como un discurso de despedida a las tribus justo antes de su muerte en Transjordania y la entrada de ellos en Canaán, El «testamento» era una forma común usada en el mundo antiguo para difundir la enseñanza moral. A pesar de esta unidad formal, el libro de Deuteronomio como lo tenemos no es una obra literaria unificada. Por ejemplo, tiene dos introducciones (1.1–4.40; 4.44–11.32). Hay varios apéndices agregados al libro, p. ej., el canto de Moisés (32.1-43) y la bendición de Moisés (33.2-29). Hay consenso en que 4.44–28.68 forma el núcleo del libro. Aun así, este núcleo tampoco es un trabajo homogéneo. El código de la ley, que debe guiar la vida de Israel en la tierra, constituye caps. 11–26. Caps. 5–11 proporcionan una introducción homilética al código de la ley. Parte del genio de Deuteronomio es que consecuentemente trata de motivar a Israel a la obediencia de modo que la idea central de caps. 5–11 se concentra en la motivación. Caps. 27 y 28 reflejan un ritual por el cual Israel acepta las obligaciones del código.

A pesar de la atención que Deuteronomio ha recibido de los intérpretes debido a su importancia, no se ha alcanzado el consenso sobre varias cuestiones fundamentales. Por ejemplo, ¿qué círculos en los grupos religiosos líderes del antiguo Israel eran responsables del Deuteronomio? Aunque la mayor parte de intérpretes reconocen que asignar el libro a Moisés es un recurso teológico para legitimar su contenido, no han alcanzado ningún consenso sobre la cuestión de la paternidad literaria. Los sacerdotes, los profetas, los sabios, y los ancianos han sido todos sugeridos. De igual manera, la cuestión de la fecha del libro sigue siendo objeto de debate. Los intérpretes han apoyado fechas preexílicas, exílicas, y fechas posexílicas de su composición. Muchos favorecen una fecha en el siglo VII a.C., en parte porque ellos identifican «el libro de la ley» de 2 Reyes 23.1-3 con alguna forma del Deuteronomio.

Una de las cuestiones literarias más importantes del libro no es obvia para aquellos que leen el libro sólo en la traducción en español. Hay textos en el libro que se dirigen a sus lectores en la segunda persona singular y otros que usan a la segunda persona plural. Por ejemplo, 6.7-9; 11.18-20 son casi idénticos en el contenido, pero el primero usa la segunda persona singular mientras que el último usa la segunda persona plural. ¿El cambio de la persona señala a dos fuentes? ¿Es un recurso didáctico para dirigirse primero al individuo y luego el grupo? ¿Es simplemente un asunto de variación literaria? Este fenómeno ha llamado la atención significativa de los intérpretes. La mayoría está de acuerdo que cada caso de un cambio de la persona tiene que ser examinado solo. No parece haber una explicación única de los cambios.

Mientras que muchos asuntos literarios todavía tienen que ser resueltos, la importancia de Deuteronomio para el desarrollo del pensamiento religioso del antiguo Israel está clara. En primer lugar, Deuteronomio introduce un nuevo entendimiento de lo Divino. La expresión «el lugar que Jehová vuestro Dios escogiere para poner en él su nombre» (12.11) es un estribillo constante en Deuteronomio y la historia deuteronomista. Se matiza la creencia de los pueblos antiguos que sus dioses realmente moraban en sus templos. Deuteronomio nunca dice que Dios moró en el templo o que el templo es la «casa de Dios.» El templo es donde *el nombre* de Dios habita y fue construido para *el nombre* de Dios. Dios mora en el cielo (26.15). De igual manera, hablando de la teofanía en el Sinaí, Éxodo 19.21 nota que *ver* a Dios planteaba un peligro para los israelitas. Para Deuteronomio, el ver a Dios no era siquiera una cuestión. *Oír* a Dios era el peligro (4.32). El Dios que Deuteronomio describe es trascendente. Este Dios se revela por la Ley. La obediencia a aquella Ley hace posible que Israel viva (30.15-16).

Deuteronomio, entonces, es sobre todo un libro de la ley. Aun así, no es simplemente un depósito para leyes antiguas. Para Deuteronomio la ley es una realidad viva. El gran logro del libro consiste en cómo adapta la tradición legal antigua a nuevas situaciones. Por ejemplo, en los sacrificios del antiguo Cercano Oriente y del antiguo Israel los sacrificios hechos en templos eran consumidos por dioses y sus sacerdotes (p. ej., Ex 22.29-30 [TM 28-29]; Nm 18.15-21). En Deuteronomio es el donante de los sacrificios que los consume. Además, Deuteronomio instruye al donante a invitar a los pobres a participar en la comida de sacrificio (14.22-29; 15.19-23). El resultado de la reinterpretación de Deuteronomio de la tradición legal antigua a menudo es la humanización de leyes antiguas. El judaísmo primitivo siguió el modelo puesto por Deuteronomio en la producción del Misná y Talmud, que son nuevas adaptaciones de las tradiciones legales del antiguo Israel.

Deuteronomio ofrece una visión utópica de la vida de Israel, no porque presenta un plan impracticable para la vida de Israel en la tierra, sino porque presenta a Israel ideales, más bien que leyes solas. Por ejemplo, la ley del rey (17.14-20) es poco realista. Ningún monarca del antiguo Cercano Oriente consentiría jamás en limitar sus derechos como Deuteronomio sugiere. Lo que esta ley pone de relieve es la igualdad de todos los israelitas bajo la ley. Ante los ojos de la Ley, no hay súbditos, ni rey, sino sólo «hermanos». De igual manera, Deuteronomio consecuentemente requiere a la gente de medios recordar a los pobres. «La viuda, el huérfano, el extranjero, y el levita,» a quien Deuteronomio nunca olvida (10.8; 16.11; 24.19-21; 26.12-13; 27.19), eran la gente que no tenía ningún acceso a tierra y riqueza. Ellos no podían mantenerse a sí mismos y dependían de sus compañeros israelitas. Deuteronomio se pone fuertemente del lado del desfavorecido.

El propósito de la ley no es simplemente proporcionar orden y organización a la vida del antiguo Israel. Para Deuteronomio, describe un estilo de vida que es congruente con el estado de Israel como el pueblo de Dios (cp. 4.32-40). La idea de la elección de Israel está detrás del libro de Deuteronomio. Esta elección otorga un estado que Deuteronomio identifica cuando llama a Israel «un pueblo santo» (7.6; 14.2, 21). En otros códigos israelitas antiguos, la santidad de Israel es una consecuencia de su observancia (p. ej., Ex 22.31 [30]).

Para Deuteronomio, la santidad es una característica fundamental del pueblo de Dios y debe ser el motivo detrás de sus decisiones morales.

Otra idea teológica importante para Deuteronomio es la tierra. Deuteronomio y la literatura deuteronomista tienen como un tema principal el destino de Israel en su tierra. Dios dio a Israel la Ley para observar en su tierra (12.1), y la existencia continuada de Israel en la tierra depende de la calidad de su observancia (4.26; 11.17; 28.63; 30.19). Para Deuteronomio, la tierra de Israel no es simplemente el entorno para la historia de la vida de Israel, ni la base para su economía. La tierra es el medio por el cual Israel puede tener un encuentro auténtico con el Divino mediante la experiencia del cuidado providencial de Dios, sobre todo por el don de la lluvia y la fertilidad. La infidelidad de Israel puede tener sólo una consecuencia: la pérdida de su tierra y su comunión con Dios. La importancia de Deuteronomio en el desarrollo del judaísmo ha sellado la relación de Israel con su tierra.

Por último, Deuteronomio presenta el pacto como una metáfora básica para la relación de Israel con Dios. Algunos sugieren que el libro mismo sigue la estructura de un pacto del antiguo Cercano Oriente. Aunque esta opinión puede ser difícil de sostener, el pacto es una idea deuteronómica fundamental. Deuteronomio ve el pacto que prevé entre Dios e Israel como fluyendo del pacto en Horeb (Sinaí; cp. esp. caps. 1–3). Aun así, el pacto en Deuteronomio es un nuevo pacto que responde a una nueva situación (29.1 [28.69]). Deuteronomio presenta a sus lectores una noción de la relación de Israel con Dios que es tanto constante como en desarrollo. Al vivir esta relación, es importante recordar el pasado, pero también es importante contemplar las circunstancias cambiantes que el pueblo de Dios afronta. Aun así, una respuesta que debe caracterizar la reacción de Israel a estas nuevas circunstancias es la fidelidad a su Dios.

Deuteronomio es el libro más teológico en el AT. Ayudó a Israel a sobrevivir la pérdida de sus instituciones sagradas después de caída de Jerusalén a los babilonios. Formó la reconstitución de Judá después de restauración hecha posible por los persas. El judaísmo, como existe hoy, es resultado del libro de Deuteronomio. El cristianismo desarrolló su conocimiento de sí mismo en la conversación con las perspectivas teológicas que están en el corazón de este libro. Desde una perspectiva teológica, es difícil sobreestimar el valor del libro de Deuteronomio.

Bibliografía. G. Braulik, *The Theology of Deuteronomy* (North Richland Hills, Texas, 1994); D. L. Christensen, *A Song of Power and the Power of Song* (Winona Lake, 1993); F. García Martínez, editor, *Studies in Deuteronomy.* VTSup 3 (Leiden, 1994); E. W. Nicholson, *Deuteronomy and Tradition* (Filadelfia, 1967); M. Weinfeld, *Deuteronomy and the Deuteronomic School* (1972; reimpreso Winona Lake, 1992).

LESLIE J. HOPPE, O. F. M.

DEUTERO-ZACARÍAS *Ver* Zacarías, Libro de.

DÍA

«Día» (Heb. *yôm;* Gr. *hēméra*) puede designar un período de tiempo definido. Cuando «día» es acompañado por un número determinado (p. ej., Gn 1.5, 8; 7.11; Ex 16.1; Lv 23.34) sólo señala a un período de 24 horas. Este tiempo se extiende de puesta del sol a puesta del sol, comprendiendo «tarde y mañana y a mediodía» (Sal 55.17 [TM 18]).

Mientras Nehemías 9.3 denota «cuartos» de un día, el AT no hace ninguna de tales divisiones. Habla del «aire del día» (Gn 3.8; cp. Cnt 2.17), «el calor del día» (Gn 18.1; 1 S 11.11), «muy de día» (Gn 29.7), «mediodía» (Neh 8.3), «el día claro» (Am 8.9), y «día perfecto» (Pr 4.18). Sin embargo, parece que el NT refleja dos períodos de 12 horas (Jn 11.9), con designaciones específicas, como «primer día» (Lc 24.1), dividido en segmentos como las horas «sexta» y «séptima» (Mt 20:1-12; cp. Juan 4.6, 52).

Las partes de un día fueron contadas como un todo, entonces «tres días» se refieren al entierro de Cristo, aunque ellos no fueran tres períodos de 24 horas completas.

El día de reposo, el séptimo día, es el único día expresamente nombrado (Ex 20:8-11). Los otros seis días son designados para el trabajo, pero el día de reposo es reservado para descanso y adoración. El ejemplo divino de seis días de trabajo, seguido de un día de descanso (Gn 1–2), llega a ser el modelo para la actividad humana y para explicar el día de reposo.

«Día» también puede representar un período de tiempo indefinido. Las referencias a «los días de Abraham» (Gn 26.18) o «sus días» (Job 14.5) señalan a la vida de una persona (He 5.7) o reinado (2 Cr 34.33; Am 1.1).

Simbólicamente, la salvación y la justicia se describen como el día, lleno de la luz, de modo que un viajero puede andar sin tropezar (Jn 11.9; Ro 13.11-13). 2 Corintios 6.2, reflejando a Isaías 49.8, presenta «el tiempo aceptable» como «el día de salvación.» El Éxodo debe ser conmemorado como un «día de salvación,» porque en aquel tiempo Dios efectuó la liberación de su pueblo de la esclavitud servil (Ex 12.17; Dt 16.13). Este era un recordatorio constante de la buena voluntad de Dios de salvar (p. ej., «desde el día que los saqué de Egipto...»; 1 S 8.8; Is 11.16). Según Deuteronomio 5.12-15 la liberación divina de Israel proporciona una razón soteriológica de la observancia del día de reposo.

Los cristianos son llamados «hijos del día» (1 Ts 5.5, 8). La seguridad de la palabra profética se compara con el sol naciente y un nuevo día (2 P 1.19). En Juan 9.4 el día para el trabajo simboliza el período de servicio para la salvación. Apocalipsis 21.15 representa la vida eterna con Dios como el día perpetuo.

Expresiones como «en los días últimos,» «los últimos días» (Hch 2.17; 2 Ti 3.1; He 1.1), «vienen días» (Am 4.2; 8.11; Jer 23.5, 7; 31.17, 31), «en aquellos días» (Jer 33.15; Zac 8.6) parecen tener una referencia escatológica. Estos «días» señalan tanto a juicio como a salvación.

KENNETH D. MULZAC

DÍA DE REPOSO (Heb. *šabbāṯ*)

Séptimo día de una semana de siete días, establecido en el AT como día de descanso. El AT registra la institución del día de reposo en las leyes que se le dio a Moisés. El primer mandamiento en cuanto al cumplimiento del día de reposo se encuentra en Éxodo 16.22-30. A los israelitas se les daba maná diariamente y se les dijo que recogieran dos veces más el sexto día para que no tuvieran que recoger en el séptimo día. La inclusión de la ley del día de reposo en el Decálogo, tanto en Éxodo como en Deuteronomio, estableció este mandamiento como una ley permanente de la nación de Israel. En Éxodo 20.8-11 los requerimientos de la ley explícitamente declaran que ninguna persona, ni ganado, tiene que hacer ninguna clase de trabajo durante el día de reposo. La defensa teológica para descansar en el séptimo día se deriva de Génesis 2.1-3, en el que Dios descansa al séptimo día de la creación. Israel tiene que descansar porque Dios descansó.

Una vez establecido el día de reposo, se dieron mandamientos y prohibiciones específicos. El día de reposo no era solamente un día de descanso sino un día de fiesta. Debido a esto, se impusieron los requisitos de los días de fiesta, entre los que estaban las convocaciones santas, la adoración pública y la adoración en casa. Se tenía que ofrecer sacrificios especiales y el pan de la presencia tenía que renovarse.

En tanto que el día de reposo debía considerarse como un gozo y privilegio, también era de tal importancia que violar la ley del día de reposo llevaba consigo la pena de muerte (Nm 15.35). Esto refleja la naturaleza de dos caras del día de reposo: era tanto una bendición como un requisito para la nación de Israel.

En el período intertestamentario, dos tradiciones rabínicas se desarrollaron en cuanto al día de reposo. Una mantenía un cumplimiento estricto del día de reposo, con énfasis en las reglas del día de reposo, en tanto que la otra hacía énfasis en el concepto del descanso interno y espiritual.

Hay seis confrontaciones documentadas entre Jesús y los líderes religiosos judíos en cuanto al cumplimiento del día de reposo. Cinco tienen que ver con sanar en el día de reposo y el incidente que resta tiene que ver con recoger espigas en el día de reposo (Mr 2.23-26 par.). Según los fariseos, esto era una violación de la ley. Al utilizar el formato legal de encontrar un caso similar, Jesús sostuvo que eso era como la situación de 1 Samuel 21.1-6, en la que David y sus hombres comieron del pan consagrado. La similitud estaba en que la necesidad humana invalida la ley ritual.

En Marcos 3.1-6 par. Jesús sana a un hombre que tenía una mano seca. En Lucas 13.10-17 sana a una mujer que ha estado encorvada por una enfermedad ocasionada por espíritus malos. En Lucas 14.1-6, Jesús toma la ofensiva y pregunta a los fariseos si es correcto sanar en el día de reposo. Al no recibir respuesta, sana a un hombre enfermo. Jesús defiende sus acciones al señalar que cualquiera de los fariseos rescataría a un animal que se hubiera caído en un pozo el día de reposo. En Juan 5.1-17, Jesús hace enojar a los líderes judíos cuando sana a un hombre enfermo y le dice que cargue su camilla. Este fue un problema doble, porque Jesús estaba sanando en el día de reposo y estimulando al hombre que había sido sanado a violar el día de reposo al cargar una camilla. En Juan 7.21-24 a Jesús todavía se le busca por sanar a este hombre. Él señala que los líderes judíos circuncidaban al octavo día, aunque cayera en el día de reposo. Cuánto más importante es sanar a un hombre entero. En Juan 9.1-34 Jesús sana a un hombre ciego, haciendo barro y colocándolo sobre los ojos del hombre. No sólo sana en el día de reposo sino que también hace arcilla, que está en contra de la ley de los fariseos. En todas las confrontaciones del día de reposo, Jesús no cuestiona el principio de un día de descanso. Más bien, el uso correcto del día es la esencia de estas controversias. En algunos casos, como en el de recoger granos en el día de reposo, la necesidad humana invalida la ley ritual. En otros casos, Jesús está desafiando la clase de reglas que van en contra del propósito de la ley, que es llevar sanidad y plenitud. Aunque Jesús rompió con las tradiciones rabínicas en cuanto al día de reposo, no buscaba anular el cumplimiento del día de reposo.

Al considerar el papel de las leyes del día de reposo en el AT y en los Evangelios, uno podría esperar encontrar mucho más en cuanto al día de reposo. Si hay que guardar el día de reposo, uno asumiría que los convertidos gentiles tendrían que ser instruidos en cuanto a esto. Si el día de reposo tiene que ser anulado, uno asumiría que los creyentes judíos necesitarían que se les explicara.

Seis textos del NT, fuera de los Evangelios y Hechos, influyen en las discusiones y prácticas de la teología del día de reposo. Hay evidencia en Hechos 20.7 de que el primer día de la semana, domingo, llegó a ser un día regular de adoración, pero no reemplaza ni anula el cumplimiento del día de reposo judío en este momento. Romanos 14.5-6 no contiene una mención directa del día de reposo, pero estos versículos abandonan la idea de los días sagrados. Todos los días deben considerarse como días de Dios y ningún día tiene ninguna santidad especial. Gálatas contiene un argumento en contra de los gentiles que adoptan las prácticas judías y que apoyan las leyes rituales judías. En Gálatas 4.10 hay una instrucción en contra de guardar las fechas rituales judías; aunque el día de reposo no se menciona específicamente, parece ser parte de la idea de guardar los días especiales. En Colosenses 2.16, el argumento es que el día de reposo (junto con las reglas de comida y de fiesta) era un tipo, una sombra de lo que habría de venir en Cristo. Por lo tanto, ahora que Cristo ha venido, no hay necesidad de la sombra. Hebreos 4.9 declara que el descanso del día de reposo, de alguna manera, permanece. Esto describe un descanso de día de reposo que probablemente no es el día de descanso de una vez a la semana, sino un descanso del corazón, proporcionado por Cristo. Este descanso parece ser espiritual y no temporal, pero este texto ha ocasionado un poco de confusión en cuanto al entendimiento del día de reposo posterior a los Evangelios.

Apocalipsis 1.10 describe «el Día del Señor» que se refiere al domingo, el día en que Jesús resucitó. Sin embargo, esta práctica primitiva de reunirse para adorar el domingo no estuvo vinculada con el descanso del día de reposo hasta mucho después. Por lo tanto, esta referencia al día del Señor no parece estar vinculada con las leyes del día de reposo en este momento.

Las Escrituras han dejado sin responder algunas preguntas en cuanto al día de reposo. Algunos detalles no solamente no están claros, sino que la pregunta fundamental de si el día de reposo fue cumplido completamente con la primera venida de Cristo o no ha asediado al cristianismo y todavía es un tema discutido. La opción del día también presenta un punto de desacuerdo con algunos grupos que siguen adhiriéndose a la práctica judía de un día de reposo el sábado. Por último, la relación del día de reposo con el Día del Señor se convierte en un inconveniente en siglos posteriores.

Bibliografía. N.-E. A. Andreasen, *The Old Testament Sabbath to Lord's Day* (Grand Rapids, 1982); W. Stott, «Sabbath, Lord's Day», *NIDNTT* 3.405-15; K. A. Strand, ed., *The Sabath in Scripture and History* (Washington, 1982).

ANN COBLE

DÍA DE REPOSO, CAMINO DE UN

Distancia aceptable para desplazarse en el día de reposo. El trabajo estaba prohibido en ese día y transitar se consideraba como trabajo (Ex 16.29). Por lo tanto, los estudiosos de la ley tuvieron que determinar qué distancia de camino era permisible. En el desierto, el camino de un día de reposo era la distancia que había entre el arca y el campamento, que era de 2000 codos, o alrededor de 914 m (100 yd; Jos 3.4). La misma distancia existía entre las ciudades levíticas y los límites de sus tierras de pastoreo (Nm 35.4-5). En tiempos del NT, el camino de un día de reposo era como de la distancia que hay del Monte de los Olivos al Templo (Hch 1.12).

Los debates alrededor de la pregunta de cuánto camino se permitía recorrer se incrementaron. Algunos judíos redefinieron su «hogar» al depositar comida a 2000 codos de sus hogares. Este lugar se convertía en un nuevo hogar y el camino podía extenderse otros 2000 codos desde allí. En algunos casos, ciudades enteras fueron declaradas domicilio de alguien y de esta manera el viaje podía extenderse desde la frontera (de allí la importancia de los marcadores de fronteras).

Bibliografía. D. A. Carson, ed., *From Sabbath to Lord's Day* (Grand Rapids, 1982); E. P. Sanders, *Jewish Law from Jesus to the Mishnah* (Philadelphia, 1990), 6-23.

GARY M. BURG

DÍA DEL SEÑOR

El tiempo de la visitación decisiva de Jehová, cuando interviene para castigar el malo, liberar y exaltar el remanente fiel que le adoran, y establecer su propio gobierno. Tanto el juicio como la salvación son aspectos especialmente importantes. El día del Señor es un concepto significativo en la escatología bíblica, sobre todo en los libros proféticos del AT. Aunque el término preciso aparece sólo 16 veces en el AT, otras frases temporales son claramente relevantes (p. ej., «aquel día,» Sof 1.9-10; Am 8.9; «el día del sacrificio del Señor,» Sof 1.8; «el día de la ira del Señor,» Ez 7.19; cp. Is 2.12). Algunos eruditos piensan que este es el tema central de todo el mensaje profético; los libros de Joel y Sofonías son dedicados completamente a la proclamación del día del Señor y los eventos que conlleva. De hecho, la preocupación por el supuesto origen del día (p. ej., las tradiciones de guerra santas, un antiguo festival de entronización) no necesariamente es determinativo de su sentido posterior.

El día del Señor trae el derramamiento del castigo de Jehová sobre Israel y Judá. Amós 5.18-20, probablemente la referencia más antigua, proclama el juicio sobre Israel e implica que el profeta vuelca las expectativas del pueblo de lo que sucederá. El pueblo del pacto, que espera que Dios intervenga para derrotar a sus enemigos, se tambalea en cambio hacia el juicio. Según los profetas, este juicio divino no es arbitrario, pero es provocado por la idolatría (Is 2.8, 20; Sof 1.4-6), el orgullo y la arrogancia (Is 2.11, 17), y una falta de justicia social (Am 2.6-7; Sof 3.1-3). Es un juicio de purga, que limpia la mancha de maldad de entre la nación elegida de Dios. Implacable e inevitable (Am 5.18-19; Sof 1.12), expresamente se dirige a los líderes de la nación (Is 3.1-3; Sof 3.2-3). Aunque el castigo venga en la forma de una derrota militar (Am 2.13-16; Sof 1.16), es evidente que Jehová es la fuerza impulsora detrás de ello (note los verbos en primera persona en Am 8.9-11; Sof 1.8, 9, 11; cp. Jl 2.11).

El juicio no se limita al pueblo del pacto, pero incluye ciertas naciones vecinas (Am 1.13-15; Sof 2.4-15; cp. también Jl 3.11-12 [TM 4.11-12]) quienes son destinados a cosechar las consecuencias de sus acciones atroces (Am 1.13; Sof 2.8, 10). Varios profetas lo representan como de proporciones mundiales (Is 13.9; Sof 3.8; Zac 14.1-3, 9). Según Sofonías, es nada menos que lo inverso de creación, una destrucción más amplia aún que la causada por el diluvio (cp. el pescado en 1.1-3).

Esta expectativa profética de un acontecimiento final, culminante que es cósmico en su alcance es bastante consecuente con el hecho que los escritores bíblicos a veces aplicaban «el día del Señor» a acontecimientos pasados, como la destrucción de Jerusalén (Lm 2.22) y la derrota de Egipto (Jer 46.10). En el pensamiento bíblico, estos acontecimientos pasados representan el futuro y tienden a combinarse en él, presagiando el tiempo cuando toda la maldad humana será juzgada, el orgullo humano y la arrogancia serán expuestos, y cualquier poder en contra de Dios serán depuestos, preparando el camino para el establecimiento del propio reino de Dios (Is 2.6-22).

Por desgracia, el aspecto salvífico a menudo ha sido considerado menos importante que o hasta incongruente con el aspecto de juicio. Sin embargo, el día no es ni únicamente un tiempo de juicio, ni de salvación. Es un tiempo de salvación a través del juicio, purificación y bendición mediante la purga. Los profetas anuncian que un grupo de la nación del pacto surgirá del juicio y recibirá bendiciones divinas. Este grupo de sobrevivientes, conocidos como el remanente (Mi 4.6-7; Sof 3.11-13), será formado del pueblo que busca a Jehová atentamente (Am 5.4-6), manifiesta humildad (Is 2.11-12; Sof 3.11-12), y vive éticamente (Am 5.14-15). Ellos serán juntados por Jehová, restaurados a su propia tierra, y disfrutan de la presencia de Jehová en su medio (Am 9.14-15; Sof 3.15, 20).

Como con el juicio, no sólo Israel sino también las naciones experimentarán la futura bendición. Transformados por Jehová, los extranjeros expresarán su fidelidad y lealtad (Is 19.18; Sof 3.9), haciendo peregrinaciones a Jerusalén para adorar (Is 2.2-4; Mi 4.1-4; Zac 14.16-17) y rindiendo veneración a Jehová mientras están en sus propios países (Is 19.19; Sof 2.11). De hecho, cada objeto restante será dedicado a Jehová en aquel tiempo (Zac 14.20).

En el NT el día del Señor se identifica con la segunda venida de Jesucristo (2 P 3.10-13; 1 Ts 5.2; cp. 4.13-18) y también es llamado «el día de nuestro Señor Jesucristo» (1 Co 1.8; cp. 5.5; 2 Co 1.14), «el día de Jesucristo» (Fil 1.6), y otras frases similares. Ya que se presenta como un tiempo de rendición de cuentas universal, cuando el juicio final es repartido y las recompensas finales asignadas, esto incluye la misma variedad básica de acontecimientos que el concepto del AT.

En cuanto al cronometraje del día, aunque ciertos acontecimientos debieran resultar primero (2 Ts 2.1-3; cp. Mal 4.5 [3.23]), el apóstol Pablo se hace eco de los profetas del AT al proclamar que está cerca (Ro 13.11-12; cp. Is 13.6; Jl 1.15; Sof 1.7-14). Este día, el tiempo de vindicación final del remanente piadoso y la completa derrota de los impíos, el mundo todavía espera.

Bibliografía. G. A. King, «El día del Señor en Sofonías,» *BSac* 152 (1995): 16-32; W. Van Gemeren, *Interpreting the Prophetic Word* (Grand Rapids, 1990), 214-25.

Greg A. King

DÍA DEL SEÑOR

La frase el «día del Señor» se encuentra en las Escrituras solamente en Apocalipsis 1.10, donde Juan describe las circunstancias en que recibió su revelación. La frase comúnmente se usa para referirse al domingo y a menudo se la relaciona con el sábado del AT. Hay pocas dudas de que «el Señor» en este caso se refiere a Jesús en vez del Padre. Los primeros cristianos de la iglesia se reunieron para adorar en el día domingo en honor del día de la resurrección de Jesús (Hch 20.7; 1 Co 16.2).

Además, el domingo indicaba el primer día de la semana en el calendario judío, y por tanto, recordaba a la gente del primer día de la creación y de la regeneración de Jesús a través de la redención. También fue llamado el octavo día, señalando el día del juicio venidero. Es posible que los primeros cristianos creyeran que Cristo volvería en su día, el domingo. Además del domingo, se han propuesto dos otros posibles significados de la frase «el día del Señor» en su contexto en Apocalipsis. Algunos sostienen que puede referirse a la observancia anual de la

Pascua. Sin embargo, otros usos de los cristianos tempranos del «día del Señor» indican la observancia semanal, en lugar de la anual. Otros estudiosos han argumentado que se refiere al día del juicio mismo, en lugar del domingo, como un tipo del día venidero del juicio final o el octavo día descrito anteriormente. Tomado de esta forma, sería sinónimo de «el gran día» que se menciona en el libro de Apocalipsis 6.17; 16.14; sin embargo, esto no tiene sentido en el contexto de Apocalipsis 1. Con el fin de armonizar Apocalipsis 1 con esta teoría, algunos han sugerido que Juan fue transportado en visión al día del juicio.

Bibliografía. D. A. Carson, ed., *From Sabbath to Lord's Day* (Grand Rapids, 1982).

ANN COBLE

DIABLO

Traducción al español del gr. *diábolos,* que tanto en el griego helenista como en el clásico significó un adversario (humano) malvado, acusador falso, calumniador. En todas excepto en cuatro de las 21 veces que aparece en la LXX *diábolos* (por lo general con el artículo) traduce Heb. *(haś) śāṭān,* «un adversario o conspirador, uno quién idea medios para oponerse al otro.» En algunos de estos casos *(ho) diábolos* denota (1) un agente (¿divino/celestial?) a quien se le asigna el papel de precipitar la ira de Dios contra Israel (1 Cr 21.1); (2) un malvado conspirador humano y acusador falso (Sal 109.6; Est 7.4; 8.1); o (3) un obstáculo para la fidelidad de Israel (1 Mac 1.36). En la mayoría de los casos, sin embargo, *diábolos* (siempre con el artículo) significa expresamente un ser celestial, en particular un miembro de la corte celestial, responsable de acusar y enjuiciar a pecadores ante el tribunal de la justicia divina. Este ser es previsto como legalista riguroso quien persigue sus deberes con la determinación del fanático (p. ej., Job 1.6, 7, 9, 12; 2.1-7; Zac 3.1, 2). Si, como a menudo se afirma, Sabiduría 2.24 contiene una alusión a Génesis 3 y su historia de la caída, entonces *diábolos* también puede significar como una clave de la serpiente seductora del Edén.

En el NT, otros escritos cristianos antiguos, y alguna literatura pseudepigráfica judía contemporánea, *diábolos* es usado principalmente como uno entre muchos nombres propios o epítetos para la figura más generalmente conocida como Satanás, el enemigo sobrenatural de Dios y adversario de su pueblo, quien además de causar sufrimiento y otros males que aquejan a la humanidad, se esfuerza poderosamente por desviar al piadoso de la senda de la obediencia a Dios y así romper el lazo entre Dios y sus siervos (p. ej., Mr 4.15; 8.33; 1 Co 7.5; cp. Ef 4.27; 1 Ti 3.7; 2 Ti 2.26; 1 P 5.8). Su instrumento principal en esto es *peirasmós* (por lo general traducida «tentación», pero mejor «una prueba,» «proceso»), una dura prueba de una clase u otra que «prueba» la confianza de alguien que Dios es fiel y así revela la naturaleza y el grado de la propia fidelidad de alguien a Dios (cp. Mt 4.1-11 par.; 1 Ts 3.5). El diablo se presenta aquí como el gobernante del mundo (Mt 4.8-9 par.; cp. 1 Juan 5.19) y como jefe de una hueste de malos espíritus (Mt 25.41) y fuerzas invisibles (Ef 6.12), de algunos de los cuales, junto con su amo, se dice que están detrás y dirigen no sólo las naciones extranjeras que oprimen al pueblo de Dios, sino a todos los apóstatas dentro de Israel también. Todas las fuentes declaran que a su debido tiempo este *diábolos* será sometido o vencido, por un agente divino, como el Mesías de Dios o por un arcángel o por Dios mismo. Mientras tanto, *ho diábolos* permanece activo, seduciendo y molestando al elegido. La fidelidad a Dios y sus caminos prevendrán que el piadoso «falle en la prueba» y sea «entregado» «al maligno» (cp. Mt 6.13; Ef 6.11; Stg 4.7).

En algunos casos en el NT *diábolos* parece que significa sólo «calumniador (humano),» «acusador» (1 Ti 3.11; 2 Ti 3.3; Tit 2.3). Asimismo, a pesar del aviso de la influencia del diablo sobre Judas en Juan 13.2, en 6.70 *diábolos* (sin artículo), en referencia a Judas, puede significar nada más que «adversario (humano) malvado.»

La elección de los traductores de la LXX para usar un término cargado de connotaciones de malevolencia como el equivalente de *(haś) śāṭān* puede haber sido un factor en la aceleración de la «caída» del «Satanás» de Job y Zacarías de la función a la personalidad y de siervo a opositor de Dios. Por otra parte, puede reflejar una identificación que en el momento del trabajo de los traductores era ya (o sólo comenzando a ser) hecha.

Bibliografía. S. H. T. Page, *Powers of Evil: A Biblical Study of Satan and Demons* (Grand Rapids, 1995); E. Pagels, « The Social History of Satan, the 'Intimate Enemy,'» *HTR* 84 (1991): 105-28; G. J. Riley, «Devil», *DDD,* 244-49; J. B. Russell, *The Devil: Perceptions of Evil from Antiquity to Primitive Christianity* (Ithaca, 1977).

JEFFREY B. GIBSON

DIACONISA
Un oficio en el ministerio de la iglesia primitiva. El único uso claro del gr. *diákonos* co referencia a una mujer es Romanos 16.1, donde Pablo presenta «a nuestra hermana Febe» como una *diákonos* «de la iglesia en Cencrea» (la misma forma es usada para masculino y femenino).

El término aquí puede ser traducido como el genérico «siervo», o el específico «diácono», o «diaconisa» (p. ej., Reina-Valera 1960). Es poco probable, sin embargo, que una orden separada llamada diaconisa existiera entonces, desde que aún para el tiempo de las epístolas pastorales ninguna orden separada del oficio de diácono es evidente. Más bien, las mujeres, probablemente diaconisas, son mencionadas en medio (v. 11) del consejo de Pablo sobre los tipos de personas idóneas para el oficio de diácono (1 Ti 3.8-13). Estas mujeres deben poseer características personales ejemplares.

WARREN C. TRENCHARD

Ver Diácono.

DIÁCONO
Un oficio en el ministerio de la iglesia primitiva. No está claro cuando el gr. *diákonos* como se utiliza en los círculos cristianos primitivos pasó del sentido genérico de «siervo» o «ministro» al sentido específico de «diácono». El antiguo sentido literal es obvio en los Evangelios (Mt 20.26; 22.13; 23.11; Mr 9.35; 10.43; para «servir a las mesas,» cp. Jn 2.5, 9; Hch 6.2). Pablo emplea la palabra metafóricamente en diversas formas para describirse a sí mismo o a otros cristianos: siervo o ministro (1 Co 3.5; Ef 6.21; Col 4.7); ministro del evangelio (Ef 3.7; Col 1.13); ministro de la iglesia (Col 1.25); ministro del nuevo pacto (2 Co 3.6); siervo de Dios (6.4); ministro de Cristo (11.23; Col 1.7; cp. Jn 12.26; 1 Ti 4.6); y ministro de justicia (2 Co 11.15). Pablo también se refiere a Cristo como un siervo (Ro 15.8; cp. Gá 2.17) y describe las autoridades gubernamentales como siervos de Dios (Ro 13.4).

El significado «diácono» parece probable en Filipenses 1.1, donde Pablo se dirigió a *diákonoi* junto con obispos. Para el tiempo de las epístolas pastorales, las congregaciones recibieron al consejo sobre los tipos de persona idónea para el diaconado (1 Ti 3.8-13). Las características incluyeron rasgos personales, domésticas y de organización.

En general, se considera que el origen del oficio de diácono proviene del nombramiento y la ordenación por los Doce de siete hombres para administrar la asignación diaria de alimentos *(diakonía)* a las viudas cristianas helenistas (Hch 6.1-6, aunque no aparezca *diákonos*). Los apóstoles declararon que ellos no podían dejar de proclamar la Palabra para servir *(diakonéō)* las mesas. Los siete, que hicieron mucho más que distribuir la comida, promovieron la proclamación del evangelio entre judíos helenistas y gentiles (p. ej., Hch 6.8-9; 8.26-38).

WARREN C. TRENCHARD

Ver Diaconisa.

DIAMANTE
Una piedra preciosa, que se destaca por su dureza. En el oráculo en Jeremías 17.1 el pecado de Judá es grabado con cincel de hierro y con punta de diamante (Heb. *šāmîr*). En Zacarías 7.12 la dureza del corazón es comparada al «diamante» (cp. Ez 3.9, «más fuerte que el pedernal»).

DIÁSPORA
Ver Dispersión.

DIATESARÓN
Una armonía de los Evangelios (Gr. *dia tessarōn*, «por medio de [los] cuatro») en la forma de una narrativa continua, compilada c. 170 d.C. por Taciano.

DIBLAIM (Heb. *diḇlāyim*)
El padre de Gomer (Os 1.3). Derivado de Ugar. *dblt* (lit., «los pasteles de los higos secados»), el nombre puede representar una continuación del uso figurado de Oseas de nombres, una ubicación geográfica (quizás la ciudad moabita Diblataim), o una designación patronímica literal. Este último sentido es preferible ya que está en aposición con el nombre personal Gomer.

ARCHIE W. ENGLAND

DIBÓN (Heb. *dîḇôn*)

1. Una ciudad importante situada en la carretera del Rey en El centro de Transjordania. Dibón es generalmente identificada con el montículo de ruinas al norte del pueblo moderno de Dhībān (224101), 64 km (40 mi) sur de Amán y 3 km (2 mi) norte de Wadi el-Mōjib (Arnón bíblico). El egiptólogo Kenneth A. Kitchen sostiene que un equivalente egipcio para Dibón *(Tibunu)* aparece en inscripciones egipcias desde la época de Ramsés II. El nombre también aparece en la inscripción Mesa encontrada en Dhībān.

De acuerdo con la evidencia bíblica Dibón era al principio una ciudad moabita que fue tomada posteriormente, primero por los amorreos y luego por los israelitas cuando éstos conquistaron Sehón de Hesbón (Nm 21.26; 32.3-5). Aunque Dibón fue asignada a la tribu de Rubén (Jos 13.9, 17), parece que la ciudad fue finalmente reconstruida por Gad y la renombró Dibón-gad (Nm 32.34; 33.45-46; Mesa 10-11). Durante la época de la Monarquía Dividida, Mesa de Moab con éxito se separó del control israelita y restauró Dibón como una ciudad moabita (Is 15.2; Jer 48.18, 22; Mesa 21, 28).

Las excavaciones han revelado hasta ahora la ocupación durante la Edad de Bronce Temprana II-IV, Edad de Hierro II, Nabatea, períodos romano, bizantino, y árabe. De BT II-IV se han descubierto unos segmentos de paredes de un posible sistema defensivo. Al menos dos fases de un establecimiento de Hierro II han sido reportadas: entre los importantes hallazgos se incluyen una entrada, silos de grano circulares grandes, un edificio público grande (el «palacio»), un «santuario» en el que se encontraron piezas de un soporte de incienso de Hierro I y dos estatuillas de fertilidad, varias torres, y una pared de casamata. La estela de Mesa es de fecha del período Hierro II. Nada ha sido encontrado aún de las Edades de Bronce Tardía o Media. Randall W. Younker

2. Una ciudad en el Neguev de Judá, hacia la frontera oriental entre Hebrón y Jecabseel, ocupada de nuevo después del exilio (Neh 11.25). Puede ser la misma que Dimona (Jos 15.22).

DIBÓN-GAD (Heb. *dîḇōn gāḏ*)
Un nombre alterno («Dibón de Gad») para Dibón **1** (Nm 33.45-46).

DIBRI (Heb. *diḇrî*)
El padre de Selomit de Dan; su nieto fue apedreado por maldecir y blasfemar a Dios (Lev. 24.11, 14).

DICLA (Heb. *diqlâ*)
Descendiente de Sem a través de Joctán (Gn 10.27; 1 Cr 1.21); antepasado de un pueblo y/o región del sur de Arabia. El nombre puede estar asociado con un oasis en Arabia Saudita, quizás en los alrededores de Ṣirwāḥ, suroeste de Mārib.

DIDAJÉ (Gr. *Didachē*)
Una referencia abreviada común (Gr. «enseñanza») para el escrito de la iglesia primitiva que se tituló La enseñanza (del Señor a los gentiles por) los Doce Apóstoles. Dividido por eruditos modernos en 16 breves capítulos, esta es una colección única de dichos cristianos antiguos, tradiciones litúrgicas, y directivas de la comunidad. Sólo una copia completa se conserva en griego (descubierta de nuevo en 1873), aunque la popularidad antigua del texto sea evidente de versiones dispersas conservadas en las Constituciones Apostólicas, el Orden de la iglesia apostólica, Vida de Senoute, Sintagma de doctrina, y La Regla de San Benito.

Un ejemplo de «literatura desarrollada,» la Didajé combina dichos y tradiciones antiguos con la dirección para la vida de la iglesia primitiva sobre no menos de tres etapas de composición. La forma final se puede fechar entre 70 y 150 d.C., aunque los materiales de la fuente sin duda sean más viejos. El autor o didactista (un término diversamente usado para referirse al compilador original de las fuentes o al redactor final) parece haber sido un cristiano judío. Esto es sugerido por el enfoque del autor sobre la literatura del AT y dichos de sabiduría (caps. 1-6), formas judías de bautismo y oraciones de acción de gracias (caps. 7, 9-10), y una baja cristología.

La erudición temprana a menudo asignaba la procedencia del texto a Egipto debido a su amplio uso allí. La opinión más reciente favorece Antioquía o Siria, basada en el clima volátil de la iglesia en aquella región. La influencia palestina seguramente es posible. El propósito de la Didajé es confuso. Típicamente referido como «un manual» cristiano antiguo, puede haber sido usado para la instrucción de catecúmenos o la formación de oficiales de la iglesia. Los cristianos posteriores adoptaron el texto con ambos objetivos.

La Didajé tiene al menos tres secciones principales: el llamado material «Dos Caminos» (1.1-6.3); instrucciones litúrgicas y eclesiásticas (7.1-15.4); y un breve apocalipsis (16.1-8). En un sentido amplio, estas tres divisiones probablemente representan el proceso sociohistórico por el cual los materiales fueron reunidos para el uso dentro de una antigua comunidad cristiana específica. Dispersas en todas partes hay subdivisiones que sin duda revelan modificaciones posteriores en el escrito.

La sección de los «Dos Caminos» es un llamado a amar a Dios y al prójimo, a distinguir entre el camino de la vida (1.1-2.7) y el camino de la muerte (5.1-2), y reconocer la sabiduría antigua como una avenida hacia la vida (3.1-4.14).

El autor apela al Decálogo como un fundamento para la vida ética (2.1-7) y a códigos domésticos contemporáneos como una base para el orden (4.9-11). Estas enseñanzas no contienen ninguna impresión expresamente cristiana, excepto donde un bloque de los dichos de Jesús es secundariamente insertado hacia el comienzo del documento (1.3b-2.1). Los versículos finales (6.1-3), que forman una advertencia a seguir la enseñanza de vida y evitar la comida sacrificada a ídolos, sirven de puente a la segunda sección principal. Los materiales de los «Dos Caminos» contienen dichos que encuentran un paralelo cercano a materiales en Bernabé 18–20. Habrían servido como instrucción apropiada para nuevos cristianos y como una exhortación general a la comunidad a seguir un estilo de vida ético.

La sección litúrgica y eclesiástica es una colección de temas interesantes. Conservadas aquí hay instrucciones sobre el bautismo (7.1-4), oraciones personales y de alimentos (8.1–10.7), profetas errantes (11.1–13.7), e interacción de comunidad (14.1–15.4). Los materiales reflejan una iglesia en su período de formación, antes de la estandarización del cristianismo católico. Tres cuestiones aquí sirven como fuentes para el debate: (1) las instrucciones bautismales reflejan las preocupaciones judías comunes de la Iglesia más antigua. (2) las oraciones eucarísticas (9.1–10.7) conservan un enfoque único a la comunión, un suplemento a las palabras bíblicas de la institución usada en la eucaristía, o una observancia de un banquete agapē. (3) las regulaciones de la comunidad sólo son dirigidas a obispos y diáconos, sin la mención de presbíteros.

El apocalipsis sirve para concluir la Didajé de manera muy parecida al libro de Apocalipsis del NT. Ofrece la esperanza de la futura recompensa por la observancia justa de un estilo de vida ético y conducta apropiada de la iglesia.

Reunidos aquí hay dichos apocalípticos que se parecen a materiales de los Evangelios del NT y las epístolas paulinas. Algunos eruditos creen que esta sección puede haber servido como una conclusión a la sección de apertura de los «Dos Caminos».

La Didajé sobrevive como un enigma de la literatura cristiana primitiva, aunque parezca caber ampliamente en la situación de la iglesia primitiva. El autor dependió fuertemente del Evangelio según San Mateo o alguna fuente similar, que da al texto una sensación familiar. Ignacio de Antioquía probablemente ya sabía de la Didajé en alguna forma para el final del siglo I. Clemente de Alejandría (a principios del siglo III) la aceptó como Escritura, aunque Eusebio de Cesarea (a principios del siglo IV) la rechazara como espuria. En su *Epístola Festal* 39 (367), Atanasio igualmente rechazó el estado canónico del texto, pero lo puso en una lista como material de lectura importante para la instrucción en la fe cristiana.

Bibliografía. C. N. Jefford, editor, *The Didache in Context.* NovTSup 77 (Leiden, 1995); R A. Kraft, *Barnabas and the Didache,* volumen 3 de *The Apostolic Fathers,* editor. R M. Grant (Nueva York, 1965).

CLAYTON N. JEFFORD

DÍDIMO (Gr. *Dídymos*)

Un apellido del apóstol Tomás, el equivalente griego del Heb. *tĕʾōm*, «gemelo» (así en la NVI).

DIDRACMA (Gr. *dídrachmon*)

Moneda de plata que pesa c. 7.27 gramos, igual a dos *drachmaí* griegos o aproximadamente dos denarios romanos. En la LXX el gr. *dídrachmon* aparece como la traducción normal para el heb. *šeqel*, pero en la época de Jesús el didracma tenía un valor de un medio siclo. El impuesto del templo de medio siclo (Ex 30.11-16; cp. Josefo *Ant.* 3.193-196) así equivalía a un didracma. En Mateo 17.24-27 los recaudadores de impuestos del templo aparecen como «los que cobraban las dos dracmas.»

CARL BRIDGES

DIEZ MANDAMIENTOS, LOS

Una serie de mandamientos dados por Dios al pueblo del pacto a través de Moisés. La Biblia registra dos veces los Diez Mandamientos. En Éxodo 20.1-17) son las palabras que Dios habla a Israel en el Monte Sinaí. En Deuteronomio 5.6-21 son las palabras de Moisés, quien relata lo que Dios reveló en el Monte Horeb. Ambas versiones encajan en la historia de la liberación de Israel de la esclavitud en Egipto. Separar los mandamientos de este marco narrativo arriesga a la incomprensión del significado de los mandamientos en sí mismos. Los mandamientos entonces no son estipulaciones arbitrarias, sino la revelación del Dios que libertó los esclavos hebreos.

Las tradiciones bíblicas presentan los mandamientos como las bases sobre las cuales la continua relación de Israel con Dios se posibilite. La liberación de Dios a Israel de Egipto estableció esa relación. La metáfora que Dios usa para, expresar esta relación y el pacto. Los Diez Mandamientos proveen a Israel con el marco moral para mantenerla. Mientras que la metáfora viene de la esfera de ley internacional es incorrecto entender los mandamientos meramente como un resumen de obligaciones legales de Israel para con Dios. No restringían la libertad de Israel, sino el camino que les guiaría a la plenitud de vida en la tierra que Dios les daría. También la obediencia de Israel a los Mandamientos no tenía que ver tanto con sumisión a la voluntad divina como con una respuesta de amor. La bondad de Dios y amor experimentada por Israel en su liberación de la esclavitud, despertaba una respuesta de amor de un Israel agradecido.

La Biblia no sugiere cómo se deben dividir o enumerar los Mandamientos. No aparecen referencias a los «Diez mandamientos» (Heb. «diez palabras,» de aquí «Decálogo" ni en Éxodo 20 o Deuteronomio 5, pero sí en Éxodo 34.28; Deuteronomio 4.13; 10.4. Las tradiciones católica romana y luterana siguen a Orígenes, Clemente de Alejandría y Agustín quien consideró la prohibición de adoración a otros dioses y el hacer imágenes como un mandamiento y separaba la prohibición de codiciar la esposa del vecino en dos mandamientos. Las tradiciones rabínicas y reformadas unen los dos mandamientos que prohíben codiciar y separan la prohibición de falsa adoración y el hacer imágenes en dos mandamientos.

No parece haber orden lógico en los mandamientos, aunque la serie comienza con obligaciones que Israel tenía hacia Dios y luego continúa con las obligaciones que los israelitas tenían con los demás. El contenido de los mandamientos no es único en la tradición israelita. Lo que es único es su asociación en este grupo de 10. La sencillez de los mandamientos es también sorprendente. Son rectos y no requieren interpretación legal. La tradición deuteronómica subraya la comprensión del Decálogo cuando señala que después de dar los mandamientos Dios «no añadió más» (Dt 5.22).

La comprensión de la divinidad en el antiguo Cercano Oriente establece el parámetro de los mandamientos que trata con las obligaciones de Israel hacia Dios. Los Mandamientos prohibían cualquier actividad que implicara control humano sobre lo divino. La gente organizaba imágenes de sus dioses en sus templos para asegurar la presencia divina en medio de ellos, pero ninguna imagen podía constreñir la presencia divina en Israel. El punto de vista mitológico en el antiguo Cercano Oriente imaginaba a los cielos poblados por muchos dioses, mientras que los mandamientos requerían que Israel sirviera a su Dios exclusivamente. El Dios de Israel no debía ser servido como un garantizador de votos. La prohibición de trabajar en el sábado muestra que el Dios de Israel determinaría el patrón de sus vidas.

Los mandamientos que trataban con las obligaciones hacia los demás tienen paralelos en los códigos legales de otros antiguos pueblos del Cercano Oriente y reflejan un tiempo cuando los pueblos comenzaron a vivir juntos en grupos. Para mantener miembros de grupos solidarios se necesita la mutua confianza, respetar la vida de los demás, relaciones maritales y de propiedad. ¿Qué sociedad puede perdurar si la gente se miente unos a otros regularmente, se roban, no respetan lazos matrimoniales y permite asesinato? Lo que hizo al antiguo Israel único al acercarse a estas obligaciones fue su creencia de que la relación de la gente con Dios dependía de la creación y mantenimiento de relaciones intrasociales justas. Cualquier brecha en estas relaciones comprometía la relación de Israel con Dios. Los Diez Mandamientos no incluían sanciones porque la penalidad final por robar, mentir, matar y adulterar no es un castigo que pueda imponer la comunidad, sino uno que sólo Dios puede imponer.

Los mandamientos exigían que los israelitas honraran a sus padres (Ex 20.12; Dt 5.16) es atípico porque conlleva la amenaza implicada de que una falta de respeto por los padres puede llevar a un final abrupto de los días de uno mismo en la tierra que Dios daba a Israel. Los mandamientos que prohíben el asesinato (Ex 20.13; Dt 5.17) ven el asesinato como un acto incompatible con la relación de pacto que unía a los israelitas con Dios y con los demás. No se permitía la pena capital (Dt 17.2-7; 19.12) o la guerra (caps. 20—21); otras leyes trataban con las muertes accidentales (19.1-13). Los Diez Mandamientos prohíben el adulterio (Ex 20.14; Dt 5.18), pero no otras formas de actividades sexuales ilícitas; otras leyes trataban con esto (caps. 22—25). La tradición bíblica visualiza la violación de la fidelidad marital como una amenaza contra la integridad de la relación de Israel con Dios (Job 24.13-17; Jer 5.7; Os 4.2).

Hay una pregunta acerca de lo que el mandamiento contra el robo (Ex 20.15; Dt 5.19) prohíbe: simple robo o forzar a una persona a la esclavitud o venderla. Ambos crímenes minan las relaciones sociales. El mandamiento que prohíbe mentir (Ex 20.16; Dt 5.20) está diseñado para sostener la integridad del sistema legal y asegura así la veracidad del testimonio. Aun así la veracidad no es una necesidad legal, sino un requerimiento de Dios. Los mandamientos que prohíben la codicia (Ex 20.17; Dt 5.21) trata con la motivación más que con acciones patentes. Éstas forman unas conclusiones adecuadas al Decálogo ya que prohíben fomentar el deseo que lleva a actuar en contra de los otros mandamientos.

Los Diez Mandamientos reflejan la comprensión de que el Dios de Israel es un Dios que gobierna todas las esferas de la vida humana y que este Dios exige obediencia. Así es esencial observar los mandamientos en el contexto del pacto de Israel con Dios. La obediencia que Dios requiere fluye de la acción libertadora de Dios en beneficio de Israel. Libertar los esclavos israelitas del yugo egipcio establece una relación entre ellos y su Dios. Los Diez Mandamientos son el medio por el cual el antiguo Israel debía mantener esa relación. Finalmente las estipulaciones individuales que formaron los Diez Mandamientos muestran que el estatus de la relación de Israel con Dios era consecuencia de armonía dentro de la comunidad israelita.

Bibliografía. C. M. Carmichael, *Law and Narrative in the Bible* (Ithaca, 1985); W. Harrelson, *The Ten Commandments and Human Rights* (Philadelphia, 1980); A. Phillips, «The Decalogue — Ancient Israel's Criminal Law,» *JJS* 34 (1983): 1-20; E. Nielsen, *The Ten Commandments in New Perspective.* SBT, 2nd ser. 7 (Naperville, 1968).

LESLIE J. HOPPE

DIEZMO

Una décima parte del ingreso anual personal separada para propósitos sagrados. Diezmar era común no sólo en Israel, sino a través del Antiguo Cercano Oriente; y aunque la función primaria era sagrada, se utilizaba también para el ingreso del estado (1 Mac 3.49; 10.31). La mayoría de los textos bíblicos indican que el creyente estaba obligado a diezmar, aunque la forma en la cual se practicaba variaba de época en época.

La naturaleza del diezmo sagrado es señalada con más claridad y consistencia en la tradición del Pentateuco. Levítico 27.30-33 establece que toda la semilla de la tierra y frutos de los árboles pertenecen a Dios, y que el diezmo de todas las manadas y los rebaños eran santos para el Señor. Se esperaba de las personas que diezmaran su grano, vino, aceite y primogénito de la manada y del rebaño (Dt 14.22-24). Un componente importante del diezmo incluía traer la producción al santuario designado donde las personas participarían juntos de una comida. Si no era posible transportar la producción por causa de la distancia, entonces se redimía por efectivo y el dinero era usado para lo que la persona deseara. Sin embargo, si la producción de alguno se redimía por dinero, entonces una quinta parte adicional de ésta debía añadirse a la suma (Lv 27.31).

El diezmo también incluía un componente social de cuidar de los pobres en la sociedad, y cada tercer año el diezmo tenía que ser reservado para el levita, el residente extranjero, el huérfano y la viuda. Bendiciones de Dios están conectadas directamente a este mandato (Dt 14.28-29). El adorador hacía sus ofrendas, incluso el diezmo, con alegría y felicidad (Sir. 35.8-12). Amós era crítico de las personas que cumplían con todas sus obligaciones sagradas, incluyendo el diezmar, sin embargo, no vivían vidas justas (Am 4.4-5).

El levita, distinto a otros residentes, no tenía heredad y ya que lo que la gente poseía era considerada la porción de la heredad de los levitas, entonces una décima parte debía ser dada al levita (Nm 18.21-32). Parte de la extensa reforma de Esdras y Nehemías incluía un diezmo (o impuesto) recogido en el Templo, para el sostenimiento de los sacerdotes y los levitas (Neh 10.37-38). Así como otras leyes obligatorias, el diezmo no siempre se guardaba (Mal 3.8, 10).

La diferencia entre los propósitos sagrados y no sagrados de los diezmos, es a veces confusa, particularmente cuando el diezmo es dado a un santuario real (2 S 6.1; 1 R 12.25-33). Se decía que el rey Ezequías había recogido los diezmos y los había guardado para el Templo (2 Cr 31.5-6). Cuando el pueblo buscó establecer una monarquía, Samuel les advirtió que el rey requeriría un diezmo del grano, viñas y rebaños de todos los ciudadanos para sus oficiales (1S 8.14-15).

HEMCHAND GOSSAI

DIFAT (Heb. *dîpat*) (también RIFAT)

Un hijo de Gomer hijo de Jafet (1 Cr 1.6), lo más probable un pueblo o región de Asia Menor; llamado Rifat en Génesis 10.3.

DILEÁN (Heb. *dilĕʿān*)
Ciudad en la asignación tribal de Judá, una de 16 ciudades que pertenecen al distrito de Laquis en el suroeste de la Sefela (Jos 15.38). La ubicación del asentamiento antiguo se desconoce; un sitio propuesto es Ras Dahinah (Dihna) (14342.10530).

STEVEN M ORTIZ

DILUVIO (Heb. *mabbûl;* Gr. *kataklysmós)*
El acontecimiento relatado en Génesis 6.5–9.19, en el cual Dios destruye la creación, pero salva a Noé y su familia junto con animales de cada especie para poblar una nueva creación.

Terminología

Excepto por Salmo 29.10, Heb. *mabbûl* sólo ocurre en Génesis, relacionado con el diluvio. En Salmo 29.10 *mabbûl* puede ser el agua por encima del firmamento, almacenado en tarros (cp. Gn 1.7; 7.11). En el hebreo de Sirac (Sir 44.17) y el Génesis arameo apócrifo (1QapGen ar 12.10) *mabbûl* se refiere al diluvio de Génesis. La LXX siempre lee Gr. *kataklysmós* por *mabbûl.* En Sir 40.10; 44.17-18; 4 Mac 15.31 *kataklysmós* se refiere al diluvio de Génesis. Pero en la LXX de Salmo 32 (31):6; Nah 1.8; Sir 21.13; 4 Mac 15.32 el término es genérico. Los cuatro usos del NT de *kataklysmós* (Mt 24.38-39; Lc 17.27; 2 P 2.5) se refieren al diluvio de Génesis.

La narrativa bíblica

Cuando el Señor observa la maldad humana penetrante, le pesa haber hecho a la humanidad y decide destruir todas las criaturas vivientes. Noé, sin embargo, halla gracia ante el Señor. Noé es justo, intachable, y camina con Dios, pero la tierra se había convertido en ruinas, llena de anarquía. Dios cuenta a Noé su decisión de traer el diluvio. Dios instruye a Noé que construya un arca y promete un pacto que, en el arca, Noé y su familia van a sobrevivir, junto con dos de cada animal. Noé hace lo que Dios le manda (Gn 6.5-22).

Entonces el Señor le dice a Noé que entre en el arca, trayendo a su familia y los animales, incluso siete pares de los animales limpios. Después de siete días vendrán 40 días de lluvia que destruirá todo en la tierra. Una vez más, Noé hace como el Señor manda. Entran en el arca y el Señor les cierra. El agua creciente levanta el arca y cubre las montañas. Toda criatura muere, dejando sólo a los que estaban con Noé en el arca. Las aguas suben durante 150 días (Gn 7.1-24).

Dios recuerda a Noé y envía un viento. Las aguas comienzan a descender. Después de 150 días el arca descansa entre las montañas de Ararat, y las montañas vuelven a aparecer.

Noé suelta a un cuervo y una paloma. El cuervo vuela, pero la paloma, al no hallar dónde descansar, vuelve. Después de dos intentos más la paloma no vuelve. A la orden de Dios, Noé, su familia, y los animales salen del arca (Gn 8.1-19).

Noé construye un altar y sacrifica a algunos animales limpios. Cuando el Señor huele el olor agradable, él decide nunca más volver a maldecir la tierra o destruir toda la creación, aunque la humanidad permanezca inclinada hacia el mal (Gn 8.20-22).

Dios bendice a Noé y sus hijos, y anuncia un nuevo orden para la creación. Los humanos pueden ahora utilizar animales para la alimentación, una mitigación de las maldiciones anteriores. Dios, sin embargo, exige del pueblo responsabilidad por toda la vida. Como Dios usó a Noé para preservar la vida humana y animal para una nueva creación, Dios ahora usa a Noé y sus descendientes para proteger y conservar la vida en la nueva creación. Los seres humanos en lo sucesivo son responsables de limitar y castigar la anarquía y derramamiento de sangre. Dios entonces reanuda la fórmula bendición con la que empezó (Gn 9.1-7).

Dios entonces codifica su decisión de nunca más destruir la creación en un pacto con Noé y las futuras generaciones, con animales, y con la tierra misma. Dios designa el arco iris como un recordatorio de su pacto eterno con la creación (Gn 9.8-19).

El carácter literario

Entender la historia del diluvio requiere la apreciación de la naturaleza de la composición del relato y su unidad estructural. Los eruditos reconocen dos fuentes dentro de la narrativa, designadas Jehovista (J) y Sacerdotal (P). Muchos aspectos de la narrativa son repetidos con detalles diferentes. Los segmentos atribuidos a J tienen *YHWH (*«Señor» o «Jehová») como el nombre divino y las descripciones antropomórficas de Dios. Otros segmentos, atribuidos a P, tienen *ĕlōhîm (*«Dios») para la deidad y muestran preocupación por fechas precisas. Las diferencias incluyen el número de animales (dos de cada uno en P [Gn 6.19-20; 7.15-16], y siete pares de animales limpios y un par de otros en J [7.2-3]), la causa de la destrucción (precipitación en J [7.12]; las fuentes del abismo se rompen y las compuertas se abren en

P [7.11]), y la duración del diluvio (40 días en J [7.4, 12], más de un año en P [7.11, 24; 8.3, 5, 13-14]).

Los eruditos también reconocen la unidad y la estructura hábil de la narrativa. Esta estructura es mantenida en un palístrofe ampliado, un rasgo literario en el cual los detalles en la historia comienzan a reflejar detalles al final y detalles en la primera mitad tienen detalles correspondientes en la segunda mitad. Por ejemplo, la narrativa se abre y cierra con los nombres de los tres hijos de Noé (Gn 6.10; 9.18-19); el pacto de Dios para preservar a Noé, su familia, y algunos animales, y el pacto de Dios de nunca más destruir toda la vida (6.18-20; 9.8-17); las montañas son cubiertas y las montañas reaparecen (7.20; 8.4-5); y las aguas suben durante 150 días, luego bajan durante 150 días (7.21-24; 8.3). El centro, estructural y teológicamente, es cuando Dios recuerda a Noé (Gn 8.1).

Importancia

Dios es el protagonista de la historia. Noé nunca habla. Al principio, el corazón de Dios se duele porque la inclinación del corazón humano hacia el mal ha estropeado lo que era «una» creación muy buena (Gn 1.31). Dios procede a destruir la creación, pero salva al justo Noé, su familia, y algunos animales para una creación renovada. Al final, los corazones humanos siguen inclinados hacia el mal, pero el corazón del Señor decide nunca más maldecir la tierra, o destruir la creación. La edad antes de Noé fue caracterizada por el pecado generalizado. Dios respondió con maldiciones sobre la tierra (Gn 3.17; 4.11) y el diluvio destructivo. En la creación renovada, Dios elige una nueva respuesta, caracterizada por bendición y pacto. Dios asigna a la humanidad responsabilidad de toda la vida, animal y humana. Como imágenes de Dios con la autoridad de Dios, Noé y sus descendientes deben conservar la vida, teniendo bajo control el derramamiento de sangre y la venganza, de manera que la anarquía nunca estropee otra vez la creación. Esta nueva orden comienza a ser cumplida en la historia siguiente, donde Noé por fin habla. Noé, no Dios, maldice a Cam y a su descendiente Canaán por su pecado.

Noé bendice a Sem y Jafet por su comportamiento justo (Gn 9.20-27).

Otras tradiciones de diluvio

Si bien existen las tradiciones de diluvio entre muchas civilizaciones, tres de la antigua Mesopotamia son de interés especial. Los componentes en Atraḫasis, la tablilla de Gilgamés XI, y Ziusudra tienen paralelos en los relatos bíblicos (*ANET*, 42-44, 93-97, 104-6). Sin embargo, las semejanzas no sugieren dependencia literaria directa. Las múltiples diferencias, sobre todo en las descripciones de deidades y sus motivos y en interpretaciones de acontecimientos, son especialmente importantes.

Cuestiones científicas

La evidencia científica no apoya un diluvio universal que corresponda con el relato bíblico. Los fósiles marinos que se encuentran comúnmente en las zonas montañosas son el resultado de levantamientos geológicos. Algunos afirman que la madera que se recuperó en el moderno monte Ararat en Turquía es del arca. Pero estudios de carbono 14 fechan la madera como sólo 1600 años de antigua. No obstante, la ausencia de pruebas científicas o históricas, medidas por estándares humanos modernos, no quita mérito al significado teológico perdurable de la historia bíblica como una historia irresistible sobre Dios y la relación de Dios con la humanidad.

Bibliografía. W. Brueggemann, *Genesis.* Interpretation (Atlanta, 1982); A. Dundes, ed., *The Flood Myth* (Berkeley, 1988); G. J. Wenham, *Genesis 1–15.* WBC 1 (Waco, 1987); C. Westermann, *Genesis 1–11* (Minneapolis, 1984).

Joseph E. Jensen

DIMNA (Heb. *dimnâ*)

Ciudad levita de la familia de Merari, ubicada en Zabulón (Jos 21.35). La ciudad puede ser la misma que Rimón **2** (Jos 19.13) o Rimón (1 Cr 6.77 [TM 62]).

DIMÓN (Heb. *dîmôn*)

Un topónimo moabita mencionado en el oráculo de Isaías contra Moab (Is 15.9); también conocido como «Dibón» (la lectura en 1QIsa*a, b*; cp. Is 15.2). Jerónimo mencionó que en su tiempo el pueblo era llamado Dimón o Dibón. Algunos enmiendan el topónimo Madmena en Jeremías 48.2 a Dimón.

Tanto Dimón como Madmena han sido identificados con Dimné (217077), 4 km (2.5 mi) noroeste de Rabá, pero este sitio no ha arrojado ninguna cerámica de la Edad de Hierro. Un sitio grande de la Edad de Hierro ha sido descubierto más recientemente sólo 250 m (820 pies) más abajo de la ladera que mira hacia Wadi ibn Hammad y puede ser Dimón.

Friedbert Ninow

DIMONA (Heb. *dîmônâ*)
Ciudad en el Neguev cerca de Edom, mencionada junto con Cina y Adada (¿Aroer?; Jos 15.22). Puede ser la misma que Dibón **1** (Dhībān; 224101), poblada de nuevo por judíos que vuelven del exilio (Neh. 11.25). La antigua Dimona debería ser distinguida de la moderna Dimona al sureste de Beerseba, una ciudad fundada en 1955.

DINA (Heb. *dînâ*)
Única hija del patriarca Jacob, de su esposa Lea. El nombre se deriva del Heb. *dîn,* «juicio» o «justicia». En Génesis 34 Dina es violada por Siquem, quien de inmediato se enamora de ella. Impaciente por casarse con Dina, Siquem pide a su padre Hamor que negocie con Jacob los términos del matrimonio. Pero el acto escandaloso de Siquem, compuesto no sólo por su deseo de casarse con una mujer hebrea sino también por la intención de su padre de negociar un acuerdo de matrimonio general entre hebreos y los cuidadanos de Siquem, incita a los hermanos de Dina Simeón y Leví para planear una venganza traicionera. Ellos insisten que todo varón de los ciudadanos de Siquem sea circuncidado antes de llegar a un acuerdo de matrimonio entre ellos, y cuando los cuidadanos de Siquem obedecen, los hijos de Jacob entran en la ciudad indefensa, asesinan a todos los varones, y se llevan a Dina. Jacob desaprueba la conducta despiadada de sus hijos, temiendo que ella pueda animar a otros a levantarse contra él y su familia. El episodio se cierra abruptamente con la réplica de Simeón y Leví a su padre: «¿Había él de tratar a nuestra hermana como una ramera?».

Esta narrativa breve y gráfica contiene la historia entera de Dina en Génesis. Pero desde una fecha antigua, los intérpretes encontraron una «alusión» a la narrativa de Dina en un dicho sobre Simeón y Leví en Génesis 49.5-7, parte de una serie de «bendiciones» pronunciadas por Jacob justo antes de su muerte. Los exégetas modernos están divididos sobre el grado al cual este texto está relacionado con Génesis 34. Si la «bendición» no tenía ninguna relación con la narrativa de Dina o si estuvo relacionada de modos que todavía están lejos de ser claros, estos dos textos fueron entendidos por intérpretes antiguos como de alguna manera relacionados.

La historia de Dina fue cambiada, vuelta a contar, o aludida en los trabajos apócrifos y pseudoepígrafos, como Judit, Teodoto *Sobre los judíos,* Jubileos, los Testamentos de Leví y Job, José y Asenet, *Antigüedades bíblicas* de Pseudo-Filón, *Antigüedades* de Josefo, y el más tardío *Génesis Rabá.* En algunos la narrativa de Génesis es libremente ampliada como un midrás hagádico para proporcionar dirección ética a judíos que afrontan las ventajas culturales atractivas de la helenización. La mayoría aplica la historia de Dina a acontecimientos contemporáneos, para poner de relieve la continuidad de la tradición judía y su validez y aplicabilidad eterna. Simeón y Leví son modelos de celo y valor en relación con gentiles, Leví es el prototipo perfecto del sacerdote judío, y los cuidadanos de Siquem representan las fuerzas en guerra contra el Señor y su pueblo de pacto. El matrimonio con extranjeros está prohibido, los defectos sacerdotales son criticados con severidad, y Dina, la hija virgen de Israel, es restaurada por su matrimonio con Job.

La lectura de Filón de Génesis 34 es alegórica: Siquem es el emblema de locura y vergüenza; Dina, de justicia; y Simeón y Leví son los campeones de la verdad. Filón demuestra el poder de la etimología no sólo para desintegrar una narrativa en la expresión alegórica de una idea universal, sino también transformar un episodio de la historia bíblica en un modelo para la salvación personal. En este período cristiano antiguo, la interpretación tipológica del episodio de Dina predominó (p. ej., Simeón y Leví como tipos de los escribas y fariseos). Pero la figura clave en la historia de la interpretación medieval de la historia de Dina es Gregorio el Grande, para quien Dina es una *figura* para el alma que vaga en las garras del diablo, una prenda en la lucha cósmica entre Dios y el diablo por la posesión moral del espíritu humano.

Mientras que las amplias pinceladas del relato bíblico dejan de representar los motivos y sentimientos de Dina, las lecturas tropológicas de Gregorio y sus numerosos seguidores se apoyan consecuentemente en el *topos* de la mujer como la perdición del hombre. Aunque estas lecturas morales de Génesis 34 sean completamente cuidadosas e ingeniosas, generalmente demuestran la leve presión que en el *sensus spiritualis* realmente ejerce el *sensus literalis.* A los rasgos potencialmente positivos o ambiguos o incluso relativamente neutros del texto bíblico se les hace que sirvan a los propósitos moralizantes de los expositores, cuyas interpretaciones caen claramente dentro de una tradición ascética de misoginia que se remonta a Pseudo-Clemente y Jerónimo.

Uno de los capítulos menos explorados de Génesis, la narrativa de Dina sigue presentando problemas para la interpretación. Sin ser rotundamente clarificado ni por el texto hebreo ni por traducciones antiguas y modernas, el asunto sigue siendo polémico en la exégesis moderna: algunos comentaristas explican la situación grave de Dina como seducción, otros como violación, y todavía otros usan los términos de manera intercambiable o incluso declaran completamente que Dina es responsable de lo que le pasó a ella. Algunos críticos ideológicos han sostenido que el enturbiamiento de estas distinciones constituye un acto hermenéuticamente violento que refleja, apoya, y perpetúa la brutalidad androcéntrica de la narrativa misma.

LUCILLE C. THIBODEAU, P. M.

DINABA (Heb. *dinhāḇâ*)
La ciudad en la cual el rey de Edom Bela reinó (Gn 36.32; 1 Cr 1.43). Su ubicación se desconoce.

DINERO
Medio para el intercambio de bienes y servicios. Funciona como una respuesta a la relación económica, calculando el valor relativo, y facilitando la transacción de mercancías. La moneda es la forma acuñada del dinero, estandarizada y suscrita por un organismo gubernamental en provecho de la colaboración económica. Una consideración de dinero en la Biblia, es el tratamiento sistemático del conjunto de referencias bíblicas en cuanto a los productos de intercambio.

Los precursores de la moneda fueron el trueque, los metales preciosos, los pesos y las medidas. En el texto bíblico, se utilizaban lingotes de metal y joyas como formas de pago (Jos 7.21; Gn 33.19). El oro y la plata se calculaban en varias denominaciones. Las palabras para los diversos pesos eran las siguientes: talento, mina, siclo, pim, medio siclo y gera. Hay un alto grado de continuidad entre las prácticas reflejadas en la Biblia, y las de la generalidad del antiguo Cercano Oriente.

En cada período histórico y en cada género literario de la Biblia hay referencias al dinero. En el período ancestral están las negociaciones de Abraham (Gn 23.15, 16) y las políticas hipotecarias de José en Egipto (47.14-26). En el período monárquico está la economía real de Salomón (1 R 9.10-28; 10.14-29). Los códigos legales contienen detalles importantes acerca del dinero, generalmente en relación con los diezmos y las ofrendas (p.ej., Dt 14.25, cf. Ex 30.16; Nm 18.29), los esclavos (Ex 21.21), la indemnización por daños y perjuicios (21.32), o el cobro de intereses (22.25 [TM 24]). Los profetas denuncian las prácticas comerciales fraudulentas (Os 12.7; Am 8.5; Mi 6.11) y la opresión económica (Am 2.6; 8.6).

En inscripciones preexílicas hebreas hay referencias a los metales preciosos, y lingotes y recipientes para joyas han sido confirmados arqueológicamente. Un ostracón encontrado en el Tell Qasile, que data de la época de Ezequías (715-687 a.C.), es evidencia de la importación de oro. Dos ostracones de Arad y uno de Yavne-Yam, se refieren a cantidades pesadas de plata, cuya denominación es el siclo. La conservación de metales en este período (en Gaza, Siquem, Meguido, Bet-seán, Bet-semes y En-gadi) deja entrever que los mismos comenzaban a ser reconocidos por su valor en las operaciones comerciales, y que estaba en marcha el movimiento hacia la acuñación de monedas. El *lmlk* preexílico y los sellos de roseta, impresiones con sellos que eran oficiales, encontradas en asas de jarras contenedoras hechas de cerámica, constituyen un precedente en cuanto a la autorización real de productos y medidas. Sin embargo, el valor del dinero estaba regulado por las fuerzas del mercado, y el diferencial se configuraba en el peso. Las referencias a «siclos de plata de buena ley entre mercaderes» (Gn 23.16), «peso real» (2 S 14.26) y «siclo del santuario» (Ex 30.13) indican que estaban en vigencia simultáneamente diferentes patrones.

Según Heródoto, la acuñación de la moneda se originó en Asia Menor en la segunda mitad del siglo VII. Posteriormente, muchas ciudades griegas emitieron monedas, aunque las de Atenas tuvieron la más amplia circulación. Las casas de moneda imperiales persas hicieron apenas una distribución limitada, con excepción de las dracmas de oro emitida por el rey persa Darío I c. en el 515. El comercio con los fenicios y los griegos introdujo a la moneda en Palestina. Las monedas griegas de plata importadas predominaban junto con imitaciones de la tetradracma ateniense de las ciudades fenicias de Arvad, Biblos, Sidón y Tiro. Algunas monedas eran producidas y puestas en circulación por casas de moneda locales, entre ellas las de Gaza, Samaria, Asdod, Ascalón y Jerusalén. Estas monedas eran llamadas a menudo «filoárabes» o simplemente «palestinas», seguían el patrón ateniense y eran exclusivamente de plata. Circulaban también monedas provinciales con la denominación de «yehud» desde c. el año 400 o en el período ptolemaico. Estas fueron hechas por el gobernador de la provincia de Yehud, como es evidente en otro grupo de monedas que tienen la leyenda «Yehezqiyah el gobernador». El diseño iconográfico de estas monedas imita la tradición ática, mostrando la cabeza de la diosa Atenea en el anverso, el símbolo de una lechuza, más tarde del lirio y el halcón, junto con la leyenda en el reverso. Una moneda de Yehud de esta época tiene la representación de una deidad en el trono, tal vez Jehová, aunque esto es discutible. La impresión de la deidad entronizada, junto con la de la diosa Atenea, da a entender que en ese tiempo las autoridades judías responsables de la acuñación de monedas tenían pocos escrúpulos en cuanto a la representación iconográfica de las deidades. Contemporáneas con las monedas de Yehud de Yehezqiyah, en algún momento durante la segunda parte del siglo IV, son las monedas de Samaria con la leyenda «Jeroboam». Se trata probablemente de un gobernador samaritano que tomó un nombre que recordaba a la dinastía israelita del norte.

Esdras y Nehemías contienen numerosas referencias al dinero, pero es difícil determinar si se trata de monedas o de lingotes. Para la reconstrucción del templo, todavía durante la época de Ciro, «sesenta y un mil dracmas de oro, cinco mil libras de plata» fueron donadas (Esd 2.69; cf. Neh 7.70, 71). A los miembros de los gremios se les hacían pagos en dinero (Esd 3.7). Los gobernadores de Yehud implementaron una estructura tributaria que incluía «siclos de plata» (Neh 5.15; 10.32[33]). Los habitantes de Yehud hipotecaban sus bienes y propiedades a cambio de dinero para pagar el impuesto real (Neh 5.4, 10. 11). Ya sea que las referencias sean en cuanto a moneda o a lingotes, Esdras y Nehemías dan a entender que había una pujante actividad económica.

El estudio de la relación entre la procedencia de las monedas y sus puntos de distribución topográfica, muestra el alcance y la vitalidad del comercio en Palestina durante el siglo IV. El desarrollo económico, es decir, una industria y un comercio vibrantes, se ha comprobado en asentamientos costaneros tales como Aczib, Acco, Shiqmona, Dor, Jaffa, Ashdod, Ascalón y Yavneh. También es arqueológicamente evidente que otras regiones vecinas se beneficiaron del progreso económico costanero. Documentos de inscripciones de más allá de Palestina, como los papiros elefantinos, las tablas de Persépolis y los documentos de Murashu, indican el uso libre y común de monedas en este período.

Después de las conquistas de Alejandro, el patrón de moneda ateniense eliminó prácticamente a las casas de moneda locales. Alejandro creó las importantes casas de acuñación de Aco, Aradus y Sidón, y su moneda imperial se mantuvo sin alteración, incluso durante la lucha política que se produjo a raíz de su muerte. Esta aceptación de la moneda parece haber extendido la voluntad existente de desarrollo social y económico. Después del 312, los palestinos siguieron principalmente bajo el control ptolomeo. Los ptolomeos practicaron una política de aislamiento económico en Egipto y en todo su territorio. Las tetradracmas de plata eran acuñadas en Sidón, Tiro, Acco (cuyo nombre fue cambiado a Tolemaida), Jope y Gaza, y tenían la leyenda «de Ptolomeo el Rey (o el Salvador)». En Yahud volvió a tenerse la acuñación de moneda local durante este período, probablemente durante el reinado de Ptolomeo II (c. 285-270). Iconográficamente, las monedas tienen normalmente la imagen del gobernante ptolomeo en el anverso, y un águila o una paloma en el reverso. Es significativo que algunas monedas eliminaron los símbolos de deificación en la representación del gobernante, lo que tal vez deba entenderse como prueba de anacronismo. El archivo de Zenón y la Carta de Aristeas iluminan los efectos de la evolución de la moneda en el Egipto y la Palestina de los ptolomeos. El libro de Sabiduría (Sab 15.12), Eclesiástico (Eclo 7.18;18.33; 21.8; 29.5, 6; 31.5; 51.28) y Tobit (Tb 1.7; 2.11; 5.19), todos de la época de Ptolomeo, hacen referencias a la moneda.

Después del 198, tanto las monedas de plata como las de bronce estuvieron en circulación en Palestina bajo los gobernantes seléucidas. Antíoco IV, conocido por su imperialismo religioso, propagó el culto a Zeus en sus monedas, junto con una imagen divinizada de sí mismo. El estado judío que surgió bajo el liderazgo asmoneo hizo una acuñación independiente de monedas predominantemente de bronce, para añadir a las de mayor denominación que había en circulación. Aunque 1 Mac 15.6 da a entender que Antíoco VII le permitió al sacerdote Simón acuñar moneda, parece ser que Antíoco revocó ésta y otras autorizaciones (v. 27). En cambio,

Juan Hircano I, hijo de Simón (135-104) acuñó una serie de monedas, una de las cuales tiene lo que iba a ser el emblema oficial asmoneo, dos cornucopias con una granada. La leyenda dice «Yehonan el sumo sacerdote y el Consejo de los Judíos». Su hijo Alejandro Janneo (103-76) utilizó la autodesignación de «Jonatán el rey» en sus monedas. Más tarde, por razones desconocidas, muchas de estas monedas fueron refundidas con la denominación «Jonatán el sumo sacerdote y el Consejo de los Judíos.» Después de Alejandro Janneo, hay evidencias de monedas desde la época de Juan Hircano II (67-64) y Matatías Antígono (40-37).

Después de su triunfo sobre Antígono en el 37 a.C., Herodes comenzó a acuñar monedas con su nombre y el título de «rey». Sus sucesores siguieron la acuñación de monedas de bronce hasta el final de la dinastía de Herodes Agripa II (95 d.C.). Varios procuradores romanos de Palestina (6-59 d.C.), tales como Poncio Pilato, produjeron monedas de bronce, también. Las monedas de plata en circulación durante este tiempo eran el siclo de Tiro, la tetradracma y el denario romanos (el equivalente aproximado a la dracma griega), que eran acuñados en Roma, Tiro, Antioquía y Nabatea.

Este es el escenario para los evangelios del NT. La moneda presentada a Jesús para el pago del impuesto a Roma (Mt 22.19; Mr 12.15; Lc 20.24) era probablemente un denario de Tiro. La imagen imperial en el anverso del denario fue normal a partir de Augusto. El denario equivalía a un día de trabajo (cf. Mt 20.21). El impuesto del templo en Mt 17.24 eran dos dracmas, igual a medio siclo. Los evangelios dan testimonio de comercio, tanto en especie como en dinero. Los arrendatarios tomaban en arriendo la viña por un porcentaje de la cosecha (Lc 16.6-7; 20.10). Los diezmos podían pagarse en especie (Lc 16.6). Con talentos (Mt 18.24; 25.14-28) o minas (Lc 19.13-25), podían hacerse operaciones grandes. El deudor de la parábola de Jesús debía 10 mil talentos (Mt 18.24) o 500 denarios (Lc 7.41). Las monedas de menor valor, como el chalkos, el lepton, el asarion y el cuadrante, se utilizaban en asuntos más cotidianos, para las cuales se llevaba una bolsa (Lc 22.36). El intercambio de monedas era necesario para dar cabida a la variedad de las mismas, sobre todo con fines de culto y sacerdotales (Mt 21.12; Mr 11.15-18; Jn 2.14). Lucas critica a los fariseos por ser «avaros» [amantes del dinero] (Lc 16.14).

Los evangelios describen la actitud de Jesús hacia el dinero y las riquezas, que va desde la crítica hasta la indiferencia. Por un lado, satanizó la riqueza (Lc 16.13) y llamó a renunciar a las posesiones (Mr 10.21; Lc 9.3). Por otro, aceptó el apoyo de los devotos ricos (Lc 8.2, 3) y se reunía con gente acomodada (Mt 11.19). En unos casos, la iglesia primitiva practicó una cierta propiedad comunitaria (Hch 4.32) e hizo una distribución programada entre quienes eran económicamente vulnerables (6.1-6). Los primeros cristianos de los centros urbanos estuvieron formados por personas de todos los estratos sociales (p.ej., 1 Co 11.22). Pablo también recomienda que la propiedad sea considerada como relativa (1 Co 7.30, 31), e introduce las colectas para los pobres del campo que había en Jerusalén y en sus alrededores (Ro 15.26; 1 Co 16.2; Hch 11.30).

Durante la primera revuelta judía (66-70 d.C.), se acuñaron en Jerusalén monedas de plata y bronce. La acuñación se hacía muchas veces para financiar a un ejército. La iconografía de las monedas incluía símbolos de la vegetación y el culto, y contenía lemas nacionalistas o religiosos. Después del año 70, la tetradracma de plata de Tiro y Antioquía se convirtió en la moneda estándar, complementada por monedas de bronce acuñadas en Neápolis y Sebaste. Los romanos hicieron monedas especiales en conmemoración de la derrota de Judea. Durante la segunda revuelta encabezada por Simón bar Kojba (132-135), se rehicieron tetradracmas y denarios de plata con consignas referidas al líder, a la ciudad de Jerusalén, o simplemente a «la libertad de Israel».

Bibliografía. D. V. Edelman, «Tracking Observance of the Aniconic Tradition Through Numismatics,» in *The Triumph of Elohim* (Grand Rapids, 1995), 185-225; A. Kindler, ed., *The Patterns of Monetary Development in Phoenicia and Palestine in Antiquity* (Tel Aviv, 1967); Y. Meshorer, *Ancient Jewish Coinage,* 2 vols. (Dix Hills, N.Y., 1982); «Ancient Jewish Coinage. Addendum I,» *Israel Numismatic Journal 11* (1990-91). 104-32; M. Rostovtzeff, *The Social and Economic History of the Hellenistic World,* 2nd ed. 2 vols. (Oxford, 1957).

GERALD M. BILKES

DINTEL

Viga de madera o piedra horizontal por encima de una puerta, apoyada por dos postes. Los dinteles (Heb. ***māšqôp̱***) y los postes se untaba con la sangre de corderos en preparación para la décima plaga y en conmemoración de la Pascua (Ex 12.22-23). En la descripción de la construcción del Templo de *děḇîr* (RVR «santuario interior»), los dinteles *(ʾayil)* pudo haber sido en realidad dos postes instalados en un ángulo (1 R 6.31). Las excavaciones arqueológicas en el Medio Oriente han revelado los restos de las puertas de los edificios públicos y privados; con zócalos o depresiones que a veces se conservan en los dinteles y umbrales donde se ajustaban las bisagras.

Jennie R. Ebeling

DIOCLECIANO

Valerio Diocleciano, emperador «el segundo fundador del imperio romano,» 285-305 d.C. Reconociendo que un solo gobernante sería incapaz de mantener el poder contra amenazas internas y externas, Diocleciano reorganizó y transformó el imperio. Él creó la tetrarquía, un colegio de cuatro emperadores, dos Augustos mayores y el dos Césares subalternos.

Él también reorganizó la estructura provincial, con provincias más pequeñas y nuevas estructuras regionales más grandes llamadas prefecturas y diócesis Por primera vez, la administración política y militar fueron completamente separadas. El ejército fue reestructurado a fondo y los sistemas financieros y judiciales romanos revisados. Estas reformas estimularon de nuevo Roma y en gran medida hicieron posible la continuación del imperio durante casi otros 200 años.

El programa de Diocleciano también implicó el nuevo énfasis de los valores romanos tradicionales, incluyendo la religión. Él y su colega Maximiano se identificaron con Jove y Hércules, respectivamente. Los dioses romanos debían ser honrados solos o con dioses de otras religiones por oficiales y soldados. Los grandes números de cristianos, que ocuparon tanto puestos de gobierno como militares, se negaron a obedecer, lo que dio ocasión a su persecución extendida.

Bibliografía. T. D. Barnes, *The New Empire of Diocletian and Constantine* (Cambridge, Mass., 1982); S. Williams, *Diocletian and the Roman Recovery* (Nueva York, 1985).

John F. Hall

DIONISIO (Gr. *Dionysios*)

Un convertido al cristianismo mediante el ministerio de Pablo en Atenas (Hch 17.34). Llamado «el Areopagita,» Dionisio era un miembro del consejo gobernante principal de Atenas, el Areópago, y el primer obispo de Atenas (Eusebio *HE* el 3.4.11; 4.23.3). La tradición también lo menciona como el primer mártir cristiano de Atenas y su santo patrono. Un cuerpo pseudónimo de literatura mística que mezcla pensamiento cristiano y neoplatónico, se le atribuye a él. Su nombre se deriva de Dionisio (Gr. *Diónysos*), el dios griego del vino, la experiencia de éxtasis, la vegetación, y el drama (cp. 2 Mac 6.7; 14.33).

Eric F. Mason

DIONISIO (Gr. *Diónysos*)

La deidad griega de la vegetación (romano Baco), adorado principalmente como dios del vino. Su gran festival era conocido como Dionysia (Grecia) o Bacanalia (Roma), pero las fiestas dionisíacas se llevaron a cabo en diferentes momentos en varios lugares. La adoración incluía el comportamiento extático, incluso orgiástico. La Bacanalia fue prohibida en Roma en 186 a.C., pero surgió de nuevo en los siglos I y II d.C. El aspecto de éxtasis del culto y su atractivo para las mujeres es conmemorado en *El Bacchae* de Eurípides. En tiempos helenistas Dionisio fue adorado extensamente como una deidad de misterio y adoptado como el patrón de varias asociaciones voluntarias. Los aspectos de los misterios comparables al cristianismo incluyen la asociación de Dionisio con la muerte y renacimiento y el sentido de identificación con el dios experimentado por los iniciados.

Antíoco IV Epífanes obligó a los judíos a llevar coronas de hiedra en la procesión anual de Dionisio (2 Mac 6.7). Su general Nicanor trató de forzar a los sacerdotes de Jerusalén a entregar a Judas Macabeo amenazando con arrasar el templo y sustituirlo por un templo de Dionisio (1 Mac 14.33). Tolomeo IV Filopater registró la comunidad judía egipcia, marcándolos con el símbolo de hoja de la hiedra de Dionisio (3 Mac 2.29).

Mary Ann Beavis

DIOS

Una palabra genérica para la deidad, usada para referirse al Dios de Israel (He *ēl/ʾĕlōhîm*) y la comunidad cristiana (Gr. *theós*), así como los dioses de otros pueblos. La palabra también llega a ser un nombre para la deidad de la comunidad de creyentes y es usada para dirigirse a Dios directamente (p.ej., Sal 22.1 [TM 2]; Mr 15.34).

Dios es el tema central de la Biblia y siempre es presentado en relación con el mundo, con lo que no es Dios. La existencia de Dios se da por sentada desde el primer versículo de Génesis, el carácter principal de Dios y los objetivos más básicos son constantes a través de los dos testamentos, y el hablar y actuar divino siempre están al servicio de aquellos objetivos, sea en la creación, juicio o salvación. La persona y la obra de Jesucristo llenan el testimonio del NT, pero el acontecimiento de Cristo se entiende como una acción decisiva de Dios del cual se da testimonio en el AT. Jesucristo constituye tanto una revelación más plena del Dios de Israel como la culminación de los objetivos salvíficos de Dios para el mundo.

Las cuestiones de género

Dios es un personaje presente en cada tradición bíblica (excepto Ester). Y es presentado como uno que habla, a quien se habla, y de quien se habla (aunque en el NT es raro que Dios hable directamente), y uno que actúa y es afectado por las acciones de otros (p.ej., provocado a ira). Más comúnmente, Dios es presentado como un personaje en las narrativas, cuya presencia puede ser representada como intensa (Sinaí, Jesucristo) y discreta (la historia de José). Las narrativas proveen profundidad al carácter de Dios, sin dar por acabada la descripción de Dios; ellas presentan a Dios como una realidad viva con toda la ambigüedad y complejidad consecuente.

Al mismo tiempo, los textos bíblicos no se contentan con narrativas en su representación de Dios. Entretejidas con las narrativas se encuentras declaraciones («credos») más generalizadas acerca de Dios. Los tipos de generalización de géneros son aquellos que juntan afirmaciones acerca de Dios en resúmenes de las acciones divinas (Dt 26.5-9; cp. Hch 2.14-36; 7.1-53), de modos más abstractos (Ex 34.6-7; cp. 1 Co 8.4-6), y en himnos y doxologías (1 Ti 6.15-16; Sal 145). La integración de estos tipos de declaraciones dentro de otros géneros sugiere que ellas representan un centrarse entre el pluralismo teológico de la Biblia. La apelación regular del libro de Salmos (que presenta la fe en su forma más magra) a estas generalizaciones, es significativa. En general, las lecturas históricas especificaron aquellos acontecimientos en la historia que eran constitutivos de la comunidad de fe y las generalizaciones acerca de Dios proporcionaron una pista interpretativa en curso a la clase de Dios que se creía estaba activo en tales acontecimientos.

Estas afirmaciones de verdad no son presentadas en formulaciones finales, y permanecen abiertas para nuevo lenguaje y contenido. Además, algunas representaciones narrativas de Dios no encajan la confesión predominante, atestiguando una teología en proceso dar lugar a reflexiones y desafíos respecto a Dios que las declaraciones credales deben tener en cuenta en la discusión en curso respecto a la identidad divina (p.ej., la creación es añadida en Neh 9.6; el arrepentimiento divino en Jon 4.2). El NT sigue este proceso en su trinitarianismo incipiente (Mt 28.19) y sus afirmaciones respecto a Jesús y Dios (Jn 1.1; 20.28).

Otra cuestión de género surge por el lenguaje para Dios y acerca de Dios en la literatura de protesta y lamento. ¿Cómo «traduce» uno el lenguaje de estos géneros en formulación teológica (p.ej., Sal 44.23-24 [24-25])? Que estas expresiones ocurren predominantemente en la poesía es importante. El lector debe clasificar la función retórica de este lenguaje y su carácter metafórico antes de discernir como usarlo en la formulación teológica.

El conocimiento de Dios

Las fuentes para el punto de vista bíblico de Dios son múltiples y complejas (Heb 1.1-2). Un énfasis reciente sobre la revelación en la historia ha dado paso a un entendimiento más completo que incluye la historia de Israel; acontecimientos naturales; experiencia diaria; encuentro verbal personal; acontecimiento litúrgico; interacción con otra literatura y religión antiguas, tanto del antiguo Cercano Oriente como grecorromana; el ministerio, vida, muerte y resurrección de Jesucristo; el testimonio interno del Espíritu Santo.

El NT presupone el entendimiento del AT de Dios y allí basa sus formulaciones teológicas, incluso su confesión central que Jesús es el Cristo, la imagen del Dios invisible (Col 1.15). Al mismo tiempo, las afirmaciones del NT respecto a Jesucristo y el Espíritu Santo causan perspectivas frescas que llenan la personalidad del Dios de Israel.

Generalmente, el lenguaje para Dios es tomado de al menos tres fuentes.

1. Dios revelador. Dios no es «llamado» por otros (Gn 16.13 es una excepción), a diferencia de las personas u otros dioses. Aunque no totalmente revelador del carácter, los nombres de Dios dan una visión más reveladora acerca de Dios, como lo hace otro lenguaje donde Dios se identifica a sí mismo (Ex 34.6-7).

2. La experiencia en curso con Dios, en acontecimientos principales, ocasiones de adoración, y encuentros diarios. El lenguaje para Dios siempre es casi metafórico, y se asocia generalmente con lo cotidiano, terrenal y concreto: casa y familia; esferas sociales, comerciales y políticas; relaciones interhumanas; entidades no humanas. Más fundamental para estas metáforas es su carácter relacional, revelando a un Dios quien no es distante del mundo, pero ha entrado en relaciones genuinas con personas, y trabaja en y por las complejidades y las ambigüedades de la vida.
3. El contexto antiguo. La dependencia lingüística de imágenes de las culturas del antiguo Cercano Oriente y grecorromanas no es simplemente formal; las verdades acerca de Dios estaban disponibles para aquellos fuera de la comunidad de fe, y el entendimiento fue enriquecido por aquel contacto (Hch 17.22-31). Lejos de disminuir las características distintivas de la fe bíblica, ellos atestiguan la obra de Dios el Creador.

Entre las metáforas para Dios (algunas también se usan para Jesús) están marido (Is 62.5), padre (Is 63.16; Heb 12.9, con más frecuencia por Jesús), rey (Sal 95.3; Mt 5.35), juez (Gn 18.25; He 12.23), pastor (Sal 23.1; Mt 18.10-14), redentor-salvador (Is 44.24; Lc 1.47), alfarero (Jer 18.1-6), guerrero (Ex 15.3), roca (Sal 18.2 [3]), luz (Sal 4.6 [7]; 1 Juan 1.5), y espíritu (Is 63.10; Juan 4.24). Las metáforas antropomórficas son mucho más comunes en el AT que en el NT (Lc 11.20; Ro 1.18); no obstante, el punto de vista del NT de Dios no es más espiritual, considerando la Encarnación. Se usan imágenes femeninas que reflejan experiencias peculiares a las mujeres, sobre todo maternidad (Is 42.14; 66.13; Lc 15.8-10); la imagen de un niño en la matriz de su madre o en su pecho comunica un sentido único de la proximidad con Dios. Todas las metáforas tienen un «Sí» y un «No» con respeto; ellas tienen continuidad con la realidad que es Dios, pero ninguna correspondencia exacta, porque ninguna imagen o metáfora puede capturar a Dios.

Afirmaciones básicas acerca de Dios

Las afirmaciones siguientes son centrales respecto al entendimiento bíblico de Dios; se citan textos tanto del AT como del NT y son considerablemente representados a través de varios géneros y tradiciones.

Vivo y eterno

La existencia de un Dios vivo y eterno se da por sentada en la Biblia, de Génesis 1.1 en adelante. La vida de Dios no tiene principio ni fin (Sal 90.1-2; 102.26-27 [27-28]; Ro 1.23; 16.26) y no depende de ningún otro para su existencia. Dios no tiene árbol genealógico (teogonía). Dios solo tiene el poder de levantar de los muertos y conceder la vida eterna (2 R 5.7; Dn 12.2), centrándose en el NT en la resurrección de Jesucristo (1 P 1.21). Al mismo tiempo, Dios, habiendo creado el mundo, ha decidido ser dependiente de las criaturas para la continuación de la vida y el cuidado en curso del mundo (Gn 1.22, 28).

Unidad

Dios es uno. Dios no está dividido en divinidades o poderes (cp. Baal). Hay una unidad a la identidad divina (Dt 6.4-5; 1 Co 8.4-6; Ef 4.6). Dios une en su ser todo lo que es Dios. Uno puede discernir un poco de desarrollo en el acuerdo de Israel en este aspecto, pero la representación canónica de Dios es decisivamente monoteísta (Dt 4.35; Is 45.7; 1 Ti 1.17).

Al mismo tiempo, varios textos del AT hablan de Dios como actuando dentro del reino *divino* (p. ej., Sal 103.20-21; Jer 23.18-22). Esos pasajes declaran a Dios como un ser social, que funciona dentro de una comunidad divina en una relación de mutualidad. La creación de los seres humanos, p. ej., se entiende como el resultado de un diálogo interdivino (Gn 1.26). Estos testimonios de la riqueza y la complejidad del reino divino sin duda contribuyen a las reflexiones del NT acerca de Dios que se mueven hacia una identidad trinitaria.

Único, incomparable

Comparado con cualquier otro poder, no hay otro Dios como el Dios de Israel. Dios es incomparable (Sal 35.10; Is 40.18, 25). La santidad de Dios (Is 5.19, 24; Jn 17.11) expresa la «otredad» o trascendencia de Dios; Dios no es un ser humano (Os 11.9). Sin embargo, este Santo mora en medio de Israel (Is 12.6), Jesús es «El Santo de Dios» (Mr 1.24), y el Espíritu Santo está relacionado a la presencia divina (Jn 14.26). Por tanto, santidad no quiere decir la actitud distante o distancia. Dios se revela como el trascendente exactamente en su inmanencia, a propósito en que Dios está presente y activo entre el pueblo.

Presente

Dios está presente y es activo en todo el mundo. Dios «llena el cielo y la tierra» (Jer 23.24; Sal 139), «es sobre todos y por todos, y en todos» (Ef 4.6). Dios es parte del mapa de realidad y es relacional a todo lo que no es Dios. La tierra también está «llena de la misericordia de Jehová» (Sal 33.5; 36.5 [6]; Ro 8.38-39). Dios no está simplemente «aquí y allí»; Dios siempre está *amorosamente* presente, en cada acto divino. Por tanto, la presencia de Dios no es estática o pasiva, pero basada en el amor firme y obrando para el bien de todos.

En el desarrollo de una tipología de la presencia divina uno podría hablar de variaciones en la intensificación al comparar la presencia general (o creacional) de Dios, la presencia acompañante, la presencia en el lugar sagrado, y presencia teofánica. La Biblia nunca habla de la ausencia actual de Dios, aunque pueda ser una percepción (p. ej., Sal 22.1 [2]; Mr 15.34). No puede haber un relato *pleno* de cualquier acontecimiento sin Dios como factor en el proceso.

Según el Salmo 104.1-3 Dios ha hecho el tiempo y el espacio de este mundo el lugar de la morada de Dios. Para usar el lenguaje de Isaías 66.1, el cielo es el trono de Dios y la tierra es el escabel de Dios. Cualquier movimiento de Dios del cielo a la tierra es un movimiento de una parte del orden creado a otro.

Dios, quién es distinto del mundo, trabaja desde dentro del mundo, no en el mundo desde fuera (Hch 17.28).

Activo

Dios actúa en el mundo. La Biblia da testimonio de un obrar divino completo. El obrar de Dios se enfoca en Israel, Jesucristo, y la comunidad cristiana temprana, y el hablar de Dios es sobre todo articulado allí, pero la actividad divina no se limita a ellos o a los acontecimientos históricos (Ro 3.29). Génesis 1–11, al introducir el canon, proporciona un marco de referencia universal, presentando a Dios como el Creador de todo (como hace el NT: Ro 11.36; He 2.10), y también da testimonio de un Dios cuya actividad *universal* incluye la aflicción, el juicio, la salvación, la elección, la promesa, la bendición, la elaboración del pacto, y la entrega de la ley.

Las acciones de Dios en y para la comunidad de fe ocurren por tanto *dentro* de las acciones más completas de Dios en el mundo más grande y son formadas por los propósitos superiores de Dios para aquel mundo. Algunos textos (p. ej., Amós 9.7) refuerzan el entendimiento que hasta las acciones salvíficas de Dios no están confinadas a la comunidad de fe o sólo efectuadas por su mediación.

Relacional

Las acciones de Dios ocurren desde dentro de relaciones establecidas con el mundo. Estas acciones están a su vez basadas en la realidad social de Dios. En otras palabras, la relación es integral al reino divino independiente de la relación de Dios al mundo.

Este Dios relacional libremente entra en relaciones con lo que ha sido creado, y de tal modo que las criaturas tienen algo importante para decir y hacer. Esto se ve en el lenguaje más común para Dios, el tomado de las relaciones interpersonales. Incluso donde el lenguaje no es personal, es relacional (Sal 31.2 [3]). Este enfoque relacional también es evidente en el énfasis en Dios como uno que no sólo se comunica, pero desea escuchar la voz de la criatura (Is 65.1-2). Además, Dios da el propio nombre (s) de Dios, así identificando el ser divino como un miembro distintivo de la comunidad de aquellos que tienen nombres. El punto de vista del AT de Dios no es menos relacional e íntimo que el del NT.

El Dios de Israel entra en relaciones comprometidas. Ya en Génesis 1–11 Dios compromete el ser de Dios a una relación que implica una coacción y restricción divina en el ejercicio del poder en el mundo (1.28; 8.21-22). Incluso más allá del pecado, Dios está comprometido a compartir el poder con seres humanos (Sal 8). Además, los pactos en los cuales Dios entra (Noé, Abraham, Israel, David, el nuevo pacto, Heb 8.8-12) son relacionales en su misma naturaleza. Dios allí hace compromisos que Dios cumplirá contra viento y marea (cp. Gn 15.7-21). De este modo, tanto en la creación como en la redención, las acciones de Dios ocurren desde dentro de relaciones comprometidas que Dios cumplirá contra viento y marea; debido a quién es Dios.

Intencional

Las acciones de Dios son una activación de la voluntad divina. Las acciones de Dios son intencionales, no ociosas o casuales. Cada acto divino es un acto de la voluntad. Las acciones de Dios siempre sirven los propósitos de Dios en el mundo. La palabra de Dios procura clarificar y dirigir la voluntad de Dios dentro de una presencia ya penetrante, y hace disponible una experiencia viva (incluso el conocimiento) de la voluntad de Dios. Toda acción divina es informada por la voluntad salvadora final de Dios para el mundo, por la fidelidad de Dios a promesas, y el amor firme de Dios por todos.

Las distinciones dentro de la voluntad de Dios son importantes para pensar en salvación y juicio.

La voluntad salvadora de Dios es definitiva y absoluta (Gn 12.3; Ro 11.32; 1 Ti 2.4); la voluntad de Dios en el juicio es contingente y circunstancial. A diferencia del amor, la ira no es un atributo de Dios. Dios es «provocado» a ira (Sal 106.29; Ro 2.1-8) por el pecado humano a la luz de la justicia divina; si no hubiera pecado no habría ira o juicio. La ira y el juicio divinos, común tanto al AT como al NT, funcionan tanto temporal como escatológicamente (Jn 3.18-19; Ro 5.9; 13.4), con efectos tanto en cuerpo como en espíritu, individuos y comunidades.

Interactivo

Dios por lo general toma la iniciativa en su obrar en el mundo (p. ej., creación, encarnación). Sin embargo, una vez que las relaciones son establecidas, Dios también actúa en respuesta a la iniciativa de la creatura. Por ejemplo, Dios oye el clamor de los israelitas en Egipto y «se acordó" del pacto (Ex 2.23-25). Dios se relaciona con Moisés en un diálogo extenso en donde las respuestas de Moisés son tomadas en serio por Dios, y llevan al nuevo discurso divino (Ex 3–6). La persistencia de Moisés con Dios aumenta las posibilidades reveladoras, y varios textos del NT hablan de tal perseverancia como la ocasión de nuevas direcciones para la acción divina (Lc 11.5-13; 18.1-8). En efecto, en respuesta a oraciones Dios puede cambiar de idea (Ex 32.14; Jer 26.19), hasta en respuesta al no elegido (Jon 3.10). Sin embargo, el carácter principal de Dios es invariable, como es el propósito divino (Nm 23.19; 1 S 15.28-29; Stgo 1.17-18; He 6.13-20), y Dios será misericordioso en amor. El camino de Dios al futuro no es por tanto dictado únicamente por la palabra y la voluntad divina; la palabra de Dios se relaciona con la palabra humana y juntas forman el futuro.

Circunstancial

La acción de Dios siempre es circunstancialmente apropiada, encajando durante tiempos y lugares específicos (Gal 4.4). La vista de Dios precede a la acción divina (Ex 3.7-10). Dios es un maestro en el discernimiento. En Éxodo 1–15 Dios responde a la opresión de una clase sociopolítica en la forma que la salvación de Dios toma. Dios actúa para salvar a Israel de los efectos de pecados de los otros, no del suyo propio. Las acciones salvadoras de Dios en la vuelta del exilio, sin embargo, tienen necesidades diferentes en mente; Israel es perdonado de su pecado y salvado de los efectos de su propia pecaminosidad (cp. Is 43.25). En la vida y muerte de Jesús ambos sentidos de la salvación están en mente. Dentro de aquellas acciones enfocadas, los objetivos más completos de Dios están en mente (Ex 9.16).

Eficaz

La actividad de Dios es eficaz en el mundo, no menos en la creación, el éxodo, la caída de Jerusalén, la encarnación, la Cruz, y el Pentecostés. Entre los efectos, se podrían destacar dos resultados más completos. Por su parte las acciones de Dios resultan en nuevo conocimiento. Se declaran promesas que no eran conocidas antes, se delinean responsabilidades, y se clarifican y juzgan asuntos. Las acciones de Dios también resultan en un cambio. Las acciones de Dios efectúan una nueva relación con Dios y un estado cambiado para los seres humanos y comunidades, p.ej., liberación de opresión y pecado (2 Co 5.17-21). Las acciones de Dios también son eficaces en varias formas de la vida de adoración. Los festivales dramatizados de Israel y los sacramentos cristianos son vehículos por los cuales la salvación de Dios en el acontecimiento histórico es hecha novedosamente disponible para Israel. El sistema de sacrificios de Israel tiene una estructura sacramental en y por el que Dios actúa para perdonar al adorador penitente.

Las acciones de Dios también pueden resultar en el nuevo conocimiento y un nuevo cambio para Dios, de lo cual la Encarnación es la más fundamental. Las respuestas humanas a las acciones de Dios también llevan a un nuevo nivel de saber divino (cp. Gn 22.12; Dt 8.2), que puede llevar a nuevas direcciones en la acción divina. Los nuevos compromisos divinos hechos y las nuevas relaciones establecidas hacen para una situación cambiada para Dios. En cierto sentido hay que hablar de novedad en Dios también.

Vulnerable

La actividad de Dios no tiene éxito inevitablemente. La palabra de Dios una vez dada está en las manos de aquellos que pueden emplearla mal. La voluntad de Dios no siempre puede ser hecha. La finitud y el pecado pueden llevar a la deslealtad y el malentendido.

Sin importar cuán poderosa pueda ser la palabra de Dios (Jer 23.29), es resistida (Ez 2.7), cuestionada (Jer 1.6-7), rechazada (Zac 7.11), ridiculizada (18.12-13), desdeñada (Jer 6.10), despreciada (Jer 23.17), puesta en duda (Jue 6.13-17), o no creída (Sal 106.24). El NT intensifica la oposición a Dios con su énfasis en fuerzas demoníacas (Lc 8.12; 1 Ts 2.18). La palabra de Dios por lo tanto es no sólo poderosa; es vulnerable, como es la actividad de Dios de modos no verbales. Esto resulta en el sufrimiento divino, evidente con más claridad en los lamentos de Dios en los profetas (Os 11.1-9; Jer 3.19-20). El Dios que sufre debido a, con, y por Israel y el mundo se vuelve el centro supremo de atención en Jesús, sobre todo en la Cruz.

Dios cumplirá promesas hechas, aunque no sea posible calcular sólo como tales promesas son cumplidas. Uno podría hablar de un futuro abierto, dentro del cual la respuesta humana participa en la formación de la vida en el mundo, pero Dios obra con propósito dentro del complejo de acontecimientos de tal modo que un nuevo cielo y una nueva tierra serán finalmente creados.

El uso de agentes

Dios obra por medio del lenguaje humano y varios agentes humanos y no humanos para llevar a cabo cosas en el mundo. Dios actúa directamente, pero siempre a través de medios. La variedad de medios es impresionante. Dios obra por medio de lo que es creado para causar nuevas creaciones (Gn 1.2; 11); por medio del lenguaje humano para llamar a Abraham así como por la dinámica de su viaje interrumpido a Canaán (11.31–12.3); por medio de agentes no humanos en las plagas, en la Pascua, y en el Mar Rojo (lo no humano es el salvador del humano); por medio de rituales de sacrificio para traer reconciliación con Dios; por medio de reyes y ejércitos no israelitas para enviar a Israel al exilio y traerles a casa; por medio de profetas y predicadores (Ro 10.14-17) para hablar la palabra de Dios de juicio y gracia.

En tal actividad divina la creatura agente no es reducida a la impotencia; la actividad de Dios no es totalmente determinante. No hay abandono de la creación de parte de Dios, ni una retención divina de tales poderes. Dios ha decidido ser dependiente de criaturas, y tanto Dios como las criaturas son agentes eficaces. Como las criaturas no son perfectas, las acciones de Dios por medio de ellas siempre tendrán resultados mixtos. Como ejemplo, la violencia es asociada con las acciones de Dios porque es característica de aquellos por medio de quienes el trabajo es hecho.

Por lo general, la obra divina en el mundo no debe ser vista de maneras deístas o deterministas. Dios ni permanece instalado en el cielo ni tampoco Dios maneja con microscopio el mundo para controlar cada movimiento de manera que la creatura agente no cuente para nada. Entre estas zanjas, los textos bíblicos no siempre proporcionan dirección clara.

Acciones poderosas

Algunas acciones divinas son más importantes que otras. Israel entendió que este era el caso como lo muestra el vocabulario usado («hechos estupendos», Sal 145.4, 12) y los géneros empleados (algunas acciones divinas son llevadas a los credos; Dt 26.5-9). La comunidad cristiana hizo un movimiento comparable con respecto al acontecimiento de Cristo, sobre todo la muerte y la resurrección de Jesucristo, evidente en el volumen de la historia de Pasión y énfasis paulino.

Este mayor nivel de importancia está más fundamentalmente relacionado con las clases de efectos producidos. En cuanto a acontecimientos que llegan a ser, ciertos son constitutivos de la comunidad, sin lo cual Israel o la Iglesia no serían lo que son. Respecto a saber, estos acontecimientos son más translúcidos respecto a los propósitos de Dios, trayendo coherencia y claridad más aguda a la variedad más grande de propósito y actividad divina.

Acontecimientos extraordinarios

Estos niveles mayores de importancia pueden estar, pero no necesariamente están, relacionados con los acontecimientos «extraordinarios» o milagrosos. Donde estos elementos realmente ocurren en los textos, ellos no son fácilmente clasificados. El carácter extraordinario no se entiende en términos de intervención o intrusión divina, como si Dios no estaba normalmente presente. Las acciones de Dios no se consideran por lo general extraordinarias. Se entiende que Dios actúa en y por los medios proporcionados por la serie continua causal, pero «juego» suficiente existe en aquella serie continua para permitir que Dios obre y el acontecimiento poco común ocurra. Por ejemplo, Job 38—41 habla de la soltura de la red causal con su interés en la ambigüedad y sorpresa en la creación (cp. el papel de la posibilidad en Ec 9.11; 1 S 6.9; Lc 10.31).

Las cuestiones de género y retórica son importantes. El lenguaje usado para los acontecimientos de Éxodo incluye rasgos extraordinarios: plaga, Pascua, cruce de mar. Pero la caída de Jerusalén y la vuelta de los exiliados se describen en términos más mundanos como los efectos de movimientos del ejército babilonio y políticas reales persas. Isaías 40–55 usa imágenes extraordinarias para hablar de un futuro regreso (incluso cambios en la naturaleza) y relaciona esto a la nueva obra de Dios. Pero los textos descriptivos del regreso mismo no usan tal retórica. Esta diferencia provoca preguntas sobre el género del material de Éxodo y el grado al cual su carácter extraordinario es reflexivo de acontecimientos reales o constituye una estrategia retórica más en conformidad con la usada por Deutero-Isaías.

Bibliografía. S. E. Balentine, *The Hidden God* (Oxford, 1983); W. Brueggemann, *Old Testament Theology* (Minneapolis, 1992); T. E. Fretheim, *The Suffering of God: An Old Testament Perspective.* OBT 14 (Philadelphia, 1984); A. J. Heschel, *The Prophets* (New York, 1962); P. Trible, *God and the Rhetoric of Sexuality.* OBT 2 (Philadelphia, 1978); C. Westermann y G. W. Friedemann, *What Does the Old Testament Say About God?* (Atlanta, 1979).

Terence E. Fretheim

DIOS EN EL ANTIGUO TESTAMENTO, NOMBRES DE

Las palabras más comunes para Dios en el AT son el nombre Jehová (6639 veces) y Elohim («Dios», 2750 veces). La siguiente discusión se enfoca en los nombres menos frecuentes para Dios.

Adón

El Heb. *'ādôn* significa «señor», con la connotación de superioridad, y se usaba tanto con humanos como con soberanos divinos. En el AT indica el poder y control de Jehová sobre todos y todo. La forma Adonay (*'ădōnāy*) se usa exclusivamente con Jehová. La terminación *-āy* podría ser enfática («el Señor de todo»). La traducción tradicional «mi Señor» asume un plural de majestad, con una vocal final alargada para distinguirlo de otros «señores», tanto humanos como divinos. Cuando se usa independientemente de Jehová, asume el carácter de un nombre separado, pero la referencia al Dios de Israel siempre es clara (p.ej., Gn 18.27; Ex 5.22; 34.9; Is 6.1). Finalmente llegó a ser pronunciado en lugar del nombre sagrado Jehová.

Baal

El Heb. *ba'al* también significa «señor», pero con un matiz de posesión; entre otras traducciones están «maestro» y «esposo». Frecuentemente se usa con referencia a dioses no israelitas en general y como el nombre del dios cananeo de la tormenta en particular. La única evidencia clara de Baal como título para Jehová es el nombre Be'alyah (1 Cr 12.5[TM6]; «Jah es Señor»). No es posible determinar si otros nombres que incorporan Baal se entendían inicialmente como nombres que se referían a Jehová. Por ejemplo, el hijo de Saúl Es-baal («hombre de Baal», 1 Cr 8.33; 9.39) también pudo haber sido llamado Ísui («hombre de Jehová» (?)»; cf. 1 S 14.49), pero está claro con la substitución de *bōšeṯ* («vergüenza»), en casi todos esos nombres, que los deuteronomistas entendían el elemento teofórico como el dios cananeo. A Es-baal se le llama Is-boset en toda la historia deuteronómica (p.ej., 2 S 2.8; 10, 12, 15), y al hijo lisiado de Jonatán, Meribaal (1 Cr 8.34; 9.40), se le llama Mefi-boset (p. ej., 2 S 4.4). Finalmente, se ha sugerido que Oseas 2.16[18] («En aquel tiempo, dice Jehová, me llamarás Ishi, y nunca más me llamarás Baali») rechaza el uso establecido de Baal para Jehová como Señor. Por otro lado, el contexto es el matrimonio, y ambos términos hebreos deberían traducirse como «esposo», pues el profeta rechaza el último para evitar cualquier confusión posible con la deidad pagana.

El

El Heb. *'ēl* es el equivalente hebreo de la palabra semítica común para «Dios» (cf. Ugar. *'ilāh*, Fen. *'l*). El derivado más probablemente es de la raíz verbal *'wl*, «ser fuerte, dominar». Aunque el término frecuentemente significa simplemente «dios» en el AT, hay algunas veces en que preserva el nombre de una deidad aparte de Jehová. En Génesis 33.20 Jacob dedica un altar en Siquem a *'ēl 'ĕlōhê yiśrā'ēl*, «*El*, el dios de Israel», en tanto que en 46.3 un dios se identifica con Jacob como *'ēl 'ĕlōhê 'ā,îḵā*, «*El*, el dios de tu padre». Por lo tanto, no debería ser sorprendente que el nombre Jacob fuera cambiado a «Isra-El» después de su encuentro nocturno con «un hombre» (¿Dios?) en el Jaboc (Gn 32.22-30[23-31]) o que a la primera confederación tribal se le llamar «Israel». Esto indica que *El* era la deidad que adoraba el grupo (o los grupos) que preservaba las historia patriarcal y que la identificación de Jehová con «el dios de Abraham, Isaac y Jacob» en Éxodo 3.6 representa una asimilación posterior de dos deidades originalmente distintas.

Frecuentemente, a *'ēl* inmediatamente le sigue un epíteto, p. ej., «*El*, que ve» (*'ēl ro'î*, Gn 16.13; cf. 22.14) y «*El*, eterno» (*'ēl 'ôlām*, Gn 21.33; cf. Is 40.28; Jer 10.10). La frase *'ēl bêṯ-'ēl* de Génesis 35.7 podría significar simplemente «el dios de Betel», pero la evidencia de *El* como el dios de los patriarcas, especialmente Jacob, apoya la traducción «*El* de Betel». De manera similar, *'ēl bĕrîṯ* de Jueces 9.46 se entiende mejor como «*El* del pacto»; *ba'al bĕrîṯ* («señor del pacto», Jue 8.33; 9.4) probablemente es un epíteto de *El*. Estos «nombres con *El*» están asociados con lugares específicos (p.ej., pozo del Viviente-que-me-ve (Beer-lahai-roi), Beerseba, Bet-el, Siquem), y generalmente se interpretan como manifestaciones locales de *El*.

El Elyón

El adjetivo *'elyôn* comúnmente se aplicaba a reyes y dioses, y El Elyón (Heb. *'ēl 'elyôn*) también es un título apropiado para el dios alto del panteón cananeo («*El*, el altísimo»). En Génesis 14.19, a El Elyón se le llama «creador de los cielos y de la tierra» (*qōnēh šāmayim wā'āreṣ*). Esta es una ampliación de «*El*, creador de la tierra» (*'l qn 'rṣ*) que aparece en una inscripción fenicia del siglo VIII a.C. de Karatepe y en una inscripción neopúnica, y se refleja en el nombre divino ^{d}*Elku-ni-ir-ša* de un mito hitita descubierto en Boghazköy. En cuanto a ubicación, aparte de Salmos 78.35, la fórmula completa aparece solamente durante el encuentro de Abraham con Melquisedec, rey de (Jeru)salén (Gn 14.18-20, 22). Sin embargo, se divorcia de Jerusalén en las 50 veces que Elyon aparece sola (cuatro se ponen en un plano paralelo con *El*), y en Salmos 78.35, el contexto es el viaje en el desierto. Aparte de la identificación de Abraham de (*El*) Elyon con Jehová, las dos se vinculan solamente en el Salterio (Sal 7.17[18]; 18.13[14] [= 2 S 22.14]; 21.7[8]; 47.2[3]; 38.18[19]; 91.9; 92.1[2]; cf. Sal 97.9 y los vínculos con el otro nombre, Elohim, del Salterio Elohista: Sal 46.4[5]; 50.14; 57.2[3]; 73.11; 78.56).

El Shaddai

Aparte de la Biblia, este nombre aparece en Ugarit y en una inscripción talmúdica de Teimā. La inscripción de Deir 'Alla menciona a un grupo de dioses llamados los *šdyn*. El *El Shaddai* bíblico (Heb. *'ēl*) tradicionalmente se traducía como «Dios Todopoderoso» por la influencia del *pantokrátōr* de la LXX y del *omnipotens* de la Vulgata. El elemento *šadday* generalmente se explica como un doble de *šaḏ* («pecho, montaña»). La traducción «*El* de las montañas» encaja bien con la descripción ugarítica de la residencia de *El* en la(s) montaña(s) cósmica(s) y en las «montañas de *El*» (*harĕrê-'ēl*) de Salmo 36.6(7). Ya que *El* era el dios de los patriarcas, es significativo que cinco de los seis casos de la fórmula completa aparezcan en Génesis (Gn 17.1; 28.3; 35.11; 43.14; 48.3). La función de Shaddai como un epíteto de *El* se refleja más adelante con su aparición de 13 veces simultáneamente con *El* (p. ej., Nm 24.4, 16; Job 8.3; 13.3) y dos veces con Elyón, otro de los títulos de *El* (Nm 24.16; Sal 91.1). El hecho de que se haya considerado un nombre divino antiguo se evidencia con el hecho de que 31 de los 41 casos de Shaddai por sí solo se encuentran en el libro de Job, que deliberadamente usa arcaísmos. La autorrevelación de Jehová a Moisés como El Shaddai en Éxodo 6.3 es parte de la identificación bíblica general de Jehová con *El* (cf. Gn 17.1; Rt 1.21; Is 13.6; Jl 1.15).

Eloah

Forma extendida de *El* y posiblemente el singular de Elohim, el Heb. *'ĕlōah* se usa tanto como un apelativo de «dios», como un nombre divino. Así como con *El* y Elohim, algunos casos son ambiguos, pero *'ĕlōah* claramente es un sustantivo en 2 Crónicas 32.15; Salmos 114.7; Isaías 44.8; Daniel 11.37-39. La mayoría de casos de Eloah como nombre aparecen en la poesía de Job (que incluye todas las 41 veces de Job), donde pone en plano paralelo a Shaddai con *El*. Aparte de Job, Eloha se entiende que es Jehová.

Temor de Isaac

A «*paḥaḏ* de Isaac» se le atribuye ayudar a Jacob durante su estadía con Labán (Gn 31.42), y Jacob invoca al «*paḥaḏ* de su padre Isaac» como un aval del tratado posterior con su suegro. El contexto y contenido requieren de un matiz de protección divina, descartando posibles derivados que signifiquen ya sea «clan» o «muslo» (cf. Gn 24.2; 9; 47.29). La traducción tradicional como «temor de Isaac» denota el temor que Dios infunde en otros, como un medio para proteger a Isaac y a Jacob (cf. «el temor de Jehová en 1 S 11.7; Is 2.10, 19, 21). Es más una descripción de la actividad de Dios que un nombre.

El Santo

El Heb. *qāḏôš* hace énfasis en la alteridad esencial de la divinidad en general y de Jehová en particular: De los 44 casos, 31 están como «El Santo de Israel». Es un término favorito en Isaías (30 veces: 25 con la fórmula completa; otras 3 se refieren a Israel en el mismo versículo). A menudo se utiliza en el contexto de la pecaminosidad de Israel, por esa razón acentúa el contraste con Jehová (p.ej. Sal 78.41; Is 1.4; 30.12; 37.23; Jer 51.5; Os 11.12[12.1]). El vocativo de Salmos 71.22 indica que podría utilizarse como un nombre divino, como lo hace el paralelo de Eloah en Habacuc 3.3.

El Fuerte de Jacob

El adjetivo *'abbîr* significa «fuerte, poderoso» y se usa con humanos y animales. El animal fuerte por excelencia era el toro (cf. el paralelismo de Is 34.7; Sal 22.12[13]), y muchos traducen la frase *'ăḇîr ya'ăqōḇ* como «el Toro de Jacob», haciendo referencia al epíteto del «Toro» por *El* en Ugarit. En Génesis 49.24 la frase se vincula en relación con El Shaddai (v. 25b) y con «*El*, tu padre» (v. 25a). Esto probablemente representa la preservación de otro recuerdo de *El* como el dios de Jacob, que hace énfasis en el poder de la deidad de cuidar del patriarca. No obstante, todos los demás ejemplos explícitamente identifican al «Fuerte» con Jehová (Is 49.26; 60.16; Sal 132.2, 5; cf. Is 1.24, «el Fuerte de Israel»). La orientación masorética, sin una daguesh en la consonante de en medio, desasocia al epíteto del simbolismo del toro del rito israelita del norte y busca evitar confusión con Baal.

Véase más en las entradas individuales.

Bibliografía. A. Alt, «The God of the Fathers,» in *Essays on Old Testament History and Religion* (1967, repr. Sheffield, 1989), 1-77; F. M. Cross, *Canaanite Myth and Hebrew Epic* (Cambridge, Mass., 1973), 31-75; O. Eissfeldt, «'āḏôn, 'ᵃḏōnāy,» *TDOT* 1.59-72; T. J. Lewis, «The Identity and Function of El/Baal Berith,» *JBL* 115 (1996): 401-23.

John. L. McLaughlin

DIOS EN EL NUEVO TESTAMENTO, NOMBRES DE

Los tres términos principales para la divinidad en el NT son «Señor», «Dios» y «Padre».

El NT se refiere a la divinidad como el «Señor» (Gr. *kýrios*) alrededor de 180 veces. Más de 70 de estos casos están en citas y menciones de las Escrituras, donde típicamente traducen la palabra hebrea *YHWH* («Yahweh [Jehová] »). Aunque este uso no puede demostrarse de otra manera en el siglo I, los judíos contemporáneos sí se referían a Dios como el Señor. En tanto que la mayoría de las referencias del NT al Señor son simples referencias con o sin artículo (sin ninguna diferencia aparente en significado), algunas están en frases como «Señor del cielo y de la tierra» y «Señor Dios de Israel». Es incierto si algunas referencias al Señor (p.ej., Mt 3.3) se refieren a la divinidad o a Jesús.

El sustantivo «Dios» (*theós*), que es un poco más que un nombre divino, aparece más de 1300 veces en el NT. La mayoría de estos casos se refieren al Dios proclamado por el NT; estos casos asumen la enseñanza judía de que «el Señor nuestro Dios es uno» (Mr 12.29). La mayoría de estos casos tienen artículo, aunque las referencias con y sin artículo se usan sin ninguna diferencia de significado. Muchas de estas referencias a Dios son citas de las Escrituras, que frecuentemente traducen el Heb. *'ĕlōhîm*. Otros casos de *theós* se refieren al diablo (2 Co 4.4), a otros seres sobrenaturales (Hch 14.1) e incluso a diosas (19.37).

El NT usa el epíteto «Padre» 261 veces, usualmente en frases de varias palabras como «mi Padre», «tu Padre», «el Padre de los cielos» y «Dios nuestro Padre». Aunque esta metáfora ocasionalmente aparece en el AT, comparativamente pocas de las referencias del NT al Padre están en citas de las Escrituras. En tanto que muchos pasajes del NT identifican al Padre como el Padre de Jesús, muchos otros identifican al Padre como el Padre de los discípulos.

El Jesús histórico asumía el monoteísmo judío. Jesús no fue reservado en cuanto al uso del término «Dios», especialmente cuando proclamaba la cercanía del reino de Dios. Muchos eruditos asumen que Jesús también se refería a Dios como el Padre.

Marcos contiene 48 referencias a Dios, pero menos de 10 al Señor y solamente cuatro al Padre. En tanto que las referencias a Dios aparecen en material de muchos contextos distintos, las referencias al Padre solamente están en la oración de Jesús en Getsemaní (Mr 14.36) y en sus palabras a sus discípulos (8.38; 11.25; 13.32).

El material Q contiene por lo menos cinco referencias al Señor, cinco a Dios y nueve al Padre. En cinco de las referencias al Padre se identifica como el Padre de Jesús (Lc 10.21bd, 22abc), en las otras cuatro como al Padre de los discípulos (Lc 6.36; 11.2, 13; 12.30).

Mateo contiene 19 referencias al Señor, 50 a Dios y 44 al Padre. Mateo 1-2 hace énfasis en que el Señor que habló por medio de los profetas es el mismo Señor que actuó durante los acontecimientos de la niñez y Mateo 3-4 asocia a Dios con las Escrituras y el poder divino. Los dichos de Jesús en Mateo 5.43-48 introducen el grupo de referencias al Padre de 6.1-8 («tu Padre») que asocial al Padre con la voluntad divina, la oración, el perdón y la recompensa escatológica. En la mayoría de las referencias de Jesús, después del Sermón del Monte, al Padre se le identifica como su propio Padre («mi Padre»). En tanto que muchas de las referencias de Mateo a Dios están en las palabras de Jesús a sus adversarios, o en el discurso de sus adversarios, todas las referencias al Padre están en las oraciones de Jesús, en sus palabras a sus discípulos, o en sus palabras a audiencias compuestas por sus discípulos y la multitud.

Al asociar repetidamente al Señor con la herencia de Israel, la narración de la infancia lucana proclama que el Señor, que actuó durante los acontecimientos de la infancia, era el Señor de Israel. Sin embargo, Lucas 3-24 y Hechos se refieren mucho más frecuentemente a Dios que al Señor, o al Padre. Mientras que tanto Jesús como otros oradores frecuentemente se refieren a la divinidad como Dios, solamente Jesús usa el epíteto de «Padre» en este Evangelio. Aunque solamente aparecen 16 o 17 veces, estas referencias al Padre están en puntos prominentes de la historia. Muchas de las referencias a Dios en Hechos están en discursos, donde frecuentemente sirven como sujetos de declaraciones que proclaman los hechos de Dios en la historia de Israel y en la historia de Jesús, especialmente en la resurrección. Ya que las referencias al Padre aparecen solamente en Hechos 1-2, y la mayoría de referencias al Señor están en Hechos 1-15, Dios es prácticamente el único título de la última mitad de Hechos.

Las siete cartas auténticas de Pablo contienen 430 referencias a Dios, pero solamente 30 al Señor y 24 al Padre. Ya que los saludos de todas estas cartas presentan a la divinidad como «Dios nuestro Padre» (Ro 1.7; 1 Co 1.3; 2 Co 1.2; Ga 1.3; Fil 1.2; Flm 3) o «Dios el Padre» (1 Ts 1.1), implícitamente asocian al Padre con las referencias posteriores a Dios. La mayoría de las otras 17 referencias al Padre están en pasajes que también mencionan a Dios; las únicas excepciones son una referencia al Padre en una cita de las Escrituras (2 Co 6.18), una en el material tradicional (Ro 6.4) y dos referencias a «Abba Padre» (Ro 8.15; Ga 4.6). La mitad de las referencias al Señor están en citas o menciones de las Escrituras.

Juan es el único evangelio canónico que se refiere más frecuentemente al Padre que a Dios. La mayoría de las 120 referencias al Padre están en las palabras de Jesús, y la mayoría, están en pasajes que principalmente identifican a la divinidad como el Padre de Jesús. Jesús también se refiere frecuentemente a la divinidad como «el que me envió (p. ej. Jn 4.34; 5.23-24). Tanto el narrador (Jn 1.1, 18) como Tomás (20.28) se refieren a Jesús como Dios. Muchas de las otras referencias a Dios están en las palabras de Jesús, como sus afirmaciones de que Dios es «espíritu» (Jn 4.24) y «el único Dios verdadero» (17.3); sin embargo, la palabra «Dios» aparece mucho más frecuentemente que Padre en el discurso de los oradores que no son Jesús, oradores tan variados como Nicodemo, Pedro, Marta, Caifás y Pilatos. Este evangelio solamente tiene cinco referencias al Señor.

Las epístolas juaninas se refieren mucho más frecuentemente a Dios que al Padre, como 1 Juan que hace énfasis en que «Dios es luz» (1 Jn 1.5) y que «Dios es amor» (4.8). En tanto que las otras epístolas y Apocalipsis se refieren mucho más frecuentemente a Dios que al Señor o al Padre, 2 Pedro y Judas contienen casi tantas referencias al Señor como a Dios.

Además de usar las palabras «Eli» («mi Dios», Mt 27.46) y «Eloi» («mi Dios», Mr 15.34), los autores del NT ocasionalmente usan esos otros títulos como el «Gran Rey» (Mt 5.35), «El que se sienta en el trono» (Mt 23.22), «Poder» (Mt 26.64; Mr 14.62), el «Bendito» (Mr 14.61), el «Altísimo» (Lc 1.32), «Señor Sebaot» (Ro 9.29), «Dios nuestro Salvador» (1 Ti 1.1), «Majestad» (He 1.3; 8.1), «Padre de las luces» (Stg 1.17), y «Señor Dios Todopoderoso» (Ap 4.8). Varios autores también utilizan esas construcciones más largas como «el Padre de misericordias y el Dios de toda consolación» (2 Co 1.3) y »bienaventurado y solo Soberano, Rey de reyes, y Señor de señores» (1 Ti 6.15). El idioma litúrgico de la iglesia primitiva está detrás de varios de estos pasajes. Algunos autores del NT indirectamente se refieren a la divinidad al usar pasivos divinos y al expresar necesidad divina con el verbo *deí* («es necesario»).

Bibliografía. D. M. Bossman, «Images of God in the Letters of Paul,» *BTB* 18 (1988): 67-76; R. L.

Mowery, «God, Lord and Father: The Theology of the Gospel of Matthew,» *BR* 33 (1988): 24-36; «Lord, God and Father: Theological Language in Luke-Acts,» *SBLSP* 34 (Atlanta, 1995): 82-101.

ROBERT L. MOWERY

DIÓTREFES (Gr. *Diotréphēs*)

Probablemente el anfitrión de una iglesia en una casa a quien «le gusta[ba] tener el primer lugar» sobre su congregación (3 Juan 9-10). Él se negó a recibir un mensaje o mensajeros del autor de 3 Juan y expulsó de la congregación a los que mostraron tal hospitalidad. Nada más se sabe sobre Diótrefes, y sus motivos no son claros. Algunos suponen que él estaba entre los herejes mencionados en 1 y 2 Juan, si él sospechó que el anciano mismo era un hereje, o si él simplemente deseaba mantener esta controversia fuera de su congregación. Otros sugieren que había cuestiones de estructura y autoridad de la iglesia implicadas: p. ej., que Diótrefes era un antiguo obispo y que el anciano representó un estilo más antiguo de autoridad; o que el anciano sostuvo un oficio parecido a un obispo y que Diótrefes se opuso a esta innovación. En cualquier caso, parece que las incertidumbres sobre el nuevo desarrollo en la autoridad de la iglesia están involucradas, en particular molestas para las iglesias juaninas con su tradición fundamentalmente igualitaria. Las cuestiones de poder y honor personal también pueden haber jugado una parte significativa.

Bibliografía. J. M. Lieu, *The Second and Third Epistles of John* (Edimburgo, 1986); A. J. Malherbe, «Hospitality and Inhospitality in the Church,» en *Social Aspects of Early Christianity,* 2da edición (Filadelfia, 1983), 92-112.

DAVID RENSBERGER

DIRECTOR DEL CORO

Cincuenta y cinco encabezados de salmos y Habacuc 3.19 se refieren al «Director del coro» (Heb. *mĕnaṣṣēaḥ*). La forma verbal (Ez 3.8; 1 Cr 23.4; 2 Cr 2.1) significa «Dirigir,» o «estar a la cabeza»; en 1 Crónicas 15.21 el verbo probablemente significa «hacer música.» Sin lugar a dudas, la música tenía un lugar prominente en la adoración religiosa de Israel (1 Cr 15.16-24), y lo más probable es que el director del coro dirigió la comunidad en la adoración a Dios a través de la música.

W. DENNIS TUCKER, JR.

DISÁN (Heb. *dîšān*)

Uno de los hijos de Seir (Gn 36.21; 1 Cr 1.38); el padre de Uz y Arán (Gn 36.30; 1 Cr 1.42); un jefe horeo.

DISCÍPULO

Un seguidor, alumno o adherente de un maestro o líder religioso. La historia y la literatura judía y grecorromana proporcionan ejemplos de figuras respetadas que reúnen discípulos a fin de enseñarlos y conducirlos. En el NT el gr. *mathētḗs* la mayoría de las veces se emplea para referirse a seguidores de Jesús, aunque también se utiliza para describir a seguidores de otras figuras (p. ej., discípulos «de Juan,» Mr 2.18; o «de Moisés,» Jn 9.28).

Una distinción general entre los discípulos de Jesús y «las multitudes» puede ser observada, con los primeros como seguidores comprometidos y los últimos como espectadores no seriamente unidos a él. Con todo, hasta algunos de los que estaban en el grupo más grande de «discípulos» se alejan de Jesús y vuelven a su antigua vida cuando encuentran que su enseñanza es difícil de aceptar (Jn 6.60, 66).

Tres círculos concéntricos de discípulos se pueden identificar en los Evangelios: un grupo grande de seguidores, de los cuales los Doce son escogidos (Lc 6.13, 17; cp. Mt 8.21) y que aparentemente incluyó a algunas mujeres (Lc 8.1-3); «los Doce,» quienes fueron denominados como «apóstoles» y fueron especialmente llamados por Jesús para viajar con él y aprender (Mr 3.16-19); y un círculo interior de Pedro, Jacobo, y Juan, que solo acompañan a Jesús en ciertas ocasiones clave (p. ej., la transfiguración [Mr 9.2-13] y el huerto de Getsemaní [Mt 26.36-46]).

Los nombres de los Doce son puestos en una lista en el NT en cuatro pasajes (Mt 10.2-4; Mr 3.16-19; Lc 6.13-16; Hch 1.13 [Judas Iscariote no es mencionado en este texto]). Ellos son: Pedro, Andrés, Jacobo, Juan, Felipe, Bartolomé, Tomás, Mateo (o Leví), Jacobo el hijo de Alfeo, Tadeo (probablemente la misma persona mencionada en algunas listas como Judas el hijo de Jacobo), Simón el zelote (también llamado Simón el cananista), y Judas Iscariote (el traidor).

Lucas indica que en la iglesia primitiva el término «discípulo» llegó a referirse al creciente grupo de creyentes en Jesús, es decir, a los cristianos (p. ej., Hechos 6.7; 9.26; 14.21-22; cp. 11.26). Una noción similar de un círculo creciente de discípulos es sugerida por «la Gran Comisión» (Mt 28.18-20), en la que Jesús resucitado ordena que sus seguidores más cercanos «hagan discípulos» de personas de todos los grupos nacionales y étnicos.

La vida del discipulado cristiano como se presenta en el NT pide la lealtad suprema a Jesús mediante la aceptación de sus elevadas demandas. El compromiso hacia él debe venir antes de todos los demás apegos (Lc 9.57-62; 14.25-33). Sin embargo, una dimensión del discipulado cristiano que algunas veces es pasada por alto es la promesa de alegría y beneficios finales para los que toman la cruz para seguir a Jesús (Lc 14.12-14; 18.29-30).

Bibliografía. R. N. Longenecker, editor, *Patterns of Discipleship in the New Testament* (Grand Rapids, 1996); M. J. Wilkins, *The Concept of Disciple in Matthew's Gospel.* NovTSup 59 (Leiden, 1988).

PETER K. NELSON

DISCÍPULO AMADO

Figura misteriosa y sin nombre en el Cuarto Evangelio. Aparece explícitamente sólo en la segunda mitad del Evangelio (Juan 13—21) y sirve como testigo de todos los eventos más importantes de la semana final de Jesús: la cena, juicio, crucifixión, tumba vacía, y resurrección. Su primera aparición es en la última cena de Jesús, donde se recuesta al lado de Jesús y a quien Pedro le hace señas para que hiciera preguntas personales relacionadas con el traidor de Jesús (13.23-25). También aparece junto a la cruz, de pie junto a la madre de Jesús mientras que los otros discípulos han desaparecido (19.26), recibiendo la comisión de Jesús para que reciba a María en su hogar (v. 27). En la tumba, él corre más rápido que Pedro (20.1-10) y cree a pesar de que Pedro entra en la tumba primero. Más tarde, cuando los discípulos están pescando en Galilea y Jesús los llama desde la orilla, sólo este discípulo reconoce a Jesús (21.7); y mientras Pedro corre hacia la playa, el Discípulo Amado se esfuerza para traer la red de peces.

Algunos eruditos creen que otras referencias indirectas pueden de la misma manera identificar la sombra de este discípulo en otros lugares en el Evangelio. Un discípulo anónimo con Andrés en Juan 1.35-42. En 18.15 está con Pedro durante la interrogación de Jesús y era conocido por el sumo sacerdote. En la cruz es un testigo ocular de la muerte de Jesús (19.35). Sobre todo, 21.24 lo describe como la fuente de los testimonios del Evangelio sobre la vida de Jesús.

Figuras que encabezan las sugerencias de la identidad de esta figura literaria misteriosa incluyen a Lázaro, la única persona que el Evangelio dice que Jesús amaba (Jn 11.3, 11, 36; compare 11.25-26 y 21.20-23). Otra sugerencia es Juan Marcos (Hch 12.12), quien está asociado con Pedro (1 P 5.13) y puede haber sido confundido con Juan en la antigüedad. La identificación tradicional es Juan el hijo de Zebedeo. Juan era uno de los Doce, y el Discípulo Amado estuvo presente durante la última cena de Jesús. Juan aparece a menudo con Pedro en la tradición sinóptica, de ahí la rivalidad con Pedro aquí. El Cuarto Evangelio es curiosamente silencioso sobre Juan, quien aparece como una figura mayor en los Sinópticos. Un número de los escritores del periodo después de los apóstoles (ej., Ireneo y Policarpo) reclaman que Juan es el Discípulo Amado, el autor del Cuarto Evangelio.

Hoy en día el mayor interés se enfoca en el papel literario o simbólico jugado por el Discípulo Amado en el marco teológico del Cuarto Evangelio. Algunos han reclamado que él es el discípulo ideal, presentado como el modelo de discipulado; una persona que cree sin evidencia física. Otros lo han descrito como el testigo ideal, quien cree y testifica delante del mundo de lo que Dios ha hecho en Cristo. Algunos críticos han llegado a pensar que representa simbólicamente la iglesia carismática de Juan en competencia con la creciente, y formal, comunidad petrina. Eruditos más recientes han sugerido que éste era un cristiano desconocido que tuvo un papel revelador, mediando la verdad divina a la comunidad (muy semejante al Maestro de Justicia en Qumrán). Estos eruditos comparan el Discípulo Amado con el Espíritu-Paracleto prometido, cuyos atributos pueden ser los mismos que los del discípulo.

Tiene que haber, sin embargo, una figura histórica detrás del nombre. Su actividad histórica como la fuente confiable de tradiciones de testigos oculares demandan que la persona haya servido a la comunidad juanina como su inspiración y enlace con Jesús. Es un modelo de fe y discipulado, pero también un ancla a la historia y el fundador de la comunidad juanina.

Bibliografía. R. E. Brown, *The Community of the Beloved Disciple* (New York, 1979); G. M. Burge, *Interpreting the Gospel of John* (Grand Rapids, 1992), 37-54; J. Charlesworth, *The Beloved Disciple* (Valley Forge, 1995); V. Eller, *The Beloved Disciple: His Name, His Story, His Thought* (Grand Rapids, 1987); M. de Jonge, «The Beloved Disciple and the Date of the Gospel of John,» en *Text and Interpretation*, ed. E. Best and R. McL. Wilson (Cambridge, 1979), 99-114; J. N. Sanders, «Who Was the Disciple Whom Jesus Loved?» en *Studies in the Fourth Gospel*, ed. F. Cross (London, 1957), 72-82.

GARY M. BURGE

DISENTERÍA
Enfermedad caracterizada por diarrea severa con paso de mucosidad y sangre (Gr. D*ysentérion*). Se ha probado que esta enfermedad, debido a un microbio parásito (*Bacilo dysenteriae*) y a veces mortal, es epidémica. Según Hechos 28.8 el padre de Publio sufrió una fiebre y disentería en Malta.

DISÓN (Heb. *dîšôn*)

1. Uno de los hijos de Seir (Gn 36.21; 1 Cr 1.38). Él fue el antepasado de cuatro tribus de horeos (Gn 36.26; TM *dīšān;* 1 Cr 1.41).

2. El hijo de Aná y nieto de Seir, un jefe de los horeos (Gn 36.25; 1 Cr 1.41); hermano de Aholibama (Gn 36.25), la esposa de Esaú (vv. 1-2).

DISPERSIÓN
La diseminación geográfica y cultural del pueblo hebreo y la religión y cultura judía a través del tiempo Las naciones de Israel y Judá existieron primero como una monarquía unida (c. 1030-922 a.C.) y luego como un par de reinos separados pero a menudo interrelacionados, Israel (922-722) y Judá (922-587). Cuando Asiria conquistó Israel en 722, un gran número de israelitas fueron asesinados, pero algunos pueden haber emigrado a otra parte, reteniendo un poco de su identidad; su destino es incierto. Cuando Babilonia derrotó a Judá en 597 y destruyó Jerusalén en 587, ellos llevaron una parte de los habitantes de Judá al exilio en Mesopotamia. Después de ese tiempo, hubo al menos dos comunidades de personas llamadas judíos o habitantes de Judea. Esto comenzó la dispersión judía, a menudo conocida como la diáspora de un término griego relacionado.

En siglos siguientes, poblaciones judías importantes aparecieron en casi todos los rincones del mundo antiguo. En el siglo V había una colonia judía en la isla Elefantina en el Nilo egipcio. A lo largo del período helenista la presencia judía en Egipto creció, hasta el punto que la ciudad egipcia helenista de Alejandría a menudo ha sido considerada el centro del judaísmo por varios siglos durante el período helenista. Para el tiempo reflejado en el NT había sinagogas judías o al menos judíos practicantes en la mayor parte de ciudades griegas y romanas. En particular, el libro de Hechos retrata a judíos de todo el mundo y representa a Pablo encontrando grupos judíos en un gran número de ciudades.

JON L. BERQUIST

DIVES (Lat. *Dives*)
Nombre tradicional del hombre rico (Lat. «riqueza») en la parábola de Jesús del rico y Lázaro (Lc 16.19-31).

Ver Lázaro.

DIVORCIO
El final legal de un matrimonio mientras las dos partes todavía viven. Por consiguiente, se trata de un asunto de seriedad grave y siempre es tratado como tal en el AT y el NT.

La ley mosaica permitió el divorcio (Dt 24.1-4), aunque las condiciones bajo las que se permite no están claras. Dentro de un contexto cultural que permitió que un hombre se divorciara de una mujer bajo cualquier circunstancia o capricho, la tradición legal israelita habría parecido estricta en que colocó límites en el derecho de divorciarse (Dt 22.19, 29). En general, parece que las leyes protegen a las mujeres de algunos de los peligros más flagrantes de su sustento. El divorcio debe ser puesto por escrito, y la mujer debe ser enviada de una casa (del marido) a otra casa (probablemente de su padre), en la que ella tendría una oportunidad para vivir. Otras circunstancias, costumbres, o leyes que regulan el divorcio no se conocen. Seguramente, muchos matrimonios no terminaron de una manera tan ordenada. La historia de Sansón y su primera esposa (una mujer filistea de Timnat cuyo nombre no se menciona; Jue 14.1-15.8) muestra un caso donde un matrimonio puede no haber sido legalmente completado (según la costumbre de siete días de banquete) o puede haber sido legalmente terminado después de la partida repentina de Sansón; en cualquier caso, parece que Sansón piensa que él está casado, cuando él no se ha dado cuenta que su esposa se ha casado con otro. En general, el AT expresa una aceptación del divorcio, aunque dentro de límites y con un poco de reconocimiento de dificultades implicadas. (Mal 2.16 es textualmente problemático, y aun si realmente se refiere al divorcio, trata con el cese de una relación entre Dios y las personas).

El NT proporciona una respuesta muy diferente al divorcio. En los Evangelios Jesús equipara el divorcio y el adulterio (Mt 5.31-32; 19.3-9; Mr 10.2-12; Lc 16.18). Pablo permite el divorcio cuando el cónyuge que inicia la separación no es un creyente, pero él sostiene que los creyentes no deberían instigar el divorcio (1 Co 7.1-16). Pablo más tarde permite el nuevo matrimonio de viudas (1 Co 7.39), pero guarda silencio en cuanto al nuevo matrimonio de creyentes divorciados.

JON L. BERQUIST

DIZAHAB (Heb. *dîzāhāḇ*)
Lugar asociado con el primer discurso de Moisés (Dt 1.1). La palabra es una denominación descriptiva que combina un genitivo arameo representativo (*dî*, «lo que tiene») y heb. *zāhāḇ* «oro». Algunos han identificado el sitio con edh-Dheibeh, al este de Hesbón en la meseta de Transjordania, mientras otros sugieren Mînâ' eḏ-Ḏhahab («puerto de oro») en la parte suroeste de la península del Sinaí a lo largo del Golfo de Akaba. Ninguna ubicación es segura.

PETE F. WILBANKS

DOCE, LOS
El círculo central de los discípulos de Jesús a quienes llamó a ser apóstoles. El término «los Doce» aparece en todos los cuatro Evangelios (aún después de la muerte de Judas en Jn 20.24; cf. Lc 24.9). La lista de los Doce en los Evangelios Sinópticos y Hechos acuerda en el número, pero no enteramente en sus nombres (Mt 10.2-4; Mc 3.16-19; Lc 6.14-16; Hch 1.13). «Los Doce» también aparece como una designación para los apóstoles en Hechos 6.2; 1 Co 15.5; Ap 21.14. Los usos del término sugieren que un significado particular estaba adherido al nombre en sí mismo. Jesús relacionó el número de este grupo a las doce tribus de Israel, de tal manera que los apóstoles se convierten en el centro de un Israel escatológico (Mt 19.28 = Lc 22.30); una idea similar se expresa en Apocalipsis 21.14 (cf. Ef 2.20). La elección de Matías después de la muerte de Judas fue un intento de restaurar el número de los Doce (Hch 1.15-26).

DOCETISMO
Una designación para varias opiniones respecto a la naturaleza humana de Cristo que comenzó a manifestarse a finales del siglo I d.C. El término está relacionado con el gr. *dokeín*, «parecer.» La enseñanza docética es un subproducto del ambiente helenista del cristianismo antiguo que, filosóficamente, hizo una distinción radical entre lo material y lo espiritual, y así negó que el Cristo espiritual realmente asumiera la forma humana material. Con la negación de la Encarnación, llegó a ser lógicamente imposible sostener que Cristo experimentó el sufrimiento y la muerte genuinos en la cruz, un hecho que hizo irrelevante cualquier discusión de la resurrección auténtica.

Las primeras formas de docetismo parecen ser desafiadas en las epístolas de Juan, y a principios del siglo II Ignacio ataca esta herejía en sus cartas *(Trallians, Smyrnaeans)*. Clemente de Alejandría se opuso a la doctrina, y Eusebio relata que Serapio denunció el evangelio apócrifo de Pedro (c. 190) por sus tendencias docéticas.

En el uso actual, el término se aplica a cualquier posición cristológica que tienda a limitar o negar a la plena humanidad de Cristo.

D. LARRY GREGG

DOCUMENTO DE DAMASCO (DC)
Un texto sectario conservado en dos manuscritos medievales, descubiertos en el geniza de la sinagoga de Ben Esdras en El Cairo por Solomon Schechter en 1896. Varias copias fragmentarias se encontraron más tarde en Qumrán, indicando que el texto fue originado en el primer o el siglo II a.C.

Como el texto hace hincapié en la única legitimidad del linaje sacerdotal de Sadoc, el sumo sacerdote bajo David y Salomón, primero se le conoció como los fragmentos sadocitas. Como alude a una estancia de la secta en Damasco también es llamado el Documento de Damasco. Abreviado CD (Cairo Damasco), el texto de El Cairo se incluye en colecciones de textos de los Rollos del Mar Muerto.

El texto consta de dos partes: Amonestación y Leyes. La Amonestación narra la historia de la secta: cómo se separó de Israel al desierto y fue finalmente conducida por el Maestro de Justicia.

También contiene exhortaciones a los miembros de la secta, designados como los Hijos de Luz, a separarse de los transgresores de la ley. Las Leyes contienen normas que rigen la comunidad, incluyendo la entrada en la secta, purificación, diezmos, el sábado, y el castigo de los transgresores.

Este documento muestra muchas afinidades con otros textos de Qumrán, en particular la Regla de la Comunidad (1QS). Siguiendo el comentario de

Josefo que los esenios tenían dos tipos de comunidades (*BJ* 2.119-61), muchos eruditos creen que la Regla de la Comunidad rigió el grupo específico de esenios que vivía en Qumrán mientras los Fragmentos Sadocitas dirigieron a aquellos que vivieron en las comunidades sectarias dispersas por todo Israel. Cómo y cuándo el texto fue transmitido de la comunidad Qumrán a la comunidad judía en El Cairo no está seguro.

Bibliografía. J. M. Baumgarten y D. R. Schwartz, *Damascus Document, War Scroll, and Related Documents,* volumen 2 en *The Dead Sea Scrools,* editor. J. Charlesworth (Louisville, 1995); S. Schechter, *Documents of Jewish Sectaries,* 1. *Fragments of a Zadokite Work* (1910, reimpreso Nueva York, 1970).

David R Seely

DODAI (Heb. *dôḏay*)

Ahohita, comandante de la segunda división del ejército de David (1 Cr 27.4). Él es probablemente el mismo que Dodo **2** (2 S 23.9 = 1 Cr 11.12).

DODANIM (Heb. *dōḏānîm*)

Pueblo jónico, descendientes de Javán (Gn 10.4). En 1 Crónicas 1.7 son llamados Rodanín (NVI), el pueblo de Rodas.

DODAVA (Heb. *dōḏāwāhû*)

El padre del profeta Eliezer, de Maresa en Judá (2 Cr 20.37).

DODO (Heb. *dôḏô*)

1. Descendiente de Isacar, el padre de Fúa, y el abuelo del juez menor Tola (Jue 10.1).

2. El hijo de Ahohi (2 S 23.9) o el ahohita (1 Cr 11.12); padre de Eleazar, uno de los Tres de David. Él es probablemente el mismo que Dodai mencionado en 1 Crónicas 27.4.

3. Un ciudadano de Belén, el padre de Elhanán que era uno de los Treinta de David (2 S 23.24 = 1 Cr 11.26).

DOEG (Heb. *dōʼēḡ*)

El jefe edomita de los pastores de Saúl que observó a David en Nob durante la huida de David de Saúl. Afirmando estar en una diligencia real para Saúl, David había engañado a Ahimelec, el sumo sacerdote de Nob, que entonces permitió a David tomar tanto el pan sagrado del santuario como la espada de Goliat, y consultó al Señor por él (1 S 21.1-9 [TM 2-10]; 22.9-10). Doeg informó a Saúl que Ahimelec había apoyado la huida de David, con lo cual Saúl convocó a todos los sacerdotes de Nob a Gabaa, los acusó de traición, y luego ordenó su ejecución. Cuando las guardias de Saúl se negaron, Doeg obedientemente mató a los 85 sacerdotes de Nob, excepto a Abiatar el hijo de Ahimelec, que se escapó y huyó a David (1 S 22.6-23). La traición de Doeg de David también se menciona en la inscripción al Salmo 52.

Kenneth Atkinson

DOFCA (Heb. *dopqâ*)

El primer campamento en el desierto después de que los israelitas dejaron el desierto de Sin (Nm 33.12-13; omitido en Ex 17.1). Algunos han conjeturado que el nombre viene del egip. *mfkt,* «turquesa». Por consiguiente, el sitio a menudo se identifica como el centro de minería egipcio, Serābîṭ el-Khâdim (999829).

Pete F. Wilbanks

DOK (Gr. *Dṓk*)

Pequeña fortaleza construida por Tolomeo **(17)** donde en 135 a.C., Tolomeo asesinó a Simón Macabeo y sus dos hijos (1 Mac 16.11-15). Josefo se refiere a la fortaleza como Dagón, ubicándola al norte de Jericó (*Ant.* 13.8.1 [230]; *GJ* 1.22.3 [56]). El sitio se menciona en el rollo de Cobre (3Q15). La fortaleza puede haber estado situada en Jebel Qarantal (190142), 3 km (2 mi) noroeste de Jericó. ʿAin Dûq un manantial en la base de la colina, puede conservar el nombre antiguo.

Laura B. Mazow

DOLENCIA

Ver Enfermedad y asistencia médica.

DOLORES DE PARTO

Dolores de parto son un fundamento inescapable de la existencia humana. Génesis 3.16 específicamente los menciona como parte de la maldición de la humanidad, junto a la muerte y el trabajo arduo. A pesar de que hay una conexión obvia entre el horror del dolor del parto y la alegría del nacimiento, los textos bíblicos a manudo usan la imagen del dolor por sí misma.

Los dolores de parto son una forma intensa y peligrosa de dolores. La muerte de Raquel mientras daba a luz a Benjamín es descrita con realismo en Génesis 35.16-18. El dolor y peligro también se hacen claros en Jeremías 4.31; 30.12-15, donde el dolor es figura del juicio de Dios. Significativamente, en 1 Enoc 62.4-6 los mecanismos del nacimiento son mencionados, pero no el nacimiento mismo; ningún niño simbólico nacerá a los reyes y gobernantes que están bajo el juicio; ellos sólo tendrán dolor intenso. Lo mismo sucede en algunos pasajes del NT (p.ej., 1 Ts 5.3; cf. Mr 13.17 par.). No debemos leer en estos pasajes lo que no está contenido en los mismos.

Los dolores de parto son dolores sin escape. Los profetas en particular describen a los enemigos de Dios como mujeres en labor de parto (p.ej., Jer 48.41; 49.22, 24; 50.41-43; Is 13.6-8; 26.17-18; 42.14; Sal 48.4-6 [MT 5-7]; cf. 1 QH 5). Estos no son pasajes de esperanza, sino imágenes de dolor, ineficacia, y de humillación (cf. Jer 6.24; 13.21; 22.23; 30.6). Este puede ser el trasfondo de Romanos 8, presentando no sólo dolores de parto sino frustración mezclada con la metáfora de la adopción. En Gálatas 4.19 Pablo es el que sufre dolores de parto hasta que Cristo sea «formado en vosotros», una expresión irónica de su incapacidad.

Los dolores de parto, sin embargo, pueden ser dolores productivos. Algunos pasajes hacen explícito lo que otros omiten. En Juan 16. 20-22 el dolor no es negado sino subordinado a la alegría. Parece haber un precedente para ver el patrón apocalíptico de juicio y restauración en los dolores de parto y el nacimiento (Is 66.6-9; Mi 4.10; 5.3-4 [2-3]; y explícitamente en 1 QH 3; *b. Sanh.* 97-98; cf. Ap 12.1-6).

Finalmente, los dolores de parto son dolores que terminarán: Un periodo de tiempo más que un punto. Así Miqueas 4.9-10 con 5.2 [2] esta era antes del nacimiento figurativo parece ser el foco más que la predicción del nacimiento mismo (así también las discusiones rabínicas de «dolores de parto del Mesías»; b. *Sanh*97-98; *Ketub.* 111ª; Šabb. 118). Además, hay un sentido de proceso inexorable. Una vez comenzado, no hay escape; tiene que llegar a su cumplimiento. El comienzo de los dolores de parto no son el fin todavía, sino el comienzo del proceso que seguramente llevará a una conclusión (4 Esd 16.37-39; Ma13 par.; cf. 4 Esd 4.40-42; Hch 2.24).

El tema de los dolores de parto se encuentra a través de todo el canon, desde Génesis hasta Apocalipsis. Pero al llegar a Apocalipsis, la imagen dominante se ha transformado. Antes, la apariencia terrible de Jehová hace que sus enemigos sean como mujeres de parto. En Apocalipsis 12, sin embargo, es el Enemigo que desfila ferozmente mientras la Salvación llega a través de la humildad de los dolores de parto.

Véase Lamentos Mesiánicos

Bibliografía. D. C. Allison, Jr., *The End of the Ages Has Come* (Philadelphia, 1985); G. Bertram, «*ōdín, ōdínō*,» *TDNT* 9.667–74; C. Gempf, «The Imagery of Birth Pangs in the New Testament,» *TynBul* 45 (1994): 119–35

Conrad Gempf

DOMICIANO

Tito Flavio Domiciano, el hijo menor de Vespasiano, nacido en Roma en 51 d.C. A diferencia de su hermano Tito, él no fue educado en la corte romana y no se unió a su padre en campañas militares. Aun así, él fue una figura clave en la toma de posesión de Flavio en Roma en 69. A la muerte de Tito en 81, Domiciano llegó a ser el emperador y gobernó hasta su asesinato en 96.

Domiciano era un administrador capaz, pero autocrático en el gobierno, ignorando en gran medida al senado. Su adopción de los títulos «señor» y «dios» y su construcción de un lujoso palacio subrayó su despotismo. Aunque trató de elevar los estándares de moralidad pública, el nombre Domiciano fue vilipendiado más tarde por el comportamiento lujurioso. Introdujo numerosos elementos griegos en los juegos y la cultura de Roma, a grandes gastos financieros, que llevaron a confiscaciones e impuestos pesados. Su generoso apoyo a los militares y su participación en varias campañas germánicas le ganaron lealtad de las legiones. En 93 Domiciano comenzó a ejecutar a numerosos senadores, caballeros, y funcionarios imperiales por sospecha de conspiración.

Su ejecución de Flavio Clemente marido de su sobrina por la acusación de ateísmo y sus impuestos excesivos de judíos fueron asociados por escritores posteriores con un presunto asalto de cristianos. Algunos entienden que el estímulo de Domiciano del culto imperial como el fondo para la persecución de los cristianos en Asia Menor se refleja en Apocalipsis.

Bibliografía. B. W. Jones, *The Emperor Domitian* (Londres, 1992); C. Scarre, *Chronicle of the Roman Emperors* (Londres, 1995).

Scott Nash

DOMINGO DE RAMOS

El día que conmemora la entrada tribunal de Jesús en Jerusalén, durante la cual la multitud esparció ramas de palma delante de Jesús cuando entraba en la ciudad. El evento es atestiguado en los cuatro Evangelios (Mt 21.1-11; Mr 11.1-10; Lc 19.28-38; Jn 12.12-18), aunque sólo Juan 12.13 menciona ramas de palma en concreto. El domingo de ramos se celebra el domingo antes de Pascua y con ello marca el inicio de la Semana Santa, en las tradiciones orientales y la iglesia occidental.

Ann Coble

DOMINIO

La traducción de varias palabras hebreas y griegas que implican «dominio» y el poder «para gobernar» y «para ejercer dominio sobre» (p. ej., Heb. *rādâ, māšal, šālaṭ, bāʿal;* Gr. *krátos, kuriótēs, kurieúō, exousía*).

La naturaleza exacta del gobierno o dominio varía con la situación o contexto. Así, se dice que el sol y la luna señorean en el día y la noche (Gn 1.18; Job 38.33).

El «dominio» expresa el poder político (Jue 14.4; 1 R 4.24) y se refiere al dominio del pecado y la muerte sobre la humanidad (Sal 19.13 [TM 14]; Ro 6.9, 14) y el dominio de la humanidad sobre la naturaleza (Gn 1.26, 28). Puede llevar connotaciones mesiánicas (Mi 4.8) y se refiere al rango u orden de los ángeles (Ef 1.21; Col 1.16). El Cristo exaltado, sin embargo, gobierna sobre todos estos dominios.

El horizonte final, para los escritores bíblicos tanto en el AT como en el NT, es que el «dominio» finalmente pertenece a Dios (Job 25.2; Sal 72.8; Dn 4.3, 34; 1 Ti 6.16; 1 P 4.11). Debido a que Dios es el creador de todo y su dominio durará para siempre, es libre de delegar autoridad sobre las obras de su mano a la humanidad (Sal 8.6 [7]). Por lo tanto, se llama a los seres humanos a ejercer responsabilidad en su dominio y cuidado sobre la creación de Dios, imitando así el carácter de Dios y reflejando la imagen de Dios en el gobierno sobre cada criatura.

Frank M. Hasel

DONES ESPIRITUALES

Tanto en el AT como en el NT abundan afirmaciones del poder del Espíritu de Dios presente en el mundo. El Espíritu de Dios concede poder a las personas desde los días de Moisés y el tiempo que vagaron en el desierto (Nm 11.25, 29) y frecuentemente está vinculado con el don de la profecía (Is 42.1; 61.1-2; Jl 2.28-29[TM 3.1-2]; Zac 12.10). Los jueces israelitas (p. ej., Otoniel, Jue 3.10) recibían confirmación de su liderazgo a través del don del Espíritu del Señor, e Isaías profetiza que en «una vara del tronco de Isaí» es en la que el Espíritu del Señor reposará (Is 11.1-2). Además, este texto especifica que las señales (tradicionalmente «Dones») de este Espíritu serían: «espíritu de sabiduría y de inteligencia, espíritu de consejo y de poder, espíritu de conocimiento y de temor de Jehová». A esta lista la LXX añade «piedad», y redondea el número a siete. Estas referencias del AT constituyen, en el mejor de los casos, dones implícitos del Espíritu; solamente en los textos cristianos encontramos un vocabulario más preciso que se refiere a los dones espirituales.

Pablo habla frecuentemente de la presencia y capacitación del Espíritu dentro de la comunidad cristiana. En Gálatas 5.22 enumera los «frutos» del Espíritu como «amor, gozo, paz, paciencia, benignidad, bondad, fe, mansedumbre, templanza». Estos frutos son comunes para toda manifestación espiritual y se le dan equitativamente a cada persona. En contraste al fruto espiritual, Pablo utiliza dos términos griegos distintos para identificar los dones del Espíritu: *tá pneumatiká* («dones espirituales»; p. ej., 1 C 14.1) o simplemente *tá charísmata* («Dones, carismas»; p. ej., Ro 12.6). El griego *pneumatiká* hace énfasis en que estos regalos se derivan solamente del Espíritu (*pneúma*); *charísmata* resalta el hecho de que son totalmente gratuitos, efecto de la gracia de Dios (*cháris*). Para Pablo, hay dos características esenciales de estos dones espirituales. Primero, hay *un* Espíritu que es la fuente de todos los dones y dotación de poder (1 Co 12.4); por lo tanto, cualquier manifestación del Espíritu tiene que ser una señal y fuente de unidad. Segundo, los dones del Espíritu difieren y se otorgan a personas de maneras distintas, pero siempre para el bien común (1 Co 12.7) y no para el beneficio único de la persona. Un malentendido fundamental de estos principios en Corinto fue lo que hizo que Pablo dejara clara su posición tan vehementemente en 1 Corintios 12-14.

Tres veces en 1 Corintios 12 Pablo enumera los dones del Espíritu (vv. 8-10, 28, 29-30), y otra vez da un cuarto listado en Romanos 12.6-8. Ninguno de los listados es exactamente igual a otro, y cada uno mezcla los dones técnicamente «espirituales» con los dones ordinarios del ministerio práctico. Los listados pretenden ser representativos y no exhaustivos, y su variedad da testimonio de su naturaleza ad hoc. Los diversos dones que se enumeran caen en tres categorías generales. Primero, hay dones de «expresión» como «expresión de sabiduría, expresión de conocimiento» (1 Co 12.8), de profecía (vv. 10, 28, 29; Ro 12.6), de discernimiento de espíritus (1 Co 12.10), de enseñanza (v. 28; Ro 12.7; cf. 1 Co 14.6), de hablar o interpretar lenguas (1 Co 12.10, 28, 30; cf. 14.5, 13). Segundo, hay dones de ministerio práctico como de ayudar, de administración (1 Co 12.28), de servicio, de consolación, de contribuir, de dar auxilio, y de hacer actos de misericordia (Ro 12.7-8). Finalmente, hay dones de hacer maravillas como sanar, hacer milagros y actos de fe poderosa (1 Co 12.9-10, 28-30).

Una lista parece designar una jerarquía de dones al contar en orden, «primeramente apóstoles, luego profetas, lo tercero maestros» (1 Co 2.28), pero las referencias de orden no continúan en la lista. Seguramente, para Pablo el don del apostolado es primero que cualquiera, y en un sentido abarca al resto. Es la categoría principal que Pablo utiliza en sus cartas para identificarse a sí mismo y el don que él valora más. Sin embargo, no importa cuál sea el don, su valor se mide por el grado con el que el don edifica al cuerpo de Cristo.

Barbara E. Bowe

DOR (Heb. *dōʾr, dôr;* Gr. *Dōra*)
Ciudad en la costa mediterránea al pie del monte Carmelo, Kirbet el-Burj/Tell Dor (142.224), 21 km (13 mi) sur de la moderna Haifa. Aparece por primera vez en un documento egipcio del siglo XIII a.C., que enumera ciudades en la costa de Palestina. Josué derrotó al rey cananeo de Dor (Jos 12.23), y en el siglo XII los pueblos del Mar («filisteos») la conquistaron. Incorporada a Israel, Dor fue la capital del cuarto distrito administrativo de Salomón (1 R 4.11). Los asirios conquistaron la ciudad en 732, y en el siglo V el rey persa la concedió al rey fenicio de Sidón. Protegida por fortalezas poderosas, Dor afirmó su independencia en el período helenista hasta que el asmoneo Alejandro Janeo la añadió al reino judío c. 100. En 63 a.C., el general romano Pompeyo dio a Dor su libertad, y prosperó durante varios siglos como un puerto marítimo, sólo sucumbiendo gradualmente en el período romano a la competencia de la vecina Cesarea. En los siglos VI y VII, reducida a un pueblo, todavía tenía su propio obispo.

A partir de 1923 hasta 1980 varios equipos esporádicamente excavaron en Tell Dor y en Dor Inferior al este del montículo. Desde 1980 Ephraim Stern de la universidad hebrea, Jerusalén, encabezando un consorcio de instituciones extranjeras, ha explorado el sitio continuamente durante temporadas de campaña de verano. Estas excavaciones han recuperado ricos restos de la Edad de Bronce Medio (c. 2000 a.C.) al último período romano. De especial importancia son la secuencia de los muros de fortaleza, el plan de calle Hipodamiano («rejilla») de la ciudad introducido por los persas, y cuartos domésticos e industriales a partir de varios períodos de ocupación. Otros hallazgos incluyen un complejo de templos helenistas grandes, monedas que presentan la fenicia Astarte y el helenista Zeus, objetos de culto, material para el estudio de la antigua industria de tinte de púrpura, y fragmentos de cerámica con inscripciones. Otro templo grande, al este del tell, llegó a ser una iglesia cristiana antigua, el asiento del obispo de la ciudad posterior.

Bibliografía. E. Stern, «Dor», *NEAEHL* 1.357-68; *Dor, Ruler of the Seas* (Jerusalén, 1994).

Kenneth G. Holum

DORCAS (Gr. *Dorkás*) (también TABITA) (Aram. *ṭĕbîtāʾ*)
Un sobrenombre femenino común («gacela», «cierva»), lo que sugiere a una esclava; el sobrenombre de una mujer cristiana altamente respetada en Jope, conocida por sus buenas obras y presentada como una discípula modelo (Hch 9.36-43). La forma femenina de «discípulo» (Gr. *mathētria*) se emplea sólo aquí en el NT (ocurre en relación con María Magdalena en el Evangelio de Pedro) y sugiere una relación especial con Jesús o un oficio, posiblemente líder de la orden de viudas en Jope. Sus «buenas obras y limosnas» igualan acciones de otras mujeres (Lc 8.1-3) y hombres (Hch 6.1-7). Dorcas es levantada de los muertos por Pedro, el primer milagro de esa clase realizado por un apóstol (cumpliendo Mt 10.8). En el apareamiento de hombre-mujer de Lucas, Dorcas recibe más atención que Eneas (Hch 9.32-35).

Bonnie Thurston

DORMIR
La suspensión regular de la consciencia mientras que el cuerpo se refresca (Gn 28.16; Sal 3.5 [TM 6]; Mt 25.5). Las criaturas deben dormir, pero no el Señor (Sal 121.4.), que en verdad se preocupa por

Restos del edificio del período persa monumental en Tel Dor. La pared delantera está en el primer plano y las partes izquierdas de tres embarcaderos de piedra que apoyaron un pórtico de entrada en columna
(E. Stern, Director, Proyecto Tel Dor; foto por Y. Hirschberg).

nosotros mientras dormimos (vv. 5-6) y se comunica a través de sueños (Gn 20.6-7.; Mt 1.20; 2. 12-13, 22). Dios creó a Eva, mientras que Adán dormía (Gn 2.21) e hizo un pacto con Abram mientras dormía (15.12). Aunque Dios no duerme, las imágenes poéticas le llaman a que se levante como si estuviera dormido (Sal 44.23, 26 [24, 27]; Cf. 78.65).

Dormir aparece metafóricamente para la muerte física, ya sea de los justos o de los impíos (Sal 13.3 [4]; 76.5 [6]; Jer 51.57; Dan 12.2; cf. 1 Co 11.30). En el NT, sin embargo, Cristo despertará a los creyentes (1 Ts 5.10), porque los que mueren «duermen» en Jesús (4.14). En el AT el uso del sueño de la muerte como una condición reversible anticipa la resurrección (cf. Esp. Dan 12.2). Jesús confirmó esto cuando él resucitó a Lázaro, quien había «dormido», de entre los muertos; Jesús vino para «despertarlo» (Jn 11.11) como un signo de su autoridad para resucitar a los muertos en el último día.

El sueño también se utiliza metafóricamente para embotamiento espiritual y la muerte espiritual. A lo largo de Proverbios el sueño es la ocupación de los perezosos, produciendo pobreza y hambre (Pr 6.9-11; 19.15; 20.13; 24.33-34). En el NT el sueño representa la indolencia espiritual (Mr 14.32-40), una somnolencia de la que hay que levantarse, ser despertado espiritualmente, y prepararse para el día de la salvación a punto de amanecer (13.36; Ro 13.11; Ef 5.14; 1 Ts 5.6-9).

A. B. Caneday

DOTÁN (Heb. *dōtān;* Gr. *Dōthaim*)
Ciudad importante en el territorio de Efraín situada 22 km (14 mi) norte de Siquem. Tell Dôthān (173202) cubre 62 ha. (25 a.) Y se yergue al extremo oriental de un valle fértil; un camino importante entre el norte y el sur que va de las colinas samaritanas al valle de Jezreel corrió al lado del sitio. Fue en la pradera de Dotán donde los hermanos de José lo vendieron a una caravana ismaelita-madianita que pasaba (Gn 37.13-25), y allí el sirio Ben-adad procuró capturar a Eliseo (2 R 6.13-14)

La ciudad es citada en relación con los ataques del general Holofernes de Nabucodonosor contra Judea (Jdt 3.9; 4.6; 7.3-18), pero no se menciona en ninguna otra fuente. Tell Dôthān fue excavado por Joseph P. Free entre 1953 y 1960, y otra vez por Robert E. Cooley a partir de 1959 hasta 1964.

Evidencia de cerámica limitada indica que los pobladores primero ocuparon Dotán en el último período del Calcolítico. Para la Edad de Bronce Temprano era una ciudad fortificada significativa con al menos siete fases de ocupación. Un muro defensivo de espesor (3.3 m [11 pies] amplio) típico de los sitios en esta época protegía la ciudad. c. 2400 a.C., Dotán fue abandonada, como fueron la mayor parte de los sitios palestinos a finales del tercer milenio.

Dotán fue repoblada durante la Edad de Bronce Medio, otra vez con fortificaciones grandes. Esta ciudad, quizás la que se indica en la narrativa de José, es representada por restos domésticos fragmentarios. Aún menos restos arquitectónicos atestiguan la Dotán de la Edad de Bronce Tardío, aunque el sitio parece haber sido al menos esporádicamente habitado en el período. Cooley excavó tres tumbas en el lado occidental con fechas de los períodos de BT II a Hierro I; una tumba contenía 3400 objetos de 300-500 entierros.

Los restos de Hierro II en Dotán son los más significativos, incluyendo varios edificios domésticos y públicos, una calle, y muchos pequeños hallazgos. Un nivel de destrucción importante fechado a finales del siglo IX puede estar asociado con los conflictos arameos.

Más tarde, Dotán cayó ante los asirios con la destrucción del reino del norte, Israel.

Bibliografía. D. Ussishkin, R. E. Cooley, y G. D. Pratico, «Dotán», *NEAEHL 1*.372-74.

THOMAS V. BRISCO

DOTE

Regalo por el padre de una novia a la novia. Por lo general, una dote debe ser entendida en el contexto de matrimonio, y era una práctica común en antiguas sociedades del Cercano Oriente. Uno podría ver la dote como la parte de la hija de la herencia de los padres cuando ella se va de la casa paterna a la de su marido. La dote, que puede comprender artículos domésticos diferentes además de otros objetos de valor, podría servir como un incentivo para atraer a posibles pretendientes.

Labán da a sus criadas Zilpa y Bilha como la dote a Lea y Raquel respectivamente en sus matrimonios con Jacob (Gn 29.24, 29). Esta costumbre se distingue de regalos dados por el novio a la novia, como ocurre con Rebeca, que junto con su familia es prodigada con regalos (Gn 24.53). Estos regalos pueden incluir un pago del precio de la novia al padre de la novia, como en el encuentro entre Siquem y los hermanos de Dina (Gn 34.11-12). Si un hombre seduce a una virgen, se requiere que él pague un precio de novia por ella y legalmente se case con ella (Ex 22.16 [TM 15]; cp. Dt 22.29). Cuando la mujer pasa de la casa de su padre a la de su marido, se entra en una transacción financiera.

En algunos casos, la dote se usa fuera del contexto inmediato del matrimonio. Después de que Lea da a luz a Zabulón, ella ve el nacimiento de su sexto hijo como una dote de Dios, que a su vez ella cree traería su honor de Jacob (Gn 30.20). En 1 Reyes 9.16 Faraón da la ciudad destruida de Gezer a su hija y su marido Salomón como una dote. En ambos casos, aunque se utiliza en sentido figurado, la dote todavía captura la noción esencial de un regalo a la novia.

HEMCHAND GOSSAI

DOXOLOGÍA

Una fórmula corta que expresa alabanza a Dios (Gr. *doxología, de dóxa,* «gloria,» y *lógos,* «hablar»). Tales expresiones a manera de fórmulas se encuentran a lo largo del AT y el NT.

Las declaraciones doxológicas ocurren en el AT con más frecuencia en los Salmos (Sal 28.6; 31.21 [TM 22]; 41.13 [14]; 68.19, 35 [20, 36]; 72.18; 89.52 [53]; 106.48), pero también se encuentran al final de canciones o himnos (1 Cr 16.36) y como oraciones (1 S 25.32). Una serie de formas estándares ocurren, por lo general describiendo a Dios o las acciones de Dios como «bendito»: p. ej., «Bendito sea Jehová» (Gn 24.27; 1 S 25.39; 2 S 18.28; Sal 28.6) o «Bendito sea Jehová, el Dios de Israel» (1 R 1.48; 1 Cr 16.36; Sal 41.13 [14]). Estas expresiones se completan con frecuencia con una enumeración de las acciones realizadas por Dios. La doxología del Salmo 119.12 es el fundamento probable para las Berakot rabínicas, o bendiciones, que se desarrollaron más tarde y alcanzaron las formas tradicionales que siguen siendo usadas en la adoración judía. Otras formas comunes para doxología dentro del AT incluyen «Dad a Jehová gloria y poder» (1 Cr 16.28) o «engrandeced a nuestro Dios» (Dt 32.3).

El objeto de la doxología en el NT y la iglesia primitiva parece haber sido casi exclusivamente Dios, más bien que Cristo (p. ej., Ro 11.36), aunque tal alabanza de Dios sea de vez en cuando «por medio de» Cristo (16.27). Doxologías posibles dirigidas a Cristo se pueden encontrar en Gálatas 1.5; 2 Timoteo

4.18; 1 Pedro 4.11, aunque el texto no es del todo claro a quién son dirigidas la alabanza o la gloria. Las doxologías de Pablo con frecuencia toman la forma «[a Dios] sea la gloria por los siglos de los siglos, amén» (Gá 1.5; Ro 11.36; Fil 4.20; cp. Ef 3.20-21). Estas doxologías cristianas antiguas fueron modificadas más tarde a la luz de las controversias arriana y trinitaria y dirigidas «al Hijo y al Espíritu Santo.»

MATEO S. COLLINS

DRACMA (Gr. *drachmē*)
Una «moneda de plata» griega mencionada en la parábola de Jesús de la moneda perdida (Lc 15.8). Su valor era aproximadamente el equivalente del denario romano o un cuarto de un siclo de plata, aproximadamente el salario diario de un trabajador. c. 300 a.C., un dracma era suficiente para comprar una oveja, pero pudo haber merecido menos antes del siglo I. No era una gran cantidad de dinero, y se dice que los soldados de Marco Antonio consideraron su regalo de 100 dracmas a cada uno prueba de su tacañería. Para la mujer de la parábola de Jesús, esto podría representar su dote.

DAVID R BECK

DRAGÓN
Criatura reptil mítica común en la mitología e iconografía del antiguo Cercano Oriente.

Se piensa ahora que está relacionado con la criatura de caos de la mitología cananea (a quien también se vinculan términos tales como «Behemot,» Job 40.15; «Leviatán,»

Job 41.1; «Rahab», Sal 89.10 [TM 11]; y «serpiente», Is 27.1; Job 26.13) más bien que figuras de Mesopotamia (cp. Heb. *tĕhôm* en Gn 1.2, relacionado con Ugar. *thm* más bien que acadio Tiamat). La mayor parte de referencias bíblicas son la polémica contra los dioses paganos, promoviendo a Jehová como el verdadero Creador y sustentador del orden en el universo.

«Dragón» es una interpretación cada vez menos frecuente de la terminología hebrea en versiones recientes al español del AT. En el NT traduce Gr. *drákōn,* «serpiente, dragón» (simbólico de Satanás), que la LXX emplea para Heb. *kĕpîr,* «león»; *liwyāṯān,* «Leviatán»; *nāḥāš,* «serpiente»; *ʿattûḏ,* «cabra»; *y peṯen,* «serpiente». «Chacales» es claramente la lectura para *tannôṯ* en Malaquías 1.3 y en la mayor parte de lugares donde aparece *tannîm*; Ezequiel 29.3 refleja la lectura de *tannîn* como «dragón, serpiente (s), ballena (s), monstruo (s) de mar, o criatura (s) de mar.»

Ver Monstruo de Mar.

W. CREIGHTON MARLOWE

DRUSILA (Gr. *Droúsilla*)
La hija menor de Agripa I (y hermana de Agripa II, Berenice, y Mariamme). Julia Drusila nació c. 38 d.C., al tiempo que la hermana del emperador Calígula del mismo nombre murió. Ella fue comprometida cuando era niña para casarse con Epífanes, el hijo del rey Antíoco IV de Commagene (Josefo *GJ 2.220*; *Ant.* 18.132; 19.354-55). Después de la muerte de Agripa (44), sin embargo, Epífanes se echó atrás en su compromiso de convertirse al judaísmo y entonces el matrimonio se canceló.

En 53 Drusila se casó con Azizo, rey sirio de Emesa, después de su circuncisión.

Al contrario de la ley judía ella pronto dejó a Azizo para casarse con Antonio Félix, el procurador gentil de Judea. La belleza de Drusila (que al parecer provocó una relación abusiva con su hermana igualmente hermosa Berenice) enamoró tanto a Félix que él envió a un amigo judío llamado Atomus para persuadirla que el divorcio y el nuevo matrimonio con Félix la harían feliz (*Ant.* 20.137-43). Con Félix c. 57 ella oyó a Pablo hablar sobre la fe en Cristo Jesús (Hch 24.24). Drusila dio a Félix un hijo llamado Agripa que murió en la erupción del volcán Vesubio en 79 (*Ant.* 20.144). Por cierto, una de sus tres mujeres (Suetonio *Claud.* 28), se dice que Félix se casó con otra Drusila, la nieta de Cleopatra y Antonio (Tácito *Hist.* 5.9).

Bibliografía. R. D. Sullivan, «The Dynasty of Judaea in the First Century,» *ANRW* II.8, 329-31.

DOUGLAS S. HUFFMAN

DUALISMO
Aparece por primera vez a principios del siglo XVIII, el término «dualismo» tomó connotaciones metafísicas, éticas y epistemológicas en contraste con el monismo y pluralismo. Expresamente, se refiere a dos sustancias o principios que comprenden la realidad. El término no aparece en la Biblia, pero la ideología asociada con el dualismo cósmico, metafísico, o ético a menudo es la base de mucho estudio bíblico.

En la antigua religión de Zoroastro, los dos dioses contrarios del bien y el mal comprenden la realidad cósmica, con el dios bueno que finalmente gana el control del mundo en la futura edad. Por el contrario, la religión israelita antigua era monoteísta; Jehová sostuvo el control del bien y el mal. Sin embargo, en el judaísmo posterior al destierro (cp. 1QM) y en el cristianismo posterior (Gá 1.4; Ro 8.18-25; Fil 3.20-21; Apocalipsis), el pensamiento apocalíptico surgió pareciéndose al dualismo cósmico de Zoroastro en tanto que el bien (Dios) triunfa sobre el presente siglo malo (bajo el control de Satanás y los demonios).

A diferencia del dualismo cósmico del zoroastrismo con implicaciones morales, el dualismo ético en la Biblia es más pragmático ya que se decide hacer el bien o el mal. En particular, las enseñanzas de Jesús afirman que las personas determinan su identidad moral como personas en el reino de Dios que se aproxima o como personas en contra de ese reino.

El dualismo metafísico supone que hay dos sustancias irreductibles en el universo (es decir, materia contra no materia; cuerpo contra alma). El dualismo metafísico antiguo tiene su exposición más amplia en la doctrina de Platón de los mundos sensible e inteligible, que el exégeta judío helenista Filón de Alejandría adoptó. El libro de Hebreos presenta algunos comentarios interesantes (He 9.11, 23-24; 10.1; 11.16; cp. 2 Co 4.18) que pueden ser interpretados como la afirmación de un dualismo metafísico platónico o filónico.

Aunque la antropología en la Biblia afirma la unidad de las personas (Gn 2.7; 1 Co 15.35-50), alguna literatura bíblica puede reflejar la influencia de un dualismo antropológico (Dt 6.5; Sab 3.1-4; Mr 12.30 par.; Mt 10.28; 1 Ts 5.23; 1 Co 5.3; 2 Co 5.1-10). Pablo, sin embargo, afirma que un alma incorpórea es parecida a la desnudez (2 Co 5.3). Otros ejemplos de la influencia del dualismo en la ideología y antropología bíblica pueden ser observados en algunas bipolaridades del pensamiento cristiano temprano (luz frente a las tinieblas, vida contra la muerte, amor contra el odio, y verdad contra mentiras).

El desarrollo de la ideología gnóstica intensificó una comprensión dualista de la persona, haciendo que algunos cristianos antiguos separaran el aspecto «corporal» de la persona del aspecto «físico o espiritual» de la persona. Cuando es separado, lo que es parecido a Dios es el «espiritual» (es decir, ¿no físico?), permitiendo a uno comportarse en manera antinomiana (cp. 1 Co 5.1-8; 6.12-20) o una manera ascética (cp. Col 2.16-23). Estas cosmovisiones y moralidades gnósticas incipientes en el NT parecen más refinadas más tarde en literaturas de los siglos II y III.

Bibliografía. U. Bianchi, «Dualism», en *The Encyclopedia of Religion* (Nueva York, 1987), 4.506-12; K. Rudolph, *Gnosis* (San Francisco, 1984).

Bennie R Crockett, Jr.

DUMA (Heb. *dûmâ*) **(LUGAR)**

1. Ciudad en la región montañosa de Judá (Jos 15.52), identificada con el moderno Kirbet ed-Deir Dômeh (148093), c. 10 km (6.5 mi) suroeste de Hebrón.

2. Un distrito y oasis próspero en el centro norte de Arabia, Dumat al-Jandal (moderno al-Jawf) en el Wadi Sirḥan junto a las rutas comerciales principales que llevan a Amán y Damasco. Duma se menciona por primera vez en los anales asirios de Senaquerib como Adummatu. Senaquerib lanzó una campaña contra Duma después de su octava campaña, entre 691 y 689 a.C. permaneció como un centro importante en Arabia hasta el siglo VIII d.C.

3. Un lugar mencionado en un oráculo profético asociado con la región de Edom (Is 21.11). La referencia es probablemente una corrupción textual para Edom mismo (como es leído por la LXX).

Ronald A. Simkins

DUMA (Heb. *dûmâ*) **(PERSONA)**

El sexto hijo de Ismael, y el antepasado supuesto de una tribu árabe (Gn 25.14 = 1 Cr 1.30).

Ronald A. Simkins

DURA (Aram. *dûrāʾ*)

La llanura sobre la cual Nabucodonosor, el rey de Babilonia, erigió una gran imagen de oro (Dn 3.1). Como ellos rechazaron a inclinarse y adorar la imagen, los amigos de Daniel Sadrac, Mesac, y Abed-nego fueron lanzados en un horno de fuego. La ubicación del sitio se desconoce, pero el nombre puede estar relacionado con acadio *dqru,* «muralla» o «fortaleza». Jules Oppert identificó el sitio como Tell Dēr, 27 km (17 mi) suroeste de Bagdad, donde encontró una estructura de ladrillo macizo la cual él pensó que podía ser la plataforma para la imagen de Nabucodonosor.

Stephen J. Andrews

DURA-EUROPOS

Ciudad antigua situada 434 km (270 mi) noroeste de Babilonia donde el Río Ḫabur entra en el Éufrates, sobre la mitad de camino entre la moderna Alepo y Bagdad. El sitio del puesto fronterizo romano Circesium, localmente conocido en griego como *Europos* desde su fundación durante el gobierno helenista de Seleuco I (311-281 a.C.) hasta al menos 180 d.C., después de 200 d.C., era por lo general llamada *Doura* (Gr), basado en un nombre semítico que significa «fortaleza». El nombre escrito con guión es una construcción moderna. La ciudad fue destruida en 256 bajo el gobierno del Sassanid Sapur I y nunca reconstruida.

Después del descubrimiento accidental por tropas británicas en 1920 de pinturas de mural, las excavaciones sistemáticas que comienzan en 1922 convirtieron la ciudad solitaria en una de las recuperaciones arqueológicas famosas del siglo XX. Dura-europos es probablemente mejor conocida por las ilustraciones con temas religiosos. Esto incluye una sinagoga judía permanente, al principio una casa privada, cuyas cuatro paredes son cubiertas de un panorama fascinante de pinturas del AT; una iglesia cristiana, también creada a partir de una casa privada remodelada, que contiene una pila bautismal de bóveda; y un templo de Mitra, atípico para tales templos ya que fue construido encima, más bien que subterráneo.

FLORENCE M. GILLMAN

DYSMAS (Gr. *Dysmás*)

El ladrón penitente sin nombre crucificado con Jesús (Lc 23.39-43), según historias apócrifas cristianas antiguas (cp. los Hechos de Pilato). Las leyendas crecieron a tal punto que se llegó a creer que Dysmas (también llamado Dismas, Demas, Tito, y Zoatán) había defendido a María, José y Jesús en su viaje a Egipto, y que él era un posadero sinvergüenza que robaba a los ricos, pero ayudaba a los pobres. A causa de su bondad hacia Jesús y su arrepentimiento, él fue finalmente convertido en un santo en las iglesias griegas y latinas.

RICHARD A. SPENCER

E

E
Designación de la fuente Elohista, considerada como uno de los estratos principales del Pentateuco.

EBAL (Heb. *ʿêḇāl*) **(LUGAR)**
Montaña al norte de Siquem a través del valle del monte Gerizim y se eleva 933 m (3061 pies) sobre el nivel del mar. Moisés ordenó que los israelitas construyeran un altar en el monte Ebal (el Pentateuco Samaritano lee «monte Gerizim») cuando habían cruzado el Jordán, y hacer un sacrificio (Dt 27.5). El cumplimiento de aquellas órdenes se describe en Josué 8. En 1982 un conjunto de piedras en el monte Ebal fue excavado. Se ha interpretado de diversas maneras como el altar de Josué, un altar israelita posterior, o una estructura no relacionada con el culto, posiblemente una atalaya.
Bibliografía. A. Zertal et al., *Archaeology and the Bible,* 1: *Early Israel,* editor. H. Shanks y D. P. Cole (Washington, 1990), 76-107 [cuatro artículos].

Robert T. Anderson

EBAL (Heb. *ʿêḇāl*) **(PERSONA)**

1. El tercer hijo de Sobal y un descendiente del horeo Seir; antepasado epónimo de un clan de Edom (Gn 36.23; 1 Cr 1.40).

2. Un hijo de Joctán y descendiente de Sem (1 Cr 1.22). El relato paralelo en la Tabla de Naciones da su nombre como Obal (Gn 10.28).

ÉBANO
La madera de dos especies de árbol, *Diospyros ebenaster Retz.* y *Diospyros melanozylon Roxb.*, ambos originarios del subcontinente indio y Sri Lanka. Los fenicios transportaron la madera a Tiro desde Dedán en el Golfo Pérsico y desde allí comerciaron por todo el mundo Mediterráneo (Ez 27.15). La madera exterior es blanca y tiene poco valor, pero el interior se hace negro y duradero con el tiempo y fue muy valorada en carpintería fina, ornamentos, mobiliario, y algunas prácticas religiosas en el mundo antiguo. Los trabajos de ébano fueron muy apreciados por babilonios, egipcios, griegos, fenicios, y romanos.

Thomas B. Slater

EBED (Heb. *ʿeḇeḏ*)

1. El padre de Gaal el adversario de Abimelec (Jue 9.26-35).

2. El hijo de Jonatán y la cabeza de la familia de Adín quien, acompañado por «50 varones,» volvió del exilio con Esdras (Esd 8.6).

EBED-MELEC (Heb. *ʿeḇed melek*)
Etíope que reprochó al rey Sedequías por la decisión de colocar a Jeremías en una cisterna (Jer 38.7-13; 39.15-18) durante el sitio de Jerusalén por Babilonia. Ebed-melec entonces rescató a Jeremías de la cisterna en un tiempo cuando todo Jerusalén parecía haber abandonado al profeta. Su nombre en hebreo significa «siervo de un rey. » Tradicionalmente, los eruditos han supuesto que él fue esclavo de Sedequías, pero la conformidad del rey a su petición sería una respuesta extraña a la crítica de un esclavo. La frase «el siervo del rey» ocurre en numerosos sellos de Judá en el siglo VII, donde se refiere a oficiales de alto rango. Ebed-melec es llamado un *sāris*, un término que se refiere a un eunuco o un funcionario (usado así en todo el libro de Jeremías, por lo general en contextos militares).

Ebed-melec es llamado «el cusita» (Jer 38.7).

Ebed-melec era sin duda un africano de piel negra (cp. la referencia de Jeremías a la piel de los cusitas, Jer 13.23). Los cusitas eran soldados y mercenarios en el ejército de Egipto, el aliado principal de Judá en su rebelión contra los babilonios. Ebed-melec, por lo tanto, era probablemente el comandante de una unidad militar Egipcio-cusita, ejerciendo presión política considerable sobre Sedequías.

Bibliografía. R. Deutsch y M. Heltzer, *Forty New Ancient West Semitic Inscriptions* (Tel-Aviv, 1994); J. D. Hays, «Los cusitas: una nación negra en la Biblia,» *BSac* 153 (1996): 396-409.

J. Daniel Hays

EBENEZER (Heb. *'eb̠en hā'ezer*)
El lugar de la batalla en la cual los filisteos capturaron el arca (1 S 4.1; 5.1). Ebenezer también es lugar el donde los israelitas al mando de Samuel derrotaron a los filisteos, después de lo cual él erigió un monumento que llamó «Ebenezer» (lit., «piedra de ayuda») para conmemorar la ayuda de Dios (1 S 7.12). Los eruditos han discutido si esto representa un lugar o dos. Ya que Samuel erige y llama su monumento Ebenezer después de que la batalla de 1 Samuel 4 ha ocurrido ya, dos ubicaciones distintas pueden ser inferidas. Además, Ebenezer en 1 Samuel 4 está cerca de Afec en el camino de la costa filistea a Silo, mientras Ebenezer en 1 Samuel 7 está cerca de Mizpa (Tell en-Naṣbeh) al norte de Jerusalén. Sin embargo, hay una simetría de narrativa entre las dos batallas, y los dos relatos reflejan la importancia de la fidelidad de Israel a Jehová en la determinación de su destino, sugiriendo que el nombre puede ser simplemente un recurso literario.

Los arqueólogos han sugerido identificar Ebenezer con 'Izbet Ṣarṭah (14675.16795), un sitio israelita 4-dunams cerca de Afec, aunque sólo sea porque es el sitio israelita más cercano al pueblo filisteo de Afec. Sin embargo, no hay nada aparte de su correspondencia geográfica a 1 Samuel 4 que puede confirmar su identidad como Ebenezer.

Bibliografía. I. Finkelstein, *Izbet Sartah* (Oxford, 1986).

Robert D. Miller, II

EBEZ (Heb. *'eb̠eṣ*)
Ciudad dentro del territorio tribal de Isacar (Jos 19.20). Su ubicación se desconoce.

EBIASAF (Heb. *'ebyāsāp*) (también ABIASAF)
Levita del linaje de Coat, se dice haber sido el padre de Asir (1 Cr 6.23, 37) o Coré (9.19).
En Éxodo 6.24 se le llama Abiasaf.

EBIONITAS
Nombre para cristianos judíos primero atestiguado en Ireneo (*Cont. her.* 1.26.2; Gr. *ebionaioi*) c. 180 d.C. La palabra se deriva del heb. *'eb̠yônîm* y significa «los pobres.»

El origen exacto y el referente del nombre son inciertos. El uso paralelo del hebreo en los escritos de Qumrán hace que sea prácticamente seguro que el nombre era al principio una autodesignación honorífica: «los pobres» son el pueblo favorecido de Dios (p. ej., 4QpSal37 2.9; 1QpHab 12.3; 1QM 11.9). El fondo de este uso es aparente en el AT (p. ej., Amós 2.6-7; el sinónimo *'ānî* también es común; cp. esp. los Salmos, p. ej., Sal 35.10) y en el Oriente antiguo más amplio.

Cuánto tiempo atrás se remonta la designación entre los seguidores de Jesús es algo que se disputa. Algunos eruditos ven el título presente ya en las referencias de Pablo a una colecta para «los pobres» en Jerusalén (Gá 2.10). Pero en Romanos 15.26 Pablo distingue este grupo de los otros creyentes de Jerusalén hablando «de los pobres entre los santos.» En 2 Corintios 9.12 Pablo confirma además el aspecto económico, o literal, hablando de la colecta como la compensación «de las carencias de los santos.» No obstante, la colecta de Pablo para los pobres sin duda tenía un aspecto político para la iglesia que implicó el reconocimiento de Jerusalén como el centro de los creyentes. Resulta difícil imaginarse cualquier uso de la palabra «pobre» entre los primeros creyentes sin algunas alusiones religiosas (cp. Mt 5.3).

Otros eruditos piensan que el término sólo fue adoptado más tarde por un grupo de cristianos judíos, recogiendo en parte en el dicho de Jesús en Mateo 5.3. En el siglo XIX Adolf Hilgenfeld aceptó la historicidad de un fundador llamado Ebión, primero atestiguado en Tertuliano (*De praescr haer.* 33.5) e Hipólito (*Ref.* 7.35.1). Pero lo más probable la suposición de la existencia de un Ebión se deriva del impulso heresiológico de atribuir las «herejías» a una figura herética particular (en este caso quizás al principio en el *Sintagma* perdido de Hipólito). Sin duda los heresiólogos son en parte responsables de la aplicación del nombre ebionitas más ampliamente a todos los cristianos judíos. Así Ireneo, siguiendo su fuente, agrupa a todos los cristianos judíos bajo el título ebionitas y les atribuye la creencia en la generación natural de Jesús por José y María, el uso de sólo el Evangelio de Mateo, el rechazo de Pablo como un apóstata de la ley, y la veneración de Jerusalén.

Las extensiones de la erudición moderna han seguido a Epifanio en la distinción de los ebionitas de otra rama de cristianos judíos, los nazarenos. Al vincular la descripción de Ireneo de los ebionitas con el grupo más estricto de cristianos judíos mencionado sin nombre específico en el *Dial.* 47–48 de Justino Mártir, estos eruditos aplican el nombre ebionitas a los cristianos judíos más estrictos y dejan el de nazarenospara los moderados. Esto se debe evitar porque carece de justificación histórica. Además descuida la verdadera descripción de Epifanio del grupo ebionita o debe postular una variedad «gnóstica» adicional de ebionismo. Epifanio une sus ebionitas con el Pseudo-Clemente, con el antipaulino Ascención de Jacobo, y con un evangelio cómodamente llamado el Evangelio de los Ebionitas por eruditos modernos. Si bien es posible que Epifanio recibiera estos escritos de un grupo del siglo IV que se llamó ebionitas, la división de Epifanio de los cristianos judíos en ebionitas y nazarenos puede deberse parcialmente a la presión para completar sus anunciadas «80 herejías»; él inventó y dividió cuando fue posible, aquí ampliamente recogiendo en la anterior opinión heresiológica de que había dos tipos de cristianos judíos.

Bibliografía. E. Bammel, «*ptōchós*», *TDNT* 6.888-915; A. F. J. Klijn y G. J. Reinink, *Patristic Evidence for Jewish-Christian Sects.* NovTSup 36 (Leiden, 1973); G. A. Koch, *A Critical Investigation of Epiphanius'Knowledge of the Ebionites* (Filadelfia, 1976); G. Strecker, «On the Problem of Jewish Christianity,» en W. Bauer, *Orthodoxy and Heresy in Earliest Christianity* (Filadelfia, 1971), 241-85.

F. Stanley Jones

EBLA

El nombre antiguo de Tell Mardik en el norte de Siria, 65 km (40 mi) sur de Alepo. El montículo fue de forma intermitente ocupado desde tiempos prehistóricos al menos hasta el siglo V d.C. Los arqueólogos han distinguido una sucesión larga de niveles de ocupación; las áreas principales exploradas pertenecen al Bronce Medio IVA (c. 2400-2300 a.C.) y Bronce Medio II (c. 1800-1600). El sitio consiste en una acrópolis central así como una ciudad inferior mucho más grande, rodeada por un enorme muro; en su extensión más grande cubrió casi 60 ha (148 a).

Las excavaciones en Tell Mardik se han llevado a cabo desde 1964 bajo la dirección de Paolo Matthiae de la universidad de Roma. El descubrimiento en 1968 de una estela inscrita del rey Ibbit-lim aseguró la identificación de la ciudad como la antigua Ebla,

Palacio G con escalera real, paredes y pasillos con columnas en Tell Mardik / Ebla. Aquí se descubrieron algunas 25.000 tablillas cuneiformes (Phoenix Data Systems, Neal y Joel Bierling)

ya conocida por otras fuentes cuneiformes. En 1975 se encontraron las primeras tablillas de arcilla inscritas en el Palacio G en la acrópolis, y finalmente 15 mil tablillas y fragmentos fueron recuperados. Éstos eran los restos de lo que una vez fueron menos de 3000 textos que fueron dejados en tres cuartos cerca del pasillo del auditorio principal. La fecha de estos textos ha sido el tema de mucho debate, pero ahora se está casi universalmente de acuerdo que fueran escritas poco antes del reinado de Sargón de Agade en Mesopotamia (2334-2279, equivalente a la Edad de Bronce IV A1). La destrucción del Palacio G ha sido atribuida a Sargón e incluso a su nieto Naram-sin, ya que ambos afirmaron haber conquistado la ciudad, pero no hay evidencia arqueológica directa para vincular a ninguno al hecho. El período interno de los archivos era igualmente un asunto de controversia, pero se ha establecido ahora que cubrían casi los últimos 50 años antes de la destrucción del palacio (es decir, el tiempo de los reinados de los reyes Igriš-halam, Irkab-damu, e Išar-damu). La dinastía misma va mucho más atrás, pues los textos rituales y administrativos proporcionan los nombres de 27 reyes.

Los textos fueron escritos en al menos tres idiomas: el sumerio, una forma primitiva del acadio, y una lengua semítica hasta ahora no atestiguada que fue inmediatamente llamada eblaita. Los primeros dos sólo fueron usados en textos escolares literarios de origen mesopotámico, mientras el eblaita fue usado en textos administrativos, de cancillería, y diplomáticos así como en algunas composiciones literarias, principalmente conjuros y textos léxicos. Hay mucho debate sobre la clasificación de la nueva lengua; la morfología sugiere que era una forma semítica oriental (acadio), pero ya que emplea muchas palabras que de otra manera sólo ocurren en el semítico occidental, también ha sido considerada como una forma primitiva del cananeo. Es aparente ahora que este no era sólo un idioma local, sino uno que estaba en uso a lo largo de Siria y el norte de Mesopotamia en el tercer milenio y es atestiguado, con variaciones locales, en tablillas casi contemporáneas de Mari y Tell Beydar. Los dialectos relacionados estaban en uso en Mari hasta el reinado de Yaḫdun-lim (c. 1800), cuando un cambio al antiguo babilonio fue efectuado con objetivos administrativos.

Los registros del tercer milenio consisten en un pequeño número de textos escolares y rituales así como una amplia variedad de registros administrativos y diplomáticos. Los documentos económicos son lacónicos, reiterativos, y llenos de fórmulas. Aprendemos más sobre la forma escrita de la lengua eblaita de otros tipos de textos. Los rituales de entronización locales son en particular importantes para nuestro conocimiento de la cultura y lengua de la ciudad, como son un pequeño número de tratados, donaciones de tierra, y textos epistolares. La mayoría de los textos escolares fueron importados de Mesopotamia y son duplicados en sitios sumerios tales como Abu Salabikh y Fara. Los conjuros eblaitas pueden haber sido locales, pero además de deidades sirias mencionan a dioses de Mesopotamia tales como Enlil (Illilu). Las listas de palabras, también llamadas textos léxicos, una parte importante del estudio de escritura cuneiforme, son bien representadas, unas con traducciones eblaitas de las palabras sumerias. También hay algunas listas de palabras eblaitas monolingües. Las composiciones literarias, todas de origen mesopotámico, incluyen un himno al dios sol, un texto acerca de la diosa de la escritura, y una composición sumeria difícil mencionando al dios Ama-ušumgal-ana.

Los textos administrativos se dividen en varias categorías y atañen principalmente a la corona y sus dependientes; ellos así revelan los funcionamientos de sólo un sector específico del estado. El punto central de los registros era la extensa familia del gobernante, los dependientes de la corona, y familias de la elite relacionadas. La autoridad principal para operaciones en los registros principales estaba en las manos de una persona, un visir o mayordomo de la hacienda real. Las tres personas que ocuparon esta posición eran Arenum, Ibrium, y su hijo Ibbi-zikir. El reino era uno de muchos puestos en una lista en los estados territoriales en Siria; más de 1400 nombres de lugar ocurren en los documentos, y aunque muchos de ellos no puedan ser identificados en la actualidad, un buen número eran sin duda pequeñas aldeas en los alrededores de la ciudad. Al este se encuentra el estado aliado de Emar, y más abajo en el Éufrates estaba Mari. Al norte y al noreste Ebla tuvo que competir con otros regímenes, y su influencia alcanzó hasta Carquemis. A veces Ebla tuvo que pagar tributo a Mari. Parece que la población de las ciudades mencionadas en los documentos de Ebla ha sido uniformemente de habla semítica, si uno puede juzgar por los nombres personales. No hay un rastro de hurrita o amorreo, aunque una ciudad llamada *mar-tu* (la forma Mesopotamia de escribir amorreo) ocurre. Los registros documentan complejas relaciones diplomáticas entre Ebla y otros estados sirios, así como con el estado mesopotámico de Kish. Los recibos lacónicos de entregas y bienes sociables esconden la verdadera naturaleza de las transacciones, si ellos deben ser clasificados, en términos modernos, como tributo, intercambio de regalo, o comercio. Las relaciones que son registradas son con otros centros urbanos, y es imposible determinar la importancia de la gente no sedentaria en este período. Las raciones de comida para el personal de palacio, así como la documentación de mujeres que participan en la producción de lana, una parte importante de la economía real, arrojan luz en asuntos de la organización de dependientes de la corona. Además de la industria de tela, de suma importancia en Ebla, los textos proporcionan información detallada sobre la ganadería, principalmente el cuidado de grandes manadas de ovejas, en el cultivo de cebada, trigo, aceite, y parras, así como en el intercambio y la producción de cantidades grandes de metales y bienes metálicos, incluso plata, oro, lata, cobre, y bronce. Las transparentes cantidades de metales preciosos registradas en los textos son impresionantes, como es ejemplificado por un registro de entregas hechas por Ebla a la ciudad de Mari durante varios años, ascendiendo a más de 65 kg (140 libras) de oro y 1000 kg (2200 libras) de plata.

Las tradiciones religiosas de Ebla sólo se pueden vislumbrar. El dios principal de la ciudad, Kura, es por otra parte desconocido, al igual que es su consorte Barama. Otros dos dioses estatales principales eran la diosa del sol y el dios de la tormenta Hadda, también adorado bajo el nombre Hadda-baal. Otras deidades importantes eran Ashtar, Dagán, Gašru, Rašap, Kamiš, e Ishara. Las listas de ofrendas y rituales proporcionan un poco de información sobre el culto estatal, incluyendo la adoración de reyes antepasados, pero nada se sabe de prácticas religiosas diarias de la población.

En la época que la dinastía de Ur III era dominante en Sumeria y Acadia (2100-2000) Ebla fue una de las pocas ciudades sirias mencionadas en textos de Mesopotamia. En Ebla este período (IIB2) es representado por un complejo de edificio de gran tamaño (el Palacio Arcaico) encontrado en la parte noroeste del montículo. Restos arqueológicos de la primera mitad del segundo milenio (IIIA y IIIB, c. 2000-1600) demuestran que Ebla fue una ciudad próspera hasta la siguiente destrucción, generalmente atribuida a los hititas. En este tiempo el centro urbano alcanzó su mayor extensión y estaba rodeada por un muro de ladrillo macizo. Aunque no hayan sido descubiertos registros de este período, los ricos hallazgos arqueológicos, incluso tumbas extensas de la elite, proporciona mucha información sobre la cultura de los tiempos. La ciudad nunca más alcanzaría tal extensión y fue ocupada de forma intermitente en varias oportunidades después de 1600; los últimos restos de la actividad humana son del primer milenio d.C.

Bibliografía. A. Archi, «Fifteen Years of Studies on Ebla,» *OLZ* 88 (1993): 461-71; «Ebla Texts,» *OEANE* 2.184-86; P. Matthiae, «Ebla», *OEANE* 2.180-83; L. Milano, «Ebla: A Third-Millennium City-State in Ancient Syria,» *CANE* 2.1219-30.

PIOTR MICALOWSKI

ECBATANA (Gr. *Ekbatana;* O. Pers. *hagmatāna;* Aram. *ʾaḥmĕṯāʾ*)

Nombre transliterado al griego de Hagmatana (Hamadan moderno), la principal ciudad en Media. Ocupa una posición estratégica en el principal paso por la Alineación Alvand, la variedad oriental de las montañas Zagros frente a la meseta iraní. Ecbatana está junto a la principal ruta comercial este, oeste entre Mesopotamia y el Este. La urbanización intensa en Asiria a partir del siglo IX a.C., en adelante y la necesidad correspondiente de provisiones extranjeras probablemente dieron a la ciudad su importancia durante el siglo VII. Según Herodoto, Ecbatana fue fundada por el rey Deioces c. 700, pero la historicidad del informe de Herodoto de la aparición del estado de Media ha sido puesta en duda.

La investigación arqueológica sistemática de Ecbatana ha resultado muy difícil, ya que el sitio todavía está poblado. Excavaciones arqueológicas en otros sitios de Media indican la prosperidad económica y cultural durante el siglo VII. Después de que Ciro el Grande la conquistó c. 550, Ecbatana llegó a ser la residencia de verano para los reyes aqueménidas. En sus archivos, Darío I encontró una copia del edicto de Ciro (Esd 6.2).

El libro de Judit, juzgado por los eruditos como históricamente sospechoso, menciona que Ecbatana fue fundada por cierto Arfaxad, de otra manera desconocido (Jdt 1.1), y se dice que Nabucodonosor saqueó la ciudad en una campaña contra Arfaxad (vv. 13-14). Ecbatana es un hogar para Raguel y Edna y su hija Sara, con quien Tobías se casa (Tob 3.7; 5.6; 7.1); Tobías más tarde huye de Nínive para instalarse en Ecbatana (14.14).

GERALD M BILKES

ECLESIASTÉS, LIBRO DE

En las Biblias cristianas, el libro veintiuno del AT, inmediatamente después de Proverbios. En la Biblia hebrea es agrupado con los Megillot (los cinco rollos usados en las celebraciones religiosas principales del judaísmo). El libro es leído en su totalidad durante Sucot (la fiesta de las cabañas o tabernáculos) cuando Israel recuerda su estancia en el desierto y celebra el final de otra temporada de cosecha en la Tierra Prometida.

Eclesiastés es nombrado según el principal orador en el libro, llamado Cohélet («uno que reúne») en el hebreo o *ekklēsiastēs* («miembro de una asamblea») en griego. En algunos lugares el término es usado como un título (*el* Cohélet en 7.27; 12.8), y en otros parece que es el nombre de una persona o un sobrenombre (1.1, 2, 12; 12.9-10). En hebreo *qōheleṯ* puede referirse a la actividad de reunir un auditorio o una colección de dichos. Ya que la tradición recuerda a Cohélet como uno que «enseñó sabiduría al pueblo; e hizo escuchar, e hizo escudriñar, y compuso muchos proverbios» (12.9), la traducción «Maestro» (NIV) es más exacta que «Predicador» (RVR-1960).

La Sinagoga y la Iglesia tradicionalmente han identificado a Cohélet con Salomón, pero el nombre Salomón no ocurre en ninguna parte en el libro. Salomón era conocido como el prototipo del liderazgo de sabiduría, y 1.1 llama a Cohélet «hijo de David, rey en Jerusalén.» Pero varias declaraciones en el libro son difíciles de conciliar con lo que sabemos de Salomón por otras fuentes. En 1.12 Cohélet dice que él «*fue* rey sobre Israel en Jerusalén,» implicando que él habla a partir de un tiempo cuando su reinado se había terminado, y 1.16; 2.7 implican que muchos otros reyes habían precedido al orador en el trono en Jerusalén. Tanto 8.2-9 como 10.16-19 suenan más bien como las opiniones de un súbdito que las de un rey.

El hebreo en el cual la forma presente del libro está escrito representa una etapa muy tardía en el desarrollo de la lengua. El texto contiene palabras prestadas del persa y arameo y usa cierto vocabulario y formas gramaticales que sólo se hicieron comunes poco antes del comienzo de la era cristiana. Así, la forma actual del libro debe venir cuando muy temprano del período del Segundo Templo (es decir, de al menos cuatro siglos después que Salomón), y Cohélet es probablemente un maestro de sabiduría que toma *al personaje* de Salomón a fin de sostener que hasta alguien tan sabio y rico como Salomón diría lo que el Maestro dice, si se le diera una posibilidad de hacerlo.

Eclesiastés ha sido entendido de modos radicalmente diferentes por lectores diferentes porque la metáfora temática central (tradicionalmente traducida «todo es vanidad») es intrínsecamente ambigua. Heb. *heḇel* («vanidad») ocurre 38 veces en Eclesiastés, comparado con sólo 35 usos en todo el resto del AT. En su sentido más simple y más básico *heḇel* quiere decir «un soplo de aire,» «un aliento,» o «vapor» (p. ej., Is 57.13; Sal 39.5, 11 [TM 6, 12]). Pero *heḇel* adquiere asociaciones negativas cuando se usa para describir la inutilidad de ídolos (Jer 2.5; 8.19; 10.8; 2 R 17.15) o la inconstancia de aliados humanos (Is 30.7). Así «todo es *heḇel*» (1.2; 12.8) puede ser entendido en un sentido positivo o en uno negativo.

Aquellos que piensan vanidad *(heḇel)* es un término peyorativo que significa «inútil» o «sin sentido» ven al Maestro como un hombre que carece de fe y ponen en duda la presencia del libro en el canon de las Sagradas Escrituras. Los que entienden que *heḇel* («vanidad») se refiere a lo que es transitorio o efímero ven las enseñanzas de Eclesiastés en una luz más positiva, sobre todo cuando se entiende que la no permanencia se aplica a todo lo que está «debajo del sol» en contraste con la permanencia de Dios. Cohélet piensa que la vida humana y los productos del trabajo humano son «parecido a un aliento» (efímero, de duración corta), no «sin sentido.»

Varias partes de Eclesiastés parecen representar puntos de vista contrarios (compare 5.1-6 [4.17-5.5] con 9.1-2 o 8.12-13 con 8.14) porque el Maestro usa una forma antigua de retórica conocida como «diatriba» o «discurso de discusión,» en la que un orador cita un punto de vista contrario a fin de refutarlo. Este «Sí, pero...» estilo de discurso es usado a fin de poner en duda la verdad de varias suposiciones tradicionales. En efecto, Eclesiastés se dice a sí mismo (o a su auditorio), «Sí, puede ser verdad como la tradición nos dice, que 'estará bien con aquellos que temen a Dios' y 'no estará bien con el malo' (8.12-13) *pero* la experiencia nos dice que '*en la tierra,* hay gente honrada que es tratada según la conducta del malo, y hay gente mala que es tratada según la conducta del justo'» (v. 14).

A diferencia de los que hablan en el libro de Proverbios, que parecen pensar que las consecuencias de la acción humana son relativamente predecibles, Cohélet sostiene que los seres humanos deben decidir actuar sin estar completamente seguros de los resultados finales de sus acciones (11.1-6) y que los mortales deben vivir sus breves vidas bajo el sol sin ser capaces de averiguar exactamente lo que Dios tiene en mente hacer (3.1-11; 8.17).

El libro no puede ser bosquejado como un argumento lógico, ordenado o estructurado. Los temas van y vienen, se consideran brevemente, se abandonan por un rato y luego reaparecen para el examen adicional. Sin embargo, en general, los seis primeros capítulos consideran lo que es bueno para los seres humanos hacer durante su breve vida «debajo del sol,» mientras los seis últimos capítulos tratan principalmente con lo que los seres humanos pueden y no pueden saber.

En caps. 1–6 Eclesiastés insiste que nada duradero o permanente pueda resultar de los esfuerzos humanos. Como los elementos de la naturaleza que continuamente se reciclan, las acciones humanas deben ser hechas una y otra vez (1.3-9). A aquellos que esperan hacer una impresión permanente en el mundo, Cohélet declara que la fama no dura (1.10-11). Él recuerda a aquellos que trabajan para amontonar «las cosas buenas en la vida,» que no pueden tomar sus posesiones con ellos cuando mueren (5.15 [14]). En realidad, él dice: «algún necio heredará probablemente lo que ellos han trabajado con tanto ahínco para acumular (2.18-21; 4.7-8; 5.13-17 [12-16]; 6.1-3). El Maestro recuerda a aquellos que trabajan con extremo ahínco a fin de adquirir sabiduría que, a pesar de lo que los oradores en Proverbios dicen sobre las propiedades vivificantes de la sabiduría (p. ej., Pr 13.14), «morirá el sabio como el necio» (Ec 2.14-17).

En vez de trabajar ellos mismos hasta morir a fin de adquirir la fama, la riqueza o la sabiduría, Eclesiastés piensa que la gente debería «comer, beber, y encontrar el placer en su arduo trabajo» (2.24-26; 3.12-13; 5.18-20 [17-19]; 8.15; el 9.7-10) durante sus breves (como *heḇel*) vidas «debajo del sol.» Él no piensa que la gente debería recostarse y no hacer nada. Más bien, él insiste que el trabajo debiera ser hecho por el puro placer de hacerlo, por el placer de un trabajo bien hecho, o simplemente porque tiene que ser hecho (4.5-6; 5.18-20 [17-19]; el 9.9-10), no porque esto traerá la riqueza, la sabiduría, o la fama del trabajador.

El versículo final en cap. 6 introduce las preguntas que dominarán los caps. 7–12: «¿Quién sabe qué es bueno para que los mortales hagan mientras ellos viven los pocos días de su vana (como *heḇel*) vida?... ¿Porque quién puede decirles qué será después de ellos debajo del sol?» (6.12). Cohélet duda de las afirmaciones de aquellos que piensan que ellos pueden predecir lo que Dios hará (7.14; 8.17). Por lo tanto, él aconseja a sus estudiantes: «Anda, y come tu pan con gozo, y bebe tu vino con alegre corazón» (9.7). «Goza de la vida con la mujer que amas, todos los días de la vida de tu vanidad (lit., parecido a un aliento) que te son dados debajo del sol» (9.9).

El Cap. 3 reúne los temas principales de ambas mitades del libro. El Maestro usa el poema conocido en 3.2-8 para sostener que porque Dios tiene propósitos que siempre permanecerán desconocidos para nosotros y porque nosotros no podemos añadir o quitar a la obra de Dios, por lo tanto no deberíamos trabajar al punto del agotamiento tratando de garantizar que nuestras propias acciones tendrán resultados permanentes (vv. 9-15).

La frase «debajo del sol» juega una parte importante en el desarrollo del argumento de Cohélet. A pesar de lo que la sabiduría tradicional enseña, la experiencia de Cohélet le dice que la justicia no siempre ocurre «debajo del sol» (3.16; 7.15; 8.14; el contra Pr 10.2, 16; 11.4, 31, etc.), que pecar no necesariamente acorta la vida del pecador tampoco la justicia amplía la vida del justo (Ec 7.15; 8.12-14; contra Pr 10.27). Sin embargo, Cohélet deja abierta la posibilidad que alguna forma de juicio pudiera ocurrir fuera del ámbito de la experiencia humana. Habiendo sostenido que hay un tiempo adecuado para todo «debajo del cielo» (3.1-8), Cohélet puede seguir creyendo «en su corazón» que Dios juzgará (tarde o temprano) al justo y al malo (3.17). Pero no cree que alguien realmente puede saber lo que nos pasa después de que morimos (3.19-22).

La metáfora extendida en 12.1-7, que compara la vejez y la muerte a una mansión que se deteriora en una gran propiedad, se emplea para recordar al lector una vez más que la vida (como todo lo demás debajo del sol) es de breve duración. Pero la falta de permanencia no quiere decir la carencia de valor. La vida es a la vez breve *(heḇel)* y dulce (11.7-10).

El libro termina con los comentarios de un redactor posterior sobre la carrera de Cohélet (12.8-10) y un poco de consejo concluyente del redactor al lector (12.11-14).

Bibliografía. J. L. Crenshaw, *Ecclesiastes.* OTL (Filadelfia, 1987); F. Crüsemann, «The Unchangeable World: The 'Crisis of Wisdom' in Koheleth,» en *God of the Lowly,* editor. W. Schottroff y W. Stegemann (Maryknoll, 1984), 57-77; K. A. Farmer, *Who Knows What Is Good: A Commentary on the Books of Proverbs and Ecclesiastes.* ITC (Grand Rapids, 1991); M. V. Fox, *A Time to Tear Down and a Time to Build Up: A Rereading of Ecclesiastes* (Grand Rapids, 1999); R. B. Y. Scott, *Proverbs-Ecclesiastes.* AB 18 (Garden City, 1965); R N. Whybray, «Cohélet, Predicador de Alegría,» *JSOT* 23 (1982): 87-98.

KATHLEEN FARMER

ECLESIÁSTICO

Ver Sirac, la Sabiduría de Jesús el hijo de.

ECONOMÍA

Muy poco se sabe acerca de los detalles de instituciones y prácticas económicas en el mundo mediterráneo antiguo. Por lo que se conoce sobre las condiciones generales allí, sin embargo, es posible inferir mucho sobre la vida útil en esos tiempos. De primordial importancia es el hecho de que la mayoría de las personas eran muy pobres. Como sabemos de nuestro mundo moderno, la gente que es muy pobre gasta la mayoría de sus ingresos en alimentos, y hay suficiente razón para creer que tal era el caso en el mundo bíblico. Por consiguiente, las economías del Mediterráneo antiguo eran en gran medida agrícolas. Esto no quiere decir, sin embargo, que ellos eran rurales en el sentido que la gente de granja vivió en posiciones extensamente dispersadas de las parcelas de tierra que ellos trabajaron. Aún hoy es la práctica en partes de esa región del Mediterráneo que los agricultores vivan en ciudades o pueblos y salgan a sus campos para trabajar cada día.

Otras características del Mediterráneo antiguo llevaron a un alto grado de autosuficiencia en agricultura, más bien que la especialización y el comercio en productos agrícolas. La primera era el alto costo del transporte terrestre de materiales abultados. Según el famoso edicto del emperador romano Diocleciano publicado c. 300 d.C., que procuró controlar precios después de medio siglo de degradación monetaria e inflación, el costo de entregar una carga de trigo se duplicaría con un viaje de 480 km (300 mi).

El transporte marítimo era mucho más barato, sin embargo, y cantidades grandes de trigo y otros productos agrícolas fueron transportadas por vía marítima. Los altos costos de transporte hicieron que los precios de los productos agrícolas se elevaran relativamente rápidamente con la distancia cuando fueron transportados por tierra y redujeron la probabilidad de que los productos importados serían más baratos que los producidos en la localidad.

El otro factor que inhibió la especialización y el comercio en productos de granja es la similitud de condiciones climáticas en la cuenca del Mediterráneo. Hay, desde luego algunos rasgos especiales dramáticos de sitios particulares. La inundación anual del Nilo renovaba la fertilidad de las tierras de labranza a través de sus bancos en Egipto. La posición del Levante en la orilla de sotavento del Mediterráneo produjo un modelo estacional fuerte de precipitación que fuertemente influyó en el tiempo de plantación de cosechas de grano. En general, sin embargo, la precipitación y la temperatura son similares en toda la región, de manera que las cosechas similares fueran cultivadas. Especialmente importante eran cebada y trigo, uvas y aceitunas. Las uvas fueron convertidas en pasas y vino; aunque las aceitunas se comían, fueron usadas principalmente para producir el aceite de oliva, que fue usado para cocina, baño, e iluminación.

El período del AT

La diferencia principal entre el tiempo de Israel y Judá y tiempos más antiguos era el uso de hierro forjado. El acero fue producido por el calentamiento repetido del hierro en un fuego de carbón y sumergiéndolo en agua fría. La técnica de hierro forjado fue desarrollada c. 1400 a.C., probablemente en las montañas armenias.

Su introducción en el Levante es por lo general atribuida a los filisteos. El acero era más barato que el bronce, el metal principal utilizado antes, en parte porque los minerales de hierro estaban extensamente disponibles mientras que el estaño, que fue mezclado con el cobre para obtener el bronce, sólo podía obtenerse en algunos sitios. Cuando era usado en rejas del arado, el acero cortaba más profundo. Fue mejor adaptado a herramientas, como hachas, que fueron usadas para limpiar bosques. El acero así contribuyó tanto al establecimiento de las tierras altas de Israel como a la construcción naval por los fenicios.

El antiguo Israel estaba sujeto a la variabilidad moderadamente alta tanto en la precipitación total como en su distribución estacional. Debido a esta variabilidad, era conveniente para agricultores cultivar una variedad de cultivos como el seguro contra el fracaso de algunos, más bien que especializarse en un solo cultivo. Los agricultores, por lo tanto plantarían así tanto la cebada como el trigo, cuyas cosechas eran aproximadamente siete semanas de diferencia, y también cultivaban uvas, aceitunas, y otros cultivos de fruta que se cosechaban en el otoño. Además, encontraron conveniente mantener ovejas y cabras, en parte como seguro y también para el abono de huertos y los campos actualmente dejados en barbecho. Tal variedad de productos llamó la atención en diferentes momentos, entonces el trabajo del agricultor habría sido más regularmente utilizado a lo largo del año que si todo su esfuerzo fuera a ser dedicado a un solo cultivo. Estos factores, además de altos gastos de transporte terrestre y similitud de clima, tendieron a producir la autosuficiencia en la agricultura y trabajar contra la especialización y comerciar con productos de granja en el antiguo Israel.

A pesar de la producción de una variedad de productos como un seguro contra la pérdida de cosecha debido al tiempo, la variabilidad de precipitación probablemente causó pérdidas ocasionales a agricultores. Estas pérdidas, a su vez, habrían sido seguidas por la toma de préstamo y a veces por pérdidas adicionales. Algunos agricultores probablemente perdieron su tierra o fueron esclavizados por deudas. El aumento de la concentración en la propiedad de tierra y una creciente población de esclavos domésticos podría haber tenido graves consecuencias para la estabilidad social. Tal vez fue por esta razón que instituciones, como el año sabático y el año del jubileo se desarrollaron para mejorar los efectos de pérdidas que resultan de la variabilidad de la precipitación.

Dos aspectos de la producción agrícola sin duda contribuyeron a la formación de la familia extendida y grupos sociales más grandes, como clanes y de pequeños asentamientos. Uno es el esfuerzo intensivo requerido en determinadas ocasiones, sobre todo la siembra y la cosecha. Los grupos de familia habrían ayudado a suministrar el trabajo más allá del de un solo agricultor para tales períodos. Escalonando los tiempos de siembra, y así también los de cosecha, de varios agricultores, cada uno y sus familias podrían ayudar a los demás en la siembre y la cosecha. Del mismo modo, el equipo, como arados y bueyes podría ser utilizado más totalmente al ser compartido por más de una familia. Otras piezas del equipo de capital, como eras y prensas de vino y aceituna, que ninguna familia individual habría sido capaz de utilizar totalmente, podrían haber sido compartidas por grupos todavía más grandes. Así podríamos esperar que los asentamientos se hubieran desarrollado.

Aunque la agricultura fuera de lejos la actividad económica dominante en el Mediterráneo antiguo, el comercio ha existido probablemente casi la misma cantidad de tiempo. Había dos rutas de tierra principales en Palestina, el Camino del Mar y el camino real. El primero corría en dirección noreste de Egipto a través del litoral mediterráneo y sobre la cordillera de Carmel a Meguido. Desde ese punto, las rutas fueron a Fenicia, norte de Siria y Damasco. El camino real corría hacia el norte del Golfo de Akaba por las colinas al este del río Jordán a Rabá y hasta Damasco. La mayoría de los productos que venían por vía marítima habrían atravesado probablemente el Golfo de Akaba o por uno de los puertos fenicios. Debido al alto costo de transportar productos a granel por tierra, se podría esperar que los productos transportados habrían sido relativamente valiosos por su peso: artículos de lujo, metales preciosos, o materias primas estratégicas, como el estaño. Parece que nuestro conocimiento más completo del comercio en el NT y la época medieval y las materias notadas en 1 Reyes 10.2, 22, 25 apoya esta presunción.

Hay poca evidencia de fabricación más allá de artesanías locales para los períodos del AT o para el NT. La principal evidencia para el más antiguo de estos períodos es el descubrimiento de más de 100 instalaciones de aceite de oliva en Tel Miqne-Ecrón, cada uno de los cuales era de relativamente pequeña escala. Mientras el aceite de oliva fue sin duda producido en muchos lugares para el consumo local, tan gran cantidad de instalaciones sugieren que la producción en Ecrón fuera para la exportación, probablemente por agua. Estas instalaciones parecen haber existido bajo los asirios durante el siglo VII, pero haber muerto después de que Asiria fue derrotada por los babilonios. Uno sólo puede especular respecto a por qué este puede haber sido el caso. No hay ninguna razón particular, además, para creer que las instalaciones de Ecrón son indicativas de industrialización estable y sostenida y desarrollo económico durante el período del AT.

Al igual que las ciudades-estado de la Edad de Bronce Tardío de Canaán, los rasgos económicos de las instituciones gubernamentales parecen haber sido del tipo feudal o hasta primitivos durante la Edad de Hierro. Las unidades militares a menudo parecen haber sido pequeños grupos de soldados mercenarios, y éstos fueron probablemente apoyados por concesiones de tierra del jefe o rey. Los reyes recibieron algunos de sus ingresos de propiedades reales, y los impuestos fueron aplicados en especie o en la forma del trabajo reclutado. El dinero tomó la forma de metales pesados para asignar cantidades en vez de monedas de peso y fineza predeterminados.

El Período del NT

Las conquistas persas que comienzan a mediados del siglo VI marcaron el comienzo de una nueva era de gobierno más sofisticado que duró bastante más allá del período del NT.

Los ejércitos eran más grandes; p. ej., el ejército de Ciro el Grande consistía en c. 30 mil. Ellos estaban formados por los que tiraban con honda, los arqueros, y la caballería además de la infantería y ya no usaron carros en campo abierto. En el bloqueo de sitio de guerra, se emplearon arietes, y las minas bajo paredes. Los persas y los romanos establecieron gobiernos provinciales. Los impuestos fueron recibidos y a los soldados se les pagaba en moneda; sin embargo, los gobernantes siguieron recibiendo ingresos de propiedades reales. Tanto los persas como los romanos construyeron caminos, que fueron usados para movilizar tropas y para el correo entre otros objetivos. Quizás la mayor diferencia entre los períodos del AT y el NT fue el uso de monedas, piezas de metales valiosos de peso y fineza prescrito. Las monedas fueron primero empleadas en Lidia c. 600 a.C. y fueron extensamente usadas en ciudades-estado griegas de Jonia a Sicilia y en Persia. Mientras Herodes el Grande emitió monedas, las monedas más extensamente usadas en tiempos del NT eran el denario de plata romano, la paga de un día para un trabajador o un legionario romano, y el bronce sesterce, igual en valor a un cuarto de un denario.

Las condiciones agrícolas eran en gran medida las mismas en el NT que en el período del AT. Ellas difieren en gran medida en que había posesiones o propiedades de tierra más grandes y el trabajo alquilado era más comúnmente empleado en la agricultura. En contraste con Italia y otras partes del imperio romano occidental, había poca dependencia en el trabajo de esclavos en la agricultura en el Asia Menor y el Levante. La industria, también, era poco diferente a la de los tiempos del AT. La mayor parte de producción tomó la forma de artesanías para el mercado local. Los productos fueron producidos en ubicaciones extensamente dispersadas en ciudades y hasta en las grandes propiedades. Había pocas excepciones importantes a este modelo, sin embargo. Laodicea, Tarso, y Alejandría, p. ej., eran centros importantes para la producción de tela de lino. La producción tendía a ser concentrada cerca de áreas que cultivan el lino debido a la pérdida de peso inherente en la conversión de lino a hilo. Uno de los ejemplos más importantes de especialización y comercio en el mundo romano era la producción y la exportación de la vajilla de Aretrium, Arezzo moderno sureste de Florencia.

Al igual que la agricultura y la industria, el comercio también era en gran medida local durante tiempos del NT. Había dos excepciones interesantes, sin embargo. Una era el comercio marítimo de productos agrícolas en la región del Mediterráneo. Había exportaciones en gran escala de trigo de Egipto, Sicilia, y norte de África a Roma, y el trigo fue probablemente exportado a algunas ciudades más grandes en el Mediterráneo oriental. El vino era exportado de Italia a Galia en el siglo I a.C. y de Galia a Italia antes de finales del siglo I d.C. Igualmente, a partir de finales del siglo I d.C., había exportaciones en gran escala del aceite de oliva del norte de África a Roma. En el Mediterráneo oriental, el aceite italiano fue desplazado por el aceite de las costas del Asia Menor y Siria.

Para los tiempos del NT el comercio de lugares lejanos en materias de valor alto en relación con su peso era significativo. Las materias primas implicadas en este comercio eran principalmente las sedas, piedras preciosas, y «especias». El último incluía no sólo condimentos, como pimienta sino también medicinales, colorantes, y cosméticos.

Estas materias originadas en el Lejano Oriente y fueron cambiadas sobre todo por metales preciosos.

Al parecer fueron transportados por etapas por agua al Golfo Pérsico o Mar Rojo y por tierra por la famosa Ruta de Seda a través de Asia central. Del Golfo Pérsico los productos eran movidas por tierra a través del desierto por Palmira en Siria o Petra en lo que es ahora Jordania. Los productos también fueron movidos al oeste desde el sureste del Mar Negro y de Alejandría, después del transbordo del Mar Rojo.

Bibliografía. D.C. Hopkins, *The Highlands of Canaan* (Sheffield, 1985); J. D. Muhly, «How Iron Technology Changed the Ancient World — and Gave the Philistines a Military Edge,» *BARev* 8/6 (1982): 40-54; R. F. Muth, «Economic Influences on Early Israel,» *JSOT* 75 (1997): 77-92.

RICHARD F. MUTH

ECRÓN (Heb. *ʿeqrôn;* Gr. *Akkarōn*)
Ciudad de la Pentápolis filistea (Jos 13.3). Con la aparición de Israel, Ecrón estuvo considerada como una ciudad de Judá (Jos 15.45-46) y Dan (19.43), quizás situado en su frontera. Ninguna tribu israelita, sin embargo, podía retener con éxito el control de la ciudad, y con frecuencia volvía al control filisteo (cp. Jue 1.18).

Durante los primeros años del ministerio de Samuel como juez, los filisteos controlaron la ciudad. Ecrón era la ciudad a cargo de devolver el arca del pacto a Judá después de su captura por los filisteos en la batalla de Ebenezer (1 S 4, 6). El episodio refleja la proximidad de Ecrón como la más septentrional de las ciudades Pentápolis que colindaba con Judá. Más tarde en el período de juez de Samuel, Ecrón volvió al control israelita (1 S 7.14) sólo para volver otra vez a los filisteos (17.52).

Las referencias posteriores indican que Ecrón estaba fuera de la hegemonía israelita (Jer 25.20; Am 1.8; Sof 2.4; Zac 9.5-7). Elías reprendió a Ocozías por preguntar acerca de su salud a Baalzebub, dios de Ecrón (2 R 1.2-16); lo que implica que la ciudad estaba bajo el dominio extranjero. Nabucodonosor de Babilonia destruyó la ciudad entera en 603, después de lo cual permaneció esencialmente deshabitada. La última referencia bíblica a Ecrón es cuando la ciudad fue concedida al asmoneo Jonatán por su lealtad a Alejandro Balas (1 Mac 10.89).

Ecrón se identifica con las ruinas en Tel Miqne/Kirbet el-Muqannaʿ (1356.1315) c. 56 km (35 mi) suroeste de Jerusalén. El sitio está en el borde oriental de la Sefela que tradicionalmente sirvió como la frontera entre los filisteos e Israel. Tel Miqne cubre c. 20 ha (50 a) consistiendo en unas 16 ha (40 a) ciudad baja y unos 4 ha (10 a) acrópolis.

Los restos dispersos de cerámica dan testimonio de la ocupación en el área para el Calcolítico hasta la Edad de Bronce Media. Sin embargo, en la Edad de Bronce Tardío tres estratos, todos conservan artículos típicos de BT, proporcionan un cuadro más claro de la ocupación del sitio. Estos artículos exquisitos reflejan la aparición repentina de los filisteos y recuerdan su herencia Egea. En la Edad de Hierro I los filisteos fortificaron el sitio y construyeron edificios magníficos con lugares sagrados (Heb. *bāmôṯ*) que reflejó influencias chipriotas. Al final de la Edad de Hierro (el siglo X a.C.), la ciudad estaba generalmente abandonada, quizás reflejando las campañas israelitas y egipcias en curso en el área.

Ecrón surgió de nuevo como un sitio significativo en el siglo VIII durante la presencia neoasiria. Durante este período Ecrón desarrolló una especialidad comercial en la producción de aceite de oliva. Más de 100 instalaciones de aceite de oliva han sido identificadas junto al perímetro del sitio, produciendo aproximadamente 1000 toneladas del aceite de oliva al año.

En el sitio se han encontrado numerosos altares de piedra de cuatro cuernos que sugieren algún control religioso-político de la producción de aceite de oliva. Algunos tarros de tienda indican que el aceite fue dedicado a la diosa madre Asera. Una inscripción dedicatoria de templo identifica el sitio como Ecrón y también se refiere a Aquis, el hijo de Padi, que dedicó el templo a una diosa, probablemente Aserat.

Bibliografía. T. Dothan y S. Gitin, «Miqne, Tel (Ecrón),» *NEAEHL* 3.1051-59; Gitin, «Incense Altars from Ekron, Israel and Judah,» *ErIsr* 20 (1989): 52*-67 *; «Philistine Silver and Jewelry Discovered at Ekron,» *BA* 55 (1992): 152; «Royal Temple Inscription Found at Philistine Ekron,» *BA* 59 (1996): 181-82.

DALE W. MANOR

EDÉN (Heb. *ʿēḏen;* Gr. *Edem*) **(LUGAR)**
Región geográfica donde Dios plantó un huerto, en el cual el primer hombre y la primera mujer fueron colocados y del cual ellos fueron arrojados. A veces el nombre puede connotar mejor a la belleza «edénica», más bien que el lugar en sí. El huerto está «en» el Edén sólo en Génesis 2.8 (con la preposición en

otra parte sólo en Ezequiel 28.13, donde también es llamado «el huerto de Dios» cp. 31.9, par. «árboles de Edén»). En Isaías 51.3 el Edén está en paralelo con «el huerto de Jehová,» encontrado en otra parte sólo en Génesis 13.10 (donde Edén no se menciona). Edén se puede identificar con el huerto en Ezequiel 28.13; 31.9 sólo si su uso es aposicional, más bien que atributivo.

Las teorías de la ubicación eligen entre Armenia al norte o Babilonia al sur en el este de Mesopotamia y más regiones occidentales. Un factor importante aquí es Edén como la fuente de cuatro grandes ríos (Gn 2.10-14). Las opciones para los dos «ríos» debatidos (Pisón y Gihón) han incluido el Indus, Ganges, los canales que unen los dos ríos conocidos, corrientes menores en Elam, el Nilo (Azul y Blanco), la fuente de Gihón en Jerusalén, y el Golfo Pérsico. Las preguntas fundamentales y persistentes son: (1) si hay que unir la etimología de Edén a acadio raro (*edinu,* «estepa clara») o el cognado semítico occidental más cercano y más común («placer; abundancia»; Ugar., Sir., y Aram. *ʿdn;* árabe *ǵdn*), que es la opinión tradicional (cp. LXX Gn 2.8; 3.23-24; Is 51.3; Lc 23.43; 2 Co 12.4; Ap 2.7); (2) si el río de Génesis 2.10 «sigue de» o «brota en» Edén, y si los cuatro ríos son independientes o relacionados entre sí; (3) si Cus es Etiopía o Elam (la región Kassita al este del Tigris); y (4) si *miqqeḏem* en Génesis 2.8 significa que el huerto estaba en el este del Edén, el Edén estaba en el este, o que Edén era «de antiguo.» El sitio babilonio entra en conflicto con el movimiento hacia el este de la humanidad del huerto al norte y del sur de Mesopotamia en Génesis 2 –11. Esta opinión también debe explicar como el Edén como un oasis fue derivado del término que significa «llanura».

La importancia de unir el paraíso de la primera pareja de la presencia de Dios con el futuro sitio del templo (cp. fuente de Gihón) simbolizando la presencia de Dios y el paraíso palestino prometido (cp. Is 51.3; Zac 14.8; Ap 22.1-2) no se debe olvidar. En la antigua la mitología del Cercano Oriente un jardín paraíso de dos ríos es donde se encuentra el consejo divino; y en la literatura pseudepigráfica el Edén tiene que ver con un «cielo» de salvación para los fieles.

En el análisis final, establecer la ubicación exacta puede ser imposible debido a la intención del autor o a cambios topográficos catastróficos que resultaron del diluvio.

Bibliografía. W. F. Albright, «The Location of the Garden of Eden,» *AJSL* 39 (1922): 15-31; W. H. Gispen, «Genesis 2.10-14,» en *Studia Biblica et Semitica* (Wageningen, 1966), 115-24; A. R Millard, «The Etymology of Eden,» *VT* 34 (1984): 103-6; E. A. Speiser, «The Rivers of Paradise,» en *Oriental and Biblical Studies,* editor. J. J. Finkelstein y M. Greenberg (Filadelfia, 1967), 23-34; H. N. Wallace, *The Eden Narrative.* HSM 32 (Atlanta, 1985).

W. Creighton Marlowe

EDÉN (Heb. *ʿēden*) **(PERSONA)**
Hijo de Joa; un levita de la familia de Gersón quien ministró durante el reinado del rey Ezequías (2 Cr 29.12). Él puede ser la persona mencionada en 2 Crónicas 31.15 quien ayudó en la distribución de la ofrenda voluntaria.

EDER (Heb. *ʿēḏer*) **(LUGAR)**

1. Ciudad en el sur de Judá cerca de la frontera con Edom (Jos 15.22). La identificación del sitio se desconoce, pero ha sido asociada con (o quizás confundida con) Arad (una versión LXX de 15.22 lee Arad para Eder). Sin embargo, el hecho de que Eder aparece en una lista junto con Arad entre los descendientes de Judá (1 Cr 8.15) sugiere que ellas sean ciudades separadas.

2. Nombre de una señal antigua («torre»; Mi 4.8, «torre del rebaño») en los alrededores de Belén. Jacob estableció el campamento allí poco después de la muerte de Raquel (Gn 35.21). Su posición exacta se desconoce, aunque a menudo haya sido asociada con Kirbet Siyar el-Ganam, c. 5 km (3 mi). Este de Belén en una colina que mira hacia el moderno pueblo árabe de Beit Sahur. La torre de Eder es notada como el lugar donde el Mesías se dará a conocer (Tg. Sal.-J. sobre Gn 35.21).

Wade R Kotter

EDER (Heb. *ʿēḏer*) **(PERSONA)**

1. Un descendiente de Benjamín posterior al destierro que residía en Jerusalén (1 Cr 8.15).

2. Un levita, el segundo hijo de Musi, y un descendiente de Merari que vivió durante el reinado del rey David (1 Cr 23.23; 24.30).

EDIFICACIÓN
Literalmente un edificio o el acto de construir (Gr. *oikodomê*), sobre todo en los Evangelios (Mt 24.1; 26.61; Mr 14.58) y Hechos. En sentido figurado el término fue usado para la Iglesia (Mt 16.18; 1 Co

3.9-10), pero tanto los escritores no cristianos como cristianos más comúnmente lo usaban para denotar el enriquecimiento espiritual. Pablo exhorta a los creyentes a edificarse el uno al otro (Ro 14.19; 15.2; 1 Co 14.3; 1 Ts 5.11) y la Iglesia (1 Co 14.4-5, 12). La autoridad apostólica de Pablo se ejerce para la edificación (2 Co 10.8; 13.10), y se realizan obras para edificación (2 Co 12.19). La adoración debería ser una experiencia edificante (1 Co 14.26). Quienquiera que habla en lenguas se edifica, pero el que profetiza edifica a otros (1 Co 14.4; cp. v. 17). Los dones espirituales (Ef 4.12, 16) y todo discurso (v. 29) deben ser usados para edificación (cp. 1 Co 8.1; 10.23).

Eric F. Mason

EDOM (Heb. *ʾĕdôm*)
Nombre de una nación, una región geográfica, y una persona en tiempos del AT. Edom se deriva de una raíz que significa «rojo.» La asociación del nombre con el lugar suele explicarse por el aspecto rojizo de formaciones de suelo y la roca; con la persona se supone a veces que Edom era de tez rubicunda y, con menos frecuencia, uno con el pelo rojo.

La persona, Edom, es conocida inicialmente como Esaú, el mayor de los gemelos que les nacieron a Isaac y Rebeca; el menor era Jacob o Israel. La historia del nacimiento de Esaú de Génesis 25 da dos pistas de por qué es llamado «Edom» o «rojo». Génesis 25.26 lo describe como rojo en el nacimiento; v. 30 asocia el nombre con la comida roja (¿potaje?) por la que él cambió sus derechos de nacimiento a Jacob. Él es considerado como el antepasado epónimo de los edomitas.

El área geográfica conocida como Edom está localizada principalmente al este del Wadi Arabá, norte del Golfo de Akaba, sur del Wadi el- Ḥesā (su límite con Moab), y oeste del desierto arábigo. Hay consenso respecto a los límites norte, sur, y oriental, pero la frontera occidental es diversamente descrita. La descripción bíblica del territorio de Edom parece incluir áreas al oeste de Wadi Arabá. Números 34 describe el territorio de Judá como estando «contra» el territorio de Edom. El territorio de Judá se describe con más amplitud en Josué 15.1 como alcanzando hacia el suroeste al límite de Edom, al desierto de Zin en el sur más lejano. En Números 20.16 Cades (probablemente ʾAin el-Qudeirât) se le describe como la frontera del rey de Edom. Es importante notar la existencia de una ruta principal, «el camino real,» que atraviesa esta tierra. Aprovechando el control de viajes y comercio en esta ruta debe haber sido una de las fuerzas económicas importantes en función en Edom en el mundo antiguo.

La opinión dominante de la erudición de mediados del siglo XX, basada principalmente en la revisión de Nelson Glueck de la región en los años 1930 y 1940, sostuvo que Edom está al este del Wadi Arabá. Los descubrimientos arqueológicos recientes han documentado una presencia edomita importante que se extiende al oeste, sobre todo a partir del siglo VII y más tarde. Lo más probable es que el centro de Edom era el área este del Arabá, pero existía de cuando en cuando la presencia y el control de Edom al oeste también.

La historia temprana de Edom (también llamado Seir) está cubierta de las incertidumbres de la antigüedad. Los primeros asentamientos datan de tiempos prehistóricos. La región no era probablemente conocida como Edom hasta el siglo XIII. Las historias patriarcales, señalando a un tiempo más antiguo, relatan que Esaú-Edom junto con su familia se estableció allí. Estos antiguos edomitas pueden representar los pueblos nómadas de la región mencionada en textos egipcios (Papiro Anastasi VI) como de vez en cuando viniendo con sus rebaños dentro de las fronteras de Egipto.

Varias referencias (Gn 14.6; 36.20ss.) se refieren a horeos como los habitantes pre edomitas de la tierra. La identidad de los horeos se debate: algunos los asocian con los heveos, pero la identificación con los hurritas es más probable. Génesis 36 incluye una lista de reyes que gobernaron la tierra de Edom antes de que cualquier rey gobernara sobre los israelitas. El mismo capítulo pone en una lista a esposas y descendientes de Esaú así como algunas listas de horeos.

El registro arqueológico de Edom se basa principalmente en investigaciones superficiales regionales con pocos sondeos y un número pequeño de excavaciones, pero que aumenta. Los resultados del estudio, pero no sitios excavados, indican la ocupación de la Edad pre-Hierro. Sin embargo, los sitios excavados documentan los siglos VIII-VI como el tiempo de la ocupación importante con ciudades fortificadas, con considerablemente más pruebas a partir del siglo VII. La ocupación posterior realmente aparece en algunos lugares, sobre todo para el período helenista. El panorama presentado es sólo tentativo, sujeto a revisión continua cuando más evidencias estén disponibles.

Parece que el modelo de ocupación es de constante fluctuación, probablemente relacionada con fuerzas climáticas y ecológicas. Parece que había ocupación considerable en las fases últimas de la Edad de Bronce Temprana, sobre todo EB III y IV (mediados - a finales del tercer milenio), disminuyendo hasta casi el principio de la Edad de Hierro. No obstante, hubo ocupación continua en la tierra durante los períodos de BM y BT.

Según Números 20.14-21 durante la peregrinación por desierto «el rey de Edom» rechazó permitir el paso seguro de los israelitas por su tierra, obligándolos a sortear Edom. Ninguna evidencia arqueológica de un establecimiento fortificado y organizado en este tiempo se ha encontrado aún.

Los edomitas no son mencionados como un factor en el momento del establecimiento de los hebreos en Canaán, Saúl fue el primero en luchar contra ellos (1 S 14.47). David realizó una importante campaña en Edom (2 S 8.13-14), ganando y reteniendo control de este territorio.

Un levantamiento conducido por Hadad, un edomita de sangre real, obligó a Salomón a luchar contra los edomitas una y otra vez. Salomón utilizó Ezion-geber en territorio edomita como un puerto de operaciones.

Después de la muerte de Salomón Edom permaneció bajo el control de Judá, aunque no atestiguado en la narrativa bíblica hasta el tiempo de Josafat. Según una inscripción real en el templo Karnak, Edom fue uno de los territorios invadidos por el egipcio Sisac en la misma excursión que le llevó a Jerusalén en el tiempo de Roboam. Josafat (873-849) procuró reactivar el comercio marítimo por la vía del Mar Rojo, pero su flota fue arruinada en las rocas cerca de Elat (1 R 22.47-50). Cerca del final del reinado de Josafat, los edomitas se unieron con otros enemigos de Judá para una incursión en En-gadi (2 Cr 20). Edom se rebeló con éxito contra Joram (849-842), ganando la libertad de Judá (2 R 8.20-22).

Allí siguió un tiempo de poder asirio y edomita y debilidad de Judea. Adad-nirari III de Asiria (810-783) afirma haber hecho expediciones al oeste en 806, 805, y 797, en que recibió tributo de Edom, entre otros sitios. Edom es nombrado por este monarca como una nueva conquista para Asiria. Pero Asiria se debilitó durante un breve período a principios del siglo VIII, y Judá amplió su territorio para incluir a Edom una vez más.

Edom fue sometido parcialmente por Amasías de Judá, quién capturó Sela y cambió su nombre a Jocteel. El hijo de Amasías, Uzías llevó a buen fin el ataque contra Edom, incluso la captura de Elat. Fue en el tiempo de Acaz que el control de Judá de Edom se rompió definitivamente. Edom nunca más volvió a recobrar su antiguo esplendor, pero realmente retuvo alguna medida de independencia. Mientras Acaz era el rey, los edomitas hacían incursiones en Judá para adquirir esclavos, incitando a Acaz a apelar a Asiria (2 Cr 28.16-17). El rey asirio Tiglat-pileser III (744-727) afirma, en una inscripción de un edificio, que él recibió tributo de Kaushmalaku (Qaushmalaku) de Edom. El pago del tributo a Asiria era gravoso y Edom, entre otros estados (pero no Judá), fue animado por Egipto a rebelarse. Sargón II (721-705) registra en su «prisma roto» este intento de rebelión que él sometió. La rebelión era contra el pago de tributo, indicando que las naciones que se rebelaban, incluso Edom, no habían sido conquistadas como Israel. Senaquerib afirma haber recibido el tributo del rey edomita Aiarammu en 701, como hizo Esarhadón y Asurbanipal de Quasgabri.

Los relatos bíblicos, así como registros seculares, mantienen un silencio casi completo acerca del papel de Edom después de la decadencia del imperio asirio. Edom junto con Amón, Moab, Tiro, Sidón, y Judá tramaron una rebelión contra Babilonia c. 592, pero la rebelión no se materializó.

En cuanto a la parte jugada por Edom y el efecto de las circunstancias en Palestina sobre Edom en la destrucción de Jerusalén en 587, los registros históricos, bíblicos y no bíblicos, guardan silencio. La única información, que se debate, es la referencia en 1 Esdras 4.45: «Tú también juraste construir el templo, que los edomitas quemaron cuando Judea fue arrasada por los caldeos.» Esto afirma el apoyo edomita y su participación en la destrucción de Jerusalén y su templo por los babilonios.

Que los edomitas se trasladaron al Neguev de Judá a finales del siglo VII está completamente claro. Restos de cerámica edomita han sido encontrados en muchos sitios. Un ostracón edomita, que incluye una referencia a su dios principal Qos fue encontrada en Ḥorvat ʿUza, cerca de Arad. Los lugares sagrados edomitas han sido encontrados en el Arabá en ʿEn Haṣeva y en Ḥorvat Qitmit cerca de Arad. Materiales edomitas significativos también han sido encontrados en Malḥata.

Los edomitas se mencionan con frecuencia en escrituras proféticas, casi siempre en palabras de condena (p. ej., Abdías, Jer 49). El odio incomparable por los edomitas en el AT está por lo general relacionado con la invasión de Edom en el territorio hebreo y el apoyo o ayuda que ellos dieron a los babilonios cuando Jerusalén y el templo fueron destruidos en 587.

Los edomitas en la parte del sur de la Cisjordania Palestina eran conocidos como Idumeos durante los períodos helenistas y romanos. La familia de Antípater y Herodes el Grande eran de descendencia edomita. Es imposible rastrear a los edomitas o sus descendientes más allá del tiempo de la campaña romana que causó la destrucción del templo de Jerusalén en 70 d.C.

Tan profundo era el odio de los edomitas que Edom o edomita llegó a ser un término para «el enemigo,» en particular se aplicó a Roma durante sus acciones opresivas tanto contra judíos como contra cristianos en los primeros siglos d.C.

Bibliografía. Y. Aharoni, *The Land of the Bible,* 2da edición (Filadelfia, 1979); J. R Bartlett, *Edom and the Edomites.* JSOTSup 77 (Sheffield, 1989); I. Beit-Arieh, « New Light on the Edomites,» *BARev* 14/2 (1988): 28-41; R. Cohen y Y. Yisrael, *On the Road to Edom: Discoveries from 'En Hazeva* (Jerusalén, 1995); B. C. Cresson, «The Condemnation of Edom in Postexilic Judaism,» en *The Use of the Old Testament in the New,* editor. J. M. Efird (Durham, 1972), 125-48; B. MacDonald, *Ammon, Moab, and Edom* (Amán, 1994).

Bruce C. Cresson

EDREI (Heb. *'eḏre'i*)

1. Ciudad importante de Transjordania y una de las residencias del rey amorreo Og de Basán. Después de derrotar al rey Sehón de Hesbón, los israelitas marcharon al norte y encontraron el ejército de Og al sur de Edrei (Nm 21.33-35; cp. Dt 1.4; Jos 12.4; 13.12, 31). Junto con Salca, Edrei era una ciudad fronteriza de donde el ejército del rey vigilaba por un ataque desde el sur o desde el este. Después de la victoria, Edrei fue asignada a los hijos de Maquir, un clan de la tribu de Manasés (Jos 13.31). Edrei puede estar localizada en Der'ā, c. 97 kms. (60 mi) sur de Damasco.

2. Ciudad no identificada en Neftalí localizada en algún sitio en la alta Galilea (Jos 19.37), probablemente nombrada en la lista de itinerario de Tutmosis III (*ANET,* 242).

Zeljko Gregor

EDUCACIÓN

A lo largo de la Biblia el lenguaje de educación (aprendizaje, enseñanza, estudiar), sus efectos (escritura, conocimiento, comportamiento apropiado), y el deseo de la educación son muy evidentes. Por otra parte, conocemos los entornos generales donde la educación ocurrió (atrio, culto, familia, escuelas) y aproximadamente cuál habría sido el contenido de la mayoría de la enseñanza. No obstante, hablar de la educación en la Biblia es entrar en un área con mucha incertidumbre precisamente por lo que no sabemos. ¿Quiénes eran los maestros del antiguo Israel? ¿Dónde, expresamente, enseñaron ellos? ¿Y cómo enseñaron ellos? ¿Cuáles eran sus métodos, su pedagogía? A pesar de mucha buena erudición y estudio, la identidad y la función de los sabios y maestros, sus métodos y entornos particulares en la Biblia permanecen velados y sujetos a mucho debate.

Historia y desarrollo

La educación en los tiempos bíblicos se entiende mejor observando las muchas instituciones entrelazadas y superpuestas y sus tradiciones respectivas (p. ej., el culto, la familia, el atrio, las escuelas). Estas instituciones de educación estuvieron localizadas dentro y fuera del antiguo Israel en una amplia variedad de entornos. Desde los tiempos más antiguos es evidente que la familia era la institución central en la cual el aprendizaje y siguió siendo así a lo largo del período bíblico. El «contenido» de la educación de familia varió extensamente. Suponemos que a los niños se les enseñó no sólo las habilidades y estilo de vida de sus padres, sino también algunos valores básicos de la sociedad y una orientación a la identidad del antiguo Israel (quiénes somos, dónde estamos, cómo estamos relacionados con el mundo que nos rodea, y por qué). El entorno supuesto para esta educación de suma importancia es el hogar.

Con el advenimiento de la monarquía (c. 1000-587 a.C.) en Israel y Judá una creciente necesidad de alfabetización se ve con toda claridad. Tratados, la capacidad de producir listas para compras y otras actividades de mantenimiento de registros, la necesidad de escribir las historias y anécdotas del estado; todas crearon una preocupación especial por un grupo culto y alfabetizado alrededor del rey y la corte. Muchos de los aforismos en el libro de Proverbios se pueden remontar a este entorno. Se vio que la influencia de la cultura egipcia y de la babilonia era importante en tiempos monárquicos cuando los antiguos israelitas lucharon con modelos diferentes de monarquía y las necesidades educativas que provienen de ellos. En estas dos culturas había escuelas reales donde los burócratas de nivel medio fueron entrenados. Mientras no tenemos ninguna evidencia directa de este tipo de escuelas en Israel, la formación especial era claramente necesaria para algunos funcionarios reales. El palacio y sus alrededores inmediatos eran el entorno probable para esta educación.

En casi todos los momentos en la historia de Israel el culto era un centro importante de educación. Los materiales legales y los salmos ofrecen mucha evidencia de la actividad catequética para quienes no conocían las historias y la fe del pueblo (cp. Dt 6.20-25; Sal 15, 24). Además, se supone que el culto es un lugar central para hablar y enseñar los valores morales de la sociedad (p. ej., el Decálogo, Ex 20.1-17) y las expectativas de comportamiento en todas las partes de la cultura. En Judá el templo era un entorno primario tanto para la determinación de lo que tenía que ser enseñado como para la proclamación actual y enseñanza misma.

Aunque muchos eruditos creen que las escuelas deben haber existido en el período monárquico, las primeras referencias claras a ellos no ocurren hasta tiempos posteriores al destierro en Israel. Las culturas del judaísmo rabínico, helenista y luego la romana, y las instituciones educativas asociadas con ellas dieron color y formaron lo que era la educación en Israel en los períodos posteriores al destierro y el NT. Aunque Ben Sira y los textos judíos posteriores se refieran a escuelas, sabemos muy poco sobre el contenido del plan de estudios o sobre los objetivos de estas instituciones. Suponemos que el estudio de la Torá haya sido una parte muy importante del plan de estudios, pero más que esto es confuso. Cuán accesible era la educación para todos los miembros de la sociedad en este tiempo está sujeto a mucho debate. Seguramente las sinagogas eran otro lugar donde la educación ocurrió, como es atestiguado en el NT y en los primeros materiales rabínicos (Lc 4.16-30).

Además de los lugares institucionales de educación asociados con grupos particulares dentro de la corriente principal de la sociedad, otras tres fuentes de educación merecen ser mencionadas. En primer lugar, las escuelas y otros fenómenos educativos asociados con culturas fuera de Israel (p. ej., Babilonia, Egipto, Grecia, Roma) claramente influenciaron la forma y el contenido de la educación en el antiguo Israel. En segundo lugar, varias comunidades sectarias tenían intereses educativos especiales (p. ej., Qumrán, los esenios). Finalmente, había siempre gente especial reconocida por su perspicacia y el valor de su enseñanza. A veces esta gente era itinerante (p. ej., Jesús), a veces no (p. ej., la adivina de Endor, 1 S 28.7-25).

Los maestros y los sabios

Sin referencias explícitas a «escuelas» en el AT es difícil determinar quiénes eran los maestros del antiguo Israel. Aunque a menudo se perciba que los libros de sabiduría (Job, Proverbios, Eclesiastés) del AT han sido usados con objetivos pedagógicos y fueron escritos por sabios, todavía es difícil describir a qué podría haber parecido un maestro. La naturaleza de los libros de sabiduría y el vocabulario primario usado para describir el aprendizaje y la enseñanza en la Biblia no ayuda a clarificar a quiénes eran estos autores o hasta en cuál de los entornos mencionados antes se encontraron ellos. Para el tiempo de Ben Sira, sin embargo, la figura del sabio tiene que ver tanto con enseñar en escuelas como con la maestría especial en la interpretación bíblica. Con el tiempo aquella figura se desarrollaría en el rabino y el «sabio», aquellos cuya interpretación de la Torá se hace normativa para la comunidad.

Este desarrollo en el judaísmo comienza en el período bíblico, pero es completado mucho más tarde.

Dos ejemplos interesantes de «maestros» son el profeta Amós y Jesús. Ambos eran itinerantes. Los dos usaron formas de la literatura de sabiduría y la retórica para expresar su mensaje a la gente (parábolas, preguntas retóricas). Mientras que ninguno es por lo general visto principalmente como un sabio, a ambos se les da autoridad debido a su enseñanza y su poder. Por lo menos Amós y Jesús reflejan la existencia de la enseñanza de sabiduría y su influencia. Ambos fueron educados y educadores.

Contenido y método

Los textos antiguos de Ugarit y otras culturas cananeas (cp. p. ej., el Calendario Gezer) sugieren que el aprendizaje a menudo era un asunto de memorización (p. ej., las estaciones del año), con o sin el uso de la escritura. Las directivas de culto para guardar los mandamientos en algún lugar visible en el cuerpo o en la casa reflejan otra tentativa en el aprendizaje por repetición y recordatorio (Dt 6.6-9). La enseñanza representada en el libro de Proverbios se apoya en la observación cuidadosa y análisis de la experiencia, sacando algunas conclusiones lógicas y teológicas. De qué forma tal proceso fue «enseñado» a estudiantes no se conoce, pero la literatura bíblica contiene mucho de este tipo de enseñanza y observación. Quizás el contenido más importante de educación y enseñanza bíblica, sin embargo, no era una habilidad particular en observación y escritura, ni el contenido de un código de ley especial, sino más bien un entendimiento y base en los valores sobre los cuales la ley, los proverbios, la enseñanza profética, las parábolas, y todo el resto se apoya. Todo esto se materializa en tradiciones orales y literarias muy específicas atestiguadas por el texto bíblico, con entornos asociados con culto y corte y palacio. Probablemente fue la familia sobre todo lo demás el lugar donde estos valores eran trasmitidos.

La educación en el Antiguo Israel está cubierta de misterio mientras al mismo tiempo ¡la Biblia refleja una importante cantidad de ella! La educación en el antiguo Israel no era sólo una copia de Babilonia, Egipto, o Canaán, aunque sepamos que fue influenciada por sus tradiciones educativas. La educación en la Biblia estaba en la transición de un fenómeno basado en la familia a algo que la sociedad vio como su responsabilidad primaria. Era una mezcla peculiar de institución e individuo, sabio y profeta, ley y aforismo, todos basados en valores que podrían tener razones fundamentales humanísticas y, finalmente, ser atribuidas a Dios el maestro.

Bibliografía. J. L. Crenshaw, «Education in Ancient Israel,» *JBL* 104 (1985): 601-15; M. V. Fox, «The Pedagogy of Proverbs 2,» *JBL* 113 (1994): 233-43; J. G. Gammie y L. G. Perdue, editores, *The Sage in Israel and the Ancient Near East* (Winona Lake, 1990); H. I. Marrou, *A History of Education in Antiquity* (1956, reimpreso Madison, 1982); R N. Whybray, *The Intellectual Tradition in the Old Testament.* BZAW 135 (Berlín, 1974); B. Witherington, *Jesus the Sage* (Minneapolis, 1994).

Donn F. Morgan

EFA (Heb. *ʾêpâ*) (MEDIDA)

Una medida seca, 10 veces el tamaño de un gomer (Ex 16.36). El volumen exacto es incierto; un efa equivale a 10-20 l. (2.6-5.3 gal) o de una a dos terceras partes de una fanega y es igual al bato líquido (Ez 45.11). El término también designa un contenedor con la capacidad de un efa (Zac 5.6-10).

John R. Spencer

EFA (Heb. *ʿêpâ*) (PERSONA)

1. Uno de los hijos de Madián (Gn 25.4; 1 Cr 1.33). El nombre probablemente designa una tribu madianita, de la región sureste de Palestina a través de la orilla nordeste del Golfo de Akaba. La tribu era famosa por criar camellos (Is 60.6).

2. La concubina de Caleb, madre de Harán, Moza, y Gazez (1 Cr 2.46).

3. Hijo de Jahdai (1 Cr 2.47). Aunque no se proporciona familia, el contexto sugiere que él sea un miembro de la comunidad de Caleb.

Bibliografía. E. A. Knauf, «Madianitas e ismaelitas», en *Midian, Moab, and Edom,* editor. J. F. A. Sawyer y D. J. A. Clines. JSOTSup 24 (Sheffield, 1983), 147-62.

John R. Spencer

EFAI (Heb. *ʿêpay*)

Netofatita cuyos hijos estaban entre «los líderes de las fuerzas» que vinieron a Gedalías en Mizpa después de la caída de Jerusalén (Jer 40.8). Allí la asamblea entera fue asesinada por Ismael, el hijo de Netanías (Jer 41.1-3). En el relato paralelo (2 R 25.23) «los hijos de Efai» son omitidos.

EFATA (Gr. *Ephphatha*)

La transliteración griega de un término arameo en la orden de Jesús que los oídos y boca de un hombre «sean abiertos» de modo que el hombre pueda oír y hablar (Mr 7.34). Representa el verbo imperativo pasivo *pĕtaḥ,* «abrirse». Los milagros helenistas a menudo contenían palabras extrañas que comunicaron poder extraordinario. Si el Evangelio de Marcos fue escrito principalmente para la gente que entendió el griego, entonces la orden aramea puede haber parecido mágica.

Emily Cheney

EFER (Heb. *ʿēper*)

1. El segundo hijo de Madián y nieto de Abraham y Cetura (Gn 25.4; 1 Cr 1.33); antepasado epónimo de un clan madianita.

2. El tercer hijo de Esdras y antepasado epónimo de un clan de Judá (1 Cr 4.17).

3. El primero mencionado en una lista «de guerreros fuertes, hombres famosos», y cabezas de clanes en la media tribu de Manasés de Transjordania (1 Cr 5.24).

EFES-DAMIM (Heb. *'epes dammîm*) (también PAS-DAMIM)
La zona en la que el ejército filisteo acampó cuando se dispusieron a combatir a Saúl antes de la batalla de David y Goliat, localizada entre Soco y Azeca (1 S 17.1). Aunque algunos eruditos la identifiquen con Damun moderno, c. 6.5 km (4 mi) NE de Soco, el texto sugiere que debiera ser oeste de Soco. También ocurre como Pas-damim, donde Eleazar, uno de los valientes de David, luchó junto a David en medio de un campo de cebada (1 Cr 11.13).

STEVEN M ORTIZ

EFESIOS (Gr. *Ephésioi*), **CARTA A**
Una carta atribuida al apóstol Pablo, pero realmente no escrita a los Efesios. Las palabras «en Éfeso» en traducciones modernas de Efesios 1.1 no se encuentran en los manuscritos más antiguos y mejores. También, la declaración en 3.2 que los lectores «han oído» del ministerio apostólico de Pablo (a diferencia de tener una relación personal con él) entra en conflicto con Hechos, que relata que Pablo ministró allí durante casi tres años. Muy probablemente es que la carta era al principio una circular a varias iglesias gentiles, probablemente en el occidente de Asia Menor. Algunos eruditos han identificado Efesios con «la carta de Laodicea» (Col 4.16), pero esto es dudoso. Puede haber sido escrita para una audiencia general de cristianos gentiles y en algún punto llegó a ser asociada con Éfeso, pero cómo eso ocurrió es incierto. Posiblemente, la carta circuló de Éfeso a iglesias en regiones periféricas; o quizás, cuando las cartas de Pablo estaban siendo coleccionadas, era conveniente asignar una carta de Pablo no dirigida a la iglesia donde Pablo tuvo un largo ministerio, pero que no tenía ninguna otra carta dirigida a ella.

Contenido
Después de la salutación (1.1-2) viene una loa de alabanza a Dios por los beneficios espirituales que los gentiles han recibido gracias a la obra de Dios en Cristo (1.3-14) y una oración de gracias y petición para su iluminación espiritual respecto a aquellos beneficios (1.15-23). Entonces, en una anamnesis (el recuerdo del pasado para informar actitudes o acciones presentes), el pasado de los lectores (falta de vida espiritual y exclusión) se contrasta con su presente (vida espiritual e inclusión) y se les dice «recordar» a fin de apreciar lo que Dios ha hecho por ellos (2.1-22). Más oración de petición sigue, por el poder que lleva a aún mayores beneficios espirituales (3.1, 14-19). La interrupción de la oración es una digresión larga en Pablo como el apóstol a los gentiles y ministro del evangelio (3.2-13) mostrando el papel crucial que él ha desempeñado en mediar el conocimiento «del misterio de Cristo.» Una doxología (3.20-21) cierra la primera parte principal de la carta. La exhortación acerca de la vida cristiana compone la segunda parte principal. Los cristianos deberían «andar como es digno» de su vocación, conservando la unidad del Espíritu por el amor (4.1-16), y no «andar como los gentiles», sino como aquellos que son renovados (4.17-24). Se dan instrucciones sobre clases específicas de comportamiento (5.1-20), luego reglas que gobiernan las relaciones gobernantes en los hogares antiguos (5.21–6.9). Una petición final es hecha para prepararse para la batalla espiritual, y a la luz de ello, orar (6.10-20). El final de la carta contiene un elogio de Tíquico y una bendición (6.21-24). Así pues, la carta se divide en dos partes básicas, una parte más teológica, seguida de parénesis que desarrolla las implicaciones prácticas de la teología (cp. Romanos, Gálatas).

Ocasión, propósito y clasificación literaria
La ocasión y el propósito de Efesios son asuntos de debate. La enseñanza errónea y la persecución son ocasiones que se sugieren (cp. 4.14; 6.10-17). Otras sugerencias hacen una apelación más general al texto, p. ej., que Efesios fue escrita (1) como una apología para mostrar la conexión de la Iglesia con el judaísmo y así contrarrestar la vergüenza sobre la aparición relativamente tardía de la Iglesia; (2) como una polémica para tratar con una crisis sobre la unidad entre judíos y cristianos gentiles en el cual el cristianismo judío estaba siendo marginado por un floreciente cristianismo gentil; y (3) como una polémica para hacer frente a la amenaza del uso sincretista de prácticas mágicas por parte de cristianos. Todos éstos son muy especulativos, y carecen de una base convincente en el texto.

Según 3.2-4 los destinatarios, que sólo han «oído» del oficio apostólico de Pablo, serán capaces de percibir el entendimiento de Pablo en «el misterio de Cristo» leyendo lo que él «escribió antes en unas palabras». Esto sugiere que el propósito fundamental y la ocasión de Efesios es fomentar una mayor comprensión de los lectores del evangelio de Pablo y su arraigo en él, considerando su falta de relación personal con él. «El misterio de Cristo» se refiere a la verdad divinamente revelada, más allá de toda la imaginación humana, que los gentiles son «coherederos, miembros del mismo cuerpo, y partícipes en la promesa en Cristo Jesús mediante el evangelio» (3.6). Aquellos que fueron excluidos y no tenían esperanza son incluidos ahora como plenos participantes en la salvación. A Pablo se le confió la predicación de este misterio (3.7), y la carta presente es retratada como una tentativa de continuar aquella tarea desde una celda (3.1; 4.1). La carta es escrita a cristianos gentiles que ya han sido evangelizados y son incorporados así ya en la nueva unidad de judíos y gentiles en Cristo; pero ellos no han sido evangelizados o enseñados por Pablo. Así, Efesios toma la oportunidad de informarlos más totalmente de su igualdad y unidad con creyentes judíos y de la riqueza que es suya ahora en Cristo, y sacar las implicaciones prácticas de su posición en Cristo. La carta asegura que la herencia especial de Pablo no se perderá a tales lectores gentiles. Parece que esta explicación tiene el mejor apoyo en el texto.

Una cuestión relacionada es la clasificación literaria del texto. ¿Es una carta, o algo más disfrazado como una carta, por ej., un discurso de sabiduría, un ensayo teológico, una dogmática en forma preliminar, una homilía para una ocasión bautismal, una meditación, una introducción a una nueva colección de las cartas de Pablo? Si es una carta verdadera, ¿de qué clase? Unos la han comparado con la carta griega de felicitaciones (carta epidéctica) que usa la alabanza para reforzar ciertos valores, en este caso que felicita a los lectores por su nuevo estado en Cristo para reforzar su apreciación para el evangelio. También puede ser comparada con la carta griega de consejo (carta deliberativa) que procura animar cierto comportamiento. Parece mejor ver Efesios como una verdadera carta, pero que combina varios elementos retóricos, litúrgicos y tradicionales para llevar a cabo su propósito específico.

Temas teológicos

En conformidad con el propósito de reforzar los beneficios espirituales que los creyentes gentiles han recibido por la incorporación en Cristo, Efesios llama la atención hacia su resurrección espiritual y exaltación con Cristo en los lugares celestiales, su salvación por la gracia mediante la fe aparte de las obras, y su reconciliación a Dios por la muerte de Cristo «en un cuerpo». Las categorías soteriológicas dominantes son la unión con Cristo y reconciliación (p. ej., a diferencia de justificación). El aspecto horizontal de la reconciliación (que los judíos y los gentiles son reconciliados el uno con el otro en Cristo) es prominente y es desarrollado en 2.11-22. Por su muerte Cristo destruyó la ley que funcionó como «una pared divisoria» entre judíos y gentiles y creó «una nueva persona», la Iglesia. Otras metáforas para la Iglesia como esta nueva unidad son edificio, casa, templo santo, novia de Cristo, y cuerpo.

Efesios también desarrolla el tema de la unidad usando la exaltación y la entronización de Cristo. Aquí la metáfora de Pablo de la Iglesia como el cuerpo de Cristo es ampliada para incluir la noción de Cristo exaltado como la «cabeza» del «cuerpo» en sentido figurado. Efesios adapta su noción de la «Iglesia» a este interés más amplio en la unidad, usando *ekklēsía* para la iglesia universal, no las congregaciones locales. El interés en la unidad también se extiende al cosmos entero: Cristo es la «cabeza» sobre «todas las cosas», la cabeza de una unidad cósmica que es el objetivo final de la obra de Dios en Cristo, dado a conocer por medio de la Iglesia. Es el propósito de Dios «de reunir todas las cosas en Cristo» como su cabeza. Cristología, eclesiología y escatología son así estrechamente ligados en Efesios.

En consonancia con su énfasis en la exaltación y la entronización de Cristo, la carta acentúa la realización presente de la salvación para los que son de Cristo, especialmente en las referencias enfáticas a la salvación como un acontecimiento pasado (2.5, 8), y a la corresurrección y cosentarse con Cristo como habiendo ocurrido ya (2.6). La grandeza y la gracia de esta salvación se destacan por el hecho de que es arraigada en consejo eterno de Dios, la predestinación, elección de creyentes antes de la fundación del mundo, y preparación de antemano de las buenas obras en las cuales ellos deben andar. Los propósitos salvadores de Dios, sin embargo, aún no son completamente realizados; Efesios retiene una futura perspectiva escatológica junto a la tensión en la realización presente. Los creyentes son «marcados con el sello del Espíritu Santo prometido» como «una promesa de nuestra herencia». La Iglesia tiene que llegar aún «a la unidad de la fe», a la plena madurez. Los cristianos todavía deben vestir «toda la armadura de Dios» para emprender la batalla espiritual contra las asechanzas del diablo. No obstante, la tensión de Efesios en la escatología realizada lleva a una omisión de la mención de la venida de Cristo encontrada en Colosenses 3.4.

Paternidad literaria, fecha y preguntas relacionadas

En diversas formas Efesios se destaca de las epístolas que son aceptadas como auténticamente paulinas. Al principio careció de una dirección geográfica. No trata con ninguna cuestión de una congregación, y puede no haber sido escrita para una congregación local. Se distingue por un estilo redundante y complicado, y tiene un número significativo de palabras y frases que no ocurren en ninguna otra parte en Pablo. Su estructura es distintiva, y algunas de sus perspectivas teológicas son inusitadas.

Efesios posee una proximidad asombrosa a Colosenses, incluso un gran porcentaje de vocabulario compartido, acuerdos textuales, material temático compartido que aparece en la misma secuencia en bloques principales, y semejanzas en el estilo. Efesios también se diferencia de Colosenses; desarrolla y configura de nuevo un poco del material compartido, cita la Escritura, y carece de referencias a enseñanza polémica y conexiones personales que sugerirían que una congregación particular se tenga en mente. Así la mayoría de los eruditos han concluido que Efesios fue escrita por alguien usando Colosenses como modelo. Una opinión de minoría consiste en que Efesios era el modelo para Colosenses, mientras algunos afirman que había un plano común de ambas.

La mayoría de los eruditos ahora ven el efecto acumulativo de los rasgos distintivos de Efesios y su relación a Colosenses como poniendo en duda la paternidad literaria de Pablo. Parece que Efesios está demasiado lejos de otras epístolas paulinas de diversos modos, aunque claramente afirme haber sido escrita por Pablo (1.1; 3.3) y la paternidad literaria paulina aparentemente nunca fue puesta en duda en la iglesia primitiva. Por otra parte, si alguien escribió Efesios usando Colosenses como modelo, y Colosenses mismo no fue escrita por Pablo, Efesios difícilmente podría haber sido escrita por Pablo. Se juzga así más comúnmente que Efesios es seudónima, escrita por un seguidor posterior de Pablo en su nombre. Presuponiendo que sea seudónima, Efesios fue escrita algún tiempo después de Colosenses, no antes que 62 d.C., pero probablemente entre 70 y 95. La seudonimia era una práctica literaria común en aquel tiempo, un dispositivo para traer la herencia intelectual o espiritual de una gran figura para influir en una nueva situación o tiempo. La intención de engañar no necesariamente está implicada, y los lectores de Efesios podrían haber sabido muy bien que la carta fue escrita por alguien asumiendo el nombre de Pablo. Además, la autoridad canónica no descansa en la cuestión de la paternidad literaria auténtica contra seudónima.

Una minoría de eruditos rechaza la hipótesis de seudonimia, sosteniendo que las variaciones estilísticas y conceptuales existen dentro de la recopilación paulina aceptada. Además, algunos «rasgos inusitados de Efesios» pueden ser atribuidos a las circunstancias diferentes que rodean la carta, incluso su dirección general más bien que específica, su ocasión y propósito conjeturados, desarrollo en la propia situación y pensamiento de Pablo (encarcelamiento romano), su préstamo del material tradicional (p. ej., liturgia de la iglesia en 5.14; Escritura en 4.8-10; códigos éticos en 5.21–6.9), el uso de un secretario directamente responsable de las formulaciones actuales de la carta, o una combinación de éstos. La proximidad a Colosenses puede ser tomada para apoyar la paternidad literaria paulina, a condición de que Colosenses sea de Pablo: Efesios puede ser vista como la refundición de Pablo de Colosenses para un auditorio más general. En tal caso habría sido escrita desde Roma c. 62.

Hasta que los mejores criterios sean desarrollados para evaluar lo que Pablo podría haber escrito, las evaluaciones diferentes del carácter paulino de Efesios persistirán. Mientras tanto, la mayoría de los eruditos seguirá probablemente siendo persuadida por el argumento acumulativo contra la paternidad literaria paulina de Efesios y verá la carta como más probablemente escrita por alguien muy familiar con el pensamiento de Pablo. El endeudamiento al pensamiento y los escritos de Pablo es obvio. Otras influencias han sido sugeridas también. A causa de paralelos con la literatura Qumrán, parece probable que algunos modelos de pensamiento hayan sido transmitidos por el judaísmo sectario. Las fuentes helenistas griegas o judías también pueden haber contribuido, como ocurre con el concepto de «cuerpo». Algunos han propuesto la influencia del pensamiento gnóstico en las ideas cosmológicas y soteriológicas de Efesios, pero los paralelos pueden haber sido exagerados. Estas influencias probables identificarían al autor como un cristiano judío con raíces en el judaísmo helenista, y, si no Pablo mismo, un seguidor agudo de Pablo.

Bibliografía. M. Barth, *Ephesians 1-3.* AB 34 (Garden City, 1974); *Ephesians 4-6.* AB 34A (Garden City, 1974); A. T. Lincoln, *Ephesians.* WBC 42 (Waco, 1990); Lincoln y A. J. M. Wedderburn, *The Theology of the Later Pauline Letters* (Cambridge, 1993); R. P.Martin, «An Epistle in Search of a Life-Setting», *ExpTim* 79 (1967-68): 296-302; A. van Roon, *The Authenticity of Ephesians.* NovTSup 39 (Leiden, 1975); R. Schnackenburg, *Ephesians* (Edinburgh, 1991).

Judit M Gundry-Volf

ÉFESO (Gr. *Éphesos*)

Colonia griega antigua en el suroeste de Jonia en la costa de Asia Menor y un miembro de las 12 ciudades de la liga jónica (Strabo *Geog.* 8.7.1). Según la leyenda Éfeso fue fundada (c. 900 a.C.) por Androcles, hijo de Codro, rey de Atenas (Strabo 14.1.3; Pausanias *Descr. Gr.* 7.2.7). La ciudad estuvo al principio localizada en la parte sur del río Caistro, pero a través de siglos de encenagarse está localizada ahora 10 km (6 mi) tierra adentro. Strabo describió Éfeso como el centro comercial más grande en Asia (14.1.24). El estrechamiento de la entrada al puerto por Atalo III (c. 159-138) aparentemente sin estar consciente facilitó el encenagamiento del puerto (Strabo 14.1.24). La mayoría de las estimaciones modernas de la población de Éfeso durante el imperio romano se basan en la suposición de que la ciudad tenía c. 40 mil ciudadanos varones, con una población total estimada de c. 200 a 225 mil. Esto se basa en leer erróneamente el número 40 mil en una inscripción que realmente tiene la cifra 1040, entonces las cifras de 200 a 225 mil, aunque no imposiblemente grande, no se basan en pruebas actuales de la antigüedad.

Durante su larga y compleja historia, Éfeso estuvo sujeta a una serie de reinos e imperios. Su historia puede ser dividida en tres períodos.

(1) Fundación a 555. Poco se conoce de Éfeso desde su fundación c. 900 hasta que fuera capturada por Creso, rey de Lidia, c. 555 (Herodoto *Hist.* 1.26). (2) Éfeso fue capturada por Ciro de Persia c. 546, y después de las guerras greco-persas llegó a ser parte de la Liga Delia (una confederación marítima ateniense), pero se rebeló contra Atenas en 412 y se alió con Esparta durante el resto de la guerra del Peloponeso (431-404). En el año 386, como resultado de «la Paz del rey», estaba Éfeso otra vez bajo el control de los persas. Cuando Jonia fue liberada por Alejandro en 334, Éfeso cayó bajo el control de una serie de jefes helenistas. (3) Éfeso la ciudad helenista y romana (c. 290 a.C. a 1000 d.C.). Lisímaco controló la región alrededor de Éfeso después de la muerte de Alejandro y pacificó la región c. 302 (Pausanias 1.9.7). Él construyó un muro de 10 km (6 mi) de circunferencia alrededor de la ciudad c. 287 (Strabo el 14.1.21). En 197 Antíoco III de Siria conquistó la costa del sur del Asia Menor e hizo a Éfeso su segunda capital.

Éfeso estuvo sujeta a Eumenes de Pérgamo en 190, y estuvo bajo los gobernantes atálidas hasta 133, cuando Atalo III de Pérgamo murió y legó su imperio a Roma. A partir de entonces llegó a ser la residencia oficial del gobernador de la provincia romana de Asia. Éfeso estuvo al principio localizada en el monte Pión, pero fue movida por el rey Creso de Lidia a una región de nivel al este de Pión. La adoración de Artemisa de Éfeso precede la colonización griega de Jonia (Pausanias 7.2.6). Artemisa de Éfeso era al principio una diosa anatolia de la caza y la fertilidad llamada Cibeles en Frigia y Ma en Capadocia. Los efesios más tarde afirmaron que Apolo y Artemisa habían nacido, no en Delos, sino en Éfeso (Tácito *Ann.* 3.60-63; cp. Strabo el 14.1.20). El templo más antiguo de Artemisa fue destruido por los cimerios c. 660. Este fue reconstruido dos veces, seguido de una reconstrucción importante comenzada por Creso c. 550 pero inacabada hasta c. 430. En 356 el templo más antiguo fue destruido por el fuego y reconstruido bajo la supervisión del arquitecto macedonio Deinócrates (Vitruvius 1.1.4). El edificio resultante fue considerado una de las siete maravillas del mundo antiguo (Pausanias 4.31.8; 7.5.4). El Artemision (Hch 19.23-41) estuvo localizado al noreste de la ciudad, y era famoso como un lugar de refugio en el mundo antiguo (Pausanias 7.2.8; Strabo 14.1.23; Josefo *Ant.* 15.89). Aunque fuera destruido por los ostrogodos en 263 d.C., el gran altar, localizado al oeste del recinto del templo, ha sido excavado. En 29 a.C., los romanos en la provincia de Asia recibieron el permiso de Octavio, a punto de convertirse en el emperador Augusto, de dedicar un templo en Éfeso a Roma y Divus Julius conjuntamente (Dio Cassius *Hist.* 51.20.6-7).

Camino con columnas en Éfeso, una vez alineado con tiendas, que conduce del puerto al teatro
(Sistemas de Datos Phoenix, Neal y Joel Bierling)

Durante el período imperial romano, las ciudades distinguidas con ser elegidas como sitios para la construcción de templos a deidades patronales (es decir, Artemisa) y el culto imperial asumían el título «guardiana del templo» (Hch 19.35), aplicado a ciudades en Asia romana para mediados del siglo I d.C., que se les había sido concedido el derecho de construir templos en honor a deidades importantes. Los edificios excavados por los arqueólogos incluyen una biblioteca construida en honor al gobernador romano de Asia, C. Julius Celsus Polemeanus (106-107), un templo en honor a Adriano (117-138), erigido hacia el comienzo de su reinado y conteniendo una serie importante de frisos, una fuente en honor a Trajano, y rastros de un templo en honor a Domiciano y un templo de Serapis (siglo II), con gran fachada de ocho columnas de piedra 14 m (46 pies) de alto y casi 1.5 m (5 pies) de diámetro. El teatro (cp. Hechos 19.23-41), que podría acomodar c. 24 mil personas, también ha sido excavado.

Hay muy poca evidencia real de la presencia del judaísmo en Éfeso durante los períodos helenista y romano. Alejandro Magno había concedido derechos civiles a los judíos de Jonia, y ellos realmente recibieron *isonomia* (es decir, sus propias leyes y costumbre fueron respetadas igualmente con las de los griegos) de Antíoco II (Josefo *Ag. Ap.* 1.22). La presencia de una sinagoga en Éfeso se menciona en Hechos 18.26; 19.8, aunque no hay restos arqueológicos y comparativamente pocas inscripciones judías han sido encontradas. Josefo indica que había una comunidad judía grande en Éfeso a mediados del siglo III a.C. (*Ant.* 12.125-26, 166-68, 172-73). Éfeso era un centro importante del cristianismo antiguo y se menciona con frecuencia en el NT.

La comunidad cristiana allí fue probablemente fundada por Pablo (Ireneo *Cont. her.* 3.3.4). Pablo escribió 1 Corintios desde Éfeso, donde había experimentado la receptiva aceptación del evangelio (1 Co 16.8-9), y también menciona el hecho de que él había «luchado con bestias en Éfeso» (15.32). Si se toma literalmente, podría referirse al estadio que ha sido excavado. Sin embargo, él puede haber hablado metafóricamente, tomando prestada una frase de la descripción de la filosofía moral helenista de la lucha de un sabio con el hedonismo. La primera visita de Pablo a Éfeso fue comparativamente breve (Hch 18.19-21). Su segunda visita, sin embargo, duró más de dos años (Hch 19.1-41), aunque según 20.31, él pasó tres años en Éfeso. Mientras que Hechos 19 relata varios acontecimientos en Éfeso, muy poco realmente se revela sobre la comunidad cristiana allí. Hechos 20.17-38 relata una reunión en Mileto entre Pablo y los «ancianos» de la iglesia en Éfeso, dónde él predice que después de que él se marche (¿muera?) «después de mi partida entrarán en medio de vosotros lobos rapaces, que no perdonarán al rebaño. Y de vosotros mismos se levantarán hombres que hablen cosas perversas para arrastrar tras sí a los discípulos » (20.29-30). Desde que la carta de Efesios probablemente no fue originalmente escrita a Éfeso, pero es una carta circular de carácter muy general, no revela nada sobre el cristianismo allí durante finales del siglo I, cuando fue probablemente escrita. También es asombroso que el mensaje a la iglesia en Éfeso en Apocalipsis 2.1-7 no muestre ningún rastro de la influencia paulina.

Ignacio de Antioquía escribió una carta a la iglesia en Éfeso durante una marcha forzada por la provincia de Asia en su camino a Roma c. 110. Él menciona a Onésimo como el obispo de Éfeso (*Ef 1.3*; 6; 2), a quien algunos han unido ligeramente con el esclavo fugitivo del mismo nombre en Filemón 10 (Col 4.9), aunque el nombre fuera relativamente común para un esclavo.

Éfeso es la residencia tradicional, en la última parte de su vida, de Juan el apóstol (Eusebio *Her.* 3.1), quien se creía haber vivido en el reinado de Trajano (98-117; Ireneo *Cont. her.* 3.3.4). Según la tradición, él escribió su Evangelio en Éfeso (*Her.* 5.8.4), y fue finalmente sepultado allí (3.39.5-6; 5.24.3). La Basílica de San Juan fue erigida en el sitio tradicional de su tumba durante el reinado de Justiniano (527-565). A Timoteo se le recuerda como el primer obispo de Éfeso (*Her.* 3.4.5), una tradición probablemente basada en 1 Timoteo 1.3. Éfeso también es el sitio para el diálogo de Justino con Trifón el judío (*Dial.* 2-8; Eusebio *Her.* 4.18.6).

Bibliografía. F. V. Filson, « Ephesus and the New Testament », *BA* 8 (1945): 73-80, reimpreso en *BAR* 2, editor. D. N. Freedman y E. F. Campbell (Garden City, 1964), 343-52; S. J. Friesen, *Twice Neokoros: Ephesus, Asia and the Cult of the Flavian Imperial Family* (Leiden, 1993); G. H. R Horsley, «The Inscriptions of Ephesos and the New Testament », *NovT* 34 (1992): 105-68; D. Magie, *Roman Rule in Asia Minor to the End of the Third Century After Christ,* 2 vols. (1950, reimpreso Nueva York, 1975); R E.Oster, *A Bibliography of Ancient Ephesus* (Metuchen, 1987); R Strelan, *Paul, Artemis, and the Jews in Ephesus. BZNW* 80 (Berlín, 1966); P. D. Warden y R S. Bagnall, «The Forty Thousand Citizens of Ephesus», *Classical Philology* 83 (1988): 220-23.

David E. Aune

EFLAL (Heb. *'eplāl*)

Descendiente de Judá, el hijo de Zabad y padre de Obed (1 Cr 2.37).

EFOD (Heb. *'ēpōd*)

Prenda externa ornamentada, sin mangas llevada por el sumo sacerdote israelita. Éxodo 28.6-10 describe el efod como una prenda hecha de lino fino torcido, decorado con material de oro, azul, púrpura y carmesí. Dos hombreras y un cinturón tejido hecho de los mismos materiales completan el equipo. Adheridas a las hombreras iban dos piedras de ónix inscritas con los nombres de los hijos de Israel. Un pectoral hecho de los mismos materiales y decorado con 12 piedras preciosas, simbolizando las 12 tribus, fue atado por anillos de oro al frente del efod (Ex 28.15-28). Un bolsillo en el pectoral almacenó el Urim y Tumim, las suertes de adivinación. El efod también podría ser una ropa común.

David llevaba un efod de lino mientras bailaba como un loco en la celebración de la llegada del arca del pacto en Jerusalén (2 S 6.14). El muchacho Samuel lleva un efod alrededor del templo como una ropa diaria (1 S 2.18).

Varios pasajes describen un efod idólatra. Gedeón hace un efod con el oro capturado de los ismaelitas y lo coloca en la ciudad de Ofra. Se convierte en una piedra de tropiezo para Gedeón y su familia junto con todo Israel (Jue 8.27). El efod de Gedeón no es descrito, pero puede ser una vestidura no ícono empleada en la obtención de oráculos o una ropa que cubre a un ídolo, como aquellas asociadas con estatuas de culto de Mesopotamia o egipcias (cp. Is 30.22). Junto con terafín, una imagen fundida, una imagen tallada, y un sacerdote levita, Micaía estableció un efod en un lugar sagrado de una casa (Jue 17–18). La espada de Goliat es envuelta en una tela y guardada detrás del efod en el santuario en Nob (1 S 21.9). Este efod, sin embargo, puede ser una ropa sacerdotal que cuelga delante de la espada en vez de un ídolo.

1 Samuel se refiere al efod como un objeto tangible de adoración. Ahías, el sacerdote de Saúl, lleva un efod en la batalla de Micmas (1 S 14.3). Por la orden de Saúl, Doeg mató a los 85 sacerdotes del

templo en Nob que vestían el efod (22.18). A David se le describe como buscando el efod para la dirección de Jehová (23.6, 9; 30.7). Algunos eruditos sostienen que este efod es la ropa con un bolsillo que lleva el oráculo de la suerte, el mismo efod que se describe en Éxodo 28, 39.

TERRY W. EDDINGER

EFOD (Heb. *'ēp̄ōḏ*) **(PERSONA)**
El padre de Haniel, un líder de Manasés elegido para asistir en la distribución de la tierra entre las tribus (Nm 34.23).

EFRAÍN (Heb. *'eprayim*) **(LUGAR)**
Ciudad sur de Baal-hazor y c. 23 km (14 mi) norte de Jerusalén en las colinas de Judea, por lo general identificada con moderno eṭ-Ṭaiyibeh (178151). Aquí Absalón vengó la violación de su hermana Tamar mediante el asesinato de su agresor Amnón (2 S 13.23). Después del levantamiento de Lázaro, Jesús fue a Efraín «cerca del desierto» a estar con sus discípulos (Jn 11.54). El nombre ha sido asociado con Ofra bíblico (Jos 18.23), Efrón (1 Mac 5.46), y Afairema (11.34).

RICHARD A. SPENCER

EFRAÍN (Heb. *'eprayim*) **(PERSONA)**
El segundo hijo del patriarca José y antepasado epónimo de la tribu, que prestó su nombre al territorio de la colina central de Palestina.

La figura epónima

La etimología exacta del nombre Efraín se desconoce. El texto bíblico proporciona una etimología popular basada en heb. *prh,* «ser fértil» (Gn 41.52). Aunque el final *-ayim* sugiera un nombre topográfico, hay desacuerdo sobre la elaboración adicional del significado del nombre.

La figura bíblica es el segundo hijo de José y Asenat, hija de Potifera un sacerdote de On (Gn 41.52; 46.20). Sin embargo, él recibió de Jacob la bendición del primogénito en vez de Manasés, a pesar de las objeciones de José (48.13-20). Tanto Efraín como Manasés fueron adoptados por Jacob como sus propios hijos y así considerados entre sus tíos como antepasados tribales (Gn 48.5). Efraín fue el padre de nueve hijos que fueron asesinados por los hombres de Gat, y luego de un hijo adicional y una hija (1 Cr 7.20-24).

La tribu

La historia de Efraín que sustituye a Manasés como el primogénito en Génesis 48 puede estar relacionada con la situación histórica por lo cual la tribu de Manasés, al principio más importante que la tribu de Efraín (Nm 26.28-37), vino a ser superada por Efraín, que finalmente llegó a designar todo el reino del norte de Israel. Mientras algunos pasajes hablan «de la tierra de Efraín y Manasés» (Dt 34.2; 2 Cr 30.10) como una designación territorial, en muchos pasajes proféticos «Efraín» solo designa la entidad sociopolítica del reino del norte (Is 7.2-17; 9.9, 21 [TM 8, 20]; 11.13; Jer 31.9-20; Ez 37.16-19; Os 5). El origen de este uso es incierto, pero puede provenir del hecho de que el territorio de Efraín realmente constituyó el centro geográfico del reino del norte, o porque su primer rey, Jeroboam, era de la tribu de Efraín (1 R 11.26). Oseas 5 puede ser un caso especial, en lo que parece ser una diferencia entre Israel y Efraín (v. 5). Esto puede reflejar una época cuando el reino del norte estuvo dividido en dos regímenes: Israel en la ribera oriental del Jordán (= Galaad, primero anexado por Asiria), y Efraín en la Cisjordania que permanece bajo el control de Samaria.

El territorio

La tierra de Efraín comprendió la región montañosa central de Palestina, extendiéndose aproximadamente de Bet-el en el sur hasta la latitud de Siquem en el norte. El límite del sur corrió de Jericó hacia el oeste por Ai, Bet-el, Gezer, y al mar, mientras la frontera del norte siguió el río Yarkon de la costa, y su tributario el río Kanah tan lejos tierra adentro como el macizo Ebal-Gerizim. Al este de Siquem, el territorio de Efraín no se extendió al río Jordán, pero giró al sur en Taanat-Silo y corrió a través de las fronteras orientales de Samaria hasta Jericó.

Esta zona geográfica contiene varias zonas topográficas diferentes, tan diversas como la estrecha planicie de Sarón a través de la costa y las cumbres de Ebal y Gerizim. La mayoría de Efraín era la región montañosa del sinclinal Nablus, entre las áreas más fértiles en Palestina, contando tanto de buena precipitación como de suelos. Apoyó una economía tanto de agricultura de cereal como de producción de oliva, mientras los valles más secos del Micmetat (Jos 16.6; 17.7) y Bet-dagón fueron más adecuados para el ganado.

El establecimiento israelita en Efraín comienza con un crecimiento impresionante en la Edad de Hierro Temprana. Tanto en los extremos del norte como del sur de Efraín hubo centros regionales en Siquem (Tell Balâtah) y Bet-el (Beitin) y Ai (et-Tell), respectivamente.

Esto ilustra el problema de aplicar las fronteras tribales bíblicas al registro arqueológico, como estas ciudades que unen límites tribales parecen haber gobernado territorios que se extendieron en «ambos lados» de las líneas supuestas. Un régimen económico que podría ser más claramente llamado Efraín sería el que se centró en Silo Hierro I (Kirbet Seilûn, Sailun). Aquí, la ciudad amurallada 12-dunam parece haber sido apoyada por un sistema de centros de pueblo subordinados y pequeñas aldeas que se extienden al este y oeste. En el Hierro II, hubo un aumento enorme del 65 por ciento en el número de lugares, más de 120 ha (300 a) fueron aumentados, y la región entera estaba bajo cultivo. La transición a una economía de estado, sin embargo, eliminó las grandes ciudades de Efraín: Silo disminuyó a un asentamiento pobre, Siquem fue sustituido por capitales del reino del norte en Tirsa y Samaria, y los centros en la frontera del sur disminuyeron debido a las agitaciones políticas aquí por la frontera que separa los reinos de Judá e Israel. Después de una disminución aguda en el período persa, el asentamiento en Efraín era extenso en los períodos helenista, romano y bizantino.

Bibliografía. I. Finkelstein, *The Archaeology of the Israelite Settlement* (Jerusalén, 1988); editor, *Shiloh: The Archaeology of a Biblical Site* (Tel Aviv, 1993); D.C. Hopkins, *The Highlands of Canaan* (Sheffield, 1985); L. Watkins, «Southern Samaria, Survey of», *OEANE,* 5.66-68.

ROBERT D. MILLER, II

EFRAÍN (Heb. *ʾeprayim*), **BOSQUE DE**

El entorno de la muerte de Absalón (2 Sam 18.6). Uno de quizás varios bosques en Palestina durante tiempos bíblicos, su ubicación ha sido un tema de debate. Ya que el bosque se identifica con Efraín, unos sugieren que se encuentra localizado en el territorio de Efraín al oeste del río Jordán, un área a la cual la Biblia atribuye una extensa cobertura de bosque (Jos 17.18). Otros lo localizan al este del Jordán, basados en 2 Samuel 17.24 que habla de David que viaja a Mahanaim en el territorio de Galaad antes de la confrontación con Absalón. Los recursos forestales de Galaad se mencionan en el AT (Gn 37.25; Jer 8.22; 46.11), y en los profetas son clasificados junto a los recursos del bosque de Líbano (Jer 22.6; Zac 10.10).

LAMOINE F. DEVRIES

EFRATA (Heb. *ʾeprāṯ*) **(LUGAR)**

1. Ciudad cerca de la cual Raquel murió dando a luz a Benjamín (Gn 35.16), Efrata en el sur de Benjamín (1 S 10.2; Jer 31.15).

2. El lugar donde Raquel fue sepultada (Gn 35.19; 48.7), generalmente identificada con Belén/Efrata (Rut 4.11; Mi 5.1).

EFRATA (Heb. *ʾeprāṯâ*) **(LUGAR)**

Nombre de lugar usado en referencia a Belén y la región circundante (Rut 4.11; Mi 5.2). Isaí, el padre de David, es llamado un efratita de Belén (1 S 17.12), como son Noemí, su marido y sus hijos (Rut 1.2). La LXX incluye Efrata en la lista de sitios cerca de Belén que inserta después de Josué 15.59.

Efrata también aparece como el nombre de una mujer (1 Cr 2.19) quien se identifica como un antepasado (epónimo) de Belén, Tecoa, Bet-gader, y Kiriat-jearim (1 Cr 2.24, 50-51; 4.4-5), ciudades conocidas en el norte de Judá. No es claro si el grupo de parentesco asociado con este territorio tomó su nombre de tal persona o si el nombre es simplemente una personificación del territorio con objetivos genealógicos. La inclusión de Kiriat-jearim dentro de los límites de Efrata amplía estos límites al norte a la frontera con Benjamín (cp. Sal 132.6, *ʾeproṯâ* = «campos de Jaar»). Efrata también puede referirse al lugar al cual Jacob viajaba cuando Raquel murió (Gn 35.16, 19; 48.7); cp., los pasajes posteriores que colocan la tumba de Raquel en el sur de Benjamín (1 S 10.2), expresamente en los alrededores de Ramá (Jer 31.15).

WADE R KOTTER

EFRATA (Heb. *ʾeprāṯ*) **(PERSONA)**

La segunda esposa de Caleb, madre de Hur y Asur (1 Cr 2.19).

EFRÓN (Heb. *ʿeprôn;* Gr. *Ephrōn*) **(LUGAR)**

1. «Las ciudades del monte Efrón» (Jos 15.9), un distrito en la frontera norte de Judá cerca de Baalah/Kiriat-jearim (moderno Deir el-ʿÂzar). La ubicación precisa del sitio se desconoce, pero el-Qastel cerca de Mozah es una posibilidad.

2. Una ciudad tomada por el rey Abías de Judá de Jeroboam I de Israel (2 Cr 13.19). A menudo se identifica con Ofra (Jos 18.23) y Efraín (2 S 13.23). El sitio es moderno eṭ-Ṭaiyibeh (178151), c. 6.5 km (4 mi) NE de Bet-el y 21 km (13 mi) NNE de Jerusalén.

3. Una ciudad grande y muy fuerte que cierra y bloquea las puertas con piedras en un intento de prohibir el paso de Judas Macabeo y su ejército, que volvían a Judá de Galaad. Judas envió un mensaje amistoso para que se les permitiera cruzar la ciudad. Siendo negado, él destruyó a cada varón y saqueó la ciudad. Después, él pasó por la ciudad sobre los cadáveres (1 Mac 5.46-52; 2 Mac 12.27-29). Efrón (217216) está localizada E del río Jordán, c. 19.5 km (12 mi) SE del mar de Galilea.

Jorge L. Valdes

EFRÓN (Heb. *'eprôn*) (PERSONA)
Hijo de Zohar; un heteo que mora en Hebrón quien vendió a Abraham su campo y la cueva de Macpela por 400 siclos de plata (Gn 23.8-18; cp. 25.9-10; 49.29-30; 50.13).

EGIPCIO (IDIOMA)
Una rama del grupo de lengua afro asiática (también llamada camito-semítico). Al igual que con otras lenguas afro asiáticas (semítico, berébere, cusita, chádico, omótico), el egipcio expone rasgos lingüísticos particulares, incluso estructuras con raíz de dos y tres consonantes que son conjugadas en diversas formas, un sistema original de vocales de /i/,/ a/,/u/, femenino final**at*, una forma de verbo cualitativa o declarativa (antiguo perfectivo), pronombres independiente y de sufijo, y un sufijo adjetival-*I* («nisbación»).

Historia y desarrollo
La historia del egipcio, que se extiende aproximadamente más de cuatro milenios de uso (c. 3200 a.C.-1300 d.C.), está generalmente dividida en dos fases históricas, que en algunos casos se superponen: (1) egipcio más antiguo (c. 3200-1300), abarcando el egipcio arcaico, egipcio antiguo, egipcio medio, y egipcio medio tardío; y (2) egipcio posterior (c. 1300 a.C.-1300 d.C.), que consiste en egipcio tardío, demótico y copto. Los ejemplos más antiguos de la escritura no continua (finales del cuarto milenio) consisten en jeroglíficos en hueso y etiquetas de marfil, impresiones de sello de arcilla, cerámica, y floreros de piedra, registrando el intercambio de mercancías. El egipcio muy probablemente nació bajo el recién formado estado egipcio (c. 3100), para el que sirvió como un instrumento administrativo (escritura cursiva) y un medio para la demostración pública de la ideología real y religiosa en la forma de la escritura jeroglífica monumental. Las Dinastías segunda a cuarta (c. 2840-2500) vieron desarrollo significativo en escritura y demostración pública, pasando de listas de ofrendas y títulos (en tumbas privadas) a textos continuos en contextos religiosos (Djoser en Heliópolis) y más tarde administrativos. A lo largo de la historia egipcia, la escritura y el alfabetismo se limitan a un muy pequeño segmento de la sociedad egipcia, probablemente no más de 1 o 2 por ciento de la población total, y los textos conservados reflejan la cosmovisión de esta élite literaria.

La lengua de las dinastías más antiguas (tercera a octava), aproximadamente contemporáneo con el Antiguo Reino (c. 2700-2160), es llamado egipcio antiguo y es el más extensamente representado en los textos de las pirámides (invocaciones o rituales funerarios reales, Dinastías quinta-octava) y biografías de tumbas privadas. La siguiente fase escrita de la lengua, egipcio medio o clásico, se extiende aproximadamente a partir del final del Antiguo Reino hasta mediados de la décimo octava Dinastía (c. 2160-1400). Fue durante este período, sobre todo la décimo segunda Dinastía (1963-1786), que muchas de las grandes composiciones literarias de la literatura egipcia fueron escritas, abarcando una variedad de géneros literarios totalmente desarrollados, incluyendo relatos (p. ej., Sinuhe, Marinero naufragado), himnos (p. ej., himno a la inundación), y enseñanzas (p. ej., Merikare).

Paralelo al egipcio escrito formal de la élite de la décimo segunda dinastía, una forma más familiar de la lengua, egipcio medio tardío, aparece al principio en contextos prácticos, como cartas y cuentas. Para el Nuevo Reino (1540-1069), el egipcio medio tardío se encuentra en textos monumentales religiosos y reales (p. ej., Libro de la Vaca Divina, Pap. Leiden I 350, Decreto de Nauri) y se sigue utilizando durante el período faraónico y más allá (p. ej., Piedra de Shabako, estela Pi [ankhi], y en inscripciones de templo grecorromanas). Además, los clásicos literarios del Reino Medio, para el cual poseemos sobre todo copias o fragmentos del Nuevo Reino, fueron transmitidos en el egipcio medio tardío; esta recopilación literaria sirvió como el núcleo literario clásico para la élite cultural alta del Nuevo Reino temprano.

El egipcio tardío, como lenguaje escrito, surge en la segunda mitad del Nuevo Reino durante el período Amarna (c. 1350-1336). En el egipcio tardío literario

(p. ej., wenamun, Horus y Set), que exhibe varios rasgos en común con el egipcio clásico estándar (p. ej., tiempos de narrativa, algunas partículas negativas), se encuentra formas literarias que no se hallan en la literatura del Reino Medio (ficción narrativa, poesía de amor, y textos escolares). El egipcio tardío no literario se refiere al lenguaje de asuntos diarios contenidos en documentos administrativos, cartas y cuentas del período Ramesés (1292-1075). En el período Saita y más allá (644 a.C.-c. 450 d.C.), cursiva demótica, denotando tanto la escritura cursiva como la lengua vernácula escrita en ella, sirvió como el lenguaje de intereses administrativos, legales, y económicos, con algunos textos literarios también (p. ej., los relatos de Setne Kamwas). La última fase del egipcio es el copto (c. siglo III al XIV d.C.), la lengua de la iglesia cristiana o copta en Egipto. La escritura copta consiste en letras del alfabeto griego con un puñado adicional de signos tomados del demótico para representar fonemas egipcios no encontrados en griego. De sus varios dialectos, el que se conoce como bohaírico llegó a ser la lengua oficial y litúrgica de la Iglesia Copta.

Además de textos mágicos tempranos y traducciones de libros bíblicos, los manuscritos coptos conservan importantes escritos no canónicos también, incluso el Evangelio de Tomás y el Apócrifo de Santiago.

Escrituras

El egipcio se escribe en cuatro escrituras principales: jeroglífico, hierático, demótico y copto. Ya se ha hablado de los dos últimos. El sistema jeroglífico complicado y decorativo de escribir (del gr. «[letras] sagradas esculpidas») es el más duradero, y extensamente reconocido hoy, de los escritos, que se originan en el período predinástico y su uso se extiende hasta finales del siglo IV d.C. Como la escritura monumental (p. ej., esculpido o pintado en relieves de templo, tumbas, estelas, estatuario, etc.), el jeroglífico sirvió las necesidades ideológicas vía la demostración pública del estado egipcio. Para necesidades administrativas y de negocio, una adaptación cursiva fue ideada, conocida como hierática (Primera Dinastía hasta el siglo III d.C.), escrita con pluma de caña en papiro y ostraca. Los escribas normalmente trabajaban en hierático y una forma más simplificada de jeroglífico; aunque ellos sabían escribir, la evidencia sugiere que su conocimiento del jeroglífico decorativo monumental era limitado.

El número de signos jeroglíficos empleados en el egipcio varía durante el tiempo, abarcando de c. 750 en el egipcio clásico hasta c. 6000 en el período grecorromano. Estos signos son pictográficos, representando objetos (p. ej., edificios, mobiliario, instrumentos agrícolas) y criaturas vivas (p. ej., personas, animales, árboles, plantas). A diferencia de otras lenguas del antiguo Cercano Oriente, el egipcio a lo largo de toda su historia retuvo su carácter ilustrado tanto como escritura y como arte figurativo. Esta fusión de escritura y representación significa, por ejemplo, que la agrupación, la orientación, y la colocación de signos son determinadas por consideraciones estéticas o artísticas más allá de la mera escritura de un signo.

Los principios básicos de la escritura

Los signos pictográficos egipcios son de dos tipos básicos: fonogramas y semogramas. Los fonogramas pueden representar hasta tres sonidos consonantales consecutivos; así un signo dado puede ser mono-(imagen de un pie humano = fonético /b/), bi-(imagen de una casa = fonético /p-r/), o triconsonantal (escarabajo egipcio del estiércol = fonético /h-p-r/). El egipcio tiene 24 signos monoconsonantes, a menudo referidos como su «alfabeto», pero sólo rara vez funcionan éstos independientemente de indicadores semánticos. Además de indicadores fonológicos, los signos podrían servir como semogramas, representando el objeto mismo (logograma) o indicando su campo semántico o léxico (determinativo genérico o taxograma). Por ejemplo, la palabra egipcia «sol» (*rˁw*) es representada por un cuadro del sol mismo, y la palabra «cara» (Egip. *hr*) mostrada como una cara humana. La utilización del principio de jeroglífico (p. ej., el cuadro de una abeja + hoja = «creencia»), tales logogramas podrían ser usados en la escritura de varias palabras, o partes de ellas, que no tienen relación en el sentido, pero con la fonología parcialmente idéntica (p. ej., el logograma «cara» indica fonética ḥ-r/ en egip. *ḥrt*, «tumba, necrópolis»).

Los determinativos genéricos son colocados después de las palabras para indicar su campo semántico (p. ej., un hombre sentado con la mano a la boca a menudo denota acciones o estados, como comer, beber, hambre, hablar, o silencio). Partes del cuerpo (p. ej., el oído, el ojo, la nariz, el brazo) también pueden servir como determinativos (p. ej., el ojo como determinativo con palabras que se relacionan con vista, aspecto, ceguera, desvelo, o llanto).

Las palabras que son fonéticamente idénticas son distinguidas en su significado por sus determinativos. Por ejemplo, según su determinativo, el egip. *ms* podría ser leído como «niño» (con un niño como el determinativo), «becerro» (con el determinativo de becerro), «ramo» (con determinativo de hierbas), o la partícula enclítica (seguido de figura humana con la mano a la boca).

Hay también mucha coincidencia entre los anteriores tipos o categorías, de manera que un signo dado pudiera funcionar como fonograma, logograma, o semograma. Por ejemplo, el signo de casa rectangular podría ser leído como (1) la combinación fonética /p-r/; (2) la palabra «casa» (con un trazo vertical para mostrar su uso no fonético); o (3) un determinativo con palabras que se relacionan con edificios o estructuras (p. ej., «cuarto», «santuario», «interior», etc.).

Palabras prestadas en el AT

Varias palabras y frases hebreas en el AT pueden ser explicadas como derivadas, directa o indirectamente, del egipcio. Por ejemplo, Heb. *yĕʾōr,* «Río de Nilo» (Gn 41.1-3 NVI) del egip. *i (t) rw,* «Río de Nilo, corriente (del Nilo)»; del heb. *parʿō,* «Faraón» (Gen 12.15) del egip. *pr ʿ3j,* «faraón, rey de Egipto [lit., 'gran casa']»; y heb. *šûšan,* «lirio, loto» (1 R 7.19, 26) del egip. *ššn,* «loto».

Bibliografía. J. P. Allen, *Middle Egyptian Grammar* (Cambridge, 2000); J. Baines, «Communication and Display: The Integration of Early Egyptian Art and Writing,» *Antiquity* 63 (1989): 471-82; J. Černý y S. Israelit-Groll, a *Late Egyptian Grammar, cuarta* edición, Studia Pohl, ser. maior 4 (Roma, 1993); A. Gardiner, *Egyptian Grammar, Thus Wrote «Onchsheshongy» : An Introductory Grammar of Demotic,* segundo edición. SAOC 45 (Chicago, 1991); T. O. Lambdin, *Introduction to Sahidic Coptic* (Macon, 1983); A. Loprieno, *Ancient Egyptian: A Linguistic Introduction* (Cambridge, 1995).

John R. Huddlestun

EGIPCIO, EL

Uno de los profetas populares en Palestina cuyos movimientos fueron aplastados por Roma en el tenso período que condujo a la guerra de los judíos (cp. Teudas). Según Josefo, «el falso profeta egipcio» condujo 30 mil seguidores desde el desierto al monte de los Olivos. Afirmando que los muros de Jerusalén caerían a su orden, él planeó dominar la guarnición romana. El procurador romano Félix (52-60 d.C.) atacó preventivamente; el egipcio escapó mientras la mayoría de sus seguidores fueron asesinados o tomados presos (*BJ* 2.261-63; *Ant.* 20.169-72). En Hechos 21.38 un tribuno romano confunde a Pablo con el egipcio, que aquí se le atribuyen 4000 seguidores y es llamado un líder de los terroristas revolucionarios conocidos como los sicarios.

Las acciones simbólicas del egipcio recuerdan imágenes bíblicas de la libertad y poder de Israel y su Dios. El desierto simbolizó la pureza espiritual y el éxodo de la opresión, la predicción acerca de los muros aludió a la conquista de Jericó (Jos 6.20), y el monte de los Olivos fue entendido como el lugar donde el Señor mismo vendría para luchar contra las naciones que atacan Jerusalén (Zac 14).

Bibliografía. M. Hengel, *The Zealots* (Edimburgo, 1989); R A. Horsley y J. S. Hanson, *Bandits, Prophets, and Messiahs* (Minneapolis, 1985).

Martin C. Albl

EGIPCIOS, EL EVANGELIO SEGÚN LOS (III, 2; IV, 2)

Evangelio gnóstico apócrifo probablemente creado en Egipto a mediados del siglo II d.C. Aunque con frecuencia citado por los padres de la iglesia de los siglos II y III, todo lo que queda del trabajo son algunas alusiones y paráfrasis. Esas referencias revelan que este tratado era un estudio de las enseñanzas de Jesús que apoyan creencias gnósticas generalmente y varias doctrinas en particular: la idea naasena que el alma es variable en forma, naturaleza y disposición (Hipólito *Ref.* 5.7); la idea sabeliana que el Padre, Hijo, y Espíritu Santo son uno y el mismo (Epifanio *Cont. her.* 62.2.4; cp. *Excerpta ex Theodoto* 67); y, el más prominente, el énfasis encratita sobre el celibato, el rechazo del matrimonio, y la erradicación de las diferencias entre masculino y femenino (por bautismo) a fin de devolver al creyente al estado de Adán antes de la creación de Eva. Una mujer, Salomé, es prominente en esta última doctrina, pero sólo como un montaje para que Jesús articulara la doctrina encratita. Por ejemplo, ella pregunta cuánto tiempo va a prevalecer la muerte, y Cristo le dice que durará mientras las mujeres den a luz (Clemente *Misc.* El 3.6.45; el 3.9.64; el 3.13.92). Este Evangelio no es el mismo que el Evangelio copto de los egipcios, que es parte de la literatura de Nag Hammadi.

Bibliografía. R. Cameron, *The Other Gospels* (Filadelfia, 1982), 49-52, 186; J. K. Elliott, «The Gospel of the Egyptians,» en *The Apocryphal New Testament,* ed. revisada (Oxford, 1993), 16-19.

RICHARD A. SPENCER

EGIPTO

Una de las civilizaciones más antiguas y mayores del mundo antiguo, situada junto al río de Nilo.

Naqada I-II

El valle del Nilo tiene muchos rastros de pueblos del Paleolítico al Mesolítico, pero los precursores más antiguos de la cultura faraónica provinieron de un movimiento de pueblos neolíticos de las regiones de Sáhara al valle del Nilo donde ellos se mezclaron con cazadores y recolectores indígenas y desarrollaron los asentamientos más antiguos. El pueblo del Sahara había domesticado al ganado y había adquirido ovejas y cabras, así como el cultivo de trigo y cebada, éstos probablemente provenían del Levante al principio. En Egipto, estos pueblos desarrollaron dos culturas distintas, las culturas del valle del Alto Egipto, de las cuales la más antigua era Badaria, y en el Delta, otra serie de culturas, distintas del valle.

Del Badarian más tarde evolucionaron las culturas Naqada I-II. Naqada I desarrolló pueblos más grandes, y comenzó a sacar el sílex de los acantilados de piedra caliza del Nilo. La gente vivió en casas circulares, y formó los cultos religiosos conocidos más antiguos. Ellos desarrollaron varios tipos de cerámica fina, incluso un estilo de artículo decorado que representa la fauna y la flora del tipo del Nilo y a veces muestra la caza. Esta cultura también se extendió más lejos de arriba abajo del valle del Nilo.

Naqada II (c. 3600-3300 a.C.), que evolucionó directamente de Naqada I, marca el florecimiento de la cultura del valle y su prosperidad gradualmente creciente. Los primeros centros de poder surgieron en esta era en las zonas en las que el valle del Nilo dio el acceso a rutas en el desierto oriental, donde los ciudadanos de Naqada encontraron piedra de buena calidad y, aún más importante, depósitos de oro y cobre. Dos grandes centros se desarrollaron, Nubt («el dorado»), también llamado Naqada, en el Egipto Medio cerca del Wadi Ḥammâmât, y Nekén, más al sur cerca del Wadi Mia. Estos dos centros fundaron ciudades en el banco oriental, cerca de las entradas de Wadi, Koptos para Nubt y Elkab para Nekén. El acceso a los recursos del desierto enriqueció enormemente a ambas ciudades y llevó al surgimiento de una clase de la élite. Estas comunidades también comenzaron el comercio de lugares lejanos, que llevó a la aparición de otros centros, Buto y Maʿadi en el norte y Ta-seti y Qustul en el sur. Estos nuevos centros se hicieron prósperos controlando el comercio de lugares lejanos que los habitantes de Naqada deseaban: madera de cedro y aceite de Líbano, lapislázuli de tierras más lejanas, y en el sur, marfil, ébano, pieles de pantera, mandriles, y otros productos. Los centros que participaban en el comercio también prosperaron. Maʿadi condujo el comercio por tierra, incluyendo el cobre de Sinaí y Canaán, mientras Buto mantuvo el comercio de mar con Líbano y el valle de ʿAmuq. De la región de ʿAmuq, los egipcios entraron en contacto con la gente de Mesopotamia vía el asentamiento Buto.

Protodinástico

El período de Naqada II evolucionó en Naqada III, o la era Protodinástica. En este período las élites se desarrollaron en jefes supremos. Estos líderes también fueron responsables por los principios de la escritura jeroglífica egipcia, que se originó en la cerámica decorada de color del período de Naqada II. Esa mercancía con frecuencia representaba naves, reflejando un comercio ya animado del valle del Nilo. Muchos de los barcos mostraron estándares detrás de sus cabinas cubiertas de signos que pueden ser leídos como nombre o nombres divinos; la mayoría de la mercancía fue producida en el área entre Abidos y Luxor, y los signos unidos con los nomos de esta área son comunes en los estándares.

Las élites emergentes de Naqada III entraron en conflicto con sus vecinos, y los gobernantes conmemoraron sus victorias con signos sacados de la mercancía decorada. Esto dio ocasión a un modelo conocido como el ciclo faraónico, representando una procesión en barco hacia un complejo de palacio. Tales escenas fueron esculpidas en paletas o cabezas de maza alargadas, caras esculpidas en la pared de roca, mangos decorados de cuchillo de sílex, o hasta pintados en lino. Conforme el período de Naqada III progresó, tales escenas proliferaron y son conocidas de Nubt, Nekén, y Qustul en el más bajo Nubia. Otro desarrollo durante este período fue el *serekh,* una entrada de palacio decorada, como la excavada en Nekén. Las casas desde el período de Naqada II eran rectangulares y construidas de ladrillo de barro; alguna construcción de adobe y caña siguió, pero principalmente en refugios de campaña temporales. Un tipo de estructura de cerca de caña conocida como *zeriba* fue desarrollado más adelante. Los santuarios religiosos se hicieron más prominentes, ahora marcadas por el frente y por detrás con banderas en astas. Algunos lugares sagrados alardearon de imágenes colosales de la deidad, como Koptos o Min. Otros lugares sagrados permanecieron preformales, y podrían ser una arboleda o un lugar entre dos rocas, como en Elefantina. Las paletas decoradas y las cabezas de maza también representan lugares sagrados, con una estructura definida: un tribunal, con estándar encabezado por el emblema divino, luego un edificio de lugar sagrado, a veces con una pintura colosal de la deidad.

Hacia el final del período Naqada III, los centros de poder se enfrascaron en una serie de conflictos. Nekén aparentemente surgió triunfante en un conflicto con Ta-seti. Su gobernante, conocido como Escorpión, luego conquistó Nubt. En el triunfo él asumió la Corona Roja de Nubt. (La corona de Nekén y Qustul era la Corona Blanca.) Abidos, un nuevo cementerio real en el nome Nubt, ahora llegó a ser el lugar de entierro de los gobernantes Nekén victoriosos. Los sucesores de Escorpión hicieron una campaña hacia el norte y para el tiempo de Nar-mer tomaron el control del Delta. Buto fue transformado en un lugar sagrado nacional del Bajo Egipto, como llegó a ser conocido el Delta. Nekén en el Alto Egipto llegó a ser un lugar sagrado nacional, mientras Elkab llegó a ser el centro tutelar del Alto Egipto. Las dos deidades de Buto y Elkab, una cobra y un buitre, respectivamente, ahora se convirtieron en deidades nacionales. En una cabeza de maza decorada, Nar-mer es representado entronizado como el rey del Bajo Egipto. Esta cabeza de maza claramente contiene una enumeración de recursos del Delta, ganado, ganado menor, y hombres (120 mil). Extrapolando de esto añadiendo a mujeres y niños, c. 500 a 600 mil personas pueden ser estimadas para el Delta, y la mayoría de los eruditos postulan un pueblo ligeramente más grande para la dominante cultura del Valle (700 mil). Esto pondría la población de todo el Egipto en c. 1.4 a 1.6 millones alrededor de la fecha de la Unificación (c. 3100).

Si Nar-mer es el verdadero unificador, o su hijo y sucesor Aḥa, quién fundó la ciudad de Menfis (entonces conocida como «Paredes Blancas»), se debate. Aḥa también creó los Anales Reales, un registro año por año de los hechos de los faraones, coordinando juntos los acontecimientos antes comunicados por medio de cabeza de maza o paleta decorado en una secuencia continua, unida por acontecimientos que se repiten con regularidad, como el censo bienal de ganado. Más tarde en la Primera Dinastía, una pequeña caja al final de cada entrada de año registraría la altura anual de la inundación del Nilo. La ahora lista fragmentaria conocida como la Piedra de Palermo, que representó los anales del Antiguo Reino, conserva los últimos dos años del reinado de Aḥa. El título real también comenzó a evolucionar. Ya Nar-mer tenía el nombre de las «Dos Damas». Los nombres usados por estos reyes antiguos son nombres de Horus, comunicados por el nombre real encima del *serekh* encabezado por la deidad halcón Horus de Nekén. Todas las artes desarrolladas en Naqada II-III proliferaron, sobre todo los jarrones de piedra, pero los primeros faraones destruyeron los centros comerciales, Maʿadi y Qustul, cuando trataron de monopolizar el comercio exterior. El trabajo del metal llegó a ser mejor establecido, la rueda de cerámica fue introducida, y la carpintería floreció, con el mejor trabajo realizado para las élites. Los faraones también establecieron la primera burocracia para administrar su reino. El modelo de estimar la altura de la inundación del Nilo, re alinear marcas divisorias de campos, tasar impuestos, y conducir el censo de ganado e impuestos todo fue desarrollado en esta época. Un dignatario, el visir, fue designado para administrar estos programas. Los reyes, y evidentemente una reina, Meryt-neith, fueron sepultados en la tierra real de Abidos, completo de templos funerarios de nichos de ladrillo de barro y los entierros de cientos de siervos de tribunal. Así surgió el estado faraónico del antiguo Egipto, con un rey reconocido como una deidad.

La Segunda Dinastía se levantó c. 2850, y sus gobernantes cambiaron su cementerio a Saqqâra. Sus nombres reales llevan indicios de dos poderes, las deidades Horus de Nekén y Set de Nubt. Los registros que sobreviven insinúan problemas en la forma de rebeliones. Entonces a mediados de la dinastía, un conflicto importante estalló. Un faraón abandonó a Horus, y en cambio colocó a Set encima de su *serekh*. Esto puede ser la rebelión del pueblo de Naqada que había perdido progresivamente el estado en el proceso de unificación. Otro rey Horus, Kasejem, se levantó en Nekén y progresivamente derrotó a los rebeldes y unificó de nuevo Egipto. Él ahora se proclamó faraón, con Horus y Set encima de su *serekh,* su nombre de Dos Damas leyendo «los dos poderes están contentos en él.» La rebelión fue terminada. La tumba real volvió a Abidos, y la reina del rey posterior Kasejemwy llegó a ser la madre de los dos primeros faraones de la Tercera Dinastía.

Un nuevo título real se desarrolló, Horus encima del dorado Glif, o Horus sobre Nubt.

El Antiguo Reino

El nuevo faraón Sanajt puede ser un enigma, pero su hermano Djoser brilla siempre como el fundador del Antiguo Reino. Djoser encontró a un arquitecto maestro, Imhotep, que construyó para él la primera estructura de piedra completa conocida, la gran Pirámide escalonada de Saqqâra. Estaba rodeada por un complejo cerrado en una interpretación «de las Paredes Blancas» en bloques de piedra caliza del tamaño de ladrillo de barros, marcando la evolución de la arquitectura egipcia de madera, caña, y ladrillo de barro a la piedra. Los edificios simularon un atrio de festejos Ḥeb-sed, y todo el detalle original fue fielmente copiado en piedra. El siguiente rey, Sekemjet, construyó su complejo detrás de Djoser, pero ya las piedras de la pared del recinto eran bloques más grandes. Los reyes siguientes vivieron más corto tiempo y construyeron pirámides escalonadas inacabadas, pero cada complejo muestra un mayor dominio de la mampostería de piedra. El último rey, Ḥuni, construyó una pirámide escalonada completa en Meidum. Por primera vez, el templo funerario se desplazó al este de la pirámide y unido por una calzada larga a un templo del valle. (Anteriormente, los templos funerarios estaban en el lado norte de la tumba, evidentemente unida a la creencia de que el muerto era resucitado para unirse a las estrellas del círculo polar.) Ahora, el muerto iba a unirse al sol creciente, un símbolo poderoso de resurrección. También marcando esta transición al culto solar, la pirámide escalonada fue cambiada en una pirámide verdadera.

La pirámide verdadera tenía su base en la cumbre de piedra *benben* de la piedra sagrada de Heliópolis, el centro del culto solar. El *benben* era un obelisco corto, achaparrado, su cumbre formaba una pirámide. Seneferu, el hijo de Huni, y el fundador de la Cuarta Dinastía, construyó las primeras pirámides verdaderas en Dahshur. Él también trató de transformar la pirámide de su padre en una pirámide verdadera, pero el monumento se encontró con el desastre, sufriendo un colapso en algún estado de su historia. Ahora sólo el núcleo de la Pirámide escalonada está de pie, con la mampostería añadida visible en la base. Kufu (Keops), el hijo de Seneferu, movió su complejo de pirámide a Giza, quizás viéndolo como *benben* occidental, donde el sol se pone como se ve desde Heliópolis En tres cambios del plan, Kufu cambió su cámara de entierro en la mampostería de la pirámide. Con Seneferu y Kufu, los dos títulos finales del rey evolucionaron, el prenombre y el nombre ambos en cartuchos, unidos por el título «hijo de Ra,» acentuando el culto solar. El emblema solar final fue la Gran Esfinge. Conocida más tarde como Hor-em-ajet, «Horus en el Horizonte,» puede ser visto como la deidad manifiesta entre las pirámides de Kufu y Kafre (Kefrén).

La Quinta Dinastía marcó el triunfo del culto solar. La pirámide real ahora era más pequeña y no tan bien construida, pero los templos de pirámide crecieron hasta llegar a ser exquisitos. Más grandes todavía eran los templos solares que los reyes construyeron en Abusir en el desierto occidental. A cielo abierto, fueron decorados con relieves que celebraron las estaciones y la creatividad de Ra en la naturaleza. Los últimos reyes de la Quinta Dinastía fueron sepultados más al sur en Saqqâra y no construyeron templos solares, pero el último rey, Unas, fue el primero cuyo interior de pirámide fue esculpido con lo que llegó a ser conocido como los textos de las pirámides. Una agrupación ecléctica de invocaciones, estos textos incluyen el material mucho más antiguo con alusiones a entierros en la tierra, en mastabas de ladrillo, y finalmente en pirámides de piedra. En una invocación larga el rey, resucitado por Ra, llega a ser el maestro del cielo. Los textos de pirámides posteriores muestran un cambio. Ahora, el rey busca la resurrección a través de Osiris. Todavía otra magnífica transformación de la religión había ocurrido. Según el Gran Mito de la Creación, Osiris había sido el jefe, pero Set estaba celoso de él y le hizo asesinar. Isis, esposa de Osiris, levantó a Osiris de la muerte, creando la primera momia. Finalmente Osiris llegó a ser el señor de la vida futura y los reyes se convirtieron en Osiris, mientras su sucesor llegó a ser Horus, el hijo de Isis y Osiris. Los reyes de la Sexta Dinastía reanimaron el comercio exterior del sur, y comenzaron la importación masiva

Pirámide escalonada de Djoser en Saqqâra (Tercera Dinastía, c. 2700 a.C.). Los atrios circundantes y las capillas presentaron columnas de piedra caliza y paredes y techos esculpidos (F. J. Yurco)

de arqueros de Nubia a Egipto como mercenarios. Éstos les ayudaron a luchar guerras extranjeras, según varias autobiografías. Pepi II de la Sexta Dinastía reinó durante 90 años, pero con él el Antiguo Reino se tambaleó, sólo para caer en la Octava Dinastía cuando el Nilo dejó de desbordarse en una gran crisis de clima. Los egipcios marcaron el final del Antiguo Reino como el final de una era, notando que 930 años habían pasado desde la Unificación en la Primera Dinastía.

Reino Medio

En los siguientes cien de años, se levantaron dos dinastías rivales, las novena y décima Dinastías en Heracleópolis y la Onceava Dinastía en Tebas en el sur. Durante este primer período intermedio, los gobernadores provinciales se alinearon con uno o el otro, el Egipto Medio con las novena y décima Dinastías, el sur con la Onceava Dinastía. Hacia 2060 un rey poderoso de Tebas, Montuhotep II, se levantó, derrotando a los Heracleopolitanos en una serie de batallas y surgiendo como el reunificador de Egipto c. 2020. Sus sucesores intentaron gobernar Egipto desde Tebas, pero resultó poco práctico, y Amenemhet I de la décimo segunda Dinastía, que los desplazó e inició el período del Reino Medio, movió la residencia a Ity-tauy, sur de Menfis, que permaneció como capital en la décimo tercera Dinastía. La décimo segunda Dinastía también entró en contacto con Kish, otro poderoso estado del Nilo que se levantó en Kerma cerca de la Tercera Catarata del Nilo. Ellos construyeron poderosas fortalezas para mantener a raya a Kush, pero también para ayudar a explotar los recursos de Nubia, donde los reyes de la décimo segunda Dinastía habían encontrado ricos depósitos de oro. Sesotris III, que empujó más al sur, también desarrolló un comercio rico con Kish, canalizado por la fortaleza Iken-mirgissa. La historia de Sinuhe, escrita a principios de la décimo segunda Dinastía, describe a un egipcio en el exilio voluntario en Canaán y sur de Siria quien se estableció con un cacique emigrado (llamado Heka-Kaswet) con un estilo de vida no muy diferente al de Abraham y Jacob. Más tarde en la dinastía, un gobernador en Beni Hasan en el Egipto Medio representó una delegación cananea que vino a su tribunal local para comerciar. Las mujeres estaban vestidas de abrigos multicolores, recordando el abrigo de José.

Hicsos

En 1786, c. 100 años después de que la décimo segunda Dinastía terminara, un grupo de extranjeros con carros tirados por caballos, un nuevo arco compuesto, y un hacha de armas mejorada invadió el Delta y se establecieron en una ciudad llamada Avaris (Hwt-waret). Estos eran los hicsos, un término derivado de Heka-Kaswet, «los gobernantes de tierras extranjeras.» Durante 108 años esta gente dominó

Templo mortuorio adosado de Hatshepsut en Deir el-Bahri, Oeste de Tebas. Casi 200 estatuas y relieves glorificaron su nacimiento divino y proezas reales (F. J. Yurco)

Egipto. Ellos se apoderaron de Menfis y pusieron fin a la décimo tercera Dinastía, mientras la décimo séptima Dinastía apenas sobrevivió en Tebas como vasallos. La décimo cuarta Dinastía era un grupo disidente en el Delta occidental; la décimo quinta Dinastía comprendió a los seis grandes reyes hicsos, y la décimo sexta Dinastía era su miríada de vasallos, algunos hicsos, algunos egipcios. Por la ruta de oasis los hicsos hicieron contacto con Kush y se aliaron con él. Entonces en 1628 un volcán hizo erupción cataclísmica, arrojando grandes cantidades de ceniza y creando un tsunami, que devastó el Delta, dando a los hicsos un grave golpe. Este desastre claramente animó a los ciudadanos de Tebas a rebelarse bajo Seqenenre Ta'aa II. Él murió en la batalla, pero su hijo Kamose continuó la lucha, junto con su madre, la viuda del rey. Finalmente Ahmose I, el hermano menor de Kamose, fue capaz de desalojar a los hicsos de Egipto, persiguiéndolos a Sharuhen en Canaán, Entonces los reyes de la décimo octava Dinastía atacaron Kush y destruyeron su poder. Un oficial, conocido como el virrey de Kush, llegó a ser su gobernante. Sin embargo, no antes de que la reina Hatshepsut los aplastara en tres campañas fueron los ciudadanos de Kush reprimidos.

Nuevo Reino

Tutmosis III en una serie de 17 campañas redujo Canaán y Siria a la hegemonía egipcia y creó una marina en el Mediterráneo para ayudar a controlarlos y llevar la lucha al reino Mitanni en el norte de Siria. Esto se mantuvo hasta el tiempo de Akhenatón, cuando los hititas destruyeron Mitanni, sólo para que Asiria reapareciera como una gran potencia. Bajo Amenhotep III Egipto también contactó Micenas. Ahora los micenos comenzaron a comerciar extensivamente con el Levante, pero algunos del pueblo de Anatolia y Micenas también comenzaron incursiones piratas. Bajo las dinastías Ramésidas Egipto primero luchó contra los hititas por la superioridad sobre Cades y Amurru en Siria. Los atracadores Pueblos del mar, sin embargo, se convirtieron en una mayor amenaza, y Ramsés II construyó una serie de fortalezas al oeste del Delta para prevenir sus incursiones. No obstante, ellos desembarcaron en Cirenaica, y con los libios, que ellos armaron, atacaron Egipto bajo Merenptah. Los hititas y Egipto antes habían firmado un tratado de paz, que ayudó a Egipto ahora a sobrevivir.

Merenptah también ayudó a los hititas con grano y armas. Sin embargo, Egipto no pudo resistir al tercer impacto de los Pueblos del mar que golpearon en el octavo año del reino de III Ramsés. Estos Pueblos del mar también atacaron Egipto por vía marítima y desembarcaron por Canaán,

Los atracadores de mar fueron aniquilados, pero Ramsés III tuvo que permitir que el contingente de tierra se instalara en la costa de Canaán, donde ellos se convirtieron en los filisteos y sus aliados, conocidos de la Biblia. Poco después, Egipto perdió todo su imperio levantino, y en la mitad de la Vigésima

Dinastía la erupción del volcán Hekla III en Islandia produjo crisis económica en Egipto y el Mediterráneo oriental. Muchas sociedades cayeron, pero otras como los libios, arameos, y el Pueblo del mar se hicieron peregrinos. Sólo Asiria y Egipto salieron intactos de este desastre. El sumo sacerdote de Amón, bajo Herihor, terminó la Vigésima Dinastía y estableció un estado dual teocrático en Egipto, con reyes que reinan de Tanis en el Delta oriental y sumos sacerdotes en Tebas en el Alto Egipto. Los grandes números de libios, incluso la familia Herihor, se habían instalado en Egipto y llegaron al poder cuando Sheshonq I fundó la vigésimo segunda Dinastía.

Tercer Período Intermedio

Durante el Tercer período Intermedio (1070-712) los sumos sacerdotes lucharon contra el último virrey de Kush, y entonces perdió Kush para Egipto. Esto llevó a un grave empobrecimiento, ya que las minas de oro de Kush habían ayudado a abastecer la extensión del nuevo reino y sus soldados tripularon el ejército egipcio. Ahora el reino del norte llegó a ser más rico. Shoshenq I (Sisac bíblico) también luchó con Roboam, el rey de Judá, y triunfó. Más tarde los egipcios se aliaron con los estados del Levante, cuando Asiria surgió como una mayor amenaza. La vigésimo segunda Dinastía se fragmentó después de 805 como una dinastía rival, la vigésimo tercera, se levantó en Leontópolis, y poco después otra dinastía rival surgió en Sais en el Delta occidental. En Kush una dinastía indígena se había levantado, y ahora intervino en Egipto. Piye hizo una campaña contra las dinastías libias, y Shabaka los eliminó en 712, decidiendo gobernar Egipto desde Menfis. Incorporados a las costumbres de Egipto, los ciudadanos de Kush adoraron Amón-Ra, y entonces los egipcios los aceptaron. Sin embargo, en 701 ellos ayudaron a Ezequías contra el rey asirio Senaquerib, y así se enredaron con los asirios. Esarhadón invadió Egipto en 671, y Taharqa se retiró al sur.

Taharqa, sin embargo, pronto contraatacó, expulsando a los asirios. Asurbanipal, el siguiente rey asirio, atacó en 667, y Taharqa otra vez se retiró al sur. Cuando Taharqa otra vez contraatacó, Asurbanipal respondió una vez más, e hizo a Psamético de Sais su principal vasallo. Anlamani, el sucesor de Taharqa, atacó a los asirios en 664, matando al padre de Psamético Necao I. Esta vez Asurbanipal decidió atacar Tebas, que había apoyado lealmente a los ciudadanos de Kush. En 663 saqueó Tebas, forzando a los ciudadanos de Kush fuera de Egipto. Psamético fue capaz de hacerse rey, también separándose de Asiria y aliándose con Lidia. Para 656 él controló todo Egipto y fundó la vigésimo sexta Dinastía Saita. Él fuertemente fortificó el Delta oriental, pero su sucesor Necao II (Necao bíblico) fue para apoyar a Asiria contra los medos y neobabilonios. En Carquemis, él luchó una batalla amarga, pero perdió y se retiró a Egipto. Anteriormente, había matado a Josías de Judea, que había tratado de bloquear su ruta de avance.

El Período Saita-Persa

En 601 y otra vez en 568 los Saitas derrotaron dos intentos neobabilónicos de invadir Egipto. Los Saitas formaron una marina en el Mediterráneo y buscaron alianzas con estados griegos. Después de la caída de Jerusalén en 586, Egipto aceptó a algunos refugiados judíos y los fijó para proteger Asuán contra los ciudadanos de Kush. En 539, sin embargo, los persas y medos derrotaron a los neobabilonios, y después de que Amasis murió en 525, el jefe persa Cambises atacó e invadió Egipto, terminando el gobierno Saita. Convertido en una satrapía, Egipto fue otra vez una provincia. En 405 Egipto se rebeló con éxito, y las Dinastías vigésimo octava, vigésimo novena y trigésima buscaron alianzas con Grecia en esfuerzos para resistir a un contraataque persa. En 343, sin embargo, Darío II Ochus atacó e irrumpió en Egipto, otra vez reduciéndolo a una provincia. Sin embargo, en 332 Alejandro Magno atacó el imperio persa y liberó Egipto. Ahora una administración macedonia sustituyó a la persa.

El gobierno helenista-romano

Tolomeo I Soter, general de Alejandro, reclamó Egipto como su territorio, y en 323 se proclamó rey. Gobernando desde la recién construida Alejandría, él mantuvo Egipto y algunos territorios de ultramar. Bajo los últimos Tolomeos, Egipto llegó a enredarse con los seléucidas de Siria, y pronto tuvo que recurrir a la república romana por ayuda. Los romanos respondieron con ayuda, pero ellos también invadieron el Mediterráneo oriental, primero mutilando el reino macedonio, entonces el seléucida, de manera que sólo Egipto quedara de los reinos helenistas. La línea real vaciló después de que Tolomeo X, y Tolomeo XI llevó a la quiebra a Egipto en su esfuerzo de comprar su legitimidad de los políticos romanos.

A la muerte de Tolomeo XII, Cleopatra VII y dos hermanos menores heredaron Egipto, pero pronto cayeron en peleas. Persiguiendo a Pompeyo el Grande, Julio César lo siguió a Egipto en 48-47 a.C., y quedó atrapado en la disputa real. Él encontró a Cleopatra VII más capaz, y le extendió su apoyo a ella. Cleopatra planeó el matrimonio con César en un intento por asegurar su reino, naciéndole un hijo, Cesarion (Tolomeo XV). El asesinato de César en 44 impidió sus proyectos, y ella se retiró a Egipto. En 42 Marco Antonio convocó a Cleopatra a presentarse en Siria, y ella completamente lo sobornó. Él tuvo tres hijos de Cleopatra, pero Octavio trató de alejarlo de su hermana. Antonio, sin embargo, no podía resistirse a Cleopatra, que ayudó a su ensangrentado ejército después de que su ataque contra los Partos falló. Después de vengarse él mismo en el rey armenio, Antonio decidió celebrar su triunfo en Alejandría y elevar a Cleopatra como su consorte y cogobernante, junto con todos sus hijos como gobernantes menores. Octavio estaba indignado, y utilizando una campaña de propaganda feroz, atacó a Antonio y Cleopatra como figuras libertinas y serpentinas. Los dos lados se prepararon para la guerra. Cleopatra había devuelto Egipto a la prosperidad presentando 60 barcos. El ejército de tierra de Antonio se molestó por la insistencia de Cleopatra en participar en la batalla, y cuando la marea se volvió contra ellos Cleopatra retiró sus barcos y huyó a Egipto. Antonio la siguió, perdiendo a la mayoría de su ejército. El rey nebateo quemó los barcos de Cleopatra cuando ella trató de transferirlos al Mar Rojo, y entonces su situación se volvió desesperada. Antonio se suicidó, y luego Cleopatra siguió su ejemplo, cuando Octavio se acercaba a Egipto. Así terminó el último reino helenista, y Egipto llegó a ser una provincia imperial. Octavio temió tanto Egipto como una base de operaciones que prohibió a cualquier senador romano poner un pie allí.

Bibliografía. M. A. Hoffman, *Egypt Before the Pharaohs,* edición revisada (Austin, 1991); A. J. Spencer, *Early Egypt* (Norman, 1995); N.-C. Grimal, *A History of Ancient Egypt* (Oxford, 1992); K. A. Kitchen, *The Third Intermediate Period in Egypt (1100-650 b. C.), segunda* edición (Warminster, 1986); W. W. Tarn, *Hellenistic Civilization,* tercera edición (Londres, 1952); F. W. Walbank, *The Hellenistic World,* edición revisada (Cambridge, Mass., 1993).

Frank J. Yurco

EGIPTO, ARROYO DE

Un arroyo o wadi (Heb. *naḥal miṣrayim*) que formó la frontera meridional de Canaán (Nm 34.5), la tribu de Judá (Jos 15.4, 47), y todo Israel (1 R 8.65 = 2 Cr 7.8) y durante el día del Señor (Is 27.12; Ez 47.19; 48.28). Puede haber servido como la frontera entre Palestina y Egipto (2 R 24.7). En las demás partes el Sihor (Jos 13.3; 1 Cr 13.5) y el arroyo del Arabá (Am 6.14) se designan como la frontera del sur de Israel. El arroyo de Egipto debería ser identificado con el Wadi el-ʿArish, que fluye del Sinaí que entra en el Mediterráneo sur de Rafia y Gaza.

Bradford Scott Hummel

EGLA (Heb. *ʿeglâ*)

Una de las mujeres de David y la madre de Itream (2 S 3.5 = 1 Cr 3.3).

EGLAIM (Heb. *ʾeglayim*)

Sitio mencionado en la profecía contra Moab en Isaías 15.8. Su identificación es incierta. Debido al paralelismo de «la frontera de Moab» hay que mirar hacia la periferia de la región moabita.

Junto con Beer-elim (similar a Dan y Beerseba respecto a Israel) forma una expresión que define el territorio. Eusebio identificó un cierto Agallim, 8 millas romanas sur de Areópolis (Rabá moderno). El mejor candidato es Rujm el-Jilimeh (217064), sureste de Kerak.

Bibliografía. J. Simons, *The Geographical and Topographical Texts of the Old Testament* (Leiden, 1959), §1259; A. H. Van Zyl, *The Moabites.* Pretoria Oriental Series 3 (Leiden, 1960).

Friedbert Ninow

EGLAT-SHELISHIYAH (Heb. *ʿeglaṯ šĕlišiyâ*)

Un término difícil en los oráculos contra Moab en Isaías 15.5; Jeremías 48.34, posiblemente un apelativo o expresión figurada que describe algún aspecto de Moab y sus ciudades («una novilla de tres años») o un nombre de lugar («tercer Eglat»). La mayoría de las traducciones modernas siguen la LXX leyéndola como un nombre de lugar, una interpretación favorecida por el contexto inmediato y la diferenciación de otros sitios del mismo nombre por un número. La ubicación del sitio se desconoce.

Robert Delsnyder

EGLÓN (Heb. *ʿeglôn*) **(LUGAR)**

Ciudad de la Sefela de Judea o la planicie costera adyacente. El rey cananeo de Eglón era parte de la coalición derrotada por Josué en el asunto de Gabaón (Jos 10.3, 5, 23; 12.12) y la ciudad fue tomada en la misma campaña (10.34-35). El nombre del rey cananeo, Debir (Jos 10.3), puede representar una confusión textual, como en todas las demás partes en el AT Debir se refiere a otra ciudad de la región de la Sefela destruida en la misma campaña (Jos 10.36-39). Eglón aparece en una lista como una de las ciudades en la región de la Sefela de la tribu de Judá (Jos 15.39).

La ubicación de Eglón es disputada. Las primeras identificaciones incluyeron los sitios filisteos planos de Tel Nagila/Tell Nejîleh (127101) y Kirbet ʿAjlân/Ḥorvat Egla, éste posiblemente es la conservación de una forma arabizada del nombre Eglón. El advenimiento del trabajo arqueológico moderno se concentró en Tell el-Ḥesī (124106), cerca de Kirbet ʿAjlan y antes identificado con Laquis. Tell el-Ḥesī, significativo como la primera excavación sistemática en Palestina, conducida en 1890 por Flinders Petrie, ha aportado hallazgos de las Edades de Bronce y de Hierro. Es algo improbable, sin embargo, que Tell el-Ḥesī represente Eglón, como parece que los relatos bíblicos colocan la última en la Sefela. Una suposición más reciente coloca Eglón en Tell ʿAitun (143099) en la Sefela, una identificación que gana más reconocimiento debido a la correspondencia de los restos arqueológicos y la topografía.

Bibliografía. A. F. Rainey, «The Biblical Shephelah of Judah,» *BASOR* 251 (1983): 1-22.

Daniel C. Browning, Jr.

EGLÓN (Heb. *ʿeglôn*) **(PERSONA)**

Rey de Moab que Aod mató para liberar a Israel del dominio moabita (Jue 3.12-30). «Eglón» parece ser un juego de palabras para «grasa» y «becerro» y puede haber sido elegido para encajar con los juegos de palabras que caracterizan la narrativa. La facilidad con la cual los moabitas en general podrían ser engañados es un tema constante en el AT, y este rey encarna aquel rasgo totalmente, así como ser gordo.

Eglón había conquistado a Israel con la ayuda de amonitas y amalecitas así como la obtención de poder de Dios (Jue 3.12-13); él es el único jefe en el libro de Jueces que necesita tal ayuda. Él gobernó sobre los israelitas durante 18 años antes de que Aod le engañara pidiendo permiso para una conferencia privada. La historia sugiere que Eglón era bastante piadoso para desear la palabra confidencial de dioses que él entiende que Aod viene para entregar. Mediante engaños y juegos de palabras inteligente, el descendiente de Benjamín manipula a Eglón en una situación en la que puede ser asesinado sin poder recurrir a sus guardias. Los moabitas en la historia son todos terriblemente burros, aumentando la estupidez de su líder.

Si la cronología bíblica pudiera ser adaptada a los acontecimientos históricos, este rey habría gobernado algún tiempo en el siglo XII a.C. Sin embargo, una nación moabita en crecimiento y la posibilidad de que la historia refleje conflictos locales entre la tribu de Benjamín y la ciudad de Eglón (Jos 12.12; 15.39) sugieren un relato no anterior al siglo IX.

Bibliografía. L. K. Handy, «Uneasy Laughter: Ehud and Eglon as Ethnic Humor.» *SJOT* 6 (1992): 233-246; E. A. Knauf, «Eglon and Orpah,» *JSOT* 51 (1991): 25-44.

Lowell K. Handy

EHI (Heb. *ʾēḥî*)

Uno de los hijos de Benjamín (Gn 46.21). El nombre debe ser probablemente combinado con el nombre siguiente Rosh para leer Ahiram (cp. Nm 26.38) o quizás Ahara (1 Cr 8.1).

EJÉRCITO

El ejército israelita se desarrolló a través de cuatro etapas sucesivas: Grupos seminómadas, la milicia de campesinos, infantería pesada profesional, y el clásico ejército de carros del antiguo Cercano Oriente. A pesar de estas diferenciaciones, el ideal permaneció como lo fue en el principio: todo el pueblo armado, o varones «que sacaban espada» (Jue 8.10; 20.2). Este cuadro idealizado está reflejado en la literatura, tanto temprana como tardía, y recibe una expresión especial en 1 Crónicas 27, donde los campeones de David son nombrados mensualmente oficiales sobre 12 divisiones de 24 mil hombres cada una. Tal representación, sin embargo, apenas puede ser exacta a la luz de otros ejércitos antiguos. Así, el gran conquistador Sargón de Acad consideró significativo que él pudiera mantener un ejército permanente de 5400, acuartelado y aprovisionado en el palacio. Según el historiador Tucídides, la expedición de Atenea contra Siracusa en el siglo V incluyó a 4000 nacionales ateneos hoplitas, 300 soldados de caballería, y quizás 45 mil tropas más de los aliados de Atenas. Este fue el ejército griego más grande alguna vez reunido hasta ese tiempo. Los israelitas bajo Acab contribuyeron con 10 mil soldados de infantería y 2000 carros a la alianza occidental en Carcar. Esta batalla marcó el cenit del poder militar israelita, y resultó en la derrota del gran ejército asirio. La realidad del ejército de Israel concuerda mucho más estrechamente con estas cifras, y su historia es correspondientemente más confiable.

Orígenes seminómadas

El ejército de Israel tuvo sus antecedentes en los grupos de merodeadores habiru que aparecieron de la estepa del Oriente Cercano durante el tercer milenio a.C. Estos grupos, conducidos por jefes de clan, como Abraham y Esaú, a menudo interrumpían la vida establecida (como se describe en los textos de Amarna), aunque a veces sirvieran como mercenarios, o trabajaran con jefes locales (cf. Gn 14).

La milicia de campesinos

Durante la estancia en Egipto, y después del establecimiento inicial en Canaán, el ejército israelita se convirtió en una especie de milicia campesina; este ejército forma el trasfondo para Josué y Jueces. Aunque el término varones «que sacaban espada» sea aplicado a esta era, las espadas eran raras y caras. Según 1 Samuel 13.19-22 los filisteos fueron capaces de establecer un embargo en la venta de espadas a los israelitas a principios del reinado de Saúl. Más común eran las armas de los pobres: Jabalinas livianas para arrojar, arcos y flechas, cabestrillos, y garrotes o mazas hechas de huesos de animal. Jueces 20.16 menciona un grupo especialmente hábiles de lanzadores benjaminitas. Se dice que Sansón mató a 1000 filisteos con la quijada de un asno; más común eran mazas hechas del hueso de muslo de un buey o novillo.

Enfrentando a menudo a enemigos más urbanizados, que los superaban en número y contaban con armas superiores, los israelitas confiaron en estratagemas y emboscadas para conseguir la victoria, o recurrieron a la guerra de guerrillas. La organización de esta milicia nacional estaba a cargo de jefes tribales locales y sus respectivos grupos. El mando global en cualquier batalla parece haber caído sobre un líder carismático del momento, o aquel en cuyo territorio estaba el conflicto (cf. Débora, Barac, y Gedeón).

Infantería profesional pesada

El período tardío de los jueces atestiguó la aparición de hombres locales fuertes, rodeados por bandas de filibusteros o rufianes. Estas bandas vivían de los botines de sus asaltos, como en el caso de los hombres de Jefté, o de paga directa, como en el caso de Abimelec de Siquem. En un desarrollo aparente de estos grupos, el primer rey de Israel, Saúl, organizó una banda de c. 400 criados para enfrentarse a las tropas entrenadas de los filisteos. Enfrentados con la superioridad militar filistea, el ejército privado de Saúl habrían mejorado sus armas del mismo modo que las unidades de guerrilla siempre lo han hecho: al despojar de sus armas a los muertos en batalla. En efecto, que Saúl organizara y armara una fuerza tan profesional es un testimonio evidente de su éxito militar. Estas tropas tenían entre ellos otras distinciones más pequeñas, como el guardaespaldas (*mišmaʿaṯ*; 1 S 22.14) y los *rāṣîm* («corredores»), una categoría que aparece también en etapas posteriores de la historia de Israel (1 S 22.17; 2 R 10.25). Estos hombres se proporcionaron sus propias armas de los botines de la batalla. Las armas consistieron en la típica espada de doble filo de la Edad del Hierro, usada para asestar o dar estocadas; lanzas pesadas que podrían ser empuñadas o dar estocadas, o lanzadas a una corta distancia; y arcos y flechas. La armadura incluía escudos, yelmos y otros artículos, como grebas y corazas. Los hombres de Saúl comprendían una fuerza pequeña, muy móvil idealmente adecuada para enfrentamientos en el área montañosa de Israel. Considerando la táctica de cuerpo a cuerpo de aquellos días, tal banda podría servir como un núcleo fortificante para la milicia siempre inestable, o ellos, o un grupo de ellos, podrían estar concentrados en un solo punto de la línea enemiga, para forzar una brecha. Parece que la muerte de Saúl en el Monte Gilboa ocurrió cuando las tropas israelitas huyeron ante los carros filisteos, abandonando a Saúl y sus hombres para retirarse hacia la montaña para una última resistencia.

David comenzó su carrera como un soldado profesional *(ʾ îš milḥāmâ)* al servicio de Saúl (1 S 16.18), desde cuya posición progresó hasta llegar a comandar una tropa de mercenarios. Expulsado de la corte de Saúl por envidia de sus éxitos en el campo de batalla, David formó su propio grupo mercenario de c. 400 hombres, compuesto por elementos israelitas y judíos desilusionados y los propios miembros de su familia (1 S 22.1-2). A éstos añadió con el tiempo mercenarios extranjeros, los 600 hombres de Gat bajo su amigo Itai, y los cereteos y peleteos. Estas fuerzas probablemente nunca alcanzaron más que 2000 o 3000 en número, pero apoyaron a David en las buenas y en las malas, y aseguraron su trono contra una sucesión de sangrientas rebeliones populares. Como fue el caso con Saúl, el ejército de David consistía en divisiones de élite más pequeñas: el *šālîšîm* o «tríos» era un grupo de entre 30 y 50 guerreros de elite que probablemente lucharon como equipos especiales de tres hombres; el término puede haber provenido como una designación para equipos de carro de tres hombres (conductor, arquero y portador del escudo) en el antiguo ejército egipcio (cf. Ex 14.7; 15.4). Además del *šālîšîm* estaban los *gibbôrîm*, o «héroes»; los *mišma'at*, o «guardaespaldas»; y los contingentes extranjeros mencionados anteriormente. David parece haber tenido poco uso de cuadrigas, ya que desjarretaba la mayoría de los caballos capturados en la batalla (2 S 8.3-4). En cambio, él organizó una fuerza similar a la de Saúl, aunque mayor en número, y la usó con éxito en el área montañosa de Israel y Transjordania. Es importante notar que el ejército privado de David, a diferencia de Saúl, se componía de gran número de extranjeros: hombres cuya lealtad principal era a David, y no a Israel.

La organización de la infantería fue realizada según decenas (escuadrillas), cincuentenas (pelotones), cientos (compañías), y miles (batallones), como en otras partes en el Oriente antiguo. Las unidades de miles probablemente tenían sus antecedentes en las unidades en que las tribus semíticas antiguas se organizaban (Jue 6.15; 1 S 10.19). Tal estructura y organización eran probablemente provechosas en la regularización de las tropas, hasta cierto punto, y para su uso en la guerra de sitio, donde gran número de infantería era necesaria, y donde éstos tenían que estar dedicados a la batalla de una manera disciplinada y ordenada.

El comando global había caído desde el tiempo de Saúl en un comandante en jefe. Saúl designó a su tío, Abner, para esta posición; en el ejército de David la posición fue asumida con éxito por el despiadado pero valeroso sobrino de David, Joab. Sin embargo, el rey siempre era la cabeza titular del ejército, y si quería mantener su trono, a menudo tenía que ser su líder activo en el campo de batalla. Este estatus se derivó del antiguo papel del rey como jefe guerrero de su pueblo. Los reyes que abandonaban el poder militar a menudo afrontaban rebeliones conducidas por miembros de su propia familia. Las rebeliones en el reinado posterior de David pueden ser atribuidas, en parte, al hecho de que había cedido hacía mucho el mando militar a los hijos de Sarvia. Los levantamientos de Zimri, Omri y Jehú indican que la posición de comandante en jefe podría convertirse en su propia base de operaciones política, de la que un rey militarmente débil o inactivo podría ser destituido.

Clásico ejército de carros del antiguo Cercano Oriente

Salomón, el hijo y sucesor de David, transformó el ejército en un ejército de cuadriga, con sus gastos concomitantes: instructores y conductores profesionales (*pārāšîm;* 2 S 8.4; 1 R 10.26), y el mantenimiento que se requiere para miles de caballos. Si el nuevo énfasis en la cuadriga llevó a la creación de un tipo de nobleza guerrera *(maryannu)* en Israel, de la que la banda de carros dependía en otras partes del Oriente Cercano es un asunto sin resolver. El costo de los caballos, y su entrenamiento, sólo podrían nacer de tal clase, en ausencia de fuertes impuestos extraídos por la corona para tales objetivos. Las rebeliones exitosas contra Salomón tanto en Edom como en Aram-soba son testimonio de la ineficacia de cuadrigas en aquel país montañoso, y la secesión de las 10 tribus del norte bajo Roboam proporciona pruebas adicionales de debilidad de cuadriga en la posesión de este territorio. La cuadriga podría ser alineada rueda a rueda a través de llanuras enormes, tal como Jezreel, y usada para enfrentar a las grandes potencias del Oriente Cercano, como fue hecho con éxito en Carcar en el año 853 a.C. Los carros servían como plataformas móviles de tiro para arqueros, y como armas de choque para salir en desbandada y aplastar a la infantería. Si la infantería se rompiese y corriese antes de un ataque de carros, ellos serían atropellados y arrollados. Los textos asirios describen las ruedas acanaladas de carros de hierro salpicadas con sangre y heces, y los informes mesopotámicos y egipcios describen las cabezas y extremidades cortadas de aquellos atrapados bajo los cascos y ruedas. La caballería era casi inexistente. Los gobernantes asirios tardíos promovieron su uso, y Alejandro Magno dirigió un excepcional cuerpo de caballería. Aun así, la introducción bastante posterior del estribo era necesaria para que la caballería fuera eficaz.

Como lo demuestra la batalla en Carcar, el desarrollo del carro no hizo obsoleto el uso de la infantería. En efecto, la infantería era requerida como apoyo de la cuadriga, y siguió siendo importante en el asedio, donde los carros tenían poco uso. En los capítulos posteriores de Reyes todavía leemos de las designaciones de infantería de élite, en uso desde el tiempo de David y Saúl: Los *rāṣîm* y los *šālîšîm*, ambos de los cuales desempeñaron un papel importante en la rebelión de Jehú (2 R 10.25).

Bibliografía. D. G. Schley, «Joab and David: Ties of Blood and Power,» en *History and Interpretation*, ed.M. P.Graham,W. P.Brown, y J. K.Kuan (Sheffield, 1993), 90-105; «The *Šālîšîm*: Officers or Special Three-man Squads?» *VT* 40 (1990): 321-26; «Soldier,» *ISBE* 4 (Grand Rapids, 1988): 564-65; W. von Soden, *The Ancient Orient* (Grand Rapids, 1994), 82-86.

DONALD G. SCHLEY

EJÉRCITO DE LOS CIELOS

Los cuerpos celestes, en particular el sol, la luna, y las estrellas (Dt 4.19), o seres celestiales, sobre todo ángeles (Neh 9.6; Sal 103.20-21). Israel tenía prohibido adorar a los cuerpos celestes (Dt 17.3, 5; 2 R 23.4-5), pero lo hizo (Jer 19.13; Sof 1.5), incluso durante el Éxodo (Hch 7.43). Esta abominación (2 R 17.16; 21.3, 5) dio lugar a la desaparición de la nación (Jer 8.2). El «ejército del cielo» también se refiere a los ángeles, los que sirven y adoran a Dios (1 R 22.19 = 2 Cr 18.18; cf. Lc 2.13).

El innumerable «ejército del cielo» se utiliza metafóricamente para referirse a las ricas bendiciones de Dios para aquellos que mantienen una fiel relación de pacto con él (Jer 33.22; cf. Gn 15.5). En el simbolismo profético, la frase se interpreta de diversas maneras como estrellas, ángeles, deidades, y el perseguido pueblo de Dios (Dn 8.10-11).

KENNETH D. MULZAC

EKER (Heb. *ʿēqer*)

Tercer hijo de Ram, un descendiente de Jerameel (1 Cr 2.27).

EL (Heb. *ʾēl*)

En muchas lenguas semíticas occidentales el nombre de El es el mismo que la palabra para «Dios,» quizás evidencia que El era el dios preeminente de los panteones semíticos occidentales más viejos (o posiblemente divinidad encarnada). Aunque la etimología sea incierta, la palabra puede ser derivada de **ʾwl*, «estar en el frente» o «para ser fuerte,» o puede ser un sustantivo birradical «primitivo», sin relaciones con una raíz verbal y significa «jefe» o «dios».

Fuentes de la Edad de Bronce Media y Tardía

Los textos de Ebla, Mari y Amarna confirman a El como un elemento teofórico en nombres personales. Por consiguiente, se piensa que El era un dios principal en la Siria-Palestina. En contraste, la evidencia en nombres personales del centro de Mesopotamia es impugnada.

Considerando la carencia de pruebas para el culto de El en Mesopotamia, estos casos pueden implicar el término genérico, «dios», o el dios personal, pero no el nombre propio de El.

La fuente más extensa sobre El viene de la Edad de Bronce Tardía Ugarit. En las narrativas mitológicas ugaríticas El es el patriarca divino por excelencia. Él es el progenitor divino, «padre» del panteón, que es su familia real y una asamblea real sobre la cual El ejerce autoridad. Su autoridad es expresada en su título, «rey» *(mlk)*, la misma noción que parece ser la base de su epíteto, «toro»; como el principal y el más potente de los animales, El es principal de las deidades. Asera es la esposa de El, con quien El ha producido el panteón (genérica, pero no inclusivamente, ha llamado «a los 70 hijos de Asera»).

Los textos y la iconografía presentan a El como una figura anciana, barbuda, el «de edad de avanzada,» «padre de años» (*ʾab šnm*, aunque el significado del segundo término es objeto de debate). Anat y Asera ambos afirman la eternidad de la sabiduría de El.

Como el patriarca divino, El disfruta de una variedad de actividades sociales. Como los hombres acomodados de Ugarit, El tiene una asociación social o club *(mrzḥ)*, y los textos representan borracheras y actividad sexual.

La casa de El es conceptuada tanto en términos terrestres como en cósmicos. Según el ciclo de Baal, está situado en las aguas de «doble-profundidad», localizado en una montaña, el sitio terrestre que se desconoce. Su residencia es caracterizada además por términos que sugerirían un tabernáculo. Un texto ritual (*KTU* 1.100.3) proporciona una posición cósmica a la casa de El, colocándola en un punto donde los océanos cósmicos superiores e inferiores se encuentran.

El estado de El vis-à-vis Baal, el jefe de la siguiente generación de dioses, ha sido un asunto de debate. Algunos eruditos han sostenido que la promoción de Baal como la cabeza del panteón ocurrió a expensas de El.

Aunque esta opinión ha sido severamente impugnada, la lucha por la monarquía divina entre Baal y los hijos de El está llena de tensión e intriga. El respalda el dios del mar (Yamm) para la monarquía divina contra su rival, Baal, que puede haber sido considerado como un forastero a la familia El (cp. El título de Baal «hijo de Dagán»).

Más tarde en el ciclo de Baal, El apoya al dios Athtar, una deidad astral y uno de los hijos de El, para la monarquía divina.

Los textos que representan la competencia entre dioses más jóvenes en la familia divina, supervisada por el patriarca El, pueden reflejar dos formas de divinidad o culto, una astral implicando a El y sus hijos y la otra atmosférica implicando a Baal. Puede ser sugerido (con el debido cuidado) que el sol, la luna, y las estrellas estuvieron especialmente asociadas con El en la religión semítica occidental.

El atiende no sólo a su familia divina, sino también a la familia humana. En la historia de Keret, El muestra cuidado solícito de este rey, apareciéndole en un sueño de incubación y dotándole de progenie.

Como El engendró la familia divina, del mismo modo El produjo la familia humana. Su relación con la humanidad es ejemplificada por sus títulos «el padre de la humanidad» (*'b 'adm*) y «creador de criaturas» (*bny bnwt;* cp. Gn 14.19, 22). Los textos mitológicos nunca retratan el papel de El como el creador del cosmos, deidades, o humanidad, y parecería que esta actividad suya fue considerada como habiendo pertenecido al pasado distante. Otra actividad postulada para El es la batalla, basada en el título «El el guerrero» (*'ēl gibbôr; Is* 9.6 [TM 5]) o «Guerrero divino.»

Fuentes de la Edad de Hierro

Fuera de nombres propios, Heb. *ēl* ocurre c. 230 veces en la Biblia hebrea. Puede designar una deidad extranjera (Ez 28.2) así como la deidad principal de Israel (Nm 23.22 = 24.8). Más comúnmente, la palabra es usada en conjunción con otros elementos gramaticales (como el artículo definido). Aparece como un nombre propio de la deidad en libros poéticos, como Salmos (Sal 5.4 [5]; 7.11 [12]; 18.3, 31, 33, 48 [2, 30, 32, 47] = 2 S 22; Sal 102.24 [25]) e Isaías (Is 40.18; 42.5; 45.14, 15, 20-22; 46.9). Ilustrativo de este uso es la más corta (y brillantemente quiástica) oración bíblica que Moisés pronuncia a favor de Miriam: «El, por favor, cúrela, por favor» (Nm 12.13; cp. Os 11.12 [12.1]; Mi 7.18; LXX Pr 30.3).

Según muchos eruditos, el culto de El no existió en Israel excepto como parte de su identificación con Jehová. Esta cuestión depende de si Jehová era un título de El o secundariamente identificado con El. Además de las cuestiones gramaticales planteadas contra esta opinión, las tradiciones bíblicas más antiguas describen a Jehová como un Dios de las tormenta del Neguev y el Arabá, sobre todo Edom, Temán, Parán, y Kuntillet ʿAjrud/Ḥorvat Temán (0940.9560; cp. Jue 5; Hab 3). Estos hechos militan en contra de una identificación de Jehová como al principio un título de El.

Algunas pruebas señalan a antiguas tradiciones israelitas de El que no implican a Jehová. Mucho más importante es que el nombre de Israel no contiene el elemento divino de Jehová, sino más bien el nombre de El. Esto sugiere que El era el Dios principal original del grupo llamado Israel. El semítico dios El occidental yace detrás del dios de los patriarcas en Génesis 33.20; 46.3 (y posiblemente en otras partes). El tratamiento teológico sacerdotal de la historia religiosa temprana de Israel en Éxodo 6.2-3 identifica al antiguo dios El Shaddai con Jehová, un medio de encubrir la dificultad obvia que El y no Jehová era el dios de los patriarcas. Por otra parte, Génesis 49.24-25 presenta una serie de epítetos El separados de la mención de Jehová en v. 18.

Al menos algunos de estos textos señalan a una vieja etapa en tradiciones israelitas o posiciones donde El era la deidad principal de Israel aparte de Jehová. Sería que El y no Jehová fue el dios que acompañó a los israelitas fuera de Egipto (Nm 23.22 = 24.8; cp. El título de El, «toro»).

Dos pasajes bíblicos sugieren un alojamiento de Jehová a un panteón israelita encabezado por El. Según la LXX y uno de los rollos del Mar Muerto, Deuteronomio 32.8 considera a Jehová como uno de los hijos de El, aquí llamado Elyon; según v. 9, Israel era la nación que Jehová recibió. El pasaje presupone que El era el jefe de este panteón y Jehová era sólo uno de sus muchos miembros. El Salmo 82 describe una corte celestial en la cual Jehová toma su lugar como el demandante. Tales escenas suponen otra divinidad como el juez, un papel común para El en los textos ugaríticos (cp. la etiqueta dada el consejo divino en Salmo 82.1, *ʿădaṯ-'ēl,* «la reunión de El»; la referencia de Jehová a las otras deidades en v. 6 como «los hijos de Elyon,» un título de El).

El proceso cultural que está detrás de este alojamiento de Jehová puede ser entendido mejor notando el lenguaje religioso e imágenes asociadas con santuarios específicos. 1 Samuel 1–3 describe la aparición divina a Samuel en sueños en el santuario en Silo, el regalo divino de un niño a Ana, y el nombre El de Elcana (¿sugerencia de un adorador de El?), todo lo cual tendría coherencia con la opinión de que El era el dios original en Silo (Jue 18.31; cp. 17.5). La tradición de tabernáculo asociada con Silo (Sal 78.60; Jos 18.1; 1 S 2.22) concuerda con descripciones ugaríticas de la morada de El como un tabernáculo. Probablemente no es casualidad que el Salmo78 repetidamente usa nombres y epítetos de El en su discusión de Silo. Además, es discutible del culto de Silo y los nombres egipcios en el linaje de Silo (Moisés, Finees, Ofni, Merari) que el dios de Moisés y el sacerdocio levítico en Silo era El.

Las tradiciones acerca del santuario de Siquem igualmente ilustran el proceso cultural que está detrás de la inclusión de Jehová en viejos sitios de culto de El. En Siquem el dios local era El-berith, «El del pacto» (Jue 9.46; cp. 8.33; 9.4). En las narrativas patriarcales, el dios *(ʾēl)* de Siquem es llamado *ʾĕlōhê yiśrāʾēl,* «el dios de Israel,» y se supone que es Jehová. En este caso, un proceso de reinterpretación parece estar operando. En la historia temprana de Israel, cuando el culto de Siquem llegó a ser Jehovista, heredó y siguió las tradiciones El de aquel sitio. Como resultado, Jehová recibió el título *ʾēl bĕrîṯ,* el viejo título de El.

Como estos relatos sugieren, en varios puntos y bajo circunstancias diferente los centros religiosos israelitas basados en las tierras altas centrales identificaron a Jehová, el dios de la región del sur, con su principal dios local, El. Al identificar a Jehová secundariamente con El, el sacerdocio en sitios de culto de El, como Silo, Siquem, y Jerusalén, funden la tradición religiosa de Jehová con las tradiciones indígenas sobre El. Es por esta razón que la Biblia hebrea rara vez distingue entre El y Jehová u ofrece la polémica contra El. En Israel las características y epítetos de El se unen al repertorio de descripciones de Jehová. Al igual que El en los textos ugaríticos, a Jehová se le describe como un dios de edad avanzada, patriarcal (p. ej., Sal 102.27 [28]; Job 36.26; Is 40.28; cp. Dn 6.26; 2 Esd 8), sentado en un trono en la asamblea de seres divinos (1 R 22.19; Is 6.1-8; cp. Sal 82.1; 89.5-8; Is 14.13; Jer 23.18, 22). Los textos bíblicos posteriores siguieron la noción de Jehová anciano entronizado ante las huestes del cielo (Dn 7.9-14, 22, el «anciano de días» y «el Altísimo»; cp. Ap 7).

El y Jehová exponen una disposición similar hacia la humanidad. Al igual que El, Jehová es un padre (Dt 32.6; Is 63.16; 64.8; Jer 3.14, 19; 31.9; Mal 1.6, 2.10; cp. Ex 4.22; Os 11.1), con una disposición compasiva («Dios misericordioso y piadoso»; Ex 34.6; Neh 9.17; Sal 86.15; 103.8; 145.8; Jl 2.13; Jon 4.2). Al igual que El, Jehová es el progenitor de la humanidad (cp. Dt 32.6-7). Tanto El como Jehová aparecen a la gente en visiones de sueño y funcionan como su patrón divino. Al igual que El, Jehová es Dios que sana (Gn 20.17; Nm 12.13; 2 R 20.5, 8; Sal 107.20). La descripción de la residencia de Jehová como «un tabernáculo» (p. ej., Sal 15.1; 27.6), llamado en las tradiciones del Pentateuco «el tabernáculo de reunión» (Ex 33.7-11; Nm 12.5, 10; Dt 31.14, 15), recuerda el tabernáculo de reunión de El. Además, las aguas cósmicas de la morada de El es un tema evocado en descripciones de la morada de Jehová en Jerusalén (Sal 87; Is 33.20-22; Ez 47.1-12; Joel 3.18 [4.18]; Zac 14.8).

Se desconoce si alguna diferencia entre El y Jehová en Israel se extiende a evidencia epigráfica. No es necesario interpretar *ʾl* en las inscripciones Kuntillet de ʿAjrud como «Dios» y suponer una identificación con Jehová. Las inscripciones israelitas incluyen 557 nombres con Jehová como el elemento divino, 77 nombres *con *ʾl,* un puñado con el componente divino **bʿl,* y ninguno refiriendo a las diosas ʿAnat o Asera. El elemento **ʾl* en nombres propios puede representar un título para Jehová, pero es posible que esta identificación no debiera ser supuesta en todos los casos.

El culto de El en el Levante fuera de Israel es un asunto de disputa. Los datos fenicios son bastante escasos y lejanos (p. ej., Karatepe, inscripción neopúnica, una inscripción helenista de Umm el-ʿAwamid, Filón de Byblos). Ezequiel 28 describe la casa del Tirio El en términos similares a las descripciones ugaríticas de la morada de El, y la sabiduría asignada al Tirio El también recuerda a El en los textos ugaríticos. Además, Bet-el fenicio ha sido entendido como una hipóstasis de El, lo que representaría evidencias fenicias adicionales para el culto de El en el período Hierro II. Esta opinión se debate. Por último, el Baal Hamon fenicio y púnico puede ser un título de El. De ser correcto, el culto de El era muy extendido.

La evidencia aramea a partir del siglo VIII es más escasa, pero menos ambigua. Panammuwa, rey de Samal, menciona a El en una lista de deidades, y la inscripción Sefire es un texto de tratado con una lista de testigos divinos incluyendo a El.

Como la evidencia fenicia, el material de Transjordania para el culto de El ha sido debatido enérgicamente. Los nombres personales amonitas dan testimonio del elemento *'l*, pero es confuso si El es el referente. El elemento divino *'l* igualmente domina los elementos teofóricos en la onomástica edomita.

Un culto de Transjordania del primer milenio de El podría ser sugerido por las inscripciones de Deir ʿAlla. Un poco del material poético más antiguo en Números 22–24 da testimonio al culto de El en un entorno de Transjordania. Como las inscripciones de Deir ʿAlla, Números 22–24 presenta un vidente de Transjordania cuya profecía viene de El, un papel atestiguado para este dios en los textos ugaríticos. En resumen, mientras los cultos dinásticos del Levante del primer milenio tenían deidades patronales además de El, la reconocida escasa y a veces ambigua evidencia indica el culto de El en el Levante durante el primer milenio.

Bibliografía. F. M. Cross, «ēl,» *TDOT* 1.142-61; *Canaanite Myth and Hebrew Epic* (Cambridge, Mass., 1973), 3-75; W. Herrmann, «El,» *DDD* (Leiden, 1995), 274-80; B. A. Levine, «The Balaam Inscription from Deir ʿAlla: Historical Aspects,» en *Biblical Archaeology Today* (Jerusalén, 1985), 326-39; C. E. L'Heureux, *Rank Among the Canaanite Gods.* HSM 21 (Missoula, 1979); P. D.Miller, Jr., « El the Warrior,» *HTR* 60 (1967): 411-31; U. Oldenburg, *The Conflict between El and Baʿal in Canaanite Thought* (Leiden, 1969); M. H. Pope, *El in the Ugaritic Texts.* VTSup 2 (Leiden, 1955).

Mark S. Smith

EL-BERIT (Heb. *'ēl bĕrîṯ*)
Deidad cananea («el-[o Dios] del pacto») adorado en Siquem (Jue 9.46).

Ver a Baal-berith.

EL-BET-EL (Heb. *'ēl bêṯ-'ēl*)
El nombre dado por Jacob a un altar que él construyó en Bet-el (Gn 35.7). Aquí ocurre como un nombre alternativo para Bet-el, donde Dios dos veces apareció a Jacob: después de su sueño con la escalera (Gn 28.12-15) y a su regreso de Padan-aram. (35.9-15), cada vez erigiendo y ungiendo una piedra conmemorativa. La frase hebrea ocurre con el artículo definido en Génesis 31.13, donde Dios se identifica a Jacob como «el Dios de Bet-el.»

Keith L. Eades

EL-ELOHE-ISRAEL (Heb. *'ēl 'ĕlōhê yiśrā'ēl*)
El nombre del altar que Jacob erigió en Siquem después de que se separa de su hermano Esaú (Gn 33.20). La frase puede ser vertida como «El, el Dios de Israel», «El es el Dios de Israel», o «fuerte es Dios de Israel.» Ocurriendo cerca de la conclusión del ciclo de Jacob (Gn 25–35), esta declaración marca una etapa final en la transformación de Jacob de estafador al padre del pueblo israelita. Comprando el solar de tierra, erigiendo y poniendo nombre al altar, Jacob confesaba que el Dios que cambió su nombre en Peniel era ahora su Dios (cp. Gn 28.21) y se identificaba él mismo con la tierra prometida a sus padres. Por inferencia el nombre del altar también es una confesión de la persona de Israel, y en este sentido el individuo «Jacob» y el colectivo «Israel»se funden.

Tyler F. Williams

EL-ELYON (Heb. *'ēl ʿelyôn*)
Un nombre de Dios, traducido «el Altísimo» (cp. Ugar. *ʿly*). Generalmente considerado como habiéndose derivado del dios creador cananeo adorado en Jerusalén preisraelita (Salem; cp. Gn 14.18-20), fue adaptado como un epíteto de Jehová (cp. Gn 14.22; Sal 7.17; 91.9). Se encuentra en la poesía bíblica más antigua (p. ej., Nm 24.16; Dt 32.8) y en la poesía arcaica tardía (p. ej., Sal 78.35; cp. Aram. *ʿelyônîn*, Dn 7.18, 22, 25, 27).

EL SHADDAI (Heb. *'ēl šadday*)
Un nombre de Dios (Ex 6.3). Era este nombre por el cual los patriarcas y matriarcas de Israel conocían a Dios (p. ej., Gn 17.1; 28.3; 35.11), en contraste con el nombre compartido con Moisés, Jehová (Ex 6.3). Con el tiempo, El Shaddai llegó a identificarse con Jehová.

El origen exacto, la historia, y la etimología del nombre son muy debatidos. Tradicionalmente, ha sido relacionado con Heb. *šāḏaḏ*, «tratar poderosamente con», pero el verbo realmente tiene la connotación «tratar violentamente.»

Otros eruditos lo asocian con el asirio *šadu*, «montaña» o «alto», así vertiendo el hebreo como «Dios Alto» o «Dios de las montañas.» La traducción al español habitual, «Todopoderoso», se deriva de la interpretación del hebreo en la LXX y la Vulg., que era una traducción libre de lo que era para entonces un término oscuro.

Bibliografía. W. F. Albright, «The Names *Shaddai* and *Abram*», *JBL* 54 (1935): 173-204; D. Baile, «The God with Breasts: El Shaddai in the Bible», *HR* 21 (1982): 240-56.

LISA W. DAVISON

ELA (Heb. *ʾēlāʾ*)

Padre de Simei el gobernador del distrito de Benjamín durante el reinado de Salomón (1 R 4.18).

ELA (Heb. *ʾēlâ*)

1. Uno de los 11 jefes de Esaú-Edom (Gn 36.41; 1 Cr 1.52). Los textos bíblicos indican que las referencias probablemente representan un lugar dentro del territorio de Edom, posiblemente cerca de ʿAqaba.

2. El cuarto rey de Israel e hijo de Baasa, que gobernó en Tirsa c. 877-876 a.C. (1 R 16.6, 8-14). Él fue asesinado por Zimri, un oficial militar superior, en un golpe militar aparente.

Zimri ejecutó su complot mientras Ela estaba ebrio en la casa de uno de sus oficiales de palacio. Esto ocurrió mientras el ejército israelita estaba envuelto en la batalla contra la ciudad filistea de Gibetón y Tirsa estaba relativamente sin protección.

Zimri procedió a exterminar a los miembros varones de la familia y los amigos del Baasa-Ela, cumpliendo la profecía de Jehú ben Hanani que el castigo del Señor caería sobre la casa de Baasa (1 R 16.1-4). Ela es especialmente condenado por su participación en la idolatría.

3. El padre de Oseas, el último rey de Israel (2 R 15.30; 17.1; 18.1, 9).

4. Uno de los tres hijos de Caleb ben Jefone (1 Cr 4.15). Él engendró a un hijo, Kenaz. Ela aquí puede referirse más bien a un lugar (cp. Gn 36.41).

5. Un descendiente de Benjamín quien volvió a Jerusalén después del cautiverio babilónico (1 Cr 9.8). El nombre se refiere a una familia que vive en Jerusalén durante el período posterior al destierro (pero cp. Neh 11 donde el nombre es omitido).

STEPHEN VON WYRICK

ELA (Heb. *ʾēlâ*) **VALLE DE**

Valle donde el drama entre David y Goliat fue llevado a su fin ante las fuerzas filisteas y la milicia de Saúl (1 S 17.2-3, 19; cp. 21.9 [TM 10]). El valle (Heb. *ʿēmeq hāʾēlâ,* «el valle del terebinto») se identifica con el fértil Wadi es-Sann («el Valle de la Acacia»), 14-15 km (8-9 mi) suroeste de Belén, y proporciona una entrada en la región montañosa de Judea. La fortaleza Azeca (Tell ez-Zakarîyeh) montó la guardia en el paso al valle.

Las fuerzas filisteas se posicionaron en las laderas occidentales cerca de Azeca, y Saúl y su ejército acamparon en el territorio alto estratégico en el lado oriental del valle hacia Soco. El valle así formó la línea de batalla cuando las dos fuerzas militares acamparon en lados opuestos.

T. J. JENNEY

ELAD (Heb. *ʾelʿād)*

Uno de los hijos de Efraín asesinado por los habitantes de Gat asaltando su ganado (1 Cr 7.21).

ELADA (Heb. *ʾelʿādâ)*

Un descendiente de Efraín (1 Cr 7.20).

ELAM (Heb. *ʿêlām*) (LUGAR)

Nombre que denota tanto una región en la provincia montañosa Fars (Irán) alrededor de la ciudad moderna de Shiraz, cuya capital antigua era Ansán (Tal-i Malyan), y un estado, cuyo tamaño fluctuó a lo largo de su historia y a veces incorporó Kuzistán moderno, partes de Luristán, y Kermán occidental así como el centro de Fars. La Tabla de Naciones (Gn 10.22; 1 Cr 1.17) lista Elam, junto con Asur, como hijo de Sem, sin duda debido a las conexiones históricas entre Elam y sus vecinos de Mesopotamia (cp. el papel de arqueros elamitas en los ejércitos asirio y babilónico; Is 22.6; Jer 49.35), más bien que por cualquier motivo etnolingüístico (la lengua de Elam no tiene relación con el acadio o con el sumerio).

Más confuso para los comentaristas de la Biblia a lo largo de la historia, sin embargo, es la declaración que identifica a Susa (Heb. *šûšan*), un sitio grande, de períodos múltiples en el norteño Kuzistán donde los acontecimientos relatados en el libro de Ester ocurrieron, como una ciudad «en la provincia de Elam» (Dn 8.2). Muchos de los nombres personales en el TM de Ester en efecto son de Elam, pero como las fuentes cuneiformes claramente muestran, Susa (Acad. *kurŠū-šá-an/Šu-šu-un*) era la capital de Susiana *(Šu-še-en/Šu-sá-anki),* y Ansán era la capital de Elam (así la estatua de Gudea B.6.64-69, «golpeó la ciudad de Ansán en/de Elam»). El hecho de que Elam, en el sentido del estado político de este nombre más bien que la patria territorial en Fars, de forma periódica anexó Susiana y convirtió Susa en una ciudad «elamita» importante no debería obscurecer el hecho de que Elam sólo incluyó Susiana en un sentido político y nunca fue sinónimo de esta extensión oriental del aluvión de Mesopotamia en un sentido geográfico. Esto no niega, sin embargo, que desde la perspectiva distante, israelita, la mayoría de personas probablemente identificaran Susiana con Elam. Como muchos comentaristas en Jeremías 49.35-39 han señalado, Elam representó, aparte de algo más, una de las entidades más remotas en el horizonte geográfico oriental de Israel, y como tal es apenas sorprendente que un entendimiento exacto de la diferencia entre Elam y Susiana escape a la mayoría del público que lee la Biblia, eruditos y laicado igualmente, hasta hace poco. Esta perspectiva confusa puede ser contrastada con las percepciones geográficamente exactas de los autores del Talmud babilónico que escrupulosamente distinguieron Be Huzaë (tierra baja Kuzistán) de Elam (región montañosa Fars). De manera similar el geógrafo griego Strabo estrictamente distinguió Elymais, mucho tiempo identificada con Elam bíblico, de Susis o Susiana (*Geog.* El 15.3.12).

Hay un poco de sustancia respecto a Elam en el AT o en el NT. Génesis 14.1 conserva el nombre de Kedor-laomer (Quedorlaomer), llamado «rey de Elam,» pero casi seguramente él no es Kutirnahhunte II, el rey elamita que causó la caída de la dinastía Kassita (c. 1155 a.C.) y una figura con cuyo nombre él a menudo ha sido asimilado. Aunque la historia de Ester y Asuero relatada en el libro de Ester se desarrollara en el palacio de Susa, esto estaba en el contexto del papel de Susa como una residencia de invierno para los reyes aqueménidas después de 520 cuando Darío I comenzó la construcción de un palacio allí, y puso una fecha posterior a la última políticamente consolidada dinastía elamita (del llamado período Neo-Elamita, c. 750-500). Cuando los judíos de Elam, junto con sus hermanos medos y partos, aparecieron en Jerusalén en el Pentecostés (Hch 2.9), ellos sirvieron para ilustrar los diversos grupos de lengua «de todas las naciones bajo el cielo» presentes en la ciudad y deben haber sido vistos como extranjeros del lejano oriente.

Las referencias bíblicas a Elam no dan ninguna pista de la importancia histórica de ella, uno los adversarios más feroces de Mesopotamia a partir del tercer milenio hasta el saqueo de Asurbanipal de Susa en 646. Los contemporáneos de los antiguos reyes acadios, la Dinastía Elamita de Awan sucumbió a las fuerzas de Sargón de Acad, inaugurando un período de creciente control de Mesopotamia sobre Susa y su interior.

No obstante, el rey de Elam Puzur-inshushinak logró adquirir el control de partes de Mesopotamia antes de que él fuera derrotado por Ur-nammu, el fundador de la Tercera Dinastía de Ur (c. 2100). Fue otro rey de Elam, sin embargo, Kindattu el Shimashkian, quién saqueó a Ur y condujo a Ibbi-sin, el último rey de la dinastía de Ur III, al cautiverio en Ansán donde él murió. De fines del siglo XIX a mediados del XVIII, además, era el *sukkal* de Elam, a quien Zimri-lim de Mari, Hammurabi de Babilonia, y Rim-sin de Larsa se refirieron como «al gran rey de Elam,» cuya posición en la región era suprema y marca a los elamitas como uno de los primeros poderes en Asia Occidental durante el antiguo período babilónico. La derrota final de Hammurabi de los elamitas neutralizó su poder durante varios siglos, pero un resurgimiento fue experimentado en el período medio de Elam (c. 1400-1100), y uno de los reyes de Elam del período medio, Kutir-nahhunte II, es reconocido como el causante de la caída de la dinastía Kassita c. 1155. Apenas 30 años más tarde, sin embargo, los de Elam fueron derrotados por Nabucodonosor I. A finales del siglo IX los elamitas se habían vuelto otra vez un fastidio para sus vecinos occidentales, esta vez los asirios, cuyo saqueo de Susa en 646 dio un golpe severo al nuevo reino elamita, que, sin embargo, todavía existía hasta la llegada de Ciro el Grande.

Excepto por la referencia posible a Quedorlaomer (Gn 14.1), nada de esta historia es siquiera insinuada en la Biblia, pero esto sin duda se debe a que el conocimiento de primera mano de Elam sólo vino en el período posterior al destierro, en particular después de que Elam había sido absorbido políticamente en el imperio aqueménida. Para este punto, sin embargo, era apenas un poder para tener en cuenta.

Bibliografía. P. O. Harper, J. Aruz, y F. Tallon, editores, *The Royal City of Susa* (Nueva York, 1992); W. G. Lambert, «la caída de la Dinastía Cassita a los elamitas: una epopeya histórica,» en H. Gasche, et al., editores, *Cinquante-deux reflexions sur le Proche-Orient ancien* (Gent, 1994), 67-72; J. Simons,

The Geographical and Topographical Texts of the Old Testament (Leiden, 1959); R. Zadok, «Notas de Ester,» *ZAW* 98 (1986): 105-10.

D. T. Potts

ELAM (Heb. *'êlām*) **(PERSONA)**

1. El primero de los cinco hijos de Sem (Gn 10.22; 1 Cr 1.17), según la Tabla de Naciones el progenitor de los habitantes de Elam.

2. Un descendiente de Benjamín, hijo de Sasac (1 Cr 8.24).

3. Hijo del coreita Meselemías, listado en la división de porteros de templo (1 Cr 26.3).

4. El jefe de un clan de israelitas, 1254 de los que volvieron a Jerusalén del exilio babilónico con Zorobabel (Esd 2.7 = Neh 7.12). Otros 70 volvieron con Esdras (Esd 8.7; cp. 10.2, 26).

5. El «otro Elam» (llamado así por Esdras 2.31 = Neh 7.34) que volvió del exilio, también como el líder de un grupo de 1254 personas (cp. 1 Esdr. 5.22). Las semejanzas obvias con **4** plantean interrogantes sobre la distinción de los dos.

6. Líder de aquellos que firmaron el pacto con Nehemías (Neh 10.14 [TM 15]).

7. Un sacerdote entre los que ayudaron a Nehemías en su dedicación del nuevo muro alrededor de Jerusalén (Neh 12.42).

John S. Vassar

ELASA (Gr. *Elasa*)

El sitio donde Judas Macabeo plantó su campamento antes de la batalla contra Báquides en 161 a.C. (1 Mac 9.5). Aunque la mayoría de las 3000 tropas del Judas desertaran cuando fueron enfrentadas por las fuerzas sirias mucho más grandes (superados en número más que de siete a uno), Judas logró derrotar el ala derecha del rival antes de ser asesinado (1 Mac 9.8-18). La ubicación es probablemente Kirbet el-'Ašši que está entre Bet-horón Inferior y Superior, o Kirbet el-'Ašši (169144), por Ramallah moderno. Ambos sitios están cerca de el-Bîreh.

Willard W. Winter

ELASA (Heb. *'el'āśâ*)

1. Hijo de Pasur el sacerdote que prometió despedir a su esposa extranjera (Esd 10.22).

2. Hijo de Safán; uno de los dos emisarios enviados por el rey Sedequías a Nabucodonosor con la carta de Jeremías a los exiliados en Babilonia (Jer 29.3).

ELASA (Heb. *'el'āśâ*)

1. Descendiente de Judá, hijo de Helez del linaje de Jerameel (1 Cr 2.39-40).

2. Hijo de Rafa, y descendiente de Saúl y Jonatán (1 Cr 8.37). En 1 Crónicas 9.43 se dice que él es el hijo de Refaía.

ELASAR (Heb. *'ellāsār*)

La ciudad o reino gobernado por Arioc, un confederado del rey elamita Quedorlaomer que atacó Sodoma, capturó a Lot, y por tanto involucró a Abraham en el conflicto (Gn 14.1, 9). Elasar no ha sido ubicada o identificada de manera definitiva, pero se han sugerido cinco posibilidades importantes: (1) Larsa, la capital sur de Mesopotamia Larsa que fue conquistada por Hammurabi rey de Babilonia; (2) Telasar en el norte de Mesopotamia (2 R. 19:12 = Is 37.12; (3) Asur/Asiria, sobre la base de fonética o pronunciación; (4) Ilânsura, mencionada en los textos Mari y localizada entre Carquemis y Harrán; y (5) Alilar Hüyük, una ciudad de Capadocia localizada c. 80 km (50 mi) sureste de la capital hitita Ḫattuša.

Sheila Marie Dugger Griffith

ELAT (Heb. *'êlaṯ*)

Ciudad y puerto en el fondo del Golfo de Akaba. La ubicación estratégica de Elat la hizo una puerta de entrada importante para el comercio por caravana y naval con Arabia y África oriental. En el AT Elat es con frecuencia colocada en proximidad estrecha de Ezión-geber. Algunos eruditos consideran Tell el-Keleifeh (147884), que está entre Elat moderno y Akaba, como Elat, otros como Ezión-geber, y todavía otros como el sitio tanto para Elat como para Ezión-geber. El sitio también se conocía como El-parán (Gn 14.6). Los Tolomeos cambiaron su nombre a Berenice.

Elat era al principio edomita, posiblemente tomando su nombre del jefe edomita Ela (Gn 36.41 = 1 Cr 1.52; Elot). Hacia el final del Éxodo, los israelitas pasaron por Elat antes de dar vuelta al norte hacia Edom y Moab (Dt 2.8). David probablemente la capturó durante su campaña contra los edomitas (2 S 8.13-14). Salomón entonces estableció una flota de barcos en Ezión-geber cerca de Elat (1 R 9.26 = 2 Cr 8.17). Al parecer los edomitas habían recobrado el control, pero Uzías (Azarías, 2 R 14.22; 2 Cr 26.2) la recapturó y restauró (c. 780 a.C.). Sin embargo, bajo presión aramea (siria) durante la guerra

Siro-Efrainita (c. 735), Acaz la perdió a los edomitas permanentemente (2 R 16.6).

Bibliografía. G. D. Pratico, *Nelson Glueck's 1938-1940 Excavations at Tell el-Kheleifeh: A Reappraisal.* ASOR Archaeological Reports 3 (Atlanta, 1993).

Bradford Scott Hummel

ELCANA (Heb. *'elqānâ*)

1. Un descendiente de Coré de la familia de Leví (Ex 6.24). Como la cabeza de la casa de su padre, se le llama el hijo de Asir, el hijo de Coré, y llamado padre de Ebiasaf (1 Cr 6.23 [TM 8]).

2. El padre de Samuel y esposo de Ana; un residente de Ramataim-zofim en la región montañosa de Efraín (1 S 1.1; 1 Cr 6.27, 34 [12, 19]).

Ana, la favorita de las dos mujeres de Elcana, era estéril pero más tarde dio a luz al profeta Samuel; su otra esposa, Penina, se destacó por su fecundidad (1 S 1.2). Elcana puede haber sido una persona de cierta importancia, porque él es el único plebeyo en los libros de Samuel y Reyes de quien se dice haber tenido a más de una esposa. Cada año Elcana llevaba a su familia en una peregrinación a Silo para ofrecer sacrificios, distribuyendo dobles partes de carne de sacrificio a Ana porque él la amaba (1 S 1.5). Él también acompañaba a Ana en su visita anual a Samuel. La pareja fue bendecida con tres hijos más y dos hijas (1 S 2.21).

Según la tradición judía, Elcana es asociado con buenas obras y comparado con Abraham (*Ber.* 50). Ana era su primera esposa y él no se casó con Penina hasta 10 años más tarde. Elcana era tan piadoso que él hacía cuatro viajes a Silo cada año en vez de los tres requeridos. En cada viaje su gran caravana viajaría por una ruta diferente, llamando la atención y animando a otros a lo largo del camino a adorar al Señor. Por su piedad se le reconoce como responsable de todas las peregrinaciones de Israel a Silo.

3. Un antepasado de Samuel y descendiente de Leví (1 Cr 6.25, 36 [10, 21]).

4. Otro de los antepasados de Samuel (1 Cr 6.26, 35 [11, 20]), posiblemente el mismo que **3** encima.

5. Un levita, antepasado de Berequías hijo de Asa que vivió en Jerusalén después del exilio (1 Cr 9.16).

6. Un levita de la familia de Coré, uno de los valientes de David que se unieron a él en Siclag (1 Cr 12.6).

7. Un levita que fue designado por David como uno de los dos porteros para el arca (1 Cr 15.23).

8. Un funcionario de la corte durante el reinado de Acaz que seguía al rey en autoridad (2 Cr 28.7). Él se alejó del Señor y fue asesinado por Zicri, descendiente de Efraín.

Robin Gallaher Branch

ELCOS (Heb. *'elqōšî*)

La residencia del profeta Nahúm (Nah. 1:1) La ubicación de Elcos se desconoce, pero varios lugares han sido propuestos. La afirmación más extravagante ha sido la identificación tradicional de Elcos con al-Qush, una villa al norte de Mosul cerca de la antigua Nínive; esta tradición no puede ser rastreada más allá del siglo XVI. Varios lugares en Galilea también han sido propuestos, incluyendo Hilkesei o Elkesi (Jerónimo, en el prefacio a su comentario sobre Nahúm), y Capernaúm, que significa «villa de Nahúm.» La situación política del tiempo de Nahúm, sin embargo, hace que una ubicación galilea para su residencia sea improbable. Otras tradiciones que ubican Elcos en el sur de Judá, en el territorio de Simeón, son más probables. La vida de los profetas dice que Elcos está cerca de Beth-gabrin, probablemente para ser identificada con Eleutheropolis (moderno Beit Jibrin/Beth Guvrin [140113]), c. 51 km (32 mi) suroeste de Jerusalén.

Ronald A. Simkins

ELDAAH (Heb. *'eldāʿâ*)

El quinto hijo de Madián, uno de los nietos de Abraham y Cetura (Gn 25.4 = 1 Cr 1.33).

ELDAD (Heb. *'eldāḏ*)

Uno de los 70 hombres elegidos por Moisés para recibir el espíritu de profecía ante el tabernáculo de reunión. Cuando Eldad y Medad se quedaron en el campamento, Josué se perturbó por su comportamiento irregular (quizás profecía en éxtasis), a lo que Moisés contestó: «Ojalá todo el pueblo de Jehová fuese profeta» (Nm 11.26-30).

ELEALE (Heb. *'elʿālēh*)

Ciudad moabita asociada con Hesbón en los oráculos de juicio en Isaías 15.4; 16.9; Jeremías 48.34. Eleale antiguo («Dios sube») ha sido identificado con el moderno el-ʿAl (228136), c. 2.5 km (1.5 mi) noreste de Hesbón. La meseta al norte del río Arnón era muy apropiada para el pasto, así que el ganado que las tribus ricas de Rubén y Gad buscaron y recibieron de Moisés a cambio de servicio militar hizo esta área una posesión valiosa (Nm 32.3, 37). Los descendientes de Rubén construyeron (es decir, reconstruyeron o fortificaron) Hesbón y Eleale (Nm 32.37). Aunque no es mencionada por la Piedra Moabita entre aquellas ciudades tomadas de Israel, Eleale y otros asentamientos en la altiplanicie cayeron bajo el control moabita cuando el rey Mesa se rebeló contra el dominio israelita c. 830 a.C. Permaneció como tal en el momento del oráculo de Jeremías contra Moab (c. 600).

ROBERT DELSNYDER

ELEAZAR (Heb. *'el'āzār*) (también AVARÁN)

1. Hijo de Aarón, junto con Nadab, Abiú, e Itamar (Ex 6.23), todos los que fueron dedicados al oficio sacerdotal (Ex 28.1). Mientras los israelitas estuvieron acampados al pie del monte Sinaí, los dos hermanos mayores, Nadab y Abiú, «ofrecieron fuego extraño delante de Jehová» y así Dios los destruyó con el fuego (Lv 10.1-2). Eleazar y su hermano menor Itamar fueron colocados entonces como responsables del tabernáculo de reunión, y por medio de ellos la línea de la descendencia sacerdotal de Aarón es trazada. Parece que Eleazar tenía una posición «mayor». En Números 3.32; 4.16 se le describe como «el principal de los jefes de los levitas», responsable de todos los asuntos relacionados con el transporte del tabernáculo. Moisés nombró a Josué como su sucesor, pero bajo la dirección de Eleazar (Nm 27.18-23). Dieciséis divisiones de sacerdotes posteriores al destierro fueron asignadas a Eleazar y ocho a Itamar (1 Cr 24). Sadoc y Esdras remontan su ascendencia sacerdotal a través de Eleazar (1 Cr 6.3-8, 50-53 [TM 5.29-34; 6.35-38]; 24.3; Esdras 7.1-5).

2. Hijo de Abinadab de Kiriat-jearim (1 S 7.1; 2 S 6.3-4). Él fue un guarda del arca del pacto y el padre de Uza y Ahío, quién la transfirió al rey David (2 S 6.2-7).

3. El hijo de Dodo; uno de los tres valientes de David que ayudaron en su batalla contra los filisteos (2 S 23.9; 1 Cr 11.12). Según 2 Samuel 23.13-17; 1 Crónicas 11.15-19 los tres fueron a Belén cuando los filisteos la ocuparon y trajeron agua de su pozo a David en la cueva de Adulam.

4. El hijo de Mahli, un descendiente de Merari. Él era un levita que no tuvo hijos, entonces sus hijas se casaron con sus primos, los hijos de Cis (1 Cr 23.21-22; 24.28).

5. El hijo de Finees, un sacerdote que acompañó a Esdras de Babilonia a Jerusalén y ayudó a inventariar la tesorería del templo devuelta (Esd 8.33).

6. Un sacerdote que participó en la dedicación del muro de Jerusalén (Neh 12.42); quizás el mismo que **5** encima.

7. Hijo de Paros, uno de un grupo de hombres que despidieron a sus mujeres extranjeras ante la insistencia de Esdras (Esd 10.25).

8. También llamado Avarán; el hijo de Matatías, el hermano de Judas Macabeo (1 Mac 2.5; 6.43-44; 2 Mac 8.23). Él murió aplastado cuando mató a un elefante en la batalla en Bet-zacarías (1 Mac 6.44-46).

9. El padre de Jasón, elegido para ser parte de los emisarios de Judas Macabeo a Roma (1 Mac 8.17).

10. Un escribano superior «en sus noventa años» quién rechazó comer la carne de los cerdos durante una comida de sacrificio instituida por Antíoco IV Epífanes. Los responsables del ritual trataron de salvar a Eleazar del martirio impulsándole a traer su propia carne al sacrificio y sólo pretender comer la carne de cerdo, pero Eleazar se negó y fue asesinado (2 Mac 6.18-31).

11. Según la genealogía de Mateo, un antepasado de José, el esposo de María (Mt 1.15).

Nancy L. de Claissé-Walford

ELECCIÓN

Aunque los términos «electo» y «elección» no aparezcan con mucha frecuencia en la mayoría de traducciones al español, la variedad de términos asociados con ellos indica su importancia en la teología bíblica. Mientras que la elección también tiene que ver con palabras tales como «llamado», «vocación», «pacto», «predestinar», «preordenado», y «pueblo de Dios», la palabra primordial para expresar el concepto de elección es el verbo hebreo *bḥr* (Gr. *eklégomai*), comúnmente vertido «elegir». Aunque el término puede ser usado en el sentido ordinario de la elección humana (cp. Gn 13.11; 1 S 17.40), es empleado principalmente para describir la iniciativa de Dios en la elección de un pueblo o individuos para sus propósitos.

El Antiguo Testamento

La formulación clásica de la doctrina de la elección es Deuteronomio 7.6-11. A Israel se le dice: «Tú eres pueblo santo para Jehová tu Dios; Jehová tu Dios te ha *escogido* para serle un pueblo especial, más que todos los pueblos que están sobre la tierra» (v. 6). Dios *escogió* a Israel, no debido a sus números superiores o moralidad, sino debido a su amor. Esta elección de Israel es expresada en el poder redentor de

Dios y fidelidad al pacto jurado a los padres de Israel. Así, como el desarrollo del autor de este tema a lo largo de Deuteronomio manifiesta (cp. Dt 4.19-24; 10.14-22; 14.2; 26.18-19), la elección de Dios de Israel es la expresión de su amor firme y fidelidad a las promesas que él había jurado a los padres. En realidad, la historia y destino de Israel (las promesas a Abraham, el Éxodo de Egipto, y la promesa continua de la protección de los enemigos) son aspectos de la elección de Israel (7.8-10). Como consecuencia de la elección de Dios de Israel, se requiere ahora que aquellos que son elegidos guarden los mandamientos de Aquel que los ha elegido (7.11), ya que la elección divina exige la respuesta obediente del pueblo de Dios.

El concepto de elección es más plenamente desarrollado en la literatura profética. En un período de desesperación nacional sobre el fracaso de Israel, el profeta ofrece una palabra de consuelo (Is 40.9), indicando que Israel no ha sido rechazado (41.9). En efecto, él se refiere a Israel como «elegido» de Dios siete veces (41.8-9; 43.10, 20; 44.1-2; 45.4), de las que todas excepto una referencia (43.20) unen el término con la misión del siervo que será una «luz a las naciones, para que seas mi salvación hasta lo postrero de la tierra» (49.6).

Así el lenguaje de elección en Isaías sirve como el aseguramiento a un pueblo desesperado que Israel tiene un futuro que entraña, no sólo la supervivencia de Israel, sino una bendición a todas las naciones.

Como la elección tiene que ver con las obligaciones de pacto de Israel, los profetas de vez en cuando reflexionan sobre las consecuencias del fracaso de Israel de cumplir su relación especial con Dios. Amós apela a la elección de Israel cuando él anuncia el castigo de Israel («A vosotros solamente he conocido de todas las familias de la tierra; por tanto os castigaré», Amós 3.2; cp. 9.7). Isaías 65 distingue entre «un pueblo rebelde» (v. 2) que no guarda el pacto (vv. 2-8, 11-12) y los «escogidos» de Dios (vv. 9, 15), quienes han permanecido fieles. Dios promete futuras bendiciones para sus siervos, pero castigo por la gente rebelde (cp. Is 65.15). Esta diferencia entre las promesas para los «escogidos» y el castigo para el desobediente refleja una etapa inicial en la diferencia entre los «escogidos» y el resto de Israel.

El Nuevo Testamento

La variedad de testigos del NT que incorporan el vocabulario de elección da testimonio del significado persistente de este concepto en la iglesia primitiva. Los términos comunes son «electo» *(eklektós)*, «elección» *(eklogḗ)*, y el verbo «eligen» *(eklégomai)* o términos que pertenecen a la misma variedad semántica (p. ej., «llamar», *kaléō*). Aunque puede usarse para un individuo que es elegido para una misión específica (p. ej., Pablo en Hechos 9.15), el significado primario de la elección está en su designación tanto de Jesucristo como de la comunidad de fe.

Jesucristo

Según 1 Pedro 2.4, 6 Jesucristo es la «piedra» que fue rechazada por los hombres, pero *escogida* por Dios. Aunque los escritores del NT rara vez describan a Cristo como el «elegido» (cp. el comentario de los que se mofaban en Lucas 23.35; Juan 1.34), esta afirmación cristológica desempeña una función importante no obstante, ya que el NT con frecuencia cita pasajes del AT que resuenan con el tema de la elección. La referencia de 1 Pedro a Cristo como el elegido (2.4, 6) viene de Isaías 28.16 (cp. Mt 21.42; Ro 9.33; también Ef 2.20). De igual manera, numerosos escritores del NT dan una interpretación cristológica de los Cantos del Siervo de Isaías 40–55 (Mt 3.17 par.; 8.17; 20.28 par.; Hch 8.32-33; 1 P 2.21-25), que describen el elegido.

La Comunidad de fe

El NT por lo general emplea la terminología de elección para describir la comunidad de fe. En la tradición sinóptica «los electos» son los fieles que claman a Dios por vindicación (Lc 18.7) y quienes resisten las tribulaciones escatológicas (Mt 24.22, 24) antes de que Cristo venga para juntar «a sus escogidos» (v. 31). Pablo también emplea el lenguaje de elección para describir sus comunidades. Él les recuerda de su elección (1 Ts 1.4; cp. Col 3.12). En realidad, él apela a la tradición de elección para explicar a los corintios que tal comunidad formada principalmente de las clases inferiores es el resultado de la elección de Dios de las cosas débiles y necias del mundo (1 Co 1.27-28). La cruz misma no es nada menos que un ejemplo de la elección soberana de Dios (1 Co 1.21).

La presencia de los gentiles en la iglesia y el rechazo del evangelio por los judíos proporcionan a Pablo la ocasión para su desarrollo más cuidadoso del concepto de elección en Romanos 9–11. La pregunta que domina los caps. 9–11 es: ¿La elección de Dios de Israel falló? En su respuesta, Pablo afirma en 9.6-29 que la situación actual, en la cual los gentiles predominan, es resultado de la elección soberana de Dios. Como la historia entera de Israel descansa en la elección de Dios, la presencia de gentiles es una manifestación de la elección de Dios. Según 9.30–10.21 el evangelio ha salido a Israel, que carga con la responsabilidad de su propia desobediencia. Según el cap. 11 la situación actual no es final, porque el mismo Dios que eligió a gentiles injertándolos en el olivo también actuará para traer la salvación a Israel. Así la elección de Dios de Israel no ha fallado, ya que «todo Israel será salvo» (11.26).

La terminología de elección de Israel domina en el NT. 1 Pedro es dirigido «a los expatriados elegidos» (1 P 1.1-2). Este autor recuerda a esta comunidad de gentiles que ellos son «un pueblo escogido» (2.9) en tanto que ellos siguen la piedra que fue elegida por Dios (2.4-8). Los lectores de 2 Pedro son desafiados a que hagan firme su «vocación y elección» (2 P 1.10).

2 Juan es dirigida «a la señora elegida» (2 Juan 1). Así el lenguaje de elección de Israel desempeñó un papel importante en la formación de la identidad de la iglesia primitiva.

Bibliografía. B. S. Childs, *Biblical Theology of the Old and New Testaments* (Minneapolis, 1992); W. G. Kümmel, *The Theology of the New Testament* (Nashville, 1973).

James W. Thompson

ELEFANTINO (Gr. *Elephantinê*) **PAPIROS**

Un gran número de documentos y fragmentos de papiro, escritos en arameo durante el siglo V a.C., descubiertos en Elefantina, una isla en el río de Nilo enfrente de Asuán (Cirene bíblica) que llegó a ser un asilo para refugiados de Judea después de la conquista babilónica de Jerusalén (cp. Jer 43-44). Los papiros, que ofrecen una vislumbre completa en la vida religiosa y social de los colonos judíos, incluyen contratos, cartas privadas, textos históricos y literarios (esp. el Libro arameo de Ahiqar), y correspondencia oficial con las autoridades egipcias y persas y el sacerdocio de Jerusalén.

En 525 el rey persa Cambises capturó Egipto, y el asentamiento judío fue hecho una guarnición militar para asegurar el límite del sur del imperio. Incluso antes de esto, la colonia judía había establecido su propio templo donde el Dios nacional Yhw (una abreviatura de YHWH) fue adorado conjuntamente con una colega (Anatyhw) y otras deidades del panteón cananeo.

En el templo, la ofrenda de comida, el incienso y los sacrificios de animales fueron realizados por el sacerdocio judío local. Al principio, el modo de adoración de los judíos elefantinos (tan manifiestamente en contra de las reglas deuteronomistas) era un desarrollo peculiar de posibles elementos sincretistas de israelitas del norte en un ambiente egipcio politeísta. Una revaloración de la naturaleza en gran medida politeísta de la religión israelita antes del período babilónico ha llevado a eruditos modernos a reconsiderar la experiencia Elefantina como un vestigio de un Jehovismo anterior al exilio, que la Biblia etiquetaría retrospectivamente como corrupción cananea.

Los hallazgos en Elefantina son sorprendentemente similares a lo que fue descubierto en otros santuarios judíos anteriores al exilio, notablemente en Kuntillet ʿAjrud del siglo VII. El conservadurismo religioso de los Elefantinos no era la mera consecuencia del aislamiento geográfico; testifica del proceso histórico por el cual los exiliados babilónicos se esforzaron por imponer su autoridad y su ideal del monoteísmo exclusivo en judíos dentro y fuera de Jerusalén durante el siglo V. Los colonos Elefantinos siempre se consideraban como judíos y fueron considerados como tal por las autoridades persas, como se testifica por el envío de una carta oficial en el tiempo de Darío II (419) que contiene regulaciones para la fiesta de la pascua. Cuando en 410 el templo Elefantino fue destruido por los egipcios, posiblemente en un disturbio antipersa, los sacerdotes Elefantinos apelaron a las autoridades políticas y religiosas en Jerusalén, el sumo sacerdote Johanán y el gobernador persa Bagoas (Neh 12.22; Josefo *Ant.* 11.297-301). Al parecer, los sacerdotes Elefantinos recibieron el apoyo para la reconstrucción del templo, aunque ya no les permitieran ofrecer el sacrificio de animales. Unos años más tarde, a principios del siglo IV, con el final de la influencia persa en Egipto, la guarnición judía en Elefantino fue movida y el templo abandonado.

Bibliografía. A. E. Cowley, *Aramaic Papyri of the Fifth Century b.c.* (1923, reimpreso Osnabrück, 1967); E. G. Kraeling, *The Brooklyn Museum Aramaic Papyri* (1953, reimpreso Nueva York, 1969); B. Porten y A. Yardeni, *Textbook of Aramaic Documents from Ancient Egypt,* 1: *Letters* (Jerusalén, 1986).

Gabriele Boccaccini

ELHANÁN (Heb. *'elḥānān*)

1. El hijo de Jair (o Jaare-oregim) de Belén quién mató a un filisteo en Gob. Hay un problema textual acerca de la identidad del padre de Elhanán y su opositor filisteo. Probablemente el nombre original Jair (1 Cr 20.5) fue corrompido por el copista de 2 Samuel 21.19, quién también por descuido repitió la palabra hebrea *'ōregîm* («tejedores») y lo añadió a Jaare, causando el nombre Jaare-oregim. Mientras 2 Samuel identifica al adversario filisteo de Elhanán como Goliat, en 1 Crónicas él es denominado como Lahmi, el hermano del Goliat.

2. El hijo de Dodo de Belén; listado entre los «Treinta» valientes de David (2 S 23.24; 1 Cr 11.26). Aunque unos piensen que este Elhanán es el mismo individuo que mató al filisteo en Gob (**1** encima), los patronímicos diferentes sugieren de otra manera. También es improbable que Elhanán deba ser identificado con David.

Kenneth Atkinson

ELÍ (Heb. *'ēlî*)

Sacerdote del santuario en Silo poco antes de la aparición de monarquía (1 S 1–4). En aquel papel él lleva el efod, pronuncia oráculos, quema el incienso, y supervisa el sacrificio. Elí también es llamado juez en Israel, se le reconocen con 40 años en su muerte (1 S 4).

Tres episodios relacionados se agrupan alrededor de Elí. En primer lugar, cuando Ana y su marido Elcana llegan para sacrificar en Silo, Ana ora por un hijo, que ella promete al servicio de Jehová. Elí, oyendo por casualidad su oración, interpreta mal su articulación como embriaguez y la reprende. Una vez que ella ha corregido su equivocación, él pronuncia un oráculo de cumplimiento a sus palabras, verificadas cuando Samuel nace y es traído al lugar sagrado (1 S 1.9-28). Un segundo episodio ocurre cuando Jehová viene al joven Samuel en el lugar sagrado en una voz de noche y pronuncia el final de la línea sacerdotal de Elí, el resultado del comportamiento de los hijos de Elí, Ofni y Finees: profanación del culto e inmoralidad sexual, sostenida y recalcitrante (1 S 2.12-36). El tercer acontecimiento es la muerte de Elí, ocasionada por la noticia de la derrota de Israel a manos de los filisteos: la derrota militar en Afec incluye también la muerte de los hijos de Elí y la captura del arca del pacto (1 S 4.12-18).

La línea sacerdotal de Elí lo precede y le sobrevive. Fundada antes de que Israel dejara Egipto y descendiendo de Itamar hijo de Aarón, los sacerdotes de la línea de Elí son asociados con Saúl, que trata de extirparlos (1 S 21–22); David, cuya corte incluye a Abiatar de la línea de Elí (2 S 15-19); y Salomón, cuyo destierro de Abiatar trae la línea a un final, como Jehová había indicado a Samuel (1 R 2).

Los historiadores disciernen en los fragmentos de la genealogía de Elí memoria antigua genuina o pruebas de redacción e intención teológica, con la filial del grupo de Itamar-Elí a la casa rival de sadoquitas descendientes de Finees. La caracterización potente de Elí en la historia deuteronomista muestra el líder mayor de edad, pesado, y ciego que se sienta pasivamente en su trono para esperar el informe del destino de Israel, prolépticamente simbolizando la monarquía misma: condenada y volcada de su lugar cuando el exilio comienza.

Bibliografía. R. D. Nelson, *Raising Up a Faithful Priest* (Louisville, 1993); R. Polzin, *Samuel and the Deuteronomist* (1989, reimpreso Bloomington, Ind., 1993).

Barbara Green, O. P.

ELÍ (Gr. *'Ēlí*)

Padre de José, de acuerdo con la versión de Lucas de la genealogía de Jesús (Lc 3.23; cf. Heb. *'ēlî*).

ELÍ, ELÍ, LAMA SABACTANI (Gr. *ēlí ēlí lemá sabachtháni*)

Tradicionalmente conocida como la cuarta palabra en la cruz, la última respuesta de Jesús en la cruz (Mt 27.46). La oración «Dios mío, Dios mío, ¿por qué me has desamparado?» es una transliteración griega de una versión hebrea del Salmo 22.1 (TM 2). La pregunta paralela (Mr 15.34; Gr. *elōí elōí lemá sabachtháni*) es una transliteración griega de una versión aramea del Salmo 22.1 (2). Tanto en Mateo como en Marcos una traducción griega sigue a la transliteración.

Jesús dice estas palabras después de un período de tres horas de tinieblas sobre toda la tierra, una de las señales que su muerte anticipa la parusía. En ambos evangelios las personas presentes piensan que Jesús llama a Elías para ayudarle. Los que escuchan o leen cualquiera de estos evangelios saben, sin embargo, que Elías no salvará a Jesús puesto que Elías había vuelto ya en la persona de Juan el Bautista, que Herodes había decapitado. Si las palabras de Jesús recuerdan a los auditorios de Marcos y Mateo la totalidad del Salmo 22, que concluye con la confianza del salmista en Dios, entonces ellos también pueden haber entendido las palabras de Jesús como muestra de su confianza en Dios en medio de su angustia.

Emily Cheney

ELIAB (Heb. *'ělî'āḇ*)

1. El hijo de Helón; líder de la tribu de Zabulón durante el período del desierto (Nm 2.7; 10.16). Él ayudó a Moisés en el censo de la generación del Éxodo (Nm 1.9) y trajo una ofrenda al tabernáculo cuando fue completado (7.24-29).

2. Un descendiente de Rubén (Nm 26.8-9); el padre de Dotán y Abiram, quien participó en una rebelión contra Moisés y Aarón (16.1, 12; Dt 11.6).

3. El hijo primogénito de Isaí (1 S 17.13; 1 Cr 2.13). Él fue la primera opción de Samuel para ser el nuevo rey de Israel (1 S 16.6). Sirviendo con las fuerzas de Saúl durante las guerras filisteas, él reprendió a David por preguntar entre los israelitas acerca del desafío de Goliat (1 S 17.13, 28-30). La hija de Eliab, Abihail, se casó con Jerimot, el hijo de David, y fue madre de Mahalat, quién se casó con Roboam (2 Cr 11.18).

4. Un descendiente de Leví (1 Cr 6.27) y posible antepasado de Samuel.

5. Un gadita quién se unió a David en Siclag durante su huida de Saúl y quién sirvió como un oficial en el ejército de David (1 Cr 12.9).

6. Un levita designado para tocar arpas en la adoración relacionada con el arca del pacto en el templo de Jerusalén (1 Cr 15.18-20; 16.5).

7. Un antepasado de Judit (Jdt 8.1).

Michael L. Ruffin

ELIABA (Heb. *'elyaḥbā'*)
Un hombre de Saalbón, uno de los Treinta de David (2 S 23.32 = 1 Cr 11.33).

ELIADA (Heb. *'elyāḏā'*) (también BEELIADA)

1. Uno de los hijos de David nacidos en Jerusalén de una madre cuyo nombre no se menciona (2 S 5.16; 1 Cr 3.8). En una lista paralela él es llamado Beeliada (1 Cr 14.7).

2. El padre del rey sirio Rezón, el adversario de Salomón (1 R 11.23).

3. Un descendiente de Benjamín quien asumió una posición de mando en el ejército del rey Josafat (2 Cr 17.17).

ELIAM (Heb. *'ělî'ām*) (también AMMIEL)

1. El padre de Betsabé, la esposa de Urías el heteo (2 S 11.3). En 1 Crónicas 3.5 se le llama Ammiel.

2. El hijo de Ahitofel de Gilo, que llegó a ser uno de los Treinta de David (2 S 23.34).

ELIAQUIM (Heb. *'elyāqîm*)

1. Un oficial de la corte durante el reinado de Ezequías, que participó en negociaciones para poner fin a la invasión de Senaquerib de Judá (2 R 18.17-19.7 = Is 36.3-37.7). Eliaquim, descrito como «mayordomo del palacio», fue enviado, junto con Sebna y Joa, para encontrar una delegación asiria formada por el Tartán, el Rabsaris, y el Rabsaces. Cuando el Rabsaces indicó la posición precaria de Judá, Eliaquim y sus cohortes pidieron que él hablara en arameo, más bien que hebreo para que la gente de Jerusalén no entendiera. Cuando el Rabsaces se negó, los tres mensajeros dieron la noticia a Ezequías. Ezequías se cubrió de cilicio y envió a Eliaquim, Sebna, y algunos sacerdotes para ver a Isaías, quien entregó un oráculo de esperanza. En otro oráculo (que parece preceder a los acontecimientos descritos encima), Isaías proclamó que Eliaquim usurparía el papel de Sebna como «el mayordomo de la casa», pero parece que él también había perdido el favor (Is 22.15-25).

2. Hijo de Josías, hermano de Joacaz (2 R 23.29–24.7 = 2 Cr 36.3-8). Cuando Josías fue asesinado en la batalla con el Faraón Necao en 609 a.C., Joacaz llegó a ser el rey. Después de tres meses Necao depuso a Joacaz, desterrándole a Ribla, e hizo rey a Eliaquim, cambiando su nombre a Joacim. Eliaquim gobernó de 609 a 597. Al principio leal a Egipto, Eliaquim cambió su lealtad a Nabucodonosor de Babilonia, sólo para rebelarse contra Nabucodonosor en la esperanza de tomar partido con Egipto. Según 2 Reyes 24.7 él murió durante el sitio babilónico posterior de Jerusalén, mientras según 2 Crónicas 36.6-7 él fue llevado cautivo a Babilonia.

3. Un sacerdote que participó en el servicio de acción de gracias por la finalización de los muros de Jerusalén durante el cargo de gobernador de Nehemías, parte de un grupo que tocaba trompetas (Neh 12.41).

4. El nieto de Zorobabel, hijo de Abiud, y padre de Azor en la genealogía de Mateo de Jesús (Mt 1.13).

5. Un descendiente de David, hijo de Melea y padre de Jonán en la genealogía de Lucas de Jesús (Lc 3.30).

Michael L. Ruffin

ELÍAS (Heb. *'ēlîyāhû*)
Un fiero profeta de Jehová en la tradición de Moisés. El ciclo de Elías (1 R 17–19, 21; 2 R 1.1-2) es una colección de historias que circularon y fueron conservadas dentro de la comunidad profética de la cual Elías («Jehová es mi Dios») formaba parte, antes de ser incorporadas en la historia deuteronomista. Retratado como un individuo de extraordinaria fuerza y energía, Elías estaba activo durante el reinado de Acab en el siglo IX a.C., políticamente uno de los grandes gobernantes del reino del norte.

Habiendo venido de Galaad, al este del Jordán, donde es muy probable que el Jehovismo había conservado su separación de otros cultos, Elías estaba horrorizado por el sincretismo que encontró en Israel. Jezabel la esposa de Acab, una princesa de Tiro, era una devota del fenicio Baal. Para hacerla sentir en casa, Acab erigió «un templo de Baal» en Samaria (1 R 16.32-33). El culto cananeo a la fertilidad, siempre una amenaza para la adoración de Jehová, ahora tenía a un evangelista fanático en Jezabel que importó un gran número de profetas de Baal de Fenicia, los apoyó con fondos estatales (1 R 18.19), y comenzó una campaña entusista para hacer que el fenicio Baal fuese la única deidad de Israel. Aunque Acab «sirvió poco a Baal» (2 R 10.18), él no tuvo la intención de rechazar a Jehová, como los nombres de sus hijos indican: Ocozías, Joram, Atalía (todos formados con el nombre divino, Jehová). Por el contrario, la posición tolerante de Acab fue diseñada para permitir a su esposa libertad de religión, como Salomón había hecho con sus mujeres extranjeras. Pero tales ideas de colaboración, permisivas eran incompatibles con la reclamación de Jehová de lealtad exclusiva y llevaron a la crítica mordaz de los gremios proféticos del tribunal «que claudica entre dos pensamientos» (1 R 18.21). Este fue el preludio de una persecución general en la cual los altares de Jehová fueron derribados, los profetas fueron asesinados, y los adherentes leales fueron forzados al movimiento clandestino.

Fue en este contexto de lucha entre Jehovismo y Baalismo que Elías apareció de repente en la corte de Acab para anunciar, en nombre de Jehová, que habría una gran sequía. Así Elías lanzó un desafío poderoso a Baal en la arena de su dominio: la fertilidad. En efecto, la pregunta crucial detrás de todas las historias en 1 Reyes 17 es: «¿Quién tiene el poder de la vida?» Aunque los adoradores de Baal creyeran que su dios era el poseedor de aquel poder, la serie de viñetas en 1 Reyes 17 es diseñada para mostrar que el mismo poder atribuido a Baal es controlado por el Dios de Israel. Es Jehová quien tiene el poder de aplacar el hambre (1 R 17.2-7, 8-16) y vencer la muerte (vv. 9-24). Es significativo que el poder de Jehová no está confinado a Israel. Más bien, cuando el reabastecimiento de Elías del suministro de alimentos para la viuda de Sarepta pone en claro, el poder de Jehová se extiende hasta Fenicia también, el vedado especial de Baal de Jezabel. Además, mientras la preocupación de Baal no está con las viudas, pero con el status quo, Jehová defiende al débil y da la vida a los que carecen de poder social.

Como la sequía y el hambre devastaron el país de manera que hasta el rey fuera obligado a recorrer la tierra en busca de agua y hierba para mantener con vida a los animales, Elías recibió una orden divina de enfrentar a Acab otra vez (1 R 18.1-18). Después de una airada discusión, el monarca estuvo de acuerdo a una prueba de fuerza entre Elías y los profetas de Jezabel de Baal y Asera, es decir, entre Jehová y Baal. La descripción de la competencia es uno de los relatos bíblicos más dramáticos. Reunidos en el monte Carmelo, Elías acusó a la gente de comportamiento sincretista, tratando de mantener un pie en el camino tradicional de Israel y otro en la adoración de Baal (v. 21). Así, el objeto claro de la contienda era determinar quién era realmente el señor y el regulador de la lluvia y la fertilidad. El autor se deleita resaltando la desigualdad de las medidas. Después de todo, Elías fue superado en número 450 a 1 (v. 22), y la lluvia era la especialidad de Baal. La escena en el monte Carmelo es dominada por los adornos de llamamiento y respuesta, silencio y sensibilidad. Ambas partes están de acuerdo en invocar a su deidad, realizar sus ritos, con el entendimiento que «el dios que respondiere por medio del fuego, ése sea Dios» (v. 24). Mientras Elías satíricamente se burla de sus esfuerzos, los profetas de Baal claman a grandes voces, deliran, y se acuchillan a sí mismos (vv. 27-28). Sin embargo, «no hubo ninguna voz, ni quien respondiese ni escuchase» (v. 29). Entonces Elías toma el centro del escenario, reparando un altar de Jehová abandonado y así reclamando un sitio de culto para Jehová que había estado bajo el control fenicio y usado para organizar los bailes rituales de Baal. El profeta prepara su sacrificio y luego ordena que la gente empape el altar con agua, un sacrificio inestimable durante una sequía (vv. 33-35). Elías clama a Jehová, que responde enviando fuego, el símbolo tradicional de la presencia histórica activa de Dios, para consumir la ofrenda. Convencido por el espectáculo, el pueblo exclama, «Jehová es el Dios» (v. 39), y los profetas de Baal son condenados a muerte (v. 40). Es importante notar que el verdadero punto culminante de la narrativa es el final de la sequía (vv. 41-46). El descenso de lluvia era la prueba que Jehová, no Baal, controla la productividad de la tierra y merecía la lealtad total del pueblo. Aunque la victoria resonante de Jehová pareciera definitiva, no influyó en la política real. Algunos años más tarde había bastantes adoradores de Baal para llenar un templo de Baal (2 R 10.21).

Cuando Jezabel oyó del resultado en el monte Carmelo, ella juró por los dioses que haría a Elías lo que él había hecho a los profetas de Baal (1 R 19.1-2). Con miedo, Elías huyó para salvar su vida, pasando por Judá y más allá de Beerseba en el desierto. Quebrantado y cansado, Elías se durmió a la sombra de un enebro, preguntándose como Jehová podría ser soberano cuando el poder de Jezabel no fue disminuido (1 R 19.3-4). Tocado por un mensajero de Dios, Elías fue divinamente provisto de comida, una señal de que él no había sido abandonado por Jehová. Así pudo continuar su viaje durante otros «40 días y 40 noches», es decir, mucho tiempo (1 R 19.5-8).

El encuentro de Elías con Jehová en Horeb (1 R 19.9-19) es hecho resaltar por una inclusión («allí» y «desde allí»), que destaca el viaje de Elías a y del espacio sagrado de la tradición de Israel. Aunque las alusiones a Moisés impregnan el relato y parezca que presentan a Elías como Moisés *redivivus,* el lugar es el mismo, Horeb; la visitación es acompañada por terremoto, viento y fuego, los fenómenos tradicionales de la revelación de Jehová en la montaña sagrada (Ex 19), también es posible ver motivos polémicos en función aquí. El profeta huye a Horeb, que está localizado en el sur de Palestina, lejos de la esfera de Baal en el monte Casius *(Spn)* en el norte. Así, Elías anuncia que *Spn* no es el centro de la inspiración divina. Además, aunque el viento, el terremoto y el fuego acompañen la teofanía de Jehová, la deidad no está en aquellos elementos violentos. A diferencia de su rival, el dios-tormenta Baal, Jehová posee todos los atributos de un Dios-tormenta, pero no es parte de la naturaleza, más bien está por encima de ella y la controla.

Las palabras de Jehová a Elías toman la forma de un pronunciamiento que ha sido diversamente traducido como «un sonido bajo, que murmura», «el susurro suave de una voz», «un sonido del silencio escarpado», «una voz delicada y apacible» (1 R 19.12). En contraste completo con el dios-tormenta atronador, Jehová era un discurso tranquilo que sólo podría ser oído si uno se dedicara a escucharlo. Jehová encarga que Elías unja al rey Hazael de Damasco, el rey Jehú de Israel, y a Eliseo su sucesor (1 R 19.15-18). Aunque Elías lleva a cabo sólo una de las tres comisiones (1 R 19.19-21), su mención aquí pone en claro que porque Jehová actúa en la esfera de la historia, los profetas no pueden esconderse de aquellos sitios donde la historia se lleva a cabo. Ellos pudieran viajar de nuevo a Horeb en busca de inspiración, pero son llamados para tomar su lugar en las situaciones actuales en las cuales el pueblo de Dios se encuentra.

La conocida historia de la viña de Nabot es contada como el entorno para la maldición de Elías sobre el rey Acab y su casa (1 R 21.1-29). Aquí el choque entre Jehovismo y el culto de Baal se ve en puntos de vista opuestos de monarquía y relaciones sociales. Nabot, cuya viña Acab quiere, insiste que él no tiene la libertad de vender la herencia de sus antepasados. Aunque Acab aparentemente acepte el derecho de Nabot a responder de manera negativa, es la aparición de Jezabel en escena la que trae un punto decisivo. Su religión de Baal no puso limitaciones en el ejercicio del poder real. En efecto, ella vio al rey a la manera oriental como un déspota absoluto con derechos de tomar todo lo que él quisiera, incluso la tierra. Así, cuando Acab rechaza imponerse, Jezabel toma el asunto en sus propias manos. En nombre de Acab ella ordena un ayuno (algo hecho sólo durante un tiempo de crisis) en la ciudad de Nabot. Dos sinvergüenzas traen acusaciones inventadas contra Nabot, que él «blasfemó a Dios y al rey» (v. 10), un delito en particular atroz ya que se creyó que la palabra dicha era inmediatamente eficaz. Para borrar la maldición, Nabot es ejecutado (v. 13) y Acab toma el poder de la viña que él desea fervientemente (v. 16). Dirigido por Jehová, Elías encuentra a Acab en la viña y proclama que tal comportamiento es condenado por Dios. El juicio divino es pronunciado que destruirá finalmente la casa de Acab (vv. 21ss.).

Resulta interesante observar que según 2 Reyes 9.21-26, Acab y no Jezabel fue al principio considerado responsable de la muerte de Nabot. Se ha sugerido que durante la lucha de Nehemías y Esdras contra el matrimonio interracial (siglos V-IV a.C.), la responsabilidad fue cambiada de Acab a Jezabel (1 R 21), la mujer seductora, extranjera, y por ella todas las mujeres extranjeras fueron estigmatizadas.

En el culto de Baal, que apoyó el status quo con la aristocracia encima, no había salvaguardias contra una política social rapaz del fuerte contra el débil. Elías, sin embargo, proclamó una deidad que sostiene una comunidad de pacto en la cual cada persona, rica o pobre, rey o plebeyo, es igual delante de la ley.

El ciclo de Elías de historias termina con el profeta siendo tomado hasta el cielo por un torbellino, mientras caballos y carros de fuego se interponen entre Elías y su sucesor elegido, Eliseo (2 R 2.1-18). Colocado entre el obituario del rey Ocozías (2 R 1.17-18) y el ascenso de Joram (3.1-3), la narrativa parece aislada del flujo habitual de la historia. Su entorno local, a través del Jordán que Elías milagrosamente parte golpeándolo con su capa, también es retratado como quitado del mundo ordinario. Los profetas de Jericó que seguían a Elías y Eliseo no hacen el cruce. Como durante su vida Elías fue representado como un vagabundo evasivo, apareciendo y desapareciendo de un momento a otro, entonces al final se dijo que él desapareció, llevado hacia el cielo por caballos y un carro de fuego. Eliseo se quedó observando, pero fue dejado investido de autoridad. A él se le dio la herencia de un hijo primogénito, «una doble parte» del espíritu de Elías así como el manto del profeta que Eliseo también usa para separar el Jordán y así entrar de nuevo en la esfera histórica donde los profetas que lo esperan le reconocen como su nuevo líder (2 R 2.19-25).

El misterio del traslado de Elías claramente hizo una impresión profunda en la imaginación de Israel. En realidad, la suposición de que Elías no ha experimentado la muerte como las demás personas comunes puso el fundamento para el papel creciente que él iba a jugar en las tradiciones posteriores del AT, intertestamentarias, y del NT. Así, en Malaquías 4.5-6 (TM 3.23-24), se esperaba que Elías volviera como el precursor del cercano día de Jehová. Se esperaba que él reconciliara la humanidad (Mal. 4.6 [3.24]) y viniera de las cámaras divinas «para restaurar las tribus de Jacob» (Sir 48.10). En la comunidad cristiana temprana, Elías era el precursor reconocido del Mesías (Mr 6.14-15; 8.27-28; Mt 16.13-14; Lc 9.7-8). Algunos pensaban que Jesús era Elías (Mt 16.14), y se le preguntó a Juan el Bautista si él era Elías (Jn 1.21, 25). Junto con Moisés, Elías aparece en la transfiguración de Jesús (Mr 9.4; Mt 17.3; Lc 9.30), sugiriendo una tradición de dos precursores mesiánicos (Mr 9.4-5; Ap 11.3). En la Epístola de Santiago, Elías, «un hombre sujeto a pasiones semejantes a las nuestras», es presentado como un modelo de oración (Stg 5.17).

Bibliografía. L. Bronner, *The Stories of Elijah and Elisha*. Pretoria Oriental Series 6 (Leiden, 1968); W. Brueggemann, *A Social Reading of the Old Testament* (Minneapolis, 1994); J. Jeremias, «Ēl(e)ías», *TDNT* 2.928-41; A. Rofé, «la viña de Nabot: el origen y mensaje de la historia», *VT* 38 (1988): 89-104.

BETH GLAZIER-MCDONALD

ELÍAS, EL APOCALIPSIS DE

Referencias al apocalipsis de Elías y a escritos de Elías ocurren en escritos judíos y cristianos posbíblico. Sólo dos existen. Su relación es incierta, pero pueden tener una fuente común como se evidencia por sus tradiciones sobre el anticristo.

1. Un libro judeo-cristiano de 150-275 d.C., probablemente compuesto en griego y existente en copto y griego. Un manuscrito es titulado «el Apocalipsis de Elías», aunque Elías sólo sea mencionado en 4.7-19; 5.32. Parece que la fuente tiene una procedencia palestina; los estratos judíos y cristianos posteriores, una procedencia egipcia. El estrato judío posiblemente data de antes de la destrucción del área judía en Alejandría (117).

El libro consiste en cinco capítulos: una homilía sobre el ayuno y la necesidad de perseverancia (cap. 1); una profecía de acontecimientos que conducen hasta el tiempo del anticristo (2); una descripción del anticristo (3); un relato de martirios (4); y las profecías de acontecimientos de «aquel día» cuando Dios rescata al justo y juzga el malo (5).

2. Un apocalipsis judío escrito en hebreo (mediados del siglo VI a principios del VII d.C.). En él aparecen las revelaciones de Miguel a Elías en el monte Carmelo, detalles de un viaje fuera de este mundo, una discusión sobre el nombre del último rey, una descripción del anticristo, acontecimientos del año final, y cinco visiones.

Bibliografía. D. Frankfurter, *Elijah in Upper Egypt: The Apocalypse of Elijah and Early Egyptian Christianity.* Studies in Antiquity and Christianity 7 (Minneapolis, 1993); O. S. Wintermute, «Apocalipsis de Elías», *OTP 1.*721-53.

R. GLENN N. WOODEN

ELIASAF (Heb. *ʾelyāsap̱*)

1. Cabeza de la tribu de Gad, quien ayudó a Moisés en el censo (Nm 1.14) y la ofrenda (7.42, 47); hijo de Deuel (Nm 10.42) o Reuel (2.14).

2. El hijo de Lael; un jefe del la familia de Gersón durante la peregrinación por desierto (Nm 3.24).

ELIASIB (Heb. *ʾelyāšîḇ*)

Un nombre personal (lit., «Dios restaura») para siete individuos asociados con la literatura posterior al destierro del AT. Se pensó una vez que tales nombres eran limitados al período posterior al destierro, pero las Cartas de Arad anteriores al exilio contienen referencias a un Eliasib quien tuvo un puesto de responsabilidad en la guarnición de Judea.

1. Un descendiente de David que vivió posiblemente algún tiempo durante el siglo IV a.C. (1 Cr 3.24).

2. Un sacerdote de la época de David y un descendiente de Aarón, que fue llamado 11 en importancia (1 Cr 24.12).

3. El padre de Johanán, el sumo sacerdote, a cuya cámara Esdras se retiró para lamentar el estado de los exiliados (Esd 10.6). No está claro si este último personaje debe ser identificado con el sumo sacerdote en Nehemías 12.23. Tal identificación afectaría la cronología de las misiones de Esdras y Nehemías.

4. Un cantante en el tiempo de Esdras que se había casado y luego divorciado de una esposa no israelita (Esd 10.24).

5. Un descendiente de Zatu, que también se había casado y divorciado de una esposa no israelita (Esd 10.27).

6. Un descendiente de Bani, que se había casado y divorciado de una esposa no israelita (Esd 10.36).

7. El sumo sacerdote en el tiempo de Nehemías que apoyó a Nehemías en su programa de reconstruir Jerusalén (Neh 3.1, 20-21) y quien estuvo asociado por matrimonio con Sanbalat, el opositor de Nehemías (13.28).

8. Un levita, descendiente de Josué; hijo de Joiacim y padre de Joiada (Neh 12.10).

9. Un sacerdote del personal del templo durante el período de Nehemías que se alió con otro de los adversarios de Nehemías, Tobías (Neh 13.4-7).

T. R Hobbs

ELIATA (Heb. *ʾĕlîʾāṯâ*)

Uno de los hijos de Hemán que sirvió como un músico del templo durante el reinado del rey David (1 Cr 25.4), encomendado por suerte a dirigir la división veinte de los músicos (v. 27)

ELICA (Heb. *ʾĕlîqāʾ*)

Un hombre de Harod; uno de los Treinta de David (2 S 23.25).

ELIDAD (Heb. *ʾĕlîḏāḏ*)

Hijo de Quislón y representante de la tribu de Benjamín elegido para asistir en la división de la tierra (Nm 34.21)

ELIEL (Heb. *ʾĕlîʾēl*)

1. Cabeza de un familia de Manasés de Transjordania deportada por el rey asirio Tiglat-pileser III (1 Cr 5.24).

2. Un levita de la familia de Coat y un antepasado del profeta Samuel. Su nombre aparece en las listas levíticas de Eliú (1 S 1.1) y Eliab (1 Cr 6.27 [TM 12]). Él fue designado por David para ser un cantante para los servicios de templo (1 Cr 6.34 [19]).

3. Un descendiente de Benjamín mencionado en la genealogía del cronista como hijo de Simei (**11;** 1 Cr 8.20) e hijo de Sasac (v. 22).

4. Un mahavita y uno «de los valientes de David» (1 Cr 11.26, 46); otro Eliel puede ser listado en v. 47.

5. Uno de los gaditas que vino a David en la fortaleza de Siclag (1 Cr 12.1, 8, 11).

6. Un levita de los hijos de Hebrón que ayudaron a David a transferir el arca a Jerusalén (1 Cr 15.9, 11).

7. Un levita y mayordomo de diezmos, ofrendas y contribuciones del templo bajo Ezequías (2 Cr 31.13).

Carol J. Dempsey

ELIENAI (Heb. *ʾĕlîʿênay*)

Un jefe descendiente de Benjamín, cabeza de una casa ancestral que vive en Jerusalén; descendiente de Simei (**11;** 1 Cr 8.20).

ELIEZER (Heb. *ʾĕlîʿezer*) (también ELEAZAR)

1. El más viejo y más digno de confianza de los siervos de Abraham (Gn 15.2-3). Los textos del antiguo Cercano Oriente contienen referencias a la práctica de adoptar a siervos como herederos en caso de no tener hijos, y la historia de Abraham aquí refleja tales influencias. Más tarde, Eliezer elige a una esposa para Isaac (Gn 24.2).

2. El menor de los dos hijos de Moisés y Séfora (Ex 18.4). En 1 Crónicas 23.17 Eliezer se convierte en el Jefe de una familia levítica y tiene a un hijo llamado Rehabías. 1 Crónicas 26.25 lista a Jesaía, Joram, Zicri, y Selomot como los descendientes de Eliezer.

3. Guerrero valeroso, uno de los hijos de Bequer y un miembro de la tribu de Benjamín (1 Cr 7.8).

4. Uno de los sacerdotes que toca la trompeta ante el arca del pacto (1 Cr 15.24).

5. El hijo de Zicri y oficial principal de los descendientes de Rubén bajo el reinado de David (1 Cr 27.16).

6. El hijo de Dodava de Maresa, que profetiza la destrucción del rey Josafat de Judá por su alianza con Ocozías, el malvado rey de Israel (2 Cr 20.35-37).

7. Uno de los sacerdotes enviados por Esdras a Casifia para encontrar «ministros de la casa de nuestro Dios» en Jerusalén (Esd 8.16-17).

8. Uno de los hijos de los sacerdotes que habían prometido divorciarse de sus mujeres extranjeras y proporcionar una ofrenda de expiación (Esd 10.18; llamado Eleazar en 1 Esdr 9.19).

9. Un levita que se divorció de su esposa extranjera (Esd 10.23).

10. Uno de los hijos de Harim que se divorció de su esposa extranjera (Esd 10.31).

11. Un antepasado de Jesús (Lc 3.29).

HENRY L. CARRIGAN, JR.

ELIFAL (Heb. *'ĕlîpāl*)
Hijo de Ur, y uno de los Treinta de David (1 Cr 11.35). En una lista paralela (2 S 23.34) él aparece como Elifelet (**2**) el hijo de Ahasbai de Maaca.

ELIFAZ (Heb. *'ĕlîpaz*)
El «temanita», uno de los tres amigos de Job (Job 2.11). El nombre Elifaz es bien atestiguado como un nombre edomita (Gn 36.10, 11; cp. 1 Cr 1.35, 36, donde un Elifaz es listado como el hijo de Esaú y el padre de Temán) y significa, posiblemente, «Dios es oro fino.» Temán estuvo localizado en Edom y era conocido por su sabiduría (Jer 49.7). Elifaz es el primero en hablar después de la automaldición de Job y expresa la opinión común de la literatura del antiguo Cercano Oriente que ningún mortal puede ser justo ante Dios (Job 4.17); así la mejor esperanza de Job es apelar a Dios por ayuda (5.8). Él procura consolar a Job recordándole que él sigue vivo (4.6-7), y que mientras que Dios puede disciplinar, él también cura y venda (5.17-18).

En sus discursos posteriores Elifaz cambia a acusación y advertencia, primero acusa a Job de decir «palabras inútiles» «y menoscabar la oración» (Job 15.3-4) y luego contar en gran detalle la ruina guardada para el malo (15.20-35). La acusación se hace aún más fuerte con una lista de las transgresiones de Job (22.5-9). La última palabra de Elifaz es una vuelta a su consejo original: que Job se someta a Dios y sea curado (22.21-30).

Se dice de Elifaz y los otros dos amigos que «cesaron… de responder a Job» (Job 32.1). Lo último que oímos de ellos es que son reprendidos por no decir «lo que es correcto» y se les ordena ofrecer sacrificios, con Job, ahora justificado, como el intermediario (42.7).

MARILYN J. LUNDBERG

ELIFELEHU (Heb. *'ĕlîpĕlēhû*)
Un levita de la segunda orden, y un músico designado por David para tocar durante celebraciones (1 Cr 15.18, 21).

ELIFELET (Heb. *'ĕlîpeleṭ*)

1. Uno (¿dos?) de 13 hijos nacidos de las mujeres de David en Jerusalén (2 S 5.16; 1 Cr 3.6, 8; 14.5, 7). El nombre aparece dos veces en las listas del cronista, una vez en la 2 lista de Samuel. La discrepancia pudiera ser el resultado de una ditografía de escriba en las listas del cronista u omisión de un escriba en 2 Samuel.

2. Uno de los Treinta de David (2 S 23.34), el hijo de Ahasbai de Maaca. Él se puede identificar con Elifal en la lista paralela (1 Cr 11.35).

3. El tercer hijo de un descendiente de Benjamín llamado Esec y un descendiente distante de Saúl (1 Cr 8.39).

4. Un descendiente de Adonicam, que volvió a Judá del exilio bajo la dirección de Esdras. Él fue acompañado por sus dos hermanos (?) y una compañía importante de varones (Esd 8.13; 1 Esdr 8.39).

5. Un descendiente de Hasum, a quien se le ordenó divorciarse de su esposa no israelita en el momento de las reformas religiosas de Esdras (Esd 10.33; 1 Esdr 9.33).

JOHN D. FORTNER

ELIHOREF (Heb. *'ĕlîḥōrep*)
Un dignatario en la corte de Salomón, que con su hermano Ahías sirvió como secretario real (1 R 4.3).

ELIM (Heb. *êlim*)
El segundo campamento mencionado de los hijos de Israel al menos cuatro días después del cruce del

Mar Rojo (Ex 15.27–16.1; Nm 33.9-10). El nombre probablemente indica un tipo de árbol o una arboleda de palma entera (cp. El-parán). Otro sentido posible podría ser «dioses» (con poca probabilidad debido a la ortografía). Quizás Elim era un oasis fronterizo entre el desierto de Sur y el desierto de Sin (más expresamente entre Mara y Sin). Según el relato bíblico, Elim tenía 12 fuentes de agua y 70 palmeras datileras (Ex 15.27). En el terreno rugoso del Sinaí, las áreas de desierto no tienen límites exactos. Por lo tanto, Elim podría haber servido como un punto de demarcación entre Sur y Sin. Elim es por lo general localizado en el Wadi el-Gharandel, 90-100 km (56-62 mi) sureste de Suez.

Pete F. Wilbanks

ELIMAS (Gr. *Elýmas*)
Hechicero judío que Pablo encontró en Pafos en la isla de Chipre (Hch 13.6-12). Elimas se opuso a los esfuerzos de Pablo de enseñar el evangelio a Sergio Paulo, el procónsul romano de la isla. Por su oposición, Elimas fue afligido con ceguera temporal. La narrativa presenta el cristianismo en contraste con la magia religiosa.

Elimas estaba probablemente adscrito al séquito del procónsul como un consejero personal que afirmó saber la voluntad divina. Como muchos romanos, Sergio Paulo estuvo interesado en saber cualquier dirección divina para sus asuntos, y él retuvo a Elimas para este objetivo. Elimas sin duda percibió los esfuerzos de Pablo como una amenaza para su posición con el procónsul.

A Elimas también se le conoce como Barjesús («el hijo de Jesús», Hechos 13.6), pero Pablo sarcásticamente le llama «hijo del diablo» (v. 10). El nombre Elimas se traduce *mágos* («mago», Hechos 13.8), y puede haberse derivado del Aram. *ḥălōmā'* («soñador») o *ḥālimā'* («poderoso»).

Bibliografía. A. B. Nock, «Pablo y el Mago», en *The Beginnings of Christianity* 5, editor. F. J. Foakes-Jackson y K. Lake (Grand Rapids, 1979); L. Yaure, «Elimas-Nehelamita-Petor», *JBL* 79 (1960): 297-314.

L. David McClister

ELIMELEC (Heb. *'ĕlîmelek̠*)
Natural de Belén y marido de Noemí. Cuando una hambruna severa golpeó la tierra, Elimelec movió su familia a Moab donde pronto murió (Rut 1.1-3), dejando a su viuda que dispusiera de su tierra (4.3, 9). Los dos hijos de Elimelec, Mahlón y Quelión, quienes se habían casado con mujeres moabitas, también murieron (Rut 1.3-5). Su nuera Rut se casó con Booz, un pariente, y procreó a un hijo, Obed, así manteniendo la línea de familia de Elimelec y conservando su propiedad en Belén.

ELIOENAI (Heb. *'elyĕhô'ênay*)

1. El séptimo hijo de Meselemías, un levita y portero del templo (1 Cr 26.3).

2. El hijo de Zeraía; Jefe de una familia de exiliados que vuelven con Esdras (Esd 8.4).

ELIOENAI (Heb. *'elyô'ênay*)

1. El hijo mayor de Nearías, listado entre los descendientes de Salomón (1 Cr 3.23-24).

2. Un líder de la tribu de Simeón (1 Cr 4.36).

3. Un descendiente de Benjamín, uno de los hijos de Bequer (1 Cr 7.8).

4. Un sacerdote posterior al destierro de la familia de Pasur que prometió divorciarse de su esposa extranjera (Esd 10.22).

5. Un israelita, un miembro del clan Zattu, a quien se le ordenó despedir a su esposa extranjera (Esd 10.27).

6. Un sacerdote que participó en el servicio de dedicación de los muros restaurados de Jerusalén (Neh 12.41).

ELISA (Heb. *'ĕlîšâ*)
Según se dice el hijo de Javán (Grecia) y nieto de Jafet listado en la Tabla de Naciones (Gn 10.4; 1 Cr 1.7). El nombre tiene que ver con un territorio costero renombrado (hasta en Tiro) por tintes púrpuras de alta calidad (Ez 27.7). La mayoría de los eruditos identifican Elisa con Alašiya (probablemente derivado del sumerio *alas,* «cobre»), atestiguado en textos de Egipto, Amarna, Ugarit y Mari en el segundo milenio a.C. De ser así, el nombre puede designar Chipre oriental (quizás Enkomi) o ser un nombre alternativo para Chipre (cp. Gr. *kýpros,* «cobre»).

Paul J. Kissling

ELISABET (Gr. *Elisábet*)
La madre de Juan el Bautista, esposa de Zacarías el sacerdote, y pariente de María la madre de Jesús. Elisabet fue descrita como una descendiente justa de Aarón y obediente a las leyes de Dios (Lc 1.5-6). Ella era estéril y de edad avanzada cuando Zacarías recibió la noticia en el templo de que ella tendría un hijo que se llamaría Juan, junto con el mensaje

profético acerca de la misión de Juan. Su esterilidad, como la de Sara y Ana, presagió a un niño de gran importancia. Elisabet atribuyó su concepción al favor del Señor sobre ella (Lc 1.25).

María supo del embarazo de Elisabet de Gabriel como una señal de que «nada es imposible para Dios», y visitó a Elisabet en el sexto mes.

Elisabet fue llena del Espíritu en el saludo de María y bendijo a María tanto por su fe como por el niño que ella también tendría (Lc 1.41-45). En la circuncisión Elisabet dio a su niño el nombre de Juan, que fue confirmado por su padre (Lc 1.60-63).

Jo Ann H. Seely

ELISAFAT (Heb. *ʾĕlîšāpāṭ*)
Uno de los cinco comandantes del ejército que asistieron a Joiada en asegurar la monarquía para el joven Joás y así ayudaron en el derrocamiento de la reina Atalía (2 Cr 23.1).

ELISAMA (Heb. *ʾĕlîšāmāʿ*)

1. El hijo de Amiud, y el líder de la tribu de Efraín durante el tiempo cuando los israelitas comenzaron su viaje por el desierto (Nm 2.18; 10.22). Él ayudó a Moisés durante el viaje (Nm 1.10; 7.48, 53). 1 Crónicas 7.26-27 lo identifica como el abuelo de Josué.

2. Uno de los hijos de David nacidos en Jerusalén después de que David fue coronado rey (2 S 5.16; 1 Cr 3.8; 14.7). En 1 Crónicas 3.6 el nombre es probablemente un error de escriba para Elisúa (cp. 2 S 5.15).

3. Miembro de la casa de Judá, abuelo de Ismael y padre de Netanías. Él era el comandante de un grupo de tropas de Judea, y después de la destrucción de Jerusalén en 587 a.C. él asesinó a Gedalías (2 R 25.25 = Jer 41.1-3).

4. Un descendiente de Jerameel, hijo de Jecamías (1 Cr 2.41).

5. Uno de los dos sacerdotes que formaron parte de la comisión de Josafat enviada para enseñar la ley al pueblo de Judá (2 Cr 17.8).

6. Un *sōpēr,* un escribano o secretario durante el reinado del rey Joacim (Jer 36.12, 20-21).

Carol J. Dempsey

ELISEBA (Heb. *ʾĕlîšeḇaʿ*)
La hija de Aminadab y hermana de Naasón; madre de la familia sacerdotal. Ella se casó con Aarón el hermano de Moisés y tuvo cuatro hijos: Nadab, Abiú, Eleazar, e Itamar (Ex 6.23).

ELISEO (Heb. *ʾĕlîšāʿ*)
El «varón de Dios» quien ministró a Elías y lo sucedió, después de lo cual él realizó milagros y pronunció oráculos visionarios.

Eliseo («mi Dios salva») también fue enlistado junto con Elías en la legitimación después de ocurrida de la purga sangrienta de Jehú de la dinastía de Omri (2 R 9–10; cp. 1 R 17–19, 21). El resto del material de Eliseo (2 R 2.19–8.15; 13.14-25) es una colección de historias de milagros al principio independientes e historias políticas. La colección se organiza según el principio de asociación: las historias que tienen palabras comunes, temas, o lugares son colocadas lado a lado, diciendo así «la historia de la vida» de Eliseo.

Las historias de milagros

Las historias de milagros son cortas, con una excepción (2 R 4.8-37). La mayor parte muestra a «los hijos de los profetas», los miembros de un gremio profético que buscaron a Eliseo por dirección y ayuda. 2 Reyes 2.1-5 sugiere que pequeños conventos del gremio estuvieran localizados en Bet-el y Jericó. Los movimientos de Eliseo sugieren que también existían pequeños conventos en Gilgal, monte Carmelo, y Samaria (2 R 2.25; 4.25, 38). Eliseo aparece como un varón santo itinerante, que viaja de un grupo a otro y realiza milagros en respuesta a súplicas de ayuda de sus discípulos necesitados. Él cura una fuente (2 R 2.19-22), multiplica el aceite de la viuda de un discípulo de manera que ella no pierda a sus hijos a un acreedor (4.1-7), anula el veneno en un guisado de manera que sus discípulos puedan comer durante una hambruna (4.38-41), multiplica 20 panes para alimentar a 100 personas (4.42-44), y pone a flote un hacha prestada que se había caído al río (6.1-7).

El tema común en estas historias es el desempeño de las acciones de Eliseo que salvan a sus seguidores marginados de la angustia material. No hay enseñanzas morales o religiosas; las historias simplemente inducen la veneración del varón de Dios. Las comparaciones con historias de chamán alrededor del mundo sugieren que los discípulos de Eliseo contaron estas historias a fin de establecer su autoridad como *el* varón de Dios y su estatus como sus discípulos.

La historia de Eliseo que maldice a los muchachos que lo insultaron (2 R 2.23-25) pone en claro que el establecimiento de su autoridad era el propósito de las historias de milagros. Parece que la muerte de 42 de los muchachos contradice a Eliseo como alguien que otorga vida, pero sus acciones de alguien que salva la vida son todas dirigidas hacia aquellos que reconocen su santidad.

Eliseo y los muchachos pueden ser por lo tanto considerados como una historia de milagro invertida.

Otra historia de milagro que no se conforma con el género, en este caso en su extensión y complejidad, es la historia de la sunamita y su hijo (2 R 4.8-37). Aquí el seguidor es una mujer rica sin hijos, que reconoció a Eliseo como «un varón santo de Dios» (v. 9). A cambio de su hospitalidad él le dio a un hijo (vv. 11-17). Más tarde, cuando Eliseo estaba lejos, el muchacho murió (vv. 18-20). La mujer primero puso al niño en la cama de Eliseo, esperando que el contacto con algo de Eliseo le reanimara (v. 21). Entonces ella hizo caso omiso de las objeciones de su marido, fue a Eliseo, y lo avergonzó de manera que lo hizo volver para salvar al niño (vv. 22-30). El contacto con la cama de Eliseo no había hecho nada, tampoco lo había hecho el personal de Eliseo (v. 31). Eliseo entonces cerró la puerta (cp. v. 4), oró a Jehová, y se puso encima del muchacho hasta que el calor volvió sobre su cuerpo (vv. 32-34). Una segunda tentativa finalmente reanimó al muchacho (v. 35). La historia termina con Eliseo que llama a la sunamita para que tome a su hijo, y ella se inclina en silencio delante de él (vv. 36-37). En contraste con las cortas historias de milagro en las cuales los actos de necesidad y salvación son concisamente relatados, los esfuerzos requeridos por la sunamita para llamar a Eliseo y por Eliseo para reanimar al muchacho son elaborados. La impresión que resulta es que fue considerado el milagro más espectacular de Eliseo, requiriendo una narración más completa. Esta impresión es confirmada por la existencia de una secuela (2 R 8.1-6), única entre las historias de milagro.

Una historia final de milagro es la reanimación del cadáver que entró en contacto con los huesos de Eliseo (2 R 13.20-21). Hay un poco de humor aquí, ya que los sepultureros no pidieron una resurrección y Eliseo no tuvo la intención de realizarlo.

Las leyendas políticas

Las leyendas políticas son, desde muchos puntos de vista, diametralmente opuestas a las historias de milagro. Ellas son todas elaboradas; tienen lugar en el ámbito público de reyes y oficiales reales; ellas son puestas en guerras históricamente conocidas, sobre todo en la guerra aramea de finales del siglo IX; y ellas exhiben el conocimiento sobrenatural de Eliseo.

Un tema prominente en las historias políticas es la capacidad de Eliseo de salvar la nación cuando el rey ha fallado. En la historia del sitio arameo de Samaria (2 R 6.24–7.20), que causó una hambruna devastadora, la impotencia del rey fue puesta de relieve cuando una mujer que había comido a su propio hijo quiso que él juzgara a su amiga que rechazaba entregar a su hijo según su acuerdo (6.26-30). En la desesperación el rey fue a Eliseo, sabiendo que el hambre era de Jehová (6.31-33). Eliseo tranquilamente predijo que habría comida en abundancia al día siguiente, y que el ayudante incrédulo sufriría el justo castigo por su incredulidad (7.1-2). Los acontecimientos pasaron exactamente como Eliseo había pronosticado. Jehová hizo que los sirios oyeran un ejército enorme, incitándolos a abandonar su campamento, y cuatro leprosos de Samaria que no tenían nada que perder desertaron al enemigo (7.3-7). Habiendo disfrutado de la abundancia del campo abandonado, ellos compartieron la buena noticia (7.8-10). Después de confirmar el informe, la gente de Samaria salió en desbandada por la comida, pisoteando al ayudante incrédulo hasta que murió (7.11-17). El relato afirma que Eliseo salva cuando el rey no puede, y que la creencia en él es indispensable para el bienestar nacional.

Si hubo o no un sitio arameo actual de Samaria a finales del siglo IX es incierto, pero Israel estaba en guerra con Aram-Damasco a lo largo de los reinados de Jehú, Joacaz y Joás. El arameo Hazael aprovechó la pérdida de Jehú de alianzas militares después de su golpe y conquistó Israel. Las historias políticas de Eliseo, excepto 2 Reyes 3.4-27, pertenecen a este contexto. Ellas expresan miedo de la ruina (p. ej., ser inmensamente superado en número en la batalla, 2 R 6.15), y la creencia que Jehová estaba en control de la guerra (p. ej., la presencia del ejército celestial, vv. 16-17). Si el Dios de Israel estaba dirigiendo los acontecimientos, entonces Dios salvaría finalmente a la nación por medio de su profeta.

Ya que Jehová manejaba la guerra aramea, Jehová también dirigía los asuntos políticos en Damasco. Cuando Eliseo facilitó el asesinato de Hazael de Ben-adad I (en realidad Hadad-ezer), no era porque él favorecía a Hazael, sino por la usurpación de Hazael del trono arameo y el despojo posterior de Israel eran parte del plan de Jehová (2 R 8.7-15). La participación de Jehová con la guerra aramea comenzó con la sucesión de Hazael y terminó con las tres victorias de Joás sobre el hijo de Hazael Benhadad II, también predichas por Eliseo (2 R 13.14-19, 22-25).

El relato de Naamán y Giezi (2 R 5.1-27) incluye un milagro de sanidad, pero la atención está en una inversión de los dos personajes. Naamán era el comandante de las fuerzas arameas (desconocido históricamente), pero escuchó a una criada israelita cautiva y fue a Eliseo para ser curado de su lepra (vv. 1-9). Sumergiéndose en el Jordán siete veces como se le indicó, él fue curado (vv. 9-14). Regresó a Eliseo y proclamó su creencia en Jehová (vv. 15-19), una confesión asombrosa dada la estrecha relación entre naciones y sus dioses en el mundo antiguo. Giezi entonces persiguió a Naamán y exigió algunos regalos que Eliseo había rechazado, por lo que él recibió la lepra de Naamán (5.20-27). El estado de los personajes es así invertido: el comandante enemigo leproso, el forastero más lejano, es curado y confiesa al Dios de Israel; entonces el ayudante de Eliseo, la persona más allegada, engaña al profeta y es condenado. El relato explora las ramificaciones de una ética universal basada únicamente en la fidelidad a Jehová, sin hacer caso de nacionalidad, clase o estado religioso.

La edición deuteronomista

Si Eliseo fue una figura pública durante los reinados de Jehú, Joacaz y Joás, como es de suponerse por el contexto arameo de guerra de las historias políticas, entonces él estuvo activo durante más de 40 años. Es improbable que él también se relacionara con Joram (2 R 3.4-27).

La hostilidad de Eliseo a Joram (2 R 3.13-14) está ausente de las otras historias políticas, donde él trabaja estrechamente con el rey. Las semejanzas entre 2 Reyes 3.4-27 y 1 Reyes 22, en que el historiador deuteronomista identificó a un «rey de Israel» al principio anónimo como Acab a fin de afirmar la depravación de la dinastía de Omri, sugieren que un proceso similar ocurrió aquí. La identificación del profeta en 2 Reyes 3.4-27 como Eliseo añade su oposición contra Joram a la oposición de Elías contra Acab (1 R 17-19, 21) y Ocozías (2 R 1). El deuteronomista entonces colocó la mayoría de la colección de Eliseo en el reinado de Joram (2 R 2.19–8.15), facilitado por la falta del contexto histórico en las historias de milagro y los reyes anónimos en las leyendas políticas. Como 2 Reyes 13.14-19, 22-25 nombra a Joás, fue separado del resto de la colección junto con la historia de milagro después de la muerte (13.20-21) encajado entre la profecía y el cumplimiento de la leyenda.

Bibliografía. T. W. Overholt, *Prophecy in Cross-cultural Perspective.* SBLSBS 17 (Atlanta, 1986); W. T. Pitard, *Ancient Damascus* (Winona Lake, 1987); A. Rofē, *The Prophetical Stories* (Jerusalén, 1988); M. C. White, *The Elijah Legends and Jehu's Coup.* BJS 311 (Atlanta, 1997).

Marsha White

ELISÚA (Heb. *'ělîšûa'*)

Uno de los hijos de David nacidos en Jerusalén por una madre cuyo nombre no se menciona (2 S 5.15; 1 Cr 14.5). A causa de un error de escriba se le llama incorrectamente Elisama (**2**) en 1 Crónicas3.6.

ELIÚ (Heb. *'ělîhû*) (también ELIAB, ELIEL)

1. Un descendiente de Efraín, el hijo de Tohu, y bisabuelo de Samuel (1 S 1.1); se le llama Eliel en 1 Crónicas 6.34 y Eliab en 1 Crónicas 6.27.

2. Un jefe de mil de Manasés que desertó a David en Siclag (1 Cr 12.20).

3. Un portero en el templo, del linaje de Obed-edom (1 Cr 26.7).

4. Un hermano de David, oficial principal de la tribu de Isacar (1 Cr 27.18). La LXX lee Eliab, lo mismo que el hermano mayor de David mencionado en 1 Samuel 16.6-7.

5. El hijo de Baraquel; amigo joven y polemista final de Job (Job 32-37), el único orador en el libro con un nombre israelita.

Los eruditos sostienen que estos capítulos son una inserción secundaria en el libro porque: Eliú no se menciona en ninguna parte más, incluso el epílogo; el estilo es pretencioso, inferior al resto del libro; y los discursos interrumpen la continuidad del libro y contribuyen poco. Mucha erudición reciente refuta estos argumentos. Satanás tampoco se menciona en el epílogo, pero es parte integral al libro; quizás ninguno es juzgado digno de mención en el epílogo. El estilo diferente puede ser un intento deliberado del autor de retratar a un orador autoinflado.

Varias opiniones existen acerca de la contribución de los discursos de Eliú al libro. Algunos los consideran como una crítica de la tradición profética (J. Gerald Janzen). Ellos actúan como una hoja para los discursos divinos: Eliú declara que nadie debe oír alguna vez que Dios habla, pero entonces Dios habla (J. G. Herder). Eliú asume el papel de mediador, el defensor de Dios (Norman C. Habel). La solución de Eliú del sufrimiento como disciplinario, purgando el corazón de orgullo, es el punto culminante del libro (Karl Budde). Los discursos de Eliú son una crítica temprana del libro, insertado por un maestro de sabiduría posterior (Claus Westermann). Eliú es resueltamente retratado por el autor como un necio temerario (Janzen, Habel). Él es debilitado por los discursos divinos y el epílogo que no hacen caso de él y por sus propios discursos, donde su cólera y falta de tacto lo demuestran como la antítesis de un sabio (cp. Pr 12.15-16; 14.17, 29). Él sin estar consciente se caracteriza como un charlatán (Job 32.18). Eliú reclama la inspiración divina como su fuente de autoridad (32.8, 18; 33.4). Su argumento principal, que el sufrimiento es disciplinario, fue mencionado ya por Elifaz (5.17).

Bibliografía. J. G. Janzen, *Job.* Interpretation (Atlanta, 1985); M. H. Pope, *Job.* AB (Garden City, 1973).

PATRICIA A. MACNICOLL

ELIUD (Gr. *Elioúd*)
Un antepasado de Jesús, según la genealogía de Mateo (Mt 1.14-15).

ELIZAFÁN (Heb. *'ĕlîṣāpān*) (también ELZAFÁN)

1. El segundo hijo de Uziel, el pariente de Aarón, y un levita (Nm 3.30; llamado Elzafán en Ex 6.22; Lv 10.4). Cuando Nadab y Abiú, los hijos de Aarón, fueron consumidos por el fuego delante de Dios, Moisés llamó a Elizafán y su hermano Misael para llevarse sus cadáveres del santuario (Lv 10.4). Él era la cabeza de los clanes de Coat (Nm 3.30). El rey David designó a algunos descendientes de Elizafán junto con otros levitas para llevar el arca a Jerusalén (1 Cr 15.8). Sus descendientes también participaron en la limpieza del templo durante el reinado de Ezequías (2 Cr 29.13).

2. El hijo de Parnac y el líder de la tribu de Zabulón que participó en la distribución de la tierra de Canaán (Nm 34.25).

HYUN CHUL PABLO KIM

ELIZUR (Heb. *'ĕlîṣûr*)
Hijo de Sedeur (Nm 10.18). Como un líder de la tribu de Rubén (Nm 2.10), él ayudó a Moisés en la toma del censo en el desierto (1.5) y presentó una ofrenda en nombre de su tribu (7.30, 35).

ELMODAM (Gr. *Elmadám*)
Un antepasado de Jesús anterior al exilio (Lc 3.28).

ELNAAM (Heb. *'elna'am*)
El padre de Jerebai y Josavía, dos de los guerreros de David (1 Cr 11.46). La LXX lista a Elnaam mismo como uno de los guerreros.

ELNATÁN (Heb. *'elnāṯān*)

1. El padre de Nehusta, la esposa del rey Joacim y madre de Joaquín (2 R 24.8); un residente en Jerusalén.

2.-4. Dos (LXX sólo uno) «principales» y otro considerado como «sabio» quienes acompañaron a los exiliados de vuelta a Jerusalén (Esd 8.16).

5. El hijo de Acbor que capturó al profeta fugitivo Urías en Egipto y lo devolvió al rey Joacim (Jer 26.22). Él también se unió a varios príncipes de Judá en la lectura de un rollo dictado por Jeremías en su intento de disuadir al rey de quemar el documento (Jer 36.12, 25). Algunos eruditos lo identifican con el Elnatán mencionado en Laquis Ostraca 3, padre de Conías, «el comandante de las huestes» que fue enviado a Egipto.

ELOA (Heb. *'ĕlôah*)
Un nombre hebreo para Dios, que ocurre con más frecuencia en textos bíblicos donde los no israelitas no reconocerían los nombres de Dios asociado con la historia de tradición de Israel. Muchos eruditos creen que Eloa podría ser una forma singular posterior de Elohim. Mientras la palabra a menudo se refiere a la deidad en general (Job 12.6), también funciona como el nombre del Dios israelita (Is 44.8). Eloa aparece sobre todo en textos poéticos (Dt 32.15, 17; 1 S 22.32 = Sal 18.31 [TM 32]; Pr 30.5; Hab 3.3) abarcando el período de la monarquía al período posterior al destierro. El nombre ocurre con más frecuencia (42 veces) en la poesía de Job.

HENRY L. CARRIGAN, JR.

ELOHIM (Heb. *'ĕlōhîm*)
El nombre genérico más frecuente para Dios en el AT; posiblemente un plural de Eloa, él mismo una extensión de El, «dios.»

Elohim más naturalmente se refiere a una pluralidad de dioses, p. ej., los de Egipto (Ex 12.12), Siria, Sidón, Moab, los amonitas y los filisteos (Jue 10.6), y los amorreos (Jos 24.15; Jue 6.10). También se emplea individualmente de Astarot, Quemos, y Milcom (1 R 11.33) y de Baal-zebub (2 R 1.2, 3, 6, 16). Esto constituye un plural de intensificación, es decir, el más importante de los dioses de un grupo particular.

Elohim se utiliza con verbos y adjetivos singulares para el centro de la adoración israelita, Jehová. A menudo Elohim funciona como un nombre divino alternativo, como en el Salterio Elohista (Sal 42-83); p. ej., la única diferencia importante entre Salmo 14 y 53 es el uso de Jehová o Elohim respectivamente. Una preferencia similar se emplea para delinear al menos dos fuentes en el Pentateuco por defensores de la hipótesis documental.

Números 23.19 es representativo de la creencia antigua que las deidades eran fundamentalmente diferentes de los seres humanos: «Dios no es hombre para que mienta, ni hijo de hombre para que se arrepienta» (cp. Is 31.3; 55.8-9; Os 11.9). Una importante diferencia es la longevidad de los dioses; la mortalidad humana es un tema común a la Epopeya Gilgamesh (Mesopotamia), la historia de Aqhat (Ugarit), y Génesis 3.22-24.

Algunos usos adjetivales de Elohim también son mejor entendidos como intensivos. Por ejemplo, ya que Nínive toma tres días para cruzarse, Heb. *ʿîr gĕḏôlâ lēʾlōhîm* (Jon 3.3) significa «una ciudad sumamente grande.» Los casos comparables incluyen cuando *ʾĕlōhîm* modifica el viento de la precreación (Gn 1.2), el miedo que ataca a los filisteos (1 S 14.15), y la sabiduría de Salomón (1 R 3.28). Un matiz de gran importancia también subyace en el uso limitado de Elohim para seres humanos (vivos): Moisés será «como Dios o un dios» a Aarón y Faraón (Ex 4.16; 7.1), y el rey puede ser llamado «dios» en comparación con sus vasallos (Sal 45.6 [TM 7]).

La caracterización del fantasma de Samuel (1 S 28.13) como un *ʾĕlōhîm* es diferente, reflejando la creencia antigua en los muertos deificados (cp. el Refaim en Ugarit). Esta es una posible (aunque no obligatoria) interpretación de *ʾĕlōhîm* en paralelo con «los muertos» en Isaías 8.19 también.

Véase Dios, Nombres de (Antiguo Testamento).

Bibliografía. H. Ringgren, «*ʾelōhîm*», *TDOT* 1.167-84; K. van der Toorn, «Dios (I) אֱלֹהִים», *DDD*, 352-65.

John L. McLaughlin

ELOHISTA

Una de cuatro fuentes o estratos que subyacen y forman el Pentateuco. El discernimiento de tales fuentes está lejos de ser seguro, ni aquellos que ven fuentes siempre están de acuerdo en sus rasgos. No obstante, se puede intentar un retrato coherente del Elohista.

El Elohista (E) es típicamente entendido como localizado en el reino del norte de Israel a finales del siglo X o a principios del noveno a.C. El trabajo, quizás una vez independiente o ahora truncado, se entiende como un suplemento a la fuente Jehovista (J), por consiguiente compartiendo el argumento J de acontecimientos: las aventuras de antepasados fundadores, el descenso del pueblo a Egipto, su aparición de la estancia en el desierto. El Elohista añade algunas viñetas al relato Jehovista (p. ej., la atadura de Isaac en Génesis 22, la reunión de Moisés con Jetro en Ex 18), contribuye detalles (la visión nocturna de Jacob en Gn 28.10-22), y en ciertos casos tiene vocabulario distintivo (Israel por Jacob, Jetro para Reuel, Horeb para Sinaí).

El realce Elohista de la narrativa Jehovista básica también es caracterizado por rasgos estilísticos. La fuente E recibe ese nombre por su propensión a llamar a la deidad Elohim (la palabra plural para «dios»), como la fuente Jehovista toma su nombre de su hábito de llamar a la deidad Jehová. Elohim es más remoto que la deidad Jehovista, más inclinado a emplear a intermediarios como ángeles o sueños. Los seres humanos responden apropiadamente, informa el Elohista, con temor de Dios o reverencia. El Elohista multiplica episodios donde los hijos son puestos en peligro y especifica sitios del norte donde las piedras conmemorativas son establecidas y la adoración simple puede ocurrir: Siquem, Bet-el, Peniel.

Los eruditos sugieren que el proyecto Elohista es reformista, originado para apoyar el acto de la secesión del reino davídico por las 10 tribus del norte, una revolución conducida por Jeroboam I. El Elohista es, por tal razonamiento, crítico de los excesos de poder del reino del sur de Judá, menospreciando el liderazgo sacerdotal de la línea sadoquita que desciende de Aarón, impaciente por esbozar antepasados que se parecen a su propio rey rebelde Jeroboam, y deseoso de patrocinar la descentralización de la autoridad quitándola de Jerusalén. Los eruditos han tendido a describir los textos Elohistas como más éticamente sensibles que algunos Jehovistas, pero esa afirmación es difícil de justificar. Algunas historias atribuidas a E enumeran de manera más explícita las circunstancias tirantes.

El desacuerdo a la posición esbozada aquí varía de aquellos que niegan la presencia de una fuente Elohista en absoluto a aquellos que discrepan en si ciertos textos deberían ser asignados a ella; que la diferencia en el punto de vista pueda ser mantenida por los criterios ofrecidos anteriormente no siempre es razón suficiente para verlos vigentes en una narrativa larga como la historia de José (Gn 37-50), que funciona perfectamente bien, quizás más artísticamente sin ellos. Al igual que el otrora fuerte consenso que apoya la hipótesis documental sigue derrumbándose, así también se desintegrará la confianza en el Elohista como una voz coherente en la sinfonía del Pentateuco.

Bibliografía. R. B. Coote, *In Defense of Revolution: The Elohist History* (Minneapolis, 1991).

BARBARA GREEN, O. P.

ELOI, ELOI, LAMA SABACTANI
Véase Elí, elí, lama sabactani.

ELÓN (Heb. *ʾêlôn*) **(LUGAR)**
Un pueblo en el territorio tribal de Dan, entre Ajalón y Timnat (Jos 19.43), posiblemente Kirbet Wâdī ʿAlin. Algunos eruditos piensan que es el mismo que Elón-Bet-hanán (1 R 4.9).

ELÓN (Heb. *ʾēlôn, ʾêlôn*) **(PERSONA)**
1. Un heteo, el padre de Basemat, una de las dos mujeres heteas de Esaú (Gn 26.34). En Génesis 36.2 la hija de Elón recibe el nombre de Ada y el padre de Basemat es Ismael. Una tradición de la LXX lo etiqueta como un heveo.

2. Uno de tres hijos de Zabulón (Gn 46.14), antepasado de los elonitas (Nm 26.26).

3. Un descendiente de Zabulón que sucedió a Ibzán de Belén como juez sobre Israel (Jue 12.11). Elón fue juez durante diez años y fue sepultado en Ajalón, en la tierra de Zabulón. Las semejanzas verbales en la escritura consonantal hebrea entre Elón y Ajalón sugieren que esta sea una explicación etiológica.

JESPER SVARTVIK

ELON-BET-HANÁN (Heb. *ʾêlôn bêṯ ḥānān*)
Un pueblo en el área tribal de Dan que pertenece al segundo distrito administrativo de Salomón (1 R 4.9). Algunos eruditos han identificado el sitio con Ajalón en Josué 19.43 («la encina de la Casa de Hanán», moderno Yālo; 152138), una ciudad de refugio (1 Cr 6.69) en la Sefela noreste E de Emaús.

DAVID C. MALTSBERGER

ELOT (Heb. *ʾêlôṯ*)
Una forma alterna de Elat.

ELPAAL (Heb. *ʾelpaʿal*)
El Jefe de una familia descendiente de Benjamín (1 Cr 8.11-12, 18).

EL-PARÁN (Heb. *ʾêl pāʾrān*)
Un lugar en territorio horeo que marcó el punto meridional de la expedición militar de Quedorlaomer (Gn 14.6), adyacente al desierto de Parán. Heb. *ʾêl* («terebinto») es probablemente una variante de *ʾêlaṯ* (Elat), la moderna ciudad de puerto en el Golfo de Akaba (cp. LXX *terébinthos tḗs pháran*, «Terebinto de Parán»).

PETE F. WILBANKS

ELPELET (Heb. *ʾelpālet*) (también ELIFELET)
Uno de los hijos de David nacidos en Jerusalén, de una madre cuyo nombre no se menciona (1 Cr 14.5). En 1 Crónicas 3.6 el nombre ocurre como Elifelet (**1**; cp. 3.8; 14.7). Considerado por algunos eruditos como el resultado de un error de escriba, el que suceda allí puede ser más bien un esfuerzo consciente de ampliar la genealogía registrada en 2 Samuel 5.14-16.

ELTECÓN (Heb. *ʾeltĕqōn*)
Ciudad en la región montañosa de Judá, mencionada con Bet-zur y Bet-anot (Jos 15.59). Se piensa que el sitio es Kirbet ed-Deir (160122), c. 9 km (5 mi) suroeste de Belén.

ELTEQUE (Heb. *ʾeltĕqēh*)
Ciudad levita (Jos 21.23) en la asignación del sur de Dan (19.44). Identificada con el moderno Tell esh-Shallâf/Tel Shalaf (128144), el asentamiento creció a orillas del lecho del Sorek (Wadi eṣṢarar/Naḥal Sorek) cerca del mar Mediterráneo. Las investigaciones en la superficie indican que el asentamiento siguió a lo largo de la Edad de Hierro (c. 1200-587 a.C.). El Prisma de Taylor registra que durante la invasión de Judá en 701, Senaquerib de Asiria capturó la ciudad junto con Timnat hasta el Valle Sorek.

DAVID C. MALTSBERGER

ELTOLAD (Heb. *ʾeltôlaḏ*) (también TOLAD)
Ciudad asignada a Judá (Jos 15.30), más tarde reasignada a Simeón (19.4, 7). En Crónicas 4.29 se le llama Tolad, un nombre que ocurre en una ostraca de Beerseba asociada con la distribución de vino. Una posible identificación del sitio es Kirbet Erqa Saqra, 20 km (12.5 mi) sureste de Beerseba.

LAURA B. MAZOW

ELUL (Heb. *ʾělûl*)
El sexto mes del año hebreo (agosto-septiembre; acadio *elulu, ululu*).

ELUZAI (Heb. *ʾelʿûzay*)
Guerrero descendiente de Benjamín, uno «de los parientes» de Saúl, que se unieron a David en Siclag (1 Cr 12.5).

ELYMAIS (Gr. *Elymais*)
Provincia en la región entre Persia y Babilonia, muy probablemente el equivalente de Elam (cp. Dn 8.2 LXX MSS) o Susiana, cuya capital era Susa (cp. *Geog* de Tolomeo. 6.3; Strabo *Geog.*15.732, 744). En 1 Macabeos 6.1 se le llama ciudad (Gr. *pólis; cp.* Josefo *Ant.* 12.9.1).

ELYON (Heb. *ʿelyôn*)
Véase Dios, Nombres de (Antiguo Testamento).

ELZABAD (Heb. *ʾelzāḇāḏ*)

1. El noveno de los guerreros gaditas con experiencia que se unieron a David en Siclag (1 Cr 12.8, 12 [TM 9, 13]).

2. Un portero de la familia de Coré en el templo de Jerusalén (1 Cr 26.7).

ELZAFÁN (Heb. *ʾelṣāpān*) (también ELIZAFÁN)
Una forma variante de Elizafán (**1**), uno de los hijos de Uziel a quien se le ordenó quitar los cadáveres de Nadab y Abiú (Ex 6.22; Lv 10.4).

EMAÚS (Gr. *Emmaoús*)
Un pueblo c. 11 km (7 mi) de Jerusalén (30 km [19 mi] según algunos testigos antiguos). Jesús después de resucitar aparece a dos discípulos en el camino a Emaús (Lc 24.13-35). Varios sitios modernos han sido propuestos para Emaús del NT, incluso ʿAmwâs (Kirbet Imwas, Nicópolis antiguo; 149138) para el sitio más lejano, el-Quibeibeh (Cruzado Castellum Emaús, 163138), Abu Ghosh (160134), o Qalôniyeh (Colonia antigua; Motza, *j. Sukk.* 54b; 165134) para el más cercano, pero ninguno ha ganado aprobación amplia.

Un caso de la historia de reconocimiento antigua, el relato de Emaús sólo ocurre en Lucas y así comunica un énfasis lucano distintivo en la aparición de Jesús: Lucas combina la aparición de Jesús con una comida y profecía. Jesús aparece sin ser reconocido, y los ojos de los discípulos sólo son abiertos cuando Jesús toma, bendice, parte y distribuye el pan (cp. Lucas 9.16; 22.19; también 24.41-43). Pero Jesús no comparte la comida; sino que desaparece cuando la pareja lo reconoce. Otros pasajes de Lucas también muestran a Jesús asistiendo a comidas (Lc 9.10-17; 22.14-38; Hch 10.41), y la mesa proporciona un lugar de reunión clave para la iglesia (Hch 2.42, 46; 20.7; 27.33-36).

El relato de Emaús también pone de relieve la importancia de la profecía. Los discípulos recuerdan a Jesús como un profeta poderoso en obras y palabras y recuerdan su desilusión que él había sido asesinado. Pero Jesús los reprocha, explicando que el sufrimiento del Mesías había sido indicado por Moisés y los profetas.

Cabe destacar que la historia de Emaús comienza y termina en Jerusalén. Solo entre los Evangelios Sinópticos, el libro de Lucas localiza las apariciones de Jesús y los principios de la Iglesia en aquella ciudad.

Bibliografía. R. J. Dillon, *From Eye-Witnesses to Ministers of the Word.* AnBib 82 (Roma, 1978).

Greg Carey

EMBALSAMAMIENTO
El proceso de conservar el cuerpo del difunto (de palabras latinas que significan «poner en resinas aromáticas», refiriéndose al uso de ungüentos, resinas y aceite para conservar el cuerpo). «Momificar» se deriva del árabe *mummiya,* «brea» o «betún», una palabra usada porque algunos creyeron que los cadáveres ennegrecidos de momias egipcias habían sido cubiertos de brea. Mientras varios pueblos antiguos idearon modos de conservar a miembros difuntos de sus sociedades, los egipcios antiguos deben ser considerados como los principales especialistas en esta actividad. Muchos detalles de su cultura son reflejados en el AT, sobre todo en Génesis y Éxodo, y es su práctica de momificación, o embalsamado, lo que está directamente relacionado con el estudio bíblico. Los Evangelios hablan de algunas preparaciones hechas para el entierro del cuerpo de Jesús, pero esto no era embalsamar en el verdadero sentido, sobre todo cuando se compara con los complicados procesos desarrollados por los egipcios.

Algunas civilizaciones antiguas hicieron esfuerzos de conservar los cadáveres de los muertos motivados por respeto al individuo, sobre todo si esta persona difunta tenía una posición elevada. Los egipcios dedicaron gran esfuerzo para conservar cadáveres porque creyeron que la supervivencia de un cuerpo físico en forma reconocible era necesaria para la supervivencia de los componentes inmortales del ser humano, el *ka, ba, y akh*, o sea la fuerza de vida, personalidad, y «sombra».

Mediante el uso de varios procesos físico-quirúrgicos y químicos, los egipcios idearon medios artificiales para conservar cadáveres. El proceso de momificación fue introducido muy temprano en la historia dinástica de Egipto, en la primera mitad del tercer milenio a.C. Incluso antes de ese tiempo, los egipcios deben haber notado que la arena caliente, seca del desierto a menudo desecaba y conservaba cuerpos sin ningún proceso artificial. Una variedad de técnicas se desarrolló durante muchos siglos para conservar los cuerpos de la nobleza de Egipto; éstos incluyeron quitar los órganos internos, empapar el cuerpo en natrón, y envolverlo herméticamente en lino. Cuando Herodoto visitó Egipto en el siglo V documentó los métodos de momificación que todavía eran conocidos, aunque el arte y la ciencia del embalsamamiento no fueran tan importantes como había sido antiguamente.

Según Génesis, José se había aculturado tanto a la vida egipcia que ordenó que sus «médicos» embalsamaran el cuerpo de su padre Jacob-Israel (Gn 50.2-3). De acuerdo con otros textos antiguos, Génesis relata que el proceso de momificación tomó 40 días y que el tiempo del luto duró 70 días. Cuando José murió, él también fue momificado y colocado en un ataúd (Gn 50.26); Heb. *ărôn* equivale a un «arcón» o «caja» pero es un término apropiado para la caja de momia.

Bibliografía.C. Andrews, *Egyptian Mummies* (Cambridge, mass., 1984); C. Hobson, *The World of the Pharaohs* (Nueva York, 1987); S. Quirke y J. Spencer, editores, *The British Museum Book of Ancient Egypt* (Nueva York, 1992).

GERALD L. MATTINGLY

EMBAUCADOR

Figura simbólica de mitos, cuentos de hadas, folklores y leyendas, que es por costumbre abrazada y celebrada por una sociedad o cultura por su comportamiento aberrante. Es característicamente liminal, y existe entre los confines de la convención social y la ilimitada expansión de la naturaleza; su conducta es escatológica y deconstructiva, y simultáneamente creativa de los valores que establecen la harmonía social. El embaucador es un maestro de la decepción, reconocido por sus hazañas de engaño, sobrevivencia, irreverencia, humor y creatividad, que es más listo que sus oponentes usando sus disfraces y destrezas retóricas para ganarles, aunque muchas veces sucumbe a su propia presunción e imprudencia. Es frecuentemente proyectado, igualmente, como engañador así como engañado, sabio e insensato, poderoso y débil, moral e inmoral, creador y destructor. La figura del embaucador es un paradigma del comportamiento humano en los extremos, y por lo tanto una manera en que los seres humanos llegan al entendimiento de la ambigüedad fundamental de su propia existencia. El embaucador (o engañador) es un personaje central en muchos de los cuentos narrados en África, China, Japón, India, el antiguo Oriente, antigua Grecia, al igual que en los folklores Indo-europeos.

Cuentos sobre los embaucadores y contraembaucadores, sugieren no solo la ambigüedad de ellos, sino también el contexto socioeconómico en donde las estructuras normales de poder son reversadas a favor de las personas más débiles. La figura del embaucador se ha visto como una imagen universal o arquetipo, en donde sus acciones ambiguas no solo crean caos en la cultura sino que también se les atribuye la creación de fenómenos naturales. La figura del embaucador es frecuentemente hecha responsable de la ambigüedad que existe en el mundo, y como tal, la representación simbólica de la fundamental ambigüedad humana. El embaucador también representa a un «arquetipo transformador» que sugiere el movimiento y cambio de las tinieblas (el lado oscuro del yo, como fuente de insensatez, dolor, y peligro) hacia el ánima (el alma como el principio creativo de vida). Los cuentos de los embaucadores héroes pueden funcionar, en parte, como una forma de resistir al status quo. En este contexto, el embaucador interrumpe o anula las estructuras prevalecientes y las relaciones de poder: el débil se vuelve fuerte y el fuerte se hace débil. El embaucador puede ser un payaso (o un bufón) que con su humor escatológico y travesuras no solo nos hacen reír sino que por costumbre lo hacen a costa de las autoridades prevalecientes y sus convenciones sociales.

Cuentos formales de embaucadores no ocurren con la misma claridad en el material bíblico como en las mitologías de los indios norteamericanos u otros; ni tampoco la tradición judía-cristiana testifica a prácticas establecidas de celebración a favor de un embaucador. Quizás esto, en parte, explica la razón por el cual la erudición bíblica por costumbre no se enfoca en la figura del embaucador en la literatura hebrea y cristiana, aunque están claramente conscientes que las características del embaucador están presentes.

Ciertamente la imagen de Satanás, ya sea como el Acusador en el libro de Job o como el Engañador y enemigo de Dios en otras manifestaciones tardías, es frecuentemente asociada con varias actitudes ofensivas del embaucador. Sin embargo, a la misma vez, el Dios hebreo frecuentemente exhibe un comportamiento impredecible y juguetón, que también es característico de un embaucador. En adición, historias como las del engaño exitoso de Jacob contra su hermano Esaú, o el encuentro de David con Goliat, claramente muestran tipos de un embaucador.

Algunas tempranas representaciones cristianas de Jesús, también aparentan ilustrar aspectos de la figura de un embaucador, especialmente en el contexto de esos diálogos donde Jesús confunde a sus oponentes con su ingenio y destreza retórica (p.ej. cuando respondió a las preguntas sobre el tributo a César, y a los Fariseos sobre la acusación de su colusión con Belcebú). En el contexto de la opresión social y cultural impuesta por parte de los romanos, y de acuerdo con las muchas y diversas organizaciones judías peleando por su reconocimiento cultural, no es de sorprender que los primeros cristianos judíos abrazaran una historia que presenta al pobre y al débil en contra del rico y poderoso, y que esta fuerza para resistir sea manifiesta frecuentemente en la habilidad de Jesús de confundir a sus oponentes con su dominio del lenguaje como un embaucador.

Bibliografía. C. G. Jung, *Four Archetypes: Mother, Rebirth, Spirit, Trickster* (1959, repr. London, 1972); R. D. Pelton, *The Trickster in West Africa* (Berkeley, 1980); P. Radin, *The Trickster* (1956, repr. New York, 1972); S. Thompson, *The Folktale* (1946, repr. Berkeley, 1977); J. D. Zipes, *Fairy Tales and the Art of Subversion* (New York, 1983).

MICHAEL L. HUMPHRIES

EMBRIAGUEZ

Intoxicación con una bebida fuerte. La embriaguez estaba entre los problemas sociales más frecuentes del mundo antiguo, y sus efectos eran duraderos en familias y naciones del AT. Noé y Lot sirven como ejemplos de la embriaguez que lleva a relaciones sexuales impropias (Gn 9.21-27; 19.30-38). Los efectos físicos incluyen el andar tambaleante (Sal 107.27; Is 24.20), pérdida de fuerza (Ec 10.17), lucidez mental disminuida (1 R 16.9; 20.16), sueño inducido (Jl 1.5), ceguera (Is 29.9), o incluso muerte y destrucción, como ocurre con Nabal (1 S 25.36-38) y Efraín (Is 28.1-3).

La embriaguez puede llevar al comportamiento burlón (Sal 69.12 [TM 13]), estilo de vida indecente (Ro 13.13), peleas y luchas, (Pr 4.17; 20.1), o la indigencia (23.21). Los que llevan tales vidas deben ser evitados, ya que ellos no heredarán el reino (1 Co 5.11; 6.10). La disipación total de la vida es descrita como el ebrio tambaleando en su vómito (Is 19.14).

La embriaguez evita la vigilancia a la obra de Dios en el mundo (Lc 21.34). De ahí que a los sacerdotes se les haya prohibido consumir el vino o la bebida fuerte mientras estaban en el servicio del santuario (Lv 10.9), y el nazareo debía abstenerse de todos los productos de la viña durante el período de consagración a Dios (Nm 6.2-4).

La embriaguez a menudo se emplea como una metáfora para el juicio de Dios. Muchos oráculos proféticos contra las naciones que rodean Israel y Judá contenían tales imágenes dramáticas, incluyendo Moab (Jer 48.26), Edom (49.12-13; Lm 4.21), Babilonia (Jer 51.39), Egipto (Is 19.14), Asiria, y Nínive (Nah 1.10). Jerusalén también, que se había convertido en el enemigo de Dios por su continua idolatría y rechazo de la Torá, experimentaría el horror y la desolación como resultado de la copa de embriaguez traída por el Señor (Ez 23.32-34).

R DENNIS COLE

EMEK-KAZIZ (Heb. *ʿēmeq qĕṣîṣ*)

Ciudad asignada a la tribu de Benjamín (Jos 18.21). En RVR-1960 aparece como «el valle de Casis». El sitio se desconoce. Su ubicación, después de Jericó y Bet-hogla y antes de Bet-arabá, sugiere una ubicación en la llanura del Jordán al sureste de Jericó, aunque el nombre del lugar («un valle cortado») sea inconsecuente con esta topografía.

LAURA B. MAZOW

EMITA (Heb. *ʾêmîm*)

Los antiguos habitantes de Moab desposeídos por los moabitas (Dt 2.10); una raza de gigantes comparada con los hijos de Anac y también conocidos como Refaim (vv. 10-11). Los emitas fueron derrotados por Quedorlaomer en Save-quiriataim, una llanura al este del mar Muerto (Gn 14.5).

EMANUEL (Heb. *ʿimmānûʾēl;* Gr. *Emmanouḗl*) (también IMMANUEL)

El nombre de un niño cuyo nacimiento simboliza la presencia de Dios («Dios [está] con nosotros»). El nombre aparece primero en Isaías (Is 7.14; 8.8; cf. v. 10) y se usa en una de las citas de cumplimiento de Mateo del AT (TM 1.23, «Emmanuel»).

El contexto en Isaías es la crisis Siro-Efrainítica (735-732 a.C.). Judá fue amenazada por Siria e Israel por su negativa a unirse a una rebelión contra Asiria (cf. 2 R 16). Acaz es advertido a no depender de Asiria como apoyo político (Is 7.1-9), e Isaías le asegura la protección de Dios. Acaz se niega a pedir una señal (Is 7.12), tal vez porque ya había buscado la ayuda de Asiria (2 R 16.7-9). Sin embargo, Dios le da una señal de doble filo de salvación y juicio (Is 7.13-17): la joven concebiría (o quizás ya había concebido), daría a luz un hijo, y lo llamaría Immanuel. Antes de que el niño tuviera edad suficiente para discriminación moral, las dos naciones que amenazaron a Judá serían destruidas. Esta palabra de esperanza es contrarrestada, sin embargo, con una palabra de que la falta de confianza en Dios de parte de Acaz traería como resultado un gran desastre para Judá mediante la dominación asiria (Is 7.17; 8.1-10).

Muchos aspectos de la interpretación exacta de la señal y la identidad del niño y su madre están en disputa. Algunos entienden que el niño es del rey, tal vez Ezequías. Otros sugieren que es el propio hijo del profeta, o quizás una futura referencia al nacimiento de Jesús siglos después. El último punto de vista, sin embargo, pasa por alto la situación contemporánea de Isaías. La idea central de la profecía en su contexto del AT no es la virginidad de su madre (Heb. *ʿalmâ,* «mujer joven en edad de casarse»). Normalmente, esa persona sería una virgen dadas las costumbres sociales prevalecientes, pero el Heb. *bĕṯûlâ* es un término más común para virgen. Además, el uso del artículo sugiere una mujer específica que Isaías y Acaz conocían. El nacimiento y el nombre del niño por tanto dan expresión simbólica a la creencia de que Dios estaba presente, cuidando y protegiendo a su pueblo, y su importancia está en el tiempo providencial de la señal.

La cita de Mateo de Isaías 7.14 es presentada con una fórmula de cumplimiento estereotípica (TM 1.22) y, con algunas excepciones menores, sigue la LXX, que vierte *ʿalmâ* por el gr. *parthénos,* una palabra normalmente usada para traducir *bĕṯûlâ.* Mateo usa Isaías 7.14 en su narración del nacimiento porque apoya su creencia en los aspectos divinos y davídicos de la identidad de Jesús. Primero, la genealogía de Mateo de Jesús busca establecer el linaje davídico de Jesús (TM 1.1-17), e Isaías ha introducido su señal al dirigirse a Acaz como «casa de David» (Is 7.13). Segundo, Mateo cita Isaías 7.14 después que a José se le dijo que el embarazo de María era obra del Espíritu Santo, y la referencia a una «virgen» ayuda a explicar cómo Jesús es el hijo de Dios. El interés de Mateo está en la importancia teológica del nombre, que él interpreta para que sus lectores no se pierdan el significado del hebreo (cf. Is 8.10). Esta cita de cumplimiento subraya la convicción de Mateo que en Jesús Dios está presente con su pueblo. La promesa de presencia en Mateo 1.23 forma un marco alrededor de todo el evangelio con 28.20, donde el Jesús resucitado promete: «he aquí yo estoy con vosotros todos los días, hasta el fin del mundo.»

Bibliografía. R. E. Brown, *The Birth of the Messiah,* rev. ed. (New York, 1993); C. Seitz, *Isaiah 1-39.* Interpretation (Louisville, 1993).

David B. Howell

EMPADRONAMIENTO

Un listado de personas, por lo general por familia, linaje, o tribu, que viven en un área particular, pertenecen a un grupo social particular, o practican una ocupación particular.

Los empadronamientos antiguos deben ser distinguidos de los censos modernos. Un censo es una recopilación regular de datos demográficos con objetivos estadísticos; los empadronamientos son enumeraciones emprendidas por motivos inmediatos, prácticos, que incluyen impuestos (Ex 30.11-16), servicio militar obligatorio (Nm 1.1-47; 2 S 24.1-9), despliegue de trabajadores (2 Cr 2.17-18 [TM 16-17]; Neh 3.1-32), consagración de personal de culto (Nm 3.14-39; 26.57-62), determinación de estatus de comunidad (Esd 2.1-67), imposición de regulaciones legales (Esd 10.16-44), y distribución de provisiones y propiedad (Nm 26.1-51).

Creencias acerca del potencial de empadronamientos para incurrir en la ira divina (Ex 30.12; 2 S 24.1, 10-25) puede haber provenido de un tabú antiguo basado en la convicción que los empadronamientos mostraron una falta de confianza en la deidad.

El NT contiene dos referencias aparentes a un empadronamiento fiscal conducido por P. Sulpicius

Cirenio en 6 a.C., después de que él había sido designado como legado imperial romano a Siria. Lucas parece fechar el nacimiento de Jesús sincrónicamente con este empadronamiento (Lc 2.1-5), y Gamaliel recuerda que Judas el galileo condujo una rebelión contra Roma en la reacción al empadronamiento (Hch 5.37). La dificultad de armonizar estas afirmaciones con otras declaraciones antiguas es considerable.

Algunos pasajes se refieren a empadronamientos divinos de naciones y personas (Sal 87.6; He 12.23). Entre éstos sin duda deberían estar incluidas referencias al libro de la vida (Sal 69.28 [29]; Fil 4.3; Ap 3.5).

Frank D. Wulf

EMPERADOR

Al principio un título honorífico (Lat. *imperator*) concedido a comandantes romanos por sus soldados después de una victoria. Octavio (Augusto César) comenzó la tradición de tomar el título como una parte de su nombre, aparentemente para poner la reclamación única de autoridad militar. La mayoría de los emperadores romanos posteriores adoptaron el título al ascender al trono. En el imperio posterior, un emperador podría ser proclamado *imperator* varias veces por su ejército después de victorias notables. El término que realmente comunicó el estatus de emperador era «Augusto».

La creación de la posición de emperador por Octavio tenía precedentes más antiguos. Desde el derrocamiento del último rey Tarquino en 510 a.C., Roma había sido una república gobernada en gran medida por un senado compuesto de aristócratas, con una asamblea del pueblo representado por tribunos, quienes teóricamente tuvieron el poder de veto sobre la legislación senatorial. Sin embargo, los éxitos de los ejércitos romanos causaron el control de territorios enormes en el mundo mediterráneo y el ascenso a la fama y el poder de varios generales, que amenazaron la estructura republicana tradicional. El senado reconoció la necesidad de tener líderes poderosos, pero se resistió a perder su dominio. El Primer Triunvirato (Julio César, Pompeyo, y Craso) representó un equilibrio cuidadoso de estas preocupaciones, pero César se hizo prominente y fue de mala gana reconocido como «dictador» por el senado. Su asesinato por varios senadores fue el golpe de muerte al viejo gobierno republicano.

El Segundo Triunvirato, establecido en la crisis de la muerte de César, cayó ante las victorias de Octavio sobre sus rivales y llevó a su dominio absoluto. Ahora una persona, por la virtud principalmente de la fuerza militar, fue reconocida como el líder supremo del imperio.

El poder del emperador fue realzado por su papel como el comandante de los ejércitos, su guardia pretoriana personal, su tarea de presidir juegos y ceremonias públicos, sus poderes para nombrar y legislar, sus alianzas con la clase de jinetes (caballeros), su patrocinio del pueblo general, y su burocracia mayormente de libertos. El estatus de emperadores fue realzado aún más por la adoración de Octavio y el establecimiento del culto de *Divus Augusto* después de su muerte. Aunque promovido por la edificación de templos por emperadores posteriores, sólo unos cuantos (p. ej., Calígula, Domiciano) abogaron por su propia adoración.

Bibliografía. M. Cary y H. H. Scullard, *A History of Rome: Down to the Reign of Constantine*, tercera edición (Nueva York, 1975); F. Millar, *The Emperor in the Roman World, 31 b.c.–a.d. 337, segunda* edición (Ithaca, 1992); C. Scarre, *Chronicle of the Roman Emperor* (Londres, 1995).

Scott Nash

ENAIM (Heb. *ʿênayim*)

Ciudad en el camino a Timnat desde Adulam. Fue en las afueras de esta ciudad que Tamar, haciéndose pasar por una prostituta de templo, recibió proposiciones por su suegro Judá (Gn 38.14, 21). Muchos eruditos comparan Enaim con Enam en la Sefela de Judá (Jos 15.34). Su ubicación es incierta. La mayoría la ubica entre Zanoa y Jarmut o cerca del final oriental del valle de Ela.

Steven M Ortiz

ENAM (Heb. *ʿênām*)

Un pueblo en el territorio tribal de Judá, cerca de Azeca y Soco (Jos 15.34), quizás lo mismo que Enaim.

ENAN (Heb. *ʿênān*)

Padre del jefe Ahira de Neftalí (Nm 1.15; 2.29; 7.78, 83; 10.27).

ENCANTADOR, ADIVINO

Persona que se dedica a la nigromancia, la técnica adivinatoria de invocar espíritus para tener revelaciones sobre el futuro. En el AT, estos dos términos aparecen juntos con frecuencia (a excepción de 1 S 28; 1 Cr 10.13, donde adivina aparece solo). La palabra Heb. *yiddĕʿōnî*, «adivino», se deriva de la raíz semítica *yd'*, «conocer». Traducida normalmente como «adivino», se refiere a profesionales que poseen un conocimiento especial de los muertos, y supuestamente de otras artes adivinatorias. La voz hebrea *'ôḇ*, puede designar al encantador [médium] que invoca al espíritu, o al espíritu mismo. La etimología de la palabra es tema de debate entre los eruditos, en cuanto a si se refiere a fantasmas, a espíritus de muertos, o a antepasados. Además, *'ôḇ*, puede también significar «fosa» (cf. Acad. *aptu*; Ugar. *'ēb*). Fuentes extrabíblicas hablan de la excavación de una fosa ritual con el propósito de hacer ofrendas de sacrificios y rogar a los espíritus de los muertos, una práctica que Isaías ridiculiza (Is 29.14). Un término relacionado en Deuteronomio 18.11, *dōrēš 'el-hammēṯîm* («preguntar a los muertos»), se refiere específicamente a la práctica de la nigromancia. La creencia de que los espíritus de los muertos poseían un conocimiento oculto sobre el futuro, era una característica marcada en la mitología y la religión del antiguo Cercano Oriente; los espíritus de los muertos funcionaban como dioses, dando revelaciones, y eran con frecuencia venerados.

En el AT, la nigromancia y otras artes adivinatorias recibieron fuerte oposición, y figuran entre las prácticas abominables de las otras naciones. Saúl, después de agotar los medios «legítimos» de comunicación divina, busca a una adivina, una mujer de Endor, para invocar el espíritu de Samuel (1 S 28). Levítico 20.27 prescribe la pena capital para cualquier persona que practica la nigromancia, pero en 1 Samuel 28.3-9 y 2 Reyes 23.24, los hechiceros fueron sólo expulsados del país.

JULYE BIDMEAD

ENCARNACIÓN

La creencia cristiana de que Dios ha revelado al ser divino en la realidad humana en la persona y obra de Jesús de Nazaret (Lat. *incarnatio*, lit., «en carne»).

El énfasis juanino sobre «el verbo se hizo carne » (Jn 1.14) y el de los escritores sinópticos sobre el nacimiento de un niño a María sirven para proteger la doctrina de la encarnación de la interpretación docetista o una cristología adopcionista (cf. Ro 8.3; Col 1.19; 1 Ti 3.16; 1 Jn 4.2; 2 Jn 7). En los primeros siglos, la comunidad de creyentes luchó sobre la forma de articular la creencia en la encarnación en respuesta a negaciones rotundas y revisiones heréticas (docetismo, adopcionismo, arrianismo, apolinarismo, nestorianismo, eutiquianismo, monotelitismo). Esta lucha se refleja en la afirmación de Nicea en 325 d.C., y en la reafirmación de Calcedonia en 451.

Tradicionalmente, la doctrina de la encarnación ha tratado de articular tres verdades cristológicas centrales: (1) Jesucristo era una persona divina. (2) Jesucristo un ser humano verdadero. (3) La naturaleza divina y la naturaleza humana existían en unión hipostática en la persona de Jesucristo. Se podría argumentar que estas tres verdades se establecieron en la afirmación del prólogo del evangelio de Juan (Jn 1.14). La afirmación de que el Logos divino que está encarnado enfatiza la preexistencia y personalidad divina de Aquel que nace de María. El gr. *sárx* aquí se refiere a la sustancia tangible, material, corpórea que el cuerpo humano. Cuando se ve esto en relación con la afirmación antidocetista de 1 Juan 1.1, es claro que el escritor juanino entendió que Jesús era una persona totalmente humana de la misma manera que todos los demás se entienden ser seres humanos. Por último, el gr. *egéneto* («se hizo») se centra en la unión dinámica de las naturalezas divina y humana en una persona. El término sugiere la libre actividad volitiva del Logos preexistente que se hace carne sin ninguna disminución de la persona divina. Además, hace hincapié que esta carne no es el producto de ningún subterfugio divino sino, más bien, es coherente con la naturaleza corpórea de toda carne humana.

Desde la Ilustración, la doctrina de la encarnación ha experimentado varios intentos de modificación, revisión, y abierto rechazo. El rechazo se ve más claramente en el unitarismo en algunos segmentos del pensamiento posreformado y en el deísmo posterior. La revisión se ve en la reformulación filosófica de la doctrina que se encuentra en el pensamiento de G. W. F. Hegel. Por último, el pensamiento del siglo XX a menudo ha buscado modificar la doctrina. Por un lado, algunos han visto la doctrina cristiana de la encarnación como simplemente una de las varias manifestaciones místicas del pensamiento encarnacional en la experiencia religiosa humana general. Por otro lado, el escándalo de particularidad dentro de la comprensión cristiana de la encarnación ha sido visto como una barrera para el diálogo dentro del entorno religioso pluralista contemporáneo. Tales afirmaciones recuerdan que la encarnación se mantiene en la creencia fundamental de la fe cristiana.

D. LARRY GREGG

ENCINA

En el uso bíblico probablemente la encina (*Quercus ilex* L.), un pequeño árbol de hoja perenne parecido al acebo (Heb. *tirzâ; Is* 44.14; cf. Sus. 58; Gr. *prínos*). El verdadero árbol de encina (*Ilex aquifolium* L.) es un acebo y no se encuentra en este entorno. Otras posibles identificaciones incluyen el roble (*Cupressus sempervirens* L.; como NVI) y el plátano de sombra (*Platanus orientalis* L.).

Robert E. Stone, II

ENCINA DE LOS ADIVINOS

Un árbol cerca de Siquem (Jue 9.37) bajo el cual se practicaba la adivinación. El árbol (Heb. *ʾēlôn mĕʿônĕ-nîm*) era lo suficientemente grande como para proporcionar sombra, refugio, y una ubicación reconocible para que la gente se reuniera (Jue 9.6). Otros árboles también son mencionados en relación con adivinación y altares (Gn 35.4; Jos 24.26), el más famoso es la encina de Abraham de Mamré. Ese árbol, un tamarisco, era un indicador de viajes durante el viaje de Abram (Gn 12.6) y la ubicación donde «el Señor apareció a Abram» (v. 7). Un árbol al noroeste de Hebrón ha sido tradicionalmente identificado como la encina de Abraham de Mamré.

Bibliografía. F. N. Hepper y S. Gibson, «Abraham's Oak of Mamre,» *PEQ*126 (1994): 94-105.

Juan A. McLean

ENDECHA

Una canción o poema que expresa el luto sobre la muerte o la destrucción nacional (Heb. *qînâ, nĕhî*). Los ejemplos incluyen la endecha de David sobre Saúl y Jonatán (2 S 1.17-27) y parte del libro de Lamentaciones (cp. al dios El lamentando la muerte de Baal; *ANET,* 140). Las endechas a menudo eran escritas en métrica *qînâ*, en la que cada línea contiene cinco sílabas fuertes, la segunda parte más corta que la primera. Los elementos básicos de la endecha incluyen el grito, «¡Ay!» (*hôy,* Jer 22.18) o «¡Cómo...!» (*ʾêḵâ,* Lm 1.1); un anuncio de muerte o catástrofe (Lm 1.1-4); una descripción de sufrimiento (Lm 1.5-6); contraste entre la antigua situación y la actual (Ez 27.33-34); una llamada a llorar o gemir (Is 14.31); y una descripción del efecto en personas presentes (Lm 1.12).

Jeremías se refiere a mujeres profesionales «expertas» en luto (*mĕqônĕnôṯ,* Jer 9.17 [TM 16]; cp. 2 Cr 35.25), y los profetas a menudo empleaban endechas (p. ej., Is 5.18-22; Am 5.16) como advertencias antes de un tiempo de calamidad que caería sobre una nación pecadora. Dios canta una endecha (Jer 8.18-9.3 [2]), al igual que Jesús (Lc 19.41-44).

La endecha se distingue de un lamento porque el último se dirige a Dios con el propósito de aliviar el sufrimiento. El libro de Lamentaciones (c. 586 a.C.) contiene ambos géneros, como hace la antigua lamentación sumeria sobre la destrucción de Ur (c. 2006).

Bibliografía. C. Westermann, *Lamentations: Issues and Interpretation* (Minneapolis, 1994).

Nancy Lee

EN-DOR (Heb. *ʿēn dôr, ʿên dôr, ʿên dōʾr*)

Ciudad en el noroeste de Manasés (Jos 17.11), en el área de la llanura de Esdraelón. Ya que la ortografía varía en hebreo, el significado del nombre no es seguro. Puede estar relacionado con una fuente (Heb. *dwr*) o con los dóricos, un grupo tribal griego. En-dor es la ciudad donde las fuerzas de Barac triunfaron sobre Sísara (Sal 83.10 [TM 11]; cp. Jue 4–5). Aquí vivió una bruja a quien Saúl visitó en vísperas de su batalla final a fin de obtener ayuda del profeta Samuel que ya había muerto. Quizás, según el lugar exacto donde uno localiza En-dor, Saúl tuvo que viajar detrás de las líneas enemigas a fin de visitar a la médium, de ahí su disfraz. El nombre puede ser conservado en el moderno Indur, pero la ubicación preferida es Kirbet eṣ-Ṣafṣâfeh/ Ḥorvat (187227).

Bibliografía. J. P. Brown, «The Mediterranean Seer and Shamanism», *ZAW* 93 (1981): 374-400; N. Zori, «New Light on Endor», *PEQ* 84 (1952): 114-17.

Samuel Lamerson

EN-EGLAIM (Heb. *ʿên ʿeglayim*)

Un sitio mencionado en la visión escatológica de Ezequiel del río sagrado que fluye al sureste del templo de Jerusalén al desierto (Ez 47.10). Ezequiel localiza En-eglaim en la orilla del mar Muerto, como un buen lugar para pescar una vez que el agua vivificante lo ha refrescado. La ubicación actual de En-eglaim es incierta. Las identificaciones posibles incluyen ʿAin Ḥajlah (197136; N del Mar Muerto), ʿAin Feshkha (192122), y Eglaim (217064; Is 15.8).

Monica L. W. Brady

ENELDO

Hierba aromática (*Anethum graveolens* L.) que se parece al perejil (Heb. *qeṣaḥ;* Gr. *ánēthon*).

La planta fue cultivada por sus semillas de color marrón de forma ovalada, que fueron utilizadas como un condimento en la cocina y como una medicina carminativa. Según *m. Maʿaś.* 4.5 (Aram. *šĕḇēṯa*) el eneldo estaba sujeto al diezmo (cp. Dt 14.22), por lo que Jesús reprende a los líderes judíos por prestar atención a asuntos insignificantes de la ley a expensas de la justicia, la misericordia y la fe (Mt 23.23; cp. Lc 11.42, «ruda»).

La planta citada en la parábola de Isaías del agricultor (Is 28.25, 27) es probablemente la flor de nuez moscada o comino negro (*Nigella sativa* L.), una planta que puede alcanzar una altura de 60 cm (2 pies) y cuyas semillas pueden ser fácilmente separadas de la cáscara para el uso como un condimento. En el uso rabínico heb. *qeṣaḥ* es traducido «comino negro» (*Ber.* 40a; así LXX *melánthion*).

ENFERMEDAD Y CUIDADO DE LA SALUD

Las prácticas curativas tienen una historia larga y compleja en las tierras bíblicas, y deben ser tratadas como parte de un método de cuidado médico que incluye, pero no está limitado a, las creencias acerca de las causas de las enfermedades, las opciones al alcance de los pacientes y el papel de los gobiernos en el cuidado de la salud. La higiene pública, que se refiere generalmente a los esfuerzos organizados de una comunidad para promover la salud y prevenir enfermedades, es también parte de cualquier método para el cuidado de la salud.

Períodos prehistórico y temprano

Los cazadores-recolectores de Siria-Palestina debieron de haber reconocido el valor medicinal de algunas plantas, y practicado ciertos rituales terapéuticos a finales de la era paleolítica, el primer período de la cultura material humana, que terminó aproximadamente entre 20000-16000 a.C. en el Cercano Oriente.

Durante el período neolítico (h. 8500-4300 a.C.), la domesticación de animales introdujo probablemente en las poblaciones humanas algunos grupos nuevos de enfermedades llevadas por los animales (p.ej. la tuberculosis bovina). Ya en el cuarto milenio se encuentra la tuberculosis humana en material esquelético de Egipto y Bab edh-Dhra (Jordania)

A lo largo de todos los períodos prehistóricos, la familia fue probablemente la principal cuidadora de los enfermos. Sin embargo, la existencia continua de personas especializadas en cuestiones de salud en Siria-Palestina, está reflejada en los cráneos trepanados descubiertos en el neolítico Jericó, en las espátulas óseas halladas en Tell Jemmeh (cerca de Gaza) y en el implante de un alambre de bronce en Horvat En Ziq, una pequeña fortificación nabatea en la parte norte del Neguev, de la era helenista. Es posible que los modelos de hígados encontrados en Hazor y Megido, en el período tardío de la edad del bronce, se hayan utilizado en consultas médicas.

Las Cartas de Amarna (siglo XIV a.C.) mencionan epidemias y el movimiento de médicos en las cortes reales cananeas. Los textos ugaríticos (p.ej. la Epopeya de Ceret) indican que El, el dios supremo en Ugarit, se ocupaba de la salud, especialmente de la infertilidad. En Tiro, Sidón, y en otras ciudades-estados del comienzos del primer milenio, Eshmun era un dios sanador cuyos templos pueden haber proporcionado servicios terapéuticos. Jehová, Resef y otras deidas del Oriente Medio enviaban tanto enfermedades como curación.

El Israel preexílico

El Israel del período preexílico probablemente tuvo muchos de los problemas que eran comunes en los asentamientos del Cercano Oriente. La incorrecta eliminación de la basura y de los excrementos humanos, era probablemente una amenaza a la salud pública en Siria-Palestina. Las poblaciones (p.ej. Gabaón) en zonas con poca lluvia tenían que construir pozos, que eran vulnerables a la contaminación. Partes de Jericó, Tell Beit Mirsin y otros pueblos, aparentemente tenían desagües, algunos de los cuales pueden haber llevado aguas cloacales, a mediados o finales de la edad del bronce. Aunque excavaciones recientes en Jerusalén han encontrado asientos de retretes (uno de los cuales fue encontrado en el cuarto privado de una casa, fechado h. 586), tales comodidades eran probablemente poco comunes en la mayoría de Israel.

A pesar de las muchas referencias textuales al lavamiento y a otras actividades higiénicas (Gn 18.4; Sal 60.8 [TM 10]), es probable que la higiene personal fuera por lo general deficiente por la ausencia de agua abundante. Rut 3.3 revela que aun el baño era visto a veces como un acontecimiento especial o poco frecuente.

Arqueoparasitólogos han determinado recientemente la probable existencia de ciertas enfermedades intestinales (p.ej. infecciones con la tenia solitaria [*taenia*] y el tricocéfalo *[trichuris trichiura]*) en el antiguo Israel, pero la identificación precisa de la mayoría de las enfermedades que aparecen en la Biblia ha sido muy difícil, especialmente en los casos de epidemias (Nm 25; 1 S 5.6-12). No obstante, muchos flagelos fueron vistos como el contacto de Israel con grupos extraños (p.ej., los madianitas, en Nm. 25). Las historias de las plagas en Egipto, de Éxodo 7-10, reconocen también que las epidemias pueden alterar el curso de la historia.

La enfermedad comúnmente traducida como «lepra» (Heb. *ṣāraʿaṭ*), recibe la máxima atención en la Biblia (Lv 13, 14), pero no tiene un equivalente moderno sencillo, porque probablemente incluía una gran variedad de enfermedades que producían una decoloración incesante de la piel. Hay también varias referencias a la ceguera (2 S 5.8) y a la incapacidad muscular-ósea (9.3). La infertilidad, otra enfermedad mencionada con frecuencia en la Biblia (Gn 16.1, 2; 1 S 1.5, 6), disminuía el estatus social de la mujer que la padecía (Gn 30.1-20).

El AT tiene, por lo menos, dos explicaciones principales en cuanto a la enfermedad. Una, representada por Dt 28, afirma que la salud (Heb. *šālôm*) incluye un estado físico asociado con el cumplimiento de estipulaciones pactadas y claramente reveladas a los miembros de la sociedad, de modo que la enfermedad surge de la violación de esas estipulaciones. La curación incluye la revisión de las acciones de la persona a luz del pacto.

El libro de Job ofrece una creencia contrastante, pero complementaria, que dice que la enfermedad puede tener su origen en unos planes divinos que no pueden ser revelados al paciente en absoluto, no en la transgresión de las reglas dadas a conocer. El paciente tiene que confiar en que las razones no reveladas de Dios son justas.

Tal vez la característica más distintiva del método de cuidado de la salud en Israel descrita en los textos canónicos, sea la división que hay entre las opciones de consulta legítimas y no legítimas para el paciente. Esta división está parcialmente relacionada con la monolatría, en la medida que la enfermedad y la curación dependieran finalmente de Jehová (Ex 15.26; Job 5.18), o que fueran opciones que no dependieran de Jehová, estando, por tanto, prohibidas. El significado de «mágico» es motivo de mucha disputa en la erudición moderna, y no hay acuerdo en cuanto a si se puede hacer una diferencia entre sanadores «legítimos» y «no legítimos» por el uso de métodos «mágicos» o «no mágicos».

Puesto que era accesible y no costaba nada, la oración a Dios era probablemente la opción legítima más común que tenía el paciente. Las peticiones y las oraciones de acción de gracias pronunciadas desde la perspectiva del paciente, están atestiguadas por la Biblia (p.ej., Is 38.10-20).

Muchos salmos (p.ej., Sal 38, 38, 88, 102), en particular, pueden haber sido ideados como oraciones para ser usadas por los pacientes. Estos salmos registran también importantes conceptos hebreos en cuanto a la enfermedad y al cuidado de la salud. En el salmo 38, el autor atribuye la enfermedad a la ira y a la «mano» de Jehová (v. 2 [TM 3]). Este concepto es parecido al frecuente uso mesopotámico de «la mano» (Acá. *qātu*) de una deidad para explicar el origen de una enfermedad. Como en muchas explicaciones en cuanto a enfermedades en Mesopotamia, el paciente del Salmo 38.4(5) atribuye al enojo de la deidad el pecado del paciente. La confesión es considerada como parte de la curación (Sal 38.18[19]), y el paciente se queja de las consecuencias sociales de la enfermedad (vv. 11,12[12,13]).

Los tratamientos tangibles mencionados en la Biblia incluyen «fajas» (Ez 30.21), «mandrágoras» para la infertilidad (Gn 30.14) y «bálsamo» de Galaad, y pudo haber una fuente importante de sustancias medicinales exportadas a Egipto (Jer 46.11). El incienso, el aceite y los peines encontrados en diversos sitios en varios períodos (p.ej., en Meguido, al final de la edad del bronce), pueden haber sido utilizados para combatir los piojos y otros ectoparásitos que pueden haber sido portadores importantes de enfermedades.

Las opciones no legítimas, que fueron probablemente muy utilizadas por los israelitas, incluían a consultantes llamados en hebreo *rōp̄ĕʾîm* (2 Cr 16.12; RVR1995 «médicos»), a santuarios no de Jehová (2 R 1.2-4) y probablemente a una gran variedad de «hechiceros» (Dt 18.10-12). Es posible que las estatuillas femeninas encontradas en la mayoría de los períodos de Israel, especialmente en un contexto familiar, hayan sido utilizadas en ceremonias de fertilidad. El cementerio de perros más grande del mundo antiguo ha sido descubierto en Ascalón, y pudo haber estado asociado con un culto de curación del período persa.

Los profetas son probablemente los consultantes más legítimos en los textos canónicos, y estuvieron siempre ferozmente opuestos a los consultantes «no legítimos». Deuteronomio 18-10-17 parece apoyar el monopolio de los profetas de Jehová en cuanto a todas las funciones de consulta, incluyendo probablemente las relativas a la enfermedad, que antes habían estado distribuidas entre una gran variedad de consultantes en Canaán. Las historias de curaciones milagrosas (p.ej., 2 R 4.8) en la historia deuteronómica pueden reflejar el esfuerzo por apoyar a los profetas como los únicos consultantes legítimos. Su función era dar diagnósticos (2 R 8.8) e interceder a favor del paciente (5.11). A diferencia de algunos de los principales consultantes curadores en otras sociedades del Cercano Oriente, los profetas israelitas dependían, en cuanto a su poder, más de su relación con Dios que de sus conocimientos de procedimientos.

Los santuarios de Jehová fueron, probablemente, otra importante opción legítima de curación en el periodo preexílico. En 1 Samuel 1, Ana visitó al templo en Silo para buscar ayuda que le pusiera fin a su infertilidad. Segundo de Reyes 18.4 indica que, antes de Ezequías, la serpiente de bronce hecha por Moisés como un instrumento curativo (Nm 21.6-9), era utilizada en ceremonias de curación en el Templo de Jerusalén. Se han encontrado serpientes de metal en algunos templos (p.ej., el de Asclepios, en Pérgamo), de las que se sabe que eran utilizadas para hacer curaciones en el primer milenio. Serpientes de metal, tales como las encontradas cerca de o en Timma, Tell Mevorakh (1441.256), y Hazor cerca o al final de la edad del bronce, pudieron haber sido utilizadas en ceremonias de curación, pero no se pueden descartar otras funciones.

Es posible que la centralización del culto en Jerusalén, y las reformas atribuidas a Ezequías (715-687) y a Josías (640-609), haya producido cambios importantes, ya sea en la teoría o en la práctica, en cuanto al método de cuidado de la salud. Es posible que los santuarios que pudieron haber funcionado antes como centros de curación (p.ej., el Silo), fueran destruidos.

La oración de Salomón (1 R 8) puede verse, en parte, como un intento por paliar la pérdida del rol curativo del Templo de Jerusalén y de los santuarios alejados. La oración revela, de hecho, que no es necesario venir al Templo para recibir curación, ya que extender las manos hacia el Templo es suficiente para recibir sanidad (1 R 8.38, 39). El relato de la enfermedad de Ezequías en 2 Reyes 20.1-11, muestra también que ya no era necesario venir al Templo para ser curados; en realidad, Ezequías trata de ir al Templo *después* de haber sido curado (v.5)

El Israel posexílico

Por el código sacerdotal posexílico, que puede verse como un manual general en cuanto a la salud pública, que centraliza en el sacerdocio el poder para definir las enfermedades y la salud para todo un estado, se restringe severamente la entrada al Templo a los enfermos crónicos (p.ej., los «leprosos» de Lv 13-14; y a los ciegos y los cojos, cf. 2 S 5.8), por temor a la «impureza». Las leyes relativas a los alimentos puros (p.ej., Lv 11) estaban asociadas en algunos pasajes bíblicos (p.ej., Dn 1.15) con el mantenimiento de una buena salud, pero es posible que los motivos en cuanto a las leyes sobre los alimentos no estuvieran siempre restringidos a prácticas relacionadas con la salud.

La teología de la impureza, como método de barreras sociales, pudo servir para eliminar de la sociedad a personas socioeconómicamente gravosas, especialmente a los enfermos crónicos. La sola «lepra» abarcaba probablemente a una gran variedad de pacientes. En efecto, el código sacerdotal minimiza la responsabilidad del estado hacia los enfermos crónicos, dejando la erradicación de la enfermedad a un futuro utópico (Ez 47.12; cf. Is 35.5, 6).

Las ofrendas de acciones de gracias o por el «bienestar» (Lv 7.11-36) después de una enfermedad, probablemente eran aceptadas siempre, y eran económicamente ventajosas para el Templo. Es posible, también, que las ofrendas después de una enfermedad hayan servido como una notificación pública de la readmisión a la sociedad de pacientes antes condenados al ostracismo (Lv 14.1-32).

Junto con el código sacerdotal, la comunidad responsable de la *Miqsat Maʿaseh Torá* («algunos preceptos de la Torá», 4QTMM), el Rollo del Templo (11QT) y otros textos del Qumrán añadidos a la lista de enfermedades excluidas de la comunidad normal, extendían la barrera de la «lepra» a los ciegos y los cojos. Es posible que razones socioeconómicas y también el temor a una contaminación mágica, fueran los responsables del aumento de las barreras.

La extinción del oficio profético a comienzos del período del Segundo Templo, probablemente llevó a la legitimación general del *rōpĕʾîm* (cf. Sir. 38), pero es posible que diversas clases de sanadores tradicionales y parteras (Ex 1.15-21) hayan sido, en realidad, los consultantes más comunes en cuanto a la salud.

El cristianismo primitivo

En el siglo I d.C., se disponía en Palestina de múltiples métodos de salud, que incluían a los que estaban asociados con la diosa egipcia Isis y el dios griego Asclepios. Además, había prácticas seculares grecorromanas asociadas con Hipócrates, Celso y otros médicos.

El cristianismo primitivo puede ser visto, en parte, como una crítica al método levítico del cuidado de la salud. Mateo 10.8, Marcos 14.3 y otros pasajes indican que Jesús y sus discípulos parecen tener como objetivo a las personas con enfermedades crónicas («leprosos», ciegos y cojos) que pudieron haber sido excluidas de la sociedad por las políticas en cuanto a la salud que aparecen en Levítico.

En el período temprano del cristianismo, las enfermedades podían ser causadas por entidades demoníacas que no siempre actuaban por mandato de Jehová (Mt 15.22; Lc 11.14), y no necesariamente por la violación a las estipulaciones del pacto (Jn 9.2). Entre las enfermedades mencionadas estaban las fiebres (Mr 1.30, las hemorragias (Mt 9.20) y la que ha sido identificada por algunos estudiosos como epilepsia (Mr 9.14-29). La curación de la enfermedad se podía lograr en este mundo, no simplemente en un futuro utópico.

Es posible también que el cristianismo haya atraído pacientes que eran demasiado pobres para pagar lo que se cobraba en muchas partes del mundo grecorromano (cf. Mt. 10.8). Algunas costumbres grecorromanas insistían en que había que viajar a un santuario para recibir la curación, pero el cristianismo, con su énfasis en el valor de la fe solamente, proclamaba que no hacía falta ir a un santuario (Mt 8.8). Asimismo, el cristianismo rechazaba las restricciones temporales en cuanto a cuándo se podía hacer la curación (Mr 3.2-5). No obstante, el cristianismo primitivo conservó muchas de las antiguas tradiciones hebreas en cuanto a las curaciones milagrosas (Hch 5.16; 9.34) y a la salud colectiva (Stg 5.16), aunque algunos eruditos han visto también la influencia de prácticas de curación helenistas (p.ej., las prácticas de Asclepios).

Conclusión

La mayoría de los métodos del cuidado de la salud en las tierras bíblicas, tenían una variedad de opciones que probablemente estaban ordenadas de manera jerárquica, dependiendo en parte de las necesidades y de los medios del paciente. Es probable que la oración fuera una de las primeras y la más económica de las opciones elegidas por los pacientes en todos los métodos. Había una variedad de especialistas sanadores, pero no todos eran considerados legítimos por los escritores bíblicos. Sin embargo, es probable que la mayoría de los pacientes se sometieran a cualquier tratamiento que les resultara accesible y que pudieran pagar. En todos los períodos bíblicos, era probablemente la familia la que se ocupaba principalmente de los enfermos (2 S 13.5, 6; Mt 8.14).

Es posible que la mejor tecnología médica (p.ej., escalpelos, *forceps*, tornos dentales y tablillas) haya sido de ayuda sólo en problemas sencillos (p.ej., en la extracción de armas que se hubieran introducido en el cuerpo). En general, las lesiones (por accidentes o riñas), la desnutrición y las enfermedades reducían la esperanza de vida a menos de 40 años en los tiempos bíblicos.

El estudio del cuidado de la salud es una oportunidad de investigación cada vez más estimulante para la erudición bíblica, especialmente porque se ha hecho más evidente que los asuntos relacionados con el cuidado de la salud condicionan a la religión y son condicionados por ésta. Se debe dar atención al papel de quienes se ocupaban del cuidado de la salud en el antiguo Israel, y al rol que tuvo el cuidado de la salud en el surgimiento del cristianismo, como también a la integración de la antropología médica, la sociología y los estudios bíblicos.

Bibliografía. H. Avalos, *Illness and Health Care in the Ancient Near East.* HSM 54 (Atlanta, 1995); F. H. Cryer, *Divination in Ancient Israel and Its Near Eastern Environment.* JSOTSup 142 (Sheffield, 1994); G. Majno, *The Healing Hand: Man and Wound in the Ancient World* (Cambridge, Mass., 1975); J. Preuss, *Biblical and Talmudic Medicine* (1978, repr. Northvale, N.J., 1993); K. Seybold y U. B. Mueller, *Sickness and Healing* (Nashville, 1978); J. Zias, «Death and Disease in Ancient Israel,» *BA* 54 (1991): 146-59.

EN-GADI (Heb. *ʿên geḏî*)

Un oasis listado como una de las ciudades de Judá que era del tamaño suficiente para tener pueblos de apoyo (Jos 15.62). Una fuente perenne c. 200 m (655 pies) sobre el mar Muerto suministra el agua para el sitio. Cuando David huyó de Saúl buscó refugio en «las fortalezas» (aparentemente cuevas) de la región; allí David insultó a Saúl cortando la orilla de su manto (1 S 23.29-24.5). Durante el reinado de Josafat, una coalición de moabitas, amonitas, y meunitas se concentró en Hazazon-tamar, que se identifica con En-gadi (2 Cr 20.1-2); sin embargo, antes de que ellos tuvieran una posibilidad de hacer frente al ejército de Judá las fuerzas de coalición se destruyeron el uno al otro (vv. 22-23).

En-gadi era conocida por sus viñas, palmeras datileras y bálsamo (Cnt 1.14; Sir 24.14; Josefo *Ant.* 9.1.2; Eusebio *Onom.* 86.18). La visión de Ezequiel del templo (Ez 47.10) lista a En-gadi junto con En-eglaim como señales geográficas para un río de agua dulce que fluye del templo hacia el mar Muerto.

En-gadi ha sido identificada con Tel Goren/Tell ej-Jurn (187096), localizado a mitad de camino a la orilla occidental del mar Muerto. Las excavaciones han dejado al descubierto un centro de culto de construcción sólida del período Calcolítico en un promontorio que domina el tell de la Edad de Hierro. En el propio tell, se han encontrado restos que han sido remontados al final de la Edad de Hierro (estrato V; c. 630-582 a.C.). Los edificios están situados alrededor de patios. El descubrimiento de numerosos tarros grandes y el bálsamo abundante de la región sugieren que el sitio fuera un centro de producción de perfume.

Este estrato fue destruido por Nabucodonosor c. 582.

Después del Exilio el sitio fue ocupado de nuevo durante el período persa (estrato IV) con una vivienda magnífica de 550 metros cuadrados (c. 658 sq. yd) con más de 23 cuartos. Este edificio fue inexplicablemente destruido c. 400. El estrato III (período Tolomeo/Seléucida) consistió de un sitio fortificado que fue destruido probablemente en el conflicto entre los asmoneos y Herodes.

La última ocupación principal (estrato II) se produjo durante el siglo I d.C., cuando el sitio fue fortificado de nuevo con otra ciudadela. Los muros midieron aproximadamente 2 m (6.5 pies) de grueso. Varias monedas fueron descubiertas con este estrato (Agripa I, Claudio, Nerón, y las monedas del segundo año de la Primera Rebelión). Josefo indica que durante la rebelión contra Roma los ocupantes de Masada asaltaron Engadi y masacraron a sus habitantes (*BJ* 4.7.2). Después de esta destrucción, el estrato I consistió sólo en viviendas no permanentes y terrazas agrícolas.

Cerca de allí, unos baños públicos romanos fueron construidos durante el período entre la Primera Rebelión y la revuelta de Bar Kochba (c. 132 d.C.). Después de la revuelta de Bar Kochba una sinagoga fue construida en la base del tell y fue reconstruida por varias fases. Fue destruida en el siglo VI.

Bibliografía. D. Barg, Y. Porat, y E. Netzer, «The Synagogue at ʿEn-Gedi», en *Ancient Synagogues Revealed,* editor. L. I. Levine (Jerusalén, 1981), 116-19; B. Mazar, T. Dothan, y I. Dunayevsky, «En-Gedi: The First and Second Seasons of Excavations, 1961-1962», *ʿAtiqot* 5 (1966): 116-19; D. Ussishkin, «The Ghassulian Shrine at En-gedi», *Tel-Aviv* 7 (1980): 1-44.

Dale W. Manor

EN-GANIM (Heb. *ʿên gannîm*) (también ANEM)

1. Un asentamiento en la Sefela de Judea. La ciudad estaba probablemente al este de Zanoa y Jarmut, viniendo entre ellas en la descripción de la Sefela occidental en Josué 15.34. La ubicación exacta se desconoce, aunque algunos han sugerido a Beit Jemal, 3.2 km (2 mi) sur de Bet-Semes, o Umm Jina, 1.6 km (1 mi) suroeste de Bet-Semes.

2. Ciudad levita dentro de los límites tribales de Isacar (Jos 19.21; 21.29), probablemente identificada con Kirbet Beit Jann (196235) suroeste de la moderna Tiberia. El relato paralelo en 1 Crónicas 6.73 llama el asentamiento Anem.

David C. Maltsberger

EN-HACORE (Heb. *ʿên haqqôrēʾ*)

Una fuente en Lehi, de la cual Sansón, cansado de la batalla de los filisteos, bebió y recobró su fuerza (Jue 15.19). El nombre (Heb. «la fuente del que llamó») puede derivarse de que Sansón haya clamado *(qārāʾ)* al Señor por ayuda (Jue 15.18).

EN-HADA (Heb. *ʿên ḥaddâ*)

Pueblo en el territorio tribal de Isacar (Jos 19.21). El sitio es probablemente el moderno el-Hadetheh/Tel en-Hadda (196232), c. 10 km (6 mi) E del monte Tabor.

EN-HAZOR (Heb. *ʿên ḥāṣôr*)

Ciudad fortificada asignada a la tribu de Neftalí en la alta Galilea (Jos 19.37). El sitio es quizás el mismo que *ʿn-y* en las listas topográficas de Tutmosis III. La ubicación no es segura, pero Yohanán Aharoni ha sugerido una identificación con el moderno ʿAinitha (191281) cerca de Bint Jbeil en el sur del Líbano.

Stephen J. Andrews

ENIGMA
Un género de sabiduría común en la literatura del antiguo Cercano Oriente. Los ejemplos abundan en fuentes sumerias, babilónicas, asirias, egipcias, iraníes y griegas. Un enigma sumerio propone una pregunta clásica: «¿Qué es lo más útil para la humanidad?» El enigma generalizado: «¿Qué es lo más fuerte del mundo?» Está representado en las historias de Sansón (Jueces) y en 1 Esdras 3.1-5.6.

Los enigmas aparecen a lo largo del AT y se relacionan con las fábulas, parábolas y metáforas, todo lo cual requiere que el oyente o el lector mire detrás de las palabras y las imágenes para discernir el significado o la sabiduría oculta en él. Algunos estudiosos hablan de la forma de «idea» y de «trampa», que toman los enigmas. Los enigmas probablemente tuvieron su origen en alguna situación específica en la vida de un pueblo. Probablemente eran originalmente independientes de los cuentos y las historias en las que aparecían, y los enigmas se transmitieron de generación en generación.

Una función de la forma de enigma es poner a prueba a los participantes y oyentes con el fin de discernir algo de verdad. Pero esta búsqueda de la verdad puede tomar un giro lúdico durante el enigma. El concurso de enigma en el relato de Sansón, en la que el israelita se compara con los filisteos en concursos intelectuales y físicos, es un ejemplo de esta alegría, que se produce en un entorno con muy altas apuestas (Jue 14.14, 18).

La literatura sapiencial del AT contiene muchos enigmas. 1 Reyes 10.1-3 habla de Salomón, patrono de Israel y proveedor de la sabiduría por excelencia, participando en un concurso de enigma con la reina de Saba. Josefo reporta una tradición de un intercambio de «problemas difíciles y dichos enigmáticos» entre Salomón e Hiram, rey de Tiro (*Ant.* 18.143).

1 Esdras conserva un relato de un concurso de enigma en la corte de Darío en el que se propone uno de los enigmas más antiguos del mundo a tres jóvenes, presuntos guardias del rey. El que pueda resolver el enigma «¿Qué es lo más fuerte del mundo?» Será recompensado con creces. Los tres jóvenes ofrecen respuestas distintas: el vino, el rey, y las mujeres, respectivamente. En la versión original, secular del concurso gana la tercera alternativa, con la respuesta «mujeres», pero en una versión posterior «verdad» se añade como la opción ganadora, moralizando así la leyenda.

Los enigmas también aparecen en los oráculos proféticos (por ejemplo, Am 6:12). Muchos de los enigmas de la Biblia, especialmente los relacionados con Sansón y Salomón (Cantar de los Cantares, Proverbios), puede reflejar un contexto erótico subyacente.

William R. Goodman

ENLIL (Sum. EN.LIL)
Dios sumerio de la atmósfera y el viento, adorado en Nippur. El dios principal del panteón sumerio, él fue identificado más tarde con Marduc.

Véase Bel.

ENLOSADO *(Gr. lithóstrōton)*
El lugar del juicio en el patio de la fortaleza Antonia donde Jesús fue condenado a muerte (Jn 19.13; RVR «empedrado»).

Véase Gabata.

ENMIENDAS DE LOS ESCRIBAS
Una traducción al español del heb. *tiqqûnê sōpĕrîm*, que fue usada por los masoretas para señalar textos bíblicos particulares que habían sido corregidos o enmendados por escribas más antiguos. Estas enmiendas textuales a menudo eran cambios menores, como la omisión o la modificación de una o varias consonantes. El propósito de la mayoría de las enmiendas era quitar lenguaje desagradable que se refiere a Dios. Varias listas incluyen 7, 11, o 18 textos (Gn 18.22; Nm.11.15; 12.12; 1 S 3.13; 2 S 16.12; 20.1; 1 R 12.16; 2 Cr 10.16; Jer 2.11; Ez 8.17; Os 4.7; Hab 1.12; Zac 2.8 [TM 12]; Mal 1.13; Sal 106.20; Job 7.20, 32.3; Lm 3.20).

La comparación con traducciones antiguas sugiere que algunas enmiendas propuestas eran genuinas. La mayor parte, sin embargo, parece ser lecturas textuales que se presentaron para apoyar la exégesis medieval tardía. Los escribas pueden haber enmendado textos por motivos teológicos temprano en el proceso de la transmisión textual, a partir del siglo III a.C. al siglo I d.C. Esta enmienda no fue hecha sistemática o exhaustivamente. Los eruditos han identificado otros casos, no encontrados en estas listas, que podrían reflejar el trabajo editorial similar.

Bibliografía. C. McCarthy, *The Tiqqunê Sopherim.* OBO 36 (Göttingen, 1981).

Stephen Alan Reed

EN-MISPAT (Heb. *ʿên mišpāṭ*)
Un oasis («la fuente del juicio»), y probablemente

un centro de culto, en el Neguev donde Quedorlaomer y sus reyes aliados derrotaron a los amalecitas (Gn 14.7). Fue llamado más tarde Cades o Cades-barnea.

ENOC (Heb. *ḥănôk*) **(LUGAR)**

Ciudad construida por Caín y nombrada como su hijo mayor Enoc (Gn 4.17).

ENOC (Heb. *ḥănôk*) **(PERSONA)**

1. El hijo de Caín y padre de Irad (Gn 4.17-18). La forma actual del texto indica que la primera ciudad fue construida por Caín y la llamó Enoc. El contexto y la forma típica de genealogías, sin embargo, parecen indicar que Enoc construyó la primera ciudad; fue así llamada Irad (cp. Eridu).

2. El primer hijo de Jared (Gn 5.18; cp. 1 Cr 1.3), el padre de Matusalén (Gn 5.21-22), y un descendiente de séptima generación de Adán (Jud 14). La vida útil de Enoc de 365 años (Gn 5.23) es comparativamente corta comparada con otros miembros de su línea de familia y puede sugerir una relación con el año solar. En este sentido Enoc ha sido comparado con Emmeduranki, quien por lo general aparece en una lista como el séptimo de los reyes antediluvianos de Mesopotamia, o con Utuabzu, el consejero de Enmeduranki. La historia de Enoc termina «y desapareció, porque le llevó Dios» (Gn 5.24). Esta terminología es atípica e implica que Enoc no murió una muerte natural, física (cp. Elías; 2 R 2.1-12). Este escape de la muerte evidentemente se debe a la piedad de Enoc, ya que él es dos veces descrito como uno que «caminó con Dios» (Gn 5.22, 24). La primera mención no se encuentra en la LXX, que lee en cambio «y Enoc vivió...»; además, la frase ha sido interpretada para significar que «Enoc anduvo con seres angelicales.» Aun así, la frase es sin embargo comparable a la descripción de Noé (Gn 6.9) y así probablemente está relacionada con la justicia y traslado de Enoc (cp. Sir 44.16; 49.14; He 11.5; cp. Sab 4.10). Esta «toma» ha ocasionado mucha especulación y puede ser la razón por qué Enoc figura de manera prominente en la literatura posterior (p. ej., Jubileos, 1 Enoc [cf. Jud 14]; 2 Enoc; 3 Enoc).

Bibliografía. J. C. VanderKam, *Enoch and the Growth of an Apocalyptic Tradition.* CBQMS 16 (Washington, 1984).

Brent A. Strawn

ENOC, LIBROS DE

Tres libros nos han llegado bajo el nombre de Enoc: 1 Enoc (o Etíope), 2 Enoc (o Eslavo), y 3 Enoc (o hebreo). Gran parte del contenido de estos libros depende de la idea que Enoc había aprendido secretos divinos cosmológicos y otros de los ángeles. Esto se deriva del relato bíblico de Génesis 5.2-24 (cp. esp. Vv.21-24). Debido a la distinción de la tradición enoquita entre *hā-ʾĕlōhîm* («los ángeles» en Génesis 5.22) y *ʾĕlōhîm* («Dios»), se entendió que esta perícopa significaba que después del nacimiento de Matusalén Enoc pasó los siguientes 300 años con los ángeles y luego, después de un breve regreso a la tierra, fue llevado para permanecer en el cielo.

1 Enoc (Etíope)

1 Enoc es una colección de cinco libros más unas adiciones que datan del siglo III a.C. al siglo I d.C. (o a.C.). Ellos fueron escritos originalmente en arameo, traducidos al griego, y del griego a otros idiomas. Los fragmentos del arameo de todos excepto el Libro 2 se encontraron en Qumrán. Un libro relacionado, fragmentario titulado libro de los Gigantes, que sobrevive en una forma revisada entre los maniqueos, también fue encontrado en Qumrán. 1 Enoc tuvo mucha influencia en el mundo antiguo. Es citado de manera explícita en Judas 14-15, la Epístola de Bernabé, y por Tertuliano y es reflejado en los Evangelios sinópticos, el Apocalipsis de Juan, y otros textos cristianos y judíos tempranos. Posteriormente cayó en desgracia y sólo sobrevive en el etíope antiguo, la versión en la cual todas las traducciones modernas están basadas. Un relato diacrónico de los libros separados sigue.

El libro 3, el Libro Astronómico (caps. 72-82), fue compuesto en el siglo III a.C., o posiblemente antes. La versión etíope actual es una versión abreviada y desordenada del original arameo. Consiste en el viaje de Enoc al cielo conducido por el ángel Uriel; se muestran a Enoc los movimientos del sol y luna, «las puertas» de las cuales ellos se elevan y en que ellos se ponen, los vientos, rasgos geográficos prominentes, e información de calendario.

Un año solar de 364 días es sincronizado con un año lunar de 354 días. 1 Enoc 80.2–82.3 (una interpolación posterior probable) contiene una crítica de los jefes angelicales de las estrellas debido a su fracaso de equivaler exactamente al calendario prescrito, la crítica de pecadores humanos, y un relato de la vuelta de Enoc a la tierra para su 365 año (lo cual sugiere preocupaciones de calendario) para enseñar la sabiduría a su hijo Matusalén y sus descendientes.

El libro 1, el libro de los Vigilantes (caps. 1–36), fue compuesto durante el siglo III. El núcleo (caps. 6–11), basado en el relato de la unión «de los hijos de Dios» «con las hijas de los hombres» en Génesis 6.1-4, es la historia de la conspiración de 200 vigilantes angélicos bajo la dirección de Semihaza para tomar a mujeres humanas. La descendencia gigante (que puede funcionar como una metáfora para los sucesores de Alejandro Magno) de estas uniones ilícitas comenzó a consumir todos los recursos de la tierra hasta que Dios envió (a) un arcángel (es) para destruir a los gigantes, encarcelar a los vigilantes, y devolver la tierra a un estado de fecundidad y justicia. Este núcleo fue ampliado por la añadidura de los caps. 12–16, que introducen a Enoc en la narrativa y describen su ascenso visionario al cielo y su intercesión por los vigilantes. Su petición fue rechazada porque ellos se habían contaminado violando la diferencia entre cielo y tierra (posiblemente una metáfora para la supuesta contaminación del sacerdocio de Jerusalén). La tercera etapa consiste en la introducción de Asael y el tema de enseñanzas ilícitas de secretos divinos a lo largo de los caps. 6–16 y uno o varios arcángeles vengadores en el cap. 10. Los caps. 17–36 son una narrativa de dos de los viajes de Enoc a varios sitios del castigo eterno, el valle maldito de Hinom en Jerusalén, el huerto de la justicia, el monte de Dios, y las cuatro esquinas de la tierra donde las puertas de las estrellas, vientos, y varias formas de precipitación están situadas. Por último, los caps. 1–5 fueron añadidos como una introducción al todo en el tema del juicio final y la necesidad de hacer los mandamientos del Señor.

El libro 4, el libro de los Sueños (caps. 83–90), se compone de dos visiones oníricas. El primer sueño, de fecha incierta, se refiere al juicio del malo en el diluvio y por inferencia también se refiere al juicio final. El segundo, escrito en 165 o 164, es un relato alegórico de la historia de la humanidad, en la cual los animales representan a seres humanos, la gente representa a ángeles, y las estrellas representan a los Observadores.

Los patriarcas de Adán a Isaac son representados por toros, Israel por ovejas, y las naciones gentiles por varios animales no kosher (por lo general depredadores). Dios es representado como el dueño de las ovejas. En respuesta a varios fracasos de las ovejas, su dueño las abandona en las manos de 70 pastores infieles (ángeles). La historia culmina con la intervención de Dios en una batalla final entre las ovejas conducidas por un carnero (Judas Macabeo) y los otros animales. Esto va seguido del juicio de las estrellas, pastores, y malas ovejas; la nivelación y reconstrucción de la casa de las ovejas (Jerusalén, probablemente sin un nuevo templo); y el montaje de todos los animales justos (judíos y gentiles) en la nueva casa en la presencia del dueño. Por último, un nuevo toro blanco aparece (un nuevo Adán) y todos los animales son transformados en toros blancos, representando la transformación escatológica de todo el género humano en una sola raza adámica.

El libro 5, la llamada Epístola de Enoc (caps. 91–105), fue compuesto en el siglo II a.C. Contiene una introducción testamentaria y el Apocalipsis de Semanas (93.3-10 y 91.11-17). Tanto el apocalipsis como los posteriores ayes proféticos, las advertencias, y las predicciones expresan una oposición fundamental de violencia y engaño contra la justicia y la verdad. El apocalipsis proporciona el marco temporal a los juicios proféticos posteriores sobre los ricos y poderosos, quienes serán castigados por su opresión del justo y engaño de muchos. Dos breves relatos son añadidos al final. El primero es un relato del nacimiento milagroso de Noé y la seguridad de Enoc que Noé y sus hijos serán salvados cuando el resto del mundo es destruido por un diluvio (caps. 106–107). El segundo es un libro final de Enoc que detalla el futuro castigo del malo y la recompensa del justo (cap. 108).

El libro 2, las Similitudes, o el libro de las parábolas (caps. 37–71), consiste en tres «parábolas» y fue compuesto en el siglo I a.C. o el siglo I d.C. Las parábolas son una extensión y la interpretación de relatos más antiguos de los viajes visionarios de Enoc al cielo y a lo largo del cosmos. La primera parábola contiene la información sobre el destino del justo y de los pecadores y secretos astronómicos. La segunda y tercera parábolas desarrollan el tema del juicio escatológico principalmente desde el punto de vista del juez escatológico que es llamado «el justo», «el Electo», y «el Hijo de Hombre.» Después de la tercera parábola hay una visión final en la cual Enoc aprende que él es el Hijo de Hombre.

Cada uno de los libros de 1 Enoc es un apocalipsis en su forma actual. El Libro Astronómico, el Libro de los Vigilantes, y el Libro de Parábolas consisten en gran medida en viajes cósmicos e interpretaciones angelicales.

Las capas más viejas del Libro de los Vigilantes, sin embargo, no son apocalípticas ni en forma o contenido, y la forma original del Libro Astronómico es indiferente a la escatología. El Libro de los Sueños y el Apocalipsis de Semanas son revisiones simbólicas de la historia que conduce al escatón. La Epístola de Enoc contiene formas testamentarias, de sabiduría, proféticas y apocalípticas. Desde el punto de vista de sus autores, los libros son la sabiduría divina revelada en visiones y viajes de Enoc y en las tablillas divinas.

2 Enoc (Eslavo)

2 Enoc fue traducido del griego al eslavo, la única versión antigua en la cual sobrevive, habiendo sido compuesto probablemente en hebreo (o arameo). La fecha de composición puede ser cerca de la vuelta de la era. No hay ideas expresamente cristianas en él (aparte de algunas interpolaciones), ni hay allí mucho que sea expresamente judío. Parece que sus enseñanzas fundamentales son limitadas al monoteísmo y a la ética general. La segunda mitad consiste en el discurso final de Enoc a sus hijos y la ascensión posterior al cielo en su 365 año. Recuerda a 1 Enoc en su contenido y teología, con descripciones del viaje de Enoc al cielo, el cielo mismo, cosmología, escatología, calendario, angelología, y la sabiduría secreta concedida a Enoc.

3 Enoc (hebreo)

3 Enoc es un seudepigráfico escrito en hebreo probablemente en el siglo V o VI d.C. Como un representante del misticismo Merkabah, pretende ser un relato por el rabino Ismael (a principios del siglo II d.C.) de su ascensión al trono de Dios. Allí recibió revelaciones acerca de jerarquía angelical y liturgia, cosmología, escatología, y la exaltación y transformación de Enoc en Meṭatron el vicerregente de Dios.

Bibliografía. P. S. Alexander, «3 (Hebrew Apocalypse of) Enoch», *OTP* 1 (Garden City, 1983): 223-315; F. I. Andersen, «2 (Slavonic Apocalypse of) Enoch», *OTP* 1.91-221; M. Black, *The Book of Enoch or 1 Enoch.* SVTP 7 (Leiden, 1985); M. A. Knibb, *The Ethiopic Book of Enoch,* 2 vols. (Oxford, 1978); J. T. Milik, *The Books of Enoch: Aramaic Fragments of Qumrân Cave 4* (Oxford, 1976); D. W. Suter, *Tradition and Composition in the Parables of Enoch.* SBLDS 47 (Missoula, 1979); P. A. Tiller, *A Commentary on the Animal Apocalypse of 1 Enoch.* Early Judaism and Its Literature 4 (Atlanta, 1993); J. C. VanderKam, *Enoch, a Man for All Generations* (Columbia, S.C., 1995); *Enoch and the Growth of an Apocalyptic Tradition.*

PATRICK A. TILLER

ENÓS (Heb. *ʾĕnôš*) (Gr. *Enos*)

Hijo de Set y nieto de Adán (Lc 3.38). Según Génesis 5.9-11 a la edad de 90 años Enós engendró a su hijo Cainán y luego vivió unos 815 años adicionales. Durante la generación de Enós la gente comenzó un nuevo modelo de adoración invocando el nombre Jehová (Gn 4.26). Esta declaración puede implicar un contraste con Génesis 4.17-24, pero sólo si la línea de Caín en efecto debería ser interpretada como un ejemplo de maldad.

Bibliografía. A. S. Maller, «The Difficult Verse in Genesis 4:26», *JBQ* 18 (1990): 257-59, 263.

EDWIN C. HOSTETTER

ENREJADO

Cualquier patrón con una reticulación «parecida a un encaje», asociada principalmente con los adornos del tabernáculo y el Templo. La palabra hebrea *rešem* designa al enrejado de bronce que cubría al arca del pacto, y que se extendía por debajo del cerco hasta la mitad del altar. En las esquinas de este enrejado había cuatro anillos que estaban asegurados al mismo, y cuando el arca tenía que ser trasladada, se introducían las varas a través de estos anillos (Ex 27.4, 5; 38.4). Una «red» (*śĕbākâ*) de cadenas entrelazadas (1 R 7.17; «trenzas a manera de red») adornaba los capitales de las dos columnas que estaban delante del Templo; los capiteles estaban decorados adicionalmente con granadas y lirios (vv. 17-42; 2 R 25.17, 2 Cr 4.12-13; Jer 52.22, 23).

EN-RIMÓN (Heb. *ʿên-rimmôn*)

Ciudad en Judá asignada a la tribu de Simeón (Jos 19.7). En 1 Crónicas 4.32 (así en la LXX) es asignada a Judá. Aunque antes fue identificada con Kirbet Umm er-Ramāmîm/Ḥorvat Rimmon (137086), las excavaciones han mostrado que este sitio no fue ocupado durante el período bíblico. La ciudad puede haber estado localizada en Tel Ḥalif/Tell Kuweilifeh (1373.0879), 1 km (.6 mi) al norte.

LAURA B. MAZOW

EN-ROGEL (Heb. *ʿên rōgēl*)

Una fuente cerca de Jerusalén. Una señal importante en el límite entre las tribus de Judá y Benjamín (cp. Jos 15.7; 18.16), En-rogel sirvió como el lugar donde Jonatán y Ahimaaz reunieron información para David durante la rebelión de Absalón (2 S 17.17). También era donde Adonías celebró su banquete de sacrificio cuando él esperó la muerte de su padre, esperando tomar el trono.

Unos han interpretado el nombre para significar «la fuente del batanero» o «la fuente de pies», de la creencia que aquí los bataneros trabajaron su tela con sus pies. Sin embargo, el significado de *rōgēl* (también traducido «espías», «exploradores», «mercaderes») es incierto.

En-rogel es generalmente identificado como Bir Ayyûb («el pozo de Job»), c. 210 m (690 pies) más allá de la unión de los valles de Cedrón e Hinom. Algunos objetan esta asociación partiendo de la base de que Bir Ayyûb es un pozo, no una fuente. Sin embargo, es posible, que la fuente original fue cubierta como resultado de un terremoto. Josefo (*Ant.* 9.10.4) une Enrogel con el terremoto en el tiempo de Uzías (cp. Amós 1.1; Zac 14.5). Si el presente pozo es o no la ubicación de la «fuente» antigua, En-rogel estaba con toda seguridad en estas cercanías.

John L. Harris

EN-SEMES (Heb. *ʿên šemeš*)
Una fuente de señal («fuente del sol») en la frontera entre los territorios de Judá (Jos 15.7) y Benjamín (18.17; LXX «Bet-Semes»). Es comúnmente identificada con ʿAin el-Hôd/Ein Haud (175131), c. 4 km (2 mi) este de Jerusalén. Según una tradición (c. el siglo XV d.C.) los apóstoles bebieron de esta fuente; desde entonces ha sido llamada «la fuente de los apóstoles.»

ENSEÑANZA
Jesús es presentado en el NT y en el Evangelio como maestro (gr. didáskalos) o «rabí» (Marcos 4.38; 9.5 Juan 1.38), y enseñaba (didaskeín) «con autoridad» (Marcos 1.22; Lucas 4.32). En Mateo Jesús le da a los discípulos autoridad para continuar enseñando (Mt 28. 19-20). Para Juan, la autoridad en las enseñanzas de Jesús venían del Padre (Juan 8.28); el Espíritu Santo le enseñaría los discípulos cuando Jesús partiera (14.26; cf. Lc 12.12 par.).

El NT distingue entre enseñar y proclamar o predicar (Hch 4.2; 1 Tim 5.17). El contenido de la temática de la enseñanza es vago; incluía, pero iba más allá del *kḗrygma* básico de la predicación. Santiago 3.1 enfatiza la seria carga de la tarea del maestro.

Pablo entiende la enseñanza como uno de los dones espirituales individuales y deben ser usados para el beneficio de todo el Cuerpo de Cristo (Rom 12.7). En primera de Corintios 12.28 el oficio de enseñanza se ubica en el tercer lugar (después de apóstoles y profetas; cf. Ef 4.11). El mismo Pablo, ocasionalmente, se presenta como maestro (de tradiciones, 2 Ts 2.15; de «mi proceder en Cristo Jesús,» 1 Co 4.17; cf. Col 1.28; 1 Tim 2.7).

El Gr. *didaskalía* ocurre 15 veces en las Epístolas Pastorales como un término para la doctrina cristiana de autoridad (cf. *didachḗ* en Hechos 2.42; Rom 6.17; 16.17; 2 Juan 9-10). La enseñanza de «sana doctrina» (1 Tim 1.10; Tit 1.9) se opone a las falsas enseñanzas (1 Tim 1.3-7; Tit 1.10-16) y está ligada a la interpretación correcta de las Escrituras (1 Tim 1.8-11; 2 Tim 3.16). Las Pastorales enfatizan el oficio de la enseñanza del obispo (1 Tim 3.2; Tit 1.9); las mujeres no deben enseñar a los hombres (1 Tim 3.2; pero cf. Tit 2.3).

Bibliografía. J. A. Fitzmyer, «The Office of Teaching in the Christian Church According to the New Testament,» in *Teaching Authority and Infallibility in the Church,* ed. P. C. Empie, T. A. Murphy, and J. A. Burgess (Minneapolis, 1980), 186-212; response by J. Reumann, 213-31.

Martin C. Albl

ENSEÑANZA DE LOS DOCE APÓSTOLES
Véase Didache

EN-TAPÚA (Heb. *ʿên tappûaḥ*)
Una fuente («fuente del manzano») localizada en una loma c. 9 km (7.5 mi) sur de Nablus, nombrado por la ciudad cercana de Tapúa (la moderna Sheikh Abq Zarad; 172168; Jos 17.7-8). Era un indicador fronterizo entre Efraín en el norte y Manasés en el sur en la llanura central. Esta área era una fortaleza cananea en el momento de la conquista de Josué, y requirió los esfuerzos combinados de las tribus para desalojar a los cananeos.

John A. McLean

EPAFRAS (Gr. *Epaphrás*)
Un ciudadano de Colosas a quien Pablo describe como «consiervo amado», «fiel ministro de Cristo», «siervo de Cristo» (Col 1.7; 4.12-13), y «compañero de prisiones» (Flm 23). Que su nombre aparece a la cabeza de la lista en Filemón y que Pablo le llama *doúlos* y *sýndoulos,* términos usados para él mismo

pero con poca frecuencia para referirse a otros, indican el alto respeto de Pablo hacia él. Epafras fundó la iglesia de Colosas (Col 1.7), trajo noticias de ella a Pablo (vv. 4-8), y cargó con la responsabilidad de ella y quizás Laodicea y Hierapolis (4.13). Su «ruego encarecido» (*agoniz-ōmenos*) por aquellas iglesias es indicado por el mismo término usado para describir la oración de Jesús en el huerto de Getsemaní y las propias luchas de Pablo por el evangelio (Col 1.29). Epafras ora que los colosenses sean maduros *(téleioi)* y totalmente asegurados *(peplērophorēménoi)* en la voluntad de Dios (Col 4.12), términos que aluden a maestros rivales en Colosas. La oración de Epafras, como la de Pablo (Col 1.3-12), se opone a su «filosofía» (2.8). La confianza de Pablo en y el elogio de Epafras levantan su estatus entre los colosenses e inspiran su confianza en él (a diferencia de los falsos maestros). Epafras es quizás una abreviación de Epafrodito, pero ninguna prueba lo une con el Epafrodito de Filipenses 2.25; 4.18.

Bibliografía. D. E. Hiebert, «Epaphras, Man of Prayer», *BSac* 136 (1979): 54-64.

Bonnie Thurston

EPAFRODITO (Gr. *Epaphróditos*)
Un cristiano enviado por la iglesia de Filipos para entregar regalos a Pablo, quien estaba encarcelado, y ayudarle (Fil 4.18). Epafrodito entonces enfermó y casi muere. Pablo lo llamó su hermano, colaborador (Gr. *synergós*), compañero de milicia *(systratiōtēs)*, y el mensajero de los filipenses *(apóstolos)* y ministro *(leitourgós)* para él (Fil 2.25-30). Los términos significan el reconocimiento de Pablo del servicio de sacrificio ejemplar de Epafrodito a él en favor del evangelio. Epafrodito era un nombre de persona común en el siglo I d.C., relacionado con el nombre de la diosa griega del amor, Afrodita, y puede arrojar luz en su trasfondo de familia.

Pablo se refiere a un Epafras como su compañero de prisiones (Flm 23) e identifica un Epafras de Colosas como un consiervo amado *(sýndoulos)* y fiel ministro *(diákonos)* y siervo *(doúlos)* de Cristo (Col 1.7; 4.12). Mientras el nombre Epafras podría ser una forma acortada de Epafrodito, muy probablemente es que éste era de Filipos, no de Colosas.

Bibliografía. R. A. Culpepper, «Co-Workers in Suffering: Philippians 2:19-30», *RevExp* 77 (1980): 349-58.

Scott Nash

EPENETO (Gr. *Epaínetos*)
Un cristiano que Pablo saluda como «mi querido hermano» «y el primer convertido en Asia» (Ro 16.5 NVI). Epeneto probablemente perteneció a la iglesia de hogar de Prisca y Aquila y fue convertido por ellos o Pablo. En el momento del saludo de Pablo (c. 58 d.C.), Epeneto probablemente vivía en Roma. Aunque una inscripción romana que lleva el nombre Epeneto, un efesio, existe (*CIL* 6.17171), su identificación con el Epeneto de Romanos es imposible.

Florence M. Gillman

EPICÚREOS (Gr. *Epikoúreioi*)
Epicureísmo, una escuela filosófica que se deriva de Epicúreo (341-271 a.C.), quién fundó una escuela de pensamiento c. 306 en Atenas, basado en su apreciación por la naturaleza y por la filosofía práctica como la medicina del alma. Epicúreo desconfió de la filosofía erudita como comúnmente se practicaba y tenía sólo cosas malas que decir sobre otros maestros de arte y ciencia, incluso Platón y Aristóteles. Él ofreció una filosofía de vida para la gente sencilla, teniendo la intención de llevarlos a disfrutar de la felicidad.

Epicúreo creía que la única guía de confianza era la percepción de los sentidos. Los hombres, las mujeres y los esclavos eran parte de su comunidad, que se reunía en su huerto. Epicuro propuso una teoría atómica, que todo en el mundo es hecho de átomos, que son eternos, indestructibles, e inalterables. Él explicó la diferencia en la naturaleza y el aspecto de las cosas por ser grupos de átomos que se diferencian. La eternidad de los átomos y la aleatoriedad de sus colisiones creativas eliminan cualquier necesidad de Dios o Razón detrás del universo. La teoría también hace a la gente un accidente atómico y su muerte nada trágico o moral, sino más bien la modificación de átomos.

Los epicúreos creían que había dioses, pero que ellos fueron quitados de la existencia humana y eran indiferentes a ella, no dedicados en providencia o participación inteligente con la operación de la vida humana o el universo. Epicuro enseñó que habría que buscar el placer y la felicidad; no satisfacción egoísta hedonista, sino placer como la norma de bondad en el universo. Él definió el placer como la ausencia del dolor y las ansiedades ordinarias de la vida. La gente sería feliz si era liberada del miedo de dioses y de la muerte. En la búsqueda de lo que es bueno, uno podría confiar en las sensaciones interiores como una guía segura. La búsqueda epicúrea del placer personal condujo a un repliegue de actividades públicas y participación en el gobierno, que era al contrario de la expectativa griega que uno debiera ser activo en la vida pública. Esta filosofía era un sistema de pensamiento que se concentró en el individuo y era mayormente indiferente con la sociedad. Fue buscado por la élite intelectual y mantuvo que no había ninguna ley universal u orden moral en el universo. Las enseñanzas de Epicuro fueron presentadas al mundo romano en el siglo I a.C. por el poema filosófico de Lucrecio, *De Rerum Natura.*

Los epicureos discutieron con Pablo en Atenas (Hch 17.18). Aunque él haya usado su vocabulario (p. ej., gr. *átomos,* 1 Co 15.52; cp. Tit 3.3), su mensaje de juicio divino y resurrección era contrario a sus creencias.

Richard A. Spencer

EPILEPSIA

Según algunos investigadores médicos modernos, un desorden caracterizado por la aparición repetida de convulsiones a falta de una aguda precipitación sistémica o lesión cerebral. Algunos eruditos ven las referencias históricas más antiguas a la epilepsia en descripciones (de tan pronto como el segundo milenio a.C.) de las enfermedades conocidas como *antašubba* y *bennu* en la antigua Mesopotamia, aunque otras interpretaciones sean posibles. En la literatura grecorromana, «la enfermedad decreciente» y «la enfermedad sagrada», una condición en particular atribuida a las acciones de los dioses, son por lo general consideradas como referencias a la epilepsia.

El AT no contiene ninguna referencia clara a la epilepsia, aunque algunos eruditos vean la mención de los efectos de la luna en el Salmo 121.6 como una referencia posible. El comportamiento de Saúl (1 S 16.14-16) y Ezequiel (Ez 3.26) también ha sido atribuido a la epilepsia por algunos eruditos.

Muchos eruditos modernos asignan a la epilepsia los síntomas del joven endemoniado en Marcos 9.14-29. El pasaje paralelo en Mateo 17.15 usa el gr. *selēniázetai,* que a menudo se traduce «lunático», un título asociado con la epilepsia en fuentes grecorromanas. Los casos más ambiguos de epilepsia incluyen referencias al aguijón de Pablo en la carne las experiencias «fuera del cuerpo» (2 Co 12.1-7).

Hector Avalos

EPÍSTOLA (Gr. *epistolê*)
Véase Carta.

EPÍSTOLAS GENERALES
Véase Cartas católicas.

EPÍSTOLAS CATÓLICAS
Las siete epístolas del NT de Santiago, 1–2 Pedro, 1–2–3 Juan, y Judas. Gr. *katholikós,* «católico» o «general,» denota una carta enviada a una cantidad de iglesias dispersas geográficamente o a la iglesia universal (casi en el sentido de una encíclica). Este tipo de carta es distinto de una enviada a las iglesias locales en una comunidad o a individuos (como eran las cartas de Pablo). Aunque 2 Juan se dirige a una congregación local y 3 Juan se dirige a un individuo, estas cartas estaban tan estrechamente asociadas con 1 Juan que fueron incluidas junto con ésta dentro de las epístolas católicas.

La designación epístolas católicas puede remontarse hasta finales del siglo II d.C. a Apolonio (Eusebio *HE* 5.18.5) y fue aplicada a una carta general, canónica o no. Por ejemplo, Orígenes llama a la epístola de Bernabé una epístola católica porque no está dirigida a alguna congregación (*Contra Cels.* 1.63). Por lo tanto, en principio «epístolas católicas» no denotaba el estatus de autoridad o canónico de estas siete cartas como para distinguirlas como ortodoxas en lugar de herética. Tampoco la designación sugiere reconocimiento universal de su autoridad, pues mientras eran llamadas «católicas», su inclusión en el canon estaba siendo disputada. Sin embargo, para el siglo IV la designación era usada para especificar estas siete como una colección (*HE* 2.23.24-25), probablemente para distinguirlas de la colección paulina. Cuando las siete cartas fueron canonizadas, «católicas» comenzó a denotar su estatus autoritativo y canónico, algo reflejado en su designación ocasional como «epístolas canónicas» *(epistolae canonicae).*

Bibliografía. B. M. Metzger, *The Canon of the New Testament* (Oxford, 1987); R.W.Wall and E. E. Lemcio, *The New Testament as Canon.* JSNTSup 76 (Sheffield, 1992), 161-83.

Duane F. Watson

EPÍSTOLAS DE LA PRISIÓN
Las cuatro epístolas (Efesios, Colosenses, Filipenses y Filemón) en el corpus paulino que afirman haber sido escritas mientras Pablo estaba en la cárcel (Ef 3.1; 4.1; Col 4.3, 10, 18; Fil 1.7, 13-14, 16, 17; Flm 1, 9, 10, 13, 23). Tradicionalmente, el encierro de Pablo en Roma ha sido considerado el lugar más probable

de su origen (Hch 28), y esta sigue siendo la postura de la mayoría de los eruditos, al menos en cuanto a las cartas que ellos consideran como genuinamente escritas por Pablo. Sin embargo, también hay argumentos fuertes para pensar en Cesarea (Hch 23.33-26.32) o Éfeso (cf. 1 Co 15.32; 2 Co 1.8-10.). La evidencia no es concluyente. Hay quienes pensarían que la epístola a los Filipenses fue escrita desde una prisión diferente a las de las otras. Por supuesto, si Efesios o Colosenses fueron escritas bajo seudónimo, la ubicación de la cárcel es de poco valor histórico. Aunque 2 Timoteo afirma también tener origen en una prisión (2 Ti 1.8), ella normalmente es agrupada con las epístolas pastorales (1Timoteo, 2 Timoteo, Tito).

KENT L. YINGER

EPÍSTOLAS PASTORALES

1-2 Timoteo y Tito, tres cartas que constituyen un grupo diferenciado dentro del corpus paulino. Estos textos una vez altamente estimados cayeron bajo una sombra con el surgimiento de la alta crítica. A partir de entonces los conservadores trabajaron para rehabilitarlas, mientras más eruditos liberales encontraron sus puntos de vista de la iglesia, la sociedad y la teología cada vez más cuestionables. La estrategia de los defensores de la composición paulina necesitaban asignar a las Epístolas Pastorales la fecha más tardía posible mientras buscaban conformar su contenido a las epístolas no disputadas. Esta estrategia no ha sido especialmente exitosa. Si fueron escritas por Pablo, las Epístolas Pastorales representan una conclusión débil para una carrera brillante. Si es pospaulina, son testigos interesantes de conflictos posteriores sobre la herencia de Pablo. El reconocimiento de que la supuesta autoría tiene más que ver con la autoridad que con la composición y que los escritos secundarios no son necesariamente inferiores (cf. Is 40–66) ha aliviado las tensiones. El mundo de las Epístolas Pastorales es más fácilmente explicable a la luz de 1 Clemente, los Hechos de Pablo, y la carta de Policarpo que de la carrera de Pablo. Una fecha probable es c. 100-125.

Los destinatarios de las Epístolas Pastorales no son comunidades sin colaboradores de Pablo. Timoteo y Tito aparecen aquí como relativamente jóvenes (Tit 2.7, 15; 1 Tim 4.12) sucesores de Pablo. Estas cartas, que son parenéticas (amonestación) en forma, tienen un doble objetivo: mostrar la obra y el pensamiento de Pablo y proporcionar modelos para la organización de comunidades cristianas en un mundo hostil. El ex politeísta Tito (Tito 3.4-5) está desarrollando una nueva zona de misión, Creta, mientras que Timoteo, descendiente de antepasados piadosos (2 Tim 1.3-14; 3.15), supervisa la iglesia establecida de Éfeso.

Estos líderes se enfrentaban a retos de los falsos maestros, tanto dentro (1 Timoteo) como fuera (Tito) de la comunidad. Debido a que algunas de las acusaciones, como la motivación de la codicia, son estereotipos polémicos mientras que otros son escuetos, es difícil establecer si una o más «herejías» están a la vista. La referencia a mitos, genealogías, pensamiento especulativo, y ascetismo (p.ej., 1 Tim 1.3-7; Tit 3.9-11) evoca incipiente gnosticismo. «Judío» (Tit 1.14) *puede* ser no más que un epíteto hostil. Las Epístolas Pastorales abogan porque los falsos maestros sean rechazados en lugar de refutados (2 Tim 3.5). Particularmente censurable es la alteración de la vida social convencional a través del comportamiento no conformista, en especial por las mujeres (1 Tim 2.8-15; 4.7; 5.13). El gradiente es claro: Pablo favorece el celibato, pero afirma que es mejor casarse que quemarse (1 Cor 7). En los Hechos de Pablo su obediente conversa Tecla literalmente prefiere quemar el matrimonio. 1 Timoteo 2 requiere que las mujeres se casen. Las Epístolas Pastorales tratan de preservar el pensamiento de Pablo suavizando los bordes potencialmente especulativos y subrayando la normalidad de su moralidad.

La iglesia no es el enemigo de los antiguos «valores familiares»; es la «familia de Dios» (1 Tim 3.15). Los oficiales (obispos/supervisores, presbíteros, ancianos y diáconos/ministros servidores) poseen las cualidades de los jefes de familia y líderes de organizaciones (p.ej., 1 Tim 3.1-13). Su tarea es la formación. Lo que llamamos «ética» era para los antiguos largamente el desempeño de tareas y obligaciones apropiadas a la propia función y posición en la vida. La gracia no es simplemente liberadora; es educativa (Tit 2.12). Las Epístolas Pastorales aceptan la posibilidad de la persecución (1 Tim 6.13), pero desean condenar una conducta que pueda dañar la reputación de la iglesia. Hoy en día es fácil ver cuánto de este consejo es específico de la cultura y lamentar concesiones aparentes a las normas del mundo. Lo que es más importante que su coloración cultural es el testimonio de las Epístolas Pastorales a los inicios de una estructura que podría, durante siglos, gradualmente hacer de la iglesia una fuerza moral en el mundo grecorromano, y más tarde en el mundo «bárbaro.»

Bibliografía. J. C. Beker, *Heirs of Paul* (1991, repr. Grand Rapids, 1996); M. Dibelius and H. Conzelmann, *The Pastoral Epistles.* Herm. (Philadelphia, 1972); G. W. Knight III, *The Pastoral Epistles.* NIGTC (Grand Rapids, 1992); D. R. MacDonald, *The Legend and the Apostle* (Philadelphia, 1983); F. M. Young, *The Theology of the Pastoral Letters* (Cambridge, 1994).

RICHARD I. PERVO

EPOPEYA DE GILGAMÉS

Quizás la obra maestra más famosa de la literatura antigua del Cercano Oriente, sin duda debido a su narrativa del diluvio (aunque esto sea realmente una adición tardía). Escrita en acadio, presenta las proezas de Gilgamés, un posible rey de Uruk (Erec bíblico, Gn 10.10) en el sur de Mesopotamia c. 2700-2600 a.C. Varios trabajos literarios sumerios independientes y tradiciones sobre Gilgamés habían circulado tan temprano como en la Dinastía Ur III (2100-2000 a.C.). Sin embargo, algún tiempo a principios del segundo milenio estas obras fueron transformadas en una sola composición (mencionada a menudo como la Antigua Versión Babilonia). Su popularidad es atestiguada por las copias, fragmentos, y adaptaciones de esta versión que han sido encontradas en sitios tales como Emar en el norte de Siria, Meguido en Canaán, y *Ḫattuša*, la capital del imperio heteo.

Ni los trabajos sumerios tempranos ni la Antigua Versión Babilonia tenían un relato del diluvio. Este elemento, sin embargo, puede ser rastreado a partir de principios episódicos sumerios (el Relato de Ziusudra) a partir de traducciones acadias sucesivas y adaptaciones a la versión «canónica» final en 12 tablillas (capítulos) en lo que a menudo se menciona como la Versión Estándar de la Epopeya Gilgamés (conocida principalmente de copias neoasirias [750-612 a.C.]).

El tema general de esta versión integrada es la (por último condenada) búsqueda de la vida eterna y «el premio de consuelo» de la fama duradera que, en el caso de Gilgamés, realmente ha sido conseguida.

Pero es la Tablilla XI de esta Versión Estándar con su historia mesopotámica de la historia del diluvio la más familiar de todos los paralelos bíblicos en la epopeya. La tablilla parece derivar en particular del mito acadio de *Atra-ḫasis*. En esta versión, el relato del diluvio es puesto en boca del héroe del diluvio (=Noé), conocido en versiones diferentes por nombres diferentes pero aquí como Utnapishtim («tengo/él ha encontrado vida»). En una etapa de su evolución, la tablilla XI era la última tablilla de la epopeya, y concluía con la vuelta de Gilgamés a Uruk. Posteriormente una duodécima tablilla fue añadida por la traducción directa de un prototipo sumerio. Incluyó una visión del mundo inferior que Gilgamés presidió como una deidad.

Bibliografía. S. Dalley, *Myths from Mesopotamia* (Oxford, 1989), 39- 153; B. R. Foster, *Before the Muses, segunda* ed. 2 vols. (Bethesda, 1996); B. R. Foster, «Gilgamesh (1.132),» en *The Context of Scripture,* ed. W. W. Hallo (Leiden, 1997), 1.458-60; M. G. Kovacs, *The Epic of Gilgamesh* (Stanford, 1989); J. H. Tigay, *The Evolution of the Gilgamesh Epic* (Philadelphia, 1982).

K. LAWSON YOUNGER, JR.

ER

ER (Heb. *ʿēr;* Gr. *ér*)

1. El hijo primogénito de Judá y la hija del cananeo Súa (Gn 38.1-3, 12; 46.12; Nm 26.19) o Bat-súa (1 Cr 2.3). El matrimonio de Er con Tamar, probablemente una cananea, terminó dentro de poco con su muerte, atribuida a que «fue malo ante los ojos de Jehová» (Gn 38.7; 1 Cr 2.3).

2. Uno de los hijos de Sela; el nieto de Judá y el padre de Leca (1 Cr 4.21).

3. El padre de Elmodam; listado entre los antepasados de Jesús en la genealogía de Lucas (Lc 3.28).

ERA

El sitio donde grano cosechado (cebada o trigo) se extiende a secar de manera que los granos de semillas se pueden separar de la paja. Esta separación se puede lograr golpeando los tallos de grano con un látigo, pero más típicamente implica el uso de un trillo. Este trillo, hecho de un cartón grueso o tableros en los que las piedras han sido incorporadas, se arrastra en repetidas ocasiones por un buey o asno a través del grano, que separa la cáscara de la semilla.

Las eras parecen haber estado situadas en el límite o en la puerta de un pueblo o ciudad (1 R 22.10 = 2 Cr 18.9), y, tal vez debido a esta proximidad, pueden ser sitios de actividades distintas de la agricultura: por ejemplo, la seducción de Rut de Boaz (Rut 3.1-18). Estas actividades no agrícolas son a menudo de naturaleza cúltica. En Génesis 50.10-11, cuando

José y sus hermanos regresan los huesos de su padre Jacob a Canaán, sus rituales de duelo se llevan a cabo en la era de Atad, en algún lugar en la orilla oriental del Jordán. Según Jueces 6.37 Gedeón, deseando una señal de que en realidad servirá como libertador de Dios en la guerra de Israel contra Moab, recibe la garantía que él busca en una era. 1 Reyes 22.10 par., informa que los profetas profetizan delante de los reyes de Israel y de Judá en la era de Samaria. Lo más significativo, sin embargo, son las tradiciones que se encuentran en 2 Samuel 24 (= 1 Cr 21), donde David ve a un ángel de Jehová en la era de Arauna jebuseo (vv. 16-17) y, posteriormente, compra la propiedad y erige un altar (vv. 18-25). 2 Crónicas 3.1 asocia esta ubicación con el sitio de Jerusalén, donde Salomón finalmente construyó su gran templo.

SUSAN ACKERMAN

ERAN (Heb. *ʿērān*)
Uno de los hijos de Sutela y el nieto de Efraín; antepasado epónimo del clan eranita (Nm 26.36; LXX «Edén», v. 40).

ERASTO (Gr. *Érastos*)
El tesorero de la ciudad (Gr. *oikonómos*) de Corinto, de quien Pablo envía saludos a la iglesia en Roma (Ro 16.23). Hechos 19.22 menciona un Erasto enviado con Timoteo por Pablo a Macedonia de Éfeso. 2 Timoteo 4.20 se refiere a un Erasto que permaneció en Corinto. Una inscripción latina excavada en un patio pavimentado cerca del teatro en Corinto lee: «Erasto puso [el pavimento] a su propio costo a cambio de su nombramiento de edil».

Romanos 16, quizás al principio dirigido a Éfeso más bien que a Roma, fue probablemente escrito de Corinto. Hechos es un relato secundario, y 2 Timoteo, según algunos, puede ser pseudopaulina. Aun así, probablemente se refiere al mismo Erasto en cada texto del NT y en la inscripción.

El título *oikonómos* puede equivaler al cuestor, una posición inferior que edil pero también responsable de fondos públicos; uno podría ser cuestor antes de hacerse edil. Si Pablo y la inscripción se refieren al mismo Erasto, sugiere que el cristianismo tuviera seguidores entre personas de estatus notable en Corinto.

Bibliografía. G. Theissen, *the Social Setting of Pauline Christianity* (Filadelfia, 1982).

SCOTT NASH

EREC (Heb. *ʾereḵ*)
El nombre bíblico de Uruk antiguo (Warka moderno) en la parte baja del río de Eufrates en Irak. El nombre sumerio temprano de la ciudad era Unug, probablemente «la ciudad»; durante ese tiempo Uruk habría sido la ciudad más grande en el mundo. Según la lista de reyes sumerios, la Primera Dinastía de Uruk incluyó Enmerkar, Lugalbanda, Gilgamesh, y Dumuzi (Tamuz), figuras semilegendarias que son prominentes en epopeyas de Mesopotamia.

Aparte de visitas exploratorias, las excavaciones en Uruk comenzaron en 1912 y siguieron con interrupciones hasta la temporada 39 en 1989. El sitio fue primero establecido en el quinto milenio a.C. Durante el cuarto milenio, el período Uruk epónimo, el sitio fue dominado por dos centros: Eanna, la ubicación en tiempos posteriores de un templo a Inanna, y el llamado Anu zigurat, una plataforma que apoya el templo blanco, él mismo posiblemente dedicado al dios Anu. Los textos protocuneiformes encontrados en estas áreas han sugerido a algunos que la escritura fue inventada en la ciudad en quizás 3300. Durante el tercer milenio la ciudad creció a tanto como 400 ha (988 a), en el área y estuvo rodeada por una muralla de gran tamaño. Durante el segundo milenio la ciudad era políticamente menos importante, aunque fuera el sitio del palacio del antiguo jefe babilónico Sin-kašid. Durante el primer milenio Uruk fue renovada por el rey asirio Sargón II (721-705). Experimentó una reactivación económica en tiempos Partos y seléucidas, cuando los templos de Anu, Antum, y Gareus, y otro templo que las excavadoras llamaron el Südbau, fueron construidos.

Erec se menciona en la Biblia como una de las ciudades gobernadas por el rey legendario Nimrod en la tierra de Sinar, junto con Babilonia y Acad (Gn 10.10). Sus ciudadanos estaban entre aquellos deportados a Samaria (Esd 4.9).

GEOFF EMBERLING

ERI (Heb. *ʿērî*)
El quinto hijo de Gad (Gn 46.16). Sus descendientes, los eritas, se mencionan en el primer censo tomado en el desierto (Nm 26.16).

ERUPCIÓN
Una costra o una erupción cutánea (Heb. *sappaḥat*). Como las erupciones de la lepra incipiente a menudo eran indistinguibles de erupciones causadas por

algo más, tales irregularidades se sometieron al examen ritual para determinar si ellos eran benignos (Lv 13.2, 6; 14.56-57).

ESÁN (Heb. *ʾešʿān*)
Un pueblo en la región montañosa de Judá (Jos 15.52). Aunque su ubicación exacta sea desconocida, Esán puede ser identificada con Kirbet Samaʿa (cp. LXX B Gr. *Sōma*), c. 17 km (10.5 mi) suroeste de Hebrón.

ESARHADÓN (Heb. *ʾēsar-ḥaddōn;* acadio *Aššur-aḫḫa-iddina*)
Rey de Asiria (680-669 a.C.). Después del asesinato de su padre Senaquerib (2 R 19.37 = Is 37.38), Esarhadón fue inmediatamente se enfrentó con una rebelión que reprimió después de seis semanas. Después de restaurar Babilonia, que su padre había destruido, él concentró su atención en los asuntos en el oeste en Siro-Palestina y Egipto. Siguiendo las políticas de Senaquerib, él recaudó tributo pesado de reyes vasallos en Siro-Palestina, incluso los gobernantes de Edom, Moab, Amón, Tiro y Sidón. También los obligó a que enviaran materiales de construcción a Asiria y Babilonia. El rey israelita Manasés puede haber sido transportado a Babilonia también, lo que puede explicar el relato en 2 Crónicas 33.11. Al final de su reinado Esarhadón requirió que todos los vasallos (probablemente incluso Manasés) firmaran un tratado que asegurara la sucesión ordenada de su hijo Asurbanipal.

Ya que Egipto todavía era una amenaza de tomar el control de la costa levantina de los asirios, Esarhadón, después de un breve fracaso, llegó a ser el primer rey asirio en entrar y conquistar Egipto (671). Los anales de Esarhadón dan una descripción detallada de la captura y el saqueo de Menfis, la principal ciudad egipcia. Poco después de que el rey asirio se marchara, los egipcios bajo Tajarqa se rebelaron, así precipitando otra campaña por Esarhadón, que murió, sin embargo, antes de que pudiera volver.

Aunque no se menciona en los anales asirios, hay pruebas que Esarhadón envió a deportados a Judá. Según Esdras 4.2, durante el período Aqueménida (mediados del siglo V) los enemigos de Judá pidieron ayudar a los exiliados que habían regresado en la reconstrucción del templo, ya que ellos habían estado sacrificando a Dios «desde los días de Esarhadón rey de Asiria, que nos hizo venir aquí». Parece probable que esta deportación pueda haber ocurrido debido a la campaña principal de Senaquerib en el oeste (c. 701) y siguió durante el reinado de Esar-hadón.

Bibliografía. S. Parpola, *Letters from Assyrian Scribes to the Kings Esarhaddon and Assurbanipal II.* AOAT 5/2 (Kevelaer, 1983); D. J. Wiseman, *The Vassal-Treaties of Esarhaddon.* Iraq 20 (1958): 1-99.

Mark W. Chavalas

ESAÚ (Heb. *ʿēśāw*)
El hijo mayor de Isaac y Rebeca y hermano gemelo de Jacob (Gn 25.24-25; 1 Cr 1.34). La etimología del nombre de Esaú es confusa. Su descripción como rojizo de aspecto (Heb.' *ʾaḏmônî,* Gn 25.25; cp. *hāʾāḏōm,* v. 30) está etimológicamente relacionada no con el nombre Esaú, sino con Edom (*ʾĕḏôm;* 36.1, 8, 19, 43), los descendientes epónimos de Esaú (vv. 9, 43). Del mismo modo, la vellosidad de Esaú (*śēʿār, Gn* 25.25) está relacionada con Seir (*śēʿîr;* 36.8; Dt 2.4-5; Jos 24.4), la tierra donde él finalmente se establece.

Como hijo mayor Esaú tenía derecho al derecho de primogenitura y la bendición del primogénito. Él vendió el primero a Jacob por la comida (Gn 25.29-34; cp. He 12.16) y perdió la última por medio del engaño de Rebeca y Jacob (27.1-38). Así, Isaac sólo podría dar a Esaú una bendición secundaria y subordinada (Gn 27.39-40; pero cp. He 11.20). Tales inversiones donde el hermano menor es favorecido sobre el más viejo son comunes en la Biblia, y este caso particular fue pronosticado (Gn 25.23). No obstante, estas inversiones a menudo vienen a algún precio; en este caso Esaú odia a Jacob y planea matarlo (Gn 27.41-45). Los dos hermanos son separados entonces hasta su reencuentro muchos años más tarde (caps. 32-33). Si bien esta reunión causó a Jacob mucha ansiedad (note esp. Gn 32.22-32), Esaú es presentado como un hermano cortés y perdonador (33.4-9; cp. las palabras de Rebeca en 27.44-45). Reconciliados, Esaú y Jacob entonces se separan, morando en áreas diferentes (Gn 35.16, 21; cp. 36.6-8) pero uniéndose otra vez cuando Isaac muere (35.29).

A Esaú se le describe como un cazador y un hombre del campo (Gn 25.27). Él se casó con dos mujeres heteas (compare a Gn 26.34 con 36.2-3; el 36.10-12, 14), quienes hicieron la vida amarga para Isaac y Rebeca (26.35; 27.46), y él también se casó con una hija de Ismael (compare 28.6-9 con 36.2-3, 13), al parecer para complacer a sus padres. Los nombres de sus mujeres son confundidos de un texto a otro, pero es evidente que cinco hijos vinieron de estos matrimonios: Elifaz, Reuel, Jeús, Jalam, y Coré. Una genealogía larguísima de los descendientes de Esaú se da en Génesis 36 (cp. 1 Cr 1.35-54).

El resto del material bíblico es algo ambivalente sobre Esaú. Su relación de hermano con Jacob, el antepasado de Israel, es recordada y respetada a veces (p. ej., Dt 2.4-5, 8, 29). En realidad, Dios dio Seir a Esaú (Dt 2.5, 12, 22; Jos 24.4), no muy diferente de la entrega de Canaán a Jacob. En otras partes, sin embargo, Esaú-Edom es un rival para Israel y es juzgado por Dios (cp. Jer 49.7-22; Abdías). Malaquías 1.2-3 declara que Dios amó a Jacob, pero aborreció a Esaú, un tema recogido por Pablo (Ro 9.13).

Bibliografía. M. Dijkstra, «Esaú», *DDD*, 306.

Brent A. Strawn

ES-BAAL (Heb. *ʾešbāʿal*)

El nombre original de Isboset, hijo y sucesor del rey Saúl (1 Cr 8.33; 9).

ESBÁN (Heb. *ʾešbān*)

El segundo hijo de Disón, antepasado de un clan horeo (Gn 36.26; 1 Cr 1.41).

ESCALERA

Una serie graduada de pasos o niveles. Puede ser una estructura hecha de madera, metal o cuerdas, con dos piezas a los lados, y una serie de peldaños. La escalera representa simbólicamente el movimiento hacia arriba o el progreso, y era considerada un lugar donde interactúan la humanidad y la divinidad, un medio de conectar al cielo y la tierra (Gn 28.12).

La voz hebrea *sullām*, traducida comúnmente como «escalera», expresa la imagen del zigurat babilónico, la torre de un templo que tenía escalones de ladrillo que conducían a un pequeño santuario en la parte más alta de la misma. Este es lugar en donde ascienden y descienden ángeles (cf. Jn 1.51)

C. Gilbert Romero

ESCALERA DE TIRO

Característica geográfica del litoral palestino cerca de Tiro (Gr. *klímax Týrou*), quizás el reborde que prolonga la línea costera hasta un punto más o menos intermedio entre Ptolemaida (Acre) y Tiro. Antíoco VI, uno de los aspirantes al trono seléucida, nombró a Simón Macabeo gobernador «De la Escalera de Tiro hasta la frontera de Egipto» (1 Mac 11.59; c. 145 a.C.), es decir, de la costa de Palestina.

ESCATOLOGÍA

Escatología (del gr. *éschatos,* «último») se refiere a las expectativas de un fin del tiempo, si el final de la historia, el mundo mismo, o la época actual. El lenguaje escatológico se hace prominente en los profetas del AT y textos apocalípticos judíos posteriores (tanto canónicos como extracanónicos) y es un rasgo generalizado en la literatura cristiana primitiva. Una rica variedad de imágenes aparece en estos escritos: «el día del Señor» (o «aquel día»), a menudo caracterizado como un día de juicio final (p. ej., Ez 30.1-4; Jl 2.1-2; Am 5.18-20; Sof 1.7-18; 4 Esd 7.33-44; 1 En 3, 45, 62–63, 100; Mt 11.22; 25.31-46; Ro 2.1-16; 1 Co 3.10-15), y precedido por un período de pruebas y desintegración social y política (Dn 12.1-4; 4 Esd 5.1-13; 2 Bar 25, 70; T. Leví 16–18; T. Zeb. 9.5-9; T. Naf. 4.2-5; Or Sib 3.635-56); una guerra decisiva en la cual los enemigos de Israel (o las fuerzas de mal) son finalmente derrotados e Israel (o el pueblo de Dios) restaurado (Ez 37–39; Jl 3 [TM 4]; Zac 12, 14; 1 En 56; 1QM; Ap 19.11-21; 20.7-10); restauración de la ciudad santa y de la tierra (Is 35, 40–55; Tob 14.5; Jub 1.15-18); un templo escatológico (Ez 40-48; 11QT); la conversión o correr de las naciones a Jerusalén (Is 60; cp. 11.10; Zac 8.20-23; 14.16-21; Tob 14.6-7; cp. Ap 21.24); una cosecha en la cual los fieles son juntados y el malo quitado (4 Esdras 4.26-32, 39; 2 Bar 70.2; Mt 3.12; 13.36-43; Ap 14.14-20); un banquete escatológico festivo para el pueblo de Dios (Is 25.6; Lc 13.29; 14.15-24); resurrección (a vida o juicio; Is 26.19; Dn 12.2; 1 En 51; 4 Esd 7.32; Or Sib 4.179-92; Jn 5.25-29; 1 Co 15); un banquete de boda o boda alegre (Mt 22.1-14; Ap 19); y simplemente «estar con» el Señor (2 Co 5.8; Fil 1.23).

Característicamente, tales imágenes expresan la esperanza de que la liberación o la vindicación para el pueblo fiel de Dios son inminentes, y con ello la eliminación final de las fuerzas opresivas del mal. Muchos textos, sin embargo, también tienen en cuenta una tardanza en la realización escatológica (p. ej., Hab; 4 Esd 4–6; 2 Bar 21.19-25; Mt 25.1-13). En realidad, la reafirmación de la esperanza a la luz de la realización parcial o retrasada de expectativas escatológicas es un rasgo regular de la escatología judía y cristiana temprana.

El lenguaje escatológico naturalmente tiene un aspecto informativo, cuando revela el resultado de la era histórica o conflicto específico en mente. No obstante, es el lenguaje principalmente expresivo; sus imágenes de juicio y vindicación, de desastre y protección, de destino y rescate son diseñadas para captar las emociones de los oyentes y moverlos a un estilo de vida particular: compromiso de fidelidad y perseverancia a Dios aun en el contexto de adversidad. La «retórica de la escatología» por lo tanto despliega sus imágenes y metáforas para sostener la esperanza a pesar de las ambigüedades de la existencia histórica pero también, por medio de advertencias de la destrucción inminente del mal, reforzar peticiones morales. Extrapolando de la experiencia pasada de la bondad de Dios (ya sea en el éxodo, la restauración del exilio, o la muerte y resurrección de Jesucristo) y de la experiencia presente del mundo (banquetes, cosechas, tribunales, y batallas), la fe imagina la futura culminación: ¡será como esto! Dios hace una nueva cosa (Is 43.19), pero sus contornos pueden ser vistos ya en modelos de vida e historia evidente para la fe. La escatología bíblica es así ineludiblemente metafórica en carácter; no da información precisa (p. ej., cuando ocurrirá el final o quién participará), pero permite a una comunidad vivir en fe y obediencia; una vida que saca su fuerza de la fidelidad de un Dios soberano y atestigua de él cuyos objetivos para la creación serán «hechos aún en la tierra como en el cielo».

Los profetas de AT

Los profetas anteriores al exilio característicamente advierten a la nación del destino próximo, entendido como el juicio divino sobre un pueblo desobediente. Amós describe «el día de Jehová» como un tiempo de desastre, no de liberación, para Israel (Am 5.18-20). Para Isaías, también, el futuro depara el temido justo castigo por la injusticia e infidelidad nacional (Is 1–5). Las imágenes del juicio escatológico reciben expresión aún más aguda en los oráculos de Jeremías, que anunció la desaparición del templo (Jer 7.1-15; cp. Ez 10.1-22). Al mismo tiempo, los profetas imaginaron un futuro cuando Dios redimiría y restauraría la nación (Is 2.1-4; 4.2-6; 9.1-7 [8.23–9.6]; 11.1-9; 14.1-2; Jer 16.14-15; Os 14.4-7), devolviendo justicia y sabiduría al trono. Una vez que el desastre había acontecido a la nación, los profetas de las eras exílica y posexílica esperaron la acción de Dios para restaurar la fortuna de Israel (Is 35, 40–55, 60; Joel 3 [4]; Abd 15-17; Zac 10.6-12; 12-14; Ez 11.14-21; 20.33-44; 37.1-28; 39.21-29), pero también pusieron en duda su llegada retrasada (Habacuc). La esperanza escatológica necesariamente luchó con el problema de expectativas incumplidas.

Literatura apocalíptica judía

La historia trajo muy poco alivio, sin embargo, y la disonancia entre la promesa divina y la experiencia persistente de Israel de debilidad y subyugación (sin duda ayudado por ideas corrientes en las culturas persa y griega) llegó a ser el catalizador para la aparición de la escatología apocalíptica. ¿Y si el sufrimiento y hasta la muerte visitaran a la gente no debido a su infidelidad y desobediencia, pero exactamente debido a su observancia de la Torá? Movidos por tales preguntas inquietantes, los visionarios de Israel llegaron a ver la vindicación divina en términos cada vez más suprahistóricos; la visión de fe apeló a poderes superiores y resultados no visibles dentro de la historia misma. Dios intervendría a favor del justo derribando el mal opresivo, y defendiendo y restaurando a la nación, aunque aquella liberación asumiera muchas formas diferentes (Ez 38–39; Zac 12–14; Dn 10–12; Jub 1.15-18; T. Leví 16–18; 1 En 38–39, 48–58, 61–63; Or Sib 3.657-808; 4.40-48; 1QM).

Jesús y los Evangelios

A pesar de los intentos recurrentes de desviar opiniones escatológicas lejos de Jesús a la iglesia primitiva, Jesús probablemente esperó la llegada inminente del gobierno poderoso de Dios; en realidad, él discernió el alba del reinado de Dios en su propia actividad (p. ej., la comida de compañerismo, la declaración de perdón, y exorcismos). Jesús, por lo tanto, compartió la expectativa escatológica intensa de Juan el bautista (cp. Mt 3.7-12), pero lo modificó, apuntando a presentar señales del reino y también cambiar el acento de juicio inminente a esperanza. Tanto en Mateo como en Marcos el ministerio de Jesús comienza (Mt 4.17; Mr 1:15) y termina (Mt 24–25; Mr 13) con afirmaciones escatológicas. Mientras que Lucas hace a Jesús inaugurar su ministerio bajo la bandera del cumplimiento (Lc 4.16-21), este Evangelio, también, da prominencia a imágenes escatológicas (12.35-48; 17.20-18.8; 21.5-36).

Pero cada uno de los sinópticos desarrolla este tema a su manera. Marcos agudamente acentúa los peligros del discipulado fiel; Jesús, cuyo propio camino es el camino de la cruz, promete a sus seguidores un futuro marcado por crisis y adversidad (Mr 13.5-23). Con todo, ellos deben reunir valor para su misión al mundo (Mr 13.10), confiando en que a pesar de la seriedad de sus privaciones, Dios rescatará pronto a los fieles (vv. 26-30), si ellos permanecen vigilantes. Las imágenes de la liberación escatológica, que se centran en el regreso triunfante del Hijo de Humanidad, tranquilizan a la comunidad de Marcos y los apoyan en una misión costosa «por causa del evangelio». Mateo, por el contrario, destaca el motivo del juicio del tiempo del fin, usando imágenes escatológicas para subrayar un llamamiento de una vida definida por la justicia (Mt 13.24-30, 36-43, 47-50; 25.31-46). Si bien un camino amplio fácil lleva a muchos a la condenación, Mateo desafía a los lectores a que sigan el camino estrecho, arduo a la vida (Mt 7.13-14). Aun cuando el «fin de la edad» sea aplazado, empujando la comunidad a una era de conflicto intenso (Mt 24.4-14), deben permanecer alerta y vigorosos en su servicio de Dios (24.45-51; 25.1-30). La escatología en este Evangelio sirve sobre todo para motivar una vida definida por la obediencia radical a Dios y misericordia compasiva hacia otros. Marcos, y en un mayor grado Mateo, tiene en cuenta alguna tardanza en la finalización de la situación de los postreros tiempos (Mr 13.5-8, 10; Mt 24.6-8, 48; 25.1-13), aún sin renunciar a la expectativa de la parusía en el futuro próximo.

Este modelo es aún más típico de Lucas, que ajusta el horario para hacer espacio para la tardanza (Lc 12.42-48; 17.25; 18.1-8; 19.11-27; 21.7-12; cp. Hechos 1.6-8) pero al mismo tiempo reafirma la esperanza de la vuelta inminente del Señor (Lc 12.39-40; 17.22-37; 21.28-36). La señal de la comunidad debe ser por lo tanto la fe perseverante (Lc 18.1-8) y la fidelidad (12.35-48; 21.12-19) en el tiempo que queda antes de la vindicación de fin del tiempo para el pueblo de Dios. Mientras la narrativa invierte fuertemente en este cuadro de una retrasada pero todavía viable expectativa escatológica, Lucas también subraya la realización presente de esperanzas durante la vida de Jesús. La edad del Espíritu (señalando «los últimos días», Hechos 2.17-21) comienza ya con Jesús (Lc 4.16-21), quién discierne en sus propios actos de sanidad y perdón el gobierno soberano de Dios que reordena la vida humana en el presente (11.20; 17.20-21). Así que las esperanzas tanto tiempo aplazadas de Israel se precipitan a la realización con el advenimiento de Juan y Jesús (Lc 1–2). Donde Jesucristo obra, la salvación se hace realidad en Israel (Lc 7.48-50; 8.43-48; 17.11-19; 19.9-10; 23.39-43; cp. 2.11, 30-32). Sin embargo, la historia de Israel retiene su ambigüedad fundamental, y hasta el Salvador debe ser rechazado y su reino frustrado por el momento (Lc 19.11-27). Su comunidad debe esperar por lo tanto, y trabajar con vigor, por la finalización de la salvación inaugurada por él.

Este modelo, en el cual las esperanzas escatológicas encuentran decisivo, si no completo, cumplimiento en el presente con la persona y la obra de Cristo, llega a su expresión más valiente en el Evangelio según Juan. Jesús *es* el escatón. Las esperanzas generalmente ligadas al futuro (resurrección, vida eterna, juicio final) todas vienen para ser ancladas en el presente, la prerrogativa de Jesucristo mismo (Jn 3.16-21; 5.19-30; 11.23-26). El juicio para aquellos que rechazan el revelador de Dios (Jesús) es sellado ahora mismo. La vida eterna para aquellos que también creen pasa ahora. La parusía de Jesús parece ser rehecha como la presencia del Espíritu (el Paracleto) en la comunidad (Jn 16.7-15; cp. 14.15-26). Para todo este acento en la actual realización de esperanzas escatológicas, Juan realmente conserva elementos escatológicos (p. ej., resurrección en «el último día», Jn 6.39-40, 44; cp. 5.28-29; y una experiencia personal de la parusía, 14.2-3). La clave de esta tensión entre realización presente (Jesús como escatón) y esperanza futura yace en la afirmación de Juan que la vida del discípulo es completamente dependiente de la relación con Jesús, la fuente de vida (Jn 15.1-11). El verdadero discipulado sólo puede ser validado sobre una vida de testigo fiel de la Verdad. La entrada en la vida, ya realizada en la fe ahora, debe ser por lo tanto confirmada al final. La escatología se somete a la reinterpretación radical en Juan, no obstante el futuro no es completamente absorbido en la experiencia presente de la comunidad de Juan. El equilibrio vuelve a balancearse hacia la escatología orientada al futuro en la carta más tarde dirigida a la misma comunidad (1 Juan 2.18, 28; 3.2; 4.17), sin borrar, sin embargo, la convicción de que la vida eterna es una realidad presente para los de la fe (5.5, 11).

Pablo

Las cartas de Pablo expresan una fe escatológica vibrante de principio a fin. 1 Tesalonicenses proclama la convicción que la parusía de Jesús ocurriría en el futuro próximo, seguramente dentro de la vida de Pablo (1 Ts 4.15-18). Pablo despliega imágenes escatológicas (parusía, «ladrón en la noche») para consolar a lectores afligidos por las muertes de algunos miembros de la comunidad antes de «el día» y reforzar sus llamamientos de seriedad moral (1 Ts 5.1-11).

Si bien la asunción de Pablo que él vivirá para ver la parusía realmente cede el paso en cartas posteriores (2 Co 5.1-10; Fil 1.19-26), él reafirma sus convicciones escatológicas al final (1 Co 7.25-31; Ro 13.11-12; Fil 4.5). No obstante, para Pablo también el futuro no es el único interés. Su expectativa intensa del cierre escatológico inminente proviene de su percepción del significado de lo que ha ocurrido ya en la muerte y la resurrección de Jesucristo. La cruz es el acontecimiento mundial terrible que redefinió el carácter de vida en el mundo (1 Co 1.18-2.5; Gá 6.14-15), y la resurrección de Jesucristo es la señal clara de que los acontecimientos de cierre de la historia están cercanos. La resurrección de Dios de Jesús es «las primicias» que asegura que la cosecha completa debe seguir pronto (Ro 8.23; 1 Co 15.20, 23). La presencia del Espíritu de Dios en la comunidad es por lo tanto una «promesa» que garantiza el «pago» completo de la salvación en el futuro próximo (2 Co 1.22; 5.5; cp. Ro 8.11; Ef 1.14). Pablo también usa las imágenes del juicio escatológico para apoyar sus peticiones morales (Ro 2.1-16; 1 Co 3.10-17; 2 Co 5.10). En Colosenses y Efesios hay un cambio de categorías temporal a espacial: el creyente ha sido ya resucitado de los muertos y ha tomado la residencia en el cielo (Ef 2.6; cp. Col 2.12; 3.1-3). Con todo, la revelación de Cristo en gloria todavía debe venir (Col 3.4; cp. «día de redención», Ef 4.30).

Epístolas Generales y Apocalipsis

La escatología permanece como un rasgo importante a lo largo de las epístolas universales. 1 Pedro llama a la comunidad de lectores a una seriedad moral que tiene en cuenta la inminencia del juicio de los últimos tiempos (1 P 4.1-11) y les asegura que su sufrimiento presente cederá el paso pronto a la salvación escatológica (1.5) y gloria (v. 7). 2 Pedro aborda al escepticismo atizado por la tardanza de la realización de esperanzas escatológicas: «¿dónde está la promesa de su advenimiento?» (2 P 3.4). El autor atribuye esta tardanza a la paciente misericordia de Dios y extiende una fuerte advertencia contra la rendición de la fe escatológica. Con las imágenes de una parusía inminente y el juez escatológico que está de pie en la puerta (Stg 5.8, 9), Santiago da urgencia al llamamiento de congruencia entre la fe y la vida justa, compasiva. Hebreos, escrito en «estos últimos días» (He 1.2), igualmente advierte del acercamiento rápido del día del juicio final (10.23-31).

En el libro de Apocalipsis las visiones apocalípticas permiten a los lectores discernir el verdadero sentido y el curso de la historia: no Satanás sino Dios, no Roma sino Cristo gobierna el mundo. Por supuesto, en el presente sólo los ojos de la fe pueden ver esto. Pero las fuerzas de mal han lanzado un asalto final, feroz sobre los fieles precisamente porque han sufrido la derrota decisiva (Ap 12.7-17), y su tiempo casi ha llegado a su fin (v. 12). Cristo el Cordero ha ganado la victoria, paradójicamente por su testimonio a la muerte (Ap 5.9-12; 12.10-11). Una vez más, la futura liberación es asegurada debido a lo que Dios ha llevado a cabo ya. Sin embargo, los lectores que afrontan la perspectiva de persecución intensa (algo que Juan espera que ocurra) necesitan estímulo, y la afirmación de la pronta venida de Jesús llega a ser un motivo prominente en el Apocalipsis de Juan (Ap 1.3; 3.11; 16.15; 22.12, 20). La venida de Cristo, su reinado milenario con los mártires, la derrota final del mal (incluso la «muerte» de la muerte misma), y la aparición de una renovada, gloriosa y santa Jerusalén surgió en el horizonte.

Tales imágenes poderosas refuerzan la esperanza en una comunidad asediada pero también advierten a los lectores que elijan su lealtad sabiamente. Una parte en la «vida» espera a aquellos que perseveran en su fidelidad a Dios aun a alto precio.

Bibliografía. D.C. Allison, Jr., *The End of the Ages Has Come: An Early Interpretation of the Passion and Resurrection of Jesus* (Filadelfia, 1985); J. J. Collins, *The Apocalyptic Imagination, segunda* edición (Grand Rapids, 1998); D. Gowan, *Eschatology of the Old Testament*
(Filadelfia, 1986); A. A. Hoekema, *The Bible and the Future* (Grand Rapids, 1979); C. Holman, *Till Jesus Comes* (Peabody, 1996); J. Plevnik, *Paul and the Parousia* (Peabody, 1997).

John T. Carroll

ESCLAVO

Persona que se tiene en servidumbre por violencia, alienación natal y deshonra personal como propiedad personal de otra. A diferencia de la esclavitud moderna, la esclavitud antigua no se basaba en la raza. Los autores de la Biblia asumen que la posesión de esclavos es una parte incuestionable de la vida diaria, tan normal como poseer bueyes, burros y equipo agrícola. Esta suposición refleja la perspectiva de los mismos escritores bíblicos, muchos de los cuales muy probablemente surgieron de órdenes que poseían esclavos de sus respectivas sociedades.

La mayoría del material de AT acerca de esclavos (heb. *'ebed*) es legal, proverbial, anecdótica y se menciona solo incidentalmente (p. ej., Pr 12.9; 22.7; 29.19; 21; Ecl 7.20). En tanto que algunos esclavos son figuras clave de la antigua historia israelita (p. ej., José, Gn 39-41; Moisés, Ex 2-15), la gran mayoría son figuras vagas de fondo, que a menudo carecen de nombre. Entre los «esclavos masculinos y femeninos», adquiridos como regalos o compras (p. ej., Gn 12.16; 17.23) había trabajadores diversos (26.25) y criados (Ex 11.5; Jue 3.24; Job 31.13). Salomón obligó a extranjeros a ser esclavos para reconstruir ciudades israelitas y para erigir el Templo de Jerusalén (1 R 9.20-22 = 2 Cr 8.7-10). Esos esclavos extranjeros aparentemente eran numerosos y hacían una variedad de funciones reales y sacerdotales para la monarquía israelita (1 S 8.10-18; 1 R 10.2-5 = 2 Cr 9.3-4).

Los esclavos aparecen más destacadamente en las leyes del AT en cuanto a la esclavitud por deudas y a la emancipación (Ex 21; Lv 25; Dt 15), evidencia importante de la esclavitud israelita tanto de extranjeros como de conciudadanos hebreos. Aunque fueron diseñadas para restringir, y quizás hasta para eliminar la esclavitud por deuda, aparentemente, a estas leyes deuteronómicas no se les prestó atención, ya que la esclavitud por deudas de conciudadanos hebreos siguió siendo común en el período bíblico (2 R 4.1; Am 2.6; 8.6; Mi 2.9). El Rey Sedequías de Judá trató de terminar la práctica con su propia legislación de emancipación a gran escala (Jer 34.8-22).

Un tema recurrente en el AT es la historia del pueblo como esclavo en Egipto, a quien se le obligó a hacer trabajos físicos, se le negaron los suministros básicos, como paja, para hacer ladrillos y fue azotado por los capataces (Ex 5.1-23). En todas partes se repiten amonestaciones para servir a Jehová recordando a Moisés y el Éxodo (Ex 13.3; 20.2; Lv 25.42; Dt 6.21; Jos 24.17). Este tema del Éxodo hace eco en relatos del cautiverio babilónico (Esd 9.8-9; cf. 2 Cr 36.20).

Entre los esclavos (gr. *doúlos*) que se mencionan en el NT están Onésimo (Flm 10-21), el eunuco etíope (Hch 8.27-39), la criada Rode (12.13-15), la niña esclava y clarividente de Filipos (16.16-24), el esclavo del centurión romano (Lc 7.1-10 = Mt 8.5-13) y los esclavos del sumo sacerdote Caifás (Mr 14.47, 66-69 par.). Los esclavos también aparecen como personajes comunes en las parábolas de Jesús (p. ej., Lc 16.1-13). Al tratar ostensiblemente con el problema de las deudas entre los esclavos mayordomos, la parábola del esclavo inclemente (Mt 18.23-25) no trata de los esclavos como un orden social, sino de los primeros cristianos en la iglesia de Mateo (que podrían o no ser esclavos reales). Las amonestaciones sinópticas a vigilar tienen la meta de informar, no del antiguo tratamiento de esclavos sino del juicio escatológico de Dios (Lc 12.35-48; Mt 24.45-51). Este uso alegórico de la esclavitud revela que la esclavitud se daba por sentado en ese período; ningún dicho existente de Jesús condena la institución como intrínsecamente mala.

Pablo, que se identifica a sí mismo como «siervo de Jesucristo» y hasta «siervo de todos» (1 Co 9.19), emplea el uso metafórico de la esclavitud. Entre los cristianos bautizados «ya no hay… esclavo ni libre» (Gá 3.28; Col 3.11). En 1 Corintios 7.21-24 Pablo aconseja a los cristianos que fueron bautizados cuando eran esclavos a que «no se preocuparan» por ser esclavos, a menos que tuvieran oportunidades de emancipación. Las adaptaciones de los primeros cristianos a los códigos domésticos greco-romanos de manejo del hogar ordenan a los esclavos a «obedecer a vuestros amos terrenales con temor y temblor, con sencillez de vuestro corazón, como a Cristo» (Ef 6.5; Col 3.22; cf. 1 Ti 6.2; 1 P 2.18-21). Esta evidencia muestra que los primeros cristianos como Pablo y sus seguidores tenían actitudes en cuanto a la posesión de esclavos que se asemejaban a las del mundo greco-romano más amplio.

Bibliografía. G. C. Chirichigno, *Debt-Slavery in Israel and the Ancient Near East.* JSOTSup 141 (Sheffield, 1993); J. A. Harrill, *The Manumission of Slaves in Early Christianity.* Hermeneutische Untersuchungen zur Theologie 32 (Tübingen, 1995).

J. Albert Harrill

ESCOL (Heb. *'eškōl*) (**LUGAR**)

Un valle en el sur de Judá en los alrededores de Hebrón. Era de este valle que dos de los espías enviados por Moisés para investigar Canaán se dice que trajeron un racimo de uvas tan grandes que ellos tuvieron que llevarlo con una garrocha entre ellos (Nm 14.22-23); de ahí el nombre del valle («racimo»; v. 24). Números 32.9 implica que la descripción de los espías de este valle, junto con informes de gigantes en el área, desalentó a los israelitas de entrar en la tierra. Sin embargo, según Deuteronomio 1.24 el informe de los espías era evidencia de que Canaán era una tierra buena. Mientras el área al norte de Hebrón es bastante adecuada para la viticultura, no hay suficiente evidencia para intentar una identificación más precisa.

WADE R KOTTER

ESCOL (Heb. *'eškōl*) (PERSONA)
Un amorreo que moraba cerca de Hebrón quien, como sus hermanos Aner y Mamré, fue un aliado de Abram contra Quedorlaomer (Gn 14.13, 24). El nombre puede ser una designación geográfica.

ESCRITOS
La última de las tres secciones del canon hebreo (Heb. *kĕṯûḇîm*). Se incluyen los libros de los Salmos, Job, Proverbios, Rut, Cantar de los Cantares, Eclesiastés, Lamentaciones Ester, Daniel, Esdras, Nehemías y Crónicas 1-2. Esta secuencia, que se encuentra en las versiones modernas del AT, probablemente no es más antigua que el siglo XII d.C.; de hecho, el orden varía mucho en diferentes momentos y nunca se estableció oficialmente por la sinagoga. Probablemente los libros fueron agrupados entre 300 a.C., y 100 d.C.

ESCRITURA
Las tres lenguas bíblicas se escriben con dos tipos de escritura: el hebreo y el arameo con escritura cuadrada hebrea, y el griego con el tipo de escritura griega. El lenguaje de cada una de las versiones antiguas está escrito con su propia escritura distintiva: siríaco, árabe; etíope; latín, copto, gótico, armenio, georgiano, antiguo eslavo eclesiástico. Idiomas del antiguo Cercano Oriente, que a menudo son consultados por los estudiosos bíblicos añaden varias grafías adicionales: la escritura cuneiforme mesopotámica, los jeroglíficos egipcios, y numerosas variedades de la escritura semítica occidental, incluyendo ugarítico, árabe antiguo del sur, fenicio y arameo.

Tipos de escritura bíblicos

Hebreo

Hebreo cuadrado (Col 3 en la tabla) es en sí mismo una forma de escritura aramea que había llegado prácticamente a su aspecto moderno en la época de los Rollos del Mar Muerto (c. 200 a.C.). Al igual que todos los tipos de escritura semítico occidental, es un consonantario, que denota explícitamente sólo segmentos consonantes (fonemas): el término «abjad» se recomienda para este tipo de escritura, reservando «alfabeto» para los tipos de escritura que explícita y necesariamente denotan consonantes y segmentos vocálicos. Las consonantes se registran una por una, con orden lineal (derecha a izquierda) que corresponde a la secuencia temporal en la que se pronuncian los sonidos. Cada palabra incluye vocales, así como consonantes, pero las vocales no se escriben: emergen del contexto o de la familiaridad previa del lector con el texto; no era imposible que los lectores confundieran el sentido pretendido por la elección de una interpretación alternativa del texto consonántico. Este problema podría a veces ser exacerbado por la falta de separación entre palabras (por espacio o una marca), aunque tales *scriptio continua* no eran la regla de cuándo o dónde se utilizaban abjads. Formas distintivas de algunas letras para las finales de las palabras en hebreo (y griego) parecen ser el resultado de la prolongación de los trazos del lápiz anticipatorias de espacio entre palabras (por lo que mientras ellos marcan la terminación de la palabra, no fueron introducidos deliberadamente para ese fin).

Las 22 letras hebreas denotan 23 consonantes diferentes (*š y ś* eran similares pero distintos sonidos cuando se estableció la ortografía hebrea), incluyendo los deslizamientos *w y y.* Cambios de sonido que operan en lenguas semitas del Noroeste incluyen diptongos convirtiéndose vocales largas: *ay>ē y aw>ō.* Las letras *y y w* siguieron siendo escritas en el texto (ortografía es muy resistente al cambio a través del tiempo), por lo que en algunos casos terminaron representando *ē* y *ō*, respectivamente. Con el tiempo, llegaron a ser utilizado para la *ī* y *ū* también, y al final de las palabras *h* y a veces ' podrían representar *ā.* Las letras que por lo tanto representan las vocales se llaman *matres lectionis* («madres de la lectura»). Eventualmente se podrían insertar en lo que no estaban justificadas históricamente (es decir, para las vocales que no habían sido antes diptongos); y para las etapas rabínicas del hebreo y arameo la escritura funcionó casi alfabéticamente, con la mayoría de los vocales, aunque sean cortas, indicadas por *matres lectionis.*

A mediados del primer milenio de la era cristiana, cuando el hebreo ya no se hablaba, estudiosos judíos llamados masoretas reconocieron el peligro de que la transmisión oral de la pronunciación exacta del texto de la Biblia podría ser corrompido o interrumpido, y durante varios siglos y en varias academias ([¿?] en Nisibis, Mesopotamia, llamada Babilonia; el sur de Palestina, y Tiberias (el último emerge como definitiva) idearon marcas suplementarias para grabar las vocales, matices de consonantes, la acentuación, el análisis, y el canto del texto bíblico. Debido a la forma, la propia ortografía, del texto en sí es sagrado, el texto consonántico heredado se conserva inalterado, con estas marcas —llamadas señalamientos (Heb. *niqqud*) o vocalización (pero no *matres lectionis*)— escritas arriba, abajo, o incluso dentro de las letras; de hecho, no se incluyen en los rollos más sagrados de la Torá, los que se utilizan durante la lectura pública de la Escritura en la sinagoga (donde un sabio erudito, un *gabbai*, auxilia a los lectores laicos con la pronunciación correcta).

Los rollos de la Torá representan la supervivencia del formato más antiguo de libros grandes: rollos de papiro o de piel. Estos fueron inscritos en una tinta hecha de hollín (negro de humo) mezclado con agua y un poco de goma árabe, usando una pluma cortada de una caña hueca. Memorandos temporales podrían ser apuntadas en un tiesto (en esta función llamados ostracon) usando pluma y tinta, o en un par de tablas de madera articuladas entre sí, las caras internas recubiertas con cera, utilizando un lápiz en la superficie suave y reutilizable. Alrededor de la vuelta de la era, el códice comenzó a entrar en moda, un grupo de hojas plegadas anidadas como un libro moderno; este formato llegó a ser asociado con los escritos cristianos.

Griego

Los manuscritos del NT, los padres de la iglesia, y otra literatura griega fueron escritos con un alfabeto completo de 24 letras (Col 9), en las formas unciales similares a las que ahora se utiliza como mayúsculas (las letras minúsculas se desarrollaron durante la época medieval). La secuencia lineal es de izquierda a derecha para las vocales y consonantes; encima de las letras aparecen los dos espíritus, que marcan las vocales, y la letra r inicial de palabras que comienzan con un sonido *h* («rudo») o sin él («suave»), así como los tres acentos, cuya interpretación exacta es incierta. Estas marcas estaban disponibles desde al menos el siglo II a.C., pero no se usan de manera habitual hasta c. 800 d.C. *Scriptio continua* es más característico de los textos griegos que de semítico occidental (en muchas inscripciones griegas clásicas, las letras son equidistantes tanto vertical como horizontalmente) pero es menos problemático, porque las palabras griegas pueden terminar con sólo un conjunto limitado de letras.

Tipos posbíblicos de escritura

El contexto histórico del tipo de escritura hebreo cuadrado y del griego puede empezar a apreciarse con la consideración de otros tipos de escritura en uso en la antigüedad tardía. El tipo de escritura siríaco (Col 5) y árabe (Col 6) son los principales sobrevivientes (el otro es mandaico, col. 4) de un complejo de abjads arameo que floreció en todo el suroeste de Asia en torno a finales de la era común, surgiendo, respectivamente, en las zonas de Palmira y nabateas. Estos tipos de escritura aramea solían ser escritos con pluma (siempre de derecha a izquierda) en papiro, cuero o pergamino, o tiestos, en lugar de una incisión en superficies duras, en cursiva en lugar de monumental, en funciones utilitarias en lugar de artísticas. Su carácter ordinario y efímero, y la comodidad de sus usuarios, significan que los requisitos a veces en conflicto, de la velocidad y la legibilidad fueron los factores primordiales en su evolución. Un resultado frecuente fue la conexión de letras adyacentes dentro de una palabra, evitando las elevaciones de la pluma que consumen mucho tiempo; esto significaba que algunas letras pueden asumir diferentes apariencias en función de su posición dentro de una palabra, y algunas letras podrían llegar a ser incómodamente similares, inhibiendo la legibilidad. Esta dificultad fue aliviada por la introducción de puntos para distinguir las letras cuyas formas básicas habían convergido —*d y r* en siríaco (esas letras fueron muy similares en casi todas las manos en arameo), varios juegos en árabe.

Estos tipos de escritura aramea heredaron el uso de *matres lectionis,* y sistematizaron su uso para todas las vocales largas (en mandaico, casi todas las vocales), pero por razones similares a las que iban a prevalecer en el dominio hebreo, se hizo necesario indicar (opcionalmente) las vocales cortas también. El siríaco clásico ya no se hablaba, al menos por el tiempo de la conquista árabe en el siglo VII, por lo que la pronunciación del texto bíblico necesitaba ser preservada; mucho antes de entonces, la afluencia de palabras persas y griegas en las obras científicas y teológicas había hecho deseable el registro de vocales. El más manuscrito siríaco antiguo existente fechado (411 d.C.) lleva vocálicos (literalmente, sólo se utilizan los puntos) en el sistema que se desarrolló en la parte oriental del cristianismo sirio. Algo más tarde, en el sector occidental, diminutas letras vocales griegas vinieron a añadirse al lado del texto consonántico. (Un esquema para insertar caracteres vocálicos parecidos al griego directamente en las líneas de escritura fue rechazado tanto porque sería alterar el texto sagrado y porque haría que todos los manuscritos existentes resultaran ilegibles dentro de una generación.) Las prácticas de los escribas siríacos fueron probablemente conocidas por eruditos hebreos y árabes cuando desarrollaron sus técnicas de vocalización.

Para el árabe, el problema era la preservación del texto del Corán frente una multiplicidad de dialectos árabes. Las soluciones involucraron símbolos no sólo para las tres vocales cortas del árabe, sino también para varios procesos gramaticales (morfofonémicos) que operaban en el dialecto que se convirtió en árabe clásico, pero tal vez no en el que se hablaba por aquellos que primero registraron las consonantes del Corán ya que salía de la boca del profeta Mahoma. Tanto las indicaciones de puntos consonánticos como vocálicas se producen en los papiros seculares más antiguos, de principios del siglo I del Islam, que se encuentra en Geniza en el Cairo.

La escritura semítica occidental temprana denota vocales, sin embargo, no era nada de lo anterior: era etíope (col. 8). La escritura etíope generalmente se dice que había sido importada desde el sur de Arabia alrededor o antes del cambio de la era. Un número de inscripciones sabeas se han encontrado en el antiguo reino de Aksum, que se asentaba sobre la moderna frontera entre Eritrea y Etiopía; una docena de monumentos en el lenguaje Geʿez lenguaje y la escritura etíope sobrevive de mediados del siglo IV d.C. Al principio, la escritura era muy similar a la sabea (Col 7), salvo que ahora se lee de izquierda a derecha; pero desde mediados del reinado del rey Ezana, y coincidiendo con su conversión al cristianismo, las inscripciones son totalmente vocalizadas. La vocalización no se aplica a las letras como el griego o el copto (probablemente las lenguas de los misioneros involucradas), ni como en siríaco (no se sabe que hayan tenido alguna vocalización en el momento), pero adjuntando apéndices a las letras consonantes (las letras a veces son bastante deformadas en el proceso), excepto una letra sin apéndice representa su consonante más *a*, más bien que su consonante sola. (Por lo tanto cada una de las 182 letras del etíope denota una silaba consonante-vocal [CV]; este tipo de escritura se puede llamar «abugida», y se debe distinguir de un silabario, donde no hay similitud entre los caracteres incluyendo una consonante particular o una vocal en particular.) Tal patrón se encuentra en otros lugares sólo en la escritura de la India (donde, unos 500 años antes, cuando primero son atestiguados, floreció la ciencia fonética). ¿Eran estos desarrollos independientes? ¿O es posible que los misioneros que llevaron el cristianismo a Aksum habían cruzado el Mar de Arabia y también trajeron su propia idea de cómo debería funcionar la escritura?

El idioma que se convirtió en el vehículo para el cristianismo occidental, había sido escrito con un vástago del alfabeto griego (mediado a través de los etruscos) desde el siglo VII a.C. Aunque el oclusivas sonoras *b, d, g* y la vocal o no ocurrieron en la lengua etrusca (y no aparecen en las inscripciones etruscas), sus letras se conservan en el alfabeto (los antepasados de *B, D, C,* y *O*), y se utilizaron para el latín. Por el contrario, los etruscos distinguieron tres variedades de *k*, escrita con *C* antes de *e / i, K* antes de *a*, y *Q* antes de *u*; esta distinción innecesaria persiste en la actualidad en las lenguas romances y el latín. Ya que el latín no necesitaba distinguir *g* de *k*, *G* se distinguía de *C* en el siglo IV a.C., (*I / J y U / V* no se convirtieron en totalmente independiente hasta los tiempos modernos.) Las letras mayúsculas alcanzaron sus formas finales en Roma imperial; la generalización de que las manos rústicas sirven obras paganas y uncial (parecido al griego) y media-uncial (asociado con los escribas celtas) sirven a escritos cristianos es excesivamente amplia pero factibles. Las minúsculas son el resultado de un desarrollo gradual y se codificaron en la época de Carlomagno (comienzo del siglo IX); las formas en cursiva se perfeccionaron durante el Renacimiento italiano. Las formas alemanas distintivas utilizadas hasta la mitad del siglo XX representan desarrollos paralelos del Renacimiento del norte de Europa.

Es de destacar que donde el cristianismo occidental alcanzó, y el latín se mantuvo como el lenguaje litúrgico, los idiomas locales llegaron a ser escritos en el alfabeto romano, generalmente con muy pocas modificaciones; pero en el campo del cristianismo oriental (ortodoxo, o de habla griega), donde se adoptó la lengua vernácula para el uso sagrado, los idiomas locales recibieron sus propios tipos de escritura, derivados o inspirados en el alfabeto griego. (Formas iraníes de escritura aramea fueron llevadas a través de Asia Central por los misioneros cristianos y administraciones seculares Alguna forma de arameo fue la inspiración probable de los tipos de escritura de la India; su sofisticación puede indicar que fueron concebidos después del florecimiento de la tradición gramatical india.

Los cristianos coptos añadieron varias letras tomadas del demótico al alfabeto griego para los sonidos que se encuentran en egipcio, pero no en griego; de manera típica, las letras añadidas no se intercalan dentro del orden natural entre las letras de aspecto o sonido similar, pero aparecen al final. El copto (col. 10) se ha utilizado desde el siglo IV d.C. El alfabeto gótico (col. 11), que registra la lengua germánica antigua que ha sobrevivido en cualquier cantidad, fue ideado por el obispo Wulfila (también siglo IV) para grabar su traducción de la Biblia.

Las historias de los dos tipos de escritura indígenas sobrevivientes del Cáucaso, Armenia y Georgia, se entrelazan más en la leyenda que lo que tal vez se justifica por la historia. Ambos se atribuyen (en la tradición armenia) a San Mesrop, cuyo alfabeto armenio (col. 12) data a 406/7 d.C.; su orden relacionada pero diferente apariencia indican que su estructura, pero no su forma deriva del griego. Los eruditos georgianos alegan que Mesrop no estaba familiarizado con el lenguaje de Georgia, y que su alfabeto (col. 13), primero atestiguado (¡en una iglesia en Palestina!) En 430 d.C., data de algún tiempo después de la introducción del cristianismo en el país c. 337. Su adhesión al orden del alfabeto griego, con nuevas letras adjuntas, demuestra su dependencia al respecto.

Los dos tipos de escritura de antiguo eslavo eclesiástico (antiguo búlgaro) también se atribuyen a los santos, Constantino (Cirilo) y Metodio de mediados del siglo IX. El glagolítico (col. 14) parece haberse desarrollado del cursivo griego durante los siglos VII-IX y haber sido formalizado por Cirilo a principios de la década de 860; El cirílico (col. 15) parece haber sido inspirado en las unciales griegas más dignas por los discípulos de Cirilo en los años 890, con las letras añadidas modeladas en glagolítico. (Glagolítica cayó lentamente fuera de uso, en especial en las funciones seculares, comenzando en el siglo XII; el cirílico sigue siendo de uso generalizado, col 16.)

Escritura prebíblica

Por más de 2000 años, la principal, y por más de la mitad de ese tiempo la única, escritura utilizada internacionalmente en todo el antiguo Oriente Próximo era la cuneiforme mesopotámica. Los informes más recientes indican que este tipo de escritura fue ideado en Uruk, c. 3200 a.C., por los sumerios, es decir, muy cerca en el tiempo y el espacio para los ejemplos más antiguos que se han encontrado por los arqueólogos. Sus primeros usos fueron económicos y académicos: para llevar la contabilidad de las materias primas que intervienen en la economía templo, y para el mantenimiento de las listas de todo tipo de artículos de interés para la sociedad. Al principio, los tipos de escritura registraron sólo las raíces de palabras (nombres de cosas y acciones; los caracteres, en un principio eran imágenes reconocibles, pero rápidamente se volvieron abstractas), pero pronto llegaron a anotar afijos gramaticales también, y con este modo proporcionar flexibilidad, puede registrar prosa conectada, comunicaciones interpersonales, anales, decretos, belles lettres. Las sutilezas de la fonología sumeria aún no son bien comprendidas, pero el sistema de escritura era lo suficientemente sutil como para ser adaptable a las lenguas no relacionadas con la eficiencia suficiente para servir durante milenios.

Probablemente el primero y el más importante tipo de lenguaje fue el semita acadio, el desciframiento del cual abrió un universo de materiales de la civilización mesopotámica, en relación directa con la Biblia. De ahí que la escritura cuneiforme acadia se caracteriza aquí. Su escritura es un logoslabario, un silabario (caracteres — conocidos como signos— que representan sílabas de la forma CV, V, VC, o CVC) cuyos signos (logogramas) también representan palabras enteras. Los valores fonéticos de los signos están relacionados con las palabras, los signos originalmente representaban (y debido a que los signos pueden ser leídos como palabras en sumerio o acadio, y porque los signos pueden representar más de una palabra en cualquier idioma, y porque hay más sonidos en acadio que en sumerio, los signos pueden tener un buen número de diferentes lecturas fonéticas y de palabras). Cuando las palabras están escritas en su totalidad con los signos utilizados fonéticamente (y esta es la forma más común de utilizar la escritura), su lectura es bastante sencilla. Un número de palabras frecuentes se escribe generalmente logográficamente; en estos casos, se añaden los afijos gramaticales con signos fonéticos. Si un logograma podría ser desconocido o ambiguo, puede estar provisto de un signo determinativo semántico marcando una clasificación del sentido intencionado (p.ej., el nombre divino, objeto de madera, lugar); o porciones de la lectura de la palabra deseada se pueden añadir con signos fonéticos complementarios antes y/o después del logograma en cuestión. Hay que tener en cuenta que a pesar de que las transcripciones al alfabeto romano utilizan una variada panoplia de letra cursiva y romana, el desplazamiento vertical, acentos, y los índices numéricos, los textos originales no incluyen ninguna indicación de si cualquier signo particular se utiliza como un logograma, un fonograma, o un auxiliar.

El nombre cuneiforme significa «en forma de cuña.» Se refiere a las muescas realizadas en la superficie de la pequeña masa de arcilla que era el material habitual para la escritura. Las marcas se realizaron tocando la esquina de una caña llamada estilo con la superficie; de una a una docena de cuñas componen cada signo. (Las cuñas también podrían ser imitadas por cincelar en una superficie dura, o con la descripción sobre una base de metal.) El objeto de arcilla típico, una tableta, por lo general era un rectángulo con una frente plana y convexa suavemente hacia adelante y convenientemente podría ser sostenida de un lado, su tamaño dependía de la longitud del texto que se iba a grabar; también hubo numerosas formas estándar utilizadas para fines particulares. Los signos se escriben de izquierda a derecha empleando *scriptio continua*, pero una palabra casi nunca se rompe entre líneas, y con frecuencia la última señal en una línea está separada hacia el margen derecho. Las líneas rectas se puede marcar en una tableta mediante la impresión de una cuerda tensa, para dividir un texto en secciones (en épocas anteriores, las entradas individuales en una lista o líneas de una composición literaria podrían colocadas en un recuadros marcados).

La escritura cuneiforme se adaptó para numerosos idiomas alrededor de Mesopotamia, incluyendo elamita, hitita, hurrita, urartiano y cananea, el último conocido casi exclusivamente a partir de los archivos de Amarna que preservaron accidentalmente la correspondencia diplomática de la corte de Akenatón. La propia lengua egipcia, sin embargo, no fue adaptada a la escritura cuneiforme, incluso para fines internacionales.

Los jeroglíficos egipcios siguen siendo únicos entre los tipos de escritura en el mundo en que denotan sólo consonantes, durante toda su historia de más de tres milenios. Es un logoconsonantario, que comprende signos de uno, dos, o tres consonantes; logogramas; y determinativos (fonéticos y semánticos) que se utilizan de manera más consistente que los de cuneiforme, hasta tal punto que los determinativos semánticos sirven fiables como marcadores de fin de palabra. Hay que tener en cuenta que a pesar de que se pueden enumerar 24 signos mono consonánticos, en ningún momento este conjunto sirve como un «alfabeto» excluyente de otros signos fonéticos en la composición de palabras. Tampoco los signos representan sílabas con vocales indeterminadas, para uno y el mismo signo policonsonántico pueden marcar un grupo de consonantes, el principio y el final de una sílaba, o el final de una sílaba y el comienzo de la siguiente.

Los jeroglíficos egipcios, al igual que los signos cuneiformes, se originaron como imágenes reconocibles, pero todos a través de su uso conservaron su calidad pictórica. Los signos asimétricos, en particular, los que representan personas y animales, siempre ven hacia el principio de la línea de escritura. Por lo general, la escritura es de derecha a izquierda, pero las consideraciones de diseño, tales como la simetría en una pared, pueden hacer que las inscripciones se lean de izquierda a derecha. Junto con los jeroglíficos, que se siguieron utilizando en situaciones formales hasta el final de la civilización egipcia, se desarrolló un estilo de letra cursiva de la escritura de los mismos caracteres, conocido como hierático, así como una caligrafía más rápida, demótica, en la que muchas ligaduras representan combinaciones de jeroglíficos; el hierático puede, pero el demótico no, transponerse directamente en jeroglíficos.

En general se reconoce que los jeroglíficos egipcios tenían algún tipo de influencia en el desarrollo de la abjad semítico occidental, pero en qué consistió esa influencia es difícil de imaginar. Las inscripciones más antiguas que se han colocado en ese linaje, el puñado de textos protosinaíticos, comprenden caracteres que guardan cierta semejanza con jeroglíficos; pero aunque su interpretación como semita es correcta (y el argumento en ese sentido es circular), los valores de sonido de las letras no están de acuerdo con sus valores en egipcio. Por lo general, cuando se toma prestado un tipo de escritura, sus valores, así como sus formas son asumidos. Por otra parte, no había precedentes en Egipto para usar nada más que caracteres monoconsonánticos. Tal vez todo lo que se puede decir es que un hablante semita sabía un poco acerca de cómo el egipcio fue escrito, pero no lo suficiente para imitar directamente el sistema de escritura.

Los textos abjádicos más tempranos que claramente pertenecen a la línea semítica occidental de desarrollo son las inscripciones protocananea en objetos pequeños, ninguno más de unas cuantas letras largas; cuando pueden ser interpretados, parecen ser los nombres de los propietarios. El primer corpus grande es los textos ugaríticos de Ras Shamra y sus alrededores, que datan del siglo XIV a.C., La escritura (col. 1) está impresa en arcilla como cuneiforme, pero de otra manera no está relacionada; las formas de las letras se pueden relacionar con formas del semítico occidental contemporáneo. Tenemos la suerte de tener varios abecedarios que demuestran que el orden alfabético familiarizado ha estado en uso desde cerca del comienzo de la escritura segmentaria. Sumado al abjad ugarítico hay tres letras adicionales (el último fue una sibilante, necesaria para el hurrita o textos quizá indoeuropeos); los demás eran formas adicionales de *alef*: cada una de las tres letras *alef* denota una vocal siguiente diferente. Una vez más, estos pueden haber sido motivados por la necesidad de registrar los textos o los nombres extranjeros.

Al igual que el ugarítico, el grupo de la escritura árabe del sur (más prominente, sabeo, col. 7) conserva varias distinciones de consonantes que se perdieron en la mayoría de los tipos de escritura semitas; También ahora se conoce el orden de las letras, que es totalmente independiente del familiar, pero similar al etíope. El inventario reducido de 22 consonantes prevaleció en la familia más extendida de abjads semíticas, el fenicio (col 2a.); que dio origen a un grupo hebreo antiguo/fenicio (sobreviviendo sólo en samaritano, col. 2b) y un grupo arameo, vástagos de los cuales siguen siendo importantes para el día de hoy (el idioma hebreo tomó la escritura aramea quizás durante el exilio babilónico y revivió la vieja escritura hebrea, llamado Paleo-Hebreo, sólo en contextos sagrados y arcaizantes, como escribir el tetragrámaton en algunos textos manuscritos del Mar Muerto).

Una rama de la escritura fenicia sí resultó importante. A través de un proceso que sigue siendo mal entendido y muy controvertido, el abjad fenicio se convirtió en el alfabeto griego. Un escenario probable es que se trató de un acontecimiento esencialmente accidental (y no un descubrimiento o invención), quizás c. 800 a.C. Un erudito o comerciante griego, admirando la capacidad de un fenicio para registrar las transacciones, trató de hacer lo mismo; ya que el semítico incluye varias consonantes guturales que no forman parte del griega, y por lo tanto sería difícil de percibir para un hablante griego, los valores de algunas de las letras podrían haber sido interpretadas como (lo que parecía ser) las vocales iniciales de sus nombres (o de las palabras relevantes),por tanto, los deslizamientos *y y w* se podrían utilizar como *i* y *u,* y los guturales ', ', y *h* como *a, o,* y *e,* respectivamente. Esta necesidad ha ocurrido una sola vez, y ha comunicado alrededor del mundo griego con bastante rapidez, con varias comunidades que complementan el alfabeto en diferentes maneras de explicar griego sonidos no encontrados en fenicio. El alfabeto griego fue estandarizado por Atenas en el 402 a.C., preparando el camino para su uso y el de sus descendientes en todo el mundo; pero no debe suponerse que «alfabeto» es responsable de la «alfabetización» y «civilización», que son anteriores a ella por milenios; la espada y el icono, ambos, poderosamente preparan el camino para la pluma.

Tipos de escritura de la Biblia y de las versiones antiguas, y algunos de sus antecedentes

Cilindros de barril que conmemoran la construcción de la muralla de la ciudad en Maskan-Sapir por Sin-iddinam de Larsa (1849-1843 aC) (Elizabeth C. Stone Zimansky)

Bibliografía. British Museum, *Reading the Past* (Berkeley, 1990) (also a series of pamphlets, 1987-1991); P. T. Daniels and W. Bright, eds., *The World's Writing Systems* (Oxford, 1996); G. R. Driver, *Semitic Writing from Pictograph to Alphabet,* rev. ed. (Oxford, 1976); J. Naveh, *Early History of the Alphabet,* 2nd ed. (Leiden, 1987); S. Segert, «Writing» *ISBE* 4 (Grand Rapids, 1988): 1136-60.

Peter T. Daniels

ESCUADRÓN

Destacamento de cuatro soldados (gr. *Tetrádion*). Probablemente porque Pedro había escapado de la cárcel anteriormente (Hch 5.19), Herodes Agripa I colocó al apóstol bajo una fuerte custodia que consistía de cuatro contingentes de estos (12.4).

ESCUDO

El uso de escudos en las batallas se confirma desde el tercer milenio a.C. en peleas de Egipto y Mesopotamia. El escudo largo de los sumerios cubría a un soldado desde el cuello hasta los tobillos. Con los avances en la construcción de armaduras para el cuerpo en la época de Bronce Tardía, los escudos llegaron a ser más pequeños y livianos, y variaron de tamaño y forma, dependiendo del país de origen.

Los escudos comúnmente consistían de un marco de madera, cubierto de piel o cuero, que se engrasaba para evitar rajaduras y para proteger más efectivamente de los golpes indirectos (2 S 1.21; Is 21.5). Aunque el metal proporcionaba una mejor protección, los escudos militares hechos totalmente de metal eran inusuales, ya que más peso impedía la movilidad del soldado. El metal se usaba principalmente para fortalecer los escudos de madera.

Los escudos de oro o bronce se colgaban en las paredes del Templo y palacio como decoraciones y trofeos que habían tomado en batalla (2 S 8.7; 1 R 10.17; 14.27). Los almenajes de las paredes y las torres de una ciudad sitiada, a veces, se cubrían con los escudos de los que la defendían (Ez 27.11). Esto permitía al dueño que estuviera libre del peso y que todavía tuviera una medida de protección, y protegía al almenaje de los misiles. Al mismo tiempo, el escudo podía llevarse para el combate de cuerpo a cuerpo cuando era necesario.

El «escudo» frecuentemente se utilizaba simbólicamente para indicar la relación de Dios con su pueblo. Dios es un escudo alrededor de sus siervos (Gn 15.1; Sal 3.3[TM 4]). El escudo es un símbolo de liberación divina (2 S 22.36 = Sal 18.35[36]) y del ungido de Dios (84.9[10]). En el NT es un símbolo del contenido de la fe, una de las defensas vitales del cristiano (Ef 6.16).

Bibliografía. R. Gonen, Weapons of the Ancient World (Minneapolis, 1976); Y. Yadin, The Art of Warfare in Biblical Lands (Jerusalem, 1963).

W. E. Nunnally

ESCUPIR

Tanto en el AT como en el NT escupir se considera como una señal de desprecio (Job 17.6; 30.10; Is 50.6; Mr 10.34; 14.65; 15.19). En Deuteronomio 25.9 (y quizás en Nm 12.14) es parte de un rito legal de humillación. La inmundicia ritual se transmitía al escupir (Lv 15.8). «Hasta que me trague mi saliva» (Job 7.19) era una expresión que significaba «por un momento breve». Cuando la saliva fluía de la boca de una persona se consideraba como una señal de enloquecimiento (1 S 21.13[TM 14]). El uso que Jesús hizo de su saliva para sanar (Mr 7.33; 8.23; Jn 9.6) refleja la comprensión de que la saliva era una sustancia curativa.

ESDRAELÓN (Gr. *Esdrēlōn*)

La forma griega del nombre «Jezreel». Aunque el término no ocurra en el AT (se encuentra en los libros apócrifos de la Biblia en Jdt 1.8; 3.9; 4.6; 7.3), se utiliza con frecuencia de manera intercambiable con Jezreel (que realmente ocurre numerosas veces en el AT). Técnicamente, la mayoría de los arqueólogos creen que Esdraelón se refiere a la sección occidental de los valles y llanuras que cruzan Galilea apenas al norte del monte Carmelo, separándolo de Samaria, mientras la sección oriental más pequeña de esta área es conocida como el valle de Jezreel. A veces, sin embargo, estos nombres son usados para la zona entera.

La Gran Llanura (1 Mac 12.49) es de forma triangular e incluye la llanura de Meguido (Zac 12.11), extendiéndose a través de las cuestas del norte del monte Carmelo a la llanura de En-gammin (Jenin moderno) en el sur, y noreste a las cuestas del monte Tabor. Muchas ciudades estuvieron localizadas dentro de la Llanura, Meguido era la más importante. Era un lugar estratégico durante tiempos del AT y fue fortificado para guardar el paso del Carmelo. Fue controlado por los cananeos hasta el tiempo de David (Jue 1.27) cuando los israelitas finalmente ganaron el control. El río Cisón se pasea por este valle rico y fértil. Como parte del Camino del Mar (Is 9.1 [TM 8.23]), la llanura de Esdraelón incluyó la ruta que condujo de la costa filistea por el pase en Meguido y en Damasco. Unió Egipto con el norte y así sirvió como parte de una ruta comercial desde los tiempos más antiguos.

Algunas batallas famosas aquí incluyen la derrota de los filisteos a Saúl (1 S 31) y la derrota del Faraón Necao de Josías (2 R 23.29). Una sola referencia del NT a esta área se encuentra en Apocalipsis

16.16, quizás sugiriéndolo como la ubicación de una batalla apocalíptica.

Véase Jezreel

WATSON E. MILLS

ESDRAS (Heb. *ʿezrâ*)

Descendiente de Judá (1 Cr 4.17), listado entre los descendientes de Caleb.

ESDRAS (Heb. *ʿezrāʾ*)

1. Un escriba y sacerdote enviado con poderes religiosos y políticos por el rey persa Artajerjes para conducir un grupo de exiliados judíos de Babilonia a Jerusalén (Esd 7–8). Esdras condenó los matrimonios mixtos (Esd 9), alentando a los judíos a divorciarse de sus mujeres extranjeras y desterrarlas (cap. 10). Él leyó e interpretó la ley (Neh 8.1-12), renovó la celebración de fiestas (vv. 13-18), y apoyó la nueva dedicación del templo (caps. 9–10) y la reconstrucción del muro de Jerusalén (12.36).

La opinión erudita acerca de la fecha y la misión de Esdras varía extensamente. La mayoría fecha la misión de Esdras en 458 a.C. (13 años antes de Nehemías), pero otros sugieren 398 (después de Nehemías), y todavía otros dudan de la historicidad de la misión totalmente. Aunque Esdras y Nehemías sean presentados como compañeros de trabajo, muchos sostienen que los pasajes que los unen son redacciones anacrónicas (Neh 8.9; 12.26, 36). Además, dado que las acciones registradas de Esdras (posiblemente dictada por otros; cp. Esdras 9.1; 10.1-5; Neh 8.1) se diferencian mucho de sus poderes asignados, muchos dudan de los contenidos relatados de la carta de Artajerjes (Esd 7.11-26) y señalan la comparación con otras directivas persas. Quizás Esdras fue retirado por los persas ante el fracaso de su política segregacionista desde que Esdras 10 termina tan repentinamente.

Véase Esdras, Libro de.

2. Un sacerdote que acompañó a Zorobabel y Jesúa de Babilonia a Jerusalén (Neh 12.1, 13; cp. Azarías, 10.2 [TM 3]).

3. Un sacerdote que participó en la ceremonia de nueva dedicación para el muro de Jerusalén (Neh 12.33).

Bibliografía. J. Blenkinsopp, *Ezra-Nehemiah.* OTL (Filadelfia, 1988); L. L. Grabbe, *Judaism from Cyrus to Hadrian,* 1: *The Persian and Greek Periods* (Minneapolis, 1992), 94-98, 136-38.

ERIC F. MASON

ESDRAS (Heb. *ʿezrāʾ*), **LIBRO DE**

Esdras 1–10 representa las primeras etapas de la reconstrucción de la vida judía en Judá (Yehud) bajo el gobierno colonial persa después de la destrucción de Jerusalén y el exilio a Babilonia. En las Biblias cristianas el libro de Esdras aparece con los libros históricos, entre Crónicas y Nehemías. En las Biblias judías modernas, con Nehemías es colocado entre los «Escritos», inmediatamente antes de Crónicas, el último en el canon (aunque los manuscritos hebreos más antiguos, como el Códice de Leningrado, lo coloquen último).

Fecha, alcance y estructura

Escrito principalmente entre 400 y 300 a.C., el libro de Esdras refleja la política y la religiosidad del período persa antes del surgimiento del helenismo. Es la única historiografía bíblica que de modo explícito describe las transformaciones durante el período posterior al destierro fundamental. El autor se desconoce, aunque Esdras y Nehemías hayan sido sugeridos.

Según Esdras, los judíos desterrados volvieron a Judá y Jerusalén *en masa* en respuesta a un decreto del rey de Ciro de Persia (538; 1.1-4). Con entusiasmo restauraron prácticas de culto y reconstruyeron el Segundo Templo en Jerusalén (516/5; caps. 3–6). Más tarde, bajo la dirección de Esdras el sacerdote y escriba, también comenzaron a poner en práctica las enseñanzas de la Torá (458; caps. 7–8) y reconstruir la comunidad misma separándose de extranjeros (caps. 9–10). El relato de la vuelta y reconstrucción sigue en el libro de Nehemías, que era al principio parte de Esdras (como todavía está en la LXX y TM). La estructura de Esdras-Nehemías unificado es como sigue.

- I. El decreto de Ciro (538) para restaurar la casa de Dios en Jerusalén (Esd 1.1-4)
- II. Realización del decreto (Esd 1.5-Neh 7.73 [TM 72])
  - A. Introducción con una lista de exiliados que regresaron (Esd 1.5-2.1-70)
  - B. Implementación del decreto en tres movimientos (Esd 3.1–Neh 7.73 [72])
    1. Primer movimiento: Edificación del templo bajo Zorobabel y el liderazgo de Josué en 538-516/5 (Esd 3.1–6.22)
    2. Segundo movimiento: Edificación de la comunidad bajo la dirección de Esdras en 458-457 (Esd 7.1–10.44)

3. Tercer movimiento: Edificación de los muros de Jerusalén bajo la dirección de Nehemías en 445-444 (Neh 1.1–7.5)

C. Conclusión con una recapitulación de la lista de exiliados que regresaron (Neh 7.6-73 [72])

III. Celebración de la reconstrucción bajo Esdras y Nehemías con la Torá en el centro (Neh 8.1–13.3)

IV. Coda: el informe de Nehemías (Neh 13.4-31)

El libro contiene fuentes hebreas y arameas, éste a menudo como la correspondencia con la corte persa. Como otra historiografía antigua (como Herodoto), Esdras subsume datos históricos a su propio punto de vista y objetivo. Aunque los eruditos pongan en duda la exactitud histórica de algunas descripciones y la autenticidad de los documentos que Esdras reproduce, la perspectiva total del libro y los contornos generales de su informe han ganado crédito en años recientes porque (1) los estudios arqueológicos apoyan la afluencia de asentamientos en Judá en el siglo V; (2) las estructuras y las prácticas que llegaron a dominar la vida judía en Judá concuerdan con aquellas representadas en Esdras; y (3) la perspectiva del libro en estos desarrollos *generalmente* está de acuerdo con fuentes extrabíblicas.

Contenido y mensajes

Esdras (como Esdras-Nehemías en conjunto) organizan su material para reflejar la ideología particular del libro, destacando tres temas: (1) la importancia de la comunidad en conjunto, no sólo sus líderes; (2) la posición central de documentos escritos, sobre todo el libro de la Torá; (3) la extensión del espacio sagrado para incluir no sólo el templo pero la ciudad.

El libro se desarrolla como sigue:

El decreto (538) de Ciro para restaurar la casa de Dios en Jerusalén (1.1-4)

El decreto de Ciro exhorta al pueblo de Jehová a construir la casa de Dios en Jerusalén. Presenta como la respuesta de Ciro a la orden de Jehová, el decreto presenta el gobierno persa como un instrumento benévolo del Dios de Israel, marcando las pautas para el libro en conjunto y reflejando una adaptación importante al gobierno colonial durante el período persa.

Este decreto se repite en una forma abreviada en 2 Crónicas 36.22-23 (Esd 5.13-15 reproduce una versión diferente de la autorización). En forma y contenido, el decreto de Ciro en Esdras se conforma con otros documentos del período persa, como el famoso cilindro de Ciro, que de igual manera presenta a Ciro como el emisario del dios babilónico. Aunque ninguna fuente extrabíblica muestre la autorización específica del retorno judío y reconstrucción, es evidente que los judíos de Babilonia realmente se restablecieron en Judá y que el templo fue de hecho construido. Tales actividades no podían haber resultado sin la autorización por la corte imperial burocrática.

Realización del decreto (Esd 1.5-Neh 7.73 [72])

Introducción con una lista de exiliados que regresaron (Esd 1.5–2.1-70).

El resto de Esdras representa la conformidad entusiasta por los miembros de las familias de Judá, Benjamín, y Leví, que se levantan y van a Jerusalén, con el apoyo de aquellos que dejan. Esdras incluye dos de los tres viajes de Esdras-Nehemías del exilio a Judá, enmarcado por una lista repetida de más de 42 mil repatriados (Esd 2 = Neh 7).

Realización del decreto en tres movimientos (Esd 3.1–Neh 7.73 [72])

Primer movimiento: Edificación del templo bajo Zorobabel y el liderazgo de Josué en 538-516/5 (Esd 3.1–6.22).

Esdras enfatiza la naturaleza religiosa del regreso del cautiverio. Por consiguiente la primera ola de nuevos pobladores se apresura a construir el altar y el templo (y establecer el personal de culto). Cada finalización es seguida de celebración (de Sucot [3.4] y Pascua [6.19] respectivamente). Esdras también destaca el mando dual por Zorobabel (el último descendiente davídico conocido con autoridad en el AT) y Josué el sacerdote, poniendo un modelo que seguirá. Por último, Esdras destaca la dedicación comunal a la tarea, atribuyendo tardanzas en la edificación a la interferencia exterior: Algunos habitantes locales, al principio etiquetados como «adversarios de Judá y Benjamín» (4.1) y luego «el pueblo de la tierra» (v. 4), primero intenta unirse a los constructores y luego, cuando fueron rechazados, incitaron a las autoridades persas contra los judíos. Por consiguiente, el gobierno persa ordenó detener la reconstrucción.

La reconstrucción se reanuda sólo en el tiempo de Darío (520) y es completada en 516/5. Para documentar la oposición, Esdras incluye la correspondencia aramea con Artajerjes. Esta correspondencia levanta el problema más espinoso en el libro, ya que el reinado de Artajerjes *siguió* a Darío y desde que Artajerjes en Esdras 7; Nehemías 2 apoya los esfuerzos de los judíos. Además, algunas cartas tienen que ver con los muros de Jerusalén, no el templo. El registro ya no estaba claro para el escritor o el período mismo era confuso. El uso de tal correspondencia de este tipo, sin embargo, también puede provenir del deseo de enfatizar la opinión de Esdras que la casa de Dios se extiende a la ciudad en conjunto.

Segundo movimiento: Edificando la comunidad bajo la dirección de Esdras en 458-457 (Esd 7.1–10.44).

Esdras 7–10 describe una formación de la comunidad de acuerdo con el libro de la Torá. En 458, Esdras viene a Jerusalén, encargado por Artajerjes I (398 si el rey es Artajerjes II). El propósito de Esdras es poner en práctica la Torá. Sus cartas credenciales sacerdotales y de escriba son impecables y él permanece como el líder modelo no sólo en Esdras, pero en Esdras-Nehemías en conjunto.

La sección incluye una carta aramea de Artajerjes delineando los amplios poderes de Esdras así como apoyo financiero sustancial a su misión y al templo (7.11-27), seguido de un primer informe de persona (convencionalmente etiquetado Memorias de Esdras) en que Esdras describe su viaje a Jerusalén y las actividades en ella (7.28-9.15).

La parte más dramática aquí es la crisis sobre matrimonios de líderes judíos con mujeres «de los pueblos de las tierras» (9.2). Esdras interpreta tales matrimonios como una violación de la Torá y la repetición de los pecados que causaron el exilio en primer lugar (9.6-15). El libro concluye con un informe en tercera persona que describe pasos emprendidos para solucionar la crisis y separación de mujeres extranjeras (10.1-44).

El libro celebra la vuelta y comunica un nuevo modelo para Israel en su tierra. El mando es diárquico, con un gobernador y un sacerdote responsable, ambos se centraron en Jerusalén. La vida del pueblo es gobernada por el libro de la Torá, en armonía con el gobierno persa. La separación voluntaria protege límites de comunidad en medio de otras naciones y asegura la lealtad a las tradiciones particulares de Israel (en contraste con la solución militar emprendida en el período anterior al exilio).

Fondo histórico

El período persa comienza con la conquista de Ciro de Babilonia (539) y se extiende a la época de Alejandro Magno (332). Al principio el imperio persa subsumió el imperio babilónico. Pero para 525 también incluyó Egipto y luchaba con Grecia por el control de la región. Los reyes persas Ciro (539-530), Darío (522-486), Asuero (485-464), y Artajerjes I (465-424), todos mencionados en Esdras, estuvieron profundamente envueltos en este movimiento hacia el oeste. La era constituye el primer encuentro principal entre «Este» (antiguo Cercano Oriente) y Oeste (Grecia y Europa), y su influencia ha sido decisiva para ambas regiones. El Mediterráneo llegó a ser una arena de conflicto, y la importancia comercial, militar, económica y política de las tierras alrededor de ello inevitablemente creció.

Las políticas persas en Judá muy probablemente estaban bajo la influencia de estos conflictos aunque Esdras-Nehemías mismo no se refiera de manera explícita a ellas.

Probablemente, sirvió intereses persas en colocar, organizar y reforzar poblaciones leales a través del litoral mediterráneo oriental y también en Judá.

Cuestiones históricas y literarias

Varias cuestiones permanecen impugnadas en el estudio de Esdras.

1. Relación con Crónicas. La opinión de que el cronista también compuso Esdras-Nehemías y compartió su ideología había sido sostenida durante 150 años. Sara Japhet ha invalidado esta opinión, de manera que ahora permanece como una posición de minoría.
2. La identidad y papel «del pueblo (s) de la tierra (s)». En Hageo la apatía de Judá explica la resistencia a edificar el templo. En Esdras es «el pueblo de la tierra». El énfasis de Esdras en la oposición externa puede ser un retroceso (aunque los factores internos y externos pudieran coexistir). La identidad exacta de estos adversarios en Esdras 4–5 y «las mujeres extranjeras» es incierta. Aunque el término puede designar moabitas, amonitas, etc., también puede incluir a israelitas del norte, samarianos (que no deben ser confundidos con los samaritanos posteriores), y habitantes de Judá que evadieron el exilio y cuya legitimidad Esdras rechaza reconocer.

3. La Torá de Esdras. Los intentos de establecer el grado de la Torá que Esdras debe administrar han llevado a conclusiones diversas: que es la ley sacerdotal, las leyes deuteronómicas, una combinación de leyes del Pentateuco, o alguna forma de nuestro Pentateuco. Desde Spinoza, los eruditos también consideraron la posibilidad que Esdras fuera un redactor, quizás el redactor principal del Pentateuco.

Otras cuestiones incluyen la confiabilidad histórica de la correspondencia aramea, la historicidad de Esdras mismo, y la paternidad literaria de las memorias de Esdras. Con pocas excepciones, los eruditos hoy se han alejado del escepticismo radical de estudios más antiguos en estas cuestiones.

Bibliografía. J. Blenkinsopp, *Ezra-Nehemiah.* OTL (Filadelfia, 1988); T. C. Eskenazi, *In an Age of Prose: A Literary Approach to Ezra-Nehemiah.* SBLMS 36 (Atlanta, 1988); K. G. Hoglund, *Achaemenid Imperial Administration in Syria-Palestine and theMissions of Ezra and Nehemiah.* SBLDS 125 (Atlanta, 1992); S. Japhet, «The Temple in the Restoration Period: Reality and Ideology», *USQR* 44 (1991): 195-251; H. G. M. Williamson, *Ezra, Nehemiah.* WBC 16 (Waco, 1985).

Tamara Cohn Eskenazi

ESDRAS, LIBROS DE

1 Esdras

El libro apócrifo 1 Esdras debe su título a los manuscritos estándar de la LXX, donde aparece como Esdras A o 1 Esdras. Condenado por Jerónimo, no obstante aparece en Biblias latinas como 3 Esdras. El libro es canónico sólo para las Iglesias Ortodoxas orientales y no para la Iglesia Católica Romana, aunque 1 Esdras aparezca en la mayoría de las colecciones de la literatura apócrifa o deuterocanónica.

A excepción de 1 Esdras 3.1–5.6, 1 Esdras es una versión griega bastante libre de la historia bíblica de la Pascua de Josías a las reformas de Esdras. 1 Esdras 1.1-55 duplica 2 Crónicas 35.1–36.21; 1 Esdras 2.1-15 duplica a Esdras 1.1-11; 1 Esdras 2.16-30 duplica a Esdras 4.7-24. 1 Esdras 5.7-46 duplica a Esdras 2.1-70; 1 Esdras 5.47-73 duplica a Esdras 3.1–4.5; 1 Esdras 6.1–7.15 duplica a Esdras 4.24–6.22; y 1 Esdras 8.1–9.55 duplica a Esdras 7.1–10.44 y Neh 7.73–8.12.

La sección no tiene paralelo con la obra del cronista (1 Esd 3.1–5.6) es una historia de un joven en la corte de Darío, el rey persa. Él soluciona el enigma de «cuál es la cosa más fuerte en el mundo» con una demostración magnífica de ingenio y sabiduría en un concurso acertijo ante el rey y su tribunal. Como el ganador de la competición el joven gana el privilegio de reconstruir la ciudad de Jerusalén y el templo, conduciendo a los judíos a casa del exilio, y devolviendo ciertos vasos del templo que todavía estaban en el cautiverio.

Cuando esta narrativa fue unida al resto de 1 Esdras, el ganador del concurso acertijo había sido identificado con Zorobabel, la historia que se vuelve una «leyenda piadosa» sobre la maravillosa oportunidad de Zorobabel en el exilio para influir en el curso de la historia judía. El éxito de un judío sabio en la corte de un rey extranjero es un motivo encontrado en Daniel (1–6) y Ester, y los libros deuterocanónicos de Tobías, Judit, Susana, y Bel y el Dragón.

En su forma actual 1 Esdras puede ser fechado entre 165 a.C. y 50 d.C. Las semejanzas lingüísticas y estilísticas con Daniel y Ester y el hecho de que fue usado por Josefo justifican esta datación. Hay una gran posibilidad de que fuera compuesto en Egipto durante la última parte del siglo II a.C. Esta leyenda piadosa, que tenía como su objetivo tanto de entretener como educar, surgió a partir de un relato cortesano persa original, perceptible en 1 Esdras 3.1–4.42. Un análisis de la estructura de esta sección muestra que está dividido en un marco de narrativa que consiste en una larga introducción en prosa (3.1-16a) con una conclusión truncada (4.42) y cuatro largos discursos sobre la fuerza del vino, el rey, mujeres, y verdad, respectivamente (3.16b–4.41).

Hay fuerte evidencia de que la narrativa principal se basa en la práctica del antiguo Cercano Oriente de proponer enigmas como parte del entretenimiento de la corte. Los temas defendidos como el más fuerte por cada concursante (vino, el rey, y mujeres) sugerirían esto. La respuesta ganadora, verdad, sin duda fue añadida en fecha posterior cuando la historia fue moralizada con objetivos religiosos. La sugerencia del tercer concursante que «las mujeres» eran las más fuertes, sin duda la entrada ganadora en el relato original, puede ser una referencia a cierta Apame (una esposa o concubina de un rey seléucida). La naturaleza cósmica y ética de la verdad como se describe en la versión final sugiere que pudiera haber sido añadida en algún punto para celebrar el poder de Asa en la creencia de

Zoroastro, Hokma de la literatura de sabiduría hebrea, Sofía griega, o Maat egipcia.

El verso más famoso en el libro es la respuesta del rey y la nobleza reunidos en la conclusión del himno en la alabanza de la verdad: «grande es la verdad, y lo más fuerte de todos» (4.41). Agustín en su *Ciudad de Dios* (17.36) identifica la grandeza de la Verdad en 1 Esdras con Cristo la Verdad.

Bibliografía. J. L. Crenshaw, «The Contest of Darius' Guards», en *Images of Man and God,* editor. B. O. Long (Sheffield, 1981), 74-88; W. R. Goodman, *A Study of I Esdras 3:1-5:6* (dis., duque, 1971); J. M. Myers, *I and II Esdras.* AB 42 (Garden City, 1974).

2 Esdras

El único apocalipsis en los libros apócrifos de la Biblia, este trabajo lleva el nombre Esdras. Aparece como 2 Esdras en algunos manuscritos latinos, la Biblia de Ginebra, y la Versión Autorizada, pero como 4 Esdras en la mayoría de manuscritos latinos. Otros manuscritos lo ponen en una lista como 1 o 3 Esdras.

Esta es una obra compuesta que contiene partes de los siglos I y II d.C., y que data en su forma actual del siglo III. La parte principal fue al principio escrita en una lengua semítica, probablemente hebreo o arameo, pero lamentablemente ninguna versión semítica ha sobrevivido. La traducción griega del original semítico también se ha perdido.

La obra consta de tres partes distintas de longitud y fecha variadas: 2 Esdras 1–2; 3–14; y 15–16. El estilo y contenido de las tres partes conducen a eruditos a fechar cada una a un período diferente. La primera sección (caps. 1-2) presenta a Esdras como el autor que recibe su comisión del Señor para entregar un mensaje a su pueblo. Esta sección es de fecha de mediados del siglo II y parece haber sido escrita por un autor cristiano. El cuerpo principal de la obra (caps. 3–14) tiene a Esdras en Babilonia recibiendo siete revelaciones, algunas de las cuales tomaron la forma de visiones. La mayoría de los eruditos piensan que esta sección principal fue escrita hacia el final del siglo I en hebreo o arameo por un judío desconocido. La sección final (caps. 15–16) también parece haber sido escrita, como los dos primeros capítulos, en griego por un autor cristiano y añadido a la sección principal, quizás a mediados del siglo III. Esta parte final refleja la amenaza parta a la estabilidad del imperio romano en aquel tiempo.

La primera sección contiene fraseología del NT (1.30, 37; 2.42), un argumento muy fuerte a favor de la autoría cristiana. Esdras advierte a Israel que por sus pecados Dios los dispersará entre las naciones y elegirá las naciones gentiles en cambio para su pueblo. Entonces innumerables santos (¿mártires cristianos?) estarán de pie en el monte Sión y victoriosamente reciben sus recompensas de coronas y palmas de un joven de gran estatura, que un ángel identifica como «el Hijo de Dios» (2.47).

La sección central contiene una serie de revelaciones mediadas por el ángel Uriel. La primera visión (3.1–5.20) es fechada a 30 años después de la destrucción de «nuestra ciudad», probablemente refiriéndose a la destrucción de Nabucodonosor de Jerusalén en 587/6 a.C. Muchos toman esta datación en el sentido de que el autor escribía 30 años después de la destrucción de Jerusalén por los romanos en 70 d.C., así dando una fecha aproximada de 100 d.C. para la composición de la parte central del libro. Preocupado por lo que él percibe como el tratamiento injusto de Dios de Israel, Esdras recibe en la primera visión en sueño la respuesta que los caminos de Dios están simplemente más allá del entendimiento humano. El vidente en la segunda visión (5.21–6.34) otra vez se queja del modo injusto que parece que Dios trata con Israel. En este caso también, los caminos de la tierra y los juicios y los propósitos de Dios están más allá de nuestra comprensión. Tales problemas desconcertantes como la inferioridad de las generaciones últimas comparado con los más antiguos en el plan divino para el mundo en la venida de la edad mesiánica, y determinar el tiempo del final de la edad, son contestados con una precaución de no ser demasiado ansioso sobre estas cosas: «¡Crea y no tenga miedo!» La tercera visión (6.35–9.25) trata de la obra de Dios en la creación, el reino mesiánico, y el fin del mundo. El vidente queda perplejo que sólo un pequeño número será salvado y no habrá ninguna intercesión para el mal en el día del Juicio Final. La súplica del vidente a Dios para tener misericordia de sus creaciones es contestada con la palabra que Dios se alegrará del justo salvado y olvidará el malo. El vidente estará entre los benditos salvados y no debería preocupar más sus pensamientos por el castigo de los pecadores perdidos. La sección final presenta una descripción de los últimos días y las señales que precederán a ella. En la cuarta visión (9.26–10.59) el registro de Israel se compara desfavorablemente con la ley mosaica. La destrucción de Israel será devastadora, pero la Sión celestial será gloriosa y hermosa. En la quinta visión (11.1–12.51), conocida como «la visión del águila», Esdras ve la destrucción de una bestia fuerte en la forma de águila, probablemente simbolizando las luchas en el imperio romano después de la muerte de Nerón (68 d.C.), como la interpretación de la visión (el 12.3b-39) sugeriría. A Esdras se le pide entonces escribir sus visiones en un libro, esconderlo, y luego enseñar las visiones al «sabio», quien será el único que puede entenderlas. La sexta visión (13.1-58) presenta a Esdras la aparición del Mesías en la forma de un hombre que sube del mar y vuela con las nubes del cielo, que mira fijamente en y habla a todos en el juicio, que finalmente destruye por el fuego las multitudes que lucharían contra él. En la interpretación el vidente entiende que él solo ha sido iluminado acerca del tiempo de los infortunios mesiánicos y la venida del Hijo de Dios. En la visión séptima y final (14.1-48) Dios ordena que Esdras restaure las Sagradas Escrituras, quizás el AT, haciendo algo público, pero salvando algo para el «sabio» solo. Esdras entonces reúne a la gente y les suplica gobernar sobre sus mentes y disciplinar sus corazones para que puedan obtener misericordia después de la muerte y vivir otra vez. Esdras junto con cinco hombres se va durante 40 días. Esdras recibe la inspiración del Espíritu y escribe 24 libros, que deben ser hechos públicos. Setenta libros, sin embargo, deben ser guardados para el sabio. En ellos «está la fuente de entendimiento, la fuente de sabiduría, y el río de conocimiento». Finalmente Esdras es tomado al cielo.

La tercera división de 2 Esdras (15.1–16.78) es un apéndice cristiano del siglo III que repite muchos de los temas de la sección apocalíptica central, como la venganza de Dios sobre el malo y señales del fin. Nación luchará contra nación y las ciudades serán lugares de confusión y destrucción, hambre, y pillaje. Babilonia (Roma), Asia, Egipto y Siria son denunciados; se advierte a los pecadores que no nieguen su pecado, y a los justos se les promete que Dios los librará seguramente de la época de tribulación.

Bibliografía. R. J. Coggins y M. A. Knibb, *The First and Second Books of Esdras* (Cambridge, 1979); W. R. Goodman, *A Study of I Esdras 3:1–5:6* (diss., Duke, 1972); J. M. Myers, *I and II Esdras.* AB 42 (Garden City, 1974); M. E. Stone, *Features of the Eschatology of IV Ezra.* HSM 35 (Atlanta, 1989).

William R. Goodman, Jr.

ESEC (Heb. *ʿēšeq*)
Un descendiente de Benjamín, descendiente de Saúl y Jonatán (1 Cr 8.39).

ESEK (Heb. *ʿēśeq*)
Pozo cavado por los siervos de Isaac (Gn 26.20). El nombre («contención») refleja el conflicto entre los pastores de Isaac y los de Gerar sobre derechos a recursos de agua. El contexto de la tradición coloca el pozo entre Gerar y Beerseba, posiblemente junto al Naḥal Gerar (Wadi esh-Sheriah).

Laura B. Mazow

ESENIOS (Gr. *Essaios, Essēnos*)
Un movimiento dentro del judaísmo, conocido principalmente a finales del período del Segundo Templo, sobre todo de c. 146 a.C., a c. 70 d.C. Ellos eran una asociación comunal, a la que se entraba por iniciación, y se consideraban el remanente predestinado de aquellos que realmente observaron la voluntad de Dios. Ellos persiguieron su propia interpretación de la Torá y profecía. Aunque los esenios influyeron en el desarrollo del judaísmo rabínico y del cristianismo, ninguno de aquellos grupos aceptó la autodescripción de los esenios, y la historia de los esenios a menudo se ha considerado enigmática.

El nombre esenio tiene dos formas en griego, *Essaios y Essēnos;* la pronunciación en español viene de la forma última, aunque la ortografía de *Essaios* sea atestiguada antes y parezca ser más cercana a la forma original semítica. Como la solución es crucial, se han ofrecido más de 50 propuestas diferentes para la etimología. Las formas griegas del nombre esenio probablemente se derivan de una raíz semítica (hebrea o aramea). Las dos sugerencias más repetidas implican dos palabras arameas, *ḥasayyāʾ* («piadoso») y *ʾāsayyāʾ* («curanderos»), pero ninguno de estos términos aparece en ningún texto conocido antiguo en cualquier referencia en absoluto a los esenios. Una propuesta es la raíz hebrea *ʿāśāh* en la forma de participio *ʿôśîn* y construye la forma *ʿôśê hattôrâ* («hacedores de la torá»); aparece como una autodescripción en varios rollos del mar Muerto. (La mayoría de los rollos sectarios están en hebreo, no arameo.) Es paralelo a algún otro grupo relevante el conocimiento de sí mismos (p. ej., samaritanos como «encargados» de la torá); corresponde a la conjetura etimológica de Filón de *hosios*, la transliteración de Josefo de Heb. *hōšen* como *essēn*, y la ortografía de Epifanio de esta secta judía como *Ossaioi y Ossēnoi*. Esta solución hebrea fue aceptada mucho antes de los descubrimientos de Qumrán (e. g., Johann Carion, *Chronica* [1532], folio 68 verso) y concuerda bien con la evidencia, pero aún no existe consenso.

Varias descripciones antiguas de los esenios han sobrevivido en textos griegos y latinos. Entre las más importante están las de los tres más antiguos de estos escritores, Filón, Josefo, y Plinio. Los relatos posteriores por Hipólito y Epifanio, entre otros, también conservan observaciones adicionales importantes. La mayoría de estas descripciones fueron dirigidas a un público no judío, que influyeron en la selección de las características esenias y su descripción en términos de virtudes griegas. Estos textos muestran intereses filosóficos (sobre todo estoicos) y etnográficos típicamente encontrados en historias y geografías helenistas. Varias de las descripciones dependieron en textos anteriores, ahora perdidos, incluyendo al menos una fuente griega antes que Filón, cuyo relato es el más antiguo existente. Posidonius, Strabo, y Marcus Vipsanius Agripa están entre los autores probables de las descripciones ahora perdidas de los esenios.

Plinio localizó un asentamiento esenio cerca del mar Muerto. La mayoría de los eruditos han concluido que las ruinas en Qumrán y los rollos de cuevas aledañas pertenecieron a un grupo de los esenios. Aunque algunos argumentan que Kirbet Qumrán podría haber sido una fortaleza o una villa de invierno, la mayoría de los historiadores y arqueólogos considera Qumrán como uno de los asentamientos esenios. Otros asentamientos o centros comunitarios estuvieron localizados en Jerusalén y en «la tierra de Damasco» (al este del río Jordán) y en otras partes. Filón también describe el Terapeutae en Egipto como un grupo relacionado con los esenios.

Varios de los manuscritos Qumrán incluyen paralelos a la enseñanza, prácticas, y autodescripción de los esenios. Seguramente algunos textos encontrados en Qumrán son esenios, incluso el *Serek hayyaḥad* (la Regla de la Comunidad), varios comentarios de la Biblia *(Pesharim)*, y 4QMMT (*Miqsat Ma'aseh ha-Torah*, «ciertas promulgaciones de la Ley»). Tales textos como Jubileos y partes de Enoc probablemente son textos pre-Qumrán escritos dentro del movimiento esenio.

Las enseñanzas de los esenios compartieron mucho con otros judíos, como la Torá y los Profetas, pero reclamaron una interpretación especial, a veces esotérica de las Escrituras. Los esenios consideraron a los sumos sacerdotes del Templo de Jerusalén (a veces asociados con los saduceos) equivocados en sus prácticas y calendario. Aunque los esenios tuvieran cuidado en sus deliberaciones legales, ellos no llamaron este «halakha», y usaron aquel término sólo como un juego de palabras negativo contra los fariseos como «los buscadores de cosas suaves *(dôršê haḥălāqôt)*». Los esenios observaron la Torá estrictamente, pero según su propia interpretación. Las creencias de los esenios incluyeron la predestinación, papeles importantes para ángeles y la resurrección, aunque no necesariamente incluyendo la resurrección corporal (Josefo e Hipólito discrepan).

Ellos esperaban un mesías, o, en algunas descripciones, dos mesías, uno sacerdotal y otro real. La cosmovisión apocalíptica y dualista esenia es similar a Daniel, y no a 1 y 2 Macabeos, que no se encuentran en Qumrán; Dios y los ángeles, no humanos, destruirán a los enemigos.

Los esenios eran una organización comunal. Ellos tenían reglas para iniciación y castigos, incluso la expulsión. Algunos esenios eran célibes y algunos observaron períodos de celibato limitado con determinadas ocasiones o lugares. Los esenios no tenían esclavos, y al menos los miembros de pleno derecho tuvieron la propiedad en común. La agricultura era la ocupación principal; no fabricaron armas. Evitaron los tribunales de extranjeros y siguieron reglas de pureza rituales estrictas. El grado en el cual participaron en el culto del templo de Jerusalén todavía se debate.

Josefo escribió que los esenios existieron en 146 a.C. (*Ant.* 13.171), probablemente porque su fuente Strabo comenzó su *Historia* en aquella fecha. El año exacto que ellos se originaron se desconoce, quizás porque el movimiento esenio se desarrolló más gradualmente y porque el movimiento precedió a la forma griega de su nombre. Tres de los cuatro individuos esenios mencionados en Josefo son conocidos por la profecía y vivieron en Jerusalén. El cuarto,

Juan el (antiguo) esenio quien se unió a los zelotes, no es típico; era raro para un esenio confiar en armas humanas. Josefo también localizó una puerta esenia en el suroeste de Jerusalén (*BJ* 5.145).

Los textos de Qumrán describen a ciertos individuos, sobre todo un maestro esenio de la justicia y su opositor el sacerdote malvado. Aunque muchos eruditos consideren a Jonatán (161-143/2 a.C.) el mejor candidato para el sacerdote malvado, Alejandro Janeo (103-76) puede ser preferible. Algunos eruditos sugieren que había más de un sacerdote malvado y más de un Maestro de Justicia. Aunque el Maestro de justicia no tenga ninguna identidad generalmente de acuerdo, un candidato plausible es Judá, el esenio mencionado por Josefo (*BJ* 1.78-80; *Ant.* 13.311) como enseñando c. 104, poco antes del gobierno de Alejandro. En *b. Qidd.* 66a (¿el mismo?) Judá pide a Alejandro dejar el sacerdocio. La opinión negativa de los esenios acerca de los últimos asmoneos fue compartida por Strabo, quién escribió (*Geog.* 16.2.35-40) que Alejandro estaba entre los sacerdotes supersticiosos y tiránicos que se alejaron de las enseñanzas honorables de Moisés (cp. Filón *Apol. Jud.* 8.11.1). Los esenios desaparecieron de la historia algún tiempo después de la guerra con Roma.

Muchos aspectos de la historia esenia todavía son debatidos.

Bibliografía. J. M. Baumgarten, «The Disqualifications of Priests in 4Q Fragments of the 'Damascus Document'», *Madrid Qumran Congress.*STDJ 11 (Leiden, 1992), 2.503-13; F. C. Conybeare, *Philo: About the Contemplative Life* (1895, reimpreso. Nueva York, 1987); S. Goranson, «Posidonius, Strabo and Marcus Vipsanius Agrippa as Sources on Essenes», *JJS* 45 (1994): 295-98; G. Vermes y M. D. Goodman, *The Essenes according to the Classical Sources* (Sheffield, 1989).

Stephen Goranson

ESLI (Gr. *Eslí*)

Un descendiente de Natán posterior al destierro y un antepasado de Jesús, conocido sólo de la genealogía de Lucas (Lc 3.25).

ESMERALDA

La esmeralda moderna era desconocida en el antiguo Cercano Oriente hasta que comenzó a ser extraída en el Alto Egipto en los últimos dos siglos a.C. Algunas traducciones usan «esmeralda» cuando el hebreo sugiere una piedra estimada, de color verde. Algunas traducciones leen «esmeralda» para *bāreqeṯ* (LXX *smáragdos*), una piedra grabada en el pectoral del sumo sacerdote (Ex 28.17; 39.10) y una piedra que adorna al rey de Tiro (Ez 28.13). En tales pasajes la NVI vierte «esmeralda» para *yahălōm* (LXX *íaspis*, «jaspe»).

Gr. *smáragdos,* una hilada en el fundamento del muro de la Nueva Jerusalén (Ap 21.19), *y smarágdinos,* un adjetivo que describe el arco iris alrededor del trono de Dios (4.3), son traducidos como «esmeralda» en la mayoría de las versiones del NT y probablemente se refieren a la piedra como se conoce hoy. Otras traducciones usan «berilo», «carbunclo», «cristal», «diamante», «feldespato», «granate», «jade», «labradorita», o «turquesa» para estos términos hebreos y griegos.

Joseph E. Jensen

ESMIRNA (gr. *Smýrna*)

Ciudad (Izmir moderna) ubicada al final de las rutas comerciales internas que seguían los valles de Hermus (Gediz) y Meander en el este. Desde su puerto protegido en el sur del Egeo, el comercio se dirigía hacia occidente al interior de Grecia. Una colonia griega dominaba el área ya en el siglo X a.C., y afirmaba ser el lugar de nacimiento de Homero. En la era romana, la ciudad fue invitada a ser uno de los custodios del templo de Augusto. Se le nombra entre las siete iglesias del Asia Menor en Apocalipsis 1.11 (cf. 2.8-11).

En tiempos del NT, Esmirna fue una ciudad comercial importante. Competía con Éfeso al sur y se le comparaba con ella. La carta de Juan en Apocalipsis es nuestra primera indicación de una comunidad cristiana en Esmirna. Alaba a los cristianos por su fortaleza en medio de una persecución formidable por parte de una sinagoga local. Más tarde, Ignacio también menciona ese valor en la fe (120 d.C.), quien se detuvo en Esmirna camino a Roma y al martirio y escribió cuatro cartas allí. Policarpo fue martirizado en el estadio de la ciudad en 156, evidencia de la continua animosidad judeo-cristiana. Ireneo (d. 202), obispo de Galia, era de Esmirna. En 1932 y 1941 se desenterró el ágora, pero los restos están debajo de la ciudad moderna (pob. 500 000).

Bibliografía. E. M. Blaiklock, *Cities of the New Testament* (London, 1965), 98-103; C. J. Cadoux, *Ancient Smyrna* (Oxford, 1938); C. Foss, «Archaeology and the 'Twenty Cities' of Byzantine Asia,» *AJA* 81 (1977): 469-86; C. J. Hemer, *The Letters to the Seven Churches of Asia in Their Local Setting* (1986, repr. Grand Rapids, 2000).

GARY M. BURGE

ESPADA

Arma ofensiva de guerra y conflictos, diseñada para ocasionar el mayor daño al oponente. A diferencia de la flecha, la honda, la lanza y posiblemente la jabalina, la espada (heb. *ḥereb̠*; gr. *máchaira, rhomphaía*) es un arma para la falange y se usaba cuando las líneas de infantería se enfrentaban en combate. Es el arma de guerra que más frecuentemente se menciona en la Biblia, en relatos de guerras reales y también como una metáfora de la actividad de Dios y su pueblo.

Las excavaciones arqueológicas han descubierto varias clases de espadas de bronce y hierro, que se usaban para pelear y para propósitos ceremoniales. El «Khopesh» de bronce, que frecuentemente se describe en los relieves egipcios, se usaba como un distintivo de rango en el ejército egipcio y como un arma que cortaba por la orilla de la parte externa de la curva de la cuchilla.

La espada recta es un diseño posterior y se asocia con la llegada de los «Pueblos del Mar», posiblemente del Egeo. Los cuadros egipcios de batallas entre sus fuerzas y los Pueblos del Mar describen a los segundos con la espada recta y punzante. Se han encontrado ejemplos, que a menudo están hechos de hierro, en sepulcros de la región filistea.

La espada de «dos filos» (*rhomphaia*) no necesariamente es un arma cortante, más bien fue diseñada con una punta aguda, afilada en ambos lados para una penetración más profunda en un oponente. La etapa final del desarrollo de este arsenal, durante el período bíblico, fue la Gladius romana de acero. Es más probable que una herida penetrante a un enemigo haga más daño que una cuchillada o una cortada, que sería más fácil de desviar con la armadura o el escudo. Sin embargo, en tiempos del AT tanto cortar (Jos 8.24; 10.30) como apuñalar (Sal 37.15) eran comunes en el uso de la espada.

La Biblia, especialmente el AT, conocía los horrores de la guerra antigua, en la que la espada era un arma principal. Pero este era un terror que Israel y Judá manipularon y explotaron (Dt 13.15; 20.13; Jos 6.21; 8.26). Los profetas preexílicos y exílicos frecuentemente mencionan el terror que inspiraba la espada; especialmente Jeremías y Ezequiel describen el daño físico y psicológico que los ataques con espada pueden ocasionar a una población (Jer 6.25; Ez 5.12; 11.8). La espada llegó a ser un símbolo de guerra en todo el AT (Lv 26.7; Dt 32.42) y fue un símbolo ideal de juicio (p. ej., Lv 26.25, 33).

La espada se asocia metafóricamente con la boca. Devora a sus víctimas (Is 1.20; Jer 2.30) y llega a saciarse con sangre (Is 34.6). Los mentirosos tienen dientes tan filudos como espadas (Sal 57.4[TM 5]), y lenguas que hacen un daño similar (64.3[4]). De esta manera, la espada se convierte en un sinónimo y metáfora de la poderosa palabra de Dios (Ef 6.17; Heb 4.12; Ap 1.16).

En tanto que la esperanza de paz sin la espada se expresa muchas veces en la Biblia (Lv 26.6; Is 2.4; Mi 4.3), el arma es una característica demasiado común de la vida antigua como para restarle importancia. Los capítulos iniciales de Génesis presentan a la enigmática «espada encendida que se revolvía» como el arma con la que a los humanos se les excluye del Paraíso (Gn 3.24), y Apocalipsis describe a la espada como el arma con la que los jinetes apocalípticos destruyen a sus víctimas en juicio (Ap 6.4, 8). El comentario de Jesús de que los que viven por la espada también perecerán por ella (Mt 26.52) no es tanto una declaración ética como una desafortunada declaración de hecho.

Bibliografía. R. Maxwell-Hyslop, «Daggersand Swords in Western Asia,» *Iraq* 8 (1946): 1-65.

T. R. HOBBS

ESPAÑA (Gr. *Spanía*)

En el uso bíblico, toda la Península Ibérica, esto es, tanto España como Portugal. Se ha argumentado que Tarsis, una tierra que tiene abundancia de minerales (Ez 27.12; 1 Mac 8.3) y que está ubicada «lejos de la presencia de Jehová» (Jon 1.3), posiblemente podría referirse a España.

Por lo menos la porción suroeste de la tierra estaba poblada por los robustos ibéricos desde alrededor de 3000 a.C. Los fenicios establecieron destacamentos comerciales dispersos y en el siglo VI los griegos fócidos colonizaron la costa oriental y la del sur. Al mismo tiempo, los celtas estaban ocupando grandes porciones de la península. Durante el siglo III, los cartagineses invadieron España y establecieron Cartago Nova (la moderna Cartago) como su capital. Desde España, el general Aníbal armó la Segunda Guerra Púnica en contra de

Roma. Después de su victoria en 201 los romanos formaron dos provincias en España (Hispania Citerior, a lo largo de la costa oriental, y el Valle del Río Ebro e Hispania Ulterior, a lo largo de la costa del sur y del Baetis [Guadalquivir]), pero la resistencia nativa continuó hasta 133. Los emperadores romanos Trajano, Adriano y Teodosio I eran de origen español.

Pablo se disponía a parar en Roma cuando fuera a España (Ro 15.24, 28), pero nada del NT sugiere que alguna vez hubiera ido. Sin embargo, 1 Clemente 5.67 (probablemente de 97 d.C.), llama a Pablo un heraldo tanto en oriente como en occidente y dice que llegó «a los límites de occidente», que, desde la perspectiva de un escritor en Roma, muy probablemente se refiere a la península ibérica de Gibraltar. Se ha sugerido que los planes de Pablo de viajar a España deben entenderse a la luz de sus escritos sobre «la plenitud de los gentiles» (Ro 11.25). Ireneo probablemente es el primero en mencionar la existencia de comunidades cristianas en España (*Adv. haer.* 1.10.2; alrededor de 180 d.C.).

Bibliografía. A. J. Dewey, «Εις την Spanían: The Future and Paul,» en *Religious Propaganda and Missionary Competition in the New Testament World*, ed. L. Bormann, K. Del Tredici, and A. Standhartinger.NovTSup 74 (Leiden, 1994), 321-49; O. F. A. Meinardus, «Paul's Missionary Journey to Spain,» *BA* 41 (1978): 61-63.

JESPER SVARTVIK

ESPARTA (gr. *Spartē*)

Ciudad capital de Laconia en el Peloponeso de Grecia. Fundada alrededor de 1000 a.C. por los dóricos, se le conoció primero como Lacedemón. Al principio los espartanos eran algunas aldeas independientes, se unieron bajo dos reyes y finalmente llegaron al poder supremo en Grecia. Abominaban el lujo y valoraban el servicio al estado y la constante preparación para la guerra. Los espartanos hacían énfasis en el valor, la generosidad y el rigor (los recién nacidos débiles eran expuestos a la muerte, los varones eran criados severamente por el estado desde los siete hasta los veinte años, los hombres casados vivían en cuarteles militares). Esparta apoyó valerosamente a Atenas en las Guerras Persas, pero la derrotó como enemigo en las Guerras del Peloponeso (431-404). La correspondencia entre los judíos y los espartanos indica intentos de relaciones diplomáticas (cf. 1 Mac 12.2-23; 14.16-23; 15.16-22). En 168 el sacerdote oníada Jasón buscó asilo en la comunidad judía de Esparta después de su hazaña fallida (2 Mac 5.9).

Bibliografía.C. B.Avery, ed., *The New Century Handbook of Classical Geography* (New York, 1972), 314-17; R. J. A. Talbert, ed., *Atlas of Classical History* (New York, 1985), *s.v.*

RICHARD A. SPENCER

ESPECIAS

Término genérico de cualquier perfume caro que era muy estimado como artículo preciado (heb. *bōśem*). El alto valor monetario de las especias se indica por su repetida asociación con metales y piedras preciosas (Ez 27.22), y eran una parte importante en el comercio de artículos de lujo (cf. Ap 18.3; gr. *ámōmon*). La reina de Sabá llevó algunas especias exclusivas de su tierra a Salomón (1 R 10.2, 10 = 2 Cr 9.1-9; cf. Ez 27.22), al igual que algunos dignatarios que visitaron a Salomón (1 R 10.25). Ezequías construyó erarios especiales solamente para sus especias (2 R 20.13 = 2 Cr 32.27). El féretro de Asa contenía especias en su funeral (2 Cr 16.14); se utilizaron especias (gr. *árōma*) para embalsamar a Jesús (Mr 16.1; Lc 23.56; 24.1), según la costumbre del entierro judío (Jn 19.40).

Las especias también tenían un uso aromático, y frecuentemente se mencionan en Cantares. Aquí parece que se usan como un afrodisíaco, ya que el amante está obsesionado con la fragancia (Cnt 5.1). Se personifica a la amante como una «era de especias» (Cnt 6.2), y su fragancia es mejor que la de las especias (4.10, 14). La energía sexual del amante se compara con la de un ciervo y una gacela en una «montaña de los aromas» (Cnt 8.14).

Además, las especias tenían un uso ritual y eran un ingrediente principal en el aceite que se usaba para ungir (Ex 35.8, 28). Los ingredientes para esta especia específica eran mirra líquida, canela, cálamo y casia (Ex 30.22-24). A algunos levitas se les asignó cuidar de las especias del Templo (1 Cr 9.29), y otros eran responsables de preparar la mezcla (v. 30). Las «esencias aromáticas» (heb. *sam*) que se usaban para ungir se destacaban por su fragancia (Ex 30:34; 37.29).

El heb. *nĕḵôṯ*, que a veces se traduce como «resina aromática», parece ser un condimento (Gn 43.11 LBLA). Se ha identificado como la planta *Astragalus trgacantha.*

KEITH A. BURTO

ESPELTA
Especie de trigo (heb. *kussemeṯ*), probablemente espelta (*Triticum spelta* l.) o escandia (*Triticum dicoccum* Schrank). Sobrevivió la plaga de granizo en Egipto (Ex 9.32), se usaba para delimitar campos en Palestina (Is 28.25), y se usaba para hacer pan en Babilonia (Ez 4.9).

ESPERANZA
Mientras connotaciones modernas incluyen sombra de incertidumbre asociadas con un resultado deseado (similar a la «ilusión»), la comprensión bíblica de la esperanza es un concepto mucho más profundo que contribuye de manera importante en la visión del mundo de la fe bíblica. Se incluyen una expectativa del futuro, la confianza en alcanzar ese futuro, paciencia mientras se espera, la conveniencia de los beneficios asociados, y confianza en las promesas divinas.

En el AT, la esperanza es un tema importante sobre todo en los libros poéticos y proféticos. La esperanza es un componente fundamental de la vida de los justos (Pr 23.18; 24.14). Sin esperanza, la vida pierde su sentido (Lam 3.18; Job 7.6), y en la muerte no hay esperanza (Is 38.18; Job 17.15). Qoheleth afirma que mientras que la vida perdura hay esperanza (Ec 9.4).

Sin embargo, para que la esperanza sea genuina y no una necedad o presunción, tiene que estar basada en Dios y las promesas de Dios. A menudo esta esperanza se expresa en momento de dificultad y está estrechamente relacionada con la confianza en Dios. Los justos que confían o ponen su esperanza en Dios serán ayudados (Sal 28.7), y no serán confundidos, avergonzados o decepcionados (27.2-3; 30.6[TM 5]; 119.116; Is 49.23). Los justos que ponen su esperanza en Dios tienen una confianza general en la protección y ayuda de Dios (Jer 29.11) y están libres del temor y la ansiedad (Sal 46.2[3]; Is 7.4). Esta esperanza, cuya posición fundamental se expresa en las fórmulas «confío en Dios » (p.ej., Is 12.2) y «el temor de Jehová» (p.ej., Pr 23.17-18), se manifiesta en tranquila espera delante del Señor, que premia la confiada espera con vindicación (Sal 37.5-7; Is 30.15).

Estas afirmaciones positivas de esperanza se complementan con varias declaraciones negativas que hablan de esperanza equivocada. Si no se basa en Dios y en las promesas de Dios, la esperanza es inútil, sobre todo si se coloca en medios humanos para lograrla. Tal esperanza equivocada puede convertir la percepción de seguridad en miedo y ansiedad (Is 32.9-11; Am 6.1). Fuentes específicas de confianza equivocada que conducen a la ruina son las riquezas (Sal 52.7[9]), la justicia humana (Ez 33.13), otras personas (Jer 17.5), u objetos de devoción religiosa como santuarios o incluso el templo (7.4; Hab 2.18).

Aunque la esperanza puede ser expresada en el deseo de bendición temporal y ayuda, también se convierte en la esperanza de un futuro escatológico (Is 25.9; 26.8; 51.5; Jer 29.11; 31.16-17; Mi 7.7). La restauración del trono de David, la esperanza mesiánica del AT y la literatura apocalíptica (y la rabínica tardía), y la resurrección de los muertos fueron expresiones de esperanza basados en las promesas de pacto de Dios. La liberación del reino de Dios a los santos, el fin del sufrimiento terrenal a través de la salvación de parte de Dios, y el juicio de la esperanza equivocada de los impíos caracterizan esta esperanza escatológica. Su base era una firme confianza en las promesas de Dios y la confianza de que se cumplirían.

La concepción de esperanza del NT es esencialmente determinada por el punto de vista del AT, especialmente en el ethos fuertemente escatológico de su expresión. Crucial para el desarrollo del NT de la esperanza es el reconocimiento de que en Cristo se encuentra el cumplimiento de las promesas y esperanza del AT (cf. Mt 12.21; 1 P 1.3). En la venida de Cristo la era mesiánica ha invadido la historia humana, y con las bendiciones de esperanza escatológica. La esperanza cristiana se basa en la fe en el acto escatológico de la salvación divina en Cristo (Gá 5.5). Así que la esperanza actual de los cristianos es en sí una bendición escatológica, al estar basada en la salvación que es un acto escatológico de Dios en Cristo. Sin embargo, existe una paradoja en la imagen del NT de la esperanza, porque aunque la actual esperanza es en sí una bendición escatológica, aún conserva como su enfoque la confianza y la paciente espera en el futuro. La certeza de la consumación escatológica del futuro prometido por Dios está presente en la confianza, la confiada espera, y el deseo que forma la esperanza de cristianos, y esta esperanza se engendra a través de la presencia del prometido Espíritu Santo (Ro 8.24-25).

El objeto declarado de la esperanza cristiana es diversamente identificado. Es la esperanza futura de la resurrección de los muertos (Hch 23.6), las promesas dadas a Israel (26.6-7), la redención del cuerpo y de toda la creación (Ro 8.23-25), gloria eterna (Col 1.27), vida eterna y la herencia de los santos (Tit 3.5-7), el regreso de Cristo (2.11-14), transformación a la semejanza de Cristo (1 Jn 3.2-3), la salvación de Dios (1 Ti 4.10), o simplemente Cristo (1.1). La certeza de este bendecido futuro se garantiza a través de la vida en el Espíritu (Ro 8.23-25), Cristo en nosotros (Col 1.27), y la resurrección de Cristo (Hch 2.26). Una vez más, el futuro escatológico es asegurado a través del acto escatológico de salvación en Cristo.

El énfasis del AT en la confianza y espera paciente se mantiene en el NT también. Los cristianos deben confiar en la continua liberación y protección de Dios (2 Co 1.10). La esperanza se produce por la Resistencia a través del sufrimiento (Ro 5.2-5) y es al mismo tiempo la inspiración detrás de la resistencia y perseverancia hasta el fin (1 Ts 1.3; Heb. 6.11; 10.22-23). Los que esperan en Cristo no serán avergonzados, pero se les dará valor para ver a Cristo exaltado en la vida y en la muerte (Fil 1.20). Es sobre la base de la confianza en las promesas de Dios que los creyentes encuentran un ancla para su esperanza (Heb 6.18-19). Tan confiados están los creyentes en su esperanza del futuro que se «glorían» en esta esperanza (Heb 3.6) y muestran mucha confianza en su fe (2 Co 3.12). Por el contrario, los que no ponen u confianza en Dios, se dice que no tienen esperanza (Ef 2.12; 1 Ts 4.13).

La esperanza es básica a la visión cristiana de la vida, y se extiende hacia adelante en una percepción cambiada y acercamiento a la realidad. Junto con la fe y el amor, la esperanza es una virtud perdurable de la vida cristiana (1 Co 13.13). De hecho, la fe y el amor brotan de la esperanza (Col 1.4-5). La fe y la esperanza llegan a estar estrechamente entrelazados, como lo son la fe y la confianza, y la fe en sí misma es la expresión actual de la confianza en la esperanza futura (Heb 11.1). La fe y la esperanza producen santidad en las vidas de los cristianos (Col 1.23), mientras que la fe, la esperanza y el amor trabajan juntos para moldear a los creyentes en discípulos (1 Ts 1.3).

Mencionada sola, la esperanza produce gozo y paz en los creyentes a través del poder del Espíritu (Ro 12.12; 15.13). Pablo atribuye su llamado apostólico a la esperanza de gloria eterna (Tit 1.1-2), y debido a esta esperanza las viudas deben entrar en un ministerio de oración perpetua (1 Ti 5.5). Por otra parte, la esperanza en el futuro prometido de Dios tiene implicaciones éticas. La esperanza en el regreso de Cristo es la base para que los creyentes se purifiquen en esta vida (Tit 2.11-14; 1 Jn 3.3), y faculta a aquellos cuyos corazones han sido rociados y cuyas conciencias han sido limpiadas para estimular a otros a obras de bondad y amor (Heb 10.22-24; cf. 1 P 3.15-16).

Mientras que con razón se le identifica como la descripción de la fe, Hebreos 11.1 conecta la esperanza y la fe, indicando que la fe es la realidad y la convicción de la promesa invisible del bendecido futuro de parte de Dios. La esperanza es por tanto lo que identifica como componente esencial de la visión cristiana del mundo. La consecución de este futuro está más allá de las capacidades humanas, porque es sólo a través de la esperanza fundada en la promesa de Dios que los creyentes son capaces de obtener las bendiciones de la fe. En esta esperanza los creyentes pueden descansar seguros, pues la promesa de Dios para el futuro es cierto, debido a la confianza de Dios, quien lo prometió.

Bibliografía. J. Moltmann, *Theology of Hope* (1967, repr. Minneapolis, 1993); C. F. D. Moule, *The Meaning of Hope* (Philadelphia, 1963).

Jeffrey S. Lamp

ESPIGUEO

La práctica de reunir, principalmente, comida. La mayoría de las veces es reconocida respecto a la historia de Rut y Noemí (Rut 2), donde Rut espigó en los campos de Booz para proporcionar comida para su suegra Noemí y para ella. La Torá hace provisión para la gente que tienen necesidad (p.ej., pobres, huérfanos, extranjeros, viudas) al ordenar que los últimos trozos de la cosecha sean dejados intencionalmente para los espigadores (Lv 19.9-10; 23.22; Dt 24.21).

En otras partes, el espigueo se refiere a una práctica de reunir artículos que fueron al principio puestos en el lugar por alguien distinto al recolector: los israelitas en el desierto recogen el pan que llovió del cielo (Ex 16); un profeta recoge hierbas para guisado y calabazas silvestres (2 R 4.39); José recoge el dinero de Egipto y Canaán en preparación para tratar con el hambre (Gn 47.14); se agradece al Creador por todo lo que se recoge (Sal 104.28); un amante recoge lirios (Cnt 6.2); el siervo de Jonatán recoge flechas (1 S 20.38); y otros recogen piedras (Gn

31.46), restos de comida (Jue 1.7), madera (Jer 7.18), y uvas (Jue 8.2).

El espigueo se usa metafóricamente en los escritos proféticos, por lo general para generar una imagen de vacío y desesperación (Is 24.13; Jer 49.9 = Abd 5; Mi 7.1). En el único uso metafórico que genera una imagen positiva, Isaías habla del trillado cuidadoso de Dios de cada uno de su pueblo (Is 27.12).

Bibliografía. O. Borowski, *Agriculture in Iron Age Israel* (Winona Lake, 1987).

ALICE H. HUDIBURG

ESPINO

El espino de la Biblia no es una planta particular. Como la palabra en español «espina» es una designación especial para varias especies. Más de 20 palabras hebreas se han traducido «espino,» «cardo,» zarza,» «zarzamora» y ortiga por varias traducciones a menudo inconsistentemente. De estas Heb. *qôṣ, šayiṯ, ʾāṭāḏ* y *ḥôaḥ* aparecen frecuentemente en pares. El Gr. *ákantha* también significa espino.

Los espinos crecen profusa y fácilmente en el antiguo Israel. *Ziziphus spina-christi (L) Desf* y *Paliurus spina-christi Mill,* son dos espinos comunes que se han identificado con la corona de espinas de Cristo (Mt 27.29 par.) Sin embargo, es imposible distinguir cuál planta se usó para hacer la corona, pues existen más de 70 especies de plantas espinosas en la Tierra Santa. *Ziziphus spina-christi* puede crecer más de 9 m (30 pies) de alto y da un pequeño fruto de baja calidad. Puede ser el espino de la parábola de Jotam en Jueces 9.8-15 (RVR «zarza»). Jesús alude al fruto de baja calidad del espino cuando pregunta: «¿acaso se recogen uvas de los espinos?» (Mt 7.16; cf. Lc 6.44).

En Génesis 3.17-18, Dios maldice la tierra y declara que producirá cardos y espinos. En efecto, los agricultores deben batallar constantemente espinos que crecen fácilmente en tierra desatendida (Pr 15.19). Jesús usa esta imagen en la parábola del sembrador (Mr 4.1-9 par.). Los profetas usan espinos y zarzas como símbolo de la desolación de la tierra y de la gente (p.ej., Is 5.6; Jer 12.13). Los espinos se usaban como setos (Sir 28.24) e instrumentos de tortura (Jue 8.16). Son altamente inflamables (Ex 22.6 [TM 5]), despejados quemándolos y eran usados en el hogar (S 58.9; Ec 7.6).

En 2 Corintios 12.7, el griego *skólops* se refiere a una aflicción física («un aguijón... en mi carne»).

MEGAN BISHOP MOORE

ESPÍRITU

En el AT, el heb. *rûaḥ* significa primero viento y aliento, pero también espíritu humano, en el sentido de fuerza vital y hasta de energía personal. En 1 Reyes 18.45; Salmos 103.16; Jeremías 4.11 significa viento, un fenómeno de la naturaleza. Sin embargo, en algunos casos el viento es visto como instrumento de Dios (p. ej., Gn 8.1; Nm 11.31; Is 11.15). El término aparece con el significado de aliento en Génesis 6.17; Job 34.14-15. En el segundo pasaje, es explícito que Dios es la fuente del aliento humano. En Jueces 15.19; 1 Reyes 21.5, «espíritu» representa a la energía humana. A veces, el término se convierte prácticamente en un sinónimo de *nepeš*, «alma» o «fuerza vital» y de *lēḇ*, «corazón» (no en el sentido moderno de la base del amor, sino en el significado antiguo del centro de la personalidad, que incluye la inteligencia y la voluntad); cf. Job 20.3; 32.18; Isaías 54.6; 57.15; 66.2; Daniel 5.20.

El heb. *rûaḥ* se refiere no solamente a la vida que Dios le da a la humanidad. Dios también es espíritu. El espíritu de Dios se encuentra con la gente y la capacita para un servicio especial (Jue 3.10). Dios también podía atribular a la gente con un espíritu malo (Jue 9.23; 1 S 16.14-23). La profecía se entendía como una señal de la presencia del espíritu de Dios (Nm 11.25-26; Is 41.1; 61.1; Mi 3.8). Se esperaba que el espíritu de Dios fuera derramado en abundancia en el futuro (Jl 2.28-29[TM 3.1-2]). Los antiguos hebreos entendían que el poder de Dios estaba en todas partes (Sal 139.7), que era personal (Is 34.16; 48.16) y aun así era impresionante y trascendente.

A veces no es claro cuál matiz de *rûaḥ* se proyecta. Génesis 1.2 puede traducirse: «Un viento de Dios», «un viento poderoso», o «el espíritu de Dios».

En algunos escritos hebreos se encuentra una noción de los espíritus como seres sobrenaturales (p. ej., 1 R 22.21)

En el NT, el gr. *pneúma* puede significar viento (Jn 3.8; He 1.7, al citar Sal 104.4). También puede tener el significado de aliento (2 Ts 2.8; Stg 2.26; Ap 11.11; 3.15). El término se encuentra con el significado del ser interno de Marcos 2.8; 8.12; Lucas 1.80; Juan 11.33; 13.21. El plural se usa para el concepto del espíritu (malo) en varios pasajes (p. ej., 2 Co 11.4; 1 Ti 4.1; Ap 16.13-14). El plural también puede referirse a los muertos, esto es, a los espíritus (Mt 14.26; Mr 6.49; Lc 24.39; He 12.23; 1 P 3.19).

Jesús se refiere al espíritu cuando cita de Isaías 61.1 (Lc 4.18). A lo que se refiere como el espíritu de Dios en el AT frecuentemente se describe como el Espíritu Santo en el NT. Por ejemplo, cuando Jesús es bautizado, Mateo, Marcos y Juan dicen que el Espíritu descendió sobre Jesús como paloma (Mt 3.16 = Mr 1.10 = Jn 1.32). Sin embargo, Lucas 3.22 indica que Espíritu Santo fue el que descendió sobre Jesús. En Pentecostés, de igual manera, el derramamiento del espíritu de Dios que se profetiza en Joel 2.28-29 se cumple cuando la gente es llena del Espíritu Santo (Hch 2.4). A veces el espíritu que reciben los cristianos se identifica como el espíritu de Jesús (Ga 4.6). En 1 Corintios 12.4-6, el Espíritu, Dios, y el Señor se identifican.

En el NT se conceptualiza que el espíritu de Dios se le ha dado a la gente de una manera nueva (Jn 7.38-39; Hch 2.1-21; Ga 3.2, 14; Tit 3.6). La gente adora a Dios «en espíritu» (Jn 4.24; Fil 3.3), ha nacido del espíritu (Ga 4.29), pero el conflicto entre el espíritu y la carne continúa (Ro 8.2-17; 1 Co 3.1; Ga 3.3; 5.16-18). Aunque esto sugiere que los autores del NT han adquirido un dualismo helenístico de cuerpo/espíritu, probablemente usaron la terminología griega, pero lo entendían de una manera más semítica, esto es, más integral (Ro 8.10; 1 Co 5.5; 2 Co 4.16; Ef 2.2-3; 1 Ts 5.23; He 4.12).

Vivir en el Espíritu se contrasta con la esclavitud a la ley (Ro 7.6). Sus frutos son amor, gozo, paz, paciencia, benignidad, bondad, fe, mansedumbre y templanza (Ga 5.22-23). A los que viven por el Espíritu se les aconseja que también sean guiados por él (Ga 5.25).

Durante el período helenístico, el concepto de la jerarquía de los poderes espirituales también se había desarrollado, y esta concepción probablemente empañó la comprensión de los escritores del NT de las fuerzas espirituales con las que se esperaba que los cristianos lucharan (Hch 23.8; 1 Co 12.10; Ef 6.12).

Finalmente, «espíritu» puede significar un contacto inmediato o directo con realidades divinas, en contraste con el acercamiento más cerebral asociado con el término «mente» (1 Co 14.14-15), pero la persona en su totalidad, y no simplemente partes que la constituyen, usa tanto el «espíritu» como la «mente».

Alice Ogden Bellisb

ESPÍRITU, MALO/INMUNDO

Ser espiritual que está bajo la autoridad de Jehová y que lleva a cabo los aspectos más negativos de su voluntad (heb. *rûaḥ ra'â*; Jue 9.23; 1 S 16.14-23; 18.10; 19.9; cf. 1 R 22.19-23, «espíritu de mentira»; Zac 13.2, *rûaḥ ṭum'â*, «espíritu de inmundicia»). Los textos judíos posbíblicos se refieren a los «espíritus malos» (T. Sim. 4.9; 6.6; Jub. 10.3, 13; 11.4; 12.20; 4Q511 15 1.7; 81 1.3) y a los «espíritus inmundos» (cf. T. Benj. 5.2; 11QPs 19.15; 1 En 99.7). Hay designaciones sinónimas para estos seres que, a diferencia de los espíritus malos del AT, funcionan independientemente de Dios. A menudo están bajo la autoridad de un ser espiritual malo al que se le llama de diversas maneras, p. ej., Satanás, Mastema, Belial.

En los evangelios se dice que Jesús exorciza a los «espíritus malos» (gr. *Pneúmata akártharta*; Mr 3.11; Lc 8.2; cf. 11.26) o «espíritus inmundos» (Mr 1.23-28 par.; 5.2-13 [cf. Lc 8.29]; Mr 6.7 par.; 7.25; 9.25 par.). También se dice que la iglesia primitiva expulsó espíritus inmundos (Hch 5.16; 8.7) y espíritus malos (19.11-12; cf. vv. 13-16). Efesios 6.12 se refiere a «huestes espirituales de maldad en las regiones celestes» de las que los creyentes tienen que defenderse.

Bibliografía. J. M. Hull, *Hellenistic Magic and the Synoptic Tradition*. SBT, 2nd ser. 28 (Naperville, 1974); G. H. Twelftree, *Jesus the Exorcist* (Peabody, 1994).

Barry D.Smith

ESPÍRITUS ELEMENTALES

Término (Gr. *stoicheía*) que significa: (1) una serie de letras o sonidos; (2) elementos constituyentes básicos o principios directores; (3) las estrellas como cuerpos celestes elementales; o (4) ángeles, espíritus, o espíritus elementales. Pablo parece tener el segundo o cuarto sentidos en mente en Gálatas 4.3, 9; Colosenses 2.8, 20. Su uso del término, sin embargo, no está claro. La conexión cercana de estos espíritus elementales con la ley en Gálatas y filosofía en Colosenses sugiere que pudiera significar los principios elementales de la enseñanza humana. Estos espíritus elementales también podrían ser poderes espirituales activos gobernando el universo y potencialmente adorados por los gálatas y colosenses. Este parece ser el sentido en Hebreos 5.12, donde el autor se refiere «a los rudimentos de las palabras de Dios." En 2 Pedro 3.10, 12 los cuatro elementos clásicos de la materia (tierra, aire, fuego, agua) son claramente aludidos por la suposición de que «los elementos serán deshechos» en la parusía.

Matthew S. Collins

ESPÍRITU SANTO

La tremenda repulsión, y sin embargo fascinante y atractiva dimensión de lo divino. Uno de los más elusivos temas en la Biblia y la teología, la verdadera designación Espíritu Santo (Heb. *rûaḥ qāḏôš;* Gr. *pneúma hágion*) se encuentra sólo en algunos textos tardíos precristianos del AT (Is 63.10-11; Sal 51.11[TM 13]; Sab 1.5; 9.17; 1QS 3.7). Según Jerónimo, el hecho de que Heb. *rûaḥ* es principalmente femenino, Gr. *pneúma* neutro, y Lat. *spiritus* masculino muestra que Dios no tiene género en absoluto.

Antiguo Testamento

El asombroso poder creativo de Dios en el universo y en la preservación de la vida de personas y animales (Gn 1.2; Job 33.4; Sal 104.30) puede ser una fuerza destructiva que seca las aguas (Os 13.15) o un poder refrescante o salvador (Ex 14.21; 1 R 18.45). Uno puede tener un espíritu malo de parte de, pero no de, Jehová, causando disensión (Jue 9.23), mentiras, y asesinato (1 S 19.9; 1 R 22.23).

El Espíritu ocupa un lugar destacado en la orientación de la historia de Dios, produciendo líderes carismáticos en los momentos necesarios. Esto es evidente en la experiencia de los jueces en la cumbre de la teocracia de Israel (Jue 3.10; 6.34), en la selección de los reyes Saúl (1 S 10.1-13) y David (16.13), en Zorobabel después del exilio (Zac 4.6), y en el enigmático Siervo de Isaías 42, y es puesto de relieve por los profetas (Is 34.16; 63.10; Ez 18.31).

La primera manifestación del Espíritu es profecía, como es evidente en los sueños de José (Gn 41.38), Balaam (Nm 24.2), y Saúl (1 S 10.10). Note el uso común «el espíritu de profecía» en los Targums. Para Oseas el profeta es el «hombre del Espíritu» (Os 9.7). Miqueas declara que él está lleno «de poder del Espíritu de Jehová» (Mi 3.8). En los períodos exílico y posexílico, especialmente en Ezequiel, el Espíritu es un agente inspirador (Ez 2.2; 3.24). Si bien en el AT el Espíritu generalmente no aparece como un ser personal, textos como Isaías 48.16; Zacarías 7.12; Nehemías 9.30 describen al Espíritu de manera más personal.

La actividad escatológica y mesiánica caracterizan una edad final del Espíritu, cuando Dios enviará su salvación definitiva a Israel y las naciones. El Espíritu y sus dones yacen sobre el rey, el siervo, y el profeta (Is 11.1-10; 42.1; 61.1), y serán derramados sobre todo el pueblo (Is 32.15; 44.3; Ez 39.29; Joel 2.28[3.28] [citado por Pedro en Pentecostés, Hch 2.17-21]). Por último, Dios derramará el Espíritu en los corazones del pueblo para que se conviertan de piedra a carne y puedan mantener el pacto (Is 59.21; Ez 36.26-27).

El judaísmo tardío previo al NT hace hincapié en el espíritu de profecía, de revelación y guía (Sir 48.24), sabiduría (Sab 7.7; 9.17; 1QH 12.11-13), y ocasionalmente alabanza. Sin embargo, muchos (no todos) creyeron que el Espíritu se había marchado a causa del pecado y que regresaría en la restauración.

Nuevo Testamento

En el NT, el Espíritu Santo, la experiencia de la poderosa presencia de Dios entre su pueblo, es ampliamente tratada en continuidad con el AT. Para 1 Pedro es el espíritu de gloria (1 P 4.14). Las tradiciones de Lucas, Pablo y Juan son particularmente prominentes. En los Evangelios el enfoque es sobre la vida y ministerio de Jesús.

Evangelios

En Marcos, el Espíritu es puesto de relieve en momento importantes: el futuro bautismo de Jesús en el Espíritu (Mr 1.8), el propio bautismo de Jesús (v. 10), su constante conflicto con espíritus inmundos (3.11; 5.12; 6.7; 7.25; 9.25), la acusación de blasfemia contra el Espíritu Santo (3.29).

En contraste con la extraordinaria concepción de Juan el Bautista, Mateo describe con paralelismo ascendente la concepción virginal de Jesús a través de la actividad creadora del Espíritu Santo. Él transfiere lo que dijo Marcos de que después de la Pascua el Espíritu hablaría por medio de los discípulos (Mr 13.11) a las instrucciones de la misión (Mt 10.17-22; 12.17-28). En la comisión final recuerda el anuncio de que Jesús bautizaría en el Espíritu y da una indicación del desarrollo trinitario de la comprensión del Espíritu (Mt 28.18-20).

Para Lucas, el corazón de la iglesia es la misión, y en el corazón está el movimiento del Espíritu para el aumento de la Palabra, una verdadera explosión del Espíritu. El Espíritu Santo comienza cada parte de su Evangelio. Cuando Jesús es concebido por el Espíritu Santo, María, Elizabeth, Zacarías, Juan, y Simeón son cada uno lleno con el Espíritu Santo profético. El Espíritu desciende en forma corporal en el bautismo de Jesús y lo lleva dentro y fuera del desierto. Lucas cita Isaías 61.2; 58.6 para describir el manifiesto de Jesús de «buenas nuevas a los pobres» en Nazaret. El Espíritu de nuevo ocupa un lugar prominente cuando Jesús afirma su rostro para ir a

Jerusalén (Lc 10.21; 11.13; 12.10, 12). Por último, Jesús es el dispensador del Espíritu a la iglesia (Lc 24.49), el Espíritu es su sustituto.

No es sorprendente, el Espíritu tiene un papel tan prominente en Hechos que bien podría titularse «Hechos del Espíritu Santo.» Hay un claro paralelo entre el comienzo del Evangelio y el de Hechos. Jesús derrama su Espíritu en Pentecostés, el nacimiento de la comunidad cristiana. Efusiones dramáticas del Espíritu sobre creyentes se registran en Hechos 2.1-4; 4.28-31; 8.15-17; 10.44; 19.6. Todos los cristianos ahora tienen el Espíritu Santo. Pedro, Juan, Felipe, Esteban, Bernabé, y Pablo son «llenos con el Espíritu Santo» para testificar con valor y proclamar con entusiasmo, las buenas nuevas con señales y prodigios. Así Lucas combina el deseo salvífico universal de Dios, el modelo de ministerio de Jesús, y la misión mundial de la iglesia primitiva.

Pablo

Pablo, con su teología centrada en problema-situación, describe la experiencia cristiana en términos del Espíritu («en el Espíritu,» Ro 8.9), mientras que los Sinópticos hablan el lenguaje del reino. El Espíritu es distinto de, no obstante claramente relacionado con, el Jesús resucitado y mora en el cristiano (Ro 15.30; 1 Co 6.11; 12.4).

Pablo insiste en que el evangelio no viene sólo con palabras, sino en el poderoso Espíritu Santo trayendo convicción y gozo (1 Ts 1.5-6; 2 Ts 2.13). Pablo advierte: «No apaguéis el Espíritu» (1 Ts 5.19, su única referencia con el artículo definido). Este es un don de la gracia de Dios pero implica una lucha entre el Espíritu (involucrando a la persona cristiana completa) y la carne (la persona como sujeto al pecado).

El carácter vivo del Espíritu es evidente en los nueve dones descritos en 1 Corintios 12-14: sabiduría, palabra de ciencia, sanidad, milagros, profecía, discernimiento de espíritus, hablar en lenguas, interpretación de lenguas. Pero el mayor don es el amor. Los mismos corintios son «carta» de Pablo escrita por el Espíritu Santo (2 Co 3.2).

En Gálatas, una precursora de Romanos, la reflexión de Pablo sobre la recepción del Espíritu se desarrolla muy apasionadamente. El Espíritu se recibe en el corazón para que podamos clamar «Abba» como hijos adoptados. Viene a través de la fe en lugar de las obras de la ley, de cuya esclavitud es liberado el cristiano y es justificado (Gá 3.2-5; 5.5). Los frutos del Espíritu son amor, gozo, paz, paciencia, benignidad, bondad, fe, mansedumbre, templanza (Gá 5.22-23). Un cristiano es sellado con el prometido Espíritu Santo, «las arras de nuestra herencia » (Ef 1.11; 3.14-19).

Romanos (esp. cap. 8, donde la nueva edad surge a la vista) es un buen resumen de la pneumatología de Pablo. Cristo ha logrado lo que la ley no pudo hacer. La vida guiada por el Espíritu es la vida de los hijos de Dios hechos libres, herederos de Cristo, libres del temor y el pecado. El Espíritu ayuda a las personas a orar porque son demasiado débiles para orar correctamente. Está involucrado en la redención de toda la creación (Ro 8.18-27). El Espíritu da testimonio de la gran tristeza y angustia de Pablo por su propio pueblo (Ro 9.1-2).

Juan

Mientras que Lucas hace hincapié en la experiencia externa del Espíritu y Pablo en la experiencia interna de la persona en la comunidad carismática, Juan describe al Espíritu como «otro Cristo» (Juan 14.16) y hace hincapié en la relación del individuo con Cristo por medio del Espíritu. El Bautista describe su revelación de la identidad de Jesús «sobre quien veas descender el Espíritu » (1.33). El renacimiento viene a través del Espíritu que «sopla de donde quiere » (3.5-8). Dios es espíritu (4.24). La vida abundante viene del Espíritu (6.63).

Juan va más allá incluso que Pablo al hablar del Espíritu como Paracleto, abogado, consejero o consolador. Las funciones del Paracleto se copian de las de Jesús: desarrollar la enseñanza de Jesús para enfrentar las nuevas situaciones (Jn 16.14), «lo que Jesús había dicho» o lo que Juan hizo al escribir su Evangelio; destacando y enseñando lo que ya ha llegado con Jesús, aun cuando hay una futura resurrección, juicio, y parusía (5.28-29); ayudando a hacer realidad el reino de vida y amor, a pesar de que el mundo no ve su venida (14.15-21). La gran contribución de Juan es su enseñanza de la continua presencia de Jesús en el corazón de cada individuo (1 Juan 3.24).

El Apocalipsis reúne a Dios, Jesús, y el Espíritu (la llama séptuple que arde continuamente delante del trono de Dios; Ap 1.4); y es el Espíritu que invita a todos a «venir» al don del agua viva (22.17). Pero es Mateo 28.19, junto con 1 Corintios 12.4-6; 2 Corintios 13.13; Judas 19–21, que parece haber marcado el camino para el desarrollo pleno de la doctrina cristiana de la Trinidad.

Bibliografía. R. E. Brown, *The Gospel According to John,* 2 vols. AB 29-29A (Garden City, 1966-1970); Y. Congar, *I Believe in the Holy Spirit,* 3 vols. (New York, 1983); J. D. G. Dunn, *Jesus and the Spirit* (1975, repr. Grand Rapids, 1997); Michael P. Hamilton, ed., *The Charismatic Movement* (Grand Rapids, 1975); Watson E. Mills, *The Holy Spirit: A Bibliography* (Peabody, 1988); C. F. D. Moule, *The Holy Spirit* (Grand Rapids, 1978); M. Walker, *God the Spirit* (Minneapolis, 1994).

Seán P. Kealy, C.S.Sp.

ESPOSA DE POTIFAR

La esposa del amo egipcio de José, sin nombre en el relato bíblico (cf. Mut-em-enet [Tomás Mann, *Joseph in Egipt*]; Zuleika [Midrash, Qur'an *Sura* 12]). Enamorada de la hermosura de José, tienta en repetidas ocasiones al héroe virtuoso con todas las asechanzas del estereotipo de «mujer extranjera», acusándolo falsamente de violación (Gn 39.6-20). Impulsada por el deseo sexual, sus acciones contrastan con la pasividad habitual que se esperaba de las esposas (cf. también Tamar, Gn 38). Potifar muestra lealtad a su esposa al haber encarcelado a José en lugar de ejecutar la pena por adulterio.

Sus esfuerzos se intensificaron en la versión de la narración que se encuentra en el Testamento de José (cf. T. Jos. 6.1-8; 9.1). Después de prometer dar muerte a su marido (Pentephres) para que ella y José se puedan casar (T. Jos 5.1), ella lo convence para rescatar a José del comerciante ismaelita (14.1) y lo presiona para comprar al hebreo esclavizado (16.4).

Bibliografía. A. Bach, *Women, Seduction, y Betrayal in Biblical Narrative* (Cambridge, 1997).

ESPOSO DE SANGRE

Un epíteto en Éxodo 4.24-26, posiblemente el pasaje más enigmático en el Pentateuco. Se ha visto por muchos como una etiología de la circuncisión infantil en Israel; una (re) circuncisión simbólica y ritualmente correcta de Moisés; o incluso la expiación de culpa de sangre de Moisés después de matar al egipcio.

Moisés regresa a Egipto conforme a las instrucciones de Dios y trae consigo su esposa Séfora y sus hijos. En algún momento, mientras que están acampados en la noche, el Señor procura «matarlo» (a Moisés o a sus hijos; el pronombre es ambiguo). En este punto Séfora utiliza un pedernal para circuncidar a su «hijo,» arroja el prepucio a «sus piernas-pies» (el eufemismo común para los genitales), y luego pronuncia la misteriosa frase: «A la verdad tú me eres un esposo de sangre,» después de lo cual Dios lo deja.

Algunas traducciones añaden el nombre de Moisés como el que tocó con el prepucio; la mayoría de los comentarios también lo ven como objeto de ataque de Dios, y muchos lo ven como el destinatario de las palabras de Séfora. Otros ven a Séfora tocar y hablar directamente a su hijo. Todo lo que es evidente es que las acciones decisivas de Séfora apartan el ataque de Dios.

Las preguntas sin respuesta que rodean este pasaje son múltiples, y van más allá de la identificación de los antecedentes pronominales y la oscura fórmula de pronunciamiento de Séfora. ¿Cuál es la motivación casi demoníaca de Dios, y por qué iba a buscar la vida de Moisés y su hijo? ¿Por qué la circuncisión detuvo la mano de Dios? ¿Cómo sabía Séfora qué hacer? ¿Por qué Séfora tocaría a alguien con el prepucio? ¿Qué significa «esposo de sangre», y por qué se repite dos veces? Las respuestas propuestas van desde lo psicológico (no hubo ningún ataque real; sino que Moisés sufrió una grave depresión, o todo fue un sueño), a lo comparativo (Séfora realizó un rito madianita sobre su hijo para evitar un ataque de una deidad pagana). En cualquier caso, después de este episodio, Moisés es capaz de continuar con seguridad en su misión de liberar a los hijos de Israel de la esclavitud en Egipto.

Sharon R. Keller

ESTACTE

Una de las «especias aromáticas» (heb. *nāṭāp*) que se usan para hacer el incienso del Tabernáculo (Ex 30.34), probablemente una resina del estoraque (l. *Styrax officinalis*).

ESTADIO (Gr. *stádion*)

Unidad de distancia equivalente a 170-190 m (189-215 yd). Algunas versiones (NVI, BLS, DHH) representan los estadios con su equivalente en kilómetros (Lc 24.13; Jn 6.19; 11.18; Ap 14.20; 21.16).

ESTANDARTE

Bandera, emblema, imagen tallada, o banderín sujetado a un poste. El hebreo *nēs* está conectado a esfuerzos militares. Por consiguiente se refiere a un estandarte bajo el cual los individuos se congregaban para la batalla (Is 5.26; Jer 50.2; 51.12, 27) o celebrar la victoria (Ex 17.15; Is 11.12). También puede describir un incidente que sirve como advertencia de parte de Dios (Nm 26.10), y puede ser una metáfora de seguridad para quienes confían en Dios (Sal 60.4 TM 6). El hebreo *degel* también tiene connotaciones militares (Sal 20.5 [6]; Cnt 6.4, 10) pero es utilizado primordialmente para referirse al estandarte que identifica la localización de tribus particulares cuando campaban alrededor del Monte Sinaí (Nm 2.10). También puede describir la afección por el enamorado (Cnt 2.4).

Nadie sabe a qué se parecían estos estandartes. Algunos eruditos especulan que las tribus tenían animales tótem (cf. Gn 49), que podían adornar los estandartes. De hecho, piedras talladas y textos literarios indican que otras naciones (Egipto, Babilonia, Asiria, Persia, y Roma) utilizaban estandartes adornados con animales tales como el águila (el emblema oficial de Roma), lobo, león, o serpiente. En otras ocasiones, uno encuentra la imagen del dios nacional en un estandarte (p. ej., el dios asirio Assur tirando de un arco).

RICK W. BYARGEON

ESTANQUE

Los estanques naturales eran simples depresiones que retenían agua de lluvia (p.ej., Ex 7.19; 2 R 3.16; Sal 84.6[TM 7]; 114.8; Is 14.23; 41.18). Los estanques artificiales eran grandes depósitos descubiertos, utilizados para almacenar el agua de escurrimiento, o la desviada de los manantiales cercanos. Más largos en longitud y anchura que en profundidad, eran con frecuencia excavados parcialmente en la roca, teniendo sus lados reforzados por bloques de piedra. Como fuentes públicas de agua, son mencionados en relación con los nombres de las ciudades que servían (p.ej., Gabaón, 2 S 2.13; cf. Jer 41.12; Hebrón, 2 S 4.12; Samaria, 1 R 22.38; Hesbón, Cnt 7.4). El tamaño de Jerusalén requería de numerosos estanques (p.ej., 2 R 20.20), algunos de los cuales tenían una denominación específica, tales como el estanque de abajo (Is 22.9), el estanque de arriba (2 R 18.17 = Is 36. 2; 7.3), el estanque viejo (22.11), el estanque del Rey (Neh 2.14), el estanque de Siloé (3.15), el estanque labrado (v. 16), Betesda (Jn 5.2), y el estanque de Siloé (9.7). Proporcionaban agua para las casas, la ganadería, la industria, las curaciones (Jn 5.2; 9.7) y el riego (Ec 2.6; Neh 3.15).

Los arqueólogos han descubierto un pozo cilíndrico en El-Jib, y algunos especulan que se trata del «estanque de Gabaón». En Jerusalén, el estanque de Siloé sigue reteniendo las aguas del manantial de Gihón en el extremo sur del túnel de Ezequías. Debajo de éste había un depósito conocido hoy como Birket el-µamra. Dos estanques en los terrenos de la Iglesia de Santa Ana han sido identificados con el de Betesda. Conocidos desde el tiempo de Josefo son el Amigdalón (el estanque de la Torre), cerca de la Puerta de Jaffa (*BJ* 5.468); el estanque de la Serpiente, al SO de la Puerta de Jaffa (5.108); y el Struthion, en el extremo noroccidental del Monte del Templo (5.467). El estanque de Israel está situado en el extremo oriental del muro norte del Monte del Templo.

Bibliografía. D. Adan (Bayewitz), «The 'Fountain of Siloam' and 'Solomon's Pool' in First-Century c.e. Jerusalem,» *IEJ* 29 (1979): 92-100; H. Geva, «Jerusalem: The Second Temple Period: Water Supply,» *NEAEHL* 2.746-47; J. B. Pritchard, *The Water System of Gibeon* (Philadelphia, 1961); Y. Shiloh, «Jerusalem: The Early Periods and the First Temple Period: The Water-Supply Systems,» *NEAEHL* 2.709-12; T. Tsuk, «Pools,» *OEANE* 4.350-51; «Reservoirs,» *OEANE* 4.422.

JAMES M. PACE

ESTANQUE DEL REY

Un estanque (Heb. *bĕrēḵaṯ hammeleḵ*) mencionado en relación con la puerta de la Fuente, probablemente debe identificarse con la fuente de En-rogel (Bir Ayub) en la confluencia de los valles de Cedrón e Hinom (Neh 2.14). Las excavaciones de Kathleen M. Kenyon sugieren que este estanque debe identificarse con el estanque de Siloé todavía existente o con el estanque antiguo (moderno Birket el-Hamra), que era el punto de terminación de uno de dos canales que fluían desde la fuente de Guijón hasta el Valle de Cedrón al sur. Este estanque debe haber sido utilizado para regar los huertos del valle como el huerto del rey.

Bibliografía. K. M. Kenyon, *Jerusalem: Excavating 3000 Years of History* (New York, 1967); W. H. Mare, *The Archaeology of the Jerusalem Area* (Grand Rapids, 1987).

J. RANDALL PRICE

ESTAÑO—Uso posterior de Tobit

Un metal que, cuando se mezcla con cobre a razón de un 10% estaño y un 90% cobre, produce una aleación más dura, bronce. La existencia del bronce llevó a la creación de armas y herramientas más fuertes, así como a la de monedas y espejos.

El mineral de estaño ocurre en vetas rocosas o en la forma de gravilla o de arena en aluviones. Al principio, la fundición se hacía en fosos con hogueras. El mineral era echado al fuego y luego el metal era extraído de la arena y las cenizas. Avances en la fundición eventualmente crearon bloques de estaño en hornos con la facilidad de dirigir el fluido del metal fundido (Ez 22.20; Diodorus Siculus Hist. 5.21-22).

Los fenicios importaron estaño al Cercano Oriente por barcos desde Tarsis (Ez 27.12). Los romanos usaron estaño en la producción de platos, broches y frascos.

Bibliografía. E.S. Hedges, Tin in Social and Economic History (New York, 1964).

James V. Smith

ESTAQUIS
Cristiano de Roma a quien Pablo saluda como «amado mío» (Ro 16.9).

ESTAOL (Heb. *ʼeštāʼôl*)
Una de las ciudades de las tierras bajas de Judá (Jos 15.33). Se cree que Estaol estuvo localizada al suroeste de Jerusalén en la Sefela (Jue 13.25), en el territorio de Dan (Jos 19.41). El sitio ha sido identificado como Kirbet Deir Shubeib (148134) c. 2.5 km, (1.5 mi) este de Zora y 21 km (13 mi) oeste de Jerusalén, cerca de moderno Ishwaʿ/Estaol (151132), que conserva el nombre. Sus habitantes son puestos en una lista en una genealogía de Caleb (1 Cr 2.53).

Aaron M. Gale

ESTATUA
Objeto que se preservaba en el templo de Artemis en Éfeso (Hch 19.35). La «estatua» (NVI) o «imagen venida de Júpiter» (RVR60) son paráfrasis del gr. *diopetés*, que aparece solamente aquí en el NT. La mayoría de eruditos interpretan esto como un fenómeno meteorito, que los antiguos consideraban como sobrenatural. Livy habló de esa piedra en el *Magna Mater* que fue llevado de Pesino a Roma alrededor de 204 a.C. (*Urb. cond.* 29.11.7). Esas rocas llegaron a ser objetos rituales sagrados: la imagen de Artemis Táurica (Eurípides *Iph. A.* 91, 1395); Ceres de Enna, Sicilia (Cícero *Verr.* 2.7.72.187); El Gabal de Emesa (Heródoto *Hist.* 5.3, 5); Atenea (Pausanias *Descr. Gr.* 1.8.4; 1.26.4).

Gerald L.Stevens

ESTE
La dirección de orientación primaria para los hebreos (Heb. *qeḏem*). El sur así era «Derecho» o «la mano derecha» (*têmān)* y el norte era «izquierdo» o «la mano izquierda» *(śĕmōʼl)*. Esta orientación hacia el este fue compartida por varios otros pueblos semíticos incluso los acadios y los sumerios; los egipcios, sin embargo, usaron el sur como el punto primario para la orientación, probablemente debido a que la fuente del río de Nilo provenía del sur. La raíz hebrea *qdm* tiene varias sombras de sentido, incluso la antigüedad (ya que Abraham vino desde el este); frente o cara (enfrentando una dirección para orientarse); y el «viento oriental» o «viento de Jehová» (Os 12.1 [TM 2]; cp. Gn 41.6; Is 27.8). En sus viajes, Jehová fue visto como viniendo desde el este (Ez 10.19; 11.23; 43.1-5).

Referencias a la «tierra oriental» (*ʼereṣ qeḏem;* Gn 25.6; Jue 6.3, 33; 7.12; cp. Nm 23.7) pueden ser traducidas como un nombre propio, «la tierra de Qedem.» Referencias egipcias en conflicto a Qedem localizan la región más cerca a Biblos en la costa del mar Mediterráneo en Fenicia o E de Siria. La mayoría de los eruditos toman la frase descriptivamente como refiriéndose a la región general del norte de Mesopotamia a Arabia. «La gente (hijos, o niños) oriental» (*bĕnê qeḏem*) probablemente alude al pueblo de esta región general: los edomitas, árabes, madianitas, y la gente del valle de Mesopotamia (Gn 29.1; Is 11.14; Jer 49.28). A Job se le describe como «más grande que todos los orientales» (Job 1.3) y se dice que habitó en «tierra de Uz» en el área general de Edom.

Bibliografía. M. Dahood, «Los cuatro puntos cardinales en Salmo 75,7 y Joel 2,20,» *Bibl* 52 (1971): 397; B. L. Gordon, «Direcciones sagradas, orientación, y la parte superior del mapa,» *History of Religions* 10 (1971): 211-27.

Dennis M Swanson

ESTEBAN (gr. *Stéphanos*)
Líder de la iglesia de Jerusalén y primer mártir cristiano. Fue uno de los siete hombres que fueron elegidos y aprobados, tanto por los Doce como por la comunidad, para la distribución diaria de comida.

La historia de Esteban (Hch 6.1-8.2) se relaciona con los conflictos judío-gentiles de Jerusalén, así como con la oposición oficial judía a la misión cristiana dentro de la ciudad. Situado en el contexto de una disputa entre los cristianos que hablan hebreo (o arameo), y judíos que habían adquirido la cultura griega (hebreos y helenistas, respectivamente), el relato tiene conexión directa, según el autor de Hechos, con la expansión del movimiento de Jesús más allá de la Ciudad Santa, a la Diáspora y el mundo griego.

Esteban confronta y confunde a los judíos de la Diáspora, quienes presentan acusaciones sobornadas en su contra ante el concilio judío en cuanto al Templo, la Ley y las costumbres de Moisés (Hch 6.8-15). En un largo discurso ante el Sanedrín (Hch 7.1-53), Esteban habla de la relación de Israel con el Dios de Abraham, Isaac y Jacob. Después de volver a narrar la historia judía de manera mordaz, concluye acusando a los oyentes de ser dignos descendientes de antepasados rebeldes. La reacción de la audiencia es predecible, especialmente en vista de la declaración de Esteban de que ve al Jesús resucitado a la diestra de Dios. Esteban es apedreado (en presencia del joven perseguidor Saulo), la comunidad cristiana se esparce y el cuerpo del predicador cristiano es enterrado (Hch 7.54-8.4).

El episodio hace surgir una multitud de asuntos teológicos. La introducción de la narración describe un problema eclesiástico que se resuelve con la elección de siete hombres para que se ocupen del problema de distribución de comida y, por consiguiente, librar a los discípulos para su ministerio, pero más tarde se reporta que Esteban y Felipe se ocupan totalmente de predicar, o de la obra misionera, en lugar de la distribución de comida. Otro asunto es la relación, culturalmente, de Esteban con los oponentes que enfrenta (Hch 6.9): ¿Es un cristiano que habla griego y de esta manera es el vínculo que conecta o el ímpetu para la expansión de las buenas nuevas entre los griegos (Hch 11.19-20)? Además, las acusaciones que se hacen en contra de Esteban son claramente evocadoras de las que se hicieron en contra de Jesús y Pablo en sus juicios respectivos.

El discurso en sí rara vez se ve como una respuesta a las acusaciones que se observaron antes. En cambio, los eruditos lo ven como producto del autor, que aparentemente pone poca atención a las acusaciones y considerablemente más a la historia de Israel y su relación con su Dios. A pesar de un poco de duda, los eruditos fácilmente ven el discurso como un todo unificado, que se centra en el distanciamiento del nuevo movimiento del judaísmo y Jerusalén, a medida que se traslada hacia el mundo griego (cf. Hch 1.8b).

La conclusión de la narración presenta otros problemas. ¿Supone la escena de la muerte una acción formal, legal o de la multitud que termina en un linchamiento? ¿Por qué se da ese cambio de tono tan agudo al final del discurso (Hch 7.51-52) y por qué se mezclan los elementos legales, la multitud y la visión en la escena de la muerte? ¿Cuáles de estos, así como otros elementos anteriores de la narración y discurso, son históricos? ¿Cuáles son producto de la actividad del autor?

Al emplear la tradición primitiva de la comunidad y el conocimiento de los días antiguos, Lucas acepta la importante función de Esteban como el primer mártir (Hch 22.20) y el ímpetu para la misión cristina desde Jerusalén al mundo griego. El episodio y personaje de Esteban, basado en la tradición, para Lucas llega a ser el medio para revisar la historia judía (uso de la LXX para formular un discurso apropiado) y para prepararse para un expansión más amplia del movimiento.

Dentro del libro de Hechos, este episodio constituye la última escena de Jerusalén y proporciona la tercera confrontación climática con el populacho de la Ciudad Santa: advertencia, azote y muerte (Hch 2.7). El discurso de Esteban, al igual que discursos anteriores, es la respuesta a una pregunta oficial (cf. Hch 4.7-12; 5.27-32), y le da al episodio su punto decisivo para la salida del movimiento de Israel hacia el mundo griego. Las referencias a Saulo (Hch 7.58; 8.1) señalan al personaje principal y la actividad del trabajo.

El episodio también le pone atención particular a una serie de acusaciones en contra de la comunidad, a saber, su tratamiento blasfemo de Moisés y Dios y poco aprecio de la Ley y costumbres mosaicas. Principalmente, ofrece un tratamiento negativo y positivo del judaísmo, su historia y su relación con el movimiento de Jesús. En tanto que se reprende a los líderes judíos (Hch 7.51-53), se dice que grandes cantidades de sacerdotes se han unido a la comunidad (6.7). En lugar de hablar en contra de Moisés (como se le acusa), Esteban acentúa su papel importante en las negociaciones de Dios con Israel. Sin embargo, hay un movimiento lejos de «este lugar» o templo hacia una visión más universal de la morada de Dios (Hch 6.13-14; 7.49-50). El movimiento de Jesús se extiende desde Jerusalén y no puede estar limitado a ese lugar; al mismo tiempo, se origina y encuentra raíces en este centro y ambiente judío.

Desde el principio, a Esteban, junto con otros en Hechos (p. ej., Cornelio, Timoteo), se le identifica como un miembro distinguido y honesto de la comunidad; también está lleno del Espíritu, de fe, de gracia y poder (Hch 6.3, 8). Es un miembro ortodoxo de la comunidad que habla en su nombre. Es un personaje parecido a los del AT que hace señales y maravillas y es un hombre de sabiduría, como José y Moisés (Hch 7.10, 22), que entiende el propósito de Dios (6.3, 10), busca aclarar el plan de Dios para la audiencia y tiene una muerte como la de Cristo, a medida que la comunidad se esparce más allá de Jerusalén.

Bibliografía. C. K. Barrett, *The Acts of the Apostles,* 1. ICC (Edinburgh, 1994); E. Haenchen, *The Acts of the Apostles* (Philadelphia, 1971); L. T. Johnson, *The Acts of the Apostles.* Sacra Pagina 5 (Collegeville, 1992); J. J.Kilgallen, «The Function of Stephen's Speech (Acts 7, 2-53),» *Bibl* 70 (1989): 173-93; E. J. Richard, *Acts 6.1–8:4: The Author's Method of Composition.* SBLDS 41 (Missoula, 1978).

Earl J. Richard

ESTEBAN, APOCALIPSIS DE

Libro apócrifo que ya no existe, enumerado por el Decreto Gelasiano del siglo VI entre las obras que la iglesia debería rechazar. Algunos eruditos sostienen que esta es una referencia equivocada a un documento que se compuso en 415 d.C. que habla del descubrimiento de Luciano de las reliquias de Esteban. En tanto que el título *Revelatio Sancti Stephani* podría tomarse como un apocalipsis, todavía es posible, dada la experiencia de Esteban que se registra en Hechos 7.55-56, que este sea un apocalipsis pseudoepigráfico, escrito a nombre de Esteban.

Timothy W. Seid

ESTÉFANAS (Gr. *Stephanás*)

Cristiano corinto prominente y primer convertido de Pablo en Acaya (1 Co 16.15; cf. Hch 17.34), a quien bautizó personalmente (1 Co 1.16). Junto con Fortunato y Acaico (¿miembros de su casa?), Estéfanas visitó a Pablo en Éfeso como lo escribió en 1 Corintios. Quizás le dieron noticias a Pablo de los problemas de Corinto o le llevaron la carta de la iglesia, a la que respondió (1 Co 7.1; cf. 1. 25; 8.1; 12.1; 16.1). Es posible que hubieran llevado toda, o alguna parte de 1 Corintios a la congregación. Su vista parece haber ayudado a Pablo al inicio de un período difícil con la iglesia corintia (1 Co 16.17-18). Pablo respaldó la autoridad de Estéfanas en la congregación, porque él y su casa se habían «dedicado al servicio de los santos» (1 Co 16.15-16). Este servicio, aunque no era una función formalizada, pudo haber incluido enseñanza, predicación o alguna clase de patrocinio para la iglesia.

Christopher Scott Langton

ESTEMOA (Heb. *'eštĕmôa'*), **ESTEMO** (*'eštĕmōh*) **(LUGAR)**

Una ciudad levita en la región montañosa central de Judá (Jos 21.14), también listada entre las ciudades de refugio (1 Cr 6.57 [TM 42]). En la lista de asentamientos atribuidos a Judá es llamada Estemo (Jos 15.50).

Cuando David derrotó a los amalecitas envió una parte de su botín a Estemoa (1 S 30.28).

Eusebio relata que un asentamiento judío «muy grande» existió aquí tan tarde como el siglo IV d.C. (*Onom.* 26.11; 86.20). El consenso erudito localiza la antigua Estemoa debajo del pueblo árabe moderno de es-Samu' (156089), 14 km (8.7 mi) suroeste de Hebrón. Aunque las excavaciones se hayan concentrado en la sinagoga del siglo IV d.C., varios vasos de cerámica de la Edad de Hierro también han sido destapados.

Bibliografía. Z. Yeivin, «Estemoa», *NEAEHL* 2.423-26.

Wade R Kotter

ESTEMOA (Heb. *'eštĕmôa'*) **(PERSONA)**

1. El hijo de Isba, y un descendiente de Caleb (1 Cr 4.17).

2. Un descendiente de Hodías, la hermana de Naham; un maacateo de la tribu de Judá (1 Cr 4.19).

ESTER, LAS ADICIONES

El libro de Ester es único en el AT por tener tres ediciones literarias distintas. La más conocida es la del TM, 10 capítulos en hebreo encontrados en todas las Biblias hebreas y la mayoría de las traducciones al español. Sin embargo, también existen dos versiones griegas de Ester, el texto Alfa (A), una traducción griega de una versión hebrea ligeramente diferente del TM, y Ester LXX, una traducción del TM que ha sido alterada y ampliada lo suficiente que debería ser considerada una obra literaria separada de Ester TM. La versión LXX es canónica en las iglesias ortodoxas.

Ester LXX contiene seis «adiciones» al texto masorético, así como cambios internos. Estas adiciones, etiquetadas por conveniencia A, B, C, D, E, y F, se intercalan en todo el texto. La adición A aparece antes del cap. 1, la adición B sigue 3.13, las adiciones C y D siguen 4.17 (LXX también omite 5.1-2 de TM), la adición E sigue 8.12, y la adición F termina el libro. Hay que notar que después que la LXX había sido traducida al latín, Jerónimo, construyendo la edición de la Vulgata, extirpó las adiciones del texto latino y las colocó todas al final de Ester, a fin de traer su versión en armonía más cercana con Ester TM. Así en Biblias Vulgata las adiciones se encontrarán al final de Ester y numeradas 11.2-12.6; 13.1-7; 13.8-14.19; 15.1-16; 16.1-24; y el 10.4-11 (F precede a las otras adiciones en el Vulgata).

El propósito de las adiciones en Ester LXX es sencillo. Ester TM es notorio, tanto hoy como en el pasado, por su falta de lenguaje religioso, en particular su omisión de cualquier mención de Dios. Las adiciones suplen esta carencia, conteniendo oraciones y un sueño profético, y dando el crédito por la salvación de los judíos completamente a Dios. Además, las adiciones aumentan el interés dramático de la historia enfatizando las emociones de los personajes.

La adición A contiene un sueño profético del personaje masculino principal, Mardoqueo. En el sueño, Mardoqueo ve a dos dragones, símbolos antiguos del caos, luchando mientras el resto del mundo, en particular los judíos, mira con miedo. El conflicto es resuelto por Dios, quien envía una corriente del agua y luz. Los judíos se alegran, y Mardoqueo se despierta. Este sueño, que tiene el propósito de presagiar la historia de Ester, sirve para mover el conflicto entre Mardoqueo y Amán, el antagonista principal, del reino de la pequeña política humana y al de la lucha cósmica, donde la única resolución posible viene de Dios. Esto coloca el libro de Ester directamente en el ámbito de la literatura religiosa. La adición también explica cómo Mardoqueo descubrió el complot de los eunucos contra el rey persa (cp. Est 2.21-23), y pone la culpa del complot en Amán.

Las adiciones B y E funcionan como un par, la adición B da el texto del edicto de Amán para la destrucción de los judíos, y la adición E el texto del contra edicto del rey. Ambas adiciones, escritas en un griego bastante florido, tienen la intención de dar un aire de verosimilitud histórica al texto, aunque ninguno sea realmente auténtico.

Las adiciones C y D, que siguen una a la otra en el texto, son el corazón dramático de Ester LXX. La adición C contiene las oraciones de Mardoqueo y Ester, que localizan la situación grave de los judíos persas en el contexto de la historia de la salvación de Israel y colocan el destino de los judíos completamente en las manos de Dios. Estas oraciones, sobre todo la de Ester, más que compensan la falta de religiosidad en Ester TM.

La adición D, que contiene la aparición de Ester ante el rey sin haber sido llamada, es el desenlace dramático de la edición LXX. En el TM, esta escena ocupa dos versículos (Est 5.1-2) y es más bien seca. Aunque Ester haya declarado antes que presentarse ante el rey sin haber sido llamada era arriesgar su vida, cuando ella realmente lo hace así ella simplemente aparece en la puerta, el rey extiende su cetro a ella, y ella hace su petición. La escena carece de cualquier sentido de tensión o peligro. En la adición D, sin embargo, Ester está tan agitada que ella debe agarrarse a su criada para apoyarse, y cuando el rey mira hacia ella desde el trono ella está tan asustada que se desmaya, ¡no una vez, sino dos veces! En este momento el verdadero objetivo de Ester LXX se revela. Ad. Est 15.8 declara: «Entonces *Dios* cambió el espíritu del rey a la gentileza», y él se apresura para consolarla. Así, para Ester LXX, la verdadera fuerza móvil detrás de todos los acontecimientos es Dios, y al lector se le asegura un resultado positivo.

La adición F da la interpretación del sueño de Mardoqueo, en el cual los dos dragones son identificados como Mardoqueo y Amán, y la corriente como Ester. El sueño y su interpretación no encajan completamente los elementos de la trama de Ester, indicando su carácter secundario.

La adición F contiene un colofón, único entre los libros bíblicos, que atribuye la traducción a un Lisímaco, quién lo trajo de Jerusalén a Alejandría en el siglo I a.C. La verdad histórica de este colofón no puede ser verificada, pero parece claro que la versión LXX de Ester, con las adiciones, primero fue puesta en circulación entre los judíos de habla griega de Alejandría en el siglo I a.C.

Bibliografía. J. D. Levenson, *Esther.* OTL (Louisville, 1997); C. D. Moore, *Daniel, Esther and Jeremiah: The Additions.* AB 44 (Garden City, 1977); S. A. White, «Ester», en *The Women's Bible Commentary,* editor. C. A. New somand S. H. Ringe (Louisville, 1992), 131-37.

Sidnie White Crawford

ESTER (Heb. *'estēr*), **LIBRO DE**
El quinto y último de los Megillot, incluido entre las Escrituras en el canon hebreo.

Sinopsis

El libro comienza con un banquete ofrecido por el rey persa Asuero para todos los habitantes de su capital, Susa. Después de una borrachera, el rey llama a su reina, Vasti, para que la corte pudiera admirar su gran belleza. Vasti se niega, y el rey enojado la destierra. Cuando él lamenta haberla perdido, sus consejeros sugieren una búsqueda por todo el imperio de una nueva reina. Todas las vírgenes elegibles son juntadas en su harén. Entre ellas está Ester (Heb. «Hadassah», Est 2.7), la protagonista, que gana el respeto de todos los que la conocen. Ester complace a Asuero tan grandemente que él la hace su reina. Posteriormente, Mardoqueo el tío de Ester descubre un complot para matar al rey y lo relata a Ester, salvando así la vida de Asuero.

Algún tiempo después, el rey promueve a Amán el agagueo como el visir. Amán exige que toda la gente se incline ante de él, pero Mardoqueo se niega. Enfurecido, Amán busca la venganza conspirando para matar a todos los judíos en el imperio persa. Mardoqueo se entera del complot y se dirige a Ester para interceder ante el rey. En el clímax de la historia, Ester, arriesgando su vida, se presenta sin haber sido llamada por el rey en un intento de salvar a su pueblo. Ella gana el favor de Asuero y luego, en una serie de hábiles maniobras, descubre el complot de Amán y frustra su plan. Amán es condenado a muerte, los enemigos de los judíos son destruidos, y Mardoqueo es elevado a visir.

El libro termina con Ester y Mardoqueo instituyendo la fiesta de Purim para conmemorar estos grandes acontecimientos.

Como la sinopsis muestra, la trama es bastante simple, y hay mucho más énfasis en la acción que en el estudio del personaje. En efecto, los personajes parecen estereotipos: Mardoqueo y Ester son el sabio justo, luchando contra el astuto Amán y su esposa por el favor del poderoso pero estúpido Asuero.

Canonicidad

Históricamente, hubo opiniones contradictorias sobre las contribuciones que el libro de Ester hace a la doctrina religiosa así como su canonicidad. Martín Lutero era hostil al libro porque él «judaizaba» demasiado y tenía «mucha impropiedad pagana», pero Maimónides lo clasificó después del Pentateuco. Ester es el único libro del AT aún no encontrado entre los rollos del Mar Muerto, quizás por motivos teológicos. Los esenios pueden haberlo rechazado porque no contiene ninguna mención de Dios, y Ester aparentemente no observó las leyes alimentarias. Aunque Josefo menciona el libro en sus *Antigüedades* y fue considerado como canónico por el Concilio de Jamnia en 90 d.C., la canonicidad de Ester era un asunto de alguna disputa en el judaísmo hacia el final del siglo III. La Iglesia occidental aceptó el libro como canónico en el siglo IV, mientras la Iglesia oriental no lo aceptó hacia el final del octavo.

Ester se encuentra en partes diferentes de la Biblia. En el TM hebreo, el libro es parte de los Escritos (Ketubim); la LXX lo coloca entre Sirac y Judit, y las versiones al español siguiendo a la Reina Valera lo ponen entre Nehemías y Job.

Composición

La paternidad literaria de Ester se desconoce. La mayoría de los eruditos están de acuerdo que la historia primero apareció en el siglo IV (durante el período persa). La versión hebrea final como es transmitida en el TM data del período helenista, a más tardar el comienzo del siglo I a.C. (cp. 2 Mac 15.36). El apoyo de esta fecha es su entorno persa y colorido local, la ausencia de influencias griegas, y la actitud comprensiva hacia el rey gentil. El escritor muestra un mayor conocimiento íntimo y exacto de la corte y costumbre persa, tanto de manera que Ester se utiliza para llenar huecos en los relatos de historiadores clásicos. Asuero ha sido identificado como Jerjes, el cuarto monarca aqueménida (486-465).

Además, hay un número significativo de sustantivos persas.

Sin embargo, ciertas declaraciones en el libro parecen contradecir fuentes extrabíblicas. Algunas de estas discrepancias son bastante menores: p. ej., Mardoqueo como parte de la deportación de Nabucodonosor en 597 (2.6), que haría que él, y sobre todo Ester, fueran demasiado viejos para encajar en los acontecimientos. Otras contradicciones son más importantes: p. ej., según Herodoto, las reinas persas tenían que venir de una de siete familias persas nobles, lo que habría excluido a Ester, una judía. Tomados de modo individual, pocos de estos problemas son suficientemente notables para minar la historicidad esencial de Ester. Ellos sólo son por último importantes porque tienden a apoyar dos objeciones más: (1) el parecido asombroso de varios elementos a ciertas historias legendarias del antiguo Cercano Oriente, como *Las Mil una Noches*, y (2) la sospecha de que Purim era al principio una festividad pagana.

Aunque el núcleo de la narrativa sea el choque entre los dos adversarios Amán y Mardoqueo, también hay varias tramas secundarias: el destierro de Vasti, Ester que llega a ser la reina, Mardoqueo que salva al rey, la institución de Purim, y Amán como usurpador de privilegio monárquico. A pesar de que la trama parece bien construida, el entretejimiento de estos varios argumentos ha llevado a eruditos a sugerir que algunas tramas secundarias se basan en narrativas individuales, quizás relatos persas específicos, tomados prestados y formulados de nuevo por el autor de Ester (p. ej., Henri Cazelles, Elias Bickerman, Hans Bardtke).

Sin duda, es cierto que ninguno de los argumentos podría y hace un buen relato tradicional, pero el argumento más irresistible contra la división de la narrativa en fuentes separadas es literario. Las tramas secundarias no se separan limpiamente, pero en cambio se superponen bastante, y ellas no pueden estar de pie independientemente sin elementos clave del conjunto. A pesar de los intentos de demostrar dos hilos separados, uno que se concentra en las intrigas de harén que implican a Vasti y Ester, otro en las luchas de la corte de Mardoqueo y Amán, hay legitimidad literaria al considerar este libro una sola unidad. Joyce G. Baldwin demuestra la unidad de la historia basada en una inversión de papeles, de la elevación a la caída (Vasti, Amán, y los enemigos de los judíos) y de la humillación a la victoria (Ester, Mardoqueo, y la comunidad judía).

Versiones

La versión LXX de Ester, producida a fines del siglo II o a principios del I a.C., contiene seis pasajes no encontrados en el texto hebreo. Cuando el erudito cristiano Jerónimo revisó la antigua traducción latina de la Biblia, él los coleccionó y colocó estos pasajes al final del libro canónico. En algunas traducciones al español, las Biblias protestantes colocan las adiciones en los libros apócrifos de la Biblia (solo o integrado con Ester hebreo), mientras las Biblias Católicas recientes (Jerusalén, Nácar Colunga) traducen el Ester hebreo, pero insertan las adiciones griegas en los sitios apropiados. La tradición asigna las adiciones las letras A-F.

Estas adiciones griegas describen sueños proféticos, oraciones de Mardoqueo y Ester, declaraciones por Ester de su comida y cama persa que aborrece, y otra parafernalia piadosa similar. A diferencia de la narrativa hebrea, que lujosamente explota elementos cómicos de la historia (la vanidad humana de Amán y Mardoqueo, la caída de Amán, la ceguera de Asuero), la versión griega presenta una lección más sombría en un tono mucho más serio.

Género

Varios géneros han sido atribuidos al libro, incluso «relato de sabiduría historizado» (Semaryahu Talmon), basado en la caracterización (Asuero el rey tonto, Mardoqueo el cortesano sabio y virtuoso, Amán el cortesano sabio pero malo, y Ester la huérfana adoptada por un sabio que hace bien), y el «romance» (Edgar McKnight), que representa una búsqueda exitosa que implica un viaje peligroso y lucha crucial frente a la muerte, y exaltación del héroe. Otras sugerencias incluyen una «comedia» tradicional (edificante y en última instancia optimista con una liberación catártica de tensión y vindicación final para los héroes), «leyenda cortesana» (la heroína/héroe sabia que representa «un grupo étnico gobernado», la persecución de los protagonistas y su vindicación última), y «parodia», en donde los temas serios son tratados ligeramente, inspirándose en la incongruencia de situaciones y las inversiones agudas del destino (Jack Sasson).

La mayoría de los eruditos ven a Ester como novela o «novela de la Diáspora», la prosa ficticia que no pretende ser un documento histórico «exacto». Tiene el marco de narrativa «tradicional»: la tensión se desarrolla, varias complicaciones, y resolución última de la tensión. A diferencia de narrativas más largas, hay sólo una cadena de acontecimientos durante un período limitado en el tiempo, con la atención en la acción más bien que en el desarrollo del personaje.

Propósito

La mayoría de comentaristas están de acuerdo que Ester tenía la intención de evocar la identificación en un público que fue subordinado sociopolíticamente. Tanto Mardoqueo como Ester funcionan en un ambiente completamente pagano, vulnerables y relativamente impotentes, que usan habilidades cruciales para la supervivencia del pueblo judío de la diáspora en un mundo predominantemente gentil que no preve o promueve la vuelta de los judíos a Palestina. Ester en particular sirve como un modelo a imitar de las características necesarias para la supervivencia en un mundo precario; trabajando dentro del sistema ella tiene éxito en hacer que el sistema trabaje para ella (Sidnie AnnWhite). Mardoqueo es diversamente admirado por demostrar reconciliación al estado de minoría en un ambiente imprevisible (B. W. Jones) e injuriado como inflexible, incurriendo en la ira de Amán y así poniendo en peligro a todos los judíos bajo el gobierno persa.

Otros ven un propósito totalmente diferente para el libro: un «llamado a las armas». Para la época del Concilio de Jamnia, con Jerusalén destruida por los romanos en 70 d.C. y su pueblo aún más dispersado que antes, los judíos tenían buena causa para encontrar el consuelo en la esperanza que otra Ester o Mardoqueo se levantarían para salvarlos del carácter definitivo de la Diáspora. Nada en el libro parece improbable, sobre todo porque la trama gira en torno a la intriga de la corte y prejuicios étnicos. En realidad, el texto se esmera para aparecer como un relato histórico preciso de un tiempo cuando los judíos fueron salvados de la casi segura extinción.

La lectura del texto griego en vez del hebreo sugiere otro propósito posible. Las seis adiciones griegas comenzaron a ser escritas poco después del texto hebreo y radicalmente cambiar la naturaleza de la narrativa. El tiempo oportuno de la versión LXX (el colofón, adición F, atribuye la traducción a Lisímaco «en el cuarto año del reinado de Tolomeo y Cleopatra», 114 o 77 a.C.) parece indicar que la historia de Ester fue entendida pronto o reinterpretada como comunicando un mensaje religioso. A diferencia del texto hebreo que no menciona ni la deidad, ni observancias religiosas, la LXX se refiere a Dios más de 50 veces, así como la oración, el Templo, su culto y la práctica de leyes alimentarias. Ester se hace más «judía» afirmando haber seguido estas leyes y, en particular, declarando su aborrecimiento de su ambiente pagano. Purim es enfatizado menos, y una actitud antigentil es más fuertemente apoyada.

Las adiciones, al convertir lo que era al principio una intriga cortesana en un conflicto cósmico entre judío y gentil, hacen a Dios el campeón del pueblo elegido, y así el verdadero «héroe» del libro.

Cuestiones eruditas recientes

Si la «fuerza» de la literatura puede ser definida por la intensidad de su impacto sobre los lectores, el libro de Ester calificaría sin duda como uno de los textos «más fuertes», y eficaces de todos los tiempos. Pocos textos literarios han provocado tantas interpretaciones, tantas pasiones exegéticas, y tantas controversias enérgicas. Mucho trabajo reciente ha estado entre eruditos feministas y tiende a concentrarse en cuestiones sexuales y sus implicaciones (p. ej., comparación de la historia de Ester y el ciclo de José en Génesis; la «problemática» de las figuras femeninas: Ester, la hermosa, y Vasti, la cabeza dura). Otros eruditos se han centrado en cuestiones más amplias, contextos, e ideología, como los usos apropiados de autoridades reales, la asimilación, e identidad nacional. Ahora, como a través de su historia, este pequeño texto sigue provocando emociones fuertes y estimulando el debate académico.

Bibliografía. J. G. Baldwin, *Esther.* TOTC 12 (Downers Grove, 1984); S. B. Berg, *The Book of Esther.* SBLDS 44 (Missoula, 1979); A. Brenner, editor, *A Feminist Companion to Esther, Judith and Susanna* (Sheffield, 1995); C. A. Moore, *Esther.* AB 7B (Garden City, 1971); J. M. Sasson, «Ester», en *The Literary Guide to the Bible,* editor. R Cambie y F. Kermode (Cambridge, Mass., 1987), 335-342; S. Talmon, «'Wisdom' in the Book of Esther», *VT* 13 (1963): 419-55; S. A. White, «Esther: A Feminine Model for Jewish Diaspora», en *Gender and Difference in Ancient Israel,* editor. P. L. Day (Minneapolis, 1989), 161-77.

Ilona N. Rashkow

ESTIÉRCOL

Excremento tanto humano como animal, que el material ritual y sacerdotal clasifica como impuro. En el sacrificio debe ser quemado, junto con otras partes impuras del animal, en un lugar aparte de la congregación (Ex 29.14; Lv 4.11; 8.17; 16.27; cp. Nm 19.5 donde el animal es quemado totalmente). La ropa manchada con excremento tuvo que ser limpiada (Is 4.4), aunque los necios puedan no notar que su ropa está sucia (Pr 30.12).

Como un medio del abuso verbal, los muertos insepultos se describen como esparcidos sobre campos como el abono (2 R 9.37; Sal 83.10 [TM 11]; Jer 8.2; 9.22 [21]; 16.4; Sof 1.17). Ciertamente, ser asociado con el estiércol era vergonzoso e insultante (Job 20.7), y los muertos son deshonrados al convertir sus casas en montones de estiércol (Esd 6.11). Los sacerdotes apóstatas de Malaquías son amenazados con arrojarles el estiércol en sus caras (Mal 2.3).

El estiércol fue utilizado como combustible para el fuego, pero la utilización del estiércol humano para cocinar hacía que la comida fuera impura (Ez 4.12, 15). En el mundo antiguo como ahora, el estiércol también fue usado como fertilizante en áreas rurales. La eliminación del estiércol humano en áreas urbanas era una preocupación para los escritores bíblicos. Un método para deshacerse de él era quemarlo (1 R 14.10), pero el estiércol era generalmente quitado de áreas de residencia y concentrado en un estercolero (Esd 6.11; Lc 14.35). En Jerusalén, la basura era quitada de la ciudad por la Puerta del Estiércol en la esquina del sureste de la muralla de la ciudad (Neh 2.13; 3.13-14; 12.31). Deuteronomio 23.13 describe procedimientos de letrina apropiados para un campamento militar. En tiempos de hambre y pobreza, la gente puede haber consumido estiércol de animal (posiblemente 2 R 6.25) o humano (18.27 = Is 36.12).

Nicole J. Ruane

ESTOICOS (gr. *Stōikoi*)

El estoicismo, escuela filosófica fundada en Atenas por Zeno (alrededor de 336-263 a.C.). Sócrates tuvo una gran influencia en Zeno. Su enseñanza fue una reacción en contra de Epicuro, que enseñaba que todo lo que existe es el resultado de la colisión accidental, o al azar, de átomos. Zeno, por el contrario, veía todo el universo como algo gobernado por la Razón y el propósito de la vida como más social, religioso y moral. El nombre de la escuela de pensamiento viene del gr. *Stoa Poikilē*, «pórtico pintado» o estructura con columnata de Atenas, donde Zeno enseñaba. Entre los seguidores de esta escuela, que atraía a una élite más intelectual, están Cícero, Epicteto, Séneca y Marco Aurelio, aunque las enseñanza de Zeno eran para mujeres y hombres por igual. El estoicismo ofrecía a sus seguidores una comunidad de intelectualismo, libertad del miedo a la muerte, una perspectiva filosófica que involucraba más que la salvación personal, un mundo en el que el orden material estaba empapado de Dios, una plataforma ética consistente y respetable y una filosofía con una animada mezcla de religión y moral.

Los estoicos buscaban la felicidad a través de la sabiduría y el reconocimiento de la Razón detrás del universo, que proveía vida con un propósito moral y hacía que el mundo fuera comprensible. Sostenían que todo el mundo material está empapado de Dios, con la Razón. Esto significa que a lo largo de todo el universo hay armonía divina y racional. Los estoicos llamaban Logos a la razón cósmica y veían el alma humana como una chispa de la mente universal. Aunque el Logos daba orden al universo, dependía del Destino. Su creencia en que el Logos dependía del Destino creaba una tensión en el sistema filosófico de los estoicos, porque si la razón fuera una Ley vinculante y universal y el Destino fuera inalterable, ¿cómo podrían los humanos tener una libertad genuina y por qué se molestaría alguien en tratar de efectuar cambios permanentemente en el mundo? Ellos respondían que no eran los resultados de las acciones ni el comportamiento sino el intento en sí de vivir una vida buena y de lograr virtud lo que finalmente importaba. Veían que aunque uno no pudiera hacer que la vida diera circunstancias distintas, por lo menos podían escoger las actitudes con las que aceptarían las circunstancias inevitables. Por consiguiente, buscaban controlar lo que podían y aceptar con dignidad lo que la vida les diera. Sostenían que es tarea de los humanos percibir y encajar en el orden universal, hacer su parte en la experiencia humana y decidir cómo manejar los eventos de la vida. Enseñaban que la persona feliz no pelea en contra de la vida sino que la acepta con tranquilidad y dignidad y soporta tanto las experiencias favorables como las trágicas con ecuanimidad inmutable. Con autocontrol y estabilidad se logra la felicidad. Los estoicos creían que no había que temerle a la muerte porque el alma inmortal, parte del feroz principio universal, volverá a vivir muchas veces. Si la gente no puede escapar a la muerte, por lo menos puede escapar del temor a la muerte.

Los estoicos estaban en la audiencia de Pablo cuando habló en Atenas (Hch 17.18).

Bibliografía. F. H. Sandbach, *The Stoics* (New York, 1971).

Richard A. Spencer

ESTÓMAGO

Varias palabras hebreas se refieren de manera general al abdomen humano. El heb. *beṭen* se usa muy frecuentemente para el vientre (Gn 25.23; Sal 139.13), pero puede indicar el abdomen en general (Jue 3.21-22) y el estómago literal (Job 20.15; Ez 3.3). El heb. *mēʿîm* se usa generalmente para «órganos internos, partes internas» (p. ej., «entraña»; Nm 5.22; 2 Cr 21.15, 18-19), pero también puede significar específicamente estómago (Job 20.14; Ez 3.3). El gr. *koilía* muy frecuentemente se refiere al vientre, pero también puede traducirse como «estómago» (Mt 15.17; 1 Co 6.13); el uso es principalmente figurado. El gr. *stómachos* se encuentra solamente en 1 Timoteo 5.23, donde Pablo aconseja a Timoteo: «usa un poco de vino por causa de tu estómago».

Los hebreos consideraban los intestinos como el asiento de las emociones profundas y, por lo tanto, *beṭen* y *mēʿîm* ocasionalmente se traducen como «corazón» (Job 15.35; Is 63.15; Jer 4.19). De manera similar, mientras que el gr. *splánchna* originalmente significaba «entrañas» o «intestinos» (cf. Hch 1.8), alrededor de la época del NT llegó a designar el asiento del amor o la misericordia (Col 3.12; 1 Jn 3.17). La forma verbal a menudo se usaba para describir la compasión de Cristo (Mt 9.36; 14.14; 15.32 par.; Mr 1.41; Lc 7.13).

Por supuesto, las entrañas también pueden ser el asiento de emociones negativas (codicia Job 20.20; aflicción, 30.27; Lm 1.20; avaricia o avidez, Ro 16.18; Fil 3.19).

Bibliografía. H. W. Wolff, *Anthropology of the Old Testament* (Philadelphia, 1974).

JOHN S. HAMMETT

ESTÓN (Heb. *eštôn***)**

El hijo de Mehir de Judá; un descendiente de Celub (probablemente Caleb). Él es considerado entre la gente de Reca (1 Cr 4.11-12; LXX «Recab»), quizás un gremio itinerante de metaleros.

ESTRANGULAMIENTO

Job menciona el estrangulamiento en asociación al suicidio de Ahitofel (2 S 17.23; heb. *ḥānaq*, generalmente se traduce como «colgado»), y observa que él mismo preferiría la muerte por estrangulamiento que continuar con su sufrimiento (Job 7.15). Nahúm habla del estrangulamiento como el método de un león para matar a su presa (Nah 2.12[TM13]). La prohibición mosaica de comer sangre (Gn 9.4; Lv 3.17; Dt 12.23-25) llevó a métodos específicos de matar, de tal modo que la sangre se escurría. De esta manera, el estrangulamiento estaba excluido, y lo que no se mataba de la manera rápida establecida se consideraba como «estrangulado» (*m. Hul.* 1.2). La prohibición de «sangre» y «lo que es estrangulado» se pasó a los cristianos gentiles de Siria y Asia Menor como una adaptación a los escrúpulos de los judíos (gr. *pniktós;* Hch 15.20, 29; 21.25).

ESTRELLA

Aunque los antiguos hebreos creían que Dios hizo todos los cuerpos celestes, incluso las estrellas (heb. *kôḵāḇ*; Gn 1.16; Am 5.8), mucha gente antigua creía que las estrellas eran deidades cósmicas (Is 47.13). La creencia en la animación de las estrellas nunca fue un dogma importante entre el pueblo hebreo, aunque esas creencias a veces tuvieron eco en períodos de apostasía monoteísta (Am 5.26). La Tora prohibía la adoración de las estrellas (Dt 4.19; 17.2-5). Sin embargo, el pueblo de Israel estaba familiarizado con observaciones astronómicas y las constelaciones (Job 38.31-32; Is 13.10; Am 5.8).

Las estrellas a veces se usan como símbolos de los ángeles. Job 38.7 alude a los hijos de Dios (ángeles) como estrellas de la mañana. De manera similar, en Apocalipsis 1.20, las siete estrellas de la visión se identifican como ángeles de las siete iglesias. Este es probablemente también el sentido de Daniel 8.10, donde el cuerno pequeño hizo que parte «Del ejército del cielo» y las estrellas cayeran a la tierra (cf. Is 14.12-13; Ap 12.4). Judas 13 llama a ciertos apóstatas de la Iglesia «estrellas errantes» (cf. los ángeles infieles de 1 Enoc).

Los antiguos frecuentemente buscaban en las estrellas y cuerpos celestiales señales del fin (p. ej., Lc 21.25; Mr 13.25 par.), como se refleja en la literatura apocalíptica (Ap 6.12-13; 8.10, 12; 12.1, 4). La creencia de que las estrellas ofrecían señales también llevó a los Magos de oriente a presenciar el nacimiento de Cristo (Mt 2.1-10).

MARK R. FAIRCHILD

ESTRELLA DE LA MAÑANA

Nombre simbólico del Señor Jesús. Es traducido como «lucero de la mañana» (Gr. *phōsphóros*) solamente en 2 Pedro 1.19. Pero «estrella» (gr. *astḗr*), como un calificativo para el Mesías, es común (Ap 2.28; 22.16; cf. Nm 24.17).

En Isaías (Is 14.12) se refiere al rey de Babilonia como «Lucero, hijo de la mañana» (Heb. *hêlēl*), que la Biblia del Rey Jacobo (KJV) traduce como «Lucifer», siguiendo la traducción al latín. La palabra significa «portador de luz», y se refiere al planeta Venus, que precedía o acompañaba a la salida del sol. Jesús pudo haberse referido al pasaje de Isaías cuando habló de Satanás cayendo del cielo (Lc 10.18). De esta manera, el nombre Lucifer llegó a utilizarse en la Edad Media como un apelativo de Satanás.

DALE ELLENBURG

ETAM (Heb. *ʿêṭām*)

1. El lugar donde Sansón se alojó después de su matanza de los filisteos después del asesinato de su esposa y padrastro (Jue 15.8). Mientras estaba en la roca de Etam, los hombres de Judá vinieron a Sansón con el propósito de entregarle en manos de los filisteos (Jue 15.11). La ubicación permanece incierta.

2. Una ciudad ocupada por los descendientes de Simeón (1 Cr 4.32). La posición permanece incierta.

3. Una ciudad en la región montañosa de Judá, listada entre las ciudades fortificadas por Roboam (2 Cr 11.6). La LXX incluye Etam en la lista de ciudades cerca de Belén que inserta después de Josué 15.59. Josefo (*Ant.* 18.3.2) localiza Etam 8 millas romanas al sur de Jerusalén, cerca del acueducto de Pilato. Él también afirma (8.7.3) que Salomón a menudo se retiraba a Etam cuando él deseaba evitar su capital ocupada. Debido a sus conexiones con Belén y con el abastecimiento de agua de Jerusalén, la mayoría de los eruditos han buscado Etam en las cercanías de ʿAin ʿAitān, una fuente cuyo nombre puede reflejar el de la ciudad antigua. El sitio cercano más conveniente es Kirbet el- Khôkh (166121), situado en un canto encima de la fuente, c. 3.5 km (2 mi) suroeste de Belén en los alrededores de los baños tradicionales de Salomón.

Wade R Kotter

ETAM (Heb. *'ēṯām*)

El primer lugar de descanso para los israelitas después de partir de Sucot durante el Éxodo. Según Éxodo 13.20; Números 33.6-7 Etam está localizado «a la entrada del desierto», sugiriendo una ubicación no demasiado distante del delta oriental del Río de Nilo.

C. Shaun Longstreet

ETÁN (Heb. *'êṯān*)

1. Un sabio famoso, uno de los hijos de Mahol (¿un gremio orquestal?) y el hermano de Hemán, Calcol, y Darda, cuya sabiduría fue superada por la de Salomón (1 R 4.31 [TM 5.11]). Se le llama «el ezraíta» (Heb. *ha'ezrāḥî*; cp. Sal 89 inscripción [1]), posiblemente denominando a un miembro de un grupo preisraelita.

2. Un descendiente de Zera, el hijo de Judá por su nuera Tamar, y padre de Azarías (1 Cr 2.6, 8; cp. Gn 38.30). Su relación con Hemán y Calcol apoya su identificación con Etán **1** encima.

3. El hijo de Zima y padre de Adaía, un antepasado de Asaf (1 Cr 6.41-42 [26-27]).

4. Un levita de la familia de Merari (1 Cr 6.44 [29]), el hijo de Quisi (o Cusías; cp. 15.17). Él era uno de los tres levitas que David designó sobre «el servicio del canto» en el Templo (1 Cr 6.31-48 [16-33]), probablemente para ser comparado con Jedutún en 16.41-42; 25.1-3.

Tyler F. Williams

ETANIM (Heb. *'ēṯānîm*)

El nombre anterior al exilio del séptimo mes en el año hebreo (septiembre/octubre.), de derivación fenicia. Su equivalente babilónico era Tisrí.

ETBAAL (Heb. *'eṯbaʿal*)

El rey de la ciudad fenicia de Sidón (889-856 a.C.). Etbaal («Baal está con él») fue el padre de Jezabel la esposa de Acab. Este matrimonio, probablemente un componente de una alianza entre Omri de Israel y Etbaal, fue considerado por el deuteronomista como apostasía (1 R 16.31). Josefo se refiere a Itobalus (Etbaal) como un sacerdote de Astarte que usurpó el trono (*Cont. Ap.* 1.18). En un período más antiguo, Byblos tenía a un rey del mismo nombre.

Chris A. Rollston

ÉTER (Heb. *ʿeṯer*)

1. Una ciudad en la asignación tribal de Judá (Jos 15.42). Parte del distrito Libna-Maresa en la Sefela central, se identifica con Kirbet el-'Ater/Tel ʿEter (13855.11377), c. 6 km

(4 mi) NE de Laquis.

2. Una ciudad ocupada por la tribu de Simeón dentro de la asignación tribal de Judá (Jos 19.7). Está localizada en algún sitio en el Neguev, aunque su ubicación exacta sea desconocida. Es probablemente el mismo sitio que Atac mencionado en 1 Samuel 30.30.

Steven M Ortiz

ETERNIDAD

Véase Tiempo.

ÉTICA

Un término tomado de la filosofía griega, la «ética» denota un esfuerzo por presentar normas de comportamiento de un modo sistemático que muestra su coherencia interna, racional. No todos los escritos bíblicos referidos por normas de comportamiento representan una postura estrictamente ética en este sentido. Muchos pasajes tratan las normas simplemente como reglas separadas y distintas (p. ej., la mayoría de la Torá) o trozos de consejo sabio (p. ej., Proverbios) con interconexiones sólo mínimas. El pensamiento ético es significativo, sin embargo, en contextos, como Levítico (con su enfoque en la pureza como la expresión ritual de la santidad), los profetas (con su llamado a la justicia como la respuesta humana primaria a la bondad de Dios), los Evangelios (p. ej., en el resumen de la ley), y Pablo (quién subordina los datos concretos de la ley a la fe y el amor). Tales temas generales como pacto, escatología, y discipulado también pueden servir como principios de organización.

Dado el carácter intrínsecamente no sistemático de la Biblia, la ética bíblica a menudo resulta ser una dimensión menos del texto mismo que de su interpretación. Los mandamientos bíblicos y los proverbios y los trozos de sabiduría pueden no haber tenido ninguna necesidad de explicarse, pero los lectores posteriores a menudo quieren entender los motivos detrás de ellos a fin de interpretar y aplicarlos en sus propios contextos muy diferentes. Ellos tienen que tomar decisiones que equilibran la importancia relativa de órdenes potencialmente contrarias o interpretar lo que un mandamiento enmarcado en términos de sociedad pastoral podría significar en términos de, p. ej., una industrial. La ética bíblica, entonces, es un inevitable, pero de alguna manera híbrido, producto de los textos bíblicos mismos.

En el desarrollo de tal reflexión ética, quizás el primer paso obvio es establecer una jerarquía entre mandamientos, proceso que ya está en marcha dentro de las Escrituras. Éxodo 20 y Deuteronomio 5, p. ej., dan énfasis especial a las diez palabras o Mandamientos, quizás sugiriendo que proporcionan una clave a los mandamientos en conjunto. Algunos de los profetas insisten en el deber de justicia como más importante que otros mandamientos (p. ej., Am 6; Mi 3; Jer 7). Jesús fija en dos mandamientos, amar a Dios con todo su ser (Dt 6.5) y a su prójimo como a sí mismo (Lv 19.18), como los dos principios de los cuales «dependen toda la ley y los profetas» (Mt 22.34-40; Mr 12.28-34; cp. Lucas 10.25-28).

Pablo, de un modo relacionado pero distintivo, selecciona el amor como el valor preeminente que determina la importancia de otros mandamientos: «el que ama ha cumplido el resto de la ley.... El amor es el cumplimiento de la ley» (Ro 13.8-10). Pablo también da a la fe un papel similar: «Todo que no proviene de fe es pecado» (Ro 14.23). En la literatura de Juan, uno encuentra algo similar en el lugar central dado al mandamiento «amáos los unos a los otros» (p. ej., Juan 15.12; 1 Juan 2.7-11).

Al elevar sólo unos principios al nivel más alto y haciendo las otras normas de comportamiento dependientes en ellos o subordinadas a ellos, uno podría unir normas de comportamiento al parecer independientes la una con la otra. Así una historia famosa sobre el Rabino Hillel: cuando un gentil insistió que Hillel le enseñara la Torá entera mientras él estaba de pie en un pie, Hillel con paciencia contestó con la regla de oro y luego añadió, «Ve y aprende», implicando que la regla de oro era la clave a algo mucho más grande y más complejo (*b. Šabb.* 31a). O bien, uno podría relativizar las reglas «menores» como alejadas de los principios centrales y por lo tanto menos importantes. Así, Jesús de Marcos, al reenfocarse en «la pureza del corazón», relativiza la pureza física y la hace opcional efectivamente (Mr 7.1-23).

La enseñanza ética en el judaísmo rabínico antiguo se concentró en la *halakhah,* las reglas de comportamiento encontradas en la Torá escrita interpretadas por la tradición de la Torá oral. Las interpretaciones autoritarias surgieron del debate rabínico animado sobre el significado de textos particulares, con otros textos incluidos para comparación. Ciertos modos específicos de argumento, que funciona por deducción y analogía, fueron reconocidos como legítimos. El judaísmo rabínico tendió a conservar partes importantes del debate mismo así como las conclusiones. Así exhibió una cualidad dialéctica que todavía es característica del discurso rabínico; una cualidad que valora el proceso interpretativo junto con el resultado final.

El judaísmo antiguo de habla griega siguió un procedimiento diferente, como es visto, p. ej., en su representante preeminente, Filón de Alejandría (aproximadamente contemporáneo con Pablo). Las reflexiones éticas de Filón tendieron a parecerse más al discurso filosófico griego contemporáneo del platonismo medio y el estoicismo. Incluso interpretando textos bíblicos, Filón por lo general los explicaba en términos de axiomas éticos básicos que dan ocasión a normas específicas de comportamiento.

La corriente principal del cristianismo antiguo siguió este modelo, más bien que el rabínico, y esto ha seguido siendo dominante en el cristianismo posterior. La ética cristiana ha sido típicamente una tarea sistemática, más una subdivisión de la teología que de la interpretación bíblica; y ha tendido a apreciar la respuesta final a menudo al descuido del debate del cual surgió.

En la erudición bíblica contemporánea, el análisis ético de textos por lo general incluye un esfuerzo de mostrar cómo las normas expresadas en el texto encajan en los sistemas éticos, explícitos o implícitos, de la cultura en la cual el texto fue escrito. La importancia para la ética moderna puede ser buscada entonces en una comparación dinámica de textos y contextos. Tales comparaciones pueden dar resultados extensamente divergentes, que van desde una crítica negativa del texto bíblico como el representante de una norma cultural opresiva (así, p. ej., en hermenéuticas feministas o algunas liberacionistas) a la reclamación o reutilización de un texto para dar nueva dirección en circunstancias cambiadas.

Bibliografía. L. W. Countryman, *Dirt, Greed, and Sex* (Filadelfia, 1988); T. W. Ogletree, *The Use of the Bible in Christian Ethics* (Filadelfia, 1983); W. Schrage, *The Ethics of the New Testament* (Filadelfia, 1988); W. C. Spohn, *What Are They Saying about Scripture and Ethics?* ed. revisada (Nueva York, 1995); P. Trible, *God and the Rhetoric of Sexuality.* OBT 2 (Filadelfia, 1978); A. Verhey, *The Great Reversal* (Grand Rapids, 1984).

L. William Countryman

ETÍOPE

Etíope clásico (Geʿez), el miembro atestiguado más antiguo del etíope semítico, una familia de aproximadamente una docena de lenguas semíticas habladas en Eritrea y las tierras altas etíopes. El etíope semítico probablemente se deriva de una o varias formas del semítico sur traído de Yemen, probablemente en la primera mitad del primer milenio a.C. Una colonia del sur de Arabia no lejos de la capital Aksum etíope posterior ha sido paleográficamente fechada a c. 500 por antiguas inscripciones monumentales árabes del sur del tipo sabeo.

El etíope clásico desapareció como un lenguaje hablado probablemente algún tiempo antes del siglo X d.C. Sin embargo, sigue hoy como la lengua litúrgica de la Iglesia Ortodoxa etíope, y era el único lenguaje escrito oficial de Etiopía hasta prácticamente el final del siglo XIX.

La atestiguación más antigua del etíope clásico es una recopilación de aproximadamente una docena de inscripciones reales en etíope (más seis en griego), la más importante de un rey llamado Ezana (quizás mediados del siglo IV). Seis de los inscripciones de Geʿez son escritos en el antiguo alfabeto del sur de Arabia, dos en el etíope no vocalizado, y cuatro en la atestiguación más antigua de la escritura etíope vocalizada. Las inscripciones más antiguas de Ezana son paganas, mientras las pocas últimas dan testimonio de la introducción del monoteísmo (probablemente cristiano) a la corte en Aksum.

Después de Ezana el núcleo más antiguo de la literatura etíope gradualmente tomó forma en las traducciones del griego (por su parte a veces una interpretación del hebreo o arameo). Esta literatura, conservada y reproducida en iglesias y monasterios durante una larga «edad oscura» cuando el ascenso del Islam en Arabia y el área del Mar Rojo con eficacia cortó a Etiopía del resto del mundo cristiano del cercano oriente, incluye una traducción etíope de la Biblia y libros apócrifos acompañantes (en particular una versión larga, completa de Enoc), muchos textos litúrgicos, algunas vidas de santos, algunos fragmentos patrísticos (unos cuantos no atestiguados en ninguna otra parte), y una versión de las Reglas monásticas de Pacomio.

C. 1000 Etiopía restableció el contacto con Egipto. Un metropolitano *(abuna)* para la iglesia etíope fue enviado con regularidad por el patriarca de Alejandría, y se produjo un nuevo florecimiento de la literatura eclesiástica de todos los géneros (la mayoría de ella traducida del árabe, la que a su vez era traducida del griego, copto, siríaco, u otras fuentes). Además, una literatura cortesana original secular surgió en la forma de crónicas reales, textos legales, hasta una especie de epopeya nacional (*Kĕbrä Nägäst,* «la gloria de reyes», una elaboración de la leyenda de Salomón y Sabá). Una literatura mágica más popular también tomó forma, centrada alrededor de la producción de amuletos y «rollos mágicos». La producción de este, y algunos géneros de himnos, han seguido en el siglo presente.

Bibliografía. A. Dillmann, *Ethiopic Grammar,* segunda edición (1907, reimpreso Amsterdam, 1974); T. O. Lambdin, *Introduction to Classical Ethiopic (Geʿez).* HSS 24 (Missoula, 1978); W. Leslau, *Comparative Dictionary of Geʿez* (Wiesbaden, 1987).

Gene B. Gragg

ETIOPÍA (Gr. *Aithiopia*)
La región antigua al sur de Egipto y que abarca toda el área de Sudán moderno. El punto más al norte estaba cerca de la ciudad egipcia de Syene (Asuán), en la primera catarata del río Nilo (Ez 29.10; Heb. *kûš*). Sus límites meridionales se extendieron a las modernas Etiopía y Eritrea. Al occidente Etiopía fue limitada por el enorme desierto. En sus primeros días Etiopía también abarcó regiones al este del Mar Rojo, e incluyó un poco del territorio representado hoy por Arabia Saudita y Yemen (Homero *Od.* 1.22-23; Strabo *Geog.* 1.2.28; 2.3.8; Esquilo *Supp.* 284-86). Mientras que los límites precisos de la antigua Etiopía están en disputa, se acuerda generalmente que después de Herodoto y a través de la época del NT Etiopía se refería al territorio directamente al sur de Egipto y lindando con la Cisjordania del Mar Rojo.

La Biblia a menudo menciona Etiopía junto con sus vecinos más cercanos, Egipto (Sal 68.31 [TM 32]; Is 20.3-5; Ez 30.4, 5; Dn 11.43; Nah 3.9) y Libia (2 Cr 16.8; Ez 30.5; 38.5; Dn 11.43; Nah 3.9). También se hace referencia a los ríos de Etiopía (Is 18.1; Sof 3.10), que son comúnmente aceptados como el Blanco y el Nilo azul junto con el Atbara. Etiopía era rica en recursos naturales, y conocida por su riqueza y comercio (Job 28.19; Is 43.3; 45.14; Dn 11.43; Diodoro Sículo *Hist.* El 3.11.12).

La raíz etimológica del gr. *Aithiopia*, «cara quemada», describe la pigmentación de las personas a quienes se les llamó etíopes. Por consiguiente, no sólo Etiopía se refiere a un territorio geográfico, pero también indica pertenencia étnica (Jer 13.23). Los historiadores en el mundo grecorromano creyeron que los etíopes eran los primeros seres humanos en la tierra (Diodoro 3.2.1-3). Había muchos subgrupos entre los etíopes, cada uno con características culturales y físicas distintas (cp. Herodoto *Hist.* 7.70). Los antiguos relataron que las personas más altas, más apuestas y más veloces de la humanidad podrían ser encontradas entre ellos (cp. Is 18.2; Herodoto 3.20; 4.183). Hubo interacción importante entre Etiopía y otras culturas antiguas, y los etíopes podrían ser encontrados en toda Europa y Asia. Otros grupos étnicos también podrían ser encontrados viviendo en Etiopía, y la influencia cultural es evidenciada por el hecho de que muchos habitantes de Etiopía abrazaron la religión de Israel (Sal 87.4; Is 11.11; Hch 8.27).

La Biblia identifica a Cus, el hijo de Cam, como el padre de los etíopes (Gn 10.6). La mayoría de la historia de Etiopía se entrelaza con la de Egipto. La influencia etíope era evidente en Egipto desde la Edad Protodinástica (c. 2900 a.C.). Etiopía fue finalmente conquistada por los reyes egipcios de la décimo segunda Dinastía, pero recobró su independencia durante el Segundo Período Intermedio (c. 1780-1550). Después de su independencia, Etiopía estableció su capital en Napata, cerca de la cuarta catarata del Nilo.

Egipto logró recobrar el control de Etiopía durante el Nuevo Reino (1500-1070). El grado del control de Egipto sobre Etiopía durante esta era es cuestionable, en particular a la luz del registro bíblico de la derrota del rey Asa de un ejército etíope independiente (2 Cr 14.9-15 [8-14]). Bajo el mando militar de Piankhy y Shabako, Etiopía dominó Egipto e inició la vigésimo quinta Dinastía (etíope) (c. 715-663). Tajarqa (Tirhaca), el rey más conocido de la dinastía etíope, era un aliado del rey Ezequías de Judá en la guerra contra Senaquerib y los asirios en 701 (2 R 19.9; Is 37.9). En realidad, fueron los asirios los responsables de la eventual desaparición de la dinastía etíope después del saqueo de Tebas en 664.

El reino etíope disminuido estableció su asiento del poder en Meroe, e inició una dinastía que iba a durar hasta la era bizantina temprana (c. 350 d.C.). Si bien algunas provincias pueden haber sido brevemente sometidas por Persia (Est 1.1; 8.9; Ad Est 13.1; 16.1), para la mayor parte de esta era Etiopía mantuvo su independencia. Durante la época del NT, Etiopía merótica fue gobernada por una serie de reinas (Candaces). Para el siglo I d.C. la prominencia de Meroe fue compartida por Aksum, que se había convertido en el centro comercial principal en Etiopía con su propia dinastía prestigiosa. Varios de los reyes aksumitas fueron cristianos.

Etiopía es presentada en varias profecías bíblicas. Isaías habla del juicio que debe venir a Etiopía para su buena voluntad de asistir al Israel rebelde (Is 20.3-4). Ezequiel profetiza el destino sobre Etiopía, que junto con Egipto está destinada a recibir castigo de Babilonia (Ez 30.4, 5, 9); él además nombra a Etiopía entre los aliados del derrotado Gog (38.5). Sofonías también anuncia la destrucción sobre Etiopía por su arrogancia (Sof 2.12). Pero el juicio de Etiopía no es diferente que el de Israel (Am 9.7). En realidad, la conversión de Etiopía permitirá que ella comparta las bendiciones de Israel (Sal 68.31 [32]; Is 45.14; Sof 3.9-10).

Varias personalidades bíblicas son identificadas como etíopes: Séfora, la esposa de Moisés (Nm 12.1; ya que ella residió en Madián [Ex 2.21], «etíope» tal vez sea una alusión a su pertenencia étnica); Cusi, el mensajero del ejército israelita que trajo la noticia de la muerte de Absalón a David (2 S 18.21-23, 31-32); la reina de Sabá (1 R 10.1-10), también conocida como la reina del Sur (Mt 12.42; Lc 11.31; la Kĕbrä Nägäst [«la gloria de los reyes»], que según se afirma contiene las crónicas reales de la monarquía etíope, registra una línea ininterrumpida de gobernantes que se originan con Menelek I, el hijo legendario de Salomón y la reina de Sabá); Zera, el rey etíope que fue derrotado por el rey Asa de Judá (2 Cr 14.9); Tirhaca, el rey etíope que ayudó a Ezequías contra Asiria (Is 37.9); el profeta Sofonías (Sof 1.1); Ebed-melec, el funcionario de la corte que rescató a Jeremías (Jer 38.7-13; 39.15-17); Amantitere, la reina merótica que llevó el título *Kandake* (Hch 8.27); el eunuco, un representante oficial de Candace, que también era un judío practicante y el primer cristiano etíope de quien se tenga registro (Hch 8.27-40).

Bibliografía. E. A.W. Budge, *A History of Ethiopia, Nubia, and Abyssinia* (1928, reimpreso Oosterhout, 1970); C. H. Felder, *Troubling Biblical Waters* (Maryknoll, 1989); A. H. M. Jones, *A History of Ethiopia* (Oxford, 1955); H. G.Marcus, *A History of Ethiopia* (Berkeley, 1994); F. M. Snowden, *Blacks in Antiquity* (Cambridge, Mass., 1970); E. Ullendorff, *The Ethiopians,* tercera edición (Oxford, 1973).

KEITH A. BURTON

ETNÁN (Heb. *'etnān*)
Descendiente de Judá, el hijo menor de Asur y Hela (1 Cr 4.7). El nombre puede representar una unidad social de Itnán, localizada en el Neguev de Judá (Jos 15.23).

ETNARCA (Gr. *ethnárchēs*)
Un título político (lit., «jefe del pueblo») más comúnmente denominando a un monarca dependiente (1 Mac 14.47; 15.1-2) o al líder de la comunidad judía semiautónoma en Alejandría (Josefo *Ant.* 14.7.2). Se han propuesto significados adicionales para el etnarca sin nombre bajo el rey Aretas en Damasco (2 Co 11.32): gobernador de ciudad, jeque tribal, cónsul étnico, y líder militar tribal. A pesar de que no hay evidencia externa para el control de Aretas IV de Damasco, la mayoría de los eruditos aceptan el relato de Pablo y sugieren que Aretas recibió Damasco como un beneficio de Gayo en 37 d.C. o que Aretas brevemente tomó el control de Damasco después de derrotar a Herodes Antipas en 36. Una minoría entiende la etnarca y la jurisdicción de Aretas como fuera de Damasco y así liberado de la carga de afirmar el control nebateo de la ciudad. Este incidente puede proporcionar un punto fijo dentro de la cronología paulina colocando la misión árabe de Pablo (Gá 1.7) entre 36 y la muerte de Aretas en 39/40. Sin embargo, la fiabilidad histórica de 2 Corintios 11.32-33 es desafiada por su identificación como una glosa textual y por las semejanzas de la narrativa a Josué 2.

Bibliografía. J. Taylor, « The Ethnarch of King Aretas at Damascus: A Note on 2 Cor 11,32-33», *RB* 99 (1992): 719-28.

JENNIFER K. BERENSON MACLEAN

ETNI (Heb. *'etnî*) (también JEATRAI)
Un levita de la rama gersonita, el hijo de Zera y antepasado de Asaf el cantante (1 Cr 6.41 [TM 26]). En 1 Crónicas 6.21 [6] se le llama Jeatrai.

EUBULO (Gr. *Eúboulos*)
Un cristiano, probablemente encarcelado con Pablo en Roma, que también envió saludos a Timoteo (2 Ti 4.21).

EUCARISTÍA
El rito de la Sagrada Comunión o la Cena del Señor (Gr. *eucharistía,* «acción de gracias»). Entre las evidencias más antiguas para este nombre, que no ocurre en el NT, están las referencias en la *Didajé* (9.1), Ignacio de Antioquía (*Fld.* 4), y Justino Mártir (*Apol.* 1.66).
Véase La Cena del Señor.

ÉUFRATES (Gr. *Euphrátēs*)
El río más largo y más importante del suroeste de Asia. Las aguas del Éufrates alimentaron culturas importantes de Mesopotamia incluyendo la sumeria, acadia y babilonia. Posiblemente ningún río fue más importante para el desarrollo temprano de la civilización urbana.

El Éufrates comienza en Turquía oriental cerca del Lago Van. Dos corrientes, Kara Su y Murat Su, se unen cerca de Malatya para formar el Éufrates. El río desciende hacia el sur por c. 400 km (250 mi) y entra en la llanura siria cerca de Carquemis. Cerca del antiguo Emar el Éufrates dobla bruscamente al sureste. Dos tributarios principales, los ríos Balik y Ḫabur, se unen al Éufrates antes de llegar a la llanura de Mesopotamia sujeta a inundaciones cerca de la moderna Hit en Irak. El Éufrates exhibe un curso cuasi anatómico a lo largo de la llanura, aluvial; el río sigue canales múltiples que se separan y vuelven a juntar en un modelo intrincado que, correctamente utilizado, proporcionó posibilidades de riego adecuadas en una región donde la precipitación era insuficiente para apoyar la agricultura. Los cursos de ondulaciones del bajo Éufrates han cambiado periódicamente. En el mundo antiguo las dos ramas principales del bajo Éufrates pasaron Sippar, Babilonia, Uruk, Nippur, Kish y Ur. Hoy varios de estos sitios están en el desierto como las dos ramas principales del Éufrates (el Shaṭṭ al-Hindiyah y Shaṭṭ al-Ḥillah) cambiaron al este. El Éufrates y el Tigris se unen en el sur para formar el Shaṭṭ al -ʿArab, un canal que desemboca en el Golfo Pérsico. Los pantanos, las lagunas poco profundas, y los canales de agua predominan en la parte sur del delta formado por el Tigris y el Éufrates.

La vida en Mesopotamia central y del sur dependió de la irrigación proporcionada por el Éufrates. El Éufrates, junto con el Tigris, se inundaba cada año desde finales de marzo a junio. A diferencia del Nilo, la inundación era imprevisible, a veces causando la destrucción de cosechas y ciudades, y en otras ocasiones siendo insuficiente para propósitos de riego. También, el tiempo de la inundación era menos conveniente para la producción de cosecha.

Algunos eruditos creen que este fenómeno explica en parte un pesimismo básico que subyace en la cosmovisión de Mesopotamia. La salinización del suelo también era un problema para el agricultor de Mesopotamia. Como el Éufrates aumenta poco a poco sobre la llanura circundante y el agua se desbordó sobre los diques, por algún tiempo las sales se acumulaban en el suelo. Los agricultores se adaptaron utilizando cosechas tolerantes a la sal, sobre todo la cebada.

Los escritores bíblicos llaman o aluden al Éufrates con una frecuencia excedida sólo por referencias a los ríos de Nilo y Jordán. El Éufrates (Heb. *pĕrat*; cp. acadio *Purattu*) primero aparece como uno de los cuatro ríos asociados con el Edén (Gn 2.14). Los antepasados de Israel vinieron «de más allá del Éufrates» (Jos 24.2), una referencia a la región de Harán de donde Abraham emigró. El Éufrates aparece en descripciones de la tierra prometida a Abraham y sus descendientes (Gn 15.18; Dt 1.7; 11.24; Jos 1.4). El adivino Balaam vino de Betor en el Éufrates (Nm 22.5). David entabló combate con Hadad-ezer, rey de Hamat, cuando él amplió su alcance militar al río Éufrates (2 S 8.3). Más tarde, Josías murió a manos de Necao II cuando éste reforzaba la posición egipcia en Carquemis en el Éufrates contra la amenaza caldeo-babilonia emergente (2 R 23.29). Como el Éufrates era el límite natural que separa el Levante de Mesopotamia, los profetas se refirieron al Éufrates cuando ellos advirtieron a Israel y Judá de juicios inminentes ejecutados por Asiria y Babilonia (Is 7.20; 27.12; Jer 13.4-7; 46.2-10). En el período persa Judá era parte de la quinta satrapía «más allá del río», la tierra al oeste de la gran curva del Éufrates (Esd 4.10-11; 5.3; 6.6; Neh 2.7). En el NT el Éufrates es el entorno para acontecimientos apocalípticos (Ap 9.14; 16.12).

Bibliografía. R. McC. Adams, *Heartland of Cities* (Chicago, 1981); S. W. Cole, «Marsh Formation in the Borsippa Region and the Course of the Lower Euphrates», *JNES* 53 (1994): 81-109; J. Zarins, «The Early Settlement of Southern Mesopotamia», *JAOS* 112 (1992): 55-77.

THOMAS V. BRISCO

EUMENES (Gr. *Eumenēs*)

Eumenes II, rey atálida que gobernó en Pérgamo (197-159 a.C.). Él adquirió partes importantes del Asia Menor seléucida de los romanos después de su derrota del jefe Seléucida Antíoco III en la batalla de Magnesia en 190 (1 Mac 8.8). Su alianza con Roma creó tensión entre Pérgamo y sus vecinos. Eumenes probablemente adquirió el título «Soter» en 184 después de la victoria sobre la vecina Bitinia. Él ganó el control pleno de Galacia en 180/79 después de derrotar Ponto. Permaneciendo preocupado por la política seléucida, él ayudó a Antíoco IV a recobrar el trono seléucida inmediatamente después de la liberación de Antíoco del exilio en Roma (175/4).

RODNEY A. WERLINE

EUNICE (Gr. *Euníkē*)

Una residente de Listra (cp. Hechos 14) y «una creyente» (16.1); la madre de Timoteo. Alabada por tener fe (2 Ti 1.5), probablemente ella era la persona que enseñó a Timoteo las Escrituras de niño (3.15). Algunos eruditos sienten que Eunice era poco estricta en su judaísmo (se casó con «un griego» [gentil] y el hecho de que Timoteo no fue circuncidado).

ERIC F. MASON

EUNUCO
Típicamente un funcionario castrado en las cortes reales del antiguo Israel y reinos circundantes quien es apropiado para servir a la reina (2 R 9.30-32; Est 4.4-5; Hch 8.27) o el harén del rey (Est 2.14-15). El término (Heb. *sārîs*) también puede aplicarse a un funcionario casado (p. ej., Potifar; Gn 39.1).

A pesar de la posición política alta disfrutada por algunos eunucos, su daño peculiar por lo general los colocaba entre los miembros más desdeñados y estigmatizados de la sociedad. En una cultura patriarcal donde el honor estaba ligado a la dominación masculina, el eunuco afeminado, impotente fue visto con vergüenza y como un desviado social amenazante (Luciano *Eunuch* 6-11; cp. Josefo *Ant.* 4.190-91). En el mundo judío el estado alienado del eunuco estaba compuesto por su falta de plenitud (santidad) e inhabilidad de perpetuar la línea de pacto por circuncisión y procreación. La ley bíblica excluyó a hombres con genitales dañados de la comunidad del pacto (Dt 23.1) y el sacerdocio santo (Lv 21.17-21; cp. Filón *Spec. leg.* 1.324-25).

Otras tradiciones, sin embargo, ofrecen un lugar favorecido para eunucos piadosos dentro de la casa del Señor (Is 56.3-8; Sab 3.14-15). En el NT un eunuco prominente, temeroso de Dios (Gr. *eunoúchos*) de Etiopía es bautizado por Felipe el evangelista (Hch 8.26-40). La declaración única de Jesús acerca de aquellos que se hacen eunucos «por causa del reino de los cielos» (Mt 19.12) representa una metáfora para la disciplina del celibato, reflejando un voto de toda la vida o un compromiso de no volver a casarse después de divorciarse de una esposa infiel (cp. vv. 3-12).

F. Scott Spencer

EUNUCO ETÍOPE
Un superintendente de la tesorería de la reina etíope (Candace) que simpatizaba con los judíos que recibió la instrucción y el bautismo de Felipe a través de una ruta del desierto de Jerusalén a Gaza (Hch 8.26-39). Su devoción al judaísmo es evidente en su peregrinación a Jerusalén y su lectura de una copia personal del rollo de Isaías (Hch 8.27-31). Es improbable, sin embargo, que él fuera un prosélito o adherente bienvenido al judaísmo. Aunque un funcionario rico y prominente, como eunuco él era defectuoso y contaminado según la ley judía tradicional, para siempre excluido de la comunidad de pacto (cp. Lv 21.18-21; Dt 23.1; Josefo *Ant.* 4.290-91; Filón *Spec. leg.*1.324-25). Este estado marginal es sugerido en la pregunta del eunuco acerca de lo que podría «impedir» su bautismo (Hch 8.36). El enfoque en el potencial «generativo» de la figura esquilada y avergonzada de Isaías 53.7-8, a quien Felipe implícitamente identifica con Jesús crucificado y resucitado (Hch 8.32-35), parece en particular relevante para el estado físico y posición social del eunuco.
La evangelización del eunuco etíope realiza la visión global de un texto de Isaías (Is 56.3-8, aunque el eunuco extranjero en Hechos sea aceptado alejándose de la ciudad santa, no dirigiéndose hacia ella,) y la misión expansiva proyectada en Hechos 1.8 «hasta lo último de la tierra». Este incidente también crea el marco idóneo para el alcance a Cornelio, otro gentil temeroso de Dios (Hch 10–11).
Bibliografía. F. S. Spencer, «The Ethiopian Eunuch and His Bible», *BTB* 22 (1992): 155-65; *The Portrait of Philip in Acts.* JSNTSup 67 (Sheffield, 1992), cap. 4.

F. Scott Spencer

EURICLIDÓN
Euraquilo (Gr. *eurakýlōn*, palabra compuesta que significa «viento del norte y el este»), la violenta tormenta que dio contra la nave que transportaba a Pablo y a otros prisioneros cerca de Creta, desviándola de su curso (Hch 27.14). El Euriclidón, llamado así por los grandes sistemas de tormenta que pueden desarrollarse durante el invierno, es una gran preocupación para los marineros del Mar Mediterráneo. Típicamente, estas tormentas soplan desde el norte-noreste (60° al N del este), y eran la razón por la que navegación cesaba prácticamente en el mundo romano entre noviembre y febrero. El gran peligro era que el viento o bien volcaba los lanchones grandes, o bien desviaba a los navíos lanzándolos a la Sirte, las arenas movedizas de la costa libia. Estos vientos se conocen hoy como gregales.

Dennis M. Swanson

EUSEBIO (Gr. *Eusébios*)
Obispo de Cesarea y «Padre de la historia de la iglesia» (c. 260-aprox. 339 d.C.). Eusebio nació en Palestina y pasó la mayor parte de su vida allí. Cuando era joven él llegó a ser un estudiante de Panfilio, un maestro cristiano famoso; él adoptó el nombre Eusebio de Panfilio después del martirio de su consejero en 310. Eusebio mismo fue encarcelado en Egipto durante los últimos años de persecución.

Poco después de que la Gran Persecución terminara (313) él fue elegido obispo de Cesarea, donde él sirvió hasta su muerte. La contribución más duradera de Eusebio es su *Historia Eclesiástica (Historia de la iglesia),* una historia de la Iglesia a c. 323. Aquí Eusebio demostró una preocupación por las fuentes originales prácticamente sin precedentes en historias antiguas; su investigación y citas extensas conservan una riqueza de la documentación de la iglesia primitiva que de otra manera se hubiese perdido para la Iglesia. Además de la *HE,* Eusebio escribió más de 40 obras en áreas tan diversas como apologética, teología, exégesis, crítica del evangelio, geografía bíblica, biografía, cronología, y martirologio.

La contribución de Eusebio a la Iglesia fue más que literaria. Él también fue una figura principal en las controversias teológicas y la política eclesiástica de su día. Como el consejero teológico principal de Constantino, Eusebio ayudó a formar el concepto Constantiniano de un imperio cristiano. Él contribuyó decisivamente en alcanzar el consenso en el Concilio de Nicea y estuvo activo en los concilios de la iglesia hasta su muerte.

Bibliografía. T. D. Barnes, *Constantine and Eusebius* (Cambridge, Mass., 1981); R. M Grant, *Eusebius as Church Historian* (Oxford, 1980); D. S. Wallace-Hadrill, *Eusebius of Caesarea* (Londres, 1960).

CHARLES GUTH

EUTICO (Gr. *Eútychos*)

Un joven de Troas que se cayó desde dos pisos de su asiento junto a la ventana cuando él se durmió durante uno de los discursos largos de Pablo (Hch 20.9). Lucas registra que Eutico «fue levantado muerto», pero Pablo revivió al joven (Hch 20.10-12).

EVA (Heb. *ḥawwâ*)

AT

La primera mujer, según el relato de la creación de Génesis 2.4b-3.24 . Como Adán fue formado para remediar la infertilidad de la tierra (Gn 2.5), así Eva fue creada en respuesta a la necesidad de Adán (quizás también su infertilidad; v. 18). Jehová por lo tanto empieza a crear para el hombre un *ʿēzer kĕnegdô,* «un ayudante equivalente a él». Heb. *ʿēzer* no lleva las alusiones de subordinación asociada con el español «ayudante». Más bien, un *ʿēzer* es alguien *capaz* de ayudar, y en la mayoría de los casos la palabra describe a Dios (Ex 18.4; Dt 33.26; Sal 146.5; Os 13.9). La mujer, sin embargo, no es el superior del hombre; se dice de modo explícito que ella *equivale* a él.

A diferencia de los animales o Adán mismo, la mujer no es formada de la tierra, pero construida de una costilla quitada del costado de Adán. La palabra «mujer», recibe una etimología pícara en el texto; ella es «la hembra» porque ella es «del hombre» (*ʾiššâ* de *ʾîš; Gn 2.23*). El hombre con júbilo recibe a esta compañera, y anuncia que un hombre dejará ahora a sus padres para «adherirse» a una mujer cuando los dos se hacen una carne, aparentemente celebrando un final a la esterilidad del hombre así como a su soledad.

La mujer es abordada en Génesis 3.1 por la serpiente y, como ella dice, es «engañada» para comer del fruto prohibido. Al contrario de la tradición popular, ella no seduce entonces a su marido para que coma; ella «dio también a su marido, el cual comió así como ella» (Gn 3.6), y quien era al parecer parte de todo el intercambio entre la mujer y la serpiente. La mujer es castigada entonces tanto con los dolores del parto que ponen en riesgo la vida como con la subordinación a su compañero (Gn 3.16). Sólo ahora Adán toma la autoridad para llamar a la mujer Eva *(ḥawwâ),* celebrando su papel como «madre de todos los vivientes» *(ḥay).* Se ha propuesto una conexión entre el nombre *Ḥawwâ* y el aram. *ḥewyā,* «serpiente», pero la relación es incierta.

En Génesis 4.1 Eva da a luz a su primer hijo, Caín, exclamando, «¡hice a un hombre!» Curiosamente, después de los nacimientos posteriors de Abel y Set Eva no vuelve a ser mencionada en el AT. La figura de Eva es ambigua. Su estado como «madre de todos los vivientes» sugiere una afinidad con las diosas madres del antiguo Cercano Oriente, pero la narrativa bíblica deliberadamente consigna la progenitora universal al estado mortal.

Escritos intertestamentarios y el NT

Eva se menciona en varios escritos del período intertestamentario, durante el cual la tradición desarrolla que Eva (o hasta «mujer») es responsable de introducir tanto el pecado como la muerte a la humanidad: «de una mujer el pecado tuvo su principio; y debido a ella morimos» (Sir 25.24; cp. 2 En 30.17; Apoc Mos 7.1; 21). Para el período del NT Pablo es así capaz de citar a Eva (2 Co 11.3) como el ejemplo de susceptibilidad al engaño y hasta de seducción sexual. En 1 Timoteo 2.12-15 Eva («la mujer») aparece como el prototipo cuyo castigo ahora cae sobre todas las mujeres. El autor discute (como Génesis 2 no lo hace) que la creación previa de Adán establece su autoridad sobre Eva (Gr. *prṓtos,* «primero», es tomado para designar tanto la creación previa como el primer estado). Además, porque Eva fue engañada por la serpiente (y probablemente pasó las palabras de la serpiente a Adán; cp. Gn 3.17 en que Adán «escuchó la voz» de su mujer) ella es una autoridad poco fidedigna; las mujeres no deben enseñar a los hombres en la iglesia, pero deben guardar silencio. La enseñanza sobre engendrar hijos en 1 Timoteo 2.15 es notoriamente difícil. El pasaje, que parece afirmar que las mujeres modernas ganan la salvación por la maternidad, puede referirse en cambio a la oración de Eva de dolores de parto que ponen en riesgo la vida (Gn 3.16). Si la traducción antigua, «ella pasará sin peligro por el parto», se adopta, entonces el autor sigue el paralelo entre Eva y las mujeres modernas: el castigo de Eva del parto difícil y peligroso puede ser mitigado para mujeres que conducen vidas piadosas. La premisa subyacente de que las acciones femeninas debieran ser estrictamente reguladas tanto como el castigo por así como la salvaguardia contra las acciones de Eva es asombrosa, tanto más dado el uso contrastante de Adán como el tipo redimido de Cristo en Romanos 5; 1 Corintios 15. Eva está prácticamente ausente de los Evangelios; la única referencia, indirecta a Adán y Eva es el dicho de Jesús sobre el divorcio registrado en Mateo. 19.4-6 = Marcos 10.6-9. Como el hombre y la mujer «llegan a ser una carne» en el matrimonio, el divorcio es prohibido.

Las tradiciones posteriores

Eva aparece de manera prominente en textos judíos y cristianos tempranos, como la primera pareja cada vez más toman el papel (un papel curiosamente ausente del AT) de paradigma para la condición humana. En textos rabínicos Eva es generalmente citada como el origen de varios rasgos femeninos que los rabinos encontraron peculiares o desagradables. Así, la creación de Eva de un hueso explica implacabilidad femenina, ya que los huesos no son fácilmente ablandados, etcétera (*Gn. Rab.* 17.8). Los intérpretes alegóricos, como Filón, proyectan a Eva como el lado «sensual »de la naturaleza humana, que es corrompida por el placer (la serpiente) en el engaño de la voluntad (Adán) en el pecado. Esta oposición entre Adán como la mente o voluntad y Eva como el cuerpo o la sensación anticipa la interpretación de autores cristianos posteriores que afirmaron que el conocimiento ganado por Adán y Eva era el conocimiento expresamente carnal, que resulta de la seducción de Eva de Adán. En el Corán la esposa de Adán no es nombrada, aunque ella sea conocida como Ḥawwā' en la tradición posterior. La mujer y el hombre no actúan de forma independiente el uno del otro en este relato; los dos afrontan la tentación, comen la fruta, y son castigados como un par (especie humana), más bien que como individuos (Corán *Sura* 7.19-25). Además de varias tradiciones que condenan a Eva, ya en el siglo II d.C., Ireneo postuló a Eva como el tipo de María, que permite una posibilidad de redención para Eva paralelo al provisto para Adán por Cristo.

Bibliografía. J. Galambush, «*'ādām* from *'adāmâ* and *'iššâ* from *'îš:* Derivation and Subordination in Genesis 2.4b–3.24», en *History and Interpretation,* editor. M. P. Graham,W. P. Brown, y J. K. Kuan. JSOTSup 173 (Sheffield, 1994), 33-46; J. A. Phillips, *Eve: The History of an Idea* (San Francisco, 1984); P. Trible, *God and the Rhetoric of Sexuality.* OBT 2 (Filadelfia, 1978); H. N. Wallace, *The Eden Narrative.* HSM 32 (Atlanta, 1985).

Julie Galambush

EVANGELIO, BUENAS NUEVAS

Traducción al español del Gr. *evangélion* que, en su sentido más general, en el NT se refiere a la palabra de salvación que se pone a disposición del mundo en y a través de Jesucristo.

Origen del uso

A pesar de la impresionante evidencia lingüística del mundo greco-romano más amplio, así como de la inscripción del calendario de Priene (que data cerca del nacimiento de Jesús) que usa esta terminología para celebrar la «salvación» de Augusto, es incierto que ese uso pueda dar razón de la importancia fundamental del *evangélion* en el NT.

Más bien, la importancia de este uso surge de la percepción de Jesús como el embajador (Heb. *mĕḇaśśēr*) de una nueva era escatológica para Israel. La proclamación de Jesús de que Dios estaba a punto de mostrar su poder salvador ante las naciones al llevar salvación a Sión se basa en la promesa de pasajes como Isaías 52.7-12; 61.1-4. La terminología común hebrea/aramea para esa proclamación del AT es *bĕśōrâ* (= Gr. *evangélion/evangélia,* «evangelio»;

cf. Tg de Is 51.1). Según Mateo 11.2-6 (= Lc 7.18-23) Jesús hace eco de Isaías 61 cuando informa a los discípulos de Juan que es el embajador ungido por Dios para llevar «buenas nuevas» al pobre (cf. Lc 4.14-18). Si se entiende que en la proclamación de Jesús, por palabra y hecho, el cumplimiento de las promesas de Isaías, se estaban llevando a cabo en su ministerio, se puede decir que él proclamó el evangelio.

Mateo y Lucas

Los dos relatos fundamentales de la vida de Jesús hacen eco de esta perspectiva a su manera, respectivamente. En las secciones redaccionales de Mateo (Mt 4.23; 9.35; 24.14) el trabajo de Jesús de enseñar y sanar se fusionan y se describe como una proclamación escatológica del «evangelio del reino» (cf. Mt 26.13). Lucas prefiere la forma del infinitivo *evangelízesthai* (alrededor de 25 veces en Lucas-Hechos); tiene afinidades cercanas con la terminología de la LXX que Lucas imita regularmente.

Para Lucas, de acuerdo con Isaías 40.3-5, Juan el Bautista es el precursor del evangelio (Lc 3.4-6; 16.16). Haciendo eco conscientemente de Isaías 61.1-2; 58.6, la misión de Jesús se ve como un anuncio de «buenas nuevas al pobre» (Lc 4.14-18). El énfasis es que la predicación de Jesús produce un cambio en la condición de Israel. El pobre y el enfermo son vindicados, en tanto que el rico y el orgulloso serán humillados (Lc 7.22; 8.1; 9.6; cf. 14.33; 16.13; 18.24).

Este tema se continúa en Hechos, donde los apóstoles y otros líderes persisten en una proclamación similar. Sin embargo, el enfoque de la proclamación ahora se mueve hacia el mismo Jesús. Como el que fue rechazado por los líderes de Israel, ahora es proclamado (*evangelízesthai*) como el agente de salvación, ya que Dios lo vindicó al resucitarlo de los muertos (Hch 5.42; 8.35; 15.35; 17.18).

Marcos

En lugar de la forma en infinitivo, Marcos usa el sustantivo *evangélion*. Marcos está mucho más cerca de Hechos (y de Pablo) al representar a Jesús tanto como el portador de la salvación como en quien se encuentra la salvación.

Para Marcos, contar la historia de Jesús es proclamar el evangelio. Es por la enseñanza, las obras de sanidad y conducta de Jesús, especialmente en su Pasión, que se muestra el poder salvador de Dios (evangelio). De esta manera, para Marcos el evangelio se prometió por primera vez en Isaías (Mr 1.1-2) pero llegó a materializarse cuando Jesús comenzó a predicar (vv 14-15). Esta predicación del evangelio exigía fe y arrepentimiento (Mr 1.15). Requería de una decisión personal para el discipulado que en Marcos, en contraste con Mateo y Lucas, está vinculada con aceptar el evangelio (Mr 8.35; 10.29). Es esta historia (evangelio) a la que los lectores de Marcos son llamados a ser leales (Mr 14.9) y a anunciarla a toda la creación (13.10; 16.15).

Pablo

La preponderancia de usos de «evangelio» (tanto en infinitivo como en sustantivo) en el NT se encuentra en los escritos paulinos (casi 50 veces en las cartas indisputables). La conexión entre Pablo y la tradición del Evangelio Sinóptico todavía es algo ambigua. Sin embargo, la opinión de que Pablo tomó tanto la terminología como el uso general de «evangelio» de las tradiciones que aprendió de la iglesia helenística es compatible con la evidencia de Hechos.

Sin embargo, como en muchas otras áreas, Pablo colocó su huella única en el concepto. Más claramente que cualquier otro escritor del NT él hace énfasis en que el evangelio es el mensaje de la salvación que se materializó con la muerte, entierro y resurrección del Mesías, Jesús de Nazaret (1 Co 15.1-11; Ro 1.3; 1 Co 1.17). Pero «evangelio» también incluía las afirmaciones doctrinales del mensaje cristiano total, que incluye la esperanza del regreso de Cristo (1 Ts 1.5, 9-10; 2 Ts 1.8; Ro 2.16). En efecto, para Pablo, era un sinónimo de toda la estructura del mensaje cristiano (Ro 1.16).

Pablo insistió en que su llamado como ministro del evangelio llegó directamente como resultado de un encuentro personal con el Cristo resucitado (Ga 1.13-16; 2 Co 4.4-6). A través del mismo poder dado a conocer a él por el Cristo resucitado, en cumplimiento de las promesas del AT de que al final del tiempo los humanos anunciarían al mundo el cumplimiento de las promesas de Dios, Pablo llegó a ser un mensajero del evangelio al actuar como el enviado especial de Dios a los gentiles (Ro 10.13-17; Ga 1.16; Ro 15.15-20). Como palabra escatológica de Dios a las naciones, solamente hay *un* evangelio (Ga 1.6-9). El cumplimiento de lo que fue prometido de antemano a las personalidades del AT (Ro 1.2-3; Ga 3.8) ahora iba a ser recibido como regalo de la gracia de Dios, no bajo la condición de obediencia a la Tora (Ga 2.2-3;5; 2 Co 3.4-18). Para Pablo, de principio a fin, la salvación de una persona depende solamente del evangelio.

Otros usos del NT

Curiosamente, en contraste con Pablo, el término «evangelio» aparece solamente una vez en todo el espectro de los escritos juaninos (Ap 14.6). Aquí funciona como una advertencia solemne a un mundo recalcitrante. Una advertencia similar, se da en 1 Pedro 4.17.

Bibliografía. C. H. Dodd, *The Apostolic Preaching and Its Developments* (Chicago, 1937); P. Stuhlmacher, ed., *The Gospel and the Gospels* (Grand Rapids, 1991).

ALLAN J. MCNICOL

EVANGELIO, EVANGELIOS

Término normal de los cuatro libros del NT que llevan ese nombre: Mateo, Marcos, Lucas y Juan. Los cuatro muestran similitud considerable, a pesar de diferencias (a veces considerables) de contenido. Los cuatro comienzan con la figura de Juan el Bautista, luego dan relatos largos de la vida y enseñanza de Jesús, y llevan a una descripción extensa de su juicio y ejecución; además, los cuatro terminan con algún relato de que su tumba se encuentra vacía (ciertamente en tres de los Evangelios) y de su aparición vivo a sus discípulos después de su muerte. Por lo tanto, en un sentido muy real, es tanto razonable como significativo tratar a estos cuatro libros como un ejemplo de una sola categoría genérica más amplia.

Sin embargo, hay que notar que el uso de la palabra «Evangelio» para referirse a estos libros solamente se establece en la historia cristiana, desde la segunda mitad del siglo II. En el siglo I y en el mismo NT, especialmente en Pablo, «evangelio» se refiere a todo el mensaje cristiano, sobre todo, a la muerte de Jesús y su importancia en el plan salvador de Dios. «Evangelio» para Pablo tiene poco que ver con cualquier enseñanza de Jesús anterior a su resurrección (cf. 1 Co 15.1ss.). Así también, el «evangelio» para Pablo es único: hay, y solamente puede haber, un verdadero evangelio (Ga 1.6-7), ¡no cuatro! No se puede asegurar precisamente cuándo se llevó a cabo el cambio semántico en el significado de la palabra.

No obstante, aunque la terminología y las ideas habían llegado a ser fijas al final del siglo II, para que se considerara que había cuatro, y solamente cuatro Evangelios, la situación fue mucho más fluida a mediados del siglo II. Había muchos otros textos en existencia en esta época, todos afirmaban ser «evangelios», pero eran muy distintos en propósito y estructura a los Evangelios canónicos. Algunos de estos han llegado a estar disponibles en textos descubiertos en Nag Hammadi (otros ya eran conocidos). De esta manera, el Evangelio de Tomás consiste solamente de una cadena de dichos de Jesús. No hay narración, ningún relato de los milagros de Jesús ni otras acciones, ningún relato de su juicio, pasión, muerte ni apariciones después de resucitado. El Evangelio de Verdad, también de Nag Hammadi, es una meditación extendida sobre Dios y el mundo, sin ninguna mención explícita de Jesús en absoluto (aunque los eruditos han detectado alusiones a las tradiciones de Jesús incrustadas en el texto). El Evangelio de María, en contraste, tiene que ver totalmente con conversaciones que el Jesús resucitado tiene con sus discípulos, y no incluye nada de su sufrimiento y muerte, ni nada de su vida antes de la Pasión. Todos estos textos afirman el término «evangelio», ya sea explícita o implícitamente. De esta manera, está claro que antes del final del siglo II el término «evangelio», aun cuando se restringe a referirse a un documento literario (y no a todo el mensaje cristiano), podría referirse a una amplia variedad de textos.

En la mayor parte, los Evangelios proporcionan nuestra fuente principal de cualquier conocimiento acerca de Jesús. El valor de los Evangelios no canónicos en este respecto es probablemente, en su mayor parte, insignificante. En lugar de dar cualquier información del mismo Jesús, estos textos dan testimonio de las ideas de sus escritores y de las comunidades que las preservaron. Muchos son textos gnósticos de un período posterior a la época de Jesús y reflejan ideas gnósticas que se presentan como si Jesús las hubiera dicho.

La única excepción posible podría ser el Evangelio de Tomás. Varios han sostenido vigorosamente que Tomás preserva una línea independiente de la tradición y podría tener material auténtico acerca de Jesús. Otros han sostenido que Tomás, de hecho, presupone los Evangelios terminados de nuestro NT y por lo tanto testifica solamente del desarrollo de la tradición del Evangelio en un período posterior. Ciertamente, parece innegable que en su forma actual el texto de Tomás presuponga los Evangelios canónicos; se discute mucho si también se preservan en Tomás otras tradiciones que podrían ser anteriores.

Si restringimos la atención a los cuatro Evangelios canónicos, inevitablemente surge la pregunta: ¿Qué *clase* de documentos son? ¿A qué categoría literaria o «género» pertenecen?

Hasta el inicio del siglo XX, se asumía que los Evangelios eran, en cierto sentido, «biografías» comparables a obras acerca de Sócrates (por Platón o Jenofonte), de Epicteto (por Arriano) o de Apolonio de Tiana (por Filóstrato). Esto cambió con el trabajo de los críticos de las formas que insistían que los Evangelios eran realmente literatura folclórica, que no debía compararse con obras literarias; los evangelistas eran simplemente narradores populares que no impusieron sus propias ideas en su obra como un todo. De esta manera, Rudolf Bultmann concluyó que los Evangelios no tenían paralelos reales en la literatura antigua: no tenían ninguno de los rasgos característicos de la biografía (nada de la personalidad de Jesús, su desarrollo psicológico, su educación u origen). Los Evangelios, de esta manera, no tenían analogía y eran «*sui generis*».

Esa afirmación es sumamente extraña en términos literarios. Un poco de noción del género de un texto es esencial, si tiene que entenderse en modo alguno; un texto sin analogía sería casi incomprensible. Además, la más bien perspectiva «mala» de que los evangelistas eran (solamente) editores de sus materiales ha sido cuestionada en estudios más recientes de los Evangelios. Ha habido un alejamiento de la antigua perspectiva de la crítica de las formas y un avivamiento de la teoría de que los Evangelios pueden ser vistos (por lo menos en cierto sentido) como «biografías». Esto no significa que sean biografías en un sentido moderno de la palabra. En efecto, no hay nada de la personalidad de Jesús, muy poco de su formación, etc. Aun así, los escritos antiguos que afirman presentar las «vidas» (Gr. *bíoi*) de personas también carecían frecuentemente de algunos de estos rasgos. Al tomar una extensión razonablemente amplia de «vidas» antiguas de personas, se puede demostrar que los Evangelios caen dentro de los parámetros (sin duda alguna bastante amplios) que esas obras dejan entrever. Es probablemente justo decir que, por lo menos en términos de un género relativamente general y amplio, los Evangelios del NT pueden verse como suficientemente similares a algunas «vidas» antiguas o biografías que deben incluirse en esa categoría genérica.

Esa categorización no determina precisamente cómo los Evangelios podrían o deberían interpretarse. Ciertamente, la categoría de «biografía» no necesariamente implica veracidad histórica. Muchas «biografías» no cristianas fueron escritas con un objetivo propio del autor. Así también, como se observa, ahora se acepta que los evangelistas del NT pudieron haber hecho una contribución más importante en la presentación de sus tradiciones, de lo que lo aceptaban los antiguos críticos de las formas.

Pero, como se observó, los Evangelios del NT son virtualmente nuestras únicas fuentes de información de Jesús. ¿Qué tan confiables son en este respecto? Hay que recordar que los evangelistas, todos eran cristianos. (No tenemos registros de Jesús por no cristianos). Como tales, todos creían que Jesús, que había vivido y enseñado en la tierra antes de su crucifixión, de alguna manera Dios lo había resucitado de los muertos y ahora está vivo de una manera nueva, dirigiendo y guiando a su iglesia. El «Jesús de la Historia» se consideraba vivo y que todavía hablaba con sus seguidores; por lo tanto, la enseñanza de Jesús preservada en la tradición no solamente era de una figura pasada: también era la del Señor vivo de la comunidad cristiana. De esta manera, cualquier distinción que uno quisiera hacer entre una situación antes y después de la resurrección, probablemente habría sido irreal para los cristianos del siglo I.

Parece claro que los evangelistas evidentemente se sentían libres de alterar sus tradiciones a veces. Esto puede verse más claramente en el caso de los evangelistas sinópticos, en donde un escritor casi seguramente ha usado uno de los demás Evangelios como fuente (probablemente Mateo y Lucas usaron Marcos), pero donde, en el proceso de utilizar la fuente, se ha ejercido un grado de libertad para cambiar la tradición. Con relación al canon del Evangelio cuádruple, se reconoce ampliamente que no se puede aceptar el relato de Juan y los relatos sinópticos de la enseñanza de Jesús como igualmente auténticos. Muy probablemente hay que ver a Jesús más claramente en el cuadro sinóptico, y el evangelio de Juan representa un reinterpretación y reescritura de la tradición en categorías nuevas, para un contexto distinto. Pero Juan probablemente no es tan cualitativamente distinto de los demás evangelistas, en que los cuatro han impuesto sus propias ideas y creencias acerca de la tradición.

Esto no significa que cualquier búsqueda del Jesús histórico sea imposible. Lejos de eso. El uso cuidadoso de los evangelios puede decir mucho acerca de Jesús. Pero los Evangelios también revelan mucho de los evangelistas y de sus intereses, y si deseamos usar los Evangelios para recuperar información acerca de Jesús, tendremos que estar despiertos a los intereses de los evangelistas de haberle dado forma, quizás importantemente, a la manera en que ahora se cuenta la historia.

En cuanto a que Jesús es una figura única en el mundo antiguo (p.ej., las afirmaciones cristianas de la «resurrección» de Jesús no tienen una analogía real), los relatos de su vida, muerte y resurrección no tienen analogía. Por ejemplo, ningún judío escribió una vida comparable de Johanan ben Zakkai o de Hillel. Pero la naturaleza de los Evangelios del NT, en algún sentido «biografías», deberían alertarnos de las riquezas que contienen y de las complejidades que cualquier interpretación de ellos implica.

Bibliografía. D. E. Aune, *The New Testament in Its Literary Environment* (Philadelphia, 1988); R. A. Burridge, *What Are the Gospels?* SNTSMS 70 (Cambridge, 1992); H. Koester, *Ancient Christian Gospels* (Philadelphia, 1990); C. M. Tuckett, *Reading the New Testament* (Philadelphia, 1987).

EVANGELIOS SINÓPTICOS

Se llama así a tres evangelios (Mateo, Marcos y Lucas) por la relación tan cercana que tienen entre sí, tan cerca que uno puede ubicarlos convenientemente uno al lado del otro y compararlos (gr. *syn*, «con» + *optikóss*, que se refiere a «ver»). Los tres concuerdan extensamente en el orden de los eventos que describen, y tres también es una medida alta de acuerdo verbal en las historias y tradiciones que comparten en común. Este acuerdo de amplio rango ha llevado a la opinión casi universal de que los tres Evangelios se relacionan entre sí a través de una relación literaria: la obra de un evangelista ha sido usada por uno o más de los otros, y/o los evangelistas tuvieron acceso a una (o más de una) fuente común. El problema de determinar la naturaleza precisa de esta relación se conoce como el Problema Sinóptico.

La solución que más ampliamente se sostiene para el Problema Sinóptico actualmente es la así llamada teoría de Dos Fuentes. Esta teoría afirma que Mateo y Lucas usaron el Evangelio de Marcos como fuente. Además, Mateo y Lucas tuvieron acceso a otra colección de material de investigación, que usualmente se conoce como Q. (Sin embargo, hay mucho más desacuerdo en cuanto a la naturaleza precisa de Q).

Esa solución tiene, en términos generales, un amplio apoyo de autoridad. Sin embargo, de ninguna manera se acepta universalmente. Una fuerte perspectiva de la minoría ha seguido defendiendo la teoría (que se asocia, ante todo, con el erudito del siglo XVIII, J. J. Griesbach) de que el evangelio de Marcos fue escrito de último, no primero, usando Mateo y Lucas como fuentes. (William R. Farmer y otros defienden incondicionalmente esta «hipótesis de Griesbach»). Otros también, en tanto que aceptan la teoría de que el Evangelio de Marcos fue una fuente para Mateo y Lucas (la teoría de la «prioridad marcana»), han cuestionado la existencia de la hipotética Q, y sostienen que la dependencia directa de Lucas en Mateo puede explicar de mejor manera los acuerdos entre estos Evangelios (cf. Michael D. Goulder).

El debate actual en cuanto al Problema Sinóptico ha resaltado las debilidades de algunos argumentos, que se usaron en el pasado para establecer y defender la teoría de las Dos Fuentes. Por ejemplo, al simplemente apelar al hecho de que prácticamente todo el Evangelio de Marcos se coteja con Mateo o Lucas, o con ambos, como algunos han hecho para sostener la prioridad marcana, ahora se considera dudoso. En sí mismo no demuestra nada. Sin embargo, los defensores de la teoría de las Dos Fuentes buscarían argumentar aún más que la teoría de la prioridad marcana puede ser más plausible cuando se considera la naturaleza de los contenidos que los tres Evangelios comparten dentro de cada Evangelio. Los paralelos de Mateo y Lucas con Marcos suelen ser más cortos, y tanto Mateo como Lucas tienen mucho más material que Marcos. Si el Evangelio de Marcos fuera el primero, Mateo y Lucas habrían abreviado las historias de Marcos para dejar espacio para otras tradiciones que tenían disponibles. Esto parece ser un posible procedimiento editorial general. La hipótesis de Griesbach tiene que suponer que Marcos omitió partes grandes de Mateo y Lucas, pero que también amplió muy considerablemente el material que sí retuvo. Ese procedimiento redaccional más bien parece menos posible.

Muchos también consideran que la comparación detallada de la redacción de tradiciones individuales se explica muy fácilmente si el Evangelio de Marcos fue primero. La versión de Marcos de la conversión de Pedro en Cesarea de Filipo en Marcos 8.29 es: «Tú eres el Cristo». Esto se coteja en Mateo 16.16 con la expresión más larga: «Tú eres el Cristo, el Hijo del Dios viviente». Si Mateo utilizó a Marcos como fuente, tuvo que haber agregado la referencia extra a Jesús como Hijo de Dios, y esa nota es enteramente característica de la Cristología de Mateo. Si Mateo fue primero, y Marcos utilizó a Mateo, Marcos tuvo que haber omitido esta referencia a Jesús como Hijo de Dios. Dado el interés claro de Marcos en la filiación divina de Dios en otra parte (cf. Mr 1.1; 15.39) esto parece muy difícil de contemplar. Es con base en argumentos como este que se puede desarrollar un caso progresivo y posible para la teoría de la prioridad marcana.

El caso de la existencia de Q es claramente más complejo, aunque lo sea solamente porque la presunta fuente Q ya no existe. La mayoría de eruditos cimentaría el caso de esa fuente en la imposibilidad de que Mateo o Lucas (usualmente Lucas) usara al otro como una fuente directa. Si, p. ej., Lucas usara a Mateo, tuvo que haber cambiado el orden de Mateo drásticamente: aun así parece haberse mantenido de cerca al orden marcano. Además, Lucas parece no conocer las adiciones substanciales de Mateo a Marcos en los pasajes marcanos (cf. Mt 16.17-19). Además, muchos sostendrían que, en el material que tienen en común que no se deriva de Marcos, ni Mateo ni Lucas dan de manera consistente la forma más original de la tradición: a veces Mateo es más original, a veces Lucas (p. ej., las versiones más cortas de Lucas de las Bienaventuranzas en 6.20-23, o el Padre Nuestro en 11.2-4, se consideran como más originales que las versiones más extensas de Mateo). De allí se sostiene que la dependencia directa de un escritor del Evangelio en el otro no es posible y el acuerdo verbal entre los Evangelios se explica con la dependencia común en una fuente de información anterior, Q. Ya sea que Q fuera una fuente única, o un grupo más general de materiales no relacionados, es una interrogante adicional, aunque ha habido un movimiento fuerte, en años recientes, para analizar Q desde el punto de vista de la crítica de la redacción y para tratar de determinar los rasgos teológicos característicos de Q.

El problema sinóptico es importante para el estudio de los Evangelios Sinópticos en varios niveles. Si nuestro interés en los Evangelios está en descubrir información acerca de Jesús, entonces es importante poder identificar las tendencias más antiguas de la tradición, y poder reconocer cuál de las versiones paralelas de los Evangelios es probable que sea la primera y cuál es secundaria. Por supuesto, esto no significa que al aislar las tendencias más antiguas de los Evangelios necesariamente llegaremos a un Jesús puro y sencillo. La crítica de la redacción ha enseñado que todos nuestros Evangelios están influidos por la perspectiva y situación de sus autores, y esto aplica tanto para Marcos (y probablemente para Q, para los que creen en su existencia) como para Mateo y Lucas.

Nuestra comprensión de los evangelistas en sí también depende importantemente del Problema Sinóptico. Una manera de determinar los intereses de los Evangelistas es ver la forma en que utilizan sus fuentes: y por lo tanto, una delineación precisa de las relaciones de fuentes entre los Evangelios es vital para permitir que ese trabajo se lleve a cabo. Seguramente, las distintas soluciones al Problema Sinóptico llevarían más bien a conclusiones distintas en cuanto a las preocupaciones e intereses de los Evangelistas.

En un sentido, tratar a «los» Evangelios Sinópticos como un todo es un anacronismo. Cada Evangelio merece ser tratado por sus propios méritos. Pero un estudio de los tres juntos sí arroja una luz fascinante en las maneras en que las tradiciones acerca de Jesús estaban circulando, y la libertad en que los Evangelistas evidentemente se sintieron, en relación con esas tradiciones, en un período anterior a la canonización y organización de estos libros como «escriturales».

Bibliografía. A. J. Bellinzoin, Jr., ed., *The Two-Source Hypothesis* (Macon, 1985); W. R. Farmer, *The Synoptic Problem* (1964, repr. Macon, 1981); J. A. Fitzmyer, «The Priority of Mark and the 'Q' Source in Luke,» in *Jesus and Man's Hope* (Pittsburgh, 1970), 1:131-70 (repr. in *To Advance the Gospel,* 2nd ed. [Grand Rapids, 1998], 3-40); M. D. Goulder, *Luke: A New Paradigm.* JSNTSup 20 (Sheffield, 1989); C. M. Tuckett, «The Existence of Q,» in *The Gospel Behind the Gospels,* ed. R. A. Piper. NovTSup 75 (Leiden, 1995), 19-47 (repr. in Tuckett, *Q and the History of Early Christianity* [Peabody, 1996], 1-39).

Christopher Tuckett

EVANGELISTA

Uno que proclama «buenas nuevas» (Gr. *euangélion*) o que «predica el evangelio, trae buenas nuevas» *(euangelízō)*. Estos dos términos se derivan de *ángelos*, «mensajero». Hechos 21.8; Efesios 4.11 hablan de un oficio; 2 Timoteo 4.5 indica una actividad actual sobre Timoteo. En estos pasajes, el evangelista *(euangelistḗs)* se distingue del oficio apostólico: el primero entrega el mismo mensaje apostólico, pero sin el mismo nivel de autoridad que éste.

Aunque la palabra acompañante *ángelos* a menudo aparezca en la literatura secular, *euangelistḗs* es muy rara. Es usada en la literatura cristiana exclusivamente para uno que lleva la predicación de buenas nuevas de Jesucristo.

Dale Ellenburg

EVI (Heb. *ʾĕwî*)

Un rey madianita y vasallo del amorreo Sehón. Con otros cuatro reyes madianitas él fue derrotado y asesinado por los hebreos (Nm 31.8; Jos 13.21) después de la apostasía israelita en los llanos de Moab (Nm 25.1-3).

EVIL-MERODAC (Heb. *ʾĕwîl mĕrōdak̲*; acadio *Amel-Marduc*)

Hijo y sucesor de Nabucodonosor II como rey de Babilonia en 562 a.C. Él reinó como el tercer rey de la dinastía caldea durante dos años. A diferencia de Nergal-sarezer y Nabonido, nada se sabe de sus actividades antes de convertirse en rey. Igualmente, ningún texto cuneiforme que detalle alguna campaña militar que el rey puede haber llevado a cabo es conocido aún. En 2 Reyes 25.27-30; Jeremías 52.31 se dice que Evil-merodac había liberado al rey de Judá, Joaquín, de un cautiverio de 37 años y le ha dado una concesión. En efecto, los textos cuneiformes sobreviven raciones detalladas dadas a Joaquín mientras él estaba en Babilonia. Según la *Babylonica* de Beroso Evil-merodac fue víctima de un complot organizado por su cuñado Nergal-sarezer (Acadio *Nergal-šarra-uṣur*). Hasta ahora, ningún texto cuneiforme que confirme esta relación familiar ha sido descubierto, aunque se crea extensamente que el relato es verdad.

El nombre Evil-merodac es prominente tanto en fuentes griegas como en latinas clásicas, así como los comentarios rabínicos. También hay indicaciones en la literatura apocalíptica babilonia y las tablillas de contrato que Nabucodonosor puede haber establecido una corregencia con Evil-merodac antes de su muerte. Beroso afirma que la administración de Evil-merodac era «arbitraria y licenciosa», pero las fuentes rabínicas contradicen esta reclamación. El folklore judío está repleto de historias de problemas que afectan su sucesión al trono, así como su retiro del cuerpo de su padre de su lugar de descanso. Estas historias, sin embargo, pueden ser el resultado de una tentativa de colocar a Evil-merodac en una luz favorable a diferencia de su padre, quien por siempre fue recordado como el arquitecto del cautiverio babilónico y el destructor del templo de Salomón.

Bibliografía. R. H. Sack, *Amel-Marduk—562-560 b. C.* AOAT Sond 4 (Neukirchen-Vluyn, 1972).

Ronald H. Sack

EVODIA (Gr. *Euodía*)

Una mujer cuya disputa con Síntique claramente afectó a toda la congregación de Filipos (Fil 4.2). Pablo fue informado de la disputa mientras estaba en la prisión (cp. 2.25), y él exhorta a las dos mujeres «a ser de un mismo sentir en el Señor» (Fil 4.2; cp. 2.2). Estas mujeres, que habían «luchado al lado» del apóstol «en la obra del evangelio» con Clemente y otros «colaboradores» de Pablo (Fil 4.3; cp. 1.27), claramente tenía posiciones prominentes en esta iglesia, cuyos primeros conversos fueron mujeres (Hch 16.11-15). No hay evidencia alguna, sin embargo, de que ellas eran diaconisas. La naturaleza de su disputa permanece incierta.

James A. Kelhoffer

EXCOMUNIÓN

La exclusión permanente o temporal de un miembro de la iglesia del compañerismo dentro de la comunidad. Esta práctica, expresamente mencionada en el Evangelio de Mateo (Mt 18.15-17) y la correspondencia corintia (1 Co 5.5; 2 Co 2.6), sirve a dos propósitos.

En primer lugar, protege la comunidad de la influencia dañina del pecador (1 Co 5.6-7). En segundo lugar, recuerda al pecador del pecado (2 Co 2.7) con la esperanza de que se arrepienta (7.9) y ocurra la redención. La excomunión nunca es una actividad individual (2 Co 2.6) o condenatoria (v. 8), y no es una retirada de la preocupación por el pecador. Siempre tiene la restauración como su objetivo último.

Aunque el término «excomunión» no aparezca en las Escrituras, el concepto está claramente presente. Mateo instruye a la Iglesia a tratar a miembros impenitentes como «un gentil y un recaudador de impuestos» (Mt 18.17), y Pablo quiere que la parte culpable sea entregada «a Satanás» (1 Co 5.5), es decir, entregado al reino de Satanás, el mundo fuera de la Iglesia.

La disciplina de la iglesia, que termina en la excomunión, sólo debería ser usada para asuntos serios, como pecados sexuales flagrantes (1 Co 5.1), falta de arrepentimiento (Mt 18.15-17), contenciones (Tit 3.10-11), y la propagación de herejía (Ro 16.17). Los pecadores deberían ser tratados con rapidez y seriedad tanto para la salud de la comunidad como para la salud espiritual del ofensor.

Bibliografía. A. Y. Collins, «The Function of 'Excommunication' in Paul», *HTR* 73 (1980): 251-63; V. Taylor, *Forgiveness and Reconciliation, segunda* edición (Londres, 1941).

Samuel Lamerson

EXÉGESIS

La explicación o interpretación crítica de un texto bíblico. El término está etimológicamente relacionado con la palabra griega que significa «dirigir» o «guiar». La historia de la exégesis de la Biblia puede ser remontada a la Biblia misma. En particular, se pueden dar razones de que al menos un poco de la edición de la Biblia comenzó el proceso de exégesis. Algunos eruditos afirman que los títulos de los Salmos están entre las formas más antiguas de exégesis.

Pruebas adicionales para este proceso temprano son textos como Deuteronomio y Crónicas, los cuales parecen reinterpretar y representar el material que conocemos de otras partes de la Biblia. Además, versiones de la Biblia en otras lenguas, y mucho en la Seudepigráfica, puede ser entendido como exegético. Además, la historia de la exégesis siguió en el judaísmo rabínico temprano y en las fuentes cristianas primitivas, y más adelante en la literatura medieval de cada tradición religiosa.

La exégesis moderna, llamada «crítica», comenzó con el entendimiento de que la Biblia podría ser entendida como un producto de su período histórico así como una guía de la vida religiosa. Como resultado, la exégesis moderna tiende a tener como su objetivo la búsqueda de la objetiva realidad que yace detrás del texto. El siglo XX fue testigo de la relativización de muchas de las suposiciones críticas modernas sobre la exégesis, con el resultado de que la exégesis ahora comprende una muy amplia variedad de enfoques a la lectura de la Biblia, muchos de los cuales comparten poco más que el objeto de su investigación.

Larry L. Lyke

EXILIO

El período (c. 587/586-515 a.C.) cuando la mayoría de la población de Judá fue deportada al cautiverio en Babilonia. Nabucodonosor II llegó a ser el príncipe heredero del imperio neobabilonio al tiempo de su victoria dramática sobre las fuerzas egipcias en Carquemis en 605. Después de una tardanza de algunos años, él reanudó su campaña occidental y puso a Jerusalén bajo un breve sitio en marzo 597. Después de instalar a un rey «de su gusto», Nabucodonosor entonces se apoderó de un gran botín y lo llevó a Babilonia. Lo que es más importante, después de que el rey de Judea el joven Joaquín se rindió, varios residentes fueron tomados como exiliados y reubicados en el centro babilónico. La confirmación de estos acontecimientos viene no sólo de inscripciones reales babilónicas, sino también del texto Weidner, un documento cuneiforme que lista raciones entregadas a la casa de Joaquín en el exilio. El padre de Joaquín, Joacim, había sido colocado en el trono en Jerusalén por el faraón egipcio, entonces Nabucodonosor quitó esta línea e instaló a Sedequías (cambiando su nombre de Matanías) como un gobernante cliente. Sin embargo, Sedequías intentó una oferta de apoyo egipcio por la independencia, y Nabucodonosor volvió para hacer frente a la rebelión. Después de un largo sitio, Jerusalén cayó en agosto 587/6. Los dos acontecimientos, la rendición en 597 y la destrucción en 587/6 (y quizás otras campañas insinuadas sólo en Jeremías), incluyeron el exilio de números significativos de prisioneros de guerra que fueron deportados al sur de la cuenca del Tigris-Éufrates.

Es importante comprender el exilio babilónico como la conclusión de un largo proceso histórico. Las campañas destructivas por regímenes de Mesopotamia posiblemente comienzan con la reforma de la estructura militar y política neoasiria del imperio iniciada por Tiglat-pileser III (745-727). La destrucción de Jerusalén y el templo, la caída de Judá, y la deportación de un segmento significativo de la población conquistada deben ser teológica y sociológicamente apreciadas dentro del desarrollo histórico más grande «del imperio mundial» en el Cercano Oriente. La comunidad que entró en el exilio llegó a ser quizás la comunidad judía más importante por la cual la mayoría del AT fue o corregida o escrita. A pesar del significado principal de estos acontecimientos, sin embargo, el exilio babilónico a menudo es subestimado en trabajos históricos estándares.

Los intentos de comprender el impacto del exilio se concentran típicamente en tres clases principales de pruebas:

(1) las estimaciones bíblicas del número de exiliados tomados en la rendición de 597 varían extensamente. 2 Reyes 24.14 enumera a los «guerreros» y «oficiales» (el vago *karîm*) en 10 mil, pero también implica que el número incluye a «artesanos» y «herreros». Sólo los «más pobres de la tierra» fueron dejados, quizás para ser tomado como un comentario cualitativo de la comunidad restante. En 1 Reyes 24.16 se dan números adicionales para «hombres del valor» (7000) y «artesanos y herreros» (1000). Tomando nota de los números redondos y su gran tamaño, muchos eruditos favorecen las cifras bastante inferiores dadas en Jeremías 52.28 como más exactas. ¿Pero sólo son contados hombres? Basadas en varias lecturas de estas cifras, las estimaciones del número actual de exiliados varían de 3000 a más de 30 mil. Incluso los números más altos, sin embargo, son empequeñecidos por la magnitud del tamaño de los más de 3 millones que el imperio neoasirio afirma haber deportado en varias campañas.

Los números de la comunidad listados en la «lista de Golah» de Esdras 2 = Nehemías 7 no se consideran típicamente una medida confiable de la comunidad desterrada, porque este texto tardío probablemente representa un censo temprano de la población dentro de la provincia de «Yehud» bajo el gobierno persa (pos-539).

Los intentos de estimar la población de Jerusalén antes del exilio, para adquirir un poco de perspectiva, también están llenas de dificultades. Las sugerencias van desde aproximadamente 24 mil (estimación de 40-50 personas por dunam) a 250 mil (comparación de Jerusalén a Ebla, 446 personas por dunam). Estas estimaciones varían tan enormemente como para hacer evaluaciones seguras de un impacto cuantitativo sobre las extremas dificultades de Judá. Otros eruditos señalan al estado socioeconómico de los exiliados (probablemente procedentes principalmente del liderazgo, escribas, artesanos, y jefes militares) y así requieren una evaluación cualitativa del impacto del exilio, independientemente de los porcentajes actuales de la población. Sociológicamente más importante es el hecho simple que era claramente un número bastante grande de exiliados por grupos para ser establecidos juntos, así permitiéndoles alguna continuación acertada de vida familiar (cp. los ancianos que se encuentran en la casa de Ezequiel, Ez 8.1, reproduciendo así el papel de liderazgo de ancianos de la comunidad).

El texto no intenta siquiera numerar aquellos asesinados y desterrados en 587/6, en un encuentro horroroso con lo peor de la milicia de Nabucodonosor. El estado de la comunidad dejada es un asunto que genera debate adicional. Una comunidad religiosa y social activa puede haber permanecido en Palestina y haber sido responsable de actividad literaria considerable (cp. Jer 41.4-5). Habría sido seguramente en los intereses del régimen neobabilonio en seguir la productividad económica en la tierra, pero una lectura de Lamentaciones como más que mero lenguaje de lamento estereotípico sugiere más bien una devastación total. Todos estos asuntos invitan a consideración adicional de evidencia arqueológica.

(2) Prácticamente todas las evaluaciones arqueológicas de la destrucción de 587/6 sugieren que Jerusalén fue tratada con severidad, los muros destruidos y la ciudad saqueada, con pruebas de la destrucción babilónica en todas partes. Muchas ciudades cercanas también muestran el cese total de ocupación o niveles de destrucción que indican batallas babilónicas. Es improbable que cualquier cultura material viable pudiera haber sido mantenida encima de un mero nivel de subsistencia.

Cualquier estudio arqueológico debería incluir inscripciones reales que están relacionadas con los acontecimientos y propaganda neobabilónicas sobre el exilio. Una inscripción cuneiforme importante de Nabucodonosor II menciona a su pueblo deportado que sometido a la corvea, lo que concuerda con referencias frecuentes al trabajo forzado asociado con el dominio neobabilonio sobre pueblos cautivos. Esto concuerda con la revisión arqueológica de Robert McC. Adams de la llanura central sujeta a inundaciones del Éufrates mostrando crecimiento rápido en el número de asentamientos en el imperio neobabilonio, y sugiriendo una campaña de transferir grandes masas de personas a fin de proporcionar trabajo en la rehabilitación de aquella región.

(3) Finalmente (y, considerablemente, *después* de una tentativa de tasar la realidad social y política),

cualquier teoría sobre los impactos teológicos del exilio debe comenzar con una evaluación del significado de un vocabulario creciente del período exílico que se refiere a lazos, cadenas y grillos (p. ej., Is 45.14; 52.2; Sal 149; Lm 3.7) así como varios términos para sitios de detención (Jer 32.2; 34.13; 38.6; Zac 9.11) y el aumento de la incidencia del tema «de inversión de fortuna» en literatura exílica y posterior al exilio y folklore (Daniel, Ester, Sal 137; cp. los motivos bíblicos frecuentes «vista al ciego» y «liberación de presos» como metáforas del exilio, Sal 146.7-8; Is 42.7; 61.1; Zac 9.1). La preocupación evidente del escritor sacerdotal con el mantenimiento de pureza y separación seguramente refleja las estrategias de una población de minoría que conserva la identidad y la estructura interna.

Cualquier evaluación teológica, sin embargo, es difícil ante la subestimación general del impacto del exilio en tradiciones bíblicas. Sigue siendo una ambigüedad notable por los trabajos estándares en la evaluación de aquel impacto. Los eruditos siguen buscando un «equilibrio» al tener cuidado para no «poner demasiado énfasis» en la importancia del exilio, e inevitablemente negar que los exiliados debieran ser llamados «esclavos» o «prisioneros». Las sugerencias de como ellos habrían sido legalmente clasificados en la sociedad neobabilónica antigua arrojan poca luz en el tratamiento actual de las comunidades en el exilio. La situación de los exiliados es descrita diversamente como una de libertad y prosperidad relativa, con la oportunidad de ordenar sus propios asuntos, aún todavía antipáticos. Inevitablemente, parece que la supuesta falta de evidencia empujó a la erudición del siglo XX hacia una evaluación benigna del efecto humano y social del exilio. Un impacto más severo, parece que se supone, habría dejado más pruebas, aunque como se argumenta aquí, existen más pruebas de las que a menudo se citan.

Algunos estudios han considerado una influencia más severa del exilio en la tradición teológica y textual. Tal atención al impacto sociológico así como teológico del exilio llevaría a un nuevo examen de tales temas históricos por la tradición como: (1) una lectura de «relatos cortesanos» de la diáspora (Daniel, Ester) que presta tanta atención a las ejecuciones constantemente amenazadas como al alto oficio de los personajes judíos; (2) el hecho de que el exilio fue una de las motivaciones teológicas principales para el trabajo histórico del historiador deuteronómico (cp. 1 R 8.46-53) y sobre todo su énfasis en los pecados de la monarquía; (3) el «sufrimiento» del siervo en Isaías 40–55 como simbólico del estilo de vida del exilio; (4) el tema de restauración mesiánica (p. ej., Zacarías; Hageo; Is 9, 11); (5) la tradición de lamentos por la destrucción de Jerusalén como un tema teológico de arrepentimiento (Lamentaciones; Sal 137); y (6) el hecho de que Babilonia pasa a la tradición como un símbolo de todo que es malo (ya Jer 51; cp. 1 P 5.13; Ap 14.8; 17.5; 18.10).

El exilio siguió teniendo implicaciones serias tanto interna como externamente, mucho después de la caída del imperio neobabilonio. Internamente, la separación de la comunidad en 597-586 comenzó a crear divisiones duraderas (Ez 11.14-18; 33.23-27) que persistieron después de que grupos de judíos de la diáspora regresó a Palestina bajo el patrocinio persa (así Esdras 3–6 y los conflictos detallados allí), en particular cuando se nota que Esdras el sacerdote usa la terminología sectaria («hijos del exilio») para referirse a aquellos con el linaje de la diáspora como la comunidad verdadera en Palestina (Esd 9). Externamente, el fracaso de recobrar un Israel independiente restaurado bajo un jefe davídico dio a luz no sólo a la especulación mesiánica (Zacarías, Hageo) sino también a pensamientos que el exilio debía ser, en realidad, una condición a largo plazo para el pueblo judío. Posiblemente, entonces, el NT también debería ser leído con un ojo hacia esta tradición continuada del impacto y significado del exilio.

Bibliografía. P. R. Ackroyd, *Exile and Restoration.* OTL (Filadelfia, 1968); R. McC. Adams, *Heartland of Cities* (Chicago, 1981); J. L. Berquist, *Judaism in Persia's Shadow* (Minneápolis, 1996); R. W. Klein, *Israel in Exile.* OBT 6 (Filadelfia, 1979); M. A. Knibb, «The Exile in the Literature of the Intertestamental Period», *Heythrop Journal* 27 (1976): 253-72; M. Noth, *The History of Israel, segunda* edición (Nueva York, 1960); D. L. Smith, *The Religion of the Landless* (Bloomington, Ind., 1989).

DANIEL L. SMITH- CHRISTOPHER

ÉXODO

La serie de acontecimientos experimentados por los israelitas bajo la dirección de Moisés cuando salieron de la tierra de Gosén, localizada en el noreste del Delta del Nilo del Bajo Egipto, y se abrieron camino al sur al monte Sinaí. Los acontecimientos que preceden al Éxodo incluyen las 10 plagas y la Pascua.

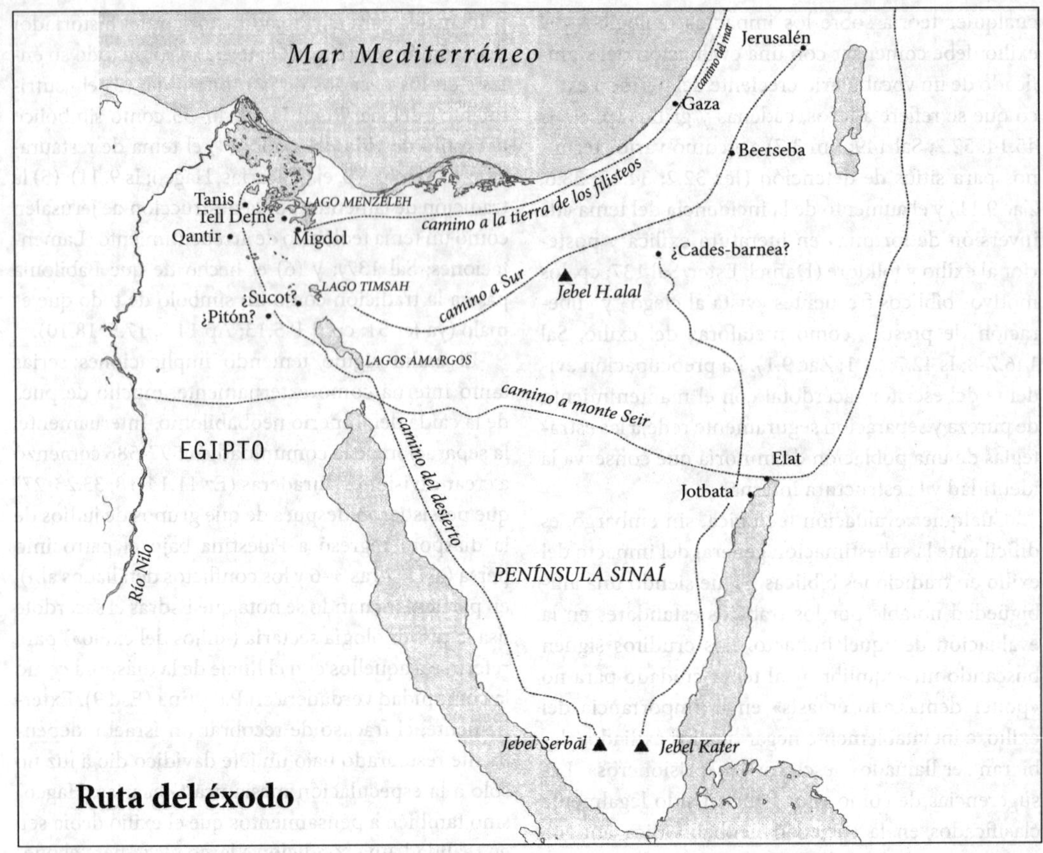

Ruta del éxodo

El Éxodo también tenía sentido religioso significativo para el antiguo Israel y es recordado por las comunidades judías hoy en la celebración de la Pascua anual.

Dos relatos del éxodo aparecen en la Torá: (1) Éxodo 12.37; 13.20; 14.2, 5; 15.22, 27; 16.1-2; 17.1; 19.1-2; (2) Números 33.3-15. Ellos están esencialmente de acuerdo, pero algunos eruditos creen que el pasaje de Números es tardío y basado en el itinerario de Éxodo.

Las numerosas referencias al Éxodo ocurren en otros libros de la Biblia (p. ej., Jue 6.8, 13; Sal 78.12-53; 106.7-46; Is 63.11-13; Ez 20.5-26; He 11.27-29), pero ellos se basan en las tradiciones de la Torá.

No hay ninguna mención del éxodo israelita en archivos egipcios conocidos. En realidad, no hay ninguna referencia o descripción contemporánea en ninguna fuente extrabíblica. Esto significa que nosotros debemos usar el material bíblico con cuidado y correlacionarlo con un contexto cultural e histórico para el delta del Nilo basado en evidencia arqueológica y fuentes literarias.

La fecha del éxodo ha sido debatida, y todavía hay opiniones diversas. Ha sido fechado dentro del reinado de varios faraones egipcios: la reina Hatshepsut (1477 a.C.; Hans Goedicke), Tutmosis III (1470; Juan J. Bimson), Tutmosis III (1447; James Garstang), Ramsés II (1270; Jack Finegan), o Merneftа (¿1220 [?];S. R. Driver). Esta lista no es global, y muchos eruditos pueden ser añadidos a favor de cada interpretación.

Según Éxodo 1.11-15 los israelitas fueron obligados a hacer ladrillos de barro para la construcción de Pitón y Ramesés. Estas dos ciudades han sido identificadas con moderno Tell er-Renâbeh y Qanṭir respectivamente en la región delta noreste. En ambos sitios los excavadores han puesto al descubierto material relacionado con Seti I y su hijo, Ramsés II. Parece que Seti comenzó a construir proyectos en los sitios; cuando él murió Ramsés tomó el relevo de su padre. Esta situación proporcionaría el contexto al esfuerzo penoso de los israelitas como se relata en Éxodo 2.23.

Otra línea de argumentación indirecta para fechar el Éxodo usa la fecha de la entrada israelita en y el asentamiento de la región montañosa de Palestina bajo Josué. La evidencia arqueológica sugiere que este acontecimiento ocurrió c. 1200. Podemos ser algo más precisos porque Mernefta, el sucesor de Ramsés II, menciona en una inscripción triunfal que durante una campaña militar en Palestina él derrotó a los israelitas. La campaña se puede fechar c. 1220. La adición de 40 años para la duración de la permanencia de Israel en el desierto haría la fecha del éxodo c. 1260. Algunos eruditos pueden abogar por una fecha alrededor de una década más tarde, pero generalmente están de acuerdo con la colocación de los acontecimientos en el siglo XIII.

Un rasgo geográfico importante del Delta oriental ha sido descrito que añade una nueva dimensión a la discusión de la ruta del éxodo. Este nuevo rasgo es el canal oriental descubierto por Amihai Sneh, Tuvia Weissbrod e Itamar Perath en fotografías aéreas del Delta noreste y verificado por la exploración de tierra. Una parte del canal puede ser remontada comenzando en Qannarah, luego hacia el noreste de Tell Abu Ṣeifeh, luego hacia el norte de Tell el-Her y en la rama Pelusia del Nilo apenas oeste de Pelusio (Tell Farama). Este segmento mide c. 15 km (9.3 mi) de largo. El canal tenía 70 m (230 pies) de ancho en los bancos y 20 m (66 pies) en la parte inferior. La profundidad podría haber sido al menos 2 a 3 m (6-10 pies). Una sección de 12 km (7.5 mi) del canal fue identificada antes por el ingeniero francés Limant de Bellafonds en 1872. Esta sección puede ser remontada comenzando en Ismailia, luego hacia el norte de El Ballah. Sneh y los colaboradores sugieren que estas secciones estuvieran relacionadas y se unieran a un canal por el Wadi Ṭumilât conectando el Nilo al mar Mediterráneo. El canal habría servido varios propósitos. Además de servir como un medio de transporte, habría proporcionado una defensa para proteger el Delta oriental de ataque así como inmigrantes no deseados. Otro objetivo habría sido suministrar el agua a las numerosas trincheras de irrigación a través de su curso, haciendo la tierra de Gosén un lugar muy bueno para la agricultura.

Los israelitas salieron de Ramesés localizado en el área de Qanṭir en el límite del norte de Gosén y viajaron al sur a Sucot, un distrito en el extremo oriental del Wadi Tumilât (Ex 12.37; Nm 33.3-5). Ellos no usaron el camino de la tierra de los filisteos, porque esta era una carretera militar y comercial de mucho tránsito por el norte del Sinaí y bien guardada por fortalezas egipcias (Ex 13.17-18). Algunos eruditos llaman esta ruta el Camino de Horus. La gente fue conducida alrededor por el camino del desierto hacia el mar de Cañas (LXX «Mar Rojo»). Después ellos salieron de Sucot y acamparon en Etam en el borde del desierto (Ex 13.20; Nm 33.6). Se les dijo después que volvieran atrás y acamparan cerca de Pi-hahirot («la boca del canal»), entre Migdol («fortaleza»; Tell el-Ḥer) y el mar, delante de Baal-zefón (Ex 14.1-2; Nm 33.7).

Cabeza monumental de Ramsés II (1290-1213 a.C.), considerado como faraón del éxodo, en el Rameseum en Tebas (Sistemas de Datos de Fénix, Neal y Joel Bierling)

Éxodo 14.3 contiene una pieza de verso arcaico: el Faraón dirá: «Atrapados son ellos en la tierra (Egipto), el desierto los ha excluido».

Las referencias al «camino del desierto», «el borde del desierto», «y el desierto los ha excluido» indican algo más que sólo la región semiárida del Sinaí. De hecho el desierto del Sinaí no paró a los israelitas. El camino del desierto podría referirse al curso de agua llamado «el camino de Horus» en la historia Sinuhe. Un rasgo geográfico que los habría rodeado habría sido el canal oriental. Después de alcanzar Sucot en el sur los israelitas fueron detenidos por el canal lleno de cocodrilos y tuvieron que volverse atrás e ir por el canal para encontrar un lugar seguro para cruzar. El lugar exacto para el cruce aún no está determinado, pero la narración bíblica que describe la ruta de los israelitas como primero yendo al sur y luego el norte tiene sentido a la luz del canal oriental. La referencia al mar de Cañas podría referirse a un pantano a través de la ruta del canal.

El cruce del mar Rojo se describe en Éxodo 14 y 15. En Éxodo 14.21 el Señor retiró el mar por fuerte viento oriental (LXX «Sur»). La tierra firme que apareció proporcionó el paso seguro para los israelitas. Más tarde (Ex 14.27-28) el mar volvió a su profundidad normal y cubrió los carros del faraón que había estado persiguiendo a los israelitas. Las imágenes poéticas en Éxodo 15.1-18 sugieren que una tormenta repentina volcara los barcos de los egipcios y sacudiera los carros y caballos en el mar. En cualquier caso, Israel alabó al Señor por salvarlos de los egipcios.

El grupo bajo la dirección de Moisés giró hacia el sur y se dirigió hacia el monte Sinaí. Los sitios mencionados en la Biblia, Mara (Ex 15.23), Elim (15.27), y Refidim (17.1), no son claramente identificados con ningún sitio conocido. La ruta los habría tomado cerca de Serabit el-Kadem y las minas de turquesa egipcias. El monte Sinaí (Ex 19.1-2) está localizado en Jebel Mûsā en la península de Sinaí al sur.

Bibliografía. J. J. Bimson, *Redating the Exodus and the Conquest* (Sheffield, 1978); J. Finegan, *Let My People Go* (Nueva York, 1963); N. M. Sarna, *Exploring Exodus* (Nueva York, 1986); N. H. Snaith, «סוף־ים: The Sea of Reeds: The Red Sea», *VT* 15 (1965): 395-98; A. Sneh, T. Weissbrod, y I. Perath, «Evidence for an Ancient Egyptian Frontier Canal», *American Scientist* 63 (1975): 542-48; I. Wilson, *Exodus: The True Story* (San Francisco, 1986).

LAWRENCE A. SINCLAIR

ÉXODO, LIBRO

El segundo libro en el AT y uno de cinco libros que componen la Torá o Pentateuco. El título «Éxodo» es del griego o traducción LXX del texto hebreo (TM) y enfatiza el acontecimiento de Israel saliendo de Egipto. En hebreo el título del libro es *Šĕmôṯ*, de las palabras iniciales, «estos son los nombres». Esto pone de relieve la colocación de los israelitas en Egipto, más bien que su salida de él; los «nombres» son los hijos de Jacob, que se describen ahora como los hijos de Israel.

Contexto canónico

El título hebreo interrelaciona el libro de Éxodo con el primer libro de la Biblia, ya que en el final de Génesis a Jacob se le describe como moviéndose a Egipto con sus 11 hijos a fin de vivir con su duodécimo hijo, José, que fue vendido antes como esclavo por sus hermanos. La descripción de los hijos de Jacob como los hijos de Israel en el versículo inicial de Éxodo indica una transición de las historias de familia ancestrales en Génesis a un relato de los orígenes de Israel como una nación.

Los primeros capítulos de Éxodo subrayan cómo la familia de Jacob ha evolucionado en una gran nación, cuyo tamaño ahora amenaza al Faraón, dando lugar a la opresión (Ex 1–2). La opresión de Israel crea conflicto con la promesa divina a los antepasados en Génesis que sus descendientes serían benditos por Dios con muchos descendientes y su propia tierra (Gn 12.1-3).

Contenido

Éxodo es un relato de la fidelidad inicial de Dios a la promesa ancestral. Éxodo 3–15 describe la respuesta de Dios a la opresión del Faraón al llamar a Moisés para librar a Israel de la esclavitud egipcia. Éxodo 16–18 describe el viaje inicial de Israel por el desierto al monte de Dios. El libro termina con un relato del encuentro de Israel con Dios en el monte Sinaí, donde ellos entran en una relación de pacto con Dios (caps. 19, 24) y reciben la revelación divina de la ley (caps. 20, 21–23), así como instrucciones para el sistema de culto del templo (caps. 25–31, 35–40). En medio de la revelación de la ley y el santuario Israel rompe su recién formado pacto con Dios adorando al becerro de oro (cap. 32), que da lugar a la renovación del pacto (cap. 34). La revelación del culto del tabernáculo sigue más allá del libro de Éxodo hasta Levítico y Números 1–10, antes de que Israel deje el monte Sinaí y siga su viaje por el desierto hacia la Tierra Prometida de Canaán,

Teología e historia de la composición

Los escritores bíblicos colocan la opresión de Israel en Egipto durante el reinado de Ramsés II (c. 1304-1237 a.C.). La falta de material extrabíblico junto con la naturaleza de culto y teológica de la literatura en Éxodo hace la reconstrucción histórica de la esclavitud de Israel en Egipto difícil. Israel se menciona por nombre en una inscripción egipcia, la estela Mernefta (c. 1230), donde parecen ser un grupo que vive en Canaán, Todo lo que los detalles históricos exactos pueden haber sido, el libro de Éxodo consecuentemente describe la salvación como la liberación divina de la opresión egipcia. Esencial para el acontecimiento de liberación también es el encuentro de Israel con Dios en el desierto. La historia de composición del libro de Éxodo atestigua a la reflexión de cambio de Israel del significado de estos acontecimientos.

Éxodo es una antología de liturgia y literatura desde casi todos los períodos de la historia de Israel. Tres acciones de Dios forman el núcleo central de Éxodo: (1) Liberación divina de Israel de la opresión egipcia; (2) revelación divina a Israel en el monte de Dios en el desierto; y (3) morada divina con Israel mediante la construcción de un lugar de culto. El libro de Éxodo contiene algunas tradiciones más antiguas de Israel en cada uno de estos temas. (1) El canto del mar (15.1-18, 21) es un relato poético temprano de la liberación divina de Israel en el mar. En este himno a Dios se le describe como el que ahoga a Faraón y su ejército en el mar sacudido por la tempestad. (2) Éxodo 19.16-19 refleja relatos tempranos de la revelación divina a Israel en el monte de Dios. Otros relatos tempranos del monte de Dios en el desierto incluyen tal poesía como Jueces 5.5; Salmo 68.8, 17 [TM 9, 18]; Deuteronomio 33.2. Por último, (3) Éxodo 33.1-6 describe la morada de Dios con Israel como ocurriendo en un lugar sagrado móvil en el desierto, el tabernáculo de reunión, que está localizado fuera del campamento israelita. Estas tradiciones muy probablemente existieron independientemente la una de la otra en una etapa temprana en la vida de adoración de Israel.

El desarrollo más significativo en la historia de la composición de Éxodo ocurre cuando las tres acciones de Dios como el salvador, revelador, y morador se interrelacionan en una historia de origen nacional e historia de salvación. La transformación más antigua de liturgias independientes en un relato de historia de salvación ocurre alrededor del personaje de Moisés. Los himnos de liberación en 15.1-18, 21 anclan una narrativa ampliada que incluye el nacimiento y comisión de Moisés, su conflicto con el Faraón por medio de una serie de plagas, que lleva a la muerte del primogénito egipcio, la expulsión de Israel de Egipto, y finalmente la confrontación en el mar. La revelación de Dios en el monte desértico está relacionada con el éxodo con un viaje de desierto en el cual Moisés conduce a Israel. La revelación misma es formada en una ceremonia de pacto, en la cual la presencia de Dios con Israel es transferida en leyes que son mediadas por Moisés, el legislador.

Este relato de la historia de la salvación ha sido tradicionalmente descrito como la historia Jehovista, escrita en el siglo X durante el período de la Monarquía Unida, cuando David y Salomón formaron un imperio de las 12 tribus. Más recientemente los eruditos han puesto en duda una fecha tan temprana de la escritura de la historia en el antiguo Israel, favoreciendo en cambio una monarquía tardía o hasta una fecha exílica.

Los escritores sacerdotales presentan otra interpretación de Dios como el libertador, revelador, y morador. En su relato de la historia de salvación, Moisés libera a Israel con la ayuda de su hermano Aarón, el sacerdote, que enfrenta a los magos egipcios con el poder del Dios de Israel. El acontecimiento de salvación incorpora imágenes de una nueva creación. Dios no destruye simplemente al Faraón en el mar, pero realmente parte el mar a la mitad. Tal acción recuerda la creación en el antiguo Cercano Oriente. Como resultado, para escritores sacerdotales, la salvación inaugura una nueva creación. Como resultado, el viaje del desierto de Israel a la morada de Dios en el desierto se convierte en una exploración en un mundo nuevo y emergente, en el cual el día de reposo reaparece por primera vez desde la creación original en Génesis 1. La revelación de Dios en el monte Sinaí se concentra en los detalles del santuario del tabernáculo, con su sistema de sacrificio y sacerdocio oficial. La revelación y la construcción del templo permiten que Dios deje su morada en la montaña y more en medio del campamento israelita cuando ellos viajan a la Tierra Prometida.

El relato sacerdotal de la historia de salvación ha sido tradicionalmente interpretado como una historia separada e independiente de la historia Jehovista, y escrito en el período del exilio. En esta hipótesis documental los dos relatos sólo son unificados más tarde por redactores. Más recientemente los eruditos han puesto en duda si el relato sacerdotal fue alguna vez una historia independiente. Algunos favorecen una interpretación de la literatura sacerdotal como una adición a la historia Jehovista que tiene la intención de reinterpretarla para encajar en una teología sacerdotal. Otros eruditos han sostenido que las partes legales de la historia sacerdotal son anteriores al exilio en origen y así más antiguas que lo que tradicionalmente se ha pensado.

Importancia continua

La historia de la composición de Éxodo refleja cambios en la sociedad israelita antigua, adoración y reflexión teológica. Como resultado, la forma actual del libro contiene varias interpretaciones del mismo acontecimiento o tema. Por ejemplo, la salvación es tanto una liberación como una nueva creación. La revelación se concentra en el pacto, la ley (Torá), y el culto. Dios mora con Israel tanto en la tienda de reunión fuera del campamento y en el tabernáculo en medio del campamento.

Sin embargo a lo largo de muchos cambios del argumento de la salvación de Israel de Egipto y el viaje a Dios en el desierto, los tres temas de Dios como el salvador, revelador, y morador proporcionan puntos de continuidad. Estos temas llegan a ser los puntos de organización para la práctica de adoración en el antiguo Israel que siguen influyendo tanto en tradiciones judías como cristianas. La circuncisión (4.24-26), la pascua y el recuerdo de la matanza del primogénito (12.21-36, 43-49), el pan ácimo o *Maṣṣôṯ* (12.37-39; el 13.3-10), la consagración del primogénito y dar de los primeros frutos (13.1-2, 11-16) son medios de culto para participar en el poder de Dios como el salvador. El sábado (cap. 16), la formación de comunidades de pacto (caps. 19–24), líderes llamados en el modelo de Moisés, Aarón y Miriam, la lectura de las Sagradas Escrituras (20.1-17; 24.3-8), comiendo con Dios (24.9-11), y el establecimiento de lugares sagrados (caps. 35–40) siguen siendo modos importantes en los cuales Dios se revela y mora con el pueblo de Dios.

Bibliografía. B. S. Childs, *The Book of Exodus.* OTL (Filadelfia, 1974); F. M. Cross, *Canaanite Myth and Hebrew Epic* (Cambridge, Mass., 1973); T. B. Dozeman, *God at War: Power in the Exodus Tradition* (Nueva York, 1996); *God on the Mountain: A Study of Redaction, Theology and Canon in Exodus 19–24.* SBLMS 37 (Atlanta, 1989); S. E. Loewenstamm, *The Evolution of the Exodus Tradition* (Jerusalén, 1992); J. Van Seters, *The Life of Moses: The Yahwist as Historian in Exodus-Numbers* (Louisville, 1994).

THOMAS B. DOZEMAN

EXORCISMO

Un intento de controlar y expulsar espíritus malignos que se cree haber entrado en una persona a fin de causar daño. Los Evangelios (a excepción de Juan) contienen numerosas referencias a posesión demoniaca y exorcismo. Hay un relato importante de exorcismo en Hechos (16.16-18), y comentarios incidentales sobre Pablo y exorcistas judíos (19.13-20). Jesús realizó la mayoría de los exorcismos en los relatos del Evangelio (p. ej., Mt 4.11, 23; Mr 1.12-13, 21-34), aunque los apóstoles también realizaran exorcismos. El exorcismo presupone la creencia en la existencia de seres espirituales que pueden entrar en el cuerpo de un individuo, y ocuparlo permanentemente (Mr 5.1-14) o de forma intermitente (9.14-27). Conocido como posesión demoniaca, a menudo implicaba alguna clase de opresión por el espíritu ajeno.

El exorcismo se remonta al antiguo Cercano Oriente. Un exorcista por lo general invocaba el poder de un espíritu más fuerte, y por lo general bueno, para someter o expulsar uno menos poderoso, y por lo general un espíritu maligno.

Los métodos variaban de unas palabras de orden a una ceremonia ritual completa y conjuros mágicos complicados. Cuando fuera necesario el exorcista usará una combinación de métodos para asegurar el éxito. Las prácticas del exorcismo tienen que ver con la creencia de que la posesión demoniaca a menudo trajo enfermedad a la víctima. Por lo tanto, exorcizar al demonio del individuo era una forma de tratamiento de la enfermedad que se creía había sido causada por el espíritu intruso. Hay, sin embargo, una diferencia entre exorcismo y sanidad. La epilepsia que el muchacho en Marcos 9.14-27 sufría era causada por un espíritu maligno, pero no hay ninguna conexión como esa hecha a la mujer con el problema de sangre (5.25-34).

Jesús exorcizó a demonios con su palabra al parecer sin apelar a una autoridad más allá de sí mismo. Los primeros cristianos, sin embargo, expulsan a demonios en el nombre y la autoridad de Jesús (Lc 10.17-20; Hch 16.16-17).

Bibliografía. S. Eitrem, *Some Notes on Demonology* (1971); S. R Garrett, *The Demise of the Devil* (Minneapolis, 1989); S. V. McCasland, *By the Finger of God* (Nueva York, 1951); G. N. Twelftree, *Jesus the Exorcist* (Peabody, 1994).

CHARLES YEBOAH

EXPIACIÓN

Una acción parecida a un sacrificio que quita una barrera de pecado que bloquea la comunión entre Dios y las personas.

Los conceptos expiatorios están estrechamente vinculados con las ideas de culpa, pureza, juicio divino y misericordia. Las ideas del AT y NT acerca de la expiación se vinculan además con amplios modelos del pensamiento de sacrificio en el antiguo Cercano Oriente y el mundo grecorromano. En tiempos modernos se ha debatido mucho las diferencias entre «expiación» y «propiciación», la primera sugiriendo la iniciativa divina y la última la actividad humana (con la intención de desviar la ira divina). Tales distinciones no se pueden derivar fácilmente de términos hebreos y griegos individuales en la Biblia. La Biblia parece suponer con regularidad, sin embargo, que la gente no puede controlar o manipular la respuesta de Dios a sus fechorías.

El AT generalmente afirma el valor de los sacrificios expiatorios, pero nunca presenta una interpretación general o la explicación de su eficacia (cp. He 9.22). Naturalmente muchas declaraciones sobre la expiación la unen con sacrificios sacerdotales. Levítico en particular ofrece detalladas prescripciones para rituales de sacrificio adecuadas a varias clases de transgresiones que se afirma que las «expían». Algunos pasajes hablan de las muertes o ejecuciones de seres humanos como purificación de la nación y obtención del perdón divino (Finees: Nm 25.7-13; Sir 45.23; David: 2 S 21.1-14). Sin embargo, los profetas del AT a menudo declaran que los sacrificios no ganan el perdón cuando los que sacrifican son impenitentes. Pasajes como Miqueas 6.6-8; Jeremías 7.21-23 (cp. Sal 51.16-17 [TM 18-19]) están cerca de negar que cualquier rito de sacrificio expíe el pecado. La cuarta Canción del Siervo de Isaías (Is 52.13-53.12) desarrolla con poder único la idea de una muerte humana voluntaria que funciona como un sacrificio vicario por el perdón de los pecados de otros. Un texto judío helenista, que puede haber influido en la soteriología cristiana primitiva, habla de mártires cuyas muertes expían los pecados de Israel (4 Mac 17.20-22; cp. 2 Mac 7.30-38).

La mayoría de declaraciones del NT sobre la expiación están relacionadas con la muerte de Jesús, y tales declaraciones están extendidas en el NT. La influencia de Isaías 53 es en particular evidente en Hebreos 9.28; 1 Pedro 2.18-25; 3.18. Pero las interpretaciones cristianas tempranas de la muerte de Jesús como una expiación por el pecado a menudo implican que aquel acontecimiento cumplió y sustituyó los sacrificios llevados a cabo conforme a la ley del AT.

Las cartas de Pablo, las escrituras del NT más antiguas, incorporan fórmulas prepaulinas interpretando la muerte de Jesús como un sacrificio por los pecados (1 Co 11.23-26; 15.3; Ro 3.24-26; 8.3; 2 Co 5.20-21). Pablo parece aceptar tales ideas él mismo, aunque él no explique o hable extensamente de ellas. Las cartas paulinas también suponen la validez de modelos expiatorios de interpretación (Ef 1.7; 5.2; Col 1.20-22; 2.13-15). Es significativo que las cartas paulinas exploran sentidos adicionales de la muerte de Jesús, sobre todo libertad de la ley (Gá 2.19-21; 3.10-5.12; Ro 7.1-8.4; cp. Ef 2.14-16; Col 2.13-15) y experiencias cristianas en curso de sufrimiento; las interpretaciones paulinas de la muerte no se limitan a las expiatorias.

En los Evangelios sinópticos, las interpretaciones de sacrificio de la muerte de Jesús son sugeridas sobre todo en la narrativa de la Cena del Señor (Mr 14.22-25 = Mt 26.26-29) y los posiblemente relacionadas dichos de «rescate» en Marcos 10.45 (= Mt 20.28). Las narrativas de Pasión de los Evangelios también hacen alusión que la muerte de Jesús está expresamente relacionada con el templo y sus sacrificios (Mr 15.29, 38).

Un interés especial en interpretar la muerte de Jesús como una expiación por pecados se muestra en 1 Juan (esp.1 Juan 2.2), y esto está claramente relacionado con un énfasis en la humanidad de Jesús (4.2-10; cp. He 2.17). En el Evangelio de Juan el pensamiento expiatorio emerge en la descripción del Bautista de Jesús como «el Cordero de Dios, que quita el pecado del mundo» (Jn 1.29; cp. 11.50), pero aquel Evangelio habla de la muerte de Jesús principalmente de modos no sacrificiales. El libro de Apocalipsis también alude a puntos de vista expiatorios de la muerte de Jesús (Ap 1.5; 5.9).

Con mucho, la asignación más plena de categorías de expiación en el NT se encuentra en la carta a los Hebreos. El autor presenta un argumento meticuloso sobre el autoofrecimiento de una sola vez del Hijo de Dios en el santuario divino por los pecados de «muchos» (He 9.1–10.18). La muerte de Jesús se entiende como simultáneamente cumpliendo y tornando obsoleta la adoración de sacrificio del antiguo pacto.

Bibliografía. C. B. Cousar, *A Theology of the Cross: The Death of Jesus in the Pauline Letters.* OBT 24 (Minneapolis, 1990); R. G. Hamerton-Kelly, *Sacred Violence: Paul's Hermeneutic of the Cross* (Minneapolis, 1992); M. Hengel, *The Atonement* (Filadelfia, 1981).

DAVID M. HAY

EXPIACIÓN

Reconciliación entre partes separadas, trayéndolos a un acuerdo. El enfoque es el problema universal del pecado, que la humanidad es incapaz de solucionar, y que interrumpió la armonía perfecta entre Dios y su creación, causando separación (Is 59.2) y muerte (Ro 5.12; 6.23). La expiación, por lo tanto, es el modo de Dios de cerrar la brecha y dar vida (Heb. *kpr,* «cubrir,» «anular», «quitar», «purificar», «descontaminar»; Gr. *Katallagḗ,* «reconciliación»).

La expiación es descrita en el culto hebreo como sacrificio, substitución, mediación y juicio. La consagración de los sacerdotes requería el sacrificio de un becerro como «sacrificio por el pecado para las expiaciones» (Ex 29.36). Sacrificios diarios (*tāmîḏ*) eran ofrecidos por el perdón de los pecados (Lv 4.20). El pecador arrepentido «la ofrenda de expiración… degollará» (Lv 4.29). Durante el día de la expiación un macho cabrío era inmolado (Lv 16.9). Por lo tanto, la expiación requería la muerte de una víctima.

Lv 17.11-14 expresa la idea básica de la substitución: «la sangre está… para hacer expiación [para la vida de alguien]... Porque la vida de toda carne es su sangre.» La sangre del sacrificio representa una vida que fue dada en lugar, o de parte, del penitente que presentó la ofrenda a Dios. La sangre del animal substituía la sangre del pecador (es decir, la vida).

El término técnico *kipper* significa «expiar ofreciendo un sustituto.» Cuarenta y nueve usos sólo en Levítico certifican que este verbo tiene que ver con la remoción del pecado (p.ej., Lv 1.4; 4.20; 8). Denota un sacrificio vicario, la vida inocente dada por la vida culpable.

El pecador confesaba sus pecados al poner sus manos sobre la cabeza del animal, luego matándolo, efectivamente transfiriendo su culpa al sacrificio. El sacerdote entonces colocaba la sangre en los cuernos del altar del holocausto. No era hasta que la sangre era mediada por el sacerdote (es decir, colocada en el altar) que el pecador recibía perdón y reconciliación (Lv 4.35b). Por lo tanto, el sacerdote está puesto como un agente mediador entre Dios y el penitente.

Durante el Día de la Expiación, generalmente entendido como un día de juicio, un ayuno era prescrito mientras la gente conducía una introspección intensa. El sumo sacerdote entraba en el Lugar Santísimo con la sangre de la ofrenda del pecado para hacer la expiación por el pueblo y el santuario. Otro macho cabrío (Azazel, «macho cabrío») era enviado para fallecer en el desierto, simbolizando la extirpación completa del pecado del campamento (Lev. 16).

Aunque en el NT la terminología de reconciliación ocurre expresamente sólo en Romanos 5.10-11 y 2 Corintios 5.18-20, el concepto es enérgicamente confirmado, en que las metáforas del AT encuentran su cumplimiento inexorable en Cristo. La cruz presenta a Cristo en «el sacrificio de sí mismo para quitar de en medio el pecado» (Heb 9.26; cf. v. 22). Él es «el Cordero de Dios que quita el pecado del mundo» (Juan 1.29, 36), «el cordero pascual» (1 Co 5.7). Como la Pascua de los judíos conmemoraba la liberación de Dios de su gente de la esclavitud egipcia, entonces el sacrificio de Jesús libra a las personas de la esclavitud de pecado (cf. Ef 5.2; 1 P 1:18-19). La Epístola a los Hebreos destaca el sacrificio perfecto de Cristo por el pecado, y adopta la superioridad de su sangre sobre la sangre de animales (Heb 9.13-14). Este fue el sacrificio ideal, completo, integral, llevando a cabo lo que los sacrificios del AT no podían, «habiendo ofrecido una vez para siempre un solo sacrificio por los pecados» (Heb 10.12).

El sacrificio de Cristo es entendido en términos de expiación (Gr. *hilastḗrion;* Ro 3.25), la cancelación de la culpa y la limpieza del pecado. La Biblia no se suscribe a la visión pagana de apaciguar la ira de una deidad caprichosa. Antes bien, la propiciación es ordenada aquí, en que la muerte de Cristo efectuó el medio por el cual Dios escogió manifestar su «ira» contra el pecado, pero lo aparta del pecador, siendo así consecuente con su carácter santo y todavía haciendo posible para los pecadores arrepentidos el recibir la salvación.

La muerte de Cristo fue vicaria: «Cristo murió por nuestros pecados» (1 Co 15.3); «ofrecido una sola vez para llevar los pecados de muchos» (Heb 9.28). Él «llevó el mismo nuestros pecados en su cuerpo» (1 P 2.24) y murió «el justo por los injustos» (3.18). Él es «el rescate» (*lýtron*), el precio pagado por una persona para asegurar la libertad del otro. Los prisioneros de guerra y los esclavos eran liberados en esta manera. De ahí, la declaración de misión de Cristo, «dar su vida en rescate 'por' ('de' o 'en el lugar de') muchos» (Mr 10:45), subraya la naturaleza sustitutiva voluntaria de su sacrificio (cf. Mt 26.28; 1 Co 6.20; 1 Ti 2.6; Tit 2.14). Compare al siervo sufriente «herido fue por nuestras rebeliones» (Is 53.5); como *'āšām,* «expiación» (v. 10), él es la autooblación redentora.

La Epístola a los Hebreos subraya el papel mediador de Cristo como sumo sacerdote, que está para «expiar los pecados del pueblo» (Heb 2.17). Sentado en el lugar de autoridad, él es ministro en el santuario (8.1-12), ofreciendo los méritos de «su propia sangre» (9.12), «para presentarse ahora por nosotros ante Dios» (v. 24). Como el único que es realmente humano y divino, él podría mediar entre las partes como un amigo igual de cada una, sobre todo para efectuar reconciliación. En efecto, «hay un Dios; y un solo mediador entre Dios y los hombres, Jesucristo hombre, el cual se dio a sí mismo en rescate por todos» (1 Ti 2.5-6).

El juicio final traerá la resolución completa al problema del pecado. El mal será totalmente erradicado (Mt 25.41; Ap 20). Dios y su pueblo morarán juntos en armonía perfecta y eterna, unidos en Cristo (Ef 1.9-10; Ap 21-22). La separación habrá sido solucionada.

Bibliografía. R. Letham, *The Work of Christ* (Downers Grove, 1993); L. Morris, *The Atonement* (Downers Grove, 1983); *The Apostolic Preaching of the Cross,* 3rd ed. (Grand Rapids, 1965); A. Rodriguez, *Substitution in the Hebrew Cultus* (Berrien Springs, 1982); J. R. W. Stott, *The Cross of Christ* (Downers Grove, 1986).

Kenneth D. Mulzac

EXPIACIÓN, DÍA DE LA

El día (Heb. *yôm kippur*) marca el sobrio punto culminante en un ciclo de 10 días a principios del año nuevo judío (Heb. *rōʾš haššānâ*). Este es un día de introspección, autoevaluación y oración, arraigado profundamente en la imaginación e historia de Israel.

En las Escrituras, este día representó un compuesto de prácticas rituales todavía más tempranas conocidas fuera de Israel, pero combinado en forma particular en la adoración de Israel para un efecto profundo. El texto clásico Levítico 16 mezcla la ceremonia de purificar el santuario con la del ritual del chivo expiatorio, restringiendo ambos rituales al décimo día del séptimo mes, Tishri (16.29-34; 23:27-28).

A lo largo del año había rituales bien establecidos para implorar perdón por los pecados conocidos y desconocidos de alguien (Lv 4.1–5.13). Sin embargo, el espacio ritual sagrado (incluyendo el santuario, la tienda de reunión, y los altares) así como el papel sacramental del sacerdocio, todos se contaminaban por el contagio de pecados no explicados por variadas liturgias y sacrificios en curso. Incluso el pueblo en conjunto sufría los efectos de pecados no considerados, por maldades no perdonadas que se acumulaban en contaminación que necesitaba súplica. Así, una vez al año, el único momento en que él podría hacerlo, el sumo sacerdote entraría en el Lugar Santísimo donde el Arca del pacto estaba localizada, para purificar los espacios sagrados, el sacerdocio, y todo el pueblo, literalmente de adentro hacia afuera.

Se proclamaba ayuno para subrayar la seriedad del día. El sumo sacerdote dejaba sus ropas ornamentales, se bañaba, y vestía de lino blanco. Luego, sacrificaba un becerro como ofrenda por el pecado, por él y los otros sacerdotes, dejando la sangre para el rito de purificación. Después, él entraba en el Lugar Santísimo, llevando consigo un incensario de carbones encendidos y algún incienso para crear una neblina que cubriría la tapa sagrada del arca (el «asiento de la misericordia») no sea que él la vea (¿o Dios?) y muera. Una vez dentro, él rociaba la sangre sobre la cubierta del arca y delante de ella, para efectuar la remoción de cualquier residuo de pecado, debido a la ofensa sacerdotal en el año anterior. Él entonces repetía este ritual usando uno de dos machos cabríos donados por el pueblo y escogidos por suerte para expiar el residuo de pecado del pueblo. En efecto, la sangre servía como un detergente para remover las impurezas del santuario y el tabernáculo de reunión. Él entonces tomaba alguna sangre de cada uno de los animales sacrificados y limpiaba el altar de cualquier contaminación de pecado (cf. Lv 16; 23.26-32; Ex 30.10; Nm 29.7-11). Con los espacios sagrados y el oficio sacerdotal purificado, las impurezas ritualmente removidas, ahora se requería una exoneración oficial. El sacerdote prestaba ahora su atención al ritual del chivo expiatorio como medio para tal efecto.

Para entender el significado del sacrificio animal y el ritual del chivo expiatorio, los estudios antropológicos han mostrado recientemente cuán profundamente arraigada en el tiempo primigenio yacen tales ceremonias sagradas. La aparición de la cultura humana dependió en gran medida del descubrimiento que la violencia recíproca entre hermanos (p.ej., Caín y Abel) y clanes y grupos tribales, que amenazaba la coexistencia humana, podía ser compensada por medio del asesinato ritual. Si la violencia inherente en la supervivencia del más apto pudiera ser unánimemente desviada sobre un enemigo común dentro del clan, un sentido de comunidad («nosotros contra ellos») podría ser restaurado. Sacrificar una víctima parecía detener el ciclo de venganza y renovar la paz. La mentalidad del chivo expiatorio se sacralizó como un medio de regular la endémica violencia recíproca a través de un sacrificio vicario. Afortunadamente, para Israel (y otros), Jehová requirió que el linchamiento sacro de una víctima humana fuera reemplazado por una víctima sustituta en la forma de un chivo (u otros animales). En las Escrituras, especialmente Levítico 1 y 16, verter los pecados colectivos recogidos por los rituales de purificación del sumo sacerdote sobre el chivo expiatorio y enviándolo cargado por el pecado al páramo, servía para reconciliar la comunidad humana para con Dios y el uno para con el otro. El hacer esto cada año no era sólo un rito teológicamente importante, sino una necesidad social. Los rituales del Día de la Expiación responden profundamente a las necesidades psicológicas y sociopolíticas que las teorías de expiación posteriores, concentrándose como lo hacen tan a menudo en interpretaciones dogmáticas (es decir, cierta «ortodoxia» doctrinal), no lo han apreciado todavía totalmente.

Después que el chivo que cargaba los pecados sistémicos, estructurales, y personales de las personas en el desierto, el sumo sacerdote otra vez se bañaba y se vestía en su traje tradicional habitual. Luego, él ofrecía un sacrificio más, una ofrenda quemada de la piel, carne, y entrañas de un chivo y un becerro, afuera del ahora campo consagrado. La expiación del pueblo era completa durante un más año. La *shalom* comunal y personal era restaurada.

El Día de la Expiación se convertiría en el momento anual más importante en la renovación espiritual judía temprana y permanece así hasta este día. Los escritores del NT con igual imaginación profética verían en la muerte de Jesús los rituales combinados de la limpieza de sangre y el mecanismo del chivo expiatorio en un decreto judicial de mayor escala y permanentemente asegurado (Heb 6–9).

Bibliografía. R. Girard, *Things Hidden Since the Foundation of the World* (Stanford, 1987); L. L. Grabbe, «The Scapegoat Tradition: A Study In Early Jewish Interpretation,» *JSJ* 18 (1987): 152-67; J. Milgrom, *Leviticus 1-16.* AB 3 (New York, 1991); D. P. Wright, *The Disposal of Impurity: Elimination Rites in the Bible and in Hittite and Mesopotamian Literature.* SBLDS 101 (Atlanta, 1987).

JAMES E. BRENNEMAN

ÉXTASIS

Un estado de gran emoción (Gr. *ékstasis,* del verbo *existēmi,* lit., «poner fuera de lugar»). El fenómeno mismo es difícil de definir, pero se encuentra generalmente en el conjunto de literatura bíblica y griega (p. ej., Filón *Herej* 264). El concepto abarca una variedad de experiencias tanto en el AT como en el NT. En Génesis 15.12 Abraham cae en un trance profundo donde recibe una palabra del Señor. Otros ejemplos incluyen un trance provocado por el canto y el baile (1 S 10.5, 12; 19.20; 2 S 6.12-23), los fenómenos naturales (1 R 19.11-18), y la revelación de la palabra de Dios (Jer 23.9; Is 6; Am 7–9).

En el NT, el éxtasis tiende a concentrarse más en dos campos específicos. El primero es un estado de asombro intenso al punto de estar fuera de sí (p. ej., Mr 5.42, lit., «ellos estuvieron asombrados con gran asombro»; cp. 16.8; Lc 5.26; 24.22; Hch 3.10; 13.12). El segundo es un estado visionario acompañado por un estado mental alterado. En Hechos 10.10 Pedro cae en un trance (cp. 11.5). Otras ocurrencias posibles de este fenómeno se pueden encontrar en la experiencia de la tentación de Jesús (Lc 4.1-12), la transfiguración (Mr 9.2-8), Pentecostés (Hch 2), la experiencia de Pablo en el camino a Damasco (Hch 9, 22, 26; Gá 1.15-16), y la descripción que hace Pablo del tercer cielo (2 Co 12.1-9).

VAUGHN CROWE TIPTON

EXTRANJERO

En las palabras del AT derivadas del hebreo las raíces *zwr y nkr* a menudo se usan para describir a aquellos que son «forasteros» desde el punto de vista del que habla. Las dos raíces son más o menos sinónimas y a menudo se usan en frases paralelas (p. ej., Jer 5.19b; Pr 27.13; también Sal 69.8 [TM 9]; 81.9 [10]; Is 61.5; Abd 11). Pero en narrativa y textos proféticos, *nēḵār, bennēḵār,* y *noḵrî* por lo general implican «no israelita» (p. ej., 1 R 8.41; Rut 2.10) mientras *zār* más propiamente significa «lo que no pertenece» (en cualquier categoría que se considere). En la legislación sacerdotal *zār* se emplea para designar a israelitas que no son miembros de las familias levíticas o de Aarón y son por tanto «extranjeros» en lo que se refiere al desempeño de deberes sacerdotales (Ex 29.33; 30.33; Lv 22.10, 13; Nm 1.51; 3.10, 38; 16.40 [17.5]; 18.4, 7). Con más frecuencia, *zār* adquiere connotaciones negativas cuando se usa para significar formas «no-Jehovistas» (y por lo tanto por implicación idólatras) de «extraños» (cp. Os 5.7).

A diferencia del «extranjero que habita entre vosotros» (*gēr*), quien estaba sujeto a las leyes israelitas y protegido por ellas (Ex 12.49), al extranjero no se le permitía participar en las celebraciones de Pascua (v. 43) y no podía ser elegido rey (Dt 17.15). Al extranjero se le podría cargar interés en préstamos (Dt 23.20 [21]), y las deudas que los extranjeros debían no tenían que ser perdonadas en el séptimo año (15.2-3).

A los alumnos de sabiduría se les advierte contra la asociación con la mujer extraña *(ʾiššâ zārâ)* o con la extranjera *(noḵrîyâ)* quien representa la tentación personificada, no porque ella es sexualmente promiscua (como algunos traductores engañosamente suponen) sino porque ella representa un alejamiento de los caminos de la Sabiduría (y por lo tanto del Señor) (Pr 2.16; 5.3, 20; 6.24; 7.5; 23.27).

Los textos del NT tienden a minimizar distinciones étnicas según los principios articulados en Efesios 2.11-19, y se anima a los cristianos a mostrar hospitalidad (dar alimentos, refugio, y protección) al forastero (Gr. *xénos*) en su medio (Mt 25.35ss.; 3 Jn 5). Sin embargo, aquellos que no están relacionados con el pueblo de Israel por nacimiento todavía son a veces llamados «extranjeros», como en Lucas 17.18 *(allogenḗs);* Hechos 17.21 *(xénos);* Hebreos 11.34 *(allótrios).*

Bibliografía. M. Guttmann, «The Term 'Foreigner' (נכרי) Historically Considered,» *HUCA* 3 (1926): 1-20; L.A. Snijders, «zûr/zār,» *TDOT* 4.52-58.

KATHLEEN A. FARMER

EZBAI (Heb. *ʾezbāy*)

El padre de Naarai, uno de los campeones de David (1 Cr 11.37). El nombre puede ser una lectura corrompida de «el arbita» (Heb. *ʾrby*), un epíteto de Paarai en la lista paralela (2 S 23.35).

EZBÓN (Heb. *ʾeṣbôn*) (también OZNI)

1. El cuarto hijo de Gad (Gn 46.16). Se le llama Ozni en Números 26.16.

2. Hijo de Bela, de la tribu de Benjamín (1 Cr 7.7).

EZEQUÍAS (Heb. *ḥizqîyâ, ḥizqîyāhû*)

1. Rey de Judá (probablemente 715-687 a.C.), hijo y sucesor de Acaz. Su madre fue Abi, la hija de Zacarías. Su reinado de 29 años comenzó cuando tenía 25 (2 R 18.2 = 2 Cr 29.1) y es evaluado positivamente (2 R 18.3 = 2 Cr 29.2). El deuteronomista incluso afirmó que «ni después ni antes de él hubo otro como él entre todos los reyes Judá» (2 R 18.5; pero cf. 2 Cr 32.25). Ezequías fue recordado por su piedad (2 Cr 32.20; Is 38.10-20), su patrocinio del sabio (Pr 25.1), y sus proyectos de construcción, incluyendo un túnel subterráneo que conectó los manantiales de Gihón de Jerusalén con el estanque de Siloé (2 R 20.20; 2 Cr 32.30; Is 22.9-11).

Cuando Ezequías llegó al trono, Judá era un vasallo de Asiria. Su padre Acaz no sólo pagó tributo a Asiria sino también modificó las prácticas de culto con el fin de complacer a sus nuevos amos (2 R 16.10-18). El Cronista sugiere que Acaz incluso cerró el templo en Jerusalén (2 Cr 28.24).

Ezequías revirtió las políticas religiosas de su padre. Los eruditos han debatido durante mucho tiempo el alcance de sus reformas, ya que el deuteronomista dedica sólo tres versículos para ellos (2 R 18.4, 16, 22). Crónicas, sin embargo, los describe en detalle (2 Cr 29.3–32.31). Los eruditos anteriores descontaron la historicidad de este informe, pero en la actualidad Crónicas es generalmente visto como confiable. El deuteronomista puede haber eliminado algunos de los detalles con el fin de evitar comparaciones con el rey Josías.

Las reformas de Ezequías incluyeron la remoción de los lugares altos, la demolición de los símbolos religiosos cananeos, e incluso la destrucción de Nehustán, la serpiente de bronce hecha por Moisés en el desierto. El rey ordenó la purificación y la restauración del templo de Jerusalén y su culto (2 Cr 29.3-36), una renovación de la celebración de la Pascua (2 Cr 30.1-27), y una reorganización del sacerdocio de Judá (2 Cr 31.2-19). La centralización del culto en Jerusalén fortaleció la moral y la autoridad política de la Monarquía mientras que vinculaba a la población de Judá más estrechamente a la capital. También se invitó al resto de las tribus del norte a unirse a Judá en una celebración común de la Pascua (2 Cr 30.1-11).

Finalmente Ezequías se rebeló contra Asiria. La evidencia bíblica y extrabíblica de la rebelión de Ezequías, aunque extensa, a veces es contradictoria. Es incierto si Ezequías participó en las revueltas que tuvieron lugar durante el reinado de Sargón II. Muy probablemente es que Ezequías planeó su rebelión durante un largo período de tiempo, ya que forjó cuidadosamente una serie de alianzas y fortificó Jerusalén y algunas de las otras ciudades de Judá. Ezequías apoyó a los ciudadanos rebeldes de Ecrón y Ascalón, incluso encarcelando a Padi, rey de Ecrón. Muy probablemente es que tuvo contactos con Babilonia, Tiro, y Egipto (2 R 18.21; 20.12-15; Is

18.1-2; 30.2; 31.1). La muerte de Sargón II en el campo de batalla en 705 y las dificultades iniciales de Senaquerib en sofocar numerosas revueltas a lo largo del imperio probablemente convencieron a Ezequías a retener el tributo y completar los preparativos para la guerra. Es posible que la celebración común de la Pascua y las reformas religiosas de Judá tuvieron lugar en este momento.

Sin embargo, Senaquerib pacificó la parte oriental de su imperio y marchó al oeste. Atacó Tiro y reemplazó al rey Luli, que huyó a Chipre. Luego se trasladó a Filistea y conquistó las ciudades rebeldes allí. Las fuerzas egipcias fueron derrotadas cerca de la ciudad de Elteque. Senaquerib podría ahora centrar su atención en Judá. Los anales asirios afirman que sitió y capturó 46 de sus ciudades y deportó a su población. Ezequías fue «hecho prisionero en Jerusalén, su residencia real, como un pájaro en una jaula»; *ANET,* 288). La Biblia confirma que Ezequías pidió la paz y pagó un pesado tributo (2 R 18.13-16).

En este punto, la evidencia se vuelve ambigua. Judá fue devastada y perdió su independencia, pero Jerusalén no fue capturada o destruida por los asirios. Ezequías (un cabecilla de la revuelta) volvió a ser un vasallo, pero no perdió su trono. En sus anales Senaquerib se adjucó la victoria total sobre Judá, mientras que la registra una masacre de asirios (185 mil de acuerdo con 2 R 19.35 = Is 37.36; cf. 2 Cr 32.21) por un ángel de Dios. Los rumores de reveses políticos o militares (2 R 19.7 = Is 37.7) pueden haber inducido a Senaquerib a regresar a la capital asiria Nínive, donde más tarde fue asesinado por sus hijos (2 R 19.36-37 = Is 37.37-38; 2 Cr 32.21). Algunos eruditos han afirmado que la evidencia apunta a dos campañas militares separadas por Senaquerib contra Judá (en 701 y otra vez 10 o 15 años más tarde). La mayoría de los eruditos de hoy prefieren ver en estos informes tendenciosos relatos de una sola campaña.

También hay cierta ambigüedad en la relación de Ezequías con los profetas de Judá. Miqueas e Isaías fueron sus contemporáneos. No hay evidencia bíblica de que Ezequías tuviera contacto con Miqueas, aunque una generación posterior acredita al rey con la tolerancia hacia su mensaje (Jer 26.18-19). Isaías, sin embargo, a menudo proporciona orientación a Ezequías (2 R 19.2-7, 20-34 = Is 37.2-7, 21-35). Aunque Isaías animó a Ezequías a resistir a los asirios cuando calumniaron a Dios (2 R 19.32-34 = Is 37.33-35), parece probable que en un principio se opuso a los planes de Ezequías de rebelarse contra Asiria (Is 30.1-17; 31.1-5).

Las reformas religiosas de Ezequías fueron desmanteladas por su hijo Manasés. Sus intentos de convertirse políticamente independiente trajeron sólo devastación y la carga de pesado tributo a Judá. Sin embargo, el ejemplo de piedad de Ezequías, fidelidad, y celo por Dios dio un nuevo impulso a posteriores reformas religiosas exitosas.

Bibliografía. R. E. Clements, *Isaiah and the Deliverance of Jerusalem.* JSOTSup 13 (Sheffield, 1980); R. H. Lowery, *The Reforming Kings: Cults and Society in First Temple Judah.* JSOTSup 120 (Sheffield, 1991); A. R. Millard, «Sennacherib's Attack on Hezekiah,» *TynBul* 36 (1985): 61-77; F. L. Moriarty, «The Chronist's Account of Hezekiah's Reform,» *CBQ* 27 (1965): 399-406; J. Rosenbaum, «Hezekiah's Reform and the Deuteronomistic Tradition,» *HTR* 72 (1979): 23-43.

Timothy A. Lenchak

2. El jefe de una familia que regresó de Babilonia con Nehemías después del exilio (Esd 2.16 = Neh 7.21 = 1 Esd 5.15). Su nombre babilónico fue Ater, y ambos nombres se encuentran entre los que sellaron el pacto renovado (Neh 10.17[TM 18]).

3. Un antepasado del profeta Sofonías (Sof 1.1), tal vez el mismo **1** anterior.

EZEQUIEL (Heb. *yĕḥezq'ēl*), **LIBRO DE**

Un libro de los profetas mayores, atribuido al profeta Ezequiel.

El Profeta

Ezequiel, el hijo de un sacerdote llamado Buzi, estaba entre los ciudadanos líderes de Judea desterrados, con el rey Joaquín, a Babilonia en 597 a.C. Su llamado a ser un profeta es fechado hasta el 13 de julio 594, y su último oráculo registrado hasta el 10 de abril 574 (siguiendo las equivalencias cronológicas de Ernst Kutsch; la referencia al año treinta de Ezequiel en 1.1 no ha sido satisfactoriamente explicada). Tenemos poca información biográfica, y el matrimonio de Ezequiel sólo es conocido debido al aviso sobre la muerte de su esposa en 24.15-24. Un contemporáneo del profeta de Judea fue Jeremías, que él no menciona. Su conocimiento contemporáneo de Jerusalén puede ser explicado por su propia experiencia anterior allí o por informes que llegaron de los exiliados en Mesopotamia. Su comportamiento sacerdotal extraño puede ser casi siempre interpretado como señal de sus opiniones apasionadas.

de juicio o esperanza, y no como evidencia de desequilibrio emocional o hasta psicosis.

El Libro

El libro de Ezequiel se divide en tres secciones principales: caps. 1–24, oráculos de juicio contra Judá y Jerusalén; caps. 25–32, oráculos contra naciones extranjeras; y caps. 33–48, palabras de esperanza. El vocabulario característico y las expresiones en el libro incluyen «mortal» como la designación de Dios para el profeta; «casa de Israel»; «conoced (usted o 'ellos') que soy el Señor», y muchas palabras en común con los documentos del pentateuco H y P. El gran número de palabras de discusión en el libro indica que el profeta experimentó oposición considerable durante su propia vida. Cuatro grandes relatos de visión (caps. 1–3; 8–11; 37; 40–48) dominan la estructura del libro.

El simbolismo complejo y vivo en cap. 1 connota la realidad de Dios que apareció al profeta y su movilidad, mostrada por su presencia en Babilonia, lejos del templo y la tierra prometida. En el informe de su llamado, Ezequiel es instruido a transmitir obedientemente un mensaje caracterizado como lamentación, luto, e infortunio, sin tener en cuenta si la gente escuchó o no (3.11). El párrafo del vigilante (3.16-21; cp. 33.1-9) limita la responsabilidad profética a dar una advertencia sobre el asalto inminente de Dios sobre Jerusalén. El relato del atalaya en cap. 33 insiste que Jehová no desea la muerte del malo, pero sólo que ellos se vuelvan de sus malos caminos y vivan.

Doce actos simbólicos son registrados en Ezequiel, ligeramente más que para su contemporáneo Jeremías y sobrepasando por mucho el número en la profecía más antigua.

La respuesta estoica de Ezequiel a la muerte de su esposa anticipa la respuesta de los exiliados a la destrucción del templo y la muerte de sus propios parientes (24.15-24). Su periódico enmudecimiento durante sus primeros años sólo es roto cuando Dios le permite o autoriza a hablar (3.22-27), pero su mutismo termina cuando un refugiado de la ciudad capturada de Jerusalén llega a Babilonia (24.25-27; el 33.21-22) y la boca de Ezequiel es liberada para hablar el pasaje de esperanza sostenido más largo en la Biblia. Él representa el sitio de Jerusalén (4.1-3), lleva la culpa del pueblo como su sustituto (vv. 4-8), come raciones limitadas como una persona en un sitio (vv. 9-11), y se opone a comer pan horneado en carbón hecho de estiércol humano, sólo para hacer a Jehová mitigar este destino ligeramente permitiéndole usar combustible hecho de estiércol de animal (vv. 12-15). En 5.1-4 Ezequiel quema una tercera parte de su pelo, corta en pedazos otra tercera parte de él con una espada, y dispersa la tercera parte final para representar lo que sucederá a la gente en la caída de Jerusalén. El versículo 3 introduce la idea de un remanente mediante el símbolo de unos pelos atados en la falda de su manto. Otros actos simbólicos están en 12.1-16, 17-20; 21.6-7, 8-13; y 37.15-28, el único acto simbólico con un mensaje positivo.

En la gran visión de juicio en caps. 8–11, Ezequiel es transportado a Jerusalén para observar las abominaciones, o pecados de culto, en el templo. Él entonces también ve a verdugos pasar por la ciudad para golpear al viejo y al joven por igual, pero poco después de que una figura sacerdotal ha colocado señales en todos aquellos que suspiran o gimen sobre las abominaciones de la ciudad, indicando que a ellos se les perdonará el castigo. La primera parte de esta visión termina con una descripción de la gloria de Jehová que se mueve del templo a un carro de trono estacionado cerca y luego dirigiéndose el exilio. El Dios que pronuncia el juicio contra Jerusalén es el mismo que había llamado a Ezequiel para ser un profeta en el exilio. En la segunda parte de esta visión, Pelatías el hijo de Benaía cae muerto mientras Ezequiel profetiza (11.1-13). El significado de su muerte puede estar en su nombre, el que significa algo así como «Jehová entrega», el hijo de «Jehová aumenta». Si una persona con tal nombre no puede evitar el juicio de Jehová, ¿quién puede?

En caps. 14, 18, y 33 Ezequiel desarrolla una discusión teológica sofisticada en un número de cuestiones disputadas. Él cree que es posible que los exiliados se arrepientan, y esta posibilidad no es restringida por el comportamiento de generaciones anteriores o hasta por la conducta de la generación actual en etapas más antiguas de su vida. La justicia de una persona no puede invertir el justo castigo afrontado por otros en la comunidad que son malos o hasta el justo castigo afrontado por los propios malos descendientes de aquella persona.

La mala conducta no arrepentida hará nulas las bendiciones contenidas en las promesas de Jehová.

En el cap. 20 Ezequiel simbólicamente vuelve a contar la historia de Israel, indicando que Jehová se había propuesto destruir al pueblo antes de que ellos hubieran salido de Egipto (v. 8), y que el exilio había sido determinado como su destino antes de que ellos entraran en la tierra (vv. 23-24). De ahí que preguntarle a Jehová durante el exilio es considerado inadmisible por Ezequiel (v. 31). No obstante, Jehová actuaría como rey para liberar a su pueblo de sus varios lugares de exilio, separando en el proceso a todos los rebeldes y traidores, antes de conducirlos de regreso a Sión (vv. 32-44). Por medio de imágenes de impureza sexual femenina, lindando con la vulgaridad, Ezequiel procesa a Jerusalén y Samaria (caps. 16, 23), y compara Jerusalén desfavorablemente con Samaria y Sodoma debido a su mayor maldad (16.47-48). La tendencia patriarcal de ambos capítulos es problemática a lectores modernos.

Los oráculos contra las naciones en caps. 25–32 dirigidos a siete países: Amón, Moab, Edom, Filistea, Tiro, Sidón y Egipto. Visible por su ausencia es Babilonia. Este silencio puede ser explicado por la conveniencia política o por el hecho de que Ezequiel vivió a principios del período del exilio, cuando podría haberse dado más alta prioridad al destino de las naciones que rodean a Israel que a la gran potencia mundial misma. Los oráculos contra las naciones son por lo general vistos como una especie de terreno neutral entre palabras de juicio contra Israel y palabras de esperanza para Israel. Ezequiel sostiene que la gloria y la santidad de Jehová sólo podrían ser mantenidas si las naciones fueran juzgadas, y si Israel, más allá de su juicio presente, fuera finalmente salvado.

Las palabras prometedoras de caps. 33–37 llegan a su punto culminante en 37.24b-28, que promete la posesión eterna de la tierra, un príncipe davídico eterno, un pacto eterno, y un santuario eterno en medio de Israel. En la visión del valle de los huesos secos (37.1-14), Ezequiel afirma que un futuro es posible para Israel sólo por el poder de Dios, y él describe aquel poder a través de acciones que sólo pueden ser realizadas por Jehová, como creación, éxodo y resurrección. La meta suprema de la liberación es el conocimiento de Jehová (37.6, 13-14).

Antes de explicar la futura promesa detalladamente, el libro de Ezequiel se adelanta a un tiempo después de que Israel ha sido devuelto a la tierra, cuando es amenazado por una invasión misteriosa desde el norte (caps. 38–39). Gog de Magog (quizás una alusión mitológica a Gyges de Lidia) será traído por Jehová contra Israel, pero entonces será completamente derrotado en la tierra, con la gente que destruye sus armas y sepulta a sus muertos. Posteriormente, Jehová invitará a todo tipo de ave y animal salvaje, es decir, la familia no humana entera, a un gran banquete de victoria, en el cual los soldados derrotados y sus animales son servidos como el plato principal. Estos capítulos demuestran que ninguna nación enemiga invadirá jamás la Tierra Santa otra vez con éxito.

El tema de la presencia de Jehová con su pueblo es el motivo central en la visión final del libro (caps. 40–48). Ezequiel es conducido alrededor del templo y sus alrededores y se le dan las dimensiones del nuevo santuario que será construido allí (40.1–44.3). Al final de esta descripción, Ezequiel ve la gloria del Dios de Israel regresar desde el este y entrar de nuevo en el templo por la puerta oriental (43.1-5). Su guía le informa que la puerta oriental siempre permanecerá cerrada de manera que nadie cruzara jamás el mismo camino que Jehová tomó al templo (44.2), pero implicando también que Jehová nunca se marcharía otra vez por aquella puerta. La tierra es puesta aparte para «el príncipe» (el término que Ezequiel usa para el rey o mesías del futuro; cp. 34.24; 37.25), a fin de darle ingresos suficientes de manera que él no sea tentado a oprimir a aquellos que él gobierna (45.7-8). En general, Ezequiel tiene una opinión baja de los reyes durante su vida (caps. 17, 19, 34). Uno de los papeles principales del futuro príncipe será como una figura principal en la adoración, con el resultado de que él es asignado un lugar favorecido en la puerta oriental durante los rituales de sacrificio (46.2). Una corriente que viene del templo significa la presencia renovada de Jehová con el pueblo, y esto trae la nueva vida al desierto de Judea y hasta el mar Muerto (47.1-12; cp. Gn 2.10-14; Sal 46.4-5 [TM 5-6]; Joel 3.18 [4.18]; Zac 14.8). La división de la tierra entre las tribus da a cada una la misma cantidad de territorio (implicación de igualdad), todos en el lado occidental del Jordán (implicación que la separación del territorio considerada religiosamente sospechosa, Jos 22.26-29), y el libro concibe el arreglo de la tierra en zonas de santidad: el templo, sus sacerdotes, y los levitas están en el centro de la tierra, y al lado de esta área sagrada vienen cuatro tribus al norte y cuatro al sur que descienden de una de las mujeres de Jacob. Las tres tribus más apartadas al norte y la tribu más apartada en el sur descienden de las criadas de las mujeres. El último versículo del libro pudiera ser secundario, pero expresa bien la idea teológica central que ha sido desarrollada a lo largo de la visión final: «el nombre de la ciudad desde aquel día será Jehová-sama» (Ez 48.35).

Bibliografía. L. C.Allen, *Ezekiel 1–19.*WBC 28 (Waco, 1994); *Ezekiel 20–48.*WBC 29 (Waco, 1990); J. Galambush, *Jerusalem in the Book of Ezekiel.* SBLDS 130 (Atlanta, 1992); M. Greenberg, *Ezekiel 1–20.* AB 22 (Garden City, 1983); R. W. Klein, *Ezekiel: The Prophet and His Message* (Columbia, S.C., 1988); W. Zimmerli, *Ezekiel 1.* Herm (Filadelfia, 1979); *Ezequiel 2.* Herm (Filadelfia, 1983).

Ralph W. Klein

EZEL (Heb. *hāʾāzel*)
Una piedra donde Jonatán y David consintieron en encontrarse después de que David huyó de Saúl (1 S 20.19) y donde ellos se dieron el adiós el uno al otro (vv. 35-42). Su ubicación precisa se desconoce.

EZEM (Heb. *ʿeṣem*)
Ciudad asignada a Simeón (Jos 19.3; 1 Cr 4.29), más tarde incluida en Judá cuando Simeón fue asimilado (Jos 15.29). El sitio ha sido provisionalmente identificado con Umm el-ʿAzam (140055), c. 36 km (20 mi) sureste de Beerseba. Su mención posible en un ostraca de Tell esh-Shariʿa sugiere que el asentamiento puede haber estado localizado norte de Beerseba, quizás identificado con el de igual manera llamado Umm el-ʿAzam.

Laura B. Mazow

EZEQUÍAS (Heb. *yĕḥizqîyāhû*)
Hijo de Salum, uno de los jefes de la tribu de Efraín en tiempos del rey Peka (2 Cr 28.12).

EZER (Heb. *ʿēzer, ʾēṣer*)

1. El sexto hijo de Seir y jefe de un clan horeo en Edom (Gn 36.21, 27, 30; 1 Cr 1.38, 42).

2. Descendiente de Judá, el padre de Husa (1 Cr 4.4).

3. Un descendiente de Efraín, asesinado por los habitantes de Gat cuando él asaltó a su ganado (1 Cr 7.21).

4. El jefe de los guerreros gaditas que se unieron a David en su fortaleza en Siclag (1 Cr 12.9 [TM 10]).

5. El hijo de Jesúa y jefe de Mizpa que ayudó en la reconstrucción de los muros de Jerusalén en el tiempo de Nehemías (Neh 3.19).

6. Un sacerdote que participó en la dedicación de los muros reconstruidos de Jerusalén (Neh 12.42).

EZIÓN-GEBER (Heb. *ʿesyôn geḇer*)
Ciudad en Edom en el Golfo de Akaba, listada como un lugar de descanso a través de la ruta tomada en el éxodo (Nm 33.35-36). David puede haber capturado este pueblo cuando sometió a Edom (2 S 8.13-14). Salomón construyó una flota de barcos aquí (1 R 9.26 = 2 Cr 8.17; cp. 10.22). Con la muerte de Salomón la región volvió al control de Edom. Ezión-geber fue conquistada por Josafat de Judá, que también construyó barcos allí, pero éstos fueron destruidos (1 R 22.48; 2 Cr 20.36) como justo castigo divino para su alianza con Ocozías (v. 37). Amasías derrotó a los edomitas (2 R 14.7), y su hijo Uzías reconstruyó el sitio (v. 22). Muchos arqueólogos, siguiendo a Nelson Glueck, afirman que Ezión-geber estuvo localizada en moderno Tell el-Keleifeh (147884) en la punta norte del Golfo de Akaba, c. 457 m (550 yd) de la orilla. La Biblia lo localiza «cerca de Elot (o 'Elat')» en la orilla del Mar Rojo (1 R 9.26). Aunque Ezión-geber y Elat sean tradicionalmente vistos como asentamientos distintos, muchos eruditos los consideran como nombres diferentes para el mismo sitio.

El rasgo principal de Tell el-Keleifeh es una serie de paredes con agujeros que Glueck tomó como canales de aire y conductos de humos. Estas paredes habían soportado tal calor intenso que se convirtieron en horno horneado. Además tienen rastros de azufre y varios otros metales. Al principio entonces, Glueck concluyó que él había encontrado los restos de una refinería expresamente diseñada para hacer uso de los vientos del Golfo para sobrecalentar los fuegos en una fundición de cobre. Más tarde, él completamente revisó sus conclusiones para sugerir que los agujeros realmente apoyaron travesaños de madera que habían sido destruidos por el fuego, e identificó la estructura como un almacén y granero. La destrucción de este y otros edificios puede ser unida a la invasión de los egipcios bajo Sisac c. 925 (cp. 2 Cr 12.4).

Una suposición más reciente para la ubicación se ha centrado en la isla de Jezîrat Far'ôn/Isla Coral, que parece ofrecer un puerto natural para barcos.

Watson E. Mills

EZRAÍTA (Heb. *ʾezrāḥî*)
Una forma alterna del gentilicio zeraita, designando a los descendientes de Zera (1 Cr 2.6). Etán y Hemán fueron miembros famosos de este clan (1 R 4.31 [TM 5.11]; cp. las inscripciones de Sal 88-89).

EZRI (Heb. *ʿezrî*)
El hijo de Celub; supervisor de los trabajadores en las tierras de la Corona de David (1 Cr 27.26).

F

FÁBULA

Narración o declaración ficticia en la que hay acontecimientos maravillosos en circunstancias inusuales, por lo general involucra a animales o plantas que hablan y actúan como seres humanos. La fábula, que se originó como una tradición popular oral, busca tanto entretener como enseñar una lección moral. El género era conocido en la literatura del antiguo Cercano Oriente siglos antes de que apareciera en la literatura hebrea. También hay representantes ilustrativos del segundo milenio a.C., que involucran animales y plantas, que sugieren que se está ilustrando un momento crucial en una supuesta fábula.

Uno de los mejores ejemplos del género de la fábula se encuentra en Jueces 9.7-15, la narración de los esfuerzos de Abimelec por establecer un reinado en Israel. La actitud negativa hacia el reinado se ilustra gráficamente en la fábula de Jotam, del abrojo o la zarza (Abimelec), que fue elegido rey en lugar de los árboles más valiosos, el olivo, el higo y la vid (los hijos de Jerobaal). El olivo, la higuera y la vid, cada uno ofrece largas razones de forma poética por qué no pueden estar de acuerdo con la petición de los árboles para gobernar sobre ellos, pero la zarza acepta con condiciones.

Otro ejemplo de una fábula que presenta plantas parlantes aparece en 2 Reyes 14.8-10 (cf. 2 Cr 25.18). El Rey Joás envió un mensaje al Rey Amasías de Judá, en el que, simplemente, mencionaba al «cardo que estaba en el Líbano» que arrogantemente decía al «cedro que está en el Líbano: «Da tu hija por mujer a mi hijo». Esta arrogancia se encontró con una fiera salvaje del Líbano, que arrolló al cardo.

La serpiente que habla en el Jardín del Edén en Génesis representa un elemento fabulístico en esta historia primigenia de la tentación, la desobediencia y la caída de la gracia. La leyenda popular de la asombrosa asna de Balaam que habla (Nm 22.21-35) es un ejemplo más largo y complejo del género que se narra de una manera humorística e irónica. Salomón, que hablaba «de árboles» y «de bestias», también pudo haber tenido una reputación como fabulista (1 R 4.33[TM 5.13]).

Las traducciones nuevas del NT traducen el gr. *mýthos* (1 Ti 1.4; 2 Ti 4.4; 2 P 1.16) como «cuentos», «historias» y «leyendas» en lugar de «fábulas» como lo traduce la RVR60.

William R. Goodman, Jr.

FAJAS O PAÑALES

Bandas de tela que se usaban para envolver a un bebé (Ez 16.4; Sab 7.4; cf. Job 38.9) o para ajustar una extremidad rota (Ez 30.21). Después de que el pañal se doblaba alrededor del bebé, se le enrollaban tiras de tela desde el ombligo hasta los pies. La costumbre asumía que el movimiento restringido de las piernas del bebé las fortalecería. En Lucas 2.7, 12 el que María envuelva al bebé en pañales es parte de la señal que los ángeles dan a los pastores para identificar a Jesús como el Mesías. Los pañales también denotan que los padres de Jesús le habían dado un cuidado apropiado (cf. Sap 7.4).

Emily Cheney

FALSOS PROFETAS

Profetas que hablan en el nombre de Baal (p. ej. 1 R 18.19-40) o, más frecuentemente, que hablan mentiras en el nombre del Señor (Mi 3.5-8; Jer 4.9-10).

Una serie de pruebas definían a un falso profeta (gr. *pseudoprophētēs*). Si la palabra del profeta no se cumple, entonces el profeta es falso (Dt 18.22; cf. Jer 28.9). Pero esta prueba es útil sólo después de los hechos, no antes de que ocurra el desastre. Por otra parte, hasta algunas palabras de los profetas genuinos no se hicieron realidad (p. ej. Am 7.11a). A los falsos profetas se les condenaba por los sueños (Dt 13.1-3; Jer 23.25-38; Ez 13.9), pero los sueños también eran aceptables (Gn 28.10-22). Los falsos profetas participaban en actividades extáticas (1 R 18.19-40; 22.5-23), pero profetas extáticos también fueron aceptables como profetas genuinos (1 S 10.9-13). Los falsos profetas afirmaban tener el espíritu del Señor (1 R 22.24), pero también los profetas genuinos (Mi 3.8; Is 61.1). Debido a estas ambigüedades, la gente tenía dificultades para elegir entre los profetas verdaderos y los falsos.

Los factores decisivos parecían ser que los falsos profetas no asistían al concilio del Señor (Jer 23.18) y que no eran enviados por Dios (v. 21). Tenían sus propias visiones (Jer 23.16), usaban visiones mentirosas y adivinaciones sin valor (Mi 3.7; Ez 13.3, 6). Daban a la gente falsa confianza al decirles que la espada no vendría (Jer 4.10; 6.14; Ez 13.10).

La iglesia primitiva estaba muy consciente de los peligros que representaban los falsos profetas, quienes podrían distraer a los creyentes de las responsabilidades del discipulado cristiano (cf. Did. 11.3-12). Jesús advirtió de esas personas «que vienen a vosotros con vestidos de ovejas, pero por dentro son lobos rapaces» (Mt 7.15). Afirmaban poderes sobrenaturales (1 Jn 4.1) y practicaban el exorcismo, utilizando el nombre de Jesús (Mt 12.27; Hch 19.13-16). El mago judío Barjesús (Elimas), que se opuso a Pablo y Bernabé era un falso profeta (Hch 13.6). En tiempos de agitación social, el número de falsos profetas parece haber aumentado (cf. 2 P 2.1-3); en consecuencia, que ocuparon un lugar destacado en las percepciones cristianas del fin del tiempo (Mr 13.22 par.; cf. Ap 16.13; 19.20; 20.10).

Martin Buber sostiene que los falsos profetas desarrollaron su mensaje de los deseos y anhelos que eran comunes en ellos y su gente, y este mensaje de cumplimiento de deseos hizo que Israel se desviara. Es posible que los falsos profetas no tuvieran la intención de engañar a los israelitas; simplemente se vieron enredados en un mundo de anhelos y deseos.

Bibliografía. M. Buber, *The Prophetic Faith* (New York, 1960), esp. 176-80.

Lawrence A. Sinclair

FALU (Heb. *pallû'*)
Un hijo de Rubén (Gn 46.9; Ex 6.14; 1 Cr 5.3). Él fue el padre de Eliab (Nm 26.8) y antepasado de los faluitas (v. 5).

FAMILIA
Véase Casa del Padre, Casa, Casa de la Madre.

FANÁTICO, El (Gr. *Thássi*)
Apodo de Simón el asmoneo (4), hijo segundo de Matatías (1 Mac 2.3)

FANUEL (Gr. *Phanouḗl*)
El padre de la profetisa Ana de la tribu de Aser (Lc 2.36).

FARAÓN
Egyp. *pr-ʿꜣ* (lit., «gran casa»), originalmente designa el palacio real del rey de Egipto. Para la 18ª dinastía (c. 1560-1320 a.C.) «faraón» designaba no sólo la residencia real, pero la autoridad real, personificada en el propio rey, al igual que la «Casa Blanca» podría referirse a la residencia del Presidente de los EE.UU. o el Presidente (por ejemplo, «La Casa Blanca dijo que...»).

El título aparece en el AT como una locución genérica para «rey de Egipto.» Los episodios que involucran faraones (sin nombre) incluyen la estancia de Abraham en Egipto (Gn 12.10-20); El ascenso de José al poder y la permanencia de Israel en Egipto (Gn 39–50); la liberación de Israel de Egipto (Ex 1–15); y el matrimonio de Salomón con la hija de Faraón (1 R 3.1). Específicamente nombrados son los faraones: Sisac (1 R 11.40; 14.25-26), So (2 R 17.4), Necao (23.29-30), Tiraca (19.9 = Is 37.9), y Hofra (Jer 44.30).

En el NT la palabra «faraón» se produce en las referencias a la permanencia y liberación de Israel (Hch 7.10, 13, 21; Ro 9.17; Heb 11.24).

Bibliografía. A. F. Rainey, ed., *Egypt, Israel, Sinai: Archaeological and Historical Relationships in the Biblical Period* (Tel Aviv, 1987).

Jeffrey C. Geoghegan

FARATÓN (Gr. *Pharathōn*)
Una ciudad en Judea, una de las fortificadas por Báquides, gobernador seléucida de la provincia del otro lado del río (1 Mac 9.50). La ciudad no debe ser identificada con Piratón efraimita (Jue 12.13-15).

FARES (Heb. *pereṣ*; Gr. *Phárēs*)
Hijo de Judá y Tamar, el hermano gemelo de Zara, y antepasado de David (Gn 38.29; 46.12) y Jesús (Mt 1.3; Lc 3.33). Él fue el antepasado epónimo de los faresitas (Nm 26.20).

FARFAR (Heb. *parpar*)
Un río en Siria mencionado con el Abana en 2 Reyes 5.12. Se cree generalmente que es el moderno Nahr el-Aʿwaj, 16 km (10 mi) sur de Damasco.

FARISEOS (Gr. *Pharisaíoi*)
Un grupo importante dentro del judaísmo del período tardío del Segundo Templo (siglo II a.C.–siglo I d.C.). Debido a que no tenemos ningún texto sobreviviente escrito por un fariseo comprometido y no hay hallazgos arqueológicos que los mencionan, la reconstrucción de los objetivos y los puntos de vista de los fariseos tiene que depender de los escritos de terceros: los escritores del Nuevo Testamento, el historiador judío del siglo I Flavio Josefo, y los autores de la literatura rabínica. Ninguno de estos extraños, sin embargo, estaba primordialmente interesado en la explicación de quiénes eran los fariseos.

Las tres colecciones de origen, a pesar de que entienden a los fariseos de manera muy diferente, apoyan las conclusiones que: Eran una asociación laica (no sacerdotes) que se cree eran expertos en las leyes; eran, en un sentido sociológico, «retenedores» que mediaban en el poder entre la aristocracia y las masas; promovieron una tradición viva especial, además de las leyes; que estaban muy interesados en las cuestiones de pureza ritual y el diezmo; y creían en otra vida, el juicio, y un mundo espiritual organizado densamente poblado. Pocos críticos de hoy harían las confiadas declaraciones que caracterizaron a la erudición de hace una generación en relación con el significado del nombre de los fariseos («separatistas,» «los consagrados,» «persas,» «prescriptores»), la fecha y las circunstancias de su origen (en los tiempos de Esdras, después de la rebelión macabea, de los Hasidim), el grado de su participación en la apocalíptica, y su plataforma política. Es plausible que los fariseos hayan surgido de la crisis a raíz de la rebelión de los macabeos, pero no se puede decir más en este punto.

La cuestión controvertida con mayor vigor hoy se refiere al grado y forma de la influencia de los fariseos sobre la población de Judea-Galilea en la época de Jesús y Pablo. Los autores del NT utilizan a los fariseos principalmente como un contraste negativo para Jesús. Pablo es el único escritor conocido por nosotros que realmente vivió como un fariseo (Fil 3.5), pero debido a que sus escritos están totalmente condicionadas por su encuentro con el Cristo resucitado (él rechaza su pasado farisaico como «basura»; v. 8), es peligroso hacer inferencias sobre el fariseísmo de ellos. El conocimiento bíblico experto de Pablo viene, sin duda, de su vida anterior como fariseo, y ciertos aspectos de su visión del mundo (la creencia en la resurrección y poderes espirituales) probablemente también continúan de ese pasado.

Marcos y Juan retratan a los fariseos como elementos clave de la batalla cósmica entre Jesús y los espíritus malignos. Agrupados en un liderazgo judío apenas diferenciado, que se presenta como hostil a Jesús desde el principio y en alianza con el demonio (Mr 3.6, 19-30; Jn 8.13, 22, 44). En ambos textos los fariseos aparecen como el grupo judío más importante en el entorno de Jesús. Marcos los muestra como preocupado por cuestiones de pureza, el diezmo, y la interpretación legalista (Mr 2.1–3.6). Marcos también les atribuye una tradición extrabíblica especial, que Jesús denuncia como mero artificio humano (Mr 7.5-8).

Mateo a menudo une a los fariseos y los saduceos, incluso con los jefes de los sacerdotes, para retratar a todos como el liderazgo del antiguo Israel (Mt 3.7; 16.1, 6), de quien se tomará el reino (8.12; 21.43-45). Sin embargo, las tensiones permanecen, los fariseos son «guías ciegos», cuyas enseñanzas son perjudiciales (Mt 15.14; 16.11-12), y los que «se sientan en la cátedra de Moisés», cuyas enseñanzas se deben observar, incluso mientras se evitan sus prácticas (23.2-3). Mateo presenta observaciones específicas sobre el uso de las filacterias y flecos de los fariseos y acerca de su preocupación por el diezmo (Mt 23.5, 23). Este Evangelio asume su protagonismo en la vida de Galilea-Judea.

La interpretación de Lucas de los fariseos recuerda los retratos de los sofistas en textos helenísticos: los profesores respetados de la gente común, que vienen a escudriñar las actividades de Jesús (Lc 5.17). Aunque a veces críticos de él, sin embargo, se dirigen a él respetuosamente como un compañero de profesión, lo invitan a cenar con regularidad, e incluso tratan de ayudarle en los problemas (Lc 7.36; 11.37; 13.31; 14.1). Jesús es mucho más estridente en su crítica de ellos por faltas del sofista típico: por estar hambrientos de dinero, complacientes, e ineficaces para lograr un cambio verdadero (Lc 11.39-44; 12.1; 16.14-15; 18.9-14). Los fariseos de Lucas quedan fuera de Jerusalén, por lo que se distingue claramente de las autoridades del templo.

En Hechos esta apertura sigue al principio, sobre todo en la persona de Gamaliel, un influyente miembro del Sanedrín (Hch 5.33-39). Sin embargo, con la ejecución de Esteban, Hechos presenta una activa oposición judía al «camino» cristiano

(Hch 8.1-3). Algunos fariseos se convierten, y siguen siendo más celosos de la observancia exacta de la Torá (Hch 15.5). En efecto, los Hechos afirma que los fariseos son la más escrupulosa precisión de las escuelas (Hch 22.3; 26.5). Cuando fue llevado ante el Sanedrín, el Pablo de Hechos es capaz de hacer un uso inteligente de la famosa oposición de los fariseos a los saduceos sobre el tema de la resurrección (y ángeles) para desviar las acusaciones contra él.

Flavio Josefo, un representante de la aristocracia sacerdotal, escribió la *Guerra de los Judíos* a finales de los años 70 a fin de persuadir a los lectores griegos que la reciente pérdida judía ante Roma (66-74) no fue una derrota del Dios judío y que la mayoría de los judíos no tenían nada que ver con la revuelta. Al relatar la historia anterior como prueba de la buena ciudadanía de los judíos, menciona a los fariseos a propósito como una fuerza destructiva, debido al poder desmesurado que ejercían bajo la reina asmonea Alejandra (*BJ* 1.110-14) y más tarde bajo Herodes (1.571). Cuando la revuelta contra Roma estalló finalmente, sin embargo, los fariseos más eminentes se unieron a las autoridades del templo para tratar de disuadir a los revolucionarios, pero fueron igualmente infructuosos (BJ 2.411). Al describir las tradiciones filosóficas de los judíos, Josefo menciona brevemente que los fariseos, a diferencia de los saduceos, creen en la vida después de la muerte, el juicio, y el destino o la providencia e (*BJ* 2.162-66).

En las *Antigüedades de los Judíos/Vida,* Josefo presenta los fariseos como el más influyente de los partidos judíos, a pesar de que ellos no controlan oficialmente los órganos de poder, que se centran en el templo. Él repudia de manera consistente y cáusticamente sus actividades, ya sea bajo el príncipe asmoneo Juan Hircano, Alejandra, Herodes el Grande, o incluso como comandante de las fuerzas de Galilea en la revuelta: supuestamente utilizan su vasto apoyo popular para causar problemas para los líderes adecuados, es decir, para Josefo y los aristócratas (*Ant.* 13.288, 400-432; 17.41-45; *Vita* 189-98). Él vuelve a citar su doctrina de la vida futura y su tradición extrabíblica especial, que Josefo afirma los congracia con las masas (Ant. 13,297 a 98; 18,12-15). A lo largo de toda su obra, Josefo reitera la reputación de los fariseos como la más rigurosa de las escuelas en la interpretación de las leyes (*BJ* 1.110; 2.162; *Ant.* 17.41; *Vita* 191).

La literatura rabínica es extremadamente compleja y de múltiples capas, escrita en hebreo y arameo de los siglos III a VI d.C., en Galilea y Babilonia. Debido a que esta literatura menciona entre sus figuras fundadoras algunos que en otros lugares están relacionados con los fariseos (sobre todo Hillel y Shamai y la familia de Gamaliel), los estudiosos han identificado tradicionalmente a los fariseos con los rabinos. A los que les gustó lo que encontraron en la literatura rabínica vieron a los fariseos como un partido progresista comprometido a hacer la Torá practicable para todo el mundo. Los que estaban desconcertados y alienados por el estilo rabínico encontraron apoyo para su punto de vista de los fariseos como legalistas insignificantes. Curiosamente, cuando estos textos se refieren a un grupo llamado los *pĕrûšîm,* más de las veces el tono es desfavorable (p.ej., *m. Soṭa* 3.4); los rabinos no llaman a sus propios antepasados *pĕrûšîm.* Los estudiosos no están de acuerdo, también por razones lingüísticas, en la medida en que estos *pĕrûšîm* deben ser identificados con los fariseos (Gr. *Pharisaioi*) de Josefo y el NT.

La tendencia general hoy en día es ver la literatura rabínica temprana como el producto de una pequeña élite, que entró de forma gradual para ejercer influencia sobre los círculos más grandes de judíos hacia el final del siglo II d.C. Esa élite reclamó fariseos notables entre sus fundadores, pero también se hizo cargo del papel de la enseñanza relacionada con el templo. Es probable que no se originó simplemente entre los fariseos, pero en una coalición para sobrevivir de los sacerdotes, escribas, fariseos, saduceos, y otros. La literatura rabínica ya no debe ser utilizada, por tanto, como una evidencia directa de los fariseos.

Bibliografía. L. L. Grabbe, *Judaism from Cyrus to Hadrian,* 2 vols. (Minneapolis, 1992); S. N. Mason, «Chief Priests, Sadducees, Pharisees, and Sanhedrin in Acts,» in *The Book of Acts in Its First Century Setting,* 4: *Palestinian Setting,* ed. R. Bauckham (Grand Rapids, 1995), 115-77; *Flavius Josephus on the Pharisees.* SPB 39 (Leiden, 1991); J. Neusner, *The Rabbinic Traditions About the Pharisees before 70,* 3 vols. (Leiden, 1971); A. J. Saldarini, *Pharisees, Scribes, and Sadducees in Palestinian Society* (1988, repr. Grand Rapids, forthcoming); E. P. Sanders, *Judaism: Practice and Belief, 63* b.c.e.–*66* c.e. (Philadelphia, 1992); G. Stemberger, *Jewish Contemporaries of Jes-*

us: Pharisees, Sadducees, Essenes (Minneapolis, 1995).

STEVE MASON

FASAEL (Gr. *Phasaēlos*)
El hermano mayor de Herodes I el Grande. Su padre Antípatro, procurador de los territorios judíos (Josefo *Ant.* 14.143), nombró a Fasael como gobernador de Judea, a Herodes hizo gobernador sobre Galilea.

Según Josefo, el gobierno de Fasael fue pacífico y marcado por la moderación (*Ant.* 14,158 a 62). Fasael y su padre impidieron que Herodes atacara Jerusalén después de que éste se había enfurecido por el intento del Sanedrín para dictar sentencia sobre Herodes por acciones militares en Galilea (*Ant.* 14.168-85). Sin embargo, los Antipatris eran vistos por los judíos como usurpadores de la dinastía asmonea, cuyos herederos (Aristóbulo II y sus hijos Antígono y Alejandro) fueron el foco de varias rebeliones a lo largo de los años 50 y 40 a.C. Varias delegaciones judías pidieron la eliminación de Antípatro y sus hijos. El asesinato de Antípatro en 43 renovó estos llamados, pero Antonio apoyó a Fasael y Herodes, nombrándolos tetrarcas en 42 (*Ant.* 14.326).

Las invasiones de los partos en el 40 dieron oportunidad a Antígono, el único hijo sobreviviente de Aristóbulo, para reclamar el reino asmoneo. La invasión forzó a Fasael, Herodes, e Hircano II a la defensiva. Atrapados en Jerusalén, Fasael e Hircano buscaron una solución negociada y viajaron a Tolemaida para reunirse con los partos. Ambos fueron puestos bajo arresto; al darse cuenta de que era imposible escapar, Fasael se suicidó (*Ant.* 14.366-69). Herodes huyó a Roma, donde el Senado ratificó su nombramiento por Antonio como rey de los judíos.

Herodes después conmemoró la memoria de su hermano al nombrar la mayor de las tres torres del norte de su palacio en Jerusalén Fasael (*BJ* 5.166). Conocida en la época bizantina como la torre de David, que era una de las pocas estructuras que sobrevivieron a la destrucción de Tito de Jerusalén en el año 70.

THOMAS V. BRISCO

FASAELIS (Gr. *Phasaēlis*)
Una ciudad en el valle del Jordán (Khirbet el-Fasayil), 16 km (10 km) norte de Jericó. Construida por Herodes el Grande en memoria de su hermano Fasael, se la dio a su hermana Salomé en 4 a.C., con la división del reino de Herodes. Aparece en el mapa de mosaico del siglo VI de Madeba.

LAURA B. MAZOW

FASELIS (Gr. *Phasēlis*)
Ciudad en la región de Licia, en la costa sur de Asia Menor, y un punto comercial importante entre el este y el oeste. En 139 a.C., el cónsul romano Lucio la mencionó en una carta a varios líderes del gobierno (1 Mac 15.23) dándoles instrucciones para tratar a los judíos en su región con buenos ojos. Faselis fue capturada en 77 a.C., por los romanos, ya que se había convertido en una base para los piratas de Cilicia.

H. WAYNE HOUSE

FE
Concepto teológico fundamental que representa la correcta relación con Dios. El heb. *ʾmn* y el gr. *pisteúein* demandan una variedad de traducciones además de creencia, fe y confianza, sobre todo fidelidad. Ellos pueden usarse para Dios o los seres humanos. Una pregunta constante implica distinguir la fe personal con la que una persona cree y «la fe» con un contenido objetivo, algo que hay que creer. La teología bíblica generalmente arraiga la fe del NT en el AT, y algunos hablan de un concepto judeo-cristiano, incluso de una noción del AT y NT «fundamentalmente idéntica». En realidad, el hebreo carece de una palabra para «fe» (*ʾĕmûnâ* es poco frecuente y equivale a «fidelidad»). Esto, además de otros factores, provocó que Martin Buber distinguiera dos tipos de fe: la del AT/judaica (*ʾĕmûnâ*), que era una confianza y fidelidad tribal, nacional, basada en el pacto; y la cristiana (gr. *pístis*), que era una persuasión individualista o fe, creencia en algo.

En el AT, junto con *ʾāman*, los términos como *bānaḥ* («confianza; ser confiado, seguro»), *qāwâ* («esperanza»), *yāḥal* y *ḥāḵâ* (ambos «aguardar con esperanza») entran en consideración. La idea básica de *ʾāman* es «constancia», algo que es duradero (Is 33.16) o alguien que es de fiar (8.2). Más importante es el hifil *heʾĕmîn*, «sé firme, adquiere estabilidad», que se usa refiriéndose a una persona o a Dios. Cuando se aplica a los seres humanos, el término frecuentemente tiene una connotación negativa: «no creas o confíes en… (una persona)» (Jer 12.6; Mi 7.5; Job 4.18) o en un mensaje (Gn 45.26; 1 R 10.7; Is 53.1).

Tres sustantivos de *'mn* aparecen en el AT: (1) *'ěmet*, que originalmente significa «estabilidad» (Is 39.8; RVR-1960 «seguridad»), llega a denotar fidelidad o verdad (gr. *alḗtheia*), por parte de una persona (Ex 18.21; RVR60 «de verdad») o de Dios (Sal 31.5[TM6]; 146.6) y de la Palabra de Dios (Sal 119.43; 142; 160). Las obras de Dios son fieles (Sal 111.7), y las promesas expresan fidelidad (Zac 8.8); en este Dios confían los creyentes (Sal 40.11[12], con *ḥesed*). Esta confiabilidad hace posible que los mortales confíen en Dios. (2) El sustantivo *'ěmûnâ* sugiere una conducta que surge de una relación, fidelidad, sobre todo en actitud y conducta internas por parte de una persona (Pr 14.5; 20.6; 1 S 2623) o de Dios (Sal 89.2, 5, 8, 49[3, 6, 8, 50]; Dt 32.4; Is 33.6). (3) El heb. *'āmēn* se utilizaba como respuesta a Dios en oración (Neh 8.6), o con maldiciones rituales (Dt 27.15, 16; Neh 5.13).

Después del llamado de Dios a Abram y la promesa de hacerlo, a él y a Sara, una gran nación y bendición (Gn 12.1-3), la visión y palabra del Señor presentan la promesa de Dios acerca de la posteridad (15.1-5), seguida de un pacto que vinculaba a Dios (no a Abram) a la promesa (vv. 7-21). Como resultado, Abram reconoció el poder de Dios para cumplirla.

En Isaías, el profeta esperará al Dios escondido y tendrá esperanza en él, durante tiempos de crisis cuando Israel negó la fe (cf. Is 7.9; 30.15).

Algunos hacen hincapié en el llamado de Jesús a la fe y a identificarla en las personas; otros encuentran en Jesús solamente a un sabio cínico, o poco que pueda recuperarse. Existe cierto acuerdo en que, según los Sinópticos, Jesús enseñó la fe en Dios (Mr 11.12 par.) como base para la «fe de la oración» (Mr 11.24 par.) y para la «fe que mueve montañas» (11.23 par.; 1 Co 13.2). A diferencia del cuarto Evangelio, donde los milagros pueden producir fe (Jn 2.11; 4.52-54; 20.30-31), para Jesús en los Sinópticos la «fe que suplica» lleva a los milagros (Mr 9.24-27; 2.5, 12 par.; 6.5-6 par.).

Un nuevo uso, y específicamente cristiano, de *pístis* entra en términos de aceptación del *kērygma* o proclamación apostólica del Jesús crucificado y resucitado (Gá 3.2, 5). El gr. *pístis* se convierte en un término técnico para la reacción a la predicación del evangelio, un acto de fe como corresponde a la historia de Jesús junto con la promesa de salvación futura (Hch 4.4, con 3.19-26; 13.48, con los vv. 38-39, 46-47; Ro 10.9-14). Esta esperanza futura era parte del kerygma (1 Ts 1.9-10). Los cristianos son «creyentes» (Hch 2.44; Ro 1.16; 3.22), «los de la familia de la fe» (Gá 6.10).

Pablo hereda y exhibe gran parte de esta temprana comprensión cristiana. La fe personal que viene del oír la palabra y confesar el señorío de Jesús incluye «la obediencia de fe» o compromiso (Ro 1.5; cf. 16.26). De ahí que la fe se relaciona con la ética, en estrecha relación con su expresión hacia el futuro como «esperanza» y hacia otros como amor (1 Ts 1.3; Ro 12.1-2, 9-10; 13.8-10).

La contribución de Pablo implicó relacionar la fe con la justicia y la justificación (cf. Gá 3.6-14; Ro 4). Él conecta la fe con el «evangelio» para salvación (Ro 1.16), con la «paz» y el «acceso a Dios» (5.1-2), con el Espíritu (Gá 3.2, 5, 14), «en Cristo» (Gá 3.25-26). La «reconciliación» equivale a la justificación por fe (Ro 5.9-11), a la «redención» (3.24-25). La «comunión» (*koinōnía*) está conectada con el hecho de que Dios es fiel (1 Co 1.9) y con nuestra participación en Cristo (Fil 3.9-10), y la «gracia» frecuentemente se vincula con la «fe». Para Pablo la fe se convierte en el criterio, no «las obras de la ley» como la circuncisión y las reglas relacionadas con puro y lo impuro, que separaban a los judíos de los demás y por lo tanto imposibilitaban una misión universal.

Algunos cristianos pueden ser «débiles en la fe» (Ro 14.1), mientras que otros pueden ser considerados como «fuertes» o capacitados (15.1). La fe es algo que puede crecer (2 Co 10.15) o se puede carecer en algunos aspectos (1 Ts 3.10), pero después llega a ser fuerte en su convicción (Ro 4.20-22; 14.5). No es estática frente a las amenazas sino dinámica, y se muestra en acción (1 Ts 1.3) a través del amor (Gá 5.6).

Hebreos tiene 32 casos del gr. *pístis*, mayormente en el capítulo 11, acerca de lo que el pueblo de Israel hizo «por fe». Dios es el objeto de la fe (6.1; cf. 11.6). Los destinatarios han llegado a la fe en el mensaje del evangelio (4.2-3; 6.12). Fe significa «plena certidumbre» (10.22) pero existe un grave peligro entre los destinatarios que desertan hacia la incredulidad (3.12; cf. V. 19). En 11.3-12.2 *pístis* puede ser confianza en la promesa de Dios (11.11), que acepta lo que Dios dijo (v. 8), o denota lo que motivó a Abraham a sacrificar a Isaac (vv. 17-18) o lo que movió a Moisés (vv. 24-25) o la forma en que entendemos la creación del mundo (v. 3; cf. 1.2).

Lucas-Hechos hacen énfasis en el llegar a la fe como conversión, «escuchar la palabra, creer y ser salvos» (Lc 8.12-13; Hch 10.43; 13.19; 16.31; 20.21; 24.24). En las historias de milagros, la fe salva (Lc 7.50; 17.19). «Los apóstoles» pueden pedir «al Señor: Auméntanos la fe» (Lc 17.5). María es un modelo de fe en la bienaventuranza de Lucas 1.45. Aparecen preguntas en cuanto a la existencia de la fe en los discípulos (Lc 8.25; 18.8). Jesús ora porque a Pedro no le falte la fe (Lc 22.32). En Hechos «la fe» se convierte en un término para el cristianismo (Hch 6.7; 13.8; cf. Lc 18.8).

La fe surge de la confrontación con la(s) palabra(s) de Jesús (Jn 2.22; 4.41, 50; 5.24) así como de sus obras (milagros) y testimonio de Jesús (1.7; 4.39; 17.20). Tal encuentro demanda una decisión, que lleva a la fe o al juicio (Jn 3.36; 5.24). El concepto juanino de creer también implica «guardar» o «permanecer en» la palabra de Jesús (Jn 14.23; 15.20; 8.31; 15.4), con un énfasis considerable en «conocer» (17.3, 7, 21; 16.27-30; 6.69; 1 Jn 4.16). El cuarto Evangelio también explora la relación de «ver» y «creer», notablemente en la historia de Tomás (Jn 20.25-29; cf. 4.48).

Bibliografía. A. Dulles, *The Assurance of Things Hoped For: A Theology of Christian Faith* (Oxford, 1994); J. D. G.Dunn, *The Theology of Paul the Apostle* (Grand Rapids, 1997); W. Henn, *One Faith: Biblical and Patristic Contributions Toward Understanding Unity in Faith* (New York, 1995); H.-J. Hermisson and E. Lohse, *Faith* (Nashville, 1981); J. Reumann,*Variety and Unity in New Testament Thought* (Oxford, 1991); W. H. Schmidt, *The Faith of the Old Testament* (Philadelphia, 1983); I. G.Wallis, *The Faith of Jesus Christ in Early Christian Traditions. SNTSMS 84 (Cambridge, 1995).*

JOHN REUMANN

FEBE (Gr. *Phoibē*)

Una mujer líder y la diaconisa de la iglesia de Cencrea, el puerto oriental de Corinto. Ella llevó la carta de Pablo a la iglesia de Roma (Ro 16.1-2). Febe aparece por primera vez en una larga lista, lo que indica su importancia para Pablo. La apertura a manera de fórmula de Romanos 16 sugiere que puede ser una carta de recomendación para ella mientras ella viaja. Mencionada sin socio masculino, su libertad de viajar sugiere que Febe era soltera o viuda, habría estado en peligro de viajar sola, y proporciona pruebas de que las mujeres sirven a la Iglesia en las capacidades itinerantes. Tres términos importantes describen a Febe. Ella es «nuestra hermana» (Gr. *adelphē*), una hermana cristiana. Ella es un «diácono» (*diákonon,* no «diaconisa»; no se hace distinción entre el sexo femenino y la actividad masculina), un término técnico de la función cuyos deberes no son evidentemente claros (cf. 1 Tim 3.8-13). Ella era un «benefactor» *(prostátis)* o patrón, utilizado sólo aquí en el Nuevo Testamento, pero un término jurídico común para el patrocinio técnico, lo que indica su responsabilidad de una iglesia que probablemente se reunió en su casa (la forma masculina aparece tres veces en 1 Clemente para referirse a Jesús como «patrón» de los cristianos). En este rol ella ayudó a la iglesia en Cencrea y al propio Pablo. Una cristiana gentil, muy recomendada y aprobada por Pablo, Febe era diácono prominente que sirvió, trabajó, apoyó a una iglesia apostólica y viajó por ella.

Bibliografía. W. D. Tomás, «phoebe: A Helper of Many,» *ExpT* 95 (1984): 336-37.

BONNIE THURSTON

FELIPE (Gr. *Phílippos*)

1. Felipe II, rey de Macedonia (359-336 a.C.). El padre de Alejandro Magno (1 Mac 1.1), fue asesinado antes de embarcarse en una expedición militar contra Persia (Josefo *Ant.* 11.304-5). Él unificó Macedonia, adoptó la cultura griega, y dominó Grecia a través de la Liga de Corinto.

2. Felipe V, rey de Macedonia (221-179 a.C.). Él se levantó en armas contra Roma y fue derrotado de manera decisiva en la batalla de Cinoscefale (198; 1 Mac 8.5). Roma lo dejó en un trono debilitado, actuando como un amortiguador con Siria bajo el poderoso Antíoco III (para un punto de vista de Judea, cf. *Ant.* 12.414).

3. Felipe el frigio, gobernador de Jerusalén bajo Antíoco IV Epífanes, a cuya muerte fue nombrado regente sobre Antíoco V (1 Mac 6.14-17, 55; 2 Mac 9.29). Según 1 Macabeos 6.63 cuando Felipe trató de asumir el control por sí mismo, Lisias (tutor del joven Antíoco según *Ant.* 13.296, 360) lo derrotó en una batalla cerca de Antioquía (c. 164/63 a.C.).

4. Felipe el tetrarca (c. 20 a.C.–34 d.C.).

Véase Herodes (Familia) **13.**

5. Herodes (¿Felipe?), hijo de Herodes y Mariamme II.

Véase Herodes (Familia) **14.**

PETER RICHARDSON

6. Felipe el apóstol y evangelista. En los evangelios sinópticos el nombre Felipe para un seguidor de Jesús ocurre sólo en las listas de los nombres de los doce discípulos/apóstoles (Mr 3.16-19; Mt 10.2-4; Lc 6.14-16; cf. Hch 1.13). En cada caso Felipe es presentado en la quinta posición. En Juan, sin embargo, Felipe juega un papel narrativo en 1.43-46; 6.5-7; 12.20-22; 14.8-9. Se dice que es de Betsaida (Jn 1.44; 12.21), está conectado con los griegos que buscan a Jesús (12.20-21), y sirve como un complemento para el Jesús joánico (6.5-7; 14.8-11). Es tentador concluir que la figura de Felipe era «conocida» por el autor y los lectores del cuarto evangelio.

Aparentemente otro de los primeros cristianos llamado Felipe es introducido en Hechos 6.1-7 como un miembro de los «Siete» nombrado por los apóstoles para cuidar de las viudas helenistas. Lucas, el autor de los Hechos, poseía material tradicional adicional relativo a la actividad y la importancia de este personaje y la usó en Hechos 8, que atribuye a Felipe la expansión del Evangelio fuera de Jerusalén: primero en Samaria (vv. 5-13), y luego «hasta lo último de la tierra» (vv. 26-40), representados en la persona de un convertido etíope. Esta innovadora «evangelización» (cf. 8.4, [5], 12, 35, 40) más allá de los límites del judaísmo representa un cumplimiento significativo de la comisión de Jesús a los apóstoles en 1.8. Después de Hechos 8 la única aparición de Felipe está en 21.8-9, junto con sus cuatro hijas profetisas, como uno de los anfitriones de Pablo en el último viaje a Jerusalén. La designación de Felipe como el «evangelista» en 21.8 representa una conclusión de sentido común sobre la base de su actividad anterior en Hechos.

Fuentes del siglo II son unánimes en su suposición de que el Felipe al que Lucas se refiere (es decir, el Felipe con cuatro hijas proféticamente dotadas, Hch 21.9) fue, de hecho, el apóstol Felipe. Polícrates entendió que este Felipe era «uno de los doce apóstoles» (cf. Eusebio *HE* 3.31.3; 5.24.2). Aún más importante es la identificación presupuesta por Papías (*HE* 3.39.9), quien personalmente conoció a las hijas de Felipe. Ya que Felipe, junto con sus hijas, a menudo es invocado en contextos polémicos del siglo II para legitimar la posición teológica de ese grupo o aquel (en los intercambios polémicos entre Roma y el movimiento Montanista/Nueva Profecía en Asia Menor [cf. Proclo en *HE* 3.31.4], por Heracleón por su posición en contra del martirio [cf. Clemente de Alejandría *Misc.* 4.71.2-3], por Taciano en apoyo de su afirmación de que los verdaderos discípulos deben ser solteros), difícilmente puede imaginarse que la apelación es a cualquier persona distinta de una autoridad claramente reconocida, es decir, un apóstol. Aunque los eruditos persistentemente explican todos estos testigos como «confusos», las pruebas documentales del siglo II no deben ser tan casualmente menospreciadas.

Al menos es posible que Lucas no identifique a Felipe como un apóstol en Hechos debido a su tema que en el primer período los Doce permanecieron en Jerusalén (p.ej., Hch 8.1). Esa estrategia narrativa por parte de Lucas sería directamente comparable con su negación del título de «apóstol» a Pablo (excepto Hechos 14.4, 14) en deferencia a su concepción de que sólo los Doce eran apóstoles.

Bibliografía C. R. Matthews, *Trajectories through the Philip Tradition* (diss., Harvard, 1993); F. S. Spencer, *The Portrait of Philip in Acts.* JSNTSup 67 (Sheffield, 1992).

CHRISTOPHER R. MATEOS

FELIPE, EVANGELIO DE (II,3)

Un Evangelio descubierto en Nag Hammadi en 1945. Existe esta traducción copta de un original griego en una sola recensión y probablemente data del siglo II. No debe ser confundido con el otro Evangelio de Felipe citado por Epifanio (Her. 26.13.2-3). El nombre del texto se atestigua en el íncipit, pero su posicionamiento sugiere que puede haber sido una inserción posterior, posiblemente sugerida porque Felipe es el único apóstol nombrado (Ev. Fel 73.8).

Variadamente descrito como un florilegio, antología valentiniana, y notas del sermón, el Evangelio es probablemente mejor entendido como un «cuaderno para la especulación» poco organizada (cf. Clemente de Alejandría *Excerpta ex Theodoto*). Esta recopilación de varias fuentes divergentes se divide mejor en dos secciones principales: (1) las primeras tres cuartas partes del texto (51.29-77:15) y (2) la cuarta parte final (77.16-86:19). La primera de estas dos grandes secciones contiene una variedad de materiales incluyendo segmentos relacionados con tradiciones de Tomás (por ejemplo, el Evangelio de Tomás, Hechos de Tomás, Tomás, el Contendiente), las tradiciones que reflejan un gnosticismo más clásico (por ejemplo, las referencias a un Sofía caída), y algún material Valentiniano. La segunda sección principal, que habla con una voz más coherente, incluye unidades retóricas más largas y refleja un valentinianismo primitivo, mostrando similitudes conceptuales con el Evangelio de la Verdad (p.ej., Ev. Fil 83.30–84.13; Ev. Verdad 18.7-11; 24.28-32).

A pesar de sus complejidades textuales, el Evangelio de Felipe sigue siendo seductor, predominantemente debido a su discusión del sacramentalismo cristiano desde una perspectiva gnóstica. Enumera cinco sacramentos, incluyendo el bautismo, crisma, la eucaristía, la redención y la cámara nupcial (67.27-30) y analiza el último de ellos con cierto detalle (por ejemplo, 70.5-9, 17-22). Entre otras cosas, también es único en su uso del término «cristiano» (62.31-32; 74.12-16), que sólo aparece una vez más en el corpus de Nag Hammadi (Testim. Verdad 31.25).

Bibliografía. M. L. Turner, *The Gospel According to Philip.* NHMS 38 (Leiden, 1996); R. McL. Wilson, *The Gospel of Philip* (New York, 1962).

Andrea Lorenzo Molinari

FELIPE, HECHOS DE

Una obra apócrifa fragmentaria del siglo IV o V, que sobrevive en griego, siríaco y latín. En ella se informa de 15 actos y el martirio de Felipe: el apóstol levanta a los muertos, cura a los ciegos con las palabras mágicas, conversa con los animales, hace que la tierra trague 7000 hombres, y sonríe mientras cuelga boca abajo por los tobillos y muslos perforados. Él predica una filosofía encratita severa de castidad, y su naturaleza se transforma desde bestial a leve.

Bibliografía. J. K. Elliott, *The Apocryphal New Testament,* rev. ed. (Oxford, 1993), 512-18, 531.

Richard A. Spencer

FÉLIX (gr. *Phḗlix*; lat. *Felix)*

Antonio Félix, gobernador (procurador) de la provincia romana de Judea, de 52 a alrededor de 59 d.C.; se menciona en relación con el encarcelamiento de dos años de Pablo en Cesarea, la capital provincial (Hch 23-25). Los líderes judíos acusaron a Pablo de perturbar las sinagogas fuera de Palestina y de profanar el templo en Jerusalén. Pablo negó los cargos y Félix continuó el caso indefinidamente — en parte con la esperanza de recibir un soborno por su liberación. Cuando interrogaba a Pablo, las palabras del Apóstol acerca de la justicia, el dominio propio y la ira futura alarmaron a Félix y a su esposa Drusila. Cuando fue llamado por Nerón, Félix dejó a Pablo en la cárcel para que los judíos no pudieran acusarlo de liberar a un agitador.

Más información de Félix viene de Josefo, Suetonio y Tácito. Era un liberto que recibió su cargo porque él y su célebre hermano Pallas eran favoritos del emperador Claudio. Su tercera esposa fue Drusila, hija de Herodes Agripa I (Hch 12). Félix instigó el asesinato del sumo sacerdote Jonatán, encaminó «al egipcio» y a sus seguidores (Hch 21.38), y permitió una matanza en contra de los judíos en Cesarea. Era corrupto, inmoral y opresor. Durante su gobierno aumentó la oposición hacia el dominio romano, al punto de que la rebelión de 66 d.C. fue inevitable.

James A. Brooks

FENICE (Gr. *Phoínix)*

Una ciudad y anclaje en la costa suroeste de Creta, a donde el barco de Pablo, sin éxito, intentó llegar (Hch 27.12). Puede estar situada en la esquina noreste del Cabo de Mouros (la aldea moderna de Loutro), o más probablemente en una bahía en la esquina noroeste del cabo, el sitio de una capilla llamada Foinica. Cabo Mouros dispone de un puerto justo, pero ofrece poca protección contra el viento de invierno del noreste. La bahía en el noroeste habría proporcionado protección y se ajusta a la descripción de los Hechos. Hoy no tiene ningún anclaje satisfactorio, pero los terremotos en el siglo VI pueden haber alterado la profundidad del océano.

James A. Brooks

FENICIA (Gr. *Phoinikē*)

El nombre con el que los griegos y los romanos llamaban la antigua Canaán, la región costera del sur de Siria-Líbano-Israel. Extendiendo aproximadamente desde la ciudad de Arwad (Aradus) en el norte de Ascalón en el sur, la región fue habitada en la antigüedad por un pueblo semita del noroeste que se hacían llamar cananeos o Pon(n)im, el origen del nombre Fenicia. En el sentido más estricto y estrecho, como el usado por los propios fenicios, Canaán denota esta región costera sola, dominado política y culturalmente en el primer milenio a.C., por las ciudades-estado de Tiro y Sidón.

La expansión fenicia en el extranjero y la colonización en el Mediterráneo occidental, llevada a cabo tan temprano como c. 1200 por los tirios y sidonios, dio lugar a la aparición de una mayor Fenicia, que comprende dos subregiones, Fenicia propiamente, la patria histórica; y Fenicia Occidental. Fenicia Occidental comprendía las regiones costeras del norte de África (desde Cirenaica a Marruecos occidental), al sur y suroeste de España, noroeste y oeste de Sicilia, así como las islas de Malta, Gozo, Cerdeña, Mallorca y Menorca. Lo más importante de los estados fenicios occidentales era Cártago, en Túnez, fundada en el año 825 o 814 por Tiro. Por c. 500 Cártago se había convertido en el centro político y cultural dominante de los fenicios occidentales, y en un sentido real suplantó a Tiro en importancia en la época clásica. En su apogeo, Cártago rivalizaba con Grecia y Roma, y el fenicio occidental (llamada Púnica, así para diferenciarla de los fenicios) era un lenguaje de clase mundial tan importante como el griego y el latín. Aunque Cártago fue derrotada y destruida por Roma en el año 146, el idioma fenicio occidental, la religión y la cultura continuaron floreciendo en África y en otros lugares hasta bien entrado el siglo V d.C. En este período la lengua púnica contaba entre sus hablantes nativos, al emperador romano Septimio Severo, al poeta Apuleyo, y al padre de la Iglesia, Agustín.

Pueblo y lenguaje

A medida que las ciudades de Tiro y Sidón mantenían la hegemonía sobre Oriente y Fenicia Occidental a lo largo del primer milenio, «tirio» y «sidonio», utilizado como punto de vista cultural, llegaron también a ser funcionalmente equivalente a «fenicia». De hecho, ya en el siglo IX el dialecto de Tiro y de Sidón había sido aceptado por todos los fenicios como lengua literaria estándar; el lenguaje de la Fenicia Occidental (Púnica) no es más que un subdialecto de esta lengua.

En una perspectiva histórica más amplia, los fenicios fueron uno de los varios pueblos del subgrupo etnolingüístico «cananeo» de los pueblos semitas, a que pertenecían israelitas, moabitas, amonitas, y edomitas. Aunque políticamente distinta en un período temprano, estos pueblos remontan la ascendencia histórica de una cultura común, hablando lenguas estrechamente relacionadas y que poseen tradiciones e instituciones culturales y religiosas relacionadas. Así, a finales del período clásico, los propios fenicios remontan sus orígenes a un antepasado llamado *Khna* («Canaán»), de quien dicen haber sido el hermano de *Isirilos* («Israel»). Este linaje indica la conciencia de un vínculo histórico y cultural a los israelitas.

Religión

Dioses

La religión de los fenicios era una expresión conservadora de la antigua religión de Canaán, preservando las formas, tradiciones y prácticas que la religión israelita había rechazado y abolido desde mucho antes. La religión fenicia permaneció politeísta e icónica y, al final, tolerante y acogedora de la diversidad. Al no poseer una doctrina central coherente o «verdad», siempre estaba dispuesta a absorber los dioses y prácticas de otras religiones, incluidas las de los israelitas.

Los fenicios poseían numerosas palabras para «dios (es)» o «diosa (as),» siendo la más común *ilim*, usada para «dios», «diosa», y «dioses». Suele dirigirse y referirse a un dios por el título de «señor» (adum) y una diosa por «señora» *(ribbot* o *adot)* o «Nuestra Señora» (ribbaton). Dos epítetos comunes de un dios o una diosa eran «santos» (Qiddis) y «poderoso, grande» *(iddir)*.

Los dioses de los fenicios estaban organizadas en el Panteón en tres órdenes, a la manera de la religión cananea anterior: los Dioses Altos, en gran medida superfluos; los dioses activos, los de culto común; y los dioses infernales. Nada de la rica mitología de los dioses altos aparte de sus nombres y títulos sobrevive: Il, Creador de la Tierra (jefe de los dioses), Semes (diosa del sol), Yerah (dios-luna), Khusor (artesano-dios, en su forma femenina Khusart identificado en la antigüedad tardía clásica con la «diosa» israelita Turo, la Torá), y Balsamem (señor de los cielos, Urano). Curiosamente, el consorte de Il, la diosa Ashirat, nunca se menciona en la religión fenicia del primer milenio.

En cuanto a los dioses activos, los más destacados fueron Baal, Baalhammun, Esmun (Baal Sidón, «dios propietario de Sidón», identificado con el griego Esculapio), Milqart (Baal Sor, «dios propietario de Tiro»), Milkastart (dios de la ciudad de Hammun, cerca de Tiro), Meskar, Osiris (dios egipcio), Rasap y Sikkun. La más importante de los dioses femeninos era Astarté, deidad patrona de los reyes y reinas de Sidón, que eran sus sacerdotes. Otras diosas destacadas fueron Anat, Isis (la diosa egipcia), y Tinnit. Quien gobernaba el inframundo era el dios Nergal y la diosa Hawwit, llamada Amma, «Madre».

Los dioses principales, como Baal o Astarté, tenían sus cultos en muchas ciudades y eran especificados, por ejemplo, como «Baal/Astarté (que está) en Tiro» o «Baal/Astarté de Tiro.» Como se sostenía en la teología del período prepersa, los dioses vivían en sus ciudades, en el templo construido por ellos, y eran los propietarios divinos de las ciudades y los pueblos que gobernaban. De ese modo, Milqart era «propietario de Tiro» (Baal Sor) y Esmún «propietario de Sidón» (Baal Sidón). Los habitantes de una ciudad se entendían a sí mismos bajo el cuidado y la custodia de sus dioses propietarios y bajo su protección. Existía una relación del todo similar entre un dios y una familia, sobre todo una familia gobernante o dinastía real.

En el período persa, una nueva teología emergió que sostuvo que los dioses no residían de forma permanente en sus ciudades, sino «en los Grandes Cielos.» Así, en la época romana, se encuentra la comunidad del dios Meskar rezando al dios «hacia el Cielo.»

Otra innovación teológica, relacionada con la nueva teología del cielo, apareció en el último período: la dualidad del dios. Esta creencia sostenía que un dios (ilim) era en realidad dos dioses (allonim), el primero (llamado por su nombre simple) siendo su manifestación celestial, el otro (llamado por su nombre añadiendo como prefijo la palabra *mal'ak*) siendo su manifestación terrenal. Por ejemplo, Milkastart y Mal'ak-Milkastart designan al mismo dios, pero al mismo tiempo, dioses separados: uno como dos o dos en uno, una forma celestial y una forma terrestre. En perspectiva histórica tenemos aquí la evolución del concepto del mensajero divino *(mal'ak):* en el segundo milenio, en la mitología cananea temprana, cada dios importante tenía un mensajero o dos para hacer su voluntad; en el primer milenio, en la religión fenicia, un dios era su propio mensajero, asumiendo esa función y la forma adecuada, cuando estaba entre los humanos.

Templo

Un templo fenicio era la «casa de un dios/diosa» *(bet ilim),* también llamado simplemente una «casa» *(bet);* por lo tanto, el templo de Baal era «la casa de Baal» *(bet Baal).* El templo, un complejo que consta de la «casa de dios» y un patio *(haser),* estaba situado sobre una colina, llamada «la montaña de los dioses», dentro de una gran área protegida o recinto, rodeado de un muro o una valla. La inauguración de un nuevo templo era conocida como el día en que «el dios entró en el santuario», es decir, cuando la estatua del dios/diosa era traída al templo; fue en este momento que los implementos sagrados para el culto fueron «entregados a los sacerdotes» por los funcionarios municipales «a cargo de los templos.»

Muchos tipos de edificios de templo existían, pero la forma más común era el construido por los fenicios de Tiro) (arquitectos para el dios de Israel en los días de Salomón. Era una estructura de tres habitaciones, que consiste en una antesala o vestíbulo; un santuario principal; y, en la parte trasera, una pequeña habitación privada o santo de los santos, que contiene la estatua del dios/diosa y el diván en el que el dios/diosa dormía.

Asociado con el templo, ya sea un anexo o estructura separada, estaba el «depositario», en el que se almacenaban las imágenes, estatuas, altares, y otros como mobiliario y equipo requerido por los sacerdotes; el depositario tiene su propio administrador. Incluido estaba el tesoro del templo, de donde se pagaban los gastos, tales como los salarios de los sacerdotes y demás personal contratado, así como rescates para lograr la liberación de los ciudadanos de la prisión y la detención en las ciudades vecinas.

Personal del templo

El templo fenicio tenía gran cantidad de personal, formado por personal religioso y laicos. Cuatro clases de sacerdotes son conocidos: (1) los *kuhen,* la clase principal del sacerdote, encabezada por el «Jefe de los sacerdotes»; una «sacerdotisa» sirvió principalmente a deidades femeninas, como Astarté; (2) los *kumir,* cuya función no se conoce; (3) el «sacerdote del lote» *(sufe); y* (4) el «sacerdote del sacrificio» *(zabah),* encargado de administrar el rito de la «entrega del primogénito», es decir, el culto del sacrificio infantil. Asistiendo a los sacerdotes consagrados estaba una orden de sacerdotes laicos llamados «ayudantes» *(ʿozrim),* encabezados por el «prefecto de ayudantes.» También adherido al culto estaba el «hombre de dios/diosa» *(is ilim),* un profeta de culto, conocido también en la religión israelita *(ʾîš hāʾĕlōhîm);* nada sustantivo se sabe sobre el papel de este funcionario cultual.

El personal profesional del templo era asistido por un gran equipo de «personal de servicio», encabezados por un laico llamado el «Jefe del Personal de Servicio.» Muchos de este personal fueron trabajadores asalariados, entre ellos los niños de corta edad *(naʿarim)* y mujeres jóvenes *(ʿalamut),* así como personal de servicio técnico (escribas profesionales, peluqueros, panaderos, cantantes), artesa-

El Tofet o «recinto de Tanit» en Cartago, lugar de entierro de las víctimas del rito de sacrificio de niños. La excavación de la plaza CT 6 muestra urnas y estelas in situ
(Fotografía de Gradon Wood, ASOR Punic Project;copyright President and Fellows of Harvard College for the Semitic Museum)

nos (arquitectos y constructores), y trabajadores. Estos últimos parecen haber sido miembros de una «fuerza de trabajo» especial que estaban en el cargo de «capataces».

Liturgia sagrada diaria

El servicio divino (literalmente, «trabajo sagrado») se asemejaba en cierto grado al llevado a cabo en el templo egipcio. Al amanecer, un sacerdote especializado llamado el «despertador de los dioses» entraba en el lugar santísimo, y ordenaba al dios/diosa dormido (es decir, la estatua que yace en su diván) a que despertara (cf. 1 R 18.27). (Este mismo acto se llevaba a cabo en el templo de Jerusalén por los sacerdotes levitas llamados los «despertadores» *(mĕʿôrĕrîm)*, que estaban de pie en una plataforma frente al lugar santísimo; la práctica y el sacerdocio fueron abolidos por Juan Hircano.) Una vez despertado, la estatua del dios/diosa pasaba por un elaborado toilette divino. Después de ser afeitada, lavada y vestida, a la estatua se le servían «panes» recién horneados; estos son el llamado «pan de la proposición» o «panes de la presencia [correctamente, 'puesto delante de Dios']» del templo israelita.

Sacrificio

El sacrificio a los dioses en el templo estaba estrictamente controlado por la ley pública y religiosa administrada por una oficina municipal llamada los «Treinta hombres a cargo de los precios (de sacrificio).» El cargo por cada animal disponible para comprar para el sacrificio en el templo, la especificación de qué partes del animal sacrificado pertenecía a la persona y al sacerdote, la práctica apropiada requerida de los sacerdotes y el público, incluyendo multas a exigirse por violaciones se publicaron en un libro que era guardado en el treinta y en forma condensada en un arancel (lit. «documento de venta») puesto en el templo. Al igual que en la práctica israelita, los sacrificios eran de dos tipos básicos: el «holocausto» y la ofrenda de cereal. Animales que se ofrecen en el altar incluyen los bovinos, ovinos y caprinos, aves, caza silvestre; También se ofrecieron aceite, grasa y leche.

Se observaron tres grandes sacrificios públicos o comunales de temporada: el sacrificio periódico de un buey; un cordero en la arada; y un cordero en tiempo de cosecha. Además, estaba el continuo sacrificio y el sacrificio mensual de la luna nueva y la luna llena. Este último se ofreció para garantizar el bienestar de la familia real y la propia familia.

Sacrificio de niños

El sacrificio de niños era un elemento esencial de la religión fenicia. Aunque este rito antiguo parece haber sido obsoleto en la patria fenicia, se siguió practicando vigorosamente por los fenicios occidentales hasta bien entrado el período romano tardío. Dos ritos relacionados estaban conectados con el sacrificio: el «voto en apuros», que implica la inmolación de un niño, en cumplimiento de un voto hecho para obtener la intervención divina para superar una dificultad personal o nacional; y la «Entrega del Primogénito,» la entrega del hijo primogénito de la propia carne al dios o dioses, presumiblemente como una expresión de obediencia.

El sacrificio en sí se llamaba «un ofrenda *molk* de un ser humano.» La víctima humana se denominaba *izrim*, «uno arrebatado antes de su tiempo a la edad de unos días»; otro término para la víctima era «uno traído al dios o a los dioses.» La calificación de que el niño sea de la propia carne del sacrificador era una garantía de acuerdo con las estricta ortopraxis, que rechazaba la sustitución del hijo de un esclavo por el propio para eludir la ley.

La inmolación fue realizada por una clase especializada de sacerdote llamado el «sacrificador» (zabbah). Los restos cremados fueron colocados en urnas, que fueron depositados en un gran recinto al aire libre (tal vez llamado el «campo sagrado»); los sitios fueron marcados por pequeñas estelas con inscripciones de símbolos religiosos y la fórmula de presentación que contiene el nombre de la persona (s) que hicieron el sacrificio.

Los fenicios envolvieron el sacrificio de niños en eufemismos para negar su carácter horrible. Hasta la época romana, la palabra «sacrificio» (*zaboh*) nunca fue usada en conexión con el rito; más bien, se dice que el padre sólo había «traído» o «llevado» a su hijo al dios. Aún más revelador es el nombre engañoso «día bueno y feliz» para describir el día del sacrificio. La justificación del rito era la creencia de que los niños fueron elevados a una divinidad especial en el mundo de las tinieblas, que constituyen una clase distinta de los muertos llamado «los dioses que fueron sacrificados.»

La muerte y el inframundo

Los fenicios compartían la creencia cananea común en un submundo donde los muertos vivían como dioses, llamados los «dioses Rafa'im.» Cuando uno moría, iba a tener «descanso entre los Rafa'im.» De acuerdo a la creencia fenicio occidental, el inframundo, llamado la (s) «cámara (s) oscura (s)», era gobernado por «Hawwit, la diosa que rige a los Muertos», también conocida como «Madre.» Su compañero era probablemente el dios Nergal. La entrada en el inframundo no puede quizá haber sido automática, sino obtenida a través de una conducta recta durante la vida de una persona; esto puede inferirse del término *miske* («los que murieron inocentes») para los muertos sobre los que Hawwit gobernaba. Otros epitafios destacan que el fallecido «murió una persona inocente», «fue honrado durante su vida,» o «era justo.» Este aspecto de la creencia funeraria fenicia puede haber sido profundamente influenciado por el culto de Isis y Osiris, que era popular tanto en Fenicia occidental como oriental.

Sociedad y sus valores

La sociedad fenicia, Oriente y Occidente, fue motivada fuertemente por un profundo sentido de responsabilidad cívica y religiosa por parte del individuo y de la colectividad. Primordial y más altamente estimada de las virtudes fue el «cumplimiento del servicio en nombre de la comunidad» o «servicio (público)» (*misrat*). Servicio implicaba un esfuerzo sostenido para beneficiar el bienestar de la propia comunidad y de un dios (es); incumbía a cada individuo y grupo, con la promesa de una recompensa pública y la aclamación de la acción, pero el ostracismo social y la condenación divina para la inacción.

La dedicación al servicio público también fue un foco primario de la más importante de todas las instituciones sociales fenicios, fraternidades o clubes de los hombres: los *marzih ilim y* los *mizrah ilim.* Estos fueron esencialmente clubes para comer y beber (cf. Amós 6.4-6). Conocido por el término general de «comunión» los clubes se organizaron de una membresía general de «compañeros», encabezados por un presidente electo llamado el «coordinador». Los asuntos financieros del club, incluyendo el alquiler de cuartos para sus reuniones, fueron atendidos por un «tesorero» electo. No sólo los seres humanos pertenecían a esos clubes, pero los dioses también, como se muestra en la antigua mitología cananea, que da cuenta del dios Il que come y bebe hasta la intoxicación en el banquete de su *marzih*. De hecho, en la sociedad cananea era el deber de un buen hijo llevar a su padre borracho a casa. Si bien organizados principalmente para actividades sociales, los clubes estaba afiliados a un dios/diosa particular. Fue al servicio de su dios patrón que la membrecía se dedicaba asiduamente, para orar y sacrificarse de forma conjunta a su deidad patrona.

Bibliografía. C. Baramki, *Phoenicia and the Phoenicians* (Beirut, 1961); D. B. Harden, *The Phoenicians*, 3rd ed. (New York, 1980); S. Lancel, *Carthage: A History* (Oxford, 1995); P. MacKendrick, *The North African Stones Speak* (Chapel Hill, 1980); S. Moscati, *The World of the Phoenicians* (London, 1968); B. H. Warmington, *Carthage*, 2nd ed. (New York, 1969).

Charles R. Krahmalkov

FEREZEOS (Heb. *pĕrizzî)*

Un grupo de población que ocupa Palestina de los tiempos patriarcales, encontrada por la emergente nación de Israel. Una etimología plausible vincula ferezeo con Heb. *pĕrāzôn*, «persona rural.» En tal caso, los ferezeos originalmente habrían sido gente de campo en contraste con los habitantes de la ciudad (Jue 1.4-5). El enorme aumento en el número de pequeños pueblos de las tierras altas de Cisjordania para el período de la Edad de Hierro I puede estar relacionado con la existencia de los ferezeos y su nombre. Aparentemente el término ferezeo finalmente pasó de designar una categoría social más a menudo indicando un grupo étnico, específicamente en las listas de los pueblos preisraelitas (p.ej., Neh 9.8). Josué 11.3 localiza a los ferezeos entre las tierras altas de Canaán, mientras que 17.15 ubica con mayor precisión el hogar central de este pueblo en la región montañosa de Samaria, donde Efraín y Manasés se asentaron más tarde.

Bibliografía. E. C. Hostetter, *Nations Mightier y More Numerous: The Biblical View of Palestine's Pre-Israelite Peoples*. BIBAL DS 3 (Fort Worth, 1995), 80-83.

Edwin C. Hostetter

FESTO, PORCIO (gr. *Pórkios Phēstos*)

Gobernador (procurador) de la provincia romana de Judea, de alrededor 59 a 62 d.C. Festo se menciona en conexión con la decisión de enviar a Pablo a Roma a un juicio formal (Hch 24-26). Cuando los líderes judíos presentaron acusaciones contra Pablo, en un principio Festo se rehusó a enviarlo a Jerusalén para ser juzgado. Sin embargo, después de una audiencia en Cesarea, la capital provincial, Festo estuvo a punto de cambiar de parecer cuando Pablo le quitó el caso de sus manos al apelar como ciudadano romano, para que se le juzgara ante el emperador (Nerón). Festo no estaba seguro de cómo acusar a Pablo, y cuando Herodes Agripa II, rey cliente del norte y el este de Palestina, le hizo una visita, Festo le pidió a Agripa que lo ayudara. Festo interrumpió la defensa de Pablo y lo acusó de estar loco, pero Pablo lo negó y apeló al rey para justificar su reclamo. Sin embargo, ninguno quiso escuchar nada más de Pablo y tanto ellos como sus asesores acordaron que Pablo no había hecho nada digno de muerte y que podría haber sido puesto en libertad si no hubiera apelado al emperador.

Josefo describe a Festo como un administrador honesto y escrupuloso que, sin embargo, no pudo mantener el orden a pesar de tomar fuertes medidas en contra de los *sicarii* («hombres de la daga»; *Ant* 20.8.10; Hch 21.38, «asesinos»). Festo se puso del lado de Agripa en una disputa con los sacerdotes de Jerusalén, que habían construido un muro alto para evitar que Agripa observara el proceder del templo desde la torre de su palacio cercano. Festo murió en el cargo y fue sucedido por Albino.

James A. Brooks

FICOL (Heb. *pîḵōl)*

El comandante en jefe de los filisteos, que fue testigo de los pactos de Abimelec con Abraham en Beerseba (Gn 21.22, 32) e Isaac en Gerar (26.26). El nombre puede ser un título en lugar de un nombre de persona.

FIESTA DE AMOR

Véase Última Cena FIESTAS, FESTIVALES

Las fiestas y los festivales proporcionaban la ocasión para que los israelitas llegaran ante Dios y expresaran su gratitud por las buenas cosechas, para recordar y celebrar los actos salvadores de Jehová por la nación y para reflexionar en su condición como pueblo santo de Jehová. Cinco «calendarios festivos» se encuentran en el Pentateuco: Éxodo 23.14-17; 34.18-26; Levítico 23; Números 28-29; Deuteronomio 16.1-17 (cf. Ez 45.18-25). Estos textos y las prácticas rituales que visualizan reflejan un desarrollo tanto histórico como teológico. Es importante reconocer que un desarrollo de esa clase no necesariamente conlleva el total abandono de dinámicas e intereses anteriores. Más bien, añade complejidad con el fin de crear nuevos contextos y posibilidades para reflexión y promulgación. De esta manera, p. ej., el interés posterior de relacionar los festivales con momentos específicos de la historia de Israel no significa necesariamente que los intereses agrícolas anteriores se perdieron completamente. La remembranza ritual y celebración de la actividad y bendición de Dios reciben complejidad teológica, precisamente en el contexto de promulgación y reflexión ritual. De esta manera, uno puede entender que la vida ritual de Israel ha sido, por lo menos en parte, generativa de sus reflexiones teológicas.

Éxodo 23:14-17; 34:18-26, las primeras disposiciones festivas, hacen un llamado a tres festivales anuales: La Peregrinación de los Panes Sin Levadura (*ḥag hammaṣṣôṯ*), La Peregrinación de la Siega (*ḥag haqqāṣîr*), los primeros frutos del trabajo del agricultor (en 34.22, la Peregrinación de las Semanas [*ḥag šāḇuʿôṯ*], los primeros frutos de la cosecha del trigo), y la Peregrinación de la Cosecha (*hāʾāsib*). Las fiestas de la Siega y la de la Cosecha estaban claramente vinculadas con la vida agrícola de la tierra. Originalmente, la Fiesta de la Siega celebraba los primeros frutos de la cosecha de cebada en la primavera, la Fiesta de las Cosecha estaba relacionada con la recolecta otoñal de los frutos al final de año (Ex 34.22). Estas celebraciones, con toda probabilidad, se adaptaron de prácticas agrícolas cananeas ya existentes. Los agricultores llevaban sus ofrendas al lugar sagrado cerca de su casa y presentaban sus ofrendas a Jehová, como celebración de la fertilidad de la tierra. Esas celebraciones agrícolas destacaban la relación íntima de Israel con la tierra y la bendición de Jehová para el pueblo con suficientes cosechas. La celebración de la cosecha y presentación ritual se combinan.

La Peregrinación de los Panes Sin Levadura generalmente se ha asociado con el festival de primavera, aunque su estado anterior como una celebración agrícola no es seguro. Es una celebración de siete días en los que no debe comerse levadura y, en textos anteriores, se relaciona con el éxodo de Israel de Egipto. No se asocia con la Pascua en ninguno de estos textos anteriores. Por lo tanto, el Pan Sin Levadura puede reflejar una celebración israelita temprana, específicamente diseñada para celebrar el acto de redención de Jehová. Cabe señalar, sin embargo, que en una época posterior la celebración de esta fiesta se relacionaba con la presentación de la gavilla de los primeros frutos (cf. Lv 23.9-14). De esta manera, llegó a tener connotaciones tanto agrícolas como históricas.

Generalmente se reconoce que un cambio importante en la celebración de los festivales se llevó a cabo en el siglo VII. Las celebraciones agrícolas locales se transformaron en celebraciones nacionales que requerían de una peregrinación al santuario central. Este requisito refleja la centralización obligatoria de la adoración en la ciudad capital de Jerusalén, que generalmente se asocia con las reformas del Rey Josías (2 R 22-23). Esa transformación se refleja en las instrucciones que se encuentran en Deuteronomio 16.1-17. Este texto hace hincapié en que las peregrinaciones deben celebrarse «en el lugar que Jehová escogiere», que en Deuteronomio se refiere al templo de Jerusalén. De particular importancia, la Pascua (*pesaḥ*) y el Pan Sin Levadura ahora se unen como dos partes de un festival de peregrinación. Aunque no es seguro, la Pascua parece haber sido originalmente una celebración familiar, que se llevaba a cabo en el contexto de los hogares familiares (Ex 12.21-23). Deuteronomio la transforma en una peregrinación nacional que requiere que el «sacrificio» de la Pascua sea sacrificado en el santuario central. El sacrificio de la Pascua coincide con el primer día del Festival de Panes Sin Levadura de siete días. Las personas no estaban obligadas a permanecer en Jerusalén durante la duración de los siete días. Sin embargo, se les pedía que celebraran una asamblea solemne al séptimo día.

Las disposiciones festivas de Deuteronomio 16 también procuran ubicar el tiempo de la Fiesta de las Semanas más precisamente (vv. 9-12). Hay que cumplir siete semanas desde el tiempo en que la hoz se le aplica al grano erguido. La celebración de las Semanas requiere de una ofrenda voluntaria que funciona como una respuesta ritual de gratitud a las bendiciones de Jehová. Además, el pueblo debe regocijarse ante Jehová y, al mismo tiempo, recordar que fueron esclavos en Egipto. Aunque no se indica en los textos bíblicos, el festival en la época posterior al exilio llegaría a ser asociado con la realización del pacto de Sinaí (cf., p. ej., el Libro de los Jubileos).

La peregrinación de la Cosecha ahora se llama la Fiesta de los Tabernáculos (*ḥag hassukkôṯ*; Dt 16.13-

15). Es un festival de otoño de siete días que se asocia con la recolección de productos que se usan para hacer aceite y vino (generalmente de septiembre a octubre). Es una época de celebración que funciona a la vez como respuesta a las bendiciones de Jehová y anticipación de ellas. Aunque no es seguro, es probable que los «tabernáculos» temporalmente fueran refugios en el campo, construidos por la gente durante la época de la cosecha. Cuando se centralizó la fiesta, los tabernáculos se construían en la ciudad capital para proveer alojamiento para los peregrinos.

En Deuteronomio se detecta un movimiento hacia la interpretación histórica y teológica de los festivales. Los festivales se asocian con momentos específicos de la historia nacional de Israel. Aunque el contexto agrícola de los festivales no se pierde por completo, se hace el esfuerzo de construir un contexto ritual, que provea la ocasión y oportunidad de reflexión teológica de los hechos de Jehová en la historia a favor de toda la comunidad. Sin embargo, es dudoso que el agricultor israelita, que hacía la peregrinación al santuario central para hacer una ofrenda a Jehová, no lograra experimentarlo, en cierto grado, en función de una bendición agrícola. Mucho se ha hecho de la supuesta dicotomía entre la naturaleza e historia en la vida y pensamiento israelita. Ambos pueden ser experimentados en cuanto a las bendiciones de Jehová. Las ofrendas rituales proporcionan la ocasión para promulgar la respuesta de la persona a la experiencia de las bendiciones divinas en la «naturaleza» e «historia». Así, los festivales proveían de contextos no solamente para pensar en Dios y los hechos de Dios, sino también para responder al ser divino en acciones de gracias, celebración y ofrenda.

El paso hacia la interpretación teológica del año sagrado se evidencia en Levítico 23 (cf. Nm 28-29). El esfuerzo por imponer un orden ritual en el año puede reflejar la pérdida de la monarquía y la experiencia del exilio en Babilonia (siglo VI a.C.). Levítico 23 (cf. Nm 28-29) proporciona los detalles de este orden ritual. La celebración festival y ritual se convierten en un medio para establecer un ritmo ordenado para la vida de la comunidad.

Levítico 23.15 ubica la fecha de la Fiesta de las Semanas 50 días después de la presentación de la gavilla de los primeros frutos, en la Fiesta del Pan Sin Levadura. El texto requiere la presentación de dos hogazas de pan de las casas israelitas. Una lista completa de los sacrificios y ofrendas que debía presentarse en esta época se encuentra en Levítico 23.15-21; Números 28.26-31. En cuanto a la Fiesta de los Tabernáculos, Levítico 23.33-36, 39-43 especifica que debe durar siete días, con una convocación santa de descanso completo en el primer día y una celebración adicional al octavo. Además, los tabernáculos ahora están asociados con los tabernáculos en los que los israelitas vivieron durante su estadía en el desierto (Lv 23.42-43). De esta manera, la Fiesta de los Tabernáculos llega a estar asociada con la historia del Éxodo.

Levítico 23 incluye una discusión del día de reposo como una característica significativa de las celebraciones rituales del año sagrado (cf. Ex 23.12). Aunque la observancia del sábado parece haber sido conocida en Israel desde un período temprano, comenzó a recibir más énfasis en los años posteriores de la Monarquía y durante el exilio babilónico. El día de reposo se relaciona con una variedad de temas en los materiales bíblicos, p. ej., la creación (Gn 2.1-3), la recolección del maná durante el viaje en el desierto (Ex 16.1-36; cf. Nm 15.32-36), la condición de los israelitas como esclavos en Egipto y la historia del Éxodo (Dt 5.12-15). El día de reposo se guardaba como un día de completo descanso en el que no se hacía ningún trabajo. También era un día de alegría y celebración.

Levítico 23 prescribe dos ocasiones rituales adicionales. La primera requiere que se toquen trompetas el primer día del séptimo mes (Lv 23.23-25). Este es un día de completo descanso. Los sacrificios y ofrendas que se requieren para este día se especifican en Números 29.1-6. Aunque no es el caso en este texto, en el judaísmo posterior el toque de cuernos se asoció con el Año Nuevo.

La segunda observancia ritual adicional se lleva a cabo el décimo día del séptimo mes (Lv 23.26-32); es el día anual de purificación (los detalles de la promulgación de este ritual comunitario se encuentran en Lv 16). En este ritual, el sumo sacerdote entra al lugar santísimo, el único día del año en el que una persona entra al lugar más sagrado de todos y rocía la sangre sacrificial en y ante el arca del pacto. También rocía sangre del sacrificio en el altar exterior de las ofrendas quemadas. Después de la realización de los ritos de sangre, el sacerdote coloca los pecados de la comunidad en la cabeza de una cabra, que es enviada al desierto. El ritual sirve para limpiar el campamento de impurezas y para quitar los pecados del pueblo del campamento.

El día anual de purificación refleja el sistema ritual sacerdotal, que principalmente tiene que ver con guardar y proteger la pureza y santidad del tabernáculo y el campamento. La dinámica del ritual ya no está relacionada principalmente con la cosecha ni la historia. Más bien, el interés es el de proteger el campamento y la presencia divina que mora en medio del campamento de impurezas rituales. El ritual anual de purificación se enfoca en mantener la condición santa y limpia del pueblo santo de Jehová.

Los «significados» relacionados con los distintos festivales, y las formas en que fueron promulgadas continúan desarrollándose hasta el siglo I. La Mishná proporciona información importante sobre las maneras en que los festivales se celebraron y transformaron. Es importante reconocer que las fiestas fueron objeto de desarrollo continuo en el judaísmo y sus experiencias con el mundo, Dios y la comunidad. Lejos de ser formas estáticas de actividad vacía y mecánica, las celebraciones festivas y ceremonias rituales dieron oportunidades para reflexiones teológicas y adaptación a las condiciones de vida en continuo cambio.

Bibliografía. R. Albertz, A History of Israelite Religion in the Old Testament Period, 2 vols. (Louisville, 1994); G. Fohrer, History of Israelite Religion (Nashville, 1972); H. L. Ginsberg, The Israelian Heritage of Judaism (New York, 1982);H. Ringgren, Israelite Religion (Philadelphia, 1966); H. H. Rowley, Worship in Ancient Israel (London, 1976); R. de Vaux, Ancient Israel (1961, repr. Grand Rapids, 1997), 269-517.

FIGELO (Gr. *Phýgelos*)

Un cristiano de la provincia de Asia, que, junto a Hermógenes y otros cristianos de Asia, abandonó a Pablo en la prisión (2 Tim 1.15).

FILACTERIAS

Un par de pequeñas cajas de cuero negras (Heb. *tĕpillîn*) que contienen franjas de pergamino con la inscripción de mandamientos bíblicos (Ex 13.1-10, 11-16; Dt 6.4-9; 11.13-21). Aunque el mandato de «las atarás [la palabras de la Torá] como una señal en tu mano, y estarán como frontales entre tus ojos» (Dt 6.8) era probablemente no fue pensado originalmente para ser tomado literalmente, los judíos desarrollaron la práctica de atar los *tĕpillîn* a su brazo izquierdo y la cabeza. Hechas de piel de animales «limpios», se unían al cuerpo con correas de cuero de cualquier color excepto rojo sangre. A veces, en el siglo I y antes, también se incluyeron otros pasajes de la Torá (p.ej., el Decálogo y Dt 5.22-23), como lo demuestra el *tĕpillîn* encontrado entre los rollos del Mar Muerto.

Gr. *phylaktḗrion* (solo en Mt 23.5) se deriva del verbo *phylássō*, «guardar/proteger.» En consecuencia, algunos eruditos han sugerido que la filacteria sirvió de amuleto mágico (cf. *b. Ber.* 6a, 23b, 30b; *Menaḥ.* 43b). La gran cantidad de pruebas, sin embargo, sugiere otro propósito primordial. El verbo *phylássō* a veces tiene el matiz de «observar (los mandamientos)» (así, Ep. Arist. 159). Los rabinos, Targums y Peshitta todos se refieren a los mismos objetos por Aram. *tĕpillîn*, que se deriva de *pll* («orar») o *plh* («separar/distinguir [Judíos de no judíos]»).

Fuentes rabínicas sugieren que en el siglo I d.C., y antes era costumbre que el observante llevara filacterias todo el día; hoy, «portar el *tĕpillîn*» ocurre sólo durante la oración de la mañana en los servicios entre semana.

W. E. Nunnally

FILADELFIA (Gr. *Philadélphia)*

1. Ciudad en la provincia romana de Asia, en el oeste de Asia Menor (Ap 1.11; 3.7-13). Ya que Filadelfia se encuentra debajo de la ciudad turca moderna de Alaşehir, nunca se ha excavado de forma sistemática. La ciudad fue fundada en el siglo II a.C., por Atalo II de Pérgamo. Experimentó un daño severo por un terremoto en el período de principios del Imperio Romano; el terremoto de magnitud sin precedentes que se produjo durante el reinado del emperador Tiberio (ad 17; Plinio *Nat. hist* 2.86, 200; ...Tácito *Ann* 2.47) y destruyeron varias ciudades asiáticas también devastó Filadelfia (cf. Strabo *Geog.* 12.8.18; 13.4.10).

Las fuentes más antiguas del cristianismo en Filadelfia vienen del libro de Apocalipsis y la Carta a los de Filadelfia escrita por Ignacio de Antioquía a comienzos del siglo II. Es evidente de estos que hubo animosidad continua entre el cristianismo y la comunidad judía local (Ap 3.9; Ignacio *Fil.* 6.1). Los esfuerzos para interpretar el mensaje de Juan a la iglesia de Filadelfia, a la luz de la historia social y política de Filadelfia han sido a menudo muy subjetivos.

Los numerosos restos epigráficos de la ciudad y sus alrededores no han sido seriamente investigados por los eruditos del NT. Una inscripción destacada del siglo I a.C., registra los imperativos morales exigidos a los miembros de un culto al dios pagano Zeus. Además de demostrar una estrecha relación entre la piedad pagana y las normas éticas, esta larga inscripción da una idea acerca de la resistencia pagana a la participación en las relaciones sexuales promiscuas, el uso de abortivos, el uso de conjuros mágicos, y la participación en la pedofilia. Por otra parte, esta inscripción nos informa explícitamente que los miembros de la alianza religiosa representaba «hombres y mujeres, libres y esclavos.»

Bibliografía. S. C. Barton and G. H. R. Horsley, «A Hellenistic Cult Group and the New Testament Churches,» *JAC* 24 (1981): 7-41; C. J. Hemer, *The Letters to the Seven Churches of Asia in Their Local Setting* (1986, repr. Grand Rapids, 2000); D. Magie, *Roman Rule in Asia Minor,* 2 vols. (1950, repr. New York, 1975).

RICHARD E. OSTER, JR.

2. Ciudad en la Decápolis, Amman moderno. *Véase* Rabá.

FILEMÓN (Gr. *Philḗmōn*)

El destinatario de la epístola de Pablo a Filemón, escrita en nombre del esclavo de Filemón, Onésimo, que estaba con Pablo en Roma. Esta epístola es nuestra única fuente de información sobre Filemón, con inferencias posibles a partir de la Epístola acompañante dirigida a los Colosenses (cf. Flm 12; Col 4.9). Aunque incierto, Apia y Arquipo a quien Pablo saluda en Filemón 2 pueden ser la esposa y el hijo de Filemón, respectivamente (cf. Col 4.17). Ya que Onésimo y Arquipo residen con Filemón (Flm 2, 10-21) y pertenecen a la iglesia de Colosas (Col 4.9, 17), podemos suponer que Filemón también residió en Colosas, en el valle del Lico de la provincia romana de Asia.

Filemón era uno de los convertidos de Pablo (Flm 19), tal vez cuando Pablo estaba ministrando en Éfeso en su tercer viaje y la provincia de Asia fue evangelizada (Hch 19.10). Pablo considera a Filemón un compañero de trabajo (Gr. *synergós*), posiblemente porque él fue instrumental en la fundación de la iglesia de Colosas. Filemón era un rico mecenas de una iglesia en casa, en su casa de Colosas (Flm 2) y era conocido por su hospitalidad (vv. 5-7). Pablo trató de convencer a Filemón que la conversión de Onésimo al cristianismo trascendía la relación de amo y esclavo, que parecía dar a entender que una opción abierta para Filemón era dejar libre a Onésimo.

Bibliografía. J. M. G. Barclay, «Paul, Philemon and the Dilemma of Christian Slave-Ownership,» *NTS* 37 (1991): 161-86; N. R. Petersen, *Rediscovering Paul: Philemon and the Sociology of Paul's Narrative World.* Guides to Biblical Scholarship (Filadelfia, 1985).

DUANE F. WATSON

FILEMÓN (Gr. *Philḗmōn*)**, CARTA A**

La correspondencia más breve de Pablo que se conserva, en su brevedad comparativa más como la mayoría de las cartas griegas antiguas conservadas que otros escritos de Pablo. A diferencia de otras cartas de Pablo, Filemón no se ocupa de las controversias teológicas o dificultades éticas en la vida de su público.

Filemón es universalmente aceptada como una auténtica carta de Pablo, y su autenticidad ha sido pocas veces cuestionada en el pasado. Sin embargo, las preguntas se han mantenido desde los primeros tiempos en relación con el valor de la carta. Los intérpretes antiguos y modernos han respondido a las críticas de Filemón extrayendo de ella una variedad de lecciones morales, señalando su valor para mostrar las profundidades de la humildad y el cuidado de Pablo como un ejemplo para todos los cristianos, y haciendo hincapié en el valor de la carta en la que muestra cómo personas cristianas de diferentes niveles sociales han de relacionarse entre sí.

Estructura

Toda la carta a Filemón se divide en cuatro o cinco partes. La más común es la siguiente delimitación de cinco partes:

1. Los versículos 1-3 forman un saludo, que nombra a los remitentes, los destinatarios, y emite un saludo.
2. Los versículos 4-7 ofrecen una acción de gracias a Dios por un recuerdo específico de la vida de Filemón. Versículo 7 es un puente a la parte principal de la carta.
3. Los versículos 8-21 son el cuerpo de la carta, discutiendo el regreso de Onésimo el esclavo. En la primera sección del cuerpo (vv. 8-14) Pablo apela a Filemón en favor de Onésimo, al declarar su afecto por el esclavo y al decirle a Filemón de su deseo de tener a Onésimo con él en su prisión por causa del evangelio. En la segunda sección del cuerpo (vv. 15-20) Pablo reflexiona sobre el cambio de Onésimo que vino a través de su conversión y se compromete a respon-

der por cualquier cosa que Onésimo pueda deber a Filemón.

4. Los versículos 21-22 son parénesis, acoplando una declaración de confianza de Pablo en Filemón, pidiéndole que le preparare habitación para que Pablo pueda hacer una visita prevista a la iglesia.
5. Los versículos 23-25 forman el cierre de la carta, que pasa a los saludos de los compañeros de Pablo a Filemón y a los demás y hablan una palabra final, un tanto formal.

Contenido

Pablo, que estaba en prisión, escribe una carta con alguna ayuda de Timoteo; abre la carta con un saludo a Filemón, Apia, Arquipo, y a la iglesia que se reunía en la casa de Filemón. Es imposible decir con certeza donde se encontraba Pablo en el momento de la escritura. El sitio tradicional de Roma ha perdido algo de favor debido a la improbabilidad de que Pablo hubiese marchado de regreso desde Roma a visitar a una congregación en el este después de llegar a Italia y la planeando trabajar en España. Se ha creado un argumento a favor de Cesarea, pero la teoría más generalmente avanzada hoy es que Pablo estaba en prisión en Éfeso (cf. 1 Co 15.32; 2 Co 1.8-11). La ubicación de la iglesia en la casa de Filemón es también un enigma, aunque las similitudes entre las porciones de Filemón y Colosenses (sea o no auténticamente paulina) conducen a muchos estudiosos a concluir que Filemón vivía en Colosas.

Pablo entonces se dirige a Filemón en particular. Sobre la base de su conocimiento del carácter de Filemón y seguro en su propia comisión de Cristo, Pablo aborda la situación. Al parecer, Onésimo era un esclavo que pertenecía a Filemón, a quien Filemón hubiera considerado como inútil, sobre todo porque había huido de su amo. Sin embargo, en una combinación rica tanto de metáforas y juegos de palabras de Pablo presenta su testimonio acerca de la conversión de Onésimo a Cristo, una conversión que tuvo el efecto práctico de cambiar a Onésimo de ser sin importancia a ser altamente valioso. De hecho Pablo encontró a Onésimo, después de su conversión, de tal utilidad en su ministerio apostólico que desea retener a Onésimo para que le ayude en lugar de devolverlo a Filemón. Pablo asume que Filemón mismo habría proporcionado de buen grado esa asistencia si hubiera estado presente, y estaba deseoso de tener a Onésimo para que le ayudara en nombre de Filemón; pero en lugar de abusar de la generosidad conocida de Filemón, Pablo decidió regresar a Onésimo a Filemón y dejar el asunto a la voluntad de Filemón.

Pablo continúa su apelación pidiendo a Filemón que reconozca la transformación y reciba al esclavo como si fuera el apóstol mismo. Por otra parte, Pablo interpone que si Onésimo le debe algo a Filemón en términos de un mal o una deuda, que él (Pablo) le pagaría la deuda; Pablo va más lejos en este asunto como para escribir el pagaré de su propia mano. Sin embargo, Pablo va más allá de la apelación y la promesa de reembolso, declarando su confianza en Filemón para hacer aún más de lo que Pablo dijo.

Propósito

Hay por lo menos dos propósitos reconocidos de los escritos de Pablo a Filemón relativos a Onésimo. En primer lugar, trató de convencer al amo a recuperar el siervo sin ira ni algún tipo de castigos severos permitidos por la ley romana. Segundo, e igualmente importante, el apóstol buscó asegurar a Onésimo de Filemón para que le sirviera a él en el ministerio evangélico. Si este desarrollo incluiría o no el que Onésimo fuera liberado por Filemón es una cuestión discutible e irresoluble.

Bibliografía. E. Lohse, *Colossians and Philemon.* Herm (Philadelphia, 1971); P. T. O'Brien, *Colossians, Philemon.* WBC 44 (Waco, 1982); N. R. Petersen, *Rediscovering Paul: Philemon and the Sociology of Paul's Narrative World* (Philadelphia, 1985); M. L. Soards, «Some Neglected Theological Dimensions of Paul's Letter to Philemon, » *Perspectives in Religious Studies* 17 (1990): 209-19; S. K. Stowers, *Letter Writing in Greco-Roman Antiquity.* Library of Early Christianity 5 (Philadelphia, 1986).

MARION L. SOARDS

FILETO (Gr. *Philētos*)

Aquel que, con Himeneo, enseñó que la resurrección ya había tenido lugar (2 Tim 2.17-18).

FILIPENSES, CARTA A LOS

Una de las epístolas de la «cautividad» (junto con Efesios, Colosenses y Filemón), llamada así por las referencias internas a la prisión (1.7, 12-14, 17, 19; 2.17) Filipenses es una de las epístolas de Pablo que mejor revela sus propias luchas y sus relaciones permanentes con las comunidades fundadas por él. Si bien se plantearon algunas dudas acerca de la autoría en la erudición europea del siglo pasado, hoy en día la carta es universalmente aceptada como genuina. Después de un saludo típico (1.1-2) y una acción de gracias prolongada (1.3-11), Pablo lanza una exposición de su situación actual (1.12-26), seguido de un apasionado llamamiento a la unidad de la comunidad (1.27 -2:18), las noticias sobre sus colegas (2.19-3.1), una advertencia acerca de los opositores y llamado para seguir su ejemplo (3.2–4.9), da gracias por un regalo recibido (4.10-20), y saludos de despedida (4.21-23). Debido a que la carta parece moverse repentina y desordenadamente de un tema a otro, e incluso a la conclusión varias veces (3.1a; 4.9, 20), muchos estudiosos consideran que no es una unidad literaria, sino una compilación de varias cartas. Filipenses 3.1b implica una carta anterior, y Policarpo, escribiendo a la misma iglesia un siglo después, sabe de más de una carta de Pablo a ellos (*Fil* 3.2). Filipenses 4.10-20 podría ser un reconocimiento independiente de un regalo de los Filipenses, tal vez por escrito. Filipenses 1.1–3.1; 4.2-9 sería otra carta escrita con el propósito expreso de exhortar a los filipenses a la unidad. Filipenses 3.2–4.1 sería una tercera carta para advertir sobre los oponentes judaizantes, que no aparecen en ninguna otra parte de la carta. Una de las dificultades con esta teoría, sin embargo, es la forma en que partes de la carta parecen relacionarse con otras partes, por ejemplo, el anonadamiento de Cristo (2.6-11) está en paralelo con el relato de Pablo de su propio anonadamiento (3.4-14), pero esto también podría ser el resultado de edición posterior.

Filipos fue fundada bajo el nombre de Krenides («manantiales») por los colonos de Tasos c. 360 a.C. Está situada en una meseta a unos 21 km (13 mi) al norte de su puerto marítimo, Neápolis (Kavala moderna) en Macedonia. Estaba ubicada en la Vía Egnatia, una calzada romana que une la capital ruta desde Brindisi en Italia a través del Adriático, a través de Macedonia, a Bizancio. Siendo ya parte de la provincia romana de Macedonia en el siglo II, la ciudad se convirtió en una colonia militar romana después de la victoria en las inmediaciones de Octavio y Antonio sobre Casio y Bruto en el 42 a.C., recibiendo el nombre de Colonia Julia Augusta Victrix Filipensis de Augusto unos años más tarde.

Pablo escribe a los Filipenses durante una prisión (1.7, 12-14, 17), cuyo resultado es incierto (1.19-26). El tradicional lugar y tiempo de la composición son Roma justo antes de la muerte de Pablo, en algún momento hacia el final del reinado de Nerón, entre 64 y 68 d.C. Otra posible ubicación es Cesarea durante el confinamiento de Pablo de dos años allí, justo antes de ser enviado a Roma (Hch 23–27). El problema con estos dos lugares es la gran distancia a Filipos y el tiempo de viaje por lo tanto, de un mes o más, mientras que el escrito supone numerosas visitas de ida y vuelta (2.19-30; 4.16-18). Una tercera ubicación sugerida más recientemente es Éfeso, de la que Filipos se pudo llegar en aproximadamente una semana de viaje. Según Hechos, Pablo pasó varios años allí (Hch 19), pero no hay ninguna mención de prisión. Sin embargo, es posible que comentarios hechos por Pablo en otros lugares (2 Co 1.8-10; 6.5; 11.23; y 1 Co 15.32, que debe ser tomado en sentido figurado), indican que él estuvo en la cárcel más de una vez antes de su detención definitiva y que algo terrible sucedió en la provincia de Asia, de la cual Éfeso era la ciudad más importante. Las referencias de Pablo al pretorio y la casa de César (1.13; 4.22) a menudo se cree que obligan a un lugar de origen romano, pero pueden aplicarse a cualquier ciudad en la que había un contingente de la guardia pretoriana y servicio de los derechos civiles del imperio. Roma, Cesarea, y Éfeso, todas califican. Si Éfeso es el lugar de la escritura, la fecha podría ser tanto como 10 años antes, a mediados de los años 50.

Hechos 16 narra el sueño de Pablo en Troas de un macedonio pidiéndole que venga a ayudarlos. En dos días, Pablo y Silas viajaron por mar a Neápolis y tomaron la calzada romana hacia las colinas a Filipos. Allí, en el día de reposo en el río fuera de la puerta occidental se encontraron con Lidia, una comerciante de púrpura de Tiatira, la primera convertida, cuya casa se convirtió en el centro de la primera comunidad cristiana de la ciudad. Hechos continúa contando del exorcismo de Pablo de una esclava con un espíritu de adivinación, su posterior encarcelamiento con Silas, su milagrosa liberación por medio de un terremoto, la conversión y el bautismo del carcelero y su casa, y la partida de Pablo y Silas al oeste por la Vía Egnatia a Tesalónica.

Por desgracia, ninguno de los personajes o situaciones narrados en los Hechos se puede ver reflejado en la carta de Pablo. Allí sus compañeros de viaje son Timoteo (Hch 16.1 sugiere que Timoteo también acompañó a Pablo, pero los versículos 19, 25, 29 lo excluyen) Y su otro ayudante, Epafrodito (1.1; 2.19-30). Los nombres de los cristianos de Filipos mencionados son Evodia y Síntique, Syzygus (que puede no ser un nombre propio, sino una denominación, «compañero»), y Clemente (4.2-3). La presencia del nombre romano Clemente (Clemens) no es sorprendente, dada la fuerte presencia romana en la ciudad como lo demuestra la preponderancia de inscripciones funerarias latinas de la época romana.

La iglesia de Filipos muestra una tendencia temprana a la organización. Eran al parecer la primera iglesia paulina en adoptar los títulos seculares *epískopoi y diákonoi* (aquí «supervisores» y «ayudantes») para su grupo colegial de los líderes (1.1). La referencia a la *diákonos* Febe en Romanos 16.1 nos advierte de no asumir que todas estas personas en Filipos eran varones; Evodia y Síntique, dos mujeres cuyo desacuerdo entre ellas está afectando a toda la comunidad, están probablemente entre ellas. Syzygus es probablemente un miembro varón que pertenece al mismo grupo de liderazgo que tiene el don de la reconciliación. Pablo le pide que intervenga (4.2-3).

Pablo parece tener un afecto especial por la primera de sus iglesias en suelo europeo. La sección de acción de gracias (1.3-11) es la más larga de cualquier carta paulina auténtica. Allí se les asegura un lugar especial en su corazón y su anhelo de ellos debido a su participación en su trabajo y sufrimiento (1:7-8) apostólico. Sin lugar a dudas parte del especial afecto de Pablo por ellos se debe a su extraordinaria generosidad en el pasado: ellos eran la única iglesia macedonia en financiar su recorrido adicional de ahí, y dos veces enviaron otros regalos monetarios, además del actual por lo que les da las gracias (4.15-18; probablemente 2 Co 11.9).

El mensaje central de la carta es el llamado a la unión de los corazones y las mentes a la vista de varios problemas de la comunidad, entre ellos los desacuerdos sobre el significado de la circuncisión y la observancia de la ley para los creyentes (3.2-3) y disensiones, como las que hay entre Evodia y Síntique (4.2), que puede ser personal o, más probablemente entre dos iglesias en las casas de las que son las líderes. Es a partir de estas preocupaciones que Pablo incorpora en la carta el «himno de Filipos» (2.6-11) y la reflexión autobiográfica que proporciona información valiosa sobre el origen social y religioso de Pablo, así como su relato espiritual de su relación con Cristo (3.4-15).

El himno cristológico en 2.6-11 es una de las declaraciones poéticas más antiguas de la importancia de Cristo. Existe un consenso general entre los estudiosos que su composición es prepaulina, tal vez para el uso litúrgico, y que Pablo lo ha incorporado aquí por efecto específico. Hay dos direcciones generales de interpretación, según el significado de «igual a Dios» (Gr. *ísa theṓ*) y el autovaciamiento para asumir la forma de un esclavo (vv. 6-7). La interpretación tradicional es que la condición de igualdad con Dios se refiere a la preexistencia de Cristo, y el autovaciamiento a la condición de esclavo se refiere a la encarnación, con su resultado de muerte. Una interpretación más reciente que ha encontrado seguimiento significativo es que la condición de igualdad con Dios se refiere más bien a la inmortalidad prevista originalmente para la humanidad, pero echada a perder por el pecado que trae la muerte (Sab 2.23-24; Ro 5.12). Esta inmortalidad pertenecía por derecho al Cristo sin pecado, que no obstante se anonadó y tomó la condición de esclavo al asumir la muerte, incluso la muerte en la cruz. La primera interpretación enfatiza la preexistencia; la segunda, la inmortalidad. No hay un acuerdo general entre los estudiosos sobre el significado previsto o el origen exacto del himno.

El anonadamiento de Cristo en 2:6-11 tiene algo de paralelo en el propio relato de Pablo de su origen judío intachable que le permite jactarse de sus propias calificaciones de cara a las reclamaciones rivales (3.4-6). La seguridad de su condición religiosa en el fariseísmo fue alterada para siempre por su encuentro con el Cristo resucitado, por quien sufrió la pérdida de todo (3.7-14). Estos versos están escritos, no con el propósito de la autorevelación, sino de inspirar a sus lectores a imitarlo poniendo a Cristo en primer lugar en sus vidas sin depender de las prácticas rituales judías (3.15-17). Mientras que «ellos» (los que se oponen a la manera de Pablo de ser cristiano) se glorían en cualidades y satisfacciones físicas (3.19), Pablo ha adoptado la actitud estoica de *autárkeia,* la libertad por la cual él disfruta lo que tiene, pero no sufre cuando no tiene (4.11-13). Sin embargo, sus reflexiones en 3.7-14 son un doloroso recordatorio del costo personal del apostolado de Pablo y su propio centrarse en el misterio de Cristo.

Carolyn Osiek

FILIPOS *(Gr. Phílippoi)*

Ciudad en Macedonia, al noreste de Grecia, c. a 17 km (10 mi) tierra adentro desde el mar Egeo y el noroeste de la ciudad portuaria de Kavala (antigua Neápolis). Fue ocupada por primera vez en el siglo VI a.C., por colonos de Tasos que lo nombraron Krenides («los manantiales»), ya que las fuentes de agua en la región eran abundantes. La característica particular que atrajo a los colonos a la zona fueron los enormes yacimientos de oro descubiertos en el monte cercano, Pangeo. El sitio fue renombrado Filipoi por Felipe II de Macedonia (Felipe el Grande, padre de Alejandro Magno) c. 358, cuando estableció un asentamiento de macedonios para proteger las minas de oro de los saqueadores. Filipos fue puesta bajo el dominio romano en el año 168.

El yacimiento arqueológico de la antigua Filipos se encuentra en la Vía Egnatia, que corre a través de ella. Las excavaciones han revelado ruinas de los baños romanos al final de una calle llena de columnas, basílicas a ambos lados de la calle, templos, un foro romano, un teatro del siglo IV que los romanos renovaron para combates de gladiadores, los restos de varias iglesias cristianas, y un acrópolis que da evidencia de la ocupación de los macedonios a la época bizantina. La pendiente rocosa en el lado norte de la carretera está salpicada de numerosas inscripciones, altares, relieves y esculturas votivas que representan numerosas religiones, mitos, cultos y deidades que eran parte de esta sociedad dinámica y pluralista. Estos incluyen los movimientos religiosos que se esparcen ampliamente en todo el Mediterráneo (por ejemplo, la veneración de Isis y Osiris), así como deidades puramente locales (por ejemplo, Bendix y el dios-jinete tracio).

Filipos fue el sitio de uno de los enfrentamientos militares más importantes en la historia de Roma. En una serie de batallas allí en el 42 a.C., Marco Antonio y Octavio (más tarde dotado con el título de «augusto») vencieron a las fuerzas republicanas de los asesinos de Julio César, Casio y Bruto. En cierto modo, esta batalla marcó el punto de inflexión entre la República Romana y el Imperio Romano. El poeta Horacio luchó en esta batalla, en el lado de Casio y Bruto, aunque se reporta que él arrojó su escudo y corrió por su vida cuando su líder derrotado Bruto se quitó la vida. Poco más de una década después, cuando Augusto derrotó a Antonio, su único competidor restante de la dominación romana, en la batalla de Actium (31 a.C.), Augusto convirtió a Filipos en una colonia romana que llamó Colonia Julia Augusta Victrix Filipensis. Aquí plantó veteranos de las guerras civiles y los partidarios de Marco Antonio, cuyas tierras tomó y al que despidió de Italia. Privilegios especiales fueron autorizados a estos colonos romanos, tales como la exención de impuestos y el derecho a la propiedad y el mercado inmobiliario.

Según Hechos 16.9 Pablo tuvo una visión de que debía salir de Asia Menor y llegar a Macedonia. Desembarcó en Neápolis, donde la principal calzada romana, la Vía Egnatia, llegaba a su fin. C. 50 d.C. él, Lucas y Silas llegaron a Filipos y establecieron una comunidad cristiana allí, la fundación de la primera iglesia en suelo europeo. Regresó a la ciudad en su segundo y tercer viaje. Pablo encontró que Filipos era una zona cosmopolita, con los romanos, griegos, judíos, y gente de muy diversa procedencia nacional y étnica. Debido a que una parte considerable de la ciudadanía eran romanos, que gozaba de privilegios especiales, como colonos, Pablo encontró allí una comunidad con una devoción pronunciada hacia el Imperio Romano y orgullo por él. Las lealtades políticas y religiosas de las personas parecen haber sido un problema para Pablo. Sólo en Filipenses usa un lenguaje que habla de la identidad civil o política, cuando le dice a sus lectores que vivan de una manera digna del evangelio de Cristo (Gr. *politeúesthe;* Fil 1.27) y cuando les recuerda que son ciudadanos del cielo (*políteuma;* 3.20). Pablo parece haber estado tratando de lograr que los cristianos de Filipos se vean a sí mismos primero como cristianos y segundo como romanos, no como romanos primero y segundo como cristianos.

Bibliografía. C. Bakirtzis and H. Koester, eds., *Philippi at the Time of Paul and after His Death* (Harrisburg, 1998); S. E. Johnson, *Paul the Apostle and His Cities* (Wilmington, 1987), 70-76.

RICHARD A. SPENCER

FILISTEOS (Heb. *pělištîm*)

Un pueblo del Egeo que emigraron a la costa sur de Palestina a finales del siglo XIII y principios del XII a.C., y se convirtió en uno de los rivales más feroces de los israelitas. Uno de los cinco pueblos derrotados por Ramsés III en su octavo año, que se establecieron en la llanura de Rafa norte a Jope. Según la Biblia, los filisteos tenían una liga de cinco grandes ciudades (Pentápolis): Asdod, Ascalón, Ecrón (Tel Miqne; Khirbet el-Muqanna'), Gaza, y Gat. Otros sitios de la llanura filistea incluyen Tell Qasile, Tel Gerisa, Tel Ẓafit/Tell eṣ-Ṣafi, Tell Jemmeh, y Tell el-Farʿah. En otras partes de Palestina la evidencia de los filisteos se ha encontrado en Meguido, Bet-san, y Deir ʾAlla. El nombre moderno de Palestina se deriva de la palabra hebrea para el pueblo y su territorio.

La historia de los filisteos se puede seguir desde el período de los jueces a la caída de Jerusalén. El Cántico de Débora (Jue 5.6) menciona a Samgar ben Anat, el cual mató a 600 filisteos (3.31). Las historias de Sansón (Jue 13-16) se refieren al aumento de la tensión por la expansión hacia el este filisteo. Cuando Egipto retiró su control sobre Palestina c. 1070, los filisteos llenaron el vacío de poder y dentro de varias décadas se enfrascaron en una guerra a gran escala con los israelitas. Durante el tiempo de Samuel, Israel fue derrotado en la batalla de Ebenezer (1 S 4.1–7.1), Silo fue destruida (Jer 7.12-14), y el arca del pacto capturada. Fue la amenaza filistea que provocó la demanda de los israelitas por un rey. Saúl luchó contra los filisteos a lo largo de su reinado (1 S 14.47, 48, 52). Israel obtuvo la victoria en la batalla de Micmas (1 S 13.2-7, 13-23; 14.16-30). David derrotó a Goliat en Soco (1 S 17.1-54); la descripción de Goliat con sus armas y armaduras coincide con la de los guerreros del mar Egeo. Saúl murió cuando el ejército de Israel fue derrotado en la batalla del Monte Gilboa (1 S 31.1-13 Su sucesor, David, persiguió a los filisteos «desde Geba hasta llegar a Gezer» (2 S 5.17-25). A través de una serie de victorias que rompió la resistencia de los filisteos (2 S 8.1; 21.15-18) y los llevó de vuelta a la llanura costera y se rompió la alianza Pentápolis. Salomón recibió Gezer como dote del faraón egipcio (1 R 9.16). Sin embargo, la guerra con los filisteos continuó durante la monarquía dividida (p.ej., 1 R 15.27; 16.15; 2 Cr 26.6-7; 28.18; cf. Is 9.12[TM 11]). En el año 712 el rey asirio Sargón II ordenó un ataque a Asdod (Is 20; *ANET,* 84-87) y capturó Gat. Los filisteos se rebelaron después de la muerte de Sargón, pero Senaquerib recapturó Asdod en el año 701 y pasó a tomar Ascalón, Ecrón, y Gaza (ANET, 287-88). Bajo Esarhadón las ciudades filisteas se redujeron a vasallos de Asiria (cf. ANET, 291). Aunque Egipto bajo el faraón Necao II reafirmó el control sobre el territorio de los filisteos en el 612, el fin de los filisteos llegó en el 604 con el ataque de Nabucodonosor II y posterior deportación (Jer 25.20).

La fuente literaria principal para obtener información sobre los filisteos es la Biblia, que puede ser complementada por los registros egipcios, asirios y babilónicos. Lo más importante han sido los numerosos descubrimientos arqueológicos en la cuenca oriental del Mediterráneo, particularmente en Palestina.

La ocupación filistea se puede identificar fácilmente por la cerámica característica que difiere de los estilos egipcios, israelitas y cananeos. La cerámica filistea se ha identificado como micénica y clasificado como Myc (Heládico Tardío) IIIC 1b, que data del siglo XII. El repertorio de formas sigue a la de la cerámica micénica, con cuencos en forma de campana que tienen dos asas horizontales, grandes cráteras con llantas de perfil y los mangos, jarras de estribo (pequeños tarros globulares con dos asas y un falso pico), grandes jarras globulares con caños coladores, píxides, y dos tipos de botellas. La decoración en la cerámica inicialmente copió el estilo monocromático de mercancía Myc IIIC, pero más tarde los filisteos desarrollaron su propio estilo de cerámica bicromática utilizando negro y rojo sobre un engobe blanco. Las decoraciones fueron pintadas en bandas de todo el cuerpo de la cerámica y divididas en paneles. Algunos de los motivos artísticos incluyen espirales enrollados, círculos concéntricos, medios círculos en un patrón de escala de pescado, damas, diseño de la red, y pájaros estilizados.

Un gran edificio monumental descubierto en Tel Miqne cuenta con un gran salón con dos pilares y un hogar independiente; tres habitaciones cuadradas en el este abierto a la sala. El hogar independiente era un elemento arquitectónico de otro modo desconocido en Palestina, pero característico del Egeo, Anatolia y Chipre. Las excavaciones en Tell Qasile (1309.1678) descubrieron tres etapas de un templo filisteo, otra vez una reminiscencia de la forma micénica.

1 Samuel 13:19-21 se ha interpretado en el sentido de que los filisteos tenían el monopolio de la fundición de hierro. Sin embargo, el hierro no se utilizó ampliamente en Palestina hasta el siglo X. Las excavaciones en Tel Miqne (Ecrón) indican que bajo el dominio asirio la ciudad era un centro importante para la producción de aceite de oliva.

Las excavaciones en Deir ʿAlla encontraron en el nivel filisteo una tablilla de arcilla con inscripciones de de escritura linear que contiene 50 caracteres, agrupados en 15 palabras en un tipo de escritura relacionada con Minoan A. Dos sellos (de Asdod y Tel Batas) también contienen letras de una escritura li-

Un prisionero Pelester (filisteo), con tocado de plumas. Relieve del templo principal de Ramsés III (20a dinastía, 1183-1152 a.C.), Medinet Habu, Occidente de Tebas (Erich Lessing/Art Resource, NY)

near. Estas breves inscripciones han desafiado a la traducción. Unas palabras prestadas de los filisteos se pueden identificar en la Biblia. Los príncipes de los filisteos se llaman *seren,* que es probablemente cognado con Gr. *tyrannos, «tirano.»* La terminación *-yat* del nombre Goliat (Heb. *golyāṯ*) es cognado con el heteo -*wattas.* Los estudiosos no se ponen de acuerdo sobre la derivación del nombre Aquis, rey de Gat.

La Biblia registra tres dioses en relación con los filisteos. Dagón (1 S 5) era más que un dios-grano, con poderes más amplios del clima y la fertilidad. Astarot (Jue 10.6; 1 S 31.8-13) era una diosa madre. Baal-zebub (2 R 1), «El señor de las moscas,» puede ser un corrupción de Baal-zebul, «baal-Príncipe» (cf. Ugar. *zbl bʿl*). Las excavaciones han producido varios vasos de culto, incluyendo una figura de arcilla llamada Asdoda, que representa a una diosa sentada en la tradición micénica. Otros objetos de culto incluyen kernoi (anillos tubulares con picos de vertido unidos en forma de animales), cuencos Kernos (con aros tubulares), y un vaso de libación con forma femenina.

Bibliografía. W. F. Albright, «Syria, the Philistines and Phoenicia,» *CAH*[3] (Cambridge, 1975) 2/2.507-136; M. Dotán y T. Dotán, , *People of the Sea: The Search for the Philistines* (New York, 1992); T. Dothan, *The Philistines and Their Material Culture* (New Haven, 1982); A. Mazar, «The Emergence of Philistine Material Culture,» *IEJ* 35 (1985): 95-107; B. Mazar, «The Philistines and the Rise of Israel and Tyre,» *Proceedings of the Israel Academy of Sciences and Humanities* 1/7 (Jerusalem, 1964): 1-22; T. C. Mitchell, «Philistia,» in *Archaeology and Old Testament Study,* ed. D. W. Thomas (Oxford, 1967), 405-27; G. E. Wright, «Fresh Evidence for the Philistine Story,» *BA* 29 (1966): 70-86.

Lawrence A. Sinclair

FILÓLOGO (Gr. *Philólogos*)

Cristiano gentil en Roma saludado por Pablo (Ro 16.15).

FILÓN DE ALEJANDRÍA

Estadista y filósofo judío (c. 20 a.C.-c. 50 d.C.). Uno de los escritores más prolíficos de la antigüedad, sus escritos son los testigos más importantes de la cultura religiosa del judaísmo helenístico. Sabemos de un solo evento en su vida: c. 40 d.C. Encabezó una delegación judía a Roma para quejarse ante el emperador Calígula sobre disturbios gentiles contra la comunidad judía de Alejandría. La embajada parece haber tenido un éxito moderado, y en cualquier caso implica que Filón fue un líder político con experiencia que disfrutaba ampliamente de la confianza de los judíos de Alejandría.

Cualesquiera que fueran sus otras actividades en los asuntos públicos, Filón encontró tiempo para escribir un gran número de comentarios sobre libros del Pentateuco (esp. Génesis y Éxodo). De hecho, compuso tres series distintas de tratados exegéticos: el Comentario alegórico (18 tratados sobreviven), la Exposición de la Ley (siete tratados existentes) y las Preguntas y Respuestas sobre el Génesis y el Éxodo (parcialmente existente). Las tres series ofrecen interpretaciones literales y alegóricas, aunque este último se desarrolla más plenamente en la primera serie. Filón se refiere a menudo a exégetas predecesores y contemporáneos, aunque nunca por su nombre; claramente trabajó dentro de una tradición de estudio bíblico judío, tal vez dentro de algún tipo de ambiente de «escuela». Sus escritos muestran sofisticación retórica y un profundo conocimiento de las Escrituras judías y enterado del paganismo. Sus explicaciones alegóricas a menudo mezclan el judaísmo con el platonismo medio. Conceden especial atención a la peregrinación espiritual de la persona humana desde el materialismo al monoteísmo espiritual y de las pasiones corporales a la virtud a través de la razón humana que conduce a obedecer al Logos divino. Filón se refiere a Moisés como el revelador supremo de la verdad divina, pero él no parece limitar la más alta realización espiritual e intelectual a judíos.

Además de comentarios bíblicos, Filón escribió una serie de tratados temáticos sobre temas filosóficos y apologéticos (uno de los más famosos, *sobre la vida contemplativa*, describe los terapeutas, un grupo de ascetas judíos que viven cerca de Alejandría, y otro ofrece un relato inestimable de los esenios de Palestina).

Las obras de Filón deben haber sido apreciadas y conservadas por los judíos de su propio tiempo, pero no hay prácticamente ningún registro de los lectores judíos de sus tratados hasta el siglo XVI. Por el contrario, los pensadores cristianos como Clemente de Alejandría, Orígenes, Ambrosio, y Agustín leen a Filón y estaban muy influenciados por su teología filosófica y métodos alegóricos. No es posible demostrar que algún escritor del NT conocía las obras de Filón, pero algunos (sobre todo los autores de Colosenses, Hebreos y el Evangelio de Juan) pueden haber sido influenciados por las tradiciones judías helenísticas, de las que también da testimonio Filón.

Bibliografía. Philo of Alexandria, *The Contemplative Life, The Giants, and Selections*, trans. D. Winston (New York, 1981).

David M. Hay

FILOSOFÍA

Una palabra que se usa negativamente en la Biblia para referirse a la comprensión humana, en contraste con el conocimiento revelado por Dios. En griego clásico, la filosofía (Gr. *philosophía*) podría referirse a la investigación sistemática de un tema o de un conjunto diferenciado de conocimiento. Para el siglo I, el término se hizo más generalizado para incluir filosofía moral y la especulación religiosa. Muchos grupos religiosos trataron de dar la impresión de que estaban impartiendo filosofía, al igual que muchas personas que emplean la magia y los hechizos. En el judaísmo helenístico, el término fue utilizado en sus dos sentidos clásicos para designar a la búsqueda del conocimiento a través de la razón y para designar un conjunto de conocimientos expuesto por un grupo en particular. En 4 Macabeos, p.ej., filosofía designa el uso de la razón sobre las emociones (1.1) para hacer frente a la acusación de que el judaísmo es una «filosofía tonta» (05:11). El historiador judío Josefo, por el contrario, utiliza el término de forma más restringida y se refiere a los fariseos, los saduceos y esenios como escuelas filosóficas judías.

La amonestación de Colosenses 2.8 con respecto a «filosofías y huecas sutilezas» debe entenderse a la luz de estos posibles significados. Es muy poco probable que la noción clásica del término como la búsqueda del conocimiento a través de la razón se tenga en mente aquí. Pablo se refiere en cambio a la autodesignación de un grupo en particular que afirma poseer un conocimiento especial o poder con relación a los «elementos del universo.» Esta filosofía colosense aparentemente incluía restricciones dietéticas (Col 2.16, 21) y puede haber incluido una mezcla sincrética de las tradiciones judías que involucran el día de reposo y fiestas de la nueva luna (2.16). Sobre la base de la supremacía de Cristo demostrada en Colosenses 1.15-20, sin embargo, la polémica de la carta señala que esas enseñanzas se fundamentan en la tradición humana y como resultado son huecas sutilezas.

El término relacionado «filósofo» (Gr. *philósophos*) ocurre en Hechos 17.18, para designar a los adherentes a las escuelas filosóficas clásicas del epicureísmo y el estoicismo al que se enfrenta Pablo.

Bibliografía. E. Lohse, *Colossians and Philemon*. Herm (Filadelfia, 1971).

Matthew S. Collins

FINEES (Heb. *pînĕḥās; Egip. p'nḥsy)*

1. El hijo de Eleazar y nieto de Aarón (Ex 6.25), que se estableció en Gabaa (Jos 24.33). Salmo 106.30-31 conmemora a Finees por su acto de justicia de matar a Zimri por confraternizar con una mujer madianita en el campamento de Israel (Nm 25.1-18). Moisés envió a Finees para acompañar a los israelitas en la batalla contra los madianitas (Nm 31.6) y más tarde lo estableció como líder de los porteros coreítas (1 Cr 9.20). Josué 22.9-34 relata el papel de Finees en la solución de la controversia entre las 10 tribus y las tribus de Rubén, Gad y la media tribu de Manasés, a causa del gran altar construido en el lado este del río Jordán. El último acto de Finees registrado como sumo sacerdote (Jue 20.28) ocurrió durante la guerra civil de Benjamín. Finees entregó el oráculo de Dios a los israelitas, dándoles instrucciones para combatir al día siguiente (cf. 1 Esd 5.5; Eclo 45.23-24; 1 Mac 2.26, 54).

2. El hijo menor de Elí (1 S 1.3; 2 Esd 1.2), quien se profanó a sí mismo a través de las relaciones sexuales con mujeres que servían en el santuario de Silo, y deshonrado al Señor por medio de sacrificios indebidos (1 S 2.15-17, 22-25). Los filisteos mataron a Finees y a Ofni su hermano mientras escoltaban el arca de la alianza en la segunda batalla de Afec-Ebenezer (4.1b-11). Al enterarse de este desastre, la mujer de Finees murió en un parto prematuro, al tener a su hijo Icabod, «La gloria se ha apartado de Israel.» Genealogías posteriores (Esd 7.1-2; 1 Cr 6.4ss. [TM 5.30ss.]; 1 Esd 8.1-2) omiten este segundo Finees (aunque sí mencionan a su hijo Atihub), cumpliendo así con el juicio de Dios en contra de cualquiera de los futuros descendientes de Elí que deshonraron al Señor mientras se desempeñaba como sacerdote (1 S 2.30).

3. Padre de un sacerdote posterior al exilio (Esd 8.33), tal vez el levita nombrado como el padre de Eleazar (1 Esd 8.2, 63).

Archie W. England

FIRMAMENTO

Una hoja delgada, similar a una pieza de metal golpeado, que se extiende de horizonte a horizonte para formar la bóveda del cielo. En la cosmología hebrea, el universo consistía en tres partes: las aguas de arriba, la tierra abajo, y las aguas debajo de la tierra (cp. Ex 20.4). Job 37.18 describe a Dios extendiendo los cielos y haciéndolos «firmes como un espejo fundido» (cp. LXX Gr. *steréōma*, sugiriendo un plato hondo decorado en relieve o martillado).

El firmamento (Heb. *rāqîaʿ*; el Lat. *firmamentum*) sirve para separar las aguas que estaban encima de las aguas que estaban debajo (Gn 1.6-8), su función principal era evitar que las aguas que estaban encima se estrellaran sobre la tierra abajo e inundaran el mundo. Sin embargo, pequeños hoyos en el firmamento permitieron la liberación ocasional del agua en la forma de lluvia (Gn 7.11; Sal 78.23-24). La luna, el sol y las estrellas fueron colocados a través de este arco fijo en el cielo (Gn 1.14-18). En la visión del carro de Ezequiel el firmamento aparece como una extensión sobre las cabezas de las criaturas que parecieron hielo brillante; encima del firmamento está un trono de zafiro (Ez 1.22-26).

W. Dennis Tucker, Jr.

FLAUTA

Instrumento de viento, realmente un oboe o clarinete primitivo, hecho de una caña o madera hueca con agujeros para producir las notas. Sostenido verticalmente, la flauta tenía una boquilla de doble caña; una forma variante era la doble flauta (cp. acadio *halhallatu*), los dos tubos que podrían ser tocados individual o simultáneamente.

Se tocaba la flauta para divertirse (Job 21.12; Is 5), con fines ceremoniales, como coronaciones (1 R 1.40) y entierros (Mt 9.23), y para la adoración (Dn 3.5, 7, 10, 15). En varios contextos, la flauta está relacionada con la alabanza a Dios (Sal 150.4), al gozo del Señor (87.7; Is 30.29), y para el acto de profetizar (1 S 10.5). El sonido de la flauta se compara con la voz de alguien que llora (Job 30.31; cp. Jer 48.36). Podemos deducir que tocar la flauta era común en el imperio romano ya que es listado como uno de los sonidos típicos que no serían oídos en la ciudad apocalíptica de Babilonia (Ap 18.22). Pablo se refiere a la flauta como una ilustración de la importancia de dar un sonido claro y distinto (1 Co 14.7).

Timoteo W. Seid/Joachim Braun

FLECHA

Véase Arco y flecha.

FLEGONTE (Gr. *Phlégōn*)

Un cristiano en Roma a quien Pablo envió sus saludos (Ro 16.14).

FLUJO DE SANGRE

El sangrado de los órganos reproductivos de la mujer, por lo general de la menstruación, menorragia, o algún otro tipo de hemorragia uterina. Al igual que otras secreciones corporales, el sangrado de una mujer causaba impureza ritual. La menstruación hacía que una mujer estuviera impura por siete días (Lv 15.19-24). Durante ese tiempo su impureza se transmitía a cualquier persona o cosa que ella tocara, y por lo tanto se prohíbe la relación sexual con una mujer menstruante (Lv 18.19; 20.18; cf. Ez 22.10b). Una mujer que sufría de sangrado irregular o prolongado fue considerada impura hasta siete días después de que la hemorragia había cesado (Lv 15.25-30; cf. Nm 5.21).

La curación de una mujer cuyo sangrado había durado 12 años (Mr 5.25-34; Lc 8.43-48; Mt 9.20-22) debe entenderse a la luz de lo anterior. Cuando ella tocó el manto de Jesús, él debería haberse vuelto impuro o ella debería haber sido destruida (cf. Lv 15.31; 2 S 6.6-7). En cambio, el poder de su santidad la limpió.

Frank D. Wulf

FORASTERO

«Extranjero» o «extranjero residente» que vive en un pueblo o tierra que no es la propia (el heb. *gēr*, generalmente se traduce como «extranjero» o «forastero»).

El prototipo del forastero fue Abraham (Gn 12.10; 23.4; cf. He 11.9). La condición continua de forastero/extranjero de la progenie de Abraham se trae a la memoria para la eternidad en el credo de Deuteronomio 26.5-10. Cuando Israel llegó a establecerse como nación y pueblo, el recordatorio de la condición pasada de Israel como forastero justificaba leyes en cuanto al trato justo del extranjero entre ellos (Ex 22.21[TM 20]; 23.9; Lv 19.34; Dt 10.19). Oficialmente los extranjeros de Israel disfrutaban de una condición equitativa en cuanto a la adoración (Nm 9.14; 15.15-16), al descanso del día de reposo (Ex 23.12; Dt 5.14) y en cuanto al cuidado protector de las viudas y huérfanos (Ex 22.21-24[20-23]; Dt 24.17, 19-20; cf. Mal 3.5). Esto pudo haber sido cierto sobre todo, o solamente, para el extranjero que se había circuncidado (Ex 12.48-49). La legislación para los extranjeros incluye un ejemplo antiguo del así llamado gran mandamiento: «lo amarás como a ti mismo; porque extranjeros fuisteis en la tierra de Egipto» (Lv 19.34).

Por supuesto, en la vida cotidiana el extranjero en Israel no siempre disfrutaba de un trato equitativo o incluso justo. De hecho, es posible que el heb. *gēr* se origine del ac. *gārû*, «enemigo» u «oponente». Al igual que ahora, en tiempos antiguos ser «extranjero» se consideraba algo hostil. La hostilidad hacia los extranjeros era visible, sobre todo en las medidas extremas que Esdras y Nehemías tomaron después del Exilio para segregar a las esposas extranjeras, y a sus hijos, y a aquellos israelitas que se habían «mezclado» con ellas (1 Esd 8.69-70; Esd 10.44; Neh 13.3), los despreciables samaritanos.

La LXX traduce *gēr* como *prosḗlytos*, «prosélito». En los tiempos del NT, *gēr*, «forastero/extranjero» llegó a tener un significado más religioso que étnico. No están claras las distinciones entre los forasteros/extranjeros, las características de los prosélitos y los así llamados temerosos de Dios, que primero fueron atraídos al judaísmo y luego al cristianismo. Efesios 2.19 se refiere a los gentiles convertidos «temerosos de Dios» como que ya no son «extranjeros ni advenedizos, sino conciudadanos… y miembros de la familia de Dios».

En el análisis final, los judíos piadosos se veían a sí mismos como extranjeros que moran en el mundo de Dios (Lv 25.23; 1 Cr 29.15; Sal 39.12[13]), esto es, tan dependientes de la gracia de Dios como el extranjero residente dependía de las personas con las que vivía.

Edmon L. Rowell, Jr.

FORNICACIÓN

En general, las relaciones sexuales ilícitas (Heb. *zānâ*), pecado que viola el espíritu del séptimo mandamiento (Ex 20.14), que estaba destinado a proteger la integridad de la familia. La fornicación (Gr. *porneía*) se puede vincular con el adulterio (Mt 5.32; 19.9) o distinguirse de él (15.19 = Mr 7.21). Se menciona y se reprende el hecho de cometer adulterio (1 Co 6.18; 10.8; Jud 7). Pablo aconsejó el matrimonio monógamo «a causa de las fornicaciones». Metafóricamente, la fornicación puede describir la corrupción del pueblo de Dios con la idolatría pagana (p. ej., Jer 2.20-36; Ez 16.15-43; Ap 2.14, 20-22; 17.1-18; 18.2-9). El abstenerse de la fornicación (lujuria) era una de las cuatro condiciones que se demanda de los gentiles para que fueran admitidos en la iglesia por la conferencia de Jerusalén (Hch 15.20, 29).

Allison A. Trites

FORO DE APIO

Estación en la Vía Apia (Gr. *Appíou Phóron;* Lat. *Apii Forum*), a 69 km (43 mi) al sureste de Roma, en la moderna Faiti. Probablemente fue fundada durante la época de Apio Claudio el Censor, que construyó la carretera en 312 a.C., y llegó a ser, a eso del siglo I d.C., una ciudad importante (cf. *Satires* de Horacio 1.5.3-6, para la crítica que un viajero hace de su alojamiento y de «sus taberneros tacaños»). Desde este punto, un canal corría paralelamente con el camino a través de las Lagunas Pontinas (un refugio para los zancudos de la malaria) alrededor de 30

Muros reconstruidos de Tel en-Nasbeh (Mizpa) de la Edad de Hierro, construidos por el Rey Asa de Judá (913-873 a.C.), las defensas comprendían el muro de la ciudad, un revestimiento inclinado, un muro de retención y foso defensivo (Badè Institute of Biblical Archaeology, Pacific School of Religion).

km (19 mi) hacia Feronia. Un número de cristianos romanos viajó hacia el Foro de Apio para saludar a Pablo después de su llegada a Puteoli (Hch 28.15).

FORTALEZA, FUERTE

Las fortalezas generalmente consistían de muros, torres y puertas. Los fuertes estaban construidos alrededor de las ciudades principales y en posiciones estratégicas, cerca de las fronteras y rutas de comercio. Unas pocas ciudades también tenían una fortaleza interior para una protección adicional.

Los muros que se construían alrededor de una ciudad proporcionaban defensa primordial. Los muros generalmente se construían de piedra, aunque algunos estaban hechos de ladrillos de barro. Las paredes podrían ser sólidas (estrato V de Beer-seba) o casamatas (dos paredes paralelas conectadas a intervalos por paredes transversales; estrato X de Hazor). Algunas paredes son rectas (estrato X de Asdod), en tanto que otras son con entradas y salientes (estrato VA de Meguido). Varias casamatas estaban llenas de desechos para una protección adicional (estrato VIII de Hazor). En aldeas más pequeñas, y en algunas ciudades, construían casas que colindaban unas con otras y en un patrón circular con el frente hacia arriba. La pared trasera de las casas se duplicaba como una pared de protección (estrato VII de Beerseba).

Las torres se construían en los muros, a intervalos y en posiciones estratégicas, como las puertas. Las torres, típicamente más altas que los muros, generalmente sobresalían más allá del muro de la ciudad, dándoles a los defensores una clara visión de la base del muro de la ciudad y de cualquiera que intentara traspasar el muro.

Las ciudades, en los tiempos del AT, por lo general tenían solamente una entrada. Este complejo tenía torres enormes a cada lado de la entrada, múltiples cámaras con puertas que separaban cada cámara y múltiples grupos de puertas. Unos cuantos complejos de puertas estaban construidos a los lados, creando un giro en forma de L (p. ej., Laquis, Tel en-Nasbeh, Bet-sán) para disminuir la velocidad del tráfico o de algún ejército invasor que pasa por la puerta. Las ciudades del NT generalmente tenían múltiples entradas y complejos de puertas de la ciudad.

Una ciudad necesitaba comida y agua para sobrevivir durante un sitio. Las ciudades frecuentemente construían instalaciones de almacenaje para comida y provisiones, así como grandes cisternas para agua. Se descubrieron salones de almacenaje sostenidos con pilares en Meguido, Hazor, Tel el-Hesi, Beerseba y Tel Qasile. Varias ciudades (Jerusalén, Hazor, Gezer, Beerseba, Gabaón y Meguido) tenían medios para obtener agua dentro de la ciudad desde un abastecimiento afuera del muro de la ciudad, a través de un túnel o canal. El general de David, Joab, trepó un canal de agua (canal de Warren) para entrar y derrotar a la ciudad jebusea de Jerusalén (2 S 5.8). Ezequías construyó un túnel desde un manantial escondido hasta un estanque dentro de Jerusalén (2 R 20.20).

Las fortalezas, aparte de las ciudades, fueron construidas en ubicaciones estratégicas. Una línea de fortalezas que datan de la Monarquía de Israel rodeaba el Neguev. Estas fortalezas generalmente son pequeñas y contienen muros, torres, puertas y espacios para vivienda. Eran la primera línea de defensa en contra de los nómadas e invasores del sur.

Roboam, al prepararse para la invasión de Sisac, construyó ciudades fortificadas y las llenó de armas y provisiones (2 Cr 14.6-7[TM 5-6]). Ezequías reparó los muros de Jerusalén y construyó torres en ellos (2 Cr 32.5).

En la literatura poética frecuentemente se habla de Dios como una fortaleza (2 S 22.2; Jer 16.19; Neh 1.7; Sal 31.2-3[3-4]; 71.3; 91.2).

Terry W. Eddinger

FORTUNATO (Gr *Phortunátos*; Lat. *Fortunatus*)
Un cristiano de Corinto; mensajero que; con Estéfanas y Acaico, vino a ver a Pablo en Éfeso con noticias de la congregación de Corinto (1 Co 16.17).

FRAGMENTOS DE OXIRRINCO
Oxirrinco, un sitio del antiguo Egipto (moderna Behnesa), se encuentra al borde del desierto c. 193 km (120 mi) sur del Cairo y 16 km (10 mi) oeste del Nilo. Las excavaciones al final del siglo XIX descubrieron, en sus montones de basura, un cofre de tesoro de textos antiguos de todo tipo, que datan del siglo I al IX a.C. Para 1995 más de 60 volúmenes de la serie Papiros de Oxirrinco fueron publicados, presentando el texto griego de varios miles de documentos separados. Entre los documentos oficiales, la correspondencia, cartas personales, notas informales, y otros textos estaban fragmentos de Mateo 1 (ahora en la Universidad de Pensilvania), partes de Romanos 1 y 1 Juan 4 (en el Museo Semita, Universidad de Harvard), partes de 1 Corintios y Filipenses (ahora en el Cairo), y una hoja de Apocalipsis (en el Seminario Teológico de Princeton). Entre los fragmentos en Oxirrinco estaban fragmentos de un códice de papiro que preserva varios dichos de Jesús del evangelio de Tomás.

Carroll D. Osburn

FRAGMENTO SADOQUITA (CD)
Véase. Documento de Damasco

FRANJA
Dobladillo o borde de una prenda de vestir (Heb. *ṣîṣit*). Los israelitas tenían que hacerse una franja en los bordes de sus prendas de vestir (Nm 15.37-39). En cada franja tenía que estar adherido un cordón azul. Esta ornamentación no tenía el propósito de ser ostentosa (cf. Mt 23.5; Gr. *kráskpedon*); más bien, era para recordar a quien la usaba los mandamientos del Señor y la demanda requerida de santidad. No se sabe exactamente cómo era la franja, aunque la otra aparición del término hebreo en la Biblia (como un mechón de cabello, Ez 8.3) es sugerente. La práctica del uso de franjas en la prenda de vestir exterior se confirma bien en el arte del antiguo Cercano Oriente. Otros pasajes bíblicos le dan significancia al dobladillo de la prenda (1 S 24.4-20; Mt 9.20 = Lc 8.44).

Kevin D. Hall

FRIGIA (Gr. *Phrygía*)
Un territorio en el centro oeste de Asia Menor (Hch 2.10; 18.23), una meseta que incluye mesetas y montañas rocosas, así como cuencas amplias de río. Los pinares de Frigia y rebaños de ovejas produjeron la madera y la lana, y los artesanos frigios producen trabajo fino de metal, bordados y alfombras.

Los frigios probablemente emigraron de Tracia, al final del segundo milenio a.C. Siguiendo la dominación hitita del centro de Asia Menor, gobernaron una confederación poco organizada, floreciente durante la mitad del primer milenio. El efímero imperio frigio (c. 725-675), fundado por el rey Midas, gobernó Asia Menor occidental hasta que la invasión cimeria permitió a los lidios ganar supremacía. La capital de Frigia estaba en Gordion. Pesino, el templo-estado de la Madre de los Dioses (Cibeles), era también una ciudad frigia importante.

Muchos asentamientos en las tierras altas de Frigia se centraron alrededor de «Kales», mesetas rocosas fortificadas. En estos sitios, los frigios dejaron atrás enormes monumentos excavados en la roca, fachadas planas talladas con diseños geométricos que rodean nichos para grandes imágenes de la Madre de los Dioses. Algunos están inscritos en el frigio antiguo. El más destacado es el monumento de Midas en los restos de la ciudad de Midas, un pueblo cerca de la Eskisehir moderna.

En la época romana, Frigia era reconocida como un territorio étnico que comprendía la parte oriental de la provincia romana de Asia. La parte oriental de lo que había sido el reino frigio fue absorbida en la provincia de Galacia. El nombre étnico frigio era con frecuencia sinónimo de «esclavo» en la época greco-romana. Las inscripciones de fecha tan tardía como el siglo III d.C., se encuentran en el idioma neofrigio.

Bibliografía. E. Akurgal, *Ancient Civilizations and Ruins of Turkey*, 8th ed. (Istanbul, 1993); C. H. Haspels, *The Highlands of Phrygia*, 2 vols. (Princeton, 1971).

Susan (Elli) Elliott

FRONTAL

Cinta o decoración para la cabeza (RVR-1995 «insignia») que los israelitas tenían que usar como recordatorio de la Tora (Dt 6.6; 11.18) y de la liberación de Dios por medio del Éxodo (Ex 13.9, 16).

Véase Filacterias

FRUTAS

Las frutas (Heb. *pěrî;* Gr. *karpós*) constituían una parte importante de la dieta de los antiguos israelitas. Las uvas, los higos, las granadas y las aceitunas, junto con el trigo y la cebada eran atributos favorables de la Tierra Prometida (Dt 8.8). Los melones, los dátiles, las bayas de arbustos y árboles, las manzanas, los duraznos, los melocotones y algunas frutas cítricas también estaban disponibles para el consumo. Aunque se podían recoger muchas frutas silvestres, los árboles frutales domesticados eran comunes. Los árboles cultivados proporcionaban un fruto superior y los huertos en donde crecían en tiempos bíblicos daban sombra y eran frescos.

Los distintos árboles frutales requieren de distintas clases de mantenimiento, como la extracción de hierbas, ventilación del suelo y poda. La cosecha de fruta podía llevarse a cabo desde junio (uvas) y durar hasta octubre (aceitunas). Las frutas se comían frescas y también preparadas: las frutas como los higos, dátiles y uvas podían secarse y comerse o cocinarse como tortas; de los jugos de las uvas y granadas podía hacerse vino; las aceitunas podían dar aceite para cocinar y comer; y la palmera datilera podía dar miel.

La Biblia confirma la importancia de los árboles frutales. Dios creó los árboles frutales al tercer día (Gn 1.11). En la batalla, los árboles que dan fruto no pueden cortarse (Dt 20.19-20). Las frutas eran una ofrenda aceptable a Dios (Lv 27.30).

Las frutas también se usaban como un símbolo de descendencia, p. ej., «el fruto del vientre» (Dt 28.4) y de consecuencia, como en «el fruto de sus obras» (Jer 17.10). El fruto del árbol del conocimiento (Gn 3) tradicionalmente ha sido identificado como la manzana; sin embargo, ninguna evidencia textual apoya esta afirmación.

Megan Bishop Moore

FÚA (Heb. *pûʿâ, pûʾâ*)

1. Una de las dos parteras de las mujeres hebreas en Egipto (Éx 1.15). No está claro si las dos mujeres, Sifra y Fúa, eran hebreas o egipcias. Recibieron la orden de ayudar en el plan de genocidio de Faraón contra los niños varones hebreos, pero ellas desobedecieron y les permitían vivir. Las dos mujeres temían a Jehová, y fueron recompensadas por su obediencia a Dios.

2. Hombre de la tribu de Isacar, padre del juez Tola (Jue 10.1).

3. Descendiente de Isacar (1 Cr 7.1). Antepasado del clan de los funitas (Gn 46.13; Nm 26.23).

Michelle Toole

FÚA (Heb. *puwwâ*)

Segundo hijo de Isacar, entre los que acompañaron a Jacob a Egipto (Gn 46.13). Fue el antepasado de los funitas (Nm 26.23).

FUEGO

El fuego sirvió muchos propósitos en todo el antiguo Cercano Oriente. En casa, el fuego era usado para calor, luz y cocinar. El refinamiento de metales requirió el fuego. La luz y el humo producidos por el fuego eran útiles en el establecimiento de comunicaciones entre ciudades vecinas. El fuego también fue utilizado en un contexto militar, resultando eficaz tanto en sitios como en batallas a campo abierto.

El fuego a menudo se emplea para ejecutar el juicio divino en el AT. Dios pone una espada encendida para guardar el camino de regreso al árbol de la vida del Edén (Gn 3.24), y él destruye a los habitantes de Sodoma y Gomorra con fuego (19.24). De igual manera, los egipcios experimentan una tormenta sobrenatural, que incluye granizo acompañado por fuego (Ex 9.23). Los hijos de Aarón Nadab y Abiú son consumidos por el fuego delante del tabernáculo después de que violan el protocolo ritual (Lv 10.2), y la rebelión de Coré termina abruptamente cuando Jehová consume a 250 hombres con fuego (Nm 16.35). El fuego igualmente consume a dos comandantes israelitas y sus soldados cuando Ocozías inicialmente envía por Elías (2 R 1.10-16).

El fuego también desempeñó un papel central en las religiones del antiguo Cercano Oriente, ya que tanto los sacrificios de animales y vegetales fueron más frecuentemente consumidos por el fuego. Para este fin en el antiguo Israel, un fuego perpetuo era mantenido en el altar de los holocaustos (Lv 6.12

[TM 5]). El fuego sirvió además como el medio principal para teofanías y otras manifestaciones divinas. Jehová es representado en el sueño de Abram en la forma de un horno de fuego que humea y una antorcha que arde (Gn 15.17). Jehová habla a Moisés desde una zarza ardiente (Ex 3.2) y desciende al monte Sinaí en fuego (19.18). Los israelitas errantes son dirigidos de noche por una columna de fuego (Ex 13.21). Elías derrota a los profetas de Baal en el monte Carmelo cuando Jehová produce fuego para un sacrificio (1 R 18.23-40), y la ausencia de Dios en el fuego en Horeb es de manera explícita notable (19.12). En otros lugares, Jehová es descrito como emitiendo fuego de su boca (Sal 18.8 [9] = 2 S 22.9). La presencia de Jehová en el tabernáculo y el templo es simbolizada por las siete llamas de la menorá. También, el fuego a menudo acompaña la descripción de ángeles tanto en el AT como en el NT (Jue 6.21; 13.20; Dn 10.6; Ap 1.14; 2).

La etimología de la palabra hebrea para el fuego (*ʾēš*) es incierta. La palabra puede derivarse de una raíz semítica que significa «ser sociable y amistoso», o puede ser onomatopéyica para el sonido del fuego.

MICHAEL M HOMAN

FUENTE

Tazón o palangana utilizada para la ablución ceremonial, asociada por igual con el tabernáculo del desierto (Ex 30.17-21) y el Templo de Jerusalén (1 R 7.38, 39; 2 Cr 4.6). En un caso, la voz hebrea *kiyyôr* se refiere a un estrado de bronce sobre la cual se paró Salomón en una asamblea solemne, para ofrecer su oración en la dedicación del Templo (2 Cr 6.13). La palabra puede también tener un significado más secular, al referirse a una olla o caldero de fuego (1 S 2:14; Zac 12:6).

La fuente ceremonial asociada con el tabernáculo del desierto debía ser de bronce y estar colocada entre el tabernáculo de reunión y el altar, de modo que Moisés, Aarón y sus hijos pudieran lavarse las manos y los pies cada vez que se acercaran al altar o entraran al tabernáculo de reunión. El carácter sagrado de la fuente está indicado por la habilidad dada por Dios necesaria para construirla (Ex 31.1-11), y por la orden de ungirla junto con los otros enseres del tabernáculo (30.22-29; 40.9-11).

El Templo de Salomón tenía 10 fuentes ceremoniales, utilizadas fundamentalmente para lavar las cosas asociadas con los holocaustos (2 Cr 4.6). Aquí, el centro de atención es la magnificencia de las fuentes, no su carácter sagrado, como en el tabernáculo. Cada una de las 10 fuentes de bronce contenía 40 batos (un bato equivalía a aprox. 23.1 litros (6 galones), y cada fuente estaba puesta sobre una base de bronce provista de ruedas (1 R 7.27-37). Estas sofisticadas bases fueron quitadas por Acaz varios siglos después, en su intento de congraciarse con el rey de Asiria (2 R 16.17).

KEVIN D. HALL

FUENTE DE BRONCE

Una palangana (como DHH) situada en el patio entre el tabernáculo de reunión y el altar del holocausto, en el que los sacerdotes debían lavar sus manos antes de sacrificar sobre el altar (Ex 30.17-21). Este objeto, hecho de espejos de bronce donados por «las mujeres que velaban a la puerta del tabernáculo de reunión» (Ex 38.8), consistía de una fuente con una base de bronce (30.18). En el templo de Salomón la fuente de bronce fue sustituida por el mar de bronce (1 R 7.23-26; 2 Cr 4.2-5; cf. 2 R 25.13; 1 Cr 18.8, «mar de bronce»).

FUNITAS (Heb. *pûnî*)

Los descendientes de Fúa (Nm 26.23; algunas versiones usan la palabra hebrea *pûʾî,* tal vez Fúa o Fuítas.

FUNCIONARIOS DE SALOMÓN

Entre los funcionarios de Salomón estaba un sacerdote, dos escribas, un heraldo, un general, el amigo del rey, el oficial de la propiedad real y el administrador del trabajo forzado (1 R 4.2-6). El listado tiene cierta continuidad con otros dos listados de administración real del reinado de David (2 S 8.16-18; 20.23-26). Estos oficiales gobernaban en 12 o 13 distritos administrativos (1 R 4.7-20), dependiendo de que Judá sea incluida o no. Es posible que Judá hubiera sido un distrito administrativo aparte, ya que la estructura administrativa fue establecida en el sur cuando David reinaba desde Hebrón.

BRUCE W. GENTRY J. RANDALL PRICE

FURA (Heb. *purâ*)

Criado de Gedeón que lo acompañó para espiar en el campamento madianita (Jue 7.10, 11).

FUTITAS (Heb. *pûmî*)

Familia que vivía en la región de Quiriat-jearim, que es mencionada en una lista judaíta (1 Cr 2.53).

G

GAAL (Heb. *ga'al*)
Hijo de Ebed. Dirigió la rebelión de los siquemitas en contra de Abimelec **2** pero fue repelido por Zebul, ayudante de Abimelec (Jue 9.26-41).

GAAS (Heb. *gā'aš*)
Montaña al sur de Timnat-sera (Timnat-heres), c. 32 km (20 mi) al suroeste de Siquem. Josué fue enterrado en los alrededores (Jos 24.30; Jue 2.9), y Hidai (o Hurai), uno de los Treinta de David, era de los «torrentes (o 'wadis') de Gaas» (Heb. *naḥălê gā'aš*; 2 S 23.30; 1 Cr 11.32).

GABAA (Heb. *giḇ'â*)
1. Ciudad de la región montañosa de Judá, al suroeste de Jerusalén (Jos 15.57).

2. Ciudad de la región montañosa de Efraín (Jos 24.33), asignada a Eleazar, hijo de Aarón que está enterrado allí, y posteriormente herencia de Finees.

3. Ciudad benjaminita que fue particularmente prominente durante el reinado de Saúl. El nombre significa «montaña» y frecuentemente se utilizaba en nombres de lugares como Gabaa de Benjamín (1 S 13.2, 15; 14.16), Gabaa-elohim («collado de Dios»; 10.5), o Gabaa de Saúl (11.4; 15.34), como sinónimo de Gabaa. Es difícil asegurar la relación de Gabaa con Geba. A veces los dos términos se usan independientemente, pero también se usan de forma intercambiable (Jue 19-20; 1 S 13-14; Is 10.28-32). El uso de ambos términos en el mismo pasaje puede reflejar fuentes distintas, o puede indicar que los términos son sinónimos. Muchos eruditos consideran que Gabaa y Geba se refieren al mismo lugar.

En Gabaa fue que los benjaminitas violaron y asesinaron a la concubina del levita (Jue 19-21). Las otras tribus de Israel reaccionaron matando a los habitantes de Gabaa, así como asolando a la tribu de Benjamín. Según la historia deuteronomista, Gabaa se había recuperado para la época de Saúl, por lo que llegó a ser la base de la monarquía de Saúl (1 S 10.26; 11.4). La prominencia de Gabaa durante este período se ilustra adicionalmente con la presencia de un lugar ritual importante que tenía un *bāmâ* («lugar alto»), un tamarisco (1 S 22.6) y un grupo de profetas que adoraban allí (cap. 10). Los filisteos mantuvieron una guarnición en la ciudad, a la que Jonatán derrotó (1 S 13.2-3).

Después de la muerte de Saúl, la ciudad declinó en importancia; rara vez se le menciona en textos bíblicos posteriores. En Isaías 10.28-29 aparece a lo largo del camino de un ejército extranjero que se dirige a Jerusalén, y en Oseas 5.8 es una de las ciudades designadas para destrucción. El lugar ritual de Gabaa probablemente fue destruido durante las reformas de Josías en el siglo VII (2 R 23.8).

En tanto que se han sugerido varios lugares para la ubicación de Gabaa, dos han recibido más apoyo que cualquier otro. Ubicada a 5.5 km (3.4 mi) al norte de Jerusalén, Tell el-Fûl (1719.1367) fue identificada como Gabaa por William F. Albright. Charles Warren llevó a cabo una excavación breve allí en 1868, pero Albright hizo excavaciones más extensas en 1922-23 y 1933, y Paul Lapp en 1964. Los restos indicaron ocupación en varias épocas desde la Edad de Hierro I hasta el período romano. El estrato más bajo fue destruido por fuego en el siglo XII. La siguiente ocupación contiene una torre y una pared con casamata que data del siglo XI, quizás sea el palacio-fortaleza de Saúl. Aunque los excavadores creyeron que los restos apoyaban una asociación con Gabaa, esta conclusión ha sido cuestionada.

La otra alternativa importante para Gabaa es Jaba' (175140), a 10 km (6 mi) al noreste de Jerusalén. Desafortunadamente, el lugar no ha sido excavado, pero un estudio produjo fragmentos de la Edad de Hierro II y del Período Persa. Por lo tanto, el apoyo para esta identificación se basa en descripciones geográficas y literarias.

Véase GEBA.

Bibliografía. P. M. Arnold, *Gibeah: The Search for a Biblical City.* JSOTSup 79 (Sheffield, 1990); N. L. Lapp, ed., *The Third Campaign at Tell el-Ful.* AASOR 45 (Cambridge, Mass., 1981); J. M. Miller, «Geba/ Gibeon of Benjamin,» *VT* 25 (1975): 145-66; L. A. Sinclair, «An Archaeological Study of Gibeah (Tell el-Fûl),» *AASOR* 34-35 (New Haven, 1960): 1-52.

GABAEL (Gr. *Gabaēl*)

1. Antepasado de Tobit (Tob 1.1), de los hijos de Neftalí.

2. Amigo de Tobit y hermano (o hijo) de Gabrí que vivía en Ragues de Media (Tob 1.14). Tobit depositó 14 talentos de plata con él y después envió a su hijo Tobías a recoger el dinero (Tob 4.1, 20; 4.6; 10.2). Gabael devolvió la suma intacta en la fiesta de bodas de Tobías y Sara (9.2-6).

GABAI (Heb. *gabbay*)

Benjaminita que vivió en Jerusalén después del exilio (Neh 11.8). Algunos eruditos consideran que el texto está corrupto y lo enmiendan para que diga: «hombres poderosos de valor» (Heb. *gibbōrê ḥayil*; cf. Neh. 11.14).

GABAÓN (Heb. *gib'ôn*)

Ciudad que se identifica con las ruinas que están debajo de la aldea árabe el-Jib, a 9 km (5.5 mi) al NNO de Jerusalén (167139). La identificación se confirmó con el descubrimiento de 31 mangos de jarras que tenían la inscripción de Gabaón (*gb'n*). La importancia del lugar yace en su posición estratégica en la intersección del centro de la región montañosa. Preserva los caminos importantes que llevan hacia el este desde la llanura costera, a través del valle de Ajalón, por Bet-horón y Quiriat-jearim. Desde Gabaón los caminos giran hacia el norte a Betel y hacia el sur a Jerusalén. Gabaón también está en la orilla occidental de una meseta relativamente grande y plana en el centro de Benjamín, que controlaba el comercio norte-sur en la región montañosa. Como tal, fue un centro natural de conflicto entre Israel y Judá.

Gabaón apareció por primera vez en la Biblia como el líder de las ciudades (como Cafira, Beerot y Quiriat-jearim) que engañaron a Josué y obtuvo un tratado de paz con Israel (Jos 9). Cuando se descubre la treta, los gabaonitas son condenados a «ser los leñadores y aguadores» en Israel para siempre (Jos 9.21). La historia resalta la posición central de Gabaón dentro de la región montañosa, así como su ubicación estratégica que preserva los caminos principales. El rey de Jerusalén, Adonisedec, responde inmediatamente a la amenaza de su territorio y ataca Gabaón. Entonces Josué se ve obligado a tomar acción, y marcha desde Gilgal y sorprende a los reyes dirigidos por Jerusalén, atacando al amanecer y persiguiéndolos al subir por todo el camino de Bet-horón, ayudados milagrosamente, según el relato bíblico, por piedras de granizo y al detenerse el sol (Jos 10.1-14). Esta misma posición estratégica explica el hecho de que Cesto haya armado su campamento en Gabaón, en su marcha hacia Jerusalén, en octubre de 66 a.C. (Josefo *BJ* 2.515-16; cf. 2.540ss.).

La naturaleza sagrada del lugar se encuentra por primera vez en el relato del sueño de Salomón (1 R 3.2-5) cuando hacía sacrificios allí, en un lugar alto. El libro de Crónicas ubica el tabernáculo de reunión (2 Cr 1.3, 13) así como el Tabernáculo de Jehová y el altar del holocausto en Gabaón (1 Cr 16.39; 21.29). El «collado e Dios» (Gibeat-elohim), que se menciona en los relatos de Saúl, en realidad está en la vecindad general de Gabaón y parece probable que este «collado de Dios» pueda igualarse con Gabaón. Si es así, la ubicación de una guarnición filistea allí (cf. 1 S 10.5) explicaría la hostilidad de Saúl hacia la ciudad. Se creía que una hambruna en Israel fue la retribución por el hecho de que Saúl matara a los gabaonitas, violando el tratado de Josué; los hijos de Saúl, por consiguiente, fueron ejecutados en Gabaón para suspender la hambruna (2 S 21.1-14). Gabaón también fue hogar de Hananías el falso profeta (Jer 28.1). En el período posexílico, los hombres de Gabaón ayudaron a reconstruir el templo (Neh 3.7-8).

Las excavaciones en el lugar han revelado un sofisticado sistema de suministro de agua, con un enorme estanque circular de piedra labrada. Esto es, sin duda, a lo que se refiere como el «estanque de Gabaón» en la literatura bíblica. El estanque de Gabaón llega a ser un punto central de conflicto durante la guerra civil, tras la muerte de Saúl. Los hombres de Joab y Amasa se reunieron por primera vez allí en una competencia (2 S 2.12-17); después, Joab mata a Amasa en la «piedra grande que está en Gabaón» (2 S 20.8). A principios del siglo VI «el gran estanque que está en Gabaón» se menciona como el lugar donde Johanán llegó a apresar a Ismael y a los de Judá, después de que habían matado a Gedalías, gobernador babilonio (Jer 41.11-18).

Según la evidencia arqueológica descubierta en las excavaciones de James Pritchard a finales de los años de 1950, la ocupación del lugar comenzó a principios del segundo milenio (Edad de Bronce Media). El lugar declinó a finales del segundo milenio (Edad de Bronce Tardío), y solamente una escasa evidencia de las tumbas confirma la ocupación en este período. La transición a la Edad de Hierro en el siglo XII presenció la construcción de un gran muro de 3.2-3.4 m (10-11 pies) de ancho que rodea a la ciudad. El lugar alcanzó su clímax en el siglo VII, cuando se convirtió en un centro industrial para la producción y distribución de vino.

William Schniedewind

GABATA (Gr. *Gabbathá*)
Lugar en el que estaba el tribunal (Gr. *bḗma*), donde Pilato se sentó para el juicio de Jesús (Jn 19.13). El nombre es una palabra aramea de origen desconocido. Entre las sugerencias de su significado están: «elevado», «lugar abierto», «cerro», o una transliteración del lat. *gabata*, «plato». Según Juan, también se le conocía con el término griego *lithóstrōton*, «pavimento». Muy probablemente un área pavimentada y elevada, afuera del palacio de Herodes que funcionaba como el Pretorio, residencia de prefectos romanos. Filón menciona específicamente la residencia de Pilatos allí durante la una fiesta judía (*Leg. 38*).

Se le ha restado importancia a los intentos anteriores de identificar a la Gabata con la piedra de pavimento que se descubrió debajo del Convento de las Hermanas de Sión, debido a evidencias de que este pavimento todavía no había sido construido en la época de la destrucción romana en 70 d.C. Se ha proporcionado una sugerencia más reciente para este lugar con el descubrimiento de los cimientos de un gran podio que mide 613 m cuadrados (220 pies cuadrados) en el barrio armenio de Jerusalén.

David R. Beck

GABRÍ (Gr. *Gabriás*)
Hermano (Tob 1.14) o padre (4.20) de Gabael **2**.

GABRIEL (Heb. *gabrî'ēl*; Gr. *Gabriḗl*)
Ángel prominente. Gabriel revela misterios escatológicos en Daniel 8.15-26; 9.21-27 y anuncia los nacimientos de Juan el Bautista y de Jesús en Lucas 1.11-20, 26-38. La etimología del nombre está en disputa, que significa «Dios es mi Guerrero» o quizás «Hombre de Dios». Gabriel y Miguel son los únicos dos ángeles que se mencionan explícitamente en el AT. En la angeleología más desarrollada de las tradiciones judías apocalípticas, regularmente aparecen juntos con Rafael y otros, como arcángeles prominentes que están en la presencia de Dios (1 En 9.1; 10.1-12; 1QM 9.14-16; Lc 1.19; cf. Ap 8.2, 6).

En Daniel, Gabriel sirve sobre todo como intérprete de visiones y misterios; sus funciones son más variadas en fuentes apocalípticas posteriores. En 1 Enoc se le identifica como uno de los ángeles santos, cuya función es la de vigilar el jardín del Edén, las serpientes y el querubín (1 En 20.7); en 10.9-10 se le envía en juicio en contra de los hijos que han nacido a los «Vigilantes» (ángeles caídos). En el Rollo de la Guerra de Qumrán, los nombres de Miguel, Gabriel, Sariel y Rafael están escritos en el escudo de las torres donde se llevó a cabo la batalla (1QM 9.14-16).

En la narración del nacimiento en Lucas, Gabriel aparece otra vez con una función profética, y

Sección del túnel de agua de la Edad de Hierro en Gabaón (el-Jib, siglo X a.C). Noventa y tres gradas llevaban desde el interior del muro de la ciudad, por la montaña, hacia el manantial (University Museum, University of Pensilvania).

le anuncia a Zacarías y a María el cumplimiento de esperanzas escatológicas con los nacimientos de Juan, el precursor del Señor, semejante a Elías, (Lc 1.11-20) y de Jesús, el rey mesiánico de la línea de David (vv. 26-38).

MARK L. STRAUSS

GACELA

Miembro de la familia antílope, común en el mundo bíblico (Heb. *ṣĕbî*). El tamaño varía con la especie; la gacela madura mide de 61 a 92 cm (24 a 36 in) hasta el hombro y pesa alrededor de 18 kg (40 lb). Su color oscila de canela a gris, con la parte inferior blanca y reflejos faciales. Las rayas oscuras acentúan sus orejas, costado y cola corta. Los cuernos de ambos sexos tienen surcos, tienen forma de lira y se arquean con elegancia hacia atrás. Las patas largas y delicadas le dan a la gacela una velocidad y agilidad excepcionales. Estas cualidades son esenciales para la supervivencia en las diversas regiones que ocupa entre el África central y Mongolia.

Muchas especies y subespecies de gacelas son conocidas. La gacela montañosa (*Gazella gazella*) es común en Palestina, la gacela árabe (*G. Arabica*) y la gacela dorcas (*G. Dorcas*; el nombre está en griego; cf. Hch 9.36). Las características distintivas de la gacela persa (*G. Subgutturosa*) se observan específicamente en el arte mesopotámico, pero es difícil distinguirlas entre estas especies en el registro arqueológico.

Las gacelas se cazaban para comida y como deporte. Era un reto, dado el hecho de que las gacelas pueden alcanzar velocidades que se acercan a los 97 km/h (60 MPH) en despliegues cortos. Todavía se discute el grado en que las gacelas se capturaban, se domesticaban y se controlaban sus restos. En la Biblia estos animales se consideraban limpios, y por lo tanto se podían comer (Dt 12.15, 22; 14.5; 15.22). Sin embargo, la mayoría de los pasajes se refieren a la gacela de manera figurada, haciendo énfasis en su velocidad (2 S 2.18; 1 Cr 12.8[TM9]) y belleza (Cnt 2.9, 17; 3.5; 4.5; 7.3).

MARK ZIESE

GAD (Heb. *gāḏ*) **(DEIDAD)**

Deidad siria a la que se adoraba juntamente con Meni (Is 65.11), lo cual se confirma en varios idiomas semíticos occidentales. En las versiones en español, Gad se traduce como «fortuna» y Meni como «destino». Se ha sugerido que esta deidad es una personificación posterior del término hebreo.

NANCY L. DECLAISSÉ-WALFORD

GAD (Heb. *gāḏ*) **(PERSONA)**

1. Hijo de Jacob y Zilpa, criada de Lea. La raíz verbal *gdd* significa «separar», pero la bienvenida que Lea le da al nacimiento de Gad en Génesis 30.11 indica que el nombre puede significar «fortuna»; otras referencias sugieren «tropa» o «banda de merodeadores» (Gn 49.19), «león agachado» (Dt 33.20), o «león» y «gacela» (1 Cr 12.8). Gad llevó varios hijos a Egipto (Gn 46.16). Durante el peregrinaje en el desierto, había entre 46,650 (Nm 1.24-25) y 40,500 (26.18), lo cual hacía que tuvieran el décimo lugar en tamaño entre las 12 tribus. La tribu de Gad se estableció en la región montañosa transjordana en ocho asentamientos (Nm 32.24-36). La mayoría de los lugares han sido identificados, cada uno muestra nuevas ocupaciones al principio del período israelita. La inscripción de Mesha (a mediados del siglo IX a.C.) indica que Gad se extendió hacia el territorio de Rubén.

2. Profeta de David (Heb. *nāḇî'*) o vidente (*ḥōzeh*). Gad se menciona en los relatos de David cuando huye de Saúl (1 S 22.5) y cuando hace un censo (2 S 24.11-14 = 1 Cr 21.9-12). Ordenó a David que construyera un altar en la era de Arauna, el jebuseo (2 S 24.18-19 = 1 Cr 21.18-19), supervisó la música levítica (2 Cr 29.25) y fue el autor de una parte de la historia del reinado de David (1 Cr 29.29). Varios pasajes de Crónicas asocian estrechamente a Gad con Natán.

Bibliografía. H. Baruch, *The Emergence of Israel in Canaan*. SBLMS 29 (Chico, 1983); J. M. Miller and J. H.Hayes, *A History of Ancient Israel and Judah* (Philadelphia, 1986).

NANCY L. DECLAISSÉ-WALFORD

GADARA (Gr. *Gadara*)

Ciudad prominente de Decápolis de la época de Pompeyo (63 a.C.), la moderna Umm Qeis, cuya historia va hasta el período helenista. Gadara estaba cerca del lugar donde Jesús expulsó los demonios de un hombre (Mr 5.1-20; dos hombres en Mt 8.28-34). Está ubicada en una meseta de la frontera noroeste de Jordania, alrededor de 10 km (6 mi) al sureste de la playa sur del Mar de Galilea/Tiberíades; al norte colinda con las pendientes profundas del Río Yarmuk (Hieromax), y al occidente las pendientes profundas se extienden hacia el Valle del Jordán.

Un plano reciente del lugar estableció que las ruinas de Gadara se extienden por 1600 m (1 mi) a cualquier lado este-oeste con un Decumanus Maximus, y también se extienden 450 m (.27 mi) sobre un eje norte-sur.

Entre varios restos descubiertos en una terraza, entre la ciudad alta y la baja, hay un edificio cuadrado (c. 23 m x 23.1 m[77 x 75.8 pies]) en la parte central de la terraza (al extremo norte de la terraza hay un edificio rectangular con columnata) con una estructura octagonal del siglo VI, una iglesia, construida sobre un piso del período romano, de losa de piedra caliza; tenía un ábside al sureste y un piso de mosaico de losa de piedra negra, azul, amarilla, roja y blanca/teselas. Un gran baño público (30 m X 50 m[98.5 x 164 pies]) se descubrió a 50 m (164 pies) al oeste de la iglesia, supuestamente del período Romano Tardío/Bizantino Temprano, que con sus habitaciones auxiliares ocupaban alrededor de 2300 m^2 (2750 yd^2); después de su destrucción inicial, se volvió a usar a una escala un poco menor, hasta su extinción final a principios del siglo VII, cuando se volvió a utilizar como instalaciones para vivienda/industriales.

La excavación de una serie de habitaciones arqueadas a lo largo del borde occidental de la terraza reveló que los arcos, que daban al occidente hacia una calle que se extendía hacia el sur en ángulos rectos hacia el Decumanus Maximos principal, que iba de este a oeste, se usaban como tiendas. Una sección de 34 m (112 pies) que fue descubierta a lo largo del Decumanos Maximos este-oeste reveló que esta calle tenía 12.55 m (41 pies) de ancho, con aceras de 3 m (10 pies) de ancho; la calle fue renovada en el Período Bizantino. Más allá al occidente, a lo largo de este Decumanus, se expusieron algunas partes de un hipódromo. También en el occidente, se ha excavado un enorme y monumental mausoleo subterráneo. En la sección oriental del lugar se han descubierto dos teatros: uno al lado sur del Decumanus, cerca del muro oriental de la ciudad, y el otro que daba al lado occidental y al sur de la calle de las tiendas cn arcos; en el segundo teatro se encontró una estatua de mármol de tamaño natural. También se ha encontrado un gran acueducto subterráneo, pero su extensión completa no se ha determinado.

Véase GERASENOS

Bibliografía. B. DeVries, «The North Mausoleum at Um Qeis,» *ADAJ* 18 (1973): 77;W. H.Mare, «Gadara,» in *The New International Dictionary of Biblical Archaeology,* ed. E. M. Blaiklock and R. K. Harrison (Grand Rapids, 1983), 201; G. Schumacher, *Northern 'Ajlun* (London, 1890).

W. HAROLD MARE

GADI (1) (Heb. *gaddî*; Gr. *Gaddi*)

1. Hijo de Susi, de la tribu de Manasés; uno de los espías que Moisés envió a Canaán (Nm 13.11).

2. Sobrenombre de Juan, hermano mayor de Judas Macabeo (1 Mac 2.2).

GADI (2) (Heb. *gāḏî*)

Padre del Rey Manahem de Israel (2 R 15.14, 17).

GADIEL (Heb. *gaddî'ēl*)

Hijo de Sodi, de la tribu de Zabulón; uno de los espías que Moisés envió a Canaán (Nm 13.10).

GAHAM (Heb. *gaḥam*)

Hijo de Nacor y su concubina Reúma (Gn 22.24).

GAHAR (Heb. *gaḥar*)

Jefe de una familia de sirvientes del templo que volvió con Zorobabel del Exilio (Esd 2.47 = Neh 7.49).

GALAAD (Heb. *gal'ēḏ*)

Nombre que Jacob le dio al montón de piedras que él y Labán pusieron para conmemorar su pacto y para marcar el límite de sus territorios (Gn 31.47). Labán le puso al montón, Yegar Sahaduta, una expresión aramea que también significa «montículo del testimonio». Etimológicamente, el nombre podría estar relacionado con Galaad.

GALAAD (Heb. *gil'āḏ*) (**LUGAR**)

Región montañosa de Transjordania. Su nombre se derivó de un nieto de Manasés (Nm 26.29). No se sabe nada más de Galaad ni de su padre Maquir.

El clan de Galaad podría haberse establecido en el área montañosa de Transjordania por una tradición tribal antigua y la similitud entre su nombre y el nombre más antiguo de la región (BJ, Galed; Gn 31.47). Al juzgar por las muchas historias que se desarrollan en Galaad y por el hecho de que el clan de Galaad le dio su nombre a toda la región, uno puede suponer que los galaaditas fueron la familia más fuerte dentro de la tribu de Manasés. A veces, a Galaad se le describe como una región igual que Basán (Dt 4.43; Jos 17.5; 1 Cr 5.16), en tanto que en otras oportunidades se refiere a Transjordania, como un todo, como Galaad (p.ej., Nm 32.26, 29; Jos 22.9, 13,

15, 32; Jue 10.8; 20.1; 2 S 2.9; Os 6.8). Ocasionalmente, el nombre Galaad hasta fue utilizado en lugar del nombre de la tribu de Manasés (Jue 5.17; Sal 60.7[TM 9]; 108.8[9]) o fue, por lo menos, otro nombre para la tribu (Jue 12.4). Durante el período de los jueces, Galaad fue no solamente el grupo israelita más fuerte de Transjordania sino que probablemente fue, a veces, el contingente israelita más fuerte de todo Canaán (Jue 10.3; 12.7). Los galaaditas fueron lo suficientemente fuertes como para derrotar a los amonitas y, por lo menos, una tribu israelita entrometida bajo el liderazgo de Jefté (Jue 11.32-33; 12.4).

Debido a la suerte política cambiante de la región, es difícil determinar los límites geográficos exactos de Galaad, y no están específicamente delineados. Sin embargo, Galaad propiamente estaba centrada en la región montañosa transjordana, al oeste-noroeste de la Amán moderna y aproximadamente asociada con el Río Jaboc. Su vecino al norte era Basán. Ciertamente, la zona central de su territorio era una región montañosa (Gn 31.21, 23; Cnt 4.1; Jer 22.6). De los árboles de estas montañas se sacaba un bálsamo reconfortante que Jeremías compara con el poder sanador de Dios (Jer 8.22; 46.11; cf. Gn 37.25).

El territorio montañoso frecuentemente era un lugar de salvación o seguridad para el fiel. A Galaad fue que Jacob huyó de Labán (Gn 31.21), de donde los ismaelitas llegaron a rescatar a José de las manos de sus hermanos (37.25), en donde algunos se escondieron de los filisteos en los días de Saúl (1 S 13.7) y donde David tuvo su victoria sobre Absalón (2 S 17.26).

El profeta Elías probablemente es el galaadita más famoso (1 R 17.1). Aunque no ocurre ninguna historia en la que Elías destaque en Galaad, el hecho de que fuera reconocido como profeta de Jehová por los israelitas cisjordanos sugiere que Galaad siguió siendo territorio israelita hasta por lo menos mediados del siglo IX a.C. En los siglos VIII y IX, poco después de la época de Elías, Galaad ya no era un territorio israelita independiente (2 R 10.33; 15.29). Según el profeta Oseas, Galaad se había convertido en un lugar de malhechores (Os 6.8; 12.11[12]). Se predijo que Galaad finalmente volvería al control de Israel (Abd 1.19; Mi 7.14; Zac 10.10).

Bibliografía. Y. Aharoni, *The Land of the Bible,* 2nd ed. (Philadelphia, 1979), 38-39; D. Baly, *The Geography of the Bible,* rev. ed. (New York, 1974), 219-25.

GALAAD (Heb. *gilʿāḏ*) (**PERSONA**)

1. Hijo de Maquir y nieto de Manasés; epónimo de la tribu y territorio de Galaad (Nm 26.29-30; 27.1; 36.1; 1 Cr 2.21, 23; 7.14, 17). Galaad permaneció en Transjordania en lugar de unirse a Débora y Barac en contra de Sísara (Jue 5.17); algunos eruditos sugieren que esto refleja inestabilidad política dentro de la tribu en esa época y que la tribu de Galaad fue suplantada por Gad.

2. Padre del guerrero ilegítimo Jefté, que juzgó a Galaad en la época de la invasión amonita (Jue 11.1-2, 8, 11). El nombre podría ser un patronímico.

3. Ancestro epónimo de un clan gadita (1 Cr 5.14).

David Merling

GALACIA (Gr. *Galatía*)

Región en el norte central de Asia Menor (Turquía Moderna) que tiene su nombre por los invasores galos/celtas. Más tarde, el nombre designó a una provincia romana.

Los galos emigraron a la región a mediados del siglo III a.C. e hicieron que se sintiera su presencia militar. El rey Nicomedes I de Bitinia utilizó su apoyo en su guerra civil. Durante el siglo, los galos pelearon con potencias como la del seléucida Antíoco I (281-61) y la de Atalo I de Pérgamo (c. 240-230). Mientras que geográficamente estaban encerrados, los galos mantuvieron su independencia. Su territorio se centraba alrededor de la ciudad de Ancyra (la Ancara moderna), en la mitad norteña del Asia Menor central. En 64 a.C., las tribus gálicas llegaron a ser un estado cliente de Roma, no obstante, fue gobernada por uno de los suyos. A la muerte de su último rey, Amyntas, en 25 a.C., la región llegó a ser una provincia romana, que gradualmente se extendió al sur, casi al Mar Mediterráneo. Las ciudades como Derbe, Listra, Iconio y Antioquía entonces eran parte de «Galacia».

Esto es significativo porque tiene una relación en cuanto a cómo entender a los receptores y la fecha de la carta de Pablo a las iglesias de Galacia. Se puede argumentar que Pablo utiliza «Galacia» para designar a la región *étnica* del norte del Asia Menor (Gal 1.2), y explicar su uso del término étnico gálatas (3.1) en la carta. También podría corresponder a Hechos 16.6; 18.23, que dice que Pablo visitó la *región* (no la *provincia*) de Galacia después de la reunión del concilio de Hechos 15 (¿= Gal 2.1-10?), lo cual requiere de una fecha para la carta después de la reunión de Hechos 15. Sin embargo, si Pablo está usando «Galacia» para denotar la provincia romana, es posible que la carta gálata fuera dirigida a las iglesias de la parte sureña de la provincia, iglesias que Pablo visitó anteriormente en su carrera misionera (cf. Hch 14.1-20), lo cual permite que se feche la carta a comienzos de la carrera de Pablo, *antes* de la reunión de Hechos 15 (y quizás Gal 2 = Hch 11.27-30). El asunto es controversial, ya que afecta muchas cosas de los estudios paulinos: cronología, desarrollo del pensamiento de Pablo y acuerdos/desacuerdos entre Hechos y las cartas paulinas.

J. Bradley Chance

GALAL (Heb. *gālāl*)

1. Levita posexílico del linaje de Merari (1 Cr 9.15).

2. Levita, hijo de Jedutún y padre de Semaías, del linaje de Merari (1 Cr 9.16; Neh 11.17).

GÁLATAS, CARTA A LOS

Una de las cartas más importantes de Pablo. Gálatas ha tenido una función fundamental en la teología cristiana porque provee de una de las enseñanzas más explícitas del NT sobre la justificación por la fe. Sin embargo, esta enseñanza es la respuesta de Pablo a una crisis seria en las iglesias de Galacia y no una presentación de la justificación sistemática o doctrinal.

Trasfondo

No hay unanimidad entre los eruditos en cuanto a la identidad de Gálatas o a la fecha de esta carta. Algunos argumentan que Pablo estaba escribiendo a las congregaciones de Antioquía de Pisidia, Listra, Iconio y Derbe (en la provincia romana de Galacia), que él estableció en su primer viaje misionero, según Hechos 13-14. Otros sostienen que estaba escribiendo a los gálatas étnicos de Ancyra, Tavium y Pessinus (en el antiguo territorio de Galacia), a quienes Pablo supuestamente evangelizó en su segundo y tercer viajes misioneros (cf. Hch 16.6; 18.23). La primera teoría se llama Hipótesis Gálata del Sur y fecha la carta alrededor de 49-50 d.C., lo cual la convierte en la primera correspondencia de Pablo que existe. La segunda se llama Hipótesis Gálata del Norte y fecha la carta a mediados de los años 50, período en el que Pablo se encontró en conflicto con algunos elementos de la iglesia de Corinto.

Entender la situación que ocasionó Gálatas es más importante para su interpretación que las preguntas que se discuten arriba, y en cuanto a esto hay un poco de acuerdo, aunque las teorías eruditas difieren en detalles. El contexto es el siguiente.

Pablo fue el primero en predicar el evangelio a los Gálatas y ellos lo recibieron como si hubiera sido un «ángel de Dios», en un momento en que estaba enfermo físicamente (Gá 4.13-14). Ya que los gálatas eran gentiles, Pablo no les requirió que se hicieran la circuncisión ni que practicaran «las obras de la ley», como requerimientos dietéticos y la observancia del día de reposo. Pero un poco después de su partida, otros misioneros llegaron a Galacia y predicaron un «evangelio diferente» (1.6) que requería que los gálatas se circuncidaran y practicaran estas «obras de la ley».

La identidad precisa de estos misioneros se debate, pero es muy posible que fueran misioneros cristianos judíos, que tenían una fuerte conexión con Jerusalén, y quizás con Santiago. Aunque Pablo reprende sus motivos falsos y engañosos (6.12-13), hay una lógica en su posición. Si los gálatas querían compartir las bendiciones del Mesías Judío, entonces tenían que llegar a ser hijos de Abraham al aceptar la circuncisión, la señal del pacto eterno que Dios hizo con Abraham y sus descendientes (Gn 17). La circuncisión, a cambio, requiere que los descendientes de Abraham hagan las obras de la Ley.

El entendimiento que Pablo tenía del evangelio, especialmente a la luz de su llamado, lo llevó a una apreciación más profunda de la obra de Cristo en el plan salvífico de Dios. Mientras que los creyentes judíos no tienen que renunciar a su herencia judía, no era necesario que los creyentes gentiles adoptaran las costumbres y prácticas judías para ser justificados ante Dios. Es la obra salvadora de Dios en Cristo, y no la ley, lo que logra la justificación y justicia (2.21; 3.21). Por lo tanto, los gálatas ya son descendientes de Abraham, ya que pertenecen a Cristo (3.29), en tanto que los que buscan la justificación por medio de la ley se separan de Cristo (5.4).

Contenido

Aparte de sus observaciones introductorias y conclusivas (1.1-10; 6.11-18), Gálatas se compone de tres partes importantes: una sección autobiográfica en la que Pablo defiende la verdad del evangelio que predicó a los gálatas (1.11-2.21); un argumento complicado que se saca de las Escrituras, en el que Pablo explica que la gente de fe es descendiente de Abraham (3.1-5.12); una exhortación moral en la que Pablo expone a los Gálatas que si aman a su prójimo como a sí mismos y andan en el Espíritu, cumplen con la ley de Cristo (5.13-6.10). Cada una de estas secciones es una parte integral del argumento de Pablo y pretende persuadir a los gálatas a que no se sometan a la circuncisión.

La verdad del Evangelio (1.11-2.21)

Ya que su evangelio sin circuncisión para los gentiles fue criticado severamente, Pablo proporciona a los gálatas una breve declaración autobiográfica para demostrar la verdad del evangelio (2.5, 14) que predica a los gentiles. De esta manera, reseña su vida anterior como perseguidor de la Iglesia, su llamado apostólico, sus tratos con la iglesia de Jerusalén y el incidente en Antioquía (1.11-2.14). Luego concluye con una importante declaración sobre la justificación por fe, prescindiendo de las obras de la ley (2.15-21).

Esta información biográfica apoya la verdad del evangelio de varias maneras. Primero, Pablo no recibió el evangelio de otros seres humanos, ni otros le enseñaron. El evangelio que él predica llegó a través de una «revelación de Jesucristo» (1.11-12), es decir, Pablo recibió el evangelio cuando Dios le reveló a su Hijo (v. 16). Antes de su llamado apostólico, Pablo era celoso de las tradiciones de sus antepasados, hasta el punto de perseguir la iglesia de Dios. Pero cuando Dios lo llamó y le reveló a su Hijo, Pablo entendió que al que perseguía como condenado por Dios (3.13), no era nada más que el Hijo de Dios.

Pablo supo inmediatamente que había sido llamado a predicar un evangelio sin circuncisión a los gentiles, y lo hizo sin ninguna necesidad de consultar a los que estaban en Jerusalén (1.17). Cuando fue a Jerusalén, alrededor de tres años después de su llamado, solamente se reunió con Cefas (Pedro) y Santiago. Su evangelio llegó directamente de Dios en el momento de su llamado, no de Jerusalén.

Catorce años después de su primera visita, Pablo fue a Jerusalén con Bernabé y Tito para asegurarse de que no estaba predicando en vano (2.1-10). A pesar de la oposición de los «falsos hermanos», los apóstoles que eran considerados columnas (Santiago, Cefas y Juan) claramente aprobaron el evangelio de Pablo a los gentiles. Sin embargo, cuando algunos partidarios de Santiago llegaron a la iglesia de Antioquía, no estaban preparados para lo que vieron: creyentes judíos y gentiles compartiendo en la mesa, y Pedro entre ellos. Cuando Pedro se retiró de este compañerismo en la mesa, Pablo lo reprendió por traicionar la verdad del evangelio (2.11-14).

Lo que Pablo entendía como «la verdad del evangelio» se declara en los versículos finales de esta sección (2.15-21). Una persona no es justificada por «las obras de la ley» sino por la fe en (o quizás «a través de la fe de») Jesucristo. Por eso es que Pablo y otros cristianos judíos ahora creían en Cristo, ya que habían llegado a darse cuenta de que nadie será justificado por las «obras de la ley». Si la justicia pudiera obtenerse a través de la ley, entonces no habría sido necesario que Cristo muriera.

Hijos de la Promesa (3.1—5.12)

Al haber explicado el origen del evangelio sin circuncisión que predica, Pablo se aventura con un argumento más bien técnico, para demostrar que la gente de fe, bautizada en Cristo, es descendiente de Abraham. El argumento supone que las promesas que Dios hizo a Abraham son más importantes en la historia de la salvación que la entrega de la ley. Dios ya había anunciado el evangelio a Abraham al prometerle que todas las naciones serían benditas en él. Por consiguiente, la gente de fe es bendita con el fiel Abraham (3.7-9). En su exégesis de Génesis 12.7, Pablo sostiene que estas promesas fueron hechas a Abraham y su simiente. Al enfocarse en la palabra «simiente» que está en singular, sostiene que la simiente de Abraham es Cristo (3.15-16). Por consiguiente, todos los que son bautizados en Cristo son descendientes de Abraham e hijos de la promesa, aunque no estén circuncidados (3.26-29).

Ya que la ley que se entregó 430 años después de la promesa, esta no altera las condiciones originales de la promesa, que depende de la fe (3.17-20). La ley fue agregada después, para hacer que la gente fuera consciente de sus transgresiones y, por lo tanto, funcionaba como supervisor de disciplina hasta el florecimiento completo de la fe. Pero en sí misma, la ley no podía dar vida. De otra manera, la justicia habría llegado a través de la ley (3.21).

Ya que los gálatas no habían entendido esto y estaban al borde de la circuncisión, Pablo los reprende por volver al período de su infancia religiosa (4.1-11). Los llama a imitar su ejemplo (4.12-20). Les demuestra que son los descendientes genuinos de la mujer libre y su hijo Isaac (4.21-31) y les advierte que eviten la circuncisión para que no se separen de Cristo (5.1-12).

Cómo vivir en el Espíritu (5.13-6.10)

Aunque Pablo ha demostrado a los gálatas que son

descendientes de Abraham porque han sido incorporados con el descendiente singular de Abraham, Cristo, su argumento no está completo. Pablo tiene que explicar cómo los gálatas gentiles pueden vivir una vida moral si no están «bajo la Ley», de otra manera, su evangelio será vacío y sin provecho. La parénesis o exhortación moral de esta carta, entonces, juega un papel integral en el argumento de Pablo de que los gálatas no tienen que someterse a la circuncisión.

En la opinión de Pablo, la vida moral es un asunto de vivir por el Espíritu (5.16), de ser guiado por el Espíritu (v. 18) y de seguir la guía del Espíritu (v. 25). La gente que es guiada por el Espíritu no está «bajo la ley» (v. 18), ni hace las obras de la carne que Pablo cataloga con gran detalle (vv. 19.21). Más bien, el Espíritu produce su fruto en ellos (vv. 22-23). Pero si los creyentes ya no están bajo la Ley, ¿realmente tendrán una vida moral al seguir al Espíritu?

Pablo sostiene que toda la Ley se cumple en la declaración: «Amarás a tu prójimo como a ti mismo» (5.14, al citar Lv 19.18). Por consiguiente, los gálatas tienen que servirse mutuamente por amor (5.13). Si los unos llevan las cargas de los otros, cumplirán «la ley de Cristo» (6.2). Esta expresión, que solamente aparece en Gálatas, probablemente se refiere a la ley como la vivió Cristo, esto es, de acuerdo al principio del amor sacrificado (cf. 1.3-4; 2.20). Para resumir, los Gálatas cumplirán la ley si viven en el reino del Espíritu, según la ley de Cristo.

Discusión Contemporánea

La discusión actual de Gálatas se enfoca en tres áreas: la dimensión social de la justificación por fe; la fe de Jesucristo; y la naturaleza de la ética paulina.

El contexto histórico de Gálatas indica que la enseñanza de Pablo sobre la justificación fue una respuesta al problema social: Cómo deberían relacionarse los creyentes judíos con los gentiles. ¿Está la gente en la relación de pacto apropiada con Dios, según las «obras de la ley» que los identifica como judíos (circuncisión, requerimientos dietéticos, cumplimiento del día de reposo), o según la obra de Dios en Cristo? Más que una polémica en contra de un intento de alcanzar la justicia a través de las buenas obras, la enseñanza de Pablo sobre la justificación en Gálatas busca integrar a los gentiles con los judíos, sin obligar a los primeros a adoptar una forma de vida judía.

Cuando preguntamos cómo se justifica la gente, la respuesta tradicional es a través de la fe *en* Jesucristo. Pero en años recientes, una minoría de eruditos ha sostenido que la declaración importante de 2.16 se refiere a la «fe *de* Jesucristo». Por consiguiente, los creyentes son justificados en base a la fe de Cristo, es decir, la fidelidad y obediencia a Dios como se demuestra al morir en la cruz. De esta manera, los gentiles están en la relación de pacto apropiada con Dios según la fidelidad de Cristo, no porque hayan adoptado una forma de vida judía. Esta obediencia fiel de Cristo, a su vez, es la base para la fe *en* Cristo.

Finalmente, nuevas ideas del papel que la exhortación moral juega en el argumento de Pablo han estimulado a los eruditos a dar mayor atención a las dimensiones éticas de Gálatas. El papel integral de la parénesis de esta carta indica que la enseñanza de Pablo sobre la justificación no socava la vida moral de los creyentes. Justificados por lo que Dios ha hecho en Cristo y ya no más bajo la ley, los creyentes tienen que seguir la guía del Espíritu y cumplir la ley de Cristo por medio del mandamiento del amor.

Bibliografía. J. M. G. Barclay, *Obeying the Truth: Paul's Ethics in Galatians* (Minneapolis, 1991); J. D. G. Dunn, *The Theology of Paul's Letter to the Galatians* (Cambridge, 1993); R. B.Hays, *The Faith of Jesus Christ: An Investigation of the Narrative Substructure of Galatians 3:1–4:11.* SBLDS 56 (Chico, 1983); R. N. Longenecker, *Galatians.* WBC 41 (Waco, 1990); F. J. Matera, *Galatians.* Sacra Pagina 9 (Collegeville, 1992).

FRANK J. MATERA

GÁLBANO

Goma resinosa (Heb. *ḥelbĕnâ*; Gr. *chalbánē*) que se saca al secar la savia lechosa de las raíces de una clase de hinojo o zanahoria (probablemente *Ferula galbaniflua* Boise). El gálbano es una planta herbácea que se encuentra en Siria, Persia y Afganistán y tiene un aroma distintivo, que llega a ser desagradable cuando se quema la resina; sin embargo, tiene uno de los ingredientes que se usaban para hacer incienso santo, probablemente se agregaba para mejorar la combustión (Ex 20.34). También se usaba en la antigüedad como condimento y para propósitos medicinales, a veces se tomaba internamente, pero generalmente se aplicaba como ungüento.

En Eclesiástico 24.15 el gálbano se usa de manera figurada para describir la Sabiduría.

GALILEA (Heb. *gālîl*; Gr. *Galilaía*)

GALILEA

Región del norte de Palestina que está configurada por la geología, prehistoria y circunstancias históricas, por un papel importante que tuvo en el surgimiento tanto del judaísmo como del cristianismo. La región, que se llamó Galilea, desde por lo menos el siglo VII a.C., estaba delimitada más o menos por la Llanura de Esdraelón al sur, la llanura de Aco y las tierras bajas fenicias al occidente, el Río Litani al norte y los Altos del Golán al oriente. Josefo (*BJ* 3.3.1 [35-40]) y el Talmud (*m. Šeb.* 9.2) distinguieron la Alta y la Baja Galilea que se acentuaban, a grandes rasgos, por el gran acantilado sobre la línea, desde Aco hasta Safed. La Alta Galilea ocupa alrededor de 1200 m (3900 pies) arriba del nivel del mar, en tanto que la Baja Galilea alcanza solamente 600 m (1970 pies). El área alrededor del lago de Galilea, de agua dulce (AT «Mar de Cineret», NT «Mar de Galilea»), era considerada parte de Galilea; en el siglo I d.C. esto incluía algo de la playa oriental (Gamala). Alimentada por el Río Jordán desde el Lago Hule y la cordillera del Líbano, la superficie del lago está a alrededor de 210 m (690 pies) por debajo del nivel del mar. Las precipitaciones galileas oscilan entre 300 y 1000 mm (12.39 in) al año, y proveen abundante agua para los manantiales perpetuos y para la agricultura.

Las características geológicas más importantes de Galilea se establecieron durante los períodos Cretáceo y Eoceno, cuando las invasiones del Mar Mediterráneo dejaron las rocas sedimentarias que ahora predominan tanto en el terreno. La piedra caliza cenomaniana-turoniana y la creta senoniana proporcionaban los materiales básicos para la construcción, con la piedra caliza que formaba las colinas y montañas y la creta que finalmente erosionó para convertirse en valles fértiles. Sin embargo, la parte oriental de Galilea estuvo sujeta a actividad volcánica. La roca de basalto de allí yace encima de la piedra caliza.

Las enormes fuerzas tectónicas obligaron al Valle del Jordán a descender, creando el lago de Galilea y el Río Jordán, y determinando la posición de las líneas principales de la topografía oriental y occidental de Galilea. Los valles fértiles cortan transversalmente el paisaje de la Baja Galilea, y durante los tiempos antiguos ofrecían productos agrícolas importantes, especialmente granos, uvas y aceitunas (cf. Dt 8.8), así como avenidas naturales para el comercio humano. La geología también le dio acceso a Galilea a la «tectónica» cultural y política de la historia mediterránea.

La Galilea prehistórica fue hogar de la actividad homínida importante. Los neandertales habitaron en cuevas durante el período Paleolítico Medio (Naḥal 'Amud), y los homo sapiens ancestrales que moraban en Qafzeh, aparentemente, fueron los primeros humanos en enterrar a los muertos. De hecho, la habitación humana se confirma continuamente en Galilea desde el Paleolítico hasta la Edad de Bronce. La revolución agrícola del período Neolítico hizo posible los asentamientos que se esparcieron en Galilea en la Edad de Bronce, incluso las regiones montañosas en ocasiones. Las ciudades grandes como Hazor y Meguido controlaban la mejor tierra y las rutas principales de comercio. Es posible que los antepasados nómadas de Israel hubieran vagado a lo largo de Galilea, pero se dice poco de esto en la Biblia.

Período Israelita

El período bíblico de Galilea comenzó con la transición de la Edad de Bronce Tardía a la de Hierro Temprana. Josué 19 quizás contiene las primeras tradiciones israelitas e indica que Aser, Zabulón, Neftalí e Isacar recibieron asignaciones tribales de tierra en Galilea. Dan se trasladó en una época posterior a lo más extremo de la Alta Galilea (Jos 19.40-48; Jue 18). Para una imagen exacta, los registros bíblicos tienen que complementarse con la información arqueológica y el material documental extrabíblico. La Estela egipcia de Mernepta hace la primera mención (c. 1225) del pueblo «Israel», y sugiere una ubicación en el norte de Palestina. Los estudios arqueológicos de Yohanan Aharoni, Zvi Gal y Rafael Frankel trazan posibles restos «israelitas» en el terreno montañoso de la Alta Galilea occidental (Aser, Jos 19.24-31) y la Baja Galilea oriental (Zabulón y Neftalí, 19.10-16, 32-39), pero ningún resto de la Edad de Hierro confirma la presencia de Isacar (cf. Jos 19.17-23). Los israelitas pudieron establecer y controlar las regiones montañosas, en tanto que los fenicios y los cananeos continuaron dominando los ricos valles y planicies agrícolas hasta el tiempo de David.

Aparentemente, el primer uso confirmado del sustantivo hebreo *gālîl* («círculo», «distrito»), en estado constructo, requería de un sustantivo que lo completara: Isaías 9.1 (TM 8.23) significa literalmente: «El círculo (región) de las naciones (*góyim*)». El uso israelita posterior siempre incluye el artículo definido, haciendo que *gālîl* sea un nombre propio, *la* Galilea (1 R 9.11; 1 Cr 6.76[61]; cf. Jos 20.7;

Mar de Galilea, desde su extremo sur, al este de Yardenit. El Monte Hermón y Golán están a lo lejos
(Phoenix Data Systems, Neal and Joel Bierling)

21.32). El hecho de que Galilea no aparezca prominentemente en la saga bíblica es, hasta cierto punto, perspectivo, ya que los intereses judaítas del sur le dieron forma final al AT. Las relativamente pocas menciones frecuentemente tienen que ver con batallas transitorias u operaciones militares: Josué en las aguas de Merom en la Alta Galilea (Jos 11.1-10); las fuerzas de Débora en el Arroyo de Cisón (Jue 4-5); Gedeón en Harod, en la llanura de Esdraelón (Jue 6-8). Además, Salomón fortificó Meguido y Hazor (1 R 9.15) y negoció aldeas galileas por cultura fenicia (vv. 10-13). Durante la época de los reinos divididos, Acab también construyó fortalezas en Meguido y Hazor y dirigió operativos en contra del rey de Damasco, cerca de Galilea (1 R 20.26). La rebelión de Jehú envió ríos de sangre por todo el Valle de Jezreel (Os 1.4-5; 2 R 9-10).

De esta manera, Galilea recibe mención solamente cuando era controlada o disputada por poderosos intereses cananeos, fenicios, sirios, efraimitas o judaítas. El comentario de Isaías (Is 9.1[8.23]) corresponde al retiro asirio del reino de Israel del norte (721) y a la transformación de la región en provincias asirias. La arqueología sugiere que el área estuvo deshabitada por más de un siglo después de eso (cf. 2 Cr 30.10-11). El estudio de monumentos históricos de Seán Freyne explora hasta qué punto los israelitas continuaron en Galilea entre las épocas asirias y helenista-romana.

Período helenista-romano

Las recientes investigaciones de Galilea han percibido interés macabeo en las poblaciones el norte leales a Jerusalén (1 Mac 5.1-15). El debate se ha centrado en cómo interpretar *Ioudaíos,* como se aplica a las regiones o pueblos fuera de Judea propiamente dicha (¿bajo influencia de Judea? ¿Orientación de Judea? ¿Judía?).

Josefo, un general que fue enviado a Galilea durante las primeras fases de la guerra judeo-romana (66-67 d.C.), es la mejor fuente histórica de los asuntos palestinos de esta época y da un testimonio literario importante de su cultura y sociedad. Sin embargo, el valor histórico de las referencias talmúdicas a la Galilea del siglo I, se debate tajantemente después de que el trabajo de críticas de las formas de Jacob Neusner y estudiantes ha demostrado las dificultades de filtrar el material antiguo.

Mucho interés, comprensiblemente, se enfoca en

la actividad histórica de Jesús de Nazaret en Galilea. Jesús procedía de Nazaret de Galilea (Mr 6.1; Jn 1.46; cf. Mr 16.7). Excavaciones recientes en Capernaún, el escenario de mayor actividad (Mr 2.1; Mt 4.13; cf. Lc 10.13-15), corroboran la descripción de Marcos 1.29. La descripción de Ernest Renan (en su *Vida de Jesús*, de 1893) de la alegre inocencia rural de la tierra natal de Jesús encarnó las nociones románticas de la Galilea del siglo IX. Albrecht Alt, William F. Albright y otros construyeron las bases literarias y arqueológicas para un entendimiento más sofisticado. Recientemente, el intenso estudio literario del material del evangelio, especialmente Q (que aparentemente se originó en Galilea en los años 30-40), ha provisto nuevos puntos de partida para los argumentos históricos de Jesús.

El interés en la historia social ha profundizado el entendimiento de la sociedad galilea. Por ejemplo, Burton Mack ve a la Baja Galilea como una región altamente helenizada y cosmopolita, y ha sostenido que Jesús, al igual que los antiguos cínicos, identificaba el reino de Dios con una vida naturalista, libre de convenciones sociales. Eric Meyers y James Strange han investigado las conexiones culturales y políticas a través de la arqueología regional, lo cual muestra que las influencias fenicias, sirias y de Judea continuaron en Galilea.

Iglesia Primitiva y Rabinos

Hay poca evidencia textual sólida, aparte de las tradiciones de los escribas de Q, de la permanencia del movimiento de Jesús en Galilea después de su muerte. La tradición cristiana primitiva, sorpresivamente, preserva poco en cuanto a cualquier presencia cristiana considerable en los primeros siglos d.C. Sin embargo, la casa de Pedro en Capernaún aparentemente fue venerada continuamente hasta que se construyó un *martyrion* octagonal bizantino. Numerosas iglesias bizantinas se construyeron en la región, notablemente en Capernaún y Nazaret.

Después de la catastrófica revuelta de Bar Kokhba (132-135), los de Judea fueron impulsados hacia el norte, y muchos centros rabínicos florecieron en Galilea durante la última parte de los tiempos romanos y bizantinos. El Rabino Judá el Príncipe codificó la Mishná a principios del siglo III en Séforis, y se construyeron numerosas sinagogas.

Bibliografía. M. Aviam,Z. Gal, and A. Ronen. «Galilee,» *NEAEHL*, 2:449-58; S. Freyne, *Galilee from Alexander the Great to Hadrian, 323 b.c.e. to 135 c.e.* (Wilmington, 1980); R. A. Horsley, *Galilee: History, Politics, People* (Valley Forge, 1995); L. I. Levine, ed., *The Galilee in Late Antiquity* (New York, 1992).

DOUGLAS E. OAKMAN

GALILEA, MAR DE

Lago de agua dulce en el norte de Palestina, parte del sistema del Río Jordán. El nombre Cineret o Cinerot (Heb. *yām kinneret̲* y sus variantes *kinnerôt̲, kinĕrôt̲*) se deriva del Heb. *kinnôr*, «arpa», que describe la forma del lago (Nm 34.11; Dt 3.17; Jos 12.3; 13.27). Más tarde se le conoció como Genesaret (Lc 5.1; 1 Mac 11.67; Josefo *Ant.* 18.2; *BJ* 3.462, 515-16), Tiberíades (Josefo *BJ* 3.57; 4.456) y el Mar de Tiberias (Jn 6.1; 21.1). Genesaret, o Gennesareth (Plinio *Nat. hist.* 5.15.71) también era el nombre de una ciudad y una llanura sobre la playa noroccidental. El nombre Tiberias surge de la ciudad de la playa suroriental, en honor al emperador romano (aráb. moderno *Tabariyeh*). Hay unos manantiales calientes precisamente afuera de Tiberias y la gente llegaba por las propiedades medicinales de los manantiales. Otras ciudades que estaban alrededor del mar eran Capernaún al noroeste y Betsaida al norte.

El lago tiene 14.5 km (9 mi) de largo y 8 km (5 mi) de ancho y está asentado en una cuenca formada por una falla geológica. La superficie del lago está entre 208.5 m (684 pies) y 213 m (700 pies) por debajo del nivel del mar, dependiendo de la estación. El punto más profundo del lago está a 254 m (833 pies) por debajo del nivel del mar.

Unas 25 especies de peces se encuentran en el lago, y el NT incluye referencias frecuentes a la pesca, al tamaño de las redes, anzuelos y embarcaciones. Los peces salados de Genesaret se enviaban hasta Roma durante el siglo I. Josefo (*BJ* 3.5320-21) menciona la opinión común de una conexión subterránea con el Río Nilo, ya que tanto el Mar de Galilea como el Nilo eran hogar del *coracine*, una clase de anguila negra.

En 1986 se recuperó desde el fondo del lago una embarcación que data del siglo I, en la playa del noroeste, cerca de Magdala. Proporcionó un ejemplo de la clase de botes de pesca que se utilizaban en el mar en los tiempos bíblicos.

Bibliografía. N. Glueck, *The River Jordan* (1946, repr. New York, 1968); E. W. G. Masterman, «The Fisheries of Galilee,» *PEQ* 40 (1908): 40-51; S. Wachsmann, «The Galilee Boat,» *BARev* 14/5 (1988): 18-33.

LAWRENCE A. SINCLAIR

GALIM (Heb. *gallîm*)
Un asentamiento en Benjamín cuyo nombre significa «acumulación de piedras» o «ruinas». Después de que David rechazó a la hija de Saúl, Mical, fue entregada a Paltiel de Galim como esposa (1 S 25.44). Con la capital de Saúl en Bigea, se puede asumir que Galim era una ciudad cercana y Palti hijo de su líder prominente, Lais. Isaías profetizó que aunque el victorioso ejército asirio pasaría por Galim antes de conquistar Jerusalén, el Señor proveería de un remanente de su pueblo para que regresara (Is 10.30). Tanto Kirbet Ka'kûl, a 1 km (.6 mi) al noroeste de Anatot, y Khirbet Erha al sur de Ramá, se han sugerido como las ruinas modernas de la ciudad.

DAVID C. MALTSBERGER

GALIÓN (Gr. *Galliōn*)
Hijo mayor de Lucio Séneca, padre del filósofo Lucio Anneo Séneca. Aneo Novato (Galión) fue adoptado por el senador Lucio Iunio Galio y tomó su nombre. El exilio de su hermano Séneca a principios del reinado de Claudio (41 d.C.) podría haber afectado la carrera de Galión, pero poco después del regreso de Séneca en el año 49, Claudio nombró a Galión procónsul de Acaya. Una inscripción que se encontró en Delfi, que probablemente data de principios del verano de 52, menciona a Galión. De esta manera, Galión probablemente comenzó como procónsul en algún momento entre 50 y 51, pero aparentemente no completó su período de dos años, debido a su aversión por la provincia griega.

Mucho de lo que puede establecerse acerca de la cronología de Pablo depende de la fecha de la permanencia de Galión en el cargo. Hechos 18.12 reporta que cuando Galión era procónsul de Acaya, los judíos de Corinto le presentaron un cargo en contra de Pablo. Galión se rehusó a escuchar el caso.

Más tarde, Galión fue nombrado cónsul bajo Nerón en 58. Tácito reporta que cuando Séneca fue implicado por la muerte de Nerón y obligado a cometer suicidio, Galión «imploró por su propia seguridad» en el senado.

Bibliografía. J. Murphy-O'Connor, *St. Paul's Corinth* (Collegeville, 1983).

SCOTT NASH

GALOS (Gr. *Galátai;* lat. *Galli*)
Pueblo, originalmente celta, que invadió tanto el centro y el occidente de Europa (Galia cisalpina) como Grecia y el Asia Menor (gálatas). Si 1 Macabeos 8.2 está en lo correcto, y los romanos los derrotaron y los obligaron a pagar impuestos, entonces la referencia sería a la Galia cisalpina. Roma tuvo victorias sobre los galos en 222 a.C. y en la década de 180. El listado de las victorias romanas de 1 Macabeos 8 también parece que comienza en occidente y que se mueve hacia el oriente. Si el autor está simplemente suponiendo una práctica normal de sus días, entonces podría referirse a la victoria de Cneo Manlio Vulso sobre los gálatas en 189, pero no se les obligó a pagar impuesto en ese entonces.

La batalla en la que las tropas judías derrotaron a los guerreros celtas en Babilonia (2 Mac 8.20) tuvo que haber involucrado a los gálatas, que fueron utilizados como mercenarios por varios reinos. Esta pudo haber sido la batalla entre Seleuco II y Antíoco Hierax, que utilizó mercenarios gálatas como la mayor parte de su ejército. Las propuestas de fecha de Antíoco I o Antíoco III no se han corroborado.

Bibliografía. J. A. Goldstein, *I Maccabees.* AB 41 (Garden City, 1976); *II Maccabees.* AB 41A (Garden City, 1983).

RUSSELL NELSON

GAMAD (Heb. *gammāḏ*)
Lugar que proporcionó mercenarios para la defensa de Tiro (Ez 27.11; RVR-1960 «gamadeos»). Quizás debería identificárseles con los de Kumidi, del norte de Siria, que se mencionan en las cartas de Amarna.

GAMALIEL (Heb. *gamlîʾēl*; Gr. *Gamaliḗl*)

1. Hijo de Pedasur; jefe de la tribu de Manasés durante el período del desierto (Nm 1.10; 2.20; 7.54, 59; 10.23).

2. Gamaliel I, fariseo muy respetado y misericordioso, líder del Sanedrín y maestro principal de la Ley que fue responsable de la mayor parte de la educación rabínica de Pablo (Hch 5.34-39; 22.3).

Josefo describe a la familia de Gamaliel como «muy ilustre» (*Vita* 190-91; cf. Hch 5.34). La literatura rabínica describe a Gamaliel como el nieto del gran Hilel y como el *nāśîʾ* (líder farisaico) del Sanedrín (*Šabb.* 15a). Se le otorgó (*Soṭa* 9.15) el título honorífico de «anciano», así como a su padre y su abuelo. Sin embargo, fue el primero de solamente siete en toda la historia rabínica en ser distinguido como *Rabban* («nuestro maestro/señor»). Por lo tanto puede apreciársele como la mayor autoridad y figura más reverenciada de todo el judaísmo alrededor de los años 20-50 d.C. Hasta la realeza consultaba a Gamaliel en cuanto a asuntos de la ley judía (*Pesaḥ.* 88b). Aunque algunos disputan su condición, claramente poseía autoridad importante (Hch 5.34), la suficiente como para persuadir al Sanedrín para que les perdonara la vida a los apóstoles (v. 40).

Gamaliel era el director de la escuela de Hilel, la forma de judaísmo más indulgente y por lo tanto la más popular. Constantemente resolvía asuntos de la ley judía de maneras que convertían su pragmatismo moderado en vida diaria. Especialmente estaba interesado en hacer más fácil la carga de las mujeres y de los pobres. Sus decisiones comúnmente se basaban en los principios orientadores de «promoción del bien común» y de «promover los caminos de paz» (*Git.* 4.2-3; *Roš Haš* 2.5; *Yebam.* 16.7 ʽOr. 2.12; *Nid.* 9.17; *Ketub.* 10b, 28b).

Gamaliel se enfocaba en la importancia del estudio y en la relación maestro-alumno (*ʼAbot R. Nat.* A. 40; *ʼAbot* 1.16; *Peʼa* 2.6; *ʽOr.* 2.12; *Yebam.* 16.7). Se extendió a los judíos que vivían en la Diáspora (*y. Maʽas.* 5.4 [56c]; *Sanh.* 11b), y era bastante tolerante con los gentiles, como lo fueron sus discípulos y sus descendientes después de él (*t. B. Qam.* 9.30; *y. ʽAbod.Zar.* 1.9; *Sifre* to Deut. 38; *Ber.* 27.a). Al igual que Hilel antes que él (*Sop.* 16.9), Gamaliel estuvo casi solo en su amor por el idioma griego. Se estudiaba en su «escuela» y hasta lo declaró como el único idioma en que la Torá podía traducirse perfectamente (*Soṭa* 49b; cf. *Gen. Rab.* 36.8; *Deut. Rab.* 1.1; *Meg.* 1.8).

W. E. Nunnally

3. Gamaliel II, nieto de Gamaliel I y sucesor de Johanan ben Zakkai como director de la academia rabínica de Jabneh (Jamnia), c. 80-120 d.C. Gamaliel fortaleció el judaísmo en el período posterior al templo al reunir las escuelas de Hilel y Shammai y al regular la oración.

GAMUL (Heb. *gāmûl*)

Sacerdote y líder de la vigésimo segunda división del sacerdocio durante la época de David (1 Cr 24.17).

GANADO

Junto con ovejas y cabras, asnos y asnas, sirvientes, camellos, y tiendas, el ganado grande (toros, bueyes, vacas) era siempre considerado una medida de riqueza (Gn 12.16; 13.5). El ganado (Heb. *bāqār*) fue primero domesticado por su leche, carne, piel, huesos, y estiércol, y solo después llegaron a convertirse en animales de tiro. El ganado no produce fibras para hilar y tejer. Durante tiempos bíblicos, el ganado era criado sobre todo para tracción y su leche y estiércol, y en segundo lugar por su carne, piel, y otros productos disponibles solo hasta después que los animales eran sacrificados. Una vez que se juzgaba que el ganado era demasiado viejo para el trabajo como animales de tiro, podían proporcionar carne y otros subproductos.

El ganado no es dado a andar vagando como las ovejas o las cabras; de modo que su presencia en los registros zoológicos arqueológicos generalmente indica un entorno más estable, que el de una aldea o pueblo agrario. El ganado necesita más atención que otros rumiantes y se desempeña mejor bajo condiciones estables. En la Palestina preindustrial tres tipos nativos probablemente eran muy similares a los existentes en el período bíblico. La raza más común y adaptable es la pequeña, peluda vaca árabe. Es muy delgada, con un cuerpo de color café a negro o negro con blanco, y musculatura y ubres pobremente desarrolladas. Pesa aprox. 260 kg (575 lb) y da 400-700 l (105-185 gal) de leche por año durante un período de cuatro a cinco meses cuando el becerro está presente. Los toros y bueyes pueden ser el doble de largo que la vaca. Este es un animal de trabajo cuya carne es de muy pobre calidad. Está adaptado a condiciones semiáridas; como una cabra, es fácilmente satisfecho y bastante resistente a las enfermedades.

La segunda raza es la vaca de Beirut, que es en realidad una forma mejorada de raza de la vaca árabe. Su cuerpo de color amarillo marrón a marrón es más grande y pesa 230-350 kg (507-770 lb). Produce 1500-2000 l. (395-530 gal) por año durante un período de siete a ocho meses cuando el becerro está presente. Vacas selectas pueden dar hasta 4000 l (1055 gal) de leche bajo condiciones favorables. La raza es relativamente resistente a enfermedades, pero requiere alimento suplementario. Su predecesor puede haber sido la vaca usada en el ritual de la vaca alazana (Nm 19.2). La vaca nativa mejor productora de leche es la vaca de Damasco, originaria de Siria y es idéntica en su apariencia a la diosa vaca Hathor. Esta vaca de color marrón rojizo tiene una piel lisa y pesa 380-500 kg (835-1100 lb). Es criada solo donde se encuentra agua para alimento de crecimiento. Su producción es 3000 l (795 gal) de leche por año durante un período de siete a ocho meses cuando el becerro está presente. Las buenas vacas pueden llegar a producir hasta 5000 l (1325 gal). Esta raza no sirve para ningún trabajo, requiere buena alimentación, y no es resistente a los cambios de clima y enfermedades. La referencia a «las vacas de Basán» en Amós 4.1 probablemente sea a esta raza debido a su gran tamaño, gordura, y a que no trabajaban.

Grandes manadas de ganado necesitaban gran cantidad de tierra para el pastoreo, como se alude en las historias acerca del conflicto entre los ganados de Abraham y de Lot (Gn 13) y la familia de Jacob en la tierra de Gosén (Gn 45.10; 47.6a). Durante la monarquía israelita el rey llegó a ser propietario de grandes manadas de ganado. Bajo David, se nombraron supervisores especiales para el *bāqār* (1 Cr 27.29). El ganado probablemente se usaba como animales para rastrear en las tierras reales, y por sus subproductos.

Los becerritos eran considerados un manjar culinario y se preparaban para comidas especiales (Gn 18.6-8). Los becerros, especialmente seleccionados para engorda *(ʿēgel-marbēq),* se servían en ocasiones especiales (1 S 28.24). Los becerros eran también considerados animales de elección para el sacrificio (Lv 9.2; 16.3; Nm7).

El toro era el símbolo de poder y fertilidad. En varias culturas del antiguo cercano Oriente, el toro era símbolo de varios dioses, un hecho que debe haber influido en la iconografía israelita y fue expresado verbal e iconográficamente (Ex 32), como la estatuilla del toro de bronce en el sitio del toro en el monte de Samaria. Algunas veces la Biblia usa el toro como símbolo para Jehová (Heb. *ʾāḇîr;* Gn 49.24; Is 49.26; 1.24).

La hembra es mencionada significativamente muchas menos veces y mayormente en sentido metafórico (Gn 41). Oseas 4.16 compara a Israel con una vaca obstinada, y Amós 4.1 ridiculiza a las mujeres de Israel como «vacas de Basán.» Sin embargo, las vacas fueron aprovechadas para el trabajo (1 S 6), y cuando se seleccionaba la vaca alazana, se suponía que debía ser «perfecta, en la cual no haya falta, sobre la cual no se haya puesto yugo» (Nm 19.2).

Véase Oveja; Cabra.

Bibliografía. F. S. Bodenheimer, *Animal Life in Palestine* (Jerusalem, 1935).

Oded Borowski

GANGRENA

En el uso antiguo del griego, una úlcera que se esparce (Gr. *gángraina).* En 2 Timoteo 2.17 describe la extensión perniciosa de una herejía. Plutarco emplea el término de manera similar para describir el efecto de las calumnias de un Medius, «adulador» (esto es, un confidente con malas intenciones), de Alejandro (*Moralia* 65D).

GAREB (Heb. *gārēḇ*) (LUGAR)

Lugar tenebroso que solamente se menciona en Jeremías 31.39. Jeremías utiliza el «collado de Gareb» como una señal (junto con Goa) para la futura reconstrucción y expansión de Jerusalén. Esta expansión aparentemente incluirá tanto el Valle de Cedrón al oriente como el Valle de Hinom al sur y occidente. Los intentos de identificar este lugar como el así llamado Monte de Sión, al extremo suroccidental de la ciudad, parecen estar claramente equivocados; la descripción de Jeremías indica que la ubicación de este lugar está al otro lado del Valle de Hinom desde Jerusalén, más cerca de la «Franja de Hinom», un área conocida para inhumaciones que encajaría en la descripción del profeta en Jeremías 31.40.

GAREB (Heb. *gārēḇ*) (PERSONA)

Itrita y uno de los hombres poderosos de David (2 S 23.38 = 1 Cr 11.40). La LXX y el siriaco mencionan este nombre como Jatir.

Bibliografía. J. J. Simons, *Jerusalem in the Old Testament* (Leiden, 1952), 231-33.

Dennis M. Swanson

GARFIO

Un utensilio de tres dientes (Heb. *mazlēg*) utilizado por sacerdotes para quitar sus porciones de los sacrificios (1 S 2.13-14). Un instrumento similar (*mizlāgâ)* hecho de oro o de bronce pulido (1 Cr 28.17; 2 Cr 4.16) se utilizó en los sacrificios en el altar en el tabernáculo y el templo (p. ej., Ex 27.3; 38.3; Nm 4.14).

Un tridente de seis dientes (*mizreh;* Gr. *ptýon*) se utilizaba para separar la paja del grano (p. ej., Jer 15.7; Mt 3.12 = Lc 3.17).

GARMITA (Heb. *garmí*)

Gentilicio que designa a Keila de Judá (1 Cr 4.19). Al traducirlo literalmente significa «de Gerem», pero no hay evidencias de ese lugar; podría ser un término descriptivo (cf. Heb. *gerem*, «hueso»).

GAT (Heb. *gat̠*)
Ciudad de la pentápolis filistea, a veces se le llama Gat de los filisteos. Aunque la palabra Gat generalmente se traduce como «lagar», en textos ugaríticos se refiere a un centro de procesamiento de artículos agrícolas. A la ciudad generalmente se le identifica con el impresionante montículo que se conoce como Tell eṣ-Sâfi/Tel Zafit (1359.1237). Aunque se han propuesto otros lugares (p. ej., Tel Nagila [127101], Tell esh-Shariʿa/Tel Seraʿ [119088], Tel Abu Hureireh/Tel Haror [08795.11257]), ninguno de estos ha recibido apoyo.

La historia de la ciudad comienza en el segundo milenio a.C., mucho antes de que los filisteos (o israelitas) llegaran a Palestina. En el siglo XIV la ciudad aparece en varias Cartas de Amarna, escritas por su gobernador Šuwardata a su señor feudal, el faraón egipcio. Gat evidentemente fue conquistada por los filisteos después de su llegada a la planicie costera del sur, a principios del siglo XII. La ciudad todavía estaba en manos filisteas a finales del siglo XI, cuando se cree que David se encontró con Goliat, de una raza de gigantes que vivía en Gat, en un conflicto legendario de hombre a hombre (cf. 1 S 17; 2 S 21.20-22). El arca del pacto residió allí brevemente, después de que fuera capturada por los filisteos (1 S 5.8-10), y David encontró refugio con el rey Aquis de Gat cuando huía de Saúl (1 S 27). Desde Gat David comenzó a tratar de congraciarse con los líderes de Judá, especialmente alrededor de la región del Neguev y de la ciudad de Hebrón, y los hombres de Gat (geteos) llegaron a ser los colaboradores más leales de David a lo largo de su reinado (cf. 2 S 15.18). La ciudad cayó bajo control israelita después de que los israelitas lograron la independencia de los filisteos.

La ciudad fue conquistada por el rey arameo Hazael a finales del siglo IX, y su ubicación estratégica en el camino que llevaba a Jerusalén a través del Valle de Ela y Belén fue utilizada en un ataque en contra de Jerusalén (2 R 12.17). Finalmente, Gat fue conquistada por el rey asirio Sargón en 712, como parte de su presunta conquista de Judá (cf. *ANET*, 286), y la ciudad entonces se desvaneció de las páginas de la historia. Tan completo fue el colapso de la legendaria ciudad de los gigantes que se convirtió en un proverbio (Am 6.2; cf. Mi 1.10).

William M. Schniedewind

GATAM (Heb. *gaʿtām*)
Caudillo edomita; hijo de Elifaz y descendiente de Esaú y Ada (Gn 36.11, 16; 1 Cr 1.36)

GAT-HEFER (Heb. *gat̠ haḥēp̄er*)
Ciudad que pertenecía a la tribu de Zabulón en la Baja Galilea (Jos 19.13). El nombre de la ciudad, Gat («lagar»), era común y Hefer («foso» o «pozo») posiblemente distinguía al lugar de otras ciudades que se llamaban Gat. El nombre probablemente se refería a la industria principal de los residentes de la ciudad, la viticultura. Gat-hefer fue el lugar de nacimiento del profeta Jonás (2 R 14.25); estaba ubicada entre Nazaret y Capernaum. Jesús habría pasado por la ciudad durante su ministerio en Galilea. Las runas de la ciudad se identifican con la moderna Tel Gat Hefer/Khirbet ez-Zurraʿ (180238).

David C. Maltsberger

GAT-RIMÓN (Heb. *gat̠ rimmôn*)

1. Ciudad que originalmente fue asignada a la tribu de Dan (antes de su reubicación en el norte) (Jos 19.45). Gat-rimón fue reasignada a las familias coatitas de la tribu de Leví, según Josué 21.24; 1 Crónicas 6.69 (TM 54). Se han dado dos sugerencias para su ubicación: Tell Abu Zeitun y Tell ej- Jerîshe/Tel Gerisa (1319.1665), a unos escasos 6 km (4 mi) y 3.5 km (2 mi) respectivamente al este del Mediterráneo, cerca de la boca del Río Yarkón.

2. Ciudad de Manasés que fue reasignada a los levitas (Jos 21.25). El nombre podría ser un error del copista en Josué 21.24.

Paul L. Redditt

GAULANITIS (Gr. *Gaulanitis*)
Nombre popular del Golán (la planicie al este del Río Jordán, desde el Monte Hermón hasta el Wadi Yarmuk) durante los períodos helenista y romano. El área fue mayormente pastoral hasta el período romano, cuando se convirtió en una región más importante, con sistemas de caminos desarrollados, mejor control de agua y población aumentada.

Josefo y los datos arqueológicos proporcionan la mayor parte de la información en cuanto a la historia de Gaulanitis. Esta región fue una hiparquía durante el período helenista y más tarde llegó a ser parte de la eparquía de Galaad, bajo los seléucidas. Los asmoneos la reclamaron durante la revuelta de los macabeos (83-80 a.C.) y convirtieron a muchos

Área de una puerta de la Edad de Hierro II en Tel Dan. La puerta más baja tenía dos torres y cuatro habitaciones para los guardias, dos a cada lado (Phoenix Data Systems, Neal and Joel Bierling).

habitantes al judaísmo. En el año 64 a.C. Roma capturó Gaulanitis, pero con la muerte del hijo de Herodes, Felipe, Siria la reclamó hasta el año 37 a.C., cuando se le entregó a Agripa I. Bajo Agripa II se llevó a cabo la intensa Primera Guerra Judía en Gaulanitis. A su muerte volvió a manos de Siria. Los judíos continuaron poblando el área, especialmente después de la rebelión de Bar Kokhba.

Phillip R. Drey

GAVILÁN

Un término para las pequeñas aves rapaces diurnas, en particular las de la familia Accipitridae. El término a veces se extiende para incluir a ciertos miembros de la familia Falconidae, que tiende a crear confusión en términos de clasificación y nomenclatura de especies.

Heb. *nēṣ* es de manera similar genérico. Se presenta en las listas de aves no permitidas (Lv 11.16; Dt 14.15), en las dos ocasiones seguidas por la aclaració «según su especie.» Ocho de 10 diferentes especies de gavilanes se encuentran en Israel. La palabra está obviamente relacionada con el verbo cognado *nāṣaṣ*, «volar.» El alto vuelo del *nēṣ* se nota en Job 39.26.

Heb. *taḥmās* (originalmente significa «ladrón,» «bandido») tradicionalmente ha sido traducida como «pájaro nocturno,» pero esta ave de la familia Caprimulgidae rara vez se encuentra en el Medio Oriente y no se relaciona con los verdaderos gavilanes. Una mejor sugerencia es «gallinaciega» *(Caprimulgus europaeus)*.

Jesper Svartvik

GAYO (Gr. *Gáïos*; lat. *Gaius*)

Nombre común romano que tenían cuatro hombres que se mencionan en el NT, y de quienes no se sabe nada más que estas menciones.

1. Macedonio que, junto con Aristarco, viajó con Pablo a Éfeso. Allí los dos macedonios se vieron atrapados en una revuelta en contra del movimiento misionero cristiano (Hch 19.29).

2. Hombre que estuvo entre los compañeros de viaje de Pablo de Corinto a Troas (Hch 20.4); probablemente no es el mismo del no. **1**, ya que se dice que era de Derbe.

3. Corintio, uno de los pocos que Pablo bautizó (1 Co 1.14) y posiblemente el mismo que hospedó a Pablo y «a toda la iglesia» en Corinto (Ro 16.23). Por lo tanto, tuvo que haber sido relativamente adinerado.

4. Destinatario de 3 Juan. El anciano escribe para

estimular a Gayo a que continúe con su hospitalidad con los misioneros viajeros y para recomendarle a Demetrio. Gayo evidentemente tenía una relación cercana con el anciano, pero su posición, en relación con la de Diótrefes, el oponente del anciano, no está clara. No pudo haber sido miembro de la iglesia de Diótrefes ya que el anciano tiene que informarle de las acciones de este último; pero debido a que el anciano llama a la congregación de Diótrefes *«la iglesia»* (3 Jn 9), es difícil pensar en Gayo como el que hospeda o que pertenece a otra iglesia en casa del mismo lugar. Cualquiera que sea su posición, el anciano lo exhorta a que no solamente reciba a los viajeros sino que «los envíe», es decir, que provea para sus necesidades del viaje, implicando que Gayo tenía los medios financieros para hacerlo.

David Rensberger

GAZA (Heb. *ʿazzâ*; Gr. *Gáza*)
Importante ciudad costera del sur del Levante, mejor conocida en la Biblia como una de las ciudades de Filistea. El lugar es Tell Harubel/Tell ʿAzza en la esquina noroeste, y la más alta, de la ciudad moderna (100100). Gaza está a c. 5 km (3 mi) del Mediterráneo, aunque en los tiempos romanos y medievales la ciudad se extendía al mar. Gaza tradicionalmente fue el límite suroccidental del área siro-palestina (Gn 19.; 1 R 4.24[TM5.4]) y fue el vínculo de la mayor parte de la actividad comercial y militar terrestre entre Egipto y el área siro-palestina.

La Biblia se refiere a los habitantes originales de Gaza como los aveos, que fueron sucedidos por los caftoreos (Dt 2.23), probablemente una variante del término filisteos. Según Josué 15.47, Gaza fue asignada a la tribu de Judá; según Jueces 1.18, los de Judá tomaron Gaza brevemente, pero el v. 19 observa que no pudieron poseer las ciudades de la llanura costera, entre las que estaba Gaza. Los filisteos, no los de Judá, llegaron a controlar la llanura costera del sur, y Gaza era una de las cinco ciudades filisteas más importantes, la Pentápolis filistea (Jos 13.3; 1 S 6.17). Dos de las aventuras de Sansón se llevaron a cabo en Gaza. Allí visitó a una prostituta y, después de eludir una emboscada filistea, arrancó la puerta de la ciudad y la llevó a Hebrón, a 32 km (20 mi) de distancia (Jue 16.1-3). Después de que Dalila lo traicionó con los filisteos, a Sansón lo llevaron de regreso a Gaza para torturarlo y encarcelarlo (Jue 16.21-25). Sansón entonces derribó el templo de Dagón en Gaza, su proeza final (Jue 16.28-30).

La mayoría de referencias bíblicas a Gaza están en los oráculos proféticos en contra de filistea (p. ej., Am 1.6). Las fuentes extrabíblicas indican que Senaquerib de Asiria capturó Gaza en 734 a.C. Ezequías de Judá hizo una incursión y atacó la ciudad en el siglo VIII (2 R 18.8). Sin embargo, Gaza mantuvo su condición independiente desde alrededor de 1200 hasta casi 600. El faraón egipcio Necao II ocupó la ciudad por algún tiempo en 609, y Nabucodonosor la capturó en 604, un evento del que Jeremías hace referencia (Jer 47.2; cf. v. 1).

La ciudad fue conquistada por Cambises en 529 y por Alejandro el Grande en 322. En el período helenista Gaza fue primero una base extranjera de los ptolomeos y luego estuvo bajo el gobierno seléucida. El comandante macabeo Jonatán atacó la ciudad, la quemó y saqueó las ciudades vecinas antes de hacer las paces bajo sus propias condiciones (1 Mac 11.61-62). Alejandro Janeo capturó Gaza y prácticamente la destruyó en 96 a.C., después de un sitio que duró un año (Josefo *Ant.* 13.2-3; *BJ* 1.4.2). Más tarde, Pompeyo la arrebató de los judíos y, posteriormente, la ciudad se reconstruyó.

En el NT, en el camino a Gaza es que Felipe se encuentra con el eunuco etíope y lo bautiza (Hch 8.26-39).

Gaza perduró como ciudad importante del sur de Palestina desde la Edad de Bronce Tardío hasta el siglo VII d.C. Entre los restos hay evidencias de ocupación filistea, muros que datan hasta la época de la conquista de Necao, un complejo industrial de fabricación de tintes y una sinagoga del siglo VI d.C.

Bibliografía. A. Ovadiah, «Gaza,» *NEAEHL* 2:464-67.

Gregory Mobley

GAZAM (Heb. *gazzām*)
Jefe de una familia de sirvientes del Templo, que volvió del exilio con Zorobabel (Esdras 2.48 = Neh 7.51).

GAZEZ (Heb. *gāzēz*)

1. Hijo de Caleb con su concubina Efa (1 Cr 2.46).

2. Hijo de Harán y nieto de Caleb (1 Cr 2.46); sobrino del **1** arriba.

GEBA (Heb. *geḇaʿ*)
Ciudad que se asocia con la aldea moderna de Jabaʿ (175140), ubicada a 10 km (6.2 mi) al norte de Jerusalén, cerca de la frontera del norte de la tribu de Benjamín. Su posición dio surgimiento a la expre-

sión de «desde Geba hasta Beerseba», ya que delimita la extensión más grande del reino de Judá (2 R 23.8).

Geba figura prominentemente en la antigua historia de la monarquía. Los filisteos enviaron campamentos de avance a la región de Geba y Micmas, donde Jonatán, hijo de Saúl, los derrotó en batalla (1 S 10.5; 13.2-14.23). El rey Asa de Judea fortificó Geba y Mizmá como sus baluartes durante la guerra civil con el rey Baasa de Israel. También estuvo entre las ciudades habitadas por los que regresaron del cautiverio babilónico (Esd 2.26; Neh 7.30).

Los intentos de anexar las referencias de Gabaa con Geba no han sido convincentes, porque tanto las fuentes bíblicas como las extrabíblicas claramente distinguen a los dos lugares (p. ej., Is 10.29). Surgió un poco de confusión entre los escribas antiguos como resultado de la similitud de ortografía y significado entre Geba y otros dos lugares de los alrededores, Gabaón (el- Jîb) y Gabaa (Tel el- Fûl), la raíz hebrea de las tres palabras simplemente significa «colina». Por ejemplo, la referencia a Geba en Jueces 20.20 debería leerse como Gabaa (como en los otros lugares de la historia de Jueces 19-20), y la ruta de los filiesteos «desde Geba a Gezer» de 2 Samuel 5.25 debería enmendarse a «desde Gabaón hasta Gezer» como en 1 Crónicas 14.16.

William M.Schniedewind

GEBAL (Heb. *gĕḇāl*)

1. Importante centro de embarque cananeo y fenicio, ubicado alrededor de 30 km (18.6 mi) al norte de Beirut. Su nombre cananeo era Gubla: «montaña» (ugar. *Gbl*, transcrito en los registros egipcios como *Kbn/Kpn*). El nombre fenicio *Gbl* se vocalizó en el hebreo bíblico como Gebal. Los griegos de Micenas la llamaban ciudad Biblos, ya sea una corrupción de su nombre cananeo o un nombre que se deriva del término griego clásico *byblos,* también *biblos*: «papiro, libro», de donde se originó la palabra Biblia. Es posible que los habitantes de Gebal hayan fabricado y/o provisto este material para escribir a los primeros griegos, o los griegos simplemente obtuvieron papiro de esta pobre ciudad.

El montículo de Gebal (Jebeil moderno; 210391) fue explorado en 1860-61 por Ernest Renan y luego otra vez por una serie de excavaciones arqueológicas dirigidas por Pierre Monteg (1921-24), Maurice Dunand (1925-52) y Jacques Cauvin (1968). Los descubrimientos revelaron que el asentamiento estuvo ocupado continuamente desde la era neolítica hasta la romana. El complejo portuario de Gebal consistía de tres bahías naturales, ubicadas al norte y al sur del antiguo montículo.

Fuentes literarias y hallazgos arqueológicos indican que alrededor de 2500 a.C., los egipcios usaron este puerto como su base extranjera en el Líbano. Entre los hallazgos que hubo está el descubrimiento de una nueva escritura lineal silábica, que fue utilizada localmente durante la Edad de Bronce Medio (2000-1550). Dunand nombra este sistema la escritura «seudojeroglífica» de Biblos. Édouard Dhorme intentó descifrar estas inscripciones de Biblos en 1946 y George E. Mendenhall en 1985; ambos esfuerzos interpretaban el idioma como un dialecto cananeo primitivo. Entre otros hallazgos epigráficos en Gebal había varias inscripciones reales alfabéticas, notablemente, el sarcófago grabado del Rey Ahiram (del siglo X o después de eso).

Por las cartas de Amarna (siglo XIV) se sabe que el rey de Gebal, Rib-adda, siguió siendo leal al faraón egipcio durante los alzamientos en Canaán. En el siglo XI Biblos todavía era un socia de comercio importante para Egipto, como se sabe por la historia de Unamón (c. 1075), que proporciona detalles acerca de los consorcios cananeos de embarque. Después, Biblos fue eclipsada por los puertos fenicios de Sidón y Tiro.

Gebal se menciona solamente tres veces en el AT. En Josué 13.5, la «tierra de los giblitas» se describe como un límite del norte de la Tierra Prometida. Referencias posteriores mencionan a los albañiles de Gebal, junto con los de Israel y Tiro, como los constructores del templo salomónico (1 R 5.18[TM 32]). Los ancianos y artesanos de Gebal se observan en 27.9 como miembros de la esfera comercial de Tiro.

Bibliografía. W. F. Albright, «The Eighteenth-Century Princes of Byblos and the Chronology of Middle Bronze,» *BASOR* 176 (1964): 38-46; H. Goedicke, *The Report of Wenamon* (Baltimore, 1975); G. E. Mendenhall, *The Syllabic Inscriptions from Byblos* (Beirut, 1985); R.Wallenfels, «Redating the Byblian Inscriptions,» *JANES* 15 (1983): 79-118; J. M.Weinstein, «Egyptian Relations with Palestine in the Middle Kingdom,» *BASOR* 217 (1975): 1-16.

Robert R. Stieglitz

2.Territorio (Gebal moderna) al sureste del Mar Muerto, en las montañas de Seir, cerca de Petra, que se menciona con Moab, Amón, Amalec y otras que habían hecho una alianza en contra de Israel (Sal 83.7[TM8]). Como Gobolitis, fue parte de Idumea (Josefo *Ant.* 2.1.2[6]).

GEBER (Heb. *geḇer*)
Hijo de Uri; oficial nombrado por Salomón para la porción del sur de Galaad (1 R 4.19; cf. Ben-geber, v. 13).

GEBIM (Heb. *gēḇîm*)
Aldea al norte de Jerusalén cuyos habitantes huyeron al acercarse el ejército asirio (Is 10.31). El lugar se ha sugerido como la moderna Shu'afat, alrededor de 3 km (2 mi) al norte de Jerusalén, pero esta identificación es cuestionable.

GEDALÍAS (Heb. *gĕḏalyâ, gĕḏalyāhû*)
1. Hijo de Ahicam y gobernador de Judá, después de que fue invadida por las fuerzas babilonias en 586 a.C. (2 R 25.22-26; Jer 20.6-44.18). Gedalías era de linaje real (2 R 22.3, 14) y podría haber sido el mismo administrador real que se menciona en un sello que se encontró en Laquis. Como gobernador tuvo éxito al poner orden en Judá, con la ayuda del anciano profeta Jeremías y algunos oficiales del ejército. Sin embargo, su período duró solamente dos o tres meses. Él y otros fueron asesinados por convocatoria conspiradora de nacionalistas judíos, dirigidos por Ismael, que era de la línea real. Esto sucedió porque Gedalías, que era confiado de naturaleza, ignoró advertencias previas de la conspiración y rechazó el plan de Johanán para asesinar a Ismael.

La muerte de Gedalías marcó el final de una comunidad judía sobreviviente en Judá, ya que sus partidistas, que temían las represalias babilónicas, huyeron a Egipto y obligaron a Jeremías a irse con ellos. En efecto, una presencia judía marcada desapareció de Palestina hasta que el nuevo liderazgo llegó con el regreso del Exilio. Los judíos exiliados marcaron cada aniversario de la muerte de Gedalías con un día de lamento y ayuno (Zac 7.5).

2. Músico profesional durante el reinado de David. Su padre, Jedutún, fue uno de los tres líderes que el rey nombró para que proveyera música (1 Cr 25.3, 9).

3. Sacerdote de la familia del sumo sacerdote Jesúa, que se divorció de su esposa pagana después del Exilio (Esd 10.18).

4. Príncipe de Jerusalén (hijo de Pasur) que tenía inclinaciones a favor de Egipto e hizo campaña por la muerte de Jeremías porque pedía la sumisión a los babilonios durante el sitio de Jerusalén (Jer 38.1-6).

5. Abuelo del profeta Sofonías (Sof 1.1).

KENNETH D. MULZAC

GEDEÓN (Heb. *giḏʿôn*) (también JEROBAAL)
Según Jueces 6-8, líder premonárquico, famoso por librar a Israel de los invasores madianitas; también se le conoce como Jerobaal. Además es famoso por su actividad profética (Jue 6.21, 25, 36-40; 7.9-14; 8.27).

La introducción editorial (Jue 6.1-10) coloca las tradiciones de Gedeón dentro de la estructura redaccional de apostasía, opresión, clamor y liberación. La primera de las tradiciones más antiguas es una escena de comisión (Jue 6.11-24). El mensajero no reconocido de Jehová le ordena a un Gedeón tímido que vaya a liberar a Israel (cf. Jue 13). Al igual que Moisés (Ex 3.10-12), Gedeón protesta (Jue 6.13) pero Dios le asegura: «yo estaré contigo» (v. 16; cf. Ex 3.12).

La primera acción del recién comisionado Gedeón es destruir el altar de su padre a Baal y su poste sagrado (asera) y construir un altar a Jehová (Jue 6.25-32). Esta historia identifica a Gedeón con Jerobaal (cf. 1 S 12.11; 2 S 11.21), y le da una explicación jehovista al nombre de Baal.

Con Jehová, y no Baal, confirmado como el Dios de Gedeón, se establece la escena para la batalla. Las diversas tradiciones de Jueces 6.33-8.3 sirven para establecer que la victoria sobre los madianitas es totalmente una obra del guerrero divino. Por etapas, 32 mil soldados israelitas se reducen a 300 hombres que, como en Jericó (Jos 6), derrotan al enemigo sin luchar activamente.

Después de la batalla hay dos operativos de limpieza. Al oeste del Jordán los soldados a quienes antes se les ha exonerado de la batalla, junto con los efraimitas, atacaron a los madianitas que huían y mataron a sus príncipes Oreb y Zeeb. Después de esto hay tensión entre los israelitas, ya que Gedeón diplomáticamente impide la batalla con Efraín, una tribu dominante que se había enfurecido porque Gedeón no había acudido a su ayuda, presumiblemente, amenazado por el arribo al poder del advenedizo.

El operativo transjordano implica la captura y muerte de los reyes madianitas Zeba y Zalmuna. Esta vez el conflicto entre las tribus implica la venganza brutal de Gedeón en contra de Sucot y Penuel por no prestar auxilio a sus tropas.

Los israelitas invitan al victorioso Gedeón para que los gobierne. Gedeón rechaza la oferta por razones de piedad: Jehová tiene que ser su gobernante. Sin embargo, Gedeón sí afirma una autoridad originada en oráculo e hizo un efod que lo compromete y a su familia.

El ciclo de Gedeón, junto con la historia relacionada del esfuerzo de Abimelec, hijo de Gedeón, de reclamar el reinado (Jue 9), está entre los complejos conjuntos de tradiciones del libro de Jueces. Los dos nombres del héroe sugieren dos tradiciones originalmente independientes. La perspectiva de la batalla inicial, como un asunto local que involucra a 300 miembros del clan de Gedeón (los abiezeritas de Manasés), está en tensión con la descripción de una alianza entre tribus que pelea en contra de 130 mil madianitas. El operativo transjordano, descrito como un asunto de venganza de sangre por el asesinato, que no se menciona anteriormente, de los hermanos de Gedeón, encaja mal con el operativo militar de Jueces 7. Mientras que no hay un consenso erudito acerca de los detalles de la historia de la redacción, hay amplio acuerdo en que la variedad de las tradiciones locales que originalmente eran independientes han sido integradas en una unidad difícil, se les ha dado un molde «completamente de Israel» y se les ha puesto dentro del marco característico de Jueces.

Esta compleja historia de la redacción erosiona la utilidad de las historias de Gedeón para la reconstrucción histórica. En particular, los esfuerzos para identificar una base histórica de la petición de los israelitas para que Gedeón los gobernara son inciertos. El pasaje sirve como un revés para la historia antimonárquica de Abimelec (Jue 9). Además, las historias han sido formadas para hacer énfasis en un punto teológico: Jehová, y no los ejércitos humanos, es el que obtiene la victoria en contra de los enemigos de Israel; Jehová, no Gedeón, gobernará.

Bibliografía. A. G. Auld, «Gideon: Hacking at the Heart of the Old Testament,» *VT* 39 (1989): 257-67; R. G. Boling, *Judges.* AB 6A (Garden City, 1975); J. A. Emerton, «Gideon and Jerubbaal,» *JTS* n.s. 27 (1976): 289-312; J. A. Soggin, *Judges.* OTL (Philadelphia, 1981).

CAROLYN PRESSLER

GEDEONI (Heb. *giḏʿōnî*)
Padre de Abidán, que dirigió a la tribu de Benjamín durante el viaje en el desierto (Nm 1.11; 2.22; 7.60, 65; 10.24).

GEDER (Heb. *geḏer*)
Una de varias ciudades cananeas capturadas por Josué durante la conquista israelita (Jos 12.13). Un teniente de David, Baal-hanán podría haber sido de Geder. Si la conquista del listado de Josué 12 está organizada como un itinerario de batalla o una asociación regional, Geder podría buscarse cerca de Tell Beit Mirsim, en las laderas de la Sefela. Yohanan Aharoni desea enmendar Geder por Gerar debido a un error ortográfico común; si se enmienda, la asociación de la ciudad con el Gerar en las narraciones de Abimelec de Abraham e Isaac (Gn 20, 26) le da credibilidad a una ubicación de la ciudad en la Sefela.

Bibliografía. Y. Aharoni, *The Land of the Bible,* 2nd ed. (Philadelphia, 1979).

RYAN BYRNE

GEDERA (Heb. *gĕḏērâ*)
1. Ciudad de la Sefela, parte del segundo distrito de la asignación tribal de Judá (Jos 15.36). Probablemente debería identificársele con Khirbet Judraya (14980.12184) al lado norte del Río Ela. Los alfareros reales eran de esta ciudad (1 Cr 4.23).

2. Ciudad natal de Jozabad el gederatita, uno de los hombres poderosos de David (1 Cr 12.4[TM 5]). Probablemente está ubicada en la moderna Jedireh, cerca de Gabaón.

STEVEN M. ORTIZ

GEDEROT (Heb. *gĕḏērôm*)
Ciudad de la Sefela, parte del tercer distrito de la asignación tribal de Judá (Jos 15.41). Aunque su ubicación es incierta, recientemente se le ha identificado con Tel Milḥa (12876.09678) en el Río Shiqma. Gederot es una de las ciudades de la Sefela que fue capturada por los filisteos durante el débil gobierno de Acaz (2 Cr 28.18). Aparentemente, esta ciudad estuvo en la frecuentemente disputada frontera de Filistea y Judá.

STEVEN M. ORTIZ

GEDEROTAIM (Heb. *gĕḏērōṯāyim*)
Ciudad de la tierra baja de Judá (Jos 15.36). Debido a que este nombre es el décimo quinto en un listado de 14 ciudades (según el TM), los eruditos han propuesto que se lea literalmente «y sus rediles» (según la LXX).

GEDOR (Heb. *gĕḏôr*) (**LUGAR**) (También GADARA, GEDORA)

1. Ciudad de la zona montañosa de Judea (Jos 15.58). La antigua Gedor se identifica con Khirbet Jedur (158115), 16 km (10 mi) al norte de Hebrón. Se han encontrado restos de la Edad de Bronce Tardío en los alrededores, como un gran número de vasijas de cerámica, una horquilla de bronce y un anillo de sello de estilo egipcio. Dos hermanos benjaminitas de Gedor se unieron a las fuerzas de David en Ziclag (1 Cr 12.7[TM 8]).

El listado genealógico de 1 Crónicas personifica a la ciudad y su historia (1 Cr 4.4). 1 Crónicas 4.18 podría preservar una segunda tradición de cómo las ciudades y aldeas de la Judá tribal «descendieron» de los hijos de Judá, o más bien puede ser una referencia a Gedera. La mención de Gedor en el listado tribal de Simeón (1 Cr 4.39) podría ser un error de escriba en el texto hebreo, ya que los primeros manuscritos griegos (LXX) se refieren a «Gerar». Si el texto fuera «Gedor» en Simeón, en caso contrario, el lugar se desconoce.

2. Ciudad de Galaad y capital de Perea durante tiempos posexílicos, también se refiere a ella como Gedora o Gadara. La ciudad se identifica como la moderna Tell 'Ain-Jedûr (220160), cerca de Al-Ahalth en Jordania. La ciudad fue tomada por el general romano Vespasiano, antes de sitiar Jerusalén (Josefo *BJ* 4.413). El ministerio de Jesús «al otro lado del Jordán» es posible que haya incluido a Gedor (Mt 19.1; Mr 10.1).

GEDOR (Heb. *gĕḏôr*) (**PERSONA**)
Hijo de Jeiel y Maaca; ancestro epónimo de una familia benjaminita (1 Cr 8.31; 9.37).

David C. Maltsberger

GEHENA (Gr. *géenna;* lat. *Gehenna*)
«Valle de Hinom» (del Heb. *gê hinnōm*), barranco (Wadi er-Rabâbi) al sur y suroeste de Jerusalén, que se encuentra con el Valle de Cedrón en Rogel. Las tradiciones antiguas que ubican el valle en el Wadi Cedrón no son satisfactorias. El NT en español generalmente traduce el término griego como «infierno». El AT frecuentemente combina «hinom» con «hijos (o 'hijo') de» (NVI «Ben-hinom»), lo cual sugiere un posible origen de un apellido.

El valle se convirtió en un lugar para adorar ídolos y sacrificar niños durante el período de la monarquía (2 R 23.10; Jer 32.35). El profeta Jeremías proclamó que el valle llegaría a ser conocido como el «Valle de la Matanza», donde Jehová juzgaría y castigaría a su pueblo (Jer 7.30-32; 19.2, 6). Joel también visualiza el juicio de Dios como que ocurre en un valle precisamente afuera de la ciudad de Jerusalén (Jl 3.2, 12, 14[4.2, 12, 14]; Is 30.29-33; 66.24). Para la época de los Macabeos, el valle era el lugar apropiado para quemar los cuerpos de los enemigos de alguien (cf. 2 Esd 7.36). 1 Enoc consideraba el «valle maldito» del juicio de Dios que estaba afuera de la ciudad de Jerusalén, el centro del mundo (p. ej., 1 En 27.1).

En los tiempos del NT, la idea de Gehena había tenido una total transformación a un lugar místico de castigo futuro para los malos. El valle en sí podría haberse convertido en un lugar donde se tiraba y se quemaba la basura, y de esta manera en un lugar «inmundo». (Esta interpretación ha sido cuestionada.) En teoría, no se podía ir directamente del basurero de Hinom al templo, por la condición inmunda del adorador. Esta condición de inmundicia («aislamiento») y la asociación pasada del valle con un lugar de juicio se combinaron para crear una metáfora para el «infierno».

Una opinión distinta es que los altares para adoración pagana del valle de Hinom tenían que ver con derramar la sangre de la víctima directamente en la tierra para satisfacer a los dioses. Esto podría haber evolucionado en una tradición de que era una entrada al más allá (lo opuesto al descubrimiento de Jacob de la escalera que llevaba al cielo).

Para la época de los escritores del NT, la idea de un «infierno» (*gehenna*) había evolucionado a la de un lugar físico, donde los enemigos de Dios sufrirían castigo y destrucción, tanto en el cuerpo como en el alma (p. ej., Mt 10.28, 23.33). Matar, quemar y derramar sangre llegaron a ser símbolos de este castigo (Mt 5.22; Mr 9.43-47).
Véase Hinom.

Stephen Fon Wyrick

GELILOT (Heb. *gĕlîlôt*)
Lugar (Heb. «círculos») en la frontera que separa a Benjamín y Judá, situado en frente de la subida de Adumín (Jos 18.17). Está ubicado a lo largo del camino de Jericó a Jerusalén, c. 10 km (6 mi) desde Jerusalén, y por mucho tiempo se le ha identificado con Khan el-Aḥmar, la posada tradicional del Buen Samaritano. Pero Gelilot, más bien, podría ser 'Araq ed-Deir (180133), a 1.5 km (1mi) al occidente. Podría ser el mismo Gilgal (4) que se menciona en Josué 15.7.

GEMALI (Heb. *gĕmallî*)
De la tribu de Dan y padre de Amiel, uno de los 12 espías que Moisés envió a la Tierra Prometida (Nm 13.12).

GEMARÍAS (Heb. *gĕmaryâ, gĕmaryāhû*)
1. Hijo de Hilcías. Fue enviado por el rey Sedequías a Nabucodonosor en Babilonia. Junto con Elasa, llevaba una carta del profeta Jeremías a los exiliados que vivían allí (Jer 29.1-3).

2. Hijo del secretario del rey, Safán, y hermano de Ahicam. En su habitación adentro del templo Baruc leyó al pueblo las profecías de Jeremías (Jer 36.10, 12). Gemarías fue uno de los príncipes que se opusieron a que el rey Joacim quemara el rollo (Jer 36.25).

GEMAS
Término general que se interpreta como cualquier piedra preciosa o semipreciosa, especialmente cuando se corta o se pule para propósitos ornamentales. Una gema también puede ser un camafeo o un grabado en sentido arqueológico. Las gemas, según las leyes de los minerales, son un orden de minerales que se distinguen por su dureza, transparencia y lustre no metálico. Tienen suficiente belleza y durabilidad para usarlas como adorno personal o como símbolos de autoridad. Las gemas se han utilizado, dependiendo de su valor, en el comercio por muchos siglos. Entre las gemas que se mencionan en la Biblia, en un sentido liberal, están la ágata (calcedonia) el alabastro, la amatista, la aguamarina, la crisólita (topacio), el diamante (Heb. *yahălōm*, que podría significar ónice), la esmeralda, el jaspe y el *rā'môṯ* (coral).

RICHARD A. STEPHENSON

GEMELOS
En la mitología griega, los hijos gemelos (Gr. *Dióskouroi*) de Zeus y la diosa luna Leda, Cástor y Pólux (*Polydeuces*), eran recordados como héroes dignos de los honores dados a los dioses. Un número de sus hazañas fue recopilado y a veces relacionado con la constelación Géminis. Eran reverenciados como salvadores en toda clase de angustia y particularmente como protectores de los marinos. Muchas naves romanas llevaban imágenes de Cástor y Pólux, como lo hacía la nave de granos que llevaba a Pablo de Malta a Puteoli (Hch 28.11).

GEMELOS, LOS
Véase Tomás

GENEALOGÍA
Registro de la descendencia de una persona o un clan, desde un antepasado (o antepasados) putativo. Las genealogías (Heb. *tôlēdôṯ*, «generaciones») funcionan como un medio importante de expresión e interacción. Cuando se toman en sentido literal, las genealogías bíblicas han llegado a estar bajo escrutinio por parte de los críticos que han identificado «contradicciones aparentes» y, de esta manera, las han considerado como creaciones artificiales y tendenciosas. Sin embargo, las genealogías son, en realidad, explicaciones exactas del ambiente en que fueron creadas, aunque no correspondan a las nociones occidentales de datos objetivos. Los vínculos de linaje generalmente tenían poco que ver con la identidad étnica, ya que no existía ese concepto en el mundo antiguo, sino más bien les interesaba la unidad política. El reconocimiento de los vínculos de sangre no era la única función de una genealogía. Una persona recibía una posición en virtud de sus vínculos de consanguinidad. Las genealogías se alteraban cuando su función cambiaba. Algunos nombres de antepasados desaparecían (cuando ya no tenían una función relevante), en tanto que se agregaban otros nombres. De esta manera, la función genealógica variaba, dependiendo de la circunstancia y estaba ubicada dentro de las esferas domésticas (para justificar las configuraciones contemporáneas de linaje), políticas (para validar a los titulares o usurpadores en el gobierno existente) y religiosas. La Biblia frecuentemente exhibía estas funciones sincrónicamente, lo cual explica las aparentes contradicciones.

Las genealogías eran una característica común de las tradiciones históricas del Asia Occidental. El Listado de los Reyes Sumerios (c. 1900 a.C.), aunque trató poco con las genealogías, tenía que ver con la sucesión del reinado en Sumeria, y mantenía la ficción de que el poder en Sumeria estaba ubicado en manos de una dinastía en cualquier período determinado. Una dinastía se consideraba legítima si había recibido una «oportunidad en el cargo» por parte de los dioses, no estrictamente por algún vínculo genealógico.

Sin embargo, para los asirios y los babilonios, la legitimidad se determinaba dentro de la estructura de consanguinidad de las tribus amorreas. Estos vínculos formaban un «privilegio genealógico» por la legitimidad de la consanguinidad. De esta manera, un monarca tenía que afirmar descendencia del linaje apropiado dentro de una tribu. Esto puede verse en el Listado de los reyes asirios, un documento que proporciona un listado detallado de los gobernadores asirios y su período de reinado general, por más de 1000 años, y da a entender que fue un linaje continuo. La genealogía de la dinastía de Hammurabi contiene los nombres de los reyes de la Primera Dinastía de Babilonia (hasta Ammiditana, 1646-1626). Estos dos listados contienen un registro de los primeros reyes y/o antepasados, la mayoría de los cuales tiene nombres personales amorreos. Interesantemente, algunos de los nombres se encuentran en ambos listados, lo cual refleja una tradición de linaje común en Asiria y Babilonia. Además, Didanu, nombre que está en los dos listados (así como en la Épica Kirta de Ugarit), posiblemente es el Dedán de Génesis 25.3.

Así como el Listado de los Reyes Asirios y la genealogía de la dinastía de Hammurabi, muchas genealogías del AT fueron compuestas para establecer legitimidad, ya sea real o de otra clase. Se encuentran sobre todo en el Pentateuco, Rut, Crónicas, Esdras y Nehemías. En el AT se encuentran dos tipos de genealogías. Una genealogía segmentada exhibía un «árbol familiar» y presentaba la relación de los hijos con otros miembros de la familia (p.ej. Gn 35.22-26). Las genealogías lineares eran listados de nombres que conectaban a una persona con un antepasado o antepasados y mostraba su relación. Un listado linear ascendente (p.ej., Esd 7.1-15) presentaba a una persona como el hijo de otro, y trazaba el linaje de alguien hasta un antepasado importante. Un listado linear descendente (p.ej., Gn 4.17-22) presentaba a un padre que «engendraba» a un hijo, y normalmente daba información en cuanto a la edad y obras de la persona. Estas genealogías no necesariamente eran completas (esto es, enumerar todas las personas en línea directa, una tras otra), ya que su propósito era establecer la descendencia y, por lo tanto, legitimidad de un antepasado o antepasados en particular. El AT contiene cerca de 25 listados genealógicos, entre los que está el de los descendientes de Adán (Gn 5), de Noé (cap. 10) y de Israel/Jacob (cap. 46). También hay registros de personas, como los levitas (1 Cr 6.1-53[TM 5.27-6.38]) y familias que habían regresado del Exilio (Esd 2.2-61=Neh 7.7-63).

Las genealogías son menos frecuentes en el NT. Dos dan el linaje de Jesús: Mateo 1.1-17, que traza su origen desde Abraham; y Lucas 3.23-38, que revierte el orden y continúa hasta Adán. Mateo está interesado en exhibir simetría, y por lo tanto enumera a 14 personas entre Abraham, David y el Exilio Babilonio; de esta manera, algunos reyes de Judá se omiten del listado para preservar la simetría. Por otra parte, Lucas y Mateo tienen un listado diferente después de David (excepto por dos nombres). Los listados seguramente tienen distintas funciones y no deberían interpretarse como contradictorios. Desviándose de la tradición de trazar solamente a los descendientes masculinos, la genealogía de Mateo contiene cuatro mujeres, y la mayoría de ellas no era israelita. Ellas no aparecen en el listado de Lucas.

Hebreos 7.3 afirma que Melquisedec es alguien «sin genealogía» (Gr. *genealogía*). 1 Timoteo 1.4; Tito 3.9 usan el término en un sentido negativo y describen a las genealogías junto con los mitos y cuestiones necias; las referencias a los mitos judíos y a los «Maestros de la Ley» podrían implicar una interpretación judía contemporánea de los linajes bíblicos.

Bibliografía. K. R. Andriolo, «A Structural Analysis of Genealogy and Worldview in the Old Testament,» *American Anthropologist* 75 (1973): 1657-69; M. W. Chavalas, «Genealogical History as 'Charter': A Study of Old Babylonian Period Historiography and the Old Testament,» in *Faith, Tradition, and History*, ed. A. R. Millard, J. K.Hoffmeier, and D.W. Baker (Winona Lake, 1994), 103-28; J.W. Flanagan, «Succession and Genealogy in the Davidic Dynasty,» in *The Quest for the Kingdom of God*, ed. H. Huffman, F. A. Spina, and A. R. W. Green (Winona Lake, 1983), 35-55; M. D. Johnson, *The Purpose of the Biblical Genealogies*, 2nd ed. SNTSMS 8 (Cambridge, 1988); A. Malamat, «King Lists of the Old Babylonian Period and Biblical Genealogies,» *JAOS* 88 (1968): 163-73; R. R. Wilson, *Genealogy and History in the Biblical World* (New Haven, 1977).

MARK W. CHAVALAS

GENERACIÓN

Período de tiempo (Heb. *dôr*, «círculo»), que generalmente abarca desde el nacimiento de una persona hasta el nacimiento de su descendencia, aproximadamente 40 años (cf. Gr. *geneá*, Mt 1.17); también la gente de un período de tiempo (Jue 2.10; Jer 2.31; Mt 11.16; 17.17). En un texto crucial que tiene que ver con el pacto de Dios con Israel, se dice que el pacto fue establecido eternamente con Abraham y sus descendientes «por sus generaciones» (Gn 17.7, 9, 12); la frase frecuentemente describe el carácter perpetuamente vinculante de la ley de Moisés (p. ej., Ex 12.14, 17, 42).

El Heb. *tôlĕḏôṯ* (siempre en plural, del verbo «engendrar» [hijos]) presenta un relato o registro, frecuentemente una genealogía. Aparece sobre todo para presentar o concluir una genealogía o resumen histórico (p. ej., Gn 10.32; 25.13; Ex 6.16, 19; Nm 3.1; 1 Cr 5.7; 7.2, 4, 9). La expresión «estas son las generaciones de ——» le da estructura al libro de Génesis y lo divide en 11 secciones (p. ej., Gn 2.4; 5.1; 6.9; 37.2). El Gr. *génesis*, que frecuentemente se refiere a nacimiento (cf. Mt 1.18), funciona de manera similar a *tôlĕḏôṯ* (v. 1).

DAVID L. TURNER

GÉNERO

Clasificación de una composición literaria, que se caracteriza por elementos particulares de forma y contenido.

Una de las perspectivas cruciales de la crítica de las formas en los estudios bíblicos fue tomar conciencia de la importancia del reconocimiento del género para la interpretación textual. No se puede entender un texto en particular sin por lo menos algún conocimiento implícito del género al que ese texto pertenece. No hay ninguna creación literaria de la nada. Todo escritor que desea comunicarse con una audiencia tiene que partir de convenciones literarias previamente conocidas, de una clase u otra. El escritor comienza con un género específico o grupo de géneros en mente. Podría trabajar por medio de las convenciones asociadas con estos géneros, transformarlas de maneras importantes, o incluso explotarlas totalmente, pero tiene que usarlas. Estas mismas convenciones de género le dan al lector u oyente un marco de referencia inicial, algunos medios con los cuales comenzar a extraer significado del texto.

El legado de la crítica de las formas ha sido menos útil en la concepción del género que legó para el campo. En particular, la creencia de que los géneros, especialmente los géneros orales, tienden a ser relativamente cortos e independientes, puros y que se originan de un escenario particular en la vida ha sido puesta en duda por la contemporánea teoría de géneros. Los géneros, tanto orales como escritos, pueden realizarse a muchas escalas distintas e involucran diversos grados de complejidad; la mezcla genérica y la falta de pureza en la forma es la norma, y no todo caso de un género en particular necesariamente tiene que reflejar un escenario putativo en la vida. Los géneros, una vez conocidos, pueden ser imitados y explotados con toda clase de formas y para toda clase de propósitos, que pueden o no tener algo que ver con el escenario ordinario del género en la vida. Finalmente, un concepto más liberal del género, que el que ha informado tradicionalmente a la crítica de las formas, tiene que ser estimulado, uno que reconozca que todas las características, no importa cuán informales sean, pueden llegar a vincularse con el género y que se basa en la noción de semejanza familiar y no en una teoría formal establecida.

F. W. DOBBS-ALLSOPP

GENESARET (Gr. *Gennēsarét*)

Llanura costera que está al noroeste del Mar de Galilea (también llamado Genesaret; Lc 5.1), entre las ciudades de Magadán y Capernaún. Genesaret probablemente es la misma que Cineret. La llanura estaba rodeada por montañas y se extendía c. 4.8 km (3 mi) a lo largo de la costa y alrededor de 1.6 km (1 mi) hacia adentro. El área era bastante populosa y bien conocida por su suelo fértil, según Josefo (*BJ* 3.10.8[516-21]) y fuentes rabínicas. Las ciudades principales de la llanura eran las ciudades puertos de Magadán, Capernaún y la pequeña ciudad de Genesaret. Capernaún, el hogar de Jesús durante los últimos años, era una gran ciudad con un destacamento de soldados romanos, oficina de impuestos y hogar de un oficial romano. Magadán (Magdala), hogar de María Magdalena, se describe como una ciudad de 40 mil personas (*BJ* 2.21.4). A lo largo de Genesaret se extendía la Via Maris, una de las carreteras más importantes de la región, que recorría la costa noroccidental del Mar de Galilea y luego se ramificaba tierra adentro. La mayor parte del ministerio público de Jesús se llevó a cabo en la región de Genesaret, aunque la tierra se menciona por nombre solamente dos veces en los Evangelios (Mt 14.34 = Mr 6.53).

MARK R. FAIRCHILD

GÉNESIS APÓCRIFO (1QapGen ar)

Colección de historias apócrifas acerca de los patriarcas bíblicos, entre los primeros Rollos del Mar Muerto descubiertos en la cueva de Qumrán 1. Este documento arameo de 22 columnas carece tanto de principio como de fin, y varias de las columnas sobrevivientes, o son ilegibles o están tan fragmentadas que es imposible leerlas. Mientras que el texto no exhibe ideas excepcionalmente qumránicas, aún podría haberse originado en Qumrán, en el siglo I a.C. Como otra narración aparente de Génesis, se asemeja a 1 Enoc, a Jubileos y a los Testamentos de los Doce Patriarcas.

La primera historia existente (cols. 2-5) es una versión de la historia del nacimiento de Noé en 1 Enoc 106-7. La apariencia extraordinaria de Noé hace que su padre Lamec se preocupe de que Bitenos hubiera copulado con seres angelicales. Seguramente el texto también incluía la historia del Diluvio, pero en este punto está incompleto.

Las columnas 19-22 parafrasean Génesis 12.8-15.4 e incorporan varias adiciones a la narración bíblica. Por ejemplo, Abraham tiene un sueño que le advierte de la conspiración de los egipcios de matarlo y tomar a Sara para el Faraón. El texto también agrega una descripción de la belleza de Sara. El relato termina a la mitad de la historia del pacto de Dios con Abraham.

Bibliografía. J. A. Fitzmyer, *The Genesis Apocryphon of Qumran Cave I,* 2nd ed.BibOr 18A (Rome, 1971); G. W. E. Nickelsburg, «The Bible Rewritten and Expanded,» in *Jewish Writings of the Second Temple Period,* ed. M. E. Stone. CRINT 2 (Philadelphia, 1984): 89-156.

RODNEY A. WERLINE

GÉNESIS, LIBRO DE

Primer libro de la Biblia.

Nombre e interpretación temprana

El nombre «Génesis» viene del título que se le dio al libro en la traducción que se le hizo al griego antiguo (LXX). Este nombre, a su vez, fue tomado de la versión griega de Génesis 2.4: «este es el libro de las generaciones del cielo y la tierra…», que señala al carácter genealógico de Génesis. El libro no solamente contiene muchas genealogías sino que describe el «génesis» de los 12 hijos de Israel. Como tal, Génesis forma un telón de fondo semigenealógico para el surgimiento de la nación de Israel en Éxodo y lo que sigue.

El título hebreo del libro, *bĕrē'šîṯ* («en el principio» o «cuando… primero…»), se deriva de la primera palabra del Génesis. Este nombre hebreo también señala un aspecto crucial del libro. No importa cómo se traduzca *bĕrē'šîṯ*, la expresión señala al hecho de que Génesis está al principio de la narración de la Torá y de la Biblia como un todo. Como nos lo han enseñado los críticos bíblicos, los comienzos de la narración pueden ser muy significativos. Moldean las expectativas del lector mientras se desplaza en la historia que sigue. Esto, en realidad, ha sido cierto con Génesis al ser interpretado por las comunidades cristianas y judías. Aunque cada comunidad de fe ha interpretado el libro a través de los lentes de esas creencias que aprecian tanto, ambas le han dedicado una atención desproporcionada a Génesis.

Estructura y contenido

Como se mencionó arriba, el libro sirve, en parte, para dar un contexto genealógico a los «descendientes de Israel» que se presentan en Éxodo y en el resto del AT. De hecho, al libro lo domina una serie de etiquetas (Gn 2.4; 5.1; 6.9; 10.1; 11.10, 27; 25.12, 19; 36.1, 9; 37.2) que presentan muchas secciones de Génesis enfocándose en los «descendientes» de una figura determinada. Por ejemplo, Génesis 11.10 presenta la genealogía que sigue enfocándose en «los descendientes de Sem». En efecto, hay un debate continuo en cuanto a la traducción del término crucial de estas etiquetas, *tôlĕdôṯ*, y muchos han sostenido que este término significa «descendientes» en algunas partes (p. ej., 5.1; 10.1; 11.10), pero «historia» o «relato» en algunos lugares, donde el término designa una narración y no una genealogía (cf. 37.2, RVR-1960). Sin embargo, el término *tôlĕdôṯ* se deriva de la raíz de «tener hijos» (*yld*) y, generalmente, en el hebreo bíblico se refiere a descendientes, a una serie genealógica o a una genealogía (cf. Nm 3.1; Rt 4.18; 1 Cr 1.29; 5.7; 7.2, 4, 9; 8.28; 9.9, 22; 26.31). El uso coherente de este término para introducir en Génesis tanto genealogías estrictas como narraciones extensas le da a todo el libro una calidad semigenealógica.

Los intérpretes generalmente han hecho una distinción, dentro del todo, entre una «historia primigenea» que se enfoca en toda la humanidad y una «historia ancestral» (anteriormente llamada con frecuencia «historia patriarcal»), que se enfocaba en Abraham y sus descendientes. La historia primigenea se define diversamente desde 1.1 a 11.9, 11.26, 11.31 o hasta 12.3. Sus puntos principales de orientación son la Creación y el Diluvio. Primero, la historia de la Creación lleva a la rebelión y a la multiplicación de la primera familia y sus descendientes, culminando en la decisión de Dios de destruir toda la vida humana, con la excepción de Noé y su familia (1.1-6.8). Luego, en la narración del Diluvio, Dios destruye y crea otra vez los espacios vivos del cosmos, y vuelve a comenzar con la familia de Noé y los animales (6.9-9.19). Sin embargo, patrones similares de rebeldía y prosperidad humana surgen en las historias que siguen. La historia de Noé y sus hijos de 9.20-27 se asemeja a las de la primera familia (2.4-4.16), y la historia del intento humano de cruzar el límite divino-humano con la torre de Babel (11.1-9) vuelve a tratar muchos de los mismos asuntos que dominaron la breve historia previa al Diluvio, de seres divinos que cruzan el mismo límite para tener hijos con las hijas humanas (6.1-4). De esta manera, tanto las narraciones previas al Diluvio (2.4-6.8) como las posteriores al Diluvio (6.9-11.9) trazan un patrón de vinculación del crecimiento de la población humana con la división entre los seres humanos y las amenazas para el límite divino-humano.

Estas historias primigeneas entonces establecen el escenario para la historia de la promesa que sigue en la historia ancestral. Poco después, una genealogía traza la única línea genealógica que va desde la familia de Noé hasta Abraham (11.10-26), esta historia ancestral se inicia con el llamado de Dios a Abram para que se vaya a la tierra que Dios «le mostrará» (12.1) y las promesas de Dios (vv. 2-3), entre las que están los compromisos de hacerlo una gran nación, protegerlo y bendecirlo para que llegue a ser un paradigma de bendición a otros. Cuando Abram se va a la tierra de Canaán (12.4-6), Dios promete esa tierra a su descendencia (v. 7) y se la muestra (13.14-17). Esto entonces activa una narración global, centrada en promesas que se extiende más allá de Génesis. El resto de la historia de Abraham (11.27-25.11) se enfoca en gran parte en los intentos fallidos de Abraham y Sara de asegurar un heredero para esta promesa y en el fortalecimiento de Dios de la promesa con un pacto (15.1-21; 17.1-21) y en la provisión milagrosa de un hijo, Isaac, para que la herede (18.1-15; 21.1-7; 22.1-18).

Luego de una breve digresión para examinar a los descendientes de Ismael (25.12-18), la historia de los descendientes de Isaac (25.19-35.29) traza otra historia de la recepción de la promesa y de protección. En contraste con la historia de Abraham, el heredero de Isaac, Jacob, se produce temprano en la historia (25.21-26) y pronto recibe la promesa (28.13-15; cf. vv. 3-4; 31.3; 35.10-12). Pero esta historia se complica con los conflictos de Jacob, primero con su hermano Esaú (25.19-33.17), y después con los cananeos locales y hasta con sus propios hijos (33.18-35.22). Al final de la narración de Jacob, los 12 hijos de Jacob/Israel han nacido, y todos heredarán la promesa, pero Esaú termina excluido de la promesa y muere fuera de la tierra (36.1-43).

Después de desviarse para examinar a los descendientes de Esaú, la narración de Génesis gira hacia una sección extensa en los descendientes de Jacob, particularmente en José (Gn 37.2-50.26). En esta narración sutil, José finalmente crea las condiciones para reconciliarse con sus hermanos, aunque ellos antes habían pensado matarlo y lo vendieron como esclavo. Hacia el final de Génesis, estos «hijos de Israel» han vencido un desafío importante para su unidad y *juntos* están listos para heredar la promesa de Abraham y convertirse en la nación de Israel. Esta narración demuestra que el tema en Génesis no es solamente la producción de los que heredarían la promesa, sino el giro de una separación conflictiva de hermanos herederos y no herederos (p. ej., Isaac vs. Ismael, Jacob vs. Esaú) hacia la creación de una comunidad de herederos, definida genealógicamente, donde todos los descendientes podrían heredar la promesa y vivir juntos en la tierra.

Formación

Los descubrimientos de múltiples y divergentes versiones de textos, tanto dentro como fuera de Israel, indican que los antiguos autores discrepaban con nosotros en su concepto, tanto de la integridad textual como de la autoría. Mientras que los intérpretes modernos ven Génesis desde la perspectiva de una cultura donde a la gente no se le permitía agregar a los textos escritos por otros, los autores antiguos de Génesis trabajaron dentro de una cultura en la que los textos atesorados se agregaban y en la que la historia generalmente se transmitía de manera anónima. En efecto, el Pentateuco es anónimo y en ninguna parte afirma una autoría mosaica por sí mismo. La atribución del Génesis y el resto del Pentateuco a Moisés no surge explícitamente hasta que Israel estuvo en contacto intenso con la cultura griega, que se interesaba mucho en los autores.

Hay muchos indicios de que Génesis, como otros documentos importantes de Israel y de otras partes, creció con el tiempo. Ya en 1753, el médico francés Jean Astruc identificó indicios de que Génesis había sido creado por lo menos de dos fuentes importantes. En los siglos posteriores, las percepciones de Astruc se han extendido y refinado para identificar una distinción básica de Génesis entre dos cuerpos básicos de material: un grupo de textos Sacerdotales (P) que comienzan con el relato de la Creación en siete días en 1.1-2.3; y un grupo mucho más anterior de textos no-Sacerdotales que comienzan con la historia del huerto del Edén en 2.4-3.24. Además de 1.1-2.3, la capa Sacerdotal abarca la mayoría de las genealogías de Génesis, títulos genealógicos, un hilo significativo de la narración del diluvio, y textos Sacerdotales orientados en la promesa como 17.1-27; 26.34-35; 27.46-28.9; 35.9-15; 48.3-6. La capa no Sacerdotal abarca casi todo lo demás. En su forma actual, la capa Sacerdotal se relaciona integralmente con el material no Sacerdotal y forma un marco editorial para mucho de él. Sin embargo, los eruditos siguen debatiendo si una gran parte de la capa Sacerdotal actual de Génesis alguna vez podría haber sido parte de una fuente Sacerdotal que originalmente estuvo separada del material no Sacerdotal y que incluso había sido diseñada para reemplazarla.

Desde la obra de Karl Heinrich Graf y Julius Wellhausen a finales de los años 1800, la mayoría de eruditos han reconocido que los primeros orígenes de Génesis probablemente deben encontrarse en el material no Sacerdotal. Sin embargo, hay considerable debate en cuanto a la historia de la formación de ese material. Durante los últimos cien años, la mayoría de eruditos ha sostenido que el grueso del material no Sacerdotal de Génesis se formó de la combinación de materiales de dos fuentes de pentateuco hipotetizadas: un documento «Jehovista» (J), escrito en el Sur durante el reinado de David o Salomón; y un documento «Elohista» (E), escrito uno o dos siglos después en el reino del norte de Israel. Sin embargo, recientemente muchos fecharían elementos cruciales del documento Jehovista hipotetizado 400 años después, en el tiempo del Exilio. Por otra parte, muchos especialistas que trabajan con Génesis ya no creen que hubo una fuente Elohista. En lugar de que un material no Sacerdotal se formara de documentos Jehovistas y Elohistas entretejidos, algunos eruditos hipotetizan que los primeros orígenes escritos del material no Sacerdotal deben encontrarse en documentos preexílicos hipotetizados independientes, que se enfocan en distintas partes de la historia: p.ej., la historia primigenea, Jacob y/o José. De esta manera, la historia primigenea de la formación escrita de Génesis y otros libros del Pentateuco sigue siendo un problema no resuelto en la investigación del Pentateuco.

Cualquiera que sea la teoría acerca de la prehistoria escrita de Génesis, casi todas concuerdan en que muchos de los elementos del libro fueron formados por una larga historia de transmisión oral de relatos y genealogías. En general, este material tradicional cae en tres categorías: tradiciones cósmicas (como las que están relacionadas con la Creación y el Diluvio), genealogías y material legendario acerca de héroes culturales como Abraham, Isaac y Jacob. Las tradiciones cósmicas de Génesis se comparan con tradiciones similares en otras culturas del antiguo Cercano Oriente y del Mediterráneo. Esos materiales parecen haber sido transmitidos en el templo y en contextos afines. Los materiales genealógicos también tienen muchos paralelos en otras culturas. En particular, hay una correspondencia interesante entre la forma genealógica de las primeras historias griegas y la que se encuentra en Génesis. El material legendario acerca de héroes culturales como los que se encuentran en Génesis también se encuentra en otras culturas, y parecen haber sido transmitidos libremente en varios contextos orales, oficiales y extraoficiales.

Historia

Ya sea tradición cósmica, genealogía o leyenda, todos los materiales de Génesis se formaron en el crisol de la vida de generaciones sucesivas en Israel. Como resultado, las historias de Génesis, por lo menos, nos dicen tanto acerca de la comprensión y creencias de esas generaciones sucesivas como lo hacen acerca de la historia de Israel antes del Éxodo. Por ejemplo, el enfoque en el día de reposo que se encuentra en el relato de la Creación de 1.1—2.3, probablemente refleja una conciencia del valor inapreciable del día de reposo que surge por primera vez durante el Exilio babilónico. Fue entonces, cuando Israel estaba lejos de la tierra y no tenía templo, que la costumbre antigua del día de reposo se convirtió en un medio particularmente esencial para que Israel pusiera en práctica su fe. Así también, aunque con seguridad hubo personajes llamados Abraham y Sara, Jacob y Raquel, numerosos elementos de las narraciones en cuanto a ellos parecen haber sido formados por la experiencia e interrogantes de narradores posteriores que repetían estas leyendas. Quizás en parte, como resultado de este proceso de volver a darle forma a la tradición con el tiempo, el libro de Génesis ha demostrado su capacidad de hablar de gente de diversas culturas y tiempos. No es solamente una historia acerca de cosas que ocurren en una época pasada. Es una cristalización de las creencias y esperanzas más fervientes de Israel, como se expresan por medio de las tradiciones que han demostrado su valor teológico con el tiempo.

Bibliografía. A. Brenner, ed., *A Feminist Companion to Genesis* (Sheffield, 1993); D. M. Carr, *Reading the Fractures of Genesis* (Louisville, 1996); T. E. Fretheim, «The Book of Genesis,» *NIB* 1:321-674; D. Gowan, *From Eden to Babel.* ITC (Grand Rapids, 1988); P. K.McCarter, «The Patriarchal Age: Abraham, Isaac and Jacob,» in *Ancient Israel,* ed. H. Shanks (Washington, 1988), 1-29; D. Steinmetz, *From Father to Son: Kinship, Conflict and Continuity in Genesis* (Louisville, 1991).

David M. Carr

GENIZA (Heb. *gĕnîzâ*)

Cámara de una sinagoga que almacenaba copias muy gastadas de la Torá y otros escritos sagrados que ya no son adecuados para usarlos en la adoración, así como obras heréticas (del Heb. *gānaz,* «cubrir, esconder»). Esa cámara, que data de 886 d.C., se descubrió en el Cairo en 1896. Además de manuscritos bíblicos importantes y manuscritos apócrifos, contenía el Documento Sadoquita (o de Damasco, DC).

GENTIL

En pocas palabras, persona no judía (o no hebrea en el AT). Esta dicotomía se pone de manifiesto en lugares donde se refiere a toda la humanidad con frases como «judíos y gentiles» o «judíos y griegos» (p.ej., Hch 14.1, 5; 19.10, 17; 1 Co 1.22-24).

En tiempos bíblicos, ser gentil no era simplemente un asunto de etnicidad; era también un asunto de afiliaciones políticas y territoriales, y frecuentemente de fe religiosa (Dt 12.29-30; 2 S 7.23; 2 R 18.33-35 = Is 36.18-20; Jer 2.11). El término «gentil» se usa muchas veces peyorativamente para hablar de personas que no adoran correctamente a Dios (Mt 6.7; 18.17; Gal 2.15; Ef 4.17-19; 1 Ts 4.5). Aun así, en algunos pasajes los términos para «gentil» se usan y se traducen apropiadamente como «naciones», incluso la nación israelita (p. ej., Gn 12.1-2; 18.18; Ex 19.5-6; Lc 7.5; Hch 10.22). Mientras que la herencia nacional/política de una persona frecuentemente determina su identidad religiosa, los compromisos religiosos de una persona no determinan su identidad nacional.

El establecimiento que Dios hace de los descendientes de Abraham a través de Jacob (= Israel) provocó un sentido de identidad única para la nación israelita. Esto incluía prácticas para mantener un sentido de separación (Lv 18.24-30). De esta manera, los israelitas llegaron a distinguirse de otras naciones, refiriéndose a todos los demás como gentiles. El matrimonio interracial era prohibido para los israelitas, no por intereses de pureza étnica, sino por intereses de compromiso de fe (Ex 34.10-16; 1 R 11.1-11; Esd 9.1-15, esp. 11-12). Otros pactos con extranjeros, de igual manera, estaban prohibidos.

Sin embargo, al conquistar la tierra prometida, los israelitas no lograron sacar a todos los extranjeros de Palestina y desobedecieron las órdenes de Dios en cuanto a la interacción. Estos compromisos con el tiempo llevaron a la infidelidad religiosa de Israel, y finalmente a su exilio (Jue 1.27-2.3; 1 R 14.22-23; 2 R 16.3; 17.7-20). Dios ejerce soberanía sobre las naciones gentiles incrédulas, y las usa como herramientas para disciplinar a Israel (Habacuc), los llama al arrepentimiento (Jonás) y anuncia juicio sobre ellos (Nahum, Abdías).

A los extranjeros se les permitía convertirse a la fe israelita (esto es, convertirse en prosélitos; p.ej., Rahab, Jos 6.25; Stg 2.25; y Rut, Rt 1.16-17), pero a los gentiles que no estaban dispuestos a convertirse se les requería que se apartaran de las prácticas de fe de los israelitas si querían vivir en Palestina (cf. Ex 12.43-49). Los que desearan adorar al Dios de Israel, pero que todavía no estaban dispuestos a convertirse totalmente, finalmente llegaron a ser conocidos como «temerosos de Dios» (cf. Hch 10.22; 13.16, 26; 17.4, 17). A los gentiles se les permitía estar en el patio externo del templo de la época de Jesús, pero las inscripciones griegas y latinas amenazaban con la muerte si se atrevían a entrar a los recintos del templo (cf. Hch 21.28-29).

Tácito confirma las actitudes endurecidas de los judíos hacia los no judíos: «Los judíos son sumamente leales, entre sí, y siempre están listos para mostrar compasión, pero hacia otro pueblo solamente sienten odio y enemistad» (*Hist* 5.5). Como se ve en Gálatas y Hechos, el desarrollo de esta separación extrema de los judíos con los gentiles llegó a ser problemático para la iglesia del NT. La nación israelita muy fácilmente había descrito a Dios como una deidad nacionalista, desinteresada en los gentiles, y esta idea tenía que corregirse.

Sin embargo, Dios no es el Dios solamente de Israel (p.ej., Dt 10.17; Hch 10.34-35; Ro 3.29; 10.11-13). El deseo imparcial de Dios de alcanzar a todas las naciones se encuentra arraigado en el pacto con Abraham. Prometió establecer la nación israelita como el ambiente desde el cual traería al Mesías para todo el mundo (Gn 12.1-3; cf. 22.15-18; 28.10-15; Gá 3.14). La salvación se hizo para que estuviera disponible para «todas las naciones» (Is 2.2-4; 25.6-8; Zac 8.20-23).

La señal física del pacto con Abraham fue la circuncisión (Gn 17.9-14) y, por consiguiente, «el incircunciso» llegó a ser otra palabra para los gentiles, que estaban fuera de una relación con Dios (Jer 9.25[TM 24]; Hch 11.3; Ro 3.29-30; Ef 2.11). Pero tanto el AT (Lv 26.41; Jer 6.10; cf. Ez 44.7-9) como el NT (Hch 7.51; Ro 2.25-29) testifican de la naturaleza simbólica de la circuncisión física. Un corazón transformado por la fe en Dios, por medio de Jesucristo, llega a ser reconocido como el identificador final —la «circuncisión»— del pueblo de Dios, ya sea judíos o gentiles (Co 2.11-13; 3.11; Fil 3.3). Ser judío no es garantía de salvación (Hch 13.46; 18.6), ni el ser gentil descalifica a alguien para salvación (Hch 15.7-9; Ef 3.6-9).

El NT claramente presenta que las personas de trasfondo tanto judío como gentil pueden llegar a ser cristianos. Jesús enseñó que los gentiles podían, en efecto, ser salvos como el pueblo de Dios (Mt 8.10-12; 28.19-20; Lc 13.28-29; Ro 9.11; Ef 2-3), y Pablo habla de la iglesia como creyentes, no importa cuál sea su procedencia (Gá 3.28; Co 3.11).

Bibliografía. G. Bertram and K. L. Schmidt, «Ethnos,» *TDNT* 2:364-72; H. Bietenhard, «Ethnos,» *NIDNTT* 2:790-95; R. E. Clements, «Goy,» *TDOT* 2:426-33; D. R. De Lacey, «Gentiles,» in *Dictionary of Paul and His Letters,* ed. G. F. Hawthorne and R. P. Martin (Downers Grove, 1993), 335-39; S. McKnight, «Gentiles,» in *Dictionary of Jesus and the Gospels,* ed. J. Green and S. McKnight (Downers Grove, 1992), 259-65; K. N. Schoville, «Nations, the,» in *Evangelical Dictionary of Biblical Theology,* ed. W. A. Elwell (Grand Rapids, 1996), 551-52; N.Walter, «Ethnos,» *EDNT* 1:381-83.

Douglas S. Huffman

GENUBAT (Heb. *gĕnuḇat*)
Hijo del príncipe edomita Hadad y su esposa egipcia, hermana de la reina Tahpenes (1 R 11.20). Nació en Egipto y fue criado en el palacio de faraón.

GERA (Heb. *gērâ*)
Unidad de peso igual a una vigésima parte de un siclo (Ex 30.13; Lv 27.25; Nm 3.47; 18.16; Ez 45.12), de esta manera, alrededor de .57 g (.02 oz).

GERA (Heb. *gērāʾ*) **(NOMBRE PROPIO)**
Nombre semítico común del Noroeste (forma corta de *gēr–DN,* «cliente de DN») que aparece en los registros egipcios de la Dinastía XX. El nombre también aparece en fenicio, en el Ostracon 30 de Samaria y en el Ostracon 64 de Arad.

1. Hijo de Benjamín; muy probablemente el epónimo de un clan benjaminita (Gn 46.21; Jub 44.25).

2. Padre de Ehud (Jue 3.15).

3. Benjaminita, miembro de la familia de Saúl y padre de Simei (2 S 16.5; 19.16, 18; 1 R 2.8).

4. Nombre que aparece tres veces en la genealogía benjaminita de 1 Crónicas 8.1-40, pero que no aparece en el listado de los descendientes de Benjamín en Números 26.38-41; 1 Crónicas 7.16-12. Podría haber un poco de repetición en 1 Crónicas 8, y no está claro si cada vez que el nombre aparece representa a una persona distinta o a un clan antiguo dentro de la tribu de Benjamín. Se menciona un Gera como el segundo hijo de Bela y nieto de Benjamín (1 Cr 8.1-4), pero se le omite en el listado de los hijos de Bela en 1 Crónicas 7.6-12. Gera también aparece como el séptimo hijo de Bela y nieto de Benjamín (1 Cr 8.5). Algunos sugieren corregir 1 Crónicas 8.3 para que diga «y Gera, padre de Ehud», y de esta manera distinguirlo del Gera del v. 5. Otros eruditos proponen que el Gera de 1 Crónicas 8.5 es la misma persona del **5** de abajo.

5. Hijo de Ehud; benjaminita y padre de Uza y Ahiud (1 Cr 8.7). O es el mismo Gera de 1 Crónicas 8.5, u otro Gera que también se llama Heglam (v. 7; que también podría traducirse como «Gera, él los llevó al exilio»).

Kenneth Atkinson

GERAR (Heb. *gĕrār*)
Ciudad de la frontera del sur de Canaán, cerca de Gaza (Gn 10.19). Aquí Abraham y Sarah se establecieron como residentes extranjeros (Gn 20.1-2) e Isaac y Rebeca moraron por mandato de Jehová

(26.2). Ambos se encontraron con el rey Abimelec y el tema del cambio esposa-hermana se encuentra en ambos textos de Génesis.

Según la LXX, 1 Crónicas 4.39-41, los «hijos de Simeón» fueron a las puertas de Gerar en busca de tierras de pasto (TM «Gedor»). El rey Asa de Judá derrotó al enorme ejército de Zera (nombre edomita) el cusita y lo persiguió hasta Gerar, antes de tomar botín de toda el área circunvecina (2 Cr 14.13-14). Hegemónides es llamado gobernador del área desde Tolemaida hasta Gerar (2 Mac 13.24).

No hay certeza de que Gerar se refiera al mismo lugar en todos estos textos, y lo mismo ocurre con su ubicación exacta. Muchos eruditos asocian Gerar con Tel Hror/Tel Abû Hureireh (08795.11257) entre Gaza y Beer-seba, en la orilla de Naḥal Gerar. Las excavaciones arqueológicas allí revelan que el lugar fue habitado desde el período Calcolítico en adelante, con poblaciones significativas en la Edad de Bronce Media II-III, Tardía II (aunque más pequeñas que en el Medio), Edad de Hierro I y Tardío, a lo largo de los períodos persas. Mientras que el lugar muestra evidencias de ser un asentamiento filisteo antiguo (cf. los textos de Génesis), no se enumera como parte de las cinco ciudades filisteas (Jos 13.3). Otros hallazgos en el lugar incluyen un complejo de templo de la Edad de Bronce Medio; silos de granos; una fosa de desechos que proporcionan evidencias de tecnología de hierro; edificios públicos; pisos pavimentados; y fortalezas de la Edad de Bronce Medio y de la Edad de hierro.

Alice Hunt Hudiburg

GERASA (Gr. *Gerasa*)
Ciudad de Decápolis de finales de los períodos helenista y romano, la moderna Jerash que está ubicada en el altiplano transjordano, precisamente al norte del Río Jaboc (Nahr ez-Zarq; Gn 32.22).

En el área se encontraron restos de la Edad de Piedra y poblaciones amuralladas de la Edad de Bronce Temprano y Medio. La ciudad principal de Gerasa, fundada después de la conquista de Alejandro el Grande, siguió bajo los ptolomeos como ciudad de Decápolis (*Plinio hist. Nat.* 5.74), y luego bajo gobierno seléucida (Antíoco III, 223-187; Antíoco IV, 175), cuando Gerasa llegó a ser conocida como Antiochia ad Chrysorhoam (Antioquía en el Río Chrysorhoas). Después la ciudad fue conquistada por Alejandro Janneo (102-67 a.C.), fue tomada por los romanos (63) y luego llegó a su apogeo en el siglo II d.C.

Gerasa se benefició por estar en el negocio lucrativo de especias y perfumes de la ruta norte y sur, entre Mesopotamia, Palmira, Damasco, Abila y Capitalias, y con Petra y el sur de Arabia, y también prosperó por estar en una rama de la Via Triana Nova, que la vinculaba con Pella, así como en caminos que vinculaban a la ciudad con Judea, Galilea y Fenicia.

Gerasa, según la costumbre romana, tenía un Cardo Maximus de norte a sur y dos Decumanos de este a oeste (con columnata), con tetrapilos centrales cruzados; un Decumano al sur cerca del foro, el teatro del sur, el templo de Zeus, un templo helenista y cuartel de soldados, y otro Decumano al norte, cerca del teatro del norte y de los baños occidentales.

Entre otros restos arqueológicos importantes están: el precinto y el templo de Artemis, al oeste del Cardo Maximus y, entre los dos Decumanos, el ninfeo y una serie de ruinas de iglesia bizantina.

Al sur de la ciudad está el hipódromo y el arco de Adriano. El segundo conmemora la visita del emperador a la ciudad en 129 d.C.

Bibliografía. S. Applebaum and A. Segal, «Gerasa,» *NEAEHL* 2:470-79; J. Finegan, *The Archaeology of the New Testament,* rev. ed. (Princeton, 1992); C. H. Kraeling, *Gerasa, City of the Decapolis* (New Haven, 1938); T. C.Mitchell, «Gerasa,» in *The Illustrated Bible Dictionary,* ed. J. D. Douglas (Wheaton, 1980), 1:552-53.
Véase Gerasenos

W. Harold Mare

GERASENOS (Gr. *Gerasēnoí*) (también GADARENOS; GERGESENOS)
Gente de Transjordania en cuyo territorio Jesús encontró a dos «endemoniados», y en donde exorcizó a los demonios y los transfirió a una manada de cerdos (Mr 5.1; Lc 8.26, Mt 8.28; NVI, NTV). En el relato del incidente en varias versiones en español como la RVR60 y RVR95 se les llama gadarenos. Ambas formas, así como gergesenos se confirman en las antiguas versiones de cada relato. El nombre gerasenos está asociado con Jerash, al N. De Amán.

GERGESEOS (Heb. *girgāšî*)
Grupo étnico autóctono que fue despojado por los israelitas durante su adquisición de la Tierra Prometida (Jos 3.10; 24.11). Se han hecho conjeturas en cuanto a que los gergeseos habitaran un área al norte del Valle de Jezreel y al sur de las Montañas del Líbano. Los gergeseos del NT (Gr. *Gergesēnoí*) po-

drían ser los mismos.

Bibliografía. E. C. Hostetter, *Nations Mightier and More Numerous: The Biblical View of Palestine's Pre-Israelite Peoples.* BIBALDS 3 (N. Richland Hills, Tex., 1995), 62-66.

GERIZIM (Heb. *gĕrizîm*), **MONTE**

Montaña a 3 km (1.9 mi) al noroeste de Siquem y a 48 km (30 mi) al norte de Jerusalén. La cima, a 880 m (2887 pies) puede alcanzarse por un sendero desde la región samaritana de Nablus, en la ladera norte del monte.

El Monte Gerizim se menciona explícitamente cuatro veces en el AT. Las bendiciones de Dios para el pueblo de Israel tienen que colocarse en el Monte Gerizim (Dt 11.29), y se nombra a seis tribus para que se paren en el monte para la bendición (Dt 27.12; Jos 8.33). Gerizim también juega un papel importante en el reinado abortivo de Abimelec (Jue 9). Jotam, al hablar desde la cima del Monte Gerizim, pronuncia una historia de zarzas incompetentes que asumen el gobierno sobre los árboles competentes pero que no están dispuestos, para advertir a Israel de la incompetencia de Abimelec. Después, Abimelec exitosamente frustra la revuelta de Gaal al enviar tropas desde Tabbur-erez, que se traduce como «el ombligo» (*ómphalos*) del mundo en la LXX.

En la tradición samaritana, el Monte Gerizim se considera la montaña más antigua, la más central y la más alta del mundo. Es el lugar del Jardín del Edén y el lugar donde Abraham llevó a Isaac para sacrificarlo. Finalmente, es el lugar sagrado fundamental para la comunidad religiosa samaritana (cf. Jn 4.20). Bajo Antíoco IV Epífanes, al templo se le cambió de nombre en honor a Zeus-el-Amigo-de-Extranjeros (2 Mac 5.23; 6.2). El lugar fue arrasado por el etnarca asmoneo y sumo sacerdote judío, Juan Hircano (en 111/110 a.C., según la evidencia arqueológica). Fue sitiado por los romanos a finales del siglo I a.C., y Adriano construyó un templo a Zeus en el siglo II d.C. Zenón, el emperador romano de oriente, despejó o modificó el lugar a principios del siglo V para una iglesia en honor a María (reconstruida posteriormente en ese siglo por el emperador bizantino Justiniano). Entre estas épocas fue el centro principal de adoración para la comunidad samaritana, como lo es ahora.

En su cima se encuentran restos de varias estructuras. Entre ellas está una iglesia Theotokos del siglo V, una fortaleza construida por Justiniano y una torre de vigía del siglo XVI, que después se convirtió en la tumba del Jeque Ghanin. Alrededor de 100 m (328 pies) más al sur del mismo pico están los restos de tres sitios rituales samaritanos, y en otro montículo cercano, conocido como Tell er-Ras (175178), están los restos del templo de Zeus de Adriano.

Bibliografía. R. T. Anderson, «Mount Gerizim: Navel of the World,» *BA* 43 (1980): 217-21.

Robert T. Anderson

GERSÓN (1) (Heb. *gēršōm*)

1. Hijo de Moisés y Séfora que nació en Madián (Ex 2.22; 18.3). Gersón fue el padre de Jonatán, que fue sacerdote de los danitas y cuyos hijos mantuvieron esa posición hasta el cautiverio (Jue 18.30; TM «hijo de Manasés», posiblemente un error de escriba en lugar de «Moisés»). Gersón y su hijo Sebuel después trascendieron a la época de David y se les incorporó en la genealogía levítica, con Sebuel como levita en la casa del Señor (1 Cr 23.15-16).

2. Hijo de Leví, a cuyos descendientes se les llamó gersonitas o «hijos de Gersón» (1 Cr 6.16, 62, 71 [TM 1, 47. 56]; 15.7).

3. Descendiente de Finees, que regresó de Babilonia con Esdras (Esd 8.2; 1 Esd 8.29).

Kenneth Atkinson

GERSÓN (2) (Heb. *gēršôn*)

El mayor de los tres hijos de Leví, que se menciona junto con Coat y Merari (Gn 46.11; Ex 6.16-17; 1 Cr 6). El nombre Gersón aparece en varias genealogías, reportes de censo (Nm 3-4) y asignación de tierras (Jos 21), que describen a las familias levíticas, su campamento y tareas en cuanto al tabernáculo del desierto, su ubicación en el Israel tribal y su servicio continuo en el Israel posterior a las tribus.

Las genealogías de Leví mencionan a Gersón como una de las familias sacerdotales que sirven bajo Aarón. Gersón, según estas genealogías, tuvo dos hijos: Libni y Simei (Ex 6.16; Nm 3.18). El censo reporta que Números 3-4 asigna a Gersón y a su familia el cuidado de la cubierta del tabernáculo, la cortina de la puerta del tabernáculo, las cortinas del atrio y las cortinas de la puerta del atrio (Nm 3.21-26; 4.21-28). Los gersonitas tienen que acampar detrás del tabernáculo, al occidente, y mientras viajan en el desierto tienen que transportar su parte del tabernáculo en dos carros (Nm 3.23; 7.7). El libro de Josué asigna a Gersón, después de la conquista, 13 ciudades en el norte, dentro de los límites de la mitad de la tribu de Manasés y de las tribus de Isacar, Aser y Neftalí (Jos 21.27-33). Crónicas confirma el servicio continuo de los gersonitas en el Israel monárquico y posexílico, específicamente en lo relativo al cuidado del templo (1 Cr 29.8; 2 Cr 29.12).

Bibliografía. A. Cody, *A History of Old Testament Priesthood.* AnBib 35 (Rome, 1969).

JEFF H. MCCRORY, JR.

GERUTQUIMHAM (Heb. *gērûṯ kimhām*)
Primer lugar donde Johanán y compañía se detuvieron camino a Egipto (Jer 41.17). El nombre podría designar un caravasar o posada cerca de Belén (cf. Jer 9.2[TM 1]; Lc 2.7). La asociación de este lugar con Quimam, hijo de Barsilai (2 S 19.37-38[38-39]) no está clara.

GERZITAS (Heb. *girzî*)
Pueblo al que, junto con los amalecitas y los gesuritas, David y sus tropas atacaron en Siclag (1 S 27.8). La tierra de origen de los gerzitas habría sido algún lugar entre Filistea y la frontera egipcia. No se mencionan en ningún otro lado en el AT, y muchos eruditos sugieren que «gerzita» es una ditografía corrupta de gesuritas (cf. **Q** *gizrî*).

NANCI L. DECLAISSÉ-WALFORD

GESAM (Heb. *gêšān*)
Tercer hijo de Jahdai; calebita de la tribu de Judá (1 Cr 2.47).

GESEM (Heb. *gešem*)
El «árabe» que se menciona junto con Sanbalat, gobernador de Samaria, y Tobías, oficial amonita, que se opusieron al plan de Nehemías de reparar el muro que rodeaba Jerusalén (Neh 2.19). Esos tres buscaron una reunión con Nehemías después de que el trabajo se había iniciado, pero Nehemías se rehusó, sospechando que querían hacerle daño (Neh 6.2).

El Gesem de Nehemías podría ser la misma persona que se llama rey de Kedar en una inscripción del Norte de Arabia. Si así es, gobernó bajo la hegemonía persa. El nombre en su forma más original, «Gashmu», tal vez significaba «gran hombre» y se confirma bien en hallazgos arqueológicos en el Norte de Arabia.

PAUL L. REDDITT

GESIO FLORO
Último procurador romano de la provincia de Judea (que incluye a Samaria) que asumió el poder en 64 d.C. Según Josefo, era de Clazómenes y recibió su procuradoría porque su esposa Cleopatra era amiga de Poppea, la esposa de Nerón. Josefo y Tácito confirman que la paciencia judía por el mal gobierno romano en Judea se redujo drásticamente con Floro. Josefo lo envilece como el peor de los gobernadores romanos y lo acusa de saquear a gran escala las ciudades judías, y que fue tan lejos como para permitir que las bandas de ladrones arrasaran el país con inmunidad. Cuando Floro buscó tomar fondos del tesoro del Templo de Jerusalén en 66 d.C., los ciudadanos se resistieron mofándose de su aparente pobreza. Para desquitarse, llevó soldados de Cesarea a saquear parte de Jerusalén y a arrestar a numerosos ciudadanos importantes, a los que azotó y crucificó, incluso a varios judíos de rango romano ecuestre. Su intento de obligar a los judíos a demostrar sumisión ceremonial a sus cómplices agravó la situación y dio inicio a la rebelión que llegó a ser la guerra judía con Roma.

Bibliografía. E. Schürer, *The History of the Jewish People in the Age of Jesus Christ (175 B.C.– A.D. 135)* 1, rev. ed. (Edinburgh, 1973).

SCOTT NASH

GESTAS (Gr. *Gestas*)
Nombre atribuido en los escritos apócrifos al ladrón impenitente que fue crucificado con Jesús (cf. Lc 23.39). Otras formas del nombre son Gistas, Gesmas, Stegmas y Dumacus.

GESTOS
Movimientos corporales que se hacen sobre todo con la cabeza, solo con la cara o con las extremidades. Los gestos son un elemento, en una dimensión más grande, del comportamiento humano conocido como comunicación no verbal. Si el autor bíblico no menciona explícitamente, ni describe un gesto, al lector puede serle difícil imaginar el gesto apropiado de una situación determinada. El lector imaginativo debe recordar que los gestos de una cultura frecuentemente tienen un significado totalmente distinto, a veces obsceno, para otra. El mismo gesto no se traduce fácil y hábilmente de una cultura a otra.

Los gestos son movimientos del cuerpo conscientes o inconscientes, aprendidos o somatogénicos. Son una herramienta comunicativa principal, dependiente o independiente del lenguaje verbal y son modificados por el condicionamiento (p.ej., sonrisas, movimientos de los ojos, ademanes o un tic). Estos deben distinguirse de los modales (actitudes corporales., p.ej., la manera en que uno camina) y las posturas (posiciones del cuerpo, p.ej., estar sentado o parado). Se hace distinción entre los gestos libres, desempeñados por una parte del cuerpo sin hacer contacto con otra parte u objeto (p.ej., movimientos de los ojos, asentir con la cabeza, gestos con las manos), y los gestos vinculados, donde una mano hace contacto con la otra o con otra parte del cuerpo (p.ej., rascarse los ojos, usar tenedor y cuchillo, joyas).

Se pueden identificar cuatro categorías de gestos: (1) idiosincráticos, o únicos de una persona (p.ej., golpear el muslo derecho con la palma de la mano derecha para expresar alegría, tristeza; cf. el terrícola al conocer a su nueva compañera en Gn 2.23); (2) culturalmente inducidos y aprendidos (p.ej., rituales de baile o lamento; Mt 11.17); (3) técnicos, y por lo tanto arbitrarios y que requieren un acuerdo verbal previo (p.ej., señales con la mano de los mercaderes como pescaderos en el mercado); y (4) semióticos, sustitutos del discurso, vinculados a tradiciones culturales (p.ej., hacer un juramento al colocar la mano derecha en alguna parte del cuerpo: la punta de la nariz, el bigote o la barba, el miembro viril; Gn 24.2, 9). El estudio de Robert A. Barakat de los gestos árabes ofrece una introducción importante a la investigación avanzada de gestos del Medio Oriente; los expertos concuerdan en que la base beduina preislámica de componentes culturales permanece en la cultura folclórica de la mayoría tradicional.

El análisis sobre todo filológico de Mayer I. Gruber de posturas, gestos y expresiones faciales del antiguo Israel, Canaán y Mesopotamia es útil para entender la descripción literal de gestos y el uso idiomático de frases para dar a conocer actitudes, ideas y sentimientos comunicados con gestos, posturas y expresión facial. El mundo del Medio Oriente no es introspectivo, y efectivamente es antiinstropectivo, y el lector moderno debe tener cuidado de no imponer patrones de pensamiento occidental a este mundo.

Un desafío serio es la incapacidad del lector moderno de observar a la gente que se describe en el registro bíblico. ¿Es posible imaginar gestos plausibles donde el texto no los menciona? La antropología literaria, un acercamiento relativamente nuevo al estudio de la literatura inspirado por Fernando Poyatos, lo afirmaría. Claramente, el investigador está tratando con signos que comunican, esto es, con las muchas formas de comunicación, mayormente no verbales, que definen a las personas y a las culturas, transmitidas por la literatura narrativa de la cultura en la que esa información está incrustada.

Ilustraciones

Cabeza

«Menear la cabeza» es un gesto libre. El movimiento probablemente es de lado a lado horizontalmente, o quizás un arco de hombro a hombro en lugar de arriba abajo. Los diccionarios usualmente explican la frase como «una señal de desprecio y escarnio», sacando este significado determinado culturalmente de Salmos 109.25. De seis apariciones en el texto bíblico, tres son gestos libres (Sal 64.8[TM 9]; 109.25; Is 37.22) y tres son vinculados. Salmos 22.7, que se cita en Mateo 27:39, vincula a la cabeza con «hacer muecas», en tanto que Lamentaciones 2.15 vincula a la cabeza con silbar y aplaudir. Estos gestos vinculados presentan un cuadro más completo de medios no verbales para expresar desprecio y escarnio en esta cultura.

Solo la cara

En la cultura del Medio Oriente, la cara es un elemento clave para el carácter del honor establecido por los demás y orientado en las apariencias. El propósito de la vida es mantener o guardar el prestigio y nunca perderlo. Si Dios pone el rostro divino en contra de una persona o ciudad, la vergüenza consecuente es tal vez más devastadora que el retiro de la protección y benevolencia divinas (cf. Lv 20.5-6; Jer 21.10; Ez 14.8; 15.7).

Además, los ojos juegan un papel importante en el repertorio gestual, que se basa en la cara de la gente de la Biblia. En la perspectiva bíblica de la persona humana, los ojos están vinculados al corazón (como la boca a los oídos y las manos a los pies), de donde puede fluir tanto el bien como el mal. Jesús expresa la convicción cultural de que del corazón viene el «ojo malo» (frecuentemente traducido como «envidia»; cf. Mr 7.22). Los nativos del Mediterráneo contemporáneo se refieren a la «mirada feroz», a la «contemplación» o «mirada fija» como algo que refleja la actividad de un ojo malo. Pero debido a que el comportamiento del ojo es predominantemente involuntario y, por lo tanto, más difícil de manipular que la expresión facial, nunca se puede saber cuándo un ojo podría deslizarse hacia este vistazo, contemplación o mirada fija. Como lo observa Eclesiástico (Ecle 31.12-13), Dios no ha creado nada más maligno que el ojo malvado. Proverbios 23.6-8 advierte en contra de comer lo que un avaro (Heb. lit. dice «maligno de ojo») ofrece; ese anfitrión aparenta generosidad, pero en realidad es tacaño, y el invitado vomitará. En esta discusión del año de liberación y cancelación de deudas, el deuteronomista (Dt 15.7-11) advierte en contra de ignorar la súplica de una persona que tiene necesidad (o de darle el «ojo malo») por (avaricia) temor de que la deuda no sea pagada. Aunque no se menciona explícitamente en ningún texto bíblico, un intérprete puede asumir convincentemente que una persona que está en una situación donde el ojo malo pudiera estar en función, así como la persona que lee o escucha los textos bíblicos acerca de esas situaciones, muy posiblemente en ese mismo instante haría los gestos de manos apropiados para protegerse o frotaría el talismán del color adecuado para protegerse del poder de este gesto. En resumen, hay una riqueza de significado cultural envuelto en el entendimiento mediterráneo del ojo y los gestos que una persona podría hacer con él.

Extremidades

Cuando se habla de gestos, la mayoría de la gente piensa en las manos. En el Medio Oriente, la mano izquierda se usa exclusivamente para propósitos de aseo personal. Para apreciar la importancia cultural de esta práctica, piense en la declaración de Jesús en el Sermón del Monte: «No resistáis al que es malo; antes, a cualquiera que te hiera en la mejilla derecha, vuélvele también la otra» (Mt 5.39). He aquí un escenario culturalmente persuasible para imaginarse esa acción.

La gente del Medio Oriente, de manera rutinaria, interactúa con un espacio de 15 a 20 cm (6-8 in) entre ellos (en contraste a los 30-40 cm [12-16 in] de espacio personal que los occidentales prefieren). El oyente quiere sentir el aliento del que habla en la cara. El que habla habitualmente pone el brazo derecho sobre el antebrazo u hombro del oyente. Si la discusión llega a ser acalorada o animada, la distancia entre ambas partes disminuye, hasta que están cara a cara. Si alguno de los dos pierde el control y golpea al otro, hay dos posibilidades. Una es hacerse para atrás y darle una bofetada en la mejilla derecha con el dorso de la mano derecha, un movimiento insultante. La otra es permanecer a corta distancia, lo cual hace imposible poner el brazo derecho en acción, sino que más bien permite que la mano izquierda abofetee la mejilla derecha, un insulto profundamente ofensivo, en efecto.

Esta instrucción, junto con todo el Sermón del Monte, pretende guiar el comportamiento en grupo. Fue dirigido a los discípulos (Mt 5.1-2). Como un ejemplo para los extranjeros, el insulto no debería vengarse. Pero en la relación con extranjeros, la parte insultada debería tener una respuesta apropiada, y el que plantea el insulto debería esperar la intervención de un mediador para prevenir una escalada de más violencia y derramamiento de sangre (cf. Mt 5.9).

Esta función exclusiva de la mano izquierda también arroja una luz nueva acerca del gesto de «cortar la mano». Según Deuteronomio 25.12, a la mujer que interfiere en una pelea en la que participa su esposo, al asir los genitales del oponente, habría que cortarle la mano. La fuerza del hábito cultural sugiere que ella usó la mano izquierda, aunque en un momento de acaloramiento como este, podría haber sido su mano derecha. El Qur'an (5.38) prescribe la amputación de la mano derecha de un ladrón declarado culpable. El Jesús de Mateo, recomienda que una persona que tropieza por su mano derecha, debiera amputársela personalmente (Mt 5.29-30). Ya sea como castigo o como medio de tener una vida mejor, perder la mano derecha en el Medio Oriente es equivalente a la sentencia de muerte. Hace que la vida social sea sumamente difícil, si no imposible.

Los autores bíblicos podrían suponer, sin temor a equivocarse, que sus lectores originales, de su mismo trasfondo étnico, completarían los detalles apropiados tales como elementos de comunicación no verbal o gestos que podrían acompañar al texto escrito. Los estudiantes modernos de la Biblia pueden llegar a estar equipados de manera similar al sumergirse en los recursos apropiados.

Bibliografía. R. A. Barakat, «Arabic Gestures,» *Journal of Popular Culture* 6 (1973): 749-92; J. H. Elliott, «The Evil Eye in the First Testament,» in *The Bible and the Politics of Exegesis,* ed. D. Jobling, P. L. Day, and G. T. Sheppard (Cleveland, 1991), 147-59; M. I. Gruber, *Aspects of Nonverbal Communication in the Ancient Near East.* Studia Pohl 12/1-2 (Rome,

1980); R. Joseph, «Toward a Semiotics of Middle Eastern Cultures,» *International Journal of Middle Eastern Studies* 12 (1980): 319-29; J. J. Pilch, «A Window into the Biblical World: Actions Speak Louder thanWords,» *Bible Today* 34 (1996): 172-76; F. Poyatos, ed., *Advances in Nonverbal Communication* (Amsterdam, 1988); *Literary Anthropology* (Amsterdam, 1988).

JOHN J. PILCH

GESUR (Heb. *gĕšûr*)

1. Pequeño reino arameo que compartía una frontera occidental con la mitad de la tribu de Manasés, en la parte sur de lo que ahora se llama Altos del Golán (Dt 3.14). Gesur siguió siendo independiente durante la conquista de Canaán y después de la muerte de Josué (Jos 12.5). Durante los períodos de David y Salomón, y de los reinos divididos (c. 1020-732 a.C.), fue parcialmente independiente. David se casó con Maaca, que se convertiría en la madre de Absalón, para consumar una alianza política con el rey gesurita Talmai (2 S 3.3). Junto con el reino arameo de Maaca al norte, Gesur se unió con Damasco en contra de David (2 S 10.6; 13.37; 14.23; 1 Cr 19.7). Sin embargo, fue súbdito de Israel durante la época de Salomón. Más tarde, Gesur se unió con Aram-Damasco para pelear en contra del reino del norte de Israel, y finalmente fue incorporado al estado damasceno (siglo IX). Los nombres reales del reino reflejan un elemento hurrita (p.ej., Talmai).

Es muy probable que Gesur se mencione como Ga-su-ru en una de las cartas de Amarna (no. 256) de Egipto (siglo XIV). El área de Gesur ha estado sujeta a estudios arqueológicos intensos, que han revelado varios lugares de la Edad de Bronce Media II a la Edad de Hierro I (c. 1800-1000).

Bibliografía. B. Mazar, «Geshur and Maacah,» *JBL* 80 (1961): 16-28.

MARK W. CHAVALAS

2. Pueblo o región al sur de la pentápolis filistea que no fue tomado en la Conquista (Jos 13.2) y al que David atacó cuando se alió con los filisteos (1 S 27.8).

GETEO (Heb. *gittîm*)

Gentilicio que designa a los habitantes de la ciudad filistea de Gat (p.ej., 2 S 6.10-1; 15.18).

GETER (Heb. *geṯer*)

Hijo de Aram y nieto de Sem (Gn 10.23; cf. 1 Cr 1.17, hijo de Sem); ancestro epónimo de un principado arameo.

GETSEMANÍ (Gr. *Gethsēmanî*)

Lugar donde Jesús hizo una oración angustiosa, precisamente antes de su traición y arresto allí (Mt 26.36; Mr 14.32). Se desconoce su ubicación exacta, aunque probablemente fue en algún lugar cerca del Monte de los Olivos, ya que los cuatro evangelios concuerdan en que Jesús fue traicionado y arrestado en o cerca del Monte de los Olivos (Mt 26.30; Mr 14.26; Lc 22.39; Jn 18.1). El nombre Getsemaní es del aram. *Gaṯ šĕmānê*, «lagar». Tanto los olivos como los lagares para extraer el aceite de las aceitunas eran comunes en el área, y es probable que Getsemaní tuviera un lagar de esos.

Mateo y Marcos nombran el lugar de la oración, traición y arresto de Jesús como Getsemaní, y lo ubican cerca del Monte de los Olivos. Lucas no nombra el lugar, pero dice que los eventos se llevan a cabo en el monte en sí. Juan no menciona la oración de Jesús, ni nombra el lugar de la traición y arresto de Jesús, aunque lo ubica «al otro lado del torrente de Cedrón», en «un huerto» (Jn 18.1) y, por consiguiente, en el Monte de los Olivos. Al combinar los relatos de la oración angustiada de Jesús en los Evangelios Sinópticos con el relato de Juan de su arresto en un huerto, se construyó la imagen tradicional de la agonía de Jesús en el huerto de Getsemaní.

Jesús en Getsemaní fue interpretado como un contraste apropiado con Adán en el Edén: la desobediencia pecaminosa del primer Adán en el huerto del Edén se deshizo con la obediencia en oración del último Adán en el huerto de Getsemaní (cf. Ro 5.12-21). Un desarrollo similar puede verse en Hebreos 5.7-9, que menciona los «ruegos», el «temor reverente» y la «obediencia de Jesús», que hicieron que fuera «perfeccionado… autor de eterna salvación para todos los que le obedecen».

KIM PAFFENROTH

GEUEL (Heb. *gĕʾûʾēl*)

Gadita, hijo de Maqui; uno de los 12 espías que fueron enviados a la tierra de Canaán (Nm 13.15).

GEZER (Heb. *Gezer*)

Ciudad que se confirma en fuentes bíblicas, egipcias y asirias. Puede ubicarse en Tell Jezer (Tell el-jazari; 1425.1407), un montículo de 13.3 ha (33 a) prominentemente ubicado en la intersección de la Sefela del norte y las laderas Judeas con vistas al Valle de Ajalón. El lugar fue excavado extensamente de 1902 a 1909 por R. A. S. Macalister, brevemente en 1934 por Alan Rowe; de 1964 a 1974 por un gran proyecto multidisciplinario dirigido por William G. Dever con H. Darrell Lance y Joe D. Seger; y finalmente por Dever en 1984 y 1990.

Las principales referencias literarias a Gezer se encuentran primero en fuentes egipcias: en los anales de Tutmosis III (c. 1468 a.C.; no. 104 en la inscripción del Templo de Karnak), en 10 de las Cartas de Amarna del siglo XIV y en la «Estela de la Victoria» del Faraón Merneptah (c. 1207). Entre las referencias mesopotámicas está una inscripción y un relieve de Tiglat-pileser III, que destruyó Gezer alrededor de 733. Las referencias bíblicas reflejan los hechos de que Gezer permaneció en manos cananeas durante el período de los Jueces (Jos 10.33; 12.12), de que fue una ciudad territorial (21.21, pueblo efraimita asignado a los levitas coatitas) y que finalmente llegó a estar bajo control israelita, a través de un tratado egipcio en el tiempo de Salomón, y fue edificada y/o fortificada después, junto con Jerusalén, Hazor y Meguido (1 R 9.15-17).

El siguiente es un bosquejo de los períodos establecidos por las excavaciones más recientes en Gezer:

- Estrato XXVI: Aldea calcolítica (c. 3600-3300)
- XXV: Ciudad pequeña de la Edad de Bronce I (c. 3300-3100)
- XXIV-XXIII: Ciudad no amurallada de la Edad de Bronce II (c. 3100-2600), y después hubo un intervalo
- XXXII-XVIII: Ciudad de la Edad de Bronce Media (c. 2000-1500), muy fortificada por un «muro interno» y una puerta; muchas tumbas de ricos, «lugar alto» de Macalister; destrucción egipcia al final (c. 1500)
- XVII: Lapso parcial en la ocupación durante la Edad de Bronce Tardía I; múltiples entierros en la Cueva 1.10A (c. 1450-1400)
- XVI-XIV: Reocupación urbana de la Edad de Bronce Tardía II: varios palacios y «residencias» egipcias; construcción del «muro exterior»; destrucción posible al final por parte de Merneptah (c. 1207)
- XIII-XI: Continuidad cerámica hasta principios de la Edad de Hierro, pero aparece la loza filistea bícroma; un gran silo público y dos «casas patricias» en los alrededores (c. 1200-1050)
- X-IX: Fases intermedias, con arte de barro rojo no pulido (c. 1050-950)
- VIII: Construcción de una monumental puerta de la ciudad, de cuatro entradas, y un sistema de muro con casamata (doble), que incorpora la reconstrucción del «muro exterior» y torres de la Edad de Bronce Tardía; el «Palacio 10,000», la puerta de la ciudad anexa; mucha destrucción al final, probablemente por parte del Faraón Sisac (c. 950-925)
- VII-VI: Período de Hierro II (c. 925-733); período de puerta de la ciudad y «muro exterior»; edificación de regiones residenciales; destrucción al final que se tribuye a Tiglat-Pileser III.
- V: Leve recuperación bajo el gobierno de Judá, pero fue destruida por los babilonios (c. 587/586)
- IV: Leve ocupación persa (siglos V y IV)
- III-II: Reocupación en los períodos helenista y asmoneo; se construye la puerta de la ciudad una última vez, durante las guerras macabeas
- I: El montículo está abandonado en gran parte, pero la región adyacente ahora es parte de una propiedad privada del período herodiano, de un «Alkios»; «piedras de límite» de Macalister; solamente unas cuantas tumbas bizantinas después, luego la fundación de las aldeas árabes de 'Abu-shusheh en el siglo XIX

Entre los descubrimientos principales de Gezer están los restos de la Edad de Bronce Media I-III, especialmente el enorme «muro interno», la «Torre 5617», la «puerta del sur» de tres entradas y el *glacis*. También es digno de mención el «lugar alto» de Macalister, que ahora data del período de la Edad de Bronce Media III (c. 1650-1500) y muestra haber sido, muy probablemente, un santuario exterior, utilizado por una liga de 10 ciudades, quizás para ceremonias de renovación de pacto.

La Edad de Bronce Tardía podría iluminarse con las fortificaciones (el «muro exterior»), objeto de mucha controversia, pero que los excavadores han fechado con mucha seguridad de los siglos XIV al XIII. Los diversos «palacios» y «residencias», así como los ricos depósitos de la Cueva 1.10A, ilustran la época de Amarna y la presencia egipcia particularmente bien.

La puerta de la ciudad de cuatro entradas, la casa de la puerta exterior, el estrecho de la pared con casamata y el «muro exterior» de la Edad de Bronce Tardía, que se volvió a utilizar con la adición de las torres de sillar, todo se ha considerado que refleja la era salomónica del siglo X, y la destrucción al final se le atribuye a Sisac. Sin embargo, algunos arqueólogos israelíes fecharían estos rasgos en el siglo IX.

Finalmente, Gezer, no lejos de Modʿin, ha producido algo de nuestra mejor evidencia del período de las guerras de los macabeos y de los gobernadores asmoneos.

Bibliografía. W. G. Dever, «Excavations at Gezer,» *BA* 30 (1967): 47-62; «Further Evidence on the Date of the Outer Wall at Gezer,» *BASOR* 289 (1993): 33-54; Dever, H. D. Lance, and G. E.Wright, *Gezer I* (Jerusalem, 1970); Dever et al., «Further Excavations at Gezer, 1967-71,» *BA* 34 (1971): 94-132; *Gezer II* (Jerusalem, 1974); *Gezer IV* (Jerusalem, 1986); S. Gitin, *Gezer III* (Jerusalem, 1990); J. D. Seger, *Gezer V* (Jerusalem, 1988).

William G. Dever

GÍA (Heb. *gîah*)
Lugar no identificado a lo largo del camino que Abner tomó cuando huía de Gabaón al Arabá (2 S 2.24). El texto hebreo podría estar corrupto y los estudios recientes favorecen una interpretación basada en el griego de la LXX *Gai* (cf. Heb. *gay'*, «valle»).

GIBAR (Heb. *gibbār*)
Hogar ancestral de una familia que volvió del exilio con Zorobabel (Esdras 2.20). El nombre podría ser una corrupción de Gabaón, que aparece en la lista paralela (Neh 7.25).

GIBEA (Heb. *gibʿā'*)
Judaíta, hijo de Seva y nieto de Maaca, concubina de Caleb (1 Cr 2.48-49). El nombre (Heb. «montañés») podría designar a un lugar de la región montañosa, cerca de Hebrón, quizás fundado por Seva.

GIBEAT-ELOHIM (Heb. *gib̲ʿat̲ hāʾĕlōhîm*)
Un lugar («collado de Dios») donde Samuel prometió a Saúl que encontraría una compañía de profetas (1 S 10.5). Mientras que es claro que se encuentra en la región montañosa de Benjamín, debido a la similitud de otros nombres (Geba, Gabaa, Gabaón; todos del heb. *gib̲ʿâ*, «colina», el rasgo topográfico dominante de Benjamín) la ubicación exacta de este sitio ha visto debate vigoroso. El problema se complica aún más por textos en español que por lo general traducen los términos descriptivamente, más bien que como nombres propios. La mención de una guarnición filistea sugiere que esta colina fuera un «lugar alto» conocido cerca de Gabaa (cp. 1 S 10.10). Gabaón se ha sugerido como un sitio alterno, pero las excavaciones allí no han arrojado ninguna evidencia arqueológica de los filisteos.

Bibliografía. Y. Aharoni, *The Land of the Bible*, 2nd ed. (Philadelphia, 1979); W. F. Albright, *Excavations and Results at Tell el-Fûl (Gibeah of Saul)*. AASOR 4 (New Haven, 1924); A. Demsky, «Geba, Gibeah, and Gibeon: An Historico-Geographic Riddle,» *BASOR* 212 (1973): 26-31; J. M. Miller, «Geba/Gibeah of Benjamin,» *VT* 25 (1975): 145-66.

Dennis M. Swanson

GIBETÓN (Heb. *gibbĕt̲ôn*)
Ciudad levítica perteneciente a la tribu de Dan (Jos 19.44; 21.23). Durante la Monarquía Dividida, los filisteos poseyeron Gibetón. Cuando el ejército de Nadab estaba atacando a Gibetón, Baasa asesinó a Nadab y se convirtió en rey en su lugar (1 R 15.27). Unos 27 años después, durante el reinado de Ela, hijo de Baasa, Omri sitió la ciudad como comandante del ejército de Israel. Durante este ataque, Zimri asesinó al rey y a sus descendientes en Tirsa (1 R 16.15-17).

Gibetón aparece en el listado de Tutmosis III, de ciudades conquistadas durante el operativo que llevó a cabo en 1468 a.C., y en la descripción del operativo de Sargón II en contra de los reyes de Asdod (712-13).

Se han propuesto dos lugares para la Gibetón bíblica: Râs Abū Hamid/Humeid (140145) y Tell el-Melât/Tell Malot (137140), ambas alrededor de 5 km (3 mi) al oeste de Gezer. Con base en un estudio inicial y a resultados de excavaciones, Tell el-Melât es el lugar más posible.

Steven M. Ortiz

GIDALTI (Heb. *giddaltî*)
Hijo de Hemán y líder de la vigésimo segunda división de músicos al servicio del santuario (1 Cr 25.4, 29).

GIDEL (Heb. *giddēl*)
1. Sirviente del templo cuyos descendientes volvieron del exilio con Zorobabel (Esd 2.47 = Neh 7.49).
2. Siervo de Salomón cuyos descendientes volvieron del exilio con Zorobabel (Esd 2.56 = Neh 7.58).

GIDOM (Heb. *gidʿōm*)

Lugar en los alrededores de Rimón 3, c. 5 km (3 mi) al este de Betel, al que los israelitas persiguieron a los benjaminitas después de derrotarlos en la guerra civil (Jue 20.45). GIEZI (Heb. *gêḥăzî*)

Siervo del profeta Eliseo (2 R 4.12-36). Eliseo vive con una mujer sunamita en una habitación que se construyó en el techo para él. Cuando Eliseo no sabe cómo pagar por esta amabilidad, Giezi revela que la mujer no tiene hijo y que su esposo es viejo. La alusión que su siervo hace a Eliseo le permite interceder a Dios. Cuando este niño muere, la madre busca a Eliseo, quien envía a Giezi adelante con su bastón para dar garantía de su participación personal, o para evitar que el cuerpo sea retirado para enterrarlo el día de la muerte (como era la costumbre). Quizás Giezi va más allá de las instrucciones de Eliseo al intentar resucitar al niño con la ayuda del bastón que tenía propiedades de sanidad. El niño se recupera solamente cuando Eliseo ora.

Naamán, comandante del ejército de Siria tiene lepra, pero se sana cuando se lava en el Jordán, bajo las instrucciones de Eliseo. Aunque Eliseo rechaza cualquier regalo, Giezi, buscando beneficio personal, sigue a Naamán y le pide plata y ropa. Giezi después esconde sus actos de Eliseo. Por su avaricia, mentira y traición, la lepra de Naamán cae sobre Giezi (2 R 5.20-27). No hay ninguna narración de sanidad, así que parece que el castigo es permanente, pero Giezi todavía disfruta de contacto social, sin restricciones levíticas (cf. Lv 13.15).

Durante una hambruna, Eliseo despide a la mujer sunamita. Al volver, ella busca restauración de su propiedad con el rey. Por la intervención de Giezi se le concede esta petición (2 R 8.4-6).

Bibliografía. L. Bronner, *The Stories of Elijah and Elisha.* Pretoria Oriental Series 6 (Leiden, 1968).

PATRICIA A. MACNICOLL

GIGANTES

Raza legendaria de estatura física imponente. Estos habitantes primitivos de la Tierra Prometida pasaron por muchos nombres. Génesis 6.4 identifica notablemente a los altos hijos de Anac (Nm 13.33) como descendencia de dioses y mujeres. Según Génesis 14.5-6 los reyes orientales doblegaron a los refaítas de Basán, a los zuzitas de Amón, a los emitas de Moab y a los horeos de Edom. El rey amorreo Og, que poseía un marco de cama de 9 codos por 4 codos, supuestamente fue un remanente de los refaítas (Dt 3.11). Gran tamaño, junto con dedos de manos y pies adicionales caracterizaban a los descendientes de Refaím, que también se les llamaba anaceos (Jos 11.21-22), en Filistea (2 S 21.15-22; 1 Cr 20.4-8).

Bibliografía. E. C. Hostetter, *Nations Mightier and More Numerous: The Biblical View of Palestine's Pre-Israelite Peoples.* BIBALDS 3 (N. Richland Hills, Tex., 1995), 96-111.

EDWIN C. HOSTETTER

GIHÓN (Heb. *gîḥôn, giḥôn*)

1. Uno de los cuatro ríos que se ramificaban del que regaba el jardín del Edén (Gn 2.13). Ya que el Gihón fluía en la tierra de Cus (generalmente una referencia del AT a una región al sur de Egipto, esto es, Nubia o norte de Sudán), a veces se le ha igualado con el Nilo. Sin embargo, debido a que el Tigris y el Éufrates son ríos del Occidente de Asia y el Cus de Génesis 2.13 también podría estar allí, el Río Gihón podría haber estado en el Occidente de Asia y no en el Norte de África.

2. Manantial (ʿEn Sittī Maryam/ʿAin Umm ed-Daraǵ) del Valle de Cedrón en tiempos del AT. El agua brota de una cueva natural entre una y cinco veces al día (y suple de 7000 a 40 000 pies cúbicos de agua), dependiendo de la estación del año. Salomón fue ungido como rey en este lugar (1 R 1.33, 38, 45). Ezequías obstruyó las aguas del manantial y las desvió hacia una reserva (el Estanque de Siloé; cf. Jn 9.7, 11) por medio de un túnel que ordenó cavar (2 R 20.20; 2 Cr 32.30), para proteger la provisión de agua durante la invasión asiria de 701 a.C. A mediados del siglo VII Manasés construyó un muro externo para reforzar las defensas de Jerusalén al occidente de Gihón (2 Cr 33.14)

Bibliografía. Z. Abells and A. Arbit, «Some New Thoughts on Jerusalem's Ancient Water Systems,» *PEQ* 127 (1995): 2-7; Y. Shiloh, *Excavations at the City of David* 1: *1978-1982.* Qedem 19 (Jerusalem, 1984).

STEPHEN MILLER

GILAIAI (Heb. *gilălay*)

Músico levita que participó en la procesión de la dedicación del muro reconstruido de Jerusalén (Neh 12.36).

GILBOA, MONTE (Heb. *har haggilbōaʿ*)

Gran espolón de piedra caliza eocena y cenomania que, junto con la Montaña de Moria al norte, marca la separación entre los valles de Jezreel y Harod. Eusebio (*Onom* 72.10), fija la ubicación del Monte Gilboa, y escribe que su nombre es preservado por la aldea Gelbus (Jelbun, 189207), a 6 millas romanas de Scytopolis (Beit She'an).

En la fuente de Harod (Ein Jalud, 183217) al pie de Gilboa, es que Gedeón elige a 300 hombres para luchar contra los madianitas (Jue 7.1). Saúl y sus tres hijos mueren en el Monte Gilboa (1 S 28.4; 31.1-6). Acab, rey de Israel, parece haber establecido una capital de invierno en Jezreel (Zirin), ciudad que está en la punta más occidental del Monte Gilboa (1 R 21.1). ***Bibliografía.*** T. Koizumi, «On the Battle of Gilboa,» *Annual of the Japanese Biblical Institute* 2 (1976): 61-78.

Brian P. Irwin

GILGAL (Heb. *gilgāl*)

1. Lugar «al otro lado» de los montes Gerizim y Ebal. Deuteronomio 11.30 lo describe tanto como «la tierra de» los cananeos que moraban en el Arabá (que podría referirse a Gilgal, cerca de Jericó) como «al lado» del encinar de More (que podría indicar otro Gilgal, cerca de Siquem).

2. Lugar al este de Jericó, donde los israelitas acamparon después de atravesar el río Jordán y donde erigieron 12 piedras del río Jordán, como un recordatorio de que las 12 tribus habían atravesado (Jos 4.19-20). La generación de israelitas que nació en el desierto fue circuncidada aquí (Jos 5.2-9). De esta acción de «quitar el oprobio de Egipto», aparentemente se deriva el nombre de Gilgal, como un juego de la palabra hebrea *gll* («esfumar»). En Gilgal los israelitas celebraron la primera pascua en la tierra (Jos 5.10), comieron el producto de la tierra y el maná cesó. Atacaron a Jericó desde Gilgal, allí fueron engañados por los gabaonitas (Jos 9.6) y lanzaron su ataque sobre la coalición antigabaonita (10.6-7, 9, 15). También volvieron allí de un operativo victorioso en el sur de Canaán (Jos 10.43) y le entregaron Hebrón a Caleb, al iniciar la asignación de tierras a las tribus (14.6).

En Jueces 2.1, el ángel del Señor va de Gilgal a Boquim, lo cual quizás indica un descenso en la importancia de Gilgal, o quizás su captura por los moabitas. Desde allí Aod regresó para asesinar a Eglón su rey (Jue 3.19). En la época de Samuel, Gilgal parece haber recuperado algo de importancia. Fue parte de su circuito (1 S 7.16). Samuel y el pueblo hicieron sacrificios allí (1 S 10.8), y allí Saúl fue confirmado como rey (11.15); pero Saúl fue reprendido por ofrecer sacrificios presuntuosamente (13.9-14) y por no destruir los rebaños amalecitas que mantenía para hacer sacrificios allí (15.21). Esta mención de sacrificio en Gilgal quizás indica su importancia como un santuario de la época. En Gilgal también se le da la bienvenida a David como rey, después de la derrota de Absalón (2 S 19.15, 40).

Los profetas del siglo VIII condenan el uso de Gilgal como centro para sacrificios (Os 4.15; 9.15; 12.11[TM12]; Am 4.4; 5.5). Miqueas recuerda positivamente a su pueblo el viaje de los israelitas de Sitim a Gilgal (Mi 6.5).

Los intentos de los arqueólogos de fijar la ubicación de Gilgal cerca de Jericó no han sido concluyentes. Quizás solamente fue un campamento que después llegó a ser un lugar de sacrificios, que meramente consistía de un altar y de unos cuantos pilares d piedra.
Bibliografía. B. M. Bennett, Jr., «The Search for Israelite Gilgal,» *PEQ* 104 (1972): 111-22; J. Muilenburg, «The Site of Ancient Gilgal,» *BASOR* 140 (1955): 11-27.

3. Lugar de Galilea entre Dor y Tirza, a cuyo rey Josué derrotó (Jos 12.23-24 TM). La LXX dice «Goim en Galilea» (también la NBJ 1976).

4. Lugar hacia el que la frontera norte de Judá giraba hacia el norte, al otro lado de la subida de Adumín (Jos 15.7). Sin embargo, al describir esta misma frontera como la frontera del sur de Benjamín, Josué 18.17 menciona a Gelilot en lugar de Gilgal. Las excavaciones tentativamente identifican el lugar como ʿAraq ed-Deir (180133), a 1.5 km (0.93 mi) al oeste de Khan el-Aḥmar, la tradicional «posada del Buen Samaritano».

5. Lugar al norte de Betel. Desde allí, Elías y Eliseo viajaron a Jericó (2 R 2.1-4). Más tarde, después de resucitar al hijo de la mujer sunamita, Eliseo volvió a Gilgal, donde purificó una olla de guiso contaminado (2 R 4.38). Algunos eruditos identifican el lugar con la moderna Jiljulieh, en la región montañosa, alrededor de 13 km (8 mi) al norte de Betel.

6. Lugar por el que Demetrio pasó cuando iba a sitiar Jerusalén (1 Mac 9.2).

Roger Good

GILO (Heb. *gilōh*)
Ciudad de la región montañosa de Judá (Jos 15.51); hogar de Ahitofel («el gilonita»; 2 S 15.12, 23.34). Aunque es ampliamente aceptada, la identificación de Gihón con Khirbet Jala, c. 8 km (5 mi) al noroeste de Hebrón, encuentra una dificultad en Josué 15.48-51, que parece ubicar a Gilo al suroeste de Hebrón, quizás cerca de Khirbet Rabud (151093).

GIMNASIO
Institución griega donde los jóvenes desnudos entrenaban sus cuerpos, mentes y almas a través del ejercicio corporal. Las fuentes antiguas observan lo inseparable que el gimnasio era del estilo de vida griego y de las ciudades griegas (Strabo *Geog.* 5.4.7; Pausanias *Descr. Gr.* 10.4.1). El gimnasio estaba asociado con el comportamiento homosexual, especialmente con la pedofilia, y muchos romanos veían el gimnasio como un lugar donde se corrompía a sus jóvenes (Cícero *Tusc. disp.* 4.70; *De leg.* 4.4.4; Tácito *Ann.* 14.20.4). No hay referencias en el NT al gimnasio (pero cf. *gymnázō*, «entrenar», que se usa metafóricamente en 1 Ti 4.7; He 5.14; 12.11; 2 P 2.14; *gymnasía*, «entrenamiento físico», que se refiere a las disciplinas austeras en 1 Ti 4.8).

De particular importancia para el judaísmo fue la introducción de gimnasios en Judea en el siglo II a.C. La construcción de un gimnasio en Jerusalén llevó a muchos judíos de Judea a rechazar el pacto santo bajo el reinado de Antíoco Epífanes IV (175-164; 1 Mac 1.10-15). La participación judía en el gimnasio era sinónimo de eliminación de la circuncisión y asimilación de costumbres paganas (2 Mac 4.7-17). La introducción de esta institución griega fomentó la reacción judía conservadora en contra de la asimilación, que a su vez gestó sectas judías a mediados del siglo II a.C.

Bibliografía. R. E. Wycherley, *How the Greeks Built Cities*, 2nd ed. (New York, 1976).

RICHARD E. OSTER, JR.

GIMZO (*gimzô*)
Ciudad judaíta de la región baja, cerca de la llanura filistea, capturada por los filisteos en la época de la Guerra Siro-efraimita (2 Cr 28.18). El lugar generalmente es aceptado como la moderna Jimzū (145148), alrededor de 5 km (3 mi) al sureste de Lod (la Lida bíblica).

GINAT (Heb. *gînaṯ*)
Padre de Tibni, que sin éxito compitió con Omri por el trono israelita (1 R 16.21-22).

GINETO (Heb. *ginnĕṯôy*)
Sacerdote que regresó del Exilio con Zorobabel (Neh 12.4). Podría ser el mismo Ginetón **2**.

GINETÓN (Heb. *ginnĕṯôn*)
1. Sacerdote que puso su sello en el pacto renovado en la época de Nehemías (Neh 10.6[TM 7]).

2. Jefe de una familia sacerdotal de la época del sumo sacerdote Joiacim (Neh 12.16). Si el nombre es un epónimo de toda la familia, podría abarcar al **1** de arriba. Algunos también lo identificarían con Gineto.

GISPA (Heb. *gišpāʾ*)
Supervisor de los sirvientes del templo en la época de Nehemías (Neh 11.21). Algunos eruditos consideran que el nombre es una corrupción de Hasufa en el listado de Esdras 2.43.

GITAIM (Heb. *gittāyim*)
Ciudad (Heb. «par de lagares») donde los habitantes amorreos de Beerot recibieron refugio permanente (2 S 4.3), ya sea de las hostilidades de Saúl en contra de las ciudades que estaban aliadas con Gabaón (21.2; Jos 9), o de Saúl en venganza por el asesinato de su hijo Isboset, por parte de los descendientes de Rimón beerotita (2 S 4.2). Su ubicación es incierta. Algunos eruditos prefieren una identificación cerca de Beerot, en el territorio tribal de Benjamín, pero otros prefieren Gat, al noroeste de Aijalón, donde la cercana presencia filistea habría provisto protección en contra de Saúl. Gitaim fue habitada después del Exilio (Neh 11.33).

DAVID PAUL LATOUNDJI

GITIT (Heb. *gittîṯ*)
Término confuso que se encuentra en títulos de salmos (Sal 8, 81, 84), siempre como parte de la frase *ʿalhaggittîm*, que generalmente se traduce: «sobre Gitit» (RVR60, 95, LBLA). Al igual que otros términos con *ʿal* en los títulos de salmos, es muy probable que sea un término técnico que denota una melodía, quizás alguna que se asocie con Gat. Entre otras posibilidades están una clase de instrumento musical (p.ej., la lira gitita), un procedimiento ritual, o una canción/ceremonia festiva, quizás asociada con el Año Nuevo o los Tabernáculos (cf., LXX «en las tinajas de vino», del Heb. *gaṯ*).

TYLER F. WILLIAMS

GIZONITA (Heb. *gizônî*)
Gentilicio que se aplica a Hasem, uno de los guerreros de David (1 Cr 11.34). No se sabe de ninguna persona ni lugar llamados Gizo, de donde el término podría derivarse; por lo tanto, los eruditos sugieren enmendar el texto a «gunita» (cf. LXX) o «gimzonita».

GLORIA

Aspecto de una persona o de Dios, digno de alabanza, honor o respeto; que frecuentemente se asocia con la brillantez o el esplendor en las teofanías. Cuando se usa en la gente o en la creación, la gloria es una característica que la gente típicamente honra: sabiduría (Pr 25.2), poder (2 R 14.10), riqueza (Est 1.4; Mt 6.29 par.). Puede referirse a una cualidad de la tierra (Is 35.2) o de personas: edad (Pr 16.31), fortaleza (20.29), o apariencia externa (Is 53.2).

Varias palabras hebreas se traducen como «gloria», más comúnmente: *kābôd*, «fuerte, pesado, agobiante» (cf. Is 22.24). Algunos términos relacionados son *hāḏār* (p.ej., el esplendor de la obra de Dios, Sal 90.16) y *hôd*, soberanía de Dios sobre todas las cosas (Sal 148.13), muy frecuentemente traducida como «honra». La LXX utiliza el Gr. *dóxa*, con lo que unifica gloria con sus manifestaciones y abarca la grandeza y majestad de Dios. El NT heredó este complejo de significados al usar también *dóxa* en el sentido griego clásico de «reputación» (cf. Lc 14.10), en el sentido hebreo de «pesado» (2 Co 4.17) y para la presencia residente de Dios, la Shekinah (1 P 4.14).

Antiguo Testamento

El Pentateuco asocia la gloria de Dios (esto es, su aura, la magnificencia pura de la presencia de Dios) con teofanías, actos de salvación y juicio. La gloria es un fuego devorador, cubierto de nubes en el Monte Sinaí (Ex 24.16-17). En las nubes y en el fuego la gloria de Dios acompañó a Israel en el desierto (cf. Ex 13.21), llenó el tabernáculo (40.34-38) y el templo (cf. 1 R 8.10-11; 2 Cr 7.1-3), y santificó el inicio del servicio ritual (Lv 9.23). Dios escondió su gloria de Israel, pero le dio a Moisés un atisbo de su brillantez (Ex 33.18-23). Dios exhibe su gloria en la salvación: en la victoria sobre el Faraón en el Mar Rojo (Ex 14.4) y al proveer maná en el desierto (16.7). Cuando el pueblo se rebela, la gloria también acompaña al juicio (Nm 16.42-50).

En los Profetas la gloria de Dios se vuelve a encontrar en la teofanía (Is 6.3; Ez 43.2-5) y se declara en juicio sobre el Israel rebelde (Is 2.10; Ez 10.18) y las naciones (Is 10.16). En contraste con la gloria humana, Dios mantiene un pacto inquebrantable con su remanente fiel (Is 42.8) y promete salvación (40.5; 46.13) y protección (58.5-8). Ezequiel consuela a los exiliados con la promesa del regreso de la gloria de Dios a un templo restaurado (Ez 44.4-8).

En los Salmos la gloria de Dios yace en sus obras poderosas, manifiestas en la creación (p.ej., Sal 19, 29, 97, 104). Israel adora a Dios por sus obras poderosas de salvación en la historia (Sal 66; 105; 145.4-12). Dios es el rey victorioso de gloria (Sal 24.7-12), cuya presencia ahora está en Sion (26.8; 63.2[TM 3]).

El AT también proclama la esperanza escatológica de que su gloria «llena toda la tierra» (Nm 14.21), cuando todas las naciones bendigan al Señor (Sal 66.2-4; 138.4-5). El reino mesiánico emergerá cuando las naciones conozcan la gloria y la paz del Mesías (Is 60.1-3; cf. 11.6-9; Hab 2.14).

Nuevo Testamento

Así como en el AT, la gloria es un atributo esencial de Dios «el Padre de gloria» (Ef 1.17), cuyo esplendor se expone en el nacimiento de Jesús (Lc 2.9) y es parte de la esperanza escatológica (Ro 5.2). A cambio, la gente tiene que glorificar a Dios (Hch 12.23; 1 Co 10.31).

La comprensión de la gloria aquí se expande para incluir la de Cristo también. Así como en el AT gloria se refería a la salvación, en el NT se revela en la obra de salvación del Mesías. En los Evangelios sinópticos, Cristo comparte en gloria en la Parousia, cuando viene con vindicación y juicio (Mt 16.27; Mr 8.38). Cristo posee su propia gloria por medio de su muerte y resurrección (Lc 24.26). En el relato de la Transfiguración (Lc 9.28-36 par.) la gloria de Jesús se experimenta como una teofanía.

Juan presenta a Jesús como la revelación de la gloria de Dios (Jn 1.14), preexistente en Cristo (17.24). Sus obras son señales de la gloria de Dios (Jn 2.11), que invitan a creer (11.4, 40). La cruz es la señal culminante, la hora de la glorificación de Cristo (Jn 12.23; 13.31-32; cf. Ap 5.12-13). Dios continúa glorificando a Cristo a través de la obra del Espíritu (Jn 16.14).

La participación de la gloria del Cristo resucitado es una participación de la gloria de Dios (Ro 5.2; 2 Co 3.7-18). A través del Espíritu la Iglesia deja que la Gloria de Dios en Cristo penetre en su vida (2 Co 3.18; 4.6). Los creyentes son la imagen y gloria de Dios (1 Co 11.7), y dan gloria al tener vidas dignas del evangelio (10.31; 1 Ts 2.12), a través de la obediencia (2 Co 9.13), pureza (1 Co 6.20), buenas obras (1 P 2.12) y disposición a sufrir por Cristo (Ro 8.17-18; 1 P 4.13-16). Pueden anhelar compartir en la gloria de Dios, al vivir en su presencia con cuerpos nuevos, en un cielo nuevo y una tierra nueva (1 Co 15.43; Ap 21.22-26).

Bibliografía. I. Abrahams, *The Glory of God* (1925, repr. New York, 1973); H. U. von Balthasar, *The Glory of the Lord: A Theological Aesthetics,* 7 vols. (San Francisco, 1983-91); G. von Rad and G. Kittel, «dokéZ, dóxa,» *TDNT* 2:232-55.

DARRELL D. GWALTNEY, JR./ RALPH W. VUNDERINK

GLOSA

Nota de escriba, originalmente escrita al margen o arriba de una línea, que en el proceso de transcripción llegó a estar incorporada al texto. Como lo verifican los críticos textuales, esas anotaciones podrían haber tenido la intención de explicar o esclarecer un pasaje (p.ej., Jos 1.15: «y entraréis en posesión de ella»), indican una variante de un texto (cf. 1 S 12.13: «el cual pedisteis»; que no aparece en la LXX), o añaden alguna declaración piadosa o corrección teológica (p.ej., Sal 51.14[TM16], «Dios de mi salvación»).

GNIDO (Gr. *Knídos*)

Ciudad portuaria en la costa suroeste de Asia Menor, situada en el extremo occidental de una larga península que se adentra en el Mediterráneo, frente a la isla de Cos, en la región llamada Caria. Una pequeña isla, artificialmente conectada a la península, también formaba parte de Gnido. Gnido era famosa por la estatua de Praxiteles de Afrodita. Roma envió a Gnido y a otras ciudades una carta declarando el apoyo para el gobierno de Simón sobre el estado judío (1 Mac 15.23). Después de un difícil viaje, el barco en el que viajaba Pablo como prisionero a Roma tuvo que cambiar de dirección de Gnido cuando fue expuesto a vientos desfavorables (Hch 27.7).

DOUGLAS LOW

GNOSTICISMO, GNOSIS

El gnosticismo como término se originó en el siglo XVIII y ha funcionado como la etiqueta de una categoría mal definida en la historia del estudio de las religiones. Tanto el término como la categoría moderna ahora están bajo una fuerte crítica. Los términos griegos anteriores *gnṓsis* («conocimiento») y *gnṓstēs* («conocedor») se emplean en fuentes antiguas que naturalmente carecen del término moderno «gnosticismo».

En su presentación erudita clásica, que cada vez está más desacreditada, el término gnosticismo se usó como la etiqueta de lo que diversamente se describía como un movimiento de protesta, mayormente unificado, en contra de las estructuras filosóficas de la antigüedad tardía. Esta propuesta «religión gnóstica», en sus diversas formas abiertamente admitidas, se decía que era promovida por elitistas, era un parásito de otras religiones y radicalmente dualista en sus actitudes en contra del cosmos y del cuerpo. Se entendía que los seres humanos estaban en un estado de ceguera, de sueño y embriaguez. El espíritu interno era prisionero del cuerpo carnal, que a su vez era prisionero del cosmos material, ambos creados por un Dios inferior y más bajo (Gn 1-6), del que a veces se decía que esclavizaba a su creación con el tiempo, las leyes y la sensualidad. La historia humana traza el intento de trascender a las propias limitaciones materiales retornando al Dios supremo y genuino en el cielo más alto (*plērōma*). Este retorno se lograba a través de la experiencia receptiva de conocimiento (*gnṓsis*) de la persona, que la informaba de su verdadera naturaleza espiritual y orígenes en el cielo más alto, de su caída trágica en la materia (*hylē*) y de su restauración final con el Dios verdadero. Compañera de este modelo era la idea de que los gnósticos estaban involucrados en una «crisis social», diversamente descrita, que se presentaba tanto a un nivel textual como mitológico, en una revuelta hermenéutica subversiva, una exégesis de protesta dirigida en contra de las mitologías políticas ortodoxas, judías y cristianas, frecuentemente con un giro junguiano. Esta rebelión se caracterizó en los textos con una inversión exegética del valor de los primeros capítulos de Génesis. En el lado ético, a los gnósticos se les describía como ya sea ascéticos o libertinos. A algunas de estas características se les dio énfasis, se les restó énfasis, o incluso se las ignoró en algunos reportes heresiológicos y supuestos textos gnósticos, en tanto que se agregaron otras características como lo demuestran las complejas evidencias.

Esta caracterización clásica del gnosticismo es un concepto moderno que ha intentado describir un fenómeno social que nunca existió en el mundo antiguo, pero en su fracaso de describir un movimiento social construyó una categoría defectuosa. Los eruditos están divididos en cuanto a si el término debería retenerse y revisar la categoría, o si tanto el término como la categoría deberían abandonarse.

Los estudios recientes sugieren que más bien se debería describir el fenómeno social bajo consideración como una colección variada de movimientos religiosos nuevos. Estos movimientos tomaron de una gran reserva de tradiciones discretas, muchas de las cuales se remontan a textos y movimientos antiguos. Dependiendo de su particular constelación de tradiciones, cada movimiento entonces puede identificarse como de su tipo. La fallida búsqueda clásica de los orígenes del gnosticismo, que a menudo afirmaba que había comenzado entre intelectuales descontentos (judíos, cristianos y otros), ha intentado explicar demasiados fenómenos diversos en una categoría demasiado angosta. Esto sugiere que el análisis de fuentes debería enfocarse de mejor manera en los orígenes y desarrollo de tradiciones individuales y grupos de tradiciones. Con este nuevo modelo emergente, tanto el término «gnosticismo» como su categoría moderna afín han perdido toda la relevancia para el asunto en cuestión, y ahora funcionan solamente para alertarnos del problema de su existencia.

Las evidencias históricas, que han sido el foco del término y categoría moderna «gnosticismo», se dividen en dos grupos: manuscritos antiguos y reportes heresiológicos. En cuanto a los manuscritos, ha habido cuatro descubrimientos importantes de códices cópticos de papiro que preceden a 400 d.C., como, en orden de descubrimiento, el Códice Askew que contiene cuatro textos (publicado en 1896), el Códice Bruce que contiene tres textos (1891), y el Códice de Berlín que contiene cuatro textos (1955). En 1945, se descubrieron 13 códices cópticos de papiro que contenían 52 textos distintos y que datan de mediados del siglo IV en el Alto Egipto, cerca de la moderna aldea de Nag Hammadi. Los libros parecen haber sido copiados e interpretados por monjes cristianos. Los orígenes mayormente datan desde los siglos II y III, con algunas de sus fuentes que se remontan hasta el siglo I. Este descubrimiento único proporciona 40 textos nuevos, 30 de los cuales están bastante completos, pero 10 están muy fragmentados. Muchos de los textos recuperados de estos cuatro descubrimientos fueron ubicados en la categoría del «gnosticismo», porque se consideraba que eran similares a los textos refutados por los heresiólogos. Estos descubrimientos de manuscritos han incrementado nuestro conocimiento de la amplitud y diversidad de los movimientos religiosos que alguna vez fueron empujados a la categoría deficiente del «gnosticismo».

Los heresiólogos abarcan del siglo II al V, comenzando con Justino Mártir (m. 165), el influyente Ireneo de Lyon (m. 200), Clemente de Alejandría (m. 215), Tertuliano (m. 225), Hipólito de Roma (m. 235), Orígenes (m. 254), Epifanio de Salamis (m. 403), Agustín (m. 430; que fue maniqueo) y Teodoreto de Ciro (m. 466). Las evidencias heresiológicas pueden dividirse en citas al pie de la letra confiables (que ascienden a menos de 60 páginas) y en varias descripciones. El carácter naturalmente predispuesto, y algunas veces el carácter derivativo de los reportes heresiológicos es muy conocido. Generalmente, estos reportes sostenían que los grupos que describían se habían desviado de la línea verdadera, bajo influencia demoníaca, y que el error había llegado a través de una fuente judía anterior (Justino e Ireneo), de una fuente filosófica griega (Hipólito y Clemente) o de una variedad de fuentes sectarias griegas y judías (Epifanio).

Los reportes heresiológicos evidencian la existencia de movimientos religiosos discretos (frecuentemente llamados escuelas). Basílides de Alejandría (m. c. 150) y su estudiante Isidoro comenzaron un movimiento exitoso que existió hasta el siglo IV, aunque estuvo confinado a Egipto. Valentino de Alejandría y Roma (m. c. 175) vio que su enseñanza explotó en la escena internacional durante su propia vida, con el desarrollo de tradiciones valentinianas orientales y occidentales distintivas. Algunos de sus estudiantes llegaron a ser figuras influyentes en la historia cristiana valentiniana, más notablemente Ptolomeo, Heracleón y Marcos. Marción de Sínope (m. c. de 160) también construyó un movimiento internacional de éxito con estudiantes como Apeles (m. c. 200), que duró hasta el siglo IV en Occidente (blanco de la persecución estatal de Constantino), pero aún más en Oriente, donde los autores árabes todavía se referían a los marcionitas en el siglo X.

Algunos estudiosos modernos sugieren que varios textos del NT, y textos relacionados, evidencian contacto con el «gnosticismo» en varias etapas de su desarrollo. Los textos que especialmente sobresalen son la correspondencia de Pablo con los Corintios, Colosenses, Efesios, las Epístolas Pastorales, Judas, 2 Pedro y las cartas de Ignacio de Antioquía (m. c.

115), y Policarpo de Esmirna (m. c. 165), entre otros. Pero aun aquí los asuntos que se discuten son diversos, lo cual demuestra una mezcla compleja de nuevos movimientos religiosos rivales, pero ninguna evidencia del «gnosticismo».

Bibliografía. H. Jonas, *The Gnostic Religion* (Boston, 1963); G. Quispel, *Gnostic Studies,* 2 vols. (Istanbul, 1974); J.M.Robinson,*The Nag Hammadi Library in English,* 3rd rev. ed. (San Francisco, 1988); K. Rudolph, *Gnosis* (San Francisco, 1984); D. M. Scholer, *Nag Hammadi Bibliography, 1948-1969* (Leiden, 1971); *Nag Hammadi Bibliography, 1970-1994* (Leiden, 1997); M. A. Williams, *Rethinking «Gnosticism»* (Princeton, 1996).

PAUL MIRECKI

GOA

Lugar que se menciona junto con Gareb como punto de referencia para la Jerusalén restaurada, engrandecida y resantificada (Jer 31.39). La ubicación exacta sigue siendo desconocida, pero en el contexto de la profecía de Jeremías seguramente tiene que estar al sureste de Gareb, al norte del Valle de Hinom, y al oeste del Cedrón. La LXX, en lugar de traducir el término como un nombre propio, utiliza el griego descriptivo *ex eklektṓn líthōn* («piedra de los elegidos» o «piedra de los escogidos»); sin embargo, esto no da más indicación en cuanto a una ubicación exacta.

Bibliografía. J. J. Simons, *Jerusalem in the Old Testament* (Leiden, 1952).

DENNIS M. SWANSON

GOB (Heb. *gôḇ*)

Lugar de dos batallas entre David y los filisteos (2 S 21.18-19). El relato paralelo da el nombre del lugar como Gezer (1 Cr 20.4).

GOBERNADOR

Mandatario de una ciudad, territorio o provincia, nombrado por un rey. José se convirtió en gobernador de todo Egipto (Gn 42.6; 45.26; cf. Hch 7.10), y Salomón nombró gobernadores que ejercieron funciones cívicas y militares (1 R 20.14-22; 2 Cr 9.14).

Las referencias a los gobernadores en el AT frecuentemente designan a los administradores oficiales de Babilonia y Persia. El término usual (Heb. *peḥâ*) significa un nivel administrativo inferior a un sátrapa, gobernador colonial persa. Por ejemplo, Tatnai era el gobernador de la provincia «del otro lado del río (Éufrates)» (Esd 5.6), en tanto que Zorobabel y Nehemías eran gobernadores nombrados por el rey, para que estuvieran al mando de Judá (Hag 1.1; Neh 5.14). Los gobernadores también se mencionan en Daniel (p. ej., Dn 2.48; 6.7[TM 8]).

En tiempos del NT «gobernador» (Gr. *hēgemṓn*) usualmente se refería al gobernador de una provincia romana (Mr 13.9; 1 P 2.14). Mateo observa que los cristianos podrían ser llevados a la corte «ante gobernadores y reyes» por causa de Cristo (Mt 10.18; cf. Mr 13.9; Lc 21.12). En su juicio Jesús fue llevado ante Pilato, el gobernador romano de Judea (Mt 27.2, 11-26).

Tres clases de oficiales romanos se describen como «gobernadores» en Lucas: el legado, gobernador militar que gobernaba una provincia imperial (Cirenio de Siria, Lc 2.2); el procónsul, que gobernaba una provincia senatorial (Sergio Paulo de Chipre, Hch 13.7; Galión de Acaya, 18.12); y el prefecto o procurador, que gobernaba una subdivisión de una provincia con un ejército establecido (Poncio Pilatos, Lc 3.1 Félix, Hch 23.24; Festo, 24.27). En 2 Corintios 11.32 el «gobernador» (*ethnárchēs*) bajo las órdenes del rey Aretas probablemente era su asistente.

La actitud básica que se inculca en la Biblia es de respeto y obediencia a «las autoridades superiores» (Ro 13.1-7; 1 P 2.13-17; cf. Mal 1.8). Finalmente, a Dios se le ve como el gobernador supremo que «regirá las naciones» (Sal 22.28[29]).

ALLISON A. TRITES

GOG (Heb. *gôg*), MAGOG (*māgôg*)

Gobernador y su tierra o pueblo, que se describen como el enemigo apocalíptico de Israel.

Magog aparece en la Tabla de las Naciones (Gn 10.2) como hijo de Jafet. Aparentemente, también es el ancestro epónimo de un pueblo de Anatolia (cf. «hermanos» de Magog, cuyos nombre están unidos a las regiones anatolias de Mesec y Tubal). En Ezequiel 38.2 Magog es el nombre de un país, que de nuevo se asocia con Mesec y Tubal en la Anatolia del este. La identificación triple de Magog como ancestro, pueblo y tierra no es fuera de lo normal (cf. Israel). Desafortunadamente, ninguna conexión precisa puede sacarse de cualquier pueblo ni territorio conocido. Josefo (*Ant.* 1.123) identifica al pueblo de Magog como los escitas, pero ninguna evidencia concreta apoya esa identificación tan específica.

En Ezequiel 38—39 Gog es «de la tierra de Magog» de «las partes más remotas del norte» (38.15; 39.2). Es el comandante que, después del regreso de Israel del exilio babilonio, invadirá la tierra y así provocará una batalla final y decisiva con Jehová. La batalla entre Gog y Jehová se describe en la simbología cósmica asociada con el Día de Jehová; terremoto y tormenta acompañan la caída del enemigo. La victoria de Jehová al final vindicará su nombre santo, demostrando que el exilio ocurrió por los pecados de Israel y no por la debilidad de Jehová.

La identidad de Gog es un tema de debate continuo. Frecuentemente se ha sugerido al monarca lidio Gyges (Ac. *gûgu*) del siglo VII a.C., pero se duda por qué Ezequiel (o un editor posterior) presentaría a este gobernador distante y temido por mucho tiempo como el gran castigo justo de Dios. Otra interpretación ve a Gog como el caos encarnado, el enemigo original y el último, cuya destrucción anuncia el reino indisputable de Dios (un evento que se predice en Ez 40—48). Ciertamente, Gog simboliza a todo lo que se opone a Jehová y así es la personificación del caos. Sin embargo, el papel simbólico de Gog no excluye la posibilidad de que una figura histórica esté detrás del símbolo. En el contexto histórico de Ezequiel, Nabucodonosor de Babilonia es el monarca cuyo poder claramente se opone al de Jehová y cuya derrota es esencial para la vindicación del nombre de Jehová. Varios paralelos entre las descripciones de Gog y las descripciones de Nabucodonosor en otra parte de Ezequiel apoyan esta posibilidad. La ubicación babilónica del profeta explicaría el uso de un pseudónimo en lugar del gobernador babilonio.

Gog y Magog reaparecen en Apocalipsis 20.7-10, identificadas como naciones distantes y no como un gobernador y su nación. El papel de Gog y Magog en Apocalipsis corresponde al de Ezequiel 38-39. Inspirados por Satanás, Gog y Magog marcharán en contra de Jerusalén, iniciando la victoria final de Dios sobre Satanás y el reino triunfante del Cordero de la Nueva Jerusalén. La parte que juegan Gog y Magog al inaugurar el escatón ha llevado a varios intentos de interpretarlos como códigos de naciones modernas y personas, que a su vez son vistas como enemigos de Dios y precursores de los últimos días.

En 1 Crónicas 5.4 un Gog, que aparte de eso es desconocido, se enumera como «hijo de Joel».

Bibliografía. B. F. Batto, *Slaying the Dragon: Mythmaking in the Biblical Tradition* (Louisville, 1992); S. L. Cook, *Prophecy and Apocalypticism* (Minneapolis, 1995); B. Otzen, «gôg [gôgh],» *TDOT* 2:419-25.

Julie Galambush

GOIM (Heb. *gôyim*)

1. Reino dirigido por Tidal, aliado de Quedorlaomer, rey de Elam (Gn 14.1, 9). La mayoría de los eruditos asumen que esta referencia es a un grupo de reinos dirigidos por Tidal, tal vez en Anatolia o en Mesopotamia.

2. Reino cuyo rey fue derrotado por Josué (Jos 12.23). El TM agrega «de Gilgal» (RVR60) en tanto que la LXX tiene «de Galilea».

3. Término hebreo general para las «naciones» gentiles (*gôyîm*). Aunque a Israel podría llamársele un *gôy* (sing., que tenía implicaciones raciales, gubernamentales y territoriales, a diferencia del término familiar *ʿam*), el plural usualmente se usaba para los enemigos del pueblo de Dios, especialmente en los libros deuteronómicos (p.ej., Dt 7.1-26; 18.9; 2 R 17.8-41; cf. Ez 20.32).

Eric Mason

GOLÁN (Heb. *gôlān*)

Ciudad (Dt 4.43), posiblemente Saḥm el-Jōlân (238243), que fue asignada a Manasés y entregada a los levitas gersonitas como ciudad de refugio (Jos 20.8; 21.27; 1 Cr 6.71[TM 56]). La parte occidental de Basán (Hauran) era conocida como Gaulanitis (Josefo *Ant.* 17.8.1 [189]) en el período helenista y posteriormente. Fue gobernada por Herodes el Grande (23-4 a.C.) y sus descendientes, Herodes Felipe (4 a.C.–34 d.C.), Agripa I (37–44) y Agripa II (53–85) antes de llegar a ser parte de la provincia de Siria en 106. Excavaciones y estudios recientes indican que la región ha estado ocupada desde el paleolítico hasta los tiempos modernos.

Bibliografía. Z. U.Maʿoz, N. Goren-Inbar, and C. Epstein, «Golan,» *NEAEHL* 2:525-46.

Paul J. Ray, Jr.

GÓLGOTA

Lugar de la crucifixión de Jesús (Mt 27.33; Mr 15.22; Jn 19.17; cf. Lc 23.33). Como Gólgota se traduce el Aram. *gûlgaltāʾ*, «calavera», y es sinónimo del Lat. *Calvaria*. Orígenes suponía que el Gólgota se llamaba así debido a que la calavera de Adán había sido enterrada debajo de la cruz, y Jerónimo sugirió que era porque las calaveras de los prisioneros ejecutados ensuciaban el área. La primera referencia que se conoce del Gólgota como una montaña es el diario del Peregrino de Bordeaux, que habla de «la pequeña montaña (*montículo*) del Gólgota», lo ubica muy cerca de la tumba de Jesús, e indica que Constantino construyó una basílica allí.

Desde mediados de los años 1800 muchos han identificado al Gólgota con el área del Huerto del Sepulcro, terreno calizo que aflora al norte de la Antigua Ciudad de Jerusalén. Sin embargo, nadie antes del siglo XIX, alguna vez identificó este lugar como el lugar de la muerte y resurrección de Jesús. En 160 d.C. la comunidad cristiana consideraba que el Gólgota estaba muy dentro de la ciudad (Melito *Paschal Homily* 71), no fuera del muro (Heb 13.12). Desde principios del siglo IV el Gólgota ha sido identificado como una roca que una vez estuvo cercada por la iglesia de Constantino, del siglo IV, y que ahora está cubierta por la Iglesia del Santo Sepulcro. Las excavaciones que se han hecho allí han revelado que el Gólgota es un afloramiento de una capa de piedra dura, que en el siglo I está en la orilla de una cantera. La roca se eleva a una altura de 5 m (c. 16 pies) por encima del suelo actual de la Iglesia del Santo Sepulcro.

Bibliografía. J. Finegan, *The Archaeology of the New Testament,* rev. ed. (Princeton, 1992), 261-57, 282-84; C. Katsimbinus, «The Uncovering of the Eastern Side of the Hill of Calvary and Its Base,» *Liber Annuus* 27 (1977): 197-208; J. Wilkinson, *Jerusalem as Jesus Knew It* (Nashville, 1983).

ROBERT HARRY SMITH

GOLIAT (Heb. *golyat*)

Paladín filisteo que desafió a los israelitas a que enviaran un guerrero para que peleara con él (1 S 17). Este es un ejemplo del combate representacional, en el que dos héroes pelean por sus ejércitos respectivos y el ganador asegura la victoria para su lado, y de esta manera se evitan numerosas bajas (1 S 17.8-9).

La altura de Goliat no era de 6 codos y un palmo, alrededor de 2.9 m (9.5 pies) (TM), sino de 4 codos y un palmo, alrededor de 2 m (6.5pies) (con base en el Qumrán y la LXX) pero, aun así, probablemente era más alto que los soldados de los dos ejércitos. Saúl, el rey y «gigante» de Israel (1 S 9.2), tenía que haber respondido al reto. En lugar de eso, David lo hizo, y su éxito lo catapultó a la fama y finalmente al reino.

Otro relato de este incidente atribuye la muerte de Goliat a Elhanán, un belemita (*bêṯ hallaḥmî*, 2 S 21.19), y su pasaje paralelo registra que Elhanán mató a Lahmi, hermano de Goliat, y no a Goliat (1 Cr 20.5). David, de esta manera, probablemente mató a un guerrero filisteo cuyo nombre no fue preservado (cf. 1 S 17.8, 10-11, 16). Tal vez el nombre de Goliat se difundió en 1 Samuel 17 por 2 Samuel 21.19. Algunos eruditos consideran a Elhanán como el nombre original de David antes de que fuera rey.

Bibliografía. P. K. McCarter, *I Samuel.* AB 8 (Garden City, 1980); R. de Vaux, «Single Combat in the Old Testament,» in *The Bible and the Ancient Near East* (Garden City, 1971), 122-35.

WILLIAM B. NELSON, JR.

GOMER (heb. *gōmer*)

1. Hijo mayor de Jafet, hijo de Noé, que se confirma en la Tabla de las Naciones como ancestro epónimo de un pueblo (Gn 10.2-3; 1 Cr 1.5-6). También se atestigua en cuneiforme como los *Gimirrai* y en griego como los *Kimmerioi*, y su lugar de origen fue el norte del Mar Negro. Los cimerios se conocen en el antiguo Cercano Oriente desde el siglo VIII a.C., cuando fueron oprimidos por los escitas. Cuando se trasladaron al sur, llegaron a ser una amenaza imponente para Urartu y Asiria también. Parece que desaparecieron de la historia alrededor del siglo VI, ya que los persas no separaron a los cimerios de los escitas. Esta Gomer se nombra de nuevo en asociación con la escena del juicio escatológico en Ezequiel 38.1-9.

2. Hija de Diblaim, prostituta y esposa de Oseas (Os 1.3). Ella dio a luz a tres hijos: Jezreel («Dios siembra»), Lo-ruhamah («sin compasión»), y Lo-ammi («No es mi pueblo»). Estos nombres simbólicos significan la infidelidad de Israel, que se expresa gráficamente en la prostitución de Gomer como representación de la infidelidad religiosa (esto es, participación en ritos de fertilidad). El matrimonio de Gomer con Oseas y la relación de Israel con Jehová señalan que Israel erróneamente adoró a Baal en lugar de Jehová, quien les daba granos, vino y aceite (Os 2.8[TM10]; cf. vv. 16-17[18-19]).

AARON W. PARK

GOMER (Heb. *'ōmer*)

1. Una medida seca igual a la décima parte de un efa (Ex 16.16-36). La medida probablemente no era exacta, indicando básicamente la capacidad de un recipiente de tamaño común.

2. Una gavilla de grano (como NVI, Lv 23.11-12, 15; Dt 24.19). La medida probable era 2.2 l. (2.3 cuartos), aunque las sugerencias van tan alto como 4 l. (4 cuartos, c. la mitad de una canasta peck).

GOMORRA (Heb. *ʿămōrâ*)
Ciudad que se enumera en la Tabla de las Naciones como parte del territorio de los cananeos (Gn 10.19). Gomorra, junto con Sodoma, Adma, Zeboim y Bela (Zoar), comprendían las cinco ciudades del Valle del Mar Muerto (Gn 14.2, 8). Esta pentápolis previamente había servido por 12 años a Quedorlaomer, rey de Elam, antes de que se rebelara en su contra. Quedorlaomer y cuatro aliados orientales invadieron y saquearon Gomorra y Sodoma antes de tomar cautivo a Lot, sobrino de Abraham. Abraham armó una fuerza militar de 318 hombres y rescató a Lot, junto con los demás cautivos (Gn 14.1-16).

La Biblia relata que el Señor seleccionó a Gomorra, junto con Sodoma, para destrucción por su pecado. Abraham intentó interceder ante el Señor por estas ciudades, dado que su sobrino Lot se había establecido en la región. El Señor envió ángeles para sacar a Lot junto con su familia de Sodoma. Cuando la esposa de Lot ignoró la advertencia del ángel de no ver hacia atrás la destrucción de Gomorra y Sodoma, fue convertida en un pilar de sal. Azufre y fuego del cielo destruyeron Gomorra, a los habitantes de Sodoma y ciudades circunvecinas (Gn 19.15-29). Gomorra se menciona con Sodoma como ejemplo del juicio del Señor (p. ej., Gn 13.10; Dt 29.23[TM 22]; Is 1.9-10; Am 4.11; Mt 10.15; Ro 9.29; 2 P 2.6). Frecuentemente se menciona la aniquilación de Gomorra, junto con Sodoma, en la literatura pseudoepigráfica (Gr. Apoc. Esd 2.19; 7.12; Jub 16.5; 20.6). Referencias a Gomorra y a Sodoma también se encuentran en 1QapGen 21.23-22.25 y en Josefo (*Ant.* 1.170-206).

Kenneth Atkinson

GORGIAS
General seléucida cuyas hazañas en contra de los rebeldes judíos están registradas en 1 Macabeos 3.38; 2 Macabeos 8.9. Fue uno de los generales enviados por Antíoco IV Epífanes a suprimir la revuelta judía por toda Judea. En la batalla en contra de los numéricamente inferiores rebeldes judíos, cerca de Emaús, Gorgias fue engañado estratégicamente y fue derrotado por Judas Macabeo (1 Mac 4.1-24). Como gobernador militar de Idumea, con éxito repelió el ataque sin sanción de José y Azarías en la guarnición de Jabnia (1 Mac 5.55-62). Posteriormente, Judas derrotó a Gorgias en Jabnia, cortándole el brazo y haciendo que huyera a Maresa (2 Mac 12.32-37).

Gene J. Lawson

GOSÉN (Heb. *gōšen*)
1. Territorio dentro de Egipto donde los hebreos se establecieron para estar cerca de José (Gn 45.18) y donde residieron hasta la época del Éxodo (Gn 47.1-6; Ex 9.26). Se le llamaba «lo mejor de la tierra» (Gn 45.18; 47.6, 11) y se consideraba bueno para pastar (46.32-34; 47.4). Gosén, aparentemente se extendía hacia Canaán desde la capital egipcia del período patriarcal tardío, cuando José salió a recibir a su padre allí (Gen 46.29).

La tierra de Gosén generalmente se identifica con el área alrededor del Wadi Tumilât, una franja de tierra fértil de 56 km (35 mi) que conecta la parte oriental del Delta del río Nilo con el Lago Timsah. Proporciona uno de los dos únicos pasajes para el tráfico entre Egipto y Sinaí o Palestina al este. Durante el período de los hicsos (1750-1550 a.C.) la región fue habitada por grandes cantidades de semitas del noroeste, aparentemente inmigrantes de Palestina. El relato de José encaja mejor con ese escenario.

Después de la expulsión de los hicsos el área permaneció sin importancia, hasta que los faraones de la Dinastía Diecinueve comenzaron a construir en la región del Delta del Nilo. El nombre del área entonces probablemente cambió. «Ramsés» probablemente se refiere a la ciudad de Pi-ramsés construida por Ramesés II (Ex 1.11), y el área probablemente llegó a ser conocida como la «Tierra de Ramesés» (Gn 47.11; 46.28 [LXX]).

La región formaba el vigésimo distrito egipcio (administrativo) llamado «Arabia» por los escritores clásicos. En el período intertestamentario el territorio del rey árabe Geshem (c. 450-420), enemigo de Nehemías (Neh 2.19; 6.1-2, 6), aparentemente incluía esta área; tazones de plata que tienen su nombre escrito se encontraron allí, en Tell el-Maskhûtah (cf. LXX *Gesem* y *Gesem Arabia* por Gosén).

2. Región del sur de Canaán conquistada por Josué (Jos 10.41; 11.16; LXX *Gosom*).

3. Ciudad del país montañoso asignada a la tribu de Judá (Jos 15.51; LXX *Gosom*).

Daniel C. Browning, Jr.

GOZÁN (Heb. *gôzān*; Ac. *Guzana*)
Ciudad (moderna Tell Halaf) de los límites superiores del río Ḫabur, al que los israelitas fueron deportados después de la caída de Samaria en 722/721 a.C. (2 R 17.6; 18.11; 1 Cr 5.26). Se han encontrado vestigios de la deportación de finales de los siglos VIII-VII; los textos de Tell Halaf dan testimonio de

personas con los nombres de Nadbi-yahu, Neri-yahu, Palí-yahu, Halbi de Samaria, Oseas y Azaryahu. Guzana (Bit-Baḫiani) era la capital de una provincia asiria que le pagaba tributo a la madre patria asiria con centeno, cebada y ganado. El mensajero de Senaquerib afirma que Gozán recientemente había sido conquistada por los asirios (2 R 19.12 = Is 37.12).

Bibliografía. B. Becking, *The Fall of Samaria*. SHANE 2 (Leiden, 1992), 64-69.

Bob Becking

GRACIA

Término fundamental en la discusión de relaciones de la gente con Dios. Las palabras Heb. *ḥēn* y *ḥesed* son los términos principales que indican la disposición de Dios de mostrar favor a los seres humanos, y la continua lealtad de Dios hacia los que han sido aceptados dentro del favor divino. Este favor se manifestó en hechos de liberación en tiempo de necesidad y provisión del sustento diario. El favor se muestra en presencia del benefactor, para que el «buscar el rostro de Dios» (Sal 27.8-9) e implorar a Dios que «haga resplandecer su rostro» y que «alce su rostro» (Nm 6.25,26), todas son expresiones de buscar el favor de Dios, la disposición de Dios a ayudar y de proveer para el bienestar (*šālôm*) del pueblo de Dios. El favor que se ha mostrado también puede ser retirado: esto se expresa comúnmente como ira, lo opuesto de favor (cf. Heb 10.26-31), que se representa con el esconder el rostro o con el retiro del ofensor de la presencia del benefactor (Sal 13.1[TM 2]; 51.11[13]).

El presentar la relación divino-humana en estos términos refleja la manera en que los seres humanos interactuaban. La gente de una posición inferior (en cuanto a poder o recursos) «buscaría el favor» de una persona de una posición socialmente superior. José «halla gracia» en los ojos de Potifar, del carcelero, y en la casa de Faraón (Gn 39.4, 21; 50.4). Esta dimensión humana sigue siendo importante en los relatos de Rut y 1 Samuel, así como de Proverbios. A ese nivel, el «favor» no necesariamente crea una relación continua. Podría ser un solo acto de beneficencia con una respuesta de simple gratitud. Sin embargo, frecuentemente se inicia una relación continua en la que el beneficiario da un servicio leal a cambio, por el favor mostrado por parte del benefactor, y el benefactor sigue dando ayuda y acceso a recursos (cf. la historia de José).

La relación de «gracia» entre Dios y el pueblo de Israel es continua. Las acciones de «favor» en el desierto establecen una relación que ahora claramente ha formulado obligaciones mutuas. Una posición inicial de favor no forzado lleva a la formación de una relación en la que el benefactor seguirá proveyendo ayuda, y los beneficiarios seguirán siendo singularmente leales al Patrón y ofrecerán servicios al Patrón. Dentro de las tradiciones deuteronomistas y proféticas, este servicio leal tenía que cumplirse a través de la beneficencia hacia los compañeros israelitas. La generosidad y la justicia en las relaciones humanas eran obligaciones impuestas al pueblo, como respuesta apropiada a la generosidad de Dios con ellos. La *ḥesed*, «lealtad», de Dios sigue siendo «favor», en el hecho de que cuando los beneficiarios humanos continuamente fallan en su lealtad y servicio, Dios sigue pidiéndoles que regresen al favor, castigando por algún tiempo, pero siempre restaurando, a los que han quebrantado la fe. Incluso, la declaración de un «nuevo pacto» que reemplaza al «antiguo», quebrantado por los antepasados es una declaración del compromiso de Dios, de hacer a un lado todas aquellas ofensas e insultos al favor de Dios, y acercarse a la gente nuevamente con favor (Jer 31.31-34).

En el período del NT, la «gracia» (Gr. *cháris*) se incrusta en el lenguaje de la institución greco-romana del patrocinio. Séneca afirmaba que el patrocinio formaba el «vínculo principal de la sociedad humana» (Séneca *de Beneficiis* 1.4.2), por lo tanto, la proclamación del favor de Dios habría sido escuchada e interpretada dentro de este contexto social. Los patrones daban acceso a bienes, entretenimiento y avance. El cliente, que recibía el beneficio, aceptaba la obligación de extender la fama del donante y declaraba gratitud por los regalos del patrón (cf. Séneca 2.21.1; 2.24.2). El cliente también aceptaba la obligación de lealtad y servicio al patrón. Una tercera figura en esta red se ha llamado el «intermediario» (cf. *mesítēs*). Esta figura era un patrón para sus clientes y cliente o amigo de otro patrón potencial. La benevolencia principal del intermediario era el acceso a otro patrón y los recursos a su disposición.

Dentro de este campo social-semántico, *cháris* tiene tres significados distintos. Primero es la disposición de un benefactor de ayudar a un suplicante, «no a cambio de algo, no en el interés del que da, sino en el del recipiente» (Aristóteles *Retórica* 2.7.2).

En este sentido, es más parecido al heb. *ḥēn*. También se refiere a la devolución adecuada que da el cliente por el beneficio, es decir, gratitud y servicio leal (cf. 2 Co 4.15; He 12.28; 13.15-16), así como al regalo en sí o al beneficio otorgado (cf. 2 Co 8.6-7, 19). Pablo se conoce como partidario de la «salvación por gracia». Está interesado (p. ej., en Gálatas) en establecer la iniciativa no coercitiva de Dios de alcanzar para formar un pueblo de todas las naciones, a través del intermediario ungido de Dios, Jesús. El requerir el cumplimiento de la Torá a los convertidos gentiles amenaza con hacer a un lado o nulificar el favor de Dios que Jesús, el intermediario, ha obtenido para sus clientes fieles (Gá 2.21; 5.2-4), porque lanza dudas en cuanto a la capacidad de Jesús de asegurar el favor de Dios. Muestra desconfianza hacia Jesús, el Patrón inmediato del nuevo pueblo de Dios, formado por judíos y gentiles, llamados al favor de Dios (Gá 1.6). Sin embargo, el favor de Dios busca una respuesta de fidelidad (*pístis*) y servicio por parte de los clientes de Dios. Por lo tanto, Pablo habla de la «obediencia a la fe» (Ro 1.5; 16.26) que es la meta de su misión, inspirar a la respuesta apropiada de los que se han beneficiado con el regalo de Dios. Esto implica el ofrecimiento de todo el ser del creyente al servicio de Dios, para hacer lo que es justo a los ojos de Dios (Ro 12.1; 6.1-14). Como en el AT, esta respuesta se centra no solamente en honrar a Dios, sino en el amor, generosidad y servicio leal hacia los compañeros creyentes (Gá 5.13-14; 6.2; Ro 13.9-10). El dar es gratuito y no forzado, pero el oyente antiguo sabía que aceptar un regalo significaba también aceptar una obligación para con el dador.

El autor de la Epístola a los Hebreos ofrece un entendimiento excepcional del funcionamiento de la «gracia» dentro de la relación patrón-cliente, entre Dios y los seres humanos. Mientras que la humanidad estaba lejos del favor de Dios por los pecados que manchaban la conciencia, el sacrificio sacerdotal de Jesús (intermediación) produjo salvación y limpieza, para que los clientes de Jesús tuvieran «acceso al trono de gracia», esto es, llegar a la presencia de Dios, buscar el rostro de Dios (favor), y recibir «gracia para ayudar en tiempo de necesidad» (p.ej., los recursos para aguantar en medio de la oposición; Heb 4.16). Para obtener los beneficios prometidos de un lugar en la ciudad de Dios (Heb 11.13-16; 13.14), los clientes tienen necesidad de «fe» (*pístis*) y «resistencia» en vista de la hostilidad y no desfallecer en su confianza. Renunciar a los regalos de Dios (y mostrar poco aprecio por el «Espíritu de gracia» de Dios; Heb 10.29) a favor de la paz con la sociedad sería un insulto indignante al Patrón, un desaire a los regalos de Dios y a la mediación costosa de Jesús, lo cual resulta en la «ira» de Dios (Heb 10.26-31; 3.7-4.11). El autor aquí da una idea de la naturaleza recíproca de *cháris*: Dios ha dado gracia a los creyentes a través de la mediación efectiva de Jesús; los creyentes, como clientes honorables, ahora tienen que devolver «gracia» por «gracia», para «demostrar agradecimiento» (Heb 12.28) a Dios, al continuar dando testimonio de su Benefactor en un mundo hostil (13.15) y al ayudarse mutuamente con amor y servicio, estimulándose y apoyándose mutuamente en presencia de una sociedad carente de apoyo.

Bibliografía. F. W. Danker, *Benefactor: Epigraphic Study of a Graeco-Roman and New Testament Semantic Field* (St. Louis, 1982); D. A. DeSilva, «Exchanging Favor for Wrath: Apostasy in Hebrews and Patron-Client Relationships,» *JBL* 115 (1996): 91-116; R. M. Hals, *Grace and Faith in the Old Testament* (Minneapolis, 1980); K. D. Sakenfeld, *The Meaning of ḥesed in the Hebrew Bible*. HSM 17 (Missoula, 1978); R. P. Saller, *Personal Patronage Under the Early Empire* (Cambridge, 1982).

David A. deSilva

GRAN COMISIÓN

El encargo del Jesús resucitado a sus seguidores a «ir y hacer discípulos a todas las naciones» (Mt 28.18-20). Esta tarea de atraer gentiles así como judíos al discipulado cristiano incluye bautizarlos e instruirlos en la enseñanza de Jesús. El mandato es sustentado por la afirmación de Jesús de que él posee autoridad divina, y es apoyado por la promesa de la presencia de Jesús con sus seguidores «hasta el fin del mundo.» Paralelos o alusiones a la Gran Comisión están presentes en varios hilos de la tradición del NT (Mr 16.15; Lc 24.47-48; Jn 20.21; Hch1.8; cf. Mr 13.10; Mt 24.14).

Peter K. Nelson

GRANADO

Punica granatum, árbol pequeño (Heb. *rimmôn*) que se asemeja con frecuencia a un arbusto de forma redonda, pero a veces puede crecer hasta una altura considerable (cf. 1 S 14:2). Es una de las siete especies asociadas con la Tierra Prometida (Dt 8:8);

su fruto es de color rojo, con un cáliz en forma de corona, más o menos del tamaño de una naranja. La tintura de la cáscara de la fruta se utiliza en el curtido de cuero. Dentro de la fruta del granado hay varios compartimentos que rodean a una pulpa gelatinosa y a varias semillas, que se comen crudas y como pasas. El jugo es refrescante, y a veces se convierte en jarabe o en vino con especias (Cnt 8.2). Cuando estuvieron en el desierto, los israelitas anhelaban las granadas que comían en Egipto (Nm 20.5). Los espías trajeron granadas y uvas al regresar de Canaán para mostrar lo fértil que era la tierra (Nm 13.23).

La granada simboliza la belleza en la Biblia. La doncella del Cantar de los Cantares tiene mejillas «como cachos de granada» (Cnt 4.3; 6.7). La floración del granado en la primavera simboliza el despertar del amor (Cnt 6.11; 7.12). Los granados estaban asociados comúnmente con lugares de culto y con deidades en el antiguo Cercano Oriente. Su fruta y sus flores adornaban la parte inferior del efod del sacerdote (Ex 28.33, 34), y en el templo de Salomón decoraban los capiteles que estaban encima de las columnas (1 R 7.18, 20, 42; 2 R 25.17 y par.). La muerte del granado simbolizaba el fin de la prosperidad de Judá (Jl 1.12), y su restauración estaba incluida en la promesa del Señor de restablecer la nación (Hag 2.19).

La palabra hebrea *rimmôn* aparece también como nombre masculino (2 S 4.2, 5, 9.), y de un lugar (Jue 20.45; Jos 15.32.).

Megan Bishop Moore

GRANDE MULTITUD

Grupo de personas que escapó de Egipto en el éxodo, y que más tarde fue parte de la nación de Israel (Ex 12.38). Después de contar solamente a los israelitas, sin incluir a los niños, el texto dice que también se unió a ellos una «grande multitud de toda clase de gentes» (Heb. *ʿēreḇ raḇ)*. El uso de esa frase en este contexto implica que el grupo del éxodo no era totalmente homogéneo; de ninguna manera estaba formado exclusivamente por los descendientes de Jacob, sino que incluía también varios elementos extranjeros. Se puede señalar específicamente a los madianitas que Moisés trajo consigo. No hay ninguna duda de que en la multitud debió haber muchos cananeos, egipcios y otros pueblos. De hecho, los registros de Egipto muestran que muchos pueblos diferentes buscaban refugio en Egipto en tiempos de hambre, como lo hicieron los israelitas, ya que las inundaciones regulares del Nilo favorecían la agricultura allí, aunque la lluvia era escasa. El ceneos y los recabitas estaban claramente incluidos en Israel desde antes. Algunos señalan también a los calebitas, aunque éstos afirman tener ascendencia judaíta. Algunos estudiosos del libro de Éxodo, dicen que este pasaje implica una coalición heterogénea de esclavos y de otros descontentos que se unieron en la fuga o, al menos, en el posterior establecimiento de la nueva nación. Números 11.4 hace una implicación semejante al referirse a «la gente extranjera» [«laya»] (*hāʾsabsub*) que murmuró contra Moisés en las peregrinaciones por el desierto. (La LXX traduce ambos términos con la palabra griega *epímiktos*.)

A pesar de que la frase completa aparece solamente en Éxodo 12.38, su significado de «mezcla» y «extranjeros» está bien comprobado. El término hebreo *ʿēreḇ* sólo se utiliza en Nehemías 13.3 y Jeremías 25.20, 24; 50.37 para referirse a los extranjeros de diversos tipos (cf. Dn 2.41, 43). Salmos 106.35-37 y Esdras 9.2 utilizan una forma verbal (*hithpael*) de esta raíz, para referirse a la mezcla con extranjeros (*gôyîm*), lo que lleva a la idolatría y a los sacrificios humanos.

Robin J. DeWitt Knauth

GRANO

La producción de granos depende de las cosechas del campo, como cereales (Heb. *dāgān*), legumbres y otros cultígenos. Los principales cereales que se cultivan en el Cercano Oriente son trigo (*ḥiṭṭâ*) y cebada (*śĕʿōrâ*). Otro grupo de plantas de cereal de granos pequeños se conoce por el término mijo, entre las que están el sorgo escobero (*Panicum milliaceum* L.), la moha (*Setaria italica* [L.] Beauv.) y el pasto dentado (*Echinochloa crus-galli*). La familia de legumbres incluye varios géneros y especies de los cuales varios se cultivaban en el antiguo Cercano Oriente, como las lentejas (*Lens culinaris* Medik.), las arvejas (*Pisum sativum* L.), las habas (*Vicia faba*), el yero (*vicia ervilia*), los garbanzos (*Cicer arietinum*), el fenogreco (*Trigonela graecum* L.) y el arvejón (*Lathyrus sativus* L.).

Mientras que el trigo y la cebada se siembran en el otoño (de finales de octubre a diciembre), los mijos se siembran en la primavera (marzo-abril) y se consideran una cosecha de verano. Las legumbres se siembran desde noviembre-diciembre (algarrobas), durante diciembre-enero (arvejas, lentejas), hasta febrero (garbanzos). Se hace referencia al período para sembrar legumbres en el Calendario de Gezer como *yrwḥw lqš* (dos meses de siembra tardía). La cosecha de granos comienza con los cereales en abril (cebada) y sigue durante mayo (trigo, avena) y termina de finales de julio a agosto (mijos). La cosecha de legumbres comienza de finales de abril a mayo (algarrobas, arvejas, lentejas) y termina en junio (garbanzos).

Para usar el grano hay que retirarle los tallos. Esto se hace trillándolo y aventándolo. El grano limpio (*bār*) está listo para usarse en la preparación de alimentos, pero el agricultor tiene que asegurarse de que cierta cantidad se almacene para utilizarlo como semilla en la próxima temporada. El transporte del grano limpio desde la era (*gōren*) al área de almacenaje se lograba colocándolo en sacos o bolsas grandes y lo transportaban en lomos de animales y en carretas. El grano se almacenaba en una variedad de contenedores e instalaciones. Para el uso diario e inmediato, se guardaba en grandes botes de conservas que podían colocarse cerca del área donde se preparaba la comida. El almacenaje de largo plazo requería de instalaciones especiales, cuya naturaleza dependía del dueño y del propósito. Las personas que almacenaban granos que ellas mismas producían mayormente usaban fosas para granos revestidas de piedra, en tanto que el gobierno central (la monarquía, centros rituales) usaba una variedad de instalaciones como almacenes tripartitos, con pilares y grandes silos subterráneos, revestidos de piedra. Había otras instalaciones de almacenaje como graneros en la superficie de la tierra, pero estos se conocen mayormente en Egipto y Asiria.

El grano se cobraba como impuesto en especie a las personas y familias. Algunas clases (realeza, nobleza) poseían grandes extensiones de tierra que producían granos. Las instalaciones centrales de almacenamiento se construían en ciudades en las que se llevaba a cabo funciones administrativas, en áreas que se consideraban públicas o administrativas. Estas estaban ubicadas cerca de los palacios, centros rituales, puertas de las ciudades y en otras áreas designadas como centros administrativos. A los funcionarios como el clero, la nobleza o el ejército se les daba granos de estas instalaciones. Se mantenían registros escritos de los depósitos y despachos de la mercancía como en las ostraca de Samaria y Arad.

Bibliografía. O. Borowski, *Agriculture in Iron Age Israel* (Winona Lake, 1987); «Granaries and Silos,» *OEANE*, 431-33; J. M. Renfrew, *Palaeoethnobotany* (New York, 1973).

Oded Brorowski

GREBA

Piezas protectoras que cubrían las piernas, como parte de la armadura del cuerpo que se usaba durante la guerra. El término (Heb. *miṣḥâ*) aparece en la Biblia solamente en la descripción de la armadura de Goliat (1 S 17.6). Su presencia allí defiende la exactitud histórica del relato, ya que los pueblos egeos, que estaban relacionados con los filisteos, claramente usaban este tipo de armadura. En Dendra, en la península griega, se encontraron grebas de bronce de 1400 a.C. y se mencionan las grebas prominentemente en los escritos de Homero. Los hombres griegos de la infantería todavía las usaron en sus guerras en contra de los persas. Aunque los soldados del Antiguo Cercano Oriente se describen con las piernas descubiertas, hay evidencia de que algunos soldados asirios también usaban protectores en las piernas.

Bibliografía. J. G. Warry, *Warfare in the Classical World* (1980, repr. Norman, Okla., 1995); Y. Yadin, *The Art of Warfare in Biblical Lands* (Jerusalem, 1963).

W. E. Nunnally

GRECIA

Regiones habitadas por los antiguos griegos, incluso la península griega, la costa occidental de Anatolia (Jonia), las islas del Mar Egeo y la Magna Grecia (el asentamiento griego del siglo VIII a.C. de las regiones costeras de Italia). «Griegos» aquí se refiere a los habitantes de estas áreas, que estaban conscientes de que compartían historia, idioma y cultura comunes. En general, no había una división inflexible entre lo sagrado y lo secular para los antiguos griegos, de manera que la religión penetraba en su sociedad y proveía de un sentido de identidad común. Entre los actos rituales realizados por los antiguos griegos que se conforman a las concepciones modernas de «religión» estaban la oración y el sacrificio (virtualmente inseparables), así como las ofrendas voluntarias, hechas a varias deidades y héroes del Olimpo, visitas a los santuarios panhelénicos como Olimpia (para las competencias atléticas cada cuatro años), y Delfi (el más famoso de los santuarios oráculos griegos). Los griegos se llamaban «helenos» y a su país «Helas», y designaban a todos los demás *bárbaroi* («no griegos»). En la *Ilíada* a los griegos en general también se les llama «dánaos» (1.42; 2.484-762), «aqueos» y «argivos» (usados como términos equivalentes en 2.333-35). Los romanos fueron los primeros en llamar a los helenos *Graeci* (una forma latinizada del gr. *Graekoi,* de etimología incierta), y a su idioma *Graecum* (Aristóteles *Meteorologica* 1.352a; Apollodorus *Bibliotheca* 1.7.3.).

Edad de Bronce y Período Arcaico (Desde su origen a 450 a.C.)

El idioma griego pertenece a la familia de idiomas indoeuropeos, y más particularmente a la rama occidental de las lenguas centum, que incluye el celta, el itálico, el germánico, el griego y el hitita. Los hablantes del protogriego llegaron a la península griega hacia el inicio del segundo milenio. Al hacerlo, desplazaron a los habitantes autóctonos, que ahora se les llama egeos, cuya existencia es evidente en esos nombres de lugares no griegos como Corinto y nombres propios como *Hyacynth* (Jacinto) (la terminación *nth* es el elemento pregriego). Los recién llegados no rechazaron, más bien absorbieron, muchas características de la cultura egea, como las deidades tan nativas como Atenea y Poseidón. Estos griegos, al interactuar y competir con otras civilizaciones grandes (particularmente los minoicos, pueblo no indoeuropeo), finalmente llegaron a ser un pueblo poderosamente guerrero y comercial que floreció hasta alrededor de 1200. Ahora se hace referencia a ellos como los micénicos por los restos materiales impresionantes de su civilización que se han excavado en Micenas, en la parte central del este del Peloponeso. La forma sobreviviente más antigua del griego escrito se llama Linear B o griego micénico. Se han recuperado tablas con inscripciones de este silabario protogriego de 87 signos, que data desde los períodos micénico y minoico (1450-1200), en Knossos de la isla de Creta y desde las ciudades de Pilos, Micenas y Tebes, de la península griega.

Al colapso de la civilización micénica, hacia el final de la Edad de Bronce (c. 1200), le siguió de cerca la migración de las tribus dóricas a las regiones occidentales de la península de Grecia, el último grupo de griegos en llegar. El final del segundo milenio fue un período de inestabilidad en el escenario del Mediterráneo oriental, como también lo indica la Guerra de Troya y la migración de los Pueblos del Mar a la costa de Palestina, donde llegaron a ser conocidos como filisteos. Este colapso cultural condujo a una Edad Oscura (1150-750) durante la cual la escritura quedó en el olvido y los logros culturales de la civilización minoica y micénica se recordaban solamente en la poesía épica oral. Hacia el final del siglo VIII, una escritura alfabética del semítico del norte, que los griegos llamaban letras fenicias (Heródoto *Hist* 5.58), fue adaptada en varias formas, aunque la forma jónica finalmente llegó a predominar. Para el siglo V, desde la perspectiva de la lingüística histórica moderna, dos grupos importantes de dialectos griegos se confirman: el griego occidental, que consistía de varios dialectos dóricos; y el griego oriental, que consistía del jónico-ático, del eólico y del arcado-chipriota o aqueo. Los mismos griegos distinguían cuatro dialectos: ático, jónico, dórico y eólico (Strabo *Geog.* 8.12.2; 14.5.26).

Hacia el final de la Edad Oscura, en el siglo VIII, hay dos desarrollos de particular importancia. Primero, una escritura alfabética consonántica del semítico del norte (supuestamente adquirido a través de contactos comerciales) fue adaptada para que encajara en las particularidades del idioma griego, dándole forma escrita a las vocales así como a las consonantes. Esta forma mueva de alfabetización hizo posible poner la tradición de la poesía oral por escrito durante el siglo VII, como se ejemplifica en los dos poemas homéricos monumentales, la *Ilíada* y la *Odisea*. Estas historias de la Guerra de Troya (*Ilíada*) y de un guerrero que vuelve a casa de esa guerra (*Odisea*), atribuidas al legendario poeta jónico Homero, fueron textos sagrados para los griegos: que volvían a contar las glorias del pasado micénico, ejemplificaban el comportamiento heroico e identificaban y caracterizaban a las deidades olímpicas. Estos poemas fueron, por siglos, la base de la educación griega.

El período Arcaico convencionalmente comienza con una de las primeras fechas fijas de la historia griega: la fundación (tradicional) de los juegos olímpicos en 776. A eso del siglo VII, los frecuentemente hereditarios *basileís* («reyes» o más exactamente, «caciques») habían sido derrocados en la mayoría de las ciudades-estados por los *kaloikagathoí* («nobles»). Durante el siglo VII, miembros individuales de la nobleza, con apoyo popular y frecuentemente con una fuerza mercenaria, derrocaron a la nobleza y gobernaron inconstitucionalmente como tiranos. El inicio del período Arcaico también coincidió con el surgimiento de la forma griega más característica de organización política, la (normalmente) autónoma *pólis* o ciudad-estado. Una polis típica, que se originó a mediados del siglo VIII y alcanzó su forma clásica al final del siglo V, consistía de una acrópolis, muros, un *agorá* («mercado»), templos en honor a dioses del Olimpo, un teatro y un gimnasio. El poder de las aristocracias y élites de gobierno hereditario eran fuertes; pero se hicieron movimientos hacia la democracia. Por ejemplo, los cambios en la guerra (desde carrozas y caballería a soldados de infantería) estimularon y, de hecho, exigieron la participación de la gente común. Culturalmente, el período Arcaico se conoce como la Edad Lírica, cuando la voz del poeta individual aparece por primera vez (p.ej., Arquiloco de Paros, Teognis de Megara y Safo de Lesbos). También se produjo poesía basada más en la comunidad (p.ej., la lírica coral de Alcman y la poesía militar espartana). También, los primeros filósofos interesados en la cosmología y en el problema de uno y de muchos aparecieron en Mileto de Jonia, como Tales, Anaximandro, y Anaxímenes. Finalmente, estimulado por el hambre de tierra ocasionada por una población demasiado densa e incitado por los mercaderes que buscaban ganancia, el gran período de la colonización griega comenzó a mediados del siglo VIII. A principios del siglo VII, muchas metrópolis griegas habían establecido colonias en regiones tan extendidas como Egipto, la costa del Mar Negro, la costa de Italia y España.

Hay varias referencias bíblicas a Grecia y los griegos en este período Arcaico. La Tabla de las Naciones (Gn 10.2-5; 1 Cr 1.5, 7) enumera a Javán como uno de los hijos de Jafet. El nombre Javán es el equivalente lingüístico del griego Jon, ancestro epónimo de los jonianos. Los griegos, como «Javán» o «javanitas» en otro lado se mencionan como comerciantes (Ez 27.13, 19) o como una de las naciones a las que Israel sería enviado (Is 66.19; Jl 3.6 [TM 4.6]).

Período Clásico (450-323 a.C.)

El siglo V generalmente se considera como el período en que Grecia (particularmente Atenas) alcanzó su mayor apogeo de poder político y logros culturales; pero eso no ocurrió hasta que hubiera enfrentado su mayor desafío nacional hasta ese entonces: las invasiones persas durante el inicio del siglo V. No importa lo escasamente directos que pudieran ser los vínculos históricos entre la Grecia clásica e Israel, hay un historia común significativa que involucra a la nación de Persia y algunos de sus líderes. Ciro el Grande (que gobernó del 559 al 530) ordenó el retorno de los judíos cautivos a Jerusalén para la reconstrucción del templo (p.ej., Esd 1; Is 44.28); este mismo Ciro extendió su imperio a los territorios griegos del Asia Menor y posteriormente fue sujeto de una biografía novelística, la *Cyropaedia* de Jenofonte, o «La Educación de Ciro». Darío I (m. 486) dirigió el primer gran asalto en contra de Grecia (490), que terminó con la derrota decisiva de los persas en la batalla de Maratón. Darío I también apoyó el decreto de Ciro (cf. Esd 6) y figura prominentemente en el libro de Daniel. Jerjes I (que no aparece en el registro bíblico) dirigió una segunda y mayor invasión en 480-79, que también fracasó. En 478-77 se formó una alianza en contra de Persia, se llamaba la Liga de Delos, ya que su base estaba en la isla de Delos. Atenas asumió el liderazgo de esta liga y construyó un imperio, exigió impuestos de sus «aliados» griegos y afirmó su poder militar para imponer los intereses ateneos. Los grandes templos de la acrópolis atenea fueron construidos durante este período. En varias maneras, estos templos celebran la victoria sobre los persas invasores (p. ej., los «griegos vs. los bárbaros» tema de la obra del arte del Partenón; el templo Nike de Atenas, «victoria»).

También fue en el siglo V que un número extraordinario de autores ateneos talentosos produjeron lo que ahora es la literatura griega «clásica». Esquilo, luego Sófocles y Eurípides crearon sus dramas trágicos; Aristófanes escribió sus comedias indecentes que reflejaban una imagen distorsionada de la gran democracia atenea; Heródoto y Tucídides escribieron sus historias que narraban las Guerras Persas y del Peloponeso respectivamente. Esta última guerra, con Esparta y sus aliados, ejerció mucha tensión en Atenas pero no detuvo su producción creativa. Las competencias dramáticas (llevadas a cabo en honor del dios Dionisio) continuaron. Los sofistas y el orden establecido se desafiaron mutuamente; Sócrates (469-399) desafió a ambos. Fue ejecutado pues se le acusó de impiedad en 399, cinco años después del final de la Guerra del Peloponeso, que dejó derrotada a Atenas, y a Esparta, como la ciudad-estado griega más poderosa, por algún tiempo.

Las dinámicas fuerzas políticas y culturales siguieron trabajando en el siglo IV. Ningún poder político dominante surgió hasta que Felipe II de

El Acrocorinto de las ruinas de Corinto; templo de Apolo
(Phoenix Data Systems, Neal y Joel Bierling)

Macedonia (382-336) intentó unir políticamente a las contenciosas y divididas ciudades-estado griegas. La literatura sobreviviente del período registra las voces de los grandes oradores que se opusieron a Felipe (p.ej., Demóstenes, 384-322) y de los que lo apoyaron (p.ej., Isócrates, 436-338). También fue en esta época que Atenas aseguró su reputación como la sede de la filosofía, a través de los escritos y enseñanza de Platón (429-347), el alumno más famoso de Sócrates, y de Aristóteles (384-322), el alumno más famoso de Platón. Sin embargo, una nueva era comenzó con la carrera del hijo de Felipe, Alejandro III.

Período Helenista (323-31 a.C.)

Las exitosas campañas militares de Alejandro Magno (356-323), que ejercieron presión en el este hasta India, radicalmente cambiaron el carácter cultural y político del mundo mediterráneo. Inicialmente, Alejandro pretendía vengar las dificultades sufridas por los griegos durante las invasiones persas de principios del siglo V. Como alumno de Aristóteles, Alejandro conocía y había adoptado la cultura griega y la había diseminado, junto con el idioma griego, a lo largo de su vasto imperio; esta expansión de las costumbres «a lo griego» en todo el período produjeron la palabra «helenista». Alejandro logró esto en parte al fundar muchas ciudades-estado griegas donde se establecían gran cantidad de veteranos greco-macedonios después de servir en el ejército. La muerte de Alejandro en 323 puso en marcha una compleja lucha de poder entre los diádocos («sucesores») que a la larga resultó en el establecimiento de tres dinastías, todas fueron nombradas en honor a sus fundadores greco-macedonios: La dinastía antigónida en Macedonia y Grecia, fundada por Antígono I (c. 382-301); la seléucida en el Asia Menor y Siria, fundada por Seleuco I Nicátor (358-281); y la ptolemaica en Egipto y el Levante del sur, fundada por Ptolomeo I Sóter (c. 367-282). La dinastía ptolemaica fue la que sobrevivió más, hasta la muerte de Cleopatra VII (69-30), que después de la batalla marítima de Actium en 31, cuando ella y Antonio fueron derrotados por Octavio, se suicidaron el 3 de agosto de 30, cuando Octavio capturó Alejandría.

Gracias a los muchos miles de papiros preservados en las arenas secas de Egipto y recuperados durante el siglo pasado, el Egipto ptolemaico es el reino mejor conocido de todos los reinos helenistas. Por ejemplo, documentos en papiro indican que el personal militar y administrativo era reclutado de la

Puerta de los Leones, entrada a la ciudadela de Micenas (Heládico Reciente IIB, alrededor de 1250 a.C.) (B. K. Condit)

península de Grecia. Luego, ellos contribuyeron a la estratificación antitética de la sociedad, que consistía de una élite griega que dominó a los nacionales egipcios. La Alejandría ptolemaica era tanto la capital de Egipto como la sede de la erudición griega, que se centraba en el Museo (destruido por fuego durante el sitio de Julio César de Alejandría en 47), una de las bibliotecas más grandes del mundo antiguo. Alejandría fue el hogar de una gran comunidad de la diáspora judía (que más tarde incluyó al Apolos que se menciona en Hch 18.24; 19.1 y frecuentemente en 1 Corintios). Durante el siglo III, primero el Pentateuco y finalmente el resto del AT fue traducido al griego y llegó a ser conocido como la Septuaginta (LXX, del Lat. *septuaginta,* «70»), ya que según la leyenda 70 traductores judíos tomaron parte en el proyecto (que se narra en la Epístola de Aristeas).

El ascenso al poder del gobernador seléucida Antíoco IV Epífanes (c. 215-164), así como la carrera de Alejandro Magno y la asunción al poder de los diádocos que lo precedieron, se mencionan en Daniel 8; 1 Macabeos 1, ambos escritos antes de mediados del siglo II. La misma Grecia, en gran parte, estuvo sujeta a los gobernadores antigónidas de Macedonia a lo largo de este período hasta 146, cuando Roma, después de su victoria en la Cuarta Guerra Macedonia, destruyó Corinto y convirtió tanto a Grecia como a Macedonia en provincias romanas. La provincia romana de Acaya inicialmente fue organizada en 46 y después Augusto la restableció como una provincia senatorial en 27. Acaya fue el nombre oficial de la provincia romana de Grecia, y es sobre todo con ese nombre como se menciona a Grecia en el NT (p.ej., Hch 18.12; 1 Tes 1.7; 2 Co 1.1), aunque el sinónimo más popular, *Hellas*, también aparece una vez (Hch 20.2; cf. 1 Mac 8.9).

Uno de los desarrollos intelectuales más importantes durante el período helenista es el desarrollo de varias escuelas importantes de pensamiento griego, y cada una de ellas se consideraba heredera del pensamiento socrático. Las dos escuelas fundadas por Platón y Aristóteles, llamadas Academia y Peripatética respectivamente, siguieron desarrollándose durante todo el período helenista. Entre las escuelas filosóficas o movimientos más importantes establecidos un poco después están el cinismo (fundado por Diógenes, alrededor de 412/403-324/321), el epicureísmo (fundado por Epicuro, 341-270), el estoicismo (fundado por Zenón, 335-263, quien enseñaba en la Stoa pintada, «columnata» de Atenas), y el escepticismo (fundado por Pirrón de Elis, alrededor de 365-275, que a veces se le llama pirronismo). Todas estas escuelas consideraban que la filosofía no era un tema misterioso sino el «arte de vivir» por excelencia, que proveía respuestas a los urgentes problemas humanos del sufrimiento humano, como la ira y la agresión, el temor a la muerte, del amor y la sexualidad, la enfermedad y el infortunio. La meta de todas estas escuelas de pensamiento era el logro de la *eudaimonía* (es decir, la felicidad o la vida próspera) a través del uso de la razón y la argumentación.

La vida urbana floreció en este período. Las sedes de poder estaban en ciudades grandes: Alejandría (Egipto), Antioquía (Siria), Pérgamo (Asia Menor), Pella (Macedonia); y, aunque sin precedentes, ciudades que fueron fundadas o que florecieron en esta área compartían elementos comunes de las polis o ciudades-estado griegas. Entre estos estaba el ágora, esencialmente un gran espacio público que podía servir como centro de comercio, la administración local y la actividad social y religiosa (particularmente en templos). Un teatro era obligatorio, como lo era el gimnasio griego, que existía no solamente para ejercicio atlético (que se practicaba desnudo, Gr. *gymnós*), sino para entrenamiento de las tradiciones de la cultura griega. El gimnasio era un símbolo de la cultura griega, lo cual hizo que la construcción de uno en Jerusalén fuera muy controversial (1 Mac 1.14; 2 Mac 4.9).

Período Romano (31 a.C. – 476 d.C.)

En el período romano, Grecia como nación tuvo poco o nada de poder político; los romanos habían conquistado el mundo mediterráneo y lo habían hecho su imperio. Sin embargo, Grecia ejerció una fuerte influencia cultural, proveyendo los modelos para la mayor parte del arte y literatura romanos. Atenas se convirtió en una «ciudad universitaria» y particularmente se distinguió, como lo había hecho, por la filosofía (cf. Hch 18.19-20; 1 Co 1.20-23).

La prevalencia de la cultura griega se refleja en el uso del NT de *Héllēn* («griego») como una designación cultural, así como étnica, y que se refiere a alguien que es helenizado, o que habla griego y es educado. La dicotomía paulina de «judío y griego» (Ro 1.16; 2.9-10; 3.9; 10.12; 1 Co 1.24; 10.32; Gá 3.28; Col 3.11) llega a significar judío y «gentil», «no judío» o «pagano». También, la mujer «griega» de Marcos 7.26 en realidad es sirofenicia «de nacimiento» o «raza». Sin embargo, la designación étnica también se usa (Hch 16.1; Gá 2.3).

Bibliografía. J. Boardman, G. Jasper, and M. Oswyn, eds., *The Oxford History of the Classical World* (Oxford, 1986); J. N. Colstream, *Geometric Greece* (New York, 1977); P. E. Easterling and B.M.W. Knox, eds., *The Cambridge History of Classical Literature,* 1: *Greek Literature* (Cambridge, 1985); M. I. Finley, ed., *The Legacy of Greece* (Oxford, 1981); A. H.M. Jones, *The Greek City from Alexander to Justinian* (Oxford, 1940); A. W. Lintott, *Violence, Civil Strife and Revolution in the Classical City, 750-330 B.C.* (Baltimore, 1982); C. G. Starr, *Individual and Community: The Rise of the Polis, 800-500 b.c.* (New York, 1986); F.W. Walbank, et al., *CAH,* 2nd ed., 7/1: *The Hellenistic World* (Cambridge, 1984).

DAVID E. AUNE Y HANS SVEBAKKEN

GRIEGO

Idioma flexivo en el que marcar las palabras con prefijos y sufijos codifica la estructura sintáctica de la oración. Los verbos expresan tiempo, modo, voz, persona y número, en tanto que los adjetivos, artículos, pronombres y sustantivos pueden expresar género, número y caso. El griego tiene tres géneros: masculino, femenino y neutro. Además del singular y plural, el griego clásico tiene el dual. Los ocho casos indoeuropeos en griego se redujeron a cinco: nominativo, vocativo, acusativo, genitivo y dativo. El griego tiene tres distinciones de voz: activa, pasiva y media.

Historia

El idioma griego consiste de varios dialectos relacionados (ático, jónico, dórico y eólico) que surgieron del protogriego, un idioma indoeuropeo reconstruido. Las tribus migrantes de los aqueos que hablaban protogriego llegaron a la península griega alrededor de 2000 a.C., donde se conocieron y se mezclaron con los aborígenes egeos. La forma escrita más antigua del griego se llama Linear B, que se preserva en tablas de barro, que fueron encontradas en Creta y en la península de Grecia y datan del período minoico y micénico (1450-1200). Al colapso de la civilización micénica (c. 1250) le siguió la llegada de grupos de griegos dóricos, culturalmente menos avanzados, lo cual ocasionó una convulsión cultural que introdujo la Época Oscura Griega (c. 1100-950), durante la cual la escritura quedó en el olvido. Hacia finales del siglo VIII, el griego escrito volvió a aparecer en forma de escritura alfabética, tomada del alfabeto fenicio de 22 caracteres, con la adición de cuatro letras griegas distintivas.

El dialecto griego dominante de los períodos helenista y romano se llama griego koiné («común»), que se basa sobre todo en el griego ático del siglo IV. El ático llegó a ser el dialecto griego más importante, por el dominio político y militar de Atenas durante el siglo V. El koiné fue el idioma oficial de todos los reinos helenistas fundados por los sucesores de Alejandro, y se utilizó como el idioma del gobierno, del comercio y de la educación, así como de la élite gobernante y de los altos estratos de la sociedad, porque el idioma griego y la cultura eran considerados superiores a los demás idiomas. No hay evidencia de que el koiné escrito tuviera dialectos locales, aunque hubo mucha variación léxica y fonológica. El carácter uniforme del idioma escrito contribuyó a la uniformidad del idioma hablado.

El griego en el Cercano Oriente

Durante los períodos micénico y minoico, la península de Grecia y Creta tuvieron contactos comerciales extensos con el Cercano Oriente. Los micénicos llevaron su idioma a Chipre, ya que el dialecto arcado-chipriota se conoce por las inscripciones del silabario chipriota. Aunque el contacto se interrumpió con la disolución de la civilización micénica-minoica, los contactos comerciales se renovaron y se extendieron cuando las ciudades-estado griegas comenzaron la colonización extensa en el siglo VIII. A lo largo de las ciudades helenistas de Egipto y Siria-Palestina, los griegos de la clase media y alta vivían en un aislamiento relativo de los nativos, minimizando la influencia de los idiomas autóctonos. El griego siguió siendo hablado en las ciudades helenistas en el antiguo imperio persa, como Seleucia en el Tigris y Susa.

Tanto el latín como el griego se usaban en la administración de las provincias romanas del este. En el este griego, el uso del idioma griego fue dominante, y en las provincias fue el idioma de la administración romana local. En las provincias griego parlantes, hasta los documentos oficiales romanos se escribían rutinariamente en griego, aunque las inscripciones de las obras públicas generalmente estaban en latín. El latín también fue el medio de comunicación utilizado entre el gobierno central y los magistrados romanos y entre los magistrados romanos y las colonias romanas.

En el Egipto ptolemaico, los inmigrantes greco-macedonios se establecieron en los dos centros nuevos del helenismo, Alejandría en el norte y Ptolemaida en el sur, así como en el antiguo puerto de Naucratis. Sin embargo, la mayoría se estableció en regiones sobre todo rurales a lo largo del Nilo. La preservación de papiros griegos no literarios en Egipto del siglo III a.C. hasta el siglo III d.C. proporciona una línea importante hacia el griego koiné escrito, de este período. Durante el siglo III a.C., la Torá y algunas otras partes de la Biblia Hebrea fueron traducidas a una versión griega llamada la Septuaginta (LXX). La evidencia de las inscripciones indica poca diferencia dialéctica en el koiné de Egipto, Asia Menor, Italia y Siria-Palestina. Los nativos egipcios de condición baja siguieron hablando egipcio hasta el siglo III d.C. En el siglo II, el idioma egipcio, al nivel conocido como cóptico, comenzó a escribirse, utilizando caracteres griegos y dependía mucho de otros aspectos del griego. Tanto como el 20 por ciento del léxico cóptico consiste de palabras prestadas del griego, y algunos verbos griegos fueron adaptados a la morfología copta. Los administradores de clase alta y los aristócratas, así como las clases sociales bajas (especialmente en el Alto Egipto) generalmente eran monolingües.

Después de la muerte de Alejandro en 323 a.C., Celesiria, Siria, Fenicia y Palestina fueron controladas por el Egipto ptolemaico, hasta que fue conquistada por los seléucidas en 201; el griego koiné era el idioma administrativo tanto de los ptolomeos como de los seléucidas. Del siglo III en adelante, la mayoría de las inscripciones que se encontraron en Siria-Palestina están en griego. Los papiros de Zenón (259-257) reflejan la relación entre el judío Tobías y las autoridades egipcias. Una de las inscripciones griegas más antiguas es de Jaffa, en honor de Ptolomeo IV, y data de 217. Aunque había enclaves de cultura helenista en las ciudades helenistas de Galilea como Séforis y las ciudades más norteñas de la Decápolis, como Antioquía de Hippos, Abila, Gadara, Pella, y Bet-seán, todavía no ha surgido ningún cuadro claro en cuanto a la naturaleza exacta de la relación entre los mundos culturales judío y helenista, en la Alta y Baja Galilea durante el siglo I d.C.

Muchos colonizadores griegos se habían establecido en las ciudades costeras fenicias durante el siglo III a.C. El bilingüismo tradicional de estas ciudades fue reemplazado con el monolingüismo del koiné helenista, aunque Palestina generalmente durante el período helenista y romano fue bilingüe; la mayoría de la gente hablaba tanto arameo como griego. Todas las clases sociales hablaban y escribían el griego koiné helenista. El uso del griego en Palestina durante el período romano ha sido investigado intensamente por el problema del idioma o idiomas que Jesús hablaba y el problema más general del extremo al que el judaísmo palestino se había helenizado. Jesús ciertamente hablaba arameo, probablemente hebreo y posiblemente griego. El hebreo fue un idioma que se habló en Palestina hasta el período misnaico, aunque es incierto cuán ampliamente fue usado. Tanto el hebreo como el griego se consideraban idiomas de prestigio en contextos sociales distintos. Durante los siglos II-I a.C., el hebreo fue usado como un idioma literario, por los autores Daniel, Ben Sira y muchos de los Rollos del Mar Muerto. No obstante, hasta entre la literatura de Qumrán un número de manuscritos griegos fueron encontrados que datan de medidos del siglo II a.C. hasta mediados del siglo I d.C., incluso fragmentos de cuatro rollos de la LXX; y un rollo de los Profetas Menores en griego fue descubierto en Naḥal Hever. Dos de las 15 cartas de Bar Kokhba (escritas en 132-35 d.C.) de Naḥal Hever están escritas en griego, y el documento Babatqa de Naḥal Hever consiste de 36 o 37 documentos escritos alrededor de 93-132 d.C. en arameo nabateo y griego. Las 221 inscripciones griegas de Bet-searim en Galilea (siglos III y IV d.C.) exceden en número a las hebreas y arameas. El hecho de que hay alrededor de 1500 palabras prestadas del griego en la literatura talmúdica resalta el amplio uso del griego por parte de los judíos durante los primeros siglos d.C.

Bibliografía. D. E. Aune, «Greek,» *OEANE* 2:434-40; J. A. Fitzmyer, «The Languages of Palestine in the First Century a.d.,» in *A Wandering Aramean* (1979, repr. Grand Rapids, 1997), 29-56; W. Horbury and D. Noy, *Jewish Inscriptions of Graeco-Roman Egypt* (Cambridge, 1992); G. H. R. Horsley, «The Fiction of 'Jewish Greek,'" in *New Documents Illustrating Early Christianity* (Marrickville, New South Wales, 1989), 5:5-40; G. Mussies, «Greek in Palestine and the Diaspora,» in *The Jewish People in the First Century* 2,ed. S. Safrai and M. Stern. CRINT 1 (Philadelphia, 1976), 1040-64; L. R. Palmer, *The Greek Language* (1980, repr. Norman, 1996); J. N. Sevenster, *Do You Know Greek?* NovTSup 17 (Leiden, 1968); B. Spolsky, «Triglossia and Literacy in Jewish Palestine of the First Century,» *International Journal of the Sociology of Language* 42 (1983): 95-109.

David E. Aune

GROSURA

«Grosura» traduce a más de dos docenas de palabras hebreas y griegas y es usada literalmente, sobre todo con relación al sacrificio, y metafóricamente. Los hebreos debían ofrecer en sacrificio la mejor parte de un animal, la grosura y la sangre (Lv 7.33; 17.6; Ez 44.7, 15), que a ningún humano le era permitido comer (Lv 3.17; 7.23-25). Los animales guardados en un puesto más bien que soltados al pasto estaban siendo preparados para la comida y eran conocidos como animales engordados (1 S 15.9; 28.24).

La grosura también puede referirse al tamaño de los animales (Gn 41.2), gente (Jue 3.17, 22), y plantas, como maíz (Gn 41.5, 7). Metafóricamente "grosura" se refiere a la prosperidad (Dt 31.20), fertilidad (27.27-28), riqueza (Jer 5), fuerza (Sal 78.31 MT), e insensibilidad (119.70; Is 6.10 TM).

Timoteo W. Seid

GRULLA

Una de las 14 especies de la familia Gruidae, del orden Gruiformes. Una alta (140 cm[55 pul]) y grácil ave zancuda, la grulla (*Grus grus*) se reproduce en Europa y pasa el invierno en el norte de África, pasando así el Medio Oriente dos veces al año. Su habilidad para saber cuándo emigrar es alabada en Jeremías 8.7, en contraste con aquellos que no concen las ordenanzas del Señor. El término hebreo *(ʿāgûr)* pudo haber sido onomatopéyicamente motivado, ya que el clamor del rey Ezequías de Judá es comparado al chillido de la grulla (Is 38.14).

Jesper Svartvik

GUARDA

Alguien a quien se le concedió una cierta área de responsabilidad. El rango de significado para Heb. *šomēr, noṣēr* es aquel que «guarda, mantiene, vigila, preserva, obedece.»

En sentido general, uno puede obedecer los mandamientos de Dios (Dt 5.10) y el camino del Señor (Jue 2.22), proteger a un extraño (Sal 146.9) o ciudad (2 R 9.14), y guardar la boca. Más específicamente, a un mayordomo, p.ej., se le encomienda la supervisión de una casa y sus asuntos (Ecl 12.3). Tipos similares de supervisión incluyen guardar el bagaje (1 S 17.22) y encargado del vestuario (2 R 22.14). Jehová es alabado como el Guarda de Israel, el protector de su pueblo (Sal 121.3, 5).

En el AT varias áreas especiales de jurisdicción son responsabilidad de funcionarios designados. El funcionario del templo *(šōmrē mišmeret haqqōdeš)* fue una posición levítica designada por Jehová para el servicio, mantenimiento, y protección del tabernáculo o templo (Nm 3.28-38; Ez 44.14). Los «guardas de la puerta» *(šōmrê hassap)* estaban a cargo de los ingresos y desembolsos del templo (2 R 12.9; 22.4).

El guarda de la ciudad (Sal 127.1; 130.6; Is 21.11; 62.6; Jer 51.12), probablemente un oficial del ejército, hacía rondas nocturnas para garantizar la seguridad y el orden de la ciudad (Cnt 3.3; 5.7). Él supervisaba las murallas y puertas de la ciudad y sus correspondientes almacenes (Neh 11.19; 12.25).

El funcionario del palacio fue responsable del rey, su palacio, y su administración general. Su tarea más común era la de portero o guardia general del palacio (1 R 14.27; 2 R 11.5; Est 2.2; 2 Cr 12.10). Otros funcionarios de palacio incluyen el eunuco, que guardaba las esposas del rey (Est 2.3), la guardia personal del rey (1 S 28.2), el chambelán responsable de la túnica del rey (2 R 22.14 = 2 Cr 34.22), y el guarda del bosque del rey (Neh 2.8).

Por último, al vigilante agrícola se le confiaba el cuidado y la protección de los campos (Jer 4.17), rebaños (1 S 17.20), y los huertos y viñedos (Pr 27.18). Jehová fue referido metafóricamente como el guarda de su viña, Israel (Sal 121.5; Is 27.2-6; cf. 5.1-30).

Miles V. Van Pelt

GUARDAR
Como verbo (Heb. *šāmar*), «vigilar» o «poner mucha atención a»; muy frecuentemente «conservar (seguro), guardar, preservar», «cuidar(se)». De esta manera, a Adán se le encarga que guarde el huerto del Edén (Gn 2.15; RVR-1995 «cuidar») en vista de la posible intrusión del mal, y Dios vigila para que Adán no vuelva al huerto después de la caída (3.24). El verbo se usa tanto para Dios como para los seres humanos que protegen a alguien del peligro (1 S 2.9; 25.21; Neh 4.22) y que protegen a la nación (Is 26.2) o la vida (Pr 10.17) del peligro espiritual o moral. En este sentido, el llamado al pueblo de Dios es de «poner mucha atención a» las palabras y caminos del Señor (Lv 22.31; Dt 4.40; Jr 35.18; Ez 18.19). El término también se usa frecuentemente para guardar prisioneros (Jos 10.18) o propiedad sagrada (1 Cr 9.23). El sustantivo *mišmereṯ* conlleva el sentido técnico levítico en el santuario (p. ej., Nm 8.26; 1 Cr 9.27; Ez 40.46).

Las formas de participio y sustantivo de *šmr* se refieren a los guardas oficiales de la ciudad (Is 21.11-12), a los centinelas de las puertas (Neh 4.2; cf 7.3) y a los guardas nocturnos (Sal 63.6[TM 7]). El término también se usa para el personal del patio y para el personal ritual como los porteros (1 R 14.27), para los guardas del templo (2 R 12.10), los guardas de campo (Jer 4.17), los guardas del harem (Est 2.3, 8.14), los guardas de las vestiduras (2 R 22.14 = 2 Cr 34.22) y los guardas de la prisión (2 S 20.3; Jer 51.12). De igual manera, Dios asume la responsabilidad oficial de proteger a los que están bajo su pacto como el que «guarda» a Israel (Sal 121.4), una noción tan establecida que se llegó a ser el objeto de la gran bendición sacerdotal para la nación (Nm 6.24).

En el NT, el Gr. *phylássō* y sus derivados se usan para proteger al rebaño (Lc 2.8) y para vigilar prisioneros (Hch 12.4; 23.35) y para la protección divina provista al Hijo (Jn 17.12) o a los santos (2 Ts 3.3; 2 Ti 1.12). A las personas se les amonesta para que se guarden en contra de hábitos y prácticas dañinos (Lc 12.15; Hch 21.25) o para que guarden los mandamientos de Dios y Cristo (Mt 19.20 par.) o de los apóstoles (Hch 16.4). Otros términos del NT se refieren al soldado que guarda la tumba de Jesús (Mt 27.65; 28.11), al guardaespaldas de Herodes Antipas (Mr 6.27), y a los oficiales de la corte (Mt 5.25; 26.58; Mr 14.54.65).

J. Randall Price

GUARDIA PRETORIANA
Creada por Octavio en el 27 a.C, era una guardia personal selecta (*cross praetoria*) que gozaba de una paga superior, períodos más cortos de servicio, y uniformes más sofisticados. Aunque su número fluctuó hasta que se disolvió en el año 312 d.C., tenía nueve cohortes de 500 hombres en el siglo I.

Seis cohortes estaban apostadas en otras ciudades italianas (cf. Fil 1.13), y tres reservadas para la protección constante del emperador. Estos guardias estaban normalmente vestidos de civil, debido a la tradicional aversión del Senado a tener soldados apostados dentro de los límites de la ciudad. En el 23 d.C., Tiberio concentró a los pretorianos en un campamento dentro de la ciudad.

La Guardia era comandada por el emperador mismo, quien tenía uno o dos prefectos pretorianos de rango ecuestre como oficiales subordinados. Sus miembros eran reclutados básicamente de las poblaciones italianas.

Aunque la Guardia había sido creada para proteger al emperador, con el tiempo se convertiría en una amenaza real para su seguridad. Ya en el 31 d.C., el prefecto pretoriano Sejano fue acusado ante el Senado de traición, y ejecutado. En el 41, Calígula fue asesinado por un tribuno pretoriano; en la confusión que siguió, Claudio, quien fue descubierto escondido en el palacio, fue llevado al campamento y aclamado como emperador. Un incidente parecido determinó el ascenso al poder de Nerón; y durante la guerra civil de los años 67-69, los pretorianos nombraron emperador a su candidato, Otón. Esta tendencia llegó a su apogeo en el 193, cuando dos rivales se apostaron cerca del campamento pretoriano y negociaron por el título imperial (cf. Din Casio, *Hist*. 74.2.3-6).

Bibliografía. M. Grant, *The Army of the Caesars* (1974, repr. New York, 1992).

Andrea Lorenzo Molinari

GUDGODA (Heb. *guḏgōḏâ*) (también GIDGAD)
Lugar donde los israelitas acamparon cuando vagaban en el desierto (Dt 10.7; LXX Gr. *Gadgad*); el primer lugar que se menciona después de Mosera (Mo-

serot) donde murió Aarón. En Números 33.32-33 se le llama Gidgad.

GUERRA

Guerra (Heb. *milḥāmâ;* Gr. *pólemos*) era una característica muy común de la vida en los períodos del AT y NT. Generalmente considerada como algo para ser temido y evitado si es posible (Jer 4.29; 6.1; Mr 13.14-19), también proporciona una más fructífera fuente de metáforas para la vida del pueblo de Dios. De ninguna de las maneras se puede decir que la Biblia presenta un punto de vista «pacifista» sobre la violencia y la guerra; eso sería anacrónico, y una distorsión del texto. Como la mayoría de los pueblos, antiguos israelitas y judíos, y los adherentes a Jesús y su grupo en el cristianismo primitivo no le gustaba los efectos de la guerra, pero para la mayoría se daba por sentado como un hecho de la vida. Durante períodos de la historia del antiguo Israel la experiencia y el efecto de la guerra no estuvo lejos de los israelitas.

Las convenciones modernas de la guerra, como tener una causa reconocida internacionalmente por la lucha y un estado legalmente declarado de las hostilidades, a menudo como un último recurso, no se aplican en el mundo de la Biblia. Allí la violencia era a menudo un primer recurso. La práctica de la guerra en el período bíblico no está limitada tanto por convención internacional, como por la capacidad de las personas para hacer la guerra. Para ello, sería necesario que un gran número de hombres fuesen entrenados para luchar y grandes cantidades de recursos, que no estaban siempre disponibles durante la historia antigua de Israel, y desde luego a disposición de los primeros seguidores de Jesús. Condiciones favorables para la guerra prolongada no prevalecieron en el antiguo Israel y Judá, hasta el tiempo de la Monarquía, pero incluso entonces los recursos y la mano de obra eran limitados.

En el período del NT, la guerra era una práctica de los grandes imperios que tenían los recursos económicos y humanos para librarla. El seguidor promedio de Jesús en Judea, o incluso Roma, no era probable que fuese un participante activo en la guerra a menos que como una víctima, o a menos que él o ella fuese incidentalmente un miembro de alguna parte del ejército, como la guardia real (Hch 10; cf. Fil 4.22). Pero incluso entonces, la probabilidad de la participación activa en los actos de la guerra era extremadamente baja.

En el AT, la resolución violenta de conflictos era común entre los grupos, y esos enfrentamientos caerían en la categoría de «guerra primitiva» o escaramuza, en comparación con los conflictos posteriores. Abraham reunió a los hombres suficientes para perseguir, alcanzar, y derrotar a la alianza de los reyes que habían tomado como rehén a su sobrino Lot (Gn 14). Durante el período de los jueces, el período del temprano asentamiento de Israel en la región montañosa de Palestina, el conflicto armado era común, y la derrota en el conflicto armado se convirtió en un signo de disgusto de Dios en el comportamiento de su pueblo (Jue 2.11-15). Al final del libro de los Jueces, tal recurso común al conflicto armado dio lugar a una sangrienta guerra entre los grupos tribales que casi aniquiló a una de las tribus, Benjamín (Jue 19–21).

Es durante la época de la Monarquía que realmente podemos hablar de la guerra, en el sentido de un ejército regulado, bien equipado que llevó a cabo la voluntad política de una autoridad central, el rey. Según 2 Samuel 11:1 la primavera era regularmente, un tiempo en que «los reyes salían a la guerra.» Los grandes hechos de la guerra de los reyes de Israel y Judá son elogiados tanto como es su piedad (1 S 18.7). Sin embargo, ni Israel ni Judá eran lo suficientemente fuertes como para competir por mucho tiempo en el escenario de la historia antigua del Cercano Oriente en este tipo de conflictos. Disputas locales, tales como las que existen entre Israel y sus vecinos en los siglos XI al IX, y en la que Israel y Judá resultaron a menudo, aunque no siempre, con éxito, con el tiempo dieron paso a las campañas imperiales masivas de los asirios y los babilonios y sus aliados semitas occidentales. Contra tal poder pocos podían estar de pie, como muestran los registros de dentro y fuera de la Biblia.

En el período después del exilio (siglo V y posteriores) llevar a cabo una guerra por parte de la renovada Israel no tenía sentido. Los repatriados eran pocos en número y deficientes en recursos, y fueron los persas y más tarde los griegos los que dominaron la región. Sin embargo, sorprendentemente, imágenes de guerra encuentran lugar en la literatura de este período posterior, e Israel es incluso comparado al ejército de Dios, una vez más, tal vez reviviendo las tradiciones más antiguas de la guerra santa (Zac 9; 10.6-7; 14.1-15).

La conducción de la guerra en general se divide entre los elementos de la gran estrategia y las tácticas más reducidas. Hablar de gran estrategia de los ejércitos de Israel y de Judá es difícil. Se puede suponer que lograr «descansar de los enemigos que le rodeaban» implicaba una cierta cantidad de conflicto en el que Israel y Judá resultaron exitosos. Pero si se trataba de una estrategia planificada, una actitud necesaria y perpetuamente defensiva contra los extranjeros, o la expansión oportunista nunca queda claro. Los registros declaran que el territorio de David se extendía desde la frontera de Egipto hasta el río Eufrates (1 R 4.24), un logro repetido durante el reinado de Jeroboam II (Am 6.14). Esto se logró, sin duda, por el sometimiento de los enemigos a lo largo de las fronteras con Israel y Judá, y más allá (2 S 10; 21.15-22).

Las tácticas en el campo de batalla eran limitadas. La caballería no se utilizaba a menudo por los ejércitos del antiguo Israel y de Judá, y los carros eran caros y limitados, por lo que la mayor parte de los combates se dejó al soldado de infantería armado con una protección mínima del cuerpo, un escudo, lanza, posiblemente, una espada, una honda. Las referencias a «honderos» (Jue 20.15-16; 2 R 3.25) y «arqueros» (1 S 31.3) sugieren que estas tropas se dividieron en unidades especiales en el campo de batalla. Sin embargo, una vez que se unió a la batalla de infantería era cuestión de forzar al otro lado a romper y dar la espalda. A continuación, los tiempos de matar comenzaban (Sal 18.37-39[38-40]), y las estimaciones del número de víctimas en estos tiempos de lucha son extremadamente altos.

La «enseñanza» del AT sobre la guerra es limitada. Numerosas metáforas de la institución se utilizan como descripciones favorables de Dios y el pueblo de Dios (Zac 9.13). Una de las primeras denominaciones de los israelitas a Dios, Jehová, es «hombre de guerra» (Ex 15.3). La victoria en la guerra es apreciada como una bendición de Dios (Sal 18). En cuanto a la conducción de la guerra, los antiguos israelitas fueron alentados a menudo a destruir sin cuartel a la gente y el ganado de las ciudades capturadas, especialmente si esas ciudades estaban dentro de su propio territorio (Dt 20.10-18). Esta práctica de *ḥērem* no siempre se aplicó, pero era una forma de mantener los límites sagrados y sociales de la comunidad. Gran parte de la enseñanza específica en la conducción de la guerra en Deuteronomio 20-21 se refiere más a la eficiencia de los altos ideales morales. En el período del NT la guerra nunca estuvo lejos de la conciencia de la mayoría de los judíos, incluyendo a los seguidores de Jesús, pero su práctica ahora se limita sobre todo a los soldados profesionales que tenían sus propios códigos de conducta. Los Evangelios mencionan soldados y la guerra sólo de pasada (Lc 7.8; 23.11; 14.31), pero de una manera tal como para indicar que se daba por sentado. Una de las características sorprendentes del NT es que no contiene referencias explícitas a la guerra que asoló Judea y Galilea entre 66 y 70 d.C., y que resultó en la destrucción de Jerusalén y del templo por el ejército romano (Josefo *Guerra de los Judíos*).

Es en las imágenes de las cartas que la guerra se convierte una vez más en una fuente de metáforas para la autocomprensión del pueblo de Dios. El sufrimiento, una vez un signo de identidad con Cristo en su muerte vergonzosa (Mr 8.34-38), ahora se convierte en una insignia de honor para el «buen soldado de Cristo Jesús» (2 Tim 2.3). Al igual que con el uso de la metáfora atlética en Filipenses, Pablo usa la metáfora del soldado y su vida como apropiado para los fieles cristianos.

La naturaleza de la vida cristiana se cambia de esta manera. Imágenes de la familia y el hogar son reemplazados por el ejército como medios de informar al cristiano de sus deberes. Gran parte del lenguaje de asesoramiento al «soldado» cristiano adquiere el tono de juramento del soldado, el *sacramentum*, que cada soldado romano tenía que tomar. Tal juramento significaba un cambio radical de vida y una dedicación obligatoria al servicio del emperador. Cualquier cosa menos que esto era una vergüenza, a menudo castigada con la muerte, e indigna de un soldado imperial. Esto es lo que encuentra su camino en el NT como una ilustración de la forma de vida para el siervo cristiano.

Bibliografía. P. C. Craigie, *The Problem of War in the Old Testament* (Grand Rapids, 1978); H. Frankenmölle, «Peace and the Sword in the New Testament,» in *The Meaning of Peace: Biblical Studies,* ed. P. B. Yoder and W. M. Swartley (Louisville, 1992), 213-33; T. R. Hobbs, «Aspects of Warfare in the First Testament World,» *BTB* 25 (1995): 79-90; «The Language of Warfare in the New Testament,» in *Modelling Early Christianity,* ed. P. F. Esler (London, 1995), 259-73; *A Time for War: A Study of War-*

fare in the Old Testament (Wilmington, 1989); S.-M. Kang, *Divine War in the Old Testament and in the Ancient Near East*. BZAW 177 (Berlin, 1989); S. Niditch, *War in the Hebrew Bible* (Oxford, 1993).

T. R. HOBBS

GUIRNALDA

Corona frecuentemente hecha de flores u hojas y que se usaba en la cabeza o en el cuello. El tilo, el mirto, el follaje del laurel, la hiedra y el perejil se usaban como el marco de la corona. Flores de varias clases como violetas y rosas a veces se entretejían. Las guirnaldas se usaban para ocasiones festivas, como decoraciones funerarias, y cuando se otorgaban honores militares, religiosos y cívicos. Podrían simbolizar victoria, paz, honor e inmortalidad. A los animales para el sacrificio casi siempre se les ponía una guirnalda. La única vez que se usa guirnalda en el NT (Gr. *stémma*; Hch 14.13) probablemente se refiere a una cinta de lana. La gente de Listra llevó toros para sacrificar y guirnaldas cuando confundieron a Pablo y a Bernabé con Hermes y Zeus.

PAUL ANTHONY HARTOG

GUNI (Heb. *gûnî*)

1. Hijo de Neftalí que se estableció con los israelitas en Egipto (Gn 46.24; 1 Cr 7.13); ancestro epónimo de los gunitas (Nm 26.48).

2. Gadita, padre de Abdiel (1 Cr 5.15).

GUR (Heb. *gûr*)

Subida cerca de Ibleam donde Jehú hirió fatalmente al rey Ocozías de Judá (2 R 9.27). Ocozías estaba huyendo de Jezreel al sur, en el camino a Bet-hagan (la moderna Jenin). La subida posiblemente recibió su nombre de un lugar cercano. Gur podría identificarse con Khirbet en-Najjar (178205), que tiene vista hacia el acceso oriental del Wadi Belameh, que pasa entre Bet-hagan y las montañas de Samaria.

C. SHAUN LONGSTREET

GUR-BAAL (Heb. *gûr-bāʿal*)

Ciudad árabe, capturada por el rey Uzías en su campaña para asegurar los límites del occidente y del sur de Judá (2 Cr 26.6-8). Probablemente está ubicada en los alrededores de Edom.

GUSANO

Pequeñas criaturas que se arrastran como los gusanos larva (Heb. *tôlaʿat, tôlēʾâ*). Los tipos más comunes representados en la Biblia son las larvas o gusanos activos en el proceso de descomposición. Los gusanos se comieron el maná que los israelitas dejaron hasta la mañana (Ex 16.20), Así como la planta que hizo sombra sobre la cabeza de Jonás (Jon 4.7). En una lista de maldiciones, los viñedos serán devorados por los gusanos (Dt 28.39).

Los autores bíblicos usaron el gusano como símbolo de algo humilde, sin valor, e inútil (Sal 22.6[TM 7]; cf. Is 41.14). También representó la muerte: el final de todo ser humano son los gusanos (Job 21.26; 25.6; Is 14.11). En la literatura posbíblica algunos autores utilizan el tópico literario «comer por los gusanos» como un castigo adecuado para los que profanaban a Dios, su templo, y otros objetos y lugares sagrados.

ISAAC KALIMI

H

H

Símbolo del código de santidad, un cuerpo de material legal (Lv 17–26) dentro de esa porción del Pentateuco atribuida a la fuente sacerdotal.

HABA

El haba, *Vicia faba* L, se siembra en invierno y se cosecha en verano. Las plantas crecen hasta 1 m (3 pies) de altura y tiene flores blancas y fragantes. Restos de *Vicia faba* se han encontrado en varios sitios de la Edad de Bronce y de Hierro en Israel.

David y sus tropas comieron habas (Heb. *pôl*) en Mahanaim durante la revuelta de Absalón (2 S 17.28). Dios instruye a Ezequiel que haga pan de «trigo, cebada, habas, lentejas, millo y centeno» en preparación para el sitio de Jerusalén (Ez 4.9). Habas molidas se utilizan a menudo por los pobres como un relleno en el pan.

MEGAN BISHOP MOORE

HABAÍAS (Heb. *hŏbayyâ*) (también HOBAÍAS)

Sacerdote cuyos descendientes regresaron del exilio con Zorobabel. Debido a que no pudieron probar su descendencia sacerdotal, fueron excluidos del sacerdocio (Esd 2.61-63).

HABACUC (Heb. *ḥăbaqqûq*), **LIBRO DE**

Octavo de los Profetas Menores. A pesar de su tamaño pequeño (tres cpítulos) ha sido objeto de considerable debate académico, en parte por las dificultades inherentes en su interpretación crítica y también por el contenido de pasajes que han sido de ayuda en el desarrollo de la tradición judía y cristiana posterior.

Texto

Varios testigos antiguos del texto de Habacuc existen además de la tradición textual masorética. Principalmente dentro de estos testigos está el comentario encontrado entre los rollos del Mar Muerto (1QpHab). Otro testigo importante para el texto hebreo es el Rollo de los Profetas Menores del siglo II descubierto en 1955 en el Wadi Murabbaʿât. Las primeras versiones del griego también ayudaron a establecer el texto. Un manuscrito griego del siglo I de los Profetas Menores (8 Ḥev XII gr) que incluye Habacuc fue descubierto en Naḥal Ḥever en 1952. Estos testigos confirman el texto consonántico del TM como una base firme para estudiar, aunque dificultades considerables para poder entender el texto son evidentes, particularmente en el capítulo 3.

Los eruditos han cuestionado por largo tiempo el estatus de Habacuc 3 ya que una gran parte de este capítulo es sin duda más arcaico que el resto del libro. En este capítulo la ausencia del 1QpHab conduce a algunos a concluir que fue una adición al libro, pero su inclusión en el primer Murabbaʿât y en los rollos Naḥal Ḥever hace esta posición poco sostenible. La mayoría de los eruditos hoy considera que cp. 3 es parte integral del libro, mientras que admiten que el autor pudo haber usado un poema antiguo.

Forma

Los géneros básicos usados en el libro han sido reconocidos ampliamente: 1.2–2.4/5, quejas y respuestas; 2.6-19, oráculos de aflicción; 3.2-19, salmo. Sin embargo, dentro de esta amplia estructura, se ha generado considerable debate acerca de la relacion entre las varias partes. Mientras algunos han visto estas secciones relacionadas integralmente en una composición unificada, la mayor parte de los eruditos creen que ellas reflejan un crecimiento gradual en la mano del autor y/o sus redactores. La decisión hecha para estos asuntos influencia y es influenciada por la comprensión del mensaje del libro y su contexto histórico.

Estudios recientes han comenzado a examinar la función del libro dentro del grupo de los Profetas

Menores y en el canon como un todo. Qué tan productivo será este enfoque está por verse más adelante.

Contexto histórico y mensaje central

El encabezado identifica al autor como «Habacuc el profeta». No se sabe más de Habacuc como figura histórica, aunque también se le menciona en la literatura posterior como Bel y el Dragón. Por la aparente familiaridad del autor con los géneros literarios y la ideología del templo, algunos eruditos lo han considerado como un profeta oficialmente asociado con el culto de Jerusalén.

La única referencia histórica segura en el libro es la mención de «los caldeos» en 1.6. Este término normalmente se refiere al Imperio Neobabilónico que surgió al poder a finales del siglo VII a.C., y controló Jerusalén hasta 538. Mientras una amplia gama de otros significados ha sido atribuida a esta referencia, desde los primeros asirios hasta los últimos romanos, al parecer no hay ninguna razón convincente para descartar este término como referencia histórica.

Los que creen que el oráculo original fue creciendo por medio de adiciones del profeta y redactores fechan partes a finales del período posexílico. El entorno más probable de la obra original es dentro de la confusión política en Judá a finales del siglo VII, probablemente poco después de la derrota Babilonia de un ejército egipcio en Carquemis en 605. Joacaz, el rey anterior de Judá, ha sido destituido por Necao II de Egipto y reemplazado con Joacim. El conflicto dentro de Judá entre los que favorecían el puesto de los proegipcios y los que favorecían el puesto de proBabilonia estaba en su punto más alto.

La identificación de las figuras anónimas de los «justos» y los «malvados» que se encuentran dentro de las quejas es central en el tema de la fecha y el mensaje del libro. Habacuc establece que el justo ha sido rodeado y devorado por el perverso (1.4, 13). Las quejas en contra del perverso y los posteriores oráculos de aflicción parecen ser dirigidos en contra de enemigos internos; en otras ocasiones pareciera que tienen vista amenazas externas. Algunos intérpretes atribuyen el cambio de perspectivas a consideraciones cronológicas, es decir, reflejan diferentes períodos dentro de la experiencia del autor (o redactores). También es posible que para el autor una distinción clara entre los enemigos internos y externos no era apropiada. Ambos eran considerados enemigos del «justo». Esto deja abiertas las posibilidades para una composición unificada.

Una preocupación principal en el libro es la justicia: ciertamente la justicia de los enemigos y posiblemente la de Dios. El libro hace eco de las quejas de los Salmos cuando pregunta: «¿Hasta cuándo, Señor, he de pedirte ayuda sin que tú me escuches?» (1.2). Esta pregunta empieza una conversación entre el autor y Dios respecto a la naturaleza de la respuesta de Dios a la injusticia. El profeta primero se queja de la falta de respuesta (1.2-4). La mayoría de los eruditos entienden la segunda queja (1.13–2.1) como una reacción a la promesa de Dios de levantar a los caldeos como instrumento de castigo. Si el objeto de la segunda queja son los caldeos, pareciera que el profeta continúa quejándose que el castigo es peor que la maldad que se intenta corregir. Un punto alto se alcanza en 2.4, un versículo con problemas difíciles de gramática: «mas el justo por su fe vivirá». El antecedente del pronombre se discute. Podría ser la fidelidad del mismo justo. Otros lo entienden como para referirse a la fidelidad de la visión provista por Dios o aun como referencia directa a Dios. Este pasaje se vuelve importante más tarde en la tradición cristiana (cf. Ro 1.17; Gl 3.11; Hb 10.38-39). En la tradición judía este versículo es considerado como resumen a los mandamientos de la Torá (b. Mac 23b-24a).

El tercer capítulo concluye con un salmo que describe una teofanía que expresa la confianza del autor de que al final Dios y su justicia prevalecen. A la luz de la confianza el libro termina con alabanzas a Dios. Los debates de los eruditos cuestionan si este capítulo debería ser comprendido como una victoria que tomó parte fuera de la historia, haciéndolo uno de los primeros textos escatológicos. Otro punto de vista, mientras admite la naturaleza cósmica de los eventos descritos en la teofanía, comprende la liberación como ocurriendo dentro del campo histórico. La teofanía de Habacuc 3 se lee durante las Shavuot (Semanas) en la tradición judía.

Bibliografía. R. D.Haak, *Habakkuk.* VTSup 44 (Leiden, 1992); T. Hiebert, «The Book of Habakkuk,» *NIB* 7 (1996): 621-55; J. J. M. Roberts, *Nahum, Habakkuk, and Zephaniah.* OTL (Louisville, 1991).

Robert D. Haak

HABASINÍAS (Heb. *ḥăḇaṣṣinyâ*)

Abuelo de Jaazanías el recabita. Él y su casa fueron puestos a prueba por el profeta Jeremías en el templo de Jerusalén (Jer 35.3-10).

HABIRU
Véase Hapiru, Apiru

HABOR (Heb. *ḥābôr;* acad. *Ḥabûr)*
Un gran afluente que desemboca en el río Éufrates medio en el noreste de Siria. El río nace en las montañas del sureste de Turquía cerca de Mardin. Había una gran cantidad de centros urbanos en la región baja de Habor en el segundo milenio a.C., incluyendo Mari y Terqa, ambas habitadas por varias tribus amorreas las cuales practicaban el pastoreo. Habor era el «río de Gozán» (2 R 17.6; 18.11), la capital provincial de Asiria de Bīt Bahiani, junto al alto Habor a donde los israelitas fueron exiliados después de la captura de Samaria en 721. Nombres de persona israelitas se han encontrado en los textos excavados de Tell Halaf.

MARK W. CHAVALAS

HACALÍAS (Heb. *ḥăkalyâ)*
Padre de Nehemías (Neh 1.1; 10.1[TM 2]).

HACATÁN (Heb. *haqqāṭān)*
Descendiente de Azgad; padre de Johanán, que regresó de Babilonia con Esdras (Esd 8.12; 1 Esd 8.38).

HACMONI (Heb. *ḥakmônî)*
Padre de Jehiel, quien atendió a los hijos del rey David (1 Cr 27.32). La forma hebrea es la misma a la gentil hacmonita y puede sencillamente indicar su membrecía en esa familia.

HACMONITA (Heb. *ben-ḥakmônî)*
La familia de Jasobeam, un jefe entre los guerreros de David (1 Cr 11.11; RVR-1960 «hijo de Hacmoni»). La lectura tacmonita en 2 Samuel 23.8 es un error textual.

HACUFA (Heb. *ḥăqûpāʾ)*
Sirviente del templo cuya familia regresó del exilio con Zorobabel (Esd 2.51 = Neh 7.53).

HADAD (Heb. *hădad*) **(DEIDAD)**
El dios semítico occidental de la tormenta (Ugar. Haddu, acad. Addu), mejor conocido por su epíteto, Baal (lit., «señor»). De gran importancia en una sociedad que dependía de la lluvia para su agricultura, él era el principal del panteón ugarítico; monte Safón, norte de Ugarit, no era solo su hogar sino también la asamblea de los dioses. La importancia de Hadad es atestiguada por aparecer como un elemento en nombres de las clases dominantes (p.ej., OT Hadadezer, Ben-hadad; acad. Šamši-adad).

MARK ANTHONY PHELPS

HADAD (Heb. *ḥădad*) **(PERSONA)**
1. Hijo de Ismael y nieto de Abraham (Gn 25.15 = 1 Cr 1.30). Porque fue enlistado entre Tema y Masa, el ancestro epónimo de las tribus árabes del noroeste, uno supondría que él fue el antepasado epónimo de la tribu.

2. Rey de Edom, quien gobernó desde Avit; el hijo de Bedad (Gn 36.35-36 = 1 Cr 1.46-47). Él derrotó a los madianitas.

3. Rey de Edom, posterior a 2 arriba, quien era de la ciudad de Pai/Pau (Gn 36.39 = 1 Cr 1.50-51).

4. Rey edomita quien fue enemigo de Salomón a finales del siglo X a.C. (1 R 11.14-22). Él huyó a Egipto durante la purga de Israel de los hombres edomitas en el tiempo del antecesor de Salomón, David. Similar al rebelde Jeroboam los egipcios trataron a Hadad con favor, poniendo de ese modo al noble edomita en contra de Israel.

Bibliografía. J. R. Bartlett, «An Adversary Against Salomón, Hadad the Edomite,» *ZAW* 88 (1976): 205-26.

MARK W. CHAVALAS

HADAD-EZER (Heb. *hădadʿezer)*
1. Rey arameo de Zoba que fue derrotado por David; el hijo de Rehob (2 S 8.3). La ubicación exacta de esta ciudad es desconocida, aunque los eruditos suponen que fue en Beqaʿ en el valle del Líbano. Quizá sea nombrada más adelante en los documentos asirios como un centro provincial *(ṣubatu)* derivado de la recientemente incorporada ciudad de Damasco.

Todo lo que se sabe de este rey son los relatos de sus batallas con David (2 S 8.3-8 = 1 Cr 18.3-8; 2 S 10.1-19 = 1 Cr 19.1-19). Zoba aparentemente ejercía poder por todo el sureste de Siria, e inevitablemente entró en conflicto con el creciente imperio de Israel. Finalmente David resultó victorioso, aunque la cronología y el resultado de las batallas de 2 Samuel 10 están abiertos a debate. La mayoría de los eruditos mantienen que fue la primera batalla, dado al alcance de la victoria de 2 Samuel 8, en el cual Hadadezer es reducido a vasallaje.

2. Rey de Damasco de principios del siglo IX, a quien la mayoría de los eruditos asocia con Ben-hadad II.

MARK ANTHONY PHELPS

HADAD-RIMÓN (Heb. *hăḏaḏ-rimmôn*)
Un dios semítico occidental. El nombre consiste del dios de la tormenta Hadad, seguido por el epíteto Rimón (Acad. *rammānu,* «Atronador»), que aparece en nombres teofóricos arameos y acadios, y en el nombre del rey de Damasco, Tabrimón (1 R 15.18). En 2 Reyes 5.18 este dios, llamado Rimón, aparece como el dios del estado de Aram-Damasco. La forma de escritura hebrea *rimmôn* en el AT significa «granada,» y es posiblemente una parodia deliberada.

Zacarías 12.11 predice una lamentación en Jerusalén que podría ser «como el llanto de Hadadrimón en el valle de Meguido.» Una interpretación anterior del versículo entiende Hadadrimón como el nombre de un lugar, identificado por Jerónimo con Maximianopolis (moderno el-Lejjun) o con la aldea Rummâneh/Ḥorvat Rimona (179243) y se supone que sea el lugar donde Josías fue asesinado y más tarde velado (2 Cr 35.23-25). Es más probable que Zacarías se refería al dios y a un ritual asociado. La práctica religiosa del luto del antiguo Cercano Oriente era también observada en Israel (Ez 8.14). El mito ugarítico habla de las lamentaciones de El y Anat por Baal-Hadad (como era conocido el dios de la tormenta en Ugarit) después de su derrota por Mot («Muerte») y de la reanudación de las lluvias y la fertilidad del suelo a su regreso del inframundo. A la luz de estas tradiciones, un rito de luto para el dios de la tormenta, en anticipación por el regreso de la productividad de la tierra, habría sido precisamente en la rica zona agrícola de la «llanura de Megido.»

Joel Burnett

HADASA (Heb. *ḥăḏāšâ*)
Pueblo en la Sefela, o tierra baja, de Judá, parte de la herencia de la tribu (Jos 15.39). A pesar de que su ubicación es desconocida, es parte del mismo distrito como Laquis y Eglón (Jos 15.37-41). Pudiera ser el mismo lugar de Adasa, donde Judas Macabeo derrotó a Nicanor (1 Mac 7.40-45).
Un pueblo llamado Hadasa («pueblo nuevo») también se registra en una de las inscripciones de Sisac en Karnak. La ubicación de este lugar no ha sido identificada positivamente, pero en la lista básica de Egipto, podría estar dentro del Valle Sucot en la confluencia de los ríos Jaboc (Wadi Zerqā) y Jordán. No hay relacion en la cita bíblica.
Bibliografía. S. Ahituv, *Canaanite Toponyms in Ancient Egyptian Documents* (Jerusalem, 1984).

Jennifer L. Groves

HADASA (Aram. *hăḏāssâ*)
El nombre original de Ester (Est 2.7; Heb. «mirto»). La antigua sugerencia de que es un nombre babilónico dado a ella (de un epíteto de la diosa Istar; acad. Dadaššatu, «novia») ha perdido vigencia.

HADES (Gr. *hádēs*)
Originalmente el nombre del dios griego del inframundo, pero más tarde el nombre del inframundo mismo. Encontrado en Homero, numerosos papiros griegos, la LXX, Filón, y Josefo, así como el NT, es traducido «hades» en la mayoría de las versiones de la Biblia en español. En la LXX Hades es el nombre usado para Sheol.

En la religión griega Hades fue el lugar a donde iban los muertos, localizado en el vientre de la tierra. Se entraba a través de puertas que se mantenían bajo llave, las que solo un número limitado de seres podían abrir. En Mateo 16 a Pedro se le dieron las llaves de las puertas del hades; en Apocalipsis 1 Jesús tiene control de las llaves del hades.

Hades se convirtió en el pensamiento helenista en un lugar de tormento. Esta comprensión del hades como el lugar de tormento eterno es la que influyó a los escritores del NT.

Jim West

HADID (Heb. *hāḏîḏ*) (también ADIDA)
Una ciudad pequeña en la llanura costera, cerca de Lod (Esd 2.33; Neh 7.37). La Misná la ubica al este de Diospolis/Lydda/Lod (m. *ʿArak.* 9.6). Una cantidad de benjaminitas que regreson con Zorobabel del exilio en Babilonia se establecieron en Hadid (Neh 11.34). Simón Macabeo fortificó la ciudad, conocida en el período Macabeo como Adida (1 Mac 12.38; 13.13). El lugar es identificado hoy como Tel Hadid/el-Hadîtheh (145152).
Bibliografía. M. Avi-Yonah, *The Holy Land,* Ap ed. (Grand Rapids, 1977).

David C. Maltsberger

HADLAI (Heb. *hadlāy*)
El padre del efrainita Amasa, quien no aceptaba cautivos judaítas después de la derrota de Acaz por Damasco y Peka de Israel (2 Cr 28.12).

HADRAC (Heb. *hadrāk*)
Una ciudad en el norte de Siria, cerca de la moderna Tell Afis, 45 km (30 mi) al suroeste de Alepo. Hadrac aparece una vez en la Biblia, en un anuncio profético de la destrucción de varios territorios filisteos,

sirios y fenicios (Zac 9.1-8). En una inscripción aramea (aprox. 800 a.C.) Zakir rey de Hamat y Luʿas alaba a Baalshamayn por otorgarle su reino a Hadrac (Aram. *Ḥazrak̠*) y también por defenderlo y defender la ciudad de Hadrac de la coalición de Bar-hadad, hijo de Hazael. La crónica asiria epónima menciona la campaña de Salmanasar IV a Hadrac (aprox. 772). Uno de los anales de Tiglat-pileser III se refiere a su subyugación de Hadrac, y la ciudad aparece en una estela de victoria de Sargón II. La referencia a Hadrac en Zacarías pudiera aludir a las circunstancias históricas anteriores de finales del siglo VIII.

Bibliografía. J. C. L. Gibson, *Textbook of Sirian Semitic Inscriptions, 2: Aramaic Inscriptions* (Oxford, 1975); W. T. Pitard, *Ancient Damascus* (Winona Lake, 1987).

CHRIS A. ROLLSTON

HA-ELEF (Heb. *hāʾelep̄*)
Pueblo benjaminita en las inmediaciones de Jerusalén (Jos 18.28). Sobre la base de LXX A (Gr. *Sēlaleph*), probablemente el nombre se pudiera leer Zela-elef

Véase Zela.

HAFARAIM (Heb. *ḥăp̄ārayim*)
Una ciudad en el territorio asignado a la tribu de Isacar (Jos 19.19). Algunos eruditos la han asociado con un sitio (Egip. *ḥprm*) mencionado en Sisac (Sesonk) I de la lista de las ciudades conquistadas inscritos en Karnak o con dos ciudades (*ʒpr wr, ʒpr šri*) en una lista de Tutmosis III. Sin embargo, todas estas sugerencias han sido puestas en duda. Hafaraim se identifica por lo general con el moderno pueblo de eṭ-Ṭaiyibeh (192223), suroeste del Mar de Genesaret y noreste de Jezreel. Otras sugerencias han incluído Khirbet el-Farriyeh (160226) y Afula (177223).

ERIC F. MASON

HAGAB (Heb. *ḥāgāb̠*)
Un sirviente del templo cuyos descendientes regresaron del exilio con Zorobabel (Esd 2.46).

HAGABA (Heb. *ḥăgāb̠â*) (también HAGABA)
El jefe de una familia de sirvientes del templo que regresaron del exilio bajo Zorobabel (Esd 2.45; Neh 7.48, RV 1960 «Hagaba»).

HAGADÁ (Heb. *haggad̠â*)
Sustantivo que se cree viene de la raíz hebrea *ngd*, «narración,» «corresponder a,» o «estar en frente de.» La Hagadá (en el Talmud Palestino «Agadá») es usada en una cantidad de diferentes fenómenos. Como un tipo de midrás debe de ser distinguido de la Halajá, que se ocupa principalmente de cuestiones rituales, éticas, y de la ley civil. En contraste, la Hagadá midrásica comprende casi todos los otros tipos de exégesis bíblica. El término Hagadá es usado también para referirse a casi cualquier texto no legal en el cuerpo rabínico de literatura y, como resultado, puede connotar la exégesis bíblica, historias famosas de rabinos, y otra literatura más bien imaginativa que no incluye precisamente una interpretación bíblica. Con todo esto en mente, hay que tener cuidado en cómo se emplea el término.

Por lo general, se entiende que la Hagadá está aún más en contraste con la Halajá en la forma de que no es obligatoria y autoritativa en la misma forma que la Halajá. En cualquier grado que esto sea verdad, sería un error subestimar la naturaleza religiosa de la Hagadá. En particular, como interpretación imaginativa, la Hagadá es motivada por la búsqueda de Dios en prácticamente cada palabra y sílaba. Además, el carácter lúdico de la Hagadá tiene una calidad religiosa que muchos que tienen una definición muy estrecha de lo que comprende la reflexión teológica no ven. En muchas formas la Hagadá puede ser interpretada como una celebración al significado religioso del más pequeño detalle en las Escrituras y en la tradición general judía.

LARRY L. LYKE

HAGEO (Heb. *ḥaggai*), **LIBRO DE**
El décimo libro del llamado Libro de los Doce, los Profetas Menores de la Biblia hebrea. Hageo, que significa «festival» o «de un festival,» es el nombre del profeta cuyos oráculos comprenden el libro y puede indicar que él nació en un día de fiesta. No se proporciona información biográfica, aunque él y su contemporáneo Zacarías se mencionan en Esdras 5.1; 6.14 y se refieren en tercera persona en los marcos narrativos en los que se establecen sus oráculos.

Hageo también está vinculado a Zacarías por la disposición única de fórmulas de fecha que proporcionan la estructura literaria de Hageo y Zacarías 1–8. A diferencia de la información cronológica de otros libros de la Biblia (Reyes-Crónicas y varios otros profetas), en la que los eventos están adaptados a los reinados de los monarcas de Israel y de Judá, las fechas en Hageo y Zacarías están vinculadas a los años de reinados de un gobernante imperial extranjero, Darío I (522-486 a.C.), el primero de los tres hombres llamados Darío que encabezaron el Imperio aqueménida. Esta relación cronológica del oráculo profético con el poder persa es una indicación sorprendente de la situación profética en Yehud, la provincia posexílica que contenía la capital Jerusalén y parte del antiguo reino del sur de Judá. Aunque sus palabras se dirigen a los dos líderes principales de Yehud (el gobernador Zorobabel y el sumo sacerdote Josué) así como a la comunidad en general, Hageo era sin embargo muy consciente de la condición política de Yehud como parte de un imperio extranjero en lugar de un reino autónomo que su predecesor Judá había sido durante casi medio milenio, desde la época del rey David.

La primera de las cinco fórmulas de fecha en Hageo (seguido de tres en Zacarías) aparece en 1.1, que se refiere al primer día del sexto mes del reinado de Darío I (29 de agosto de 520). La última fórmula, en 2.20, menciona (como lo hace la cuarta fórmula, 2.10) la fecha de 18 de diciembre de 520, varios meses después. La especificidad de las fechas probablemente refleja el conocimiento del profeta y la sensibilidad de los oráculos de los profetas anteriores. Jeremías se había referido a un período previsto de 70-años de desolación después de la destrucción del Primer Templo en 587/586 (Jer 25.11-12; 29.10). En 520 la inminencia del fin de ese período debe haber ocupado un lugar destacado en el pensamiento de Hageo. Convencido del propósito de Jehová de control de los asuntos humanos, aparentemente vio el surgimiento del imperio persa y su aparente benéfica concesión de la semiautonomía a muchas de sus provincias las señales del alba anticipada de la nueva era. El hecho de que la estructura de liderazgo diárquica de Yehud consistía de una figura sacerdotal, en continuación del gobierno israelita preexílico e incluso premonárquico, además de una figura política que era un descendiente davídico, asimismo alentó los oráculos de Hageo orientados al futuro y su sentido que el estado provincial de Yehud era solo temporal y que el fin de las siete décadas de exilio y ruina significaría la inauguración de la independencia restaurada y prosperidad.

Además de sus inusuales fórmulas de fecha y sus estrechas conexiones temáticas y léxicas con Zacarías 1–8, el libro de Hageo comparte con Zacarías una textura literaria que es difícil de caracterizar. En su mayor parte se lee como prosa, aunque ciertos pasajes (p.ej., 1.5-10) son más bien poéticos en estructura, dando así un toque poético a la totalidad, tal vez por eso los oráculos podrían cumplir con el prototipo en gran parte de la profecía anterior. El término «prosa oracular,» o quizás «prosa elevada,» puede representar mejor la obra de Hageo. La mezcla de secciones poéticas y prosa representa el impulso creativo de una figura profética muy consciente de la forma así como el contenido de su legado profético.

El libro de Hageo tiene dos partes principales. La primera trata de la restauración del templo y se compone de dos secciones: 1.1-11; 1.12-15a. La segunda se compone de oráculos de aliento, los que se pueden subdividir en tres secciones: 1.15b–2.9; 2.10-19; 2.20-23. Cada una de las cinco subunidades se asocia con uno de los cinco encabezados cronológicos, tal vez indicando eventos o proclamas proféticos separados. Aunque cada una de las subunidades tiene su propia integridad, juntas proporcionan una progresión de eventos e ideas que forman un todo unificado.

Llamado profético a trabajar en el templo (1.1-11)
El oráculo de apertura vincula las condiciones económicas y políticas adversas de Judá después del exilio con el hecho de que el templo, que fue destruido por los babilonios en 587/586, todavía se encuentra en ruinas. Hageo intenta convencer al pueblo de la gran disparidad entre sus expectativas de una próspera comunidad restaurada y la realidad de las dificultades económicas será mejorada si asisten al templo, el símbolo de la presencia de Dios entre ellos. Él los insta a llevar a cabo el proyecto de reconstrucción del templo. Su llamado oracular para comenzar este proyecto se basa en la creencia, común en el antiguo Cercano Oriente, que las bendiciones fluirán cuando el centro sagrado de una comunidad, el lugar donde reside su deidad, funciona como el locus del poder divino en la tierra.

Respuesta de los líderes y el pueblo (1.12-15a)
El público de Hageo responde positivamente a la exhortación, con lo cual él les asegura que Dios está con ellos en su tarea. La rapidez de su respuesta se desprende de la fórmula de fecha con la que esta sección cierra: menos de un mes después de la petición de Hageo, el pueblo ha decidido obedecer la voz de Dios tal como fue comunicado por las palabras del profeta.

Seguridad de la presencia de Dios (1.15b–2.9)

La segunda parte del libro comienza con una seguridad más que la generosidad de Dios está con ellos y que ellos deben animarse en la obra de reconstrucción del templo. Una vez restaurada, la casa de Dios afectará a toda la humanidad, porque todas las naciones en última instancia reconocerán a Jehová como Dios. La solución a los problemas inmediatos que aquejan a Yehud tendrá implicaciones universales.

Sentencia sacerdotal con interpretación (2.10-19)

Esta perícopa protorabínica revela los conceptos del Segundo Templo de contaminación e impureza por una parte, y de santidad y pureza, por otra. Estas últimas categorías rodean a Dios y son mucho más difícil de transmitir que sus opuestos; las primeras categorías de impureza son causadas por la inmoralidad, el pecado, o desobediencia a la palabra de Dios, no por suciedad física, y son por desgracia muy contagiosas. El lenguaje arcano de la sentencia sacerdotal se convierte en un vehículo para la idea de que el trabajo en el templo afectará el bienestar de la tierra y sus habitantes. El uso de Hageo de conceptos sacerdotales complejos indica el papel de autoridad del sacerdocio en este tiempo así como la familiaridad de su público con los puntos de vista sacerdotales.

Esperanza futura (2.20-23)

El oráculo final se dirige únicamente a una sola persona, el gobernador Zorobabel. La mención por nombre de este descendiente de David despierta especulaciones de que el profeta puede haber esperado una inmediata restauración de la independencia de Yehud, con Zorobabel como rey. Sin embargo el lenguaje del oráculo representa un papel subsidiario para Zorobabel como gobernante humano. Él va a servir como una especie de vicerregente para Jehová («anillo de sellar» en la mano de Dios) en un esquema teocrático que incluye a todas las naciones del mundo. Una orientación escatológica para la declaración final de Hageo es por lo tanto más probable que una histórica. Hageo percibe el trabajo de la comunidad en la restauración de su centro sagrado como una parte integral de su gobierno final como el centro del plan de redención universal de Dios.

Bibliografía. R. Mason, *The Books of Haggai, Zacarías and Malachi.* CBC (Cambridge, 1977); C. L. Meyers y E. M. Meyers, *Haggai, Zacarías 1–8.* AB 25B (Garden City, 1987); «Haggai-Zacarías,» *NAB, Ap* ed., ed. J. Jensen et al.; D. L. Petersen, *Haggai and Zacarías 1–8.* OTL (Philadelphia, 1985); «Haggai,» en *Oxford Bible Commentary,* ed. J. Barton and J. Muddiman (Oxford, 1999).

Carol Meyers

HAGIÓGRAFA

La palabra griega («escritos sagrados») dada por los padres de la iglesia a los libros en la tercera división de la Biblia Hebrea (Heb. *kĕtûbîm,* «escritos»). La Hagiógrafa incluye los libros «poéticos» o de sabiduría (Salmos, Proverbios, y Job), los «Cinco Rollos» o Megilot (Cantar de los Cantares, Rut, Lamentaciones, Eclesiastés, y Ester), el libro apocalíptico de Daniel, y los libros historiográficos de Esdras-Nehemías y 1–2 Crónicas. El orden canónico de la hagiógrafa no se estableció hasta el último período medieval. Una serie de manuscritos hebreos medievales difieren en su colocación de Crónicas, el orden de Job y Proverbios, y el arreglo de los Cinco Rollos, aunque los Cinco Rollos se encuentran juntos desde aproximadamente el siglo XI d.C. El Códice de Lenigrado, p.ej., coloca Crónicas al comienzo de los Escritos, pone a Job antes de Proverbios, y arregla los Cinco Rollos en el orden Rut, Cantar de los Cantares, Eclesiastés, Lamentaciones, y Ester. Los Megilot, leídos durante las fiestas y ayunos judíos, se disponen en el canon moderno para seguir el orden litúrgico en el que se utilizan: el Cantar de los Cantares en el octavo día de la Pascua; Rut en el segundo día de las Semanas, o Pentecostés; Lamentaciones en el noveno día de Ab, que lamenta la destrucción del templo; Eclesiastés en el tercer día de los Tabernáculos; y Ester en Purim.

Bibliografía. D. F. Morgan, *Between Text and Community: The «Writings» in Canonical Interpretation* (Minneapolis, 1990); J. A. Sanders, *Torah and Canon* (Philadelphia, 1972).

Marilyn J. Lundberg

HAGRAI (Heb. *hagrî*)

Padre de Mibhar, uno de los guerreros de David (1 Cr 11.38). El relato paralelo (2 S 23.36) lee «Bani gadita.» Puede ser Heb. *bny hgdy* en 2 Samuel 23.36 o ***bn hgry*** en 1 Crónicas 11.38 sea una corrupción textual.

HAGUI (Heb. *ḥaggî*)

Hijo de Gad y nieto de Jacob y Zilpa (Gn 46.16); antepasado de los haguitas (Nm 26.15).

HAGUÍA (Heb. *ḥaggîyâ*)
Levita, descendiente de Merari (1 Cr 6.30[TM 15]).

HAGUIT (Heb. *ḥaggît*)
Una de las esposas de David; la madre de Adonías (2 S 3.4 = 1 Cr 3.2; 1 R 1.5, 11; 2.13).

HALAC, MONTE (Heb. *hāhār heḥālāq*)
Una montaña en el Neguev central que delimita la extensión sur de la conquista de Josué del territorio cananeo (Jos 11.17; 12.7). Se dice que el monte Halac sube hacia Seir (Edom) y se puede identificar con el moderno Jebel Halâq, que probablemente conserva el nombre del lugar.

Ryan Byrne

HALAH (Heb. *ḥălaḥ*; Acad. *Ḫalaḫḫu*)
Una zona a la que los israelitas fueron deportados después de 720 a.C. por Sargón II (2 R 17.6) y posteriormente por Salmanasar II (18.11) y Tiglat-pileser III (1 Cr 5.26). Esta deportación no se refleja en las inscripciones asirias. Los campos en Halah (actual Tell al-ʿAbbāsīya), al noreste de la región central asiria, pertenecían al rey. Los habitantes fueron obligados a realizar deberes-*dullu* (agrícolas) para el rey. Es muy probable que los israelitas hayan sido deportados a Halah para ayudar a los asirios en el suministro de alimentos.

Bibliografía. B. Becking, *The Fall of Samaria.* SHANE 2 (Leiden, 1992), 62-64.

Bob Becking

HALAJÁ (Heb. *hălāḵâ*)
La enseñanza que uno debe seguir, por lo general se entiende que procede de la raíz hebrea *hlk,* «caminar» o «ir hacia.» En general, halajá se define en contraste con hagadá, las cuales representan las dos principales divisiones del Midrash. Si bien hay una considerable superposición entre las dos, la halajá tiende a concentrarse en los asuntos legales de naturaleza ritual, ética, y civil y la hagadá en preocupaciones religiosas y discursos literarios. La halajá es el medio por el cual los a menudo ambiguos pasajes se clarifican e interpretan para su aplicación en circunstancias nuevas o modificadas. Halajá es el nombre dado no solo al método de interpretación midráshica aplicado al material legal, sino también el nombre dado a las colecciones de literatura producidas por el mismo. El midrashim halájico trata de Éxodo hasta Deuteronomio. Por otra parte, estos midrashim a menudo son referidos como Tanaíticos, ya que se produjeron, en su mayor parte, durante el período tanaítico que llegó a su fin con la fijación de la Mishná a principios del siglo III d.C. Entre los midrashim halájicos están el Mekilta de Rabí Ismael, el Mekilta de Rabí Simeón ben Yohai (ambos mekiltas sobre Éxodo), Sifra (sobre Levítico), Sifre Números, y Sifre Deuteronomio. Un buen ejemplo de midrash halájica se puede encontrar en el Mekilta de Rabí Ismael, c. 13 del tratado Nezikín que trata sobre Éxodo 22.1-3, un pasaje lleno de ambigüedades; el midrash se basa en otros pasajes en Deuteronomio, Números, Génesis, y Proverbios para resolver el caso problemático.

Desafortunadamente, el uso de halajá para textos midráshicos específicos oculta una concepción más amplia de halajá como una forma de vida. Por medio de la halajá los rabinos eran capaces de interpretar la importancia de la Torá para la vida diaria. Integral a la noción de halajá (como procedimiento) es el concepto rabínico de una Torá escrita y oral. Según *m. ʾAbot,* Moisés recibió la Torá en dos maneras; una es representada por la Torá escrita que se encuentra en los primeros cinco libros del AT y otra por las tradiciones orales transmitidas a través de las edades y que mantienen vigencia entre los rabinos del período tanaítico. Como resultado de este entendimiento de la Torá, la halajá es más que un simple comentario sobre el Pentateuco. Como un modo de interpretación, la halajá tiene que ver con el compromiso total con la palabra de Dios, en sus diversas manifestaciones, en el intento de santificar todas las acciones. Con esto en mente, la naturaleza profundamente religiosa y litúrgica de la halajá y la interpretación halájica surgen.

Larry L. Lyke

HALCÓN
Ave de rapiña que pertenece a la familia Falconidae (heb. *ʾayyâ*). Varias especies del género *Falco* se han confirmado en Palestina. La visión aguda del ave la ayudaría a divisar y a atacar a su presa (Job 28.7 NVI).

HALHUL (Heb. *ḥalḥûl*)
Ciudad en el territorio tribal de Judá, que se encuentra en la montaña cerca de Bet-sur (Jos 15.58). El nombre se ha conservado en la moderna Ḥalḥûl (160109), 6 km (4 mi) norte de Hebrón. Según la tradición, una mesquita en la ciudad contiene la tumba de Jonás.

HALI (Heb. *ḥălî*)
Lugar en el límite del territorio asignado a Aser (Jos 19.25). Aunque el sitio es incierto, puede ser Khirbet Râs Ali/Tel ʿAlil (164241), al sur de Tell el-Harbaj/Tel Regev (Achsaph).

HALICARNASO (Gr. *Halikarnassos*)
Una ciudad principal y capital en la costa suroeste de Caria en Asia Menor, moderno Budrum, Turquía. Fue una de las seis colonias fundadas por dorios c. 900 a.C. Para el siglo V, sin embargo, la ciudad se volvió iónica (con un fuerte elemento local cario). Debido a su privilegiada ubicación, fue objeto frecuente de saqueo y asedio. Halicarnaso es famosa por ser el hogar del poeta griego del siglo V Paniasis y los historiadores Herodoto y Dionisio. Fue el lugar de una de las Siete Maravillas del Mundo Antiguo, la maravilla arquitectónica llamada el Mausoleo con sus exquisitas estatuas que Artemisia II había construido en 352 para su marido Mausolo, que había incorporado una serie de pueblos en una sola ciudad y la hizo su capital.

Aunque era una ciudad griega, los judíos tenían una posición favorable allí bajo los romanos. En 139 el senado envió una carta renovando su amistad y alianza con ellos (1 Mac 15.23), y se les concedió la libertad religiosa permitiendo la construcción de una casa de oración cerca del mar (Josefo *Ant.* 14.10.23).

Richard A. Spencer

HALLEL
Una letanía de salmos de alabanza utilizados en festividades judías o servicios matutinos. Heb. *hallēl* se deriva del verbo «alabar,» que se presenta como una orden («alaba tú») en varios salmos.

El « Hallel egipcio» (cf. Sal 114.1) comprende Salmos 113–118. Se utiliza en su totalidad en Sucot, Janucá, el primer día de la Pascua, y Sabuʿot. En la Pascua seder se recita en dos partes, Salmo 113–114 antes del seder y 115–118 después. La alabanza se asocia con la Pascua (2 Cr 30.21; Sab 18.9). Se cree que Jesús y sus discípulos cantaron de este Hallel después de la Última Cena (Mt 26.30 = Mr 14.26).

El «Gran Hallel» se refiere al Salmo 136. Se recita al comienzo de las oraciones matutinas los sábados y festividades, así como en la cena de seder en la Pascua. El estribillo la hace susceptible a la recitación o respuesta antífona. Esdras 3.11 parece aludir a tal práctica.

Otro Hallel es Salmos 146–150, los cuales comienzan y terminan con el aleluya abreviado. Este Hallel tiene un lugar en los servicios de oración matutina en la sinagoga.

Gerald M. Bilkes

HALOHES (Heb. *hallôḥēš*)
Padre de Salum (Neh 3.12); uno de los líderes que sellaron el pacto renovado bajo Nehemías (10.24[TM 25]).

HAMAT (Heb. *ḥămāṯ*)
Ciudad importante situada en el río Orontes, junto a la principal ruta comercial en la dirección sur de Asia Menor. El sitio es moderno Ḥamā (312503) en Siria, c. 210 km (130 mi) norte de Damasco. Siete niveles de restos neolíticos son atestiguados, y restos paleolíticos se encuentran en la vecindad inmediata. Para el quinto milenio a.C., los vínculos comerciales se habían establecido con Mesopotamia, y con Asia Menor para mediados del tercero. Hamat era uno de los principales, si no el más significativo, poderes en el centro de Siria a principios del primer milenio. Sobrevivió como centro neohitita hasta el siglo VIII, y entonces fue incluido en el ámbito cultural arameo. Hamat se menciona en textos eblaitas, egipcios, ugaríticos, luvitas y acadios.

Hamat formó el límite norte ideal de la tierra de Israel (cf. Nm 13.21; Jos 13.5; Ez 47.15). En la tabla de naciones sus habitantes se cuentan entre los descendientes de Canaán (Gn 10.18; 1 Cr 1.16). La frase *lĕbōʾ ḥămāṯ* («entrada a Hamat») probablemente indica el límite de la esfera política asociada con Hamat (aunque algunos asocian esto con Lebo, al noroeste de Baalbek). David extendió sus fronteras a este lugar, estableciendo una alianza con Toi, rey de Hamat (2 S 8.9-12). Salomón extendió sus fronteras, colocando centros de almacenamiento más allá de la frontera (2 Cr 8.4). La ciudad estaba entre la coalición (con Israel) que en varias ocasiones rechazó a los ejércitos asirios bajo Salmanasar III (853, 849, 848, y 845 a.C.). Jeroboam II amplió la frontera de Israel hasta este punto (2 R 14.25, 28). La ciudad fue finalmente incorporada a Asiria (conquistada 738, incorporada como una provincia en 720); un número de sus habitantes fueron deportados a Samaria (2 R 24), y algunos israelitas se establecieron en Hamat (Is 11.11). En su último período preclásico menciona que fue incorporada a Babilonia.

Mark Anthony Phelps

HAMAT (Heb. *ḥammat̠*) **(LUGAR)**
Ciudad fortificada dentro del territorio de la tribu de Neftalí (Jos 19.35). Hamat («aguas termales»; variantes Hamot-dor, Jos 21.32; Hamón, 1 Cr 6.76[TM 61]) se ha identificado con las aguas termales de Ḥammam Ṭabarîyeh/Ḥame Ṭeveriya (201241), c. 3 km (2 mi) al sur de Tiberias. Las excavaciones han dado como resultado tres niveles de ocupación que van desde el siglo I a.C., al siglo VIII d.C.

HAMAT (Heb. *ḥammat̠*) **(PERSONA)**
El «padre»de la casa de Recab (1 Cr 2.55). El nombre puede estar relacionado con el pueblo en Neftalí mencionado en Josué 19.35, o puede indicar una relación familiar (Heb. «familia política») entre los ceneos y el antepasado de los recabitas.
Bibliografía. M. Dothan, *Hammath Tiberias* (Jerusalem, 1983).

John Fotopoulos

HAMAT DE SOBA (Heb. *ḥămāt̠ ṣôb̠â*)
Una ciudad o región («fortaleza de la finca /plantación») en el sur de Siria capturada por Salomón (2 Cr 8.3). No está claro si los dos nombres pertenecen a un solo asentamiento (Hamat-soba) o una región que fue gobernada alternativamente por una o dos ciudades (Hamat y Soba).

Saúl, David, y Salomón, cada uno se enfrentó a las fuerzas arameas establecidas al noreste de Damasco para obtener el control del territorio hasta el río Eufrates. Las incursiones de Saúl fueron limitadas (1 S 14.47), mientras que el ejército de David enfrentó a Hadad-ezer, rey de Soba, en una batalla prolongada (2 S 8.3). El cronista se refiere a Hadad-ezer como rey de Soba Hamat (1 Cr 18.3; RVR-1960 «Soba, en Hamat»). Mercenarios de Soba fueron contratados por Amón para pelear contra David en una batalla en dos frentes, pero fueron derrotados y vencidos (2 S 10.6). 1 Crónicas 18 se refiere a Soba (v. 3) y Hamat como ciudades-estado independientes (v. 9).

David C. Maltsberger

HAMBRUNA
En el mundo antiguo, el mayor de los desastres (Lm 4.9 prefiere la muerte bajo espada a una muerte lenta por hambre). La hambruna, que se menciona a menudo en el material bíblico y no bíblico del antiguo Cercano Oriente, afectó la vida en muchos niveles. La hambruna comúnmente se menciona como un gran desastre, junto con la pestilencia y la espada (p.ej., Jer 14.12; Ez 6.11; Bar 2.25; Mt 24.7; Ro 8.35), y tanto los cambios ambientales como los políticos contribuyeron a su aparición. En la sociedad agraria de la antigua Palestina, la vida de las personas dependía de la lluvia. Las sequías y las malas cosechas posteriores a menudo condujeron a la hambruna (p.ej., Gn 26.1; Rut 1.1; 2 S 21.1; 1 R 18.1-2; Hag 1.1-10; *Ant* de Josefo 15.299ss.). La pestilencia, como la de langostas (Jl 1.4-20), solamente añadía a la amenaza de la hambruna. Los cambios políticos, como el sitio durante la guerra, también fomentaban la hambruna. El libro de Reyes relata el sitio de Samaria por parte del Rey Ben-adad de Aram (2 R 6.24-7.20) y el sitio de Jerusalén por parte de Nabucodonosor (2 R 25), los cuales resultaron en hambrunas. Josefo habla de la hambruna que resultó del sitio de Antíoco en Jerusalén (*Ant.* 12.375ss.; cf. 1 Mac 6).

En el árido antiguo Cercano Oriente, la gente esperaba, e incluso se preparaba para la hambruna. La élite podía construir almacenes. Los relatos bíblicos confirman los almacenes del templo (p. ej., 1 Cr 26.15; Neh 10.38-39; 13.12-13; Mal 3.10) y los de los monarcas (p. ej., 2 R 20.12-15; 2 Cr 32.27-28; Is 39.3-4). Esos almacenes reales podrían haber dado a los gobernantes la oportunidad de realzar la ideología real existente del antiguo Cercano Oriente, del gobernante como benefactor del pobre. Génesis 41.56 habla de que José abre los almacenes al pueblo egipcio.

Ideológicamente, los textos bíblicos a menudo caracterizan la hambruna como retribución divina o como un resultado directo de desobediencia a Dios (Lv 26.14-20; Is 3.1; 51.19; Jer 29.17-18; Zac 14.17) y a veces como una amenaza para alentar la obediencia (Dt 11.17; 28.33; Am 4.6). 1 Reyes 8.33-40 proporciona un ejemplo de oraciones bíblicas ofrecidas como un esfuerzo para prevenir la hambruna.

Las consecuencias de la hambruna eran enormes. A medida que aumentaba la demanda por comida, los precios también (p. ej., 2 R 6.24-25). Las fuentes dan testimonio de la desesperación extrema por la hambruna. Para Josefo, (*BJ* 5.515), la hambruna «confundió todas las pasiones naturales» a medida que las personas se enfrentaron entre sí en robos y otros actos de violencia (5.424ss.). Varios textos bíblicos reportan el canibalismo (2 R 6.29; Lm 2.20-21; 4.8-10). Además de la contienda interna provocada por la hambruna, la vulnerabilidad del pueblo y de la tierra empeoró al punto de incursiones externas. Además, las hambrunas a menudo resultaron en el colapso de las economías fundamentalmente agrícolas que, a cambio, obligaron a la gente a migrar. Entre ejemplos bíblicos de esas migraciones está Abraham (Gn 12.10), Isaac (26.1), Jacob (cap. 46) y Elimelec (Rut 1).

En la estratificación social de la sociedad monárquica y agraria, la breve disminución en la oferta de trabajo como consecuencia de la hambruna a menudo hizo aumentar las oportunidades para el ascenso social. Sin embargo, estas ganancias fueron de corta duración y rápidamente fueron contrarrestadas, si no excedidas por el aumento de nacimientos. De esta manera, visto ampliamente, la hambruna no cambió la tendencia de los campesinos, que componían la gran mayoría de la población, hacia un descenso social. Para otro grupo marginado, las mujeres, la hambruna solamente contribuyó a su creciente reclusión en la esfera doméstica, al aumentar la demanda de nacimientos.

ALICE HUNT HUDIBURG

HAMEDATA (Heb. *hammĕḏāṯā'*; Pers. *mâh-dāta*)
Padre de Amán (Est 3.1, 10; 8.5; 9.10, 24).

HAMOLEQUET (Heb. *hammōleḵeṯ*)
Hermana de Galaad (1 Cr 7.18), progenitor de varios clanes de Manasés.

HAMÓN (Heb. *ḥammôn*)

1. Ciudad costera, sur de Tiro y norte de Aco, incluida en el territorio asignado a la tribu de Aser (Jos 19.28). Se identifica por lo general con Umm el-ʿAwāmîd (164281) en el Wadi el-Hamûl cerca de la fuente de en-Hamûl, a partir de la similitud de los nombres y dos inscripciones fenicias del período helenista.

2. Ciudad en el territorio de Neftalí asignada (con sus tierras de pasto) como ciudad levítica para los descendientes de Gersón (1 Cr 6.76[TM 61]). Por lo general se asocia con Hamot-dor (Jos 21.32) y Hamat (19.35) y se ha identificado con Hammâm Ṭabarîyeh/Hame Ṭeveriya (201241), sur de Tiberias en la orilla occidental del mar de Galilea, o Tell Raqqat, norte de Tiberias.

ERIC F. MASON

HAMONA (Heb. *hămônâ*)
Nombre del lugar profético («multitud») dado por Ezequiel como el lugar de entierro de las fuerzas de Gog que van a ser derrotadas por el ejército fiel de Dios (Ez 39.16). El sitio se ubica en el «Valle de las hordas de Gog» (Hamon-gog) este del Mar Muerto, en Transjordania. El entierro de los enemigos de Israel a través del Jordán mantendrá a la Tierra Prometida ritualmente pura ya que es restaurada como santa para Dios. Las armas recogidas de los muertos caídos serán tan numerosas como para servir para combustible para el fuego de Israel durante siete meses.

DAVID C. MALTSBERGER

HAMÓN-GOG (Heb. *hămôn gôg*)
El nombre dado en Ezequiel 39.11, 15 al valle de los viajeros donde los ejércitos muertos de Gog serán enterrados en los últimos días. El nombre del valle («Valle de los ejércitos de Dios») parece tener la intención de recordar el «valle de los hijos de Hinom» en Jerusalén donde se ofrecía sacrificio a Moloc y donde Jeremías predijo que el derrotado pueblo de Jerusalén sería enterrado un día (Jer 7.31-34).

BRIAN P. IRWIN

HAMOR (Heb. *hămôr*)
Príncipe heveo de Siquem cuyo hijo, también llamado Siquem, violó a Dina y luego trató de casarse con ella (Gn 34). En retribución, los hijos de Jacob Simeón y Leví mataron a Siquem y Hamor. Hamor es identificado como progenitor de los hombres de Siquem (Jos 24.32; Jue 9.28), que vendió a Jacob la tierra sobre la cual erigió un altar (Gn 33.18-19) y donde más tarde José fue sepultado (Jos 24.32).

HAMOT-DOR (Heb. *ḥammōṯ dō'r*) **hamuel**
Ciudad levítica en el territorio tribal de Neftalí (Jos 21.23). Hamón (1 Cr 6.76) y Hamat (Jos 19.35) probablemente son nombres alternativos para esta ciudad.

HAMUEL (Heb. *hammû'ēl*)
Descendiente de Simeón, hijo de Misma y padre de Zacur (1 Cr 4.26).

HAMUL (Heb. *ḥāmûl*)
Hijo de Perez y nieto de Judá y Tamar (Gn 46.12; 1 Cr 2.5); antepasado del clan hamulita (Nm 26.21).

HAMURAPI (Amor. *ʿammu-rapi*) (también HAMURABI, AMURAPI)
El sexto rey (1792-1750 a.C.) de la I dinastía de Babilonia (1894-1595). Esta no era más que una de las

familias de los amorreos que llegaron al poder en Mesopotamia en los siglos que siguieron a la caída de la III dinastía de Ur (2112-2004). Muchos de los reyes de esta dinastía tenían nombres amorreos. El nombre de Hamurapi probablemente sea amorreo (*ʿammu-rapi,* muy probablemente «el tío paterno es un sanador/sana») o una versión acadia de tal nombre. Cuando Hamurapi llegó al trono, su pequeño estado no era más que uno de los pequeños reinos que competían por el poder en Mesopotamia. Al norte se encontraba el poderoso reino de Šamši-addu y en el sur estaba cercado por el estado de Larsa. Durante los primeros años de gobierno, el nuevo rey expandió su territorio y Babilonia en el poder político del Medio Oriente, un equilibrio regional de poder que iba desde la costa mediterránea a Irán. Las verdaderas potencias de la época estaban en los flancos lejanos: Yamhad, centrada alrededor de Alepo, y Elam en el este. Los pequeños reinos de Larsa y Babilonia en Babilonia, Esnuna al noreste, y Mari en el Eufrates hicieron alianzas, a menudo rotas, entre y dentro de ellos mismos. Estos gobernantes se comprometieron como vasallos, al menos en teoría, de un señor elamita, permitiéndole arbitrar en disputas territoriales. Después de que los elamitas marcharon hacia el norte de Siria y tomaron el control, por un corto período de tiempo, muchos de los principados locales, los principales estados crearon una alianza y derrotaron a Elam y Esnuna, creando una nueva situación política. La destrucción de Esnuna tuvo lugar en el año 29 de Hamurapi. Sin un enemigo importante en su flanco noreste, el rey marchó contra su rival de Babilonia, Rim-sin de Larsa, quien controlaba todo el sur de Mesopotamia, tomó su ciudad, y lo capturó con vida. Con el sur firmemente en sus manos, Hamurapi se volvió ahora contra su antiguo aliado, Zimri-lim de Mari, quien lo había ayudado en las guerras contra Elam, Esnuna, y Larsa. Sus tropas ocuparon la ciudad por dos años y luego la destruyeron. Los babilonios no se quedaron en la ciudad y se retiró al sur después de dos años. Aunque al comienzo de su reinado, el reino de Hamurapi era solo uno entre muchos en Mesopotamia y Siria, en el momento de su muerte, la mayoría de los otros estados habían desaparecido y él se quedó solo en medio de las grandes potencias de Alepo y Elam. Este gran reino no duró mucho; el sur se rebeló durante el reinado del hijo de Hamurapi, Samsu-iluna. La sublevación fue sofocada, pero el sur de Mesopotamia pronto se perdió así como la mayor parte de las grandes ciudades a lo largo del Eufrates parecen haber sido abandonadas al final de su reinado. El enfoque del estado se trasladó al norte, y Babilonia parece haber tenido un control intermitente de solo una pequeña área en el norte de Babilonia y el Eufrates hasta Haradum y Terqa. El debilitado reino al parecer cayó cuando los hititas conquistaron Babilonia.

Los niveles más antiguos de Babilonia son, en su mayor parte, inaccesibles para los arqueólogos debido a los cambios en el nivel freático, y por lo tanto no se han encontrado archivos propios de Hamurapi. Las miles de cartas contemporáneas de Mari proporcionan rica documentación del período, e incluyen muchas referencias a Hamurapi. Los archivos de esta ciudad nos dan una vista externa sobre el funcionamiento de la corte de Babilonia, y de las intrigas locales e internacionales de la época, entre ellos el proyecto de un pacto antielamita entre los reyes de Babilonia y Mari. La información de Mari presenta una imagen distorsionada de acontecimientos, sin embargo, debido a que los funcionarios de Hamurapi se llevaron la mayor parte de los archivos diplomáticos de la ciudad conquistada.

El gobierno de Hamurapi de Babilonia se documenta sobre todo en la correspondencia entre el rey y sus representantes en el sur, así como de textos económicos de Sipar y, en menor medida, de otras ciudades como Dilbat, Larsa, y Kis. Estas proporcionaron extensa información de la organización del sur después de la caída de Larsa, la interacción entre la corona y las familias de la élite local, así como la adjudicación de disputas legales.

Hamurapi es mejor recordado por su llamado Código de derecho, una inscripción monumental con un largo prólogo, provisiones legales, y una fórmula final de maldición. Las «leyes» son ejemplares en naturaleza, y tenían la intención de representar una noción abstracta de justicia real. Contrario a la comprensión popular, no estaban destinadas a ser utilizadas en la práctica legal. Aunque por lo menos tres textos anteriores de este género han sobrevivido, el texto de Hamurapi es el más largo conocido y el único que ha sobrevivido intacto en la forma de estela monumental. Aunque Hamurapi publicó este texto en un número de ejemplares, algunos de los cuales estuvieron vigentes en las ciudades de Babilonia durante siglos, ninguno de estos ha sobrevivido. La única versión intacta fue descubierta en la ciudad elamita de Susa, donde se había tomado como botín de guerra de Sipar en el siglo XII. Al igual que otros textos de este tipo, partes de la estela de Hamurapi fueron copiadas en tablas para la formación de escribas, pero sólo esta sobrevivió el período babilónico antiguo. Las copias del «código» se estudiaron en las escuelas hasta entrado el primer milenio. Como era costumbre de la época, la composición fue copiada, extractada y comentada. Además de este texto, conocido en el último período como las «disposiciones legales de Hamurapi,» el rey fue mencionado solo unas pocas veces en las crónicas e inscripciones reales. Él no fue recordado como uno de los grandes reyes antiguos en la misma liga que Sargón o Naram-sin. A principios del siglo XX los eruditos habían identificado al rey Amrafel sw Sinar en Génesis 14 con Hamurapi, pero esta opinión ya no se sostiene.

Aunque Hamurapi fue una figura única en la historia de Babilonia, su importancia no debe ser subestimada. Su reino fue en realidad más importante por la destrucción que trajo a otros estados que por el desarrollo a largo plazo de la cultura mesopotámica.

Bibliografía. J. M. Sasson, «King Hammurabi of Babylon,» *CANE* 2.901-15; C. J. Gadd, «Hammurabi and the End of His Dynasty,» *CAH*[3] 2/1: 176-224; M. T. Roth, *Law Collections from Mesopotamia and Asia Minor.* 2nd ed. SBLWAW 6 (Atlanta, 1997).

Piotr Michalowski

HAMUTAL (Heb. *ḥămûṭal*)
Esposa del rey Josías de Judá, hija de Jeremías de Libna, y la madre de los reyes Joacaz y Sedequías (2 R 23.31; 24.18; Jer 52.1; **K** *ḥămîṭal*). Algunos piensan que la leona de Ezequiel 19.2 es una referencia a la reina Hamutal.

HANAMEL (Heb. *ḥănam'ēl*)
Hijo de Salum y primo de Jeremías, de quien el profeta encarcelado compró el campo en Anatot durante el sitio caldeo de Jerusalén (Jer 32.7-15).

HANÁN (Heb. *ḥānān*)

1. Benjamita; hijo de Sasac (1 Cr 8.23).

2. Benjamita; hijo de Azel y descendiente de Saúl (1 Cr 8.38; 9.44).

3. Hijo de Maaca; uno de los guerreros de David (1 Cr 11.43).

4. El jefe de una familia de sirvientes del templo que regresaron a Jerusalén después del exilio (Esd 2.46; Neh 7.49).

5. Levita que ayudó a interpretar la ley durante la reforma de Esdras (Neh 8.7). Él estaba también entre los levitas que firmaron un documento afirmando el pacto de Esdras (Neh 10.10[TM 11]).

6.-7. Dos hombres listados entre los líderes del pueblo (Neh 10.22, 26 [23, 27]). No está claro si se trata de individuos separados que llevan el mismo nombre Hanán, o una o más referencias al levita Hanán (**5** arriba).

8. Hijo de Zacur. Fue nombrado por Nehemías como asistente de los tesoreros de los almacenes que distribuían los diezmos (Neh 13.13).

9. El aparente líder de un gremio profético que ocupaba una cámara en el templo de Jerusalén (Jer 35.4).

Kenneth Atkinson

HANANEEL (Heb. *ḥănan'ēl*), **TORRE DE**
Una torre en la esquina norte de la muralla que rodeaba el monte del templo, reedificada por Nehemías (Neh 3.1; 12.39). Algunos la identifican con la fortaleza del templo (Neh 2.8). La torre puede haber sido erigida en la época de Manasés (2 Cr 33.14), y llegó a representar el punto septentrional de la muralla de Jerusalén. Como tal, llegó a ser considerada como el emblema de la ciudad en el norte de Jerusalén, utilizada para describir la circunferencia de la ciudad (Zac 14.10). Como frontera destacada la torre de Hananeel llegó a ser asociada con la esperanza escatológica de Jerusalén (Jer 31.38).

Este fue el sitio de la ciudadela macabea (1 Mac 13.52), reedificada por Antíoco IV Epífanes como la Akra seléucida (Josefo *Ant.* 21.362-64, 369, 405-6). Juan Hircano erigió una fortaleza (la Baris) aquí, que fue destruida por Pompeyo en 63 a.C. (*Ant.* 18.91). Más tarde, Herodes el Grande edificó la torre de Antonia en esta ubicación (*Ant.* 18.91; *BJ* 1.75, 118).

Mark F. Rooker

HANANI (Heb. *ḥănānî*)

1. Un vidente, padre del profeta Jehú (1 R 16.1, 7; 2 Cr 19.2). Hanani reprendió a Asa rey de Judá y predijo la desaparición de su linaje porque Asa había enviado oro y plata a Ben-adad con el fin de formar un tratado que salvaría a Judá, sin embargo, en vez de liberarla Ben-adad saqueó las ciudades de Israel (2 Cr 16.1-10).

2. Uno de los 14 hijos de Heman que sirvieron como profetas, cantores del templo, y músicos para David (1 Cr 25.4-5, 25).

3. Hijo de la familia sacerdotal de Imer hallado culpable de casarse con una mujer extranjera (Esd 10.20).

4. Hermano de Nehemías que le trajo noticias en la ciudadela de Susa de las pobres condiciones del remanante de los judíos (Neh 1.2-3). El informe de Hanani de su condición vergonzosa impulsó a Nehemías a trabajar en la reconstrucción de la ciudad y restaurar el muro. Después de la restauración de la ciudad, Hanani fue puesto a cargo de la administración de la ciudad (Neh 7.2). Aunque Hanani y Hananías en el mismo versículo pueden ser dos personas distintas, parece más natural tomar el último nombre como aposición, «Hanani, a saber, Hananías el comandante de la ciudadela.»

5. Un sacerdote y trompetista que participó en la ceremonia de la dedicación del muro de Jerusalén (Neh 12.36).

Bibliografía. C. G. Tuland, «Hanani-Hananiah,» *JBL* 77 (1958): 157-61.

David Paul Latoundji

HANANÍAS (Heb. *ḥănanyāhû, ḥănanyâ*)

1. Uno de los cuatro hijos de Zorobabel, hijo de Pedaías (1 Cr 3.19, 21), un descendiente de Salomón.

2. Individuo posterior al exilio asociado con la tribu de Benjamín (1 Cr 8.24).

3. Uno de los hijos de Hemán; director de la división 16 de los músicos de David (1 Cr 25.4, 23).

4. Uno de los jefes de Uzías (2 Cr 26.11).

5. Un israelita de la familia de Bebai que tuvo que despedir a su esposa extranjera (Esd 10.28).

6. Hijo de Selemías que ayudó a reparar los muros de Jerusalén durante la época de Nehemías (Neh 3.30).

7. Uno a quien Nehemías le confió el gobierno de la ciudadela/palacio porque « éste era varón de verdad y temeroso de Dios, más que muchos» (Neh 7.2).

8. Un líder israelita que, en nombre de su familia, puso su sello en el pacto renovado bajo Nehemías (Neh 10.23).

9. Un sacerdote y jefe de la casa de Jeremías durante la época del sumo sacerdote Joiacim que regresó de Babilonia con Zorobabel y participó en la rededicación de los muros (Neh 12.12).

10. Hijo de Azur que profetizó que Judá sería liberado de la opresión babilónica y que los vasos del templo, que habían sido tomados por el ejército babilonio en 598, serían devueltos a Jerusalén dentro de dos años de su oráculo (Jer 28). Este relato describe un conflicto profético en el cual dos mensajes opuestos pretenden disfrutar de la autoridad divina. Durante el intervalo entre la primera deportación (598) y la destrucción de Jerusalén en 588/587, Jeremías declaró que Judá no debe unirse en una coalición antibabilónica de otros estados siro-palestinos (cf. Jer. 27) sino aceptar la hegmonía babilónica como dada teo-políticamente. Por el contrario, Hananías insistió en que el gobierno babilonio sería de corta duración, incitando así la rebelión contra el soberano de Judá.

Aunque Hananías se opone a Jeremías, el texto hebreo se refiere a él como «falso profeta.» Se le trata como uno cuya función es asumida y cuyo carácter no se impugna. De hecho, Hananías exemplifica la mayoría, si no todas, las características convencionales de los profetas hebreos: él utiliza las formas de habla habituales y acciones simbólicas; habla dentro de las tradiciones religiosas legítimas de la comunidad y por lo tanto no representa deidades extranjeras o sistemas simbólicos inaceptables; y cuenta con el respeto de la comunidad, tal vez incluso más que Jeremías. Uno puede inferior del texto, por lo tanto, que la falsedad de Hananías no radica en su persona sino en su mensaje, que no solo está en contradicción con los oráculos proféticos del pasado (Jer 28.8), pero contradice las palabras de Jeremías. La ideología de Hananías no solo es extemporánea y fuera de contacto con las sensibilidades históricas, sino que va directamente en contra de toda la tradición asociada con Jeremías, el exilio y el sufrimiento deben ser aceptados y abrazados como la peligrosa pero necesaria obra de Dios antes de que se puedan articular posibles construcciones. Hananías por tanto no percibe que muchas de las estructuras sociales y simbólicas (incluyendo la ideología real del templo) ya no forman parte del programa de Dios para una comunidad alternativa del exilio. Como resultado, es a la vez «falso» en su contenido y una voz «peligrosa» del pasado que pone en peligro la poderosa nueva visión de la realidad expresada y verdad en la profecía articulada por Jeremías.

Bibliografía. H. Mottu, «Jeremiah vs. Hananiah: Ideology and Truth in Old Testament Prophecy,» in *The Bible and Liberation*, ed. N. K. Gottwald (Maryknoll, 1983), 235-51; T. W. Overholt, «Jeremiah 27–29: The Question of False Prophecy,» *JAAR* 35 (1967): 241-49; *The Threat of Falsehood: A Study in the Theology of the Book of Jeremiah.* SBT, ser. 2, 16 (Naperville, 1970).

11. Padre de uno de los funcionarios de alto rango del rey Joaquín que estaba «alarmado» (Jer 36.16) por el contenido del rollo leído por Baruc.

12. Padre de Selemías y abuelo de Irías, el centinela que detuvo a Jeremías y lo acusó de desertar a los babilonios (Jer 37.13).

13. Uno de los compañeros de Daniel, cuyos nombre fue cambiado a Sadrac (Dn 1.6-7).

LOUIS STULMAN

HANATÓN (Heb. *ḥannāṯôn*)
Una ciudad en la frontera tribal del norte de Zabulón (Jos 19.14). Se encuentra en el cruce de la carretera que conduce de Acco en la costa y un ramal que se separó de la Vía Maris en Megido al sur. Moderno Tel Ḥannaton/Tell el-Bedeiwîyeh (174243) se identifica con la antigua ciudad.

Hanatón es mencionada dos veces como *Ḫinnatuna* en las cartas de Amarna del siglo XIV a.C. los reyes de Acco y Simrón emboscaron una caravana babilonia con destino a Egipto cerca de Hanatón. Lab'ayu, rey de Siquem, fue puesto en libertad cerca de la ciudad después de ser capturado por las fuerzas leales al faraón egipcio. Los anales del rey asirio Tiglat-pileser III describen la captura de Hanatón junto con la cercana Caná y Jotba durante la invasión de 733. Durante el período herodiano el asentamiento era conocido como Asoquis.

DAVID C. MALTSBERGER

HANES (Heb. *ḥānēs*)
Una ciudad en Egipto, por lo general asociada con Heracleópolis Magna (Egip. *Ḥwt-nn-nsw,* «Palacio de los niños reales »), moderno Ihnâsiyeh el-Medina, c. 80 km (50 mi) sur de Menfis en la orilla oeste del Nilo. Heracleópolis era la capital de la nome 20 y ciudad importante durante el Período Tardío de Egipto. Isaías 30.4 reprende al rey de Judá por el envió de emisarios a Zoán (Tanis) y Hanes para hacer una alianza con faraón, quien habría sido uno de los reyes de mediados de la Dinastía XXV, ya sea Sabaka (716-702 a.C.) o Sebitku (702-690).

KEVIN A. WILSON

HANIEL (Heb. *ḥannîʾēl*)
1. Hijo de Efod. Un líder de la tribu de Manasés, él representó su tribu en la división de la tierra de Canaán (Nm 34.23).

2. Hijo de Ula; el jefe de un clan aserita (1 Cr 7.39).

HANOC (Heb. *ḥănôḵ*)
1. Hijo de Madián y nieto de Abraham y Cetura (Gn 25.4; 1 Cr 1.33).

2. Hijo mayor de Rubén, el hijo mayor de Jacob (Gn 46.9; Ex 6.14; 1 Cr 5.3). Sus descendientes se convirtieron en la familia de los enoquitas (Nm 26.5; Heb. *haḥănōḵî*).

HANUCÁ (Heb. *ḥănukkâ*)
Véase Dedicación, Fiesta de.

HANÚN (Heb. *ḥānûn*)
1. Hijo de Nahas y su sucesor como rey amonita. David envió mensajeros a Hanún con condolencias por la muerte de Nahas, pero los líderes de los amonitas tenían sospechas y provocaron a Nahas contra David; Nahas capturó a los mensajeros y los humilló, afeitando la mitad de sus barbas y cortando una parte de sus prendas. En la guerra que siguió, Hanún fue derrotado y su pueblo obligado a ser esclavos (2 S 10.1–11.1; 12.26-31; 1 Cr 19.1–20.3).

2. Un israelita que ayudó en la restauración del muro de Jerusalén en el tiempo de Nehemías (Neh 3.13).

3. El sexto hijo de Salaf, que ayudó en la restauración de los muros de Jerusalén (Neh 3.30); posiblemente el mismo que **2** arriba.

HAPAX LEGOMENA
Un término que se encuentra solo una vez en cierto cuerpo de literatura (p.ej., un término hebreo, encontrado sólo una vez en el AT; Gr. *hápax legómenon.* «leído una vez»).

HAPIRU, APIRU
Las personas designadas *ha-pí-ru,* la ortografía cuneiforme de *ʿapīru* (menos probable *ʿapiru*), que aparece en los textos desde todo el segundo milenio a.C., y en todo el Creciente Fértil. El término es de origen semítico occidental. Los nombres más atestiguados de *ʿapīru* también son semítico occidental, pero muchos son semítico oriental, hurrita, o indo-europeo. El término a menudo es escrito en cuneiforme con el compuesto logograma *SA.GAZ,* que también se utiliza para Acad. *ḫabbātu,* «ladrón, saqueador, bandido,» y probabemente se deriva del

Acad. *šaggāšu,* «asesino, fuera de la ley.» No todos los *ʿapīru* fueron ladrones asesinos, pero a los ojos de los escribas de la corte tenían estas asociaciones.

La etimología de *ʿapīru* es incierta. Lo más probable es un adjetivo relacionado con Heb. *ʿāpār,* «suelo, tierra, polvo,» siguiendo la forma sugerida por Heb. *pālîṭ* y *śārîḏ,* ambos «fugitivo.» Una sugerencia razonable es que la palabra etiqueta al fuera de la ley como «polvo» de viaje, pero esto es improbable. El paradigma para el *ʿapīru,* desde el bandido hecho y derecho al meramente desplazado, era aparentemente el proscrito que habitaba en las montañas y en los márgenes desérticos de la sociedad, quien, en las palabras de Isaías 2.10, 19 iónicamente dirigidas a la clase gobernante, «métete en la peña, escóndete en el *polvo* . . . Y se meterán en las cavernas de las peñas y en las aberturas de la *tierra*» — exactamente como un zorro ante los perros es conducido a «la tierra.» La palabra *ʿapīru* probablemente representa proscritos como los que se ocultan en agujeros o madrigueras, los que moran «en el desierto» (cf. Sal 72.9).

Muchas referencias a *ʿapīru* parecen envolver bandidos sociales o pandillas fuera de la ley. Un *ʿapīru* de Alalak llevaba el epíteto «ladrón. » Los guerreros *ʿapīru* a quienes el refugiado real Idrimi del siglo XV huyó probablemente representó una grupo de bandidos. Los numerosos *ʿapīru* que aparecen en las Cartas de Amarna desde Siria del siglo XIV y Palestina se entienden mejor como bandidos sociales en el servicio de varios reyes, aun cuando solo sea el objeto de insulto político. Un edicto del rey hitita Hatusilo III del siglo XIII aseguró al rey de Ugarit que si alguien que servía en la corte de ese rey, o alguien de otra tierra que tuviera deuda con ese rey y huía al territorio del *ʿapīru,* es de suponer el retiro de las pandillas de bandidos, dentro de la jurisdicción de Hatusilo, Hatusilo se compometía a extraditarlo a Ugarit (RS 17.238).

Tomado como un todo, sin embargo, no es bandolerismo como tal que la mayoría de *ʿapīru* parece haber tenido en común. El término puede no haber significado lo mismo en todo tiempo y lugar, pero casi todos los *ʿapīru* mencionados en textos se encuentran en el servicio de cortes, como mercenarios, ayudantes, sirvientes, clientes, o trabajadores manuales cautivos. En nombres personales, *ʿapīru* aparentemente significa un «cliente»: p.ej., Apirbaʿl, «Cliente-de-Baal,» Apir-el, «Cliente de El.» Además, *ʿapīru* parecen ser personas desplazadas, desarraigados del hogar y familiares, dependientes de nuevos amos, aparte de los pocos casos en los que ellos mismos gobiernan. Estas caractrísticas son consistentes con el concepto de bandolerismo fugitivo, aunque no todos los *ʿapīru* así designados se originan o actúan como bandidos. El desplazamiento podía afectar a una persona de cualquier clase social y tener muchas causas posibles, como la guerra, el hambre, las deudas, la simple pobreza, limitada oportunidad, conflicto político, o largo servicio militar. Algunos desplazados pueden haber migrado y colocado ellos mismos para ser contratados individualmente. Muchos se juntaron en escuadrones o pandillas (*ṣabû,* «hueste militar,» aparece regularmente con *ʿapīru,* en sus papeles tanto de bandidos y como fuerzas de la corte), que saquearon o extorsionaron o se contrataron ellos mismos al mejor postor. El servicio a una corte, que podría implicar habilidades militares de élite, podría dar lugar a tenencia de la tierra, como los pandilleros reintegrados a la sociedad establecida, aunque no siempre mudando su etiqueta *ʿapīru.* En otros casos, el *ʿapīru* podrían reunirse y venderse o distribuirse también como obreros.

Desde que fueron reconocidos por primera vez a fines del siglo XIX, el *ʿapīru* ha sido el objeto de mucho debate y desacuerdo. En general, los intentos de verlos como una clase social, un grupo étnico, un grupo tribal, caravaneros de asnos, pastores, o nómadas han fallado. Una pregunta clásica de la erudición bíblica es si el término «Hebreo» (*ʿiḇrî*) se deriva de *ʿapīru.* Para muchos la cuestión sigue siendo incierta, pero la mayor parte de la evidencia apunta lejos de una conexión. Aunque en cuneiforme silábico el término es siempre escrito con el signo *BI,* los escritos ugaríticos y egipcios con *p* parecen reflejar la consonante media apropiada, y el signo cuneiforme se lee cada vez sin más preámbulo como *pí.* El intercambio de *p* y *b* dentro del semítico occidental no es común y dentro del mismo lenguaje ni mucho menos; parece especialmente improbable en este caso porque la raíz *ʿbr,* «pasar, transgredir,» supuestamente detrás de los dos términos, probablemente también ocurre en ugarítico, donde en todo caso un cambio de *b* a *p* es atestiguado sólo por asimilación regresiva de una consonante sorda. Además se ha señalado que la preservación consistente de ambas vocales internas en el reflejo *ha-pí-*

ru, si sigue las reglas acadias normales, implica que una de las vocales debe ser larga; si es así, ya que ninguna de tales vocales largas podía haber sido acortada o elidida, *ʿapīru* posiblemente no podía estar detrás de *ʿibrî.*

Ocasiona cierta sorpresa, por tanto, que «hebreo,» que ocurre más bien pocas veces en el AT, es casi exclusivamente usado por no israelitas para referirse a israelitas en situaciones donde podían ser confundidos por *ʿapīru*: como refugiados por los egipcios en Génesis y Éxodo, y como renegados por los filisteos en 1 Samuel. Este acuerdo aparente es al parecer una coincidencia, ya que «hebreo» deriva muy probablemente del patronímico *ʿEber,* cuyo nombre implica un «cruce» de «más allá, de allá.»

El apoyo del *ʿapīru* en la historia del antiguo Israel, aunque indirecta, va mucho más allá de una conexión cada vez más improbable con el nombre «hebreo.» No hay razón para dudar de que la dislocación social y el bandolerismo jugaran un papel importante en la aparición de Israel, incluso si políticamente el antiguo Israel debe definirse principalmente en términos de tribalismo. La dislocación social y el tribalismo están lejos de ser mutualmente excluyentes, y el papel de *ʿapīru* en el período Amarna ha arrojado importante luz en las condiciones presentes en la aparición del Israel tribal. Una comparación adicional importante es con israelitas particulares, incluyendo Jefté (Jue 11.3-6) y especialmente David, cuya carrera fue similar a la de Idrimi y que puede razonablemente, si anacrónicamente, ser llamado un jefe *ʿapīru.* Como filibusteros, David y sus hombres se contrataron como mercenarios o subsistían del saqueo. En este sentido, la aparición del reino de Judá bajo David tenía mucho en común con el reino de Amurru bajo Abdi-ashirta y de Siquem bajo Labayu en el período Amarna.

Bibliografía. G. Buccellati, «*ʿApirū* and *Munnabtūtu* — The Stateless of the First Cosmopolitan Age,» *JNES* 36 (1977): 145-47; M. L. Chaney, «Excursus: The *ʿApiru* and Social Unrest in the Amarna Letters from Syro-Palestine,» en *Palestine in Transition,* ed. D. N. Freedman and D. F. Graf (Sheffield, 1983), 72-83; M. Greenberg, *Ḫab/piru.* AOS 39 (New Haven, 1955); R. S. Hess, «Alalakh Studies and the Bible: Obstacle or Contribution?» en *Scripture and Other Artifacts,* ed. M. D. Coogan, J. C. Exum, and L. E. Stager (Philadelphia, 1994), 199-215; P. K. McCarter, «The Historical David,» *Int* 40 (1986): 117-29; A. F. Rainey, «Unruly Elements in Late Bronze Canaanite Society,» in *Pomegranates and Golden Bells,* ed. D. P. Wright, D. N. Freedman, and A. Hurvitz (Winona Lake, 1995), 481-96.

Robert B. Coote

HAQUILA (Heb. *ḥăkîlâ*)
Una montaña al sur de Jeshimón donde estaba localizada la fortaleza de Hores. (1 S 23.19). David buscó asilo allí mientras se escondía de Saúl, pero se escondía en el desierto cuando el mismo Saúl acampaba en Haquila (1 S 26.3). Ni Haquila ni Jeshimón han sido identificadas, aunque Khirbet Khoreisa ha sido sugerida para Hores.

Ryan Byrne

HARA (Heb. *hārāʾ*)
Una de las ciudades a donde los israelitas fueron exiliados por Tiglat-pileser III (1 Cr 5.26). Hay cierta confusión sobre el nombre de la ciudad. 1 Crónicas 5.26 parece ser un paralelo incorrecto o corrupto de 2 Reyes 17.6; 18.11. En lugar de Hara («montaña»), 2 Reyes lee «las ciudades de Media» en el TM y «las montañas de Media» en la LXX. Se ha sugerido que Hara en 1 Crónicas 5.26 puede ser una corrupción de *haʿîr,* «ciudad,» o *har,* «montaña.» Si Hara se refiere a las montañas de Media, esto podría colocar a los exiliados de Israel en las tierras altas al este del río Tigris.

C. Shaun Longstreet

HARADA (Heb. *ḥărādâ*)
Un lugar donde los israelitas se detuvieron durante el viaje por el desierto, entre Mt. Sefer y Macelot (Nm 33.24-25). La ubicación no se conoce.

HARÁN (Heb. *ḥārān;* Acad. *ḫarrānu*) **(LUGAR)**
Una ciudad cosmopolita en el norte de Mesopotamia. Excavaciones en moderno Altinbaşak, 38 km (24 mi) sureste de Urfa, Turquía, revela que el sitio estaba ocupado a más tardar en la Era de Bronce Temprano III. Una ubicación en la principal ruta de caravana de este a oeste en la parte superior de la Media Luna Fértil explica tanto su nombre como su papel fundamental estratégico, político, y económico en el antiguo Cercano Oriente. Predominantemente arameo para el comienzo de la Edad de Hierro, la Harania interior se mantuvo así durante los períodos neoasirio y neobabilónico. Tras la muerte de Alejandro Magno, la ciudad se convirtió en un puente importante entre las tradicio-

nes intelectuales de la antigua Mesopotamia y el mundo helenista. Aunque Harán retendría su mística para la erudición hermética y sus antiguos cultos astrales por casi 1000 años, la situación económica de la ciudad decayó cuando las rutas de las caravanas se desplazaron hacia Palmira y otros emporios, un descenso agravado por el hecho de que la región sufrió la suerte de un territorio fronterizo disputado activamente por los partos y sucesivos gobernantes persas, romanos, bizantinos, musulmanes, y mongoles.

Aunque el culto al dios-luna Sîn de Harán se alude primero en un tratado de la época de Zimri-lim de Mari, su origen probablemente se encuentra en la diáspora sumeria del tercer milenio a.C., como el panteón haranio hace eco del de la ciudad de Ur al sur de Babilonia. El prestigio del culto alcanzó su punto máximo con el vigoroso patrocinio de los emperadores neoasirio y el enigmático Nabonido, el último gobernante neobabilónico. El símbolo del culto del dios-luna haranio, una borla lunar creciente montada encima de un asta, comprende el elemento visual central en ocho estelas reales neoasirias y literalmente cientos de cilindros y sellos recuperados en Asia Occidental y Chipre. Los emperadores romanos Caracalla y Julián ofrecieron sacrificios al dios-luna de Harán. Autores cristianos siríacos polemizaron contra las prácticas paganas de los harianos. El dios-luna y otros miembros del antiguo panteón semítico aparentemente siguieron siendo adorados en Harán durante la ocupación islámica hasta que la ciudad fue destruida por los mongoles en 1271.

Harán del AT fue la primera residencia de Abram después de su partida con su familia de Ur de los caldeos (Gn 11.31), el lugar donde su padre Taré murió (v. 32), y el sitio de la partida de Abram a Canaán con Lot (12.4-5). Rebeca, la esposa de Isaac fue obtenida entre sus parientes en Harán (Gn 24). Por miedo a las represalias de Esaú, Jacob fue enviado a vivir con su tío Labán en Harán (Gn 27.43; 28.10), donde adquirió dos esposas y considerable riqueza (caps. 29-31). En 2 Reye 19.12 = Isaías 37.12, un pasaje de la llamada carta de Senaquerib a Ezequías, el rey asirio se jacta de que sus antepasados destruyeon Harán, y sus dioses no pudieron salvarla. La entrega de tal discurso tiene mejor sentido durante el sitio neobabilónico de Jerusalén, ya que Harán y su templo fueron destruidos por una coalición medo-babilónica en 609, mientras que no hay evidencia sustancial para la agresión neoasiria contra la ciudad.

HARÁN (Heb. *hārān*) **(PERSONA)**

1. Hijo de Taré y hermano de Abraham y Nacor. Él fue padre de un hijo, Lot, y dos hijas, Milca e Isca (Gn 11.27-29). Harán murió en la ciudad caldea de Ur mientras su padre todavía estaba vivo.

2. Descendiente de Judá; hijo de Caleb por su concubina Efa (1 Cr 2.46).

3. Hijo de Shimei, un levita gersonita que fue jefe de la familia de Ladán durante la época de David (1 Cr 23.9).

Bibliografía. T. M. Green, *The City of the Moon God: Religious Traditions of Harran*. Religions in the Graeco-Roman World 114 (Leiden, 1992); S. W. Holloway, «Harran: Cultic Geography in the Neo-Asirian Empire and Its Implications for Sennacherib's 'Letter to Hezekiah' in 2 Kings,» in *The Pitcher Is Broken*, ed. Holloway and L. K. Handy. JSOTSup 190 (Sheffield, 1995), 276-314; J. N. Postgate, «Ḫarrān,» *Reallexikon der Assyriologie* 4 (Berlin, 1972-75): 122b-25a.

Steven W. Holloway

HARBONA (Heb. *ḥarĕḇônāʾ, ḥarĕḇônâ*)

Eunuco del rey persa Asuero (Est 1.10). Sugirió que Amán fuera ahorcado en la misma horca que él había hecho para Mardoqueo (Est 7.9).

HAREF (Heb. *hārēp*)

Hijo de Hur y nieto de Caleb, de la tribu de Judá. Él fue el «padre» (fundador) de Bet-gader (1 Cr 2.51).

HARET (Heb. *ḥereṯ*)

Un bosque en el territorio tribal de Judá donde David se refugió de Saúl (1 S 22.5). El nombre puede ser preservado en moderno Kharās, 11 km (7 mi) noroeste de Hebrón y este de Khirbet Qîlā (Keila bíblico). El territorio puede haber estado bajo el control filisteo en su momento (cf. 1 S 23.3).

HARESA (Heb. *har-ḥeres*)

Una zona retenida por los amorreos contra la tribu de Dan (Jue 1.35). Mencionada con los pueblos Ajalón y Saalbim, Heresa a veces se ha entendido como un pueblo, tal vez el mismo lugar que el Ir-semes en el territorio asignado a Dan (Jos 19.41) o el Bet-semes asignado a Judá (15.10; 21.16). Tanto *ḥeres* como *šemeš* pueden significar «sol.» Sin embargo, *har* significa «montaña/colina» (y *ḥeres* puede también significar «comezón»; cf. LXX «la montaña de la tumba del mirto »). Así, algunos eruditos han identificado Har-heres con varios sitios en las montañas que bordean el valle de Ajalón.

Eric F. Mason

HARHAÍA (Heb. *ḥarhăyâ*)
Padre del platero Uziel, que ayudó en la restauración del muro de Jerusalén bajo Nehemías (Neh 3.8).

HARHAS (Heb. *ḥarḥas*) (también HASRAH)
El abuelo de Salum, esposo de la profetisa Hulda (2 R 22.14).

HARHUR (Heb. *ḥarḥûr*)
Sirviente del templo cuyos descendientes regresaron del exilio con Zorobabel (Esd 2.51; Neh 7.53).

HARIF (Heb. *ḥārîp̱*)
Un israelita cuyos descendientes regresaron del exilio bajo Zorobabel (Neh 7.24). Puede ser el mismo que Jora en el relato paralelo (Esd 2.18). Él o un representante de su familia puso su sello en el pacto renovado bajo Nehemías (Neh 10.19[TM 20]).

HARIM (Heb. *ḥārim*)

1. El jefe de una familia sacerdotal en Israel, tercera entre las 24 divisiones de sacerdotes organizadas por David (1 Cr 24.8). Descendientes de esta familia estaban entre los primeros repatriados de Babilonia (Esd 2.39; Neh 7.42), y cinco miembros de la familia estaban entre los sacerdotes que se habían casado y posteriormente se comprometieron a divorciarse de mujeres extranjeras (Esd 10.21). Adna fue el jefe de esta casa durante el sumo sacerdocio de Joacim, posterior al exilio (Neh 12.15). Harim se nombra como uno de los sacerdotes (o familias sacerdotales) que firmaron el pacto durante la administración de Nehemías (Neh 10.5[TM 6]).

2. Una persona y/o lugar que identifica a una familia laica de judíos del exilio y después del exilio, que también estaban entre los primeros repatriados de Babilonia (Esd 2.32; Neh 7.35). Descendientes de este Harim también figuran entre los que se casaron y prometieron divorciarse de mujeres extranjeras (Esd 10.31). Uno de los descendientes de esta familia, Malquías, trabajó en la reconstrucción del muro de Jerusalén bajo Nehemías (Neh 3.11). El nombre también aparece como uno de los líderes que firmaron el pacto de Nehemías (Neh 10.27[28]), lo que posiblemente sugiere que un representante de esta familia laica firmó el pacto junto con la lista sacerdotal de signatarios.

Michael L. Ruffin

HARINA
El grano se molía entre dos piedras (Nm 11.8; Mt 24.41), produciendo harina de molido grueso y la harina más finamente molida. La mejor harina requiere una limpieza a fondo y repetida molienda y tamizado. Heb. *qemaḥ* designa harina o harinas de trigo o cebada, y *sōleṯ* se refiere a muy fina harina de trigo. En el NT gr. *áleuron* designa harina regular (Mt 13.33) y *semídalis* harina de trigo fina (Ap 18.13). La harina y la sémola se almacenaron en frascos (1 R17.12).

La harina y la sémola eran los alimentos básicos para la mayoría de las comidas. Podrían estar preparadas para el consumo mediante la adición de agua y cocinarse para hacer gachas, tortas o pan. La harina también se utiliza como ingrediente en pasteles ofrecidos a la deidad como ofrendas de cereales, a base de harina de trigo seleccionada que fue sin levadura y se mezcla con el aceite (Lv 2.1-7, 11).

Stephen Alan Reed

HARMAGEDÓN
Véase Armageddon.

HARMÓN (Heb. *harmônâ*)
Un sitio no especificado al que las mujeres de Samaria iban a ser desterradas (Am 4.3). La ubicación exacta no se conoce. Los eruditos modernos repuntúan el hebreo para leer «Hermón» (es decir, monte Hermón, que está más allá de Basán, en la dirección general de Damasco; Am 5.27). La LXX lee «las montañas de Rimón» (cf. «la roca de Rimón»; Jue 20.45, 47). Otras sugerencias incluyen «Armenia» (Targums).

Sujey Adarve-Valdes

HARNEFER (Heb. *ḥarneper*)
Hijo de Zofa de la tribu de Aser (1 Cr 7.36).

HAROD (Heb. *ḥărōḏ*)

1. Una fuente donde Gedeón y sus hombres acamparon (Jue 7.1). Muchos eruditos identifican el lugar con la fuente de ʿAin Jālûd (184217), 3.2 km (2 mi) al este de Zerʿin debajo de los acantilados de monte Gilboa. La fuente brota de una cueva rocosa en el río Jalud y finalmente llega al Jordán. En la fuente de Harod («temblor»), Gedeón probó a sus hombres antes de la batalla contra los madianitas, que estaban acampados en el valle. El primer grupo de despedidos por Gedeón eran los que «temblaban» (Heb. *ḥārēḏ*). La prueba final se produjo en las aguas de la fuente misma. Años más tarde, antes de la fatídica batalla con los filisteos, Saúl acampó en una «fuente» en el valle de Jezreel (1 S 29.1), que algunos identifican con Harod.

2. Un pueblo posiblemente identificado con Khirbet el-Haredan (178126), al sureste de Jerusalén, a pesar de que su ubicación exacta sigue siendo incierta. Dos de los famosos treinta de David, Sama y Elika, pueden haber sido de Harod (2 S 23.25). Sin embargo, algunos manuscritos leen «Haroritas,» y la LXX omite Elika (cf. 1 Cr 11.27, que se refiere únicamente a Samot [Sama] «los haroritas»). La diferencia en la ortografía puede explicarse por la similitud de *daleth* y *resh*.

Stephen von Wyrick

HAROE (Heb. *hārō'eh*) (también REAÍA)
Un judaíta, hijo de Sobal (1 Cr 2.52). En 1 Crónicas 4.2 se le llama Reaía (**1**).

HAROSET-GOIM (Heb. *ḥărōšeṯ haggôyim*)
El hogar de Sísara, comandante del ejército cananeo del rey Jabín (Jue 4.2). Sísara reunió a su ejército y 900 carros de hierro en Haroset-goim para oponerse a Barak y Débora cerca del monte Tabor, y se retiró de allí después de su derrota (Jue 4.16). La ubicación precisa se desconoce, y no está claro si este nombre (Heb. «Haroset de los gentiles») se refiere a una ciudad o una región geográfica.

Kenneth Atkinson

HARSA (Heb. *ḥaršā'*)
Sirviente del templo cuyos descendientes regresaron del exilio con Zorobabel (Esd 2.52 = Neh 7.54).

HARUFITA (Heb. K *ḥărîpî*, Q *ḥărûp̄*)
Un gentilicio aplicado a Sefatías, benjaminita que acudió en ayuda de David en Siclag (1 Cr 12.5[TM 6]). Parece estar basado en un nombre de un lugar desconocido, tal vez relacionado con los clanes de Haref o Harif.

HARUM (Heb. *hārūm*)
Un judaíta, padre de Aharhel (1 Cr 4.8).

HARUMAF (Heb. *ḥărûmap̄*)
Padre de Jedaías, que trabajó en la restauración del muro de Jerusalén (Neh 3.10).

HARUZ (Heb. *ḥārûṣ*)
Padre de Mesulemet, la esposa del rey Manasés y la madre de Amón (2 R 21.19).

HASABÍAS (Heb. *ḥăšaḇyâ, ḥăšaḇyāhû*)

1. Un levita merarita, padre de Maluc e hijo de Amasías (1 Cr 6.45[TM 30]). Él era un antepasado de Etán, un músico del templo durante el reino de David.

2. Un levita merarita, padre de Azricam (1 Cr 9.14) e hijo de Buni (Neh 11.15). Él era un antepasado de Semaías, que se mudó a Jerusalén.

3. Uno de seis hijos de Jedutún a los que David apartó para profetizar, tocar el arpa, y dar gracias y alabar al Señor (1 Cr 25.3).

4. Hebronita, líder de 1700 miembros de familia al oeste del Jordán. Como uno de los oficiales de David, él estaba a cargo de los asuntos religiosos en su área (1 Cr 26.30).

5. Hijo de Kemuel; un oficial sobre la tribu de Leví (1 Cr 27.17).

6. Un oficial principal de los levitas en la época de Josías (2 Cr 35.9).

7. Un levita y descendiente de Merari de Casifia al norte de Babilonia a quien Esdras convenció y a otros exiliados a volver a Jerusalén (Esd 8.19).

8. Uno de 12 sacerdotes a quienes Esdras apartó para cuidar la plata, el oro y otros artículos que el rey, los funcionarios, y la gente había donado al Señor (Esd 8.24).

9. Un israelita entre los descendientes de Paros que se divorció de su esposa extranjera (Esd 10.25).

10. Un jefe de la mitad del distrito de Keila que llevó a cabo reparaciones en su sección del muro después del exilio (Neh 3.17).

11. Uno que puso su sello en el pacto renovado bajo Nehemías (Neh 10.11[TM 12]).

12. Jefe oficial de los levitas durante la época de Nehemías; antepasado de Uzi y padre de Bani (Neh 11.22).

13. El jefe de la familia sacerdotal de Hilcías durante los días de Joiacim (Neh 12.21).

14. Un líder de los levitas que daban respuestas de alabanzas y acción de gracias en el templo durante la época de Nehemías (Neh 12.24).

Robin Gallaher Branch

HASABNA (Heb. *ḥăšaḇnâ*)
Un israelita que puso su sello en el pacto renovado bajo Nehemías (Neh 10.25[TM 26]). El nombre es una forma abreviada de Hasabnías.

HASABNÍAS (Heb. *ḥăšabnĕyâ*)

1. Padre de Hatús (2), que trabajó en la reconstrucción de los muros de Jerusalén (Neh 3.10).

2. Levita que participó en la ceremonia que precede a la ratificación del pacto (Neh 9.5). Él puede ser el mismo que Hasabías **7-8, 11-12,** o **14.**

HASADÍAS (Heb. *ḥăsadyâ*)

1. Hijo de Zorobabel (1 Cr 3.20).

2. Un antepasado de Baruc e hijo de Hilcías (Bar 1.1).

HASBADANA (Heb. *ḥašbaddānâ*)
Un israelita, posiblemente un levita, que se situó en el lado izquierdo de Esdras e interpretó la ley a medida que se leía (Neh 8.4).

HASEM (Heb. *hāšēm*)
Un gizonita, uno de los valientes de David (1 Cr 11.34). El pasaje paralelo en 2 Samuel 23.32 lee «los hijos de Jasén.»

HASMONA (Heb. *ḥašmōnâ*)
Uno de los campamentos de los israelitas en el desierto entre Mitca y Moserot (Nm 33.29-30). El nombre puede derivarse del Heb. *šmn,* «ser gordo,» lo que sugiere un área de abundancia. Asemona (Asmón bíblico), ʿAin el-Qeṣeimeh (099008; 16 km [10 mi] al noroeste de Cades-barnea), y Hesmón (Jos 15.27; en el Neguev) son posibles ubicaciones.

Pete F. Wilbanks

HASRAH (Heb. *ḥasrâ*) (también HARHAS)
El jefe de una familia que regresó a Jerusalén con Zorobabel después del exilio (1 Esdr 5.31; Gr. *Asara*). El nombre se omite en los relatos paralelos (Esd 2.49; Neh 7.51).

HASUB (Heb. Faššû,) **1.** Un levita de la línea de Merari; padre de Semaías (1 Cr 9.14; Neh 11.15).

2. Hijo de Pahat-moab que ayudó en reedificar los muros de Jerusalén (Neh 3.11).

3. Israelita que ayudó a reedificar los muros de Jerusalén (Neh 3.23). O él y **2** anterior puso su sello en el pacto renovado bajo Nehemías (Neh 10.23[TM 24]).

HASUBA (Heb. *ḥăšuḇâ*)
Hijo de Zorobabel (1 Cr 3.20).

HASUFA (Heb. *ḥăśûpāʾ*)
Sirviente del templo cuyos descendientes regresaron del exilio con Zorobabel (Esd 2.43 = Neh. 7.46).

HASUM (Heb. *ḥāšum*)

1. Un israelita cuyos descendientes regresaron del exilio bajo Zorobabel (Esd 2.19 = Neh. 7.22).

2. Un representante de la familia de Hasum **1** que estuvo de pie a la izquierda de Esdras durante la lectura de la ley (Neh 8.4; 1 Esd 9.44, «Lotasubus»). Probablemente fue él quien puso su sello en el pacto renovado (Neh 10.18[TM 19]). Miembros de esta familia fueron obligados a renunciar a sus esposas extranjeras (Esd 10.33; 1 Esd 9.33).

HATAC (Heb. *hăṯāk*)
Eunuco que pertenece al rey persa Asuero, designado para asistir a la reina Ester. Fue a través de él que Ester supo de Mardoqueo sobre el complot de Amán contra los judíos (Est 4.5-10).

HATAT (Heb. *ḥăṯaṯ*)
Judaíta, hijo de Otoniel (1 Cr 4.13).

HATIFA (Heb. *ḥăṭîpāʾ*; Gr. *Atipha*)
Sirviente del templo cuyos descendientes regresaron del exilio con Zorobabel (Esd 2.54 = Neh 7.56 = 1 Esd 5.32).

HATIL (Heb. *haṭṭîl*)
Una familia de «los siervos de Salomón» cuyos descendientes regresaron del exilio con Zorobabel (Esd 2.57 = Neh 7.59 = 1 Esd 5.34).

HATÍN, CUERNOS DE
Un paso de montaña en las alturas sobre el mar de Galilea c. 8 km (5 mi) al noroeste de Tiberias, en la silla entre dos picos que conectan el mar de Galilea con la llanura costera. Aquí tuvo lugar una batalla decisiva de las Cruzadas. Bajo el liderazgo de Saladino (Salah ad-Din), el más grande guerrero del Islam, los musulmanes trataron de recuperar el territorio arrebatado por los ejércitos cruzados anteriores. En el camino a Jerusalén, las fuerzas de Saladino sitiaron Tiberias. Un ejército de los Cruzados, dirigido por Guy de Lusignan, rey de Jerusalén, marchó para aliviar la ciudad sitiada. Los ejércitos se encontraron el 4 de julio de 1187. Al aprovechar el calor, la pesada armadura de los Cruzados, y una posición estratégica superior, el ejército musulmán abrumó y destrozó las fuerzas Cruzadas. En octubre de 1187 Jerusalén cayó en manos de Saladino también.

D. Larry Gregg

HATITA (Heb. *ḥăṭîṭā'*; Gr. *Atēta*)
Portero cuyos descendientes regresaron con Zorobabel del exilio (Esd 2.42 = Neh 7.45 = 1 Esdr 5.28).

HATÚS (Heb. *ḥaṭṭûš*)

1. Hijo de Semaías y nieto de Secanías (1 Cr 3.22); descendiente posexílico de David que regresó del exilio con Esdras (Esd 8.2; 1 Esd 8.20; llamado aquí «hijo» de Secanías; NVI «descendientes»).

2. Hijo de Hasabnías que reparó una parte de los muros de Jerusalén (Neh 3.10).

3. Sacerdote que regresó del exilio con Zorobabel (Neh 12.2). Él puede ser el mismo Hatús que el sacerdote que puso su sello en el pacto renovado bajo Nehemías (Neh 10.4[TM 5]).

HAURÁN (Heb. *ḥawrān*)
El área de Transjordania que se extendía desde el monte Hermón y el río Farfar en el norte hasta el río Yarmuk en el sur y desde el mar de Galilea en el oeste a Jebel ed-Druze en el este. Comprende básicamente el mismo territorio que Basán. La parte norte es altiplanicie con numerosos volcanes y el suelo rocoso bien conocido por sus pastos. La parte sur contiene una antigua capa de lava descompuesta muy fértil.

El nombre significa «tierra hueca» o «tierra negra,» éste último se refiere evidentemente al basalto negro que cubre gran parte de la región. Aparece pr primera vez en los textos egipcios del siglo XIX a.C., y en textos cuneiformes asirios ya en el siglo XV. Salmanasar III menciona las «montañas de la tierra de Haurán,» y Asurbanipal se refiere al «distrito de Haurán.» Haurán se menciona en la visión de Ezequiel del Israel restaurado como el límite ideal de la tierra (Ez 47.16, 18).

Después del exilio Haurán fue colonizada por judíos, griegos, nabateos que lucharon por su control. Se quedó bajo el dominio asmoneo en el siglo II, solo para ser perdido ante los nabateos en 90 a.C. En el período romano era conocido como Auranitis (Josefo *Ant* 17.11.4 [319]) y se hizo parte de la Decápolis por Pompeyo. Augusto la dio a Herodes el Grande c. 23 a.C., y estuvo más tarde bajo el control de Herodes Felipe, Agripa I, Agripa II, y los nabateos antes de convertirse en parte de la probincia de Siria (a.d. 106).

PAUL J. RAY, JR.

HAVILA (Heb. *ḥăwîlâ*) **(LUGAR)**
Una región rodeada por el río Pisón, conocida por su oro fino, bedelio, y ónice (Gn 2.11-12). Etimológicamente, el nombre probablemente se deriva de la raíz semítica occidental *ḥwl* «arena,» y por lo tanto se refiere a la «tierra de arena.» Debido a la enigmática, o mítica, geografía del Edén, es incierto si Havila se refiere una región específica conocida a Israel (probablemente en Arabia) o se utiliza por lo general para referirse a la región del desierto fuera del huerto. En otros lugares, Havila se refiere a una región específica de Arabia o a Arabia en general que era conocida por su oro, piedras preciosas y valiosas resinas. En la tabla de naciones, Havila aparece como descendiente de Cus (Gn 10.7) y de Joctán (v. 29). En ambos casos se asocia con regiones conocidas de Arabia como Sabá y Dedán. Havila también se menciona como la región más oriental colonizada por los ismaelitas (Gn 25.18) y más tarde por los amalecitas (1 S 15.7). Algunos eruditos han asociado Havila con la región de Haulán en el suroeste de Arabia, atestiguado por primera vez en una antigua inscripción sabea y conservada en el nombre de dos grupos tribales yemeníes modernos.

RONALD A. SIMKINS

HAVILA (Heb. *ḥăwîlâ*) **(PERSONA)**

1. Hijo de Cus, según la tabla de naciones (Gn 10.7; 1 Cr 1.9).

2. Hijo de Joctán y descendiente de Sem (Gn 10.29; 1 Cr 1.29); antepasado epónimo de un pueblo árabe.

HAVOT-JAIR (Heb. *ḥawwōṯ yāʾîr*)
Varios pueblos en la región de Basán, este del mar de Galilea. El Jair de Manasés capturó un número de aldeas (Nm 32.41) y las llamó Havot-jair («aldeas de Jair»). Estas aldeas se encontraban en la región de Argob que formaba parte de Basán (Dt 3.4, 14). Todo el territorio de Basán con sus 60 ciudades (Dt 3.4) fue entonces asignado a la media tribu de Manasés (Dt 3.14; Jos 13.30). Esto parece ser confirmado por 1 Crónicas 2.22-23, que informa que Gesur y Aram tomaron Havot-jair (23 ciudades) y Kenat (37 ciudades), 60 pueblos ubicados en Basán.

Más tarde, el juez galaadita Jair dio a sus 30 hijos pueblos de Galaad conocidos como Havot-jair (Jue 10.3-5); al parecer se trata de un Jair diferente del de Números 32.41. En la administración de Salomón la región de Argob contaba con 60 ciudades amuralladas (1 R 4.13). Estas discrepancias pueden representar diferentes tradiciones y fuentes, errores de escribas, o incluso indicar un aumento en los asentamientos debido a la explosión de la población durante los períodos Hierro I y II.

Bibliografía. R. G. Boling, «Some Conflated Readings in Joshua-Judges,» *VT* 16 (1966): 293-98.

Zeljko Gregor

HAZAEL (Heb. *ḥăzā'ēl*)
Rey de Aram (c. 844/842-800 a.C.), usurpador y fundador de una nueva dinastía. En 2 Reyes 8.7-15 Hazael, siervo del enfermo Ben-hadad, lo mata después de que Eliseo profetiza a Hazael que será el próximo rey. En *KAH* 30 Salmanasar III llama a Hazael «hijo de nadie,» es decir, no un heredero legítimo al trono. En la estela Tell Dan Hazael declara que el dios Hadad, no su padre, lo hizo rey.

Exactamente a quién sigue Hazael y cuándo es una cuestión de debate. Según *KAH* 30, cuando Hadad-idri murió (c. 845) Hazael siguió como rey, pero el texto no dice cuándo asumió el cargo. Es posible que el hijo de Hadad-idri reinara por un breve tiempo antes de ser asesinado por Hazael.

Con la ascensión de Hazael, la alianza de Israel contra Asiria se rompió. 2 Reyes 8.25-29 relata cómo Joram de Israel y Ocozías de Judá lucharon contra Hazael en Ramot-galaad. En 2 Reyes 9–10 las heridas de Joram en esta batalla comienzan la rebelión de Jehú que termina en la muerte de los dos reyes. En la estela Tell Dan Hazael se atribuye el mérito de haber matado a dos reyes. Poco después, Salmanasar III en su año 18 (841) atacó a Hazael en el monte Senir, sitiándolo en Damasco, pero no pudo capturarlo. En sus años 21 y 22, Salmanasar atacó a Hazael en Malaḫu y Danabu, respectivamente, por última vez.

Ya sin la presión asiria Hazael comenzó a expandir su imperio hacia el sur. Durante el reinado de Jehú añadió la mayor parte del territorio de Transjordania de Israel a Aram (2 R 10.32-33). Después de atacar Filistea y tomar Afec y Gat, se volvió a Jerusalén, pero se detuvo cuando Joás de Judá le ofreció tributo (2 R 12.17-18).

El período de mayor poder de Hazael vino durante el reinado de Joacaz hijo de Jehú. Israel sufrió constante derrota de manos de Hazael, y finalmente su ejército se redujo a nada (2 R 13.1-9, 22-23). Hazael controló Aram, Israel, Judá, Filistea, y la Transjordania.

La fecha exacta de la muerte de Hazael es incierta, aunque fue cercana a la muerte de Joacaz (c. 800). Hazael fue sucedido por su hijo Ben-hadad, que perdió la mayor parte del territorio israelita ante Joás (2 R 13.10-19, 24-25).

Bibliografía. A. Biran and J. Naveh, «The Tel Dan Inscription: A New Fragment,» *IEJ* 45 (1995): 1-18; W. T. Pitard, *Ancient Damascus* (Winona Lake, 1987).

Russell Nelson

HAZAÍAS (Heb. *ḥăzāyâ*)
Antepasado del líder judaíta Maasías, que se estableció en Jerusalén después del exilio (Neh 11.5).

HAZAR-ADAR (Heb. *ḥăṣar-'addār*)
Un sitio en el límite sur de Canaán al sudoeste de Cades-barnea (Nm 34.4). La descripción de la frontera de Judá se limita a enumerar dos ciudades, Hezrón y Adar (Jos 15.3). El antiguo asentamiento («lugar de trilla») se asocia hoy con ʿAin Qedeis (100999) en el Wadi Qedeis de Egipto.

David C. Maltsberger

HAZAR-ENÁN (Heb. *ḥăṣar ʿênān*),
El punto noreste de los límites ideales de Palestina (Nm 34.9-10); Ezequiel 48.1 la sitúa en el límite norte de Damasco « hacia Hamat». El sitio probable es moderno Qaryatein (360402), un pueblo grande con un muelle profundo c. 112 km (70 mi) noreste de Damasco hacia Palmira.

HAZAR-GADA (Heb. *ḥăṣar gaddâ*)
Ciudad repartida por Josué a la tribu de Judá después de la conquista de Canaán (Jos 15.27). La ubicación es incierta, pero probablemente se puede buscar cerca de Beer-seba. La etimología de Hazar-gada puede sugerir la presencia de granjas de cilantro (Heb. *gad*), aunque el significado exacto no está claro.

Ryan Byrne

HAZAR-MAVET (Heb. *ḥăṣarmāwet*)
Un grupo tribal al sureste de Arabia y el territorio en el que vivían (moderno Wadi Ḥaḍramaut) mencionado en la tabla de naciones. Ellos trazan su ascendencia genealógica a partir de Sem (Gn 10.26) a través de Joctán (1 Cr 1.20). Aunque muy poco de la historia antigua de la zona y su gente se conoce, la evidencia arqueológica sugiere largos períodos de asentamiento en la región. Hazarmavet era poderosa

en el siglo V a.C., y en los siglos I y II d.C. Hazarmavet era importante por su control sobre la producción y exportación de incienso de la actual región Dhofār.

Bibliografía. G. W. van Beek, G. H. Cole, and A. Jamme, «An Archaeological Reconnaissance in Hadhramaut, South Arabia,» *Annual Report of the Smithsonian Institute for 1963* (Washington, 1964), 521-45; W. L. Brown and A. F. Beeston, «Sculptures and Inscriptions from Shabwa,» *JRAS*, 1954, 521-45.

C. Shaun Longstreet

HAZAR-SUAL (Heb. *ḥăṣar šûʿāl*)
Pueblo («recinto del zorro») en la parte sur de la herencia de Judá (Jos 15.28), asignado anteriormente a Simeón (19.3; 1 Cr 4.28). Fue repoblada por los exiliados que regresaron de Babilonia (Neh 11.27). La ubicación es incierta pero el contexto sugiere que se encontraba en el Neguev, en la vecindad de Beerseba. Una posible identificación es Khirbet el-Waṭen (137071), 4 km (2.5 mi) al este de Beerseba.

Laura B. Mazow

HAZAR-SUSA (Heb. *ḥăṣar sûsâ*) (también HAZAR-SUSIM)
Ciudad en el Neguev repartida a Simeón después de la conquista (Jos 19.5). En 1 Crónicas 4.31 se le llama Hazar-susim. Un paralelo textual en la asignación de Judá (Jos 15.31-32) puede reflejar la asimilación territorial de Simeón con Judá, así como la posible asociación geográfica con Sansana (Khirbet esh-Shamshaniyat; 140083), lo que explicaría su ausencia en esta lista. Una identificación alterna es moderno Sbalat Abū Susein (103074), 32 km (20 mi) oeste de Beerseba.

Ryan Byrne

HAZE-LELPONI (Heb. *haṣṣĕlelpônî*)
Mujer judaíta de la ciudad de Etam, designada como la hermana de los «hijos de Etam» (1 Cr 4.3).

HAZER-HATICÓN (Heb. *ḥăṣēr hattîkôn*)
Un lugar («pueblo medio» o «recinto») que marca el extremo noreste de la tierra ideal de Israel, junto a la frontera de Haurán (Ez 47.16). Hazar-enón (Ez 47.17) podría ser el mismo lugar.

Pete F. Wilbanks

HAZEROT (Heb. *ḥăṣērôṯ*)
Un lugar donde los israelitas acamparon durante el Éxodo. Aquí María y Aarón se volvieron contra Moisés y María fue atacada por la lepra (Nm 12.1-16). La ubicación exacta se desconoce, pero Hazerot estaba probablemente en el lado oriental de la peninsula del Sinaí cerca del golfo de Aqaba (Nm 11.35; 33.17-18; Dt 1.1). La mayoría ubica Hazerot en ʿAin Khaḍrā/Ḥudra (096814), 48 km (30 mi) noreste del monte Sinaí tradicional, Jebel Mûsā. La palabra significa «asentamientos,» o «recintos,» y podía indicar ciertas características geográficas de la tierra (es decir, campamentos o patios).

Pete F. Wilbanks

HAZEZONTAMAR (Heb. *haṣăṣōn tāmār*)
Una ciudad amorrea conquistada por Quedorlaomer y sus aliados (Gn 14.7). Hazezontamar debe situarse entre Cades y el Mar de Salado, si las conquistas de Quedorlaomer se conservan correctamente en orden. El pueblo se identifica con En-gadi (2 Cr 20.2), pero esto podría entenderse como que Hazezon-tamar se encuentra dentro del mismo distrito o zona que esta última. Lo más probable es que la ciudad debe ser identificada con Tamar (Ez 47.19), que marca la frontera sur de Israel. Si es así, ʿAin Ḥuṣb/Ḥazeva (173024) en el Arabá merece ser considerado como el sitio.

Bibliografía. Y. Aharoni, «Tamar and the Roads to Elath,» *IEJ* 13 (1963): 30-42.

Ryan Byrne

HAZIEL (Heb. *ḥăzîʾēl*)
Levita, descendiente de Gersón e hijo de Simei (1 Cr 23.9).

HAZO (Heb. *ḥăzô*)
Hijo de Nacor y Milca (Gn 22.22). El nombre puede representar un clan u otro subgrupo asociado con Hazu, una región en la vecindad de Haurán mencionado en las inscripciones del rey asirio Esaradón.

HAZOR (Heb. *ḥāṣôr*)

1. Antigua ciudad cananea e israelita en la esquina suroeste de la llanura Huleh, 15.5 km (9.6 mi) norte del mar de Galilea. Fue identificada primero con el montículo prominente de Tell el-Qedaḥ (203269; también llamadoTell Waqqas) ya en 1875, sobre la base de referencias geográficas en 1 Macabeos 11.67 y Josefo (*Ant.* 5.199). La ubicación del sitio en el punto de encuentro de la carretera principal de Sidón a Bet-seán con la de Damasco a Megido (Via Maris) hace que sea el lugar de mayor importancia estratégica para controlar el norte de Palestina.

El sitio consta de una ciudad alta y una ciudad baja. La ciudad alta o montículo es un tell que tiene la forma de una «botella de Coca Cola» (el cuello se extiende hacia el oeste) y se eleva 40 m (120 pies) sobre el Wadi el-Waqqas. Es de 10.63 ha (25 a) en su base y 6.1 ha (c. 15 a) en su cumbre y se compone de 21 ciudades superpuestas (estratos XXI-I), que se extienden desde el Bronce Temprano II (c. 2900 a.C.) hasta el período helenista (c. 200). La ciudad baja consta de una gran meseta rectangular situada debajo e inmediatamente al norte de la ciudad alta e incluye algunas 74 ha (c. 180 a) rodeada por una muralla de tierra y un foso al oeste, una muralla solitaria hacia el norte, y una pendiente empinada y glacis al este. La ocupación de la ciudad baja, limitada al segundo milenio (c. 1800-1300), fue mucho más breve que la de la ciudad alta (cinco estratos, designados 4, 3, 2, 1B, 1A para distinguirlos de los de la ciudad alta).

Referencias textuales

La primera referencia a Hazor aparece en los textos de execración egipcios en el siglo XIX o XVIII. Se menciona enseguida en al menos 14 documentos de los archivos de Mari del siglo XVII, estableciendo así Hazor dentro de las esferas políticas y económicas de sus vecinos del norte y del este. Hazor se menciona en cuatro de las Cartas de Amarna (siglo XIV). En dos los príncipes de Tiro y Astarot se quejan ante Faraón que Abdi-tirshi, el rey de Hazor, se había unido al Ḫabiru y capturado varias de sus ciudades. En las otras, el propio Abdi-tirshi protesta su inocencia y jura lealtad al trono egipcio. Hazor también parece en el Papiro Anastasi I, del siglo XIII, adscrito a Ramesés II, y en las listas de ciudades conquistadas en los anales de varios faraones del Imperio Nuevo.

Una de las primeras referencias bíblicas a Hazor implica a Jabín, el rey de Hazor, que reunió a los reyes de diversas localidades del norte de Canaán, para enfrentar la amenaza de los israelitas bajo Josué (Jos 11.1-5). Llamado «cabeza de todos los reinos» (Jos 11.10), Hazor era entonces una ciudd de gran importancia. Sin embargo, los israelitas derrotaron a la coalición de Jabín cerca de las aguas de Merom (Jos 11.7), mataron a Jabín con espada junto con los moradores de Hazor, y quemaron la ciudad hasta reducirla a cenizas, la única ciudad construi-

Entrada al sistema de agua Hazor (siglos IX-VIII a.C.). La anchura de las escaleras excavadas en la roca sugiere que el agua era sacada por animales de carga que descendían y subían de forma simultánea (Sociedad Israelita de Exploración, Hazor Excavaciones)

da sobre un montículo de sufrir este destino durante la campaña de Josué (vv. 10-14). Hazor fue más tarde asignada a Neftalí (Jos 19.36). También aparece en la version en prosa de la batalla de Débora con Sísara (Jue 4), se relata en el discurso de despedida de Samuel (1 S 12.9).

Como parte de un gran esfuerzo de construcción de Salomón, Hazor fue construida como una guarnición real y ciudad administrativa (1 R 9.15). Fue destruida por el asirio Tiglat-pileser III en 732 (2 R 15.29). Jonatán luchó contra el gobernador seléucida Demetrio II (147) y lo derrotó en la «llanura de Hazor» (1 Mac 11.67).

Al menos ocho tablillas cuneiformes se han encontrado en Hazor que datan de la Edad de Bronce Medio y Tardío (2000-1200), mayormente de tipo administrativo y legal. Una es un diccionario Sumerio-Acadio, lo que sugiere la presencia de una escuela de escribas en Hazor.

Investigaciones arqueológicas

Las excavaciones preliminares se llevaron a cabo por John Garstang en 1928. Yigael Yadin dirigió excavaciones importantes en 1955-58 y 1968-1970, se-

"Templo de las estelas" que contiene una estatua de una figura masculina sentada y una fila de estelas de basalto, una decorada con las manos en alto en oración hacia un símbolo lunar divino (media luna y disco); LB IIA-B, siglos XIV al XIII a.C. (Sociedad Israelita de Exploración, Hazor Excavaciones)

guido por Amnon Ben-Tor en 1987, 1990-2000. Se han expuesto veintiún estratos.

Edad de Bronce

Hazor fue ocupada por primera vez de EB II sin interrupción hasta EB III (ca. 2500-2300). Restos de estos estratos y EB IV/MB I (2300-2000) muestran afinidad con Siria y se limitan a la ciudad alta.

Durante la Edad de Bronce Medio (c. 1900-1550) Hazor se convirtió en una de las grandes ciudades cananeas, comparable en tamaño a centros importantes de la época incluyendo Qatna, Ebla, y Mari. BM IIB (1800/1750-1650) muestra una acumulación sustancial, con fortificaciones en la ciudad alta y la ciudad baja. Habitada por primera vez, la ciudad baja aumentó el area colonizada por diez. Mientras que Garstang interpretó la ciudad baja como un recinto de infantería o campamento de carros de guerra, las excavaciones deYadin demostraron que se trataba de una ciudad propiamente con templo, edificiones públicos, y estructuras familiares. Cuatro puertas de estilo de eje directo «sirio» permitían el acceso a la ciudad. En BM II C (1660-1550) se encontraron estratos con una gran cantidad de edificios, los más notables de carácter cultual. Hazor, junto con muchas otras ciudades en Palestina, fue destruida en un incendio poniendo fin a su ocupación BM (c. 1550).

Un marcado grado de continuidad se evidencia en las murallas de tierra, puertas de la ciudad, varios templos, y areas domésticas demostraron que la ciudad de BT I (siglo XV) fue construida probablemente por la población que regresó de la ciudad de BM II.

La ciudad de Amarna del período BT II (siglo XIV) difiere significativamente de su predecesora; la arquitectura defensiva sufrió cambios menores, pero la distribución de las areas familiares diferían por completo. La zona de templo H fue reconstruida en un plan de tres habitaciones reminiscente del templo de Salomón (porche, entrada, y lugar santísimo) en Jerusalén varios siglos después (y similar a varios templos en Alalakh). Dos bases pilares situados fuera de la habitación de enfrente de este templo pueden haber servido a un propósito similar a Jaquín y Boaz en la entrada del templo de Salomón (1 R 7.15-22). La ciudad BT IIA fue destruida violentamente por fuego, atribuido a Seti I al final del siglo XIV.

La ciudad final de BT IIB (siglo XIII) muestra un marcado declive de su predecesora. Entre los artefactos hay menos materiales importados, y es posible que las fortificaciones de la ciudad ya no estuvieran en uso.

Un palacio cananeo bien conservado fue descuibierto en la zona A. Paredes gruesas, las secciones inferiores alineadas con ortostatos de basalto bellamente acabados, sugieren que había sido un edificio de varios pisos. La destrucción de la ciudad cananea probablemente ocurrió algún tiempo después de 1300, lo que puede confirmar el relato bíblico de los israelitas bajo Josué (Jos 11.10); algunos atribuyen la destrucción a los pueblos del mar o a los acontecimientos descritos en asociación con Débora y Sísara. Esta destrucción marca el final de Hazor de la Edad de Bronce. Aunque la ciudad alta fue reocupada durante la Edad de Hierro, la ciudad baja nunca fue reconstruida de nuevo.

Edad de Hierro

Los primeros estratos de la Edad de Hierro de principios de los siglos XII y XI consistieron principalmente de fosas revestidas de piedra de almacenamiento, instalaciones de cocina y un posible lugar alto. Yadin sugirió que estos restos fueron dejados por los hijos de Israel que intentaron reubicar la antigua ciudad cananea.

La primera ciudad de la Edad de Hierro sustancial, confinada a la mitad occidental de la ciudad alta, estaba rodeada por una muralla de casamatas con una puerta de seis cámaras flanqueada por dos torres situadas en el centro del montículo, el perímetro oriental de la ciudad. Puertas y paredes casamata similares encontradas en Megido y Gezer llevaron a Yadin a atribuir este estrato a los esfuerzos de Salomón en la construcción de un sistema administrativo muy centralizado de medidados y hasta finales del siglo X (1 R 9.15). La ciudad decayó a través de la última parte del siglo X y hasta principios a mediados del siglo IX. Fue destruida por el tiempo que los Omrides llegaron al poder (mediados del siglo IX), probablemente por Ben-hadad de Damasco (2 Cr 16.4).

Hazor fue reconstruida de nuevo en una escala significativa, probablemente por Acab en la mitad del siglo IX. Un sólido muro reemplazó el muro de casamatas, encerrando completamente la parte superior del montículo. Una gran ciudadela rectangular de sillería se estableció en el extremo occidental del montículo. Un gran edificio rectangular con tres haitaciones separadas por dos filas de pilares, identificados primero por Garstang como los establos de Salomón, pertenece a este estrato y era probablemente un edificio de una tienda.

La estructura más impresionante de este estrato es el sistema de agua monumental, cortado a través de los estratos anteriores del sitio y piedra sólida. Situado en el extremo sur del montículo, es similar a los sistemas de Megido y posiblemente Gezer. Dos rampas se inclinan suavemente a un eje vertical de unos 30 m (90 pies) de profundidad.Cinco tramos de escaleras serpentean por el hueco de un túnel abovedado, que se extiende otros 28 m (80 pies), descendiendo por debajo del nivel freático a un estanque de agua. La dirección de este túnel hacia el acuífero y lejos de las fuentes cercanas a la base del montículo da fe de una excelente comprensión del constructor de la hidrología. El sistema proporciona una valiosa fuente de agua dentro de la ciudad en tiempos de asedio.

El estrato VII fue destruido por fuego, plausiblemente durante las incursions arameas en el norte de Israel al final del siglo IX. La ciudad fue reconstruida a principios del siglo VIII en un plan diferente. Mientras que la ciudadela fue reconstruida, otros edificios públicos dieron paso a edificios residenciales, talles e instalaciones de almacenamiento. Un terremoto en la época de Jeroboam II (Am 1.1) fue probablemente responsable de la destrucción del estrato VI.

La ciudad fue reconstruida (estrato V) con fortificaciones más pesadas, sin duda, en preparación para los enfrentamientos con la expansión asiria. Estas preparaciones fueron inútiles, como lo demuestra la completa destrucción de la ciudad en un incendio, presumiblemente a manos del asirio Tiglat-pileser III en 732 (2 R 15.29). La destrucción está bien atestiguada por restos de ceniza de un metro de espesor en algunas zonas. Con el fin del estrato V llegó el final de Hazor como una ciudad israelita importante.

Restos posteriores incluyen un pequeño asentamiento temporal, probablemente de los habitants que regresan después de las campañas asirias. A finales del siglo VIII o principios del séptimo los asirios reconstruyeron la ciudadela en el extremo oeste del sitio y construyeron un palacio de estilo asirio cerca del montículo. Aunque no se han descubierto restos de finales de los siglos VII y VI, una ocupación persa (siglo IV) incluyó la reconstrucción de la ciudadela; el sitio fue ocupado de nuevo durante el período helenístico (siglo II). Esta última ocupación estuvo probablemente asociada con la lucha de Jonatán contra Demetrio II.

Bibliografía. Y. Aharoni, «New Aspects of the Israelite Occupation in the North,» en *Near Eastern*

Archaeology in the Twentieth Century, ed. J. A. Sanders (Garden City, 1970), 254-67; A. Ben-Tor, «Tel Hazor, 1992,» *IEJ* 42 (1992): 254-60; «Tel Hazor, 1994,» *IEJ* 45 (1995): 65-68; J. Gray, «Hazor,» *VT* 16 (1966): 26-52; A. Malamat, «Hazor the Head of All Those Kingdoms,» *JBL* 79 (1960): 12-19; «Northern Canaan and the Mari Texts,» en *Near Eastern Archaeology in the Twentieth Century,* ed. Sanders, 164-77; Y. Yadin, *Hazor I-IV* (Jerusalem, 1959-64); *Hazor: The Rediscovery of a Great Citadel of the Bible* (New York, 1975).

James W. Hardin

2. Ciudad en el Neguev asignada a la tribu de Judá (Jos 15.23). Siguiendo a la LXX B, algunos eruditos leen esto como compuesto con el nombre «Hazor-itnán,» que identifican con el-Jebarîyeh, un sitio en ele Wadi Umm Ethnān c. 60 km (37 mi) suroeste de Beerseba.

3. Una ciudad en la frontera sur de Judá, hacia la frontera de Edom. Era conocida previamente como Keriot-hezron (Jos 15.25). Se identifica tentativamente con moderno Khirbet el-Qaryatein/Tel Qeriyot (161083), 7 km (4.5 mi) sur de Maón.

4. Una ciudad repoblada por los hijos de Benjamín después de la Restauración (Neh 11.33). Se ha identificado con moderno Khirbet Hazzûr, 5 km (3 mi) noroeste de Jerusalén.

5. Un término colectivo para los reinos árabes sedentarios en la Península Arábiga al este de Palestina, derrotados por Nabucodonosor en 598 (Jer 49.28-33). Esta puede representar un conjunto de ciudades sin muros (Heb. *ḥāṣôr*).

Hyun Chul Paul Kim

HAZOR-HADATA (Heb. *ḥāṣôr ḥăḏattâ*)

Una ciudad repartida por Josué a la tribu de Judá después de la conquista de Canaán (Jos 15.25). Su ubicación exacta es una cuestión de conflicto. Eusebio sitúa la ciudad cerca de la costa del Mediterráneo (*Onom.* 20.4), mientras que otros prefieren un lugar más cerca de Arad, posiblemente el-Hudeiria (170086).

Ryan Byrne

HEBER (Heb. *ḥeḇer*)

1. Hijo de Berías y descendiente de Aser (Gn 46.17; 1 Cr 7.31-32). Es el antepasado epónimo de los Heberitas (Heb. *ḥeḇri;* Nm 26.45).

2. Un Ceneo, descendiente de Hobab. Se había separado del cuerpo principal de los ceneos, establecido junto a Cedes donde coexistió pacíficamente con el rey Jabín de Hazor (Jue 4.11, 17); fue allí donde la esposa de Heber, Jael, asesinó a Sísara al clavarle una estaca en la sien cuando dormía (vv. 12-22).

3. Descendiente del judaíta Esdras y su esposa Jehuadía (1 Cr 4.18); el ancestro o fundador de Soco.

4. Benjamita, hijo de Elpaal (1 Cr 8.17).

HEBER (Heb. *ʿēḇer*)

1. El antepasado epónimo de los hebreos; descendiente de Sela, Arfaxad y Sem. Se dan dos linajes distintos de Heber. En la Tabla de Naciones el linaje de Heber es trazado por medio de su hijo Joctán (Gn 10.21-31), y Heber probablemente designa «la región más allá» (*ʿēḇer*) del río (¿Jordán?). Es decir Heber se refiere al territorio de pueblos semíticos, de Mesa a la región montañosa en el este. Heber también aparece en la lista en la genealogía de Sem a Taré, pero su linaje es trazado por medio de su primer hijo Peleg (Gn 11.14-17). Estos dos linajes son combinados por el cronista (1 Cr 1.17-27).

En el oráculo final de Balaam Heber se menciona junto con Asur (Asiria) como el lugar aquejado por los barcos de Quitim, probablemente los griegos de Anatolia oriental o Chipre (Nm 24.24). Esta referencia, como en la Tabla de Naciones, probablemente se refiere al territorio más allá del río.

2. Uno de siete clanes de la tribu de Gad, que vive en la tierra de Basán (1 Cr 5.13).

3. El primer hijo de Elpaal, de la tribu de Benjamín (1 Cr 8.12).

4. El hijo de Sasac, de la tribu de Benjamín (1 Cr 8.22).

5. Un sacerdote posterior al destierro, cabeza de la casa de Amoc, durante los días de Joiacim (Neh 12.20).

Ronald A. Simkins

HEBREO, BÍBLICO

El hebreo pertenece a la familia de las lenguas semíticas, un subgrupo de la familia afroasiática más grande que incluye el egipcio, el bereber, y los grupos más moderno cusitas, omóticos, y chádicos (p. ej., Hausa). La familia semítica, atestiguada ya en el tercer milenio a.C. (p.ej., acadio), sobrevive hasta el presente (p.ej., árabe, hebreo), y se divide en ramas oriental y occidental. La rama oriental está representada por el acadio, el idioma de los babilonios y asirios, y más probable el eblaita, conocido por el

El alfabeto hebreo con la transliteración equivalente

(Cinco de las letras — k, m, n, p, ṣ — tienen una grafía distinta al final de las palabras)

ת	שׁ	שׂ	ר	ק	צץ	פף	ע	ס	נן	מם	ל	כך	י	ט	ח	ז	ו	ה	ד	ג	ב	א
t	š	ś	r	q	ṣ	p	ʿ	s	n	m	l	k	y	ṭ	ḥ	z	w	h	d	g	b	ʾ

	Detención/Plosiva			Fricativos			Vocoide	Lateral	Nasal	Vibrante
	Sonora	Sorda	Enfática	Sonora	Sorda	Enfática	Sonora	Sonora	Sonora	Sonora
Bilabial	b	p					w		m	
Dental	d	t	ṭ	z	s	ṣ		l	n	
Palatal					š		y			r
Velar	g	k	q							
Faríngea				ʿ	ḥ					
Glotal		ʿ								

archivo encontrado en Tell Mardikh en Siria. En la rama occidental están el semita del sur (etíope [Geʿez] y el árabe del sur) y el semítico central. Este último denota idiomas árabes (p.ej., el árabe clásico y varios dialectos modernos) así como idiomas siro-palestinos (semita noroccidental) que tradicionalmente se dividen en arameo y subgrupos cananeos. El hebreo es una lengua semítica del noroeste que pertenece al subgrupo cananeo junto con sus lenguas hermanas fenicio, amonita, edomita y moabita. El hebreo también comparte una afinidad con el ugarítico, aunque su posición exacta dentro de la familia del noroeste se sigue debatiendo.

Historia

El hebreo es conocido como la lengua de la Biblia Hebrea (AT), a pesar de que pasó por diferentes nombres en tiempos bíblicos (p.ej., *šĕpaṯ kĕnaʿan,* «la lengua de Canaán,» Is 19.18; *yĕhûḏît,* «lengua de Judá,» 2 R 18.26, 28; 2 Cr 32.18; Neh 13.24; Is 36.11, 13). Durante el período helenista, la designación *Hebraios,* «Hebreo,» se encuentra en el prólogo de Ben Sira y Josefo (*Ant.* 1.1.2). En la literatura rabínica llegó a ser conocido como *lĕšôn haqqoḏeš,* «la lengua santa» (*m. Soṭa* 7.2).

El estudio del hebreo bíblico es una tarea muy compleja que involucra muchas disciplinas como la linguística, semítica comparada, epigrafía, ortografía, crítica textual (p.ej., Rollos del Mar Muerto, LXX, targúmica, y estudios masoréticos), por no hablar de conocimientos básicos en las metodologías crítico-históricas como la crítica de redacción. La crítica de redacción pone de relieve cómo todos los textos bíblicos fueron sometidos a un proceso editorial posterior haciéndolos difíciles de usar para reconstruir la historia temprana de la lengua. Algunos eruditos, especialmente los asociados con la escuela de Albright, han argumentado que los rasgos arcaicos en poemas como Éxodo 15; Jueces 5; Salmos 68 dan evidencia del carácter del hebreo a principios del período Hierro I. Los eruditos que desean reconstruir una fase anterior de la lengua (protosemita del noroeste) no tienen textos bíblicos que datan del período Bronce tardío y se ven obligados a confiar en el material afín, como los textos de Ugarit, los nombres personales amorreos, y las cartas de Amarna. A pesar de que las cartas de Amarna se escribieron en el vocabulario acadio, reflejan una clara morfología y sintaxis semítica del noroeste que se atribuyen a su entorno nativo cananeo.

Cuando se trata de la Edad de Hierro, el carácter del hebreo puede ser estudiado no solo de los textos bíblicos, sino también de inscripciones extrabíblicas como el calendario Gezer (siglo X), el Kuntillet ʿAjrud pithoi (siglo VIII), la inscripción de la tumba Khirbet el-Qom (siglo VIII), ostraca de Samaria (siglo VIII), inscripción de Siloé (siglos VIII-VII), las cartas de Arad (siglo VI), las cartas de Laquis (siglo VI), y numerosos sellos de los siglos VIII-VI. El hebreo que se encuentra en la Biblia se divide en hebreo arcaico (obtenido principalmente de poemas bíblicos que han conservado las características anteriores de la lengua que encuentran corroboración en las primeras fuentes epigráficas extrabíblicas), hebreo preexílico (a menudo llamado hebreo bíblico clásico) y hebreo posexílico (a menudo llamado hebreo bíblico tardío). Algunos eruditos han visto señales de un hebreo bíblico en transición entre las dos últimas etapas.

Gramática

El alfabeto hebreo, escrito de derecha a izquierda, consta de 22 signos que se utilizan para representar 23 consonantes (el mismo signo se utiliza tanto para /ś/ y /š/; posteriormente éstas se distinguen por el Masora Tiberiano con un punto diacrítico en la parte superior izquierda y derecha respectivamente). Dos de los signos también representan los deslizamientos /w/ e /y/.

La tabla anterior proporciona una esquematización muy aproximada de las consonantes hebreas, con la columna vertical que representa el lugar de pronunciación y la horizontal que representa la manera en la que la consonante es pronunciada. No es claro cómo /ś/ se pronunció originalmente; llegó a ser homófona de /s/. También hay que señalar que la Masora Tiberiana representa una distinción entre alto y fricativas en las seis letras *b/ḇ, g/ḡ, d/ḏ, k/ḵ, p/p̄, t/ṯ* (un punto se colocó en el medio de los altos).

Existe un considerable debate sobre el carácter del sistema vocálico hebreo. La forma más antigua de la lengua no empleaba indicadores de vocales. En una etapa posterior se utilizaron varias consonantes (*w, y,* y *h,* conocidas como *matres lectionis*) para marcar las vocales final y, y en un punto posterior, y media. El sistema tiberiano de vocalización (un sistema mayormente infra linear de señalar utilizado en la mayoría de las Biblias hebreas actuales) contiene signos para marcar vocales (clase-a: *pataḥ, qameṣ;* clase-i: *segol, ṣere, ḥireq;* clase-u: *ḥolem, šureq, qibbuṣ, qameṣ-ḥaṭup*) y medias vocales (conocidas como *shewa* o *ḥaṭep-shewa;* si no son acentuadas, los diptongos *aw* y *ay* se contraen a *ô* y *ê,* respectivamente). Cabe destacar que este sistema representa una tradición tardía que marca calidad pero no cantidad.

Los sustantivos hebreos tienen dos categorías de género gramatical (morfológico). En general, el masculino no se marca mientras que el femenino puede ser marcado (*â* con *h mater lectionis, -at, -t, -et*) o sin marcar. El hebreo tiene tres categorías de número: singular (sin marcar), plural (la mayoría de los sustantivos masculinos marcados por *-îm;* la mayoría de los femeninos por *-ôt/ōt,* aunque hay excepciones conocidas a todos y también ocurren colectivos), y dual (*-ayim*). Algunas formas duales también sirven como la forma plural (p.ej., partes del cuerpo). La definición se puede marcar por el prefijo *h-* en sustantivos y adjetivos (atributivo y demostrativo). En su forma más temprana los sustantivos hebreos estuvieron marcados por tres casos (con terminaciones *-u, -i,* y *-a* para el singular; *-ū* y *-ī* para el plural; cf. arábigo clásico, acadio, ugarítico), aunque este sistema tenía todo pero desapareció excepto por algunos vestigios. En su lugar el hebreo bíblico utiliza lo que se llama una «cadena de construcción» para representar el genitivo donde el primero de los dos sustantivos yuxtapuestos se encuentra en un «estado de construcción » (o «ligado») al segundo; en dichas «formas unidas» el primer sustantivo pierde su artículo definido y puede pasar por una reducción de vocales o contracción. El acusativo puede ser marcado (aunque no es obligatorio) por el uso de *-ʾet* antes del objeto directo (comúnmente cuando el objeto es un sustantivo definido o un nombre propio). El nominativo no se marca.

El sistema verbal hebreo es, sin duda, la parte más debatida de la gramática. Las raíces del hebreo son básicamente trilaterales, con raíces cuatrilaterales que ocurren rara vez. Las raíces bilaterales son sobre todo alomorfos de raíces bilaterales. Hay siete temas principales (conocidos en hebreo como *binyanim*) incluyendo el qal (forma básica o simple sin aumento), nifal (con el prefijo *n-;* originalmente medio-pasiva, más tarde pasiva, reflexiva, resultativa), piel (radical medio duplicado; factitivo), pual (pasivo de piel), hifil (algunas formas contienen el prefijo *h-;* originalmente causativa), hofal (pasiva de hifil), y hitpael (infijo *-t-* forma de piel; reflexivo, iterativo, recíproco). La mayoría de los temas también se pueden utilizar en la formación de verbos denominativos, con temas piel e hifil utilizados con más frecuencia. Además de estos siete temas conocidos de la puntuación masotérica, los eruditos también han reconstruido el original qal pasivo (sañalado por los masoretas como puals y hofals). También hay raramente atestiguados temas derivados conocidos como el polel (activo), polal (pasivo), e hitpolel (reflexivo) que reduplica la letra final de la raíz de los verbos huecos (cf. también raíces germinales) así como temas palal (reduplica la raíz triconsonantal) y pilpel (reduplica la raíz biconsonantal).

La mayoría de las gramáticas tradicionales describen el sistema verbal que incluye sufijos perfectivos («perfecto» o *qatal*) y conjugaciones prefijas, conjugaciones no perfectivas («imperfecto» o *yiqtol*) así como participios (activo y pasivo), imperativos, jusivos, e infinitivos (el llamado infinitivo constructo puede funcionar como sustantivo verbal [tomando sufijos pronominales], un infinitivo, o un gerundio; el llamado infinitivo absoluto está mal llamado; funciona principalmente como un adverbio que enfatiza o complementa el verbo principal, aunque también puede sustituir a un verbo finito). Sin embargo, además de tales presentaciones simplificadas, hay una gran cantidad de literatura académica que debate los puntos finos de la gramática hebrea desde una perspectiva linguística.

Sistema verbal

Enfoques Diacrónico vs. Sincrónico

Los gramáticos hebreos, pasados y presentes, difieren con respecto a si ven que el hebreo bíblico tiene un sistema verbal temporal o aspectual y si debe ser analizado sincrónica o diacrónicamente. Diacrónicamente, los eruditos han estudiado tradicionalmente el sistema verbal como teniendo dos conjugaciones principales: el perfectivo sufijal («perfecto» o *qatal*) y el prefijal, no perfectivo («imperfecto»; *yaqtul* > *yiqtol*). Recientemente, los eruditos utilizan un enfoque semítico comparativo (especialmente cananeo Amarna y ugarítico; cf. también acadio) han puesto de relieve la existencia de una forma «corta» *yaqtul* preterita/jusiva (en contraste con la forma imperfectiva «larga» *yaqtulu*) para hacer frente a la inquietante cuestión de las llamadas formas conversivas-*waw* (*wayyiqtol*). Sincrónicamente, algunos eruditos han identificado cinco formas básicas: perfecto, imperfecto, narrativo (=*waw*-consecutivo), perfecto convertido, y volitivo (incluyendo formas jusiva, cohortativa, e imperativa). De estas, el imperfecto y el perfecto convertido podrían emparejarse según la función como lo podrían las formas perfecta y narrativa. Al mismo tiempo, los gramáticos han vinculado las formas del discurso narrativo y el perfecto convertido como secuenciales en contra de las formas perfectas no secuenciales y la imperfecta.

Tiempo vs. aspecto

El debate sobre si el sistema verbal hebreo es temporal y aspectual está en curso. El análisis del hebreo como un sistema de tiempo absoluto se remonta a Ibn Janah. Los eruditos modernos que defienden que el hebreo es algún tipo de sistema de tiempo (cf. Paul Joüon–Takamitsu Muraoka, Gotthelf Bergsträsser) a menudo teorizan que el hebreo es un sistema relativo de tiempo en el cual un tiempo no indica tanto el punto en el tiempo del acto de hablar (aunque se puede hacer así) como sitúa el verbo en relación con el hablante (anterior o posterior). Como resultado de la obra de H. G. A. Ewald y S. R. Driver, así como estudios más recientes en los idiomas eslavo y griego, la mayoría de los gramáticos modernos de la Biblia hebrea desde mediados del siglo XIX han hecho hincapié en que el hebreo tiene un sistema verbal aspectual (p.ej., Bruce K. Waltke–Michael P. O'Connor). Estos trabajos hacen hincapié en que el hebreo es un sistema «atemporal»; los verbos se analizan más adecuadamente de acuerdo a la duración o «el contorno de una situación en el tiempo.» Por lo tanto, un verbo perfectivo describe una acción completa o completada (incluso puntual), mientras un verbo imperfectivo describe una acción incompleta o durativa (incluso habitual).

Bibliografía. D. J. A. Clines, ed., *The Dictionary of Classical Hebrew* (Sheffield, 1993–); P. Joüon, *A Grammar of Biblical Hebrew* (Rome, 1991); L. Koehler, W. Baumgartner, and J. J. Stamm, *The Hebrew and Aramaic Lexicon of the Old Testament* (Leiden, 1994–); T. N. D. Mettinger, «The Hebrew Verb System: A Survey of Recent Research,» *ASTI* 9 (1973): 65-84; A. Sáenz-Badillos, *A History of the Hebrew Language* (Cambridge, 1993); C. L. Seow, *A Grammar for Biblical Hebrew,* Ap ed. (Nashville, 1995); B. K. Waltke and M. P. O'Connor, *An Introduction to Biblical Hebrew Syntax* (Winona Lake, 1990).

Theodore J. Lewis

HEBREO, HEBREOS

Un término no étnico (Heb. *ʿibrî*) que quienes no eran israelitas utilizaban en referencia a los israelitas, y que los israelitas utilizaron para referirse a sí mismos al conversar con los no israelitas.

Como patronímico, se cree que el término se deriva del nombre del antepasado de Abraham, Heber (Gn 10.24-25; 11.14-26; 1 Cr 1.18-19), como sugieren las referencias genealógicas a Abraham y sus descendientes (Gn 14.13; 39.14; 40.15; 43.32; Ex 2.6; Dt 15.12; 1 S 4.9; 29.3; Jon 1.9; Hechos 6.1; 2 Co 11.22; Fil 3.5). Se utiliza para Abraham y para su posteridad antes del evento escatológico en el que Jacob recibió el nombre de Israel.

En el uso de la lengua hebrea designa la lengua judaíta, un miembro de la rama cananea de las lenguas semíticas noroccidentales. El término «hebreo» como denotación de la lengua *per se* es visto por primera vez en el prólogo de Eclesiástico. En el NT «hebreo» (Gr. *Hebraíos*) o «lengua de los hebreos» *(Hebra ïs)* denota un idioma o idiomas utilizado por los judíos (Jn 5.2; 19.13, 17, 20; 20.16; Hch 21.40; 22.2; 26.14; Ap 9.11; 16.16). Existe cierta incertidumbre en cuanto a si las referencias a hebreo en los apócrifos (4 Mac 12.7; 16.15) y el NT denotan hebreo o arameo.

Varios textos del antiguo Cercano Oriente del segundo milenio se refieren a personas clasificadas como *habīru/ʿapīru,* un término que algunos piensan que denota «hebreos.» El *habīru* pueden ser parias sociales, fugitivos, refugiados o grupos de mercenarios, pero es poco probable que formaran una etnia. Referencias del antiguo Cercano Oriente sugieren que el *habīru* en Canaán, que se menciona en las Cartas de Amarna, no eran israelitas. Una relación especial entre el término *habīru* en los contratos de siervo de Nuzi y el esclavo hebreo de Éxodo 21.2; Deuteronomio 15.12 es poco probable, en parte porque los archivos de Nuzi son de una época diferente a la narración bíblica. En los textos de Nuzi *habīru* denota un «siervo extranjero» que se vendió como esclavo; en Deuteronomio 15.12 el siervo hebreo es llamado «hermano» de los que se dirige.

La LXX traduce «Abram el hebreo» (Gn 14.13) como «Abram, el que cruzó» (cf. Heb. *ʿbr*). Esto se ha vinculado a que Abraham tuvo que haber venido desde el otro lado del Éufrates (Jos 24.2-3) y, aunque no es por lo general aceptada, el cruce de los israelitas del río Jordán. La interpretación rabínica temprana trata «hebreo» como una referencia a los que habían cruzado el Mar Rojo. Dado que esto puede ser escatológico, implica que un hebreo es el que experimentó la muerte y la resurrección.

Se puede hacer un caso al ver el contraste entre egipcios y hebreos en Génesis 43.32; Éxodo 1.19; 2.11 como connotando distinciones étnicas; el paralelismo entre Jehová el Dios de Israel (Ex 5.1) y el Dios de los hebreos (v. 3) podría dar lugar a tal entendimiento. Sin embargo, como se usa en el AT o los libros apócrifos, el término hebreo no suele denotar una etnia. Es utilizado por los no israelitas (AT) o no judíos (apócrifos) al hablar de israelitas (Gn 41.12) o judíos (Jdt 12.11; 14.18), respectivamente. Cuando es utilizado por alguien que no es un israelita, el término puede tener connotaciones despectivas o implicar que el israelita no es libre (p.ej., la esposa de Potifar [Gn 39.14, 17] y el jefe de los coperos [41.12] al referirse a José). Cuando es utilizado por un israelita hablando a un no israelita, con frecuencia implica que el israelita no es libre (p.ej., José se refiere al lugar de donde viene como «la tierra de los hebreos»; Gn 40.15) o solo en sentido figurado libre (p.ej., cuando habla a los marineros no israelitas, Jonás se define como un hebreo; Jon 1.9). Tales significados son frecuentes en Génesis 30–Éxodo 10, particularmente cuando Israel no es libre (p.ej., en Ex 5.1-3 Moisés se refiere al «Dios de los hebreos » cuando Israel está en esclavitud en Egipto).

No hay ninguna connotación étnica cuando «hebreo» se utiliza en la legislación relativa a la manumisión de los esclavos /sirvientes hebreos como se encuentra en Éxodo 21 (normas sociales y económicas en el Código del Pacto, que tienen un origen distinto del Código del Pacto que sigue 22.17[TM 16]) y Deuteronomio 15 (que forma parte de la ley de Moisés) y posiblemente Jeremías 34.9, que también se refiere a los esclavos hebreos. Lo que se permite en relación con un hebreo en Éxodo 21 está prohibido para un israelita en Levítico 25; y hay una distinction entre trabajo voluntario no permanente y el duro tipo de servicio obligatorio prohibido en Levítico 25.43-44.

No hay ninguna connotación étnica en la presentación de la relación entre los israelitas y los hebreos en 1 Samuel 4; 13–14; 29. La distinción puede estar entre Israel en conjunto y grupos selectos de israelitas o de los que se unieron con los israelitas, convirtiéndose así en parte de todo Israel. Los "hebreos" de 1 S 13–14 parecen ser mercenarios no israelitas al mismo tiempo que parecen a «todo Israel». Los filisteos se refieren a los israelitas mientras los llaman hebreos (1 S 14.11), una identificación que tiene que ver con la que se encuentra en 13.19-20. Pero no hay ninguna referencia étnica en 1 Samuel 13.6-7, donde la distinción puede ser entre dos grupos diferentes dentro de «todo Israel»: v. 6 nota las excusas del servicio militar y v. 7 nota a los desertores israelitas del ejército de Saúl. En 1 Samuel 14.21 los hebreos que lucharon por los filisteos son tratados como traidores israelitas. Pero los hebreos que volvieron a Saúl (1 S 13.7a) junto con los israelitas que se habían refugiado en el monte de Efraín (14.22) se unieron al ejército de Saúl.

En el NT, «hebreo» designa ciertos grupos sectarios de judíos. Puede designar a alguien que está superficialmente helenizado (Hch 6.1), o puede simplemente distinguir entre los judíos y los gentiles (2 Co 11.22; Fil 3.5).

Bibliografía. G. E. Mendenhall, «The Hebrew Conquest of Palestine,» *BA* 25 (1962): 66-87; repr. *BA Reader* 3, ed. E. F. Campbell and D. N. Freedman (Garden City, 1970), 100-20.

SARA MANDELL

HEBREOS, EPÍSTOLA A LOS

Aunque Hebreos ha circulado desde el siglo II entre las cartas de Pablo y lleva el nombre del apóstol en el título de algunas versiones antiguas de la Biblia, como la KJV en inglés, la ausencia de las características comunes de las cartas paulinas indica que no puede ser fácilmente incluida dentro de la correspondencia paulina. En efecto, el autor y el destino de Hebreos siguen siendo un misterio. Por otra parte, ya que el libro carece de las características comunes de las epístolas, su forma literaria también sigue siendo motivo de debate. No debatible, sin embargo, es el hecho de que Hebreos es la obra de un retórico hábil, que ha proporcionado el argumento más sostenido de las Escrituras del AT en el NT. En una serie de exposiciones, el autor defiende la superioridad de Jesucristo y la experiencia cristiana a todas las instituciones del AT. Su colocación después de las cartas paulinas y antes de las epístolas generales refleja el carácter distintivo del libro.

Género literario

Aunque Hebreos contiene una conclusión epistolar (13.18-25), el resto del libro tiene un carácter totalmente diferente de la tradición epistolar cristiana que comenzó con Pablo. Carece de la apertura epistolar, los temas epistolares comunes, y la estructura argumentativa de las epístolas paulinas. En efecto, el autor se refiere a su mensaje como una «palabra de exhortación» (13.22), un término que se usa en otro lugar (Hch 13.15) para un sermón en una sinagoga. Esta fue una forma retórica que se había desarrollado en la sinagoga judía helenista que consiste de 1) una sección indicativa o ejemplar en la forma de citas bíblicas o puntos teológicos; 2) una conclusión basada en la sección de ejemplos; y 3) una exhortación a la comunidad. A diferencia de las epístolas paulinas, Hebreos sigue el patrón común de la palabra de exhortación. La conclusión epistolar se agrega a la homilía porque el sermón del autor tenía que se enviado.

Contenido

El carácter retórico distintivo de Hebreos es evidente en la introducción (1.1-4), que marca la pauta en su contenido y poder retórico para el resto de la homilía. En estas líneas poéticas en las que abunda la aliteración y la asonancia, el autor declara que Dios ha hablado en estos últimos días «por un hijo» quien, como resultado de haber «efectuado la purificación de nuestros pecados» y haberse sentado a la diestra de la majestad en las alturas, es ahora mayor que los ángeles. Con esta «abertura,» el autor establece los temas principales del libro. Demuestra la ultimidad de la revelación cristiana en comparación con las revelaciones anteriores de Dios en el AT (1.1-2), y desarrolla la más alta afirmación cristológica con el recurso retórico de la comparación («mayor que»; cf. 6.9; 7.7, 19, 22; 8.6; 11.16, 40; 12.24). A causa de la exaltación a la diestra de Dios (Sal 110.1), Cristo es mayor que todos sus homólogos del AT.

El resto del libro es una amplificación del tema introducido en 1.1-4. Aunque la homilía parece ser una serie de exposiciones sobre diversos pasajes de la Escritura, el hilo unificador es la afirmación que se estableció primero en la introducción: Los cristianos poseen una salvación a través de Jesucristo que supera todos los objetos de comparación. A través de la interrelación de la exposición y la exhortación, el autor indica que las afirmaciones teológicas sirven como base para la exhortación. La afirmación de que Cristo es mayor que los ángeles (1.5–2.18) es la base para la exhoración a la comunidad a prestar atención a lo que se ha escuchado (2.1-4). La comparación de Cristo con Moisés (3.1-6) y la seguridad que Él conduce a su pueblo a un «descanso» trascendente que Israel nunca alcanzó (3.7–4.11) proporciona la base para la exhortación a la comunidad a entrar en el reposo (4.11). Después de una breve reflexión sobre el poder de la palabra de Dios (4.12-13), la sección central de esta homilía (4.14–10.31) es una comparación del sumo sacerdocio de Cristo con el sumo sacerdocio de Aarón derivado de varios pasajes del AT (Sal 110.1, 4; Lv 16; Jer 31.31-34). Que esta comparación prolongada del sumo sacerdote, el sacrificio, y el santuario atiende principalmente a las necesidades de exhortación está indicado por las exhortaciones que introduce (4.14-16) y concluye (10.19-31) esta sección mayor y por las exhortaciones extendidas que preceden la discusión del sumo sacerdocio de Melquisedec (5.11–6.12). Una alternancia similar de referencia, comparación y exhortación del AT distingue la sección final de Hebreos, la cual comienza en 10.32. La representación ampliada de ejemplos de fidelidad entre héroes del AT (cp. 11) es a la vez presentada (10.32-39) y seguida (12.1-11) por la exhortación a la comunidad a perseverar fielmente en medio de las dificultades. Del mismo modo, el autor introduce la comparación culminante de la teofanía del Sinaí y la experiencia cristiana del monte de Sión (12.18-29) con la exhortación a la fidelidad (12.12-17). El último desafío para que la comunidad salga «fuera del campamento» (13.13) y «ofrezca un sacrificio de alabanza » (v. 15) se basa en la comparación de la muerte de Cristo «fuera de la puerta» (v. 12) con los sacrificios levíticos (vv. 10-12).

En cada comparación el autor interpreta el AT con el fin de mostrar la superioridad de la experiencia cristiana. Las instituciones de AT —ángeles (1.5-13), el sumo sacerdocio de Aarón (5.1-10; 7.11-28), el tabernáculo (8.1-6), los sacrificios (9.1-28), y la teofanía del Sinaí (12.18-25)— fallan en comparación con Cristo porque pertenecen al mundo transitorio. Porque Cristo se ha sentado a la diestra de Dios (1.3; 8.1; 10.12), Él es eterno. Por lo tanto los cristianos no se han acercado a lo que «se podía palpar» (12.18) o «ver» (11.1), y el sacrificio de Cristo se llevó a cabo en un santuario «no hecho de manos» (9.11).

Estructura

El entrelazamiento de exposición y exhortación en Hebreos es el elemento clave en la determinación de la estructura de esta homilía.

- I. La revelación de la Palabra en el Hijo (1.1–4.13)
  - A. El Hijo superior a los ángeles (1.1–2.18)
  - B. Exhortación a escuchar la voz del Hijo (3.1–4.13)
- II. Cristo el gran sumo sacerdote (4.14–10.31)
  - A. Exhortación a mantener firme la profesión (4.14-16)
  - B. Introducción de Cristo el sumo sacerdote (5.1-10)
  - C. Exhortación a ser fiel y obtener las promesas (5.11–6.20)
  - D. Cristo el gran sumo sacerdote (7.1–10.18)
  - E. Exhortación a mantener firme la profesión (10.19-31)
- III. Llamado a la obediencia fiel (10.32–13.25)
  - A. Exhortación a ser fiel (10.32–12.11)
  - B. Sinaí y Sión (12.12-29)
  - C. Exhortaciones finales a la fidelidad (13.1-25)

Autoría

Aunque Hebreos consistentemente se ha atribuido a Pablo desde la antigüedad, la evidencia interna del libro se opone a la autoría del apóstol. A diferencias de las epístolas paulinas, Hebreos es anónimo. El hecho de que el lenguaje y el estilo de Hebreos es muy superior al de la correspondencia paulina es una prueba más de que el autor de Hebreos no fue Pablo. Aunque se han sugerido numerosos candidatos para la autoría, p.ej., Bernabé, Apolos, Silvano, Priscila, el libro no proporciona suficiente información sobre la identidad del autor para hacer tal especulación útil. Sabemos por la evidencia interna única que Hebreos está escrito por un retórico hábil de la segunda generación cristiana (2.3).

A pesar de que el autor es anónimo, es conocido por sus lectores originales. Su petición de que la comunidad ore por su reunión con ellos (13.18-19) y su deseo expreso de volver a ellos con Timoteo después de entregar la carta (13.23) proporciona más información sobre la relación del autor con sus lectores. La referencia a Timoteo probablemente indica que el autor pertenece a un círculo paulino. Así, la temprana atribución de Hebreos a Pablo podría sugerir que los antiguos lectores eran conscientes de una asociación entre el libro y Pablo.

Destinatarios

La identidad de los lectores originales es tan oscura como la identidad del autor. El título, «a los Hebreos,» es una conjetura posterior basada en la constante apelación del libro al AT como la base para el argumento del autor. Aunque esta conjetura es plausible, no es en absoluto cierta, porque el libro no contiene ninguna declaración directa de que los lectores son judíos. Por otra parte, los argumentos detallados del AT aparecen en libros que se dirigen principalmente a audiencias gentiles en cartas paulinas como Gálatas y 1 Corintios.

La única indicación directa de la ubicación de los lectores es la declaración ambigua en 13.24, «los de Italia os saludan,» que se puede interpretar como una referencia tanto a la localización del autor o de los lectores. La frase «de Italia» se utiliza en otro lugar (Hch 18.2) para Aquila y Priscila, que recientemente habían llegado «de Italia» y ahora vivían en Corinto. Este paralelo sugiere, por lo tanto, que el autor de Hebreos escribe desde un lugar en el que se han reunido expratriados «de Italia» que envían saludos a su ciudad natal. Como en Hechos 18.2, Italia es el equivalente de Roma. Un destino romano de Hebreos también puede ser sugerido por el hecho de que el libro es citado primero en 1 Clemente, que fue escrita desde Roma a finales del siglo I. Un destino romano de Hebreos es, pues, plausible, pero lejos de ser cierto.

El autor proporciona abundante evidencia de las circunstancias de sus lectores. Al igual que el autor, pertenecen a la segunda generación (2.3). En efecto, la distinción entre los «días pasados» (10.32) de la infancia de la iglesia y la actualidad (5.12) es el factor básico que hay detrás de la descripción del autor de la situación de sus lectores, porque el autor constantemente insiste que la comunidad fue ejemplar en su práctica cristiana en los primeros días, pero ahora enfrenta una situación de crisis. En los días anteriores los lectores habían demostrado trabajo y amor en el servicio a los santos (6.10), y habían sufrido un «gran combate de padecimientos,» incluyendo abuso público, compasión de los prisioneros, y la confiscación de sus bienes (10.32-34). El autor describe la crisis actual como una de «deslizamiento» (2.1), apartarse (3.12), y cometer apostasía. La naturaleza de esta apostasia se puede ver en la descripción del autor de la condición de los lectores. Ellos son «tardos para oír» (5.11), y algunos habían abandonado la asamblea (10.25). Ellos tenían «las manos caídas y las rodillas paralizadas» (12.12). Por lo tanto las principales preocupaciones del autor a lo largo de esta obra es asegurar que mantengan su resistencia hasta el final (cf. 3.14). La frecuente descripción del autor de la condición de los lectores indica que la crisis a la que se dirige Hebreos no es, pese a las numerosas afirmaciones en contrario, el problema de la tentación de los lectores de volver al judaísmo. Tampoco es un libro escrito para contrarrestar una herejía particular. El autor de Hebreos escribe para animar a su comunidad a permanecer fieles en el contexto de la apatía y el desaliento que amenazan su existencia.

Bibliografía. H. W. Attridge, *The Epistle to the Hebrews.* Herm (Philadelphia, 1989); W. L. Lane, *Hebrews,* 2 vols. WBC 47-48 (Waco, 1991); J. W. Thompson, *The Beginnings of Christian Philosophy.* CBQMS 13 (Washington, 1982).

James W. Thompson

HEBREOS, EVANGELIO SEGÚN LOS

Un evangelio apócrifo judío-cristiano, escrito en Egipto c. 150 d.C. Era conocido y utilizado por Clemente de Alejandría (c. 150-215), Orígenes (c. 185-254), y Dídimo el Ciego (c. 313-398), todos los cuales eran escritores egipcios. Eusebio (c. 260-340) también conoció el Evangelio y lo menciona junto con el evangelio de Mateo en hebreo y un evangelio arameo. Ya que no asigna ningún idioma a este Evangelio, pero sí a los demás, se supone que el evangelio según los Hebreos fue escrito en griego. Jerónimo (c. 342-420) afirma haberlo traducido del hebreo al griego y al latín, pero a veces se equivoca acerca de este evangelio, a veces creyendo que éste, el evangelio arameo, y el evangelio de Mateo en hebreo son el mismo.

El contenido del evangelio según los Hebreos no se conoce completamente. Según la Sticometría de Nicéforo (c. 758-829), contenía 2200 líneas, sólo 300 menos que el evangelio de Mateo. Citas existentes o alusiones a él se encuentran en Clemente de Alejandría, Orígenes, Cirilo de Jerusalén (c. 315-386), Dídimo el Ciego, y Jerónimo. A partir de ellos se puede inferir que el Evangelio según los Hebreos cubrió la preexistencia de Cristo, su bautismo, las tentaciones, la Última Cena, la Pasión, la aparición posterior a la resurrección a Santiago el Justo (cf. 1 Co 15.7), y tres dichos aislados. Ninguna de las referencias existentes sugiere la dependencia del Evangelio en los evangelios canónicos.

Bibliografía. R. Cameron, ed., *The Other Gospels* (Philadelphia, 1982); J. K. Elliott, *The Apocryphal New Testament,* Ap ed. (Oxford, 1993), 9-10; A. F. J. Klijn, *Jewish-Christian Gospel Tradition.* Vigiliae christianae Sup 17 (Leiden, 1992).

George Howard

HEBRÓN (Heb. *ʿeḇrōn*)

Ciudad en el territorio tribal de Aser (Jos 19.28), probablemente la misma que Abdón (21.30; 1 Cr 6.74 [TM 59]). La forma es por lo general explicada como el error de un copista, leyendo Heb. *resh* para *dalet.*

HEBRÓN (Heb. *ḥeḇrôn*) **(LUGAR)**

Una ciudad 30.6 km (19 mi) SSE de Jerusalén y 37

km (23 mi) noreste de Beerseba, 1021 m (3350 pies) sobre el nivel del mar en la cresta de la montaña de Judea; también conocida como Kiriat-arba («ciudad de los cuatro»; Gn 23.2). Con la posible excepción de Jerusalén, probablemente no hay otro sitio en la antigua Palestina que disfrute más atención bíblica, intertestamental, y folklore que Hebrón. Construida tradicionalmente «siete años antes de Zoán en Egipto» (Nm 13.22), Hebrón fue donde Abraham plantó su tienda después de su separación de Lot y donde «edificó altar a Jehová» (Gn 13.18), agasajó «ángeles» (18.1-15), intercedió por los inocentes de Sodoma (18.22-33), y compró la cueva de Macpela para sepultura de Sara (23.1-20), sentando las bases para posteriores entierros de toda la familia patriarcal (25.9-10; 35.27-29). Durante el Éxodo, los viñedos de Hebrón fueron apreciados por los espías de Moisés.

Después de la Conquista, Hebrón fue «dada» como herencia a Caleb (Jos 14.13) y se convirtió en un lugar de refugio (20.7) y ciudad levítica (21.11-13). Fue en los días de David, sin embargo, que la ciudad alcanzó su mayor fama bíblica como la capital de Judá (1 S 2.11; 5.5) y, siete años y medio más tarde, como la capital de la monarquía unida hasta la captura de Jerusalén. Absalón trató de usurpar el trono de su padre en Hebrón, y Salomón, por lo que Josefo nos dice, tuvo su visión allí. Con la desintegración de la monarquía unida, Hebrón apareció en la lista de ciudades fortificadas de Roboam (2 Cr 11.10) y luego deja de ser mencionada en el relato bíblico.

El folklore local agregó mucho a los relatos bíblicos, ubicando a Hebrón como el lugar donde Adán y Eva hicieron duelo por Abel y como la ubicación de las tumbas de Isaí y Rut, la tumba de Abner, ¡e incluso la fuente de la tierra roja de la que Adán fue formado!

Evidencia extrabíblica sugiere que Hebrón puede haber sido una ciudad real cananea, y el cercano Encino de Mamré, en centro oracular. Una posible lectura en las Cartas de Amarna puede referirse al sitio ya en el siglo IV a.C., y la lista Medinet Habu de Ramsés III también menciona un sitio que puede haber sido Hebrón. Hebrón puede ser la ciudad señalada en la lista de Conquista de Sisac de Egipto («un campo de Abram»), contra lo que Roboam había estado fortificando los sitios del sur. Durante el siglo VIII la ciudad parece haber funcionado como un centro alfarero real, como lo atestiguan las inconfundibles inscripciones de mango de jarra.

La primera gran excavación del sitio (160103), con el descubrimiento de los muros de la Edad de Bronce Medio (c. 1728) y sus característicos estropicios «hicsos», fue realizada por la expedición Americana a Hebrón en 1965-66. Posteriores excavaciones se llevaron a cabo por los arqueólogos israelíes. La evidencia arqueológica lleva la ocupación de la zona hasta el período Calcolítico, a través de la Edad de Bronce Temprano, al tiempo en que la ciudad fue «oficialmente» edificada en la segunda mitad de la Edad de Bronce Medio.

No aparece registro de Hebrón en las listas de conquistas asirias o neobabilónicas, pero su importancia obviamente le impedía ser pasada por alto por cualquier conquistador oriental. Después de la caída de Jerusalén, los edomitas ocuparon la ciudad y no fueron desprendidos hasta que Judas Macabeo tomó la ciudad de sus sucesores, los idumeos, en 164. Más tarde, Herodes reformó la ciudad y edificó un recinto alrededor de la sepultura tradicional de los patriarcas, como su mampostería característica todavía atestigua.

El sitio continuó atrayendo la atención durante el último período romano, la conquista islámica, y la época de las cruzadas. «Destruida» por Cerialis, general de Vespasiano, quedó bastante de la ciudad que Adriano construyó más tarde un camino a su mercado. En el legado del profeta Mahoma, la ciudad entró formalmente en el período islámico. Durante las cruzadas, Hebrón vino a ser un eslabón importante en la línea de las ciudades-fortaleza de los francos, que sostuvieron el reino latino, bajo el nombre «Castillo de San Abraham.» Con la caída de los poderes occidentales, Hebrón de nuevo volvió a poder de los musulmanes y se convirtió, finalmente, en uno de los más importantes lugares santos en toda Palestina, llegando incluso a ser una estación en la ruta *hégira* a la Meca. El nombre arábigo dado a la ciudad, el-Khalil («el amigo»), refleja sus vínculos abrahámicos.

HEBRÓN (Heb. *ḥeḇrôn*) **(PERSONA)**

1. Un levita, el tercer hijo de Coat (Ex 6.18; Nm 3.19; 1 Cr 6.2, 18[TM 5.28; 6.3]; 23.12) y padre de cuatro hijos (v. 19; 24.23). Sus descendientes fueron llamados hebronitas (Heb. *ḥeḇrônî;* Nm 3.27; 26.58; 1 Cr 26.30-31; cf. 15.9).

2. Un calebita e hijo de Maresa; padre de cuatro hijos (1 Cr 2.42-43). Este nombre y los otros en la genealogía (así como aquellos en **1** arriba) pueden realmente ser nombres de lugar.

Philip C. Hammond

HECES
El sedimento formado en la fermentación de vino (Heb. *šĕmārîm*). El vino era dejado en el odre durante algún tiempo para mejorar su sabor y riqueza, luego filtrado antes de beber (Is 25.6; cp. Sof 1.12). Jeremías 48.11 aparentemente se refiere a una práctica de verter el vino de un recipiente a otro para mantener las heces en suspensión. Beber la copa de la ira del Señor «hasta las heces» significa someterse al castigo de Dios hasta el fin (Sal 75.8 [TM 9]; Is 51.17).

HECHICERO
Véase Medium, Brujería.

HECHOS, APÓCRIFOS
Obras que describen las hazañas de varios apóstoles, inspirados en parte por el libro canónico de los Hechos, pero a menudo en cierta tensión con él. La composición de estas obras continuó hasta el siglo VI d.C. Extractos de ellos han permanecido en el uso litúrgico. Estos hechos, junto con los escritos acerca de la infancia y la pasión de Jesús, dan fe del interés de los primeros cristianos en relatos extensos sobre los fundadores del cristianismo. Basándose en el tipo de narrativa de los evangelios, también reflejan la participación con una cultura literaria más amplia, incluyendo biografías filosóficas y novelas populares. Teológicamente, los hechos apócrifos representan desarrollos de la tradición «radical» de Jesús incorporada en Q y el Evangelio de Tomás, porque sus héroes suelen ser itinerantes sin hogar que predican mensajes de renuncia y rechazo a la mundanalidad. Su horizonte geográfico de narración se extiende desde España a la India (por no mencionar el cielo y el infierno). Los lectores de estos libros podrían encontrar tanto mensajes edificantes como historias entretenidas.

Cinco composiciones «mayores» surgieron en el período aprox. 150-aprox. 225: Los Hechos de Andrés, Juan, Pablo, Pedro, y Tomás. Las imitaciones mutuas y contaminación complican la tarea de establecer las relaciones literarias entre ellos. Estos hechos han sufrido de popularidad y condenación. Debido a la anterior, fueron sometidos a expansión y abreviación repetidas, así como edición para conformarlos a un gusto ortodoxo. El uso por maniqueos y otros juzgados heréticos llevó a su final supresión. Como resultado, ninguno de estos hechos sobrevivió en su forma original, y solo uno está completo. A pesar de sus similitudes, los diversos hechos muestran una variedad considerable de contenido y mensaje.

Los Hechos de Andrés, posiblemente escrito en Alejandría, probablemente cerca del comienzo del siglo III, presentan un mensaje radical influenciado por la filosofía griega. El igualmente radical Hechos de Juan, que también podría ser de Egipto y la fecha aprox. 200, sigue las tendencias «heréticas» a las que se opone 1–3 Juan. Edición posterior arroja este trabajo en el campo del gnosticismo valentiniano. Los Hechos de Pablo, compuesto en Asia Menor del siglo II, se acerca más a la obra canónica y fue relativamente inobjetable a los cristianos católicos. Una sección, los famosos Hechos de Tecla, sobrevivieron a través del uso en su culto. Las porciones existentes de los Hechos de Pedro, también escrito en Asia Menor durante el siglo II, retratan un líder de la comunidad menos contracultural, aunque los fragmentos indican que en alguna etapa este libro, al igual que otros hechos apócrifos, honró altamente el celibato. Los inicios de ninguno de estos cuatro hechos sobreviven, pero sus descripciones culminantes de las muertes de los apóstoles están bien atestiguadas y altamente editadas. Las cosas son muy diferentes en relación a los Hechos de Tomás, evidentemente compuesto en siríaco en la región de Edesa durante el primer cuarto del siglo III. Esta obra completa exhibe considerable profundidad literaria y teológica. Su mensaje, aunque no clásicamente gnóstico, era bastante adaptable a las opiniones gnósticas.

Los numerosos hechos «menores,» que incluyen figuras como Bernabé, Tito, Bartolomé, así como textos posteriores sobre los apóstoles más famosos, tienden a ser ortodoxos en teología y orientación eclesiológica. Una excepción son los Hechos de Felipe. Mucha hagiografía (vidas de santos) tiene una deuda grande con el género de hechos.

Estos textos han sido objeto de vigorosa atención en décadas recientes, produciendo nuevas ediciones, traducciones y una serie de investigaciones especializadas. Esta actividad refleja cambios académicos hacia una apreciación del pluralismo y de las voces minoritarias así como la atracción de los estudios culturales. Los hechos apócrifos son importantes porque dan testimonio de la diversidad del pensamiento cristiano primitivo en su expresión popular y en su antigua fascinación con las vidas y obras extraordinarias de personas santas. Su impacto so-

Santuario central del templo de Augusto en Antioquía de Pisidia, una ciudad visitada por Pablo en varias ocasiones. (Phoenix Data Systems, Neal and Joel Bierling)

bre el arte y la literatura cristiana siguió siendo destacado a lo largo de la Edad Media, y más allá.

Bibliografía. J. K. Elliott, ed., *The Apocryphal New Testament,* Ap ed. (Oxford, 1993), 229-523; R. I. Pervo, «The Ancient Novel Becomes Christian,» en *The Novel in the Ancient World,* ed. G. Schmeling. *Mnemosyne* Sup. 159 (Leiden, 1996), 685-711; W. Schneemelcher and R. McL. Wilson, eds., *New Testament Apocrypha,* Ap ed., 2 (Louisville, 1992), 75-482.

RICHARD I. PERVO

HECHOS DE LOS APÓSTOLES

El quinto libro del NT compuesto por el autor del Evangelio de Lucas, el libro de los Hechos representa el primer intento de un escritor cristiano de presentar un relato coherente de los acontecimientos importantes en la vida de la iglesia primitiva desde la Pascua hasta la muerte de Pablo. Comenzando con la obra de Ireneo *Adversus haereses* pero sobre todo con la *Historia Eclesiástica* de Eusebio, todos los intentos posteriores de la reconstrucción de la historia más antigua del cristianismo hasta la edad moderna fueron determinados profundamente por Hechos. A pesar de la confianza depositada en Lucas por los cronistas que lo siguieron, la atención a la narración de Hechos deja en claro que Lucas, en línea con las prácticas de sus contemporáneos, subordina la información histórica a su proyecto literario con el fin de presentar un retrato del crecimiento de la iglesia primitiva marcado por la unidad eclesiástica y el impulso del Espíritu.

El argumento básico de Hechos puede esbozarse como sigue. Comenzando con la ascensión de Jesús, el relato retrata primero la vida y el crecimiento dinámico de la comunidad primitiva en Jerusalén bajo el liderazgo de Pedro y los apóstoles hasta el martirio de Esteban (Hch 1–7). La persecución que siguió a la muerte de Esteban impulsa a la iglesia (excepto los apóstoles) a una misión más amplia fuera de Jerusalén caracterizada por aperturas a los no judíos (cap. 8). Estos indicios iniciales de una misión gentil introduce la conversión de Saulo-Pablo (cap. 9), quien será la fuerza vital detrás de la realización de esta misión. Que estos desarrollos son legítimos y representan el propósito de Dios es presentado por el episodio de Cornelio de 10.1–11.18. Enseguida se narran los primeros esfuerzos misioneros de Bernabé y Pablo desde su base en Antioquía (11.19–14.28), junto con digresiones presentando a Pedro (cap. 12), culminando en el reconocimiento decisivo de la misión gentil libre de la ley del Concilio Apostólico (cap. 15). A continuación se detalla la misión paulina propia (15.36–21.26) en la forma de diario de viaje (presentando Filipos, Tesalónica, Atenas, Cesarea, Jerusalén) a través de numerosas escenas vívidas. Por último, se documentan el encarcelamiento y juicios de Pablo en Jerusalén y Cesarea (presentando su interacción con numerosos funcionarios romanos) y su traslado a la capital del Imperio (21.27–28.31), que termina con la alentadora imagen de Pablo predicando y enseñando, sin impedimentos, en Roma.

La mayoría de los eruditos suponen que el autor de Lucas y Hechos era un cristiano gentil, a pesar de que indicaciones en los dos libros apoyan la suposición de que la comunidad lucana incluyó un contingente de judíos cristianos. Que esta persona debe ser identificada siguiendo la tradición como Lucas, un compañero de Pablo, sin embargo, para algunos resulta problemático. En las Epístolas Paulinas que no están en disputa, Lucas es mencionado solo en Filemón 24; las referencias en Colosenses 4.14; 2 Timoteo 4.11 se derivan de Filemón y la tradición paulina, respectivamente. Ireneo (aprox. 180 d.C.) entendió los pasajes en plural, los pasajes «nosotros» (16.10-17; 20.5-15; 21.1-18; 27.1–28.16) como prueba de que Lucas fue colaborador inseparable de Pablo. Pero la interpretación de estos curiosos pasajes de primera persona plural admite otras explicaciones que no requieren conocimientos de primera mano de Pablo por parte del autor. Además, si bien es evidente simplemente de la cantidad de la narrativa dedicada a Pablo que el autor lo admiraba mucho, el relato resultante aparentemente revela una profunda incomprensión de la obra y la teología de Pablo como la conocemos a través de las cartas de Pablo. Por consiguiente, cuando Pablo predica en Hechos, su énfasis (así como el estilo literario de sus discursos) son sorprendentemente similares a los que aparecen en los discursos de Pedro, lo que sugiere que en ambos el lector se encuentra con la teología de Lucas. Hechos parece ser el producto de un tiempo cuando las luchas apasionadas de Pablo a favor de los cristianos gentiles parecen ser cosas del pasado. El éxito abrumador de la misión gentil dejó a Lucas con la preocupación bastante diferente de dirigirse a los cristianos contemporáneos que se habían vuelto demasiado complacientes sobre sus orígenes judíos.

Si bien, la certeza sobre la fecha de composición de Hechos tal vez no se logre, las consideraciones anteriores indican que es razonable colocarlo algún tiempo después del evangelio de Lucas, que puede ser fechado aprox. 80-85 d.C. En cuanto a la ubicación geográfica de Lucas, apenas hay suficientes indicaciones para la especulación. La tradición antigua lo colocó en Antioquía. Su verdadero interés con Pablo y la tradición paulina, incluso si se considera peculiar si se compara con las epístolas paulinas no disputadas, quizás indica su apego a una de las principales áreas de la misión paulina en todo el Egeo, pero esto es solo una conjetura.

Un aspecto excepcional con respecto a la tradición manuscrita de los Hechos es su existencia en dos tipos de texto mayores o «versiones,» la alejandrina y el occidental. El Códice de Beza (D) intensifica las características especiales del último tipo de texto al ampliar títulos cristológicos, agudizando una actitud hostil hacia los judíos, empleando discursos más reverentes, suavizando las costuras literarias, y haciendo otras «mejoras.» La mayoría de los eruditos considera la versión occidental una revisión secundaria y expansión del texto alejandrino.

Lucas no ofrece ninguna orientación sobre los orígenes de su información para la narración presentada en Hechos. Mientras Lucas probablemente utiliza algunas fuentes para su narración, su constante revisión estilística de la misma hace su recuperación improbable (si solo tuviéramos el Evangelio de Lucas, ¿podríamos reconstruir Marcos?). Mientras que los eruditos han avanzado una variedad de fuentes hipotéticas, todas las sugerencias son problemáticas. Una propuesta recurrente es que el sabor bíblico de los capítulos 1–12 se deriva de una fuente aramea subyacente. Pero nada impide la conclusión de que Lucas compuso la narrativa de un período primitivo con un estilo «arcaico» similar a la forma de los relatos de las narrativas del nacimiento de Lucas 1–2. Otra idea perenne es que un itinerario o un diario de algún tipo proporcionó a Lucas información sobre los viajes misioneros de Pablo; una variante de esta sugerencia supone que Lucas fue el escriba de estos pasajes «nosotros» de este diario. Aparte de los problemas inherentes en la hipótesis de itinerario o diario, varias explicaciones literarias sirven para explicar los pasajes «nosotros» (p.ej., un recurso, atestiguado desde Homero, para hacer una narración más viva). Podemos suponer que la obra histórica de Lucas procedió de una manera no muy diferente a la de sus contemporáneos. Sin predecesores para su segundo libro, Lucas se basó en una mezcla de tradición y composición para retratar la exitosa expansión de la misión cristiana primitiva en el imperio romano bajo la dirección del Espíritu de acuerdo a los propósitos de Dios.

Un lugar donde los diseños de narración de Lucas se vuelven particularmente claros es en los discursos que él ha provisto para los personajes de la narración. En línea con la práctica general de los historiadores helenistas, estos discursos, que equivalen a casi un tercio del total del texto, pueden considerarse como las creaciones literarias de Lucas, insertados en la narrativa para instruir y agradar al lector. En vez de preservar la particularidad de la retórica de los varios oradores cristianos antiguos, estos discursos comparten el mismo estilo literario y por lo tanto sirven a la meta de Lucas de demostrar la unidad sustancial de la predicación cristiana temprana, incluso a medida que encarnan la propia interpretación de Lucas de los «acontecimientos» que rodean la aparición de la iglesia.

Independientemente del juicio personal respecto a la confiabilidad de Hechos como una crónica histórica, el libro ciertamente pudiera ser tomado como una expresión de la teología de la iglesia primitiva. La noción de Lucas sobre la historia de la salvación en tres épocas (Israel, Jesús, la iglesia) subyace en su retrato de la iglesia como una entidad histórica con su propio tiempo particular. Por otra parte, la época de la iglesia primitiva se distingue por su propia imagen (promovida por el empleo de un estilo griego bíblico arcaico) en contraste con la iglesia de los propios días de Lucas. Las peculiares e irrepetibles estructuras de la comunidad primitiva se explican por la presencia de los apóstoles y los testigos oculares. La preocupación de Lucas dentro de este retrato para resaltar la continuidad entre Israel y la iglesia se expresa por la continua observancia de las prácticas judías en el período temprano en contraste con la situación implicada por el propio día de Lucas. La brecha entre la generación de Lucas y la época primitiva es salvada por la aprobación de la misión a los gentiles en las deliberaciones del Concilio Apostólico y la promulgación del decreto apostólico (15.20, 29; 21.25). El último pronunciamiento podría haber seguido funcionando prácticamente en el caso de la propia comunidad de Lucas, garantizando la existencia de las condiciones necesarias para hacer posible compartir la mesa entre los cristianos judíos y gentiles. Clave entre los factores que favorecen la continuidad dentro de la propia iglesia a través de la narrativa son las descripciones de la proclamación y enseñanza de la iglesia sobre Jesús y la constancia de la presencia del Espíritu como el motor primario en los momentos cruciales de la historia eclesiástica primitiva (p.ej., 8.29; 10.19; 16.6-7).

Hechos es más teocéntrico que cristocéntrico. Es Dios el que ocupa el lugar dominante. La noción de la preexistencia de Jesús está ausente y un aire de «subordinacionismo» está presente. Jesús es descrito como un hombre a quien Dios legitimó por los milagros, prodigios y señales (2.22). La visión de la muerte de Cristo como expiación ocurre solo una vez en una expresión tomada de la tradición (20.28). El acto central de la salvación es la resurrección, que significa el gran punto decisivo de la historia. Puesto que Dios ha ofrecido la resurrección como «prueba» (17.31), ya no hay ninguna excusa para rechazar el mensaje cristiano.

La imagen de Pablo ya había sido objeto de revisión para los días de Lucas y Lucas no dudó en presentar sus propias concepciones. Debido a su esquematización histórico-salvífica, Lucas fue obligado a presentar a Pablo como sujeto a la ley. Además, en la representación de Lucas, Pablo no puede establecer la libertad de los cristianos gentiles de la ley a través de argumentos teológicos (de ahí que las cartas de Pablo, incluso si las conocía, son de poco valor práctico para Lucas). En cambio, a esta libertad se le da su fundamento histórico y eclesiástico en la conversión de Cornelio el gentil (¡en la que Pedro desempeña un papel principal!) y la decisión del Concilio Apostólico, respectivamente. Las discrepancias entre el Pablo de Lucas y el Pablo de las Epístolas se han observado desde hace mucho. Así, según Lucas, Pablo fue un gran obrador de milagros, un orador excepcional, no conocido por lo general como apóstol, y perseguido por las enseñanzas sobre la resurrección. En cambio Pablo, en sus Cartas, destacó su debilidad (2 Cor 12.10), confesó que no era un orador experto (10.10), insistió con vehemencia en sus credenciales como apóstol (p.ej., Gá 2.1-10), y encontró problemas en todas partes a causa de su proclamación de un evangelio libre de la ley. Todas estas contradicciones se explican cuando se reconoce que Hechos preserva una imagen de Pablo de una época varias décadas después de su muerte. El papel de Pablo en Hechos es, pues, dictada no solo por su biografía sino también por las necesidades de la teología de Lucas; las preocupaciones estrictamente históricas no están a la vista.

Para Lucas la relación de la iglesia con Israel es a la vez clara y problemática. Mientras que la iglesia debe estar en continuidad con el antiguo pueblo de Dios, se encuentra con la incredulidad del pueblo de Dios y por lo tanto se dirige a los gentiles. Pero la misión libre de la ley a los gentiles amenazó con romper la continuidad de la historia de la salvación. Una de las principales preocupaciones de Lucas en Hechos es abordar este problema al mostrar que los cristianos primitivos se aferraron a su fe judía hasta que fueron impelidos nada más que por la intervención de Dios a recibir a los gentiles en la iglesia. Esta es la motivación fundamental detrás de las múltiples elaboraciones del episodio de Cornelio (10.1-48; 11.1-18; 15.7-9) y de la historia de la conversión de Pablo relatada tres veces (9.1-19; 22.4-16; 26.9-18). Que Lucas representa la aceptación de parte de los cristianos gentiles de ciertos requisitos básicos del AT como enunciados por el Decreto Apostólico es la correlación natural de la preocupación fundamental de Lucas acerca de la continuidad de la historia de la salvación, al igual que las visitas de rutina de Pablo a la sinagoga y su estilo de vida judío.

La representación de Lucas de los estrechos lazos del cristianismo con el judaísmo también refuerza su llamamiento a las autoridades romanas a no preocuparse por «disputas teológicas internas.» En la representación de Lucas los notables romanos expresan interés en el cristianismo (13.12; 19.31) o al menos indican que no representan ningún peligro para el estado (18.15; 19.37; 23.29; 25.25; 26.32). De esta manera Lucas puede afirmar la naturaleza no subversiva de la iglesia, posiblemente en un esfuerzo de convencer a los ciudadanos romanos de su propia época que nada se interponía en el camino de su pertenencia a la comunidad cristiana.

El propósito de Lucas en escribir Hechos no puede ser limitado a ningún factor. Sin duda, su objetivo general es alentar a la comunidad cristiana a tener confianza en su futuro al mirar el pasado. Esto se logró al manejar con habilidad el empleo de un género que permitió una narrativa cautivadora compuesta por una sucesión de entretenimiento y lecciones didácticas. Como se ha subrayado anteriormente, Lucas dedicó considerable energía a la clarificación de la relación de la iglesia con los judíos y con los romanos. Por último, para los cristianos de un período posterior que necesitaban saber algo acerca de Pablo, quizá Hechos sirvió para ofrecer una rehabilitación y domesticación de esta figura peligrosa, que se encontró muy pronto en la raíz de varios impulsos «heréticos» en el siglo II.

Véase Lucas, Evangelio de; Pablo.

Bibliografía. P. F. Esler, *Community and Gospel in Luke/Acts.* SNTSMS 57 (Cambridge, 1987); E. Haenchen, *The Acts of the Apostles* (Philadelphia, 1971); J. Jervell, *The Theology of the Acts of the Apostles* (Cambridge, 1996); R. I. Pervo, *Profit with Delight: The Literary Genre of the Acts of the Apostles* (Philadelphia, 1987); B. W. Winter, ed., *The Book of Acts in Its First Century Setting.* 6 vols. (Grand Rapids, 1993–); B. Witherington, ed., *History, Literature, and Society in the Book of Acts* (Cambridge, 1996).

CHRISTOPHER R. MATTHEWS

HEFER (Heb. *ḥēper*) **(LUGAR)**

Un pueblo en el territorio tribal de Manasés, cuyo rey cananeo fue derrotado por Josué (Jos 12.17). La ciudad más tarde se convirtió en parte del tercer distrito administrativo de Salomón (1 R 4.10). Tell el-Muhaffar (170255) en el norte del valle Dotán se ha sugerido como el sitio.

KENNETH ATKINSON

HEFER (Heb. *ḥēper*) **(PERSONA)**

1. Hijo de Galaad y padre de Zelofehad (Nm 26.32; 27.1; Jos 17.2-3); antepasado epónimo de un clan de Manasés u otro grupo social conocido como los heferitas (Heb. *ḥeprî;* Nm 26.32).

2. Un descendiente de Judá; hijo de Asur y Naara (1 Cr 4.6).

3. Un mequeratita; uno de los valientes de David (1 Cr 11.36).

KENNETH ATKINSON

HEGAI (Heb. *hēgay, hēgē'*)

Un eunuco del rey persa Asuero a cargo del harén real. Ganó la confianza de Ester cuando ella se disponía a conocer a Asuero (Est 2.3, 8, 15).

HEGEMÓNIDES (Gr. *Hēgemonidēs)*

Un funcionario sirio a quien Antíoco nombró gobernador del distrito de Tolemaida a Gerar en el momento del ataque de Felipe en Antioquía (2 Mac 13.24).

HEGLAM (Heb. *heglām*)
Hijo de Aod, y el padre de Uza y Ahiud; un nombre alternativo para Gera (1 Cr 8.7; «éste los transportó » al exilio).

HELA (Heb. *ḥelʾâ*)
Una de las dos esposas de Asur, el antepasado de Tecoa (1 Cr 4.5, 7).

HELAM (Heb. *ḥêlām*)
Un pueblo al este del mar de Galilea donde David derrotó y sometió a los sirios/arameos (2 S 10.1-10). 1 Crónicas 19 narra la misma historia sin Helam. LXX Ezequiel 47.16; 48.1 sitúa Helam entre Damasco y Hamat. Sugerencias para su ubicación incluyen Haleb (Aleppo) y Alamata en el Éufrates. Puede ser el mismo que Alema (moderno Alma) en 1 Macabeos 5.26, 35, posiblemente un distrito en lugar de una ciudad.

Philip R. Drey

HELBA (Heb. *ḥelbâ*)
Un pueblo en la asignación territorial de Aser, los habitantes cananeos que los israelitas no pudieron expulsar (Jue 1.31). Se cree que el nombre es una duplicación de Ahlab en el mismo versículo y se puede identificar con Mahalab/moderno Khirbet el-Maḥâlib (172303; cf. Jos 19.29).

HELBÓN (Heb. *ḥelbôn*)
Una ciudad famosa por su vino y miel (Ez 27.18), que se menciona en inscripciones de Nabucodonosor y también por el geógrafo griego Strabo. Se identifica con moderno Helbûn, un pueblo 17 km (11 mi) norte de Damasco en una región del Valle del Antilíbano, que sigue siendo un centro para el cultivo de uvas.

HELCAI (Heb. *ḥelqāy*)
Un sacerdote durante la época del sumo sacerdote Joiacim (Neh 12.15; tal vez una forma abreviada de Hilcías).

HELCAT (Heb. *ḥelqaṯ*)
Ciudad asignada a la tribu de Aser (Jos 19.25), una de las cuatro ciudades levíticas en Aser (21.31; cf. 1 Cr 6.75[TM 60], Hucoc). Su ubicación exacta en el valle de Cisón se disputa. Sitios posibles incluyen Tell el-Harbaj (158240) y Tell el-Qasis (160232).

Bradford Scott Hummel

HELCAT-HAZURIM (Heb. *ḥelqaṯ haṣṣūrîm*)
Lugar cerca del estanque de Gabaón donde 12 combatientes de las fuerzas de Joab y 12 de Abner se mataron entre sí en un enfrentamiento de campeones (2 S 2.16).

HELDAI (Heb. *helday*)
1. Un netofatita que sirvió en el ejército de David como uno de los 12 comandantes responsables de la divisón mensual de 24 mil hombres (1 Cr 27.15). Su designación «de Otoniel» probablemente indica que descendía del libertador de Jueces 3.7-11. Heldai puede ser equiparado con Heled (1 Cr 11.30) y Heleb (2 S 23.29).

2. Un antiguo exiliado de Babilonia a quien Zacarías mandó a participar en la coronación de Josué (Zac 6.10; «Helem» en v. 14 es probablemente un error del escriba).

Kenneth Atkinson

HELEB (Heb. *ḥēleḇ*)
Uno de los treinta de los treinta de David; hijo de Baanah de Netofa (2 S 23.29). Probablemente es el mismo que Heled (1 Cr 11.30) y Heldai (**1;** 27.15).

HELEC (Heb. *ḥēleq*)
Hijo de Galaad y descendiente de Manasés (Nm 26.30; Jos 17.2); antepasado epónimo de los helequitas.

HELED (Heb. *ḥēleḏ*)
Uno de los treinta de David; hijo de Baana de Netofa (1 Cr 11.30). Él es probablemente el mismo que Heleb (2 S 23.29) y Heldai **1** (1 Cr 27.15).

HELEF (Heb. *hēlep*)
Un pueblo en la frontera del territorio asignado a Neftalí (Jos 19.33). Una posible ubicación es moderno Khirbet ʿIrbâdeh/Ḥorvat ʿArpad (189236), ligeramente al noreste del monte Tabor.

HELEM (Heb. *hēlem*) (también HELDAI, HOTAM)
1. Un descendiente de Aser (1 Cr 7.35); llamado Hotam (**1**) en v. 32.

2. Uno responsable de la corona del sumo sacerdote después del exilio (Zac 6.14 TM). En otros lugares el nombre aparece como Heldai (**2**).

HELENISMO
Un término moderno para la interacción dominante de la cultura griega con las culturas de pueblos de otras regiones del mundo antiguo, sobre todo durante los tres siglos desde Alejandro Magno al triunfo de Roma sobre el último de los reinos griegos en la Bata-

lla de Actium (336-31 a.C.). Este período fue designado primero como «helenístico» por el historiador alemán del siglo XIX J. G. Droysen, que pensaba que toda la época se caracterizó principalmente por la mezcla de la cultura griega y la oriental que allanó el camino para el cristianismo. Uno de los usos más impactantes del gr. *hellēnismós* ocurre en 2 Macabeos 4.13, donde los términos *hellēnismós* y *allophylismós* ocurre en paralelo. *Hellēnismós,* «la forma de vida griega,» es un resumen en una palabra de la identidad religiosa y cultural griega, mientras *allophylismós* es un término más general que significa «la adopción de costumbres extranjeras.» Ambos términos son peyorativos y son la antítesis de *Ioudaismós,* «la forma de vida judía,» es decir, la identidad cultural y religiosa judía (2 Mac 2.21; 8.1; 14.38), que se creía amenazada por *hellēnismós* y *allophylismós.* El término relacionado *Hellēnistḗs* aparece en Hechos 6.1 (cf. 9.29; 11.20), donde «helenistas» y «hebreos» se utilizan antitéticamente, aparentemente refiriéndose a judíos de habla griega de la Diáspora en contraste con los judíos palestinos de habla aramea, sin sugerir ninguna de las connotaciones de asimilación cultural que se encuentra en 2 Macabeos 4.13.

Aunque los griegos tenían contacto con otras culturas de la región del Mediterráneo oriental durante siglos antes de la formación del reino Greco-macedonio en 356, estos contactos fueron esporádicos y se influencian mutuamente. Sin embargo, como parte del programa de conquista iniciado por Felipe II (382-356) y llevado a cabo por su hijo y sucesor Alejandro III (356-323), el helenismo se convirtió en un instrumento para la unificación de un imperio vasto y dispar mediante la introducción de la lengua griega e instituciones culturales a través de la fundación de cientos de ciudades-estado y guarniciones militares en Asia Menor, Siria-Palestina, Egipto, y Mesopotamia. Estas fueron pobladas de soldados y civiles del mundo griego que se convirtió en una élite cultural que consideraba su idioma y forma de vida como superiores a las de los «bárbaros,» es decir, la población indígena. Las instituciones griegas fundadas en cada *pólis* incluían al menos una acrópolis, murallas, un Mercado, templos, un teatro y un gimnasio (Pausanias *Descr. Gr.* 10.4.1). Como era de esperar, los nativos reaccionaron de dos maneras diferentes. Quienes eran ambiciosos se adaptaron a las condiciones cambiantes aceptando la superioridad del idioma y la cultura griegos y la inferioridad de los suyos. Para otros el helenismo constituyó un choque cultural que consideraron una amenaza a su modo tradicional de vida y valores que se resistieron en una variedad de maneras. Estas reacciones antitéticas se dramatizan en dos relatos del conflicto entre seléucidas griegos y los judíos de Palestina en 2 y 4 Macabeos, que reflejan un partido helenista en Judea junto con un grupo que prefiere la muerte a la violación de las tradiciones religiosas judías.

El helenismo fue absorbido por los no griegos en una variedad de maneras sutiles, incluyendo el idioma, nombres de personas, y la arquitectura.

Bibliografía. M. E. Boring, K. Berger, and C. Colpe, eds., *Hellenistic Commentary to the New Testament* (Nashville, 1995); S. K. Eddy, *The King Is Dead: Studies in the Near Eastern Resistance to Hellenism, 334-31* b.c. (Lincoln, 1961); E. S. Gruen, *The Hellenistic World and the Coming of Rome,* 2 vols. (Berkeley, 1984); M. Hadas, *Hellenistic Culture* (1959, repr. New York, 1972); M. Hengel, *Judaism and Hellenism,* 2 vols. (Philadelphia, 1974); F. Millar, *The Roman Near East: 31* b.c.–a.d. *337* (Cambridge, Mass., 1993); F. W. Walbank, *The Hellenistic World,* Ap ed. (Cambridge, Mass., 1993).

David E. Aune

HELENISTAS

Uno de los dos grupos, «helenistas» LBLA (Gr. *Hellēnistḗs*) y «hebreos» *(Hebraíoi),* en desacuerdo entre ellos en la iglesia primitiva (Hch 6.1). La identidad de los helenistas se basa en el sentido del verbo *hellēnízein,* ya sea «hablar griego (correctamente)» o «vivir como griego.» La visión de consenso, siguiendo a Juan Crisóstomo, es que los helenistas eran judíos cristianos que hablaban griego, y los hebreos eran los que hablaban arameo. Otros han argumentado que los helenistas eran no judíos, judíos no ortodoxos que tenían puntos de vistas laxos sobre las leyes rituales y cultuales, o diáspora judía. Sin embargo, otros estudiosos afirman que los helenistas representan un grupo de mentalidad más progresista en contraste con los hebreos particularistas que dominaban la congregación de Jerusalén bajo Santiago el Justo. Ya que *Hellēnistḗs* ocurre solo tres veces en el NT (Hch 6.1; 9.29; 11.20), es imposible definir el término de manera concluyente como se usa en Hechos.

Bibliografía. H. A. Brehm, «The Meaning of Ἑλληνιστής in Acts in Light of a Diachronic Analysis of ἑλληνίζειν,» in *Discourse Analysis and Other Topics* *in Biblical Greek,* ed. S. E. Porter and D. A. Carson, JSNTSup 113 (Sheffield, 1995), 180-99; M. Hengel, «Between Jesus and Paul: The 'Hellenists', the 'Seven' and Stephen (Hch 6.1-15; 7.54-8.3),» en *Between Jesus and Paul: Studies in the Earliest History of Christianity* (Philadelphia, 1983), 1-29; C. C. Hill, *Hellenists and Hebrews* (Minneapolis, 1992).

H. Alan Brehm

HELEZ (Heb. *ḥeleṣ*)

1. Un judaíta y descendiente de Jerameel; hijo de Azarías y padre de Eleasa (1 Cr 2.39).

2. Un pelonita de la tribu de Efraín; comandante de la séptima división del ejército de David (1 Cr 11.27; 27.10). En 2 Samuel 23.26 se le llama «paltita.»

HELIODORO (Gr. *Hēliodōros*)

Un funcionario de la corte seléucida que fue enviado por Seleuco IV para confiscar el dinero del templo de Jerusalén después de que un judío llamado Simón informó a Apolonio, el gobernador de Coele-Siria, que el templo tenía una gran riqueza (2 Mac 3). La acción de Simón trajo como resultado una larga rivalidad entre dos clanes judíos. Simón, un tobíada, pensó que el proporcionar información a lo seléucidas podía ayudarle a prevalecer sobre el sumo sacerdote Onías III. Además, Simón podría asestar un golpe a un miembro de una familia «renegada», Hircano, a quien los oníados habían apoyado y que tenía una considerable riqueza depositada en el templo. El enfoque de Heliodoro puso a toda la ciudad en luto y oración. Mientras se acercaba a la tesorería, un caballo y un jinete celestial lo golpearon y dos hombres lo azotaron. Preocupado de que Seleuco pudiera pensar equivocadamente que los judíos habían atacado a Heliodoro, Onías III ofreció un sacrificio para salvar la vida del hombre. Heliodoro luego hizo un sacrificio a Dios y volvió a casa sin el dinero.

Rodney A. Werline

HELIOPOLIS (Gr. *hēlíou pólis*)

1. La ciudad egipcia On, capital del trigécimo nomo del Bajo Egipto y centro de adoración de los dioses-sol Atum y Ra (cf. Jer 43.13).

2. Nombre griego de Baalbek.

HELKATH (Heb. *ḥelqaṯ*)

Ciudad asignada a la tribu de Aser (Jos 19.25), una de las cuatro ciudades levíticas en Aser (21.31; cf. 1 Cr 6.75[TM 60], Hucoc). Su ubicación exacta en el valle de Cisón se disputa. Sitios posibles incluyen Tell el-Harbaj (158240) y Tell el-Qasis (160232).

Bradford Scott Hummel

HELÓN (Heb. *ḥēlōn*)

Padre de Eliab, líder de la tribu de Zabulón (Nm 1.9; 2.7; 7.24, 29; 10.16).

HEMÁN (Heb. *hêmān*) (también HOMAM)

1. Un horeo descendiente de Esaú, e hijo de Lotán (Gn 36.22). El TM y la mayoría de las versiones leen más correctamente Hemán. En la genealogía paralela en 1 Crónicas 1.39 el nombre se vocaliza como Homam.

2. Un famoso sabio, hijo de Mahol, cuya sabiduría fue superada por la de Salomón (1 R 4.31[TM 5.11]). William F. Albright sugiere que el epíteto «el ezraíta» (Sal 88 la inscripción [1]) designa a un miembro de una familia pre israelita, y «los hijos de Mahol» se refiere a un gremio orquestal. En 1 Crónicas 2.6 es llamado descendiente de Zera, el hijo de Judá por su nuera Tamar (cf. Gn 38.30).

3. Uno de hijos de Joel y el nieto de Samuel (1 Cr 6.33[18]). Él es identificado como un cantante (Heb. *hamšôrēr*), y era uno de los tres levitas que David puso sobre el «servicio del canto » (1 Cr 6.31[16]). Él es también llamado «vidente del rey,» y con sus 14 hijos, profetizó con liras, arpas y címbalos durante el reinado de David (1 Cr 25.1, 4-6).

Tyler F. Williams

HEMDÁN (Heb. *ḥemdān*) (también AMRÁN)

Un horeo, hijo de Disón y descendiente de Seir (Gn 36.26). En 1 Crónicas 1.41 se le llama Amrán.

HEMORRAGIA

Véase Sangre, flujo de.

HEN (Heb. *ḥēn*)

Hijo de Sofonías, de acuerdo con el TM (Zac 6.14).

HENA (Heb. *hēnaʿ*)

Una ciudad mencionada en los registros del intento de Senaquerib de persuadir al rey de Judá a rendirse (2 R 18.34; 19.13 = Is 37.13). Se cita como una ciudad cuyos dioses fueron incapaces de impedir la conquista por los asirios. Aunque la ubicación es desconocida, aparece con Hamat y Arfad, que se sabe se localizaron en la alta Mesopotamia.

C. Mack Roark

HENADAD (Heb. *ḥēnāḏāḏ*)

Antepasado epónimo de una familia levítica o gremio que ayudó con la restauración del templo después del exilio (Esd 3.9). Los miembros de este grupo ayudaron en la reconstrucción de los muros de Jerusalén (Neh 3.18, 24) y sellaron el pacto renovado (10.9[TM 10]).

HEPSIBA (Heb. *ḥep̱ṣî-ḇāh*)

1. La esposa del rey Ezequías y madre de Manasés (2 R 21.1).

2. Un nombre que simboliza el estado restaurado de Jerusalén (Is 62.4; LBLA «Mi deleite está en ella»).

HEREJÍA

Comúnmente, la doctrina u opinión aberrante que surge dentro de la iglesia en contra de la revelación bíblica y la tradición apostólica (1 Co 11.19; 2 P 2.1; cf. Tit 3.10). Gr. *haíresis* originalmente significaba «elección» y se utilizó así en la LXX. Llegó a referirse a una forma elegida de creencia, ya sea por particulares o por grupos. Fariseos (Hch 15.5; 26.5), saduceos (5.17), y cristianos (24.5, 14; 28.22) todos se conocen como herejías («secta»). El sentido peyorativo del término domina en las epístolas del Nuevo Testamento, donde se refiere a la enseñanza que desvía a los creyentes del verdadero evangelio hacia la doctrina que socaba los fundamentos de la fe, lleva a una vida impía, y destruye la unidad en la iglesia. Las Epístolas abordaron las herejías mostrando tendencias, judías, helenistas y paganas, mientras que las herejías gnósticas y cristológicas amenazaron en gran medida a la iglesia posapostólica.

Bibliografía. H. O. J. Brown, *Heresies* (Garden City, 1984).

Jeffrey S. Lamp

HERENCIA

Propiedad que se transfiere a un heredero al morir su dueño.

La herencia de dinero y de propiedad personal rara vez se menciona en el AT. Con excepción de una sola ley que protege los derechos del hijo mayor del hombre (Dt 21.15-17), lo relativo a este asunto de la herencia se encuentra solo en algunas referencias al ascendente (Gn 21.10; 25.5, 6; cf. 31.14-16) y en la literatura sapiencial (Pr 13.22; 19.14; cf. Job 42.15).

La mayoría de las referencias en el AT sobre la herencia, se refieren a la tierra. Según una corriente de pensamiento bíblico, que puede tener raíces en la sociedad y en la economía del Israel tribal original, la tierra no es de propiedad individual, y no puede ser vendida ni dada a perpetuidad (Lv 25.23). Las personas o las familias gozan del usufructo de la tierra por ser parte de una comunidad más grande de una alianza (o seudoalianza), tales como un linaje, un clan o una tribu.

Este concepto está expresado teológicamente a través de la afirmación de que la tierra le pertenece, en última instancia, a Jehová (Jer 16.18; cf. Jos 22.19), y que los israelitas son simplemente inquilinos cuyo arriendo en la tierra depende de su fidelidad y obediencia a la deidad (cf. Lv 20.22-26; Dt 30.19, 20). La herencia que es transmitida de una generación a otra, es el permiso para vivir en la tierra y para explotar sus recursos dentro de los parámetros fijados por las leyes del Pentateuco. Varias de estas leyes tienen el propósito de evitar la separación de las tribus y de las familias de su tierra ancestral (cf. Lv 25.24-28; Nm 36.6-9; Dt 19.14; 27.17). Según Levítico 25.8-17, las tierras de pastoreo y de labranza no podían ser vendidas a perpetuidad; cada 50 años, durante el jubileo, la tierra que había sido comprada, debía ser devuelta a la familia que había permanecido en ella ancestralmente. Números 27.8-11 manda que las hijas de un hombre deben heredar la propiedad ancestral de él, en caso de que el hombre muera sin haber tenido hijos varones. Esta ley no garantiza a las mujeres el derecho general de heredar o tener tierras, sino que busca preservar el nombre del hombre al proteger su linaje de la extinción, al mantener la conexión de este linaje con su tierra ancestral.

El surgimiento de una monarquía centralizada introduce el concepto de la propiedad privada, lo que crea un conflicto con los ideales de la sociedad tribal. La rebelión de Seba contra David (2 S 20.1-22) y la insurrección de las tribus del norte contra Roboam (1 R 12.1-20), fueron motivadas, en parte, por la percepción de que la monarquía amenazaba la práctica de la tenencia de la tierra basada en la herencia. La historia de la viña de Nabot (21.1-29) ilustra los violentos extremos hasta los cuales algunos partidarios de la propiedad privada estaban dispuestos a llegar en sus esfuerzos por soslayar la restricción tradicional que había en cuanto a la venta de la heredad ancestral. De manera parecida, el profeta Miqueas acusa a la clase rica de Jerusalén por codiciar y apoderarse de la propiedad ancestral de la gente común (Mi 2.1-5).

El AT emplea la palabra «herencia» de varias maneras metafóricas. Las descripciones de Israel como herencia de Dios, apuntan a la debida intimidad que existe entre Dios y el pueblo escogido (p.ej., Ex 34.9; Dt 4.20; 2 S 21.3; Jer 10.16). Los profetas sacan analogías entre el rechazo que hace Dios del pecaminoso Israel, y el abandono por parte del propietario de una tierra que ha sido mancillada (p.ej., 2 R 21.14; Jer 12.7-9; cf. Is 47.6). Al final del Exilio, Dios promete una herencia de seguridad militar a una Sion obediente próxima a ser restaurada (Is 54.17). Los decretos de Dios son descritos como la herencia de los justos (Sal 119.111), mientras que la destrucción es la herencia de los opresores (Job 27.13-23). Eclesiastés 7.11 compara a la sabiduría con una buena herencia.

El NT rara vez se refiere a la herencia literal de una propiedad real, personal o financiera (cf. Mr 12.1-8; Lc 12.13-15; 15.11, 12). Más comúnmente, emplea la idea de herencia en un sentido espiritual. Dice que los creyentes heredarán una serie de beneficios espirituales, entre ellos la gloria (Ro 8.17), la redención (Ef 1.14), la salvación (He 1.14) y la vida (1 P 3.7; cf. Lc 18.18). Esta herencia es eterna e inmutable (He 9.15; 1 P 1.4). Se ofrece a todos los que son llamados a través de la gracia de Dios en Jesucristo (Hch 20.32), y es sellada por el Espíritu Santo (Ef 1.11-14). Aunque Colosenses 3.24 describe a esta herencia como una recompensa por la obediencia fiel, y Efesios 5.5 declara que los pecadores no podrán heredar el reino de Dios, otros pasajes insisten en que la herencia no se puede recibir por medio de la obediencia a la ley, sino sólo a través de la fe en las promesas de Dios (Gá 3.17, 18; 4.21-31; cf. He 11.8-16). Entre quienes recibirán esta herencia están los gentiles (Ef 3.6) y las mujeres (1 P 3.7).

Frank D. Wulf

HERES (Heb. *ḥereš*)

Levita que vivió en Jerusalén después del exilio (1 Cr 9.15). El nombre está ausente en el relato paralelo en Nehemías 11.15-16.

HERES, SUBIDA DE (Heb. *maʿălēh heḥāres*)

La ruta inmediata por la que Gedeón volvió al detener su búsqueda de los madianitas (Jue 8.13 LBLA). Se debe distinguir de Har-heres. Algunos eruditos leen lit., «antes de salir el sol.» (RVR-1960).

HERMANA

La palabra hebrea *ʾaḥâ* por lo general relaciona a una mujer con un hombre, o con otra mujer, como hermana de sangre y con uno o ambos padres en común. Abram le pide a Sarai que distorsione la naturaleza de su relación ante el faraón; como esposo sería asesinado para que el farón pudiera llevarla a su harem real, pero como hermano está a salvo e incluso podría beneficiarse de la fascinación del Faraón con ella (Gn 12.10-20; cf 20.1-17). Jacob toma por esposas a dos hermanas, Lea y Raquel (Gn 29.15-30), una situación doméstica que Levítico 18.11 buscaba evitar. Ocasionalmente, el término identifica a mujeres de la misma nacionalidad (Nm 25.8; Os 2.1[TM 3]) y a veces es un título que refleja afección familiar (Gn 24.59-60).

El amante de Cantares a menudo se dirige a su amada como «hermana» (que se acompaña cuatro veces con el heb. *kallâ*, «desposada»). Este vocabulario expresa la intimidad que los dos amantes comparten, son tan allegados como niños que comparten el mismo vientre. Si Job le dice al gusano «mi madre» o «mi hermana», está demasiado familiarizado con la muerte (Job 17.14). Para evitar el encanto de una mujer de mucha labia, el maestro anima a su joven estudiante a que corteje a la Sabiduría y le diga: «Tú eres mi hermana» (Pr 7.4-5).

Jeremías vincula a Israel y a Judá como hermanas que comparten una propensión a la infidelidad (Jer 3.7-10). En dos alegorías misóginas, Ezequiel describe a Jerusalén, Samaria y Sodoma (Ez 16), y a Jerusalén y Samaria (cap. 23), como un trío de hermanas cuya línea de sangre maternal se exhibe en sus perversiones sexuales, símbolo de traición religiosa.

La relación de hermanas desempeña una función en algunas narraciones del AT. Raquel y Lea son el único par de hermanas que se menciona; siguiendo la tendencia de representar a mujeres en conflicto con otras mujeres (cf. Gn 16.4-6, 9; 21.8-14) y para que la solidaridad femenina no amenace el sistema patriarcal, compiten por los favores sexuales de Jacob. Dina es la única hermana de los 12 hijos de Jacob. Cuando el hijo de Hamor, Siquem, la viola y luego propone matrimonio, sus hermanos le niegan el matrimonio al incircunciso Siquem porque los deshonraría. Para vengar a su hermana, cuyos deseos no se le preguntan ni se expresan, destruyen la ciudad y exigen toda su riqueza. María es la hermana de Moisés y Aarón, una táctica genealógica que doblemente trastorna el papel de María como líder de la comunidad israelita (Ex 15.20-21; cf. Nm 12). La solidaridad fraternal de las cinco hijas de Zelofehad y su insistencia de que Moisés les permitiera preservar el nombre de su padre lo obliga a ampliar la ley de herencia israelita (Nm 27.1-11). En 2 Samuel 13, Tamar es la hermana de Amón y Absalón, hijos de David. A petición de su muy amado Amnón, David envía a Tamar con comida para Amnón, quien la desea. A pesar de sus objeciones (ella conoce la ley israelita mejor que él; cf. Lv. 18.9), él la viola y luego la despide. Absalón planea vengar a su hermana y asesina a Amnón, y al mismo tiempo allana su camino al trono convenientemente. El episodio inicia el desenredo de la familia inmediata de David, en tanto que su dinastía continúa en Salomón; también transmite lo que muchas mujeres ya saben: las hermanas e hijas no están seguras en los hogares patriarcales.

KATHLEEN S. NASH

HERMANO

La designación de las relaciones sociales, a veces familiares, a veces políticas. Caín y Abel son hermanos, pero el término (Heb. *'āḥ/'aḥîm*) también se refiere a sus funciones económicas como agricultor y pastor en la sociedad agraria (Gn 4). La historia de Esaú y Jacob es uno de la familia, sino que también establece el dominio político de Israel sobre Edom.

Narradores bíblicos utilizan el lenguaje y la estructura de la familia para entretejer los elementos dispares que constituían Israel. El dios israelita era rey y padre de esta nación heterogénea. Las tribus dentro de la nación se relacionaban con este Dios como hijos a un padre, súbditos a un gobernante; y el arreglo del pacto vinculaba a las tribus entre ellas a través de obligaciones y responsabilidades claramente definidas como de hermano a hermano.

En las narraciones, las relaciones fraternas a menudo son polémicas como hermanos varones que compiten por la aprobación divina (Gn 4), la bendición paterna (Gn 27), y sucesión (1 R 1–2). Los hermanos de José, celosos porque él es el favorito de Jacob, tramaron matar a su arrogante hermano (Gn 37), y Amnón viola a su media hermana Tamar, mientras su hermano Absalón explota su angustia para remover a su hermano como un rival (2 S 13). Sin embargo, a veces los hermanos se unen contra enemigos comunes, como hicieron los hermanos de Dina (Gn 34), o apoyan voluntariamente a su hermano, como Jonatán hizo con David (1 S 18, 20).

En el NT, hacer la voluntad del Padre en el cielo hace a uno hermano de Jesús de Nazaret (Mr 3.35) y a otros miembros de la comunidad cristiana.

KATHLEEN S. NASH

HERMANOS DEL SEÑOR

Los cuatro evangelios se refieren a los «hermanos» (Gr. *adelphoí*) de Jesús. Mientras Juan (2.12; 7.3-10) nunca los nombra, Marcos 6.3 (= Mt 13.54-56) los identifica como «Jacobo, de José, de Judas y de Simón» e indica que Jesús tenía más de una hermana. Los evangelios también coinciden en que ninguno de sus hermanos creyeron en él durante su vida (Mr 3.31-35 = Mt 12.46-50 = Lc 8.19-20; Jn 7.3-10). Lucas-Hechos, sin embargo, añade que los hermanos de Jesús estuvieron presentes en el aposento alto después de su ascensión (Hch 1.14, 16), y Pablo pasa la tradición de que Jesús personalmente apareció a su hermano Jacobo (1 Co 15.7), que rápidamente se convirtió en un líder en la iglesia primitiva (Hch 12.17; 15.13; 21.18; Gá 1.19; 2.9). Los libros de Santiago y Judas se pueden atribuir a los hermanos de Jesús. Una tradición posterior informa que después que jacobo fue martifizado (c. 61 d.C.), Simón asumió el cargo de líder de la iglesia de Jerusalén.

Jerónimo sugirió que el término griego se interpretara en los contextos anterior como «parientes,» y sugirió que estos hombres son primos de Jesús, hijos de María, esposa de Cleofas (tía de Jesús; Jn 19.25), que se identificaba con «María la madre de Jacobo (y José)» (Mr 16.1 = Mt 27.56 = Lc 24.10). Esta interpretación preservaría la perpetua virginidad de María la madre de Jesús. Antes de que surgiera este punto de vista, sin embargo, y desde la Reforma, los eruditos argumentaron que el significado más natural de la palabra griega es «hermanos,» que da el mejor sentido de Marcos 6.3; Hechos 1.14. De acuerdo con este entendimiento, después del nacimiento de Jesús, María tuvo otros hijos de José.

Bibliografía. R. Bauckham, *Jude and the Relatives of Jesus in the Early Church* (Edinburgh, 1990).

PETER H. DAVIDS

HERMAS (Gr. *Hermás*)

Un cristiano de Roma a quien Pablo envió sus saludos (Ro 16.14).

HERMAS (Gr. *Hermás*), **PASTOR DE**

Un trabajo largo y bastante complicado perteneciente a la colección llamada desde el siglo XVII los padres apostólicos. Por lo menos la primera parte de la obra, las visiones, fue escrito por un hombre de otra manera desconocido llamado Hermas que vivió en Roma o sus alrededores en la primera mitad del siglo II d.C., a pesar del intento de Orígenes de identificarlo con el Hermas del tiempo de Pablo en Romanos 16.14 (*Comm. on Romans* 10.31). A pesar de mucha controversia sobre los detalles autobiográficos en las visiones, ellas dan un resumen de la información sobre el autor. Al mismo tiempo, se debe hacer la pregunta si algo de esta información no está presente por su valor literario o simbólico en términos del mensaje de Hermas a la iglesia.

De lo que podemos suponer, Hermas era un liberto cristiano de Roma o sus alrededores en el momento de escribir (Roma y el Tíber en sus alrededores, Vis. 1.1.1-2; la Vía Campana, Vis. 4.1.2; Desafortunadamente, la referencia conjeturada a Cumas en Vis. 2.1.1 ahora debe ser rechazada sobre la base de menor evidencia de los manuscritos). La fuerte influencia de temas teológicos y literarios judíos lleva a la conjetura de que Hermas puede haber sido un cristiano judío, de los que ciertamente hubo muchos en Roma en ese momento. Una conjetura más podría ser que su familia llegó a Roma como esclavos judíos después de la derrota de la sublevación en Palestina, 66-74 d.C. Hermas tiene una esposa e hijos, probablemente ya adultos jóvenes que no están cumpliendo con las expectativas de su padre, pero todavía parte de su *familia* extendida (Vis. 2.2.2-3).

Los dos polos sobre los cuales la fecha de Hermas ha dependido son la referencia a Clemente, sano y salvo, como alguien cuya función es enviar cartas a otras ciudades (Vis. 2.4.3), y la referencia a el Pastor en el Canon Muratorio como habiendo sido escrito «recientemente, en nuestro tiempo» por un hermano del Obispo Pío. El Clemente mencionado sólo puede ser el autor de 1 Clemente, escrito en los años 90 del siglo I en el nombre de la iglesia en Roma a la iglesia en Corinto. Pío era, según Eusebio (*HE* 4.11), obispo de Roma en la segunda mitad del siglo II, a partir de principios de los años 140. Si ambas alusiones son correctas, esto podría significar un lapso de hasta 50 años. Sin embargo, muchos consideran la evidencia del Canon Muratorio no confiable. Incluso si es correcto, el lapso de tiempo no tiene que ser tan largo: Clemente podría ser considerablemente mayor que Hermas y todavía funcionar en las primeras décadas del siglo II, y Hermas podría ser un hermano mayor de Pío.

El texto que tenemos tiene tres secciones distintas: cinco visiones, 12 Mandatos o mandamientos, y 10 similitudes o parábolas. La quinta y última visión es realmente una introducción a los mandamientos, en la que aparece por primera vez la figura revelador del Pastor. La evidencia de los manuscritos sugiere que en alguna etapa muy temprana las tres secciones completas no estaban juntas como lo están ahora. Se han propuesto varias teorías de la autoría compuesta. La opinión de los expertos hoy favorece más bien a un solo autor con varias redacciones. Considerado como Escritura sagrada por Ireneo, Clemente de Alejandría, y Orígenes, el Pastor continuó en alta estima más tarde, a pesar de que llegó a ser rechazado del canon. Su popularidad continuó más tiempo en Egipto, y junto con la Carta de Bernabé fue incluido en el Códice Sinaítico, el manuscrito completo del NT más antiguo que se conserva, de principios del siglo IV. Fue el documento no canónico más popular en la iglesia primitiva.

Fuera del Pastor, gr. *dipsychía* («mentalidad doble») con sus términos relacionados es poco frecuente en la literatura cristiana de esta era. Pero Hermas está obsesionado con ella, utilizando el grupo de palabras por lo menos 50 veces en 24 contextos diferentes, relacionados con los problemas de la riqueza y la excesiva preocupación por los negocios que con cualquier otro problema identificable. El grupo de palabras de *metánoia* («conversión») ocurre incluso más a menudo. Doblez de ánimo para Hermas es la incapacidad para decidir plenamente en una dirección u otra, lo contrario es el ánimo firme, lo que permitiría que uno sea completamente orientado en una dirección y toma todas las demás decisiones propias en consecuencia. Es indecisión, vacilación, incoherencia moral, la duda vencible, y por lo tanto la falta de fe así como de dedicación. Sus orígenes para el uso de Hermas son la tradición de los dos caminos, que es un tema de fondo importante de la instrucción moral. La enseñanza sobre el doblez de ánimo es una instrucción temprana y profunda en el discernimiento de los espíritus.

Metánoia (lit., «dar la vuelta,» «conversión,» «arrepentimiento») es un tema igualmente penetrante en el Pastor, tal vez *el* tema de todo el libro.

Pero el tema de una proclamación de un nuevo arrepentimiento ha sido mal entendido y trivializado por los comentaristas modernos que han situado al Pastor de manera simplista como un paso clave en el desarrollo de la disciplina de la penitencia en la iglesia, y nada más. Tal interpretación pierde el punto. El libro no es un llamado a hacer la penitencia en alguna estructura eclesiástica, sino en el cambio de corazón y mente que nos llevará a un cambio de la calidad en la vida cristiana. Con el fin de transmitir ese mensaje a los lectores, Hermas utiliza una extraordinaria muestra de imágenes y tradiciones de enseñanza judías, cristianas, y grecorromanas. Para algunos, la eclesiología es la preocupación central de Hermas. Otros dirían que la necesidad de la conversión o la proclamación de un segundo arrepentimiento es el tema principal. Tras un escrutinio más cercano, se ve que estas propuestas no son mutuamente contradictorias. La conversión o arrepentimiento como se desarrolla en los mandatos no es individualista, sino más bien en gran medida integrado en el contexto de la comunidad; la mayor parte de la exhortación moral es sumamente comunitaria, que trata de las relaciones humanas así como la relación con Dios.

Es evidente que hay dos imágenes de la iglesia presentadas en el libro en conjunto. La primera es la imagen celestial idealizada de la mujer en crecimiento cada vez más joven, presentada en las visiones. Esta es la iglesia trascendente, preexistente ya implícita en Colosenses y Efesios, la esposa perfecta del Cristo preexistente (Ef 5.23-24, 26-27). Se encuentra en una cierta tensión con la segunda imagen, la comunidad humana imperfecta que lucha con todos los problemas presentados en los mandatos y parábolas. La unión de los opuestos yace en la imagen de la torre, que es la iglesia (Vis. 3.3.3; Par. 9.13.1). Es a la vez una imagen escatológica trascendente (Vis. 3.8.9; Par. 9.32.1; 10.4.4) y una estructura para que las piedras de construcción sean cuidadosamente seleccionadas y aprobadas. Lo que la iglesia no es para Hermas, y esto debe hacerse hincapié en contraste con caracterizaciones descuidadas, es un institución dispensadora de perdón a cambio de la penitencia realizada. Más bien, se trata de una comunidad de vida de personas que luchan por el perdón y el coraje de llevar una auténtica vida cristiana.

El nombre de Jesús no aparece en absoluto, y el título *Christós* sólo quizás en Vis. 2.2.8, con gran incertidumbre de los manuscritos. El ángel glorioso o grande es identificado como Miguel (Par. 8.3.3), pero realiza las funciones de Dios o Cristo (p.ej., Vis. 5.2; Man. 5.1.7; Par. 5.4.4; 7.2). Pero el hombre glorioso, señor de la torre (Par. 9.7.1) e hijo de Dios (Par. 9.12.8), puede ser el mismo que el ángel glorioso, aunque esto nunca se dice. Mientras tanto, el Espíritu Santo es hijo de Dios (Par. 9.1.1; cf. 2 Co 3.17; 2 Clem. 14.4). La única conclusión viable es que el texto no se puede presionar demasiado para mantener la coherencia en este asunto. Representa un mundo teológico en el que tales aclaraciones aún no se habían hecho.

La obra como la tenemos ahora pretende ser un apocalipsis, pero las extensas secciones didácticas y parenéticas han planteado preguntas a lo largo de la historia de los estudios modernos sobre si el documento en su conjunto califica como tal. Hay más certeza sobre las Visiones 1-4, donde la estructura apocalíptica se ve más claramente. Pero el formato de agente revelador y la revelación simbólica es sostenido desde las Visions hasta el final del libro. Por otra parte, el género parenético que predomina en los Mandatos también aparece en las Visiones y las Parábolas. En resumen, las diferencias de género entre las Visiones, Mandatos y Parábolas son diferencias de grado más que de clase. Los dos géneros de apocalipsis y parénesis han sido creativamente entrelazados para satisfacer una nueva situación. Así, uno puede entender por qué el Pastor de Hermas era tan ampliamente popular y evocó tanta controversia en la iglesia primitiva.

Bibliografía. C. Osiek, *Rich and Poor in the Shepherd of Hermas.* CBQMS 15 (Washington, 1983); G. Snyder, *The Shepherd of Hermas,* vol. 6 of *Apostolic Fathers,* ed. R. M. Grant (New York, 1968).

CAROLYN OSIEK

HERMENÉUTICA
Véase Interpretación, Bíblica.

HERMES (Gr. *Hermés*) **(DEIDAD)**

Una deidad helénica, hijo de Zeus y Maia. El origen de Hermes parece haber surgido de *hérma,* o «montón de piedras,» el cual identifica los límites, las tumbas y entradas. *Herms* (falos barbudos encima de pilares de piedra) fueron posteriormente colocados como marcados en dichos lugares, y los atenienses y otros continuaron representando a Hermes en esta forma. Los romanos más tarde lo identificaron con Mercurio. Se le atribuye la invención de la lira, era también el patrón de los viajeros, comerciantes, y mensajeros. Se creía que era el que conducía las almas de los muertos al Hades.

Según Hechos 14.2 cuando Pablo y Bernabé visitaron Listra, los habitantes creían que era Hermes y Zeus respectivamente, implicando que el papel de Pablo como el orador principal fue la causa de su asociación con Hermes, el Dios de la retórica. El poeta latino Ovidio relata una leyenda relativa a Zeus y Hermes que tiene lugar en las proximidades de Listra (*Metam.* 8.611-725), y sus nombres se han descubierto en inscripciones del siglo III en el área. Hermes era el nombre personal teofórico más común en el Imperio Romano, y Pablo se dirige a Hermas y a Hermes en Romanos 16.14.

PAUL ANTHONY HARTOG

HERMES (Heb. *Hermḗs*) **(PERSONA)**
Un cristiano en Roma a quien Pablo envió sus saludos (Ro 16.14).

HERMÓGENES (Gr. *Hermogénēs*)
Un cristiano que, con Figelo y otros en la provincia romana de Asia, le dieron la espalda a Pablo (2 Ti 1.15). No está claro si la defección fue por diferencias teológicas o para evitar la persecución romana.

HERMÓN (Heb. *ḥermôn*), **MONTE**
La parte sur de la cordillera Antilíbano, que se extiende 29 km (18 mi) en la frontera norte de Palestina. Las alturas divisan gran parte del norte de Israel y el sur de Siria, incluyendo el valle de Líbano, las montañas de Galaad, el valle del Jordán, y el mar de Galilea. Los tres picos de la cordillera del Hermón contienen el pico más alto en el Levante, monte Hermón propiamente a 2814 m (9230 pies). La altura reúne suficiente precipitación, principalmente en la forma de nieve, para alimentar las fuentes de los ríos Jordán y Litani. Uno de los nombres árabes de la montaña es Jebel et-Thalj, «la montaña de la nieve.» En tiempos bíblicos el monte estaba densamente forestado (Ez 27.5), la guarida de leopardos y leones (Cnt 4.8).

De acuerdo con Deuteronomio 3.9 (cf. 4.48), el monte fue también llamado Senir o Sirion. Los tres nombres pueden ser representativos de los tres picos principales del grupo de montañas. Los asirios lo conocían como Saniru. En un tratado hitita los dioses de Sirión son llamados com testigos de la acción. Es probable que los Textos de Execración del siglo XVIII también se refieran al monte.

El monte tiene fuertes conexiones sagradas. La palabra Hermón se deriva de Heb. *hrm*, «sagrado» o «prohibido.» Los sitios de Baal-Hermón y Baal-gad, ambos probablemente sitios de culto, se encuentran al pie de la montaña. Estudios recientes han identificado numerosos santuarios y posibles sitios sagrados en las proximidades de monte Hermón. Un templo clásico cerca de la cumbre ha dado monedas de Antíoco III a Felipe el árabe. El tratado hitita hace que sea una morada de los dioses. El Salmo 29 celebra el poder de Jehová en imágenes que reflejan los atributos del Baal cananeo, un dios-tormenta; Jehová es tan poderoso que hace que los lugares donde se sienta Baal, incluyendo monte Hermón, salten a su mandato (v. 6). 1 Enoc 13.9 testifica del poder sagrado del lugar, registrando un sueño de una reunión de los ángeles en el monte Hermón.

El monte Hermón también ha sido sugerido como un lugar para la Transfiguración de Jesús. El «monte alto» donde esto sucedió no se identifica, pero tiene que ser en las proximidades de Cesarea de Filipos. El carácter sagrado reconocido del monte Hermón habría proporcionado veracidad para los lectores del relato del encuentro.

THOMAS W. DAVIS

HERODES (Gr. *Hērṓdēs*) **(FAMILIA)**
Una familia de distinguida nobleza idumea que se convirtió al judaísmo en el período asmoneo y saltó a la fama durante el reinado de Alejandra Salomé. Ellos se casaron con nabateos, judíos, y otras familias gobernantes cercanas, dominando la fortuna política del judaísmo e influyendo en los acontecimientos en el Mediterráneo oriental desde mediados del siglo I d.C. La familia tuvo particularmente buenas relaciones con los romanos gobernantes, especialmente con los Julio-Claudios.

1. Antípater. Idumeo noble (c. 100-43 a.C.), hijo de Antipas y padre de Herodes. Fue un firme partidario de Hircano II en la lucha dinástica entre los dos hijos de Alejandro Janeo y Alejandra Salomé. Su familia era idumea y se había convertido al judaísmo durante la agresiva expansión de Judea a Idumea bajo Alejandro Janeo. Antípater se casó con Cipros, de noble, tal vez real, linaje nabateo, crió cuatro hijos y una hija: Fasael, Herodes, José, Feroras, y Salomé. Influyente en la historia posterior de Judea en haber traído a Herodes a la prominencia, no hay duda de su compromiso con Judea, y probablemente también al judaísmo.

Antípater se convirtió en una figura pública durante el reinado de Alejandra, ayudando a Hircano II y oponiéndose a Aristóbulo II. Él era influyente debido a su fuerte base en el sur del país (*BJ* 1.123-26; *Ant.* 14.8-18), y sin duda también por las conexiones de su esposa en Petra (Nabatea).

La disputa dinástica a mediados de los 60 a.C., llevó a la intervención directa de Roma en la región bajo Pompeyo y M. Aemilius Scaurus; cuando Roma primero apoyó a Aristóbulo, Antípater y Herodes huyeron a Petra (entonces bajo Aretas III). En poco tiempo, la opinión de Pompeyo cambió, tal vez como resultado de las representaciones de Antípater. En el sitio de Jerusalén (63) Hircano y Antípater actuaron con los romanos (cf. Sal Sol. 2, 8, 17); más tarde, Antípater actuó con Gabinio en una expedición riesgosa a Egipto. A través de sus vínculos con Roma, Antípater influyó en el pago que Gabinio impuso sobre Judea en 55 (*BJ* 1.178; *Ant.* 14.103). Durante este período Antípater dominó la vida política en Judea al gestionar las relaciones del país, y las de Hircano, con Roma.

Antípater probablemente combinó las responsabilidades militares y financieras bajo Hircano II, etnarca en la reorganización romana de Judea (un monograma en las monedas de Hircano puede referirse a Antípater). Antípater dio a sus dos hijos mayores nombramientos importantes, Fasael como gobernador de Jerusalén y sus alrededores, y Herodes como gobernador de Galilea (47). En las condiciones caóticas durante las guerras civiles de Roma en los años 40, Antípater tuvo que alterar sus lealtades: primero del lado de Pompeyo, luego de César (quien lo recompensó con la ciudadanía romana y la libertad de los impuestos), luego Casio. En las igualmente volátiles condiciones en Judea, Antípater fue envenenado por Malco, un compañero judío y defensor rival de Hircano II (43).

2. Herodes el Grande. Rey de Judea (73-4 a.C.), fundador de una dinastía que fue influyente en la política de Juda y sus alrededores hasta el siglo II d.C. Herodes fue el hijo y nieto de nobles idumeos convertidos al judaísmo durante la época de Alejandro Janeo. Su madre Cipros era nabatea. La familia sirvió a Hircano II en la lucha por la corona con Aristóbulo. Tanto Antípater como Herodes recibieron la confianza de los romanos durante el período del aumento de la influencia de Roma.

Las fuentes sobre Herodes incluyen Josefo, otros historiadores antiguos, algunas referencias rabínicas, inscripciones, monedas, y restos arqueológicos de sus edificios. La evaluación habitual duramente negativa de Herodes, derivada de una referencia del NT (Mt 2.16-18) y un lado del cuadro complejo de Josefo, no hace justicia a la persona. Aunque Herodes era cruel y vengativo, tal vez incluso paranoico, en sus tratos con su familia, él desempeñó un papel crucial en la mejora de la suerte de los judíos durante su largo reinado (40-4 a.C.).

Poco se sabe de sus primeros años y nada de su educación. Él emergió públicamente como un hombre joven al mando de Galilea, donde trató severamente con los «bandidos,» como Josefo los llama, probablemente campesinos desposeídos. En la confusión de las guerras civiles romanas fue observado por varios líderes romanos (Julio César, Marco Antonio, Casio, Octavio). Herodes huyó a Roma a buscar ayuda cuando Hircano II fue capturado por Matatías Antígono, que había sido nombrado rey de Judea por los partos, el enemigo más peligroso de Roma. Cuando el Senado nombró en cambio a Herodes rey de Judea (late 40), Herodes y Antígono se volvieron en efecto reyes rivales, con ambos imperios teniendo una participación considerable en el resultado.

El rey Herodes

Herodes regresó a Galilea en la primavera de 39; una lucha de dos años y medio por el dominio de Judea siguió, ganada finalmente por Herodes en el verano de 37 después de un sitio exitoso de Jerusalén con ayuda romana. Durante los años 30 Herodes consolidó y extendió su territorio, con la ayuda de Marco Antonio, su protector y más cercano aliado en Roma. Cuando Antonio y Octavio se distanciaron, Herodes se mantuvo leal a Antonio; habría luchado en Actium (31) si Antonio no le hubiese obligado a mantener a los nabateos en jaque. Después de la derrota decisiva de Antonio y Cleopatra, Herodes fue a Rodas a ofrecer su lealtad a Octavio, convirtiéndose en uno de los reyes dependientes de mayor confianza de Octavio («Augusto» del 27 en adelante) Augusto, su yerno Marco Agripa, y Herodes se consideraban amigos cercanos.

Incluso en este período temprano la vida personal de Herodes mostraba signos de tensión. Herodes se divorció de su primera esposa, Doris, y, buscando la legitimidad, se comprometió con Mariamme, nieta del protector de Herodes, Hircano II (a quien más tar-

Herodión, montaña palacio-fortaleza de Herodes el Grande (Foto por Hanan Isachar; ASAP Ltd.)

de ejecutó), y uno de los últimos de los asmoneos (42). Se casó con Mariamme en 37, cuando había alcanzado la edad mínima para contraer matrimonio (quizás 16), mientras Jerusalén estaba sitiada. Mariamme no correspondió al enamoramiento de Herodes con ella durante su tempestuoso matrimonio; sus sospechas resultaron en acusaciones de adulterio y finalmente la ejecución (28/27). La madre de Mariamme, Alejandra (hija de Hircano II), estaba implicada en la muerte de Mariamme, aunque ella continuó viviendo en el palacio, contribuyó a la caída de Herodes hasta su ejecución. Las 10 esposas de Herodes y al menos 15 hijos crearon arreglos familiares muy difíciles.

Años intermedios

Durante los años 20, Herodes triunfalmente se envolvió en una orgía de actividad de construcción que reformó sus dominios. La confianza de Augusto en Herodes se muestra en una serie de extensiones para el reino y en el derecho de nombrar a su sucesor de entre sus hijos, la mayoría de los cuales fueron criados en Roma. Las tropas de Herodes acompañaron a Aelius Gallus en una expedición militar a Arabia Felix (25/24). En casa, su vida familiar se volvió cada vez más complicada por el número cada vez mayor de los posibles herederos, y en especial por las maquinaciones de los primeros dos hijos de Mariamme I, a medida que se convirtieron en jóvenes influyentes.

Aunque Herodes podía ser generoso en el alivio del hambre, en toda la sociedad probablemente se hizo más duro y más exclusivo. Sus relaciones con los diversos grupos sociales y religiosos no son claras; de acuerdo con el NT, débilmente apoyado por Josefo, se desarrolló un grupo conocido como herodianos. De todos los acontecimientos religiosos de su reinado, el más significativo fue la reedificación del templo en Jerusalén, que por primera vez incluyó un atrio para los gentiles y un atrio para las mujeres. Fue una de las grandes estructuras religosas del período, y continua despertando la imaginación religiosa hasta nuestros días.

Herodes viajó extensamente, en parte, al parecer, para ayudar a mejorar la seguridad de la diáspora judía y, hasta cierto punto, la independencia; su amistad con Marcus Agripa, el teniente oriental de Augusto, hizo esto fácilmente posible. Sus contactos se extendieron especialmente a través de Siria y Asia Menor, las islas griegas, y la Grecia continental (p.ej., dio obras de beneficiencia a Rodas, Quíos, Cos, Pérgamo, Atenas, Olimpia, entre otros); no construyó para la propia comunidad judía, pero ofreció su generosidad a la ciudad en conjunto. Los judíos de la diáspora permanecieron unidos a la patria a través del impuesto de medio siclo; tenían inmunidad judicial en el día de reposo y exención del servicio militar.

Edificios de Herodes

El extenso programa de construcción de Herodes incluyó ciudades enteras (p.ej., Cesarea Marítima, Sebaste), templos (p.ej., Jerusalén, tres para Roma y Augusto, Baal Shamim en Siʿa), palacios (p.ej., Masada, Herodium, Cipros, Jericó), memoriales (p.ej., los patriarcas y matriarcas en Hebrón, Abraham en Mamré), varios edificios de recreo, proyectos de infraestructura, donaciones no especificadas y obras de beneficiencia. Es poco probable que, como algunos se quejaron después de su muerte, haya gastado más en edificios fuera de la Tierra Santa que dentro de ella. Sus proyectos dentro de sus propias regiones fueron diseñados en parte para estimular el comercio. Los edificios fueron construidos con estilo y competencia técnica, muy bien diseñados, a menudo con mucha imaginación: el palacio del norte en Masada, el palacio de invierno en Jericó, palacio promontorio en Cesarea, el Herodium, y sus templos, sobre todo el imponente templo en Jerusalén. Ninguno de sus palacios da evidencia de motivos o adornos decorativos paganos que violan la Torá. Hasta cierto punto Herodes era un judío practicante; algunos de sus palacios incluyen piscinas que se han interpretado como *mikvaot,* o en algunos casos como una piscina fría que puede hacer una función doble como una *mikve* (p.ej., Masada y Cipros).

Años finales

Los últimos años de Herodes estuvieron marcados por el reconocimiento público (p.ej., su papel junto a Marcus Agripa en la expedición del Mar Negro y el de ser nombrado presidente de los Juegos Olímpicos), por problemas con la vecina Nabatea, y por el aumento de la discordia familiar. El último de estos dio lugar al chiste de Augusto que prefería ser cerdo de Herodes que su hijo. Durante estos últimos años Herodes ejecutó a sus dos hijos con sangre asmonea (7) y a su hijo mayor, Antípater (hijo de Doris; 4), todos los cuales habían estado discutiendo entre sí e intrigando por la sucesión, tal vez tratando de derrocarlo. La «masacre de los inocentes » (Mt 2.16-18) se ubica en este momento, lo que lleva a algunos a especular que ha habido confusión entre el asesinato de sus hijos y y el asesinato de los niños en Belén. Herodes murió después de una enfermedad prolongada en la primavera de 4 a.C. en Jericó. Fue enterrado en Herodium, diseñado como un palacio fortificado y mausoleo.

Evaluación

Herodes fue un jugador clave en el diseño romano para el Mediterráneo oriental, proporcionando un punto de seguridad en la extensión estratégica de Roma de su reino. Mejoró la economía de Judea y su lugar en el comercio en la región.Vínculos estrechos romanos llevaron a muchos de los ciudadanos de Herodes a cuestionar sus motivos y sus lazos con el judaísmo, pero Herodes parece haber sido un judío practicante. Obtuvo gran satisfacción de su reconstrucción del templo de Jerusalén, su monumento principal.

3. Mariamme I. Segunda esposa de Herodes el Grande, bisnieta de Alejandro Janeo y Alejandra Salomé tanto de parte de su madre como de su padre (c. 54-29 a.C.). Su padre, Alejandro, continuó oponiéndose a Hircano II y a su primer ministro Antípater (padre de Herodes), así como a Roma después de su participación en el este (64/63), como su padre Aristóbulo II había hecho.

Mariamme fue prometida por Hircano a Herodes a finales de los años 40, cuando aún era una niña. Herodes se divorció de su primera esposa Doris, aunque Mariamme y él no se casaron hasta que llegó a la edad minima para contraer matrimonio en 37; se casaron en Samaria durante una pausa en los preparativos para el sitio de Jerusalén, cuya conclusion significaba el fin de los dos años y medio de lucha de Herodes para entrar de lleno en el reino que le habían dado en 40. Herodes se convirtió así en un pariente de Hircano II, a quien había sustituido como rey, dándose legitimidad adicional a través de esta estrecha relación asmonea. Entre los 10 matrimonios de Herodes, este era al que estaba más unido, que elevó aún más su estatura, pero el que más le preocupaba.

Mariamme se reunió con el resto de los asmoneos en la casa de Herodes: su abuelo Hircano II (quien había regresado de su encarcelamiento parto), su madre Alejandra, y su hermano Aristóbulo III (quien fue brevemente sumo sacerdote, antes de ser ahogado en el estanque de Jericó; Josefo *Ant.* 15.31-56). Mariamme fue profundamente influenciada por su madre (como era de esperar, dada su edad), una peligrosa influencia dada la estrecha amistad de su madre con Cleopatra VII de Egipto.

Herodes era excesivamente celoso de su relación con Mariamme y sospechoso de su fidelidad. Después de Actium, se encontró con Octavio en Rodas (principios del 30), dejando a Mariamme al cuidado de José y Soëmus, que al parecer tenía órdenes de ejecutarla si Herodes no regresaba. Después de más confusión y tensión, Mariamme fue declarada culpable de adulterio y ejecutada (c. 29; *Ant.* 15.185-239; *BJ* 1.441-43; *Ant.* 15.65-87); ella tenía sólo unos 25 años. Alejandra siguió conspirando contra Herodes y fue ejecutada poco después.

De acuerdo con Josefo, Mariamme era hermosa, «insuperable en la continencia,» pero pendenciera y amante de decir lo que pensaba. El dolor y el remordimiento de Herodes por su ejecución lo llevaron a un serio descuido del reino (*Ant.* 15.240-46). A Mariamme le sobrevivieron varios hijos, de los cuales los asmoneos Alejandro y Aristóbulo eran los más importantes; inicialmente eran la principal esperanza de Herodes para la sucesión, pero su hostilidad hacia él a causa de su resentimiento por el asesinato de su madre por Herodes lo llevó finalmente a la ejecución de ellos en 7 a.C.

4. Mariamme II. (¿Séptima?) Esposa de Herodes, se casó c. 24/23 a.C.; hija de Simón, hijo de Boethos, un sacerdote de Alejandría a quien Herodes elevó al sumo sacerdocio para mejorar el estatus de Mariamme. Más tarde se divorció de ella; ella le dio a luz un hijo, Herodes (¿Felipe?), no el tetrarca del mismo nombre, cuya esposa Herodías se casó más tarde con Herodes Antipas (Mr 6.17-29 par.).

5. Salomé. Hermana de Herodes, hija de Antípater y Cipros (c. 65 a.C.–10 d.C.). Ella primero se casó con José (un amigo de Herodes), luego después de su ejecución se casó con Costobar, gobernador de Idumea (luego divorciado de Salomé, luego ejecutado por Herodes). Ella fue comprometida con Syllaeus, el nabateo segundo al mando, pero Herodes les negó el permiso de casarse (15 a.C.) cuando Syllaeus se negó a ser (¿re-?) circuncidado. Ella fue entonces dada en matrimonio por Herodes a Alexas, contra su voluntad, aunque a instancias de la emperatriz Livia (Josefo *Ant.* 17.9-10).

Salomé se mantuvo infinitamente fiel a Herodes a lo largo de su turbulenta carrera, aunque con frecuencia agravaba sus problemas, especialmente en el hogar. En la disposición de Augusto de la última voluntad de Herodes, a Salomé se le dio el control de Faselis, Yavneh (Jamnia), y Asdod (Azoto). Estas toparquías se la dejó a Livia, esposa de Augusto, al morir (*Ant.* 18.31; *BJ* 2.167). Tuvo cinco hijos, todos de Costobar: Alejandro, Herodes, Berenice, Antípater, y una segunda hija.

6. Antípater. Hijo mayor de Herodes y su primera esposa Doris (c. 45-4 a.C.). Cuando Herodes se divorció de Doris para casarse con Mariamme, Antípater fue desterrado de la corte real con su madre y no se le restableció hasta 14 a.C., momento en que hizo arreglos para el nuevo matrimonio de su madre con Herodes. Poco después Antípater fue a Roma para ser presentado con Augusto como uno de los herederos putativos de Herodes. La casa se convirtió en un campo de batalla durante la próxima década a medida que Antípater hábilmente socavó la posición de Alejandro y Aristóbulo, sus medios hermanos, en la corte (*Ant.* 16.82-84; *BJ* 1.450). Durante un período Antípater puede haber compartido el gobierno con Herodes. Cuando Alejandro y Aristóbulo fueron ejecutados (7 a.C.), Antípater fue dejado en una fuerte posición, con el apoyo de los militares y la élite. Sus continuas maquinaciones en contra de su padre dieron como resultado su propia ejecución, cinco días antes de la propia muerte de Herodes (4 a.C.), que Augusto se negó a prevenir.

7. Alejandro y Aristóbulo. Hijos de Herodes y Mariamme I (c. 36 y 35, respectivamente–7 a.C.), quien, a causa de las credenciales asmoneas de su madre, representó la posibilidad de unir la política realista de Herodes y los ideales nacionalistas asmoneos. Josefo trata a los hermanos como un par, aunque Alejandro parece el más agresivo en su odio hacia su padre, tras la ejecución de Herodes de su madre. Como herederos reales de un rey cliente, fueron a Roma para su educación (22-17), viviendo por un tiempo con el propio Augusto. Herodes viajó a Roma para llevarlos a casa, al mismo tiempo negociando con Augusto sus esponsales, Alejandro a Glafira, hija del rey Arquelao de Capadocia, y Aristóbulo a su prima Berenice, la hija de Salomé. En Judea, su popularidad personal y ambición les hizo un polo de tensiones familiares, con la hermana de Herodes, Salomé, y su hermano Feroras el otro polo. Cuando Herodes quiso contrarrestar la posición de Alejandro y Aristóbulo, volvió a llamar a la corte a su hijo mayor, Antípater (14), quien se convirtió en su principal antagonista. Herodes llevó a Alejandro, Aristóbulo, y Antípater a Roma para buscar la ayuda de Augusto para resolver las tensiones (12). La aparente reconciliación no duró, y las relaciones familiares se siguieron degenerando. Alejandro y Aristóbulo fueron formalmente acusados, juzgados, y hallados culpables en Beirut, ejecutados en Sebaste, y enterrados en Alexandreion. Augusto se negó a intervenir.

8. Mariamme. Nieta de Herodes y Mariamme I; se casó con su tío Antípater (**3**) que fue ejecutado por Herodes en 4 a.C. Su padre, Aristóbulo, había sido asesinado tres años antes.

9. Arquelao. Hijo de Herodes el Grande y Maltace (c. 23 a.C.–?). Arquelao heredó Judea, Samaria, e Idumea como etnarca a la muerte de Herodes en 4 a.C.; fue depuesto por Augusto en 6 d.C. Según Josefo, Arquelao fue un nombramiento dudoso desde el principio debido a su inepto manejo de disturbios tras la muerte de Herodes. En las audiencias en Roma sobre el testamento de Herodes, Arquelao fue rechazado por varios miembros de la familia. Judea y Samaria (su madre Maltace era samaritana) enviaron delegaciones a Roma pidiendo su destitución. Fue exiliado en Vienne en Francia, después de lo cual la provincia fue gobernada por prefectos que estaban subordinados al gobernador de Siria; durante el gobierno de Cumanus, el primer procurador, el censo bajo Quirino fue tomado (Lc 2.1-3; cf. Hch 5.37), una acción imposible bajo Herodes o Arquelao. Poco se sabe sobre el reinado de Arquelao; la parábola en Lucas 19.11-27 puede aludir a él.

10. Mariamme. Esposa de Arquelao el etnarca, luego se divorció de él; ella puede haber sido una asmonea.

11. Antipas. Hijo de Herodes el Grande y Maltace (c. 21 a.C.–?). Herodes consideraba favorablemente a Antipas, porque él lo había nombrado heredero universal en su penúltima voluntad; a la muerte de Herodes en 4 a.C. Antipas tenía fuerte apoyo familiar. Augusto lo nombró tetrarca de Galilea y Perea, un cargo que ocupó hasta que fue depuesto por Calígula en 38 d.C., después de solicitarle que se le hiciera rey; fue enviado al exilio en Francia. Los vínculos de Antipas con Roma eran fuertes, estando involucrado en la mediación de la disputa entre Roma y Partia en 36. Él fue especialmente cercano a Tiberio, en cuyo honor él fundó su nueva capital, Tiberias, en el mar de Galilea (c. 18-20). Betaramfta en Perea fue renombrada Julias en honor de la viuda de Augusto; Antipas también restauró Seforis como «el ornamento de toda Galilea.» A pesar de estos vínculos, Josefo reporta la acusación de que Antipas estaba aliado con Artabano de Partia tenía armas almacenadas para 70 mil soldados. Su matrimonio con la hija del rey nabateo Aretas IV terminó cuando se enamoró de su sobrina, Herodías, anterior mente esposa de su hermano Herodes Felipe (probablemente no Felipe, el gobernador de Gaulanitis, sino un hermano de nombre similar). Cuando la primera esposa de Antipas huyó a su hogar en Petra, Aretas le infligió una gran derrota.

El territorio de Antipas se componía de dos partes, Galilea (hogar de Jesús) y Perea (hogar de Juan el Bautista). Juan fue probablemente ejecutado en Maqueronte, en la frontera entre Perea y Nabatea, un hecho mencionado por Josefo y, menos explícitamente, en el NT; Josefo atribuye la derrota militar de Antipas a la retribución de Dios sobre Antipas por ejecutar a Juan el Bautista. Según Lucas 23.6-16 Antipas estuvo involucrado en el juicio de Jesús; mientras que esto no se puede demostrar, no es inverosímil. Antipas parece haber tenido algún interés en Jesús; la esposa de uno de sus lugartenientes de confianza era un seguidor y defensor (Lc 8.1-3). Algunas de las parábolas de Jesús sugieren algunos trastornos y malestares sociales durante el reinado de Antipas. A juzgar por el hecho de que Jesús alternó entre Galilea y Gaulanitis, la región de Felipe, él pudo haberse sentido amenazado por la situación política en Galilea.

12. Salomé. Hija de Herodes ([¿]Felipe[?] no el tetrarca) y Herodías, nieta de Herodes y Mariamme II. La madre de Salomé, Herodías, se había casado con Herodes Antipas después de divorciarse del medio hermano de éste. Se hace referencia a Salomé, no por nombre, en Marcos 6.17-29 par., donde bailó en la fiesta de cumpleaños de Antipas. Cuando Antipas le ofreció un regalo, de acuerdo con los Evangelios ella pidió la cabeza de Juan el Bautista, a instancia de su madre.

Josefo da una interpretación diferente. La primera esposa de Antipas había sido hija de Aretas IV de Nabatea; ella había huido de su matrimonio cuando se enteró de las intenciones de Antipas de casarse con Herodías. La subsiguiente derrota militar de Antipas a manos de Aretas fue retribución por haber ejecutado a Juan el Bautista, llevada a cabo en Maqueronte (*Ant.* 18.116-19). Salomé, la hija de un Herodes ([¿]Felipe[?]) primero se casó con su tío Herodes Felipe, tetrarca de Gaulanitis y las regiones adyacentes. Ella se casó más tarde con Aristóbulo, hijo de Herodes de Calcis (nieto de Herodes y Mariamme I) y Mariamme (nieta de Herodes y Maltace).

13. Felipe el tetrarca. Hijo de Herodes y Cleopatra de Jerusalén (c. 20 a.C.–34 d.C.); gobernante de Gaulanitis, Batanea, Traconite, Autanitis, con porciones de Iturea (cf. Lc 3.1) y Hulitis, en su mayor parte regiones con una gran población no judía. Felipe fue educado en Roma durante el período de intensos problemas familiares en Jerusalén (Josefo *BJ* 1.601-3; *Ant.* 17.20, 79-81); era menos ambicioso pero más capaz que otros rivales de la misma familia. Josefo lo recordaba como cooperativo, razonable, y equitativo.

Embelleció Panias (donde Herodes había construido un templo de Roma y Augusto) y la renombró Cesarea de Filipos en honor del propio emperador. Su trabajo en Betsaida puede haber sido significativo, tal vez incluyendo otro templo con fines de culto imperial. Sus monedas, que siempre se refieren a él como «Felipe, Tetrarca,» fueron icónicas (mostrando parecidos de Augusto, Livia y Tiberio; uno mostrando Livia y Augusto puede ser asociado con el renombramiento de Felipe de Betsaida Livia/ Julias como la viuda de Augusto), con fachadas de un templo, probablemente en Cesarea de Filipos.

De acuerdo con Juan 1.43-44 (cf. v. 46; 12.20-22) varios de los doce procedían de sus áreas, y parece de las referencias a «el otro lado » que Jesús pasó tiempo allí, tal vez como refugio de la creciente tensión en Galilea sobre su ministerio.

Felipe se casó con su sobrina Salomé, hija de Herodías. Dado que no podía haber nacido mucho antes del 14 d.C., el matrimonio no podría haber tenido lugar mucho antes del 30, algún tiempo después de la ejecución de Juan el Bautista, en cuya muerte estuvieron implicados. Ellos no tenían hijos, y no hay registro de una esposa anterior (cf. *BJ* 2.1-117).

14. Herodes ([¿]Felipe[?]). Hijo de Herodes y Mariamme II. Puede haber un segundo Felipe entre los hijos de Herodes. Este hijo aparece en la cuarta voluntad de Herodes (c. 7 a.C.) como el sucesor de Antípater (*Ant.* 17.53; *BJ* 1.573); puede ser él al que se hace referencia en Marcos 6.17 (cf. *Ant.* 18.109) como Felipe. Este Herodes Felipe se casó primero con Herodías (ella más tarde se casó con Antipas), y su hija Salomé se casó con su tío, Herodes Felipe el tetrarca.

15. Mariamme. Una nieta de Herodes y Maltace. Se casó con Herodes IV de Calcis, su primo.

16. Agripa I. Marcus Julius Herodes Agripa I (c. 10 a.C.–44 d.C.); hijo de Aristóbulo I y por lo tanto de la línea asmonea a través de su abuela, Mariamme I. Como otros herodianos, Agripa fue educado en la corte imperial en Roma como un amigo de Drusus, Claudius, y Gaius (Calígula). En sus primeros años fue considerado como un derrochador. Primero heredó los territorios de Felipe y Lyania (37); tras la adhesión de Claudio (41), Agripa gobernó casi todos los territorios de su abuelo Herodes, pero las expectativas que esto engendró se derrumbaron con la dramática muerte de Agripa en Caesarea, que tanto Josefo como Lucas (Hch 12.20-23) registran. Agripa fue recordado gratamente en la literatura rabínica, aunque no está claro por qué, pues participó en las prácticas de construcción similares a su abuelo, y monedas acuñadas con emblemas.

Agripa era un personaje complejo: un romanófilo (inscripciones lo atestiguan como «amigo del emperador y amigo de los romanos,» sin embargo, su unión con reyes clientes fue disuelta y se le impidió reconstruir los muros de Jerusalén), megalomaníaco (se refirió a sí mismo como el «grande»), quejumbroso (fue ingrato a la amabilidad de su tío Antipas de hacerlo supervisor del mercado de Tiberias), no obstante parece haber sido amado por su pueblo (lo aprobaron cuando expresó dudas sobre su legitimidad judía). Dejó su mayor marca en la literatura histórica cuando estallaron disturbios en Alejandría, a su paso por la ciudad de camino a tomar posesión de su gobierno en Gaulanitis y Galilea (38); Filón escribió sobre los problemas *(De Legatione ad Gaium; Contra Flaccum)* y formó parte de la delegación de Gayo.

17. Mariamme. Hija de Agripa I y bisnieta de Herodes, se casó con Julius Arquelao, hijo de Hilcías.

18. Agripa II. Marcus Julius Agripa II (27 d.C.–93 d.C.); hijo de Agripa I y Cipros, bisnieto de Herodes. Primero heredó el reino de Calcis (49/50), que más tarde intercambió por el territorio de Felipe (53); cuando Nerón agregó partes de Galilea y Perea renombró Cesarea de Filipos como Neronías. Agripa era allegado de la dinastía flavia (había sido un amigo de juventud de Tito), mayormente por su apoyo de Roma durante la revuelta judía, cuando trató de superar los sueños de independencia de Judea. A pesar de su apoyo, no fue recompensado con el título y las tierras de su padre y bisabuelo. Josefo fue amable con Agripa y afirma que Agripa verificó la exactitud de sus relatos históricos. Agripa aparece en Hechos 25.13–26.32 en la audiencia de Pablo en Marítima.

Véase Fasael.

Bibliografía. D. Braund, *Rome and the Friendly King* (London, 1984); M. Grant, *Herod the Great*

(New York, 1971); H. Hoehner, *Herod Antipas* (1972, repr. Grand Rapids, 1980); A. H. M. Jones, *The Herods of Judea* (1938, repr. Oxford, 1967); P. Richardson, *Herod, King of the Jews and Friend of the Romans* (Columbia, S.C., 1996); D. R. Schwartz, *Agrippa I: The Last King of Judea* (Tübingen, 1990).

PETER RICHARDSON

HERODIANOS (Gr. *Hērōdianoi*)
Los partidarios de la casa de Herodes Antipas. Aunque principalmente un partido político, estaban orientados religiosamente y se unieron a los fariseos en su oposición a las enseñanzas de Jesús (Mr 3.6; 12.13 = Mt 22.16).

HERODÍAS (Gr. *Hērōdiás*)
La hija de Aristóbulo y Berenice. Herodías se casó con su tío, posiblemente Felipe II, y dio a luz una hija llamada Salomé (Josefo *Ant.* 18.5.4 [136]). Cuando Herodes Antipas, medio hermano de su marido, los visitó en 29 d.C., persuadió a Herodías a divorciarse de su marido y casarse con él (*Ant.* 18.5.1 [110]). Juan el Bautista criticó su matrimonio (Mt 14.3-5; Mr 6.17-18) porque la ley judía prohibía a un hombre casarse con la mujer de su hermano (Lv 18.16, 20; 20.21) excepto en matrimonio levirato (Dt 25.5). Enfurecida por la intrusión de Juan, Herodías aconsejó a su hija a pedir su ejecución como su recompensa por complacer a Antipas con su baile (Mt 14.6-12; Mr 6.21-28). Herodías podría haber sido simplemente taimada y cruel (*Ant.* 18.7.1 [240-44]), o pudo haber funcionado para excusar a Antipas por la muerte de Juan.

Bibliografía. J. C. Anderson, «Feminist Criticism: The Dancing Daughter,» en *Mark and Method,* ed. J. C. Anderson y S. D. Moore (Minneapolis, 1992), 103-34.

EMILY CHENEY

HERODIÓN (Gr. *Hērōdíōn*)
Un cristiano en Roma a quien Pablo saludó como su «pariente» (Ro 16.11).

HERODIÓN (Gr. *Hērōdeíon*)
Un complejo fortaleza situado en Jebel el-Fureidis (1731.1192), 12 km (7.5 mi) sur de Jerusalén, cerca de Belén. Una fortaleza en la cima de una colina construida por Herodes el Grande (c. 23 a.C.), el Herodión Superior es un sitio de forma cónica o de cilindro donde una vez estuvo el palacio de cinco pisos de Herodes. En el Herodión Inferior, en la base del palacio en la cima de la colina, se encuentran los restos de un complejo de piscinas, un centro de casa de baños, una larga explanada, un edificio monumental, y el palacio. Este gran complejo de edificios no solo funcionó como residencia de verano de Herodes, sino también para preservar y conmemorar el nombre de Herodes. Josefo describe el sitio (*Ant.* 15.9.4) y lo identifica como el lugar de enterramiento de Herodes (17.8.3; *BJ* 1.33.9).

Fue en este sitio en 40 a.C., que Herodes fue emboscado por Antígono, pero fue capaz de contrarrestar y decisivamente derrotar a los atacantes asmoneos. Tras la muerte de Herodes los romanos seleccionaron Herodión como capital de una toparquía Palestina. Junto con Maqueronte y Masada, la ciudad fue una de las últimas fortalezas de la primera rebelión judía, cayendo en manos de los romanos en 72 d.C. Se volvió a ocupar brevemente durante la segunda revuelta judía (c. 132).

Despues de su identificación en 1838 por Edward Robinson, no hubo intentos completos y precisos para estudiar y excavar el sitio hasta mediados de la década de1960. Recientes excavaciones por Ehud Netzer de la Universidad Hebrea se han concentrado tanto en la Fortaleza de Herodión Superior y Herodión Inferior, poniendo al descubierto restos desde los períodos herodiano a bizantino. A pesar de una considerable discusión sobre la posible ubicación de la tumba de Herodes en Herodión, hasta la fecha no se ha descubierto.

Bibliografía. G. Foerster and E. Netzer, «Herodium,» *NEAEHL* 2.618-26; «Searching for Herod's Tomb,» *BARev* 9/3 (1983): 31-51; J. Patrich, «Corbo's Excavations at Herodium,» *IEJ* 42 (1992): 241-45.

ROBERT A. DERRENBACKER, JR.

HERÓDOTO (Gr. *Hērodotos*)
Un historiador griego del siglo V (c. 484-420 a.C.). El «padre de la historia,» es conocido por su gran obra, *La Historia.* Ostensiblemente una historia de la guerra persa (es decir, las guerras entre los persas y los griegos a principios del siglo V), su libro es realmente un vasto compendio de eventos, historia, análisis de personajes, mitos, leyendas, costumbres, etnografía, y geografía. Viajero incansable y de una curiosidad insaciable, Heródoto escribió con notable franqueza y falta de prejuicios hacia otras culturas y religiones. A pesar de que care-

ce de la objetividad para discriminar los hechos que poseía su contemporáneo más joven Tucídides, Heródoto escribe con tal habilidad narrativa magnífica y estilo griego clásico brillante que se convierte en muchos aspectos en el modelo para los historiadores posteriores en la antigüedad, griegos, romanos, e incluso cristianos.

Bibliografía. *Herodotus,* trans. A. D. Godly, Ap ed. Loeb Classical Library. 4 vols. (Cambridge, Mass., 1990); *The History: Herodotus,* trans. D. Grene (Chicago, 1987).

J. Christian Wilson

HERRERO

El número de especialistas que trabajaba con metales tuvo que haber aumentado dramáticamente con la introducción del bronce y el hierro, a finales del cuarto y segundo milenios a.C., respectivamente. Mucho antes, el cobre y el estaño se aleaban para producir bronce, el cobre se utilizaba para forjar varios implementos, y el trabajo con la plata y el oro se desarrolló junto con los metales más utilitarios. Los metalúrgicos y artesanos antiguos contribuyeron mucho al surgimiento de la alquimia y la química primitiva, y sus habilidades fueron vitales para el surgimiento de las civilizaciones del antiguo Cercano Oriente. El herrero producía una serie de herramientas y armas, así como los arreos para caballos y animales carga, piezas para vehículos (como carrozas) y accesorios para muebles. Donde la química del suelo y otras condiciones lo permiten, las excavaciones arqueológicas recuperan grandes cantidades de artefactos de metal, objetos que se usaban en muchos aspectos de la vida antigua.

En una narración que explica el origen de muchos componentes de la cultura humana, a Tubal-caín se le identifica como uno de los primeros herreros «artífice de toda clase de bronce y de hierro» (Gn 4.22). Más tarde, los filisteos intentaron mantener un monopolio en la producción de herramientas y armas, y por lo tanto impedir el flujo de armas a manos israelitas, al negar a los israelitas herreros capaces (1 S 13.19-21). Sin embargo, los hebreos sí tenían algunos objetos hechos por herreros, como el inventario estándar de implementos agrícolas de la Edad de Hierro Temprana (esto es, rejas de arado, azadones, hachas, hoces y horcas; cf. 1 S 13.20-21).

El profeta Isaías escribió una sátira extraordinaria acerca de la idolatría, que tenía una descripción del papel del herrero y el carpintero al hacer ídolos por medio de la fuerza y tecnología humanas (Is 44.9-20). Se hace referencia a la obra del herrero al fundir metal y formar y forjar su producto por medio de su horno, martillo y músculos (Is 44.10, 12; cf., v. 19; 54.16). Las herramientas del herrero se mencionan en Eclesiástico 38.28, donde la obra en la fragua se contrasta con la del escriba o intelectual. Jeremías 6.29 menciona el fuelle con el que se lograban altas temperaturas en los hornos de fundición; el término acadio de «herrero» en realidad significaba «soplador» de los fuelles.

Gerald L. Mattingly

HESBÓN (Heb. *ḥešbôn*)

Ciudad de Moab, tomada por los israelitas bajo el liderazgo de Moisés cuando su rey amorreo, Sehón, e negó a su solicitud para el paso por su territorio (Nm 21.21-31; Dt 2.24; Jos 12.2; Jue 11.19-26).

De acuerdo con Números 32; Josué 13.15-28 Hesbón («fortaleza») «con todas sus ciudades que están en la meseta » fueron dadas como herencia a la tribu de Rubén. Números 32.37-38 afirma que «los hijos de Rubén reedificaron Hesbón,» y Jueces 11.26 añade que Israel ocupó Hesbón, Aroer, los asentamientos de los alrededores, y todos los pueblos a lo largo del Arnón por 300 años. Otros relatos bíblicos indican que el pueblo y su territorio circundante estuvieron en varias ocasiones controlados por la tribu de Gad (Jos 21.38-39) y para la Edad de Hierro por los reinos tribales de Amón y Moab (Jue 3.14-30; 11.13-28). La región de Hesbón era aparentemente famosa por sus tierras de pastoreo, viñedos, pozos y «estanques» (Nm 21.22; Cnt 7.4; Is 16.8-9).

La identificación del Hesbón bíblico con Tell Ḥesbân (226134), una ruina situada en el altiplano de Transjordania c. 10 km (6 mi) norte de Madaba, ha sido por lo general apoyado por una serie de excavaciones bajo los auspicios de la Universidad Andrews, iniciadas en 1968 por Siegfried Horn. Tal vez lo más importante es lo que se ha aprendido acerca de la amplia gama de tipos de asentamientos en el sitio durante los últimos cuatro milenios. Por ejemplo, los restos de un foso seco de los siglos XIII y XII a.C., sugiere que una especie de fortaleza, un pueblo agrícola fortificado quizá, probablemente existió allí entonces. El descubrimiento de una variedad de cuencos y jarras que se producen simultáneamente en ambos lados del Jordán durante este mismo período añade peso a la afirmación bíblica de que había miembros de un mismo grupo de personas (¿israelitas?) viviendo en esta parte de Transjordania en este momento.

El descubrimiento de un depósito de agua de 7 m (23 pies) de profundidad que data del siglo X sugiere un proceso de crecimiento que implica la transformación gradual de la aldea fortificada anterior en una ciudad más grande, completa con sus propios «estanques» grandes de agua, posiblemente los «estanques de Hesbón» de Cantares 7.4. Por alguna razón, hacia el final del siglo X esta ciudad más grande cesó de crecer, y finalmente, sus edificios se descuidaron y se derrumbaron. A lo largo de los siglos IX y VIII estas ruinas, junto con las numerosas cuevas habitación que se localizan a lo largo de la colina de Ḥesbân, fueron utilizadas por personas que vivieron vidas muy simples, muy probable la de los agricultores seminómadas que acamparon en las cuevas y ruinas con el fin de cultivar trigo y cebada en los fértiles valles sobre ambos lados del tell.

En los siglos VII-V una gran ciudad resurge en la colina, esta vez reedificada por los amonitas. Su presencia se manifiesta en una serie de hallazgos, incluyendo varios ostraca con escritura amonita, cerámica típica de sus tradiciones cerámicas, y una floreciente economía basada en la producción y exportación de productos de la vid. Esta ciudad llegó a su fin, sin embargo, y sus ruinas y cuevas volvieron a convertirse en las viviendas precarias de agricultores seminómadas. Estos ciclos de construcción y caída de aldeas y ciudades sobre la colina de Ḥesbân repitieron una y otra vez a lo largo de los siglos restantes hasta el presente.

Sin embargo, respecto de la evidencia para la existencia de la ciudad «capital de los amorreos» o prueba de una batalla sobre la ciudad entre las fuerzas de Sehón y las de Moisés, los datos arqueológicos guardan silencio. No apoyan ni refutan el relato bíblico, sino que simplemente son insuficientes en la actualidad para iluminar esta parte del relato bíblico.

Øystein S. LaBianca

HESMÓN (Heb. *ḥešmôn)*

Una ciudad en la parte sur de la herencia de Judá (Jos 15.27). No aparece en la lista de la LXX, ni está incluida en listas similares registradas en pueblos reasignados a Simeón (Jos 19.2-6; 1 Cr 4.28-30). El contexto sugiere una ubicación en el Neguev, cerca de Beerseba.

Laura B. Mazow

HET (Heb. *ḥeṯ*)

El segundo hijo de Canaán (Gn 10.15 = 1 Cr 1.13). Él era antepasado epónimo de los hititas (Gn 23.10), en el uso bíblico un elemento de la población preisraelita de Canaán en lugar de una referencia al imperio de Anatolia. Abraham compró la cueva de entierro en Macpela de los hititas (Gn 23; 25.10; 49.32). Rebeca e Isaac desalentaron a Jacob de casarse con mujeres hititas (Gn 27.46), a las que también se refieren como «cananeas» (28.1, 8).

Robert E. Stone, II

HETLÓN (Heb. *ḥeṯlōn*)

Un lugar en el límite norte ideal de Israel, mencionado en Ezequiel 47.15; 48.1 en relación con Damasco, Hamat, y Berota. Su ubicación exacta no se conoce, pero una posible identificación es moderno Heitela, noreste de Trípoli.

HEVEOS (Heb. *ḥiwwî*)

De acuerdo con la tabla de naciones (Gn 10.17) y su correspondiente genealogía (1 Cr 1.15), un pueblo descendiente a través de los cananeos de Cam, el segundo hijo de Noé. Los heveos eran habitantes indígenas de la Tierra Prometida antes del asentamiento israelita. Su nombre aparece por lo general en las listas estereotipos de naciones decretadas por desposesión por los israelitas (p.ej., Dt 7.1).

Los heveos habitaban en el Líbano y en las montañas del Antilíbano y en el valle de Beqaʿ entre ellos (Jue 3.3), incluyendo el extremo sur de la región, la tierra o valle de Mizpa/Mizpe al pie del monte Hermón (Jos 11.3, 8). Aunque la oriental Fenicia constituía el corazón de los heveos, fueron encontrados más al sur también. Los gabaonitas eran heveos (Jos 9.7; 11.19; LXX «horeos»), al igual que Hamor, el príncipe local en Siquem, y sus hijos (Gn 34.2).

Los heveos probablemente originalmente significaba «habitante de tienda» del término hebreo para «tienda-campamento.» Se ha sugerido, a partir del testimonio extrabíblico de Amurru localizada al norte de Palestina, que el término heveo puede haber designado beduino. Si los heveos existieron desde el principio como nómadas, ellos habrían llegado a ser sedentarios para el reinado de David (2 S 24.7), a menos que, por supuesto, «ciudades» pueda significar «campamentos» como en Números 13.19.

Bibliografía. E. C. Hostetter, *Nations Mightier and More Numerous: The Biblical View of Palestine's Pre-Israelite Peoples.* BIBALDS 3 (North Richland Hills, Tex., 1995), 72-76.

Edwin C. Hostetter

HEXAPLA
Una importante obra de crítica bíblica escrita por Orígenes. El nombre Hexapla se deriva de sus seis columnas de textos paralelos (el texto hebreo, el texto hebreo transliterado a caracteres griegos, y las versiones griegas de Aquila, Símaco, la LXX, y Teodocio). En la columna de la LXX, Orígenes marcó con un obelus aquellos pasajes presentes en griego pero no hallados en su columna en hebreo. Cuando la LXX carecía de material encontrado en hebreo, Orígenes insertaría el pasaje de una de las otras columnas griegas (la que estuviera más cerca textualmente al hebreo) y marcaba la inserción con un asterisco. Aunque la Hexapla en su totalidad aparentemente nunca fue copiada, la columna de la LXX fue copiada en varias ocasiones. Desafortunadamente, muchas copias omitieron las marcas textuales de Orígenes, introduciendo así una cantidad significativa de contaminación en la tradición textual de la LXX. Sólo unos pocos fragmentos de copias de la Hexapla o de su quinta columna se conservan. Uno de los más importantes testigos de la obra de Orígenes es la traducción siríaca del siglo VII de la quinta columna, completa con marcas textuales, atribuida a Pablo de Tella, conocida como la sirio-Hexapla.

James R. Adair, jr.

HEXATEUCO
Los primeros seis (Gr. *héx*) libros del AT (Génesis–Josué), considerados por muchos como un componente importante de la historia principal de Israel. Los libros están relacionados de forma crítica y teológicamente por una serie de «credos históricos» recordando hechos poderosos de Dios a favor de los patriarcas a través de la Conquista.

Véase Crítica bíblica.

HEZEQUIEL (Heb. *yĕḥezqēʾl*)
El líder de la vigésima división de sacerdotes en el tiempo de David (1 Cr 24.16).

HEZIÓN (Heb. *ḥezyôn*)
El abuelo del rey sirio Ben-hadad I (1 R 15.18). Él se identifica a menudo con Rezón, rey de Damasco en el tiempo de Salomón (1 R 11.23-25).

HEZIR (Heb. *ḥēzîr*)

1. El jefe de la décimo séptima divisón de sacerdotes durante la época de David (1 Cr 24.15).

2. Levita que puso su sello en el pacto renovado bajo Nehemías (Neh 10.20[TM 21]).

HEZRAI (Heb. K *ḥerṣô*, Q *ehṣray*)
Un hombre del Carmelo de Judea (**2**); uno de los treinta de David (2 S 23.35; 1 Cr 11.37).

HEZRÓN (Heb. *ḥeṣrôn*) **(LUGAR)**
Un lugar en el extremo más meridional del territorio asignado a Judá (Jos 15.3), aparentemente en Cades-barnea y Adar. Hazar-adar en Números 34.4 puede ser una fusión errónea de Hezrón y Adar de la lista en Josué 15.3. El sitio puede ser ʿAin Qedeis (100999), uno de los tres pequeños pozos en las proximidades de ʿAin el-Qudeirât (Cades-barnea), o en sus cercanías.

HEZRÓN (Heb. *ḥeṣrôn, ḥeṣrōn*) **(PERSONA)**

1. El tercer hijo de Rubén (Gn 46.9; Ex 6.14; 1 Cr 5.3); antepasado del clan hezronita de Rubén (Nm 26.6).

2. Hijo de Perez y nieto de Judá (Gn 46.12; 1 Cr 2.5; 4.1). Sus descendientes constituían la familia hezronita de la tribu de Judá (Nm 26.21; cf. 1 Cr 2.9-33). Su nombre aparece entre los antepasados de David y la casa de Judá (Rut 4.18-19) y se presenta en dos versiones de la genealogía de Jesús (Gr. *Esrōm;* Mt 1.3; Lc 3.33).

Wade R. Kotter

HICSOS (Gr. *Hyksṓs*)
Un término griego, del egip. *ḥqꜣw ḫꜣswt*, «gobernantes de países extranjeros,» utilizado por el historiador egipcio Manetón (siglo III a.C.) para describir a la(s) persona(s) que dominaron Egipto durante las dinastías XV-XVI del Segundo Período Intermedio (cronología alta, 1674-1550; cronología baja, 1637-1529). Manetón interpretó erróneamente la frase egipcia como «reyes pastores.» En ciertos escritos egipcios también se les dio la denominación general *ʿꜣmw*, «asiáticos» (lit., «los hablantes de una lenguan semítica occidental»).

Identificación
Aunque la identificación étnica y el lugar de origen de los hicsos se han debatido, un creciente cuerpo de evidencia (tanto textual como arqueológica) indica que los hicsos no eran indoeuropeos (o más específicamente hurritas), pero eran en el sentido más amplio semítico occidentales y tal vez, en un sentido más estrecho, sur levantinos.

Evidencia arqueológica de Tell el-Dabʿa, Tell el-Maskhuta, y en otras partes en el Delta oriental da todos los indicios de una cultura semítica occidental. El principal lugar de los hicsos de Avaris (Tell el-Dabʿa) era una enorme ciudad con una superficial de c. 2.5 km cuadrados (1 mi^2). Su contenido de cerámica y artefactos es prácticamente el mismo que la cultura levantina contemporánea del Bronce Medio IIB. Sus prácticas funerarias también evidencian orígenes levantinos. Las tumbas son de adobe tipo de cámara abovedada con sacrificios de asnos que aparecen fuera de algunas de estas tumbas, normalmente en parejas. Tumbas similares con sacrificios de asnos son atestiguadas en Tell el-Maskhuta, Inshas, y Tell el-Farasha en Egipto y en Jericó, Laquis, y Tell el-ʿAjjul en el Levante. Además, un gran complejo de templo cananeo se ha descubierto en Tell el-Dabʿa. Por último, artículos como dagas de bronce y hachas, jarras, y pernos de palanca confirman su derivación cananea.

La evidencia textual incluye una lista de esclavos (Papiro Brooklyn 35.1446) y los Textos de execración (grupo Berlin-Mirgissa). La lista de esclavos (que data de la XIII dinastía) consta de 77 nombres legibles de los esclavos, de los cuales 48 son claramente asiáticos. Los Textos de execración (c. 1850-1750) reflejan la aniquilación mágica de las personas y cosas contrarias a Faraón y Egipto. Aunque estos textos reflejan toda la gama de los enemigos de Egipto, en las secciones asiáticas se combinan los *ḥq3w* de las ciudades de la costa Siria-Palestina con el *ʿ3mw* de la zona. Por tanto, son un testimonio indirecto de los orígenes hicsos.

Ascenso al poder

Los estudiosos han debatido durante mucho tiempo la llegada de los hicsos en Egipto. Durante años, muchos estudiosos argumentaron a favor de un modelo de infiltración en el que el ascenso de los hicsos al poder fue una toma pacífica desde el interior por un elemento racial ya en la mayoría (al menos en el Delta oriental).

Más recientemente, los egiptólogos parecen entender la toma de posesión de los hicsos en términos más complejos. Mientras que por un número de siglos los inmigrantes semitas occidentales se habían infiltrado en el Delta y se establecieron allí y habían, de hecho, servido en unidades paramilitares egipcias, puede inducir a error el poner demasiado énfasis en el proceso de la inmigración como un antecedente al gobierno de los hicsos, porque el carácter extranjero de los hicsos fue evidentemente algo que dejó una profunda impresión en los egipcios. Aunque las fuentes egipcias contemporáneas (p.ej., las estelas Kamosis) son altamente ideológicas, ellas sin embargo constituyen importantes testigos de un proceso más complejo en la ascensión de los hicsos al poder. Al comienzo del período de los hicsos, una combinación de varios grupos/tribus levantinos emigró al Delta oriental, así como grupos de combate más móviles, tal vez centrado en una federación con un grupo militar principal que se desplegó y tomó varias ciudades del Delta (aunque dejando otras todavía a cargo de sus gobernantes egipcios). Los niveles de destrucción observados en algunos lugares del este del Delta, incluyendo Tell el-Dabʿa, pueden registrar algunos de los más graves conflictos e indicar algo más que una infiltración pacífica.

En ocasiones se ha argumentado que los hicsos conquistaron Egipto porque tenían armas superiores (especialmente el caballo y el carro). Sin embargo, no hay apoyo arqueológico o textual de que los hicsos introdujeron el caballo y el carro en Egipto o de que estos proporcionaron a los hicsos la superioridad militar para aplastar a Siria y Egipto. Esto también parece aplicarse a las fortificaciones «glacis» de los hicsos.

Fin del dominio

El único rival potencial a la XV dinastía de los hicsos estaba en el Alto Egipto, donde los restos de un estado centrado en Tebas había sobrevivido a la caída de la XIII Dinastía. Al estar cercado por el reino de Cus en el sur (un aliado de los hicsos) y los mismos hicsos en el norte, los primeros gobernates de la dinastía XVII que gobernó este pequeño estado se sintió obligada a reconocer la soberanía de los hicsos. La conveniencia política de acomodación con los hicsos promovió una parálisis política que los últimos gobernantes de la dinastía XVII finalmente repudiaron. Inicialmente, Seqenenre T'aa II encabezó una revuelta contra los hicsos. Pero cuando murió en batalla, su hermano Kamosis condujo una serie de incursiones exitosas en territorio cusita y luego sobre la misma Avaris. Por último, Ahmose enruta los asiáticos en una serie de campañas en contra de sus bases en el Delta y en la propia Canaán (incluyendo la fortaleza de Saruhén).

El grado de participación egipcia en las destrucciones de sitios del Bronce Medio IIC en Canaán después de la expulsión de los hicsos se ha debatido. La evidencia parece indicar un escenario complejo que involucra una combinación de factores: las luchas internas, los conflictos entre estados vecinos, las campañas de Egipto, la crisis económica.

Impacto

La ocupación de los hicsos fue un hito en la historia de Egipto. Hasta ese momento, los egipcios, a pesar de los períodos de caos político interno, habían estado libres de la invasión. Las generaciones de egipcios serían perseguidos por el espectro de la dominación extranjera. El agresivo imperialismo del Nuevo Reino fue, sin duda, un subproducto de la dominación de los hicsos. Esta postura ideológica, posiblemente puede servir como un telón de fondo de la situación política descrita en Éxodo 1.

Bibliografía. M. Bietak, *Avaris, the Capital of the Hyksos* (London, 1996): 225-90; W. G. Dever, « 'Hyksos,' Egyptian Destructions, and the End of the Palestinian Middle Bronze Age,» *Levant* 22 (1990): 75-81; B. J. Kemp, «Old Kingdom, Middle Kingdom and Second Intermediate Period *c.* 2686–1552 b.c.,» en B. G. Trigger, et al., *Ancient Egypt: A Social History* (Cambridge, 1983), 149-82; E. D. Oren, ed., *The Hyksos: New Archaeological and Historical Perspectives* (Philadelphia, 1997); D. B. Redford, *Egypt, Canaan, and Israel in Ancient Times* (Princeton, 1992); H. S. Smith and A. Smith, «A Reconsideration of the Kamose Texts,» *ZÄS* 103 (1976): 48-76; J. Van Seters, *The Hyksos* (New Haven, 1966).

K. Lawson Younger, Jr.

HIDAI (Heb. *hidday*) (también HURAI)

Un israelita de «los torrentes/wadis de Gaas» que era uno de los treinta de David (2 S 23.30). En 1 Crónicas 11.32 se le llama Hurai.

HIDEKEL (Heb. *ḥiddeqel*)

El nombre hebreo para el río Tigris (Gn 2.14; Dn 10.4; Acad. *Idiglat;* Sum. *Idigna*).

HIDROPESÍA

El síntoma de una enfermedad en los órganos vitales, por lo cual un exceso de fluidos se acumula en varias partes del cuerpo, indicando una etapa avanzada de la enfermedad. Gr. *hydrōpikós* ha sido empleado desde la época de Hipócrates (siglo IV a. C.). La condición de hidropesía del hombre curado en el día de reposo era avanzada (Lc 14.2).

HIEL (Heb. *ḥî'ēl*)

Un hombre de Betel que reedificó Jericó durante la época de Acab (871-852 a.C.). Mientras sentaba las bases del muro de la ciudad, perdió a Abirán, su primogénito; mientras colocaba las puertas, perdió a su hijo menor, Segub (1 R 16.29-34). Estas muertes fueron entendidas como consecuencias de la maldición que Josué había puesto sobre cualquiera que reconstruyera la ciudad o su muro (Jos 6.26). Interpretaciones anteriores de las muertes como sacrificios de edificios ya no se mantienen. La nota sobre Hiel puede remontarse a los anales de la corte del reino del norte, pero su historia se ha convertido en parte de los registros negativos acerca de Acab.

Bibliografía. C. Conroy, «Hiel between Ahab and Elijah-Elisha,» *Bibl* 77 (1996): 210-18.

Siegfried Kreuzer

HIEL

La vesícula biliar (Job 20.25) y su bilis (15.13). Heb. *mĕrôrâ/mĕrērâ* y *rō'š/rôš* también son empleados en el AT como una metáfora para la amargura de vida, sobre todo de una vida carente de las bendiciones de Dios (p. ej., Dt 32.32). En la LXX Gr. *cholḗ* traduce varias palabras hebreas que significan «hiel», «veneno», y «amargura». Mateo 27.34 certifica que a Jesús se le ofreció vino mezclado con hiel poco antes de su crucifixión; esta burla de Jesús es al mismo tiempo un cumplimiento de Salmo 69.21 (MT 22). En Hechos 8.23 hiel se usa metafóricamente para describir la esclavitud que impide a Simón el mago discernir la gracia de Dios.

David A. Dorman

HIERÁPOLIS (Gr. *Hierápolis*)

Una ciudad comercial y colonia militar situada en el valle del Lico del suroeste de Asia Menor cerca de Colosas y Laodicea. Hierápolis era conocida por su producción de textiles y era el centro de cultos de misterio (Strabo *Geog.* 13.4.14). La comunidad judía en Hierápolis fue colonizada cuando Antíoco III transfirió soldados judíos de Mesopotamia y Babilonia a Frigia y Lidia c. 210-205 a.C. (Josefo *Ant.* 12 [147-53]; cf. *CIJ* 2.775). Pablo menciona Hierápolis como un lugar donde Epafras ministró (Col. 4.12-13). Ireneo consideró a Papías, obispo de Hierápolis c. 125 d.C., como un «oyente» (discípulo) de Juan (*Adv. haer.* 5.33.3-4); aunque Eusebio desacredita esto (*HE* 3.39.2-4), Papías es considerado un padre apostólico.

Bibliografía. J. M. G. Barclay, *Jews in the Mediterranean Diaspora* (Edinburgh, 1996); M. Hengel, *Between Jesus and Paul* (Philadelphia, 1983); E. M. Yamauchi, *The Archaeology of New Testament Cities in Western Asia Minor* (Grand Rapids, 1980).

Lynne Alcott Kogel

HIERBA

Varios cientos de especies de plantas que crecen de manera silvestre en Israel se representan en la Biblia con los términos Heb. *deše'*, *'ēśeḇ*, *ḥāṣîr*, y *yereq*, ya sea solos o combinados. Hierba es una buena aproximación a lo que estas palabras significan, pero también se refieren a la vegetación verde en general, tanto densa como herbácea. El Gr. *chórtos* también significa hierba o cualquier planta verde.

La hierba aparece en muchos contextos en la Biblia. Acab envía a Abdías en busca de hierba para que sus animales coman (1 R 18.5). El Salmista alaba a Dios por proveer hierba para el ganado (Sal 104.14).

Muchas menciones de hierba se encuentran en símiles. Elifaz promete a Job que sus descendientes serían tan numerosos como la hierba de la tierra (Job 5.25). «Y los de la ciudad florecerán como la hierba de la tierra», cantó el Salmista (Sal 72.16), quien también se dio cuenta de que los malos brotaban «como la hierba». (92.7[TM 8]).

El agua en la hierba, especialmente el rocío de la mañana, hace que resplandezca y que se vea más vital. Moisés cantó: «Mi enseñanza… destilará… como gotas sobre la hierba» (Dt 32.2). La visión de Miqueas de un Israel renovado ve al remanente de Jacob como rocío del Señor: «como las lluvias sobre la hierba» (Mi 5.7[6]). Proverbios compara el favor de un rey al rocío sobre la hierba (Pr 19.12).

En contraste, la hierba fácilmente se desvanece con el calor del día y, de esta manera, es un símbolo de fragilidad. Isaías profetiza que los asirios serían «como heno de los terrados, que antes de sazón se seca» (Is 37.27). De igual manera, Jesús habla de la hierba del campo, que un día produce flores bellas y al siguiente se echa al horno (Mt 6.30 = Lc 12.28).

HIERBAS

Un término general que designa todas las formas de las plantas verdes para el consumo humano. Como con gran parte de la terminología bíblica para los fenómenos naturales, el uso es con frecuencia impreciso para los estándares modernos. Las hierbas incluyen verduras (Heb. *yārāq;* Pr 15.17) y condimentos como el comino, la menta y el eneldo (Gr. *láchanon;* Lc 11.42). En general, las hierbas eran recogidas de los campos donde crecían silvestres (*'ēśeḇ; Gn* 2.5; Prov. 27.25; *'ôrâ;* 2 R 4.39).

Véase Hierbas amargas.

HIERBAS AMARGAS

Para que los israelitas pudieran recordar la amargura de su esclavitud en Egipto, Dios prescribió que los israelitas comieran hierbas amargas (Heb. *mĕrōrîm*) junto con el cordero y el pan sin levadura en la Pascua (Ex 12.8; Nm 9.11). Muchas hierbas amargas crecen en el Bajo Egipto, incluyendo los dientes de león, comino, fenogreco, escarola, berros, y acedera. Los rabinos sugirieron cinco plantas como adecuadas para comer como *mĕrōrîm*, dos de las cuales se pueden identificar positivamente como lechugas y achicorias (*Pesaḥ.* 2.6). Rábanos, lechuga y rábano picante pueden representar las hierbas amargas en el moderno séder o banquete pascual.

MEGAN BISHOP MOORE

HIERONYMUS (Gr. *Hierōnymos;* Lat. *Hieronymus*)

1. Un gobernador de distrito en la época de Antíoco V Eupator que antagonizó con los judíos (2 Mac 12.2).

2. Forma latina de Jerónimo, traductor de la Vulgata.

HIERRO

Metal maleable derivado de óxidos minerales, tales como la hematita y la limonita. Es el ingrediente principal del hierro forjado y el acero. Ya en el tercer milenio a.C., hay evidencias de canteras y del uso de artefactos de hierro. Estos primitivos artefactos tenían siempre un alto contenido de níquel, y estaban aparentemente hechos con hierro meteórico. El origen celestial del hierro original está señalado como el «metal del cielo» en las referencias del Antiguo Reino egipcio al mismo; y también en los símbolos cuneiformes sumerios utilizados en Mesopotamia para referirse al «cielo» y al «fuego». A mediados del tercer milenio se hacían artefactos con hierro de fundición en Anatolia. La tecnología del hierro fue muy desarrollada por los hititas en el segundo milenio. En la actualidad, la evidencia física más antigua en cuanto a extracción y fundición de hierro en Canaán, es de finales del segundo milenio, en Timnat. El hierro se convirtió en el primer milenio en el metal de más uso práctico en el Levante, y de allí la designación del período como la Edad del Hierro.

La utilización del hierro sustituyó al bronce, como resultado del avance tecnológico, de las propiedades del metal, y de factores económicos. El desarrollo del hierro estuvo inicialmente limitado a la tecnología de la pirotecnia. Los antiguos hornos que podían fundir cobre utilizando mineral cuprífero a una temperatura de 1083ºC, no eran suficientes para fundir hierro a partir de mineral ferroso a 1538ºC (2800ºF). Aplicando bocanadas de aire con cerbatanas y resoplidos, se podía generar suficiente calor para quitar las impurezas y crear «crecimientos de hierro» esponjoso de aprox. 20 kg (22 lb), después de haber sido recalentado y martillado para quitar las impurezas de la escoria y el carbón vegetal, y hacer hierro forjado. Los productos del hierro producido de esta manera no eran tan fuertes como el bronce endurecido, y no podían ser fundidos en moldes, ya que no era licuado. El uso del carbón vegetal en hornos de cuba, que creaba una atmósfera reducida de monóxido de carbono, hacía posible separar de manera efectiva el hierro de la roca mineralizada y carbonatada. Los pasos posteriores que llevaron al incremento de la excavación del hierro fueron la carbocementación y el endurecimiento por laminación en frío. La incorporación de menos de 1% de carbón en el hierro forjado producía acero. Este acero, cuando era calentado al rojo vivo y enfriado rápidamente, daba como resultado un producto que podía alcanzar una dureza de 6.5 en la escala de Mohs, superando al mejor bronce, y logrando una resistencia a la tracción y al impacto mucho mayor. De esa manera, con los metales ferrosos se podían hacer bordes en armas y herramientas que podía soportar un uso intenso.

Al comienzo del primer milenio, el hierro reemplazó al bronce como el metal más usado en la fabricación de la mayoría de los utensilios de metal, con excepción de los que eran moldeados con mucho detalle, y de aquellos cuya estética requería otro material diferente al hierro. Factores económicos contribuyeron a esta transición. La producción de hierro utilizaba yacimientos locales, y eliminaba la necesidad de importaciones costosas de estaño. Una ventaja más en el trabajo con el hierro, era que el proceso requería sólo la mitad del combustible que se necesitaba para producir el bronce. La única desventaja con el hierro era que exigía más trabajo, pero esto no era un gran obstáculo ya que la mano de obra era barata.

En la Biblia, el famoso «padre de los metalúrgicos», Tubal-caín, es reconocido como el precursor de quienes trabajaban el bronce y el hierro (Gn 4.22). La actividad metalúrgica de Tubal-caín ha sido considerada por algunos como un mito anacrónico; por otros, como evidencia de una habilidad metalúrgica que se perdió como resultado del diluvio; o más probablemente como la primera vez que se utilizó el método de calentar y martillar los metales y los minerales utilizando una tecnología que se desarrolló con el paso del tiempo. De acuerdo con el texto bíblico, el hierro era muy conocido en el tiempo de Moisés. En el contexto del Éxodo, Canaán era reconocido como un lugar donde los israelitas podían explotar yacimientos de hierro locales (Dt 8.9), y donde posiblemente utilizaban armas (Nm 35.16) e instrumentos (Dt 2.5) de hierro. No se dice que se usó hierro en la construcción del tabernáculo, pero la práctica era conocida lo suficiente, lo que dio lugar a una figura del lenguaje para referirse a la experiencia cultural de los israelitas en Egipto (Dt 4.20). En la conquista del territorio de Canaán, y hasta la monarquía davídica, parece ser que los israelitas estuvieron en desventaja metalúrgica frente a los cananeos, cuyos «carros herrados» fueron un poderoso impedimento para que los israelitas se expandieran hasta las llanuras (Jos 17.16; Jue 1.19; 4.3). Más tarde, los filisteos, que utilizaban armas de hierro como las encontradas en contextos del siglo XI, en sus ciudades de Ecrón y Tell Qasile, mantuvieron un monopolio de la metalurgia y del hierro en particular, lo cual los ayudó a dominar a los israelitas (1 S 13.19-22). Al monopolio metalúrgico le puso fin el rey David, quien se infiltró entre los filisteos. Acumuló enormes cantidades de hierro, en preparación para la construcción del Templo de Jerusalén (1 Cr 29.2-7), y también obligó a los amonitas a trabajar para él, utilizando herramientas de hierro, tales como sierras, trillos y hachas (2 S 12.31). El hierro llegó a ser utilizado comúnmente en la arquitectura (Jer 1.18), particularmente en la fabricación de barras y clavos para reforzar las puertas (1 Cr 22.3; Is 45.2). Los hebreos utilizaron herramientas de hierro (1 Cr 20.3), y éstas tenían un valor considerable (1 Cr 29.7). En las listas taxonómicas, el hierro aparece después del oro, la plata y el bronce (Jos 6.19; 22.8; 2 Cr. 2.14; Dn. 2.33-35), pero antes del plomo (Ez 22.20). El hierro es sinónimo de fuerza, tanto en el AT como en el NT (p.ej., Job 40.18; Ap 12.5).

Bibliografía. V. C. Pigott, «Near Eastern Archaeometallurgy,» en *The Study of the Ancient Near East in the Twenty-first Century,* ed. J. S. Cooper y G. M. Schwartz (Winona Lake, 1996), 139-76.

ROBERT W. SMITH

HÍGADO

Órgano más grande y pesado en los cuerpos humanos y de animales. El término hebreo *(kāḇēḏ)* al parecer deriva de la raíz común semítica *kbd*, «ser pesada», y puede referirse a un órgano físico o a lo más profundo del ser. En todo menos en una ocurrencia del AT el término se refiere a un animal. El lóbulo o apéndice del hígado del animal sacrificado, juntamente con dos riñones y la grasa adjunta a las entrañas y los riñones, se quemaba en el altar (por ejemplo, Ex 29.13, 22; Lv 3.4, 10, 14-15). Proverbios 7.23 describe una saeta que traspasa el hígado de un ave atrapada en una red, hiriéndola mortalmente, como representativo del hombre que se somete a la seducción de una ramera. Lamentaciones 2.11, la única referencia del AT al hígado humano, profiere una pena intensa ocasionada por la trágica destrucción de Jerusalén. Aunque el término más general «entrañas» connota comúnmente una emoción apasionada, la expresión «mi hígado se derramó por tierra» cumple una función similar (el acadio y el similar ugarítico puede denotar el asiento de las emociones).

La literatura asiria y babilónica tiene abundantes referencias de la examinación de un hígado para propósitos de adivinación. Numerosos libros sobre la observación del hígado, colecciones de textos de presagios y tantos como 32 modelos de un hígado encontrados en Mari indican la importancia y la prevalencia de esta práctica. En su declaración que el juicio vendría sobre Israel por medio de los babilonios, el profeta Ezequiel (Ez 21.21 [TM 26]) describe a Nabucodonosor utilizando tres variedades de adivinación para determinar la ruta correcta para su fuerza militar. Según Ezequiel, Nabucodonosor echaba suertes disparando saetas, consultando a los ídolos y examinar un hígado (hepatoscopía).

Bibliografía. C. Dohmen and P. Stenmans, « kāḇēḏ I,» *TDOT* 7:13-22; H. W. Wolff, *Anthropology of the Old Testament* (Philadelphia, 1974).

MICHAEL A. GRISANTI

HIGAIÓN (Heb. *higgāyôn)*

Un término enigmático que ocurre en la antigua poesía hebrea. Es probable que se derive de *hgh* («gemir, gruñir,» «musa»), y puede referirse a reflejar/meditar (Sal 19.14[TM 15]; Lam 3.62; cf. Sal 9.16[17] con *selâ,* tal vez señalando una pausa reflexiva o un interludio instrumental) o una manera de cantar o acompañamiento musical, posiblemente un «broche de oro» (Sal 92.3[4], donde ocurre con *kinnôr,* «lira»; LBLA «la música sonora de la lira»).

TYLER F. WILLIAMS

HIGUERA

Árbol (*Ficus carica* L.; heb. *tĕʾēnâ*; Gr. *Sykon, sykê*) cuyo fruto era básico en la dieta del mundo mediterráneo antiguo, desde tiempos más remotos. El árbol alcanza una altura promedio de 3-6 m (10-20 pies). Sus largas hojas palmeadas se abren en el comienzo de la primavera y se caen al principio del invierno. Normalmente, el primer fruto (cf. Cnt 2.13; Os 9.10) aparece en febrero, antes de que las hojas aparezcan en abril/junio. Cuando las hojas aparecen, el fruto generalmente está maduro. Un árbol produce dos cosechas al año, una en el comienzo del verano y la cosecha principal en otoño. Es un árbol dioico, que significa que tiene variedades tanto masculinas como femeninas. Las masculinas (lat. *Caprificus*) crecen de manera silvestre, por semillas esparcidas principalmente por aves y murciélagos, en tanto que las femeninas son plantadas por brotes de los árboles cultivados y requieren de atención (Pr 27.18). La producción de fruto de las femeninas depende de un proceso conocido como caprificación: las avispas que incuban en las flores del higo de cabra, llevan el polen del árbol masculino para fertilizar las flores femeninas, de las que se desarrolla el higo. Los brotes de higo, de dos a tres años de edad, llegarán a ser árboles jóvenes que producirán el primero o segundo año después de haber sido plantados. Existe una considerable literatura sobre el cultivo de la higuera en los manuales de agricultura griega y romana (Plinio, Catón, Varrón, Teofrasto, Columela).

La higuera es el primer árbol frutal que se menciona en el AT. Las muchas más referencias al higo indican su importante papel en la economía de Palestina. Fue uno de los alimentos que interesó a los hebreos en la conquista de Canaán (Nm 13.23; Dt 8.8), y el hecho de que el desierto no fuera apropiado para el higo fue una de las principales quejas (Nm 20.5). El fruto se comía fresco del árbol como un manjar (Is 28.4), se secaba individualmente o en cuerdas, o los apelmazaban en tortas (1 S 25.18) para los meses de invierno. Las tortas de higo seco también se usaban como cataplasmas medicinales (2 R 20.7 = Is 38.21).

La referencia más común a la higuera en el AT es metafórica. Se utiliza por lo general para representar paz, prosperidad y la bendición de Dios («Y se sentará cada uno debajo de su vid y debajo de su higuera», Mi 4.4; 1 R 4.25; Hag 2.19; Zac 3.10; 1 Mac 14.12; cf. 2 R 18.31; Is 36.16 Jl 2.22), o el juicio de Dios («La vid está seca, y pereció la higuera», Jl 1.7; 12; cf. Sal 105.33; Jer 5.17; Os 2.12[TM 14]; Am 4.9; Nah 3.12; Hab 3.17). Otros usos metafóricos aparecen en Jueces 9.10-11; Isaías 34.4; Jeremías 8.13; 24.1-8; 29.17; Oseas 9.10; cf. Amós 8.12.

En el NT también el uso dominante de la higuera es metafórico (Mt 7.16 = Lc 6.44; Stg 3.12). Representa el inminente fin del mundo (Mr 13.28 = Mt 24.32 = Lc 21.29). El pasaje más problemático es la maldición que Jesús le da a la higuera (Mr 11.12-14, 20-22 = Mt 21.18-22). Debido a que este relato enmarca la limpieza del templo, parece que Marcos lo considera como un acto de juicio profético en el rito del templo, por prometer pero no aplicar la piedad verdadera (Jer 8.13; 24.1-10; cf. Mt 7.15-20). En Lucas 13.6-9 Jesús cuenta una parábola acerca de la higuera estéril, que refleja las características realistas de la agricultura en la Palestina del siglo I. Lucas no proporciona una interpretación de la parábola.

Bibliografía. F. N. Hepper, *Baker Encyclopedia of Bible Plants* (Grand Rapids, 1992), 110-14; H. N. nd A. L.Moldenke, *Plants of the Bible* (1952, repr. New York, 1986), 103-6.

Charles W. Hedrick

HIJA

En la mayoría de los casos, la hija de una familia (Heb. *bat*). El término también puede designar a un descendiente femenino, quizás una nieta (p. ej., 2 R 8.26 = 2 Cr 22.2), o el habitante de una ciudad (p. ej., Jue 21.21) o región (p. ej., Gn 24.3). A veces, heb. *bēn*, «hijo,» abarca ambos sexos; como los hijos, las hijas son consideradas como bendiciones (Sal 128.3) y deben honrar a sus padres (Ex 20.10); ambos profetizarán en tiempos mesiánicos (Jl 2.28 [TM 3.1]).

Las hijas fueron muy valoradas debido a su trabajo físico y porque la vida continuaba por medio de ellas (Gn 29.9; Ex 21.7). Prohibiciones sexuales (Lv 18) protegen a las hijas y prohíben a un hombre de tener relaciones sexuales con su hija, la hija de su hijo, la hija de su hija, la nuera, una mujer y su hija, y la hija de la esposa de su padre.

Cuando una hija se casaba, su padre recibía una dote; por lo general esto era devuelto a ella como la dote (Gn 31.15). Un padre podía anular el voto de su hija (Nm 30.3-5). Aunque las genealogías principalmente enumeran a los hijos primogénitos, ellas también nombran a las hijas cuando no hay hijos (Gn 46.17; Nm 26.46 [= 1 Cr 7.30]; 27.1-11; 36.1-12; Jos 17.3).

Las hijas de extranjeros, sobre todo los cananeos y los filisteos, recibieron poca alabanza y se les atribuyó la ruina de Israel (Jue 3.6; Mal 2.11). La ley prohibió contraer matrimonio con ellas (Dt 7.3). Después del exilio, los israelitas consintieron en no dar a sus hijas en matrimonio a los pueblos alrededor de ellos o tomar a hijas extranjeras para sus hijos (Neh 10.30 [31]).

En materiales genealógicos, las ciudades o los pueblos son representados como «hijas», indicando su relación como colonias o dependencias de un estado (p. ej., Sal 48.11) o ciudad (1 Cr 2.3, 21, 35, 49). En otras partes «hija» se usa metafóricamente. Las doncellas de Jerusalén son las amigas de la novia (Cnt 8.4), y la «hija de Sión» es la personificación de Jerusalén (Is 1.8; 62.11; Jer 4.31; Lm 2.8).

Jesús usó «hija» como un término de respeto y cariño (p. ej., Mr 5.34 par.).

Robin Gallaher Branch

HIJO

Descendiente varón (heb. *bēn*;; gr. *huiós),* que incluye al que está más allá de la primera generación (p. ej., Gn 31.28; Ex 12.24). El término también es un sustantivo genérico de hijos y a veces se usa para categorizar grupos: a toda una nación, hombres y mujeres («hijos de Israel», Gn 32.32[TM33]); a una designación geográfica («hijos de Sion», Sal 149.2; «orientales», Gn 29.1); a una clase o profesión («descendientes de Aarón» o «Asaf», 2 Cr 35.14-15; «hijos de los perfumeros» Neh 3.8; «hijos de los profetas» 2 R 2.3; cf. Am 7.14). También puede designar a una persona que exhibe cierta cualidad: «virtuoso» (1 R 1.52 RVR Antigua); «Hijos del Trueno» (Mr 3.17).

El papel de hijo era de gran importancia en el orden social antiguo. A lo largo del antiguo Cercano Oriente, el patrón normal de herencia para la transferencia de propiedades era de padre a hijo y se le daba importancia particular al primogénito (p. ej., Gn 27.19; Dt 21.15-17). Si un hombre moría sin descendencia, su viuda se casaba con su hermano; el primer hijo de la unión llevaba el nombre del hombre muerto, para que no fuera «borrado de Israel» (Dt 25.5-6). Los primogénitos deben ser redimidos (Ex 34.20). Una historia frecuente del AT se refiere a la pareja sin hijos. Abram y Sarai anhelaban un hijo; el nacimiento milagroso de Isaac ocurrió cuando sus padres eran ancianos (Gn 21). A menudo ese hijo llega a ser un libertador como Sansón (Jue 13) o cumple una misión especial como Samuel (1 S 1-2).

Junto con el privilegio llegaban las responsabilidades del hijo. Los hijos tienen que honrar a sus padres (Ex 20.12), y tienen que ser instruidos y disciplinados (13.14; Dt 8.5; 11.19; Jos 4.6). Un hijo es el deleite de su padre, pero tiene que atender los mandamientos de su padre y no debe abandonar las enseñanzas de su madre (Pr 3.12; 6.20). Las relaciones sexuales entre el hijo y su madre, la esposa de su padre, su hermana, hija de su hijo, hija de su hija, hermana de su padre, hermana de su madre y su nuera están prohibidas (Lv 18.6-30).

«Hijos de Dios» o «hijos de los dioses» se refieren a seres divinos o semidivinos que están relacionados con la congregación celestial (Job 1.6; Sal 89.5-6[6-8]), con ángeles (Dn 3.25) o con seres primitivos (Gn 6.2, 4). Dios llama a Israel su hijo primogénito (Ex 4.22), así como también es su rey (2 S 7.14; Sal 2.7). En el NT a Jesús se le llama el Hijo de Dios (Mt 14.33; 16.16; Mr 1.1; 3.11; Lc 1.35; cf. Mr 14.61).

A Jesús se le llama hijo de Abraham e hijo de David (Mt 1.1; Lc 20.41). La definición mesiánica de sí mismo, favorita de Jesús, era Hijo del Hombre, una referencia clara a la visión de Daniel de «uno como un hijo de hombre» (Dn 7.13; Mr 14.62).

ROBIN GALLAHER BRANCH/LEE E. KLOSINSKI

HIJO DE DIOS

Persona o pueblo que tiene una relación cercana con Dios; en el NT es un título de Jesús. El Señor prometió por medio de Natán que el descendiente de David sería «a mí hijo» (2 S 7.14; 1 Cr 17.13: 22.10; 28.6), y otros textos llaman al rey hijo del Señor (Sal 2.; cf. Is 9.6-7[TM]) y primogénito (Sal 89.27-29[28-30]). Varios pasajes llaman al Señor el «padre» de Israel (Dt 32.6; Is 64.8[7]; Jer 31.9), y otros se refieren a Israel o Efraín como el «hijo» del Señor (Ex 4.22-23; Jer 31.9; Os 11.1). A la gente se le puede llamar hijos e hijas del Señor (Dt 32.19; Is 43.6; Os 1.10[2.1]).

Fuentes judías intertestamentarias llaman a los ángeles hijos de Dios (Sab 5.5) e identifican al hombre justo sufriente como hijo de Dios (Sab 2.16-18; Eclo 4.10), y varios textos del Qumrán, especialmente el texto arameo 4Q246 sobre el que se debate acaloradamente, proporcionan evidencias enigmáticas en cuanto al término «hijo de Dios» (cf. También 4QFlor 1.11-13; IQSa 2.11). El mundo greco-romano le otorgaba el título de Hijo de Dios al César.

Aunque Pablo habla del Hijo 15 veces, utiliza el título completo Hijo de Dios solamente tres veces (Ro 1.4; 2 Co 1.19; Gá 2.20). Una de estas tres está en la primera confesión cristiana de que Jesús fue «declarado hijo de Dios con poder» en su resurrección (Ro 1.3-4). Otras referencias paulinas al Hijo están en afirmaciones de que Dios no escatimó a su propio Hijo (Ro 8.32), lo envió a condenar el pecado (v. 3) y a redimir a los que están bajo la ley (Gá 4.4), predestinó a los creyentes para que fueran hechos a la imagen de su Hijo (Ro 8.29), reveló a su Hijo a Pablo (Gá 1.16) y envió el Espíritu de su Hijo (4.6). Otras referencias al Hijo están en declaraciones con pasivos divinos (Ro 1.4; 5.10; 1 Co 15.28; cf. 1.9), aunque Pablo una vez dice que el Hijo de Dios se dio a sí mismo por él (Gá 2.20). La mayoría de estas referencias al Hijo están en dos lugares: Romanos 1-8 y Gálatas. Las cartas deuteropaulinas rara vez se refieren al Hijo (Ef 4.13; Col 1.13).

El material Q afirma que el diablo tentó a Jesús como Hijo de Dios (Lc 4.3, 9) y que Jesús una vez habló absolutamente tanto del «Padre» como del «Hijo» (10.22). Marcos, repetidas veces, proclama que Jesús es el Hijo de Dios. Una voz celestial dice a Jesús «mi Hijo amado» en su bautismo (Mr 1.11; cf. v. 1) y en la transfiguración (9.7); los espíritus inmundos lo reconocen (3.11; 5.7); Jesús se refiere a un hijo amado en una parábola (12.6) y habla del Hijo en una expresión (13.32); y el sumo sacerdote pregunta si Jesús es el Cristo, el hijo del Bendito (14.61). Pero un centurión gentil es el único humano que confiesa a Jesús como Hijo de Dios en el Evangelio de Marcos (Mr 15.39).

Mateo afirma que los discípulos confesaron a Jesús como Hijo de Dios (Mt 14.33) y que Pedro lo confesó como el Cristo, el Hijo del Dios viviente (16.16); sin embargo, Mateo también observa que los oponentes utilizan este título dos veces cuando se burlan del Jesús agonizante (27.40, 43). Aunque la narración de la infancia en Lucas promete que Jesús será llamado Hijo del Altísimo (Lc 1.32) e Hijo de Dios (v. 35), los discípulos no expresan ninguna de las confesiones en este evangelio. Pablo hace énfasis dos veces en la identidad de Jesús como Hijo de Dios en Hechos (9.20; 13.33).

El evangelio de Juan a menudo se refiere al Hijo y al Hijo de Dios. El Padre envió al Hijo al mundo que había creado (Jn 3.17; 5.23; 10.36) y le dio todas las cosas (3.35; 5.22, 26); cualquiera que crea en el Hijo no será juzgado (3.17-18), sino que tendrá vida eterna (3.16, 36; 5.21; 6.40). El Hijo hace lo que ve que el Padre está haciendo (Jn 5.19-21); en efecto, el Padre y el Hijo son uno (10.30). Varias de las referencias al Hijo de Dios están en confesiones (Jn 1.34, 49; 11.27), como la declaración de propósito del autor (20.31). Muchas referencias al Hijo y al Hijo de Dios también aparecen en 1-2 Juan, especialmente en 1 Juan 4.9-5.20.

Hebreos anuncia que Dios recientemente nos habló por el Hijo (He 1.2), que está por encima de los ángeles (vv. 4-13). Designado por Dios como sumo sacerdote, según el orden de Melquisedec (He 4.14; 5.6, 10), el Hijo, a través de su sangre, aseguró la redención eterna a los creyentes (1.3; 9.12), a quienes Dios trata como hijos (12.5-8). Habiendo aprendido la obediencia por medio del sufrimiento y al haber sido hecho perfecto, el Hijo llegó a ser la fuente de salvación (He 5.8-9; 7.28); sin embargo, el castigo espera a los que desprecian al Hijo después de haber creído (6.6; 10.29). Otras referencias al Hijo aparecen en 2 Pedro 1.17; Apocalipsis 2.18.

Bibliografía. J. A. Fitzmyer, «4Q246: The 'Son of God' Document from Qumran,» *Bibl* 74 (1993): 153-74; R. H. Fuller, *The Foundations of New Testament Christology* (New York, 1965); F. Hahn, *The Titles of Jesus in Christology* (New York, 1969); M. Hengel, *The Son of God* (Philadelphia, 1976); J. D. Kingsbury, *Matthew: Structure, Christology, Kingdom,* Ap ed. (Minneapolis, 1989), 40-83; W. Kramer, *Christ, Lord, hijo de God.* SBT 50 (Naperville, 1966).

ROBERT L. MOWERY

HIJO DEL HOMBRE

Título que se deriva de un modismo hebreo (*ben 'āḏām*) y arameo (*bar 'ěnāš*) que denomina a un grupo (la humanidad) o a una persona dentro del grupo (ser humano). Su uso como una autodenominación de Jesús en los cuatro evangelios, y la incertidumbre en cuanto a si es un título cristológico, ha llevado a un amplio y aún inconcluso debate en cuanto a su significado exacto.

En el AT la frase aparece a menudo como una denominación de la «humanidad» o de un «ser humano», en contraste a los privilegios divinos (Sal 8.4[TM 5]; cf. también con Nm 23.19). La frase se usa 93 veces en Ezequiel como una denominación del profeta, quizás aquí enfatiza demasiado la simple naturaleza mortal del profeta en contraste con la majestad de Dios quien le habla (p. ej. Ez 2.1).

La aparición de «el hijo del hombre» en Daniel 7.13-14, un texto de enorme influencia en las tradiciones posteriores judías y del NT, hace surgir la pregunta de si este «hijo del hombre» de la etapa precristiana había asumido un significado titular. En su visión apocalíptica que proclama el triunfo final de Israel sobre el tirano seléucico Antíoco IV, Daniel ve a «uno como un hijo de hombre» que se presenta en triunfo ante el trono de Dios. Este «hijo de hombre» representa al Israel escatológicamente triunfante o quizás al representante angelical de Israel ante el trono de Dios. Este «como hijo de hombre» es exaltado, en contraste a la última de las cuatro bestias aterradoras (que probablemente representan a Antíoco) que Dios destruye. En Daniel, la función real del «hijo del hombre» se enfatiza a medida que recibe de Dios el dominio sobre todos los pueblos de la tierra y la promesa de un reino eterno (Dn 7.14-18). Es incierto que en esta etapa el término se utilice en un sentido titular o simplemente como una denominación de un ser humano.

El término también se usa en las así llamadas parábolas de Enoc (1 En 37-71). Aquí es más evidente un contenido titular y mesiánico para el «Hijo del Hombre». Enoc ha unido varias tradiciones (mitología sapiencial en cuanto a la preexistencia y descenso a la tierra de la palabra redentora de Dios, el simbolismo de siervo de la última parte de Isaías, la noción del israelita justo que sufre y a quien Dios vindica, como se encuentra en la Sabiduría de Salomón y en la visión apocalíptica de Daniel) para darle al «hijo del hombre» una definición como figura escatológica de redentor. Es difícil determinar hasta qué punto influyeron las parábolas de Enoc en el uso del título en el NT. Algunos autores consideran que 1 Enoc 37-71 es posterior a los materiales del Evangelio, y en la opinión de algunos, incluso puede ser de origen cristiano. Por lo menos estos textos judíos proporcionan un paralelo a la clase de desarrollo que parece haberse llevado a cabo en la tradición del Evangelio, donde el Hijo del Hombre cobra un peso teológico más grande.

El término «Hijo de Hombre» surgió en el NT casi exclusivamente como una autodenominación de Jesús (gr. *huiós toú anthrṓpou*). Las únicas excepciones son pasajes donde se cita Daniel 7.13-14 (Hch 7.56; Ap 1.13; 14.14) o Salmos 8.4(5) (He 2.6). Los intérpretes han clasificado por lo general los diversos usos del título en tres categorías importantes:

a. Jesús dentro del contexto de su ministerio terrenal: p. ej., Marcos 2.10 (autoridad para perdonar pecados); 2.28 (señor del día de reposo); Mateo 8.20 (no tiene dónde recostar su cabeza); 13.37 (siembra la buena semilla); 12.32 (perdona la palabra en contra de él); 16.13 (quién dice la gente que él es); 18.11 (vino a salvar lo que se había perdido); Lucas 7.34 (comilón y bebedor); 11.30 (una señal para esta generación).
b. Humillación y sufrimientos del Hijo del Hombre: Marcos 8.31; 9.31; 10.33 par. (predicciones de la pasión); Marcos 9.12; 10.45 (da su vida en rescate por muchos); Mateo 12.40 (señal de Jonás).
c. Venida futura en juicio: p. ej., Marcos 8.38; 14.62; Mateo 16.27-28; 19.28; 24; Lucas 17.22, 24, 26, 30; 21.36.

En el Evangelio de Juan el Hijo del Hombre se aplica a Jesús como el enviado de Dios que desciende del cielo y regresa en exaltación (Jn 1.51; 3.13; 6.62). El título también se usa en conexión con la muerte de Jesús, que Juan describe como la hora de la glorificación o exaltación de Jesús (Jn 3.14; 12.23, 34; 13.31).

Un punto que se ha debatido mucho es si el Jesús histórico usó este título. Algunos sugieren que Jesús lo usó simplemente como una autodenominación, a manera de modismo arameo y hebreo (esto es, este ser humano), o como una expresión de humildad. Otros sostienen que Jesús se refirió a una figura de hijo de hombre apocalíptico como en Daniel 7.13-14, pero no se identificó a sí mismo con esta figura triunfante (p. ej., Mr 8.38; Lc 12.8). Pero otros sostienen que el hijo del hombre ya había asumido un sentido titular como en Daniel 7.13-14 y 1 Enoc, pero la tradición del evangelio que se desarrollaba le dio un grupo distinto de significados en su aplicación a Jesús. A la manera de Daniel 7.13-14, el título se aplicó al Cristo glorificado, pero con énfasis en su papel de juez en la Parusía y no de rey. Por extensión, el título se aplicó al ministerio terrenal de Jesús y a sus sufrimientos, usos que son análogos para la clase de fusión de tradiciones que se encuentra en 1 Enoc.

Sigue siendo difícil encontrar consenso en cuanto a la historia de la tradición y el significado preciso de la denominación del hijo del hombre. La interpretación de cualquier pasaje determinado tiene que depender de una apreciación de su contexto inmediato y de los matices que un autor particular del NT le dé.

Donald Senior

HILAR

Véanse **TEJER, BORDAR, COSER**

HILAR, TEJER, TELAR

Hilar y tejer son los procesos más importantes de la producción de tela y eran comunes en los tiempos bíblicos. En tanto que estas actividades tradicionalmente eran trabajo de mujeres en el hogar (Pr 31.13; 19, 22, 24), hay evidencia de que los hombres llegaron a participar en la producción de tela como una empresa económica.

Los hilos se producían de fibras en bruto al hilarlas (Mt 6.28 = Lc 12.27). El lino (heb. *pēšeṯ, pištâ;* Lv. 13.47-48; Pr 31.13; Jer 13.1; Ez 40.3; 44.17; Os 2.5[TM 7]) y la lana (*ṣemer*; Lv 13.47) eran las fibras principales que se usaban en el mundo bíblico. Al hilarlas (*ṭāwâ*), las fibras en bruto se jalaban hacia una hebra suelta, que a menudo era sostenida por una rueca (*kîšôr*; Pr 31.19), y se torcía para formar un hilo continuo. El huso (*pelek*; 2 S 3.29; Pr 31.19) era un palo alto y delgado que podía girar en espiral para retorcer una hebra de fibras, asegurada en un gancho o ranura en la parte de arriba. Tenía un disco, parecido a una pesa o un malacate, ajustado al huso como un volante para un retorcido más eficiente. El hilo que giraba se devanaba en el palo.

A veces el hilo, especialmente el lino, se enrollaba (*šāzar*), al retorcer dos o tres hebras juntas (Ex 26.1; 36.8, 35). El hilo terminado, ya fuera lana o lino, podía usarse para tejer (Ex 35.25).

Tejer es entrecruzar los hilos para formar la tela. En tanto que el tejer se hacía en hogares, algunos tejedores, aparentemente, eran profesionales que se especializaban en tipos particulares de trabajo. El AT hace una diferencia entre los tejedores ordinarios (*'ōrēg*; Ex. 39.22, 27), los «diseñadores» (*ḥōšēḇ*; 26.1; 28.6; 36.8), y «bordadores» (*rōqēm*; 26.36; 28.39, 36.37).

Por lo general se tejía en telares, aparatos diseñados para crear aperturas (caladas) alternando la urdimbre con la trama. Después de que se colocaba cada trama, se golpeaba en contra de la trama anterior con un palo plano y de esta manera se afianzaba la tela. Tres diseños principales de telares se usaban en el mundo bíblico. En un telar horizontal de tierra, se estiraba la urdimbre entre rodillos clavados en la tierra. Aparentemente se refiere a este tipo en la historia de Sansón (Jue 16.13-14), ya que le habría permitido a Dalila tejer sus mechones mientras dormía; cuando Sansón se levantó, jaló las estacas del telar (*'ereg*; v. 14b) que aseguraban los rodillos a la tierra.

En algunos telares verticales, la urdimbre se estiraba entre dos rodillos que estaban fijos en un marco rectangular. El trabajo procedía desde abajo del telar y la tela tejida podía enrollarse en la viga más baja (Is 38.12). Esto permitía al tejedor permanecer sentado y producir productos acabados mucho más largos. La metáfora en la que el asta de la lanza de un hombre poderoso se asemeja a un «rodillo de tejedor» (1 S 17.7; 2 S 21.19) puede derivarse del tamaño de los rodillos más bajos de los telares rectos. También es posible que la imagen indicara que la lanza estaba unida a una correa por un aro, como la plataforma que el tejedor usaba para pasar la urdimbre por la apertura de los telares grandes.

Los telares de pesas tenían las hebras de la urdimbre unidas a un rodillo superior, que las mantenía tensas en grupos con una serie de pesas de piedra o barro. Se tejía de arriba abajo y la trama se golpeaba hacia arriba. Las grandes cantidades de pesas de telares que se han descubierto dan testimonio de la popularidad de los telares de pesas en el antiguo Israel. Se hacían tiras o bandas de color utilizando hebras teñidas en partes de la urdimbre o trama. Los telares de pesas permitían que partes de la calada se abrieran a la vez, se podían hacer patrones tan complicados en la trama al cubrir pequeñas áreas con colores distintos. Esta clase de tejido se hacía más fácil y efectivamente al usar urdimbres de lino y tramas de lana. El trabajo de los «bordadores» y de los «diseñadores» al producir cortinas para el tabernáculo y las vestimentas del sumo sacerdocio (Ex 26.1, 36; 39.29) pudo haber involucrado esa clase de mezcla. La prohibición de usar ropa de lino y lana tejidos juntos (Dt 22.11) podría basarse en un tabú en contra de usar técnicas «sagradas» para propósitos profanos.

Bibliografía. E. J. W. Barber, *Prehistoric Textiles* (Princeton, 1991); *Women's Work: The First 20,000 Years* (New York, 1994); C. Bier, «Textile Arts in Ancient Western Asia,» *CANE* 3: 1567-88.

DANIEL C. BROWNING, JR.

HILCÍAS (Heb. *ḥilqîyâ*)

1. Padre de Eliaquim, primer ministro de Ezequías (2 R 18.18, 26, 37; Is 22.20; 36.3).

2. Sumo sacerdote durante el reinado de Josías. Fue responsable de la recaudación y desembolso de los fondos que se pagaron por la renovación del templo, que acompañó a la reforma de Josías. Durante la renovación, él encontró el libro de la ley, que sirvió como la base para la reforma continua. Él y otros consultaron a la profetisa Hulda a nombre de Josías con el fin de conocer la palabra del Señor en relación con el libro y sus implicaciones para Judá. Hilcías y otros oficiales participaron en la eliminación de implementos de adoración pagana del templo (2 R 22–23; 2 Cr 34–35; Is 36–37) y proporcionaron sacrificios para celebrar la Pascua de Josías (2 Cr 35.8; 1 Esdr. 1.8).

3. Levita anterior al exilio (1 Cr 6.13[TM 5.39]) y posiblemente el bisabuelo de Esdras (Esd 7.1; 1 Esd 8.1). Algunos eruditos identifican este Hilcías con el sumo sacerdote del reinado de Josías (**2** anterior).

4. Un antepasado de Merari, uno de los músicos levitas nombrados por David para el servicio del arca del pacto (1 Cr 6.45[30]).

5. Padre de un sacerdote posterior al exilio llamado Azarías (1 Cr 9.11) o Seraías (Neh 11.11).

6. Uno de los guardianes del templo nombrado por David. Fue el segundo hijo de Hosa, un descendiente de Merari (1 Cr 26.11).

7. Uno de los que estaban junto a Esdras mientras leía la ley delante de la puerta del Agua (Neh 8.4).

8. Uno de jefes de los sacerdotes durante la época de Josué y Zorobabel (Neh 12.7); su hijo Hasabías fue jefe de la casa paterna durante el sumo sacerdocio de Joiacim (v. 21).

9. Un sacerdote de Anatot; padre de Jeremías (Jer 1).

10. Padre de Gemarías, a quien Sedequías envió a Nabucodonosor (Jer 29.3).

11. Un antepasado de Judit (Jdt. 8.1).

12. Un antepasado de Baruc (Bar. 1.1, 7).

13. Padre de Susana (Sus. 2, 29, 63).

MICHAEL L. RUFFIN

HILEL (Heb. *hillēl*)

1. Padre de Abdón, el juez que precedió inmediatamente a Sansón (Jue 12.13-15).

2. Hilel el Viejo (c. 60 a.C.–20 d.C.), claramente la figura más influyente en la historia judía posbíblica. Nacido en Babilonia, llegó a Israel a proseguir el estudio de la Torá bajo los más grandes maestros de la época, Semaías y Avtalión. Hilel fue finalmente promovido a la presidencia del Sanedrín y por lo tanto se convirtió en el jefe *de facto* de los fariseos (30 a.C.– 10 d.C.). Un contempáneo de Herodes y Jesús, fue sin duda uno de, si no el jefe de, los «principales sacerdotes y los escribas» (Mt 2.4) a quien Herodes consultó sobre el lugar de nacimiento del Mesías.

En la tradición rabínica que se le compara con Moisés y Esdras, y se dice que él fue el único que desde Malaquías era digno de que el Espíritu Santo descansara sobre él «como lo hizo en Moisés» (*t. Soṭa* 13.3; *y. Sanh.* 11a).

Hilel fundó una dinastía de presidentes *(něśî'îm)* que gobernaron Israel a través del Sanedrín por más de 400 años, incluyendo a su nieto Gamaliel I y a Yoḥanan ben Zakkai, alumno estrella de Hillel que casi por sí solo conservó el judaísmo después de la destrucción del 70 d.C. Se dice que Hilel dejó un grupo de 80 discípulos, sin duda el fundamento de la «escuela de Hilel,» el grupo farisaico responsable por la formación del «judaísmo rabínico.» Rabí Judá el Príncipe, un descendiente directo de Hilel, produjo la Misná, la base de los dos Talmudes, asegurando la influencia permanente de Hilel sobre el judaísmo.

Hilel radicalmente transformó el movimiento fariseo. Él estandarizó los métodos de interpretación y aplicación de las Escrituras; enfatizó la clemencia en el juicio y en las responsabilidades halájicas; buscó a los pobres, pecadores y gentiles, y abrió para ellos el camino a Dios; y santificó toda la vida al enseñar que incluso las actividades más mundanas son sagradas cuando se hacen para Dios. La influencia de estos énfasis generales se ve fácilmente en el NT.

Dentro de la vida de Hilel, que llegó a ser visto como el rabino ideal. Hilel no sólo predicó, pero practicaba lo que predicaba, y a los maestros se les ordenaba practicar su piedad (*Sanh.* 11a), humildad, paciencia, y accesibilidad (*Šabb.* 31a), y el estilo de enseñanza.

Aunque el impacto de Hilel en el judaísmo rabínico era más directo, su influencia en el cristianismo primitivo es en otro sentido igualmente notable. Debido a la proximidad cronológica, étnica, ideológica, y geográfica, no debe ser ninguna sorpresa que la influencia de Hilel alcanzó a los maestros del NT como Jesús y Pablo. Por ejemplo, Hilel enseñó el principio de la «regla de oro» (*Šabb.* 31a; cf. Mt 7.12), que se debe «amar y buscar la paz» (*'Abot* 1.12; 2.8; cf. Mt 5.9), así como una vista del juicio divino que dentro de la Academia llegó a ser llamado «medida por medida» (*'Abot* 2.7; *Sucad.* 53a; cf. Mt 7.2). Por otra parte, la mayoría de las siete reglas hermenéuticas (*middôṯ*) que Hilel canonizó para la interpretación sistemática y aplicación de las Escrituras se usan en el NT por Jesús y Pablo (*t. Sanh.* 7.11; *'Abot R. Nat.* 37, 110).

Bibliografía. Y. Buxbaum, *The Life and Teachings of Hillel* (Northvale, N.J., 1994); «Hillel (the Elder),» *EncJud* 8.482-85.

W. E. NUNNALLY

HILÉN (Heb. *ḥîlēn*) (también HOLÓN)
Un pueblo en la región montañosa de Judá, asignada a la familia coatita de levitas (1 Cr 6.58[TM 43]). En Josué 15.51; 21.15 es llamado Holón (**1**).

HIMENEO (Gr. *Hyménaios*)
Un oponente de Pablo, que lleva el nombre del dios griego del matrimonio. Himeneo es mencionado con los falsos maestros Alejandro (1 Ti 1.19-20) y Fileto (2 Ti 2.17-18). Se dice que han abondonado la fe, enseñando que la resurrección final ya había tenido lugar. Pablo «lo entregó a Satanás» (es decir, lo excluyó de la iglesia) para que Himeneo aprendiera a no blasfemar (1 Ti 1.20).

HIMNOS, CRISTIANOS ANTIGUOS
Al igual que los rayos de una rueda, los himnos canónicos presentan características que se desarrollan más en los círculos cristianos posteriores al siglo VI. Por ejemplo, los himnos en Apocalipsis pueden reflejar el ceremonial de la corte romana, como el simposio de Metodio de Olimpi refleja la dinámica de la ceremonia de instalación para el cónsul romano Ausonio. Los himnos del Apocalipsis se estructuran a menudo antifonalmente (caps. 4-5), una dinámica traída más a la iglesia occidental por Ambrosio. El fenómeno del martirio en los himnos de Apocalipsis se celebra más tarde por el Papa Dámaso, cuyo tratamiento del martirio de Agnes, sin embargo, carece del erotismo explícito del tratamiento poético de Agnes por el padre latino Prudencio. El aleluya cantado en Apocalipsis 19 más tarde puntúa himnos en las Odas de Salomón y es muy bien recibido por Hilario, Jerónimo, y Agustín como un ejercicio litúrgico. Además, la interacción en el Apocalipsis entre canto de himnos y el silencio en el cielo (Ap

7.10–8.1) tiene su análogo en los himnos de los Hechos de Juan y en la homilía pascual de Melitón de Sardis, que logra un equilibrio entre la adoración apofática y katafática. La música real implicada en el canto de himno está escasamente atestiguada. La primera muestra se encuentra en la notación musical del Papiro Oxírrinco 1786, del siglo III, un himno que alaba al Dios cristiano. La imagen de Apocalipsis de acompañamiento instrumental a sus himnos no puede por sí misma ser suficiente para demostrar el uso de ciertos instrumentos por esta comunidad, pero se encuentra en la cúspide de un debate posterior entre los padres de la iglesia acerca de la conveniencia de la utilización de ciertos instrumentos o cualesquiera instrumentos en absoluto como acompañamiento de himnos.

Pablo asume que los cristianos que se reúnen espontáneamente cantarán himnos (Gr. *psalmós,* 1 Co 14.26), y está práctica se continuó en el grupo informado por el gobernador romano Plinio al emperador Trajano. Sin embargo, estudios reciente preguntan si algunos de los materiales a menudo identificados como de himno en el corpus paulino y en los Evangelios en realidad fueron alguna vez cantados, pero quizás son creaciones literarias especiales que tienen afinidades estrechas con encomios literarios. Esto puede ser especialmente cierto de los himnos en Lucas 1–2 y en el de Juan 1, y en tal sentido, anticiparían producciones como los himnos de Clemente el Educador. Cualquiera que sea la forma en que uno decida la cuestión, los himnos de Lucas muestran un fuerte interés en enraizar el evento de Jesús en la historia de Israel, una tendencia que el Concilio de Laodicea (c. 360) trató de animar al prohibir la producción de himnos no bíblicos. El himno de Juan marca el comienzo de una tendencia hacia la celebración de Jesús con categorías filosóficas. Muchos de los himnos en la biblioteca Nag Hammadi celebran a Jesús usando términos como «forma» y «materia» (Tratado Trípartico) y sobre todo «gnosis»/conocimiento (himno Naaseno), mientras que la presentación de himno de los conocimientos en los Hechos de Andrés tienen un significado determinado por la cruz de Jesús. Los himnos de Arrio en honor a Jesús como criatura, aunque excepcional criatura, provocan fuertes esfuerzos en contra en los los himnos de Atanasio, que encarna la fe de Nicea.

El número casi igual de sílabas en la mayoría de las líneas en 1 Timoteo 3.16 muestra una atención a la regularidad rítmica que llega a la fruición consumada en el himno de Clemente a Cristo Educador. La diferencia métrica de la línea «visto por los ángeles/mensajeros» en el versículo paulino es para algunos analistas una señal de manipulación editorial y anticipa redacción amplia de piezas hímnicas posteriores como los de las Constituciones Apostólicas, presumiblemente con el fin de hacer que los himnos reflejaran la práctica actual. Atención al nombre divino y el nombre de Jesús, presente en Filipenses 2.6-11, se continúa en las partes hímnicas del Evangelio de los egipcios y las Odas de Salomón así como en himnos de los Hechos de Tomás. La presentación hímnica de Cristo como imagen de Dios en el que el pecado es vencido (Col 1.15-20) está presente en la celebración de la humanidad renovada moralmente por el acontecimiento de Cristo *(Aeterno Rerum Conditor)* de Ambrosio. Que este Cristo colosense cumple su papel como imagen de Dios cuando canta la Gloria de Dios es un tema central también presente en el himno Nisibene 50 de Efrén.

Aunque no se puede estar seguro de la novedad pura de algunos desarrollos post-NT en la himnodia cristiana, algunas características hímnicas parecen ser desarrollos que responden a cuestiones diferentes a los que enfrentó durante el período de producción de la literatura canónica. Ignacio en *Eph.* 19 incluye un ataque explícito sobre el atractivo perdurable de la magia en el imperio. El tema de la muerte de Cristo como «sacrificio» hace explícito un motivo tal vez sólo implícito en los himnos canónicos (Melito de Sardis *Homily on the Pasch*). La danza es mencionada en las porciones hímnicas de Hechos de Juan y en el himno pascual de Hipólito. Las oraciones que celebran el papel de la Virgen en hacer a Cristo disponible son especialmente prominentes en la iglesia oriental, donde fueron elaborados numerosos himnos diseñados para su uso en determinados momentos del día (Evangelio de Bartolomé, Cirilo de Alejandría, Gregorio Nacianceno). También puede haber evidencia de que algunas de las Escrituras eran cantadas en este período, lo que también atestigua intercesiones hímnicas para los titulares de cargos eclesiásticos específicos.

En las fronteras de la investigación en esta area se puede preguntar acerca de la forma en que los primeros cristianos hicieron teología se vio afectada por los fenomenos entrelazados de la teoría de música helénica y la antropología cristiana primitiva.

Bibliografía. Editions of texts: F. F. Church and T. J. Mulry, *The Macmillan Book of Earliest Christian Hymns* (New York, 1988); M. Kiley, ed., *Prayer from Alexander to Constantine: A Critical Anthology* (London, 1997); E. Lodi, *Enchiridion Euchologicum fontium liturgicum.* Bibliotheca Ephemerides Liturgicae Subsidia 15 (Rome, 1979). Studies: E. Foley, *Foundations of Christian Music: The Music of Pre-Constantinian Christianity* (Collegeville, 1996); «Liturgical Music: A Bibliographic Essay,» in *Liturgy and Music,* ed. R. A. Leaver and J. A. Zimmerman (Collegeville, 1998), 411-53; R. J. Karris, *A Symphony of New Testament Hymns* (Collegeville, 1996); H. M. Schueller, *The Idea of Music: An Introduction to Musical Aesthetics in Antiquity and the Middle Ages* (Kalamazoo, 1988).

MARK KILEY

HIN (Heb. *hîn;* Egip. *hn*)
Una medida líquida igual a una sexta parte de un bato, c. 3.6. l. (1 gal de EE.UU.).

HIPÓTESIS DOCUMENTAL
Ver Crítica bíblica.

HIPPOS (Gr. *Híppos*)
Una ciudad griega (Antiochia Hippos) fundada por los reyes seléucidas en el siglo III a.C., que se encuentra en moderno Qalʿat el-Ḥuṣn («Fortaleza del caballo »; 212242), 2 km (1.2 mi) este del mar de Galilea. Conquistada por Alejandro Janeo (c. 80 a.C.), Hippos fue tomada por Pompeyo, momento en que Plinio la conoció como ciudad de la Decápolis (*Nat. hist.* 5, 74). Augusto la dio a Herodes el Grande, y después se convirtió en parte de la provincia de Siria. En la época bizantina Hippos era una parte de Palaestina Secunda y la sede de un obispado. Era conocido en arameo como Susita («yegua, caballo»).

Hippos, una ciudad amurallada con una puerta principal en el este y una más pequeña en el oeste, tenía en el lado sur de su calle principal Cardo este-oeste un ninfeo y una casa de baño, y en el lado norte un teatro. Tres iglesias bizantinas se encontraron al norte del Cardo y dos en el lado sur, una de las cuales era una basílica triapsidal catedral, con partes de la pantalla del altar, frente de mármol y teselas se encontraron allí; también tenía un baptisterio triapsidal con pila bautismal y mosaicos con inscripciones griegas. Se han encontrado restos del puerto de la ciudad del mar de Galilea. Mucho de Hippos fue destruida por un terremoto en el año 747 d.C.

Bibliografía. C. Epstein, «Hippos (Sussita),» *NEAEHL* 2.634-36.

W. HAROLD MARE

HIR (Heb. *ʿîr*)
Bejaminita hijo de Bela (1 Cr 7.12).

HIRA (Heb. *ḥîrâ*)
Un amigo adulamita (TM Heb. *rēʿēhû;* LXX, Vulg. «pastor,» de *rōʿēhû*) de Judá el hijo de Jacob (Gn 38.1, 12, 20-23). Fue cuando Judá estaba visitando a Hira que conoció a la hija del cananeo Súa con quien se casó (Gn 38.2).

HIRAM (Heb. *ḥîrām*)

1. Hiram I, rey de Tiro (969-935 a.C.), que vivió en buenas relaciones con David y Salomón. La forma hebrea bíblica del nombre es una versión abreviada de la fenicia Ahiram, que se ha descubierto en un sarcófago con inscripciones en Byblos como el nombre de un rey allí. Bajo Hiram I Tiro disfrutó considerable expansión y prosperidad, como lo demuestra la creación de colonias en Chipre, Sardinia, y Sicilia, y en Gades y Tartesus en España. Josefo informa que Hiram sucedió a su padre Abibaal y reinó por 34 años antes de morir a la edad de 53. A Hiram se le atribuye la construcción de terraplenes para nivelar la parte oriental de Tiro, la ampliación de la ciudad, la tala de madera del Líbano para la construcción de templos, la erección de santuarios a Heracles/Melkart y Astarté, institución de una nueva fiesta para la antigua deidad, demolición de una serie de santuarios, creación de un paso elevado al templo de Zeus/Baal, y la realización de una campaña exitosa contra Utica por su negativa a pagar tributo (*Ag. Ap.* 1; *Ant.* 8).

La amistad de Hiram con David y Salomón probablemente se basó en la necesidad mutua: Israel carecía de habilidades técnicas para el avance de su cultura material; Fenicia carecía de la producción agrícola adecuada. El AT implica que fue poco después de la captura de David de Jerusalén que Hiram envió obreros tirios, que se destacaron en la arquitectura, y también proveyó las materias primas para la construcción del palacio de David (2 S 5.11). Posteriormente Salomón celebró un tratado con Hiram (1 R 5.12[TM 26]). 1 Reyes 5.1(15) indica que Hiram en realidad hizo el contacto inicial después del ascenso de Salomón al trono. Palestina se convirtió en el granero de Fenicia porque Hiram recibió grandes cantidades de cebada, aceite, trigo, y vino anualmente para su familia y sus trabajadores. A cambio Salomón recibió mano de obra calificada además de cedro y madera de cirpés, enviada vía balsas al mar a Jope, para sus proyectos de construcción masiva. Edificios oficiales que datan de este período en Israel muestran muchos signos de influencias fenicias en el diseño y ejecución. Al compartir marineros experimentados, Hiram ayudó además a Salomón en su mantenimiento de una flota mercante que operaba en el puerto de Ezión-geber en el golfo de Aqaba (1 R 9.26-28; 10.11, 22). Esta flota evidentemente navegó a lo largo de las costas africanas y árabes del Mar Rojo, traficando con artículos de lujo de alto costo y poco volume como piedras preciosas y animales exóticos. Cuando el ambicioso programa de construcción de Salomón lesionó el tesoro en exceso o cuando sus operaciones comerciales se encontraron con serios problemas financieros, se vio obligado a ceder 20 ciudades en Galilea a Hiram (1 R 9.10-14).

2. Un artesano talentoso y trabajador metalúrgico a quien el rey de Tiro prestó a Salomón con el fin de decorar el templo de Jehová en Jerusalén, incluyendo la construcción de Jaquín y Boaz (1 R 7.13-47). El padre de Hiram había sido un artesano de Tiro en bronce. Su madre era de la tribu de Neftalí (1 R 7.14) o de Dan (2 Cr 2.14[13]). Estas dos etiquetas podrían derivar de la misma memoria porque la ciudad de Dan estaba dentro del territorio de Neftalí. Sin embargo, el Cronista podría haber alterado la descendencia de Hiram para establecer un paralelismo con el danita Aholiab y la posterior construcción del tabernáculo (cf. Exod. 31.6). Apoyo a la alteración intencionada viene del hecho de que el cronista llama al tirio Hiram-abi en 2 Crónicas 2.13(12), un nombre que puede haber sido creado mediante la unión de «Hiram» al elemento final «ab(i)» de Aholiab. Además, la lista las habilidades de Hiram en 1 Reyes 7.14; 2 Crónicas 2.7, 14(6, 13) se toma de Éxodo 31.1-6; 35.35.

Bibliografía. J. K. Kuan, «Third Kingdoms 5:1 and Israelite-Tyrian Relations during the Reign of Solomon,» *JSOT* 46 (1990): 31-46.

EDWIN C. HOSTETTER

3. Hiram II, rey de Tiro (739-ca. 730), llamado «rey de los sidonios.» Él amplió considerablemente el territorio controlado por Tiro a pesar de la agresión del imperio asirio. Textos que datan de 738 y 734-32 lo listan entre los territorios que pagan tributo a Tiglat-pileser III (*ANET,* 283). En 733-732 entró en una coalición con Rezín de Damasco y el rey de Ascalón contra Asiria; cuando la rebelión fue anulada, sólo Hiram fue perdonado.

4. Hiram III, rey de Tiro (551-532). Al parecer, un leal vasallo de Nabonido, fue convocado de Babilonia para suceder a su hermano Maharbal (Merbal; Josefo *Ag. Ap.* 1.158-59). Con el ascenso de Ciro en 539 Tiro se convirtió en parte del imperio Persa.

5. Hiram IV, rey de Tiro y un contemporáneo del rey persa Darío I Histaspes (521-486). Heródoto (*Hist.* 7.98) se refiere a él como Siromos.

Bibliografía. H. J. Katzenstein, *The History of Tyre* (Jerusalem, 1973).

HIRCANO (Gr. *Hyrkanos*)

1. Hijo de Tobías (2 Mac 3.11), pero de acuerdo con Josefo, el hijo menor de José y nieto de Tobías (*Ant.* 12.160, 186). De una familia de financieros importantes, Hircano donó generosamente al tesoro del templo, y fue admirado también por Ptolomeo por su magnanimidad (*Ant.* 12.219). Una postura proegipcia obligó a Hircano al este del Jordán donde construyó una fortaleza en ʿArâq el-Emîr. Hircano se suicidó cuando el rey seléucida Antíoco IV Epífanes subió al poder (*Ant.* 12.236).

2. Juan (Johanan) Hircano, sumo sacerdote asmoneo y etnarca de Judea 135/4-104 a.C.; hijo de Simón Macabeo, nieto de Matatías. Bajo la dirección de Juan Hircano, que pasó la mayor parte de su vida en batalla, un estado de Judea independiente se amplió considerablemente.

En 134, cuando su cuñado Ptolomeo asesinó a su padre, Juan Hircano escapó a Jerusalén (1 Mac 16.11-22; Josefo *Ant.* 13.228-29; *BJ* 1.54-55). Según Josefo, Hircano entonces sitió a Ptolomeo en Jericó, pero Ptolomeo mantuvo cautivos a la madre y a los hermanos de Hircano, amenazando con arrojarlos de la muralla de la ciudad si Hircano no se retiraba. Esta demora llevó el asedio al año sabático y la campaña fue abandonada. Antes de que Ptolomeo huyera, sin embargo, los mató (*Ant.* 13.235; *BJ* 1.60).

Durante el primer año de gobierno de Hircano, Antíoco VII Evergetes (Sidetes) lo sitió en Jerusalén. Cuando Hircano pidió una tregua con el fin de observar la Fiesta de los Tabernáculos, Antíoco envió ofrendas de sacrificios para ser ofrecidas en el templo. Alentado por esta respuesta, Hircano preguntó acerca de un arreglo. El ejército sirio se marchó después de un acuerdo que los judíos entregaran sus armas, pagaran tributo a Jope y otras ciudades fuera de Judea, y entregaran los rehenes. Además, Hircano se vio obligado a pagar 500 talentos de plata (*Ant.* 13.247). Hircano entonces se unió a Antíoco en batalla contra los partos. Ampliamente financiado por 3000 talentos tomados de la tumba del rey David, Hircano se convirtió en el primer asmoneo en reclutar mercenarios (*Ant.* 13.249).

En 129, cuando Antíoco murió en la campaña parta, su sucesor Demetrio II inmediatamente se involucró en luchas internas. Hircano se aprovechó del debilitado imperio sirio al dejar de pagar tributo y al marchar a Transjordania, conquistando Medeba. Hircano luego se dirigió al norte, capturando Siquem y monte Gerizim, destruyendo allí el templo samaritano rival. Una vez más se volvió al sur, atacando a los idumeos, tomando Dora y Marissa, obligando a los idumeos a someterse a la circuncisión y a la ley judía (*Ant.* 13.255-57). Durante sus últimos años, Hircano atacó Samaria y, después de un largo asedio, arrasó completamente con la ciudad (*Ant.* 13.281).

Josefo atribuye el don de profecía a Hircano, relatando que Hircano se enteró de su victoria sobre Samaria por una voz celestial cuando estaba presentando holocaustos en el templo en Jerusalén (*Ant.* 13.282, 300; *BJ* 1.68).

Las divisiones internas involucraron a Hircano en la naciente lucha por el poder entre los fariseos y los saduceos. Poco a poco, se pasó de los fariseos a los saduceos, aboliendo finalmente las leyes fariseas.

3. Hircano II, hijo mayor de Alejandro Janeo y Alejandra Salomé, nieto de Juan Hircano; sumo sacerdote asmoneo (76-67, 63-40 a.C.) y etnarca de Judea (47-40).

Considerado como el heredero al trono, Hircano II fue nombrado sumo sacerdote durante el reinado de su madre (Josefo *Ant.* 13.408; *BJ* 1.109). En 67, cuando Alejandra murió, Aristóbulo II, el hermano menor de Hircano y más capaz que él, lo desafió por el poder, lo derrotó en la batalla, y lo obligó a rendirse. Mientras Aristóbulo gobernó como sumo sacerdote y etnarca, Hircano aceptó el consejo del gobernador idumeo Antípater a buscar refugio y apoyo en Petra del rey nabateo Aretas. Antípater instó a Aretas a comprometer a su ejército a favor de Hircano a cambio de territorio perdido en guerras anteriores. En 65 Aretas unió fuerzas con Hircano, sitiando a Aristóbulo en Jerusalén, justo cuando Pompeyo apareció en el este con fuerzas militares de Roma. Aristóbulo e Hircano apelaron a uno de los oficiales de Pompeyo, Escauro. Al principio, Escauro decidió contra Hircano, prefiriendo al más rico y más astuto políticamente Aristóbulo (*Ant.* 14.30). Sin embargo, Pompeyo, sospechoso de Aristóbulo, prefirió al más maleable Hircano, a quien nombró sumo sacerdote de una Judea más pequeña y de quien exigió tributo (*Ant.* 14.73).

A cambio del apoyo militar en Egipto, Julio César nombró a Hircano etnarca y sumo sacerdote (*Ant.* 14.137, 143-48). A través de César y el senado romano, Hircano hizo mucho para mejorar la vida de los judíos de la diáspora. Sin embargo, Hircano no pudo sostener su poder en contra del surgimiento de Antípater y sus hijos, Fasael y Herodes. La debilidad de Hircano fue claramente expuesta durante el juicio de Herodes (*Ant.* 14.169-70). En 40 Hircano fue hecho prisionero por Antígono, hijo de Aristóbulo, y los partos. Para descalificar a Hircano de un retorno al sumo sacerdocio, le cortaron las orejas (*Ant.* 14.366). Durante unos años Hircano vivió pacíficamente en Babilonia. Entonces Herodes, que se casó con la nieta de Hircano, Mariamme, lo invitó a vivir una vez más en Jerusalén. En 30 Herodes ejecutó a Hircano (*Ant.* 15.173, 181).

Bibliografía. L. L. Grabbe, *Judaism from Cyrus to Hadrian*, 2 vols. (Minneapolis; 1992); E. Bickerman, *The God of the Maccabees.* SJLA 32 (Leiden, 1979); M. Hengel, *Judaism and Hellenism*, 2 vols. (Philadelphia, 1974); E. Schürer, *The History of the Jewish People in the Age of Jesus Christ (125* b.c.–a.d. *135)*, Ap ed., 4 vols. (Edinburgh, 1973-1987); V. Tcherikover, *Hellenistic Civilization and the Jews* (1959, repr. New York, 1970).

LYNNE ALCOTT KOGEL

HISOPO

En el uso bíblico una planta de identidad desconocida. La alcaparra (*Capparis spinosa* L.) es uno de varios candidatos. A menudo crece en las grietas de las paredes, rociaría líquido, y sus ramas pueden ser bastante largas. El hisopo sirio (*Origanum syriacum* L.), que crece en las rocas en Egipto e Israel, también es una posibilidad, al igual que algunas variedades de orégano (*Origanum maru*). De todas formas, el hisopo bíblico no es el hisopo europeo (*Hyssopus offici-*

nalis L.), que no crece en Egipto o Israel. Muchos eruditos han sugerido que el Heb. *ʾēzôḇ* se refiere a un número de plantas y que la traducción LXX *hýssōpos* puede haber sido un error debido a la similitud de sus sonidos. La planta conocida como hispopo en Juan 19.29 puede en cambio ser el maíz de Jerusalén (*Sorghum vulgare* var. *durra* [Forsk.] Dinsm.).

Los israelitas utilizaron el hisopo para untar sangre en sus postes de la puerta para la Pascua (Ex 12.22). Otros pasajes asocian hisopo con la limpieza (p.ej., Lv 14.4, 6, 49-52; Nm 19.6; Sal 51.7[TM 9]). Salomón sabía del «hisopo que nace en la pared » (1 R 4.33). Juan señala que Jesús, mientras estaba en la cruz, tomó un sorbo de vino agrio de una esponja levantada en una rama de hisopo (Jn 19.29), pero Mateo y Marcos la describen como una caña (Gr. *kálamos;* Mt 27.48; Mk 15.36).

Bibliografía. H. N. Moldenke and A. L. Moldenke, *Plants of the Bible* (1952, repr. New York, 1986); M. Zohary, *Plants of the Bible* (London, 1982).

Megan Bishop Moore

HISTORIA DEL CRONISTA

La historia que comienza con los libros de Crónicas y termina con Esdras-Nehemías. Ya que Crónicas termina con el decreto de Ciro permitiendo a los judíos del exilio volver a su tierra a reedificar el templo y Esdras comienza con lo mismo, se ha supuesto que estos libros forman parte de un todo más grande, una unidad que se explica mejor como la obra de un solo autor o editor. Al postular una autoría común para Crónicas, Esdras, y Nehemías, los comentadores también han citado intereses similares en genealogías, la primacía de Jerusalén, el templo, sacrificio, y las relaciones entre sacerdotes y levitas. Visto desde esta perspectiva, la historia del cronista cubre un lapso histórico enorme, comenzando con la primera persona (Adán) y terminando con el segundo término de gubernatura de Nehemías.

Sin embargo, en recientes décadas el consenso acerca de la autoría se ha deshecho. Algunos eruditos, dirigidos por Sara Japhet y H. G. M. Williamson, distinguen entre la historia del cronista, entendida simplemente como Crónicas, y Esdras-Nehemías. Visto en esta perspectiva, la historia del cronista comienza con la primera persona (Adán) y termina con el exilio babilónico y el decreto de Ciro para volver a casa (2 Cr 36.21-23). A pesar de la creciente popularidad de la teoría de autoría separada, algunos (p.ej., Joseph Blenkinsopp) defienden con tenacidad la autoría común. Otros (p.ej., Thomas Willi) creen que el cronista escribió Crónicas y Esdras-Nehemías en dos etapas diferentes en su vida.

El debate sobre la autoría ha implicado por lo menos cinco temas principales. (1) Los eruditos debaten si el libro de 1 Esdras de la LXX, que comienza con el reinado de Josías, continúa con el regreso, y termina con la fiesta de Tabernáculos (cf. Neh 8), da testimonio de una unidad original de Crónicas, Esdras, y Nehemías o representa un adaptación secundaria del mismo. (2) Los comentaristas no están de acuerdo si el estilo y características del lenguaje de Crónicas y Esdras-Nehemías son similares o diferentes. (3) algunos eruditos ven el doblete en 2 Crónicas 36.22-23; Esdras 1.1-3a como prueba para una autoría común, mientras que otros lo ven como una unión secundaria, que artificialmente une los dos libros. (4) Algunos comentaristas piensan que Crónicas revela una ideología fundamentalmente diferente, más conciliatoria y abierta de la perspectiva más restrictiva de Esdras y Nehemías. Pero otros (p.ej., Gary N. Knoppers) piensan que algunas de las diferencias entre la teología de Crónicas y Esdras-Nehemías han sido también fuertemente marcadas o que algunas de estas diferencias se pueden atribuir al diferente tema que se está tratando (la monarquía anterior al exilio en contraste con el Yehud posexílico). (5) algunos eruditos disciernen diferentes técnicas de composición en Esdras-Nehemías de las que son evidentes en Crónicas. Los autores de Esdras y Nehemías llaman la atención a fuentes, como decretos y cartas reales, mientras que del autor de Crónicas se dice que integra sus fuentes en su narrativa. De manera similar, Esdras-Nehemías evidencia una tipología consistente: proyecto, oposición, y éxito final, pero se considera que este punto de vista dialéctico de la historia en el que un problema (la reedificación del templo de Jerusalén) tras otro (la reedificación de los muros de Jerusalén) es abordado y tratado no es característico de Crónicas.

El debate sobre estos cinco temas no ha llevado a resultados concluyentes. Para complicar más las cosas, no hay manera de suponer que Esdras y Nehemías se derivan del mismo autor. Una lectura cuidadosa de Esdras-Nehemías sugiere que la historia de la composición de esta obra fue compleja. Dada la diversidad de perspectivas en Crónicas, Esdras, y Nehemías, no es sorprendente que algunos eruditos (p.ej., Karl- Friedrich Pohlmann, David Noel Freedman, Frank M. Cross) hayan propuesto teorías de dos o más redacciones en la historia del cronista. Estos autores afirman las conexiones entre Crónicas, Esdras, y Nehemías, pero sugieren que más de un individuo es responsable por los tres trabajos.

¿Qué conclusiones se pueden sacar de este debate en curso? Nuevas teorías de autoría influyen en la interpretación. Los eruditos que sostienen la autoría separada o múltiples ediciones ya no interpretan Crónicas apoyándose principalmente en Esdras-Nehemías. Ya que Crónicas ha dejado de ser visto como inseparable de Esdras-Nehemías, sus inquietudes características ya no se adaptan forzosamente en el molde de Esdras o Nehemías. Tales distinciones han llevado a una variedad de interpretaciones \mías.

Bibliografía. J. Blenkinsopp, *Esdras-Nehemiah.* OTL (Philadelphia, 1988); F. M. Cross, «A Reconstruction of the Judean Restoration,» *JBL* 94 (1975): 4-18; D. N. Freedman, «The Chronicler's Purpose,» *CBQ* 23 (1961): 432-42; S. Japhet, «The Supposed Common Autoría de Chronicles and Esdras- Nehemías Investigated Anew,» *VT* 18 (1968): 330-71; G. N.Knoppers, «'Yhwh Is Not with Israel': Alliances as a *Topos* in Chronicles,» *CBQ* 58 (1996): 601-26; H. G. M. Williamson, *Ezra, Nehemiah.* WBC 16 (Waco, 1985).

GARY N. KNOPPERS

HISTORIA DEUTERONOMISTA

La historia deuteronomista (o deuteronómica) (HD) es una construcción teórica usada por eruditos modernos para entender la unidad expuesta por los libros de Deuteronomio, Josué, Jueces, Samuel, y Reyes. Este consenso erudito tiene una gran deuda con el estudio clásico de Martin Noth, que hizo hincapié en que los libros de Deuteronomio a Reyes constituyen una historia continua caracterizada por una homogeneidad básica en lengua, estilo y contenido. En la reconstrucción de Noth, el deuteronomista incorporó la ley deuteronómica en el comienzo de su obra, enmarcándola con discursos de Moisés, y luego añadió otras fuentes: relatos de conquista y establecimiento, narrativas proféticas y discursos, anales y archivos oficiales. El deuteronomista ordenó y dio forma a estas fuentes, presentando su propia cronología distintiva, e insertando sus propios comentarios y discursos (a menudo en labios de personajes principales) en coyunturas críticas en su historia. Como la técnica compositiva del deuteronomista incluyó la selección, edición, y creación de nuevo material, la obra resultante no era simplemente una compilación de relatos, anales y sagas, sino un trabajo unificado que manifiesta un diseño deliberado y una uniformidad de objetivo. El estudio de Noth proporcionó una alternativa convincente para aquellos eruditos más antiguos que se concentraron únicamente en libros históricos aislados sin reconocer su relación a otros dentro del HD y a aquellos que intentaron identificar hilos dentro del continuo HD con o análogo a fuentes del Pentateuco.

Temáticamente, Noth vio la HD como un trabajo pesimista que hizo una crónica y censuró el registro de la existencia de Israel en la tierra. Desde luego había puntos altos en la historia de Israel, como la dedicación del Templo (1 R 8), pero tales acontecimientos positivos no podían prevenir la eventual caída de la monarquía, ni proporcionar una base para futura esperanza. La historia de Israel es así un registro «de una decadencia cada vez más intensa» que termina en desastre: el exilio babilonio. Las opiniones de Noth han sido desarrolladas y refinadas en la erudición reciente. John Van Seters defiende la unidad esencial de la HD mediante una comparación con la historiografía del antiguo Cercano Oriente y griega. Los nuevos críticos literarios enfatizan su unidad como una obra de arte cuidadosamente trabajada.

Muchos otros eruditos han procurado modificar las opiniones de Noth. Tanto Gerhard von Rad como Hans Walter Wolff cuestionan las conclusiones de Noth sobre el propósito y el tema. Von Rad señala a una alternancia entre temas de «evangelio» y «ley» en Samuel–Reyes. Las promesas davídicas retrasan el exilio (p. ej., 1 R 11.11-13, 31-35), mientras que la liberación de Joaquín de la prisión (2 R 25.27-30) presagia el renacimiento final de la línea de David, señalando que la HD termina con una promesa mesiánica y no un juicio final. Wolff cita la importancia de volver *(šûḇ)* a Jehová en Deuteronomio, Jueces y Reyes para sostener que la HD avanza un elemento de esperanza. El juicio divino no implica el destino de Israel, pero llama a los exiliados al arrepentimiento, porque la vuelta del pueblo *(šûḇ)* a Dios puede provocar que la compasión de Dios vuelva a ellos (1 R 8.46-53).

Frank M. Cross y Rudolf Smend desafían la noción de Noth que la HD fue el producto de un autor del exilio. Estos eruditos, y las escuelas de pensamiento que ellos han llegado a representar, plantean una serie de ediciones. Cross sostiene que la edición principal de la HD fue formada durante el reinado de Josías como un documento programático que promueve el avivamiento de Josías del estado de David. Esta edición principal de la HD (Dtr1) fue retocada y revisada en una edición mucho menos extensa (2 R 23.25–25.30) en el exilio (Dtr2). Cross basa su argumento en la interacción entre dos temas principales que abarcan la mayor parte de Reyes: «el pecado de Jeroboam,» que reverbera a lo largo de la narración del reino del norte, y las promesas a David, que retienen la ira divina en la historia de Judá. El redactor exílico (Dtr2) retocó la obra anterior, introdujo el subtema de la apostasía de Manasés, atribuyendo la destrucción de Judá a su perfidia, y registró el exilio de Judá. Los partidarios de la teoría de Cross han discutido si la contribución de Dtr2 era más sustancial (p. ej., Brian Peckham) o menos (p. ej., Steven L. McKenzie). Otros se han concentrado en el trabajo de Dtr1. Gary N. Knoppers, p. ej., sostiene que la atención prestada a la historia de la monarquía del norte, la caída de Israel, y el reinado de Josías, sólo puede ser entendida en el contexto del tratamiento de Dtr1 de la Monarquía Unida y las causas que él imputa a la creación de la Monarquía Dividida.

Smend interpreta estas ediciones sucesivas como presentes a lo largo de la mayor parte de Josué–2 Reyes, y añade un segundo deuteronomista nomísticamente orientado (DtrN) al deuteronomista históricamente orientado postulado por Noth (DtrH). A estas ediciones exílicas Walter Dietrich añade una tercera edición proféticamente orientada (DtrP), escrita después de DtrH, pero antes de DtrN. Mientras que DtrH, mucho como la HD de Noth, funciona como una etiología para el nadir de Judá, DtrP ataca la apostasía política y de culto de la realeza del norte. El tercer redactor (DtrN) supuestamente añadió refranes legales clasificados, el código de la ley mismo, y las tradiciones reales de Jerusalén. Aunque Dietrich afirma que las tres redacciones fueron completadas por 560 a. C., Smend cree que DtrN proviene del período posexílico temprano. Otros seguidores de Smend abogan por una sucesión de ediciones de DtrN. Pero otros discrepan con Dietrich sobre la naturaleza y el objetivo de las redacciones principales: DtrH, DtrP, y DtrN.

Algunos eruditos recientes han desarrollado nuevas teorías de redacciones múltiples, citando variaciones en las fórmulas reales de reyes del norte y del sur. Sus argumentos no caen fácilmente en ningún modelo particular, pero en muchos casos ellos incorporan rasgos de las hipótesis de Cross o Smend. Todos estos eruditos (p. ej., Manfred Weippert, André Lemaire, Mark A. O'Brien, Iain Provan, Baruch Halpern, y David S. Vanderhooft) hablan de una o varias ediciones preexílicas sustanciales de la HD y de al menos una edición exílica. A pesar de la proliferación de diferentes hipótesis de redacción, la mayor parte de los comentaristas todavía hablan de una historia deuteronomista, testificando así de la influencia profunda de la teoría de Noth.

Bibliografía. F. M. Cross, *Canaanite Myth and Hebrew Epic* (Cambridge, Mass., 1973); B. Halpern y D. S. Vanderhooft, «Editions of Kings in the 7th-6th Centuries b.c.e.,» *HUCA* 62 (1991): 179-244; G. N. Knoppers, *Two Nations Under God: The Deuteronomistic History of Solomon and the Dual Monarchies,* 2 vols. HSM 52-53 (Atlanta, 1993-94); S. L. McKenzie, *The Trouble with Kings: The Composition of the Book of Kings in the Deuteronomistic History.* VTSup 42 (Leiden, 1991); M. Noth, *The Deuteronomistic History.* JSOTSup 15 (1943; traducción en inglés. Sheffield, 1991); M. A. O'Brien, *The Deuteronomistic History Hypothesis.* OBO 92 (Göttingen, 1989); B. Peckham, *History and Prophecy* (Nueva York: Doubleday, 1993); I. Provan, *Hezekiah and the Book of Kings.* BZAW 172 (Berlín, 1988); G. von Rad, *Studies in Deuteronomy.* SBT 9 (Chicago, 1953); J. Van Seters, *In Search of History* (New Haven, 1983); H. W. Wolff, «The Kerygma of the Deuteronomic Historical Work,» en *The Vitality of Old Testament Traditions,* editor. W. Brueggemann y Wolff (1961; Eng. trans. Atlanta, 1975), 83-100.

Gary N. Knoppers

HISTORIOGRAFÍA, BÍBLICA

El estudio de la historia bíblica se ha centrado en los profetas anteriores, particularmente los libros de Josué, Jueces, Samuel, y Reyes. Aunque el libro de Crónicas es paralelo a una gran parte de Samuel y Reyes, se ha pasado por alto en gran medida en el supuesto de que sus prejuicios teológicos hacen que sea menos fiable que sus primos. Las narraciones folklóricas de los patriarcas y los principios de Israel en el Pentateuco también podrían ser incluidos dentro de la amplia discusión de la historiografía bíblica. El carácter de la discusión dependerá en gran medida de la definición adoptada por la historiografía.

Definición de historia

La definición tradicional del escrito histórico se formó bajo el positivismo histórico del siglo XIX, e hizo hincapié en la descripción crítica y científica y la evaluación de hechos pasados (en las palabras del historiador alemán del siglo XIX Leopold von Ranke, «contar la historia como realmente sucedió.») El reconocimiento, sin embargo, de que todo escrito histórico es parcial ha dado lugar a una reevaluación de la «ciencia» de la historia. Una definición de historia que hace hincapié en «intereses anticuarios» elimina el problema, y aun así introduce el concepto bastante moderno de las antigüedades en la definición. Aunque hay aspectos de narrativas históricas bíblicas que son de tal interés, se puede preguntar legítimamente si el texto mismo, su autor, o sus lectores tenían intereses puramente culturales. Una definición popular del género histórico es la que ofrece el historiador holandés Johan Huizinga: «La historia es la forma intelectual en el que una civilización rinde cuentas a sí misma» y como tal «comprende todas las formas de registro histórico: el del analista, el escritor de memorias, el filósofo histórico, y el investigador académico.» Los historiadores modernos han tendido cada vez más hacia esta última definición, que hace hincapié en el uso del pasado para la comprensión de sí mismo en lugar de la supuesta reconstrucción científica objetiva y crítica. Notablemente fuera de los parámetros de esta definición es la cuestión de la veracidad histórica o evaluación científica.

Encuesta de la investigación

El estudio de historia bíblica ha sido dominado por la cuestión de la fiabilidad histórica. Con el surgimiento de la crítica histórica, el origen e historicidad de los relatos bíblicos y particularmente el Pentateuco se convirtió en una cuestión central. La hipótesis documental contempla la evolución gradual del Pentateuco comenzando con los relatos históricos Jehovista y Elohista que, según esta hipótesis, fueron escritos en los siglos X y IX a.C., y finalmente combinados. A estos relatos se añadieron la obra del deuteronomista en el siglo VII y finalmente un escritor sacerdotal trajo todo el conjunto en el siglo V. Una vez establecido este esquema, la hipótesis se extendió a los libros históricos también. La obra sacerdotal se considera tardía y por lo tanto de valor marginal; la asociación de los relatos históricos en el libro de Crónicas con el escritor sacerdotal naturalmente planteó dudas sobre su fiabilidad histórica.

El intento de entender la formación de las tradiciones de Israel ha estado estrechamente asociado con los esfuerzos para identificar los temas teológicos de las distintas tradiciones. Una manera importante de describir la visión bíblica del pasado de Israel ha sido llamada «Historia de la salvación» *(Heilsgeschichte).* Teólogos bíblicos vislumbraron una idea especial de historia en el antiguo Israel que concebía a Jehová como guiando y activamente dirigiendo hacia una meta. Afirmaciones especiales relativas al concepto único de Israel de la historia como lineal y dinámica frente a los conceptos cíclicos y estáticos de otras culturas del Cercano Oriente son asociados con el movimiento de teología bíblica. Esta perspectiva exagera el contraste entre Israel y sus vecinos. Sus partidarios pintaron las culturas del Cercano Oriente en un marco excesivamente estrecho mientras que al mismo tiempo pasaba por alto aspectos de recurrencia, tipología, y analogía en historiografía bíblica. Como resultado, el movimiento de teología bíblica junto con la historia de la salvación fue objeto de una fuerte crítica a partir de la década de 1960. Esta crítica, aunque en gran parte correcta, naturalmente tendió a reaccionar de forma exagerada, con el resultado de que todas las distinciones entre el antiguo Israel y otras culturas del Cercano Oriente fueron pasadas por alto. Sigue siendo cierto que el antiguo Israel estaba preocupado por su pasado en mucho mayor grado que las civilizaciones de Mesopotamia y en especial el antiguo Egipto. Como resultado, la historiografía bíblica está conformada por un notable grado de introspección, que es apenas perceptible en la historiografía de Mesopotamia o Egipto. Esto sin duda refleja, en primer lugar, el hecho de que la historiografía bíblica no era patrocinada por el estado, pero también refleja las fuerzas geográficas, sociales y culturales que han forjado la historia del antiguo Israel.

La crítica del movimiento de teología bíblica se extendió a los estudios de las narrativas patriarcales. Los intentos de reconstruir algunos núcleos históricos de las tradiciones patriarcales folklóricas fueron desacreditados en gran medida en la década de 1970, especialmente por John Van Seters (*Abraham in History and Tradition,* 1975) y Thomas L. Thompson (*The Historicity of the Patriarchal Narratives,* 1974). A partir de ahí la crítica de la narrativa histórica bíblica se extendió al período de la Conquista y asentamiento y finalmente al período de la Monarquía. El nuevo consenso es que la historia moderna de Israel sólo puede comenzar cen el siglo X con la monarquía unida (p.ej., J. A. Soggin, J. Maxwell Miller, John H. Hayes). Algunos, sin embargo, les gustaría empujar el punto de partida en el período persa o incluso en el período helenista (Thompson, Philip R. Davies). Este tipo de nihilismo histórico no ha atraído a un gran número de seguidores, básicamente porque hay demasiados detalles en los relatos bíblicos corroborados por fuentes arqueológicas y del Cercano Oriente para ser despachados como ficción persa o helenista.

Escrito histórico bíblico

Escrito histórico bíblico, invariablemente trae el pasado hasta el presente. Es decir, los autores, redactores, y editores de narrativas históricas bíblicas y sus relatos en sus propios tiempos. Así, p. ej., la composición final del libro de Reyes por lo general se atribuye al exilio, donde la narración histórica termina. Un amplio consenso vería una redacción temprana del libro en la época de Josías; que describe la historia de Israel hasta finales del siglo VII. De la misma forma, los libros de Crónicas fueron compuestos primero en el período persa temprano y toman la historia de Israel hasta el propio día del escritor. Un editor posterior añade los libros de Esdras-Nehemías repitiendo los últimos versículos en Crónicas al comienzo de Esdras (compare 2 Cr 36.22-23 con Esd 1.1-2). Este aspecto de la historiografía bíblica pone de relieve la continuidad que los escritores sintieron con el pasado; eran parte de una historia continua en desarrollo. La importancia de colocar el presente en contacto con el pasado también se refleja en los salmos históricos (p.ej., Sal 78, 105, 106, 136) y el discurso de Moisés a Israel antes de entrar a la tierra (Dt 1.1–4.40).

Bibliografía. M. Brettler, *The Creation of History in Ancient Israel* (London, 1995); P. R. Davies, *In Search of Ancient Israel.* JSOTSup 148 (Sheffield, 1992); B. Halpern, *The First Historians* (1988, repr. University Park, Pa., 1996); J. Huizinga, «A Definition of the Concept of History,» en *Philosophy and History*, ed. R. Klibansky y H. J. Paton (Oxford, 1936), 1-10; I. W. Provan, « Ideologies, Literary and Critical: Reflections on Recent Writing on the History of Israel,» *JBL* 114 (1995): 585-606; T. L. Thompson, *Early History of the Israelite People.* SHANE 4 (Leiden, 1992); J. Van Seters, *In Search of History* (New Haven, 1983).

William Schniedewind

Baldosas de loza de un cautivo hitita; templo funerario de Ramsés III (siglo XII a.C.). Lleva una falda corta bajo un manto brillante (quizás libio) (Servicio de Museos, El Cairo)

HITTITAS (Heb. *ḥittî*)

Uno de los grandes poderes políticos de la antigüedad que durante el segundo milenio a.C., controló gran parte del área que comprende la moderna Turquía. Durante su apogeo los hititas construyeron un poderoso imperio con capital en Ḫattuša (c. 200 km [124 mi] oeste de Ankara en moderno Boghazköy) y se extiende desde el mar Egeo hasta el río Éufrates y el norte de Levante.

Historia

Aunque se sospecha haber sido parte de una migración indo-europea que llegó a Anatolia c. 2300, el origen exacto de los hititas y su ruta a Anatolia todavía están en disputa. Mientras algunos creen que entraron desde el este o cruzaron el Mar Negro, lo más probable es que siguieron la ruta de migración tradicional a través de Tracia, a través del Bósforo, y el noroeste de Turquía. Estos immigrantes, tal vez empujados por sucesivas tribus luwanas, llegaron tan lejos como el Éufrates donde su primer influyente reino se formó alrededor de la ciudad de Kuššar. La presión de los hurritas ya establecidos en el este, sin embargo, parece haber empujados a los recién llegados visitantes de nuevo al centro de Anatolia donde en última instancia fundaron Ḫattuša en el sitio de un asentamiento previamente destruido.

La cultura nativa del centro de Anatolia a la llegada de los indoeuropeos era ³attic y el país era conocido como «la tierra de ³atti.» Los recién llegados rápidamente se integraron a la cultura nativa y al adaptar la designación a «hombres de ³atti» finalmente llegaron a ser conocidos como «Hititas,» un nombre familiar de los relatos bíblicos y, en última instancia, a través de sus propios registros. Miles de tablillas cuneiformes se han encontrado en archivos en ³attuša así como pequeños centros regionales como Tapikka, Šapinuwa, y Šarissa. Estos textos se complementan por miles de tablillas de asirio antiguo halladas principalmente en Kaneš (moderno Kültepe); aunque los textos en asirio antiguo anteriores al estado hitita por varios siglos, iluminan el contexto sociopolítico de donde finalmente surgieron los hititas.

Nombres hititas encontrados en los registros en antiguo asirio indican que los nativos anatolios estaban fuertemente involucrados en la red comercial de la antigua Asiria que floreció c. 2000-1750. La competencia económica y política entre las ciudades de Anatolia llevó a la desaparición de esa red comercial por c. 1750, y después de un período de intensa competencia regional y lenta consolidación el antiguo reino hitita (c. 1650-1400) surgió con sus centros en Ḫattuša. Mientras el registro de este proceso de integración sigue siendo en gran medida poco claro, la evidencia sugiere que el estado hitita surgió como resultado de la interacción cada vez más sofisticada, primero entre los recién llegados indoeuropeos y los indígenas Ḫitianos, y más tarde entre su población Anatolia mezclada y los comerciantes asirios. La falta de alguna evidencia fuera de la lengua hitita indica la plena extensión a la que los recién llegados se han integrado en la forma de vida anatolia.

Los primeros reyes hititas conocidos, Labarna y Ḫattušili I, fueron conquistadores incansables que integraron gran parte de la península Anatolia en un reino politico generalizado. Este período inicial de brillantez fue coronado por la captura de Muršili I'de Babilonia (c. 1595), pero cuando el faccionalismo interno llevó al asesinato de Muršili el reino antiguo entró en declive. Otros poderes como Arzawa y los hurritas trataron de sacar provecho de esta discordia interna expandiéndose al territorio hitita, pero después de un período de debilidad que trajo al reino cerca de la extinción, la suerte de los hititas revivió bajo los gobernantes hititas medios como Tudḫaliya II poco antes de 1400.

El imperio hitita (1400-1175) se desarrolló de las hazañas de Šuppiluliuma I y continuó desarrollándose bajo los gobernantes carismáticos como Muršili II, Ḫattušili III, y Tudḫaliya IV. El imperio alcanzó su máxima influencia durante este período y compartió el escenario internacional con otras grandes potencias como Egipto, Babilonia y Asiria. El colapso repentino del estado hitita justo después de 1200 parece haber sido el resultado de una combinación de fuerzas internas y externas durante el reinado de Šuppiluliuma II. Los estados neohititas que sobrevivieron a lo largo de la frontera sirio-anatolia al parecer mantuvieron un grado de continuidad con su predecesor hasta su incorporación definitive en el estado neoasirio.

Mitos de origen

Varios mitos se han asociado con los hititas, y el propio nombre evoca algunas ideas falsas arraigadas. Uno de los más comunes mitos es la de una sociedad guerrera cuyo ascenso al poder fue orquestado por el monopolio de técnicas de la metalurgia del hierro, una idea que ha sido rechazada en numerosas ocasiones. Se ha sugerido también que el surgimiento de los hititas estuvo asociado con el dominio del carro, un aspecto crucial de la tecnología militar que se cree haber sido tomado de los hurritas. Todavía otros visualizan la invasión de Anatolia por una horda nómada de invasores indoeuropeos que «hititizaron» a la población nativa Ḫattic poco después de su llegada a Anatolia.

Estas mitologías, aunque contienen un elemento de verdad, por lo general reflejan creencias basadas en el conocimiento y la cultura que se remontan a los primeros días de la disciplina. A pesar de una rica variedad de pruebas de Anatolia, tanto de fuentes arqueológicas y literarias aún permanecen en silencio sobre muchos aspectos de la civilización hitita, incluyendo lo que realmente significa ser un hitita. La tendencia general es ver «hitita» en su sentido más amplio, como un término cultural que define los restos materiales dejados por los que habitaban en el centro de Anatolia de finales del tercer milenio hasta el final de la Edad de Bronce Tardío.

Identidad

Si bien esto puede ser la forma más fácil de tratar la cuestión de los orígenes hititas, no es sin sus propios problemas. Muchos de los rasgos culturales identificados tan estrechamente con los hititas en realidad existían mucho antes de que llegaran al poder y sobrevivieron incluso después de su caída. Llamado hitita debido a su presencia en la cultura hitita clásica de Boghazköy/Ḫattuša, estos elementos resultan, tanto como cualquier otra cosa, de sincretismos basados en la proximidad especial y las demandas del entorno físico. Esto es particularmente cierto de la arquitectura, aunque otros elementos como estilos de cerámica e iconografía religiosa pueden haber sido difundidas como resultado de la incorporación, emulación e intercambio. Es muy probable que una gran cantidad de préstamo cultural deba haber tenido lugar entre los grupos étnicos en la meseta de Anatolia. Además, la percepción de la unidad cultural derivada de esta comunidad llevó a algunos eruditos a especular sobre la presencia de una entidad étnica fuerte en la Anatolia del segundo milenio. Cuando en realidad estaba habitada por una población étnicamente mixta. Tal vez este entorno cultural más amplio debería ser más bien conocido como «anatolia» o «centro de Anatolia,» reservando «hitita» para un uso más específico.

La diversidad étnica que caracterizó la Anatolia del segundo milenio, sin embargo, puede dar una idea de la composición real del estado hitita y ayuda a aclarar una serie de cuestiones. Por ejemplo,

1. Un hitita se llama un «hombre de Ḫatti» y vive en la «tierra de Ḫatti» pero no habla el idioma de Ḫatti *(Ḫattili)*.
2. Un hitita es por lo general considerado como el representante de una lengua indoeuropea que ahora se llama hitita, pero que los hititas llamaron Nešita o un lenguaje de Kaneš *(Nešumnili)*.
3. Fuera de su lenguaje, poco de lo que ahora llamamos hitita se puede decir que era indoeuropeu en carácter.

La ironía en todo esto es que, quienquiera que los hititas fueran, parecen haber pasado su lengua a sus vecinos de Anatolia mientras ellos mismos fueron asimilados en el medio cultural de la meseta central, sin dejar otra evidencia de su origen indoeuropeo.

A diferencia de la definición cultural ampliamente aceptada, el término hitita puede entenderse también como un adjetivo político que modifica la coalición de ciudades y tierras cuyos imperativos políticos habían sido sometidos bajo el gobierno de Ḫattuša. Expandiéndose a partir de este núcleo, los hititas incorporaron numerosas tierras y entidades étnicas en su sistema político. El apoyo se consolidó a través de la persuasión política en la forma de coercion militar, propaganda iconográfica, arreglos de matrimonios, la reconfiguración de sistemas religiosos, y la expansión arquitectónica y burocrática en el interior del país. El objetivo parece haber sido la construcción de una conciencia nacional coherente que trascendía la multiplicidad de identidades étnicas que salpicaban la meseta.

Un indicio de que el imperio hitita era fundamentalmente células políticas surge del hecho de que a partir de c. 1400 en adelante la cultura hitita se alejó de sus raíces tempranas Ḫaticas y se convirtió en cada vez más hurrianizadas. Aunque las presiones de más allá de las fronteras dejaron el estado hitita vulnerable al final del período hitita antiguo, los hititas consiguieron evitar la desintegración. En cambio experimentaron la metamorfosis cultural marcada por la mayor aculturación hurriana del estado. La relativa facilidad con la que este cambio parece haber ocurrido, ya sea a través de cambio dinástico o simplemente la incorporación de nuevos valores, sugiere que la base cultural fue modificada sin afectar la superestructura política a cualquier gran grado. Esto implica una continuidad política que no fue construida exclusivamente a lo largo de líneas étnicas. Compromiso y sincretismo jugaron un papel clave durante este período como nuevos rasgos culturales fueron incorporados en la cultura hitita de las tierras conquistadas, así como países influyentes como Egipto.

Mientras que muchas cuestiones siguen sin resolverse, parece que la sociedad hitita era sobre todo una síntesis política derivada de la unión de la migración indoeuropea y los indígenas Ḫatianos. El sistema fue asegurado por varias formas de persuasión incorporativa que emanaba del centro político en Ḫattuša, pero no era inmune al cambio de más allá de las fronteras. En el nivel más básico, el liderazgo hitita fue siempre familiar en naturaleza, pero sus textos dejan claro que las realidades del poder llevaron a muchas concesiones en el ámbito local, lo que afectó la estructura formal del poder hitita. Esto fue especialmente cierto con la incorporación de los estados apéndice como Carquemis, Aleppo, Tarḫuntašša, Ḥakpiš, Tamana, e Išuwa en el período del Imperio. Los hititas se pueden entender, por tanto, como el producto de un arreglo político artificial que los unió, no como resultado de una expansión planificada ordenada, pero por necesidad militar o de oportunismo político y por los medios de integración más eficientes posibles.

Bibliografía. R. H. Beal, *The Organization of the Hittite Military* (Heidelberg, 1992); K. Bittel, *Hattusha: The Capital of the Hittites* (New York, 1970); R. L. Gorny, «Environment, Archaeology, and History in Hittite Anatolia,» *BA* 52 (1989): 78-96; O. R. Gurney, «Anatolia, c. 4000-2300 b.c.,» *CAH2* 1/2.363-416; J. D. Hawkins, «The Neo-Hittite States en Siria and Anatolia,» *CAH3* 3/1.372-441; J. G. MacQueen, *The Hittites and Their Contemporaries in Asia Minor,* Ap ed. (London, 1986); G. Steiner, «The Immigration of the First Indo-Europeans into Anatolia Reconsidered,» *JIES* 18 (1990): 185-214.

Ronald L. Gorny

HIZQUI (Heb. *ḥizqî*)
Benjamita; hijo de Elpaal (1 Cr 8.17).

HIZQUÍAS (Heb. *ḥizqîyâ*)
Hijo de Nearías y descendiente de Zorobabel, por tanto un miembro de la casa real de Judá (1 Cr 3.23). El nombre hebreo es el mismo que «Ezequías.»

HOBA (Heb. *ḥôḇâ*)
El sitio de la derrota de los captores de Lot por las fuerzas de Abraham al norte de Damasco (Gn 14.15). Hoba es igualada mejor con la región de Apu (Upu/Ube) conocida en los textos egipcios y situada alrededor y al norte de Damasco. La Coba mencionada en la LXX Judit (Jdt 4.4; 15.4-5) se puede identificar con esta Hoba, pero también podría ser la Cabul de Josué 19.27 (LXX Coba; cf. 1 R 9.13) ubicado en la parte occidental de la Baja Galilea (moderno Kabul).

Gary P. Arbino

HOBAB (Heb. *hōbāb*)
El suegro de Moisés (Jue 4.11), se le pidió guiar a los israelitas a través del desierto (Nm 10.29-32). En otras partes el suegro de Moisés es llamado Jetro (Ex 3.1; 4.18; 18.1) y Reuel (2.18). Aunque Jetro y Reuel se identifican constantemente como madianitas, Hobab es llamado madianita en Números pero ceneo en Jueces. Además, Jetro se niega a guiar a los israelitas, pero Jueces 1.16 (LXX) sugiere que Hobab lo hizo. En consecuencia, algunos eruditos tratan de permitir dos individuos separados; otros ven los lazos ceneos/israelitas arraigados en la vida de Moisés.

Cheryl Lynn Hubbard

HOBAÍA (Heb. *ḥăḇayyâ*) (también HABAÍA)
Una familia de exiliados que regresaron y que no pudieron demostrar su ascendencia sacerdotal (Neh 7.63). En otros se les llama Habaía.

HOD (Heb. *hôd*)
Un aserita, hijo de Zofa (1 Cr 7.37).

HODAVÍAS (Heb. *hôḏawyâ, hôḏawyāhû*) (también HODEVAH)

1. Hijo de Elioenai y descendiente de Zorobabel (1 Cr 3.24).

2. El jefe de una familia en la media tribu de Manasés (1 Cr 5.24).

3. Benjamita, hijo de Asenúa (1 Cr 9.7). Algunos eruditos consideran que el nombre aquí es una corrupción del Heb. *wîhûḏâ,* en cuyo caso sería el mismo que Joed en la lista paralela de Nehemías 11.7.

4. Levita cuyos descendientes regresaron del exilio con Zorobabel (Esd 2.40). En Nehemías. 7.43 se le llama Hodeva. Heb. «hijos de Judá» en Esdras 3.9 (so RVR-1960) debe leer «descendientes de Hodavías» (como NVI) ya que la referencia es a levitas.

HODESH (Heb. *ḥōḏeš*)
La esposa del benjaminita Shaharaim (1 Cr 8.9).

HODEVA (Heb. K *hôḏĕwâ,* Q *hôḏĕyâ*)
Levita cuya familia regresó del exilio con Zorobabel (Neh 7.43).
Véase Hodavías **4.**

HODÍAS (Heb. *hôḏîyâ*)
1. Judaíta, cuñado of Naham (1Cr 4.19). El texto enumera descendeites a través de la esposa de Hodías.
2. Uno de los levitas que interpretaban la ley al pueblo de Jerusalén cuando Esdras la leyó en público en la puerta de las Aguas (Neh 8.7-8; 1 Esd 9.48). También ayudó a dirigir la adoración en el día de penitencia (Neh 9.5). Puede ser el mismo que **3** o **4** a continuación.
3.-4. Dos levitas que firmaron el pacto de Esdras (Neh 10.10, 13[TM 11, 14]).
5. Un líder del pueblo, al parecer no un levita, que firmó el pacto de Esdras (Neh 10.18[19]).

HOFRA (Heb. *ḥoprạʿ*; Egyp. *wȝḥ-ib-rʿ*; Gr. *Apriēs*)
El cuarto rey de la 26ª (Saite) dinastía de Egipto (589-570 a.C.). Hofra (Apries) continuó la política de su padre, Psammeticus II, al intervenir en los asuntos de Palestina. En 588 a.C., Sedequías se rebeló contra Babilonia, tal vez con la ayuda de Hofra (Ez 17.15; Carta de Laquis III). Poco después, el rey de Babilonia Nabucodonosor comenzó el asedio final de Jerusalén, y Sedequías pidió ayuda a Hofra. Hofra entró a Judá con un ejército pero se vio obligado a retirarse (Jer 37.5). Después de la caída de Judá y Jerusalén, Hofra recibió a judaítas que huían (Jer 43.1-7) y les permitió establecerse en la ciudad de Tahpenes en el Bajo Egipto. Debido a que habían huido de Judá, Jeremías profetizó a estos judaítas que iban a ser destruidos y que Jehová castigaría a Hofra (Jer 44.30). Anteriormente, Jeremías había profetizado que el palacio de Hofra en Tahpenes sería conquistador por Nabucodonosor (Jer 43.10; cf. 46.13-26). En 570 estalló la rebelión en Egipto contra Hofra, y tuvo que huir. Tres años más tarde, Hofra se alió con Nabucodonosor en un ataque contra Egipto. El ataque fue repelido, y Hofra fue capturado y ejecutado.

Bibliografía. G. W. Ahlström, *The History of Ancient Palestine* (Minneapolis, 1993); D. B. Redford, *Egypt, Canaan, and Israel in Ancient Times* (Princeton, 1992).

Paul S. Ash

HOGLA (Heb. *ḥoglâ*)
Una de las cinco hijas de Zelofehad de Galaad (Nm 26.33; 27.1). Ella y sus hermanas recibieron una herencia en Manasés, ya que no tenían hermanos (Jos 17.3); se casaron con primos, para que su herencia se mantuviera en la tribu de Manasés (Nm 36.11). El nombre, que también ocurre en Ostraca 47 en Samaria, puede ser un nombre de lugar (cf. Beth-hoglah).

HOHAM (Heb. *hôhām*)
Amorreo, rey de Hebrón que, con otros cuatro reyes, trató de vengarse de los gabaonitas por hacer la paz con Israel. Él y sus aliados fueron derrotados por Josué en Bet-horón y ahorcado (Jos 10.3-4, 23-27).

HOLOCAUSTO
Una de las formas más comunes del sacrificio israelita (Heb. *ʿôlâ*, lit., «ascendente»). Como este tipo de ofrenda era consumida por fuego, el término sin duda se refiere a que el humo asciende desde el altar. Ofrendas similares en Ugarit eran llamadas *šrp* («consumida por fuego»). Algunas traducciones se refieren a *ʿôlâ* como una «ofrenda de todo,» porque el sacrificio se consumía totalmente; sin embargo, esto puede generar confusión con el término *kālîl*, que también se aplica a las ofrendas. Además, como la piel del *ʿôlâ* podría ser conservada por el sacerdote, «holocausto» parece la mejor alternativa.

No había una ocasión particular para los holocaustos. Algunos fueron incluidos en los calendarios de culto, y un cordero debía ser hecho un holocausto continuo. También encontramos holocaustos ofrecidos en acción de gracias (Ex 18.12), como expiación por la culpa (Lv 5.7; Job 1.5), para cumplir un voto (Lv 22.18; Jue 11.31), en conexión con la adivinación (1 S 7.9), la búsqueda del favor de Dios (2 S 24.25), como parte de la consagración de los sacerdotes (Ex 29), y aparentemente para consagrar un altar (Jue 6.26; 2S 24.25). Algunas de las situaciones que requieren una ofrenda quemada fueron prescritas así, mientras que otras eran ofrendas voluntarias.

La distinción entre el holocausto y otras ofrendas es que fue un regalo que estaba dedicado totalmente al Señor, no para ser consumidos por los seres humanos. Varios han sugerido que la frase *ʿōlôṯ ûšĕlāmîm* («ofrecieron holocaustos y ofrendas de paz,» p.ej., Jue 20.26) abarca todo el sistema de sacrificios.

Los animales sacrificados como holocausto eran de la manada o del rebaño (p.ej., cabras, carneros, corderos, terneros, toros, bueyes) o aves. Siempre eran machos sin defecto. Es significativo que solo los animales domesticados fueron sacrificados. Los animales salvajes o de juego, incluso si se consideraban limpios, nunca fueron ofrecidos. Además de los animales, el término se aplica a los despojos de las ciudades que iban a ser destruidas por adorar a dioses falsos, y es también el término utilizado para Isaac en la historia de la prueba de Abraham (Gn 22). Los productos agrícolas a veces se quemaban junto con el holocausto (p.ej., Ex 29.25).

El lugar para hacer un holocausto era un altar, no un templo. Puesto que cada templo tenía un altar asociado, esta distinción no siempre es obvia, pero los altares sin templos eran comunes en los primeros períodos. Los holocaustos eran rara vez, o nunca, realizados en casa. El ritual de imposición de manos (poner una mano sobre la cabeza del animal para el sacrificio) era parte de las costumbres israelitas para el holocausto (con excepción de las aves). Las prescripciones bíblicas requieren que el animal sea desollado y cortado en partes, y el sacerdote se quedaba con la piel (p.ej., Lv 7.8), pero algunas evidencias sugieren que una práctica israelita anterior podría haber sido quemar todo el animal, incluyendo la piel.

Los holocaustos son muy antiguos, sin duda anteriores a la historia escrita. Si hay alguna controversia significativa respecto a ellos, sería en la especulación en torno a su origen. El hecho de que no aparecen en los documentos preservados sumerios, acadios, o egipcios sugiere que los holocaustos no eran comunes, tal vez desconocidos, en el sur de Mesopotamia y Egipto. Están bien atestiguados en los registros cananeos, hititas, y griegos. Una de las explicaciones más comúnmente sostenidas es que la práctica se desarrolló en conjunto con la domesticación de los animales como una forma de tratar con la culpa asociada con la necesidad de sacrificar animales al cuidado de uno.

Bibliografía. G. A. Anderson, *Sacrifices and Offerings in Ancient Israel.* HSM 41 (Atlanta, 1987); J. Milgrom, *Leviticus 1–16.* AB 3 (New York, 1991), esp. 133-77.

WILLIAM R. SCOTT

HOLOFERNES (Gr. *Olophérnēs*)
El general en jefe del ejército de Nabucodonosor, el segundo al mando sólo después del rey (Jdt 2.4). Holofernes sólo se conoce por el libro de Judit, y si fue escrito durante el período de los Macabeos, como muchos creen, entonces el personaje de Holofernes puede estar basado en Nicanor (1Mac 7.26-49), el príncipe capadocio Orofernes (159/8 a.C.) de Siria, o una combinación de los dos.

Despés de reunir a sus oficiales, Holofernes instala un plan para atacar Damasco (Jdt 2.14-27) y finalmente Palestina (3.9–4.15). Él derrota a los ejércitos y pueblos de las regiones y destruye los santuarios y templos (Jdt 3.8). Cuando llega a Israel, convoca a los líderes de Moab y Amón para planear su ataque. Ajior, el líder amonita, dice a Holofernes de la historia de Israel y su Dios, pero Holofernes se niega a prestar atención a la advertencia. Él conduce a su ejército a Betulia, la ciudad natal de Judit, y corta el suministro de agua. Con personas colapsando dentro de la ciudad, Judit sale de su casa, se hace amiga de Holofernes, y le dice cómo derrotar a los habitantes de Betulia. Después de unos días Holofernes se emborracha en compañía de Judit, y ella le corta la cabeza. Sin el liderazgo de Holofernes su ejército es derrotado.

MARC A. JOLLEY

HOLÓN (Heb. *ḥōlōn, ḥōlôn*) (también HILÉN)
1. Ciudad en el monte de Judá (Jos 15.51) después asignada a los levitas (21.15). En1 Crónicas 6.58(TM 43) es llamada Hilén. La mayoría de los eruditos identifica el sitio como moderno Khirbet ʿAlîn (152118), 16 km (10 mi) noroeste de Hebrón en la región de Bet-zur.

2. Ciudad en la meseta de Moab citada en un oráculo de Jeremías (Jer 48.21). El sitio sigue siendo desconocido.

HOMAM (Heb. *hômām*) (también HEMAN)
Hijo de Lotán y nieto de Seir el horeo (1Cr 1.39). En Génesis 36.22 su nombre aparece como Hemán (**1**).

HOMBRE INTERIOR
Expresión (Gr. *ho ésō ánthrōpos*) utilizada por Pablo (Ef 3.16), aparentemente para referirse al ser, el cual experimenta una renovación permanente bajo la guía del amor y de la misericordia de Dios, en oposición al «hombre exterior», que está sujeto al pecado. Sin embargo, a esta conclusión sólo puede llegarse leyendo el pasaje a través del lente de 2 Corintios 4.16 («Por tanto, no desmayamos; antes aunque este nuestro hombre exterior se va desgastando, el interior no obstante se renueva de día en día»).

HENRY L. CARRIGAN, JR.

HOMER (Heb. *ḥōmer*)

Medida seca igual a 10 efas o batos (Ez 45.11) así como el coro (v. 14). Era el equivalente de c. 220 l (58 gal).

HOMOSEXUALIDAD *(Nota del Editor: Editorial Patmos ratifica su compromiso con la Palabra de Dios que la homosexualidad es pecado - ya sea entre hombres como entre mujeres.)*

Los términos «homosexualidad» y «homosexual» son acuñaciones del siglo XIX d.C., y no tienen equivalente en hebreo o griego antiguos. Es discutible si la idea moderna de homosexualidad (una atracción erótica centrada única o principalmente en personas del mismo sexo) existió en absoluto en la antigüedad. La Biblia no parece decir nada directamente sobre la homosexualidad en este sentido moderno del término, pero algunos pasajes se refieren a actos genitales del mismo sexo. El término «homosexual» aparece en algunas traducciones modernas (por lo general en 1Co 6.9; 1Ti 1.10), pero el término griego clave implicado *(arsenokoítēs)* es poco frecuente y de significado incierto.

Los pasajes que se refieren a los actos sexuales entre personas del mismo género o de compromisos de vida se pueden resumir de la siguiente manera:

Violación sexual masculino-masculino

En la historia de Sodoma y Gomorra (Gn 18.16-33) los hombres de Sodoma amenazaron a los huéspedes de Lot diciendo que querían «conocerlos». Dado que el verbo «conocer» se usaría en hebreo como eufemismo del acto sexual, puede significar cometer una violación anal en ellos, violando así su deber sagrado hacia los extraños. La idea posterior de que la historia de Sodoma condena los actos sexuales entre varones no aparece en la historia en sí o en las referencias a Sodoma ni en ningún otro lugar en la Biblia, pero apareció por primera vez en el judaísmo antiguo de habla griega. En el NT Judas interpreta el pecado de Sodoma como el deseo de tener relaciones sexuales con los ángeles («carne extraña»; Judas 7 LBLA).

Relaciones sexuales entre personas del mismo sexo como violación de la pureza

En Levítico las relaciones sexuales entre varones es condenada como una «abominación,» es decir, una grave violación de la pureza (Lv 18.22; 20.13). (No se hace referencia a las relaciones sexuales mujer-mujer en el AT.) En Romanos 1.18-32 Pablo trata las relaciones entre personas del mismo sexo como un ejemplo de la característica de la impureza entre los gentiles. Él considera que es sucia y deshonrosa y como castigo que vino sobre los gentiles por su falta de no adorar al verdadero Dios. Él no dice específicamente que es pecaminoso.

Compromisos entre personas del mismo sexo

Compromisos entre personas del mismo sexo a veces prevalecen sobre conexiones familiares heterosexuales. Rut dejó a su pueblo para ir con Nohemí (Rut 1.15-18). David y Jonatán estaban vinculados por pacto y amor (1 S 18.1-5; 20.1-42; 2 S 1.17-27). El «muchacho» del centurión (Gr. *país*) a quien Jesús sanó desde la distancia (Lc 7.1-10) puede haber sido el *erṓmenos* («amado») de su amo. En ninguno de estos casos se puede decir con certeza si la relación tiene una dimension genital o no.

Las discusiones modernas sobre la homosexualidad toman algunos de estos pasajes en cuenta, pero su significado y autoridad se interpretan de manera diferente por diferentes intérpretes. Ninguno de ellos parece responder directamente a las cuestiones modernas.

Bibliografía. R. J. Brawley, ed., *Biblical Ethics and Homosexuality* (Louisville, 1996); L. W. Countryman, *Dirt, Greed, and Sex* (Philadelphia, 1988); R. Scroggs, *The New Testament and Homosexuality* (Philadelphia, 1983); M. L. Soards, *Scripture and Homosexuality* (Louisville, 1995).

L. Wm. Countryman

HONDA

Arma que consistía de dos correas hechas de juncos, tendones de animales, cuero, tela o pelo, unidas a una bolsa más amplia que sostenía al proyectil. Se colocaba el proyectil en la bolsa y se ondeaba por encima de la cabeza, de una a tres veces. Cuando se había generado la fuerza centrífuga deseada, se soltaba una correa y se descargaba el misil. La honda se fabricaba de un modo barato y requería de poco conocimiento para producirla. La exactitud óptima (Jue 20.16) se lograba solamente con los años de práctica. Se llevaban las piedras dentro de una bolsa para la batalla (1S 17.40). Durante un sitio, se apilaban a los pies del lanzador. La piedra promedio era levemente más pequeña que una pelota de tenis.

Como se evidencia en pinturas de pared, relieves y estatuas, la honda se usaba como arma desde por lo menos 8000 a.C. Apareció primero como arma de pastores que la usaban para proteger a los animales de los predadores. Alrededor de la Edad de Bronce Media, había lanzadores entre la infantería liviana de Egipto.

El arco y la honda eran las dos armas principales de largo alcance. La intención del lanzador era de incapacitar al enemigo para que la infantería asestara el golpe fatal (2 R 3.25). Los misiles bicónicos podían atravesar la armadura e incluso, si la penetración no resultaba, el impacto podía causar una herida interna fatal. Puede verse que los lanzadores tenían una ventaja táctica definitiva cuando se enfrentaban a soldados equipados con armas de corto alcance (1S 17.40-51).

Bibliografía. R. Gonen, *Weapons of the Ancient World* (Minneapolis, 1976); Y. Yadin, *The Art of Warfare in Biblical Lands in the Light of Archaeological Study,* 2 vols. (Jerusalem, 1963).

W. E. Nunnally

HONOR, VERGÜENZA

Entre los norteamericanos, el honor y la vergüenza a menudo se refieren a un estado psicológico; el carácter moral interno de una persona o las acciones que reflejan ese carácter. En el mundo de la Biblia y en las sociedades tradicionales mediterráneas, sin embargo, honor y vergüenza son valores sociales determinantes de la identidad de una persona y la situación social. El honor es la afirmación de una persona a su autoestima y el reconocimiento social de esa afirmación, es decir, el honor es la reputación pública de una persona que constituye su identidad. La vergüenza es la preocupación de una persona por su reputación. Se trata de un valor positivo por el cual se busca mantener o proteger su honor. Si alguien no es capaz de mantener su honor, o si sus compañeros no reconocen su derecho a la autoestima, entonces la persona es avergonzada, es decir, deshonrada y en desgracia. Una persona que no se preocupa por su honor o reputación no tiene vergüenza.

El honor es tanto individual como colectivo. Individualmente, un hombre hace una afirmación de honor a lo que se afirma o se niega por sus pares sociales de acuerdo con su propia conducta pasada o presente. El honor individual de un hombre depende en gran medida del hombre mismo. Pero el hombre también comparte y compromete su propio honor al honor colectivo de su familia, pueblo, clase, estado, y otro grupo al que pertenece. El honor se puede atribuir o lograr. El honor atribuido se deriva del nacimiento (uno hereda el honor colectivo de grupos naturales como familia o comunidad) o puede ser otorgado por las personas en el poder. El honor atribuido se recibe pasivamente. El honor adquirido es el honor que una persona busca activamente y logra. Por otra parte, ya que el honor es un bien limitado, el honor se adquiere a costa del honor de otro, por lo general a través de la interacción social normal de desafío y respuesta.

Honor y vergüenza pertenecen a hombres y mujeres y caracteriza su comportamiento como miembros colectivos de la humanidad común y grupos naturales. Como individuos, sin embargo, los hombres son asociados con honor y las mujeres con la vergüenza. Su comportamiento es determinado por sus roles de género, que tienen sus raíces en la comprensión cultural de su contribución en la procreación.

La procreación se entiende en término de agricultura. El hombre siembra su semilla en la mujer, que la recibe y la nutre como un campo. El honor del hombre se basa en la habilidad de engendrar. Es simbolizado por el pene y los testículos y es una indicación de su hombría y valor. Aunque el hombre tiene el poder de crear vida de su simiente (su honor), lo hace fuera de sí mismo en el campo de una mujer. El honor de un hombre por lo tanto también depende de su capacidad para garantizar que el niño nacido es de su propia semilla. Una mujer, como la tierra, representa la fecundidad indiscriminada en la que cualquier hombre puede sembrar una semilla. Por lo tanto, al igual que un agricultor delimita el suelo en un campo y lo protege contra intrusiones externas, un hombre honorable cubrirá y protegerá a su mujer (y sus hijas y hermanas por extensión), y con ello trae orden a la fecundidad de ella y salvaguarda la legitimidad de su paternidad.

La vergüenza femenina positiva refleja el papel complementario de la mujer en la procreación. Está simbolizado por el himen, y representa la timidez de la mujer, la restricción o la conducta sexual exclusiva. Una mujer mostrará honor al reconocer su posición de vergüenza y de actuar en consecuencia. Ella cederá a su marido el ordenamiento de su sexualidad; hacer lo contrario sería vergonzoso. La pureza sexual o la exclusividad de la mujer están incrustadas en el honor del hombre.

La división sexual de honor y vergüenza se replica en la división de trabajo y el arreglo del espacio. Al igual que el honor de un hombre radica en su capacidad de engendrar y la vergüenza de una mujer en su reconocimiento y dependencia del hombre para la procreación, la orientación social de un hombre es externa y la orientación social de una mujer es interna. Debido a que una mujer es indiscriminadamente fecunda, su labor y espacio están ordenados para asegurar su exclusividad para un hombre. Como resultado, las mujeres modelan la vergüenza a través de roles domésticos como la crianza y educación de los niños y el manejo de la economía familiar. Llevan a cabo sus tareas en el hogar o en espacios públicos dominados por actividades femeninas, como el mercado, el pozo, los hornos públicos. Por el contrario, los hombres muestran su honor a través del trabajo y actividades públicas en el espacio que es común (los campos y áreas industriales, plazas y puertas) o exclusivamente masculinas (el templo y las áreas de culto).

El mundo social descrito en la Biblia refleja lo que los antropólogos etiquetan como sociedad agonística, que se caracteriza por una intensa competencia entre iguales sociales que a menudo se percibe como una batalla por el honor personal y la reputación de la familia. El honor es la base de precedencia entre iguales. La competencia por el honor toma la forma de una confrontación a través de desafío y respuesta. Cada interacción social fuera de la propia familia o grupo cerrado de amigos es considerada como un reto al honor de uno. Se trata de una pretensión de entrar en el espacio social de otra persona. Sin embargo, al mismo tiempo, el propio desafío concede honor; proclama que uno es una persona de honor y digno de desafío. Al desafiar el honor de uno de los compañeros, una espera ganar precedencia sobre esa persona y con ello, aumentar el propio honor.

El reto de honor sólo es reconocido entre iguales sociales, ya que implica la capacidad o necesidad de responder. El que una persona haga un desafío en contra de alguien que no es capaz de defender su honor (p.ej., alguien de rango inferior, una mujer, una persona de edad o un enfermo) trae deshonra sobre el que lo hizo. En tal caso, un campeón puede asumir la causa del que fue desafiado. Si en el caso contrario, un hombre desafía a su superior social, el desafiado puede optar por ignorar la afrenta de su inferior sin ningún daño a su honor. El reto del inferior es indigno y en consecuencia trae deshonor sobre él. El desafío entre iguales puede ser positivo (p.ej., una palabra de encomio, un regalo, una petición de ayuda, o la oferta de ayuda) o negativo (p.ej., un insulto, una amenaza, o una ofensa física). La persona desafiada a su vez responde de la misma manera para defender su honor. Si la persona desafiada no responde o responde mal, entonces se deshonra a sí mismo, es avergonzado. Sin embargo, si la persona pierde el reto luchando con honor, no es avergonzado; sino que simplemente ha establecido su propia falta de prioridad en relación con su rival. El logro *de facto* de honor depende de la capacidad de una persona para responder eficazmente a cualquier reto de su reclamación de honor.

Bibliografía. D. D. Gilmore, ed., *Honor and shame and the unity of the Mediterranean* (Washington, 1987); B. J. Malina, *The New Testament World,* Ap ed. (Louisville, 1993); J. G. Peristiany and J. Pitt-Rivers, *Honor and Grace in Anthropology* (Cambridge, 1992); Pitt-Rivers, *The Fate of Shechem, or the Politics of Sex* (Cambridge, 1977).

Ronald A. Simkins

HOR (Heb. *hōr*)

En hebreo siempre *hōr hāhār,* «monte de Hor » o «el monte de los montes.»

1. La montaña en la que murió Aarón (Nm 20.22-29; 33.37-39), un lugar cerca de Cades en la frontera de Edom, probablemente Jebel Madurah. Josefo la sitúa cerca de Petra (*Ant.* 4.4.7), Jebel Nebī Harun («montaña del profeta Aarón»). El relato bíblico es más probable. Deuteronomio 10.6 dice que Aarón murió en Mosera («castigo»), cerca de Cades, significando que Aarón no iba a entrar en la tierra a causa de su rebelión anterior (Nm 20.24; por lo que «[lugar de] castigo»).

2. Una montaña que marca la «frontera norte» de Israel (Nm 34.7-8). Una designación común de la extensión de Israel era «desde Dan hasta Beerseba» (Jue 20.1), por lo que Hor puede ser monte Hermón, cerca de Dan. Además, Hermón es uno de los más prominentes montes en esa área y bien puede haber sido llamado «monte de montes,» «Mt. Hor.»

Edmon L. Rowell, Jr.

HORA

Designación de un tiempo determinado (Heb. *ʿēt, môʿēd;* Aram. *šāʿâ*), no es una medida de tiempo, con la posible excepción de Daniel 4.19. El mismo significado se traslada al NT (p.ej., Mt 18.1), pero ahí una hora (Gr. *hṓra*) también puede referirse a la doceava parte del tiempo entre la salida y la puesta del sol (Jn 11.9; Mt 20.1-12).

La gente en el AT describía diferentes momentos del día en términos de la naturaleza (p.ej., «ponerse el sol» (2 Cr 18.34; cf. Sal 55.17[TM 18]) mientras que la gente en el NT podría describir el tiempo en términos de horas numeradas del día (Mt 20.3, 5, 6) y vigilias de la noche (tres en el sistema judío, cuatro en el romano; p.ej., Mr 6.48; cf. Ex 14.24; Jue 7.19; Lm 2.19). Una «media hora» aparece solo en Apocalipsis 8.1. «Una hora» se refiere a un tiempo no especificado pero relativamente corto (Mt 26.40), mientras que los períodos más largos pueden ser descritos como durando dos (Hch 19.34) o tres horas (5.7). Pablo se refiere a una separación temporal o duelo o adaptación como teniendo lugar «por una hora » (2Co 7.8; Gá 2.5; 1Ts 2.17; Flm 15; Así en el griego, pero RVR-60, NVI y otras vierten «por un tiempo»). Una hora también puede referirse a un momento significativo en la historia de la salvación, sobre todo el sufrimiento de Jesús (Mr 14.35; Jn 12.27; cf. 4.23).

Carl Bridges

HORAM (Heb. *hōrām*)
Un rey de Gezer que intentó ayudar la ciudad de Laquis en su defensa contra Israel, pero él mismo fue derrotado por Josué (Jos 10.33).

HOREB (Heb. *ḥōrēḇ, ḥôrēḇ*)
El nombre para la montaña de Dios en una serie de tradiciones bíblicas, llamado en otros lugares monte Sinaí. Aunque en el libro de Éxodo el nombre Sinaí se utiliza con mayor frecuencia, Horeb aparece en el encuentro de Moisés con la zarza ardiente (Ex 3.1), en las aguas de Masá y Meriba (17.6), y después del incidente del becerro de oro (33.6). El libro de Deuteronomio utiliza el nombre Horeb exclusivamente para el monte de Dios (p.ej., Dt 1.2; 4.10, 15; 9.8; 18.16; 29.1[TM 28.69]), excepto en la bendición de Moisés (33.2). Es a Horeb a donde Elías huye después de derrotar a los profetas de Baal y ser amenazado de muerte por Jezebel (1R 19.8).

Aunque la ubicación de Horeb (o Sinaí) es incierta, tradicionalmente ha sido identificado con Jebel Musa, «Montaña de Moisés,» en el sur de la península del Sinaí, cerca del sitio del monasterio de Santa Catalina. Sitios alternativos, como Jebel Catherine o Jebel Serbāl en la misma región, también se han sugerido, aunque hay quienes sugieren un lugar más cerca de Cades-barnea en la parte oriental de la península del Sinaí.

Bibliografía. G. I. Davies, *The Way of the Wilderness.* SOTSMS 5 (Cambridge, 1979).

Marilyn J. Lundberg

HOREM (Heb. *ḥŏrēm*)
Una ciudad fortificada en el territorio tribal de Neftalí (Jos 19.38), presumiblemente en el norte de Galilea. Su ubicación exacta es desconocida.

HOREOS (Heb. *ḥōrî*)

1. Un pueblo seminómada que vivía en Seir-Edom (Gn 14.6; 36.20; Dt 2.12, 20). En Génesis 36.2 estas personas son llamadas *ḥiwwî* (LXX Gr. *euaíon*), «heveos,» y por lo tanto ambos nombres se refieren probablemente a las mismas personas.

2. Los heveos se mencionan en Génesis 34.2; Josué 9.7, donde la LXX traduce *chorraíos,* horeos. Estas personas, posiblemente relacionadas con los hurritas, residían en la región montañosa cerca de monte Hermón y en el Líbano.

Una sugerencia para el uso de horeo y heveo es que las letras *resh* y *waw* se confundían fácilmente en los manuscritos hebreos tempranos. Además, horeo es el nombre bíblico para hurrita, un pueblo conocido en el antiguo Cercano Oriente ya en la mitad del tercer milenio. Los hurritas estaban en Palestina en la época de las Cartas de Amarna (siglo XIV a.C.); El príncipe de Jerusalén tenía un nombre hurrita; y los egipcios llamaban a Palestina Hur o Hurru. La doble *resh* preservada en el griego, y hurrita, no se toleraba en hebreo, y el cambio de *u* a *o* era probablemente normal: de este modo, *Hurr-* se convirtió en *Hor-*. La etimología que deriva horeo de la raíz hebrea que significa «cueva» es incorrecta.

Bibliografía. W. F. Albright, «The Horites in Palestine,» en *From the Pyramids to Paul,* ed. L. G. Leary (New York, 1935), 9-26; E. A. Speiser, «Ethnic Movements in the Near East in the Second Millennium b.c.,» *AASOR* 13 (1931-32): 13-54.

Lawrence A. Sinclair

HORES (Heb. *ḥōreš*)
Un lugar en el desierto de Zif donde David se escondió de Saúl e hizo pacto de amistad con Jonatán (1S 23.15-19). La mayoría de los intérpretes modernos identifican el sitio como Khirbet Khoreisa, c. 9.6 km (6 mi) suroeste de Hebrón. El nombre Hores («madera» o «cumbre de bosques») podría ser una descripción de un accidente geográfico, pero la falta de lluvias en el Neguev plantea preguntas acerca de la plausibilidad de una cumbre boscosa.

Pete F. Wilbanks

HOR-GIDGAD (Heb. *ḥōr-haggidgāḏ*)
Un lugar donde los israelitas acamparon después de salir del desierto de Sinaí, su décimo séptimo campamento (Nm 33.32-33). Deuteronomio 10.7 enumera este sitio como Gudgoda (una forma de Gidgad). La LXX lee *Gadgad* en ambos relatos; sin embargo, el griego significa «montaña de Gadgad» en contraste con el hebreo «pozo de Gidgad.» Aunque la ubicación exacta es incierta, algunos identifican el sitio en el Wadi Ghadhaghedh en el este del Sinaí.

PETE F. WILBANKS

HORI (Heb. *hōrî, hôrî*)

1. Hijo de Lotán nombrado en la genealogía de Esaú (Gen 36.22; 1Cr 1.39). El nombre es el de los «horeos,» los antiguos habitantes de Edom (Gn 14.6).

2. Padre de Safat, un líder de la tribu de Simeón enviado por Moisés a reconocer la tierra de Canaán (Nm 13.5).

PAUL L. REDDITT

HORMA (Heb. *ḥormâ*)
Una ciudad que se describe en el AT como ubicada en la frontera entre el desierto y el sur de la antigua Canaán. El nombre significa «dedicada», para destrucción.

Horma fue un lugar donde los invasores hebreos sufrieron una derrota decisiva (Nm 14.45; Dt 1.44), el punto en el que los hebreos, en un fallido intento desde el sur, fueron rechazados por los habitantes cananeos y amalecitas de la región. La implicación es que Horma estaba en el borde del desierto. El hecho de que Horma aparece en la lista de 31 cuyos reyes Josué y los israelitas derrotaron en su campaña al oeste del Jordán (Jos 12.14) también apoya un origen del Neguev para la ciudad. Sin embargo, su ubicación exacta e identificación son desconcidas. Identificaciones propuestas con Tell Masos y Tell Sheriah no han encontrado ninguna evidencia que la apoye ni la aceptación académica.

Horma fue primero asignada al territorio de Judá (Jos 15.30) pero más adelante fue reasignada a Simeón (Jos 19.4; 1Cr 4.30). La ciudad, cuyo nombre original era Zefat, fue capturada por hombres de Judá y Simeón (Jue 1.17) y fue rebautizada Horma después de su destrucción. Otro relato indica que Horma consiguió su nombre cuando los israelitas hicieron bien en un voto para derrotar al rey de Arad (Nm 21.3). Era una de las ciudades en el sur a las que David envió para compartir el botín capturado después de su guerra con los amalecitas (1S 30.30), durante el tiempo que huía del rey Saúl.

BRUCE C. CRESSON

HORMIGA
Con mayor probabilidad las hormigas (Heb. *nĕmālâ*) mencionadas en Proverbios 6.6-8 y 30.25 son hormigas cosechadoras *(Messor Semirufus)*, la especie más frecuente en Israel hoy. Al almacenar comida durante la cosecha para su uso durante el invierno, la hormiga encarnó dos grandes virtudes: diligencia y sabiduría. Realmente, las hormigas ya sea entran en un estado de inactividad cuando está frío o siguen trabajando durante todo el año. Obviamente, el transporte interminable de hormigas cargando granos, hojas, y materias a sus hormigueros debe haber sido la base para los refranes proverbiales.

La literatura rabínica habla del daño causado por hormigas y hasta describe una especie de control biológico. Si el suelo fuera traído de un hormiguero al otro, los dos grupos de hormigas se destruirían el uno al otro (*Moʿed Qaṭ.* 6b) porque cada colonia tiene su propio olor particular.

JESPER SVARTVIK

HORNO
Un horno hecho de ladrillos u otros materiales a prueba de fuego en los cuales el fuego fue colocado para cocina, calor, o refinado y purificación de metales. La primera referencia bíblica a un horno ocurre en una ceremonia de pacto entre Jehová y Abram (Gn 15.9-21). Abram es instruido a partir por la mitad una novilla, una cabra, y un carnero y colocar las mitades una frente a la otra. Después de la puesta del sol un horno humeante y una antorcha de fuego pasan entre las mitades de los animales sacrificados como un sello del pacto. En otro pasaje, Moisés toma cenizas de un horno y las esparce en el aire de manera que se vuelvan úlceras en los egipcios (Éx 9.8, 10). Cuando Jehová desciende sobre el Monte Sinaí, el humo se eleva como el humo de un horno (Éx 19.18).

Cuando Daniel y sus amigos rechazan adorar la imagen de oro de Nabucodonosor, ellos son lanzados en un horno de fuego (Dn 3.6-26). Nehemías se refiere a una torre de hornos en el muro de Jerusalén, posiblemente hornos grandes para hornear el pan (Neh 3.11; 12.38).

El horno es un refinador de oro (Pr 17.3 = 27.21) y plata (Sal 12.6 [TM 7]), y aquellas imágenes son empleadas como una metáfora para purificar o refinar a Israel (Is 31.9; 48.10; cp. Ez 22.18, 20, 22). El horno también es una metáfora para la esclavitud de los israelitas en Egipto (Dt 4.20; 1R 8.51). El humo de Sodoma se compara con el humo de un horno (Gn 19.28), de nuevo sugiriendo que la purificación ocurriera por la destrucción del mal.

En Mateo «horno» se refiere al castigo eterno (Mt 13.42, 50). «Uno como un hijo de hombre» tiene pies como el metal brillante calentado en un horno (Ap 1.15). Juan también ve el humo «el pozo del abismo» que sube como el humo de un horno (Ap 9.2).

Joe E. Lunceford

HORNO

Principalmente un recinto para la cocción de la cerámica o la quema de cal (Heb. *kibšān,* en contraste con *kûr,* un horno de fundición de metales). La cal quemada se apagaba y se utilizaba para la preparación de mortero, yeso, y cal. Isaías 33.12 se refiere metafóricamente al proceso de quema de cal. Los cardos y espinas fueron utilizados para alimentar los hornos de cal.

Hornos de cerámica en la antigua Palestina eran de dos tipos: uno vertical u horno de abertura arriba y un horizontal con abertura abajo (*ANEP,* 44, 344). Con mucho el tipo usado con más frecuencia, el horno vertical se remonta a la Edad de Bronce Temprano y se ha mantenido prácticamente sin cambios hasta la actualidad.

El término hebreo se usa metafóricamente en referencia a la nube de humo de la quema de Sodoma y Gomorra (Gn 19.28; NVI «horno») y de la presencia de Dios en el monte Sinaí (Ex 19.18). Se dice que el humo ha subido como el humo de un horno. Las cenizas de un horno esparcidas al aire por Moisés y Aarón inauguran la sexta plaga de úlceras (Ex 9.8, 10).

Bibliografía. S. Gibson, «lime Kilns in North-East Jerusalem,» *PEQ* 116 (1984): 94-102.

Stephen J. Andrews

HORNO

Un pequeño dispositivo de cocción (Ex 8.3[TM 7.28]; Lv 11.35) empleado para hornear varios tipos de pan (2.4; 7.9; 26.26). De forma cilíndrica, los hornos más comunes (Heb. *tannûr*) fueron hechos de arcilla y podrían ser incorporados en el suelo o levantados por encima de él. El horno de piso estaba lleno de guijarros, sobre los que se construía el fuego. La masa de pan se colocaba sobre las piedras calientes o en contra de la pared del horno para cocinar. Los combustibles incluían hierba seca (TM 6.30; Lc 12.28) y tortas de estiércol de animales (cf. Ez 4.12, 15). Los panaderos comerciales pueden haber vivido en un área específica de una ciudad (cf. Neh 3.11; 12.38).

Para Abraham, un horno portatil, que humeaba era un signo de la presencia del Señor (Gn 15.17; NVI «hornilla humeante»). Un horno ardiendo con fuego fue visto como símbolo de la ira del Señor (Sal 21.9[10]; Is 31.9; NVI «horno»; Mal 4.1[3.19]; cf. Lam 5.10). Los malos también se asemejan a un horno ardiendo de deseo, malas acciones, y traición (Os 7.4, 6-7).

Stephen J. Andrews

HORNOS, TORRE DE LOS

Una torre de defensa del ángulo noroeste de la muralla de la ciudad de Jerusalén, posiblemente construida por primera vez por el rey Uzías (cf. 2Cr 26.9) y más tarde reconstruida por Nehemías (Neh 3.11; 12.38). La ubicación exacta de la torre (Heb. *migdal hattannûrîm*), así como su posición relativa a la puerta de la esquina, es un asunto de controversia. De acuerdo con Nehemías estaba situada en alguna parte al sur del muro ancho y al norte de la Puerta del Valle. El nombre puede apuntar a una ubicación cerca de la «calle de los panaderos» de Jeremías 37.21, aunque esta referencia data antes de la época de Nehemías.

John R. Huddlestun

HORONAIM (Heb. *ḥōrōnayim*)

Un lugar en el sur de Moab mencionado en los oráculos contra Moab (Is 15.5; Jer 48.3, 5, 34) y en la piedra moabita. En el oráculo de Isaías la expresión «camino de Horonaim» se utiliza en paralelo a «subida de Luhit.» Esto parece indicar que Horonaim se encuentra a lo largo de un camino que conducía desde la meseta moabita hasta el Mar Muerto. Se puede identificar con moderno el-ʿIrāq (211055), c. 15 km (9 mi) este del Mar Muerto, suroeste de Kerak, o con la parte septentrional de Wadi el-Kerak sobre ed-Der, suroeste de Rabbah.

Bibliografía. J. A. Dearman, «Historical Reconstruction and the Meshaʿ Inscription,» *Studies in the Mesha Inscription and Moab.* SBLABS 2 (Atlanta, 1989), 155-210; N. Na'aman, «The Campaign of Mesha Against Horonaim,» *BN* 73 (1994): 27-30.

Friedbert Ninow

HORONITA (Heb. *ḥōrōnî*)
Un apelativo de Sanbalat, uno de los rivales de Nehemías (Neh 2.10, 19; 13.28), aparentemente indicando su lugar de nacimiento. El nombre puede referirse a la ciudad moabita de Horonaim, pero lo más probable es que se refiere a Bet-horón, situada en la carretera de Samaria a Jerusalén.

PAUL L. REDDITT

HOSA (Heb. *ḥōsâ*) **(LUGAR)**
Una ciudad en la frontera norte de Aser, en las cercanías de Tiro (Jos 19.29). Lo más probable es la Usu de inscripciones egipcias y asirias, Hosa se puede identificar con moderno Tell Rashīdīyeh (170293), 4 km (2.5 mi) sur de Tiro.

HOSA (Heb. *ḥōsâ*) **(PERSONA)**
Un levita de la línea de Merari. Él era un guardián de la tienda que David armó para el arca cuando la trajo a Jerusalén (1 Cr 16.38). Más tarde Hosa, sus hijos, y sus parientes fueron los responsables de la custodia de la puerta occidental de Salequet (1 Cr 26.10-11, 16).

HOSAMA (Heb. *hôšāmāʿ*)
Hijo del rey Jeconías (Joaquín), nació mientras su padre estaba en cautiverio (1 Cr 3.18).

HOSANA
Una exclamación (Gr. *hōsanná*) que se le gritó a Jesús por las muchedumbres que saludaron su entrada triunfal en Jerusalén (Mt 21.9 = Mr 11.9-10; Jn 12.13) y por los niños en el templo (Mt 21.15). Derivada del Salmo 118.25 (Heb. *hôšîʿâ-nnāʾ*, «sálvanos, te pedimos»), que aparentemente se convirtió en un clamor litúrgico de la misericordia divina a través de la lectura de los Salmos Hallel, la expresión más tarde llegó a ser asociada con las esperanzas escatológicas judías (cf. v. 25, citado en Mr 11.9).

HOSPITALIDAD
La práctica de recibir y extender amistad a los extranjeros. El hebreo no tiene una palabra específica para la práctica, pero la actividad es especialmente evidente en las tradiciones de los patriarcas de Génesis y las narrativas en Jueces. Las actividades y roles tanto del anfitrión como del huésped probablemente reflejan las tradiciones nómadas donde los viajeros necesitaron protección y alimento. En el NT Gr. *philoxenía* (lit., «amor a los extraños ») se traduce por lo general «hospitalidad.»

Los viajeros con frecuencia iban a un lugar abierto y esperaban una invitación (Gn 19.1-3; Jue 19.15-21). Los extraños serían probados primero a causa de la potencial amenaza que podían representar para el anfitrión o la comunidad (Gn 19.5; Jos 2.2). Debido a que los pies de las personas se ensuciarían al viajar en sandalias, el anfitrión proporcionaría agua para lavar los pies (Gn 18.4; 19.2; 24.32; Jue 19.21). Esta costumbre proveyó el punto de transformación del viajero de extraño a huésped. Por lo tanto Simón el fariseo falló en su deber como anfitrión cuando no ofreció lavar los pies de Jesús (Lc 7.44).

Tanto el anfitrión como el huésped tenían roles que debían desempeñar. Los huéspedes debían participar de lo que se les ofreciera y no insultarían al anfitrión. Asimismo, se esperaba que el anfitrión honrara a los huéspedes. Se les ofrecería cuidado y alimento, no sólo a los huéspedes, pero a sus animales también. Abraham fue visto como un anfitrión ejemplar debido a la extravagancia de su generosidad al ofrecer hospitalidad a los tres visitantes celestiales (Gn 18.1-15). No sólo preparó comida a toda prisa, pero una comida abundante que incluía carne. Como anfitrión, Abraham no comió la comida sino que se mantuvo de pie y sirvió a los huéspedes (Gn 18.6-8). También se esperaba que el anfitrión brindara protección a los huéspedes. Esta obligación explica por qué Lot ofreció sus hijas vírgenes a los hombres de Sodoma en lugar de los dos ángeles (Gn 19.4-8). Una oferta similar se hizo en la historia de la violación y asesinato de la concubina del levita (Jue 19.22-26). En ambas historias, el abuso de la hospitalidad por los sodomitas y los hijos de Benjamín trajo como resultado juicio y destrucción.

La propia experiencia e identidad de Israel como un pueblo errante proporcionó un apoyo práctico y teológico por su sentido de obligación de proporcionar hospitalidad. Ellos también habían sido extranjeros en una tierra extraña sin protección y en peligro de explotación (Ex 22.21[TM 20]; Dt 10.17-19). Incluso después de que Israel recibe la tierra prometida, su perspectiva es que siguen siendo extranjeros e inquilinos en la tierra con Dios como su anfitrión (Lv 25.23). Los profetas utilizan las imágenes de los alimentos y de banquete con Dios como anfitrión del banquete al ver el día escatológico de la salvación (cf. Is 25.6-10).

Jesús empleó el tema de un banquete mesiánico en su enseñanza sobre el reino (Mt 8.11; 22.1-14; Lc

14.16-24). Él sirvió tanto como anfitrión, en los milagros de alimentación (Mr 6.30-44) o al lavar los pies de los discípulos (Jn 13.1-11), y como invitado, al depender de la hospitalidad de otros (Mt 8.20). Cuando recibió y comió con publicanos y pecadores, proclamó el reino de Dios (Mr 2.15; Lc 7.34-50; 15.1-2; 19.1-10). Al limitar las posesiones de sus seguidores cuando los envió en misión, Jesús les obligó a aceptar la hospitalidad de los demás (Lc 10.4-12). Sus acciones debían seguir el papel de un buen invitado; debían permanecer en una casa (Lc 10.7) y comer la comida de ellos (v. 8). Quienes los apoyaban hospedándolos en sus casas en quienes estos seguidores itinerantes debían depender tenían un papel recíproco al proveer mantenimiento (Mt 10.40-42), sobre todo para aquellos que no tenían la capacidad de pagar (Lc 14.12-14).

La exhortación a la iglesia de practicar la hospitalidad se encuentra en varios escritos del NT (p.ej., Heb 13.2; 1P 4.9). La razón de la hospitalidad es variada: el reconocimiento de que los cristianos comparten el mismo estatus de residentes extranjeros y peregrinos (1P 1.1; 2.4-10) o que al hospedar extraños uno puede sin querer estar hospedando visitantes celestiales (Heb 13.2; claramente Gn 18.1-15 está en mente). Lo más importante, quizás, es el reconocimiento de que al ofrecer hospitalidad a otro, uno la está ofreciendo a Jesús (Jn 13.20; cf. la parábola del juicio final [Mt 25.31-46], donde los actos de bondad hechos a otras personas son vistos como actos hechos para Jesús).

Una interesante visión de las prácticas de la hospitalidad en la iglesia primitiva se encuentra en la Didajé (11–12). Se aconseja a la iglesia no ofrecer hospitalidad a los visitantes predicadores itinerantes por más de dos días. Después de dos días, se les debe enviar a seguir su camino proporcionándoles pan. Si piden dinero, son claramente falsos profetas.

Bibliografía. J. Koenig, *New Testament Hospitality.* OBT 17 (Philadelphia, 1985); J. J. Pilch and B. J. Malina, eds., *Handbook of Biblical Social Values* (Peabody, 1998).

David B. Howell

HOTAM (Heb. *ḥôṯām*) (también HELEM)

1. Un aserita; hijo de Heber y nieto de Berías (1 Cr 7.31-32). Se le llama Helem en 1Cr 7.35.

2. Un hombre de Aroer (1Cr 11.44). Sus hijos Sama y Jehiel esaban entre los valientes de David.

HOTIR (Heb. *hôṯîr*)

Hijo del cantante Hemán, nombrado por David al frente de la vigésimo primera división de los músicos levitas (1Cr 25.4, 28).

HOZ

Herramienta cortante y curva para cosechar el grano (Dt 16.9; 23.25[TM 26]). En la Edad de Bronce Temprana la cuchilla de una hoz se construía al insertar pedernales dentados en un marco de madera curvo. Al igual que con otras herramientas agrícolas de cuchilla, la cuchilla «cananea» se hacía de un pedernal importado de alta calidad. Este pedernal duro permitía que las cuchillas se volvieran a afilar. Más tarde aparecieron hoces de metal con agarraderas de madera.

La hoz es símbolo de la ira de Dios y del juicio cumplido tanto en Joel 3.13 (4.13) como en el NT (Mr 4.19; Ap 14.14-19).

Bibliografía. S. A. Rosen, «The Canaanean Blade and the Era de Bronce Temprano,» *IEJ* 33 (1983): 15-29.

J. A. Vadnais

HOZAI (Heb. *ḥôzāy*)

El autor de las crónicas sobre el rey Manasés de Judá, LBLA, una fuente utilizada por el autor de 2 Crónicas (2Cr 33.19 TM; NVI «los videntes,» siguiendo la LXX (cf. v. 18).

HUCOC (Heb. *ḥûqōq*)

1. Un pueblo en el territorio tribal de Neftalí (Jos 19.34), por lo general identificado con moderno Yāqûq (195254), c. 5 km (3 mi) oeste de Cineret viendo el mar de Galilea cerca de Jebel Habaqbuq.

2. Ciudad dentro del territorio de la tribu de Aser asignada a los levitas de Gersón (1 Cr 6.75[TM 60]). En otros lugares puede ser llamada Helcat.

HUÉRFANO

Un niño sin padre (Heb. *yāṯôm,* de la raíz «estar solo, privado»; cf. Lam 5.3). En las culturas en todo el antiguo Cercano Oriente, los huérfanos (junto con las viudas y los extranjeros residentes) estaban entre los *personae miserabilis,* con un derecho especial sobre la justicia y el cuidado de una comunidad porque a menudo se encontraban bajo la protección divina. En un sistema social en el que el varón cabeza de la familia salvaguardaba el bienestar de sus miembros, los huérfanos eran particularmente vulnerables. Sin una voz que abogara en su nombre dentro del clan, estos niños sin padre eran forasteros y sus bienes un blanco fácil para los codiciosos.

Dentro de la comunidad constituida por el Pacto de Sinaí, el trato a los huérfanos determina el destino de Israel delante del Señor. Este Señor es su padre (Sal 68.6), que cuida de ellos (Sal 146.9) y ejecuta justicia por ellos (Dt 10.18; Sal 10.14, 18). Esta protección se extiende incluso a los huérfanos edomitas a quienes el Señor promete mantener vivos (Jer 49.11). En consecuencia, si los israelitas privan a los huérfanos de justicia (Dt 24.17) o los oprimen (Zac 7.10), el Señor los matará y hará que sus propios hijos sean huérfanos (Ex 22.23-24). Si el pueblo de Judá cuida de los huérfanos como el Señor se preocupaba por los esclavos hebreos en Egipto, el Señor permanecerá con ellos (Jer 7.6) y la realeza davídica continuará (22.3). Job invoca su preocupación por los huérfanos como prueba de que él sufre injustamente (Job 29.12; 31.17, 21). Isaías, sin embargo, observa que el mal de Israel es tan grande, que sofoca la preocupación del Señor por los huérfanos (Is 9.17[16]). Del mismo modo, enfurecido por la negativa de Dios de responderle directamente, Job declara que Dios echa suertes sobre la vida de los huérfanos (Job 6.27).

Los impíos arrebatan a los huérfanos del pecho de su madre y los hacen esclavos (Job 24.9); ahuyentando sus asnos (v. 3), los victimizan (Is 10.2) y los matan (Sal 94.6). Israel es malo, ya que no permite que los huérfanos prosperen (Jer 5.28). Por lo tanto, Elifaz piensa que el sufrimiento de Job radica en haber quebrado «los brazos de los huérfanos» (Job 22.9).

Jesús de Nazaret promete a la comunidad joánica que no los dejará huérfanos (Jn 14.15-24), es decir, sin protección en medio de los males de este mundo; él les enviará un abogado para ayudarles en sus luchas. La carta de Santiago sostiene que la atención amorosa a las necesidades de las viudas y los huérfanos, a menudo el callado y el invisible dentro de la comunidad, es necesaria para una relación llena de fe con el Señor (Stg 1.26-27).

KATHLEEN S. NASH

HUERTO

Un terreno (Heb. *gan*) donde se cultivaban plantas, frutas, verduras, y especias. Estas cosechas complementaron la dieta de grano, lechería, y en menor grado carne. El huerto estaba típicamente localizado más cerca a la casa que los campos de grano. Más pequeño que un campo de grano, ofrecía sombra con sus árboles y era un contraste exuberante para el árido terreno circundante (Gn 3.8; Is 36.16). Los solares de huerto fueron cercados con una pared de piedra o seto para no dejar pasar a intrusos no deseados. Ellos fueron irrigados a veces, en contraste con el característico cultivo de tierra de modo seco del antiguo Israel (Gn 2.10; Dt 11.10; Is 1.30; Jer 31.12; Cnt 4.15). Mientras las granjas más grandes podrían haber tenido viñas separadas y huertos verdes oliva, muchas familias probablemente intercultivaron vides y árboles frutales en sus huertos (Cnt 5.1; Is 36.16). El huerto en el Edén tenía higos y otros árboles frutales (Gn 3.7). En otra parte, los huertos de vegetales son notados (Dt 11.10; 1R 21.2).

Los huertos al lado del palacio son placeres atestiguados para reyes: Acab (1R 21.2), Manasés (2R 21.18), Sedequías (25.4), y Asuero (Est 7.7). Los huertos de palacio dieron comida para la mesa real, y prestaron prestigio al trono de ser abastecido de plantas de sitios lejanos, como las plantas exóticas señalaron el comercio internacional. La estima de huertos también es evidente porque la deidad tiene uno (Gn 3.24; Ez 28.13; Is 51.3). Los huertos también pueden haber sido un lugar para la reunión social (Jn 18.1).

Bibliografía. O. Borowski, *Agriculture in Iron Age Israel* (Winona Lake, 1987); H. N. Wallace, *The Eden Narrative.* HSM 32 (Atlanta, 1985).

CAREY WALSH

HUERTO DE GETSEMANÍ (Gr. *Gethsēmaní*)

El lugar donde Jesús ofreció una angustiosa oración poco antes de su traición y arresto allí (Mt 26.36; Mr 14.32). Su ubicación exacta es desconocida, aunque estuviera probablemente en algún sitio cerca del monte de los Olivos, ya que los cuatro Evangelios están de acuerdo que Jesús fue traicionado y detenido en o cerca del monte de los Olivos (Mt 26.30; Mr 14.26; Lc 22.39; Jn 18.1). El nombre Getsemaní procede del arameo *gaṯšĕmānê*, «prensa de aceite». Tanto los árboles de olivos como las prensas para extraer el aceite de las aceitunas eran comunes en el área, y es probable que el Huerto de Getsemaní contuviera tal prensa.

Mateo y Marcos mencionan el lugar de la oración, traición y arresto de Jesús como el Huerto de Getsemaní, y lo colocan cerca del monte de los Olivos. Lucas no menciona el lugar, pero tiene los acontecimientos que ocurren en el monte mismo. Juan no menciona la oración de Jesús, tampoco menciona el lugar de la traición y del arresto de Jesús, aunque él lo localiza «al otro lado del torrente de Cedrón» en «un huerto» (Jn 18.1), y así en el monte de los Olivos. La imagen tradicional de la agonía de Jesús en el huerto de Getsemaní fue construida combinando los relatos de la oración angustiosa de Jesús en los Evangelios sinópticos con la descripción que hace Juan de su arresto en un huerto.

Jesús en el Huerto de Getsemaní fue interpretado como un contraste apropiado para Adán en el Edén: la desobediencia pecadora del primer Adán en el huerto del Edén fue deshecha debido a la obediencia piadosa del postrer Adán en el Huerto de Getsemaní (cp. Ro 5.12-21). Un desarrollo similar puede verse en Hebreos 5.7-9, que menciona los «oraciones», el «temor reverente», y la «obediencia» de Jesús, lo cual le llevó a ser «perfeccionado... autor de eterna salvación para todos que le obedecen».

Kim Paffenroth

HUERTO DEL REY

Parte de la finca real de Judea que también han incluido las tierras, viñedos, olivares y huertos en las aldeas alrededor de Jerusalén. La ubicación de este huerto (Heb. *gan hammelek*) es bastante segura: cerca del muro del estanque de Selah (Siloé) en el Valle de Cedrón (Neh 3.15), cerca de «la puerta entre los dos muros » (Jer 39.4; 52.7). Las excavaciones han revelado que este muro era parte del muro la ciudad que protegía el acceso público al estanque. Por lo tanto, el huerto habría estado fuera de este muro, probablemente cubriendo la cisterna subterránea que alimenta el estanque y se extiende al sur y al este de la ciudad de David a través de la boca del Valle Tiropeón (Is 8.6). Estructuras colgantes en esta zona baja de la ciudad han sido descubiertas, y aún hoy en día esta zona posee suficiente profundidad de suelo para ser utilizada para la agricultura, siendo alimentada por la escorrentía superficial de la parte occidental del Cedrón. El agua del pozo junto a la fuente de En-rogel, en el cruce del Cedrón y el Valle de Hinom que data en sus partes bajas de los siglos X y VIII a.C., también debe haber sido utilizada para regar el Huerto del Rey. El huerto jugó un papel en los últimos días del reino de Judá, al servir como parte de una vía de escape del rey Sedequías y su ejército al huir del asedio de Babilonia (2R 25.4 = Jer 39.4).

Bibliografía. W. H. Mare, *The Archaeology of the Jerusalem Area* (Grand Rapids, 1987); K. M. Kenyon, *The Bible and Recent Archaeology* (Atlanta, 1978).

J. Randall Price

HUFAM (Heb. *ḥûpām*)

Descendiente de Benjamín; antepasado epónimo de los hufamitas (Nm 26.39). Él es probablemente el mismo que Hupim (Gn 46.21), en 1 Crónicas 7.12 dice que es hijo de Hir.

HUL (Heb. *hûl*)

De acuerdo con la tabla de naciones, hijo de Aram y nieto de Sem (Gn 10.23; cf. 1Cr 1.17, hijo de Sem y hermano de Aram). El territorio habitado por sus descendientes no se puede identificar con certeza; sugerencias incluyen la Península Arábiga, la región del lago Hule, y la frontera armenia (cf. Hulia, un sitio mencionado en los anales de Asurnasirpal).

HULDA (Heb. *huldâ*)

Una profetisa de la época de Josías, quien predijo la destrucción de Jerusalén (2R 22.14-20 = 2Cr 34.22-28). Ella es identificada como la esposa de Salum, el «guarda de las vestiduras » (2R 22.14), que puede referirse al guardarropa del rey o las vestimentas del sacerdote.

Cuando se encontró el libro de la ley en el templo, Josías envía al sacerdote Hilcías y a otros cuatro a Hulda en busca de una profecía del Señor. Ella respondió en el típico estilo deuteronomista: una palabra de juicio contra Judá y la garantía de que Josías sería enterrado en paz, a salvo de ver la destrucción de la ciudad (2R 22.15-20). Josías murió en la batalla de Meguido en 609 a.C. (2R 23.29-30), pero con honor antes del asedio de la ciudad y el exilio del pueblo.

Los eruditos dan varias razones por qué Hulda, y no Jeremías o Sofonías, fue consultada. Algunos especulan que los profetas varones estaban lejos. El comentario rabínico, sin embargo, sostiene que Josías pensó que una mujer sería más compasiva y más dispuesta a interceder con Dios por él (*Meg.* 14b).

De acuerdo con la tradición judía, Hulda tenía una academia o escuela en Jerusalén. Ella y Jeremías eran parientes y dividieron las funciones proféticas entre ellos, Jeremías predicó a los hombres y Hulda a las mujeres. Los rabinos llaman a Salum un hombre piadoso y compasivo, a quien Dios recompensó al dejar que su esposa se convirtiera en profetisa. Los rabinos, sin embargo, consideran a Hulda «arrogante» y por lo ranto su nombre («comadreja») es descriptivo.

Robin Gallaher Branch

HULE, LAGO

El más al norte y más pequeño de los tres lagos a lo largo del curso del río Jordán. No se menciona en la Biblia. En árabe se llama Baheiret el-Huleh; Josefo lo llama lago Semechonitis (*Semechonitidos limnas; Ant.* 5.5.1; *BJ* 3.10.7; 4.1.1). Hule era un cuerpo de agua dulce, la Cuenca del cual se formó por el sistema de falla geológica que se extiende hacia el norte a través de Siria a Turquía y al sur a través del valle del río Jordán, el Mar Rojo, y África. El dique natural que formó el lago era de lava que salía de fisiones en la roca. El lago era 11 km (7 mi) de largo y 4.8 (3 mi) de ancho, con un gran pantano de papiro en el norte. Su superficie era 70 m (230 pies) sobre el nivel del mar. Desde la fundación del moderno Estado de Israel el lago ha sido secado y la parte inferior se utiliza para fines agrícolas.

Bibliografía. D. Baly, *The Geography of the Bible*, Ap ed. (New York, 1974); E. Robinson, *Biblical Researches in Palestine* (1856, repr. Jerusalem, 1970).

Lawrence A. Sinclair

HUMANIDAD

El estudio de la humanidad o de los seres humanos en la Biblia ha sido tradicionalmente clasificado en temas teológicos tales como pecado/gracia, caída/redención, creación/tiempo del fin, sexualidad, ecología, sufrimiento, y maldad. Con la reciente aparición de la antropología teológica como un tema distinto, la humanidad se ha convertido en un foco de discusión en sí misma como un estudio del origen, naturaleza y destino de los seres humanos en relación con Dios. La antropología teológica, sin embargo, es propensa a los mismos problemas metodológicos como lo fueron las descripciones clásicas de la humanidad bíblica, es decir, contextos sociales no reconocidos y preocupaciones apologéticas o dogmáticas que dan forma selectiva a los resultados de la búsqueda de lo humano. La Biblia se resiste a cualquier idea sistemática o de desarrollo de los seres humanos y se opone a la imposición de supuestos generales acerca de los seres humanos en los textos, estén estos supuestos arraigados en la psicología, antropología, filosofía, metafísica, teología, cristología, o el método crítico-histórico. Las feministas contemporáneas, la teología de la mujer y los liberacionistas desafían el racismo y el sexismo de las antropologías actuales y clásicas; hacen hincapié en la necesidad de comprender la totalidad del ser humano a partir de la experiencia vivida y el conocimiento de diferentes lugares y contextos sociales como forjadores de esa experiencia. Tanto la comprensión persistente de la Ilustración de la autonomía del ser humano y la espiritualidad privatizada de hoy, con su énfasis sicológico en el egoísmo, la autoprotección y el cuidado de uno mismo, forman el contexto cultural contemporáneo más grande dentro del cual la humanidad en la Biblia es investigada hoy de que la antropología bíblica puede ofrecer una crítica.

Antropologías tradicionales del AT se han centrado en diversos términos hebreos para seres humanos y sus partes como *nep̱eš* («alma/persona»), *bāśār* («carne/cuerpo»), *rûaḥ* («espíritu/aliento»), *lēḇ* («corazón/sentimientos»), y *kĕlāyôṯ* («riñones/emociones»). De todos estos términos, solo *nep̱eš*, que aparece 755 veces, es tan distinto que se puede tratar en el sentido vocativo como la totalidad de la persona, «mi *nep̱eš*» como en Salmos 42.5, 11[TM 6, 12]; 43.5; 103.1, 2, 22; 104.1, 35. La traducción al español «alma» invita al dualismo cuerpo/alma del pensamiento griego, pero los seres humanos en el AT no tienen un «alma»; ellos son un «alma viviente/*nep̱eš*» (Gn 2.7, RVR-1909). Las antropologías del NT se han centrado en los distintos términos griegos relativos a la composición del ser humano, es decir *sṓma* («cuerpo/persona»), *sárx* («carne»), *pneúma* («espíritu/mente»), *psychḗ* («alma/vida»). De estos términos, *sṓma* ha atraído la mayor atención, especialmente en la antropología paulina. Se interpreta como un término para toda la persona (similar a *nep̱eš*, aunque es *psychḗ* por el cual la LXX más a menudo traduce *nep̱eš*), o como el cuerpo físico maligno en un dualismo cuerpo/alma. Tanto los términos del AT como los del NT han sido forzados en cuadros sistemáticos del ser humano sobre la base de supuestos antropológicos, de desarrollo y psicológicos anticuados. Estos supuestos han sido impugnados en el AT, pero las antropologías del NT se han resistido a esa crítica, porque han estado profundamente arraigadas en varias teologías sistemáticas. Esto ha resultado en un examen crítico de la teología o de vez en cuando de la cristología en lugar de la antropología o, a lo sumo, del cristiano en lugar de la comprensión del NT del ser humano.

Muchas antropologías tradicionales se centran en lo que Henry Wheeler Robinson describió como «personalidad colectiva» en Israel, es decir, la fluidez entre el individuo y el grupo. Según Robinson, la conciencia individual y la moralidad surgieron más tarde en Israel con los profetas clásicos, como Jeremías y Ezequiel. Los profetas eran excepciones pioneras; solo con Jesús una relación personal directa con Dios se logró. El desarrollismo de Robinson fue apuntalado por la teoría antropológica de mitad del siglo XIX y principios del siglo XX, ahora fuera de moda que postulaba el individualismo como el marcador de transición del pensamiento primitivo (grupo) al moderno (individualista). También fue reforzado por el método histórico-crítico, tal como fue formulado por Julius Wellhausen. Wellhausen declaró que los profetas fueron el «verdadero climax» de la religión israelita; el judaísmo posexílico era «una obra muerta.» Este pensamiento refuerza tendencias antijudías en la teología cristiana que todavía son visibles hoy día. Estereotipos románticos de los primeros nómadas israelitas como individualistas valientes domesticados por la colectividad, la agricultura y las ciudades, los estereotipos que han sido rechazados por la antropología contemporánea, también ayudaron a dar forma al punto de vista evolutivo de Robinson. Desafortunadamente, muchos de estos argumentos antropológicos tradicionales se siguen utilizando hoy en día sin crítica. Wolfhart Pannenberg, p.ej., sostiene que lo individual se desarrolló durante el exilio, cuando se esperaba que acto/consecuencia se manifestara en la vida de cada persona; él hace caso omiso de la mucho más antigua tradición de sabiduría que defiende este punto de vista.

Génesis 1–3 está en el centro de los debates clásicos de la humanidad en la Biblia. El NT supone la fe en la creación del AT. La mayoría de los eruditos coinciden en que estos textos de creación proclaman que los seres humanos son criaturas de Dios, que dependen de su Creador para vivir (como Sal 104, 147, 148 también atestiguan), y que Dios creó seres humanos como parte del mundo natural, pero con una relación especial a este mundo, el uno al otro, y a Dios, el que da sentido a la vida humana. La naturaleza de esas relaciones ha sido objeto de debate, con gran parte de la discusión centrada en el hebreo *'āḏām,* que puede significar el nombre propio Adán, el hombre específico «hombre,» o el genérico «humanidad.» El juego de palabras *'āḏām* y *'ăḏāmâ* («tierra, suelo») en Génesis 2.7 sugiere la relación entre la humanidad y el mundo creado; en efecto, el pecado humano tiene consecuencias para todo el orden creado (p.ej., Gn 6.11; 7.11; Is 24.5-6; Jer 4; Mr 13 par.). Sin embargo, aunque las feministas tienden a ver la interrelación armoniosa de los seres humanos y la naturaleza, la corriente de teología de la mujer reconoce una relación más conflictiva de la que surgió el caos y la creatividad. Las concepciones clásicas de la humanidad entendieron a Adán como históricamente el primer ser humano, así como el tipo o paradigma de la naturaleza humana, es decir, normativo para la humanidad. Adán como tipo es pecador; Jesús como el nuevo Adán que redime a la humanidad corrupta de las consecuencias de la «caída»; Jesús es el antitipo sin pecado de Adán, en el que se originó el pecado (Ro 5.12). Aunque Adán como el primer hombre en la historia no se encuentra en ninguna parte en el AT, sino solo en la tradición judía tardía del siglo II d.C. (2Esd 7), esta visión patrística de la desobediencia en el huerto y los consiguientes castigos divinos para la humanidad «caída» persiste en la actualidad. Claus Westermann desafía la idea de un «estado original» de inocencia; los acontecimientos estrechamente relacionados en el huerto están destinados a ser un acontecimiento primigenio. Phyllis Trible señala en su estudio retórico-crítico que las intervenciones divinas en Génesis 3 son descripciones de las consecuencias de la desobediencia en lugar de instrucciones para el castigo y la conducta.

Eva ha sido tradicionalmente entendida como tentadora, la «puerta del diablo» (Tertuliano). Las feministas sostienen que las mujeres son atrapadas por las falsas expectativas creadas, por una parte, por la identificación de la mujer con Eva, la autoafirmación, la sexualidad, y el pecado (1Ti 2.9-14) y, por otro lado, por su identificación con una María idealizada, obediente, sin sexo y sin pecado. Ambos modelos legitiman el sometimiento de la mujer en las estructuras patriarcales. La teología de la mujer cuestiona el uso del idioma de siervo cristiano para describir a la humanidad, señalando que, para las mujeres afro-americanas, la servidumbre ha sido una servidumbre no reconocida y deshumanizada. El pecado para ellas no es orgullo o la autoafirmación, sino más bien mucha humildad y odio hacia sí mismo. Con el énfasis en la masculinidad de Jesús, y la confusión de la biología con los roles de género socialmente construidos, la femineidad en muchas antropologías es vista como una forma anormal del ser humano y lo masculino como la norma, legitimando de esta forma las definiciones sociales y eclesiásticas del lugar de las mujeres. Las antropologías teológicas contemporáneas debaten si el género se relaciona con la humanidad y cómo las mujeres pueden ser imágenes de Cristo. Algunos argumentos contemporáneos de enfoque igualitario a las mujeres contribuyen a una dicotomía antijudía entre los testamentos.

Antropologías clásicas han afirmado la centralidad de la imagen divina en la humanidad, *imago Dei,* aunque se hace poca referencia a la «imagen de Dios» tanto en el AT (p.ej., Gn 1.26; 9.6; nota: 1.26; 5.1 se refiere a la «semejanza» de Dios) y el NT (p.ej., 1 Co 11.7; Stg 3.9); Cristo se convierte en la encarnación de la imagen divina en 2 Corintios 4.4; Filipenses 2.6; Colosenses 1.15. ¿De qué manera la humanidad lleva la imagen divina y si hombres y mujeres comparten por igual la imagen de Dios ha sido el centro de controversia durante siglos. Los estudiosos contemporáneos sostienen que ejercer dominio sobre la creación refleja la imagen de Dios, ya que en el antiguo Cercano Oriente los reyes gobernaron como representantes de los dioses. También rechazan cualquier noción dualista de la imagen que se refiera solo a parte del ser humano, como la razón o la voluntad, en lugar de la persona entera. Esto contradice el platonismo cristiano (Ambrosio, Gregorio de Nisa), que considera que la *imago Dei* es «mente» o las «facultades racionales del alma,» y la capacidad humana para el conocimiento de Dios por encima y en contra de los ascetas (Pelagio), que creían que la imagen divina era autónoma autodeterminación arraigada en la capacidad de elegir entre el bien y el mal y ganar premios. En su controversia del siglo V con los pelagianos, Agustín fusionó las tradiciones ascéticas y platónicas, postulando una distinción polémica entre la naturaleza y la gracia. El deseo natural de Dios se pierde por causa de la «caída» de Adán; este deseo es un don del espíritu de Cristo, no una dotación inalienable del Creador. Los seres humanos sufren de la enfermedad moral hereditaria (pecado original) y responsabilidad legal (muerte), de la que sólo la gracia de Dios (para algunos) puede salvar al pecador. Además, el ser humano está compuesto de dos elementos distintos, el alma y el cuerpo. El alma racional es inmaterial y por lo tanto comparte la imagen de Dios. El sexo está ligado exclusivamente a la corporalidad material del cuerpo humano. El cuerpo sexual es *vir* (hombre) o *femina* (mujer). La mujer es la imagen de Dios en su alma racional, pero no en su *femina;* el hombre es imagen de Dios en ambos, de acuerdo con la interpretación de Agustín de 1 Corintios 11.7. La inferiorida de la *femina* de la mujer bloquea la superioridad del alma racional.

Elaine Pagels sostiene que con Agustín el mensaje de libertad humana en Génesis 1–3 se convirtió en uno de esclavitud humana; la caída validó el poder secular y la autoridad de la iglesia como algo esencial para la salvación humana como la iglesia hacía la transición de secta a la religión oficial del Imperio Romano. Los puntos de vista de Agustín fueron transmitidos en forma modificada por Tomás de Aquino en la Edad Media, Juan Calvino y los reformadores y teólogos contemporáneos como Karl Barth. La jerarquía Dios-criatura de Barth, p. ej., da forma análoga a las relaciones hombre/mujer; la humanidad en su estado caído no puede responder a Dios, sino en Cristo, que responde por nosotros. El legado de Agustín es un dualismo jerárquico en mente/cuerpo, espíritu/carne, hombre/mujer perjudicial para las mujeres. Las discusiones contemporáneas de la *imago Dei* tienden a centrarse en «Dios-semejanza» en términos del género humano. Phyllis Bird sostiene que las relaciones de género no se abordan en relación con la imagen de Dios en Génesis 1.26-28; «hombre y mujer [él] los creó» en v. 27b está vinculada a la bendición de la fertilidad que sigue en el v. 28, una bendición que los humanos comparten con los animales, en lugar de la imagen anterior de Dios en los vv. 26-27a.

Las declaraciones de Pablo sobre la naturaleza del ser humano a menudo se han tomado como determinantes para la antropología de todo el NT. Los eruditos advierten contra la homogeneización o la espiritualización de Pablo abstrayendo sus términos para el ser humano de sus contextos históricos particulares. Krister Stendahl critica a los que interpretan la justificación por la fe de Pablo y segundo uso de la ley en Romanos desde un marco de referencia occidental posterior (a través de Agustín y Lutero) como guía para la conciencia introspectiva frustrada. Más bien, la preocupación básica de Pablo como el apóstol de los gentiles era con la relación entre judíos y gentiles a la luz de Jesús como el Mesías, lo cual no era un problema real después del siglo I cuando la circunscripción del cristianismo ya no era judía.

En el análisis final, la antropología bíblica debe tomar en serio lo que Walter Brueggemann denomina el proceso dialéctico, lleno de tensión bíblica del «núcleo» y «testimonios fundamentales.» Los testimonios fundamentales hacen afirmaciones básicas de Dios que son características en el tiempo;

teologías en contrario «asaltan» el testimonio fundamental con pruebas nuevas y nuevas preguntas. Así, Dios es un ser omnipotente, trascendente que garantiza el orden por medio de recompensa/castigo, pero también un Dios que sufre (Jürgen Moltmann) que comparte con los seres humanos la falta de poder de éstos, dando consuelo y compañía. Dios está presente como los himnos de los Salmos atestiguan; Dios está ausente de acuerdo con el desafío del salmo lamenta. El Dios de la historia de la salvación redime, mientras que el siempre presente Creador Dios bendice. El ser humano en la Biblia está atrapado en estos testimonios teológicos fundamentales y opuestos y en consecuencia se relaciona con Dios de diversas maneras, con estoica obediencia o con protesta y cuestionamiento. Los seres humanos son criaturas débiles y caídas, propensas al pecado que Dios el Redentor debe salvar, o socios en la imagen de Dios que son poco menos que Dios (Sal 8). Una antropología bíblica fiel tomará nota de esta tensión dialéctica.

Bibliografía. A. Graff, ed., *In the Embrace of God: Feminist Approaches to the Anthropologic Theology* (Maryknoll, 1995); M. D. Guinan, *To Be Human Before God* (Collegeville, 1994); D. Hopkins, «Biblical Anthropology, Discipline of,» in *Dictionary of Pastoral Care and Counseling*, ed. R. J. Hunter (Nashville, 1990), 85-88; W. Pannenberg, *Anthropology in Theological Perspective* (Philadelphia, 1985); U. Schnelle, *The Human Condition: Anthropology in the Teachings of Jesus, Paul, and John* (Minneapolis, 1996); P. Trible, *God and the Rhetoric of Sexuality.* OBT 2 (Philadelphia, 1978); H. W. Wolff, *Anthropology of the Old Testament* (Philadelphia, 1974).

DENISE DOMBKOWSKI HOPKINS

HUMILDAD

En cuanto a un individuo o grupo, la cualidad de ser «pobre,» «necesitado,» o incluso «oprimido»; o de forma más subjetiva, de un individuo de ser dependiente de Dios y mostrar respeto hacia otras personas (p.ej., «humildad» o «mansedumbre»). No hay una distinción clara entre humildad y mansedumbre, por lo tanto, hay variaciones en la traducción.

La humildad se relaciona a menudo con una baja estatura socioeconómica, con individuos o grupos que están en aflicción, pobreza, y sufrimiento (Dt 26.6; Job 22.29). Dios libera a los humildes y derriba a los altivos (1S 2.7; 2S 22.28). Jehová humilla a individuos (Faraón, Ex 10.3) y grupos (israelitas, Dt 8.2, 16), lo que demuestra que su relación con Dios es más importante que la riqueza o la fama terrenal; los reyes que se humillan ante Dios son exaltados (1R 21.29; 2R 22.19; 2Cr 32.26; 33.12, 19), mientras que los que no lo hacen son afligidos (2Cr 33.23; 36.12). Porque los pobres son a menudo víctimas de los poderosos, los códigos de leyes reflejan preocupación por ellos (Ex 23.6; Dt 15.7; 24.14). La humildad de los pobres es cada vez más conectada con la justicia (Nm 12.3; Sof 2.3; cf. Sal 22.26[TM 27]; 25.9). Lo que Dios más desea no son los sacrificios exteriores, sino un espíritu humilde (Sal 51.17; Mi 6.8). La humildad se manifiesta a través de la obediencia a Dios (Dt 8.2), el reconocimiento del propio pecado (Is 6.5), y la sumisión a Dios (2Cr 34.27). Dios otorga bendiciones a los humildes, incluyendo la sabiduría (Pr 11.2), buenas nuevas (Is 61.1), honor (Pr 15.33), e incluso la vida y a veces la riqueza (22.4).

A pesar de que la humildad se asocia con la justicia en el Sermón del Monte (Mt 5.3-12, esp. v. 5), en el NT es más a menudo conectada con Jesús como Mesías. Mateo 21.5 aplica la profecía mesiánica de Zacarías 9.9 a Jesús como un rey que es humilde (Gr. *praü/s,* «manso» o «apacible,» como un animal salvaje que ha sido domesticado). Los actos de Jesús eran los de la humildad, sobre todo al lavar los pies de los discípulos (Jn 13.5; cf. Mt 11.29), un ejemplo que deben seguir (Jn 13.15; cf. Mt 23.12).

La humildad es un tema recurrente a lo largo de las Epístolas. En el mundo grecorromano muchos consideraban la humildad como un signo de debilidad o un defecto de carácter; sus significados de «humilde» o «servil» a menudo se utilizaban de manera despectiva. Que los cristianos deben ver la humildad como una virtud, era por lo tanto muy sorprendente. Pablo escribe que la humildad es la esencia del carácter de Cristo (Fil 2.3-8; Gr. *tapeinós,* «humilde,» «abatido»). Es una actitud de Pablo mismo (2Co 10.1), una actitud de la comunidad cristiana (Ef 4.2; Col 3.12), un fruto del Espíritu (Gá 5.23), que encuentra su fuente en *agápē* (1Co 4.21; cf. 13.4-5). La humildad es la actitud apropiada hacia Dios (Stg 4.10) y hacia los demás (1P 3.8; 5.5).

T. J. JENNEY

HUMTA (Heb. *ḥumṭâ*)

Ciudad en el territorio tribal de Judá, mencionada entre Afeca y Kiriat-arba/Hebrón (Jos 15.54). Su ubicación exacta es desconocida.

HUPA (Heb. *ḥuppâ*)
El jefe de la división trece de sacerdotes en la época del rey David (1Cr 24.13). El nombre hebreo sugiere el baldaquino de la boda en la sinagoga moderna (cf. Joel 2.16).

HUPIM (Heb. *ḥuppîm*)
Descendiente de Benjamín (Gn 46.21; 1Cr 7.12). En 1 Crónicas 7.15 parece ser un descendiente de Manasés. El nombre, aparentemente el epónimo de un subgrupo israelita, es probablemente una variante de Hufam.

HUR (Heb. *ḥûr*)
Nombre de persona probablemente de fondo egipcio (cf. el dios Hor y el nombre personal Pasch-hur). El nombre puede haber sido entendido en el sentido de la palabra semítica para «hijo» (Acad. *ḫuru*) de un ser humano o un animal.

1. Compañero de Moisés (y Aarón), quien ayudó a mantener las manos de Moisés en alto durante la batalla contra los amalecitas (Ex 17.10, 12). Hur junto con Aarón se le confió la responsabilidad judicial mientras Moisés subió al monte a recibir las tablas de la ley (Ex 24.14).

2. Abuelo de Bezaleel de la tribu de Judá, que diseñó y elaboró el arca, el tabernáculo, y sus objetos (Ex 31.2; 35.30; 38.22; 2Cr 1.5). Las genealogías en 1 Crónicas 2 lo relacionan con el clan de Caleb y el pueblo de Belén (cf. 1Cr 4.1, 4). Estos textos posexílicos parecen insinuar una relación de **1** anterior, y recalcar la afirmación de esta familia calebita/judaíta establecida más tarde en Belén (ver **5** abajo).

3. Uno de los cinco reyes asesinados por los hijos de Israel en represalia por el incidente de Peor (Nm 31.8; Jos 13.21). Los nombres de los reyes en esta lista tardía también pueden ser identificados con nombres y lugares en Madián.

4. Padre del gobernador de Salomón en Efraín (1R 4.8).

5. Padre de Refaías, funcionario de Jerusalén en la época de Nehemías (Neh 3.9). Ben-Hur, «hijo de Hur,» puede ser entendido literalmente como «hijo del clan Hur.» La posición de este «hijo de Hur» resalta la importancia del clan de Hur en the siglo V a.C. (ver **2** y **4** arriba).

Siegfried Kreuzer

HURAI (Heb. *ḥûray*) (también HIDAI)
Uno de los treinta de David, del «río Gaash» (1Cr 11.32). En 2 Samuel 23.30 se le llama Hidai.

HURAM (Heb. *ḥûrām*) (también HIRAM, HURAM-ABI)

1. Un trabajador de metal de Tiro empleado por Salomón para la asistencia técnica en la ornamentación del templo (1R 7.13-14, 40, 45 = 2Cr 2.13-14; 4.11-16). Su padre era de Tiro y su madre una israelita de Neftalí (1R 7.14; 2Cr 2.14 la identifica como del territorio adyacente de Dan). En 1 Reyes se le llama Hiram (**2**), y en 2 Crónicas 2.13; 4.16 su nombre aparece como Huram-abi.

2. Forma alternativa del nombre Hiram, que se utilize en 2 Crónicas para Hiram I, rey de Tiro.

3. Benjamita; hijo de Bela (1Cr 8.5).

HURAM-ABI (Heb. *ḥûrām ʾābî*)
El artífice tirio empleado por Salomón para la metalurgia del templo (2Cr 2.13).

Véase Hiram **2**; Huram **1**.

HURI (Heb. *ḥûrî*)
Gadita, hijo de Jaroa y padre de Abihail (1Cr 5.14).

HURRITAS (Acad. *ḫurri*)
Un pueblo del antiguo Cercano Oriente ampliamente atestiguado en el tercer-segundo milenio a.C., fundadores del poderoso reino de Mitani.

Historia

Los hurritas aparecen por primera vez en el registro arqueológico en los niveles sargónico en Tell Mozan (antigua Urkes) en el norte Siria. Inscripciones con topónimos hurritas sugieren un período de asentamiento y ocupación que precedió a la documentación. La ausencia de nombres personales hurritas en los textos de Ebla indica que su expansión desde el norte-noreste aún no había llegado a Siria occidental (es decir, al oeste el Éufrates). De manera similar, la ausencia de nombres hurritas en textos de Tel Beydar en la región Ḫabûr muestra que todavía no se habían infiltrado en el noroeste de Siria. Por lo tanto, su aparición, o por lo menos su ascenso a la fama, debe coincidir con el surgimiento de la dinastía acadia o poco después. La conquista de Naram-sin de una coalición de hurritas liderados por los reyes de Simurrum y Nawar sometieron las ciudades-estado hurritas al control acadio al final del siglo XXIII. Al final del período sargónico (o al comienzo de Ur III) las inscripciones de Atal-šen y Tiš-atal demuestran una continua presencia hurrita en el noreste de Siria y el norte de Mesopotamia y la adopción de la escritura. Šulgi, el segundo rey de la

III dinastía Ur, que tuvo un largo reinado, libró una serie de batallas contra ciudades-estado hurritas a lo largo de la frontera noreste de su imperio. Los nombres personales hurritas se encuentran con frecuencia en los textos de archivos de la burocracia Ur III. A finales del tercer milenio los hurritas se encuentran en el este de Anatolia, al norte y occidente de Siria y Mesopotamia, con particular concentración en la región montañosa del noreste de Asiria y probablemente el este de Anatolia.

Los hurritas sobrevivieron a las interrupciones generalizadas que caracterizaron el final del tercer milenio. En la Edad del Bronce Medio Anatolia y Siro-Canaán aparecen entre los diversos grupos de la población junto con los asirios, anatolios, cananeos, amorreos, y babilonios, con concentración en el este de Anatolia y la mayor parte de Siria. En el siglo XIX aparecen en el antiguo registro asirio de comerciantes de Kanes (Kültepe) donde están asociados con ciudades al sur de las montañas Anti-Tauro, pero aún no en el centro de Anatolia. Durante la Era de Mari las ciudades-estado hurritas están bajo el control de Šamši-adad, quien gobernó desde su capital en Šubat-enlil (Tell Leylan), pero después de su muerte las ciudades-estado hurritas aparecen como entidades independientes primordialmente en la alta Mesopotamia y este del Tigris pero también al este como Urshu y Halab (Alepo). Para mediados del siglo XVII el poder hurrita chocaba con el emergente antiguo reino hitita, y Ḫattušili I hizo campaña para detener su expansión.

Coincidiendo con el colapso al final del período Bronce Medio/Babilónico Antiguo, los hititas empezaron a expandirse hacia el norte de Siria. A finales del siglo XVI se encontraron con un importante poder hurrita al este del Éufrates llamado Mitani que había invadido anteriormente el centro de Anatolia en los primeros años de Ḫattušili I y cuyos reyes tenían nombres indo-arios pero cuya población hablaba hurrita. A partir del reinado de Tutmosis III, Siro-Canaán fue referido como Ḫuru en documentos egipcios. El poder hurrita alcanzó su pico a principio del siglo XV cuando Kizzuwatna (Cilicia) fue anexada durante el reinado de Zidanta II. Las excavaciones en Nuzi en el norte de Mesopotamia revelaron los detalles de la sociedad hurrita provincial durante cinco generaciones con sus complejas costumbres sociales, económicas, y jurídicas de los siglos XV-XIV. Los cerca de 5000 textos encontrados en Nuzi fueron escritos en acadio por los escribas de habla hurrita y eran, hasta hace poco, la mayor fuente de vocabulario hurrita. La capital de los hurritas, Wašukkani, aún no se ha identificado (Tell Fakhāriya?). A finales del siglo XV los hurritas se habían convertido en un segmento importante de la población de Siria (p.ej., en Alalakh, Halab, Qatna, Ugarit), se habían casado con la familia real hitita, y estaban en comunicación con los reyes de Egipto. La religión hurrita era una práctica generalizada, y los dioses y diosas hurritas eran adorados en una zona amplia. A finales del siglo XIII el poder hurrita comenzó a decaer con la conquista de Siria por Šuppiluliuma I. El reino hurrita de Ḫanigalbat desapareció de los registros contemporáneos. Con las devastadoras campañas del rey asirio Tukulti-ninurta I en Siria, la deportación de un gran número de hurritas, y el posterior colapso de las civilizaciones de la Edad de Bronce Tardío asociados con las invasiones de los pueblos del Mar, el poder hurrita fue eliminado y los hurritas fueron asimilados en la sociedad asiria. Posteriormente se vieron desbordados por las incursiones de las tribus de habla aramea. El idioma hurrita dejó de aparecer en las fuentes escritas de Siro-Mesopotamia, aunque su lenguaje relacionado, urartiano, continuó siendo escrito y hablado en el este de Anatolia durante los próximos siglos.

En la Biblia, los hurritas han sido asociados con los horeos (Heb. *ḥōrî*), aunque no hay una validación extrabíblica de esta ecuación, lingüísticas o de otro tipo. Además, la identificación de determinados nombres reales entre los hicsos con nombres personales hurritas ya no es ampliamente aceptada. Que había hurritas en el sur de Canaán y posiblemente en Egipto en las edades de Bronce Medio y Tardío es una posibilidad probable, pero no probada. Se sabe que los hurritas se habían establecido tan al norte de Anatolia como Sapinuwa (Ortaköy), 50 km (30 mi) noreste de Ḫattuša/Boghazköy, y tan al oeste como Chipre y posiblemente Creta.

Lengua y literatura

Los hurritas habían estado bajo la influencia acadia en el siglo XXIII. Los nombres personales hurritas y títulos aparecen primero en las inscripciones del sello de Urkes. Ellos escribieron sus primeras inscripciones en acadio, pero el lenguaje hablado subyacente era hurrita. El idioma hurrita es en sí mismo un aislado posiblemente relacionado con el caucásico del noreste. Los primeros textos religiosos hurritas escritos totalmente aparecen en el siglo XVIII en los archivos de Mari, lo que sugiere una tradición de literatura escrita anterior a su primera aparición en Mari. En el tercer milenio es conocido principalmente por los nombres personales. En la primera mitad del segundo milenio los textos religiosos y rituales dominaron, aunque recientemente se han descubierto un pequeño número de letras en hurrita. En los siglos XIV-XV los textos hurro-acadios de Nuzi proporcionan un vocabulario hurrita sustancial y formas gramaticales ocasionales. El hurrita fue uno de los muchos idiomas hablados y escritos en Ugarit y es uno de los idiomas en los diccionarios cuadrilingües encontrados allí. El reciente descubrimietno en Boghazköy de la «Epopeya de Manumisión» hurro-hitita bilingüe (principios del siglo XIV, pero probablemente originalmente de un texto BM), reveló una tradición épica literaria totalmente desarrollado en hurrita anteriormente conocida principalmente a través de traducciones hititas. Hasta ahora, el más largo texto hurrita conocido (494 líneas) había sido la carta diplomática del rey Tušratta de Mitani a Amenofis III sobre las negociaciones de precio de la novia y la dote de la princesa Tatu-hepa, que iba a ser enviada a Egipto para casarse con el faraón. Hay fuertes indicios de que una rica y variada tradición literaria escrita existía entre los hurritas ya en en el siglo XVIII. Las excavaciones en el sitio de Ortaköy al norte de Anatolia, han descubierto una gran biblioteca hurrita de más de 600 textos y fragmentos cuyo contenido, en su mayoría rituales, incluyen muchos bilingües hurrita-hitita.

Bibliografía. G. Gragg, «Hurrian,» *OEANE* 3.125-26; M. Kelly-Buccellati, «Nuzi Viewed from Irkesh, Urkesh Viewed from Nuzi: Stock Elements and Framing Devices en el norte Syro-Mesopotamia,» en *Richard F. S. Starr Memorial Volume,* ed. D. I. Owen and G. Wilhelm. Studies on the Civilization and Culture of Nuzi and the Hurrians 8 (Bethesda, 1996), 247-68; N. Na'aman, «The Hurrians and the End of the Middle Bronze Age in Palestine,» *Levant* 26 (1994): 175-87; D. L. Stein, «Hurrians,» *OEANE* 3: 126-30; G. Wilhelm, *The Hurrians* (Warminster, 1989); «The Hurrians in the Western Parts of the Ancient Near East,» in *Mutual Influences of Peoples and Cultures in the Ancient Near East,* ed. M. Malul (Haifa, 1996), 17-30; «The Kingdom of Mitanni in Second-Millennium Upper Mesopotamia,» *CANE* 2.1243-54.

David I. Owen

HUSA (Heb. *ḥûšâ*)
Un «hijo de Ezer,» fundador de un lugar en la región montañosa de Judá (1 Cr 4.4). Era el hogar de Sibecai («el Husatita»), uno de los valientes de David (1S 21.18; 1Cr 11.29; 20.4; 27.11; llamado Mebunnai en 2S 23.27). El sitio es por lo general identificado con moderno Ḥūsân (162124), suroeste de Belén.

HUSAI (Heb. *ḥûšay*)
Amigo y confidente del rey David (2S 15.37; 1Cr 27.33). Un arquita, fue padre de Baana, oficial de Salomón (1R 4.16). Jugó un papel importante durante la rebelión de Absalón haciéndose pasar por un asesor y disuadir a Absalón de seguir el consejo de Ahitofel (2S 15.32-33; 16.16–17.14); por otra parte, mantuvo informado a David a a través de los hijos de los sacerdotes Sadoc y Abiatar (15.34-36).

HUSAM (Heb. *ḥušām, ḥûšām*)
Un temanita que se convirtió en rey de Edom tras la muerte de Jobab (Gn 36.34-35; 1Cr 1.45-46).

HUSATITA (Heb. *ḥûšāṯî*)
Gentilicio que designa a un habitante de Husa (2S 21.18; 23.27; 1Cr 11.29; 20.4; 27.11).

HUSIM (Heb. *ḥûšîm, ḥušîm, ḥušim*) **(también SUHAM)**

1. Hijo de (o grupo social descendiente de) Dan (Gn 46.23). La forma Suham ocurre en Números 26.42.

2. Los hijos del benjaminita Aher (1Cr 7.12). El texto hebreo de este versículo es difícil de interpretar.

3. La madre de Abitob y Elpaal; una esposa del benjaminita Saharaim, que más tarde se divorció de ella (1Cr 8.8, 11).

I

IBDAS (Heb. *yiḏbāš*)
Hijo de Etam, de la tribu de Judá (1 Cr 4.3).

IBHAR (Heb. *yiḇḥār*)
Hijo de David, nacido en Jerusalén (2 S 5.15 = 1 Cr 14.5; 3.69).

IBLEAM (Heb. *yiḇlĕʿām)*
Ciudad ubicada dentro de las fronteras tribales de Isacar y Aser, pero dada a la tribu de Manasés (Jos 17.11, 12; Jue 1.27). La ciudad no fue conquistada hasta la época de la monarquía unificada. Es posible que haya sido asignada a los levitas (Jos 21.25 LXX; cp. Bileam en 1 Cr 6.70). El faraón Tutmosis III (siglo XV a.C.) incluye a Ibleam entre las ciudades que él conquistó.

Ocozías, rey de Judá, fue herido mortalmente cerca de Ibleam (2 R 9.27). Los soldados de Jehú habían perseguido al rey hasta un punto cercano a la subida de Gur antes de darle muerte; murió en Meguido. Es posible que Zacarías, rey de Israel, haya sido asesinado en un lugar llamado Ieblaam/Ibleam (2 R 15.10; LXX^{L}; TM «delante del pueblo»).

El sitio ha sido identificado con Jirbet Bilameh (177205), c. 1.6 (1 milla) al sur de Jenin, y 16 km (10 millas) al suroeste de Meguido. Los romanos llamaban Belemot al lugar. Ibleam, sin duda una ciudad fortificada, protegía una de las rutas que daban acceso al valle de Jezreel.

Stephen Von Wyrick

IBLEAM (Gk. *Belman*) (también BALBAIM, BALAMON)
Una aldea en Palestina donde los judíos construyeron fortificaciones en sus luchas contra Holofernes (Jdt 4.4). Si Betulia es otro nombre para Siquem, Ibleam pudo haber estado localizada en la vecindad de Dotán, cerca de 14 km (9 mi) al norte de Samaria (cf. Jdt 7.3, Balbaim; 8.3, Balamon).

IBNEÍAS (Heb. *yiḇnĕyâ*)
Benjamita, antepasado de Reuel, que vivió en la Jerusalén posterior al exilio; hijo de Jeroham (1 Cr 9.8).

IBNÍAS (Heb. *yiḇnĕyâ*)
Benjamita, antepasado de Reuel, que vivió en la Jerusalén posterior al exilio (1 Cr 9.8).

IBRI (Heb. *ʿiḇrî*)
Hijo de Jaazías, levita merarita cuya posición fue determinada por sorteo (1 Cr 24.27)

IBZÁN (Heb. *ʾibṣān)*
Juez menor que gobernó a Israel durante siete años después del período de Jefté (Jue 12.8-10). Vivía en Belén de Zebulón, al noreste de Nazaret, en la frontera con Aser (cp. Jos 19.15). Nada más se sabe de Ibzán, aparte de que tuvo 30 hijos y 30 hijas, que se casaron todos fuera del clan.

ICABOD (Heb. *ʾîkāḇôd)*
Hijo de Finees y nieto de Elí. Su madre, quien murió en el momento que él nació, le dio ese nombre en respuesta a la captura de los filisteos del arca del pacto (1 S 4.22; «¡Ay! La gloria», o «¿Dónde está la gloria?», refiriéndose a la «gloria» o presencia de Jehová).

ICONIO (Gr. *Ikónion)*
Ciudad ubicada sobre una alta meseta de la parte central sur del Asia Menor, la moderna Konia, en Turquía. La primera mención escrita de Iconio está relacionada con la visita de Ciro a la ciudad (*Anáb.1.2.13-14*). Iconio tenía prosperidad económica por su producción agrícola, y porque estaba situada sobre varias grandes rutas comerciales. Su ubicación sobre la frontera que había entre la meseta de Licaonia al sureste y la montañosa Frigia al oeste, hacía que tuviera nexos fluctuantes entre ambas regiones. Los frigios fundaron la ciudad, pero los seléucidas, y después los romanos, la convirtieron en la principal ciudad de Licaonia.

Pablo y Bernabé visitaron Iconio e hicieron muchos conversos entre judíos y gentiles (Hch 13.51-14.21). Pero el disgusto social hizo que los dos misioneros huyeran a Listra y Derbe (cp. 2 Ti 3.11). En el «segundo viaje misionero», Pablo y Silas visitaron estas mismas ciudades con el propósito de fortalecer a los creyentes (Hch 15.36-16.6), y es posible que Pablo haya visitado a Iconio otra vez cuando regresaba de su «tercer viaje misionero» (18.23). Según Hechos, un tal Gayo era nativo de Iconio, y Timoteo, que era de la región, tenía buena reputación en la ciudad. El apócrifo escrito de Hechos de Pablo ubica en Iconio el legendario material sobre Pablo y Tecla. La iglesia que estaba en Iconio fue un importante centro cristiano primitivo, y allí se realizó un concilio eclesiástico en el 235 d.C.

Bibliografía. C. A. Hemer, *The Book of Acts in the Setting of Hellenistic History.* WUNT 49 (Tübingen, 1989); S. E. Johnson, *Paul the Apostle and His Cities* (Wilmington, 1987).

PAUL ANTHONY HARTOG

ICTUS

Transliteración de la palabra griega que significa «pez». En el griego, las cinco letras forman un acróstico: «Jesucristo, Hijo de Dios, Salvador». Por eso, desde muy temprano en la historia del cristianismo, el pez se convirtió en un símbolo para los cristianos. Entre las primeras referencias que indican este hecho, Tertuliano se refiere a los cristianos como «pequeños peces según el ejemplo de nuestro *ictus* Jesucristo» (*De bapt.* 1). La afirmación de Jesús de que sus discípulos se convertirían en pescadores de hombres (Mt 4.19) probablemente contribuyó al desarrollo de este simbolismo.

JOE E. LUNCEFORD

IDALA (Heb. *yiḏʾălâ*)

Ciudad del territorio tribal de Zebulón (Jos 19.15). En el Talmud es llamada Ḥuryēh (*y. Meg.* 1). Su sitio es la moderna Jirbet el- Ḥawârah (167236), a una milla (0.6 km) al sur de Belén (**1**) en Zabulón.

IDDO (también ADAÍA, JADAU)

Traducción de tres nombres hebreos distintos.

1. Heb. *ʿiddô, ʿiddōʾ*) Padre de Ahinadab, uno de los doce administradores regionales de Salomón (1 R 4.14). Las versiones textuales antiguas dan diversos nombres a este personaje.

2. Levita descendiente de Gersón (1 Cr 6.21[TM 6]). También es llamado Adaía (**2**; 1 Cr 6.41 [26]), e identificado como un antepasado de Asaf.

3. Profeta reconocido como el autor de una *midraš*, una «investigación escrita» de la historia (2 Cr 9.29 [**K** *yeʿdî*, **Q** *ye ʿ dô*]; 12:15; 13:22). Como tarea paralela de las crónicas hebreas oficiales, esta historia debió de haber estado asociada a las actividades amanuenses de un círculo de profetas con cierto poder independiente dentro de la corte de Jerusalén. El cronista cita la historia como una fuente de las actividades de Salomón, Roboam y Abías.

4. Abuelo del profeta Zacarías (Zac 1.1, 7; cf. Esd 5.1; 6.14; 1 Esd 6.1; RVR95 «hijo»). Iddo fue un sacerdote a cargo de una de las familias sacerdotales que volvieron a Yejud [en la región central de Israel] del exilio babilónico (Neh 12.4). Al final, Zacarías ofició como cabeza de su casa sacerdotal (Neh 12.16). Por el vínculo tradicional entre las familias de Zacarías y Ezequiel, a la rama sacerdotal de Iddo y de Zacarías se la considera más como de Sadoc.

5. (*yiddô, yaddô, yadday*) Líder tribal en tiempos de David (1 Cr 27.21). Tenía bajo su responsabilidad a la media tribu de Manasés, en Galaad.

6. Yejudita que se había casado con una extranjera (Esd 10:43; 1 Esd 9.35). En la mayoría de las traducciones, el nombre de este personaje es «Jadau».

7. (*ʾiddô*) Líder judaíta de un asentamiento de la diáspora en Casifia, Babilonia (Esd 8.17; cf. 1 Esd 8.45, 46). Esdras lo envió a buscar levitas y sirvientes del templo para trabajar en el segundo Templo.

ÍDOLO, IDOLATRÍA

Especie de representación física de una deidad. La palabra «ídolo» es utilizada para traducir varias palabras del AT, más comúnmente Heb. *ʾĕlîlîm, gillûlîm, ʿăṣabbîm* (y su variante *ʿōṣeḇ,* una sola vez); *pesel* y la afín *pĕsîlîm.* También puede utilizarse para traducir Heb. *semel* (también traducida como «imagen» o «figura»); *massēḵâ* y la menos común *neseḵ* (también traducida como «fundido» o «imagen de fundición»); *tĕrāp̄îm* (también transliterada como «serafines» o traducida como «dioses familiares»; *šiqqûṣ* (también traducida como «cosa inmunda» o «abominación»); *ʾāwen* (también un sustantivo más abstracto que significa «idolatría» o más generalmente «iniquidad»), y *heḇel* (también un sustantivo más abstracto con el sentido de evanescente o insustancial. En el NT, «ídolo» es la traducción de la palabra griega *eídōlon.* Estos términos difieren algo en sus detalles: p.ej., *semel* se refiere generalmente a cierto tipo de estatua o de imagen suelta (2 Cr 33.7, 15; Dt 4.16); *pesel/pĕsîlîm* también se refiere a una estatua movible tallada de madera o piedra (Dt 7.5; Is 44.15, 17; 45.20) o fundida de metal (Jue 17.3, 4; Hab 2.18; 2 Cr 34.7); *gillûlîm* puede igualmente referirse a una estatua de madera, piedra o metal (p. ej., Dt 29.17), pero cuando el material utilizado para hacer *ʿăṣabbîm* es identificado, se trata siempre de metal (Os 8.4; 13.2; Sal 115.4). Algunas palabras para referirse a «ídolo» tienen implícito un juicio de valor: hablar de *ʾĕlîlîm*, una palabra que proviene de una raíz que significa «débil» o «insignificante», es dar una opinión negativa de la vanidad de los ídolos; los significados más generales de «iniquidad», para *ʾāwen* y de «insustancial» para *heḇel* indican también que se está haciendo un juicio peyorativo cuando estas palabras significan «ídolo». La voz griega *eídōlon*, que significa tanto «imagen» como «fantasma», sugiere también un juicio peyorativo.

La razón por la que los ídolos son juzgados tan negativamente en la Biblia, es porque ellos representan las religiones de las naciones, de las cuales tanto el Israel del AT como el naciente cristianismo del NT recibieron la orden de separarse. En el AT, el libro de Deuteronomio señala a los ídolos como una de las abominaciones de las naciones que los hebreos debían quitar de la tierra de Israel (Dt 7.5, 25; 12.3; 29.17 [MR 16]), y este juicio se halla también expresado en los libros históricos que surgieron de las enseñanzas de Deuteronomio. En 1 Samuel 31.9, 1 Reyes 21.26 y 2 Reyes 17.15, p. ej., los ídolos son mencionados como un elemento despreciable de la religión de los filisteos, de los amorreos y de las naciones en general, respectivamente. También los libros proféticos se refieren a la adoración a los ídolos como una abominación de fuera: en Isaías, los ídolos están asociados con la religión de los egipcios (Is 19.1, 3) y de los babilonios (46.1); y en Jeremías, igualmente, los ídolos están asociados con Babilonia (Jer 50.2, 38; 51.52) y más generalmente con los extranjeros (8.19; 14.22). El mismo sentimiento se encuentra en los Salmos (Sal 96.5; 106.38; 135.15) y en el NT, en particular en Hechos (Hch 17.16) y las cartas de Pablo (1 Co 8).

Aunque en otras partes los escritores bíblicos pueden ser culpados de polémicos y de hiperbólicos por su repudio a sus vecinos, en el caso de la adoración idolátrica la descripción de la Biblia parecer ser bastante precisa. Las evidencias arqueológicas y textuales a lo largo de los mundos semítico occidental y mediterráneo oriental, indican que el uso de imágenes para representar las deidades eran la norma en las tradiciones religiosas de Asia occidental. Estas imágenes tenían más característicamente la forma de estatuas, aunque hay testimonios de tallas en relieve y de pinturas en muros. Las estatuas, a menudo de tamaño natural, estaban en los templos, y en otros espacios sagrados estaban los recipientes de los sacrificios y de las libaciones, y en ellos se hacían ofrendas votivas y oraciones. Las estatuas también eran vestidas y podían ser lavadas. En cierta manera, entonces, se las imaginaba como «vivas», hasta el grado de que, al menos, el dios era percibido como de algún modo presente o manifiesto dentro de la imagen, que compartía su buena suerte o, en ocasiones, su mala suerte (p.ej. cuando la estatua cultual del dios filisteo Dagón se viene abajo y pierde la cabeza y ambas manos delante del arca del pacto de Israel, es como si Dagón mismo hubiera sido derrotado por el poder del Dios israelita; 1 S 5.1-5).

En cuanto a la insistencia bíblica sobre la ausencia de ídolos en Israel, establecer la exactitud del registro bíblico, especialmente el del AT, es una tarea más complicada. La tradición legal del AT es categórica al decir que los israelitas no debían utilizar ídolos en la adoración de su Dios. El texto más famoso en rechazo de la idolatría en Israel, es el segundo mandamiento: «No te harás imagen, ni ninguna semejanza de lo que esté arriba en el cielo, ni abajo en la tierra, ni en las aguas debajo de la tierra» (Ex. 20.4; cf. 34.17; Lv 19.4; 26.1; Dt 5.8-10). Pero las tradiciones narrativas, especialmente las que se refieren a la historia temprana de Israel, están llenas de relatos que contienen la presencia de ídolos, tanto de ídolos de otros dioses, y, como parece, del Dios de Israel, y en ninguno de estos relatos se hace un juicio negativo. De hecho, muchas veces está implícito un juicio positivo. El robo que hizo Raquel de los dioses familiares o serafines de su padre Labán, es visto como algo bueno, ya que ello ayuda a su esposo Jacobo a separarse de su suegro con la propiedad que era legítimamente suya (Gn 31.19-55 [TM 32.1]. Se considera que Mical, la hija del rey Saúl, estaba haciendo algo bueno cuando coloca un serafín en su cama en reemplazo de su esposo David, ayudando a éste a escapar de la ira asesina de su suegro (el serafín utilizado aquí es presumiblemente un figura de tamaño natural, en vez de las estatuas pequeñitas que robó Raquel). En Jueces, Micaía tiene un santuario en el cual hay un efod y un serafín, sobre los cuales preside un levita, un miembro de la tribu sacerdotal de Israel; el texto no registra ninguna nota de censura (Jue 17.5; 7-13). Este hombre, Macaía, había sido antes purificado, después de robar 1100 siclos de plata a su madre y darle ésta doscientos siclos para hacer «una imagen de talla y una de fundición» (Jue 17.1-4), y esto parece también ser una acción loable desde el punto de vista del texto. Además, puesto que la madre dedicó su plata «a Jehová», la implicación es que la imagen que ella se había hecho era la del Dios israelita.

Incluso el texto que más se tiene en cuenta para referirse al episodio más repugnante de adoración idolátrica en el AT, el becerro de oro que hizo Aarón (Ex 32), es en último análisis ambivalente en el sentido de lo que constituye el uso apropiado o inapropiado de imágenes en Israel. Nótese que después de hacer el becerro, Aarón declara que el día siguiente habría una fiesta religiosa para Jehová (Ex 32.5), sugiriendo esto que veía al becerro como un símbolo apropiado para que Israel adorara a su Dios. Puesto que Aarón nunca es castigado por hacer el becerro y, por cierto, puesto que en otra parte es honrado como el antecesor del sacerdocio del Templo de Jerusalén, la impresión es que muchos otros en la tradición bíblica compartían el juicio de Aarón de que el becerro era un símbolo aceptable en el culto. De hecho, Jeroboam, el primer rey del reino del norte de Israel, parece haber visto el símbolo como apropiado, ya que instaló dos imágenes de toros en los santuarios de Betel y Dan, para representar la presencia de Dios allí (1 R 12.25-33).

Los arqueólogos han sugerido que una pequeña estatua de bronce de un toro encontrada en un sitio del siglo XII en unas colinas de la parte norte de Samaria, representa un primitivo símbolo israelita de Dios como un toro, o que representa el símbolo del trono de un toro sobre el cual se imagina que está sentado, de manera invisible, el Dios israelita. Esta última interpretación supone, entonces, que el toro es un objeto paralelo al arca del pacto, descrito comúnmente como el estrado de un trono sobre el cual está sentado el Dios invisible (cf. 1 Cr 28.2). Sin embargo, aunque suponer que el toro de Samaria, como trono de Dios, en vez de una imagen real de la divinidad, disminuye un poco su naturaleza «idolátrica», todavía hay que explicar qué significa la pequeña escultura de bronce de una figura sentada, de la Hazor del siglo XI. Aunque esta estatua tiene un parecido notable con las representaciones cananeas del dios El, en el siglo XI Hazor era una de las principales ciudades del norte de Israel; por tanto, es admisible pensar que la estatuilla sea una representación del Dios de Israel. En verdad, es claro por otras evidencias, que en la religión israelita Dios toma muchos de los atributos del dios El. Si, además, el Dios israelita toma a la consorte de El, la diosa Asera, como muchos eruditos argumentan ahora, entonces las numerosas imágenes que la Biblia dice que se hicieron en honor de esta diosa, pueden ser vistas como parte legítima de la religión israelita, a pesar, una vez más, de la tradición legal que condenaba el uso de ídolos por parte de Israel.

Sean cuales sean las ambivalencias que encontremos en estos primitivos materiales israelitas, a finales del exilio babilónico, c.539, quienes adoran ídolos sufren un repudio total. La parte de Isaías del siglo VI contiene, por ejemplo, varios textos importantes que presentan a la adoración de los ídolos como fútil e incluso absurda (Is 41.21-29; 44.9-20; 45.20-25; 46.1-13). Este juicio llega hasta el periodo del NT, en el que la idolatría ha desaparecido tanto, que no es mencionada en absoluto en los Evangelios. El tema de la adoración de los ídolos sólo aflora cuando los cristianos primitivos comienzan a moverse en el mundo gentil y confrontan el uso de las imágenes en las tradiciones griega y romana. El texto más importante en este aspecto es 1 Corintios 8, en el que Pablo habla de si los cristianos pueden comer carne sacrificada a los ídolos de los dioses griegos y romanos. En un punto, la respuesta de Pablo es afirmativa, por haber heredado de su formación judía el conocimiento de que los ídolos son imágenes que carecen de sentido, y por ello el concepto de que la carne sacrificada a los mismos no es diferente a cualquier otra carne. Pero, debido a que Pablo desea dar a sus seguidores una idea clara de la singularidad de su fe, les aconseja que no coman la carne sacrificada, ya que algunos que vieran a los cristianos hacer eso podían llegar a la conclusión de que el cristianismo era, en realidad, lo mismo que las religiones gentiles que buscaba desplazar.

Bibliografía. S. Ackerman, *Under Every Green Tree: Popular Religion in Sixth-Century Judah.* HSM 46 (Atlanta, 1992); W. G. Dever, «Archaeology

Reconstructs the Lost Background of the Israelite Cult,» in *Recent Archaeological Discoveries and Biblical Research* (Seattle, 1990), 119-66; «The Contribution of Archaeology to the Study of Canaanite and Early Israelite Religion,» in *Ancient Israelite Religion,* ed. P. D. Miller, P. D. Hanson, and S. D. McBride (Philadelphia, 1987), 209-47; J. Faur, «The Biblical Idea of Idolatry,» *JQR* 69 (1978): 1-15; J. Gutmann, «The 'Second Commandment' and the Image in Judaism,» *HUCA* 32 (1961): 161-74; J. S. Holladay, «Religion in Israel and Judah Under the Monarchy,» in *Ancient Israelite Religion,* 249-99; S. M. Olyan, *Asherah and the Cult of Yahweh in Israel.* SBLMS 34 (Atlanta, 1988); W. L. Willis, *Idol Meat in Corinth.* SBLDS 68 (Chico, 1985).

Susan Ackerman

IDUMEA (Gk. *Idoumaía, Idouméa*)
Nombre usado en la época helenística para referirse al territorio que se extendía de norte a sur, desde la parte sur de la región montañosa de Judea, hasta la parte norte del Neguev; y desde el este y el occidente del desierto de Judea, hasta las ciudades filisteas de Gaza y Asdod. Entre sus ciudades principales estaban Hebrón, Marisa, Adora y Betabris. La población de la región incluía a muchos edomitas forzados a abandonar su territorio por las incursiones de los árabes nabateos. Es muy posible que la tierra derivara de su nombre de este pueblo (Gr. «de los edomitas», o quizás sea la forma helenística del vocablo semítico *'dm,* «tierra»). Los demás habitantes de la región eran árabes, judíos, sidonios y nabateos.

Idumea fue conquistada por Juan Hircano en el 129 a.C., y su población nativa fue obligada a circuncidarse y abrazar la religión judía (1 Mac 4.6-59; 2 Mac 10.1-8). Poco después, los idumeos fueron incorporados al imperio asmoneano. Alejandro Janneo nombró a un idumeo, llamado Antípater, como gobernador de la región, y éste fue sucedido por su hijo, llamado también Antípater. Este Antípater presionó al asmoneo Hircano II para que le disputara a su hermano Aristóbolo II el sumo sacerdocio (Josefo *Ant.* 14.8). Fue también el padre de Herodes el Grande, quien fue nombrado rey de Judea por el senado romano en el 39 a.C.

Idumea sirvió como un importante bastión de popularidad para Herodes a lo largo de todo su reinado. Después de su muerte en el 4 a.C., cuando su reino fue dividido, Idumea pasó a estar bajo la administración del etnarca Arquelao (*Ant.* 17.319; *BJ* 2.93-98), quien la gobernó hasta el 6 d.C. Entre el 41 y el 44 d.C., Idumea fue parte del reino de Agripa I (*Ant.* 19.25; *BJ* 2.215). Entre el 6 y el 41 d.C., y después del 44 d.C., fue gobernada por procuradores romanos como parte de la provincia de Siria.

Cuando se produjo el estallido de la primera revuelta judía contra Roma (67 d.C.), Idumea fue asignada a sus propios comandantes (*BJ* 2.566). Juan de Giscala utilizó soldados idumeos en su intento de arrebatar el control de Jerusalén a otras facciones rebeldes (*BJ* 4.224, 228-354). Idumea sufrió muchísimo durante la guerra, y su población fue diezmada. Después de la derrota de los rebeldes, Idumea fue agregada a la provincia romana de Judea. Poco después de esto, dejó de aparecer en los registros de la época.

Bibliografía. I. Eph'al, *The Ancient Arabs* (Leiden, 1982); A. Kasher, *Jews, Idumeans, and Ancient Arabs* (Tübingen, 1988).

Anthony J. Tomasino

IFDAÍAS (Heb. *yipdĕyâ*)
Jefe de una familia de Benjamín; hijo de Sasac (1 Cr 8.25).

IGAL (Heb. *yig'āl*)

1. Espía de la tribu de Isacar enviado por Moisés a explorar la tierra de Canaán (Nm 13.7)

2. Hijo de Natán de Soba; uno de los Treinta de David (2 S 23.36). Primero de Crónicas señala a Joel como hermano de Natán.

3. Hijo de Semaías, descendiente de Zorobabel (1 Cr 3.22)

IGDALÍAS (Heb. *yigdalyāhû*)
Recabita, el padre de Hanán, cuyos descendientes o seguidores tenían una cámara en el Templo (Jer 35.4).

IGLESIA
La traducción común en español del gr. *ekklēsía.* En el tiempo de la composición del NT se usaba ampliamente para referirse a una reunión de personas en cierto tipo de asamblea. En la versión griega del AT *ekklēsía* era usada para el pueblo de Dios (Israel) reunido para un propósito importante (Jue 20.2; 1 Cr 29.1; cf. Hch 7.38). En el NT se refiere principalmente al pueblo de Dios reunido en el nombre de Jesús o el Dios de Jesucristo (Ef 3.21; 5.23; 1 Ts 1.1; 1 Co 10.32).
El NT entiende «iglesia» para referirse a la expresión visible de seguidores de Jesucristo reunidos que

han sido injertados a la comunidad creada por Dios, bajo el estandarte de Jesucristo, que incorpora de manera anticipada la vida y los valores de la nueva creación. Como tal, la iglesia está en continuidad directa con el histórico pueblo de Dios (Israel); pero como una comunidad escatológica de los últimos días, delimitada por su reconocimiento de Jesús como Señor y Mesías, hay discontinuidades también.

Comienzos de la iglesia

Esta tensión entre la continuidad y discontinuidad con el pueblo de Dios en la historia, precipitada por la llegada de Jesús, es un factor fundamental en la evaluación de cuándo comenzó realmente la iglesia. Es un supuesto fundamental de la Biblia que Israel es el pueblo de Dios (Lv 26.12). Sin embargo, desde un punto de vista cristiano es indiscutible que algo esencialmente nuevo surgió con la llegada de Jesús.

Al centro de la misión de Jesús estaba el anuncio de que Israel estaba al borde de una nueva era cuando Dios estaba a punto de cumplir sus promesas e inaugurar su reinado. Jesús se veía a sí mismo como un embajador para este anuncio. Él llamó alrededor de sí mismo un círculo íntimo de seguidores (los Doce) que ayudaron en esta proclamación y que constituyeron el núcleo de la comunidad (Mt 10.1-42; Mr 3.13-19; 6.7-13; Lc 9.1-6, 10). Esta nueva comunidad anticipó la comunión especial de la nueva era al cenar juntos en comidas de celebración (cf. Lc 14.1-24; 22.14-23). En estas comidas, y a través de su enseñanza, Jesús empleó imágenes como cosecha, banquete, y vino nuevo para describir la salvación de la nueva era. Como parte de la mesa de compañerismo de Jesús, las distinciones sociales tradicionales creadas por la observancia de ritos de pureza fueron abandonadas; y el regreso del perdido fue celebrado gozosamente como un paradigma del arrepentimiento anticipado y la restauración de Israel (Lc 15.1-32; 19.1-10; Mr 2.18-20).

Mateo 16.16-19 incorpora la realidad histórica de Jesús dando el nombre *kêpā'/Pétros,*«la roca,» a Simón e invistiéndolo con una importancia especial (cf. Jn 1.42). En la confesión de Jesús como el «Mesías, el hijo del Dios viviente,» Pedro se convierte en la roca fundamental de la nueva comunidad de los tiempos del fin. Esta nueva comunidad mesiánica habría de sobrevivir una terrible prueba (los males mesiánicos), que probablemente involucraría la destrucción del templo de Jerusalén (Mt 24.2 par.). El antiguo santuario sería reemplazado por un nuevo santuario: la comunidad mesiánica (Mt 26.61 par.). De acuerdo con la palabra de Jesús hablada anteriormente, este nuevo santuario o Iglesia sería inaugurado por Pedro (Mt 16.19).

A la muerte de Jesús, después del regreso de los discípulos a la fe y que el Espíritu Santo cayó sobre la incipiente, pero todavía asustada comunidad mesiánica en Jerusalén, Pedro se convirtió en el instrumento que suministró la palabra en cuanto a cómo los seres humanos pueden llegar a ser parte de la nueva comunidad mesiánica y participar en la salvación traída por Jesús (Hch 2.14-42). Cuando ese día terminó con el arrepentimiento y bautismo de varios miles, se pudo constatar que la comunidad del tiempo del fin, la iglesia, había sido inaugurada. Jesús anunció la iglesia y el Espíritu Santo la inauguró.

Expansión en la era del NT

Jerusalén y Judea

Lucas y otros creyentes de habla griega usan *ekklēsía* para describir la primera comunidad cristiana en Jerusalén después de la resurrección (Hch 5.11; 8.1). Esto era mucho más que un alternativo de *synagōgḗ*, el término usual para la reunión de judíos observantes de la Torá. La iglesia como una comunidad viva se veía a sí misma como el tabernáculo restaurado de David (Hch 15.15-16; cf. Am 9.11-12). Los Doce fueron la fuerza que guiaba dirigiendo esta comunidad verdaderamente apostólica (Mt 19.28; Lc 22.29-30; Hch 2.42; 6.2, 6). Estos apóstoles vieron a Jerusalén como el lugar donde Dios traería a buen término sus planes escatológicos instituidos con la resurrección (Hch 1.8). Viviendo en vital anticipación de la culminación de estos eventos escatológicos, Esta comunidad asistió a las tareas más mundanas de la vida con gran fervor (2.43-47). Para el fin de la primera generación, la iglesia era una fuerza importante en la vida de Jerusalén (2.41; 4.4; 6.7).

Más allá de Judea

De acuerdo a Hechos, la comunidad mesiánica comenzó a surgir rápidamente a lo largo de la provincia romana de la gran Siria. La mayoría coincide que el llamado de Pablo cerca de Damasco tuvo lugar dentro de los cinco años de la muerte de Jesús. Pablo inmediatamente se asoció con otros creyentes ahí y aparentemente trabajó con iglesias cerca de Damasco y el este del Jordán (Gá 1.17). La conexión entre la iglesia «madre» en Jerusalén e iglesias similares entre los judíos en Siria y a través de la diáspora judía sigue siendo un problema sin resolver. Sin embargo, cada asamblea local pareció percibirse como la expresión visible de la comunidad reunida en un lugar determinado que debía lealtad total a Jesús como Señor y Salvador (cf. 1 Ts 1.1; 1 Co 1.2; Gá 1.2, 22; 2 Co 8.1). Incluso la referencia en Hechos 9.31 a la iglesia en Judea, Galilea, y Samaria probablemente se refiere a las colecciones de reuniones cristianas en diferentes asambleas en alguna manera parecidas a la estructura de las sinagogas judías.

Un gran impulso misionero fue llevado a cabo por los helenistas, una minoría de cristianos judíos de habla griega en la iglesia en Jerusalén. En el desarrollo de su propia comprensión de la fe en Jesús, rápidamente atrajeron el antagonismo de las autoridades (Hch 6.8-15; 7.54–8.3). De este grupo surgieron Esteban, Saulo (Pablo), Bernabé, Felipe, y Silas. La fundación y rápido crecimiento de la iglesia en Antioquía se puede atribuir a los helenistas. Su adoración y forma de vida rápidamente llegó a ser tan diferente de otros grupos dentro del judaísmo de la diáspora que fueron identificados de manera separada como «cristianos» (Hch 11.26). Parte de esa distinción incluía una abierta bienvenida a los gentiles a ser parte del pueblo de Dios por medio de la fe en Jesús como Mesías sin antes abrazar las insignias del judaísmo (circuncisión, la dieta y la observancia del sábado). Esto no solo precipitó el patrocinio de Antioquía de la gran misión a los gentiles, sino que también causó problemas en las relaciones con la iglesia en Jerusalén, que fueron resueltos en una reunión ecuménica en Jerusalén c. 48-49 (Hch 15.1-35; cf. Gá 2.1-21).

Misión a los gentiles

La segunda mitad del siglo I vio un crecimiento constante de las iglesias alrededor de la cuenca del Mediterráneo, en especial entre los gentiles. El NT destaca la misión de Pablo. Pero otros, muchos de los cuales por siempre permanecerán desconocidos y que participaron en actividades ordinarias, también esparcieron la palabra.

Con el surgimiento de las iglesias a través del amplio mundo grecorromano, la cuestión de las relaciones de estas poderosas iglesias gentiles con los hermanos cristianos judíos en Judea siguió siendo un tema candente. Pablo era sensible a este asunto y buscó promover la unidad en la iglesia al recaudar contribuciones voluntarias de las iglesias gentiles que él había fundado para los pobres en Jerusalén (1 Co 16.1; 2 Co 8.1-5). Además de la función política de fusionar los segmentos gentil y judío de la iglesia, hay evidencia de que Pablo entendió esto como señal del arribo de la era mesiánica (Is 60.4-7; Ro 15.25-31).

Además de la consolidación de las iglesias fundadas por Pablo, muchas otras iglesias fundadas alrededor del Mediterráneo se concibieron a sí mismas como conectadas con importantes figuras en el cristianismo primitivo como Pedro (1 P 1.1) y Juan (Ap 2–3; 3 Jn 9, 10). Para el fin del período apostólico la iglesia, aunque principalmente todavía una cantidad de pequeñas asambleas con dificultades, se había convertido en una entidad distinguible en gran parte del imperio romano (Col 1.6).

Características de la iglesia

Organización en el ministerio

Pablo argumentó que cada congregación local puede ser descrita como las partes de un cuerpo que trabajan (1 Co 12.12-31). Dios ha dispuesto para distribuir dones (charismata) para el trabajo ordenado del cuerpo (1 Co 12.27-31; Ro 12.5-8; cf. Ef 4.4-16). No hay absoluta dicotomía entre espíritu y estructura en el NT; sino que el Espíritu proveyó estructuras distintas para las primeras comunidades cristianas en consonancia con las necesidades de situaciones particulares. Por lo tanto, la iglesia de Jerusalén comenzó bajo la dirección directa de los Doce, que proporcionaron dirección y enseñanza (Hch 6.1-6; cf. Ef 2.20). Más tarde, una combinación de apóstoles y ancianos se hizo responsable del liderazgo (Hch 15.2-23).

La situación en las iglesias paulinas era aún más diversa. Pablo exhorta a la sumisión a líderes de las iglesias en los hogares que «supervisan» los miembros (1 Ts 5.12; Ro 12.8; cf. Heb 13.7). Generalmente el liderazgo en las iglesias paulinas fue depositado en hombres mayores de la congregación que manifestaron una historia de estabilidad y vida santa. Varios términos que parecen ser prácticamente sinónimos, como ancianos (Hch 20.17; Stg 5.14) y supervisores (Hch 20.28), describen sus responsabilidades. Además, diáconos (mujeres y hombres) solían ayudar en el liderazgo (Ro 16.1; 1 Ti 3.8-12). Se ordenaron evangelistas para proclamar la palabra (Hch 21.8; Ef 4.11; 2 Ti 4.5). Por último, 1 Timoteo 5.9-15 identifica a las viudas como un grupo específico que prestaba servicio práctico. Diversidad semejante de liderazgo fue evidente en otras iglesias no fundadas por Pablo.

A pesar de la considerable influencia de algunos centros (p.ej., Jerusalén), la organización básica y el ministerio de la iglesia del NT parece haber estado centrados en la congregación local. Sin embargo, aun cuando se esparció en una vasta zona geográfica y habiendo tenido una posición social insignificante, existió un asombroso sentido de solidaridad y unidad (cf.1 P 2.17; 1 Co 1.2). Los primeros cristianos vieron a la iglesia no solo como una comunidad reunida en un sentido local, sino como una unidad espiritual del complemento total de creyentes (Col 1.18, 24; Ef 1.22). Era verdaderamente la vanguardia de la nueva era.

Papel de la Asamblea

El entendimiento de la adoración fue radicalmente reorientado por la llegada de Jesús. Esencial para adorar en el mundo grecorromano era (1) un templo o casa del dios (2) un sacrificio hecho para apaciguar al dios; (3) un altar donde se colocaba el sacrificio; (4) un sacerdote designado para ofrecer el sacrificio y mediar entre el humano y el dios. Todo esto fue destruido por la muerte de Jesús quien, para sus seguidores, puso fin a todos los sistemas de sacrificios con su sacrificio único (Heb 9.24-28). Cristo es el sumo sacerdote del cristiano en el santuario celestial (7.25-28). Su sacrificio es el altar cristiano (13.10). En lugar de sacrificios de animales, éxtasis religiosos, o incluso comunión espiritual, el seguidor de Jesús ofreció como adoración una vida comprometida (Ro 12.1-2).

Sin embargo, esto no invalida la necesidad de los seguidores de Jesús de participar en vida comunitaria (Heb 10.24-25). En estas asambleas, que por lo general tuvieron lugar en las casas de creyentes, la distinción entre terrenal y celestial era borrosa, y un mundo ordenado era creado y representado en palabra y acción donde los seguidores de Jesús eran «acercados» a Dios. En un sentido de anticipación, los creyentes se unieron a la asamblea celestial dando alabanza a Dios a través de Cristo (12.22-23; cf. 10.1-22).

Una asamblea generalmente se llevaría a cabo en el primer día de la semana (el día del Señor), cuando Jesús apareció primero a sus discípulos (cf. 1 Co 16.2; Ap 1.10). Central para la asamblea era una reunión alrededor de una mesa para una comida principal (1 Co 11.17-33). A través de la participación en el pan y en la copa, la lealtad al pacto era renovada. De acuerdo con 1 Corintios 14.1-40 una amplia gama de oración, alabanza y actividad carismática como hablar en lenguas y expresiones proféticas también tuvieron lugar. El énfasis de Pablo sobre la necesidad de decencia y orden (v. 40), y que todas las cosas debían contribuir al crecimiento espiritual de la iglesia, sugiere que la función central de la asamblea no era solo introducir al creyente en el mundo divino, sino también edificarlo en la fe (1 Co 14.26).

La esperanza de la iglesia

Central a la fe de la iglesia apostólica estaba la convicción de que Jesús regresaría y traería el cumplimiento de los eventos escatológicos inaugurados en su primera venida (Hch 1.6-8; 1 Jn 2.28). La palabra aramea *maranatha*, «Ven, Señor» no era solo un grito o aclamación en las primeras asambleas cristianas asociadas con el discurso profético, sino también una anticipación del regreso del Señor al final de la edad (1 Co 16.22; cf. Ap 6.10-11; 22.20). La iglesia existió para decir la historia de la fidelidad de Dios a su creación; pero la culminación de esa fidelidad era considerar el regreso de Jesús como el glorificado Señor, vindicando al justo a través de su resurrección (1 Ts 4.13-17; 1 Co 15.50-58) y juzgando al malvado (Jn 5.29). Esta era la realidad que sostenía la vida diaria de la iglesia durante el período apostólico.

Una conciencia de esta realidad dominante explica dos preocupaciones importantes de la iglesia al final del período apostólico: el peligro de apostasía y la necesidad de una vida santa. Los primeros escritores cristianos de Mateo a Apocalipsis hicieron un enérgico llamado a los creyentes a permanecer fieles a su compromiso (Mt 13.36-43, 47-50; 24.36–25.30; 2 P 2.21; Heb 6.4-8). Hubo un llamado igual a permanecer fieles al contenido de la fe apostólica (Jud 3; 2 Ts 2.15) y a seguir un estilo de vida cristiano en un vivir santo positivo (1 P 1.15-16; 4.2). Por lo tanto, aunque la iglesia apostólica como una «comunidad conmemorativa» naturalmente se enfocó en el pasado respecto a vivir bajo el impacto de la venida de Cristo, también hubo un fuerte énfasis en la necesidad de persistir en la esperanza de que los propósitos escatológicos de Dios se llevaran a término en un futuro cercano. En este momento, el reino sería entregado a Dios (1 Co 15.24-25). Enmarcada por una conciencia de estas dos venidas, la iglesia apostólica vivió en esperanza.

Bibliografía. R. Banks, *Paul's Idea of Community,* rev. ed. (Peabody, 1994); E. Ferguson, *The Church of Christ* (Grand Rapids, 1996); K. Giles, *What on Earth Is the Church?* (Downer's Grove, 1995); H. Küng, *The Church* (New York, 1968); G. Lohfink, *Jesus and Community* (Philadelphia, 1984); P. S.Minear, *Images of the Church in the New Testament* (Philadelphia, 1960).

ALLAN J. MCNICOL

IGNACIO DE ANTIOQUÍA

Obispo de Antioquía, durante el reinado del emperador Trajano (98-117 d.C.). Fue llevado por soldados romanos de Antioquía a Roma, donde fue sufrió el martirio, c.115 d.C. Durante este viaje, escribió seis cartas a iglesias (en Éfeso, Magnesia, Tralles, Roma, Filadelfia, Esmirna) y una a Policarpo, obispo de Esmirna. Entre la extensa recensión de las cartas de Ignacio, hay seis espurias. La llamada recensión media, que contiene sólo las siete cartas antes mencionadas, concuerda con la lista dada por Eusebio (*HE* 2.36). Los eruditos usualmente han puesto las cartas de Ignacio junto con las de otros escritos cristianos contemporáneos, en una colección llamada los Padres Apostólicos.

Aunque las cartas de Ignacio no tienen la profundidad teológica de las de Pablo y Juan, representan en varios aspectos un desarrollo de la teología cristiana desde el tiempo de los apóstoles hasta el siglo II. La cristología de Ignacio ha sido llamada «una elevada cristología de inspiración joanina». En realidad, Ignacio da un paso en el desarrollo, más que nada, de la cristología del Nuevo Testamento. Aunque el NT está lleno de declaraciones en cuanto al señorío y a la divinidad de Jesucristo, en ninguna parte está Jesús identificado exactamente como que es Dios. Ignacio hace esta identificación once veces, comenzando en el saludo mismo de su primera carta, Efesios, en la que se refiere a «Jesucristo nuestro Dios». Pero su cristología no es, de ninguna manera, docetista. En *Smyrn.* 2.2 se refiere a Jesús como «verdaderamente clavado por nosotros en la carne». El nacimiento virginal y la Resurrección son importantes para Ignacio, pero la Crucifixión es lo principal. No obstante, hace muy poca referencia a las enseñanzas de Jesús y a las actividades de su ministerio.

La eclesiología de Ignacio representa también un desarrollo más allá del NT. Los apóstoles fueron los líderes de la iglesia más temprana, con profetas, maestros y otras personas espiritualmente dotadas que estaban en niveles menores de liderazgo (1 Co 12.28). La muerte de los apóstoles introduce un nuevo orden doble en la iglesia, con los oficios de obispos y diáconos. Vemos este orden eclesiástico en 1 Timoteo, 1 Clemente y El Pastor de Hermas. Ignacio demuestra claramente un movimiento hacia un triple orden en la iglesia que se convertirá en la norma: obispos, ancianos y diáconos. Él exalta particularmente el oficio de obispo, y en cada carta, salvo en Romanos, exhorta a sus lectores a obedecer al obispo. En *Efesios* 6, dice que «uno debe ver en el obispo al Señor mismo», y en *Magnesia* 6.1 afirma que el obispo preside en lugar de Dios. Ignacio alaba la participación en la Eucaristía, aunque no habla del bautismo cristiano. También menciona que los cristianos ya no guardan el sabbath (sábado), sino que ahora celebran el Día del Señor (domingo)

Ignacio también va más allá del NT en su desarrollo de una teología del martirio. Sus alusiones en cuanto al martirio, especialmente en Romanos 4-5, van mucho más de lo que aparece en el NT, y apunta hacia la teología del martirio que alentaría a los cristianos a través de los dos siglos siguientes de persecución romana. Él mismo anhela sinceramente el martirio, al cual ve como un verdadero discipulado y un medio para «alcanzar a Dios» (Romanos 4.1). Ignacio vio cumplido su deseo en Roma hacia finales del reinado de Trajano.

Bibliografía. V. Corwin, *St. Ignatius and Christianity in Antioch* (New Haven, 1960); R. M. Grant, *The Apostolic Fathers,* 4: *Ignatius of Antioch* (Camden, 1966); W. R. Schoedel, *Ignatius of Antioch.* Herm (Philadelphia, 1985); M. P. Brown, *The Authentic Writings of Ignatius* (Durham, 1963).

J. CHRISTIAN WILSON

IIM (Heb. *ʿiyîm*)

Ciudad dentro de la parte meridional del territorio de Judá (Jos 15.29). El nombre no aparece en las listas comparables que contienen las ciudades reasignadas a Simeón (Jos 19.3; 1 Cr 4.29). El contexto sugiere un lugar en el Neguev, tal vez Deir-el-Gawi (142068), a 19 km (12 millas) al noreste de Beerseba.

LAURA B. MAZOW

IJE-ABARIM (Heb. *ʿîyê hāʿăḇārîm*)

Un lugar en el desierto («ruinas de Abarim»), este de Moab (Nm 21.11; 33.44), donde los israelitas acamparon durante la peregrinación del desierto. En Números 33.45 es llamado Iyim (VM). Está probablemente en las proximidades de Muhai, al suroeste del Mar Muerto cerca del arroyo de Zered.

IJÓN (Heb. *ʿiyôn*)
Pequeño lugar del sur del Valle Beq ʿa, fronterizo con el Líbano moderno, cerca de Merj ʿAyyûn (que conserva el nombre; 212235), justo al norte de Metulla, en el lado de Israel. La mayoría de las fuentes literarias ponen a Ijón junto con Abel-beth-ma'acah, Dan (Lais) y Hazor, en Israel septentrional, todos ellos puestos de avanzada entre Israel y Aram-Naharaim, los estados arameos al norte.

Ijón es mencionado por primera vez en los textos de execración egipcios de los siglos XIX y temprano comienzo del XVIII a.C.; y más tarde en el itinerario de batallas de Tutmosis III, en su primera campaña asiática (h. 1468; en el lugar nº 95 de la lista de Karnak); en las Cartas de Amarna del siglo XIV; y en textos bíblicos (1 R 15.20; 2 Cr 16.4) como una población del territorio de Neftalí capturada por Ben-adad de Damasco. Ijón fue también tomado por Tiglat-pileser III h. 733/732, durante el reinado de Peka, junto con Abel-beth-ma ʿacah (2 R 15.29), indicando en ese tiempo la frontera meridional de Aram bajo la dominación asiria.

Bibliografía. W. G. Dever, « 'Abel-Beth-Ma ʿacah: 'Northern Gateway of Ancient Israel,' « en *The Archaeology of Jordan and Other Studies*, ed. L. T. Geraty y L. G. Herr (Berrien Springs, 1986), 207-22; H. Tadmor, «The Southern Border of Aram,» *IEJ* 12 (1962): 114-22.

William G. Dever

ILAI (Heb. *ʿîlay*) (también SALMÓN)
Ahohita y uno de los guerreros de David (1 Cr 11.29). En 2 Samuel 23.28 es llamado Salmón.

ILÍRICO (Gr. *Illyrikón*)
Una gran provincia romana montañosa en el noroeste de la Península de los Balcanes. Ilírico incorpora el territorio junto a la costa oriental del mar Adriático desde Macedonia a Italia y al oeste hasta el río Danubio. Las fronteras exactas del territorio fluctuaron con el tiempo. Las antiguas tribus ilirias tenían la reputación de ser salvajes, y a menudo se dedicaban a la piratería. Los griegos trataron sin éxito de colonizar la costa a partir del siglo VI a.C., frustrados por la geografía y el pueblo nativo. El nombre de la región viene de una de las primeras tribus enfrentadas por los griegos.

Los ilirios fueron derrotados pero no sometidos por Felipe II de Macedonia. Los romanos incorporaron el área completa al imperio en el siglo I d.C., bajo Tiberio (14-37), pero les tomó 250 años someter a los ilirios, incluyendo dos guerras (229-28 y 219 a.C.). En 148-47 los distritos del sur fueron unidos por un tiempo con Macedonia romana y estuvieron así bajo la jurisdicción Macedonia. Augusto hizo a Ilírico una provincia senatorial en 27 a.C., y una provincia imperial en 11 a.C. En el siglo I d.C., fue dividida en las provincias de Panonia en el norte y Dalmacia en el sur.

Pablo afirma haber «llenado» con el evangelio de Cristo el círculo geográfico desde Jerusalén hasta Ilírico (Ro 15.19), pero no está claro si predicó en la provincia o si fue la frontera oriental de su actividad misionera. Probablemente se vuelve a referir a Ilírico cuando Pablo indica a Timoteo que Tito está trabajando en Dalmacia (2 Ti 4.10).

Bibliografía. S. Casson, *Macedonia, Thrace and Illyria* (1926, repr. Westport, Conn., 1971), 287-327; J. Knox, «Romans 15 and Paul's Conception of His Apostolic Mission,» *JBL* 83 (1964): 1-11.

Richard S. Ascough

IMAGEN
Véase Ídolo, Idolatría.

IMAGEN de Dios
Frase empleada dos veces por el escritor sacerdotal para describir la relación única entre los humanos y Dios. En el relato inicial de la creación, el escritor sacerdotal menciona que la humanidad, hombre y mujer, es creada a la imagen de Dios (Gn 1.27). Más tarde, después del diluvio, el escritor sacerdotal observa que la ejecución de la justicia divina es asignada a los seres humanos porque son creados a la imagen de Dios (Gn 9.6). Sin embargo, el texto bíblico no explica de manera explícita en qué maneras los seres humanos son creados a esa imagen, conduciendo a numerosas interpretaciones de los eruditos.

El objetivo básico de la expresión es que los seres humanos son *como* Dios. Es posible que el escritor sacerdotal intente sugerir que los seres humanos son como Dios en apariencia o forma. En Génesis 5.3 el escritor sacerdotal declara que Adán engendró a Set de acuerdo con su imagen. Este parece ser el significado de Pablo de la expresión cuando la aplica a Jesús (2 Co 4.4; cf. Fil 2.6). También es posible que el escritor sacerdotal sea deliberadamente ambiguo al designar a los humanos como la imagen de Dios. En otras palabras, el escritor sacerdotal simplemente quiere declarar que los humanos son como Dios sin especificar en qué maneras. El contexto de Génesis 1.26-28 sugiere que la imagen de Dios está estrechamente conectada con el dominio y el gobierno humano sobre la tierra. Pero aun así, la exacta conexión entre el que los seres humanos son hechos a la imagen de Dios y tener dominio sobre la tierra no se especifica. Los humanos pudieran ser *funcionalmente* como Dios, gobernando sobre la tierra como Dios lo haría, o los humanos pudieran tener dominio *porque* son como Dios en alguna manera no declarada. Tal vez los intérpretes no pueden ser más específicos. El resultado parece ser el mismo en cualquier caso: Los humanos son distintos a todas las demás criaturas en que son como Dios y tienen dominio sobre la tierra.

El uso de la «imagen de Dios» del escritor sacerdotal en el contexto de la creación humana es comparable al uso jehovista del «conocimiento del bien y el mal.» De acuerdo con el jehovista, la pareja humana llegó a ser como Dios cuando comieron del fruto del conocimiento (Gn 3.5, 22). Con conocimiento, la pareja humana puede como Dios crear vida y producir agricultura (compárese Gn 3.16-19 con 2.7-9). Del mismo modo, al conectar la imagen de Dios con el dominio, el escritor sacerdotal enfatiza la habilidad humana para ejercer su voluntad sobre la creación. Los seres humanos no son simplemente objetos de la creación, sujetos a órdenes fijas de la creación. Como Dios, los humanos tienen la misma medida de control sobre el mundo creado.

Como la imagen de Dios, los humanos son distintos de todas las demás criaturas. Sin embargo, el escritor sacerdotal describe solo a los humanos como hombre y mujer. El mito de creación sacerdotal está interesado no solo en el orden de la creación, sino también en la distribución y perpetuación de los órdenes creados (Gn 1.11, 22). La sexualidad de las aves, los peces, y los animales es asumida por el escritor sacerdotal, pero tal suposición no puede hacerse para los humanos porque ellos son a la imagen de Dios. Para el escritor sacerdotal Dios no tiene forma de sexualidad, ni diferenciación sexual. El escritor sacerdotal por tanto afirma explícitamente que los humanos fueron creados hombre y mujer (Gn 1.27). Esta diferenciación de los humanos en hombre y mujer los distingue de Dios; «hombre y mujer» describe cómo los humanos *no* son a la imagen de Dios.

El dominio humano tiene límites. El primer abuso de los seres humanos del dominio trajo como resultado la limpieza de Dios de la tierra a través del diluvio. Por lo tanto en la secuela del diluvio, el escritor sacerdotal establece los límites del dominio humano. La sangre, que es vida, pertenece a Dios. Y aunque los humanos pueden matar animales para comer, no se debe matar a los propios humanos. Cualquiera que mata a un humano debe ser muerto por un humano, «porque a imagen de Dios es hecho el hombre» (Gn 9.6). La interpretación de la cláusula explicativa en este mandato es ambigua. La cláusula podría atribuir santidad especial a la vida humana: La vida humana es más preciosa que toda otra vida porque los seres humanos son a la imagen de Dios. Tal interpretación, sin embargo, no basta para explicar adecuadamente el contexto del diluvio y el enfoque central del dominio humano. Puesto que los seres humanos son hechos a la imagen de Dios, se les ha dado dominio sobre la tierra. Pero los humanos abusaron de su dominio y corrompieron la tierra, provocando la catástrofe del diluvio (Gn 6.11-13). Para que la creación no vuelva a ser destruida por la corrupción humana, Dios regula el dominio humano: Los humanos no deben matar a otros humanos. Pero debido a que los humanos son hechos a la imagen de Dios, los seres humanos en vez de Dios impondrán la pena de muerte. La ejecución humana de la justicia divina restaurará el orden de la creación.

Bibliografía. J. Barr, «The Image of God in the Book of Genesis—A Study of Terminology,» *BJRL* 51 (1968/69): 11-26; P. Bird, «Genesis I-III as a Source for a Contemporary Theology of Sexuality,» *Ex Auditu* 3 (1987): 31-44; J. M.Miller, «In the 'Image' and 'Likeness' of God,» *JBL* 91 (1972): 289-304; J. H. Tigay, «The Image of God and the Flood,» in *Studies in Jewish Education and Judaica in Honor of Louis Newman,* ed. A. M. Shapiro and B. I. Cohen (New York, 1984), 169-82; P. Trible, *God and the Rhetoric of Sexuality.* OBT 2 (Philadelphia, 1978), 12-23.

RONALD A. SIMKINS

IMAGEN FUNDIDA

Véanse ÍDOLO, IDOLATRÍA.

IMÁGENES

«Imagen» (del lat. *imago,* «representación,» «semejanza,» o «imitación,» como en «cuadro,» «aparición,» «visión,» «eco,» y «lenguaje figurado») designa el objeto o cuadro mental producido en representación artificial. Las «imágenes» comúnmente indican el objeto producido en el acto de hacer una imagen (la imagen o cuadro mental representado), y el acto particular de representación vinculado a la producción de la imagen (p.ej., el arte de pintura, escultura, o expresión poética). Las imágenes son frecuentemente identificadas de acuerdo con el sentido al cual apelan —aunque típicamente visual y auditivo, y también organizado de acuerdo con las formaciones social, cultural, y discursiva en la que son empleadas— artística, literaria, religiosa, psicológica, política, y doméstica, entre otras.

Antes del siglo XVIII, imagen e imágenes normalmente no se aplicaban a la literatura, sino a cosas que eran por definición pictóricas —pinturas o esculturas. Solo en el siglo XIX, bajo la influencia de Samuel Coleridge y la discusión de imaginación —aunque también por supuesto posterior en el discurso psicoanalítico y en varias filosofías de lenguaje— vemos una asociación directa desarrollada entre las palabras imagen e imágenes y metáforas y símiles. La esencia de la imaginación reside en su habilidad de crear algo aparentemente distinto por medio de asociación y modificación, por lo que se presta a los poderes de asociación de la metáfora y el símil. Para mediados del siglo XIX, por lo tanto, las palabras imagen e imágenes se usan regularmente como sinónimos integrales para símiles y metáforas. En literatura y en crítica literaria especialmente, las imágenes llegan a referirse a todo lenguaje que demuestra representación gráfica de un cuadro mental, con un enfoque general sobre expresiones pictóricas y los elementos figurados de la metáfora y el símil usados para articular abstracciones.

El estudio crítico de las imágenes generalmente busca demostrar cómo los patrones de imágenes expresan un concepto o abstracción particular. En el examen psicoanalítico, p.ej., el analista buscará un motivo singular o continuo entre varias imágenes oníricas con el fin de descubrir los disturbios enterrados en el inconsciente (Freud) o el inconsciente colectivo (Jung). Del mismo modo, el crítico literario incluirá una serie de imágenes con el fin de develar el tema de una obra literaria dada, así como describir la palabra imaginativa a través de la que se produce el texto. Por ejemplo, las imágenes desesperadas y de choque de un pasado y presente río Támesis en *The Waste Land* de T. S. Eliot contribuyen a la continuidad temática del texto por el cual Eliot pinta un cuadro de desperdicio y decadencia de la moralidad humana entre las dos guerras mundiales.

Las imágenes abundan en la literatura bíblica; y sin duda el estudio de las imágenes, incluyendo la lectura atenta de metáforas y símiles, provoca una mejor comprensión de varios temas y percepciones del mundo contenidas en escritos específicos de las Escrituras hebreas y cristianas. Entendidas de acuerdo con la definición de semejanza o copia, las imágenes se manifiestan en la representación de los dioses de las naciones, en ídolo o imagen grabada, así como en la descripción de la humanidad creada en la imagen de los dioses. Pero más importante aún, los textos bíblicos son testigos de una gran cantidad de imágenes metafóricamente empleadas para dilucidar una comprensión o percepción particular de lo divino y su relación con la humanidad. El mensajero del Señor aparece a Moisés «en una llama de fuego en medio de una zarza. . . y la zarza no se consumía» (Ex 3.2); esta imagen o cuadro mental de manifestación divina claramente retrata el poder y la inviolabilidad del Dios hebreo. La visión de Ezequiel del Señor de igual manera emplea imágenes para comunicar esplendor y majestad divinos: «como parece el arco iris que está en las nubes el día que llueve, así era el parecer del resplandor alrededor» (Ez 1.28). En las Escrituras cristianas también, imágenes como la de Marcos de la paloma descendiendo o el «pan que desciende del cielo» de Juan sirven como metáforas para iluminar la aparición divinamente sancionada y el ministerio de Jesús. Los estudios de imágenes, en especial como ocurre en los enfoques crítico-literarios a la Biblia, se han convertido en parte importante de los estudios bíblicos.

Bibliografía. S. Freud, *The Interpretation of Dreams,* 8th rev. ed. (New York, 1965); N. Frye, *Anatomy of Criticism* (Princeton, 1957); P. N. Furbank, *Reflections on theWord «Image»* (London, 1970); C. G. Jung, *Dreams* (Princeton, 1974); F. Kermode, *The Romantic Image* (New York, 1964); Kermode and R. Alter, eds., *The Literary Guide to the Bible* (Cambridge, 1987); M. S. Silk, *Interaction in Poetic Imagery* (London, 1974).

Michael L. Humphries

IMER (Heb. *'immēr*) **(LUGAR)**
Ciudad en Babilonia de donde regresaron los ju-

díos del exilio (Esd 2.59; Neh 7.61). El sitio es desconocido.

IMER (Heb. *'immēr*) **(PERSONA)**
Líder de una división sacerdotal en el tiempo de David (1 Cr 24.14). Pasur, el oponente de Jeremías, era miembro de esta familia sacerdotal (Jr 20.1). Descendientes de esta línea regresaron con Zorobabel de la cautividad (1 Cr 9.12; Esd 2.37 = Neh 7.40; 11.13) y participaron en la reedificación del muro de la ciudad (3.29). Dos hombres de esta línea habían tomado «mujeres extranjeras» como esposas (Esd 10.20).

IMITACIÓN
La adopción consciente o inconsciente de las actitudes, creencias, o comportamiento de otros. El motivo bíblico de la imitación se expresa en frases como «imitar,» «llegar a ser como,» «seguir tras,» y a menudo está implícito en terminología como «discípulos,» «tipo,» y «ejemplo.»

El AT desarrolla este tema de manera negativa. Aunque se le exhorta «no imites las costumbres perversas de aquellos pueblos» (Dt 18.9 LBLA; cf. 6.14; Ex 23.24; Lv 18.3), Israel aspira «Seamos como las naciones, como las demás familias de la tierra» (Ez 20.32; cf. Dt 12.30; 1 S 8.20), y por tanto incurre en el juicio de Dios (2 R 17.15; Ez 25.8). Este aspecto negativo está también presente en el NT (Ro 12.2).

La imitación en el NT es informada por el contexto grecorromano, donde se esperaba que los alumnos imitaran a sus maestros en filosofía, moralidad, y conducta (cf. Séneca *Ep.* 6.5-6; Quintiliano *Inst. orat.* 2.1-15; Filostrato *Vit. Ap.* 1.19), y también por ejemplos heroicos de la literatura macabea, que insta a los devotos de Israel a imitar su ejemplo de fidelidad hasta el punto del martirio (1 Mac 13.1-9; 2 Mac 6.27-28; 7.24-29; 4 Mac 9.23). Es la persona y la misión de Jesús, sin embargo, la que provee el carácter definitivo de imitación para los escritores del NT.

Discipulado e imitación son inseparables. El llamado de Jesús de «sígueme» (Mt 4.19; Mr 10.21; Lc 5.27; Jn 1.43) exigía una determinación de toda la vida de parte de sus discípulos a modelar sus valores, creencias, y conducta de acuerdo con su Maestro. Para los doce esto implicaba compromiso al servicio (Mr 10.41-45; Lc 10.29-37), dificultades (Mr 8.34-38), y renuncia (Mt 19.27-29; Jn 12.26). Para Pablo también, la imitación tenía un carácter cruciforme (1 Co 11.1; cf. Fil 2.5-8).

Como motivo bíblico, «la imitación de Cristo» ha desempeñado un papel importante en la vida de la iglesia, particularmente a través de la obra popular de Thomas à Kempis *(La Imitación de Cristo)* y Charles Sheldon *(En sus pasos).*

MOYER HUBBARD

IMLA (Heb. *yimlâ, yimlāʾ*)
Padre del profeta Micaías (1 R 22.8-9 = 2 Cr 18.7-8).

IMNA (Heb. *yimnāʿ*)
Hijo de Helem de la tribu de Aser (1 Cr 7.35).

IMNA (Heb. *yimnâ*)
1. Hijo de Aser (Gn 46.17; 1 Cr 7.30) cuyos descendientes son llamados inmitas (Nm 26.44).

2. Levita y padre de Coré (2 Cr 31.14).

IMPERIO SELÉUCIDA
Uno de los imperios más grandes que se formó de la división del territorio conquistado por Alejandro el Grande. La historia del Imperio Seléucida se caracteriza por dos consideraciones principales: (1) fue enormemente diverso y descentralizado, lo que hizo que fuera mucho más difícil de gobernarlo que el Imperio Ptolemaico; (2) comenzó a declinar desde el principio, su mejor período fue bajo su fundador Seleuco I. El medio hermano de Antíoco II, Antíoco Hirax, se rebeló alrededor de 240 a.C. y estableció un reino independiente en el Asia Menor. Las provincias orientales comenzaron a desaparecer muy rápidamente. A mediados del siglo II surgió una dinastía rival y la casa gobernante, esencialmente, se dividió en dos facciones en conflicto. Esto permitió que los macabeos establecieran un estado judío independiente, debilitando aún más al Imperio Seléucida. Para el tiempo en que los romanos terminaron la dinastía, el Imperio Seléucida había sido reducido a una pequeña cantidad de territorio en el norte de Siria.

Después de las conquistas de Alejandro el Grande, desde Grecia al norte de la India, y después de su muerte, sus generales pelearon por su imperio por casi 40 años (los «sucesores» o diadocos). La parte asiática del imperio de Alejandro, esencialmente, fue dividida entre el Imperio Seléucida, desde Siria hasta Afganistán, y el Imperio Ptolemaico, que principalmente era Egipto.

Originalmente, Alejandro puso a Babilonia como capital de su imperio, pero con la fundación del Imperio Seléucida, la capital se trasladó a Antioquía. Esto fue trágico, en cierta manera, porque se había alejado, hacia el occidente, del centro de gravedad, ya que Babilonia era una parte importante del imperio. La sección oriental fue difícil de gobernar, y alrededor de 250 los partos fundaron su propio imperio que duró otros 500 años. Esto ocasionó la pérdida de las provincias orientales, y finalmente dejó a los seléucidas principalmente el control del Asia Menor y Siria, aunque periódicamente un gobernador seléucida se iba al oriente para tratar de recuperar algo del antiguo territorio.

Durante la lucha entre los diádocos, 301 a.C., hubo un punto crucial en el que se acordó un tratado y una división de territorio. En esa época, el área de Palestina y el sur de Siria fue asignada a Seleuco. Sin embargo, Tolomeo se apoderó de ella y se rehusó a renunciar a ella. Esto se convirtió en la ocasión para una serie de cuatro «Guerras Sirias» que se pelearon durante el siglo siguiente, en las que los seléucidas trataron de recuperar lo que consideraban legítimamente suyo. Finalmente en 200, durante la Quinta Guerra Siria, Antíoco III retomó este territorio para el Imperio Seléucida. Los romanos detuvieron completamente la expansión del imperio de Antíoco III, y de manera similar reprimieron las ambiciones de Antíoco IV en cuanto a Egipto. Después de esto, el Imperio Seléucida declinó gradualmente, a medida que el poder romano aumentaba. Alrededor de 150 encontramos el inicio de dinastías rivales, cada una afirmaba tener la línea legítima de gobernadores. Alrededor de 96 a.C. una multiplicidad de personas demandaba sentarse en el trono seléucida. El último gobernador (Antíoco XIII) era un rey títere que los romanos habían puesto en el trono, pero lo quitaron en 65 a.C., lo cual terminó formalmente con el Imperio Seléucida.

Bibliografía. *CAH*2, esp. 7/1: *The Hellenistic World*, ed. F. Walbank et al. (Cambridge, 1984); 8: *Rome and the Mediterranean to 133 b.c.*, ed. A. E. Astin et al. (Cambridge, 1989); 9: *The Last Age of the Roman Republic, 146-43 b.c.*, ed. J. A. Crook, A. Lintott, and E. Rawson (Cambridge, 1994); P. Grimal, ed., *Hellenism and the Rise of Rome* (New York, 1968);Walbank,*The Hellenistic World,* rev. ed. (Cambridge, Mass., 1993).

LESTER L. GRABBE

IMPOSICIÓN DE MANOS

Acto ceremonial de consagración o identificación (Heb. *sāmak̲ yad̲ ʿal* Gr. *epitíthēmi tás cheíras, epíthesis tṓn cheirṓn*). En el Antiguo Testamento se empleaba en este ritual una o dos manos. El ritual de imposición de las dos manos ocurría cuando el sacerdote ponía sus manos sobre la cabeza del macho cabrío expiatorio (Lv 16.21), cuando los testigos ponían las manos sobre la cabeza de un blasfemo a punto de ser apedreado (24.14; véase Dt 13.9 [TM 10]), y cuando Moisés ordenó a Josué (Nm 27.18, 23; Dt 34: 9). En cada caso, el gesto identificaba el enfoque del ritual. El ritual con una sola mano se aplicaba al sacrificio donde el que ofrecía colocaba una mano sobre el animal justo antes de degollarlo (Lv 1.4; 3.2, 8, 13). El propósito, según confirman los paralelos hititas y los detalles de los casos demuestran, no era para transferir la culpa al animal sino para identificarlo como perteneciente al oferente y de este modo volver a consagrarlo.

En el NT la imposición de manos se producía en cuatro ámbitos: bendición, que refleja la creencia rabínica en los poderes de las manos de un santo (Mt 19.13-15); sanación, donde el ritual era opcional pero a menudo servía para identificar la enfermedad y al sanador y para dramatizar la transferencia de poder (9.18; Mr 5.23; Hch 9.12; 28); la impartición de dones espirituales, que servían para distinguir a los cristianos carismáticos de otras sectas (Hch 8.19; 19.6); y la ordenación (6.6, 8; 13.3; 1 Ti 4.14; 5.22; 2 Ti 1.6). Por último, en todos sus usos (excepto quizás en la bendición), la imposición de manos tenía connotaciones pneumáticas, milagrosas acorde con su lugar en una comunidad, destacando la presencia del Espíritu Santo.

Bibliografía. D. Daube, *The New Testament and Rabbinic Judaism* (1956, repr. New York, 1973); D. P. Wright, «The Gesture of Hand Placement in the Hebrew Bible and in Hittite Literature,» *JAOS* 106 (1986): 433-46.

MARK W. HAMILTON

IMPUESTOS

Amplias variaciones han existido en las formas en que los gobiernos aseguraban ingresos para sus operaciones en tiempos antiguos. Incluían honorarios multas, alquileres, y propiedades, impuestos personales y de viaje. La forma más directa de adquisiciones gubernamentales era el trabajo forzado (heb. *mas*), la recluta de trabajadores para completar tareas asignadas por los gobernantes (por ej., Jos 16.10; 2 S 20.24; 1 R 12.18). La mayoría de los impuestos, sin embargo, venían de dos fuentes: directas e indirectas. Un sistema regular de tributos se ordena en Levítico 27.1-8. El censo de David parece formar parte de unas contribuciones sistemáticas de Israel (2 Sam 24). Tributos ocasionales se mencionan también: los impuestos de Joás para reparaciones del templo (2 R 12.4-18); los impuestos de Manahem a los opulentos para sobornar al rey de asiria (15.20); el tributo de Joaquín el cual dio a faraón Necao (23.35).

Durante el período inicial de la República Romana el alquiler de impuestos de tierras públicas trajo ingresos gubernamentales. Desde el siglo II a.C., sin embargo, la riqueza de Roma se incrementó enormemente por la conquista de pueblos extranjeros y al confiscar sus recursos. Más tarde se introdujo un sistema de impuestos. Pablo aconseja a sus lectores a pagar ambos impuestos, directos e indirectos (Ro 13.6-7). El impuesto directo conocido como «tributo» (gr. *phóros*; lat. *tributum*), era un impuesto a la tierra (*tributum soli*) o un impuesto personal para toda persona de edad tributaria (*tributum capitis*), usados para sostener la presencia militar romana, para promover programas de construcción y para mantenimiento general del imperio. Fue recogido por procuradores romanos. Cuando ocurrían desastres naturales los emperadores a menudo levantaban la carga de este impuesto de la ciudad o provincia afectada. Los impuestos indirectos se recaudaban en distritos autónomos. Incluían tributos en importaciones y exportaciones (*portorium*), un impuesto heredado de 5 por ciento (*vicésima hereditatium*), cinco por ciento de impuesto por emancipación (*vicésima libertatis*), un porciento en subastas públicas (el que iba al fondo de pensión militar, un cuatro por ciento de impuestos en la venta de esclavos (para sostener la policía del lugar) y otros impuestos locales tales como peajes en puentes y transbordadores y tributos para casas y contratistas.

Por recaudar algunos de estos impuestos un sistema de «impuestos agrícolas» era usado por los romanos según el cual el gobierno subastaba contratos a publicanos (recaudadores de tributos acaudalados) quienes pagaban a los romanos de su propio bolsillo y luego recaudaban del público tanto como querían recobrar de sus inversiones. Estos codiciosos y crueles usureros hacían su ganancias recogiendo mucho más de lo que gastaban en sus contratos (cf. Lc 19.2-8). El sistema permitía constantes abusos del público. Tenemos evidencia desde Egipto que ocasionalmente los publicanos estaban acompañados por los militares o policía para extorsionar dinero del público.

Otra clase de impuesto mencionado en el NT es el impuesto del Templo, un tributo de medio siclo pagado anualmente en marzo por hombres judíos para ayudar con el mantenimiento del templo de Jerusalén (Mt 17.24-27).

RICHARD A. SPENCER

IMPURO
Véase *Limpio e impuro*

IMRA (Heb. *yimrâ*)
Hijo de Zofa, de la tribu of Aser (1 Cr 7.36).

IMRI (Heb. *'imrî*)

1. Antepasado de Utai, judaita que regresó del exilio (1 Cr 9.4). Él podría ser el mismo que Amarías (del que el nombre Imri es una forma abreviada) en el relato paralelo de Nehemías 11.4.

2. Padre de Zacur (Neh 3.2).

INCENSARIO
Pequeño recipiente para llevar carbones encendidos, usado en el servicio del tabernáculo (Ex 25.38; 27.3; Lv 16.12). El incensario contenía brasas calientes sobre las que se colocaba el incienso, creando un espeso humo y probablemente un olor agradable. Heb. *mahtâ* también es glosado como «bandeja,» «sartén,» y «cazuela,» términos que describen funciones relacionadas con el candelabro, el altar, y la ofrenda de incienso.

WALTER E. BROWN

INCESTO
Actividad sexual prohibida entre parientes relacionados por sangre o matrimonio. La Biblia no tiene un término que corresponda al sustantivo español «incesto» y en cambio se refiere a la actividad incestuosa usando expresiones verbales asociadas con la actividad sexual en general o con impurezas. La Biblia tampoco calcula los grados prohibidos de relación pero cataloga los emparejamientos prohibidos (Dt 22.30[TM 23.1]; 27.20, 22-23; Lv 18.6-18; 20.11-12, 17, 19; cf. Ez 22.10-11). Como resultado, su tratamiento del incesto es menos completo que el que se encuentra en la mayoría de los códigos occidentales. Ciertas relaciones no se especifican como prohibidas, notablemente la relación padre-hija. Este vacío no significa que Israel aprobara dicha conducta, ya que los tabúes en contra de ello bien pueden

haber operado de otra manera.

La variedad en extensión y enfoque de las listas bíblicas sugiere desarrollo en el pensamiento de Israel en torno a la conducta sexual aceptable. Por otro lado, algunos comportamientos incestuosos prohibidos en las leyes parecen ser permitidos en ciertos contextos narrativos (cf. Gn 20.12; 38.1-30; 2 S 13.13). La única referencia posible del NT al incesto se encuentra en 1 Corintios 5.1-5, donde Pablo condena a la iglesia de Corinto por tolerar que un hombre viva con la mujer de su padre; Pablo ordena a la iglesia expulsar a dicho hombre de en medio de ellos.

Frank D. Wulf

INCIENSO

Plantas odoríferas de diversos orígenes y especies que crecen en diferentes partes del antiguo Cercano Oriente que jugaron papeles importantes en la vida económica, política, y religiosa de la región. Indudablemente estas plantas se usaron primero en el período Neolítico, pero llegaron a tener una importancia cada vez mayor con el advenimiento de los estados formales en los milenios cuarto y tercero a.C. Sin embargo, prácticamente no tenemos ningún mito etiológico que explique cómo estas plantas llegaron a ser usadas en tales funciones y roles especiales. En términos del mundo bíblico, a principios del primer milenio estas sustancias llegaron a jugar un papel cada vez mayor. La condición elevada y el prestigio para el mundo del Mediterráneo llegaron a asociarse con la adquisición y consumo de aromas exóticos y extraños. El uso de éstas se elevó a gran altura en la Edad de Hierro Tardío.

Diversas sustancias odoríferas fueron usadas por pueblos antiguos del Medio Oriente en asociación con funerales, adoración divina, ritual mágico, para propósitos cosméticos, y en aplicaciones medicinales. Las fuentes cuneiformes en Mesopotamia se refieren al incienso desde el cuarto milenio, y en Egipto el «incienso» ha sido identificado en enterramientos del período Nagada II (c. 2500), aunque el término «incienso» se atestigua primero en la quinta dinastía.

En el AT los incensarios y «altares» sugieren el uso frecuente de incienso (Heb. *qĕṭōreṯ*) en la vida diaria. Rituales oficiales específicos que incluyen incienso se describen en una cantidad de textos del AT (p.ej., Ex 30; Lv 2, 10, 16; Sal 141). Los usos cosméticos y medicinales se mencionan en especial en el Cantar de los Cantares. En el NT la mención del uso del incienso (Gr. *thymiama*) es más rara, y se conforma a la tradición judía del AT (p.ej., Mt 2.11; Lc 1.9-11; Ap 5.8; 18.13; Mr 14.3-9).

La pregunta más inquietante en cualquier discusión sobre el incienso es qué plantas fueron usadas y cómo se les llamó. Por ejemplo, el galbano prescrito en el relato de Éxodo puede ser una de 100 especies de la *Ferula* genus. Información compilada recientemente sugiere la que era usada y estaba disponible en el primer milenio. Algunos de los productos de incienso solo estaban disponibles y se derivaban del suroeste de Arabia o del noreste de África. Estas incluyen incienso (*Boswellia* sp.), mirra (*commiphora* sp.), aloes (*Aloe* sp.), bedelios (*commiphora* sp.), y bálsamo (*Balsamodendron* sp. o *Commiphora* sp.). Otros inciensos estaban disponibles de una extensa zona del Medio Oriente, incluso en las latitudes norte de Siria, Líbano, y Asia Menor. Estas incluyen el cálamo aromático (*Acorus calamus*), zacate de limón (*Cymbopogon* sp.), tragacanto (*Astragalus* sp.), ládano (*Cistus* sp.), estoraque (*Styrax* sp. o *Liquidambar* sp.), lentisco (*Pistacia lentiscus*), pino (*Pinus brutia*), terebinto (*Pistacia terebinthus*, identificados a partir de un barco cananeo en el Mediterráneo de la Edad de Bronce Tardío; tal egip. *sntr*), y otras diversas resinas de árboles específicos (p.ej., *Artemisia* sp. y *Acacia* sp.). Otros materiales de incienso venían del sureste de Asia y eran transportadas al Levante a través del sur de Arabia. Las más famosas de estas eran la canela y la casia (*Cinnamonium* sp.) El comercio del incienso se llevaba a cabo por mar (cf. Hanno *Periplus;* Plinio *Hist. nat.*) y por rutas terrestres conocidas hasta el espinazo de Arabia. Los orígenes para el comercio de la Edad de Hierro se remontan a la Edad de Bronce, de donde se han recuperado los restos del barco y los registros históricos atestiguan la construcción del barco.

Bibliografía. N. Groom, *Frankincense and Myrrh* (London, 1981); H. H. Hairfield, Jr., and E. M. Hairfield, «Identification of a Late Bronze Age Resin,» *Analytical Chemistry* 62 (1990): 41A-45A; A. Lucas, «Cosmetics, Perfumes, and Incense in Ancient Egipto,» *JEA* 16 (1930): 41-53; W. Müller, «Notes on the use of Frankincense in South Arabia,» *Proceedings of the Seminar for Arabian Studies* 6 (1976): 124-36; K. Nielsen, *Incense in Ancient Israel.* VTSup 38 (Leiden, 1986); J. Zarins, «Mesopotamia and Frankincense: The Early Evidence,» in *Profumi d'Arabia,* ed. A. Avanzini (Rome, 1997), 251-72.

Juris Zarins

INDIA

En el uso bíblico, la región noroccidental del subcontinente del sureste de Asia al este de Arabia, formando el límite oriental del territorio de Asuero (Est 1.1; 8.9; cf. Ad. Est 13.1; 16.1). La primera civilización importante en India se ubicaba a lo largo del río Indo y tenía asentamientos urbanos altamente desarrollados; estos pueblos, similares a los sumerios, habían entrado a la India entre 4000 y 2500 a.C. La escritura floreció en esta cultura, pero solo unas cuantas palabras del idioma dravidiano han sido traducidas por los eruditos modernos. Existió comunicación con Mesopotamia, pero la cultura del río Indo era menos avanzada.

Las invasiones por los arios indoeuropeos, que comenzaron a mediados del segundo milenio, introdujeron la religión Veda, que fue asimilada a los elementos prearios para formar el hinduismo. El pueblo preario principalmente emigró al sur de la India, donde el tamil, un idioma dravidiano, es actualmente el dominante.

Las dos principales deidades hindúes son Siva, encontrada también en la cultura del río Indo. Siva tenía muchas funciones, pero en especial representa las fuerzas creativas. Su principal símbolo es un falo estilizado, que se le atribuye naturaleza divina. De las muchas encarnaciones de Visnú, la bella joven Krishna es el objeto de mucha devoción. El hinduismo tiene un fuerte enfoque en el amor, tanto físico como romántico/emocional.

Las rutas antiguas conectaban la India y las zonas occidentales ya desde el período Dinástico Temprano III en Mesopotamia (c. 2500). Las evidencias arqueológicas y lingüísticas sugieren comparaciones entre Palestina y la tierra de los tamiles en el siglo XII, incluyendo semejanzas lingüísticas entre algunos nombres tamil/dravidianos y hebreos. Los seléucidas emplearon elefantes y sus «conductores» en las guerras (1 Mac 6.37).

Se pueden ver importantes paralelos entre el Cantar de Salomón y la primera literatura escrita sobreviviente de los tamiles, escritos en la Era Cankam, quizás antes del siglo VII. La poesía cankam consta de *Akam,* que trata con el interior, y *Puram,* que se enfoca en el mundo exterior. La poesía sobre al amor *Akam* incluye paisajes, como el bosque, la montaña, tierras de cultivo, el desierto, o la playa; y los dioses adorados ahí y la fauna y la flora. Los poemas amorosos mayormente seculares, exhiben una profunda percepción en la sicología del amor. Se describen cinco fases de amor mutuo, todas implicando un tipo de separación. Cada paisaje con sus propias imágenes resume su emoción específica y situación romántica. Hay una profusión de imágenes naturales. La estructura del poema es drama, monólogo, a menudo con un confidente como oyente.

Bibliografía. S. Hikosaka and G. John Samuel, eds., *Encyclopaedia of Tamil Literature* 1 (Madras, 1990); A. Mariaselvam, *The Song of Songs and Ancient Tamil Love Poems.* AnBib 118 (Rome, 1988).

E. Lynne Harris

INDIVIDUALISMO

Véase Personalidad corporativa.

INFIERNO

Palabra en español utilizada para traducir cuatro términos bíblicos. Heb. *šĕʾôl* y gr. *hádēs* generalmente se refieren al mundo de los muertos. Tártaro (cf. gr. *tartaróō,* 2 P 2.4) es el lugar de castigo para los ángeles caídos en espera del juicio final. Gr. *géenna* es el lugar y condición de justa retribución guardada para los impenitentes después del juicio.

Originalmente, todos los muertos tenían la misma existencia banal en el Seol. Seol más tarde incluyó una dimensión escatológica, un futuro con resurrección, juicio final, doctrinas; era la tumba, el lugar de sombras de los muertos, donde el espíritu humano ya no existe. La cosmología de tres niveles de cielo, tierra y Seol o Hades cambió con la realización de un sistema planetario. El pensamiento hebreo posterior al exilio supuso que la muerte formaba un colectivo sin rostro después de la muerte. Gr. *phylakḗ,* también el inframundo o el lugar de castigo en el infierno, es donde Satanás se hace inofensivo durante el milenio (Ap 20.7); aunque se produce la muerte, el *pneúma* existe, y «prisión» se convierte en el lugar de tortura.

Gehena primero se produce claramente como un locus posterior al juicio final de los impíos en Enoc. En Hades, un lugar preparatorio, las almas esperan su fin. En la literatura rabínica Gehena se refiere al lugar final, no intermedio, de retribución. Los escritos apocalípticos anuncian muerte, resurrección, un juicio, castigo final, y un lugar de retribución que implica Gehena. El término se deriva de «el valle de Hinom» (o «lamento») cerca de Jerusalén. La contaminación allí significaba horror, degradación y fuegos que consumían. En consecuencia, Gehena se convirtió en una metáfora de tormento agudo. En tiempos de Jesús, Gehena significó una condena irrevocable, eterna para los inicuos.

El Gehena helenístico de Lucas se refiere a recompensa inmediata y castigo después de la muerte, la resurrección del justo. Tras el juicio, Dios envía a los impíos al Hades o Gehena, y a los justos al paraíso por la resurrección con Jesús en la Parusía. Un judío influenciado, Mateo, omite recompensa y castigo al morir, y atribuye un día de juicio, resurrección, Gehena corporal, y una eterna agonía para los malos. Después de la resurrección y el juicio, Gehena recibe el mal para la retribución.

El Hades, el lugar de todos los muertos, es el nombre del dios del inframundo griego. Seol y el antiguo concepto de Hades son las oscuras y lúgubres moradas de los muertos. El aumento de la creencia judía en la resurrección significaba que Dios traería a los muertos del Hades de vuelta a la vida, un retorno de la vida corporal; una vida para los espíritus resucitados en el cielo. Dios trae el alma del Hades y el cuerpo de la tumba para ser reunidos en la resurrección. En la resurrección, la muerte cesa, y el Hades será cerrado. La muerte y el Hades disminuyen en el lago de fuego (Ap 20.14).

En la escatología judía, la muerte significaba separación del cuerpo y el alma. Sin embargo ningún daño se produce después de la muerte, porque el alma se mantiene segura. Mateo 25 retrata el infierno como el dominio de Satanás y sus ángeles, y los condenados. El AT no hace referencia a la tortura, una vez que las personas son relegadas al Seol. La literatura intertestamentaria se centra en la asistencia divina contra los enemigos de Dios, un mesías humano, y la justicia divina.

La mayoría de los eruditos coinciden en que el único texto (1 P 3.18-20) que podría implicar el descenso de Jesús al infierno no admite interpretaciones anteriores que sugieren que Jesús predica a los muertos o experimenta una pasión o daño. Eruditos recientes ven el evento como la obra de Cristo resucitado. Algunos eruditos sostienen que Cristo descendió a los infiernos triunfante después de su muerte, para mostrarse a sí mismo como el vencedor y conquistador de la muerte, Satanás, y el infierno. El NT no refleja ninguna pasión o actividad de Jesús entre la muerte y la resurrección.

La mayoría de los intérpretes coinciden en que Efesios 4.8 primero tiene que ver con el descenso de Cristo (v. 9), luego su ascenso triunfal después de su muerte y resurrección: del cielo a la tierra (encarnación) o de la tierra a la tumba (Seol). Otros sostienen que el descenso se produjo después de la ascensión de Jesús y representa el regreso a la tierra del Cristo exaltado como el Espíritu en Pentecostés.

Jesús no proclamó una doctrina del infierno ni describe la condenación, y habló solo marginalmente del infierno. Su proclamación del reino de Dios invitó a uno a elegir la salvación o la condenación, sin embargo Jesús no predicó el dualismo. Muchas metáforas contrastantes del infierno indican la ira y el castigo de Dios. La noción de eternidad indica un castigo final, pero no necesariamente uno que se extiende por todo el tiempo. En toda la Escritura y la historia de la iglesia existen ideas de destrucción completa y castigo infinito frente a un amor, misericordia y reconciliación. En última instancia, la condenación no es un absoluto y permanece supeditada a la voluntad y la gracia de Dios.

Bibliografía. G. Doehler, «Descent into Hell,» *Springfielder* 39 (1975): 2-19; W. H. Harris, III, «The Ascent and Descent of Christ in Ephesians 4.9-10,» *BSac* 151 (1994): 198-214; H. Küng, *Eternal Life?* (Garden City, 1984); C. Milikowsky, «Which Gehenna? Retribution and Eschatology in the Synoptic Gospels and in Early Jewish Texts,» *NTS* 34 (1988): 238-49; H. Scharen, «Gehenna in the Synoptics,» *BSac* 149 (1992): 324-37, 454-70.

Cheryl A. Kirk-Duggan

INMORTALIDAD

Véase Vida venidera, Vida después de la muerte.

INOCENTES, MATANZA DE LOS

Un breve episodio del infanticidio de varones en Belén registrado en la narración de la infancia en Mateo (Mt 2.16-18). El rey Herodes, engañado por los astrólogos de Oriente que buscan al recién nacido rey de los judíos, monta en cólera y ordena el asesinato de niños varones de dos años y menores en Belén y sus alrededores. El historiador judío del siglo I Josefo no menciona este incidente específico, pero recuenta casos semejantes de la violencia y la paranoia de Herodes (*Ant.* 16.11.7; 17.2.4; 6.5-6). Aunque hay fuertes antecedentes en el AT (p.ej., la masacre de Faraón de los varones hebreos bebés, Éxodo 1.15-22; el cementerio tradicional de Raquel en Belén, Génesis 35.19; su fuerte rol matriarcal en la historia israelita como se refleja en la cita de Mateo de Jeremías 31.15; y punto obligado de reunión de Israel y deportación de Ramá al exilio en Babilonia, Jer 31.15), ningún otro escritor de los Evangelios incluye esta historia.

Varias tradiciones cristianas afirman que de 14 mil a 144 mil niños fueron asesinados. Sin embargo, los historiadores sugieren que debido a la probable población de Belén en ese momento, la tasa anual de natalidad resultante, y una alta mortalidad infantil, el número total no podía haber sido más de 20 niños menores de dos años de edad. Esa cifra no hace que el acto sea menos atroz. La fiesta de los santos inocentes, celebrada el 28 de diciembre, conmemora a los niños asesinados como mártires y santos cristianos. La historia ha sido útil para fijar el nacimiento de Jesús en 6 a.C., dos años antes de la muerte de Herodes. Para el propósito de Mateo, la inminente masacre provoca la decisión de José de huir a Egipto con María y Jesús, satisfaciendo así un tema de la profecía del AT, es decir, «de Egipto llamé a mi hijo » (TM 2.15; Os 11.1; Ex 4.22).

Bibliografía. R. E. Brown, *The Birth of the Mesías*, Ap ed. (New York, 1993); U. Luz, Mateo *1-7* (Minneapolis, 1989).

Glenna S. Jackson

I.N.R.I.

Abreviación del lat. *Iesus Nazarenus rex Iudaeorum*, «Jesús de Nazaret, rey de los judíos,» la inscripción que Pilato colocó en la cruz de Jesús (Jn 19.19-20).

INSCRIPCIONES, GRIEGO

Materiales escritos conservados en medios duraderos como la piedra y los metales. Mientras que las culturas de la antigua cuenca del Mediterráneo produjeron inscripciones en numerosos idiomas, las inscripciones griegas son por mucho las más importantes para el estudio del NT.

Los esfuerzos sistemáticos de correlacionar los descubrimientos epigráficos del mundo clásico con el contenido del NT comenzaron en serio en las últimas décadas del siglo XIX y continuaron, con un paréntesis importante en las décadas siguientes a la Primera Guerra Mundial, hasta el presente. Eruditos como G. Adolph Deissman, William M. Ramsay, James H. Moulton, George Milligan, Frederick W. Danker, G. H. R. Horsley, y Ceslas Spicq han sido líderes en esta empresa académica y han hecho contribuciones importantes a través de sus publicaciones.

Uno de los resultados iniciales y permanentes de la investigación de inscripciones griegas para los estudios de NT fue expulsar conceptos erróneos antiguos sobre la singularidad del vocabulario del griego del NT. Muchos términos que hasta ahora habían sido considerados como «palabras cristianas» fueron ahora vistos como parte del vocabulario griego general.

Los cientos de inscripciones judías griegas existentes también han arrojado importante luz sobre facetas del judaísmo del Segundo Templo. A la luz de estas inscripciones griegas la erudición del NT claramente conoce más acerca de la fecha y origen del edificio de la sinagoga, los oficios del hombre y la mujer en la sinagoga, la interacción de la comunidad judía con su entorno urbano pagano, y la vida dentro de la comunión judía de la antigüedad.

La importancia del culto al emperador y la piedad política general en el imperio romano temprano es sumamente importante para el debido entendimiento de partes de los Evangelios, Hechos, las Epístolas Generales, y el Apocalipsis de Juan. En consecuencia, tales inscripciones griegas que dan testimonio de la devoción local al emperador romano, los epítetos divinos usados en la familia romana imperial, o que ponen de relieve los beneficios divinos que emanan del reino del emperador proporcionan información relevante en la ideología así como la devoción patriótica de la civilización romana donde se propagó el cristianismo.

Hay una cantidad de políticos y oficiales de estado mencionados en el NT. Ya que en algunos casos estas posiciones e instituciones oficiales están solo esbozadas en la antigua literatura, las inscripciones griegas son muy saludables para establecer mayor claridad sobre su importancia y características. Esto incluiría *asiárchēs* (Hch 19.31), *politárchēs* (17.6, 8), *grammateús* de la ciudad («secretario de la ciudad,» 19.35 LBLA), los miembros del areópago (17.34), y el *oikonómos* («tesorero de la ciudad») de Corinto (Ro16.23).

Debido a que la mayoría de los cristianos contemporáneos a la escritura de los libros del NT tenían una herencia gentil, es crucial entender el contorno de la piedad pagana en esa época. Las inscripciones griegas no solo nos informan sobre religiones paganas específicas mencionadas en el NT como la Artemisa de Éfeso, pero también acerca de muchas facetas amplias de la religiosidad pagana. La creencia pagana en milagros de sanidad es ampliamente atestiguada en la epigrafía testimonial del templo y en inscripciones votivas. La epigrafía atestigua la seguridad pagana que varias deidades comunicaron a sus devotos a través de sueños, visiones, voces, profecías y revelaciones escritas. Hay una colección de inscripciones de «confesión» encontradas principalmente en Asia romana que da testimonio de numerosas personas que se dieron cuenta de su necesidad de arrepentimiento y confesar violaciones al estatuto o ley de la deidad. Una inscripción impresionante en la ciudad de Filadelfia en Asia romana se centra en las elevadas normas morales de un culto de Zeus, la violación de dichas normas traería la ira de los dioses. En particular, los miembros de este culto, «hombres y mujeres, esclavos y libres,» consideraron el aborto, la pedofilia, el asesinato, y la infidelidad sexual como violaciones de revelación divina expresa.

La organización social y las características de la Iglesia Primitiva no eran sin paralelos en los gremios y colegios sociales y religiosos del mundo grecorromano. Muchos de estos gremios son singularmente documentados por la evidencia en las inscripciones. Las actividades, los titulares de cargos específicos, los procedimientos para la realización de servicios regulares y las cenas colectivas, y el lugar de disciplina colectiva se mencionan todos en una extensa inscripción griega del *Iobacchi,* un grupo de adoradores de Baco en Atenas.

La esclavitud era un fenómeno omnipresente en el mundo romano. Debido a que este antiguo fenómeno a menudo ha sido anacrónicamente visto a través de la experiencia de la esclavitud negra en la historia americana moderna, las inscripciones griegas han proporcionado valiosa información sobre la manumisión de esclavos en la antigüedad, la interacción entre las religiones antiguas y esclavos, las obligaciones legales de los esclavos con sus anteriores dueños, y la participación de los esclavos y los libres en la sociedad grecorromana en general.

Las últimas décadas han visto un creciente interés en estudios sobre las «mujeres en la antigüedad». Como resultado directo de la información preservada en inscripciones griegas, ahora somos más capaces de reconstruir la vida y las contribuciones de las mujeres en el mundo romano, particularmente en roles religiosos y cívicos. El lugar de las mujeres en la familia y en la sociedad así como lo que sus sobrevivientes, típicamente esposos y niños, expresaron sobre ellas en la epigrafía sepulcral ha sido iluminado por numerosos descubrimientos epigráficos. En muchos momentos, la nueva evidencia de la epigrafía griega ha derribado comprensiones estereotípicas acerca de las mujeres en el mundo contemporáneo con el naciente cristianismo.

No hay un solo corpus de inscripciones griegas. Más bien, uno debe buscar en varios corpus así como revistas técnicas para localizar inscripciones griegas afines al estudio del NT. Además del hecho que no existe una sola obra que contenga toda la evidencia relevante, la mayoría del corpus importante no contiene traducciones al español. En consecuencia, el erudito típico, para no hablar del estudiante, no puede perseguir sus propios estudios. El mejor punto para entrar en esta importante, pero en gran parte inaccesible, área de estudio lo constituyen las obras de eruditos como Deissmann y Spicq así como los más recientes descubrimientos reunidos, traducidos, e interpretados por varios eruditos en la serie *New Documents Illustrating Early Christianity* 1-5, ed. G. H. R. Horsley (Marrickville, New South Wales and Grand Rapids, 1981-1989); 6–, ed. S. R. Llewelyn (1992–).

Bibliografía. G. A. Deissmann, *Light from the Ancient East* (1927, repr. Grand Rapids, 1978); F. Millar, «Epigraphy,» in *Sources for History,* ed. M. Crawford (Cambridge, 1983), 80-136; C. Spicq, *Theological Lexicon of the New Testament,* 3 vols. (Peabody, 1994); *Supplementum Epigraphicum Graecum,* ed. H. W. Pleket, R. S. Stroud, J. H. M. Strubbe, 1 (Leiden, 1923), 42 (1995); A. G. Woodhead, *The Study of Greek Inscriptions,* 2nd ed. (1981, repr. Norman, 1992).

RICHARD E. OSTER, JR.

INSCRIPCIONES, SEMÍTICAS

Variedad de documentos semitas antiguos que sobreviven y que ayudan a facilitar el estudio de las Escrituras hebreas. Es en el rastreo del desarrollo y la posterior elucidación de los varios idiomas donde las inscripciones tienen la importancia más obvia y el valor. Las áreas iluminadas son fonología, morfología, sintaxis, poesía y lexicografía. Las inscripciones también revelan las convenciones ortográficas de los varios períodos para los respectivos idiomas, información que ayuda en el fechado de textos bíblicos, por ejemplo.

Además de su importancia para la perspectiva filológica, las inscripciones arrojan luz sobre la historia y culturas de los respectivos grupos. Aunque muy pocos arrojan luz en eventos bíblicos, las inscripciones ayudan a llenar vacíos en el registro bíblico histórico. A través de las inscripciones, la sucesión de reyes de ciertos estados se reconstruyen o el alcance de las relaciones entre diferentes estados se revela. El investigador aprende el nivel de conocimiento en determinada región y período, y las prácticas jurídicas se explican.

Las inscripciones están escritas en todo tipo de materiales y por todo tipo de implementos. Los materiales incluyen piedra, cerámica (vasijas completas o fragmentos llamados fragmentos de cerámica), pieles de animales, papiro, metal, e incluso madera. Las inscripciones son cinceladas, talladas, escritas con pluma tinta, y estampadas, utilizando un sello tallado para ese propósito, en arcilla húmeda (una vasija de cerámica antes de que se endureciera o un macizo de arcilla) para sellar un documento. Los más comunes son textos de pluma y tinta escritos en fragmentos de cerámica (entonces llamados ostraca) y las impresiones de sello en esos macizos de arcilla (bulas).

Hebreo

Cetro de granada

El museo de Israel es dueño de un pequeño cetro en forma de granada que lleva una inscripción paleo hebrea de fines del siglo VIII. Por desgracia, la cabeza del cetro está rota, por lo que la inscripción no está completa. André Lemaire restauró el texto como sigue: *lby[t yhw]h qdš khnm,* que se puede traducir: «Pertenece al temp[lo de Yahw]eh, el objeto sagrado de los sacerdotes.» La fecha y la comprensión del texto han sido objeto de cierto debate.

Kuntillet ʿAjrud y Khirbet el-Qôm

Kuntillet ʿAjrud (Ḥorvat Teman), un antiguo centro para viajeros, dio varias inscripciones que atribuyen a Yahvé la diosa Asera como una consorte. Por ejemplo, Kuntillet ʿAjrud nº 1 es traducida por Judit M. Hadley: «X dice: di a Yehal[lel'el] y a Yoʿasah y [a Z]: Te bendigo por Yahvé de Samaria y por su Asera.» Curiosamente, una inscripción de Khirbet el-Qôm también da Asera a Yahvé como su consorte. Esto recuerda cuando el rey Manasés puso una imagen de Asera en el templo de Jerusalén (2 R 21.7).

Impresiones de jarro, pesos, sellos y bulas

Los tipos más comunes de inscripciones en Israel son sellos, bulas, pesos, e inscripciones de jarro. Algunos pesos fueron inscritos con cuánto pesaban. Curiosamente, los pesos con el mismo título no pesaban lo mismo (se han descubierto c. 100 pesos inscritos). Esto recuerda pasajes como Amós 8.4-6; Proverbios 20.10, que se refieren a diferentes pesos y medidas. Algunos 750 sellos y bulas se han descubierto. El sello más famoso (en realidad una bula) lee: *lbrkyhw | bnnryhw | hspr,* «A Berequías, el hijo de Nerías, el escriba.» Dado el patronímico (el nombre del padre), la profesión, y la fecha paleográfica, es prácticamente seguro que este es el sello de Baruc, el escriba de Jeremías.

Moabita

Estela de Mesa

Uno de los más emocionantes hallazgos recientes es en realidad una nueva lectura en la Estela de Mesa. La restauración de André Lemaire en 1994 en l.31 de la primera *d* en *dt dwd* ha ganado amplio apoyo (aunque no universal) y proporciona la primera referencia a David fuera de la Biblia. La mención de Yahvé en l.18 es también la primera mención de esta deidad fuera del texto bíblico.

Arameo antiguo

Tell Fakhariyeh

La inscripción en Tell Fakhariyeh, una de las más largas inscripciones en antiguo arameo, es un texto bilingüe en asirio y arameo tallado en una estatua de Had-yithi, gobernador de la antigua ciudad de Gozán. Actualmente está fechada c., mediados del siglo IX en base al estilo de la estatua y las circunstancias históricas relacionadas en la inscripción, aunque paleográficamente ha sido datada en fecha tan temprana como el siglo XI. Sin embargo, la inscripción también utiliza letras vocales *(matres lectionis),* que generalmente se consideran un desarrollo posterior, lo que apoyaría una fecha posterior.

Tel Dan

En 1993 y 1994 una inscripción en arameo antiguo fue descubierta en Tel Dan que paleográfica y arqueológicamente está fechada en algún lugar entre el siglo IX y el VIII. El texto conmemora la victoria

Inscripción El-Kerak, escrita por el rey moabita Mesa o su padre (siglo IX a.C.). Basalto gris-negro; probablemente parte de un pedazo más largo, tal vez una estatua (Fotografía de Bruce y Kenneth Zuckerman, West Semitic Research; cortesía del Departamento de Antigüedades de Jordania)

de un rey arameo (él atribuye su reinado a la deidad aramea Hadad y el idioma es arameo antiguo) sobre «el rey de Israel» (l. 8) y «[el re]y de la casa de David.» Esta última frase, *[ml]k. bytdwd,* ha sido la fuente de mucha controversia, porque era la primera referencia extrabíblica reconocida al famoso rey de Israel. William M. Schniedewind publicó un provocativo estudio del texto donde él atribuye la estela a Hazael de Damasco, conectándola con la historia de la rebelión de Jehú en 2 Reyes 9-10. Él traduce ll. 6-9: «. . . y mató sete[nta re]yes, que utilizaban mi[les de car]ros y miles de jinetes. [Y mató a Jo]ram, hijo de A[cab,] rey de Israel, y [yo] maté a [Acazi]yahu, hijo de [Joram, re]y de la casa de David. . .» Si esta interpretación es correcta pondría la fecha de la estela c. 841.

Fenicia

Byblos (Aḥiram)

Un desarrollo reciente en fenicio ha sido la nueva lectura de Javier Teixidor de la última frase de la inscripción de Aḥiram que produce la lectura: «que su inscripción sea borrada antes de Byblos.» El sarcófago, con su inscripción, estaba originalmente fechado por su contexto arqueológico del siglo XIII, pero eso fue reducido c. 1000 debido a alguna cerámica de la Edad de Hierro descubierta en el pozo de la tumba (aunque algunos prefieren la fecha temprana, considerando que los tiestos de la Edad de Hierro son una contaminación posterior). La inscripción misma data, por motivos paleográficos, de la primera mitad del siglo X, pero hay una inscripción seudojeroglífica que precede a la fenicia, la última comienza después y, en su mayor parte, evitando la anterior. (La seudojeroglífica se refiere a una escritura fenicia anterior que permanece sin descifrar.) A partir de argumentos arqueológicos, de la historia del arte, y paleográficos, se puede suponer que el sarcófago fue hecho en el siglo XIII e inscrito con una inscripción seudojeroglífica, y que más tarde (c. 1000) Ittobaal volvió a utilizar el sarcófago para sepultar a su padre Aḥiram y le agregó una nueva inscripción.

Conclusión

Varias colecciones de inscripciones semíticas del noroeste deben ser consultadas. Además de las obras de varios volúmenes de Herbert Donner y Wolfgang Röllig (*Kanaanäische und aramäische Inschriften,* tercer ed. [Wiesbaden, 1971-76]) y J. C. L. Gibson (*Textbook of Sirian Semitic Inscriptions* [Oxford, 1971-1982]), uno debe añadir G. I. Davies, et al., *Ancient Hebrew Inscriptions* (Cambridge, 1991), y K. A. D. Smelik, *Writings from Ancient Israel* (Louisville, 1991). Muchas de estas inscripciones también se han traducido en *ANET.* Por último, la serie «Literary Sources for the History of Palestine and Syria,» editado por Dennis Pardee, contiene útiles y convenientes investigaciones con ***bibliografías*** de estos textos además de algunos de los archivos de otras culturas importantes del antiguo cercano Oriente (*AUSS* 17 [1979]: 47-69; *BA* 47 [1984]: 6-16, 88-99; 48 [1985]: 240-53; 49 [1986]: 140-54, 228-43; 51 [1988]: 143-61, 172-89; 57 [1994]: 2-19, 110-20).

Bibliografía. J. M. Hadley, «The Khirbet el-Qom Inscription,» *VT* 37 (1987): 50-62; «Some Drawings and Inscriptions on Two Pithoi from Kuntillet ʿAjrud,» *VT* 37 (1987): 180-213; A. Lemaire, «Probable Head of Priestly Scepter from Salomón's Temple Surfaces in Jerusalem,» *BARev* 10 (1984): 24-29; G. E. Mendenhall, *The Syllabic Inscriptions from Byblos* (Beirut, 1985); W. M. Schniedewind, «Tel Dan Stele,» *BASOR* 302 (1996): 75-90.

Donald R. Vance

INSECTOS

Técnicamente, criaturas cuyos cuerpos están divididos en tres segmentos y que tienen tres pares de patas. Los entomólogos estiman que en Israel habitan miles de especies diferentes. Dos términos hebreos aparecen para referirse a insectos en sentido genérico. El heb. *remeś* se traduce como «reptiles» en la RV 1960. Heb. *šereṣ*, de una raíz que significa «enjambrar,» «repleto,» probablemente se refiere a insectos alados, que se incluyen entre las criaturas inmundas (Dt 14.19; Lv 11.20-23); el término también puede referirse a criaturas que pululan en los mares (p.ej., Gn 1.20; Lv 11.10). Al menos 31 términos hebreos más y cinco griegos se refieren también a insectos y otros invertebrados.

RANDALL W. YOUNKER

INSENSATO

En la Biblia, la insensatez es muy frecuentemente un concepto ético y va más allá de la falta de inteligencia natal. En contraste con el sabio (Pr 1.7; 15.5), el insensato, primero, es una persona que actúa sin consejo (12.15) y es indiscreto (v. 23; 13.16), irascible (14.29; 17.12), ignorante (Ecl 2.14), indolente (4.5) y terco (2.12). Fácilmente se desvía (Pr 1.22), que repite su necedad como un perro que vuelve a su vómito (26.11). La ruina es su fin (Pr 10.8). Si es capaz de aprender (18.2; 23.9), solamente es a través de la disciplina brutal (10.13; 19.29).

El insensato es el pecador deliberado que persiste en el mal (Ecl 5.1[TM 4.17]), mintiendo, calumniando y disfrutando la mala conducta como el deporte (Pr 10.18, 23). Al rehusarse a obedecer a Dios (1 S 13.13; cf. TM Dt 22.21; 2 S 13.11-14), el insensato confía en otros (2 Cr 16.9). El insensato, por lo tanto, «practica la impiedad» y hace injusticia (Is 32.6). Así es el ejemplo de Nabal, cuyo nombre significa «insensato» (1 S 25.25). En otra parte, el insensato es el ateo, que abiertamente declara: «No hay Dios» (Sal 14.1; 53.1[2]).

En el NT al insensato se le describe como necio (Lc 11.40; 1 Co 15.36) y ciego (Mt 23.17), alguien que se opone a la verdad (2 Ti 3.8-9) y que no logra hacer las previsiones adecuadas (Mt 25.1-13). Jesús contrasta al sabio, que obedece sus enseñanzas, con el insensato, que las rechaza (Mt 7.24-27). Al condenar la intención, así como la acción, Jesús también condena el uso de la palabra «insensato» como un menosprecio (Mt 5.22).

KENNETH D. MULZAC

INSPIRACIÓN

Término derivado del lat. *inspirare* (lit., «respirar hacia»), refiriéndose a la afirmación de que el discurso oral o escrito es inspirado por el Espíritu. Tanto en el mundo bíblico como en el no bíblico las expresiones proféticas o extáticas eran vistas como el resultado de la actividad del espíritu. Por ejemplo, Balaam, el adivino de Babilonia, proclama sus oráculos según «el espíritu de Dios vino sobre él» (Nm 24.2-3). Filón con frecuencia refleja la afirmación judía que todos los profetas, y Moisés más que todos, eran inspirados por el espíritu de Dios (*Vida de Moisés* 1.281; 2.187-91). El judaísmo posexílico creía que la inspiración había cesado (Zac 13.2-6), que más tarde sería sustituida por el magisterio de los rabinos.

La tradición cristiana primitiva vio el derramamiento del Espíritu en la comunidad como el cumplimiento de la promesa del tiempo del fin (Joel 2.28-29[TM 3.1-2]; Hch 2.16-18). Además, esta actividad y expresión inspirada por el Espíritu se extiende a toda una serie de ministerios pastorales (1 Co 12.8-30). Los «espíritus» en conflicto, sin embargo, deben ser «probados» para discernir si son verdaderos o falsos (1 Juan 4.1-3).

Comenzando con Filón y Josefo hallamos la creencia de que las Escrituras judías mismas habían sido inspiradas por Dios (Filón *Vida de Moisés* 2.292; Josefo *Ant.* 10.10.4). Los cristianos aceptaron la creencia de que el espíritu habló a través de las Escrituras, en la tradición profética y en los demás lugares (2 P 1.19-21; 2 Ti 3.16-17).

Desde el período patrístico en adelante los cristianos han tratado de definir con precisión cómo, y de qué manera, sucede la inspiración de las Escrituras. Para la mitad del siglo II, las Escrituras cristianas eran consideradas por Ireneo, Clemente de Alejandría, y Orígenes como igualmente inspiradas junto con los textos bíblicos judíos. Varias analogías y metáforas patrísticas se emplearon para explicar el proceso de inspiración, como tocar un instrumento musical o dar un dictado. El autor humano era visto simplemente como el instrumento de la voz de Dios, que debía ser modulada y entonada de acuerdo con los límites del instrumento.

Las afirmaciones eruditas sobre la inspiración literal y verbal de las Escrituras gradualmente dieron lugar a la creencia en la «inspiración limitada,» que se entendía como la ayuda divina para evitar errores. Sin embargo, las teorías de la inerrancia bíblica se mantienen firmes en muchas tradiciones fundamentalistas y evangélicas. Las hermenéuticas contemporáneas, sin embargo, luchan con cuestiones sociales e históricas de carácter comunitario y formulación de tradiciones bíblicas y cómo acomodar la teoría de la inspiración dentro de dicho marco. La teoría crítica literaria, además, reconoce que no solo la escritura del texto sino también la lectura e interpretación del texto se realizan dentro del contexto de la comunidad de fe inspirada por el Espíritu. Esta visión exige una teoría más amplia y matizada de inspiración que la que ha sido formulada en la iglesia hasta la fecha.

BARBARA E. BOWE

INTERÉS

Véase Deuda, Préstamos.

INTERPRETACIÓN, BÍBLICA

AT y judaísmo

La interpretación de la Biblia comenzó dentro de la Biblia misma. Textos posteriores interpretaron y se apropiaron de textos anteriores, como lo ilustra el libro de Jeremías. Jeremías 23.1-6 incluye un oráculo acerca del «renuevo,» un gobernante legítimo en la línea de David, cuyo gobierno justo contrastaría con los actuales líderes de Judá, a quienes Jeremías acusa y amenaza con un castigo severo. Jeremías 33.14-18 retoma y amplía este oráculo con referencia a la permanencia de la casa de David y el sacerdocio levítico, aun más allá del exilio. Por lo tanto la lectura primitiva e interpretación de Jeremías contribuyó al crecimiento del libro. Zacarías, en el período posexílico, interpreta entonces los oráculos del «renuevo» de Jeremías de forma mesiánica para anunciar la venida de una figura real (Zac 3.8) que compartirá el liderazgo con el sumo sacerdote (6.12-13). Prestando urgencia a las expectativas de Zacarías es una alusión (Zac 1.12; cf. 7.5) a la profecía de Jeremías que el castigo de Judá duraría 70 años (Jer 25.11-12; 29.10), un número de fórmula que Zacarías interpreta literalmente. Al interpretar de esa manera la profecía de Jeremías, Zacarías entendió sus propias visiones y oráculos (cps. 1–6) como marcando el fin del castigo de Judá y el comienzo de su futuro.

La interpretación bíblica *dentro de la Biblia* implícitamente reconoce, y también establece, la autoridad del material anterior se usa de maneras bastante variadas. Zacarías hace alusión a Jeremías y a otros textos, en especial de Isaías, para elaborar, y autorizar, su visión del futuro. Y Jeremías (Jer 26.12-19) expresamente cita a un profeta anterior, Miqueas (Mi 3.12), como precedente en una discusión legal. Este proceso de interpretación contribuyó no solo al crecimiento del AT, pero también a su eventual estatus como una colección definitiva que tendió a resistir expansión adicional.

Para el siglo I a.C., haya estado o no el canon hebreo cerrado en algún sentido, la interpretación de la Biblia estaba tomando nuevas formas. Las *Antigüedades Bíblicas* del falso Filón recuenta la historia bíblica, añadiendo detalles interpretativos. La traducción ofreció otros medios de interpretación. La comunidad judía en Alejandría ya había producido una versión griega, la LXX, que difería en muchos lugares del TM. De una fecha posterior, los diversos targúmenes representan otra traducción, más parafraseada, al arameo; de acuerdo con la práctica rabínica, ellos complementaron e interpretaron, pero no reemplazaron, el texto hebreo en las lecturas semanales de la sinagoga.

Especialmente después de la destrucción del segundo Templo (70 d.C.), las prácticas interpretativas rabínicas (la práctica de comentario) llegaron a ser dominantes en el judaísmo. El término «midrash» puede servir para el comentario rabínico, que comienza a partir de un texto bíblico y ofrece interpretación legal (halájica) o ilustrativa (hagádica). Cualquier parte del texto, una oración, una palabra, una letra, podía ser el objeto de interpretación, en conversación con una tradición viva de comentario: una Torá oral junto a la Torá escrita. La interpretación rabínica en el judaísmo primitivo no era arbitraria. Con el tiempo, articuló reglas exegéticas *(middôt)* que habían sido establecidas por el uso; las mejor conocidas son las listas de 13 y 7 atribuidas a R. Ishmael y R. Hillel, respectivamente. Estas son reglas de inferencia y analogía, que describen medios legítimos de tratar la consistencia interna y la totalidad de la Torá, que contiene toda la sabiduría y tiene su origen en Dios.

Otras formas de interpretación se desarrollaron dentro del judaísmo primitivo, en el siglo I o poco antes. Apartándose, física y teológicamente, de los fariseos y lo que llegaría a ser el judaísmo rabínico en Jerusalén estaba el grupo en Qumrán. El rollo del templo (11QT), un reescrito de la Torá y de los más grandes de los rollos del Mar Muerto, refleja la preocupación dominante del grupo por asuntos de la pureza del culto y su ritual. Otro grupo de rollos, los *pesharim*, tiene semejanzas con el midrash rabínico. Sin embargo, los pesharim citan un pasaje completo (algunas veces solo parte de un verso, de un profeta o Salmos), seguida de «la interpretación respecto. . .» Los pesharim suponen que la comunidad Qumrán vive en los últimos días y puede tomar consuelo de las palabras del profeta, cuyo mensaje para el presente es decodificado por los pesharim.

Interpretación en la iglesia primitiva y medieval

La comunidad Qumrán no estaba sola entre los grupos judíos apocalípticos que desarrollaron sus propias prácticas interpretativas características. Para los seguidores de Jesús, estas se centraban en el propio Jesús, en los acontecimientos de cuya vida vieron que las Escrituras estaban siendo «cumplidas» (Jn 19.36). «Escritura,» en el caso del NT, significa principalmente la Biblia griega (LXX), la que con el tiempo podría ser llamada el «antiguo pacto» o AT (cf. 2 Co 3.14).

El NT interpreta las Escrituras de maneras bastante variadas. En lugares refleja los pesharim de Qumrán, como cuando Jesús en Lucas 4.16-19 cita Isaías 61.1-2 y una parte de 58.6, y anuncia que «hoy se ha cumplido esta Escritura delante de vosotros» (Lc 4.21). El relato de Mateo sobre los magos (Mt 2.1-11) puede leerse como una narrativa de cumplimiento de Isaías 60.1-6. La carta a los Hebreos interpreta en un estilo más platónico, con Cristo portando la «impronta» o carácter de Dios (Hb 1.3), y el antiguo pacto como una copia mundana de un arquetipo celestial (8.5; cf. Ex 25.40). Hebreos, que es denso con citas de las Escrituras, emplea técnicas de exégesis rabínicas, pero con el fin de mostrar la superioridad de Cristo y la iglesia sobre el judaísmo y el «primer» pacto (Hb 8.7). Las cartas de Pablo proceden de manera diferente, empleando y a la vez urgiendo una lectura espiritual y «eclesiocéntrica» de las Escrituras formada por la experiencia del Espíritu en la comunidad cristiana (2 Co 3.2-18). La interpretación de Pablo, y la del NT generalmente, a menudo ha sido llamada tipológica: estableciendo una (co)relación figurativa entre dos acontecimientos o entidades, como Adán y Cristo (Ro 5.14) o Israel y la iglesia. Esto provoca la pregunta de si y en qué medida el uso de Pablo de la tipología puede distinguirse de la alegoría.

Pablo usa el término «alegoría» en Gálatas 4.21-31 (v. 24), pero procede de manera diferente de la interpretación alegórica que los cristianos practicaron en siglos posteriores. Mientras que Filón de Alejandría (30 a.C.–40 d.C.) practicó la interpretación alegórica en el servicio del judaísmo, un alejandrino posterior, Orígenes (185-253/4), fue el más hábil alegorista cristiano. La hermenéutica de Orígenes es coherente con su antropología tripartita: cuerpo, alma, espíritu. «Cuerpo» corresponde a la lectura del sentido literal o carnal del texto y «espíritu» a la lectura espiritual; de esta manera, la hermenéutica corresponde con el ascenso soteriológico *(anagōgē)* del alma o la mente a lo divino. La interpretación de este tipo no solo trae, también exige iluminación espiritual; por lo que el sentido espiritual se oculta dentro del literal, y permanece oculto a los que son incapaces de discernirlo. Algunos textos no tienen sentido literal, conduciendo al intérprete a buscar su inagotable significado espiritual.

La hermenéutica contemplativa o mística, y la tradición alegórica en Alejandría, tenían su contraparte y oposición en Antioquía. Allí personas como Diódoro de Tarso y Teodoro de Mopsuestia, en los siglos IV y V, hicieron hincapié en la exégesis histórica y literal. Jerónimo (347?-420), temprano bajo la influencia de Orígenes, se vio obligado como traductor (la Vulgata Latina) a estudiar el sentido literal, mientras que también reconocía otros significados. Agustín (354-430), en especial en *Sobre la Doctrina Cristiana,* puso atención a la retórica de la Biblia, a la manera en que Dios se comunica a través de las Escrituras, y la distinción entre palabras y cosas como señales y las realidades espirituales *(res)* a las que se refieren. En la mayoría de los lugares, el sentido literal del texto es claro en sus enseñanzas de fe, amor, y esperanza; donde es oscuro, se necesita una lectura en sentido figurado (3.9-10). El propósito edificativo de la Biblia forma una regla para su interpretación. Después de Agustín, la comprensión de la Biblia como teniendo un sentido cuádruple (literal, alegórico, tropológico, anagógico) reunió las principales corrientes de la hermenéutica patrística.

Se puede concebir a la hermenéutica medieval como un largo debate sobre el lugar y definición del sentido literal de las Escrituras. La confrontación con el aprendizaje clásico y sus nuevas disciplinas, y con cierta tensión entre monasterios y las escuelas de las catedrales le dio fuerza al debate. Los textos clásicos como los de Aristóteles fueron mediados a través de las escuelas árabes, que también afectaron la interpretación judía. A finales de la Edad Media, los intérpretes judíos expresaron una preferencia por el sentido literal *(peshat)* sobre el sentido aplicado *(derash)*, o buscaron maneras de coordinar los dos. En los siglos XI y XII, Rashi, Moisés Maimónides, e Ibn Esdras ejercieron una profunda influencia sobre la interpretación judía y, directa o indirectamente, sobre los intérpretes cristianos también. Hugo de San Víctor, Tomás de Aquino, y Nicolás de Lira pusieron de relieve el sentido literal como la base para toda interpretación, pero definieron «sentido literal» en maneras diferentes. Para Tomás, el sentido literal era lo que el autor intentó decir, siendo Dios el autor definitivo de las Escrituras. Nicolás introdujo un doble sentido literal, de modo que el hijo prometido a David en 2 Samuel 7 es literalmente Salomón y, pero más apropiadamente, Jesucristo.

La Reforma y la interpretación moderna

Implícito, y a menudo explícito, tanto en la interpretación patrística como medieval, es que el sentido normativo de la Escritura debe ser determinado de acuerdo con la regla de la fe o la analogía de la fe; con lo que los cristianos creen y la iglesia enseña. Un teólogo de fines de la Edad Media, Jean Gerson (1363-1429), aplicó esto a la definición del significado literal de las Escrituras, cuyas palabras *podrían* significar cualquier variedad de cosas. Su significado literal, según él —por tanto su significado normativo, su *res*— es establecido «por los santos doctores y expositores de la sagrada Escritura.» Él argumentó esto en contra de Juan Hus, un disidente de la iglesia católica que exigía que se le demostrara que estaba equivocado a través del significado pleno de las Escrituras.

Martín Lutero, un siglo más tarde, también discrepó de la iglesia católica, mientras que estaba totalmente de acuerdo con el énfasis de Gerson en el sentido literal de la Escritura. Al igual que otros reformadores, como Juan Calvino y Ulrico Zwinglio, Lutero refleja el lema humanista, *ad fontes* («a las fuentes»). Su acceso a las fuentes bíblicas mejoró en gran medida por la disponibilidad de textos griegos y hebreos y su capacidad para leerlos. Al dirigirse a las Escrituras, Lutero no rechaza la tradición de la iglesia; él apeló a ella al discutir contra los anabaptistas, pero sostuvo que las Escrituras interpretadas apropiadamente deben ser la norma crítica de la tradición de la iglesia y de sus enseñanzas. La justificación por fe, la distinción hermenéutica entre la ley y el evangelio, y el principio de que la Escritura es su propio intérprete yace detrás del lema luterano, *sola scriptura* («la Escritura solamente»). Calvino, al igual que Lutero, dedicó mucha de su energía a la interpretación bíblica, pero Calvino también escribió un manual para orientar a los lectores de las Escrituras, su *Institución de la Religión Cristiana.* Uno puede leer esto como un esfuerzo para articular la *res* —la realidad o significado de que da testimonio la Escritura.

Teólogos protestantes «ortodoxos» o escolásticos del período posterior a la Reforma trataron de defender y promover los puntos de vista de los reformadores, después que el Concilio de Trento (1545-1563) refinó y confirmó la enseñanza católica. Un punto en disputa se refería a la noción protestante de la claridad de las Escrituras: si bien, solo el Espíritu Santo podía dar claridad interna, la Escritura es clara en sus enseñanzas sobre la salvación; por lo que incluso una persona común, incluso un no creyente, podía corregir al obispo a partir de las Escrituras. Para los católicos, esto equivalía a interpretación privada y resultaría en anarquía. Los protestantes alegaban que el punto de vista católico de múltiples sentidos implicaba que un texto podía significar o referirse a diferentes cosas, socavando la autoridad de la Escritura al colocarla bajo la de la iglesia. Los protestantes reformadores dijeron que la interpretación debía ser guiada por la analogía de la fe, en conformidad con los credos, el catecismo, y los artículos de fe. Formalmente, esto difería poco de los puntos de vista medievales.

El carácter misterioso del escolasticismo protestante y su confesionalismo provocó respuestas contrastantes en el siglo XVII. En los Países Bajos, Benedicto Spinoza y Hugo Grotius introdujeron la interpretación histórica y rigurosamente *crítica* de la Biblia. Spinoza argumentó que era indiferente si las historias bíblicas, o sus lecciones morales, o las doctrinas derivadas de ellas eran verdad, ya que solo su significado importaba; la manera en que contribuía a la piedad y a la conducta. La verdad la debe determinar la filosofía. En Alemania, Philip Spener y A. H. Francke instaron al contacto directo con la Escritura, sin la mediación del artificio de la teología dogmática. Mientras Spinoza y Grotius requerían una postura objetiva hacia el texto, Spener y en especial Francke dijeron que la disposición espiritual del intérprete debe ser acorde con el espíritu que inspiró el texto. Mientras Spinoza y Grotius tendían a identificar el sentido literal y primario del texto con su sentido histórico, Francke unió el sentido literal con el sentido afectivo *(sensus pius)*, y dijo que el texto interpretado así debe ser aplicado al tema interpretado. Pietistas como Francke y J. A. Bengel eran todo menos poco sofisticados; de hecho, la obra de Bengel representó la más meticulosa erudición textual entre los cristianos desde Orígenes.

Los racionalistas y pietistas conspiraron sin querer para introducir la era moderna de la interpretación bíblica, que persiguió el estudio textual e histórico desprendiéndose cada vez más de la doctrina de la iglesia. En Francia, el estudio crítico de Richard Simon del AT (1670) argumentó que el Pentateuco consistía de tradiciones compiladas por editores posteriores al exilio. Ahora «tradición» podía referirse, no a la tradición de la iglesia, sino al material que está detrás de los textos bíblicos. Un siglo más tarde en Alemania, la «Investigación libre del Canon» de Johann S. Semler propuso que el canon debe ser estudiado como un fenómeno histórico, más bien que como una norma, y sus libros considerados como testigos de su propio tiempo. El estudio de Robert Lowth de la poesía hebrea, en Inglaterra, y la obra de Johann G. Herder sobre el mismo tema, en Alemania, ayudó a combinar los intereses históricos de la erudición bíblica con el romanticismo. Estos fueron unidos a principios del siglo XIX por la filosofía de G. W. F. Hegel (entre otros), que influenció las teorías en desarrollo de Ferdinand C. Baur (NT) y Wilhelm Vatke (AT), y la interpretación mítica de David F. Strauss del NT.

Friedrich D. E. Schleiermacher, colega de Hegel en Berlín, dio conferencias sobre hermenéutica, elevando el tema a una renovada importancia teológica. Él sostuvo que un intérprete debe entrar en la subjetividad del autor, no solo a través del estudio gramatical del texto sino a través de un acto de intuición o adivinación; a fin de entender a los autores bíblicos mejor que lo que ellos mismos se entendieron. Aquí hay un eco del pietismo.

Enfoques contemporáneos

La influencia de Schleiermacher en la interpretación bíblica fue mediada por Wilhelm Dilthey, quien veía los textos como expresiones de vida fijas en forma escrita. Este punto de vista fue acompañado con la fenomenología hermenéutica de Martin Heidegger en el programa de «desmitologización» del NT de Rudolf Bultmann. Bultmann quiso entender las expresiones mitológicas de la teología del NT a fin de volver a oír el *kerygma* o proclamación acerca de Jesús (y decisivamente la cruz) como el advenimiento del reino de Dios, que llama por fe, por una decisión, sí o no. La fe es la analogía de Bultmann a la «existencia auténtica» de Heidegger. Más importante para Bultmann, él consideraba su crítica histórica radical y desmitologización consistente con la doctrina de Lutero (y, él creía, la de Pablo) de la justificación solo por la fe.

La obra de Bultmann, que tomó forma entre las dos guerras mundiales, comenzó en diálogo con Karl Barth, cuyo comentario a los Romanos (1918) marcó un alejamiento radical de la interpretación crítica histórica prevaleciente de la Biblia. La erudición bíblica en los siglos XIX y XX se ha fortalecido gracias a la disponibilidad de materiales de Palestina y el mundo antiguo generalmente, y mejoras al análisis histórico y literario (crítica de las formas, tradición histórica). Esto ayudó a impulsar el interés en la historia de la religión, y en especial en el desarrollo de las religiones «israelita» y el cristianismo primitivo, cada una en su respectivo y bastante diferente contexto. En el juicio de Barth, este historicismo y la teología liberal que comportaba no lograron relacionar el sujeto, Dios, con el objeto *(Sache)* del texto bíblico. Bultmann acusó a Barth de no evaluar críticamente el texto y sus expresiones en términos de su objeto.

En Norteamérica después de 1945, el movimiento de teología bíblica respondió a lo que sus proponentes veían como un estancamiento en los estudios bíblicos y la teología. Influenciados por C. H. Dodd y H. H. Rowley en Inglaterra, subrayaron la unidad del AT y el NT y el carácter esencialmente histórico y dinámico de la teología bíblica. Este intento de unificar los estudios crítico-históricos con la teología enfrentó duras críticas, pero igual de influyente en su desaparición fue la disponibilidad de alternativas más atrayentes, tales como el enfoque histórico-tradicional de Gerhard von Rad al AT. En el campo del NT, los alumnos de Bultmann, en especial Ernst Fuchs y Gerhard Ebeling, desarrollaron más sus puntos de vista en la «nueva hermenéutica.»

Otro de los alumnos de Bultmann, Hans-Georg

Gadamer, regresó al proyecto de una hermenéutica universal o teoría del entendimiento que había iniciado Schleiermacher. Sin embargo, Gadamer avanzó, a través de Heidegger, más allá del subjetivismo de Schleiermacher y consideró que el entendimiento era un acontecimiento en el que el horizonte del texto y el del intérprete se «fusionan.» Así, este evento se produce dentro de una tradición, como parte de la historia efectiva del texto. Apelando en parte a las hermenéuticas teológicas, Gadamer rehabilitó conceptos como tradición, autoridad, y prejuicio (o pre-juicio). Si bien Gadamer no empleó estos conceptos ingenuamente, Jürgen Habermas lo criticó por no ayudar de manera suficiente a los efectos distorsionadores de la tradición, que abarca una variedad de injusticias; Habermas propuso una situación de discurso ideal contra fáctico como un principio crítico. Paul Ricoeur ha tomado de la tradición alemana de hermenéutica teológica y filosófica, pero también de la obra francesa en estructuralismo y semiótica. Su teoría de interpretación incluye un paso necesario de distanciamiento o explicación al moverse de una primera a una segunda ingenuidad: la apropiación del mundo proyectado por el texto.

Estas evoluciones en hermenéutica han ayudado a los eruditos bíblicos a considerar el papel y el carácter, y las metas, de sus enfoques crítico-históricos, y buscar alternativas. En años recientes, han aparecido varios tipos de enfoques narrativos, influidos tanto por el estudio de la literatura y la teoría en campos fuera de los estudios bíblicos y por preocupaciones teológicas. De manera simultánea, la investigación arqueológica y la disponibilidad de nuevos materiales (en especial los textos ugaríticos, los rollos del Mar Muerto, los textos de Nag Hammadi) han vuelto a dar impulso a los estudios históricos. Estos ahora incluyen rutinariamente teorías y métodos tomados de las ciencias humanas, en especial antropología y sociología.

El desarrollo reciente más importante en la interpretación bíblica ha sido la inclusión de una más amplia gama de voces e intereses. Después del Vaticano II, católico-romanos y protestantes han trabajado juntos. Tampoco la interpretación bíblica ha permanecido como una tarea exclusivamente cristiana. Aunque los eruditos judíos, en especial en Israel y Norteamérica, han avanzado el estudio histórico de la Biblia, también han ayudado a poner al descubierto las tendencias antisemitas de mucha erudición bíblica. Además, los filósofos/teólogos judíos Franz Rosenzweig y Emmanuel Levinas contribuyen con «otra» voz a las hermenéuticas centradas en el objeto que han dominado durante dos siglos. Los intérpretes liberacionistas y feministas han llamado la atención a, o desenmascarado, los intereses ocultos, y por lo tanto, el carácter político, de instituciones y prácticas de interpretación bíblica. Estos intérpretes se basan en experiencias y perspectivas no representadas en la práctica anterior. La importancia de la ubicación social, incluyendo el género, la raza, clase, y contexto sociohistórico, se exhibe en la interpretación bíblica alrededor del globo. Intérpretes de África, Asia, Latinoamérica han ampliado los asuntos teóricos y político morales que la hermenéutica debe abordar.

Una hermenéutica crítica de sospecha se extiende también a los textos bíblicos, o a su producción. El «nuevo historicismo» emplea muchos de los métodos de la crítica histórica pero investiga los márgenes de los textos, vistos como «sitios de contestación » que reflejan y participan en «relaciones de poder» sociales. Existe al mismo tiempo un llamado por una renovada interpretación teológica de las Escrituras que valore la interpretación y la tradición premoderna, y tiene su contexto en la iglesia y sus prácticas.

La interpretación bíblica abarca ahora una amplia diversidad, y ningún modo puede afirmar ocupar su centro.

Bibliografía. A. K. M. Adán, *Making Sense of New Testament Theology* (Macon, 1995); J. Bowker, *The Targums and Rabbinic Literature: An Introduction to Jewish Interpretations of Scripture* (Cambridge, 1989); M. Fishbane, *Biblical Interpretation in Ancient Israel* (Oxford, 1985); S. E. Fowl, ed., *The Theological Interpretation of Scripture* (Cambridge, Mass., 1997); R. A. Mueller, *Post-Reformation Reformed Dogmatics* 2 (Grand Rapids, 1993); J. S. Preus, *From Shadow to Promise: Old Testament Interpretation from Agustin to the Young Luther* (Cambridge, Mass., 1969); F. Segovia and M. A. Tolbert, *Reading from This Place,* 2 vols. (Minneapolis, 1995).

Ben C. Ollenburger

INUNDACIÓN
Véase diluvio.

IOTA (Gr. *iṓta*)

IQUES

La novena letra del alfabeto griego, que corresponde al Esp. *i* y Heb. *yodh.* En Mateo 5.18 se hace notar como la letra más pequeña en la escritura del hebreo y arameo contemporáneos (RVR-60 «jota»).

IQUES (Heb. *ʿiqqēš*)
Hombre de Tecoa («tecoíta»); padre de Ira, uno de los valientes de David (2 S 23.26; 1 Cr 11.28; 27.9).

IR (Heb. *ʿîr*)
Benjaminita, hijo de Bela (1 Cr 7.12).

IRA (Heb. *ʿîrāʾ*)

1. Descendiente de Manasés del linaje de Jair (o de Jatir), llamado sacerdote (Heb. *kōhēn*) de David (2 S 20.26). El término hebreo puede designar aquí una función especial de confianza en la corte de David, aparentemente como sacerdote privado para el rey (cf. 2 S 8.18; cf. 1 Cr 18.17).

2. Hijo de Iqués de Tecoa; uno de los valientes de David (2 S 23.26; 1 Cr 11.28) y capitán de una división de la guardia del templo en el sexto mes (27.9).

3. Itrita, quien fue uno de los valientes de David (2 S 23.38; 1 Cr 11.40). Sobre la base de algunas versiones antiguas, que lo llaman Jatirita, a veces se le identifica con **1.**

IRA

De las cuatro palabras para ira en el AT, la más común es *ʾap.* Si bien puede estar etimológicamente relacionada con la palabra para «resoplar», un antropomorfismo de Dios resoplando con furia no se indica por el uso. En la LXX y el NT los principales grupos de palabras se relacionan con Gr. *thymós y orgé.* El primero puede haber tenido la sensación de un arranque de ira (2 Cor 12.20), pero esta distinción no es consistente en el uso bíblico, y por lo general las palabras se usan indistintamente.

En el mundo antiguo había teorías que competían en cuanto a cómo la deidad debe actuar. Los mitos greco-romanos frecuentemente retrataban a los dioses como airados y vengativos. Si bien la realización de los sacrificios apropiados podría alejar la ira divina, los dioses eran impredecibles y difíciles de apaciguar. La ira divina es un tema dominante en *la Eneida* de Virgilio, *Prometeo encadenado* de Esquilo, y *las Metamorfosis* de Ovidio. Mientras tanto, la deidad de los filósofos griegos era la perfección misma, y muchos pensaban que la perfección debía excluir el vicio de la ira. El pensador judío helenizado Filón creía que la ira era inapropiada para Dios, y que las declaraciones acerca de la ira de Dios eran simplemente un acomodo para los lectores. Del mismo modo, algunos lectores modernos han tomado la ira de Dios como un remanente de una cosmovisión mitológica, o una metáfora de las consecuencias automáticas del pecado.

El Dios de la Biblia, sin embargo, es diferente tanto de los dioses paganos como del Dios impasible de los filósofos. Experimenta verdadera ira contra los impíos. De hecho, la gran mayoría de las referencias a la ira en el AT (salvo en Proverbios y Eclesiastés) tiene que ver con la preocupación de Dios contra Israel por su pecado, especialmente por la idolatría. Advertencias abundan de no «provocar a ira a Jehová» Durante el Éxodo, Israel atrajo habitualmente la ira de Dios, por ejemplo, en Meriba (Sal 106.32) y Cades (29.8). Otras naciones también pueden sentir el calor de la ira de Dios (Sal 2.5; Jer 50.13).

Sin embargo, Dios no se parece a los dioses paganos. Ya que él llega a ser provocado por ofensas contra su voluntad revelada, la ira de Dios no es caprichosa ni imprevisible (contra la ira del hombre en Pr 14.17a). A diferencia de los ídolos impotentes, Dios es capaz de dar seguimiento a su ira con acciones de castigo (Os 13.9-11). Sin embargo, también se revela a sí mismo como «misericordioso y clemente, lento para la ira y grande en misericordia. No contenderá para siempre, ni para siempre guardará el enojo. . .» (Sal 103.8-9; cf. Is 57.15-17; Jer 3.12). Dios es rápido para perdonar y mostrar misericordia (Jon 4.2; Mi 7.18). Por la misma razón, él trasciende la mera emoción humana, sin descuidar nunca la justicia u olvidar delitos (p.ej., Mal 1.4). Cuando Jesús mostró su enojo al limpiar el templo, era una demostración encarnada de la ira de Jehová en Isaías 56.7: «Mi casa será llamada casa de oración».

Por definición, la ira de Dios es siempre justa ira. Los seres humanos pueden experimentar ira justa también si ellos ven el pecado desde el punto de vista de Dios (cf. Ex 16.20b) dejando la justicia definitiva en manos de Dios (Ro 12.19). Dios instituyó el gobierno humano para ejecutar, aunque sea provisionalmente, la ira divina contra los malvados (Ro 13.4-5).

La ira de Dios puede ser representada por metáforas: el derramamiento de la ira de un cuenco (cf. Ez 7.8; Ap 16.1), o el pisoteo de los impíos como si fueran uvas en un lagar (Is 63.1-6; Ap 19.15). Pero el símbolo más común es el calor (Sof 3.8) o un fuego que consume y quema (2 Ts 1.8), el fuego que culmina en el lago de fuego.

La ira de Dios se retrasa hasta los últimos tiempos. Juan el Bautista advirtió a sus oyentes a escapar de la ira escatológica de Dios (Mt 3.7 = Lc 3.7). Al final de la historia humana llegará el «día de la ira» (Lam 1.12; Sof 1.18). Esto puede ser sinónimo del día del Señor, que trae la oscuridad y la sentencia sobre el rebelde (Joel 1.15).

La «ira de Dios» pasa a primer plano en el Evangelio como el equivalente al juicio de Dios y la antítesis de la salvación y la vida (Jn 3.36). Romanos 1.18 incluso afirma que la ira de Dios se revela en el presente (cf. Ef 2.3), pero el derramamiento de su ira se llevará a cabo en el futuro (Ro 2.5). La muerte de Cristo ofrece una «propiciación», un sacrificio que aleja la ira de Dios, tanto en la actualidad (Ro 3.25; 5.9; cf. 1 Jn 2.2; 4.10) como en el *eschaton* (cf. 1 Ts 1.10). Apocalipsis en particular, se centra en la ira de Dios contra la humanidad rebelde (p.ej., Ap 14.10).

Bibliografía. G. C. Berkouwer, *Sin* (Grand Rapids, 1971), 354-423; F. Büchsel, «thymós,» *TDNT* 3.167-68; H.-C. Hahn, «anger, wrath,» *NIDNTT* 1.105-13; H. Kleinknecht et al., «orgé,» *TDNT* 5.382-447.

GARY S. SHOGREN

IRAD (Heb. *ʿîrāḏ*)
Hijo de Enoc y nieto de Caín (Gn 4.18). Se piensa que es el mismo que Jared en la genealogía de Génesis 5.15-20.

IRAM (Heb. *ʿîrām*)
El epónimo antepasado de un clan edomita (Gn 36.43 = 1 Cr 1.54).

IRI (Heb. *ʿîrî*)
Benjaminita (1 Cr 7.7); tal vez el mismo que Ir.

IRÍAS(Heb. *yirʾîyâ*)
Centinela a la puerta de Benjamín que arrestó al profeta Jeremías cuando él trataba de abandonar Jerusalén para reclamar su herencia en Anatot, acusándolo de pasarse a los caldeos (Jer 37.13-14).

IR-NAJÁS (Heb. *ʿîr nāḥāš*)
Hijo de Tehina, listado entre los descendientes de Judá (1 Cr 4.12). Sin embargo, Heb. *ʿîr* significa «ciudad» y un afín de *nāḥāš* es la palabra para cobre, lo que posiblemente sería «ciudad del cobre.» 1 Crónicas 4.12 puede entonces indicar que Tehina fundó Ir-nahás, así como el v. 4 menciona a Efrata como el padre de Belén. Si Ir-najas era una ciudad (como traduce RVR-60), su ubicación es desconocida.

PAUL L. REDDITT

IRÓN (Heb. *yirʾôn*)
Ciudad fortificada en el territorio tribal de Neftalí (Jos 19.38), probablemente la moderna *Yārûn* (189276), en Iruna en la Alta Galilea conquistada por Tiglat Pileser III.

IRPEEL (Heb. *yirpĕʾēl*)
Ciudad en el territorio tribal de Benjamín (Jos 18.27), probablemente ubicada en la región montañosa norte de Jerusalén. Algunos eruditos la ubican en Khirbet Rafat (170142), norte de Gabaón, c. 10.5 km (6.5 mi) noroeste de Jerusalén.

IR-SEMES (Heb. *ʿîr-šemeš*) (también BET-SEMES)
Ciudad cananea («ciudad del sol») asignada a la tribu de Dan (Jos 19.41); probablemente la mismo que Har-heres, que los danitas no pudieron conquistar (1.35). Llamada en otras partes Bet-semes (**1**), el sitio ha sido identificado como Tell er-Rumeileh (1477.1286).

IRU (Heb. *ʿîrû*)
Hijo de Caleb, del linaje de Jefone (1 Cr 4.15).

ISAAC (Heb. *yiṣḥāq*)
Hijo de Abraham y Sara. El nombre significa «el que ríe,» lo que refleja la respuesta de Sara cuando se le dijo que tendría un hijo (Gn 18.12); más tarde celebra el nacimiento de Isaac con risa (21.6). Isaac es el hijo prometido a través de quien Dios guarda el pacto hecho con Abraham en Génesis 12.1-3, aunque Abraham intenta cumplir el pacto con otros «herederos» (Lot, Eleazar de Damasco, Ismael).

Isaac, como la descendencia prometida, es el primero en ser circuncidado a la edad prescrita de ocho días (Gn 17.12; 21.4), y Abraham marca su supervivencia hasta el final del destete con una gran fiesta (21.8). Isaac sigue siendo el único hijo de Abraham y Sara, y tras la muerte de Sara se casa con Rebeca, la nieta del hermano de Abraham. Él se convierte en el padre de Esaú y Jacob, continuando así la línea de descendientes prometida a Abraham. Isaac se instala en la región de Beerseba, donde

Dios le hace una promesa (Gn 26.3-5) similar a la dada a Abraham. Isaac muere a la edad de 180 y es colocado por Jacob y Esaú en la tumba familiar en Hebrón (Gn 35.27-29).

La frase «Abraham, Isaac, y Jacob (o Israel)» ocurre 23 veces en el AT y 7 veces en el NT, pero Isaac es claramente menos prominente que los otros dos en la tradición recordada del antiguo Israel. Isaac es mencionado por nombre más de 70 veces en Génesis, pero sólo 33 veces fuera del libro.

Las historias acerca de Isaac no forman una unidad discreta dentro de la narración de Génesis. Antes de su matrimonio, la historia de Isaac se entrelaza con la de su padre y madre, y después de su matrimonio su historia es parte de la historia de sus hijos. La genealogía de Isaac (Gn 25.19) sigue directamente después del relato de la muerte de Abraham (vv. 7-11) y directamente antes del nacimiento de Jacob y Esaú (vv. 21-26). Los dos acontecimientos principales en la vida de Isaac están vinculados estrechamente a Abraham y Jacob. En Génesis 22 Isaac es más el objeto que el participante en la prueba de Abraham de fidelidad a Dios, como en el c. 27 es otra vez más el objeto que el participante en el engaño de Jacob. Sólo en Génesis 24.62-67, cuando Isaac se encuentra con Rebeca por primera vez, y en c. 26, cuando Isaac se reúne con Abimelec, es Isaac algo así como un actor central en la narrativa.

Pero Isaac está ligado inextricablemente a las promesas de Dios a los antepasados. Él es el único medio de cumplimiento de la promesa de Dios a Abraham de descendientes en Génesis 12. Es el medio por el que Dios pone a prueba la fidelidad de Abraham (y de Isaac) a la promesa de Dios. Dios pasa la promesa a Isaac en Génesis 25.11 tras la muerte de Abraham, y una vez más en 26.2-4. En Génesis 28 Isaac aparece por última vez antes de su propia muerte y bendice a Jacob antes de enviarlo a Padán-aram, la casa del hermano de Rebeca, para encontrar una esposa. Las palabras de Isaac a su hijo son claramente reminiscentes de las palabras de Dios de promesa a Abraham en Génesis 12 y a Isaac en Génesis 26.

Las narraciones que involucran a Isaac han sido vistas por la erudición tradicional como una amalgama de las fuentes Jehovista, Elohista, y Sacerdotal. Estudios recientes sugieren que las historias ancestrales eran unidades originalmente discretas que se originaron en los distintos grupos ancestrales de los cuales los antiguos israelitas fueron compuestos. Las historias de Abraham e Isaac muy probablemente provienen de las regiones del sur de Canaán, ya que el relato dice que ambos se establecieron en la región de Beerseba; las historias de Jacob provienen de las regiones del norte, ya que él se instaló en Betel. Estas unidades se unieron para formar una sola historia de las sucesivas generaciones de la familia de Taré de Ur, el padre de Abraham. Las historias más breves sobre Isaac fueron tejidas en narrativas más amplias y detalladas acerca de Abraham y Jacob. Por tanto, Isaac aparece como un enlace entre dos figuras más prominentes en los relatos ancestrales del antiguo Israel.

Bibliografía. B. Goodnick, «Rebekah's Deceit or Isaac's Great Test,» *Jewish Bible Quarterly* 23 (1995): 221-28; N. K. Gottwald, *The Hebrew Bible: A Socio-Literary Introduction* (Filadelfia, 1985), 149-78; H. Gunkel, *The Legends of Genesis* (New York, 1964); A. R. Millard and D. J. Wiseman, eds., *Essays on the Patriarchal Narratives* (1980, repr. Winona Lake, 1983).

NANCY L. DECLAISSÉ-WALFORD

ISAAC, TESTAMENTO DE

Un texto seudónimo en el que Isaac es informado por el ángel Miguel de su muerte inminente. Isaac acepta el decreto de Dios, pero su hijo Jacob se resiste. Elementos de la historia incluyen la breve alocución en la alcoba de Isaac a Jacob ante la inevitabilidad de la muerte; el largo discurso de Isaac a la gente sobre los temas del sacerdocio, ascetismo, y la vida moral; y su recorrido por el infierno y su viaje al cielo poco antes de que Dios tome su alma. En todo momento, la compasión de Dios por los pecadores arrepentidos se pone de relieve.

El texto es dependiente en el Testamento de Abraham, y aunque no existe en griego, probablemente fue compuesto en griego en Egipto poco después de 100 d.C. El texto judío original contiene muchas adiciones cristianas.

Bibliografía. W. F. Stinespring, «testament of Isaac,» *OTP* 1.903-11.

RANDAL A. ARGALL

ISACAR (Heb. *yiśśāḵār*)

1. El quinto hijo de Lea y Jacob, y antepasado epónimo para la tribu israelita de Isacar. El significado del nombre es difícil de discernir, pero la historia de la concepción de Isacar parece arrojar algo de luz. Génesis 30 relata una historia donde Rubén, el hijo de Lea, encuentra algunas mandrágoras (tal vez un afrodisíaco en el mundo antiguo). Lea negocia las mandrágoras con su hermana Raquel, a cambio de una noche extra con Jacob. Como resultado de su tiempo juntos, Lea concibe y da a luz a Isacar. El texto bíblico sugiere dos posibles etimologías para el nombre, las que giran en torno al juego de palabras con la raíz hebrea *śkr*, «contratar, pagar salarios, recompensa». Lea se describe como habiendo informado a Jacob que él debe dormir con ella esa noche porque lo había «contratado». Cuando Isacar nace, Lea dice que este niño es su «compensación» por tener que darle a Zilpa a Jacob antes, cuando ella estaba experimentando una época de esterilidad.

Génesis 46.13 describe a Isacar y sus cuatro hijos que emigran con la familia de Jacob a Egipto. La bendición de Isacar por Jacob (Gn 49.14-15) describe la tribu como teniendo que soportar la carga de los demás y convertirse en «un esclavo.» El territorio asignado a la tribu de Isacar es identificado en Josué 19.17-23 como la tierra entre el valle de Jezreel y el valle del Jordán. En el cantar de Débora (Jue 5.15) Isacar es alabado por su participación y esfuerzos en ayudar a la derrota del enemigo.

2. El séptimo hijo de Obed-edom, un descendiente de Leví a través de Coré; un guardián durante el reinado de David (1 Cr 26.5).

LISA W. DAVISON

ISAÍ (*Heb. yišay, ʾîšay*)

Padre del rey David, hijo de Obed y nieto de Booz y Rut la moabita. Además de David, se cree tradicionalmente que Isaí tuvo siete otros hijos varones (1 S 16.10; 17.12) y dos hijas (1 Cr 2.16). Sin embargo, 1 Cr 2.13-15 menciona sólo siete hijos varones, y 2 S 17:25 llama a Abigail (y supuestamente a Sarvia) hija de Nahas. Si este Nahas es el rey de Amón (1 S 11.1), entonces la familia de Isaí tuvo parentescos moabitas y amonitas (una relación por cierto no enfatizada en la historia deuteronómica). Isaí no juega ningún papel en el relato bíblico, aparte de David: éste es ungido en el hogar de la familia de Isaí; Isaí envía a David a tocar el arpa para Saúl; manda a David al campamento israelita con comida para sus hermanos; y reside temporalmente en Moab en el tiempo de los problemas de David con Saúl. El nombre de Isaí aparece en Is 11.1, 10 (el «tronco de Isaí», la «raíz de de Isaí») como símbolo del rey mesiánico (Ro 15.12).

JAMES R. ADAIR, JR.

ISAÍAS, ASCENSIÓN DE

Una obra apócrifa cuyo título se deriva de la segunda parte del libro, caps. 6–11. Caps. 1–5 son conocidos como el Martirio de Isaías. El libro tiene una compleja historia de composición que data desde el siglo II a.C., al siglo IV d.C. La parte más antigua del texto (1.1–3.12 y 5.1-16) data del período macabeo y cuenta la historia de la muerte del profeta del siglo VIII, Isaías, a manos de Manasés. La interpolación cristiana del martirio (3.13–4.22) habla de la visión de Isaías de la victoria final del Mesías y su ejército sobre el reinado del mal y la segunda venida del Señor. Esta interpolación sirvió para que el texto fuera aún más relevante para los que murieran como mártires en la Iglesia Primitiva.

La segunda mitad del texto, caps. 6–11, es la historia de la ascensión de Isaías y es claramente una obra cristiana. Durante el año veinte del reinado de Ezequías, Isaías recibe una visión en la que viaja a través de los siete cielos, viendo la gloria del Señor alabada en cada cielo sucesivo. Al llegar al séptimo cielo, ve al Mesías, enviado por Dios, que desciende de los cielos a la tierra. Isaías entonces es testigo del nacimiento y observa la infancia, vida, crucifixión, y resurrección del Mesías, que luego asciende al séptimo cielo. La Ascensión de Isaías termina con Manasés convirtiéndose en siervo de Satanás y «destruido»; por lo que la victoria final es a través del Mesías.

El libro expresa temas como fe durante la persecución, demonología, profecía, la corrupción de la iglesia, la trinidad, y la encarnación. Mientras que algunos han tratado de conectar este documento con la secta de Qumrán, no se han encontrado copias allí. Es claro por la presencia de textos judíos y cristianos en la misma composición que hubo una lucha entre grupos diferentes. Con un énfasis en la demonología y Satanás como la causa de los malos caminos de Manasés, los editores de la versión final dejan claro que ellos creían que Satanás estaba detrás del otro grupo.

Bibliografía. M. A. Knibb, «Martyrdom and Ascension of Isaiah,» *OTP* 2.143-76.

MARC A. JOLLEY

ISAÍAS (Heb. *yĕšaʿyāhû, yĕšaʿyâ*), **LIBRO DE**

El primero y más largo libro de los profetas hebreos. Esencialmente un libro esperanzador, Isaías aborda cuestiones de justicia, y poder: su uso, abuso y límites, así como valor, paciencia, y esperanza.

El rollo profético

Cuestiones históricas

Cuestiones sobre la unidad del rollo de Isaías han dominado la erudición durante el siglo pasado. Con solo unas pocas modificaciones, las propuestas presentadas por Bernard Duhm en 1892 han prevalecido en nuestra propia época. Sobre la base de propuestas anteriores de J. G. Eichhorn (1783) y J. C. Doderlein (1789) así como el erudito judío del siglo XI Ibn Ezra, Duhm argumentó por razones históricas y literarias que los caps. 40-55 deben ser visto como la obra de un autor posterior, Deutero-Isaías (Segundo Isaías), quien escribió después de la caída de Jerusalén en 587 a.C. Sostuvo que solo los caps. 1-39 pueden ser vistos como material original para discernir la obra del profeta Isaías, que vivió y trabajó en Jerusalén en la última mitad del siglo VIII (750-700). Duhm no sugirió un entorno babilónico para los caps. 40-55; él sólo sostuvo que el Segundo Isaías fue escrito desde un país extranjero como Líbano o Fenicia. También vio Isaías 56-66 como la obra de un tercer autor, Trito-Isaías (Tercer Isaías), que escribió en el siglo V, cuando los exiliados regresaron de la cautividad en Babilonia.

Esta división en tres partes de Isaías ha recibido el apoyo generalizado hasta hace pocos años. La única modificación importante ha sido que los eruditos generalmente han afirmado un entorno babilónico para los caps. 40-55, al final de la época del exilio cuando la caída de Babilonia parecía inminente y cuando las promesas de Ciro dieron lugar a nuevas esperanzas para un retorno a Jerusalén y Judá.

En 1927 Theodore H. Robinson resumió el desarrollo de la literatura profética en términos de tres etapas. Primero, pequeños oráculos independientes fueron coleccionados y conservados por los discípulos de un profeta. Más tarde, los discípulos reunieron los oráculos individuales en colecciones, añadiendo nuevo material y organizando los oráculos en nuevos arreglos temáticos. Aún más tarde, estas colecciones se reorganizaron y ampliaron en lo que hoy es la forma final del texto. Este entendimiento fue desarrollado a partir del importante trabajo de la crítica de las formas de Hugo Gressmann (1914) y las preocupaciones de Hermann Gunkel (1928) por una cuidadosa atención del análisis de género. Basándose en la investigación de Gressmann y Gunkel, una generación de eruditos del siglo XX se centró en la primera etapa de Robinson, tratando de redescubrir las propias palabras del autor profético original, Isaías ben Amoz. Inevitablemente, esta búsqueda implicó la distinción entre lo que es «auténtico» en el texto y lo que es «redacción posterior.»

Más recientemente, el enfoque de la investigación de Isaías ha cambiado drásticamente. El énfasis se ha trasladado de la búsqueda para descubrir al autor original a cuestiones sobre el desarrollo literario y la forma final del rollo (segunda y tercera etapas de Robinson). La nueva investigación se centra en la obra de los redactores, que son entendidos no solo como colectores u organizadores, sino como teólogos creativos que expandieron escritos anteriores para personas de fe en épocas posteriores. El trabajo de redacción se entiende que es igual de «auténtico» e importante como las capas anteriores del texto.

Crítica canónica

En gran medida, la erudición reciente sobre Isaías ha sido influenciada por la obra de Brevard S. Childs (*Introduction to the Old Testament as Scripture*, 1979) y su interés por la crítica canónica. Childs ha planteado preguntas importantes acerca de la forma literaria final del texto bíblico como recibido y conservado dentro de las comunidades de fe judías y cristianas. Childs sostiene que Isaías es el ejemplo clásico de un amplio proceso de redacción, que incluye repetidas revisiones y adiciones durante un largo período de tiempo. Pero señala que Isaías 1-39 claramente contiene un poco de material que es igualmente tan tardío como los caps. 56-66. Estos textos posteriores, conscientemente representados como la redacción del profeta del siglo VIII, han sido deliberadamente desconectados o «divorciados» de su contexto histórico original, precisamente para que puedan ser retenidos y preservados como la palabra viva del Señor dada al profeta Isaías en su visión pero preservado para una nueva audiencia. En lugar de simplemente dar testimonio acerca de eventos pasados, esta «sagrada Escritura» es una palabra de juicio y salvación para la gente en cualquier época. Igualmente comprometido con un enfoque canónico, James A. Sanders se centra en las realidades dinámicas de las comunidades históricas concretas en las que el texto fue conservado, examinando las relaciones entre el texto y su contexto, entre tradiciones y sus situaciones históricas particulares. Algunos eruditos se han centrado aún más en las dimensiones sincrónicas de Isaías, a partir de su comprensión del «lector implícito » del texto.

Rolf Rendtorff sostiene que el texto literario de Isaías 40-55 es el punto de partida o base para entender el crecimiento del rollo de Isaías. Caps. 1-39 y 56-66 están orientados a los caps. 40-55. Varios conceptos temáticos y teológicos como los motivos de «Sión-Jerusalén,» «el Santo de Israel,» y los conceptos de justicia *(ṣdq/ṣdqh)* unen las tres partes y nos llaman a tener en cuenta las dimensiones sincrónicas del rollo. Ronald E. Clements, Christopher R. Seitz, y H. G. M. Williamson han sugerido que una redacción anterior de Isaías se puede discernir dentro de los caps. 1-39, que fue luego ampliada y editada durante las épocas del exilio y después del exilio. Marvin A. Sweeney argumenta a favor de una historia de redacción cuádruple, trabajando hacia atrás desde el rollo completado en la época de Esdras y Nehemías, a una redacción al final del exilio, a una colección que data del tiempo de Josías, y a una colección que data a finales de la vida de Isaías. Él sostiene que la forma final debe entenderse en dos partes, caps. 1-33 y caps. 34-66, cada una centrada en torno a una visión peculiar de los planes de Jehová para una soberanía mundial en Sión en un tiempo futuro de restauración después del juicio pendiente. Caps. 1-33 anticipan tales eventos en un tiempo futuro; caps. 34-66 sugieren que el proceso por el cual aparecerá la soberanía de Jehová en el mundo ya ha comenzado.

Contexto histórico primario

Parece haber poca duda de que la redacción final de Isaías (caps. 1-66) debe entenderse en el contexto de la época posterior al exilio, posiblemente en la época de Esdras y Nehemías (450-400) como se presupone para los caps. 56-66. Al mismo tiempo, hay evidencia de que el texto actual de los caps. 1-55 datan de los últimos años del exilio (550-539) y que los caps. 56-66 deben ser reconocidos como una adición posterior al exilio. Parece probable que hubiera redacciones anteriores de un rollo de Isaías que datara de la época de Josías (640-609) o incluso de la vida del profeta (cf. 8.16; 30.8-11). Ciertos textos dentro de los caps. 1-39 se colocan en el trasfondo de la época del profeta, Isaías ben Amoz. Pero debido a que Isaías 1-39 ha sido tan fuertemente redactado, la búsqueda de una edición anterior es a la vez problemática y difícil. Lo que sí parece cierto es que los que coleccionaron y redactaron estos capítulos creían profundamente que sus adiciones fueron consistentes con la visión profética de Isaías. Es la visión lo que es central, no el autor original.

Tres factores de la época de fines del exilio parecen haber influido en la formación de caps. 1-55 de manera decisiva. Primero, estos capítulos ofrecen una respuesta e interpretación de los recuerdos dolorosos de la destrucción de Jerusalén en 598 y 587. De hecho, pueden haber habido algunos dentro de la audiencia de fines del exilio que recordaban la devastación de Judá, el asedio de 18 meses de Jerusalén, los sentimientos degradantes de humillación ante la capitulación de la ciudad, y la emigración forzada a Babilonia (2 R 24-25). Sin duda hubo otros en esa audiencia original para los que las cuestiones acerca de la fe en Jehová parecían remotas, absurdas o irrelevantes. De una manera muy profunda, Isaías se refiere a la crisis de la fe religiosa en las consecuencias de la destrucción (cf. Lam 1-5). En medio de la pérdida de familiares y seres queridos, las aldeas, la ciudad, el templo, el sacerdocio, y el rey, la visión de Isaías todavía habla de fe en un Dios de amor y la elección de Israel a una vocación particular.

Un segundo factor fue el declive del poder de Babilonia. Tras la muerte de Nabucodonosor en 562, no surgió un sucesor que pudiera mantener el imperio unido. Sin la estabilidad interna, el trono pasó a tres miembros diferentes de la familia real en solo siete años. Un viejo orden mundial se estaba desmoronando. En medio de la confusión, el redactor incluyó las palabras de Isaías acerca de los imperios y sus advertencias de que el abuso arrogante del poder finalmente conduciría al juicio (10.5-19; 13.1–14.32).

El tercer factor fue el surgimiento de Ciro de Persia, cuya política tolerante hacia los pueblos cautivos dio esperanza a algunos dentro de la comunidad (44.24–45.13). El autor de los caps. 1-55 claramente discernió en Ciro una señal de una nueva era y la base de la esperanza de un retorno a Jerusalén.

Las realidades políticas de la época de fines del exilio informan y apuntalan la poesía esperanzadora de los caps. 40-55, en particular las palabras iniciales: «Consolaos, consolaos, pueblo mío, dice vuestro Dios» (40.1). En un mundo dominado por la futilidad y la frustración, un mundo donde las naciones y los imperios se levantan y caen, la palabra profética se establece: «Sécase la hierba, marchítase la flor; mas la palabra del Dios nuestro permanece para siempre» (40.8).

Es dentro de esta perspectiva histórica que la teología de los caps. 1-55 entra en enfoque. Judá ha llegado a través de un tiempo de juicio. Ella ha experimentado y sobrevivido un «día de Jehová,» un momento decisivo de juicio que ahora se cita como prueba de la soberanía de Dios. Esto se basa en el recuerdo que Isaías advirtió de antemano de tal evento (2.6-22). Desde la perspectiva del exilio, la visión de Isaías acerca del juicio para Judá y Jerusalén se ha cumplido. Pero Isaías es recordado como uno que también habló palabras de esperanza.

Mensaje

Recuerdos de la visión de Isaías (caps. 1-39)

A Un pueblo en rebelión (Cap. 1). Tres sobrescritos en los caps. 1-35 dan forma a las memorias que se conservan en los primeros capítulos. En 1.1 se introduce el rollo; sobrescritos paralelos en 2.1; 13.1 marcan la apertura de las dos secciones principales de esta parte del rollo. Cap. 1 presenta un retrato del pueblo de Israel perdido en sus propias búsquedas, un pueblo que ha olvidado su propia identidad (1.3). El tema dominante de este capítulo es que Jehová, el Santo de Israel, ha sido abandonado por su pueblo (1.4-9). Los rituales religiosos y los sacrificios se llevan a cabo sin sinceridad mientras que los pobres, oprimidos, huérfanos y las viudas son descuidados (1.10-17). En lugar de Jehová, la gente ha creado pequeños dioses formados de la tierra o se han hecho a sí mismos dioses por su arrogancia y conducta egocéntrica, invitando así cierto juicio sobre sí mismos (1.18-31).

Pero hay esperanza. Los seres humanos tienen la capacidad de cambiar. El mensaje fundamental de justicia social que está en el corazón del rollo de Isaías se hace sonar en 1.16-17. «dejad de hacer lo malo; aprended a hacer el bien; buscad el juicio, restituid al agraviado, haced justicia al huérfano, amparad a la viuda.»

Juicio para Judá y Jerusalén (caps. 2-12). Ante la repetida rebelión humana, ¿qué va a hacer Jehová? La cuestión se plantea de manera dramática en la «parábola de la viña» (5.1-7): la gente debe dar «fruto,» cuidando de la tierra y entre sí. Pero, ¿cuánto tiempo se espera para ver «buenas uvas,» y qué hace finalmente el viñador con las «uvas amargas»?

De acuerdo con el oráculo del «día de Jehová» (2.6-22), el juicio viene para Judá y Jerusalén. Sin embargo, las palabras de promesa para los fieles (2.1-5; 4.2-6) enmarcan los primeros oráculos de juicio (2.6-22; 3.1-12, 13-15; 3.16–4.1). Una colección de memorias de Isaías (6.1–9.7) es enmarcada por nuevas palabras de juicio, con 5.8-24, 25-30 estructurado como un prefacio y 9.8–10.4; 10.5-19 como un suplemento. En 10.5-19 el imperio asirio es recordado como un «instrumento» con el que Jehová traerá el juicio; sin embargo, debido a su propia arrogancia, Asiria misma será castigada. Los discursos de juicios en caps. 6-11 incluyen memorias del norte de Israel: cap. 7 recuerda eventos relacionados con la revuelta de Siria y el norte de Israel contra Asiria en 735-734. Estos capítulos no se pueden leer al margen de la realidad de que estos reinos fueron destruidos y deportados por los asirios en 721.

Esta sección ofrece información sobre el profeta. Isaías ben Amoz estaba casado con una persona conocida como la «profetisa» (8.3), y tuvo al menos dos y posiblemente tres hijos con nombres proféticos: Sear-jasub («Un remanente volverá,» 7.3), Maher-salal-hasbaz («El despojo se apresura, la presa se precipita,» 8.1-4), y tal vez Emanuel («Dios con nosotros,» 7.14); los tres «niños-señal» dan lugar a palabras de esperanza para Judá en medio de la confusión y las amenazas de guerra. Isaías vivió en Jerusalén y tuvo trato personal con Acaz (7.1-9, 10-17) y Ezequías (cf. 37.1–39.8). Su vida como crítico social y como un hombre de conciencia es confirmada no sólo por las palabras que se le atribuyen, sino también por sus acciones, incluyendo encuentros con Acaz y caminar desnudo en Jerusalén como una advertencia de una muerte inminente (20.1-6).

También en caps. 6-11 Isaías habla de un «reino davídico ideal,» en términos de su desilusión con Acaz y en sus altas expectativas para un futuro «Ungido» (Mesías) (9.2-7[TM 1-6]; 11.1-9; cf. 32.1-8) que proporcionará un liderazgo sabio y justo. En época venidera, los exiliados que sobreviven el juicio serán una comunidad «remanente» y un testimonio de la fe de Israel (10.20-23).

La «visión de llamado» de Isaías (6.1-13) se enfoca cuando se recuerda desde la posición ventajosa de la época posterior del exilio. En medio de un pueblo rebelde «cargado de maldad» (1.4), Jehová llamó a uno cuya vida tocó con una visión del cielo y con carbón encendido (6.7). Isaías fue comisionado como un heraldo para hablar por el Dios vivo.

Las generaciones posteriores lo recordaban como un siervo fiel que siguió proclamando la palabra de Jehová, incluso cuando la respuesta del pueblo había sido sólo una mayor sordera y ceguera. Isaías es recordado como uno cuya visión sigue siendo cierta, incluso en medio de realidades de la cautividad babilónica (6.9-13).

El carácter catequético de Isaías 2-12 es reforzado por la doxología en cap. 12. El público, que debe entenderse a sí mismo como una «comunidad remanente de fe,» debe tener en cuenta los hechos del pasado con reflexión sobria, pero también con palabras de agradecimiento y alabanza. Visto en conjunto con la visión de apertura de paz en 2.1-5, el cap. 12 provee la conclusión y el marco de esperanza (o inclusión) para la poesía conservada en 2.6–11.16.

Juicio para Babilonia y las naciones (caps. 13-35). Isaías 13.1 abre una segunda sección principal, declarando juicio para Babilonia y las naciones. Sobre la base de los temas expuestos en 10.5-19, el rollo ahora proclama audazmente que Jehová no es sólo el «Santo de Israel» pero también el soberano de todas las naciones. Judá ha tenido su «día» de juicio, pero similares «días» van a venir para todas las naciones arrogantes y jactanciosas, incluyendo Babilonia. La poesía del «Día de Jehová» enmarca esta sección (caps. 13-14, 34-35). Muchos han afirmado que su centro (caps. 24-27), el «pequeño apocalipsis,» viene de una época muy posterior, pero los temas poéticos aquí tienen sorprendentes similitudes con otros poemas del «día de Jehová» y deben ser vistos como respuesta profética a los horrores de la guerra, no la literatura apocalíptica. Estos capítulos afirman que los gobernantes orgullosos de la tierra serán humillados (26.5) mientras que los fieles que «esperan en Jehová» (26.8) encontrarán seguridad y esperanza. En caps. 34-35 el juicio inminente se anuncia para Edom y una nueva palabra de aliento es dada a la comunidad de fe (35.10).

Isaías y Ezequías (caps. 36-39). La prosa histórica en los caps. 36-39 recuerda una época de crisis militar de la vida de Isaías ben Amoz. Fechada «en el año catorce del rey Ezequías» (701), este fue un momento cuando el asirio Senaquerib capturó las ciudades fortificadas de Judá y sitió a Jerusalén (36.1). Estos capítulos conservan un cuadro positivo del rey Ezequías como un hombre de fe (en contraste con Acaz), y describe la repentina partida de Senaquerib como una milagrosa liberación de la ciudad (37.36-38). La liberación es el resultado de la sinceridad de Ezequías en el arrepentimiento y la oración (37.1-13, 14-20), su visita con Isaías, y su respuesta de fe (38.9-20).

Los eruditos están divididos sobre lo que realmente ocurrió durante la crisis. En el relato paralelo de 2 Reyes 18.13-27, tres versículos adicionales (18.14-16) sugieren que Ezequías se rindió incondicionalmente a los asirios. Esto es apoyado por el «Prisma de Senaquerib» asirio y también Is 22.1-14; 1.4-9. Independientemente de lo que realmente ocurrió, se recuerda a Jerusalén como sobreviviendo un llamado cercano a la destrucción en el tiempo de la invasión de Senaquerib en 701.

Recientemente, se ha dado nueva atención a los caps. 36-39, especialmente en relación con las referencias a enviados de Babilonia en 39.1-8. Leer desde la perspectiva del exilio, este es otro recuerdo que confirma que las palabras de Isaías se han cumplido. Ezequías es recordado como un buen rey; la crisis que surgió durante su época fue evitada, pero Isaías proclama que «vienen días» cuando la riqueza del palacio será llevada a Babilonia (39.5-8). Este capítulo proporciona un puente entre los recuerdos de Isaías a la nueva era presupuesto a lo largo de los caps. 40-55.

Las bases de la esperanza (caps. 40-55)

El autor de Isaías ahora convoca audazmente a la gente a una vida de fe. En estos capítulos centrales sentimos la confianza del autor basada tanto en los recuerdos de tiempos anteriores como en los acontecimientos políticos de su tiempo. En 46.1-4 se hacen referencias específicas a los dioses de Babilonia, Bel y Nebo; sólo Jehová, el creador soberano y redentor, puede traer salvación (v. 4). Los largos debates sobre la necedad de los ídolos (40.18-20; 41.6-7; 44.9-20), la visión de un nuevo éxodo y una calzada que conduce de nuevo a Jerusalén (40.3-7), y el canto de lamento y burla sobre la orgullosa «hija de Babilonia» (47.1-15) todos complementan las referencias específicas a Ciro (44.21-28; 45.1-8), y ubican esta poesía en la era entre 550-539.

El éxodo de Babilonia aún no ha llegado. Pero Jehová está a punto de hacer algo radicalmente nuevo. Un nuevo poder mundial derribará el poder y la arrogancia de Babilonia. Las palabras de juicio Isaías se aplican ahora al reino de Nabucodonosor, así como a otros imperios y sus líderes. El nuevo emperador, Ciro de Persia, ha declarado que en una era futura los pueblos cautivos pueden regresar a sus países de origen. A partir de estos acontecimientos mundiales, el escritor profético puede hablar de nuevo de un «día de Jehová»; en el mismo evento, un poder orgulloso será abatido y la realidad será restaurada, vindicando el poder de Jehová como soberano sobre todas las naciones. Los anuncios anteriores del profeta de juicio ahora llegan a cumplirse (42.9; cf. 41.22; 43.9, 18; 46.9; 48.3), evidencia de que la palabra profética es confiable. Incluso el mundo de la naturaleza reivindica a Jehová (42.10). La renovación del mundo ofrece indicio de que Jehová también renovará las esperanzas de una comunidad de pacto (41.19; 55.13).

El liderazgo para la comunidad es una preocupación crítica en todo Isaías. La visión principal de liderazgo se articula en la visión de un liderazgo es articulado en la visión de un «rey mesiánico ideal» (11.1-9). Ese retrato es formado ahora con palabras acerca de «servidumbre» y un «siervo ideal» (41.8-10; 42.1-4; 49.1-6; 50.4-11; 52.13–53.12). Incluso Ciro, un rey extranjero, participa en esta visión; en 45.1 se refiere a él específicamente como «el ungido de Jehová,» que lleva a cabo la voluntad de Jehová trayendo la liberación al pueblo cautivo.

Los temas en cap. 55 sugieren que este himno de triunfo fue en un tiempo una conclusión para una redacción del rollo de Isaías. Haciéndose eco de la súplica de 2.5, el autor de 55.6 encarga: «Buscad a Jehová mientras puede ser hallado, llamadle en tanto que está cercano».

El mantenimiento de la visión (caps. 56-66)

Un tono diferente marca gran parte de los 11 capítulos finales. Caps. 56-66 evidentemente fueron escritos y añadidos al rollo de Isaías en un tiempo después de 539 cuando la gente había vuelto a la vida sedentaria en Judá y Jerusalén. El trabajo sobre las murallas de la ciudad había comenzado y la restauración del templo estaba en marcha (60.10-14; 62.6-7; 66.1). Estos capítulos sugieren que la comunidad experimentó dificultades físicas y abrumadores desafíos económicos cuando regresaron a Jerusalén, en lugar de la gloriosa jornada prevista por la poesía anterior.

Con gran habilidad, el escritor toma de las tradiciones anteriores y temas en Isaías para renovar y mantener la visión de la soberanía de Dios, tratando de inspirar a una nueva generación de personas con una visión de cómo Jehová quiere que la comunidad sea: libre de «lloro y clamor» (65.19), una ciudad sin violencia ni terror. Como parte de la visión, el autor expresa preocupaciones proféticas para algunas cuestiones muy prácticas y terrenales: la observancia del sábado (56.2-6; 58.13-14), apostasía (56.1-2, 4; 57.3-4, 5, 7-8; 58.1-14; 59.1-8), sincretismo (57.3; 65.2), liderazgo vertical (56.9-10, 11-12). El autor habla ahora de «siervos del Señor,» sugiriendo que la comunidad posexílica es llamada a ser el «siervo» haciendo el trabajo previsto en los capítulos anteriores.

Al igual que las secciones anteriores, estos capítulos se centran alrededor del motivo poético del «día de Jehová.» Nuevos días de juicio se anuncian: en 61.1-11 el profeta anuncia un día de favor para Sión; en 63.1-6 Jehová es visto en visión regresando de la batalla como un guerrero santo; los malvados han sido derrotados, y la causa de los justos ha sido vindicada para que todos vean (63.1).

El tema fundamental del rollo de Isaías se hace sonar una vez más: Dios es soberano sobre la comunidad del pacto y sobre todas las naciones del mundo, llamando a todas las personas a una vida responsable. Nuevos «días» continuarán viniendo, trayendo juicio para el despiadado y arrogante; nuevos «días» de gozo vendrán para aquellos que confían y viven por su fe en la visión. En 65.17-25 el llamado a la fe se redefine como una visión de un «nuevo cielo y una nueva tierra» que la gente puede anticipar por sus acciones en el mundo. A lo largo de esta última sección las palabras de 61.1-4 capturan un aspecto fundamental del significado del rollo de Isaías: el pueblo debe «ordenar que a los afligidos de Sion,» se les de «gloria en lugar de ceniza,» «óleo de gozo en lugar de luto,» que vistan «manto de alegría en lugar del espíritu angustiado,» y vivan como «árboles de justicia » en el mundo (v. 3). Esto es claramente lo que significa «caminar a la luz del Señor.»

Bibliografía. R. F. Melugin, *The Formation of Isaiah 40–55*. BZAW 141 (Berlin, 1976); Melugin and M. A. Sweeney, eds., *New Visions of Isaiah*. JSOTSup 214 (Sheffield, 1996); R. Rendtorff, «The Composition of the Book of Isaiah,» in *Canon and Theology*. OBT (Minneapolis, 1993), 146-69; C. R. Seitz, *Zion's Final Destiny* (Minneapolis, 1991); M. A. Sweeney, *Isaiah 1–39*. FOTL 16 (Grand Rapids, 1996); H. G. M. Williamson, *The Book Called Isaiah* (Oxford, 1994).

A. Joseph Everson

ISBA (Heb. *yišbāḥ*)

Judaíta, hijo de Mered y de la princesa egipcia Bitia

(1 Cr 4.17). Es llamado el padre de Estemoa, que puede significar el fundador de esa ciudad.

IS-BAAL (Heb. *ʾîš-baʿal*) **(también ES-BAAL)**
Probable forma original del nombre del hijo del rey Saúl Is-boset (1 Cr 8.33; 9.39). Muchas versiones vierten el nombre como Es-baal.

ISBAC (Heb. *yišbāq*)
Hijo de Abraham y su concubina Cetura (Gn 25.2; 1 Cr 1.32); epónimo antepasado de un pueblo árabe.

ISBI-BENOB (Heb. *yišbî bĕnōb*)
Filisteo, descendiente (o devoto) de los gigantes legendarios (Refaim). Isbi-benob trató de matar a David, pero Abisai vino al rescate de David y mató al filisteo (2 S 21.16-17). El texto es difícil (cf. Gob en 2 S 21.18), y se han propuesto varias alternativas.

IS-BOSET (Heb. *ʾîš-bōšet*)
Hijo menor de Saúl, rey de Israel después de la muerte de Saúl. Según 2 S 2.8-10 después de que los «hombres de Judá» ungieron a David como rey sobre la casa de Judá en Hebrón, Abner, el comandante del ejército de Saúl, lleva a Is-boset a Mahanaim y lo hace rey sobre Israel. El reinado de Is-boset como rey rival dura dos años, tiempo durante el cual Abner, a raíz de una disputa con Is-boset sobre la concubina de Saúl, cambia su lealtad a David (2 S 3.6-11). Is-boset es asesinado por sus propios hombres, Recab y Baana, mientras descansaba en su dormitorio (2 S 4.5-11).

El nombre Is-boset ha sido objeto de controversia entre los eruditos modernos. Esa forma aparece en todo el TM de Samuel. 1 Crónicas, sin embargo, utiliza el nombre Es-baal («hombre de Baal»; 1 Cr 8.33; 9.39). El mismo fenómeno se refleja en la LXX, donde el Gr. *Iebosthe* ocurre en reinos, pero *Asabal* en 1 Crónicas 8.33 e *Isbaal* en 9.39. Es generalmente aceptado entre eruditos modernos que el elemento teofórico «boset» o «vergüenza» es un sustituto eufemístico para el elemento original «baal» o «señor,» una referencia a la deidad cananea Baal. Tal vez el elemento teofórico «baal» fue en un tiempo un epíteto aceptable para Jehová, pero más tarde fue visto como ofensivo, por lo que tuvo que ser erradicado. Este cambio del elemento teofórico en los nombres personales no es un fenómeno aislado en el AT.

Se ha sugerido, sin embargo, sobre la base de paralelos onomásticos acadios, que el elemento teofórico «boset» es genuino. En consecuencia, este elemento refleja un epíteto honorífico divino que significa «dignidad, orgullo, vigor» y llegó a representar un tipo de «espíritu protector.» En el día de su coronación, el rey puede haber sido recibido el nombre Is-boset en lugar de su nombre original.

Bibliografía. P. K. McCarter, Jr., *II Samuel.* AB 9 (Garden City, 1986).

Arnold Betz

ISCA (Heb. *yiskâ*)
Hija de Harán y hermana de Milca (**1;** Gn 11.29).

IS-HAI (Heb. *ʾîš-ḥay*)
El padre de Benaía (**1;** 2 S 23.20 **K;** NVI mg). La mayoría de las versiones en español traducen el hebreo como «un hombre valiente» o frase similar (Heb. «un hombre valiente»; **Q** *ʾîš-ḥaḥ;* cf. par. 1 Cr 11.22).

ISI (Heb. *yišʿî*)

1. Hijo de Apaim, un Jeramelita de la tribu de Judá (1 Cr 2.31).

2. Judaíta, el padre de Zohet y Ben-zohet (1 Cr 4.20).

3. Simeonita cuyos hijos (o seguidores) derrotaron a los amalecitas en el monte Seir y luego ocupó el área (1 Cr 4.42-43).

4. El jefe de la casa de un padre en la media tribu de Manasés (1 Cr 5.24).

ISIAS (Heb. *yiššiyâ, yiššiyāhû*)

1. Hijo de Izrahías, descendiente de Uzi de la tribu de Isacar (1 Cr 7.3).

2. Uno de los guerreros que se unieron a las fuerzas de David en Siclar (1 Cr 12.6[TM 7]).

3. Levita, el segundo hijo de Uziel (1 Cr 23.20; 24.25).

4. Levita de la familia de Rehabías (1 Cr 24.21).

Robert E. Stone, II

ISÍAS (Heb. *yiššiyâ*)
Levita del clan de Harim, forzado por las reformas de Esdras a renunciar a su esposa nacida en el extranjero (Esd 10.31).

ISIS (Egip. *ȝst;* Gr. *Isis*)
Una de las divinidades más populares en el mundo grecorromano. Ella vino originalmente de Egipto, donde era la hermana y esposa del asesinado diosrey Osiris. Poseída de grandes poderes, Isis deambuló en busca del Osiris muerto, y finalmente lo encontró y embalsamó, lo que permitió su eventual resurrección. El hijo de Isis y Osiris, Horus, sucedió a su padre como rey. En Egipto había misterios de

Isis y Osiris, que mitológicamente promulgaron la muerte de un faraón y la sucesión de otro.

Cuando el culto de Isis y Osiris fue importado a Grecia y Roma, tomó muchas características helenísticas. Aunque la leyenda egipcia siguió siendo la misma, Isis en particular asumió las características de otras diosas. Ella encarna el ideal de femineidad, y era una hermana y esposa modelo y una gran madre. No es de extrañar que cuando el cristianismo llegó a ser popular, los santuarios a María a menudo surgieron en antiguos lugares de culto a Isis.

Los cultos de misterio de Isis también florecieron entre los griegos y los romanos. El libro 11 de la *Metamorfosis* de Apuleyo revela mucho acerca de los ritos de iniciación en este culto.

Cuando el cristianismo triunfó, el culto de Isis, como el de muchos otros dioses «paganos», desapareció. Con el interés actual en la adoración de la diosa, sin embargo, Isis goza de cierta popularidad renovada.

Alicia Batten

ISLA

Las islas citadas en la Biblia son las del mar Mediterráneo; entre las mencionadas específicamente están Caftor (probablemente Creta), Cauda, Chipre, Malta, y Patmos. La RV con frecuencia traduce Heb. *ʾîy* como «isla» en pasajes donde el contexto muestra que su significado debe ser «costa» o «franja costera», es decir, la franja costera del Mediterráneo oriental incluyendo áreas de Egipto a Fenicia (p.ej., Gn 10.5; Sal 97.1); por lo que el significado esencial del hebreo es probablemente «tierra adyacente al mar,» ya sea en la isla o el continente.

ISMA (Heb. *yišmāʾ*)

Hijo de Etam (como NVI, siguiendo LXX), de la tribu de Judá (1 Cr 4.3; TM «padre de Etam»).

ISMAEL (Heb. *yišmāʿēʾl*)

1. Descendientes de Abraham y Agar, la esclava egipcia de Sara. En términos legales, Sara tuvo dos hijos primogénitos, aunque ella sólo dio a luz a Isaac, el medio hermano biológico de Ismael. Agar era una madre de alquiler que Sara estaba obligada por ley a dar a Abraham para proporcionar un heredero.

Inmediatamente después de la concepción de Agar (Gn 16.2-4), la relación entre los dos hermanos se mantuvo sorprendentemente amable. La exégesis posterior se ha esforzado para incitar a los hermanos a una feroz rivalidad en la línea de Caín y Abel o Jacob y Esaú, pero este no fue el caso. La historia de Ismael riendo con (¿jugando con?) Isaac en su ceremonia de destete (Gn 21.9) no tiene que ser vista negativamente, aunque algunos traductores siguen influenciados por la reacción de Sara al traducir la frase como que Ismael se «burlaba» (RVR-1960; cf. Gá 4.29-30). Los chicos eran amigos.

El tratamiento bíblico de Ismael es muy agradable y es paralelo con la valoración positiva de Isaac. Aunque Abraham claramente tenía otros hijos a través de la subrogación, sólo Ismael e Isaac recibieron la designación de «hijos de Abraham.» En una anunciación angélica inusual, a Agar se le prometió que los descendientes de Ismael serían sin número (Gn 16.10). Más tarde, a Abraham se le prometió que Ismael llegaría a ser el padre de 12 príncipes (tribus) y el fundador de una gran nación (Gn 17.20; 25.12-16), reiterada a Agar en su segundo destierro (21.13). Ismael se describe como un «asno salvaje [es decir., no domesticado],» que en el contexto de las habilidades de supervivencias necesarias para la vida en el desierto era un gran cumplido de hecho (Gn 16.12). Abraham tiene una afinidad especial con Ismael al haber sido circuncidados juntos, padre e hijo, una señal segura del apego continuo de Ismael al clan y Dios de Abraham (Gn 17.23-27). Incluso antes del propio rescate de Isaac por Dios del cuchillo del sacrificio (Gn 22), Ismael es rescatado por Dios en su propio punto de morir de hambre y deshidratación en el desierto (21.19). El narrador concluye la historia del rescate haciendo hincapié en que «Dios estaba con el muchacho» a medida que crecía en el desierto donde se convirtió en un experto arquero (21.20). Por último, los descendientes de Ismael compartirían una parte de la herencia de la tierra desde «el río de Egipto» al Éufrates (Gn 25.18).

A la muerte de Abraham, los dos hermanos, específicamente emparejados como «hijos de Abraham» con exclusión de sus medios hermanos, se reúnen para enterrar a su padre (Gn 25.9). La lista de los doce hijos de Ismael lleva al relato de la extensa familia de Isaac, ambos estrechamente vinculados al árbol de la familia de Abraham con la fórmula *tôlĕdōṯ* reiterando su filiación a Abraham (Gn 25.12-15, 19-20). El vínculo tradicional entre ismaelitas y los beduinos árabes se basa en esta lista tribal.

La hija de Ismael, Mahalath (Basemat) se casó con Esaú (Gn 28.9; 36.3). Según Génesis 25.17 Ismael murió a la edad de 137 años.

Pablo usa a Ismael alegóricamente como una clave para los judíos que mantienen lealtad a la ley mosaica, siendo por tanto los descendientes de Abraham «según la carne» (Gá 4.21-28). Por desgracia, las alegorías de Pablo con demasiada frecuencia han sido historiadas en una rivalidad agresiva entre los hijos de Isaac por la carne *y* por el espíritu (judíos y cristianos) y los hijos de Ismael (musulmanes).

Bibliografía. I. Ephʿal, « 'Ismael' and 'Arabs': A Transformation of Ethnological Terms,» *JNES* 35 (1976): 225-35; L. R. Scudder, Jr., «Ismael and Isaac and Muslim-Christian Dialogue, *Dialog* 29 (1990): 29-32; E. C. Want and P. Tarlo, «bad Guys, Textual Errors and Word Plays en Génesis 21.9-10,» *Journal of Reform Judaism* 37/4 (1990): 21-29; C. Westermann, *Genesis 12–36* (Minneapolis, 1985).

2. El tercer hijo de Azel de Benjamín, un descendiente de Saúl (1 Cr 8.38; 9.44).

3. El padre de Zebadías, gobernador de Judá durante el reinado de Josafat en el siglo IX (2 Cr 19.11).

4. Hijo de Johanán; uno de los cinco «jefes de centenas» que participaron en la revuelta contra la reina Atalía de Judá (2 Cr 23.1).

5. Hijo de Pasur nombrado entre los hijos de los sacerdotes que se divorciaron de sus esposas extranjeras (Esd 10.22).

6. Hijo de Netanías, nieto de Elisama, un miembro «de la familia real,» que se convirtió en traidor de Judá (Jr 40.8–41.18; cf. 2 R 25.23-25). Como uno de los jefes de las tropas judías, conspiró y llevó a cabo el asesinato de Gedalías, el gobernador de Judá, y muchos otros partidarios fieles. Después de la captura de los habitantes de Mizpa, incluyendo el profeta Jeremías y las hijas del rey judío, se vio obligado a abandonar sus planes de deportar a los cautivos y huir bajo la persecución por los capitanes leales de Gedalías. Se las arregló para escapar para refugiarse entre los amonitas.

James E. Brenneman

ISMAELITAS (Heb. *yišmĕʿēʾlîm*)
Un pueblo identificado más fácilmente con su antepasado epónimo Ismael, hijo de Abraham y Agar (Gn 16, 21). Se nombran como los 12 «hijos de Ismael» (Gn 25.13-16 = 1 Cr 1.28-31), establecidos principalmente en el norte de Arabia que van desde el «río de Egipto» al Éufrates. La tradición los vincula con los pueblos árabes.

A pesar de que se enumeran en el Salmo 83.6(TM 7) entre los vecinos hostiles de Israel (Edomitas, moabitas, agarenos, y amalecitas) que compiten por tierra y derechos de pastoreo, tal lucha no era desconocida incluso entre las tribus dentro de Israel. Los ismaelitas ocuparon altos cargos en el ejército de David, incluyendo Amasa que se desempeñó como comandante en jefe (2 S 17.25). Otro ismaelita, Obil, se desempeñó como superintendente de los camellos de David (1 Cr 27.30).

En la historia de José, una caravana de ismaelitas (también llamados madianitas) rescató a José del pozo seco, vendiéndole a Egipto (Gn 37.25-28; 39.1). Más tarde, los ismaelitas derrotados, otra vez asociados con los reyes de Madián, proporcionaron a Gedeón un botín de aretes de oro para hacer un efod para la plaza de Ofra (Jue 8.24-26). Las alusiones a medias lunas, pendientes, vestidos de púrpura, y collares en el cuello de camellos del derrotado rey, sugieren una descripción estereotipada de los mercaderes nómadas de Arabia.

El Corán describe a Mahoma como un profeta árabe, un descendiente de los ismaelitas a través de una figura conocida como ʿAdán. La intención de Mahoma de volver a los árabes a la religión sin mácula de su padre Abraham, entendiendo a Ismael como la conjunción histórica entre musulmanes y el antiguo monoteísmo semítico. Los musulmanes desde entonces han conocido que su herencia espiritual es ismaelita.

Bibliografía. I. Ephʿal, «'Ismael' and 'Arabs': A Transformation of Ethnological Terms,» *JNES* 35 (1976): 225-35; L. R. Scudder, Jr., «Ismael and Isaac and Muslim-Christian Dialogue, *Dialog* 29 (1990): 29-32.

James E. Brenneman

ISMAÍAS (Heb. *yišmaʿyâ*)

1. Gabaonita, un líder de los Treinta; uno de los guerreros que vinieron en ayuda de David en Siclar (1 Cr 12.4).

2. Hijo de Abdías, jefe de los oficiales de Zabulón en el tiempo de David (1 Cr 27.19).

ISMAQUÍAS (Heb. *yismakyāhû*)
Un supervisor del impuesto del templo en el tiempo del rey Ezequías (2 Cr 31.13).

ISMERAI (Heb. *yišmĕray*)
Hijo de Epaal; jefe de la casa de un padre benjaminita (1 Cr 8.18).

ISOD (Heb. *ʾîšhôḏ*)
Descendiente de Manasés, hijo de Hamolequet (1 Cr 7.18).

ISPA (Heb. *yišpâ*)
Benjaminita, hijo de Bería (1 Cr 8.16).

ISPÁN (Heb. *yišpān*)
Benjaminita, hijo de Sasac (1 Cr 8.22).

ISRAEL (Heb. *yiśrāʾēl*)

Nombre

El nombre «Israel» aparece primero en Génesis 32.28[TM 29]. El patriarca Jacob se involucra en una pelea nocturna con un misterioso adversario a quien Jacob toma primero como un hombre, pero que finalmente declara haber sido Dios (Gn 32.24, 30[25, 31]). El adversario finalmente pide que Jacob lo deje libre, pero Jacob sólo lo hará si el oponente primero lo bendice. El adversario le cambia el nombre a Jacob y lo bendice, explicando que él es ahora Israel *(yiśrāʾēl),* porque él había luchado *(śārîṯā)* con Dios y con los hombres y había prevalecido. Debido a que el verbo *śārâ* aparece sólo aquí y cuando este evento se recuerda en Oseas Os 12.3-4(4-5), su significado debe ser derivado del contexto. Aunque la mayoría de los eruditos traducen el verbo «luchar,» o «pelear,» algunos creen que la raíz debe ser *śrr,* «tener dominio,» y traducir «probarse a sí mismo vencedor.» Una tradición divide las consonantes y vocaliza *śār ʾaṯā,* traduciendo «eres un príncipe *(śar)* [con Dios]» (Gn *Rab.* 78.3). Si bien el uso hebreo dictaría que «Israel» significa «Dios lucha,» la historia en Génesis 32 toma a Jacob como el sujeto, y entiende que el significado debe ser «el que lucha con Dios.» La «lucha con los hombres» de Jacob con sus enfrentamientos intrauterinos con su gemelo Esaú (Gn 25.22), y su apropiación de la primogenitura y bendición de Esaú, las acciones que demostraron la idoneidad de su nombre Jacob («toma el talón,» «suplantador,» «engañador»; 27.35-36; cf. 25.26). Cuando Oseas recuerda el combate mucho después de que Israel se ha convertido en una nación, es para condenar la historia de desobediencia de Jacob/Israel y la lucha con Dios (cf. Jer 9.4-6[3-5]). Esta idea de un Dios que otorga un nombre tan polémico en una nación no tiene precedentes.

Aunque Israel es inicialmente un nombre personal, su futuro como el nombre de un pueblo, una nación, y una monarquía se anuncia inmediatamente después que Dios reitera el cambio de nombre. En Génesis 35.11 Dios dice a Jacob que una nación, una compañía de naciones (¿tribus?), y reyes saldrán de él, recordando sus anteriores promesas a Abraham y Sara cuando sus nombres fueron cambiados (17.5-6, 16; cf. 12.2). En libros posteriores Israel puede denotar el pueblo (a veces como «los hijos de Israel» o «la casa de Israel»), la nación bajo la monarquía unida, el reino del norte de Israel durante la monarquía dividida, y, en el período posmonárquico, los exiliados en Babilonia y la comunidad purificada de los seguidores de Jehová. Israel también puede referirse al reino del sur de Judá ante la caída del reino del norte (p.ej., Is 1.3; Mi 1.14, 15), o incluso ambos reinos («las dos casas de Israel»; Is 8.14). Por último, Israel es un nombre territorial, como en la «tierra de Israel» (1 S 13.19) y el «pueblo de Israel» (Ez 7.2).

Concepto bíblico

Irónicamente, Israel es llamado primero un pueblo por el faraón que los oprimió. El rey egipcio lo hace precisamente porque los 70 descendientes de Jacob/Israel han crecido milagrosamente en un pueblo que «es mayor y más fuerte que nosotros » (Ex 1.9; cf. vv. 5-6). Dios le dice a Moisés que su tarea es llevar a «mi pueblo, los hijos de Israel» de Egipto (Ex 3.10). Desde el momento que Jehová libera a su pueblo, insiste en que la identidad y el papel de Israel será único y distintivo. Debido al juramento que hizo a los patriarcas y su amor por el pueblo, Dios ha escogido a Israel para ser su especial tesoro (Ex 19.5; Dt 7.6-8) y su herencia (Ex 34.9; Dt 4.20; 1 R 8.53). Israel va a convertirse en un «reino de sacerdotes y una nación santa » (Ex 19.6) y un pueblo santo para el Señor (Dt 7.6). La intimidad de la relación de Dios con Israel es señalada por el hecho que Israel es a veces referido como el primogénito hijo de Dios (Ex 4.22), un bebé a quien Dios alimentó y crió (Dt 32.8-14; Ez 16.3-7), y la novia de Dios (Jer 2.2; 31.32; cf. Os 2.14-15[16-17]).

Con la condición especial de Israel viene la obligación de obedecer las estipulaciones del pacto que Jehová hace con Israel en Sinaí (Ex 19–23; Dt 5–26). Mientras que ninguna otra gran nación tiene dioses tan cercanos a ellos, o un conjunto de leyes tan justas como las que Dios dio a Israel, esas leyes deben ser obedecidas si Israel no quiere perecer de la tierra y ser esparcido entre los pueblos (Dt 4.7-9, 23-40). Cuando los israelitas del reino del norte desobedecen, el Señor les dice que no son distintivos o especiales. Son como los etíopes para Dios; es más, Dios ha traído a los filisteos y a los arameos de otras tierras, como él condujo a Israel de Egipto (Am 9.7). Cuando Dios se enoja con su promiscua «esposa» Israel (Os 1.2; cf. Ez 16), le dice a Oseas que se case con una mujer promiscua, y a continuación, le instruye para nombrar a su tercer hijo «no sois mi pueblo» (Os 1.2, 8-9). Sin embargo, Oseas inmediatamente predice un tiempo cuando el pueblo ya no más se le dirá «no sois mi pueblo,» y en cambio se les dirá «Sois hijos del Dios viviente» (Os 1.10-11[2.1-2]).

Después de que Israel y Judá dejan de existir como estados monárquicos, «Israel» tiene varios significados diferentes. Cuando Ezequiel se dirige a los «hijos de Israel» (Ez 2.3) o, más a menudo, «la casa de Israel» (3.1), tiene en mente a los exiliados de Judá en Babilonia y el pueblo en Jerusalén (todas las personas cuyos padres fueron elegidos por Jehová y sacados de Egipto) (20.4-10) aun cuando la audiencia inmediata del profeta son los exiliados en Babilonia. Mientras Deutero-Isaías también se refiere al pueblo del pasado (p.ej., Is 43.1, 21, 27), su audiencia es principalmente la comunidad en exilio (p.ej., 42.24; 43.28). Deutero-Isaías también apunta a un concepto purificado de Israel, como cuando cita a Jehová diciendo que el siervo que él ha designado el «Israel, porque en ti me glorificaré » (Is 49.3), el Israel que será dado como «luz de las naciones» (v. 6).

Libros históricos tardíos también muestran que «Israel» se puede utilizar en un sentido más o menos inclusivo. Cuando Crónicas vuelve a contar la historia del pueblo, el patriarca Jacob es constantemente llamado Israel (p.ej., 1 Cr 1.34). Mientras que los miembros del reino del norte se presentan como habiendo abandonado al Señor (p.ej., 2 Cr 13.11), siguen siendo «hijos de Israel» y Jehová sigue siendo el Dios de sus padres (v. 12). Sólo tienen que arrepentirse y aceptar el culto de Jerusalén y la dinastía davídica, si quieren ser parte de la comunidad de fe de Israel (p.ej., 2 Cr 7.14). En Esdras-Nehemías, sin embargo, la atención se centra en esa comunidad que se considera el único representante legítimo de Israel de Jehová (Esd 1.5; 9.1-2; 10.1-8). El carácter distintivo que ha sido la seña de identidad de Israel continúa incluso en el entorno persa del libro de Ester, cuando el odio de Hamán de su rival benjaminita Mardoqueo lo lleva a denunciar a los judíos como las personas que «sus leyes son diferentes de las de todo pueblo » (Est 3.8).

Después de Deutero-Isaías y Esdras, se hicieron muchos intentos de definir el verdadero Israel. Pablo habla de los cristianos como el verdadero «Israel de Dios» (Gá 6.16). De acuerdo con 1 Pedro 2.9-10, los cristianos ahora son «pueblo adquirido por Dios,» el linaje escogido, real sacerdocio, y nación santa (cf. Ex 19.5-6). El proceso de identificación de Israel continúa en tiempos posbíblicos, como cuando los puritanos se veían a sí mismos como hijos de Israel de los últimos días que huyen de Faraón George III de Inglaterra al «Israel de Dios de América».

Relato bíblico de la historia

Del desierto a la Monarquía Unida

Después que el pueblo de Israel es liberado de la esclavitud en Egipto y se comprometen al pacto de Jehová y la perspectiva de convertirse en una nación santa, se resisten ante la perspectiva de enfrentarse a los gigantescos cananeos, prefiriendo volver a Egipto (Nm 14.2-4). Como castigo por tentar al Señor «diez veces» (14.22), son sentenciados a vagar por el desierto por 40 años, hasta que la primera generación de ex esclavos muera. Cuando la mayor parte de la antigua generación había muerto, los israelitas son desafiados por las fuerzas cananeas y amorreas. En ambos casos, es Israel, no Moisés, de quien se dice que responde a la crisis y para derrotar al enemigo (Nm 21.1-3, 21-31); de hecho, cuando Israel es victorioso sobre el amorreo Sehón, de ninguna nación se dice que es tomada por Moisés o Dios (21.21, 24, 25).

Los israelitas finalmente conquistaron Canaán bajo Josué, después de la muerte de Moisés. Algunos de los pueblos indígenas afectados se les permitió permanecer con el fin de castigar a los israelitas por romper el pacto con Dios (Jue 2.2-3; cf. vv. 20-21) o «probar a Israel» (2.22-23; 3.1-4). Repetidas ocasiones, una nación oprime a Israel, y Dios responde a la angustia del pueblo mediante el envío de un «juez» como un libertador. Sin embargo, cada vez que un juez moría, el pueblo volvía a adorar a otros dioses y el ciclo comenzaría de nuevo (Jue 2.15-19). Sólo para vengar el ultraje cometido con-

Detalle de la estela Merenptah («Israel») que contiene el nombre de Israel (c. 1210-1207 a.C.)
(Servicio de Musées, El Cairo)

tra la concubina del levita todas las tribus de Israel actúan juntas «como un solo hombre» (Jue 20.1, 8, 11). Irónicamente, su acción unida no es contra una nación extranjera, sino contra su tribu hermana de Benjamín, que es casi aniquilada en la resultante (y grotesca) guerra civil.

El período de los jueces llega a su fin después de que Saúl es nombrado por el profeta/juez Samuel como el primer rey de Israel y gobernante sobre la «herencia» de Jehová (1 S 10.1; 13.13-15; cf. 9.16-17). A pesar de sus victorias militares sobre las otras naciones (1 S 14.47-48), Saúl es rechazado rápidamente por Samuel y luego por Jehová. Sin embargo, permanece en el trono aún después de que David ha sido ungido como el siguiente rey. Después de la muerte de Saúl, David se convierte en rey, al comienzo reinando sobre Judá, con su capital en Hebrón. Entonces todas las tribus de Israel vienen a David y lo ungen rey sobre Israel. Desde su nueva capital de Jerusalén, David reina sobre Israel y Judá por 33 años (2 S 5.1-5). Sin embargo, las tribus del norte y del sur nunca estuvieron totalmente unidas, un hecho que se hace evidente durante y después de la guerra civil entre David y su hijo Absalón (2 S 15.6-12; 19.8-15, 41-43; 20.1-22). Después de muchas intrigas de la corte en los últimos años de David, su hijo Salomón se perfila como su sucesor (1 R 1–2). El relato afirma que Salomón no sólo reina sobre «todo Israel» (1 R 4.1), sino sobre «sobre todos los reinos desde el Éufrates hasta la tierra de los filisteos y el límite con Egipto » (4.21[5.1]; cf. 4.24[5.4]; 8.65), el mismo territorio que Dios había prometido a Abraham (Gn 15.18). Los otros reinos enriquecen el imperio de Salomón con grandes regalos y tributos. Aunque Salomón es representado como un típico antiguo monarca del Cercano Oriente, bendecido por Dios con increíble riqueza, prestigio y vasto territorio, también hay indicios de que su régimen ha sobrecargado al pueblo, agotado la tesorería, y hecho a «todo Israel» participar en trabajo forzoso (1 R 5.13-17[27–31]; cf. 9.10-14). Sin embargo, Judá puede disfrutar de un estatus especial, porque cuando «todo Israel» (1 R 4.7) se divide en 12 distritos administrativos tributarios, Judá no se incluye explícitamente (cf. v. 19 TM).

Reino de Israel

Después de la muerte de Salomón y la ascensión de su hijo Roboam al trono, las tribus del norte se rebelan contra los impuestos excesivos y la opresión, con la consigna «¡Israel, a tus tiendas!» (1 R 12.16; cf. 2 S 20.1). Es en este punto que Jehová transforma al Israel unido en una monarquía dividida compuesta del reino del norte de Israel y el reino del sur de Judá. Él no lo hace debido a las políticas tiránicas de Salomón, sino porque Salomón introdujo la adoración de otros dioses en el reino a través de sus muchos matrimonios con mujeres extranjeras (presumiblemente como parte de la elaboración de tratados internacionales; 1 R 11.1-13). Dios elige a Jeroboam para gobernar las 10 tribus del norte, dejando a Judá y partes de Benjamín en manos de los reyes davídicos con quien Jehová había hecho un pacto (1 R 11.13, 23-36; 12.21-23; cf. 2 S 7.12-16). Jeroboam es también la elección de las tribus del norte. Sin embargo, debido al temor de que su pueblo vaya a cambiar su lealtad a Roboam cuando van a ofrecer sacrificios en el templo de Jerusalén, y luego regresen para asesinarlo (1 R 12.26-27), Jeroboam desafía los reclamos de Jerusalén de ser el único lugar donde Jehová puede ser legítimamente adorado (Dt 12.13-27). Él se fabrica dos imágenes de becerro con las que inaugura sus nuevos centros de culto en Betel y Dan, haciéndose eco de las palabras de los idólatras israelitas en Sinaí (1 R 12.28; Ex 32.4). Por esto, y por sus otras alteraciones en el culto, Jeroboam es condenado por Jehová y el profeta Ahías.

Tras la muerte de Jeroboam y sus hijos, el gobierno del reino de Israel se vuelve altamente inestable. Siete reyes son asesinados. Sin embargo, el reino del norte es superior a Judá en varios aspectos: tamaño, ubicación estratégica a lo largo de las rutas comerciales y comunicación internacional, y poderío militar (cf. 1 R 22.4; 2 R 14.12). Los dos reinos a menudo se envuelven en hostilidades entre sí (1 R 14.30; 15.16-22; 2 R 14.8-14; 16.5-9), a veces formando alianzas con potencias extranjeras para obtener la ventaja sobre el otro.

De todos los reyes de Israel, sólo dos construyeron dinastías de alguna duración o importancia. La primera es la casa de Omri. La Biblia dice relativamente poco acerca de este poderoso rey, que edificó Samaria como su nueva capital («Samaria» es también otro nombre para el reino del norte; 1 R 13.32; 2 R 17.24). Mucho más se dice sobre el hijo de Omri, Acab y su esposa sidonia Jezebel, que probablemente se convirtió en la esposa de Acab como parte de un tratado. Las hostilidades entre Israel y Judá cesaron temporalmente cuando los dos reinos están vinculados por el matrimonio de la hija de Acab (o hermana) Atalía con el rey Joram de Judá (2 R 8.18, 26). El reinado omrita llega a su fin después de c. 40 años (c. 885-843) cuando Dios unge a Jehú como rey y le encarga erradicar toda la «casa de Acab» (2 R 9.6-10). Los cinco reyes de la dinastía de Jehú reinan por aproximadamente un siglo (c. 843-745). Mientras Dios permite a los arameos «cortar» el territorio israelita durante el reinado de Jehú (2 R 10.32), Jeroboam II, el más poderoso descendiente de Jehú, restaura el territorio de Israel a los límites establecidos por Salomón (14.25).

Después de que el hijo de Jeroboam, Zacarías es asesinado después de sólo seis meses en el trono, la dinastía de Jehú termina. La realeza se vuelve una vez más inestable e Israel va en rápido declive. Además, Israel tiene que hacer frente al poderoso rey arameo Rezín, y la mayor amenaza planteada por el rey asirio Tiglat-pileser III. Para permanecer en el trono, el rey Menahem paga voluntariamente tributo a Tiglat-pileser («Pul»; 2 R 15.19-20). Más tarde, durante el reinado de Peka, Tiglat-pileser captura una cantidad de ciudades israelitas, y deporta al pueblo a Asiria (2 R 15.29). Peka entonces se une a Rezín de Aram contra Asiria, usando el poder militar para obligar a Judá a unirse a la coalición. El rey de Judea Acaz exitosamente resiste el ataque, con la ayuda de Tiglat-pileser (2 R 16.5-9). Tiglat-pileser mata a Rezín, mientras Peka es asesinado por Oseas, el último rey de lo que quedaba del estado de Israel (16.9; 15.30). El nuevo rey asirio Salmanasar V marcha contra Oseas, quien en un primer momento se somete y se convierte en un vasallo asirio, pero más tarde se rebela y se niega a pagar tributo, apelando en vano por la ayuda de Egipto (2 R 17.3-4). Samaria es entonces sitiada por años, y cae en 722, poco antes (o después) de la muerte de Salmanasar y la ascensión de Sargón II (17.5; 18.9-10). «Israel» es deportado a Asiria (17.6) y sustituido por gente traída a la nueva provincia asiria de Samaria de Babilonia y otros lugares (v. 24).

Irónicamente, mientras Israel siempre se ha definido a sí misma en términos de su carácter distintivo como un pueblo y una nación, el reino de Israel cae ante un poder cuya política de reasentamiento está diseñada para debilitar las identidades étnicas y políticas de las naciones conquistadas. Mientras que casi todos los reyes del norte habían sido condenados por no apartarse de los pecados de Jeroboam, el narrador de 2 Reyes 17.7-23 encuentra la causa principal de la caída de Israel al pecado e idolatría de los «hijos de Israel» (v. 20), aunque los reyes davídicos permanecen en el trono de Judá por otro siglo y medio, cuando Judá cae ante los babilonios (587/586).

Evidencia y teorías extrabíblicas

La referencia más antigua existente de Israel fuera de la Biblia se encuentra en la estela del quinto año del faraón Mernepta, c. 1210-1207. En l.27 se nos dice que «Israel es asolado; su semilla no lo es.» Un signo identifica a «Israel» como un pueblo, no un territorio, y el contexto sugiere que este pueblo se encuentra en Palestina. Poco más se puede extraer de esta inscripción tentadora, que, en la actualidad, es la única referencia extrabíblica a Israel antes de mediados del siglo IX. La desaparición de Israel también se anuncia en uno de los primeros textos del siglo IX, la inscripción del rey moabita Mesa (c. 840), en la que declara que «Israel ha perecido para siempre.» Mesa reconoce que Moab ha sido humillado por «Omri, rey de Israel,» pero insiste que triunfó durante el reinado del hijo de Omri. Acab «el israelita» ([*mat*] *Sir-'i-la-ai*) se menciona también en la inscripción monolítica de Salmanasar III, como participante en la batalla de Qarqar (853). En otros lugares, Salmanasar III se refiere a Jehú como «hijo de Omri,» aun cuando fue Jehú quien puso fin a la dinastía de Omri, de acuerdo con 2 Reyes 9-10. Más tarde, Adad-nirari III usa «casa de Omri» (*mat Ḫ-um-ri*) para referirse a Israel. De este punto en adelante, las referencias extrabíblicas a los reyes de Israel y Judá se hacen más frecuentes y extensas.

Los arqueólogos aún no han localizados referencias extrabíblicas a los patriarcas, Moisés, el éxodo y la Conquista, los jueces, o algún rey de Israel antes de Omri, con la posible excepción de David. Algunos eruditos (pero no todos) leen el nombre David en la inscripción de Mesa (l. 12 y/o una l reconstruida. 31), y «la casa de David» en una inscripción aramea fragmentaria de Tel Dan (siglo IX u VIII).

Mientras que la Biblia hace hincapié en el carácter distintivo de los israelitas, muchos arqueólogos han llegado a la conclusión de que nada distintivamente «israelita» hasta el momento ha sido encontrado en la cultura material de los grupos que se asentaron en las tierras altas de Palestina durante el período Hierro I (1200-1000). Muchos argumentan que la evidencia arqueológica no apoya la afirmación de que los israelitas entraron y ocuparon Canaán por medio de la conquista militar. En cambio, algunos historiadores han sugerido que el asentamiento israelita se produjo a través de un proceso de infiltración o una revuelta campesina interna. Otros sostienen que la evidencia existente tampoco apoya estas teorías. Una tendencia reciente ha sido comprender el colapso de la cultura urbana de la Edad de Bronce Tardío en Palestina, y el aumento del asentamiento del pueblo en la región montañosa durante Hierro I, como parte de un proceso más amplio de la agitación en todo el Mediterráneo oriental durante la Edad de Bronce Tardío (1550-1200/1150). Este proceso, que puede haber sido provocado por factores ambientales, económicos, y políticos (como la sequía y el hambre), dio lugar a reajustes sociales y políticos y un gran aumento de la migración en toda la zona. De acuerdo con este modelo, la población de Canaán del Hierro I incluyó grupos pastorales y grupos locales desarraigados, así como recién llegados a la región. Los proponentes de este punto de vista llegan a la conclusión de que uno no puede distinguir las afiliaciones étnicas y las identidades nacionales en Canaán hasta finales del siglo XI, cuando Israel se convirtió en una entidad política.

Bibliografía. G. W. Ahlström, *Who Were the Israelites?* (Winona Lake, 1986); P. R. Davies, *In Search of «Ancient Israel.»* JSOTSup 148 (Sheffield, 1992); W. G. Dever, *Recent Archaeological Discoveries and Biblical Research* (Seattle, 1990); I. Finkelstein and N. Na'aman, eds., *From Nomadism to Monarchy: Archaeological and Historical aspects of Early Israel* (Washington, 1994); J. M. Miller and J. H. Hayes, *A History of Ancient Israel and Judah* (Filadelfia, 1986); K. W. Whitelam, «The Identity of Early Israel,» *JSOT* 63 (1994): 57-87.

Stuart Lasine

ISTAR (Acad. *Ištaru*)

La diosa principal del panteón mesopotámico. En sumerio ella es identificada como la diosa Inanna. Inanna/Istar posee una multiplicidad de características, a menudo vistas como irreconciliables: Ella es la diosa del amor y la guerra y se le atribuyen los aspectos de fertilidad, sexualidad, pasión e ira. La dualidad inherente en la diosa ilustra las características mitológicas y cíclicas de una sociedad agraria, donde la supervivencia dependía de la fertilidad y fecundidad de la tierra. Como una deidad sumeria temprana ella es la consorte de Dumuzi (Tamaz) y una participante integral en el *hieros gamos,* un ritual de matrimonio sagrado celebrado por el rey y una sacerdotisa de Inana/Istar para asegurar cultivos exitosos al comienzo del año nuevo agrícola. Más tarde, entre los asirios bélicos, Istar se convirtió en la patrona del ejército. Inscripciones cuneiformes reales se jactan de ella dirigiendo a los reyes asirios en la batalla y en las conquistas victoriosas. Asociada con el planeta Venus, la estrella de la mañana y de la noche, Istar es considerada una de las deidades astrales: la hija de la diosa luna Nanna/Sîn, la hermana del dios-sol Utu/Šamaš, y a veces la consorte de An, el dios de los cielos.

Etimológicamente, su nombre era originalmente masculino y relacionado con el dios semítico ʿAṯtar. En el primer milenio a.C., ella asimiló características de otras deidades asirias así como la completa apropiación de la diosa sumeria Inana. Istar también ha sido asociada con las deidades cananeas Astarté y Anat. El acad. *Ištar(at)u* finalmente se convirtió en la palabra genérica para diosas.

Istar era adorada universalmente en muchos templos en toda Mesopotamia, incluyendo sus principales centros de culto en Arbela, Uruk, Akkad, Nínive, y Babilonia. A pesar de la popularidad de Istar, ella no tenía ningún rango político entre los dioses nacionales Asur y Marduk, reflejando el sesgo patriarcal de la sociedad mesopotámica antigua.

La literatura cuneiforme contiene numerosos mitos e himnos relativos a Istar. En un mito popular, que tiene una versión sumeria y una acadia, Istar desciende al inframundo, donde pasa a través de siete puertas, es despojada de sus adornos, y hecha prisionera por la reina del inframundo, su hermana mayor Ereškigal. Durante el cautiverio de Istar la procreación y la fertilidad de la tierra cesó. Ella es finalmente rescatada y puesta en libertad a cambio de su amante, Dumuzi, quien debe residir la mitad del año en el inframundo. En el Poema de Gilgamesh, Istar se presenta como una seductora y una amante despechada. Gilgamesh, consciente de su maltrato de sus amantes, rechaza sus avances. Su rechazo provoca la ira de ella, y ella invoca a An para que envíe el toro del cielo para matar a Gilgamesh.

Istar no se menciona en la Biblia, pero algunos eruditos la han relacionado con la «reina del cielo» a quien las mujeres amasan tortas y derraman libaciones (Jer 7.18; 44.17-19, 25). Aunque Istar es llamada en acad. *malkat šamami,* «reina del cielo,» este epíteto es común entre las diosas fenicias, cananeas y egipcias del antiguo Cercano Oriente. La mención puede referirse con mayor precisión a una de las diosas cananeas.

Julye M. Bidmead

ISÚA (Heb. *yišwâ*)
El segundo hijo de Aser (Gn 46.17; 1 Cr 7.30). El nombre no se menciona entre los clanes aseritas en Números 26.44.

ISÚI (Heb. *yišwî*)

1. El tercer hijo de Aser (Gn 46.17; Nm 26.44; 1 Cr 7.30), cuyos descendientes son llamados isvitas (Nm 26.44).

2. Hijo de Saúl y Ahinoam (1 S 14.49). Los intentos de identificarlo con Is-boset han sido desacreditados.

ITA-CASÍN (Heb. *ʿittâ qāṣîn*)
Ciudad en la frontera oriental del territorio de Zabulón (Jos 19.13), posiblemente moderno Kefr Kennä, c. 7 km (4.5 mi) noreste de Nazaret. La tradición la identifica con Caná, donde Jesús cambió el agua en vino (Jn 2.1-11).

ITAI (Heb. *ʾittay, ʾitay*)

1. Hombre de Gat («geteo»), comandante de 600 filisteos que permanecieron leales a David durante la rebelión de Absalón (2 S 15.19-22). David lo nombró, junto con Joab y Abisai, para dirigir sus fuerzas en la batalla en el bosque de Efraín (2 S 18.2, 5).

2. Benjaminita, el hijo de Ribai de Gabaa; uno de los treinta de David (2 S 23.29).

ITALA
La traducción al latín antiguo (OL) del NT griego, que existió primero en el norte de África cerca de Cártago, donde el griego no era muy conocido, en el siglo III d.C. No hubo versión oficial: El obispo Nemesio de Tubanas, con Cipriano en el Concilio de Cártago en 256, usó una traducción latina diferente de la utilizada por Cipriano. Mientras que una traducción podría haber sido la base, la gran variedad de lecturas en los manuscritos existentes indica que la Itala podría haber implicado varias traducciones independientes.

Las citas en los escritores de la iglesia africana tienden a ser coloquiales y sencillas, indicando que la OL era principalmente para las personas comunes. La Itala por lo general sigue el griego más bien literalmente, con los manuscritos OL europeos sin variar tanto del griego como los manuscritos africanos. El carácter textual de la Itala es «occidental».

Los manuscritos del latín antiguo pasaron a través de Italia a la Galia, Gran Bretaña, e Irlanda, cada región alteró el texto teniendo en cuenta sus propios intereses especiales, produciendo textos OL provinciales. Si bien la Itala fue oficialmente reemplazada por la Vulgata de Jerónimo, parece haber sido copiada y utilizada en cierta medida hasta el siglo IX.

CARROLL D. OSBURN

ITALIA
Un país al sur de Europa que forma una península en forma de bota, limita en el oeste con el mar Tirreno, en el este con el mar Adriático, en el sur con el mar Jónico, y se extiende al norte de los Alpes. La cordillera de los Apeninos extiende la longitud de la península y fértiles valles del interior, en especial en las zonas costeras occidentales.

El nombre se puede derivar de Italus, el siglo XIII a.C., jefe de la Oenotri o Siculi que ocupaba el suroeste de la península (Tucídides *Hist* 6.2; Dionysius de Halicarnassus *Ro Ant.* 1.12.35). Otra posible derivación es del lat. *vituli,* «novillos,» en cuyo caso Italia significa «la tierra de los terneros.» El nombre fue aplicado al principio sólo a la región del suroeste y se aplicó a toda la península mucho más tarde, probablemente en la época romana.

Migraciones sucesivas de los pueblos desde el norte y el terreno natural que ofrecía numerosas barreras prácticas entre las comunidades dieron lugar a la coexistencia de muchas tribus y razas en la península, con sus lenguas y culturas únicas: Latinos, umbro-sabelianos, oscos, ilirios, y etruscos de Asia Menor. Debido a la buena ubicación de Italia en el Mediterráneo y sus puertos, un floreciente comercio fomentó una rica diversidad cultural. Durante los siglos VIII a VI, los griegos colonizaron el sur de Italia y Sicilia tan a fondo que el área llegó a ser conocida como la Magna Grecia. Mientras que Roma estaba todavía en sus comienzos primitivos, los griegos estaban creando grandes e importantes ciudades en el sur de Italia. A través de constantes guerras con los pueblos itálicos, tribus galas, e invasores celtas, Roma conquistó y absorbió los pueblos de la península, mientras que al mismo tiempo es influenciada por sus lenguas, religiones y costumbres. Augusto subdividió los tres lugares de Italia (Alta Italia, Central Italia, y Baja Italia o Magna Grecia) en 11 regiones.

Italia se menciona varias veces en el NT (a veces «Roma» se utiliza para toda Italia). Priscila y Aquila, judíos de Italia, huyeron a Corinto a raíz del Edicto de Claudio de 49 d.C., expulsando a los judíos de Roma (Hch 18.2). Pablo se embarcó para Italia cuando como ciudadano romano apeló su caso de pena capital ante César (Hch 27.1, 6; cf. 28.11-16 en su recepción allí). Él siguió como prisionero en Roma por dos (quizás sus últimos) años (Hch 28.30). El escritor de Hebreos cierra su tratado con las palabras «los de Italia os saludan» (Hb 13.24), indicando que estaba escribiendo desde Italia a los lectores de fuera de la península y se agregó el saludo de los creyentes locales, o que estaba escribiendo a Italia desde otro lugar y algunos cristianos que procedían del lugar al que iba a enviar la obra envió saludos a su patria.

Bibliografía. M. C. Howatson, ed., *The Oxford Companion to Classical Literature,* 2d ed. (Oxford, 1990); R. J. A. Talbert, ed., *Atlas of Classical History* (New York, 1985), 82-123.

RICHARD A. SPENCER

ITAMAR (Heb. *ʾîṯāmār*)
El cuarto hijo de Aarón (Ex 6.23; 1 Cr 6.3[TM 5.29]). Itamar fue comisionado para el servicio sacerdotal, junto con sus hermanos (Ex 28.1). Cuando los dos hermanos mayores Nadab y Abiú pecaron ofreciendo incienso con un sacrificio (Lv 10.1-3), Dios les quitó la vida, dejando a Eleazar e Itamar para servir (v. 12). Itamar tuvo supervisión de los gersonitas y los meraritas, que ayudaron a mover el tabernáculo (Nm 4.21-33) con la ayuda de bueyes (7.7-8). Menos numerosos que los descendientes de Eleazar, que fungía en el templo del tiempo de Salomón a su destrucción, los descendientes de Itamar sirvieron también (1 Cr 24.1-6). El Cronista incluye a Sadoc entre los descendientes de Eleazar y Abiatar de Silo entre los descendientes de Itamar (1 Cr 24.3, 6, 31), pero esto parece ser un error. En el período posterior al exilio, Daniel, el hijo de Itamar, participó en el regreso bajo Esdras (Esd 8.2).

PAUL L. REDDITT

ITIEL (Heb. *ʾîṯîʾēl*)

1. Benjaminita en Jerusalén posterior al exilio; antepasado de Salú (Neh 11.7).

2. Una persona mencionada, con Ucal, en el discurso de sabiduría de Agur el hijo de Jaque (Pr

30.1). Los términos no se tratan como nombres propios en la LXX o Vulg., y varias traducciones («señales de Dios,» «conmigo está Dios») y enmiendas (p.ej., Heb. *lāʾîṯîʾēl*, «estoy cansado, oh Dios»; *wāʾēḵel*, «me desmayo» o «pino lejos») se han propuesto.

ITLA (Heb. *yiṯlâ*)
Ciudad en el territorio de la tribu de Dan (Jos 19.42). La ubicación es desconocida, aunque algunos han sugerido moderna Silta, 7 km (4.3 mi) noroeste de Bet-horón.

ITMA (Heb. *yiṯmâ*)
Moabita, uno de los valientes de David (1 Cr 11.46).

ITNÁN (Heb. *yiṯnān*)
Ciudad repartida por Josué a la tribu de Judá después de la conquista de Canaán (Jos 15.23), entre las ciudades más australes del Neguev. En la lista de ciudades asignadas, Itnán sigue a Hazor. La lectura de la LXX de Asorionain plantea un problema digno de mención. La traducción griega puede ser considerada corrupta, o tal vez dos sitios (Hazor e Itnán) deben leerse como uno. En cualquier caso, la ubicación de Itnán aún tiene que ser determinada.

Ryan Byrne

ITRA (Heb. *yiṯrāʾ*) (también JETER)
El padre de Amasa y esposo de la hermana de David, Abigail. En 2 Samuel 17.25 el TM lo llama un israelita (como NVI mg), pero la lectura de la LXX lee «ismaelita» es considerada correcta (como 1 Cr 2.17, «Jeter ismaelita»).

ITRÁN (Heb. *yiṯrān*)
1. Hijo de Disón y nieto de Seir el horeo (Gn 36.26; 1 Cr 1.41); epónimo antepasado de un clan edomita.

2. Hijo de Zofa de la tribu de Aser (1 Cr 7.37); probablemente el mismo que Jeter **5.**

ITREAM (Heb. *yiṯrĕʿām*)
El sexto hijo de David, nacido en Hebrón a su esposa Egla (2 S 3.5 = 1 Cr 3.3).

ITRITAS (Heb. *yiṯrî*)
Clan judaíta o unidad similar ubicado en Kiriat-jearim (1 Cr 2.53). Ira y Gareb, dos de los guerreros de David, procedían de este grupo (2 S 23.38 = 1 Cr 11.40). Los itritas pudieran estar relacionados con una persona llamada Jeter o una ciudad llamada Jatir o Jeter.

ITUREA (Gr. *Itouraía*)
Un área del Valle de Beqaʿ del sur del Líbano que estuvo bajo la jurisdicción del tetrarca Felipe, hijo de Herodes el Grande, después de la muerte de este último en 4 a.C. (Lc 3.1). El nombre se deriva de una tribu del norte de Transjordania que se asentó en el Valle de Beqaʿ durante la última parte del siglo II. Varias inscripciones safaíticas apoyan esta migración, que ha sido relacionada con el período del gobernante asmoneo Aristóbulo (104) que obligó a los itureos, entonces situados en Transjordania y Galilea, a convertirse al judaísmo (Josefo *Ant.* 13.3.318). Después de emigrar al norte para escapar de Aristóbulo y su políticas, los itureos fueron capaces de mantener control sobre la zona del lago Huleh y Paneas (Cesarea de Filipo).

Después de un período relativamente breve de independencia como un principado bajo el líder tribal Ptolemaios (85-40 a.C.), el área de Iturea quedó bajo el control romano cuando, en 64/63, Pompeyo conquistó la zona e impuso un tributo sobre Ptolemaios. Lisanias (40-36), hijo de Ptolemaios, se alió con los partos en 40 después de que ocuparon Palestina, pero el área pronto volvió de nuevo a Roma y finalmente se convirtió en la posesión de Herodes el Grande en 20 a.C.

Los itureos se enumeran entre los descendientes de Ismael en Génesis 25.15; 1 Crónicas 1.31, donde Jetur es identificado como antepasado epónimo. 1 Crónicas 5.18-22 recuenta los eventos de una batalla en la que Rubén, Gad y la media tribu de Manasés ataca y derrota a los agarenos, Jetur, Jafis, y Nodab.

John Kaltner

IVA (Heb. *ʿiwwâ*)
Una ciudad-estado de Siria entre los capturados por los asirios en el siglo VIII a.C. (2 R 18.34; 19.13; Is 37.13). Puede ser el mismo que Ava (2 R 17.24), los residentes de los cuales fueron desarraigados por los asirios y establecidos en Samaria después de la derrota del reino del norte.

IYIM (Heb. *ʿîyîm*)
Una forma contraída de Ije-abarim (Nm 33.45, VM).

IYYAR (Heb. *ʾîyār*)
El segundo mes del calendario hebreo (abril/mayo). Este nombre, derivado del uso del acadio, reemplazó el nombre cananeo Ziv.

IZAR (Heb. *yiṣhār*) (también AMINADAB)

1. Levita, un descendiente de Coat y padre de Coré (Ex 6.18, 21; Nm 16.1; 1 Cr 6.18, 38[TM 3, 23]). Él es el antepasado epónimo de los izharitas (Nm 3.19, 27; 1 Cr 26.23). En 1 Cr 6.22(7) es llamado Aminadab (2).

2. Judaíta cuya madre fue Hela (1 Cr 4.7 **K**). Algunos eruditos consideran este nombre como una variante de Zohar (cf. **Q** *wĕṣōḥar, «y* Zohar»).

IZÍAS (Heb. *yizzîyâ*)

Un israelita que tuvo que despedir a su mujer extranjera; hijo de Paros (Esd 10.25).

IZLÍA (Heb. *yizlî'â*)

Benjaminita, hijo de Elpaal (1 Cr 8.18).

IZRAHÍAS (Heb. *yizraḥyâ*)

Hijo de Uzi y descendiente de Tola, de la tribu de Isacar (1 Cr 7.3). El nombre hebreo es el mismo que Izrahías, jefe de los cantores levitas en la época de Nehemías (Neh 12.42).

IZRAHITA (Heb. *yizrāḥ*)

Un gentilicio aplicado a Samhut, comandante de la quinta división del ejército de David (1 Cr 27.8). Aunque algunos eruditos interpretan el nombre como un derivado de Izrahías, es probable que esté relacionado con los zeraítas en 1 Crónicas 27.11.

IZRI (Heb. *yiṣrî*)

Un líder de la cuarta división de músicos del templo en la época de David (1 Cr 25.11), tal vez un «hijo» (miembro de la hermandad) de Jedutún. Él puede ser identificado con Zeri en 1 Crónicas 25.3.

J

J
Símbolo del Jehovista (alem. *Jahvist,* del hebreo *YHWH*, «Yahvé», «Jehová» o «el Señor»), la más antigua de las fuentes primarias que los críticos atribuyen al Pentateuco.
Véanse CRÍTICA BIBLICA; JEHOVISTA

JAACÁN (Heb. *yaʿăqān)* (también ACÁN)
Horeo, hijo de Ezer y descendiente de Seir (1 Cr 1.42), llamado Acán en Génesis 36.27. El nombre aparece también en Bene-jaacán (Nm 33.31, 32) y Beerot-benejaacán (Dt 10.6), donde acamparon los israelitas durante su peregrinación por el desierto.

JAACOBA (Heb. *yaʿăqōḇâ*)
Líder de una familia simeonita (1 Cr 4.36).

JAALA (Heb. *yaʿălāʾ*)
Uno de los siervos de Salomón, cuyos descendientes (o comunidad) regresaron con Zorobabel del cautiverio (Neh 7.58).

JAALAM (Heb. *yaʿlām)*
Jefe edomita, hijo de Esaú y Aholibama (Gn 36.5, 14, 18; 1 Cr 1.35).

JAANAI (Heb. *yaʿnay*)
Descendiente de Gad, que vivía en Basán (1 Cr 5.12)

JAAR (Heb. *yaʿar*)
El lugar donde se dice que fue descubierta el arca del pacto (en el Salmo 132.6 aparece bajo el nombre traducido de «los campos del bosque»). El nombre puede ser una forma de Quiriat-jearim, donde estuvo alojada el arca durante 27 años (1 S 7.1, 2; 2 Cr 1.4).

JAARE-OREGIM (Heb. *yaʿărê ʾōrĕgîm*)
Belenita, padre de Elhanán (2 S 21.19). De él se dice que mató a Goliat en Gob. En una palabra con la misma raíz, en 1 Crónicas 20.5, Elhanán mata a Lahmi, hermano de Goliat. Aquí, el padre de Elhanan es Jair. Jaare-oregim es probablemente un error. Según 2 Samuel 21.19, la lanza de Goliat era tan grande como el rodillo de un telar. Oregim («tejedores»; p.ej., Is 19.9) parece hacer sido repetido erróneamente, y unido al nombre Jair.

VICTORIA ANDREWS

JAASI (Heb. *yaʿăśû*)
Israelita a quien se le exigió que despidiera a su esposa extranjera (Esd 10.37; Q *yaʿăśāy*).

JAASIEL (Heb. *yaʿăśîʾēl*)

1. Mesobaíta, uno de los valientes de David (1 Cr 1.47).

2. Hijo de Abner; jefe de la tribu de Benjamín en el tiempo de David (1 Cr 27.21). Puede ser el mismo del **1.**

JAAZANÍAS (Heb. *yaʾăzanyâ, yaʾăzanyāhû*)
Nombre popular en el siglo VI a.C. El nombre aparece en un sello de Tell en-Najbeh (la Mizpa de la Biblia), y en ostracon 1 de Laquis.

1. Jefe de las tropas de Judá bajo el gobernador Gedalías (2 R 25.23); llamado Jezanías en Jeremías 40.8. Es descrito como «hijo de un maacateo», lo cual indica que era de la familia judaíta de Maaca, o de la población galilea de Abel-bet-maaca, o del reino arameo de Maaca.

2. Hijo de Jeremías (no el profeta), y jefe de la casa de los recabitas (Jer 35.3). En el tiempo del rey Joacim, el profeta Jeremías probó a Jaazanías y a su casa presentando a los recabitas al pueblo de Judá como modelo de fidelidad y obediencia.

3. Hijo de Safán; uno de los 70 varones de los ancianos de Israel vistos por Ezequiel en una visión (Ez 8.11). Algunos eruditos argumentan que la referencia a «Jaazanías hijo de Safán en medio de ellos», es una nota apostilla.

4. Hijo de Azur; uno de los 25 hombres a la entrada de la puerta del Templo vistos por Ezequiel en una visión (Ez 11.1). Es descrito como un oficial del pueblo.

Ronald A. Simkins

JAAZÍAS (Heb. *yaʿăzîyāhû*)
Hijo (o seguidor) del levita Merari; padre de Beno, Soham, Zacur e Ibri (1 Cr 24.26, 27). Él y sus descendientes no son nombrados entre los hijos de Merari, en Éxodo 6.19; 1 Crónicas 23.21.

JAAZIEL (Heb. *yaʿăzî'ēl*)
Levita del segundo orden, portero y cantor en el tiempo de David (1 Cr 15.18). Probablemente sea el mismo Aziel de 1 Crónicas 15.20, y el Jeiel de 16.5.

JABAL (Heb. *yāḇāl*)
Primer hijo de Lamec y Ada; antepasado de pastores nómadas y transhumantes (Gn 4.20).

JABES (Heb. *yāḇēš*)
Padre del rey Salum de Israel (2 R 15.10, 13, 14). Algunos académicos dicen que la palabra es el nombre del lugar de procedencia de Salum.

JABES (Heb. *yaʿbēṣ*) **(LUGAR)**
Pueblo de Judá, probablemente cercano a Belén. Aquí vivieron varias familias de escribas ceneos (1 Cr 2.55).

JABES (Heb. *yaʿbēṣ*) **(PERSONA)**
Famoso antepasado de una familia judaíta (1 Cr 4.9). La etimología de su nombre se deriva de un parto difícil (Heb. *ʿōṣeḇ*, «dolor») implícito en su oración pidiendo protección del mal (ʿojbî, 1 Cr. 4.10).

JABES-GALAAD (Heb. *yāḇêš gilʿāḏ*) (también JABES)
Ciudad del noroeste de Galaad. Estaba ubicada probablemente a la largo del Uadi Yâbis, aunque ningún lugar ha sido identificado de manera concluyente como Jabes-galaad «el [lugar] seco de Galaad».

Los habitantes de Jabes-galaad fueron valientes e importantes actores, aunque trágicos, en tres historias aparecen al comienzo del antiguo Israel. En Jueces 21, los varones de Jabes-galaad fueron asesinados para que sus jóvenes mujeres vírgenes pudieran darse a los benjamitas, porque las otras tribus de Israel habían jurado, por el apoyo que dieron los benjamitas a los que habían cometido un repugnante delito, a no permitir que los benjamitas se casaran con las hijas de sus tribus (Jue 20.12, 13; 21.1). Este hecho fue también un juicio contra los habitantes de Jabes-galaad por no haber participado en las batallas libradas por Israel con la participación de los benjamitas (Jer 20.1ss). De esta manera pasiva (es decir, con su muerte), se dice que los habitantes de Jabes-galaad salvaron a la tribu de Benjamín de la extinción (Jue 21.17).

Asimismo, Jabes-galaad fue responsable de que Saúl fuera aceptado como rey. Nahas, un rey amonita, le puso sitio a Jabes-galaad (1 S 11.1-3). Cuando Saúl se enteró del aprieto de la ciudad, formó un ejército de israelitas que salvó a Jabes-galaad (1 S 11.11); la victoria fue tan estimulante, que los israelitas confirmaron de inmediato a Saúl como rey (vv. 12-15). Pero, para entender la totalidad de la historia, hay que recordar la tragedia de los benjamitas que aparece registrada en Jueces 20. Allí Jabes-galaad salvó a los benjamitas; en la victoria sobre Nahas, Saúl, un benjamita, salvó a Jabes-galaad. Y, al igual que en la historia anterior, los de Jabes-galaad tuvieron un papel pasivo en la elección del rey Saúl como rey, quien había sido rechazado al comienzo (1 S 10.27; 11.7).

Por último, Jabes-galaad jugó un papel en el rescate del cadáver de Saúl. Cuando los filisteos derrotaron a Saúl y sus hijos, tomaron sus cuerpos y los colgaron en el muro de la ciudad de Bet-sán (1 S 31.10). Los habitantes de Jabes-galaad retiraron los cadáver de Saúl y sus hijos, los quemaron y luego sepultaron sus huesos (1 S 31.13; 1 Cr 10.11, 12). Aquí se dio la vuelta a la tortilla. Los de Jabes-galaad rescataron a Saúl, y con su muerte hizo que ellos fueran bendecidos por el nuevo rey (2 S 2.5).

Bibliografía. N. Glueck, «Jabesh-Gilead,» BASOR 89 (1943). 2-6; L. G. Herr, «The Amman Airport Structure and the Geopolitics of Ancient Transjordan,» BA 46 (1983). 223-29.

David Merling

JABÍN (Heb. *yāḇîn*)

1. Rey cananeo de Hazor (Jos 11.1), jefe de una coalición de reyes que se enfrentaron a Josué en su llamada «campaña del norte» en la batalla de Merom. Josué capturó y destruyó la ciudad de Hazor, y dio muerte a su rey (nombre no mencionado).

2. Rey de Hazor a quien Dios entregó su pueblo en tiempos de Débora y Barac (Jue 4.2-24). El general de su ejército era Sísara. Aunque la narración describe el enfrentamiento sólo con Sísara, Jueces 4.24 dice que Israel derrotó también a Jabín.

Aparentemente, hay dos reyes diferentes de Hazor con el mismo nombre. El primero habría gobernado a Hazor durante el tiempo de Josué; el segundo lo habría hecho un siglo o más después. Sin embargo, Jabín es sacado rápidamente de Jueces 4, y no aparece en la versión poética de la batalla contra Sísara en el cap.5. El carácter popular de ambos relatos hace imposible fijar una fecha exacta. Además, la batalla registrada en Jueces 4—5, pudo haber antecedido a la de Jueces 11, lo cual ha llevado a los estudiosos a pensar que hubo, en realidad, sólo un Jabín, el rey de Hazor.

Paul L. Redditt

JABNEEL (Heb. *yabnĕʾēl*) (también JABNIA)

1. Pueblo en la frontera meridional de la tribu de Judá (Jos 15.11). Jabneel es identificado, o con Yibna (126141) al sur de Nafal Sorek, o con Yavneh-yam (121147) en la costa mediterránea. El control sobre Jabneel oscilaba entre Judá y Filistea. En la campaña contra los filisteos, Uzías recapturó a Jabneel (Jabnia, en 2 Cr 26.6). Durante el período helenista, Jabneel fue llamada Jamnia. Las batallas de Jamnia desempeñaron un papel importante en el logro del liderazgo exclusivo por parte de los asmoneanos (1 Mac 5.55-62; 10.69-87). Fue en Jamnia donde se reconstituyó el Sanedrín después de la destrucción de Jerusalén en el 70 d.C., y es allí donde el mismo fue responsable en gran medida de la canonización del AT.

2. Población en la frontera suroriental de Neftalí, al sur del Mar de Galilea (Jos 19.33). Jabneel ha sido identificada con Khirbet Yemmā/Kfar Yamma (198233; j. Meg. 1.1, 70a), pero la evidencia arqueológica hace preferible a Tel Yinʿam (198235)

Bradford Scott Hummel

JABNIA (Gr. *Iamneía*)

En hebreo, ¿Yavneh?, ciudad en la llanura costera de la antigua Palestina, al sur de Jaffa. Es mencionada en 2 Crónicas 26.6; en el período helenístico tardío; en los apócrifos (p.ej., 2 Mac 12.8, 9, 40); y en fuentes clásicas. Jabnia tuvo su propio puerto durante las ocupaciones fenicia, griega y romana, el Jamnia Paralios o Yavneh-Yam, situado a 8 km (c. 5 mi) de distancia de la ciudad, sobre la costa. A comienzos del siglo I a.C., Alejandro Janeo incorporó la ciudad al reino asmoneo (Josefo, Ant. 13.395), y su población se hizo mayoritariamente judía. Cuando Jerusalén fue destruida en el 70 d.C., Jabnia se convirtió en ciudad de habitación de sabios judíos. En el siglo IV, y después, fue sitio de residencia de un obispo cristiano.

Yavneh-yam, a 16 km (c. 10 m) al sur de Tel Aviv, fue excavada en 1967-69 por Jacob Kaplan, y después por otros que realizaron proyectos de rescate. El principal descubrimiento fue un gran recinto rodeado por una muralla de mediados de la Edad de Bronce, que estaba amenazada por el mar. Kaplan desenterró también tres puertas hechas de ladrillos de barro, superpuestas.

Bibliografía. B. Isaac, «A Seleucid Inscription from Jamnia-on-the-Sea: Antiochus V Eupator and the Sidonians,» IEJ 41 (1991): 132-44; J. Kaplan, «Further Aspects of Middle Bronze Age II Fortifications in Palestine,» ZDPV 91 (1975): 1-17; E. Schürer, The History of the Jewish People in the Age of Jesus Christ (175 b.c.–a.d. 135), ed. rev., 2 (Edinburgh, 1979), 109-10.

Kenneth G. Holum

JABOC (Heb. *yabbōq)*

Junto con el Jarmuc (Šerīʿat el-Menādireh), el Arnón (Wadi el-Môjib), y el Zered (Wadi el-Ḥesa), es uno de los cuatro grandes sistemas de ríos/uadis que descienden de las tierras altas de Transjordania. Este río permanente, llamado hoy Wadi Zerqa/Nahr es-Zerqa («río azul»), se origina en fuentes y corrientes de la cuenca de Amán (la antigua Rabat-amón/Filadelfia), «la ciudad de las aguas» (2 S 11.16, 17; 12.27). El Jaboc fluye a unos 60 km (37 m) al norte del Mar Muerto, antes de desembocar en el río Jordán, a 24 km (15 m) al norte del Mar Muerto; es, junto con el Jarmuc, uno de los dos principales tributarios del Jordán.

El Jacob está identificado como un límite entre Amón e Israel (p.ej. Nm 21.24; Dt 2.37), entre los territorios de Rubén, Gad y el Manasés transjordano (p.ej., Jos 12.2). Este río divide también a Galaad por la mitad (cf. Dt 3.12, 16; Jos 12.2-6), pero es famoso por ser el lugar donde Jacob luyó con un ángel en uno de sus vados (Gen. 32.22-32[TM 23-33]).

Gerald L. Mattingly

JABÓN

Véase Lejía, Jabón

JACÁN (Heb. *yaʿkān)*

Hombre de Gad, que vivió en Basán durante los reinados de Jotam de Judá, y Jeroboam III de Israel (1Cr 5.13).

JACINTO
Piedra de color rojo, naranja o amarillo. Algunas versiones traducen como «jacinto» la voz hebrea lešem, una piedra tallada en el pectoral del sumo sacerdote (Ex 28.19; 39.12). La LXX traduce como *ligýrion* la palabra hebrea, la cual, excepto en la descripción que hace Josefo del pectoral (Ant. 3.7.5; BJ 5.5.7), no aparece en ninguna otra parte. En Apocalipsis 21.20, las versiones RVR1960, RVR1995, NVI y DHH traducen como «jacinto» la palabra griega *hyákinthos*, como una de las piedras que decoraban los cimientos de la muralla de la ciudad de la Nueva Jerusalén. (N. del T. La frase que sigue no se aplica.). Otras versiones traducen como «ámbar», «cornalina», «feldespato» o «turquesa» a estas voces hebreas y griegas.

JOSEPH E. JENSEN

JACOB (Heb. *yaʿăqōḇ)*
El hijo menor de Isaac y Rebeca, llamado así porque nació agarrado al talón (Heb. *ʿāqēḇ*,) de su hermano mayor (Gn 25.26). Esta etimología popular (la etimología histórica es probablemente «Que [Dios] te proteja») señala el carácter de Jacob como uno que lucha para vencer a otros, particularmente a su hermano Esaú, en busca de la bendición de la primogenitura. Más tarde recibe un nuevo nombre, Israel, que indica que ha «luchado con Dios y con los hombres y [ha] vencido» (Gn 32.28). Mucha de la complejidad temática del relato sobre Jacob puede verse en el paso del nombre de Jacob a Israel, del aferramiento del talón en su juventud, al exitoso y prolífico patriarca, la personificación de Israel, y de quien éste toma su nombre.

El adversario de Jacob es, aun en el vientre de su madre, y ya siendo un muchacho, su hermano Esaú. La solución final a este conflicto es anunciada en la profecía de Jehová a Rebeca, al especificar que los dos hermanos son dos pueblos, y que «el mayor servirá al menor» (Gn 25.23). La rivalidad de los hermanos, en la cual prevalecerá Jacob, está definida también como un conflicto étnico, en el cual Israel prevalecerá sobre Edom (= Esaú). La doble dimensión del conflicto, entre los dos hermanos y entre los dos pueblos, revela mucho en cuanto a las características de ambos hermanos, y al contenido simbólico de sus relaciones. Jacob-Israel es retratado como un hombre civilizado, que habita en tiendas (Gn 25.27), que sabe cómo comerciar (v.31), y que es calculador y de inteligencia rápida. Es lampiño (Gn 27.11), y delicado de piel y mente. En contraste con todos estos rasgos, Esaú es incivilizado, un «hombre del campo» y «diestro en la caza» (Gn 25.27), que no entiende las sutilezas del comercio y de la negociación, y que lo domina su apetito (v. 32). Esaú es velludo (Gn 25.25), como corresponde a un hombre rústico de la naturaleza. El contraste entre el hombre civilizado y el hombre rústico no sólo garantiza que el civilizado ganará (aunque sea mediante el engaño), pero también define a Israel como una nación civilizada, en comparación con sus vecinos culturalmente menos favorecidos. Al igual que los griegos, los israelitas se definían a sí mismos como civilizados, y consideraban cuasi-bárbaros a los demás pueblos.

Pero el triunfo de Jacob sobre Esaú, anunciado en la profecía de Jehová, tuvo un alto precio. No sólo tuvo que huir de su hogar por temor a perder la vida (Gn 27.42, 43), sino que también los medios engañosos mediante los cuales adquirió la primogenitura de Esaú y la bendición de Isaac (25.29-34; 27.1-29) se volvieron contra él por medio de su nuevo adversario, Labán. El engaño de Labán a Jacob en Génesis 29.22-27, refleja muy bien el engaño que le hizo Jacob a Isaac en 27.1-29. Así como Jacob, que era el hijo menor, engañó a su ciego padre haciéndose pasar por el hijo mayor, ahora el padre Labán engaña a su yerno al hacer pasar a su hija mayor como la hija menor. Como hizo con Isaac, Jacob es engañado porque no pudo ver a la impostora (Gn 29.23). Mediante este engaño, Labán mantiene el derecho de la primogénita y logra que Jacob trabaje para él otros siete años. Pero Jacob se impone finalmente sobre Labán adquiriendo su riqueza por medio de otro engaño que tuvo que ver con su habilidad para manipular la capacidad reproductiva de los rebaños (Gn 30.25-43).

El éxito de Jacob al prevalecer sobre sus adversarios humanos y adquirir bendiciones, familia y riqueza, se enlaza con dos historias de encuentros que tuvo con Dios. Cuando huía de su casa y de la ira de Esaú, se encuentra con Dios en un lugar que él llama Betel, «casa de Dios» (Gn 28.11-22). Después, cuando vuelve a casa huyendo de la ira de Labán, se encuentra con Dios en un lugar que él llama Peniel, «rostro/presencia de Dios» (Gn 32.22-32[TM 23-33]). En el primer lugar, Dios le da la bendición patriarcal y la protección divina, y en el segundo le confiere un nuevo nombre y una nueva identidad, como Israel, que es interpretado también una bendición. El regreso de Jacob a su hogar como Israel, está acompañado por las historias de reconciliación con Labán (Gn 31.25-64) y Esaú (33.1-16). El éxito final de Jacob queda sellado al hacer la paz con sus anteriores adversarios.

Muchos de los temas de la historia de Jacob, son un eco de la historia de José y sus hermanos. En esta historia, Jacob/Israel es engañado por sus hijos mayores (Gn 37.31-35), pero el hijo menor, José, se impone, lo mismo que sucedió con él. Los hermanos mayores finalmente demuestran su valía al tratar al hijo menor de Jacob, Benjamín, con compasión, y luego sigue la reconciliación entre los hermanos. En un giro final en cuanto a los engaños del pasado, Jacob/Israel engaña a su hijo José al dar la bendición del primogénito a Efraín, el hijo menor, antes que a Manasés, el hijo mayor (Gn 48.8-21). En esta historia, Jacob/Israel está anciano y ciego, como el viejo Isaac anteriormente, pero el ciego padre es ahora el engañador y le da la bendición al más joven. En este punto, al acercarse el momento de su muerte, Jacob/Israel pone de manifiesto poderes proféticos, lo que hace recordar la profecía dada en cuanto a su propio nacimiento, al predecir el encumbramiento de Efraín y el destino de cada uno de sus hijos (Gn 49.1-27). La transformación de Jacobo, de aferrado al talón, a patriarca y profeta, es total.

Fuera del Pentateuco, Oseas se refiere a la historia de Jacob, presentando una versión ligeramente diferente en cuanto al encuentro que tuvo él en Peniel con Dios, quien ahora es representado como un ángel (Os 12.2-4[3-5]). Jeremías hace también una desaprobatoria alusión al carácter de Jacob como un engañador (Jer 9.4[3]). En la literatura posterior, Jacob es presentado invariablemente como un hombre sabio y piadoso (p.ej., Jub. 25.4-10; Heb 11.21).

Ronald S. Hendel

JACOB, POZO DE

Sitio de encuentro de Jesús con una mujer samaritana (Jn 4). Es el único pozo con nombre bien explícito en el NT, y está asociado con Bir Ya'aqûb (177179) en la base del monte Gerizim, cerca de Tell Balânah. El pozo tiene unos 30 m (100 pies) de profundidad, y parece ser alimentado por una corriente subterránea.

Sigue el debate en cuanto a la asociación del pozo del NT con la población samaritana de Sicar. Algunos sostienen que Sicar debe ser asociada con la actual ciudad de Askar, al norte del pozo. Otros asocian a Sicar con Siquem. Sin embargo, evidencias arqueológicas recientes indican que Siquem ya no existía en el siglo I d.C. En cualquier caso, el actual pozo de Bir Ya'aqûb concuerda bien con la evidencia bíblica, y esto está respaldado por fuentes judías, samaritanas, cristianas y musulmanas. Jerónimo dice que a finales del siglo IV había una iglesia en el sitio, y que los cruzados construyeron una iglesia allí en el siglo XI.

D. Larry Gregg

JACOBO (Gr. *Iákōbos*, del heb. *ya'ăqōb*, «Jacob»)

1. Jacobo hijo de Zebedeo. Estuvo entre los primeros que llamó Jesús como sus discípulos (Mr 1.16-20), y perteneció, junto con su hermano Juan (probablemente menor que él), y Pedro, al círculo íntimo de los discípulos de Jesús. En las cuatro listas de los doce apóstoles (Mt 10.2-4; Mr 3.16-19; Lc 6.14-16; Hch 1.13), Jacobo hijo de Zebedeo aparece siempre entre los primeros tres nombres. Zebedeo fue un pescador del Mar de Galilea, y sus hijos eran socios de Pedro y Andrés (Mt 4.21; Lc 5.10). Mateo 27.56 puede posiblemente identificar a Salomé como la madre de Jacobo y Juan.

Jesús dio a Jacobo y a Juan el apellido de «hijos del trueno» (Mr 3.17), probablemente por sus personalidades fuertes y agresivas. Los reprendió por su enojo homicida contra la aldea de samaritanos que le negó la entrada a Jesús a ella (Lc 9.51-56), y por su deseo de tener el primer lugar entre los 12 discípulos en el reino de Dios (Mr 10.35-45; comparar este pasaje con Mt 20.20-28, donde es su madre quien hace la petición en nombre de ellos). Jesús rechazó este pedido, y profetizó. «De mi vaso beberéis»; es decir, el vaso de la muerte. Jacobo lo bebió, en efecto, cuando fue ejecutado por Herodes Agripa I en el 44 d.C. (Hch 12.2). Aunque los relatos posbíblicos dicen que los doce apóstoles, excepto Juan, fueron mártires por la fe, este Jacobo es el único de los doce cuyo martirio está confirmado en el registro bíblico.

La tradición cristiana ha llamado «el mayor» a este Jacobo, para diferenciarlo de Jacobo hijo de Alfeo, «el menor». La leyenda dice que Jacobo predicó en España, y que finalmente fue enterrado allí; su supuesta tumba en la iglesia de Santiago [= Jacobo] de Compostela en la parte noroccidental de España, ha sido un importante centro de peregrinación desde la Edad Media.

2. Jacobo hijo de Alfeo. En las cuatro listas de los apóstoles (Mt 10.3; Mr 3.18; Lc 6.15; Hch 1.13) aparece un segundo Jacobo, llamado siempre explícitamente «hijo de Alfeo» para distinguirlo del Jacobo más destacado. A juzgar por su posición al final de las listas, este Jacobo fue comparativamente poco importante; de hecho, no es mencionado en los Evangelios fuera de estas listas. Este Jacobo pudo haber sido posiblemente el mismo Jacobo hijo de María (véase 3, más abajo).

3. Jacobo hijo de María. No era uno de los doce apóstoles; sus padres fueron probablemente Cleofas, y la María que estuvo entre las otras mujeres testigos de la crucifixión de Jesús (Mt 27.56; Mr 15.40; 16.1; Lc 24.10). Este Jacobo ha sido identificado comúnmente por la vieja erudición bíblica con Jacobo hijo de Alfeo, probablemente porque Marcos lo llama «el joven» o «el menor», para diferenciarlo de Jacobo hijo de Zebedeo. Nada más se sabe de él.

4. Jacobo hermano de Judas (no Iscariote). En las listas que presenta Lucas de los doce apóstoles (Lc 6.16; Hch 1.13), añade el patronímico «hermano de Jacobo», probablemente para distinguir bien a este Judas de Judas Iscariote, cuyo nombre sigue inmediatamente. Nada más se sabe de él.

5. Jacobo hermano de Jesús. La relación precisa de Jacobo y de «los hermanos del Señor» (1 Co 9.5; cf. Mr 6.3) con Jesús, ha sido tema de fuerte debate en la iglesia antigua y en los tiempos modernos. Han surgido tres posiciones principales. (1) Jacobo es el hijo de José y María, el hermano literal (o medio hermano, por la concepción virginal) de Jesús. (2) Jacobo es hijo de José de un matrimonio anterior, y por tanto hermanastro de Jesús. Esta posición se deriva del NT apócrifo, especialmente del influyente Protoevangelio de Santiago. Las iglesias ortodoxas orientales favorecen este punto de vista, pero no es una alterativa seria para la mayor parte de la erudición bíblica histórica contemporánea. (3) Jacobo es primo u otro familiar cercano de Jesús. Quienes apoyan esta posición se basan en el heb./Aram. *ʾāḥ*, que significa tanto «hermano» como «pariente». Ésta es la posición tradicional católico romana, tanto devota como erudita.

Aunque no fue un seguidor de Jesús durante su ministerio, Jacobo parece haberse convertido poco después, quizás cuando el Jesús resucitado se le apareció (1 Co 15.7; cf. Hch 1.14). Santiago quitó gradualmente el liderazgo de la iglesia en Jerusalén a los doce, y se convirtió en uno de los líderes más importantes de la iglesia del siglo I. Pablo da testimonio del liderazgo de Jacobo en Jerusalén (Gá 2), y en Hechos 15 preside el concilio apostólico y da su decisión. Como evidencia de su posición en la iglesia, después de la muerte de Jacobo hijo de Zebedeo, la mayoría de las referencias a él lo identifican sólo como Jacobo, aunque había otros con el mismo nombre que también estaban vivos. Este Jacobo murió por la fe a manos del sumo sacerdote Ananías, poco antes de la revuelta judía (Josefo, Ant. 20.9.1 [197-203]; un relato probablemente más famoso es el testimonio de Hegesipo, citado por Eusebio, HE 4.22.4)

Jacobo es el autor tradicional de la carta del NT que lleva su nombre. Aunque la mayoría de los eruditos bíblicos contemporáneos cuestionan la autenticidad de la carta, algunos la defienden vigorosamente. El autor de la epístola de Judas se refiere a este Jacobo como su hermano (Jud 1.1). En tiempos posteriores al NT, Jacobo se convirtió en la cabeza tradicional del ala judía-cristiana de la iglesia, y figura en los escritos gnósticos, judío-cristianos y de la Gran Iglesia.

Bibliografía. R. Bauckham, Jude and the Relatives of Jesus in the Early Church (Edinburgh, 1990), 5-44; F. F. Bruce, Peter, Stephen, James, and John (Grand Rapids, 1980); L. T. Johnson, The Letter of James. AB 37A (New York, 1995), 89-123.

Robert E. Van Voorst

JACOBO [SANTIAGO], APÓCRIFO DE (I,2)
Primer texto del Códice I (Códice Jung) del hallazgo de Nag Hammadi. El texto, que no tiene título, es el diálogo sobre una revelación, en forma de carta dirigida por Jacobo a un destinatario desconocido. El título que tiene, le ha sido dado por una referencia interior a sí mismo como un «libro secreto» (Ap. de Stg. 1.10).

El diálogo comienza con una escena que tiene lugar 550 días después de la Resurrección, en la cual los Doce están reunidos recordando las palabras de Jesús, y registrando estas reminiscencias en libros. Jesús se les aparece de repente, toma a Jacobo y a Pedro, y les da su enseñanza.

Entre los elementos distintivos de esta obra, está una exhortación al martirio (4.24-6.20). Esta parte tiene muchas semejanzas de estilo con otras consideraciones sobre este tema (cf. Orígenes Ex. Mart; Tertuliano Ad Mart.). Lo particularmente interesante en este texto, es la evaluación positiva del martirio voluntario, y el estímulo a sufrirlo (cf. Tertuliano De Fuga 9; Clemente Misc. 4.).

Algunos comentaristas han argumentado que el Apócrifo de Jacobo debe ser considerado una fuente primaria de los dichos de Jesús, ya que contiene analogías del reino de los cielos (7.22-35; 12.22-30), una profecía (9.24-10.6) y otros dichos atribuidos a Jesús, que pueden reflejar los estratos más antiguos de la tradición cristiana.

Bibliografía. R. Cameron, Sayings Traditions in the Apocryphon of James. HTS 34 (Philadelphia, 1984); F. E. Williams, «The Apocryphon of James. Introduction,» en Nag Hammadi Codex I, ed. H. W. Attridge. NHS 22 (Leiden, 1985), 13-27.

ANDREA LORENZO MOLINARI

JACOBO, ASCENSOS DE

Libro judío-cristiano de finales del siglo II, mencionado por Epifanio (Contra los herejes 30.16.6-9), que ya no existe en su forma original. El libro exalta a Jacobo, el hermano de Jesús y jefe de la iglesia primitiva, y denigra a Pablo como «el enemigo» que impide la conversión de la totalidad del pueblo judío. Defiende la observancia de la ley mosaica y el bautismo en el nombre de Jesús, para sustituir a los sacrificios. Escrito originalmente en griego, probablemente tuvo su origen en Transjordania, y puede ser la fuente principal de los Reconocimientos Seudoclementinos 1.33-71 del siglo IV, que cuentan desde una perspectiva judía-cristiana la historia de Israel desde Abraham hasta Jesús, la de la antigua iglesia en Jerusalén, e incluye una Cristología preexistente en «un profeta como Moisés».

Bibliografía. F. S. Jones, An Ancient Jewish Christian Source on the History of Christianity. Pseudo-Clementine Recognitions 1.27-71. Texts and Translations 37. Christian Apocrypha 2 (Atlanta, 1995); R. E. Van Voorst, The Ascents of James. SBLDS 112 (Atlanta, 1989).

ROBERT E. VAN VOORST

JADA(Heb. *yāḏāʿ*)

Judaíta, hijo de Onam y hermano de Samai; padre de Jeter y Jonatán (1 Cr 2.28, 32).

JADAU (Heb. *yadday*) (también IDDO)

Israelita a quien se le exigió que despidiera a su esposa extranjera (Esd 10.43; K yaddô). En 1 Esdras 9.35 es llamado Iddo (6).

JAHDAI (Heb. *yāhdāy*)

Calebita, quizás una concubina de Caleb, que tuvo seis hijos (1Cr 2.47).

JADÓN (Heb. *yāḏôn*)

Meronotita que ayudó a reparar los muros de Jerusalén (Neh 3.7).

JADÚA (Heb. *yaddûaʿ*)

1. Uno de los «líderes del pueblo» que selló el nuevo pacto bajo Nehemías (Neh. 10.21[TM 22]).

2. Hijo de Jonatán (o Johanán), el último de los sumos sacerdotes mencionados (Neh 12.11). Según Nehemías 12.22, fue sacerdote en el tiempo del rey persa Darío II Codomano (336-331 a.C.), quien fue derrotado por Alejandro el Grande (cf. Josefo, Ant. 11.8.4-5 [326-39]).

JADUS (Gr. *Ioddoús*)

Sacerdote cuyos descendientes no pudieron probar su ascendencia levíticas tras su retorno del exilio, por haber él adoptado el nombre de su suegro, Barzilai galaadita (1 Esd. 5.38).

Véase **BARZILAI 3.**

JAEL (Heb. *yāʿēl*)

Mujer cenea, esposa de Heber, que astutamente le tendió una trampa a Sísara, el exhausto comandante cananeo, al que había auxiliado en sus necesidades tras la derrota de éste a manos de los israelitas, y quien después lo asesinó alevosamente tras haber confiado en ella (Jue 4.17-22; 5.24-27). Los detalles de este hecho difieren en dos relatos. En Jueces 4, Jael asesina al agotado y semidormido Sísara clavándole la cabeza en tierra, mientras que en el poema de Jueces 5 le rompe el cráneo cuando estaba bebiendo leche en un tazón. Sin embargo, en ambos relatos es muy claro que Jael es el medio utilizado por el escritor para narrar la total humillación de Sísara. El hecho de que un guerrero muriera a manos de una mujer, era una humillación muy grande, pero que haya caído en su trampa hacía que sus enemigos disfrutaran más la humillación (cf. la historia de Judit y Holofernes).

Jael y Débora son las claras protagonistas de esta historia del triunfo israelita, en agudo contraste con el derrotado Sísara y el timorato guerrero israelita Barac. Jueces 4.9 tiene el evidente propósito de anticipar la destrucción de Sísara por parte de Jael, una tarea que le es negada a Barac. Es especialmente digno de atención que en Jueces 5.24-26 tenemos el momento catártico del cántico de Débora, en el que cada golpe que da Jael a la cabeza de Sísara les permite a los israelitas saborear de nuevo la humillación de este odiado enemigo de Israel. En resumen, el fracaso de Sísara es el fracaso de los cananeos, y su lenta muerte representa la derrota de éstos.

Bibliografía. A. J. Hauser, «Judges 5. Parataxis in Hebrew Poetry,» JBL 99 (1980). 23-41.

ALAN J. HAUSER

JAFET (Heb. *yep̱eṯ, yāp̱eṯ;* Gr. *Iápheth*)

1. Uno de los tres hijos de Noé, aparentemente el menor, ya que, por lo general, es nombrado en último lugar (aunque en la Tabla de las Naciones su descendencia es la que aparece primero; Gn 10; 1 Cr 1.1-17). Se desconoce el origen del nombre, pero ha sido sugerida la palabra hebrea *pth,* «ser espacioso» (cf. Gn 9.27). Después del diluvio, Jafet y su hermano Sem caminan de espaldas a la tienda de su padre para no ver su desnudez, que su hermano Cam había visto; por su discreción, son bendecidos por Noé (Gn 9.20-27).

Estudios recientes han asociado los nombres de los descendientes de Jafet, con nombres étnicos conocidos de Anatolia, y más usualmente de regiones mediterráneas en el siglo VII y temprano siglo VI a.C.

Jeffrey S. Rogers

2. Región al norte de Arabia, quizás en Asia Menor, donde Holofernes rodeó y derrotó a los madianitas (Jdt 2.25).

JAFIA (Heb. *yāp̱îaʿ*) **(LUGAR)**

Población fronteriza situada en el extremo sur del territorio de Zabulón (Jos 19.12). Ha sido identificada con Yâfâ (176232), ubicada a menos de 3 km (2 m) al suroeste de Nazaret.

Kenneth Atkinson

JAFIA (Heb. *yāp̱îaʿ*) **(PERSONA)**

1. Rey de Laquis, uno de los cinco reyes cananeos, que, por instigación de Adonisec, rey de Jerusalén, se unió al ataque contra los gabaonitas (Jos 10.3). Jafia y la coalición fueron ejecutados por Josué (Jos 10.6-27).

2. Hijo de David, nacido en Jerusalén, de madre no identificada (2 S 5.15; 1 Cr 3.7; 14.6).

Kenneth Atkinson

JAFLET (Heb. *yaplēṭ*)

Hijo de Heber, de la tribu de Aser (1 Cr 7.32, 33). Pudo haber sido el antepasado de los jafletitas (Heb. *yaplēṭî*), un grupo cuyo territorio señalaba el límite sur de las tribus de José (Jos 16.3).

JAGUR (Heb. *yāḡûr*)

Ciudad en la parte meridional de Judá, cerca de Edom (Jos 15.21), más probablemente Khirbet el-Gharrah (148071), a unos 18 km (11 m) al este de Beerseba.

JAHAT (Heb. *yaḥaṯ*)

1. Judaíta, hijo de Reaía; antepasado de las familias zoratitas Ahumai y Lahad (1 Cr 4.2).

2. Levita, hijo de Libni y descendiente de Gersón (1 Cr 6.20, 43[TM 5, 28]).

3. Levita, nieto de Gersón, el primero de los hijos de Simei.

4. Levita, hijo de Selomot y descendiente de Izhar /1 Cr 24.22).

5. Levita merarita, supervisor del personal que estuvo reparando el Templo en tiempos del rey Josías (1 Cr 34.12).

JAHAZA (Heb. *yahaj, yahjâ*)

Ciudad transjordana donde los israelitas mataron al rey amorreo Sihón de Hesbón (Nm 21.33; Dt 2.32, 33; Jue 11.20, 21). Aunque la ciudad estaba dentro del territorio asignado a la tribu de Rubén, fue dada a los levitas meraritas (Jos 21.36; 1 Cr 6.78[TM 63]). Posteriormente, la ciudad cayó en manos de los moabitas durante la expansión territorial del rey Mesa hacia el norte (inscripción de Mesa, líneas 18-20). Aparentemente permaneció en poder de los moabitas durante cierto tiempo después de eso (Is 15.4; Jer 48.21).

Varios sitios han sido propuestos como el lugar donde estuvo la vieja Jahaza, entre ellos Khirbet Libb (222112, a aprox. 11 km [7 m] al norte de Dibon en la Carretera del Rey); Khirbet Iskander (223107 a aprox. 6 km [4 m] al norte of Dibon); Khirbet Remeil (228114; 5 km [3 m] al noreste de Khirbet Iskander); Khirbet Qureiyet 'Aleiyan (233104; aprox. 8 km [5 m] al noreste de Dibon), y Tall Jalul (231125; 5 km [3 m] al este de Madaba). La mejor y más reciente propuesta hasta ahora parece ser Khirbet Medeiniyeh (236110) en el Uadi Themed (c. 2.5 km [1.5 m] al noreste de Khirbet Remeil).

Randall W. Younker

JAHAZIEL (Heb. *yaḥăzî'ēl*)

1. Benjamita que vino a David en Siclag (1 Cr 12.4[TM 5]).

2. Sacerdote en tiempos de David, nombrado para sonar la trompeta delante del Arca (1 Cr 16.6).

3. Levita coatita, el tercero de los «hijos» de Hebrón (1; 1 Cr 23.19; 24.23).

4. Hijo de Zacarías, «levita de los hijos de Asaf» (2 Cr 20.14), quien le profetizó al rey Josafat que Judá tendría la victoria sobre los moabitas y los amonitas (vv. 14-17, 20-30).

5. Padre de Secanías, quien regresó con Esdras del cautiverio en Babilonia (Esd 8.5).

JAHDIEL (Heb. *yaḥdîʾēl*)
Jefe de una casa paterna en la transjordánica media tribu de Manasés (1 Cr 5.24)

JAHDO (Heb. *yaḥdô*)
Gadita, hijo de Buz (1 Cr 5.14).

JAHLEEL (Heb. *yaḥlĕʾēl*)
Hijo de Zabulón (Gn 46.14), y antepasado famoso de los jahleelitas (Heb. *hayyaḥlĕʾēlî*; Nm 26.26).

JAHMAI (Heb. *yaḥmay*)
Guerrero de la tribu de Isacar, jefe de una casa paterna entre los descendientes de Tola (1 Cr7.2).

JARHA (Heb. *yarḥāʿ*)
Esclavo egipcio perteneciente a Sesán el jeramelita (1 Cr 2.34). Dado que Sesán no tuvo hijos, dio a su hija como esposa a Jarha para tener un heredero (1 Cr 2.35; cf Ex 21.4).

JAHVISTA
Una de las fuentes literarias que muchos eruditos disciernen como parte del Pentateuco o Torah. A pesar de que la hipótesis de un texto compuesto ha dominado los últimos 200 años del estudio del Pentateuco, existe desacuerdo sustancioso sobre virtualmente cada faceta de la hipótesis Jahvista. Sin embargo, un bosquejo útil puede ser presentado.

El Jahvista, abreviado por la sigla «J» (del alemán *Jahweh*), es típicamente reconocido como el más brillante de los historiadores del Pentateuco, responsable por la mayor parte del material en Génesis y porciones sustanciales de la historia en Éxodo y Números. Por consiguiente J incluye la historia desde los orígenes de la existencia humana hasta la víspera de la entrada en la Tierra Prometida, un lapso que compone 22 generaciones, episodios primigenios, aventuras de los antepasados fundadores de Israel, viajes de Moisés y del grupo del Éxodo en el desierto. Puede asumirse que el Jahvista estaba activo en la corte de David, por consiguiente escribiendo cerca del siglo X a.C. Dado que el interés de los materiales es sureño, la localización supuesta del escritor es Judá, específicamente Jerusalén. La localización en Jerusalén y su edad temprana sugiere a algunos que el Jahvista es un apologista de la monarquía y empresa davídica, una relato de la historia épica de las raíces tribales del estado emergente.

A pesar de no estar claro si el Jahvista debe ser visto más como un compositor, un colector, o un compilador, algunas características persistentes de ambos, estilo y contenido identifican los textos comúnmente atribuidos a J. Desde el comienzo ha sido reconocida la tendencia de llamar la deidad con el nombre de Jehová [*Yahweh*], una afición por juego de palabras y etiologías, un conjunto de personajes llenos de vitalidad que se conducen con valentía, diálogo afinado, y soliloquio reveladores; J utiliza la técnica de señalar a un individuo aparte del grupo mayor, proveyendo una matriz para personajes menores mientras ofrece u foco primario. Las historias del Jahvista son ricas en imágenes. La deidad en la historia J no es tan omnipotente y competente como en las otras fuentes, y los humanos que emergen del J a menudo son imperfectos pero memorables. El enemigo clave en la historia del Jahvista es Egipto, con sus estilos opresivos. Algunos temas longitudinales que encontramos en J incluyen la promoción de la bendición, el cumplimiento de los propósitos divinos, y el establecimiento de instituciones culturales claves. Existe una resonancia sustancial entre material extrabíblico (p.ej., Material épico que presenta enredos de las deidades y los humanos sumerio, acadio, y ugarítico) y muchos elementos estructurales de temas menores en J.

Mayor disensión a la posición bosquejada aquí incluye la posible identidad de J (se ha propuesto que era una mujer, o un bardo popular), el género (historia o teología más que apología), la fecha (extendiéndose desde el tiempo de Salomón hasta el exilio), y los propósitos (generalmente descritos más teológicos que generalmente sociales). Dado que cualquier discusión del Jahvista está enraizada en conversaciones sobre estudios del Pentateuco, las personas que dudan de las teorías de diferentes niveles o hipótesis de fuentes considerarán los textos «Jahvistas» de manera muy diferente que quienes lo consideran como modelo de autor viable.

Bibliografía. R. B. Coote and D. R. Ord, *The Bible's First History* (Philadelphia, 1989); R. Rendtorff, «The Yahwist as Theologian? The Dilemma of Pentateuchal Criticism,» *JSOT 3* (1977). 2–10 and responses, 11–32; J. Van Seters, *Prologue to History. The Yahwist as Historian in Genesis* (Louisville, 1992); H. W. Wolff, «The Kerygma of the Yahwist,» en *The Vitality of Old Testament Traditions,* ed. W. Brueggemenn and Wolff, 2nd ed. (Atlanta, 1982), 41–66.

Barbara Green, O. P.

JAHZEEL (Heb. *yaḥṣĕʾēl*),
Hijo de Neftalí (Gn 46.24), antepasado de los jahzeelitas (Heb. *hayyaḥṣĕʾēlî*; Nm. 26.48).

JAIR (Heb. *yāʾîr, yāʿîr*)

1. Hijo de Manasés, que tomó algunas de las aldeas de los amorreos en Basán y Transjordania, a las que puso por nombre Havot-jair (Nm 32.41; Dt 3.14).

2. Jair galaadita, juez. De él se dice que tuvo treinta hijos que cabalgaban sobre treinta asnos, y treinta ciudades en Galaad (Jue 10.3-5). Por lo demás, un oscuro juez «menor».

3. Padre de Ehananán, de quien se dice que mató a Lahmi, hermano de Goliat (1 Cr 20.5; Heb. *yāʿîr*). Sin embargo, 2 Samuel 21.19 dice que Jaare-oregim es el padre de Elhanán, a quien se le atribuye la muerte de Goliat. La forma gramatical más larga en 2 Samuel es probablemente un error involuntario del escribiente, al copiar la palabra final del versículo en el TM. Si, en realidad, Jaare-oregim es el mismo Jair, entonces vivía en Belén.

4. Benjamita; padre de Mardoqueo, primo y tutor de Ester (Est 2.5).

Michael L. Ruffin

JAIREO (Heb. *yāʾirî*)
Gentilicio atribuido a Ira, sacerdote de David (2 S 20.26). Ira fue un descendiente del Jair manasesita (1). Atendiendo a la LXX y a otras versiones, algunos estudiosos prefieren interpretar «itrita» (Heb. yattirî), esto es, nativo de Jatir (cf. 2 S 23.38 = «Ira itrita»).

JAIRO (Gr. *Iáïros*)
Oficial de la sinagoga («principal»), que pidió a Jesús que sanara a su hija de 12 años, enferma terminal (Mr 5.22; Lc 8.41). En la versión de Mateo (9.18), el principal es anónimo, no se especifica la edad de la hija, y la niña ya ha muerto. Los tres evangelios sinópticos intercalan la historia de la curación que hizo Jesús de la mujer con flujo de sangre, entre la solicitud del padre y la resucitación que Él hizo de la niña (Mt 9.18-26; Mr 5.21-43; Lc 8.40-56). Puesto que algunos manuscritos confiables de Marcos también omiten el nombre de Jairos, algunos académicos especulan que Lucas añadió el nombre por ser el equivalente de la palabra hebrea *yāʿîr* («él despertará»), una opinión aceptada por quienes ven esta historia como una alegoría de la resurrección. Varios eruditos han notado las semejanzas entre el relato de la curación que hizo Jesús de la hija de Jairo, y el de la resucitación de Tabita (Dorcas) hecha por Pedro en Hechos 9.36-43).

Jeffrey T. Tucker

JALÓN (Heb. *yālôn*)
Hijo De Esdras, de la tribu de Judá (1 Cr 4.17).

JAMBRES (Gr. *Iambrēs*)
Uno de los dos hechiceros egipcios que resistieron a Moisés (2 Ti 3.8; cf. Ex 7.11, 22). El nombre puede ser la forma griega del heb. *mambres* (cf. *mrh*, «oponente» o «apóstata).
Véase JANES

JAMBRÍ (Gr. *Iámbri*)
Banda de asaltantes (Gr. «los hijos de Jambrí») de Medebá, en Transjordania, que hizo prisionero y asesinó a Juan, hermano del asmoneano Jonatán (1 Mac 9.36). Jonatán vengó la muerte de su hermano en una fiesta de bodas (1 Mac 9.37-42). Los jambrí eran probablemente amorreos (Josefo, Ant. 13.1.2 [11], «hijos de amorreos»; cf. Nm 21.30, 31).

JAMÍN (Heb. *yāmîn*)

1. Hijo de Simeón (Gn 46.10; Ex 6.15; 1 Cr 4.24), famoso antepasado de la familia jaminita (Heb. *hayyāmînî*, Nm 26.12).

2. Judaíta, hijo de y descendiente de Jerameel (1 Cr 2.27).

3. Levita que tradujo al arameo porciones de la Ley leída por Esdras, para que el pueblo pudiera entenderla (Neh 8.7, 8).

JAMLEC (Heb. *yamlēk*)
Líder de la tribu de Simeón (1 Cr 4.34).

JANEO (Gr. *Iannaíos*), ALEJANDRO
Véase ALEJANDRO 3

JANES (Gr. *Iánnēs*)
Opositor de Moisés, junto con Jambres, y ejemplo de los hombres «corruptos de entendimiento, réprobos en cuanto a la fe» (2 Ti 3.8; cf. Ex 7.11-12.22). No es nombrado en Éxodo, pero ambos fueron identificados como opositores de Moisés en el segundo Templo y en los escritos judíos rabínicos del siglo I a.C. (4QDamascus Documento b [4Q266] fr. 3, 2:13-15 = CD 5:17-19), y conocidos por escritores cristianos y paganos. Del escrito pseudoepigráfico Janes y Jambres, talvez de origen cristiano, y fechado en los siglos I-III, pero basado en historias precristianas, sólo se conservan fragmentos.

Bibliografía. A. Pietersma y R. T. Lutz, «Jannes and Jambres,» OTP 2:427-42.

Eric F. Mason

JANNAI (Gr. *Iannai*)
Padre de Melki, un antepasado posexílico de Jesús (Lc 3.24). El nombre no aparece en el AT.

JANOA (Heb. *yānôḥâ, yānôaḥ*)
1. Población de la frontera oriental de Efraín (Jos 16.6-7). Eusebio la ubica a 12 m al E de Neas Polis (Onom. 108.20-21). Ha sido identificada con Khirbet Yānûn (18413), a 11 km (7 m) al sureste de Siquem.

2. Ciudad de Neftalí, al norte (2 R 15.29). Fue conquistada por los asirios bajo Tiglat-pileser III en 733/2 a.C. Se han sugerido varios sitios para la ciudad, entre ellos Tell en-Nâʿimeh (205296), 8 km (5 m) al NE de Kedesh, y Givʿat ha-Shoqet (203293), cerca de Kibutz Gilʿadi.

Bibliografía. J. Kaplan, «The Identification of Abel-beth-maachah and Janoah,» IEJ 28 (1978): 157-69.

John A. McLean

JANUM (Heb. *yānîm*)
Lugar en las montañas de Judá, en las inmediaciones de Eshan y Bet-tapúa (Jos 15.53). El sitio no ha sido identificado, pero es posible que se trate de la moderna Beni Naʿim, a 6 km (4 m) al este de Hebrón.

JAQUÉ (Heb. *yāqeh*)
Padre de Agur el sabio (Pr 30.1). Algunos eruditos creen que el nombre Jaqué es las siglas de la palabra hebrea YHWH *qādôš hûʾ*, «Yahvé, bendito sea él».

Véase MASSA 2

JAQUIM (Heb. *yāqîm*)
1. Hijo de Simei, de la tribu de Benjamín (1 Cr 8.19).

2. Jefe de la duodécima división de sacerdotes en el tiempo de David (1 Cr 24.12).

JAQUÍN (Heb. *yāḵîn*) (también **JARIB**)
1. Hijo de Simeón, y nieto de Jacob y Lea (Gn 46.10; Ex 6.15), cuyos descendientes constituyeron la familia de los jaquinitas (Nm 26.12). En 1 Cr 4.24, es llamado Jarib (1).

2. Jefe de la vigésima primera división sacerdotal en el tiempo de David (1 Cr 24.17). Su familia estuvo entre las que fueron reclutadas para repoblar a la Jerusalén posexílica (1 Cr 9.10; Neh 11.10).

JAQUÍN (Heb. *yāḵîn*) **Y BOAZ** (*bōʿaz*)
Las dos columnas que flanqueaban la entrada al Templo de Salomón (1 R 7.15-22, 41-42; 2 Cr 3.15-17). Hechas de bronce por Hiram, de Tiro (1 R 7.13, 14), las columnas, sin soportes, tenían una circunferencia aproximada de 8 m (17.5 pies; 12 codos). Las columnas eran huecas, con paneles de unos 7.6 cm (3 in) de grueso (cuatro dedos). Estaban rematadas con un capitel en forma de taza (Heb. *gullâ*), de cerca de 2.3 m (7.5 pies) de alto (5 codos), y tenían una altura total de 10.3 m (34 pies; 23 codos).

El escritor bíblico da especial atención a los esmerados diseño y ornamentación de los capiteles. Estaban hechos con «trenzas a manera de red», «cordones a manera de cadenas», y con hileras con forma de «granadas» y de «lirios», esto último asociado especialmente a ilustraciones egipcias.

Aunque la Biblia hace una descripción minuciosa del diseño de Jaquín y Boaz, el relato bíblico da poca o ninguna información en cuanto a la función de las dos columnas. Puesto que parecen estar descritas como sin soportes, fueron hechas aparentemente para tener una función simbólica, en vez de estructural. En varios sitios antiguos del Cercano Oriente, entre ellos Byblos, Siquem, Khorsabad y Tell Tainat, se han encontrado pilares sin soporte. Estos pilares son de especial interés, a la luz de los pequeños soportes para ofrendas o altares para el incienso, en forma de columnas, descubiertos en excavaciones hechas en Meguido. Uno de estos soportes está diseñado con un capitel en forma de taza, adornado con hojas y flores de loto, un motivo parecido a la ornamentación con formas de lirios de Jaquín y Boaz. Por la semejanza en el diseño y en los motivos, y puesto que 1 Reyes describe al capitel como teniendo forma de taza (1 R 7.14), es posible que las dos columnas que flanqueaban la entrada al Templo de Salomón hayan sido grandes altares de incienso, quizás un recordatorio simbólico de la presencia divina en el desierto por medio de la columna de nube durante el día, y de la columna de fuego durante la noche (Ex 14.24; 33.9,10; Dt 31.5).

Pero es posible que las dos columnas hayan tenido también otra función simbólica. Puesto que la forma hebrea del nombre Jaquín («él afirmará») aparece también en 2 Samuel 7.12-16 («él afirmará el trono de David para siempre»), y la de Boaz («en el poder de») aparece en Salmos 21.1 («en el poder de Jehová se regocijará el rey»), puede ser que las columnas fueran también símbolos de la relación entre el rey y Jehová. Las columnas, que estaban ubicadas frente a la capilla real, pudieron haber sido símbolos de la autoridad de la dinastía davídica.

LAMOINE F. DEVRIES

JARA (Heb. *yaʿrâ*) (también **JOADA)**
Benjamita, hijo de Acaz y padre de Alemet, Azmavet y Zimri; descendiente de Saúl (1 Cr 9.42). En 1 Crónicas 8.36 es llamado Joada.

JAREB (Heb. *yārēḇ)*
Rey de Siria a quien Israel (Efraín) envió tributo en diversas ocasiones durante el trabajo profético de Oseas (Os 5.13; 10.6), aprox. 750-722 a.C. Dado que no hay ninguna otra evidencia que apoye la existencia de un rey Jareb, algunos intérpretes traducen «un rey que contenderá», posible epíteto hebreo para referirse a Tiglat-Pileser III. La RVR1995 presenta otra alternativa complementaria al corregir al texto griego, basándose en el título honorífico asirio *malku rabu*, traducido como «al gran rey».

R. DAVID MOSEMAN

JARED (Heb. *yereḏ, yāreḏ*; Gr. *Iáret*)
Hijo de Mahalaleel y padre de Enoc, del linaje de Set (Gn 5.15-20; 1 Cr 1.2; Lc 3.37). Según Génesis 5.20, Jared vivió 962 años.

JARESÍAS (Heb. *yaʿărešyâ*)
Jefe de una casa paterna benjamita en Jerusalén (1 Cr 8.27).

JARIB (Heb. *yārîḇ)*

1. Hijo de Simeón (1 Cr 4.24). Por ser llamado Jaquín (1) en Génesis 46.10, Éxodo 6.15 y Números 26.12, muchos estudiosos consideran que este nombre fue un error de escribiente.

2. Uno de los líderes a quienes Esdras despachó a Casifia a buscar ministros para el Templo (Esd 8.16; 1 Esd 8.44).

3. Sacerdote a quien Esdras ordenó que renunciara a su esposa extranjera (Esd 10.18; 1 Esd 9.19.

JARMUT (Heb. *yarmûm)*

1. Ciudad de Judá (Khirbet el-Yarmûk/Tel Jarmuth; 147124), ubicada a aprox. 5 km (3 m) al sur de Bet-semes, y a 26 km (16 m) al suroeste de Jerusalén en el extremo oriental de la Sefela. Su rey, Piream, se unió a los reyes amorreos en el ataque a Gabaón (Jos 10.1-27). Después de ser perseguidos en dirección sur a través de la Sefala, los cinco reyes se escondieron en la cuevas de Maceda, al sur de Bet-semes, pero fueron después capturados y ejecutados por el ejército de Josué.

Excavaciones hechas en Tel Jarmut han revelado grandes fortificaciones pertenecientes a la Eras II-III del Bronce, y asimismo edificaciones públicas, industriales y domésticas del período protocananeo, y un santuario columnar en un amplio espacio que medía 11.5 x 4.75 m (38 x 15.5 pies). Después de un tiempo de abandono a mitad de la Edad del Bronce, se fundó una ciudad más pequeña a finales l final de la Edad del Bronce, que ocupaba principalmente la acrópolis al sur. El montículo experimentó continuos asentamientos hasta el período bizantino, incluyendo tres estratos de Hierro I. Eusebio (Onom. 106.24) menciona a la ciudad de Iermous en las adyacencias.

2. Ciudad en Isacar (cf. Remet, Jos 19.21; Ramot, 1 Cr 6.73[TM58]). La ciudad fue asignada a los levitas (Jos 21.29), y ha sido identificada tentativamente con Kôkab el-Hawā/Kokhav ha-Yarden (199222), aprox. a 10 km (6 m) al norte de Bet-seán.

JAROA (Heb. *yārôaḥ)*
Hombre de la tribu de Gad, que vivó en Basán; hijo de Galaad y abuelo de Abihail (1 Cr 5.14).

JASÉN (Heb. *yāšēn*) (también HASEM)
Uno de los treinta de David (2 S 23.32). La interpretación como «hijos de Jasén» (heb. *bĕnê yāšēn*) del TM, se deriva de la repetición accidental incorrecta del nombre precedente Saalbon (talvez un gentilicio, saalbonita). En 1 Cronicas 11.34, es llamado Hasem tizonita.

JASER (Heb. *yāšār*), **LIBRO DE**
Documento hebreo, muy probablemente una colección de cánticos o poesías (Jos 10.13; 2 S 1.18). Jaser significa «uno que es recto u honesto», y por eso esta colección posiblemente era para honrar la idea colectiva que se tenía de una persona íntegra. El(los) escritor(es) del libro de Josué hacen referencia a esta fuente al contar cómo Josué le ordenó al sol que se detuviera. La referencia de Samuel recita un poema elegíaco titulado «Contemplad un arco», y lo atribuye a David en su tristeza por la muerte de Saúl y Jonatán. Algunos manuscritos de la LXX citan un «Libro de Cantares» para la poética dedicación del Templo por Salomón (1 R 8.12, 13). Esto pudiera

referirse a la misma colección validada en Josué y Samuel, ya que las letras de la palabra hebrea para «cantar» (*šyr*) introducen dos letras que aparecen en «Jaser».

Algunos eruditos especulan que otros cánticos bíblicos, como el cántico de Moisés (Dt 32), el cántico de María (Ex 15.21), el cántico del mar (15:1-18), el cántico de Débora (Jue 5) y el cántico de Ana (1 S 2.1-10), pudieron haber sido parte de esta colección, la cual, junto con varias otras fuentes en el AT (p.ej., el libro de las batallas de Jehová y el libro de las crónicas de los reyes de Israel/Judá) ya no existe. Otros eruditos ponen en duda que estas fuentes hayan existido en forma escrita.

ALICE H. HUDIBURG

JASOBEAM (Heb. *yāšob̄ʿām*)

1. Hacmonita; uno de la minoría selecta de guerreros de David, y el jefe de los tres (1 Cr 11.11). Jasobeam aparentemente mató a 300 hombres con su espada en batalla. Joseb-basebet el tacmonita (2 S 23.8) quien mató a 800 hombres con su lanza, puede ser la misma persona. La LXX traduce a ambos como Isboset, insinuando que Isbaal («hombre de Baal») pudo haber sido la forma original del nombre.

2. Uno de los jefes de David, responsable de 24 mil hombres en el primer mes de jefatura rotativa (1 Cr 27.2, 3); hijo de Zabdiel y descendiente de Peres. Pudo ser la misma persona 1 de más arriba.

3. Coreíta que desertó del ejército de Saúl para unirse a David en Siclag (1 Cr 12.6). Fue un gran arquero y lanzador con honda (1 Cr 12.6).

HENRY L. CARRIGAN, JR.

JASÓN (Gr. *Iásōn*)

1. Hijo de un cierto Eleazar, a quien Judas Macabeo envió con Eupólemo en el 161 a.C., para buscar la firma de un pacto con Roma (1 Mac 8.17).

2. Padre de Antípatro, enviado por Jonatán como embajador a Roma en el 144 a.C. (1 Mac 12.16).

3. Historiador cirenio que escribió una obra de cinco tomos sobre la revuelta macabea, que constituyen la base para el libro 2 Macabeos. La obra de Jasón fue terminada en cierto momento después del 160 a.C., y registra las batallas contra Antíoco IV Epífanes y su hijo Antíoco V Eupátor, y también las intervenciones divinas que permitieron a los judíos fieles vencer todas las dificultades (2 Mac 2.19-23).

BENJAMÍN CHAPMAN

4. Sumo sacerdote entre 174-171 a.C., responsable de haber hecho ciertas reformas «helenistas» en Jerusalén. Por medio de sobornos logró que Antíaco IV Epífanes lo nombrara sumo sacerdote poco después del 175. También recibió permiso para crear un gimnasio y un centro educativo en Jerusalén para inscribir «al pueblo de Jerusalén como ciudadanos de Antioquía» (2 Mac 4.9). Esto llevó al autor de 2 Macabeos a culpar a Jasón por la excesiva helenización de Jerusalén (2 Mac 4.11-17). Jasón también envió mensajeros a los juegos olímpicos en Tiro, con dinero para hacer sacrificios a Hércules. En el 171 dejó de ser sumo sacerdote, y lo sustituyó Menelao. Más tarde, respondiendo al rumor de que Antíoco IV había muerto, Jasón invadió Jerusalén y trató de quitarle el poder a Menelao (2 Mac 5.5, 6). Menelao fue rescatado por Antíoco tras su regreso de una malograda campaña en Egipto. Jasón se convirtió en un exiliado, y murió en Egipto.

JOHN KAMPEN

5. Judío cristiano que hospedó y ayudó a Pablo y a Silas en Tesalónica (Hch 17.5-9). Estuvo entre los arrestados por su relación con los misioneros, y más tarde fue puesto en libertad.

6. Compañero y «pariente» de Pablo, que envió saludos a la iglesia en Roma (Ro 16.21). Puede ser el mismo **5** de arriba.

BENJAMÍN C. CHAPMAN

JASPE

Variedad de cuarzo verdoso y translúcido, del tipo llamado calcedonia (Heb. *yāšpēh*; Gr. *íaspis*). Esta piedra es la tercera (y la última) en la cuarta fila del pectoral del sumo sacerdote (la LXX la coloca en el tercer de lugar de la segunda fila (Ex 28.20; 39.13). El jaspe es también una de las piedras preciosas que cubren al querubín ungido, en Ezequiel 28.13.
En el AT, Dios aparece en el trono como una luz de jaspe y cornalina; el fulgor de la Jerusalén celestial es como el jaspe (21.11); y los muros de la ciudad y su primer cimiento está hecho de jaspe (vv. 18, 19).

TIMOTHY P. JENNEY

JASUB (Heb. *yāšûb̲*) (también JOB)

1. Tercer hijo de Isacar (Nm 26.24; 1 Cr 7.1 **K** *yāšîb̲*); famoso antepasado de los jasubitas. El nombre aparece como Job (*yōb̲*) en Génesis 46.13.

2. Desterrado que se divorció de su esposa extranjera (Esd 10.29).

JASUBI-LEHEM (Heb. *yāšuḇî leḥem*)
Entendido tradicionalmente como un lugar mencionado en relación con los hijos de Sela (1 Cr 4.21). El texto probablemente debe ser corregido para que diga «pero regresó a Lehem» (cf. Vulg., LXX, Tg.)

CHRISTIAN M. M. BRADY

JATIR (Heb. *yattîr*)
Ciudad levítica de Judá ubicada en la región montañosa de Debir (Jos 15.48; 21.14; 1 Cr 6.57[TM 42]). Después de la victoria de David sobre los amalecitas (1 S 30.19), éste compartió parte del botín con el pueblo de Jatir (v. 27). La ciudad ha sido identificada tradicionalmente con Khirbet ʿ Attîr (151084), aprox. 21 km (13 m) al SO de Hebrón.

Bibliografía. W. F. Albright, «The List of Levitic Cities,» en Louis Ginzberg Jubilee Volume (New York, 1945), 49-73.

C. SHAUN LONGSTREET

JATNIEL (Heb. *yaṯnîʾēl*)
Coreíta portero del santuario, cuarto hijo de Meselemías (1 Cr 26.2).

JAVÁN (Heb. *yāwān*; Gr. *Iōvan*)
Cuarto hijo de Jafet, el hijo de Noé, padre de Elisa, Tarsis, Quitim y Dodanim, de acuerdo con la Tabla de las Naciones (Gn 10.2-4) y con su genealogía paralela (1 Cr 1.5-7). La tierra de Javán estuvo identificada primero con Jonia, un área de asentamientos griegos en el suroeste de Asia Menor. Más tarde, el nombre fue ampliado para describir a toda la población griega a ambos lados del mar Egeo.

Isaías 66.19 destaca a Javán como una de las naciones lejanas que verían una futura manifestación de la gloria de Jehová. En una profecía contra Tiro (Ez 27.13), Javán es mencionada con referencia a su participación en el comercio de esclavos y en otras actividades comerciales. Hay una referencia a los javanitas en Joel 3.6[TM 4:6) como comerciantes de esclavos que compraban cautivos judíos a los filisteos y a los fenicios. Por último, se profetiza que el imperio de Javán sustituiría al de Persia (Dn 8.21; 10.20; 11.2).

EDWIN C. HOSTETTE

JAZER (Heb. *yaʿzēr, yaʿzēr*)
Población amorrea de la Transjordania central conquistada por los israelitas bajo Moisés (Nm 21.32), y dada luego a la tribu de Gad (Jue 13.25; Nm 32.34, 35; 2 S 24.5). La ciudad fue asignada después a los levitas meraritas (Jos 21.39; 1 Cr 6.81). El territorio alrededor de Jazer se caracterizaba por sus pastizales para el ganado (Nm 32.1, 3, 4) y por la producción de vino (Is 16.8, 9; Jer 48.32). En los siglos VIII-VII, la ciudad aparentemente cayó bajo jurisdicción moabita (Is 16.8-9, 11).

Se desconoce la identidad moderna de Jazer. Eusebio (*Onom.* 12.1-4) ubica a Jazer al comienzo de un extenso río, 10 millas romanas (15 km [9 m]) al oeste de Rabat-Amón, y a 15 millas romanas (24 km [15 m]) de Esbus (Hesbón). Han sido propuestos cinco sitios vecinos como Jazer. Khirbet ej-Òar (228150), 9 km (5.6 m) al oeste de Amán, y 1.5 km (c. 1 m) al sureste de ʿAin ej-Òir, posee una gran cantidad de tiestos de la Edad del Hierro, pero no hay otra razón para identificarla con Jazer. Yahuz (237159), 10 km (6 m) al norte de Amán; Kom Yahuz (238160), cerca de Yahuz; y Khirbet ej-Òireh, aprox. 12.5 km (8 m) al oeste de Amán, no tienen evidencias de haber sido habitadas en la Edad del Hierro. Khirbet Jazzir (219156), cuyo nombre refleja el del antiguo lugar, está cerca del sitio donde Eusebio ubica a Jazer (AzZr; *Onom.* 12.1-4), y es probablemente la mejor candidata para identificar a la antigua ciudad.

RANDALL W.YOUNKER

JAZERA (Heb. *yaḥzērâ*)
Sacerdote e hijo de Mesulam (1 Cr 9.12). Puede ser el mismo Azai de Nehemías 11.13.

JAZIZ (Heb. *yāzîz*)
Agareno encargado de las ovejas de David (1 Cr 27.31).

JEARIM (Heb. *yĕʿārîm*), **MONTE DE**
Monte situado en la frontera norte de Judá (Jos 15.10; «monte de bosques»). En su cima se localiza Quesalón (Heb. *kĕsālôn*, «lomos, espalda»), la moderna Kesla (154132), aprox. 17 km (10.5 m) al oeste de Jerusalén. Algunos estudiosos han identificado al monte de Jearim con el monte de Seir al norte, al otro lado del Wadi

CHESALON

JEATRAI (Heb. *yĕʾaṯray*) (también ETNI)
Levita de la línea gersonita (1 Cr 6.21; llamado Etni en el v. 41; una de estas formas puede haberse debido a un error de escribiente).

JEBEREQUÍAS (Heb. *yĕḇerekyāhû*)
Padre de Zacarías (**28**), quien fue testigo de la sim-

bólica profecía de Isaías al rey Acaz (Is 8.2). Jerebequías puede haber sido el suegro de Acaz, y el abuelo de Ezequías (cf. 2 R 18.2= 2 Cr 29.1).

JEBÚS (Heb. *yĕbûs*)
La Jerusalén preisraelita, la ciudad que David quitó a los jebuseos (2 S 5.6-9). El nombre, que aparece sólo en Jueces 19.10, 11; 1 Crónicas 11.4, 5, tuvo quizás su origen en el de la familia que ocupó el lugar antes de la ocupación israelita. El término hebreo significa «hollar» o «pisar», el cual se deriva de un verbo comúnmente usado en referencia al juicio o destrucción de una ciudad. En la Biblia, los jebuseos son identificados como descendientes de Canaán (Gn 10.16), uno de los hijos de Cam.

El nombre Jebús no aparece fuera del texto bíblico. Y, para complicar más el asunto, el nombre Jerusalén, no Jebús, es el que aparece en las referencias extrabíblicas más antiguas en cuanto a la ciudad, los Textos de Execración egipcios (siglos XIX-XVIII a.C.) y las Cartas de Amarna (siglo XIV). Por tanto, algunos académicos piensan que Jebús era una aldea cananea, no Jerusalén, y la identifican con el moderno sitio de Sha ʿfât. Es posible que los escritores bíblicos que escribieron en períodos posteriores utilizaron el nombre Jebús para diferenciar la ciudad preisraelita de la israelita Jerusalén, o que habían tenido acceso a una historia oral más antigua.

La identidad de los jebuseos está también sujeta a debate. Algunos piensan que tenían un origen hurrita u horeo, mientras que otros proponen un origen hitita. Independientemente de su origen o etnia, los jebuseos fueron unos de los muchos grupos cananeos que había en el momento de la conquista.

Aunque el debate sobre Jebús y el origen de los jebuseos continúa, los jebuseos fueron, de acuerdo con el AT, un pueblo o clan poderoso que habitó en Jebús, es decir, a Jerusalén, antes de la conquista de la ciudad por David. Su firme dominio del lugar y de su territorio está reflejado por el hecho de que los israelitas no tomaron el lugar durante la conquista (Jue 1.21). Aparentemente, los jebuseos continuaron ocupando el lugar hasta el tiempo de David.

La conquista de Jebús por David refleja el talento del nuevo rey. Aunque Saúl suele ser considerado el primer rey del reino unido de Israel, fue David quien creó y desarrolló la monarquía. Después de haber sido ungido como rey por Judá y por Israel (es decir, las tribus del norte), David tomó el sitio de Jebús (2 S 5.6-10); 1 Cr 11.4-8), localizado en un territorio neutro entre las poblaciones del norte y las del sur, y lo hizo la capital de todas las tribus. Además de su especial ubicación para las tribus del norte y del sur, el sitio de Jebús estaba libre de celos tribales o históricos. Pero el lugar tenía otras características únicas. Por estar localizado sobre una montaña, con el valle de Cedrón al este, y el valle de Tyropoeon o valle de los quesos al oeste, Jebús era un sitio casi inexpugnable, lo cual se ve reflejado en las palabras de los jebuseos: «Tú no entrarás acá, pues aun los ciegos y los cojos te echarán» (2 S 5.6; 1 Cr 11.5). Con la fuente de Gihón localizada en el valle de Cedrón al este, el lugar tenía suficiente provisión de agua.

El sitio fue quizás habitado por primera vez a mediados de la Edad del Bronce. La evidencia arqueológica indica que el sitio estaba fortificado con un muro de piedra. El descubrimiento de un pozo, comúnmente llamado el pozo de Warren, es evidencia de que los jebuseos crearon y utilizaron un sistema de agua. De acuerdo con los relatos en Deuteronomio y Crónicas, la ciudad tomó el título de «Ciudad de David» (2 S 5.9; 1 Cr 11.7) después que David conquistó el lugar.

LaMoine F. De Vries

JECABSEEL (Heb. *yĕqaḇṣĕʾēl*)
Ciudad de Judá cercana a la frontera edomita (Neh 11.25). Su nombre antes del destierro era Cabseel.

JECAMÁN (Heb. *yĕqamʿām*)
Cuarto hijo de Hebrón; jefe de una casa paterna (24:23).

JECAMÍAS (Heb. *yĕqamyâ*)

1. Judaíta, hijo de Salum y descendiente de Jerameel (1 Cr 2.41).

2. Hijo del rey Jeconías (Joaquín) de Judá (1 Cr 3.18).

JECOLÍAS (Heb. *yĕḵolyāhû, yĕḵolyâ*)
Esposa del rey Amasías de Judá, y madre de Azarías (**3**, Uzías; 2 R 15.2= 2 Cr 26.3).

JECONÍAS (Heb. *yĕḵonyâ, yĕḵonyāhû*); Gr. *Ieconías* (también CONÍAS)

1. Otro nombre del rey Joaquín de Judá. En la genealogía de Jesús, que aparece en Mateo 1.11, 12 es llamado Jeconías (gr. *Ieconías*).

2. Jefe levita durante el reinado del rey Josías (1 Esd. 1.9). En 2 Cr 35.9 es llamado Conanías (**2**).

3. Otro nombre del rey Joacaz de Judá (1 Esd. 1.34).

JECUTIEL (Heb. *yěqûtî'ēl*)
Judaíta, descendiente de Mered y padre de Zanoa (1 Cr 4.18).

JEDAÍAS (Heb. *yěḏaʿyâ, yěḏāyâ*)

1. Hijo de Simri; jefe de una familia de la tribu de Simeón (1 Cr 4.37).

2. Famoso antepasado de una familia sacerdotal (1 Cr 9.10; 24.7). Sus descendientes están mencionados entre los judíos que regresaron con Zorobabel a Jerusalén del cautiverio babilónico (Esd 2.36 = Neh 7.39).

3. Una de las personas que construyeron una parte del muro de la Jerusalén posexílica.

4. Sacerdote que vivió en Jerusalén en tiempos de Nehemías (Neh 11.10).

5-6. Dos jefes levíticos que subieron con Zorobabel y Josué a Judá, en el reinado de Darío I (Neh 12.6, 7). La conexión entre ambos no es clara.

7-8. Dos sacerdotes, cada uno jefe de una familia, que regresaron después del exilio (Neh 12.19, 21).

9. Contemporáneo del profeta Zacarías, que regresó del exilio a Judá. Junto con otras tres personas, proveyó de oro y plata a Zacarías, quien preparó una corona para Josué el sumo sacerdote como recordación, quizás de la pasada apostasía (Zac 6.10, 14).

Isaac Kalimi

JEDAIEL (Heb. *yěḏîʿă'ēl*)

1. Benjamita, antepasado de valerosos guerreros (1 Cr 7.6, 10, 11). La genealogía en la cual es nombrado puede ser, en realidad, la de Zabulón.

2. Hijo de Simri, uno de los valientes de David (1 Cr 11.45).

3. Jefe militar de la tribu de Manasés, que desertó para pasarse a David en Siclag (1 Cr 12:20[TM 21]).

4. Segundo hijo de Meselemías; coreíta guarda-portal del arca en el tiempo de David (1 Cr 26.2).

JEDIDA (Heb. *yěḏîḏâ*)
Madre del rey Josías de Judá; hija de Adaía de Boscat (2 R 22.1).

JEDIDÍAS (Heb. *yěḏîḏěyâ*)
Nombre que Jehová le dio al bebé Salomón por medio del profeta Natán (2 S 12.25). Algunos eruditos creen que éste era el nombre del rey, y que Salomón fue su nombre oficial como rey.

JEDUTÚN (Heb. *yěḏûṯûn, yěḏîṯûn*)

1. Padre de Obed-edom; él y sus descendientes fueron los porteros levíticos coreítas del Templo (1 Cr 16.38, 42b; cf. 1 Cr 26.1, 4, 8).

2. Músico levita que sirvió en el tabernáculo de David (1 Cr 16.41, 42; 25.6) y en templo de Salomón (2 Cr 5.12). Jedutún es también descrito como «vidente del rey» (2 Cr 35.15), así como sus descendientes fueron elegidos para profetizar con instrumentos musicales (1 Cr 25.1, 3; cf. 2 Cr 29.14). Las frecuentes menciones de Jedutún al lado de Asaf y Hemán dan a entender que el nombre Etán puede ser el mismo Jedutún (1 Cr 15.17, 19). La aparición del nombre Jedutún en el encabezamiento de los salmos 39, 62 y 77, puede indica su habilidad musical en el tiempo de David, o una forma musical o entorno litúrgico asociado con su nombre o gremio (cf. Sal 89, Etán)

Hyun Chul Paul Kim

JEFONE (Heb. *yěpunneh*)

1. Judaíta, padre del espía Caleb (Nm 13.6; Jos 14.13). Es llamado cenezeo en Nm 32.12; Jos 14.6, 14; cf. 1 Cr 4.15).

2. Hijo de Jeter, de la tribu de Aser (1 Cr 7.38).

JEFTÉ
Líder militar que dirigió exitosamente la resistencia presentada por Galaad a la ocupación amonita, y que sirvió después como juez (Jue 10.6-12.7). La victoria de Jefté fue opacada por sus trágicas y moralmente ambiguas consecuencias: su voto, que dio como resultado la muerte de su hija, y su batalla contra sus parientes de la tribu de Efraín.

El grueso del ciclo de Jefté, una recopilación de relatos antiguos y de interpolaciones posteriores, comienza mal para Jefté; como hijo de una ramera, y de «Galaad» (probablemente una personificación del territorio), es expulsado de su casa por sus medio hermanos. Al igual que Abimelec (Jue 9.4) y David (1 S 22.1, 2), Jefté se convierte en un jefe forajido. Más tarde, los ancianos de Galaad le piden a Jefté que utilice sus habilidades para la pelea contra sus opresores amonitas. Jefté acepta, después de lograr que lo hagan no sólo jefe militar temporal de Galaad, sino también jefe permanente.

Jefté trata de hacer valer diplomáticamente los derechos de Israel sobre el territorio transjordano en disputa. Pero la diplomacia de Jefté (Jue 11.12-28) presenta problemas históricos y de crítica, ya que se dirige al rey amonita con argumentos que pertenecen a Moab. El pasaje pudo haber sido combinado con el relato de un conflicto con Moab. Por otro lado, es posible que en el momento que se escribió el pasaje, Amón, tras haberse apoderado del territorio moabita, pudiera haberse arrogado derechos sobre la tierra. En todo caso, la diplomacia no tiene éxito, y se produce la batalla.

El relato de la victoria de Jefté (Jue 11.32, 33) está subordinado a la historia de su voto y de su cumplimiento. Ya sea que fuera inspirado o no por el Espíritu de Jehová, Jefté ofrecerá como holocausto lo primero (persona o cosa) que venga primero a recibirlo cuando vuelva a su casa. Jefté vence; y la primera persona que va a recibirlo es su hija, su único descendiente. Jefté se aflige, pero sigue adelante. La hija se somete al voto, y después de un retraso de dos meses para lamentar su virginidad, es sacrificada. El relato está conectado desde el punto de vista editorial con una ceremonia anual de lamentación, posiblemente un rito de iniciación.

El relato final del ciclo es también ambiguo. En una escenaza reminiscente de su conflicto con Gedeón (Jue 8.1-3), los hijos de Efraín confrontan a Jefté por no haber buscado su ayuda. A pesar de que Gedeón diplomáticamente evita un conflicto intertribal, aquí la desavenencia da origen a una batalla. Jefté derrota a los hijos de Efraín. La identidad étnica de los sobrevivientes de Efraín es revelada por su imposibilidad de pronunciar el sonido «sh» en la palabra «Shibolet» («arroyo»), y son masacrados. El ciclo termina con la noticia de que Jefté juzgó a Israel durante seis años, y que murió y fue sepultado en Galaad.

La evaluación del relato sobre Jefté es ambigua. Tanto el AT como el NT alaban el celo de Jefté (1S 12:11; He 11.32). Esta evaluación positiva la expresan eruditos modernos que consideran a Jefté un «juez ejemplar». Pero otros condenan la crueldad de Jefte; la Hagadá dice que la arrogante y salvaje inmolación de su hija fue castigada con el desmembramiento de Jefté (Génesis Rabba 60.3). Estudiosos modernos han criticado los valores patriarcales del sometimiento irrestricto y el autosacrificio de las mujeres que están disfrazados en el texto. Otros interpretan las historias de Jefté y de Sansón como una imagen de la desintegración social que había en el Israel previo a la monarquía.

Bibliografía. R. C. Boling, Judges. AB 6A (Garden City, 1975); P. L. Day, «From the Child Is Born the Woman: The Story of Jephthah's Daughter,» in Gender and Difference in Ancient Israel (Minneapolis, 1989), 58-74; J. C. Exum, Fragmented Women: Feminist (Sub)Versions of Biblical Narratives (Valley Forge, 1993); D. Marcus, «The Bargaining between Jephthah and the Elders (Judg. 11:4-11),» JANES 19 (1989): 95-100; A. D. H. Mayes, Judges. OTG 8 (Sheffield, 1985).

CAROLYN PRESSLER

JEFTÉ, LA HIJA DE

Joven sacrificada como holocausto en cumplimiento del voto de su padre (Jue 11.34-40). Cuando dirigía la resistencia de los galaaditas contra la dominación amonita, Jefté buscó conseguir la victoria jurando ofrecer a Jehová lo primero que saliera de su casa a su regreso. (No está claro si Jefté pensó en un sacrificio humano.) Jefté vence, en efecto, a los amonitas, pero su victoria se convierte en tragedia cuando es recibido por su hija, su único hijo. Jefté se aflige, pero sigue adelante. La hija acepta su destino sin protestar, pidiendo sólo dos meses para «lamentar su virginidad» con sus compañeras. Al final de ese tiempo, es sacrificada.

Jueces 11.39, 40 conecta el relato con un rito anual en el que las jóvenes subían a los cerros durante cuatro días para hacer lamentación. La falta de correspondencia entre los dos meses y los cuatro días del rito, dan a entender que la conexión es secundaria. El rito pudo haber sido una ceremonia de iniciación en la que las adolescentes se lamentaban por el paso de una etapa de su vida a otra etapa.

La historia de la hija de Jefté es uno de los numerosos pasajes de la Biblia que tienen que ver con sacrificios humanos. Textos proféticos y legales se refieren a la práctica de la inmolación de niños como un intento desesperado de lograr el favor de Jehová (2 R 16.3; 17.17; Ez 20:25, 26; Sal 106.37, 38). Génesis 22 cuenta que Abraham casi sacrificó a Isaac por mandato de Dios. Primero de Samuel 14.24, 25 relata el voto de Saúl de Saúl de que cualquiera que hubiera desobedecido su orden de ayunar, sería ejecutado, y descubrió que el culpable era su hijo, Jonatán. Pero los textos proféticos y legales condenan firmemente los sacrificios humanos; Dios impide a Abraham que sacrifique a Isaac, y el pueblo interviene para salvar a Jonatán. Sólo la hija de Jefté es sacrificada sin que se produjera ninguna intervención o repudio.

El juicio histórico al hecho de Jefté ha sido ambivalente. El AT y el NT alaban el celo de Jefté (1 S 12.11; He 11.32). La Hagadá condena su inmolación a su hija como salvaje y pecaminosa. Algunos intérpretes modernos condenan el sacrificio de la niña como inhumano. Otros consideran muy importante los valores patriarcales de la obediencia ciega y el sacrificio de la joven disfrazados en la historia, o quitan su enfoque de Jefté para llorar la suerte de su hija.

Bibliografía. P. L. Day, «From the Child Is Born the Woman: The Story of Jephthah's Daughter,» in Gender and Difference in Ancient Israel (Minneapolis, 1989), 58-74; D. N. Fewell, «Judges,» in The Women's Bible Commentary, ed. C. A. Newsom and S. H. Ringe (Louisville, 1992), 67-77; E. Fuchs, «Marginalization, Ambiguity, Silencing: The Story of Jephthah's Daughter,» JFSR 5 (1989): 35-45; P. Trible, Texts of Terror. OBT 13 (Philadelphia, 1984).

Carolyn Pressler

JEFTE-EL (Heb. *yiptaḥ-'ēl*)
Valle a lo largo de la frontera entre los territorios de las tribus de Zabulón y Aser (Jos 19.14, 27). Más probable se trata de Wadi el-Malik/Naḥal Sippori, noroeste de Nazaret.

JEGAR SAHADUTA (Aram. *yĕgar śāhăḏûṯā'*)
Nombre («majano del testimonio») dado por el arameo Labán al montón de piedras levantado para conmemorar su pacto con Jacob (Gn 31.47). Jacob lo llamó Galaad, en hebreo.

JEHALELEL (Heb. *yĕhallel'ēl*)

1. Descendiente de Judá, probablemente el famoso antepasado de una familia (1 Cr 4.16).

2. Levita merarita; padre de Azarías (**18**; 2 Cr 29.12).

JEHEDÍAS (Heb. *yeḥdĕyāhû*)

1. Descendiente de Subael; levita en el tiempo de David (1 Cr 24.20).

2. Meronotita; encargado de las asnas de David (1 Cr 27.30).

JEHÍAS (Heb. *yĕḥîyâ*)
Portero del arca nombrado por David (1 Cr 15.24).

JEHIEL (Heb. *yĕḥî'ēl*)
Levita de los hijos de Hemán; cooperó con las reformas de Ezequías (**K** 2 Cr 29.14); probablemente sea el mismo Jehiel **6** (**Q** (Q *yĕḥî'ēl*).

David Paul Latoundji

JEHIELI (Heb. *yĕḥî'ēlî*)
Familia levítica descendiente de Jeiel **2**, responsable de los tesoros del Templo (1 Cr 26.21).

JEHOVÁ (Heb. *yĕhōwāh*)
Un nombre propio de Dios, usado en la tradición de versiones de la Biblia Reina-Valera, concebido en el siglo XVI d.C., por la combinación artificial de las consonantes del nombre Yahvé (YHWH; considerado por los judíos como inefable) y las vocales del nombre alternativo Adonai («el Señor»).

Véase YAHVÉ.

JEHOVÁ [Yahweh]
El Dios de Israel. Formas cortas ocurren en los nombres israelitas (*yĕhô* y *yô* al comienzo y *yāhû* y *yâ* al final), y en «Aleluya» («Alabad a Jah»). La pronunciación precisa es incierta, porque desde el periodo persa en adelante el nombre sagrado fue sustituido por varios títulos y epítetos. La alternativa más común fue *'ădōnāy* («mi Señor»); sus vocales fueron eventualmente añadidas al texto de consonantes (permitiendo un cambio de la vocal original porque la *yod* más que la *alef*) y el híbrido resultante fue transliterado por los cristianos como Jehová. La pronunciación *Jahvéh* está basada en las reglas gramaticales hebreas y apoyadas por las formas con sufijos tales como *iaō, iaou*, y especialmente *iaē.*

La *yod* inicial sugiere la forma del verbo en la tercera persona masculina singular, y la vocalización *Yahwēh* apunta hacia la forma causativa, pero ¿de qué verbo? A pesar de las referencias a la raíz árabe *hwy*, que significa «caer», «soplar», o «amar/ser apasionado», el consenso de los eruditos todavía favorece que la palabra se deriva de la raíz hebrea *hwh* (más tarde *hyh*), «ser». Así pues, *yahwēh* alude a la actividad creativa de la deidad.

Jehová está unido a *ṣĕḇā'ôṯ* («ejércitos» /«huestes») 284 veces en la Biblia Hebraica. Frank M. Cross entiende esto como una forma abreviada del título de El, la cabeza del panteón cananeo (originalmente, *il u yahweh ṣĕḇā'ôṯ*, «El que crea los ejércitos [celestiales]») y equipara Jehová y El. Ambos comparten muchas características (sabiduría, bondad, edad avanzada, un trono con querubines, gobiernan sobre un concilio celestial), pero tienen diferencias importantes. En primer lugar, Jehová es un guerrero divino (p.ej., Ex 15.3) mientras que El no lo es; en el cuerpo ugarítico es Baal, el dios de la tormenta, quien hace la guerra. En segundo lugar, a diferencia de El, Jehová se origina en el lejano sur. En varias teofanías de guerra, Él marcha desde locales en el sur. Sinaí (Dt 33.2; cf. «los montes temblaron delante de Jehová, tembló el Sinaí delante de Jehová» Jue 5.5; Sal 68.8 [TM 9), Seir (Dt 33.2; Jue. 5.4), Parán (Dt 33.2; Hab 3.3), Edom (Jue 5.4), y Temán (Hab 3.3). La invocación «Jehová de Temán» en conjunto con Jehová de Samaria en la inscripción del siglo VIII de Kuntilet ' *Ajrûd/Horvat* Temán demuestra que las asociaciones sureñas de Jehová sobrevivieron mucho después del asentamiento en el norte. Finalmente, Jehová y El son distinguidos en Dt 32.8–9; dado que «el Altísimo» *(' elyôn)* es un epíteto de El, Jehová debe ser uno de los «hijos de Dios» (así en la LXX, Qumrán, Symmachus, y la Vetus Latina) a quien El otorga a Israel. Cualquier característica común debe ser interpretada como asimilación y no como identificación.

El origen sureño de Jehová conduce a la hipótesis que él era el Dios de los Kenitas, un clan madianita, y que fue introducido a Moisés por su suegro, un sacerdote madianita. Jehová fue introducido a Canaán por el grupo de Moisés de esclavos escapados de Egipto y eventualmente tomó la mayoría de las características de El.

Bibliografía. F. M. Cross, *Canaanite Myth and Hebrew Epic* (Cambridge, Mass., 1973), 44–75; H. H. Rowley, *From Joseph to Joshua* (Oxford, 1950), 149–63; K. van der Toorn, «Yahweh יהוה, « *DDD* 910–19.

JOHN L. MCLAUGHLIN

JEHOVÁ DE LOS EJÉRCITOS

El uso compuesto más frecuentemente del título para la deidad israelita en el Antiguo Testamento (Heb. YHWH *ṣĕḇā'ôṯ*). Un título similar es «Yahvé, Dios de los ejércitos». Estos calificativos describen a Yahvé como Guerrero divino y Rey divino, con los «ejércitos» refiriéndose a ambos, el terrenal (por ejemplo, los israelitas o sus ejércitos) y las fuerzas cósmicas (cuerpos celestes o ángeles). Aparece más a menudo en los profetas (especialmente en Isaías, Jeremías, Zacarías y Malaquías) y no en el Pentateuco. En 1 Samuel 1.3 se le asocia con el santuario de Silo. Durante el conflicto israelita con los filisteos está en paralelo con «Dios de los escuadrones» (1 S 17.45), demostrando, en un principio, una comprensión muy militarista del título.

Bibliografía. T. N. D. Mettinger, *In Search of God: The Meaning and Message of the Everlasting Names* (Philadelphia, 1988); P. D. Miller, *The Divine Warrior in Early Israel.* HSM 5 (Cambridge, Mass., 1973).

TONY S. L. MICHAEL

JEHOVÁ-JIREH (Heb. *YHWH yi 'eh)*

El nombre dado por Abraham al lugar donde Dios le proveyó un carnero para ser ofrecido en lugar de Isaac (Gn 22.14; «Jehová proveerá»). Su ubicación sigue siendo incierta, aunque la tradición apoya al sitio del Templo de Salomón; otra sugerencia es el santuario de la encina de More en Siquem.

JEHOVÁ-NISI (Heb. *YHWH nissî)*

Nombre que dio Moisés al altar para conmemorar la victoria sobre los amalecitas en Refidim (Ex 17.15; «Jehová es mi estandarte»).

JEHOVÁ-SALOM (Heb. *YHWH šālôm)*

Nombre que Gedeón dio al altar que construyó en Ofra (Jue 6.23; «Jehová es paz»).

JEHÚ (Heb. *yēhû'*)

1. Figura profética del tiempo del rey Baasa de Israel, identificado como hijo de Hanani (1 R 16.1-4). Recibió una revelación divina para dar un juicio anunciando la muerte de Baasa y la extinción de la casa real. Posteriormente confrontó al rey Josafat de Judá, y lo censuró por su alianza con el rey Acab de Israel (2 Cr 19.2, 3).

2. Rey de Israel durante 28 años (c. 843-816 a.C.). Despojó del trono a Joram y estableció una dinastía que duró casi un siglo.

La información que se tiene en cuanto a la ascendencia de Jehú, es que era «hijo de Nimsi» (1 R 19.16; 2 R 9.20; 2 Cr 22.7) e «hijo de Josafat, hijo de Nimsi» (2 R 9.2, 14). La mayoría de los investigadores consideran que Josafat es el nombre de su padre, y Nimsi el de su abuelo. Por tanto, la designación de «hijo de Nimsi» se entiende mejor como descendiente de Nimsi. También se ha propuesto que Nimsi es el nombre del clan al cual pertenecía Jehú. Por último, la designación «hijo de Josafat» puede ser una añadidura posterior al texto, en cuyo caso el padre de Jehú es Nimsi.

En las inscripciones asirias de Salmanasar III (ANET, 280-81), Jehú es identificado como *iaúa mār humrî* (lit. «Jehú hijo de Omri»). Tal designación contradice la información que da el AT, y ha confundido a los investigadores por más de un siglo. Se han ofrecido varias propuestas: (1) La voz acadia *iaúa* puede simplemente representar el nom-

(***Leyenda del relieve***: **El rey Jehú de Israel postrándose ante el rey asirio Salmanasar III, Obelisco Negro, Nimrod (841 a.C.).**(Copyright Museo Británico)

bre divino Yaw, y por tanto es tomado como un hipocorístico de Joram o Jehú; puesto que Joram es descendiente de Omri, es más probable que *iaúa* sea Joram. (2) El acadio *mār* es utilizado para referirse a un ciudadano o un nativo de una ciudad o país, y como tal es un gentilicio. Los asirios continuaron refiriéndose a Israel, o bien como *māt humrî* («la tierra de Omri»), o bien como *māt bIt-humrî* («la tierra de Bet-omri») hasta la caída del reino del norte. Por tanto, *iaúa mār humrî* debe entenderse como «Jehú el (Bīt)-humrita». (3) Jehú era descendiente de una rama diferente del clan de Omri antes que de Acab. Ésta es una razón por la que los textos bíblicos se refieren siempre al hecho del golpe de Jehú como la destrucción de la casa de Acab (2 R 9:7-9; 10.10, 11), no de la casa de Omri.

Según 2 Reyes 9-10, Jehú era uno de los jefes del ejército (*śārê haḥayil*), quizás incluso el jefe principal (el mensajero se refiere a él como *haśśār*, «el jefe»; 9.5 RVR 1995). El cronista ubicó la ascendencia de Jehú al trono de Israel en el contexto de un conflicto fronterizo entre Israel y Aram-Damasco (gobernado ahora por Hazael) en Ramot de Galaad. Este conflicto surgió después que Hazael usurpó el trono de Damasco, lo que llevó al colapso de la alianza de los estados sirio-palestinos encabezada por Hadadezer de Damasco e Irḫuleni de Hamat. El Israel bajo Acab era un miembro importante (ANET, 278-79) en esta coalición, la cual había tenido éxito al detener el avance de Salmansar III a Siria-Palestina. El rey Joram fue herido por los arameos en una batalla, y tuvo que regresar a Jezreel para recuperarse (2 R 8.28, 29). Sin la presencia del rey en el campo de batalla, el escenario estaba preparado para el golpe de Jehú. El cronista de 2 Reyes 9-10 atribuye el motivo del golpe a la iniciativa divina (cf. 1 R 19.15-17, en la que Elías recibió la orden de Jehová de ungir a Jehú como rey). El profeta Eliseo le ordena a uno de sus discípulos que vaya a ungir a Jehú como rey de Israel. Cuando el discípulo unge a Jehú, le profetiza: «Herirás la casa de Acab tu señor», en venganza contra Jezabel (2 R 9.6-8). Cuando los otros funcionaron se enteran de lo que ha sucedido, rápidamente proclaman rey a Jehú. Mientras que la acción divina tiene el propósito de legitimar la insurrección, hay que verla, sin embargo, más como un golpe militar. Valiéndose de la impotencia de Joram, Jehú encabeza una conspiración y ataca al incapacitado monarca. El rey Ocozías de Judás también había ido a Jezreel para visitar a Joram. Sin sospechar nada, Joram y Ocozías van a reunirse Jehú, y Joram es asesinado (2 R 9.14-26). Con Joram muerto, Jehú asesina después a Ocozías de Judá (2 R 9.27, 28) y a Jezabel (vv. 30-37), y planifica la masacre de la casa de Acab (10.1-17). La acción final de Jehú, de acuerdo con el cronista, es la destrucción del culto a Baal, de sus adoradores, de su estatua y de su templo (2 R 10.8-27). La razón teológica de la positiva evaluación del golpe en el relato de 2 Reyes es muy evidente: a Jehú se le atribuye el mérito de haber eliminado el culto a Baal en Israel en el siglo IX. Aunque es posible que la participación profética en el golpe no sea históricamente auténtica, sirve como autorización divina para la asonada.

El profeta Oseas hace un juicio completamente diferente del golpe de Jehú. Según Oseas, por causa del baño de sangre que tuvo lugar en Jezreel, Jehová castigará la dinastía de Jehú, y le pondrá fin al reino del norte (Os 1.4, 5).

Salmanasar III (858-824) menciona en sus memorias que montó una campaña contra Hazael de Aram-Damasco en su 18º año de gobierno (841-840). Después de la desastrosa derrota de Hazael, el rey asirio dice que recibió el homenaje de tirios, de sidonios y de Jehú el (Bīt)-humrita (o «hijo de Omri»). Asimismo, en un zócalo de madera del relieve Obelisco Negro de Salmanasar III, aparece Jehú postrándose delante del rey asirio y rindiéndole homenaje (ANEP, 351; ANET, 281). Estos textos asirios indican quizás un realineamiento político de la política exterior de Israel. En campañas anteriores de Salmanasar en Siria-Palestina (en 853 [la famosa batalla de Qarqar], 849, 848 y 845), el rey asirio se enfrentó a una poderosa coalición, encabezada por Hadadezer de Aram-Damasco e Irhuleni de Hamat, y fue obligado todas las veces a retroceder hasta el río Orontes. Israel, bajo Acab, era un miembro importante de esa coalición. La campaña en el año 18 de Salmanasar fue notablemente diferente a las campañas anteriores. La usurpación de Hazael del trono de Damaco llevó probablemente a la desintegración de la coalición anti-Asiria. Sin una coalición fuerte que frustrara el avance de los asirios, Jehú pudo haber encontrado conveniente cambiar la política exterior de Israel, y someterse a Salmanasar. Puesto que Israel ya estaba enfrentando una ofensiva aramea (2 R 8.28, 29), el sometimiento de Jehú a Asiria fue una acción táctica para evitar posteriores ataques.

Bibliografía. M. Elat, «The Campaigns of Shalmaneser III against Aram and Israel,» IEJ 25 (1975): 25-35; P. K. McCarter, « 'Yaw, Son of 'Omri': A Philological Note on Israelite Chronology,» BASOR 216 (1974): 5-7; T. J. Schneider, «Rethinking Jehu,» Bibl 77 (1996): 100-7.

3. Hijo de Obed y padre de Ocozías en la genealogía judaíta (1 Cr 2.38).

4. Hijo de Josibías simeonita (1 Cr 4.35).

5. Benjamita anatotita que sirvió a David en Siclag como guerrero (1 Cr 12.3).

JEFFREY K. KUAN

JEHÚBA (Heb. *yĕḥubbâ*)
Aserita, hijo de Semer y descendiente de Bería (1 Cr 7.34).

JEHÚD (Heb. *yĕhûḏ*)
Ciudad del territorio tribal de Dan (Jos 19.45), ubicada probablemente en la moderna el-Yehqdîyeh/Yehud (139159), a 3 km (8 m) al sureste de Jope.

JEHUDI (Heb. *yĕhûḏî*)
Funcionario de la corte enviado por los oficiales para decir a Baruc que trajera al rey Joacim las profecías de Jeremías (Jer 36.14). Más tarde, Jehudi trajo el rollo y lo leyó al rey, quien cortó partes del mismo y las quemó (Jer 36.21, 23). La forma gentil del nombre parece indicar que el nombre Jehudi («judaíta») era de origen extranjero.

JEIEL (Heb. *yĕḥî'ēl*) (también JEHIELI)

1. Levita y músico de Jerusalén en el tiempo de David (1 Cr 15.18). Fue arpista nombrado para el segundo orden de músicos; tocó mientras el arca era trasladada a Jerusalén (1 Cr 15.20), y sirvió después delante del arca (16.5).

2. Levita gersonita, jefe de la casa de Laadán (1 Cr 23.8). Fue el fundador de la familia levítica de Jehieli (una variante en la escritura de su nombre; 1 Cr 26.21).

3. Hijo de Hacmoni (o un hacmonita), empleado por David, probablemente como maestro o consejero (1 Cr 27.32).

4. Gersonita a cargo del tesoro del templo (1 Cr 29.8), probablemente el mismo del 2.

5. Uno de los siete hijos de Josafat (2 Cr 21.2).

6. Levita, uno de los encargados del Templo, nombrado por Sedequías bajo la supervisión de Conanías (2 Cr 31.13).

7. Funcionario prominente en el tiempo del rey Josías, junto con Hilcías y Zacarías, llamados «oficiales de la casa de Dios» (2 Cr 35.8). Él y otros líderes dieron voluntariamente ofrendas a los sacerdotes y los levitas para celebrar la Pascua.

8. Padre de Obadías, de la familia de Joab, jefe de una de las familias que, junto con 218 hombres, salieron de Babilonia (Esd 8.9).

9. Padre de Secanías, de la familia de Elam (Esd 10.2).

10. Sacerdote de la familia de Harim, uno de los que se casaron con mujeres extranjeras (Esd 10.26); quizás sea el mismo del **9**.

JESPER SVARTVIK

JEMIMA (Heb. *yĕmîmâ*)
La primera de las tres hijas de Job, que le nació después que su prosperidad le fue restaurada (Job 42.14).

JEMUEL (Heb. *yĕmû'ēl*) (también NEMUEL)
Hijo de Simeón (Gn 46.10; Ex 6.15). En Números 26.12, y 1 Crónicas 4.24, es llamado Nemuel.

JERA (*Heb. yeraḥ*)
Hijo de Joctán y descendiente de Sem (Gn 10.26 = 1 Cr 1.20), antepasado famoso de un lugar o de una unidad social de Arabia meridional.

JERAMEEL (Heb. *yĕrahmĕ'ēl*)

1. Hermano de Ram y Quelubal; hijo de Hezrón y descendiente de Judá a través de Tamar (1 Cr 2.4, 9). Fue el famoso antepasado de los jerameelitas (1 Cr 25-27, 33, 42), clan judaíta que vivió en la frontera meridional de Judá («el Neguev de Jerameel», 1 S 27.10), probablemente en un territorio al sur de Beerseba, en los días previos a la elevación de David como rey de Israel. El primer contacto que tuvo David con ellos fue cuando huía de Saúl, y fijó su residencia en Siclag (1 Sam. 27.10; 30.29). Es posible que los jerameelitas fueran asimilados por la tribu de Judá después que David se convirtió en rey.

2. Levita, hijo de Cis, de la familia de Merari (1 Cr 24.29).

3. Funcionario de Judea que sirvió bajo Joacim, rey de Judá. Es llamado «hijo del rey» (Jer 36.26 Biblia de las Américas), ya sea como título honorífico de un oficial, o la designación de alguien relacionado con la familia real, no un hijo de Joacim, quien tenía entonces 30 años de edad. Jerameel fue enviado por Joacim a arrestar a Jeremías y a Baruc después que fue quemado el rollo que contenía las profecías de Jeremías.

Bibliografía. N. Avigad, «Baruch the Scribe and Jerahmeel the King's Son,» IEJ 28 (1978): 52-56; repr. BA 42 (1979): 114-18.

CLAUDE F. MARIOTTINI

JEREBAI (Heb. *yĕribay*)
Hijo de Elnaam; uno de los valientes de David (1 Cr 11.46).

JERED (Heb. *yereḏ*)
Hijo de Mered y su esposa judía; padre de Gedor (1 Cr 4.18).

JEREMAI (Heb. *yĕrēmay*)
Hijo de Hasum; israelita que tuvo que repudiar a su esposa extranjera (Esd 10.33).

JEREMÍAS (Heb. *yirmĕyâ, yirmĕyāhû*)

1. Hombre de Libna, abuelo de Joacaz y Sedequías, reyes de Judá (2 R 23.31; 24.18). Hamital, hija de Jeremías, fue la esposa del rey Josías.

2. Jefe de una familia de la media tribu de Manasés (1 Cr 5.24). Es descrito como guerrero y hombre famoso.

3. Uno de los valientes guerreros que se unieron a David en Siclag (1 Cr 12:4[TM 5]). Podía disparar flechas y lanzar piedras de hondas con ambas manos.

4-5. Dos formidables y experimentados guerreros gaditas que se unieron a David en Siclag (1 Cr 12.10, 13[11, 14]). Ambos eran diestros con el escudo y la espada, y son descritos con el lenguaje típico de los héroes militares.

6. Sacerdote que firmó el pacto, juntamente con el gobernador Nehemías (Neh 10:2[3]).

7. Sacerdote que volvió de Babilonia con Zorobabel (Neh 12.1), evidentemente identificado con la casa sacerdotal nombrada en el v. 12.

8. Uno de los funcionarios administrativos de Judá que formó parte de los dos grandes coros en la dedicación del muro de Jerusalén, bajo Nehemías (Neh 12.34).

9. Profeta de Anatot, cuyo ministerio está registrado en el libro de Jeremías; hijo de Hilcías (Jer 1.1).

10. Padre de Jaazanías, recabita que vivió en Jerusalén en tiempos del profeta Jeremías (Jer 35.3).

GARY W. LIGHT

JEREMÍAS, CARTA DE

Según su superinscripción, se trata de la copia de una carta enviada por el profeta Jeremías a los cautivos de Judea que estaban a punto de ser enviados a Babilonia. La carta se conserva en griego y en otras versiones antiguas tales como el siríaco y el latín. Los errores de traducción y los usos lingüísticos indican que fue traducida al griego a partir de un original hebreo que se perdió. En algunos manuscritos griegos, la Carta está separada de Baruc por Lamentaciones, pero en otros está después de Baruc. En la Vulgata, la versión King James y las Biblias católicas, está incluida como el cap. 6 de Baruc. La Carta de Jeremías es reconocida como canónica por las comunidades católico romanas y ortodoxas, pero está clasificada como apócrifa por las comunidades judía y protestante, porque no forma parte de la Biblia Hebrea.

La introducción del libro es similar en contexto y propósito a la carta enviada a los desterrados que se encontraban ya en Babilonia, y que se encuentra en Jeremías 29. Los contenidos consisten en parodias satíricas y polémicas contra los ídolos, y de admoniciones y advertencias proféticas, todos los cuales tienen vínculos literarios con la Biblia Hebrea, especialmente con Jeremías. Que esta obra sea considerada una carta antigua o un panfleto contra la idolatría, depende de la flexibilidad con que sea entendido el género literario de la misma.

Después de la introducción (vv. 1-7,), la polémica, las instrucciones y las exhortaciones pueden dividirse en diez segmentos (vv. 8-16; 17-23; 24-29; 30-40a; 40b-44; 45-52; 53-56; 57-65; 66-69; 70-73), cada uno de los cuales concluye con un estribillo que dice que las estatuas de los dioses no son realmente dioses, y que no se les debe temer (vv. 16, 23, 29, 65, 69; cf. vv. 40, 44, 51, 56, 72). Estos estribillos mantienen frente al lector los principales temas de la Carta: amonestaciones en cuanto a evitar prácticas religiosas extrañas, y a adorar solamente al Señor. La Carta se ocupa del peligro de la idolatría en el exilio (Dt 4.27, 28) inspirándose en la polémica profética y cultual contra los ídolos que se encuentra en Jer 10.1-16 y en otras partes (p.ej., Is 44.9-20; Hab 2.18, 19; Sal 115.3-8). Los interminables ataques contra los dioses extraños son abundantes, detallados y repetitivos, y la virulencia de los ataques el autor son prueba fehaciente del atractivo de la cultura politeísta dominante del antiguo Cercano Oriente.

La Carta ha sido ubicada mayormente en el período helenístico (332-63 a.C.), una fecha apoyada por un fragmento de los vv. 43 y 44 de un manuscrito griego de Qumrán fechado c. el 100 a.C. Una posible referencia a la Carta, que se encuentra en 2 Mac 2.2, proviene del siglo II. Aunque la polémica hace pensar en los tipos de estatuas, y de la pompa, vestimenta, alimentación y protección de los dioses, características de la religión babilónica, el foco de estas actividades pudiera ser también la comunidad babilónica o judía; y el contenido de la Carta es tan general que pudiera pertenecer a cualquier momento de los períodos persa o griego.

Anthony J. Saldarini

JEREMÍAS, LAMENTACIONES DE

Título dado al libro de Lamentaciones en varios relatos iniciales. Aunque algunas historias antiguas asociaban al profeta Jeremías con el libro, y algunas listas canónicas ponen a Jeremías y a Lamentaciones juntos (cf. al prólogo de la LXX; Josefo Ag. Ap. 1.8 [38]). La autoría de Jeremías ha sido ahora descartada.

Véase LAMENTACIONES, LIBRO DE

JEREMÍAS, LIBRO DE

Segundo libro de los últimos profetas, después de Isaías y antes de Ezequiel en el canon judío de la Biblia hebrea, aunque algunas autoridades lo colocan como el primer libro (b. B. Bat. 14b). En el AT cristiano aparece después de Isaías como el segundo libro de los profetas, junto con Lamentaciones. En algunos manuscritos, el libro de Jeremías es seguido por el libro apócrifo de Baruc y por la Epístola de Jeremías. El libro presenta la carrera y las sentencias del profeta Jeremías hijo de Hilcías. De acuerdo con el encabezamiento de 1.1-3, Jeremías fue un sacerdote de la aldea de Anatot, que estuvo activo desde el año decimotercero del reinado del rey Josías de Judá (c. 626 a.C.), hasta el cautiverio de Jerusalén en el 587. El libro se concentra especialmente en los reinados de Joacim (609-598), de Sedequías (597-587) y de los primeros años del exilio en Babilonia, hasta después del asesinato en el 582 de Gedaías, el gobernador de Judá puesto por Babilonia. Según la enseñanza rabínica, Jeremías fue el autor de su propio libro, y también de 1 y 2 de Reyes, y Lamentaciones (b. B. Bat. 15a).

El libro de Jeremías aparece en dos formas distintas, pero relacionadas: la versión griega de la LXX, y la versión hebrea existente en el TM. La versión griega es aproximadamente una octava parte más corta que la hebrea, y después de 25.13a las dos versiones difieren sustancialmente en su orden. La ubicación de las profecías contra las naciones constituye una diferencia fundamental entre las dos versiones: en el TM aparecen como los caps. 46-51, mientras que la LXX las coloca más o menos en el centro del libro, donde aparecen como 25.14-31.44. El material restante en el TM, los caps. 25--45, aparece en su mayor parte en los caps. 32-51 de la LXX. Ambas versiones finalizan con la narración histórica del exilio en Babilonia, en el cap. 52. La mayoría de los eruditos sostienen que la versión LXX es una traducción terminada en algún momento entre el 250 y el 150, a partir de una antigua versión hebra escrita originalmente en Egipto. Se cree ordinariamente que la versión hebrea en la cual se basa el TM se originó en Babilonia. En general, el TM parece ser una versión ampliada y reordenada del hebreo que subyace en la LXX, pero hay bastantes excepciones que apuntan a historias de transmisión independiente para ambas versiones.

Un aspecto particularmente importante de la historia textual del libro, es el descubrimiento de por lo menos cuatro manuscritos de Jeremías entre los rollos de las cuevas 2 y 4 de Qumrán. El manuscrito de la cueva 2 (2QJer) contiene fragmentos de Jer 42-44 y 46-49, con una fecha cercana a aprox. el siglo II d.C. En conjunto, estos fragmentos tienen una correspondencia estrecha, aunque no total, con el TM y con el lugar que tienen las profecías contra las naciones al final del libro. Entre los tres manuscritos de la cueva 4, 4QJera es el más antiguo, con fecha cercana al 200 a.C. El rollo contiene fragmentos de Jer 7-15; 17-20; 22; 26, con muchas correcciones que, aparentemente, corresponden al TM. El 4QJerb data de mediados del siglo II a.C., y contiene fragmentos de Jer 9-10; 43; 50. Algunos ven a estos fragmentos como tres manuscritos separados. Son especialmente importantes, porque los dos primeros reflejan el texto y el orden de los versículos de la LXX, y por tanto son prueba fehaciente del texto hebreo que subyace en la LXX. El 4QJerc data del período herodiano, aprox. 30-1 a.C., y contiene fragmentos de una versión protomasorética de Jer 4; 8-10; 19-22; 25-27; 30-31; 33.

La estructura de las dos formas de Jeremías no ha sido bien entendida. Muchos sostienen que el arreglo de la versión LXX sigue un patrón tripartito que era empleado comúnmente en la disposición de los libros proféticos (p. ej., Isaías, Ezequiel, Sofonías): profecías de juicio contra Israel (caps. 1-25); profecías de juicio contra las naciones (LXX 26–31; cf. TM 46–51); y profecías de restauración (LXX 32–52; cf. TM 25–52). Lamentablemente, esto no explica la descripción de juicio contra Jerusalén y Judá evidente en la extensa tercera del Jeremías de la LXX, ni es el patrón tan evidente a lo largo de los otros libros proféticos. Por el contrario, puede apuntar a un principio de arreglo en el cual los oráculos de los profetas en cuanto a Jerusalén/Judá y a las naciones son presentados primero y luego seguidos por un relato de las actividades del profeta durante el exilio babilónico, que narra el proceso por el cual se han de cumplir los oráculos. El orden del TM de Jeremías incluye la presentación de varias visiones, profecías y lamentaciones de Jeremías en cuanto a Jerusalén y a Judá, en los caps. 1-24; un registro de diversos discursos y acontecimientos en la vida de Jeremías, a partir del reinado de Joacim hasta después de la destrucción de Jerusalén en los caps. 25-45; las profecías contra las naciones en los caps. 46-51; el relato de la destrucción de Jerusalén por Babilonia, y el exilio de los cautivos en el cap. 52, extraídos de 2 R 24.18-25-30. La identificación de este arreglo está basada principalmente en circunstancias literarias y genéricas que pueden muy bien reflejar la historia literaria del libro. Detrás de este arreglo parece haber un principio cronológico, aunque con repeticiones, tales como el doble relato en cuanto al sermón de Jeremías sobre el templo en los caps. 7 y 26, y otras inconsistencias cronológicas que alteran el patrón. En términos generales, el libro comienza con el relato del llamamiento o de la misión del profeta en el cap. 1, identificándole como un profeta para las naciones, y sigue hasta el cap. 45 con una presentación de su vida, y termina con los últimos años de Jeremías en Egipto. Las profecías que siguen en contra de las naciones en los caps. 46-51 se cumplirán en algún momento en el futuro, y la narración histórica final del cap. 52 resume la situación de Judá y de Jerusalén al final de la vida de Jeremías.

Es indudable que la forma actual del libro, tanto en la LXX como en el TM, son composiciones editadas en gran medida, que reflejan las posturas e intereses de los escritores y editores que las produjeron. Hay el esfuerzo deliberado, p.ej., de presentar a Jeremías como un profeta semejante a Moisés, al decir que estuvo activo durante un período de 40 años (1.1-3); que hizo un llamado a obedecer los mandatos de la Tora de Jehová como la base de la relación entre el pueblo y Jehová; que fue víctima de las exigencias y el rechazo tanto de Jehová como del pueblo, de manera parecida a la experiencia vivida por Moisés en el desierto; y que murió fuera de la tierra de Israel. En términos generales, la presentación de Jeremías en el libro surge como una suerte de teodicea, tratando de justiciar la decisión de Jehová de destruir Jerusalén como resultado de los pecados del pueblo de Israel y de Judá. Los eruditos han señalado varios aspectos del libro que dejan entrever una compleja historia literaria: la narración en el cap. 36 que identifica a Baruc hijo de Nerías como el escriba responsable de escribir los oráculos de Jeremías; la presencia de composiciones tanto poéticas como proféticas, que pueden muy bien ser las palabras del profeta, y los relatos en prosa de las palabras y actividades de Jeremías, que deben originarse claramente de un escritor o de algunos escritores diferentes al profeta; y la narración en estilo de prosa que se corresponde estrechamente con el de la historia deuteronómica, especialmente los libros 1-2 de Reyes.

A lo largo de gran parte del siglo XX hubo un gran debate, que pone de relieve las dificultades en cuanto a la reconstrucción de una idea exacta del profeta histórico a partir de la presentación literaria que aparece en el libro de Jeremías. Un primer e importante estudio en alemán hecho por Sigmund Mowinckel identifica cuatro fuentes principales dentro del libro. La fuente A es el material poético de los caps. 1-25, que representa las palabras del profeta. La fuente B es el material biográfico en prosa de los capítulos 19.1-20.6; 26; 28, 29; 36-44, escrito por un admirador del profeta. Mowinckel y otros identificaron posteriormente a este escritor como Baruc hijo de Nerías. La fuente C es el material de homilías en prosa de los caps. 7.1–8.3; 11.1-17; 18.1-12; 21.1-10; 25.1-11a; 32.1, 2, 6-16, 24-44; 34.1–35.19; 44.1-14, parecido al material de las homilías en Deuteronomio y en la historia deuteronómica. En el libro están también incluidas superinscripciones y materiales de los caps. 3.6-13; 29.1a, 3-9, 21-23; 45. La fuente D constituye profecías posexílicas de consolación en los caps. 30, 31. Al incorporar los capítulos 46-51 y 52, todo el libro quedó completo y editado en el período posexílico.

Sin embargo, el debate posterior se ha inclinado a desdibujar estas diferencias, ya que los eruditos han notado mucha afinidad entre las tres primeras fuentes de Mowinckel. John Bright sostiene que no hay ninguna diferencia entre las fuentes B y C, y argumenta que ellas representan una misma secuencia de las palabras transmitidas por Jeremías. E. W. Nicholson alega que las fuentes B y C son deuteronómicas, producidas por círculos babilónicos que utilizaron la figura de Jeremías en el discurso de predicación como un medio de transmitir las enseñanzas deuteronómicas en la comunidad judía posexílica. Un estudio en alemán hecho por Manfred Weippert sostiene que el material deuteronómico en prosa está fundamentado en los oráculos en poesía de la fuente A de Mowinckel, y por tanto se deriva de Jeremías y sus discípulos. Igualmente, William L. Holladay señala afinidades entre los oráculos en poesía y los materiales en prosa, y argumenta que los sermones en prosa constituyen proclamaciones contrarias de Jeremías a las lecturas públicas del libro de Deuteronomio. Robert P. Carroll sostiene que la influencia deuteronómica está tan presente a lo largo de todo el libro, que es imposible reconstruir una imagen precisa del profeta, de sus palabras o de sus ideas. Según Carroll, Baruc es la creación literaria de los escritores deuteronómicos de Jeremías, y la figura de Jeremías, tal como está presentada en el libro, debe, por tanto, ser tratada como un personaje novelesco. William McKane argumenta que los caps. 1-20 contienen profecías de Jeremías, pero que el libro debe ser identificado como un «rolling corpus», es decir, el producto de una acumulación sostenida y poco sistemática por parte de escritores tardíos que agregaron sus comentarios exegéticos y editoriales al «núcleo» jeremíaco original.

Sin duda, la discusión académica de Jeremías pone de manifiesto muchas dificultades en cuanto a la reconstrucción de la figura histórica y el mensaje del profeta a partir de las formas literarias actuales del libro. No obstante, sí surgen ciertos rasgos del profeta y de su pensamiento, tales como su identidad sacerdotal y su postura política en favor de Babilonia. Jeremías es un sacerdote de la línea de Elí, quien sirvió una vez en el santuario de Silo durante el período premonárquico (1 S 1-3), pero que después fue desterrada a Anatot cuando Salomón reemplazó a Abiatar por Sadoc como sumo sacerdote en Jerusalén (1 R 2.26, 27). Las referencias en Jeremías del sermón del templo (7.1–8.3) a la destrucción de Silo, evidencian este trasfondo, como lo atestiguan también sus referencias a Samuel y Moisés como figuras intercesoras (15.1). Asimismo, sus visiones de una vara de almendro (1.11, 12), de una olla que hierve (1.13), y de las cestas de higos buenos y malos (24.1-10), indican todas su papel sacerdotal; la vara de almendro que florece es el símbolo del sacerdocio (Nm 17.1-11); entre los oficios sacerdotales estaba el hervir en ollas carne de los sacrificios (cf. 1 S 2.11-17; Ez 24.1-14), y el recibir ofrendas de frutos era parte del diezmo que les correspondía a los levitas (Nm 18.1-32; Dt 14.22-29; 18.1-5). Aunque algunos han argumentado que las «lamentaciones» o «confesiones» de Jeremías (11.18–12.6; 15.10-21; 17.14-18; 18.18-23; 20.7-18) no pueden ser del profeta porque ellas emplean el lenguaje típico de las lamentaciones litúrgicas del templo, puede esperarse el uso de tal lenguaje por parte de un sacerdote para hablar de sus propios problemas. En términos generales, Jeremías expresa su frustración, tanto con Jehová como con sus enemigos, incluyendo a los hombres de Anatot, por las dificultades que enfrenta al llevar a cabo su llamamiento profético y expresar claramente un mensaje que no parecía tener apoyo popular. La aparición de Jeremías en Jerusalén sin duda no le ganaría aliados entre sus hermanos, quienes dejaron de venir a Jerusalén después que Josías destruyó los santuarios en los lugares vecinos (cf. 2 R 23.8, 9). Su permanente llamado a someterse a Babilonia (caps. 27, 28), aun después que los babilonios se habían llevado a Joaquín en el 597 (cap. 29), refleja la posición política de Josías, quien murió en Meguido en el 609 al tratar de evitar que los egipcios apoyaran a Asiria contra Babilonia (2 R 23.28-30; 2 Cr 35.20-27). Tal llamado lo convertiría en un enemigo natural de Joaquín, quien había sido puesto en el trono por Faraón Necao como vasallo de Egipto, y de Sedequías, cuya sublevación contra Babilonia llevó a la destrucción de Jerusalén. La estrecha relación de Jeremías con la familia de Ahicam hijo de Safán (cf. 26:14; 29:3; 36:10-12; 39:14; 40:5), un funcionario de la corte e hijo del secretario de Josías, quien comunicó el descubrimiento del libro de la Tora, el cual sirvió de base para las reformas de Josías, prueba su relación con el bando probabilónico de Josías en Judá. Por último, su llamado a observar la Tora de Jehová como la base de la relación de pacto entre Jehová y el pueblo, expresado el sermón del templo como una versión reducida de los Diez Mandamientos (7:9; cf. 11:1-17), indica su fidelidad a las normas religiosas de Deuteronomio. Jeremías ve claramente el mundo humano de los acontecimientos sociales y políticos, como la esfera de la actividad de Jehová. Aunque Jeremías toma una postura partidaria en el mundo político de la Judea de su tiempo, lo hace por un sentido de obligación, tanto para con Jehová como para con su pueblo, para hacer que la justicia y la verdad se impongan. Los caps. 2-6 y 30, 31 indican que Jeremías apoyó al comienzo el intento de Josías de hacer volver a la población del norteño Israel a la autoridad davídica, pero llegó a la conclusión de que la muerte inesperada de Josías era una señal de la intención de Jehová de castigar a Judá por abandonarle de manera parecida al norteño Israel. Jeremías hace un llamado a un trato justo a los pobres de la sociedad de Judea, y critica severamente a Joaquín por no ocuparse de su pueblo, pero sí de construir un palacio suntuoso para sí mismo (cap. 22). Es igualmente capaz de reprochar a Jehová por abandonarlo a sus enemigos después de proclamar su palabra, y maldice el día de su nacimiento por su impotencia para resistir su llamado profético (20.7-18). Jeremías condena a Ananías como falso profeta, aun cuando el mensaje de Ananías concuerda con el de Isaías un siglo antes (cap. 28). Condena a Sedequías por no cumplir con la liberación de los esclavos cuando los babilonios levantaron temporalmente su sitio a Jerusalén (cap. 34). Cuando los babilonios ofrecieron llevar a Jeremías a Babilonia para protegerlo después de la caída de Jerusalén en el 587, Jeremías eligió quedarse con su pueblo. Su rescate de la propiedad familiar en Anatot durante una tregua en el acoso de Babilonia, revela su identificación con su pueblo y su confianza en la restauración de la nación después del castigo. La forma actual de las profecías sobre la restauración, en los capítulos 30 y 31, prevé la restauración y un nuevo pacto entre Jehová y el pueblo.

En conclusión, el libro de Jeremías presenta a Jeremías como un sacerdote y un profeta que estuvo fuertemente involucrado en los asuntos públicos de su sociedad en un tiempo de profunda crisis nacional. Como tal, Jeremías representa un modelo de inquebrantable fidelidad a Jehová, a su pueblo y a los principios de verdad y justicia que son el fundamento de la relación de Jehová con los pueblos de Israel y Judá.

Bibliografía. J. Bright, Jeremiah. AB 21 (Garden City, 1965); R. P. Carroll, Jeremiah. OTL (Philadelphia, 1986); Jeremiah. Old Testament Guides (Sheffield, 1989); W. L. Holladay, Jr., Jeremiah. 2 vols. Herm (Philadelphia and Minneapolis, 1986-1989); W. McKane, Jeremiah 1. ICC (Edinburgh, 1986); E. W. Nicholson, Preaching to the Exiles (New York, 1971).

MARVIN A. SWEENEY

JEREMIEL (Lat. *Hieremihel*)
Arcángel que respondió las preguntas de los justos muertos en relación con la resurrección (2 Esd 4.36). Se cree que sea el mismo Ramiel o Ramael (en siríaco; cf. 2 Bar 55.3) o Remiel (1 Esd 20.8).

JEREMOT (Heb. *yĕrēmôṯ*) (también JERIMOT)

1. Benjamita, uno de los nueve hijos de Bequer, que sirvió como jefe de familia durante el reinado de David (1 Cr 7.8).

2. Hijo de Bería, jefe de una familia benjamita que vivió en Jerusalén (1 Cr 8.14, 28).

3. Levita merarita, uno de los tres hijos de Musi, que fue designado para el servicio del templo por David (1 Cr 23.23).

4. Hijo de Hemán a quien David y los capitanes del ejército eligieron para el ministerio de profetizar en el templo con acompañamiento instrumental (1 Cr 25.22).

5. Descendiente de Elam entre los que regresaron del exilio con Zorobabel, que fueron culpables de haberse con mujeres extranjeras (Esd 10.16).

6. Descendiente de Zatu que se divorció de su esposa extranjera (Esd 10.27).

7. Descendiente de Bani que despidió a su esposa extranjera y a sus hijos (Esd 10.29).

DAVID PAUL LATOUNDJI.

JERÍAS (Heb. *yĕrîyāhû*),
Levita coatita; jefe del linaje hebronita en tiempos del rey David (1 Cr 23:19; 24:23).

JERICÓ (Heb. *yĕrîḥô*)
Ciudad c. 16 km (10 m) al norte del Mar Muerto, cerca de un cruce del río Jordán. La Jericó israelita ha sido asociada con Tell es-Sulnân (192142), y la Jericó Romana con Tulûl Abq el-ʿ Alayiq (191139). La evidencia arqueológica ha registrado ocupación cerca del manantial (ʿAin es-Sulnân), y en Tell es-Sulnân y Abq el-ʿ Alayiq ya en el período mesolítico (c. 9000 a.C.) con interrupciones ocasionales, hasta la era moderna.

Antiguo Testamento y apócrifos
El nombre Jericó aparece con frecuencia en las Escrituras hebreas en referencias geográficas (p.ej., Nm 22.1; 26.3, 63; Dt 34.1, 3; también en 1 Cr 6.78[TM 63]) como situada más allá del Jordán. Jericó figura destacadamente sólo en el libro de Josué, el cual narra su conquista milagrosa (Jos 5:13–6.23); en Jueces aparece como un puesto de avanzada de Eglón de Moab (Jue 3.13). Los emisarios ultrajados de David se recuperaron en Jericó (2 S 10.51 = 1 Cr 19.5). Según 1 R 16.34, Hiel de Bet-el «reedificó a Jericó» al precio de la vida de sus dos hijos, conforme a la maldición que aparece en Josué 6. En 2 R 2.4-18, Jericó es mencionada como lugar de una escuela de profetas. Prisioneros de guerra judaítas fueron repatriados a ese lugar (2 Cr 28.15). Segundo de Reyes 25.5 = Jer 39.5 = 52.8 registra la captura cerca de Jericó del rey Sedequías cuando huía. Esdras 2.34 = Neh 7:36 habla de un asentamiento posexílico (con una población de 345) personas en Jericó.

Jericó tuvo de nuevo importancia en el período helénico. La ciudad fue fortificada por Báquides (1 Mac 9.50), y fue después el escenario de la muerte

Fortificaciones neolíticas en Jericó del período anterior a la arcilla (Tell es-Sulnân) (Fondo de Excavaciones de Jericó, fotografía de Kathleen M. Kenyon)

de Simón (16.14-16). Eclesiástico 24.14 menciona a Jericó en una metáfora sobre la sabiduría.

Nuevo Testamento

Jericó aparece en el relato del ministerio de Jesús sólo en los evangelios sinópticos. Es el escenario de la historia de Zaqueo, aparentemente el jefe de los cobradores de impuestos de la ciudad (Lc 19.1-10), y figura en la parábola del buen samaritano (10.30). En Mt 20.29, Mr 10.6 y Lc 18.35, Jericó es el lugar donde un(os) ciego(s) es(son) curado(s).

Tell es-Sulnân

Tell es-Sulnân, excavado por primera vez por Ernst Sellin y Carl Watzinger (1907-09), y posteriormente por John Garstang (1930-36) y Kathleen M. Kenyon (1952-58), ha proporcionado parte de la información más importante en relación con los comienzos del fenómeno de urbanización. En un sondeo profundo se encontraron retos mesolíticos (de aprox. 9000), parecidos a artefactos natufienses. Este pequeño descubrimiento detectó una «plataforma» rectangular de arcilla preservada adrede sobre un lecho rocoso, interpretado por Kenyon como un santuario; sin embargo, unos objetos que se creían en principio cavidades para tótems fueron identificados después como morteros de piedra.

En los siguientes cuatro niveles neolíticos (c. 8500-4000), Tell es-Sulnân se convirtió en una ciudad grande (4 hectáreas [10 acres]). El asentamiento neolítico A precerámico, sucesor de las aldeas protoneolíticas, creció y se organizó hasta el punto de que sus ocupantes construyeron un gran muro de piedra alrededor de la ciudad. El muro de defensa del perímetro incluía en total tres fases con, por lo menos, una torre de forma redondeada (8.5 m [28 pies] y un ancho de 7.7 m [25 pies], con una escalera interior. En el perímetro de la segunda fase del muro se cavó una zanja de 9.5 m (31 pies) de ancho × 2.25 m (7.4 pies) de profundidad, en el lecho de roca a lo largo de la superficie exterior, una particularidad que ofrecía mayor protección. La neolítica B Tell es-Sulnân, precerámica, también una ciudad amurallada, está representada más especialmente por el descubrimiento de cráneos humanos que habían sido recuperados de una primera inhumación, y en los cuales se habían dibujado rasgos faciales. Los cráneos, muestras de los cuales se han descubierto en otros sitios neolíticos, se guardaban en casas; un grupo de nueve de ellos fue encontrado en los escombros de una casa derrumbada. Kenyon ha sugerido que estos cráneos apuntan a un culto a los antepasados. En los niveles PPN B más altos fueron descubiertas estatuillas de forma humana parecidas a las encontradas en ʿAin Ghazal; éstas fueron calificadas por Kenyon como una continuación del culto a los antepasados, una imitación de los cráneos humanos maquillados. Otros, sin embargo, creen que las estatuillas son representaciones de divinidades.

La destrucción de PPN B Tell es-Sulnân fue seguida por una interrupción en la ocupación, y con el tiempo por otro asentamiento neolítico de la cultura cerámica neolítica. El PN A consistió mayormente de viviendas construidas en depresiones. Al comienzo se construyeron viviendas PN B en las ruinas de las depresiones PN A, pero después la tendencia fue construir sobre el suelo, y de manera separada. PN B Tell es-Sulnân estuvo también rodeada al parecer por un muralla. Los restos materiales apoyan la creencia de que los ocupantes eran pastores y cazadores.

Después de otra interrupción de varios siglos, humanos tuvieron actividades en Tell es-Sulnân, al comienzo de la Era de Bronce I del calcolítico (la «protourbana de Kenyon»), una conclusión basada en el descubrimiento de un grupo de tumbas de varas, todas ellas contentivas de numerosas sepulturas. La arquitectura reapareció en montículos en las EB IA e IB en forma de casas rematadas en forma absidal, junto con indicios de un muro defensivo y de una torre semicircular. En la EB I está incluida una edificación con una amplia habitación llamada santuario por Garstang, a la cual atribuyó varios instrumentos cultuales. Kenyon atribuyó ambas tumbas y el asentamiento a grupos nómadas o seminómadas que llegaron recientemente al sitio.

En las tempranas Edades II-III del Bronce, la época de mayor urbanización de Palestina, Tell es-Sulnân fue fortificada de nuevo, en este caso con los grandes muros B (EB II) y C (EB III) de ladrillo que experimentaron todas las 17 fases de construcción. Garstang y Kenyon excavaron varios centenares de tumbas y casas de las EB II-III; la evidencia de utensilios representa prosperidad y contactos comerciales con Egipto, Anatolia y Siria. La destrucción por el fuego del último pueblo de la EB III, precedida por una declinación gradual en la economía y la cultura de la EB III, dejó de nuevo abandonada a Tell es-Sulnân durante varios siglos. Unas 350 tumbas de varas en sepulturas individuales alrededor de Tell es-Sulnân, más los restos de unas pocas casas en el montículo, reflejan la única actividad humana en la EB IV. La mayoría de las sepulturas contenían restos de esqueletos desarticulados, una indicación de prácticas de sepultura secundarias. Kenyon interpretó estas sepulturas como el reflejo de una organización tribal consistente de siete grupos afiliados, todos los cuales vieron a la región como un lugar tradicional para hacer entierros.

La ocupación en Tell es-Sulnân, en la mediana Edad del Bronce (MB II) (o Cananea), fue de nuevo una ciudad bien guarnecida, terminada totalmente con tres sucesivas murallas cubiertas con yeso. Había casas y negocios dibujados en el plano de la ciudad cerca de la entrada a la misma. No obstante, la plena evidencia de la vida en la MB II (y de sus ideas en cuanto a la vida en el más allá) se encuentra en las tumbas del cementerio vecino, entre cuyos restos preservados se encontraron muebles de madera, tejidos, cestas, esterillas, escarabajos, tallas decorativas de marfil, e incluso comida. La Tell es-Sulnân de la MB II terminó siendo destruida, probablemente a manos de fuerzas egipcias.

El asentamiento de la tardía Edad del Bronce (LB) en Tell es-Sulnân ha recibido mucha atención de los académicos bíblicos, principalmente por el relato de la conquista de Jericó que aparece en el libro de Josué. Sin embargo, la ocupación en LB parece haber estado restringida a una aldea no guarnecida de los siglos XV-XIV. Los descubrimientos hechos por Kenyon, de una arquitectura doméstica fragmentaria, más los escasos restos de LB encontrados por Garstang (quien había identificado erróneamente el muro de una fortificación del EB III como la de Josué 6), no se corresponden con la historia del asedio y la destrucción de la amurallada Jericó. Los intentos por identificar a los restos arqueológicos de Tell es-Sulnân con los de la ciudad de Jericó descrita en Josué 6, encuentran muchas dificultades ante la ausencia de datos arqueológicos.

Sólo con el primer estrato de la Edad del Hierro se puede aplicar sin ningún problema el nombre de Jericó a Tell es-Sulnân. Desde fines del siglo XV hasta los siglos X-IX, Tell es-Sulnân no estuvo ocupada, en cuya época fue reconstruida, presumiblemente por Hiel de Bet-el (1 R 16.34), aunque los utensilios de una de las cinco tumbas conocidas del LB son de comienzos del siglo XIV. Para el siglo VII, Jericó se había convertido en un amplio asentamiento, el cual fue destruido en el siglo VI cuando Babilonia conquistó Judá. Este asentimiento de la tardía Edad de Hierro II fue el último en el montículo de Tell es-Sulnân, y su ocupación durante los períodos persa y helénico no está comprobada en la región.

Tulûl Abq el-ʿAlayiq

En el período asmoneo-romano, la ocupación del oasis llegó hasta Tulûl Abq el-ʿAlayiq, un grupo de montículos bajos tanto al norte como al sur del Wadi Qelt. Las excavaciones de estos sitios fueron hechas por Charles Warren (1869), Sellin y Watzinger (1913), James L. Kelso y Dimitri C. Baramki (1950), James B. Pritchard (1951) y Ehud Netzer (1973-1987). Estas excavaciones a gran escala dejaron al descubierto un palacio de dos pisos construido por Hircano I en la ribera norte del Wadi Qelt, y un gran complejo de edificios, con piscina y todo, construido por Herodes el Grande como palacio de invierno, con alas conectadas por un puente a ambos lados del Wadi Qelt. Las excavaciones de Netzer descubrieron también restos de un teatro, de una pista de carreras y de un posible gimnasio construido por Herodes en Tell es-Samarat (1917.1413) al sur de Tell es-Sulnân. De la ciudad asociada con la Jericó del NT, es poco lo que ha sido descubierto.

Bibliografía. J. R. Bartlett, *Jericho* (Grand Rapids, 1983); P. Bienkowski, *Jericho in the Late Bronze Age* (Warminster, 1986); J. Garstang and J. B. E. Garstang, *The Story of Jericho* (London, 1940); J. L. Kelso and D. C. Baramki, «The Excavation of New Testament Jericho (Tulul Abu el-Alayiq),» in *Excavations at New Testament Jericho and Khirbet en-Nitla*. AASOR 29-30 (New Haven, 1955): 1-19; K. M. Kenyon, *Digging Up Jericho* (New York, 1957); E. Netzer, «The Hasmonean and Herodian Winter Palaces in Jericho,» IEJ 25 (1975): 89-100; J. B. Pritchard, *Excavations at Herodian Jericho*. AASOR 32-33 (New Haven, 1958).

PAUL F. JACOBS

JERIEL (Heb. *yĕrî'ēl*)
Hijo (o descendiente) de Tola; jefe de una casa paterna de la tribu de Isacar (1 Cr 7.2).

JERIMOT (Heb. *yĕrîmôṯ*) (también «Jeremot»).
Nombre personal, escrito también Jeremot en algunos textos.

1. Uno de los cinco hijos de Bela que sirvió como jefe de una antigua familia durante el reinado de David (1 Cr 7.7).

2. Guerrero benjamita emparentado con el rey

Saúl, que se unió a David en Siclag después que ése huyó de Saúl (1 Cr 12:5[TMT]). Como otros que se unieron al futuro rey, Jerimot fue un hábil guerrero que podía manejar el arco y la honda con ambas manos.

3. Jefe de una familia de la tribu de Levi entre los descendientes de Musi asignados a las tareas del templo o a trabajos administrativos durante el reinado de David (1 Cr 24.30; llamado Jeremot en 23.23).

4. Músico del templo y vidente durante el reinado de David (1 Cr 25.4; llamado Jeremot en el v. 22).

5. Comandante militar de las fuerzas tribales de Neftalí durante el reinado de David (1 Cr 27.19).

6. Hijo del rey David cuya hija Mahalat se casó con el rey Roboam de Judá (2 Cr 11.8).

7. Mayordomo de los graneros reales del templo durante el reinado de Ezequías (2 Cr 31.13).

DAVID C. MALTSBERGER

JERIOT (Heb. *yĕrîʿôṯ*)

Al parecer, una esposa de Caleb hijo de Hezrón (1 Cr 2.18). El TM no es claro. Otras posibilidades son que Jeriot sea otro nombre para Azuba, o que estuvo casada antes con un hombre llamado Jeriot.

JERJES (Gr. *Xerxēs*)

Jerjes I, rey acameo de Persia, 486–465 a. C., quien subió al trono después de la muerte de Darío I. Hay evidencia en las inscripciones que Jerjes I era el príncipe candidato al trono por algún tiempo, y ejerció el gobierno junto con su padre (hay una nota en el portal de la puerta en el sur del palacio privado de Darío I). Esto es notable porque hay evidencia que Darío había indicado anteriormente que su hijo mayor, Artobazano, sería su sucesor. Sin embargo, Darío engendró a Jerjes por Atosa, la hija de Ciro el Grande y esposa de Cambises. Entre las inscripciones de Persépolis, Jerjes mismo anota que aunque tenía hermanos, él fue escogido por la voluntad de Ahura Mazda (el dios patrón de Zoroastro de la línea acamea) para ser el nuevo rey. Desde 498 hasta su ascensión 12 años después, Jerjes sirvió como un oficial subordinado de Babilonia, la segunda posición más poderosa en el imperio persa.

Jerjes es famoso por su campaña en Egipto, que tal vez incluyó, de camino, una invasión a Judá. La revuelta en Egipto fue finalmente aplastada en enero del 484. Las fuentes griegas narran sus preparativos militares para una invasión de Grecia, pero estaba preocupado con rebelión dentro de su propio imperio, notablemente en Babilonia. Hay alguna controversia sobre las políticas de Jerjes hacia Babilonia. Parece cierto que su general, Megabyzus, en realidad derritió la estatua de Marduk como parte de su política de hacer que Babilonia se sometiera en obediencia. Esto pudo haber sido un ejemplo de una política más amplia, así como existen indicaciones que Jerjes trató los templos locales (a menudo centros de revueltas) severamente en sus respuestas a insurrecciones (en contraste con las políticas más liberales de Darío). Su incendio de Atenas fue la causa aclamada para el odio de los griegos a Jerjes, quien llegó a ser un monstruo déspota en las tradiciones griegas. Fue derrotado por el ejército helénico en Salamis, en septiembre del 480, nuevamente sufrió la derrota de su ejército en Plataia en el 479. Indudablemente, como resultado de sus muchos fracasos, eventualmente se sintió dispuesto a recibir una delegación de paz encabezada por Kalias, enviado por los atenienses. Las negociaciones de paz continuaron, a pesar de las intrigas del palacio que resultaron en la muerte de Jerjes y la eventual sucesión de Artajerjes I al trono; este último estuvo de acuerdo a mantener un tratado de paz que duró corto tiempo.

Jerjes, en su reinado póstumo, es recordado en la literatura clásica por las muchas intrigas en el palacio y los muchos harenes, algunos de los cuales pueden proveer el «color de fondo» detrás de la popularidad de las historias hebreas tales como Ester. Sin embargo, Jon L. Berquist sugiere que solo Malaquías puede haber venido del tiempo de Jerjes, y la preocupación de Malaquías con las ofrendas del Templo puede reflejar la política de Jerjes de cortar los fondos de los santuarios locales, fondos que eran muy generosos durante Darío, su padre. Esta crisis financiera puede estar reflejada en la preocupación por los diezmos, el personal del Templo, y el poder del Templo en Malaquías.

Bibliografía. J. M. Balcer, *A Prosopographical Study of the Ancient Persians Royal and Noble c. 550–450* B.C. (Lewiston, 1993); J. L. Berquist, *Judaism in Persia's Shadow* (Minneapolis, 1996); J. M. Cook, *The Persian Empire* (New York, 1983).

DANIEL L. SMITH-CHRISTOPHER

JEROBAAL (Heb. *yĕrubbaʿal***)**

Nombre («que Baal [o «el amo»] contienda» o «multiplique») dado a Gedeón para conmemorar la destrucción del altar de su padre a Baal en Ofra (Jue 6.32). Este nombre es identificado a veces con otro nombre (Jue 7.1; 8.35), pero en otras es claramente un sustituto para Gedeón (p.ej., cap. 9; 1 S 2.11); algunos eruditos ven esto como evidencia de fuentes diferentes.

JEROBOAM (Heb. *yārob̲ʿām*)

1. Primer rey del norteño estado de Israel (c. 924-903 a.C.); efraimita de Sereda, hijo de Nabat y de la viuda Zerúa. Salomón «le encomendó todo el cargo de la casa de José» (1 R 11.28), pero después de haberse involucrado en un alzamiento (v. 27), y ser designado por el profeta Ahías silonita como el que gobernaría sobre 10 tribus de Israel después de la muerte de Salomón (vv. 29-39), Jeroboam se vio obligado a huir a Egipto donde permaneció bajo la protección de Faraón Sisac hasta la muerte de Salomón (v. 40). Cuando la congregación de Israel se reunió en Siquem para hacer a Roboam su rey, Jeroboam se unió a ellos, y después que Roboam rechazó la petición del pueblo de un gobierno clemente, las tribus del norte lo rechazaron como rey y escogieron en su lugar a Jeroboam (1 R 12.1-20). (La LXX presenta un relato muy diferente del ascenso de Jeroboam al poder y de su gobierno posterior, pero su valor es poco claro para la reconstrucción histórica.)

Jeroboam fortaleció su autoridad sobre Israel creando programas y reformas cultuales. Construyó a Siquem, y luego a Penuel, presumiblemente como sus ciudades capitales, y más tarde, aparentemente, trasladó su capital a Tirsa (1 R 12.25; 14.17; 15.33). Además, hizo becerros de oro para los santuarios de Dan y Bet-el; creó otros centros de adoración en lugares altos del país; instaló sacerdotes no levitas como funcionarios del culto; e introdujo cambios en el calendario religioso (1 R 12.26-32; cf. 2 Cr 11.13-16; 13.8, 9). Estos cambios religiosos fueron probablemente vistos en el norte como un intento por volver a las prácticas cultuales israelitas más tradicionales, que permitían la adoración en numerosos santuarios, y no tenían las mismas limitaciones en cuanto al sacerdocio que había en Jerusalén, y que consideraban al becerro (¿toro?) de oro instituido por Aarón (cf. Ex 32.1-6) como algo digno de adoración, que cumplía la misma función del arca del tempo en el Templo de Jerusalén. Sin embargo, el historiador del Deuteronomio consideraba a la política religiosa de Jeroboam un intento con propósito político para disuadir a los israelitas de adorar en Jerusalén; esencialmente idolátrico, este culto fue finalmente el responsable de la destrucción del reino del norte (1 R 12.26-32; 2 R 17.21-23). Por ese motivo, el historiador declara que el culto de Bet-el había sido denunciado por un profeta anónimo que viajó de Judá a Bet-el para confrontar a Jeroboam (1 R 13.1-10), y que Ahías, que al comienzo había identificado a Jeroboam como rey, después condenó su conducta y predijo la muerte de su hijo heredero Abías a la esposa de Jeroboam, quien había visitado al profeta para pedirle que lo sanara (1 R 14.1-6). Las referencias posteriores a Jeroboam en 1 y 2 de Reyes reflejan siempre el concepto de él como un idólatra que llevó a Israel a la ruina (p.ej., 1 R 16.2, 31; 2 R 3:3; cf. Ecl 47:23).

El reinado de Jeroboam fue agitado por su continuo conflicto con Judá (1 R 14.30; cf. 2 Cr 13.2b-20, el cual describe la milagrosa victoria de Abías/Abiam sobre Jeroboam), y por la incursión de las fuerzas de Faraón Sisac en Israel (1 R 4.25, 26 menciona esto último sólo para hacer notar sus efectos sobre Judá, pero el objetivo principal del ataque fue aparentemente Israel). Por último, se le dice al lector que tras la muerte de Jeroboam (como un castigo de Dios, según 2 Cr 13.20) le sucedió en el trono su hijo Nadab (1 R 14.20).

Bibliografía. C. D. Evans, «Naram-Sin and Jeroboam: The Archetypal Unheilsherrscher in Mesopotamian and Biblical Historiography,» in *Scripture in Context II*, ed. W. W. Hallo, J. C. Moyer, and L. G. Perdue (Winona Lake, 1983), 97-125; B. Mazar, «The Campaign of Pharaoh Shishak to Palestine,» VTSup 4 (Leiden, 1957), 57-66; W. I. Toews, *Monarchy and Religious Institution in Israel under Jeroboam I*. SBLMS 47 (Atlanta, 1993).

2. Rey de Israel (c. 785-745), hijo de Joas y nieto de Jehú (2 R 14.23). El reinado de Jeroboam II sobre Israel se caracterizó aparentemente por los éxitos militares y la prosperidad económica. Segundo de Reyes 14.25-27 relata que los límites de la nación se extendieron hacia el norte hasta la entrada de Hamat (o sea, probablemente hasta el extremo sur del Valle de Beqaʿ), y hacia el sur hasta el Mar Muerto, recuperando así la extensión ideal de la tierra de Israel (cf. Amos 6.13, 14). Esta expansión tuvo lugar para que se cumpliera la profecía (por alguna razón no escrita) de Jonás «hijo de Amitai, profeta que fue de Gat-hefer» (es decir, el profeta de quien toma su nombre el libro de Jonás), y para satisfacer el deseo de Dios de sacar a Israel de su aflicción (2 R 14.25, 26). Además, 2 R 14.28 afirma que Jeroboam II «restituyó al dominio de Israel a Damasco y Hamat, que habían pertenecido a Judá»; ésta es una afirmación problemática por dos razones: (1) la mayoría de los historiadores son reacios a aceptar esta aseveración de que Jeroboam II conquistó las dos ciudades, y (2) no está claro qué papel tuvo supuestamente Judá en la conquista. Se han propuesto varias revisiones al texto para resolver estas dificultades, pero no se ha logrado ningún consenso. La prosperidad económica de la nación en ese momento se deduce por las profecías de Amós y Oseas; ambos profetizaron durante el reinado de Jeroboam II (Am 1.1; Os 1:1), y condenaron el derroche y la disolución de la clase urbana dirigente del país (Am 4.1; 5.11, 12; 6.4-6; Os 10.1; 12.8). La peculiar referencia en 1 Crónicas 5.17 a un censo de los gaditas durante los reinados de Jeroboam II y Jotam de Judá, cuyos reinados pudieron haberse casi solapado, puede apuntar a cierta colaboración que hubo entre Israel y Judá en el gobierno de Transjordania, pero esto no está claro.

Poco se sabe de las políticas religiosas de Jeroboam II; 2 Reyes 14.24 proporciona sólo una condena general del rey por continuar la práctica de Jeroboam I, y Amós 7.10-17 habla de conflicto que hubo entre el profeta Amós y el sacerdote Amasías en el santuario real de Bet-el. Los libros de Amós y Oseas indican, sin embargo, que hubo una crítica de los profetas del reinado de Jeroboam II en cuanto a asuntos políticos, injusticia social e infidelidad religiosa. En efecto, Amasías cita a Amós, quien profetizó que Jeroboam II moriría «a espada» y que Israel sería llevado al exilio (Am 7.11). Sin embargo, 2 R 14.29 dice que el rey murió tranquilamente, y que fue sucedido por su hijo Zacarías.

Bibliografía. M. Haran, «The Rise and Decline of the Empire of Jeroboam ben Joash,» VT 17 (1967): 266-97.

M. Patrick Graham

JEROHAM (Heb. *yĕrōḥām*)

1. Efraimita, padre de Elcana y abuelo de Samuel (1 S 1.1; cf. 1 Cr 6.27, 34[TM 12, 19], donde es llamado levita de la descendencia de Coré.

2. Benjamita (1 Cr 8.27), posiblemente el mismo Jeremot del v. 14.

3. Padre o antepasado de Ibeneias, benjamita que volvió del exilio (1 Cr 9.8). Puede ser el mismo 2 anterior.

4. Padre o antepasado de Adaía, sacerdote en la Jerusalén posexílica (1 Cr 9.12; Neh 11.12).

5. Hombre de Gedor y padre o antepasado de Joela y Zebadías, dos hombres que se unieron a David en Siclag

(1 Cr 12.7[8]).

6. Padre o antepasado de Azareel, principal funcionario de David sobre la tribu de Dan (1 Cr 27.22).

7. Padre o antepasado de Azarías, un «jefe de centenas» que apoyó el golpe de Joaida contra la reina Atalía (2 Cr 23.1).

Harold R. Mosley

JERÓNIMO

Traductor de la Vulgata, versión latina de la Biblia basada en los textos hebreos del AT y en los textos griegos más antiguos del NT disponibles en ese tiempo. Fue la Biblia oficial del cristianismo occidental. El papa Dámaso I encargó de la tarea de traducción a Jerónimo; éste fue su más importante proyecto de traducción, el cual se desarrolló entre 391-406 d.C.

Nacido como Eusebius Herionymus (c. 347/48) en el seno de una familia cristiana acaudalada, Jerónimo recibió una educación clásica en Roma, y fue bautizado a la edad de 19 o 20 años. Abrazó la vida monástica hasta su muerte acaecida el 30 de septiembre de 419/420, pero tuvo una activa participación en los debates teológicos de su tiempo. Defendió la virginidad perpetua de María y el celibato monacal; atacó al pelagianismo y al origenismo, y tradujo las homilías de Orígenes y las obras de Eusebio. También publicó comentarios sobre los profetas de AT y el Eclesiastés, y una biografía de Pablo el Ermitaño.

D. Larry Gregg

JERUEL (Heb. *yĕrûʾēl*)

Zona del desierto de Judea entre En-gadi y Tecoa, situada junto a la cuesta de Sis (2 Cr 20.16). Aquí el rey Josafat derrotó una coalición de amonitas y moabitas.

JERUSA (Heb. *yĕrûšāʾ*), (*yĕrûšâ*)

Hija de Sadoc y madre del rey Jotam de Judá (2 R 15.33).

JERUSALÉN (Heb. *yĕrûšālayim*)

La ciudad principal del antiguo Israel, capital de Judá y de la monarquía unida.

Nombre

El nombre está formado por la raíz hebrea *yrh* y el nombre de un dios cananeo, Šalem. El verbo *yrh* significa por lo general «lanzar» o «disparar», pero tiene claramente el sentido de «poner un fundamento» (Job 38.6). Šalem es mejor conocido por los textos ugaríticos, en los cuales está normalmente asociado con *Šahar*, descendientes ambos de El. Por tanto, el nombre Jerusalén puede significar algo como «fundado por Salem».

El concepto masorético del nombre como una forma dual, parece reflejar una teoría tardía. Del mismo modo, la noción de que Jerusalén fue llamada originalmente Jebús se basa en gran medida en la interpolación que hizo el cronista de 2 S 5.6. En la parte de 2 Samuel que dice que «marchó el rey [David] con sus hombres a Jerusalén contra los jebuseos...», el cronista escribe «... se fue... a Jerusalén, la cual es Jebús; y los jebuseos habitaban en aquella tierra» (1 Cr 11.4). Otros pasajes bíblicos se refieren a un lugar llamado «el jebuseo», y añade «que es Jerusalén» (Jos 15.8; 18.28; Jue 19.10). Un examen minucioso de los detalles geográficos de estos pasajes hace pensar que «el jebuseo» era un lugar emblemático muy cercano a Jerusalén, probablemente al norte de la moderna «Ciudad Antigua», en vez de ser otro nombre de Jerusalén per se.

Ubicación

Jerusalén está situada a c. 750 m (2460 pies) sobre el nivel del mar en la región montañosa de la Palestina central. Fue una de las tres grandes ciudades que había en una zona de montañas en la antigüedad, y se conectaba con Siquem y Hebrón por medio de una vía de tierra que iba de norte a sur de la montaña. La parte más antigua de Jerusalén en ser habitada y fortificada, fue la colina situada inmediatamente al sur de la actual Haram esh-Sharif o Monte del Templo. El nombre bíblico de esta colina, o de parte de ella, era Ofel (2 Cr 27.3; 33.14; Neh 3.26, 27; 11.21). Las laderas de Ofel al sur del Monte del Templo están flanqueadas al oriente por el torrente de Cedrón (2 S 15.23; Juan 18.1), y en el oeste por el valle de Tiropeón (nombre dado por Josefo). El Monte del Templo debió haber en la antigüedad una colina de forma natural, distinta a como es hoy en día (después del programa de edificaciones de Herodes el Grande). Asimismo, el Tiropeón, que se une con el torrente del Cedrón en el extremo sur de Ofel, ha sido saturado en gran medida por escombros con el paso del tiempo. Cerca del fondo de la ladera del lado oriental de Ofel, había un manantial, el bíblico Gihón (2 Cr 33.14), que era la principal fuente de aprovisionamiento de agua de la ciudad en sus comienzos. Este manantial estaba complementado por cisternas y, durante el período romano, por acueductos de otros manantiales que había en el sur de Belén.

Frente a Ofel, en la parte este y al otro lado del Cedrón, está el monte de los Olivos. Frente a Ofel y en la parte oeste, al otro lado del Tiropeón, está la llamada Colina Occidental, que es más extensa y proporciona más espacio que Ofel para construir en sus taludes. En la Edad del Hierro II (c. en el tiempo de Ezequías), y de nuevo durante el período helénico-romano (el periodo macabeo y posterior), la ciudad creció hacia esta colina occidental. Josefo se refirió a ella como Ciudad Alta. Parece razonable suponer que «la fortaleza de Sion» desde la cual se defendieron de David los jebuseos, estaba en Ofel, y que el asentamiento de Ofel vino a ser conocido después de que David lo conquistara, como «la ciudad de David» (cf. 2 S 5.6-10). Sin embargo, después de la construcción del Templo, Sion vino a ser el Monte del Templo, o la ciudad ya expandida, como un todo. Finalmente, al parecer durante el período bizantino, cuando el Monte del Templo estaba en ruinas, y en la Colina Occidental había una importante iglesia, la basílica de la Santa Sion, el nombre de Sion fue asociado a la Colina Occidental.

Al doblar por los lados oeste y sur de la Colina Occidental, y continuar luego en dirección este para llegar al Cedrón justo al sur del extremo sur de Ofel y donde se unen el Tiropeón y el Cedrón, se encuentra otro amplio valle, el Wadi er Rahaba. Si «el jebuseo» es la misma Jerusalén, y más específicamente Ofel, considerando que Ofel es la parte más antigua de Jerusalén, entonces el Wadi er-Rahaba surge como el mejor candidato para ser el valle de Hinom y Bir Ayyub, en el torrente del Cedrón justo al sur de donde se une con el Tiropeón y el Rahaba, como En-rogel (Jos 15.7-11; 18.15-19, 21-28). Wadi er-Rahaba ha sido rebautizado como Hinom en algunos mapas modernos.

Fuentes antiguas

Aunque Jerusalén, Siquem y Hebrón eran los principales centros urbanos de las colinas de la Palestina central, tenían un tamaño relativamente modesto en comparación con las ciudades antiguas, e incluso al contrastarlas con algunas ciudades de las tierras bajas de Palestina. Jerusalén, especialmente, aunque disfrutaba de una ubicación agradable, no estaba muy bendecida con recursos agrícolas, ni tampoco

Vista aérea de Jerusalén desde el sureste. El Monte del Templo en el primer plano
(Phoenix Data Systems, Neal y Joel Bierling)

situada cerca de una ruta comercial importante. No es de sorprenderse, por tanto, que Jerusalén aparezca sólo raras veces en fuentes escritas antiguas distintas a la del AT. Las referencias epigráficas no bíblicas en cuanto a Jerusalén antes del período helénico-romano son las siguientes: (1) Un lugar llamado rwš3mm (usualmente transliterado Rosh-lamem, pero posiblemente Rosh-ramem) aparece en los grupos de Textos de Execración de Berlín y Bruselas. Si éste es Jerusalén, como la mayoría de los eruditos se inclinan a creer, entonces los faraones egipcios estaban informados de la existencia de Jerusalén c. del 1800, y la ubicaban en la lista de sus enemigos de Asia. (2) Dos de las Cartas de Amarna, de mediados del siglo XIV, fueron enviadas a la corte egipcia por Shuwardata, el rey vasallo de Gat, quien acusó de deslealtad a ʿAbdu-Feba, el rey vasallo de Jerusalén. Cinco de las cartas son de origen hurrita. ʿAbdu-Feba insiste en que son otros, no él, los desleales a Egipto, y apremia a Faraón a enviar ayuda militar. (3) Un fragmento de una inscripción aramea descubierto en Tell Dan, y datado por el excavador como del siglo IX, parece referirse a «la casa de David». Presumiblemente, ésta es una referencia a la dinastía gobernante en Jerusalén, la cual, de acuerdo con el AT, habría sido fundada por David aproximadamente siglo y medio antes. (4) Fue durante el siglo IX también que los gobernantes neoasirios comenzaron a llevar a cabo campañas militares en Siria-Palestina y, por tanto, mencionan gobernantes locales de esa región en las inscripciones reales. Tiglat-pileser III (744-727) ofrece la primera mención de un rey jerusalemita, específicamente a Joacaz, en una lista de gobernantes locales palestinos que le pagaban tributo. Asarhaddón (680-669) y Asurbanipal (668-627) hablan de tributos recibidos de Judá, lo cual significa, por supuesto, Jerusalén. Sin embargo, lo más intrigante, sin duda, de las inscripciones reales asirias, son los prismas analísticos que ofrecen relatos casi duplicados de la invasión de Senaquerib a Palestina, y del asedio a Jerusalén en el 701, (5) Uno de los cronistas de Babilonia habla de la conquista de Jerusalén en marzo del 597 por parte de Nabucodonosor.

Evidencia arqueológica

Los restos arqueológicos prerromanos de Jerusalén son escasos, lo cual no es extraño ya que no era una ciudad significativa en la antigüedad. De igual manera, la actual ocupación de la Jerusalén, aparte de las sensibilidades religiosas y los factores políticos, limitan las zonas donde los arqueólogos pueden cavar. Sin embargo, el perfil arqueológico de las Edades del Bronce y del Hierro es claramente típico para todos los sitios de Palestina. Este perfil puede ser resumido de la manera siguiente:

1. La evidencia cerámica indica cierta ocupación de Ofel, ya en el período calcolítico.
2. Los restos de un edificio son prueba de un asentamiento permanente en Ofel en los primeros siglos (c. 3000-2800 a.C.) de la temprana Edad del Bronce.
3. Los segmentos de un muro de más de tres metros (10 pies) de grosor sugieren que Ofel estuvo fortificada durante la mediana Edad del Bronce.
4. Restos arquitectónicos menos impresionantes, que son más difíciles de interpretar y fechar (p.ej., la «estructura escalonada» comentada más abajo) hace pensar en una ocupación continua a lo largo de las tardías Edades del Bronce y Hierro I.
5. La construcción de una galería para transportar agua desde la fuente de Gihón en la parte oriental de Ofel, hasta un depósito al pie de la ladera suroccidental de Ofel, más unas fortificaciones en la Colina Occidental, confirman que Jerusalén experimentó un período de expansión durante la Edad del Hierro II. Una inscripción descubierta dentro de la galería del agua conmemoraba la terminación de este proyecto, generalmente atribuido a Ezequías (cf. 2 Cr 32.30). El reservorio, que todavía hoy recibe el agua desde la galería, es el estanque de Siloé (Jn 9.1-12).
6. Hay evidencias de que esta ciudad ensanchada de la Edad del Hierro 2 fue destruida.
7. El asentamiento parece haber estado limitado a Ofel durante los últimos siglos de la Edad del Hierro.

Historia

En vista de la escasa evidencia epigráfica y arqueológica, los historiadores dependen en gran medida del AT en cuanto a información sobre la Jerusalén antigua. Sin embargo, ha habido una actitud de cautela en los últimos años. Además del hecho de que los escritores bíblicos vivieron mucho tiempo después de que sucedieron algunos de los hechos que describen, algunas cosas que ellos dicen sobre Jerusalén son difíciles de interpretar.

Josué 10 relata la derrota que infligió Josué a una coalición de cinco reyes amorreos dirigidos por Adonisec rey de Jerusalén. Josué 12.10 incluye a Jerusalén en un resumen de las conquistas de Israel bajo el liderazgo de Josué. Pero Jos 15.63 dice que «los hijos de Judá [cf. Jue 1.21, «los hijos de Benjamín»] no pudieron arrojarlos; y ha quedado el jebuseo en Jerusalén con los hijos de Judá hasta hoy». 2 S 5.6-10 = 1 Cr 11.4-9 dice que David conquistó Jerusalén de los jebuseos, sin mencionar la presencia de judaítas o benjamitas. Por último, al recriminar a los habitantes de Jerusalén por sus abominaciones, Ez 16.45 dice: «Vuestra madre fue hetea, y vuestro padre amorreo». Parece cierto, si hubo (o si hubo hasta cierto grado) la conquista de Jerusalén por parte de Israel antes de David, que la ciudad tenía una población plural.

2 Samuel 5.8 cita a David, diciendo: «Todo el que ataque a los jebuseos, que suba por el canal (jinnôr)…» Segundo de Samuel 5.9 dice que David «se instaló en la fortaleza… [y] edificó una muralla en derredor desde millô' hacia el interior». Uno se siente tentado a pensar que David estaba pidiendo que algún voluntario subiera hasta un pozo de agua que los arqueólogos han descubierto en la ladera oriental de Ofel, más arriba de la fuente de Gihón (es decir, el Pozo de Warren). Asimismo, se ha pensado que una estructura escalonada de piedra que está al descubierto en la parte más alta de la ladera y a corta distancia al norte del Pozo de Warren, es el resto de la reedificación hecha por David. Sin embargo, el significado de jinnôr no está totalmente claro, y los arqueólogos tienen diferencias de opinión en cuanto el Pozo de Warren y a la estructura escalonada. Un punto de vista alternativo considera que la estructura escalonada pertenece a una fase predavídica de la ciudad.

El AT (como también relatos que aparecen tanto en el NT como en el Corán) describe al reino de Salomón como uno de esplendor incomparable. Pero, en realidad, la evidencia epigráfica y arqueológica (o la relativa falta de las mismas) parece indicar que el siglo X, cuando habría vivido Salomón, fue en cierto modo una «época oscura» en todo el Medio Oriente, incluyendo a Palestina. Ésta es, claramente, la impresión que se tiene a partir de los escasos restos que se tienen de Jerusalén. Es verdad que el Monte del Templo, donde habrían estado el Templo y el palacio de Salomón, y que no es accesible a los arqueólogos, probablemente fue aplanado, en todo caso, por los constructores de Herodes el Grande. Con todo, en vista de las afirmaciones de la Biblia en

cuanto a la extraordinaria riqueza de Salomón y sus grandes actividades de construcción, uno esperaría encontrar restos arqueológicos más tangibles e impresionantes de ese breve momento de la historia de Jerusalén cuando, según el AT, era ella el centro de un imperio de talla mundial.

Tratándose de los últimos siglos de la Edad del Hierro, se hace mucho más fácil coordinar los materiales bíblicos en cuanto a Jerusalén, con fuentes arqueológicas y epigráficas. Parece razonable atribuir la galería de agua de la Edad de Hierro II a Ezequías, y probablemente también la fortificación de la Colina Occidental. Las prácticas de inhumación que había en Jerusalén en este período, se conocen a partir de varios cementerios (de uno que está inmediatamente al norte de la actual «Ciudad Vieja»; de otro situado al otro lado del torrente de Cedrón de Ofel, en las laderas occidentales de Silwan; y el llamado cementerio Ketef Hinnom, al SO de la Colina Occidental). Entre los descubrimientos del último cementerio, están dos pequeñas placas de plata, enrolladas, con la bendición de Nm 6.34-36. Los restos de una edificación, que han sido excavados en las laderas orientales de Ofel (adosados a la «estructura escalonada»), son probablemente una prueba de la destrucción de la ciudad por parte de los babilonios. Una de las habitaciones contenía al parecer un archivo de documentos que desaparecieron en ese momento. Sólo sobrevive el lacrado de arcilla que sellaba a los documentos; más de 50 de éstos se quemaron en el incendio.

1 y 2 de Macabeos, y Josefo, son fuentes de información importantes en cuanto a la Jerusalén del período helenístico, y otra vez Josefo con respecto al temprano período romano. La rebelión macabea fue gran momento crucial, cuando Jerusalén disfrutaba un período de avivamiento económico y de una influencia política relativamente amplia bajo los gobernantes asmoneos, especialmente Juan Hircano (135/134-104) y Alejandro Janeo (103-76). La ciudad se extendió una vez hacia la Colina Occidental; y siguió floreciendo después que Pompeyo aseguró el control para Roma de toda la región, y de Jerusalén en particular. En realidad, Herodes el Grande transformó casi totalmente el rostro de Jerusalén, comenzando con el Monte del Templo sobre el cual reconstruyó en esencia al modesto «Segundo Templo» que había sido construido por la comunidad judía posexílica durante el período persa. Aunque el santuario central de la reconstrucción de Herodes preservó sin duda el plan básico del segundo Templo, el arreglo, en términos generales,

tuvo un diseño típicamente helénico-romano; por ejemplo, el santuario central (cella) estaba rodeado por una gran cámara abierta (temenos), la que, a su vez, estaba circundada por un pórtico abovedado. En el ángulo noroccidental del recinto cerrado del Templo, tanto para protegerlo como para controlarlo, y posiblemente también como el lugar de la Akra griega (1 Macabeos 1.29-36; Ant. 12.5.4 [252]), Herodes construyó una fortificación llamada Antonia (en honor a Marco Antonio). Entre otras cosas hechas por Herodes estuvieron un palacio en la Colina Occidental, y tres torres que dominaban las defensas occidentales de la ciudad. Shammai y Hillel (c. 30 a.C. – 10 d.C.), dos influyentes y versados maestros rabínicos, fueron contemporáneos de Herodes, y tuvieron una gran actividad en la ciudad. La Jerusalén de Herodes es también la ciudad que Jesús y Pablo debieron haber conocido, aunque sus actividades estuvieron asociadas con la generación siguiente a Herodes. Su más joven contemporáneo, Josefo, estuvo involucrado en la primera revuelta judía, y fue testigo de la conquista y destrucción posteriores de la ciudad por Tito en el 70 d.C.

Tradición

En Jerusalén y en los alrededores de ella pueden identificarse con toda seguridad algunos lugares importantes que figuran en el NT, p.ej., el monte de los Olivos, el estanque de Siloé y el Monte del Templo. Otros lugares son menos seguros, aunque comúnmente lo son por opiniones eclesiásticas que datan del período bizantino. Los siguientes ejemplos son representativos de esto.

Juan 5.2-9 dice que Jesús sanó a un hombre en el estanque de Bethzhata (Betesda, Betsaida), que supuestamente estaba cerca de la puerta de las ovejas y tenía cinco pórticos. Los primitivos peregrinos cristianos que iban a Jerusalén hablaban de los «dos estanques» de Betsaida, y en 1888 unos trabajadores que estaban limpiando unas ruinas de los terrenos de la iglesia de Santa Ana, descubrieron un antiguo fresco que parece representar la curación de un hombre en el estanque. Ciertas excavaciones hechas revelaron los cimientos de una iglesia bizantina construida sobre lo que pudiera interpretarse como el diseño de dos estanques con pórticos. Asimismo, el fragmento de un relieve del período romano descubierto en las adyacencias, puede relacionar al lugar con Asclepio, el dios de la medicina.

Mateo 26.36 = Marcos 14.32 habla de la traición a Jesús por parte de Judas el día antes de la crucifixión, en un lugar llamado Getsemaní (que significa probablemente «depósito de aceite»). Los dos otros Evangelios no mencionan el nombre del lugar: Lucas 22.39, 40 nos dice solamente que el hecho se produjo en el monte de los Olivos; Juan 18.1-11 señala que ocurrió «al otro lado del torrente de Cedrón, donde había un huerto». Al parecer, Getsemaní (ya se trate de un huerto, de un depósito de aceite, o de alguna otra cosa) estaba localizado en el monte de los Olivos al otro lado del Cedrón. Es posible que el hermoso huerto señalado hoy sea el lugar, como puede serlo algún otro. Pero el argumento de que las raíces de los olivos que se encuentran en el huerto son muy antiguas, no tiene nada que ver con la cuestión de si se trata, en realidad, del Getsemaní original.

La tradición cristiana antigua ubicaba al lugar del aposento alto (Mr 14.15; Lc 22.12) en la Colina Occidental. Se creía que los apóstoles celebraron el primer Pentecostés en este mismo recinto (Hch 1.3), y que la casa de Caifás estaba situada cerca (Mt 26.57; Mr 14.53; Lc 22.54). Por eso se construyó una importante iglesia, la Basílica del Monte Sion, en la Colina Occidental, en el período bizantino, y la misma está representada en el mapa del mosaico de Madeba. El complejo de viejas edificaciones ubicadas en el lugar hoy data del medioevo y de tiempos posteriores.

Constantino mandó a construir el edificio de una iglesia sobre lo que se creía en ese tiempo (el 326 d.C.) que era el lugar de la sepultura de Jesús. Según Eusebio, obispo de Cesarea que servía como consejero de Constantino, se recordaba el lugar de la tumba, aunque autoridades romanas previas lo habían cubierto con tierra y construido allí un templo a Venus (Vita Const. 3.25-28). Un poco más tarde surgió la leyenda de que Helena, la madre de Constantino, encontró la «cruz verdadera» en una cisterna cercana al lugar. Originalmente, dos iglesias adyacentes indicaban los lugares tradicionales de la crucifixión de Jesús (el Gólgota) y de su sepultura (la tumba de José de Arimatea), pero en el período de las Cruzadas éstas iglesias fueran unidas bajo un mismo techo y convertidas en una sola iglesia, la Iglesia del Santo Sepulcro. Algunos estudiosos han objetado que el lugar señalado donde se encuentra la Iglesia del Santo Sepulcro habría estado dentro de la ciudad en el tiempo de Jesús, y por esa razón es probable que no fuera un lugar donde se llevaban a cabo crucifixiones. Un lugar alternativo (la llamada tumba del Huerto) es muy popular entre los turistas protestantes.

Jerusalén (en árabe, *el-Quds*, «la santa») es también una ciudad sagrada para los musulmanes, aunque la sola razón fuera que en el Islam se la menciona muchas veces. Salomón tiene un lugar importante en el Corán, y el mismo Mahoma oraba en dirección a Jerusalén en los primeros años de su actividad. Sin embargo, la reverencia de los musulmanes por Jerusalén estriba básicamente en el primer versículo de la *Sura* 17 del Corán, que menciona la ocasión en que Dios trasladó a Mahoma desde un santuario sagrado hasta otro distante, donde le mostró señales milagrosas. Más adelante, intérpretes musulmanes conectaron este versículo con otros pasajes del Corán, con el significado de que Dios transportó a Mahoma desde La Meca hasta Jerusalén en un sueño, y que Mahoma fue levantado desde Jerusalén al cielo donde vio cosas maravillosas y habló con los profetas antiguos. Jerusalén, en otras palabras, vino a ser identificada como el «santuario distante» (*al-masjid al-Aqsa*), y el ascenso de Mahoma al cielo es conmemorado por el monumento del Domo de la Roca y la cercana mezquita de al-Aqsa.

Bibliografía. D. Bahat, *The Illustrated Atlas of Jerusalem* (New York, 1990); H. Geva, ed., *Ancient Jerusalem Revealed* (Jerusalem, 1994); W. H. Mare, *The Archaeology of the Jerusalem Area* (Grand Rapids, 1987); B. Mazar, et al., «Jerusalem,» NEAEHL 2:698-804; F. E. Peters, *Jerusalem: The Holy City in the Eyes of Chroniclers, Visitors, Pilgrims, and Prophets* (Princeton, 1985); J. D. Purvis, *Jerusalem, the Holy City:* ***Bibliografía*** (Metuchen, N.J., 1991).

J. Maxwell Miller

JERUSALÉN, CONCILIO DE

Véase APOSTÓLICO, CONSEJO. [APÓSTOLES, CONSEJO DE LOS]

JERUSALÉN, PUERTAS DE

La construcción, destrucción, reconstrucción y la ampliación de los muros alrededor de Jerusalén durante los tiempos bíblicos, hizo que la ciudad tuviera numerosas puertas. Los trabajos arqueológicos han ayudado a determinar la ubicación de muchas de estas puertas y muros antiguos; sin embargo, todavía quedan muchas preguntas. Indudablemente,

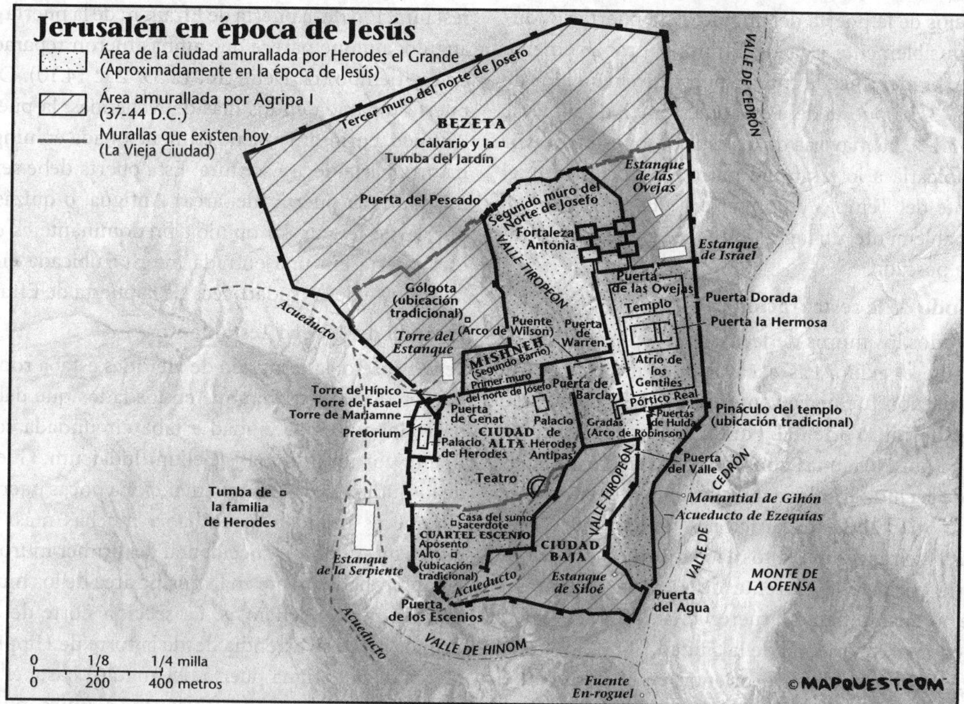

algunas de las puertas fueran conocidas por más de un nombre, lo cual hace mayor la confusión.

La construcción de los muros de la ciudad con puertas, fue llevada a cabo por David (1 Cr 11.7, 8), Salomón (1 R 3.1), quizás Uzías (2 Cr 26.9), Ezequías (32.5), Manasés (33.14), Nehemías (Neh 3.1–4.1), los asmoneos, y Herodes.

Período preexílico

Puertas del Templo

Había, obviamente, una puerta que conectaba al palacio con el Templo (2 R 11.19; 16.18). Esta entrada habría estado en la parte sur del Templo. Las referencias en cuanto a la «puerta detrás de la guardia» y a la puerta del Cimiento (2 Cr 23.4, 5; cf. «la puerta de Selequet», 1 Cr 26.16), pueden indicar que había más puertas que conectaban al palacio con el área del Templo, como está implícito en «la tercera entrada» de Jer 38.14. Misteriosamente, 1 Cr 9.18 menciona una «puerta del rey que está al oriente». Ezequiel habla de una puerta del Templo que está al norte (Ez 8.14; 9.2), que puede ser la misma puerta del Templo en Jeremías, llamada «puerta superior de Benjamín» Jer 20.2; 2 R 15.35), o la puerta nueva en Jer 26:10; 36.10. La puerta de los caballos, que estaba al este (Jer 31.40), parece estar ubicada en la parte suroriental del área del Templo cerca del palacio (2 R 11.16). La puerta de Benjamín y la puerta de los caballos habrían sido puertas de la ciudad, y también puertas del Templo.

Puertas de la ciudad

La inspección que hizo Nehemías de la ciudad destruida indica que había una puerta de la Fuente en el muro inferior de la parte oriental (Neh 2.14). En el extremo suroriental de la ciudad, que da al valle de Hinom, estaba la puerta de los Tiestos (Jer 19.2), conocida más tarde como la puerta del Muladar (Neh 2.13; 3.13, 14; 12.31). Es posible que el nombre de la puerta tenga su origen en un montón de basura que estaba ubicado fuera de la puerta en el valle de Hinom. A éste daba también la puerta del Valle, que se ubicaba por lo general en el ángulo suroccidental de los muros de la ciudad. Segundo de Crónicas 26.9 dice que Uzías construyó una torre fortificada en esta puerta. Más al norte, en el ángulo noroeste de la pared occidental, Uzías construyó otra torre fortificada en la puerta del ángulo. Según 2 Cr 25.23, Joás derribó los muros de Jerusalén desde la puerta del ángulo hasta la puerta de Efraín, una extensión de 400 codos (200 m [626 pies]). Por tanto, la puerta de Efraín estaba probablemente en el muro del norte, no lejos de la puerta del ángulo. Esta puerta conducía posiblemente a la de Efraín, y probablemente debe ser identificada con «la puerta de en medio» de Jer 39.3. La puerta del Pescado es difícil de situar (2 Cr 33.14). La mayoría de los estudiosos están a favor de ubicarla a lo largo del muro del norte, entre el Monte del Templo y la puerta de Efraín. Éste era, probablemente, un lugar donde se vendía o se entregaba pescado.

Período de la restauración

No todos los muros de Jerusalén fueron destruidos durante el exilio. Las excavaciones indican que la destrucción fue mayor en el área del Templo y a lo largo del muro oriental. Por tanto, la reconstrucción hecha por Nehemías conservó muchas de las puertas de la ciudad antigua. No obstante, a lo largo de la parte oriental, las excavaciones revelan que Nehemías hizo muros más altos a lo largo de la colina que corría paralela al torrente de Cedrón. Parece ser que, al mismo tiempo, fueron añadidas otras puertas en la parte oriental de la ciudad.

A lo largo del muro oriental en el norte, en el área del Templo, estaba la puerta del Juicio (Neh 3.31). Más al sur, pero aun en el área del Templo, estaba la puerta de los Caballos (Neh 3.28) y la puerta de la guardia (12.39), talvez una puerta interior que conducía al área del templo. Hacia la cañada, más abajo, Nehemías menciona la puerta de las Aguas en la parte oriental (Neh 3.26; 12.37), que puede ser la misma puerta de Oriental (3.29). La última de las puertas del muro oriental, la puerta de la Fuente, evidentemente fue reconstruida en lo alto de la colina (Neh 3.15).

Nehemías no dice nada de la puerta de Benjamín, ubicada antes en el área del Templo. Sin embargo, señala que los sacerdotes construyeron la puerta de las Ovejas, la que, posiblemente, daba al norte en el área del templo, y era probablemente un lugar para vender las ovejas que eran utilizadas para los sacrificios. No se puede precisar si la puerta de las Ovejas es o no la anterior puerta de Benjamín.

En las demás partes de la ciudad, parece ser que las puertas preexílicas fueron restauradas en sus sitios originales durante este período. Así pues, Nehemías registra la reconstrucción de la puerta del Muladar y la puerta del Valle, que estaban ubicadas a 1000 codos (500 m [1640 pies]) una de la otra (Neh 3.13, 14). También fue restaurada la puerta del Pescado Neh 3.3). Sin embargo, Nehemías no registra la restauración de la puerta de Efraín ni de la puerta del ángulo, aunque parece que ambas fueron reparadas en ese tiempo (cf. Neh 8.16; 12.39; Zac 14.10). Otra puerta reparada en los días de Nehemías, la puerta Antigua, curiosamente no es mencionada en ninguna otra parte de la Escritura. Esta puerta debe ser la misma de la puerta (del área) Antigua, o quizás la puerta de Jesana. La opinión predominante es que esta puerta era una entrada interior ubicada en la zona norte de la ciudad, ceca de la puerta de Efraín.

Período del Nuevo Testamento

Según Josefo, la Jerusalén de Herodes estaba rodeada por tres muros, aunque en los lados que daban hacia los valles, la ciudad estaba circundada solamente por un muro (BJ [Bellum Judaicum, Guerra de los judíos] 5.4.1). Josefo menciona pocas puertas, aunque es indudable que había muchas más. Las partes oriental, sur y occidental del primer muro estaban probablemente en la misma área de los muros del tiempo de Nehemías. La sección norte de este primer muro se extendía desde la torre de Hippicus (cerca de la antigua puerta del ángulo) hasta el Xysus (el actual Arco de Wilson). La única puerta mencionada por Josefo en este primer muro, la puerta de los Esenios (BJ 5.4.2), estaba probablemente cerca de la puerta del Valle mencionada en Nehemías.

Hay poco acuerdo en cuanto a la ubicación del segundo y tercer muros. Aunque el segundo muro es muy conocido, sólo se tiene un conocimiento aproximado de su trayectoria exacta. Josefo afirma que comenzaba en la puerta de Gennath (al E de la torre de Hippicus, tal vez identificada con la puerta vieja de Efraín), y que doblaba en dirección noreste hasta llegar finalmente hasta la fortaleza Antonia.

El tercer muro fue construido por Herodes Agripa (BJ 5.4.2). Según el relato de Josefo, el tercer muro comenzaba en la torre de Hippicus, y seguía hacia el norte hasta la torre de Psephinus. El muro giraba entonces hacia el este hasta más allá de los monumentos de Helena, las Cavernas de los Reyes, la Torre del Ángulo, el Monumento del Batán, y se conectaba con el muro antiguo en el torrente de Cedrón. Algunos estudiosos creen que el muro septentrional estaba, en general, alineado con el muro norte de la actual ciudad Vieja. Otros, no obstante, creen que el tercer muro quedaba más al norte, y que debe tratarse del muro descubierto por E. L. Sukenik y L. A. Mayer en 1925-27.

En el área del Monte del Templo, Josefo menciona varias puertas: una en el norte, cuatro en el oeste y otras «puertas» no especificadas en el sur. En cuanto a puertas en el lado oriental, no dice nada. En el norte estaba la puerta Todi. En el oeste, la puerta más hacia el sur, identificada como el sitio del arco de Robinson, conducía a la ciudad baja. El arco de Robinson era uno de varios arcos inmensos que servían de apoyo a una larga escalera que descendía al valle. Al norte de esta puerta, tres puertas más hacia el oeste han sido identificadas como la puerta de Coponius (conocida popularmente como la puerta de Barclay), el arco de Wilson, y la puerta de Warren. Estas tres puertas conducían al oeste de la ciudad. El arco de Wilson servía de apoyo a un paso elevado de agua que tendía un puente sobre el valle Central, uniendo al área del Templo con la parte alta de la ciudad.

En el lado sur del edificio del Templo se localizaron dos grandes puertas, en el medio del muro. La primera de ellas, la puerta occidental Huldah (la puerta Doble) tenía dos portales y una gran escalera (de 64 [210 pies]) que conducía a la parta baja de la ciudad. La segunda puerta, la puerta oriental Huldad (la puerta Triple) tenía tres portales. Ambas puertas del lado sur del Templo están ahora tapiadas.

Josefo menciona 10 puertas que se utilizaban en el Templo. Cuatro estaban localizadas en la parte norte, otras cuatro en la parte sur, y dos en la parte este (BJ 5.5.2). Las dos puertas en el este, una dentro (o al oeste) de la otra, rodeaba al atrio de las mujeres en las partes este y oeste. La puerta interior, que conducía al atrio de Israel, era probablemente conocida como la puerta de Nicanor, mientras que la puerta más al este, que separaba al atrio de los gentiles del atrio de las mujeres, pudo haber sido la puerta La Hermosa mencionada en Hechos 3.2. Estas identificaciones no son precisas, y es posible que la puerta La Hermosa sea la puerta de Nicanor. Otra opción es que la puerta La Hermosa, si aceptamos el testimonio cristiano, pudo haber sido una puerta que estaba en el muro oriental de la ciudad que llegaba al área del Templo. En el muro oriental existe hoy la puerta Dorada, que data de una fecha no anterior al período bizantino. Un descubrimiento reciente ha revelado otra puerta enterrada, de aprox. 2-2.5 m (7-8 pies), directamente debajo de la puerta Dorada. Esta puerta descubierta hace poco parece datar de un tiempo anterior a Herodes, y pudiera ser la puerta La Hermosa.

Bibliografía. W. H. Mare, The Archaeology of the Jerusalem Area (Grand Rapids, 1987); G. J. Wightman, The Walls of Jerusalem: From the Canaanites to the Mamluks (Sydney, 1993).

Mark R. Fairchild

JESAÍAS (Heb. *yĕšaʿyâ, yĕšaʿyāhû*)

1. Nieto de Zorobabel e hijo de Hananías, mencionado entre los descendientes de Salomón (1 Cr 3.31).

2. Hijo del levita Jedutún elegido por David para ser músico del Templo (1 Cr 25.3, 15).

3. Levita cuya familia estaba a cargo de las ofrendas dedicadas al arca del templo; hijo de Rehabías.

4. Hijo de Atalía y jefe de una familia de 70 hombres que regresaron a Jerusalén con Esdras (Esd 8.7).

5. Levita merarita quien, junto con 20 parientes suyos, estuvo entre los reclutados para acompañar a Esdras en su regreso a Jerusalén (Esd 8.19).

6. Antepasado de siete generaciones del benjamita Salú, que estuvo entre los alistados para regresar a Jerusalén en tiempos de Nehemías (Neh 11.7).

Paul L. Redditt

JESANA (Heb. *yĕšānâ*)
Ciudad fronteriza entre Israel y Judá tomada por Abías durante su guerra con Jeroboam I (2 Cr 13:19). Después de la administración del general Papus, de Antígono, la ciudad fue capturada por Herodes el Grande (Isanas romana; Ant. de Josefo 14.15.12 [458]). El sitio ha sido identificado como la moderna Burj el-Isâneh (174156), 5 km (3 millas) al norte de Jefne, y 10.5 km (17 millas) al norte de Jerusalén.

JESARELA (Heb. *yĕśarʾēlâ*) (también ASARELA)
Hijo de Asaf, jefe de la séptima división de cantores levitas en tiempos de David (1 Cr 26.14). Es llamado Asarela en 1 Crónicas 25.2.

JESEBEAB (Heb. *yešeḇʾāḇ)*
Líder de la decimocuarta división de sacerdotes en tiempos de David (1 Cr 24.13).

JESER (Heb. *yēšer, yešer*)
Judaíta, hijo de Caleb y Azuba, y nieto de Hezrón (1 Cr 2.18).

JESIMIEL (Heb. *yĕśîmiʾēl*)
Jefe de la tribu de Simeón contemporáneo del rey Ezequías (1 Cr 4.36).

JESISAI (Heb. *yĕšîšay*)
De la tribu de Gad, hijo de Jahdo y padre de Micael (1 Cr 5.14).

JESOHAÍA (Heb. *yĕšôḥāyâ*)
Líder de una casa paterna de la tribu de Simeón (1 Cr 4.36).

JESÚA (Heb. *yēšûaʿ*) (**LUGAR**)
Población del sur de Judá ocupada de nuevo tras el regreso del cautiverio (Neh 11.26); es la moderna Tell es-Saʿweh/Tel Jeshu{a (149076), 19 km (12 millas) al este y noreste de Berseba. Puede ser la misma Sema (Jos 15.26).

JESÚA (Heb. *yēšûaʿ*) (**PERSONA**) (también JOSUÉ)
Forma aramea del nombre Josué (cf. Neh 8.17), «Jehová es mi salvador», nombre común en el período del segundo Templo.

1. Jefe de la novena división de sacerdotes levíticos del Templo de Salomón (1 Cr 24.11).

2. Sacerdote del tiempo de Ezequías que ayudó en la distribución de las porciones de las ofrendas de los levitas (2 Cr 31.15).

3. Hijo de Josadac, sacerdote que regresó a Jerusalén con Zorobabel (Esd 2.2; Neh 7.7; 12.1) para reconstruir el Templo (Esd 3.2, 8, 9; 4.3; 5.2). Es llamado Josué (4), el sumo sacerdote, en Hageo 1.1, 12; 2.2. 4; Zacarías 3.1, 8; 6.11. Durante la restauración del Templo, Jesúa fue eclipsado por Zorobabel, aunque es mencionado antes que Zorobabel en relación con la restauración del altar. Con la restauración del Templo y del sacerdocio, y ante la falta de un rey, Jesúa se hizo famoso. Zacarías 3 describe la visión que tuvo el profeta de la purificación y ordenación de Jesúa (cf. 6.10-15); muchos intérpretes (tal vez incorrectamente) piensan que 4.14 se refieren a Jesúa y a Zorababel.

4. Nombre de una familia no sacerdotal de Pahat-moab contada entre las que volvieron del exilio (Esd 2.6 = Neh 7.11).

5. Casa o familia levítica entre la que regresaron (Esd 2.40 = Neh 7.43; 12.8, 24).

6. Otra forma del nombre Josué hijo de Nun.

7. Padre del levita Jozabad, quien ayudó a pesar los tesoros que volvieron al Tempo de Jerusalén (Esd 8.33).

8. Hombre de Mizpa, cuyo hijo Ezer reconstruyó una parte del muro (Neh 3.19).

9. Cantor levita (Neh 12.8, 10) que firmó el pacto para desmarcarse de los extranjeros (9.4, 5; 10:9[MT 10]), y tradujo la ley al arameo para Esdras (Neh 8.7).

10. Hijo de Cadmiel, jefe de los levitas en tiempos del sacerdote Joiacim.

JESUCRISTO
Fundador de lo que llegó a ser el movimiento cristiano. Para mayor precisión, fue llamado en vida «Jesús el hijo de José» (Lc 4.22; Jn 1.45; 6.42), «Jesús de Nazaret» (Hch 10.38), o «Jesús nazareno» (Mr 1.24; Lc 24.19 [algunas traducciones no hacen diferencia entre «nazareno» y «de Nazaret»]). «Cristo» es un título, la forma española del gr. cristos, «ungido» (una traducción del heb. *māšîaḥ*, «mesías»). Hechos 2.36 y otros pasajes muestran que «el Cristo» era propiamente un título, pero en muchos libros del NT, incluyendo las cartas de Pablo, el nombre y el título se usan juntos como el nombre de Jesús: «Jesucristo» o «Cristo Jesús» (p.ej., Ro 1.1; 3.24). Algunas veces, Pablo usaba simplemente «Cristo» como el nombre de Jesús (p.ej., Ro 5.6).

Vida

Jesús era galileo, y su hogar estaba en Nazaret, una aldea cercana a Séforis, una de las dos principales ciudades de Galilea. Nació poco antes de la muerte de Herodes el Grande (Mt 2; Lc 1.5), en el 4 a.C. El año de la muerte de Jesús se desconoce, la cual ocurrió probablemente entre el 29 y el 33.

Los padres de Jesús fueron José y María, pero según Mateo y Lucas, José fue sólo su padre legal. Ambos dicen que María era una virgen cuando Jesús fue concebido (Mt 1.18; cf. Luc 1.35). Se dice que José fue un «carpintero», un obrero que trabajaba con sus manos (Mt 13.55); según Marcos 6.3, Jesús también fue un carpintero.

Lucas cuenta que Jesús, siendo niño, tuvo una sabiduría precoz (Lc 2.41-52), pero no hay otras evidencias acerca de su niñez o de su temprana formación. Como adulto joven, fue para ser bautizado por un profeta, Juan el Bautista, y poco después comenzó una carrera como predicador itinerante y sanador (Mr 1.2-15). Durante esta breve carrera de menos de menos de un año, atrajo considerable atención. Cuando fue a Jerusalén a celebrar la Pascua en c. 30 d.C. (entre 29-33), fue arrestado, enjuiciado y ejecutado. Convencidos de que él seguía vivo y de que se les había aparecido, sus discípulos comenzaron a convertir a otros a creer en él; estos esfuerzos produjeron finalmente una nueva religión, el cristianismo.

Fuentes

Las únicas fuentes de valor en cuanto a la vida y el mensaje de Jesús son los Evangelios del NT: Mateo, Marcos, Lucas y Juan. En las cartas de Pablo hay evidencias confiables (pero escasas). Hay muchos dichos atribuidos a Jesús, e historias en cuanto a él en la literatura no canónica, especialmente en los Evangelios apócrifos; ocasionalmente una reinvestigación de este material lleva a la premisa de que parte del mismo es «auténtico». Si bien es posible en principio, y aunque algunas enseñanzas auténticas probablemente han sido preservadas fuera del canon cristiano, es poco probable que fuentes no canónicas puedan contribuir sustancialmente a la comprensión del Jesús histórico. Las historias son con frecuencia completamente diferentes a la evidencia de los Evangelios canónicos, y en su mayor parte se encuentran en documentos que no son confiables en su conjunto. En fuentes romanas hay algunas referencias a Jesús, pero éstas dependen del cristianismo primitivo y no proporcionan evidencias independientes. Una referencia a Jesús en Josefo (Ant. 18.3.3 [63-4]) ha sido considerada intensamente por críticos cristianos, pero la declaración original no puede ser encontrada. Los Evangelios atribuidos a Mateo, Marcos y Lucas concuerdan tanto que es posible estudiarlos juntos en una sinopsis (arreglada en columnas paralelas). Juan es notablemente diferente, y puede armonizar con los sinópticos sólo en forma muy general. Sin embargo, uno puede distinguir el material del discurso de Juan del relato, y evaluarlos por separado. En los Evangelios sinópticos (Mateo, Marcos, Lucas), Jesús enseña con breves aforismos y parábolas, usando símiles y formas de expresión semejantes, muchas de ellas basadas en la vida agrícola y aldeana. El tema principal es el reino de Dios; rara vez se refiere a sí mismo. Cuando le pidieron una «señal» como prueba de su autoridad, se negó (Mr 8.11, 12). En Juan, sin embargo, Jesús enseña con largos discursos metafóricos, en los que él mismo es el tema principal. Sus milagros son descritos como «señales» que apoyan lo que él dice de sí mismo, y prueban quién es él. Ante la disyuntiva de escoger entre Juan y los sinópticos, los estudiosos han preferido casi por unanimidad a los Evangelios sinópticos como la sustancia y la naturaleza de la enseñanza de Jesús.

El relato de Juan es también diferente al de los sinópticos, pero aquí la distinción es menos clara. En los sinópticos, parece que el ministerio de Jesús duró menos de un año, puesto que mencionan la Pascua sólo una vez durante la vida adulta de Jesús, que fue en la ocasión de su último y azaroso viaje a Jerusalén. Sin embargo, Juan menciona tres Pascuas, y por tanto un ministerio de más de dos años. Narra varios viajes a Jerusalén durante el ministerio de Jesús. Sin embargo, ambos relatos son posibles. Pero un ministerio de más de dos años deja más preguntas sin contestar que el ministerio de unos pocos meses. Jesús y sus discípulos eran itinerantes; viajaban de un lado a otro en Galilea y sus entornos vecinos, y Jesús enseñaba y curaba en diversas ciudades y aldeas, como también en las zonas rurales y junto a la playa del mar de Galilea. Ninguno de los Evangelios explica cómo vivían (aunque Lc 8.1-3 menciona a algunas mujeres colaboradoras), pero la omisión es más evidente en Juan.

La discusión muestra claramente lo poco que sabemos, en realidad, acerca de la vida de Jesús. Los Evangelios proporcionan la información que los autores consideraron necesaria en las comunidades cristianas donde trabajaban. Pero los detalles de la vida de Jesús, dónde dormía, cómo comía, dónde se cobijaba cuando hacía mal tiempo, casi no se mencionan. Por eso, desde la perspectiva de un historiador moderno, las fuentes son deficientes también en otras formas. Los personajes, en general, son «prosaicos»: las emociones, los motivos y las personalidades rara vez se mencionan. Jesús algunas veces se enoja, y algunas veces es tierno (Mr 3.5; 6.34), pero es poco lo más que se puede decir. Gracias a sus cartas, sabemos más de Pablo el hombre, que de Jesús el hombre.

Esto es comprensible si uno se detiene a considerar la historia del material de los Evangelios sinópticos. Estos consisten en pasajes breves e independientes llamados «perícopas», que los autores de los sinópticos ordenaron en diferentes contextos según su parecer, muchas veces de acuerdo con la semejanza del tema. La esencia de cada pasaje ha sido privada de los elementos que lo rodeaban en la vida real, y la unidad central fue aplicada a diversas situaciones por diferentes usuarios, incluyendo a los autores de los Evangelios.

Además, no todos los dichos y hechos de los Evangelios son relatos de cosas que Jesús realmente dijo e hizo. Los primeros cristianos creían que Jesús seguía viviendo en el cielo, y le hablaban en oración.

Él a veces respondía (2 Co 12.7-10; cf. 1 Co 2.13). Los cristianos primitivos no hacían ninguna diferencia entre «el Jesús histórico» y «el Señor celestial», tan firmemente como la mayoría de las personas lo hacen hoy, y algunos dichos que oían mientras oraban casi seguramente fueron incorporados a los Evangelios como palabras expresadas por Jesús durante su vida.

Esto significa que ya no tenemos el contexto inmediato original de los dichos y hechos de Jesús, y por eso tenemos dudas en cuanto a cuáles pasajes de los Evangelios se remontan al Jesús histórico. Sin un contexto, no podemos reconstruir con seguridad el significado original de cada pasaje específico. Jesús dijo: «Amad a vuestros enemigos» (Mt 5.44), pero no sabemos las circunstancias originales en las cuales dijo esto, y por eso no sabemos a quiénes tenía él en mente. Esto nos priva de exactitud al interpretar los pasajes.

Carrera pública

Podemos, no obstante, conocer el contexto y la historia general del ministerio de Jesús, y esto ofrece certeza en cuanto al carácter de su enseñanza como un todo. La carrera pública de Jesús comenzó cuando fue bautizado por Juan el Bautista, un profeta escatológico que anunciaba que el día del juicio estaba cerca. Jesús parece haber aceptado esto. Luego Jesús reunió a 12 discípulos, que representaban a las 12 tribus de Israel, predicó la llegada del reino de Dios, profetizó la destrucción del Templo y de su reconstrucción «sin mano», y tuvo una última comida con sus discípulos en la que les dijo que volvería a beber vino con ellos en el reino de Dios. Después de la muerte de Jesús, sus discípulos formaron una pequeña comunidad que esperaba que él regresara y trajera el reino. Este grupo creció, y sus miembros siguieron esperando el retorno de Jesús en el futuro cercano, para dar inicio a un reino en el cual el mundo sería transformado.

Este resumen de la carrera de Jesús muestra que él fue un profeta escatológico, muy parecido a Juan el Bautista y a unos cuantos profetas judíos del siglo I, tales como Teudas. Al igual que Juan, Jesús creía en el juicio venidero, pero el carácter de su misión fue más de inclusión que de condenación.

Enseñanza

La naturaleza del reino

Jesús proclamó el reino escatológico de Dios. «Escatología» en este sentido significa «consideración o enseñaza de las últimas cosas», antes que «el fin del mundo». Los antiguos escatólogos judíos pensaban, en efecto, en la intervención final de Dios en el mundo, que transformaría a éste y a sus habitantes, no que los destruiría. Los judíos creían que Dios había intervenido antes en la historia (en el éxodo de Egipto, en la conquista de Canaán), y tenían la esperanza de que volvería a hacerlo otra vez, pero de una manera aún más decisiva. Habrían paz y armonía en la sociedad y en la naturaleza (cf. Is 2.2-4), y el mundo sería gobernado de acuerdo con la voluntad de Dios.

Jesús compartía esta creencia general. Particularmente, creía que las 12 tribus originales de Israel serían reunidas de nuevo (Mt 19.28; cf. el llamamiento a los discípulos); que el orden de la sociedad sería revertido, y entonces los mansos y los humildes tendría abundancia (Mt 5.5); que los pecadores y los réprobos serán de alguna manera incluidos (Mr 2.17; Mt 11.19); y que él y sus discípulos ocuparían las posiciones principales (Mr 10.29-31, 35-40; Mt 19.28, 29).

Tiempo y lugar del reino

Según Jesús, el reino de Dios estaba en el cielo, y las personas entraban al mismo al morir (p.ej., Mr 9.47). El poder de Dios era en algunos aspectos omnipresente, y Jesús pudo haber visto «el reino» en el sentido de la presencia de Dios como especialmente evidente en sus palabras y sus hechos. Pero Jesús era un escatólogo: en el futuro, el reino vendría a la tierra en pleno poder y gloria, en cuya oportunidad la voluntad de Dios sería hecha «como en el cielo, así también en la tierra» (Mt 6.10). Jesús murió antes de que esta expectativa se cumpliera, y esto, unido a las apariciones después de su resurrección, llevaron a sus seguidores a esperar su regreso en el futuro cercano, trayendo el reino y gobernando en lugar de Dios (1 Ts 4.13-18; vv. 15-17 modificando así una afirmación del Jesús histórico en cuanto a la venida del Hijo del Hombre que se encuentra en Mt 24.27, 28; 16:27, 28; cf. 1 Co 15:23-28). El hecho de que el movimiento cristiano primitivo esperaba que el reino de Dios llegara en un futuro cercano, es una de las indicaciones más fuertes de que ésta había sido la propia expectativa de Jesús durante su vida. Al comienzo de su carrera, Pablo pensaba que él y la mayoría de los cristianos estarían vivos cuando llegara el reino 1 Ts 4), pero después consideró la posibilidad de su muerte antes de que eso ocurriera (Fil 1.20-26). Uno puede ver que esta expectativa se re-

***El llamamiento a los apóstoles Pedro y Andrés*, Duccio di Buoninsegna (1308/1311)** (National Gallery of Art, Washington; Samuel H. Kress Collection)

duce en los Evangelios (véanse Mr 9.1 y Jn 21.21-23), una expectativa que los seguidores de Jesús tuvieron que modificar a medida que pasaban las décadas.

Preparación y discipulado

Jesús llamó a algunas personas a seguirle, y a dejarlo todo para hacer eso (Mr 1.16-29). Esperaba que otros dieran sus bienes a los pobres, aunque no se unieran a su ministerio itinerante (Mr 10.17-31). Animaba a todos a fijar su atención en el reino, no en las posesiones materiales (Mt 6.19-21, 25-34; Lc 12.13-21). Su recompensa sería grande en el reino.

Los pobres y los pecadores

Los temas del cambio total en la sociedad, y de la inclusión, requieren una presentación más amplia. Los pobres, los mansos, los humildes y los pecadores tienen relevancia en los Evangelios sinópticos. Jesús vino especialmente para llamarlos a ellos, pero también parece haberlos favorecido. En el reino futuro, los últimos serán los primeros (Mr 10.31). Quienes tuvieron las posiciones principales en el mundo presente, serán relegados (Lc 14.7-11). Quienes lo dieron todo y siguieron a Jesús, recibirán «cien veces más» (Mr 10.30). Los pecadores, tipificados por los cobradores de impuestos, estarían incluidos en el reino (Mt 21.31). Esto probablemente se apoya en parte en la simpatía de Jesús por aquellos que estaban en su misma clase social y económica, y también por debajo de ella. Jesús y sus discípulos no estaban en el nivel económico más bajo de la sociedad; su padre trabajaba con las manos, pero no era un menesteroso. Algunos de los discípulos de

Jesús provenían de familias que tenían botes de pesca y casas (Mr 1.19, 29). No eran ricos, pero tampoco eran jornaleros, pordioseros o sin techo. Sin embargo, las simpatías de Jesús estaban con los ubicados en las dos últimas categorías. Su mensaje tuvo una dimensión social en dos aspectos: él creía que en el reino seguirían habiendo relaciones sociales, y que los menos favorecidos en el mundo actual estarían favorecidos en algún sentido en el mundo futuro (Mt 5.3-11; Lc 6.20-23). La promesa de casas y tierras en Mateo 19.29, 30 y Marcos 10.29, 30 puede ser metafórica, pero Jesús pudo también haber contemplado una sociedad futura en la cual la propiedad privada seguiría pesando, aunque estaría redistribuida.

El llamamiento de Jesús a los pecadores, según Lucas, significaba que los llamaba al arrepentimiento (Lc 5.32; Mt 9.13; Mr 2.17). Es probable que el mensaje de Jesús fuera más radical que simplemente decir a los pecadores que se arrepintieran. Los llamaba, más bien, a aceptarle a él y a su mensaje, y les prometía la inclusión en el reino si lo hacían. Esto incluía, sin duda, la reforma moral (los seguidores de Jesús no debían seguir engañando y robando) pero probablemente quiso decir que no tenían que conformarse exactamente a los estándares de la sociedad judía religiosa, lo cual requería el pago en dinero o productos, una multa adicional, y la presentación de una ofrenda por la culpa (Lv 6.1-7). Lo que Dios exigía era aceptar a Jesús, y ser como él y sus discípulos.

Autoconcepto

Jesús dio un peso enorme a su misión y persona. La obsesión de los cristianos por los títulos (¿pensaba Jesús que él era el Mesías, el Hijo de Dios, el Hijo del Hombre, hijo de David, etc.?) enturbia el asunto. A veces, el se autodenominaba el «Hijo del Hombre» y aceptaba indirectamente los títulos de «Mesías» (o «Cristo») e «Hijo de Dios» (Mt 16.16; Mr 14,61, 62; cf. Mr 8:29 = Lc 9.20; Mt 26.63, 64 = Lc 22.67-70), pero para él los títulos no eran un problema. Llamaba a la gente a seguirle, no a darle ningún título. Jesús creía que él era el último enviado de Dios; que él y sus discípulos gobernarían en el reino futuro; y que las personas que lo aceptaran serían incluidas en ese reino.

Ley judía

Numerosos pasajes de los Evangelios tienen que ver con la ley judía. De acuerdo con un conjunto de mandamientos, especialmente conspicuos en el Sermón del Monte (Mt 5-7), Jesús amonestó a sus seguidores a tener una observancia estricta de ley (5.17-48). Según el segundo conjunto, no es exigente en su cumplimiento estricto, y transgrede la opinión que había en cuanto a algunos aspectos de la ley, especialmente sobre el sábado (p.ej., M 3.1-3). Es por lo menos comprensible que ambas posiciones fueran ciertas, de que fuera estricto en cuanto al matrimonio y el divorcio (Mt 5:31, 32; Mr 10.2-12), pero poco riguroso en cuanto al sábado. El estudio de «Jesús y la ley» es muy abstruso. En general, las discusiones legales en los Evangelios caen dentro de los parámetros de las disputas legales del judaísmo del siglo I. Algunas personas se oponían a las curaciones leves en día sábado, pero otras lo permitían. Los saduceos consideraban que los fariseos eran demasiado flexibles en la observancia del sábado. Algunos judíos se lavaban las manos antes de comer (Mr 7.5), pero otros no lo hacían. Había muchas discusiones en cuanto a la pureza ritual, y los dos principales bandos dentro del fariseísmo (los seguidores de las enseñanzas de Shammai y de Hillel) estaban en desacuerdo en cuanto la impureza menstrual, un asunto mucho más importante que el lavado de las manos.

Una afirmación, en particular, se oponía a la ley judía, tal como era entendida universalmente. Todos los judíos coincidían en una larga lista de alimentos prohibidos, entre ellos el cerdo y los moluscos (cf. Lv 11; Dt 14), que los distinguía de las demás personas. Según Marcos 7.19, Jesús declaró «limpios todos los alimentos», lo que era una oposición directa a la ley de Dios dada a Moisés. Sin embargo, esto no está en el pasaje paralelo de Mateo 15, y Pedro parece haberlo aprendido por primera vez después de la muerte de Jesús, por medio de una revelación del cielo (Hch 10.9-16). Jesús, entonces, no rechazó directamente ningún aspecto de la ley sagrada.

Sin embargo, sí tuvo probablemente discusiones legales en las que se defendió citando ejemplos bíblicos, con los que demostraba que él no estaba en oposición a la ley (p.ej., Mr 2.23-28). Sin embargo, Jesús era autónomo; él hacía sus propias reglas en cuanto a cómo cumplir con la ley, y elegía cómo defenderse cuando era criticado. Normalmente, las discusiones legales eran entre grupos o escuelas rivales. Jesús no fue, de ningún modo, la única persona en el judaísmo antiguo que tuvo una actitud autónoma e independiente, y que actuó de acuerdo con su propia percepción de la voluntad de Dios, por lo que no fue el único problemático en este sentido, pero tal conducta podía, no obstante, ser sospechosa.

Ética

Jesús exigía una lealtad absoluta a Dios, mayor que la lealtad a uno mismo o incluso a la familia (Mr 3.31-35; Mt 10.35-37). La persona debía estar dispuesta a renunciar a todo con el fin de lograr lo que era más precioso (Mt 13.44-46). El cumplimiento de la ley no debía ser sólo externo sino interno: el odio y la lujuria, así como el homicidio y el adulterio, son pecado (Mt 5.21-26, 27-30).

Milagros

Además de profeta y maestro, Jesús fue también sanador y obrador de milagros. En el siglo I, los sanadores y quienes hacían milagros eran bastante conocidos, y no eran considerados seres sobrenaturales. Jesús concedía que también otros podían realizar milagros, tales como exorcismos, aunque no fueron sus seguidores (Mt 12.27; Mr 9.38-41; 6.7). Por tanto, el significado de este aspecto tan importante de su vida no es comprendido muchas veces. En el contexto de Jesús, se aceptaba que diversas personas pudieran sanar y realizar milagros en la naturaleza, tales como provocar lluvia. La cuestión era con qué poder o espíritu lo hacían. Algunos de los adversarios de Jesús lo acusaban de echar fuera demonios por el príncipe de los demonios (Mr 3.19b-22; Mt 12.24; Lc 11.18); pero el replicaba que lo hacía por el Espíritu de Dios (Mt. 12.28; Lc 11.20).

Controversia y peligro

Multitudes y autonomía

La fama de Jesús como sanador tuvo una consecuencia histórica muy importante: atraía a multitudes. Éste es el tema principal de los primeros capítulos de Marcos (p.ej., 1.28, 45; 2.2). Las multitudes significaban que más personas querían escuchar su mensaje, lo cual era bueno, pero tenía también sus inconvenientes. Las personas que venían con la esperanza de ser curadas tenían con frecuencia un interés egoísta. Además, las multitudes eran políticamente peligrosas. Una de las razones por las que Herodes Antipas ejecutó a Juan el Bautista, fue porque éste atraía multitudes tan grandes que hacían temer a Antipas una sublevación (Josefo Ant. 18.5.2 [116-19]).

El mensaje de Jesús no era por fuerza socialmente peligroso. La promesa de un cambio del orden de las cosas podía inquietar a algunas personas, ya que eso podía iniciar una revolución social, y la promesa de Jesús a los pecadores podía irritar a los escrupulosos, pero sin las multitudes, estos aspectos de su mensajes no habrían importado mucho. Jesús no atacó el meollo de la religión judía como tal: no negó la elección de Abraham ni el requerimiento de la circuncisión; no rechazó a Moisés ni a la ley. Sin embargo, debido a que Jesús era autónomo y, por tanto, impredecible, algunos lo veían con hostilidad y desconfianza.

Escribas y fariseos

Estos eran dos grupos muy distintos, aunque supuestamente algunos escribas eran fariseos. Un escriba era alguien que tenía conocimientos de leyes, y que redactaba documentos legales; cada poblado tenía por lo menos un escriba. Los fariseos eran miembros de un grupo que creía en la resurrección y en la obediencia a costumbres legales que no estaban en la Biblia sino que habían sido dadas por los antepasados o por los ancianos de su propio grupo. También eran expertos en leyes muy conocidos, lo que explica el traslapo entre escriba y fariseo. Sin embargo, parece ser por relatos rabínicos posteriores que la mayoría de los fariseos eran pequeños terratenientes y comerciantes minoristas, no escribas profesionales.

Según Marcos, los principales rivales de Jesús en Galilea eran escribas; según Mateo, eran fariseos. Uno puede aceptar este testimonio aparentemente contradictorio como correcto, por lo menos, en términos generales: las personas que estaban versadas en la ley y en las tradiciones judías habrían examinado cuidadosamente a Jesús y cuestionado sin duda alguna su conducta y enseñanza (p.ej., Mr 2.6, 16; 3.22; Mt 9.11; 12.2). Según Mt 12.14 y Mr 3.6, los fariseos (Marcos añade «con los herodianos») planearon asesinar a Jesús. Sin embargo, si este plan realmente fue urdido, parece que no paró en nada, ya que los fariseos no tuvieron un papel destacado en los acontecimientos que llevaron a Jesús a la muerte. Solo un pasaje en Mateo, ninguno en Marcos y Lucas, les da un papel, en realidad (Mt 27.62).

Dicho de otra manera, es posible que algunas personas de Galilea hayan tenido recelos de Jesús, pero él nunca fue acusado formalmente de repudio a la ley, ni tampoco la oposición en Galilea lo condujo a la muerte.

La última semana de Jesús

Aproximadamente en el año 30, Jesús y sus discípulos viajaron a Jerusalén desde Galilea para celebrar la Pascua. Jesús viajó probablemente una semana antes, como lo hicieron quizás 200 000 o 300 000 otros judíos para ser purificados de su impureza ritual al haber tenido contacto con algún cadáver (Nm 9.10-12; 19.1-22). Los Evangelios no hablan de purificación, pero sí ponen a Jesús en las adyacencias del Templo en los días cercanos a la Pascua. Jesús entró a Jerusalén montando en un asno, quizás tratando de hacer recordar a Zacarías 9.9 (Mt 21.4, 5). Esto desencadenó una demostración por parte de sus seguidores, quienes lo aclamaron, bien como el «Hijo de David» (Mt 21.9), o bien como «el que viene en el nombre del Señor» (Mr 11.9). Jerusalén era peligrosa en la Pascua; tanto el sumo sacerdote (Caifás), que gobernaba la ciudad, y el prefecto romano (Pilato), a quien el sumo sacerdote le rendía cuentas, y que intervenía en casos de problemas, sabían muy bien que las fiestas eran probables ocasiones de revueltas. El prefecto, que generalmente vivía en Cesarea, había venido a Jerusalén durante la fiesta con sus soldados, que patrullaban en las azoteas de los atrios del Templo. Una gran demostración probablemente habría llevado al arresto inmediato de Jesús. Por eso, por el hecho de que él vivió varios días más, podemos inferir que la muchedumbre era relativamente pequeña.

Jesús pasó algún tiempo enseñando y polemizando (Mr 12), y dijo a sus discípulos que el Templo sería destruido (13.1, 2). En uno de estos días de purificación, previos al sacrificio y a la comida pascual, llevó a cabo su acción simbólica más dramática. Entró a los recintos del Templo donde los fieles cambiaban sus monedas para pagar el impuesto anual del templo de dos dracmas, y también para comprar palomas para el sacrificio. Jesús volcó algunas de las mesas (Mr 11.15-19), una acción que llevó a «los escribas y los principales sacerdotes» (Lucas añade «y los principales del pueblo») a planear su muerte (Mr 11.18; Lc 19.47; cf. Mar 14:1, 2).

Los discípulos consiguieron un salón para celebrar la comida pascual, y uno de ellos compró un animal y lo sacrificó en el Templo (Mr 14.12-16). En la comida, Jesús bendijo el pan y el vino, llamando al pan «mi cuerpo» y al vino «sangre del nuevo pacto» o «el nuevo pacto en mi sangre» (Mr 14.22-25; la variante está en Lc 22:20, y en 1 Co 11:25).

Después de la cena, Jesús llevó a sus discípulos al monte de los Olivos para orar. Mientras estaban allí, Judas llegó al frente de unos hombres armados, enviados por los principales sacerdotes, y lo arrestaron (Mr 14.43-52). Después fue llevado al sumo sacerdote, quien reunió a algunos de sus miembros (llamados colectivamente «el sanedrín». Jesús fue acusado primero de haber amenazado con destruir el Templo, pero esta acusación no fue comprobada. El sumo sacerdote le preguntó si él era «el Cristo, el Hijo de Dios». Según Marcos, Jesús dijo «sí», y luego profetizó la venida del Hijo del Hombre. De acuerdo con Mateo, Jesús dijo: «Tú lo has dicho; y además os digo que ahora veréis al Hijo del Hombre», aparentemente implicando una respuesta negativa a la pregunta. Según Lucas, Jesús fue aún más ambiguo: «Si os lo dijere, no creeréis», y «Vosotros decís que lo soy» ((Mr 14.61, 62; Mt 26:63, 64; Lc 22.67-70).

No importa cuál fuera la acusación, el sumo sacerdote evidentemente ya había decidido que Jesús tenía que morir; gritó «blasfemia» y rasgó sus vestiduras, un gesto dramático de dolor que la Biblia le prohibía hacer al sumo sacerdote (Lv 21.10). Los miembros del concilio estuvieron de acuerdo con enviar a Jesús a Pilato con la recomendación de que le diera muerte.

Es poco probable que los títulos adjudicados a Jesús fueran el problema. Tal como Marcos presenta la escena (lo mismo que Mateo y, en términos generales, Lucas), el primer intento fue lograr la muerte de Jesús por haber amenazado al Templo. Eso no funcionó, y por eso Caifás empleó una artimaña diciendo simplemente que lo que había dicho Jesús (acerca de lo cual tenemos que quedarnos con la duda) era una blasfemia.

A Pilato no le interesaban los detalles de la ley judía. Para él, Jesús era un agitador, y por eso ordenó su ejecución. Mateo, Lucas y Juan hablan de Pilato en términos positivos; lo presentan como alguien perturbado por la decisión, que tuvo que ceder por la insistencia de los judíos (Mt 27.11-26; Lc 23.1-2l5; Jn 18.28-40). Esto refleja el hecho de que la iglesia primitiva tenía que abrirse paso en el imperio romano, y no deseaba que su líder fuera visto como realmente culpable ante los ojos de Roma. Por otras evidencias, se sabe que Pilato era insensible, cruel y partidario de las ejecuciones injustificadas (Philo Leg 38.302). Finalmente fue destituido del cargo por hacer ejecutar a un grupo de samaritanos (Josefo Ant. 18.4.1-2 [85-89]). Probablemente envió a Jesús a la muerte sin sentir mucha angustia por la decisión.

Jesús fue crucificado como aspirante a «rey de los judíos» (Mr 15.26). Estando en la cruz, se burlaron de él por haber dicho que iba a destruir el Templo (Mr 15.29). Estas dos acusaciones explican la decisión de darle muerte. En la mente de Jesús, era casi seguro que Dios iba a destruir el Templo como parte del nuevo reino, y que quizás Jesús mismo habría de reconstruirlo (Mr 14.58; cf. 11QT 29.8-10). Caifás y sus consejeros probablemente entendieron a Jesús muy bien: sabían que él era un profeta, y que su pequeño grupo no podría dañar al Templo seriamente. Pero Jesús había atacado al Templo y anunciado su destrucción. Éstas eran acciones revolucionarias en una ciudad que, en ocasiones de fiestas, era proclive a las revueltas. El sumo sacerdote, que estaba bajo la autoridad de Roma, tenía la responsabilidad de mantener la paz, por lo que él y sus consejeros actuaron de la manera que lo hicieron (cf. Jn 11.50).

La predicación de Jesús acerca del «reino de Dios» era también potencialmente revolucionaria. La frase podía tener varios significados, pero con toda seguridad no quería decir que Roma iba a seguir gobernando Judea. Muchos estaban molestos por la autoridad romana, y Roma se deshacía pronto de quienes criticaban mucho esto. Pilato no pensaba que Jesús y sus seguidores constituían una amenaza militar. De haber pensado así, habría hecho ejecutar también a sus discípulos en ese momento o después, cuando volvieran a Jerusalén a dar inicio a su nueva misión.

Así pues, nadie creía que Jesús podía realmente destruir el Templo, o que pudiera generar una sublevación seria en favor de un nuevo reino. Sin embargo, su discurso revolucionario era peligroso; Jesús tenía seguidores; la ciudad estaba abarrotada de peregrinos que celebraban el éxodo de Egipto y la liberación de Israel del sometimiento extranjero; y Jesús había cometido un pequeño acto de violencia en los sagrados recintos del Templo. Fue, entonces, ejecutado por lo que él era: un profeta escatológico.

Jesús creía que el reino estaba cerca, y que él y sus discípulos lo disfrutarían pronto. Es posible que, incluso hasta el último momento, esperara la intervención divina (cf. Mr 15.34).

La resurrección

Lo que sucedió después cambió la historia de una manera muy diferente a lo que Jesús parece haber previsto. Después de su muerte se les apareció a algunos de sus seguidores. Los detalles son confusos, porque las fuentes que tenemos discrepan en cuanto a las personas que lo vieron, y a los lugares donde hizo sus apariciones (cf. las partes finales de Mateo, Lucas y Juan; el comienzo de Hechos; y la lista de Pablo en cuanto sobre las apariciones, en 1 Corintios 15.3-9). Según Mateo, un ángel les mostró a María Magdalena y a «la otra María» la tumba vacía, y les dijo que fueran a decir a los discípulos que fueran a Galilea. Mientras éstos se encontraban todavía en Jerusalén, vieron a Jesús, quien les dijo lo mismo. Jesús apareció una vez más a los discípulos en Galilea. El relato de Mateo está básicamente incluido en Marcos (Mr 14.28; 16.17), aunque Marcos no contiene la historia de la resurrección, terminando sólo con la tumba vacía. Sin embargo, según Lucas, los discípulos nunca se marcharon de Jerusalén y sus contornos. Las mujeres (María Magdalena, Juana, María la madre de Jacobo, y «las otras mujeres») encontraron que la tumba estaba vacía. «Dos varones con vestiduras resplandecientes» les dijeron que Jesús había resucitado. Después, Jesús se apareció a dos seguidores en el camino a Emaús; luego a Pedro; y más tarde a los discípulos. Juan (incluyendo el cap. 21, que se cree, generalmente, es un «apéndice»), combina las apariciones en Galilea y Jerusalén. Hechos, aunque fue escrito por el mismo autor, tiene una serie mayor de apariciones que Lucas, pero al igual que Lucas coloca todas las apariciones en o cerca de Jerusalén. La larga lista de Pablo en cuanto a quienes se les apareció Jesús, no coincide mucho con los otros relatos.

Frente a tales evidencias, difícilmente podemos decir «lo que sucedió realmente». Pero dos puntos son importantes: (1) Las fuentes quieren puntualizar que el Jesús resucitado no fue un cadáver revivido, ni un hombre gravemente herido amodorrado, ni un fantasma. Según Lucas, los primeros dos discípulos que vieron a Jesús caminaron con él durante varias horas sin reconocerlo (Lc 24.13-32); podía también desaparecer y reaparecer libremente (Lc 24.31, 36). Según Pablo, los cuerpos de los creyentes cristianos serán transformados para ser semejantes al cuerpo del Señor, y el cuerpo de resurrección no será de «carne y sangre» (1 Co 15.42-53). Aunque sustancialmente transformado, Jesús no era un fantasma. Lucas dice esto explícitamente (Luc 24.37-39), y Pablo insiste en la palabra «cuerpo», eligiendo el término «cuerpo espiritual» en vez de «espíritu» o «fantasma» (ambos *pneúma,* en griego). En otras palabras, los autores están tratando de explicar algo para lo cual no tenían un vocabulario preciso.

(2) Es difícil acusar las fuentes que tenemos, o a los primeros creyentes, de un fraude deliberado. Un plan para favorecer la creencia en la resurrección probablemente habría dado como resultado una historia más confiable. (Nos parece ver, más bien, una competencia: «Yo lo ví», «yo también»; «la mujer lo vio primero», «no, fui yo; ellos no lo vieron en absoluto»). Algunos de los testigos de la resurrección habrían estado dispuestos a dar su vida por el convencimiento que tenían, lo cual hace poco probable el fraude.

Las dudas son abundantes; dados los testimonios de las fuentes que tenemos, la certeza absoluta no es posible. Podemos decir de las experiencias de los discípulos en cuanto a la resurrección más o menos lo que las fuentes nos permiten decir de la vida y mensaje de Jesús: que tenemos un conocimiento bastante general de los mismos, aunque muchos detalles son dudosos o están abiertos a la discusión.

Véase CRISTO

Bibliografía. M. Borg, Jesus: *A New Vision* (San Francisco, 1987); G. Bornkamm, *Jesus of Nazareth* (1960, repr. Minneapolis, 1995); J. D. Crossan, *The Historical Jesus: The Life of a Mediterranean Jewish Peasant* (San Francisco, 1991); J. P. Meier, *A Marginal Jew*, 3 vols. (New York, 1991-); E. P. Sanders, *The Historical Figure of Jesus* (London, 1993); *Jesus and Judaism* (Philadelphia, 1985); *Jewish Law from Jesus to the Mishnah* (Philadelphia, 1990); A. Schweitzer, *The Quest of the Historical Jesus* (1910, repr. New York, 1968); G. Vermes, *Jesus the Jew* (1973, repr. Philadelphia, 1981); *The Religion of Jesus the Jew* (Minneapolis, 1993); N. T. Wright, *Christian Origins and the Question of God, 2: Jesus and the Victory of God* (Minneapolis, 1996).

E. P. Sanders

JESUCRISTO, SABIDURÍA DE (III, 4; BG, 3)
Texto de Nag Hammadi comúnmente conocido como la Sophia de Jesucristo. Contiene un diálogo revelado entre Jesús y sus discípulos (los Doce apóstoles y siete mujeres) en una montaña de Galilea, después de la resurrección. Junto con Eugnostos el Bienaventurado, un diálogo revelado no cristiano presentado en forma de una carta (y la fuente principal de este texto), ofrece un dramático ejemplo de cómo eran revisados los textos antiguos con nuevos propósitos. La Sabiduría de Jesucristo fue probablemente escrito para gnósticos no cristianos, para animarlos a aceptar a Cristo como el supremo Revelador del Gnosis. Aunque se acepta generalmente que tuvo origen en Egipto, la fecha del texto ha sido ubicada comúnmente entre finales del siglo I y comienzos del siglo IV d.C.

Bibliografía. D. M. Parrott, ed., *Nag Hammadi Codices III,3-4 and V,1*. NHS 27 (Leiden, 1991).

Andrea Lorenzo Molinari

JESURÚN (Heb. *yĕšurûn*)
Otro nombre para Israel, que aparece sólo en poesía. Jesurún es considerado un diminutivo o nombre cariñoso que puede enfatizar su raíz que significa «recto». La palabra se encuentra en dos poemas antiguos: el cántico de Moisés (Dt 32.15; siglo X a.C.) y la bendición de Moisés (33.5, 26; siglo XI). También se encuentra en Isaías 44.2, en relación con la redención y restauración de Israel.

JESÚS (Gr. *Iēsoús*)
Forma griega del nombre Josué (Heb. *yĕhôšûa'*, «Jehová salvará»); cf. Lc 3.29; Hch 7.45; He 4.8.

1. Padre de Sirac y abuelo del autor del libro de Sirac (Eclesiástico; sir. Prólogo).

2. Josué behn Sira («Jesus hijo de Sirac»), autor de Sirac/Eclesiástico.

3. Sobrenombre de Justo, el ayudante de Pablo (Col 4.11)

Véanse JESUCRISTO; BARRABÁS

Benjamín C. Chapman

JETER (Heb. *yemer*) (también **ITRÁN**)

1. Primogénito de Gedeón (Jue 8.20). Su padre le ordenó que matara a los madianitas Zeba y Zalmuna como venganza, pero el joven Jeter tuvo miedo de hacerlo.

2. Padre de Amasa, general de Absalón ((1 R 2.5, 32), ismaelita (1 Cr 2.17). En 2 S 17:25 es llamado Itrán «el ismaelita» (TM «israelita»).

3. Hijo de Jada y descendiente de Jerameel. Murió sin haber tenido hijos.

4. Hijo de Esdras, de la tribu de Judá (1 Cr 4.17).

5. Descendiente de Aser (1 Cr 7.38), aparentemente el mismo Itrán del v. 37.

JETET (Heb. *yĕtēt*)
Descendiente de Esaú; jefe y antepasado famoso de una familia edomita (Gn 36.40; 1 Cr 1.51). Es posible que Jeter o Itrán sean la forma original del nombre.

JETLA (Heb. *yiṯlâ*)
Ciudad del antiguo territorio tribal de Dan (Jos 19.42). Se desconoce su ubicación, aunque algunos

han sugerido que es la moderna Silta, a 7 km (4.3 millas) al noreste de Bet-oron.

JETRO (Heb. *yitrô*)
Sacerdote de Madián y suegro de Moisés (Ex 3.1; 4.18). Al huir de Egipto, Moisés se refugió bajo Jetro en Madián. Después de saber que Moisés había defendido a su hija Séfora en el pozo, Jetro invitó a Moisés a su casa y se la dio como esposa (Ex 2.15-21).

Jetro es también conocido en el AT por la forma parecida de Jeter (Ex 4.18 TM), y como Reuel (2.18) y Hobab (Jue 4.11). La asociación con los nombres Reuel y Hobab no es clara (cf. Nm 10.29). Los eruditos están divididos en cuanto a si Hobab era el hijo del suegro de Moisés, o si Reuel era el padre del suegro de Moisés. La teoría de las fuentes atribuye a Jetro a E, y a Reuel/Hobab a J. Otros eruditos intentan distinguir tres personas diferentes, tratan de crear diferentes nombres tribales o títulos para cada persona, o interpretan que Reuel es el nombre de una familia que incluye a Reuel y Hobab.

No está claro a cuál dios servía Jetro en Madián. Algunos estudiosos argumentan que Jehová no era conocido por Israel antes del encuentro de Moisés con la zarza ardiente en el monte de Dios en Madián (cf. Ex 6.3), y que fue Jetro quien introdujo la adoración de Jehová en Israel; Ex. 18 es interpretado como la iniciación de Aarón y los ancianos en el culto. También se ha pensado que, dada la rivalidad posterior entre Madián e Israel, el texto fue modificado para disociar a Jehová de Madián. Sin embargo, la mayoría de los estudiosos judíos y cristianos ven a Jetro como un convertido a la religión de Jehová (cf. Ex 18.11), aunque la naturaleza de su conversión es discutible.

Bibliografía. W. F. Albright, «Jethro, Hobab and Reuel in Early Hebrew Tradition,» CBQ 25 (1963): 1-11; B. Mazar, «The Sanctuary of Arad and the Family of Hobab the Kenite,» JNES 24 (1965): 297-303.

Cheryl Lynn Hubbard

JETUR (Heb. *yĕṭûr*)
Hijo de Ismael (Gn 25.15 = 1 Cr 1.31). Fue un antepasado famoso de los itureanos, uno de los pueblos contra los cuales hicieron guerra las tribus de Israel de Transjordania (1 Cr 5.19; cf. LXX).

JEUEL (Heb. *yĕʿûʾēl yĕʿûʾēl*)

1. Jefe de una casa paterna de Zera de la tribu de Judá; familia nombrada entre las que regresaron del exilio para establecerse en Jerusalén (1 Cr 9.6).

2. Levita de los hijos de Elizafán; uno de los 14 que limpiaron el Templo durante la renovación de Ezequías (2 Cr 29.13; probablemente debe escribirse Jeiel, de acuerdo con el Q).

3. Hijo de Adonicam, nombrado este quienes acompañaron a Esdras a Jerusalén (Esd 8.13; 1 Esdr 8.39). El nombre debiera probablemente escribirse Jiel, de acuerdo con la LXX y la mayoría de los manuscritos.

JEÚS (Heb. *yĕʿûš*)

1. Hijo de Esaú y Aholibama; jefe edomita (Gn 36.5, 14 [**K** *yĕʿîš*], 18; 1 Cr 1.35).

2. Hijo de Bilhán, «valeroso guerrero» de la tribu de Benjamín (1 Cr 7.10; **K** *yĕʿîš*).

3. Benjamita, segundo hijo de Esec y descendiente de Saúl (1 Cr 8.39).

4. Levita gersonita, hijo de Simei (1 Cr 23.10). Porque tuvo sólo pocos hijos varones, su familia fue contada con la de Bería como una sola casa paterna (1 Cr 23.11).

5. Hijo de Roboam y Mahalat (2 Cr 11.19).

JEÚZ (Heb. *yĕʿûṣ*)
Hijo de Saharaim; jefe de una casa paterna benjamita (1 Cr 8.10).

JEYEL (Heb. *yĕʿêʾēl*) (también **JEHIEL, JEIEL** (en este último caso, véase 2 Cr 26.11; 35.9)
Nombre levítico popular desde el tiempo de David hasta el de Esdras y Nehemías. La discrepancia en la ortografía de este nombre (Jehiel, Jeiel) se debe simplemente a la ortografía hebrea.

1. Jefe de una familia rubenita (1 Cr 5.7).

2. Padre de Gabaón, y levita en la genealogía de Saúl (1 Cr 9:35). En el texto hebreo está escrito Jehiel, pero debe leerse Jeyel (cf. 1 Cr 5.7).

3. Uno de los dos hijos de Jotán el aroerita; uno de los guerreros de David (1 Cr 11.44; Jeuel).

4. Arpista levita nombrado para el segundo orden de músicos que tocaron mientras el arca era trasladada de la casa de Obed-edom a Jerusalén (1 Cr 15.18; 21). Este nombramiento se volvió permanente después que el arca fue puesta en la tienda de David construida para tal fin (1 Cr 16.5).

5. Levita asafita, antepasado del profeta Jahaziel (2 Cr 20.14).

6. Secretario que ayudó a preparar un padrón militar para el rey Uzías (2 Cr 26.11).

7. Jefe de los levitas que dieron a los levitas para la celebración de la Pascua en tiempos de Josías (2 Cr 35.9).

8. Sacerdote y descendiente de Nebo, incluido en la lista de los sacerdotes culpables de haberse casado con mujeres extranjeras (Esd 10.43).

David Paul Latoundji/Timothy P. Jenney

JEZABEL (Heb. *ʾîzeḇel*)
Reina de Israel, esposa de Acab e hija del rey sidonio (fenicio) Et-baal. Tal y como está pronunciado en el TM, el nombre puede interpretarse, o como «islas de estiércol», o como «ningún estiércol», reconocidos por lo general como burlas de la forma consonante que significa «nada de nobleza» o «¿dónde está el príncipe?» Este último, muy probablemente el significado original de la palabra, se sabe por la liturgia del culto a Baal.

El problema en cuanto al significado del nombre recrea el conflicto sobre la evaluación del carácter. ¿Es Jezabel un arquetipo de mujer perversa? (Su nombre es utilizado simbólicamente en Ap 2.20-23 para referirse a una profetiza que está «seduciendo» a la iglesia en Tiatira «a fornicar y a comer cosas sacrificados a ídolos».) ¿O es tal caracterización una manera de restar importancia al poder tan grande que tiene? Incluso la primera vez que aparece Jezabel en el texto, como esposa de Acab e hija de Et-baal, anuncia conflicto (1 R 16.31). En realidad, las dos identificaciones relacionales, en la medida que también anuncian expectativas de lealtad a dos culturas diferentes, ayudan a contextualizar los numerosos episodios narrativos en los que ella desempeña un papel.

Desde el principio, es su relación con los profetas lo que se subraya, ya sean profetas de Jehová, de Baal o de Asera. Primero de Reyes 18.3, 4 (cf. vv. 13, 14) comenta que Jezabel ha estado asesinando a los profetas de Jehová; los que huyen de esta violencia han buscado refugio en cuevas donde subsisten con paz y agua. Incluso el audaz Elías, que acaba de tener una victoria sobre los profetas de Baal en el monte Carmelo, huye del país después de enterarse por un mensajero enviado por Jezabel, que ella quiere matarlo. Este veneno por parte de Jezabel hacia los profetas de Jehová contrasta con su apoyo a los profetas de Baal y Asera. Primero de Reyes 18.19 dice que Jezabel está dando la generosidad de su mesa real, sin duda una mesa abundante, a no menos de 450 profetas de Baal, y a 400 profetas de Asera (no hay aquí ninguna mención de Acab).

Otro episodio que provoca un conflicto es el incidente de Nabot (1 R 21.1-19). Para apoyar el deseo de su esposo de adueñarse de la viña de Nabot, Jezabel planea estratégicamente la muerte de Nabot y la posterior adquisición de su propiedad por parte de Acab. Al hacerlo, es posible que estuviera actuando de acuerdo con las prerrogativas reales a la cuales la había acostumbrado la crianza de su padre; sin embargo, esa acción está fuertemente en contra de la tradición israelita, que exigía que la propiedad de la tierra fuera considerada herencia perpetua de la familia. Pero, curiosamente, los medios de que se vale Jezabel para llevar a cabo la sentencia de muerte están, en realidad, bien ajustados al sistema leGá israelita: dos testigos (cf. Dt 17.6) acusan a Nabot de maldecir a Dios y al rey (cf. Ex 24.15), por lo cual es castigado con la muerte por lapidación (cf Lv 24.16).

La violencia evidente en la vida de Jezabel encuentra su eco final en la manera como murió: al ser lanzada desde una ventana por sus propios servidores, muere pisoteada por caballos (2 R 9.30-37). De esta manera se libra Israel de la peligrosa influencia de esta extranjera. ¿Fue así, en realidad? No menos de tres de sus hijos acceden al trono de territorios israelitas: Ocozías y Joram son sucesivamente, reyes en el norte; y Atalía gobierna como reina en el sur.

Bibliografía. C. Camp, «1 and 2 Kings,» in The Women's Bible Commentary, ed. C. A. Newsom and S. H. Ringe (Louisville, 1992), 96-109; P. Trible, «Exegesis for Storytellers and Other Strangers,» JBL 114 (1995): 3-19.

Karla G. Bohmbach

JEZANÍAS (Heb. *yĕzanyāhû*) (también JAAZANÍAS)

1. Capitán del ejército de Judá que se unió al gobernador babilonio Gedalías en Mizpa, después de la caída de Jerusalén (Jer 40.8). En 2 R 25.23, el nombre aparece como Jaazanías (1).

2. Comandante militar, hijo de Osaías (Jer 42.2 TM; RVR60 Azarías). Probablemente es el mismo Azarías (25) de Jer 43.2, uno de los «varones soberbios» que no estuvieron de acuerdo con el consejo de Jeremías de huir a Egipto.

JEZER (Heb. *ʾîʿezer*)
Descendiente de Manasés; antepasado epónimo de los jezeritas (Nm 26.0). El nombre es la forma abreviada de Abiezer.

JEZER (Heb. *yēṣer*)
Tercer hijo de Neftalí (Gn 46.24; 1 Cr 7.13); antepasado famoso de los jezeritas (Heb. *hayyiṣrî*; Nm 26:49).

JEZÍAS (Heb. *yahzĕyâ*)
Hijo de Ticva; israelita que se opuso a la orden de Esdras de divorciarse de sus esposas extranjeras (Esd 10.15).

JEZÍAS (Heb. *yizzîyâ*)
Israelita que tuvo que despedir a su esposa extranjera; hijo de Paros (Esd 10.25).

JEZLÍAS (Heb. *yizlîʾâ*)
Benjamínita, hijo de Elpaal(1 Cr 8.18).

JEZREEL (Heb. *yizrĕʿeʾl*) **(LUGAR)**

1. Ciudad de las colinas de Judá, en las cercanías de Zif y Juta (Jos 15.56). Se desconoce su identidad, pero algunos creen que se trata de Khirbet Tarrâmā (153098), 9 km (6 millas) al sur de Hebrón. De esta ciudad Jezreel era Ahinoam, una de las esposas de David (1 S 25.43; 2 S 2.2).

2. El valle de Jezreel, la parte oriental del amplio valle que separa a Galilea de Samaria. Desde el paso que hay entre la colina de More y el monte Gilboa, donde estaba ubicada Jezreel, el valle desciende en dirección este hasta el Jordán, con Bet-seán dominando su entrada oriental. La amplia llanura al oeste es conocida como Esdraelón, aunque a veces los nombres de Jezreel y Esdraelón se usan de manera equivalente.

El valle de Jezreel comprendía una rica y fértil superficie, como también una de las pocas rutas al valle del Jordán y al oriente. El famoso paso de los Camellos era utilizado por mercaderes y ejércitos por igual, desde Egipto, el oriente y la costa de Palestina.

3. Población en la frontera sur de Isacar (Jos 19.18), identificada a menudo con la moderna Zerʿîn/Tel Yisreʾel (181218), a aprox. 80 km (50 millas al norte de Jerusalén, cerca de las estribaciones del monte de Gilboa. Jezreel estuvo asociada con un manantial (Jos 29.1?); un manantial, ʿAin Jalud, está ubicado cerca de Zerʿîn.

Jezreel tuvo una figuración importante en la historia de Israel. Los israelitas acamparon allí antes de su batalla con los filisteos (1 S 29). Is-boset, hijo de Saúl, reinó por breve tiempo sobre Jezreel (2 S 2.9), designando aquí posiblemente más que simplemente a la ciudad. Jezreel fue una ciudad del quinto distrito administrativo de Salomón (1 R 4.12). Acab tuvo allí una residencia real (1 R 18.45, 46). La ciudad fue el sitio de la viña de Nabot (1 R 21; 2 R 9.24-26), y allí murieron Jezabel y el resto de la casa de Acab, como había sido profetizado (2 R 9.30–10.11).

Watson E. Mills

JEZREEL (Heb. *yizrĕʿeʾl*) **(PERSONA)**

1. Grupo de origen judaíta (1 Cr 4.3), probablemente una comunidad de hurritas asociados con el área de Jezreel en Jos 15.

2. Nombre simbólico del primer hijo de Oseas, que puede ser interpretado de dos maneras. Oseas 1.4 utiliza el nombre como una amenaza, ya que el lugar Jezreel simboliza la sangrienta muerte de todos los de Omri por parte de Jehú (2 R 10.11). Oseas 1.5 va más allá, al ubicar la amenaza en el «valle de Jezreel» Os 2:22(TM 24) que, por contraste, significa «Dios siembra», una promesa de abundancia futura (también Os 1.11[2:2]; cf. Sal 81.10, 16[11, 17]). El versículo que sigue repite la raíz del nombre, «sembrar», en una metáfora que promete el nuevo asentamiento de Israel después de su castigo (cf. Sal 80:8, 9[9, 10]).

Stephen L. Cook

JIBSAM (Heb. *yibšām*)
Descendiente de Tola, de la tribu de Isacar (1 Cr 7.2).

JIDLAF (Heb. *yidlap*)
Hijo de Nacor y Milca (Gn 22.22)

JIFTA (Heb. *yiptaḥ*)
Población del territorio tribal de Judá, una de las nueve ciudades pertenecientes a la región de Keila en la Sefela meridional (Jos 15.43). Aunque se desconoce su antiguo sitio, puede ser identificada como Atar Nehusha (14474.11456), al noreste de Beit Jibrin/Bet Guvrin.

Steven M. Ortiz

JOA (Heb. *yôʾāḥ*)

1. Hijo de Asaf; cronista de la corte del rey Ezequías. Fue uno de los tres funcionarios enviados por el rey a los representantes de Asiria cuando Jerusalén fue sitiada c. 701 a.C. (2 R 18.18, 26, 37 = Is 36.3, 11, 22).

2. Levita hijo de Zima, de la familia de Gersón (1 Cr 6.21[TM 6]).

3. Hijo de Obed-edom; levita designado como uno de los porteros del Templo (1 Cr 26.4).

4. Levita gersonita quien, con su hijo Eden, participó en las reformas del Templo iniciadas bajo el rey Ezequías (2 Cr 29.12). No es el mismo 2 anterior.

5. Hijo de Joacaz; funcionario del rey Josías comisionado para reparar el Templo (2 Cr 34.8).

JOAB (Heb. *yôʼāḇ*)
Hijo de Sarvia, hermana de David; comandante en jefe del ejército de David desde el momento en que éste tomó Jerusalén (1 Cr 11.4-9), y la figura dominante en el gobierno de David, a quien más que a cualquier otro debió éste el éxito de su reinado. Aunque se creía al principio que Joab sólo era el jefe de la recluta militar, siempre aparece al mando de las tropas profesionales de David (cf. 2 S 10.9-14). Joab y los otros hijos de Sarvia, Abisai y Asael, llamados colectivamente «los hijos de Sarvia», son un contraste de arrogante y violenta crueldad con la humildad y la autocensura de David (2 S 16.9-14). Esto está ilustrado en dos hechos: cuando Joab mata a Abner por la muerte de Asael, y cuando asesina a Amasa, con quien David había sustituido a Joab.
Cuando David fue presionado por sus hombres a no seguir al frente del mando militar en las guerras contra los filisteos (2 S 21.15-17), se produjo un dramático cambio de poder en la monarquía. Puesto que gran parte del poder efectivo de un rey en el antiguo Cercano Oriente residía en su prestigio militar, la ausencia de David en el mando llevó al correspondiente aumento de poder y autoridad de Joab. El aviso de Joab a David, de que sería mejor que estuviera presente en el ataque final a Rabá de Amón, para que el nombre de David, no el de Joab, fuera el que tomara la ciudad (cf. 2 S 12.26-28), es un reconocimiento tácito de que se estaba produciendo un cambio. Urías heteo, uno de los servidores de David de toda la vida, llama a Joab «mi señor» en presencia de su rey, David (2 S 11.11). El prestigio en aumento de Joab se ve en el hecho de que, de un solo escudero que tenía, a Naharai beerotita, uno de los *šělōšîm* de David, pasó a tener diez (2 S 18.15). Los intentos de David de reemplazar a Joab con comandantes de menor prestigio, indican que David estuvo, desde el comienzo, preocupado por ponerle fin al poder de Joab. Pero no tuvo éxito, ya que Joab parece haber sido el comandante por excelencia, y estuvo dispuesto a hacer todo lo que fuera necesario para conservar su posición.

Aunque, es cierto que Joab fue leal al trono de David, parece haber sido políticamente más astuto y haber tenido más personalidad que él; convirtió su posición de comandante en jefe en un bastión de popularidad independiente dentro del reino, desde el cual podía desafiar las políticas del rey. Ningún relato comunica esto más claramente que el de la sublevación de Absalón, donde Joab no sólo se responsabiliza por la muerte del rebelde hijo de David, en contra de sus órdenes directas (2 S 18.9-15), sino que también amenaza al acongojado David con la deserción de todo el ejército si no sale a reconocer la victoria que éste había tenido (19.1-8).

La muerte de Absalón a manos de Joab, parece haber creado un distanciamiento permanente entre David y su sobrino. Por eso David, sólo para reconciliar en parte a los israelitas que fueron derrotados después del alzamiento de Absalón, sustituyó a Joab por Amasa, el comandante de campo de Absalón, quien también era familiar de David (2 S 19.13). Pero Amasa fracasó en su primer encargo: convocar una recluta militar para enfrentar el alzamiento de Seba, por lo que Joab lo mató y estuvo otra vez al mando. Esto, al parecer, puso fin a los esfuerzos de David por reemplazar a Joab, pero sí hizo más intentos por limitar su popularidad. Al nombrar a Benaia como jefe de su guardia personal (2 S 23.23), David puso al menos una unidad militar fuera del control de Joab. La posición de Joab pudo también haberse debilitado por la muerte no registrada de su hermano Abisai, de quien no sabemos nada después del alzamiento de Seba.

El encono personal de David contra Joab termina cuando David le dice a Salomón que utilice su sabiduría (es decir, su astucia, su disimulo) para hacer que Joab muera (1 R 2.5-9). Salomón encuentra la oportunidad cuando Joab apoya el intento de Adonías, el hermano mayor de Salomón, de tener al trono. Al refugiarse en el altar, Joab desafía a sus enemigos a entrar y a matarlo donde está, negándose a dejar que lo maten sin profanar el santuario. Su ajusticiador es Benaia, quien recibe el comando del ejército como recompensa por haberlo matado (1 R 2.35).

A pesar de ignominioso fin, Joab representa la valentía y la dignidad de quienes se mantuvieron siempre fieles a David: aunque leales a su rey, no fueron servilmente obedientes como se esperaba normalmente que lo fueran en otros reinos del Cercano Oriente, y como estaba prescrito por el sabio criterio (cf. Pr 16.10, 12-15). Joab es también un modelo sin par de integridad en el AT. Se responsabilizó personalmente por la muerte de Absalón (2 S 18.14), y censuró a David por no agradecer a sus hombres su victoria (18.33–19.8[TM 19.1-9].

Bibliografía. D. G. Schley, «Joab and David: Ties of Blood and Power,» in *History and Interpretation*, ed. M. P. Graham, W. P. Brown, and J. K. Kuan (Sheffield, 1993), 90-105.

Donald G. Schley

JOACAZ (Heb. *yôʾāḥāz*)
Padre de Joa (2 Cr 34.8).

JOACIM (Heb. *yôqîm*)
Hijo de Sala, de la tribu de Judá (1 Cr 4.22).

JOACIM (Heb. *yĕhôyāqîm*)

1. Rey de Judá (609-598 a.C.), cuyo nombre de pila era Eliaquim (2 R 23.24; 2 Cr 36.4). Su madre fue Zebuda, hija de Pedaías, de Ruma (2 R 23.36b). Joacim fue el segundo hijo que le nació a Josías (1 Cr 3.15), y fue entronizado por el faraón Necao de Egipto en el 609 para sustituir a Joacaz (Salum), a quien «el pueblo de la tierra» había escogido para suceder a su padre Josías (2 R 23.30; 2 Cr 36.1). Joacim tenía 25 años cuando accedió al trono, y reinó 11 años en Jerusalén (2 R 23.36). Fue sucedido en el 598 por su hijo Joaquín.

La muerte de Joacim está rodeada de misterio. Segundo de Reyes parece indicar que Joacim murió tranquilamente en Jerusalén, y que «durmió con sus padres» (2 R 24.6). Sin embargo, 2 Crónicas hace pensar que fue llevado prisionero a Babilonia por Nabucodonosor, donde finalmente (2 Cr 36.5-8; 1 Esd 1.39-42). En un lenguaje un tanto prosaico, Jeremías profetiza la humillante muerte de Joacim (Jer 22.18, 19; 36.30; cf. Josefo Ant. 10.6.3), sin referirse a un lugar específico. El escritor de Deuteronomio presenta a Joacim como un (sumiso) vasallo de Egipto que impuso impuestos agobiantes al pueblo «para dar el dinero conforme al mandamiento de Faraón» (2 R 23.35). Después de un período de tiempo no especificado (Reyes no hace ninguna referencia aquí a la derrota de Egipto por los babilonios en Carquemis en el 605 [Jer 46:2]), Joacim se convirtió en siervo del rey Nabucodonosor de Babilonia (2 R 24.1). Sin embargo, no fue un vasallo dócil; después de tres años de yugo babilónico, se sublevó, pero fue derrotado por bandas de arameos (2 R 24.2; cf. Jer 35.11). El autor concluye que la derrota de Judá fue consecuencia directa de toda una historia de idolatría y derramamiento de sangre. Joacim, por tanto, es visto por el autor de Deuteronomio simplemente como otro rey de Judea que «hizo lo malo ante los ojos de Jehová» (2 R 23.37).

Aunque el relato de su reinado se interrumpe en 2 Crónicas (cf. 36.4-8), el escritor añade que Joacim estuvo «prendido en grillos» por Nabucodonosor, y amenazado con la deportación. Sea que el rey de Babilonia en realidad deportó a Joacim, o que simplemente lo sometió por medio de la intimidación, eso es algo imposible de determinar a partir del texto. Según el cronista, Joacim fue simplemente un rey «malo» que cometió «abominaciones» contra Jehová (2 Cr 36.5b, 8; cf. 1 Esd 1.37-39, 42).

El escritor de Daniel fecha en «el año tercero del reinado de Joacim» (Dn 1.1-2) un asedio de Jerusalén por Nabucodonosor (606), una referencia para la cual no hay apoyo histórico. En Jeremías, «el año cuarto del rey Joacim (Jer 25.1; 36.1; 45:1; 46.2) funciona literalmente como una «contraseña» de peligro, juicio y destrucción. Esta fecha está llena de peligro, porque es el año de acceso al trono de Nabucodonosor (605), en el que tomó por sorpresa a los ejércitos egipcios en Carquemis antes de avanzar al sur. Por tanto el «cuarto año de Joacim» anuncia a un «enemigo del norte» que se está acercando, y el inminente fin de Judá.

Jeremías contrasta con frecuencia al muy admirado Josías con el despreciado Joacim. El abusivo reinado y el opulento estilo de vida de Joacim son comparados con el justo gobierno de su padre (Jer 22.10-30). El texto alaba a Josías por defender «la causa del afligido y del menesteroso» (Jer 22.16), pero condena a Joacim por su avaricia y explotación, y también por «derramar sangre inocente, y [hacer] opresión y… agravio» (v. 17). En Jer 36, Joacim es presentado como uno que desprecia la palabra profética de Dios. Cuando el rey destruye el rollo de Jeremías, uno puede discernir en este texto un deliberado contraste entre la respuesta pesarosa de Josías al libro de la Ley (2 R 22.11), y la vil reacción de Joacim a la lectura del rollo. Ambos «oyen» (Heb. *qrʾ*) las palabras del libro/rollo (2 R 22.11; Jer 36.24), lo que les da la oportunidad de proteger a la comunidad del desastre inminente. Sin embargo, mientras que Josías «rasga» (Heb. *qrʿ*) sus vestidos como señal de aflicción y arrepentimiento, Joacim «rasga» el rollo. Por tanto, Josías salva a la nación de la destrucción, por lo menos temporalmente, mientras que Joacim sella el espantoso destino del pueblo de Judá. No es de extrañar que Joacim esté presentado en el Hagadá como la personificación de la arrogancia y el mal.

Bibliografía. J. A. Dearman, «My Servants the Scribes: Composition and Context in Jeremiah 36,» *JBL* 109 (1990): 403-21; J. M. Myers, *2 Chronicles*. AB 13 (Garden City, 1965); E. W. Nicholson, *Preaching to the Exiles: A Study of the Prose Tradition in the Book of Jeremiah* (New York, 1971); M. A. Taylor, «Jeremiah 45: The Problem of Placement,» JSOT 37 (1987): 79-98.

LOUIS STULMAN

2. Sumo sacerdote, hijo de Hilcías y descendiente de Salum, a quien los deportados enviaron una ofrenda (Bar 1.7).

JOADA (Heb. *yĕhôʿaddâ*) (también JARA)
Benjamita; hijo de Acaz y padre de Alemet, Azmavet y Zimri (1Cr 8.36). En 1 Crónicas 9.42 es llamado Jara.

JOADÁN (Heb. *yĕhôʿaddān*)
Madre de Amasías de Judá (2 Cr 25.1).

JOANA (Gr. *Iōanán*)
Nieto de Zorobabel, y antepasado de Jesús (Lc 3.27), puede ser el mismo Hananías (1 Cr 3.19).

JOAQUÍN (Heb. *yĕhôyāḵîn*) (también JECONÍAS)
Nombre oficial real («Jehová ha establecido») de Conías, quien sucedió a su padre Joacim como el rey de Judá. Se convirtió en rey a la edad de 18 años, y reinó durante tres meses durante 598/597 a.C. Su madre fue Nehusta, hija de Elnatán, un alto funcionario de la corte (2 R 24.8; 2 Cr 36.9). Después de la decisiva derrota de Egipto por Babilonia en Carquemis (605; 2 R 24.7; Jer 46.2), Joaquín mudó su lealtad de Egipto a Babilonia. Tras la no resuelta batalla entre Egipto y Babilonia en el 601, Joaquín renunció a su vasallaje al rey Nabucodonosor de Babilonia (2 R 24.1). En diciembre del 598, el ejército babilónico respondió marchando contra Judá (2 R 24.2; cf. Jer 35.11). Joacim murió en esa ocasión, talvez como resultado de un asesinato, y fue en este contexto que Joaquín se convirtió en rey (2 R 24.8; cf. 22.18, 19; 36.30). El ejército de Nabucodonosor llegó a Jerusalén, y en marzo del 597 la ciudad se rindió; Joaquín, varios de sus parientes, la clase dirigente y la población instruida fueron llevados al cautiverio en Babilonia, juntamente con objetos de valor y estima (2 R 24.12-17; Jer 27.19, 20; cf. 2 R 25.13-15); el tío del rey, Matanías (Sedequías), le sucedió en el trono (2 R 24.17). Fuentes cuneiformes han registrado algunos de los mismos detalles. Pero aun después de su destierro, algunos consideraban a Joaquín el gobernante legítimo, y ciertos miembros de la comunidad en el exilio siguieron computando su calendario de acuerdo con su reinado, pero Jeremías parece haber desaprobado esto (Ez 1.2; Jer 22.24-30). En el trigésimo séptimo año del destierro de Joaquín, el rey babilónico Evil-merodac (562-560) lo libertó y le asignó comida regular diaria de su mesa (2 R 25.27-30; Jer 52.31-34); documentos cuneiformes del tiempo de Nabucodonosor se refieren también a las raciones dadas al rey Joaquín y a sus hijos (ANET, 308; cf. 1 Cr 3.17). Joaquín murió en el exilio.
Las asas estampadas de un tarro contenedor que dicen «Eliaquim, representante de Yaukin [nombre abreviado de Joaquín], hicieron pensar una vez que eso significaba que Joaquín seguía «administrando» la propiedad de la corona por medio de Eliaquim, pero los datos paleográficos y arqueológicos de estas citas parecen indicar que las asas del tarro se refieren a un Joaquín anterior, no perteneciente a la realeza.

Bibliografía. J. J. Granowski, «Jehoiachin at the King's Table: A Reading of the Ending of the Second Book of Kings,» en *Reading Between Texts: Intertextuality and the Hebrew Bible*, ed. D. N. Fewell (Louisville, 1992), 173-88; A. K. Grayson, *Assyrian and Babylonian Chronicles*. Texts from Cuneiform Sources 5 (Locust Valley, N.Y., 1975); H. G. May, «Three Hebrew Seals and the Status of Exiled Jehoiachin,» AJSL 61 (1939): 146-48.

CHRIS A. ROLLSTON

JOÁS (Heb. *yôʾāš, yĕhôʾāš*)

1. Padre de Gedeón (Jue 6.11, 29-31). Miembro de la familia abiezerita de la tribu de Manasés. Fue dueño de «la encina que está en Ofra», probablemente un santuario local asociado con Baal y Asera. El relato enfatiza la hegemonía jehovista en el rechazo de Joás a luchar por Baal después que Gedeón destruyó el lugar del culto.

2. Hijo del rey Acab de Israel; uno de los oficiales que recibieron la orden de detener al profeta Micaías (1 R 22.26 = 2 Cr 18.25).

3. Rey de Judá (c. 837-800 a.C.; 2 R 11–12; 2 Cr 22.10–24.27). Joás fue hecho rey de Judá siendo un niño, por medio de un golpe de estado dirigido por el sacerdote Joiada contra Atalía, quien se había apoderado del trono y asesinado a todos sus rivales siete años antes. El interés de la historia en el relato del libro de Reyes se centra en la legitimidad de Joás como hijo de Ocozías y único sobreviviente de la purga hecha por Atalía, y en la restauración imperiosa de la dinastía davídica. El relato de Crónicas enfatiza el papel del sacerdote y de los levitas en el encabezamiento de la insurrección del pueblo. Aunque la identidad de Joás como el hijo del rey es dudosa, estos hechos son comprensibles como luchas políticas típicas en los estados monárquicos, y como secuelas de la revuelta de Jehú que puso fin a la dinastía de Omri en el norte.

El cómputo del período es poco seguro, pero los 40 años de reinado atribuidos a Joás (2 R 12.1 [TM 2]) parecen más evocadores de los reinados de David y Salomón, que años verdaderos. Joás es caracterizado en la síntesis de Deuteronomio en cuanto a la duración de los reinados como un rey bueno, salvo que no quitó los lugares altos. Crónicas limita su gobierno acertado a la influencia de Joiada. Este rey es recordado por regularizar un programa económico para el cuidado del Templo. Es posible que la razón para esto haya sido una lucha de poderes con los sacerdotes por el control de las finanzas. El relato de Reyes demuestra el liderazgo de Joás en el establecimiento de un arreglo duradero (2 R 22.3-7, 9). En cambio, Crónicas destaca el abandono por parte de Joás de los ideales sacerdotales en cuanto a fidelidad jehovista después que Joiada muere.

La derrota de la ciudad de Gat por parte de Hazael y el pago de tributo por Joás, reflejan la hegemonía de Aram-Damasco en la Siria-Palestina de fines del siglo IX. El asesinato de Joás por dos de sus oficiales, característico de la política de lucha por el poder en las monarquías, no se explica en Reyes. En Crónicas, tanto la victoria de Hazael como el asesinato, son el justo castigo por las transgresiones de Joás. Éste fue sucedido en el trono por su hijo Amasías.

4. Rey de Israel (c. 800–c. 785). Joás sucedió a su padre Joacaz, y gobernó durante 16 años, a comienzos del siglo VIII (2 R 13.10-25; 14.8-16; 2 Cr 25.17-24). La síntesis de los años de su reinado, al igual que los juicios que hace Deuteronomio de los reyes del norte, lo describe como un rey perverso que imitó los pecados de Jeroboam. Sin embargo, la estrategia de la narración de 2 Reyes 13.14-25 lo presenta de acuerdo con el acostumbrado criterio positivo deuteronómico de un rey que buscó la palabra profética. La narración se concentra en las respuestas de Joás a las instrucciones de Eliseo de que actuara con hechos, por el escaso éxito de Israel, en su permanente enfrentamiento contra Aram. La confirmación que hace la narración de la palabra profética está en 2 Reyes 13.25, donde Joás derrota a Ben-hadad tres veces.

Históricamente, este relato refleja el cambiante equilibrio de poder que hubo entre Aram y Asiria c. 800. Asiria, en sus campañas occidentales entre 805 y 796, y bajo Adadnirari III, controló y luego puso fin a cuatro décadas de dominación de Aram en Siria-Palestina. Una inscripción asiria, la estela de Rimah, menciona el éxito de Adad-nirari, y el recibimiento de obediencia de Tiro, Sidón y Joás de Samaria. La debilidad de Aram dejó a Joás en libertad para recuperar las ciudades (¿de Galilea o Transjordania?) que su padre había perdido.

Joás figura en el informe acerca de Amasías que describe una batalla entre Israel y Judá (2 R 14.8-16 = 2 Cr 25.17-24). El énfasis de la narración está en el rechazo de Joás a Amasías; en la derrota de Judá en su propio territorio; y en el saqueo de Jerusalén. Aparte de la alusión a la arrogancia de Amasías después de derrotar a Edom, el informe no da las razones para la batalla. Aunque no se pueden saber los detalles específicos, la batalla es comprensible como una lucha por el poder o por territorios entre estados más pequeños, después que un estado dominante (Aram, en este caso) ha sido quitado. Joás fue sucedido por su hijo, Jeroboam II.

5. Miembro de la genealogía judaíta de la rama de Sela (1 Cr 4.22).

6. Benjamita de la familia de Bequer (1 Cr 7.8).

7. Arquero mencionado entre los guerreros benjamitas que se unieron a David en Siclag (1 Cr 12.3).

8. Mayordomo de los almacenes de aceite de David (1 Cr 27.28).

Bibliografía. G. W. Ahlström, *The History of Ancient Palestine* (Minneapolis, 1993); P. Dutcher-Walls, *Narrative Art, Political Rhetoric: The Case of Athaliah and Joash*. JSOTSup 209 (Sheffield, 1996); S. Japhet, *I and II Chronicles*. OTL (Louisville, 1993); J. M. Miller and J. H. Hayes, *A History of Ancient Israel and Judah* (Philadelphia, 1986).

Patricia Dutcher-Walls

JOB (Heb. *yôb*)

Hijo de Isacar (Gn 46.13). El nombre probablemente debe leerse «Jasub» (**1**), como en los relatos paralelos (Nm 26.24; 1 Cr 7.1); LXX Gr. *Iasoub* sugiere que la letra *shin* fue omitida del hebreo a través de un error de escriba.

JOB, LIBRO DE

Extensa obra en prosa y verso que se encuentra en los escritos del AT. El libro narra la conmovedora historia de un hombre justo que sufrió horrendos sufrimientos; que fue censurado por sus amigos; que desafió a Dios, y que finalmente fue reivindicado y restaurado. Aunque el libro está generalmente asociado con la literatura sapiencial, Job tiene un lugar exclusivo dentro de la literatura bíblica, ya que aborda asuntos de la condición humana y de la teología que no se expresan en ninguna otra parte con tal patetismo.

Composición y estructura

La fecha de composición del libro ha variado de entre el siglo X-II a.C., aunque la mayoría de los estudiosos sostienen que fue escrito durante el exilio o a comienzos del posexilio (siglos VI o V). En Ezequiel 14.14, 20, el protagonista es considerado una figura ejemplar de rectitud, junto con Noé y Daniel. La mayor parte del libro está escrito en verso (3.2-42.6, con la excepción de 32.1-5), con cierta mezcla de prosa (1.1-2.13; 42.7-17). La relación entre la prosa y la poesía siendo todavía discutida, aunque la teoría tradicional sostiene que las partes en prosa fueron una vez una fábula popular original e independiente sobre de la personalidad de Job. Por tanto, el centro poético del libro es el resultado de añadiduras posteriores. También es posible que la poesía no fuera parte de la prosa, guardando más bien un parecido con la mucho más antigua teodicea babilónica (c. 1100; ANET, 601-4) que contiene sólo un diálogo entre una persona que sufre y su amigo. Otros paralelos mesopotámicos incluyen a: Un hombre y su Dios (ANET, 589-91), y Alabaré al Señor de la sabiduría (ANET, 434-37). No importa la manera como haya sido compuesto el libro, la poesía sobresale como fundamental en la lectura.

La estructura del libro puede ser la siguiente:

- I. Prólogo en prosa: La desgracia de Job (1.1-2.13)
- II. Discurso poético (3.1-42.6)
  - A. Dios maldice el día que nació (3.1-26)
  - B. Diálogo con los amigos (4.1-27.23)
    1. Primera ronda de diálogos (4.1-14.22)
    2. Segunda ronda de diálogos (15:1–21:34)
    3. Tercera ronda de diálogos (22:1–27:23)
  - C. Meditación sobre el carácter esquivo de la sabiduría
  - D. Defensa final de Job (29:1-31.40)
    1. La protección de Dios en el pasado (29.1-25)
    2. La desgracia de Job en el presente (30.1-31)
    3. Las imprecaciones de Job (31.1-40)
  - E. El discurso de Eliú (32.1–37.24)
  - F. Discurso de Dios (38.1-42-6).
- III. Epílogo en prosa: Restauración de Job (42.7-17)

Contenido y movimiento

El prólogo en prosa crea el escenario para el discurso poético que sigue. Job, un gentil, es descrito como alguien temeroso Dios, apartado del mal, perfecto y recto (1.1). El escenario está puesto para que este héroe popular demuestre su integridad frente a sus tremendas circunstancias. A medida que avanza la narración a través de escenas que se alternan entre el cielo y la tierra, Jehová permite que el *śāṭān*, un miembro del concilio divino especializado en el arte de la persecución (1.6-8), someta a prueba a Job. El asunto en juego es comprobar si la piedad de Job es realmente desinteresada (1.9), es decir, exenta de motivos ulteriores o de interés egoísta. El *śāṭān* tiene sus dudas, mientras que Jehová está plenamente confiado. Por tanto, la propuesta del *śāṭān*, que Jehová acepta sin reservas, es un reto tanto a la credibilidad de Dios como a la de Job. En dos sucesivas arremetidas de tragedias, Job se queda sin hijos y sin bienes. Su esposa lo exhorta a maldecir a Dios y a morir. Aunque las interpretaciones antigua y moderna lo critican generalmente, la cuestión planteada por la esposa de Job es sumamente importante: ¿Perseverar en la integridad lo impulsa a uno a mantenerse callado, o a maldecir a Dios ante un sufrimiento evidentemente injusto (2.9)? Es alrededor de este asunto que gira el resto del libro. Tenga o no razón su esposa, Job rechaza rápidamente su exhortación y sigue siendo un hombre de pocas palabras, siempre respetuoso y estoico, conforme con la suerte que le ha tocado por voluntad de Dios. Según el narrador, «en todo esto no pecó Job, ni atribuyó a Dios despropósito alguno» (1.22).

En el material poético que sigue después, habla un Job diferente, uno que no se tarde en juzgar tanto a Dios como a sus amigos. Santiago 5.11 habla de la paciencia de Job, ¡pero el Job de la Biblia no es paciente en absoluto en sus discursos! Los caps. 3-27 contienen tres rondas de conversaciones en las cuales los tres amigos de Job, Elifaz, Bildad y Zofar (éste último no aparece en la ronda final) ofrecen una serie de respuestas que van desde el consuelo hasta la condenación en cuanto a la dura prueba de Job. En realidad, terminan acusándolo de todo tipo de vilezas para hallarle sentido a su sufrimiento (p.ej., 15.7-13; 22.5-9). Apoyándose casi exclusivamente en la realidad de su propia experiencia, Job responde con la misma moneda a cada uno de sus tres amigos, empleando un impresionante arsenal de armas retóricas (p.ej., instrucción, argumentación, ironía, sarcasmo, censura) que convierte en «cenizas» las sentencias santurronas de sus amigos, y deja al descubierto sus argumentos como «refranes de ceniza» (13.12). El discurso de Job está cargado de sentimiento y protesta. Job mantiene con firmeza su integridad de principio a fin (27.5, 6). Además, para exigir reparación, tanto de Dios como de los hombres, Job apela a un «mediador» o «testigo» en el cielo, a un «redentor» que pueda juzgar entre Dios, quien lo ha desgraciado y tratado injustamente, y él (9.33; 16.19; 19.25-27). En resumen, Job espera la reivindicación de un abogado celestial. (Los intérpretes cristianos comúnmente ven a Cristo como el «redentor» de Job (19.25); sin embargo, para Job este redentor es un ser celestial que tiene el poder de llamar a Dios a cuentas por lo que él considera una evidente caricatura de la justicia.)

Job concluye su defensa con una desgarradora síntesis de su actual desgracia (30.1-31), que sigue inmediatamente después de una sensible descripción de los días gloriosos en los que disfrutaba del favor preeminente de Dios y del aprecio de la comunidad (29.1-25). Job concluye con una serie de votos en los que reta a Dios, o bien a juzgarlo, o bien a responder a su queja (31.1-40). Al final, sus amigos no tienen más nada que decir (32.1), después de lo cual aparece, sin previo aviso, un nuevo personaje. Su nombre es Eliú («Él es mi Dios»), y representa una nueva generación de pedagogía sapiencial, que no se apoya en la sabiduría acumulada de los sabios del pasado, a la cual se refieren con frecuencia los amigos de Job (p.ej., 8.8; 15.17-19), sino a la inspiración directa de Dios (33.14, 15, 33; 36.2). Pero, al igual que los amigos de Job, Eliú encuentra a éste culpable. Como lo haría cualquier joven, Eliú se deleita burlándose de los viejos (32.6-9), y su discurso es hasta cierto punto teológicamente dudoso, por su altisonante forma de expresarse (32.15-33.5) y su tono acusatorio. Pero el discurso de Eliú crea magistralmente el marco para la aparición del Todopoderoso ante Job (37.14-24).

La respuesta de Jehová a Job (caps. 38-41) representa el momento cumbre del libro. Pero muchos lectores modernos encuentran básicamente frustrantes los discursos, ya que no responden a la insufrible situación de Job, ni tampoco resuelven el problema de la teodicea. Algunos, de hecho, acusan al autor de estos discursos de tener una pésima teología. En cualquier caso, los discursos divinos sirven para resolver el pleito de Job contra Jehová (cf. 42.6). Estos discursos desde el cielo están llenos de referencias a la creación, abarcando en orden a los reinos de la cosmología, la meteorología y la zoología, siendo este último el más acentuado (38.39–39.30; 40.15–41.34[TM 41:26]). En realidad, es a través de esta larga referencia de Jehová al reino animal, que el mundo de Job es reencauzado más profunda y radicalmente.

Los animales descritos en esta parte no son domésticos sino salvajes: león, cabra montesa, cierva, asno salvaje, búfalo, avestruz, gavilán y águila. Incluso el caballo de batalla es descrito como indomable y temible. Jehová se revela en su fiereza y en su libertad del control de los hombres. Las imágenes de vitalidad y de vigor son abundantes, incluyendo cierta medida de violencia (p.ej., 38.39; 39.26-30). El majestuoso mundo que le es mostrado a Job, es infinitamente más grande que el mundo al cual él estaba acostumbrado, en el que se veía a sí mismo como un patriarca de proporciones regias (29.25). En cierto momento de crisis, Job se lamenta de haberse convertido en «hermano de chacales y compañero de avestruces» (30.29). La ironía es muy fuerte cuando Jehová señala que Job no es el único en este sentido, pues en el mundo abunda la incertidumbre. El mundo provinciano y centrado en su persona, de Job, es radicalmente reorientado por la descripción que hace Jehová del behemot y del leviatán, bestias impresionantes y terribles que, juntas, señalan la culminación de largo inventario de la creación que hace Jehová (caps. 40-41; cf. Gn 1.26, 27). Cualquier

Job implora misericordia a sus amigos, mientras se encuentra en un estercolero delante de su casa destruida. Limburgh Brothers, *Trés riches heures du Duc de Berry*, fol. 82r (siglo XV); Accademia, Florencia (Giraudon/ Art Resource, N.Y.)

mención del hombre está ausente en este desfile de animales, salvo la leve referencia a la creación de Job, en 40.15. Job no es ya el pináculo de la comunidad; el leviatán, en cambio, es una bestia única en fuerza y estatura regias (41:34[26]), un tanto como Job se veía a sí mismo (29.25). Estos fantásticos animales del caos ocupan una posición central como magníficas y soberbias bestias. Pero, en vez de ser vistas por Dios como seres hostiles, son alabadas por Jehová como parte integral de este desfile cósmico.

Para Job, el mundo es restaurado por un Dios brutalmente amoroso, el mismo mundo que Job había despreciado como caótico en el cap. 3. Es un mundo en el que la retribución moral ha perdido su fuerza. No obstante, un sentido moral de la naturaleza está presente en todos estos discursos del Creador. La creación se caracteriza por ser un ruedo de libertad e independencia, establecido por Jehová, quien soberanamente equilibra y suple las necesidades de todos los seres, y que se regocija en la dignidad y belleza de cada cosa, independientemente de su utilidad y sin su intervención directa y dramática. Al caótico mar se le ha creado y se le sustenta, aunque con limitaciones impuestas (38.8-11). Jehová hace incluso que la lluvia se derrame con abundancia sobre el desierto «para saciar la tierra desierta e inculta» (38.26, 27). La respuesta de Job a esta radical reorientación es enigmática, pero definitivamente indica tanto la solución de su pleito contra Jehová, y la aceptación de una nueva visión moral (42.1-6). Job ha surgido como una clase de patriarca diferente, conduciéndose ahora por una serie de principios distintos. Ya no está obsesionado por los ideales de honra y autoridad, sino que ora a Jehová a favor de sus amigos que lo habían condenado injustamente. Restaurado con el mismo número de hijos, Job comparte su herencia igualmente con sus hijas (cf. Nm 27.1-11). Visto de esta manera, el libro de Job se ocupa de la transformación de la integridad del hombre, sometida a prueba y creada de nuevo, y de la visión moral, transformada y ensanchada.

Bibliografía. D. J. A. Clines, Job 1–20. WBC 17 (Waco, 1989); N. C. Habel, The Book of Job. OTL (Philadelphia, 1985); C. A. Newsom, «The Moral Sense of Nature: Ethics in the Light of God's Speech to Job,» *Princeton Seminary Bulletin* n.s. 15 (1994): 9-27; L. G. Perdue, *Wisdom in Revolt: Metaphorical Theology in the Book of Job*. BLS 29. JSOTSup 112 (Sheffield, 1991); M. Tsevat, «The Meaning of the Book of Job,» HUCA 37 (1966): 73-106; repr. in *The Meaning of the Book of Job and Other Biblical Studies* (New York, 1980), 1-38.

William P. Brown

JOB, TESTAMENTO DE

Libro seudoepigráfico que utiliza el estilo de testamento para hacer un recuento novelado del libro bíblico de Job. Éste reúne a sus hijos alrededor de su lecho de muerte, y repasa los acontecimientos de su vida para exhortar a sus hijos a cultivar la virtud de la fortaleza o paciencia en el sufrimiento (Gr. *hypomonē*).

La readaptación de la historia bíblica es muy extensa y ficticia. Por ejemplo, la primera mitad (caps. 1-27) hace un repaso de los dos primeros capítulos del libro canónico. Los roles principales se les asignan a un ángel revelador, a un Satanás que utiliza muchos disfraces; y a la depauperada esposa de Job, Sitis. A diferencia del Job bíblico, este Job sabe desde el comienzo qué le sucederá a él, y por qué, y tiene la seguridad de su victoria final.

En la segunda parte del testamento (caps. 28-53), Job ofende a sus cuatro amigos de la realeza hablándoles de un reino eterno en el cielo, que es muy superior a los reinos de la tierra. Después que Dios restaura su fortuna, Job da a sus tres hijas una herencia en este reino terrenal. A cada una de ellas da un cinturón mágico que les garantiza salud y protección del enemigo, les inspira una adoración mística, y las conduce a un mundo mejor en el cielo. Cuando Job muere, sus hijas ven ascender su alma al cielo.

El texto existe en griego, que fue más probablemente el idioma de composición original. Fue escrito en Egipto (Job es llamado «el rey de todo Egipto» en 28.7) por un autor judío, en algún momento del siglo I d.C.

Bibliografía. R. T. Spittler, «Testament of Job,» OTP 1 (Garden City, 1983): 829-68.

Randall A. Argall

JOBAB (Heb. *yôbāb*)

1. Hijo de Jactán; antepasado de un clan árabe (Gn 10.29; 1 Cr 1.23).

2. Rey edomita, hijo de Zera, de Bosra (Gn 36.33, 34 = 1 Cr 1.44, 45).

3. Rey de Madón, aliado de Jabín de Hazor (Jos 11.1); uno de los reyes derrotados por Josué (12.19).

4. Benjamita, hijo de Saharaim (1 Cr 8.9).

5. Benjamita, hijo de Elpaal (1 Cr 8.18).

JOCABED (Heb. *yôkeḇeḏ*)

Esposa de Amram y madre de Aarón, Moisés y María (Nm 26.59). Fue también tía de Amram (Ex 6.20).

JOCDEAM (Heb. *yoqdĕʿām*)

Ciudad del territorio tribal de Judá (Jos 15.56). La LXX dice Jorcoam (cf. 1 Cr 2.44). El sitio puede ser la moderna Khirbet er-Raqaʿ (160096) entre Juta y Zif, 7 km (4 millas) al sur de Hebrón.

JOCMEAM (Heb. *yoqmĕʿām*)

Ciudad levítica asignada a la familia de Coat (1 Cr 6:68[TM 53]). En 1 Crónicas 23.19; 24.23, una familia levita de Hebrón tiene el nombre parecido Jecamán. Mencionada como una de las ciudades del quinto distrito de Salomón (1 R 4.12), Jocmeam debe ser identificada, o bien con los sitios de Tell el-Mazâr (195171), de las Edades del Hierro I-II, o bien con Waqf es-Samadi (195172) en el Wadi Farʿah. Sin embargo, muchos mapas y autores modernos han confundido las cosas, al llamar a ambos sitios Tell es-Simadi.

Robert D. Miller, II

JOCNEAM (Heb. *yoqnĕʿām*)
Ciudad asignada a los levitas de la familia de Merari en el límite occidental de Zabulón (Jos 19.11; 12.22). Se dice que el rey de Jocneam fue muerto por Josué y los israelitas (Jos 12.22).

Como ciudad real cananea, Jocneam aparece en una lista topográfica de Tutmosis III. Eusebio no tuvo conocimiento de la ubicación del sitio, aunque supo de una Kammona que se correspondía con el lugar (Onom. 116:21), posiblemente la misma Ciamón en Jdt 7.3.

Jocneam ha sido identificada con Tel Yoqneʿam/Tell Qeimûn (1604.2289), situada en un punto a lo largo de la frontera de la sierra del Carmelo y el valle de Jezreel, a 20 km (12.5 millas) al suroeste de la moderna Haifa, y a 11 km (7 millas) al noroeste de Meguido. En la Edad del Hierro I, oleadas sucesivas de cananeos, fenicios y filisteos ocuparon el sitio de 4 hectáreas (10 acres), pero la ocupación israelita no es evidente hasta la Edad del Hierro II, en la que se preserva una ciudad fortificada. El sitio fue ocupado en los períodos persa, griego, romano y también en períodos posteriores.

Robert D. Miller, II

JOCSÁN (Heb. *yoqšān*)
Hijo de Abraham y Cetura; antepasado famoso de varios pueblos árabes (Gn 252, 3; 1 Cr 1.32).

JOCTÁN (Heb. *yoqṭān*)
Hijo de Heber y descendiente de Sem; antepasado famoso de varios pueblos árabes (Gn 10.25-29 = 1 Cr 1.19-23).

JOCTEEL (Heb. *yoqṯĕʾēl*)

1. Población de la Sefela, o tierra baja, de Judá (Jos 15.38). Puede estar relacionada con Jecutiel, presentado como uno de los descendientes de Caleb, «padre de Zanoa» y tío de Soco (1 Cr 4.18). Tanto Zanoa como Soco son sitios de la Sefela, y Jocteel puede estar ubicado cerca.

2. Capital del territorio edomita. Amasías rey de Judá dio al sitio de Sela (la Petra moderna) el nuevo nombre de Jocteel, después de conquistarlo (2 R 14.7).

Jennifer L. Groves

JODA (Gr. *Iōdá*)
Hijo de Joana y antepasado de Jesús, según la genealogía de Lucas (Lc 3.26).

JOED (Heb. *yôʿēḏ*)
Benjamita, abuelo de Salú (Neh 11.7).

JOEL (Heb. *yôʾēl*)
Nombre común en el AT (Heb. «Jah[Jehová] es Dios»).

1. Hijo mayor del profeta Samuel. Él y su hermano Abías fueron nombrados jueces como jueces de Beerseba, pero pervirtieron la justicia aceptando sobornos (1 S 8.1-3). Según 1 Cr 6.33 (TM 18) y 15.17, era un levita coatita y padre del cantor Hemán (cf. 6:28[13] TM).

2. Principal de la tribu de Simeón en tiempos de Ezequías (1 Cr 4.35).

3. Rubenita, padre de Semaías (1 Cr. 5.4; cf. v. 8, «Sema»).

4. Jefe de la tribu de Gad, que habitó en Basán (1 Cr 5.12).

5. Levita coatita; hijo de Azarías, padre de Elcana, y antepasado de Samuel (1 Cr 6:36[21]; cf. 1 Sam. 1:1). El nombre Saúl aparece en la genealogía paralela, en 1 Cr 6.24(9).

6. Hijo de Israhías de la tribu de Isacar; oficial contemporáneo de David (1 Cr 7.3). Puede ser el mismo 5 anterior.

7. Uno de los valientes de David, y hermano de Natán (1 Cr 11.38). En 2 S 23.36, el texto dice IGá hijo de Natán.

8. Jefe de los levitas gersonitas que ayudó a David a traer el arca a Jerusalén (1 Cr 15.7, 11).

9. Hijo de Laadán (1 Cr 23.8), quien, con su hermano Zetam estuvo a cargo de la tesorería del Templo (26.21, 22; aquí hijo de Jehieli). Puede ser el mismo 8 anterior.

10. Hijo de Pedaías; principal oficial de la media tribu de Manasés en tiempos de David (1 Cr 27.20).

11. Levita coatita, hijo de Azarías. Ayudó en la limpieza del emplo en tiempos de Ezequías (2 Cr 29.12).

12. Uno de los siete hijos de Nebo; israelita posexílico a quien se le pidió que se divorciara de su esposa extranjera (Esd 10.43; 1 Esdr 9.35).

13. Hijo de Zicri; supervisor de los benjamita en la Jerusalén posexílica (Neh 11.9).

14. El profeta Joel, hijo de Petuel (Jl 1.1; LXX «Betuel»). Sus palabras constituyen el libro de Joel.

15. El arcángel Joel; llamado también Jaoel, Jahoel, o Jehoel (p.ej., Apoc. Mos. 29.4; 43.5; Ap Abr. 10.3; 17:13).

Miles V. Van Pelt

JOEL (Heb. *yô'ēl*), LIBRO DE

El segundo de los Profetas Menores. El libro comienza con un llamado a los ancianos y al pueblo de la tierra a lamentar la devastación sin precedentes causada por una plaga de langostas. Joel vincula esa plaga con la venida del día de Jehová, la compara con el ataque de un enemigo a Jerusalén, y convoca al pueblo a volverse a Jehová. En respuesta a las manifestaciones ceremoniales de duelo del pueblo, Joel ofrece la esperanza de que Jehová, a cuya orden avanzó el ejército de langostas, traerá redención. Ciertamente, Jehová restaurará la tierra y la labranza destruidas por las langostas. Jehová también salvará al pueblo de sus vecinos opresores. Jehová reunirá a todas las naciones extranjeras en el valle de Josafat (lugar simbólico que significa «Jehová juzga») para derrotarlas en batalla y restaurar así a Jerusalén como ciudad santa.

Interpretaciones hechas en el pasado se concentraron en varios problemas literarios e históricos. Entre éstas se encuentran la composición y estructura del libro, su fecha y marco histórico, y su apropiación e interpretación de contenidos anteriores.

Aun para el lector menos avisado, el libro parece consistir de dos partes diferentes: 1.1–2.27 y 2.28–3.21(TM 3.1–4:21). La primera se refiere a una catástrofe natural que está devastando en ese momento a Judá, mientras que la segunda tiene que ver con el futuro juicio de Jehová contra las naciones extranjeras que han oprimido al pueblo de Judá. La primera parte es descriptiva y profética, pero la segunda es vista comúnmente como apocalíptica y escatológica. Sin embargo, las dos partes del libro tienen varios parecidos. El día de Jehová tiene un papel prominente en cada una de las partes, y en ambas se pueden detectar frases y un estilo literario semejantes.

La mayoría de los estudiosos anteriores, y algunos contemporáneos, han argumentado que las dos partes fueron escritas por dos autores distintos: el profeta Joel, quien experimentó los efectos de una plaga real de langostas, y un autor escatológico posterior que editó (insertando referencias al día de Jehová) y agregó el mensaje original del profeta, dándole un significado más trascendental. Sin embargo la mayoría de los estudiosos contemporáneos sostienen que Joel es el autor de ambas partes del libro, aunque a menudo discrepan en cuanto a la relación entre ambas partes. Algunos estudiosos afirman que la segunda parte es simplemente un desarrollo escatológico de la primera, mientras que otros argumentan que ambas partes forman una unidad orgánica. Estos últimos han sido especialmente efectivos en demostrar que la división de libro en dos partes diferentes —1.1–2.27 y 2.28–3.21(4:21)— no tiene en cuenta el contenido y la estructura del libro. El día de Jehová es una cuestión fundamental en ambas partes del libro, y le da unidad al todo. Además, la mitad estructural del libro se encuentra en 2.17 y 2.18, no en la división entre 2.27 y 2.38(3.1)

La estructura el libro está formada por el bosquejo de sus contenidos:

I. Una catástrofe natural anuncia el día de Jehová (1:1–2:17)
   A. El lamento por una catástrofe natural (1.1-20)
      1. Una plaga de langostas nunca vista (1.1-4)
      2. Un llamado a afligirse por la devastación de la agricultura (1.5-14)
      3. Lamento por la plaga (1.15-20)
   B. Una nueva plaga de langostas como un ejército invasor de Jehová (2.1-11)
   C. Un llamamiento profético al pueblo para que se vuelva a Jehová (2.12-17)
II. Juicio y redención en el día de Jehová (2.18–3.21[4.21])
   A. Juicio sobre la plaga de langostas (2.18-32[3.5])
      1. Destrucción de las langostas y renovación de la tierra (2:18-27)
      2. Redención del pueblo en el día de Jehová (2.28-32[3.1-5])
   B. Juicio con las naciones extranjeras (3:1-21[4:1-21])
      1. Agravios contra el pueblo de Judá (3.1-8[4.1-8])
      2. Jehová acusa a las naciones extranjeras y redime al pueblo de Judá (3.15-21[4.15-21])

El libro es más explícito en cuanto a la época en que se escribió. Una plaga de langostas había consumido los cultivos de Judá (1.4) poniendo fin, incluso, a la participación del pueblo en la adoración en el Templo (v. 13) Los efectos de la sequía anual del verano hizo mayor la devastación (1.19, 20). Además, una nueva plaga de langostas, descrita metafóricamente como un ejército invasor, estaba atacando a la tierra (2.3-9), dando a entender que la plaga fue por dos años seguidos. El libro también se queja de que las naciones de Tiro, Sidón y Filistea habían saqueado a la tierra de Judá y vendido a su pueblo a los griegos (3.4-8[4.4-8]). Sin embargo, esta queja parece ser más indicadora del débil estatus de Judá bajo el imperio persa, profundizando la vergüenza de la nación (2.17, 27), que de la época específica del libro. El libro de Joel se caracteriza por los numerosos paralelos verbales que tiene con libros proféticos anteriores. Aunque muchos de estos paralelos son idénticos palabra por palabra, no se puede dar por sentado la dependencia literaria de Joel de estos libros. La naturaleza netamente alegórica de estos paralelos parece indicar que Joel estaba simplemente utilizando dichos y temas comunes de la enseñanza profética. Dos temas que tienen un papel importante en el libro de Daniel, son el día de Jehová y el enemigo procedente del norte.

Empleando un lenguaje típico, Joel identifica a la plaga de langostas con el advenimiento del día de Jehová. Mientras que la enseñanza profética identificó este día con el juicio de Jehová contra sus enemigos —su propio pueblo, o los extranjeros— Joel transforma el día de Jehová en acontecimiento complejo que incluye un ataque a la tierra de Judá, del cual Jehová liberará a su pueblo, y el juicio de Jehová contra los pueblos extranjeros. Joel hace esta transformación vinculando al día Jehová con el enemigo del norte. Joel específicamente identifica al ejército de langostas con el «del norte» (2.20; las plagas de langostas entraban a Israel siempre por el sur). Al igual que Ezequiel 38-39, Joel compara a las langostas con el ejército enemigo que Jehová traerá contra la tierra de Judá con la única intención de destruirlo y mostrar la grandeza de Jehová (3.1-21[4.1-21]).

El libro de Joel es la respuesta a la severa plaga de langostas que estaba destruyendo la agricultura de Judá. En contraste con las naciones que consideraban la devastación un motivo de desgracia, Joel veía en la plaga de langostas el reconocimiento del día de Jehová y el cumplimiento de las expectativas proféticas originales. Joel se basa, entonces, en las enseñanzas proféticas para proclamar el propósito de Jehová, quien restaurará la tierra y salvará al pueblo. Así como Jehová trajo al ejército de langostas contra la tierra de Judá únicamente para destruirlo, también reunirá a todas las naciones extranjeras en Jerusalén para aplastarlas, salvando de ese modo a su pueblo de Sion.

Bibliografía. G. W. Ahlström, *Joel and the Temple Cult of Jerusalem*. VTSup 21 (Leiden, 1971); J. L. Crenshaw, Joel. AB 24C (New York, 1995); A. S. Kapelrud, *Joel Studies*. UUÅ 48/4 (Uppsala, 1948); R. A. Simkins, *Yahweh's Activity in History and Nature in the Book of Joel* (Lewiston, 1991); H. W. Wolff, Joel and Amos. Herm (Philadelphia, 1977).

RONALD A. SIMKINS

JOELA (Heb. *yôʿēʾlâ*)

Guerrero que vino en ayuda de David en Siclag; hijo de Jeroham de Gedor (1 Cr. 12.7[TM 8]).

JOEZER (Heb. *yôʿezer*)

Guerrero benjamita que vino a David en Siclag (1 Cr 12.6[TM 7]). También es identificado como coreíta.

JOGBEHA (Heb. *yogbĕhâ*)

Población transjordana del reino de Sehón que Moisés dio a Gad (Nm 32.35). Estaba ubicada cerca de una ruta de caravanas a lo largo de la cual Gedeón persiguió a los madianitas (Jue 8.11). Algunos estudiosos ubican a Jogbeha en ʾal-Gubēḥah (231159), donde fue encontrada una torre militar amonita. Otros dicen que se trata de Tell Ṣafūt, ya que Gubēḥah está fuera del territorio amonita.

PHILIP R. DREY

JOGLI (Heb. *yoglî*)

Padre del jefe danita Buqui (Nm 34.22).

JOHA (Heb. *yôḥāʾ*)

1. Benjamita, hijo de Bería (1 Cr 8.16); habitante de la Jerusalén posexílica.

2. Hijo de Simri; uno de los valientes de David (1 Cr 11.45). Le es dado el gentilicio de «tizita».

JOHANÁN (Heb. *yôḥānān*)

1. Hijo de Carea; uno de los jefes militares que escaparon del ejército de Nabucodonosor, antes de rendirse finalmente al gobernador partidario de Babilonia, Gedalías, en Mizpa (2 R 25.23, 24; Jer 40.8). Johanán había informado a Gedalías que Ismael planeaba asesinarlo, pero Gedalías no creyó el informe (Jer 40.13-16). Después que Ismael logró asesinar a Gedalías (2 R 25.25), Johanán y sus fuerzas se enfrentaron a Ismael, y rescataron a los que éste había hecho prisioneros en Mizpa (Jer 41.11-15). Johanán y el «remanente de Judá» huyeron luego a Egipto para evitar la venganza de Babilonia, tomando con ellos a Jeremías y Baruc (Jer 41.16–43.7; cf. 2 R 25.26).

2. Primogénito del rey Josías (1Cr 3.15). Puesto que no se le menciona en ninguna otra parte, probablemente murió a edad temprana.

3. Uno de siete hijos varones de Elioenai, y último descendiente de la generación de David registrada por el autor de Crónicas (1 Cr 3.24).

4. Hijo de Azarías; sacerdote del linaje de Aarón y Sadoc que sirvió durante el reinado de Salomón (1 Cr 6.9, 10[TM 5.35, 36]). El autor de Crónicas confundió al padre de Johanán con su hijo, llamado también Azarías, a quien le atribuye servicio en el Templo de Salomón.

5. Guerrero benjamita que se unió a las fuerzas de David en Siclag (1 Cr 12.4[5]).

6. Oficial gadita que también se unió a las fuerzas de David en Siclag (1 Cr 12.12[13]).

7. Jefe efraimita, hijo de Azarías, que se negó a dejar que Peka y su ejército que trajeran de regreso a Samaria a prisioneros de Judá (2 Cr 28.12).

8. Descendiente de Azgad que volvió de Babilonia con Esdras (Esd 8.12; 1 Esd 8.38).

9. Sumo sacerdote en la Judá posexílica, «hijo» (posiblemente nieto) de Eliasib (Neh 12.22, 23). Este Johanán ha sido identificado con el Johanán de los papiros elefantinos (Cowley 39.18) y, probablemente de manera errónea, con el Johanán que mató a su hermano Jesúa (Josefo Ant. 10.297-301).

Resulta también tentador identificar a este Johanán con el Johanán hijo de Eliasib, en cuyas habitación pasó Esdras la noche (Esd 10.6), pero es poco probable que se trate de la misma persona (cf. Neh 13.4).

Ronald A. Simkins

JOHANÁN (Heb. *yĕhôḥānān*)

1. Levita coreíta portero del Templo (1 Cr 26.3)

2. Uno de los tres judaítas «jefes de los millares» del ejército del rey Josafat (2 Cr 17.15)

3. Padre de Ismael, «jefe de centenas» que se unió a Joiada en el golpe de estado contra la reina Atalía (2 Cr 23.1).

4. Hijo (¿o descendiente?) de Eliasib, a cuya cámara se retiró Esdras para ayunar (Esd 10.6); 1 Esd 9.1). Si esta persona es el mismo Johanán de Neh 12.22, 23 (aparentemente el nieto de Eliasib, el sumo sacerdote en tiempos de Nehemías; cf. vv. 10, 11; 3.1), su relación con Esdras es importante en la cronología Esdras-Nehemías.

5. Hijo de Bebai; uno de los israelitas que se divorciaron de sus esposas extranjeras (Esd 10.28; 1 Esd 9:29).

6. Hijo de Tobías el amonita, que combatió el proyecto de reconstrucción de Nehemías (Neh 6.18). También se casó con la hija de Mesulam, quien ayudó a restaurar los muros de Jerusalén bajo la dirección de Nehemías (Neh 3.4, 30).

7. Jefe de la familia sacerdotal de Amarías durante el tiempo del sumo sacerdote Joiacim (Neh 12.13).

8. Uno de los sacerdotes oficiantes en la ceremonia de dedicación de los muros que fueron reconstruidos bajo la administración de Jeremías (Neh 12.42).

Harold R. Mosley

JOIACIM (Heb. *yôyāqîm*)
Sumo sacerdote posexílico; hijo de Jesúa (9) y padre de Eliasib (8; Neh 12.10, 12, 26).

JOIADA (Heb. *yôyāḏāʿ*)

1. Hijo de Paseah que restauró la puerta Vieja en Jerusalén bajo Nehemías (Neh 3.6).

2. Sacerdote durante el reinado de Darío e hijo del sumo sacerdote Eliasib (7; Neh 12.10, 11, 22).

JOIADA (Heb. *yĕhôyāḏāʿ*)

1. Sacerdote de Cabseel, en Judá meridional. Fue el padre de Benaía, y jefe de la escolta de David (2S 8.18; 23.20, 22 = 1 Cr 11.22, 24; 27.5).

2. Sacerdote de finales del siglo IX, en Jerusalén (2 R 11–12; 2 Cr 23:1–24.16). Joiada encabezó el golpe que derrocó a Atalía (c. 843-c. 837 a.C.) e instaló a Joas (c. ¿837-800?) en el trono davídico. El relato de 2 Reyes describe su liderazgo, su control militar y su manipulación de los símbolos dinásticos y del pacto. Segundo de Crónicas enfatiza su liderazgo en la renovación de la santidad del templo.

Segundo de Reyes atribuye el correcto proceder de Joás a la instrucción de Joiada. Sin embargo, 2 Crónicas limita el correcto comportamiento del rey al tiempo de vida de Joiada, en un intento por explicar teológicamente ciertos hechos negativos posteriores que hubo en el reinado de Joás. En el relato sobre la restauración del Templo, 2 Reyes narra la pasividad de Joiada al comienzo, y luego su cooperación con la iniciativa del rey de financiar las reparaciones del Templo. Segundo de Crónicas reduce el papel directo de Joiada, aunque le atribuye a su gestión la correcta restauración del Templo y de su ceremonial. La rivalidad entre las jerarquías real y religiosa, típica de los estados rurales, subyace en ambas narraciones.

Crónicas añade otros detalles: que la esposa de Joiada era Josabet; que escogió esposas para Joás; y que fue enterrado con los reyes en la ciudad de David. Estos detalles pueden tener veracidad histórica, pero también revelan un interés especial en cuanto al rol del sacerdote.

3. Hijo de Benaía, sucesor de Ahitofel como consejero del rey (1 Cr 27.34).

4. Sacerdote del período del segundo Templo, hijo del sumo sacerdote Eliasib (7; Neh 13.28). El matrimonio de su hijo con un miembro de la familia extranjera de Sanbalat fue condenado por Nehemías.

5. Sacerdote sustituido por Sofonías, probablemente como parte de una pugna interna entre facciones en la Judá de fines del primer Templo (Jer 29.26).

Bibliografía. P. Dutcher-Walls, Narrative Art, Political Rhetoric: *The Case of Athaliah and Joash*. JSOTSup 209 (Sheffield, 1996).

PATRICIA DUTCHER-WALLS

JOIARIB (Heb. *yĕhôyārîḇ*)
Sacerdote durante el reinado de David (1 Cr 24.7); antepasado famoso de una familia sacerdotal entre los desterrados que regresaron (9.10).

JOIARIB (Gr. *Iōarib*)
Jefe de la familia sacerdotal de la cual descendía Matatías, quien con sus hijos inició la revuelta de los macabeos (1 Mac 2.1; 14.29).

JOIARIB (Heb. *yôyārîḇ*)

1. «Hombre docto» enviado por Esdras a Iddo en Casifia, para pedirle sacerdotes levitas para el Templo (Esd 8.16).

2. Judaíta; hijo de Zacarías (25), padre de Adaías, y antepasado de Maasías (Neh 11.5).

3. Sacerdote que regresó con Zorobabel de la cautividad en Babilonia (Neh 11.10; 12.6), jefe de una familia sacerdotal (v. 19).

JONADAB (Heb. *yônāḏāḇ*)

1. Hijo de Simea, hermano de David (2 S 13.3; es llamado *yĕhônāḏāḇ* en el v. 5). Amnón estaba encaprichado con su media hermana Tamar, y Jonadab, quien es descrito como un «hombre muy astuto», le aconseja que se finja enfermo y le pida a su padre que Tamar le prepare una comida en su presencia. Amnón siguió el consejo de Jonadab, y cuando Tamar se acerco a él, la dominó y la violó. El plan parece haber tenido la intención de asegurar para Amnón el trono de David. Después que Absalón hizo dar muerte a su hermano Amnón por violar a su hermana, David oyó el rumor de que todos sus hijos habían sido asesinados. Pero Jonadab le aseguró que sólo Amnón había sido muerto, y que Absalón había estado planeando esto desde que violó a Tamar (2 S 13.32, 35).

2. Hijo de Recab (2 R 10.15), antepasado famoso de la familia recabita. Según 2 Reyes 10.15-24, donde es llamado *yĕhônāḏāḇ* acompañó a Jehú en la matanza de los sobrevivientes de la casa de Acab (vv. 15-17), y también en la de los sacerdotes de Baal (vv. 18-24). El celo de Jonadab por el Señor está también evidenciado en Jeremías 35, donde los recabitas son descritos como personas que no bebían vino, ni edificaban casas, ni sembraban sementeras, ni plantaban viñas, como su antepasado Jonadab les había mandado, para que vivieran muchos días sobre la tierra (vv. 6, 7). Jeremías 35 termina diciendo que si Judá hubiera seguido los mandamientos del Señor, habría prosperado, así como los recabitas habían prosperado por su fidelidad al mandamiento de Jonadab (vv. 12-19).

JOHN E. HARVEY

JONÁN (Gr. *Iōnám*)
Antepasado de Jesús; hijo de Eliaquim y padre de un José en la genealogía de Lucas (Lc 3.30).

JONÁS (*Heb. yônâ*), **LIBRO DE**
Quinto libro de la serie de profetas menores, llamado así por su personaje principal. Esta ubicación puede servir para decir una palabra positiva sobre las naciones después de Abdías. La referencia a Jonás, hijo de Amitai, relaciona al libro con un profeta del siglo VIII que habló a favor de Jeroboam II, rey de Israel (786-746 a.C.; 2 R 14.25).

La razón de esta conexión histórica no es clara, especialmente en vista de la naturaleza no histórica del libro. Puede ser que Nínive (la capital de Asiria), responsable de la destrucción del reino del norte en el 721, sirva como tipo de las naciones impías enemigas de los propósitos de Dios (cf. Nah 3.1). La pregunta que se plantea es esta: ¿Es posible la salvación de Dios, aun para naciones así? Que Dios estuviera tan preocupado por el buen futuro de naciones como Asiria, resultaba intolerable para algunos: ¿Cómo podía Dios pensar en salvar a una nación que había destruido de tal manera al propio pueblo de Dios? Jonás es el prototipo de ciertos israelitas piadosos que hacían esa pregunta en cuanto a la extensión de la misericordia de Dios a los impíos. Esta perspectiva constituía un desafío a la confesión de fe de que Jehová es «misericordioso y piadoso; tardo para la ira, y grande en misericordia y verdad» (Ex 34.6, 7, cuestionada por Jonás en 4.2). El libro de Jonás alega que esta antigua confesión, aunada al arrepentimiento divino (cf. Jl 2.13), sigue siendo decisiva al pensar en Dios y en su relación con el mundo más amplio de las naciones. La manera de obrar Dios con el mundo, no simplemente con Israel, es con misericordia, a pesar del juicio que merecen. Tal disputa teológica pudo haber aflorado en el período posexílico, cuando la situación de sometimiento a una próspera nación extranjera (Persia), los sufrimientos relacionados con esto, y el aparente fracaso de las promesas hechas a los exiliados, hicieron surgir interrogantes en cuanto a la justicia del trato dado por Dios a Israel.

El libro se diferencia de los de otros profetas por la ausencia de predicciones (excepto 3.4), y por su forma como la historia acerca de un profeta. A diferencia de otros anuncios proféticos contra las naciones, Jonás es llamado a comunicar, en persona, una palabra de juicio contra Nínive. Sin embargo, el libro es profético en el sentido de que da una palabra de juicio y misericordia a un público israelita específico, buscando provocar una enmienda en su manera de pensar y de vivir.

El libro es una unidad literaria; los cuatro capítulos constituyen una creación cuidadosamente estructurada en la que Jonás y los paganos (los marineros y los ninivitas) son contrastados. Para ello, el libro utiliza temas y relatos anteriores (Gn 18; 1 R 10; Jer 18, 36; Jl 2). El salmo funcionaba originalmente como un cántico independiente de acción de gracias, pero aquí es adaptado para dar cabida a la gratitud de Jonás por haber sido salvado de ahogarse. El libro debe ser identificado como una sátira, en el que hay mucha ironía al describir a Jonás y su perspectiva de las naciones. La pregunta final está concebida para estimular a los lectores a tener una nueva actitud teológica.

Se puede bosquejar la trama de Jonás de la manera siguiente:

Llamamiento de Jonás (1.1-3)

El llamado de Dios para que le predique a Nínive es rechazado por Jonás. Este llamado crea la posibilidad de que los verdugos de Israel puedan arrepentirse, y que Dios les extienda misericordia en vez de condenación. El sentido de justicia de Jonás es violado. Por tanto, para escapar a un lugar donde el llamado de Dios sea menos dramático, compra el boleto más costoso y toma una embarcación que va en dirección opuesta: a Tarsis, en España.

Jonás perseguido (1.4-16)

Dado que la huida de Jonás trastoca la intención divina en cuanto a Nínive, Dios persigue al profeta en medio de una tormenta en el mar, no para descargar su ira sobre él, sino para hacerlo volver. Jonás responde a la tormenta con indiferencia, y el capitán, que ve que las oraciones no obligan a Dios (cf. 3.9), le recuerda irónicamente a Jonás su responsabilidad religiosa. Cuando echan suertes y Jonás resulta ser el culpable, declara su fe. Esta oportuna revelación mueve a los marineros (al igual que a los ninivitas en el cap. 3) a adorar al dios de Jonás. Pero esta confesión no detiene a la tormenta; en realidad, se vuelve peor. Lo que le interesa a Dios no es la confesión de Jonás (porque Jonás es un hombre de fe), sino que tenga una nueva actitud teológica en cuanto a las naciones. Jonás confiesa su pecado y, por su sentido de justicia, pide ser arrojado al mar para recibir el castigo que merece. Los marineros finalmente le conceden la petición a Jonás, después de asegurarse de que no serán culpados si ése es inocente. La tormenta se detiene, y los marineros responden a Dios como unos buenos israelitas.

Respuesta de Jonás a la salvación de Dios *(1.17–2.10[TM 2.1-11])*

Dios envía un pez para salvar a Jonás de ahogarse, y para rescatarlo. Irónicamente, el culpable Jonás es beneficiario de la misericordia divina. La utilización del pez por parte de Dios constituye un paréntesis para la oración de acción de gracias de Jonás. Las metáforas usadas normalmente para expresar o evocar angustia (cf. salmos 30 y 42), son utilizadas literalmente por Jonás para describir su descenso a las puertas de la muerte. Jonás expresa el tema clave de la salvación; es irónico, porque él no merecía la salvación más que Nínive, y porque había querido que Dios limitara la acción de misericordia que lo había salvado a él. La oración no revela que Jonás se hubiera arrepentido, a pesar de que Dios y el pez lo habían rescatado misericordiosamente.

Nínive y Dios se arrepienten (3.1-10)

Por necesitar todavía de Jonás, Dios repite el llamamiento. Nínive es descrita en términos impresionantes; toda la impía ciudad se arrepiente (¡incluso los animales!) con los pocos esfuerzos de Jonás, llevados a cabo por imposición. Estos detalles deliberadamente exagerados, resaltan lo irónico de su incomparable éxito. Las inmisericordes palabras de Jonás después de la misericordia de que él mismo fue objeto, una cuenta regresiva nunca vista hacia la destrucción, revela lo que había en la mente de Jonás en cuanto al justo futuro para la ciudad. Los ninivitas, con su rey al frente, manifiestan su arrepentimiento con palabras y acciones. El Dios de Israel, conmovido por esa actitud, responde revocando el juicio anunciado. Este patrón de amenaza seguida después por el arrepentimiento de los hombres y de Dios, común en la experiencia de Israel, está al alcance de todos (Jer 18.7-11).

Un debate teológico (4.1-11)

Jonás responde con profunda ira a la salvación de los ninivitas, y justifica su negativa original de obedecer: el temor de que Dios fuera misericordioso cuando decretara su juicio. Dios no se había conformado a los patrones básicos de justicia, y Jonás pide morir por participar en este acto de injusticia —Jonás se mantendrá justo (cf. 1.12). Dios rechaza el reto, y censura la reacción de Jonás ante la salvación de Nínive. Pero Jonás se mantiene firme y decide sentarse y esperar que Dios actúe (4.5). Dios se niega a dar marcha atrás, y envía una planta para dar más sombra a Jonás, salvando irónicamente a uno que estaba airado con Dios por salvar a otros. Jonás se alegra por haber sido salvado, y Dios sigue adelante con el asunto utilizando un gusano y al viento, haciendo así que Jonás probara un poco de la destrucción que él había deseado para otros. En vista de esa toma y daca impredecible, Jonás prefiere la muerte. Pero Dios persiste y censura la ira de Jonás por la destrucción de la planta. Cualquier respuesta a esta astuta pregunta condenará a Jonás. Si es negativa (como debiera haber sido), entonces Jonás reconoce el derecho que tiene Dios de tener la palabra final en cuanto a su creación. Si es positiva (como lo fue), tácitamente reconocía el derecho que tenía Dios de responder ante Nínive como él quisiera. Jonás había recibido un regalo de Dios, independientemente de cuestiones de justicia, y por eso no debía tomar de mala gana la generosidad de Dios cuando éste tenía misericordia de los demás.

Bibliografía. T. E. Fretheim, *The Message of Jonah* (Minneapolis, 1977); J. Limburg, *Jonah*. OTL (Louisville, 1993); J. D. Magonet, *Form and Meaning: Studies in Literary Techniques in the Book of Jonah* (Sheffield, 1983); J. M. Sasson, *Jonah*. AB 24B (New York, 1990); P. Trible, *Rhetorical Criticism: Context, Method, and the Book of Jonah*. Guides to Biblical Scholarship (Minneapolis, 1994); H. W. Wolff, *Obadiah and Jonah* (Minneapolis, 1986).

Terence E. Fretheim

JONATÁN (Heb. *yĕhônāṯān, yônāṯān*; Gr. *Iōnathás*)

1. Hijo de Gersón; descendiente de Moisés (Jue 18:30; TM «Manasés»). Jonatán fue un levita de Belén, contratado por Micaía para servir en el altar personal de éste (Jue 17-18). Más tarde instituyó el sacerdocio en Lais (Dan), que continuó hasta las invasiones asirias del siglo VIII a.C. (Jue 18.30).

2. Primogénito del rey Saúl y Ahinoam (1 S 14.49; 1 Cr 8.33; 9.39); padre de Merib-baal/Mefi-boset (2 S 9; 1 Cr 8.34) y amigo de David.

Como principal lugarteniente del ejército de Saúl, Jonatán derrotó a los filisteos en Gabaa (1 S 13.3); demostró especial heroísmo en la batalla de Micmas. Contando sólo con la ayuda de su paje de armas, ingresó al campamento de los filisteos creando pánico (1 S 14.6-15) y preparando el escenario para que el ejército de Saúl los pusiera en fuga.

La fidelidad de Jonatán a David es célebre. Juntos hicieron un pacto de amistad (1 S 18.1-4). Cuando Saúl pensó en matar a David, Jonatán intervino (1 S 19.1-7; 20.1-34, 41, 42). Más tarde, en Zif, los dos renovaron su pacto; Jonatán renunció a su derecho como heredero cierto de Saúl, declarando que David debía ser el próximo rey, y Jonatán su primer ministro (1 S 23.16-18). Sin embargo, Jonatán siguió siendo fiel a su padre, y murió con Saúl en la batalla del monte de Gilboa (1 S 31.1, 2).

3. Hijo del sacerdote Abiatar (2 S 15.27; 17.17, 20). Mencionado con frecuencia juntamente con Ahimaas hijo de Sadoc, Jonatán sirvió como el mensajero enviado a David cuando se produjo la sublevación de Absalón. Posteriormente llevó a Adonías la noticia del nombramiento de Salomón como rey (1 R 1.42, 43).

4. Hijo de Sama, ararita (2 S 23.32; es llamado «Sage» en 1 Cr 11.34). Su nombre aparece en la lista de los valientes de David (2 S 23.8-39 = 1 Cr 11.10-47).

5. Hijo de Jada; padre de Pele y Zaza; jerameelita (1 Cr 2.32, 33). Mencionado en la genealogía de «Jerameel, primogénito de Hezrón» (2.25-41), es parte de la descendencia de Jerameel a través de su «otra esposa», Atara. Dado que Jeder, el hermano de Jonatán, murió sin hijos, la línea se conservó a través de los hijos varones de Jonatán.

6. Hijo de Simei (llamado «Simea» en 1 Cr 20.7), hermano de David (2 S 21.21; 1 Cr 20.7). Mató a un gigante que tenía doce dedos en las manos y doce dedos en los pies, que hacía mofa de Israel. Esta muerte fue, o la cuarta (2 S 21.20, 21) o la tercera (1Cr 20.6, 7), en una serie de eliminaciones de gigantes hechas «por mano de David y por mano de sus siervos» (2 S 21.15-22; 1 Cr 20.4-8). En algunos manuscritos de la LXX, es llamado Jonadab (2 S 13.3). A veces es identificado como Jonatán, el funcionario de David (1 Cr 27.32; 8 más abajo).

7. Hijo de Uzías (1 Cr 27.25). Como uno de los funcionarios responsables de las posesiones de David, supervisaba los depósitos del país, y de las ciudades y aldeas (pero no los «tesoros del rey», una tarea asignada a Azmavet).

8. Tío del rey David (1 Cr 27:32; o «sobrino», cf. 20:7). Su nombre aparece en una lista de oficiales de David (1 Cr 27.25-34), donde es descrito como «consejero, varón prudente y escriba». A veces es identificado con Jehiel, como tutor de los hijos de David (1 Cr 27.32b), o con el «hijo de Simea» (2 S 21:20, 21 = 1 Cr 20.6, 7; 6 más arriba).

9. Padre de Ebed; descendiente de Adín (Esd 8.6; 1 Esdr 8.32). Su hijo es mencionado entre los jefes de familias que regresaron del exilio con Esdras, trayendo a 50 (Esd 8.6) o 250 (1 Esd8.32) hombres.

10. Hijo de Asael (Esd 10.15; 1 Esd 9.14). Junto con Jahazías se opuso, o bien a la implementación de las reformas conyugales de Esdras, o bien a la comisión creada para esa tarea. Fue apoyado en esta acción por dos levitas, Mesulam y Sabetai. Mientras que el TM registra la oposición de Jonatán, la LXX dice que Jonatán estuvo de acuerdo con Esdras.

11. Hijo de Joiada y padre de Jadúa; sumo sacerdote durante el período posexílico (Neh 12.11), y uno de los levitas que acompañó a Zorobabel a Jerusalén. A veces es identificado con el descendiente de Eliasib (su hijo, Neh 12.23; o su nieto, v. 10), en cuya casa posó Esdras (Esd 10.6; 1 Esdr 9.1).

12. Sacerdote y jefe ancestral de la casa de Melicú durante el sumo sacerdocio de Joiacim (Neh 12.14).

13. Hijo de Semaías, padre de Zacarías (levita), y descendiente de Asaf (Neh 12.35). Su hijo, sacerdote músico, participó en la dedicación de los muros de Jerusalén.

14. Escriba cuya casa sirvió de cárcel temporal para Jeremías (Jer 37:15, 20; 38.26).

15. Hijo de Carea (Jer 40.8ss.; el TM dice: «Johanán y Jonatán hijos de Carea», pero esto debe entenderse como un error de repetición del copista, ya que esto no aparece en la LXX ni en el pasaje paralelo de 2 R 25.23). Desoyendo el consejo de Jeremías (Jer 42.1-22), él y los otros jefes llevaron al pueblo a Egipto, tomando a Jeremías con ellos (43.1-7).

LINDA S. SCHEARING

16. Hijo de Matatías que asumió el mando de las fuerzas de resistencia judía después de los reveses que sufrió tras la muerte de Judas Macabeo en el 160 a.C. (1 Mac 9.23-31). En 1 Macabeos 2.5, es el último de los cinco hijos varones mencionados. Con la ayuda de su hermano Simón, Jonatán lanzó una serie de ataques guerrilleros contra las fortificaciones de las tropas seléucidas. Aspirantes rivales al trono seléucida trataron entonces de conseguir su apoyo en sus luchas por tener el dominio. Fue calificado como «amigo» del rey, y fue el primer asmoneo nombrado sumo sacerdote, y también general y gobernador de la provincia, tanto por Alejandro Balas como por Demetrio II Nicator (1 Mac 10.65, 66; 11.26-8). Fue también el primer asmoneo autorizado para reclutar y equipar un ejército.

Jonatán puso sitio a la ciudadela, la fortificación que albergaba a una guarnición seléucida en Jerusalén, y que también había servido algunas veces de refugio a judíos opositores de los asmoneos. Mediante cambios estratégicos de lealtad, el poder y el prestigio de Jonatán se acrecentaron, y el territorio controlado por él y su hermano Simón aumentó, principalmente por la fuerza. Valiéndose del engaño, Trifón capturó a Jonatán en Tolemaida y lo mató, al parecer en el invierno del 143/142 (1 Mac 12.24-13.24). Sus huesos fueron enterrados en Modín, el lugar ancestral de los asmoneos. Fue Jonatán quien puso el fundamento de esta dinastía familiar, como fuerza importante en las menguantes décadas de imperio seléucida.

Josefo incluye su primera referencia a los fariseos, a los saduceos y a los esenios, en la mitad del relato sobre Jonatán (Ant. 13.171-73). Esto ha sido señalado con frecuencia como evidencia del origen de esos grupos cerca del, o durante el, reinado de Jonatán. Algunos eruditos han pensado que Jonatán es el «sacerdote malvado» mencionado en el Pesher de Habacuc y en el Pesher Sal. 37. Aunque esta evidencia da a entender la importancia del período asmoneo en el crecimiento del fervor judío, es más difícil relacionar al material específicamente con Jonatán.

JOHN KAMPEN

17. Hijo de Absalón (1 Mac 13.11), enviado a Jope por Simón Macabeo para defender y conservar la ciudad.

18. Sacerdote en el tiempo de Nehemías que dirigió la oración durante el sacrificio (2 Mac 1.23).

Linda S. Schearing

JONATÁN (Heb. *yĕhônāṯān, yônāṯān*)

1. Levita que viajó por las ciudades de Judá enseñando la Tora durante el reinado de Josafat (2 Cr 17.8).

2. Sacerdote posexílico, jefe de la casa paterna de Semaías (Neh 12.18).

JOPE (Heb. *yāp̄ô*)

Ciudad (también Jaifa, heb. Yafo; 126162) contigua a Tel Aviv, y construida sobre un promontorio que se proyecta hacia el Mediterráneo, con un fondeadero natural por debajo protegido por varios afloramientos rocosos. Jope es mencionada por primera vez en el siglo XV a.C. en una inscripción de Tutmosis III (cf. también al papiro Harris, aprox. del 1300). Después de la conquista le fue asignada a la tribu de Dan (Jos 19.46), y se convirtió en una importante ciudad portuaria (2 Cr 2.16[TM 15]; Esd 3.7). En el siglo V, el rey persa cedió Jope al rey fenicio de Sidón. Después de Alejandro el Grande, fue habitada por griegos y sirios de lengua griega. Bajo los asmoneos, que la tomaron y judaizaron aprox. en el 140 (1 Mac 13.11), y durante el período romano, Jope se mantuvo como un puerto de Judea. En los primeros años del cristianismo, fue el asiento de un obispo.

El sitio fue excavado entre 1945-1950 por el Departamento de Antigüedades y Museos de Israel, y entre 1954-1974 por Jacob Kaplan, para el Museo de Antigüedades de Tel Aviv-Jaifa. El sitio estaba ya fortificado en el período de los hicsos (siglo XVIII). Entre los descubrimientos importantes están la puerta de una ciudadela de la Edad del Bronce tardía, que tenía jambas inscritas con los títulos de Ramsés II; un templo de la Edad del Hierro con un pequeña sala con columnas donde se encontró el cráneo de un león; y muros del período persa de construcción típicamente fenicia (columnas rectangulares con piedra bruta entre ellas). También, en los siglos I y II d.C. fueron encontrados un enorme edificio de bloques rectangulares, que pudo haber sido parte de la plaza pública griega, y varias casas privadas.

Bibliografía. J. P. Dressel, «Jaffa,» *OEANE* 3:206-7; J. Kaplan, «The Archaeology and History of Tel Aviv-Jaffa,» *BA 35* (1972): 66-95; Kaplan and H. Ritter-Kaplan, «Jaffa,» *NEAEHL* 2:655-59.

KENNETH G. HOLUM

JORA (Heb. *yôrâ*) (también Harif)

Israelita cuyos descendientes regresaron con Zorobabel del cautiverio (Esd 2.18). En Nehemías 7.24 aparece con el nombre de Harif.)

JORAI (Heb. *yôray*)

Jefe de una casa paterna gadita en Basán; hijo de Abihail (1 Cr 5.13).

JORAM (Heb. *yôrām*) (también **ADORAM**)

1. Hijo del rey Toi de Hamat, enviado por su padre a felicitar a David por su victoria sobre Hadad-ezer (2 S 8.10). En el relato paralelo es llamado Adoram, hijo de Toi (1 Cr 18.10).

2. Levita descendiente de Eliezer hijo de Moisés (1 Cr 26.25).

JORAM (Heb. *yĕhôrām*)

1. Hijo de Acab que sucedió en el trono a su hermano Ocozías como rey del norteño reino del Israel, y que reinó del 849 al 842 a.C. (2 R 1.17; 3.1). Joram es criticado por sus prácticas religiosas, pero se le acredita el haber quitado una estatua de Baal (2 R 3.2). Es posible que algunas partes del período de Eliseo hayan tenido que ver con Joram (2 R 6.8-7.20).

Durante el reinado de Joram, el rey Mesa de Moab se negó a pagar tributo, por lo que Joram formó una coalición con Josafat de Judá, y marchó contra Moab. Los reyes tuvieron éxito al derrotar a los moabitas y empujarlos hacia la ciudad amurallada de Kir-hareset, pero las fuerzas de la coalición se retiraron cuando el rey moabita sacrificó a su hijo mayor sobre el muro de la ciudad (2 R 3.4-27). La Piedra Moabita, mandada hacer por Mesa, es un registro del exitoso restablecimiento de la independencia.

No hay ninguna mención de la participación de Joram en la coalición contra Asiria que resistió a Salmanasar III, pero es claro que en el 842 Joram de

Israel y Ocozías de Judá formaron una coalición contra el usurpador sirio Hazael. Sus fuerzas se enfrentaron a las de Hazael en Ramot de Galaad, y Joram fue herido (2 R 8.28, 29; 2 Cr 22.5, 6a). Mientras se recuperaba en Jezreel, Ocozías lo visitó. Jehú vino entonces a Jezreel, y mató a Joram y a Ocozías (2 R 9.1-28; cf. 2 Cr 22.6b-9).

Excavaciones hechas en Tel Dan en 1993 y 1994 revelaron fragmentos de una estela aramea, aparentemente mandada hacer por Hazael, en la cual dice haber matado a [Jor]am rey de Israel, y a [Oco]zías rey de Judá. Los datos bíblicos y los de la inscripción parecen estar en conflicto, pero hay evidencia bíblica de algún tipo de alianza entre Hazael y Jehú (1 R 19.17). Jehú exterminó a lo que quedaba de la familia de Omri, y sucedió a Joram como rey de Israel (2 R 9.30-10.11)

2. Hijo y sucesor de Josafat como rey de Judá. Se convirtió en rey a los 32 años de edad, siendo quizás primero corregente con su padre, y reinó del 849 al 842 (1 R. 22.42, 50; cf. 2 R 8.16, 17; 3.1). Su esposa fue Atalía, la hija (sir. «hermana») de Acab (2 R 8.18, 26). Este matrimonio fue probablemente arreglado, como parte de una alianza entre Acab y Josafat (1 R 22.2, 44). El escritor deuteronómico de Reyes consideró que Joram había sido un apóstata, y atribuyó su apostasía a su matrimonio (2 R 8.18; cf. 2 Cr 21.6). Según el cronista, Joram asesinó a sus hermanos e hizo «lugares altos» (2 Cr 21.11-13).

Durante el reinado de Joram, los edomitas se sublevaron. Joram trató de restablecer la hegemonía sobre Edom, pero no tuvo éxito; Libna también se levantó durante su reinado (2 R 8.20-22; 2 Cr 21.8-10). El cronista también dice que, por causa de los pecados de Joram, Judá sufrió una plaga y fue atacada por los filisteos y los árabes; el resultado de esto último fue la muerte de las esposas y los hijos de Joram, con excepción de Joacaz (2 Cr 21.16, 17 LXX). El cronista añade que Jehová castigó a Joram con una enfermedad de los intestinos, lo cual causó su muerte prematura (2 Cr 21.15, 18, 19). Fue sepultado en Jerusalén y sucedido por su hijo Joacaz, pero según el cronista no fue enterrado en una tumba real (2 Cr 21.20; cf. 2 R 8.24).

3. Sacerdote de Judá en el siglo IX, en tiempos de Josafat, facultado para enseñar la Ley (2 Cr 17.8, 9)

Bibliografía. A. Biran y J. Naveh, «The Tel Dan Inscription: A New Fragment,» *IEJ 45* (1995): 1-18; K. G. Hoglund, «Edomites,» en *Peoples of the Old Testament World*, ed. A. J. Hoerth, G. L. Mattingly, y E. M. Yamauchi (Grand Rapids, 1994), 335-47; G. L. Mattingly, «Moabites,» en Peoples of the Old Testament World, 317-33; W. Pitard, *Ancient Damascus* (Winona Lake, 1987).

Chris A. Rollston

JORCOAM (Heb. *yorqĕʿām*)

Un asentamiento en Judá mencionado en la lista de los pueblos establecidos por la casa de Caleb (1 Cr 2.44). Aunque el contexto de este capítulo es una genealogía, la mayoría de los comentaristas asocian los nombres con la lista de pueblos en Josué 15. La LXX lee Jocdeam y enlaza así aún más el pasaje del cronista a Josué 15.56. Jorkeam probablemente estaba ubicado al sur de Jerusalén, probablemente en la región montañosa alrededor de Hebrón.

John S. Vassar

JORDÁN (Heb. *yardēn;* Gr. *Iordánēs*) **RÍO**

El río más grande e importante en Palestina, mencionado más que cualquier otro río en la Biblia. Sus aguas se originan en cuatro ríos que surgen de las cuencas del monte Hermón unos 65 km (40 mi) al noreste del mar de Galilea. Una vez que estos ríos se unen, el curso del Jordán fluye hacia adentro y fuera de la depresión ahora seca, alguna vez llamada lago Huleh. Unos 16 km (10 mi) más allá, alimenta el mar de Galilea. En el vaciado de la parte sur del mar de Galilea, el Jordán comienza un tortuoso viaje de 320 km (200 mi) triplicando a 105 km (65 mi) de camino directo a su destino final, el Mar Muerto. Después de fluir desde el mar de Galilea, el volumen del Jordán se incrementa en una serie de afluentes. El más notable es el transjordano Yarmuk, un río que no se menciona en la Biblia pero que casi duplica el volumen de agua del Jordán. Entre los afluentes que se mencionan en la Biblia están el Jaboc (Nahr ez-Zerqâ; Gn 32.22), y las «aguas de Nimrín» (posiblemente Wadi en-Numeirah; Is 15.6). Dado que menos lluvia por año cae en las montañas occidentales que en las del este, los afluentes son más grandes y numerosos en Transjordania.

Debido a las lluvias de invierno los afluentes son toda su fuerza durante la primavera. Esto hace que los numerosos bajíos (los «vados»; p.ej., Jue 3.28; 12.5) sean mucho más importante para cruzar, sobre todo porque no sabemos de ningún puente permanente antes de la época romana. Dado que un egipcio de la Dinastía 19 preguntó: «¿Cómo se cruza

Nahr Bâniyâs, fuente oriental del río Jordán, en la base del Monte Hermon. La cueva de la que procede era considerada por los griegos como el hogar del dios Pan (Phoenix Data Systems, Neal y Joel Bierling)

la corriente del Jordán?» (*ANET,* 477), el cruce del Jordán debe haber sido una preocupación común, incluso internacional.

La apariencia del Jordán no es lo que algunos himnos podrían sugerir (p.ej., «Los tempestuosos bancos del Jordán »). Al sur del mar de Galilea, el río Jordán oscila entre 0.6–3 m (2-10 pies) de profundidad y promedia c. 30 m (100 pies) de ancho. El clima tiende a ser cálido y seco, con una precipitación media anual en Jericó de menos de 10 cm (4 pulg) y temperaturas superiores a 38°C. (100°F.), no son inusuales. Aunque su apariencia es tranquila, las aguas del Jordán son rápidas debido a su caída en la elevación promediando 1.7 m por 1 km (9 pies por min.) del mar de Galilea al Mar Muerto.

El Valle del Jordán es el resultado de una falla tectónica que produjo el Gran Valle del Rift, que se extiende desde Turquía hasta el este de África. El Valle del Jordán al sur del Mar de Galilea se compone de varios niveles. El río descansa en el Zōr («la espesura del Jordán»; Jer 12.5; 49.19), mientras que por encima de ella c. 46 m (150 pies) está el Ghōr. Literalmente, el Zōr era el «orgullo» o «majestad» (Heb. *gā'ōn*) del Jordán, una colorida descripción de la vegetación enmarañada de forma natural a lo largo de sus orillas.

La etimología del nombre Jordán está en disputa. Muchos han sostenido que es de origen semítico con la raíz que significa «bajar» (del Heb. *yāraḏ*). Dado que todos los ríos, por naturaleza, «bajan,» por qué el río Jordán habría sido señalado como el «que baja,» no está claro. Si el nombre es de origen semítico, tal vez el extremo y estrecho valle en el que descansa el Jordán, y donde los colonos de ambos lados tenían un viaje vigoroso para «bajar» a sus aguas, puede haber contribuido a la elección de su nombre. Sin embargo, la inmensa mayoría de las referencias bíblicas al Jordán con el artículo definido *(hayyardēn),* sugieren que la palabra originalmente puede haber sido un sustantivo común, no un nombre propio. Por lo tanto, «Jordán» puede haber sido una palabra genérica, temprana, ampliamente usada para el río, de ahí «el río.» En apoyo de esta última etimología, los escritores bíblicos nunca se refieren al «río Jordán,» pero siempre «el Jordán» o «Jordán.» En sólo unos pocos pasajes es el agua incluso asociada con el Jordán (p. ej., Jos 3.8; 4.18, 23; 5.1), y el carácter del Jordán rara vez se describe (cf. Dt 4.49; Sal 114.3-5).

En la mayoría de los casos el río Jordán desempeña el papel de mojón. Antes de que los israelitas poseyeran la tierra, «al otro lado del Jordán» era donde vivían los cananeos (p.ej., Dt 11.30). Una vez que Canaán se convirtió en el hogar de los hijos de Israel, el Jordán sirvió como frontera de Israel (2 S 17.22; 2 R 10.33). «Más allá» o «este» u «oeste» o «al otro lado» del Jordán (p.ej., Gn 50.10, 11; Nm 32.19; Dt 1.5; Jos 12.1; 13.8; Jue 5.17; 1 Cr 6.78[TM 63]) es el uso más común del río Jordán en el AT (es decir, como punto de referencia para las posiciones juxtapuestas de Cisjordania y Transjordania). El Jordán sirve este mismo fin en el NT (p.ej., Mr 10.1; Jn 1.28; 3.26; 10.40).

En las historias bíblicas se producen varios milagros en o cerca del Jordán. Al igual que el Mar Rojo, como los israelitas llegaron a reclamar su tierra, las aguas del Jordán se secaron (Jos 3.15-16). También fue cerca del Jordán y el lugar santo de Guilgal que Elías fue llevado al cielo (2 R 2.6). Al sumergirse en el río siete veces, siguiendo las instrucciones de Eliseo, el dubitativo general sirio Naamán fue purificado de la lepra (2 R 5.14). Eliseo también lanzó un palo de madera en el Jordán, que hizo que un hacha de metal perdido flotara en sus aguas (2 R 6.4-6).

En el NT, el río Jordán es donde Juan, el primo de Jesús, bautizaba (Mt 3.5-6; Mr 1.5) y donde Juan bautizó a Jesús (Mt 3.13; Mr 1.9). En qué lugar a lo largo del Jordán ocurrieron estos eventos no se conoce, aunque parece probable que Juan hubiera seleccionado un vado de poca profundidad cerca de una gran población. Uno de los vados cerca de Jericó, la ciudad más grande en el bajo Jordán, habría proporcionado una gran población, la ubicación más cerca a la gente de Jerusalén, y habría hecho su predicación mucho más evidente para Herodes, que tenía un palacio en Jericó (Mr 6.14-29). Aunque Juan el Bautista fue ejecutado en Maqueronte (Josefo *Ant.* 18.5.2), Herodes pudo haber oído hablar primero de la predicación de Juan sobre el «pecado» en su propio palacio de Jericó.

Bibliografía. N. Glueck, *The River Jordan,* rev. ed. (New York, 1968); J. W. Rogerson, *Atlas of the Bible* (New York, 1985).

David Merling

JORIM (Gr. *Iōrím*)
Antepasado de Jesús; padre de Eliezer e hijo de Matat (Lc 3.29).

JOSABA (Heb. *yĕhôšeḇaʿ*) (también JOSABET)
Hija del rey Joram y media hermana del rey Ocozías de Judá (2 R 11.2, 3); es llamada también Josabet, esposa del sacerdote Joiada (2 Cr 22.11, 12). La historia de cómo salvó a Joás, el infante hijo del rey, de la masacre de Atalía, escondiéndolo en el templo, es una de los pocos lugares en las Escrituras hebreas donde la acción depende sólo de mujeres. El rol de Josaba refleja también la estrecha asociación que había entre el palacio y el Templo, y las rivalidades políticas entre ambos, en las monarquías antiguas.

Bibliografía. P. Dutcher-Walls, *Narrative Art, Political Rhetoric: The Case of Athaliah and Joash.* JSOTSup 209 (Sheffield, 1996); S. Japhet, *I and II Chronicles.* OTL (Louisville, 1993).

Patricia Dutcher-Walls

JOSABET (Heb. *yĕhôšaḇʿaṯ*) (también JOSABA)
Hija del rey Joram de Judá. Le salvó la vida a Joás hijo de Ocozías, de manos de la reina madre Atalía (2 Cr 22.11). En 2 R 11.2 es llamada Josaba.

JOSACAR (Heb. *yôzāḵār*) (también ZABAD)
Un siervo del rey Joas de Judá que, con Jozabad, asesinó al rey (2 R 12.21[TM 22]; algunos MSS leen «Jozabad»). En el relato paralelo es llamado Zabad (**4**; 2 Cr 24.26).

JOSADAC (Heb. *yôṣāḏāq*)
El padre del sumo sacerdote Jesúa/Josué (Esd 3.2, 8; 5.2; 10.18; Neh 12.26).

JOSADAC (Heb. *yĕhôṣāḏāq*)
Hijo del sumo sacerdote Seraías; deportado a Babilonia por Nabucodonosor (1 Cr 6:14, 15[TM 5:40, 41]); padre del sumo sacerdote Josué del posexilio, quien ayudó a reconstruir el templo (Hag 1.1, 12, 14; 2.2, 4; Zac 6:11).

Timothy P. Jenney

JOSAFAT (Heb. *yĕhôšāpāṭ*)

1. Hijo de Ahilud; sirvió como *mazkîr* bajo David (2 S 8.16; 20.24; 1 Cr 18.15) y Salomón (1 R 4.3). Se desconoce la función del *mazkîr*; las sugerencias van desde cronista o archivista (cf. LXX, esp. 2 S 8.16), hasta embajador y canciller. La comparación con el cargo de «vocero» (*whmw*) que había en Egipto, ha llevado a algunos a pensar que el rol de Josafat era el de informar al rey, y dar a conocer los decretos del rey.

2. Hijo de Parúa; sirvió como uno de los 12 funcionarios sobre Israel que surtían de provisiones la casa de Salomón, incluyendo la comida para sus caballos (1 R 4.17-28[TM 5:7-8]). Cada funcionario era responsable de un mes del año, y Josafat servía en esta posición sobre la tierra de Isacar (1R 4.17).

3. Rey de Judá, hijo de Asa y Azuba hija de Silhi. Accedió al trono a la edad de 35 años, reinó durante 25 (c. 874-850 a.C.), y fue sucedido por su hijo Joram. Primero de Reyes 22 indica que (1) Josafat continuó las políticas religiosas de Asa y, por tanto, fue fiel a Jehová, pero no quitó los «lugares altos»; (2) hizo la paz con los gobernantes de Israel (v. 44) [TM 45]); y (3) tuvo «naves de Tarsis» que fueron construidas para el comercio del oro con Ofir, pero los las embarcaciones se rompieron en Ezión-geber (vv. 48, 49[49, 50]). Segundo de Crónicas explica esto último de manera diferente, criticando a Josafat por colaborar con Ocozías en la empresa, y destacando que las naves fueron construidas en Ezión-geber y destruidas después que el profeta Eliezer censuró a Josafat por haber hecho un acuerdo con el rey de Israel.

Las historias sobre las alianzas militares de Josafat con Acab en contra de los asirios (1R 22.1-36), y con Joram en contra de Moab (2 R 3.4-27), presentan al rey de Judá como un hombre piadoso, que insistía en oír la palabra del profeta de Jehová antes de ir a la batalla. Sin embargo, ambos relatos son problemáticos ya que, en cada caso, parece probable que hubo otro rey de Judá hubiera implicado. En el episodio que involucra a Moab, Josafat había muerto antes de que Joram asumiera el trono de Israel, y por eso no pudieron haber participado en una expedición militar conjunta. Y en el caso de la batalla contra los sirios en Ramot de Galaad J. Maxwell Miller ha dado argumentos convincentes para hacer creer que el hecho tuvo lugar al final de la dinastía de Jehú, indicando que originalmente el relato no se refería a Josafat y a Acab, sino más vagamente al rey de Judá y al rey de Israel.

Crónicas amplía considerablemente el relato que hace Reyes de Josafat, y presenta al rey de una manera más favorable, diciendo que fortificó, aprovisionó y acuarteló sus territorios en contra de Israel y otras potencias extranjeras, y que Dios lo bendijo con paz (2 Cr 17.2, 10-19). Después de reproducir con pocos cambios el relato de Reyes en cuanto a la batalla con Siria en Ramot de Galaad (2 Cr 18.1-34), Crónicas señala que el vidente Jehú, hijo de Hanani, amonestó a Josafat por su alianza con Israel (19.1-3). Además, 2 Crónicas 20.1-30 cuenta la exitosa defensa de Josafat de su territorio contra una alianza entre moabitas, amonitas y meunitas (o «habitantes del monte de Seir»; cf. v. 1, 23), una historia con ligeras semejanzas a 2 R 3.4-27). Josafat proclamó un ayuno, suplicó ayuda a Dios, y bajo la guía del levita Jahaziel y se puso al frente de su pueblo para la batalla, encontrando luego que sus enemigos se habían matado unos a otros. Por último, Josafat es presentado como un gobernante diligente preocupado por la observancia religiosa de su pueblo y por la administración de justicia en la nación. Envió líderes, levitas y sacerdotes a las ciudades de Judá para enseñar el libro de la ley de Dios (2 Cr 17.7-9), nombró jueces en todo su reino, y estableció en Jerusalén levitas, sacerdotes y jefes de familias para resolver las disputas que les fueran traídas (19.4-11). No está claro hasta qué punto coinciden con los hechos históricos verdaderos, la descripción que hace Crónicas del reinado de Josafat.

4. Hijo de Nimsi y padre de Jehú, rey de Israel (2 R 9.2, 14).

Bibliografía. W. F. Albright, «The Judicial Reform of Jehoshaphat,» en *Alexander Marx Jubilee Volume*, ed. S. Lieberman (New York, 1950), 61-82; G. N. Knoppers, «Reform and Regression: The Chronicler's Presentation of Jehoshaphat,» Bibl 72 (1991): 500-24; J. M. Miller, «The Elisha Cycle and the Accounts of the Omride Wars,» *JBL 85* (1966): 441-54; Miller and J. H. Hayes, *A History of Ancient Israel and Judah (*Philadelphia, 1986).

M. Patrick Graham

JOSAFAT (Heb. *yôšāpāṭ)*

1. Un mitnita, uno de los Treinta de David (1 Cr 11.43).

2. Un sacerdote responsable de tocar la trompeta delante del arca de la alianza cuando era traída a Jerusalén (1 Cr 15.24).

JOSAFAT (Heb. *yĕhôšāpāṭ*), **VALLE DE**

Literalmente, «el valle (donde) Jehová juzga» (Jl 3.2, 12[TM 4.2, 12]). Identificado como el valle de Hinom, el valle de Cedrón y el valle del rey (2 S 18.18), se piensa comúnmente que es el valle situado en la parte oriental de Jerusalén, entre la ciudad y el monte de los Olivos. El valle está relacionado con el juicio final de Dios de las naciones impías, y la restauración que él hará de Jerusalén en la era mesiánica (Jl 3.14[4.14] se refiere a éste como el «valle de la decisión»); puede ser una metáfora, en vez de un término geográfico.

RICHARD A. SPENCER

JOSAVÍA (Heb. *yôšawyâ*)
Hijo de Elnaam; uno de los Valientes de David (1 Cr 11.46).

JOSBECASA (Heb. *yošbĕqāšâ*)
El jefe de la división diecisiete de los cantores en el tiempo de David; Hijo de Hemán (1 Cr 25.4, 24).

JOSÉ (Gr. *Iōsḗch*)
Antepasado de Jesús, aparece en la genealogía de Lucas (Lc 3.26).

JOSÉ (Heb. *yôsēp, yĕhôsēp*; Gr. *Iōsḗph, Iosḗs*)
1. El hijo 11 de Jacob y el hijo mayor de Raquel. Raquel, la mujer que amaba Jacob, fue estéril durante mucho tiempo antes de dar a luz a José (Gn 29.31–30.21). Sus palabras, tras dar a luz a José reflejan las dos posibles derivaciones del nombre de José: «Dios ha *quitado* (del Heb. *'sp*) mi afrenta» (Gn 30.23) y «¡Que el Señor me *añada* (de *ysp*) otro hijo!» (v. 24).

Como el primogénito de Raquel y un «hijo de la vejez de su padre,» José era el favorito de su padre, un hecho claro en Génesis 37.3. «Y amaba Israel a José más que a todos sus hijos... y le hizo una túnica de diversos colores.» Esta túnica *(kĕtōnet passîm)* es la tradicional «túnica de diversos colores,» aunque el hebreo en realidad se refiere simplemente a la túnica de mangas o ropa que llegaba hasta las muñecas y los tobillos (en 2 S 13.18 es la ropa de una princesa). La importancia de la túnica especial es que puso a José aparte de sus hermanos y desencadenó el odio y los celos de ellos (Gn 37.4). Para empeorar las cosas, José trajo a su padre la mala fama de sus hermanos (Gn 37.2), a continuación, relató dos sueños en los que sus hermanos, así como sus padres, se inclinaron ante él (vv. 5-7, 9).

Los hermanos de José primero conspiraron para matarlo y luego planearon venderlo como esclavo. La última sugerencia fue hecha por Rubén quien esperaba rescatar a José y devolverlo a su padre (Gn 37.22). La túnica de José le fue arrebatada, y utilizada como evidencia de su muerte (Gn 37.23, 31-33). El propio José fue vendido a comerciantes de esclavos (Gn 37. 25-28), Ismaelitas o madianitas (hay probablemente dos tradiciones conservadas aquí) lo llevaron a Egipto y lo vendieron a Potifar, oficial de faraón.

Aunque José era ahora un esclavo en una tierra extraña, el relato deja en claro que en todo «el Señor estaba con José,» y por lo tanto todo lo que José hizo prosperaba, a pesar de muchos contratiempos que resultaron de las acciones de aquellos que estaban en el poder. José prosperó en el servicio de Potifar, y pronto tenía a cargo todo lo que pertenecía a Potifar (Gn 39.4). Pero la fortuna de José pronto volvió a caer. La esposa de Potifar deseó a José. José rechazó sus avances, pero dejó una prenda que más tarde fue utilizada como prueba contra él (Gn 39.12-16). Una vez más, José fue echado fuera, esta vez en la cárcel, a un estado aún más bajo que la esclavitud. Una vez más, sin embargo, Dios estaba con José (Gn 39.22-23).

Una oportunidad de ser liberado se produjo cuando José fue capaz de interpretar los sueños de dos de los oficiales de faraón, el jefe de los panaderos y el jefe de los coperos (Gn 40), pero José languideció durante dos años más (41.1).

La liberación de José finalmente llegó cuando su habilidad para interpretar sueños fue traída a la atención del faraón, cuyos magos y sabios habían fallado en ese sentido. José no sólo predijo siete años de abundancia que debían ser seguidos por siete años de hambre, pero también aconsejó a faraón para prepararse para la venida de la escasez mediante la recolección de los excedentes de los años buenos (Gn 41.14-36). Como recompensa, faraón colocó a José «sobre toda la tierra de Egipto,» responsable de la organización y colección y almacenamiento de cereales contra la llegada del hambre (Gn 41.37-44). Faraón otorgó a José el nombre de Zafnat-panea («Dios habla y él vive»), y le dio Asenat, la hija de Potifera sacerdote de On, como esposa (Gn 41.45). Dos hijos, Manasés y Efraín, les nacieron antes de la hambruna (Gn 41.50-52).

El hambre proveyó la ocasión para el reencuentro de José con los hermanos que lo habían vendido como esclavo. Jacob, después de haber oído que había trigo en Egipto, envió a sus 10 hijos mayores. Tuvieron que acercarse a José a comprar el grano, haciendo una reverencia ante él en cumplimiento del sueño de José (Gn 42.6-9). A pesar de que reconoció a sus hermanos, José no se manifestó de inmediato, sino que acusó a sus hermanos de ser espías (Gn

42.9). Exigió que trajeran a su hermano menor como prueba de su inocencia, y requirió que dejaran a Simeón como rehén (Gn 42.20, 24). Jacob al principio se negó a dejar que Benjamín fuera, pero finalmente aceptó cuando la necesidad de más grano se agudizó. Cuando los hermanos regresaron con Benjamín, José los interrogó en relación con el bienestar de ellos y de su padre (Gn 42.16-34). A su salida José ordenó que sus sacos fuesen llenos de comida y con el dinero que habían pagado por el grano (Gn 44.1). Además, ordenó que su propia copa de plata se colocara en el costal del menor, Benjamín (Gn 44.2), y utilizó eso como pretexto para traer a sus hermanos de regreso a Egipto, declarando que el que tuviera la copa sería su esclavo (v. 10). Judá, movido por compasión por su padre Jacob, se ofreció él mismo en lugar de Benjamín (Gn 44.33-34), en ese momento, José finalmente se reveló y se reconcilió con sus hermanos. A Jacob y toda su familia se les dio un hogar en la tierra de Gosén (Gn 46.28), y Jacob y José fueron al fin reunificados (46.29-30).

A la muerte de Jacob (Israel), José hizo un viaje más a Canaán para sepultar a su padre. José perdonó a sus hermanos de nuevo y se comprometió a proveer para ellos. Vivió el resto de su vida en Egipto. Antes de morir a la edad de 110 años, pidió que sus huesos fuesen llevados de vuelta a Canaán cuando llegara el tiempo para que Dios sacara a los israelitas de la tierra de Egipto.

Los descendientes de José, las tribus de Efraín y Manasés, estaban entre las que salieron de Egipto en el Éxodo como parte del pueblo de Israel. Después de la Conquista, a Efraín se le asignó un área al oeste del Jordán, entre Manasés en el norte y Benjamín en el sur. La mitad de la tribu de Manasés se estableció en el lado este del Jordán en el área de Galaad, mientras que la otra mitad se le asignó tierra al oeste del Jordán al norte de Efraín y al sur del mar de Cineret (Galilea).

Bibliografía. G. von Rad, *Genesis,* rev. ed. OTL (Philadelphia, 1972); N. M. Sarna, *Genesis.* JPS Torah Commentary (Philadelphia, 1989); R. de Vaux, *Ancient Israel* (1961, repr. Grand Rapids, 1997); G. Wenham, *Genesis 16-50.* WBC 2 (Dallas, 1994); C. Westermann, *Genesis 12-36* (Minneapolis, 1985).

MARILYN J. LUNDBERG

2. El padre de Igal de la tribu de Isacar, uno de los 12 que Moisés seleccionó para espiar la tierra de Canaán (Nm 13.7).

3. Un miembro del gremio levita de Asap («los hijos de Asaf») que profetizaba acompañado por música bajo la dirección de Asaf y el rey (1 Cr 25.2, 9).

4. Un descendiente de Binnui que se vio obligado a divorciarse de su mujer no israelita como resultado de las reformas religiosas de Esdras (Esd 10.42; cf. 1 Esd 9.34).

5. Jefe de la casa sacerdotal descendiente de Sebanías que era un contemporáneo de Joiacim el sumo sacerdote (Neh 12.14).

6. El hijo de Oziel, antepasado de Judit (Jdt 8.1).

7. Un hijo de Zacarías, quien con Azarías tuvo mando militar en Judá bajo Judas Macabeo. A través de un acto de insubordinación y en un esfuerzo por ganar fama y gloria personal, ambos comandantes atacaron Jamnia (c. 163 a.C.) pero sus ejércitos fueron derrotados (1 Mac 5.18, 55-62).

8. Según 2 Macabeos 8.22 uno de los hermanos de Judas Macabeo (cf. 10.19). José no es mencionado entre los hijos de Matatías en 1 Macabeos 2.1-5. Puede ser que José es simplemente una variante del Juan esperado en estos textos (cf. 1 Mac 9.36).

JOHN D. FORTNER

9. El esposo de María, la madre de Jesús. Los relatos de la infancia en Mateo 1-2; Lucas 1-2 proporcionan la mayor parte de la información sobre este José. En la versión de Mateo, José es un personaje importante que dirige el desarrollo de la historia. Al ser «justo,» planea despedir a su prometida María en secreto, cuando se halló que estaba embarazada (Mt 1.18-19). Sin embargo, siguiendo la guía de los ángeles, José acepta a María, quien se ha enterado que está embarazado por obra del Espíritu Santo, y protege al bebé del malvado plan de Herodes huyendo con María y Jesús de Belén a Egipto, instalándose después en Nazaret tras la muerte de Herodes. Mateo proporciona la genealogía de Jesús en la línea de José, en la que el nombre del padre de José se menciona como cierto Jacob, descendiente del rey David (Mt 1.1-17).

En la versión de Lucas del relato de la infancia, en la que María dirige el desarrollo de la historia, el retrato de José es un tanto diferente. Excepto por una breve designación como el prometido de María (Lc 1.27), José no aparece en la escena hasta el momento del nacimiento de Jesús. No es José, por lo tanto, sino María quien recibe el anuncio del ángel relativo a la concepción del bebé a través del Espíritu Santo (Lc 1.26-38). En Lucas, el hogar de José no es Belén, sino Nazaret. José y María sólo visitan Belén desde Nazaret con el fin de ser registrados, y María da a luz a Jesús durante la visita (Lc 2.4-7). Lucas retrata a José principalmente como un fiel observante de la Torá. Él circuncida al bebé después de ocho días (Lc 2.21), dedica al bebé y ofrece un sacrificio para la purificación de María (vv. 21-24), y hace peregrinaciones anuales a Jerusalén para la Pascua (v. 41). Con respecto a la genealogía de Jesús (Lc 3.23-38), aunque como en Mateo José es un descendiente del rey David, Lucas lo presenta como hijo de Elí (v. 23), no Jacob (Mt 1.16).

A excepción de algunas referencias menores, este José desaparece por completo del resto del relato del NT. Jesús es designado por los compatriotas de Jesús tres veces explícitamente como el «hijo de José» (Lc 4.22; Jn 1.45; 6.42) y una vez implícitamente («el hijo del carpintero » en Mt 13.55). Marcos nunca menciona el padre de Jesús; sino que es llamado Jesús «el carpintero, el hijo de María» (Mr 6.3). Estas consideraciones han contribuido al menos en parte a la tradición cristiana posterior de que José había muerto en algún momento después de que Jesús cumplió 12 años (Lc 2.41-50) pero antes de que Jesús comenzara su ministerio público. De hecho, el Protoevangelio de Santiago, un evangelio apócrifo escrito probablemente en el siglo II, presenta a José como ya un anciano con hijos de un matrimonio anterior cuando tomó a María como esposa.

Bibliografía. R. E. Brown, *The Birth of the Messiah,* rev. ed. (New York, 1993).

Seung Ai Yang

10. Un hermano de Jesús junto con Santiago, Simón, y Judas (Mt 13.55; llamado José en Mr 6.3).

11. Un hermano de Santiago («el joven») e hijo de María, una mujer que fue testigo de la crucifixión y sepultura de Jesús (Mt 27.56; llamado José en Mr 15.40, 47).

12. Un hombre de Arimatea, un pequeño pueblo en la región montañosa de Judea, quien le pidió a Pilato y recibió el cuerpo de Jesús para el entierro. Se le describe como un miembro del concilio (Mr 15.43), probablemente el Sanedrín. Claramente una persona de elevado estatus y probablemente rico (Mt 27.57), envolvió el cuerpo de Jesús en una sábana y lo enterró en su tumba sin usar, excavada en la roca en Jerusalén.

Es posible que José fuera motivado para sepultar a Jesús para cumplir con la ley judía que requería el entierro de los criminales ejecutados en el día de su muerte (Dt 21.23). Como un hombre bueno y justo, que se mostró indiferente a las acciones de sus colegas judíos contra Jesús (Lc 23.50-51), él pudo haber intervenido simplemente para asegurar que la ley judía fue obedecida (Mr 15.42).

También es posible que José era un discípulo de Jesús (Mt 27.57; cf. Jn 19.38) y que él quiso enterrar a Jesús motivado por su amor y respeto por él y sus seguidores. De esta manera es como Nicodemo (Jn 3), a quien Juan vincula con José en el entierro de Jesús (19.39-42).

13. El padre de Jana e hijo de Matat en la genealogía de Lucas de Jesús (Lc 3.24).

14. El padre de Judá e hijo de Jonam en la genealogía de Jesús (Lc 3.30).

15. Un discípulo de Jesús, llamado Barsabás, por sobrenombre Justo, quien junto con Matías fue un candidato para reemplazar a Judas Iscariote en los Doce, pero no fue seleccionado cuando se echaron suertes (Hch 1.23-26).

16. Un levita cristiano de Chipre, a quien los apóstoles llamaron Bernabé (Hch 4.36) y que se convirtió en compañero de Pablo (12.25).

Warren C. Trenchard

JOSÉ EL CARPINTERO, HISTORIA DE

Una obra apócrifa en copto, en la que Jesús dice a sus discípulos, reunidos en el monte de los Olivos, la historia de la vida y la muerte de su padre terrenal, José. Fue compuesta para promover la fiesta de San José, como se desprende de las diversas bendiciones que Jesús promete a los que guardan el día. La historia depende del apócrifo de fecha anterior, el Protevangelio de Santiago y el Evangelio del Pseudo Mateo, con el que comparte, por ejemplo, la historia de la crianza de María en el templo y la posterior colocación bajo el cuidado del viudo envejecido José. Sobre la base de estas y otras consideraciones, los estudiosos datan la obra no antes del siglo IV. El texto completo se conserva en bohárico (Bajo Egipto) y árabe, y fragmentos se conservan en sahídico (Alto Egipto).

Bibliografía. J. K. Elliott, *The Apocryphal New Testament,* rev. ed. (Oxford, 1993), 111-17.

Ronald V. Huggins

JOSÉ, ORACIÓN DE

Una obra judía que, al parecer, data de comienzos de la era cristiana. Casi de la misma extensión que la

Sabiduría de Salomón, sobrevive sólo en fragmentos conservados dentro de los escritos de Orígenes, padre de la iglesia del siglo III. Las pocas frases que sobreviven citan a Jacob, que pretende haber preexistido como una figura angelical llamado Israel, una de las más poderosas de las creaciones de Dios. Jacob revela, al parecer a José, que su famosa lucha en Peniel (Gn 32) fue en realidad en contra de otra figura angelical llamada Uriel, a quien venció al invocar un muy especial, pero no especificado nombre de Dios. La oración de José aparentemente tuvo poco impacto en la literatura judía posterior.

Ira Birdwhistell

JOSÉ Y ASENET

Un romance apócrifo que ahora a menudo se incluye en la pseudoepígrafa en el AT. La obra narra la conversión de la gentil Asenet al Dios de Israel, su matrimonio con el patriarca José, y los conflictos sociales y religiosos que rodean la conversión y el matrimonio. Génesis proporciona el punto de partida de esta historia ficticia, con sus breves referencias al matrimonio de José con Asenat (LXX Asenet), hija de un sacerdote pagano (Gn 41.45, 50-52; 46.20). José y Asenet fue compuesto en griego y se conserva en 16 manuscritos griegos y numerosos testigos en otras versiones. Hay un fuerte, aunque no unánime, consenso de que data de c. 100 a.C. y 115 d.C., que es judío más bien que cristiano, y que fue escrito en Egipto. La opinión varía en el propósito de la obra. Algunos lo ven como propaganda misionera diseñada para ganar gentiles al judaísmo, mientras que otros sostienen que fue escrito para lectores judíos y diseñado para hacer frente a cuestiones intramuros como el estado de los gentiles conversos dentro de la comunidad judía y la conveniencia del matrimonio entre un judío por nacimiento y un gentil convertido al judaísmo. Aunque descuidado durante mucho tiempo por los eruditos de la Biblia porque ciertos intérpretes tempranos influyentes declararon que es una composición cristiana tardía, José y Asenet se ha convertido en objeto de considerable investigación académica. Concepciones de pecado, salvación, y conversión, una imagen positiva de la mujer, posibles prácticas rituales detrás del lenguaje sobre el «pan de vida,» «copa de la inmortalidad,» y «el ungüento de incorrupción,» y el potencial de las oraciones en la narrativa para iluminar la historia de la liturgia son algunos de los elementos de esta obra que ilustran su importancia para el estudio del judaísmo y el cristianismo primitivos.

Randall D. Chesnutt

JOSEB-BASEBET (Heb. *yōšeḇ baššeḇeṯ*) **(también JASOBEAM)**

Un tacmonita, jefe de los Tres de David (2 S 23.8). En el relato paralelo en 1 Crónicas 11.11 el nombre aparece como Jasobeam (**1**).

JOSEFO

Flavio Josefo, nacido José bar Mattatyahu en 37 d.C., cuando Cayo Calígula se convirtió en emperador de Roma. El año de su muerte es incierto. Es importante para el lector de la Biblia porque las cuatro obras que le sobreviven, en 30 volúmenes, proporcionan nuestra principal vía de información sobre el entorno en el que nació el cristianismo. Él es el único autor contemporáneo fuera del NT en escribir en detalle sobre el templo de Jerusalén y el sacerdocio, los gobernadores romanos (incluyendo Poncio Pilato), el campo de Judea y Galilea, los diversos grupos y facciones de la sociedad judía, e incluso figuras como Juan el Bautista y Santiago el hermano de Jesús. Josefo también tiene un pasaje sobre Jesús, pero la versión que sobrevive no es auténtica. Su extensa paráfrasis bíblica (*Ant.* 1-11) es un ejemplo muy valioso de la interpretación bíblica de la época del NT.

Aunque Josefo proporciona considerables detalles sobre su vida, sus registros son muy retóricos y no pueden ser tomados en serio. En particular, las historias que los lectores suelen utilizar para impugnar su carácter son dichas para hacerlo ver bien, de acuerdo con el modelo de «estafador astuto» popular en la literatura griega desde la *Odisea* de Homero. Sin embargo, parece claro que él era un sacerdote que luchó brevemente contra los romanos en la revuelta judía (66-74 d.C.), defendiendo parte de Galilea. Se rindió en Jotapata en la primavera de 67. Después de un período en cadenas, y proporcionar inteligencia a los romanos, fue puesto en libertad y se le dio un papel prominente en el círculo de los clientes de la familia Flavia. Acompañó al victorioso Tito a Alejandría y de vuelta a Roma por el triunfo. Una vez instalado en Roma con una pensión imperial y muchos privilegios, comenzó a escribir sus cuatro volúmenes sobre la historia y la cultura judía. Las preguntas abiertas que rodean la vida de Josefo incluyen su ascendencia exacta y su relación con los antiguos asmoneos, la forma en que llegó a la fama en la revuelta de Galilea, el grado de apoyo oficial de Jerusalén para él, sus primeras creencias acerca de la conveniencia de la revuelta, las circunstancias de su entrega a los romanos, la naturaleza de los servicios por él prestados a los conquistadores, y su relación con la comunidad judía de Roma después de su llegada.

Su primera obra conocida, en gran parte completada antes de la muerte del emperador Vespasiano en 79 d.C., es un relato de la *Guerra de los Judíos* en siete volúmenes. Su punto principal es mostrar que la mayoría de los judíos no apoyaron la revuelta. A pesar de que el gobierno local romano era atroz, la tradición judía reconoce que Dios elige a varios poderes para gobernar de vez en cuando. La revuelta fue impuesta sobre la población por parte de algunos hombres jóvenes y sin temperamento que vieron oportunidades para obtener diversos tipos de ganancia. Josefo también hace hincapié en que la derrota de los judíos no fue la derrota de su Dios, que simplemente utilizó a los romanos para castigar a los rebeldes impíos.

En 93/94 Josefo completó sus 20 volúmenes de *Antigüedades de los Judíos* y el apéndice en su *Vida*. La obra más extensa es esencialmente un manual de la historia y cultura judía. Aproximadamente la primera mitad es una paráfrasis de la Biblia desde la creación hasta el regreso del exilio (*Ant.* 1-11). El resto cubre los períodos persa y griego, la revuelta y la dinastía asmonea, la llegada de los romanos a Judea, Herodes el Grande y su familia, y la administración local romana hasta la víspera de la gran revuelta. El objetivo exacto y la audiencia de esta magnum opus de Josefo no están claros para los eruditos. Él escribió para gentiles, ¿pero quién habría tenido la motivación para sentarse y leer una obra tan extensa de este tipo de material? Tal vez Josefo escribió para los gentiles interesados en la cultura judía, de quienes escuchamos en autores romanos (p.ej., Tácito *Hist.* 5.1-13). El corto apéndice, *Vida,* es calculado para refutar las acusaciones hechas por Justo de Tiberias en un relato de la guerra que aparentemente retrata a Josefo como un señor de la guerra temerario.

La promoción y defensa de Josefo de la cultura judía llega a su apogeo en los dos volúmenes de su obra *Contra Apio.* Esta obra defiende el judaísmo contra sus numerosos detractores literarios de los tres siglos anteriores, argumentando a favor de su gran antigüedad y nobleza suprema. El último cuarto de su obra es una celebración entusiasta de las contribuciones del judaísmo al mundo. Este libro sirvió como modelo para los apologistas cristianos.

Bibliografía. P. Bilde, *Flavius Josephus Between Jerusalem and Rome.* JSPSup 2 (Sheffield, 1988); S. Mason, *Josephus and the New Testament* (Peabody, 1992).

STEVE MASON

JOSÍAS (Heb. *yôšâ*)

El hijo de Amasías (**1**); un jefe de la tribu de Simeón en el tiempo de Ezequías (1 Cr 4.34).

JOSÍAS (Heb. *yō'šiyāhû)*

1. El hijo de Amón, rey de Judá, y Jedidías, hija de Adaías de Boscat. Josías (c. 648- 609 b.c.e.) fue colocado en el trono de Judá a la edad de ocho años, después del asesinato de su padre (c. 640). Josías se casó con Hamutal, hija de Jeremías de Libna, y Zebuda, hija de Pedías de Ruma. Un hijo de cada esposa reinó después de él: Joacaz le sucedió en el trono después que Josías fue asesinado por Necao II de Egipto, pero fue retirado del trono por Necao a favor de su medio hermano mayor Joacim después de sólo tres meses.

Josías llegó al trono en un período de agitación interna y externa de Judá. El asesinato de Amón sugiere descontento más amplio que la mera falta de popularidad con este gobernante particular, y las medidas de reforma sangrientas desarrolladas por Josías parecen confirmar tal descontento. El colapso del imperio asirio, al que Judá había sido un vasallo, dejó a la pequeña nación en un lugar incierto en las relaciones internacionales, una tenue posición tal vez reflejada en los restos arqueológicos por impresiones de los reyes de Judea estampadas en escarabajos (íconos egipcios) y rosetas (íconos babilónicos).

El evento principal registrado del reinado de Josías es la reforma del culto de Judá en el que el templo de Jehová de Jerusalén se convirtió en el único sitio aceptado de adoración de Judea mientras que la veneración de todas las demás deidades fue tratada como una ofensa capital; de hecho, 1 Reyes 13.2 tiene un profeta que predice el reinado de Josías sólo para este propósito. El mundo religioso politeísta del rey Manasés, como se presenta en Reyes, se había mantenido durante el reinado de dos años del padre de Josías y los primeros años del reinado de Josías, como está bien documentado en yacimientos arqueológicos. Además, las profecías de Sofonías y Jeremías reflejan el mundo religioso de Judea de un politeísmo penetrante.

En el curso de la renovación del templo de Jehová, durante el año 18 de su reino, los trabajadores de Josías se encontraron con un pergamino que fue entregado al rey (2 R 23). Desde los tiempos de la patrística los cristianos han insistido que el pergamino encontrado era el libro de Deuteronomio o alguna variante de él. La tradición judía ha insistido, con el texto hebreo, que era la Torá (Pentateuco). Era poco probable que haya sido cualquiera de ellos en alguna forma ahora conocida. Aunque nadie más que vio el documento fue perturbado por él, Josías al instante reconoció que condenaba las prácticas religiosas de los judíos y predecía perdición para la nación.

Josías siguió las antiguas tradiciones del Cercano Oriente al asegurarse de la veracidad del rollo mediante la consulta con el mundo divino. La profetisa Hulda confirmó que la nación iba a terminar en destrucción, pero el rey moriría en paz (2 R 22.20). Qué se entiende exactamente por «paz» continúa siendo objeto de debate, ya que Josías sería asesinado por Necao II. Las acciones de Josías para desviar la promesa de perdición para Judá incluyeron la destrucción de los lugares de culto excepto el templo de Jehová en Jerusalén, la desestabilización de los puestos levitas de Jerusalén, y la ejecución del personal implicado en los cultos de deidades distintas a Jehová, más notablemente en Betel, el templo nacional de Israel. 2 Crónicas 35 se concentra en una Pascua que Josías convocó para todo Judá e Israel, habiendo dado sólo un interés superficial (34.33) a la reforma tan destacada por 2 Reyes, tal vez porque el Cronista ya había asignado esa reforma a Ezequías (2 Cr 31) y Manasés (2 Cr 33.15-16).

Tanto 2 Crónicas (2 Cr 34.2) como Eclesiástico (Eclo 49.4) subrayan que Josías se consagró a Jehová desde su juventud y que trató de reformar el mundo religioso de Judá incluso antes del «descubrimiento» del pergamino en el templo. La tradición judía ha atribuido a Josías el acto de ocultar el arca del pacto de los babilonios y atribuido su muerte a desatender las advertencias de Jeremías. Mateo tomó nota de la ascendencia de Josías a Jesús (Mt 1.10-11), un elemento que falta en Lucas.

Generalmente se está de acuerdo que Josías tomó un contingente de soldados a Meguido con el fin de bloquear el avance del faraón Necao II y su ejército que intentaba librar al remanente de los asirios de la aniquilación a manos de los babilonios en 609. Josías fue muerto en el acto por el faraón según 2 Reyes 23.29, o en batalla según 2 Crónicas 35.22-23. Su cuerpo fue devuelto a Jerusalén para su entierro. Jeremías (Jer. 22.15-16) recordó a Josías como un gobernante justo que se preocupaba por los pobres.

2. hijo de cierto Sofonías, cuya casa debía ser el lugar para recibir regalos de los exiliados de Judea como fue decretado por el profeta Zacarías (Zech. 6.10, 14).

Bibliografía. W. G. Dever, «The Silence of the Text: An Archaeological Commentary on 2 Kings 23,» in *Scripture and Other Artifacts,* ed. M. D. Coogan, J. C. Exum, and L. E. Stager (Louisville, 1994), 143-68; L. K. Handy, «Historical Probability and the Narrative of Josiah's Reform in 2 Kings,» in *The Pitcher Is Broken,* ed. S. W. Holloway and L. K. Handy, JSOTSup 190 (Sheffield, 1995), 252-75; A. Laato, *Josiah and David Redivivus: The Historical Josiah and the Messianic Expectations of Exilic and Postexilic Times.* ConBOT 33 (Stockholm, 1992); N. Na'man, «The Kingdom of Judah under Josiah,» *Tel Aviv* 18 (1991): 3-71; Z. Talshir, «The Three Deaths of Josiah and the Strata of Biblical Historiography,» *VT* 46 (1996): 213-36.

LOWELL K. HANDY

JOSIBÍAS (Heb. *yôšibyâ*)
El padre de Jehú e hijo de Seraías; jefe de una familia simeonita en el tiempo de Ezequías (1 Cr 4.35).

JOSIFÍAS (Heb. *yôsipyâ*)
Un israelita cuyo hijo Selomit regresó con Esdras de la cautividad en Babilonia (Esd 8.10).

JOSUÉ (Heb. *yĕhôšua'*) (también JESÚA)

1. El hijo de Nun; «joven aprendiz» y sucesor de Moisés. En el libro de Josué, funciona como comandante militar en la «conquista» de Canaán y como administrador de la asignación de esa tierra a las tribus. Según Números 13.16 Moisés le cambió el nombre por Oseas (Heb. *hôšēa,* «salvación») Josué («Jehová salva»). Se le describe como un *mĕšārēt,* «servidor» (Ex 24.13; Jos 1.1), y como a *na'ar,* «joven» (Ex 33.11); en un sentido, los dos términos se superponen en su énfasis en el estado legalmente independiente pero subordinado de Josué en el servicio de Moisés, y en última instancia a Dios.

Al parecer, Josué tuvo un importante papel de liderazgo tribal aparte de su relación especial con Moisés. Su selección como representante de Efraín entre los 12 enviados a espiar la tierra de Canaán (Nm 13.8) parece apoyar esto. Entre los espías, sólo Josué y Caleb creyeron que Israel podría conquistar la tierra, y sólo estos dos entrarían más tarde a Canaán.

Josué es presentado primero como un guerrero que lleva a los israelitas a la victoria sobre los amalecitas en su primer encuentro militar después del Éxodo (Ex 17.8-13). El relato parece subrayar su similitud a Moisés, ya que ambos se presentan inicialmente en Éxodo sin referencia a sus padres. Este paralelo tipológico continúa en todo el Pentateuco y es especialmente dominante en el libro de Josué. Al igual que Moisés condujo a los israelitas *fuera de* Egipto, Josué los llevaría *a* Canaán. Canónicamente Josué se representa deliberadamente como un paralelo a Moisés, y aun así no igual.

Dios asegura a Josué que va a estar con él, como estuvo con Moisés (Jos 1.5; 3.7; cf. 4.14). Josué envía espías como lo hizo Moisés (Jos 2). El cruce del Jordán es claramente representado en términos similares al cruce del Mar Rojo (Jos 4.23). Josué dirige al pueblo en rituales (circuncisión y Pascua) como lo hizo Moisés (Jos 5.1-12). La teofanía del comandante del ejército del Señor (Jos 5.13–6.5) coincide con la teofanía de la zarza ardiente. Josué derrota a los enemigos cananeos de Israel a través de los milagros del Señor (Jos 10–11), así como Moisés derrotó a los egipcios enemigos de Israel a través del milagro del Señor en el Mar Rojo. Josué 12 juxtapone un resumen de las victorias militares transjordanas de Moisés con las victorias cisjordanas de Josué. La asignación de Josué de las herencias para las nueve tribus y media al oeste del Jordán es paralelo a los trabajos similares por Moisés para las dos y media tribus de Transjordania (Jos 14.1–19.51; 13.8-33). Así como Moisés hizo provisiones para las ciudades de refugio (Nm 35.6-34) y las ciudades levíticas (vv. 1-5), también lo hizo Josué (Jos 20-21). Josué funciona como un mediador del pacto en Siquem (Jos 8.30-35; 24.1-28) así como Moisés hizo en Sinaí (Ex 20-24).

Josué, sin embargo, no es igual a Moisés. La caracterización de Josué en Números 11.26-29 es bastante negativa, ya que también puede ser el caso de intento de intercersión de Josué a favor de en el incidente de Acán (Jos 7.6-15). Moisés realizó muchas más «señales y maravillas» que Josué, aunque el milagro de Josué en relación al sol y la luna no tiene comparación (Jos 10.12-14). Moisés intercedió por Israel mucho más a menudo que Josué, y él era el dador de la ley, mientras que la Ley era normativa para Josué e Israel. Si bien existe una transferencia del poder a Josué (Nm 27.18-23), la plena autoridad de Moisés, recibida directamente de Dios, fue única y no podía ser totalmente transferida (cf. Dt 34.10). Josué es mencionado sólo tres veces en el NT, comparado con casi 80 de Moisés.

La presentación canónica de Josué incluye ciertos elementos monárquicos que sirven como modelo para todos los futuros reyes de Israel (esp. Salomón y Josías). Los relatos de su comisión e instalación (Nm 27.15-23; Jos 1.2-9) contienen lenguaje asociado con el ascenso de los monarcas. Como un líder que posee el espíritu de Yahvé y que tiene la sanción profética, es un militar eficaz y líder espiritual, un estándar que los reyes posteriores debían emular.

La tradición describe a Josué como el sucesor de Moisés «en el oficio profético» y el «gran salvador» de Israel, un «devoto seguidor» de Dios que es un ejemplo para todos (Eclo 46.1-12). También se le llama juez (1 Mac 2.55) y está incluido en una lista de intercesores significativos (2 Esdr 7.107) y en una lista de los que pasaron en la Torá (*m. 'Abot* 1.1).

2. Un hombre Bet-semes, en cuyo campo el arca se detuvo cuando los filisteos la regresaron a los israelitas (1 S 6.14).

3. Un gobernador de Jerusalén durante el reinado de Josías (2 R 23.8).

4. Un sumo sacerdote en Jerusalén después del exilio (Hag 1.1, 12-14; Zac 3.1-8; también llamado Jesúa [**3**]).

5. Un individuo (Gr. *Iēsoús*) en la genealogía de Lucas de Jesús (Lc 3.29).

Bibliografía. L. D. Hawk, *Every Promise Fulfilled: Contesting Plots in Joshua.* Literary Currents in Biblical Interpretation (Louisville, 1991); R. S. Hess, *Joshua.* TOTC 6 (Downers Grove, 1996); R. D. Nelson, «The Day the Sun Stood Frozen in Amazement,» *Lutheran Theological Seminary Bulletin* 75/3[76/4] (1995): 3-10; «Josiah in the Book of Joshua,» *JBL* 100 (1981): 531-40; R. M. Polzin, *Moses* *and the Deuteronomist* (New York, 1980); G. J. Wenham, «The Deuteronomic Theology of the Book of Joshua,» *JBL* 90 (1971): 140-48.

K. Lawson Younger, Jr.

JOSUÉ, LIBRO DE

El sexto libro de la Biblia, el primero de los profetas anteriores, el segundo de la historia deuteronomista. El TM es pedante y redundante, y la LXX, igualmente aprendida, pero un poco más corta y, a veces dispuesta de otra manera, carece de algo de su palabrería y expansiones editoriales.

Características literarias

El libro se une a los anteriores y posteriores en la historia deuteronomista por enlaces repetitivos, comenzando (1.1-9) con una cita del final de Deuteronomio (Dt 31.6-8; 34.5) y terminando con un texto (24.29-31) que se cita en el comienzo de Jueces (Jue 2.7-9; LXX 24.33 añade alusiones a Jueces 2.6, 12; 3.12, 14). El libro se organiza en cuatro partes, marcada una de otra por la repetición y se define por tema y disposición interna. La primera parte (caps. 1-8) retrata a Josué como el sucesor de Moisés en la Tierra Prometida; comienza y termina con él como guardián de la ley de Moisés (1.7-9; 8.30-35 [TM]). Sus capítulos están emparejados: los dos en preparaciones para cruzar el Jordán, el cruce, los rituales previos a la captura de Jericó, y la batalla de Ai. En la segunda parte (caps. 9-11) cada capítulo comienza con la noticia del evento anterior, y con la reacción de todos los reyes (9.1) o de los reyes de ciudades específicas (10.1; 11.1). La parte concluye con un resumen de las hazañas de Josué (11.23) que alude al principio del libro (1.1-6) y concluye la conquista de la tierra. La tercera parte (caps. 12-21) redefine la ocupación de Israel de la tierra como una asignación a cada una de las tribus. Comienza con una descripción general de las victorias relatadas en las dos primeras partes, como en la primera parte, todos sus capítulos están emparejados. El cap. 12 limita la ocupación a 31 reinos; el 13 enumera los reinos a ser conquistados, y los dos tratan de la distribución de la tierra de las tribus de Transjordania. Los caps. 14-15 tienen que ver con Judá, y están relacioados entre sí por el recuento de sucesivos episodios en la vida Caleb (14.6-15; 15.13-19). Hay dos capítulos en la distribuciones a la casa de José (caps. 16-17), las adjudicaciones de tierras a las otras tribus en Silo (caps. 18-19), y las ciudades de refugio y la distribución de estas y otras ciudades a los levitas (caps. 20-21). Esta parte, al igual que la segunda, termina con un resumen que alude a la realización de la tarea y el cumplimiento de las promesas mencionadas al principio del libro (21.43-45). En la cuarta parte (caps. 22-24) los capítulos comienzan con vínculos cronológicos sueltos a la tercera parte (22.1; 23.1; 24.1) y aborda las principales cuestiones que quedan sin resolver en el libro. C. 22 se refiere a las tribus de Transjordania que no habían recibido asignacions en la Tierra Prometida. El cap. 23 se enfrenta al problema planteado por una ocupación limitada de la tiera y comienza igual que el texto anterior que introdujo el tema (cf. 13.1). En el cap. 24 el tema es el libro de la ley, confiada a Josué y leída al pueblo en la primera parte, que incluye, de acuerdo con el resumen histórico en el discurso de Josué (24.2-13), los libros de Génesis a Deuteronomio, llamado la ley de Moisés (1.7; 8.32) o la ley de Dios (24.26).

El libro no utiliza las fuentes del Pentateuco, pero con regularidad construye sobre textos y desarrolla temas del Pentateuco. El cruce del Jordán revive el Éxodo, concluye la era del desierto que inauguró, y concluye, como se inició el éxodo, con el rito de la circuncisión, la celebración de la Pascua, y una aparición (caps. 3-5; Ex 3.5; 4.24-26; 12.6; 16.35). Los espías, a diferencia de la generación del Éxodo, regresan con un informe alentador (c. 2; Nm 13-14; Dt 1), Los transjordanos están a la vanguardia como lo prometieron a Moisés (1.12-18; Nm 32.20-27), Josué proclama la ley como la ley lo requiere (8.30-35; Dt 27.1-8), y las guerras siguen las reglas establecidas por Moisés (caps. 10-11; Dt 20.10-18; 21.22-23). La descripción de las fronteras tribales y la asignación de territorios tribales, las ciudades levitas, las ciudades de refugio completan la obra que fue comenzada por Moisés y corresponde a las instrucciones dadas en Números y Deuteronomio (12.1-6; 13.8-33; 14.1-15; 20.2; 21.2). Al final, las tribus de Transjordania son elogiadas por cumplir su palabra a Moisés (22.1-4; Nm 32.20-22), y Josué, después de revisar las condiciones establecidas en el Sinaí y en Horeb para la desposesión gradual de las naciones (c. 23; Ex 23.23, 30; 34.15-16; Dt 11.17), recuerda la desposesión gradual de Israel de las naciones en su viaje a la Tierra Prometida (24.2-13).

El libro contiene narraciones y listas, a veces mezcladas, e interrumpe normalmente uno o el otro con cierto interés relacionado o subordinado. El cruce del Jordán es anunciado (1.1-6) y finalmente se lleva a cabo (caps. 3-4), pero es retrasado por subtramas que se interrumpen entre sí y poco a poco se resuelven: el cruce tiene lugar bajo la égida de la ley (1.7-9), que es llevada en el arca y más tarde se convierte en el foco de las ceremonias en Ebal y Gerizim (8.30-35) y en Siquem (c. 24); se introducen los oficiales (1.10-11) y vuelven a aparecer después de un retraso de tres días (3.2); en el intervalo hay negociaciones con las tribus transjordanas (1.12-18) y con Rahab (c. 2), y mientras los transjordanos son mencionados en el cruce (4.12-13), la historia de Rahab se deja inconclusa hasta más adelante (c. 6). El cruce se vuelve a relatar, pero es constantemente interrumpido por las referencias a los sacerdotes y representantes de las tribus. La reacción general en el cruce se observa (5.1), pero la reacción en Jericó (6.1) espera en las ceremonias de Gilgal. Los reyes escuchan las noticias sobre Jericó y Ai (9.1-2) pero no hacen nada hasta que las cosas se resuelven en Gabaón. La historia de la batalla de Gabaón se separa de la historia de la victoria sobre Hazor por una lista de las ciudades y los reyes conquistados al mismo tiempo (10.16-43). Se anuncia la distribución de la tierra a las tribus en Canaán (13.7) pero se interrumpe por las adjudicaciones levitas en Transjordania (13.8-33), reintroducida (14.1-2) pero interrumida por las adjudicaciones que se mencionan (14.3) a la espera de su ocurrencia real (c. 21), retrasada de nuevo por la referencia a Efraín y Manasés (14.4) antes de que sea su turno (caps. 16-17), y de nuevo por la historia de Caleb (14.6-15). Las listas de los puntos de la frontera están separadas de las listas de las ciudades por episodios narrativos (15.13-19; 17.3-6, 14-18), y con motivo del discurso de despedida de Josué se introduce (13.1), pero él no habla hasta que la tierra ha sido distribuida (23.1). Este estilo irregular refleja la esencia del libro, que narra versiones entrelazadas de la misma historia y reflexiona sobre su importancia.

Características históricas

El libro manifiesta características de la obra histórica deuteronomista. Hay vistas previas (1.1-6, 10-11, 12-18; 7.1-2; 9.1-2; 14.1-5) y resúmenes (5.1; 11.23; 12.1-24; 13.32-33; 19.51; 21.43-45) del curso de los acontecimientos narrados, y discursos que explican su importancia (2.8-11; 3.9-10; 4.7, 21-24; 13.1-6; 22.1-6; caps. 23, 24). Hay una cronología incipiente calculada a partir del Éxodo (5.6, 12; cf. Ex 16.35) y, más precisamente, desde el primer intento fallido de tomar la tierra (14.7, 10; cf. Dt 2.14). La historia está basada en la ley, los eventos corresponden a los preceptos (p.ej., el momento del cruce [4.19; 5.10] sigue las reglas de la Pascua [Ex 12.3, 6]), el pecado frustra las relaciones de Israel con Jehová, y el mandamiento básico es amar y adorar a Dios (22.5; 24.16-24). El libro de Josué es la obra del historiador deuteronomista, que tomó el material de diversos tipos y lo arregló en una cuidadosamente planeada y hábilmente escrita historia de Israel.

Los principales recursos disponibles para el deuteronomista eran las narraciones de la conquista y una geografía de las 12 tribus. La geografía no era una fuente literaria, sino un mapa del país, la enumeración de las ciudades, delimitación de las rutas, y la descripción de la topografía, con más detalles en algunas zonas (notablemente Judá y Benjamín) que en otras. El mapa fue superpuesto con una rejilla tribal (cf. 18.1-10), los reinos fueron identificados por sus nombres tribales Judá y José, y el centro de gobierno se encuentra en los santuarios tribales de Silo y Gilgal. La geografía adquirió una especie de historicidad a través de la inclusión de historias y diálogo y a través de una cronología implícita, marcada por retrospectivas a la época de Moisés y alusiones al presente (16.10) y al futuro (13.6), y dividiendo la asignación de tierras tribales en dos fases distintas (18.1-3). La narración de la Conquista, por el contrario, era una fuente literaria completa que el deuteronomista copió y adaptó a los fines de la historia. Relató cómo Israel, bajo el liderazgo de Josué, invadió y conquistó la tierra. La Conquista fue ejemplar, marcada por las ruinas visibles de Jericó y Hai, e ilustró el maravilloso cumplimiento del pacto de Sinaí (3.5, 10; cf. Ex 34.10-11), que el tratado con los gabaonitas, sin saberlo, violó (Ex 34.12). La batalla por Jerusalén y las ciudades del sur y la guerra con Hazor y los reyes de Canaán dio a Israel instantánea y completa posesión de la tierra, como Jehová juró a Moisés y a sus padres en Sinaí (1.6; 11.23). Este relato simple fue adaptado por la historia para adaptarse a su interpretación, en la que la tierra no fue conquistada por Josué pero asignada por él a las tribus, cambiando todas las personas en tipos, y todos los acontecimientos narrados en las ilustraciones de obediencia a la ley de Moisés.

En el relato Josué es el sucesor de Moisés (1.2), pero en la adaptación se vuelve a moldear a la imagen de Moisés y revive episodios de su vida. En el relato Josué dirige al pueblo de Israel, pero en la historia guía a los «hijos de Israel» (1.2. *bĕnê yiśrā'ēl,* las 12 tribus). En la fuente, el pueblo cruza el Jordán en Jericó (3.16), pero en la historia el cruce se convierte en un ritual que conmemora el Éxodo y la peregrinación por el desierto. En el relato Dios habla a Josué para darle seguridad, Josué actúa con valentía, y se describen cosas asombrasas en detalle realista. En la historia reciben un toque surrealista: la asombrosa caída de Jericó se convierte en un evento litúrgico; la intervención de Dios en la batalla de Gabaón se corresponde con maravillas meteorológicas y cosmológicas; todo pasa previsiblmente en el patrón de mando y ejecución. La completa conquista tomó unos días y agota la historia de Josué, pero en la historia tuvieron que pasar muchos días (11.18) y fue parcial y ocupaba una pequeña parte de la carrera de Josué. El relato era original, pero en la historia todo está inspirado en hechos pasados (2.10; 9.9-10), o conforme a la ley, o sucede en cumplimiento de las prescripciones de Números y Deuteronomio. Estas adaptacines fueron hechas en el interés de la exactitud histórica. Incluso en el original de la batalla de Jericó se pretende ilustrar la fe, expresada por Rahab, que era Jehová quien dio la tierra a Israel, y el deuteronomista hizo hincapié en este propósito retórico y su inexactitud histórica al convertirla en una liturgia y una lección en la ley. La batalla de Hai fue narrada con detalle realista, pero la historia puso en duda su fiabilidad anteponiendo otra versión que la hizo una lección de obediencia, mediante la inserción de un relato contradictorio de la emboscada (8.11b-13) y añadiendo otra lección en cumplimiento de la ley (vv. 24-29). El tratado con Gabaón es reconocido, pero hay negociaciones adicionales (9.16-27) que se refieren a la historia de provisión en Deuteronomio (Dt 29.11 [TM 10]) y, al insistir que los gabaonitas se salvaron (9.18-21, 26), se prepara para su continuación en el tiempo de Saúl (2 S 21). La batalla contra Jerusalén y sus aliados es abrumada con milagros y corregida por un relato de victorias sobre un grupo diferente de ciudades y reyes, porque estaba mal (Debir era el nombre del rey en la fuente, pero es el nombre de un lugar en la historia [10.3, 38-39]), y porque el historiador tenía una versión diferente de la captura de Jerusalén (Jue 1.8, 21; 2 S 5.6-9). La guerra con los reyes de Canaán es una referencia cruzada, al incluir sus caballos y carros (11.4, 6, 9) y un relato distinto de la batalla de Hazor (11.10-15), a relatos posteriores muy diferentes de las guerras en el norte (Jue 4-5). El resumen de las guerras incluye batallas del tiempo de Moisés (12.14; Nm 21.1-3) y no corresponde al relato original. En la tierra que queda se incluyen lugares que la fuente narrativa suponía bajo el control israelita (13.6; cf. 11.8). Josué es el héroe de la fuente narrativa, pero en la historia deuteronomista, de acuerdo con la fuente sacerdotal (Nm 27.15-23), él es asociado con Eleazar el sacerdote (14.1; 17.4; 19.51; 21.1; 24.33). Como las fronteras tribales, las listas de las ciudades, y la afiliación efraimita de Josué muestran, la supuesta conquista de la tierra por parte de un Israel unido en alianza con Dios era una amalgama y simplificación de tradiciones de las diversas regiones y tiempos narrados desde una perspectiva de Judea. La narración fue diseñada para convencer a sus lectores que las promesas de Dios a sus padres se habían cumplido, y demostró su punto en memorables y encantadoras historias del pasado apropiadas de tradiciones comunes. El historiador reconoció las tradiciones, pero pensó que habían sido recordadas mal y atribuidas equivocadamente a Josué. El papel de Josué fue redefinido, el sesgo de Judea fue abandonado, y a medida que la historia progresa de un libro a otro, la conquista gradual de la tierra fue atribuida a una serie de héroes y reyes, y llegó a su fin sólo cuando el pueblo fue unido bajo David.

Bibliografía. S. L. McKenzie and M. P. Graham, eds., *The History of Israel's Traditions.* JSOTSup 182 (Sheffield, 1994); M. Noth, *The Deuteronomistic History.* JSOTSup 15 (Sheffield, 1981); E. Tov, «The Growth of the Book of Joshua in the Light of the Evidence of the LXX Translation,» in *Studies in Bible, 1986,* ed. S. Japhet. ScrHier 31 (Jerusalem, 1986): 321-39; N. Winther-Nielsen, *A Functional Discourse Grammar of Joshua.* ConBOT 40 (Stockholm, 1995).

Brian Peckham

JOTA (Gr. *iōta*)

Novena letra del alfabeto griego, correspondiente a la *j* española y a la *yodh* hebrea. En Mateo 5.18 se señala que es la letra más pequeña en los escritos hebreo y arameo de la época.

JOTAM (Heb. *yôṯām*)

1. El menor de los 70 hijos de Gedeón (Jerub-baal). Después de la muerte de Gedeón, el hermano de Jotam Abimelec (nacido de la concubina de Gedeón; Jue 8.31) convenció a la gente de la ciudad de Siquem (la casa de la familia de Gedeón) para apoyar su liderazgo sobre ellos (9.1-4). Él entonces asesinó a todos sus 70 hermanos salvo Jotam, quien escapó al ocultarse.

Cuando la gente de Siquem procedió a declarar a Abimelec como su rey, Jotam llegó a la cima del monte Gerizim y trató de disuadirlos a través de su parábola de los árboles y el arbusto espinoso (Jue 9.7-15). La maldición de Jotam (Jue 9.19-20) se cumplió cuando Abimelec fue asesinado en su ataque a Siquem (vv. 56-57).

2. Rey de Judá a principios de la segunda mitad del siglo VIII a.C., hijo de Azarías (Uzías) y padre de Acaz. La cronología exacta de los reyes de Jotam a Ezequías, hijo de Acaz, incluyendo la correlación con los reyes de Israel de este tiempo, es una de las más difíciles en todo el período monárquico. Con una probable corregencia con su padre, las fechas aproximadas del reinado de Jotam son 750 a principios de los años 730.

Jotam heredó un reino seguro y ampliado tras el largo y pacífico reinado de Uzías en toda la primera mitad del siglo VIII, en paralelo con la prosperidad similar en el reino del norte bajo Jeroboam II. Jotam añadió a las defensas de Jerusalén hacia el norte (2 R 15.35) y hacia el sur (2 Cr 27.4), y al parecer mantuvo control del pueblo de Elat, que Uzías había restaurado de Edom (2 R 14.22). Un anillo de sello con la inscripción «perteneciente a Jotam» *(lytm)*, encontrado en esa región, puede dar fe del control de Judá en ese tiempo.

Sin embargo, el reinado de Jotam también vio el surgimiento del poder neoasirio bajo Tiglat-pileser III y un rápido declive de la estabilidad y seguridad. La coalición siro-efrainita (entre Peka de Israel y Rezín de Aram) se formó como una alianza contra Asiria durante su reinado, y para la época de Acaz Jerusalén habría sido invadido bajo presión para unirse. Así que los años del gobierno de Jotam marcaron una época de transición de la prosperidad a la crisis. Según 2 Crónicas 27 Jotam fue un rey completamente virtuoso, a diferencia de su padre. El relato en 2 Reyes, sin embargo, lo evalúa positivamente sólo en el resumen de fórmulas, «Hizo lo recto ante los ojos de Jehová » (2 R 15.34). También señala «Con todo eso, los lugares altos no fueron quitados» señalados para la adoración apóstata, como otros antes que él tampoco habían hecho (2 R 14.4; 15.4).

3. Uno de los seis hijos de Jadai enumerados en 1 Crónicas 2.47 como una de familias descendientes de Caleb.

Bibliografía. J. H. Hayes and P. K. Hooker, *A New Chronology for the Kings of Israel and Judah* (Atlanta, 1988); P. J. King, «The Eighth, the Greatest of Centuries?» *JBL* 108 (1989): 3-15; E. R. Thiele, *The Mysterious Numbers of the Hebrew Kings,* 3rd ed. (Grand Rapids, 1983).

Andrew H. Bartelt

JOTBA (Heb. *yoṭbâ*)

El lugar de nacimiento de Harut, cuya hija Mesulemet se casó con Manasés, rey de Judá, y lugar de nacimiento de su hijo Amón, que gobernó dos años en Jerusalén (2 R 21.19). Algunos eruditos asocian Jotba con Jotapata, la fortaleza de Josefo donde fue sitiado por Vespasiano (*BJ* 3.141-334). El sitio es identificado como Kirbet Shifăt (176248), en el valle de Zabulón, norte del valle Bet Netofa, al oeste del lago de Genesaret. Los hallazgos arqueológicos y su situación corresponden a la vívida descripción de Josefo de la región. Sin embargo, según las últimas investigaciones, no se han encontrado hallazgos de la Edad de Hierro en el sitio.

Bibliografía. E. M. Meyers, J. F. Strange, and D. E. Groh, «The Merion Excavation Project,» *BASOR* 230 (1978): 1-24.

Sujey Adarve-Valdes

JOTBATA (Heb. *yoṭḇāṯâ*)

Un lugar donde acamparon los israelitas durante el éxodo de Egipto (Nm 33.33-34), situado entre Hor-haggidgad y Abrona. Gran dificultad acompaña la identificación de todos estos sitios, aunque una ubicación en las proximidades de Wadi Ghadhaghedh es posible.

Ryan Byrne

JOYAS

En la Biblia, los adornos son descritos con más frecuencia como piezas individuales que como generales. Isaías 3.18-23 es un catálogo de joyas que incluyen pulseras para los tobillos, cintas para la cabeza, medialunas, brazaletes, argollas para los brazos, amuletos, anillos y joyeles de las narices, como también otros artículos clasificados generalmente como adornos. Otras piezas son gargantillas (Cnt 4.9), anillos (Os 2:13[MT 15]), zarcillos (Jue 8.25), collares (Ez 6.11) y abalorios (Nm 31.50). La mayoría de estas joyas han sido encontradas en el registro arqueológico, aunque los abalorios y los pendientes en collares y brazaletes son los más comunes. En las referencias bíblicas, las joyas, por lo general, son de oro, plata y bronce, pero en el registro arqueológico los materiales son mucho más diversos. El cobre y el bronce son más comunes que el oro, la plaza; y con vidrio, cerámica, piedras preciosas y semipreciosas, conchas, semillas, hueso y marfil se hacían también joyas. Materiales más finamente trabajados y más raros están asociados con las élites, mientras que los menos ricos utilizaban al parecer artículos más económicos en vez de originales más caros, por ej., vidrio azulado para imitar al lapislázuli.

La evidencia en cuanto a la confección de joyas surge de restos figurativos, herramientas y de fragmentos de joyas mismas. Éxodo 35.30-33 dice que Dios dio a ciertos miembros de la tribu de Judá habilidades para trabajar en oro, plata y bronce, y en la talla de piedras de engaste; los estudiosos algunas veces han atribuido a los israelitas la aparición de la fundición. Sin embargo, estas tecnologías son también comunes a otras regiones y períodos. La recuperación y el proceso de dar forma al material bruto y a los productos terminados, se ven en la mastaba de Meruka en Saqqâra del Antiguo Reino de Egipto; y una vasija sellada del siglo XVIII a.C. en Larsa, Mesopotamia, contenía las herramientas, los trozos y los metales de un joyero. Además, se han encontrado dentro de sus orificios para ensartar fibras de lino utilizadas para colgar abalorios y pendientes. Los antiguos metaleros estaban familiarizados con la manipulación de minerales puros, y con la mezcla de elementos diferentes para lograr el producto deseado. Los resultados fueron heterogéneos en cuanto a forma; cientos de abalorios fueron clasificados en la década de los años 20 del siglo pasado. En Palestina se han encontrado moldes de muchas de estas formas.

Por las referencias bíblicas, las joyas eran consideradas de gran valor. Los novios y sus representantes daban a las novias piedras preciosas y joyas (Gn 24.22); eran traídas como ofrendas a santuarios (Nm 31.50) y reyes (1 R 10.10); y eran parte de la herencia (2 Cr 21.3). En la tesorería real se guardaban joyas (2 Cr 32.77); «alhajas preciosas» eran tomadas como botín de guerra (20.25), e incluso es posible que se dieran joyas como tributo (cf. relieves en el palacio de Asurbanipal). La evidencia arqueológica corrobora el gran valor que tenían las joyas, ya que con frecuencia se encontraban montones de ellas enterradas debajo de los pisos. Este valor estaba asociado con la habilidad de fabricar joyas refinadas, junto con el costo del material utilizado. Muchas joyas eran traídas desde lugares distantes, y por eso la joyería puede arrojar luz en cuanto a redes de comunicación y comercio (cf Ez 27.22). En tierra muy adentro han sido encontradas conchas de moluscos del Mediterráneo, mientras que el lapislázuli de Afganistán y el oro del África subsahariana eran apreciados en Mesopotamia, el Levante y Egipto. Los diseños que se originaban en alguna zona llegaban también a otros lugares, especialmente en la tardía Edad del Bronce cuando el internacionalismo dio lugar a estilos semejantes a través de todo el Mediterráneo oriental.

Aunque las diferentes clases sociales utilizaban diferentes tipos de joyas, las referencias bíblicas en cuanto a la joyería de piedras y metales preciosos están asociadas con la nobleza y la realeza, al mismo tiempo que ciertos artículos eran indicadores del rango: p.ej., para la realeza, argollas para los brazos (2 S 1.10); para el sacerdocio, el efod y el pectoral (Ex 28.6-30); y para el poder oficial, el anillo para sellar (Gn 41.41, 42). La conexión entre las joyas y el estatus social y el poder está reflejada en la ubicación de los diferentes tipos de ellas en el registro arqueológico. Por ejemplo, un análisis de pendientes de la Babilonia tardía, ha demostrado que se encontraron diversas clases de joyas según diferentes contextos de templo, sepultura y residencia, en sitios tales como Meguido y Tel Kitan (2043.2270). De valor especial en términos de importancia religiosa son los amuletos de Astarte que se usaban alrededor del cuello y de la cintura, y de los que se creía que tenían poderes de fertilidad; y la asociación de medialunas, estrellas y otras imágenes solares con prácticas cultuales de las Eras del Bronce y del Hierro.

Las joyas son también utilizadas metafóricamente para referirse a cosas de valor e importancia. Los hijos de Israel son descritos como «piedras del santuario… preciados y estimados más que el oro puro» (Lm 4.1,2) en el tiempo del asedio final a Jerusalén. Asimismo, las 12 piedras del efod del sacerdote, de todas las cuales se dice que estuvieron en el Edén (Ez 28.13), representaban a las tribus de Israel (Ex

28.17-21). Dios da joyas a la nación de Israel, que es comparada con una esposa adúltera (Ez 16.11, 12). Las joyas son también metáforas para referirse a la hermosura (Cnt 5.14; 7.1). Sin embargo, el valor de las joyas no es ilimitado: aunque el conocimiento es como una joya (Pr 20.15), la verdadera sabiduría es considerada aún más preciosa (3.13-15; 8.11).

Bibliografía. H. C. Beck, «Classification and Nomenclature of Beads and Pendants,» *Archaeologia* 77 (1927); P. E. McGovern, *Late Bronze Palestinian Pendants*. JSOT/ASORMS 1 (Sheffield, 1986); K. R. Maxwell-Hyslop, *Western Asiatic Jewellery c. 3000-612 b.c.* (London, 1971); J. Ogden, Ancient Jewellery (Berkeley, 1992); E. E. Platt, «Jewelry of Bible Times and the Catalog of Isa 3:18-23,» AUSS 17 (1979): 71-84, 189-201.

Katharine A. Mackay

JOZABAD (Heb. *yôzāḇāḏ*)

1. Un Benjamínita de Gedera que se unió a David en Siclag (1 Cr 12.4[TM 5]).

2.-3. Dos hombres de Manasés, jefes de millares, que se unieron a David en Siclag (1 Cr 12.20[21]).

4. Uno de los supervisores de las ofrendas del templo nombrados por Ezequías durante su reforma del templo (2 Cr 31.13). El nombre aquí puede representar un intento anacrónico del cronista de vincular la reforma de Ezequías con la de Esdras y Nehemías (cf. Esd 8.33).

5. Un levita que contribuyó animales a la gran Pascua de Josías (2 Cr 35.7; cf. 2 R 23.21-23).

6. Hijo de la familia sacerdotal de Pasur que vivió en Judea y que se divorció de su esposa extranjera de acuerdo con la reforma de Esdras (Esd 10.22; llamado Gedalías en 1 Esd 9.22).

Las siguientes entradas pueden referirse a la misma persona o para un máximo de cuatro personas diferentes.

7. Hijo de Jesúa el levita; supervisor de la tesorería del templo (Esd 8.33 = 1 Esd 8.69).

8. Un levita que se divorció de su esposa extranjera de acuerdo con la reforma de Esdras (Esd 10.23 = 1 Esd 9.23).

9. Uno de los 13 levitas que «dieron el sentido» de la lectura de Esdras de la ley (Neh. 8.7-8). Si esta persona sirvió como supervisor de la «fuera de la casa de Dios» (Neh 11.16), entonces se desempeñó bajo Esdras y Nehemías (cf. 1 Esdr. 9.48).

C. Mack Roark

JOZABAD (Heb. *yĕhôzāḇāḏ*)

1. Siervo de Joás de Judá, que participó en el asesinato del rey. Según 2 Reyes 12.21(TM 22), era hijo de Somer, pero 2 Crónicas 24.26 dice que era hijo de Simrit (una variante de Somer), una moabita. Él, a su vez, fue asesinado por Amasías, hijo y sucesor de Joás (**4**; cf. 2 Kgs. 14:5).

2. Segundo hijo de Obed-edom; levita coreíta y portero del Templo (1 Cr 26.4).

3. Benjamita jefe de millares durante el reinado de Josafat (2 Cr 17.18).

Timothy P. Jenney

JUAN (Gr. *Iōánnēs*)

1. Padre de Matatías y abuelo de Judas Macabeo; hijo del sacerdote Simeón (1 Mac 2.1).

2. Hijo mayor de Matatías, apodado Gadí (1 Mac 2.2). Al ser enviado a las nabateos por su hermano Jonatán para guardar el equipaje de los macabeos, fue emboscado y asesinado por los de «la tribu de Jambri» de Medebá (9.35, 36; cf. vv. 37-42).

3. Padre de Eupélomo e hijo de Acós (1 Mac 8.7) a quien Antíoco III concedió favores reales (2 Mac 4.11).

4. Juan Hircano I; hijo de Simón y sobrino de Judas Macabeo; jefe del ejército de Simón (1 Mac 13.53; 16.1) y después sumo sacerdote.

Véase HIRCANO 2.

5. Juan Hircano II; sumo sacerdote asmoneo y etnarca de Judea.

Véase HIRCANO 3.

6. Embajador enviado por los judíos a Lisias, general de Antíoco IV (2 Mac 11.17).

7. Juan el Bautista, pariente de Jesús (1.36) y precursor de su ministerio (Mr 1.1-8). Hijo de un sacerdote llamado Zacarías (Lc 1.5), Juan tuvo discípulos (Jn 3.25) y predicó el arrepentimiento y la venida de uno que bautizaría con el Espíritu Santo en vez de agua (Mr 1.8). Fue encarcelado y decapitado por Herodes el tetrarca (Mr 6.14-29). Jesús identificó a Juan con el Elías esperado (Mal 4:5[TM 3:23]), el profeta que habría de venir antes del día del Señor (Mt 17.10-13).

Véase JUAN EL BAUTISTA

8. Uno del círculo íntimo de los 12 apóstoles, hijo de Zebedeo y hermano de Jacobo el apóstol, y socio de Pedro en la pesca (Lc 5.10). Pablo dice que Juan era considerado una columna de la iglesia (Gá 2.9). Una creencia tradicional identifica a este Juan con «el discípulo amado» (cf. Jn 13.23) y el autor del

Evangelio de Juan (cf. 21.20-24). Otra creencia lo identifica como el autor de Apocalipsis (cf. Ap 1.1; 22.8). La evidencia en cuanto a ambas creencias no es concluyente.

Véase JUAN, EL APÓSTOL

9. Padre del apóstol Pedro. Es mencionado sólo brevemente (Jn 1.42; 21.15-17).

10. Amigo de Anás, el sumo sacerdote (Hch 4.6; el texto occidental dice «Jonatán», refiriéndose quizás al hijo de Anás). Es posible que Juan haya tenido ascendencia sacerdotal, pero nada más sabemos de él.

11. Juan Marcos, hijo de María (Hch 12.12). En una oportunidad acompañó a Bernabé y Saulo en el trabajo misionero (12.25), pero los abandonó para volver a Jerusalén (13.13). Como resultado, Bernabé y Pablo tuvieron un desacuerdo en cuanto a si llevar a Juan Marcos nuevamente con ellos. Bernabé tomó a Juan Marcos, y se separó de Pablo (15.37-39). Éste puede ser el Marcos identificado como sobrino de Bernabé (Col 4.10), y el mencionado en 2 Timoteo 4.11. Es considerado tradicionalmente el autor del Evangelio de Marcos.

Véase MARCOS, JUAN

12. Profeta y autor del libro de Apocalipsis (Ap 1.1, 4, 9; 22.8).

Bibliografía. R. E. Brown, *The Community of the Beloved Disciple* (New York, 1979); C. H. Dodd, *Historical Tradition in the Fourth Gospel* (Cambridge, 1963).

PAUL K. MOSER

JUAN, APÓCRIFO DE (III, 1; IV, 1; BG, 2)

Texto gnóstico antiguo, probablemente de la variedad setiana, en cuanto a una visión del apóstol Juan. El texto ofrece una detallada versión de un sistema mítico gnóstico. La primera parte enfatiza el origen de los seres divinos y de los seres espirituales, ambos en referencia a la esfera superior y a la esfera inferior cósmicas. La atención aquí es dirigida a la caída de Sabiduría (la crisis soteriológica), y a la creación del dios-creador Yaldabaoth (presentado dramáticamente en imágenes monstruosas, y equiparado con el Dios del AT). La segunda parte está dirigida a la creación de la humanidad («Adán»), con un énfasis importante en la salvación. También están incluidos una discusión sobre los diferentes tipos de almas, los intentos del dios-creador de destruir a los de la «raza inmutable» (es decir, a los destinados a la salvación en base a su relación con el reino espiritual superior), y el descenso y la ascensión de Pronoia («presciencia») mediante la cual se obtiene la salvación.

El libro ha sobrevivido en cuatro textos coptos: dos en una versión más corta, y dos en una versión más extensa. Éstas parecen ser traducciones independientes de un original en griego que ya no existe. Ireneo (Contra los herejes, c. 180 d.C.) parece haber estado familiarizado con el Apócrifo, o por lo menos con una fuente más temprana del mismo. El final de la versión más extensa, el monólogo de Providencia, fue probablemente una fuente independiente incorporada después. Es difícil fechar la obra, aunque uno de los manuscritos puede ubicarse entre los siglos II y IV.

El texto es importante para los estudiantes de la antigüedad más reciente. Se mantiene la discusión en cuanto a si el Apócrifo de Juan surgió principalmente de círculos judíos o de círculos cristianos. Hay acuerdo ahora entre los eruditos en cuanto a su fuerte conexión judía (p.ej., con Génesis, 1 Enoc, y Sabiduría de Salomón), y en que posteriormente fueron añadidos elementos cristianos. El ambiente preciso se complica además por las diversas versiones del texto. El Apócrifo de Juan ha sido también estudiado en relación con el platonismo medio. Por tanto, este texto arroja luz sobre las interrelaciones culturales entre los diversos grupos religiosos y filosóficos de la antigüedad. La relación intertexual entre el Apócrifo de Juan y los textos bíblicos es también una cuestión importante (esp. Génesis y, en relación con el diálogo de Providencia, Juan 1.1-18). El descenso de Sabiduría, además, puede verse como un ejemplo gnóstico de la creencia del «descenso al infierno» (que se remonta a 1 Pedro, y que está plenamente desarrollada en los Hechos de Pilatos y en el Credo de los Apóstoles). Pero lo más importante para los estudiantes, es el detallado sistema gnóstico presentado (aunque sería ir demasiado lejos decir que el Apócrifo de Juan es un prototipo del sistema gnóstico).

Bibliografía. S. Giversen, *Apocryphon Johannis*. Acta Theologica Danica 5 (Copenhagen, 1963); K. Rudolph, *Gnosis* (San Francisco, 1984); J. D. Turner, «Sethian Gnosticism: A Literary History,» in *Nag Hammadi, Gnosticism and Early Christianity*, ed. C. W. Hedrick and R. Hodgson, Jr. (Peabody, 1986), 55-86; M. Waldstein and F. Wisse, eds., *The Apocryphon of John*. NHMS 33 (Leiden, 1995); M. A.

Williams, The Immovable Race: A Gnostic Designation and the Theme of Stability in Late Antiquity. NHS 29 (Leiden, 1985); F. Wisse, «The Apocryphon of John (II,1, III,1, IV,1, and BG 2502,2),» in *Nag Hammadi Library in English*, ed. J. M. Robinson, 3rd ed. (San Francisco, 1988), 104-23.

PHILIP L. TITE

JUAN (Gr. *Iōánnēs*) **EL APÓSTOL**

Hijo de Zebedeo y hermano de Jacobo. Fue un pescador que creció en la costa norte del mar de Galilea (Mr 1.19, 20). Por sus temperamentos impetuosos, Juan y su hermano fueron apodados Boanerges, «Hijos del trueno» (Mr 3.17).

La primera evidencia textual sobre Juan se encuentra en la carta de Pablo a los gálatas (c. 52 d.C.), en la cual menciona a Juan (junto con Jacobo el hermano de Jesús, y Cefas/Pedro) como «columna reconocida» de la iglesia de Jerusalén (Gá 2.9). El Evangelio de Marcos, utilizado por Mateo y Lucas, es la fuente primaria del NT en cuanto a información biográfica sobre Juan. Él y los otros 11 discípulos de Jesús tienen un papel importante en el Evangelio de Marcos, aunque básicamente como modelos negativos de conducta. Los eruditos piensan que, al igual que Pablo antes que él, Marcos presenta a los discípulos de una manera negativa para desafiar su posición de autoridad en la iglesia de Jerusalén. Si es así, entonces la especial posición de Juan como uno de los tres discípulos del círculo íntimo de Jesús (Mr 5.37; 9.2; 14.33; cf. Hch 3.1; 4.1) puede ser en gran parte una retroyección de la preocupación peculiar de Marcos en el año 70 d.C. por el ministerio de Jesús. Sin embargo, otros detalles biográficos acerca de Juan parecen menos factibles de haber sido inventados por la iglesia primitiva.

Cinco documentos del NT llevan el nombre de Juan: el Evangelio de Juan, las tres epístolas de Juan, y el Apocalipsis. Pero estos títulos no fueron originalmente parte de los documentos, y el nombre Juan aparece sólo en el libro de Apocalipsis. Justino Mártir (c. 160) fue el primero que conectó a Juan, el visionario del libro de Apocalipsis, con «Juan, el apóstol de Cristo». El canon muratoriano (fechado indistintamente entre el 190 y el 350) es quizás la evidencia existente más antigua que atribuye todos los cinco documentos a Juan el apóstol. Pero con el surgimiento de la crítica histórica a finales del siglo XVIII, los eruditos comenzaron a dudar de que los cinco documentos canónicos pudieran atribuirse legítimamente a Juan el apóstol. La diferencia en cuanto a estilos literarios, y un mayor interés por la política de autoría en la iglesia primitiva, llevó a los eruditos a proponer otras dos figuras anónimas como posibles autores de estos textos. Juan «el anciano» (2 Jn 1, 3 Jn 1, Papías), considerado por muchos como alguien totalmente diferente del apóstol, pudo ser el verdadero autor de por lo menos dos epístolas y el cuarto Evangelio. Otra posibilidad es el «discípulo amado» que aparece como testigo de la pasión de Jesús, y que autentica al cuarto Evangelio (Jn 13.23; 19.26; 20.2; 21.7, 20). Algunos eruditos piensan que la iglesia primitiva pudo haber fusionado a estas dos personas, junto con el visionario de Apocalipsis, en una sola figura llamada Juan, el discípulo de Jesús.

Entre los siglos II y quinto siguieron apareciendo textos supuestamente escritos por el apóstol Juan, y leyendas acerca de él. Estas historias ayudan a consolidar y legitimar las particularidades de la teología juanina dentro del canon y también dentro de los debates cristológicos que se desarrollaron en la iglesia. Es durante este período que Salomé fue identificada como la madre de Juan (Mr 15.40, 41; Jn 19.25), convirtiendo así a Juan en el primo de Jesús y su discípulo más joven. Es también en este tiempo que la tradición de la iglesia identifica a Juan como el discípulo amado del cuarto Evangelio, y el autor del libro de Apocalipsis. Según algunas tradiciones, Juan llevó a María, la madre de Jesús, a Éfeso (Justino Mártir, Dial. 81.4), de donde fue desterrado a la isla de Patmos. Con el tiempo fue liberado, y regresó a Éfeso para enseñar. En Éfeso fue auxiliado por el joven cristiano Papías, y aquí vino a ser conocido como «Juan el anciano». Juan el anciano, el apóstol y el amado primo de Jesús, murió después a la avanzada edad de c. 100 años, siendo el último sobreviviente de los apóstoles.

Bibliografía. R. E. Brown, *The Community of the Beloved Disciple* (New York, 1979); J. Charlesworth, *The Beloved Disciple* (Valley Forge, 1995); R. A. Culpepper, *John, the Son of Zebedee* (Columbia, S.C., 1994); W. H. Wuellner, *The Meaning of «Fishers of Men»* (Philadelphia, 1967).

JEFFREY L. STALEY

JUAN EL BAUTISTA

Figura religiosa del tiempo de Jesús, muerto por Herodes Antipas (4 a.C.—39 d.C.).

Fuentes

Las fuentes principales sobre Juan el Bautista son el Q., Marcos y Josefo Ant. 118.116-19. La información relacionada con los seguidores de Juan se encuentra en el Evangelio de Juan y en la fuente de Reconocimientos pseudoclementinos 1.27-71. El valor de la información que aparece en Hechos, en el especial material de Lucas, en el evangelio de Tomás y en los escritos del mandeísmo, es dudosa. Pero la presencia de un informe no cristiano (Josefo) que sirven de complemento a los relatos cristianos, significa que la disponibilidad de fuentes es comparativamente buena.

Nombre

Juan (supuestamente aram./heb. *yôḥānān*, «Dios ha mostrado favor»), un nombre que se encuentra en el AT, está acompañado en Josefo y Marcos por el sobrenombre de «bautista» (aram. quizás *tôbeēl, ṣôbēʿ*, o *maṣbaʿ*), lo que al parecer apunta hacia el aspecto distintivo de la actividad de Juan.

Actividad y lugar

El aspecto más seguro de la actividad de Juan es que él impartió instrucciones en cuanto a las abluciones correctas. En este aspecto, Juan se ajusta a su ambiente judío, como se sabe cada vez más por los rollos del Mar Muerto (p.ej., 1QS 3.8, 9) y la arqueología (*miqwāʾôṯ*, los baños rituales). No se sabe si Juan prescribía abluciones frecuentes, o si se distinguió por apoyar el bautismo una sola vez en la vida (Josefo utiliza notablemente el singular).

El lugar de actividad de Juan en el desierto y en el río Jordán (Marcos), está casi de acuerdo con el sitio de su ejecución según Josefo (la fortaleza de Maqueronte) y con la información del Evangelio de Juan (Betania al otro lado del Jordán, y Enón cerca de Salim). Este lugar es generalmente aceptado, y habría permitido el desplazamiento a través de fronteras políticas (Judea-Samaria, Perea, Decápolis), y el acceso al agua natural («agua viva»).

Josefo, y Marcos 1.5 y 11.32, coinciden en que Juan era inmensamente popular. No han ninguna razón de peso para poner en duda lo que dicen los Evangelios, de que Juan estuvo normalmente activo antes del ministerio de Jesús, aunque no se puede precisar la relación cronológica exacta de los dos. Josefo cuenta que algunos judíos pensaban que la ejecución de Juan por Antipas fue vengada por Dios a través de la derrota de su ejército por Aretas IV, probablemente en el 36 d.C. Por consiguiente, la muerte de Juan se produjo antes de este año, posiblemente en la segunda mitad del reinado de Antipas.

Particularmente en vista de la popularidad de Juan, la creencia cristiana de que Jesús fue bautizado por Juan (y de que Juan fue arrestado poco tiempo después de esto), está abierta a la duda histórica. No está claro en el Q que Jesús fuera bautizado por Juan. No obstante, Jesús debió al menos haber oído hablar de Juan, y sin duda aprobaba su ministerio e incluso lo imitaba en algunos aspectos.

Mensaje religioso

El contenido exacto y el alcance del mensaje de Juan son difíciles de determinar. Josefo presenta a Juan como alguien que exhortaba a la virtud y a la rectitud entre sus compatriotas judíos, y a la reverencia a Dios. Dado el clima político y religioso general, es posible que hubiera alusiones políticas relacionadas con el futuro del pueblo judío. No se sabe si Juan utilizó imágenes apocalípticas (cf. Q). En cualquier caso, la tradición cristiana ha dado a Juan un papel mucho más específico como precursor del Mesías, y como Elías.

La enseñanza de Juan en cuanto al bautismo implicó, sin duda, cierta consideración del arrepentimiento, la pureza y el perdón. Josefo se esfuerza por negar que el bautismo fuera para el perdón de los pecados, mientras que Marcos afirma esto. Ambas posiciones parecen resultar de una conexión entre arrepentimiento, bautismo, pureza y perdón que se nota en los escritos de Qumrán. La idea dogmática de que el perdón viene de Dios, no habrá sido desalojada.

El lugar de actividad de Juan fuera de Jerusalén, combinado con el bautismo que involucraba el perdón, hace surgir la pregunta de hasta qué punto desafió Juan conscientemente al sacerdocio de Jerusalén. La evidencia creciente de la frecuencia de las abluciones rituales judías, hace menos probable la tesis de que un movimiento de bautismos debió necesariamente haber estado en oposición al culto del Templo.

Los seguidores

Marcos, Q y Juan coinciden en hablar de un grupo especial de «discípulos de Juan». Sorprendentemente, estos escritos dan fe de la continuación de este particular grupo durante todo el ministerio de Jesús. El núcleo de esta comunidad se remonta sin duda al tiempo de vida de Juan. Parece ser que un grupo de partidos de Juan, aun después de la muerte de éste, rivalizaba con los seguidores de Jesús. Elementos tales como el ayuno y el bautismo pudieron haber sido introducidos en la naciente fe cristiana como resultado del diálogo entre ambos grupos.

Los discípulos de Juan creían, evidentemente, que Juan era el Mesías (*Reconocimientos* 1.54.8; 1.60.1, 2; Juan 1). Después de su ejecución, parecen haber pensado que Juan fue escondido por Dios y que regresaría pronto (Mr 6.14, 16; 8.28; *Reconocimientos* 1.54.8). En todos estos aspectos, el movimiento de Juan parece haber establecido un modelo para los primeros seguidores de Jesús.

Bibliografía. C. H. Kraeling, *John the Baptist* (New York, 1951); E. F. Lupieri, «John the Baptist in New Testament Traditions and History,» in ANRW II.26,1 (Berlin, 1993), 430-61; C. H. H. Scobie, *John the Baptist* (Philadelphia, 1964); R. L. Webb, *John the Baptizer and Prophet*. JSNTSup 62 (Sheffield, 1991); W. Wink, *John the Baptist in the Gospel Tradition*. SNTSMS 7 (London, 1968).

F. Stanley Jones

JUAN EL CELESTIAL, DISCURSO DE

Leyenda griega apócrifa contada por Juan en cuanto a la muerte y asunción corporal (o dormición) de la «gloriosísima madre de Dios y siempre virgen María». Es la versión griega tradicional de la apócrifa Asunción de la Virgen. Los numerosos relatos de asunción de la Virgen surgieron aproximadamente en el siglo IV d.C., y han tenido un impacto profundo tanto en el cristianismo oriental como en el occidental. La «Asunción de la Virgen» fue aprobada como doctrina oficial por la Iglesia Católica Romana en 1950.

En este relato, Gabriel le hace saber a María que su petición de partir del mundo será concedida. A los apóstoles, tanto los que están vivos como los que han muerto, se les ordena que visiten a María, le ofrezcan esta ayuda y reciban la bendición de ella. Jesús viene para llevar el espíritu de María al paraíso, su cuerpo es colocado en una tumba nueva en Getsemaní, y tres días después su cuerpo es llevado al cielo. María es presentada como un vínculo importante entre la Trinidad y la humanidad.

Kenneth J. Archer

JUAN, EPÍSTOLAS DE

Tres epístolas del NT llevan el nombre de Juan. Aunque están incluidas entre las epístolas «católicas» o «universales», las tres parecen estar dirigidas a situaciones específicas. Aunque la primera epístola es anónima, las dos más cortas tienen como autor al «anciano». Es dudoso que este término pudiera ser un título para el apóstol Juan; y aunque 1 Juan está íntimamente relacionada con el cuarto Evangelio, no es seguro que se trate del mismo autor (sea que el Evangelio haya sido escrito o no por el apóstol). La situación y la autoría de cada una de estas epístolas necesitan ser discutidas.

1 de Juan

El parecido en cuanto a estilo literario y a teología que hay en el Evangelio y en las epístolas de Juan, a diferencia de los demás escritos del NT, es un fuerte argumento para decir que fueron escritos por la misma persona, y esto es particularmente cierto en el caso de 1 Juan y el Evangelio. Pero hay diferencias entre estos dos también, en pequeños detalles de patrones lingüísticos; en calidad literaria (el Evangelio utiliza la ironía y significados múltiples, mientras que 1 Juan es normalmente clara); y en teología (1 Juan pone más énfasis en la muerte expiatoria de Jesús, y menos en su mediación entre Dios y el creyente). Los eruditos no están todos de acuerdo en si estas diferencias son naturales en obras escritas por el mismo autor y en momentos diferentes, o si son lo suficientemente serias para pensar que hubo dos autores diferentes. La idea cada vez más común de una «escuela» juanina, implica que hubo un grupo de maestros y portadores de enseñanzas, en vez de una sola autoridad detrás de todos los escritos juaninos. El autor de 1 Juan es probablemente también el «anciano» responsable de Segunda y Tercera de Juan; en cualquier caso, estas últimas son demasiado breves para ofrecer evidencias suficientes que permitan determinar una diferencia en cuanto a autoría.

Primera de Juan carece de las características que distinguían a una carta en el mundo antiguo, y por eso se la cataloga ahora por lo general como un ensayo o sermón, o algo semejante. Tiene muchas características de la retórica de persuasión o exhortación, p.ej., la repetición y el uso de afirmaciones y ejemplos permanentes que deben ser imitados. Para 1 Juan no se ha determinado ninguna estructura literaria precisa, ni tampoco hay una progresión de pensamiento en la repetición de temas importantes. Algunos han insinuado que 1

Juan es el resultado de la alteración de una fuente, pero esto es poco probable.

Primera de Juan es evidentemente la respuesta a una crisis que había en la comunidad cristiana juanina. El autor habla de ciertas personas que «salieron» de la comunidad, a las que llama anticristos, mentirosos y falsos profetas, que dejaron de confesar que Jesús es el Cristo y el Hijo de Dios, o de confesar que «Jesucristo ha venido en carne» (2.18-27; 4.1-6). Es posible que estos enemigos hayan estado también en la mira del autor, cuando habla de personas que dicen no tener pecado, o de ser hijos de Dios aun cuando se encuentran viviendo en el pecado (1.5–2.2; 2.28–3.10; cf. 5.16-18); que carecen de amor fraternal (2.3-11; 3.10-18; cf. 4.7-20); y que alegan tener el Espíritu (4.1-6; cf. 5.6-8). Se considera generalmente que estos adversarios representaban una antigua forma de docetismo, y/o que estaban relacionados con el antiguo maestro gnóstico Cerinto.

Tal identificación pueden ser demasiado precisa para ser sustentada por las alusiones de 1 Juan, pero los oponentes sí parecen haber restado valor, de alguna manera, a la realidad física y humana de Jesús. Es posible que hayan hecho una diferencia entre la naturaleza humana de Jesús y el Cristo divino, enfatizando la revelación de Cristo, más que la crucifixión del hombre Jesús, como de mayor importancia para la salvación. Pueden haber creído que la fe en el Cristo celestial y la posesión del Espíritu les daba no sólo vida eterna y una relación íntima con Dios, sino también una naturaleza divina incapaz de pecar. Por tanto, al no sentir ninguna necesidad del Jesús humano, ya sea como sacrificio expiatorio, o como modelo de amor sacrificial, no veían ningún valor espiritual en los actos concretos de amor humano de parte de ellos. Es posible que hayan convencido a muchos de la comunidad cristiana juanina de que se unieran a ellos en otro grupo independiente.

Esta reinterpretación de la enseñanza juanina surgió probablemente algún tiempo después de que el cuarto Evangelio estuviera terminado en su mayor parte, cuando nuevas circunstancias habían introducido al contexto de un dualismo más radical las exaltadas aseveraciones del Evangelio en cuanto a Jesús. En esta situación, el autor de 1 Juan se remonta, por un lado, a la enseñanza tradicional. Hace hincapié en la fidelidad a lo que había sido fundamental «desde el principio»: la confesión de Jesús como Cristo «en carne», es decir, en toda su humanidad, y en el mandamiento de amarse unos a otros dentro a la comunidad que hace esta confesión (1.1-3; 2.7-11, 22-24; 3.11-24; 4.1-16; 4.19–5.5). Por el otro lado, el autor comunica otras maneras de desarrollo del cristianismo. Enfatiza con más fuerza que el Evangelio de Juan otros temas que son comunes en otras partes del NT: la muerte expiatoria de Jesús, el problema del pecado en los creyentes, y el futuro regreso de Jesús (1.5–2.2; 2.28–3.10; 4.10, 17, 18; 5.16-18).

El mensaje fundamental de 1 Juan es que la relación con Dios requiere tanto de la creencia en la cristología de la encarnación, como del amor mutuo; ambas cosas están inseparablemente unidas. Ninguna nueva revelación puede tener más valor que la encarnación, por medio de la cual Dios, que es amor, se dio a conocer en la humanidad de Jesucristo. El amor cristiano sólo puede surgir de la fe en esta revelación; pero la fe es fe en Jesucristo, y sólo si los creyentes se expresan su amor los unos a los otros.

2 Juan

Segunda de Juan parece derivarse de la misma situación general de 1 Juan (esp. vv. 5-9). Sin embargo, 2 Juan 10, 11 propone una solución más drástica al problema con los adversarios: negar la hospitalidad a los maestros itinerantes que no estén de acuerdo con la tradicional cristología juanina. Es posible que 2 Juan estuviera dirigida a una comunidad donde la enseñanza de los contrarios no había llegado todavía, para impedir que echara raíces allí.

A diferencia de 1 Juan, 2 Juan sí tiene la forma de una carta normal. Sin embargo, esta forma fue adaptada para dar a 2 Juan categoría de autoridad oficial, como en las epístolas paulinas. Notemos, p. ej., el saludo teológico ampliado de los vv. 1-3. La «señora elegida» mencionada allí es probablemente una congregación, una congregación «hermana» de la del autor (vv. 1, 13). La extraña designación del remitente de la epístola como «el anciano» da a entender también que se trata de alguien en una posición de respeto y autoridad en la comunidad juanina, una impresión confirmada por el tono de las tres cartas. Pero esta designación, sin un nombre propio e independiente de un cuerpo de ancianos, no tiene paralelo en la literatura cristiana primitiva. Acerca de este «anciano» nada más se sabe.

3 Juan

El mismo «anciano» aparece como el remitente de 3 Juan, la cual, aunque se parece mucho a 2 Juan al comienzo y al final, sigue más de cerca que 2 Juan o cualquier otra carta del NT la práctica del viejo formato de carta. Tercera de Juan es, en parte, una carta de recomendación para un cristiano llamado Demetrio; y, en parte, una exhortación a su destinatario, Gayo, a seguir los buenos ejemplos y a evitar los malos. Sin embargo, trata también un problema específico.

Tercera de Juan muestra que, quienquiera que haya sido «el anciano», nadie le disputaba su autoridad. Alguien llamado Diótrefes se había negado a recibir una carta del anciano, y también rehusado a hospedar a sus portadores; además, estaba expulsando de la congregación a los que mostraran hospitalidad. Aunque parece natural suponer que esta controversia está relacionada con la de 1 y 2 de Juan, 3 Juan no hace ninguna referencia a los asuntos de esas cartas. Más bien, el problema en cuanto a la hospitalidad puede estar relacionado con el desarrollo de las estructuras de cargo y autoridad en la iglesia, o a cuestiones de autoridad y honor personales. La solución del anciano al problema es la amenaza de una confrontación personal con Diótrefes, y buscar de Gayo la hospitalidad y el apoyo para los misioneros itinerantes que Diótrefes les había negado.

Fechas y lugar

Primera y Segunda de Juan debieron de haber sido escritas en fechas cercanas; 3 Juan pudo haber sido redactada pocos años antes, o después. Más allá de esto, sólo se puede pensar en fechas en relación con el cuarto Evangelio, lo cual hace presumir evidentemente 1 Juan. Sin embargo, la fecha del Evangelio es dudosa, y no sabe el tiempo que transcurrió entre ambos escritos; quizás no más de entre diez y veinte años. La tradición de la iglesia siempre ha ubicado a los escritos juaninos en Éfeso, y nada en las cartas confirma o niega categóricamente esto; uno puede notar que los escritores cristianos del Asia Menor son los primeros en manifestar que tienen conocimiento de ellos.

Bibliografía. R. E. Brown, *The Epistles of John*. AB 30 (Garden City, 1982); J. M. Lieu, *The Second and Third Epistles of John* (Edinburgh, 1986); *The Theology of the Johannine Epistles* (Cambridge, 1991); D. Rensberger, *1 John, 2 John, 3 John*. Abingdon New Testament Commentaries (Nashville, 1997); R. Schnackenburg, *The Johannine Epistles* (New York, 1992); S. S. Smalley, *1, 2, 3 John*. WBC 51 (Waco, 1984).

David Rensberger

JUAN, EVANGELIO DE

Cuarto libro del NT. Cuenta la manera como el Verbo de Dios se hizo carne en Jesús de Nazaret, quien mostró la gloria y el amor de Dios a través de sus palabras y acciones. Fue crucificado por el pecado del mundo y resucitado, para que las personas pudieran recibir vida eterna a través de la fe en él.

Contenido

El Evangelio presenta la historia de Jesús en dos partes: el ministerio público de Jesús (caps. 1-12), y su pasión y resurrección (caps. 13-21). La primera parte comienza con una introducción poética que cuenta la manera como el Verbo entró en el mundo y fue rechazado por muchos, pero recibido con beneplácito por otros que se convirtieron en hijos de Dios (1.1-18). En la narración, Juan el Bautista dirige a las personas a Jesús, el Cordero de Dios, quien forma un círculo de discípulos. Las enseñanzas y las sanidades de Jesús provocan una respuesta favorable en las aldeas samaritanas, en un oficial del rey, en un hombre nacido ciego, y en Marta y María. Otros malentienden a Jesús, o se vuelven hostiles contra él, cuando sana en día sábado (cap. 5), alimenta a 5000 personas en la Pascua (cap. 6), anuncia en la fiesta de las enramadas que él es la fuente del agua de vida y la luz del mundo (7.1–10.20), y declara «Yo y el Padre uno somos» durante la fiesta de la dedicación. La multitud agita ramas de palmas cuando Jesús entra a Jerusalén por última vez, pero no son capaces de entender sus alusiones a su muerte cercana, y concluye su ministerio público ocultándose de ellos (12.36).

La segunda parte se inicia con la Última Cena, en la que Jesús asume la actitud de un esclavo al lavar los pies de sus discípulos. Este acto muestra su amor por ellos, y ejemplifica la clase de servicio ideada por el nuevo mandamiento: «Que os améis unos a otros; como yo os he amado» (13.34). En un largo discurso de despedida, Jesús promete enviar el Espíritu o «Abogado» (gr. *paráklētos*) El Espíritu será la presencia constante de Jesús en su pueblo después de su regreso al Padre, y el que revelará el significado del ministerio de Jesús a las generaciones siguientes (14.16, 26). Con dramática ironía, el relato del arresto y el interrogatorio de Jesús manifiesta la inocencia y la responsabilidad de sus acusadores. En el día de preparación para la Pascua, Jesús es crucificado como el Cordero de Dios, y sus palabras finales, «consumado es», afirman que su muerte logró la obra de salvación de Dios. En el Domingo de Pascua, el Jesús resucitado se aparece a los discípulos y les da el Espíritu que les había prometido. Una semana más tarde, la confesión de Tomás de que Jesús es Señor y Dios, lleva al relato a un clímax. La gran captura de peces del cap. 21, anuncia el avance de la obra misionera cristiana.

Autoría y composición

El cuarto Evangelio no revela el nombre de su autor. Según 21.24, es «el discípulo a quien amaba Jesús». A finales del siglo II, este discípulo fue identificado con Juan el hijo de Zebedeo, ya que él acompaña algunas veces a Pedro, como Juan, en los otros Evangelios. Sin embargo, eruditos modernos encuentran extraño que la identidad de una figura tan conocida como Juan se haya mantenido oculta. Además, de acuerdo con los otros Evangelios, Juan siguió a Jesús durante todo su ministerio, pero en el cuarto Evangelio el discípulo amado es mencionado explícitamente por primera vez sólo en la Última Cena (13.23). Algunos han insinuado que el discípulo amado es el personaje no identificado que Jesús encontró cerca del Jordán (1.35-40), y que era conocido en la casa del sumo sacerdote (18.15, 16), pero estas conexiones podrían hacer creer que el discípulo amado era en realidad alguien de Judea, no un galileo como Juan. Otros han sugerido que era Lázaro, a quien Jesús amaba (11.3, 5). Por eso, mucho reconocen con razón que la identidad del discípulo amado sigue siendo desconocida.

El Evangelio de Juan quizás fue compuesto en dos o más ediciones durante cierto período de tiempo. La primera versión terminaba probablemente en 20:30, 31, donde dice que «hizo además Jesús muchas otras señales… las cuales no están escritas en este libro». El último capítulo, que termina de manera parecida, fue aparentemente añadido en una edición ampliada. En una versión anterior, la orden de Jesús: «Levantaos, vamos de aquí» (14.31), probablemente indicaba el final de la Última Cena y la partida de Jesús al huerto donde fue arrestado. El material de los caps. 15-17 fue incluido posiblemente más tarde. Todo el Evangelio está escrito con el mismo estilo y perspectiva, y una misma persona pudo haber escrito tanto la primera como las versiones posteriores. Con todo, el comentario de «sabemos» que el testimonio del discípulo amado es verdadero (21.24) sugiere que es posible que otros hayan dado al texto su forma final.

Fecha

El Evangelio fue posiblemente terminado alrededor del 90 d.C. Una fecha antes de la terminación del siglo I es probable, ya que el descubrimiento de un fragmento de texto (P52) muestra que el Evangelio estuvo siendo copiado en Egipto entre los años 125-150. También es probable una fecha posterior a la destrucción del Templo en el 70. Antes de esto había varios grupos judíos en Palestina: fariseos, saduceos, esenios, zelotes y herodianos, pero después del 70 los fariseos se impusieron, y los otros grupos desaparecieron. La manera como el evangelista se refiere alternadamente a «los fariseos» y «los judíos», da a entender que escribía cuando los otros grupos ya no tenían influencia. Las referencias a los procedimientos formales para excluir a los cristianos de las sinagogas (9.22), y los contrastes entre los seguidores de Jesús y los judíos (p. ej., v. 28), están presentadas de maneras que dan a entender que los cristianos ya no eran considerados una secta judía, sino que eran un grupo diferente, lo cual era cierto años más tarde en el mismo siglo. La comprensión del autor acerca de las muertes de Pedro y del discípulo amado (21.19, 23) señalan también que la composición del Evangelio se hizo en las últimas décadas del siglo I.

Lectores

El Evangelio de Juan fue compuesto en y para una temprana comunidad cristiana. Las numerosas sutiles alusiones, los juegos de palabras y los pasajes difíciles han llevado a algunos a concluir que los primeros lectores pertenecían a un grupo cerrado que utilizaba un lenguaje casi incomprensible para quienes no pertenecían a él. Pero otros piensan que el presentar a Jesús como la luz del mundo, la fuente de agua de vida y el buen pastor, y explicar el significado de palabras como «mesías» y «rabí» (1.38-41), hace el relato accesible a una amplia gama de lectores. Juntas, estas percepciones indican que el Evangelio fue escrito teniendo en mente a una variedad de lectores, debido quizás a ciertos hechos que se estaban produciendo dentro del cristianismo juanino mismo. Los primeros miembros de la comunidad fueron, casi con certeza, cristianos judíos, pero el Evangelio da a entender que el círculo incluyó después a samaritanos (4.39-42) y a griegos (12.20); los cristianos mencionados en las epístolas juaninas tenían nombres griegos, y vivían en diferentes comunidades. El Evangelio es accesible a un nivel sencillo para lectores menos cultos, pero lo suficientemente profundo como para atraer a lectores más ilustrados.

Relación con otros libros del NT

Los Evangelios sinópticos

En los cuatro Evangelios, el ministerio público de Jesús comienza con Juan el Bautista, e incluyen la formación del grupo de discípulos, la realización de milagros, la expulsión de los mercaderes del Templo, y su enseñanza pública. Todos relatan que, después de una comida con sus discípulos, Jesús fue arrestado y juzgado por las autoridades judías y por Pilato; que murió crucificado, y que resucitó en el tercer día. Juan es diferente en el sentido de que cuenta muchas acciones (p.ej., la transformación del agua en vino, las curaciones en Betesda y Siloé, la resurrección de Lázaro, el lavamiento de los pies) y encuentros (p.ej., con Nicodemo, la mujer samaritana, y Tomás) que no están mencionados en los otros Evangelios. En vez de las parábolas en cuanto al reino, Juan incluye largos discursos caracterizados por declaraciones como: «yo soy el pan de vida», «yo soy la luz del mundo». En el Evangelio de Juan, Jesús hace, no uno, sino varios viajes a Jerusalén durante su ministerio; y el momento de los acontecimientos clave es característico: la limpieza del Templo ocurre al comienzo del ministerio de Jesús, no al final; y la crucifixión se produce en la tarde anterior, no en el día siguiente a la comida pascual. Por mucho tiempo, algunos intérpretes han creído que el cuarto evangelista estuvo familiarizado con los evangelios sinópticos, y que escribió su evangelio para complementar a los otros. Muchos eruditos sostienen ahora que Juan no conocía ninguno de los otros Evangelios. Parece claro que el cuarto evangelista escribió muy al margen de los otros, pero si conocía uno o más de los Evangelios sinópticos es algo que todavía se discute.

Las epístolas juaninas

El Evangelio y las epístolas de Juan están unidos como los eslabones de una cadena. El Evangelio y Primera de Juan comienzan con referencias a «el principio», usan las imágenes de la luz y las tinieblas, y se refieren al «nuevo mandamiento» de amarse los unos a los otros. Primera y Segunda de Juan insisten en que los verdaderos creyentes confiesan que Jesús vino en carne; Segunda y Tercera de Juan fueron escritas por un «anciano» que abordó el tema de a quién se debía recibir en las comunidades de creyentes. Muchos eruditos piensan que las epístolas fueron escritas con posterioridad al Evangelio, ya que el conflicto fundamental en el Evangelio es entre cristianos y no cristianos, mientras que las epístolas tratan de conflictos que habían surgido dentro de la comunidad cristiana, al parecer en un período posterior. Algunos piensan que el Evangelio de Juan fue puesto en su forma final por el autor de 1 Juan, pero otros creen que estos escritos se originaron en un círculo de cristianos que compartían un pensamiento común.

Apocalipsis

Una antigua tradición cristiana decía que el cuarto Evangelio y el Apocalipsis fueron escritos por el apóstol Juan. Ésta asumía que el discípulo amado (Jn 21.24) y el Juan de Patmos (Ap 1.9) eran la misma persona. Tanto el Evangelio como Apocalipsis se refieren a Jesús como el Verbo y el Cordero, y utilizan cierto lenguaje simbólico parecido, pero Apocalipsis esta escrito en un griego peculiar muy distinto al estilo del Evangelio. Apocalipsis da el nombre del autor, pero no dice que era un apóstol ni que había visto al Jesús terrenal, mientras que el Evangelio no revela el nombre del autor, pero insiste en que fue testigo de lo que narra. Apocalipsis pone de relieve el futuro cumplimiento de la obra de salvación de Dios, mientras que el Evangelio enfatiza el ámbito presente de la salvación. Éstas, y otras diferencias, indican que los dos libros tuvieron autores diferentes.

Énfasis teológico

Para entender los énfasis teológicos del Evangelio, es necesario prestar atención a lo que se cree y a lo que se niega. La humanidad de Jesús es dada por sentado en todo el Evangelio; tanto partidarios como enemigos reconocen que él es un ser humano. Las discusiones se centran en si Jesús era o no el Mesías y el Hijo de Dios (5.18; 7.40-42; 10.33), por lo que el evangelista tiene que defender los aspectos mesiánicos y divinos de la identidad de Jesús. Los encuentros con Jesús revelan tres dimensiones esenciales de su carácter. En primer lugar, los que conocen a Jesús lo identifican acertadamente en términos humanos como hombre, maestro y judío (1.38; 4.9; 9.11). Luego, hablan de él como profeta y Mesías (1.41; 4.19, 29; 9.17, 22). Finalmente, hay indicaciones de su significado divino o cósmico (1.51; 4.42; 9.38). El lenguaje simbólico ayuda a transmitir la idea de que Jesús es al mismo tiempo humano, mesiánico y divino, porque imágenes como luz

(8.12) y buen pastor (10.11) eran correctas para líderes humanos, el Mesías y Dios. Posteriormente, algunos afirmaron la divinidad de Jesús, pero negaron su humanidad (1 Jn 4.2, 3; 2 Jn 7), y este concepto a la larga fue común entre los gnósticos. Sin embargo, el cuarto Evangelio insiste en que la identidad de Jesús incluye las tres dimensiones.

Los seres humanos, según el Evangelio de Juan, pertenecen a un mundo que fue creado por Dios, pero que se ha vuelto hostil hacia su Creador. El pecado es una relación rota con Dios, es incredulidad, y también las acciones que proceden de éste. Al dar a su hijo para ser crucificado, Dios muestra su amor por el mundo que se ha rebelado contra él (3,16). La muerte de Cristo es el sacrificio que quita el pecado del mundo (1.29), porque a través de ella Dios venció al pecado al producir fe. La fe da vida las personas por su relación con Dios, una vida que comienza en el presente y continúa más allá de la muerte física hasta la eternidad. El Evangelio afirma que habrá una resurrección futura (5.28, 29; 6.40; 11.25), al mismo tiempo que insiste en que la vida eterna es también una realidad presente, porque a través de la fe en Cristo las personas entran en una relación con el Dios eterno (5.24; 11.26; 12:44, 45). Quienes reciban el amor que Dios ha manifestado en Cristo, deben amarse unos a otros de la misma manera (13.34). La muerte de Cristo constituye la fuente y el modelo de la vida cristiana.

Bibliografía. J. Ashton, *Understanding the Fourth Gospel* (Oxford, 1991); R. E. Brown, *The Gospel According to John*, 2 vols. AB 29-29A (Garden City, 1966-1970); R. A. Culpepper, *Anatomy of the Fourth Gospel* (Philadelphia, 1983); C. R. Koester, *Symbolism in the Fourth Gospel* (Minneapolis, 1995); R. Schnackenburg, *The Gospel According to St. John*, 3 vols. (New York, 1968-1982); D. M. Smith, *The Theology of the Gospel of John* (Cambridge, 1995).

Craig R. Koester

JUAN, HECHOS DE

Una de las numerosas obras supuestamente escritas por Leucio Carino. Fue probablemente escrita en griego a finales del siglo II, o comienzos del siglo III d.C. Se desconoce su procedencia.

Hechos de Juan relata la misión, los milagros y la muerte tranquila del apóstol Juan en Asia Menor. Juan cura a los enfermos, resucita a los muertos, destruye el templo de Artemis en Éfeso, y convierte a muchos adoradores paganos. En un episodio muy divertido, Juan ordena a unos chinches que se reúnan en un punto de la cama para que no le perturben el sueño. A diferencia de muchos otros escritos apócrifos, Juan no muere como mártir, sino que hace una oración final alabando al ideal ascético de la pureza y la abstinencia sexual, y luego se acuesta en una tumba ya preparada, y muere.

Aunque gran parte del contenido de Hechos de Juan no es herética, la obra fue condenada como tal por el Segundo Concilio de Nicea (786 d.C.), por sus tendencias docetistas y modalístas. No existe ningún manuscrito completo de la obra, y cerca del 70% del texto que ha sobrevivido ha tenido que ser reconstruido a partir de fuentes y manuscritos secundarios. Una de esas fuentes, los Hechos de Juan, por Prócoro, una colección griega del siglo V, conserva varios episodios de Hechos de Juan original pero también parafrasea y hermosea a la obra anterior. Hechos de Juan fue también utilizado por el pseudo Abdías y por el Libro de Salmos maniqueo, y asimismo conocido por Agustín, Eusebio y Epifanio.

Bibliografía. J. K. Elliott, ed., *The Apocryphal New Testament*, rev. ed. (Oxford, 1993), 303-49; E. Junod and J.-D. Kaestli, *Acta Iohannis*, 2 vols. (Turnhout, 1983).

James R. Mueller

JUAN MARCOS

Véase MARCOS, JUAN

JUANA (Gr. *Iōánna*)

Una de las mujeres de Galilea que siguieron y ayudaron a Jesús. Es mencionada con María Magdalena, Susana y otras que «habían sido sanadas de espíritus malos y de enfermedades» (Lc 8.2, 3). Juana era esposa de Chuza intendente de Herodes Antipas.

Juana estuvo entre las mujeres que trajeron especias para ungir el cuerpo de Jesús, y encontraron la tumba vacía. Junto con María Magdalena y María madre de Jacobo, dio la noticia de la resurrección a los 11 apóstoles (Lc 24.10). Lucas señala también que las mujeres de Galilea presenciaron la crucifixión (Lc 23.49) y la colocación del cuerpo de Jesús en el sepulcro (v. 55).

Jo Ann H. Seely

JUBAL (Heb. *yûḇāl*)

Hijo de Lamec y Ada, y el hermano menor de Jabal. Él fue el «padre» (o «inventor») de instrumentos musicales (Gn 4.21).

JUBILEO, AÑO DE

El año número 50 en una serie de siete años sabáticos. El año del jubileo (del Heb. *yôḇēl*, «cuerno de carnero») es la última capa en la extensión del principio de reposo que comienza con el día de descanso cada siete días, ampliado en el año sabático en barbecho cada siete años, al Jubileo. Comienza en el medio del séptimo año sabático (cada año 49) en el décimo día del séptimo mes (el día de la expiación), y se extiende, presumiblemente, en el séptimo mes del año 50, de este modo superponiéndose en algo más de la mitad de año con el año sabático ordinario. El cuerno del carnero iba a ser sonado en toda la tierra y el jubileo era proclamado, durante el cual la tierra debía ser restaurada a su línea original de la propiedad heredada, y los esclavos israelitas debido a deuda eran libres para regresar a su propia tierra. El año del jubileo, como el año sabático, iba a ser también el año de «descanso» para la tierra, en la cual la siembra, la cosecha estaban prohibidas. El precio de redención de la tierra o el esclavo debía ser prorrateado según el número de años restantes hasta el próximo jubileo. Estas leyes del Jubileo se detallan exclusivamente en Levítico 25, no se menciona en la legislación paralela de Deuteronomio 15.1-15 o en el Código de la Alianza en Éxodo 21.2-4; 23.10-12. Por el contrario, no se hace mención en Levítico 25 de la cancelación de deudas ordenada en Deuteronomio 15 (tal vez debido a que esta cancelación se basaba en el cobro de intereses, mientras que el interés estaba totalmente prohibido en Levítico 25.35-38), aunque la tradición posterior conecta constantemente estas provisiones. Levítico 25 tampoco menciona la liberación del séptimo año de deuda, esclavos (aunque el método establecido en los versículos 47-53 para el cálculo del precio de redención lo supone necesariamente, el cálculo sólo trabaja cuando el Jubileo debe suceder para intervenir dentro del normal período de seis años de servidumbre), tal vez editado de manera secundaria para enfatizar el punto político sobre la liberación del exilio de Babilonia, después de 50 años de cautiverio.

La legislación del Jubileo en Levítico 25 trata principalmente con cuestiones de bienestar social: exhortaciones referentes a ayudar a los pobres: el suministro de alimentos en los años sabáticos, prestar dinero sin intereses, tomándolos como trabajadores contratados, redimiéndolos a ellos y a sus tierras. El jubileo en sí tiene un estilo como sólo un recurso cuando todo otro tipo de ayuda había fracasado. Los temas en cuestión eran la deuda y la esclavitud por deudas, herencia y la tenencia de la tierra, las responsabilidades familiares y la redención, y la distribución equitativa de las tierras agrícolas (es decir, los principales medios de produción en las sociedades agrarias, casas dentro de las ciudades amuralladas estaban exentas; Lev. 25.29-30). El fundamento teológico de esta legislación se encuentra en el concepto de que Dios es dueño de toda la tierra y la gente igualmente, habiéndolos redimido de la esclavitud en Egipto. Así las personas no podían ser esclavizadas permanentemente a los demás ni la tierra vendida de forma permanente. Sólo podía ser arrendada temporalmente: el uso de ella se vendió por un período limitado de tiempo hasta el próximo jubileo cuando sería restaurada a la línea hereditaria. Esto evitaría que unos cuantos ricos terratenientes acumularan toda de la tierra y esclavizaran a la población en general.

Aparte de algunas referencias incidentales (Lv 27.16-25; Nm 36.4; Ez 46.16-18) además de Josefo en *Ant.* 3.12.3, no se hace mención específica del jubileo fuera de Levítico 25, aunque las descripciones en Isaías 37.30 (= 2 R 19.29); 49.8-9; 61.1-2; Jeremías 34.8-22; Nehemías 5.1-13) bien puede reflejar también una tradición de jubileo. No hay evidencia de que el jubileo como se legisló aquí se haya practicado alguna vez, además de disposiciones de barbecho (que también formaban parte de las leyes del año sabático) durante el período del segundo Templo (1 Mac 6.48-54). Algunos eruditos verían toda la tradición del jubileo como una construcción meramente utópica o una invención del período de restauración, utilizado para justificar la usurpación de tierra por parte de los repatriados. Sin embargo, uno se pregunta qué tan efectiva podía ser tal apelación a la «ley» a menos que ya poseyera cierta familiaridad y respeto entre las personas. Sin embargo, la tradición posterior conectó la liberación del jubileo de la deuda de esclavos y restauración de los bienes con la liberación de la cautividad babilónica y la posterior restauración de Israel del exilio (cf. Is 61.1-2), escatologizada todavía más tarde en los Rollos del Mar Muerto (11QMelch 2.1-9) y el NT (Lc 4.16-21). El libro de de jubileos utiliza el ciclo de jubileo de 50 años como un principio de organización normativa para la historia. *Véase* Año sabático.

Robin J. DeWitt Knauth

JUBILEOS, LIBRO DE

Un importante escrito judío posbíblico que cuenta la historia de los orígenes de Israel y pone en paralelo el flujo narrativo en Génesis y Éxodo. Después de haberle sido dada una revelación en Sinaí, se le instruye a Moisés «escribe en un libro,» la misma tarea asignada posteriormente al ángel de la presencia; en cada caso, su valor de revelación es asegurado. La relación de Jubileos con los dos primeros libros de la Torá es tan estrecha que se ha designado como un texto de «Biblia reescrita,» una obra literaria que presenta y adapta la tradición narrativa bíblica para abordar las cuestiones y problemas importantes para la comunidad del escritor. Por lo general, el autor ofrece una nueva interpretación, añadiendo al texto, omitiendo aspectos, o transformando su significado al reordenar los acontecimientos de la tradición o remodelar la historia. El autor escribe una versión adaptada de las historias de creación, los patriarcas (y matriarcas, especialmente Rebeca, que son más prominentes aquí que en Génesis), y la actividad de Moisés en Egipto, incluyendo su liderazgo en un pacto con Dios y la revelación de la Torá. Jubileos expande la narración bíblica en varias maneras, a menudo incluyendo justificaciones para las fiestas y las leyes de Israel en los primeros días previos a su origen oficial o la revelación en el Sinaí. Esto tiende a colapsar la historia religiosa de Israel en una única y sincrónica imagen, evitando así una noción de desarrollo gradual de la religión entre los precursores del judaísmo. El impacto retórico de este texto revelador insta fuertemente a los oyentes judíos a prestar cuidadosa atención a los ejemplos de vida de sus antepasados (notando cómo sus acciones llevaron ya sea a la bendición o al desastre). También pone las leyes del judaísmo en una posición más venerada, ya que son tan antiguas, incluso premosaicas; y presenta una posición difícil, ya que el uso estricto de las leyes es absolutamente crucial para la vida juntos como una comunidad. Esta obra ofrece un excelente testimonio de uno de los métodos de interpretación bíblica temprana, especialmente a través de su exégesis «contemporanizadora,» similar a un predicador exhortando a una congregación.

Además de las citas en una traducción griega, Jubileos primero llegó a ser ampliamente conocido en 1861 a través de una traducción latina incompleta del griego. Más tarde, una traducción al etíope fue descubierta. Muchos eruditos han planteado la hipótesis de un original hebreo, una posición fuertemente reforzada por el descubrimiento de 14 o 15 manuscritos hebreos de Qumrán, que representa varios textos de Jubileos.

Fechas desde los siglos III hasta mediados del siglo I a.C., se han discutido, pero lo más probable es que el libro fue escrito entre 170 y 140 en Palestina. Esta datación invita a la búsqueda de pruebas de una procedencia macabea o asmonea, y los resultados son impresionantes, lo que indica claramente un autor y la comunidad que rechazó la asimilación a las costumbres y valores de la cultura helenista (en particular con respecto a los matrimonios mixtos con los gentiles entre los grupos sacerdotales, que el libro condena fuertemente). La exégesis del autor de la violación de Dina (Gn 34; Jub 30) implica que la masacre de los hombres de Siquem estaba justificada debido a la violación de una joven judía. Esta obra ofrece una esperanza para el vigilante, ya que es una historia periodizada (jubileos de siete semanas de años [= 49 años]) que se mueve inexorablemente hacia un punto final revelado. Los años se calculan de acuerdo a un calendario solar de 364 días, un favorito de ciertos grupos sacerdotales y también muy evidente en varios documentos de Qumrán. Por lo tanto, podemos considerar Jubileos como parte de la prehistoria literaria inmediata del grupo de Qumrán.

Al parecer el autor trató de reajustar la visión de la tradición de Enoc del mal entre los seres humanos —debido a las malas acciones de los seres divinos desobedientes que descendieron de los cielos en busca de relaciones sexuales con mujeres de la tierra (Gn 6; Jub 5)— al incluir también la historia de Adán y Eva, su vergüenza en el jardín, y la expulsión del Edén. La obediencia humana a la ley de Dios es también una parte del sistema de pactos en los Jubileos, todos los cuales son básicamente los mismos y establecen prescripciones para la vida de los judíos de los períodos humanos más tempranos. Este libro centra la atención en Abraham, menos en Isaac, pero especialmente en Rebeca y su papel central en la era de Jacob y su familia. Ella no sólo planea el engaño de Jacob, pero también le da una bendición formal, mientras se prepara para la acción (c. 25). Más tarde, cuando su muerte se acerca ella insta fuertemente a sus hijos hacia el amor fraterno, en un discurso parecido a un testamento. Leví recibe grandes elogios; por su celo en Siquem recibe nombramiento como sacerdote (c. 30), y cuando Jacob lo lleva a visitar a Isaac y Rebeca él recibe una bendición importante de su abuelo (c. 31). Cuando Jacob muere le entrega todos sus documentos escritos para que Leví pudiera preservarlos y renovarlos para todos sus descendientes (45.15).

Bibliografía. J. C. Endres, *Biblical Interpretation in the book of Jubilees.* CBQMS 18 (Washington, 1987); J. C. Vanderkam, *Textual and Historical Studies in the book of Jubilees.* HSM 14 (Missoula, 1977); O. S. Wintermute, «Jubilees,» *OTP* 2 (Garden City, 1985): 35-142.

JOHN C. ENDRES, S.J.

JUCAL (Heb. *yûkāl*)
El hijo de Selemías; un oponente de Jeremías que trató de asesinar al profeta al echarlo en una cisterna (Jer 38.1-6).

JUCAL (Heb. *yĕhûkal*)
Hijo de Selemías, enviado por el rey Sedequías para implorar las oraciones del profeta Jeremías (Jer 37.3).

JUDÁ (Heb. *yĕhûḏâ*)

1. El cuarto hijo de Jacob y Lea (Gn 29.35), que era el antepasado epónimo de la tribu y nación (es decir, se le consideraba tanto su origen como su representante). De ahí que la bendición de Jacob a Judá (Gn 49.8-12) lo menciona sosteniendo el cetro y la vara del gobernante porque David vino de Judá. El papel destacado de Judá entre los hermanos en la historia de José (Gn 37.26-27; 43.1-10; 44.14-34) también refleja la elevación de David de Judá a una posición dominante sobre las tribus de Israel. La historia de Judá y Tamar en Génesis 38 llama la atención por su representación negativa del patriarca. Alínea los clanes de Fares y Zara genealógicamente con Judá y alude a sus raíces cananeas.

2. La tribu de Judá, que al igual que el patriarca en la Biblia, es en realidad un reflejo de la importancia de la nación. El territorio de la tribu estaba entre la región montañosa central entre, pero sin incluir, Jerusalén y Hebrón. La única descripción de ella (Jos 14-15) en realidad dibuja los límites posteriores de la nación de Judá. La independencia de Judá de las tribus israelitas se sugiere por la ausencia en la lista a principios de la Canción de Débora (Jue 5) y por el hecho de que Benjamín, inmediatamente al norte de Judá, fue considerado como la más meridional (el significado básico del nombre «Benjamín») tribu de Israel. El control de Saúl sobre Judá fue esporádico y tenue cuando mucho, a juzgar por la ubicación de las historias sobre su reinado en 1 Samuel.

STEVEN L. MCKENZIE

3. Levita, antepasado de una familia que supervisó el trabajo en el templo después del exilio (Esd 3.9 TM). Puede ser el mismo que Hodavías (4).

4. Un levita que se había casado con una mujer extranjera (Esd 10.23).

5. El hijo de Asenúa; segundo al mando en Jerusalén después del exilio (Neh 11.9).

6. Un levita que regresó del exilio con Zorobabel (Neh. 12.8).

7. Jefe de Judá que participó en la dedicación de los muros reconstruidos de Jerusalén (Neh 12.34).

8. Un sacerdote y músico presente en la dedicación del muro (Neh 12.36).

9. Antepasado de Jesús, el padre de Simeón e hijo de un José (Lc 3.30).

JUDÁ (Heb. *yĕhûḏâ*), **REINO**
El reino del sur, que comenzó bajo David c. 1000 a.C., y duró hasta el exilio babilónico de 586.

Historia

Fuentes

La principal fuente para la historia de Judá es la Biblia, en particular 1-2 Samuel, 1-2 Reyes, 1-2 Crónicas, así como porciones de los libros proféticos. Todos estos libros son principalmente de orientación religiosa y deben ser utilizados con precaución para la reconstrucción histórica. Esto es especialmente cierto de 1-2 Crónicas, que es una refundición teológica tardía de la historia de Judá según consta en 1-2 Samuel y 1-2 Reyes, aunque el cronista parece haber utilizado algunas otras fuentes genuinas. Mucho de 1-2 Reyes consiste en historias de profetas del norte, por lo que la información sobre algunos reyes de Judá es muy escasa. La arqueología proporciona un correctivo a ciertos detalles del relato bíblico y también llena algunas lagunas en nuestro conocimiento, tales como la vida cotidiana de la gente común y los cambios sociales a través del tiempo. Las inscripciones ocasionales y los registros de otros países mencionan personas y acontecimientos de la Biblia, a veces colocándolos en una luz sorprendentemente diferente.

David y Salomón

David vino de Belén en el corazón de la tribu de Judá. Su meteórico ascenso en el ejército de Saúl lo convirtió en una amenaza para Saúl, quien lo obligó a huir hacia el sur, donde se convirtió en el jefe de una banda de «fugitivos» (1 S 22.1-2) operando en el desierto de Judá. La usurpación de David de Nabal, un cacique de los calebitas (1 S 25), fue un paso importante en su ascensión al trono de Judá. Él fue coronado en Hebrón, la capital calebita, con Abigail, la viuda de Nabal, a su lado (2 S 2.1-4). Esta coronación puede haber precedido a la muerte de Saúl. En 1 Samuel 21.11(TM 12) los filisteos ya lo llaman «el rey de la tierra,» y el reinado de Isbaal representa sólo dos de los siete años y medio de David como rey de Judá (2 S 2.11). David forjó el reino de Judá al unir a los clanes locales —los Jeramelitas y quenitas (1 S 27.10), los calebitas y quenitas (Jos 14.6-15; 15.13-14; Jue 1.20; 1 Cr 2.42-50)— y obteniendo el control de las tierras altas y el desierto de Judá al sur de Jerusalén. Se alió con los filisteos, que llevaron a cabo la caída de Saúl (1 S 27-31). La posterior derrota de David de Abner e Isbaal (2 S 2-4) no dejó a los ancianos de Israel una opción real, sino la de hacerlo su rey también.

Con su ascenso al trono de Israel, David anexó el reino de Saúl en Benjamín y Efraín, y finalmente añadió las otras tribus de Israel en el norte. Él subyugó a los filisteos (2 S 5.17-25; 8.1) y conquistó los enclaves de los pueblos indígenas, tales como Jerusalén, que se transformó en su capital (2 S 5.6-9). A continuación pasó a construir un pequeño imperio en Siria Palestina al conquistar a Moab, Edom, y las ciudades-estado arameos bajo Hadadezar (2 S 8). Salomón, cuya sucesión de David estaba en el orden de un golpe de estado (1 R 1-2), estableció una red de provincias administrativas con Jerusalén como el centro político y religioso (1 R 4.7-19). Ambos reyes subordinaron Israel a Judá al eximir a los miembros de su tribu del reclutamiento y de los tributos impuestos sobre los hijos de Israel (cf. 2 S 20.24; 24.1-9; 1 R 4-5). El resentimiento de este trato desigual puede haber sido uno de los factores detrás de la revuelta de Absalón (2 S 13-19). La rivalidad seccional era claramente un asunto en el levantamiento de Sega (2 S 20.1-22) y en la rebelión de Israel contra los descendientes de David tras la muerte de Salomón (1 R 12). Con el ascenso de Roboam c. 922, Judá regresó a la misma situación y dimensiones que tenía cuando David gobernó sobre él solo, como se indica en la lista de las ciudades de defensa de Roboam en 2 Crónicas 11.5-12.

Reino dividido

Los reinados de los primeros reyes de Juda estuvieron marcados por un constante conflicto con Israel (Roboam, 1 R 14.30; Abijah, 15.7; Asa, 15.16). Esto debe haber sido una merma importante de los recursos del pequeño país. Para empeorar las cosas, había potencias extranjeras con las que lidiar. 1 Reyes 14.25-26 informa que Roboam utiliza los tesoros reales y del templo para salvar a Judá del rey egipcio Sisac (Shoshenq). 1 Reyes 15.18-22 describe cómo Asa utiliza lo que quedaba en esos tesoros para hacer una alianza con Ben-hadad de Damasco contra Baasa de Israel. Una gran parte de los recursos reales se gastaron fortificando la frontera entre Israel y Judá. Cuando Baasa se retiró de su actividad de construcción en Ramá para hacer frente a Ben-hadad, Asa y el pueblo de Judá trasladaron los propios materiales de Baasa unos cuantos kilómetros al norte y los utilizaron para construir las fortalezas fronterizas de Mizpa y Geba. El antiguo territorio tribal de Benjamín, que había sido el corazón del reino de Saúl, ahora se dividió, parte de ello va a Judá.

La dinastía de Omri

Mientras que la monarquía de Judá consistía de una sola dinastía en la línea de David, Israel experimentó una serie de casas reales. La más importante de ellas fue la dinastía de Omri, que comenzó c. 885. Acab, el hijo de Omri, inició una nueva relación pacífica con Judá al hacer un tratado con Josafat de Judá, que fue sellado con el matrimonio de Atalía la hija de Acab con Joram, el hijo de Josafat (2 R 8.18). Israel era claramente el poder superior, y Judá bien pudo haber sido un vasallo, pero sin embargo prosperó a raíz de la fuerza de los Omrides. El reinado de Joram de Judá coincidió en parte con el reinado de Joram de Israel, y es posible que los dos reyes fueran el mismo hombre de modo que Israel y Judá fueron brevemente reunificados. En cualquier caso, la dinastía Omride en Israel se desvaneció bajo Joram y luego terminó abruptamente con el golpe de Jehú c. 842, en la que el nuevo rey de Judá, Ocozías, también fue asesinado.

La Omride restante, Atalía, fue reina madre en Judá. Con la muerte de su hijo asumió el poder, matando a todos los posibles reclamantes, excepto al infante Joás, que fue escondido en el templo (2 R 11.1-3 = 2 Cr 22.10-12). Parece extraño que Atalía hubiese pasado por alto uno de sus propios nietos, y

Joás en realidad puede no haber sido un miembro de la familia real. Fueron los sacerdotes, dirigidos por Joiada, los que orquestaron el derrocamiento de Atalía seis años más tarde (2 R 11 = 2 Cr 23). Como no descendiente de David y una mujer, pudieron haberla considerado un gobernante ilegítimo. Esa parece ser la persectiva del escritor en 2 Reyes, que no incluye las mismas fórmulas de reinado de Atalía como a los otros monarcas de Judá.

El dominio arameo

Durante la segunda mitad del siglo IX, toda Palestina estaba dominada por el rey arameo Hazael. Mientras Judá parece haber sufrido menos que Israel (cf. 2 R 10.32-33; 13.3), Joás vació las arcas para salvar a Jerusalén del ataque de Hazael (2 R 12.17-18). Los asesinatos no sólo de Atalía sino también de Joás y su sucesor, Amasías, indican la inestabilidad política del período. Amasías se acarreó algunos de sus problemas él mismo al desafiar a Joás de Israel a la guerra (2 R 14.8-14 = 2 Cr 25.17-24). Esto tuvo lugar después de la muerte de Hazael cuando la amenaza aramea se estaba disipando (2 R 13.24-25) y los otros reyes de la región habían comenzado a competir entre sí por la supremacía. La respuesta de Joás —desmantelando parte de la muralla de la ciudad de Jerusalén, saqueando sus tesoros, y tomando rehenes— logró demostrar la continua superioridad militar de Israel. Judá puede una vez más haberse convertido en vasallo de Israel.

Esta relación continuó bajo los siguientes dos reyes, Uzías (también conocido como Azarías) y Jotam. Sus reinados fueron eclipsados por el de Jeroboam II en Israel, pero ya que esta era una época próspera para Israel, Judá también floreció. Aunque el relato en 2 Crónicas 26.6-8 es exagerado, Uzías bien pudo haber extendido el dominio de Judá a expensas de algunos de los pueblos vecinos. Evidentemente reabrió la ruta comercial de Judá al Mar Rojo al reclamar Elat (2 R 14.22 = 2 Cr 26.2). La enfermedad de la piel («lepra») que contrajo durante su reinado forzó una corregencia con su hijo y sucesor, Jotam. Es el único caso documentado de corregencia entre los reyes de Israel y Judá y una de las fuentes de los problemas cronológicos de este período. El cronista también reconoce a Jotam con victorias similares sobre enemigos locales y con amplios proyectos de construcción para consolidar sus nuevas adquisiciones (2 Cr 27).

La dominación asiria

En el reinado de Acaz, el sucesor de Jotam, Judá cayó bajo el control del creciente imperio asirio. Su destino fue sellado en la «crisis siro-efrainita» de 734, que es bien conocida por el oráculo de Emanuel en Isaías 7. Rezín rey de Aram (Siria) y Peka rey de Israel, que ya estaban pagando tributo a Asiria, encabezaron una coalición de príncipes sirio-palestinos decididos a resistir al emperador Tiglat-pileser III (ca. 745-727). Sólo Acaz se negó a unirse a la alianza. Peka y Rezín respondieron sitiando Jerusalén, planeando reemplazar a Acaz con su propio gobernante títere. 2 Reyes 16.7-9 informa que Acaz actuó en contra del consejo de Isaías de que permaneciera independiente (Is 7.3-16) y envió a pedir auda a Tiglat-pileser III. Por su pago del tributo, Acaz estableció el estatus de Judá durante el resto de su existencia como súbdito del poder de Mesopotamia.

El último cuarto del siglo VIII fue un momento trascendental para Judá. En 722 los asirios destruyeron Samaria y pusieron fin al reino de Israel. Muchos de sus antiguos habitantes huyeron hacia el sur, y la población de Judá, especialmente de su capital, Jerusalén, aumentó. El rey Ezequías, que es uno de los héroes de 2 Reyes y 2 Crónicas, hizo una cuidadosa preparación para rebelarse contra el dominio asirio. Él fortificó ciudades e instituyó un sistema de abastecimiento sofisticado. Jerusalén estaba en el corazón de ambas iniciativas (cf. 2 Cr 32.1-8). La centralización de Ezequías del culto en Jerusalén fue parte de su reforma nacionalista. En una restauración simbólica del reino davídico, obtuvo el apoyo del resto de Israel, que había sido dividido en provincias asirias (2 Cr 30.1-12). Él también hizo alianzas, algunas por la fuerza, con otros gobernantes de Palestina y Fenicia. Luego, justo antes de la vuelta del siglo, él retuvo su pago anual de tributo a Asiria y se preparó para la repercusión. No pasó mucho tiempo en llegar. En 701 el emperador Senaquerib marchó al oeste. Él diezmó el campo de Judá, destruyendo la ciudad fortificada de Laquis con un ataque masivo. Pero nunca llegó a Jerusalén. Esto se puede haber debido a la aparición de los egipcios (2 R 19.8-9) o a una plaga en su ejército (v. 35). Ezequías pagó una gran indemnización (2 R 18.14-16) y se le dejó en el trono, aunque sobre un reino disminuido. Sin embargo, su reputación como un rey justo se vio reforzada por lo que fue interpretada como una liberación milagrosa.

Manasés, el hijo de Ezequías heredó un estado decaído, que consistía de un poco más que Jerusalén y sus alrededores, que estaba al borde del colapso económico. Judá fue ocupado y seguido de cerca por los asirios. La sumisión de Manasés a la política asiria, tanto política como religiosamente, lo llevó a ser juzgado duramente por los escritores bíblicos. 2 Reyes 21.1-18 lo reconoce como el más largo (55 años) y más malvado reinado de todos los reyes de Judá; de hecho se le culpa a él del exilio (21.10-15; 23.26; 24.3-4). El muy diferente relato en 2 Crónicas 33.10-19, según el cual Manasés se reformó después de haber sido deportado a Babilonia, es un presagio de la cautividad babilónica. El cronista inventó la historia para explicar el largo reinado de Manasés. El hijo y sucesor de Manasés, Amón, continuó la sumisión de su padre a Asiria, a juzgar por el breve relato de su reinado en 2 Reyes 21.19-26 = 2 Cr 33.21-25. Fue asesinado después de sólo dos años, tal vez por los miembros de un partido antiasirio. La rapidez con la que «el pueblo de la tierra» ejecutó los asesinatos sugiere su ansiedad para apaciguar a sus señores en vista de la posibilidad de represalias.

La dominación egipcia y babilónica

Durante el reinado de Josías (640-609), que siguió a Amón, el imperio de Asiria se desvaneció. Egipto parece haber reemplazado a Asiria como el señor exterior de Judá, pero su control fue más débil, permitiendo a Josías llevar a cabo una reforma nacionalista siguiendo el patrón de Ezequías. Incluso más que Ezequías, Josías reclamó la antigua tierra de Israel, si 2 Reyes 23.15-20 es exacto. Es imposible saber si los detalles de sus reformas como se relata en 2 Reyes y 2 Crónicas son históricos, aunque la mayoría de los elementos de culto que describen son identificables en la arqueología de la época. Los escritores bíblicos, por supuesto, consideran a Josías, al igual que Ezequías, como un héroe religioso y le dan crédito por su purga del tempo con el redescubrimiento del «libro de la ley» presumiblemente extraviado bajo Manasés (2 R 22.8; 2 Cr 34.14). La repentina muerte de Josías a manos de Faraón Necao II, por lo tanto, debe de haber venido como una sorpresa especial a los que habían puesto sus esperanzas para la restauración del reinado davídico en él. Necao estaba en camino para unirse a los asirios en la oposición a los babilonios, que se habían convertido en la nueva potencia imperial. Sin embargo, las circunstancias exactas de la muerte de Josías siguen siendo desconocidas.

El «pueblo de la tierra» reemplazó a Josías con su hijo Joacaz. Pero la decisión fue inaceptable para Necao, quien lo quitó tres meses más tarde y puso como rey a Eliakim, el hermano mayor de éste, cambiando su nombre a Joacim. Joacim permaneció leal a Egipto hasta 605, cuando los babilonios bajo Nabucodonosor derrotaron a los egipcios en Carquemis. Incluso como un vasallo de Babilonia, las simpatías de Joacim permanecieron con Egipto. C. 600 él se rebeló en contra de Babilonia, esperando el apoyo de Egipto. Su confianza estaba fuera de lugar (2 R 24.7). Afortunadamente para Judá y Jerusalén, Joacim murió antes de que Nabucodonosor llegara. Fue sucedido por su hijo, Joaquín, también conocido como Jeconías o Conías; él también reinó sólo tres meses. En 597 Nabucodonosor sitió Jerusalén. Joaquín se rindió y fue llevado cautivo a Babilonia, junto con otros ciudadanos importantes y los tesoros reales. El rey de Babilonia puso al tío de Joaquín, Matanías, sobre el trono de Judá, cambiando su nombre a Sedequías. El nuevo nombre, que significa «justicia de Jehová,» puede haber sido concebido como una advertencia del juicio divino que les esperaba si Sedequías se rebelaba contra Babilonia a quien había jurado lealtad en el nombre de Jehová. La advertencia funcionó por un tiempo. Pero después de nueve años, tal vez obligado por el sentimiento antibabilónico en su corte, Sedequías se rebeló. Nabucodonosor volvió a sitiar Jerusalén. Esta vez la ciudad se mantuvo por un año y medio antes de que finalmente cayera en 586. Los babilonios derribaron la muralla de la ciudad y quemaron los edificios grandes. Sedequías, capturado después de un intento de fuga se vio obligado a ver las ejecuciones de sus hijos y luego cegado y llevado en cadenas. La zona norte de Jerusalén Benjamín escapó de la fuerte destrucción, pero la mayor parte del país fue diezmada. Las principales ciudades fueron destruidas y una porción significativa de la población fue deportada a Babilonia con Sedequías (2 R 25).

Si bien la destrucción de 586 marcó efectivamente el fin del reino de Judá, los eventos que siguieron inmediatamente estaban estrechamente conectados y merecen una mención. Nabucodonosor nombró a Gedalías como gobernador de Judá y trasladó la capital a Mizpa (2 R 25.22-24; cf. Jer 40-41). Mientras que el título exacto y la naturaleza de la posición de Gedalías son desconocidos, el hecho de que fue asesinado por un miembro de la familia real (2 R 25.25) sugiere que se le consideraba como un gobernante ilegítimo, porque él no era un descendiente de David. El asesinato puede haber sido la ocasión para la tercera incursión de los babilonios en el 582 que dio lugar a la cautividad de 745 personas más (Jer 52.30).

Bibliografía. G. W. Ahlström, *The History of Ancient Palestine* (Minneapolis, 1993); W. G. Dever, *Recent Archaeological Discoveries and Biblical Research* (Seattle, 1990); A. Mazar, *Archaeology of the Land of the Bible, 10,000-586* a.C., (New York, 1990); J. M. Miller and J. Hayes, *A History of Ancient Israel and Judah* (Philadelphia, 1986); J. A. Soggin, *An Introduction to the History of Israel and Judah,* 2nd ed. (Valley Forge, 1993).

STEVEN L. MCKENZIE

JUDAISMO

Véase Judíos, Judaísmo.

JUDAIZAR

Acciones voluntarias de los gentiles que adoptaron costumbres y prácticas judías, por lo general cortos de una conversión total (Gr. *Ioudaïzō,* «vivir como un judío»; Heb. *yāhaḏ* hitpael; que se utiliza en las antiguas fuentes judías y cristianas). En segundo término se refiere a las acciones de aquellos que quieren imponer el judaísmo sobre los gentiles.

El uso judío y greco-romano de este verbo ilustra estos dos significados. Cuando el edicto real contra los judíos inspirado por Amán falló y un nuevo edicto permitió a los judíos destruir a sus enemigos, muchos gentiles «se hicieron judíos» por miedo (Est 8.17); la LXX añade que fueron circuncidados. Josefo (*BJ* 2.17.10 [454]) dice que el capturado general romano Metilio escapó de la muerte con la promesa de judaizar. Josefo también relata cómo los sirios creían haber eliminado el judaísmo en sus territorios, «pero cada ciudad tenía sus judaizantes, quienes despertaron la sospecha » (*BJ* 2.18.2 [463]). Plutarco refiere un tanto desdeñosamente que Cecilio, un esclavo liberado, adoptó las prácticas judías (*Cic* 7.6).

En Gálatas 2.14, el único uso del término en el NT, Pablo defiende su evangelio libre de la ley, relatando su reprensión de Pedro por retirarse, bajo la presión de los estrictos judíos cristianos, de la mesa de la comunión con los cristianos gentiles en Antioquía. Pablo implica que exigir a los cristianos gentiles «vivir como judíos» (LBLA) contradice el evangelio. A juzgar por Gálatas, esta forma de judaizar significaba la circuncisión y la observancia de por lo menos un mínimo de leyes judías, p.ej., mantener kosher lo suficientemente bien como para permitir a los estrictos judíos cristianos comer con los Gálatas. El argumento de Pablo contra la judaización es uno de los elementos de su argumento general en Gálatas que forzar o persuadir a los cristianos gentiles a adoptar las costumbres judías es una traición al significado de la obra salvífica de Jesús en la cruz. Él se opone amargamente a los que instan a la adopción de las leyes y costumbres judías, y discute con todas sus habilidades retóricas para mantener a los Gálatas fieles a su evangelio libre de la ley.

La tradición cristiana y la erudición del NT por lo general ha utilizado el término «judaizantes,» pero Pablo no usa esta palabra, y por lo tanto no debe ser atribuida a él. Por otra parte, en Gálatas Pablo no ataca al judaísmo como tal, sino a los cristianos judíos que llevan a cabo misiones a los gentiles para instarles a vivir como judíos. Su argumento no es que los gentiles deben convertirse en judíos *antes* de convertirse en cristianos; sino que ellos quieren que todos los cristianos sean *judíos* cristianos, «vivir como los judíos» mientras siguen a Cristo. Lo hacen, sin duda, debido a la preocupación por la esencia del cristianismo y la unidad de la iglesia, pero Pablo rechaza esta base de su fe y unidad.

El uso cristiano del siglo II de la palabra refleja en gran medida la antipatía de Pablo a judaizar. Ignacio de Antioquía se opone enérgicamente a aquellos que son cristianos y, sin embargo (voluntariamente) viven de acuerdo al judaísmo (*Magn.* 8.1); «es monstruoso» ser un cristiano y judaizar (10.3). Ignacio cita sólo la observancia del sábado y no el domingo, pero otras costumbres están involucradas. Una probable excepción de este punto de vista negativo es los Hechos apócrifos de Pilato, que con aprobación dice que la esposa de Pilato veneraba al Dios verdadero y «favorecía las costumbres de los judíos » (Hechos de Pil. 2.1). La actitud fundamentalmente negativa de la iglesia a la judaización es sugerida por el Concilio de Laodicea del siglo IV, que condenó a aquellos que judaizaban. Al día de hoy, los cristianos que adoptan costumbres judías históricamente no practicadas por la corriente principal de la iglesia (p.ej., la observancia del sábado, la circuncisión como un deber religioso, evitar la carne de puerco) generalmente se les considera fuera de la corriente cristiana en razón de su «judaizar.»

Estos usos de «judaizar» muestran que las prácticas religiosas judías tuvieron una fuerte y continua apelación a muchos cristianos antiguos. A juzgar por estos pasajes, la iniciativa para esta apelación vino sobre todo del lado cristiano, y no como resultado de la presión o persecución de parte de los judíos. En la dinámica y a veces difícil relación entre el cristianismo judío y el cristianismo gentil, varios autores cristianos gentiles tuvieron que defender lo que consideraban la verdad esencial y singular del cristianismo advirtiendo a los cristianos contra «judaizar.»

Bibliografía. L. Gaston, «Judaism of the Uncircumcised in Ignatius and Related Writers,» in *Anti-Judaism in Early Christianity,* ed. P. Richardson (Waterloo, 1986), 2.33-44.

Robert E. Van Voorst

JUDAS (Gr. *Ioúdas*)

1. El hijo de Calfi; un comandante en el ejército de Jonatán, que con Matatías se quedó con Jonatán mientras que todos los demás huyeron en la emboscada en Hazor (Sab 11.70).

2. Hijo de Simón Macabeo y hermano de Juan Hircano. Juntos, Judas y Juan, derrotaron al seléucida Cendebeo (1 Mac 16.2-10).

3. Uno que escribió a Aristóbulo y a los judíos en Egipto; al parecer una persona de intachable reputación en Jerusalén (2 Mac 1.10). Algunos lo han identificado con Judas Macabeo.

4. Un hermano de Jesús (Mt 13.55; Mr 6.3). La tradición lo identifica como el autor del libro de Judas.

5. Uno de los doce discípulos originales; un hijo (o hermano) de Santiago (Lc 6.16; Hch 1.13). Este es probablemente el «Judas, no el iscariote» de Juan 14.22. A menudo es identificado con Tadeo (Mt 10.3; Mr 3.18).

6. Judas de Galilea (Hch 5.37), un zelote y jefe de una revuelta en el tiempo del censo de Quirino en 6-7 d.C. (tal vez afirmando ser el Mesías).

7. Uno en cuya casa Saulo de Tarso se hospedó después de su experiencia en el camino a Damasco (Hch 9.11).

8. Judas Barsabás («hijo del sábado»), un jefe de la iglesia de Jerusalén elegido para acompañar a Pablo y Bernabé a Antioquía para transmitir la decisión de la iglesia de Jerusalén en relación con el lugar de los requisitos de la ley judía sobre los conversos gentiles (Acts 15.22-33).

Véase Judas Iscariote; Judas Macabeo.

Joe E. Lunceford

JUDAS, EVANGELIO DE

Un apócrifo perdido (¿cainita?) de mediados del siglo II atestiguado por Ireneo y Epifanio. Ireneo (*Adv. haer.* 1.31.1) describe la obra como transmitida por ciertos grupos gnósticos que valoraban su enseñanza secreta como procedente del testigo singular de «el traidor Judas,» que «solo reconoció la verdad y completó el misterio de la traición.»

Bibliografía. B. Layton, *The Gnostic Scriptures* (Garden City, 1987), 181; R. McL. Wilson, «The Gospel of Judas,» in *New Testament Apocrypha,* ed. W. Schneemelcher and Wilson, rev. ed. 1 (Louisville, 1991), 386-87.

Irving A. Sparks

JUDAS ISCARIOTE (Gr. *Ioúdas ho Iskariṓtēs*)

Judas Iscariote, uno de los Doce y el traidor de Jesús. Su apodo probablemente se le dio para distinguirlo de otros nombrados Judas en la historia judía y cristiana. Diversas interpretaciones del nombre se han sugerido: «el asesino» (de la banda de zelotes de Juda que llevaban puñales y aterrorizaron a los romanos y sus simpatizantes en la antigua Palestina; Lat. *sicarius*), «hombre de Sicar,» «hombre de Isacar,» «hombre de Jericó,» «portador de la bolsa de cuero,» o «falso, mentiroso, hipócrita.» La sugerencia más popular ha sido «hombre de Keriot»; sin embargo, la ubicación de Keriot es incierta.

Los evangelios claramente caracterizan a Judas como el traidor de Jesús. Cada evangelista presenta a Judas en una lista de los Doce con alguna variación en la declaración de que Judas traicionaría a Jesús (Mt 10.4; Mr 3.19; Lc 6.16; Jn 6.71). Poco que sigue convence al lector de que Judas va a superar la caracterización inicial. A medida que la historia de Jesús y su conflicto con las autoridades judías se desarrolla, Judas espera para cumplir esta función. Información adicional en los evangelios acerca de Judas es consistentemente negativa. Se queja de la extravagancia de la unción porque él estaba robando a la tesorería de los discípulos puesta a su cuidado (Jn 12.6). Judas planea con los principales sacerdotes traicionar a Jesús por «30 piezas de plata» (Mt 26.14-16). Satanás entra a Judas, haciéndolo unirse al complot de los sacerdotes de matar a Jesús (Lc 22.3-6). Nada de esta información sugiere que Judas va a hacer algo más que traicionar a Jesús.

Este claro retrato plantea otras cuestiones, sin embargo. Así como uno no puede escapar a la idea de Judas como traidor, no se puede escapar del hecho de que Judas era una parte integral de los Doce. Como tesorero, Judas era probablemente un miembro del círculo íntimo de Jesús. La combinación es preocupante; Judas sería más fácil de aceptar como un extraño. Su pertenencia a los Doce, la presencia en la Última Cena, y un saludo íntimo en el jardín le marcan como amigo en lugar de enemigo. Si es así, ¿qué lo motivó a traicionar a Jesús? Juan y Lucas parecen contentos con ver la traición como resultado de la avaricia de Judas. Mateo también menciona dinero, pero retrata a Judas en terrible agonía después de la crucifixión de Jesús, suicidándose después de devolver el «dinero de sangre» a las autoridades. Algunos han sugerido que Judas quería que Jesús se enfrentara a las autoridades romanas como un mesías político, y que su traición era celo equivocado. Otros han sugerido que Judas se desencantó por la falta de voluntad de Jesús de dar el movimiento «mesiánico» correcto, y estaba tratando de evitar que Jesús destruyera todo el movimiento mesiánico con su mesianismo ineficaz. Sugerencias más recientes han interpretado las acciones de Judas menos como traición y más como un intento de forzar a Jesús y las autoridades judías al diálogo, a «entregar» a Jesús para que pudiera defender y proclamar su identidad como el Mesías.

También es preocupante la forma de la muerte de Judas. Aquí hay un cierto acuerdo general; Judas tuvo una muerte espantosa. Mateo señala que Judas, lleno de remordimiento, regresó las 30 piezas de plata y se ahorcó (Mt 27.5). Con este «dinero de sangre» se adquirió un campo en el que enterrar a los pobres. Lucas interrumpe el discurso de Pedro en Hechos 1.18-19 para informar que un Judas no arrepentido compró un campo con «el salario de su iniquidad» y, cayendo, se reventó por la mitad y se desangró hasta morir. El campo se hizo muy conocido en Jerusalén como el «Campo de sangre.»

Bibliografía. W. Klassen, *Judas: Betrayer or Friend of Jesus?* (Minneapolis, 1996).

Steven M. Sheeley

JUDAS MACABEO (Gr. *Ioúdas Makkabaíos*)

El líder militar y político a quien se le atribuye el éxito de la revuelta judía contra la dominación seléucida durante el reinado de Antíoco IV Epífanes. Él aparece en 1 Macabeos 2.4 como el tercero de cinco hijos de Matatías, un sacerdote de la orden de Joiarib; Josefo hace la afirmación menos probable de que es el hijo mayor (*BJ* 1.37). Si bien *Makkabaios* parece ser un apodo en 1 Macabeos 2.4 y en otros lugares, se hace referencia a él como *Ioudas Makkabaios* («Judas Macabeo») en 2.66; 5.24. En 1 Macabeos 5.34 y en gran parte de 2 Macabeos él simplemente es llamado Macabeo. La mayoría de los eruditos encuentran el origen del nombre en Aram. *maqqaḇa'* o Heb. *maqqeḇeṯ*, «martillo.» Hay mucha especulación sobre si esto se refiere a una característica física como la forma de su cabeza. Por extensión, el término «macabeo» se utiliza a veces para referirse a Judas y sus hermanos, a pesar de que la dinastía de la familia resultante se conoce como asmonea en la literatura rabínica, Josefo, y en otros lugares.

Modein, al noroeste de Jerusalén fue muy probablemente su hogar ancestral (1 Mac 2.70; 9.19). Mientras 1 Macabeos, la historia «oficial» de la dinastía asmonea, y Josefo atribuyen a Matatías el origen de la revuelta, 2 Macabeos glorifica el papel de Judas Macabeo como el héroe de estos eventos y no hace ninguna mención de su padre. Esto ha llevado a algunos historiadores a cuestionar la importancia del papel de Matatías en estos desarrollos. Los dos relatos comparten un esquema similar del curso de las batallas que llevaron a la expulsión de las fuerzas griegas del templo de Jerusalén en 164 a.C.

En el relato de 1 Macabeos Judas toma control del grupo incipiente de revolucionarios que había sido reunido por su padre, incluyendo sus cuatro hermanos que aceptan su liderazgo (1 Mac 2.65-68; 3.1-2). Según 2 Macabeos 8.1 Judas secretamente reclutó un ejército de 6000 de las aldeas de la región montañosa al occidente de Jerusalén para resistir la opresión y la persecución experimentada por los judíos bajo Antíoco IV. En 1 Macabeos 3 esta resistencia inicia con la derrota de Apolonio y Serón, comandantes de las fuerzas griegas. La enérgica respuesta seléucida es liderada por Gorgias y Nicanor. Utilizando un ataque por sorpresa en Emaús, Judas derrota estas fuerzas y los sobrevivientes huyeron, probablemente en la primavera de 165. Las fuentes coinciden que Judas dirigió un creciente ejército (1 Mac 4.29) que para el otoño había asegurado la zona del templo y otras partes de Jerusalén. Los sacrificios fueron ofrecidos en el nuevo altar limpiado en 25 Chisleu, 148 de la era seléucida (c. 14 de diciembre 164). Este acontecimiento se conmemora anualmente en la fiesta judía de Hanukkah.

Los textos sugieren resistencia gentil a este resurgimiento judío de poder. Judas y sus hermanos defendieron a judíos sitiados en Idumea al sur, al otro lado del Jordán en Galaad, y en Galilea. En la primavera de 163 Judas infructuosamente atacó el Akra, la fortaleza de la guarnición seléucida y refugio de las fuerzas antiasmoneas en Jerusalén. Después de una serie de batallas Judas Macabeo fue asesinado en Elasa en 160. En medio de la descripción de las campañas militares de Judas, 1 Macabeos 8 registra una delegación exitosa enviada a Roma con el fin de formar una alianza contra los seléucidas.

Los éxitos políticos y militares de Judas son en gran parte responsables de iniciar el período de gobierno asmoneo que comenzó con su hermano Jonatán unos años más tarde y se prolongó hasta la conquista romana en el año 63 a.C. Pero esta familia de Judea sólo pudo llegar al poder después de que se había recuperado de las derrotas que resultaron en la muerte de Judas. El templo, sin embargo, permaneció en manos de los sacerdotes judíos de la época de su nueva dedicación.

Bibliografía. B. Bar-Kochva, *Judas Maccabaeus* (Cambridge, 1989); E. J. Bickerman, *The God of the Macabees: Studies on the Meaning and Origin of the Maccabean Revolt.* SJLA 32 (Leiden, 1979); L. L. Grabbe, *Judaism from Cyrus to Hadrian,* 1. *The Persian and Greek Periods* (Minneapolis, 1992); J. Sievers, *The Hasmoneans and Their Supporters* (Atlanta, 1990); V. Tcherikover, *Hellenistic Civilization and the Jews* (1959, repr. New York, 1970).

John Kampen

JUDAS (Gr. *Ioúdas*), **CARTA DE**

Una de las epístolas «católicas» o «generales,» escritas para animar la fidelidad en medio de la aberración; el libro número 26 en el canon del NT.

Estructura literaria

Hay tres tipos discernibles de material de Judas: la admonición (vv. 1-4, 20-25), la descripción de los oponentes, y exhortaciones de advertencia (los últimos dos tipos entremezclados en los versículos vv. 5-19). Gran parte de la confusión en la historia de la interpretación de la epístola se debe a la falta de distinción entre las descripciones francas de los «hombres impíos» que han entrado encubiertamente (v. 4) y las exhortaciones de advertencia apocalípticos en los vv. 5-19. Sólo mediante una cuidadosa atención a la estructura literaria de Judas se puede distinguir con precisión estas advertencias literarias de la verdadera crisis que le preocupaba a Judas.

Es evidente que Judas es una carta en la que el material de la midrash apoya un llamamiento a la fidelidad. En el prólogo de vv. 1-4 el saludo aparece en forma epistolar convencional como un saludo. El saludo normal de la correspondencia helenista es aquí suplantado por el conjunto del v. 2. El cambio del saludo a la exhortación (vv. 3-4) se lleva a cabo por «amados,» que aquí, como en vv. 17 y 20, funciona como un marcador del discurso para resaltar la transición a diferente material. El impulso literario de la carta se expresa en vv. 3-4 como una petición literaria. Esta petición vigorosa encuentra expresión en los vv. 20-23, donde se produce la verdadera exhortación en varios términos imperativos. Clamente los vv. 3-4 y 20-23 constituyen el impulso literario del documento. Dos invitaciones subordinadas en vv. 5-16 y 17-19 para reflexionar sobre las advertencias pertinentes fueron construidas cuidadosamente para centrar la atención en la exhortación en los vv. 20-23.

En el primero de estos recordatorios, Judas toma del AT y de literatura judía contemporánea algunos puntos que declaran de manera inquívoca las graves consecuencias de seguir el curso de los oponentes. Vv. 5-16 es un tipo de comentario midráshico sobre el infame incidente en el que los judíos errantes en el desierto fueron destruidos por su incredulidad. Tejidos en este material midráshico hay varios intentos de vincular la rebeldía y el destino de los enemigos tradicionales de Dios con la rebeldía y el destino de estos intrusos molestos y los que podrían optar por desertar a su número. Estas elaboraciones midráshicas establecen claramente la terrible suerte destinada para todos los que pervierten el orden deseado por Dios, específicamente aquellos que rechazan a Cristo, y advierte a los lectores a tomar en serio las advertencias en los vv. 20-23.

En el segundo recordatorio (vv. 17-19), Judas apela a las advertencias apostólicas anteriores de que una situación como esta era inminente. Él trata de identificar a estos «intrusos impíos» con aquellos a quienes los apóstoles anticiparon y para disuadir a cualquier persona inclinada a seguirlos.

Fuentes

Judas evidentemente atribuyó valor no sólo a los textos judíos ahora vistos como canónicos, sino también en los textos apócrifos. Si bien esto puede reflejar la propia comprensión de Judas, no hay razón para creer que la elección de los textos también refleja un intento de utilizar los textos que los lectores encontrarían convincentes. En sus preparaciones para un tratado sobre la «salvación» (v. 3), sin duda Judas se habría encontrado con este tipo de textos. Particularmente abundantes similitudes con 1 Enoc, así como pasajes en T. Neftalí, Jubileos, y 3 Macabeos. La triada de referencias en los vv. 5-7 a la rebelión y el destino puede haber sido sugerida por Eclesiástico 16.6-14. Las referencias de Judas al arcángel Miguel (v. 9) pueden ser una leyenda judía de la Asunción de Moisés.

Que partes de Judas y 2 Pedro son similares es evidente. Aunque alguna vez se pensó que Judas era dependiente de 2 Pedro, ahora es más común ver a 2 Pedro como dependiente de Judas. El material que Judas tiene en común con 2 Pedro se da en un contexto diferente y carece de la precisión verbal que uno encuentra en los Evangelios Sinópticos. El material común a Judas y 2 Pedro también se podría derivar de una fuente común como Eclesiástico 16.6-14.

Los opositores

En la deducción de las características de los opositores de Judas, es importante abstenerse de infundir en la imagen elementos de 2 Pedro o de otras fuentes y de distinguir entre las advertencias apocalíticas literarias y afirmaciones históricas de su personaje en Judas. Los «impíos infiltrados» pueden entonces ser vistos como impíos, licensiosos, que rechazan a Cristo; en el engaño, la conducta sexual impropia, el rechazo del señorío, y burladores del dominio espiritual; que asisten insidiosamente a las fiestas de amor donde influyen a los fieles; embriagándose juntos sin vergüenza; cuidando sólo de sí mismos; desencantados, obstinados; verbalmente duros; adulando a otros por ventajas egoístas; divisivos; y no espirituales. Así, estos intrusos tienen toda la apariencia de historicidad, y no hay razón para que la epístola de Juda no deba tomarse como un genuino intento para contrarrestar su influencia siniestra.

Fecha

La fecha de la epístola se ha estimado de manera diversa, de los años 50 al siglo II. La mayoría considera una fecha de finales del siglo I como probable, clasificar a Judas como una obra «católica temprana,» presupone cierto gnosticismo, y deducir que en v. 17 el escritor está mirando en retrospectiva a un período anterior ahora pasado. Sin embargo, esta referencia es a las advertencias apostólicas anteriores, lo que sugiere una fecha más temprana en lugar de una fecha posterior. Por otra parte, el carácter de los adversarios de Judas no es un gnosticismo desarrollado, por lo que no es necesaria una fecha tardía. La epístola de Judas evidencia ciertas características primitivas y no contiene nada que justifique una fecha tardía. Es evidente que pertenece a un cristianismo judío palestino de tipo apocalíptico. La carta podría muy bien estar fechada en los años 50, y muy posiblemente podría ser uno de los primeros documentos del NT.

Autoría

Como la epístola es atribuida a «Judas, siervo de Jesucristo y hermano de Jacobo,» el autor ha sido identificado tradicionalmente como Judas, el hermano de Jesús (Mt 13.55; Mr 6.3; Eusebio *HE* 3.19.1–20.6). Ya que las referencias a la identificación de alguien es por lo general al padre de esa persona, esta referencia a un hermano implica que este Jacobo debe haber sido bastante bien conocido. En la iglesia primitiva, sólo Jacobo el hermano del Señor pudo haber sido llamado Jacobo sin ambigüedad.

Algunos sugieren que la carta es pseudoepigráfica y es atribuida a Judas por un escritor posterior. Otros responden que Judas era demasiado oscuro para haber servido como un seudónimo de autoridad. La apelación a la consanguineidad de Jesús habría sido tomada por los lectores como una apelación a la autoridad, pero la apelación a una relación de sangre con Jacobo, mientras que habría llevado el peso, es secundaria a la apelación de ser «siervo de Jesucristo.»

Poco se sabe de Judas, el hermano de Jesús. Es de suponer que él no era un seguidor de Jesús durante su ministerio (Mr 3.21, 31), pero se convirtió en un creyente después de la resurrección (Hch 1.14). Si Judas era un hermano menor de Jesús, nació c. 10 d.C., podría haber tenido nietos de unos 30 años de edad en el 90 d.C., cuando tenía alrededor de 80. Que Judas pudo haber escrito esta carta durante la segunda mitad del siglo I es enteramente posible.

Sin embargo, lingüísticamente el griego de la carta se piensa que es demasiado bueno para ser atribuible a un galileo judío de origen campesino. El autor es, sin duda, un hablante semítico que utiliza el AT hebreo y lee el libro de Enoc en arameo, pero su facilidad con el griego es muy buena, sobre todo su vocabulario. Ciertamente este nivel de uso del griego no era nada raro en Palestina durante el siglo I. Si el trabajo misionero de Judas lo llevó entre judíos de habla griega, incluso en Palestina, no hay ninguna razón convincente por qué no podía haber adquirido esta competencia en griego.

Sabemos que el procedimiento exegético utilizado, el uso significativo de la literatura judía pseudepigráfica, y la perspectiva apocalíptica judía son totalmente coherentes con la autoría de un judío cristiano palestino de la primera generación de cristianos, como lo fue Judas el hermano de Jesús.

Destino

Nada se puede deducir con certeza con respecto al destino de la epístola. La apertura formal (vv. 1-2) indica que está pensando como una verdadera carta, y tanto su *raison d'être* (v. 4) y las características particulares de los opositores indican que no es una carta general para todos los cristianos, sino un documento ocasional escrito a una iglesia o grupo de iglesias en relación con un problema real.

Tanto la identidad del autor y el uso significativo de la apocalíptica judía para ilustrar sus puntos indican que los destinatarios son, probablemente, cristianos judíos. Ya que está escrita en buen griego sin elementos de traducción, no es del todo improbable que el público sea una comunidad predominantemente judeo-cristiana en el mundo greco-romano.

Mensaje

Como se afirma en la introducción (vv. 3-4), el propósito de la epístola es exhortar a los lectores a permanecer fieles. Específicamente, en vista de la aberración cristológica y el libertinaje, deben «contender por la fe» (vv. 20-23). Después de haber sido advertidos de que no deben ser como los enemigos de Dios de larga data en la literatura y tradición judías, a los lectores se les dice lo que pueden hacer para consolidar su propia posición (vv. 20-21) y lo que pueden hacer para ayudar a los de ellos inclinados a desertar a la aberración en el pensamiento y el estilo de vida característico de los «intrusos impíos» (vv. 22-23). Mientras que los adversarios son denunciados de manera decisiva. El amor y la paciencia cristiana deben ejercerse con aquellos cristianos que vacilan entre los fieles y los intrusos, a la vez que mantener la vigilancia para no ser contaminados por las influencias impías. La doxología magistral (vv. 24-25), levantada de este contexto por razones litúrgicas, en realidad es una oración para que Dios preserve a los lectores de un desastre en esta vida y los capacite para hacer realidad sus esperanzas escatológicas.

Bibliografía. R. J. Bauckham, *Jude, 2 Peter.* WBC 50 (Waco,1983); «The Letter of Jude: An Account of Research,» in *ANRW* II.25.5 (Berlin, 1986), 3791-826; C. D. Osburn, «Discourse Analysis and Jewish Apocalyptic in the Expistle of Jude,» in *Linguistics and New Testament Interpretation,* ed. D. A. Black (Nashville, 1992), 287-319; D. Watson, *Invention, Arrangement, and Style: Rhetorical Criticism of Jude and 2 Peter.* SBLDS 104 (Atlanta, 1988).

Carroll D. Osburn

JUDEA (Gr. *Ioudaía*)

El término griego posterior al exilio para Judá. Utilizado en la LXX, Filón, Josefo, el NT, e inscripciones, el término originalmente designaba el área del sur de Palestina alrededor de Jerusalén anteriormente establecida como provincia por Nabucodonosor de Babilonia y retenida por posteriores gobernantes persas y helenísticos. Judea se extendía desde Betel en el norte a Bet-sur en el sur (40 km[25 mi]), y desde Emaús en el oeste hasta el río Jordán en el este (50 km[32 m]; 2000 km²[800 mi²]). En tiempos persas se dividió en seis distritos y estaba poblada por judíos. Judea era una hiparquía semiindependiente bajo los ptolomeos; y los seléucidas, que fundaron la ciudad griega de Antioquía en Siria, incluyeron Judea en la eparquía de Samaria junto con las hiparquías de Samaria, Perea, y Galilea. Los asmoneos trajeron Galilea, Samaria, Perea, Idumea, y la mayor parte de la costa mediterránea bajo el dominio del reino de Judea, y Herodes el Grande gobernó estos territorios, además de numerosas zonas al este de Galilea. Arquelao fue nombrado etnarca y heredó Judea (en el sentido más estricto), Idumea, y Samaria, pero fue depuesto en 6 d.C., y su territorio fue transferido a los prefectos romanos de rango ecuestre. Idumea se convirtió oficialmente en parte de Judea, y en 41 Claudio transfirió Judea y Samaria de la dominación romana directa al reino de Agripa (que con la excepción de tres ciudades igualaba al de Herodes el Grande) hasta la muerte de este último en el 44. El gobierno de toda Palestina fue trasladado a los procuradores romanos, y una serie de gobernadores mayormente ineptos gobernó hasta el 66, el estallido de la guerra de los Judíos.

En el NT «Judea» ocurre por lo general en referencia a la propiamente dicha (como diferente de Samaria, Galilea, Perea, e Idumea) pero también a toda la nación judía, incluyendo específicamente Galilea (Hch 10.37) y los territorios de Transjordania (Mt 19.1).

Bibliografía. M. Avi-Yonah, «Historical Geography,» in *The Jewish People in the First Century* 1, ed. S. Safrai and M. Stern, CRINT 1/1 (Philadelphia, 1974), 78-116.

ERIC F. MASON

JUDÍAS, REVUELTAS

A lo largo de la historia, los pueblos que estén bajo la dominación de otros normalmente se rebelarán cuando les sea posible para liberarse de sus opresores. El pueblo judío estuvo bajo el sometimiento de alguna gran potencia del Cercano Oriente a través de gran parte de su historia, incluso durante el período de la monarquía israelita. Primeramente, ya a mediados del siglo IX a.C., los asirios habían extendido su imperio hasta el territorio palestino, y el reino de Judá estuvo bajo control de Asiria desde c. 735. A finales del siglo VI, el vasallaje asirio fue reemplazado por el neobabilónico. Fue la revuelta de Sedequías contra esta dominación lo que llevó a la destrucción de Jerusalén y del estado judío. Bajo el régimen de Persia, Judá se convirtió en una provincia del imperio persa, con cierta clase de autonomía local judía. No sabemos de ninguna revuelta bajo los persas, aunque se ha dicho que una supuesta revuelta general c. 350 (la llamada rebelión de Tennes) incluyó también a los judíos.

La dominación griega reemplazó a la de los persas en el 333. Los siguientes 500 años fueron testigos de tres revueltas importantes de los judíos contra sus amos. Durante el siglo III, Judá estuvo bajo el gobierno de los Ptolomeos, y hasta donde sabemos los judíos estuvieron tranquilos. Las cosas cambiaron bajo el régimen seléucida cuando la revuelta macabea llegó a ser posiblemente la primera revuelta judía desde tiempos de la monarquía. Ésta aparece descrita en los libros 1 y 2 de Macabeos, de donde nos viene la mayor parte de la información sobre el tema. Las causas de la insurrección macabea han sido muy debatidas sin que se tenga un consenso claro; sin embargo, lo que sí parece claro es que fue una reacción a la abolición del culto judío. En otras palabras, los judíos se vieron obligados a rebelarse para proteger su religión. Sin embargo, una lucha por el sumo sacerdocio pudo haber tenido parte en la causa de la revuelta de Jerusalén.

Cuando Antíoco IV fue repelido en su invasión a Egipto en el verano del 168, el anterior sumo sacerdote Jasón trató de recuperar el cargo que le había sido dado a Menelao (2 Mac 5). Antíoco pensó que había estallado una revuelta, y envió a un ejército a sofocarla. Una posterior serie de hechos, todavía no aclarados ni explicados, condujeron a la supresión del culto judío y a la profanación del templo en diciembre del 168 (algunos dicen que fue un año después). La reacción de los judíos fueron una resistencia y una lucha heroicas por recuperar el Templo y restablecer los sacrificios diarios. Los judíos consiguieron su propósito en el 165 cuando el Templo estuvo de nuevo en manos de judías y hubo la renovación de un culto purificado (1 Mac 4.36-59). Antíoco aceptó la situación de facto y retiró oficialmente el decreto que prohibía la religión judía (2 Mac 11.27-33).

La mayoría de los judíos parece haber aceptado el restablecimiento de sus derechos religiosos como suficientes para reanudar su existencia pacífica de súbditos del régimen seléucida, mas no así los macabeos, que continuaron su resistencia. En la década siguiente, especialmente después de la muerte de Judas, c.161, parecen haber tenido poco respaldo, y vivieron la mayor parte del tiempo como proscritos, pero poco a poco comenzaron a recibir apoyo. Su verdadera oportunidad llegó cuando surgió una dinastía seléucida rival que desafió a la «oficial». Jonatán Macabeo comenzó a manipular a un bando contra el otro para sacarle provecho a la situación para él y para los judíos. Fue un juego peligroso que le costó finalmente la vida, pero para ese momento había logrado concesiones importantes de los seléucidas. Su hermano Simón siguió en la misma actividad, y Judá fue declarada oficialmente independiente en el 140. Los seléucidas no renunciaron a su autoridad de inmediato, por supuesto, pero por casi un siglo Judea fue, excepcionalmente, un estado más o menos independiente dentro de la gran Siria. La dominación asmonea terminó en el 63 a.C., cuando Judea pasó a estar bajo el control de Roma. Aristóbulo II, o sus hijos, intentaron varias revueltas para recuperar el trono asmoneo. Sin embargo, Herodes se convirtió en rey en el 40 a.C. y consolidó su dominio al tomar Jerusalén en el 37. Después de esto, Judea siguió siendo un «reino dependiente» bajo Herodes y de algunos de sus descendiente, o como una provincia romana, hasta el 66 d.C. Fue una tonta presunción creer que podían ganar, pero los judíos hicieron una defensa valerosa, aunque mal organizada, contra el poderío del imperio romano. Las causas de la revuelta del 66 d.C. fueron muchas: el recuerdo que tenían los judíos de su anterior independencia, una serie de malos gobernantes romanos y, aparentemente, un fuerte conjunto de expectativas apocalípticas por parte de algunos. No fue un solo hecho lo que desató esta revuelta, sino más bien una serie de acontecimientos en Jerusalén, Cesarea y otras partes. Uno de los principales incidentes simbólicos fue la cancelación de los sacrificios por parte del emperador romano, ordenada al oficial del Templo de Jerusalén. La legión enviada para sofocar los disturbios fue repelida, y la guarnición romana que estaba allí fue masacrada. Ahora los romanos tenían que defender su autoridad: no podía haber tolerancia cuando un águila (la «bandera» simbólica o emblema de una legión) había sido tomada; lo único que podía haber era venganza. Los judíos tuvieron algún tiempo para preparar su defensa, y establecieron una serie de gobernadores regionales. Uno de estos, en Galilea, fue Josefo. Su relato personal de la guerra (su Guerra de los judíos, especialmente los libros 3 al 6) es sumamente valioso, aunque tendencioso y laudatorio.

El relato de Josefo ejemplifica uno de los principales problemas que enfrentó la revuelta: el de la rivalidad entre diversos líderes y grupos judíos. Mucha de la energía de los combatientes se gastó en conflictos entre los mismos judíos. Josefo pasó gran parte del año en Galilea luchando política y militarmente con otros líderes judíos, especialmente con Juan de Gischala. Asimismo, una serie de facciones judías (los zelotes y otros) de Jerusalén estuvieron enfrentadas entre sí y matándose unos a otros, en vez de preparar un plan de resistencia concertado, hasta que los romanos le pusieron sitio a la ciudad. Cuando esto sucedió pelearon como leones, pero ya era demasiado tarde, y Jerusalén cayó en el verano del 70 d.C., lo cual marcó el final oficial de la guerra. Sin embargo, unas pocas fortificaciones, como Maqueronte y Masada resistieron, y fueron necesarios tres años más para derrotarlos.

Uno pudiera haber pensado que una derrota tan grande habría puesto fin a la resistencia judía a la dominación romana, pero no fue así. No está claro qué tan dañado por la guerra había sido el país como un todo; las opiniones discrepan. Aparte de Jerusalén, es posible que el resto del país se haya recuperado con bastante rapidez. Durante este tiempo hubo una reconstitución religiosa en una academia creada en Yavneh. Pero la ausencia permanente del culto en el Templo, y el Templo arruinado, fueron un gran problema para muchos, como se evidencia en 4 Esdras (2 Esdras) y en 2 Baruc, que (al igual que en el libro de Apocalipsis del NT) esperaban el fin inminente del imperio romano. En el período 115-117 estallaron revueltas judías en varios lugares: Egipto, Cirenaica, Mesopotamia y Chipre. De éstas sabemos poco, excepto que parecen haber sido muy sangrientas, y que al comienzo eran de judíos contra gentiles; pero después los gentiles se impusieron y masacraron a comunidades judías en Alejandría y otros lugares. Los judíos de Palestina no parecen haber sido afectados, aunque hay quienes especulan que éstos también estuvieron involucrados de alguna manera.

El último intento de los judíos por romper el yugo de Roma fue la revuelta de Bar Kojba del 132-135. Las causas exactas son tema de discusión, aunque hay evidencias de que Adriano intentó restaurar a Jerusalén, quizás como una ciudad pagana. Puesto que Josefo no registró detalles de la revuelta, la reseña de lo sucedido ha tenido que ser reconstruida a partir de fuentes inconexas de diferente calidad. La revuelta fue liderada por Shimon ben Kosiba, apodado Bar Kojba (en arameo, «hijo de la estrella»), aunque un sacerdote llamado Eleazar (posiblemente su tío) aparece en las leyendas de algunas monedas. No hay evidencias claras de que Jerusalén haya sido tomada por los rebeldes, aunque algunos piensan que sí lo fue. La mayor parte del territorio tomado parece haber sido el que quedaba al SE de Jerusalén en la región que tenía su centro en En-gadi, y al O del Mar Muerto. Fuentes rabínicas y cristianas afirman que Bar Kojba decía ser, o fue proclamado, el Mesías, pero las cartas originales no muestran ninguna evidencia de esto. Los símbolos de las monedas son ambiguos. El país y la población judía sufrieron terriblemente, aunque lo mismo le sucedió al ejército romano, de acuerdo con el historiador romano Dio Cassius. Esto puso fin a toda esperanza de independencia de los judíos por casi dos mil años.

Bibliografía. L. L. Grabbe, Judaism from Cyrus to Hadrian, 1: Persian and Greek Periods; 2: Roman Period (Minneapolis, 1992).

LESTER L. GRABBE

JUDÍOS, JUDAÍSMO

El período de cerca de 600 años del segundo Templo está enmarcado por la destrucción del primer Templo (reconstruido c. 520-515 a.C.) y el exilio babilónico del 586, por una parte; y por la destrucción del segundo Templo en el curso de una revuelta judía contra Roma entre 66-73 d.C., por la otra. Este período es testigo de la aparición de diversos judaísmos: maneras de interpretar al mundo y de modos de vida que se creían que representaban la voluntad de Dios para el pueblo judío, y que competían entre sí por la lealtad de cada judío. Por consiguiente, el nombre «judaísmo del segundo Templo» es engañoso, ya que en este período los judíos practicaban diversas formas de judaísmo. No obstante, la historia judía de este período está unificada por la presencia de importantes aspectos sociales, religiosos y políticos distintos a los de períodos anteriores, y también muy diferentes de los modos de identidad y práctica judías que surgieron después de la destrucción del segundo Templo. Aunque no definió a un judaísmo único y unitario, el segundo Templo merece ser tratado como una era distinta, como una etapa de consecuencias importantes en la evolución de la civilización judía.

El aspecto central de este período fue la creación, como resultado del exilio babilónico, de una polaridad entre el centro del judaísmo, el cual, como en los tiempos bíblicos seguía estando en Jerusalén, y la siempre creciente pluralidad de ámbitos de vida judía en la diáspora. Aunque los judíos siguieron viendo a Jerusalén como el centro espiritual que representaba la unidad judía, la mayoría había decidido ahora vivir y practicar su culto lejos de la bíblica Tierra Prometida. Así pues, aunque el Templo y su culto seguían siendo el foco preeminente de religiosidad judía, para la mayoría de los judíos el Templo no era ya la distante metáfora ideal de la condición de pueblo judío, al estar ellos ahora en otras culturas, en lugares diferentes y lejos de la Tierra Santa.

Junto con la creación de la diáspora, otro aspecto significativo del período del segundo Templo, era que, con excepción del breve período del gobierno asmoneo, incluso los judíos que vivían en la tierra de Israel serían ahora gobernados por extranjeros, pero un gobernante gentil podía nombrar a un administrador judío para gobernar a los judíos de acuerdo con la ley judía. Por consiguiente, parece ser que fue en este período cuando tal ley, la Tora escrita evidentemente por primera vez en el tiempo de Esdras, se elaboró. Pero incluso ese gobierno por un nacional no podía ocultar la realidad de la dominación extranjera, ni el hecho de que la vida judía no estaba ahora determinada por una cultura israelita distintiva, sino por la cultura dominante del helenismo, dentro del cual hacían su vida tanto los judíos que vivían en su tierra, como los que estaban en diáspora. Aunque la adoración en el Templo y un gobierno con limitaciones bajo la ley judía continuaron, la vida para los judíos incluso en la Tierra Santa ya no era lo que había sido antes del exilio. Los judíos comenzaron a reconocer que el judaísmo bíblico y la sagrada historia del pueblo escogido en la Tierra Prometida habían llegado a un fin. Esto está explícito, p.ej., en el libro de Sirac, escrito en Jerusalén c. 190 a.C., el cual menciona al gobernador judío persa Nehemías (538-532) como el último de los héroes históricos del judaísmo.

El momento en que terminó el período del segundo Templo, la destrucción del Templo de Jerusalén en el 70 d.C., y la revuelta de Bar Kojba del 133-135, mostraron claramente que los aspectos centrales del período –la diáspora, la pérdida de la soberanía, la progresiva falta de pertinencia del culto en el Templo– se tornarían aspectos permanentes de la condición judía. El comienzo de este período había enseñado a los judíos cómo vivir como judíos lejos de su patria. El final del período hizo firme el mensaje al que muchos habían comenzado a responder incluso cuando seguía estando el templo: que los judíos tendrían ahora que adorar a Dios y practicar el judaísmo sin el servicio de los sacerdotes y sin la expectativa de un retorno inmediato de la soberanía israelita sobre la tierra. Estos hechos, como es lógico, están en la raíz del judaísmo rabínico que surgió al final del período del segundo Templo, y que, en los siguientes 500 años se convertiría en el modo de judaísmo dominante practicado por todos los judíos.

Es poco lo que se sabe de las prácticas religiosas y de las creencias de los judíos en el tiempo del comienzo del segundo Templo, entre los siglos V y III. Pero que este período produjo avances en el judaísmo después del extinto período del primer Templo, es evidente por las fuentes judías, más numerosas, del siglo II. Estas fuentes presentan instituciones políticas y líderes no conocidos antes: el consejo de ancianos (*gerousia*), el sanedrín, y los sabios, llamados después rabí. Revelan la existencia de una nueva institución religiosa, social y cultural, la sinagoga, y presentan prácticas religiosas nuevas, incluyendo el uso del baño ritual (*mikveh*), nuevas costumbres de inhumación de cadáveres, y la institución de la conversión. También aparece una variedad de nuevos grupos religiosos sectarios y políticos: los hasidim, los zelotes, los sicarios, los fariseos, los saduceos y los esenios, entre otros. Con estos grupos surgen ideas religiosas nuevas, incluyendo, entre los fariseos y los esenios, el concepto de resurrección. Aquí encontramos también, por primera vez, el concepto de canon, de suprema importancia en el judaísmo posterior, el cual define las tres partes de la Tora escrita (Pentateuco, Profetas y Hagiógrafos), y sostiene que en el Sinaí Dios también le transmitió a Moisés una ley oral que amplió y explicó la ley escrita que está en el Pentateuco.

Especialmente después de la revuelta de Bar Kojba, las realidades políticas y religiosas creadas por el segundo Templo llevaron a los judíos a evaluar de nuevos quiénes eran ellos, qué creían, y cómo debían enfrentar un mundo cada vez más hostil. En el centro de la respuesta dominante a estas preguntas estaba el reconocimiento generado por la ruinosa revuelta de Bar Kojba, el punto final de cinco siglos de luchas para recuperar el control de la Tierra Santa: que a los judíos no les convenía seguir a líderes políticos ambiciosos que insistían en el uso de medios militares para alcanzar la promesa bíblica de una nación judía soberana que adorara en el Templo de Jerusalén. Los siglos anteriores de revueltas nacionalistas habían terminando en la casi total destrucción de la vida judía en la Tierra Prometida. Los judíos estaban ahora mucho mejor aceptando la dominación política de Roma, y desarrollando modos de piedad independientes de aspiraciones sacerdotales y nacionalistas.

Por tanto, el judaísmo rabínico que surgió en estos siglos se originó en intereses contrarios. Por una parte, la idea de la Tierra Prometida y del modelo del culto en el Templo, vital en las Escrituras, seguiría siendo fundamental. Por consiguiente, los judíos, bajo el liderazgo rabínico, oraban por la terminación del exilio, la reconstrucción del Templo y el restablecimiento de los sacrificios de animales. Al mismo tiempo, estos objetivos no serían aspiraciones políticas y militares concretas, sino más bien la demostración del advenimiento de la era mesiánica que traería Dios directamente en una fecha futura no revelada. De esa manera, los rabíes encauzaron la preocupación de los judíos por los acontecimientos de la historia política, mucho más allá del control del pueblo, a los acontecimientos dentro del poder de cada persona y cada familia. Lo que vino a tener importancia fueron lo detalles de la vida cotidiana y las acciones recurrentes que, día tras día, definían la vida bajo la ley de Dios. ¿Cómo debía cada persona relacionarse con la familia y con la comunidad? ¿Con qué ética debían las personas llevar a cabo sus negocios? ¿Cómo podían reconocer la deuda que tenían con Dios por la comida, y por las maravillas del universo evidenciadas por la salida y la puesta del sol cada día?

Al convertir esos aspectos de la vida en el objetivo fundamental del judaísmo, y al desarrollar aplicaciones explícitas de leyes sacerdotales para cada hogar y para cada mesa, los rabíes aseguran que lo que habían representado el Templo y la vida como nación soberana en la tierra de Israel –un designio sagrado– se actualizaría en la vida de cada familia y cada aldea judías. Dondequiera que estuviera, el pueblo viviría como una nación de sacerdotes, comiendo su comida común y corriente como si ésta fuera un sacrificio en el altar del Templo, y viendo en sus oraciones personales diarias y en su benignidad de unos para con otros, una sustitución de los sacrificios que ya no podían ofrecer. En vez de la acción militar armada, esta observancia del detallado sistema de ley ritual y comunal era vista ahora como la manera adecuada de agradar a Dios; de llevarle a actuar a favor del pueblo; de provocar la perfección de la historia que haría que Dios, finalmente, trajera al mesías y la redención de la nación.

Por tanto, el judaísmo rabínico argumentó de manera convincente que, a pesar de la pérdida del Templo y de la tierra, Dios sigue existiendo y gobernando todavía al pueblo de Israel. Por tanto, la Tora seguía teniendo importancia absoluta, y debía seguir siendo explicada y obedecida. Pero el Dios que una vez estuvo activo directamente en la esfera de la historia del mundo, era entendido ahora como alguien que respondía silenciosamente a las acciones de todos los judíos que estudiaran la revelación divina; que vivieran una vida de acuerdo con los preceptos divinos; que tomaran sus alimentos como si la mesa de sus hogares fuera el altar del Templo; y que vivieran sus vida como un reino de sacerdotes. De esta manera, el judaísmo rabínico ponía a cada persona en el centro de la creación –donde había sido siempre la intención de que estuvieran el Templo y Jerusalén– y le daba el poder de impartir orden y significado al mundo.

Esta ideología era conmovedora. Con el Templo destruido y la tierra profanada, la conducta del judío común era todo lo que quedaba para negar los hechos de la historia y para dar por seguro el señorío de Dios. Al enfrentar los terribles hechos de la historia que habían puesto fin a los períodos del primer y del segundo Templos, el judaísmo rabínico insistía en que los judíos comunes y corrientes tenían el poder y la obligación de crear un mundo nuevo y mejor, un mundo de santidad y de santificación, un mundo como el que ellos sabían que debía ser, que deseaban que fuera, y, que si se esforzaban lo suficiente para tenerlo, había la seguridad de que eso llegaría a suceder algún día.

Bibliografía. E. J. Bickerman, *From Ezra to the Last of the Maccabees* (New York, 1962); L. I. Levine, «The Nature and Origin of the Palestinian Synagogue Reconsidered,» JBL 115 (1996): 425-48; J. Neusner, *From Politics to Piety*, 2nd ed. (New York, 1979); L. Schiffman, *From Text to Tradition: A History of Second Temple and Rabbinic Judaism* (Hoboken, 1991).

Alan J. Avery-Peck

JUDIT (Heb. *yĕhûḏîṯ*; Gr. *Ioudíth*)

1. Una esposa de Esaú e hija del hitita Beeri (Gn 26.34).

2. El personaje principal del libro de Judit; una descendiente de Merari y viuda de Manasés. Caracterizada como hermosa, rica y piadosa, ella demuestra una gran valentía en la liberación de Jerusalén del ejército de Nabucodonosor y matar al general Holofernes.

JUDIT, LIBRO DE

Un libro que relata los hechos heroicos de Judit de Betulia. Considerado canónico por los católicos romanos (entre los deuterocanónicos formalmente declarados escritos sagrados en 1546 en el Concilio de Trento) y apócrifo por los protestantes, el libro fue incluido en una lista en 397 d.C., entre las obras que se consideran autorizados para su uso por los obispos reunidos en el Concilio de Cártago, en el norte de África. La tradición judía siempre ha disfrutado de Judit, pero fuera de la comunidad en la clásica Alejandría de Egipto, el judaísmo siempre ha considerado la historia como entretenimiento y no como Escritura.

El libro fue escrito a raíz de las persecuciones de los judíos por Antíoco IV Epífanes y la posterior revuelta de los asmoneos que dio como resultado a un estado judío independiente centrado en Jerusalén durante la última mitad del siglo II a.C. La tendencia, después de Alejandro Magno, para los gobernadores griegos de asumir los atributos claramente divinos pone fecha a esta obra, con su «rey de los asirios» ordenando ser la única divinidad, como una composición de la época helenística en Palestina. El autor de Judit parece haber sido un fariseo que escribe c. 100 a.C., dentro del reino asmoneo. Si bien las primeras versiones fiables existentes de Judit están en griego y latín, en general se acepta que la obra fue compuesta en hebreo.

Las numerosas referencias históricas en el texto llevaron a la iglesia a tratar la narrativa como histórica hasta los tiempos modernos. Sin embargo, el hecho de que las referencias históricas tienden a ser recuentos de material bíblico con refundición imaginativa de la geografía y nacionalidad, por un autor que conoce la Torá y los Profetas, sugiere que la intención era componer una breve historia ficticia que tejió elementos de las tradiciones de Israel con los acontecimientos históricos más recientes en una narrativa educativa.

La estructura del libro es bastante simple. Una estructura de quiasmo doble lleva al lector a la presencia de Holofernes dos veces. La primera mitad del libro (Jdt 1–7) describe el ascenso y la aproximación del ejército multinacional invencible, dirigido por el general Holofernes, quien adora a su rey (Nabucodonosor el asirio) como si fuera su dios. Esta mitad del libro hace hincapié en el poder absoluto y el poder del gobernante humano y su increíblemente grande ejército. La segunda mitad del libro (caps. 8–16) se refiere a la recepción del ejército por la ciudad simbólica de Betulia. La figura principal es Judit, una viuda rica, piadosa, valiente y devota, quien sabe, más que los ancianos de la ciudad, que si uno tiene fe en Dios debe actuar en consecuencia. A la vista de lo que parece ser la destrucción inevitable, Judit lleva su esclava al campamento de Holofernes, y las dos mujeres decapitan al general a través de algún doble sentido inteligente y el exceso de confianza de machismo de parte del general. Su ejército entonces huye. Las dos mitades del libro están unidas por Ajior, un amonita, quien le dice a Holofernes sobre el Dios de Israel y es enviado por el general a Betulia para ser parte de la presunta masacre que se aproxima; sin embargo, en Betulia Ajior se hace judío, al parecer sabiendo más sobre el poder de Dios que los ancianos de la ciudad. En la primera mitad del libro Ajior habla de Dios con claridad a Holofernes, que no cree lo que Ajior dice aunque lo entiende; paralelo a esto en la segunda mitad del libro, Judit habla acerca de Dios engañosamente a Holofernes, quien a su vez le cree a pesar de que malentiende lo que dice, pensando que ella habla acerca de él.

La teología del libro contrasta el poder humano real, muy evidente del rey asirio con el más real, pero muy invisible poder de Dios. Cada figura divina tiene su devoto: Holofernes para Nabucodonosor el asirio, y Judit para Dios. En muchos sentidos los dos devotos son muy parecidos, los dos confían en el único poder de su divinidad y actúan sobre directivas nunca expuestas en la narrativa. Cada devoto tiene un correspondiente ayudante: Holofernes tiene a su disposición un poderoso ejército invencible, hombres que literalmente cubren la tierra, mientras Judit tiene una esclava sin poder que lleva un saco. Este es el contraste: Dios (que no aparece) es el verdadero poder del mundo y sólo necesita un solo devoto para expulsar todo el poder que el rey humano (que sí aparece) puede reunir; este es un enfrentamiento que claramente debe en gran medida a las visiones de Gog y Magog de Ezequiel 38–39. Los discursos de Ajior y Judit dejan en claro que el Dios de Israel protege a Israel siempre y cuando sea justo y obedezca la torá.

Que la historia fue concebida como edificación se puede ver incluso en los nombres de los personajes. Por ejemplo, Judit puede significar «Judea femenina» o genéricamente el pueblo judío. Nabucodonosor, rey de los asirios, claramente combina el nombre real de Babilonia con el país de Asiria; cualquiera que esté familiarizado con las historias bíblicas (o la historia antigua del Cercano Oriente) sabe que este no era un rey histórico; pero, al igual que Darío el Medo en Daniel, esta figura «Gran Gobernante del mundo,» al tener un nombre obviamente inventado, puede representar, y de hecho representa, a todos los gobernantes terrenales que confían en su propio poder. Ajior significa «mi hermano es luz,» y este amonita (pariente de los

Judit con la cabeza de Holofernes, Hendrik Goltzius (c. 1588) (Rijksmuseum Amsterdam)

israelitas a través del sobrino de Abraham, Lot) es el que explica la verdad de Dios a Holofernes y a los ancianos de Betulia (un pueblo cuyo nombre, aunque deletreado de diversas formas en griego, en hebreo significa aproximadamente «casa de Dios, Jehová,» en sí simbólico). El nombre del general parece derivar de un oficial del ejército persa histórico.

La interpretación cristiana medieval del libro de Judit lo hizo un texto central en la formación de la mariología. Toda la historia se lee tanto como una alogoría y como una tipología para la vida y el estado de María, madre de Jesús. Por esta razón muchas líneas de texto han pasado a las lecturas litúrgicas de la iglesia católica en honor de María.

Bibliografía. M. P. Carroll, «Myth, Methodology and Transformation in the Old Testament: The Stories of Esther, Judith, and Susanna,» *SR* 12 (1983): 301-12; T. Craven, *Artistry and Faith in the Book of Judith.* SBLDS 70 (Chico, 1983); C. A. Moore, *Judith.* AB 40 (Garden City, 1985); I. Nowell, «Judith: A Question of Power,» *TBT* 24 (1986): 12-17; J. C.

VanderKam, ed., «*No One Spoke Ill of Her*»: *Essays on Judith* (Atlanta, 1992).

LOWELL K. HANDY

JUECES, LIBRO DE

Parte de la narrativa más extensa desde el Génesis hasta Reyes. Cronológicamente se encuentra en el período comprendido entre la Conquista (Josué) y el establecimiento de la monarquía (1 Samuel).

Formación

En general se acepta que el libro de Jueces se compone de historias que circularon originalmente de manera independiente de su contexto actual. Estas historias se centran en las hazañas de los héroes locales (Aod, Débora y Barack, Gedeón y Abimelec) que por su inteligencia o destreza militar fueron capaces de conducir al pueblo a la victoria sobre sus enemigos. Las historias se coleccionaron como historias de liberación de Israel por Jehová en la guerra santa. En una fase posterior del desarrollo las historias fueron puestas en un marco de pecado–castigo–clamor por ayuda–liberación. La colección original de las historias se complementó con las historias de Jefté y Sansón, y la adición de breves comentarios sobre los «jueces menores» (3.31; 10.1-5; 12.8-15). El marco y el material suplementario son probablemente la obra del historiador deuteronomista o por lo menos el trabajo de un editor deuteronomista. En una fase final de desarrollo, se añadieron el prólogo (1.1–2.5) y el epílogo (17.1–21.25.) Que estas secciones se añadieron en una etapa posterior se desprende del hecho de que el prólogo y el epílogo se entrometen en una línea de historia que corre continua desde Josué a Jueces y de Jueces a Samuel. Por otra parte, en el resto de los Jueces las tribus se presentan como unidas bajo un juez, pero el prólogo y el epílogo las tribus actúan de forma independiente. Por último, ambas secciones se centran en cuestiones internas entre las tribus, no las tribus unidas contra un enemigo común.

Los jueces

El término «juez» tiene un significado más amplio en hebreo que en español. Puede referirse a alguien que tiene una función judicial, pero se puede también aplicar de manera más amplia a todo el que ejerce el mando. Para los escritores deuteronomistas el término se aplica a líderes militares que fueron levantados por Dios para liberar a los israelitas de sus enemigos. Seis jueces (Otoniel, Aod, Débora, Gedeón, Jefté, Sansón) funcionan como líderes militares y tradicionalmente han sido llamados los «jueces mayores.» A veces se les llama «líderes carismáticos» ya que es el espíritu de Jehová que los designa como líderes; no son nombrados, ni tampoco heredan el oficio. Samgar, Tola, Jair, Ibzán, Elón, Abdón, tradicionalmente llamados «jueces menores,» se dice que han liberado o juzgado a Israel, pero se registra tan poco de ellos que no es posible determinar su gobierno. Se ha especulado que eran jueces en el sentido de tener una función judicial, o posiblemente autoridades locales como oficiales y ancianos de sus tribus, o simplemente individuos prominentes.

Contenido

Hay tres grandes divisiones en el libro de Jueces: 1.1–2.5, una presentación alterna de la Conquista; 2.6–16.31, las hazañas de los jueces; 17.1–21.25, apéndices.

La Conquista (1.1–2.5)

Esta sección se compone de fragmentos antiguos relativos a la toma de la tierra de Canaán. Muestran las tribus actuando de manera independiente una de otra, en contraste con el libro de Josué donde la Conquista se presenta como emprendida por todas las tribus bajo el liderazgo de Josué. En Jueces la Conquista del sur se atribuye a las tribus de Judá y Simeón (1.2-21) y la Conquista de Bethel a la tribu de José (1.22-26). Las otras tribus no logran expulsar a los habitantes de sus respectivos territorios (1.27-36). La razón de este fracaso es que el pueblo desobedeció el mandamiento de Jehová (2.1-5), y por lo tanto los habitantes de la tierra eran una trampa para Israel.

Hazañas de los jueces (2.6–16.31)

Las hazañas de los jueces son introducidas por dos pasajes que dan la interpretación teológica del período de los jueces. En Jueces 2.11-23, un pasaje dominado por el lenguaje y la teología deuteronomista, el patrón de pecado–castigo–grito de ayuda–liberación es delineado. El fracaso de Israel para adorar a Jehová, y a Jehová solo, pone en movimiento una serie de acontecimientos que se repiten una y otra vez. El pecado de la apostasía conduce a un castigo en forma de conquista militar, y sólo volviendo a Jehová Israel tendrá la seguridad de liberación de sus enemigos; Israel no se mantiene fiel después de su liberación y el ciclo comienza de nuevo. El segundo pasaje (3.1-5) explica el fracaso de Israel para conquistar la tierra totalmente como una forma de poner a prueba la fidelidad de Israel a Jehová. Reitera 2.1-5.

Las historias de seis «jueces mayores» varían considerablemente. Otoniel es poco más que un nombre puesto en el marco deuteronomista de pecado–castigo–clamor por ayuda–liberación. La historia de Aod, de manera crudamente humorística, dice cómo Aod usa «su discapacidad» (era zurdo) a su favor para matar al rey de Eglón. En el relato de Débora y Barac Israel es capaz de obtener la victoria sobre una fuerza militar superior porque Jehová pelea a favor de Israel. El papel de la mujer (Débora y Jael) en esta historia es digno de mención. El poema en c. 5 es un himno de victoria en el que Jehová es alabado como Dios guerrero que lucha a favor de Israel. La historia de Gedeón es compleja, probablemente compuesta de varias tradiciones diferentes que se han reunido. La victoria para Israel está asegurada porque Jehová está con Gedeón como se confirma en el relato del vellón. Cuestiones de Israel actuando como una unidad (8.1-21), monarquía (8.22-23; 9.1-57), y los peligros de la idolatría (8.24-27) se tejen en la narrativa de Gedeón. El relato de Jefté es difícil, ya que implica el sacrificio humano para Jehová y como tal deja muchas preguntas sin respuestas. Bien pudo haber sido originalmente una historia causal que explica la costumbre de luto anual ritualizada, pero en Jueces se convierte en otro ejemplo de la victoria lograda por un juez. La historia de Sansón, aunque ambientada en el marco deuteronomista, no se centra en la relación entre Jehová e Israel, sino en las hazañas de Sansón. Los diversos episodios están unidos por un tema común: La venganza personal de Sansón contra los filisteos después de que él es repetidamente traicionado por las mujeres. A las hazañas de los jueces se le añaden notas sobre los jueces menores.

Apéndices (17.1–21.25)

Los últimos cinco capítulos del libro de Jueces tienen que ver con los incidentes en los que los levitas ocupan un lugar destacado. El primer apéndice (caps. 17–18) relata la secuencia de acontecimientos que llevaron a la creación de un centro de culto en Dan; el segundo apéndice (caps. 19–21) se centra en la violación de la concubina del levita y la guerra civil que resulta de esta atrocidad. Esta sección es unificada, no sólo porque ambos apéndices tratan de levitas, sino también por la frase pro monárquica recurrente, «En estos días no había rey en Israel; cada uno hacía lo que bien le parecía» (17.6; 21.25; incompleta en 18.1a; 19.1a). La postura promonárquica de los apéndices se encuentra en marcado contraste con los sentimientos antimonárquicos expresados en la parte central del libro, en la negativa de Gedeón a aceptar la monarquía (8.22-23) y el intento de Abimelec para establecerse como rey de Siquem (9.1-57).

Temas

La perspectiva teológica del deuteronomista domina temáticamente en el libro de Jueces. Su principio teológico que subyace es que la obediencia al Señor del pacto, sobre todo expresado en el culto a Jehová, y a Jehová solo, lleva a la paz y la prosperidad; la desobediencia, es decir, la adoración a otros dioses, conduce a la guerra y la dominación de parte de nuestros enemigos. Esto se presenta claramente en 2.11-23 y se repite a lo largo del libro en el marco en el que se insertan las historias de los jueces. Otro tema que impregna el libro rodea el tema del liderazgo. Cuando bajo un juez Israel es capaz de adherirse al mandamiento de adorar a Jehová y a Jehová solamente; con la muerte de un juez Israel cae de nuevo en la apostasía, lo que sugiere que se necesita una forma más permanente de liderazgo. Esto se hace explícito en el epílogo con su repetida insistencia de que sin un rey el pueblo persigue sus propios intereses. El tema del liderazgo no se resuelve hasta que se establezca la realeza en el libro de Samuel, pero la tensión entre el sentimiento pro y antimonárquico se mantiene a lo largo de la historia deuteronomista.

Nuevas direcciones

Una obra más reciente sobre el libro de Jueces se ocupa de leer el libro desde una perspectiva crítica literaria centrándose en las características retóricas y la unidad del libro. La presencia de varios personajes femeninos (Débora, Jael, la hija de Jefté, la concubina del levita) ha llamado la atención de los estudiosos feministas, y varios estudios han aparecido de esta postura interpretativa.

Bibliografía. M. Bal, *Death and Dissymmetry: The Politics of Coherence in the Book of Judges* (Chicago, 1988); J. Gray, *Joshua, Judges, Ruth.* NCBC (Grand Rapids, 1986); L. R. Klein, *The Triumph of Irony in the Book of Judges.* JSOTSup 68 (Sheffield, 1988); A. D. H. Mayes, *Judges.* Old Testament Guides 8 (Sheffield, 1985); R. H. O'Connell, *The Rhetoric of* *the Book of Judges.* VTSup 63 (Leiden, 1996); B. G. Webb, *The Book of Judges.* JSOTSup 46 (Sheffield, 1987); G. A. Yee, ed., *Judges and Method* (Minneapolis, 1995).

PAULINE A. VIVIANO

JUEGOS

Los juegos antiguos ocurrieron como acontecimientos públicos o pasatiempos para el ocio privado. Desde la época de Alejandro Magno los festivales atléticos ayudaron a definir la sociedad al ligarlos a cultos religiosos y añadiendo honor a una deidad. Alejandro trajo los juegos a Tiro, y Antíoco Epífanes los introdujo en Palestina, atrayendo la oposición amarga del ortodoxo judío (1 Mac 1.14-15; 2 Mac 4.9-20; 6.7). Los juegos griegos importantes –los juegos Olímpicos celebrados en Olimpia, los juegos Píticos en Delfos, los juegos Nemeos en Argos, y los juegos ístmicos en el istmo corintio– presentaron eventos como carreras, lucha libre, disco, y lanzamiento de jabalina.

El atletismo puro era sólo uno de los intereses de Roma. Los romanos libremente explotaron el valor de los juegos como entretenimiento, introduciendo carro y carreras de caballos, boxeo, corridas de toros, y espectáculos gladiatorios. Para el tiempo de Augusto, los juegos en honor del emperador, por lo general relacionados con la adoración de emperador, fueron celebrados en cada ciudad provincial principal en todo el imperio. Una inscripción efesia enumera los logros de un Dafnus, incluyendo su presidencia sobre una festividad de 13 días de juegos que aparentemente ofrecieron la competencia de gladiadores. Incluso en Palestina los juegos fueron establecidos por Herodes el Grande en ciudades como Cesarea y Jerusalén. Los proyectos de construcción de Herodes en Jerusalén incluyeron un teatro, anfiteatro, estadio, e hipódromo. Jericó y Tiberias también tenían estas estructuras.

El interés romano en el atletismo fue expresado en la arena del gimnasio. Más que sólo un área para la formación física, el gimnasio también proporcionó un baño público y un centro para la vida social de la ciudad. Tanto la formación cultural como atlética fue conducida en gimnasios en todo el imperio para preparar a jóvenes para cumplir con sus responsabilidades a la sociedad. En el NT se hace frecuente referencia a las actividades asociadas con el gimnasio y los juegos. Pablo compara la vida cristiana con correr una carrera (1 Co 9.24-27; Gá 2.2; 5.7; Fil 3.14) como las epístolas pastorales la comparan con la lucha (1 Ti 1.18; 2 Ti 4.7).

También se disfrutó de los juegos privados en el mundo antiguo. Mesas de juego y piezas para jugar han sido descubiertas en Mesopotamia y Egipto. Una tumba en Ur contenía un juego de mesa que usó 14 piezas de juego marcadas y dados piramidales, que dictaron los movimientos de las piezas. Un juego llamado «sabuesos y chacales», con clavijas de marfil cubiertas de cabezas esculpidas de perros y chacales, se encontró en la tumba de Renseneb en Tebas con fecha de la 12ª dinastía (c. 1990-1708 a. C.). La tumba del rey Tutankamen arrojó una mesa de juego, que también sirvió como una caja para almacenar las piezas de juego y dados piramidales. Algunas mesas de juego están incrustadas con marfil, ébano, cáscara, oro, o pasta azul. En Umm el-Bayyâreh una mesa de juego fue esculpida en una piedra llana en un punto de vigilancia de Petra. En Palestina se han descubierto tales juegos en Kiriat-sefer, Tel Al-Ajul, Bet-Semes, y Gezer de fecha tan temprana como el siglo XVI. Las referencias literarias retratan a presos y soldados que juegan partidas de ajedrez o dados en su tiempo libre.

Bibliografía. V. C. Pfitzner, *Paul and the Agon Motif.* NovTSup 16 (Leiden, 1967); E. Schürer, *The History of the Jewish People in the Age of Jesus Christ (176 b.c.–a.d. 135)* 2, rev. ed. (Edinburgh, 1979);W. H. Stephens, *The New Testament World in Pictures* (Nashville, 1987.

DENNIS GAERTNER

JUEVES SANTO

El jueves anterior a la Pascua de Resurrección, una celebración que formaba parte del rito original de la Cena del Señor. El día tiene su origen en los relatos bíblicos sobre la celebración de la Cena Pascual por Jesús, y en la institución de la Eucaristía con sus discípulos; puede remontarse a los orígenes mismos de la historia de la liturgia cristiana. Su práctica posterior por los cristianos está reflejada en la *Primera Apología* de Justino Mártir, y en la liturgia de Hipólito. El Jueves Santo (del Latín *mandatum*, «mandamiento»; Vulg. Jn 13.34), que estuvo originalmente asociado con la preparación para el bautismo en la mañana del Domingo de Resurrección, sigue siendo celebrado por muchas comuniones cristianas como un tiempo de penitencia, preparación y consagración en medio de la Semana Santa.

D. LARRY GREGG

JUEZ

El término hebreo común para «juez» *(šōp̄ēṭ)* es una forma de participio del verbo «decidir,» «mandar,» «gobernar,» «vindicar,» «entregar,» y «juzgar. » La traducción convencional «juez» en todos los contextos esconde significados no forenses que reflejan otras funciones del *šōp̄ēṭ*.

El deber de los jueces era salvar a los israelitas de sus enemigos y preservar el acuerdo interno. Ellos debían impartir absoluta e imparcial justicia *(mišpāṭ)* y no aceptar sobornos (Dt 16.19); debían proteger a la viuda, al huérfano, y al extranjero (Dt 24.17) y no dejarse influir indebidamente por la opinión popular o por la situación de los pobres (Ex 23.2-3).

En el período patriarcal los líderes de familia y tribales actuaban como jueces (cf. Gn 38.24). En el período del desierto Moisés solo era el juez hasta que Jetro le sugirió designar jueces para «todo asunto pequeño,» y reservar para sí sólo «un asunto grave» (Ex 18.22).

El sistema de Jetro no era operativo después del establecimiento en Canaán cuando no había unión tribal. En el Israel premonárquico el Señor, «Juez de toda la tierra » (Gn 18.25), nombró a los jueces al hacer que el espíritu de Dios descendiera sobre ellos (Jue 3.9) para dirigir los ejércitos y liberar a los israelitas de sus opresores (2.16; 3.10). En este contexto el término *špṭ* denota «liberar» o «salvar» *(yšʿ)*. Los jueces no eran parte del gobierno tribal regular pero surgieron para atender una crisis y juzgaron sólo durante ella y poco después. Ellos juzgaban una o más tribus, pero nunca todas. Su heroísmo militar o presencia personal les permitieron asumir el papel jurídico también.

Con la monarquía el rey se convirtió en juez supremo (2 S 2–3), pero también se nombró a los jueces locales (Dt 16.18). Los sacerdotes, también, sirvieron como jueces (Dt 17.12; 2 Cr 19.4-11). Los ancianos de una ciudad actuaron como juez en la puerta (Jue 8.16; Rut 4.2; Job 29.7-8), y los jueces también ejercieron su autoridad yendo de ciudad en ciudad en los circuitos anuales como lo hizo Samuel (1 S 7.15-16). Los jueces tenían autoridad paralela a la de los reyes (Sal 2.10). En Babilonia el rey de Persia instruyó a Esdras para nombres a los jueces y magistrados (Aram. *šāp̄ṭîn, dayyānîn*), «todos los que conocen las leyes de tu Dios,» para juzgar a todo el pueblo «del otro lado del río» (Esd 7.25). En la época helenística, el sumo sacerdote sustituyó al rey como el juez principal (2 Cr 19.8). En el NT el Sanedrín era el tribunal supremo para los judíos. Jesús afirmó que sólo Dios debe ser el juez (Lc 6.37; Stg 4.12).

Daniel Grossberg

JUICIO

En el AT «juicio» (Heb. *mišpāṭ*) lleva significados jurídico y teológico, lo que refleja el arraigo del concepto en las tradiciones de pacto de Israel (Dt 1.9-18, esp. v. 17). Dios, que es «Juez de toda la tierra » (Gn 18.25), no es meramente un magistrado distante sino uno cuyos juicios expresan el continuo desarrollo de la relación de pacto (Ex 21.1; 24.3a; NVI «leyes»). Juicios, como mandamientos (*miṣwôṯ*) como expresiones de la relación de pacto, también deben ser obedecidas por el pueblo (Ex 24.3b; Lev. 18.4; Dt 11.1; 26.17). Tanto en la manifestación humana como en la divina, el juicio está estrechamente relacionado con otro término que lleva significados legales y teológicos, *ṣeḏeq* or *ṣĕḏāqâ,* generalmente traducido «justicia» o «rectitud.» Como el juicio de Dios va de la mano con la justicia de Dios (Gn 18.25; Jer. 9.24; cf. Dt 10.18), de la misma manera el juicio humano fiel al pacto conduce a la justicia en la tierra (Lev 19.15; 2 S 8.15; Jer 23.5; Amós 5.11-15).

Para el deuteronomista, los primeros profetas, y los primeros escritores de sabiduría, las obras de juicio divino son predecibles: los malos son castigados y los justos recompensados (Dt 8.11; Prov 29.25-27). Algunos escritores, sin embargo, motivados por los tiempos de crisis nacional extrema, comienzan a perder la confianza en el orden acostumbrado de juicio y la justicia divina. Los profetas posteriores, Job, Eclesiastés, y el salmista posterior al exilio testifican el profundo cambio en la conciencia bíblica por la persistencia del sufrimiento entre los justos. Una respuesta, características de los profetas, es empujar el juicio adelante en el tiempo. No sólo las naciones sino Israel mismo aguardan el próximo «Día del Señor» (Is 10.20; Os 1.5), para ser seguido por una nueva era de las bendiciones y la restauración del orden divino (Is 65.17-25; Zac 14.9-11).

Otra respuesta se encuentra en Job, donde el anhelado juicio y la justicia de Dios es empujado más allá de la vida terrenal a la resurrección (Job 19.25-27; cf. Is 26.19; Sab 2–5). El tema del juicio de resurrección se convierte en norma en el período tardío del segundo Templo, el tiempo de la opresión de Israel bajo los sirios y los romanos (Dan 12.1-2; 2 Mac 12.41-45). En el pensamiento apocalíptico de este período, la esperanza de una restauración de la justicia en la tierra se ha ido y un juicio final cósmico está a la vista. En el final cataclísmico del viejo orden, Dios o el agente de Dios («uno semejante a Hijo de Hombre,» «Mesías,» «el Justo») vendrá a juzgar a los vivos y a los muertos (resucitados.) En algunos textos, los que mueren antes del juicio final son resucitados y juzgados inmediatamente después de la muerte; en otros, los muertos descansan en el Seol (en agonía o paz, dependiendo de su condición de malvado o justo) hasta el juicio en el último día (2 Bar 36.11; 4 Esd 7.95).

El NT comparte y adapta las nociones escatológicas y apocalíticas judías de juicio. El significado castellano de «juzgar» o «juicio» es transmitido en griego por el verbo *krínō* y los sustantivos *krísis* y *kríma,* pero textos que implican el juicio a menudo no emplean estos términos griegos. Otro vocabulario relevante incluye «el día,» «aquellos días,» y términos que describen la venida del Mesías o el Hijo del Hombre en el tiempo del fin. Aunque existe considerable desacuerdo sobre las propias expectativas de Jesús y las de sus primeros seguidores en relación con el tiempo del fin, los autores del NT en general, miran a un futuro juicio escatológico.

En los Evangelios Sinópticos, Jesús es el agente divino, a menudo «Hijo de Hombre,» que anuncia y /o efectúa la llegada del gobierno de Dios. Su segunda venida traerá la consumación del reino de Dios, incluyendo el juicio final de los impíos y los justos. Este juicio es representado de diversas maneras como inminente (Marcos, Mateo) o demorado (Lucas), pero en los sinópticos tiene clara referencia al futuro. La representación clásica de este juicio futuro es Mateo 25.31-46, donde el entronizado Jesús separa las ovejas de las cabras (cf. 19.28, donde se les da a los discípulos la autoridad para juzgar a las 12 tribus de Israel). Al igual que en los textos apocalípticos judíos, el juicio venidero se presagiaba por la aflicción, persecución, y catástrofe cósmica (Mr 13.3-37 par.). El Evangelio de Juan hace un uso mayor del vocabulario de juicio, pero ahora el juicio es una realidad decididamente presente y no solamente futura. El momento de juicio puede coincidir con el acto de creer o no creer (Jn 3.19; 5.22-24, 27), y sin embargo, la referencia escatológica no ha desaparecido: «en el día final, la palabra *(lógos)* . . . lo condenará» (12.48; cf. 5.28-29).

Pablo también espera un juicio inminente, el «día del Señor » (1 Ts 5.2; 1 Co 5.5; 2 Co 1.14; Fil 1.6, 10). En ese día, los creyentes serán salvos de la ira de Dios y recibirán vida eterna (Ro 2.7) mientras que los que «obedecen a la injusticia» sufrirán la ira (v. 8). Dios es el último juez que conoce y juzga los secretos de los seres humanos (Ro 2.16). Dios ha designado a Cristo al trono del juicio (2 Co 5.10; cf. Ro 14.10) y los santos para juzgar al mundo (1 Co 6.2; cf. Mt 19.28). Aunque Dios ha dado a conocer ciertos criterios de juicio, los juicios de Dios son finalmente «inescrutables» (Ro 11.33). Para Pablo, el juicio divino puede funcionar como un correctivo (1 Co 11.32): Incluso la excomunión de una persona inmoral de la iglesia puede traer la salvación del espíritu en el día del Señor (1 Co 5.5; cf. 3.15). También hay un sentido en el que para Pablo el juicio de Dios, al igual que el tiempo del fin y la nueva creación, ya ha venido sobre el mundo. Los creyentes y no creyentes ya están siendo salvados o destruidos en la medida en que perciben o no perciben la acción salvífica de Dios en el acontecimiento de Cristo (1 Co 1.18; 10.11).

El juicio en el Apocalipsis de Juan recuerda mucho el juicio apocalíptico judío. En el presente siglo malo de dominación romana, la justicia divina es inscrutable; las personas claman por el juicio vengador de Dios sobre sus enemigos (Ap 6.10) y se muestran visiones, reveladas desde el cielo, de la «hora de juicio» venidera (14.7; 18.10; cf. 11.18). En el tiempo del fin catastrófico, los «verdaderos y justos juicios de Dios » (16.7; 19.2, 11) restaurarán la justicia. La Palabra (Logos) de Dios personificada, montada sobre un caballo blanco, juzgará y hará guerra (Ap 19.11). Los muertos serán resucitados para el juicio (Ap 20.4-5), y los santos serán recompensados en el esplendor de los cielos nuevos y tierra nueva (21.1-4).

Bibliografía. S. G. G. Brandon, *The Judgment of the Dead* (New York, 1969); P. D. Hanson, *The Dawn of Apocalyptic,* rev. ed. (Philadelphia, 1979); V. Herntrich, «krínō: The OT Term mishpat,» *TDNT* 3.923-33; G. von Rad, *Old Testament Theology* 2 (New York, 1965): 119-25; D. S. Russell, *The Method and Message of Jewish Apocalyptic.* OTL (Philadelphia, 1964).

ALEXANDRA R. BROWN

JULIA (Gr. *Ioulía*)

Una mujer cristiana en Roma (Ro 16.15), tal vez la esposa o hermana de Filólogo.

JULIO (Gr. *Ioúlios*)
El centurión romano en cuya custodia fue colocado Pablo para su viaje de Cesarea a Roma como prisionero de César (Hch 27.1). Lucas hace mención especial de la bondad de Julio hacia Pablo (Hch 27.3, 43). Julio es identificado como parte de la división augusta (imperial,) un título honorario dado a varias cohortes de tropas auxiliares.

La historicidad del papel de Julio a veces se cuestiona, ya que es poco probable que un centurión de una cohorte auxiliar que se habría suministrado a la carga sobre un prisionero tan importante o hubiera tenido tal autoridad sobre el barco. Sin embargo, Julio pudo haber tenido estatus de policía imperial o enviado.

Mark L. Strauss

JUNCO
Véase Caña, Bejuco.

JUNIA (Gr. *Iouvía*)
Probablemente la esposa de Andrónico, miembro de un equipo de marido y mujer que, al igual que Pablo, eran judíos, cristianos antes que él, encarcelados con él, y «destacados entre los apóstoles» (Ro 16.7). Todas las fuentes antiguas atestiguan a Junia como femenino (esp. Jerónimo y Juan Crisóstomo). Aunque el nombre aparece a menudo en las formas masculinas en las traducciones al español, no tiene respaldo testimonial en la antigüedad. La única mujer que se llama «apóstol» en el NT, Junia pudo haber acompañado el ministerio de Jesús, tuvo una visión del Señor resucitado, un encargo de algún tipo, y haber estado entre los líderes restringidos de la iglesia. Pablo aprobaba su papel, llamándola «destacada» entre los apóstoles.

Bibliografía. B. Brooten, « 'Junia . . . Outstanding among the Apostles' (Romans 16.7),» in *Women Priests,* ed. L. Swidler and A. Swidler (New York, 1977), 141-44.

Bonnie Thurston

JURAMENTO
Una promesa sagrada de mantener la palabra dada (Nm 30.2) y honrar los pactos y acuerdos personales (Gn 26.28; 2 R 11.4). Como tal, los juramentos son declaraciones solemnes, que invocan a Dios (Gn 24.3; 31.53; Dt 10.20) o algún objeto sagrado (Gn 24.2; 47.29; cf. Mt 5.33-37; 23.16-22) con el fin de garantizar la verdad de lo que se declara. El poder de la promesa misma es obligatoria en todos los juramentos bíblicos y se basa en el entendimiento de que un juramento confirma la obligación de la palabra hablada (Jue 11.35; 1 S 14.24-27; Jdt 8.30; cf. Mt 14.9). El carácter sagrado de los juramentos se enfatiza por la invocación de Dios como garante o testigo de la palabra jurada (Gn 21.23; Jos 9.19; 1 R 2.8, 23, 42), y no es infrecuente que Dios hace un juramento en el AT. A menudo, estos se refieren a las promesas hechas a Israel, p.ej., las realizadas a Abraham y otras figuras ancestrales (Gn 22.16-18; 24.7; Dt 19.8; Jos 21.43-44; Jer 11.5; Sir 44.21), pero a veces implican amenazas y sanciones contra quienes violen el pacto (Jos 5.6; 1 S 3.14; Ez 17.16-19).

La necesidad de una confianza fundamental y veracidad inequívoca en los juramentos es tan seria como para requerir la provision de castigos para aquellos que no puedan mantenerlos, y cualquier violación de un juramento puede traer nefastas consecuencias (Ez 16.59; Dn 9.11). Por lo tanto, la Biblia advierte contra hacer falsos juramentos y establece sanciones para los que no son sinceros al hacerlos (Ex 20.7 = Dt 5.11; Lv 5.4; 19.12; Zac 8.17; Sir 14.29-30). Hacerlo es devaluar la palabra hablada, que, cuando se da bajo juramento, es la promesa más solemne que una persona hace. Por el contrario, el que jura con verdad y con pureza de corazón recibe una bendición (Sal 24.4-5; Jer 4.2). Aunque la mayoría de los juramentos parecen ser absolutamente obligatorios (Nm 30.2, 4, 6-7, 9-11, 14), a veces las condiciones que se les imponen o las circunstancias en las que se realizan pueden mitigar las obligaciones que confieren (vv. 5, 8, 12-13; Gn 24.41; Jos 2.17, 20).

La comprensión del NT de la naturaleza y función de los juramentos y su valor es variada. Algunos autores del NT parecen compartir la actitud de Filón de Alejandría que los pactos nunca deben ser juramentados. Cuando una persona es demasiado rápida para hacer un juramento puede no indicar buena fe y en realidad devaluar el juramento en sí (Filón *De spec. leg.* 2.8). Por lo tanto, los juramentos deben hacerse sólo cuando son absolutamente necesarios (*De spec. leg.* 2.9). El Jesús de Mateo aconseja contra los juramentos en absoluto (TM 5.33-37) y critica la casuística que a veces puede acompañar a la hechura de un juramento (23.16-20). Santiago 5.12 sigue la tradición de Mateo 5.33-37 en la prohibición de hacer juramentos. Es interesante, sin embargo, que, en el relato de la Pasión Mateo añade que Pedro hizo un juramento en su segunda negación de Jesús (Mt 26.72). En la tercera negación de Pedro, Mateo sigue a Marcos 14.71, donde Pedro invoca una maldición sobre sí mismo con el fin de reforzar su afirmación de no conocer a Jesús (Mt 26.74).

Otros autores del NT ven más positivamente los juramentos. Pablo emplea fórmulas de juramento en Romanos 1.9; 2 Corintios 1.23; Gálatas 1.20; Filipenses 1.8. En Hebreos el juramento de Dios a Abraham es recordado como recordatorio de la garantía de las promesas de Dios y la certeza de la palabra de Dios (Hb 6.13-19). En otros lugares en el NT un juramento hecho por Dios es recordado en Lucas 1.73 (cf. v. 55); Hechos 2.30; Romanos 14.11; Hebreos 3.11, 18; 4.3. Por lo tanto, la actitud de los autores del NT sobre los juramentos depende de a quién se consulta.

ALAN C. MITCHELL

JUSAB-HESED (Heb. *yûšaḇ ḥeseḏ*)
Hijo de Zorobabel (1 Cr 3.20).

JUSTICIA

En general se han separado el Heb. *ṣdq* y el gr. *dikaioún* en «justificación» y «justicia», lo que refleja las diferencias históricas sobre si el sentido se «declarar (a una persona) justa», como en un tribunal de justicia, o en realidad «hacer justo», lo que implica la transformación moral. En un sentido básico, los términos implican «relación con una norma» o «pacto» o «poder» o «orden».

Hay un cierto paralelismo general de desarrollo entre *ṣdq* y lenguaje *dikaioún*. Usos legales desarrollan para ambos (Sal 9.4[TM 5]; Is 5.7), un sentido de «orden apropiado, comportamiento adecuado» (*ṣedeq-ṣĕdēqâ* y *mišpāṭ*, «rectitud y justicia»; hacer lo «recto»); y por lo tanto un sentido ético (Sal 15). El NT hereda los aspectos forenses, de los tribunales y las connotaciones morales (cf. el plural de *ṣĕḏāqâ* para los «triunfos [de Jehová],» p.ej., Jue 5.11; cf. también 1 S 12.7; Mic 6.5, «hazañas redentoras»; Sal 103.6, «vindicación»). Pablo enfatiza tal justicia/justificación salvadora en Romanos 3.21-26.

¿Pero la justicia de quién está involucrada, la de Dios o de Israel, y cómo se relacionan? Algunos estudiosos tratan de organizar las pruebas en términos de *ṣdq* como una actividad de Dios y como actividad o comportamiento humano. Una «relación de doble vía» entre Dios e Israel (como en el pacto) puede ser el punto de partida, preexílico en términos de justicia nacional (Jer 31.28, cf. 30; 22.3) pero después del exilio más preocupado con la rectitud de la persona devota delante de Dios (Ez 18.2, 5-9, 25-29). La relación de pacto especialmente asumió que el rey era responsable de mantener la justicia en Israel (Sal 72.1-7). La *ṣĕḏāqâ* de Dios como acción salvadora se proyecta hacia el futuro (Is 62.1; 63.1).

Aunque existe un considerable énfasis en la justicia como la participación de ciertos rasgos de la conducta piadosa, los aspectos forenses y salvíficos en lo que Dios hace o va a hacer sigue, especialmente en los rollos del Mar Muerto. La perspectiva apocalíptica radical de la comunidad de Qumrán subrayó elección, el pecado, la gracia y la justicia de Dios como la actividad de salvación, así como el juicio. El Maestro sacerdotal de Justicia en Qumrán enseñó la justicia (CD 6:10-11; 1QpHab 8:1-3) en términos de una comprensión rigorista de la Ley, pero difícilmente era un paralelo con Jesús de Nazaret.

Aunque, sin duda, consciente de este rico trasfondo en las Escrituras hebreas, Jesús no suele utilizar la terminología justicia/justificación. Es probable que él vio su misión como dirigida a los «pecadores», no a los piadosos «justos» en términos de su época (Mr 2.17 par.), Y se vio a sí mismo y a Juan el Bautista como mensajeros que «justifican» la sabiduría de Dios (Lc 7.35 = Mt 11:19). En la parábola del fariseo y el publicano, es este último el que se va a casa vindicado o contado como justo (Lc 18.14). Lucas 10.29; 16.15 sugieren un Jesús que fue difícil para aquellos que buscan la autojustificación.

El desarrollo de Mateo de la tradición de Jesús en un mundo judeo-cristiano presenta un interés particular en la justicia. Mateo 5.6; 6.33 sugieren la justicia de Dios como un don escatológico, como el reino. Mateo 5.10, 20; 6.1 llama a una vida recta; 3.15; 21.32 puede reflejar una visión de la historia de salvación que incorpora tanto el don divino como la respuesta humana.

Entre los usos importantes de los términos de *dikaioún* en Hechos, el más significativo es el sermón de Pablo (Hch 13.39) sobre el hecho de que «todo aquel que cree» es «liberado» de todos los pecados «de todo aquello de que por la ley de Moisés no pudisteis ser justificados.» El mismo Pablo no hablaba de ser justificado «de los pecados», pero liberado del pecado (Ro 6.18).

Es en Pablo que la justicia/justificación adquiere mayor protagonismo en el NT. Hay varios factores que en el período anterior a Pablo ayudan a explicar la importancia de este tema del AT en el pensamiento maduro de Pablo y el de otros escritores cristianos, incluyendo el uso de la frase del AT «el Justo» (cf. Is 53; Sab 2.12-20) para describir a Jesús (p.ej., Mt 27.19; Lc 23.47; Hch 3.14; 7.52; 22.14; 1 P 3.18; 1 Jn 2.1). La frase «la justicia de Dios» se ha afirmado como un término técnico, posiblemente volviendo a Deuteronomio 33.21 y el desarrollo en la literatura apocalíptica, incluyendo Qumrán (cf. 2 Co 5.21; cf. Ro 1.17; 3.21, 22, 25, 26; 10.3; Fil. 3.9; Mt 6.33; Stg 1.20; 2 P 1.1).

La contribución de Pablo fue reunir todo su mensaje del evangelio en la «justicia/justificación» en un grado no logrado con ninguna otra metáfora de la salvación. Su llamado y conversión a menudo se les da un lugar clave, pero viniendo a distinguir plenamente «la justicia de la ley» y «la justicia por la fe en Cristo» (Fil 3.9; Ro 9.30-31; 10.5-11) representa un proceso más largo de reflexión, en forma de formulaciones judeo-cristianas sobre la muerte de Jesús y por la Escritura.

La justicia *(dikaiosýnē)* de Dios que puede revelar la ira (Ro 3.5; 1.18 ss) y la justicia salvífica de Dios (3.21-26), ambas entran en juego, esta última a través de la muerte de Cristo y su resurrección por Dios. Estar unido a este Cristo al escuchar y creer este mensaje (Ro 10.10-17) y por la conversión de bautismo (6.4-7) lleva consigo el imperativo de presentar todo el ser a partir de ahora como «armas» en el guerra contra el pecado y la injusticia (6.13-14) y por la conversión- bautismo (6.4-7) lleva consigo el imperativo de presentar todo el ser a partir de ahora como «armas» en el guerra contra el pecado y la injusticia (6.13-14). Pablo desarrolló justicia/justificación de la situación apocalíptica y misionera, sobre todo a fin de incluir los gentiles por la fe, junto con judíos por la fe, como el corazón de su visión general del plan de Dios (Ro 3.28-30; 4.11-12, 23-24; 10.5-13). El entendimiento de Pablo de la clase de justicia de Dios ahora disponible en Cristo elimina toda jactancia y las ilusiones de la autorealización, para que descanse en Dios (1 Co 1.29-31.) Y justifica a Dios al llamar a los gentiles (Ro 9.23-26; 15.8a, 9-12) y para las esperanzas que Pablo tiene para Israel (Ro 11.11-12, 25-32; 15.8).

La experiencia de Pablo y la presentación de la justicia/justificación, como la participación en la justicia de Cristo y los beneficios de la justificación (Ro 5.1-5; 8.3-4, 10-11; 12.3-8) en la superposición de la antigua y las nuevas edades, inevitablemente, cambiaron a medida que pasaba el tiempo sin que llegara el fin, a medida que la Iglesia se hizo más grecorromana y las raíces del AT y judías fueron oscurecidas. En Efesios 2.4-10 el énfasis de Pablo sobre la gracia y la fe continúa, pero el verbo no es «justificar», sino «ser salvado»; la nota forense, de juicio es silenciada, y la ausencia de futura escatología abre el camino a la nueva aplicación ética (4.24; 5.9;, cf Tito 3.3-7).

Santiago no sólo usa la frase «justicia de Dios» (Stg 1.20), pero en 2.14-26 subraya la justificación que no supone una impotente, «fe» meramente intelectual, sino la fe y la vida y los hechos de uno.

En la literatura de Juan, el Evangelio de Juan habla de la justicia en relación con la vindicación de Jesús, en un entorno forense (Jn 16.8, 10; Cf 5.30; 7.24). 1 Juan 2:1 presenta a Jesús como el Justo, un sacrificio por los pecados. De la vida que surge de esto sigue la admonición ética de «hacer justicia» (1 Jn 2.29; 3.7, 10).

See Justificación.

Bibliografía. D. A. Carson, ed., *Right with God: Justification in the Bible and the World* (Grand Rapids, 1992); J. D. G. Dunn, *The Theology of Paul the Apostle* (Grand Rapids, 1998); B. Przybylski, *Righteousness in Matthew and His World of Thought.* SNTSMS 41 (Cambridge, 1980); J. Reumann, *Righteousness in the New Testament* (Philadelphia, 1982); H. H. Schmid, «Creation, Righteousness, and Salvation,» in *Creation in the Old Testament,* ed. B. W. Anderson. IRT 6 (Philadelphia, 1984), 102-17; M. A. Seifrid, *Justification by Faith.* NovTSup 68 (Leiden, 1992); J. A. Ziesler, *The Meaning of Righteousness in Paul.* SNTSMS 20 (Cambridge, 1972).

JOHN REUMANN

JUSTIFICACIÓN

Las Biblias en español traducen Heb. *ṣdq* y Gr. *dikaioún* como «justo, justicia, justificar» y «recto, justificación.» El lenguaje de justicia/justificación aparece más de 800 veces en el AT y NT.

Tanto el hebreo como el griego pueden denotar la justificación propia, tratando de ponerse uno mismo «en lo recto.» Job «se justificaba a sí mismo más que a Dios» (Job 32.2; cf. 33.32; 9.2). El entorno de tales intentos puede ser una demanda, que implica a Dios y las naciones (Is 43.9) o Israel (43.26); y luego se verá que Dios es justo (45.21, 24). El intérprete de la ley en Lucas 10.29 quiso «justificarse a sí mismo» al preguntar a Jesús, «¿quién es mi prójimo?» Se dice que los fariseos que amaban el dinero trataban de justificarse a sí mismos a la vista de otras personas (Lc 16.15).

Otra aplicación es la justificación de Dios. En el discurso del Señor a Job desde el torbellino la cuestión es la teodicea o la defensa de los caminos de Dios hacia los mortales (Job 40.8; cf. Gn 18.25; Sal 37.5-6, 28-34; Jer 12.1; Ez 18, esp. vv. 25-29). En el NT la sabiduría es justificada por sus obras (Mt 11.19) o por sus hijos (Lc 7.35; Ap 15.3-4; 16.5-7; 19.2). Pablo con frecuencia defiende los juicios (2 Ts 1.5; cf. Ro 2.5-11; 9.19-24) y los caminos de salvación de Dios (Ro 3.4-6). De hecho, Romanos contiene una vindicación de cómo, dado el plan de Dios con Israel, la salvación ha llegado a los gentiles (3.28-30; 9.24, 30; 15.8-12) y un reproche contra la presunción de los cristianos gentiles de excluir a Israel (11.11-24).

La justificación de Pablo de Dios está inseparablemente relacionada con su tema principal, especialmente en Romanos, de la justificación del impío, a quien la fe le es contada por justicia (Ro 4.5).

Las referencias específicas a la justificación reflejan consignas confesionales prepaulinas acerca de la muerte y resurrección de Jesús que resultan en «nuestra justificación» (Ro 4.25), presentada a los creyentes como sanctificación-justificación por medio del bautismo, en Cristo, con el Espíritu (1 Co 6.11). El de Pablo era un «ministerio de justificación» apostólico (2 Co 3.9), tanto para el judío como para el gentil, es decir, todo el mundo (Ro 1.16; 2.9-10; 9.24; 10.12; 1 Co 12.13). A partir de su propia experiencia y estudio de las Escrituras (esp. Gn 15.6; Sal 143.2; Hab 2.4), surgió el principio que «nadie es justificado delante de Dios por la ley» sino por la fe (Gá 3.6-14; cf. Ro 3.20, 28) y que la bendición de dios, hablada a Abraham, llega a los gentiles sin que se hayan circuncidado o hecho otras «obras de la ley» (Ro 4) que eran parte de los distintivos de la identidad de Israel para permanecer en el pacto del Sinaí. La oposición de Pablo a tal «nomismo de pacto » o enfoque en la ley lo pusieron en conflicto con Ceras y «gente de Santiago» en Antioquía y luego en una lucha con tales opiniones en Galacia (Gá 2.15-21; cf. 5.4-5).

En romanos Pablo desplegó el evangelio para una comunidad que no había fundado, precisamente en términos de este tema bíblico maestro, la justicia *(dikaiosýnē)* de Dios (Ro 1.16-17). Sólo después de la presentación de gentiles y judíos por igual bajo el juicio de Dios (Ro 1.18–3.20) y una referencia a «la justicia de Dios» (3.5, Dios como juez), Pablo en 3.22, 24-26 expone que somos justificados por la gracia de Dios por medio de la fe en Jesús. La muerte sacrifical de Cristo explica cómo Dios sigue siendo justo mientras que expía los pecados. La justificación no es más que un primer paso hacia la salvación, en el pasado del creyente, sino también implica la vindicación futura y vivir la experiencia en el presente (Ro 5.1; cf. 2.13; 3.20, 24). La justificación es la base para llevar a cabo la voluntad de Dios en la vida diaria a través del servicio a los demás, en la iglesia y en el mundo (Ro 12.1-2), incluyendo «todo lo justo» (Fil 4.8).

Para Pablo, la justificación es el efecto principal del acontecimiento de Cristo, una metáfora de la salvación junto con la «participación 'en Cristo'» y el don del Espíritu. Este tema debe ser considerado junto con los campos de palabras relacionados de «gracia» y «fe» así como, en español, «justicia.» Santiago 2.14-26 sugiere lo prominente que era la justificación en el período del NT y cómo el punto de vista de Pablo podía ser mal entendido, incluso por sus seguidores. Santiago sigue la exégesis judía de Génesis 15.6 al combinarlo con Génesis 22 (el sacrificio de Isaac), y un esfuerzo por un (judío) cristiano posterior para corregir un punto de vista de justificación que carece de la obediencia de la fe (Ro 1.5) expresado en la ayuda a los demás (como Pablo insistió en Gá 5.6; Ro 13.8-10).

El entendimiento del AT y NT de la justificación con frecuencia está en estrecha relación con «juicio.» De hecho «justificación» (*ṣĕdāqâ*) y «justicia» (*mišpāṭ*) se pueden utilizar en paralelismo sinónimo (Am 5.24; Is 11.4). La conexión entre la justificación y la justicia se ha hecho en la teología de la liberación. *Véase* Justicia.

Bibliografía. M. Barth, *Justification: Pauline Texts Interpreted in the Light of the Old and New Testaments* (Grand Rapids, 1971); D. A. Carson, ed., *Right with God: Justification in the Bible and the World* (Grand Rapids, 1992); N. A. Dahl, «The Doctrine of Justification,» in *Studies in Paul* (Minneapolis, 1977), 95-120; J. D. G. Dunn and A. M. Suggate, *The Justice of God* (Grand Rapids, 1993); A. E. McGrath, *Iustitia Dei: A History of the Christian Doctrine of Justification,* 2nd ed. (Cambridge, 1998); H. G. Reventlow and Y. Hoffman, eds., *Justice and Righteousness.* JSOTSup 137 (Sheffield, 1992); M. A. Seifrid, *Justification by Faith.* NovTSup 68 (Leiden, 1992).

John Reumann

JUSTO, JUSTICIA

En un sentido filosófico, la justicia se entiende como equidad, tratamiento correcto, o la distribución equitativa de los recursos, pero la justicia bíblica es más que una distribución matemática de bienes. La Biblia habla de la justicia como un atributo principal de Dios, con la justicia bíblica inextricablemente ligada a la misericordia de Dios y fundada en la relación entre Dios y la humanidad. Desde la época de la peregrinación por el desierto cuando el pueblo hebreo se les dio instrucciones éticas sobre las viudas, los huérfanos y los extranjeros, la práctica de la justicia ha sido entendida como la misión de los que siguen a Jehová.

La tradición bíblica está llena de ejemplos de hombres y mujeres que trajeron justicia a situaciones de opresión e injusticia. Desde Débora, la profetiza y juez que administra justicia, a los profetas del siglo VIII que llamaban a Israel y Judá a actuar con justicia hacia los pobres y oprimidos, a Jesús que demostró la importancia de la justicia a través de sus palabras y acciones, las imágenes bíblicas de justicia ofrecen una ventana de la respuesta de Dios a la injusticia.

Tanto *ṣĕḏāqâ* como *mišpāṭ*, las palabras hebreas para «justicia,» se pueden entender en términos jurídicos. Heb. *ṣĕḏāqâ* puede hacer referencia a las normas éticas y morales de igualdad de todas las personas ante la ley. Del mismo modo, *mišpāṭ* se puede referir a la ley, el proceso de decidir un caso en el gobierno civil o religioso, la ejecución de un juicio, o derechos de un individuo bajo la ley civil o religiosa. Heb. *ṣĕḏāqâ* y *mišpāṭ*, como también gr. *díkē* y *dikaiosýnē*, a menudo se traducen como «juicio» y «rectitud,» palabras normalmente no asociadas hoy con justicia. Sin embargo, con referencia a una situación de opresión o injusticia, su importancia para el concepto de justicia del AT y el NT es clara.

La justicia tiene su raíz en el carácter de Dios (Is 5.16; Dt 32.4), y la justicia es lo que Dios demanda de sus seguidores (16.20). Un concepto central es que la justicia de una comunidad se mide por su tratamiento de los pobres y oprimidos (Is 1.16-17; 3.15). Aunque el mensaje de la justicia se teje a lo largo de la Biblia, los profetas especialmente hicieron un fuerte llamado a la comunidad del pacto a reconocer a Dios como el Dios de justicia y a arrepentirse de su injusticia. Su mensaje principal se puede resumir en las palabras de Miqueas 6.8. «Qué pide Jehová de ti: solamente hacer justicia, y amar misericordia, y humillarte ante tu Dios».

La tradición del jubileo en Levítico 25 refleja la comprensión de Israel de las demandas de la justicia de Dios en medio de una sociedad injusta. Destinado a ser observado cada 50 años, el Jubileo incorpora prácticas del año sabático del código del pacto y del código de Deuteronomio, proveyendo para que la tierra esté en barbecho y los siervos contratados sean puestos en libertad cada siete años. Durante el año del Jubileo, las deudas serían perdonadas y las tierras vendidas por el endeudamiento serían devueltas a sus propietarios originales. Para las sociedades agrarias como Israel, la devolución de las tierras y el perdón de las deudas equivalen a la reestructuración económica de la sociedad. Subyacente al año del Jubileo está el principio bíblico de reparación que corrige los errores del pasado para aproximarse a la igualdad y restaurar la comunidad humana a la totalidad.

Bibliografía. B. C. Birch, *Let Justice Roll Down* (Louisville, 1991); S. C. Mott, *Biblical Ethics and Social Change* (Oxford, 1982).

MICHELLE TOOLEY

JUSTO (Gr. *Ioústos*)

1. Apodo de José Barsabás, candidato fracasado al apostolado (Hch 1.23).

2. Tito Justo, un «temeroso de Dios» en Corinto, cuya casa estaba junto a la sinagoga y abierta a los cristianos, y con el que Pablo se hospedó (Hch 18.7).

3. Jesús Justo, uno «de la circuncisión» (un compañero judío y miembro del grupo de la circuncisión) y «compañero de trabajo» con Pablo, quien envió saludos a Colosas (Col 4.11). El suyo es el único nombre en el párrafo que no aparece en Filemón. Con Marcos, él ha sido un consuelo (Gr. *parēgoría*) para Pablo, un término fuerte que se encuentra en contextos médicos en el sentido de «apaciguar» o «aliviar» y en las lápidas y en las cartas de condolencia.

BONNIE THURSTON

JUTA (Heb. *yuṭṭâ*)

Un pueblo en la Judá tribal (Jos 15.55), designada como ciudad levítica (21.16). Situada en la región montañosa del sur de Hebrón, Juta puede haber sido la «ciudad de Judá» a la que María viajó (Lc 1.39). El sitio es identificado con moderno Yaṭṭā (158095), 9 km (5.6 m) sur de Hebrón.

DAVID C. MALTSBERGER

K

KAIWÁN (Heb. *kiyyûn;* Acad. *kayyamânu*)
El nombre babilónico para el planeta Saturno, que Amós llama una estrella-dios (Am 5.26). Amós profetizó que puesto que los israelitas adoraban a una deidad babilónica Dios los enviaría a Babilonia (presumiblemente para que pudieran estar más cerca del dios pagano que querían adorar). La cita de Esteban de este pasaje en Hechos 7.43 sigue la LXX, que dice «Renfán,» aparentemente un error en la transliteración.

KARNAIM (Heb. *qarnāyím;* Gr. *Karnaim*)
Una ciudad fortaleza en Galaad. Situada en moderna Tell Sheikh Ṣaʿd/Tel Ṣaʿd (247249), en un afluente norte del río Yarmuk medio c. 32 km (20 mi) este del mar de Galilea y 5 km (3 mi) norte de Astarot, tal vez sea idéntica a Carnaím posterior al exilio (1 Mac 5.26, 43-44) y cercana a Astarot karnaim (Gn 14.5). En Amós 6.13 el profeta hace un juego de palabras con los nombres Karnaim (los «cuernos» de un toro, por lo tanto «fuerza»; cf. 1 R 22.11) y Lo-debar («nada»), aparentemente ciudades capturadas por el rey Jeroboam II de Israel (2 R 14.28).

KEILA (Heb. *qĕʿilâ*) **(LUGAR)**
Ciudad en la región de la Sefela de Judá (Jos 15.44) que David defendió contra los filisteos antes de que Saúl lo obligara a huir al desierto de Zif (1 S 23.1-13). Después del exilio la ciudad fue repoblada y dividida en dos medios distritos (Neh 3.17-18). La ciudad, llamada Qilti en las cartas de Amarna, fue territorio en disputa durante el reinado del egipcio Akenatón como lo fue en el período de los filisteos. Puede ser identificado como moderno Khirbet Qîlā (150113), c. 25 km (15.5 mi) suroeste de Jerusalén y 13.6 km (8.5 mi) noroeste de Hebrón.

KEILA (Heb. *qĕʿîlâ*) **(PERSONA)**
«El garmita,» nieto de Hodías en la lista de los descendientes de Judá (1 Cr 4.19).

KELAÍA (Heb. *qēlāyâ*), **KELITA** (*qĕlîṭāʾ*)
Un levita que fue obligado por Esdras a renunciar a su esposa extranjera (Esd 10.23). También conocido como Kelita, ayudó a interpretar mientras Esdras leía la Ley (Neh 8.7) y firmó el pacto bajo Nehemías (10.10[TM 11]).

KEMUEL (Heb. *qĕmûʾēl*)

1. Hijo de Nacor y Milca; el padre de Aram y antepasado epónimo de los pueblos arameos (Gn 22.21).

2. El hijo de Siftán; un jefe de los efraimitas y uno de los responsables de la división de la tierra de Canaán (Nm 34.24).

3. El padre de Hasabías, quien fue jefe de los oficiales de los levitas en el tiempo de David (1 Cr 27.17).

KENAT (Heb. *qĕnāṯ*)
Ciudad en el este de Galaad, capturada durante la conquista por Noba, el cacique de Manasés, quien le cambió el nombre al suyo (Nm 32.42). Aparentemente el nombre original persistió cuando la ciudad más tarde cayó en manos de sirios (1 Cr 2.23). Conocida como Kanata en el período grecorromano, era la ciudad más oriental de la Decápolis.

El sitio es identificado como moderno Qanawât (302241), c. 80 km (50 mi) sureste de Rabbath-ammon en las afueras de la antigua Auranitis.

KENOSIS
La importancia de la *kenosis* («vaciamiento») se deriva de su uso en un antiguo texto en forma de himno encontrado en Filipenses 2.5-11. Según Filipenses 2.7 Cristo Jesús «se despojó a sí mismo,» una acción que contrasta con la igualdad con Dios. Durante el siglo diecinueve W. F. Gess y Gottfried Thomasius enseñaron que este vaciamiento significó que Jesús se despojó de algunos o todos los atributos

divinos en la Encarnación. Los teólogos británicos Charles Gore y P. T. Forsyth variaron esta idea al afirmar que algunos de los atributos divinos de Cristo se convirtieron en sólo potenciales más que reales durante la Encarnación.

Tres participios, que dependen del verbo *ekénōsen,* definen el significado del verbo en este contexto. Cristo se despojó a sí mismo al «tomar» la forma de un siervo, «convirtiéndose» en la semejanza de un ser humano, y «encontrándose» en la forma de un ser humano. La frase paralela «se humilló a sí mismo» en Filipenses 2.8 ayuda para aclarar el significado de *kenosis* como el anonadamiento de Jesús, al hacerse hombre, con el fin de morir en la cruz en obediencia al Padre. La especulación acerca de los atributos perdidos o negados no tiene apoyo textual.

LINDA OAKS GARRETT

KERAK (Arab. *Karak*) (también KARAK)
Una ciudad importante en la parte oeste del centro de Jordania; capital de un distrito moderno administrativo jordano (hoy generalmente Karak; 217066). El sitio está c. a medio camino entre Wadi Môjib (Arnón bíblica) y Wadi el-Ḥesa (Zered), a lo largo de la ruta tradicionalmente conocida como la «Carretera del Rey.» La parte principal de la ciudad moderna ocupa un cerro que está rodeado por profundos cañones; el valle principal que drena la meseta en este punto se conoce como Wadi el-Kerak. Kerak se encuentra 18 km (11 mi) al este del Mar Muerto, cuya superficie brillante puede verse desde la cima de una colina de la ciudad. El nombre de la ciudad se deriva de una palabra aramea que significa «ciudad amurallada», y el nombre del lugar Karakmōbā está bien documentado en las épocas helenista, romana y bizantina. Además de los artefactos que han aparecido en las excavaciones o durante la construcción, poco se sabe acerca de la vida y la cultura de la antigua Kerak. Evidencia literaria y arquitectónica de los períodos islámicos Medio y Tardío está mejor representada, sobre todo debido al papel de Kerak en las Cruzadas. Su castillo es una de las fortalezas mejor conservadas de los cruzados en el Levante. Gran parte de la fortaleza que está hoy, fue construida por los cruzados franceses a principios del siglo doce, pero las principales adiciones se hicieron en la historia islámica más tarde, después de que el castillo cayó ante las fuerzas de Saladino en 1188.

Aunque la identificación está lejos de ser segura, Kerak se relaciona a menudo con los nombres de los lugares bíblicos de Kir (Is 15.1), Kir-heres (Jer 48.31, 36; Is 16.11), y Kir-hareset (16.7; 2 R 3.25). En Isaías 15.1 Kir se asocia con Ar, otro nombre moabita, cuya identificación también es incierta (cf. «ciudad de Moab»). En otros pasajes del AT Kir-heres/ Kir-hareseth se refiere a un importante pueblo moabita que participó en la guerra de Mesa con Israel (cf. 2 R 3), pero es posible que este sitio se encuentre ubicado al norte de Wadi Môjib. El descubrimiento

Ruinas del castillo de las cruzadas de la época de los francos (a principios del siglo 12 d.C.) en Kerak (Karak moderna)

de una inscripción moabita fragmentaria en Kerak, probablemente del tiempo de Mesa, indica que la ciudad fue, de hecho, importante en el siglo nueve a.C. Su nombre arameo, que puede tener su origen en el período persa, confirma que Kerak fue una de las principales ciudades de Moab.

El famoso estilo de cerámica del Bronce Temprano III («cerámica de Khirbet Kerak») se asocia con otro sitio, Khirbet Kerak (Beth-yerah; 204235), en la costa sudoeste Mar de Galilea.

(J. Maxwell Miller)

Bibliografía. B. C. Jones, *Howling over Moab: Irony and Rhetoric in Isaiah 15–16.* SBLDS 157 (Atlanta, 1996); «In Search of Kir-Hareseth: A Case Study in Site Identification,» *JSOT* 52 (1991): 3-24; J. M. Miller, ed., *Archaeological Survey of the Kerak Plateau.* ASOR Archaeological Reports 1 (Atlanta, 1991); W. L. Reed and F. V. Winnett, «a Fragment of an Early Moabite Inscription from Kerak,» *BASOR* 172 (1963): 1-9.

Gerald L. Mattingly

KEREN-HAPUC (Heb. *qeren happûḵ*)
La más joven de las tres hijas de Job después de que sus pruebas habían terminado (Job 42.14).

KERIGMA (Gr. *kḗrygma*)
La proclamación (Gr. «predicación») de las buenas nuevas en el NT y después. La palabra se ha convertido en un término cuasi técnico por el contenido de la polémica cristiana primitiva, el «evangelio» por excelencia.

KETIB (Heb. *kĕṯîḇ*) y **QERE** (*qĕrê*)
Notaciones masoréticas que significan «lo que está escrito» (Ketib) y «lo que se lee» (Qere). Los 1300 casos de Ketib-Qere en el TM reflejan una etapa en el desarrollo del texto hebreo cuando el texto consonántico se consideró fijo e inalterable («lo que está escrito»; **K**), pero era posible sugerir enmendaduras en el margen («lo que se lee»; **Q**). Las consonantes de la Qere se escribían generalmente en el margen, y las vocales de la Qere, con las consonantes de la Ketib, en el texto. La nota iba a llevar a una persona que leía el texto a pronunciar la Qere en lugar de la Ketib. Las lecturas Qere estaban destinadas ya sea para corregir la Ketib o preservar las tradiciones de variantes de manuscritos.

El Ketib-Qere se divide en tres categorías. El *Qĕrê perpetuum,* no señalado por una nota marginal, es la escritura de las consonantes de *YHWH* con las vocales para *ʾăḏōnāy.* Esto ayudaba a evitar pronunciar el nombre divino. El *Tiqqûnê sōpĕrîm* o «enmiendas de los escribas» son unos 18 casos en los que los masoretas conservaron en una nota la forma «original» de un texto que había sido cambiado antes por los escribas para eliminar las referencias inaceptables a Dios. Las *ʿIṭṭûrê sōpĕrîm* u «omisiones de los escribas» son colocadas donde se omitió una letra, o donde algo se lee pero no está escrito, o está escrito pero no se lee.

Bibliografía. E. Tov, *The Textual Criticism of the Hebrew Bible* (Minneapolis, 1992); E. Würthwein, *the Text of the Old Testament,* 2nd ed. (Grand Rapids, 1995).

Michael L. Ruffin

KIBROT-HATAAVA (Heb. *qiḇrôṯ hattaʾăwâ*)
El primer campamento de los israelitas, entre el monte Sinaí y Hazerot, después de salir al desierto de Sinaí (Nm 33.16-17). Aquí el Señor envió codornices para que los israelitas comieran (Nm 11.31-35). La codicia subsiguiente de algunas al recolectar y comer la codorniz llevó al Señor a plagarlos (cf. Dt 9.22). Los que murieron fueron enterrados en este lugar, cuyo nombre significa «tumbas de deseo» o «tumbas de la codicia.» La ubicación puede ser moderno Rueis el-Ebeirij (076797), cerca de 50 km (31 mi) noreste de monte Sinaí (Jebel Mûsā).

Pete F. Wilbanks

KIBZAIM (Heb. *qibṣayim*)
Ciudad en el territorio de la tribu de Efraín asignada a la familia de Coat de levitas (Jos 21.22). Algunos eruditos creen que es el mismo que Jocmeam en el relato paralelo en 1 Crónicas 6.68(MT 53), pero los nombres parecen representar dos sitios distintos. La ubicación es incierta.

KIR (Heb. *qîr*)

1.El lugar al que el rey asirio Tiglat-pileser III deportó a los pueblos sirios (arameos) después de la destrucción de Damasco en 732 a.C., (2 R 16.9 TM; cf. Am 1.5). Según Amós, Kir era el hogar original de los arameos (Am 9.7). La mayoría de los manuscritos de la LXX no se refieren a Kir en 2 Reyes 16.9, tal vez sugiriendo que se trata de un error de escriba basado en la referencia en Amós.

La ubicación exacta de Kir no es segura, pero una tableta acadia de la ciudad siria de Emar de la

Edad de Bronce Tardío se refiere a cierto Pilsu-Dagán, no sólo como el «rey de la ciudad de Emar,» pero también como el «rey del pueblo de la tierra de Qi-ri.» Esto puede sugerir que Kir estaba cerca de Emar, una importante ciudad en el río Éufrates.

2. Ciudad en Moab (Is 15.1). Es probable que sea el mismo que Kir-hareseth (moderno Kerak).

3. Aparentemente una ciudad en el sur de Mesopotamia. En Isaías 22.6 Kir es mencionada junto con la ciudad del sur de Mesopotamia de Elam como una fuente de apoyo militar para el ejército asirio.

Bibliografía. M. Cogan and H. Tadmor *II Kings.* AB 11 (Garden City, 1988); W. T. Pitard, *Ancient Damascus* (Winona Lake, 1987); R. Zadok, «Elements of Aramean Pre-History,» in *Ah, Asiria,* ed. M. Cogan y I. Ephʿal. ScrHier 33 (Jerusalén, 1991): 104-17.

CHRIS A. ROLLSTON

KIR-HARESET (Heb. *qîr hărešet*),

KIR-HERES (*qîr ḥereś*)

Una de las grandes ciudades de Moab, probablemente la capital, y probablemente la misma que Kir Moab (Is 15.1). Es mencionada en la profecía de Isaías (Is 16.7, 11) y en el mensaje de Jeremías acerca de Moab (Jer 48.31, 36). La forma alternativa para Kir-heres aparece en Isaías 16.11; Jeremías 48.

Kir-hareset por lo general ha sido identificada con moderna Kerak (217066), situada en una meseta estratégica rodeada de valles escarpados y con vistas a Wadi Kerak, que desemboca en el Mar Muerto. La ciudad se ubica en una intersección de la Carretera del Rey y una carretera que atraviesa la meseta de este a oete. Kerak es mencionada en el mapa mosaico Madeba([Kar]ach Moba) del siglo sexto d.C. Recientemente, Kir-hareset se ha disociado de Kerak e identificado con Qarhoh, la capital de Moab cerca de Dibón.

Restos arqueológicos del período bíblico son escasos. El único hallazgo notable es una inscripción dedicatoria fragmentaria del siglo noveno a.C., Desafortunadamente, todo el sitio está cubierto por edificios modernos. El momento sobresaliente de la ciudad son los restos de un castillo de los cruzados del siglo doce, que también alberga el museo arqueológico.

Bibliografía. K. A. D. Smelik, *Converting the Past: Studies in the Ancient Israelite and Moabite Historiography.* OTS 28 (Leiden, 1992).

FRIEDBERT NINOW

KOHELET

Véase Qoheleth.

KOINÉ

Véase Griego.

KYRIE ELEISON (Gr. *Kýrie eleēson*)

Una oración por la misericordia divina (Gr. «Señor ten piedad»), a menudo hablada o cantada antifonalmente, atestiguada desde los primeros tiempos en la liturgia de la iglesia (p.ej., Apost. Const. 8.6). Es una reminiscencia del motivo formulado por la mujer cananea en Mateo 15.22 y los ciegos en 20.30-33 (cf. Dn 9.19).

L

L

1. Designación para el material que se encuentra solamente en el Evangelio de Lucas que no se puede confirmar por la probable dependencia de Lucas en Marcos o en Q, la fuente común no marcana de Mateo y Lucas.

2. Símbolo que designa el Códice de Leningrado B 19ă, que provee el texto básico para las ediciones modernas de la biblia hebraica. El manuscrito L se terminó en el Cairo en 1008 d.C., y fue copiado supuestamente de los ejemplares de Aarón ben Moisés ben Aser.

LAADA (Heb. *laʿdâ*)
Judaíta del linaje de Sela, progenitor de los habitantes de Maresa (1 Cr 4.21; véase Jos 15.44).

LAADÁN (Heb. *laʿdān*)

1. Efraíta, y antepasado de Josué (1 Cr 7.26).

2.Levita del linaje de Gersón (1 Cr 23.7-8; 26.21). Aparentemente es el mismo que Libni (**1**) en Éxodo 6.17; Números 3.18.

LABÁN (Heb. *lāḇān*) (LUGAR)
Lugar asociado con las andanzas del éxodo (Dt 1.1). Aunque se cita con otros sitios probablemente ubicados en el Sinaí, se desconoce su lugar exacto. Algunos eruditos lo identifican con Libna, que aparece en Números 33.20, 21 con algunos de los lugares que se citan en Deuteronomio 1.1, así como otros probablemente en el Sinaí.

Bibliografía. I. Beit-Arieh, «The Route Through Sinai —Why the Israelites Fleeing Egypt Went South,» *BARev* 14/3 (1988): 28-37; J. H. Tigay, «Excurso 1: The Historical Geography of Deuteronomy.» JPS [Torah Commentary] (Philadelphia, 1996), 417-22.

David M. Valeta

LABÁN (Heb. *lāḇān*) (PERSONA)
Habitante de la ciudad de Nacor, en la zona de Harán. Harán y la región circundante pertenecieron al distrito llamado Padan-aram; por esto, se llamó a Labán «el arameo» (Gn 25.20; 28.5; 3.20, 24). Presentado por primera vez como el hermano de Rebeca (Gn 24.29), Labán fue también el nieto de Nacor (hijo de Betuel y sobrino de Abraham) y padre de Lea y Raquel. Labán desempeña un papel prominente en el relato de Génesis 24. Es él quien ofrece hospitalidad al siervo de Abraham; sin embargo, el texto implica que las acciones de Labán estaban motivadas por el egoísmo y la avaricia. También Labán es quien decide permitir que Rebeca viaje a Canaán para ser la esposa de Isaac. Numerosos textos antiguos del Cercano Oriente comentan que en una sociedad patriarcal el hermano tenía deberes importantes y potestades en relación con sus hermanas.

Labán aparece nuevamente en asociación con Jacob. Huyendo de Esaú, Jacob llega a casa de su tío Labán en Harán. Después de recibir a Jacob en la familia, Labán consiente dar su hija Raquel a Jacob a cambio de siete años de servicio. Llegado el tiempo para que Jacob reciba a su prometida, Labán, obrando con argucia le entrega a Lea en lugar de Raquel. Sólo después que Jacob accede a otros siete años de servicio, Labán le entrega a Raquel por esposa (Gn 29.28-30).

Después que Jacob y su familia salieran discretamente de Harán, Labán les persigue, y les alcanza en el monte de Galaad (Gn 31). Después de protestas y acusaciones mutuas, Labán y Jacob hicieron un pacto y erigieron un montón de piedras, una especie de límite. Labán llama al montón un nombre arameo (*Yĕgar-śahădûṯāʾ*), mientras que Jacob lo llama por su equivalente hebreo, *Galʿēḏ* (Gn 31.47), ambos significan «montón de testimonio». Este pacto en su nivel más temprano representa probablemente un acuerdo entre los israelitas y los arameos con respecto a la zona fronteriza que los separa.

Bibliografía. C. Mabee, «Jacob y Labán: Estructura de procesos judiciales (Gn 31.25-42)», VT 30 (1980): 192-207.

John L. Harris

LABOR, TRABAJO, ESFUERZO

Actividad humana en forma de trabajo, esfuerzo y labor que se expresa en variadas maneras en las Escrituras, lo cual refleja su importancia económica, moral y espiritual. El término «trabajo» cubre una amplia gama de significados que incluye la actividad constructiva y lo que se hace. Esto se ve reflejado (Sal 145) en la naturaleza de Dios, cuya obra es sólida en su poder creativo (vv. 4, 17) y en sus resultados (v. 10). Las historias de la creación en Génesis 1–2.3; 2.4b-25 reflejan dos aspectos diferentes de la obra divina. En Génesis 1–2.3 se celebra la grandeza soberana de Dios, cuya voz manda y todo se ordena mediante la sabiduría de un gobierno exacto. En Génesis 2.4b-25 la obra de la creación es más que un experimento, a veces proactivo (v. 7) y a veces reactivo (v. 18). En esta historia el verbo «formar» (Gn 2.7-8, 19) resalta la artesanía del alfarero (véase Jer 18.1-11; Is 64. 8). De hecho, una amplia gama de oficios y artes continúan para formar las hechuras de la obra de Dios en las Escrituras, por ejemplo, refinación, trilla, construcción, silvicultura, la irrigación y blanqueo.

En la historia de la caída del hombre (Gn 3.1-24) es significativo que el castigo de la humanidad se describe no como trabajo sino como esfuerzo arduo (v. 17). El trabajo también puede conducir a la tentación de orgullo (Gn 11.1-9 contraste Sal 127); en consecuencia la oración habitual por la bendición va acompañada de trabajo (Sal 129.8; Rt 2.4; véase Jue 6.12). El propósito del trabajo creativo se elogia en la literatura de sabiduría (Pr 10.4; 18.9) para los hombres y las mujeres (31.10-31) y otorga libertad (12.24; 22.29). Sin embargo, puede resaltarse una nota pesimista acerca de la naturaleza duradera del trabajo humano (Ec 2.18-20; 5.13-20; véase 2.24). Esto condujo finalmente a la valoración del estudio de la Torá como una actividad preferible al trabajo manual (*Sir* 38.24-34; véase Hch 6.2-4 el pasaje anterior presenta una buena descripción de la actividad comercial en el mundo antiguo; véase Ap 18.11-19).

Aunque Jesús y los discípulos dejaron sus trabajos por la misión del Reino, Jesús empleó ilustraciones del trabajo en sus enseñanzas (Lc 9.62). En las parábolas la manera de obrar de Dios puede reflejarse como un apoyo a la vida laboral (Mr 12.1-9; Lc 17.7-10) o un quebrantamiento de las tradiciones (Mt 20.1-15). Pablo, sin embargo, decidió trabajar «con sus propias manos» (1 Co 4.12; véase Hch 18.3; 20.34), aunque podía solicitar apoyo (1 Co 9.4, 14) y lo recibió (2 Co 11.8). Tal práctica le permitió evitar ser carga a otros (1 Co 9.18; 2 Co 11.9; 12.13). También, su trabajo sirvió como una exhortación a la autosuficiencia (1 Ts 2.9-12; 2 Ts 3.7-13), no sólo por el bien de la congregación, sino como un testimonio a la sociedad en general (1 Ts 4.12).

Una visión positiva del trabajo se refleja especialmente en la carta de Santiago, que valora la fe tanto como la práctica (Stg 2.18-26) y como una protección contra la codicia (4.13–5.6; véase Mt 6.25-33). En términos generales, la humanidad no puede confiar en el trabajo para justificarse ante Dios (Ro 3.20), pero el trabajo es la expresión de la fe y un medio de servicio (1 Jn 3.17-18; Mt 25.31-46; Ap 14.13; véase 20.12). Especialmente en el cuarto Evangelio, el trabajo manifiesta la única actividad de Dios a través de Jesús (Jn 5.17). Los milagros de Jesús son sus obras (Jn 10.25; 14.11). La obra de Dios en Jesús absolutamente representa la expresión de la gloria divina que se refleja en nuestra naturaleza humana (Gn 1.26). De modo que para Juan, como en efecto para toda la Escritura, el entendimiento de la obra creativa y redentora es inseparable, como son los aspectos económicos y espirituales de toda la actividad humana.

Bibliografía. G. Agrell, *Work, Toil, and Sustenance* (Stockholm, 1976); R. J. Banks, *God the Worker* (Valley Forge, 1994).

James Francis

LACEDEMONIA (Gr. *Lakedaimonioi*)

LACONIOS

Habitantes de Lacedemonia (más tarde llamado Esparta), la capital de Laconia, entre los cuales el sumo sacerdote Jasón buscó refugio (2 Mc. 5.9).

LACUM (Heb. *laqqûm*)

Ciudad fronteriza en el territorio tribal de Neftalí (Jos 19.33). El sitio se identifica generalmente como la moderna Khirbet el-Manṣûrah (202233), suroeste del punto donde el río Jordán desemboca del mar de Galilea.

LADRILLO

Uno de los materiales de construcción más comunes en el antiguo Cercano Oriente. En Mesopotamia ladrillos cocidos en horno eran comunes (como en el relato de la Torre de Babel, Gn 11.3); ladrillos secados al sol fueron utilizados en Egipto y Palestina hasta la época romana. En las colinas de Palestina, donde era abundante, se utilizaba la piedra para los fundamentos y el adobe para la superestructura; en Egipto se utilizó la piedra para construir templos y monumentos reales.

Las excavaciones han demostrado que el adobe se utilizaba ampliamente ya desde el período neolítico. En Jericó neolítico eran comunes los ladrillos hechos a mano «hog-back», seguidos por ladrillos «bun», y los ladrillos hechos de forma rectangular a principios de la Edad de Bronce. Se utilizó adobe para construir los muros de ciudades monumentales, viviendas privadas y edificios públicos como los públicos.

La fabricación de ladrillos ha sido una ocupación importante desde la prehistoria hasta el Egipto de nuestros días. Las pinturas egipcias que representan la fabricación se conocen conocen desde tiempos del imperio antiguo; estas pinturas muestran el remojo de la arcilla, la mezcla de la arcilla con paja u otros materiales, y la conformación de los ladrillos ya sea a mano o en un molde de madera. Algunos ladrillos egipcios fueron sellados con el nombre del faraón, aunque se han encontrado más numerosos ejemplos de ladrillos estampados en Babilonia.

Jennie R. Ebeling

LAEL (Heb. *lā'ēl*)

Gersonita levita, padre de Eliasaf (Nm 3.24).

LAGARTO

Reptil, generalmente pequeño, de la subespecie *lacertilia*, una amplia variedad de los cuales se encuentran en el Medio Oriente. Seis diferentes palabras hebreas aparecen como designación de lagartos sólo en Levítico 11.29-30. Debido a que los términos zoológicos hebreos no tiene la precisión de la terminología científica moderna, poco es absoluto sobre el significado de estos términos más allá de la probabilidad de que todos indican tipos de lagartos: Heb. *ṣāḇ*, (RVR «gran lagarto»; RV «tortuga»); *'ănāqâ* (RVR «lagartija»; lit., «gemido, lloro», que puede ser el sonido característico de la lagartija); *kōaḥ* (RVR «cocodrilo» lit., «fuerte», utilizado probablemente para el lagarto que parece más fuerte); ***lĕṭā'â*** (RVR «lagarto»); *ḥōmeṭ* (RVR «lagartija de tierra»); y *tinšemeṯ* (RVR «camaleón»; también se utiliza para una variedad de aves en Levítico 11.18; Dt 14.16). Heb. *śĕmāmîṯ* (Pr 30.28) puede ser otra palabra para una especie de lagarto; en arameo talmúdico la palabra (deletreada *sĕmāmîṯ* o *sĕmāmîṯā'*) se utiliza para arañas venenosas, así como lagartos.

Jesper Svartvik

LAGOS AMARGOS

Dos lagos conectados, los lagos amargos Grande y Pequeño, entre el extremo norte del Golfo de Suez y el Mar Mediterráneo. Mientras estaban esclavizados en Egipto, los israelitas vivieron al oeste de los lagos amargos en la tierra de Gosén. Durante el éxodo, los israelitas entraron en la Península de Sinaí al sur de los lagos o al norte de los lagos, viajando a lo largo de la costa oriental hacia el monte Sinaí.

Pete F. Wilbanks

LÁGRIMAS (Heb. *Bākā'*), **Valle de**

Un valle que aparentemente contenía ciertos árboles (Heb. «¿bálsamo[?]»), que exudaban resina o goma (el término hebreo puede estar relacionado con *bākâ*, «llorar», de ahí «árboles llorones»). Este valle, de identificación desconocida, aparentemente era una región árabe a través de la cual los peregrinos caminaban en su ruta a Jerusalén (Sal 84.6 [TM 7]).

LAHAD (Heb. *lahaḏ*)

Judaíta, hijo de Jahat (1 Cr 4.2). Su clan fue contado entre las familias de los zoratitas.

LAHMAM (Heb. *laḥmām*)

Pueblo de la Sefela, o tierras bajas, de Judá y parte de la herencia de la tribu (Jos 15.40). El TM lee Heb. *laḥmās*, pero la mayoría de otros manuscritos leen *laḥmām*, sugiriendo un error del escriba resultante de las letras muy similares del hebreo *mem* y *samek*. Aunque la ubicación del lugar es incierta, es en el mismo distrito como Laquis. Khirbet el-LaFm (140108), 4,5 km (3 mi). S de Jibrín/Beth Beit Guvrin (140113), es un posible candidato.

Jennifer L. Groves

LAHMI (Heb. *laḥmî*)

Hermano del gigante Goliat, el geteo, asesinado por Elhanán (**1**; 1 Cr 20.5). Según 2 Samuel 21.19 la víctima de Elhanán fue el mismo Goliat. Algunos estudiosos consideran el relato en 1 Crónicas como un intento editorial de concordar 2 Samuel 21.19 con 1 Samuel 17.4. Una sugerencia alternativa es que «Lahmi, el hermano de Goliat» puede que refleje un error del escriba («Lahmi» con el signo del objeto directo, como en 1 Cr 20.5, es *ʾeṯ-laḥmî;* cf. *bêṯ hal-laḥmî,* «de Belén» en 2 S 21.10).

LAIS (Heb. *layiš*) **(LUGAR)** (TAMBIÉN LESEM)
Ciudad cananea en Palestina del norte, capturada por los danitas cuyo nombre se cambió a Dan (Jue 18.7, 27, 29). En Josué 19.47 se llama Lesem. El sitio ha sido identificado como Tel Dan/Tell el-Qâ1i (2112.2949), 17 km (10.5 mi) norte del antiguo lago Huleh en la fuente de Nahr el-Leddan.

LAIS (Heb. *layiš*) **(PERSONA)**
Padre de Palti (1 S 25.44)/Paltiel (2 S 3.15).

LAIS (Heb. *layšâ*)
Pueblo probablemente en el territorio de la tribu de Benjamín (Is 10.30). Se cita con otras ciudades Benjamitas al norte de Jerusalén en una visión del profeta Isaías (Is 10.28-32). Esta visión refiere la destrucción de las ciudades por una invasión desde el norte (probablemente los asirios bajo Sargón II o Senaquerib, al final del siglo VIII a.C.). Lais posiblemente se identifica con la moderna el-ʿIsāwiyeh (174134) o con Rās et-Tawīl (173138), situado al noreste de Jerusalén.

John R. Spencer

LAMEC (Heb. *lemeḵ;* Gr. *Lámech*)
Nombre que ocurre en dos genealogías en Génesis. En la genealogía de la línea de Caín (Gn 4.17-24) Lamec es hijo de Metusael y asegura el orgullo del lugar asociado con la séptima generación desde Adán. Se resalta la importancia de esta posición por el hecho de que una genealogía lineal (una sola línea del nombre de los descendientes, Gn 4.17-18) vuelve a «dividirse» cuando se nombra a tres hijos de Lamec y su hija (vv. 20-22; véase 5.32; 11.26). Como el padre de los primeros criadores de ganado (Jabal), los primeros músicos (Jubal) y los primeros metalúrgicos (Tubal-Caín), Lamec se presenta como un progenitor del desarrollo cultural y la diversificación. Por tanto, se ha comparado esta lista con la tradición mesopotámica de los siete «sabios» prediluvio que originaron las artes y las habilidades de la cultura. De particular interés es el «canto de Lamec» (Gn 4.23-24), dirigido a sus dos esposas, Ada y Zila. Este glorifica la excesiva venganza: por una herida, Lamec mataría; y amenaza una venganza de setenta veces siete (cf. la ley del talión [Lv 24.19-20] y el mandamiento de Jesús de contraste [Mt 18.22]).

En la genealogía del P de la línea de Set (Gn 5.3-31), Lamec es el hijo de Matusalén y el padre de Noé. Al igual que en la línea de Caín, Lamec otra vez es el único individuo que habla; pero esta vez en lugar de palabras de ira, habla de la esperanza de «alivio» a través de Noé. Aquí Lamec es noveno en una lista de 10 que concluye con Noé. Un patrón similar de 10 generaciones que termina con el héroe del diluvio se evidencia en algunas ediciones de la lista del rey sumerio.

Bibliografía. J. M. Sasson, «A Genealogical 'Convention' in Biblical Chronology?» *ZAW* 90 (1978): 171-85; R. R. Wilson, *Genealogy and History in the Biblical World* (New Haven, 1977).

Jeffrey S. Rogers

LAMENTO
Uno de los géneros literarios más antiguos y mejor atestiguados en el antiguo Cercano Oriente. El Antiguo Testamento contiene por lo menos cuatro diferentes tipos o subgéneros de lamento: marcha fúnebre, lamento de la ciudad, lamento individual y lamento comunal. La endecha fúnebre, común en muchas sociedades tradicionales como las del antiguo Cercano Oriente, la entonaba uno de los familiares del difunto o amigo cercano como parte de la ceremonia para el fallecido. Estas marchas se caracterizan típicamente por frases cortas exclamativas del tipo, «¡Oh, mi hijo¡» pasajes narrativos que contrastan el pasado que gloriosamente se representa del difunto con el triste presente y, cuando sea relevante, las imprecaciones se dirigen a aquellos responsables por la muerte de la persona fallecida. El AT contiene sólo dos endechas de sepelios genuinas, 2 Samuel 3.33-34; Jeremías 38.22. Sin embargo, hay varias transformaciones literarias de la endecha fúnebre (por ejemplo, 2 S 1.19-27), y varios de los motivos más comunes de la endecha han sido adoptados en el lamento de la ciudad.

El lamento de la ciudad debe su inspiración original a la endecha fúnebre, cuando ella lamenta la destrucción de una ciudad como si la ciudad fuera una persona fallecida. El conocimiento de las endechas de la ciudad se remonta a finales del tercer milenio a.C. en la antigua Mesopotamia. Estos lamentos describen la destrucción de ciudades particulares y sus santuarios importantes. La causa de la destrucción se atribuye a la caprichosa decisión de la asamblea divina encabezada por su principal dios Enlil. Los lamentos comúnmente narraban el abandono de las ciudades y los santuarios por sus principales dioses y diosas y el embate de la tormenta de Enlil, una metáfora para el ataque militar del enemigo. La diosa que llora, representa el lamento por la destrucción de su ciudad, figura prominente también en estos poemas. El libro de Lamentaciones comparte un gran número de características de género con estos lamentos de Mesopotamia, sugiriendo que el poeta sabía de este género y tomó bastante de él para la composición de su propio lamento israelita de la ciudad. El lamento de la ciudad como una forma de entonación probablemente ocurre en otros lugares en el Antiguo Testamento también (p. ej., Sal 137; Is 15.1–16.14; 47-15; Jer 48.1-47; Am 5.1-3, 16-20; Mi 1.2-16).

El lamento individual tan conocido del salterio hebreo tiene precursores en composiciones similares de Mesopotamia, tales como las cartas de las oraciones de los sumerios y las oraciones *šu-illa*. Los siguientes elementos se encuentran con frecuencia en los lamentos individuales en los Salmos (Sal 3, 6, 13, 22, 28, 31, 51, 88, 102): se dirige a Jehová, queja que describe la situación (a menudo empleando el lenguaje metafórico de la enfermedad), solicitud de ayuda, declaración de confianza, afirmación de inocencia o confesión de pecado y elementos de hímnica.

Por tópicos, los lamentos comunes se pueden dividir en dos grupos: los que lamentan la destrucción de la ciudad y el templo (Sal 44, 60, 74, 79, 80, 137) y aquellos cuyo enfoque está en otros tipos de crisis de la comunidad (42-43, 58, 83, 106, 125). Estos lamentos al parecer se han empleado en los días de ayuno o en momentos de grave peligro. Las principales características del lamento comunal se asemejan bastante a los del lamento individual: se dirige a Jehová, himnos de alabanza, descripción de la devastación, queja y petición de ayuda.

F. W. Dobbs-Allsopp

LAMENTACIONES, LIBRO DE

Una secuencia de cinco poemas compuesta un tiempo después de la destrucción de Jerusalén en 587/586 a.C., tal vez para ceremonias de conmemoración de este evento. Con toda probabilidad los poemas fueron compuestos en Palestina, y aunque se desconocen el autor o los autores, no hay ninguna razón contundente para suponer que más de una persona era responsable de estos poemas.

Género

La secuencia completa exhibe una fuerte dependencia de la queja de la ciudad, un género literario más conocido de la antigua Mesopotamia. Los lamentos de la ciudad originalmente fueron compuestos para las ceremonias de las sectas durante la demolición de los antiguos santuarios justo antes de su restauración. Estos lamentos describen la destrucción de la ciudad y sus santuarios principales, con representaciones del abandono de los dioses y el eventual regreso a la ciudad, la embestida del ataque enemigo y los lamentos por la diosa principal de la ciudad.

Lamentaciones comparte un tema común con los lamentos de las varias ciudades de Mesopotamia, también ciertas afinidades estructurales, funciones de los protagonistas principales, temas, motivos e incluso ocasionales frases paralelas. Parece innegable que Lamentaciones se basa en el mismo género literario como estas composiciones de Mesopotamia. Sin embargo, es igualmente evidente que Lamentaciones no es una simple cuna de cualquier lamento en particular de la ciudad de Mesopotamia. El lenguaje, las imágenes, las formas poéticas y técnicas, la teología y su cosmovisión general son completamente de índole israelitas. Además, las descripciones del lamento de la ciudad pueden encontrarse a lo largo de la literatura profética, que se remonta al menos al siglo VIII, sugiriendo que el género del lamento de la ciudad de hecho era conocido en Israel por lo menos 200 años. El poeta tomó este género y lo manipuló para que sirviera a sus propios propósitos. La diferencia más obvia entre Lamentaciones y los lamentos de Mesopotamia se encuentra en la trayectoria trágica de Lamentaciones.

A diferencia de los lamentos de la ciudad de Mesopotamia, que son en última instancia cómicos en orientación (es decir, los dioses regresan, el templo se reconstruye y se reanudan las rutinas diarias), Lamentaciones es básicamente trágica en orientación. Nunca se oye de Jehová y al final de la secuencia no se dirige al lector a creer en el retorno de Jehová o que alguna vez en el futuro cercano sucederá la reconstrucción del templo. Por el contrario, la secuencia concluye con amargas declaraciones resaltando el abandono continuo de Jehová.

Lírica y estructura lírica

Como los Salmos y el Cantar de los Cantares, Lamentaciones se componen del discurso lírico, y como tal no muestra ningún interés en informar o narrar los acontecimientos del 587/586 que componen el asunto del tema. Por el contrario, pretende explorar el complejo cúmulo de emociones como la tristeza, ira, culpa, esperanza, desesperación, el miedo, odio, la venganza, compasión, el perdón, la incertidumbre, desorientación, que han suscitado en el poeta y someterlos a un examen, deliberación y argumentación. Lamentaciones como discurso lírico no centra la historia, trama, desarrollo del personaje ni presta atención al escenario. En cambio, ella depende casi exclusivamente en la lengua y la manipulación del lenguaje como su medio de discurso. La imagen, perspectiva y las pautas formales son primordiales. La norma es parataxis. Las figuras se apilan unas sobre otras y se pone las imágenes de una manera no muy diferente a un montaje de una película. La poesía cambia de un punto emocional alto al siguiente. Las emociones contradictorias se pueden captar simultáneamente y se afectan entre sí.

Por ejemplo, en 1.18 confesión de Sion («Jehová es justo, yo contra su palabra me rebelé») inmediatamente se yuxtapone a una llamada a los pueblos para examinar las heridas de Sion, es decir, que sus hombres y mujeres jóvenes han sido obligados al cautiverio. Estas imágenes evocan respuestas contradictorias que saturan y cambia de una a otra. La confesión de Sion se suaviza a la luz del sufrimiento resultante y el exilio, y este exilio está justificado (al menos hasta cierto punto) por la rebelión de Sion. Esta es la esencia de la lírica. No busca tanto resolver un problema o llegar fácilmente a una conclusión definitiva sino lograr una comprensión minuciosa y genuina del asunto. Lamentaciones como un todo analiza, enuncia y prueba el llamativo tapiz de emociones provocadas por la destrucción de Jerusalén.

Cada uno de los poemas en Lamentaciones expresa su propia integridad lírica. Al mismo tiempo, se relacionan como un todo, armonizando mutuamente de manera análoga a la obra de los temas individuales o las figuras en una sola lírica. Típicamente se comparten los temas comunes, motivos, vocabulario, las voces y las figuras entre los diferentes subgrupos de dos o tres poemas. Pero la cohesión está incorporada en la secuencia principalmente a través de los patrones formales de repetición, la más notable de las cuales comprende el acróstico alfabético, el metro qinah y las líneas de encabalgamiento no paralelísticas. Cada uno de estos domina de varias maneras los cuatro primeros poemas en Lamentaciones.

En el poema final estos patrones dominantes se reducen radicalmente. El acróstico alfabético ya no se utiliza para organizar el poema (excepto tal vez en el número de líneas, 22), y la mayoría de los versos individuales principalmente son paralelísticos y equilibrados. Este cambio dramático proporciona efectivamente la secuencia con un fuerte sentido de cierre. Este cierre formal contrasta dramáticamente con la apertura temática que de lo contrario se experimenta al final de la secuencia.

Contenido

Los dos primeros poemas están dominados por la personificación del complejo del templo de la ciudad, que representan Sion. Lamentaciones 1 abre con una serie de versos en tercera persona que representan Sion después de la destrucción de la ciudad (1.1-11). Predominan los antropomorfismos. Sion se representa como viuda, princesa y esclava (1.1, 3), amiga o amante rechazada (v. 2), víctima de una probable violación (v. 10) y madre (v. 5). Llora (v. 2), recuerda (v. 7), peca y suspira (v. 8). En la segunda mitad del poema (1.12-22) la perspectiva cambia a Sion misma. Gran parte de la misma tierra que habla en la primera parte del poema se vuelve a tratar, pero esta vez desde la perspectiva de Sion. Este primer poema considera la destrucción de Jerusalén a través de la persona de Sion. El lector ve su propia pérdida personal y los malos tratos a manos del enemigo e incluso de Jehová. Toda la gama de las emociones se exploran en este poema inicial, pero se presta atención especial a tres temas en particular: la propia responsabilidad de Sion de la destrucción y su culpa resultante, la ausencia de un consolador y su deseo de venganza.

Lamentaciones 2 también se abre con una serie de versos de tercera persona (2.1-8). Sin embargo, la perspectiva ha cambiado. Sion sigue presente, pero los antropomorfismos asociados con ella en el primer poema aparecen aquí como trasfondo. Sion como la ciudad específica está muy presente en el primer plano. Además, Sion ya no es el tema o tópico gramatical de la acción. En cambio, Jehová como guerrero divino ocupa el centro de la escena. Aquí el poeta hace uso de dos motivos literarios y mito-poético tradicionales: el día de Jehová y la representación de Jehová como guerrero divino. Tradicionalmente, Jehová como el guerrero divino iría a la batalla en su día en nombre de Israel. Por supuesto la victoria es segura. Aquí, siguiendo una extensa tradición profética comenzando por lo menos con Amós, el poeta cambia estas dos tradiciones. En efecto, se describe Jehová como el guerrero divino que va a la batalla en el día de su ira, pero esta vez sus acciones centran en Judá en vez de obrar a favor de Judá. Jehová no solamente permite que el enemigo ataque Jerusalén, sino que dirige la acusación y desempeña la función central en la destrucción. En efecto, incluso se representa a Jehová como el enemigo. Esta representación de Jehová está manipulada al menos de dos maneras: permite al poeta salvar el prestigio de Jehová, Jehová no es derrotado por deidades superiores de Mesopotamia, sino que él fue el autor de la derrota. Al mismo tiempo, no puede haber ninguna duda de que Jehová es personalmente responsable por el sufrimiento resultante.

Como en Lamentaciones 1, hay un cambio de perspectiva en la segunda mitad del poema. Un diálogo entre el narrador y Sion ocupa mucho de esta parte del poema, significativamente, aquí no se oye de Jehová ni en alguna otra parte en Lamentaciones. El poeta no encuentra palabras para describir la catástrofe e insta a Sion misma que ruegue a Jehová en nombre de su comunidad. Pero en cambio, Sion desafía la justica de las acciones de Jehová. Ella abre su discurso en 2.20 con una pregunta retórica aguda: «¿Han de comer las mujeres el fruto de sus entrañas, los pequeñitos a su tierno cuidado?» La respuesta es, por supuesto, un rotundo no. La insinuación es no importa la culpa de Judá, nada puede justificar el tipo de estilo de vida que los sobrevivientes han sido obligados a consecuencia de las acciones de Jehová.

Lamentaciones 3 nuevamente cambia de perspectiva. Esta vez la voz es la de un representante masculino de la comunidad que indaga la escena del sufrimiento en el vocabulario de los lamentos individuales y comunitarios que se conoce de los Salmos. Alrededor del v. 18 el disertante ha tocado fondo. Pero en este momento el disertante comienza a reflexionar sobre la tradición de la sabiduría que enseña, entre otras cosas, que si uno soporta el sufrimiento propio, eventualmente Jehová corregiría los errores encontrados (vv. 25-39). Esta sección de Lamentaciones 3 es donde muchos estudiosos han encontrado el único rayo de esperanza en la secuencia. Aunque sin duda la posibilidad de esperanza que el poeta presenta, en última instancia falla hablar de la experiencia del disertante. Su reflexión sobre la esperanza llega a su clímax en los vv. 40-41 donde invita a sus conciudadanos a la confesión y el arrepentimiento. Pero luego en el v. 42 el tenor gira bruscamente a la desesperación, como si el peso del sufrimiento persistente repentinamente otra vez vuelve sobre el disertante. Él confiesa, «Nosotros nos hemos rebelado, y fuimos desleales; tú no perdonaste». La reprimenda de la segunda línea nos guía de nuevo a la realidad. El resto del poema se hunde en la desesperación. Cualquier esperanza que el poeta haya acogido temporalmente claramente es absorbida por el sufrimiento.

Lamentaciones 4, como los dos primeros poemas en la secuencia, se abre con ilustraciones narrativas de tercera persona. Esta vez las figuras ilustran la situación de determinados grupos representando a la comunidad como un todo: los niños (vv. 1-4), los ricos y privilegiados (vv. 5, 7-8), las madres (v. 10), los profetas y sacerdotes (vv. 13, 16), los ancianos (v. 16) e incluso el rey (v. 20). El poema se cierra con imprecaciones dirigidas a Edom (VV. 21-22).

Lamentaciones 5 es el único poema que no está limitado por el acróstico alfabético o el metro qinah. En este marcado cambio en los patrones formales de repetición que de otra manera dominan la secuencia, el poeta efectivamente anuncia el cierre de la secuencia. El poema apela fuertemente a la tradición del lamento comunal conocido de los Salmos. Es significativo que el pecado y la culpa otra vez se reconocen en esta voz comunal, pero sin embargo la comunidad continúa cuestionando lo correcto de las acciones de Jehová: «¿Por qué te olvidas completamente de nosotros, y nos abandonas tan largo tiempo?» «Porque nos has desechado; te has airado contra nosotros en gran manera.»

W. Dobbs-Allsopp

LÁMPARA

Vasija bastante pequeña, muy parecida a un recipiente pequeño, que contenía aceite en el cual se colocaba una mecha. Las lámparas de aceite eran muy conocidas antes del cuarto milenio a.C., cuando se quemaban en recipientes de piedras que contenían aceite. Por el tercer milenio el platillo redondo cambió en una lámpara, normalmente con cuatro depresiones leves en su borde (se han encontrado lámparas con siete «labios»); y estas a su vez se convirtieron en cuatro aberturas, y en el segundo milenio las lámparas tenían sólo una abertura. El estilo de este plato simple hecho con la rueda con una abertura es lo que Israel imitó de sus vecinos cananeos y utilizó durante todo el período del AT.

Las lámparas (Heb. *nēr*) normalmente se hacían de barro cocido o raramente de metal, mientras que la mecha se hacía de un cordón absorbente, a menudo de fibra de lino. La mecha generalmente se proyectaba por fuera del borde del caño. El combustible más temprano fue la grasa animal, pero alrededor del tiempo del AT se utilizaba extensamente el aceite de oliva y ocasionalmente el aceite de sésamo. La primera extracción de aceite que se obtuvo por trituración de las aceitunas en una prensa produjo un aceite liviano, libre de grasa que era comestible y más deseable. También, el mejor aceite se empleaba para fines religiosos (Ex 20).

Las segundas y terceras extracciones produjeron aceite de mayor contenido graso. Este aceite de grado inferior se empleaba ampliamente en las lámparas y casi no tenían humo ni olor. Las grandes lámparas podían contener aceite suficiente para quemar durante toda la noche, pero eventualmente la mecha se quemaba toda y requería ajuste. Ya que no había fósforos en ese entonces, se debía mantener un fuego o una mecha prendida en el hogar. Las lámparas más pequeñas corrían el peligro de apagarse durante la noche (Pr. 31.8), y alguien tendría que levantarse durante la noche para mantener la lámpara. Además de un recipiente de almacenamiento para el aceite, se empleaba un instrumento puntiagudo afilado como un cuchillo o una astilla de madera para recortar la mecha quemada. Probablemente algo similar a unas pinzas se empleaba para extinguir la llama. Con mayor frecuencia se colocaban las lámparas en nichos cóncavos en las paredes de las casas, sobre una mesa, o en tiempos posteriores se colgaban del techo. Si se la coloca sobre una mesa había probablemente un recipiente debajo para la estabilidad y para retener cualquier aceite que emanaba lentamente a través de la lámpara de arcilla. Para evitar esta pérdida de aceite a través de la arcilla, se remojaba en agua la lámpara y entonces se colocaba una pequeña capa de agua en la parte inferior de la lámpara en la que flotaba el aceite. Las lámparas también tenían un uso religioso. Hasta una mitad de todas las vasijas que se enterraban con los muertos eran lámparas de aceite. El simbolismo aquí es que la lámpara/luz equivale a la vida y la oscuridad equivale a la muerte (2 S 21.17). También se empleaban las lámparas en la dedicación de los edificios. Estas lámparas eran nuevas con sólo leves indicios de ignición. Tal vez se encendían solamente durante la dedicación por un breve tiempo. La lámpara como fuente de luz se utiliza en un número de maneras metafóricas. Ella ilumina el camino (Sal 119), representa los preceptos divinos o sabios (Pr 6.20, 23), y un fuego que arde en su seno (20.27). Jehová es la lámpara del salmista (Sal 18.29 [TM 30]), y David es la lámpara de Israel (2 S 21.17). Negativamente, la lámpara de los impíos se apagará (Pr 13.9; Job 18.5-6) y altivez de ojos y orgullo de corazón, la lámpara de los impíos, es pecado (Pr 21.4). La lámpara del Santuario en el tabernáculo se llama *mā'ôr* (Ex 25.6; 20; 35.28), el mismo término usado para el sol y la luna en Gn 1.14-16.

En tiempos del NT, las lámparas generalmente más pequeñas, a menudo eran recipientes cerrados y con decoraciones geométricas. Probablemente alumbraban por sólo cuatro o cinco horas si se las encendía al atardecer de modo que se apagaba alrededor de la medianoche (Mt 25. 1-12). Juan el Bautista (Jn 5.35) y Jesús (21.23) fueron comparados a las lámparas. La buena enseñanza se comparaba con una lámpara que alumbra (2 P 1.19). Mantener las lámparas encendidas implica estar listo para el servicio (Lc 12.35).

Bibliografía. R. H. Smith, «The Household Lamps of Palestine in Old Testament Times,» *BA* 27 (1964): 2-31; «The Household Lamps of Palestine in Intertestamental Times,» *BA* 27 (1964): 101-24; «The Household Lamps of Palestine in New Testament Times,» *BA* 29 (1966): 2-27.

JAMES C. MOYER/MICHAEL D. GUINAN, O.F.M.

LANGOSTA

Un insecto del orden ortóptero y de la familia de acrídidos, se distingue del saltamontes por su comportamiento gregario y por moverse en enjambre. En Palestina se pueden encontrar tres especies de langostas. La langosta europea (*locusta migratoria L.)* y la langosta marroquí (*Dociostaurus moroccanus* Thnbg.) generalmente son inofensivas; ocasionalmente se han observado enjambres gregarios en tiempos históricos. La langosta del desierto (*Schistocerca gregaria Forsk*) es más común, que regularmente invaden Palestina desde sus criaderos a orillas del Mar Rojo y en la región del Sáhara-Sahel. El término hebreo común *'arbeh* (y probablemente

Gr. *akrís* en el NT) se refiere a la langosta del desierto. El hebreo *sālʿām* señala la langosta calva, que se considera limpia para comer (Lv 11.22).

Otros términos hebreos que se refieren a las langostas no se identifican tan fácilmente. El hebreo *gōḇay* (variante *gēḇâ)* parece ser un sinónimo de ʾ *arbeh*. El hebreo *yeleq, ḥāsîl* y *gāzām* generalmente se interpretan como etapas de desarrollo de la langosta del desierto. En este caso, el *yeleq* es la ninfa, la *ḥāsîl* y *gāzām* son dos etapas sucesivas de la oruga y el*ʾarbeh* es la langosta adulta madura que es capaz de volar. Aunque esta interpretación tiene algo de apoyo de la descripción de la plaga de langosta en Joel 1.2–2.11, se enfrenta a varios problemas. En primer lugar, las cuatro etapas de la langosta del desierto son no fácilmente discernible (la langosta del desierto se convierte a través de seis estadios). En segundo lugar, parece que estos términos se usan intercambiablemente con *ʾarbeh* y mutuamente (Nah 3.15-17; Sal 78.46; 105.34) y para representar una catástrofe distinta (1 R 8.37). Los términos no parecen ser usados con precisión.

La Biblia proporciona una serie de descripciones realistas de la actividad de la langosta. La narrativa de la plaga del Éxodo (Ex 10.12-20) y las descripciones de la plaga en Joel (Jl 1.6-7; 2.3-9) son precisas en detalle ecológico. En otros lugares, la Biblia registra que nubes de langostas llegan a Palestina en la primavera (Amós 7.1), y que las langostas dependen del calor del sol para moverse (Nah 3.17). La actividad de la langosta también sirve como una base para las metáforas. En particular, las dos características prominentes de las langostas, que pululan en grandes cantidades y tienen un apetito voraz, describen el tamaño y la capacidad destructiva de los ejércitos enemigos (Jue 6.5; 7:12; Jer 5.17; 46.23; 51.14).

Bibliografía. B. P. Uvarov, *Grasshoppers and Locusts,* 2 vols. (Cambridge, 1966-1977).

RONALD A. SIMKINS

LANZA

Originalmente, una cuchilla con cola delgada que se insertaba en un mango de madera y se sostenía con una atadura. En el segundo milenio se introdujo la cabeza articulada. En esta época también aparecieron los cabos de metal, que permitían que el extremo de la lanza se usara como un garrote o bastón en la tierra, cuando no se usaba (1 S 26.7; 2 S 2.23). La lanza promedio era de 2 a 3 m (6.5-10 pies) de largo. Era un arma básica de infantería y después de los carros de guerra. Las lanzas se usaban para defenderse del ataque de caballería, en el combate cuerpo a cuerpo y para defender una ciudad que estaba bajo sitio. Al usarla con un movimiento e impulso, la lanza podía producir una herida letal. Permanecía en manos del guerrero en toda la batalla y, por lo tanto, se clasifica como un arma de corto alcance. En comparación, la jabalina, que era más corta y menos pesada, fue diseñada principalmente para ser lanzada (1 S 17.6-7, 45). En la mejora más importante de estas armas participó el material del que se construía la cuchilla (primero piedra, luego cobre, bronce y hierro).

La lanza, que se originó en épocas prehistóricas como un dispositivo para cazar, se adaptó para ser usada en guerra, por lo menos ya en el cuarto milenio. Hizo su aparición en Israel al final del tercer milenio, a través de peregrinos nómadas del norte. La lanza de cuchilla de metal, y otras armas tecnológicamente avanzadas, eran escasas en la historia antigua de Israel (1 S 13.19-20). Sin embargo, a partir de la Monarquía Unida, la lanza apareció con mayor frecuencia. Inicialmente, solamente se encontraba en manos de la élite (1 S 13.22). En el período monárquico tardío, llegó a ser, principalmente, armamento de las fuerzas militares (1 Cr 12.8, 24, 34; 2 Cr 11.12; 14.8; 26.14).

Bibliografía. T. R.Hobbs, *A Time for War.* OTS 3 (Wilmington, 1989); Y. Yadin, *The Art of Warfare in Biblical Lands,* 2 vols. (Jerusalem, 1963).

W. E. NUNNALLY

LAODICEA (Gr. *Laodíkeia)*

Ciudad de Asia Menor, una de las siete iglesias que se trata en Apocalipsis 1-3. Laodicea *ad lycum* fue fundada alrededor del 250 a.C., por el rey sirio Antíoco II, nombrada en honor de su esposa Laodice. Estaba ubicada en una meseta elevada en el valle del río Lico y situada aproximadamente a 10 km (6 mi) al sur de Hierápolis, 18 km (11 mi), Oeste de Colosas y 161 km (100 mi), al este de Éfeso. Las carreteras principales convierten a Laodicea en una vía pública. En el siglo I a.C., Laodicea se convirtió en centro bancario, financiero y textil, así como una zona famosa por los juegos de gladiadores. En el año 60 d.C., fue devastada por un terremoto, pero los habitantes ricos rechazaron la ayuda financiera del imperio para la reconstrucción (Tácito *Ann* 14.27). Las excavaciones han puesto al descubierto un estadio, gimnasio, dos teatros, varias iglesias y un sistema de agua. En la actualidad el sitio está deshabitado. La iglesia en Laodicea, liderada por una mujer llamada Ninfas (Col 4.15), probablemente se inició durante el prolongado ministerio de Pablo en Éfeso (Hch 19.10) cuando su colega, Epafras, evangelizó la ciudad (4.13). Pablo exhorta a las iglesias en Laodicea y Colosas a que compartan entre sí la lectura de las cartas que había escrito (4.16); la «carta a los de Laodicea» ya no existe. La carta de Juan a los de Laodicea (Ap 3.14-22) se refiere a la industria textil de la ciudad («vestiduras blancas», v. 18), su suministro de agua tibia (vv. 15-16) y el colirio de sus ojos (v. 18), que era conocido como «polvo de Frigia». Al parecer los laodicenses recibieron la advertencia de Juan: la iglesia continuó prosperando y se convirtió en el hogar de famosos obispos (por ejemplo, Sagaris), debates (la fecha correcta de la Pascua) y concilios de la iglesia (listado del canon del NT, 367).

Bibliografía. E. M. Blaiklock, *Cities of the New Testament* (London, 1965); C. J. Hemer, *The Letters to the Seven Churches of Asia in Their Local Setting* (1986, repr. Grand Rapids, 2000); J. McRay, *Archaeology and the New Testament* (Grand Rapids, 1991).

Gary M. Burge

LAODICEA, CARTA A LOS DE

La carta perdida que Pablo exhorta obtener a la iglesia de Colosas de Laodicea (4.16). «La carta a los laodicenses» también se refiere a una carta breve, seudónima, apócrifa que se atribuye a Pablo y que pretende ser la carta de Colosenses 4.16. La carta seudónima es una colección de frases y oraciones de las cartas paulinas canónicas, especialmente Filipenses (Laod. 8, véase Fil 1.21; Laod. 9, véase Fil 2.2). Ningún motivo aparente hay para producir esta carta aparte de proveer la carta desaparecida de la colección Paulina. La carta seudónima fue escrita alrededor del siglo IV y fue conocida por Teodoro de Mopsuestia y Jerónimo. No se encuentra en los manuscritos griegos del NT, pero por el siglo V se encontró en un gran número de manuscritos de latín medieval; nada en su contenido sugiere que era la carta a los laodicenses mencionados en el Canon Muratorio (siglo II) supuestamente había sido escrita para apoyar la herejía de Marción. La iglesia Oriental consideró la carta fraudulenta a comienzos del siglo IV, pero la iglesia de Occidente la había considerado auténtica hasta el segundo Concilio de Nicea (787).

Bibliografía. W. Schneemelcher, «The Epistle to the Laodiceans,» in *New Testament Apocrypha,* ed. W. Schneemelcher and R. McL. Wilson, rev. ed., 2 (Louisville, 1992), 42-46.

Duane F. Watson

LAPIDACIÓN

La ejecución por lapidación en el AT (heb. *sāqal* o *rāgam*) frecuentemente significaba apedrear al criminal hasta que muriera (1 S 30.6; 1 R 12.18), acción que transmitía una obligación colectiva de quitar el pecado de la comunidad. La ubicación del apedreamiento era afuera del campamento o la ciudad (Lv 24.14; Nm 15.35; Dt 17.5; 22.24; 1 R 21.13). Se desnudaba a la víctima y después la golpeaban con piedras (Ez 16.39-40), primero los testigos y después todo el pueblo (Dt 17.7). Entre los ejemplos del NT de esta forma de lapidación (*litházō* o *lithoboléō*) están el castigo para la mujer que fue sorprendida en adulterio (Jn 8.7) y la reacción a las afirmaciones controversiales de Jesús y los apóstoles (Jn 10.31; Hch 14.5). La multitud lanzó piedras a Esteban hasta que murió (Hch 7.58).

La literatura judía posterior (*m. Sanh.* 6.1-4) describe un proceso muy deliberado para lapidar criminales, que permitía un testimonio de última hora que podría interrumpir la ejecución. Un testigo empujaba a la víctima desde una altura de 3 m. (10 pies), a veces ocasionándole la muerte. Si no, se rodaba una gran piedra hacia el borde y se hacía caer sobre su pecho. Si esto todavía no le ocasionaba la muerte, los participantes lanzaban piedras hasta que muriera.

Entre las ofensas castigables con lapidación estaba la idolatría (Dt 17.2-7; 13.6-10[TM 7-11]), el sacrificio de niños a Moloc (Lv 20.2-5), profetizar en el nombre de un dios extranjero (Dt 3.1-5[2-6]), adivinación (Lv 20.27), blasfemia (24.15-16), quebrantamiento del día de reposo (Nm 15.32-36), muerte causada por un buey (Ex 21.28-32), adulterio (Dt 22.22-24) y rebelión de los hijos (21.18-21).

Dennis Gaertner

LAPIDOT (Heb. *lappîḏôṯ*)

Esposo de la profeta y juez Débora (Jue 4.4). Algunos estudiosos sugieren que el nombre es un hipocorístico del general Barak, puesto que ambos nombres significan «rayo».

LAPISLÁZULI
Piedra de color azul profundo (Heb. sappîr) marcada con trazas de pirita de hierro («oro del ingenuo»), bien conocida y ampliamente utilizada en joyería y pequeñas decoraciones en el Cercano Oriente antiguo (véase RVR; por ejemplo, Job 28.6, 16; 5.14; Is 54; Ez 28. 13; RVR «zafiro»). Debido a la naturaleza de los antiguos métodos de clasificación, el tipo exacto de piedra ahora conocido no se puede determinar con certeza.

LAQUIS (Heb. *lākîš*)
Antigua ciudad cananea y bíblica situada en la Nahal Laquis/Wadi Ghafr a 24 km (15 mi), al oeste de Hebrón. Tel Lakhis/Tell ed-Duweir (1357.1083), identificada como Laquis antigua, es un gran montículo de unos 12,5 hectáreas (31 a) con vistas a un camino de la llanura costera en las colinas de Hebrón.

Antiguo Testamento
Laquis como ciudad cananea y de Judá aparece 22 veces en la Biblia. En la antigüedad Laquis se encontraba en las cercanías de Libna, Gezer y Eglón (Jos 10.31, 34). Su rey cananeo Jafía entró en una alianza militar con los reyes de otras cuatro ciudades —Adonisedec de Jerusalén, Hoham de Hebrón, Piream de Jarmut y Debir de Eglón (Jos 10.3, 5)— contra las fuerzas de Israel dirigida por Josué. En un intento de obligar a los habitantes en esa alianza militar, las fuerzas combinadas sitiaron la ciudad de Gabaón. Josué derrotó al ejército atacante en respuesta a la alianza con Gabaón.

Los cinco reyes (incluyendo Jafía) escaparon, pero más tarde fueron capturados en una cueva en Maceda y posteriormente fueron ejecutados (Jos 10.22-27). Se menciona específicamente el asedio de dos días de Laquis, una de las ciudades «fortificadas» de la coalición (Jos 10.20), por el ejército israelita (v. 32). Gezer envió soldados en ayuda de Laquis, pero fue en vano porque Josué tomó varios sitios en el sur de Canaán (Jos 10.33-39; 12.11). Laquis aparece de nuevo en la lista de la herencia de la tribu de Judá (Jos 15.39).

2 Crónicas 11.9 incluye Laquis en la lista de las ciudades fortificadas por Roboam de Judá, región a la que más tarde el rey Amasías huyó, presumiblemente debido a sus fuertes defensas, siendo asesinado después (2 R 14.19; 2 Cr 25.27). El ejército asirio asedió Laquis durante el reinado de Ezequías (2 R 18.14, 17; 2 Cr 32.9; véase 2 R 19.8), finalmente la tomó y la destruyó (Is 36.2; 37.8; véase Mi 1.13). La destrucción inminente de Laquis en el reinado de Sedequías fue anunciada por el profeta Jeremías (Jer 34.7). Finalmente, se nombra Laquis como una aldea que se volvió a ocupar en tiempos posteriores al exilio (Neh 11.30).

Otras fuentes

Laquis se nombra en fuentes extrabíblicas muy tempranas como el siglo XV a.C. El Papiro del Ermitage 1116A, la menciona entre las ciudades cananeas donde los emisarios egipcios residieron; así también Laquis aparece en las Cartas de Amarna, y en una carta de la misma época encontrada en Tell el- Ḥesi. Nabucodonosor evocó la conquista de Laquis, nombrando y representando a la ciudad en un relieve en piedra. Eusebio se refiere a Laquis como situada a 11 km (7 mi) de Eleuterópolis (Beth Guvrin).

Tel Laquis/Tell ed-Duweir
La excavación de Tel Laquis/Tell ed-Duweir comenzó en 1932-38 por John L. Starkey y fue continuada por Yohanan Aharoni (1966, 1968) y David Ussishkin (1972-1992). La ocupación humana en el lugar probablemente comenzó tan temprano durante el período neolítico y continuó en el calcolítico y a principios de la Edad de Bronce; sin embargo, es escasa la evidencia acerca de estos asentamientos, aunque parece probable que todo el montículo había sido ocupado durante el período de Bronce II temprano. Desde la temprana EB IV se excavaron en la roca un cementerio de 120 tumbas y una pequeña aldea asentada en un llano al oeste del montículo principal.

Laquis se convirtió en una ciudad-estado importante en la Edad de Bronce Medio II y estaba muy fortificada; aunque no hay rastro del perímetro del muro que ha sido desenterrado, su existencia fue verificada por la presencia de una rampa revestida y una zanja profunda o fosa en la base del montículo. Un «Palacio» bien construido en el centro del sitio, así como tumbas muy decoradas que fueron excavadas en la roca fuera de la ciudad, lo cual prueba la importancia de Laquis en la región. El nivel final del asentamiento en la Edad de Bronce Medio fue destruido en un incendio. No fue sino hasta finales de la Edad de Bronce II, denominado nivel VII, que Laquis recuperó la reputación como una ciudad-estado que había disfrutado en la Edad de Bronce Medio II. Los fuertes lazos con Egipto atestiguan esta distinción. Sin embargo, como la mayoría de las ciudades cananeas de la edad de bronce tardío, aparentemente Laquis no estaba fortificada; de hecho, el foso perteneciente a la defensa del BM ahora era el sitio de un templo que tuvo al menos tres fases principales de uso.

Nivel VI, la última ciudad de la edad de bronce tardío sobre el montículo, fue construida a lo largo de diferentes líneas arquitectónicas, aunque claramente mostraba afinidades culturales con el nivel VII. Un gran edificio público tomó el lugar de las unidades domésticas del nivel VII, y se construyó un templo en la cima del montículo en lugar del nivel VII del foso del templo. Junto a un grupo de artefactos de origen egipcio (un pictograma de Ramsés III en un objeto de bronce y fragmentos de vasijas con escritura hierática que describían los impuestos que se habían pagado a una institución religiosa egipcia), el plano de este nuevo templo, que imita al de los templos egipcios en Amarna y Deir el-Medeineh, sugiere fuertes lazos con el gobierno de Ramsés III.

Laquis del nivel VI de la edad de bronce tardío fue completamente destruida y posteriormente abandonada hasta el siglo X. Aunque la destrucción de esta última ciudad cananea parece concordar con la descripción de la conquista de Laquis en Josué 10.20, la identidad del conquistador no se puede resolver fácilmente, debido a problemas en la correspondencia de la fecha de la caída de Laquis con el tiempo de Josué. De la misma manera, es probable que Laquis del nivel VI encontró su fin a manos de los pueblos del mar. En cualquier caso, la caída de Laquis expone la pérdida de Egipto del control de Canaán.

El asentamiento israelita más temprano de Tel Laquis/Tell ed-Duweir es el nivel V, una ciudad no fortificada asignada por lo general al período de la monarquía unida. Además de los pequeños edificios domésticos en varios puntos sobre el montículo, Aharoni localizó un edificio dedicado a la actividad sectaria en las cercanías del así llamado santuario solar del nivel I. De esta sala sectaria se recuperaron soportes de cerámica para incienso, cálices y un altar de piedra. La destrucción del nivel V puede haber sido por el egipcio Sheshonq aproximadamente en el 925.

Laquis del nivel IV, una gran ciudad real, estaba fuertemente fortificada, probablemente en respuesta a las condiciones militares y políticas cambiadas. 2 Crónicas 11.9 adjudica la fortificación de Laquis a Roboam, aunque la evidencia arqueológica sugiere una fecha un poco más tarde para el fundamento del nivel IV (Ussishkin sugiere Asa o Josafat). La masiva fortificación se modeló con un portal de seis cámaras, una puerta exterior que se extendía más allá del muro de la ciudad a la cima del monte, una segunda línea de defensa intermedia por la pendiente del monte y un declive que se extendía entre las dos murallas de la ciudad; la nueva ciudad ahora incluía una residencia para el gobernador judaíta, una gran fortaleza-palacio construido en lo alto de una plataforma elevada o podio, otros edificios gubernamentales y un pozo profundo. Pocas estructuras domesticas se han descubierto dentro de las murallas de la fortaleza del nivel IV.

Partes de la ciudad del nivel IV fueron destruidas, posiblemente por un terremoto, requiriendo una importante reconstrucción de la puerta de la ciudad, parte de la fortaleza-palacio (designado Palacio B por los excavadores, ampliadas aquí también en nivel III), una «residencia» y la «muralla cerrada», aunque no la muralla del límite mismo de la ciudad. Esta fortaleza reconstruida también aumentó en población, como lo demuestra el número adicional de las estructuras domésticas. A pesar de su vasto sistema defensivo, sin embargo, un ejército asirio atacó y destruyó Laquis en el 701. El asedio de la ciudad incluyó la construcción de una gran rampa de rocas y tierra que se extendía desde el fondo del valle a la cima de la esquina suroeste de la muralla de la ciudad, con el fin de permitir que las armas de asedio rompieran las defensas. Los que se defendían respondieron con una «contra rampa» en el borde del muro para elevar más alto el nivel de defensa del nivel del asedio. Una segunda rampa de asedio sobre la primera selló el destino de los que se defendían, que fueron asesinados o deportados. Ambas, la rampa de asedio y la «contra rampa» han sido identificadas por las excavaciones de Ussishkin. La batalla de Asiria por Laquis fue más tarde conmemorada en relieve en los paneles de piedra en el Palacio asirio en Nínive.

Laquis fue reconstruida (nivel II) como una ciudad fortificada en el siglo VII, probablemente durante el reinado de Josías. Este pueblo era más pequeño y con menos defensa que la ciudad del nivel III. Este pueblo también sufrió la destrucción total,

Soldados asirios que transportan botín y escoltan presos de la ciudad capturada de Laquis. Detalle de relieve del palacio al suroeste de Senaquerib en Nínive (704-681 a.C.); Museo Británico (Erich Lessing / Art Resource, N.Y.)

en 587/586, por las fuerzas de Nabucodonosor de Babilonia. Se encontró carta del personal militar en las ruinas del nivel II; estas «cartas de Laquis» probablemente fueron enviadas al comandante de Laquis por un subordinado cuya ubicación cercana requería informes regulares. Tras un período de abandono Laquis volvió a la actividad al principio del período persa como un centro administrativo. La construcción en el monte incluyó la restauración de las fortificaciones, una residencia pequeña o palacio y un templo (llamado el santuario solar debido a su entrada hacia el sol naciente). El nivel I duró hasta la época helenística, y durante ese tiempo la residencia fue ocupada por «residentes ilegales». El templo, sin embargo, continuó en uso. El descubrimiento de una reserva de algunos 200 altares de incienso de piedra caliza, encontrada fuera del monte, probablemente se relaciona con los rituales practicados en el santuario solar. En el período helenista Laquis fue finalmente abandonada como un sitio de ciudad o pueblo.

Bibliografía. Y. Aharoni, *Investigations at Lachish: The Sanctuary and the Residency (Lachish V)* (Tel Aviv, 1975); H. Torczyner et al., *Lachish I: The Lachish Letters* (London, 1938); O. Tufnell et al., *Lachish II: The Fosse Temple* (London, 1940); *Lachish III: The Iron Age* (London, 1953); *Lachish IV: The Bronze Age* (London, 1958); D. Ussishkin, *The Conquest of Lachish by Sennacherib* (Tel Aviv, 1982); «Excavations at Tel Lachish — 1973-1977: Preliminary Report,» *Tel Aviv* 5 (1978): 1-97; «Levels VII and VI at Tel Lachish and the End of the Bronze Age in Canaan,» in *Palestine in the Bronze and Iron Ages,* ed. J. N. Tubb (London, 1985), 213-30.

Paul F. Jacobs

LASA (Heb. *leša'*)

Lugar en la antigua frontera de Canaán (Gn 10.19). El nombre significa «fisura» o «abismo», que probablemente deriva de la naturaleza geográfica de la región. Aunque la ubicación exacta de Lasa es incierta, se identifica tradicionalmente con Callirhoe (moderno Wadi Zerqā Mā'in), Este del Mar Muerto. Los límites exactos que se describe en el texto son inciertos, que hace que algunos identifiquen el sitio con Laash o NuDashe en Siria.

David C. Maltsberger

LASEA (Gr. *Lasaía*)

Ciudad en la costa meridional de Creta (Hch 27.8), junto a Buen Puerto/Kali Liménes. No se menciona en otra parte en la literatura antigua.

LÁSTENES (Gr. *Lasthenēs*)

Cretense que había provisto a Demetrio II con mercenarios en su lucha con Alejandro Balas para el trono seléucida (Josefo *Ant.* 13.4.3 [86)]. A cambio, Demetrio dio a Lástenes una posición prominente en el reino, tal vez la gubernatura de Coele-Siria o primer ministro. Referencias a una carta de Demetrio a Lástenes (1 Macc 1 11.30-37; *Ant.* 13.4.3 [29-126]) dan testimonio de su importancia en el gobierno seléucida. En la carta, Demetrio informa de los cambios de política entre los seléucidas y Jonatán, el sumo sacerdote hasmoneo.

Rodney A. Werline

LATÍN

El idioma de los romanos en los tiempos bíblicos (Jn 19.20). El latín es importante de varias maneras para los estudios bíblicos: las traducciones latinas tempranas proporcionan testimonios textuales para las secciones de algunas obras apócrifas; los críticos de textos utilizan las traducciones latinas en su estudio del AT griego y NT y del AT hebreo;

latín es también el lenguaje del comentario bíblico en el Occidente latino hasta e incluyendo los tiempos de la Reforma.

Algunas de las primeras traducciones de la Biblia fueron al latín. Estas versiones en latín antiguo (Vetus Latina) son valoradas como evidencia de la existencia de interpretaciones del manuscrito griego que ahora están perdidas. Asimismo, el trabajo posterior de revisión de Jerónimo para producir la Vulgata Latina puede utilizarse para proporcionar información sobre las versiones del texto hebreo que ya no existen. El renovado interés en la historia de la exégesis da nueva importancia a la práctica del comentario en latín. Algunos comentarios griegos han sobrevivido solamente en la traducción latina (por ejemplo, algunos trabajos de Orígenes).

En la actualidad, el trabajo continúa en la edición de los textos mayormente fragmentarios de la Biblia Latina antigua. El conveniente dos volúmenes Stuttgart Biblia Sacra (ed. Robert Weber, 3rd ed., 1985) representa una condensación (con revisiones menores) de las ediciones completas de la Vulgata del AT y NT. La *Nova Vulgata* (Roma, 1979), que se utiliza en la Nestle-Aland *Novum Testamentum Graece et Latine* (Stuttgart, 1984), debe distinguirse de la Vulgata de Jerónimo; está diseñada para proporcionar una traducción latina moderna para uso eclesiástico.

MICHAEL CAHILL

LAÚD

Instrumento musical que probablemente tenía un largo mástil, parte superior de piel, dos o tres cuerdas, y forma triangular. La palabra hebrea *šālîš* (1 S 18.6) es interpretada por algunos como «laúd»; su nombre (del hebreo *šālôš*, «tres») se refiere a sus tres cuerdas. En este pasaje, las mujeres de Israel tocaron estos instrumentos, junto con panderos (panderetas), para celebrar la liquidación de Goliat por parte de David. El laúd no era un instrumento utilizado en el culto del templo. El término hebreo corresponde al acadio *šalaštu*, que era un instrumento con un largo mástil, parecido al moderno banjo.

Se sabe que hay representaciones de estos instrumentos, tanto en pinturas en tumbas egipcias como en un relieve de Carquemis; no se conocen ejemplos de ellos en Palestina. Aunque algunas versiones de la Biblia traducen Sal 150.3 y 92.3 [TM 4], como «laúd» *nēḇel* y *ʿāśôr*, respectivamente), la versión RV traduce la palabra como «arpas», con más de tres cuerdas (heb. *ʿāśôr*, «diez»).

JENNIE R. EBELING

LAVADERO

Fuente o basa (RVR) utilizado para el lavado ceremonial que se asociaba con el tabernáculo del desierto (Ex 30.17-21) y el templo de Jerusalén (1 R 7.38-39; 2 Cr 4.6). Por ejemplo, el Heb. *kiyyôr* denota una plataforma de bronce donde Salomón se puso sobre él delante de la asamblea solemne para ofrecer sus oraciones en la dedicación del Templo (2 Cr 6.13). El término también puede tener asociaciones más profanas, refiriéndose a un caldero o una olla de fuego (1 S 2.14; Zac 12.6). La fuente ceremonial asociada con el tabernáculo del desierto debía hacerse de bronce y colocarse entre el tabernáculo de reunión y el altar para que Moisés, Aarón, y sus hijos pudieran lavarse las manos y los pies cada vez que se acercaban al altar o entraban en la tienda de reunión (Ex 30.18-21; 40.30-32). El carácter sagrado de la fuente se indica por la habilidad divinamente inspirada necesaria para construirla (Ex 31. 1-11) y el mandamiento de ungirla juntamente con otros muebles del tabernáculo (30. 22-29; 40.9-11).

El templo de Salomón tenía 10 fuentes ceremoniales utilizadas principalmente para el lavado de los artículos asociados con los holocaustos (2 Cr 4.6). Aquí, el enfoque está en el esplendor de las fuentes más que su carácter sagrado, como en el tabernáculo. Las 10 fuentes de bronce, cada una contenía 40 batos (un bato era aprox. 23 l. [6 gal]), y cada uno estaba sobre su propia base de bronce, con ruedas (1 R 7.27-37). Estos soportes elaborados fueron saqueados por Acaz varios siglos más adelante en su intento de sobornar al rey de Asiria (2 R 16.17).

KEVIN D. HALL

LAVADOR

Ocupación que suponía trabajo con tela. El Heb. *kāḇas* implica caminar sobre la tela con el propósito de limpiarla, en tanto que en el NT, el gr *gnapheús* sugiere la acción de preparar la fibra. El trabajo constaba de engrosar o encoger la tela nueva, así como de limpiar y teñir la tela o prendas de vestir. Frecuentemente el lavado de telas suponía caminar sobre ella o golpearla (Ex 19.10; 2 S 19.24). Las soluciones que se usaban para lavar las telas consistían de lejía (Mal 3.2 NVI), barro blanco, cenizas de plantas especiales u otras mezclas alcalinas. Los arqueólogos han descubierto grandes ollas de barro que se cree que se colocaban en frente de las tiendas de los lavadores, como urinales públicos, para producir soluciones que ayudarían a separar la suciedad de las telas.

La ubicación de un lavador requería tanto de campos como de abundante agua. Después de lavar el paño, se extendía en el suelo para que el sol lo blanqueara. En el AT aparecen referencias al campo del lavador (2 R 18.17; Is 7.3; 36.2). El trabajo que hacía el lavador de limpiar los paños se convirtió en una metáfora de pureza (Sal 51.7[TM 9]; Jer 2.22; 4.14; Zac 3.3-5; Ap 4.4).

Dennis Gaertner

LAVADO DE PIES

En el antiguo Cercano Oriente, donde los caminos eran polvorientos y las sandalias eran los artículos de calzado comunes, hacer la provisión para que invitados o viajeros lavaran sus pies era un acto de hospitalidad común (Gn 18.4; 19.2; 24.32; Lc 7.36-50; cp. Jn 12.1-8). El lavado de pies también llegó a ser parte de los rituales de purificación requeridos de sacerdotes antes de entrar en el santuario o acercarse al altar (Ex 30.19-21; 40.31).

Jesús realizó la tarea servil de lavar los pies de sus discípulos mientras ellos estaban a la mesa durante la Última Cena. Elogió su acción como un ejemplo del tipo de servicio que los discípulos deberían proporcionar el uno al otro (Jn 13.1-20). Algunos comentaristas ven el acto de Jesús como una representación simbólica del efecto limpiador que su muerte tendría para la gente contaminada por el pecado. El ritual de lavar «los pies de los santos» es listado como una «de las buenas acciones» necesarias de mujeres que tienen derecho a la orden de «viudas» (1 Ti 5.9-10). El rito de lavar los pies todavía es practicado el jueves santo en muchas iglesias.

Bibliografía. J. D. G. Dunn, «The Washing of the Disciples'Feet in John 131-20,»*ZNW* 61 (1970): 247- 52; H.Weiss, «FootWashing in the Johannine Community,» *NovT* 21 (1979): 298-325.

Jeffrey T. Tucker

LAVARSE

El acto de limpieza, para los fines de higiene personal, así como la purificación ritual. Las referencias al lavado normal mencionan específicamente sólo los pies (Gn 18.4; 19.2; 24.32; 43.24; Jn 13.3-11), las manos (Ex 30.19, 21; Mt 15.2), y la cara (Gn 43.31; Mt 6.17). En cuanto a los rituales de purificación, los sacerdotes y levitas estaban obligados a lavarse (Ex 40.12; Lv 8.6) así como sus ropas (Nm 8.21; 19.7) antes de realizar las tareas asignadas (cf. Ex 30.20, «para que no mueran»). Para purificarse de la enfermedad o el contacto con la carne muerta, a otros miembros de la comunidad también se les requiere observar los lavados ceremoniales (Lv 15.5; 17.15).

El lavado también connota purificación del pecado (Sal 51.2[TM 4]; Is 1.16) y la regeneración espiritual (Tit 3.5 NVI mg; cf. Jn 3.5).

See Baño; Lavado de pies.

LÁZARO (Gr. *Lázaros*)

Nombre judío común (Heb. *'el-'āzār* «Dios ayuda»). Lucas 16.19-31 relata una parábola de Jesús sobre el contraste del destino eterno de un hombre rico y un pobre Lázaro (el único personaje que se nombra en las parábolas de Jesús). Una parte fundamental del Evangelio de Juan (Jn 11.1–12.11) presenta a Jesús que levanta a Lázaro de entre los muertos como el acto que decidió la determinación de los opositores de Jesús para matarlo. Los intérpretes a menudo discurrían sobre si estas dos historias se relacionan. Algunos han sugerido que el relato de Juan tomado de la parábola de Lucas como una demostración de que en efecto Lázaro regresa de la muerte (y en última instancia el mismo Jesús) no cambiaría las acciones de las personas (véase Lc 16.30-31). Otros han sugerido que la historia de Juan del milagro fue la que eventualmente impone un nombre al personaje en la parábola de Lucas. El consenso, en la medida en que haya uno, sigue siendo que las dos figuras no están relacionadas.

Gran parte del estudio de la parábola de Lázaro y el rico (Lat. «rico») en el siglo XX se ha centrado en posibles antecedentes literarios. Hugo Gressmann argumentó que la historia es tomada de la leyenda egipcia sobre el recorrido del hades por Si-Osiris y Setme que concluyó con el mensaje que aquellos que habían hecho bien en la vida serían recompensados en la muerte, mientras que aquellos que habían hecho el mal sería castigados. Otros han argumentado recientemente por paralelos más semejantes en las historias de Cínico sobre los viajes al hades (Lucían *Cataplus* o Menippus *Nekyia*). Como mínimo, la parábola de Lázaro subraya el tema teológico de Lucas que «Dios ayuda» a los pobres. El Lázaro del Evangelio de Juan al parecer vivió en Betania con sus hermanas María y Marta. Un punto que se enfatiza a lo largo de la historia es el amor especial de Jesús y la relación con Lázaro (Jn 11.3, 5, 11, 35-36). Este énfasis ha llevado a algunos a proponer que Lázaro pudo haber sido el «discípulo amado» (por ejemplo, Jn 13.23; 21.7, 20) cuya muerte parece haber sido tan preocupante para la comunidad juanina (21.23). Sin embargo, allí no hay consenso de los eruditos sobre la identidad del discípulo amado.

TIMOTHY B. CARGAL

LAZOS Y TRAMPAS

Para colocar trampas se utilizaban lazos (sogas colocadas en caminos de caza para atrapar lo que fuera, desde conejos hasta faisanes; Am 3.5), buenas redes de malla (para las aves; Jer 5.26-27), grandes redes (para antílopes; Is 28.13) y hoyos que se usaban con redes o púas de madera (para leones; Ez 19.4, 8). La captura por medio de trampas proveía de suministros a la corte real (1 R 4.23[TM 5.3]) y, especialmente en tiempos de hambruna, a los campesinos.

Los lazos y las trampas también se utilizan metafóricamente en la Biblia. Las profetisas que hacían encantos son como trampas de ave (Ez 13.17-23). Jerusalén es un animal que ha sido cazado y atrapado en una red (Is 28.13). A una persona inocente, a quien se le ponen trampas en la corte, se le priva de justicia (Is 29.21). Hay peligros ocultos (Pr 22.14) en el camino del inocente (Sal 35.8). Los justos están en peligro (Sal 119.85) de los que buscan atraparlos en hechos inmorales (Pr 23.27) o en adoración falsa (Dt 7.16, 25).

En el NT una trampa describe la llegada inesperada del reino de Dios (Lc 21.34-35), el lazo del diablo (1 Ti 3.7; 2 Ti 2.26), o el encanto de las riquezas (1 Ti 6.9). Entre otros usos metafóricos está la descripción de Jesús como una trampa para los judíos (p. ej., 1 Co. 1.23) y la intención de los fariseos de atrapar a Jesús con algo que él pudiera decir (Mr 12.13; Lc 11.54).

WILLIAM R. DOMEIRS

LEA (Heb. *lēʾâ*)

Hija mayor de Labán, hermana de Raquel y primera esposa de Jacob. Ella es la madre de seis hijos y una hija. Se cree que su nombre en hebreo significa «vaca».

A través del engaño de su padre, Lea se casó con el ingenuo Jacob, que tenía la intención de casarse con Raquel (Gn 29.16-26). El texto no indica qué parte Lea jugó en el engaño de Labán. Como resultado, sin embargo, termina casada con un hombre que no la ama y comparte ese esposo con su hermana. Debido a la falta de atención de Jacob por ella, Dios bendice a Lea con gran fertilidad, mientras que Raquel es estéril. Lea da a luz a Rubén, Simeón, Leví, Judá, Isacar y Zabulón (Gn 29-35; 30.14-20). Ella también arregla para que su sierva Zilpa tenga dos hijos de Jacob, Gad y Aser, que también se atribuyen a Lea. Además tiene una hija, Dina (Gn 30. 21).

A menudo se describe a Lea como poco atractiva, en contraste con su hermosa hermana. Esta descripción gira en torno a la interpretación del hebreo *rakkôm* que se emplea para describir los ojos de Lea (Gn 29.17). La mayoría de las traducciones describen la palabra como «débil», pero otra traducción posible podría ser «sensible» o «suave». Un acontecimiento dominante en las historias que envuelven a Lea y su hermana sobre el compartimiento de un esposo se produce cuando uno de los hijos de Lea, Rubén, encuentra algunas mandrágoras, que habrían sido un antiguo afrodisíaco. Lea intercambia sus mandrágoras con Raquel (con la esperanza de usarlos para concebir) para dormir una noche con Jacob. Lea concibe de esa unión (Gn 30.14-20). A través de sus acciones y deseos, Lea se convierte en una de las «madres de Israel».

Bibliografía. S. P. Jeansonne, *The Women of Genesis* (Minneapolis, 1990).

LISA W. DAVISON

LEBANA (Heb. *lĕḇānâ*)

Cabeza de una familia de siervos del templo cuyos descendientes regresaron con Zorobabel del cautiverio en Babilonia (Esd 2.45; 1 Esd 5.29, «Lebana»; Neh 7.48, «Lebana»).

LEBAOT (Heb. *lĕḇāʾôṯ*) (También BET-LEBAOT)

Ciudad en el extremo sur de Judá (Jos 15.32). En Josué 19.6 se llama Bet-lebaot ciudad asignada a Simeón. Probablemente es el mismo que Bet-birai (1 Cr 4.31).

LEBEO (Gr. *Lebbaíos*)

Interpretación alternativa para Tadeo en algunos manuscritos de Mateo 10.3. Las opciones incluyen «Tadeo», «Lebeo», «Lebeo, por sobrenombre Tadeo» y «Lebeo llamado Tadeo». De éstos solamente los dos primeros son viables. El nombre también ocurre en Marcos 3.18 con mucho menos apoyo de los manuscritos. Los significados posibles incluyen «hijo amado» o «un valiente». Con frecuencia se identifica como una designación descriptiva para

«Judas de Santiago» en Lucas 6.16; Hechos 1.13, donde el nombre Tadeo ni Lebeo ocurre.

DAVID R. BECK

LEBONA (Heb. *lĕḇônâ*)
Ciudad en el monte de Efraín, c. 5 km (3 mi) noroeste de Silo, camino a Siquem (Jue 21.19). El sitio ha sido identificado como el pueblo moderno el-Lubban (173164).

LEB-KAMAI (Heb. *lēḇ qāmā*)
Cifrado para Caldea (Jer 51.1; RVR mg «Kasdim»). *Véase* Athbash.

LECA (Heb. *lēkâ*)
Judaíta, hijo de Er y descendiente de Sela (1 Cr 4.21). El contexto, sin embargo, sugiere que Leca era un lugar en el territorio tribal de Judá, fundada por Er. Porque Maresa, que se menciona en el mismo texto, se encuentra al noroeste de Hebrón, Leca habría estado situada en la misma región, aunque no se puede identificar más precisamente.

LECHE
Alimento líquido, especialmente importante para el sustento de los recién nacidos (cf. 2 Mac 7.27). La leche es una necesidad humana básica (Eclo 39.26); los agricultores criaban regularmente ovejas y cabras para obtener productos lácteos. En el AT, la cabra era el principal productor de leche (Pr 27.27). La Tierra Prometida es llamada la «tierra que fluye leche y miel» (Ex 3.8), refiriéndose tanto a la abundancia agrícola de la tierra de Canaán, como al hecho de que Dios alimentaría a los israelitas allí.

Una prohibición religiosa prohíbe cocinar al cabrito en la leche de su madre (Ex 34.26). Esta curiosa regla ha sido la base exegética para la práctica judía de no cocinar o comer carne y productos lácteos al mismo tiempo.

La leche es utilizada como un símil de blancura (Gn 49.12) y como una metáfora del amor romántico (Cnt 4.11). La leche puede referirse a la riqueza material (Is 60.16) o la alimentación moralizante (55.1). La leche espiritual es muy deseable (1 P 2.2). Referida metafóricamente a la comunicación de la instrucción y del conocimiento básico, la «leche» es un alimento para los creyentes inmaduros, mientras que los creyentes maduros deben comer alimento sólido (1 Co 3.2).
Véase PRODUCTOS LÁCTEOS.

STEPHEN ALAN REED

LEGIÓN
La principal división del ejército romano (Gr. *legiōn*, del Lat. *legere*, «reunir»). Tras la derrota de Antonio en la batalla de Actium (31 a.C.), Octavio hizo muchas reformas militares. Redujo el número de legiones de 60 o 70 a 28 (150 mil hombres, además de un número igual de auxiliares) y cambió al ejército de una milicia a un ejército profesional (véase Tácito *Ann* 1,17). La mayoría de los gobernantes de este período mantuvieron una fuerza pequeña permanente de las tropas de élite apoyada por las sanciones civiles, que no eran rival para los legionarios profesionales (véase Flavio Josefo *BJ* 3.70-109).

La legión (Aprox. 6 mil hombres), bajo la autoridad del gobernador provincial o un prefecto (por ejemplo, Egipto), a menudo estaba comandada directamente por un legado imperial apoyado por tribunos y centuriones. Ella consistía en 10 cohortes: una cohorte de doble resistencia principal de 960 hombres y otras nueve cohortes de 480 soldados a pie y 120 de caballería (exploradores y jinetes de envío). Las cohortes se subdividían en seis centurias de 80 hombres, cada una comandado por un centurión. Un legionario estaba equipado con un gran escudo rectangular, casco con cuello protector y piezas para la mejilla, armadura del cuerpo (correas de cuero, o acero fraccionado), una espada corta, daga y una lanza pesada y jabalina ligera. En Mateo 26.53; Marcos 5.9, 15; Lucas 8.30 el término es figurativo para un gran número.
Bibliografía. B. Campbell, *The Roman Army, 31 b.c.–a.d. 337* (London, 1994); G. Webster, *The Roman Imperial Army of the First and Second Centuries a.d.*, 3rd ed. (Norman, Okla., 1998).

ANDREA LORENZO MOLINARI

LEHABIM (Heb. *lĕhāḇîm*)
Pueblo entre los hijos de Ham, nombrado como descendiente de Egipto (Gn 10.13; 1 Cr 1.11). Generalmente son identificados con los libios (quizás un significado alternativo del Heb. *lûḇîm*).

LEHEM (Heb. *leḥem*)
Una oscura forma hebrea que se encuentra en 1 Crónicas 4.22, posiblemente un lugar desconocido (según RVR) gobernado por Joás y Saraf. Algunas versiones la consideran una forma acortada de Belén (por ejemplo, NJB, REB) o interpretan el TM «Jashubi-lahem» como un nombre personal (véase RVR mg). Otra posibilidad es traducir «y regresó»,

en lugar de un nombre (véase formas idiomáticas similares en Dt 5.30; 1 S 26.12).

Robin Gallaher Branch

LEHI (Heb. *leḥî*)
Campamento filisteo donde el encarcelado Sansón se soltó y mató a mil filisteos con una «quijada (Heb. *leḥî*) de asno fresca» (Jue 15.9, 14, 19). Posteriormente fue llamado Ramat-lehi, «el lugar alto de Lehi» (Jue 15.17). Los filisteos después desplegaron tropas aquí contra David (2 S 23.11). El término hebreo se refiere generalmente a la quijada de un humano o animal, pero también puede indicar una característica geográfica. El sitio se encontraba probablemente en las tierras bajas de Judá.

Aaron M. Gale

LEJÍA, JABÓN
Sustancia para limpiar. La lejía de carbonato de potasio se obtenía de las cenizas de ciertas plantas, o se encontraba en la naturaleza. Una región de Egipto era conocida por su accesibilidad natural. Aristóteles describe la lejía como un elemento que se disuelve fácilmente en agua.

El jabón fue inventado por los fenicios, y era utilizado como tinte para el cabello, y como colirio, durante el período de los escritos bíblicos. No fue sino hasta el siglo II d.C., que el jabón es mencionado como agente de limpieza. Se hacía jabón combinando cenizas de plantas con un aceite. Es probable que el uso del jabón como limpiador, en el imperio romano, fuera el resultado del contacto con las tribus germánicas. La falta de referencias en cuanto a los agentes de limpieza, y a la importancia de las fragancias, indican que las antiguas normas de limpieza eran diferentes a las normas modernas.

En la Biblia, el empleo de lejía y jabón es usado metafóricamente para referirse a la purificación moral (p.ej., Job 9.30; Is 1.25; Jer 2.22; Mal 3.2), o al agudo dolor de la derrota (Pr 25.20).

Stanley Harstine

LEMUEL (Heb. *lĕmû'ēl*)
Rey («perteneciente/ dedicado a Dios») que se menciona en Proverbios 31. 1, 4, de otra manera desconocido. Algunas conjeturan que Lemuel era el rey de la tribu Masa o territorio, sin embargo, otros afirman que alude a Salomón. Los signos de puntuación y acentuación en el Códice de Leningrado (B19) indican que el hebreo *maśśā'* alude a lo que la madre del rey le ha impartido (RVR «oráculo»), no es un lugar.

David Cleaver-Bartholomew

LENGUAS
Lenguaje no aprendido hablado bajo la influencia del Espíritu Santo. Aparte de las «nuevas lenguas» que se incluye en el final extendido de Marcos (Mc 16. 17), las lenguas aparecen sólo en el NT en el libro de los Hechos de los apóstoles y 1 Corintios. En Hechos, el escritor habla de varios grupos de creyentes que hablaban en lenguas, y en 1 Corintios, Pablo discute el significado y la importancia de las lenguas, en el contexto de una congregación que hace uso de ellas. La palabra «glosolalia,» que no aparece en el NT, viene de la descripción en el NT del fenómeno, *lalein (en) glosse o lalein (en) glossais,* «hablar en lengua» o «hablar en lenguas.»

El día de Pentecostés, después de la muerte y resurrección de Jesús, los Doce (o posiblemente los 120), «empezaron a hablar en otros lenguajes, según el Espíritu le daba la habilidad» (Hch 2.4), los oyentes los escucharon «cada uno en su propia lengua (*dialektos*)» proclamando «los maravillas de Dios» (Hch 2.11). Más tarde en Hechos, otros dos grupos hablaban en lenguas: En la casa de Cornelio, cuando escucharon el mensaje de Pedro acerca de Jesús (Hch 10.46); y los 12 hombres en Éfeso, después de que Pablo los bautizara y pusiera sus manos sobre ellos (19.6).

En 1 Corintios 12—14 Pablo trata con *tá pneumatiká,* «dones espirituales» y *hoi pneumatikoi,* las «personas espirituales» que podían usar estos dones (1 Co 12.1; 14.1, 37; cf. 2.12-15; 3.1; Ga 6.1). Él plantea varios puntos los cuales se aplican a los dones espirituales en general, y en específico a las lenguas. El contenido de un discurso trae más peso que en la forma que se presenta, aun incluyendo discursos extáticos (1 Co 12.1-3).

El Espíritu Santo decide cual creyente recibe cual don (12.4-11). Los dones deben beneficiar el cuerpo de creyentes, no a cualquier individuo (14.1-5). Los dones menos espectaculares pueden significar tanto como los más dramáticos (12.14-26). No todos los creyentes reciben todos los dones (12.29-31). La verdad de Dios comunicada en lenguaje sencillo (p.ej., la profecía) tiene mayor significado que la comunicación en lenguas desconocidas. La iglesia debe restringir el hablar en lenguas a las ocasiones cuando hay alguien que las pueda interpretar (14.26-33). Y los dones más espectaculares no tienen significado si no hay amor (13.1-13).

Los eruditos difieren sobre la naturaleza de las lenguas en el NT y de la historicidad de los eventos. Las principales escuelas de pensamientos son estas: (1) El hablar en lenguas en Hechos 2, no es histórico y la experiencia de Corintios involucró «sonidos extasiados» (p.ej., en 1 Co 12.10) y no debe identificarse con algún lenguaje humano. Esta opinión excluye cualquier idea de habla milagrosa. (2) El hablar en lenguas de Hechos 2 es histórico, y las lenguas de 1 Corintios son lenguajes humanos. Esto representa un intento de ver todo el hablar en lenguas del NT como un mismo fenómeno. (3) El hablar en lenguas de Hechos 2 es histórico, pero las lenguas de 1 Corintios no son lenguajes humanos reales. Esto puede ser debido al hecho que Pablo no parece imaginarse una situación como la de Hechos 2, donde hablantes ordinarios escucharon hablar milagrosamente sus propios lenguajes.

La idea de que el «bautismo del Espíritu», una experiencia posconversión, incluye siempre hablar en lenguas encuentra un apoyo escaso en el NT. Hechos 11:15-17 sugiere que su autor consideraba el «don» (*doreá*) y el «bautismo» del Espíritu, como dos palabras que describen el mismo fenómeno. Sin embargo, la idea de que los dones milagrosos cesarían al terminarse el canon del NT, o los libros del canon, es un término teológico impuesto incómodamente en relación con las palabras de Pablo en 1 Corintios 13.9-10.

Bibliografía. W.E. Mills, *A Theological/Exegetical approach to Glossolalia* (Lanham, 1985); Mills, ed., *Speaking in Tongues* (Grand Rapids, 1986); V.S. Poythress, «The Nature of Corinthian Glossolalia: Possible Options,» WTJ 40 (1977): 130-35.

LENTEJAS

Fruto de una planta de la familia de las leguminosas (*Lens esculenta Moench*) cultivado desde tiempos muy remotos en el Cercano Oriente. Las lentejas crecían en los campos (2 S 23.11), a menudo con tallos como 45 cm (18 in). La planta producía una flor blanca y fruto en vainas pequeñas que contienen una o dos semillas. A juzgar por el «guiso rojo», «potaje», o «potaje de lentejas» que Esaú deseaba que Jacob le diera, las lentejas eran de color rojizo (Gn 25.30-34); Esaú fue, de hecho, posteriormente llamado Edom, palabra hebrea para el color rojo (Gn 25.30). Las lentejas se utilizaron para hacer pan (Ez 4.9) e incluso como medicina, porque las semillas ayudaban a aliviar el estreñimiento. Las lentejas estaban entre los alimentos que David y sus tropas recibieron (2 S 17.28). En los tiempos bíblicos se usaba principalmente como alimento para los pobres, el pan de lentejas es hoy una parte de la dieta de los pobres en el Medio Oriente.

J. Randall O'Brien

LEÓN

Carnívoro corpulento miembro de la familia de los felinos. El león asiático, *Panthera leo persica*, fue una vez muy común en todo el antiguo Cercano Oriente y en el Mediterráneo, pero se extinguió desde hace varios siglos en Palestina; en Mesopotamia sobrevivió en las ciénagas del Tigris y el Éufrates hasta el siglo XIX d.C. (cf. Jer 50.44).

Aunque Sansón mató a un león con sus propias manos (Jue 14.6), en los relatos del AT acerca de enfrentamientos con leones, éstos, por lo general, resultan vencedores (1 R 13.24; 20.36, 2 R 17.25). La topografía de Israel aislaba normalmente a los leones de la población humana, aunque hubo reyes que criaban leones en cautiverio para mostrar su poder real y para castigar a los delincuentes (cf. Dn 6); el rey que crió más leones fue Asurbanipal II de Asiria. Puesto que los animales silvestres eran esenciales para su supervivencia, los leones habitaban por lo general las regiones boscosas, tales como las montañas de Líbano, la zona contigua al río Jordán, Basán, y en ciertas partes del Neguev y el Arabá. Al final, la falta de protección, la caza y la población humana, ocasionaron el exterminio del león en Israel.

Por su poder y majestad sin parangón, la imagen del león fue utilizada para la expresión artística y literaria. Por eso, la gran mayoría de las referencias bíblicas se refieren simbólicamente a leones. Israel (Nm 23.24), el corazón de un guerrero valiente (2 S 17.10), el diablo (1 P 5.8), y el Mesías (Ap 5.5, «el León de la tribu de la Judá») son comparados todos con el león.

El león era utilizado comúnmente en el arte. En el trono de Salomón (1 R 10.18-20) y en su Templo (7.29, 36; cf. Ez 41.15-19) había esculturas de leones. Era frecuente que un par de leones flanqueara la puerta de una ciudad (como en las puertas de Micenas y Hattusas, y en la famosa puerta de Astarté en Babilonia), para dar protección mágica (llamada *šēdû*, cf. Dt 32.17) a los habitantes. Esta protección por medio de obras de arte se extendía a dagas, hachas, jaeces ornamentados en caballos de guerra, y a cosas del mundo del más allá (p.ej., los leones ornamentales a ambos lados del reposacabezas funerario de Tutankamón, como también de su cama). En uno de los sellos más famosos encontrados en Israel (en Meguido, en 1909, perteneciente a «Sema, siervo de Jeroboam»), la característica dominante era el exclusivo emblema del león real.

DONALD FOWLER

LEOPARDO

Gran carnívoro manchado de la familia del león. Un leopardo adulto es aproximadamente 1,5 m (5 pies) de largo, tiene una cola aproximadamente de 0.6-0.9 m (2-3 pies) de largo, y tiene un pelaje amarillento con manchas oscuras (Jer 13.23). Recorrían ampliamente en África, Palestina, y otras partes de Asia, y se alimentan de antílope, cabra salvaje, ciervo, cabra, oveja y pequeños animales. Se ha observado unos pocos leopardos en Palestina desde 1960.

El leopardo era un animal temido en los tiempos antiguos (Cnt 4.8; Jer 5.6; Os 13.7). También era admirado por su rapidez (Hab 1.8). Se utiliza el leopardo en las imágenes apocalípticas para representar a las naciones que conquistan rápidamente principales regiones (Dn 7.6; Ap 13.2). En la visión profética de Isaías de la era mesiánica, se usa como símbolo de la paz la imagen de un leopardo acostado con una cabra (Isaías 11.6).

JOHN A. MCLEAN

LEPRA

Enfermedad crónica, aunque no muy contagiosa, que afecta principalmente a la piel, a las membranas mucosas y los nervios, también conocido como enfermedad de Hansen. La causa es un organismo *mycobacterium laprae,* identificado por el médico noruego G. A. H. Hansen (1841-1912). La mayoría de los eruditos están de acuerdo que el hebreo *ṣaraʿaṯ,* traducido «lepra» por la mayoría de las versiones (Lv 13 y 14), no debe compararse con la enfermedad de Hansen. Este término abarca una variedad de condiciones que se caracterizan por la descoloración crónica de superficies, incluyendo la piel humana y las paredes de las casas (Lv 14.34-57). Las personas afligidas con *ṣaraʿaṯ* eran consideradas impuras, y Levítico 13.44-46 determina el exilio de los leprosos de la comunidad. Algunos textos del Qumrán aplican mayores restricciones para los «leprosos». Las implicaciones sociológicas de las regulaciones levíticas, si se ejecutaban, eran probablemente significativas. El grupo de personas afectadas con *jaraam* rondaban fuera de las ciudades (2 R 7.3). Los casos de Naamán (2 R 5) y de Uzías (2 Cr 26-21) demuestran que incluso los funcionarios y los Reyes afectados con *ṣaraʿaṯ* no estaban exentos de las consecuencias sociales negativas. El cristianismo temprano al parecer estaba en desacuerdo con las regulaciones levíticas. Jesús toca un «leproso» (Mr 1.41) y manda a sus discípulos que ministren a los leprosos (Mt 10.8).

HÉCTOR AVALOS

LESEM (Heb. *lešem*)

Forma alterna de Lais, el antiguo nombre de Dan (Jos 19.47)

LETEC (Heb. *letek*)

Medida seca equivalente a medio homer (Os 3.2 TM).

LETRINA

Inodoro o excusado, probablemente para uso público. Usar el templo derribado de Baal como una letrina (o posiblemente un pozo ciego o negro) era un signo obvio de triunfo y de desprecio y una ilustración de la gravedad de la rebelión respaldados por el profeta de Jehú contra la casa de Omri y su adoración a los dioses extranjeros (2 R 10.27).

LETUSIM (Gr. *Leukios*)

Grupo tribal árabe descendiente de Dedán, nieto de Abraham y Cetura (Gn 25.3).

LEUCIO (Gr. *Leukios*)

Seudónimo del autor, del siglo II d.C., de Hechos de Juan, supuestamente un discípulo del apóstol Juan (Epifanio Adv. haer. 51.6). Leucio era también el nombre dado al compilador, del siglo IV d.C., de Hechos de los Apóstoles, que consiste de los Hechos de Juan, más otros Hechos apócrifos: los Hechos de Pablo, Pedro, Andrés y Tomás (cf. Photius Bibl. 114). Los maniqueos sustituyeron los Hechos canónicos por estos Hechos apócrifos, lo que llevó al papa León I a condenar estos escritos apócrifos.

Bibliografía. K. Schäferdiek, «The Acts of John,» *New Testament Apocrypha*, ed. Schneemelcher and R. McL. Wilson, rev. ed., 2 (Philadelphia, 1965). 152,212.

SHEILA MARIE DUGGER GRIFFITH

LEUMIM (Heb. *ĕʾummîm*))

Pueblo árabe que traza su descendencia de Dedán, nieto de Abraham y Cetura (Gn 25.3).

LEVADURA
Agente de fermentación, en la Biblia siempre la masa sobrante (masa madre) mezclada con nueva masa para facilitar el aumento. En la actualidad la levadura ha sustituido a la masa fermentada, de modo que algunas traducciones reemplazan «fermento» por «levadura» pero conservan «(pan) sin levadura». El pan sin levadura se asocia sobre todo con la fiesta de la Pascua/o pan sin levadura. La pronta salida de los hebreos de Egipto no les dio tiempo para el leudo del pan (Ex 12.34, 39), y así se recuerda la Pascua (12.1-27; Mr 14.1, 12) con pan sin levadura, incluso hasta hoy. El pan leudo se podía usar como ofrenda de gratitud (Lv 7.11-14), pero nunca como ofrenda quemada (véase Ex 23.18; Lv 2.11). La levadura era una figura de expresión común. En la parábola de Jesús de la levadura, como la levadura transforma la masa, así también el gobierno de Dios transforma la vida (Mt 13.33; Lc 13.20-21). Jesús también advirtió contra la «levadura» de los fariseos y saduceos, cuyas enseñanzas corrompen (Mr 8.14-21; Lc 12.1).

Pablo amonestó a los Corintios a limpiarse de la «vieja levadura» (véase Ex 12.15, 19), es decir, el pecado que pudiera corromper a toda la iglesia y empezar de nuevo con «panes sin levadura, de sinceridad y de verdad» (1 Co 5.6-8). También advierte contra el legalismo, que, semejante a la levadura, transformará «toda la masa» (Gá 5.9).

Edmon L. Rowell, Jr.

LEVANTE
Nombre dado a las tierras del Mediterráneo oriental (del francés *lever*, «levantarse» [es decir, del sol]), básicamente Asia menor y Siria, Palestina, pero comúnmente designa a todo el litoral entre Grecia y Egipto. En el empleo geológico de la palabra, el Valle del Jordán es llamado a veces el Valle de Levante.

LEVÍ (Heb. *lēwî;* Gr. *Leuí*)

1. El antepasado epónimo de la tribu de Leví y los levitas; tercer hijo de Jacob de su primera esposa, Lea (Gn 29.34). En su nacimiento Lea dijo, «ahora esta vez se unirá mi marido conmigo», sugiriendo una etimología para Leví de «estar unido, junto». Esto es consistente con otros usos del hebreo *lāwâ* (Sal 83.8 [TM 9]; Is 14.1). También es consistente con la noción de los levitas «conectado a, unido a» Aarón para servirle en el culto (Nm 18.2, 4).

   Leví y los levitas se caracterizaron por su celo por Jehová, que Leví muestra con la historia de la violación de su hermana Dina (Gn 34). En ese relato Leví, juntamente con su hermano Simeón, venga la violación de su hermana al exigir que el violador, quien ahora quiere casarse con Dina, se circuncide a sí mismo y todo varón de su ciudad. Ellos están de acuerdo con esta propuesta con el fin de casarse entre sí, pero mientras ellos están incapacitados debido a su circuncisión Leví y Simeón matan a todos con espada y saquearon la ciudad. Esta acción establece su reputación de violencia y la ira despiadada en nombre del imperativo moral. También sirve para explicar su dispersión en todo Israel y Judá (véase Jos 18.7), porque debido a su temperamento se dice que nadie desearía entrar en su consejo o asamblea (Gn 49.5-7).

   Este celo excesivo en nombre del bien contra el mal que demuestra Leví en el episodio de Dina se considera también como característica de sus descendientes. En la historia del pecado del becerro de oro (Ex 32), por ejemplo, son los levitas (en contraste con Aarón) que estaban dispuestos a matar a sus hermanos, vecinos y amigos en nombre del Señor. Por tanto, ese día ellos fueron consagrados al Señor (Ex 32.26-29).

   Lisbeth S. Fried

2. Antepasado de Jesús, figura en la genealogía de Lucas como el padre de Matat, hijo de Melqui (Lc 3.24).
3. Recaudador de impuestos (Lc 5.27, 29), hijo de Alfeo (Mr 2.14), quien Jesús llamó como un discípulo. Leví se toma generalmente como el nombre hebreo de Mateo en Mateo 9.9.
4. Otro antepasado de Jesús, según San Lucas, el padre de Matat, hijo de Simeón (Lc 3.29).

LEVIATÁN (Heb. *liwyāṯān*)
Serpiente de mar primitiva que representa el caos. El leviatán aparece en los textos ugaríticos como Lītānū. *KTU* 1.5 I, 1 describe cómo Baal hirió al Lītānū, «la serpiente [véase Arab. *lawiyā]* tortuosa, el tirano con siete cabezas» (también Anat [KTU 1.3 III, 40-42], pero sin el nombre Lītānū). La iconografía del antiguo Cercano Oriente consistentemente representa al Dios de la tormenta que conquista la serpiente. La conquista de Jehová del Leviatán en el Salmo 74.14 (tenga en cuenta las «cabezas») es parte de su actividad creativa (vv. 12-17). Esta conexión

resalta también Job 3.8: aunque maldice el día de su nacimiento (en relación con lo opuesto de la creación de Gn 1) Job invoca a «los que se aprestan para despertar a Leviatán». La referencia de Job de Jehová hiere «la serpiente tortuosa» (Job 26.13) también ocurre en un contexto de creación (véase KTU 1.5 I, 1). Sin embargo, en el Salmo 104.26, se abandona el motivo de la conquista: el leviatán simplemente es una de las criaturas de Dios, que juega en el mar.

En Job 41.1-4 se discute el leviatán extensamente. Muchos ven aquí al cocodrilo, pero su capacidad de respirar fuego y humo, la incapacidad de los seres humanos de dominarlo y el terror abrumador que infunde, todos argumentan que es una criatura mitológica que Jehová puede dominar pero no Job. En Isaías 27.1 la mitología completa su círculo, con Jehová que derrota al Leviatán (otra vez) como una nueva creación en la era escatológica; la asociación del léxico con KTU 1.5 I, son particularmente sorprendentes.

El «dragón de siete cabezas» se compara con Satanás en Apocalipsis 12.3, 9 y se repite en la bestia de siete cabezas de 13.1; 17.3. La literatura judía posbíblica imagina al leviatán, junto a Behemoth, el plato principal en el banquete mesiánico (1 *En*. 60.7-9, 24; 2 Esd 6.49-52; 2 Bar 29.4).

Bibliografía. J. Day, *God's Conflict with the Dragon and the Sea* (Cambridge, 1985); C. Uehlinger, «Leviathan,» *DDD*, 511-15.

John L. McLaughlin

LEVIRATO

Fenómeno intercultural mediante el cual el pariente más cercano de un hombre que muere sin hijos, se casa con su viuda. En el antiguo Israel, el primer hijo de la unión del Levirato (del Lat. *levír*, «cuñado») era considerado el heredero del difunto.

Deuteronomio 25.5, 10 impone la obligación del levirato sobre un hermano sobreviviente, si él y el difunto habían «vivido juntos», es decir, no había dividido su patrimonio. La última porción de la Ley (Dt 25.7, 10) se refiere al caso en que el hermano se niega a hacerlo. La viuda trae una queja a los ancianos, que confirman la falta de disposición del cuñado de casarse con ella. Ésta realiza, entonces, tres actos dispuestos para humillar al cuñado por su negativa; estos actos, supuestamente, liberaban tanto a la viuda como el cuñado de la obligación del levirato.

El objetivo principal de la ley era dar al difunto un hijo que heredara sus bienes, y de esa manera consolidar su «nombre», es decir, su linaje, su memoria, y en cierto sentido, perpetuar su existencia. Un objetivo secundario del levirato puede haber sido dar a la esposa del muerto seguridad económica, estatus social e hijos. Es mucho menos probable que la ley estuviera destinada a mantener la propiedad del difunto en el seno de su familia, al impedirle a la viuda que llevara esta propiedad al segundo matrimonio. No hay ninguna evidencia bíblica de que una viuda sin hijos heredara los bienes de su marido (cf. Nm 27).

Dos pasajes sugieren que otros parientes diferentes al hermano del difunto tenían la obligación moral, si no legal, de casarse con la viuda. En Génesis 38, Tamar es considerada justa por dar a su difunto esposo un heredero, al engañar a su suegro para que tuviera relaciones sexuales con ella. El libro de Rut da por sentado que es un acto de lealtad por parte del pariente más cercano del difunto, el casarse con su viuda para darle un heredero.

El levirato se discute en el tratado rabínico Yebamot, y sirve de fundamento al debate entre Jesús y los saduceos, narrado en Mateo 22.23,33 (Mr 12.18,27 = Lc 2.27,40).

Bibliografía. S. Niditch, «The Wrong Woman Righted. An Analysis of Genesis 38,» *HTR* 72 (1979). 143,49; C. Pressler, *The View of Women Found in Deuteronomic Family Laws. BZAW* 216 (Berlin, 1993); R. Westbrook, «The Law of the Biblical Levírate,» *Revue internationale des droits de l'antiquité*, 3rd ser., 24 (1977). 65,87; repr. in «Property and the Family in Biblical Law». *JSOTSup* 113 (Sheffield, 1981), 69,89.

Carolyn Pressler

LEVITAS (Heb. *lĕwî*)

Se describe a los levitas de maneras diferentes en las distintas fuentes bíblicas, por eso cada uno debe examinarse por separado. Las referencias más seguras son las que se encuentran en los libros de Crónicas, datada en la última mitad del siglo IV a.C. Aquí los levitas comprenden tres categorías de servicio en el culto que todos alegan ser descendientes del único antepasado epónimo Leví, pero cuidadosamente se diferencian unos de otros y de los hijos de Aarón por su genealogía. Estos son los levitas propiamente dichos, que afirman ser descendientes de los primogénitos de los hijos de Leví; los cantores, que afirman ser descendencia de los segundos hijos nacidos de los hijos de Leví (1 Cr 6); y los porteros, que afirman ser descendientes de Coré, hijo de Izhar, segundo hijo de Coat, hijo de Leví (1 Cr 9.19) y también de los hijos de Merari (9.14; 26.19).

Como se describe en Crónicas, las tareas de los levitas durante este período indican una burocracia del Templo bien establecida con funciones religiosas y seculares. Los porteros están a cargo de las puertas, las cámaras y los tesoros del Templo. Recogen los impuestos anuales y hacen las evaluaciones y pagan de él según las necesidades del estado (2 Cr 24.6; 34. 9-10). Ayudantes de los hijos de Aarón en el servicio del Templo, están a cargo de los muebles y utensilios, la harina, el vino, el aceite, incienso y las especias, todo lo necesario para el servicio (1 Cr 9.26-32; 23.24-29). Los cantores acompañan durante el rito del sacrificio con cantos e instrumentos musicales (1 Cr 23.30-31; 2 Cr 29.27-28). Otra función de los levitas era la instrucción al pueblo en la ley (2 Cr 17.8-9; 19.8-10; 35.3), y es posible que los cantores del Templo hayan interpretado, enseñado y copiado la ley ya que el servicio del canto pudo haber incluido la recitación de la ley.

Oficiales y jueces fueron designados también de entre los levitas (1 Cr 23.4; 26.29; 2 Cr 19.8). Éstos estaban probablemente a cargo de las decisiones legales, el reclutamiento, el servicio obligatorio y la recaudación de impuestos para los asuntos seculares y el culto del Templo (1 Cr 26: 22-30).

Antes del tiempo del Cronista tenemos una imagen diferente. Durante la época de Nehemías (446) los levitas encabezados por un sacerdote de la línea de Aarón eran los que recogían los diezmos de los pueblos (Neh 10.37 [TM 38]), y todavía se hace una distinción entre los sacerdotes que hacían la obra del templo (11:12) y los levitas que hacían la obra externa al Templo. También en este tiempo, los cantores del templo fueron incluidos en la clase levítica (Neh 11.17; 12.27), pero no sin ambigüedades (12:28, 45-47; 13:5, 10), aunque los porteros no eran todavía considerados levitas. Aún antes, en una lista que data de la época del retorno (entre 538 y 520), ni los cantores ni los porteros eran levitas (Esd 2 y Neh 7) e incluso durante la época de Esdras, en el séptimo año de Artajerjes (458; Esdras 7.24; véase Neh 10.29, 39 [30, 40]) ninguno de estos grupos incluía este rango. En aquel tiempo, la función que los levitas desempeñaban era que «leían en el libro de la ley de Dios claramente, y ponían el sentido, de modo que entendiesen la lectura» (Neh 8.7).

Aún antes, en Babilonia en el 572, Ezequiel describe las funciones y los privilegios de los sacerdotes levíticos (Ez 40–48), pero no los conocen como cantores o porteros. El conoce dos clases de sacerdotes: uno a cargo del servicio del altar, los hijos de Sadoc y el otro a cargo del servicio del Templo (Ez 40.45-46). Como en Nehemías ambas clases se cuentan entre los sacerdotes levíticos (Ez 43.19). Según Ezequiel, los sacerdotes levíticos no de la línea de Sadoc administraban las puertas del complejo del Templo y estaban a cargo del cuidado del Templo. Ellos mataban el holocausto y la víctima para el pueblo y estaban ante el pueblo para servirles. Tenían a su cargo el servicio del templo, y todo lo que se hace en él (Ez 44.10-14), pero ellos no podían acercarse al altar o las cosas sagradas (v. 13). Puesto que Ezequiel acusa a esta segunda clase de sacerdotes levíticos de haber sido tropezadero a Israel antes del exilio (Ez 44.12), esta clase de sacerdotes debió haber existido antes de Ezequiel.

Para la descripción de la función de los levitas, Ezequiel se basa en referencias a ellos en el libro de Números, que forma una adición tardía al cuerpo sacerdotal. Aquí los levitas sirven a los hijos de Aarón (Nm 3.6; 18.2), y guardan todos los utensilios del tabernáculo de reunión y ministran en el servicio del tabernáculo (Nm. 3:8; 18:4, 6), pero no pueden acercarse a los utensilios santos ni al altar (18.3).

Tienen el deber de llevar el tabernáculo y el Arca, de armarlo y desarmarlo (Nm 1.50-51; Cap. 3 y 4). Matan el sacrificio para el pueblo (Nm 8.19) y recogen los diezmos (18.26, 28). La preocupación de Ezequiel y Números de este linaje es que los levitas «llevarían la iniquidad» del culto, es decir, son responsables del culto y de protegerlo contra la intrusión de personal no autorizado (Ez 44.11; véase v. 7) que incurriría en la «ira» de Dios (Nm 1.51, 53, 3.10; 18.7, 22).

Puede que los levitas hayan sido sacerdotes de Jehová en el Reino del norte que huyeron hacia el sur cuando el norte cayó en 722, y que luego se incorporaron el sacerdocio de Jerusalén como una segunda orden de sacerdotes. Según Josué 21 las ciudades dadas a los Aaronitas estaban todas en las áreas de Judá, Simeón y Benjamín, mientras que los levitas no Aaronitas eran ciudades dadas en el norte, lo que indica una provincia norteña. La caída del norte pudo haber causado la expresión sobre el miedo a la «ira» de Dios en Números y esto, o el término del culto «llevar la iniquidad», puede que más tarde haya sido malinterpretado por Ezequiel o un glosador posterior de Ezequiel, dando lugar aquí a la polémica.

Bibliografía. S. L. Cook, «Innerbiblical Interpretation in Ezekiel 44 and the History of Israel's Priesthood,» *JBL* 114 (1995): 193-208; R. K. Duke, «Punishment or Restoration? Another Look at the Levites of Ezekiel 44,6-16,» *JSOT* 40 (1988): 61-81; M. Haran, *Temples and Temple-Service in Ancient Israel* (1978, repr. Winona Lake, 1985); S. Japhet, *I and II Chronicles.* OTL (Louisville, 1993); B. A. Levine, *Numbers 1-20.* AB 4 (New York, 1993); H. G. M. Williamson, *Ezra, Nehemiah.* WBC 16 (Waco, 1985).

LISBETH S. FRIED

LEVÍTICAS, CIUDADES

Las cuarenta y ocho ciudades asignadas a los grupos levitas, diseminadas por los territorios de las otras tribus. La Biblia presenta a Leví como especial entre las tribus de Israel, al no recibir asignación de tierras como las otras tribus (Jos 13,19). Dos textos proporcionan los nombres de estas ciudades: Josué 21.1,42; 1 Crónicas 6. 54,81 (TM 39,66). Números 35.1,8 afirma que este acuerdo fue por voluntad divina.

La tradición de las ciudades levíticas refleja el temprano surgimiento de los levitas como especialistas en cuanto al culto. Se sostenían por este servicio dado a las otras tribus (Nm 18.21,24; Dt 18. 1,4; Jos 13. 14). Aunque en una etapa en la vida del Israel antiguo cualquier varón israelita podía ofrecer el sacrificio, textos como Jueces 17 muestran que se prefería a los levitas. Con todo, la historia del sacerdocio en el Israel antiguo, y de la relación que había entre levitas y sacerdotes, son cuestiones que requieren más esclarecimiento. Se espera la respuesta a la cuestión de cómo entender las ciudades levíticas.

¿Existían ciudades levíticas como tales en el antiguo Israel, o fueron un concepto teológico? Al comienzo, los estudiosos daban por sentado que las ciudades levíticas existían para servir al propósito descrito en la Biblia. Sin embargo, la evidencia arqueológica muestra que la mayoría de las ciudades mencionadas en las listas de Josué y 1 Crónicas no estuvieron ocupadas durante la mayor parte del período monárquico, y que la lista de Josué fue hecha en el siglo VIII a.C. Además, no todas las ciudades levíticas eran parte de los reinos de Israel o de Judá en el siglo VIII; y tampoco está claro el porqué la lista de Josué 21 fue hecha en ese tiempo. Parece poco probable que las listas cuadren con alguna situación histórica preexílica. Probablemente fueron obra de escritores posexílicos que quisieron explicar el papel de los levitas en la temprana estructura social y religiosa del Israel antiguo. Su propósito era ayudar a resolver el problema que surgió con la centralización del culto en el Templo de Jerusalén. Después que la actividad sacerdotal se limitó a Jerusalén, la presencia y el apoyo de un gran número de especialistas en liturgia, sin un santuario donde servir, se convirtió en un grave problema.

Bibliografía. A. G. Auld, «The 'Levitical Cities'. Texts and History,» *ZAW* 91 (1979). 194,206.

LESLIE J. HOPPE, O.F.M.

LEVÍTICO, LIBRO DE

El tercero de los cinco libros de Moisés que componen el Pentateuco o Torá. Levítico forma la base de la fuente sacerdotal (P), que comprende aproximadamente la mitad de la Torá, comenzando en Éxodo 24.15, extendiéndose a través de la mayoría de Números incluido dispersas inserciones en Génesis y Éxodo. El título Levítico otorgado por la iglesia primitiva es un nombre incorrecto, como en realidad el P considera los levitas principalmente en Números. Levítico cubre una amplia gama de temas; pero su enfoque en el sacrificio en los primeros 10 capítulos transmite una falsa impresión de que el libro tratará sólo del culto del Templo, que sacrifica a los animales con el fin de ofrecer porciones elegidas como la «toda la grosura que está sobre las entrañas», «los dos riñones» y «la grosura que está sobre el hígado», todo ello para que un Dios llamado Jehová pueda oler el «olor grato» del holocausto (3.1-5).

En realidad Levítico va mucho más allá que ocuparse solo de los sacrificios (por ejemplo, gracias a la generosidad de Dios, la expiación por el pecado) que se presentan en los capítulos 1 al 10. Sus temas incluyen leyes sobre los alimentos que definen los animales aptos para comer y para el sacrificio (Cap. 11); el tratamiento de las enfermedades infecciosas pero curables (capítulos 13-14); ritos de expiación por el pecado individual y comunitario (Cap. 16); y todos los rituales del Sabbath y las fiestas que se observaron durante todo el año (Caps. 23-24). El libro también regula la purificación simbólica de las mujeres después del parto (Cap. 12); limpieza ritual de contaminación del santuario por derrame seminal

(Cap. 15) y evitar el contacto con cadáveres (capítulos 21-22); y lo más importante, la práctica de relaciones sexuales y cuestiones conexas (Caps. 18, 20). Muchos eruditos consideran el código de santidad (Caps. 17-26) como una fuente independiente (H) adoptada por el P. El libro concluye con leyes durante los años sabáticos y del jubileo (Cap. 25), descripciones del terrible castigo por desobedecer las leyes de Dios (Cap. 26), y un apéndice (Cap. 27) que cita el valor monetario de las distintas clases de israelitas, que uno entrega como voto especial al santuario equivalente al valor de una persona o la de su hijo.

Fecha y origen

Los exégetas judíos llamaron Levítico «la instrucción para los sacerdotes» (*tôraṯ kōhănîm*), que principalmente es un manual para dirigir el culto israelita de Jehová. El P describe el Templo bajo la forma de un santuario portátil que acompañó a los israelitas durante sus 40 años de andar como nómadas desde Egipto hacia la Tierra Prometida. Si el Santuario simbolizaba al primer (previo al exilio) o segundo Templo depende de la fecha de la composición del libro, un tema de permanente controversia. La mayoría de los eruditos fechan Levítico en el siglo V a.C., después del exilio babilónico del siglo V, cuando los sacerdotes israelitas deportados a Babilonia por Nabucodonosor II (2 R 25.18; Esd 1.5) encontraron la primera religión babilónica y luego el zoroastrismo persa, de los cuales ambas pueden haber influido en la escritura del P. Una minoría erudita puede que feche el P a un tiempo anterior al exilio, considerándolo así como un desarrollo vernáculo dentro de la cultura israelita. El carácter de Levítico como un manual sacerdotal se distingue de otras fuentes de la Torá (J, E y D) y de todos los demás libros del AT. No es un mito de orígenes (como Génesis) ni una historiografía (de Josué hasta Reyes), ni poesía (el Cantar de los Cantares), ni filosofía (Eclesiastés), ni profecía (Isaías o Jeremías).

Contiene poca narrativa y relativamente nombra pocos personajes, aparte de los líderes israelitas Moisés y Aarón. Levítico regula dos de las castas israelitas: el sacerdocio hereditario de la alta casta llamados «hijos de Aarón» y la gente común llamado «pueblos (o 'hijos') de Israel». (Levitas o «los hijos de Levi», una casta intermedia que servía a los sacerdotes Aaronitas, se incluyen en segmentos del P en Números). Levítico se ocupa también de las personas que representan una amenaza a la santidad o pureza del santuario, como los que sufren de ciertas enfermedades de la piel (incluyendo uno que se identificaba erróneamente como lepra) y con flujos en los genitales; las menstruantes; y las personas que transgredían la ética como el santuario por entablar relaciones sexuales prohibidas, específicamente el adulterio, incesto, la homosexualidad y la bestialidad.

Perspectiva antropológica

Los temas de Levítico, que a menudo comienzan con la afirmación de que «habló Dios a Moisés, diciendo…», parecen presentar reglas concretas de la ley divina. Pero un escrutinio más cercano revela una preocupación con ideas abstractas importantes a la teología y la antropología por igual. La antropóloga Mary Douglas demostró que las leyes que rigen la comida y el sexo incorporan el deseo de preservar la armonía en la naturaleza y la sociedad; y el historiador de religiones Mircea Eliade demostró que una preocupación con los lugares sagrados (como el templo de Jerusalén) y días sagrados (como los días de reposo y otros días festivos) refleja una creencia etnocéntrica, ampliamente prevaleciente en las culturas antiguas, en la importancia cósmica de las actividades de un grupo, considerado como un pueblo elegido en una relación de pacto con su dios. En Levítico esta doctrina explica el énfasis sacerdotal en la «santidad» y «pureza» y su relación con el fenómeno básico como el parto, la menstruación, las relaciones sexuales y muerte.

Sacrificio de animales

El sacrificio de animales, muy difundido en el mundo antiguo (y aún se practica en algunas culturas hoy), puede sorprender a los lectores modernos como simplemente primitivo. Sin embargo, el sacrificio incorpora conceptos sofisticados característicos de la mayoría o todos los sistemas religiosos. Los antropólogos y los estudiosos de la religión concuerdan que las ideas religiosas surgieron de los esfuerzos humanos para comprender el cosmos.

Un deseo innato de orden y armonía suscitó la opinión de que el universo era en principio ordenado en vez de caótico (Gr. *kósmos* significa «orden»). Cuando las cosas comenzaron a desordenarse, ya sea en forma de desastres naturales o desórdenes sociales, la alteración del orden cósmico requirió una acción simbólica para restablecer el equilibrio quebrantado mediante la calma de los poderes que gobiernan el cosmos; y la acción simbólica a menudo tomó la forma de sacrificio al dios o dioses de la tribu.

Por el contrario, si un Dios favorecía un individuo o grupo con abundancia de cultivos o ganado, inclinando así la balanza a su favor, se podría restaurar el equilibrio trayendo una ofrenda de agradecimiento (*quid pro quo*) de los cultivos o del ganado (Lv 1-3). A veces las personas inclinaban la balanza hacia el cielo trayendo una ofrenda por adelantado (*do ut des*), con la esperanza de motivar a su dios (o dioses) para restablecer el equilibrio mediante la concesión de una abundante cosecha la próxima vez. El que había pecado por infringir alguna regulación de santidad podría calmar la ira divina con un sacrificio (Caps. 4-5).

Levítico describe las ofrendas que se adaptan a todas estas categorías, el objetivo general es conservar o recuperar el favor divino mediante la corrección simbólica de un error o la neutralización de un acontecimiento que, para bien o para mal, había provocado o amenaza con perturbar la armonía cósmica. Entre los hechos principales que perturba el equilibrio cósmico está el cometer «pecado», una traducción común pero confusa del Heb. *ḥēṭ'*, que en el P no tiene el mismo trasfondo moral como la palabra española «pecado». De una raíz que significa «errar el blanco», *hēṭ'* que en realidad significa «error» o «equivocación» (lo contrario de *tôrâ*, que viene de una raíz que significa «dar en el blanco»). En la cosmovisión de los sacerdotes israelitas, las infracciones del rito, incluso los no intencionales, ofendían a Dios y requerían un sacrificio de expiación simbólica (Caps. 4, 5, 16), considerando que las ofensas éticas contra las personas exigían disculpas mediante la restitución o compensación (como frecuentemente se enuncian en Éxodo y Deuteronomio) para restablecer el equilibrio personal y social.

Santidad y pureza

Las motivaciones principales de la práctica religiosa en los sistemas sacerdotales son los temas semejantes de pureza (*qĕḏûšâ*) y santidad (*ṭohŏrâ*), conceptos distintos pero estrechamente relacionados que requieren aclaración. La demanda de santidad a los israelitas se articula en una convocatoria de *imitatio Dei* repetida tres veces: «Santos seréis, porque santo soy yo Jehová vuestro Dios» (19.2; 20.7; 11.44).

El significado de santidad aquí puede no ser evidente a los lectores modernos, para quienes el término a menudo evoca una persona piadosa, ascética: santa, mística, un sacerdote o una monja. La asociación de la santidad con la abstinencia sexual, sin embargo, es característica del cristianismo y en particular adaptada conforme a las condiciones de la antigüedad tardía. Para entender la santidad en Levítico, debemos basarnos en los descubrimientos de la antropología y la religión relativa. La santidad para los sacerdotes israelitas eran conceptos similares de otras religiones antiguas como el hinduismo y el zoroastrismo. Significaba ser «especial» o «apartado». Debido a que la santidad debía acompañar cada acción consciente, la vida cotidiana estaba limitada por una serie de «harás» y «no harás» que abarca actos de adoración que expresan amor de Dios (capítulos 1-10, 23) y actos éticos que expresan amor al prójimo (19.18, 34 y Cap. 19 generalmente), así como también actos físicos vitales para la supervivencia del individuo y el grupo, es decir aquellos que envuelven alimento (Cap. 11) y sexo (Caps. 18 y 20).

No sólo el sacerdocio pero los israelitas en general («un reino de sacerdotes y gente santa», Ex 19.6) debían separarse de los demás en imitación de su Dios Jehová. La doctrina de la elección («el síndrome del pueblo elegido») no es exclusiva de los israelitas, sino que se encuentra en la mayoría de los grupos étnicos o nacionales (por ejemplo, Bretaña, *La Carga del Hombre Blanco*, Francia, *mission civilatrice*, Alemania, *Herrenvolk*, Norteamérica, *Destino Manifiesto*); y en el contexto de la religión aparece en el supercesionismo de la iglesia primitiva, que explícitamente declaraba que los cristianos eran el «Israel de Dios» (Gá 6.16) y el nuevo «linaje escogido» (1 P 2.9). Levítico refuerza la santidad mediante la imposición de estrictas normas de pureza en la vida personal y comunitaria. La pureza (a veces llamado pureza ritual) es un concepto incluso menos accesible que la santidad en la mente moderna. Muchos antiguos creían que algunos procesos corporales desencadenaban un aura intangible de contaminación, que impedía el acceso humano a lo divino.

La contaminación ritual podría generarse por el derrame de fluidos corporales asociados a fenómenos concluyentes como el parto, la menstruación, la eyaculación, las descargas genitales, enfermedades misteriosas y sobre todo por el contacto con el cuerpo muerto. Las sociedades primitivas carentes de ciencia y medicina consideraban tales acontecimientos, mal comprendidos y en gran medida fuera del control humano, como ordenado por Dios. No es sorprendente, que se volvieran estrictos con las normas de contaminación y tabú y rituales de purificación para remover la falta que viene a las personas o cosas que entran en contacto físico con estos acontecimientos. Tales reglas caracterizan el hinduismo, zoroastrismo, judaísmo y el Islam y son todavía hasta cierto punto observadas en la Iglesia Ortodoxa Oriental. El bautismo cristiano como un medio para eliminar las faltas invisibles del pecado (véase Juan el Bautista en Mateo 3) evolucionó directamente de los procedimientos de limpieza prescritos en Levítico.

Condición de la mujer

En la cosmovisión del P, un sacerdote impuro no podía «venir delante de Jehová» para llevar a cabo sus funciones a menos que primero se haya purificado por inmersión ritual. Lo mismo aplica a un hombre israelita sanado de flujo genital, que deseara «venir delante de Jehová» con su ofrenda (15.13-14). En cuanto a las mujeres, sin embargo, la omisión de la frase crucial «delante de Jehová» en el caso de una mujer sanada de flujo (15.29) refleja la percepción sacerdotal de las mujeres como inelegible en principio para entrar ante la presencia divina. Los tabúes rituales tocante al parto, la menstruación y las relaciones sexuales sociológicamente reflejan y teológicamente definen el lugar de la mujer en la cultura patriarcal del antiguo Israel. Incluso las mujeres de casta sacerdotal no podían participar activamente en el culto del templo; las reglas diseñadas para preservar la santidad y pureza de los israelitas y de la comunidad en general prohibían la presencia de la mujer en el ambiente cultural público. Más tarde, las reglas del Talmud basadas en la cosmovisión sacerdotal efectivamente limitaban a las mujeres judías al ambiente privado. Estas leyes impactaron la vida de las mujeres en el judaísmo tradicional hasta la fecha, de la obligatoria visita mensual a una *mikve* (piscina de inmersión ritual) a su inhabilitación para cargos públicos como rabino, cantor o juez de una corte religiosa.

Nota histórica

La antigua tradición israelita considera la Biblia hebrea mucho más que simplemente «la palabra de Dios». Por 2500 años, Levítico ha formado parte de la historia política, literaria y cultural del pueblo judío como herederos, biológicos y culturales de quienes escribieron el Biblia hebrea/AT. Sin embargo, es importante distinguir entre el antiguo culto sacerdotal israelita del judaísmo rabínico practicado hoy, que se desarrolló simultáneamente con el cristianismo en el siglo I, en el tiempo de la destrucción del segundo Templo. Lo que en realidad el AT describe es la religión del antiguo Israel, que estaba destinada en la época de Jesús a producir dos hermanos: el judaísmo rabínico y el cristianismo.

Bibliografía. M. Douglas, *Purity and Danger* (New York, 1970); B. A. Levine, *Leviticus.* JPS Torah Commentary (Philadelphia, 1989); J. Milgrom, *Leviticus 1-16.* AB 3 (New York, 1991); J. R. Wegner, *Chattel or Person? The Status of Women in the Mishnah* (Oxford, 1988); «Leviticus,» in *The Women's Bible Commentary,* ed. C. A. Newsome and S. H. Ringe (Louisville, 1992), 40-48.

Judith Romney Wegner

LEY DEL TALIÓN

Considerada como resumen de la ley bíblica, esta ley del talión exige que el culpable sufra castigo equivalente al daño infligido («ojo por ojo, diente por diente»). Las leyes bíblicas del talión se encuentran en el contexto del asesinato (Gn 9.6; Ex 21.12; Lv 24.17, 21), muerte de un animal (Ex 21.36; Lv 24.18), lesiones corporales de una mujer embarazada (Ex 21.22-25) o de un vecino (Lv 24.19-20) y falso testimonio (Dt 19.16-21). También aparecen en las colecciones legales de Mesopotamia, en particular en el código de Hammurabi y son fundamentales para muchos antiguos sistemas jurídicos. En contraste con la antigua ley del Cercano Oriente, no hay ningún talión vicario en la Biblia, y el talión bíblico se aplica a todos sin importar la clase social (excepto los esclavos). Las acusaciones de la naturaleza brutal del talión han sido refutadas apelando a su intención de frenar el ciclo ilimitado de retribución o a su reemplazo de leyes anteriores que permitieron la compensación monetaria por actos de violencia, inclusive el asesinato.

Todavía se debate si durante el período bíblico se comprendía el talión literalmente (ya sea como teoría, proverbio, o un principio general) o simplemente como un dictamen que el castigo debe ajustarse al crimen. La evidencia contra una interpretación literal se encuentra en el AT, por ejemplo, inmediatamente después de la aplicación del talión por herir una mujer embarazada (Ex 21.22-24). La controversia sobre la interpretación correcta de estas leyes continuó en la época romana (véase Flavio Josefo *Ant.* 4.278-80; Filón *Spec. leg.* 3.181-204; *b. B.* Qam. 83B-84a). El rechazo del talión en el Sermón del Monte ha sido considerado problemático puesto que Jesús pretende cumplir la Torá y aun condena las represalias a favor de la benevolencia (Mt 5.38; véase Ro 12.17; 1 Ts 5.15; 1 P 3.9). Estas críticas cristianas tempranas del talión deben analizarse en el contexto de la discusión judía contemporánea del talión y la oposición filosófica grecorromana a las represalias. Estudios recientes de las leyes bíblicas del talión han destacado la importancia de especificar su redacción historia y relaciones intertextuales. El análisis de Calum M. Carmichael de estas leyes en relación con la narrativa (especialmente Gn 38; 1R 21; Jue 1) puede resultar también un enfoque fructífero.

Bibliografía. C. M. Carmichael, «Biblical Laws of Talion,» *HAR* 9 (1985): 107-26; S. M. Paul, *Studies in the Book of the Covenant in the Light of Cuneiform and Biblical Law.* VTSup 18 (Leiden, 1970).

JENNIFER K. BERENSON MACLEAN

LEY

Ley es un reflejo de la manera en que la sociedad se considera y administra a través del acuerdo común y las formas de sujeción. El pronunciamiento legal puede reconocerse en relación a los actos que «movilizan» a una sociedad para reaccionar a la necesidad de proteger a las personas o el estado. Cuanto más grave el delito, más probable que la sociedad creará un organismo para imponer el comportamiento «correcto» y codificar un conjunto de restricciones legales específicas para tratar con futuras ocurrencias. Legisladores en las culturas occidentales como Grecia y Roma comenzaron por identificar los principios jurídicos que la gente daba por hecho. Luego redactaron leyes específicas para aplicar estos principios a situaciones reales. Pero aún hay poca evidencia que los legisladores en las culturas orientales como el antiguo Israel utilizó un sistema de principios jurídicos generales que ellos aplicaban usualmente a situaciones específicas en los grandes códigos de los libros de Éxodo, Levítico, Números y Deuteronomio. Las leyes en el mundo de la Biblia rara vez describen el comportamiento típico o promedio o incluso ideal en Israel. De hecho, el comportamiento promedio puede que haya sido a menudo contrario a estos códigos. En el mundo de la Biblia, la base de la ley no era la filosofía, sino la crisis.

Los legisladores desarrollaron leyes específicas para tratar con los hogares que debilitaban o amenazaban el bienestar del estado. Los hogares hacían esto cuando fallaban en trabajar su propia tierra, alimentar sus propios hijos y contribuir a los esfuerzos cooperativos del estado para recaudar impuestos y formar un ejército. Un ejemplo de tal crisis se encuentra en la historia de las hijas de Zelofehad, que reclamaron la herencia de su padre porque no había heredero varón (Nm 27-11). Su apelación requiere razonamiento jurídico y deliberación que expandió la tradición anterior sobre el matrimonio levirato (Dt 25-10) a favor de una solución de sentido común, que beneficia a un hogar y la comunidad en general.

Los legisladores en la Biblia no nos enseñan mucho cómo creía Israel, sino más cómo Israel obraba como una comunidad. Por ejemplo, las leyes de la Biblia muestran cómo Israel reaccionó a una situación particular o crisis (por ejemplo, el caso del homicidio desconocido en Dt 21.1-9). Ellos también revelan suposiciones básicos sobre la naturaleza humana, como Israel recogía evidencias y la usaban para tomar decisiones legales (véase el uso de la vestimenta de la novia en Deuteronomio 22.13-19). Finalmente, las leyes describen cómo Israel como un estado distribuía el poder (por ejemplo, la amonestación a los jueces en Ex 23.6-8; véase Dt 16.18-20; 2 S 15.1-4).

LEY CEREMONIAL

Ley que trata sobre todo de las observancias religiosas y prácticas de culto más importantes. *Véase* Ley.

LEYENDA

Género de la narrativa cuyo contenido y estructura típicamente enfatizan la virtud del protagonista. El objetivo de la leyenda es edificar su público. «Leyenda» proviene de leyenda, el término en latín para «cosas para leer», utilizado por las historias cristianas medievales sobre la vida de los santos. Aunque en su uso popular en la actualidad el término ha llegado a significar «una historia falsa o exagerada» sobre acontecimientos históricos o las personas, el uso establecido del término en la educación no supone exactitud histórica o inexactitud.

La leyenda ocurre en un marco de tiempo humano real, el pasado reciente y aquellos que la transmiten cree que es histórica. La leyenda utiliza la narración estática, es decir, la trama no exhibe una tensión creciente que culmina en un punto de resolución. Por el contrario, la trama explora la virtud del héroe justo desde todos los ángulos para presentar varios ejemplos para emulación. El héroe sigue siendo unidimensional e inmaduro, enfocado solamente en términos de la virtud poseída. Además, nunca se duda el resultado de la trama; Dios invariablemente asegurará un buen final para el héroe virtuoso. Por ejemplo, en el libro de Daniel 1 al 6, Daniel y sus amigos piadosos ciertamente salen victoriosos en cada conflicto o disputa en los tribunales de reyes extranjeros. La fe de ellos es el foco central de las narrativas y que se debe emular.

Las leyendas en el Antiguo Testamento también pueden ser sobre un lugar sagrado; que tienden a tratar con una explicación del origen y la historia de la santidad del lugar y las costumbres que se respetan allí. Tales leyendas se denominan «leyenda de culto» o «etiología sectaria» (por ejemplo, la historia de Jacob en Betel, Gn 28-22). Se debe distinguir la leyenda de otros géneros con los cuales a menudo coincide. Es diferente del mito porque tiene lugar en tiempo real y no en el pasado distante al principio del tiempo. Se diferencia del cuento y del alemán *Märchen,* «cuento de hadas», en que no se supone que ha tenido lugar en un mundo irreal, más allá de la experiencia humana. Finalmente, se puede considerar la leyenda como un subgénero de la *Saga*, el término alemán para «gente» o «historia popular», pero destaca la virtud de un gran héroe por encima de cualquier otro elemento.

Bibliografía. R. M. Hals, «Legend,» *CBQ* 34 (1972): 166-76; repr. in *Saga, Legend, Tale, Novella, Fable*, ed. G. W. Coats, JSOTSup 35 (Sheffield, 1985), 45-55; J. J. Scullion, «*Märchen, Sage, Legende:* Towards a Clarification of Some Literary Terms Used by Old Testament Scholars,» *VT* 34 (1984): 321-36.

TAWNY L. HOLM

LEYES

La escena en la que Moisés recibe la ley en el Monte Sinaí se centra en una renovación del pacto que Jehová originalmente hiciera con Abraham y posteriormente una extensión de ese acuerdo incluye un «tratado» más formal conocido por los israelitas como el Decálogo o los Diez mandamientos. Como parte de estos eventos, se resalta y aumenta el gobierno de Moisés como líder supremo del pueblo gente. Solo Moisés habla directamente con Dios, e incluso su hermano Aarón, que luego sirve como sumo sacerdote para el pueblo, se presenta como un vacilante en ausencia de Moisés (Ex 32).

En Éxodo 20.1-17 (y Dt 5.6-21) se establece el Decálogo en estilo apodíctico. Estas son las leyes de «mando», que no requieren de mucha explicación y no contienen la secuencia «Si — entonces» más común en una ley de «caso». Pueden dividirse en dos segmentos:

1. estatutos comunales, que se aplican a la conducta de toda la nación, y
2. estatutos personales, que establecen el código de conducta para cada persona.

Estas leyes eran comunes en otras culturas y fueron diseñadas para mantener el orden y proteger los derechos de los propietarios. El resto de las leyes en Éxodo y las que se encuentran en Números, Levítico y Deuteronomio, son principalmente leyes de «caso». En casi todos los casos, son extensiones de las fórmulas legales que presentan los Diez Mandamientos y son el resultado de los jueces o las personas que preguntan «pero ¿qué pasa si?» sobre una expresión jurídica particular. Debido a que fueron diseñadas para regular la vida de la gente, era necesario que las leyes cambiaran a medida que la situación social de la gente cambiaba. Así el código del Pacto de Éxodo 20.23–23:19 y el Código Deuteronómico de Deuteronomio 12–26 que las personas no podían ser gobernadas por leyes muestran que aludían sólo para los pastores nómadas, cuando se habían convertido en agricultores y habitantes urbanos. Por ejemplo, el grupo de leyes que aluden a la atención de los «pobres» (incluyendo las viudas, los huérfanos y extranjeros residentes) puede reconocerse de los mandamientos de honrar a los padres, la prohibición contra el robo y la medida cautelar contra la codicia. Sin embargo, cada una de estas leyes de caso hablan de una situación jurídica particular que requiere una ampliación de la ley para que trate más directamente con los asuntos actuales (véase Lv 19.9-10; 25. 35-37; Dt 15.1-2; 16.19). En el corazón de esta expansión está la exhortación a recordar «de dónde provienen». Continuamente se hace referencia a la época de la esclavitud en Egipto como base para la restricción legal o garantías jurídicas (Dt 24.18, 5.15; 15.15; 16.12; 24.18). Una vez que la monarquía dejó de existir y la comunidad sacerdotal se convirtió en guardianes del compromiso del pueblo a Jehová, se formuló el código de santidad de Levítico 17–26. Este código se caracteriza por la declaración, «santos seréis, porque santo soy yo Jehová vuestro Dios»

(Lv19.2). Este grupo de leyes, unida con otras leyes sacerdotales (Ex 25 al 31; Lv 1-16, 27; Nm 1-10), pone énfasis adicional en mantener la santidad o pureza ritual mediante la obediencia a la ley. Entre sus principales preocupaciones se encuentran la provisión para la propuesta de espacio sagrado (precintos del templo), así como las principales ocasiones festivas y procedimientos del culto.

Hay muchas similitudes entre los códigos de la ley bíblica y las que se encuentran en otros lugares en el antiguo Cercano Oriente. El Código de Hammurabi (siglo XVIII a.C.) y el código de ley asirio (siglos VIII-VII) contienen muchas leyes que son similares a las de la Biblia. Es probable que las fórmulas legales fueran transmitidas entre las culturas juntamente con otras ideas, costumbres, tecnologías y estilos. Por ejemplo, el Código de Hammurabi y la ley bíblica contienen el principio de la Ley del Talión, «ojo por ojo». Esto se basa en la idea de reciprocidad completa por pérdidas o daños. Sin embargo, los códigos legales de los israelitas exigían plena igualdad para todas las personas, sin excepciones ni siquiera para el rey. En la antigua Babilonia, había un sistema social de niveles múltiples por el que los ciudadanos no recibían la misma pena como los esclavos para lesiones similares. Otra diferencia se encuentra en la dureza aparente de la ley israelita. Hay muchos crímenes en los diversos códigos legales para los que se prescribe la pena capital (Ex 21.12, 17; Lv 20.9; Dt 13.5 [TM 6]).

Sin embargo, la ley israelita no provee ningún «escape» que permitiera a las partes condenadas a ser liberada o a pagar una multa, como es el caso de las leyes de Mesopotamia. Esto se debe al concepto de «pureza» que es inherente a la ley bíblica (véase especialmente el código de santidad en Levítico). Si la sociedad deseaba permanecer pura, no podría tomar medida parcial respecto al comportamiento criminal que eventualmente podría contaminar toda la nación. Por lo tanto, se debía apedrear a un hijo pródigo (Dt 21.18-21) con el fin de «quitar el mal de en medio», y el leproso debe ser excluido de la sociedad hasta que el sacerdote lo haya declarado «limpio» (Lv 13).

Sistema judicial

Con el fin de mantener el orden y administrar las leyes, había más de un sistema judicial en el antiguo Israel. El poder judicial incluía juzgados del santuario, cortes marciales, juzgado a la entrada de la puerta y la asamblea divina. Cada uno es un sistema judicial independiente, y aunque funcionaban simultáneamente, uno no interviene o apela al otro excepto en casos extremos (Dt 17:8-13). Los sacerdotes administraban el juzgado del santuario según un sistema judicial que incluía adivinación, oráculos y el juicio por pruebas (véase Nm 5.11-31). El querellante llegaba ante el sacerdote con una pregunta a la que no podría darse la respuesta «sí o «no». El sacerdote descubría la respuesta o a través de técnicas de la Torá empleando el Urim y Tumim (Ex 28. 30; Nm 27.21; 1 S 14.41; 28.6; Esd 2.63). La reforma del santuario desempeña un papel prominente en el libro de Deuteronomio, que se asocia generalmente a los profetas. Pero Deuteronomio es más una reforma real que profética. Es un esfuerzo por parte de los reyes de Judá para centralizar el sistema fiscal y de proyecto en previsión de la inminente guerra. Deuteronomio se enfoca en la centralización de las instituciones económicas, y también centraliza el sistema judicial marcial (Dt 12-13). Deuteronomio no intenta enmendar la injusticia mediante la imposición de un sistema uniforme de la justicia en toda Judá y evitar las distinciones locales. La institución de Judá del juzgado a la entrada de la puerta permanece descentralizada, y de hecho Deuteronomio argumenta que el legado de las ciudades de Judá es principalmente la tradición jurídica del juzgado a la entrada de la puerta, mientras que el legado de Jerusalén es litúrgico. La puerta de la ciudad era previa a la monarquía y, en cierto sentido, servía como centro de poder rival. También las puertas tenían fuertes conexiones con la alimentación y protección. Los profetas se reunían a la puerta para enfatizar su función en el equilibrio del poder de los monarcas y utilizan la puerta para dirigir la atención a dos cuestiones como la comida y la protección mediante las cuales se evaluaba el rendimiento de un monarca. Esto ayuda a explicar el ritual de maldición de Jeremías a la entrada de la puerta oriental (Jer 19.1-13) y la pronta represalia del sacerdote Pasur, que puso a Jeremías en el cepo «en la puerta superior de Benjamín» (20.2). Cada uno empleaba un símbolo de autoridad para aumentar su propia posición pública.

En la Biblia, los profetas como cualquier otro ciudadano a menudo se colocaban a la puerta para iniciar su curso de acción (Jer 7.1-2). Pero el lugar del juicio por lo general se transfería a la asamblea divina, como en 1 Reyes 22.1-40 donde los reyes y los profetas se reunían en la plaza a la puerta de la ciudad para discernir si o no la asamblea divina autorizaba a Israel y Judá para subir a la guerra contra Aram. La asamblea divina aparece en las literaturas de Egipto, Mesopotamia y Siria y Palestina. En la Biblia es análogo a la corte a la puerta. Ambos son órganos judiciales conformadas por ciudadanos que se reúnen en una plaza para resolver una crisis. El tribunal de la puerta se reúne ante la puerta de una ciudad, que marca el límite entre el santuario dentro de sus muros y el mundo exterior (véase Rut 4.1-6). La divina asamblea se reúna en la montaña, que marca el límite entre los planos divinos y humanos. Tanto el tribunal de la puerta como la asamblea divina ayudan a resolver conflictos que incluyen la tierra y los niños. Los residentes de una ciudad comparecen ante el tribunal de la puerta, pero las naciones ante la asamblea divina cuando sellan los tratados.

Autoridad policiaca

La aplicación de la ley en el estado se diferencia de la aplicación de la ley en los pueblos, aunque ambas funcionan juntamente con la otra. La administración de la ley en el pueblo no estaba centralizada. En los pueblos, los padres de familia, servían como sus ancianos o legisladores (Rut 4.2; Pr 31.23). Ellos tomaban su autoridad de sus propios hogares y servían como una asamblea para salvaguardar los derechos de los pobladores a los alimentos y a la protección. Las asambleas aplicaban sus sentencias a través del consenso o acuerdo colectivo. La cooperación entre los hogares de un pueblo no resultaba del temor de represalias, sino de una comprensión compartida de que cada hogar necesita hacer a fin de que todo el pueblo sobreviva. Un consenso de acuerdo era posible sólo cuando todos los hogares en el pueblo comprendían que iniciaba la demanda, que implicaba la acusación específica y cómo respondía el acusado. En consecuencia, los ancianos hablaban con los acusadores y los demandados hasta que todos llegaban a un acuerdo de cómo resolver el asunto (Dt 16.18-20; 19.16-20 22.13-21).

En el estado, la administración de la ley estaba centralizada. El monarca era el legislador quien designaba a los jueces para escuchar casos en todo el estado (véase la administración de Josafat en 2 Cr 19.4-11). El enfoque del derecho del pueblo era responsabilidad de los hogares de alimentar a sus miembros, considerando que la ley estatal trataba principalmente con su responsabilidad de proteger a la gente. Por un lado, en los pueblos se desarrollaron las leyes que tratan con el incesto, regulación del matrimonio y el control de la herencia. Por otra parte, se desarrollaron leyes que tratan con los impuestos y el servicio militar o público. Al principio los tribunales estatales sólo escuchaban las quejas de los hogares con respecto a sus evaluaciones y su obligación de reclutar soldados para el ejército (2 S 15.2-4). Gradualmente, sin embargo, escucharon casos que envolvían todos los ámbitos de la vida pública (2 S 21.2-9; 1 R 3.16-28).

Los tribunales estatales utilizaban la autoridad policiaca, en lugar del consenso, para garantizar la cooperación. Un legislador escuchaba a los demandantes y luego decretaba una decisión sobre el caso. Puesto que la decisión se basaba en el juicio de un solo legislador, había un mayor grado de discreción judicial que no estaba necesariamente en sintonía con un amplio consenso de opinión dentro del estado como un todo (véase los juicios de David 2 S 12.1-6; 14.2-11). Aunque la decisión podría basarse en el precedente, la libertad de la interpretación del precedente es más abierta a la variación. La pieza central en la antropología de la ley del estado es su caracterización del monarca como un legislador. El arte y la literatura que retratan a los monarcas como legisladores que promulgan un código de leyes durante sus coronaciones han sido recuperados por los arqueólogos de más de una cultura del Cercano Oriente antiguo. Por ejemplo, algunas de las descripciones más exquisitas de Lipit-ishtar y Hammurabi de Babilonia les representan como legisladores. Aunque ciertamente cada nuevo monarca hacía algunos cambios en las leyes del estado, no es probable que cada monarca autorizara una reestructuración importante de los códigos establecidos de la ley. Los monarcas más bien promulgaban un código para ratificar su autoridad que inaugurar una reforma judicial general (véase las acciones de Josías en 2 k 22.3–23.27). Al obrar así, los monarcas imitaban las acciones de la asamblea divina al otorgar a las personas con un pacto o un código de ley por el cual se debía regir la vida en la monarquía. El ritual confirmaba la responsabilidad de un monarca para mantener el orden en el estado. Así como los dioses Anunnaki confirman a Marduk como el legislador divino en el Enuma Elish, la asamblea divina reconocía a los monarcas como legisladores durante su coronación (Sal 72, 101). La ley en el antiguo Israel funcionaba como un medio de identificación de las personas con el Pacto, de mantener el orden social y para asegurar que la autoridad del palacio y el templo fuese reconocida y obedecida. Aunque su administración y formulación original tenían más que ver con la supervivencia en un entorno duro y peligroso, la ley, como la sociedad israelita, eventualmente se volvió bastante compleja. Como resultado, la fórmula jurídica se volvió más ritualista (como en el código de santidad) y los dictámenes legales tomaron un carácter rígido que pudo haber tenido más que ver con el mantenimiento de las estructuras sociales que la administración de justicia.

Bibliografía. D. C. Benjamin, *Deuteronomy and City Life* (Lanham, 1983); H.-J. Boecker, *Law and the Administration of Justice in the Old Testament and Ancient East* (Minneapolis, 1980); V. H. Matthews, «Entrance Ways and Threshing Floors: Legally Significant Sites in the Ancient Near East,» *Fides et Historia* 19/3 (1987:, 25-40; D. Patrick, *Old Testament Law* (Atlanta, 1985).

VICTOR H. MATTHEWS

LIBACIÓN

Ofrenda de un líquido, generalmente de vino, derramada sobre un altar u otro objeto de culto, como parte de una ceremonia de sacrificio. Las libaciones eran una práctica del culto, común entre los pueblos del antiguo Cercano Oriente; el uso de libaciones en las ceremonias religiosas está bien documentado en la literatura bíblica. Cuando Jacob erigió una columna en Betel, derramó sobre ella libación (Gn 35.14). Los códigos de leyes de Israel contienen numerosas referencias a las libaciones (p.ej., Ex. 29.38-41; Lv 23.13; Nm 15.5). Las críticas de los profetas a las prácticas cultuales, están en contraste con la naturaleza festiva intrínseca de las libaciones, con una fuerte condena a su vinculación idolátrica (Is 57.6, Jer 7.18). Es posible que algunos ofrecieran libaciones de sangre (Sal 16.4). Las libaciones eran también conocidas en el mundo griego, y Pablo hizo de la libación una metáfora para referirse a su vida de servicio a Cristo (Fil 2.17, cf. 2 Ti 4.6).

KEVIN D. HALL

LÍBANO (Heb. *lĕbānôn*)

Región montañosa al norte de Israel que se destaca por su bosque de cedros. El nombre Líbano deriva de la raíz semítica *lbn* que significa «blanco», al parecer una referencia a las nevadas montañas típicas de la región (véase Jer 18.14). Aunque los límites de la zona son imprecisos, se describe el Líbano como dos cadenas montañosas paralelas ubicadas directamente al este de la costa de Fenicia que limita al norte por el río Eleuterio (Nahr el-Kebir) y el río Leontes (Litani) hacia el sur, un área de 160 km (100 mi) de largo. El Líbano comprende tres zonas diferenciadas. Las montañas del Líbano que se levantan notablemente muy cerca del mar y llegan a altitudes superiores a 3048 m. (10 mil pies); la elevación más alta es 3360 me (11.024 pies). Las laderas de estas montañas occidentales reciben casi 152 cm (60 in) de precipitación anual, mucho de lo cual caen como nieve en las elevaciones más altas. Al este de las montañas se encuentra el Bekaa, un fértil valle situado entre las dos cadenas de montañas (véase Jos 11.17). Aunque parte de la misma grieta geológica que conforma el valle del Jordán más al sur, el Bekaa tiene una elevación promedio de más de 915 m (3000 pies) sobre el nivel del mar.

El río Litani se eleva desde la cuenca cerca de Baalbek y fluye al sur y luego al oeste antes de desembocar en el mar Mediterráneo al norte del Tiro. El río Orontes nace de lagos y pantanos ubicados detrás de incursiones de basalto en el extremo norte del valle. Aunque puede parecer que el Bekaa sea un corredor natural para el tráfico de norte a sur, de hecho las intrusiones de basalto en el norte y las empinadas crestas descendentes hacia el sur hacían difícil el viaje, especialmente para los grandes ejércitos.

Las montañas del Antilíbano se extienden hacia el este del Bekaa. Ligeramente más baja y más seca que sus contiguos occidentales, los Antilibanos recibieron suficiente lluvia para producir abundantes manantiales a lo largo del pie oriental de la cordillera. Estos manantiales alimentaban los ríos Abana y Farfar que sustentaba el oasis de la ciudad de Damasco. El Monte Hermón (2813 m [9230 pies], también conocida como Senir o Sirión [Dt 3.9; Cnt 4.8]) que delimita el extremo sur de esta cadena. Copiosos manantiales nacen al pie del Monte Hermón, formando la cabecera del río Jordán (véase 4.15).

El Líbano fue reconocido por sus grandes bosques de coníferas (cedro, ciprés, abeto y pino) que crecían en abundancia en las laderas de las montañas. Los cedros del Líbano, que a menudo se mencionan en el Antiguo Testamento fueron especialmente valorados como un material de construcción debido a su fuerza y tamaño. Los egipcios importaban cedro para su uso en pirámides y barcos sagrados desde principios del tercer milenio. Salomón obtuvo la madera de cedro de Hiram rey de tiro para construir el templo y su palacio, la «casa del bosque del Líbano» (1 R 5:6-14; 2.7-8; 10.17-21). Los cedros del Líbano se emplearon también en la construcción del segundo templo (Esd 3.7). Los escritores bíblicos usaban con frecuencia los cedros del Líbano como un símbolo de belleza, fuerza perdurable, nobleza y generosidad divina (Sal 104.16; 29.5-6; 72.16; 92.12; véase 7.4; Os 14.5-7; véase 2 R 14.9). Líbano fue conocido también por sus vinos (Os 14.7).

Thomas V. Brisco

LIBERACIÓN

Liberación se expresa en hebreo por la raíz del verbo *nṣl*, «liberar», y *plt* «rescatar», juntamente con *yšʿ*, «salvar», y *pdh*, «rescate». La liberación misericordiosa de Dios ocurre especialmente en el Éxodo (Ex 3.8; 12.27; 18.4, 8-10; 1 S 10.18), pero también en otros lugares. El Señor libró a los israelitas en el desierto (Sal 107.6), David (2 S 22.18), Jerusalén (Is 31.5), Jeremías (Jer 1.19), Esdras (Esd 8.31), y los salmistas (Sal 34.4 [TM5]; 91.3 Ez 34.12). La conciencia de que Dios libera a causa de su divina misericordia a menudo es explícita: «según tus misericordias» (Neh 9.28; véase Jer 42.11-12), a causa de la «misericordia» (Salmo 33.18-19; 86.13), el nombre de Dios (79.8-9), pacto (106:43-45), o promesa (119.170). Aunque el fundamento de la acción liberadora de Dios es la misericordia y el poder divino, hay una demanda consecuente de fe y justicia por parte de aquellos que buscan la liberación. Cuando los israelitas pecaron fueron abandonados a menudo a sus enemigos, pero fueron rescatados después de volverse a Jehová (Jue 3.9, 15; 1 S 7.3; 12.10; Sal 106.43-45).

Ezequiel, al subrayar la importancia de la responsabilidad personal, enseñó a veces que Dios libra sólo a los justos (Ez 14.14, 16, 18, 20). Proverbios 11.6 afirma que «la justicia de los rectos los salvará» (véase 10.2). El Señor rescata a los justos (Sal 34.19[20]), quienes confían en él (22.4[5]), le temen (33.18-19), a los que le aman (91.14), al afligido y al menesteroso (82.3-4; 119.134), a los que están siendo tratados injustamente. Sin embargo Dios también libera del pecado (Sal 39.8 [9]; 79.9). El enfoque de la liberación en el NT es religioso y escatológico, el rescate definitivo del poder de Satanás y del pecado por Dios a través de su hijo, Jesús. Los verbos griegos que expresan liberación, *rhýomai*, «rescatar» y *exairéō*, «liberar», son utilizados con moderación en el NT, aunque *sṓzō*, «salvar», es bastante común. Hemos sido «librados de nuestros enemigos» (Lucas 1.74) por Jesús, que fue enviado «a pregonar libertad a los cautivos» (4.18; véase Is 61.1) a través de su regalo de la salvación del pecado. En el Padrenuestro, pedimos «líbranos del mal» (M 6.13; Lc 11.4), es decir, de los terrores asociados con los últimos días del mundo bajo el poder del «malo» (otra posible traducción). Pablo declara que el Jesús resucitado «nos libra de la ira venidera» (1 Ts 1.10) en el día del juicio, un pensamiento que se repite en 2 Pedro 2.9. Fue Dios quien ya «nos ha librado de la potestad de las tinieblas, y trasladado al reino de su amado Hijo» (Col 1.13). Pablo creía que el pueblo judío se salvaría al final, en cumplimiento de la profecía «vendrá de Sion el Libertador...» (Ro 11.26; véase Is 59.20-21).

Aunque la mayoría de los textos de liberación del NT se centran en la victoria de Jesús con consecuencias para la eternidad, varios pasajes hablan del rescate divino en esta vida (Hch 7.10; 12.11; Ro 15.31; 2 Ti 3.11; 4.17). Ambos aspectos, el material y el espiritual, la seguridad en este mundo y en el venidero, constituyen la obra de liberación de Dios.

Joseph F. Wimmer

LIBERTOS, SINAGOGA DE LOS

Una sinagoga formada por libertos, cirenios y alejandrinos, que eran los opositores de Esteban (Hch 6.9). Estos libertos eran probablemente judíos cautivos que habían sido deportados de Israel, pero habían sido liberados y les concedió su ciudadanía (cp. Hch 22.3, 27-28; Filón *Leg.* 155; Tácito *Ann.* 2.85; Josefo *Ant.* 12.120; 14.185-267). Parece razonable suponer que ellos habían vuelto a Jerusalén movidos por la devoción a Dios a fin de observar la ley y los sacrificios de templo.

Se ha encontrado evidencia para una sinagoga de alejandrinos (*t. Meg.* 3.6 [224]) y una que fue construida por cierto «Teodoto», que incluyó una casa de huéspedes para judíos de la Diáspora que visitan del extranjero (*CIJ 2.1*404). Los eruditos permanecen divididos sobre el número de sinagogas indicadas en Hechos, postulando una sinagoga formada de varios grupos étnicos, dos grupos diferentes de opositores, o varios grupos. Parece que una motivación para el establecimiento de sinagogas para judíos de la Diáspora sería proporcionar la adoración a aquellos que hablaban griego.

H. ALAN BREHM

LIBIA (Gr. *Libýē*; Egyp. *Libu*)
La tierra y las personas que ocupan la zona oeste de Egipto y Etiopía. Los griegos usaron el nombre para designar a todo el continente de África. Bajo los romanos, Libia fue dividida en dos partes: Marmárica (este) y Cirenaica (oeste). En el 67 a.C. Cirenaica (Libia superior) se unió con Creta para formar una provincia con su capital en Cirene.

El progenitor de los libios es Fut (Gn 10.6; 1Cr 1.8) o Lehabim (Heb. *lĕhāḇîm*; Gn 10.13; 1 Cr 1.11). La historia más temprana de Libia es provista por fuentes egipcias del imperio antiguo, en el cual encontramos referencias a la Tjehenu y Tjemehu. La tribu dominante en el nuevo reino fue la *Rbw* (Libu). El Tjemehu y la Libu tuvieron varios conflictos con Egipto durante los reinados de Tutmosis II, Seti I y Ramsés III. Tras este período, muchos libios sirvieron como mercenarios en el ejército egipcio (véase Dn 11.43; Nah 3.9). Uno de ellos, Sisac, ascendió al rango de general y eventualmente tomó el trono egipcio, iniciando así la dinastía (Libia) 22. Durante el quinto año de Roboam, Sisac invadió Palestina y tuvo éxito en la obtención de control temporal sobre Judá y partes de Israel (1 R14.25-26; 2 Cr 12.3).

Los libios que lucharon al lado de Zera y los etíopes no tuvieron mucho éxito y fueron derrotados por el rey Asa (2 Cr 16.8). Los libios en el NT incluyen Simón de Cirene (Mt 27. 32), los fieles en el día de Pentecostés (Hch 2.10), perseguidores de Esteban (6.9) y los miembros de la iglesia en Antioquía (11.20; 13.1).

KEITH A. BURTON

LIBNA (Heb. *liḇnâ*)

1.Lugar de ubicación desconocida en la península del Sinaí que fue un punto de parada para los israelitas en su viaje de Egipto a Canaán (Nm 33.20-21).

2.Ciudad conquistada por Josué en su campaña a través de la Sefela (Jos 10.29-39) y el asiento de uno de los reyes derrotados cananitas (12.15). Ubicado en la parcelación de la tribu de Judá (Jos 15.42), Libna fue establecida como una ciudad levítica (21.13; 1 Cr 6.57 [TM 42]). La ciudad se rebeló durante la época de Joram (2 R 8.22; 2 Cr 21.10) y era la ciudad natal de Hamutal, esposa de Josías y madre de los reyes Sedequías y Joacaz (2 R 23.31; 24.18; Jer 52.1). Durante la invasión de Senaquerib de Judá, la ciudad fue sitiada durante o después del sitio de Laquis (2 R 19.8; Is 37.8).

La ubicación de Libna sigue siendo un problema sin resolver. En el siglo XIX, F. J. Bliss y R. A. S. Macalister situaron la ciudad en *Tell ej-ÔâfI/Tel ßafit* (1359.1237; «montículo blanco» en árabe; véase Heb. *liḇnâ*, «blanco»; Eusebio *Onom.* 120-25), pero el sitio ahora generalmente se considera una ciudad filistea de Gat. Otra posibilidad, Tell el-Judeideh (141115), un sitio natural protegido 10 km (6 mi) noreste de Laquis en una importante ruta del comercio de este a oeste, muy probable que sea Moreset-Gat. Muchos estudiosos siguieron a William F. Albright en la ubicación de Libna en Bornât (138115), 8 km (5 mi) norte de Laquis cerca de la frontera occidental de Judá, pero el montículo no es impresionante y su situación vulnerable en la zona baja al oeste de la elevación del Azeca no coincide con una ciudad que era la barrera final contra el ataque asirio. La identificación más probable para Libna es Khirbet Tell el-Beida (145116), E del monte Azeca y varios km al NE de Beit Jibrîn/Beth Guvrin (Eleuterópolis). Su nombre árabe significa «ruina del cerro blanco», que bien puede preservar el nombre de Libna.

Bibliografía. Z. Kallai, *Historical Geography of the Bible* (Leiden, 1986).

BRIAN P. IRWIN

LIBNI (Heb. *liḇnî*)

1.Hijo de Gersón y descendiente de Leví; un subgrupo dentro del clan levita de gersonitas (Ex 6.17; Nm 3.18; 1 Cr 6.17, 20 [TM 2, 5]). Él era el antepasado epónimo de la familia de gersonitas conocida como libnitas (Nm 3.21; 26.58); Algunos estudiosos asocian este clan de Libna (2; véase Jos 21.13).

2. Levita, descendiente de Merari (1 Cr 6.29 [14].

LIBRO
La primera forma del libro en los tiempos bíblicos fue el rollo (Heb. *mĕgillâ*), un documento hecho de papiro o de cuero. El uso de rollo de papiro se remonta al 3200 a.C., en Egipto, y los israelitas probablemente importaron tales rollos para su propia escritura. Después del exilio y para el tiempo de los Rollos del Mar Muerto, el cuero era el material preferido para los rollos.

La evidencia reciente ofrece una imagen en la producción de rollos de piel en la comunidad de Qumrán. Los escribas en la comunidad utilizaron rollos de piel y tintas especialmente hechas para producir sus textos. Para estos escribas, los materiales mismos, la tinta y la piel de los rollos, contenían tanto poder que aseguraron la santidad de los propios textos. A los escribas se les requería por las reglas de la comunidad utilizar la piel para los rollos bíblicos, pero se han encontrado escritos no bíblicos en rollos de papiro. Además, los rollos de papiro de los escritos bíblicos fueron prohibidos por los rabinos: «Si fue escrito con sosa cáustica, tinte rojo, o sulfato, o en papel (papiro), de diftera, él no ha cumplido con sus obligaciones, pero sólo si fue escrito en escritura asiria, en pergamino, y con tinta».

Uno de los grandes avances del cristianismo es la producción del libro códice. Para el siglo II de nuestra era, las hojas de pergamino estaban dobladas y cosidas, y a menudo encuadernadas dentro de una cubierta, para dar la apariencia de un libro de hoy. Mientras que los primeros códices pueden haber sido producidos mediante el uso de hojas de papiro de hoja simple, los códigos posteriores eran en realidad hojas de múltiples capas de pergamino cosidas entre sí. Los primeros códices conocidos de papiro de una hoja se produjeron en Egipto, pero no se descubrieron sino hasta el siglo XX en Nag Hammadi. Los primeros códices conocidos de pergamino de varias capas (Códice Sinaítico, Códice Alejandrino, y Códice Vaticano) proporcionan los principales fundamentos textuales de los escritos del Nuevo Testamento. En la época de Constantino, el libro era la forma estándar de escribir.

En el AT y el NT el término «libro» (Heb. *sēper;* Gr. *biblíon*) a veces se refiere a una genealogía (Gn 5.1; Mt 1.1), crónicas reales (Est 6.1), o un libro de la ley (Dt 28.61; Jos 1.8). A lo largo del AT, se informa de diferentes «libros» para proporcionar la base de ciertos relatos. Estos incluyen el libro de las batallas de Jehová (Nm 21.14), el libro de Jaser (Jos 10.13; 2 S 1.18), el libro de los hechos de Salomón (1 R 11.41), el libro de las crónicas de los reyes de Israel (14.19; 15.31; 2 R 10.34), el libro de las crónicas de los reyes de Judá (1 R 14.29; 15.7; 2 R 8.23), el libro de los reyes de Israel (1 Cr 9.1; 2 Cr 20.34), el libro de los reyes de Israel y Judá (27.7; 35.27), el libro de los reyes de Judá e Israel (16.11; 25.26), y el libro de Crónicas (Neh 12.23). La Biblia también menciona varios libros de autoría divina: el libro de memorias (Mal 3.16), el libro de la verdad (Dan 10.21), y el libro de la vida (Fil 4.3; Ap 3.5; 13.8; 20.12, 15). En el NT la frase «los libros» (Gr. *tá biblía*) no se refiere a toda la Biblia, sino a los libros del AT.

Bibliografía. H. Y. Gamble, *Books and Readers in the Early Church* (New Haven, 1995); J. L. Sharpe III and K. Van Kampen, eds., *The Bible as Book: The Manuscript Tradition* (London, 1998).

HENRY L. CARRIGAN, JR.

LIBRO DE LA VIDA

La tarea mundana de la contabilidad en el antiguo Cercano Oriente a menudo encuentra un paralelo en el campo divino. La idea de la actividad divina de escribir aparece varias veces a lo largo del AT y del NT y se menciona con frecuencia en escritos pseudoepigráficos (cf. Ex 32.32-33; Sal 139.16; Is 65.6; Mal 3.16; Jub 30.19-23; 1 En 47.3; Ap 13.8). El libro de la vida parece ser un libro celestial en el que están inscritos los nombres de los justos. El salmista ora que sus adversarios sean borrados del libro de la vida y que sus nombres no sean escritos con los nombres de los justos (Sal 69.28[TM 29]; cf. Ap 3.5; 21.27).

Además del libro de la vida, otros libros aparecen en la literatura. Un libro de destrucción se corresponde con el libro de la vida (cf. 1 En 81.1-4; Jub 30.22; T. Levi 5.4), y otros libros registran las obras o acontecimientos de la vida. Estas parecen ser la base para el juicio final, donde «el Juez se sentó, y los libros fueron abiertos» (Dan 7.10) y «fueron juzgados los muertos por las cosas que estaban escritas en los libros, según sus obras» (Ap 20.12). Usos similares se encuentran también en los escritos seudoepigráficos y apócrifos (cf. 2 Esd 6.20; 2 Apoc Bar 24.1; Asc Isa 9.22; 1 Clem 45.8).

W. DENNIS TUCKER, JR.

LIBRO DE LOS DOCE

Una antigua denominación para los profetas menores del AT que se refiere a la práctica de los escribas de preservar estos 12 escritos proféticos en un solo rollo. En la antigüedad, estos escritos individuales fueron preservados, referidos, contados y recibidos en el canon como un solo libro.

Evidencia antigua

La evidencia de la unidad bibliográfica de los Profetas Menores incluye manuscritos antiguos, referencias literarias, y listas de libros canónicos. La más antigua referencia al libro de los doce es de principios del siglo II a.C., en el libro de Sabiduría de Jesús ben Sira. Enseguida de las referencias a los profetas Isaías, Jeremías y Ezequiel, Eclesiástico 49.10 habla de «los Doce Profetas» como un grupo colectivo. La evidencia literaria desde Sirac es apoyada por evidencia de los manuscritos de Qumrán. Se han descubierto fragmentos de siete diferentes rollos de los Doce. El manuscrito más antiguo, 4QXII*a*, ha sido fechado a mediados del siglo II y contiene partes de los libros de Zacarías, Malaquías y Jonás. Restos parciales de un rollo de los Doce en griego también han sido descubiertos cerca de Qumrán y están fechados a mediados del siglo I a.C. Antiguos manuscritos de la traducción griega de los Doce contienen sobrescritos que enumeran los doce libros del 1 al 12. En el NT el libro de los Doce se cita en el libro de los Hechos como «el libro de los profetas» (Hch 7.42). Todas las antiguas listas del canon judío-AT y todos los manuscritos hebreos medievales de los Profetas Menores tratan estos escritos como un solo libro.

Historia de la colección

Una larga brecha cronológica separa los materiales más antiguos, materiales del siglo VIII dentro de los Doce, de la época de los más recientes de estos escritos, compuestos c. 450 o, según algunos eruditos, incluso más tarde. Otro largo espacio separa el escrito de los últimos libros dentro de la colección de la más antigua referencia explícita al libro de los Doce, c. 200 a.C. Por lo tanto, las descripciones de la formación del libro sólo pueden reclamar mayores o menores grados de probabilidad. Sin embargo, algunas conclusiones acerca de su desarrollo tienen relativamente un alto grado de probabilidad.

Por ejemplo, hay alguna evidencia de colecciones anteriores antes de la colección final de 12 libros. Los sobrescritos de los libros de Oseas, Amós y Miqueas (Os 1.1, Am 1.1, Miq 1.1) sugieren una antigua recopilación de estos tres libros, cuyo propósito era aplicar las lecciones de la destrucción asiria de Samaria, amenazados en Oseas y Amós, a la situación política de Judá y Jerusalén como se describe en Miqueas. La secuencia de esta supuesta antigua colección se preserva en los manuscritos del libro de los Doce de la LXX. El germen de la colección final de los Doce probablemente se encuentra en esta compilación temprana. El último libro agregado al libro de los Doce probablemente fue Jonás, que está formalmente en gran desacuerdo con el resto de la colección. El manuscrito más antiguo de los Doce, 4QXII*a*, coloca a Jonás después de Malaquías al final de la colección. Jonás también tiene diferentes posiciones en los arreglos griego y hebreo de los Doce.

Unidad literaria

La antigua y coherente práctica de preservar a los Profetas Menores como un solo libro ha planteado la cuestión de si los escritos individuales dentro de este rollo poseen algún grado de unidad literaria. La posibilidad de la unidad parece muy poco probable a primera vista, dada la gran diversidad cronológica y temática de los libros individuales. Sin embargo, se han identificado varias características comunes dentro de la colección.

La referencia a los Doce en Eclesiástico 49.10 declara que, como un grupo de 12 profetas «consolaron al pueblo. . . con esperanza confiada,» que es tal vez una referencia al hecho de que muchos de los libros individuales dentro de los Doce concluyen con una predicción de la esperanza de restauración y salvación. Otro elemento unificador, más allá del tema de la futura restauración, es la narrativa histórica implícita que subyace en la colección. Las experiencias de Israel y Judá a manos de Asiria proporcionan antecedentes históricos para los libros de Oseas, Amós y Miqueas. La caída de Asiria y el surgimiento de Babilonia proporcionan antecedentes para Nahúm, Habacuc y Sofonías. La restauración de Judá bajo el imperio persa informa a los libros de Hageo, Zacarías y Malaquías y en parte explica las numerosas similitudes entre estos tres libros.

Algunos de los libros entre los Doce parecen estar unidos por referencias verbales en las secciones de inicio y final de cada libro. Por ejemplo, las referencias a Edom en Amós 9.12; Abdías 1 ayudan a explicar su secuencia, de otro modo inexplicable, en los manuscritos hebreos de los Doce. Del mismo modo, los libros de Joel y Amós comparten un lenguaje muy repetitivo en las secciones de apertura y cierre de cada libro (cf. Joel 3.16 [TM 4.16] y Amós 1.2; también Joel 3.18 [4.18] y Amós 9.14). Las similitudes de este tipo, que abarcan los límites de los libros individuales, han provocado intentos de identificar ciertos pasajes en el libro como obra de manos de redactores que unificaron la colección mediante la inserción de un material similar en varios lugares. Aunque tales adiciones editoriales unificadoras son posibles, no hay pruebas concretas de las formas anteriores del libro por el cual juzgar las propuestas de adiciones editoriales.

Una característica común principal del libro de los Doce era la creencia teológica de las antiguas comunidades religiosas de que las palabras de los diferentes profetas eran en última instancia la palabra unificada de Dios para Israel. Esta creencia subyace en la preservación y transmisión común de los Profetas Menores y es la misma presuposición teológica que permite al antiguo Israel, los judíos y las comunidades cristianas tratar las formal y cronológicamente diversas palabras de las Escrituras de Israel como una tradición canónica unificada.

Bibliografía. B. A. Jones, *The Formation of the Book of the Twelve.* SBLDS 149 (Atlanta, 1995); J. D. Nogalski, *Literary Precursors to the Book of the Twelve.* BZAW 217 (Berlin, 1993); *Redactional Processes in the Book of the Twelve.* BZAW 218 (Berlin, 1993).

BARRY A. JONES

LIBROS APÓCRIFOS, CRISTIANISMO TEMPRANO

Los términos «libros apócrifos del AT» y «libros apócrifos del NT» (del Gr. *apókryphos,* «estar escondido u oculto», posteriormente «esotérico») designan una colección diversa de escritos, separados de los dos cánones que contienen personajes o acontecimientos bíblicos. Esta bifurcación es problemática cuando, por ejemplo, una modificación cristiana de una narrativa pseudoepigráfica del AT o judía no encaja bien en ninguna categoría. Libros apócrifos del cristianismo temprano es una mejor designación que libros apócrifos del NT porque, aunque estos textos empleen personajes del NT, ellos no guardan necesariamente una conexión estrecha con el NT, teológicamente hablando, y pueden bien haber sido escritos antes de que el canon fuera formado. Este cuerpo amorfo, sin homogeneidad interna, abarca una variedad de géneros incluyendo evangelios, *agrapha*, apocalipsis, epístolas, tratados y hechos. El intento de clasificar estos textos en géneros, sin embargo, también es problemático porque a menudo ellos no encajan claramente en una clasificación u otra. Algunos combinan varios géneros o presentan un género en la forma de otro, tal como un discurso de revelación en forma de epístola. En efecto, formas puras no existen porque los textos a menudo elaboran sobre unidades literarias más pequeñas, como himnos, credos, poemas, fórmulas litúrgicas, y material parenético.

Los evangelios apócrifos a menudo incluyen palabras y tradiciones acerca de Jesús, así como narrativas en cuanto a su nacimiento, infancia, enseñanzas o Pasión. Esta literatura ha conservado tradiciones famosas tales como los animales en el pesebre, el nacimiento en la caverna, milagros de infancia, y el descenso de Cristo al infierno. También se retrata las acciones y palabras de los discípulos de Jesús y miembros de familia, tal como en el Evangelio de Pedro, el Evangelio de María y el Evangelio de Tomás. Los textos descubiertos en Nag Hammadi en 1945 abrieron un cofre grande de materiales que proporcionan casi 50 textos previamente desconocidos, algunos de los cuales son apócrifos. Otros descubrimientos de manuscritos antiguos en monasterios y bibliotecas en el siglo XX, y aun en décadas recientes, indican que los estudios de estos textos tienen mucho potencial para futuros proyectos de investigación. Entre estos hallazgos hay fragmentos de papiro que contienen refranes del Señor (*agrapha*), que aunque no sean históricamente confiables revelan mucho sobre las comunidades que los conservaron. Tales tradiciones cristianas tempranas de dichos, tales como el Evangelio de Tomás y el Diálogo del Salvador parecen haberse embebido dentro de ellas tradiciones orales bastante tempranas. En forma similar a la manera en que Lucas, Mateo, y Tatián juntan fuentes para producir una armonía, así también lo hacen ciertos textos apócrifos, tal como el Evangelio de los Ebionitas, que armonizó varias tradiciones y fuentes, en un tiempo cuando los escritores eran más libres de hacer así porque los Evangelios todavía no estaban canonizados.

Los apocalipsis incorporan revelaciones, visiones, epifanías, o apariciones posresurrección de los discípulos. Estos textos a menudo sólo existen en fragmentos, mientras que otros son conocidos sólo de nombre, y tienen que ser encontrados aún. Ellos han preservado exhortaciones al arrepentimiento y, a través de lenguaje pictórico, representaciones del juicio final y del cielo e infierno (Apocalipsis de Pablo). Las epístolas pseudoepigráficas a menudo complementan o corrigen la doctrina y no son tan diferentes de la producción de epístolas deuteropaulinas. Entre las epístolas pseudoepigráficas están la Epístola de Pablo a los Laodicences (Col 4.16) y la Tercera Epístola a los Corintios (Hechos de Pablo). Otras epístolas significativas incluyen la correspondencia entre Cristo y Abgar y entre Pablo y Séneca.

Algunos de los textos apócrifos más conocidos son «Hechos», tales como los Hechos de Pablo y Tecla, de Pedro, de Tomás, de Juan, de Andrés, y de Felipe. Los primeros cinco de éstos fueron atribuidos por Photius a un cierto Leucius Charinus, aunque claramente según estilo y contenido ellos no fueran escritos por la misma persona. Estos textos a menudo presentan una biografía truncada de un apóstol, que por lo general comienza con la recepción de su misión e incluye sus discursos, viajes, y milagros. A menudo las secciones finales de las Hechos describen los martirios de los apóstoles, que deben haber tenido un valor inspirador enorme en tiempos de persecución. Muchos de los textos apócrifos se concentran en ciertos apóstoles o aseveran haber sido escritos por ellos, invocando así su autoridad como el receptor, transmisor y garante de aquel mensaje particular. En la producción de estos Hechos, con el tiempo se produce un desarrollo desde presentar a un apóstol a retratar a dos trabajando juntos en sus misiones. Otra transición ocurre en los siglos IV y V, cuando la literatura apócrifa evoluciona en material hagiográfico, de tal manera que a veces son difíciles de distinguir. Estos Hechos y otras historias presentan tradiciones acerca de la Natividad y la vida de María la Madre, la crucifixión invertida de Pedro, y las actividades misioneras de ciertos discípulos femeninos, tales como María Magdalena (Hechos de Felipe), Tecla (Hechos de Pablo y Tecla), y Maximila (Hechos de Andrés). Debido a que estos textos presentan narrativas conocidas pero inusuales, y eran prácticamente las únicas fuentes de descripciones físicas de los apóstoles (confiables o no), ellos son esenciales para entender la temática de la iconografía cristiana de los tiempos helenistas tardíos hasta el período Medieval.

Debido a que las comunidades cristianas tempranas no valoraban los mismos textos, esta literatura es de significación para los eruditos pues arrojan luz sobre los intereses diversos de un cristianismo en constante expansión. Aunque a menudo estos textos presentan elementos novelísticos e imaginativos, también conservan trazos históricos esenciales para la reconstrucción del pensamiento y teologías del cristianismo temprano. Las tradiciones que rodean a ciertos apóstoles en algunos casos provienen de los orígenes mismos del cristianismo. Con una pluralidad de recipientes, algunas comunidades que valoraron mucho estos textos (p.ej., montanistas, maniqueas, o priscilianistas) fueron finalmente marginadas por lo que vino a ser conocido como el cristianismo dominante. Llenos de leyendas, milagros extraños, y hasta animales parlantes, estos textos sin embargo ofrecen percepciones de los mundos religiosos, sociales, y culturales del cristianismo temprano, en particular la religión popular de las masas durante los tiempos apostólicos. Ellos paralelan, complementan, o quizás hasta preceden algo de la información que la literatura canónica contiene, por lo visto con una variedad de objetivos desde entretenimiento hasta propaganda, desde material polémico o apologético hasta instrucción y aliento durante la persecución o aun martirio.

Los asuntos de fechas, procedencia, y autoría a menudo son difíciles o imposibles de solucionar. Algunos textos podrían haber sido escritos tan temprano como el siglo I, la parte mayor en los siglos II y III, con algunos (p.ej., Pistis Sophia) procedentes de entre los siglos III-V. Es difícil poner un límite cronológico a la variedad de fechas de la literatura apócrifa porque tal literatura siguió siendo producida, revisada, y redactada durante siglos, sin un siglo definido en que dejó de ser creada. Textos, como la Didajé, la Epístola de Bernabé, y el Pastor de Hermas fueron escritos bastante temprano como para haber sido considerados para su inclusión en el canon. De hecho, el Códice Sinaítico, el códice existente más antiguo del NT, incluye tanto la Epístola de Bernabé como el Pastor de Hermas en su colección. Uno no puede, por lo tanto, generalizar negativamente sobre la recepción de estos textos cuando ellos eran a veces leídos como Escrituras en las asambleas litúrgicas de algunas iglesias cristianas tempranas, y leídos aun hasta en la Edad Media. A menudo los títulos de los textos han sido extraviados y sólo han sido suministrados por comentaristas posteriores; algunos textos fueron escritos anónimamente o en forma pseudoepigráfica.

En parte debido a la teología y en parte debido a esta naturaleza pseudoepigráfica de los textos, algunos escritores de iglesia temprana describieron estos textos como espurios, cubriéndolos así con la sospecha de herejía. Aunque las numerosas referencias patrísticas demuestran cuán extendidos ellos estaban, estas referencias también contribuyeron a ser considerados como inferiores a sus equivalentes canónicos. La amplia existencia geográfica de estos textos señala el alcance de su popularidad, ya que aparecen en su idioma original o en su traducción al griego, siríaco, copto, latín, árabe, georgiano, armenio, eslavo, gaélico y etíope. Determinar la lengua original del texto o reconstruir evidencia fragmentaria son a veces completamente difíciles. Por ejemplo, tanto los Hechos de Pablo como los Hechos de Pedro contienen el «*¿Quo Vadis?*», la escena del encuentro de Pedro con Cristo en la Vía Apia, señalando que parte del desafío corriente en estos textos es determinar el grado de su interdependencia, así como determinar vacíos entre la fuente del material y su redacción. Estas interrogantes además de los asuntos de transmisión oral y función, estudios de género literario, la complejidad de evidencia de manuscrito, y reconstrucción textual proporcionan áreas fértiles para investigación futura. Con tal objetivo, ediciones críticas con traducciones y notas están cada vez más disponibles. Las fuentes incluyen a Richard A. Lipsius y Max Bonnet para *Acta apostolorum apocrypha* (Leipzig, 1891). Existen traducciones inglesas en Edgar Hennecke-Wilhelm Schneemelcher, *New Testament Apocrypha* (Philadelphia, 1963-65; 2nd ed., Louisville, 1991-92); James K. Elliot, *The Apocryphal New Testament,* rev. ed. (Oxford, 1993); y un próximo proyecto de cuatro volúmenes de Polebridge Press. Un grupo internacional de eruditos, conducidos por François Bovon y Pierre Geoltrain, llamada Association pour l'étude de la littérature apocryphe chrétienne, se ha dedicado a la investigación intensiva en este campo, ayudando así a superar años de abandono en erudición de estas fuentes vitales y ricas de tradiciones cristianas tempranas.

Bibliografía. J. H. Charles worth, ed., *The New Testament Apocrypha and Pseudepigrapha* (Chicago, 1987); J. M. Robinson, ed., *The Nag Hammadi Library*, 3rd ed. (San Francisco, 1988); D. M. Scholer, Nag Hammadi ***Bibliografía***. NHS 1 (Leiden, 1971).

Ann Graham Brock

LICAONIA (Gr. *Lykaonía*)

En tiempos del NT, una región del sur de la provincia de Galacia, al norte de los montes Taurus, al este de Frigia, al sur de Galacia y al oeste de Capadocia. La zona recibió su nombre del Lukka (Licaonia), la gente de Anatolia que originalmente vivía en la zona. Las principales ciudades laconias incluyeron Laranda, Listra y Derbe y en varias ocasiones Iconio también fue contada como parte de Licaonia.

La primera mención literaria de Licaonia aparece en Jenofonte Anab. 1.2.19 (principios siglo IV a.C.). La región fue conquistada por los persas y luego por Alejandro Magno (333). Los seléucidas gobernaron el territorio hasta que fueron derrotados por los romanos en Magnesia (188), y Licaonia pasó a manos de la dinastía atálida de Pérgamo. Pérgamo y sus territorios fueron legados a Roma en 129 y Licaonia posteriormente fue gobernada por dinastías. Antonio dio Licaonia a Amintas, rey de Galacia (36 a.C.). Cuando Amintas murió en batalla en el año 25 a.C., Augusto había incorporado su reino en la provincia romana de Galacia. Licaonia entonces se convirtió en un nombre para la región sur de esta provincia.

Pablo visitó Licaonia varias veces (Hch 14.8-20, 13.51; 18.23; 16:1-5). Durante el así llamado primer viaje misionero él y Bernabé fueron recibidos en Listra como los dioses Hermes y Zeus (14.8-18). Timoteo era de Licaonia (16.1-5), como también el menos conocido Gayo (20.4). Según la teoría de «Galacia del sur», la epístola de Pablo a los Gálatas fue escrita a las comunidades cristianas de Licaonia (véase 1 Co 16.1).

Paul Anthony Hartog

LICIA (Gr. *Lykía;* Acad. *Lukki*)

Región montañosa y boscosa de la costa suroeste de Asia Menor. Licia limita al oeste con la Caria, al este con Panfilia, y al norte con Frigia y Pisidia. La región costera es enriquecida por el fértil valle del río Xanthus. La región fue colonizada originalmente por los griegos, cuya influencia cultural es evidente por la presencia de teatros griegos en la mayoría de las ciudades. Los licios son mencionados en la *Ilíada* (2.876-7, cf. 6.184) como un pueblo valiente y guerrero que produjo héroes como Glauco y Sarpedón, y que se unió a los troyanos en la guerra de Troya. Licia fue dominada sucesivamente por los persas, Alejandro Magno, los Ptolomeos y los seléucidas. Cuando los romanos tomaron el control en el 188 a.C., dieron Licia a Rodas, a la que los licios se oponían encarnizadamente. Por lo tanto, los romanos le concedieron la libertad a Licia en el 169. Se dice que el cónsul Lucio Calpurnio Pisón escribió una carta confirmando una alianza con los judíos de Licia (1 Mac 15.23). Licia fue convertida en provincia romana en el 43 d.C., y unida a Panfilia como una doble provincia en el 74. Las ciudades más importantes de Licia fueron las portuarias de Pátara y Mira, donde

Pablo cambió de barco en su viaje misionero (Hch 21.1; 27.5). En Licia se llevaba a cabo un próspero comercio con Alejandría. La ciudad era famosa por el culto a Apolo, quien pasaba allí sus inviernos, según la mitología griega.

Bibliografía. C. B. Avery, «Lycia,» in *The New Century Handbook of Classical Geography* (New York, 1972), 187; L. Schmitz, «Lycia,» in *A Dictionary of Greek and Roman Geography,* ed. W. Smith (1870, repr. New York, 1966), 2.223-26.

RICHARD A. SPENCER

LIDA (Gr. *Lýdda*)
Ciudad (el actual Lod/el-Ludd; 140151) 18 km (11 mi) al sureste de Jope, conocida en el Antiguo Testamento como Lod. Durante el período helenístico, Lod fue conocida como Lida, y fue la capital de uno de los 11 distritos de Judea, después de haber dejado de estar bajo control samaritano (1 Mac 11.34). Años más tarde, la ciudad sufrió bajo Pompeyo. Sus habitantes fueron vendidos como esclavos por Casio, pero Marco Antonio pronto les concedió libertad por decreto. Cestio Galo incendió la ciudad en el 66 d.C. mientras los habitantes celebraban la fiesta de los tabernáculos en Jerusalén. Después de la destrucción de Jerusalén en el año 70 d.C., Lidia (actualmente Dióspolis) fue conocida como centro del pensamiento rabínico, y por su importante comunidad cristiana. Los cruzados le cambiaron el nombre a San Jorge, en conmemoración de su martirio allí.

Lida es el lugar donde Pedro sanó al paralítico Eneas (Hch 9.32), un hecho que hizo que muchos se convirtieran, en respuesta al trabajo misionero cristiano en esa región.

ROBERT A. DERRENBACKER, JR. / STEPHEN VON WYRICK

LIDIA (Gr. *Lydía*) (LUGAR)
Un próspero centro comercial en el Asia Menor occidental sobre el mar Egeo, un productor de textiles y tinte púrpura (Strabo *Geografía* 13.4.14). Según Heródoto, el rey lidio Creso, cuya riqueza y poder fueron legendarios (*Hist.* 1.28), se alió con los egipcios y los babilonios contra los persas, pero fue derrotado y capturado por Ciro el grande en 546 a.C. (1.86). Bajo Ciro, la capital lidia, Sardis, se convirtió en el asiento del sátrapa persa (gobernador). Alejandro Magno conquistó Lidia en 334 (Diodorus Siculus *Hist.* 17.21.7). Durante el reinado del rey seléucida Antíoco III, los soldados judíos (los *katoikoi*) se establecieron en Frigia y Lidia y se convirtió en la base de la diáspora en Asia Menor (Josefo *Ant.* 12.147-53; CIJ 2.775). Los seléucidas gobernaron hasta 189, cuando los romanos derrotaron a Antíoco III en Magnesia (Livy *Urb. Cond* 37.44-45; 1 Macc. 8.8).

Lidia entonces fue dada por los romanos a Eumenes II, rey de Pérgamo. En 133 el rey de Pérgamo Atalo III concedió en su voluntad su reino de vuelta a los romanos. Posteriormente, Lidia pasó a formar parte de la provincia de Asia proconsular. Según Josefo, las comunidades judías helenísticas, incluso las de Lidia, obtuvieron jurisdicción en materia civil, incluso antes de Julio Casar (*Ant.* 14.225-64). El consignar dinero para comidas comunes y fiestas sagradas y el envío de dinero a Jerusalén fueron permitidos (Ant. 14.213-16; 16.171).

Una gran sinagoga que data de la época romana fue descubierta en Sardis en 1962 y excavada. Pablo y Silas visitaron Lidia (Hch 16.40). Una mujer de negocios rica conocida como Lidia, que procedía de Tiatira en Lidia, era una vendedora de púrpura (Hch 16:14). Las siete iglesias de Asia, que se nombra en el libro de Apocalipsis se encontraban en la zona de Lidia.

Bibliografía. J. M. G. Barclay, *Jews in the Mediterranean Diaspora: From Alexander to Trajan (323 b.c.e.–117 c.e.)* (Edinburgh, 1996); M. Hengel, *Judaism and Hellenism,* 2 vols. (Philadelphia, 1974); E. Schürer, *The History of the Jewish People in the Age of Jesus Christ (175 b.c.–a.d. 135),* rev. ed., 1 (Edinburgh, 1973); V. Tcherikover, *Hellenistic Civilization and the Jews* (1959, repr. New York, 1970).

LYNNE ALCOTT KOGEL

LIDIA (Gr. *Lydía*) **(PERSONA)**
Una mujer gentil de Tiatira en la provincia de Asia, temerosa de Dios que vivía en Filipos (Hch 16.14-15). No está claro si el nombre de Lidia es un nombre personal o le señala como la mujer de Lidia («como una persona del país llamado Lidia»). Lidia adoraba al Dios del judaísmo, quizás originalmente como parte de la colonización judía en Tiatira. Ella formó parte de un grupo de mujeres que se reunieron para el culto y la oración fuera de Filipos en el día de reposo. La reunión en este lugar indica que allí no había 10 hombres judíos necesarios para establecer una sinagoga adecuada.

Lidia fue convertida por Pablo, y él la bautizó y a los de su hogar. Ella era una mujer de negocios que comerciaba en telas teñidas de púrpura, un oficio del cual Tiatira era bien conocido. Evidentemente ella tenía éxito, porque ella tenía una casa lo suficientemente grande para dar alojamiento a Pablo y sus compañeros y servir como lugar de encuentro inicial de la iglesia de Filipos (Hch 16.40). Ella personifica el papel de las mujeres ricas convertidas en la misión Paulina en proveer de sus hogares como lugares de reunión y tal vez ellas mismas como líderes de estas iglesias.

JoAnn Ford Watson

LIEBRE

Un roedor herbívoro de la familia de los lepóridos, un mamífero estrechamente relacionado con el conejo. Varias especies se han atestiguado en Palestina, incluyendo el *Lepus syriacus,* un animal un poco más pequeño que su contraparte europea *(Lepus europaeus);* es común en las zonas boscosas y cultivadas a lo largo de la parte norte de Palestina, sobre todo en el valle de Esdraelón. Una variedad más pequeña, con una ligera espalda de color arena, es el *Lepus aegypticus,* que se encuentra en el Neguev y el valle del Jordán.

Porque «rumia» pero «no tiene peñuza hendida,» la liebre se clasifica como un animal impuro (Lv 11.6; Dt 14.7). En realidad, no es un ruminate pero puede haber parecido como tal a los observadores antiguos debido a sus constantes movimientos de masticación. No obstante lo anterior, otros autores afirman que sí rumia, ya que vuelve a masticar comida que había tragado previamente.

LIKHI (Heb. *liqḥî*)

Manasita, el tercer hijo de Semida (1 Cr 7.19). El nombre puede ser un error de escriba por el «hijo» de Galaad, Helec (véase Nm 26. 30; Jos 17.2) y, como los nombres de acompañamiento, puede representar un lugar.

LILIT (Heb. *lîlîṯ*)

Un demonio atestiguado solamente en Isaías 34.14, pero cuyas raíces mesopotámicas datan del tercer milenio a.C. El Litit babilónico era un espíritu femenino que no podía tener hijos, pero en cambio producía veneno de sus pechos por el cual ella trataba de matar a los bebés. Se la asocia también con vientos tempestuosos y se la describe como huyendo de una casa por la ventana. Dentro de la demonología judía medieval Lilit es identificada como la «primera Eva» que fue creada de la tierra juntamente con Adán, pero que se negó a aceptar una posición subordinada a él. Entonces ella huyó de él y vaga por la tierra buscando a recién nacidos devorar.

Isaías 34.14 describe a Lilit que habita con las cabras salvajes y las hienas entre ruinas de Edom; la imagen es así una de completa desolación donde reinan solamente la muerte y la destrucción.

Bibliografía. M. Hutter, «Lilith,» *DDD,* 520-21; G. Schakel, «Lilith,» *EncJud* 11:245-49.

Christian M. M. Brady

LÍMITE (Heb. *gĕḇûl*)

En la perspectiva deuteronomista, el fijar límites se asocia con la repartición sagrada de la tierra de Israel (cf. Josué, donde Heb. *gĕḇûl,* «límite,» «territorio,» se utiliza principalmente en la asignación y tenencia de la tierra). La división de la tierra se basa en categorías de linaje, partiendo de la distribución entre las tribus, a la distribución entre los grupos de parentesco, y luego a su distribución entre familias extendidas. Las asignaciones resultantes de tierra iban a ser herencias permanentes. Por consiguiente, no se deben mover los límites de un vecino (Dt 19.14; 27.17; Prov 22.28; 23.10). Los profetas denunciaron un desprecio flagrante de las disposiciones legales, a medida que los sistemas estatales emergentes de Israel superaron y erosionaron sus antiguos entendimientos basados en el linaje de límites de la tierra (p.ej., 1 R 21.17-19; Mi 2.1-5; cf. Os 5.10).

En las tradiciones sacerdotales, establecer límites se asocia además con la demarcación de la santidad de las zonas de culto. Estas tradiciones ponen de relieve el monte del templo como espacio sagrado (Ez 43:12). Los primeros textos como Éxodo 19:12, 23 establecen este principio, pero se vuelve a enfatizar en las disposiciones ideales de Ezequiel para el templo. En Ezequiel, nuevos límites tribales y gradaciones claras de santidad rodean y protegen el templo.

La función de los límites en el establecimiento de un espacio sagrado tiene que ver con su papel en la cosmogonía bíblica. La delimitación de un centro de culto y la organización de toda la vida a su alrededor suelen simbolizar la estructura del universo creado. Así, el templo en el monte Sión forma el nexo entre el cosmos; el centro de la organización que surgió cuando Dios primero diferenció los elementos del mundo (p.ej., Sal 74.12-17; 104.5-9; Jer 5.22). Este primitivo establecimiento de límites se extiende para incluir la demarcación de Dios de las naciones (Dt 32.8; Hch 17.26).

Stephen L. Cook

LIMOSNAS

Regalos a los pobres. La limosna forma parte dominante de la tradición bíblica y se practica para mantener la armonía en la comunidad. En el AT, el cuidado por el pobre se asocia con una vida justa, y la bondad hacia los pobres es vista como la base para una vida feliz (Pr 14:21). Isaías destaca el dar al pobre como un requisito para oír la voz de Dios. Las limosnas deben incluir atender al pobre con el que uno vive, y compartir con él el alimento y la casa de uno; no se limita a dar recursos financieros. La atención a los pobres debe incluir el diezmo de tres años de los productos de la tierra (Dt 14.28-29) y dejar detrás el grano en el campo (24.19-22).

No se debe dar limosna para recibir alabanza pública o exaltación propia; debe ser conocida solo por Dios (Mt 6.1-4). El cuidado de los pobres es parte de los criterios de evaluación para determinar finalmente si uno ha vivido una vida recta (Mt 25.31-46). Como se registra en Hechos 6; 2 Corintios 8–9, la iglesia primitiva estaba profundamente preocupada por el bienestar de los pobres.

Hemchand Gossai

LINAZA

Una planta anual de invierno con delgados tallos largos (*Linum usitatissimum* L.). El tallo de la planta del lino produce fibras para tejer en tejidos de lino, mientras que sus semillas producen un aceite que se puede utilizar para comer y para el aceite de la lámpara. Sin embargo, las mejores fibras para hilar en la ropa son los que se cosechan antes de que la planta produzca cabezas de la semilla. Las plantas se cosechan tirando de las plantas por las raíces. Después del secado, un proceso conocido como enriado separa las fibras de las sustancias pectinosas que los rodean, por descomposición del material vegetal de las fibras de lino. Esto se puede hacer poco a poco con el rocío, como cuando Rahab expuso los manojos de lino sobre su techo (Jos 2.6), o más rápidamente colocando el lino en estanques o arroyos. Cuando el material vegetal se ha desintegrado, el lino es golpeado (rasgado) y peinado para quitar trozos de tallos no deseados y para producir las largas y torcidas espigas de fibra de lino onduladas. A continuación, las fibras se hilan en hilo. En los tiempos bíblicos esto se hizo con un huso de gota ponderado.

Los tejidos de lino son fuertes y suaves. Se blanquean fácilmente, pero son difíciles de teñir; por lo tanto, la ropa es generalmente de color blanco o crema. El lino es fresco para vestir en climas cálidos, y fue la principal fibra utilizada en el antiguo Egipto. Junto con la lana, el lino fue el tejido principal que se menciona en la Biblia; sin embargo, Deuteronomio 22.11 prohíbe el uso de ropa hecha de las dos fibras entretejidas (cf. Lv 19.19). El lino era el tejido especificado para las cortinas del tabernáculo (Ex 26.1, 36; 27.9.) Y también fue utilizado para el pectoral, el efod, manto, túnica, turbante y faja que lleva el sumo sacerdote (28.4-5). La esposa capaz hace, usa, y vende prendas de lino (Pr 31.13, 22, 24). Los cuatro evangelios describen el cuerpo de Jesús envuelto en lienzos para la sepultura (Mt 27.59; Mr 15.46, Lc 23.53; Jn 19.40).

Bibliografía. L. Barber, *Prehistoric Textiles: The Development of Cloth in the Neolithic and Bronze Ages* (Princeton, 1991), 9-15.

Mary Petrina Boyd

LINO

Véanse **LINAZA**

LINO (Gr. *Línos*)

Cristiano a quien se envía saludos en 2 Timoteo 4.21. Según la tradición este Lino era el hijo de Claudia que se menciona en el mismo versículo y obispo de Roma durante 12 años, ordenado en ese oficio por Pedro y Pablo y anterior de Clemente (Ireneo *Adv. haer.* 3.3.3; Eusebio *He* 3.2, 13).

LIRA

Instrumento musical de forma triangular consistente en una caja de resonancia de tres a doce cuerdas, y tocada, o bien con los dedos, o bien con un plectro. Se utilizaban liras (heb. *kinnôr*) en celebraciones festivas (Gn 31.27, Job 21.12), en el culto público (Sal 43.4, 98.5), y como medio de producir la profecía extática (1 S 10.5; 1 Cr 25.1). El *kinnôr* era el instrumento que tocaba David, y era el instrumento de la aristocracia en otras partes del mundo del Cercano Oriente; un ejemplo muy conocido fue el encontrado en Ur, hecho de oro y de otros materiales preciosos.

El *qaytĕrôs* (en arameo) era un instrumento utilizado sólo en celebraciones públicas (Dn 3.5, 7, 10,

15). Puede estar relacionado con la *kithára* griega clásica, traducida en el NT como «cítara» (1 Co 14.7) y «arpa» (Ap 14.2).

Jennie R. Ebeling

LIRIO

Una flor que aparece en varios contextos diferentes en la Biblia. Algunas ocurrencias del Heb. ***šôšān*** pueden referirse a la azucena blanca o al lirio madonna (Lilium candidum L.), que crece silvestre en Israel. Esta flor es familiar debido a su asociación con María en el arte cristiano. El lirio de Cantares 5.13, que se compara a los labios del amante, podría ser el lirio martagón (Lilium chalcedonicum), un lirio rojo con flores caídas. El lirio aparece como una flor del campo común donde los animales pastan (Cnt 2.16; 4.5; 6.2-3) y que habita en el valle (2.1). En los Cantares de Salomón, los lirios representan el amor en floración. El hombre describe el vientre de su amante como «un montón de trigo, cercado de lirios» (Cnt 7.2 [TM 3]).

En el templo de Salomón, el borde del «mar fundido» estaba labrado como un lirio (1 R 7.26; 2 Cr 4.5), y los capiteles sobre las columnas de bronce del vestíbulo tenían forma de lirios (1 R 7.19, 22). Las analogías con estos capiteles pueden estar presentes en dos altares de incienso desenterrados en Meguido, ambos de los cuales tienen tazones que sugieren flores y decoraciones esculpidas que indican hojas; uno de estos altares fue pintado con adornos florales. Estas decoraciones a veces se identifican con el loto (Nymphea lotus L.), que aparecía a menudo en el arte egipcio. Los Salmos 45, 60, 69, 80 contienen la frase «sobre lirios» (RVR) en sus títulos, probablemente designando la melodía. Oseas utiliza el lirio para simbolizar el florecimiento de Israel después de su reconciliación con Dios (Os 14.5 [6]).

La homilía de Jesús de los lirios del campo demostraba el cuidado de Dios (Mt 6.28-30; Lc 12.27-28). Este lirio (Gr. *krínon*) es más probable que sea una flor común del campo como la *anemone coronora L.*, que florece en primavera en muchos colores y está muy extendida en Israel.

Megan Bishop Moore

LISANIAS (Gr. *Lysanías*)

Tetrarca (literalmente, «gobernador de una cuarta parte» de una provincia romana) de Abilinia (un territorio en el Líbano, al noroeste de Damasco) cuando Juan el Bautista comenzó su ministerio (Lc 3.1, «en el año decimoquinto de Tiberio César», 28-29 d.C.) Lisanias fue el último gobernante, y el menos importante, señalado en este versículo, la única vez que es mencionado en el NT. Josefo (*Ant.* 14.13.3; 15.4.1; *BJ* 1.13.1) alude a un Lisanias, hijo de Ptolomeo, que gobernó Calcis en el Líbano, pero este Lisanias murió unos 60 años antes del ministerio de Juan el Bautista. Por eso, algunos han argumentado que Lucas cometió un error, pero lo más probable es que Lucas se esté refiriendo a un Lisanias posterior, mencionado en inscripciones, que también cita Josefo (*Ant.* 19.5.1; 20.7.1), pero que no lo identifican como el hijo de Ptolomeo. La aseveración de Lucas de que hizo una investigación cuidadosa de los hechos (Lc 3.1), no es cuestionada seriamente en este caso.

David L. Turner

LISIADO

En el antiguo Israel, que atesora las nociones de un mundo ordenado y completo, y que valora la integridad, los defectos físicos se consideraban vergonzosos (Lv 21.18; Dt 15.21; Mal 1.8; véase 2 S 5.6-8). El cojo (Heb. *pisséaḥ*) o la persona lisiada se consideraba como impotente e inútil (Pr 26.7). Tenían prohibida la entrada en lugares sagrados (Lv 21.18), y en el AT y NT eran objetos de piedad y caridad (2 S 4.4; 19.26 [TM 27]; Job 29.15; Hch 3.2; 8.7; 14.8). En este sentido, el comentario de Jesús a sus discípulos que debían estar preparados para entrar cojo en el Reino, en vez de completos, fue una declaración radical (Lc 14.13, 21). Al declarar al cojo apto para el Reino de los cielos, Jesús cambia la opinión contemporánea respecto de las actitudes acerca de la perfección y la salvación. En una historia inusual, los profetas de Baal «saltaban (*pāsaḥ*) alrededor del altar que habían hecho» (1 R 18.26). Esto puede que sea una referencia a una danza sectaria, pero también puede ser un recurso retórico para indicar la ineficacia de las actividades de los profetas.

Bibliografía. J. H. Neyrey, «Wholeness,» in *Biblical Social Values and Their Meaning,* ed. J. J. Pilch and B. J. Malina (Peabody, 1993), 180-84; Pilch, «Biblical Leprosy and Body Symbolism,» *BTB* 11 (1981): 108-13.

T. R. Hobbs

LISIAS

General del ejército seléucida de Antíoco IV. Cuando Antíoco fue a Persia para recaudar fondos, dejó la orden de que Lisias marchara contra Jerusalén (1

Mac 3.32-41). En el 165 a.C., los comandantes de Lisias fueron derrotados en Emaús, en una batalla con Judas Macabeo (1 Mac 4.1-24). Lisias marchó otra vez contra Israel el año siguiente, y se enfrentó con Judas en Bet-sur (1 Mac 4.26-35). El resultado exacto de esta batalla no está claro. 1 Macabeos dice que Judas derrotó al ejército de Lisias, mientras que 2 Macabeos afirma que las dos partes firmaron un acuerdo de paz (2 Mac 11.1-15). No importa lo que haya sucedido, la partida de Lisias de Israel permitió a Judas rededicar el templo (1 Mac 4.36-59).

Cuando Antíoco IV se enteró de la derrota de Lisias, designó a Felipe como rey. En una contrajugada, Lisias instaló a Antíoco V, el hijo de Antíoco IV, como rey (1 Mac 6.14-17). El regreso de Felipe del este interrumpió la segunda campaña de Lisias contra Israel, y Lisias volvió a Antioquía para tener de nuevo el control. Demetrio I mató a Lisias y a Antíoco V a su regreso de Roma en el 162 (1 Mac 6.55-7.4).

Véase CLAUDIO LISIAS

Rodney A. Werline

LISÍMACO (Gr. *Lysímachos*)

1. Uno de los generales de Alejandro Magno (los diádocos: Ptolomeo Lagus, Casandro, Lisímaco y Antígono Monóftalmos). Después de la muerte de Alejandro Magno (véase Flavio Josefo *Ant.* 12.1.1) ganó control de Frigia y el Helesponto. Los generales están simbolizados por las alas, las cabezas, los cuernos y los vientos en Daniel 7.6; 8.8, 22; 11.4.

2.Hermano de Simón, el administrador del Templo y de Menelao, el primer sumo sacerdote no sadocita nombrado por los tobías. Menelao nombró Lisímaco como representante al sumo sacerdote durante su ausencia de Jerusalén ca. 171 a.C. (2 Macc 4.29). En acuerdo con Menelao, él gradualmente había robado el tesoro del Templo. Cuando el pueblo de Jerusalén se enteró de esto se rebelaron y Lisimaco envió 300 soldados contra ellos. El pueblo venció las tropas y mató a Lisimaco (2 Macc 4.39-42).

3.Hijo de Ptolomeo de Jerusalén, conocido sólo del colofón (único para todas las otras tradiciones del manuscrito bíblico) encontrado en algunos manuscritos del griego Ester (Add. Ester F 11.1). Tradujo Ester al griego antes del 114-77 a.C. (dependiendo de Alejandro y Cleopatra al cual se refiere el colofón), cuando fue llevado a Alejandría por el sacerdote Dositeo y su hijo Ptolomeo como una «carta festiva del Purim». Su traducción contiene adiciones a Ester como la interpretación de un sueño y oraciones (que también hacen referencia directa a Dios), una mayor distinción entre judíos y gentiles, referencia a Amán como un «Macedonio», y poca importancia del matrimonio de Ester con un rey no-judío.

4.Autor de una historia antisemita, que Josefo afirmó que escribió que los judíos eran descendientes de los leprosos y otras tales personas que fueron expulsadas de Egipto, y que fueron conducidos por Moisés a Judea, donde llamaron a su ciudad Hierosyla («ciudad de ladrones del templo») porque ellos robaban los templos, pero más tarde la cambiaron a *Hierosolyma* (Jerusalén) para evitar la deshonra (*Ag. AP*. 1.34-35).

Bibliografía. M. Goodman, «Jewish Literature Composed in Greek,» in E. Schürer, *The History of the Jewish People in the Age of Jesus Christ (175 b.c.–a.d. 135),* rev. ed., 3/1 (Edinburgh, 1986), 505-6, 600-1; F. F. Bruce, «Tacitus on Jewish History,» *JSS* 29 (1984): 33-44.

R. Glenn Wooden

LISTRA (Gr. *Lýstra*)

Ciudad de la región de Licaonia, en la parte central-sur de Anatolia, 40 km (25 mi) al SSO de Iconio (la actual Konya). Augusto fundó una colonia romana en Listra (en la Vía Sebaste) en el 26 a.C., y la pobló con ex soldados del ejército romano. La colina donde estaba asentada Listra parece haber tenido importancia estratégica como base militar defensiva contra las tribus de las montañas circundantes del sur y el occidente. Listra se mantuvo como una ciudad aislada, y a pesar de su origen italiano se convirtió en un mercado local de Licaonia.

Según Hechos 14.1-23, Pablo y Bernabé visitaron Listra, durante el «primer viaje misionero». Después que Pablo sanó a un paralítico, los maravillados habitantes identificaron a Bernabé con Júpiter, y a Pablo con Mercurio. Estos dos dioses se encuentran asociados en restos de inscripciones encontrados en las inmediaciones (siglo III d.C.), y el poeta Ovidio cuenta una historia acerca de esta pareja errante en la región, como visitantes indeseables (*Metam.* 8.616-724). Luego los habitantes de Listra trajeron toros para el sacrificio, y guirnaldas, pero los misioneros rechazaron los honores. La devoción del pueblo se convirtió en violencia cuando llegaron los adversarios de Pablo y Bernabé y provocaron un alboroto público. La turba apedreó a Pablo, una persecución mencionada en el relato independiente de 2 Ti 3.11. Posteriormente, durante el «segundo viaje misionero», Pablo volvió a Listra y a las ciudades vecinas (Iconio y Derbe) acompañado por Silas (Hch 15.36-16.6). Muchos sostienen que Pablo visitó estas ciudades de nuevo cuando regresaba de su «tercer viaje misionero» (Hch 18.23). Timoteo provenía de Listra, y gozaba de mucho respeto entre los cristianos del lugar (16.1, 2). Listra no jugó un papel importante en la historia posterior del cristianismo, aunque en este lugar han sido encontrados los cimientos de una iglesia bizantina.

PAUL ANTHONY HARTOG

LITERATURA, EL ANTIGUO TESTAMENTO COMO

En muchos sentidos hablar del AT como una obra de literatura parece obvia. Sus sagas épicas, persuasivos dramas y poesía lírica han captado la imaginación de los lectores así como la inspiración de numerosos escritores, artistas y músicos. Uno sólo necesita pensar en el *Paraíso perdido* de John Milton, *Los diez mandamientos* de Cecil B. DeMille, *Sansón y Dalila* de Camille Saint-Saëns, o *J.B.* de Archibald MacLeish para ver cómo el arte literario de la Biblia continúa envolviendo a las comunidades creativas y cautivando al público. Aunque el estudio académico del AT durante mucho tiempo había sido dominado ya sea por una exploración de sus ideas religiosas y teológicas o un análisis de su configuración histórica y detalle. De hecho, para muchos estudiosos, la identificación y el examen de la Biblia como una obra de literatura se asociaron con la falta de tomar seriamente en cuenta la función de los valores religiosos, históricos, sociales y del ambiente cultural de un texto en la producción de significado.

Por los años ochenta, sin embargo, el análisis de los textos bíblicos como literatura (a menudo utilizando técnicas de estudio desarrolladas por críticos literarios) recibió amplio reconocimiento y aceptación como un enfoque interpretativo al texto bíblico. Examinar el AT como literatura no excluye el estudio histórico o religioso; por el contrario, el análisis literario aporta otra dimensión a la interpretación del texto bíblico y abre la posibilidad de nuevas y profundas comprensiones.

El estudio académico del AT, definido por muchos años por los métodos histórico-críticos, por largo tiempo ha incluido algún tipo de análisis «literario». La forma crítica, por ejemplo, centró en la importancia de la clasificación de los textos por su género literario. La capacidad del estudioso para determinar correctamente la forma de un texto determinado, tales como identificar un Salmo como un himno, lamento o acción de gracias, se convirtió en un componente fundamental para entender el *Sitz im Leben* que dieron origen a ese texto. La determinación del «ambiente de vida» en un texto idealmente ayuda a un erudito en la comprensión del funcionamiento de ese texto en las comunidades que la produjeron y utilizaron primero, proporcionando así pistas sobre las estructuras sociales, culturales y religiosas que operaban en el antiguo Israel.

Por ejemplo, Salmo 117 a menudo recibe la clasificación como un salmo de acción de gracias porque expresa gratitud hacia Dios, describe las liberaciones de Dios como la razón de tal agradecimiento y alienta a todos los oyentes de la palabra a ofrecer similar alabanza a Dios. Este Salmo puede que se haya vuelto a clasificar como una comunidad que agradece debido a las referencias a una variedad de personas salvadas de la angustia en contraste con la liberación de un individuo. Debido a este énfasis corporal, los críticos de la forma concluyen que tales canciones de acción de gracias de la comunidad proporcionan probablemente palabras para las ocasiones públicas o celebraciones. En este caso en particular, el Salmo describe las personas que atraviesan los peligros del desierto y del océano o salen de la prisión o del pecado para venir a Dios.

Así muchos estudiosos presumen que este Salmo fue cantado por grupos de peregrinos que viajaban a Jerusalén para las ocasiones festivas. Este intento de comprender el ambiente y propósito de un texto orienta al intérprete más cerca del mundo del texto y por lo tanto al significado según la intención del autor o haya sido percibido por su audiencia original. Este movimiento muestra al lector no sólo la forma correcta de enfocar un texto sino también cómo funcionaba ese texto en su propio entorno histórico. Incluso aparte de los métodos histórico-críticos, la definición del género todavía se destaca como una tarea primordial en el análisis literario de los textos bíblicos. En el Antiguo Testamento, un lector encuentra con una gran variedad de tipos literarios, desde mitos, cuentos populares, a los textos legales, a oráculos proféticos, a visiones apocalípticas, a refranes, historias cortas, a las parábolas.

La necesidad de un sistema de clasificación es

simple: diferentes tipos de literatura se estudian de manera diferente y generan efectos distintos; la identificación de género significa asociar un texto con un conjunto de arreglos definidos que colaboran con el lector para dar sentido a un texto. Por ejemplo, uno no espera que los cuentos se lean como códigos de la ley; cada uno tiene su propia manera típica de expresión y cada uno produce una respuesta diferente en el lector. Por lo tanto en el texto bíblico, las historias de David que se usan como un guerrero puede invitar al lector a un mundo imaginario de peligro, desafío e intriga al relacionar cómo derrotó al gigante Goliat siendo un joven o cuando reunió 200 prepucios filisteos para reclamar su novia o cuando apenas escapó de la intención criminal del rey Saúl en múltiples ocasiones. Las historias tienen tramas claras, definen personajes y utilizan acción y diálogo para emocionar, entretener y produce empatía para el futuro rey. Por el contrario, una clasificación de las directivas divina como los Diez Mandamientos se perciben como simples y serios en cuanto a su carácter absoluto e inflexible. Tal texto simplemente estipula sus demandas en un formato básico de lista para generar la obligación ética y el cumplimiento de sus lectores. Reconocer las cualidades distintivas de los diferentes géneros proporciona al lector con pistas importantes en cuanto a cómo leer un texto y así, por lo menos, una serie de pautas para la interpretación.

A veces la forma que toma un texto bíblico está formalmente más definida. Un ejemplo de estructuración formal es el acróstico, del cual proviene la poesía bíblica. Los acrósticos construyen las palabras o frases o patrones de la letra inicial de cada palabra en una línea. En el texto bíblico se observa una forma particular de acróstico, un acróstico alfabético: construye patrones utilizando cada letra sucesiva del alfabeto hebreo como la letra inicial en línea. Dicha estructuración tal vez fue inicialmente empleada como un indicador para la memoria. En cuanto a la interpretación, ayuda al lector a ver el poema que trata un tema «de la A la Z». Los textos en este formato incluyen Salmos 9-10, 25, 34, 37, 111, 112, 145; Proverbios 31.10-31; y Lamentaciones 1, 2, 3, 4. Al examinar un texto como Proverbios 31.10-31, el lector del texto hebreo de este modo ve las cualidades de una buena esposa diseñado en un catálogo virtual usando el alfabeto como guía.

La creación de Eva, de *Nueve ilustraciones del «Paraíso perdido»*, William Blake (1757-1827) (Donado por Suscripción, 1890; Cortesía del Museo de Bellas Artes, Boston)

Explorar las características estilísticas de un texto dado también desempeña un papel vital en el análisis literario. Las técnicas de construcción textual ilustran los acuerdos operantes en ciertas clases de escritura en el antiguo Israel y la creatividad artística de los escritores bíblicos. Por ejemplo, los escritores de la poesía en el Antiguo Testamento a menudo utilizan diferentes tipos de paralelismos como una forma de expresión.

Paralelismo significa simplemente la repetición de una idea en términos ligeramente diferentes, como en Isaías 60.2. Este versículo informa, en parte, que las tinieblas (Heb. *ḥōšek*) cubrirán la tierra y una densa oscuridad (*ʿărāpel*) las naciones. «Las tinieblas» y «densa oscuridad», aunque son diferentes palabras hebreas, transmiten la misma idea en cuanto a la tierra y los pueblos; así, las ideas articuladas reciben énfasis a través del apoyo de la imagen. En otras ocasiones, los paralelismos pueden denotar opuestos (Pr 12.1) o elaborar uno sobre otro hasta llegar a un punto culminante (Jue 5.26b).

Repetición de una palabra clave o tema también ocurre con frecuencia en los textos bíblicos, tanto en los poéticos como en los narrativos. La reiteración de una coda o línea simple (por ejemplo, «porque para siempre es su misericordia» en el Sal 136) sirve para atraer la atención de los lectores sobre el tema central. A veces esta repetición aparece en el principio y el final de una obra; esta característica se llama *inclusio* y funciona como un marco para ilustrar el énfasis principal que contiene dentro. Los *inclusio* ocurren tanto en las obras más breves como el Salmo 8, que abre y cierra con «¡Oh Jehová, Señor nuestro, cuán glorioso es tu nombre en toda la tierra¡» y en los textos más extensos como el libro de Eclesiastés que abre (Ec 1.2) y cierra con (12.8) «vanidad de vanidades, dijo el Predicador, todo es vanidad». La repetición también sirve como un elemento estructural en las narrativas. La repetición de frases típicas tales como «y fue la tarde y la mañana» o «y vio Dios que era bueno» en la historia de la creación (Gn 1.1–2:4a) sirve como un ejemplo obvio. Las repeticiones colocan el foco en el paso del tiempo, así como resaltan la reacción del personaje central. Asimismo, el continuo endurecimiento del corazón de Faraón en el relato del éxodo prolonga la narración mientras que también aumenta la tensión en la batalla entre por el poder entre Dios y el Faraón.

La metáfora ocurre con frecuencia en la Biblia como una forma de expresar conceptos que de lo contrario podrían desafiar la expresión. Más a menudo las representaciones de Dios y la relación entre Dios y el pueblo del Pacto dependen de la metáfora. En Oseas, por ejemplo, entre las muchas descripciones metafóricas de Dios se encuentran las imágenes del marido y el amante (2.2-13 [TM 3-14]), el padre (11.1-4), el león (13.7), la osa (13.8), o como polilla y carcoma (5.12). El uso de la metáfora invoca lo familiar para poner el objeto de interés, aquí Dios, en un enfoque más claro y para activar la imaginación del lector u oyente a determinar cómo la figura metafórica funciona como un descriptivo. ¿Cómo y por qué el pecado es como escarlata? ¿Cómo el perdón es como la nieve? (Is 1.18).

Noemí pidiendo a Rut y Orfa que vuelvan a la tierra de Moab. Pintura al fresco, William Blake (1757-1827); Galería Tate, Londres (Museo de Victoria & Alberto, Londres/Art Resource, N.Y.)

El uso de la metáfora puede ser en el lapso de una línea, o puede extenderse mucho más en las descripciones de las personas como las esposas adúlteras de Dios (Ez 16, 23) o en las historias de los dos amantes en el libro de Cantares. Muchas otras características de análisis literario, tales como la exploración de la narrativa bíblica en términos de tipos estilísticos como la caracterización, el diálogo y el desarrollo de la trama, con razón pueden ser, y tal vez deberían ser, incluidos en esta discusión. Tal lista, sin embargo, no podía cubrir completamente todos los enfoques que los estudiosos literarios toman en el análisis de los textos bíblicos. Lo que estos eruditos tienen en común es un interés para relacionar la forma y la construcción de un texto con su significado. La suposición común aquí es que las palabras solamente no transmiten el significado; cómo las palabras se organizan y presentan en un texto dice mucho sobre lo que transmiten a un lector tal como hacen las palabras mismas.

Por otra parte, ver los textos como literatura también plantea interrogantes de cómo se comunica estos textos como arte. Este cambio interpretativo a menudo mueve el asunto del significado de una preocupación estricta con lo que un intérprete determina que es la intención de los textos y de su autor y pone énfasis en la recepción y la comprensión de un texto por sus lectores u oyentes. Tal reorientación en la comprensión de dónde reside el significado abre las puertas a una variedad de nuevas posibilidades interpretativas y desafíos de erudición bíblica para hacer un lugar para múltiples voces interpretativas y una variedad de lecturas de cualquier texto dado.

Bibliografía. R. Alter, *The Art of Biblical Literature* (New York, 1981); *The Art of Biblical Poetry* (New York, 1985); S. Bar-Efrat, *Narrative Art in the Bible.* JSOTSup 70 (Sheffield, 1989); A. Berlin, *Poetics and Interpretation of Biblical Narrative.* Bible and Literature 9 (Sheffield, 1983); D. M. Gunn and D. N. Fewell, *Narrative in the Hebrew Bible* (New York, 1993).

SANDRA L. GRAVETT

LITERATURA, EL NUEVO TESTAMENTO COMO

Leer el NT como literatura es leer la Biblia de manera que la literatura en general se lee. Una lectura literaria no demerita la comprensión de la Escritura, sino más bien mejora el significado que está en el texto. El NT se lee en sus propios términos, que significa que se analizan sus figuras retóricas, organización formal y otros aspectos literarios. La literatura del NT puede dividirse en refranes, narrativas, discursos y cartas. Los dichos de Jesús se encuentran en los evangelios sinópticos y el Evangelio de Juan. Las narraciones son historias que tienen personajes y trama y se encuentran en los Evangelios, los Hechos de los apóstoles y en el Apocalipsis. Los discursos se encuentran en Hechos. Las cartas son formas convencionales de comunicación en la iglesia primitiva e incluyen las cartas de Pablo y otros escritores del NT.

Dichos de Jesús

Los dichos de Jesús pueden ser breves, refranes aforísticos como en el Sermón del Monte en el libro de Mateo o discursos extensos como en el Evangelio de Juan; pero siempre son formulaciones artísticas que requieren una lectura cercana de parte del intérprete. Un proverbio antitético es uno que está en paralelismo (es decir, de similar orden y estructura) y tiene un contraste u oposición en el sentido de frases contiguas o cláusulas. La declaración de Jesús a la multitud y los discípulos, un ejemplo se encuentra en Marcos 8.35 (véase Mt 16.25; Lc 9.24).

Aquí la antítesis es una reposición de la manera común de pensar acerca de uno salvar o perder la vida: la forma de uno salvar la vida es perderla. Este ejemplo también es un patrón de quiasmo. Un quiasmo o quiasma, un paralelismo cruzado que se asemeja a la letra griega *chi* (X), invierte los elementos que son paralelos en la sintaxis de la siguiente manera: A: B:: B': A'. En Marcos 8.35 los términos «salvar» y «perder» forma el quiasmo salvar: perder:: perder: salvar. Otro ejemplo es el dicho de Jesús de los primeros y postreros (Mt 19.30; véase Mr 10.31).

El quiasmo antitético cambia las maneras normales de pensar y las percepciones comunes de nuestro mundo. No sólo el contenido del dicho cambia las formas naturales de pensar, sino también la *forma* del refrán cambia la forma habitual de pensar. Jesús constantemente usó metáforas y símiles que cualquier estudio de los evangelios como literatura debe prestar mucha atención a estas figuras retóricas. Un símil compara dos cosas diferentes por el uso de «así» o «como». En Lucas 17.6 Jesús compara la fe a una semilla de mostaza. En una metáfora se hace una analogía implícita entre un objeto y otro que atribuye uno o más cualidades del segundo objeto al primero. Una metáfora tiene un vehículo (el término metafórico mismo) y un tenor (el tema al

El hijo pródigo en medio de los puercos, **grabado de Albrecht Dürer (c. 1496)** (Courtesy British Museum)

que se aplica la metáfora). Mateo 7.6 ilustra no sólo la importancia de identificar el vehículo y el tenor, sino también la dificultad a veces para hacer la identificación correcta.

En este ejemplo hay varios vehículos: las cosas santas, las perlas, los perros, los cerdos. Pero, ¿cuál es el tenor, el sujeto al que se aplican estos términos metafóricos? ¿Es el Evangelio? ¿Ciertas enseñanzas esotéricas y prácticas? ¿Buena sabiduría? ¿Y a quienes los perros y los cerdos representan? ¿A los incrédulos? ¿A los líderes judíos? ¿Al de corazón empedernido y ciego? Cualquier interpretación de este versículo difícil requiere que un intérprete identifique correctamente el tenor o los tenores.

La predilección de Jesús de la hipérbole también requiere mucha atención. Una hipérbole es una exageración audaz o exageración extravagante. El lenguaje de Mateo 7.3-5 es una ilustración de hipérbole.

La hipérbole de la viga en el ojo es una imagen atractiva que tiene un valor de sorpresa definitivo: obliga al lector/oyente a ver algo que no puede percibirse sin el uso del lenguaje hiperbólico, a saber, la actitud de censura. Los dichos de Jesús en el Evangelio de Juan contienen bastante sentido doble o declaraciones que son deliberadamente ambiguas y crean malentendidos. Cuando Jesús dice a Nicodemo «el que no naciere de nuevo (Gr. *ánōthen*)» no puede ver el reino de Dios (Juan 3:3), Nicodemo malinterpreta porque el término griego puede significar «otra vez» o «de arriba». Del mismo modo, la mujer samaritana malinterpreta el «agua viva» (*hýdōr zṓn*) en Juan 4.10 y cree que Jesús le ofrecerá una «corriente de agua». Una comprensión de la ironía enriquece la lectura de los Evangelios. La ironía verbal ocurre cuando el significado implícito del hablante difiere marcadamente del significado obviamente expresado. Las palabras son utilizadas en forma de doble filo. Cuando Jesús dice a los líderes judíos: «Destruid este templo, y en tres días levantaré» (Jn 2.19), se refiere a su cuerpo, pero las autoridades lógicamente suponen que se refiere al templo de Jerusalén. Juan se cerciora de que el lector no pierda la ironía al explicar lo que Jesús quería decir en 2.21. La ironía dramática ocurre cuando el lector se encuentra en una posición superior a un personaje en una narrativa y por tanto sabe información que el personaje no tiene. La declaración de Caifás acerca de Jesús en Juan 11.50 es una dramática ironía en todo su esplendor. El sumo sacerdote no entiende hasta qué punto esta afirmación es cierta, aunque el lector la comprende.

Las parábolas de Jesús pueden ser similitudes breves que hacen una comparación entre dos cosas diferentes o pueden ser parábolas más extensas, parábolas narrativas con personajes y trama. Las similitudes son símiles extendidos o metáforas que tienen una parte de la imagen (vehículo), una parte de la realidad (tenor) y un punto de comparación entre las dos partes. La parábola del tesoro escondido en Mateo 13.44 es un ejemplo de una similitud. La parte de la imagen es el tesoro escondido en un campo; la parte de la realidad es el reino de Dios; y el punto de comparación es que así como el hombre que vende todo lo que tiene para comprar el campo, así también uno voluntariamente sacrifica todo para recibir el Reino. Otras similitudes son las parábolas de la levadura (Mt 13.33; Lc 13.20-21), la semilla de mostaza (Mt 13.31-32; Mr 4.30-32; Lc 13.18-19), la perla (Mt 13.45-46), la red (13.47-50), el crecimiento de la semilla (Mr 4.26-29), la higuera (Mt 24.32-35; Mr 13.28-31; Lc 21.29-33), la oveja perdida (15.4-7; Mt 18.12-14), la moneda perdida (Lc 15.8-10), y el deber del siervo (17.7-10).

Las parábolas narrativas son historias bien desarrolladas y deben ser analizadas como literatura narrativa prestando atención a los personajes, la retórica, el ambiente, el punto de vista, la trama y el tema (véase abajo). Ejemplos de parábolas narrativas son las parábolas de las diez vírgenes (Mt 25. 1-13), los talentos (25-30; Lc 19.11-27), las ovejas y las cabras (Mt 31-46), el rico y Lázaro (Lc 16.19-31), los obreros de la viña (Mt 20.1-16), el hijo pródigo (Lc 15.11-32), el buen samaritano (10.29-37) y el mayordomo infiel (16.1-9).

Narrativas

Las narrativas son historias que pueden ser históricas (por ejemplo, los relatos de la pasión) o de ficción (por ejemplo, las parábolas) y son relatadas por un narrador. Las narrativas tienen personajes y trama como también punto de vista, métodos retóricos y escenario. Los ejemplos en los Evangelios son la alimentación de los cinco mil (Mt 14.13-21; Mr 6.32-44; Lc 9.10-17; Jn 6.1-15), los endemoniados gadarenos (Mt 8.28-34; Mr 5.1-20; Lc 8.26-39), la calma de la tormenta (Mt 8.23-27; Mr 4.35-41; Lc 8.22-25), los relatos de la infancia (Lc 1-2; Mt 1-2), la curación del hombre ciego (Jn 9) y la mujer samaritana (Jn 4). En conjunto los Evangelios pueden considerarse también narrativas. Ejemplos de la narrativas so la conversión de Cornelio (Hch 10.1–11.18) y el milagro de Pentecostés (2.1-13). El libro de Apocalipsis, aunque generalmente se considera una literatura apocalíptica, puede interpretarse como literatura narrativa pero con especial atención al simbolismo.

El ambiente de una narrativa (el tiempo histórico, las circunstancias sociales y el escenario general en que se produce la acción) es importante para la interpretación de una narrativa. El ambiente general de la narrativa del endemoniado gadareno en Marcos 5, por ejemplo, con sus sepulcros, con cadenas y grilletes, y los espíritus inmundos establece el escenario de la narración. El escenario indica que este relato se trata de una batalla entre Dios y Satanás.

El punto de vista significa la forma en que una historia se relata. Las acciones, el escenario y los eventos pasan por la perspectiva del narrador que se expresa en términos de espacio, tiempo, palabras y frases, percepción de los pensamientos y sentimientos de un personaje y las creencias, valores y normas del narrador. Un ejemplo de punto de vista de espacio puede verse en la manera en que Juan ha dispuesto el escenario y los personajes de Apocalipsis 4 y 5. En el centro de la narración se encuentran uno que está sentado en el trono y el Cordero, y alrededor del trono círculos concéntricos de la creación: las cuatro criaturas vivientes, seguidas por los 24 ancianos. Entonces el círculo se amplía para incluir a muchos ángeles, y finalmente todos los seres vivientes rodean el trono. El arreglo espacial refleja el punto de vista distinto del escritor, a saber, que Dios trae orden y estabilidad (y hecho significado) al universo.

La retórica es el arte de la persuasión. Un análisis de la retórica mira los métodos que un autor usa para persuadir al lector de hacer la interpretación «correcta» de una narrativa. La retórica incluye pero no se limita a tales figuras retóricas como símil, metáfora, repetición, hipérbole, símbolos e ironía.

Una comprensión adecuada de la retórica es necesaria para una correcta interpretación de una narrativa. Por ejemplo, el Apocalipsis de Juan utiliza el simbolismo tan ampliamente que la incapacidad de reconocer este método retórico inevitablemente resulta en una malinterpretación del libro. Los personajes de una narración son personas con cualidades moral, carácter y emocional que se expresan en lo que dicen y hacen. Un narrador puede mostrar (hacernos ver el personaje que habla o actúa) o contar (intervenir con autoridad para describir o evaluar el carácter). Dios habla solamente dos veces en el Apocalipsis: una vez al principio y al final del libro y ambas veces dice: «Yo soy el Alfa y la Omega» (Ap 1.8; 21.6). Juan muestra que Dios es la base y la meta de nuestra existencia por el discurso de Dios y por la colocación de la autoafirmación Alfa/Omega.
Por el contrario, Marcos interviene en su narrativa para hablar de ciertos personajes: por ejemplo, los discípulos no entendían sobre la multiplicación de los panes por cuanto «estaban endurecidos sus corazones» (Mr 6.52); y los saduceos «dicen que no hay resurrección» (12.18). Si un escritor habla sobre un personaje o muestra un personaje a través del diálogo o la acción, el punto de estudio de la caracterización es identificar los rasgos principales de un personaje, las características que lo definen.

La trama es la estructura de las acciones de una narrativa que se dirigen hacia un efecto deseado. Una trama tiene un principio, un medio y un final. El principio inicia la acción principal que causa que el lector desee algo más. El medio supone que algo anticipa y que más seguirá. Al final sigue a lo que se ha ido antes y requiere que nada siga. La trama es una historia que comienza con una condición estable, pasa a través de algún tipo de desequilibrio y concluye con una resolución, una nueva condición estable.

El desequilibrio o la inestabilidad son frecuentes aunque no siempre causados por los conflictos. Hay conflictos con lo sobrenatural (demonios, Satanás, los espíritus inmundos), la naturaleza (el mar), los personajes (Jesús frente a las autoridades religiosas o las multitudes o los discípulos), o dentro de uno mismo (Jesús en el huerto de Getsemaní). Por ejemplo, la trama del Apocalipsis es como sigue. La sección principal del libro comienza con una condición estable en el cielo con Dios en el trono y en control del universo (Caps. 4, 5). A esto le sigue una serie de inestabilidades que prueba la determinación de los cristianos y el compromiso de los habitantes de la tierra (plagas y persecuciones por la bestia en los Caps. 6 al 19). En la conclusión del libro, una nueva condición estable marca la llegada del reino milenial y la nueva Jerusalén (Caps. 20-22).

La importancia del análisis de la trama es que nos obliga a hacer la pregunta fundamental «¿por qué?» ¿Cuál es la relación causal entre los acontecimientos en la narrativa? ¿Qué causa el desequilibrio en una narrativa, y cómo se resuelven las inestabilidades? ¿Cuáles son las consecuencias de la resolución?

Cartas

Pablo y otros escritores de cartas del NT siguen las formas convencionales de la escritura de la carta: una salutación, seguida por una acción de gracias. Con frecuencia al cuerpo de la carta sigue una sección parenética para la instrucción ética y exhortación. Finalmente, a la conclusión de la carta sigue una bendición.

Pablo utiliza numerosas formas literarias dentro de sus cartas: por ejemplo, material como el himno, los credos confesionales, las diatribas, la antítesis, el quiasmo, la poesía, las tipologías, anáforas, la ironía, el sarcasmo. 1 Timoteo 3.16 es representativo de las cualidades artísticas que se encuentran en las cartas del NT. Aquí una estructura de quiasmo se une a elementos de dos mundos: el mundo de arriba y este mundo. El primer quiasmo —carne (este mundo): espíritu (mundo de arriba): ángeles (mundo de arriba): gentiles (este mundo) —se le une un segundo quiasmo —ángeles (mundo de arriba): gentiles (este mundo): mundo (este mundo): gloria (mundo de arriba).

Por tanto, mediante una estructura compleja similar al himno la fe proclama que dos mundos que estaban previamente separados (el mundo de arriba y este mundo) ahora están unidos y unificados por medio de Jesucristo.

Bibliografía. M. H. Abrams, *A Glossary of Literary Terms,* 5th ed. (Chicago, 1988); M. A. Powell, *What Is Narrative Criticism?* (Minneapolis, 1990); D. M. Rhoads and D. Michie, *Mark as Story* (Philadelphia, 1982).

JAMES L. RESSEGUIE

LITIGIO

Historiadores de la antigua ley advierten que el concepto moderno de «litigio» no puede corresponder a cualquiera de los antiguos medios judiciales o extrajudiciales disponibles para resolver sus disputas. Sin embargo, uno puede encontrar ejemplos bíblicos donde dos partes contendientes llevan su reclamo ante un tercero para hallar la solución, ya sea un juez, un sacerdote, los ancianos o el rey (Dt 17.8-12; Jos 20.4; 2 S 15.2-6; 1 R 3.16-27; 2 R 6.26-31). Los varios códigos de ley de Israel proveían la resolución de tales conflictos a lo largo de los siglos sobre los cuales se compuso el AT (Ex 18.15-16; 23.3, 6; Dt 19.15-19; 21.5; 2 Cr 19.5-11).

En el pasado mucho se ha escrito en ciertos textos proféticos sobre la comprensión metafórica de un «litigio de pacto», donde Jehová profiere una queja contra Israel (por ejemplo, Isaías 1.2-3; Jer 2.4-13; Mi 6.1-8). Sin embargo, estudios más recientes, han puesto en duda si uno realmente puede identificar tal forma o género en estos libros proféticos.

El NT tiene sólo algunas referencias de la resolución de disputas en un ambiente jurídico formal. Mateo 5.25-26; Lucas 12.57-59 anima a la gente a resolver sus litigios fuera de la corte. Mateo califica lo que puede ser material del Q en el 5.40 (véase Lucas 6.29) por la confiscación de la capa como garantía en un pleito. La referencia más amplia se encuentra en 1 Corintios 6.1-11, donde Pablo corrige a los cristianos de condición social superior en Corinto por llevar a los cristianos de baja condición social ante los magistrados provinciales para resolver asuntos de menor importancia. Pablo recuerda a los Corintios que resolver sus disputas de esta manera traiciona su identidad cristiana. Como alternativa, Pablo propone un arbitraje privado como el medio preferido para resolver estos casos. Bajo el arbitraje, un miembro imparcial de la comunidad, actuando como árbitro, podría decidir las cuestiones sobre una base más informal y equitativa. La solución propuesta ofrece alivio a los cristianos de baja condición social, que estaban en desventaja en el sistema jurídico romano, y fortalece la comunidad cristiana en Corinto.

Bibliografía. H.-J. Boecker, *Law and the Administration of Justice in the Old Testament and Ancient Near East* (Minneapolis, 1980); D. R. Daniels, «Is There a 'Prophetic Lawsuit' Genre?» *ZAW* 99 (1987): 339-60; D. J. Harrington, *The Gospel of Matthew.* Sacra Página 1 (Collegeville, 1991), 89; A. C. Mitchell, «Rich and Poor in the Courts of Corinth,» *NTS* 39 (1993): 562-86.

ALAN C. MITCHELL

LLAMAR, LLAMADO

El verbo (Heb. *qāra'*; Gr. *kaléō*) usado para describir «llamar» (Gn 3.20; Lc 1.60) o para referirse al acto de orar, donde las personas «llaman» o «invocan» a Dios (Sal 145.18; Ro 10.13). Además, la idea de un «llamado» o «vocación» en el sentido de una comisión o vocación (divina) está también presente en el AT y en el NT.

En el AT narrativas de llamado ocurren con frecuencia con profetas (Is 6.1-13; Jer 1.1-10; Ez 1.1-28) así como otros (p.ej., Moisés; Ex 3.1–4.17). Curiosamente, una característica constante de las narrativas de llamado del AT es la renuencia de la persona llamada (p.ej., Moisés, Ex 4.10-13; Gedeón, Jue 6.15). Los llamados se pueden también extender a la comunidad entera: Israel debe ser un reino de sacerdotes (Ex 19.6); la comunidad israelita más grande en el exilio recibe una comisión para ser siervo de Dios (Is 49.3-6).

En el NT personas indviduales y la comunidad más grande recibe llamados. En los Evangelios narrativas de llamado ocurren con los discípulos (p.ej., Mr 1.16-20; 2.13-14). Una característica constante de las narrativas de llamado del NT es que los «llamados» exitosos tienen dos elementos: primero, Jesús toma la iniciativa; segundo, hay una aceptación incondicional e inmediata. Los Evangelios registran un conjunto de historias de llamado infructuosas, donde en cada caso uno o los dos criterios mencionados antes no se cumplió (Lc 9.57-62). En las Epístolas ser miembro de la comunidad cristiana es haber recibido un llamado divino (Ef 1.18; Fil 3.14).

GREGORY MOBLEY

LO-AMMI (Heb. *lō' 'ammî*)

Nombre simbólico («no pueblo mío») que el Profeta Oseas fue ordenado darle a su tercer hijo con Gomer (Os 1.9; véase v. 10; 2:1, 23 [TM 2.1, 3, 25]).

LOCURA

Los antiguos describían el origen sobrenatural, la naturaleza moral, y conductas que caracterizaban la locura en vez de su estructura psicológica. En el AT la locura es vista como un castigo que Dios envía a los israelitas desobedientes o el trastorno con el que infligirá al pueblo en el Día del Señor (Heb. *šiggāʿôn*; Dt 28:28; Zac 12:4). El escritor de Eclesiastés contempla las diferencias entre lo que es sabio, necio, y loco (*hôlēlâ*, significa emoción impetuosa, delirio y acciones insensatas; Ecl 1:17; 2:12; 7:25; 9:3; 10:13). En Daniel 4 Nabucodonosor relata sus sueños extraños, inquietantes, y grandiosos a Daniel, que los interpreta y luego los ve como realidad. Durante un tiempo Nabucodonosor pasta como animal, separado de la comunidad humana.

La más amplia descripción de locura en el AT es la decadencia de Saúl. Plagado de celos paranóicos de David, Saúl se hace tan violento que manda asesinar a los sacerdotes y ciudadanos de Nob (1 Sam 22:6-19), visita una médium durante la noche en Endor, y finalmente se suicida (1 Sam 28, 31). Si bien Dios no es culpado por estas locuras como actos de maldad, los hebreos veían a Dios como la causa final y eficiente de todas las cosas, por lo que creían que un espíritu malo de parte de Dios atormentaba a Saúl (1 Sam 16:14) y un espíritu de mentira de parte de Dios provocó la muerte de Acab (1 R 22:19-23; cf. Lc 11:24-26 sobre la locura causada por demonios). La locura podía ser imitada: David una vez se hizo pasar por loco, para salvar su vida, al babear, marcando la puerta, y comportarse de manera extraña (1 Sam 21:13-15). En el mundo griego, la locura (Gr. *átē*) era necedad ciega personificada que venía sobre la gente y los hacía incapaces de distinguir el bien del mal.

En el NT se cree que la locura proviene de la posesión del demonio (Lc 8:2-3, 30; 11:14). Las personas que tienen este tipo de trastornos pueden desnudarse, vivir en las tumbas, y comportarse de forma violenta (Mr 5:2-13; Mt 8:28-33). Otros tipos de «locura» son la ignorancia necia de los maestros malvados y los líderes religiosos (Gr. *ánoia*; 2 Tim 3:9; Lc 6:11), la maldad irrazonablemente y la temeridad egoísta (*paraphronía;* 2 P 2:16), y el frenesí delirante o excentricidad (*manía*; Festo le dice a Pablo que las demasiadas letras han vuelto loco al apóstol, Hch 26:24).

Richard A. Spencer

LOBO

Una gran miembro de la familia canina, *Canis lupus.* La Biblia se refiere a varias especies caninas, incluyendo perros, zorros, chacales, hienas, así como lobos. La mayoría de las referencias bíblicas a los lobos (Heb. *zĕʾēḇ;* Gr. *lýkos)* son simbólicas y se refieren a su naturaleza salvaje. Así, la tribu de Benjamín se describe como un lobo hambriento (Gn 49.27), y los príncipes de Israel se comparan a lobos que desgarran a su presa (Ez 22.27; cf. Sof 3.3).

En el NT, los lobos simbolizan exclusivamente a las personas que son una amenaza para la comunidad cristiana. Los seguidores de Cristo son retratados como ovejas en medio de lobos (Mt 10.16; Lc 10.3). En el discurso de Jesús sobre el buen pastor, el lobo es el que arrebata las ovejas del redil (Jn 10.12). Los falsos profetas se ocultan con vestidos de ovejas, pero realmente son lobos voraces (Mt 7.15). El miedo de Pablo al despedirse y su advertencia a los Efesios fue que, después de su partida, lobos rapaces entrarían en medio de ellos, que no perdonarán al rebaño (Hch 20.29)

Mark R. Fairchild

LOD (Heb. *lōḏ*) (También Lida)

Una ciudad (moderno Lod/el-Ludd; 140151) 18 km (11 mi) al sureste de Jope en el Wadi el-Kabir, cerca de la frontera de la llanura de Sharon; también conocida en el NT como Lida. Una inscripción de Tutmosis III en Karnak (siglo XV a.C.) se refiere a la ciudad como una propiedad egipcia. Los benjamitas, los «hijos de Elpaal», reconstruyeron la ciudad (1 Cr 8.12), pero es posible que haya sido una temprana asociación con Dan y Efraín. Lod, Hadid y Ono proveyeron una patria ancestral para los 725 (Esd 2.2) o 721 (Neh 7.37) que regresaron del exilio.

Jonatán Macabeo conquistó Lod de Demetrio Nicanor en el 145 a.C. y lo nombró Lida (1 Mac 11.34). Más tarde el sitio fue nombrado Dióspolis y se convirtió en un centro de estudios judaicos.

Stephen Von Wyrick

LO-DEBAR (Heb. *lô ḏēḇār; lōʾ ḏēḇār*)

Una ciudad-estado al norte de Transjordania sobre el río Yarmuk. Durante la época de Saúl, Lo-debar fue gobernada por Ammiel o su hijo Maquir, quien dio ayuda al hijo de Saúl Mefi-boset (2 Sm 9.3-5) y más tarde a David (17.27-29). Lodebar estuvo bajo el gobierno de Aram-Damasco en la edad de hierro II y más tarde fue capturada por Jeroboam II (Am

6.13). Los sitios identificados con Lodebar incluyen Tel Mghanne, Tell el-Hamme, um ed-Dabar (207219), Khirbet Hamid e Ibdar, pero todos están al sur del Yarmuk. Otra posibilidad puede ser Tell Dober (209232), donde se ha encontrado evidencia de ocupación en la edad de hierro I y II.

La etimología del nombre no está clara debido a que la raíz de las letras no es usual en las lenguas semíticas. La raíz cuadriliteral *ldbr* era comúnmente un nombre propio de lugar, así la interpretación más probable es Debir (cf. Josué 13:26).

PHILIP R. DREY

LOG

Unidad de medida de líquido (Heb. *lōg*), probablemente 35 l (.63 ppt), se menciona sólo en relación con el aceite de oliva que acompañaba a la purificación que se ofrecía por el leproso (Lev. 14:10, 12, 15, 21, 24).

LOGIA

Un refrán, a menudo corto, generalmente asociado con la deidad. En griego clásico *lógia* era casi equivalente a *chrēsmós*, «refrán oracular». En la LXX se utiliza generalmente para traducir el hebreo *'ōmer* y *'imr* pero también se utiliza para *dābār* en vez del usual *lógos* («palabra»). Los usos de *lógion* y *lógia* en la LXX se dividen en cuatro categorías: (1) dichos individuales de Dios asociado con la Ley (Is 28.13); (2) pronunciamiento oracular de Dios declarado por un intermediario (Nm 24.4, 16); (3) mandamientos, que ocasionalmente están en paralelo con el Pacto (*diathḗkē*) y la ley de Jehová (*tón nómon kyríou*) (Is 5.24); (4) referencia general a los dichos comunes de una persona (Sal 19.14[18.15]), o de Dios (Sal 119 [118], 17 veces), que a menudo transmiten promesas o declaraciones con respecto a la situación futura de los asuntos.

En el NT *lógia* ocurre cuatro veces. En Hechos 7.38 Esteban utiliza la frase *lógia* de «vida» (*zṓnta*) para citar la Torá que Moisés recibió en el Monte Sinaí. Refiriéndose a la totalidad de la revelación de Dios a Moisés y destacando su naturaleza viva o perdurable y por lo tanto su eficacia contemporánea. En Romanos 3.2 Pablo, después de hablar extensamente sobre la ley del AT, proclama el privilegio de los judíos de haber recibido la *lógia* de Dios. La referencia es otra vez a la totalidad de la revelación de Dios en el Antiguo Testamento. Aquí, sin embargo, los judíos habían perdido su bendición a causa de la infidelidad y otros se beneficiaron. En Hebreos 5.12 el escritor, en el contexto de la relación de Jesús con el sistema sacrificial del AT, amonesta a su público que necesita instrucción en los principios básicos de la *lógia* de Dios. La referencia es a la totalidad de la revelación del AT, juntamente con la palabra que nos «ha hablado por el Hijo» (He 1.2). Es esencial que esta *lógia* se entienda y obedezca. Finalmente en 1 Pedro 4.11, en referencia al uso adecuado de un don carismático, se advierte que uno hable con forme a la *lógia* de Dios. En Números 24.4, 16, lógia aquí se refiere a los pronunciamientos oraculares de Dios dada a un intermediario para hablar en su nombre.

Hay dos categorías de uso para *lógia* en el NT: (1) una continuación del uso precristiano, pronunciamientos de una deidad transmitidas por un portavoz, aunque la referencia es a la totalidad del mensaje y no a dichos individuales (Hch 7.38; 1 P 4.11); y (2) la total revelación de Dios según se refiere a la salvación a lo largo de la historia del AT y en el escenario contemporáneo donde Jesús ha ganado la salvación para su pueblo (Ro 3.2; He 5.12). En la literatura de la Iglesia estas mismas dos categorías continúan juntamente con un énfasis en los dichos individuales del AT y NT, especialmente los dichos de Jesús. En el estudio contemporáneo, logia es un término técnico para un refrán, particularmente con respecto a un dicho de Jesús y a menudo se asocia con la fuente oral del Q.

CASEY W. DAVIS

LOGIÓN DE FREER

Véase CÓDICE WASHINGTONENSE.

LOGOS (Gr. *lógos*)

Un concepto importante en el NT, particularmente el Cuarto Evangelio, donde específicamente se identifica con Jesús de Nazaret como el Cristo preexistente y el Salvador encarnado (Jn 1.1-14).

La palabra, sin embargo, ha tenido una variedad de usos desde tiempos antiguos y se traduce en términos como «palabra», «discurso», «narración» y «expresión». Para Heráclito lógos significa «explicación» y por extrapolación «significado trascendente» y un principio cósmico subyacente de orden y proporción en el universo material. Platón y Aristóteles emplearon el término «discurso» o «explicación racional», por tanto, sugiriendo así el orden estructural en el universo mental y moral.

Platón trató en gran parte la noción de un orden cósmico que emana del mundo trascendente o de la mente de Dios. El término tenía un papel central en la cosmovisión de los filósofos estoicos. Para ellos, Dios y el mundo material eran uno y el lógos era la fuerza vital y el elemento racional que impregna todo el universo y controla su orden, la función y la vida. Algunos la identifican con el fuego y aire, asociándola con el aliento y espíritu.

Filón, el Judío contribuyó en gran parte el concepto. Para él, lógos era la racionalidad en la mente de Dios que dio orden a la mente de Dios y el potencial para la expresión. Fue el marco conceptual que surgió en la mente de Dios para la formación del universo (s) y la expresión de ese marco como modelo para la creación. Lógos era la estructura interna de la ley natural y moral que le da forma y función a los universos el material y moral, respectivamente.

Por otra parte, era la estructura racional y epistemológica de la mente humana, como parte del universo(s) creado, que correspondía coherentemente con la estructura de la creación y así hizo posible el conocimiento y la investigación científica. Fue el sistema integral de comprensión del universo(s) que la mente humana puede lograr por la filosofía, teología, ciencia y piedad, teniendo así los pensamientos de Dios. En la LXX, logos traduce generalmente del hebreo *dābār*, como «palabra» que Filón identificó más bien con la palabra hebrea para sabiduría (Pr 1–9). El NT utiliza logos con frecuencia, pero no en los sentidos de la racionalidad filosóficos o el racional o principio de orden del universo. Simplemente significa «palabra», «discurso», «informe», «afirmación» o un «asunto» bajo discusión.

Así se refiere a menudo al Evangelio cristiano predicado o por escrito. Sólo en el prólogo del Evangelio de Juan, logos toma dimensiones cósmicas cuando se utiliza para nombrar a Jesucristo como la palabra o expresión de Dios encarnado, preexistente y trascendente. Esto tiene algunas similitudes con el uso de Filón y de los estoicos, excepto que en Juan, el logos se personaliza. El término es común en la patrística griega y en la tradición gnóstica. Justino Mártir, Teófilo de Antioquía y San Ireneo de Lyon, a finales del siglo II, emplean logos para describir el papel de Jesucristo transcendente, preexistente, y de encarnación como el facilitador de toda economía redentora de Dios en la creación, providencia y salvación. Sin embargo, parecen más dependientes de los usos del platonismo como el de Filón, el estoicismo y la literatura judía helenística del segundo Templo del judaísmo, que del prólogo del Cuarto Evangelio.

J. Harold Ellens

LOIDA (Gr. *Lōís*)
Madre de Eunice y abuela de Timoteo; mujer de fe de Listra (2 T 1.5).

LOMOS
Parte del cuerpo ubicado en las caderas o espalda baja (Heb. *momnayim*; Gr. *osphýs*). La cintura era el lugar donde se ponía el cinto (2 R 1.8; Is 11.5; Jer 13.1), se colgaba la espada (2 S 20.8) y se vestía cilicio (Gn 37:34; 1 R 20.32; Am 8.10).

Cuando el movimiento rápido era esencial, la cintura era el lugar donde se ataban las prendas (Ex 12.11; 1 R 18.46; 2 R 9.1); en esta capacidad la expresión «cíñete la cintura» se convirtió en una frase para la preparación o la acción (Job 38.3; 40.7; véase Lc 12.35; Ef 6.14; 1 P 1.13).

Gran miedo a menudo se describe como acompañado por malestares de los lomos (por ej. Sal 69.23; Is 21.3). El hebreo *ḥălāṣayim* generalmente se asocia con el área genital y por lo tanto, por extensión, con descendencia (Gn 35.11; 46.26). Como el área de la procreación, la cintura representa fuerza y vigor (1 R 12.10; Nah 2.1; 2 Cr 10.10. El hebreo *kĕsālîm* se utiliza exclusivamente de los lomos de los animales de sacrificios (Lv 3.4, 10, 15). Por tanto, es principalmente un término sacerdotal.

Mark F. Rooker

LO-RUHAMA (Heb. *lōʾ rūhāmâ*)
Nombre simbólico (Heb. «No compadecida») que se ordenó al profeta Oseas que diera a la hija suya y de Gomer (Hos. 1.6; cf. 2.1, 23[TM 3, 25]).

LOT (Heb. *lôn*)
Hijo de Harán, difunto hermano de Abraham, que viajó con Taré y la familia ancestral desde Ur hasta Harán (Gn 11.27-31), y que luego acompañó a Abraham desde Harán hasta Canaán (12.5). Una vez en Canaán, los dos se separaron; Lot se quedó con el valle del Jordán al este, y Abraham con la tierra de Canaán (Gn 13). Sin embargo, Lot se mantuvo conectado estrechamente con Abraham en los relatos de la guerra con los reyes (Gn 14) y de Sodoma y Gomorra (19.1-29). Después que muere la esposa de Lot, sus dos hijas tienen relaciones incestuosas con

él, y Lot se convierte en el antepasado famoso de los amonitas y los moabitas (Gn 19.30-38).

Otras referencias en cuanto a Lot se encuentran en Dt 2.9, 19, donde se prohíbe a los israelitas pelear contra los amonitas y los moabitas, puesto que Dios les prometió un territorio por ser hijos de Lot. Sal 83.8 [TM 9] le recuerda al lector que Moab y Amón son los hijos de Lot. En 2 P 2.6-8, Lot es citado como un morador justo de Sodoma y Gomorra.

Los relatos sobre Job han sido asignados a la fuente yahvista (J), con excepción de Génesis 14, que todavía escapa a la asignación de un origen definido. Lot está presente en el comienzo y en cada etapa del primer viaje de Abraham en y a través de Canaán (Gn 11.27, 31; 12.4, 5; 13.1). Su rol en los relatos sobre Abraham y Sara parece ser para introducir el tema central de la falta de hijos de éstos. Abraham no tenía hijos, mientras que su hermano Harán había tenido a Lot. Abraham llevó a Lot consigo a Canaán, no por mandato de Dios, quien le ordenó que dejara su tierra, sus parientes y la casa de su padre, sino quizás como el heredero que él creyó que nunca tendría, un tema recurrente en el relato sobre el damasceno Eleazar (Gn 15.2) e Ismael (cap. 16). Cuando Abraham y Lot deciden separarse en Génesis 13, Abraham ofrece a Lot la tierra al norte o al sur, lo que indicaba que tenía la intención de compartir la tierra de Canaán con él como su heredero innegable (v. 9). Lot, sin embargo, elige la tierra al este (Gn 13.10, 11), fuera de los límites de Canaán, y Dios se le aparece a Abraham y le promete que la tierra será dada a los descendientes de éste (vv. 14-17). Lot no es el heredero prometido. Génesis ofrece genealogías de Ismael (Gn 25.12-18) e Isaac (vv. 19-20), pero no de Eleazar y Lot.

Bibliografía. J. Blenkinsopp, *The Pentateuch* (New York, 1992), 98-133; L. R. Helyer, «The Separation of Abram and Lot,» *JSOT* 26 (1983). 77-88; S. P. Jeansonne, «The Characterization of Lot in Genesis,» *BTB* 18 (1988). 123-29.

NANCY L. DECLAISSÉ-WALFORD

LOTÁN (Heb. *lôṭān*)

Hijo de Seir (Gn 36.20, 22; 1 Cr 1.38, 39); jefe de los horeos que vivieron en Seir/Edom (Gn 36.29).

LOTO

Una planta, ya sea un arbusto espinoso (*Zizyphus Lotus L.*), que florece en las regiones cálidas y húmedas del norte de África y Siria, o un tipo de nenúfar (*Nymphaea lotus L.*) que crece en Egipto. El arbusto parece estar sugerido en Job 40.21, 22, la única referencia bíblica en cuanto al loto. Del behemot se dice que se echa debajo de los lotos, que lo cubren con su sombra. Esto difícilmente podría entenderse como un nenúfar. En la leyenda griega, el fruto del loto producía un estado de tranquila desmemoria, pero esta idea no se encuentra en ninguna parte de la Biblia.

JOE E. LUNCEFORD

LUCAS (Gr. *Loukás*)

El nombre aparece tres veces en el NT (Col 4.14; 2 Ti 4.11; Flm 24), evidentemente en relación con la misma persona, un compañero de Pablo, identificado tradicionalmente como el autor del Evangelio de Lucas y Hechos de los Apóstoles.

A modo de caracterización de Lucas, 2 Timoteo 4.11 destaca la fidelidad de Lucas, en comparación con algunos de los que se dice abandonaron a Pablo. En Filemón 24, Lucas es identificado como «colaborador», no sólo como uno de los «compañeros de viaje» o «ayudantes» de Pablo, sino como una persona de importancia semejante, un «colega en el ministerio». Colosenses 4.14 se refiere a Lucas como «el médico amado». Aparentemente, sus conocimientos y habilidades como terapeuta le habían granjeado respeto, poniéndolo al mismo nivel de los médicos que había en los períodos griego y romano, quienes disfrutaban de una elevada posición como estudiantes de la medicina y la filosofía. Dado que Colosenses 4.10, 11 se refiere a Aristarco, a Marcos y a Justo como los únicos judíos que estaban presentes como colaboradores de Pablo, se desprende que Lucas era gentil o, al menos, un semita no judío. El íntimo conocimiento de las Escrituras y de las cuestiones judías presente en Lucas y Hechos, no requiere de una hipótesis de autoría judía, sino que es igualmente compatible con una presentación significativa del judaísmo por parte de alguien no judío.

Se considera, por lo general, que estos dos documentos narrativos fueron escritos por la misma persona (cf. Lc 1.1-4, Hch 1.1, 2), y las tradiciones más tempranas identifican a esta persona como Lucas. El manuscrito griego más antiguo del tercer Evangelio, el papiro Bodmer XIV (p^{75}, c. 200 d.C.), usa el título de «Evangelio según Lucas». El Canon Muratori (de finales del siglo II) también identifica a Lucas, médico y compañero de Pablo, como el autor del Evangelio, una identificación corroborada además por los escritos de Ireneo en el siglo II (*Adv. haer.* 3.1.1; 14.1) y por escritores posteriores (p.ej., Eusebio, *HE*). Hasta hace poco, la opinión de que Lucas-Hechos fue escrito por un compañero de Pablo, contó con el apoyo adicional de los llamados «pasajes en plural» en Hechos (16.10-17; 20.5-21.18; 27-28). Algunos ahora consideran a estos pasajes como creaciones literarias.

Al igual que los otros evangelios del NT, Lucas y Hechos son documentos anónimos. Aunque está involucrado en la narración en primera persona, el autor de Hechos se identifica a sí mismo, no como una persona con un nombre, sino como parte de un grupo. Puede a veces estar presente como participante y observador, pero su enfoque no es su identidad personal. El hecho de que la narración en primera persona se encuentra sólo en algunas partes del relato, refuerza que el narrador no pretende ser un acompañante constante de Pablo y de su círculo. Esto habla en contra de la tradición de que Lucas y Pablo eran «inseparables» (Ireneo, *Adv. haer.* 3.1.1, 4), pero también en contra de quienes niegan que Lucas pudo haber escrito Hechos, porque el autor de Hechos no pudo haber sido un compañero *habitual* de Pablo. También parece indicar que la narración en primera persona es más que un recurso literario calculado para dar más vida al relato.

Hay pocas razones para no aceptar la identificación tradicional de Lucas como el autor de Lucas y Hechos, lo que haría a Lucas responsable de la mayor parte del NT (28 por ciento). Si se acepta la autoría de Lucas de estos libros, hay información adicional que se desprende de su lenguaje y estilo –p. ej., que Lucas era educado, probablemente citadino, y que recibió información de primera mano en cuanto a preparación retórica y a las Escrituras de Israel; que era una persona que contaba con recursos económicos, y que escribía desde la ubicación social de quienes estaban versados en la escritura técnica o profesional; y que era una de las «personas del Camino», un «cristiano» de segunda o tercera generación (Lc 1.1-4).

Bibliografía. J. A. Fitzmyer, «The Authorship of Luke-Acts Reconsidered,» in *Luke the Theologian* (New York, 1989), 1-26.

Joel B. Green

LUCAS, EVANGELIO DE

El tercer y más extenso libro del NT, llamado a veces el tercer Evangelio.

Los temas de introducción suelen incluir la autoría, la composición, la fecha y el origen, todos los cuales son problemáticos en el estudio de Lucas. En cuanto a la autoría, el candidato más probable es Lucas, el médico y a veces acompañante de Pablo (Flm 24; Col 4.14; cf. 2 Ti 4.11; Hch 16.10-17; 20.5-21.18, 27-28). Es identificado así por varios testigos del siglo II, el papiro Bodmer XIV, el Canon Muratoriano, Ireneo, *Adv. haer.*; y por testimonios posteriores, cf. Eusebio *HE*). Sin embargo, el propio autor no incluyó su nombre dentro o como título para el Evangelio, lo que sugiere que su identidad puede no ser muy importante para nuestra lectura. «Lucas», como la voz a través de la cual se relata aquí la historia de la misión y el mensaje de Jesús, sirve más bien como «narrador» que como «autor».

El narrador se refiere a su uso de las fuentes y de la investigación (1.1-4), que muchos estudiosos hoy piensan que incluyó, al menos, el Evangelio de Marcos. Según la teoría de las dos fuentes, una segunda fuente fue Q, aunque no está claro si el material Q llegó a Lucas por vía oral o escrita. (Según la hipótesis de Griesbach, Lucas utilizó sólo el Evangelio de Mateo.) Algunos investigadores también se refieren al uso de Lucas de la tradición «L», incluyendo material ausente en Mateo o Marcos, pero de nuevo no está claro de qué manera pudo haber llegado este material a Lucas. Muchas de las características distintivas de Lucas serían clasificadas como «L». Las parábola del Buen Samaritano, el Hijo Prodigo y el fariseo y el publicano (10.29-37; 15.11-32; 18.9-14); y también el material relacionado con el papel positivo de las mujeres en el ministerio de Jesús, y lo problemático de las riquezas y los bienes para quienes deseaban seguir a Jesús.

La manera de ponerle fecha a la escritura del tercer Evangelio se basa en gran parte en cómo se entienden estas cuestiones relativas a las fuentes. Si Lucas hizo uso de Marcos, es evidente, entonces, que no pudo haber escrito su Evangelio antes de que estuviera terminado el de Marcos. Puesto que Marcos es típicamente fechado a finales de los años 60, esto requeriría que Lucas haya sido escrito no antes del comienzo de los años 70. Algunos eruditos encuentran evidencias en 21.20-24, de que el relato se escribió a la luz de la caída de Jerusalén, pero es probable que los detalles de este texto hayan sido extraídos de los registros del asedio y caída de las ciudades en la LXX. Las primeras referencias a Lucas y

Hechos de otras fuentes escritas provienen de mediados del siglo II, por lo que es de suponer que el Evangelio fue escrito en el período 70-140 d.C. En la medida que Hechos parezca no evidenciar un conocimiento de primera mano de los escritos paulinos, y puesto que es probable que las cartas de Pablo hayan sido recopiladas a finales del siglo I, el escrito de Lucas habría sido hecho en la primera parte de este período. Por esto, la mayoría piensa en términos de un intervalo comprendido entre mediados de los años 70 y mediados de los años 80.

De aún menos datos se dispone para establecer la ubicación exacta del lugar donde se escribió el Evangelio, aunque es probable que haya sido en un centro urbano fuera de Palestina. Tampoco puede decirse que la mención de Teófilo en 1.3 sirva de ayuda para saber a quiénes fue dirigido el escrito. Como mecenas literario, Teófilo habría ayudado a distribuir Lucas y Hechos para ser copiados, pero esto no significa que él haya sido el destinatario fundamental de Lucas, o incluso el representante de aquellos para quienes Lucas está escribiendo. Lo que es evidente es que a Lucas le interesan la misión cristiana y la identidad y las formas de discipulado cristiano adecuado a la vida en el imperio romano.

La identificación del género literario del Evangelio está estrechamente vinculada con la cuestión de la unidad de Lucas y Hechos. En su ubicación canónica actual, Lucas ha sido identificado fácilmente como un «evangelio», una forma particular de biografía grecorromana. Esta identificación se ve complicada por la clara relación del Evangelio con Hechos de los Apóstoles, que dice continuar la historia iniciada en Lucas (cf. 1.1-4; Hch 1.1-2). Además, es casi seguro que en la época de Lucas, el «evangelio» no existía como forma literaria, por lo que sería erróneo pensar que Lucas se propuso crear una, o que sus lectores habrían entendido su escrito dentro de esa categoría. Lucas se refiere a sus predecesores como «relatos», no como «evangelios».

La mayoría está ahora de acuerdo en que Lucas y Hechos fueron escritos por la misma persona, y que Hechos es una especie de consecuencia del Evangelio. La unidad teológica y narrativa de Lucas-Hechos, ampliamente dada por sentado desde comienzos del siglo XX, es ahora cuestionada. Por un lado, es fácil encontrar en Lucas-Hechos la secuencia temporal (comienzo, centro y final) y el objetivo principal característico de la unidad narrativa. Así pues, Lucas-Hechos relata la manera como Dios se propuso traer salvación en toda su plenitud a todas las personas. Este propósito es anunciado por los mensajeros de Dios, y hecho posible por el nacimiento y el desarrollo de Juan y Jesús en hogares enfocados en el propósito de Dios (Lc 1.5-2.52); hecho posible a través de la misión preparatoria de Juan, y especialmente de la vida, muerte y exaltación de Jesús, con su correspondiente envío al trabajo misionero, y la promesa de dar poder a los seguidores de Jesús para extender el mensaje a todas las personas (Lc 3-Hch 1); llevado a cabo cuando la misión cristiana es dirigida por Dios para que dé los pasos necesarios dirigidos a lograr una comunidad igualitaria y multiétnica (Hch 2-15); y encuentra su final cuando Lucas pone de relieve el creciente antagonismo de los judíos contra el movimiento cristiano, lo que lleva a la iglesia a estar formada cada vez más por gentiles (Hch 16-28). En consecuencia, los incidentes en el Evangelio anticipan los aspectos de la historia contada sólo (finalmente) en Hechos. Significativamente, en 2.25-35, Simeón entiende que en Jesús ha llegado la salvación, que será «luz para revelación a los gentiles» (v. 32), pero en todo el Evangelio Jesús rara vez interactúa con personas no judías. Hay que esperar hasta Hechos para ver cómo la misión a los gentiles es iniciada y legitimada, y cómo toma forma consistente por mandato de Dios. El último capítulo de Lucas cierra los aspectos importantes de la trama de la historia, pero hay una intención más importante en actividad. El propósito redentor de Dios para todas las personas. Teniendo en cuenta este propósito, el Evangelio no está completo en sí mismo, ya que abre posibilidades que no se realizan en el Evangelio que sólo se materializan en Hechos. Por otra parte, algunos estudiosos han sido más impresionados por el grado de autonomía que hay en el tercer Evangelio y en Hechos, cada uno con sus propios objetivos y perspectivas.

Desde el trabajo fundamental de H. J. Cadbury, ha habido el amplio consenso de que Lucas 1.1-4 pertenece indudablemente a la tradición literaria de la historiografía antigua. Además del prefacio, la obra de de Lucas comparte muchas otras características de la historiografía grecorromana, un registro genealógico (3.23-38); el uso de escenas de comidas como ocasiones para enseñar; narraciones de viajes; discursos; cartas; y episodios dramáticos, tales como el rechazo de Jesús en Nazaret (4.16-30), y el tormentoso viaje y naufragio de Pablo (Hch 27.1-28.14). Esto ha llevado a identificar a Lucas-Hechos como historiografía, y a intentos adicionales para designar el tipo de escritura de historia al que más se aproxima. Para algunos, Lucas pareció estar siempre muy motivado por su propósito teológico para ser considerado un historiador, pero ningún historiador antiguo lo fue sin tener algún motivo, ya fuera teológico, apologético, pedagógico, o algún otro. La moderna dicotomía que enfrenta a la historia contra la interpretación ha surgido de propósitos filosóficos (y especialmente epistemológicos) problemáticos, por lo que está siendo lógicamente abandonada. Otros encuentran paralelos genéricos más cercanos a la biografía grecorromana. Tomado por sí solo, el Evangelio de Lucas puede ser clasificado como biografía; entendido en relación con Hechos, esta designación es menos fácil de sostener. Pero lo más importante, es que el tercer Evangelio se centra principalmente en Dios y en el cumplimiento del antiguo propósito de Dios, por lo que sólo en un sentido secundario puede clasificarse como un relato de la vida de Jesús. Lo que si está claro, de todas maneras, es que Lucas, tal vez más que los otros evangelistas, ha sido influenciado por las formas literarias grecorromanas, especialmente las relacionadas con el género biográfico, aunque otras características formales y el enfoque teocéntrico de su relato impiden que Lucas-Hechos sea considerado «biografía».

La identificación de Lucas-Hechos como historiografía antigua incrementa las expectativas que podemos esperar de la narrativa. Además de las creadas por la clara intención de Lucas (1.1-4), podemos anticipar una narración en la que se da mucha importancia a la historia de esa época. Se privilegian los temas de causalidad y de teleología, y una decidida investigación se pone al servicio de una enseñanza convincente y cautivante.

El mensaje de Lucas está fundamentalmente orientado al tema de la salvación: su origen, alcance y personificación. Dentro del conflictivo mundo del Mediterráneo del siglo I, la creencia en el propósito divino auspiciado en Lucas-Hechos —creencia que no tiene ninguna consideración con importantes tradiciones de distinción social y de estatus religioso por su anuncio de la naturaleza y magnitud de la salvación— habría sido, naturalmente, fuente de controversia e incertidumbre. En este contexto, el propósito de Lucas-Hechos habría sido fortalecer el movimiento cristiano frente a la oposición, dando seguridades a los creyentes en cuanto a la interpretación y a la experiencia del propósito redentor y de la fidelidad de Dios, llamándoles a la devoción constante y al testimonio, en el proyecto redentor de Dios. El propósito de Lucas-Hechos, entonces, sería principalmente eclesiológico —de interés por las prácticas definitorias y por los criterios para la legitimación de la comunidad del pueblo de Dios, y centrado en la invitación a participar en el proyecto redentor de Dios.

No es de extrañar, entonces, que el Evangelio de Lucas se centre en Dios. A pesar de que Dios no aparece con frecuencia en la narración, el plan que guía a la progresión del relato es el de Dios. Él es «Dios, mi Salvador» (1.47), y revela su propósito de múltiples maneras —las Escrituras, los mensajeros celestiales, y la divina coreografía de los acontecimientos. El tema del propósito divino también aflora a través de una constelación de términos expresivos del plan de Dios (p.ej., «designio», «es necesario», «prefijado»). La voluntad de Dios se realiza en el Evangelio por medio del ministerio de Jesús ungido por el Espíritu (cf. 4.18, 19), y esto seguirá en Hechos por medio de testigos investidos con el Espíritu Santo (cf. 24.44-49). Especialmente, en la parte central del Evangelio, que trata del viaje de Galilea a Jerusalén (9.51-19.46), Jesús intenta cambiar el punto de vista acerca de Dios que tenían sus seguidores, para que pudieran reconocer a Dios como su Padre, cuyo deseo es abrazarlos con su misericordiosa bondad (p.ej., 11.1-13, 12.32).

El énfasis de Lucas en el propósito divino sirve a sus intereses eclesiológicos y hermenéuticos. Mientras la comunidad cristiana lucha con su propia identidad, y sobre todo contra de los que también leen las Escrituras pero rechazan la fe en Cristo, la coherencia entre el plan antiguo de Dios y el ministerio de Jesús se vuelve crucial. En realidad, la lucha de Jesús con los dirigentes judíos y con las instituciones judías es esencialmente la siguiente. ¿Quién entiende el propósito de Dios? ¿Quién interpreta fielmente las Escrituras? Para Lucas, el advenimiento de Jesús está arraigado profundamente en el antiguo pacto, y su misión es plenamente congruente con el propósito de Dios. Esto se manifiesta sobre todo por el modelo bíblico de su vida, y por la vindicación divina pronunciada sobre él en su resurrección y ascensión.

Dios controlará el propósito del relato, según Lucas, pero el personaje principal en el primer libro de Lucas es Jesús. En comparación con los personajes dentro de la narración, los destinatarios de Lucas son afortunados por la capacidad del relato de reconocer, desde el principio, la identidad de Jesús y su papel en el plan redentor de Dios. Jesús es presentado como un profeta; pero más que un profeta, es el largamente esperado Mesías davídico, el hijo de Dios, que cumple con su ministerio el destino de un profeta real para quien la muerte, aunque necesaria, no es la última palabra. Para los discípulos de Jesús, la lucha no consiste tanto en discernir quién es Jesús, sino de qué manera puede él cumplir con su papel. Sus propios criterios acerca de Dios y del mundo siguen siendo los convencionales en la mayor parte del Evangelio; por esto, casi hasta el final carecen de la capacidad de correlacionar la exaltada condición de Jesús como el Mesías de Dios, con la perspectiva y la experiencia de su atroz sufrimiento.

Desde el primer momento, Jesús es identificado como salvador (2.11), un papel que cumple de numerosas maneras. Entre las más visibles, sus milagros de sanidad y el carácter irrestricto de la invitación a todos a su mesa, encarnan la verdad de la irrupción del reino de Dios. Por medio de esto, Jesús comunica la presencia de la salvación divina a aquellos cuya posición en la sociedad en general es de marginalidad. Esta es «buenas nuevas a los pobres» (4.18, 19). Tales conductas se corresponden con la enseñanza de Jesús, la cual ocupa las partes principales dentro del Evangelio, sobre todo en los relatos de su viaje a Jerusalén. Lo que sorprende a menudo en su enseñanza, es la orientación hacia una visión reconstruida de Dios, y el tipo de orden mundial que puede reflejar esta visión. Jesús, como Hijo de Dios, es el representante de Dios cuya vida se caracteriza por la obediencia a él, y que interpreta para los demás (si desean escuchar) la naturaleza y el plan de Dios, y la manera adecuada de responder a él.

El llamado al discipulado en Lucas es fundamentalmente una invitación para que las personas se unan a Jesús, y por lo tanto, a Dios. Esto significa que, para ser miembro del pueblo de Dios, el foco no está ya en el asunto de la condición heredada, sino en la recompensa a las personas cuya conducta manifiesta su absoluta aceptación del Dios misericordioso. Los verdaderos «hijos de Abraham» son los que encarnan en sus vidas la bondad de Dios, y que expresan una generosa misericordia a los demás, especialmente a los más necesitados. Jesús, por tanto, llama a las personas a vivir como él, en contraposición a la forma de vida agnóstica y contenciosa caracterizada por los conceptos convencionales de honra, y al estatus típico del mundo romano en general. Las conductas que resultan del servicio en el reino de Dios toman un giro diferente. Hagan bien a los que les odian. Sean generosos con quienes no podrán corresponder. Den sin esperar nada a cambio. Tales prácticas son posibles sólo para aquellos cuyas convicciones y compromisos han sido reformados por el encuentro transformador con la bondad de Dios. En el tercer Evangelio, el principal competidor de este enfoque proviene de las riquezas —no tanto del dinero en sí, sino de la dominación del dinero, que se manifiesta en la inclinación a la alabanza social y, por tanto, a formas de vida diseñadas para mantener a los que tienen poder y privilegios separados de los de baja condición, de los más pequeños, de los perdidos, y de los desechados.

La narración de Lucas se centra todo el tiempo en un tema omnipresente y rector: la salvación. La salvación, para Lucas, no es etérea ni un simple futuro, sino que abarca la vida en el presente, restaurando la integridad de la vida humana, revitalizando las comunidades humanas, poniendo al cosmos en orden, y ordenando a la comunidad del pueblo de Dios que ponga en práctica la gracia de él entre ellos y hacia los círculos siempre cada vez más amplios de otras personas.

Bibliografía. F. Bovon, *Luke the Theologian.* PTMS 12 (Allison Park, Pa., 1987); P. F. Esler, *Community and Gospel in Luke-Acts.* SNTSMS 57 (Cambridge, 1987); J.B. Green, *The Theology of the Gospel of Luke* (Cambridge, 1995); H. Moxnes, *The Economy of the Kingdom. Social Conflict and Economic Relations in Luke's Gospel.* OBT 23 (Philadelphia, 1988).

JOEL B. GREEN

LUCIFER
Véase LUCERO DE LA MAÑANA

LUCIO (Gr. *Loúkios*)
Nombre común en el mundo romano, equivalente latino del nombre griego *Loukás/ós,* una abreviatura de *Loukános.*

1.Lucio de Cirene, uno de los cuatro profetas y maestros de Antioquía dirigidos por el Espíritu a enviar a Bernabé y Saulo (= Pablo) a la obra misionera (Hch 13.1). Cirene, la capital de la provincia romana del mismo nombre en el norte de África, tenía una numerosa población judía, y es probable que Lucio fuera un judío helénico, tal vez uno de los hombres de Chipre y de Cirene que viajaron de Jerusalén a Antioquía a evangelizar allí (Hch 11.20).

2.Familiar de Pablo. Lucio, Jasón y Sosípater son identificados como parientes de Pablo que envían saludos a los romanos (Ro 16.21). Puesto que es probable que Pablo escribiera a Roma desde Corinto, es factible que estos hombres vivieran en Corinto. Este Lucio es también un judío cristiano, pero es muy poco probable que sea el mismo Lucio de Cirene.

La identificación de cualquiera de las personas antes mencionadas con el evangelista Lucas es vaga en el mejor de los casos. Cuando Pablo se refiere al evangelista Lucas, lo llama *Loukás*, no *Lóukios*. También es probable que Lucas fuera gentil, no judío.

David L. Turner

3.Cónsul romano, Lucio Cecilio Metullus, quien en el 142 a.C. envió cartas dirigidas a varias naciones reafirmando una alianza de Roma con los judíos, para proteger a los de Judea (1 Mac 15.15-24). Las cartas son en respuesta a la embajada judía encabezada por Numenio que fue a Roma en ese año (1 Mac 14.16-24).

LUD (Heb . *lûḏ*), **LUDIM** (*lûḏîm*)
Según La Tabla de las Naciones (Gn 10.22) y la genealogía de 1 Cr 1.17, Lud es un descendiente de Sem. Sin embargo, en Gn 10.13 y 1 Cr 1.11, Ludim es llamado hijo de Mizraim (Egipto), que es el segundo hijo de Cam, lo que podría referirse a un país africano, como Etiopía (Cus) y Put (Ez 30.5).

El territorio llamado Lud es dudoso. Una sugerencia es que el nombre se refiere a Libia (heb. *lûḇîm*), o a un pueblo del noreste de África del cual no se sabe más nada. En Jeremías 46.9, los de Lud son presentados como arqueros aliados de Egipto (cf. Is 66.19), y en Ezequiel 27.10 son descritos como mercenarios de Tiro. Sin embargo, en Ezequiel 30.5 Libia y Lud se mencionan juntos.

La interpretación más extendida ha sido la identificación con *Luddu* (voz acadia), la región de Lidia en el Asia Menor occidental. La asociación en Is 66.19 con Tubal, Javán y las costas lejanas concuerda con la ubicación general de Lidia cerca de la costa jónica. Sin embargo, los lidios históricos del Asia Menor no eran semitas ni camitas.

Larry L. Walker

LUGAR ALTO
Por lo general un lugar sagrado, aunque una descripción exacta sigue siendo difícil de alcanzar. Heb. *bāmâ* (pl. *bāmôṯ*) se encuentra más comúnmente en las listas condenatorias de las prácticas de adoración ilegítimos de reyes israelitas y de Judá y sus súbditos, pero en esos muchos casos el odiado *bāmâ* no se describe. La descripción más completa de un *bāmâ* israelita se encuentra en 1 Samuel 9–10, pero esa descripción es frustrantemente incompleta. Debido a que *bāmâ* se tradujo al latín como *excelsus,* a menudo se vierte al español como «lugar alto,» un término que en sí mismo llevó a la confusión sobre lo que el bíblico *bāmâ* era realmente.

La raíz hebrea *bmh* tiene cognados en varias lenguas semíticas. En ugarítico significa la parte posterior de un cuerpo. En acadio el singular asimismo significa «espalda,» mientras el plural se refiere al terreno, posiblemente montañoso. A pesar de que *bmh* no tiene ninguna relación sagrada en ningún dialecto cananeo, la mayoría de los eruditos han pensado de *bāmâ* como originalmente un lugar de adoración cananeo.

Cuatro interpretaciones del *bāmâ* son comunes en la literatura académica. Ellas son: una instalación al aire libre en la colina que incluía alguna combinación de *'ăšērâ* («poste sagrado»), *maṣṣēḇâ* («piedra de pie»), y *mizbēaḥ* («altar»); una plataforma elevada artificialmente sobre la cual se llevaron a cabo ritos religiosos; un altar de sacrificio; o una instalación mortuoria. La primera ha sido la más ampliamente aceptada, aunque ni esta ni sus alternativas corresponden bien con la escasa evidencia bíblica para el *bāmâ* y las actividades religiosas que tuvieron lugar allí.

Estudios más recientes sugieren que el *bāmâ* fue una estructura de muchos cuartos ubicado en un entorno urbano. Construido en un sitio elevado, que habría incluido una área en la que el sacrificio de animales y la quema de incienso podía tener lugar. Muebles para el culto, incluyendo altares para el sacrificio y el incienso, se habrían mantenido dentro del *bāmâ*. Entre sus varias habitaciones podría estar una *liškâ*, en la cual el personal de culto y los adoradores podían sentarse a comer las comidas.

La más completa descripción bíblica de el *bāmâ* viene del período tribal, la era de los jueces. 1 Samuel 9.11-25 describe ritos religiosos en un *bāmâ* en una ciudad no nombrada en el distrito de Zuf, y

10.5 describe una procesión de profetas que salen del *bāmâ* en Betel. El uso legítimo de *bāmâ* por los israelitas continuó hasta la construcción del templo de Jerusalén, como Salomón y los israelitas adoraron en muchos *bāmôṯ*, incluyendo el gran *bāmâ* en Gabaón donde Jehová apareció a Salomón (1 R 3.2-5), y no fueron condenados por ello.

Durante su reinado, Salomón también construyó *bāmôṯ* para sus esposas no israelitas y para los dioses de Sidón, Amón, y Moab (1 R 11.4-8). En este contexto, la estela de Mesa es intrigante, ya que esta inscripción de finales del siglo IX hace referencia a la restauración del rey moabita Mesa de la *bet bamot* moabita. El culto moabita en *bāmôṯ* también se menciona en Isaías 16.12; Jeremías 48.35, indicando que el *bāmâ* fue un lugar de adoración israelita, pero no exclusivamente, en la Edad de Hierro.

Una vez que la nación de Israel se dividió en dos al final del siglo X, Jeroboam, el primer rey del norte, construyó santuarios reales en Betel y Dan (1 R 12.25-30). Para garantizar aún más la lealtad de su pueblo, él también construyó *bāmôṯ* a lo largo de su reino y creó un nuevo grupo de sacerdotes no levitas, extraídos de los hombres de todas las clases sociales, para oficiar en ellos (1 R 12.31). La lealtad de estos nuevos sacerdotes *bāmôṯ* se vio reforzada por el hecho de que también están obligados a servir en el santuario real en Betel (1 R 12.32).

En Judá, también, las necesidades religiosas de la población en general no se cumplen a través de la adoración en el santuario real en Jerusalén. Por tanto, junto con el templo de Jerusalén, los monarcas de Judea establecieron un sistema *bāmôṯ* similar al desarrollado por Jeroboam en Israel (2 R 23.5). Su legitimidad se ve subrayada por la sugerencia hecha por funcionarios del rey asirio Senaquerib de fines del siglo VIII de que el el rey de Judea Ezequías había socavado la lealtad a Jehová al destruir su *bāmôṯ*. Los ministros de Ezequías reconocieron la naturaleza devastadora de estas acusaciones y pidieron a los asirios hablar en arameo, para que los judíos cercanos no pudieran seguir la conversación (2 R 18.17-37; 2 Cr 32.9-19).

La evidencia bíblica indica, pues, que la religión en Israel y Judá era un asunto de dos niveles. Los cultos reales en Jerusalén, Betel, y Dan fueron utilizados por los reyes, sus ministros, y el sacerdocio levítico. Los muchos *bāmôṯ* israelitas y de Judea fueron regiamente sanciandos santuarios regionales utilizados al mismo tiempo para la adoración por sacerdotes no levitas y por la población en general.

Inicialmente un lugar legítimo para la adoración israelita y de Judea, el *bāmôṯ* más tarde se convirtió en objeto de diatribas del deuteronomista acusando a los reyes y sus súbditos de falta de lealtad a Jehová. De hecho, la mayoría de las referencias bíblicas a los *bāmâ* se encuentran en estas piezas condenatorias (p.ej., 2 R 12.3; 14.4; 15.4, 35) y en sus homólogos proféticos (p.ej., Am 7.9).

De acuerdo con los historiadores deuteronomistas, a finales del siglo VIII, Ezequías destruyó *bāmôṯ*, junto con *maṣṣēḇôṯ* y *'ăšērâ* (2 R 18.4). Las reformas de Ezequías no obstante, el sacerdocio de *bāmôṯ* creció cada vez más independiente, por lo que casi un siglo después Josías emprendió campañas contra ellos (2 R 23.5), con la esperanza de erradicar su base de poder.

De todo esto, es aparente que el *bāmâ* fue en su mayor parte un lugar aceptado para la adoración israelita, aquel que satisface las necesidades de monarcas israelitas y de Judea y la ciudadanía local. Al mismo tiempo, ciertos elementos dentro de la población, particularmente el sacerdocio y el grupo profético cuyas ideas y tradiciones culminaron en la obra de la escuela deuteronomista, se opusieron a esta institución descentralizada y emprendieron una campaña en última instancia exitosa defendiendo la primacía del templo de Jerusalén.

Bibliografía. W. B. Barrick, «What Do We Really Know About 'High-places'?» *SEÅ* 45 (1980): 50-57; A. Biran, ed., *Temples and High Places en tiempos bíblicos* (Jerusalem, 1981); B. A. Nakhai, «What's a Bamah? How Sacred Space Functioned en el antiguo Israel,» *BARev* 20/3 (1994): 18-29, 77-78; P. H. Vaughan, *The Meaning of «Bama» in the Old Testament.* SOTSMS 3 (Cambridge, 1974).

BETH ALPERT NAKHAI

LUGAR SANTÍSIMO

Compartimiento más interior del tabernáculo y el Templo posterior, que refleja quizás la idea de santidad como fundamentalmente una cuestión de separación de lo común o profano. El término (Heb. *qōḏeš haqqŏḏāšîm*) utiliza un giro idiomático hebreo común para formar el grado superlativo, que era también utilizado para referirse a la carne ofrecida en los sacrificios que era comida por los sacerdotes (Nm 18.9, 10), la suprema santidad del Templo como un todo (Ez 45.3), la distribución idealizada de la tierra a los sacerdotes (48.12), y, posiblemente, una persona (Dn 9.24).

Los límites del «lugar santísimo» estaban determinados en el tabernáculo por un velo que colgaba (Heb. *pārōket*). Aunque era reconocido por los rabinos como una división vertical entre los lugares «santísimo» y «santo» (este último contenía el altar del incienso, los candelabros y una mesa para el pan de la proposición), es posible que el velo se extendiera horizontalmente sobre el arca del pacto como una cubierta (Heb. *sukkâ*, cf. Nm 4.5). Tal vez las puertas de madera de olivo que separaban a los lugares «santo» y «santísimo» del Templo de Salomón (1 R 6.31, 32), que fueron reemplazadas al parecer por cortinas en el segundo Templo (cf. 2 Cr 3.14; Heb 9.2, 3), dieran origen a la confusión en este punto. Las dimensiones entre las alas de los querubines en «el lugar santísimo» del Templo de Salomón, habrían permitido que se construyera allí el tabernáculo propiamente dicho (cf. 1 Cr 6.48 [TM 33]; 23.32; 2 Cr 24. 6; Lm 2.6, 7).

La importancia cultual del «lugar santísimo» surge de las regulaciones que tenían que ver con el acceso a este sacratísimo espacio. Sólo cuando el sumo sacerdote ponía sangre sobre la cubierta del arca del pacto durante la ceremonia del día de la expiación (Lv 16), podía alguien entrar a ese lugar. Este rito fue alegorizado bajo la influencia de la filosofía neoplatónica por el autor de la Epístola a los Hebreos para explicar el valor expiatorio de la muerte de Jesús (Heb. 9.6-28).

Bibliografía. R. E. Friedman, «The Tabernacle in the Temple,» *BA* 43 (1980): 241-48.

TIMOTHY B. CARGAL

LUGAR SANTO

En el tabernáculo y en el templo, el más grande de los dos compartimientos del santuario central. Una cortina separaba el lugar santo del lugar santísimo (Ex 26.33). Situado en el lugar santo estaba el candelabro o menorá (en el lado sur; Ex 26.35; 40.4, 24-25), la mesa del pan de la presencia (en el lado norte; 26.35; 40.4, 22-23), y el altar de oro del incienso (frente a la cortina que separa el lugar santo del lugar santísimo; 40.5, 26-27). Aunque las dimensiones exactas del tabernáculo son inciertas, en el templo de Salomón el lugar santo era de 40 codos de largo, 20 codos de ancho, y 30 codos de alto (1 R 6.2, 20). Estas dimensiones son consistentes con las del templo escatológico de Ezequiel (Ez 41.2) y de *m. Mid.* 4.7. *M. Yoma* 5.1 indica que el lugar santo y el lugar santísimo estaban separados por dos cortinas con un espacio de un codo entre ellas.

M. Tamid proporciona un relato del servicio en el lugar santo. Diariamente se echaban suertes para asignar 12 tareas, dos de las cuales eran el mantenimiento del altar del incienso y mantenimiento del candelabro (*m. Tamid* 3.1; cf. *Yoma* 2.3). Los procedimientos para estas tareas se describen en *m. Tamid* 3.9; 6.1-3 (cf. *Yoma* 5.1). *M. Yoma* 2.4 sugiere que la quema del incienso era realizada por un tercer sacerdote.

La descripción del tabernáculo en Hebreos 9.2-5 es desconcertante. En este resumen, el altar del incienso es descrito como si estuviera en el lugar santísimo. Debido a que la ubicación del altar no se menciona en las prescripciones de Éxodo 26, el autor de Hebreos puede haber insertado la referencia al altar sin especial preocupación por la ubicación, o tal vez el autor asocia el altar con el lugar santísimo (cf. 1 R 6.22).

RICHARD WARREN JOHNSON

LUHIT (Heb. *lûîm*), **CUESTA DE LUHIT**

Lugar o carretera que conducía a las alturas del sur de Moab (Is 15.5; Jer 48.5). Su ubicación se desconoce. Eusebio (*Onom.* 122.19) identifica a Luhit con Loueita, entre Ar (Areópolis) y Zoar.

LUJURIA

La palabra lujuria se utiliza hoy casi exclusivamente en el sentido de fuerte deseo sexual, pero en el uso de la Biblia Reina Valera, connota intenso placer o alegría, o simplemente una inclinación o deseo.

En el AT, «lujuria», como sustantivo, está traducido en la RV con una serie de palabras hebreas y designa, entre otras cosas, un deseo intenso de guerra santa (Ex 15.9), ansias por comida (Sal 78), un deseo tan fuerte, que «testarudez» sería una traducción más apropiada (Sal 81.12), y deseo sexual (Pr 6.25).

En el NT, la palabra griega *epithymía* es ahora traducida más como «deseo», por lo que, en general, la RV la traduce como «codicia» (Mr 4.19). Puede ser utilizada para designar un fuerte deseo puro de Cristo (Lc 22.15), un anhelo de estar con Cristo (Fil 1.23), un deseo de hacer el mal (Jn 8.44), adulterio (Mt 5.28) y otras pasiones y prácticas sexuales impuras (Ro 1.24; 6.12; Gá 5.16, 24). Además de *epithymía,* el NT, para indicar el deseo sexual, utiliza también los términos griegos *órexis, thymós, hēdonḗ,* y *páthos.* Hay que considerar siempre el contexto para elegir la traducción apropiada.

William R. Goodman, Jr.

LUNA

Todas las civilizaciones del antiguo Cercano Oriente adoraban a la luna creciente y menguante; con pocas excepciones, las deidades lunares principales eran descritas como masculinas. Dioses luna, nativos e internacionales, eran adorados en la antigua Palestina (Dt 4.19; 17.3; 2 R 23.5; Job 31.26; Jer 8.2). Los nexos de Abraham con Harán y Ur, los más prestigiosos centros de culto a la luna en la antigua Mesopotamia, reflejan probablemente la atmósfera cultural aramea que era familiar a los autores del Génesis. Nombres propios del AT reflejan el reconocimiento de los dioses luna de Asia occidental y Mesopotamia. Formas del nombre del Dios-luna mesopotámico Sin se encuentran en Sanbalat (Neh 4.1 [TM 3.33]), Senaquerib (2 R 18.13 = Is 36.1) y Senazar (1 Cr 3.18). La voz YariD (Heb. *yārēaḥ*) semítica occidental, está comprobada en Jera (Gn 10.26 = 1 Cr 1.20) y Jaroa (1 Cr 5.14); otros nombres basados en palabras utilizadas para referirse a la luna son Hodes (1 Cr 8.9) y Labán (p.ej., Gn 24.29). Nombres de lugares como Beth-yeraḥ y Jericó también dan testimonio de la antigua adoración a la luna. La iconografía de la Siria-Palestina de la Edad del Hierro presenta a la luna, o bien como un objeto natural –una media luna–, o bien simbolizada con una de las prácticas litúrgicas de las naciones vecinas, es decir, una media luna montada sobre un poste o soporte (el Sin mesopotámico de Harán, sellos estampados y cilíndricos) una barcaza lunar (mitología egipcia, amuletos) o una tiara de media luna llevada puesta por un mandril o un ibis (Tot egipcio, amuletos y escarabajos).

La base de los calendarios civil y cultual del Israel y la Judá antiguos, era el mes lunar (cf. Eclo 43.7). Había una festividad mensual cuando aparecía por primera vez la luna nueva (Nm 10.10; 28.11).

La figura de la luna en la Biblia está aparejada comúnmente con el sol y las estrellas. Como rival de Jehová, la luna es un objeto de culto prohibido (Dt 4.19; 17.3; 2 R 23.5; Job 31.26; Jer 8.2). El reconocimiento de la belleza natural y del esplendor de la luna sirvió de inspiración para la poesía lírica (Job 26.9; Sal 8.3[4]; Cnt 6.10). Como una ilustración espectacular del juicio divino, la aparente eternidad de la luna (Sal 72.5, 7; 89.37[38]) podría darse por concluida: un símbolo significativo del día de Jehová y el fin escatológico de la historia, es la extinción de la luna (Is 13.10; 24.23, Jl 2.31[3.4]; 3.15[4.15]; Mr 13.24 y par. [Gr. *selḗnē*]; Hch 2.20; Ap 6.12; 8.12; 2 Esdr 7.39).

Bibliografía. S. B. Freehof, «Sound the Shofar — 'ba-kesse' Psalm 81:4,» *JQR* 64 (1974): 225-28; B. B. Schmidt, «Moon,» in *DDD*, 585-93; M. Stol, «The Moon as Seen by the Babylonians,» in *Natural Phenomena: Their Meaning, Depiction and Description in the Ancient Near East*, ed. D. J. W. Meijer. *Koninklijke Nederlandse Akademie van Wetenschappen Verhandelingen, Afd. Letterkunde*, n.s. 152 (Amsterdam, 1992): 245-77.

Steven W. Holloway

LUNA NUEVA

Fiesta mensual para indicar la primera observación de la luna nueva (Heb. *ḥōdeš*), que se realizaba 11 veces al año (la luna nueva que comenzaba en el mes de Tishri, daba inicio a la celebración del Año Nuevo en el otoño). La importancia cultual de esta fiesta resulta difícil de entender a los occidentales modernos; las pocas referencias que hay en el AT probablemente no reflejan lo importante que era para los pueblos de la Palestina antigua. La mayoría, si no todas las civilizaciones del antiguo Cercano Oriente, veían el oscurecimiento mensual de la luna como algo de mal agüero; la restauración del disco lunar era recibida con un júbilo, lo que llegó a convertirse en un rito. Hay confirmación de festivales de luna nueva en textos del tercer milenio de Egipto y Mesopotamia, los cuales tuvieron un papel prominente en la vida cultual de ambas civilizaciones. El principal calendario cultual y civil mencionado en el AT tiene sus orígenes en el antiguo calendario de Nippur, en el que los meses lunares, establecidos empíricamente por la observación, se ajustaban para hacerlos corresponder con las estaciones (solares) por la proclamación cada cierto tiempo de un mes bisiesto.

El AT parece indicar que la fiesta mensual de la luna nueva fue más popular y de mayor significación cultual que la observancia semanal del sábado en Palestina durante el período preasmoneo. Varios textos enfatizan el carácter festivo de la celebración (Nm 10.10; 1 S 20.5, 18, 19, 24-29; Sal 81.3[TM 4]; Os 2.11[13]). La celebración de la luna nueva en Jerusalén era una reminiscencia de la observancia del sábado: Se suspendían todas las actividades normales (Am 8.5), se hacían sacrificios especiales (Nm 28.11-15; 2 Cr 31.3), y es posible que fueran habituales las comidas festivas (1 S 20.18). Si se puede extrapolar de Judit 8.6 una práctica normativa, el ayuno estaba prohibido en el día de luna nueva.

El *Roš Haš.* 1.3–3.1 cuenta que el Sanedrín era responsable de proclamar el advenimiento de una luna nueva, basándose en la observación de testigos confiables; el calendario lunar judío no fue calculado matemáticamente hasta el siglo IV d.C. El festival judío de luna nueva mantuvo su popularidad durante los primeros siglos d.C., cuando algunos autores cristianos lo utilizaban para hacer contrastes odiosos entre las celebraciones ceremoniales de judíos y cristianos (Col 2.16; Justino Mártir).

Bibliografía. M. E. Cohen, *The Cultic Calendars of the Ancient Near East* (Bethesda, 1993); W. W. Hallo, «New Moons and Sabbaths,» *HUCA* 48 (1977). 1-18; H. A. McKay, «New Moon or Sabbath?» in *The Sabbath in Jewish and Christian Traditions*, ed. T. C. Ezkenazi, D. J. Harrington, and W. H. Shea (New York, 1991), 12-27; T. C. G. Thornton, «Jewish New Moon Festivals, Galatians 4.3-11 and Colossians 2.16,» *JTS* n.s. 40 (1989). 97-100.

STEVEN W. HOLLOWAY

LUNETAS

Adornos (Heb. *śahărōnîm*) en forma de luna (cf. inscripción Zakir; Aram. *šhr*, equivalente de la diosa luna Sin de Babilonia), de oro o plata, que llevaban los reyes de Madián o sus camellos (Jue 8.26, 21). En Isaías 3.18 las lunetas formaban parte de las vestimentas de mal gusto de las «hijas de Sión» que el Señor quitaría, posiblemente debido a su asociación pagana.

LUTO

Expresión de dolor por la muerte o por una calamidad nacional. Las prácticas más frecuentes de luto eran rasgarse los vestidos (Gn 37.34) y vestirse de cilicio (2 S 3.31, cf. Ez 27.31). Otras prácticas incluían el ayuno (2 S 1.12), recibir el «pan de enlutados» (Os 9.4) y el «vaso de consolaciones» (Jer 16.7). Los enlutados cantaban o entonaban endechas (*qînâ, nĕhî*; endecha de David, 2 S 1.17-27). El enlutado podía afligirse (*āṣaḇ,*), llorar (*bāḵâ*) y clamar (*zāʿaq*; 2 S 18.33 [TM 19,1]). Hay también testimonios de lamentos (*sāp̄aḏ*, «golpearse el pecho»; Am 5.16, 17), gritos «¡Ay, mi hermano» o «hermana»! (*hôy*, Jer 22.18), ponerse tierra en la cabeza (2 S 1.2) y sentarse en la ceniza y el polvo (Jon 3.6).

La ley mosaica prohibía afeitarse la barba y raparse la cabeza dejándola calva (Lv 21.5; cf. los moabitas, Is 15.2), aunque otros textos indican la aceptación de estos actos (Esd 9.3). También prohibía sajarse el cuerpo (Dt 14.1; Jer 47.5; pero véase 16.6), hacer ofrendas de comidas y bebidas a los muertos (Dt 26.14) y consultar a los difuntos (2 R 21.6). Debido a que un cadáver contaminaba, los sacerdotes podían guardar luto sólo por sus parientes más cercanos (Lv 21.2, 3). Los sumos sacerdotes y los nazareos tenían prohibido guardar luto (Lv 21.10, 11; Nm 6.6, 7).

Al comienzo, el luto duraba siete días (Gn 50.10; cf. 30 días por Moisés [Dt 34.8] y Aarón [Nm 20.29], cf. la ignominiosa falta de luto por Joacim, comparado con el hecho por su padre, Josías [Jer 22.18, 19]). Jeremías se refiere a las mujeres profesionales «hábiles» en plañidos (*mĕqônĕnôṯ*, Jer 9.17 [16]; 2 Cr 35.25) que entonaban endechas. El duelo se realizaba en la casa (Mt 9.23), en otros lugares de actividades acostumbradas y en el sitio del entierro, pero no en el santuario. Los dolientes debían abstenerse del baile y de la música alegre (Is 24.8, Job 30.31; cf. Sal 30.11[12]).

Los profetas utilizaban motivos de duelo y endechas (Am 5.16) para pronunciar juicios y advertencias terribles (Is 5.18-22) antes de la fatal calamidad que sobrevendría a una nación pecadora. El autor de Lamentaciones emplea la endecha y la oración de «lamento» para expresar el sufrimiento de Judá.

Bibliografía. A. Rothkoff, «Mourning,» in *Enc Jud* 12:485-93.

NANCY C. LEE

LUZ

Luz (Heb *ʾôr*) es la creación de Dios (Gn 1.3-5), además se distingue como las luces del firmamento, el sol, la luna y las estrellas (vv. 14-18). «Luz» puede referirse literalmente al amanecer o alba (Gn 44.3; Jue 16.2; 19.26; 1 S 14.36) y a la luz de una lámpara o fuego (Ex 25; Nm 4.16; Neh 9.12, 19). La luz se utiliza en sentido figurado como un símbolo de la vida. «Ver la luz» es vivir (Job 3.16; Sal 49.19), andar en la «luz de los que viven» (Sal 56.13 [TM 14]; Job 33.30), la luz que alumbra los ojos (Pr 29: 13). La luz puede ser un símbolo de prosperidad o felicidad (Est 8.16), la porción de los justos (Sal 97.11; Pr 13.9), que encarna el especial favor de Dios o bendición (por ej., Nm 6.25; Sal 89.15 [16]). Es un símbolo de la iluminación, ya sea que expone las cosas ocultas a la luz (Job 28. 11; Sal 90.8) o la explicación de la instrucción (Sal 119.105, 130; Pr 6.23).

La luz es también un símbolo de la majestad de Dios, de la gloria divina (Sal 104.2; Is 60. 1-3, 19-20) que brilla en la liberación (Sal 27.1; Is 9.2; 60.20) o en el fuego del juicio (Is 10.17; pero véase el juicio como la retención de la luz; 13.10; Jer 4.23; Ez 32.7; Am 5.18-20).

En el NT la «luz» (Gr. *phōs*) literalmente se utiliza para denotar el resplandor del sol (Ap 22.5), de una lámpara o una antorcha (Lc 8.16; Hch 16.29), así como la luz visible que acompaña la presencia divina en la tierra (Mt 17.2; Hch 9.3; 12.7) o en el cielo (Ap 21.24; 22.5). Por extensión del sentido literal, a hacer algo «en la luz» significa hacerlo abiertamente (Mt 10.27). Los usos figurativos del término incluyen un componente ético definido (2 Cor 6.14), de modo que se dice que los justos están «llenos de luz» (Mt 6.22; Lc 11.36) y deben alumbrar esta luz en forma de buenas obras (Mt 5.16), justicia, la verdad (Efesios 5.8-10) y con demostraciones de amor (1 Jn 2.8-9). En este sentido son «la luz del mundo» (Mt 5.14), «hijos de luz» (Ef 5.8; Lc 16.8), caminar en la luz (Jn 12.35; 1 Jn 1.7).

La «luz» también describe diversos aspectos de la salvación en Cristo. Esta luz brilla en el testimonio de Juan el Bautista (Lc 1.79; Jn 5.35), Pablo (Hch 13.47) y el Evangelio (2 Co 4.4) a Jesús, que es la «luz para revelación a los gentiles» (Lc 2.32), la luz verdadera (Jn 1.9), la «luz del mundo» (8.12; 9.5; 12.46) que trae a sus seguidores la «luz de la vida» (8.12). Un pueblo escogido que se encuentra en la luz admirable (1 P 2.9) de Aquel es luz (1 Jn 1.5) y «habita en luz inaccesible» (1 Ti 6.16). La luz también se asocia con los diversos aspectos del juicio divino, exponiendo las intenciones humanas (1 Co 4.5) y las «obras infructuosas de las tinieblas» (Ef 5.11-13). En el cuarto evangelio, la luz facilita la función discriminante del juicio por provocar el rechazo y el odio de aquellos que aman la oscuridad y permanecen en él (Jn 3.19-20), una reacción que le asegurará su destino al final (12.46-50).

Robert Delsnyder

LUZ

1. Sitio del sueño de la escalera de Jacob. Éste utilizó una piedra como almohada, y cuando despertó ungió a la piedra con aceite y llamó al lugar Betel, «casa de Dios» (Gn 28.10-22, cf. 35.6, 48.3, Jos 18.13; Jue 1.23). Josué 16.2 da a entender que se trata de dos sitios diferentes, pero probablemente los dos nombres designan un mismo lugar. La mayoría de los estudiosos identifican Luz/Betel con el Beitîn actual (172148). Otros han sugerido el-Bireh, aprox. 3 km (2 km) al sur de Beitin.

2. Lugar fundado en el territorio de los heteos por alguien que escapó de la Luz/Betel cananea, tras haber suministrado a los israelitas información en cuanto a cómo tomar esa ciudad (Jue 1.26). La identificación actual de este sitio es desconocida. Una vez se pensó que estaba en Siria, al noreste de los Orontes, pero pudo simplemente haber estado a corta distancia al oeste de Luz /Betel.

Bibliografía. J. J. Bimson and D. Livingstone, «Redating the Exodus,» *BARev* 13/5 (1987). 40-53, 66-68; N. K. Gottwald, *The Tribes of Yahweh* (Maryknoll, 1979).

Dale W. Manor

LXX

Véase SEPTUAGINTA

M

M
Símbolo para el material que se encuentra sólo en el Evangelio de Mateo; también es una denominación de la fuente de este material.

MAACA (Heb. *ma'ăkâ*) **(LUGAR)**
Tribu fronteriza con la media tribu de Manasés, en el norte de Israel durante el tiempo de la entrada de Israel en Palestina después del éxodo (Dt 3.14; Jos 13.8-13). Más tarde se convirtió en un pequeño reino arameo semiindependiente al sur del monte Hermón en Transjordania, abarcando los territorios al este del río Jordán, y posiblemente el norte de Galilea durante el período de los reinos de Israel (c. 1050-730 a.C.). Es asociado a menudo con el reino de Gesur, el cual, junto con Maaca, incluía la frontera norte de Israel.
Ciudad llamada Abel-bet-maaca (2 S 20.14), mencionada en las crónicas de Tiglat-pileser III de Asiria (745-727), ha sido identificada como el Tell el-Abil QamF (204296), localizado al oeste de Tel Dan. Seba huyó a esta ciudad después de su fallida sublevación contra David.
Maaca se alió con los amonitas en contra de la expansión de David a la Transjordania. Los amonitas contrataron 1000 soldados de Maaca como mercenarios en contra de Israel (2 S 10.6-8; 1 Cr 19.6, 7). El reino parece haberse convertido en tributario de David (2 S 10.19), pero más tarde se asoció con el reino arameo de Damasco, durante el reinado de Salomón. Maaca fue absorbido poco tiempo después por Damasco (1 R 11.23-25).
Bibliografía. B. Mazar, «Geshur and Maacah,» JBL 80 (1961): 16-28.

Mark W. Chavalas

MAACA (Heb. *ma'ăkâ*) **(PERSONA)** (también Maoc)
Nombre común para hombres y mujeres en el AT.
1. Descendiente de Nacor (hermano de Abraham) y de su concubina Reúma (Gn 22.24). No se sabe si era niño o niña.
2. Madre del hijo de David, Absalón, quien destronó temporalmente a su padre (2 S 3.3 = 1 Cr 3.2). Era hija de Talmai, rey de Gesur, por lo que representaba una alianza matrimonial entre Israel y Gesur.
3. Padre de Aquis, rey de Gat, contemporáneo de Salomón (1 R 2.39). Es llamado Maoc en 1 S 27.2.
4. Esposa favorita del rey Roboam de Judá. Aparece mencionada como la hija de Absalón (Abisalom, posiblemente el hijo de David) y madre de Abías (1 R 15.2; 2 Cr 11.20-22). En 2 Crónicas 13.2, la madre de Abías es identificada como Micaías, hija de Uriel de Gabaa. Primero de Reyes 15.10 llama a Maaca la madre de Asa. Algunos estudiosos sugieren que ella fue, en realidad, nieta de Abisalom (por tanto, hija de Uriel y Tamar: 2 S 14.27) y abuela de Asa. Una de las únicas tres madres de los reyes a quienes se les dio el título de reina madre (Heb. *gĕbîrâ*), fue quitada de su alta posición por Asa, por haber hecho un ídolo de Asera (1 R 15.13).
5. Concubina de Caleb; madre de Seber, Tirhana, Saaf y Seva (1 Cr 2.48, 49).
6. Hermana (1 Cr 7.15) o esposa (v. 16) de Maquir, madre de Peres (Fares) y Seres (Zera).
7. Esposa de Jehiel padre de Gabaón, antepasado del rey Saúl (1 Cr 8.29, 9.35).
8. Padre de Hanán, uno de los valientes de David (1 Cr 11.43).
9. Padre de Sefatías, líder tribal de Simeón durante el tiempo de David (1 Cr 27.16).

Mark W. Chavalas

MAADÍAS (Heb. *ma'adyâ*)
Sacerdote o familia sacerdotal que regresó con Zorobabel del cautiverio babilónico (Neh 12.5). Puede ser el mismo Moadías de Nehemías 12.17, o el Maazías de 10.8 (TM 9).

MAAFA (Gr. *Máapha*)
Pueblo o distrito de Galaad destruido por Judas Macabeo después de liberar a sus cautivos judíos (1 Mac 5.35). La interpretación preferida es «Alema».

MAAI (Heb. *māʿay*)
Músico de la procesión durante la dedicación de los muros de Jerusalén (Neh 12.36).

MAALA (Heb. *maḥlâ*)

1.Una de las hijas de Zelofehad, a quien se le permitió por disposición especial participar de la herencia (Nm 26.33; 27.1; 36.11; Jos 17.3). Puede ser la famosa antecesora de una familia o ciudad de Manasés.

2.Hijo o hija de Hamolequet, de la tribu de Manasés (1 Cr 7.18).

MAARAT (Heb. *maʿărāt*)
Ciudad (Heb. «Lugar yermo») en el territorio de la tribu de Judá, vinculada con otras ciudades al norte de Hebrón. Se trata probablemente de Khirbet Qufin, sitio adyacente a la actual Beit Ummar (Jos 15.59), 10,5 km (6,5 mi) al norte de Hebrón. Marot (Mi 1.12) puede ser la misma ciudad.

MAASÍAS (Heb. *maḥsēyâ*)
Abuelo de Baruc, secretario de Jeremías, Baruc (Jer 32.12), y de Seraías, camarero del rey Sedequías (51.59).

MAASÍAS (Heb. *maʿăśēyâ, maʿăśēyāhû*) (también **ASAÍAS**)

1. Levita del segundo orden instalado como músico cuando el arca fue traída a Jerusalén (1 Cr 15.18).

2. Intérprete de laúd, probablemente el mismo 1 anterior (1 Cr 15.20).

3. Hijo de Adaía, capitán de una centena que apoyó al sacerdote Joiada en el derrocamiento de la reina Atalía (2 Cr 23.1).

4. Funcionario que, bajo la dirección de Hananías, se enroló en el ejército de Uzías (2 Cr 26.11).

5. Segundo al mando, o quizás hijo de Acaz (literalmente, «hijo de»), asesinado por el efraimita Zicri durante la invasión de Peka (2 Cr 28.7).

6. Gobernador de Jerusalén, comisionado por el rey Josías para reparar el Templo (2 Cr 34.8).

7. Sacerdote de la familia de Jesúa, que se había casado con una mujer extranjera (Esd 10.18, 1 Esd 9.19).

8. Miembro de la familia sacerdotal de Harim, que se había casado con una mujer extranjera (Esd 10.21, 1 Esd 9.21).

9. Sacerdote de la familia de Pasur, que se había casado con una mujer extranjera (Esd 10.22; 1 Esd 9.22).

10. Miembro de la familia de Pahat-moab, que se había casado con una mujer extranjera (Esd 10.30; cf. 1 Esd 9.31, Moosías).

11. Padre de Azarías, que tomó parte en la construcción de muros en Jerusalén Nehemías (Neh 3.23). Puede tratarse de alguna de las personas llamadas Maasías en Nehemías 11-12.

12. Persona que estuvo a mano derecha de Esdras mientras éste leía Torá (Neh 8.4; cf. 1 Esd 9.43, Balasamo).

13. Israelita que leyó la Torá en hebreo y la explicó, traduciéndola probablemente al arameo (Neh 8.7; cf. 1 Esd 9.48, Maianas).

14. Uno de los jefes del pueblo que firmó el pacto bajo Nehemías (Neh 10.25 [TM 26]).

15. Hijo de Baruc, líder de Judá que vivió en la Jerusalén posexílica (Neh 11.5). En 1 Crónicas 9.5 es llamado Asaías.

16. Antepasado del benjamita Salú (Neh 11.7).

17. Sacerdote que tocó la trompeta en la dedicación del muro de Jerusalén (Neh 12.41).

18. Sacerdote que participó en la dedicación del muro de Jerusalén(Neh 12.42).

19. Padre del sacerdote Sofonías (Jer 21.1; 29.25; 37.3).

20. Padre de Sedequías, quien fue acusado por Jeremías de profetizar engañosamente (Jer 29.21). Puede ser el mismo 18 anterior.

21. Hijo de Salum, guarda de la puerta (Jer 35.4).

JESPER SVARTVIK

MAAT (Gr. *Máath*)
Antepasado posexílico de Jesús, afirmado sólo en la genealogía de Lucas (Lc 3.26).

MAAZ (Heb. *maʿaṣ*)
Judaíta, primogénito de Ram y nieto de Jerameel (1 Cr 2.27).

MAAZÍAS (Heb. *maʿazyâ, maʿazyāhû*)

1. Famoso fundador de la vigésima cuarta división de los sacerdotes durante el reinado de David (1 Cr 24.18, Heb. *maʿazyāhû*).

2. Sacerdote que participó en la firma del nuevo pacto bajo Nehemías (Neh 10.8 [TM 9]; *maʿazyâ*).

MACABEOS

Término que designa (1) la dinastía fundada por Matatías el asmoneo, que gobernó a los judíos entre los años 160 y 163 a.C., cuando los romanos entraron en Jerusalén; y (2) hijo de Matatías, Judas Macabeo, el primer líder de la revuelta judía contra los seléucidas. Aunque el nombre «Macabeo» fue aplicado por primera vez sólo a Judas, el uso del título «Historias macabeas» (Gr. *Makkabaiōn*) en la iglesia cristiana del siglo II para 1 y 2 Macabeos dio lugar a la costumbre de referirse a todos los héroes de los libros como «Macabeos». De esta manera, «macabeos» y «asmoneos» se convirtieron en sinónimos en griego, y después en la literatura posterior. El nombre Macabeo no se encuentra en la literatura rabínica.

Primero de Macabeos 2.4 presenta a Judas como «Judas, al que le decían Macabeo», y cada uno de sus cuatro hermanos recibe también un sobrenombre. Aunque no se sabe cuándo o cómo recibió Judas el apelativo, existen varias explicaciones en cuanto a su origen y significado. La explicación más popular cita el parecido entre el nombre y la palabra hebrea para «martillo» (*mqbt*) para explicar que Judas era llamado «el Martillo» debido a su heroísmo y capacidad militares (cf. Carl Martel [Lat. el «Martillo»], vencedor de los sarracenos en el siglo VIII). Por otro parte, el origen de la palabra puede estar en las formas de participio de las raíces hebreas *kb'/kbh* («apagar») o *qbʿ* «dominar»); ambas pueden haber unido su significado a la carrera militar de Judas. Sin embargo, debido a que no se sabe si el nombre fue dado al nacer, o durante la edad adulta, o como resultado de algún hecho o rasgo, no es posible determinar con certeza el propósito del sobrenombre. La mayoría de los estudiosos asocian al nombre con la carrera militar de Judas, no con algún otro rasgo o hecho asociado con él.

Véase ASMONEOS

Bibliografía. J. A. Goldstein, I Maccabees. AB 41 (Garden City, 1976); S. S. Tedesche and S. Zeitlin, The First Book of Maccabees (New York, 1950).

MELISSA M. AUBIN

MACABEOS, PRIMER Y SEGUNDO LIBROS DE

Libros apócrifos o deuterocanónicos. Están incluidos en las traducciones más modernas, y son importantes por la información histórica y la interpretación teológica que ofrecen sobre las personas y los acontecimientos de la historia judía durante el siglo II a.C.

Sepulturas de los Macabeos cerca de Modein/Ras Medieh (149148). Las cámaras mortuorias están cubiertas por pesados bloques de piedra (Phoenix Data Systems, Neal and Joel Bierling)

Antecedentes históricos

Durante el siglo III, Judea fue gobernada por la dinastía ptolemaica con sede en Egipto. Hacia el 200, Judea y su capital, Jerusalén, quedaron bajo el control político de la dinastía seléucida con sede en Antioquía de Siria. A lo largo de todo el siglo II, el reinado seléucida estuvo en manos de los descendientes de Antíoco III (223-187). Estas luchas dinásticas proporcionan los antecedentes de los hechos descritos y comentados en 1-2 Macabeos.

Cuando Antíoco IV Epífanes tuvo el control del imperio seléucida en el 175, le permitió a Jasón superar la oferta de su hermano Onías III para el sumo sacerdocio judío (2 Mac 4.7, 8). Jason creó instituciones griegas en Jerusalén, y al parecer trató de convertirla en una ciudad helénica. En el 172, Jasón fue superado y sustituido por Menelao, quien no tenía derecho legítimo al cargo de sumo sacerdote. Para el 167, Antíoco IV, con la ayuda de Jasón y de otros dirigentes judíos, había saqueado el Templo y su tesorería, creado un cuartel militar cerca del mismo (el Acra), abolido la ley tradicional judía, y establecido un nuevo orden de culto (el culto al «señor del cielo»).

La razón por la que Antíoco IV intervino en los asuntos judíos sigue siendo un tema de debate. Pudo, simplemente, haber tenido necesidad de dinero para pagar a sus soldados, y para mantenerse en el poder. O quizás pudo haber planeado desarrollar el equivalente oriental del naciente imperio romano. O tal vez fue arrastrado o invitado a ser parte de una guerra socioeconómica civil y/o religiosa entre facciones de Judea.

1 Macabeos

En este contexto, 1 Macabeos identifica las hazañas de la familia de los «Macabeos» (llamada así por causa de Judas, el «Martillo») con la salvación del pueblo de Dios, y presenta a tres generaciones de esta familia como los verdaderos líderes de Israel. Después de describir la crisis bajo Antíoco IV y el comienzo de la resistencia bajo Matatías el sacerdote de Modín (1.1-2.70), relata las hazañas de Judas (3.1-9.22) y de sus hermanos Jonatán (9. 23-12.53) y Simón (13.1-15.41), como también del hijo de Simón, Juan Hircano (16.1-24).

Muchos eruditos creen que el libro de 1 Macabeos fue escrito en hebreo (hoy perdido) y traducido al griego, aunque pudo haber sido escrito deliberadamente en un estilo de griego bíblico (LXX). Pudo haber sido redactado en el reinado de Juan Hircano (134-104) o poco después, en el siglo I a.C. Su lenguaje y estilo son una reminiscencia de los libros históricos del Antiguo Testamento.

El propósito de 1 Macabeos queda claro por su comentario sobre la derrota de José y Azarías, quienes trataron de dar una batalla sin la familia Macabeo. «Sufrieron una derrota muy grande por desobedecer a Judas y sus hermanos. ¡Los derrotaron por creerse muy valientes! Pero José y Azarías no pertenecían a la familia de los Macabeos, que fueron los que liberaron a Israel» (5:61, 62). Por tanto, el libro es descrito una y otra vez como una historia dinástica o incluso de propaganda dinástica en favor de la familia de los Macabeos.

Aunque 1 Macabeos reconoce algunas iniciativas por parte de los judíos de adoptar la forma de vida gentil (1.11-15), el principal villano es inicialmente Antíoco IV. Éste saquea el Templo de Jerusalén (1.20-28), se apodera de la ciudad dos años después (1.29-40), y decreta que todas las personas de su reino debían convertirse en «un solo pueblo» (1.41-64). A finales del 167 «construyó un altar en honor del dios Zeus. Mandó construirlo justo encima del altar de las ofrendas quemadas del Templo de Jerusalén» (1.54), lo que Daniel (11.31; 12.11) y el NT (Mr 13.14; Mt 24.15) describen como la «abominación desoladora» o «el horrible sacrilegio».

Según 1 Mac 2.1-70, la resistencia judía a Antíoco IV logró dirección e impulso sólo a través de Matatías y sus cinco hijos. Los relatos acerca de los mártires judíos (1.62-64) y de los piadosos que se refugiaron en cuevas (2.29-38), muestran que la resistencia pasiva no era suficiente. Al llevar a cabo su primer acto de rebelión, al negarse a participar en el culto pagano (2.15-28), Matatías arde de celo por la Torá, al igual que Finees (Nm 25.6-15). Se une con los hasideanos para organizar un ejército para luchar en defensa del judaísmo, y se compromete a librar batallas defensivas en sábado (2.41). Su discurso de despedida (2.49-68) a sus hijos pone las acciones de él y de ellos en consonancia con los de los grandes héroes de la tradición bíblica, desde Abraham hasta Daniel.

Las hazañas militares de Judas Macabeo están descritas en 1 Macabeos 3.1-9.22. Después de derrotar a varios ejércitos sirios (3.1-4.35), purifica y dedica de nuevo el Templo de Jerusalén en el 164 (4.36-61) —el acontecimiento que conmemora la fiesta de Janucá. Después de un repaso general de las campañas de Judas y sus hermanos (5.1-68), el libro describe la muerte de Antíoco IV y al ascenso al trono de Antíoco V (6.1-17). A pesar de los triunfos de Judas, «el cuartel de la ciudadela» o Acra (6.18) sigue causando problemas. Y sus esfuerzos en la lucha contra los sirios en Bet Zur (6.18-63) no tienen éxito. La última gran victoria de Judas es contra Nicanor en el 161, cuando Demetrio I se convierte en el rey seléucida, y Alcimo es nombrado sumo sacerdote judío (7.1-50). Al hacer una alianza con Roma (8.1-32), Judas gana un poderoso protector junto con el reconocimiento de su movimiento como representante del pueblo judío. Pero con la derrota de Judas por Báquides y su muerte en el 160, el movimiento de los Macabeos parecía haber llegado a su fin.

Lo que revivió al movimiento de los Macabeos fue más la lucha interna por el trono seléucida. La parte sobre Jonatán (9.23-12.53) muestra cómo combinó éste la astucia política con la actividad militar para adquirir más poder y territorio. Jonatán tuvo éxito al permitir que un aspirante seléucida venciera a los otros, quien le prometió recompensarlo por su apoyo. La muerte del sumo sacerdote Alcimo en el 159, y la evidente vacante de este cargo entre 159 y 152, hizo que Jonatán fuera la única figura política judía seria con quien se podía tratar. Y eso fue lo que hizo Jonatán —con la seléucidas Demetrio I (162-150), Alejandro I Balas (150-145) y Antíoco VI (145-142), así como con los Ptolomeos de Egipto, los romanos y los espartanos. Al apoyar a Alejandro Balas contra Demetrio I, Jonatán obtuvo el sumo sacerdocio en el Templo de Jerusalén, a pesar de no pertenecer a la familia de los hijos de Sadoc.

Tras la captura de Jonatán y su muerte en el 142, su hermano Simón tuvo el control del movimiento. La parte sobre Simón (13.1-15.41) narra sus éxitos militares y políticos, y cuenta cómo aseguró la independencia del pueblo judío, y cómo renovó la alianza con Roma. Según el decreto citado en 14.41-43, Simón y sus descendientes debían ocupar los cargos de sumo sacerdote, comandante militar y gobernante del pueblo (etnarca). Cuando Antíoco VII (138-129) rompió su alianza con Simón, él y sus generales fueron derrotados por Simón y su hijo Juan Hircano. La historia de los primeros tiempos de la dinastía de los Macabeos termina con la muerte de Simón en el 134 y el acceso al trono de Juan Hircano (16.1-24).

Primero de Macabeos es la fuente más importante para conocer la historia de Israel de mediados del siglo II. Proviene de la perspectiva de un escritor que vio a la familia de los Macabeos como una dinastía de Dios, y como los dirigentes del verdadero pueblo de Israel.

2 Macabeos

Si 1 Macabeos puede ser descrito como propaganda dinástica, 2 Macabeos puede ser llamado propaganda del Templo. Su enfoque es la sucesión de amenazas contra el Templo de Jerusalén, y de cómo fue preservado por los agentes de Dios. Después de dos cartas (1.1-9; 1.10-2.18) y un prólogo (2.19-32), están los relatos de tres ataques sucesivos al templo por Heliodoro, en tiempos de Seleuco IV (3.1-40); por Antíoco IV (4.1-10.9); y por Nicanor en el tiempo de Demetrio I (10.10-15.37). El libro cuenta la historia del movimiento de los Macabeos hasta la derrota de Nicanor por Judas en el 161.

La parte principal de 2 Macabeos (caps. 3-15) es, como afirma 2.23, el resumen de una obra de cinco libros de Jasón de Cirene. Jasón pudo haber escrito su obra poco después de los acontecimientos que describe (160-152). La fecha de la primera carta (cf. 1.9) sugiere que la condensación pudo haberse hecho c. 124, aunque también es posible que fuera en el siglo I. El resumen fue escrito en griego, como también lo fueron, con toda probabilidad, los cinco libros originales de Jasón. Las afirmaciones en el prólogo de quien hizo el resumen (2.19-32) y el epílogo (15.38, 39) indican que su objetivo principal fue hacer la obra más agradable e interesante.

Las dos cartas antes del prólogo (1.1-9; 1.10-2.18) son de judíos en Jerusalén a judíos en Egipto. Ambas cartas tratan de animar a los judíos de Egipto a celebrar la fiesta de Janucá. Esto da a entender que los judíos de Egipto necesitaban ser convencidos, ya sea porque el acontecimiento conmemorado era muy reciente; o porque estaba muy estrechamente vinculado con la familia de los Macabeos; o porque no tenía ningún fundamento bíblico.

El primer ataque contra el Templo de Jerusalén (3.1-40) se produce durante el reinado de Seleuco IV (187-175), hermano y antecesor de Antíoco IV. En respuesta a una solicitud para que interviniera en una disputa entre el piadoso sumo sacerdote Onías y Simón por la administración del mercado de la ciudad, el gobernante sirio Apolonio envía a Heliodoro a hacer una inspección del tesoro del templo. Pero en su intento de confiscar el tesoro y llevar al lugar santo «a la deshonra» (v. 18), Heliodoro es milagrosamente derribado por un misterioso jinete acompañado de dos impresionantes jóvenes. Cuando es revivido gracias a la oración de Onías (vv. 31-34), Heliodoro ofrece un sacrificio al Dios de Israel, y comenta que sólo a los peores enemigos podrían enviarse a profanar el Templo de Jerusalén (vv. 35-39).

El segundo ataque contra el Templo de Jerusalén (4.1-10.9) es causado por las luchas por el sumo sacerdocio judío. El sacerdocio de Jasón (175-172) es presentado como fomentador de «la manera griega de vivir» (4.10) en Jerusalén al crear un gimnasio, inscribir a sus habitantes como «ciudadanos de Antioquía», e ignorar la Torá como la ley de Israel. La propia posición del autor del libro es clara. «La extremada maldad del impío y falso sumo sacerdote Jasón hizo que por todas partes se propagara la manera griega de vivir, y que aumentara el deseo de imitar lo extranjero» (4.13).

Sin embargo, Jasón fue superado en maldad por su sucesor, Menelao (en el 172). Cuando falla la rebelión de Jasón, Antíoco IV toma Jerusalén (5.11), entra en el templo con Menelao como su guía, y se lleva 1800 talentos de dinero. Sólo en 5.27 sabemos por primera vez de Judas Macabeo y sus compañeros. Según 6.1-11, los judíos se vieron obligados a abandonar la Torá, negar su religión ancestral, y transformar al Templo de Jerusalén en el templo del Zeus del Olimpo.

Después de algunas reflexiones sobre la disciplina de Dios hacia Israel («él no aparta de nosotros su misericordia, y aunque nos corrige con calamidades, no nos abandona», 6.16), el libro describe el heroísmo mostrado por los mártires judíos que se niegan a renunciar a su fe tradicional (6. 10,11, 18-31, 7.1-42). Los diálogos entre el malvado rey y los siete hijos y su madre en 7.1-42, dan especial atención a las esperanzas de resurrección y del juicio de Dios como motivos para resistir el perverso plan del rey.

El surgimiento de Judas Macabeo y sus victorias sobre Nicanor y Timoteo (8.8-36) llevan a la toma de conciencia de que los judíos tienen un poderoso Defensor (Dios), y son invulnerables porque obedecen las leyes de Dios (8.36). Derrotado por Dios mientras robaba los templos en Persia, aun el arrogante Antíoco IV reconoce sus errores (9.1-29). El clímax del episodio del segundo Templo es la rededicación del Templo de Jerusalén, la restauración del culto judío, y el establecimiento de la Janucá como una fiesta judía (10.1-9). En el segundo ataque, Judas Macabeo y su ejército sirven como instrumentos de Dios.

El tercer ataque (10.10-15.37) presenta la amenaza del general sirio Nicanor de destruir el Templo y el altar, y de construir en su lugar un templo dedicado al dios griego Dionisio (14.33). Después de describir el acceso al trono de Antíoco V Eupátor, 2 Macabeos habla de las victorias militares de Judas (10.14-11.15), de su correspondencia (11.16-38) y de sus otras batallas (12.1-45). Para el 161, sin embargo, hay un nuevo rey seléucida (Demetrio I), un nuevo sumo sacerdote judío (Alcimo), y una nueva amenaza al Templo por Nicanor (14.1-15.37). Con la ayuda de Dios, Judas y su ejército derrotan a Nicanor, y otra vez sirven como instrumentos de Dios. «¡Alabado sea el Señor, que ha conservado puro su templo!» (15.34).

Segundo de Macabeos es quizás más famoso por su relato acerca de los mártires judíos y las referencias a la resurrección (12.43-45). Pero la preocupación fundamental del autor era la santidad del Templo de Dios en Jerusalén. Buscó el origen de los problemas de Israel en las disputas internas que llevó a los seléucidas a intervenir en los asuntos judíos; consideró como una abominación el estilo de vida griego; y consideró a Judas Macabeo como el instrumento de Dios en la defensa del Templo.

Bibliografía. E. Bickerman, *The God of the Maccabees*. SJLA 32 (Leiden, 1979); R. Doran, *Temple Propaganda: The Purpose and Character of 2 Maccabees*. CBQMS 12 (Washington, 1981); J. Goldstein, *I Maccabees*. AB 41 (Garden City, 1976); *II Maccabees*. AB 41A (Garden City, 1983); D. J. Harrington, *The Maccabean Revolt* (Wilmington, 1988); V. Tcherikover, *Hellenistic Civilization and the Jews* (Philadelphia, 1959).

Daniel J. Harrington, S.J.

MACABEOS, TERCER Y CUARTO LIBROS DE

3 Macabeos

Romance histórico inventado en la diáspora judía, muy probablemente en Alejandría, el lugar de la narración. Por su relación literaria con 2 Macabeos y la Carta de Aristeas, generalmente ha sido fechado entre el 90 a.C. y 40 d.C. La historicidad de la historia ha sido cuestionada, tanto por la falta de corroboración externa en cuanto a la acción de Ptolomeo IV

Filopator contra los judíos de Alejandría, y por la atribución de Josefo de este evento al reinado de Ptolomeo VIII Fiscón años más tarde. Además, las semejanzas con la historias de Ester y 2 Macabeos sugieren una creación y un patrón de desarrollo literario consciente, en vez de un interés historiográfico. Es muy posible que los pogromos contra los judíos que tuvieron lugar en el reinado de Cayo César, dieran al autor la ocasión de abordar la crisis de su tiempo a través de una leyenda de coraje y de liberación en el pasado.

La historia comienza con la derrota que inflige Ptolomeo a Antíoco III en Rafia, después que Ptolomeo visita a sus pueblos protegidos para confirmarles su lealtad tras las secuelas de la guerra. Ptolomeo visita los lugares sagrados, prodigando regalos a las tesorerías y ofreciendo sacrificios en los templos. En todas partes es bienvenido, hasta que intenta entrar en el lugar santo en Jerusalén. Aunque su intención parece haber sido benévola, el pueblo judío considera esto una profanación del Templo, y acuden en masa a protestar (1.1-29). El sumo sacerdote Simón ofrece una oración pidiendo la intervención divina, y Ptolomeo es rechazado por la mano invisible de Dios (2.1-24).

Indignado por tal afrenta de sus protegidos, y basándose en la lealtad que debían ellos tener a las costumbres nativas, Ptolomeo regresa a Egipto confiando en que evitará problemas en el frente interno asimilando a la población judía de Alejandría a la ciudadanía griega, o excluyéndola por completo de la comunidad política. Varios centenares de judíos aceptan la invitación del rey para participar en los ritos paganos que acompañan al don de la ciudadanía, mientras que la mayoría la rechaza y es empadronada para capitación y ser tratada como la población nativa de Egipto (2.25-33). El rey decide entonces que la reducción de estatus no es suficiente, por lo que ordena que todos los judíos de Egipto sean llevados al hipódromo para ser ejecutados (4.1-21). Se preparan elefantes para la ocasión, a los que emborrachan con vino e incienso, pero en respuesta a las oraciones de los judíos, Dios impide que el rey lleve a cabo su plan durante varios días (5.1-51). Finalmente, el rey logra dar la orden de soltar a los elefantes, pero, en respuesta a la oración del anciano Eleazar, Dios vuelve a los elefantes en contra de los soldados de Filopator. El rey alaba a Dios por la salvación del pueblo de Dios, por lo que ordena que los judíos regresen a sus casas después de una fiesta de siete días (6.1-7.9). La historia termina con el castigo de los judíos apóstatas a manos de los judíos que se mantuvieron fieles (7.10-23).

El relato tiene paralelos notables con 2 Macabeos, dando a los judíos de la diáspora una saga sobre la fidelidad a la Torá ancestral frente a la amenaza de la helenización forzada, conectándolos con la experiencia del judaísmo palestino (cf.1-2 Macabeos), y mostrándoles que ellos también son copartícipes en las persecuciones y triunfos relacionados con el Templo y el Señor. Tercero de Macabeos también es muy útil para conocer la hostilidad judía-gentil de ambos lados. El autor judío ve a los gentiles como «ajenos a la verdad» del único Dios y a la verdadera religión de la Torá (4.16, cf. Ro 1.21, 25, 28); la falta de los gentiles de no honrar a Dios, y sus acciones de ultraje al Templo de Jerusalén y al pueblo santo a lo largo de la historia, los hacen acreedores al epíteto frecuente de «arrogantes» (1.25, 26, 2.2-9, 5.13, 6.9). Pero en medio de los prejuicios del autor, advertimos también un sentir desde el punto de vista de los gentiles. La tendencia de los judíos a formar comunidades muy unidas (exigido por la pureza y las normas dietéticas de la Torá) se convierte en una causa, por lo que los gentiles los ven con desconfianza, como si los judíos fueran indiferentes al bien común de la ciudad; por tanto, representan una fuente potencial de deslealtad. La fidelidad judía a un solo Dios, y la aversión a todas las formas de culto idolátrico, les impiden a los judíos la plena participación en la vida de la ciudad griega: los intentos por dar a los judíos el derecho al voto resultan en un desastre, por la participación en el culto que se espera después de todos los ciudadanos. Lo que los griegos valoran mucho es visto con desdén por la población judía, y por eso el antagonismo y los malentendidos mutuos son cada vez mayores.

La información que da 3 Macabeos en cuanto a estas tensiones étnicas, ayuda también a nuestra comprensión de la experiencia de la iglesia primitiva, sobre todo de la misión paulina, que buscaba derribar las barreras y superar los prejuicios que habían existido firmemente durante siglos. La hostilidad de la comunidad judía hacia los apóstatas confirmada aquí, provee perspectiva adicional sobre la reacción de los judíos (tanto cristianos como no cristianos) a la flexibilización que hace Pablo de la Torá en su proclamación de un nuevo pueblo unido (cf. Gá 3.26-28), lo que podía considerarse como otro intento de helenización, y el abandono de límites necesarios.

4 Macabeos

Demostración filosófica (*epídeixis*) de la tesis de que «la razón devota está por encima de las emociones» (1.1, 7.16, 13.1, 7; 16.1). El autor toma como punto de partida la filosofía ética estoica con su preocupación por la consecución de la virtud, particularmente de las virtudes cardinales griegas de justicia, valentía, templanza y sabiduría. El *páthē*, que incluye no sólo las emociones sino también los deseos y las sensaciones físicas (1.20-27), puede impedir fácilmente que la facultad racional no entrenada busque el camino que lleva a la virtud. El temor a ser herido, o la experiencia del dolor, puede obstaculizar la búsqueda del arrojo en el campo de batalla; el deseo de alguna gratificación física puede estorbar la búsqueda de la templanza. Los estoicos argumentaban que la razón, guiada por la filosofía, podía dominar al *páthē* y escoger el camino de la virtud, incluso si eso significaba dificultades, peligros o rechazo. Cuarto de Macabeos está esencialmente de acuerdo con este análisis, pero trata de demostrar que sólo la facultad racional que ha sido entrenada y cultivada por la Ley judía podrá lograr realmente la victoria segura sobre las emociones, los deseos y la preocupación en cuanto al placer o el dolor (1.15-17; 2.21-23; 5.22-24; 7.18, 19). Por consiguiente sólo el devoto de la Torá tiene un capacitador en la virtud fidedigno, y por tanto una base segura para la dignidad y para el respeto a uno mismo.

Esta tesis es demostrada por medio de ejemplos extraídos de la historia sagrada de Israel. José, p.ej., superó el deseo sexual por medio de su facultad racional, que se vio reforzada por el mandamiento de «no codiciarás» (2.1-6, en sorprendente contraste con Ro 7.7-24). Moisés, del mismo modo, se impuso a la ira cuando fue provocado por Datán y Abiram (2.16-20). Las leyes mismas están presentadas para obligar a quienes por naturaleza son codiciosos, a actuar con generosidad (p.ej., en las leyes relativas a la condonación de las deudas en el séptimo año, y en cuanto a espigar un campo después de la cosecha, 2.8, 9). Sin embargo, los modelos superiores del dominio de la razón piadosa sobre las pasiones, han sido tomados de la historia más reciente, a saber, de los que fueron ejecutados por su fidelidad a la Torá durante la crisis de helenización del 167-164 a.C. La historia de 2 Macabeos 6-7 está expandida aquí con un elogio a Eleazar, los siete hermanos, y la madre. Después de la supresión de la religión judía por el liderazgo judío apóstata, con el apoyo de Antíoco IV (4.1-26), los que permanecieron fieles a la Torá fueron llevados ante Antíoco. A Eleazar y a cada uno de los siete hermanos se les da la oportunidad de comer alimentos no kosher (simbolizando su disposición de acomodarse a la forma de vida griega), bajo la amenaza de tortura. La resistencia mostrada por estas personas, y el fracaso de las torturas más severas para apartar sus mentes de la obediencia inquebrantable, los convierten a ellos en la más grande prueba de la capacidad de la Torá de preparar la mente para que uno escoja el camino de la virtud, no importa el precio que tenga que pagar el cuerpo, incluso por encima del amor natural a la vida, y del afecto natural a los hermanos y los padres (13.27-14.1; 15.24-28).

Cuarto de Macabeos es un producto de la diáspora judía. El lugar exacto y la fecha de la redacción se desconocen, pero hay argumentos convincentes para creer que se escribió en Antioquía durante la primera mitad del siglo I d.C. Algunos eruditos lo han interpretado como un discurso para conmemorar la muerte de los mártires, ya que tiene mucho en común con las peroraciones ceremoniales fúnebres griegas. Aunque la fecha precisa seguirá siendo un misterio, 4 Macabeos demuestra un interés por reafirmar a sus lectores el compromiso con los grandes valores culturales judíos en un ambiente donde la tentación de abandonar la particularidad religiosas y étnica en favor de la forma de vida griega es fuerte. El acomodo al helenismo a expensas de la lealtad a Dios ofrece sólo un beneficio temporal, pero traerá pérdidas eternas (13.15, 15.2, 3, 8, 27). Los apóstatas judíos pueden, por un tiempo, recibir honra a los ojos de la sociedad griega, pero en última instancia perderán su único derecho seguro a la honra (17.18, 18.3). Los lectores, al identificarse con los mártires, son inducidos a permanecer fieles a su Divino Benefactor (16.18-22) en vez de deshonrar a Dios en favor de cualquier protector humano en el mundo griego, no importa los beneficios ofrecidos, o la amenaza de las pérdidas (8.5-9; 12.4,5).

Este escrito, aunque no es considerado canónico por ninguna confesión cristiana, ha ejercido, no obstante, una profunda influencia en el cristianismo. El autor de Hebreos comparte el punto de vista de 4 Macabeos en cuanto a la fe y la obligación a Dios como Benefactor, e incluye a los mártires en su elogio de la fe. Más en general, 4 Macabeos comparte con los autores del NT la diferencia entre seguridad temporal vs seguridad eterna; la descripción de la hostilidad de la sociedad como una noble batalla que hay que dar en aras de una victoria religiosa (16.16; 17.11-16); y la idea de un sacrificio expiatorio (cf. 6.28-29; 17.21-22). Este libro y sus héroes fueron temas frecuentes de sermones en los cuatro primeros siglos de la iglesia, y el aniversario de la muerte de esos héroes era celebrado como una fiesta cristiana.

Bibliografía. H. Anderson, «3 Maccabees,» OTP 2 (Garden City, 1985), 509-29; «4 Maccabees,» OTP 2:531-64; D. deSilva, «The Noble Contest: Honor, Shame, and the Rhetorical Strategy of 4 Maccabees,» JSP 13 (1995): 29-55; M. Hadas, *The Third and Fourth Books of Maccabees* (1953, repr. New York, 1976).

David A. deSilva

MACAZ (Heb. *māqaṣ*)

Una de las cuatro ciudades de la segunda región administrativa de Salomón (1 R 4.9), gobernada por el hijo de Decar; se desconoce su lugar. Aunque eruditos la han ubicado al sur de Ecrón, debe estar localizada, en realidad, en el valle de Ajalón, por la identificación y ubicación de Bet-semes y Saalbim.

Steven M. Ortiz

MACBANAI (Heb. *makḇannay*)

Uno de los gaditas «valientes y diestros» que se unieron al grupo rebelde de David en Siclag, y que se convirtieron en oficiales de su ejército (1 Cr 12.13[TM 14]).

MACBENA (Heb. *makbēnâ*)

Nombre en una lista genealógica de los descendientes de Caleb (1 Cr 2.49). Más probablemente, un lugar que, por lo general, se cree estaba situado en las colinas de Judá al sur de Hebrón.

Aaron M. Gale

MACEDA (Heb. *maqqēdâ*)

Ciudad hasta la cual Josué persiguió a cinco reyes amorreos que se habían aliado contra Gabaón, a la cual tomó después y aniquiló a su población (Jos 10.16-28). La ciudad fue una de las asignadas a Judá (Jos 15.41). La Maceda bíblica ha sido buscada en numerosos sitios, pero ahora parece que está ubicada en Jirbet-Qom (1465.1045). Maceda es mencionada varias veces en Josué en relación con Azeca y Laquis, en una región de cuevas naturales. Esto parecería situarla en algún lugar de la Sefela central al este de Laquis.

Estas indicaciones pudieran ajustarse al Jirbet Beit Maqdum, pero la falta allí de datos arqueológicos satisfactorios hace pensar más bien en el enorme montículo del Jirbet Qom, c. 0.5 km (0.3 mi) al suroeste — c. 10 km (6 mi) al este de Laquis, 10 km (6 mi) al oeste de Hebrón. Una breve exploración hecha por Moshe Kochavi en 1967 fue seguida por más exploraciones y excavaciones por parte de William G. Dever (1968-1971) y John S. Holladay (1971). Estas investigaciones revelaron una considerable ocupación en la Edad del Hierro II, una gigantesca ciudad amurallada, dos puertas de acceso y un cementerio con decenas o más de tumbas excavadas en rocas. Entre los materiales salvados del robo reciente a las tumbas, hay una gran cantidad de objetos de cerámica de los siglos X al VII/VI a.C., un grupo de pesas de siclos de forma abovedada, y algunas importantes inscripciones en tumbas del siglo VIII. El sentido general de la Inscripción 3 (T. III) parece ser.

> Uriyahu el gobernador (o «cantante») lo escribió.
>
> Que Uriyahu sea bendecido por Jehová,
> Y salvado de sus enemigos por su Asera.

La referencia a «Jehová y su Asera» en un contexto de bendición puede parecer sorprendente, pero la misma frase aparece en una inscripción del siglo VIII de la Kuntillet ʿAjrûd.

La ocupación posterior del Jhirbet-Qom es atestiguada por varias casas helenísticas reinantes que produjeron cuatro ostracas en arameo, una en griego y una bilingüe, y una de fecha «año 6», probablemente de Ptolomeo II Filadelfo (277).

Bibliografía. W. G. Dever, «Iron Age Epigraphic Material from the Area of Kh. El-Kôm,» HUCA 40-41 (1969-1970): 139-204; D. A. Dorsey, «The Location of Biblical Makkedah,» Tel Aviv 7 (1980): 185-93; J. S. Holladay, «Khirbet el-Qôm,» IEJ 21 (1971): 175-77.

William G. Dever

MACEDONIA (Gr. *Makedonía*)

Región situada entre los Balcanes y la península griega. Los límites de Macedonia han cambiado a lo largo de la historia, pero básicamente cubre el área que se encuentra a lo largo de la costa norte del mar Egeo que se extiende al oeste hasta Ilírico, al este hasta Tracia, y al sur a lo largo de la península griega de Tesalia. La llanura central está rodeada de montañas por el norte y el oeste.

En los siglos anteriores al surgimiento de los macedonios como una gran potencia, el norte de Grecia se mantuvo habitado por griegos de diferentes lugares. Macedonia se convirtió en una potencia mundial en el período comprendido entre 359 y 336 a.C., debido en gran parte a la influencia de Filipo II de Macedonia. Su hijo Alejandro Magno aumentó el poder de Macedonia al anexar la mayoría de la parte oriental del mundo conocido hasta entonces, llevando con él una política de helenización (cf. 1 Mac 1.1-7).

Después de la muerte de Alejandro Magno en el 332, no volvió a haber plena estabilidad política en Macedonia, hasta la llegada de los romanos a mediados del siglo II. Tras la derrota de Perseo en la batalla de Pidna en el 168 (cf. 1 Mac 8.5), los romanos dividieron a Macedonia en cuatro regiones autónomas, con una capital en cada una de ellas (Anfípolis, Tesalónica, Pela y Pelagonia). Después de la revuelta encabezada por Andrisco en el 149, los romanos transformaron a las cuatro regiones en un *koinón* de Macedonia (c. 146) con su capital en Berea, que también se convirtió en la sede del culto imperial. Al mismo tiempo, en Tesalónica se instaló permanentemente un gobernador romano.

Bajo Augusto, Macedonia se convirtió en una provincia del Senado. En el 15 d.C., Tiberio unió a Macedonia con las provincias senatoriales de Acaya al sur, y Mesia al norte, formando de esta manera una extensa provincia imperial. En el 44, Claudio volvió a dividir a la provincia conforme a las fronteras anteriores, y Macedonia volvió a ser otra vez una provincia del Senado, gobernada por un procónsul. Sin embargo, la «ciudades libres» macedónicas (Tesalónica, Anfípolis y Escotusa) y las tributarias conservaron sus antiguas formas de gobierno (asamblea, consejo y magistrados). Durante la pax romana se fundaron varias ciudades en Macedonia, y a ciudades antiguas se les asignaron nuevas funciones. Se acometieron grandes proyectos de construcción, incluyendo foros, templos, altares y edificios funerarios, todos con sus propias inscripciones.

Según Hechos 16.9-12, Pablo recibió una llamada de auxilio de un «varón macedonio», tras lo cual partió de Troas a Filipos para comenzar su ministerio en Macedonia Aunque Pablo experimentó oposición a lo largo de su ministerio aquí (1 Ts 2.2; cf. Hch 16.11-17.15; 2 Co 7.5); logró establecer iglesias en Filipos, Tesalónica y, probablemente en Berea (Hch 17.10-12). Aunque eran pobres, las iglesias de Macedonia dieron ayuda económica a los esfuerzos misioneros de Pablo (2 Co 11.9; Fil 4.15-17), y apoyaron generosamente la colecta para la iglesia de Jerusalén (2 Co 8.1-5; Ro 15, 26, 27). Pablo pasó por Macedonia en varias otras ocasiones (1 Co 16.5; 2 Co 1.16; 2.13, cf. Hch 20.1-6).

Bibliografía. N. G. L. Hammond, *The Macedonian State: Origins, Institutions, and History* (Oxford, 1989); *The Miracle That Was Macedonia* (New York, 1991); B. Laourdas and C. Makaronas, eds., *Ancient Macedonia*, 5 vols. (Thessalonica, 1970-1993).

RICHARD S. ASCOUGH

MACELOT (Heb. *maqhēlōṯ*)
Décimo campamento de los israelitas después de dejar el monte Sinaí, mencionado entre Harada y Tahat (Nm 33.25, 26). La palabra significa «reunir una asamblea», lo que ha llevado a muchos a sugerir que Macelot es el mismo Ceelata (Nm 33.22, 23).

PETE F. WILBANKS

MACNADEBAI (Heb. *maḵnaḏěḇay*)
Descendiente de Binúi, israelita a quien se le exigió que se divorciara de su esposa extranjera (Esd 10.40).

MACPELA (Heb. *makpēlâ*)
Campo que tenía una cueva, ubicado en la ciudad de Hebrón (Gn 23.19). Abraham compró este terreno a Efrón heteo, para enterrar a su esposa Sara (Gn 23). Quería sólo la cueva, pero Efrón insistió en que Abraham comprara también el campo. La conducta de Efrón refleja más probablemente la ley de los heteos, que exigía que el dueño fuera responsable de las obligaciones legales de todo el terreno si sólo fuera vendida una parte. Abraham, Isaac, Rebeca, Lea y Jacob fueron también enterrados en Macpela (Gn 25.9; 49.29-31; 50.13).

Herodes el Grande (37-4 a.C.) construyó un cercado de piedra, parecido a una fortaleza, en torno al sitio, la única edificación completa hecha por Herodes que se mantiene aún en pie. Hoy una mezquita musulmana, usada como iglesia cuando los cruzados conquistaron la ciudad en el 1188), está ubicada dentro del cercado de Herodes, y en la parte superior de la cueva. La investigación más reciente de la cueva tuvo lugar en 1967, poco después de la guerra de seis días, bajo la dirección de Moshe Dayan.

Bibliografía. M. R. Lehmann, «Abraham's Purchase of Machpelah and Hittite Law,» BASOR 129 (1953): 15-18; N. Miller, «Patriarchal Burial Site Explored for First Time in 700 Years,» BARev 11/3 (1985): 26-43.

Stephen R. Miller

MADAI (Heb. *ma'ăḏay*) (también MOMDIS)
Israelita de la familia de Bani, a quien se le exigió que se divorciara de su esposa extranjera (Esd 10.34); llamado Momdis en 1 Esdras 9.34.

MADAI (Heb. *māḏay*)
Hijo de Jafet (Gn 10.2; 1 Cr 1.5); antepasado famoso de los medos (cf. 2 R 17.6; Is 21.2).

MADERA
La madera (Heb. *'ēṣ*; Gr. *xýlon*) era un producto importante en los tiempos bíblicos. La madera se utilizó en la construcción de edificios como el templo de Salomón, que contenía una variedad de maderas incluyendo cedro, sándalo, ciprés y madera de olivo (1 R 6.14-36). Para adquirir cedro, ciprés, sándalo y madera, Salomón hizo contrato con el rey Hiram de Tiro (2 Cr 2.8[TM 7]). Ezequiel proporciona más evidencia del comercio activo en los productos de madera, incluyendo el lujoso ébano (Ez 27.15). La madera era también un elemento importante para la construcción de casas de la gente común. Las ramas se podrían utilizar para cabañas y la madera proporcionaba soportes para los muros, techo, puertas y ventanas. Carros y camas también eran de madera (1 S 6.14; Cnt 3.9), como fueron los buques. Noé construye su arca de madera de gofer (probablemente el ciprés; Gn 6.14).

La madera se menciona en muchos contextos de culto. Madera *Šiṭṭîm* (probablemente acacia) aparece en gran medida en Éxodo, donde es el material para el arca del pacto (Ex 25.10), los soportes para el tabernáculo (26.18), y el altar (27.1). La madera se prescribe para los sacrificios (Lv 1.8), y el cedro para la limpieza (14.4). Isaías condena a los adoradores de ídolos de madera (Is 44.14-20).

En la antigüedad, Israel tenía más tierras forestales que hoy. El fuego para cocinar es uno de los muchos usos cotidianos de la madera, aunque la deforestación puede haber obligado a la gente a buscar alternativas, fuego más barato como el estiércol y espinas. La madera también era material para implementos agrícolas (2 S 24.22), vasos para el hogar (Lv 15.12), y los instrumentos musicales (1 R 10.12).

Megan Bishop Moore

MADERA DE GOFER
Material del que a Noé se le indicó que construyera el arca. El Heb. *'ăṣê-gōper* aparece solamente en Génesis 6.14, y no se ha encontrado ningún cognado en cualquier otro idioma del antiguo Cercano Oriente. Algunos eruditos lo asocian con la construcción de la barca mesopotámica *kufa*, que se hacía de ramas o varas y hojas de palmera y se sellaba con brea (cf. Gilgamesh XI.20-69). Es muy posible que esta madera resinosa sea de alguna variedad de conífera, probablemente de un ciprés.

Robert E. Stone, II

MADIÁN (Heb. *midyān*)
Cuarto hijo de Abraham y de su concubina Cetura; antepasado famoso de los madianitas (Gn 21.1; 1 Cr 1.32). Aparte de Isaac, el único hijo de Sara, el destino de todos los hijos de Abraham fue ser enviados al desierto de Arabia donde se convirtieron en antepasados famosos de tribus árabes (Gn 25.6).

El territorio asociado con Madián, era el extremo noroccidental de la península arábiga, al este del golfo de Aqaba. Esta región era conocida por los geógrafos árabes clásicos y medievales como Madián y Madiana; su nombre moderno es Hejaz. La región fue centro de una cultura material común que revela una vida sedentaria (en contraste con el estilo de vida nómada que le fue atribuido por las primeras generaciones de académicos). El estilo de cerámica nativo de la tardía Edad del Bronce, es reminiscente de la alfarería micénica. Se encontraron hornos para cerámica en Qurayya, uno de los principales centros urbanos de la región; y en Timna, situada en el Arabá (que no debe confundirse con Timna, en el sur de la península arábiga). En Timna se hacía también minería y fundición del cobre. La cerámica local ha sido asociada con artefactos egipcios de la 19ª dinastía (c. de los siglos XIII-XII a.C.). Los egipcios tenían compañías militares aquí, como parte de su imperio en Palestina, y en Timna se descubrió un templo egipcio. Un tercer centro, Tayma, empleaba también esta cerámica. En Timna y Qurayya han sido descubiertos canales de riego de piedra, con muros alrededor de los campos. Estos tres significativos sitios se encuentran ubicados cerca de las rutas de comercio de las especias. Por tanto, había un elemento urbano conectado por el comercio (y por la ocupación militar de Egipto) con el resto del antiguo Cercano Oriente urbano.

Es de suponer que los madianitas participaban en el comercio de caravanas, por la descripción de ellos en la fase de José (Gn 37.25-36). La inconsistencia de la narración al referirse a ellos alternativamente como ismaelitas (Gn 37.25, 27) y madianitas (vv. 28, 36) no es evidente de inmediato. Algunos han sugerido que ismaelitas es un término genérico para referirse a los caravaneros, o a las descendientes de Abraham no hebreos, mientras que el nombre madianita es étnicamente distintivo.

Los madianitas tienen un papel relevante en los relatos del Éxodo. Moisés huye a Madián, donde su condición es de *gēr* («extranjero»), quedando bajo la protección de Jetro (también llamado Reuel y Hobab). La condición de *gēr* de Moisés está probablemente comprobada por la confusión en torno al abandono de sus hijos, Gersón y Eliezer, a su regreso a Egipto (Ex 18.2; sin embargo, esto se atribuye en los versículos que siguen a su alejamiento de su esposa; según 4.18-20, ellos estuvieron con él en Egipto). Evidentemente, el estatus de Moisés era inferior al de su esposa Séfora, la hija de Jetro, pues de lo contrario sus hijos habrían permanecido bajo su propiedad. Jetro ayuda a guiar a los israelitas (Nm 10.29-32), y le sugiere a Moisés un sistema de organización de la sociedad (Ex 18.13-27). A los madianitas se les ofreció ser miembros de la comunidad israelita, pero ellos lo rechazaron (Nm 10.29, 30).

La relación entre la religión de Madián y la de Israel es un asunto de mucha especulación. La tradición de la montaña sagrada en el desierto ha dado origen a conjeturas sobre la relación entre ambas religiones. Una serie de textos que los eruditos consideran antiguos, dicen que Jehová vino de la tierra de Seir, mejor conocida como Edom (Hab 3.3; Dt 33.2; Jue 5.4, 5). Se considera que el sur de Edom estuvo dentro del territorio de los madianitas (compárense 22.4, 7 y 31.8, con Jos 13.21 y 1 R 11.1). El suegro de Moisés era llamado sacerdote de Madián (p.ej., Ex 2.16).

Moisés es presentado como alguien pasivo en los sucesos de Baal-peor (Nm 25.6), en contraste con el hijo de Aarón, Finees, quien mata a hombres israelitas y a mujeres madianitas en medio de un aparente ritual orgiástico, que da como resultado el pacto aarónico. Algunos eruditos ven la pasividad de Moisés como una conexión literaria que delimita un debate posterior sobre el sacerdocio (cf. la pasividad de Aarón en el incidente del becerro de oro en Ex 32, tal vez el producto de otra escuela sacerdotal). La estrecha relación con los madianitas cesa a partir de este punto, ya que éstos se convierten en otro pueblo que debe ser exterminado al entrar en la Tierra Prometida (Nm 31; Jos 31.21). Los actos de heroísmo de Gedeón giran en torno a la defensa contra una invasión madianita (Jue 6-8; Is 9.4 [TM 3]).

MARK ANTHONY PHELPS

MADMANA (Heb. *maḏmannâ*)
Ciudad del Neguev, en el sur de Judá, cerca de Beerseba. Puede ser identificada con los actuales Jirbet Umm ed-Deimneh o Jirbet Tatrît (143084). Madmana es una de las 29 ciudades pertenecientes a la tribu de Judá mencionadas en Josué 15.21-32, de acuerdo con algún fundamento geográfico. Una lista simeonita paralela en Josué 19.1-6 menciona 13 ciudades, pero Madmana está sustituida por Bet-marcabot, lo que sugiere que Madmana era un nombre anterior que más tarde cambió a Bet-marcabot. Saaf, hijo de la Maaca, concubina de Caleb, es llamado el fundador (literalmente, «padre») de Madmana (1 Cr 2.49).

JESPER SVARTVIK

MADMENA (Heb. *maḏmēn*)
Lugar mencionado sólo en la profecía de Jeremías contra Moab (Jer 48.2). Es identificado, por lo general, con Dimón, y ubicado posiblemente en Jirbet Dimneh (217077) en Moab central, 14 km (2.5 mi) al noroeste de Rabá. En Isaías 15.9, la palabra hebrea *mêḏîmôn* («agua de Dimón») puede referirse a un lugar, pero esta teoría no tiene apoyo.

ZELJKO GREGOR

MADMENA (Heb. *maḏmēnâ*)
Sitio mencionado sólo en Isaías 10.31 en relación con el anuncio del profeta de la campaña asiria contra Jerusalén. Aparece mencionado entre Anatot (4 km [2.5 mi] al noreste de Jerusalén) y Gebim (2.5 km [1.5 mi] al noreste de Jerusalén). Algunos han identificado a este sitio como el actual Shuʿfat (172135), pero esto no puede ser confirmado. El nombre significa

«montón de estiércol», y por su ortografía parecida es a veces confundido con Madmana, una población de las llanuras del Neguev en el sur de Judá.

DENNIS M. SWANSON

MADÓN (Heb. *mādôn*)
Ciudad cananea que se unió en una alianza nefasta contra la conquista de Israel (Jos 11.1; 12.19). Qarn Haṭṭîn/Tel Qarnei Hittin (1933.2447), c. 8,5 km (5.5 mi) al noroeste de Tiberias, ha sido sugerido como el sitio.

MADRE
Según varios textos bíblicos, la mayoría de las mujeres desean ser madres. Los narradores masculinos definen a la maternidad como el rol social que resulta en honor y felicidad para las mujeres, un concepto que no tiene en cuenta la frecuencia de los abortos espontáneos y la mortalidad infantil en la antigüedad, ni la posibilidad de que una mujer pudiera oponerse a arriesgar su vida continuamente durante el embarazo y el parto. La ideas de que los muchos hijos son una bendición, y de que la importancia de una mujer se deriva de dar a luz, son conceptos culturales creados para animar a tener las familias numerosas con el fin favorecer la prosperidad del campo, asegurar el prestigio social de los padres varones, y para que la energía femenina se concentre en el mantenimiento de una estructura patriarcal cuyos márgenes protegen a las mujeres y a sus hijos. La vinculación de los varios embarazos con la maldición y el castigo en Génesis 3.16, probablemente capta con mayor precisión la ambivalencia de la mujer de la Biblia hacia la maternidad. Cuando las mujeres sufren y mueren en el parto, sus experiencias son reinterpretadas por personajes masculinos; p.ej., al reconocer su sufrimiento, la moribunda Raquel da a su nuevo hijo el nombre de *ben-'ônî* («hijo de mi tristeza»), pero Jacob le cambia el nombre a *ben-yāmîn* («hijo de la mano derecha»), una expresión de placer por su propia virilidad.

A menudo, la imposibilidad de una mujer de concebir le permite al narrador hacer despliegue de la potencia y el poder divinos. Los héroes de Israel son nacidos de mujeres con vientres marchitos, que no pueden concebir sin la ayuda divina. Sus historias glorifican el poder del Dios de Israel a expensas de mujeres como Sara, Rebeca, Raquel, Ana y la anónima madre de Sansón. Sus vientres son cerrados y abiertos con el fin de destacar que, desde el comienzo, la existencia de Israel ha dependido de la gracia divina en los miembros circuncidados de la nación. Pocos personajes femeninos hacen suyo el grito de alegría de Eva (Gn 4.1) honrando el papel activo de la mujer en el parto. Una vez que las madres dan a luz a sus hijos, por lo general desaparecen de la historia.

El uso que hacen los profetas de la imagen maternal para referirse a la actitud de Dios hacia Israel, es también problemática. Si el masculino Jehová puede dar a Israel el amor de una madre, no hay ninguna necesidad de una madre divina. De la misma manera, las mujeres rara vez son descritas actuando como madres, aparte de dar a luz. Ausente del mundo divino, las madres son enviadas rápidamente a la periferia de los relatos. Rebeca y Betsabé son excepciones notables; éstas guían y dirigen a sus hijos favoritos mucho después de que Jacob y Salomón han llegado a la edad adulta. También Sara interviene para asegurar la primogenitura de Isaac, haciendo que Agar e Ismael sean expulsados de la casa de Abraham. Aunque las acciones de estas mujeres benefician a sus hijos, también refuerzan la misoginia en el texto bíblico, presentando a las mujeres como problemáticas y manipuladoras, con frecuencia en desacuerdo con sus maridos, una amenaza potencial para el orden familiar al proteger a sus hijos favoritos. La literatura sapiencial ofrece un concepto más positivo. El narrador masculino de Proverbios insta al joven lector varón a prestar atención a las enseñanzas de su madre. Estas enseñanzas son las enseñanzas de la Mujer Sabiduría, que es amante, planificadora, maestra, profetisa, esposa, madre, compañera divina, ejemplo de la creación, la Tora. Al igual que la instrucción de la literatura sapiencial, la instrucción materna preserva el status quo androcéntrico y patriarcal.

En el NT, los embarazos de Elisabet y María celebran el favor del Señor y el poder divino, no la fertilidad y la sexualidad femeninas. María alaba a Dios por estar tan complacido con su bajeza, que ha hecho grandes cosas para ella (Lc 1.48, 49). Más tarde aparece como una madre angustiada que busca a su hijo adolescente, cuyas palabras la intrigan y desconciertan (Lc 2.41-51). La respuesta de Jesús a la alabanza hecha a su madre en Mateo 12.46-50, subvierte a la maternidad biológica como una definición apropiada de la mujer en la comunidad cristiana; aún más bienaventurados que su propia madre son los que hacen la voluntad de su padre en los cielos. En el Evangelio de Juan, María es una madre afligida por partida doble; es testigo de la ejecución de su hijo, y es puesta, sin consultar con ella, en manos del discípulo que Jesús amaba (Jn 19.25-27).

KATHLEEN S. NASH

MADRE, CASA DE LA

Más exactamente «familia de la madre» (Heb. *bêṯ ʾēm*), para indicar no simplemente un lugar de residencia, sino más bien una unidad social. Es la contraparte femenina a la «casa del padre» (*bêṯ ʾāḇ*), el término normal para referirse al grupo familiar primario, muy utilizado en referencia a un grupo familiar extenso o mezclado que también puede haber incluido a personas que no eran de la familia, como criados o extranjeros residentes. Además de sus miembros humanos, la familia, como unidad económica básica de la sociedad, incluía propiedades (tierra), animales, vasijas de cerámica, implementos de labranza e incluso objetos del culto familiar. La añadidura del término «padre» a «casa» en los numerosos casos que es mencionado el hogar familiar, lleva a la conclusión de que la unidad familiar era dominada por los hombres, y que era de naturaleza patriarcal, con la figura masculina controlando la dinámica y las decisiones de la vida familiar. La aparición del término «casa de la madre» en un pequeño pero significativo número de pasajes pone en duda la interpretación tradicional de la frase.

En Génesis 24.28, en la cautivadora historia de cómo Rebeca se convirtió en la esposa de Isaac, la «casa de su madre» se refiere aparentemente a la misma entidad («casa de tu padre») mencionada antes en varios versículos (v. 23, cf. 24.27). Cuando Rebeca es presentada como yendo a su casa, es a la casa de su madre que ella se dirige. La memorable declaración de lealtad de Rut a su suegra (Rut 1.16) viene después de la exhortación de Noemí, tanto a Rut como a Orfa de que regresen cada a una a la «casa de su madre» (v. 8). En el Cantar de los Cantares, en el que predominan las mujeres, la mujer expresa cuán adorable es su amado por decirle que la llevará a la «casa de mi madre» (Cnt 3.4; 8.2).

En Proverbios 9.2 aparecen varias referencias indirectas a la familia de una mujer. En Proverbios 9.1, la Mujer Sabiduría es presentada como que «edificó su casa», y en los versículos siguientes es mostrada manejando los asuntos de su familia. Una referencia a las mujeres sabias que edifican sus casas aparece en el hebreo de Proverbios 14.1 (la difícil palabra hebrea aquí da como resultado que las traducciones a menudo supriman la palabra «mujeres», cf. 24.3). El poema de la «mujer virtuosa» de Proverbios 31.10-31 describe a una mujer, claramente una madre (vv. 15, 28), que administra hábilmente su casa, es particular lo referente a la economía.

Son dignas de atención varias características que se encuentran en la mayoría o en todos estos contextos: se cuenta la historia de una mujer; está presente una asociación con la sabiduría; las mujeres son agentes de su propio destino; la actividad de las mujeres afecta a otras personas; el ambiente es doméstico; el matrimonio está presente. El término «casa de la madre» parece reflejar la casa de la familia vista desde la perspectiva femenina. El hogar era el escenario principal de la vida cotidiana de la mayoría de las mujeres israelitas (y también de la mayoría de los hombres); dentro de ese entorno eran oídas las voces de las mujeres, y sus actividades eran esenciales. Las mujeres y sus hechos determinaban la dinámica de la unidad social fundamental del Israel antiguo. En la Biblia hebrea androcéntrica, estos pocos casos en que se menciona el hogar en relación con sus miembros femeninos de más edad, ofrecen un infrecuente ángulo de la visión femenina en cuanto al funcionamiento interno de la vida familiar. Como han señalado los antropólogos, los documentos formales de una sociedad no siempre describen con precisión la realidad informal, que en este caso puede haber sido la manera en que las mujeres eran actores poderosos en los asuntos cotidianos de las familias israelitas.

Bibliografía. C. Meyers, *Discovering Eve: Ancient Israelite Women in Context* (Oxford, 1988); « 'To Her Mother's House': Considering a Counterpart to the Israelite *Bêt'āb*,» in The Bible *and the Politics of Exegesis*, ed. D. Jobling, P. L. Day, and G. T. Sheppard (Cleveland, 1991), 39-51, 304-7; L. Stager, «The Archaeology of the Family in Ancient Israel,» *BASOR* 260 (1985): 1-35.

CAROL MEYERS

MADREPERLA

Capa interna iridiscente de las conchas de los moluscos (Heb. *dar*; cf. Arab. *durr*, «perla»), uno de los materiales utilizados en el enlosado de mosaico del extravagante banquete de Asuero (Est 1.6).

MAGBIS (Heb. *magbîš*)

«Antepasado» de algunas personas que regresaron del exilio de Babilonia (Esd 2.30). Pero lo más probable es que el término se refiera a un lugar. Su ubicación exacta sigue siendo un misterio; entre los sitios sugeridos están Jirbet Qanân Mugheimis (145109), a 2 km (1.2 mi) al oeste de Elam, y Jirbet-Makhbiyeh (145116), 5 km (3 mi) al suroeste de Adulam.

AARON M. GALE

MAGDALA (Gr. *Magadán*)

Sitio en las cercanías del Mar de Galilea. En Mateo 15.39, Jesús viene a esta región después de alimentar a los 4000, pero Marcos 8.10 dice Dalmanuta. De tales variantes textuales adolecen los relatos de Mateo y Marcos, de modo que se desconoce su ubicación exacta. Los intérpretes han ofrecido algunas conexiones fonéticas con Magdala, tales como Meguido, el actual Mejdel (140105), y la LXX Magdalgad (Jos 15.37).

PETE F. WILBANKS

MAGDALENA (Gr. *Magdalēnē*)

Gentilicio de Magdala (aram. *magdala'*, «torre»), que designa a María, una de las principales seguidoras de Jesús (p.ej., Mt. 27.56, 61 par.; 28.1, Mr 16.9; Lc 8. 2; 24.10 par.). Magdala (Tarichaeae; 198247) era un pueblo de pescadores importante al noroeste de Tiberias, en el extremo occidental del Mar de Galilea.

MAGDIEL (Heb. *magdî'ēl*)

Jefe tribal edomita (Gn 36.43; 1 Cr 1.54); posiblemente nombre de un clan o lugar.

MAGIA

En la literatura del mundo mediterráneo antiguo y el antiguo Cercano Oriente, incluyendo la Biblia, se utilizan muchos términos diferentes para designar al poder mágico y ritual, y también a los practicantes de este poder. La palabra griega *mageía* y otras palabras relacionadas (cf. Lat. *magia*), se derivan del término *magus* persa, que designaba a una persona de una antigua tribu medo-persa con funciones sacerdotales (cf. magos, Mt 2). Durante la época grecorromana y en los contextos judíos y cristianos, la palabra «magia» era utilizada con frecuencia de manera polémica para distinguir entre las actividades de alguien del propio grupo, y la de los opositores; «nosotros» practicamos la religión y realizamos milagros; «ellos» practican la magia, y participan en brujería. Los romanos acusaron a los primeros cristianos de practicar la magia; después los cristianos acusaron a los paganos; y los reformadores protestantes a los católicos romanos. La palabra, por tanto, puede ser utilizada como un garrote para atacar a las personas de fuera, pero no ha sido definida fácilmente o de manera precisa. Una expresión más neutral para describir los fenómenos considerados «mágicos» puede ser «poder ritual».

En el antiguo Mediterráneo y el Cercano Oriente

En el mundo del Mediterráneo y Cercano Oriente antiguos, el poder ritual se empleaba como un medio en que el poder, en particular el poder sobrenatural, podía ser canalizado por medio de la actividad ritual. En muchas de las tradiciones más antiguas no había una dicotomía entre la magia y la religión, y el poder ritual era considerado tan válido como la religión organizada y la medicina privada. El poder ritual era considerado un don divino, como en el antiguo Egipto, donde Heka era la encarnación del poder divino que surgió al comienzo, y que permitía la realización de ritos públicos y privados. Con frecuencia, pero no en Egipto, el poder ritual malévolo (llamado tradicionalmente «magia negra») era condenado y denunciado como prohibido, a diferencia del poder ritual benévolo («magia blanca»). En la Grecia clásica, las raíces persas de la palabra no fueron olvidadas, y los debates en Grecia sobre filosofía, teología y la medicina condujeron a la condena de la magia. Pese a todo, el poder ritual se practicaba ampliamente en todo el mundo antiguo, y los numerosos textos mágicos, amuletos, vasijas y objetos que han sobrevivido, muestran que los practicantes de la magia utilizaban el poder ritual para tratar todo tipo de problemas médicos, demoníacos, sexuales y sociales. Por ejemplo, un libro de magia en pergamino del Egipto copto (Michigan 136) prescribe remedios caseros y conjuros para tratar problemas de salud tales como la gota, enfermedades de los ojos, dolores de la dentición, fiebres, embarazo y parto, dolores abdominales, tumores malignos, enfermedades de la piel, dolores de cabeza, dolor de muelas, dolores de oído, hemorroides y otras aflicciones, estreñimiento, enfermedades de los pies y problemas mentales. Otro libro de magia (Heidelberg Kopt. 686) alaba lo divino e invoca el poder divino para recibir ayuda en cuanto a problemas tales como posesión demoníaca, encarcelamiento, violencia y disputas familiares, impotencia masculina, infidelidad de una esposa, mortalidad infantil, insomnio y cuestiones relacionadas con pueblos, sitios de trabajo y rebaños de ganado.

En el Antiguo Testamento

Deuteronomio 18.10-11 proporciona un registro de algunos de los términos más importantes para referirse a la magia, al poder ritual y a los practicantes de éstos, en las Escrituras hebreas, y todos los términos indican que era abominable para el Dios de Israel. Algunas de estos términos siguen siendo difíciles de traducir y entender, pero en términos generales las prohibiciones dentro de este y otros fragmentos similares, parecen estar dirigidos en contra de prácticas consideradas transgresiones de la religión verdadera.

Sin embargo, muchas de las mismas clases de prácticas que son condenadas en Deuteronomio 18, son toleradas e incluso aprobadas en otras partes del Antiguo Testamento. Por ejemplo, los profetas de Dios adivinaban el futuro; los especialistas en ritos interpretaban sueños; sacerdotes y otras personas empleaban el Urim y Tumim y otros recursos para profetizar; hombres y mujeres de Dios pronunciaban bendiciones y maldiciones; Eliseo divide las aguas, y maldice a los muchachos burlones «en el nombre de Jehová» (2 R 2.24), muy probablemente con el nombre santo llamado tetragrámaton (Jehová), utilizado más tarde y en forma amplia en los conjuros de poder ritual. Este uso mágico del nombre de Jehová puede explicar el tercer mandamiento de no «tomar el nombre de Jehová tu Dios en vano» (Ex 20.7; Dt 5.11). En Éxodo, Moisés y Aarón son presentados como exitosos practicantes del poder ritual, y los magos de Egipto reconocen que «dedo de Dios es éste» (Ex 8.19). La imagen del dedo de Dios se aplica también a Jesús como exorcista en Lucas 11.20, y el dedo divino es personificado como Orfamiel, el gran dedo de Dios Padre, en varios textos cristianos de poder ritual.

A pesar de las prohibiciones en el Antiguo Testamento en contra la práctica de la magia, parece que la práctica del poder ritual era tan evidente entre los hebreos como entre otros pueblos del antiguo Cercano Oriente. El uso del poder ritual por los judíos se ve reflejado más tarde en la influencia de temas judíos y de los nombres para referirse a lo divino, en los papiros sobre magia griegos; en el manual judío de poder ritual; en el Sefer ha-Razim («Libro de los misterios»); y en las vasijas arameas de invocaciones con textos en espiral, hechas para expulsar el mal.

Vasija de invocaciones con inscripción en espiral en arameo judío, para protección de la casa de Babai (Fotografía cortesía del Royal Ontario Museum, ©ROM)

En el Nuevo Testamento y en textos cristianos primitivos

Dentro de la literatura del cristianismo primitivo, el polémico planteamiento de la magia y los magos continúa. Simón de Samaria es acusado de practicar la magia (Hch 8), así como Elimas o Bar-Jesús (cap. 13), los siete hijos de Esceva y otros practicantes de Éfeso (cap. 19). Los hechiceros están mencionados en Apocalipsis entre los impíos que serán condenados, y la hechicería está incluida en una lista de faltas en Gálatas.

Sin embargo, como en el Antiguo Testamento, hay incluidos materiales que presentan al poder ritual en una luz más positiva. Jesús y sus seguidores son descritos a veces como exorcistas y sanadores de fe, y Pablo mismo supera a Elimás (Hch 13) con su propio poder ritual. Algunas de las historias del NT sobre hechos de magia o poder ritual llevados a cabo por Jesús, son una adaptación del AT (Jesús, al igual que Moisés, alimenta a una multitud en el desierto; y, como Elías, sana al hijo de una viuda); o de los relatos mitológicos griegos (Jesús, como Poseidón, se desplaza tanto sobre el agua como sobre tierra y, como Dionisio, convierte al agua en vino). En cambio, el relato del exorcismo del endemoniado gadareno por Jesús (Mt 8.28-34; Mr 5.1-20; Lc 8.26-39), ilustra las características típicas de otras historias de exorcismos y conjuros de poder ritual. Aquí, un hombre poseído, violento e incontrolable, tiene una batalla con Jesús. Jesús le ordena al demonio: «Sal de este hombre, espíritu inmundo», y la víctima responde a Jesús pidiéndole que no lo atormente. Jesús asume la voz cantante en la lucha cuando exige el nombre del demonio. De esta manera se realiza el exorcismo, y el paciente es restaurado de cuerpo y mente. Las fuerzas demoníacas son enviadas a una piara de cerdos, de una manera que recuerda al demonio enviado por Apolonio de Tiana para derribar una estatua, como prueba de su salida de un paciente. En otro relato, Jesús utiliza saliva, un toque poderoso, el soplo oral y una palabra de autoridad (conservada en arameo) para curar a un sordo y tartamudo (Mr 7.31-37). Estas historias indican que el Jesús histórico pudo haber sido visto por sus contemporáneos como un exorcista y sanador de fe, y que el ejercicio del poder ritual pudo haber acompañado a su proclamación del reino de Dios (Lc 11.20).

Jesús y los primeros cristianos fueron acusados con frecuencia de practicar la magia, y la discusión acerca de si esto era así, es tratada en el Nuevo Testamento y en los primeros textos cristianos. Los Evangelios de Marcos y Juan alaban los milagros de Jesús, pero también dirigen la atención de los lectores a otras maneras de saber quién es Jesús. Otro enfoque en cuanto a esta discusión involucra la petición a hacer una diferenciación entre milagro y magia. Jesús y los primeros cristianos, se dice, no practicaron la magia, sino que hacían milagros, y el poder de los milagros cristianos superaba al de la magia pagana. Mientras tanto, los conjuros cristianos del poder ritual cristiano finalmente fueron compuestos en un gran número de medios, con el fin de que los creyentes aprovecharan ese poder a su alcance para solucionar sus problemas en la vida. Este interés por la magia, los milagros y el poder ritual, sigue estando presente como una forma de religiosidad popular en el cristianismo y otras religiones hasta el día de hoy.

Véanse ADIVINACIÓN; MILAGROS.

Bibliografía. H. D. Betz, ed., *The Greek Magical Papyri in Translation*, 2nd ed. (Chicago, 1992); M. Meyer and P. Mirecki, eds., *Ancient Magic and Ritual Power. Religions in the Graeco-Roman World 129* (Leiden, 1995); Meyer and R. Smith, eds., *Ancient Christian Magic: Coptic Texts of Ritual Power* (San Francisco, 1994).

MARVIN MEYER

MAGISTRADO

Funcionario judicial que aplicaba la Torá como la ley oficial de los judíos (aram. *šāp̱ṭîn*; Esd 7.25). En el NT, el término se refiere a los gobernantes romanos (gr. *archḗ, árchōn*, Lc 12.11, 58; Tit 3.1) elegidos anualmente, y que eran los más altos funcionarios del estado en las colonias y las ciudades romanas (*stratēgós*, Hch 16. 20, 22, 35, 36, 38). Su título oficial en latín era *duoviri* («dos hombres») en las colonias, y *quattuorviri* («cuatro hombres») en las ciudades. A pesar de que constituían el más alto consejo de administración civil, su cargo estaba bajo las órdenes senatorial y ecuestre. Los magistrados construían anfiteatros y se ocupaban de las obras públicas (drenaje, carreteras, edificios religiosos, baños públicos, mercados y provisión de alimentos), a menudo a sus propias expensas. También mantenían el orden civil y aplicaban la justicia. Cada cinco años revisaban el catastro de las ciudades con fines de impuesto. Para celebrar sus años en el cargo, muchas veces patrocinaban juegos, construían nuevos edificios públicos, o pavimentaban las calles. Los ayuntamientos erigían a menudo estatuas o monumentos a sus magistrados prominentes, y se les asignaban los mejores asientos en los anfiteatros.

Bibliografía. L. Keppie, *Understanding Roman Inscriptions* (Baltimore, 1991), 52-59; J. E. Sandys, *Latin Epigraphy*, 2nd ed. (1927, repr. Chicago, 1974), 228-30.

RICHARD A. SPENCER

MAGNIFICAT, EL

Salmo o himno de alabanza que aparece en Lucas 1.46-55, llamado así por las primeras palabras de la traducción al latín. *Magnificat anima mea Dominum:* «Engrandece mi alma al Señor». Es uno de los varios himnos en el relato de Lucas en torno a la infancia de Jesús (cf. Lc 1.68-79; 2.14, 29-32). Este himno es atribuido a María como expresión de su fe al oír la bendición de Elisabet. Sigue el patrón de los salmos o himnos tradicionales, con expresiones de alabanza (Lc 1.46, 47), seguido por el motivo de alabanza (vv. 48-55).

El Magnificat puede ser dividido en dos estrofas o versos; el primero (vv. 46-50) es la expresión de alabanza de María por lo que Dios ha hecho en relación con ella. Los versos pareados muestran el paralelismo clásico de la poesía hebrea. El primer pareado expresa el gozo de María (vv. 46, 47). El segundo relata la acción salvadora de Dios al haberla levantado de su «bajeza» y de la condición resultante (vv. 48, 49). El verso final en esta estrofa (v. 50) es una transición a la visión más comunitaria de la segunda estrofa.

En la segunda estrofa (vv. 51-55), la acción de Dios se describe también como una exaltación a los humildes. Sin embargo, en un eco de los profetas, este tema se amplía en una expresión de la justicia salvadora de Dios al exaltar a los humildes, los pobres y los hambrientos, mientras que, al mismo tiempo, rebaja a los poderosos, los ricos y los gobernantes. Esta estrofa puede ser dividida en dos pareados (vv. 51, 52, 53, 54), y en un verso final (v. 55) que guarda semejanza con la celebración de la primera estrofa. Cada estrofa comienza con un verbo fuerte que describe la acción de Dios, y con un verbo secundario paralelo que da un énfasis adicional. La estructura y el efecto del himno en su conjunto hace de las acciones de Dios con relación a María, un símbolo o un paradigma de la acción salvadora universal de Dios, la cual comienza en Jesús. Este tema del trastrocamiento divino inherente en la acción salvadora de Dios anticipa, por lo tanto, tanto las palabras como las acciones del ministerio de Jesús.

El Magnificat parece estar modelado, hasta cierta medida, en el cántico de Ana, de 1 Samuel 2.1-10. Debido a estas semejanzas y a las situaciones parecidas de Elisabet y Ana, en vez de las de María, algunos eruditos han argumentado que el himno ha sido atribuido erróneamente a María. Pero, si bien unas leves variantes textuales harían pensar en Elisabet, la secuencia de los hechos concomitantes y el peso de la evidencia manuscrita dicen lo contrario.

Bibliografía. R. C. Tannehill, *The Narrative Unity of Luke-Acts 1* (Philadelphia, 1986).

MATTHEW S. COLLINS

MAGOG (Heb. *māgôg*)
Según la Tabla de las Naciones, hijo de Jafet y famoso antepasado de un pueblo de la Anatolia (Gn 10.2). En Ezequiel 38-39, su líder, Gog, invadirá al Israel restaurado, provocando una batalla final y decisiva con Jehová.
Véanse GOG, MAGOG

JULIE GALAMBUSH

MAGOG-MISABIB (Heb. *māgôr missāḇîḇ,*)
Véase TEMOR DE TODAS PARTES

MAGOS (Gr. *mágoi*)
Término técnico para denominar a los «sabios» que visitaron al niño Jesús (Mt 2.1-12); y al «mago» Elimas bar Jesús, quien se opuso a Pablo (Hch 13.4-12). En la LXX, el término se refiere a las personas que interpretaban los sueños del rey Nabucodonosor, en colaboración con otros especialistas, incluyendo encantadores, hechiceros, y «los caldeos» (Dn 2.2, 10, 27; 4.4 [TM 1]; 5.7, 11, 15).

Herodoto menciona a magos que servían como sacerdotes de Media o Zoroastro que interpretaban sueños (*Hist*. 1.101). Filón, Tácito, Suetonio y Josefo y también describen una serie de obligaciones que tenían los magos, entre ellas la interpretación de sueños, la magia, la astrología y la adivinación.
Ha habido mucha discusión en cuanto al significado preciso del término en Mateo 2.1,7,16, traducido en la mayoría de las versiones como «magos». Es posible que fueran astrólogos, ya que eran intérpretes y seguidores de la estrella que habían visto en el oriente (cf. Mt 2.2).

Bibliografía. R. Brown, *The Birth of the Messiah*, rev. ed. (New York, 1993), 167-70; G. Delling, «mágos,» *TDNT* 4:356-59.

ROBERT A. DERRENBACKER, JR.

MAGPÍAS (Heb. *magpî'āš*)
Israelita que participó en la firma del nuevo pacto bajo Nehemías (Neh 10.20 [TM 21]).

MAHALAB (Heb. *mēḥeḇel*; Acad. *Maḫallibu*)
Ciudad del territorio tribal asignado a Aser. La escritura precisa de este lugar es dudosa. En Josué 19.29, el TM tiene el hebreo *mēḥeḇel,*», mientras que la LXX B dice «de Leb y Achzob», y la LXX A «de la asignación de Aczif»; ambos manuscritos griegos presumen que la primera letra en la forma del TM es la preposición hebrea «de». En la LXX B, las letras b y l sufrieron una *metatesis*, pero no estaban en la LXX A (*ḥeḇel* II, «cuerda, cordón, porción de campo asignada», cf. Dt 32.9). El registro de la tercera campaña de Senaquerib contiene una referencia a Maḫallibu (*ANET*, 287); esta toponimia es identificada normalmente con Jirbet- Maḥalib, 6 km (3.7 mi) al noreste de Tiro. Jueces 1.31 revela otra variante del nombre del lugar: «Ahlab» (cf. a la posición de l y b) es parte de la asignación a la tribu de Aser. Por la referencia topográfica a Senaquerib, una mayoría de estudiosos ha concluido que la forma precisa del nombre en el TM y la LXX de Jos 19.29 y Jue 1.31 ha sido alterada, y debe entenderse como Mahalab.

Bibliografía. N. Na'aman, *Borders and Districts in Biblical Historiography* (Jerusalem, 1986).

CHRIS A. ROLLSTON

MAHALALEEL (Heb. *mahălal'ēl*), Gr. *Maleleél*)
1. Hijo de Cainán y el padre de Jared en el linaje de Set (Gn 5.12-17).
2. Judaíta de la familia de Fares (Neh 11.4).

MAHALAT (Heb. *maḥălat*) (también BASEMAT)

1. Hija de Ismael, y una de las esposas de Esaú (Gn 28.9). En Gn 36.3 es llamada Basemat.

2. Esposa del rey Roboam de Judá; hija del hijo de David Jerimot y Abigail (2 Cr 11.18)

3. Palabra misteriosa encontrada en los encabezamientos de los Salmos 53 y 88 (en este último con *lĕʿannôṯ*, «afligir»), probablemente un término técnico para indicar una melodía (o un instrumento musical). Otras opiniones incluyen una danza cultual o una interpretación de flauta, asociadas con ritos elegíacos. Michael Goulder opina que en el salmo 88 se refiere originalmente a Mahalat-dan, un lugar donde se celebraban ritos festivos danitas; este significado se había perdido, pero con el aditamento de *lĕʿannôṯ* se vió como una referencia a una ceremonia de aflicción perfeccionado. La mayoría de las versiones modernas hacen una transliteración, p.ej., «sobre Mahalat».

Bibliografía. M. D. Goulder, *The Psalms of the Sons of Korah. JSOTSup 20* (Sheffield, 1982).

TYLER F. WILLIAMS

MAHANAIM (Heb. *maḥănayim*)
El lugar donde Jacob descansó en su regreso a Canaán (Gen. 32:2[TM 3]). Mahanaim («dos campos») más tarde se convirtió en una ciudad levítica (Jos 21:38; 1 Cr 6:80) en el territorio de Gad (Jos 13:26) en la frontera de Manasés (13:30). Fue brevemente la capital de la dinastía de Saúl bajo Is-boset (2 S 2:8, 12, 29) y más tarde fue utilizada por David como una base de operaciones durante el intento de golpe por Ab- del distrito siete de Salomón (1 R 4:14) y fue destruido por el faraón Sisac (ANET, 243) en 925 a.C.

La ubicación exacta de Mahanaim es desconocida. Tell edh-Dhahab el-Gharbī(214177) en la orilla norte del río Jaboc (Wadi Zerqa) es actualmente el mejor candidato.

Bibliografía. R. A. Coughenour, «A Search for Maḥanaim,» BASOR 273 (1989): 57-66.

PAUL J. RAY, JR.

MAHANE-DAN (Heb. *maḥănēh-dān*)
Un lugar («campo de Dan») al oeste de Kireat-jearim y entre Zora y Estaol. Aquí el espíritu del Señor «comenzó a manifestarse» sobre Sansón (Jue 13:25). Un grupo armado de 600 danitas acamparon aquí cuando su tribu emigraba hacia el norte (Jue 18:12).

MAHARAI (Heb. *mahăray*)
Uno de los valientes de David. Nativo de Netofa de Judá (2 S 23.28, 1 Cr 11.30) y contado dentro de la familia de los zeraítas; fue comandante de la división del décimo mes del ejército de David (27.13).

MAHAT (Heb. *maḥaṯ*)

1. Levita coatita, hijo de Amasai y antepasado de Samuel y de Hemán, cantor del templo (1 Cr 6.35 [TM 20]).

2. Hijo de Amasai; levita coatita que participó en la limpieza que hizo Ezequías del templo (2 Cr. 29.12). Fue mayordomo de las ofrendas dadas al templo (2 Cr 31.13).

MAHAVITA (Heb. *hammaḥăwîm*)
Gentilicio asociado con Eliel, uno de los valientes de David (1 Cr 11.46). Tal como está, el término no tiene mucho sentido, y ha sido corregido a *maḥănî* («mahanita») o *maḥănaymî* («mahanaimita»).

MAHAZIOT (Heb. *maḥăzî'ôṯ*)
Hijo de Hemán el vidente; líder de la vigésimo tercera división de los músicos levíticos del templo (1 Cr 25.4, 30).

MAHER-SALAL-HASBAZ (Heb. *mahēr šālāl ḥāš baz*)
Nombre aparatoso («El despojo se apresura, la presa se precipita») dado al tercer hijo de Isaías, para simbolizar la derrota que infligiría Asiria a los reinos de Siria e Israel (Isaías 8.1-4, cf. v. 18).

MAHLI (Heb. *maḥlî*)

1. Levita, hijo de Merari y hermano de Musi (Ex 6.19; Nm 3.20; 1 Cr 6.29[TM 14]; 23.21). Es el antepasado de los mahlitas (Núm. 3.33; 26.58).

2. Levita, hijo de Musi y nieto de Merari (1 Cr 6.47[32]; 23.23; 24.30).

MAHOL (Heb. *māḥôl*)
Padre de Hemán, Calcol y Darda (y quizás también de Etán ezraíta; cf. los encabezamientos de los salmos 88 y 89, sabios con quienes es comparado Salo-

món y hallado superior a ellos (1 R 4.31[TM 5.11]). Los «hijos» de Mahol aquí representan probablemente a los miembros de un grupo de músicos; Hemán fue cantor del Templo (1 Cr 6.33 [16]). Etán, Hemán, Calcol y Darda figuran entre los hijos de Zera en 1 Crónicas 2.6.

MAHLÓN (Heb. *maḥlôn*)
Esposo de Rut, hijo de Elimelec y Noemí, quien murió sin dejar descendencia (Rut 1.2, 5; 4.9, 10).

MAL
Una amplia gama de actividades y condiciones, tanto en individuos como en comunidades, de desgracia y desesperación a maldad, malicia y corrupción. Aunque los escritores del AT a menudo se refieren al mal como una violación del pacto de Israel con Dios, en varios otros casos el mal se refiere a una condición ontológica.

A veces el mal se utiliza para describir a la gente (Pr 11.21), su reputación o sus nombres (Dt 22.14, 19), y su conducta (Sal 34.13 [TM 14]). La palabra también está relacionada con emociones: se dice que aquellos que están tristes o afligidos están aquejados por el mal (Pr 15.15; Gn 44.34), y «el mal es determinado» por aquellos que están enojados (1 S 20.7). A veces hasta la tierra es descrita como mala, como cuando Moisés dirige a sus espías para determinar si «la tierra en que ellos [los cananeos] habitan es buena o mala» (Nm 13.19). En la conclusión del código de santidad Dios promete «quitar de vuestra tierra las malas bestias» (Lv 26.6) si los israelitas andan en los caminos de Dios.

El mal también designa la inmoralidad y la corrupción humana. Según muchos de los libros de sabiduría, el mal y la maldad se originan en el corazón humano (Pr 6.14; Ec 8.11), que es malo desde la juventud (Gn 8.21). Las acciones de falso testimonio, robo, asesinato y adulterio son malas, ya que las leyes deuteronómicas exhortan la comunidad a castigar tales acciones «quitando el mal de en medio» de ellos (Dt 19.18-19; 22.21-24; 24.7). La literatura profética insta a los individuos y la comunidad a volverse de malos caminos y andar en los caminos del Señor (p. ej., Am 5.14-15).

La idolatría también es mala porque el individuo o la comunidad son infieles al pacto con Dios (Dt 4.25; 1 R 11.6). A causa de su idolatría y apostasía, Dios destruye las dinastías tanto de Jeroboam como de Acab (1 R 14.10; 21.29).

Como castigo por los pecados de Judá, Dios «trae el mal desde el norte, y una gran destrucción» (Jer 4.6) en la forma del ejército babilónico. Cuando Abimelec trata de designarse rey en Siquem, Dios envía un espíritu malo como castigo (Jue 9.23). Si los infieles se arrepienten, sin embargo, Dios los librará del mal (Jer 18.8; 26.3, 13, 19; Jon 3.10; 4.2).

Dentro de esta matriz de bien y el mal, los escritores del AT a menudo preguntan por qué los malos permanecen impunes y los justos sufren. Aunque algunos textos nos aseguren que el malo no quedará impune (Pr 11.21), otros proclaman que el justo puede perecer en su justicia mientras los malos prolongan su vida en su maldad (Ec 7.15). Usando un relato popular antiguo, el escritor del libro de Job presenta el dilema del sufrimiento inexplicable del justo.

En el NT, el mal se refiere a condiciones como la enfermedad («llagas malignas», Ap 16.2) y angustia y ansiedad (Lc 16.25). Pablo se refiere a los tiempos en los cuales él vive como «el presente siglo malo» (Gá 1.4). En Mateo hasta el fruto es descrito como malo: «el árbol malo da el mal fruto» (Mt 7.17).

Sin embargo, los escritores del NT, como en el AT, describen el mal principalmente como moral corrupción y una violación de las leyes de Dios. En sus enseñanzas, Jesús hace una distinción clara entre malo y bueno (Mt 5.45; 13.49), y él describe a sus opositores, notablemente los fariseos, como «una generación mala y adúltera *malʾāḵî* (12.34, 39). El mal se origina en el corazón (Mr 7.21-23) y describe la conducta de una persona (Jn 3.19), pensamientos (Mt 15.19), y su hablar (Stg 3.8).

Al contrario de los escritores del AT, los escritores del NT se refieren a la existencia y el poder de un Maligno que puede seducir a individuos para hacer el mal. Bajo la influencia del dualismo de la religión persa y la filosofía helenista, el cristianismo comienza a enfatizar la existencia de dos reinos y edades, uno bueno y el otro malo. Los seres humanos están sujetos a los poderes de las fuerzas demoníacas y hasta pueden ser poseídos por estos espíritus malignos. Pero los escritores del NT subrayan que los poderes malignos son limitados por el máximo poder de Dios (Jn 12.31; Ap 12.9; 20.1-3). A diferencia de Job, quien sufre sin un mediador entre él y Dios, los escritos del NT ofrecen a un mediador en Jesucristo, que, mediante su muerte, derrota el Malo (He 2.14-15).

HENRY L. CARRIGAN, JR.

MALA HIERBA
Plantas silvestres molestas, que se encuentran en el Antiguo Testamento en Job 31.40 (Heb. *bā'ăšâ; NVI* «hierbas»); Os 10.4 (*rōš; NVI* «mala hierba»). La referencia en Jonás 2.5(TM 6) probablemente indica algas *(sûp̱)*.

En el NT todos los casos de Gr. *zizánion* se encuentran en la parábola de la cizaña del campo y su interpretación (Mt 13.24-30, 36-43). Esta mala hierba determinada fue probablemente cizaña *(Lolium tremulentum)*, una hierba venenosa que, como una semilla se parece mucho a las plantas jóvenes de trigo, con lo que la separación temprana de los dos era casi imposible (cf. Mt 13.29). En la parábola estas malezas representan los hijos del maligno que moran en el mundo junto a los hijos del reino. Al igual que con las malas hierbas y el trigo, la separación de las personas buenas de las malas no tendrá lugar hasta que el juicio al final de la era, representada en la parábola de la cosecha y la quema de la maleza.

MALAQUÍAS (Heb. *mal'āḵî*), **LIBRO DE**
Último libro de los profetas menores del AT. Termina en Mal 4.4-6 [TM 3.22-24) con una mirada retrospectiva a Moisés, y una al futuro en cuanto al regreso del profeta Elías, lo que sugiere que estos versículos fueron compuestos para finalizar las primeras dos partes de la Biblia hebrea: la Ley y los Profetas. También sugiere que el libro sufrió un proceso de ediciones que abarcó cierto período de tiempo.

Fecha
Se han propuestos varias fechas para el libro de Malaquías (605-550 a.C., 515-456, o finales del período persa. Los eruditos dan varias razones para adoptar la segunda opción, que es el tiempo transcurrido entre la terminación del templo de Zorobabel, y la aparición de Esdras y Nehemías.

1. El título del gobernante es «príncipe» (1.8) en vez de rey, lo que sugiere un tiempo después de la caída de la dinastía davídica.

2. El resentimiento hacia Edom (1.2-5) sugiere también un tiempo después de la complicidad de éste en la caída de Jerusalén en el 586.

3. Sin embargo, las referencias al funcionamiento del altar (1.7), al santuario en Jerusalén (2.11) y a un sacerdocio complaciente, incluso desdeñosas (1.13), apuntan a una fecha posterior al exilio, cuando la situación se había normalizado de nuevo, al menos para los sacerdotes.

4. El problema del divorcio (2.14) parece ser el mismo que confrontaron Esdras y/o Nehemías.

5. El lenguaje se asemeja al hebreo del exilio y de los primeros tiempos después del exilio.

Antecedentes históricos
Lo más probable, entonces, es que el libro de Malaquías tuvo su origen en la primera mitad del siglo VI. El gobierno local habría sido nominal, con una Judá gobernada por el imperio persa a través de su gobernador en Samaria. Con excepción del templo, de algunas casas nuevas, y quizás de algunos inmuebles del gobierno, Jerusalén languidecía. El sacerdocio estaba plagado de discordias; el matrimonio con «extranjeros» (que pudieron haber sido descendientes de las personas enviadas a Palestina por los asirios) no era raro. El muro de la ciudad no fue reparado hasta el tiempo de Nehemías. Incluso en esa fecha, la población máxima pudo haber sido 5000 personas, y la de toda Judea c. 50 000. (Los cálculos más optimistas dan el doble de estas cifras, mientras que las más pesimistas las reducen a la mitad.) La situación no era desesperada, pero tampoco coincidía con las promesas del Deutero-Isaías o de Ezequiel.

Autoría
El encabezamiento (1.1) atribuye el libro a alguien llamado «Malaquías», una palabra que significa «mi mensajero» Como tal, podría ser un nombre propio, pero extraño para un niño. En consecuencia, algunos eruditos han dicho que es la forma abreviada de una palabra parecida a *mal'āḵîyāhû*, que probablemente debería traducirse como «Mensajero de Dios» en vez del blasfemo «Jehová es mi mensajero». En 3.1 aparece de nuevo la misma palabra, y allí parece referirse a otra persona diferente a la que escribió el libro. Parecería mejor concluir, entonces, que «Malaquías» es un título, no un nombre, y que el libro es anónimo.

El libro revela un interés absorbente en asuntos sacerdotales, tales como la contaminación, el altar, el ritual y la actitud de los sacerdotes. Por consiguiente, muchos eruditos consideran que el autor es un sacerdote, y eso podría ser correcto. La dificultad es que en el período posexílico los levitas estaban divididos en dos grupos. (1) los hijos de Sadoc, llamados sacerdotes, y (2) los no hijos de Sadoc, llamados levitas. Cuando el autor se dirige a los sacerdotes del templo simplemente como levitas, pudo haber estado negando la diferenciación que los líderes sacerdotales consideraban tan importante. Eso pudo haber sido más probable por parte de un levita que de un hijo de Sadoc. Además, los levitas eran los oficiales encargados de recoger los diezmos, por lo que la insistencia de que los agricultores pagaran los diezmos (3.8-12), también podría sugerir un origen levítico. Por tanto, el profeta pudo haber sido un levita no hijo de Sadoc interesado en que hubiera un culto purificado y un solo sacerdocio. Si es así, es probable que sus seguidores fueran en su mayoría levitas, pero tal vez incluía también a algunos hijos de Sadoc que pensaban de la misma manera.

Los mensajes del profeta habrían constituido la mayoría, pero no la totalidad del libro. Entre los pasajes que revelan un segundo autor están el encabezamiento de 1.1; 3.1 b-4, más el título de «Malaquías» en 3.1a y 3.16-4.3 [3.21]. El pueblo que el profeta había amonestado en los dos primeros capítulos por despreciar el pacto de Dios con Leví, difícilmente podría ser el mismo pueblo de 3.1 b-4, del que se dice que se deleitaba del pacto con Dios. Tampoco podían ser las personas que traían animales cojos para el sacrificio; ni tampoco los sacerdotes que los aceptaban con desprecio a Dios, podían ser las personas que reverenciaban a Jehová (3.16). Por tanto, se debe pensar en otro público, como también en un segundo autor. Un redactor posterior habría añadido 4.4-6[3.22-24].

Género

La opinión dominante es que el libro se compone de una serie de discursos de preguntas y respuestas, llamados por lo general discursos controversiales. Los seis discursos son 1.2-5; 1.6-2.9; 2.10-16; 2.17-3.5; 3.6-12; 3.13-4.3(3.21), más 4.4-6(3.22-24) considerado una añadidura. Otra sugerencia es interpretar al libro como un litigio en cuanto al pacto, compuesto por una serie de «controversias» o procedimientos legales. En realidad, ambas interpretaciones son un tanto forzadas, puesto que en el libro se encuentra una profecía de desastre (2.1-9), un relato (3.16), y una o más profecías de salvación (3.17-4.6[3.24]). Por tanto, se debe tener en cuenta el estilo catequístico del libro, y no tratar de imponer a todo el libro o a la totalidad de sus componentes un solo género.

Bosquejo y mensaje

El libro de Malaquías se centra en el pacto de Dios con los levitas y el pueblo. Esta relación está también expresada en términos de la alianza de Dios con el pueblo. Una cuestión primordial es el mal uso del pueblo de esa relación. El argumento del libro puede resumirse bajo siete temas.

1.2-5 El amor de Dios por Israel

Aunque quizás el pueblo de Judá y de Jerusalén podría negarlo, Dios amaba a Israel. Ese amor se podía ver al comparar el futuro de Israel, a quien Dios restauraría, con el de Edom, al que Dios destruiría.

1.6-2.9 La contaminación de los sacerdotes

Los sacerdotes no tenían el debido respeto a la adoración a Dios. En vez de preparar una mesa digna de un padre divino, aceptaban víctimas inferiores para el sacrificio, y consideraba una molestia el ritual del cual eran responsables.

2.10-16 Infidelidad en la comunidad

En consecuencia, el pueblo no se comportaba mejor que sus líderes religiosos. Cometían idolatría, se divorciaban de sus esposas para casarse con mujeres «extranjeras», y después no podían entender por qué Dios rechazaba sus ofertas.

2.17-3.5 La limpieza de la comunidad

Lo que se necesitaba era una auténtica limpieza de sus pecados. Por tanto, Dios los castigaría de la misma manera que purifica el fuego.

3.6-12 El pago por los servicios del culto

El pueblo tendría también que pagar sus diezmos para sostener a los sacerdotes, y para proporcionar las ofrendas indispensables para el culto del templo. Si lo hacían, Dios les bendeciría.

3.13-4.3[3.21] Esperanza para la comunidad

Si la comunidad como un todo no estaba dispuesta a prestar atención al mensajero de Dios, un remanente fiel se convertiría en la posesión especial de Dios. Él salvaría a los fieles de la ira venidera.

4.4-6[3.22-24] La vida en la comunidad

La comunidad, padres e hijos por igual, atendería el mensaje del profeta Elías, a quien Dios enviaría antes del día de Jehová.

Bibliografía. B. Glazier-McDonald, *Malachi: The Divine Messenger*. SBLDS 98 (Atlanta, 1987); J. M. O'Brien, *Priest and Levite in Malachi*. SBLDS 121 (Atlanta, 1990); D. L. Petersen, *Zechariah 9–14 and Malachi*. OTL (Louisville, 1995); P. L. Redditt, *Haggai, Zechariah, Malachi*. NCBC (Grand Rapids, 1995).

PAUL L. REDDITT

MALCAM (Heb. *malkām*)

Benjamita, hijo de Saharaim y Hodes (1 Cr 8.8, 9).

MALCO (Gr. *Málchos*)

Siervo (tal vez un nabateo) del sumo sacerdote Caifás, a quien Pedro cortó extrañamente la oreja derecha en Getsemaní (Jn 18.10). Según Lucas 22.51, Jesús restauró la oreja.

MALDICIÓN

El concepto de maldición es asociado con una cantidad de diferentes raíces en hebreo, algunas de las cuales tienen un amplio campo semántico. Estas incluyen formas verbales y/o nominales relacionadas con las raíces *ʾrr* («maldición, lanzar un hechizo, prohibición de beneficios, hacer anatema»), *qll* («maldición, blasfemia, falta de respeto, tratar injuriosamente»), *ʾlh* («maldición condicional, jurar, rogar por castigo»), *qbb/nqb* («injuriar, expresar desprecio por»), *zʿm* («amenaza»), y *ḥrm* («prohibición, destinar a destrucción»). Además, la raíz *brk*, que significa «bendecir,» se usa de manera eufemística para expresar maldición (p.ej., Job 2.9); porque Dios es el objeto de tal maldición, *brk* es considerada como un sustituto temprano de un escriba ya sea para *ʾrr* (poco probable) o *qll* (más probable), más bien que de origen de su autor. Los equivalentes griegos también reflejan esta amplia gama lexica en verbos como *(epi)kataráomai* («maldición, lanzar un hechizo, prohibición de beneficios»), *(kat)anathematizō* («hacer anatema»), y *kakologéō* («injuriar, calumniar, insultar») y sus sustantivos relacionados. Como bendecir, maldecir es ante todo un enunciado performativo, o acto de habla, sin embargo trae a su objeto, no la bondad o favor a su destinatario como lo hace la bendición, sino más bien algún daño, la privación de beneficio, o condición negativa. Por otro lado, como una bendición suele ser un marcador relacional, significando la existencia de alguna relación sacramental, legal, o social, una maldición por lo general supone un quebrantamiento real o posible de ellos. Por lo tanto, una maldición también tiene importancia sacramental, legal, y social. Tanto Dios como los seres humanos pueden ser maldecidos. Dios, los seres humanos, animales, y objetos inanimados pueden ser maldecidos.

Aunque hay mucha discussion de si las palabras de una maldición hecha por seres humanos tiene poder mágico autónomo, la mayor parte de los estudios recientes sostiene que las maldiciones, tanto humanas como divinas, se originan en la santidad de Dios (Is 45.7). Este poder sagrado puede ser beneficioso para lo bueno o en alineación con la voluntad de Dios, lo que produce bendiciones. Además, semejante poder puede ser destructivo para todo lo que es malo o contrario a Dios, produciendo maldiciones. Tanto la bendición divina como la maldición surgen de la relación divino-humana. La maldición es un medio por el cual se disciplina a los que se colocan fuera de esta relación a través de la desobediencia y puede funcionar como un elemento de disuasión (como en una maldición condicional) o como castigo.

La maldición divina en el AT a menudo concuerda con la maldición en el contexto del antiguo Cercano Oriente. Como el pacto mosaico refleja una relación de pacto similar a los tratados de soberanos del antiguo Cercano Oriente, las maldiciones bíblicas reflejan las disposiciones de aplicación de esos tratados, que con frecuencia emplean maldiciones espantosas, provocadas por los dioses, para asegurar el cumplimiento de sus términos. Dentro del código de santidad y la historia deuteronomista, Dios hace cumplir las estipulaciones de pacto de la ley a través de las sanciones de bendiciones y maldiciones (Lv 26; Dt 27–28; Jos 8.34). Los profetas refuerzan estas sanciones a través de sus oráculos de juicio (Is 3.17-26). Tales maldiciones pueden traer como resultado una variedad de daños, tales como alguna manifestación de desgracia, corrupción, derrota, dominación, desolación, miseria, deportación, enfermedad, y/o muerte. Una maldición divina *(ḥerem)* es asociada con la guerra santa. Se esperaba que una ciudad conquistada y sus elementos fueran dedicados a Jehová a través del fuego (Dt 7.25-26). Su gente puede también ser completamente exterminada (Dt 7.20). El que viola la santidad de una maldición al tomar propiedad prohibida puede de igual manera convertirse en maldición, requiriendo la muerte del ofensor por fuego (Jos 7.15). Mientras que las maldiciones divinas incondicionales pueden parecer ser irrevocables, el lenguaje de Jeremías parece indicar de otra manera (Jr 18.7-10).

Los seres humanos pueden también maldecir, este poder que surge de la relación divino-humana a través de una delegación de poder divino o una invocación humana de ese poder divino. Por lo tanto, el acto de maldecir es fundamentalmente un acto sagrado en el que Dios retiene la autoridad final para su aplicación (Nm 23.8). Con respecto a las consecuencias legales de la maldición humana, una automaldición, consecuente con la práctica en el antiguo Cercano Oriente, podría obligar y hacer valer un pacto o juramento hecho por o entre individuos o naciones (1 R 8.31-32). Además, una maldición podría castigar conductas inapropiadas más allá de los del contrato o la diplomacia, como la calumnia de un siervo ante su amo por un tercero (Pr 30.10). Una maldición podía también ser parte de un juicio por prueba al que se veía forzada una mujer sospechosa de infidelidad matrimonial (Nm 5.11-31). Las maldiciones humanas tampoco eran irrevocables pero podían ser revocadas (Dt 23.5; Jue 17.2). Por otro lado, el mal uso de maldiciones podría dar lugar a la imposición de penas legales. Maldecir a Dios (Lv 24.10-23), al rey (Ex 22.28[TM 27]), o a los padres de la persona (Lv 20.9) lo hacían merecedor de la pena capital. De igual modo, maldecir al discapacitado, en especial al sordo, podría resultar en un castigo (Lv 19.14). Por último, la constante presencia de maldiciones dentro de los Salmos indica que la maldición cumplía una función litúrgica así como una legal (Sal 37.22).

En el NT la maldición permanence como una señal del poder de Dios, p.ej., cuando Jesús maldice la higuera, causando que se secara (Mr 11.12-14, 20-22). Pedro utiliza la maldición de sí mismo para sellar su juramento de que él no conoce a Jesús (Mr 14.66-72). En Gálatas 3.10-13 Pablo parece reconocer el entendimiento del AT de la maldición como sanción legal, sin embargo él sostiene que Cristo, al convertirse «en maldición por nosotros,» ha revocado este aspecto de la ley, lo que permite así que las bendiciones de Dios sean otorgadas tanto a judíos como a gentiles. Pablo está completamente preparado, sin embargo, para maldecir a aquellos que no aman al Señor (1 Co 16.22) o que enseñan un evangelio corrompido (Gá 1.8-9). Por otro lado, el autor de Apocalipsis lanza maldiciones condicionales para proteger la futura integridad del texto (Ap 22.18-19). Los textos del NT también sugieren, sin embargo, que las maldiciones deben ser usadas con moderación (cf. Stg 3.8-11). Jesús aconseja no hacer juramentos (Mt 5.33-37) e instruye a la multitud, «bendecid a los que os maldicen, y orad por los que os calumnian» (Lc 6.28; también Pablo, Ro 12.14).

Bibliografía. S. H. Blank, «The Curse, Blasphemy, the Spell, and the Oath,» *HUCA* 23 (1950-51): 73-95; H. C. Brichto, *The Problem of «Curse» in the Hebrew Bible.* JBLMS 13 (Philadelphia, 1963); D. R. Hiller, *Treaty-Curses and the Old Testament Prophets.* BibOr 15 (Rome, 1964).

F. Rachel Magdalene

MALOS (Gr. *Mallōs*)
Ciudad de Cilicia cuya población se sublevó cuando Antíoco IV Epífanes la dio, junto con la vecina Tarso, a su concubina Antióquida (2 Mac 4.30). La ciudad, con vista al delta del Píramo (la actual Ceyhan), se encuentra en la ruta tomada por Alejandro el Grande.

MALOTI (Heb. *mallômî*)
Hijo de Hemán; jefe del décimo noveno grupo de cantores del Templo (1 Cr 25.4, 26).

MALQUÍAS (Heb. *malkîyâ, malkîyāhû*)

1. Padre de Pasur, importante oficial del Templo en tiempos de Jeremías (Jer. 21.1; 38.1). Hay consenso general de que no es el mismo Malquías 2.

2. Miembro de la familia real de Judá, y dueño de la cisterna, donde fue lanzado Jeremías (Jer 38.6). Algunos estudiosos lo identifican con el 1 anterior.

Robin Gallaher Branch

MALQUÍAS (Heb. *malkîyâ, malkîyāhû*)

1. Levita gersonita, uno de los músicos del Templo. Fue antepasado de Asaf, el padre de Baasías, e hijo de Etni (1 Cr 6.40[TM 25]).

2. Descendiente de Aarón, jefe de una familia sacerdotal, y líder del quinto grupo de sacerdotes (1 CR 24.9). Fue antepasado de Adaías, quien habitó de nuevo en Jerusalén después del exilio (1 Cr 9.12; Neh 11.12).

3. Descendiente de Paros, quien se divorció de su esposa extranjera (Es 10.25).

4. Descendiente de Harim, quien se divorció de su esposa extranjera (Esd 10.31).

5. Hijo de Harim quien, junto con Hasub, reparó un tramo de la muralla y la torre de los Hornos (Neh 3.11). Puede ser el mismo 4 anterior.

6. Gobernador de la provincia de Bet-haquerem, hijo de Recab. Reconstruyó la puerta del Muladar (Neh 3.14).

7. Orfebre que ayudó a reparar una parte del muro (Neh 3.31).

8. Uno de los 13 hombres que acompañaron a Esdras mientras éste leía la Ley de Moisés al pueblo en la puerta de las Aguas (Neh 8.4).

9. Sacerdote que, junto con el gobernador Nehemías, firmó el pacto de Esdras después del exilio (Neh 10.3[4]).

10. Sacerdote que cantó en el coro durante la dedicación del muro (Neh 12.42). Puede ser el mismo 9 anterior.

Robin Gallaher Branch

MALQUIEL (Heb. *malkî'ēl*)
Hijo de Beria y nieto de Aser (Gn 46.17; 1 Cr 7.31), antepasado de los malquielitas (Nm 26.45).

MALQUIRAM (Heb. *malkîrām*)
Segundo hijo del rey Jeconías/Joaquín (1 Cr 3.18).

MALQUISÚA (Heb. *malkîšûa'*)
Hijo del rey Saúl (1 S 14.49; 1 Cr 8.33; 9.39), muerto en combate con los filisteos en el monte de Gilboa (1S 31.2; 1 Cr 10.2).

MALTA (Gr. *Melítē*)
Antigua Melita, la mayor de las islas maltesas, a c. 100 km (60 mi) al sur de Sicilia. Es posible que los fenicios hayan establecido una colonia comercial en la isla; más tarde Cartago, otro asentamiento fenicio, controló Malta, dando a la isla su carácter púnico. En la Segunda guerra púnica (218 a.C.), Malta se convirtió en parte del imperio romano.

El barco que transportaba a Pablo como prisionero a Roma quedó destruido, y todas las personas a bordo llegaron a Malta (Hch 28.1). Durante los tres meses que permaneció en la isla, Pablo sobrevivió a una mordedura de serpiente e hizo sanidades (Hch 28.3-9). Los habitantes son descritos como *barbaroi* («naturales» según la RVR).Algunas inscripciones confirman que el líder local de la isla era llamado *prōtos* («primer hombre» u «hombre principal»), que es el título de Publio en Hch 28.7. Se han propuesto otras islas como el lugar del naufragio, pero Malta sigue siendo la más probable, con su tradicional Bahía de San Pablo, a 13 km (8 mi) al noroeste de la Valeta, como el lugar probable donde atracaron.

Bibliografía. C. J. Hemer, «Euraquilo and Melita,» JTS n.s. 26 (1975). 100-11.

Douglas Low

MALUC (Heb. *mallûk*)

1. Levita merarita y antepasado de Etán (1 Cr 6.44[TM 29]).

2. Uno de los hijos de Bani, quien fue obligado a divorciarse de sus esposas extranjeras (Esd 10.29, 1 Esdr 9.30).

3. Israelita de los hijos de Harim, forzado a «dejar» a su esposa extranjera (Esd 10.32).

4. Sacerdote que participó en la firma del nuevo pacto bajo Nehemías (Neh 10.4[5]).

5. Uno de los jefes del pueblo que firmó con Nehemías el pacto (Neh 10.27[28]). Puede ser el mismo de los números 2 o 3.

6. Sacerdote que regresó con Zorobabel de Babilonia (Neh 12.2). Es quizás el mismo del número 4.

MALVA
Heb. *mallûaḥ*, «malva» (similar a *melaḥ*, «sal»), puede referirse a una especie del género *Atriplex*, llamado comúnmente caramillo. Estas grandes plantas frondosas abundan en los suelos arenosos y salinos. La *Atriplex halimus L.*, llamada verdolaga, es una excelente candidata para ser la malva de la Biblia. Job 30.1-8 dice que las malvas eran la comida de los menesterosos.

La palabra hebrea *ḥallāmût* (Job 6.6), también traducida como «clara del huevo», puede referirse a un miembro de la familia de las malváceas, al cual pertenece el genero llamado hoy malvas. Son hierbas mucilaginosas muy abundantes.

Megan Bishop Moore

MAMERTINA, CÁRCEL
Prisión de Roma situada en el lado este de la colina del Capitolio, y contigua al Foro. Según la iglesia primitiva, Pedro y Pablo estuvieron presos en esta pequeña construcción, de apenas dos celdas, una encima de otra, antes de ser ejecutados. Aunque su nombre es de origen medieval, se sabe que la prisión existía en el siglo I d.C., y que posiblemente era la más antigua de la ciudad.

MAMÓN (Gr. *mamōnás*, *mammōnás*)
Transliteración del arameo o del hebreo *mmnw*, ausente en el AT, pero común en la literatura rabínica, para indicar dinero o bienes. Contrariamente a la creencia popular, no se han encontrado evidencias de un culto a un dios pagano llamado Mamón. Jesús enseñó que «ninguno puede servir a dos señores… No podéis servir a Dios y a las riquezas [Mamón]» (Mt 6.24; Lc 16.13, citado en 2 Clem 6.1). Aquí Mamón es personificado como un objeto de falsa devoción. En el material exclusivo de Lucas, aparece con su significado convencional. «Ganad amigos por medio de riquezas injustas» (Lc 16.9), y haced buen uso de ellas (v. 11).

Gary S. Shogren

MAMPOSTEROS
Trabajadores expertos en el corte de la piedra usada en muros y edificaciones. Aunque los hombres en general cortaban piedras para sus casas y otros proyectos a pequeña escala, para los proyectos especiales de construcción se utilizaban mamposteros cali-

ficados (Heb. *gāḏar*, *ḥāṣaḇ*,, *ḥāraš*). En construcciones reales, tales como palacios, templos y murallas defensivas de ciudades, proyectos que podían permitirse la contratación de trabajadores especializados en el oficio, se utilizaban piedras selectas.

Hiram de Tiro envió mamposteros fenicios para construir el palacio de David en Jerusalén (2 S 5.11 = 1 Cr 14.1). Estructuras que datan del período salomónico muestran un trabajo de alta calidad en el corte de piedras, al igual que los palacios de Omri y Acab descubiertos en Samaria. El túnel de Ezequías (2 R 20.20; 2 Cr 32.30) muestra un corte de piedra de alta calidad; aquí los mamposteros tallaron la roca sólida en ambos extremos, y la trabajaron hacia el centro. Los edificios de Herodes en Jerusalén y en otros lugares muestran trabajos de mampostería de alta calidad, tanto en el corte como en la colocación de las piedras.

Los mamposteros experimentados podían cortar piedras para las paredes con tanta precisión, que no se necesitaba argamasa. Como en Palestina había piedra relativamente blanda para proyectos de construcción, la misma se utilizaba ampliamente en cimientos de edificios y muros de ciudades en muchos sitios. En Hasor se utilizaba el basalto nativo (una dura piedra volcánica) para hacer ortostatos usados en bases de paredes y umbrales. En Egipto, donde la piedra era costosa, fue utilizada para construir templos y monumentos reales, más particularmente las pirámides de Giza. Los bloques de piedra caliza utilizados para construir la Gran Pirámide de Giza muestran una gran habilidad en el corte de la piedra; en muchos casos, los bloques fueron cortados y colocados con tanta precisión, que entre las uniones de ellos no podía pasar una navaja.

Jennie R. Ebeling

MAMRE (Heb. *mamrē'*) (**LUGAR**)
Lugar que se convirtió en el centro de los viajes de Abraham durante su estadía en el sur de Canaán. Abraham construyó un altar allí (Gn 13.18), y el lugar se convirtió en el sitio de numerosas manifestaciones de la divinidad. Cuando Abraham estaba acampando en Mamre, Jehová le dijo que Sara iba a tener un hijo en su vejez (Gn 18.1-15); y allí argumentó Abraham con Jehová por la suerte de Sodoma y Gomorra (vv. 16-33). Abraham compró más tarde la vecina cueva de Macpela como heredad para sepultura de la familia (Gn 23.17-20; 25.9, 10; 49.29-32; 50.13). El lugar comparte su nombre con Mamre, un amorreo de quien se dice que fue uno de los aliados de Abraham en contra de la coalición de los reyes orientales encabezados por Quedorlaomer (Gn 14.1-9). Ya sea que este personaje no sea más que una personificación del lugar, y no una persona real, es un asunto de controversia permanente. Mamre ha sido identificado tradicionalmente con el actual μaram Râmet el-Khalîl (1088.1602), aprox.a 3 km (2 mi) al norte de Hebrón, aunque no hay apoyo arqueológico definitivo en cuanto a esta identificación.

Wade, R. Kotter

MAMRE (Heb: *mamrē'*) (**PERSONA**)
Amorreo de las inmediaciones de Hebrón. Él y sus hermanos, Escol y Aner, fueron aliados de Abraham en la batalla contra los cuatro reyes orientales (Gn 14.13, 24).

MANÁ
Sustancia que caía del cielo en la noche para alimentar a los israelitas en su peregrinación por el desierto. Dios les envió el maná (Heb. *mān*) durante 40 años, hasta que celebraron la Pascua en Gilgal, en la Tierra Prometida (Ex 16.35; Jos 5.12). El maná era una sustancia parecida al cilantro o a la escarcha (Ex 16.13, 31), y del color era el de la goma resinosa (Nm 11.7). Los israelitas lo recogían en la mañana, sólo lo suficiente para el día siguiente, pues de lo contrario se echaba a perder (Ex 16.16-21); una doble porción podía recogerse la víspera del sábado (v. 5). El maná era triturado y luego hervido u horneado (Nm 11.8; Ex. 16.23). El sabor de maná era parecido al de tortas hechas con aceite o miel (Ex 16.31; Nm 11.8).
La aparición del maná era un hecho milagroso que no puede explicarse exclusivamente por fenómenos naturales. Sin embargo, algunas plantas del Sinaí producen sustancias dulces que los estudiosos han identificado con el maná. Después de succionar al árbol tamarisco (género *Tamarix*), algunos insectos secretan una sustancia dulce. Otras plantas también producen secreciones parecidas. Los líquenes (*Lecanora*) también han sido sugeridos como el maná, ya que cuando se secan viajan por el aire y caen sobre la tierra.

El maná es utilizado simbólicamente («pan del cielo») para representar el cuidado de Dios (Neh 9.20; Jn 6.31; Gr. *mánna*; cf. Ap 2.17). Los israelitas fueron afligidos y probados por el maná para que aprendieran que «no sólo de pan vivirá el hombre, mas de todo lo que sale de la boca de Jehová" (Dt 8.3). Moisés ordenó que hubiera por todos los siglos una vasija con maná, como recordatorio de la protección de Dios (Ex 16.33).

MEGAN BISHOP MOORE

MANAÉN (Gk. *Manaḗn*)
Profeta y maestro cristiano de Antioquía (Hch 13.1), presente en el envío de Pablo y Bernabé como misioneros. Manaén era «hermano de crianza» (Gr. *sýntrophos*; RSV «miembro de la corte») de Herodes Antipas, tetrarca de Galilea y Perea; este título le era dado a los niños criados con príncipes de la realeza, y lo conservaban como adultos.

MANAHAIM (Heb. *maḥănēh-dān*)
Lugar donde Jacob descansó a su regreso a Canaán (Gn 32.2 [TM 3]). Mahanaim («dos campamentos») se convirtió más tarde en una ciudad levítica (Jos 21.38; 1 Cr 6.80) del territorio de Gad (Jos13.26), en la frontera de Manasés (13.30). Fue por breve tiempo la capital de la dinastía de Saúl bajo Is-boset (2 S 2.8, 12, 29) y más tarde utilizada por David como base de operaciones durante el intento de golpe de Absalón (17.24, 27; 19.32; 1 R 2.7, 8). Fue sede de la 7ª región de Salomón (1 R 4.14), y fue destruida por Faraón Sisac (*ANET*, 243) en el 925 a.C.

Se desconoce la ubicación exacta de Mahanaim. Tell edh-el Dhahab-Gharbi (214177), en la ribera norte del río Jaboc (Wadi Zerqa) tiene actualmente la primera opción.

Bibliografía. R. A. Coughenour, «A Search for MaFanaim,» BASOR 273 (1989): 57-66.

PAUL J. RAY, JR.

MANAHAT (Heb. *mānaḥaṯ*) **(LUGAR)**
Ciudad a la cual fueron exiliados los habitantes de Geba, de la familia de Ehud benjamita (1 Cr 8.6). Al parecer, los benjamitas fueron enviados allí por Gera, uno de los líderes de su clan (1 Cr 8.7; *hglm* es interpretado como verbo, en vez del nombre propio Heglam). Manahat ha sido identificada con Malḥah/Manaḥat (1289.1679), una aldea a 5 km (3 mi) al suroeste de Jerusalén. La proximidad de Manahat a Geba y a la actividad de Gera, han llevado a varios estudiosos a sugerir que el verbo *glh* debe ser traducido más bien como «moverse, emigrar». En cualquier caso, las circunstancias del traslado o exilio son desconocidas. La identificación de Manahat con Manḫatu en las Cartas de Amarna, como localizada en los alrededores de Gezer, es poco probable.

RONALD A. SIMKINS

MANAHAT (Heb. *mānaḥaṯ*) **(PERSONA)**
Hijo de Sobal y descendiente de Seir horeo (Gn 36.23; 1 Cr 1.40). Es probablemente el antepasado de una familia edomita.

MANAHATITAS (Heb. *mānaḥtî*)
Clan descendiente de Caleb cuyo linaje se remonta a dos grupos, cada uno con su propio antepasado (1 Cr 2.50-54). El primer grupo, denominado el menuhot, es parte de la familia de Sobal (1 Cr 2.52, cf. Gn 36.23). El segundo grupo del clan son los descendientes de Salma (1 Cr 2.54).

JOHN KALTNER

MANAHEM (Heb. *mĕnaḥēm*)
Rey de Israel (c. 746 a 737 a.C.). Manahem derrocó a Salum, su rival al trono tras el asesinato de Zacarías, después que Salum había reinado apenas un mes. La toma del poder por Manahem es un ejemplo del caos que siguió a la muerte de Jeroboam II, y que llevó al debilitamiento y a la caída del reino del norte. Dado que Manahem era de Tirsa, la capital original de Israel bajo Jeroboam I hasta que Omri fundó Samaria, su golpe pudo haber sido apoyado por una facción que estuvo siempre en contra de Samaria, y que aprovechó la oportunidad para apoderarse del gobierno.

El sangriento golpe de Manahem fue seguido por el saqueo a Tifsa (2 R 15.16), y por su pesada carga tributaria a Israel para pagar el tributo que debía a Tiglat-pileser III de Asiria (vv. 19, 20). No está claro si esto fue el tributo de un vasallo, o el pago de la ayuda militar para apoderarse del reino, pero el reinado de Manahem fue un tiempo de compromiso en favor de Asiria en la lucha contra esta nueva amenaza a la paz. Su dinastía se extendió hasta el reinado de dos años de su hijo Pekaía, quien fue derrocado probablemente como una reacción a las políticas de Manahem.

Bibliografía. L. D. Levine, «Menahem and Tiglath-Pileser. A New Synchronism,» *BASOR* 206 (1972). 40-42.

ANDREW H. BARTELT

MANANTIAL, FUENTE
En Israel, donde los ríos y corrientes perpetuas son escasos y cae poca lluvia cuando llueve durante la mitad del año, la mayoría de poblaciones tenía que depender de los manantiales y las fuentes (heb. *ʿayin*, «borbotar, fluir») para su provisión de agua

fresca. La consideración clave para establecer una población era una provisión de agua confiable y segura. Si las ciudades no tenían un río perpetuo, se construían alrededor de un manantial. Durante la Revuelta Judía de 70 d.C., una de las razones por las que los Judíos de Masada pudieron resistir a las legiones romanas por un período largo fue porque había un manantial en la fortaleza. Frecuentemente los nombres de las ciudades indican la presencia de un manantial: p. ej., En-gadi (1 S 24.1), En-rogel (1 R 1.9), y En-rimón (Neh 11.29).

Los manantiales se forman cuando el agua subterránea corre por rocas duras e impenetrables y luego se filtra en la superficie donde aparece un afloramiento rocoso. Los manantiales y las fuentes aparecen con alguna frecuencia en la zona siro-palestina, mayormente en los valles. La mayor parte de la región tiene formaciones substanciales de piedra caliza cárstica, debajo de la superficie, que permite que el agua de lluvia sea absorbida hasta que llegue a la capa de piedra de granito subyacente. El agua subterránea, entonces, fluye hacia los valles colindantes y, ocasionalmente, llega a la superficie.

No todos los manantiales producen agua potable; los depósitos minerales, particularmente el plomo, podrían contaminar el agua. Los ancianos de Jericó le dijeron a Eliseo que el agua del manantial era mala y que la tierra era estéril, tanto en términos de agricultura como en abortos espontáneos de animales y de residentes humanos del área; Eliseo lanzó un puñado de sal al manantial y Dios purificó el agua (2 R 2.19-22).

El agua de manantial se consideraba como el «mejor» recurso de agua, y los manantiales se consideraban como una señal de la bendición de Dios (Sal 104.10-13; Is 41.18; 58.11; Ap 21.6). «Manantial» también se utiliza simbólicamente como fuente de sabiduría (Pr 18.4) y Dios como fuente de salvación (Jer 17.13-14).

Bibliografía. R. Miller, «Water Use in Syria and Palestine from the Neolithic to Bronze Age,» *World Archaeology* 11 (1980): 331-41; J. Wilkinson, «Ancient Jerusalem: Its Water Supply and Population,» *PEQ* 106 (1974): 33-51.

DENNIS M. SWANSON

MANASÉS (Heb. *mĕnaššeh*)

1. Primogénito de José y su esposa egipcia Asenat, hija de Potifera sacerdote de On (Gn 46.20). En honor a José, Manasés y su hermano menor, Efraín, son «bendecidos» por su abuelo Jacob (Gn 48.8-22) y, por tanto, elevados al rango de ancestro de una tribu.

La tribu de Manasés ocupaba gran parte del centro del reino de Israel. Sus fronteras aparecen en Jos 17, pero no están definidas de manera precisa. Manasés ocupó, normalmente, el territorio inmediatamente al sur del valle de Jezreel, como también la región más allá del Jordán conocida como Galaad. Manasés era, evidentemente, una de las tribus más importantes de Israel, como lo muestra el hecho de que las tres capitales del reino del norte estuvieron todas dentro de su zona tribal. Siquem (Tell Balâtah), Tirsa (Tell el-Far'ah) y Samaria (Sebasniyeh). Manasés incluída además otras ciudades importantes. Meguido, Tanaac, Jezreel, Dor y Bet-seán.

La naturaleza exacta de las tribus de Israel es un asunto complejo. El AT contiene numerosas listas de tribus. Si bien se enfatiza que 12 es el número de las tribus, éstas varían en detalle, y también en lineamientos generales. Como regla, hay dos categorías de tribus. (1) las que mencionan a las tribus de José y Levi; o (2) las que omiten a Levi, y dividen a José en dos tribus. Efraín y Manasés. La mayoría de los eruditos han dado por sentado que la lista con José es más antigua, y que Efraín y Manasés surgieron más tarde de la antigua tribu de José. Sin embargo, investigaciones más recientes parecen indicar que la tribu de José fue una idea posterior, con el propósito de establecer una diferencia con Judá.

Varias características resaltan en cuanto a la tribu de Manasés. De primera importancia es su preeminencia. Manasés dominaba, junto con la tribu de Efraín, el centro de Israel. Manasés y Efraín parecen, en realidad, haber tenido una larga rivalidad en cuanto a cuál de las tribus tendría la primacía. Aunque es claro que Manasés es señalado como el primogénito de José (Gn 48.13-14), es igualmente claro que, en última instancia, Efraín resulta siendo el ganador en la rivalidad de los hermanos (v. 19). Observemos que es un efraimita, Jeroboam I, quien toma el trono después de la división de la monarquía. De hecho, el término «Efraín» se convierte a la larga en sinónimo del reino de Israel (p.ej., Is 7.2).

Manasés se distingue también por la persistencia de su población cananea. La tribu de Manasés estaba establecida en una zona donde había numerosas poblaciones cananeas. Siquem, Bet-seán, Taanac, Ibleam y Meguido —entre otras— eran todas antiguas ciudades cananeas. Aun después de la conquista por Israel, Jue 1.27 destaca que los cananeos siguieron viviendo en sus ciudades. La antigüedad del asentamiento en Manasés complica claramente su historia. Por otra parte, las relaciones de Manasés con la tribu de Isacar y con las misteriosas tribus de Maquir y Jezreel (2 S 2.9) ensombrecen aún más el panorama. El antiguo cántico de Débora (Jue 5) menciona 10 tribus del Israel del norte. Aunque la tribu de Maquir es mencionada, no lo es Manasés. Muchos eruditos han sugerido que el término Maquir es simplemente una arcaica referencia a Manasés; otros, sin embargo, han argumentado que Maquir fue originalmente una tribu aparte que finalmente desapareció, o fue absorbida por Manasés.

2. Rey de Judá (c. 697-642 a.C.). Acusado de ser el rey más perverso de Judá, Manasés fue hijo del rey Ezequías y de Hepsiba, padre de Amón —quien gobernó por breve tiempo— y abuelo y antítesis del buen rey Josías. El reinado de 55 años de Manasés fue el más largo de cualquier rey de la dinastía de David. Los excesos de perverso reinado están contados en Deuteronomio (2 R 21.1-17; 23.26, 27; 24.3, 4), en Crónicas (2 Cr 33.1-20), y en Jeremías (Jer 15.4).

Un aspecto fascinante del reinado de Manasés es el trato contrastante que le dan Reyes y Crónicas. Ambos relatos comienzan con una caracterización del reinado de Manasés como de una perversidad y una apostasía sin precedentes. Desaprueban sus excesos cultuales, su sacrificio de niños, sus altares paganos, su idolatría y su hechicería. Ambos relatos coinciden también en que el Señor envió profetas para rogarle que se arrepintiera, pero Manasés se negó a escuchar. Pero aquí comienza el contraste entre las dos narraciones. El libro de Reyes condena a Manasés, diciendo que fue tan perverso, que su reinado fue la causa verdadera de la caída de Judá. Incluso el reinado justo de Josías, el sucesor de Manasés, no es suficiente para evitar la ira de Dios. «Por los pecados de Manasés… Jehová no quiso perdonar» (2 R 24.3, 4).

En cambio, Crónicas contiene un fascinante relato de exilio y arrepentimiento. 2 Crónicas 33, afirma que el Señor estaba tan airado con Manasés que lo entregó a los asirios, y fue llevado cautivo a Babilonia (¡sic!). Y en un relato totalmente ausente en Reyes, dice que Manasés reconoció su maldad y se arrepintió muy afligido. Dios estaba tan complacido por el arrepentimiento de Manasés, que lo restituyó al trono de Judá. Después de su regreso de Babilonia, Manasés llevó a cabo importantes reformas políticas, religiosas y militares. Así pues, mientras que Manasés es descrito en Reyes como el prototipo del pecado —la causa final de la caída de Judá—, en Crónicas se convierte en el prototipo del pecador arrepentido. La apócrifa Oración de Manasés pretende, en realidad, ser la oración de contrición de Manasés. Tradicionalmente, la mayoría de los eruditos han desestimado el relato de Crónicas como un intento moralizador para explicar la duración sin precedentes del reinado de Manasés. Sin embargo, recientemente varios investigadores han argumentado que se debe dar más crédito al relato de Crónicas. Argumentan que el deuteronomista exageró la apostasía de Manasés para explicar el fracaso final de las reformas de Josías.

3.-5. Hombres hebreos que cumplieron con la orden de Esdras de renunciar a sus esposas extranjeras. Las listas en Esdras 10 y 1 Esdr 9 son parecidas, pero varían en detalles. Esdras 10 se refiere a Manasés hijo de Pahat-moab (v. 30), y a un Manasés hijo de Hasum (v. 33); 1 Esdr 9 se refiere a «Manaseas» hijo de Adi (v. 31), y a un Manasés hijo de Hasum (v. 33).

6. Esposo de Judit, la heroína del libro de Judit (Jdt 8.2). Manasés parece haber sido un ciudadano rico y prominente (Jdt. 8.7) que murió de insolación mientras supervisaba a los trabajadores de su finca.

Bibliografía. I. Finkelstein, «The Archaeology of the Days of Manasseh,» in *Scripture and Other Artifacts*, ed. M. D. Coogan, J. C. Exum, and L. E. Stager (Louisville, 1994), 169-87; *The Archaeology of the Israelite Settlement* (Jerusalem, 1988); C. H. J. de Geus, *The Tribes of Israel.* SSN 18 (Amsterdam, 1976); J. W. McKay, *Religion in Judah Under the Assyrians*, 732-602 b.c. *SBT* 2nd ser. 26 (Naperville, 1973); L. Tatum, «King Manasseh and the Royal Fortress at Ḥorvat ʿUsa,» *BA* 54 (1991). 136-45.

LYNN TATUM

MANASÉS, ORACIÓN DE

Texto pseudoepigráfico que pretende ser la oración hecha por el rey Manasés mientras estuvo preso en Babilonia (2 Cr 33.12, 13). Aunque está incluida en los libros apócrifos y en algunas ediciones modernas de la LXX, la Oración en realidad nunca fue parte de la LXX. Los testigos principales del texto son varios manuscritos cristianos griegos y siríacos. No obstante, la Oración pudo haber tenido un origen judío fechado en los siglos II o I a.C. Sigue sin saberse si la

Oración fue escrita originalmente en griego, o si se trata de la traducción de un original en lengua semita. Al utilizar las formas del lamento y de la oración penitencial, la Oración se apropia de ideas, imágenes y lenguaje de la Biblia hebrea, incluyendo paralelos significativos con el salmo 51. También muestra tener conocimiento, e incorpora detalles, de la historia de Manasés en 2 Reyes y 2 Crónicas. Atribuir una oración a una persona del pasado de Israel, a veces como complemento a un texto, como lo hizo el autor en esta oración, es una característica de algunos textos judíos del segundo Templo (p.ej., Esd 9; Dn 9; Adiciones a Ester, la Oración de Azarías). En la invocación (vv. 1-7), el autor presenta a Manasés alabando a Dios como el único Soberano y todopoderoso Creador, el Dios de los patriarcas y el pacto. La descripción de la actividad creadora de Dios puede incluir alusiones a antiguos mitos paganos, para no dejar dudas de que todos los dioses están sujetos al Dios de la Biblia. Irónicamente, Manasés había dado la espalda al Dios del pacto por su idolátrico politeísmo. A pesar de que el rey había sido infiel, ahora le pide a Dios que sea fiel a la promesa de que él perdona y salva a los pecadores (v. 7).

Manasés confiesa su pecado en los vv. 8-12. En las oraciones penitenciales del segundo Templo se producen normalmente numerosos reconocimientos de pecado, destacando la contrición del penitente. La incapacidad de Manasés de levantar sus ojos, indican su culpabilidad y su vergüenza (cf. Esd 9.6; 1 En 63.1, 5, 6, 8). Las descripciones físicas de su encarcelamiento se convierten en metáforas de su condición espiritual. Su reconocimiento de que Dios lo ha castigado con razón, es también un elemento tradicional de la oración penitencial. Confiesa explícitamente su idolatría en el v. 10, pero le asegura a Dios que quien se inclinó ante los ídolos, ahora «dobla la rodilla» de su «corazón» delante Dios (v. 11).

En los vv. 13-14, Manasés le implora a Dios que lo perdone. Continuando con el tema de la introducción, se refiere a Dios como «el Dios de los que se arrepientan» (v. 13). La desesperada súplica de que Dios retire su enojo, perdone la vida del peticionario, y elimine la amenaza de la destrucción eterna, son elementos de lamentación. En la promesa de Manasés, al final, de ser fiel y alabar a Dios, (v. 15) subsiste la nota del lamento.

Esta oración muestra el derroche de gracia y misericordia de Dios, que se extiende a todas las personas, incluso al peor de los pecadores (v. 8). Esto encaja con la tradición bíblica en cuanto a Manasés y a la respuesta de Dios al arrepentimiento humano (cf. 2 Cr 6, 7.14).

Bibliografía. J. H. Charlesworth, «Prayer of Manasseh,» *OTP* 2.625-37; G. W. E. Nickelsburg, «Prayer of Manasseh,» en *Oxford Bible Commentary* (forthcoming).

Rodney A. Werline

MANDAMIENTO

Prescripión o exigencia, generalmente de parte de Dios; más a menudo con referencia a la voluntad de Dios como es revelada en las leyes del Pentateuco.

La palabra hebrea para mandamiento (*miṣwâ;* pl. *miṣwōt*) es uno de los varios sinónimos para la Torá o «instrucción.» En el Pentateuco el término se usa, a menudo en conjunción con uno o más de los otros sinónimos para Torá (p.ej., *ḥuqîm*, «estatutos»; *mišpāṭîm*, «ordenanzas»), para referirse a una colección de leyes (p.ej., Gn 26.5; Ex 15.26; 24.12; Lv 26.3; Nm 15.22; Dt 5.29; 6.1; 7.11) o a los Diez Mandamientos en particular (Ex 34.28; Dt 4.13). Algunos mandamientos, como el mandamiento de usar franjas en los bordes de los vestidos (Nm 15.37-41), tienen la intención de llamar la atención a los mandamientos como un todo. Otros recuerdan acontecimientos históricos importantes (p.ej., Dt 16.3). En el libro de Salmos los mandamientos divinos se mantienen por su perfección, claridad, y veracidad (Sal 19.7-10[TM 8-11]; 119). En el Salmo 119 el salmista se deleita en las instrucciones de Jehová al usar ocho diferentes sinónimos para la Torá de forma alterna. Dentro del contexto del judaísmo emergente, Jesús trató de alcanzar una concepción unificada del mandamiento divino (Mt 5.19) al pronunciar el Gran Mandamiento (22.34-40; Mr 12.28-34; Lc 10.25-28; cf. Ro 13.8-10) como la suma de todos los mandamientos. Para Pablo, sin embargo, los mandamientos son una ocasión para el pecado, y a través de ellos es el conocimiento del pecado (Ro 7.7-13). En los escritos juaninos, los mandamientos se refieren a la comisión del Padre al Hijo (Jn 10.18; 12.49-50) o del Hijo a sus discípulos (15.12-17), y obedecerlos es prueba de que permanece en Dios y anda en la verdad (1 Juan 2.3-7; 3.22-24; 4.21; 5.2-4; 2 Juan 4-6).

Bibliografía. F. Crüsemann, *The Torah: Theology and Social History of Old Testament Law* (Minneapolis, 1996).

Arnold Betz

MANDRÁGORA

Fruto redondo, de color amarillo verdoso, parecido a la ciruela (aunque algunos dicen que la gran cantidad de raíces tuberosas identifica a la) *Mandragora vernalis*, una planta perenne, más comúnmente conocido en Palestina meridional y Egipto, pero también se da en Siria y, al parecer, en la región de Padan-aram.

La mandrágora era considerada afrodisíaca (cf. Cnt 7.13, y a su aparición en las canciones de amor tradicionales de Egipto; cf. también a la traducción tradicional del Heb. *dûḏay* como «manzanas de amor»). Se creía, al parecer, que ayudaba en la fertilidad y la concepción (Gn 30.14-16). Sin embargo, el texto bíblico no respalda, sin duda alguna, la idea; de hecho, puede proporcionar una polémica en contra de la misma. La fuente de la fertilidad de Lea y Raquel no era las mandrágoras, sino el haber «escuchado» y respondido Dios evidentemente la oración de ellas pidiendo tener hijos.

WALTER E. BROWN

MANIQUEÍSMO

Religión que tiene sus raíces en la tradición gnóstica del Cercano Oriente. Su fundador, Manes, nació en Mesopotamia en el 216 d.C. El maniqueísmo surgió de un rico y diverso contexto religioso. El zoroastrismo, el budismo, el judaísmo, el cristianismo, la filosofía griega y numerosas creencias religiosas autóctonas antiguas estaban presentes en el oeste de Irán a principios del siglo III d.C. Manes se consideraba a sí mismo «el sello de los profetas» que había traído la final y suprema revelación divina. El maniqueísmo veía a todas las revelaciones anteriores (es decir, las de Zoroastro, Moisés, Buda, y/o Jesús) sólo como revelaciones parciales. Una deficiencia que había en estas revelaciones, según Manes, era su provincianismo. El maniqueísmo, en cambio, aseguraba proclamar una revelación completa y universal que uniría a todas las personas, y que se practicaría en todas partes. Sus seguidores habrían de recorrer el mundo difundiendo las enseñanzas de Manes, que serían copiadas de manera precisa y traducidas a las lenguas que entendieran en cada lugar. Los dos principios fundamentales del maniqueísmo son: (1) los dos principios eternos, y (2) la división del tiempo en tres épocas. En el principio (el tiempo pasado) los principios eternos del bien/la luz y el mal/la oscuridad existían por separado. El tiempo presente se inició cuando los representantes del reino de la oscuridad invadieron el reino de la luz. Esta época puede verse como un proceso de reagrupamiento de los elementos de la luz que habían sido disgregados o aprisionados durante la invasión de la oscuridad, y de una nueva separación de estos elementos de los elementos de la oscuridad. La época final será precedida por acontecimientos apocalípticos, y será testigo de una última y colosal batalla entre las fuerzas de la luz y las de la oscuridad. Después de esta batalla será pronunciado un juicio final. Los buenos/justos serán reunidos en el reino de la luz, mientras que los malos/injustos serán enviados a un profundo abismo que estará cerrado permanentemente. El cosmos arderá después durante 1.468 años.

Bibliografía. H.-J. Klimkeit, *Gnosis on the Silk Road* (San Francisco, 1993); S. N. C. Lieu, *Manichaeism in Mesopotamia and the Roman East* (Leiden, 1994); *Manichaeism in the Later Roman Empire and Medieval China*, 2nd ed. WUNT 63 (Tübingen, 1992); J. C. Reeves, *Jewish Lore in Manichaean Cosmogony*. HUCM 14 (Cincinnati, 1992); G. Widengren, *Mani and Manichaeism* (London, 1965).

DAVID CLEAVER-BARTHOLOMEW

MANO

Además de la parte literal del cuerpo (Gn 8.9; Mt 8.3), una referencia, por metonimia, a toda la persona (Sal 24.4). Se daba la mano derecha para sellar un contrato o recibir a una persona a la comunión (Gá 2.9), y estar a la mano derecha era considerado un puesto de honor (Mt 25.33; Hb 12.2).

De manera simbólica la mano se refiere a la responsabilidad (Gn 4.11; Sal 7.3[TM 4]) y autoridad. La expresión «en mano de» puede referirse al ejercicio del poder de Dios o una persona (Jue 13.1, 5; 1 S 9.16; Hch 12.11). Poder de Dios en la creación (Sal 95.5; Is 64.8), redención (Ex 13.9, 14, 16; Sal 37.24; Jn 10.29) y juicio (Dt 2.15; Hch 13.11). Con su mano Dios provee bendiciones (Esd 7.9; Neh 2.18), incluyendo ayuda divina (Sal 119.173), protección (138.7), y éxtasis profético (Ez 1.3; 40.1).

Se usaban manos en alto en oración (1 R 8.22, 54; 1 Ti 2.8) y señalaba victoria (Ex 17.8-13); el lavado de manos declaraba inocencia, sobre todo de la culpa de sangre (Dt 21.6; Mt 27.24). Se aplaudía con las manos en alabanza (Sal 47.1[2]) y se utiliza para bendecir (Gn 48.17; Lc 24.50), sanar (Mt 14.31), y ordenar (Nm 27.18-23; Hch 6.6). Las personas recibieron el Espíritu Santo por la imposición de manos (Hch 8.17; 1 Ti 4.14). La mano también se utiliza en frases idiomáticas para sugerir inminencia (Mt 3.2), propiedad (Ap 13.16; 14.9), juicio (Is 10.32), justicia (Ex 21.24), y asesinato (Gn 22.12).

Kenneth D. Mulzac

MANO DERECHA

El término «mano derecha» (Heb. *yāmîn*) a menudo se refiere a la mano derecha literal (Ez 39.3; Jon 4.11). Sin embargo, también es un símbolo de autoridad y poder: el anillo de sello se llevaba en la mano derecha real (Jer 22.24), el hijo mayor recibía la bendición más grande a través de la mano derecha (Gn 48.14, 17), y la posición de honor era a la diestra de uno (Sal 110.1, 5; cf Mr 14.62; Col 3.1). Si uno era deshonesto, se decía que la mano derecha era falsa (Sal 144.8, 11).

La mano derecha de Dios realiza actos de liberación (Ex 15.6), victoria (Sal 20.6 [TM 7]), y de fortaleza (Is 62.8). La derrota es vista como la inactividad o la retirada de la mano derecha de Dios (Sal 74.11; Lam 2.3). La mano derecha de Dios da apoyo (Sal 18.35 [36]) y las bendiciones (16.11).

Como adjetivo *yāmîn* puede referirse al ojo derecho (Zac 11.17) o el muslo (Jue 3.16) o, simplemente, al lado derecho (Dt 17.11; Jos 1.7; Ez 1:10). Además, se refiere a la dirección «sur», ya que la mano derecha de uno mirando hacia el este sería el sur (2 R 23.13).

Gregory A. Wolfe

MANOA (Heb. *mānôaḥ*)

Padre de Sansón; danita que vivía en la población de Zora. Manoa y su esposa no habían tenido hijos cuando un ángel de Jehová se les aparece anunciando a la esposa de Manoa. «Concebirás y darás un hijo» (Jue 13.3); les dice cómo deberá ser criado (vv. 4 -6), y les informa de que será un gran juez para «salvar a Israel de la mano de los filisteos» (v. 5). Manoa finalmente se da cuenta de la verdadera naturaleza del ángel cuando éste sube «en la llama del altar» (Jue 13.20).

La historia de Manoa contiene muchas de las características comunes de las fábulas de carácter instructivo, griegas y palestinas, incluyendo el anuncio por un mensajero de los dioses, del nacimiento de un hijo que promete mucho, y del nacimiento milagroso de un héroe popular a unos padres estériles y sin hijos (cf. 1 S 1.5, 9-17; Lc 1.5-17).

Henry L. Carrigan, Jr.

MÁNTICO

Palabra (Gr. *mantikós*, «profético, oracular»; *mántis*, «adivino, vidente, profeta») para designar a personas sabias cuyo conocimiento era la adivinación, y en particular la mántica o el conocimiento del futuro mediante la interpretación de augurios, visiones y sueños. Los mánticos educados para la corte real de Mesopotamia (cf. Dan 1-6) han sido propuestos como los autores del género apocalíptico.

«Mantológico» y «mántico» se utilizan también para especificar la técnica interpretativa que reinterpretaba oráculos, o que transformaba al material no oracular en predicción del futuro.

Bibliografía. J. J. Collins, «The Court-Tales in Daniel and the Development of Apocalyptic,» *JBL* 94 (1975). 218-34; M. Fishbane, *Biblical Interpretation in Ancient Israel* (Oxford, 1985); A. L. Oppenheim, *The Interpretation of Dreams in the Ancient Near East*. Transactions of the American Philosophical Society n.s. 46/3 (Philadelphia, 1956).

R. Glenn Wooden

MANUSCRITOS

Véanse Texto del Antiguo Testamento, Texto del Nuevo Testamento.

MANZANA

Un árbol frutal (Heb. *tappûaḥ*), *Malus sylvestris*, conocido por haber sido cultivado en Egipto y Siria en tiempos bíblicos (cf. Árabe. *tufaʿḥ*). Restos carbonizados de la fruta han sido encontrados en escombros del siglo IX a.C., en Cades-barnea. Algunos eruditos, sin embargo, afirman que la «manzana de oro» (Pr 25.11) eran damascos (*Prunus armeniaca* L.) o un fruto cítrico. La tradición ha establecido la manzana como el fruto del árbol de conocimiento (Gn 2); sin embargo, nada en la narrativa sugiere esta identificación.

Este árbol cultivado (Jl 1.12) da frutos refrescantes (Cnt 2.5), que tiene un olor agradable (7.8). Ya que una madre a punto de dar a luz se sienta bajo un árbol *tappûah*, probablemente proporcionaba sombra adecuada (Cnt 8.5).

El término también ocurre en nombres de lugares (p.ej., Bet-tapúa, Jos 15.33) y el nombre propio Tapúa (1 Cr 2.43).

Megan Bishop Moore/Randall W. Younker

MAOC (Heb. *māʿôḵ*)

Padre del rey Aquis de Gat (1 S 27.2). Puede tratarse de Maaca (3; 1 R 2.39).

MAÓN (Heb. *mā'ôn*) **(LUGAR)**

1.Pueblo de la región montañosa de Judá, identificado con Ḥorvat Maon/Khirbet Maʿîn (1627.0909), 14 km (8.7 mi) al norte de Arad. El pueblo, llamado así tal vez en honor de uno de los descendientes de Caleb (1 Cr 2.45), era parte de la herencia tribal de Judá (Jos 15.55); el territorio al oriente de la población, cerca del Mar Muerto, era conocido como el desierto de Maón. David y sus seguidores escaparon de Saúl escondiéndose allí (1 S 23.24, 25), y es el escenario de la historia de Nabal y David (25.2). La referencia del TM al desierto de Parán (1 S 25.1) debe ser rectificada para que diga Maón, como en la LXX. Los habitantes de Maón estaban incluidos entre los enemigos de Israel durante el período de los jueces (Jue 10.12) y el gobierno de Uzías (2 Cr 26.7). El Meunim (2 Cr 26.7; Esd 2.50 = Neh 7.52) mencionado entre los que regresaron del exilio babilónico, puede ser otra forma de escribir Maón.

El ostracón 25 de Arad (siglo VII-VI a.C.) le reconoce a Maón la entrega de 10 hekats de cebada (un hekat era poco menos de 5 l. [4.5 cuartos de galón]).

El sitio fue reconocido en 1968 (por Moshe Kochavi), 1979 (por Yizhar Hirschfeld) y 1987-1988 (por Zvi Ilan y David Amit). La exploración de Kochavi determinó que la población bíblica tenía una hectárea (2.5 acres) de superficie, ocupando la cima y las cuestas este y norte del montículo. La cuesta occidental estaba cubierta por construcciones posteriores. Se encontraron evidencias de cerámica de la temprana Edad del Bronce y del Hierro, de los períodos griego, romano y bizantino, y también de ocupación en la Edad Media.

El sitio es mejor conocido por su sinagoga de los siglos IV-VII d.C. Aunque su piso de mosaico no estaba bien conservado, presenta fragmentos de una menorá hecha de «manzanas» de mármol. Otros hallazgos incluyen un mikvá subterráneo, una sala, un túnel, y monedas de los siglos IV y V d.C.

2.Población situada a 18 km (11 mi) al sur de Gaza, el actual Jirbet el- Ma'in (093.082), ubicado cerca del borde del desierto de Néguev, junto al asentamiento del kibutz Nirim, 20 km (12.5 mi) al suroeste de Gaza. Como sitio de una antigua sinagoga, Maón-Nirim es famosa por su exquisito mosaico del siglo VI d.C. El motivo principal se compone de un enrejado de vid de 55 medallones, cada uno con un animal, un tazón o una canasta. El mosaico incluye símbolos judíos tales como una menorá, un shofar y una lulav. Otros hallazgos incluyen una inscripción dedicatoria en arameo (en parte del mosaico), monedas de los siglos IV-VI d.C., y una placa de hueso adornada con un ánfora tallada.

Bibliografía. Y. Aharoni, *The Land of the Bible*, 2nd ed. (Philadelphia, 1979); *Arad Inscriptions* (Jerusalem, 1981); M. Avi-Yonah, *The Holy Land*, rev. ed. (Grand Rapids, 1977); D. Barag, «Ma{on (Nirim),» *NEAEHL* 3.944-46; Department of Antiquities, «Nirim (Hurvath Maʿon),» *IEJ* 7 (1957). 265; Z. Ilan and D. Amit, «Horvat Maʿon, Synagogue,» *Excavations and Surveys in Israel 7/8* (1988-89). 123-225; «Maon (in Judea),» *NEAEHL* 3.942-44.

JENNIFER L. GROVES

MAÓN (Heb. *mā'ôn*) **(PERSONA)**

Calebita, hijo de Samai y padre de Bet-sur (1 Cr 2.45). El nombre puede designar aquí a una familia o una aldea.

MAONITAS (Heb. *mā'ôn*)

Uno de los pueblos que habían oprimido a Israel, y que Dios sometió (Jue 10.12). Aunque Maón (el actual Tell Maʿîn, al sur de Hebrón) y el área circundante tuvieron un papel destacado en la huida de David de Saúl, no hay ninguna mención en cuanto a que hayan invadido a Israel. Muchos estudiosos han enmendado el texto para que diga «madianitas», en base a la voz griega *Madiam* de la LXX.

CHRISTIAN M. M. BRADY

MAQUERONTE (Gr. *Machairous*)

Fortaleza judía situada estratégicamente al este del Mar Muerto, 24 km (15 mi) al sureste de la desembocadura del río Jordán. Una fortaleza construida allí (c. 90 a.C.) por Alejandro Janeo (103-76), fue destruida en el 57 a.C. Herodes el Grande (37-4) reconstruyó el recinto (c. 30), que más tarde pasó a Herodes Antipas (4 a.C.-39 d.C.) Josefo afirma que Herodes Antipas encarceló y decapitó a Juan el Bautista en Maqueronte (*Ant* 18.116-19). Los relatos de los evangelios no identifican a Maqueronte como el lugar de estos hechos (Mt 14.3-12 = Mr 6.17-29). A la muerte de Herodes Agripa en el 44 d.C., la fortaleza cayó bajo el control romano, permaneciendo así hasta que la revuelta judía (66-70). En el 72 volvió al control de los romanos.

Maqueronte fue excavada entre 1978-1981, proporcionando planos detallados de la fortificación, lo que confirma la identidad de Maqueronte con Mishnaqa (209108), y evidencias que apoyan las afirmaciones literarias de su actividad entre el 90 a.c. y el 72 d.C. El nombre está preservado hoy en la actual aldea de Mekawer, 1.6 km (1 mi) al este del sitio.

Monica L. W. Brady

MAQUI (Heb. *mākî*)
Gadita, padre del espía Geuel (Nm 13.15).

MAQUIR (Heb. *mākîr*)

1. Hijo de Manasés (Gn 50.23), padre de Galaad y jefe epónimo de la familia de los maquiritas (Nm 26.29; 27.1). Los hijos de Maquir fueron «criados sobre las rodillas de José» (Gn 50.23), un modismo para referirse a la adopción legal. Por tanto, el grupo maquirita se originó en Egipto, y perteneció a la casa de José.

A la media tribu de Manasés se le prometió una porción de territorio al otro lado del Jordán, a condición de que ayudara a las otras tribus en la batalla por Canaán (Nm 32.39, 40). Los descendientes de Maquir conquistaron Galaad, por lo que Moisés le asignó esta región a Maquir (Dt 3.15). El canto de Débora (Jue 5.14) menciona las tribus que salieron a la batalla contra Sísara. Maquir es nombrado (al oeste del Jordán) después de Efraín-Benjamin, pero antes de Zabulón-Isacar-Neftalí. Si se trata de un orden geográfico, este es el territorio ocupado por Manasés, cuyo nombre no aparece en esta lista.

La relación entre las tribus de Maquir/Manasés no es, por tanto, clara. Martin Noth sostiene que toda la región tuvo originalmente el nombre de Maquir, un cognomen para Manasés, que significa «descanso de Manasés». Maquir puede ser un nombre más antiguo, siendo Manasés posterior y secundario. Manasés puede haber sido originalmente un clan de Maquir que se hizo poderoso y lo reemplazó, o una tribu rival expulsó a Maquir. Maquir puede ser un clan de la casa de José, que se integró posteriormente a Manasés, así como Simeón se integró después a Judá (Nm 26.29). Textos posteriores del AT no se refieren a una tribu maquirita al oeste del Jordán.

2. Hijo de Amiel, de Lodebar, en cuya casa vivió durante un tiempo Mefi-boset, hijo de Saúl (2 S 9.4, 5). El mismo Maquir llevó comida a David en Mahanaim (2 S 17.27). El sitio sugerido para Lodebar está al norte del Jaboc, en la tierra de la media tribu de Manasés, en el territorio asignado a Maquir (véase el punto 1 anterior).

Bibliografía. Z. Kallai, *Historical Geography of the Bible* (Leiden, 1986); R. de Vaux, *The Early History of Israel* (Philadelphia, 1978).

Patricia A. MacNicoll

MAR GRANDE
Designación geográfica para el Mar Mediterráneo, que se observa como el límite occidental de la Tierra Prometida (Nm 34.6-7; Ez 47.20). La ubicación del Mar Grande (al oeste de Israel) dio origen al Heb. *yām*, «occidente», que se usaba para dar a entender «mar» (p.ej., Dt 11.24); esto también es cierto con el ugarítico y otros idiomas semíticos. Debido a que el este era la orientación direccional principal de los judíos y otros pueblos semíticos, se consideraba «arriba», la dirección de la residencia de la divinidad. Por el contrario, el occidente se consideraba «abajo», en dirección al Seol, el lugar de los muertos. Los judíos, de esta manera, miraban al Mar Grande con una gran cantidad de miedo y sospecha, y en el pensamiento hebreo había una conexión cercana entre el mar (lo profundo) y el Seol (Gn 1.2; Is 51.10; Jon 2.5).

El Mediterráneo o el Mar Grande abarca más de 3400 km (2100 mi) de occidente a oriente, desde Gibraltar hasta la costa del Líbano e Israel. Al separar los continentes Europa y África de norte a sur, el tramo varía de 160 a 965 km (100-600 mi). Hasta tiempos recientes, navegar en el Mar Grande era seguro solamente durante finales de la primavera y en el verano, cuando los patrones del viento eran muy predecibles. En la era bíblica no habría habido viajes marítimos desde noviembre a febrero, por los temidos vientos nororientales. Muchas de las grandes naciones alrededor de la cuenca del Mediterráneo progresaron con los viajes marítimos; sin embargo, Israel no fue una de ellas. Israel carecía de anclaje de calidad, y Jope (la moderna Tel Aviv), el único puerto natural en la línea costera de Israel, únicamente era ligeramente útil. Aunque Salomón construyó una flota mercante en el puerto del Mar Rojo de Ezion-geber, tuvo que contratar artesanos y marineros fenicios (1 R 9.26-27).

En el AT varios términos se usan para el Mar Grande, como simplemente «el mar» (Nm 13.29; Jos 16.8), «el mar occidental» (Dt 11.24; Zac 14.8), «mar de Jope» (Esd 3.7 RVA) y «mar de los filisteos» (Ex 23.31). La única mención en el AT de un viaje sustancial en el Mar Grande es el de Jonás, que pretendía navegar a occidente desde Jope a Tarsis.

Para el tiempo del NT, Roma había dominado el Mar Grande y, excepto por el clima impredecible del invierno, viajar era razonablemente seguro. Los barcos mercantes navegaban con protección armada y la piratería se había frenado. Con la construcción de un puerto en Cesarea por parte de Herodes el Grande, el comercio marítimo aumentó, aunque todavía limitado, a través de Israel. La discusión más extensa de eventos en el Mar Grande en el NT son los viajes de Pablo, como se registra en Hechos (cf. 2 Co 11.25).

Bibliografía. C. H. Gordon, «The Mediterranean Factor in the Old Testament,» *VTSup* 9 (1963): 19-31.

MAR MEDITERRÁNEO

Véase MAR GRANDE

MAR MUERTO

El gran lago salado localizado en la terminación sur del río Jordán. El Mar es delimitado por los acantilados de Moab en el este y los riscos de Judá al occidente. Tiene la distinción de ser el cuerpo de agua interior más bajo sobre la faz de la tierra. La superficie es de c. 394 m (1292 pies) debajo del nivel del mar, y en algunos lugares alcanza una profundidad de 396 m (1300 pies). Tiene 80 km (50 mi) de largo y su mayor amplitud es de 18 km (11 mi). El Mar Muerto recibe 6 millones de toneladas de agua diariamente del río Jordán. No hay ninguna salida para el mar, pero hasta hace poco el nivel permaneció bastante constante debido a la evaporación de la superficie del mar debido al calor excesivo del sol. La evaporación es la causa para la alta concentración de las sales en el mar, el 25 por ciento (cp. c. el 3 por ciento para el océano y el 5 por ciento c. para el Gran Lago Salado).

El nombre Mar Muerto no aparece en la Biblia hebrea o el NT griego. Fue primero usado por Pausanias (*thalassa nekra; Descr. Gr.* 5 [1.7.4-5]) y seguido por otros autores griegos y latinos.

Varios nombres diferentes se utilizan en la Biblia (*yām hammelaḥ,* Mar de Sal: Gn 14.3; *yām ha ʿărāḇâ,* Mar de Arabá: Dt 3.17; Jos 3.16; *hayyām haqqaḏmônî,* Mar del Este: Ez 47.18; Jl 2.20). Josefo (*Cont. Ap.* 1.22; *Ant.* 1.9) lo llamó Lago Asfaltitis *(asphaltitis limnas)* debido a los cachos de betún o asfalto que flotan al sur del Mar. En el árabe es llamado Bahr Lut, «el Mar de Lot.»

Parece que el nombre Mar Muerto es a propósito, porque parece no haber vida animal o vegetal en el Mar. Entre las sales el magnesio, el sodio, el calcio, y el potasio se mantienen en solución; las otras sales se cristalizan y se hunden en el fondo. Una cantidad grande de las sales viene del río Jordán.

Junto al lado occidental hay sitios importantes: en el norte, Qumrán; a mitad de camino, En-gadi; y en el sur, Masada. Entre varias corrientes que desembocan en el Mar en el lado oriental están el Arnón, a mitad de camino, y en el sur, el Zered. Tres cuartos a lo largo del lado oriental está el Lisán («Lengua»), una península que se extiende en el Mar.

Desde c. 1960 el Mar Muerto se ha hecho más pequeño y más playo debido al uso incrementado del sistema de agua de río Jordán para la irrigación y para el consumo doméstico en pueblos y ciudades. También, Israel ha hecho funcionar una planta química en la parte sur para extraer las sales del agua de mar por medio de grandes tinas de evaporación. En la actualidad el Lisán está conectado por tierra firme con la orilla oriental.

Bibliografía. D. Baly, *The Geography of the Bible,* edición revisada (Nueva York, 1974); A. E. Day, «Geología del Mar Muerto,» *BSac* 81 (1924): 254-70; W. Irwin, «las Sales del Mar Muerto y el Jordán,» *Geographical Journal* 61 (1923): 428-40; E. Robinson, *Biblical Researches in Palestine* 1 (1856, reimpreso Jerusalén, 1970).

Lawrence A. Sinclair

MAR OCCIDENTAL

Otro nombre para el Mar Mediterráneo (Heb. *hayyām hāʾaḥărôn;* Dt 11.24; 34.2; Joel 2.20; Zac 14.8).

MAR ORIENTAL

Otro nombre para el Mar Muerto (Ez 47.18; Jl 2.20; Zac 14.8; Heb. *hayyām haqqaḏmônî*).

MAR ROJO

La gran masa de agua que se extiende al sur de la península del Sinaí hasta el estrecho de Bab el-Mandeb, que separa África nororiental de la Península Arábiga. El término no aparece en el AT o el NT (cf. Is 11.15, «mar de Egipto»). En la LXX Gr. *thálassa erythrá* («Mar Rojo») traduce Heb. *yam sûp̱,* «Mar Rojo,» que se refiere un cuerpo de agua este del Delta del Nilo. Herotodo (*Hist.* 2.158) y Strabo (*Geog.* 17.1.25-26) utilizan el término «Mar Rojo» para incluir el Golfo de Suez.

La gran masa de agua que se extiende al sur de la península del Sinaí hasta el estrecho de Bab el Mandeb, que separa África nororiental de la Península Arábiga. El término no aparece en el Antiguo Testamento o el Nuevo Testamento (cf. Isa. 11:15, «mar de Egipto»). En la LXX Gk. Thalassa erythrá («Mar Rojo») se traduce Heb. Sub ñame, «Mar de los Juncos», que se refiere a un cuerpo de agua al este del delta del Nilo. Herotodo (Hist. 2.158) y Estrabón (Geog. 17.1.25-26) utilizan el término «Mar Rojo» para incluir el Golfo de Suez.

La cuenca del mar se formó por el sistema falla geológica que se extiende hacia el norte por el valle del río Jordán, Siria, y en Turquía. Desde la cabeza del Golfo de Suez hasta el estrecho es c. 2175 km (1350 mi), y el punto más ancho es de 370 km (230 mi). En algunos lugares el mar es más de 1830 m (6000 pies) de profundidad. No hay ríos que desembocan en el mar, pero la profundidad se estabiliza, a pesar de una intensa evaporación, por el agua del Golfo de Adán a través del estrecho. Hay arrecifes de coral en paralelo con las dos orillas, pero con pausas para permitir el acceso a los puertos. El nombre Mar Rojo viene de la floración de algas rojas en el verano que da al mar un color marrón rojizo.

Salomón llevó a cabo el comercio en el Mar Rojo con el sur de Arabia y África. La reina de Sabá visitó a Salomón y trajo regalos de especias, oro y piedras preciosas (1 R 10.1-10, 13). A partir de los descubrimientos posteriores, parece que el sur de Arabia también exportó el incienso. Las flotas de Salomón también negocian con Ofir en África, en busca de oro, plata, marfil, monos y babuinos (1 R 10.11, 22).

La identificación del «Mar de los Juncos» cruzado por los israelitas cuando salieron de Egipto (p.ej., Ex 15.4, 22; Dt 11.4; Jos 4.23; 24.6; Sal 136.13, 15) sigue siendo incierta. Los estudiosos han propuesto la región de Lagos Amargos, Lago Menzaleh, Lago Sorbonis, y el Golfo de Suez como posibles sitios.

Bibliografía. M. S. Abu al-'Izz, *Landforms of Egypt* (Cairo, 1971); C. L. Drake y R. W. Girdler, « A Geophysical Study of the Red Sea,» *Geophysical Journal* 8 (1964): 473-95; Girdler, « The Relationship of the Red Sea to the East Africa Rift System,» *Quarterly Journal of the Geological Society* 114 (1958): 79-105; A. F. Mohamed, « The Egyptian Exploration of the Red Sea,» *Proceedings of the Royal Society of London* B/128 (1940): 306-16; W. Phillips, *Qataban and Sheba* (New York, 1955).

LAWRENCE A. SINCLAIR

MARA (Heb. *mārāʾ*)
Nombre («amarga») adoptado por Noemí (en lugar del suyo, que significa «placentera») después que Dios la puso «en grande amargura» tras la muerte de su esposo y sus dos hijos (Rut 1.20; cf. v. 13).

MARA (Heb. *mārâ*)
Campamento de los israelitas en el desierto de Shur, tres días después de haber cruzado el Mar Rojo (Ex 15.23; Nm 33.8, desierto de Etam). Aquí el agua era «amarga» (heb. *mārâ*) o ligeramente salobre, pero el Señor mandó a Moisés que echara un árbol en el agua, haciéndola dulce. Sanh. 56B cita a Mara como el lugar donde se dieron por primera vez las instrucciones para guardar el día de reposo. La ubicación más aceptada de Mara es ʿAin Hawârah, 72 km (45 mi) al sureste del golfo de Suez, c. a 11 km (7 mi) tierra adentro.

PETE F. WILBANKS

MARALA (Heb. *marʿălâ*)
Ciudad en el valle de Jezreel, que marcaba la frontera sur de Zabulón (Jos 19.11). Por el contexto, el lugar debió de haber estado un poco al norte de Meguido. El Thorah (166.228) es un posible sitio.

MARAN-ATA (Gr. *maranathá*)
Transliteración de la expresión aramea (1Co 16.22; Did. 10.6) que significa probablemente «¡Señor nuestro, ven!» (*aram. māranāʾ ṯāʾ*), pero quizás «el Señor ha venido» (*māran ʾăṯā),* dependiendo de cómo se interpreten la ortografía y el lenguaje arameo originales. Los contextos de ambos pasajes y su traducción al griego en Apocalipsis 22.20, sugieren lo primero. Pablo termina su correspondencia con una maldición y esta oración, seguida de una bendición (1 Co 16.22-24). La Didaché 10.6, que trata de la Eucaristía («El que sea santificado, que se acerque, si no, que haga penitencia. *Maranathá* ¡Amén!»), apunta a un uso litúrgico de la palabra. El autor de Apocalipsis registra la promesa del regreso de Jesús, y ora diciendo. «Amén; sí, ven Señor» (22.20).

JAMES A. KELHOFFER

MARCA
Meta u objetivo. Pablo fijó su objetivo en una «meta» (Gr. *skopós*) suprema a ser alcanzada (Fil 3.14, cf. al verbo equivalente en el v. 17; Ro 16.17). Jonatán (1 S 20.20) ideó un plan con David, que consistía en lanzar sus flechas a un blanco (Heb. *maṭṭārâ*) preacor-

dado de antemano. Job se sintió como si fuera el blanco de arqueros de Dios (Job 16.12; cf. Lm 3.12).

El término designa más comúnmente a una marca hecha intencionalmente en el cuerpo, como una cicatriz, un tatuaje o una marca, que hace que el portador sea fácilmente identificable. La «marca (Heb. *'ôṯ*) de Caín» (Gn 4.15), probablemente una marca o tatuaje, servía como una señal especial para protegerlo de una muerte por venganza. La circuncisión es la marca física distintiva de los varones judíos; en realidad, es una «marca (*'ôṯ*) del pacto» (Gn 17.11). Las marcas en el cuerpo en forma de tatuajes (*qaʿăqaʿ*) están explícitamente prohibidas a los israelitas (Lv 19.28), así como otras formas de desfiguración corporal (21.5; Dt 14.1). En el relato que hace Ezequiel de su visión, los que lamentaban la idolatría en el Templo son marcados en la frente con la letra hebrea *taw*, para ser pasados por alto y no ser muertos por los verdugos (Ez 9.1-6, cf. Ex 12.13). La «marca (Gr. *cháragma*) de la bestia» (el número 666, considerado el equivalente numerológico del nombre de Nerón) autoriza a quienes la tengan a negociar (Ap 13.14-18); sin embargo, marca también para la destrucción segura a quienes se sometan a la bestia (14.9-11). «Las marcas (*stígmata*) de Jesús» que Pablo llevaba en su cuerpo (Gá 6.17), eran probablemente no las cicatrices resultantes de la crucifixión de Jesús, sino más bien las cicatrices que le habían quedado de las golpizas sufridas durante su trabajo misionero (2 Co 11.23-27, cf. Hch 14.19).

JEFFREY T. TUCKER

MARCIÓN (Gr. *Markíōn*), **EVANGELIO DE**

Primera parte de las dos del canon herético de Marción, del siglo II. La segunda parte consistía en una condensación de diez epístolas paulinas. Marción dio a estas dos partes el nombre del Evangelio y Apóstol, respectivamente. Detrás de estos nombres estaba la convicción de Marción de que hay sólo hay un evangelio (no cuatro), y sólo un apóstol que lo entendió (Pablo). El Evangelio de Marción, conocido sólo por citas de otras personas (especialmente Tertuliano, *Adv. Marc.* 4; Epifanio, *Adv. Haer.* 42), es esencialmente una versión de Lucas, depurado de lo que Marción consideraba modificaciones judaizantes. Su principio orientador, que obtuvo de su maestro Cerdo, fue el rechazo gnóstico del Dios de la ley del Antiguo Testamento, como diferente a, y menos grande que, el Dios de gracia del NT, a quien representaba Jesús. Todas las fallas del Evangelio de Marción las atribuían sus opositores a este prejuicio teológico. Lo veían con claridad, p.ej., en sus palabras de apertura, que combinaban a Lucas 3.1 y 4.31, 32 para presentar a Jesús como que «descendió a Capernaún» en el año 15 de Tiberio (no a Nazaret, como en 4.16-30, sino directamente de un Dios desconocido), dejando pasmados a los judíos al enseñar contra la Ley y los Profetas (la ausencia de la mayor parte de Lucas 1-4 fue vista como la aceptación del rompimiento de Jesús con sus raíces judías). Sin embargo, algunas diferencias en el Evangelio de Marción es mejor atribuirlas a una base textual diferente (especialmente «occidental»), y/o la influencia de las semejanzas entre los sinópticos. Por último, los intentos de decir que el Lucas canónico fue precedido por el Evangelio de Marción, y que se basó en él, son poco convincentes.

Bibliografía. A. von Harnack, Marcion. *The Gospel of an Alien God* (Durham, N.C., 1990); R. J. Hoffman, *Marcion. On the Restitution of Christianity.* AARAcad. 46 (Chico, 1984); J. Knox, *Marcion and the New Testament* (1942, repr. New York, 1980).

RONALD V. HUGGINS

MARCO ANTONIO

Marcus Antonius (c. 83-30 a.C.), estadista romano que sirvió como triunviro junto con Octavio y Lépido. Nombró a Herodes el Grande rey vasallo de Palestina, por lo que éste dio, en su honor, el nombre de Antonia a la torre refortificada de Jerusalén. Marco Antonio y Cleopatra VII fueron derrotados por Octavio en Accio en el 31, y huyeron a Alejandría, donde Antonio se suicidó un año después cuando Octavio avanzaba sobre la ciudad.

MARCOS, EVANGELIO DE

El más corto de los evangelios canónicos. Marcos adquirió preeminencia entre los eruditos de finales del siglo XIX y el siglo XX, en parte por el consenso de que es el primer Evangelio que se escribió. Antes del siglo XIX, Marcos era visto con cierta indiferencia, porque casi todos sus relatos están contenidos en Mateo y/o Lucas, que tienen además muchos otros materiales usados; la opinión reinante, formulada por primera vez por Agustín, fue la de que Marcos era una síntesis de uno o de los dos otros sinópticos. Pero en la segunda mitad del siglo XIX, la primacía de Marcos se convirtió en ortodoxia cardinal, una posición que ha mantenido hasta hoy a pesar de cuestionamientos esporádicos.

Con el convencimiento de que Marcos fue el primer Evangelio, la erudición de finales del siglo se aferró a éste como el punto de partida para la reconstrucción del Jesús histórico, pero este planteamiento sufrió dos severos golpes a comienzo del siglo XX. En 1901, William Wrede argumentó vigorosamente que el llamado «motivo secreto mesiánico», según el cual el Jesús de Marcos ocultó su identidad al ordenar a los demonios, a sus seguidores y a las personas que había sanado, que callaran (p.ej., Mr 1.25, 34, 44; 3.12; 5.43; 8.30; 9.9), no era básicamente un reflejo de la práctica del Jesús histórico, sino una creación de la iglesia primitiva, que estaba tratando de explicar el porqué el mesianismo de Jesús fue ignorado en su día. Aunque esta solución particular en cuanto al «secreto mesiánico» ha sido cuestionada por la erudición reciente, la mayoría de los críticos coinciden en que el motivo sí expresa, en gran medida, la teología de la iglesia, más que una norma de Jesús. En 1919, Karl Ludwig Schmidt debilitó aún más la historicidad de Marcos, al afirmar que los vínculos entre los pasajes individuales de Marcos son en gran parte invención del mismo evangelista, que reunió tradiciones orales individuales; Marcos no es, por tanto, una guía confiable en cuanto a la cronología del ministerio de Jesús. Esta afirmación, también, ha sido ampliamente aceptada.

Pero estos cuestionamientos a la historicidad de Marcos no disminuyeron el interés por el Evangelio, sobre todo después de la Segunda Guerra Mundial y del advenimiento de la crítica redaccional, que hizo hincapié en la preocupación teológica de los evangelistas. Estas preocupaciones fueron analizadas para ver cómo editó cada evangelista sus fuentes, un análisis que es más difícil en el caso de Marcos que en los de Mateo y Lucas, ya que las fuentes tienen que ser reconstruidas por completo a partir del Evangelio mismo. En los últimos años se ha visto una creciente frustración con el carácter especulativo de esta reconstrucción del origen, y con la gran inconsistencia en los resultados, incluyendo aun el desacuerdo sobre la cuestión básica de si la edición de Marcos fue extensa y creativa, o mínima y mecánica. La mayoría, sin embargo, estaría de acuerdo en que Marcos dio un paso crucial al unir los relatos sobre Jesús en una historia conectada, a pesar de que pudo haber tenido un precedente parcial en un relato sobre el sufrimiento y la muerte de Jesús, que él añadió a su Evangelio.

¿Pero quién era Marcos, que tomó la trascendental iniciativa de escribir un evangelio? Papías, obispo de Hierápolis en Asia Menor en la primera parte del siglo II, que es citado por Eusebio (HE 3.39.15), identifica a Marcos como el «intérprete de Pedro». Según Papías, Marcos no fue testigo de Jesús, sino un cristiano posterior que organizó los anuncios del Señor basándose en la predicación de Pedro, probablemente en Roma, después de la muerte del apóstol. Es lógico suponer que Papías pensó en este «Marcos», que era la única persona con ese nombre en el Nuevo Testamento, el «Juan Marcos» aludido en Hechos (12.12, 25; 15.36-41), en la correspondencia paulina (Flm 24, Col 4.10, 2 Ti 4.11), primo de Bernabé y compañero de Bernabé y de Pablo en sus viajes misioneros.

Muchos estudiosos, sin embargo, dudan del testimonio de Papías. Su punto principal, la relación de Marcos con Pedro, ha sido muy atacado ya que no parece haber nada particularmente petrino en Marcos. Si algún Evangelio se centra especialmente en Pedro, es el de Mateo, no el de Marcos (cf. Mt 16.17-19; 17.24-27); la conexión petrina podría ser un intento de reconciliar dos alas de la iglesia, al vincular con Pedro a un conocido colaborador de Pablo. También se discute si el Juan Marcos de Hechos fue o no el autor del Evangelio. Por una parte, algunos líderes de la iglesia del siglo II estaban interesados en vincular los evangelios canónicos con figuras conocidas del NT, como Juan Marcos, para refutar las afirmaciones de los evangelios de los gnósticos; y el testimonio de Papías revela esta clase de sesgo apologético, lo que podría arrojar dudas sobre la fiabilidad del Evangelio de Marcos. Hay en el Evangelio, además, errores evidentes en cuanto a la geografía de Palestina (p.ej., 7.31) y a las costumbres judías (p.ej., v.3), que descalifican, según algunos, a Juan Marcos, un judío natural de Jerusalén, como el autor del Evangelio. Pero, por otra parte, Juan Marcos no es un personaje particularmente encomiable en Hechos (cf. esp. Hch 13.13; 15.36-41). Por eso, si se estaba creando un vínculo totalmente ficticio con una figura de la iglesia primitiva, pudiera pensarse que pudo haberse encontrado un candidato más conveniente. Además, la ignorancia geográfica, incluso del propio país, era aún más común en la antigüedad de lo que es hoy, así que los evidentes errores de Marcos no significan necesariamente que fuera un extranjero. También es posible que 7.31 esté describiendo intencionalmente un recorrido geográficamente hipotético por las regiones gentiles, pero teológicamente importante. La exagerada afirmación en 7.3 de que no sólo los fariseos, sino también «todos los judíos» se lavaban las manos antes de comer, tiene su paralelo en Ep. Arist. 305, sin duda un autor judío. La opinión más razonable en cuanto a teoría de que Juan Marcos es el autor del Evangelio, no está «validada», pero tampoco invalidada.

La sugerencia de Papías de que el Evangelio fue escrito en Roma, ha tenido más aceptación. El Jesús de Marcos enfatiza mucho la necesidad de sufrir por causa del evangelio, y profetiza que sus seguidores serán víctimas de una persecución como nunca ha habido (p.ej., 8.34, 10.30; 13.9-13, 19, 20). La mayoría de los eruditos creen que, en cierta medida, estos anuncios y la concentración del Evangelio en el sufrimiento y la muerte de Jesús, reflejan la situación de Marcos y de la comunidad para la cual escribe. Para algunos, esta situación se ve en la persecución de los cristianos más conocida, la del primer siglo, que fue instigada por el emperador Nerón contra los seguidores de Jesús en Roma en el 64 d.C. Pero otros identifican la esperada persecución con la que, se dice, vivieron los cristianos como consecuencia de la guerra de los judíos de Palestina contra los romanos en el 66-73. No hay evidencias directas de esta persecución, pero Marcos parece saber o prever la destrucción del Templo por Roma en el 70 d.C. (13.1-2). Las referencias a «guerras y rumores de guerra», a «falsos Cristos y falsos profetas», y al «horrible sacrilegio» (13.7, 14, 22), pueden estar relacionadas con los sucesos de la guerra. Algunos de los que destacan el trasfondo de la guerra judía, ubican la escritura de Marcos cerca de Palestina, ya sea en Galilea o, con más frecuencia, en Siria; sin embargo, la ubicación no es absolutamente necesaria, ya que la guerra fue bien conocida en todo el imperio. No hay consenso sobre la cuestión de la fecha, pero la mayoría se inclina por pensar que el Evangelio fue compuesto en una fecha cercana a la de la guerra de los judíos.

Lo que sí está más claro es que el Evangelio está dirigido a un grupo predominantemente no judío (7.3), que estaba experimentando un gran sufrimiento (13.9-23), y que necesitaba ser fortalecidos en su fe. La frecuente estulticia de los discípulos, en Marcos, que es una característica notable del Evangelio (p.ej., 4.13; 6.52; 7.18; 8.14-21), puede poner de manifiesto la falta de comprensión de la fe que era general en la comunidad. En las décadas de 1960 y 1970, algunos estudiosos formularon la teoría de que esta falta de comprensión era en torno al concepto de que Jesús fuera un «hombre divino», un tipo de obrador de milagros al estilo griego, con quien los creyentes habrían de juntarse en la gloria. Marcos, de acuerdo con esta teoría, oponía a la teología de la gloria (que él asociaba con Pedro, los doce apóstoles y la iglesia de Jerusalén) su propia teología de la Cruz. Lo hacía para descalificar a los discípulos y a sus milagros basados en la fe, haciendo hincapié en la crucifixión sobre la resurrección, y relativizando el título de exaltación mesiánica, «Hijo de Dios», en favor de un título asociado con el sufrimiento. «Hijo del Hombre» (p.ej., 14.61, 62). Esta interpretación, sin embargo, ha sido atacada desde varios flancos. En la antigüedad no parece haber habido un concepto firme acerca de «el hombre divino». Además, habría sido extraño que Marcos presentara los milagros de Jesús en tal número y con tantos detalles en la primera mitad del Evangelio, o que colocara la aclamación de Jesús como «Hijo de Dios» en puntos clave del relato (1.11; 9.7; 15.39), si hubiera pensado que los milagros y el título de «Hijo de Dios» eran básicamente falsos.

En vez de tratar de encontrar fantásticos «hombres divinos», quizás sea más útil comparar al Evangelio de Marcos con antiguos textos apocalípticos judíos, como Daniel, o con algunos de los rollos de Qumrán. Tales obras apocalípticas surgían con frecuencia de situaciones de persecución y sufrimiento, similares a las que Marcos y su comunidad parecían estar experimentando. Los que esperaban un cataclismo que le pondría fin al mundo, creían que estaban viviendo en el tiempo del fin, y que el sufrimiento tan grande que había a su alrededor, era una señal de que Dios estaba a punto de intervenir decisivamente en favor de los justos (cf. Dn 12.1). Esta creencia tiene un fuerte paralelo en Marcos 13 y en otros lugares del Evangelio (p.ej., 9.1), aunque algunos exégetas han tratado de evadir esta conclusión sacando de contexto la afirmación de Jesús de que, cuando comiencen los ayes apocalípticos, todavía no será el final (13.7). Al igual que Marcos, los pensadores apocalípticos creían que Dios había revelado a la comunidad elegida «el misterio del reino de Dios», que había ocultado de los extraños (p.ej., CD

2.12, 13, cf. Mr 4.10-12). Sin embargo, en el breve tiempo de prueba que queda antes del juicio final, Satanás podrá engañar aun a los escogidos (cf. 1QS 3.22, 23), como parecía estar sucediendo en varios puntos a los destinatarios de Marcos; pero los que creían en la hecatombe final compartían también la creencia de Marcos, de que quienes se mantuvieran firmes hasta el fin serían salvos (cf. Dn 12.12). El giro de Marcos es para presentar un Mesías que aun él mismo parece caer bajo el poder de las tinieblas y la muerte apocalípticas, pero insistiendo en que Dios ha ganado la decisiva batalla escatológica contra las fuerzas del mal, y dado inicio a la nueva era de la luz por medio de este mismo ocultamiento de poder mesiánico (Mr 15.33-39).

A pesar del amplio rechazo a la idea del «hombre divino», casi todos los exégetas están de acuerdo con sus partidarios de que la Cruz es fundamental para la teología del Evangelista, y de que la descripción que hace Martin Kähler de los Evangelios como «relatos de la pasión con introducciones larguísimas», se aplica de manera especial a Marcos. Esto es particularmente obvio si Marcos termina a propósito su Evangelio en 16.8, después del relato de la tumba vacía, sin hablar después de las apariciones de la resurrección, una observación válida, ya que los relato que siguen a 16.8 en muchas Biblias de hoy son claramente secundarios, y la narración bíblica tiene a menudo un final abierto. Sin embargo, esto no puede ser probado, porque el final original puede haberse perdido. Sin embargo, no hay duda de que, aunque el Evangelio termina efectivamente en 16.8, Marcos parece estar al tanto de las apariciones de la resurrección, que están implícitas en 14.28 y 16.7; pero se abstiene de referirse a ellas, tal vez para dar más énfasis a la crucifixión como el momento clave apocalíptico entre la vieja era del mal y la nueva era del señorío de Dios (pero cf. 9.9). Un final en 16.8 sería también compatible con otras características enigmáticas del Evangelio, tales como la exclusión obviamente arbitraria que hace Jesús de los demás de su pensamiento (4.10-12), su ira evidentemente excesiva con sus discípulos (8.14-21), y la extraña historia sobre el joven que huyó desnudo (14.51, 52) , detalles que Mateo y Lucas con frecuencia modifican o eliminan, y que han llevado al crítico literario Frank Kermode a comparar los enigmáticos relatos de Marcos con los de Kafka . Estos enigmas ayudan también a explicar la fascinación por Marcos que tienen algunos teólogos modernos, que encuentran en las lagunas, incongruencias y paradojas del Evangelio, un reflejo de la dificultad de hablar de un Dios transcendente en un mundo imperfecto.

Véanse EVANGELIOS SINÓPTICOS; PASIÓN, RELATO DE LA

Bibliografía. S. P. Kealy, *Mark's Gospel* (New York, 1982); F. Kermode, *The Genesis of Secrecy* (Cambridge, Mass., 1979); J. D. Kingsbury, *The Christology of Mark's Gospel* (Philadelphia, 1983); J. Marcus, «The Jewish War and the Sitz im Leben of Mark,» *JBL* 111 (1992). 441-62; W. R. Telford, ed., *The Interpretation of Mark*, 2nd ed. (Edinburgh, 1995); C. M. Tuckett, ed., *The Messianic Secret* (Philadelphia, 1983).

JOEL MARCUS

MARCOS, JUAN (Gr. *Iōánnēs Márkos*)

Judío-cristiano de los primeros tiempos, que, en la literatura canónica es identificado explícitamente como acompañante de Bernabé y Pablo, e implícitamente como compañero de Pedro; y quien, en la tradición posterior llegó a ser considerado como el autor del Evangelio de Marcos. El NT ofrece algunos datos sobre Juan Marcos, llamado sólo en Hechos (12.12, 25; 15-37) por sus nombres judíos (gr. *Iōánnēs*, del heb. *yôḥānān*) y romanos (gr. *Márkos*, del lat. *Marcus*).

Juan Marcos era hijo de María, en cuya casa de Jerusalén se reunían los cristianos para orar; a esta casa se dirigió Pedro después de ser librado de la cárcel (Hch 12.12). Después que Bernabé y Pablo decidieron que Juan Marcos los acompañara en su viaje, por alguna razón desconocida se separó de ellos en Chipre y regresó a Jerusalén (Hch 13.13). Pablo se negó a llevar a Juan Marcos en el siguiente viaje, a pesar de que Bernabé quería que viniera (Hch 15.37), y esto hizo que se separaran. Bernabé y Juan Marcos fueron a Chipre, mientras que Pablo y Silas viajaron a algunos puntos de Asia Menor (vv. 39-41). Pablo mismo no habla de estos hechos, pero en dos cartas que se le atribuyen y que, supuestamente fueron escritas en Roma, se refiere a «Marcos el sobrino de Bernabé» (Col 4.10), y a un «Marcos» que era uno de sus colaboradores (Flm 24). No es improbable que estas referencias sean en cuanto a la misma persona, evidencia suficiente para que algunos eruditos hayan llegado a la conclusión de que Juan Marcos y Pablo se reconciliaron antes del encarcelamiento de este último en Roma.

Un Marcos es mencionado en dos epístolas más del NT, pero debido a que ambas cartas son consideradas pseudoepígrafas por muchos eruditos, es poco seguro que sean referencias inequívocas en cuanto a Juan Marcos. Segunda a Timoteo 4.11 se basa en el testimonio más fidedigno de que Juan Marcos fue un colaborador de Pablo, mientras que 1 Pedro 5.13 refleja la creencia posterior de que un Marcos era acompañante de Pedro, su «hijo» en sentido espiritual, en Roma («Babilonia»). Aunque no se puede establecer que esta última sea una referencia específica a Juan Marcos (quien, según se puede deducir de Hechos 12, conocía a Pedro) la iglesia primitiva consideraba, sin duda, que todos los pasajes del Nuevo Testamento se refieren a la misma persona.

Según Eusebio (HE 3.39.15), Papías repitió la creencia de que Marcos sirvió como intérprete de «Pedro» en Roma, y de que puso por escrito lo que recordaba el Apóstol de las palabras y hechos del Señor. Sin embargo, esto no es prueba suficiente de que Juan Marcos haya escrito el Evangelio de Marcos. Otras tradiciones de la iglesia afirman que Marcos fue el primero que evangelizó a Egipto, y que fue el iniciador del cristianismo en Alejandría. Leyendas posteriores describen el martirio y la nueva sepultura de Marcos en Venecia. Que Juan Marcos es el «joven» de Marcos 14.51, y que tanto la Última Cena como los acontecimientos de Pentecostés tuvieron lugar en la casa de su madre, son simples conjeturas.

Bibliografía. B. T. Holmes, «Luke's Description of John Mark,» *JBL* 54 (1935). 63-72; V. Taylor, *The Gospel According to St. Mark*, 2nd ed. (Grand Rapids, 1981), 26-31.

Jeffrey T. Tucker

MARDOQUEO (Heb. *mordoḵay*, *mordĕḵay*)

1. Personaje del libro de Ester identificado como primo de Ester, que se convierte en su padre adoptivo (Est 2.5, 7). La negativa de Mardoqueo a inclinarse ante Amán, el más alto oficial del rey Asuero de Persia, hace que Amán planee un pogromo de todos los judíos en Persia. Al identificar a Mardoqueo como benjaminita, y a Amán como agageo, el narrador vincula sutilmente el conflicto de ellos con el de Saúl y Agag (cf. 1 S 15). Cuando Amán decide no esperar por el progromo para deshacerse de Mardoqueo, prepara una horca para colgar a éste. Pero Mardoqueo es salvado por la reina Ester, quien en la escena crucial de Ester 7 logra que el rey le retire su lealtad a Amán. El narrador no deja claro si esto es por el hecho de que ella es judía, y por tanto bajo la amenaza del pogromo planeado, o porque el rey pensó que Amán le estaba haciendo insinuaciones amorosas a Ester. La reina Ester da entonces a Mardoqueo las propiedades de Amán, el rey le asigna el anillo del sello real, y Ester y Mardoqueo, juntos, se ponen a trabajar juntos para frustrar el pogromo.

Bibliografía. T. K. Beal, *The Book of Hiding: Gender, Ethnicity, Annihilation and Esther* (London, 1997).

Tod Linafelt

2. Israelita que volvió del exilio con Zorobabel (Esd 2.2 = Neh 7.7).

MARDUK (Ac. ^{d}AMAR.UTU, ^{d}*Ma-ru-du-uk-ku*)

Principal deidad del panteón babilónico durante el primer milenio a.C. Poco conocido en un principio, era identificado a comienzos del segundo milenio con el dios Asalluḫi, que era el hijo de Enki/Ea, importante en el culto de la sureña ciudad de Eridu. El vínculo de Marduk con la cada vez más prominente ciudad de Babilonia se remonta probablemente a la dinastía de Hammurabi en el antiguo período babilónico. Finalmente, Marduk sucedió a Enlil, dios de Nippur, como el líder supremo del panteón; y la ciudad de Marduk, Babilonia, sustituyó a Nippur como el centro religioso más importante de Babilonia. La llamada epopeya de la creación, Enuma Elish, celebra la elevación de Marduk a la posición preeminente en el panteón; en la epopeya, los otros dioses aceptan otorgarle la suprema autoridad real después que derrotó a Tiamat, la diosa del agua salada y el caos. Enuma Elish, codificada en el reinado de Nabucodonosor I (1125-1104), aparentemente formaba parte de los relatos del festival Akītu o de Año Nuevo.

Los eruditos no coinciden en cuanto a la etimología del nombre Marduk. Los amanuenses antiguos escribían el nombre la mayoría de las veces con logógrafos sumerios, ^{d}AMAR.UTU, pero la etimología sumeria sugerida con más frecuencia, «becerro de Šamaš», es probablemente errónea. En los contextos sumerios, nunca es analizada como genitivo, mientras que la relación de Marduk con Šamaš no está autenticada en otros lugares. De hecho, Marduk, por su identificación desde el comienzo con Asalluḫi, era considerado el hijo de Enki/ Ea.

Después del período de Nabucodonosor I, Marduk siguió siendo la principal deidad del estado de Babilonia y el protector de sus reyes, incluidos los de la dinastía neobabilónica (626-539). Fue en esta condición que el pueblo del Mediterráneo oriental, incluido Israel, conoció a Marduk. En Jeremías 50.2, una profecía de mediados del siglo VI, Dios anuncia la captura y humillación de Babilonia y de Marduk (pronunciado aquí *mĕrōḏaḵ*). Marduk es el componente divino en un nombre bíblico, Merodac-baladán II (Is 39.1); el paralelo en 2 Reyes 20.12 dice *bĕrōʾdak*, un jeque caldeo que gobernó a Babilonia durante una década a finales del siglo VIII. La frecuente afirmación de que el nombre del primo de Ester, Mardoqueo, se deriva del nombre Marduk, sigue siendo plausible. Marduk aparece en otras partes del AT bajo el título común de *bēl*, «Señor» (Is 46.1; Jer 50.2; 51.44), que es su título en todas partes. Es su templo en Babilonia, Esagil(a), o su templo-torre asociado, Etemenanki, lo que está detrás de la narración de la torre de Babel en Gn 11.1-9.

Bibliografía. W. G. Lambert, «The Reign of Nebuchadnezzar I. A Turning Point in the History of Ancient Mesopotamian Religion,» in *The Seed of Wisdom*, ed. W. S. McCullough (Toronto, 1964), 3-13.

David Vanderhooft

MARESA (Heb. *mārēšâ*) (**LUGAR**)
(también MARISA)

Ciudad importante de la Sefela oriental de Judá (Jos 15.44). Estaba ubicada 2 km (1 mi) al sur de Bet Guvrin/Beit Jibrin (Eleuteropolis), y a 30 km al sureste de Ascalón, identificada con Tell ÒandaFannah (140111). Fue una de las ciudades fortificadas de Roboam (2 Cr 11.8), y el lugar de la batalla entre Asa y Zera el etíope (14.9). Su destrucción está profetizada en Miqueas 1.15. Durante el tiempo del exilio, la ciudad fue incorporada a Idumea. Alternando entre el control seléucida y el de los ptolomeos, la ciudad (llamada entonces Marisa) tuvo prominencia durante la época griega; estaba dividida en una parte «alta» y una «baja». Judas Macabeo la tomó y la incendió (Josefo, *Ant.* 12.8.6), pero Pompeyo la restauró para los idumeos en el 63 a.C. En el 47 a.C., Julio César anexó la ciudad a Judea. Fue destruida por los partos en el 40 a.C.

Excavaciones realizadas en el siglo XX, junto con nuevas iniciativas en 1989 y 1991 por Amos Kloner, han dejado al descubierto al menos tres niveles: dos helenísticos y uno israelita («judío»). Las excavaciones de 1991, en particular, revelaron descubrimientos adicionales helenísticos, tales como un barrio residencial situado en el muro exterior noroccidental. Algo notable del estrato israelita fue el descubrimiento de una abundante colección de cerámica que se cree pertenece al comienzo del tercer siglo y finales del siglo II a.C. Asimismo han sido descubiertos numerosos artefactos, y también tumbas y cuevas funerarias. Basándose en tan abundantes hallazgos, los investigadores tienen la seguridad de que Maresa tuvo un importante papel económico en los tiempos bíblicos.

Bibliografía. M. Avi-Yonah and A. Kloner, «Mareshah (Marisa),» *NEAEHL* 3.948-57.

Aaron M. Gale

MARESA (Heb. *mārēšâ*) (**PERSONA**)

1. Primogénito de Caleb, padre de Zif y Hebrón (1 Cr 2.42 LXX; gr. *Marisa*). Los manuscritos hebreos no ofrecen disparidades, pero indican que «Mesa» es el padre de Zif. La corrección de la LXX no logra vencer la intrusión de «los hijos de Maresa padre de Hebrón» (cf. LBLA [la Biblia de las Américas] «y su hijo fue Maresa»).

2. Hijo de Laada y bisnieto de Judá (1 Cr 4.21).

R. David Moseman

MARFIL

Un artículo de lujo utilizado en una gran variedad de formas, desde el período calcolítico y a través de todo el período bíblico. El uso del marfil en el Levante está especialmente bien certificado a finales del segundo período de la Edad del Bronce (1350-1200 a.C.) y del segundo período de la Edad del Hierro (siglos IX-VIII). La palabra hebrea *(šēn)* significa «diente», una referencia a las principales fuentes de marfil, los colmillos de los elefantes africanos y asiáticos. El elefante africano produce un colmillo más grande y más duro, preferido por los antiguos artesanos. En el noroeste de Mesopotamia y Siria hubo rebaños de elefantes asiáticos (llamados a veces «sirios»), hasta que fueron cazados y extinguidos aproximadamente en el año 700. Los dientes más pequeños de los hipopótamos eran una fuente poco frecuente de un marfil caracterizado por su gran calidad y brillo.

El marfil era utilizado en la fabricación de estatuillas, muebles, paneles, incrustaciones, estuches para cosméticos, cucharas, tableros y piezas de juego, tablillas para escribir, peines y prendedores. Los artesanos del marfil utilizaban una diversidad de herramientas para tallar, burilar, cortar, taladrar y

Talla de una esfinge en un matorral, mostrando la influencia siria y egipcia; Samaria (Edad del Hierro) (Cortesía de de Israel Antiquities Authority – Agencia de Antigüedades de Israel)

pulir la materia prima. En excavaciones realizadas se han encontrado unos pocos talleres, pero lo más probable es que los artesanos del marfil fueran itinerantes, yendo de un lado a otro donde se realizaba el comercio del marfil. En Palestina (Meguido, Samaria), Siria y Mesopotamia noroccidental (Ugarit, Arslan Tash, Tell Tainat y Zincirli), y Asiria (Nimrud, Jorsabad y Nínive) se han encontrado grandes depósitos de marfil.

En el Levante se han encontrado tallas que pueden remontarse a finales de cuarto milenio, a través de un notable grupo de estatuas de marfil recuperadas cerca de Beerseba en Tell Abu Matar/ Be'er Abu Matar y Bir eṣ-Ṣafadi/Be'er Ṣafad. Sin embargo, hay escasas evidencias en cuanto al uso del marfil en el tercer milenio y hasta el último tercio del segundo. Un cúmulo de alrededor de 300 objetos encontrados en Meguido, entre ellos paneles tallados en bajo relieve que muestran escenas de banquetes y victorias militares, dejan entrever una mezcla de elementos egipcios, miceneanos e hititas combinados con tradiciones cananeas.

En los siglos IX y VIII surgieron dos, o posiblemente tres, tradiciones o escuelas de tallado de marfil, definidas por el predominio de características, rasgos estilísticos regionales y técnicas de carácter egipcio. La escuela fenicia adaptó una variedad de motivos (por ej., una diversidad de deidades egipcias, figuras de esfinges) a temas cananeos-egipcios. El estilo es elegante, fluido e inclinado a los conceptos egipcios de simetría y proporción. Varios temas no egipcios, tales como la «mujer que aparece en la ventana», fueron también ampliamente utilizados. La escuela del norte de Siria, por el contrario, no empleaba temas egipcios, y se caracterizaba por las figuras acuclilladas con rasgos faciales poco comunes (ojos grandes, frente hundida, mentón reducido) y escenas cargadas de acción. Todavía no se ha confirmado la existencia de una escuela del sur de Siria en Damasco.

Los 500 fragmentos de marfil encontrados en Samaria, que datan de los siglos VIII y IX, reflejan la escuela fenicia, lo cual no sorprende, debido al contacto que hubo entre Israel y Fenicia, que comenzó por lo menos en el reinado de Salomón. Éste importaba marfil bruto por medio de una flota de barcos que maneja en sociedad con Hiram, rey de Tiro (1 R 10.22). Es probable que artesanos fenicios fueran los que hicieron el trono de oro y marfil de Salomón (1 R 10.18). Ezequiel 27.6, 15 hace referencia a la participación de Tiro en el comercio del marfil.

El marfil aparece con frecuencia en el botín que tomaban los asirios, y en la lista de tributos, a largo de los siglos IX y VIII. Manahem incluyó el marfil como tributo a Tiglat-pileser III, mientras que Senaquerib recibió marfil de Ezequías en el 701. Los reyes asirios utilizaban marfil en sus palacios, quizás como paneles, pero más a menudo como incrustaciones decorativas en muebles, un hecho abundantemente confirmado por la gran abundancia de tallas de marfil encontradas en Nínive, Nimrud y Jorsabad. Los reyes asirios acumulaban marfil como una medida de estatus y de riqueza muy apreciada. La «casa de marfil» (1 R 22.39) en Samaria, simbolizaba el impío lujo de una corte pagana condenada por Amós (Am 3.15). La denuncia de Amós de los que «duermen en camas de marfil», puede ser una referencia a un *marzēaḥ*, un rito pagano en el que había comida y bebida sagradas (Am 6.4-7; cf. Jer 16.5-9); Amós veía esto como un síntoma del insensible desprecio por parte de la clase privilegiada de Israel al abuso social cometido contra de los pobres.

Bibliografía. R. D. Barnett, *Ancient Ivories in the Middle East.* Qedem 14 (Jerusalem, 1982); P. R. S. Moorey, *Ancient Mesopotamian Materials and Industries* (Oxford, 1994).

Thomas V. Brisco

MARI (Ac. *Mari*)
Antigua ciudad del valle medio del Éufrates, situada en la ribera del Éufrates y en las rutas de caravanas entre Oriente y Occidente; una encrucijada donde estas culturas se cruzaron y fusionaron. Descubierto en 1933, el Tell ḫarīrī ha demostrado ser uno de los más importantes descubrimientos asiriológicos del siglo XX. Las investigaciones dirigidas por André Parrot identificaron pronto la ciudad por una inscripción en la estatua de Lamgi-mari descubierta en el palacio. Las excavaciones que han continuado hasta el presente han proporcionado adicionales estructuras monumentales, como el templo de Ishtar y un zigurat, así como murales mostrando escenas rituales, y un enorme archivo de textos.

Historia

Mari se menciona por primera vez en una lista de ciudades que aparecen en un documento de Lagash de mediados del tercer milenio a.C. Mari aparece también en una inscripción de Sargón de Acad (2334-2279) como una de las ciudades conquistadas durante su reinado. En la tercera dinastía de Ur (2112-2004), Mari era un puesto de avanzada de caravanas de la ciudad-estado, regida por gobernadores llamados *šakkanakku*, subordinados a los gobernantes de Ur. Con el fin de la dinastía de Ur, el control político de la región del Éufrates medio, incluida Mari, se desintegró.

Aunque la documentación no es del todo clara, a finales del siglo XIX se puede reconstruir la temprana historia de una Mari independiente. Yaḫdun-lim, hijo de Yaggid-lim, llegó desde el norte de Mari, procedente de un grupo conocido como el ³ana, y unió a varios pequeños principados, haciendo de Mari el eje de su territorio político. Sin embargo, después de poco tiempo el rey asirio Šamši addu-I (1812-1781) anexó a Mari como parte de su reino en expansión. Šamši-Addu dividió su vasto territorio, flanqueado por el Tigris y el Éufrates, entre sus dos hijos, poniendo a Išme-dagan I en el trono de Ekallatum, al este, y a Yasmaḫ-addu en el de Mari, al oeste. Cartas encontradas en el palacio real de Mari evidencian que Šamši-addu se mantuvo como el rey principal de la región, y que daba regularmente orientación y asesoramiento político a sus hijos, cuando no ayuda directa. A la muerte de Šamši-addu, Išme-dagan heredó el reino, y siguió apoyando a su hermano como virrey en Mari.

El dominio asirio de Mari terminó en 1775, cuando Zimri-lim, hijo de Yaḫdun-lim, recuperó el control del trono con la evidente ayuda de Yarim-lim, rey de la región de Yamḫad al oeste de Mari, cuya capital era Alepo. Zimri-lim reinó en Mari hasta 1762, cuando el ejército de Hammurabi de Babilonia conquistó y destruyó la ciudad. En el proceso de destrucción, el palacio de Zimri-lim fue incendiado, abrasando los archivos de tablillas de arcilla y preservándolos para la posteridad.

Textos

El archivo descubierto en el palacio de Mari contiene textos que abarcan casi 500 años, remontándose al período *šakkanakku* y a la tercera dinastía de Ur, y continuando hasta la desaparición de la ciudad en el siglo XVIII. La mayoría de los documentos provienen de los últimos 50 años de la ciudad, bajo los dos reyes finales, Yasmaḫ-addu y Zimri-lim. Excluyendo los pocos textos escritos en hurrita y, y las inscripciones bilingües en sumerio y acadio, el idioma de los documentos es el acadio. El acadio utilizado es distintivo, por el hecho de que conserva los nombres propios y el vocabulario, así como los arreglos sintácticos de origen claramente semítico occidental.

Textos administrativos internos arrojan luz sobre el funcionamiento habitual del palacio, por medio de registros de recibos y de desembolsos por materias prima y comida para los banquetes reales. El personal del palacio figura en los registros de los diversos tipos de artesanos que trabajaban en locales de la realeza, y de las mujeres del harem de la corte. Los funcionarios designados para diversas funciones en todo el reino, que informaban directamente al rey, se indican en los registros de desembolso de materiales para el sostén de ellos. Las listas de desembolsos de aceite, ropa y alimentos a los sacerdotes y a las figuras proféticas, revelan los segmentos de la sociedad antigua que dependían del palacio.

Otros textos administrativos proporcionan información en cuanto a la actividad exterior del palacio. Estos textos registran los regalos enviados por la corte a reyes y dignatarios extranjeros. Otros informes revelan los regalos especiales que eran ofrecidos a las diversas deidades, así como las ofrendas religiosas regulares. También hay registros del ingreso de donativos e impuestos que llegaban al palacio de Mari, o que eran recibidos por representantes del rey en palacios que estaban alejados.

Pero nada se compara con las cartas, que son los documentos más interesantes e informativos de Mari. Estos textos existen en la forma de comunicaciones entre individuos, pero contienen información sobre la administración del reino. Las cartas de los representantes reales en las capitales distantes informan sobre lo observado por ellos en las cortes de los gobernantes foráneos, y también hay comunicaciones de los reyes extranjeros.

Las cartas enviadas al rey de Mari por funcionarios de palacio, mujeres de la realeza, sacerdotes y diversas figuras proféticas, indican actividad adivinatoria en Mari. La información recibida a través de la lectura de mensajes divinos en las entrañas de animales sacrificados, de la actitud de éxtasis y de los sueños, era transmitida al rey en cartas escritas por una amplia gama de individuos. Aunque estos documentos revelan actividad profética sólo en relación con el rey, es evidente que éste era un elemento clave en la estructura social antigua. El número de mujeres incluidas en esta correspondencia, es indicador del importante papel que tenían las mujeres en el palacio de Mari.

Otras cartas, más personales, revelan comunicaciones íntimas y privadas entre miembros de la familia. Aparte del asesoramiento político recibido por Yasmaḫ-addu de su padre y de su hermano, hay cartas que contienen consejos personales sobre su comportamiento. Zimri-lim recibía cartas de Šiptum, su esposa principal, como también de sus hijas y de mujeres de mayor edad del palacio. Aunque algunas de estas cartas comunican información política y religiosa de importancia para al rey, muchas son mensajes familiares personales que expresan preocupación por su salud y bienestar

Además de los documentos administrativos y epistolares, hay documentos de tratados entre el rey de Mari y varios gobernantes aliados, que ofrecen mucha información sobre las relaciones políticas de este período.

La importancia de todos los diversos tipos de documentos encontrados en Mari no puede ser sobrestimada. Es a través de la decodificación y el estudio cuidadoso de todos estos documentos que ha sido reconstruida la historia del sitio. Además, las comunicaciones interpersonales contienen información sobre las prácticas culturales y costumbres previamente desconocidas, tales como el uso del dobladillo del vestido de una persona, y/o un mechón de pelo como verificación del mensaje, especialmente cuando el mensaje provenía de un profeta.

Relación con la Biblia

Los académicos han reconocido desde hace tiempo las claras semejanzas que hay entre la cultura encontrada en Mari, y la de los patriarcas y el reino de Israel en la Biblia. Sus argumentos se basan en varios puntos. En primer lugar, hay fenómenos culturales en Mari muy parecidos a los que se encuentran en el material bíblico. Los registros de predicciones enviados al rey indican un parecido con la manera en que las personas de Mari y de Israel entendían la relación que había entre Dios y el rey.

Un segundo punto de semejanza está en los nombres de personas y en el vocabulario. Nombres de Mari, tales como Sumu'il y Yaqub-il, tienen forma y significado similares a nombres en la Biblia. El nombre de un grupo seminómada conocido como los DUMU.MEŠ *ia-mi-na* ha proporcionado interesantes posibilidades. Si se lee como semítico oriental, *mārī yamina*, el nombre parece menos importante que si se lee como semítico occidental, *benê yamina*. La homofonía con el nombre hebreo Benjamin es evidente.

Otro punto de conexión es la presentación bíblica de los patriarcas como personas que tenían un vínculo ancestral con la gente de esta región. En Génesis 24, cuando Abraham envía a su criado a buscar esposa para Isaac, lo manda a la tierra donde vivía su familia, a Aram-naharaim, la ciudad de Nacor. Esta reminiscencia, sumada a la semejanza de nombres y de vocabulario, es considerado por algunos como evidencia de una relación genética entre el pueblo del antiguo Israel y Mari.

Otros estudiosos, sin embargo, ofrecen explicaciones diferentes para estos fenómenos. Puesto que los gobernantes y gran parte de la población de la antigua Mari eran amorreos, un pueblo de origen semítico occidental, las semejanzas lingüísticas entre Mari y la Biblia pueden atribuirse al uso de ambas de lenguas de la misma familia lingüística. Además, puesto que la lengua y la cultura pueden considerarse esencialmente unidas, es natural que encontremos semejanzas entre culturas que utilizan idiomas parecidos. La opinión general es que la cultura de Mari y la de la Biblia son ambas parte un grupo semítico occidental mayor de la antigua Asia occidental, y, por tanto, tienen en común ciertos términos y usos, e incluso, en algunos casos, semejanzas en cuanto a costumbres y prácticas culturales. Sin una evidencia física directa que conecte a las dos culturas, lo más que puede mostrar el argumento lingüístico es que las dos son productos de un medio cultural común.

Bibliografía. *Archives royales de Mari*, 1-27 (Paris, 1946-93); A. Malamat, «Prophecy at Mari,» in *The Place Is Too Small for Us*, ed. R. P. Gordon (Winona Lake, 1995), 50-73; G. D. Young, ed., *Mari in Retrospect* (Winona Lake, 1992).

CLIFFORD MARK MCCORMICK

MARÍA (Gr. *María, Mariám*)

1. María, la madre de Jesús. La información biográfica sobre María es limitada. Según Lucas, vivía en la insignificante aldea galilea de Nazaret (Lc 1.26), pero Mateo la ubica en Nazaret sólo después del nacimiento de Jesús (Mt 2.1, 23). Mateo y Lucas señalan a José como el esposo de María (Mt 1.24; Lc 1.27; 2.4, 5). Las referencias a los hermanos y a las hermanas de Jesús (Mr 3.31-35; 6.3; Mt 12.46-50; 13.55, 56; Lc 8.19-21; Jn 2.12; Hch 1.14) indican que ella y José tuvieron más hijos, aunque la posterior creencia cristiana en cuanto a la virginidad perpetua de María, llevó a algunos a especular que éstos eran hijos de José de un matrimonio anterior, o primos de Jesús. Puesto que Lucas dice que la ofrenda de María y José después del nacimiento de Jesús fueron tórtolas o palominos en vez de una oveja, más costosa (Lc 2.24; cf. Lv 12.8), es posible que proviniera de una familia pobre que apenas tenía lo suficiente para vivir.

Pero aun estos escasos detalles sobre la vida de María son dudosos. La insistencia de la tradición cristiana de identificar a Jesús con David, pudo haber ejercido influencia sobre Mateo cuando ubica a María y a José en Belén antes del nacimiento de Jesús, ya que Belén está estrechamente identificada con David. La preferencia de Lucas por los pobres puede observarse cuando sitúa a la familia de Jesús entre los pobres.

Pero a pesar que la información biográfica sobre María sigue siendo oscura, todos los evangelios canónicos hacen referencia a ella, y la imagen en cada uno es distinta. En Marcos, considerado comúnmente como el más antiguo de los Evangelios, María aparece en una breve escena, y es mencionada en otra. Identificada sólo como «su madre», María y los hermanos de Jesús buscan a Jesús, lo que provoca su respuesta de que su familia son aquellos que hacen la voluntad de Dios (Mr 3.31-35). En Marcos 6.3, los habitantes de Nazaret, que encuentran desconcertante a su vecino Jesús, exclaman. ¿No es éste el carpintero, el hijo de María...»?

Mateo contiene paralelos a ambas escenas (Mt 12.46-50; 13.54-58), pero María ya aparece aquí en la genealogía de Jesús que está en el primer capítulo. Su nombre se encuentra al final de la genealogía, después de los nombres de cuatro mujeres. Tamar, Rahab, Rut y «la mujer de Urías» o Betsabé (Mt 1.3, 5-6). La extraña composición de este grupo de mujeres ha sido motivo de especulación durante siglos, ya que algunos intérpretes han identificado a las mujeres como pecadoras, gentiles o los participantes en uniones sexuales irregulares. Por lo menos, el hecho de que María está agrupada con estas cuatro mujeres, sugiere que algún escándalo perseguirá su historia también.

En el relato del nacimiento que hace Mateo se producen dos crisis, y ambas tienen que ver con María. En respuesta al anuncio del embarazo de María antes del matrimonio, José piensa romper su relación con ella (Mt 1.18-25). La acción que contempla José tendría consecuencias sociales y económicas terribles para María y su hijo aún no nacido. En la segunda parte del relato sobre el nacimiento (Mt 2.1-23), el rey Herodes trata de hacer asesinar al niño; en esta parte, Mateo se refiere «al niño con su madre María» (2.11), o «al niño y a su madre» (vv. 13, 14, 20, 21), lo que indica que la amenaza de Herodes a Jesús incluía también a su madre, María. En ambas crisis, la primera provocada por José, y la segunda por Herodes, la intervención de un ángel salva a María y Jesús. A lo largo del relato, María no dice una sola palabra y no toma ninguna acción independiente. Está en la narración para mostrar los peligros que rodearon a Jesús aun antes de su nacimiento.

La narración del nacimiento en el Evangelio de Lucas consiste en una serie de escenas paralelas que comparan y contrastan el nacimiento de Jesús con el de Juan el Bautista. Aquí aparece María más a menudo y con un papel más activo que en Mateo. Cuando el ángel Gabriel le anuncia a esta joven no casada que va a tener un hijo, ella responde con la conformidad de un discípulo. «He aquí la sierva del Señor» (Lc 1.38). En presencia de su pariente Elisabet, María comenta el anunciado nacimiento con el lenguaje profético que toma de Ana, en el AT (Lc 1.46-55, cf. 1 S 2.1-10). Después del nacimiento (Lc 2.1-7) y de la visita de los pastores al niño Jesús, Lucas dice que María meditaba en estas cosas (v. 19, cf. v. 51).

Lucas llama la atención sobre la fidelidad de María y de José. Acatan la Ley circuncidando a Jesús, y lo llevan como recién nacido al Templo de Jerusalén (Lc 2.21-35). También van cada año a Jerusalén para la Pascua (Lc 2.41-52). Lucas no hace más referencia a José, pero María aparece en 8.19-21 (cf. Mr 3.31-35). En el segundo libro de Lucas, María está entre los seguidores de Jesús que estaban reunidos en Jerusalén esperando el Pentecostés (Hch 1.14).

Juan se refiere a «la madre de Jesús», pero nunca utiliza el nombre María. Ella aparece en dos escenas, primero en las bodas de Caná (Jn 2.1-12), donde pone en acción un acontecimiento al decirle a Jesús que no hay vino, y al solicitar a los sirvientes que hicieran todo lo que Jesús les dijera. La respuesta de Jesús a María («¿Qué tienes conmigo, mujer?», Jn 2.4) es muy ambigua. Puede interpretarse como un rechazo a cualquier papel de María en el ministerio de Jesús, o puede ser no más que un elemento más en el enigma creado por esta escena tan compleja y simbólica.

María aparece de nuevo sólo en la Crucifixión. Junto con otras tres mujeres y la persona que Juan llama el «discípulo amado», ella es testigo de la muerte de Jesús. Jesús presenta mutuamente al discípulo amado y a María con estas palabras. «Mujer, he ahí tu hijo» y «He ahí tu madre» (Jn 19.25-27). Algunos eruditos sostienen que esto no es más que un acto de devoción filial, mientras que otros insisten en que María desempeña un papel altamente simbólico aquí, en que representa a la Iglesia y a su tarea de nutrir a los discípulos de Jesús.

Ninguno de los restantes escritos del NT muestra interés en María. Pablo identifica a Jesús como «nacido de mujer» (Gá 4.4) y «del linaje de David según la carne» (Ro 1.3), expresiones que sirven para enfatizar las circunstancias normales del nacimiento de Jesús, y su lugar en Israel. Apocalipsis 12.1-6 presenta a una mujer «vestida de sol» que da a luz a una figura mesiánica, pero aquí la atención se centra en una confrontación apocalíptica, no en la madre de Jesús.

Si los escritos del NT muestran poco interés en la vida de María, otros cristianos respondieron pronto

***Madona y el niño*, óleo por Alberto Durero (1471-1528); Ufizi, Florencia** (Alinari/Art Resource, N.Y.)

con historias que suplían la falta de información y reaccionaban a las acusaciones de que el nacimiento de Jesús había sido adulterino. El Protoevangelio de Santiago, escrito a finales del siglo II, utiliza lenguaje del AT y relatos canónicos de nacimientos para crear una historia sobre la concepción, nacimiento y crianza de María. Ella es hija de los ricos ancianos Ana y Joaquín, y es criada en el Templo de Jerusalén para que su pureza pudiera estar protegida. En el inicio de la pubertad, es desposada con el anciano José. Cuando queda embarazada, tanto José como María se someten a la prueba de las aguas amargas (prescrita en Nm 5.11-31 sólo para las mujeres acusadas de adulterio) para probar su inocencia. Tan excepcional es la pureza de María, que permanece virgen incluso después del nacimiento de Jesús. Aunque el Protoevangelio de Santiago consiste en gran parte de una historia tardía poco confiable, ha ejercido gran influencia en la imaginación cristiana.

2. María Magdalena. Los escritos del NT identifican siempre a esta María por su pueblo de origen (Magdala, en la orilla occidental del Mar de Galilea), no por referencia a un esposo o un hijo (como en «María, mujer de Cleofas»). Esta identificación significa tal vez que no tenía ni esposo ni hijos, y que manejaba sus propio peculio (cf. Lc 8.2, 3, por el comentario de que María Magdalena y otras mujeres ayudaban a Jesús con sus recursos). A veces, los intérpretes ven en la asociación de María con Magdala un indicio de mala reputación, pero eso exagera un comentario de fuentes judías posteriores en cuanto a Magdala.

Todos los cuatro evangelios canónicos mencionan a María Magdalena en los relatos sobre la muerte y la resurrección de Jesús. Los evangelios sinópticos nombran a María Magdalena en primer lugar entre las mujeres presentes, y Juan llama la atención sobre su importancia por su encuentro con Jesús resucitado. Este énfasis en María Magdalena sugiere que era muy venerada en el recuerdo de los primeros cristianos.

En Marcos, María Magdalena está en primer lugar en cada lista de las mujeres testigos de la crucifixión y sepultura de Jesús (Mr 15.40, 47), y quien trae especias para ungirle, pero encuentra la tumba vacía (16.1). Marcos dice que estas mujeres «le seguían y le servían», y que lo habían seguido a Jerusalén (Mr 15.41), todo lo cual revela su fidelidad.

También Mateo señala a María Magdalena entre las mujeres que presenciaron la crucifixión, la sepultura y la tumba vacía (Mt 27.56, 61; 28.1). En Mateo, a diferencia de Marcos, las mujeres no huyen en silencio sino que corren a contarlo a los discípulos, pero antes de poder hacerlo tienen un encuentro con el Señor resucitado.

Sólo Lucas presenta a María antes de la crucifixión. En Lucas 8.2, habla del ministerio de Jesús en Galilea, y señala que estaba acompañado de los doce y algunas mujeres «que habían sido sanadas de espíritus malos y enfermedades», presumiblemente por Jesús. María Magdalena, que aparece en primer lugar en la lista, que incluye a Juana y Susana, había sido liberada de siete demonios. Sin embargo, el hecho de que hubiera estado poseída por demonios no la califica como especialmente pecadora, por lo que la tradición de que María Magdalena es la mujer no identificada en Lucas 7.36-50, carece de fundamento. Lucas también menciona a mujeres entre los presentes en la crucifixión y sepultura de Jesús (Lc 23.27, 49, 55), pero no las identifica por sus nombres hasta el descubrimiento de la tumba vacía (24.10), y otra vez María Magdalena es la primera nombrada.

A diferencia de los otros escritores de los Evangelios, Juan menciona a María Magdalena como la última entre las mujeres testigos de la muerte de Jesús (Jn 19.25). Pero en esta escena Juan centra la atención en la madre de Jesús y en su relación con el discípulo amado, por lo que el orden no dice nada en cuanto a la importancia de María Magdalena. De hecho, ella ocupa un papel importante en la escena de la resurrección descrita por Juan, ya que es sólo María Magdalena quien descubre la tumba vacía (Jn 20.1). También es en Juan la primera que tiene un encuentro con el Jesús resucitado, y en anunciar la resurrección a los otros discípulos (Jn 20.11-18).

3. María de Betania. El Evangelio de Juan identifica a María de Betania como la hermana de Marta y Lázaro (Jn 11.1-44). María y Marta envían un mensaje a Jesús en cuanto a la enfermedad de su hermano, pero llega sólo después que Lázaro había muerto. Después de su conversación con Marta y María, Jesús resucita a Lázaro. Juan identifica también a María de Betania como la mujer que unge a Jesús con un perfume costoso, y quien es criticada por Judas por hacerlo (Jn 12.1-8).

En Lucas hay también una historia sobre María y Marta (Lc 10.38-42), aunque Lucas no las asocia con Lázaro ni con la aldea de Betania, lo que hace dudoso que ambas parejas de mujeres sean las mismas. Mientras Jesús está presente en el hogar de ellas, María tiene centrada su atención en su enseñanza («sentándose a los pies de Jesús, oía su palabra»), mientras que Marta se ocupa «con muchas cosas». Marta le pide a Jesús que exhorte a María a que le ayude, pero Jesús responde que María había escogido «la buena parte», que no le sería quitada.

4. María, la madre de Jacobo y de José. Los sinópticos mencionan a María como «la madre de Jacobo y de José» o de «Jacobo el menor y de José» entre las mujeres que presencian la muerte de Jesús, y que hallan su tumba vacía (Mt 27.56, 61; 28.1, Mr 15.40, 47; 16.1; Lc 24.10).

5. María, mujer de Cleofas. Sólo Juan 19.25 se refiere a esta María, que fue testigo de la crucifixión de Jesús junto con la madre de Jesús, su hermana no identificada, y María Magdalena.

6. María, la madre de Juan Marcos. Hechos 12.12 menciona a María como la madre de Juan Marcos. Debido a que Lucas se refiere a su casa como un lugar de reunión de los creyentes de Jerusalén, parece haber sido una mujer de abundantes recursos económicos.

7. María, de Roma. Entre las personas que Pablo

saluda en Romanos 16, está María, a la que se refiere como una que «ha trabajado mucho entre vosotros» (v. 6). En otras partes, esa frase se aplica a los esfuerzos hechos a favor del evangelio, de modo que María pudo ser una de los maestros cristianos o predicadores en Roma (1 Co 15.10; Gá 4.11).

Bibliografía. R. E. Brown, K. P. Donfried, J. A. Fitzmyer, and J. Reumann, eds., *Mary in the New Testament* (Philadelphia, 1978); B. R. Gaventa, Mary. *Glimpses of the Mother of Jesus* (Columbia, S.C., 1995); C. Ricci, *Mary Magdalene and Many Others. Women Who Followed Jesus* (Minneapolis, 1994); B. Witherington, III, *Women in the Ministry of Jesus*. SNTSMS 51 (Cambridge, 1984).

Beverly Roberts Gaventa

MARÍA, APOCALIPSIS DE

Apocalipsis apócrifo del NT, que se conserva en griego, armenio, etíope y algunas versiones eslavas antiguas; se cree que data del siglo IX d.C. Tiene varias semejanzas con el Apocalipsis de Pablo. El Apocalipsis de María presenta a María, la madre de Jesús, en un viaje imaginario al Hades con el arcángel Miguel. María le suplica a Miguel que le muestre todos los castigos que reciben a los pecadores después de morir. Al ver cada una de las horribles escenas, pregunta cuáles son las causas del castigo. Entre los pecados están la murmuración, el aborto, la negativa a aceptar la Trinidad y el no levantarse los domingos para ir a la iglesia. Aunque el corazón de María es afligido por la situación de todos los que ve (con excepción de los judíos que habían matado a Jesús), no es hasta que contempla el castigo de los cristianos que suplica al Dios santo por ellos. Al principio, María pide que se la castigue a ella, haciendo un papel vicario. Cuando esto le es negado, Miguel, Moisés, Juan y Pablo, junto con los santos, se unen en esta petición de misericordia para los cristianos. Finalmente, Dios cede y Jesús es enviado a la tierra para dar alivio a los pecadores (a pesar de que lo habían rechazado a él), gracias a la intercesión de María.

Melissa L. Archer

MARÍA, EVANGELIO DEL NACIMIENTO DE

Libro apócrifo del siglo II d.C., hostil al judaísmo, atribuido a los gnósticos (Lat. *Genna Marías*, «Genealogía» o «Descenso de María»). Se conoce sólo por la referencia de Epifanio, *Adv. haer.* 16.12.1-4.

MARÍA MAGDALENA, EVANGELIO DE

Evangelio gnóstico del siglo II, o del tercero, que ha sobrevivido en una traducción copta del original griego, muy dañada (P. Berolinensis 8502,1), como también en un fragmento griego (P. Rylands III 463). Presenta a María Magdalena como reveladora de una sabiduría secreta de la era posterior a la resurrección de Jesús. Esta sabiduría es cosmológica y soteriológica en esencia.

El texto comienza con un discurso entre el Salvador y los discípulos en cuanto a la naturaleza, el pecado y la ética (1.1-9.5). La unidad con el mundo espiritual es fundamental; para explicar este concepto usa una metáfora sobre la enfermedad, y puede reflejar el mito de la Sophia tan común en el pensamiento gnóstico. La parte concluye con un deseo de paz, una advertencia y una exhortación a predicar.

Después de una breve transición (9.6-24), la tercera parte contiene las visiones de María (10.1-17.7). Después de recibir la orden de ir a predicar, los discípulos «lloraban amargamente» por el sufrimiento que les esperaba. María es entonces llamada a hablar. Su primera visión tiene que ver con la naturaleza de las visiones, y luego, después de una laguna en el texto, una segunda visión presenta un discurso sobre la ascensión del alma allá de los poderes cósmicos.

Cuando María termina su discurso, es cuestionada de inmediato por Andrés y Pedro (17.7-22). Su autoridad, como mujer, es puesta en tela de juicio en esta cuarta parte. En la quinta parte, Pedro es reprendido por Leví (18.1-19.5), y equiparado con «los adversarios» (es decir, los poderes). Leví afirma que «el Salvador la hizo digna», confirmando así la autoridad de María (convirtiendo así a este evangelio en importante para el diálogo feminista). Después de esta refutación, Leví manda al grupo a «anunciar y predicar».

Bibliografía. K. L. King, G. W. MacRae, R. McL. Wilson, «The Gospel of Mary (BG 8502,1),» in *The Nag Hammadi Library in English*, ed. J. M. Robinson, 3rd ed. (San Francisco, 1988), 523-27; K. Rudolph, *Gnosis* (San Francisco, 1987); R. M. Wilson, «The New Testament in the Gnostic Gospel of Mary,» *NTS* 3 (1957). 236-43.

Philip L. Tite

MARIAMME (Gr. *Mariámmē*)
(también MARIAMNE)
Véase HERODES (FAMILIA).

MARISA (Gr. *Marisa*)
Véase MARESA (LUGAR).

MÁRMOL
Roca metamórfica formada por calcita y/o dolomita recristalizada, de grano entre fino y grueso, producida cuando el calor y la presión de la actividad volcánica actúan sobre la caliza. La piedra caliza es una roca sedimentaria de origen orgánico o inorgánico, compuesta principalmente de carbonato de calcio, pero también contiene dolomita, calcedonia y otros minerales. El mármol, que puede ser muy pulido, se utiliza básicamente como piedra arquitectónica y ornamental. No es nativo de Palestina; se importaba al comienzo de las islas griegas durante el período persa. Sin embargo, hay algunas calizas finas originarias de Israel, que son bastante comunes, excelente para la construcción, y que pueden ser muy bien pulidas. El Heb. *šēš*, traducido a veces como «mármol», es vertido con más frecuencia como «alabastro». En Ester 1.6, la palabra es utilizada dos veces para referirse a los materiales de construcción usados en el palacio del rey en Susa, y es traducida como «mármol», probablemente con razón, dado el contexto histórico. El mármol, del griego *mármaros*, «piedra cristalina brillante», figura también entre los productos que los mercaderes de la tierra ya no podrán vender después del juicio y la caída de la gran ramera Babilonia (Ap 18.12).

MARTHA JEAN MUGG BAILEY

MAROT (Heb. *mārôṯ*)
Población de la Sefela, o tierras bajas, de Judá (Mi 1.12), posiblemente la misma Maarat (Jirbet Qufin; Jos 15.59).

MARSENA (Heb. *marsᵉnā'*)
Uno de los siete nobles del rey Asuero que tenían más acceso directo a éste (Ester 1.14).

MARTA (Gr. *Mártha*)
Junto con su hermana María y su hermano Lázaro, amiga entrañable y discípula de Jesús (Jn 11.5). Marta (del Aram. *mārṯā'*), «dama») aparece primero en los Evangelios como una ansiosa anfitriona concentrada en prepararle una comida a Jesús. Su hermana había elegido escuchar las enseñanzas de Jesús (Lc 10.38-42). Jesús reprende amablemente a Marta por estar demasiado preocupada por «muchas cosas», mientras que sólo una era necesaria. Una posible interpretación es que Marta estaba tratando de preparar una comida de varios platos para su especial huésped, y Jesús le sugiere que un solo plato era necesario. Contrariamente a muchos intérpretes, no hay comparación en este pasaje entre la atención que estaba dando Marta a las enseñanzas de Jesús, y el servicio de Marta. Él dice que María había escogido la «buena» parte, no la mejor.

La siguiente aparición de Marta tiene que ver con la enfermedad y muerte de su hermano Lázaro. Después de mandar a buscar a Jesús, lo recibe con el suave reproche de que si hubiera estado allí su hermano no habría muerto. Jesús la pone a prueba preguntándole si cree que todo aquel que crea en él no morirá jamás. Ella responde con una de las confesiones más sublimes en todo el NT. «Yo he creído que tú eres el Cristo, el Hijo de Dios, que has venido al mundo» (Jn 11.27).

En la última aparición, Marta está sirviendo una comida a Jesús, a Lázaro, y a otros huéspedes no identificados (Jn 12.2). Algunos intérpretes ubican esta comida en la casa de Simón el leproso, dando por supuesto que este relato es una variante de Marcos 14.3-9. Esta interpretación es cuestionable, al menos por tres razones. El momento en Marcos es dos días antes de la Pascua (Mr 14.1), mientras que en Juan es de seis (Jn 12.1); la mujer que ungió a Jesús no es identificada en Marcos; y en Marcos, la cabeza de Jesús es la ungida, mientras que en Juan los ungidos son sus pies.

JOE E. LUNCEFORD

MARTE, COLINA DE
Véase AREÓPAGO

MÁRTIR
Palabra transliterada del Gr. *mártys*, *martýrion*, *martyría*, «testigo, testimonio». La palabra se refería originalmente a alguien que había sido testigo legal, pero después a uno cuyo testimonio de Jesús termina con la muerte (es decir, el martirio). La palabra se usa con frecuencia en Hechos para referirse a los apóstoles como testigos (Hch 1.8; 2.32; 3.15; 10.39). En Hechos 5.32, la referencia es a alguien que está dispuesto a sufrir como parte de su testimonio de Jesús. En Apocalipsis, la palabra implica más la idea de alguien que muere por su fe o testimonio (Ap 2.13; 17.6, «mártir»; 22.20). Más tarde, el uso de la palabra significa solamente morir por la fe en Cristo (cf. Ignacio, *Rom.* 2; Mart. Pol. 14.12; 17.3).

EDWARD P. MYERS

MARZEAH (Heb. *marzēaḥ*)
Celebración festiva con banquete conocida en todo el mundo semítico antiguo. Los textos que mencionan a la *marzēaḥ* cubren un período de tres mil años, que van desde Ebla (siglo XXIV a.C.) hasta Madeba (siglo VI d.C.), con testimonios intercurrentes en Emar, el Ugarit, Transjordania, Elefantina, Fenicia, Habatea, Palmira, y en la literatura rabínica. La más importante información antigua proviene de Ugarit, donde el término designa tanto al banquete como a los que lo celebraban. Estos miembros (*mt mrzḥ*) contaban con un líder (*rb*) que imponía tributos y tenía propiedades; tenían también un dios protector. Las importantes propiedades incluían campos y viñedos, pero la más importante era la «casa *marzēaḥ*» (*bt mrzḥ*). La importancia social del grupo se ve por el tamaño de sus propiedades, el número de testigos de sus operaciones, y la dispensación de la aprobación real. El Ugarit también ofrece una descripción de una *marzēaḥ* divina. En KTU 1.114, El invita a los dioses a su *marzēaḥ*, donde son incitados a beber hasta la embriaguez; la fiesta termina con el colapso de El en un estado de obscena borrachera.

Aunque hay que tener en cuenta las diferencias de un lugar a otro con el paso del tiempo, se pueden distinguir dos características comunes en los casos posteriores de la *marzēaḥ*: la importancia social de la institución, y el énfasis en la bebida. En la mayoría de los lugares, hay alguna mención del vino, a menudo en grandes cantidades, o al menos de vasos para beber; y más de una vez los acontecimientos son datados en relación con la fecha del banquete y/o del mandato del líder.

La condición social de la *marzēaḥ* es evidente en Amós 6. El profeta censura a la clase dominante de Samaria (Am 6.1) por sus suntuosos banquetes caracterizados por los lujosos sofás, las carnes selectas, la música, el ungimiento con aceite, y el vino consumido en tazones (vv. 4-6). Amós anuncia que su *marzēaḥ* («entrega a los placeres») terminará cuando sean llevados al exilio (Am 6.7). En Jeremías 16.5, se le prohíbe al profeta entrar en la casa de *marzēaḥ* (no a la «casa de luto») para hacer duelo por los llevados a la muerte por los babilonios; en el v. 8 es llamada «la casa de banquete» (*bêm-mišteh*).

A la luz de la permanente importancia de la *marzēaḥ* en otros lugares, es sorprendente encontrarla mencionada sólo un par de veces en la Biblia. Varios textos han sido propuestos como alusiones a la misma, pero no utilizan la misma palabra (Is 28.1-13; Ez 39.17-20; Am 4.1; cf. Isa 56.9-57.13; Ez 8.7-13; Am 2.7, 8, 1 Co 11.20-22).

Bibliografía. D. B. Bryan, *Texts Relating to the Marzeaḥ* (diss., Johns Hopkins, 1973); J. L. McLaughlin, «The marzeaḥ at Ugarit,» *UF* 23 (1991). 265-81.

John L. McLaughlin

MAS (Heb. *maš*)
Hijo de Aram y descendiente de Sem (Gn 10.23; LXX Gr. *Mosoch*). Antepasado famoso de una tribu aramea asociada tal vez con el monte Masius (Kerага Dag/Tur Abdin), una cadena montañosa cercana a las cabeceras del río Éufrates, o *Māšu*, en acadio, las cordilleras del Líbano y Antilíbano. El pasaje paralelo (1 Cr 1.17) dice Mesec (2).

MASADA (Gr. *Masada*)
Fortaleza de piedra situada en una colina aislada rodeada de acantilados y, por tanto, casi inexpugnable, ubicada a 16.5 km (10 mi) al sur de En-gadi en la ribera occidental del Mar Muerto, al otro lado de la península de Lisán. Los eruditos suelen coincidir en que fue el sumo sacerdote asmoneo Alejandro Janeo (103-76 a.C.) quien construyó originalmente la fortaleza, que estaba constituida por cuatro pequeños palacios. En el 40 a.C., bajo el asedio de Antígono y los partos, la familia de Herodes permaneció en Masada mientras Herodes huía a Roma. Su familia estuvo a punto de morir por falta de agua, pero una repentina tormenta de verano les salvó la vida (Josefo, *Ant.* 14.390-91). Herodes reconstruyó la fortaleza, le añadió ocho cisternas, graneros, un palacio-villa con pinturas al fresco, tres terrazas y un muro batiente de c. 1280 m (1400 yd) de largo, con 110 habitaciones dentro de sus murallas y torres. En el 66 d.C., durante la primera revuelta judía contra los romanos, los zelotes capturaron Masada de una guarnición romana (Josefo, *Guerra de los judíos* 2.408). Más tarde, bajo Eleazar, resistieron un prolongado asedio de los romanos liderado por Flavio Silva y la Décima Legión, hasta el 73-74 d.C., varios años después de la destrucción del Templo en Jerusalén. Según Josefo, 960 sicarios y zelotes, y todos los habitantes de Masada, salvo dos mujeres y cinco niños, se suicidaron antes que caer en manos de los romanos (*Guerra de los judíos* 7389-400). Esto es parecido a la experiencia que vivió Josefo en el 68 d.C. cuando, como general de las fuerzas judías en

Galilea, fue derrotado por Vespasiano; pero mientras que otros judíos que se habían escondido con él decidieron suicidarse antes que ser capturados por los romanos, Josefo se rindió (*Guerra de los judíos* 3.387-92).

Las excavaciones hechas por Yigael Yadin en 1963-64 produjeron muchos restos del período de Herodes: inscripciones, ostracas, monedas de la «libertad» de la primera revuelta judía, y un *mikvá* (baño ritual). También se descubrieron fragmentos de manuscritos bíblicos y no bíblicos parecidos a los encontrados en las cuevas cercanas a Qumrán, de Levítico, Deuteronomio, Ezequiel, un rollo con los salmos 81-85, el salmo 150, Cánticos del Sacrificio Sabático, y manuscritos originales en hebreo de Eclesiástico y Jubileos.

Bibliografía Y. Yadin, «The Excavation of Masada — 1963-64. Preliminary Report,» *IEJ* 15 (1965). 1-120; Masada. *Herod's Fortress and the Zealots' Last Stand* (New York, 1966).

Lynne Alcott Kogel

MASAH (Heb. *massâ*), **MERIBA** (*mĕrîḇâ*)
De los verbos «poner a prueba» y «reñir, contender» respectivamente; los términos se refieren a un lugar donde los israelitas se rebelaron contra Jehová en el desierto. En la Biblia se conservan tres relatos de este hecho. En Éxodo 17.1-7, los israelitas acampan en Refidim en su marcha a Horeb. En Refidim se quejan de sed a Moisés. Jehová le dice a Moisés que pase delante del pueblo a Horeb con algunos ancianos, y que golpee la peña para que de ésta brote agua y el pueblo pueda beber. El lugar es llamado Masah y Meriba, porque los israelitas «riñeron» con Dios y lo «pusieron a prueba» (cf. Sal 95.8; también Dt 6.16; 9.22, donde sólo se menciona a Masah).

El segundo relato sitúa a la rebelión cerca de Cades, en el desierto de Zin, y se refiere sólo a Meriba. La finalidad de este relato es mostrar el castigo de Jehová a Moisés y Aarón. A diferencia del relato del Éxodo, Jehová le dice a Moisés que le ḥable a la peña para que ésta produzca agua, pero en vez de esto, Moisés golpea la roca dos veces. Por no haber Moisés y Aarón tenido confianza en Jehová ni exhibido su santidad, Jehová declara que no entrarán con los israelitas a la Tierra Prometida, sino que morirán en el desierto (Nm 20.1-13, 24; 27.14; Dt. 32.51; Sal 106.32).

Un tercer relato, sólo insinuado en la Biblia, dice que Jehová probó a los levitas que guardaban su pacto, por lo que fueron recompensados con el Urim y Tumim, y con el servicio a Jehová (Dt 33.8-11; cf. Sal 81.7 [TM 8]).

Ronald A. Simkins

MASAI (Heb. *maʿăśay*)
Sacerdote en la Jerusalén posexílica, descendiente de Imer (1 Cr 9.12). Puede ser Amasai (Neh 11.13).

MASAL (Heb. *māšāl*) **(GÉNERO)**
De la raíz hebrea *mšl.* «representar», «ser como», o «comparar». Una forma plural, el nombre hebreo del libro de Proverbios, se encuentra en Proverbios 1.1; 10.1; 25.1. Aquí, la palabra significa un dicho conciso e impreciso que requiere una sustancial separación de segmentos e interpretación para comprender los diversos niveles en que se pone una comparación. Además, el término puede señalar la norma mediante la cual parecen haber sido reunidos los diversos dichos de Proverbios, lo que parece guiar su ubicación en cualquier recopilación, es el grado en que el dicho comparte alguna característica (por lo general verbal) con otro dicho inmediato. En Ezequiel 17.2, el término se encuentra combinado con la raíz *ḥwd*, la forma nominal de la cual ha sido traducida la palabra «enigma». En este caso, la raíz *mšl* es muchas veces traducida como «alegoría». Aquí, el uso es probablemente más cercano al concepto de parábola. A la luz de esto, varias narraciones del AT parecen representar esta idea, a pesar de no llamarse *māšāl.* Jueces 9, 2 Samuel 12 y 14, y también 1 Reyes 20, son relatos parabólicos. Común a este sentido más amplio de *māšāl*, es la utilización de una breve historia para obligar a un personaje de la historia (así como el lector) a interpretar los acontecimientos desde la óptica de su propio contexto. Característico de estas *mĕšālîm* son las múltiples interpretaciones propuestas por las asociaciones del relato con sus contextos vigentes, así como con otros materiales del AT. En el judaísmo rabínico, la *māšāl* surge como una forma compleja de interpretación bíblica, en la que un pasaje se elabora con una historia que comienza diciendo. «Es como…» La parábola del NT se percibe a menudo como una forma de *māšāl*, pero, en realidad, representa sólo una fracción de las formas a las cuales se aplica la *māšāl* en el AT.

Larry L. Lyke

MASAL (Heb. *māšāl*) **(LUGAR)**
(*también* MISAL)

Ciudad levítica en Aser (1 Cr 6.74 [TM 59]). En otras partes es llamada Misal.

MÁS ALLÁ DEL JORDÁN
Término geográfico (Heb. *ʿēber hayyardēn*) que designa la región occidental (p.ej., Gn 50.10-11, el lugar de la sepultura de Jacob) o la oriental (generalmente; p.ej., Jue 5.17, Gad; Mt 4.25, Gr. *péran*) del río Jordán, dependiendo del punto de vista del escritor.

MÁS ALLÁ DEL RÍO

1. La zona este del Éufrates (2 S 10.16; 1 R 14.15; Is 7.20; 1 Cr 19:16); también traducida «más allá del Éufrates» (NRSV).

2. La zona oeste del Éufrates (1 R 4:24[TM 5:4]); también traducida en varios lugares como «oeste del Éufrates», y «el occidente del río» (LBLA). Tan temprano como el siglo VIII, Acad. Ebir *nāri* («más allá del río») era usado para referirse a la región Siro-Palestina. Durante o después del reino de Jerjes se convirtió en una satrapía con ese nombre.

Bibliografía. M. W. Stolper, «The Governor of Babylon and Across-the-River in 486 b.c.,» JNES 48 (1989): 283-305.

3. El distrito de Harán de donde vinieron los patriarcas (Jos 24.2-15). Narrativamente estas tienen una perspectiva hacia el este; geográfica y políticamente son de Mesopotamia.

R. Glenn Wooden

MASORA (Heb. *māsôrâ*)
En su sentido más amplio, es las tradiciones y reglas, orales o escritas, que regulan todos los aspectos del copiado y uso de los manuscritos de la Biblia. Sin embargo, el término es normalmente entendido en su sentido restringido, refiriéndose sólo a las notas masoréticas transmitidas con el texto. Estas notas están en hebreo o arameo, y suelen ser números o abreviaturas.

Hay diversas clases de notas masoréticas. La Masora Parva (Mp) consiste en las notas que están en el margen lateral de manuscritos o ediciones (véase la *BHS*). Estas notas se combinan con palabras o frases del texto, por medio de un pequeño círculo puesto sobre el elemento textual. Las notas de la Mp dan principalmente, pero no exclusivamente, el número de apariciones del detalle textual. Por ejemplo, en la *BHS*, *wĕlôṭ* («y Lot») en Génesis 13.1, se combina con la nota Mp d (dalet), y la letra representa al número cuatro. Esta nota indica que *wĕlôṭ* aparece cuatro veces.

La Masora Magna (mm) consiste en las notas que están en los márgenes superior e inferior de los manuscritos (pero en la *BHS* están en el volumen complementario, la Masora Gedolah). Las notas de Mm dan una lista de los versículos que contienen las apariciones mencionadas por las notas de la Mp. Cada versículo está señalado por una breve cita que lo distingue.

La Masora Finalis (Mf) se refiere al material recopilado al final de un libro, sección (ej. Escritos) o manuscrito específicos. En los manuscritos, la Mf consiste en listas compendiadas (tales como del número de versículos) o de otros datos para los que no hubo lugar en los márgenes de un manuscrito. El término Mf se refiere también a las listas editadas y recopiladas por Jacob Ben Chayyim, que se encuentran al final de la Segunda Biblia Rabínica (1524-25).

La Masora no es un conjunto indiviso de material transmitido de manera uniforme con todos los manuscritos. El contenido varía de un manuscrito a otro, aunque gran parte de ella es un traslapo de manuscritos de la tradición tiberiana estándar. El propósito de la Masora fue salvaguardar el texto de manera exacta, para que nada se le añadiera o eliminara al mismo. Por eso, las notas dan instrucciones específicas sobre las palabras y frases en las que pudiera producirse un error de escritura. La Masora fue un medio seguro de control de calidad que ha permitido preservar al texto sin ningún cambio significativo.

Bibliografía. A. Dotan, «Masorah,» *EncJud* 16 (Jerusalem, 1971). 1401-82; C. D. Ginsburg, *Introduction to the Massoretico-Critical Edition of the Hebrew Bible* (1899, repr. New York, 1966); P. H. Kelley, D. S. Mynatt, and T. G. Crawford, *The Masorah of Biblia Hebraica Stuttgartensia* (Grand Rapids, 1998); G. E. Weil, *Massorah Gedolah* 1 (Rome, 1971); I. Yeivin, *Introduction to the Tiberian Masorah*. SBLMasS 5 (Missoula, 1980).

Daniel S. Mynatt

MASORÉTICO, TEXTO
Cualquier texto de la Biblia hebrea producido por los masoretas (del Heb. *baʿălê hammāsôrâ*), estudiosos del texto que se preocuparon por la transmisión exacta del mismo, y que estuvieron activos c. entre 600-959 d.C. Hubo tres grupos principales de masoretas: el palestino, el babilonio y el tiberiano. Dado que el trabajo de la escuela tiberiana tuvo más relie-

ve que el de las otras dos, la tradición tiberiana estándar del texto hebreo es llamada comúnmente hoy el texto masorético.

Los masoretas tiberianos diferían entre sí en detalles pequeños, y los textos producidos por la familia ben Asher llegaron a ser reconocidos como los mejores de la tradición tiberiana. El último de esta familia fue Aarón ben Asher, y sus logros fueron incorporados a dos manuscritos masoréticos ampliamente utilizados. El Códice de Alepo (A), base del Proyecto Bíblico de la Universidad Hebrea; y el Códice de Leningrado (L), texto base para la *BHS*. Los manuscritos tiberianos tienen, por lo general, cuatro componentes: el texto consonántico, los signos vocálicos, los signos de acentuación y las notas masoréticas escritas en los márgenes.

No puede decirse que hay un texto masorético. Es más correcto referirse a los representantes del TM, como son el texto A o el texto L. El texto de la Segunda Biblia Rabínica editado por Jacob ben Chayyim (1524-25), fue considerado durante siglos la versión oficial de la Biblia Hebrea, y por tanto llamado con frecuencia el TM. Pero la erudición moderna ha demostrado que la Segunda Biblia Rabínica se basó en manuscritos relativamente tardíos, por lo que probablemente no es la mejor representante del TM. La mayoría de las ediciones modernas de la Biblia Hebrea publican alguna forma del TM, pero la *BHS* (basada en el L) es hoy la edición académica estándar del TM en Occidente.

Véase MASORA

Bibliografía. C. D. Ginsburg, *Introduction to the Massoretic-Critical Edition of the Hebrew Bible* (1899, repr. New York, 1966); M. H. Goshen-Gottstein, «The Rise of the Tiberian Bible Text,» in *Biblical and Other Studies*, ed. A. Altmann (Cambridge, Mass., 1963), 79-122; repr. in *The Canon and Masorah of the Hebrew Bible*, ed. S. Z. Leiman (New York, 1974), 666-709; H. M. Orlinsky, «Prolegomenon. The Masoretic Text. A Critical Evaluation,» in *Introduction to the Massoretic-Critical Edition of the Hebrew Bible*, ed. Ginsburg, i-xlv; E. Tov, Textual Criticism of the Hebrew Bible (Minneapolis, 1992); E. Würthwein, *The Text of the Old Testament*, 2nd ed. (Grand Rapids, 1995); I. Yeivin, *Introduction to the Tiberian Masorah*. SBLMasS 5 (Missoula, 1980).

Daniel S. Mynatt

MASQUIL (Heb. *makkîl*)

Palabra técnica utilizada en los títulos de los Salmos 32, 42, 44, 45, 52-55, 74, 78, 88, 89 y 142, para indicar, al parecer, algo acerca del contenido, o bien de la ejecución de cada salmo. Entre las traducciones sugeridas están: «meditación», «poema didáctico», «salmo de conocimiento», «cántico escogido o delicado hábilmente compuesto». La palabra probablemente tiene su raíz en el vocablo hebreo *śākal*, traducido en la literatura sapiencial indistintamente como «hábil», «sabio», pero este significado parece adecuado sólo en los salmos 32 y 78. Más probablemente, la palabra se refiere a alguna parte de la ejecución musical del salmo (cf. 2 Cr 30.21, 22).

Michael D. Hildenbrand

MASRECA (Heb. *maśrēqâ*)

Ciudad de Edom, domicilio del rey Samla (Gn 36.36; 1 Cr 1.47). Se han hecho varios intentos por identificar un sitio, desde Siria hasta Transjordania meridional y el noroeste de Arabia.

MASSA (Heb. *maśśāʾ*)

1. Hijo de Ismael y famoso antepasado de una tribu del norte de Arabia (Gn 25.14; 1 Cr 1.30). Fuentes acadias (*ANET*, 283) ubican a los de Massa en la región del norte de Arabia. Ptolomeo (*Geog.* 5.18.2) dice que los «masanoi» habitaban en el territorio asignado a los ismaelitas (es decir, la parte central norte de Arabia).

2. Término al comienzo de Pr 30.1; 31.1 – [N del T. En la CEV (31.1) dice. «Lemuel de Massa»] referente tal vez a un lugar (el 1 de arriba), o a un «oráculo» (cf. presencia del artículo definido en 30.1). Aunque el uso profético del heb. *maśśāʾ* («carga») pronuncia un oráculo de juicio (p.ej., Is 13.1; 15.1; Nah 1.1; Hab 1.1), el título de las recopilaciones en Proverbios no indica tal significado.

Harold R. Mosley

MATÁN (Heb. *mattān*)

1. Sacerdote de Baal asesinado en el golpe contra la reina Atalía de Judá (2 R 11.18; 2 Cr 23.17).

2. Padre de Sefatías, oficial del rey Sedequías (Jer 38.1).

MATÁN (Gr. *Matthán*)

Antepasado posexílico de Jesús; abuelo de José (Mt 1.15; cf. Matat en Lc 3.24).

MATANA (Heb. *mattānâ*)

El primero de los lugares donde acampó Israel en el itinerario del Éxodo (Nm 21.18-20), después del cántico (vv. 17-18) por la provisión de agua hecha por Jehová en el pozo de Beer (cf. al significado del nombre, «regalo, donación»). El contexto coloca a Matana, entendida por la mayoría de los estudiosos como el nombre de un lugar moabita, al oriente del Jordán y más allá del valle de Zered (Nm 21.12), y hasta el valle del río Arnón (vv. 13-15). Se desconoce su ubicación exacta, pero una posibilidad es el Jirbet-Medeiyineh (236110), c. 19 km (12 mi) al sureste de Medeba.

Bibliografía. N. Glueck, *Explorations in Eastern Palestine* I. AASOR 14 (Baltimore, 1933-34); J. R. Kautz, «Tracking the Ancient Moabites,» *BA* 44 (1981). 27-35; A. H. Van Zyl, *The Moabites. Pretoria Oriental Series* 3 (Leiden, 1960).

Robert Delsnyder

MATANÍAS (Heb. *mattanyâ, mattanyāhû*)

Nombre hebreo común («Regalo de Jah [Jehová]»), autenticado en las cartas de Laquis (1.5) y en los sellos de la época de Jeremías (cf. también la forma abreviada de Matán, sin el elemento teofórico).

1. Último rey de Judá (c. 597-596 a.C.), entronizado por Nabucodonosor de Babilonia para sustituir a su sobrino Joaquín; le cambió el nombre por el de Sedequías (2 R 24.17); hijo de Josías.

2. Uno de los 14 hijos de Hemán a quien David al parecer separó para el servicio musical en el Templo proyectado (1 Cr 25.4, 16).

3. Levita de Asaf y tatarabuelo de Jahaziel, profeta de la corte de Josafat (2 Cr. 20.14).

4. Levita del tiempo de Ezequías, quien recibió el encargo de ayudar a la reconsagración del Templo (2 Cr 29.13).

5.-8. Cuatro israelitas posexílicos que se casaron con mujeres extranjeras, de quienes se divorciaron por instrucciones de Esdras; eran de las familias de Elam (Esd 10.26), Zatu (v. 27), Pahat-moab (v. 30) y Bani (v. 37).

9. Hijo de Micaía, líder músical levita de Asaf, que supuestamente aumentó mucho la población de Jerusalén al mudarse allí (Neh 11.17). El líder del coro del Templo en 1 Crónicas 9.15 y Nehemías 12. 8, 25, es al parecer la misma persona, aunque allí es del tiempo de Zorobabel. Su bisnieto Uzi fue jefe de los levitas (Neh 11.22); otro bisnieto, Zacarías, fue trompetista en la dedicación del muro (12.35).

10. Abuelo de Hanán hijo de Zacur, a quien Nehemías confió la misión de ayudar a Selemías y a Sadoc, nuevos mayordomos de los depósitos (Neh 13.13).

Bibliografía. W. E. Aufrecht, «Genealogy and History in Ancient Israel,» in *Ascribe to the Lord*, ed. L. E. Eslinger and G. Taylor. *JSOTSup* 67 (Sheffield, 1988), 205-35; N. Avigad, *Hebrew Bullae from the Time of Jeremiah* (Jerusalem, 1986).

Paul J. Kissling

MATAT (Gr. *Mattháț*)

1. Antepasado de Jesús; según Lucas 3.24, abuelo de José (cf. Mt 1.15, Matán).

2. Antepasado posexílico de Jesús (Lc 3.29).

MATATA (Gr. *Mattathá*)

Antepasado de Jesús; nieto del rey David (Lc 3.31).

MATATA (Heb. *mattattâ*)

Israelita a quien se le exigió que se divorciara de su esposa extranjera (Esd 10.33).

MATATÍAS (Gr. *Mattathías*)

Nombre común (del heb. *mattimyâ*, «regalo de Jehová») en los períodos macabeo y romano.

1. Sacerdote de la orden de Joiarib (1 Cr 24.7); hijo de Juan y nieto de Simeón. Matatías era descendiente de Asmón, de donde se deriva el nombre asmoneo, que llegó a ser el apellido de la dinastía judía gobernante descendiente de Matatías. Desde la aldea de Modín, Matatías y sus hijos iniciaron una revuelta en el 166 a.C. contra Antíoco IV, quien estaba intentando acabar con la religión judía (1 Mac 2).

2. Hijo de Absalón, uno de los jefes del ejército bajo Jonatán (1 Mac 11.70).

3. Tercer hijo de Simón y nieto del Matatías 1. Después de la revuelta macabea (134 a.C.), Ptolomeo, pariente de la familia gobernante asmonea, asesinó a este Matatías, a su hermano Judas, y al padre de ellos Simón, en su intento de golpe (1 Mac 16.14-16).

4. Emisario enviado a Judas Macabeo por Nicanor, el gobernador de Judea designado por Siria (2 Mac 14.19).

5. Antepasado de Jesús, según la genealogía de Lucas (Lc 3.25).

6. Otro antepasado de Jesús, según Lucas 3.26.

J. Bradley Chance

MATATÍAS (Heb. *mattityâ, mattityāhû*)

1. Levita coreíta que, después del exilio, sirvió en el Templo como encargado de hacer las tortas para los servicios litúrgicos (1 Cr 9.31); primer hijo de Salum.

2. Portero levítico en el reinado de David (1 Cr 15.18); hijo de Jedutún (25.3). Como músico que tocaba la lira como parte de la actividad profética (1 Cr 25.1, 3, 21), acompañó el arca a Jerusalén (16.5).

3. Hijo de Nebo, a quien Esdras convenció de que se divorciara de su esposa pagana (Esd 10.43; 1 Esdr 9.35). Puesto que su nombre no aparece entre los sacerdotes y levitas, probablemente era un laico israelita.

4. Israelita influyente que acompañó a Esdras cuando éste hizo la lectura pública del libro de la Ley (Neh 8.4).

CAROL J. DEMPSEY

MATENAI (Heb. *mattĕnay*)

1. Israelita entre los hijos de Hasum, quien fue obligado a divorciarse de su esposa extranjera (Esd 10.33).

2. Uno de los hijos de Bani, que se divorció de su esposa extranjera (Esd 10.37).

3. Jefe de la casa sacerdotal de Joiarib en el tiempo del sumo sacerdote Joiacim (Neh 12.19).

MATEO (Gr. *Maththaíos*)

Uno de los discípulos originales de Jesús, mencionado en todas las listas de los doce apóstoles (Mt 10.3; Mr 3.18; Lc 6.15; Hch 1.13). En sus relatos sobre el llamado a Mateo para convertirse en discípulo, Marcos y Lucas dan su nombre como Leví (Mr 2.14, Lc 5.27). Su condición de recaudador de impuestos, y la semejanza en los detalles del llamamiento, hacen casi segura la identificación de Mateo con Leví. El relato de Marcos lo menciona como hijo de Alfeo, que parecería identificarlo como hermano de Jacobo (que no debe ser confundido con Jacobo, hijo de Zebedeo).

Las tres narraciones sinópticas sobre el llamamiento de Mateo/Leví están seguidas poco después por relatos sobre Jesús asistiendo a una recepción con muchos «publicanos y pecadores» presentes. Sólo Lucas identifica claramente la casa como perteneciente a Leví. Lucas, evidentemente, quería mostrar que esta recepción fue una respuesta espontánea y gozosa de Mateo/Leví al llamado de seguir a Jesús.

Antes de convertirse en discípulo, Mateo era un recaudador de impuestos en la zona de Capernaún. Su cargo debió haber sido muy lucrativo, ya que tenía la oportunidad de recaudar impuestos no sólo de los agricultores y artesanos locales que traían sus productos al mercado, sino también de las caravanas que pasaban con frecuencia por la zona con mercaderías entre Egipto y el Oriente. El detalle de «dejándolo todo» para seguir a Jesús, que aparece sólo en Lucas (5.28), es probablemente una alusión a este lucrativo cargo.

Muy poco se sabe de Mateo/Leví, aparte de los relatos sinópticos de su llamamiento. Papías afirma que él escribió el Evangelio de Mateo en hebreo. Como sucede con todos los discípulos originales, abundan las leyendas sobre Mateo. Según una tradición sufrió el martirio, pero otra dice que murió de muerte natural.

JOE E. LUNCEFORD

MATEO, EVANGELIO DE

Primero de los Evangelios del NT en el orden canónico. Fue compuesto durante las últimas décadas del siglo I, cuando judíos y cristianos por igual enfrentaban la tarea de rearticular la conciencia de sí mismos a raíz de la destrucción del Templo y de la ciudad santa, Jerusalén. Al margen de dónde haya sido escrito el Evangelio (Antioquía de Siria, o una de las principales poblaciones de Galilea son los dos lugares propuestos con más frecuencia), la historia de Jesús que cuenta Mateo parece muy adecuada para explicar la identidad, el llamamiento y las prácticas de una comunidad en transición y sufriente. Mateo utiliza la tensión y la sorpresa, tanto en forma como en contenido, para hablar de la situación, al tiempo que afirma que Jesucristo, «Dios con nosotros», es la figura esencial en torno a la cual debe la comunidad modelar la conciencia de sí misma, sus sueños y sus relaciones sociales.

Este Evangelio ha sido atribuido tradicionalmente a Mateo; los manuscritos más antiguos son anónimos. Algunos investigadores modernos dicen que Mateo fue el primer Evangelio que se escribió. Pero la mayoría de los eruditos sostienen la prioridad de Marcos, y creen que Mateo utilizó probablemente dos fuentes más, además de Marcos, que compartió con Lucas (comúnmente denominada «Q»); la otra fue utilizada sólo por Mateo. Mientras que generaciones anteriores de eruditos sostuvieron que muchas de las repeticiones que se encuentran en Mateo se debieron al uso casual de estas fuentes, estudios más recientes afirman que Mateo emplea la repetición intencionadamente como un medio para desarrollar los personajes y facilitar la trama. Mateo también se basa en citas y alusiones al AT para guiar al lector a través del relato y ofrecer un marco interpretativo para los hechos narrados. Las más destacadas entre éstas son las «citas del cumplimiento» de profecías (Mt 1.22, 23, 2.15, 17, 18, 23; 4.14-16; 8.17; 12.17-21; 13.35; 21.4, 5; 27.9, 10), lo que interesaría a un público familiarizado con el AT, sobre todo con las profecías sobre el Mesías. Sin embargo, así como se encuentran cosas que interesan a las expectativas que tenían los judíos, también se encuentran elementos en este relato que habrían sorprendido a lectores familiarizados con el AT, y ampliado sus ideas sobre el Mesías y sobre Dios. La referencia de Jesús a «todo escriba docto en el reino de los cielos» como alguien que «saca de su tesoro cosas nuevas y cosas viejas» (13.52), describe bien el trabajo hecho por este evangelista.

El uso que hace Mateo de formalidades en cuanto al género, genera también tensión y sorpresa. El Evangelio incorpora elementos que habrían llevado a los públicos antiguos a asociarlo tanto con las biografías de los grandes filósofos y reyes, como con la historiografía judía. Así, por un lado, el relato de Mateo es sobre Jesús, el maestro y sanador, cuyas actividades y enseñanzas, incluyendo su muerte y su resurrección, forman un todo coherente, congruente y convincente, digno de ser emulado por discípulos fieles aun en medio de circunstancias desconcertantes. En este sentido, el relato se mueve como una biografía antigua. Por otro lado, el relato de Mateo es sobre Jesús el Mesías de Israel, cuyo llamado y ministerio, incluidos su muerte y su resurrección, resumen y llevan a un final feliz toda la historia de Dios y del pueblo de Israel. De esta manera, el Evangelio parece basarse en los libros históricos que se encuentran en el AT, a los que también perfecciona. Al combinar biografía con historia, el Evangelio trasciende las expectativas de ambas. El lector percibe que Jesús es una figura cuya vida y enseñanzas son importantes por derecho propio, pero también cuya historia compendia y modifica la historia.

Mateo tiene también múltiples patrones estructurales en tensión que se traslapan. El más prominente de estos patrones de organización, es la alternancia de la narración y el discurso. Mateo utiliza cinco veces la fórmula. «Y cuando terminó Jesús de decir estas palabras», siempre en la transición de uno de sus cinco discursos más extensos, a una parte de la narración que registra sus hechos (7.28, 29, 11.1. 13. 53; 19.1; 26.1). Algunos eruditos detectan en la rigurosa correspondencia de temas y motivos en medio de estos segmentos de la narrativa y del discurso, un importante arreglo de quiasmo (es decir, un paralelismo invertido y concéntrico, en el que se basan las parábolas del cap. 13).

Mateo usa dos veces la fórmula «desde entonces comenzó Jesús a», dando a entender cada vez un cambio importante en la narración. En 4.17, Jesús comienza su ministerio y su predicación en Galilea, y en 16.21 se dirige a Jerusalén, donde tendrán lugar su sufrimiento, su muerte y su resurrección. Según este esquema, Mateo está organizado en tres grupos, cada uno de los cuales representa un diferente aspecto geográfico, y especialmente cristológico, del relato. Últimamente, los estudiosos han centrado su atención en el desarrollo de la trama en Mateo, y han ofrecido una serie de propuestas en cuanto a la estructura del Evangelio en base a los puntos esenciales, aquellos que determinan las cadenas de causalidad en torno a las cuales fluye la narración. Este enfoque produce siempre una estructura de seis partes, más o menos de la manera siguiente: 1) la venida del Mesías, 1.1-4.16 (núcleo: 1.18-25); 2) el ministerio del Mesías en Israel, 4.17-11.1 (núcleo: 4.17-25); 3) conflicto y crisis en el ministerio del Mesías, 11.2-16.20 (núcleo: 11.2-6); 4) el viaje del Mesías a Jerusalén, 16. 21-20.34 (núcleo: 16.21-28); 5) rechazo final y crucifixión del Mesías, 21.1-27.66 (núcleo: 21.1-27); y 6) resurrección del Mesías y envío de los discípulos, 28.1-20 (núcleo: 28.1-10).

Los lectores deben resistir la tentación de ser muy exigentes al escoger entre estas opciones, ya que están desarrolladas en base a criterios diferentes, pero no necesariamente excluyentes. Es probable que las lecturas que no tengan en cuenta los complejos patrones estructurales presentes que se intersectan y traslapan en este Evangelio, caigan en el reduccionismo. Además de esto, el evangelista crea a veces patrones y expectativas que después hace añicos. Por ejemplo, en la genealogía con que se inicia el Evangelio (que condiciona expectativas en los lectores), Mateo presenta la ascendencia de Jesús de acuerdo con una estructuración de tres partes que se corresponden con la historia de Israel, que van desde Abraham hasta el establecimiento del reino de David, desde Salomón hasta el exilio babilónico, y desde el regreso del exilio hasta Cristo. Mateo dice luego al lector, de manera explícita, que cada una de estas tres partes de la historia de Israel tiene 14 generaciones. Sin embargo, una cuenta cuidadosa da sólo 13 generaciones en el último segmento. ¿Cometió Mateo un error? ¿Debemos contar a Jesús dos veces? ¿Está contado el Espíritu Santo como una generación? Mateo no resuelve estas cuestiones, sino que deja a los lectores en el misterio y el suspenso de una estructura construida cuidadosamente y (al parecer) rota de manera intencional.

La sensación de tensión y de sorpresa generada por el uso de Mateo de la estructura, se corresponde con las tensiones temáticas que se encuentran en todo este Evangelio. La tensión más evidente, y lo más preocupante para los eruditos, ha sido el problema de la relación con el judaísmo que se plantea en Mateo. Este Evangelio es uno de los documentos judíos más explícitos del Nuevo Testamento, pero también uno de los más críticos en cuanto a la autoridad judía. Mateo parece afirmar la permanente validez de la Ley (p.ej., 5.17-20), al mismo tiempo que limita algo de su autoridad (p.ej., 12.1-14). ¿Es esto el reflejo de una comunidad gentil más numerosa que había abandonado (quizás hacía tiempo) sus raíces judías, pero que no se preocupó por ocultar las huellas de su origen? ¿Es el reflejo de una comunidad predominantemente judía que acaba de salir sólo recientemente de una ruptura dolorosa y definitiva con otras facciones judías? ¿O es Mateo representativo de una comunidad cristiana (o «judeocristiana») que, aun con su compromiso de ministrar a las naciones, tiene conciencia de sí misma como una heredera legítima de la vocación y las tradiciones de Israel, y por tanto en competencia con otras expresiones alternativas de la identidad y la autoridad judías? En las últimas décadas, la mayor parte de la discusión se ha centrado en estas alternativas, con un número cada vez mayor de voces que apoyan la última de estas propuestas.

Estas preguntas, en cualquier caso, tienen su origen en la evidente decisión de Mateo de ubicar la historia de Jesús dentro de la historia de Israel o, más precisamente, de dar a conocer a Jesús como el cumplimiento de la historia de Israel, al tiempo que afirma que el Mesías es el comienzo de algo nuevo. En otras palabras, Mateo afirma la continuidad y la discontinuidad entre Jesús y la vocación y las tradiciones de Israel. Por tanto, Jesús cumple al mismo tiempo la Ley, y la abroga (y radicaliza). Él representa para Israel, así como para las naciones, tanto juicio como misericordia. Es tanto el mesías-rey davídico (p.ej., 12.23), como el siervo humilde y maltratado en quien esperarán las naciones (12.18-21). Mateo da a esta tensa y paradójica representación de Jesús una expresión casi divertida en la historia de la entrada triunfal en Jerusalén (21.1-11), donde Jesús aparentemente monta no uno, sino dos animales, un asno, que los reyes del AT montaban tradicionalmente en su coronación, y el pollino de un bestia de carga, animal que simboliza la identidad de Jesús como siervo.

Desde el comienzo del Evangelio, Mateo utiliza una variedad de títulos e imágenes para describir a Jesús. Jesús no sólo es Mesías e Hijo de David, sino también Hijo de Dios, Hijo del Hombre, y el que salvará a su pueblo de sus pecados (1.21). En cada caso, Mateo da un giro a las expectativas asociadas con cada título para poder decir algo nuevo acerca de Jesús. Mateo también se refiere explícitamente a Jesús como Emanuel, «Dios con nosotros», tanto al comienzo como al final del Evangelio (1.23; 28.20). Al «coronar» el Evangelio con esta identificación, Mateo da a entender que todo el relato puede interpretarse como una explicación de lo que esta designación significa. «Dios con nosotros» está presente en forma humana, con humildad (12.18-21), pero también con poder (7.29; 9.8; 21.23 y sig.; 28.18). Los hechos y las enseñanzas de Jesús como «Dios con nosotros» borran los límites entre lo humano y lo divino (p.ej., 9.1-8; 14.22-33), y entre el cielo y la tierra (6.10; 16.19; 18.18; 38.20). El efecto de esta constante redefinición de las expectativas, y la confusión de los límites, lleva al límite de manera persistente la imaginación y las prácticas de los discípulos, como también de los lectores.

A medida que se desarrolla el relato de Mateo sobre Jesús, los lectores se sienten extrañados por la intriga y la violencia que acompañan a su persona y su ministerio; por los intentos de Herodes para matar al niño (2.1-23); y por los paroxismos de violencia que culminan con su crucifixión. Según Mateo, la presencia de Dios en el mundo en la persona de Jesús es recibida con turbación, incredulidad y rechazo. Mateo describe esta respuesta con la mayor claridad con respecto a los líderes políticos y religiosos, que entienden que Jesús tiene un poder transformador, pero encuentran que su ministerio es una amenaza para su propio poder cuidadosamente formado, y también para su religiosidad. En una serie de enfrentamientos, Jesús hace que los líderes de Jerusalén se condenen a sí mismos (21.23-46); éstos se culpan y se sentencian a sí mismos (21.31, 32, 40, 41). El Reino les será quitado y dado a otros. La sorpresa es que los religiosos y los poderosos no son necesariamente los escogidos de Dios.

En las discusiones que tiene Jesús con los líderes judíos, Mateo deja claro que una cuestión primordial en juego es la naturaleza de quién tiene la autoridad. Los líderes judíos tienen la autoridad política, económica y social, que ejercen a expensas de aquellos a quienes ellos consideran menos justos. Su poder es utilizado para su propio interés, y para mantener los límites sociales y económicos. Este tipo de poder, según Mateo, es humano, no procede de Dios. El poder de Jesús, por el contrario, derriba las barreras impuestas por la clase social, la riqueza y la religiosidad. Jesús usa esta autoridad para demostrar la misericordia de Dios. Finalmente, la decisión de los líderes de dar muerte a Jesús, deja claro que el poder quita la vida, mientras que el poder de Dios la devuelve. De esta manera, Mateo utiliza los hechos que llevan a la crucifixión de Jesús, para resaltar quién representa y manifiesta, en realidad, la autoridad de Dios. Una vez más el lector puede sorprenderse en este punto. El poder de Dios no se manifiesta en la amenaza de la muerte, sino en la restauración de la vida.

A lo largo de Mateo, sólo los que tienen fe, los más pequeños, los niños y las discípulas, en otras palabras, aquellos cuya participación en el orden presente es minúscula, son quienes tienen la capacidad de apreciar la verdadera identidad de Jesús, aunque sólo de una manera parcial. Con la crucifixión se manifiestan finalmente en toda su plenitud el significado y el poder de la misión de Jesús. Su muerte marca la culminación apocalíptica de la historia. La tierra se estremece, las rocas se parten, las tumbas se abren y los muertos resucitan. La sorpresa no es sólo que Dios vindica que Jesús haya invalidado la criminal decisión de los líderes, sino también que su muerte y resurrección es el punto de inflexión de la historia.

Sin embargo, otra tensión en Mateo es la que gira en torno a las implicaciones de la muerte de Jesús en favor de la nación judía. En Mateo está claro que la misión a los gentiles depende de la finalización de la misión de Jesús a las ovejas perdidas de la casa de Israel. Pero, ¿la misión a los gentiles se produce por el fracaso de la misión a Israel? ¿Se ha apartado Dios de Israel, y se ha vuelto a las naciones (es decir, a una iglesia gentil)? ¿O es la muerte de Jesús el medio de salvación, aun para quienes le rechazaron y mataron? Mateo no responde estas preguntas directamente, sino que deja al lector determinar las respuestas en los caminos del discipulado (28.16-20).

El arte literario en Mateo provee un relato que merece una lectura detenida y reflexiva del mismo, que ensancha nuestra imaginación y que profundiza nuestra visión con cada nueva lectura. Mateo muestra a los futuros discípulos un Mesías que cumple las esperanzas y sobrepasa las expectativas, y que promete estar presente en el camino en tiempos de dificultades y confusión, no diferentes a los nuestros hoy.

Bibliografía D. C. Allison, Jr., *The New Moses. A Matthean Typology* (Minneapolis, 1993); D. L. Balch, ed., *Social History of the Matthean Community* (Minneapolis, 1991); D. R. Bauer and M. A. Powell, eds., *Treasures New and Old. Recent Contributions to Matthean Studies. SBL Symposium Series* 1 (Atlanta, 1996); M. H. Crosby, *House of Disciples. Church, Economics, and Justice in Matthew* (Maryknoll, 1988); A. J. Saldarini, *Matthew's Christian-Jewish Community* (Chicago, 1994); G. N. Stanton, A Gospel for New People. *Studies in Matthew* (Louisville, 1993)

Stanley P. Saunders

MATEO, EVANGELIO HEBREO DE

La iglesia primitiva creía que Mateo escribió originalmente su Evangelio en el idioma hebreo. El primero que habla de esto es Papías (c. 60-130 d.C.; Eusebio, *He* 3.39.16). Muchos otros escritores posteriores, como Ireneo, Panteno, Orígenes, Eusebio, Epifanio y Jerónimo, confirman esta creencia. Sin embargo, estos autores confunden a veces el Mateo en hebreo con el Evangelio de los Ebionitas, el Evangelio de los Nazareos, y/o el Evangelio según los Hebreos, evangelios judeocristianos apócrifos escritos del siglo II. Por tanto, el testimonio cristiano primitivo en cuanto al texto de Mateo en hebreo es dudoso. En la Edad Media, algunos autores judíos que escribieron en hebreo, citan con frecuencia al Evangelio de Mateo en un texto diferente al griego canónico. En 1380, el polemista judío español Shemtob ben Isaac ibn Shaprut añadió el texto completo del Mateo en hebreo a su escrito, *'Eben Boḥan*. Su texto se corresponde a menudo con las citas judías anteriores de Mateo en hebreo, lo que lleva a especular que el texto de Shemtob recoge una copia antigua del Mateo hebreo.

En el siglo XVI, Sebastian Münster y Jean du Tillet publicaron ediciones separadas de Mateo en hebreo, y ambos dicen que los textos les fueron proporcionados por judíos. Las versiones de Münster y de du Tillet, parecidas entre sí, son distintas al texto de Shemtob. Un análisis escrupuloso de sus diferencias revela que las ediciones del siglo XVI, aunque se basaron en un texto como el de Shemtob, fueron revisadas a fondo de modo que el texto hebreo se asemeja muchísimo al de las Biblias cristianas en griego y latín de la Edad Media.

Bibliografía. J. K. Elliott, *The Apocryphal New Testament*, rev. ed. (Oxford, 1993); E. Hennecke and W. Schneemelcher, *New Testament Apocrypha*, rev. ed. (Louisville, 1991); G. Howard, *Hebrew Gospel of Matthew*, 2nd ed. (Macon, 1995); A. F. J. Klijn, *Jewish-Christian Gospel Tradition. Vigiliae Christianae Sup 17* (Leiden, 1992); Klijn and G. J. Reinink, *Patristic Evidence for Jewish-Christian Sects. NovTSup 36* (Leiden, 1973).

George Howard

MATÍAS (Gr. *Maththías*)
Una de las dos personas descritas como testigos oculares del ministerio de Jesús, y candidato para sustituir a Judas Iscariote (Hch 1.21-26). Matías fue elegido mediante oración y sorteo, convirtiéndose en el 12º apóstol. Aunque el texto subraya la necesidad de elegir al decimosegundo discípulo, Matías no es vuelto a mencionar en el NT. La «necesidad» era posiblemente el simbolismo del número 12, que representa al pueblo de Dios, como aparece en la organización tribal de Israel. El nombre es la forma abreviada de Matatías, que significa «regalo de Jehová».

Joe E. Lunceford

MATRED (Heb. *maṭrēḏ*)
Hija de Mezaab y madre de Mehetabel, esposa del rey Hadad (Hadar) de Edom (Gn 36.39; Cr 1.50; así en el TM; según la LXX y Syr., padre de Mehetabel).

MATRIARCAS
Consideradas simbólicamente las madres de Israel, Sara, Rebeca, Lea y Raquel son las esposas de los patriarcas Abraham, Isaac y Jacob, antepasados de las 12 tribus de Israel. Sus historias están hermosamente narradas en majestuoso estilo literario, y forman un todo coherente en la epopeya de la antigua era patriarcal.

Sara
Sara/Sarai y Abram/Abraham están unidos no sólo por la obligación conyugal, sino también en el amor y la devoción mutuos. Sara está íntimamente ligada a las reiteradas promesas de Dios a la descendencia de Abraham, porque será madre de naciones (Gn 17.16). En el momento del cumplimiento de esta promesa, ritualizada por el pacto de la circuncisión, sus nombres son cambiados a Abraham, «padre de una multitud», en hebreo, y a Sara, «princesa».

Después de salir de Ur, y más tarde de Harán, los dos siguen a Canaán. Dos veces, circunstancias difíciles los obligan a morar en el sur; dos veces la hermosa Sara se hace pasar como hermana de Abraham; dos veces se salva de milagro de violar el vínculo conyugal; y dos veces son despedidos con regalos costosos y ganado.

Sarai, estéril desde hacía mucho tiempo, le ofrece a Abram su criada egipcia Agar para tener hijos a través de ella. Esto parece ser un cambio raro en el recurrente tema de la amarga rivalidad que había entre una esposa favorita estéril y una concubina fértil; o de la historia de una mujer estéril por mucho tiempo a la que se le había dado la promesa divina de que tendría hijos, y quien después da a luz a un héroe. También refleja la frecuente y deplorable rivalidad entre hermanos en el contexto más extenso de Génesis. La promesa de Dios a Abraham culmina finalmente en el nacimiento de Isaac cuando Abraham tiene 100 años de edad y Sara 90.

De Sara no se dice mucho después de este hecho, salvo que muere a la edad de 127 años en Hebrón; que Abraham llora su pérdida; y que Isaac se casa con Rebeca. La cueva de Macpela, comprada a propósito para sepultar a Sara (Gn 23), es de evidente importancia simbólica, y representa la primera posesión permanente de ellos de tierra.

Rebeca
La historia de Rebeca constituye el final de la epopeya de Abraham, porque la última decisión del Patriarca gira en torno a su deseo de que Isaac, el dueño de la promesa de Jehová, no deba casarse con una cananea. El siervo de Abraham es enviado a encontrar una esposa para él, de la familia de Nacor, su hermano, para asegurarse de un matrimonio endogámico (Gn 24). Años después, Rebeca volverá a ser el punto focal de la acción deliberada de obtener la

bendición paternal para su hijo favorito, Jacob, cuando maquina un plan para engañar a Isaac, invocando de esa manera la posible maldición de Isaac sobre ella, en vez de que caiga sobre su hijo (Gn 27).

Rebeca es la más ingeniosa y osada de las matriarcas, pero encarna a la belleza y a la virtud femenina en su conducta, razonamiento vivaz, trato inteligente y seguridad en sí misma. El relato da por sentado que Rebeca había sido designada por el Señor para ser la esposa de Isaac, ya que los acontecimientos se desarrollan evidentemente de acuerdo con la divina providencia. Su despedida de la casa de su padre es acompañada por una lluvia de bendiciones, magnificando el deliberado tema de la fertilidad de la vital agua del pozo.

El tema de la esterilidad se repite en la historia de Rebeca, pues no concibe sino hasta después de 20 años de matrimonio. Jehová señala una intención especial, aunque deliberadamente ambigua, al explicar el destino de los dos niños (naciones, pueblos), que luchan dentro de su vientre (Gn 25.23). Se repite el esquema cuando Rebeca ordena a Jacob que busque una esposa dentro de su propio clan; Jacob encuentre deleite en Raquel, de la misma manera que Isaac había encontrado deleite en Rebeca.

Lea y Raquel

Las historias de Lea, de Raquel y de los hijos de ambas, están entretejidas de rivalidades y rencillas, repitiendo visos de la lucha que hubo entre Jacob y Esaú. Son hijas del astuto Labán, aunque demostrarán igualar al aún más astuto Jacob, una y otra vez, en cuanto al tema del engaño.

El viaje de Jacob a Harán tiene características de intención y promesa divinas, reveladas ya en la visión que tuvo en un sueño en Betel (Gn 28.14). Raquel se le presenta a Jacob en el pozo, y aquí comienza la historia del profundo amor y apego emocional de Jacob por ella. La acción simbólica de Jacob de rodar la piedra del pozo, es temáticamente indicativa de los numerosos obstáculos que tuvo que vencer más adelante para conseguir a Raquel. Siete años de sometimiento a Labán para recibir por engaño a Lea, y siete años más de trabajo por Raquel quien la sustituyó como su primera esposa.

Lea tiene cuatro hijos, uno tras otro. Rubén, Simeón, Leví y Judá, cuyos nombres simbolizan los anhelos que tenía de amor y seguridad, mientras que Raquel se mantiene estéril. Raquel le ofrece a Jacob a su sierva Bilha, quien, como madre sustituta, tiene a Dan y después a Neftalí, cuyos nombres expresan la lucha de Raquel con su hermana. Sólo después de que la sierva de Lea, Zilpa, ha dado a luz a Gad y Aser, y que Lea ha tenido a Isacar, Zabulón y Dina, Dios se acuerda de Raquel y la bendice. Tiene a José, y el nombre que le da comunica su deseo de tener otro hijo más.

Raquel muere en el viaje de regreso a Canaán después de dar a luz a su segundo hijo, Benoni («Hijo de mi tristeza»), cuyo nombre cambia Jacob a Benjamin. La condición de favorita de Raquel, y la envidia por el amor especial que le tenía Jacob se transmite a los hijos, lo cual se hace evidente en las relaciones entre ellos. Así como Raquel fue especial en el amor de Jacob mientras vivió, también lo fue cuando murió, pues distinguió su sepulcro con una columna conmemorativa.

Hay una regularidad temática en la narración bíblica sobre las cuatro matriarcas, que destaca su lugar por decisión divina. Esto, a su vez, se refleja en la posición especial que tienen en el abolengo israelita. Están unidas por una cadena causal, por una serie de eventos conectados firmemente entre sí, y junto con los patriarcas constituyen el patrón ancestral fundamental. Las cuatro juntas ocupan la venerada posición de madres de la nación de Israel.

Bibliografía. R. Alter, *The Art of Biblical Narrative* (New York, 1981); A. B. Beck, «Rachel,» in *ABD* 5.605-8; «Rebekah,» in ABD 5.629-30; E. Deen, *All of the Women of the Bible* (New York, 1983); E. A. Speiser, *Genesis*. AB 1 (Garden City, 1964).

Astrid B. Beck

MATRIMONIO

En el antiguo Israel y en el mundo grecorromano, el matrimonio significaba muchas prácticas sociales diferentes de estructura familiar. El matrimonio es una expresión de parentesco y de patrón de familia, en el que normalmente un hombre y al menos una mujer cohabitan de manera pública y de forma permanente como unidad social básica. En la mayoría de las sociedades descritas en el AT y NT, el hogar o la familia creada por ese matrimonio representa hasta qué grado tenía un hombre control sobre las personas y los bienes. Estas familias interactúan unas con otras en la sociedad más amplia en términos más o menos iguales; tanto la costumbre como la ley respetan la autoridad del hombre para actuar dentro de la familia y relacionarse con otras familias sobre la base de la posición jerárquica social relativa entre los hombres de cada familia. Además, el hombre casado tiene el privilegio del acceso sexual a las mujeres con quienes están casados (y quizás también a otras) dentro de la familia, limitados sólo por los tabúes y la ley. Los hijos nacidos de tales uniones sexuales pertenecen al hombre y son parte de la misma familia, bajo los mismos términos. Por tanto, el matrimonio constituye una unidad que es social, económica, política y sexual.

El hebreo no tiene palabras específicas para «esposo» o «esposa». Las palabras traducidas como tales son las mismas traducidas como «hombre» y «mujer». En algunas versiones del Antiguo Testamento, la palabra hebrea *baʿal*, «señor», es traducida a veces como «esposo». Por tanto, es muy difícil evaluar hasta qué grado funcionaba el matrimonio como una institución social autónoma en el antiguo Israel. Sin duda, en el antiguo Israel la mayoría de las familias, si no todas, estaban organizadas en torno a un hombre, y que en esas familias las mujeres y los hijos estaban bajo la autoridad del hombre.

No hay evidencias claras en cuanto a la edad en que un hombre o una mujer de Israel se casaban o formaban una familia, aunque es probable que los israelitas se casaran y tuvieran una vida familiar sexualmente activa desde los quince o dieciséis años. Igualmente, el AT no contiene ceremonias de bodas que digan cómo se celebraban los matrimonios. Ni siquiera se sabe si había ceremonias de bodas en la mayoría de los casos, o si eso sucedía sólo entre las familias más ricas. Es posible que las mujeres se hicieran miembros de una familia poco tiempo después de la primera menstruación, o incluso antes; los hombres pueden haber esperado varios años antes de formar sus propias familias, debido a los requerimientos económicos para formar y mantener un hogar. Aunque en el AT se habla poco de cómo se formaban las familias, es posible que los hombres compraran a las mujeres que había entre los hijos de otras familias, para hacerlas sus esposas; por tanto, el ingreso de las mujeres a las familias puede haber sido un arreglo negociado (con o sin implicaciones económicas) entre hombres de dos familias, en los papeles de padre y esposo.

Muchos de los textos del AT, especialmente en el Pentateuco y en la historia deuteronómica, presentan a las familias con un hombre y varias mujeres adultas. Este patrón de matrimonio es la poliginia, un tipo de poligamia en el que hay varias mujeres. Esta práctica maximiza las posibilidades de fecundación, al mismo que tiende a favorecer el poder político del hombre como único líder de la familia. No se sabe si las familias en poliginia eran la norma en Israel, o si existía sólo entre las más adineradas, como las que están presentadas con mayor frecuencia en la literatura existente. Si había poliginia, es probable que las mujeres fueran de edades diferentes. La familia podía haber comenzado con un hombre y una mujer, y añadidas después otras mujeres cuando los recursos económicos de la familia fueran mayores. La esperanza de vida de las mujeres era mucho más corta que la de los hombres, y el embarazo era una de las principales causas de muerte de las mujeres de Israel. Por esta situación, la poliginia se convirtió en una manera de tener siempre mujeres en el hogar, y también de que hubiera más embarazos. Si el hombre de la familia sobrevivía a la primera esposa durante muchos años, entonces pudo haber una gran diferencia de edades entre el hombre de la familia y las mujeres siguientes. Esta versión de poliginia guarda semejanzas con los matrimonios secuenciales.

El AT utiliza al matrimonio como una metáfora para describir la relación de Dios con el pueblo. En Oseas 1-3 y Ezequiel 16, las imágenes contienen dramáticas acusaciones de infidelidad y violencia sexual. Separarse de Dios es censurado (Mal 2.10-16). Isaías 62.4, 5 muestra la hermosura del matrimonio de Dios con el pueblo.

En los mundos griego y romano, la poliginia era rara. El NT presenta sólo matrimonios monógamos. El mundo grecorromano practicaba ceremonias de bodas, y el NT contiene un relato sobre Jesús en una boda de Caná (Jn 2), así como parábolas de Jesús en torno a bodas. La edad promedio para contraer matrimonio probablemente había aumentado, tal vez entre 20-29 años, pero hay poca evidencia directa en cuanto a la edad para el matrimonio de las personas del NT. Éste presenta a un número relativamente grande de personas que no tenían pareja, aunque no se puede determinar si se trata de personas que nunca se habían casado, o si se había casado anteriormente, o si vivían separadas de su cónyuge. El estado civil de Pablo sigue siendo dudoso; como líder religioso judío ilustrado, habría sido muy raro que no se hubiera casado; sin embargo, aconseja a personas que consideraban la posibilidad del matrimonio, que sería mejor que se quedaran solteros como él (1 Co 7. 8). Asimismo, el estado civil de Pedro sigue siendo problemático; su suegra es mencionada (Mr 1.30), pero no una esposa, lo que hace pensar que quizás no vivía con su esposa; pero es posible que fuera viudo, y que había asumido algunas responsabilidades económicas con la madre de su difunta esposa.

Las últimas porciones del NT contienen varias normas en cuanto a la familia, que tienen muchas características en común con el criterio generalizado que había en la cultura grecorromana de ese tiempo (Col 3.18-4.1; Ef 5.21-6.9; 1 P 2.11-3.12; 1 Ti 2.8-15; 5.1, 2; 6.1. 2; Tit 2.1-10; 3.1). Estas normas exhortan a las esposas a someterse a sus maridos, manteniendo el modelo de dominación masculina dentro de las familias, que tenía varias excepciones en los diversos modelos sociales de la época. Estas normas privilegian el matrimonio, y limitan el matrimonio a un hombre y a una mujer.

Jon L. Berquist

MATRIMONIO, PRESENTE DE

Regalo (Heb. *mōhar*) que un esposo daba al padre de su novia. Siquem ofrece a dar un «presente de matrimonio» a Jacob a cambio de su hija Dina (Gn 34.12). A David, que no puede dar bienes o dinero, se le permite hacer un «presente» horroroso, matando filisteos a cambio de Mical, la hija menor de Saúl (1 S 18.25). El pago que había que hacer por la seducción de una virgen puede haber sido considerado un presente de matrimonio (Ex 22.16, 17 [TM 15, 16]; cf. Dt 22.29). Aunque esto está tratado entre las leyes relativas a la propiedad, no implica que la novia debía ser considerada como una propiedad (ella misma podía tener propiedades; cf. Jos 15.18, 19 = Jue 1.14, 15). En vez de ser el precio de una compra con el fin de resarcir a la familia de la novia por la pérdida de su hija y de la descendencia posterior, el presente de matrimonio del novio no era más que una reciprocación por la dote, realizándose de esa manera el intercambio esperado en la «norma en cuanto a presentes» de Israel.

Allen C. Myers

MATRITAS (Heb. *manrî*)

Familia de la tribu de Benjamín, de la cual fue escogido Saúl como rey (1 S 10.21).

MATUSALÉN (Heb. *mĕṯûšellaḥ*; Gr. *Mathousalá*)

Hijo de Enoc y padre de Lamec, en la línea descendente de Set (Gn 5.21-27; 1 Cr 1.3). De todas las personas que vivieron tan largas vidas antes del diluvio, se atribuye a Matusalén la más larga, 969 años. Aparece entre los antepasados de Jesús (Lc 3.37).

MAYORDOMO

Alguien designado por un amo para cuidar de la familia, casa o asuntos de la propiedad. Entre las responsabilidades podrían estar el palacio (1 R 16.9; 2 R 10.5), los asuntos de negocios (Mt 20.8), o el erario de la ciudad (Ro 16.23). El mayordomo también podría ser responsable de toda la casa, como el mayordomo de José. Los hermanos de José hacen saber sus temores y a cambio reciben confianza (Gn 43.19-25; cf. 44.1; Is 22.15). En la fiesta de bodas de Caná, el mayordomo es quien prueba el agua que Jesús convirtió en vino (Jn 2.8-9).

El apóstol Pablo se refiere a los obispos y ancianos como mayordomos de Dios. Son responsables de tener vidas que reflejen su relación con Dios. Un anciano u obispo no debe ser arrogante, iracundo, violento, avaro ni alcohólico, más bien, debe ser hospitalario, amante de la bondad, prudente, correcto, debe tener autocontrol y ser devoto (Tit 1.5-9). En general, cada cristiano es un mayordomo, a quien se le han encomendado los dones de Dios (1 P 4.10). La parábola de los talentos explica detalladamente la importancia de usar bien los dones recibidos de Dios; los que no usen bien sus dones, los perderán (Mt 25.14-30).

Metafóricamente, el mayordomo es responsable de los misterios de Dios (1 Co 4.1). Se espera que cada mayordomo sea digno de confianza (1 Co 4.2). Se es bendecido por ser un fiel mayordomo, en tanto que la infidelidad resulta en juicio (Lc 12.42-44).

Hemchand Gossai

MAZZAROTH (Heb. *mazzārôṯ*)

Estrella o constelación (Job 38.32, cf. 2 R 23.5, Heb. *mazzālôṯ*). Se han sugerido como su identificación la corona boreal (de *nēzer*, «corona») y el zodiaco (de *'āzar*, «ceñir, rodear»), pero ninguno es seguro.

MEBUNAI (Heb. *mĕḇunnay*)

Uno de los treinta valientes de David, llamado husatita (2 S 23.27). Es probablemente el mismo Sibecai (2 S 21.18 = 1 Cr 20.4; 11.29; 27.11).

MECONA (Heb. *mĕḵōnâ*)

MEDAD

Ciudad en la parte meridional de Judá (Neh 11.28), habitada nuevamente por quienes volvieron del exilio.

MEDAD (Heb. *mêḏāḏ*)
Anciano que, junto con Eldad, profetizó en el campamento del desierto fuera de tabernáculo de reunión (Nm 11.26-29).

MEDÁN (Heb. *mĕḏān*)
Hijo de Abraham y Cetura (Gn 25.2; 1 Cr 1.32), supuestamente célebre antepasado de una comunidad árabe.

MEDEBA (Heb. *mêḏĕḇāʾ*)
Ciudad de las tierras altas de Transjordania, a 30 km (19 mi) al sur de Rabat-Amon (la actual Amán). Cuando los israelitas se repartieron Canaán, la llanura de Medeba (Madaba, en árabe) fue parte del territorio asignado a los rubenitas (Jos 13.16). Había estado bajo influencia de los israelitas cuando éstos vencieron al rey amorreo Sehón (Nm 21.23-30), y se convirtió en frontera importante entre los rubenitas y la tribu de Manasés (Jos 13.9, 16).

El control israelita de Medeba fue breve, ya que Medeba, por ser una ciudad moabita, se convirtió en importante escenario de actividades militares contra David (1 Cr 19.7). David derrotó a sus enemigos, pero Medeba cambió otra vez de manos después de Salomón. El rey Mesa de Moab dice que recuperó a Medeba de los israelitas (Estela de Mesa 7-9; *ANET*, 320). Por este relato, podría conjeturarse que es posible que Medeba estuviera cercana a la frontera sur, de influencia israelita, y que cambiaba de lealtad con más frecuencia de lo que sabemos. Tal cambio de lealtades probablemente generaba mucha animosidad. Medeba es mencionada por Isaías entre las ciudades moabitas que un día serían destruidas (Isaías 15.2).

El consenso de los arqueólogos es que la actual ciudad de Madaba (225125) descansa sobre las ruinas de la antigua Medeba. Esto ha hecho que sea difícil desenterrar evidencias de los primeros tiempos bíblicos, aunque el Tell Jalul al alcance de la vista desde Medeba y a 5 km (3 mi) al este, puede haber sido una de las fases culturales materiales de Medeba. Un descubrimiento significativo de Madaba es el mapa en mosaico de Madaba del siglo VI, un mosaico bizantino descubierto en el piso de una iglesia, siendo el mapa de Palestina más antiguo que se conoce.

Bibliografía. M. Piccirillo, «Medeba (Madaba),» *NEAEHL* 3.992-1001; H. Donner, *The Mosaic Map of Madaba. Palaestina Antiqua* n.s. 7 (Kampen, 1992).

David Merling

MEDIA LUNA FÉRTIL
Designación, acuñada por el orientalista James H. Breasted, a la franja semicircular de tierra que se arquea entre Palestina y el Golfo Pérsico. Esta región está comprendida por las cordilleras de Tauro, Amano y Líbano, al occidente, y por la cordillera de Zagros al este, y consiste de planicies y laderas relativamente favorables para la civilización, que contrastan bruscamente con los cercanos desiertos de Arabia y Siria. Cuna de las civilizaciones sumeria, babilónica, asiria y palestina, la Media Luna Fértil también sirvió como puente de tierra para la actividad comercial y militar entre Egipto y los imperios de los valles del Tigris y el Éufrates.

MEDIA TRIBU
Una referencia a los dos segmentos (Heb. *ḥăṣî šēḇeṭ*) de la tribu de Manasés. Los maquiritas se instalaron en Transjordania, en la parte norte de Galaad y Basán al norte del territorio de Gad (Nm 32.33-42; Dt 3.13-15; Jos 13.8-12). El resto de Manasés recibió territorio al oeste del río Jordán, norte de Efraín, sur de Aser, Zabulón, e Isacar, que se extiende al oeste del Mar Mediterráneo (Jos 17.5-11).

MEDIADOR
Persona que tercia entre dos partes para conciliar sus diferencias, o para crear una relación entre ellas. Un mediador puede ser un intermediario neutral que representa los intereses de cada parte ante la otra, como en el caso de un árbitro en una disputa legal, o el agente de una parte que intercede en su nombre, negocia un acuerdo, o garantiza personalmente a un acuerdo.

Este amplio conjunto de papeles mediadores puede funcionar en el ámbito secular de las relaciones humanas, pero el uso religioso eleva la mediación a las relaciones entre Dios y la humanidad. El concepto de mediación está presente en toda la Escritura, pero, sorprendentemente, la misma palabra se utiliza rara vez. En realidad, el AT no tiene un equivalente preciso. En ocasiones, emplea el participio *mēlîṣ*, que se refiere propiamente a un intérprete (Gn 42.23), por el papel mediador de un portavoz (Is 43.27), enviado (2 Cr 32.31), o ángel (Job 33.23); o bien puede emplear el verbo *pālal*, «intervenir» para orar o interceder (1 S 2.25). El equivalente más cercano se encuentra en Job 9.33, donde la LXX traduce la palabra hebrea *môḵîaḥ* («árbitro») como *mesítēs*, que se utiliza en el NT para mediador (Gá 3.19, 20; 1 Ti 2.5; He 8.6; 9.15; 12.24).

El concepto bíblico de mediación da por sentado que hemos estado separados de Dios por el pecado, pero que él desea salvar el abismo que nos separa y restaurar las relaciones armoniosas (Is 59.1, 2). La mediación puede estar dirigida, en principio, hacia Dios, como en la oración de intercesión, o hacia los seres humanos; pero la Biblia la presenta básicamente como la iniciativa de Dios de llegar hasta nosotros por medio de la revelación y la salvación. Pero encontrar un mediador apropiado planteaba un problema, porque Dios no puede mediar adecuadamente por sí mismo puesto que él que él es uno (1 S 2.25; Gá 3.20), y ninguna persona pecadora puede entrar en su santa presencia. Dios usó ángeles para transmitir mensajes divinos y ayudar en la entrega de la Ley (Dt 33.2 LXX), pero los truenos y el humo sobre el monte Sinaí eran tan aterradores que los israelitas no podían soportar oír la voz de Dios, por lo que pidieron a Moisés que les pasara el mensaje a ellos (Ex 20.19). Dios también usó especialmente y ungió a profetas, sacerdotes y reyes para actuar como mediadores en su revelación, dar perdón provisional y gobernar teocráticamente hasta que viniera el Mesías verdadero. Isaías prometió que el Siervo de Jehová llevaría vicariamente el castigo de Dios por el pecado, y daría la luz de la revelación a los gentiles (Is 49.6, 53).

En Jesucristo, el Hijo de Dios encarnado, el NT encontró al único debidamente calificado para mediar entre Dios y la humanidad, porque él es a la vez plenamente humano y plenamente divino (1 Ti 2.5). Es el mediador y garante de un nuevo pacto, que es «mejor» que el pacto mosaico, ya que éste está basado en su propia sangre (Lc 22.20; He 7.22; 8.6). Como el Mesías ungido, cumple los tres ministerios mediadores de profeta, sacerdote y rey. En él, Dios ha dicho su palabra final, viva y encarnada. Por su muerte expiatoria, en la que se convirtió tanto en sumo sacerdote como en sacrificio, Jesús ha abierto de una vez por todas el camino a la presencia de Dios. El que ahora gobierna en los corazones de los creyentes, está sentado a la diestra del Padre, donde intercede por nosotros, y un día someterá a todos sus enemigos y actuará como mediador del reino universal de Dios de justicia y de paz. Durante su ausencia física actual, el Espíritu Santo es mediador de la presencia de Cristo, y añade su propia intercesión.

Bibliografía. A. Oepke, «mesítēs,» TDNT 4:598-624.

Dale F. Leschert

MEDICINA

Véase ENFERMEDAD Y CUIDADO MÉDICO

MEDIDA (Heb. *leṯeḵ*)

Medida seca equivalente a un homer y medio (OS 3.2 TM; RVR mg).

MÉDIUM, ADIVINO

Una persona que se dedica a la nigromancia, la técnica adivinatoria de consultar a los espíritus para obtener oráculos sobre el futuro. En el AT, estos dos términos con mayor frecuencia ocurren juntos (excepto para 1 S 28; 1 Cr 10:13, donde «medium» aparece solo). Heb. *yiddĕʿōnî*, «hechicero,» se deriva de la raíz semítica *ydʿ*, «conocer.» Normalmente traducida como «adivina,» para referirse a los profesionales que poseen conocimiento especial de los muertos, y presumiblemente otras artes mánticas.

Heb. *ʾôḇ* puede designar ya sea al médium que consulta el espíritu o al espíritu mismo. La etimología de la palabra está en disputa entre los eruditos, representando fantasmas, espíritus de los muertos, o antepasados. Además, *ʾôḇ* puede también significar «pozo» (cf. Acad. *aptu*; Ugar. *ʾēb*). Fuentes extrabíblicas describen la excavación de un pozo ritual con el fin de ofrendas de sacrificio para implorar a los espíritus de los muertos, una práctica de la que se burla Isaías (Is 29:14). Un término relacionado en Deuteronomio18:11, *dōrēš ʾel-hammēṯîm* («quien consulte a los muertos»), se refiere a la práctica de la nigromancia. La creencia de que los espíritus de los muertos poseían conocimientos ocultos sobre el futuro era un rasgo prominente en la mitología y la religión del antiguo Cercano Oriente; los espíritus de los muertos funcionaron como dioses, otorgando oráculos, y a menudo eran venerados. En el AT la nigromancia y otras artes mánticas fueron fuertemente polemizadas y figuran entre las práctias abominables de las otras naciones. Saúl, después de agotar los medios más «legítimos» de la comunicación divina, busca a un nigromante femenino, una mujer de Endor, para consultar con el espíritu de Samuel (1 S 28). Levítico 20:27 prescribe la pena de muerte para cualquier persona que practica la nigromancia, pero en 1 Samuel 28:3-9; 2 Reyes 23:24 los nigromantes sólo fueron expulsados de la tierra.

JULYE BIDMEAD

MEDOS, MEDIA (Heb., Aram. *māḏay*; Gr. *Mḗdoi*; Pers. O. *māda*)

Pueblo indoiranio que ocupó la meseta del norte de Irán, en torno al sitio de la actual Hamadán (la antigua Ecbatana), y que tuvo importancia militar durante los siglos VII y VI a.C.

Nuestro conocimiento de los medos se deriva principalmente de la arqueología, de las inscripciones reales asirias, y de Heródoto. La arqueología de las tierras altas del norte muestra una clara ruptura cultural entre la Edades del Bronce y del Hierro, c. del 1500, vinculada tal vez con la llegada de los iranios. Durante la Edad del Hierro I, esta región parece haber sido un territorio aislado e independiente, y que estuvo caracterizado por la posiblemente llamada «antigua alfarería gris occidental». En cuanto a la Edad del Hierro II, los patrones son más diversificados, y se detecta la influencia asiria.

A partir del siglo IX, hay referencias a los medos en las inscripciones reales asirias. Bajo Asurnasirpal II y Salmansar III, los reyes asirios extendieron su dominio hasta los Montes Zagros. Al hacerlo, se pusieron en contacto con tribus pequeñas étnicamente diferentes, entre ellas los medos. Desde finales del siglo IX hasta mediados del octavo, el poder de los asirios tarde fue atajado por los urartus, que se esparcieron desde el norte hasta los Zagros. Con Tiglat-pileser III se reanudaron las campañas en los Montes Zagros, y también contra los grupos llamados «los poderosos medos» y los «distantes medos». Sargón II consolidó el control asirio en los Zagros centro-occidentales, a partir de Harhar. Se dice que todo ese tiempo los medos estuvieron viviendo en provincias o distritos, y que tenían muchos caudillos. Los anales asirios no parecen indicar mucho cambio en cuanto al control de Asiria sobre la región en el siglo VII. Sin embargo, diversos textos de augurios aluden a tumultos en el Oriente. A finales del siglo VII, bajo el liderazgo de un tal Ciáxares, los medos parecen ser lo suficientemente poderosos para participaron en el saqueo de ciudades asirias tales como Nínive, Harrán y Assur. Los anales asirios no explican el surgimiento de tal poderío medo en ese tiempo.

Heródoto parece para llenar este vacío al hacer un relato personal del surgimiento de un estado medo. Narra que un tal Deioces, que era conocido por su justicia, fue declarado rey. Unió diversas tribus e hizo de Ecbatana su capital. Después de reinar 53 años, a Deioces le sucedió su hijo Fraores. Éste subyugó a Persia y también a otros pueblos asiáticos, y luego marchó contra los asirios. Fue derrotado y muerto, después de reinar 22 años. Su hijo Ciáxares, por su parte, conquistó Lidia y unió a todos los territorios que estaban más allá del río Halys. Después llevó a cabo una exitosa campaña contra los asirios. Mientras tanto, los escitas, que perseguían a los cimerios, invadieron Media y avasallaron a toda Asia durante 28 años. Luego, sin embargo, Ciáxares recuperó para los medos el control de sus antiguos territorios, incluyendo a Asia, pero no a Babilonia. El reinado de Ciáxares fue de 40 años, incluido el paréntesis de los escitas. Fue sucedido en el trono por su hijo Astiages, cuya hija Mandane contrajo matrimonio con Cambises, y más tarde dio a luz a Ciro II. Éste encabezó una revuelta de tribus persas contra Astiages, a quien depuso, y el control de los medos pasó a los persas.

Se han planteado interrogantes en cuanto a la exactitud del relato de Herodoto. Los sitios medos del siglo VII indican que había prosperidad económica y cultural. Pero en los sitios excavados, que excluyen a Ecbatana, no hay evidencias de centralización, y aparecen ya empobrecidos en el siglo VI. Algunos estudiosos han argumentado que la evolución hacia la formación del estado en el siglo VII fue estimulada por el contacto con los asirios. Y a la inversa, se ha argumentado que por la ausencia de presión política asiria, los medos, que nunca fueron más que grupos tribales, se debilitaron. Otras autoridades han sostenido que la prominencia de los medos entre los persas, que vino después, parece indicar que los medos debieron haber sido un poder consolidado en algún momento. El debate sobre la existencia de un estado medo se mantiene.

En la Biblia, los medos aparecen junto a asirios, babilonios y persas. Los asirios asientan a algunos de los cautivos del norte de Israel en ciudades de los medos (2 R 17.6; 18.11). Entre muchas naciones, ciudades y sus funcionarios, Jeremías menciona a los gobernantes de los medos como objetos de la ira de Dios (Jer 25.25). En otras partes, los reyes medos, incluyendo también a gobernadores y sus representantes, son presentados como una amenaza para Babilonia (Jer 51.11, 28; cf. Isa. 13.17; 21.2). El hecho de que el texto emplea el plural «gobernantes», pudiera sugerir la ausencia de una centralización por parte de los medos. La absorción del imperio medo por el persa se refleja en la conjunción de «de medos y persas» citada con frecuencia en Ester (Est 1.3, 14, 18, 19; 10.2), en Daniel (Dn 5.28; 6.8, 12, 15; 8.20) y en otras partes (1 Mac 1.1; 6.56; Jdt. 16.10, 1 Esdr 3.1, 14). Judit contiene una referencia no histórica a un tal Arfaxad, rey de los medos (Jdt 1.1). La historia de Tobit está ubicada, en parte, en Media, entre los judios exiliados (p.ej., Tb 1.14, 15; 3.7). Judios de la diáspora procedentes de Media se encuentran entre los presentes en la fiesta de Pentecostés (Hch 2.9).

En cuanto a Darío el Medo, *véase* DARÍO 4.

Bibliografía. S. C. Brown, «Media and Secondary State Formation in the Neo-Assyrian Zagros,» *JCS* 38 (1986). 107-19; H. Sancisi-Weerdenburg, «Was There Ever a Median Empire? » *Achaemenid History* 3 (1988). 197-212; T. C. Young, Jr., «The Early History of the Medes and the Persians and the Achaemenid Empire to the Death of Cambyses,» *CAH* 4.1-52.

GERALD M. BILKES

MEFAAT (Heb. *mêpaʿaṯ*)

Población de la Transjordania central situada en la región fronteriza entre Amón y Moab. Fue originalmente una ciudad amorrea que quedó más tarde dentro del territorio asignado a los rubenitas (Jos 13.18); y finalmente fue asignada a los levitas meraritas (21.37, 1 Cr 6.79 [TM 64]). En el tiempo de Jeremías, Mefaat estaba bajo jurisdicción moabita (Jer 48.21). Eusebio dice que años más tarde hubo allí un campamento militar romano (*Onom*. 128.21). Aunque muchos estudiosos han identificado a Mefaat con Tell Jâwah (239140; 10 km [6 mi] al sur de Amán) por su cercanía a una ciudad que parece conservar una forma alterada del nombre (Khirbet Nefa'ah), razones geográficas y también hallazgos arqueológicos recientes hacen pensar en una ubicación más al sur, en Um er-Rajaj (237101). Josué 13.18 y Jeremías 48.21 indican de manera concluyente que Mefaat estaba ubicada en la *mishor* («llanura»). La línea de demarcación entre la región montañosa al sur de Amán y la llanura (cuya parte norte se conoce como llanura de Madaba), es muy peculiar y abrupta. Ni Tell Jâwah ni Khirbet Nefa'ah se encuentran en la llanura. Además, excavaciones hechas en Tell Jâwah indican que la cultura material de este sitio durante la Edad del Hierro II es característicamente amonita, en tanto que Jeremías 48.21 parecería indicar que cabría esperar una cultura material moabita. Um er-Rajaj no sólo se encuentra en la meseta de Moab (30 km [18,5 mi al sur de Amán), sino que también allí se ha encontrado cerámica de la Edad del Hierro II, lo que correspondería a una ocupación moabita. Un mosaico encontrado en el piso de la iglesia de San Esteban, del siglo VIII d.C. conserva el nombre, Kastron Mefaa. Al parecer, este era el sitio al que se refirió Eusebio (Mefaat; *Onom*. 128.21). Cuando toda la evidencia es tomada en conjunto, Um er-Rajaj parece ser la mejor candidata para Mefaat.

RANDALL W. YOUNKER

MEFI-BOSET (Heb. *měpîḇōšeṯ*) (también **MERIB-BAAL**)

1. Hijo de Saúl con su concubina Rizpa (2 S 21.8). Junto con su hermano Armoni y cinco nietos de Saúl, Mefi-boset fue entregado a los gabaonitas para ser ahorcado, siendo vengada de esa manera la sangre derramada por la Casa de Saúl, y para ponerle fin a la hambruna de tres años (2 S 21.1-6).

2. Nieto de Saúl e hijo de Jonatán. Mefi-boset había quedado lisiado de ambas piernas desde la infancia, tras haber caído (o dejado caer), cuando él y su niñera intentaron huir a Gabaa al oír la noticia de las muertes de Saúl y Jonatán (2 S 4.4). Por mucho tiempo vivió en la casa de Maquir, en Lodebar (2 S 9.4).

Para cumplir con el pacto hecho con Jonatán (1 S 20.14-17), David tuvo misericordia de Mefi-boset, poniéndolo bajo su protección y dándole un lugar especial en su palacio (2 S 9.9-13). David volvió a mostrar misericordia a Mefi-boset cuando lo salvó de morir al negarse a entregarlo a los gabaonitas junto con los hijos y nietos de Saúl (2 S 21.7).

El nombre Mefi-boset («de la boca de la vergüenza» o «de la boca del dios Bashtu») no es seguro. El nombre Mefi-boset aparece en todo el TM de Samuel. Sin embargo, 1 Crónicas 8.34; 9.40 usa el nombre Merib-baal. Los eruditos, en su mayoría, coinciden en que el nombre Mefi-boset ha sustituido a Meribbaal para ocultar el elemento teofórico «baal», una referencia al dios cananeo Baal. La LXX, en general, parece confirmar esta interpretación. Debido a que la recensión Luciana utiliza la palabra griega Menfi-baal para el nombre original del hijo de Jonatán, y Crónicas conserva el nombre original del hijo de Saúl, las dos personas han sido confundidas en la historia, y a las dos se les ha sido dado el mismo nombre.

Bibliografía. P. K. McCarter, Jr., *2 Samuel. AB* 9 (Garden City, 1984); M. Tsevat, «Ishbosheth and Congeners. The Names and Their Study,» *HUCA* 46 (1975). 71-87.

ARNOLD GOTTFRIED BETZ

MEGILLOT (Heb. *měgillôt*)

Los cinco libros (Heb. «rollos») de la Biblia hebrea que se leen en las sinagogas en cinco festividades anuales: Eclesiastés, en la fiesta de los tabernáculos; Ester, en la fiesta de Purim (cf. Est 9.23-28); Cantar de los cantares, en la Pascua; Rut, en Pentecostés; y Lamentaciones, el día noveno del mes de Ab (el día de luto por la destrucción del Templo). Estos libros aparecen juntos en la tercera división (los Escritos) del canon hebreo en este orden: Rut, Cantar de los cantares, Eclesiastés, Lamentaciones y Ester.

MEGUIDO (Heb. *měgiddô*)

Montículo de tamaño mediano (Tell el-Mutesellim, «Montículo del gobernador»/Tel Meguido, 1675.2212), ubicado en la parte suroeste del valle de Jezreel. Su importancia radica en su ubicación en un paso importante entre la planicie costera y el valle de Jezreel, parte de la Vía Maris que comunicaba a Egipto con el mundo sirio-mesopotámico.

Meguido ha sido objeto de tres grandes excavaciones y de muchas de menor importancia. Gottlieb Schumacher hizo excavaciones entre 1903 y1905, a favor de la Sociedad Alemana para la Investigación del Oriente; algunos resultados fueron publicados después por Carl Watzinger. El sitio fue comprado por John D. Rockefeller para el Instituto Oriental de la Universidad de Chicago, que lo excavó desde 1924 hasta 1939, y publicó una serie de informes extensos. Yigael Yadin realizó excavaciones a pequeña escala durante la décadas de 1960 y 1970 en conexión con el trabajo en Hazor. En 1994, la Universidad de Tel Aviv inició un proyecto a largo plazo dirigido por David Ussishkin e Israel Finkelstein. Este reciente proyecto está diseñado para abordar cuestiones no resueltas, dejadas por las excavaciones anteriores, y para sacar a la luz aspectos totalmente nuevos mediante el uso de metodologías modernas. Puesto que las excavaciones recientes se encuentran en marcha, y dado que la nomenclatura de Chicago todavía no ha sido sustituida, esta evaluación sigue el tradicional trabajo por etapas, haciendo actualizaciones cuando sea necesario.

Vista aérea de Meguido desde el este (Foto de Baruch Halpern, Expedición a Meguido)

Estrato XX. Esta fase se compone de elementos arquitectónicos dispersos y de cerámica, y debe corresponder al Neolítico tardío (tradición Wadi Rabah) y los períodos calcolíticos.

Estrato XIX. Una estructura que se creía antes era un «templo gemelo» de la temprana Edad del Bronce I, se ha comprobado que comprendía al menos dos fases de un templo con un solo salón, que data de la EB I tardía (tradición de Grain Wash) período. El «pavimento con imágenes» en el patio de esta estructura, está fechado para el mismo período.

Estrato XVIII. Una fase prolongada que data también de la EB I tardía (tradición de Grain Wash). Excavaciones recientes hechas directamente debajo del «templo Megaron» de la EB III, han revelado tres, posiblemente cuatro, muros de arcilla (de 3.5-4.5 m [11.5-14.75 pies], con cimientos de piedra cortada que corren paralelos por más de 40 m (130 pies). Las áreas entre estos muros fueron llenados cerámica y huesos de animales. Toda el área parece haber sido un enorme lugar sagrado.

Estratos XVII-XVI. Meguido no estuvo ocupado en gran parte durante el período de la EB II. Al comienzo de la EB III, el lugar sagrado fue ocupado de nuevo, en primer lugar por un breve estrato de ocupantes ilegales, y luego por la construcción del enorme altar circular del templo «Megaron». En esta fase fueron construidos también un enorme «palacio» y una gigantesca muralla de piedra.

Estrato XV. Con data de finales de la EB III tardía, el templo «Megaron» siguió en uso, y fue agrandado con los «templos gemelos», pero el «palacio» fue sustituido por una estructura más pequeña.

Estrato XIV. Este nivel, mal conservado, data del Bronce Medio I (IIA). La muralla de la ciudad y los templos de la EB quedaron fuera de uso, pero el lugar sagrado conservó su función, como lo demuestra la preservación de restos del templo Megaron. La cerámica de la EB IV encontrada en este estrato indica una ocupación efímera durante ese período, al igual que las tumbas en la ladera del montículo.

Estrato XIII-B y A. Durante el BM I (IIA), Meguido estuvo fortificado por un pesado muro de ladrillos de barro con cimientos de piedra y puerta de acceso. El lugar sagrado fue sustituido por espacios abiertos y estructuras interiores, muchos de los cuales tenían tumbas debajo de los pisos.

Estrato XII. En el BM II (IIB), el muro de la ciudad se duplicó en anchura, y el lugar sagrado reanudó su función, como lo demuestra la presencia de piedras que se han conservado. Una arquitectura interior rodea al área. En el centro del montículo se construyó una suntuosa estructura rectangular (el Nordburg), con una serie de habitaciones alrededor de un patio central. Justo al sur estaba la Mittelburg, una residencia de la clase privilegiada, más pequeña, que también tenía una serie de grandes cámaras funerarias con techos con ménsulas, que pertenecían posiblemente a los dirigentes de Meguido.

Estrato XI. También data de BM II (IIB); hubo pocos cambios en este período, excepto por la adición de un revestimiento de piedra y glacis a las fortificaciones.

Estrato X. Esta fase se caracteriza por estructuras internas bien construidas, y data del BM III (IIC). Un enorme palacio fue construido también en la parte norte del sitio, cerca de la fortificación y de la puerta. La estructura consiste en un patio central rodeado de habitaciones más pequeñas, que se comunica con la puerta de acceso.

Estrato IX. Durante el Bronce I tardío, el palacio del norte fue ampliado, y la arquitectura interior siguió siendo impresionante. El estrato fue destruido, probablemente por Tutmosis III.

Estrato VIII. Meguido fue reconstruido en IB o IIA del Bronce tardío. El palacio del norte fue ampliado, y en un arca del sótano se encontraron muchos artículos únicos, especialmente joyas y objetos de marfil tallados. En el área del lugar sagrado original fue construido un templo rectangular con paredes compactas. Los muros de la fortificación quedaron fuera de uso, pero la puerta no aparece adosada. Recientemente fue descubierta en la terraza interior del sitio una enorme estructura administrativa o de la élite, que puede corresponder a la fecha de este estrato.

Estrato VII-B. En el IIB del Bronce tardío, las principales estructuras siguieron en uso, incluyendo el palacio y el enorme templo. El estrato está destruido en gran medida.

Estrato VII-A. Esta fase puede ser fechada al final mismo del Bronce tardío, o al comienzo de la Edad del Hierro. El palacio y el templo fueron reconstruidos toscamente, para ser después destruidos otra vez.

Estrato VI-B. Un asentamiento breve y no fortificado, sin edificios públicos.

Estrato VI-A. Este nivel, que fue reconstruido con un plano diferente al de los estratos anteriores,

Templo y altar del área J de Meguido (Bronce tardío I-III); estratos XIX-XV, con los muros del templo del estrato XVIII al descubierto. Aquí fue descubierto el más grande templo del Bronce antiguo que existe en el Levante (Foto de Baruch Halpern, Expedición a Meguido)

contiene una arquitectura residencial densamente organizada, y una enorme estructura, posiblemente una residencia de la clase dominante. Este nivel, atribuido algunas veces a los filisteos, fue destruido violentamente, produciéndose un horizonte de destrucción visible en todo el montículo.

Estrato V-B. Otro nivel insignificante, atribuido normalmente a David en el siglo X, consiste en una arquitectura interior fragmentaria, con columnas en algunos casos.

Estrato V-A-IV-B. Este nivel, normalmente atribuido a Salomón en el siglo X (cf. 1 R 9.15), estaba fortificado con muros y puerta batiente, y tuvo varias residencias de lujo basadas en el modelo *bīt ḫilāni* del norte de Siria. Se le conoce poca arquitectura interior, lo que indica que el sitio fue principalmente un centro administrativo y ceremonial. Esta fase pudo haber sido destruida por Sisac, cuya estela se encontró en el sitio.

Estrato IV-A. Esta larga fase se extiende más o menos desde el siglo IX hasta finales del octavo. Se construyó una serie de sofisticados edificios públicos, incluyendo estructuras que pueden haber sido establos, edificios administrativos y, al menos, dos palacios, según el modelo *bīt ḫilāni* del norte de Siria. También se destacan el muro y la puerta acceso de la fortificación acoplados, y el sistema de agua con pozo vertical y galería. Se han encontrado restos de arquitectura interior insignificantes, lo que indica una vez más el carácter administrativo del sitio.

Estrato III. Esta fase se remonta a la ocupación asiria del sitio en el 732, y a su transformación en un centro administrativo. Tres grandes palacios fueron construidos en el extremo noroccidental, utilizando posiblemente las estructuras israelitas existentes, y luego conectados entre sí. La muralla de la ciudad fue utilizada como terraza para sostener la nueva construcción, y la puerta fue reconstruida. En una subfase posterior, fue construido un asentamiento de planificación ortogonal. Es posible que los edificios administrativos hayan sido reutilizados por los babilonios.

Estrato II. Esta fase no fortificada, que se remonta fundamentalmente al período babilonio, tiene poca arquitecta interior, y una enorme fortaleza rectangular construida posiblemente por Josías.

Estrato I. El sitio careció de importancia y no estuvo fortificado durante el período persa.

Recientemente han sido excavados en la terraza inferior del sitio, algunos restos del período romano tardío, lo que indica una pequeña utilización durante el mismo, cuando el sitio de Leggio (el-Lejjun) adquirió mayor importancia.

Alexander H. Joffe

MEHARA (Heb. *mĕʿārâ*)
Lugar asociado con los sidonios (Jos 13.4). El texto hebreo es de difícil interpretación; quizás deba ser traducido como «de Hara» (LXX «antes de Gaza»; en heb. *mēʿāzâ*). «Hara de los sidonios» da a entender un sitio costero cerca de Sidón, que señala la frontera marítima norte de la hipotética ocupación israelita.

Thomas W. Davis

MEHETABEL (Heb. *mĕhêṭab̲ʾēl*)
1. Esposa del rey Hadar/Hadad de Edom; hija de Matred y descendiente de Mezaab (Gn 36:39; 1 Cr 1.50).
2. Antepasado del falso profeta Semaías (Neh 6:10).

MEHÍDA (Heb. *mĕḥîd̲āʾ*)
Sirviente del Templo cuyos descendientes regresaron con Zorobabel del cautiverio (Esd 2.52; Neh 7.54).

MEHIR (Heb. *mĕḥîr*)
Judaíta, hijo de Quelub y padre de Estón (1 Cr 4.11).

MEHOLATITA (Heb. *mĕḥōlāṯî*)
Gentilicio atribuido a Adriel, el esposo de la hija de Saúl, Merab (1 S 18.19; 2 S 21.8). Esto puede indicar que era de Abel-mehola.

MEHUJAEL (Heb. *mĕḥûyāʾēl, mĕḥîyāʾēl*)
Antepasado de Lamec; hijo de Irad y padre de Metusael (Gn 4.18). Algunos eruditos lo identifican con Mahalaleel.

MEHUMÁN (Heb. *mĕhûmān*)
Uno de los siete eunucos que sirvieron como chambelanes de Asuero (Est 1.10).

MEJARCÓN (Heb. *mê hayyarqôn*)
Lugar («agua de color verde pálido», o «aguas del Jarcón») dentro de la asignación original a la tribu de Dan (Jos 19.46). Aunque todavía se desconoce la ubicación exacta, es probable que haya estado en las márgenes del río Jarcón (Nahr el-ʿAujā), probablemente al norte de Jope, entre la costa mediterránea y Afec, el importante asentamiento en las cabeceras del Jarcón, a 14 km (9 mi) del mar. Puesto que Dan no pudo capturar este territorio que le había sido asignado, Mejarcón se mantuvo fuera del control del Israel antiguo.

David C. Maltsberger

MEJILLA
La parte de la ofrenda quemada de un buey o una oveja reservada para el sustento del sacerdote, junto con el hombro y el estómago (Dt 18.3; RVR 1960 «quijadas»; Heb. *lĕḥî raqqâ*). Las mejillas de una mujer, cuya suavidad era un signo de belleza, eran a menudo perfumadas y adornadas con ornamentos, quizá collares o flecos (Cnt 1.10; 5.13). Quizás porque era considerada el asiento de la modestia (cf. Cnt 4.3; 6.7), la gente en el antiguo Cercano Oriente consideró una particular afrenta tocar o golpear a una persona en la mejilla (1 R 22.24; Ps. 3.7; cf. Mt 5.39 = Lc 6.29; Gr. *siagṓn*).

MELATÍAS (Heb. *mĕlatyâ*)
Gabaonita de tiempo de Nehemías que trabajó en la reconstrucción de los muros de Jerusalén (Neh 3.7).

MELCHOR (Lat. *Melchior*)
Nombre dado por la tradición occidental a uno de los tres reyes magos que trajeron regalos al niño Jesús (Mt 2.11). El nombre aparece por primera vez en la *Barbari Excerpta Latina*, una traducción al latín de los siglos VII y octavo de una leyenda griega procedente de Egipto. Melchor aparece también encima de la pintura de los Reyes Magos en el mosaico del siglo V de San Apolinar (Nouvo) en Ravena, pero es una incorporación posterior. Melchor suele ser asociado con el regalo de oro. Sus reliquias y las de sus tradicionales compañeros están en Colonia.

Bibliografía. B. M. Metzger, «Names for the Nameless in the New Testament,» in *Kyriakon*, ed. P. Granfield and J. A. Jungmann (Münster, 1970), 1:79-99.

Ronald V. Huggins

MELEA (Gk. *Meleá*)
Antepasado de Jesús, al parecer de la época de la monarquía dividida (Lc 3.31)

MELEC (Heb. *melek̲*)
Uno de los hijos de Micaías (3), nieto de Meribaal y bisnieto de Jonatán hijo de Saúl (1 Cr 8.35; 9.41).

MELICÚ (Heb. *mallûk̲*)

Familia sacerdotal encabezada por Jonatán en tiempos del sumo sacerdote Joiacim (Neh 12.14). Está probablemente asociado con el Maluc del número 6.

MELKART (Fenic. *mlqrt, mlk qrt*)
Divinidad asociada con Tiro. El nombre significa «rey de la ciudad», ya sea Tiro o (eufemísticamente) el Hades (cf. a la asociación de Melkart con deidades como Nergal y Reshef), pero su culto estaba muy difundido en todo el Mediterráneo. La primera mención de Melkart se remonta al siglo IX/VIII a.C. Melkart está mencionado en la teogonía de Filón de Biblos, quien lo asocia con Heracles (cf. Heródoto *Hist.* 2,44; 2 Mac 4.18-20). La evidencia sugiere que Melkart era un rey o héroe divinizado que se transformó en un dios cósmico de la prosperidad.

Aunque el nombre Melkart no se encuentra en la Biblia, la profecía de Ezequiel contra el rey de Tiro (Ez 28.1-19; cf. 26.11) puede referirse a este dios. Varios eruditos creen que el culto a Melkart fue llevado a Israel por Jezabel (cf. 1 R. 16.31, 32). Los sacerdotes de Baal con quienes se enfrenta Elías (1 R 18.20-40) serían, entonces, los sacerdotes de Melkart.

Bibliograpfía. S. Ribichini, «Melqart,» in *DDD*, 563-65.

Brent A. Strawn

MELONES
Los melones de Egipto que anhelaban los israelitas en el desierto (Nm 11.5) pueden haber sido de más de una variedad (Heb. *'ăḇaṭṭihîm*, cf. Árab. *baṭîḫ*). Desde los tiempos más antiguos, se han cultivado en Egipto melones de la variedad *Cucumis melo* L. y sandías (*Citrullus vulgaris*).

MELQUISEDEC (Heb. *malkî-ṣeḏeq*; gr. *Melchisédek*)
Figura de dudosa historicidad, descrito como rey de Salem y sacerdote del Dios Altísimo [El Elyon] que bendice a Abraham (Gn 14.18-20), y mencionado en conjunción con el sacerdocio y con relación al rey israelita (Sal 110.4). Varios eruditos han intentado demostrar la influencia literaria de un pasaje en el otro. Se suele argumentar que Génesis 14 es un midrás posterior para aclarar el Salmo 110, pero la brevedad de las referencias y la dificultad para fechar Génesis y los Salmos hacen imposible un consenso.

Génesis 14
En la forma actual del relato, Génesis 14 describe una alianza de cuatro reyes orientales que tenían sometidas a cinco ciudades del valle del Jordán, y la liberación posterior de las ciudades por Abram. Tras la victoria de Abraham, Melquisedec viene a él con pan y vino, y pronuncia una bendición sobre él y sobre El Elyon. Una serie de incongruencias en la narración han llevado a muchos eruditos a concluir que se trata de un texto compuesto. En ese sentido, hay consenso general de que la aparición de Melquisedec en Génesis 14.18-20 refleja una adición posterior.

El pasaje ha sido asignado a varios períodos de la historia de Israel. Algunos estudiosos lo asignan a la monarquía davídica, con el propósito de afirmar la legitimidad de Jerusalén (el nombre de Salem estuvo asociado con Jerusalén desde la antigüedad), y para apoyar un programa de sincretismo religioso (que combinó a Jehová con la divinidad cananea El). Otros dicen que Génesis 14.18-20 se originó en el período de la monarquía dividida como argumento contra las pretensiones de Betel, el santuario rival de Jerusalén en el reino del norte. También hay otros que piensan que los versículos fueron insertados en el período posterior al exilio para fortalecer la autoridad del sacerdocio posexílico de Jerusalén, y para justificar el cobro de los diezmos.

Salmo 110
El salmo 110 es clasificado, por lo general, como un salmo real, que exalta la posición y los atributos del rey. Pero problemas textuales, particularmente en el Salmo 110.3, 6, 7, hacen que sea muy difícil llegar a conclusiones útiles. En Salmo 110.4, el rey es llamado «sacerdote según el orden de Melquisedec,» pero la relación precisa no está clara. Dista mucho de ser cierto que la palabra hebrea *aldiḇrāṯî* (traducida comúnmente como «en el orden de») se refiera a una orden religiosa oficial per se, porque en las demás partes la frase significa simplemente «por cuenta de». Por cierto, el anuncio considera que el rey es «como» Melquisedec, pero de nuevo, la ausencia de información en cuanto a Melquisedec como figura histórica, impide estar seguros del significado exacto de la frase.

La incertidumbre en cuanto a la relación entre los dos pasajes y la historicidad de Melquisedec, no debe oscurecer el hecho de que el nombre es invocado en contextos literarios similares. Tanto en Génesis 14 como en Salmo 110, el actor principal (Abram y el rey) es visto como un líder victorioso en la guerra. En consecuencia, uno de los temas principales asociados con Melquisedec en el momento de la creación de estos textos, era el de la liberación. Esto, indiscutiblemente, es compatible con las imágenes de Melquisedec en el NT (cf. Heb 5.6, 10; 6.10-7.19), y otros escritos de la misma época (p.ej., 11QMelch).

Bibliografía. C. Astour, «Political and Cosmic Symbolism in Genesis 14 and in Its Babylonian Sources,» in *Biblical Motifs*, ed. A. Altmann (Cambridge, Mass., 1966), 65-112; J. A. Emerton, «The Riddle of Genesis XIV,» *VT* 21 (1971): 403-39; «Some False Clues in the Study of Genesis XIV,» *VT* 21 (1971): 24-47; F. L. Horton, *The Melchizedek Tradition. SNTSMS* 30 (Cambridge, 1976); J. Van Seters, *Abraham in History and Tradition* (New Haven, 1975).

DEXTER E. CALLENDER, JR.

MEMUCÁN (Heb. *mĕmûḵān*)
Uno de los siete funcionarios («sabios») que actuaban como consejeros legales de Asuero; era, al parecer, el portavoz del grupo (Est 1.14, 16, 21).

MENDIGO
Varios términos hebreos son traducidos como «mendigo,» más frecuentemente *ʿānāw*. El griego distingue «mendigo» (*ptōchós*), como uno que vive al nivel de subsistencia (la mayor parte de la población), de la «persona pobre» (*pénēs*), una persona dependiente, indigente; en el NT *ptōchós* es comúnmente traducido como «[persona] pobre». La cultura greco-romana no tenía ideal ético o religioso de ayudar a los mendigos. La tradición bíblica, sin embargo, frecuentemente representa a los indigentes como bajo la protección especial de Dios, debido a su vulnerabilidad y dependencia. El rico y el poderoso, a la inversa, son comúnmente representados como opresores malignos de los pobres. Los Evangelios ofrecen dos representaciones vívidas de los mendigos: el firme y demandante Bartimeo, ciego sentado en las afueras de Jericó (Mr 10.46-52), y Lázaro, un mendigo hambriento «lleno de llagas» echado a la puerta del hombre rico (Lc 16.19-31). Las enseñanzas de Jesús resaltan los pobres como «bienaventurados» (Mt 5.3; Lc 6.20).

MARY ANN BEAVIS

MENE, MENE, TEKEL, UPARSIN
(Aram. *mĕnēʾ, mĕnēʾ, tĕqel ûparsîn*)
Palabras de sentencia que la misteriosa mano escribió en la pared del salón de banquetes de Belsasar (Dn 5.5, 25), que reflejaban la ira de Dios contra el rey babilonio por profanar los vasos del Templo y adorar ídolos en su banquete.

Los sabios de Belsasar no pudieron encontrarle sentido a las palabras (el TM de Dn 5.8 dice que no pudieron leer ni interpretar el escrito), pero Daniel las interpretó. El segundo «mene» (Dn 5.26) puede ser una repetición accidental del copista. Es posible que Belsasar y sus consejeros pensaran que las palabras se referían a tres pesas: «una mina [de 50 o 60 siclos], un siclo, y medio siclo [o media mina, o media «parte»]». Daniel hace un juego de palabras con las raíces de las tres palabras, que interpreta como formas verbales en vez de sustantivos. De esa manera, los términos significan «contado», «pesado» y «roto». El mensaje divino a Belsasar es el siguiente: Dios ha contado el reino de Belsasar; Belsasar ha sido pesado y encontrado falto; y su reino ha sido roto y dado a Media y Persia.

Varios eruditos han argumentado que las palabras designan también a tres reyes, de nuevo mencionados en «valor» descendente. Se han hecho varias identificaciones, pero no las de Nabucodonosor, Belsasar (que sólo gobernó como regente en ausencia de su padre, Nabonido), y Darío (cf. Dn 5.31; *prsyn* es también un juego de palabras en Persia).

Bibliografía. J. J. Collins, *Daniel*. Herm (Minneapolis, 1993); D. N. Freedman, «The Prayer of Nabonidus,» *BASOR* 145 (1957). 31-32; J. E. Goldingay, *Daniel*. WBC 30 (Dallas, 1989); E. Kraeling, «The Handwriting on the Wall,» *JBL* 63 (1944). 11-18.

WILLIAM B. NELSON, JR.

MENELAO (Gr. Menélaos)
Sumo sacerdote (c.172-162 a.C.) durante el reinado de Antíoco IV Epífanes. Helenista ardiente, firmemente opuesto a la interpretación sadoquita del judaísmo, Menelao era de una nueva línea sacerdotal, no de la legítima línea ancestral del sacerdocio de Sadoc. Aunque 2 Macabeos dice que Menelao era de la tribu de Benjamín, unos manuscritos en latín antiguo y armenio señalan que era de la casa de Bilgai, una familia sacerdotal (cf. Neh 10.8 [TM 9]). Josefo relata que Menelao era el hermano de Jasón e hijo de Onías III (*Ant*. 12.237-39), pero Josefo no es fidedigno en este punto.

Cuando Jasón, el sumo sacerdote, envió a Menelao a Antíoco IV con una gran suma de dinero con fines comerciales, Menelao, que no tenía cualidades para el sumo sacerdocio, de todas maneras halagó y sobornó a Antíoco, asegurando para sí el sumo sacerdocio, superando a Jasón por 300 talentos de plata (2 Mac 4.23, 24). Cuando Menelao quitó los vasos de oro del Templo, despertó la acérrima oposición de los tradicionalistas judíos. Según 2 Macabeos 2.32-34, cuando Onías III, un ex sacerdote sadoquita, denunció a Menelao por el robo de los vasos del Templo, Menelao sobornó a Andrónico, asistente de Antíoco, para que asesinara a Onías. En el 167, probablemente bajo el desacertado consejo de Menelao, que abogaba por la eliminación de la Torá como la constitución civil, Antíoco persiguió a los judíos que se resistieron a ser helenizados por la fuerza. Además, en un esfuerzo por unificar su imperio, Antíoco impuso un culto sincretista, percibido por los judíos tradicionales como una profanación del Templo. Aunque algunos judíos se convirtieron en mártires y otros se rindieron, Matatías y sus hijos, con el apoyo de los hasidim, se sublevó para rechazar el proceso de helenización, comenzando así la revuelta de los macabeos y el surgimiento de la dinastía de los asmoneos. En el 164, Judas Macabeo se apoderó de Jerusalén. El Templo fue dedicado de nuevo, terminó la persecución y quedó claro que la Torá seguiría siendo la constitución civil. Menelao intentó, sin éxito, restablecer su autoridad en Jerusalén. Lisias, custodio del joven Antíoco, culpó a Menelao por su mal consejo a Antíoco, y por la guerra civil resultante. En el 163/2, Menelao fue llevado a Berea, donde fue condenado a muerte, sepultado en las cenizas (2 Mac 13.3-8). Después de la muerte de Menelao, Álcimo se convirtió en sumo sacerdote (*Ant.* 12.385-87).

Bibliografía. E. Bickerman, *The God of the Maccabees.* SJLA 32 (Leiden, 1979); L. L. Grabbe, *Judaism from Cyrus to Hadrian,* 2 vols. (Minneapolis, 1992); M. Hengel, *Judaism and Hellenism*, 2 vols. (Philadelphia, 1974); E. Schürer, *The History of the Jewish People in the Age of Jesus Christ* (125 b.c.–a.d. 135), rev. ed., 4 vols. (Edinburgh, 1973-1987); V. Tcherikover, *Hellenistic Civilization and the Jews* (1959, repr. New York, 1970).

Lynne Alcott Kogel

MENFIS

Ciudad capital del antiguo Egipto durante gran parte del período del imperio antiguo, ubicada a c. 20 km (12,5 mi) al sur de El Cairo, en el lado occidental del Nilo, cerca de Mitrahaineh y Saqqara; en Egip., *mn-nfr* (nombre derivado probablemente de la pirámide del faraón Pepy I). La fundación de la ciudad como la «Muralla Blanca» (Egip. *jnb ḥḏ*), c. 3000 a.C., es atribuida tradicionalmente a Menes (cf. Heródoto *Hist.* 3.91). La designación moderna de Egipto (del Gr. *Aígyptos*) se deriva del nombre del área sagrada del templo de Ptah en Menfis, la «Casa del Ka de Ptah». El culto a Ptah-Tatenen, el antiguo dios creador, protector de los artistas (identificado con el cananeo El y el griego Hefesto), era el más importante de Menfis, particularmente en la forma local del «Ptah al sur de su Pared». Está comprobada la presencia de colonias extranjeras y cultos en el centro comercial en derredor del puerto (Perunefer) desde el nuevo imperio, incluyendo el culto a Baal Zafón y a Astarté.

La importancia de Menfis como centro administrativo y residencia de los reyes de Egipto, está reflejada en los profetas bíblicos. Isaías 19.13 (Heb. *mōp̱*) y Oseas 9.6 (*mōp̱*) pueden referirse a la situación política en Israel y Egipto poco antes de la caída de Samaria (la embajada al rey de So = Sais[?] c.727, 2 R 17.4; la conquista de Menfis por Pianjy [Piye]). Jeremías 44.30; 46.14, 19 y Ezequiel 30.13, 16 pueden referirse a las campañas de Nabuconosor contra los gobernantes saíticos Necao II, Hofra (Apries) y Ahmose II (Amosis). Algunos de los judíos que huyeron del ataque de Babilonia a Judá se establecieron en Menfis (Jer 44.1).

Del glorioso pasado de Menfis queda poco, ya que sirvió en la Edad Media como cantera para la construcción de Fostat y El Cairo. Sin embargo, el sitio muestra algunas colosales e impresionantes estatuas de Ramsés II, una estela de Hofra, y mesas de momificación de Necao para el toro Apis en la entrada sur del templo de Ptah.

Meindert Dijkstra

MENNA (Gr. *Menná*)

Antepasado de Jesús, nombrado sólo en la genealogía de Lucas (Lc 3.31).

MENORÁ

Véase CANDELERO.

MENSTRUACIÓN

Véanse SANGRE, FLUJO DE; LIMPIO E INMUNDO.

MENTA

Cualquiera de diversas hierbas del género *Mentha* (de la familia *Labiatae*), algunas de las cuales se cultivan en Palestina (*hēdýosmon*, en griego). Diezmar hierbas como la menta, no es un requerimiento explícito del Pentateuco, pero era considerado una obligación según la interpretación de los escribas (cf. Dt 14.22, 23). Jesús condenó, no esta atención al detalle, sino el abandono de «la justicia, la misericordia y la fe» que podían armonizar con el mismo (Mt 23.23; Lc 11.42).

MENTE
En la Biblia, «mente» es la traducción de varias palabras diferentes con amplias connotaciones. La «mente» del AT está traducida en Heb. 13 veces como «corazón», el asiento de la capacidad intelectual (1 R 3.9; Is 65.17; cf. Nm 16.28); *nepeš*, «alma», las intenciones internas de la persona (1 S 2.35; cf. Gn 23.8); y *rûaḥ*, «espíritu», el nombre para la vida de uno como ser que siente y piensa (Ez 11.5).

Las dos principales palabras griegas traducidas como «mente» en el NT, son *noús* y *phrónēma*, y sus cognados. El término Gr. *noús* significa la capacidad de percepción mental, la mente como la fuente del pensamiento y el entendimiento. También se refiere a los resultados de tal acción; es decir, a la actitud, al pensamiento o a la opinión de uno. Puesto que muchas de estas referencias proceden de las epístolas de Pablo, y su tradición hebrea consideraba que todas las facultades humanas están ligadas en una unidad indisoluble, esta palabra implica lo más alto e intencional, y por ende el aspecto moral de los seres humanos (1 Co 2.16; aunque esta capacidad puede envilecerse, Rom 1.28). Pablo también utiliza *noús* para referirse a la persona interior (Rom 7.23). La palabra griega *phrónēma* significa el entendimiento o la actitud de la persona, el lugar de nuestra mente (Rom 8.5-7, 27).

En el NT, «mente» es también la traducción de otras palabras griegas. *diánoia*, «entendimiento» o «inteligencia», el asiento de la razón o del discernimiento (Mt 22.37 = Mr 12.30; He 8.10; 1 Jn 5.20); *boulḗ*, «manera de pensar», «plan», o «propósito»; es decir, nuestra intención madura (Lc 23.51; Hch 5.38, cf. 27.12); y *psychḗ*, «alma», nuestro ser decidido (Fil 1.27, cf. He 12.3).

Bibliografía. R. Bultmann, *Theology of the New Testament 1* (New York, 1951), 211-20.

RICHARD A. SPENCER

MENTIR
Por lo general, el intento verbal de engañar, pero a veces se refiere a una acción engañosa. La palabra griega *pseúdos* tiene correspondencia con una serie de términos hebreos con matices relacionados. *šqr*, «engañar o tratar a alguien falsamente»; *kḥš*, «tratar a alguien engañosamente»; *kzb*, «decir falsedades o falsear la realidad»; *pth*, «engañar atrayendo»; *šwʾ*, «hablar frívolamente o sin la intención de hacerse responsable por lo dicho».

La condena bíblica de la mentira surge del testimonio en toda la Escritura de que Dios es veraz, coherente y confiable en la revelación que hace de sí mismo, y, por tanto, no puede mentir (p.ej., Nm 23.19; Tit 1.2; cf. Sal 12.6 [TM 7]; 2 Co 1.18). Lo malo del mentir no está sólo en la falsificación de los hechos, sino también en la falta de fidelidad a Dios y a otros que implica siempre.

Sin embargo, los seres humanos son esencial e inevitablemente indignos de confianza, como se ve en la disposición de Adán y Eva de creer una mentira (Gn 3.4), y en la fabricación de Caín de una mentira (4.9). Mentir es una característica esencial de la naturaleza humana en la separación de Dios, y del comportamiento humano como desobediencia a Dios (cf. Is 28.15, Am 2.4; Ro 1.25; 3.13). La mentira y el engaño aparecen con frecuencia en los relatos bíblicos, a veces incluso para favorecer el plan de Dios (p.ej., Gn 27.35; Ex 1.19, 20). Sin embargo, aunque la naturaleza humana es inevitablemente engañosa, la mentira misma puede y debe ser evitada siempre, por el bien de las personas y de la comunidad (p.ej., Ex 20.16; Lv 19.11).

El NT asegura que la mentira es una abominación (Ro 3.4-9, 13; cf. Hch 5.3-5). Satanás es «mentiroso, y padre de mentira» (Jn 8.44). En cambio, la dádiva de la salvación es fiel y «verdadera» (Jn 1.9, Tit 1.13, 1 Jn 5.20; Ap 22.6), y, en particular, Jesucristo es la demostración de la veracidad de Dios (el «sí» de Dios, 2 Co 1.20; la «Verdad», Jn 14.6). Por tanto, se exhorta a los cristianos a rechazar la mentira y a reflexionar en la libertad cristiana de decir la verdad y de tener una conducta sincera (Ef 4.20-25, Col 3.9, 10).

DAVID A. DORMAN

MENUHOT (Heb. *mĕnuḥôṯ*)
Mitad del clan manahetita, que remontaba su descendencia a Sobal (1 2.52).

MEONOTAI (Heb. *mĕʿônōṯay*)
Judaíta, hijo de Otòniel y padre de Ofra (1 Cr 4.13-14).

MEQUERATITA (Heb. *mĕḵērāṯî*)
Gentilicio aplicado a Hefer, uno de los valientes de David (1 Cro 11.36). Quizás debiera ser traducido «maacateo» (Heb. *maʿăḵāṯî;* cf. 2 S 23.34), haciendo alusión a Maaca.

MERAB (Heb. *mēraḇ,*)
Hija mayor de Saúl (1 S 14.49), la que prometió a David, pero que dio después a Adriel meholatita (18.17-19). Los cinco hijos de Adriel y Merab fueron entregados por David a los gabaonitas para ser colgados (2 S 21.8, 9; algunos manuscritos dicen «Mical»)

MERAÍAS (Heb. *mĕrāyâ*)
jefe de la familia sacerdotal de Seraías, en el tiempo del sumo sacerdote Joiacim, después del exilio (Neh 12.12).

MERAIOT (Heb. *mĕrāyôṯ*) (también MEREMOT)

1. Levita; descendiente de Aarón y antepasado del sumo sacerdote Sadoc (1 Cr 6.6, 7, 52 [TM 5.32, 33; 6.37]) y del líder de la poscautividad (Esd 7.3).

2. Sacerdote, hijo de Ahitob y padre de Sadoc, y antepasado de Azarías (1 Cr 9.11) o Seraías (Neh 11.11).

3. Familia sacerdotal encabezada por Helcai en tiempos de Joiacim, sumo sacerdote de la poscautividad (Neh 12.15). En la lista equivalente de Nehemías 12.3, es llamado Meremot (4).

MERARI (Heb. *mĕrārî*)
1. Tercer hijo de Leví y padre de Mahli y Musi (Gn 46.11; Ex 6.16, 19); famoso antepasado de los levitas meraritas. Durante la peregrinación por el desierto, los meraritas acamparon al norte o en el lado derecho del tabernáculo, y lo resguardaban desde el norte. Estaban encargados de transportar las tablas del tabernáculo, las barras, las basas y todos sus utensilios. También eran responsables de las columnas del atrio, sus basas, sus estacas y sus cuerdas; éstas eran llevadas en cuatro carros, cada uno tirado por una yunta de bueyes (Nm 3.33-37; 4.29-33; 7.8).

A los meraritas les fueron asignadas ciudades en Canaán, de los territorios adjudicados a Zabulón (Jocneam, Carta, Dimna y Naalal), Rubén (Beser, Jahaza, Cademot y Mefaat), y Gad (Ramot de Galaad, Mahanaim, Hesbón y Jazer; Jos 21.34-40; 1 Cr 6.77-81 [TM 62-66]).

Durante el período del segundo Templo, la genealogía de un grupo de cantores del Templo, los etanitas, estuvo conectada con los meraritas a través de Etán (1 Cr 6.44-47 [29-32]). En este período, los meraritas estaban también incluidos dentro de los porteros. Tenían la responsabilidad del lado occidental del Templo, y de la custodia de los depósitos (1 Cr 26.10, 16-19). Se afirma que los meraritas, junto con los coatitas, participaron en las reformas de Ezequías (2 Cr 29.12) y de Josías (2 Cr 34.12), y acompañaron a Esdras a su regresó de Babilonia (Esd 8.18, 19).

Bibliografía. R. G. Boling and G. E. Wright, *Joshua.* AB 6 (Garden City, 1982); S. Japhet, *I and II Chronicles.* OTL (Louisville, 1993); B. A. Levine, *Numbers 1–20.* AB 4 (New York, 1993).

Lisbeth S. Fried

2. Padre de Judit, hijo de Us (Jdt 8.1; 16.7).

MERATAIM (Heb. *mĕrāṯayim*)
Región meridional de Babilonia donde confluyen los ríos Tigris y Éufrates para desembocar en el golfo Pérsico (Jer 50.21). La representación hebrea del nombre acadio de la región, *māt marratîm* (tomado del nombre del golfo Pérsico, *nar marrâtu,* «río amargo», cf. heb. *mrr*), es un juego de palabras que significa «(la tierra de) la doble rebelión» (*mrh*).

MERCADO
Los mercados locales del antiguo Cercano Oriente no eran siempre lugares abiertos en el centro de la ciudad. A veces estaban en un sitio en el límite de la ciudad o cerca de la puerta de ésta (2 R 7.1). Los mercados de las grandes ciudades estaban adornados con columnas y estatuas. Obviamente, el mercado era un lugar de comercio, con numerosas tiendas que ofrecían productos necesarios. El NT muestra que el mercado podía servir también como un lugar público para otras actividades, tales como contratación de mano de obra (Mt 20.3), juego de niños (Lc 7.32), querellas legales (Hch 16.19) y debates religiosos (17.17, cf. v. 5). Pausanias, *Descripción de Grecia* 1.12-17 ofrece una antigua descripción del *agorá* de Atenas.

David L. Turner

MERED (Heb. *mereḏ*)
Hijo de Esdras de la tribu de Judá, que al parecer estuvo casado simultáneamente con Bitia («hija de Faraón»), y con una mujer de Judá (1 Cr 4.17, 18).

MEREMOT (Heb. *mĕrēmôṯ*)

1. Hijo de Urías; sacerdote que pesó la plata, el oro y los utensilios del Templo traídos del exilio (Esd 8.33).

2. Uno de los 12 hijos de Bani, que repudió a su esposa extranjera (Esd 10.36).

3. Hijo de Urías y nieto de Cos. Ayudó a Nehemías a reedificar el muro de la ciudad de Jerusalén (Neh 3.4, 21) y, junto con Nehemías, firmó un documento comprometiéndose a guardar la ley (10.5 [TM 6]).

4. Sacerdote que regresó con Zorobabel y Josué del cautiverio en Babilonia (Neh 12.3).

RODNEY ASHLOCK

MERENPTAH (Egip. *Mr-n-pth*)
Faraón de Egipto, 1212-1202 a.C.; 13º hijo de Ramsés II y de la reina Isis-nofret I. Desde temprana edad fue entrenado como soldado, y al final del reinado de su padre sirvió como general del ejército en Egipto. Se casó con una hija de su famoso hermano Kha-em-waset I, llamada Isis-nofret (II). Tuvieron varios hijos conocidos, incluyendo a Seti-merenptah, su sucesor, a otro Kha-em-waset (II), y posiblemente también a Amenmeses, quien usurpó el trono, muy probablemente a la muerte de Merenptah. A pesar de tener casi 60 años de edad cuando ascendió al trono, Merenptah defendió a Egipto militarmente contra varias serias amenazas. En primer lugar, encabezó una campaña en Canaán, probablemente en el año 2-3 de su reinado, contra Ascalón, Gezer y Yano'am, y puso por escrito, por primera vez en la historia, el nombre de Israel. La campaña está registrada en su famosa estela «Israel» (Cairo 34025) y en una serie de relieves de batallas en el templo de Karnak. Los relieves presentan a las tres ciudades y a una batalla abierta, que probablemente se refiere a Israel. Después de esta campaña, Merenptah acuarteló tropas egipcias en las tierras altas de Canaán, evidentemente para impedir los esfuerzos de los israelitas de irrumpir en las tierras bajas. Un papiro documenta el riguroso control de los egipcios en la frontera entre Egipto y el camino de Horus, el nombre dado a la carretera con sus pozos fortificados a través del Sinaí. Esto explica el porqué los israelitas que huyeron tomaron la ruta del sur a través del Sinaí. La estela y los relieves de Merenptah muestran claramente que en su reinado los israelitas ya habían salido de Egipto, lo cual hace de su padre, Ramsés II, el probable faraón del Éxodo.

Merenptah tuvo después que enfrentar un ataque desde el oeste, a lo largo del Wadi Natrun, por los libios y los pueblos del mar que se habían aliado.

Merenptah frente a Re-Horakhty, la forma vespertina del dios Sol; una escena convencional en la apertura de todas las tumbas reales ramésidas. Pintura mural de tumba de Merenptah, West Tebas (F. J. Yurco)

Al mismo tiempo, los nubios se rebelaron en el sur. Merenptah derrotó a la alianza enemiga cerca de Menfis, y los hizo huir de regreso a Libia. Como relata su extensa inscripción de Karnak, los pueblos del mar habían interceptado sus envíos de cereales a los hititas, con quienes Egipto había estado aliado desde el célebre tratado de paz firmado por Ramsés II y Hattusil III en 1258. Los pueblos del mar evidentemente habían pasado a su segunda fase de actividad, saqueando ciudades, como lo registran los poemas homéricos, y atacando a los estados imperiales. Las bajas contrastan por su moderación con los inflados cálculos de otros faraones, o con los exagerados números del relato del Éxodo.

Merenptah realizó un importante inventario, que duró dos años, de las propiedades de todos los templos de Egipto. No construyó mucho, pero utilizó los espacios vacíos de las paredes para poner por escrito sus victorias. Su templo funerario en Tebas occidental fue construido en gran parte con piedras sacadas del templo de Amenhotep III. De la misma manera, la estela «Israel» fue quitada de Amenhotep III, quien sigue presentado en la parte frontal.

En general, el reinado de Merenptah refleja una exitosa defensa de Egipto contra las amenazas y las revueltas externas, junto con una permanente prosperidad interna. Sus medidas en Canaán ayudaron a conservar intacto al imperio egipcio intacta hasta el acceso de Ramsés III al trono.

Bibliografía. K. A. Kitchen, Pharaoh Triumphant (Warminster, 1983); F. J. Yurco, «Merenptah's Canaanite Campaign,» *Journal of the American Research Center in Egypt 23 (1986).* 189-215; «3,200-Year-Old Pictures of Israelites Found in Egypt,» *BARev* 16/5 (1990). 20-38.

FRANK J. YURCO

MERES (Heb. *meres*)
Uno de los siete príncipes que actuaron como asesores de Asuero (Est 1.14).

MERIBA
Véase MASAH, MERIBA.

MERIBA DE CADES (Heb. *mĕrîbaṯ qādēš*)
Nombre dado a Cades-barnea por haber tentado los israelitas a Dios durante su peregrinación en el desierto (Dt 32.51; cf. Nm 20.1-3; 27.14). Este nuevo nombre aparece en la descripción que hace Ezequiel de las fronteras meridionales de la tierra del nuevo Israel (Ez 47.19; 48.28).
Véanse CADES, CADES-BARNEA (1); MASAH, MERIBA.

MERIB-BAAL (Heb. *mĕrîḇ-baʿal*)
Nieto de Saúl e hijo de Jonatán (1 Cr 8.34; 9.40). En 1 y 2 de Samuel el nombre («de la boca de Baal») está cambiado a Mefi-boset («de la boca de la vergüenza»).
Véase Mefi-boset 2.

MERNEPTAH
Véase MERENPTAH

MERODAC (Heb. *mĕrōḏāḵ*)
Forma hebrea de Marduk (Jer 50.2).

MERODAC-BALADÁN (Heb. *mĕrōḏāḵ balʾăḏān;*; Acad. *marduk-apla-iddina)*
Jeque caldeo de la tribu Bīt-yakin, y dos veces rey de Babilonia. Ya en c.731 a.C., estaba aliado con Tiglat-pileser III de Asiria contra otro rey de Babilonia. Aprovechando la debilidad que había en Asiria cuando Sargón II (721-705) usurpó el trono, Merodac-baladán se convirtió en rey de Babilonia, muy probablemente con la ayuda del vecino Elam. Los asirios no pudieron sacarlo de Babilonia, hasta que derrotaron a sus aliados elamitas en el 710. Al no tener aliados de allí después de eso, Merodac-baladán fue depuesto por Sargón y una vez más se convirtió en un jeque caldeo local, vasallo del rey asirio. Tras la muerte de Sargón en batalla en el 705, Merodac-baladán ayudó a instigar una rebelión contra la dominación asiria. Es aquí donde debe colocarse la narración de 2 Reyes 20.12-19 (cf. Is 39.1-8). El jeque babilonio vino a Jerusalén para implorar el apoyo del rey Ezequías de Judá a su causa, un plan que fue rechazado por el profeta Isaías. Pero en vista de las acciones de Ezequías en contra del dominio asirio, aparentemente actuó de común acuerdo con la estrategia de Merodac-baladán. Éste derrocó en el 703 al que había sido designado por Asiria para ocupar el trono de Babilonia, y gobernó desde la vecina Borsippa hasta ser depuesto ese mismo año por Senaquerib, el nuevo rey de Asiria. Merodac-baladán huyó a Elam, donde murió poco después.

Bibliografía. J. A. Brinkman, «Merodach-Baladan II,» in *Studies Presented to A. Leo Oppenheim, ed. R. Biggs and J. A. Brinkman* (Chicago, 1964), 6-53; *Prelude to Empire. Babylonian Society and Politics,* 747-626 b.c. (Philadelphia, 1984).

MARK W. CHAVALAS

MEROM (Heb. *mērôm)*
Las «aguas»o la fuente en cuyas inmediaciones se juntó una coalición de reyes cananeos bajo la dirección de Jabín de Hazor para luchar contra Josué y los israelitas (Jos 11.5, 7). Merom, que era una ciudad importante de la Alta Galilea, es mencionada por primera vez en las crónicas de Tutmosis III, Ramsés II y Tiglat-pileser III. La identificación de Merom no es segura. Tradicionalmente se creyó que se trataba de Meiron, en la base del Jebel Jarmaq. Sin embargo, excavaciones recientes han indicado que Meiron fue fundada en el período helenístico, descartando así una identificación con la cananea Merom. Algunos sugieren una identificación con el Tell el-Jirbeh (190275), un gran montículo al este de Hazor y al norte de la región boscosa antes deshabitada, que fue densamente habitada por los primeros israelitas.

RONALD A. SIMKINS

MERONOTITA (Heb. *mērōnōṯî*)
Designación gentilicia de Jehedías, pastor jefe de

las asnas de David (1 Cr 27.30), y de Jadón, uno de los reconstructores de los muros de Jerusalén después del exilio (Neh 3.7). Está, al parecer, relacionada con Mizpa.

MEROZ (Heb. *mērôz*)
Población mencionada en el cántico de Débora (Jue 5.23), cuyos habitantes fueron condenados por un ángel de Jehová por no participar en la batalla de Débora y Barac contra Sísara. Aunque se han propuesto varios lugares, entre ellos Jirbet Mārûs/Ḥorvat Marish (199270) y Shimron-meron (170234), ninguno de ellos es creíble. La población estaba situada probablemente en el valle Jezreel o cerca del mismo.

KENNETH ATKINSON

MES
Véase **AÑO**.

MESA (Heb. *mēšā'*) **(LUGAR)**
Frontera de la región habitada por los descendientes de Joctán (Gn 10.30). Mesa fue muy probablemente un lugar en el desierto de Siria o Arabia; en realidad, varios nombres joctanitas dejan entrever un origen en la Arabia meridional. Algunos eruditos identifican a Mesa con Massa (Gn 25.14).

MESA (Heb. *mêšaʿ*, *mêšā'*) **(PERSONA)**
1. Rey del reino de Moab en Transjordania a comienzos del siglo IX a.C.; hijo de Quemos-yati. Según 2 Reyes 3.4, Mesa era criador de ovejas (Heb. *nōqēḏ*) y vasallo del «rey de Israel». Después de la muerte del rey Acab de Israel en el 850, Mesa no siguió pagando tributo. Joram, hijo de Acab, sucedió a su hermano Ocozías y entonces solicitó la ayuda del rey Josafat de Judá y de un rey vasallo edomita no identificado; sus ejércitos combinados derrotaron a los moabitas. Algunos de los moabitas sobrevivientes entraron a Kir-hareseth, una ciudad fortificada. En un intento por apaciguar a Quemos, el dios nacional de Moab, el rey moabita sacrificó a su hijo mayor en el muro de la ciudad. Los israelitas, horrizados, levantaron entonces el sitio a la ciudad. En 1868 fue encontrada la Piedra Moabita en Dhiban (la bíblica Dibón), la capital del antiguo Moab; la inscripción fue mandada a hacer por Mesa. Éste señala aquí que fue el rey Omri de Israel quien subyugó a Moab, y el que inició «40 años» (l.8) de vasallaje. Sin embargo, durante el reinado de «su hijo» (l.6), Mesa recuperó su independencia al arrojar a los israelitas de varias ciudades situadas al norte del río Arnón, entre ellas Nebo. Mesa afirma haber matado a miles de israelitas en Nebo, y tomado ciertos vasos de Jehová, y atribuye su éxito a Quemos. Es probable que la independencia de Moab haya sido posible en parte por lo concentrado que estaba Israel en su resistencia a Salmanasar III.

Algunos consideran que los materiales bíblicos y las inscripciones reflejan dos episodios diferentes en la historia de las relaciones entre Israel y Moab (Cogan y Tadmor), mientras que otros consideran que son versiones complementarias (Cross y Freedman).

Bibliografía. M. Cogan and H. Tadmor, *II Kings*. AB 11 (Garden City, 1988); F. M. Cross, Jr., and D. N. Freedman, *Early Hebrew Orthography*. AOS 36 (1952, repr. New Haven, 1981); J. A. Dearman, ed., *Studies in the Mesha Inscription and Moab*. *SBLABS 2* (Atlanta, 1989); G. L. Mattingly, «Moabites,» *in Peoples of the Old Testament World*, ed. A. J. Hoerth, Mattingly, and E. M. Yamauchi (Grand Rapids, 1994), 317-33; K. A. D. Smelik, *Converting the Past. Studies in Ancient Israelite and Moabite Historiography*. OuTS 28 (Leiden, 1992).

CHRIS A. ROLLSTON

2. Hijo de Caleb, padre de Zif (1 Cr 2.42; LXX «Maresa»).

3. Benjaminita, hijo de Saharaim y Hodes, nacido en Moab (1 Cr 8.9).

MESEC (Heb. *mešeḵ*) (también MAS)
1. Uno de los siete hijos de Jafet (Gn 10.2; 1 Cr 1.5). Según la Tabla de las naciones, los descendientes de Jafet ocuparon Europa y Asia. Mesec es mencionado en fuentes acadias ya en el 1100 a.C., como muški, un pueblo conocido por su habilidad en la metalurgia. Mesec se estableció en el Asia oriental, en Capadocia, según Josefo (*Ant* 1.6.1 [125]), pero fue en Asia occidental, de acuerdo con otros autores antiguos. El más conocido de sus reyes fue Midas, de quien se decía que su toque convertía las cosas en oro.

El Salmo 120.5 menciona a Mesec en paralelo con Cedar como un pueblo remoto y militarista. Génesis 10.2 asocia a Mesec con Tubal y Javán. En Ezequiel, están vinculados como socios comerciales con Tiro (Ez 27.13), y Mesec y Tubal se han unido al reino de Magog, gobernado por Gog (38.2; 39.1). El reino y su rey sirven como símbolo de cualquier enemigo futuro que quiera atacar a los judíos que han vuelto a su patria.

2. Hijo de Sem, famoso antepasado de un pueblo arameo (1 Cr 1.17). En Gn 10.23, el nombre equivalente es Mas.

Paul L. Redditt

MESELEMÍAS (Heb. *měšelemyâ, měšelemyāhû*) Levita coratita, portero del Templo en tiempos de David; padre de Zacarías, también portero del Templo (1 Cr 9.21; 26.1, 2, 9). Meselemías puede ser el mismo Selemías (1 Cr 26.14), y posiblemente Salum (9.17, 19, 31; Esd 2.42 = Neh 7.45).

MESETA
Esa parte de la planicie de Transjordania al norte del río Arnón y al este del Mar Muerto alrededor de las ciudades de Beser y Medeba (Dt 3.10; 4.43; Jos 13.9, 16—17, 21; 20.8; Jer 48.21). En su sentido básico heb. *mîšôr* designa cualquier tierra nivelada (cf. 1 R 20.23, «llanura»).

MESEZABEEL (Heb. *měšêzab̲'ēl*)

1. Antepasado de Mesulam (13), quien trabajó en la reconstrucción de los muros de Jerusalén (Neh 3.4).

2. Israelita que participó en la firma del nuevo pacto bajo Nehemías (Neh 10.21 [TM 22]).

3. Padre de Petaías, de la familia judaíta de Zera (Neh 11.24).

MESIÁNICOS, AYES
Un período agitado de angustia y tribulación escatológicas que, según el judaísmo antiguo, debía preceder la venida del Mesías. Sus características son apostasía, guerra, terremotos, sequías, hambrunas, plagas, conflictos familiares, pérdida de la fe, señales cósmicas, aumento de la maldad, y escasez de la verdad y buen juicio. Conocidos en otras partes de la literatura rabínica como los «dolores de parto del Mesías», estos ayes conducen inexorablemente al nacimiento del estado final de bienaventuranza.

El concepto de los ayes mesiánicos tiene raíces en el AT (Is 13.6-8; 26.16-19; Jer 13.21; Mi 5.2-4 [TM 1-3]; 7.1-6), más generalmente en descripciones de la angustia asociada con el día de Jehová (p.ej, Jl 1.15-2.11; 2.30, 31 [3.3, 4]; Sof 1.14-18; esp. Dn 12.1-3).

El patrón de los ayes mesiánicos encuentra su pleno desarrollo en los apócrifos y los pseudoepígrafos del AT (4 Esd 5.1-13; 2 Ap. Ber. 25-32; Jub. 23.13-25; Ap. Abr. 30.4-8; T. Mo. 8-9); en los Rollos del Mar Muerto (1QH 3.3-18); en el NT y en la patrística (Did. 16.3-6; Herm. Vis. 4.1-2; Bern. 4.3-5); y en la literatura rabínica *(m. Sona* 9.15; *b. Sanh.* 97a-98c; *Šabb.* 118; *Pesaḥ* 118; *Ketub.* 111a).

El discurso escatológico de los sinópticos (Mt 24; Mr 13; Lc 21) ofrece un paralelismo sorprendente entre el NT con el concepto judío de los ayes mesiánicos (cf. el «principio de dolores», Mt 24.8; Mr 13.8), al igual que las visiones de los siete sellos, las siete trompetas y las siete copas (Ap 6-16). Varios otros textos del NT pueden compartir también este mismo telón de fondo (p.ej., Mt 10.17-23, 34-36; Ro 8.17, 18; 2 Co 4.16-17; 1 Ts 3.3-5).

En el judaísmo antiguo, los ayes eran «mesiánicos» no porque el Mesías los sufriera, sino porque estos ayes eran el preludio necesario para la llegada del Mesías. Pero, a raíz de la Cruz, los cristianos primitivos entendieron que los ayes mesiánicos habían caído, en realidad, sobre el Mesías mismo. Como la comunidad mesiánica, estos cristianos esperaban que, así como el Mesías había sufrido la tribulación escatológica antes de su resurrección, ellos también sufrirían los ayes mesiánicos hasta que se produjera su propia resurrección en la segunda venida del Mesías (Hch 14.22; Fil 3.10, 11; 1 P 4.12, 13).

Bibliografía. D. C. Allison, Jr., *The End of the Ages Has Come. An Early Interpretation of the Passion and Resurrection of Jesus* (Philadelphia, 1985); E. Best, *One Body in Christ. A Study in the Relationship of the Church to Christ in the Epistles of the Apostle Paul* (London, 1955), 130-36; C. Gempf, «The Imagery of Birth Pangs in the New Testament,» *TynBul* 45 (1994). 119-35; D. S. Russell, *The Method and Message of Jewish Apocalyptic, 200 b.c.–a.d. 100.* OTL (Philadelphia, 1964), 271-76.

Mark Dubis

MESÍAS
La palabra «Mesías» es una forma adjetival con un sentido pasivo derivado del verbo hebreo que significa «ungir». Puede ser usada adjetivalmente («el sacerdote ungido»; Lv 4.3), aunque su forma más común es la sustantiva (Heb. *māšîaḥ*). En las 30 veces que aparece el término en el AT, nunca aparece la forma «el Mesías» con el artículo determinado y sin atributo. Las formas bíblicas son «el ungido de Jehová» (utilizado con el nombre divino), o «mi ungido», «su ungido», y «vuestro ungido» (con sufijos pronominales referentes a Dios). Aunque se usaba de vez en cuando para sacerdotes y profetas, el término se utilizaba para referirse principalmente a los

reyes cuya instalación en el cargo incluía una ceremonia de ungimiento (cf. 1 S 10.1; 16.13).

El uso de «el Mesías» (o «el Cristo») en el Nuevo Testamento y en la literatura cristiana siguiente (Gr. *Messías*), y de «el [Rey] Mesías» en escritos posteriores judíos, referente a una figura única que no necesita de ninguna otra calificación, da por sentado una historia de interpretación que puede ser reconstruida, al menos en parte, a partir de la literatura posbíblica existente. «El Mesías» es, por tanto, un término con raíces en el AT, pero cuyo significado surge por su empleo posbíblico. Ninguna simple trayectoria a través de todo del AT puede explicar su lugar en visiones posteriores y sueños acerca del futuro, ni lo que califica como «mesiánico» puede medirse simplemente en términos de un desarrollo histórico dentro del Israel bíblico. Sin embargo, las referencias a «el Mesías» tienen poco sentido sin el conocimiento de la tradición bíblica.

Para la antigua tradición cristiana y rabínica, «el rey [Mesías]» se refiere a una figura real que jugará un papel crucial en los últimos días. Por diversas razones, las creencias sobre el rey de la descendencia de David llegaron a proyectarse hacia el futuro. Aunque el rey que vendrá no es identificado como «el Mesías» hasta el NT y los escritos rabínicos, hay precursores de tal uso, especialmente en el Salmo de Salomón 17 (donde el futuro gobernante es identificado como «el ungido de Israel», «el príncipe» o «el renuevo de David»).

En las referencias a este rey que vendrá, no siempre se preservan las conexiones lingüísticas con el «ungimiento». El uso de «el Mesías» presupone un cierto conocimiento de la ceremonia de instalación, pero también refleja el carácter esencial de ciertos pasajes del AT, como el salmo 2, en el que el rey es identificado como «ungido». El NT, los salmos de Salomón y los rollos de Qumrán, son evidencias de que este salmo es fundamental para la expectativa de un rey que vendrá en el tiempo del fin para gobernar en Israel. Esta figura real, identificada por el salmista como «su ungido [de Jehová]» (Salmo 2.2) y «mi rey sobre Sión» (v. 6), a quien Dios se dirige como «hijo» (v. 7), está vinculado con la «simiente» que Dios le promete a David en 2 Samuel 7.10-14, un rey cuyo trono promete Dios establecer para siempre, y a quien Dios se dirige igualmente como «hijo».

También son fundamentales en la constelación de textos bíblicos «mesiánicos», los siguientes. Génesis 49.10; Números 24.17; Isaías 11.1; Jeremías 23.5, 6; 33.14-17. Cada uno de estos pasajes habla de manera especial de una figura real. Posteriormente, los intérpretes leyeron tales pasajes como profecías, derivando su significado, no del contexto histórico o literario de los versículos, sino de su reubicación en una nueva idea interpretativa. No importa lo que Jeremías, o Isaías, o los autores de Génesis y Números hayan pensado, los intérpretes posteriores de la Biblia percibieron sus palabras como predicciones de «el» Rey que viene, predicciones que entretejieron con una variedad de pasajes bíblicos para crear visiones únicas de lo que Dios les tiene reservados.

Diversidad escatológica

Es conveniente distinguir entre «mesiánico» y «escatológico». Mientras que «mesiánico» se refiere a un futuro prometido, no todos los futuros vislumbrados son «mesiánicos». Hubo judíos cuyas esperanzas sobre el futuro estuvieron puestas en un rey de la línea de David, «el ungido del Señor» (Ps. Sol. 17). En sus visiones, el rey liberaría a Israel de la servidumbre extranjera (romana) y establecería un reino ideal en el que regiría la justicia. Esta «escatología mesiánica» es probablemente la manera como la mayoría de los estudiantes de la Biblia han sido enseñados a pensar en cuanto a «mesías» y «mesiánico».

Sin embargo, los lectores del AT desarrollaron una multiplicidad de alternativas diferentes, en las que un personaje real estaba, o bien totalmente ausente, o bien subordinado a otro salvador. Los samaritanos, p.ej., que consideraban como «escritura» sólo a los cinco primeros libros de la Biblia, no ponían ninguna esperanza en un rey de la línea de David. Su futuro estaba puesto en un *Taheb* («restaurador») en la forma de un nuevo Moisés, cuya venida era entendida en términos de pasajes como Deuteronomio 18.15-20. Otros, cuya visión del futuro estaba proyectada en forma de visiones extrañas (los apocalípticos) tenían normalmente poco espacio para una figura mesiánica. Si bien el autor de 4 Esdras esperaba un «Mesías» de la línea de David, la función verdadera del personaje real es limitada. Al final de los 400 años de era «mesiánica», el Mesías muere con el resto del orden creado, y en la era venidera, después de la resurrección general, sólo Dios gobierna y juzga. Algunos grupos esperaban el regreso de Elías, y no simplemente como el precursor del Mesías. En Qumrán esperaban a dos «ungidos»: Uno era un sacerdote, y el otro, una figura real, siendo el sacerdote claramente superior a su homólogo laico. En todos estos casos, se eligieron y combinaron pasajes bíblicos para crear diversas y particulares imágenes de lo que iba a venir.

Temas comunes

Si bien hay una gran variedad en cuanto a visiones escatológicas, y aunque la evidencia no permite considerar a «el Mesías» como el salvador más popular, son posibles algunas generalizaciones acerca de «el Mesías».

Cuando el término (o su equivalente en griego) se utiliza con el artículo determinado, se refiere, ya sea en la antigua literatura cristiana o rabínica, a una figura real, el rey que habrá de venir. Existe amplia evidencia que indica que en el siglo I d.C. (y quizás en el siglo I a.C.) quienes oían la expresión «el Mesías» pensarían en un rey, con pocas excepciones, de la línea de David, quien se levantaría al final de los días para salvar a Israel.

Aunque no hay uniformidad ni siquiera entre las tradiciones mesiánicas, hay una constelación de pasajes bíblicos que aparecen con regularidad suficiente como para ser considerados como constantes (entre ellos los salmos 2, 89, 132; 2 S 7 y par.; Nm 24.17; Gn 49.10; Is 11.1; Jer 23.5, 6; 33.17-22). La variedad de visiones de un futuro mesiánico está limitada por la imaginería adecuada a un rey.

Como figura real, «el Mesías» debe ser diferenciado de los salvadores proféticos y sacerdotales que aparecen en las tradiciones escatológicas. Si bien algunas de las características pueden ser comunes, no hubo una desintegración total de una figura en otra. Sólo más tarde pudieron los intérpretes cristianos combinar todas las características en una sola figura, culminando con el triple oficio de profeta, sacerdote y rey del calvinismo. El empleo de pasajes mesiánicos en Qumrán ofrece el inusual ejemplo de una visión escatológica en la que se espera al menos dos libertadores, ambos «ungidos».

El uso real de la Escritura en la «exégesis mesiánica» trajo como resultado, en la mayoría de los casos, la omisión de textos que otros podrían haber considerado como fundamentales; a la vez que pasajes no reconocidos nunca como «mesiánicos» podrían ser «adoptados» en las tradiciones en cuanto a interpretación. Un ejemplo sería la lectura de Isaías 52—53 en la literatura cristiana y en el Targum de Isaías como una referencia al Mesías-Rey. Esta variedad hace que sea imposible identificar con precisión a una sola «tradición mesiánica» en el judaísmo posbíblico, aunque podemos notar los pasajes bíblicos que parecen asomarse como constantes entre los intérpretes.

Aunque hay un debate considerable en cuanto a qué tan central era «el Mesías» para la tradición escatología judía, no puede haber duda de que la importancia y la centralidad de la ideología en torno a un rey ha sido exagerada, y que la variedad dentro de la tradición judía ha sido desestimada.

En el caso de la tradición mesiánica, y también en todas las demás tradiciones, las Escrituras han jugado un papel central, pero la interpretación del material bíblico ha sido influenciada por una serie de factores, entre ellos la situación social y los acontecimientos históricos. «El Mesías» sólo existe en contextos particulares. El significado preciso del término, por tanto, depende de los diversos contextos, y sólo puede determinarse teniendo en cuenta tales contextos.

Bibliografía. J. H. Charlesworth, ed., *The Messiah. Developments in Earliest Judaism and Christianity* (Minneapolis, 1992); N. A. Dahl, *Jesus the Christ. The Historical Origins of Christological Doctrine* (Minneapolis, 1991); D. Juel, *Messianic Exegesis. Christological Interpretation of the Old Testament in Earliest Christianity* (Minneapolis, 1988); G. Vermes, *Jesus the Jew* (Philadelphia, 1981).

DONALD JUEL

MESILEMOT (Heb. *měšillēmôṯ*),

MESILEMIT (Heb. *měšillēmîṯ*)

1. Efrateo, padre de Berequías (2 Cr 28.12).

2. Sacerdote y descendiente de Imer (Neh 11.13). En 1 Crónicas 9.12 es llamado Mesilemit.

MESOBAB (Heb. *měšôḇāḇ,*)

Uno de los 12 líderes simeonitas que se posesionaron de pastos en Gedor durante los días del rey Ezequías (1 Cr 4.34-41).

MESOBAÍTA (Heb. *hamměṣōḇāyâ*)

Gentilicio atribuido a Jaasiel, uno de los valientes de David (1 Cr 11.47). Tal vez debe ser corregido a *miṣṣōḇâ*, «de Soba» (cf. 1 Cr 18.3).

MESÓN

Lugar donde los viajeros descansaban durante la noche (Heb. *mālôn,* «posada»). El término se aplica a poco más que un espacio plano de tierra sobre el cual dormir (Gn 4.27; Ex 4.24; Jer 9.2[TM 1]; y a un «campamento» NJPSV [New Jewish Publication Society Version]).

En el NT, el Gr. *katályma* (de *katá*, «abajo,» y *lúō*, «quitar»), significa un lugar donde los viajeros podían quitarse sus cargas, o quitar la de sus animales, y descansar. En el siglo II a.C., la palabra vino a significar, por lo general, un lugar para alojarse o quedarse (Lc 2.7) Sin embargo, en Marcos 14.14 y Lucas 22.11, donde se designa el lugar para la Última Cena, se refiere más particularmente a una habitación para huéspedes o para comer. Otra palabra, el Gr. *pandocheíon*, significa literalmente un lugar donde todos son recibidos (en el NT aparece sólo en Lc 10.34, en la parábola del Buen Samaritano), incluso ganado vacuno y animales de carga; por tanto, el mesón de la parábola era más probablemente un lugar para ganado y personas.

Dale Ellenburg

MESOPOTAMIA (Gr. *Mesopotamía*)
Palabra griega que significa «(tierra) en medio del (de los) río(s)». Originalmente se refería a una satrapía creada por Alejandro Magno entre los ríos Tigris y Éufrates, concretamente en el área al este del gran recodo del Éufrates en la actual Siria y norte de Irak. Un término anterior hebreo, *ʼăram naharayim*, indicaba sólo «tierra dentro del río», es decir, el área dentro del recodo del Éufrates. Una palabra acadia aún más antigua, *bīrinārim*, se refería a la misma área ya desde tiempos de la antigua Babilonia. La voz aramea *beyn nahrin*, cuya gama semántica difería ligeramente de las expresiones hebreas y acadias, fue la primera que quiso decir el área entre los dos ríos. Las versiones en español de la Biblia traducen como «Mesopotamia» los términos hebreo y griego.

En la arqueología moderna, Mesopotamia es el área definida generalmente por los dos ríos y sus afluentes. Esto difiere del uso antiguo, que indicaba la zona situada entre los montes Taurus en Anatolia y el golfo Árabe-Persa en el sur. En líneas generales, esta área formaba una unidad cultural distinta a la del Levante, Anatolia e Irán desde tal vez el 5000 a.C., hasta la conquista de Alejandro.

Bibliografía. J. J. Finkelstein, «'Mesopotamia',» *JNES* 21 (1962). 73-92.

Geoff Emberling

MESULAM (Heb. *mĕšullām*)

1. Abuelo del escriba Safán y padre de Azalía (2 R 22.3).

2. Hijo de Zorobabel (1 Cr 3.19).

3. Jefe de una familia gadita de Basán (1Cr 5.13).

4. Hijo de Elpaal, benjaminita (1 Cr 8.17).

5. Padre de Salú, descendiente de Benjamín; estuvo entre los primeros benjaminitas que regresaron del exilio (1 Cr 9.7; Neh 11.7).

6. Hijo de Sefatías; benjaminita que regresó del exilio (1 Cr 9.8).

7. Padre de Hilcías e hijo de Sadoc; de ascendencia sacerdotal (1 Cr 9.11; Neh 11.11).

8. Padre de Jazera e hijo de Mesilemit; de ascendencia sacerdotal (1 Cr 9.12).

9. Coatita nombrado por Josías como mayordomo de las reparaciones del Templo (2 Cr 34.12).

10. Uno de los «líderes» enviados por Esdras para conseguir levitas que sirvieran como sacerdotes en el Templo (Esd 8.16), «hombre docto» (1 Esd 8.44). Puede ser el mismo 11 y 12 de más abajo.

11. Alguien que se opuso a la política de Esdras de divorciarse de las mujeres extranjeras (Esd 10.15; 1 Esdr 9.14), posiblemente levita.

12. Hijo de Bani, que se había casado con una extranjera y que fue obligado a divorciarse de ella (Esd 10.29).

13. Hijo de Berequías que ayudó a reparar los muros de Jerusalén (Neh 3.4, 30). Su hija casó con Johanán, hijo de Tobías (Neh 6.18).

14. Hijo de Besodías que ayudó a reparar la puerta Vieja (Neh 3.6).

15. Uno que estuvo a la izquierda de Esdras durante la lectura de la Ley (Neh 8.4). El privilegio de participar en la ceremonia indica una posición de honor.

16. Sacerdote que, junto con Nehemías, firmó el pacto entre Dios y el pueblo (Neh 10.7 [TM 8]).

17. Líder del pueblo que firmó el pacto bajo Nehemías (Neh 10.20 [21]).

18. Jefe de la casa sacerdotal de Esdras en tiempos del sumo sacerdote Joiacim (Neh 12.13).

19. Jefe de la casa sacerdotal de Ginetón en tiempos del sumo sacerdote Joiacim (Neh 12.16).

20. Portero que custodiaba los almacenes de las puertas en tiempos del sumo sacerdote Joiacim (Neh 12.25).

21. Uno que participó en la procesión de dedicación de los muros reconstruidos de Jerusalén (Neh 12.33).

Harold R. Mosley

Jabal Hamrat Fidan (sitio 120, Área C), asentamiento neolítico precerámico vinculado con la explotación y comercio del cobre, y puerta de acceso a la comarca de Faynan en Jordán meridional, la mayor fuente de cobre en el territorio continental del Levante mediterráneo, al sur (Proyecto Jabal Hamrat Fidan).

MESULEMET (Heb. *mĕšullemet*)
Hija de Haruz de Jotba, esposa del rey Manasés de Judá, y madre del rey Amón (2 R 21.19).

METALES, METALISTERÍA
Elementos lustrosos que puede ser moldeados para hacer armas y herramientas. Los metales estables como el oro y el cobre se encuentran en estado puro o nativo. Estos metales fueron los primeros en ser ampliamente explotados. La mayoría son químicamente reactivos y se encuentran combinados con elementos no metálicos como el oxígeno y el azufre en minerales estables en rocas. La adquisición y el tallado de metales era un proceso complicado que requería determinación y habilidad técnica. Por tanto, los metales eran costosos en la antigüedad. Las listas que aparecen en el AT identifican los metales conocidos en orden decreciente, de acuerdo con su valor: Oro, plata, cobre, hierro, estaño y plomo.

El oro es el primer y el más valioso metal mencionado en la Biblia (Gn 2.11, 12). Su brillo distintivo, y que no se oxida, junto con su gran maleabilidad, contribuyeron a su uso en la decoración de objetos ceremoniales (Ex 25) y en la joyería (Gn 24.22; Ex 28.22). El oro se funde fácilmente, pero rara vez era vaciado en moldes, debido a su escasez y a su valor posterior (Ex 32.4). Normalmente, el oro era trabajado a martillazos y convertido en finas láminas entre capas de cuero, y luego puesto sobre superficies con base metálica o de madera que posteriormente relucían, como en el caso de las paredes interiores y las entalladuras del Templo de Salomón (1 R 6.20-36).

La plata ha sido valorada desde hace mucho tiempo por el brillo que refleja su superficie, y por su utilización como medio de comercio. Abraham compró tierra en Macpela por un peso de 400 siclos de plata (Gn 23.14-16) mucho antes de que plata fuera acuñada en monedas (Mt 26.15). Con plata se hacían vasos y otros objetos prácticos para uso de los ricos (Gn 44.2), y era fundida o mezclada con metales comunes para fabricar y adornar ídolos (Jue 17.1-4; Hch 19.24).

El cobre es un metal blando utilizado desde tiempos antiguos por los metalúrgicos. Se conseguía en el Levante (Dt 8.9), y se usaba básicamente para hacer trabajos de decoración y fabricar recipientes, hasta se produjeron aleaciones cuprosas más duras, como el cobre y el bronce arsenicales. Los israelitas utilizaban aleaciones de cobre en la fabricación de objetos sagrados (Ex 27.2-19; 1 R 7.15), de guerra (2 Cr 12.10) y en una variedad de herramientas. También utilizaban objetos de cobre como instrumentos de comercio (Ez 27.13); finalmente, el cobre se convirtió en el metal con el que fabricaban monedas de poco valor (Mr 12.42).

El hierro es un metal duro que abundaba en Canaán (Dt 8.9). Este metal se conocía antes de su amplia utilización en el período de la monarquía israelita. El hierro sustituyó al bronce cuando se mejoró el proceso de refinación junto con el producto. Los israelitas utilizaban herramientas de hierro en albañilería (Dt 27.5; 1 R 7.9), carpintería (2 S 12.31; 1 Cr 22.3), agronomía (1 S 13.20) y en la fabricación de armas.

El estaño es rara vez mencionado en la Biblia. Por lo general, se importaba del Levante, donde su importancia primordial era como amalgama en la fabricación de bronce. Aunque era usado con el cobre, y no se conseguía con facilidad localmente, es mencionado después del hierro como parte del botín israelita en Transjordania (Nm 31.22), y como un producto con el que se comerciaba con los israelitas (Ez 27.12).

El plomo es un metal gris sólido, pero maleable. Su peso era una característica positiva que llevó a su uso en la fabricación de plomadas para redes de pesca (Ex 15.10), y como pesos (Zac 5.7). La blandura del metal hizo posible también que sirviera de superficie para esculpir documentos permanentes (Job 19.24). Su bajo punto de fusión lo convirtió en un flujo útil en el refinamiento de la plata, y en un componente económico en las aleaciones para fabricar monedas y cubiertos de mesa.

La metalistería y los metaleros no fueron tenidos siempre en mucha estima por los israelitas, a diferencia de otros pueblos. Quienes trabajaban con metales no ferrosos y con productos finamente acabados gozaban de fama (1 R 7.13; Ex 31.2-6). Las condiciones de trabajo de los que procesaban y martillaban el mineral caliente no eran agradables (Is 44.12). Los israelitas consideraban a los herreros unos simples mortales (Is 54.16). Pero los escritores de la historia del AT y los antiguos generales reconocían que la metalistería era un arte estratégico para la fabricación de las armas y las herramientas que se necesitaban (1 S 13.19; 2 R 24.14; Jer 24.1). Los profetas de Israel reprobaron a los metaleros que hacían ídolos impotentes (Jer 10.9, 14; Is 40.19; 41.7; 46.6, 7), pero también describían a Dios como un metalero que daba forma y refinaba a su pueblo a través de su experiencia nacional (2 R 24.14). La Biblia presenta a Tubal-cain como el iniciador de la metalistería (Gn 4.22).

Los arqueólogos encuentran que la metalistería ofrece una información básica para el cálculo del tiempo, dado que con el desarrollo de su tecnología se pudieron fabricar objetos de uso práctico a partir del cobre, el bronce y el hierro. De la utilización de metales en estado natural para ornamentación se tiene ya conocimiento 8000 años a.C., y durante todo el período neolítico, cuando la mayoría de las herramientas eran hechas de piedra dura. Las herramientas de metal sustituyeron a las de piedra, por ser de calidad superior. La obtención de metales exigía la ubicación y explotación de los yacimientos. La mena era triturada, reducida a polvo y calentada para extraerle el metal. La tecnología del fuego era importante en el proceso de extraer el metal, que es lo primero que hacen los metaleros. El simple fuego no era lo suficientemente caliente como para fundir el oro y sinterizar el cobre. Hornos de arcilla y en forma de cuenco a los que se inyectaba aire por medio de tuberías facilitaban la fundición del cobre en la temprana Edad del Bronce. El cobre fundido podía ser separado de la escoria no metálica más liviana que flotaba encima del mismo. En la tardía Edad del Bronce se hacían hornos de cuba con fuelles, que eran más calientes, para obligar a que se produjera una succión, y de esa manera obtenerse mayores cantidades de cobre. En estos hornos podía ser drenada la escoria fundida. En la Edad del Hierro, el uso del carbón vegetal era importante, puesto que esto creaba calor y monóxido de carbono, formando una atmósfera de reducción que ayudaba a purificar el hierro. Estos hornos no eran lo suficientemente calientes para licuar el hierro, pero lo suficiente para derretir las impurezas y producir hierro afinado. Después de los procesos de extracción básicos, los hornos seguían siendo importantes en la depuración de los metales. A veces, materiales como el óxido de hierro en la producción de cobre, y óxido de plomo en la producción de plata, se sumarían para actuar como flujo, atrayendo las impurezas de los metales fundidos. Los metales depurados eran a veces mezclados para producir artículos que requerían metales de ciertas características, ya fuera en la fabricación o en los productos finales. Por ejemplo, el bronce, que es una mezcla de cobre y estaño, es de mejor calidad en la fundición y produce un producto más resistente. De la mezcla del oro y la plata se obtiene un producto más resistente, pero más barato. El tallado físico del metal es la segunda parte de la metalistería. Las primeras técnicas consistían en el martilleo en frío, el esmerilado y el bruñido. Usando lingotes de metales maleables se podían hacer contenedores por medio del martillado, y láminas de metal que podían repujarse. Además de decorar las superficies, podían también pulirlas con piedras duras y lisas. En las vasijas muy elaboradas, los pitorros y las asas se colocaban, o bien con remaches, o bien haciendo una soldadura con una aleación de metal más blando. El vaciamiento del metal licuado era una opción conocida 4000 años a.C. Los moldes sencillos cortados en piedra o moldeados en arcilla permitían la producción en masa de objetos como cabezas de hacha de bronce. El desaparecido método de vaciamiento en cera y de fundición con macho de objetos de grandes dimensiones, hacía posible la fabricación de objetos de metal de forma compleja con economía de trabajo y de metal costoso. En el proceso de dar forma a los metales fundidos, el calor siguió siendo importante en el recocido, la soldadura, el tallado y el templado de los metales. La creatividad de las personas se advierte tanto en el desarrollo logrado en la extracción de los metales, como en su manipulación física.

Robert W. Smith

METEG-AMA (Heb. *meteg hā'ammâ*)
Frase hebrea de significado oscuro (literalmente, «la brida de un codo», 2 S 8.1). Como nombre propio, se refiere a una ciudad que David quitó a los filisteos, pero este nombre no aparece en ninguna otra parte. La traducción de la frase por los primeros comentaristas como «control de la ciudad madre» es generalmente rechazada. El pasaje paralelo en 1Crónicas 18.1 se refiere a «Gat y sus villas» (LXX «tierra de pastos», traducción del Heb. *migrāš*); este es el sentido esperado del contexto de 2 Samuel. Algunos eruditos sostienen que la frase debe interpretarse como una metáfora con el significado de gobernar, es decir, David rompió la hegemonía filistea sobre la tierra.

Ronald A. Simkins

METUSAEL (Heb. *mĕtûšā'ēl*)
Hijo de Mehujael y padre de Lamec; bisnieto de Enoc en el linaje de Caín (Gn 4.18). Se ha señalado la analogía con Matusalén, padre de padre de Lamec e hijo de Enoc, en el linaje de Set (Gn 5.21, 25).

MEUNIM, MEUNITAS (Heb. *mĕʿûnîm*)
Pueblo de Transjordania exterminado para siempre por las familias israelitas que buscaban tierras de pastos para sus rebaños (1 Cr 4.41). En 2 Crónicas 26.7, son uno de los grupos filisteos derrotados por el rey Uzías de Judá. Esdras 2.50 = Nehemías 7.52 incluye a meunitas en una lista de servidores del Templo que regresaron a Jerusalén después del exilio. El término se refiere aquí, como a la mayoría de la lista, probablemente a un grupo de servidores del Templo, tal vez de la ciudad de Maón.

John Kaltner

MEZAAB (Heb. *mê zāhāb*)
Abuela o abuelo de Mehetabel, esposa del rey Hadar (Hadad) de Edom (Gn 6.39; 1 Cr 1.50). El nombre («guas de oro») puede significar un lugar.

MEZUZÁ
Postes laterales de la puerta de una ciudad, de una edificación, o de una ventana (heb. *mĕzûzâ*). Los israelitas recibieron la orden de escribir los mandamientos de Dios en los postes de sus casas (Dt 6.6-9). Al final, la palabra llegó a referirse a los mandamientos que fueron fijados en el poste de la puerta; o, más tarde, en la tradición judía, al recipiente de vidrio o metal puesto en el poste a mano de derecha de la entrada exterior de una casa, y que contenía un pergamino en el que estaban escritas ciertas palabras de Deuteronomio 6.4-9 y 11.13-21. Un pergamino con una mezuzá fue encontrado en Qumrán.

Bibliografía. L. I. Rabinowitz, «Mezuzah,» *EncJud* (New York, 1972), 11.1474-77.

Michael A. Grisanti

MIBHAR (Heb. *mibḥār*)
Uno de los valientes de David; hijo de Hagrai (1 Cr 11.38).

MIBSAM (Heb. *mibśām*)

1. Hijo de Ismael; antepasado famoso de una comunidad árabe (Gn 25.13, 1 Cr 1.29).

2. Simeonita, hijo de Salum y padre de Misma (1Cr 4.25). La mención de Mibsam y Misma también en 1 Crónicas 1.29, 30 puede indicar alguna relación entre los clanes simeonita e ismaelita.

MIBZAR (Heb. *mibṣār*)
Jefe edomita (Gn 36.42; 1 Cr 1.53). El nombre («ciudad fortificada») representa probablemente a un lugar (cf. Sal. 108.10 [TM 11]), tal vez a Mabsara en el norte

de Edom (cf. Eusebio *Onom.* 124.20-21, en la región de Gebalena y sujeta a Petra) o a Bosra en Moab.

MICAEL (Heb. *mîḵāʾēl*) (también MIGUEL)

1. Aserita cuyo hijo Setur fue uno de los 12 espías enviados a Canaán (Nm 13.13).

2. Gadita que residió en Basán (1 Cr 5.13).

3. Antepasado del gadita Abihail (1 Cr 5.14).

4. Levita, bisabuelo de Asaf (1 Cr 6.40 [TM 25]).

5. Descendiente de Uzi, de la tribu de Isacar (1 Cr 7.3).

6. Uno de los hijos de Beraías; jefe de una familia ancestral de la tribu de Benjamín que vivió en Jerusalén (1 Cr 8.16).

7. Valeroso guerrero de la tribu de Manasés que abandonó a Saúl y se unió a las filas de David en Siclag, convirtiéndose en uno de sus comandantes (1 Cr 12.20).

8. Padre de Omri, oficial jefe de Isacar, en tiempos de David (1 Cr 27.18).

9. Uno de los hijos del rey Josafat que fue asesinado cuando su hermano mayor Joram ascendió al trono (2 Cr 21.2, 4).

10. Hombre cuyo hijo, Zebadías, dirigió el regreso de 80 exiliados que volvieron de Babilonia con Esdras, durante el reinado de Artajerjes (Esd 8.8).

11. Príncipe celestial o arcángel, mencionado por nombre sólo en Daniel [Miguel]. Es «uno de los principales príncipes» (Dn 10.13, cf. v. 21), «el gran príncipe que está de parte de los hijos» de Dios (12.1), y, posiblemente, el «príncipe de los ejércitos» (8.11). En el NT es el «arcángel» que contendió con el diablo por el cuerpo de Moisés (Judas 9), y el comandante de los ejércitos celestiales que echó a Satanás y a sus ángeles del cielo después que se rebelaron contra Dios (Ap 12.7). En cada uno de estos pasajes apocalípticos, Miguel es el líder de las fuerzas de Dios, en batalla constante con Satanás y siempre triunfante sobre él.

La angelología judía en los escritos apocalípticos describe a Miguel como «general» y «capitán jefe» (2 En 22.6; 33.10), la primera de las «cuatro presencias que están delante de Dios» (1 En 9.1; 40. 9; 1QM 9.14-15). Es definido como «misericordioso, caritativo y paciente» (1 en. 40.9; 68.2, 3), «mediador e intercesor» (Asc. Is 9.23), e intermediario entre Dios y Moisés en el momento que la ley era dada en el Sinaí (cf. Jub 1.27; 2.1; Hch 7.38). Targum Jonatán en Deuteronomio 34.6 dice que Miguel y sus ángeles enterraron a Moisés. Como el verdadero representante de Dios, identificado con el «ángel de Jehová», Miguel soportó las acusaciones de Satanás y reivindicó a Israel en el tribunal celestial.

Kenneth D. Mulac

MICAÍA (Heb. *mîḵāʾēl*)

1. Hijo de Mefi-boset (Meri-baal) y nieto de Jonatán (2 S 9.12).

2. Padre de Matanías, levita posexílico del linaje de Asaf (1 Cr 9.15; Neh 11.17).

3. Levita que participó en la firma del nuevo pacto bajo Nehemías (Neh 10.11 [TM 12]).

4. Padre de Matanías y antepasado de Uzi, levita posexílico del linaje de Asaf (Neh 11.22). Puede ser el mismo 2 de más arriba, o Micaías (5, Neh 12.35).

MICAÍA (Heb. *mîḵâ*)

1. Hombre de la región montañosa de Efraín, que vivió durante el período de los jueces, y cuya historia explica la fundación de la ciudad de Dan y de su santuario (Jue 17-18). Según la historia, Micaía robó 1100 piezas de plata a su madre. Después que le devolvió la plata, ésta apartó 200 piezas para Jehová y las dio a Micaía para que hiciera una imagen de talla y una de fundición. Micaía hizo también un santuario en el que puso las imágenes junto con terafines y un efod (Jue 17.1-5), y consagró a uno de sus hijos como sacerdote. Más tarde, un joven levita de Belén que se estaba quedando en la casa de Micaía, se convirtió en sacerdote de éste. Micaía le pagaba un salario y lo adoptó como hijo suyo (Jue 17.7-12). Después de un tiempo, cinco danitas, que estaban buscando un lugar donde establecer sus familias, posaron en la casa de Micaía. Estos hombres pidieron el consejo de su sacerdote, recibieron una respuesta positiva, y se marcharon para espiar la tierra de Lais (Jue 18.2-6). Cuando un ejército de 600 danitas volvió para apoderarse de Lais, robaron los ídolos, el efod y los serafines de Micacía, y convencieron al joven levita de que fuera su sacerdote (Jue 18.14-20). Micaía y sus vecinos persiguieron a los danitas, pero se dieron cuenta de que eran demasiado fuertes, y se regresaron sin pelear (Jue. 18.22-26). Los danitas conquistaron Lais, cambiaron el nombre de la ciudad a Dan, y erigieron allí un santuario con los objetos cultuales de Micaía (Jue 18.27-31).

2. Hijo de Simei y padre de Reaía; rubenita (1 CR 5.5).

3. Hijo de Meri-baal (Mefi-boset) y nieto de Jonatán; benjaminitas (1 Cr 8.33-35; 9.40, 41).

4. Primer hijo de Uziel, levita coratita (1 Cr 23.20; 24.24, 25).

5. Padre de Abdón, quien vivió antes o durante el reinado de Josías, rey de Judá (2 Cr 34.20). Es el mismo Micaías de 2 Reyes 22.12.

6. Miqueas de Moreset, profeta judaíta durante los reinados de Jotam, Acaz y Ezequías. Es el profeta del siglo VIII-VII a.C. cuyas palabras están registradas en el libro de Miqueas (Jer 26.18; Mi 1.1).

TERRY W. EDDINGER

MICAÍAS (Heb. *mîḵāyâ, mîḵāyāhû*)
(también MAACA, MICAÍA)

1. Hijo de Imla; profeta del reino del norte de Israel en el siglo IX a.C. (1 R 22.1-28; 2 Cr 18.1-27). Él y otros 400 profetas fueron consultados por los reyes Acab de Israel y Josafat de Judá antes de su fracasada batalla contra los sirios en Ramot de Galaad. Los otros profetas aseguraron de manera unánime a estos dos reyes que Dios les concedería la victoria. Miqueas, acusado de ser hostil a Acab, al principio estuvo de acuerdo con los otros profetas. Pero cuando Acab cuestionó esta profecía, Miqueas anunció que las fuerzas de Israel y de Judá serían derrotadas. Esto llevó al primer conflicto conocido entre los profetas de Israel. El profeta Sedequías incluso abofeteó a Miqueas y puso en duda sus credenciales proféticas.

Miqueas es presentado como un profeta que fue fiel a la palabra de Dios, a pesar de la oposición de los profetas y del rey. Reiteró al mensajero del rey que anunciaría sólo lo que Dios le había revelado. Defendió su profecía de destrucción apelando a una visión de la corte celestial en la que Dios permitió que un espíritu de mentira engañara a los profetas para extraviar a Acab y llevarlo al desastre.

Por primera vez Israel tuvo que elegir entre mensajes proféticos contradictorios. De allí en adelante el pueblo de Dios tendría que distinguir entre la profecía verdadera y la falsa. La verdadera profecía se revelaría a menudo por una sola voz en contra de la opinión mayoritaria. También podría revelarse con el sufrimiento, porque Miqueas fue enviado a prisión hasta que el rey regresara. No sabemos cuál fue el destino final del profeta.

2. Padre de Acbor, funcionario del rey Josías de Judá, que fue enviado a la profetisa Hulda (2 R 22.12). En 2 Crónicas 34.20 es llamado Micaía padre de Abdón.

3. Esposa del rey Roboam de Judá y madre de Abías (2 Cr 13.2). En otras partes, el nombre el nombre es escrito Maaca (1 R 15.2; 2 Cr 11.20).

4. Uno de los cinco oficiales enviados a enseñar en Judá durante el reinado de Josafat (2 Cr 17.7).

5. Antepasado de Zacarías, sacerdote que tocó la trompeta en la dedicación del muro de Jerusalén reconstruido en los días de Nehemías (Neh 12.35).

6. Uno de los siete sacerdotes con trompetas en la dedicación del muro de Jerusalén reconstruido en los días de Nehemías (Neh 12.41).

7. Hijo del escriba Gemarías. Informó a los oficiales de la corte sobre la lectura del rollo de Jeremías (Jer 36.11, 13).

Bibliografía. S. J. DeVries, *Prophet Against Prophet. The Role of the Micaiah Narrative (I Kings 22) in the Development of Early Prophetic Tradition* (Grand Rapids, 1978); W. Roth, «The Story of the Prophet Micaiah (1 Kings 22) in Historical-Critical Interpretation 1876-1976,» in *The Biblical Mosaic*, ed. R. Polzin and E. Rothman. SBLSS 10 (Chico, 1982), 105-37.

TIMOTHY A. LENCHAK

MICAL (Heb. *mîḵal*)

Hija de Saúl (1 S 14.49; madre desconocida) y esposa de David (18.27), de Palti/Paltiel (25.44; 2 S 3.15) y, una vez más, de David (1 S 3.14-16). El nombre Mical aparece en una lista de los descendientes de Saúl junto con su hermana mayor (Merab) y tres hermanos varones mayores (Jonatán, Isúi y Malquisúa; 1 S 14.49-51). Las referencias a ella aparecen en cuatro relatos. en la prueba que sometió Saúl a David antes de su matrimonio con ella (1 S 18.17-29); en el escape de David de la corte de Saúl (19.8-17); en la restitución de Is-boset de Mical a David (2 S 3.12-16); y en la crítica de Mical a David (6.15-23). Aunque muchos interpretan incorrectamente como «Mical» la referencia en 2 Samuel 21.8, este texto se refiere más bien a Merab, la hermana mayor de Mical.

La historia de Mical no fue feliz. Comprada con una dote de 100 prepucios filisteos, amaba a David, al mismo tiempo que éste reconocía las ventajas de ser el yerno del rey. Al ayudar escapar a David de Saúl, fue separada de él y dada en matrimonio a otro, de quien fue quitada más tarde para ser «devuelta» a David. Después que criticó la conducta de David cuando el arca era introducida en Jerusalén, el narrador comenta que «Mical hija de Saúl nunca tuvo hijos hasta el día de su muerte» (2 S 6.23). Si esto es históricamente confiable, puede indicar que de allí en adelante David y Mical dejaron de tener relaciones conyugales.

Bibliografía. A. Berlin, «Characterization in Biblical Narrative. David's Wives,» *JSOT* 23 (1982). 69-85; D. J. A. Clines and T. C. Eskenazi, Telling Queen Michal's Story. *JSOTSup* 119 (Sheffield, 1991); J. C Exum, «Arrows of the Almighty. Tragic Dimensions of Biblical Narrative" (forthcoming); «Michal. The Whole Story,» in *Fragmented Women. Feminist (Sub)versions of Biblical Narrative* (Valley Forge, 1993), 42-60; K. G. Shargent, «Living on the Edge. The Liminality of Daughters in Genesis to 2 Samuel,» in *A Feminist Companion to Samuel and Kings*, ed. A. Brenner (Sheffield, 1994), 26-42.

LINDA S. SCHEARING

MICLOT (Heb. *miqlôm*)

1. Benjaminita que vivió en Gabaón; descendiente de Jeiel y padre de Simea/Simeam (1 Cr 8.32; 9.37, 38).

2. Oficial jefe bajo Dodai ahohíta de la división del segundo mes del ejército de David (1 Cr 27.4).

MICMAS (Heb. *mikmāš, mikmās*)

Ciudad del AT situada cerca de la frontera entre las tribus de Benjamín y Efraín (1 S 13.2; 14.5; Neh 11.31; Is 10.28; Esd 2.27

Micmas es asociada comúnmente con la actual aldea de Mukhmâs (176142), c. a 11 km (7 mi) al norte de Jerusalén. La moderna aldea se encuentra en el acantilado al norte de un cañón profundo, el Wadi ej-Òuweinîn. Estudios recientes del terreno también han sugerido que el sitio antiguo puede, tal vez, ser identificado con Jirbet-el Hara-Fawqa, a 1 km (c. 0,6 mi) al norte de Mukhmâs. El sitio resguarda a un paso, a través de un profundo cañón, que sigue inmediatamente hacia el sur hasta la población bíblica de Geba (Jabaʿ) justamente al otro lado del cañón. Este puede ser el paso mencionado en 1 S 13.23 e Is 10.28, 29 (cf. Jue 20.33).

Micmas figura más conspicuamente en las primeras luchas que hubo entre la incipiente monarquía de Saúl y los filisteos, como aparece en 1 Samuel 13-14. Cerca de Micmas había un puesto de avanzada filisteo, mientras que la principal guarnición filistea estaba situada, tal vez, justo al oeste, cerca de Gabaón.

En el período posterior al exilio, Micmas fue una aldea bajo la dominación persa (Neh 11.31). Más tarde, el jefe macabeo Jonatán vivió en Micmas antes de trasladarse a Jerusalén (1 Mac 9.73)

WILLIAM M. SCHNIEDEWIND

MICMETAT (Heb. *mikmĕṯāṯ*)

El punto más al norte de la frontera entre Efraín y Manasés (Jos 16.6; 17.7); se considera que estaba al este de Siquem. Los eruditos están divididos en cuanto a si Micmetat se refiere a una población, o simplemente a un accidente geográfico muy conocido. Las posibilidades incluyen a una cadena montañosa, como el Gebel el-Kabir; a un valle, como el Wadi Bedan; o a un sitio arqueológico, como el Jirbet) 'Ibn Naser.

WADE R. KOTTER

MICNÍAS (Heb. *miqnēyāhû*)

Un músico levítico designado para acompañar el arca a Jerusalén (1 Cr 15.18, 21).

MICRI (Heb. *mikrî*)

Benjaminita posexílico, antepasado de Ela (1 Cr 9.8).

MICTAM (Heb. *miktām*)

Término técnico de significado oscuro en los encabezamiento de los salmos 15, 56-60 (quizás también de Is 38.9; cf. BHS). Siempre aparece con *lĕdāwid*, «de David», y se encuentra en salmos de forma y extensión parecidas (lamentos). Como tal, puede indicar una clasificación de género, y demarca una pequeña colección de salmos (Sal 56—60). Entre las sugerencias en cuanto a su significado están. «publicación estelegráfica (cf. LXX Gr. *stālographia*, «inscripción en estela»; Tg.), «salmo dorado» (de *ktm*, «oro», Ibn Ezra, Lutero), «salmo expiatorio» (del acad. *katāmu*, «cubrir»), y «oración secreta». La mayoría de las traducciones modernas simplemente lo transliteran como «mictam».

TYLER F. WILLIAMS

MIDÍN (Heb. *middîn*)

Población del desierto de Judea (Jos 15.61) asignada a la tribu de Judá. Aunque la geografía exacta de esta región, que incluye a En-gadi, es motivo de controversia, el reciente descubrimiento arqueológico de tres asentamientos de la Edad del Hierro en el valle de Buqeiʿah presenta la posibilidad de una identificación más precisa para Midín. Es probable que esté ubicado en el Jirbet Abq Öabaq (188127).

Bibliografía. L. E. Stager, «Farming in the Judean Desert during the Iron Age,» BASOR 221 (1976). 145-58.

RYAN BYRNE

MIDRASH

Método principal de interpretación bíblica rabínica. Los orígenes de la midrash (del Heb. *drš*, «buscar» o «investigar») pueden estar en el AT mismo. Por ejemplo, según 1 Crónicas 5.1, por haber «violado» el lecho de su padre, el derecho de primogenitura de Rubén fue dado a los hijos de José; esto parece ofrecer una idea sobre la suerte de Rubén, que se mantiene vaga en Génesis, al tomar varios hilos de allí (Gn 35.16-22; 48.5-7; 49.3, 4) y unirlos en un todo coherente. En los apócrifos y en los pseudoepígrafos, como también en algunas versiones del AT, pueden verse estrategias interpretativas parecidas al midrash, o quizás a los antecedentes del mismo. Entre los análogos más cercanos al midrash está la interpretación pesher encontrada en los rollos del Mar Muerto.

Sea cual sea el origen del midrash, conocemos más este fenómeno por su práctica en el judaísmo rabínico. El midrash, aparte de ser un método de interpretación, se usa también para designar a la literatura que surgió de dicha interpretación. Dos tipos principales de esta literatura corresponden a las dos maneras principales de aplicar el método midrashico. La halajá se concentra en los ritos y en los asuntos legales y comunitarios, mientras que la agadá se centra más en asuntos discursivos literarios y religiosos. En la práctica, esta división es simplista debido al traslapo entre las dos. Otra manera de designar y distinguir al midrash, es por las fuentes de las interpretaciones. El midrash producido por los rabinos antes de la incorporación de la mishná (c. 200 d.C.) se llama tanaítico. El midrash producido después de esa fecha y hasta c. el siglo VI se llama amoraico. El midrash puede también dividirse en las categorías de expositivo y homilético. El midrash expositivo es, en su mayor parte, una interpretación versículo por versículo de la Escritura; el midrash homilético se refiere principalmente a un tema o asunto específico, y se basa en la Escritura en su conjunto. Por último, los intérpretes judíos medievales distinguen al midrash (o derash) del peshat o interpretación de «sentido llano». Esto deja entrever algo del carácter impreciso de la interpretación midrashica.

Larry L. Lyke

MIEL

Un líquido viscoso dulce producido por las abejas o derivado de las flores. Miel (Heb. *dĕḇaš*) es una de las siete características de la «buena tierra,» Israel (Dt 8.7-10); de acuerdo con los sabios talmúdicos, este es el dátil en lugar de miel de abeja, ya que las otras siete cualidades se derivan de plantas, no de animales. El período entre Pascua y Pentecostés es crucial para el éxito del olivo, la uva, la granada, el dátil, el higo, el trigo, y la cebada, pero no es así para el éxito de la producción de miel de abeja.

Las frecuentes referencias a «una tierra que fluye leche y miel» implican, según el contexto, ya sea bendición o destrucción. En la mayoría de los casos, la expresión indica las riquezas de la tierra; Isaías, sin embargo, la emplea en referencia a la destrucción que pende sobre la tierra por los asirios (Is 7.22).

Las referencias a la tierra de leche y miel en el Pentateuco y Josué son a tierras sin cultivar. Estos pastos, buenos para el pastoreo de ovejas y cabras, y por lo tanto para la producción de leche, eran ricos en flores en las que las abejas silvestres prosperaban. En el AT, la miel se obtenía de abejas silvestres, en lugar de cultivadas en las colmenas domésticas (Pr 25.16; Jue 14.8-9). 1 Samuel 14.25-26 ilustra que la miel se conectó con la tierra no desarrollada en lugar de tierra agrícola. Dado que la tierra fue cultivada durante la Monarquía, los anuncios proféticos de un regreso a la tierra de leche y miel indicaron la deportación del pueblo, lo que se traduciría en la tierra cultivada regresando a su estado natural: una tierra que fluye leche y miel.

Bibliografía. N. Hareuveni, *Nature in Our Biblical Heritage* (Kiryat Ono, 1980).

Alan Ray Buescher

MIÉRCOLES DE CENIZA

El primer día del ayuno, 40 días laborables (seis semanas y media, sin contar los domingos) antes de la Pascua. El nombre viene de la imposición de cenizas en las cabezas de adoradores, simbolizando la penitencia y el luto, históricamente en el rito católico romano.

MIGDAL-EL (Heb. *migdal-ʾēl*)

Ciudad en el territorio asignado a Neftalí, muy probablemente en la Alta Galilea. Josué 19.36 dice que las ciudades mencionadas probablemente tenían aldeas asociadas a ellas que estaban bajo su control. Por la nomenclatura parecida, la ciudad ha sido identificada con Mejdel Islim, 26 km (16 mi) al sur de Tiro, pero el sitio no ha sido investigado de manera sistemática. El elemento *migdal* en el nombre parece indicar una fortaleza-templo como las de Siquem o Ebla.

Thomas W. Davis

MIGDAL-GAD (Heb. *migdal-gāḏ*)
Ciudad («torre de Gad») de la Sefela, o tierras bajas, de Judá y parte del territorio de esa tribu (Jos 15.37). Ha sido identificada con Jirbet-Mejdeleh (140105), quizás una preservación del nombre bíblico. El sitio, ubicado a 6 km (3,7 mi) al sureste de Laquis, no ha sido excavado.

Bibliografía. A. F. Rainey, «The Administrative Division of the Shephelah,» *Tel Aviv* 7 (1980). 194-202; «The Biblical Shephelah of Judah,» *BASOR* 251 (1983). 1-22.

JENNIFER L. GROVES

MIGDOL (Heb. *migdōl*)
Palabra semítica que significa «fortaleza» o «atalaya», incorporada al egipcio, y utilizada para describir una serie de enclaves militares que resguardaban el límite oriental del delta del Nilo.

1. Ciudad en el delta oriental que estaba en la ruta del Éxodo (Ex 14.2; Nm 33.7).

2. Lugar de residencia de los judíos en Egipto (Jer 44.1; 46.14).

3. Lugar en el norte de Egipto utilizado, con Sevene, para indicar las fronteras norte-sur de Egipto.

Para la identificación de estos lugares, los eruditos han propuesto una Migdol de Seti I ubicada en la región de Sucot de Egipto, la antigua fortaleza de Serapeum cerca del extremo norte de los Lagos Amargos, y del actual Tell el-Her, que está a 19 km (12 mi) al norte de Sile. Ninguno de estos sitios parece encajar con la narración bíblica de Éxodo. Tell el-Her está demasiado lejos al norte, pero puede ser identificado con los números 2 y 3 anteriores. Serapeum está demasiado lejos al oeste, y Sucot es el lugar al que volvieron los israelitas para seguir su viaje.

LAWRENCE A. SINCLAIR

MIGRÓN (Heb. *migrôn*)
Lugar en el territorio de Benjamín. En 1 Samuel 14.2, Saúl y sus 600 soldados acampan fuera de Gabaa (9 km [5,5 mi] al noreste de Jerusalén, y al sur del Wadi-Suweinin) en el «granado» (posiblemente la «peña de Rimón»; Jue 20.45-47) «en el Migrón». En Isaías 10.28, los asirios son vistos como pasando «hasta Migrón» a través del paso de Geba. Esto parece ser al norte del Wadi es-Suweinin cerca de Micmas. En vez de ser una ciudad, Migrón (del Heb. *ngr*, «brotar»), puede referirse a la región del Wadi es-Suweinin misma. El cañón de este wadi es vasto, y formaba parte de la frontera entre Judá e Israel; se extiende al sureste desde la región montañosa central, uniéndose al Wadi el-Qelt, y desembocando en el valle del Jordán al norte de Jericó. Si Migrón es el nombre de una región, no de un sitio, entonces el problema entre los dos pasajes queda resuelto.

DENNIS M. SWANSON

MIJAMÍN (Heb. *mîyāmîn*)

1. Líder de la sexta división de los sacerdotes durante la época del rey David (1 Cr 24.9).

2. Israelita a quien se le exigió que se divorciara de su esposa extranjera (Esd 10.25).

3. Sacerdote que participó en la firma del nuevo pacto bajo Nehemías (Neh 10.7 [TM 8]). Puede ser el mismo Miniamín 3 (cf. 2).

4. Un jefe de los sacerdotes que regresaron del exilio con Zorobabel (Neh. 12.5).

MIL
En su significado más antiguo, una subdivisión entre las tribus con una amplitud variada (Heb. *ʾelep*). El termino es paralelo a *mišpāḥâ*, «familia,» en 1 Samuel 10.19, pero en Números 1.16; 10.4, 36; Josué 22.21 aparenta ser el equivalente de *šēḇeṭ*, «tribu.» En un sentido general, sin embargo, esta subdivisión es usualmente diferente y más pequeña que «tribu.» Una subdivisión similar existía entre las antiguas tribus árabes.

Más tarde, primero Saúl y luego David, se movieron a organizar la infantería junto a líneas más regulares. La subdivisión «mil,» que aproximadamente corresponde a un batallón moderno, se convirtió en la más grande de las unidades militares. Como tal, probablemente continuó en uso hasta el final de la monarquía.

DONALD G. SCHLEY

MILAGROS
Hechos extraordinarios que ponen de manifiesto el poder divino, que maravillan al entendimiento humano y, por tanto, considerados por los hombres como señales de Dios. Las diversas palabras hebreas, arameas o griegas utilizadas en la Biblia para referirse a «milagros», denotan en realidad «maravillas», «poderes» y «señales». La manifestación del poder divino puede darse con o sin el concurso del agente humano usado por Dios.

En el AT, el milagro más grande es la creación que hizo Dios del mundo y de todo lo que hay en él (Gn 1.1-2.3; 2.4-3.24). Los escritores bíblicos alaban una y otra vez la actividad de Dios en la creación (p.ej, Sal 8.3 [TM 4]; 65.6-13 [7-14]; Is 40.26; Am 4.13). Todas las demás historias de milagros se basan en la comprensión que tenía Israel de la permanente soberanía de Dios sobre el mundo creado y sobre su historia. Aunque las historias sobre la manifestación de las maravillas y las señales de Dios se encuentran en todo el AT, ellas están concentradas mayormente en dos corrientes de tradiciones, una en Éxodo y en los relatos de la conquista, y la otra en la tradición de Elías y Eliseo.

En las tradiciones del éxodo y la conquista, Dios es visto como un Dios nacional y un guerrero militar por excelencia. Por eso, la mayoría de los milagros muestran la actividad de Dios en la destrucción de los enemigos y en la liberación de su pueblo Israel (p.ej., Ex. 19.12-25; Jos 10.11-14). A veces, sin embargo, las señales de Dios de juicio y de liberación se circunscriben a Israel. Dios castiga a los israelitas por su desobediencia (p.ej., Ex. 32.35; Nm 11.1-3) y los salva de dificultades o peligros (p.ej., Ex. 16.13-31; 17.1-16). Los dos temas, juicio y liberación se combinan a veces en una sola historia, como en el relato de las serpientes enviadas por Dios que mataron a unos cuantos israelitas, y en el de la serpiente de bronce que salvó a todos los que fueron mordidos (Nm 21.4-9). Los agentes humanos prominentes de estas señales y maravillas son el profeta Moisés y otros líderes de la conquista.

En las tradiciones de Elías (1 R 17—19; 21; 2 R 1) y Eliseo (2 R 2—8), aunque la descripción de Dios como un Dios nacional sigue firmemente en las batallas contra el dios cananeo Baal y sus adoradores, se enfatiza grandemente el poder de Dios como sanador y sustentador. Como el agente humano del poder de Dios, Elías proporciona comida (1 R 17.8-16), resucita muertos (vv. 17-24) y controla la lluvia y la sequía (cap. 18). Después que el profeta Elías es llevado al cielo, su discípulo Eliseo le sucede como agente de Dios por medio del espíritu de su maestro. Eliseo provee de agua (2 R 2.19-22), comida (4.38-41, 42-44) y otras cosas necesarias (4.1-7; 6.1-7); permite a una estéril tener hijos (4.11-17); resucita muertos (4.18-37); y sana los enfermos (5.1-27). Son de destacar los paralelismos entre las historias de milagros de Elías y las de Eliseo, por un lado (resurrecciones y provisión), y entre las historias de milagros de estos dos profetas, y los de Jesús y sus discípulos en el Nuevo Testamento, por el otro (resurrecciones, curaciones y provisión).

En los cuatro evangelios canónicos, los milagros tienen un papel importante en el ministerio de Jesús. En ellos, cerca de 35 milagros son atribuidos a él, y además se dan varios otros testimonios resumidos (p.ej., Mr 1.32-34; 3.7-12). La crítica de las formas ha clasificado usualmente en cuatro grupos las historias de los milagros de Jesús: Curaciones, exorcismos, resurrecciones y milagros sobre la naturaleza. Sin embargo, la frontera entre curaciones y exorcismos es a veces ambigua, debido a la creencia popular de la época de que un demonio o espíritu era el causante del mal o la enfermedad. Por ejemplo, en la historia de la curación de la suegra de Pedro, en la que un demonio o espíritu no está explícitamente mencionado como la causa de su enfermedad, la fiebre, como si se tratara de una persona, la deja (Mr 1.31 y par.) e incluso es reprendida por Jesús (Lc 4.39). En la historia de la curación de una mujer encorvada, ella es descrita como alguien que fue liberada (Lc 13.12, 16) después de haber estado atado por Satanás durante 18 años. Las expulsiones de demonios y las resurrecciones pueden ser consideradas historias de curaciones tanto en su forma como en su contenido. Unas y otras siguen el mismo patrón de la narración de una típica historia de curación: El encuentro entre el sanador y el enfermo; el detalle de la naturaleza y la gravedad de la enfermedad; la curación en sí; la demostración del éxito logrado; la reacción de los testigos. En cuanto al contenido, los exorcismos son la curación de las personas poseídas, y las resurrecciones la curación de las personas que habían muerto a causa de una enfermedad.

A pesar de su imprecisa superposición, las cuatro categorías son por lo general reconocibles del todo. Aunque más de la mitad de los milagros de Jesús son curaciones, los cuatro grupos están presentes en cada evangelio, excepto en Juan, que no incluye ningún exorcismo en absoluto. La ausencia de exorcismos en Juan no es difícil de explicar cuando uno observa el significado diferente que tienen los milagros en los evangelios sinópticos y en el Evangelio de Juan. En los sinópticos, los milagros de Jesús son la garantía de la cercanía y de la presencia del reino de Dios, que es el tema central de la enseñanza y el anuncio de Jesús (cf. Lc 11.20). Pero en Juan, los milagros son señales que revelan la gloria de Jesús como el Hijo de Dios y Mesías que da nueva vida, que lleva a las personas a tener fe en él (Jn 2.11; cf. 20.30, 31).

Jesús no sólo realiza milagros en los evangelios, sino también en él mismo, especialmente en su nacimiento y en su resurrección, que es el milagro supremo. En las narraciones sobre su infancia (Mt 1—2; Lc 1—2), Mateo y Lucas describen su nacimiento milagroso. Jesús nace de una madre virgen por obra del Espíritu Santo. Juan, en su prólogo, va aún más allá. Jesús, como el Logos que preexistió con Dios aun antes de la creación, era Dios que se hizo carne (Jn 1.1-3, 14). Al final de cada evangelio, Jesús se levanta de la muerte como profetizó. Su tumba está vacía (Mr 16.1-8; Mt 28.1-8, Lc 24.1-11; Juan 20.1-10), y el Jesús resucitado aparece a sus discípulos (Mt 28.9, 10, 16-20; Lc 24.13-53; Jn 20.11-29; 21.1-23).

Aunque Jesús realiza la mayoría de los milagros, no es la única persona mencionada en el NT como hacedor de los mismos. En los evangelios sinópticos, Jesús envía a sus discípulos después de darles autoridad para sanar enfermedades y echar fuera demonios y espíritus (Mr 3.15; 6.7; Mt. 10.1; Lc 9.1). Pero las referencias a los milagros realizados por los discípulos de Jesús son raras en los evangelios, y están concentradas en Hechos de los Apóstoles, donde Pedro y Pablo son las principales figuras que llevan adelante el ministerio de Jesús. Curiosamente, los milagros atribuidos a estas dos figuras son semejantes, tanto en número como en naturaleza. Por ejemplo, un hombre paralítico desde su nacimiento (Hch 3.1-6; 14.8-10); la sombra de Pedro (5.15) y los paños o delantales que tocan la piel de Pablo (19.11, 12); los milagros punitivos (5.1-11; 13.6-11); las resurrecciones (9.36-42; 20.9-12); y la liberación de la cárcel (12.6-11; 16.25-34).

La creencia en los milagros, así como la controversia sobre la autenticidad de los mismos (p.ej., Mr 3.22-30; 2 Ts 2.9, 10), es un fenómeno común a la mayoría de las religiones, tanto antiguas como modernas. Lo singular en la percepción bíblica de los milagros frente a la de las otras religiones contemporáneas de los tiempos bíblicos, es que identifica al poder como originado solamente en el Dios único.

Bibliografía. J. P. Meier, *A Marginal Jew. Rethinking the Historical Jesus 2* (New York, 1994). 509-1038.

Seung Ai Yang

MILALAI (Heb. *milălay*)

Músico levítico que participó en la dedicación de los muros de Jerusalén después del exilio (Neh 12.36).

MILANO

Ave rapaz de la familia del halcón (Accipitridae), del género *Milvus.* El milano común *(Milvus milvus)* es de color rojo, casi marrón, c. 60 cm (2 pies) de largo. Es más frecuente en el invierno, cuando las parvadas se encuentran a lo largo de la costa del Mediterráneo, en el sur de Judá, oeste del Mar Muerto, y en el desierto of Beerseba. El milano negro *(Milvus migrans)* es de color negruso con una cola dentada. Llega en marzo y se establece para el verano en los pueblos cercano, donde se alimenta de basura (cf. Is 34.15; NVI «avestruz»). Al igual que en el uso bíblico en otras partes, los términos que designan estas especies (Heb. *dāʾâ, dayyâ*) se aplican de forma imprecisa para los estándares modernos. La RVR traduce «buitres» en cada pasaje citado. Levítico 11.14; Deuteronomio 14.13 declaran explícitamente que estas aves «de todo tipo» no se comerán, lo que implica una gran cantidad de especies.

Jesper Svartvik

MILCA (Heb. *milkâ*)

1. Hija de Harán, hermana de Lot e Isca, esposa de Nacor, madre de ocho hijos, y abuela de Rebeca (Gn 11.29; 22.20-23; 24.15, 24, 47).

2. Una de las cinco hijas de Zelofehad para quien se hizo una disposición legal especial, a fin de que pudiera ser su heredera (Nm 26.33; 27.1; 36.11; Jos 17.3). El nombre puede representar, en realidad, una ciudad o una unidad tribal.

MILCOM (Heb. *milkōm*)

Deidad nacional de los amonitas. Milcom fue uno de los dioses extranjeros cuyo culto en Israel fue autorizado por Salomón; sus santuarios en las afueras de Jerusalén fueron después echados abajo por Josías (1 R 11.5, 33; 2 R 23.13).

Seis veces en el AT, las consonantes hebreas *mlkm* deben, leerse muy probablemente como *milkōm*, Milcom, en vez de la traducción *malkām,* «su rey», del TM. Amós 1.15 («su rey irá en cautiverio... ») alude a la muy conocida práctica del antiguo Cercano Oriente de saquear las estatuas objeto de culto de los enemigos derrotados. Más tarde, Jeremías 49.3 recoge esta misma amenaza (como aparece en 48.7, en referencia a Quemos, explícitamente el nombre de la deidad moabita), añadiendo que «sus sacerdotes» lo acompañarán. La pregunta de Jeremías 49.1 («¿Por qué Milcom ha desposeído a Gad») está expresada de conformidad con la idea que había en la Edad del Hierro, de que era la deidad nacional la que lograba las conquistas militares y territoriales del estado. Sofonías 1.5 incluye entre los transgresores religiosos de Judá «que se postran jurando por Milcom». En 2 Samuel 12.30 = 1 Crónicas 20.2, la corona lograda por David en la conquista de la capital amonita Rabá, muy probable pertenecía a Milcón, sobre cuya cabeza descansaba (es decir, la estatua del culto); la corona debió haber sido demasiado pesada («un talento de oro», c. 34 kg. [75 libras]) para la cabeza de «su rey», por lo que debieron haber sido las «piedras preciosas», no la corona misma, las que fueron puestas sobre la cabeza de David. (En 1 R 11.7, el nombre divino *mōlek*, Moloc, es probablemente un error para referirse a Milcom.)

De Milcom dan fe inscripciones amonitas de la época del AT, incluyendo la inscripción de la fortaleza de Amán (siglo IX), un sello del siglo VII, nombres personales teofóricos en un ostracón del siglo V, y sellos y bullas del siglo VI.

Bibliografía. W. E. Aufrecht, *A Corpus of Ammonite Inscriptions* (Lewiston, 1989); P. K. McCarter, *II Samuel*. AB 9 (Garden City, 1984).

JOEL BURNETT

MILENIO

Período de 1000 años en el que los mártires resucitados reinarán con Cristo en la tierra. Normalmente se entiende que ocurrirá entre la destrucción de esta era perversa y temporal gobernada por Satanás, y la creación de un cielo nuevo y una tierra nueva en una era de justicia y eterna regida por Dios. Aunque el término «milenio» procede del latín y significa «mil años», el sinónimo «milenario» viene de un término griego que también significa «mil años» (Ap 20.4), que a menudo tiene la connotación peyorativa de la felicidad carnal que muchos asociaban con el milenio.

El concepto de un milenio no aparece en el AT, sino que se deriva en parte de las profecías posteriores acerca de la venida del Mesías para gobernar a las naciones desde Jerusalén por un período de tiempo indeterminado (Is 11; 40.9-11; 52.7-12; 65.17-25; Dn 7.13, 14, 27; Zac 9.9, 10). El milenio es la combinación de este ideal profético de un reino mesiánico, con una serie de esperanzas apocalípticas. Los apócrifos y los pseudoepígrafos judíos presentan escenarios diferentes de un reino de los fieles en la tierra, temporal y limitado, con o sin el Mesías. Normalmente es descrito como una era de paz y de gran fertilidad en la naturaleza. Implícita en algunas de las proyecciones, está la creencia de que la tierra existe por siete días de 1000 años cada uno (cf. Sal 90.4, 2 P 3.8), lo cual será seguido por un octavo día de 1000 años de felicidad, seguidos a su vez por el juicio (1 En. 91.12-17; 93; 2 En. 33.1; 4 Esd 7.26-31; 2 Ap Ber. 29-30; 2 Esd. 7.26-44). Las fuentes rabínicas hablan de un «día del Mesías», un reino mesiánico temporal en la tierra de distinta duración (incluidos los 1000 años), que son un contraste entre este mundo y el mundo que vendrá (Ber 34b; Sanh 97a, 99; Šabb 63a, 113b). El Apocalipsis de Elías, una obra judía cristianizada, menciona un reinado de Cristo de 1000 años (5.36-39).

En el NT, el milenio puede estar implícito en 1 Corintios 15.23-28, que indica que Cristo reinará hasta que los poderes cósmicos, incluida la muerte, hayan sido vencidos, y luego entregará el reino a Dios (cf. Mt. 19.28; Col 1.12, 13). La única referencia explícita al milenio en el NT, es Apocalipsis 20.4-6, que enseña que los mártires experimentarán una primera resurrección y reinar con Cristo durante 1000 años (quizás también con otros santos). Luego se producirá la resurrección general y el juicio, y la creación de un cielo nuevo y una tierra nueva. El milenio vindica y recompensa a quienes se mantuvieron fieles a pesar de la exigencia de sumisión del anticristo.

La gran pregunta en la historia de la interpretación ha sido si Apocalipsis 20.4-6 debe tomarse literalmente (milenarismo) o en sentido figurado (amilenarismo). El apoyo patrístico está dividido. Muchos creyeron en un reinado milenario literal de Cristo y de los santos en la tierra, en una Jerusalén reconstruida. El reinado está caracterizado por la paz, la armonía en el reino animal y entre éste y la humanidad; y por una gran fertilidad de la naturaleza, lo cual estará seguido por la resurrección y el juicio. El milenio es visto a menudo como el cumplimiento de la promesa a Abraham de que heredaría la tierra (Gn 15). Entre los milenaristas están Papías, quien atribuyó la enseñanza a Jesús mismo (Ireneo, *Adv. haer.* 5.33.3-4; Eusebio *HE* 3.39.12), Justino Mártir (*Dial.* 80-81), Ireneo (*Adv. haer.* 5,32-36), los montanistas, Tertuliano (*Adv. Marc.* 3.25; *Apol.* 48), Lactancio (*Inst. Div.* 7.14), y Victorino de Petavio, quien escribió el comentario más antiguo que existe en latín sobre el Apocalipsis (cf. también Bern. 15, Mart. Isa. 4.14-18).

También hubo un movimiento para espiritualizar o alegorizar el milenio (amilenarismo), en parte como respuesta al milenarismo. Orígenes (*De prin.* 2.11.2-3; 3.6) alegorizó al milenio como el gobierno espiritual de Cristo en el creyente hasta que Cristo entregue el creyente a Dios. Ticonio, el teólogo donatista, enseñó que el gobierno del milenio era el resultado de la pasión por la segunda venida de Cristo, una posición que llevó a Agustín a abandonar el milenarismo por el amilenarismo. Al comentar Apocalipsis 20.1-6, Agustín interpretó la primera resurrección como la muerte al pecado y la resurrección a una nueva vida por la fe y el bautismo. La segunda resurrección es la resurrección corporal al final del mundo. El milenio es el reinado de Cristo por medio de la iglesia entre su primera y segunda venidas (*Civ. Dei* 20.6-7). Después de Agustín, esta fue la opinión de la mayoría en la iglesia de Occidente a través de la Reforma y el Renacimiento. La iglesia de Oriente rechazó el Apocalipsis junto con la idea del milenio.

En Estados Unidos pueden encontrarse las dos posiciones tradicionales sobre el milenio. El amilenarismo tiene una visión simbólica o alegórica del Apocalipsis; e interpreta al milenio como un símbolo del reinado eterno y en victoria de los santos con Cristo. El milenarismo cree en el gobierno literal de Cristo en la tierra, precedido por la segunda venida de Cristo (premilenarismo), o después del milenio (posmilenarismo). El posmileranismo asume que el poder de Dios se hará más evidente a medida que se acerque la segunda venida de Cristo. Sin embargo, las dos guerras mundiales destruyeron esta visión optimista de las posibilidades humanas. Del mismo modo, el resto de Apocalipsis enseña que habrá un aumento continuo y una concentración del poder anticristiano antes de la segunda venida de Cristo. El premilenarismo ha sido una posición dominante en el cristianismo estadounidense, comúnmente integrada a un punto de vista dispensacionalista. El milenarismo ignora el hecho de que en la literatura apocalíptica, los números, como el 1000, son a menudo simbólicos en vez de literales.

Bibliografía. R. G. Clouse, ed., *The Meaning of the Millennium* (Downers Grove, 1977); N. Cohn, *The Pursuit of the Millennium,* rev. ed. (New York, 1970); B. W. Snyder, «How Millennial is the Millennium? A Study in the Background of the 1000 Years in Revelation 20,» *Evangelical Journal 9 (1991).* 51-74.

DUANE F. WATSON

MILETO (Gr. *Mílētos*)
Importante ciudad portuaria con cuatro fondeaderos en el suroeste de Asia Menor, situada en un promontorio donde el río Meandro desemboca en el golfo de Lamia. Llegó a ser un gran centro de comercio, y contaba con una población considerable para el tiempo en que se escribió el NT. Colonizada originalmente por los cretenses en el período minoico, Mileto se convirtió en un enclave fortificado de los griegos micénicos en el siglo XIV a.C. Fue destruida por los persas en el 494, pero pronto fue reconstruida, y bajo los romanos disfrutó de abundante riqueza, comercio y actividad arquitectónica. Pablo visitó Mileto en su viaje de regreso a Jerusalén al final de su tercer viaje misionero (Hch 20.15). Mientras estuvo allí, llamó a los ancianos de la iglesia en Éfeso a reunirse con él, para prevenirles de que se mantuvieran firmes, y para decirles que no volverían a verlo más (Hch 20.17-38). La mención de Pablo «a Trófimo dejé en Mileto enfermo» (2 Ti 4.20) parece indicar que hizo otra visita a la ciudad. Mileto tiene ahora más de 8 km (5 mi) tierra adentro, debido a la sedimentación de la bahía y al desplazamiento del Meandro. El sitio fue excavado por primera vez en 1899. En excavaciones posteriores, en 1938 y 1955, se descubrieron numerosas ruinas romanas.

DALE ELLENBURG

MILLA
Medida romana de distancia (Gr. *mílion*; Mt 5.41) equivalente a c. 1480 m (1618 yd; la milla moderna tiene 1760 yd). Algunas versiones traducen a otras medidas antiguas en mi (particularmente al *stádion*, equivalente a un octavo de milla romana).

MILLO
Grano, *Sorghum vulgare* Pers. (sorgo) o *Panicum miliaceum L.* (millo) o algún otro grano o variedad de grano (Heb. *dōḥan*). El millo es mencionado sólo en Ezequiel 4.9, donde su significado aparente es que es raro como alimento humano; las condiciones generadas por el asedio provocaron la escasez de comida representada por el pan del profeta (cf. v. 6).

MILO (Heb. *millôʾ*)

1. Fortificación, o construcción, en un lugar no especificado dentro de Jerusalén. Después que David tomó Jerusalén de los jebuseos, ocupó su fortaleza y construyó Milo (de *mlʾ*, «llenar»). Esta fue integrada, de alguna manera, al muro de la Jerusalén de David (2 S 5.9 = 1 Cr 11.8), y es visto como una brecha en el muro de la ciudad, como una torre rellena de piedra, o como un relleno del valle de Tyropoeon que conectaba a la cadena montañosa oriental de la ciudad con su cresta occidental. Kathleen Kenyon identificó a Milo con la terraza jebusea de los siglos XIV-XIII a.C., que excavó en la ladera oriental de la ciudad de David, al sur del actual Monte del Templo. Esta estructura fue excavada después más extensamente por Yigal Shiloh (área G), y encontró que consistía en terrazas llenas de piedras, que creaban un área adicional de c. 200 m^2 (240 yd^2) en la cima de la colina. Shiloh sugirió que ésta formaba la plataforma de la fortaleza de los jebuseos. Milo fue reparada después por Ezequías (2 Cr 32.5). Algunos eruditos proponen que durante la monarquía dividida, la palabra Milo fue sustituida por «Ophel» (cf. 2 Cr. 27.3; 33.14).

2. Construcción de Salomón, después de terminar un palacio para su esposa, la hija de Faraón (2 R 9.15, 24; 11.27). No se sabe si Salomón simplemente reparó Milo, o si creó la suya.

3. La «casa del Milo» (escrito incorrectamente *bêṯ millōʾ*) donde Joás fue asesinado (2 R 12.20 [TM 21]), situada en el camino a Sila.

4. «Casa de Milo», ciudad o fortaleza situada cerca de Siquem (Jue 9.6, 20).

Bibliografía. Y. Shiloh, *Excavations at the City of David 1. Qedem* 19 (Jerusalem, 1984).

Kenneth Atkinson

MINA

Unidad de peso (Heb. *māneh*; cf. Ugar. *mn*; 1 R 10.17; Esd 2.69; Neh 7.71, 72) c. igual a 571 g (1.26 lb).

MINERÍA Y CANTERÍA

Procedimiento para obtener minerales de la litosfera y la hidrosfera terrestres, incluyendo la técnica, los métodos y las actividades de ubicación y explotación. Los minerales pueden ser considerados una combinación de dos o más sustancias químicas con propiedades físicas o estructura molecular diferentes. La minería significa normalmente la extracción subterránea de minerales, pero también puede incluir la explotación de canteras, lo cual tiene que ver con la extracción en la superficie, el trabajo a cielo abierto, la excavación de terrenos de aluvión, el dragado aluvial y operaciones combinadas. La roca granítica y esquistosa, como la arenisca, el mármol y el granitoide para fines de construcción, así como una variedad de sedimentos como la arena y la arcilla para la construcción, suelen ser de canteras. El procedimiento de la minería también está relacionado con la obtención de minerales aprovechables bajo la superficie terrestre, como el carbón. Los términos de minería y cantería suelen ser usados de manera equivalente fuera del lenguaje científico.

La minería se lleva a cabo mediante el uso de uno o más métodos de extracción, dependiendo de las características de los minerales involucrados. Los métodos comunes de extracción son por medio túnel, galería y desplazamiento, cada uno de los cuales depende de la naturaleza del depósito de minerales. Los túneles son pasillos subterráneos hechos de manera horizontal, o casi horizontal, para seguir la galería o el nivel de una veta de mineral o de otros trabajos en la mina. Los túneles comienzan en una galería, que es un pasaje vertical utilizado para bajar y subir trabajadores, minerales y equipos, y además para operaciones de desagüe o de ventilación. La minería de galería se realiza cavando una galería hacia abajo, o en una posición ligeramente inclinada, atravesando el depósito mineral. La minería de desplazamiento tiende a seguir una veta de mineral desde su afloramiento en la superficie y a lo largo de la inclinación del estrato o galería.

La minería proporciona energía, minerales y materias primas a la sociedad. Hay muchos minerales que vale la pena extraer, pero muy raras veces se encuentran en estado puro. Por tanto, en los minerales que tienen una cantidad bastante grande de impurezas, éstas deben ser eliminadas para que los minerales puedan ser utilizados y tener así mejor calidad. Por esto es necesaria la técnica de separar las impurezas, algo que normalmente se hace en el sitio de la mina.

Cuando se cree que los minerales tienen valor económico, son considerados recursos minerales. Los recursos minerales, o son económicamente apropiados para ser explotados de inmediato, o se reservan para ser extraídos más adelante cuando tengan mayor valor. Algunas actividades de explotación minera duran cientos de años, pero otras operaciones mineras cesan cuando los minerales se agotan, o su explotación se vuelve demasiado costosa

Las minas como tales de Tierra Santa no estaban ubicadas en Palestina propiamente, pero eran numerosas en la península del Sinaí, en la Palestina occidental y a lo largo del substrato de la zona suroriental de Ghor. La explotación de las primeras minas y canteras comenzó, al parecer, cuando se descubrieron depósitos superficiales de minerales. A medida que avanzaba la explotación, se excavaban túneles y galerías. La actividad de minería y cantería es exigente, por lo que se necesita considerable mano de obra. Los numerosos trabajadores tenían que pasar largas horas cortando y tallando rocas bajo condiciones sumamente enervantes. Las lesiones y las muertes eran frecuentes.

La roca granitoide y esquistosa para las construcciones, como la piedra caliza, era abundante, con canteras situadas en el lugar del asentamiento o fortaleza, o muy cerca del mismo. Algunas fortalezas y edificios estaban construidas con basalto, que era duro y muy difícil de convertir en bloques y vigas. Las astillas de piedra para mosaicos, normalmente más coloridas y más duras que las de las minas o canteras locales, eran transportadas por muchos kilómetros. Los minerales metálicos, como el oro y el cobre, se extraían y fundían en lugares aún más apartados, y las piedras preciosas, eran traídas por caravanas desde lugares muy distantes. Por eso, tanto la escasez como la distancia daban un valor agregado a los minerales y a las piedras de construcción utilizados en los tiempos bíblicos.

Richard A. Stephenson

MINI (Heb. *minnî*)
Una de las tres naciones llamadas a pelear contra Babilonia como parte del juicio de Dios sobre esa nación (Jer 51.27). Su mención junto con Ararat (la antigua Urartu, la Armenia actual) y Askenaz (escitas) hace que sea posible su identificación con los maneanos, que aparecen por primera vez en la inscripción de Salmanasar II (858-824 a.C.). El nombre sigue apareciendo en los registros asirios durante dos siglos más, a veces como enemiga y a veces como aliada de los asirios.

C. Mack Roark

MINIAMÍN (Heb. *mîyāmin, minyāmîn*)

1. Levita que ayudó en la distribución de las ofrendas en las ciudades levítica en tiempos del rey Ezequías (2 Cr 31.15; LXX Benjamín).

2. Jefe de una familia sacerdotal en tiempos del sumo sacerdote Joiacim (Neh 12.17).

3. Sacerdote y músico que participó en la dedicación de los muros de Jerusalén después del exilio (Neh 12.41). Puede ser el mismo Mijamím 3 (10.7 [TM 8]).

MINISTRO, MINISTERIO
La idea de servir, tanto en lo secular como en lo sagrado. En el AT, la palabra hebrea *šāraṯ* se refiere especialmente al ministerio del culto, y se aplica a los sacerdotes de Jehová que sirven en el altar (Jl 1.9, 13), ya se trate de Aarón (Ex 28.35), o de Sadoc (Ez 40.46), o de los levitas (Nm 3.6). El término también tiene una aplicación más amplia, con el significado de atender o servir a alguien (p.ej., Ex. 24.13; 1 R 1.4, 15; 10.5; Sal 103.21). En el mundo venidero, todos los israelitas serán sacerdotes y ministros (Is 61.6), e incluso los extranjeros ministrarán a Jehová (56.6). La raíz *ʿābaḏ*, «trabajar (para alguien), servir», tiene con frecuencia un sentido más humilde (p.ej., Gn 29.15). Se utiliza para servir o adorar a Dios (Ex 3.12; Sal 22.30 [TM 31]) o a los ídolos (Dt 4.19); cf. *ʿebeḏ*, «siervo», para referirse al pueblo redimido por (p.ej., Neh 1.10), «al siervo de Jehová» (p.ej., Is 42.1-7; 49.1-9), y a *ʿăḇōḏâ*, «servicio» en el tabernáculo y el Templo (= «adoración»).

Esta gama de significados sigue presente en el Nuevo Testamento, principalmente a través de las palabras relacionada con la voz griega «diakonía», «servicio» o «ministerio». Otras palabras son *douleúō, doúlos* «(ser un) esclavo» (p.ej., Ro 1.1, «siervo»); *latreúō, latreía* «(oficiar en el) culto» (p.ej., He 13.10); y *leitourgía*, «servicio sacerdotal» (p.ej., He 8.6; Ro 15.16). Otras palabras identifican a tipos específicos de dirigentes del ministerio público; p.ej., *hypērétēs* para describir a alguien que atiende una sinagoga (Lc 4.20), a los «ministros» cristianos, o a los «ministros de la palabra» (1.2); o a *país* (p.ej., Hch 3.13; 4.25), para referirse a Jesús como siervo o hijo de Dios.

El ministerio de Jesús fijó la pauta en cuanto a los ministerios de las iglesias después de la resurrección. La obra de Jesús como maestro, profeta y sanador fue continuada, bajo el Espíritu Santo, por maestros, profetas y exorcistas itinerantes. Él había enviado 12 seguidores escogidos para predicar y curar a los enfermos (Mr 6.7 y par.). Estos «enviados» (*apóstoloi*) llegaron a ser «apóstoles» (Hch 1.21, 22), un grupo más grande que «los Doce» (1 Co 15.5, 7). Pedro tuvo una tarea especial (Mr 16.7 y par., cf. Mt 16.18, 19). Pablo recibió el llamado y la tarea de ser apóstol para los gentiles (Gá 1.15, 16). Había también «*apóstoloi* de las iglesias», como Epafrodito (Fil 2.25) y posiblemente mujeres apóstoles (Ro 16.6). «Los siete» (Hch 6) parecen ser una contrapartida de los judíos cristianos de lengua griega a «los Doce», en cuanto a predicación y evangelización.

La imagen más completa en cuanto al desarrollo de la misión y del ministerio, se encuentra en las iglesias y en las epístolas de Pablo. Todos los cristianos son considerados allí poseedores de «dones de la gracia» o dones «espirituales» (1 Co 12.4-11). A veces habla de funciones y líderes (p.ej., 1 Co 12.28-30; Ro 12.4-8) de manera un poco informal, y siempre en relación con la iglesia como el cuerpo de Cristo, y con la edificación de toda la comunidad en amor. Con el surgimiento de líderes el patrón varía (cf. 1 Ts 5.12, 13; Fil 1.1). Esto sugiere que Pablo no imponía ningún orden establecido, sino que permitía la creación local de dirigencia.

En algunas iglesias, no de Pablo, los líderes eran los «ancianos» o *presbýteroi* (cf. Hch 14.23; 15.2, 4, 6, 22, 23; Stg 5.14; 1 P 5.1, 5). El modelo, en muchos casos, se tuvo de la sinagoga judía, o surgió por el respeto a quienes tenían más años de edad o en la fe cristiana. En las epístolas pastorales hay ancianos o presbíteros (1 Ti 5.17) que «gobiernan» dentro de un consejo de ancianos (*presbytérion*, 1 Ti 4.14). Algunos de estos («ancianos gobernantes») servían como «obispo» o «superintendente» (*epískopos*, 1 Ti 3.2-7; Tit 1.7-9). La palabra griega *diákonos* comienza a tener un sentido técnico en 1 Timoteo 3.8-13, pero todavía no es el «diácono» «litúrgico» o de otro tipo que aparece después. La «ordenación», tomada de la práctica rabínica, puede reflejarse en la «imposición de las manos» (1 Ti 4.14; 5.22, 2 Ti 1.6). Pero el «ministerio triple», en el sentido particular de un obispo, (un colegio de) presbíteros y un grupo de *diákonoi* por debajo de él, sólo es autenticado después del Nuevo Testamento, y quien primero lo menciona es Ignacio de Antioquía; y crece después a finales siglo II y en el III.

Efesios 4.11, 12 plantea la cuestión de si los cuatro grupos de líderes mencionados allí equipan a «los santos para la obra del ministerio», o equipan a los santos y hacen ellos mismos la obra del ministerio. El «sacerdocio» (Ex 19.6) de todos los creyentes bautizados (en el NT no se llama «sacerdote» a ningún dirigente cristiano) aparece en 1 Pedro 2.4-10 (cf. Ap 1.5, 6; 20.6). Todas estas personas, capacitadas por la gracia de Dios, «sirven» (1 P 4.10, 11) y/o «ministran».

Bibliografía. D. L. Bartlett, *Ministry in the New Testament*. OBT (Minneapolis, 1993); J. N. Collins, *Diakonia. Re-interpreting the Ancient Sources* (Oxford, 1990); J. T. Forestell, *As Ministers of Christ* (New York, 1991); N. Mitchell, *Mission and Ministry. History and Theology in the Sacrament of Order* (1982, repr. Wilmington, 1990); J. H. P. Reumann, *The Ministering People of God and Their Leaders* (Minneapolis, 1998); E. Schweizer, *Church Order in the New Testament*. SBT 32 (Naperville, 1961).

JOHN REUMANN

MINIT (Heb. *minnîm*)

Una de las 20 ciudades amonitas conquistadas por Jefté (Jue 11.33). Algunos intérpretes traducen Minit en Ezequiel 27.17 como la fuente del trigo (*Finê minnîm*). Judá comerciaba con Tiro, aunque otros han enmendado el texto para que diga «trigo y aceitunas» (*ḥiṭṭîm zayim*) en vez del nombre del lugar. Eusebio (*Onom.* 140.3) identifica a Minit con una aldea situada a c. 4 mi romanas al noreste de Esbus (la actual µesbân) en la vía a Filadelfia (Amán). La descripción de Eusebio, combinada con la referencia en Jueces 11.33, que habla de Minit como limítrofe con la sureña ciudad de Aroer, ha llevado a muchos eruditos a ubicar a Minit en algún lugar entre µesbân y Amán.

En el presente, la candidata con mayor opción es *Umm el-Basatin* (*Umm el-Hanafish;* 232137), la actual aldea situada en la parte superior de las antiguas ruinas todavía visibles. Aunque aquí no se ha realizado ninguna excavación a gran escala, las exploraciones hechas en el sitio han encontrado fragmentos de los períodos ayubí/mameluco, otomano, bizantino, romano tardío, romano antiguo, Hierro II/persa y Hierro I.

RANDALL W. YOUNKER

MINÚSCULA

Forma modificada de la letra griega («un tanto pequeña») adoptada en el siglo IX d.C. Más formal y más legible que la letra ordinaria, la escritura minúscula permitió a los copistas escribir con mayor rapidez, y a finales del siglo X sustituyó a la escritura uncial con propósitos literarios. Las minúsculas representan casi el 90 por ciento de los manuscritos del NT existentes.

Véase UNCIAL.

MIQUEAS, LIBRO DE

Sexto libro de los profetas menores. El encabezamiento atribuye el libro a Miqueas (¿Quién como

Jehová?»), profeta del pueblo de Moreset de Judá. El libro no da más información directa sobre el profeta. De acuerdo con el libro de Miqueas 1.1, el profeta Miqueas estuvo activo durante los reinados de Jotam, Acaz y Ezequías (en la última parte del siglo VIII a.C.); por tanto, fue contemporáneo de Isaías, Amós y Oseas. Aunque el libro no hace una referencia clara a acontecimientos importantes, como la guerra siroefraimita, la caída de Samaria y el asedio de los asirios a Jerusalén, que ocurrieron durante este período, el material atribuido a Miqueas refleja un tiempo de agitación política y social cuando se esperaba la caída de Samaria y Jerusalén.

Contenido

El mensaje del libro es una compleja mezcla de juicio y esperanza. Por una parte, las profecías anuncian el juicio sobre Israel por los males sociales, los dirigentes corruptos y la idolatría. Se esperaba que este juicio tuviera su clímax en la destrucción de Samaria y Jerusalén. Por otra parte, el libro proclama no sólo la restauración de la nación, sino también la transformación y la exaltación de Israel y Jerusalén. Sin embargo, los mensajes de esperanza y destrucción no son necesariamente contradictorios, puesto que la restauración y la transformación tienen lugar sólo después del juicio.

El libro comienza con el anuncio de que Jehová está viniendo a juzgar los pecados de su pueblo (1.2-7). El juicio es contra las capitales de Samaria y Jerusalén (1.8, 9), y una serie de juegos de palabras describe el destino de las ciudades de la Sefela (vv. 10-16). El discurso profético en el cap. 2 condena a quienes están despojando al pueblo de Israel (2.1-5). Las afirmaciones de que el juicio no podrá alcanzar al pueblo de Jehová, son refutadas con la acusación de que el pueblo de Jehová se ha convertido en enemigo de Jehová (2.6-11). El capítulo termina con una enigmática declaración que parece apuntar a una liberación de la opresión (2.12, 13).

A lo largo de todo el capítulo 3, el profeta condena a los gobernantes, a los sacerdotes y a los profetas de Israel que explotan y extravían a la gente. Es a causa de sus hechos que Jerusalén será destruida (3.9-12). La vigorosa declaración del profeta en cuanto al juicio de Jerusalén, era recordada aun en tiempos de Jeremías (Jer 26.17-19).

Al agregar prácticamente la misma profecía de Isaías 2.2-4, Miqueas 4.1-8 mira más allá de la esperada destrucción de Jerusalén, a su exaltación. El vocero anuncia la liberación del pueblo que irá de Jerusalén a Babilonia (vv. 9, 10). El capítulo concluye con la exhortación a Jerusalén de que destruya a las naciones que se han reunido en su contra (vv. 11-13).

El cap. 5 se inicia con el anuncio de que un gobernante ideal vendría de Belén a defender a la nación contra Asiria (vv. 1-6 [TM 4.14-5.5]). El profeta proclama el triunfo del remanente de Jacob (vv. 7-9 [6-8]), y presagia el día en que el Señor purificará a la nación de la idolatría y de su confianza en el poderío militar (vv. 10-15 [9-14]).

En el cap. 6 Israel es llamado a prestar atención a la controversia de Jehová. En respuesta a una serie de preguntas sobre lo que Jehová demanda, el profeta expresa un enérgico y preciso resumen de lo que Jehová exige en cuanto a justicia y fidelidad (vv. 6-8). El resto del cap. 6 consta de una serie de mordaces acusaciones contra «la ciudad» y de anuncios de juicio contra los que han seguido los caminos de Omri y Acab.

En 7.1-7, el vocero lamenta el colapso del orden social. El libro concluye con una liturgia profética que incluye elementos de un lamento (7.8-20). Israel confiesa su pecado, y recibe seguridades de liberación por medio de los hechos poderosos de Jehová (vv. 8-17). La liturgia concluye con una afirmación de la fidelidad de Jehová, y de su disposición de perdonar (vv.18-20).

Consideraciones importantes

La cuestión más importante en el estudio de Miqueas, es el asunto de qué material puede ser atribuido a este profeta del siglo VIII. Muchos eruditos creen que sólo los caps. 1-3 son de Miqueas. Puesto que Miqueas era recordado como un profeta del desastre en el tiempo de Jeremías (cf. Jer 26.17 y ss.), algunos han argumentado que sólo las profecías de juicio son de Miqueas, y que su actividad estuvo limitaba al tiempo de Ezequías. Por tanto, las profecías en cuanto a esperanza de los caps. 4, 5 y 7 no pueden atribuirse a Miqueas. Esta apreciación se ve reforzada por el hecho de que las profecías de los caps. 4-7 parecen reflejar escenarios históricos posteriores al tiempo de Miqueas. Por ejemplo, la referencia a Babilonia en 4.10 indica un tiempo durante o después del exilio babilónico. Otros pasajes, tales como 7.12, parecen suponer una situación de la diáspora. Por último, las semejanzas de estilo, lenguaje y pensamiento con escritos proféticos posteriores y con la escuela deuteronomista, han llevado a los intérpretes a la conclusión de que el material de los caps. 6 y 7 han sido ampliamente reinterpretados, o que se originó después del tiempo de Miqueas. Una segunda interpretación del libro ha mantenido que, si bien los caps. 4-7 contienen probablemente algún material de tiempos posteriores, las profecías de Miqueas también están presentes en estos capítulos. Los estudiosos que han adoptado este enfoque son conscientes de las enormes diferencias de estilos y temas en el material, pero argumentan que estas diferencias son un reflejo de las cambiantes circunstancias del tiempo de Miqueas. Especialmente dudosa es la suposición de que Miqueas no podía haber proclamado castigo y esperanza. Por último, los intérpretes de este segundo grupo no están convencidos de que el estilo, el vocabulario y los temas de los caps. 4-7 se limitan exclusivamente a los tiempos del exilio y posteriores al exilio.

Otra cuestión importante en el estudio de Miqueas, es la cuestión del proceso mediante el cual el libro tomó su forma final. La mayoría de los intérpretes cree que sufrió un largo proceso redaccional en el que las palabras de Miqueas fueron editadas, reinterpretada y ampliadas. Lamentablemente, hay poco acuerdo en el seno de la erudición moderna sobre los detalles de este largo proceso de redacción.

Parte del problema en cuanto a la reconstrucción del proceso de redacción, es la dificultad para discernir una estructura subyacente que los editores podrían haber utilizado para unir y organizar el material del libro. Algunos han propuesto que el libro fue organizado de acuerdo con un esquema de destrucción-esperanza: Dos secciones en cuanto a destrucción (1.2-3.12; 6.1-7.7), que son seguidas por dos profecías de esperanza (4.1-5.15 [14]; 7.8-20). El material, lamentablemente, no cae perfectamente dentro de este modelo, ya que en ambas partes hay profecías de los dos tipos. Una segunda sugerencia es que el libro está organizado en tres unidades, cada una de las cuales comienza con la exhortación «oíd» (1.2; 3.1; 6.1). Si bien esta división del libro es útil, es algo artificial porque cada unidad contiene materiales que reflejan una variedad de temas y géneros.

Por último, la unidad y la estructura del libro pueden ser más teológicas que literarias o históricas. Tanto material heterogéneo que se encuentra en Miqueas está unido por la convicción teológica de que tanto el juicio como la restauración son obra de Jehová. De hecho, la constante e intrincada yuxtaposición de juicio y esperanza refleja una comprensión teológica profunda de que el juicio no es simplemente un castigo, sino un paso fundamental y necesario en la restauración del señorío de Jehová sobre su pueblo. La unión de condenación y esperanza en un libro refleja, pues, una teología compleja que entreteje juicio y restauración en el tejido perfecto de Jehová.

Bibliografía. L. C. Allen, *The Books of Joel, Obadiah, Jonah and Micah.* NICOT (Grand Rapids, 1976); D. R. Hillers, *Micah.* Herm (Philadelphia, 1984); J. L. Mays, Micah. OTL (Philadelphia, 1976); J. M. P. Smith, et al., *Micah, Zephaniah, Nahum, Habakkuk, Obadiah and Joel.* ICC (Edinburgh, 1911); H. W. Wolff, Micah (Minneapolis, 1990).

Charles S. Shaw

MIRA (Gr. *Mýra*)
Importante ciudad de Licia (cerca de la actual Dembre), c. a 4-5 km (2,5-3 mi) del Mediterráneo. Bajo los romanos fue capital de la provincia de Licia. Por su puerto de Andriaca, Mira fue un importante centro comercial. Fue aquí que la escolta que llevaba a Pablo a Roma cambió de embarcación (Hch 27.5, 6). Algunos manuscritos añaden «y a Mira» después de «Pátara» en el relato de viaje de Pablo a Jerusalén de Hechos 21.1. El libro apócrifo Hechos de Pablo contiene historias de la predicación y sanidades de Pablo en Mira. San Nicolás, quien después fue reverenciado como Santa Claus, fue obispo de Mira en el siglo IV.

Douglas Low

[MIRIAM] MARÍA (Heb. *miryām*)
1. Profetisa recordada por liderar a los israelitas en el canto después de su liberación de los egipcios en el Mar Rojo (Ex 15.20, 21). Muchos eruditos consideran que este reconocimiento de liderazgo en el canto se remonta a una fecha mucho más antigua a la atribuida a Moisés y a los israelitas en los primeros versículos de Éxodo 15. María es identificada como la hermana de Moisés y Aarón en las genealogías de Números 26.59 y Crónicas 6.3 (TM 5.29). Los tres son mencionados juntos como líderes del desierto en Miqueas 6.4. Es posible que la relación como hermana de ellos no haya sido biológica, sino más bien la creación de una tradición posterior que buscaba destacar su papel en el liderazgo de Israel. Esta posibilidad hace pensar a muchos eruditos que pudo haber existido una tradición más amplia en torno a María.

Aunque María o Miriam no es mencionada por nombre en Éxodo 2, la tradición da por sentado que es la hermana mayor del niño Moisés que se acerca a la hija de Faraón, después que el bebé es descubierto en la canasta flotante. La oferta de María de encontrar una nodriza hebrea sirve para volver a unir al niño con su madre.

Después de liderar el cántico del Mar Rojo, volvemos a saber de María cuando ella y Aarón, juntos, desafían la potestad exclusiva de Moisés de hablar al pueblo en nombre de Dios, y también cuando se casa con una mujer cusita (Nm 12). El relato deja claro el desagrado de Dios con Aarón y María, y el rechazo de Dios de sus afirmaciones en contra de Moisés. María es castigada con una enfermedad de la piel que se le vuelve blanca (probablemente para que se viera su contraste con la piel muy oscura de la esposa de Moisés, de origen etíope), mientras que Aarón no es castigado en absoluto. Al percatarse de la situación, Aarón se apresura a rogar. «No nos castigues», reafirmando así su complicidad con María, al mismo tiempo que suplica su sanidad antes de que él también sea también afectado. Dios anuncia que el castigo de María será sólo temporal; después de siete días de purificación fuera del campamento, se reincorpora a la comunidad, y la peregrinación en el desierto continúa. Se han propuesto varias teorías para explicar por qué la única castigada es María. Entre las explicaciones más conocidas está la actitud de Israel hacia el sacerdocio (nadie podía servir como sacerdote si tenía una enfermedad de la piel; Aarón era el sumo sacerdote), y las etapas en la transmisión de la tradición (quizás al comienzo la historia se trataba sólo sobre María, y Aarón fue añadido más tarde). Pero, a pesar de tales hipótesis, la realidad es que en esta historia, una mujer y un hombre, juntos, cometen el mismo pecado, pero la mujer es castigada y el hombre no.

La muerte de María está registrada brevemente en Números 20.1. Es simbólicamente significativo que la muerte de María, quien era una líder en toda la extensión de la palabra junto con sus dos hermanos, sea mencionada en este punto, ya que inmediatamente después, en la historia, Moisés y Aarón pierden la oportunidad de entrar en la Tierra Prometida (Nm 20.12). Aunque la muerte de Aarón está registrada sólo en Números 27, y la de Moisés en Deuteronomio 34 (las dos últimas paradas en su peregrinación por el desierto), los tres aparecen juntos en Números 20, como líderes que morirán fuera de la Tierra Prometida.

Bibliografía. R. J. Burns, Has the Lord Indeed Spoken Only through Moses? SBLDS 84 (Atlanta, 1987); P. Trible, «Bringing Miriam Out of the Shadows,» BibRev 5/1 (1989). 14-25, 34.

Katharine Doob Sakenfeld

2. Judaita entre los descendientes de Esdras (1 Cr. 4.17).

MIRMA (Heb. *mirmâ*)

Benjaminita, hijo de Saharaim y Hodes (1 Cr 8.10).

MIRRA

Al igual que el incienso, es un producto vegetal proveniente de miembros de la familia Burseraceae. Como resina, la mirra es mencionada a menudo en la Biblia y en otras fuentes antiguas juntamente con el incienso. Y al igual que éste, su gomosa oleorresina rojiza tuvo numerosos usos en ritos, la medicina y la fumigación. La mirra (Heb. *mōr*; Gr. *múrra*, *smýrna*, tal vez con el significado original de «amargo») mencionada junto con el incienso en el relato que hace Mateo sobre los magos (Mt 2.11) es más difícil de identificar con los términos botánicos de la clasificación de Linneo. Esto se debe a que, a pesar de que hay cientos de especies de *Commiphora* en Arabia y África, sólo al parecer unas pocas de ellas producen la olorosa sustancia llamada «mirra». Según los botánicos, la mirra verdadera (llamada antes *mirra balsamodendron*) proviene de la *mirra Commiphora*, que sólo se encuentra en el suroeste de Arabia y en el norte de Somalia. La mirra verdadera en la actualidad no puede traslaparse con el incienso en su distribución territorial. Las tres especies que se encuentran en Dhofar no incluyen la mirra verdadera; sólo de la *C. habessinica* y de la *C. fileadensis* (llamado resina o bálsamo de Galaad) se dice que tienen propiedades semejantes a la mirra. En Yemen se conocen otras seis especies de *Commiphora,* entre ellos los bedelios y el bálsamo de la Meca.

Al igual que el incienso, la mirra comenzó a comercializarse a nivel local ya en el período neolítico (6000 años a.C.), y quizás esto se encuentre documentado en el comercio egipcio del Mar Rojo, ya en el Antiguo Imperio (si el término egipcio ' *ntyw* equivale al producto). La muy conocida expedición de Hatshepsut a Punt, en el Imperio Nuevo, puede muy bien representar la eliminación de los árboles de mirra. Su mención en Mesopotamia sólo se produce en el inicio del período antiguo Asirio. El floreciente comercio de la Edad del hierro y la participación bíblica están bien documentados. Granos de polen en mirra han sido encontrados en Qana en un nivel del período clásico de la famosa ciudad portuaria. Al igual que el incienso, el comercio internacional de la mirra se derrumbó en el siglo V d.C., aunque esta resina sigue siendo recolectada y utilizada en mercados más restringidos del Cercano Oriente.

Bibliografía. P. Dolara et al., «Analgesic Effects of Myrrh,» *Nature* 379 (1996): 29; N. St.J Groom, *Frankincense and Myrrh* (London, 1981); A. Lucas, «Cosmetics, Perfumes, and Incense in Ancient Egypt,» *JEA* 16 (1930): 41-53; A. G. Miller and M. Morris, *Plants of Dhofar* (Muscat, 1988); K. Nielsen, Incense in Ancient Israel. *VTSup* 38 (Leiden, 1986); G. Van Beek, «Frankincense and Myrrh,» *BA* 23 (1960): 70-95; «Frankincense and Myrrh in Ancient South Arabia,» *JAOS* 78 (1958): 141-52.

JURIS ZARINS

MIRTO

Myrtus communis L., fragante arbusto perenne con hojas ovaladas de color oscuro, flores blancas o rosadas y bayas negras, común en Siria y Palestina y en otras partes de la región mediterránea (Zac 1.8, 10, 11). El mirto (Heb. *hăḏas*) es asociado con la transformación escatológica del desierto en un lugar bien regado (Is 41.19; 55.13). Después de la restauración de la fiesta de los tabernáculos, en el posexilio, se utilizaban ramas de mirto para hacer los tabernáculos (Neh 8.15).

MISAEL (Heb. Aram. *mêšaḵ*)

Nombre babilonio (Acad. *Mîša-aku*, «¿Quién es lo que Aku [una deidad lunar sumeria] es») dado a uno de los compañeros de Daniel (Dn 1.7; 2.49; 3.12-30). El nombre hebreo Misael (*mîšā'ēl*) significa «¿Quién es Dios?»

Véase ABED-NEGO.

MISAEL (Heb. *mîšā'ēl*)

1. Figura sacerdotal del tiempo en el desierto; hijo de Uziel en la línea de Coat (Ex 6.22; Lv 10.4).

2. Miembro influyente de la comunidad, tal vez un levita que estuvo de pie a la izquierda de Esdras durante su lectura pública de la ley (Neh 8.4; 1 Esdr 9.44).

3. Nombre hebreo («¿Quién cómo Dios?») de un compañero de Daniel, también llamado por el nombre babilonio de Mesac (Dn 1-3). Cuarto de Macabeos 16.3 destaca la especial asociación de Misael con el horno de fuego de Daniel 3. Misael representa una clase de sabios israelitas relacionados con círculos burocráticos. Algunos de esos círculos sobrevivieron, e incluso florecieron (p.ej., Dn 2.49) en el entorno de la diáspora, por su sagaz sabiduría y su nuevo apocalipticismo. En la literatura judía posterior a Daniel, Misael vino a servir como clásico ejemplo de la fe heroica (Pr. Azar. 66, 1 Mac 2.59, 4 Mac 16.21; 18.12).

Bibliografía. R. R. Wilson, «From Prophecy to Apocalyptic. Reflections on the Shape of Israelite Religion,» *Semeia* 21 (1981). 79-95.

STEPHEN L. COOK

MISAM (Heb. *miš'ām*)

Hijo de Elpaal, de la tribu de Benjamín (1 Cr 8.12).

MISEAL (Heb. *miš'āl*) (también MASAL)

Ciudad levítica en el territorio de la tribu de Aser (Jos 19.26; 21.30); llamada Masal en 1 Crónicas 6.74 (TM 5.9). Se hallaba en algún lugar cercano a la cordillera del Carmelo, probablemente en la llanura de Aco. Tell Kīsân /Tel Kison (164253), 9,6 km (6 mi) al sureste de Aco, es una buena posibilidad del sitio.

MISERICORDIA

La disposición generosa de perdonar a alguien, o de ofrecer ayuda, auxilio o asistencia a alguien que está necesitado. Otros conceptos relacionados estrechamente son: Gracia, bondad, amor, bondad, compasión y paciencia.

La misericordia (Heb. *rāḥam, ḥānan*) es una cualidad esencial de Dios (Ex 34.6; Dt 4.31; Sal 103.8). Esta es la cualidad (*ḥeseḏ*, «pacto de misericordia»), demostrada a lo largo de la historia (cf. Dt 30.1-6; Is 14.1; Ez 39.25-29), por la que Dios cumple fielmente sus promesas y mantiene su relación de pacto con su pueblo escogido, a pesar de su infidelidad (Gr. *éleos*; Ro 9.15, 16, 23; Ef 2.4). A Israel se le recordaba con frecuencia la relación entre la *ḥeseḏ* de Dios y el pacto de ellos con él (Dt 7.9; 1 R 8.23; Neh 1.5; Is 55.3; Dn 9.4).

La misericordia de Dios es más que detener el castigo. Ella ayuda activamente a quienes sufren por circunstancias que están más allá de su control. Esto se demuestra en la curación de Jesús de ciegos (Mt 9.27-31; 20.29-34) y leprosos (Lc 17.11-19). La parábola del hijo pródigo (Lc 15.11-32) muestra cómo Dios es «Padre de misericordias y Dios de toda consolación» (2 Co 1.3); la parábola del siervo inmisericorde (Mt 18.23-35) pone a esta cualidad divina en un entorno negativo. La misericordiosa fidelidad de Dios se hace más evidente en el envío de Jesús y en la salvación de su pueblo (Ro 11.30-32; Ef 2.4). La misericordia de Dios se manifestará en el juicio final (2 Ti 1.18; Stg 2.13). Dios es misericordioso, y espera que sus hijos también lo sean. (Mt 5.7; Stg 1.27).

Edward P. Myers

MISERICORDIA

Es traducida también como «bondad», «piedad» y «amor fiel», especialmente cuando se describe a Dios. La definición original de la palabra hebrea *hésèd* es «lealtad demostrada», es decir, la lealtad que se manifiesta en acciones en vez de palabras o sentimientos (p.ej., Gn 40.14; Ex. 20.6). Además, la palabra tiene una calidad generosa. La misericordia es un tipo de lealtad que no se limita a cumplir con una obligación, sino que va la segunda milla (Jer 2.2), así como los israelitas obedecieron a Moisés cuando siguieron a Dios a una «tierra no sembrada» Un aspecto final de la misericordia es su naturaleza asimétrica. La conducta digna de la palabra debe ser generosa. Una virtud concedida unilateralmente y asociada, por lo general, con la parte que tiene la ventaja social. Por ejemplo, la prostituta Rahab recuerda a los espías israelitas que ella los había tratado con «misericordia» al esconderlos y negar su presencia al rey de Jericó (Jos 2.12). Este aspecto de la misericordia ayuda a explicar su popularidad en las descripciones de Dios (p.ej., Sal 107.1). La lealtad de Dios demostrada a la creación, tiene una calidad misericordiosa, no forzada.

De las muchas cosas que se dicen de Dios en el AT, su misericordia es una de las más frecuentes, partiendo de las veces que aparece la palabra en tantas fórmulas (p.ej., Ex. 34.6; Nm 14.18; 1 R 8.23). La misericordia describe mejor la calidad de Dios en el Antiguo Testamento, que atrae la obediencia, la alabanza y el amor de las personas.

Bibliografía. K. D. Sakenfeld, «Loyalty and Love. The Language of Human Interconnections in the Hebrew Bible,» in *Backgrounds for the Bible,* ed. M. P. O'Connor and D. N. Freedman (Winona Lake, 1987), 215-29.

Gregory Mobley

MISHNÁ (Heb. *mišnâ*)

Una de las primeras recopilaciones de tradiciones orales rabínica puestas por escrito, y probablemente la más influyente. Redactada por R. Yehuda Ha-Nasi, c. 200 d.C., se distingue de las otras recopilaciones antiguas, conocidas como midrashim, por su organización. Mientras que la Mekilta, el Torat Kohanim y otras midrashim organizan sus materiales para seguir el orden de los textos del Pentateuco, las enseñanzas de la Mishná están resumidas en una sistematización de temas en seis grandes categorías (*sedarim*, «órdenes»), que se dividen en temas (*masektot*, «tratados»). Los tratados se subdividen en capítulos, que a su vez están compuestos de varios *mishnayot* individuales, «enseñanzas», la unidad más pequeña. Así pues, el primer *Zera'im*, «semillas», las leyes agrarias, contiene tratados como *Pe'a*, que trata de la obligación de dejar sin cortar de los extremos de los campos para los pobres; y el *Šebi'it*, que trata de las leyes del año sabático, cuando estaba prohibido el trabajo agrícola normal. Del mismo modo, la segunda orden, , *Mo'ed*, «fechas festivas», contiene los tratados *Šabbat* y *Roš Haššana*, como también otros tratados sobre leyes especiales de días de fiesta específicos; la tercera orden, *Našim*, «las mujeres», que se ocupa de las leyes del matrimonio y el divorcio, contiene el tratado *Qiddušin*, «esponsales»; y así con las últimas tres órdenes que tratan, en orden, del código penal civil (*Nezikin*), las leyes de los sacrificios (*Qodašim*) y las leyes de pureza (*Toharot*). Dentro de este esquema, la Mishná abarca la totalidad de la ley judía.

La Mishná es concisa; normalmente se refiere sólo a las decisiones aceptadas y a las principales divergencias, y a ambas de forma resumida. Su lenguaje es similar, aunque distinto, al del hebreo bíblico, y es utilizado con mucha precisión técnica. Como su objetivo era preservar y mejorar la tradición oral en vez de sustituirla, da por sentado una familiaridad con las enseñanzas que resume; de allí los dos sentidos del nombre Mishná. «enseñanza» y «recapitulación».

Bibliografía A. Steinsaltz, *The Essential Talmud* (1976, repr. Northvale, N.J., 1992); P. Blackman, Mishnayot, 7 vols. (London, 1951-56).

Shmuel Klatzkin

MISIA (Gr. *Mysía*)

Región montañosa del noroeste de Asia Menor, con Bitinia al noreste y Lidia al sur. La región, habitada originalmente por los tracios, fue gobernada sucesivamente por lidios, seléucidas y atálidas antes de su incorporación a la provincia romana de Asia (c. 129-126 a.C.). Los misios eran conocidos como mercenarios, y tuvieron participación en una expedición contra Jerusalén en la época de los Macabeos (2 Mac 5.23-26; cf. 1 Mac 1.29-35). En el siglo I a.C., había comunidades judías en al menos dos de sus ciudades importantes: Adramitio y Pérgamo (Cicerón, *Pro Flacco* 28.68; Josefo, *Ant.*14.247-55, cf. Ap 1.11; 2.12-17). Pablo y sus compañeros permanecieron brevemente en la ciudad de Troas (Hch 16.7, 8; cf. 20.5-12; 2 Co 2.12, 13); más tarde, Pablo hizo una parada en la ciudad costera de Asón (Hch 20.13-14).

Bibliografía. D. Magie, *Roman Rule in Asia Minor* (1950, repr. New York, 1975).

Philip A. Harland

MISMA (Heb. *mišmāʿ*)

1. Hijo de Ismael; famoso antepasado de una comunidad árabe (Gn 25.14; 1 Cr 1.30).

2. Simeonita, hijo de Mibsam (1 Cr 4.25, 26). La presencia de Mibsam y Misma, tanto en 1 Crónicas 1.29, 30 como en 4.25, puede indicar alguna relación previa entre un clan simeonita y lo que pudo haber sido originalmente una tribu ismaelita (es decir, árabe).

MISMANA (Heb. *mišmannâ*)

Uno de los «hombres de guerra muy valientes para pelear» gaditas que se unieron a David en Siclag, y que se convirtieron en oficiales de su ejército (1 Co 12.10 [TM 11]).

MISPAR (Heb. *mispār*), **MISPERET** (*misperem*)

Uno de los líderes que regresó con Zorobabel de Babilonia (Esd 2.2). En Nehemías 7.7 es llamado Misperet.

MISRAÍTAS (Heb. *mišrāʿî)*

Familia judaíta de Quiriat-jearim, entre los antepasados o predecesores de los zoratitas y estaolitas (1 Cr 2.53).

MISREFOTMAIM (Heb. *mayim miśrĕpôt)*

Un lugar (quizás «eminencia sobre las aguas»), uno de los puntos fronterizos del territorio de los sidonios (Jos 13.6). Después de la victoria de Josué en las aguas de Merom -, los victoriosos israelitas persiguieron al ejército de los reyes del norte hasta Misrefotmaim y el valle de Mizpa. Dado que Maim puede pronunciarse *miyyam*, «en el oeste», el texto podría tener el significado secundario de «hasta Misrefot en el oeste, y hasta el valle de Mizpa en el este». Esto podría presentar un balance literario y exaltar la magnitud de la victoria de Josué. El nombre ha sido tomado para referirse al actual *Jirbet Musheirefeh/Tel Rosh ha-Niqra* (161276) en la frontera presente entre Israel y el Líbano. Algunos eruditos identifican a Misrefot con el río Litani, lo que concuerda bien con su ubicación en el «Gran Sidón». El río Litani habría presentado un paso difícil para un ejército de carros de guerra, y este obstáculo pudo haber puesto fin a la huída de los fugitivos, permitiendo a Josué consumar su victoria (Jos 11.8).

Thomas W. Davis

MISTÉRICOS, CULTOS

Los «cultos mistéricos» o las «religiones mistéricas» se refieren a un tipo de expresión religiosa del mundo grecorromano. Los «misterios» eran ritos iniciáticos en los que el iniciado (*mýstēs*) tenía una experiencia extraordinaria de la cual les tenían prohibido hablar después los participantes. Los elementos de estos ritos (*teletaí*, «complementaciones») podrían incluir: *legómena* («cosas habladas»), repeticiones o representaciones de palabras rituales, o el mito de las deidades de culto; *deiknýmena* («cosas mostradas»), objetos de culto a menudo ocultos en un cesto; y *drṓmena* («cosas realizadas»), actos rituales o representaciones dramáticas. La palabra «misterio», del Gr. *mýein* («cerrar»), indica los ojos cerrados del iniciado, que luego abre para ver lo que fue revelado en el rito, y también la boca cerrada del iniciado para guardar el secreto.

Más allá del elemento común del rito iniciático, las religiones mistéricas variaban en origen y organización. En las iniciaciones figuraban varios temas: la vida y la muerte, el sufrimiento, la sexualidad, la fertilidad y el bienestar. La adoración cultual no se limitaba al ritual iniciático; incluía también ceremonias públicas y actos de devoción personal. La iniciación era una decisión personal, pero la mayoría de las religiones no exigían una lealtad exclusiva.

Las semejanzas que caracterizan a estos cultos como misterios, pueden atribuirse a su desarrollo en el marco de las instituciones y condiciones sociales comunes del mundo grecorromano. En un contexto de turbación social, las personas buscaban experiencias rituales personales para conectarse con sus deidades. Los misterios daban una oportunidad para ello.

Los misterios se entienden mejor como cultos particulares. Los misterios eleusinos, que conmemoraban el mito de Demetrio y Perséfone, tenían su centro de actividades en Eleusis, a 21 km (13 mi) de Atenas. La mayoría de los atenienses eran iniciados, y de todos los niveles de la sociedad se admitían miembros. Las posiciones principales del culto eran ocupadas por dos prominentes familias de Atenas. Los Misterios Mayores, la segunda de las tres etapas de iniciación, se celebraban anualmente en otoño. Los iniciados eran purificados a la orilla del mar, donde cada uno traía un lechón que era lavado ritualmente y matado, y la sangre rociada sobre el iniciado. Unos días más tarde, los iniciados formaban una procesión desde Atenas hasta Eleusis por la Vía Sagrada, llevando los objetos y las estatuas sagradas al grito de «Iache! Iacce!» (literalmente, «¡Griten!»). Llegaban de noche, con antorchas, y entraban en el Telesterion, el templo para la iniciación, donde una comida sagrada especial era parte del rito. La iniciación prometía una vida mejor en el Hades después de la muerte.

En la isla egea de Samotracia, los misterios samotracios honraban a deidades conocidas simplemente como los Grandes Dioses (*Theoi Megaloi*). En la época grecorromana, visitantes de todo el mundo mediterráneo iban allí para tener la experiencia de la iniciación. Se creía que la iniciación samotracia protegía a los marineros. La iniciación se realizaba en dos etapas: la *mýēsis*, en una espaciosa cámara central iluminada por antorchas; y luego la *epopteía*, para un grupo más limitado en una habitación más pequeña. Los ritos nocturnos incluían sacrificios y bailes, y probablemente una ceremonia de purificación con agua. La Regla de los misterios de Andania, una inscripción del Peloponeso de fecha 92/91 a.C., ofrece información acerca de las normas y la organización de otro culto de varias deidades, pero no revela los secretos del culto.

Los misterios de Dionisio (Baco) no tenían un santuario central, y tomaban diversas formas en todo el mundo helénico. El culto se caracterizaba por los frenéticos ritos de consumo de vino, en los cuales los participantes vagaban por laderas boscosas de montañas llevando puestas pieles de cervatillo y llevando varas (*thýrsoi*) adornadas con hojas de hiedra y una piña. También, supuestamente, descuartizaban animales vivos con sus propias manos, y comían la carne cruda. Muchos de los participantes eran mujeres, conocidas como ménades. La obra de Eurípides, Las bacantes, ofrece una imagen de su culto orgiástico. Otras evidencias sugieren ritos más tranquilos y grupos cultuales reglamentados. El culto estaba asociado especialmente con los actores. Un fresco de Villa Item, cerca de Pompeya, ofrece probablemente imágenes de una iniciación mistérica dionisíaca. El orfismo estaba también relacionado con los misterios dionisíacos.

Los misterios de Isis y Osiris, la antigua diosa egipcia y su hermano y amante (también conocido como Serapis), se propagaron desde Egipto para convertirse en uno de los misterios más prominentes de todo el mundo grecorromano. En el antiguo Egipto, Isis y su familia divina habían desempeñado un papel en la sucesión ordenada de los faraones. Las ceremonias, en las que se usaba agua verdadera o simbólica del Nilo, desempeñaban un papel central en el culto, y se tenían comidas sagradas en honor de Serapis. Lo más cercano a un relato ocular de cualquier culto mistérico se encuentra en *Metamorfosis* de Apuleyo (Libro 11), que describe una experiencia de iniciación *mýstēs*' en el culto a Isis, con un enfoque de la muerte y una revelación de la luz como elementos esenciales. Las aretalogías existentes del culto a Isis mencionan los hechos poderosos de la diosa, en la forma de declaraciones de «yo soy».

Del culto a Cibeles y Atis hay evidencias en todo el imperio romano. El centro del culto estaba en la ciudad de Pesino en Anatolia. En 204 a.C., un meteorito identificado con la diosa fue llevado a Roma, donde su templo ocupaba un lugar prominente en el Palatino. Su fiesta anual allí se realizaba durante varios días sucesivos a finales de marzo. La experiencia de iniciación personal más notable era la de los *galli* de la diosa, que se castraban durante sus frenéticos ritos anuales, y que se convertían después en sus servidores permanentes vistiendo atuendo cultual femenino. En el período romano tardío se volvió frecuente otra forma de iniciación. En el *taurobolium* o *criobolium*, el iniciado descendía a un pozo sobre el que se ponían rejas, y luego era regado con la sangre de un toro o carnero sacrificado arriba. El culto a la diosa siria Atargatis con sus *galli* tiene muchas semejanzas con el de Cibeles, pero fue un culto independiente a lo largo del período romano.

El culto a Mitra se hizo popular como un culto mistérico grecorromano en el siglo II d.C. Los eruditos discuten la relación de los orígenes persas de Mitra con el culto mistérico del período grecorromano. El culto se limitaba a los hombres, y era especialmente popular entre los soldados romanos. La mayoría de los santuarios de Mitra de la época romana estaban parcialmente bajo tierra para reproducir la cueva que figura en el mito de Mitra. Los mitreos eran adornados frecuentemente con ilustraciones que presentaban a la figura de Mitra como el matador de toros (*tauroktonos*), y con imágenes astronómicas. La iniciación mitraica se llevaba a cabo en siete etapas. Cada nivel se identificaba con un símbolo diferente, y estaba protegido por un cuerpo celestial distinto. Una comida general era también una actividad cultual importante.

Los ritos y las ceremonias de iniciación del cristianismo primitivo se desarrollaron en un contexto en el cual estaban también en desarrollos estos cultos mistéricos. Las semejanzas entre el cristianismo primitivo y los misterios no son sorprendentes, y la naturaleza de la relación ha sido objeto de debate académico.

Bibliografía. U. Bianchi, *The Greek Mysteries. Iconography of Religions* 17/3 (Leiden, 1976); W. Burkert, *Ancient Mystery Cults* (Cambridge, Mass., 1987); B. M. Metzger, «A Classified ***Bibliografía*** of the Graeco-Roman Mystery Religions, 1924-1973, with a Supplement 1974-77,» in *ANRW* II.17,3 (Berlin, 1984), 1259-1423; M. M. Meyer, *The Ancient Mysteries: A Sourcebook* (San Francisco, 1987); J. Z. Smith, Drudgery Divine: On the Comparison of Early Christianities and the Religions of Late Antiquity. *Jordan Lectures in Comparative Religions* 14 (Chicago, 1990).

SUSAN (ELLI) ELLIOTT

MISTERIO

Algo revelado por Dios, por lo menos a unos pocos. El significado es diferente al del sentido usual de un problema sin resolver. En el Antiguo Testamento no hay un equivalente exacto de la palabra griega *mystḗrion*, aunque la idea del conocimiento secreto revelado por Dios se encuentra en Isaías 48.3, 6; Amós 3.7. En Daniel, este conocimiento es la llegada de una nueva era en la que Dios reinará.

El término griego aparece sólo una vez en los Evangelios (Mr 4.11 = Mt 3.11 = Lc 8.10), en los que Jesús lo relaciona con el reino de Dios. Donde más aparece es en la literatura paulina, donde se encuentra 21veces.

En el mundo helénico surgieron religiones mistéricas en las que se enseñaban secretos a los participantes, que éstos estaban obligados a no revelar. Una cuestión importante es la relación entre estas religiones mistéricas y el uso paulino del término «misterio». Aunque los escritores del NT pueden haber usado el término en parte como una estrategia de evangelización para ganar conversos gentiles, el trasfondo de su entendimiento era probablemente más semita que helénico.

El uso que hace Pablo del término contrasta con el de las religiones mistéricas; Pablo lo asocia con la crucifixión de Jesús, no con formas esotéricas de conocimiento (1 Co 1.23; 2.1-7). Para Pablo, el misterio que ha sido revelado es el plan de salvación de parte de Dios. En Efesios 6.19, habla del misterio del evangelio. Asimismo, en Colosenses 2.2 llama a Cristo el misterio de Dios. Este misterio es antiguo. Según Romanos 16.25, estuvo escondido durante largos siglos, pero en el versículo siguiente y en Efesios 3.9, 10, Pablo dice que fue revelado en el cumplimiento del tiempo. El misterio se refiere a la inclusión de los gentiles como también de los judíos en el plan de Dios de salvación (Ro 16.25, 26; Col 1.26, 27; Ef 3.3-6).

El término es utilizado en otras partes en Pablo y en el NT con significados secundarios. En 1 Corintios 13.2 se atribuye a los profetas la comprensión de los misterios. En 1 Corintios 14.2 se dice que lo que se habla en lenguas es un misterio del Espíritu. La palabra «misterio» también se utiliza en sentido derivado en varios pasajes donde los términos a los que se aplica son importantes en el plan divino de la salvación que ha sido revelada. El destino de Israel es llamado un misterio (Ro 11.25). En 1 Corintios 15.51, la resurrección de los muertos al final del mundo es llamada un misterio. En Efesios 5.31, 32, la aplicación de Génesis 2.24 (el matrimonio) a la relación entre Cristo y la iglesia, es descrita como un misterio. En 1 Timoteo 3.9, 16, el misterio se refiere a la fe y a la religión, respectivamente, con el significado de la buena nueva acerca de Jesús. En 2 Tesalonicenses 2.3 se aplica al hombre de pecado; en Apocalipsis 17.5-7, a Babilonia, la mujer vestida de escarlata. En Apocalipsis 1.20, las siete estrellas en la mano derecha de Cristo, y los siete candeleros, son llamados un misterio, que luego es explicado como los ángeles de las siete iglesias y las iglesias mismas.

ALICE OGDEN BELLIS

MISTICISMO CRISTIANO PRIMITIVO

Las evidencias de misticismo en la literatura cristiana primitiva están determinadas por la manera como definamos el término. La palabra «misticismo» (Gr. *mystēriōdía*) que usamos hoy, no se encuentra en ninguna parte dentro de estos materiales, sino que comenzó a usarse sólo hacia finales del siglo V gracias a la obra de Pseudo-Dionisio (o Denys) el Areopagita. Antes de este tiempo, se usaba generalmente la palabra latina *contemplatio* («contemplación»), un término que siguió siendo popular en la iglesia occidental hasta bien entrado el período medieval.

En su sentido más general, el misticismo antiguo puede ser definido tanto como la unión espiritual de lo humano con lo divino, como con una introducción a algún secreto o misterio específico. Es en ambos sentidos que las religiones mistéricas helénicas emplearon conceptos tales como «misterio», «místico» y «los misterios». Una terminología parecida entró rápidamente en el vocabulario cristiano, pero a diferencia de las religiones panteístas, la idea de un Dios personal en la religión bíblica ha restringido cualquier verdadero sentido de unificación entre lo humano y lo divino. La evidencia sugiere que movimientos antiguos como el gnosticismo, el misticismo judío, la especulación griega y la doctrina neoplatónica tuvieron al final una gran influencia sobre la perspectiva cristiana. Sin embargo, la perspectiva del cristianismo en cuanto al misticismo mantuvo una peculiaridad especial debido a su concepto de la unión del creyente con la persona de Jesucristo.

En el Nuevo Testamento ha sido identificado algunas veces el pensamiento místico. El mensaje central de Jesús de que toda la humanidad debe «volverse/arrepentirse» (*metanoéō*) y entrar en el reino de Dios (cf. Mr 1.14-15), ha llevado sin duda a muchos cristianos a buscar alguna asociación mística especial con Dios. Los milagros de Jesús y sus discípulos han sido citados a veces como prueba de esa unión espiritual. El autor de los Hechos señala que el Espíritu de Dios descendió como «lenguas de fuego» sobre la iglesia en Jerusalén (Hch 2.1-4), y que fue impartido a aquellos que Pablo bautizó en Éfeso (19.1-7). Marcos identifica incluso carismas específicos que debían acompañar a los discípulos mientras propagaban el mensaje del evangelio (Mr 16.17, 18).

Un testimonio más de la presencia del misticismo puede verse en la literatura paulina. En 2 Corintios 12.2-4, el apóstol habla a regañadientes de las visiones y revelaciones como un contrapeso retórico a las aseveraciones de su auditorio de Corinto. La referencia en cuanto a sí mismo en tercera persona, indica claramente su renuencia a centrarse en las experiencias místicas en general. En ninguna parte menciona su propia conversión, un hecho presentado dramáticamente en Hechos 9.1-9. En otras partes, Pablo se refiere al Cristo vivo que hay en su vida (Gá 2.20), y define a la iglesia como el cuerpo de Cristo (Ro 12.4, 5; 1 Co. 12.27). Pero éstas no son descripciones de experiencias místicas separadas, sino sólo claros testimonios de la comunión constante que siente él con el espíritu de Cristo. Si bien es cierto que el interior espiritual paulino gira en torno a lo que llama «el misterio» (Col 1.27), esta idea tiene poco en común con las religiones mistéricas de su tiempo. Por el contrario, el misterio de Pablo es la revelación del plan de Dios para la salvación humana, tal como fue proclamado por Jesucristo y atestiguado en el poder de la cruz y de la resurrección.

La literatura juanina también sugiere una cierta especulación mística. En el Evangelio de Juan, las metáforas del Buen Pastor (Jn 10.1-18) y de la vid y los pámpanos (15.1-8) sirven como posibles ejemplos de pensamiento místico. A ello puede añadirse la breve oración de Jesús en cuanto a su papel como el pan de vida (Jn 6.35-40), un texto que muchas veces ha llegado a ser visto como un comentario directo sobre el aspecto místico de la celebración eucarística. Sin embargo, tales textos limitados, incluso cuando se combinan con el tema infaltable de Juan en cuanto a la estrecha relación entre el Padre, el Hijo y el creyente, en ninguna parte presenta al misticismo como una actividad desarrollada por la comunidad cristiana mayor. Incluso el audaz testimonio del profeta en Apocalipsis 1.10 da testimonio solamente de la participación individual en la actividad mística.

Es muy discutido que cualquiera de estos ejemplos de las Escrituras pueda, en realidad, servir como posible evidencia de misticismo en la iglesia primitiva. Sin embargo, es indiscutible que la fe cristiana primitiva fue impulsada por dos experiencias concretas que tienen alguna asociación espiritual directa con Cristo, el bautismo y la eucaristía. Éstos eran eventos comunitarios que guiaban a cada creyente particular en su vida espiritual, y que se convirtieron en la base de experiencias místicas posteriores dentro de la historia cristiana.

Así pues, aunque la evidencia es limitada y dudosa, la presencia del misticismo es claramente evidente en la conciencia de la iglesia primitiva. El amplio testimonio en cuanto a visiones, milagros y oraciones, es indicativo del considerable sentimiento de una conciencia mística en la vida personal de los cristianos primitivos. En el plano litúrgico, algunos autores se refieren específicamente a las doctrinas y a los sacramentos como «misterios» de la experiencia cristiana común (p.ej., Ignacio, *Efesios* 19.1; Trall. 2.3, «servidores de los misterios de Jesucristo»; Didaché 11.11, «misterio temporal de la iglesia»). Durante el siglo II, la «experiencia cumbre» del misticismo se identificó con el martirio, descrito como una preciosa reunión con Cristo (cf. Martirio de Policarpo 15.1-2).

Durante estos primeros años, algunos sectores de la iglesia fueron fuertemente influenciados por el surgimiento del misticismo en el judaísmo. El pensamiento judío se convirtió en una fuerza dinámica al tratar de encontrar al Dios de los cielos en los elementos comunes de la vida diaria. Prominente en esta búsqueda durante el siglo I, fue Filón de Alejandría, cuya filosofía llegó a alegar que el «espíritu» (Gr. *pneuma*) de Dios reside en el centro de la voluntad humana en la forma de la «mente» (Gr. *noús*). Sus ideas influyeron en el pensamiento cristiano en Alejandría y Egipto, y en el ascetismo en general. El pensamiento de Filón está muy presente en la doctrina de Clemente de Alejandría, quien insistió en la gnosis (es decir, el conocimiento divino) como el objetivo supremo de la experiencia cristiana; y en Orígenes, quién trató de desposar al alma humana con el Logos divino como la unión definitiva entre el creyente y Dios.

El surgimiento del misticismo dentro de la literatura patrística es plenamente evidente durante los siglos IV al VI, bajo la influencia del pensamiento de Capadocia. Entre los autores clave del siglo IV estuvo Pseudo-Macario, un anacoreta egipcio que habló de la experiencia mística como el punto en que el alma abraza a Dios y se convierte en «un ojo espiritual y luz por completo». Su contemporáneo, Evagrio Póntico, buscó la unión mística con Dios a través de una progresión de etapas cuya culminación en el pleno conocimiento de la trinidad hacía libre de toda pasión.

Los auténticos tratados sistemáticos sobre el misticismo cristiano aparecieron sólo a finales del siglo V. Cabe destacar aquí la *Teología mística* de Pseudo-Dionisio el Areopagita de Siria, y también *La escalera del divino ascenso* de Juan Clímaco, escritos como una guía práctica para la vida monástica. La espiritualidad oriental tuvo al final una gran influencia sobre el punto de vista occidental sobre el misticismo, como se desprende de las especulaciones místicas de Ambrosio de Milán y de su alumno Agustín de Hipona (cf. sus *Confesiones*). A esta tradición hay que añadir los nombres de Jerónimo, Gregorio Magno y Máximo el Confesor, para nombrar sólo algunas de las últimas voces patrísticas.

Bibliografía. L. Bouyer, *History of Christian Spirituality, 1: The Spirituality of the New Testament and the Fathers* (London, 1963); E. C. Butler, *Western Mysticism*, 3rd ed. (New York, 1968); A. Louth, *The Origins of the Christian Mystical Tradition from Plato to Denys* (Oxford, 1981); «Mysticism,» in Early Christianity, ed. I. *Hazlett* (Nashville, 1991), 208-17; M. Smith, *Studies in Early Mysticism in the Near and Middle East* (London, 1931), repr. *The Way of the* Mystics (London, 1976).

Clayton N. Jefford

MITANI

Confederación hurrita y sus estados vasallos, dominada tal vez por una élite militar indoaria; sirvió como estado tapón importante en el norte de Mesopotamia durante parte del período patriarcal (c.1500-1350 a.C.). Aunque no son mencionados en el relato bíblico, los hurritas pueden ser posiblemente los mismos horeos (Gn 14.6; 36.20-30; Dt 2.12, 20), que se asentaron en torno al monte de Seir; sin embargo, la ubicación al sur de los horeos los pone bajo la hegemonía egipcia, lo que impide su inclusión en la liga de Mitani.

Los mitanios aparecen en los registros egipcios, hititas y asirios durante 250 años, hasta que pierden su independencia ante Asiria bajo Salmanasar I (1273-1244). Estos registros incluyen las Cartas de Amarna, que indican que Mitani era una potencia regional importante aliada de Egipto por matrimonios con los faraones.

La importancia bíblica de Mitani radica en la información que ofrecen los registros de Nuzi, una dependencia de Mitani, acerca de las costumbres patriarcales. Por ejemplo, la adopción del damasceno Eliezer por Abraham (Gn 15.2-3), las maternidades de alquiler de Agar (16.2), Bilha y Zilpa (30.3, 9) y la doble porción de los primogénitos (Dt 21.17), tienen todos paralelos importantes en las tablillas de Nuzi. Es evidente que algunas costumbres culturales del norte de Mesopotamia estuvieron presentes durante la era patriarcal.

Véase HURRITAS.

Jesse Curtis Pope

MITCA (Heb. *mitqâ*)
Lugar donde acamparon los israelitas, entre Tara y Hasmona, durante la peregrinación en el desierto (Nm 33.28, 29). Se desconoce su ubicación.

MITILENE (Gr. *Mitylḗnē*)
Importante ciudad portuaria de la isla de Lesbos, en el mar Egeo, situada frente a la costa noroccidental de Asia Menor. En el lado oriental de la isla, Mitilene (la actual *Mitilíni*), está a 10 km (6 mi) al noroeste del extremo oriental de la isla. La poetisa griega Safos vivió allí. Aunque fue liberada del dominio persa por los atenienses, Mitilene fue reducida y casi arruinada dos veces por los griegos por negarse a respetar los acuerdos hechos con la Liga de Delos. En el período romano era una popular ciudad turística. Al regreso de su tercer viaje misionero, Pablo viajó por mar a Mitilene (Hch 20.14).

Douglas Low

MITNITA (Heb. *mitqâ*)
Término que designa a Josafat, uno de los valientes de David (1 Cr 11.43). El gentilicio puede indicar su lugar de origen, posiblemente en Transjordania.

MITO
Historia o narración que transmite la estructura fundamental del conocimiento sobre la cual descansan las ideologías y las costumbres de una cultura específica. Aunque el mito está frecuentemente revestido con elementos de lo fantástico y asociado por lo general con la práctica religiosa y ritual, la investigación erudita ha ampliado claramente su modo de pensar en cuanto al mito (del Gr. *mýtyhos*) más allá de su asociación anterior con buenos salvajes y mentalidades primitivas. A pesar de su tradicional carácter ficticio, el consenso propone que el poder del mito reside en su capacidad de construir cosmovisiones en las que se fijan y legitimizan orígenes, identidades y conductas. Por tanto, comparable con sus muchas y diversas expresiones religiosas, el mito abraza al mismo tiempo las numerosas formaciones de las disciplinas científicas, las ciencias sociales y las humanidades posteriores a la Ilustración, claramente asociadas con nuestro esfuerzo por definir a una persona, familia o cultura.

La «mitología» designa a un conjunto de mitos relacionados con culturas específicas. El término se refiere paralelamente a un campo académico designado involucrado en el estudio de los mitos y de las mitologías: la historia de las religiones y de las religiones comparadas, los estudios bíblicos, la lingüística, la antropología cultural, la sociología, el psicoanálisis, los clásicos, la literatura y la teoría literaria.

Además de la identificación cultural, la percepción etnológica y literaria sugiere análisis comparativos y la clasificación de los mitos de acuerdo con temas importantes. Las categorías acostumbradas incluyen a la cosmología (mitos sobre los orígenes del universo, los dioses y la humanidad; p.ej., historias de la creación, historias de diluvios e historias sobre la caída de la humanidad); los mitos sobre la vida en el más allá y sobre fin del mundo (p.ej., la descripción de Homero de la tierra de los muertos en la Odisea, o el fin de la Era de Kali en las escrituras hindúes); los mitos sobre la muerte y dioses resucitados (p.ej., Osiris, Dionisio y Cristo); los mitos sobre la Diosa Madre o la Gran Madre (p.ej., la mesopotámica Inanna-Ishtar y la griega Demetra); los mitos sobre héroes y aventuras heroicas (p.ej., Gilgamés, Moisés, Ulises, Eneas, Buda, Parcival y Hiawatha); y los mitos sobre objetos y lugares importantes (p.ej., el monte Sinaí, Delfos, el Gólgota y la cueva de Mahoma).

La reflexión sobre el significado del mito aparece ya en el siglo VI a.C., en la obra filosófica de Tales de Mileto, seguida 200 años después en la obra del mitógrafo griego Evémero en el siglo IV, y posteriormente en los comienzos del siglo II d.C., por los neoplatónicos y los alegoristas cristianos. Sin embargo, la compilación sistemática y el análisis del mito no aparecen hasta el período de la Ilustración en la segunda mitad del siglo XVIII, cuando cientos de relatos de viajes comenzaron a fluir hacia Europa que detallaban ritos y mitologías extrañas de todo el mundo. Estos materiales aportaban información para hacer análisis comparativos entre las mitologías recién descubiertas, y las historias bien conocidas y puestas por escrito de hebreos, griegos y romanos, lo que facilitó el estudio sistemático de la mitología. Los primeros estudios se centraron en el lenguaje del mito en asociación con las supuestas mentalidades primitivas, proponiendo que sus atributos lingüísticos reflejaban casos gráficos de irracionalidad primitiva. Los eruditos se mostraron reacios a identificar mitos a mitos privilegiados, como los hebreos y las mitologías grecorromanas, con el lenguaje de la irracionalidad. En el contexto de los estudios literarios, el movimiento romántico buscaba desalojar esta inquietante asociación, sugiriendo que el mito indica un lenguaje poético y primigenio fundamental para la humanidad y para su desarrollo orgánico. Igualmente, la antropología cultural se ocupó de tales dificultades. Antropólogos tales como Sir James Frazer, E. B. Tylor, Franz Boas, Emile Durkheim y Bronislaw Malinowski propusieron en general que la primitiva mitología refleja los elementos fundamentales de la civilización moderna, y que su estudio comparativo adecuado debe ayudar en el desarrollo de nuestra comprensión contemporánea de las formaciones sociales y culturales de la humanidad. Estas observaciones fueron también acogidasy estudiadas por clasicistas como Gilbert Murray, Jane Harrison, A. B. Cook y F. M. Cornford, y asimismo por historiadores de la religión como Franz Cumont y Rudolf Otto. Además, la idea se ha abierto paso en los estudios de la psicología moderna donde el análisis se vuelve más directamente hacia la constitución de la psiquis humana. Tanto Sigmund Freud como Carl Jung reconocieron temas y patrones esenciales a los mundos mítico y subconsciente: los «arquetipos» y el «inconsciente colectivo» del «complejo de Edipo» de Freud, y el «complejo de Electra» de Jung. En el campo de la antropología cultural, Claude Lévi-Strauss continúa el estudio antropológico de la mitología al presentar el importante componente estructuralista del análisis del mito, mientras que las muy aceptadas teorías de Joseph Campbell sobre la relación entre la mitología y los arquetipos universales llevan adelante las perspectivas psicoanalíticas de Jung. En el campo de la historia de las religiones, el análisis de la mitología es impulsado por los trabajos de Mircea Eliade sobre el tiempo mítico y existencial, mientras que los estudios de la literatura y la teoría literaria mantienen un enfoque sobre la naturaleza poética del lenguaje mítico ejemplificado en perspectivas críticas diversas tales como el formalismo de Northrop Frye, y el estructuralismo/posestructuralismo de Roland Barthes.

Congruente con las mitologías extrañas que llegaban a la Europa de finales del siglo XVIII, la exploración recuperó también artefactos antiguos egipcios y babilonios que poco después generaron el desciframiento de jeroglíficos y escrituras cuneiformes. Surgió una nueva biblioteca de antigüedades del Cercano Oriente, y los académicos descubrieron incómodas semejanzas entre las historias de esas religiones paganas y los textos sagrados del judaísmo y el cristianismo. Hasta ese momento, la erudición bíblica había resistido cualquier comparación que pudiera poner en peligro la privilegiada posición de estos textos acreditados, pero la erudición alemana, en particular, siguió adelante en la aplicación de su alta crítica. Después de la refutada distinción de Johann Salomo Semler (1725-1791) entre dogma (la teología o las enseñanzas de la iglesia) y religión (la experiencia histórica), J. G. Eichhorn (1752-1827) llamó la atención sobre las semejanzas entre los relatos de la creación y los diluvios en las narrativas clásica y bíblica, y utilizó la palabra «mito» por primera vez para referirse a ellos. Estas historias no eran registros de sucesos reales, sino las expresiones de una conciencia religiosa y precientífica. Aunque el «mito» se convirtió en uno de los términos más polémicos de la alta crítica, la erudición bíblica siguió utilizando el estudio comparativo de la mitología como un medio para iluminar su comprensión de la historia bíblica. En ninguna parte fue esto más evidente que en la obra de David Friedrich Strauss (1808-1874), cuya demostración del mito cristiano primitivo en *Das Leben Jesu* generó una nueva era de erudición bíblica centrada en el tema de la mitología y la historia cristiana. A pesar de los muchos intentos por delimitar, por no decir borrar, la cercanía de lo mitológico al evangelio cristiano, no se tuvo éxito; se hizo evidente que la percepción que compartía el cristianismo con el resto del mundo mediterráneo del siglo I, era una percepción unida a lo mitológico. Los esfuerzos se centraron entonces en el acto de interpretación como un medio para ocuparse de la calidad mítica del cristianismo, que culminó a principios del siglo XX con la introducción de la desmitologización por el erudito alemán del NT, Rudolf Bultmann. Estos análisis no buscaban la eliminación de lo mitológico, sino la refundición de su mensaje en el lenguaje del existencialismo heideggeriano, un procedimiento hermenéutico mediante el cual el contenido esencial (*Sache*) de la proclamación cristiana primitiva (*kḗrygma*) fue despojado de su elemento mitológico e investido con el lenguaje de las sensibilidades de la posilustración, preservando de ese modo la esencia del evangelio cristiano.

Aunque los estudios posteriores no han mejorado sensiblemente nuestro conocimiento de la relación entre la literatura judeocristiana y el lenguaje del mito, hay un renovado esfuerzo por reevaluar la estrecha comprensión de la desmitologización del mito, y por abordar la cuestión de los orígenes del cristianismo en vista de las observaciones antropológicas culturales contemporáneas y de las teorías posmodernas del lenguaje y la literatura.

Bibliografía. R. Bultmann, *Jesus Christ and Mythology* (New York, 1958); M. Detienne, *The Creation of Mythology* (Chicago, 1986); M. Eliade, *Myth and Reality* (New York, 1963); T. Gaster, *Myth, Legend and Custom in the Old Testament* (1969, repr. Gloucester, 1981); G. S. Kirk, *Myth: Its Meaning and Function in Ancient and Other Cultures* (Berkeley, 1970); I. Strenski, *Four Theories of Myth in Twentieth-Century History: Cassirer, Eliade, Lévi-Strauss and Malinowski* (Iowa City, 1987); J.-P. Vernant, *Myth and Society in Ancient Greece* (New York, 1990).

MICHAEL L. HUMPHRIES

MITRA

El dios Mitra tiene un pasado complejo que se remonta a la antigua India, donde era un dios de la verdad y la luz. También se volvió muy popular en Persia, donde, otra vez, estuvo asociado con la verdad y los contratos entre las personas. Durante el período helenístico, hay evidencias de un culto de Mitra en Comagene, en el sur de Turquía. Aquí, Mitra es identificado con el sol, y se utilizaba la astrología en la formulación de lo que el culto percibía que eran sus dimensiones cósmicas.

No está claro cómo surgió la religión mistérica de Mitra en Roma a finales del siglo I d.C. Algunos argumentan que el culto se desarrolló gradualmente basándose en la adoración de Mitra en Persia, mientras que otros atribuyen la invención del culto a un individuo o a un grupo de personas familiarizadas con la religión persa. En realidad, hay semejanzas entre el culto persa de Mitra y la religión mistérica, pero también muchas diferencias. La iconografía de la religión mistérica, por ejemplo, está impregnada de imágenes astrológicas y astronómicas grecorromanas.

Ya que el culto era cerrado y privado, hay muy poca evidencia literaria que describa cómo funcionaba. Hay, sin embargo, numerosos monumentos a Mitra, entre ellos cuevas en las que los miembros de la secta adoraban a su dios. Estas cuevas (mitraeas) pueden encontrarse en Roma y en todo el imperio, ya que el culto era muy popular entre soldados, esclavos y libertos. Sólo los hombres podían unirse a la religión, y la iconografía indica que una vez iniciados en los misterios, el hombre podía ascender poco a poco una escalera simbólica de grados. Estas ceremonias de iniciación y ascensión estaban también asociadas con inquietudes en cuanto a la otra vida.

El culto de Mitra ha desaparecido con el cristianismo. Sin embargo, han sido descubiertas algunas mitraeas, las más de las veces debajo de las iglesias que se construyeron sobre ellas.

ALICIA BATTEN

MITRÍDATES (Heb. *miṯrĕdāṯ*)

1. Tesorero del rey Ciro de Persia que devolvió a Sesbasar los tesoros del templo (Esd 1.8; 1 Esdr 2.11).

2. Uno de los tres funcionarios persas que escribieron al rey Artajerjes I para oponerse a la reconstrucción de Jerusalén (Esd 4.7; 1 Esdr 2.16).

MIZA (Heb *mizzâ*)

Cuarto hijo de Reuel (2) y Basemat, nieto de Esaú; jefe o antepasado de un clan edomita (Gn 36.13, 17; 1 Cr 1.37).

MIZAR (Heb. *miṣʿār*)

El pequeño «monte» de Salmos 42.6 (TM 7). Mizar puede referirse a una de las estribaciones del monte Hermón, o posiblemente al más bajo de los tres picos del mismo monte. El término puede ser una referencia indirecta al monte de Sion, que se yergue en contraste con la montaña alta, el monte Hermón. Otra posibilidad es traducir «los montes en el borde», una referencia al mundo de los muertos cananeo, achacando a la cercanía de la muerte el desánimo en el alma del salmista.

THOMAS W. DAVIS

MIZPA (Heb. *mijpâ*),

1. Mizpa de Galaad. Nombre dado por Jacob como señal de su pacto con Labán (Gn 31.49). La llamada bendición de Mizpa invoca a Jehová para que él vigile el cumplimiento, por ambas partes, de las estipulaciones del pacto. Más tarde, las fuerzas de Israel se reunieron aquí en preparación para la guerra contra Amón (Jue 10.17), logrando el apoyo de Jefté para que encabezara la guerra (11.11, 29, 34).

2. La «tierra» (Jos 11.3) o el «llano de Mizpa» (v. 8), un área al norte del Mar de Galilea (Cineret) cerca del monte Hermón. La zona fue habitada por los heveos, y fue aquí donde el rey Jabín de Hazor huyó de Josué.

3. Mizpa de Judá (Jos 15.38), una ciudad de la Sefela.

4. Mizpa de Moab. Aquí se reunió David con el rey de Moab cuando huía de Saúl, para pedirle que diera refugio allí a sus padres (1 S 22.3). Se desconoce la ubicación de la ciudad, aunque algunos la identifican con el Rujm el-Mesrefeh, una altura conspicua al suroeste de Medeba.

JOHN T. STRONG

5. Mizpa de Benjamín (Jos 18.26). Aquí reunieron los israelitas su ejército para vengar la violación y el asesinato de la concubina del levita (Jue 20.1, 3; 21.1, 5, 8). Más tarde se congregaron allí bajo la dirección de Samuel, y derrotaron a los filisteos en batalla (1 S 7.5-11). Samuel realizó cultos adoración en Mizpa, incluyendo holocaustos (1 S 7.6, 9). Allí escogió y ungió a Saúl como rey (1 S 10.17-25), y junto con Betel y Gilgal, Mizpa era parte del recorrido anual que realizaba cuando juzgaba a Israel (7.16). Asa rey de Judá fortificó a Mizpa y a Geba de Benjamín en el siglo IX, después que la invasión del norte de Judá por el rey de Israel Baasa fue abortada (1 R Cr 15.22 = 2.16.6). Después que Nabucodonosor destruyó Jerusalén en el 586, Mizpa sirvió como capital de la provincia babilónica de Judá bajo Gedalías (2 R 25.23-25; Jer 40.6-41.16). Siguió siendo un centro administrativo importante después del regreso de Babilonia de los exiliados (Neh 3.7, 15, 19). Mizpa es el último lugar mencionado como punto de encuentro de los asmoneos cuando se preparaban para dar la batalla a un ejército seléucida (1 Mac 3.46).

Mizpa puede ser identificada casi con total certeza con el actual *Tell es-Najbeh* (1706.1436), 12 km (8 mi) al noroeste de Jerusalén. El otro posible candidato, NebI Òamwil, no ha producido ruinas arqueológicas que permitan su identificación con Mizpa.

El Tell es-Najbeh fue excavado por W. F. Badè entre 1926 y 1935. Despejó c. dos tercios de este sitio de 260 x 130 m (855 × 425 pies) (3,25 ha [8 acres]), lo que lo convierte en el montículo más extensamente excavado en Israel. Una cueva contiene ruinas del período calcolítico (4500-3300). Más restos funerarios que siguen en cuevas, y fragmentos de tiestos en este montículo de la temprana Edad del Bronce I (estrato V, 3300-3000 a.C.) ponen de manifiesto un modesto asentamiento en ese tiempo.

Las muestras de ollas de cocina, *phitoi* con cuello en reborde y productos bicolores filisteos, típicos de la Edad del Hierro I (estrato IV, 1200-1000), indican

Típica casa de cuatro habitaciones de la Edad del Hierro, construida con bloques de piedra caliza, justo después de puerta de entrada a la ciudad, en el Tell en-Najbeh. Las columnas eran probablemente soportes para el techo (Badè Institute of Biblical Archeology, Pacific School of Religion)

la presencia de un asentamiento en ese tiempo. Sin embargo, los únicos elementos arquitectónicos que sobreviven de ese período, son una gran cantidad de silos excavados en la roca, cisternas y una prensa de vino.

Son numerosos las ruinas de la Edad del Hierro II (estrato III, 1000-586). La ciudad fue trazada siguiendo los taludes naturales de la colina sobre la que fue construida; alrededor del perímetro oval de la colina hay caminos estrechos. Las casas son generalmente pequeñas, con estructuras de tres o cuatro habitaciones, que comparten sus paredes. Las primeras defensas de la ciudad se formaron uniendo los amplios cuartos posteriores de las casas a lo largo de la periferia del sitio, en un sistema parecido de ventanas batientes. El grueso muro acoplado de Asa (de no menos c. 4,5 m [15 pies] de espesor) y la compleja puerta interior-exterior, cerraban totalmente a la anterior ciudad. Un sello que perteneció a « Ja'azaniah, el siervo del rey», fue encontrado en una de las tumbas, y pertenece posiblemente al hombre del mismo nombre mencionado como funcionario real en 2 Reyes 25.23 y Jeremías 40.8. Este asentamiento fue nivelado c. en el. 586, para tener un espacio donde construir los edificios del estrato siguiente.

Las ruinas del período babilónico que siguieron estando presentes en el período persa (estrato II, 586-400), son de casas grandes y bien construidas, de cuatro habitaciones, e incluso de estructuras administrativas aún más grandes. El muro de Asa se mantuvo en uso, pero sólo la puerta exterior siguió funcionando. Los ataúdes de cerámica en forma de bañera y de estilo mesopotámico, y el fragmento de una corona de bronce con una inscripción dedicatoria cuneiforme, son muestras de la influencia babilónica en el sitio. Se desconoce la razón de la destrucción de la ciudad en c. de 400.

Las ruinas del período helenístico que siguieron estando presentes en el período romano (estrato I) son fragmentarias, pero las ruinas de tres hornos y dos prensas de uva indican que el montículo era sólo una propiedad agrícola. Éste no estuvo ocupado en el período bizantino, o en los períodos posteriores, aunque en las inmediaciones fueron encontradas una iglesia y algunas tumbas.

El material arqueológico del Tell es-Najbeh se ajusta perfectamente a la documentación histórica relacionada con Mizpa, y proporciona datos importantes sobre la planificación de la ciudad antigua. El Tell es-Najbeh ofrece las únicas ruinas materiales del Israel antiguo pertenecientes al período babilónico.

Bibliografía. T. L. McClellan, «Town Planning at Tell en-Najbeh,» *ZDPV* 100 (1984). 53-69; C. C. McCown and J. C. Wampler, *Tell en-Nasbeh*, 2 vols. (New Haven, 1947); J. R. Zorn, *Tell en Nasbeh. A Re-evaluation of the Architecture and Stratigraphy of the Early Bronze Age, Iron Age and Later Periods*, 4 vols. (diss., Berkeley, 1993).

JEFFREY R. ZORN

MIZRAIM (Heb. *mijrayim*)

Palabra hebrea para el país de Egipto (cf. eg. *mjrym*), presentado en la Tabla de las Naciones como descendiente de Cam (Gn 10.6, 13; 1 Cr 1.8, 11)

MNASÓN (Gr. *Mnásōn*)

Cristiano originario de Chipre, en cuya casa de Jerusalén se alojó Pablo la última vez que estuvo en la ciudad (Hch 21.16). La referencia a Mnasón como un «discípulo antiguo», puede significar que fue miembro fundador de la iglesia en Jerusalén.

MOAB (Heb. *mô'āḇ,*)

Pequeño reino de la Edad del Hierro en Transjordania, que compartía fronteras con los amonitas en el norte, y con los edomitas en el sur. Según el AT, cada uno de estos pueblos antiguos tuvo contacto frecuente con los hebreos durante mucho tiempo de la historia bíblica, y todos estuvieron repetidamente en guerra entre sí. No se tiene información específica sobre los orígenes de estos estados transjordanos, pero el trasfondo más importante de Amón, Moab y Edom son los ocupantes que tuvieron en la Edad del Bronce, quienes vivieron en un pequeño número de ciudades de la meseta transjordana. Los estados de la Edad del Hierro evolucionaron a partir de grupos regionales más antiguos y menos organizados, cuando cada uno de estos pueblos de transjordanos entró en contacto regular con los rasgos culturales sus vecinos, que después asimilaron. Los amonitas, los moabitas y los edomitas hablaban lenguas semíticas parecidas y compartir algunos aspectos de la cultura material; pero había muchas diferencias que hacía a cada grupo consciente de su propia identidad política, económica y religiosa. Estas identidades separadas están reflejadas en la evidencia arqueológica y literaria, y los eruditos están tratando todavía de clasificar el inventario de la cultura material de cada región.

En el apogeo de su poder, Moab tuvo una superficie aproximada de 88 km (55 mi) de norte a sur, y unos 32 km (20 mi) de este a oeste. El territorio de Moab estaba ubicado en el altiplano, inmediatamente al este del Mar Muerto; y el borde del acantilado se elevaba hasta 1395 m (4570 pies) por encima del fondo del valle del Jordán. El control moabita llegó a veces hasta el norte de *Wadi Mujib* (el Arnón bíblico), y más allá de Dibón (la actual Dhībān) hasta la región de Hesbón (Hisban). Las evidencias en cuanto a cerámica, de la Biblia, y de inscripciones (incluida la inscripción de Mesa o Piedra Moabita), confirman la extensión de lo que puede llamarse «el Gran Moab». Pero en sus períodos de mayor debilidad, los moabitas sólo controlaban de manera segura su territorio interior entre *Wadi Mujib* y *Wadi el-µesa* (Zered), que se extendía por c. de 48 km (30 mi) de norte a sur. En la práctica, Moab era una estrecha franja de tierra cultivable que cubría menos de 32 km (20 mi), que iban desde el borde de la meseta, al oeste, hasta el «borde del desierto», al este, más allá de lo cual habitaban tribus nómadas.

El paisaje moabita era levemente ondulado, con una meseta (heb. *mîšôr*) poco poblada de árboles, que era llamada, a veces, la «meseta de Medeba»; estaba dividida en pequeños segmentos por amplios sistemas de wadis, o cañones, que servían de desagüe a las precipitaciones de invierno que caían en la región. El Gran Valle del Rift (incluidos el río Jordán y el Mar Muerto), que separaba a Moab de Judá, en el oeste, era un límite efectivo; el desierto de Siria fijaba el límite de la ocupación sedentaria en la frontera oriental de Moab. A lo largo de la bien regada cima de la meseta, estaba la ruta de «El Camino de los Reyes» (cf. Nm 20.17; 21.22). El clima de Moab es mediterráneo, pero su frontera oriental y el valle del Mar Muerto son áridos. La máxima precipitación anual oscila entre 30,5 y 35,5 cm (12-14 pulgadas) en el altiplano central, pero esta cantidad desciende rápidamente, tanto en el este como en el oeste. A pesar del aislamiento topográfico de Moab y de su ambiente relativamente seco, los moabitas vivían de la agricultura de secano, el pastoreo de ganado (cf. 2 R 3.4, 5), y el intercambio de productos con sus vecinos.

Según la Biblia, el antepasado epónimo de los moabitas fue Moab, el hijo de Lot (Gn 19.37), pero las evidencias de ocupación humana en esta región se remontan al período paleolítico. Deuteronomio 2.10, 11 dice que los gigantes emitas fueron los ocupantes de este territorio, antes de los moabitas. Cientos de sitios arqueológicos reflejan una historia relativamente continua de ocupación hasta el presente, aunque la intensidad de la ocupación sedentaria fluctuaba significativamente de un período a otro. El tercer milenio está bien representado en el registro arqueológico (y en el valle del Mar Muerto en sitios como *Bab edh-Dhra*ʿ y *Numeira*), pero hubo una disminución en la vida sedentaria durante gran parte de las Edad del Bronce medio y tardío, desde c. de 1900 hasta el 1300. No hay una explicación clara para este patrón, pero el número de sitios permanentes aumentó constantemente desde finales del Bronce tardío hasta el fin de la Edad del Hierro. La naturaleza dispersa de la ocupación en Moab en el Bronce tardío ha convertido en un tema de debate la fecha del éxodo hebreo y la conquista.

La Biblia registra la continua interacción, a menudo hostil, entre Moab y los israelitas, desde la época de Moisés (p.ej., Nm 21-24; Jue 3.12-30; 11.26) y Rut, hasta el período persa (p.ej., Esd 9.1; Neh 13.1, 23). La mayoría de estos contactos fueron hostiles, desde el éxodo hebreo, y a través de los reinados de Saúl, David (1 S 14.47; 2 S 8.2), y de la dinastía de Omri (cf. 2 R 3). Salomón tuvo mujeres moabitas en su harén, y construyó un santuario para su deidad principal, Quemos (1 R 11.1, 7, 33). Aparte de la Biblia, el testimonio literario más importante relativo a los moabitas, es la inscripción de Mesa, un monumento de basalto descubierto en Dhībān en 1868. Este texto moabita de 34 líneas, data desde c. de 930, y relata la victoria de rey Mesa sobre los opresores israelitas de Moab (cf. 2 R 3). Otra estela conmemorativa fragmentaria, encontrada en Kerak en 1958, menciona a Chemoshyat(ti), quien también gobernó en Dibón, y que fue probablemente el padre de Mesa.

Durante los siglos VIII y VII, desde el tiempo de Tiglat-pileser III y hasta el reinado de Asurbanipal, los moabitas fueron un estado vasallo de los asirios. Por los textos neoasirios nos enteramos de los nombres de otros cuatro reyes moabitas (Shalamanu, Kamoshnadab, Musuri y Kamoshʿasa), pero no se puede hacer una cronología precisa. Los profetas hebreos acusaron a menudo a los moabitas (p.ej., Is 15-16; Jer 9.25, 26; 48.1-47; Am 2.1-3; Sof 2.8-11), quienes, según Flavio Josefo, cayeron ante los babilonios en el 582. El estado moabita desapareció para

Sitio de *Jirbatr al-Mudayna*, de la Edad del Hierro I, en la frontera oriental de la antigua Moab. La antigua calzada en primer plano dobla a la izquierda en el ribazo que se encuentra en la cantera (en el centro y a la derecha); un enorme muro/torre defensivo obliga entrar al sitio a lo largo de la estrecha carretera (Foto. Reuben G. Bullard, Jr.; cortesía de Bruce E. Routledge, Moab Marginal Agricultural Project)

siempre, y su población fue asimilada por el amplio movimiento de la historia durante los períodos persa, clásico e islámico. En los períodos romano y bizantino, la ciudad y las aldeas de Moab florecieron, y los árabes nabateos (generalmente asociados con Petra y con el territorio edomita al sur) estuvieron bien representados en el anterior territorio moabita.

Como se ha señalado, la evidencia arqueológica de Moab refleja a un pueblo cuya cultura material compartió muchas características con las regiones circundantes. De hecho, hay pruebas de comercio y de influencia mutua en toda la región. La arquitectura moabita excavada recientemente (en sitios como *Jirbet al-Mudayna* en *Wadi eth-Themed, Khirbet al-Mudayna* ʿAliya, *y* Mudaybiʿ) incluye elementos que son conocidos en el resto del Levante (p.ej., edificios con columnas, puertas de varias cámaras y capiteles protojónicos). Sin embargo, algunas formas de cerámica y de técnicas decorativas (p.ej., la pintura a rayas) son distintivas de esta región.

En este territorio han sido encontradas dos importantes esculturas de basalto: la estela de Baluʿ y la estela del guerrero Shihan; son del período de transición entre la Edad del Bronce tardío II, y la Edad del Hierro I y el siglo VIII, respectivamente. Estos artísticos monumentos reflejan los contactos internacionales de Moab en la representación de figuras humanas con rasgos egipcios, y de la figura de un guerrero tallada al estilo del norte de Siria.

La religión moabita era politeísta, pero el dios Quemos era visto, casi con toda seguridad, como un dios nacional. Según Nímeros 21.29 y Jeremías 48.46, los moabitas eran conocidos como el «pueblo de Quemos»; y la aparición del nombre de esta deidad en nombres de personas es otro indicio de su importancia. Números 22-24 señala el uso de adivinos por parte de los moabitas, y un sacerdocio moabita es mencionado por Jeremías (48.7). La existencia de santuarios moabitas se da por sentado en la inscripción de Mesa, que se refiere a un lugar alto para Quemos en Qarhoh (probablemente parte de la Dibón antigua), y en el AT (1 R 11.7, 8; 2 R 23.13). Las líneas 12-13 y 17 de la inscripción de Mesa hablan de la exigencia de Quemos de que los enemigos de Moab sean liquidados en su honor; este lenguaje es prácticamente idéntico a la idea hebrea de la guerra sagrada, ordenada a menudo por Jehová (p.ej. Dt 7.2; 20.16, 17; Jos 6.17-19, 21; 1 S 15.3, 13).

La investigación arqueológica en esta región ha aumentado dramáticamente en las últimas décadas, y ha arrojado mucha luz sobre la historia y la cultura moabitas. Grandes avances en la exploración y en la investigación académica han sido hechos por Ulrich Seetzen (1806), Ludwig Burckhardt (1812), Henry Baker Tristram (1872), Rudolf Brünnow y Alfred von Domaszewski (década de1890), y Alois Musil (1896-1902). El trabajo arqueológico moderno fue iniciado por William F. Albright (1924 y 1933), Reginald Head (1930), John W. Crowfoot (1933) y Nelson Glueck (a partir de 1933). Gueck, en particular, sirve como base para estudios más recientes (p.ej, los trabajos de J. Maxwell Miller, Jack M. Pinkerton y S. Thomas Parker), y para excavaciones arqueológicas. Importantes excavaciones se han llevado a cabo recientemente en *Dhībān, ʿArāʿir, Jirbet Mudaynah al-Muʿrrajeh, Jirbet Faris* y *Lejjûn*. Se siguen haciendo excavaciones en *Tell µesbān, Madaba/Medeba, Tell Jalûl, Jirbet Iskander, Jirbet al-Mudayna* en *Wadi eth-Themed, Lehun, Jirbet al- Bālūʿ, Jirbet al-Mudayna* ʿAliya y Mudaybiʿ. El antiguo sitio de Mefaat (Jos 21.37; 1 Cr 6.79 [TM 64]; Jer 48.21), ubicado en el territorio de Moab, ha sido identificado con el actual *Umm er-Rejaj* gracias a una inscripción en el mosaico de una iglesia del siglo VII. Siguen sin respuesta muchas preguntas importantes, pero la antigua Moab no es más una terra incognita.

Bibliografía. «The Archaeology of Moab,» *BA* 60 (1997). 194-248 [six articles]; P. Bienkowski, ed., *Early Edom and Moab* (Sheffield, 1992); J. A. Dearman, ed., *Studies in the Mesha Inscription and Moab*. SBLABS 2 (Atlanta, 1989); G. L. Mattingly, «Moabites,» in *Peoples of the Old Testament World*, ed. A. J. Hoerth, Mattingly, and E. M. Yamauchi (Grand Rapids, 1994), 317-33; J. M. Miller, ed., *Archaeological Survey of the Kerak Plateau. ASOR Archaeological Reports* 1 (Atlanta, 1991).

Gerald L. Mattingly

MOABITA, PIEDRA

Estela de una victoria encargada por el rey Mesa de Moab, quien gobernó a comienzos del siglo IX a.C; conocida también como la estela de Mesa. El lenguaje de la inscripción es moabita, un dialecto semítico noroccidental estrechamente relacionado con el hebreo. La escritura de la estela es paleo hebrea.

La inscripción de Mesa dice que Omri, rey de Israel, había convertido a Moab en un estado vasallo, pero que durante el reinado del «hijo» de Omri, Mesa recuperó la independencia de Moab, e incluso le anexó algunas regiones tradicionalmente asociadas con Israel (p.ej., Nebo). Mesa atribuyó la hegemonía de Israel sobre Moab a la ira del dios Quemos, lo que implica claramente que los éxitos de Moab fueron el resultado del cese de la ira de Quemos y la reanudación de su favor. El desastre y el éxito son topoi asociados con frecuencia, en la Biblia, con la ira o el favor de la deidad de Israel. Mesa se refirió también a sus numerosas obras públicas en pro de Moab, como la (re)construcción de muros, sistemas de agua y las edificaciones para el culto. Uno de los aspectos más asombrosos de la inscripción, es la referencia a Jehová, el Dios nacional de Israel. Algunos consideran que los materiales bíblicos y de las inscripciones son dos episodios diferentes en la historia de las relaciones entre israelitas y moabitas, pero otros piensan que son descripciones complementarias (cf. 2 R 3.4-27).

La piedra fue descubierta en las ruinas de Dhiban, la antigua capital de Moab, por beduinos, quienes hicieron esto del conocimiento de F. A. Klein, un pastor anglicano y médico misionero, en 1868. La piedra es un basalto negro, de c. 1 m × 60 cm × 60 cm (3,3 pies × 23,6 in × 23,6 in), con una inscripción de 34 líneas. El plan de Klein de comprar la piedra fracasó; pero Salīm el-Qārī hizo una copia a mano de las primeras líneas, y poco tiempo después Yaʿqūb *Karavaca* hizo una impresión en papel. Debido a las complicaciones en la negociación de la compra y la entrega de la piedra, el cónsul de Prusia solicitó la ayuda de las autoridades turcas. Esto disgustó a los beduinos, quienes calentaron la piedra en un fuego y luego vertieron agua fría sobre ella, provocando su ruptura en decenas de pedazos. Alrededor de 57 piezas (alrededor de dos tercios de la inscripción) fueron compradas finalmente. Charles Clermont-Ganneau, utilizando la impresión hecha por Karavaca, pudo reconstruir toda la inscripción con bastante precisión.

Bibliografía. J. A. Dearman, ed., *Studies in the Mesha Inscription and Moab. SBLABS* 2 (Atlanta, 1989); S. H. Horn, «The Discovery of the Moabite Stone,» in *The Word of the Lord Shall Go Forth*, ed. C. L. Meyers and M. O'Connor (Winona Lake, 1983), 497-505; G. L. Mattingly, «Moabites,» in *Peoples of the Old Testament World*, ed. A. J. Hoerth, Mattingly, and E. M. Yamauchi (Grand Rapids, 1994), 317-33.

Chris A. Rollston

MOADÍAS (Heb. *môʿaḏyâ*)
Antepasado de una familia de sacerdotes del tiempo del sumo sacerdote Joiacim (Neh 12.17). El nombre puede estar relacionado con Maadías.

MODÍN (Gr. *Modein*)
Pequeña población, el actual Ras Medieh (150148), c. de 29 km (18 mi) al noroeste de Jerusalén, tierra ancestral de los asmoneos y lugar de la revolución de los Macabeos en el 167 a.C. El anciano sacerdote Matatías se negó a sacrificar una cerda a Zeus como lo había ordenado Antíoco IV Epífanes, y mató al otro sacerdote que iba a hacerlo, y también al mensajero del rey (1 Mac 2.15-27). Las tumbas de la familia asmonea estaban en Modín (1 Mac 2.70; 9.19; 13.25-30).

JOE E. LUNCEFORD

MOISÉS (Heb. *mōšeh*)
Libertador y legislador israelita.

Relatos bíblicos

Moisés nace de padres de la tribu de Leví después que Faraón decreta la muerte de todos los varones hebreos recién nacidos. Pero en vez de ahogar a Moisés, su madre lo pone en las aguas poco profundas del Nilo, donde es descubierto por la hija de Faraón y sacado por su sierva. La princesa cría a Moisés como su propio hijo, y emplea a la madre biológica de él como su nodriza (Ex 1:22-2:10). La hija de Faraón le da el nombre de *mōšeh*, «porque de las aguas lo saqué (*«mšh»*)». Visto en conjunto, el incidente es un presagio de acontecimientos futuros: así como Faraón planea ahogar a los indefensos niños de Israel en el Nilo de los juncos, del cual Moisés es rescatado, también Jehová y Moisés salvarán a Israel de Egipto en el Mar de los Juncos, donde perecen poderosos hombres de Egipto. La hija de Faraón, aunque es un personaje secundario, simboliza a Dios; y su criada, a Moisés. Incluso, el nombre Moisés, si se entiende como hebreo, debe significar, no «sacado del agua», sino «rescatado del agua», presagiando el papel de Moisés en la liberación de Israel (cf. Is 63.11).

Al hacerse hombre, Moisés, hasta ahora un traidor no deliberado de su clase y de su familia, comienza a explorar la vida fuera del palacio. Al ver que un egipcio y un hebreo están peleando, mata al egipcio y oculta el cadáver. Cuando después detiene una pelea entre dos hebreos, le recuerdan el homicidio que cometió, y sabe que tiene que huir (Ex 2.11-15). Estos incidentes cruciales presagian, también, el destino de Moisés, de que rescatará a Israel de Egipto para establecer la justicia, pero será rechazado por su propio pueblo. Estos encuentros demuestran el instinto de Moisés por la justicia, y su capacidad de actuar con rapidez. También ilustran lo fútil de intentar ayudar a Israel sin la ayuda divina.

Al llegar a Madián, Moisés rescata junto a un pozo a unas pastoras que estaban en peligro de ser atacadas. Éstas resultan ser hijas del sacerdote local, llamado Reuel o Jetro, quien recibe con agrado a Moisés y le da a su hija Séfora en matrimonio. Moisés y Séfora tienen dos hijos: Gersón y Eliezer (Ex 2.15-22; 18.1-6). En este punto, podría pensarse que aquí se acaban las andanzas y la historia de Moisés. Pero, como está a punto de descubrir, él sigue siendo un «forastero en tierra ajena». Estas palabras resumen toda su carrera, ya que nunca llegará a la Tierra Prometida.

Algún tiempo después, mientras cuidaba las ovejas, Moisés tiene un encuentro, en una zarza ardiente que le habla, con la divinidad ancestral de Israel. Dios le revela su verdadero nombre, Jehová, y reafirma su antigua promesa de llevar a Israel a Canaán (Ex 3.14-17). Dios rechaza las reiteradas objeciones de Moisés, y lo envía de vuelta a Egipto para liberar a Israel, ayudado por su hermano Aarón y armado con la «vara de Dios». En el camino, Moisés tiene un extraño y hostil encuentro con la deidad. Casi muere, pero es salvado por la sangre de la circuncisión (Ex 4.24-26). Parece ser que Moisés tuvo un rito iniciático. Se ha desprendido de su juventud y de la compañía de las mujeres, a cambio de su papel de adulto como libertador de Israel. Moisés abandonará las ovejas de Jetro por el «rebaño» de Dios.

Después de notificar la palabra de Dios al gozoso pueblo, Moisés se enfrenta a Faraón. Pero el rey sólo hace más duro el sufrimiento de Israel, sembrando disensión entre la gente, los ancianos y Moisés (Ex 4.29-6.1). Moisés se desanima, pero Dios reitera su promesa de liberar a Israel (Ex 6.2-8). En este punto, Moisés tiene 80 años de edad (Ex 7.7).

Dios envía 10 plagas contra Egipto (Ex 7.8-11.10). Aunque vacila de vez en cuando, Faraón sigue negándose dejar marchar a Israel; Jehová ha «endurecido su corazón». Finalmente, Dios mata a todos los varones y machos primogénitos, tanto de personas como de animales, de todo Egipto, de lo cual sólo se salva Israel al untar en los dinteles de sus puertas la sangre protectora de un cordero o un cabrito, la Pascua (Ex 12.1-28). Esta vez los egipcios apremian a Israel a marcharse, e incluso los colman de regalos (Ex 12.29-13.16).

Jehová dirige a Israel, no por la esperada ruta costanera, sino directamente a través del desierto hacia el Mar de los Juncos. Una vez más los egipcios deciden perseguirlos, y arrinconan a Israel contra el mar, pero Jehová divide las aguas para que Israel pueda pasar. Cuando Egipto sigue tras ellos e Israel llega al otro lado a salvo, Jehová hace volver las aguas y ahoga a los egipcios. Moisés y María dirigen después al pueblo en una jubilosa alabanza (Ex 13.17-15.21).

Moisés conduce a Israel a través del desierto, dándoles agua, codornices y maná de manera milagrosa, derrotando a los amalecitas y, con la orientación de Jetro, establece el sistema de jueces de la nación. Desde el comienzo, el pueblo se queja contra Moisés, pero éste es reivindicado siempre por Dios (Ex 15.22-18.27). Finalmente llegan al Sinaí, donde Israel acampará durante 11 meses (cf. Nm 10.11). Israel entra formalmente en un pacto con Dios (Ex 19; 24). El pacto obliga a Jehová a dar prosperidad a Israel en su tierra. La obligación de Israel es adorar a Jehová solamente, y obedecer todas las leyes morales y rituales recibidas por Moisés en la cima del monte Sinaí. Estas leyes están detalladas entre Éxodo 20 y Números 10.

Estando Moisés ausente, Aarón construye un becerro de oro para ser adorado por el pueblo. Dios propone exterminar a Israel y formar una nueva nación con la descendencia de Moisés, pero éste declina el honor y aplaca a la deidad. Al regresar de la montaña, Moisés rompe las tablas del pacto y ordena la muerte de todos los idólatras. Se establece un nuevo pacto, y Moisés baja de la montaña con nuevas tablas. En esta segunda revelación, Moisés tiene una experiencia casi directa de Dios, y de alguna manera es transformado: su rostro arde o resplandece (Ex 32-34).

Finalmente, después de un censo, Israel sale del Sinaí, llevando el tabernáculo ritual que han construido para albergar la presencia de Jehová (Nm 1-10). Pero sus rebeliones siguen. Frustrado, Moisés pide más ayuda a Dios, quien pone a su servicio a 70 profetas para que lo ayuden. Esto lleva a su hermano Aarón y a su hermana María a cuestionar el liderazgo exclusivo de Moisés (también estaban molestos por su segundo matrimonio con una etíope). Moisés se niega a defenderse, pero el Señor aflige a María con una lepra temporal (Nm 11-12).

Moisés envía 12 espías a inspeccionar a Canaán. Cuando todos, excepto Caleb y Josué, informan que la tierra es inconquistable, el pueblo desea otra vez haber regresado a Egipto. Moisés disuade una vez más a Jehová de destruir a Israel. Pero ahora Dios decreta que todas las personas, menos Caleb y Josué, deberán morir en el desierto; Israel vagará durante 40 años. Afligida, la gente intenta entrar en la tierra sin la aprobación divina, pero es demasiado tarde (Nm 13-14). Durante este período, Dios revela más leyes religiosas (Nm 15; 18-19; 28-30; 35).

En algún momento durante los 40 años, el levita Coré y los rubenitas Datán y Abiram se rebelan contra Moisés y Aarón, cuestionando sus privilegios en cuanto al oficio religioso, y culpándolos por su incapacidad de llevar a Israel a Canaán. Jehová le quita la vida a Coré, Datán y Abiram. Por orden de Dios, Aarón y los otros jefes tribales depositan sus varas en el tabernáculo. La vara de Aarón florece, demostrando que él es elegido de Jehová; y su vara debe ser conservada como una señal contra los futuros retos a su autoridad (Nm 16-17).

Cuando Israel se rebela una vez más, exigiendo agua, Jehová le ordena a Moisés que tome la vara de Aarón y le hable a la roca, la cual le dará el agua. En cambio, Moisés la golpea. El agua brota, pero el milagro es menos impactante. Por su imperfecta obediencia, Moisés y Aarón son condenados a morir en el desierto (Nm 20.2-13).

Al final de 40 años, Israel está de vuelta (o todavía) en Cades, preparándose para entrar en la tierra de Canaán. Varios pueblos se oponen al paso de Israel por el sur y el este de Canaán. Algunos son evitados y otros derrotados. En este tiempo Moisés impide un azote de serpientes ardientes al poner una serpiente de bronce en un poste (Nm 21.6-9; cf. 2 R 18.4).

Los preparativos finales para la conquista de Canaán incluyen un nuevo censo y la demarcación de la Tierra Prometida (Nm 26.1-27.11; 32; 34-36). Moisés nombra a Josué como su sucesor (27.12-23; Dt 31.14-23). Después sube al monte Nebo para pronunciar su discurso de despedida, básicamente el libro de Deuteronomio. Recapitula la historia reciente de Israel y las leyes del pacto (Dt 1.5-31.23), y profetiza que Dios enviará a otros profetas como él (18.15-18). Moisés canta una canción profética, bendice a las tribus, contempla a Canaán desde lejos y muere a la edad de 120 años (Dt 32-34). Fue enterrado por Jehová mismo (Dt 32.6).

Moisés está entre los personajes más complejos y más dramáticos de la Biblia. Esto es así, en parte, porque los diversos relatos sobre su vida y sus enseñanzas han sido fusionados. Hasta cierto punto, Moisés ha sido idealizado: es el arquetipo de la piedad y la humildad (Nm 12.3) y actúa como profeta, sacerdote, juez y rey. Figuras posteriores pueden ser presentadas como tipos de Moisés, tales como Josué, Elías, Eliseo, Josías y Jesús, pero Moisés sigue siendo un fenómeno único, no tanto por su grandeza interior, sino por su intimidad incomparable con Dios (Ex 33-34; Nm 12.6-8; Dt 34.10). Es el padre de su pueblo, y podría decirse que su madre, también (cf. Nm 11.12), que podía apaciguar la ira del Padre de Israel en los cielos. Moisés renuncia dos veces al supremo honor de engendrar una nueva nación (Ex 32.10; Nm 14.12), y más bien es condenado a morir en el desierto por los pecados de su pueblo (Dt 1.37; 3.27; 4.21) y enterrado en una tumba desconocida y no visitada (34.6). Moisés es descrito, incluso, como un dios para Aarón y Faraón (Ex 4.16; 7.1) y, de acuerdo con una versión, su rostro brilla con esplendor divino (34.29-35). Sin embargo, en todas las fuentes Moisés es un personaje con imperfecciones. A lo largo de toda su carrera su fe vacila; es dado a cambios de humor; en inconsistente en su obediencia a Jehová, y es un líder algo renuente. Moisés rara vez aparece en la poesía bíblica, que en general es más mítica y menos histórica que las fuentes en prosa, que enfatizan, como corresponde, el papel de Jehová como salvador de Israel, en vez del de Moisés. Pero en el judaísmo posterior crece la importancia de Moisés. Toda la Torá es atribuida a su autoría, junto con innumerables preceptos que supuestamente se transmitieron por vía oral (*m. Abot.* 1:1). Las leyendas sobre sus hazañas son parte del folclore (Exodus Rabbah). Para los judíos helenizados y para los paganos simpatizantes, Moisés fue una especie de rey filósofo (p.ej., Filón de Alejandría). Para los enemigos de los judíos, fue un excéntrico asqueroso (cf. Josefo Contra Apión).

El NT presenta a Jesús como apoyando en esencia a la ley de Moisés (p.ej., Mt 5.17-20; Lc 16.16-17), mencionando una aparición de Moisés y Elías como la validación de Jesús (Mt 17.1-8; Mr 9.2-8; Lc 9.28-36). Moisés sirve, en muchos aspectos, como un prototipo literario de Jesús (cf. Hch 7.37). Ambos estuvieron en peligro de ser asesinados cuando nacieron, pero son protegidos por sus padres (Mt 2). Ambos regresan con su familia desde el exilio después de la muerte del opresor (Mt 2.19, 20). Ambos salen de Egipto (Mt 2.13-21). Ambos predican desde un monte (Mt 5), o bajan después de una montaña (Lc 6.12-49). Ambos ayunan durante 40 días y 40 noches (Mt 4.2; Lc 4.2). Ambos alimentan a la gente con bebida (Jn 7.37, 38) y comida (Mt 14.13-21; 15.32-39; Mr 6.31-44; 8.1-10; Lc 9.10-17; Jn 6) del cielo. Incluso el estandarte salvador de Moisés, una serpiente puesta en un poste, anticipa supuestamente la resurrección de Jesús (Jn 3.14). Ambos son rechazados por las mismas personas a quienes él trajo la salvación (Hch 7.27-53). Lucas 9.31 llama a la muerte de Jesús, su *éxodos* (lit. «partida»). Sin embargo, Moisés no es sólo prototipo de Jesús, sino también su antítesis. La Ley de Moisés es reemplazada por el cristianismo, cuyo Nuevo Pacto ofrece una relación más inmediata y más universal con Dios (Jn 9.28, 29; 2 Co 3, Gálatas; He 3.2-6). En la actitud ambivalente del Nuevo Testamento hacia Moisés vemos la ambivalencia de la iglesia primitiva hacia sus raíces judías.

Historia

Es muy poco lo que podemos decir con certeza sobre el Moisés histórico, ni siquiera cuándo vivió. La cronología bíblica pone su nacimiento en c. de 1520 a.C. (Ex 7.7; 1 R 6.1), pero pocos eruditos críticos aceptarían una fecha tan temprana. Además de esto, la historia de la vida de Moisés consiste en gran parte de narraciones estereotipadas con muchos paralelos en la literatura universal: el bebé abandonado y salvado; el príncipe que conoce el sufrimiento; el desterrado que vuelve del desierto con una familia y una misión; el profeta renuente. Las historias de sus diálogos con Aarón y los levitas son miradas retrospectivas a disputas sacerdotales posteriores. En cuanto a la actividad literaria de Moisés, los eruditos creen que casi toda la legislación es varios siglos más reciente, que fue codificada en c. de 400. Toda la Torá, de hecho, está compuesta de varias unidades escritas tal vez entre los siglos X y V. Por su gramática, lenguaje y contenido, el Pentateuco en su forma actual no puede ser obra de Moisés.

¿Qué queda, entonces? En primer lugar, *mōšeh* es innegablemente un nombre egipcio que significa «ha nacido», la abreviatura de nombres tales como Tutmosis («Tut ha nacido»). En realidad, varios levitas tienen nombres egipcios: Merari, Ofni, Finees, Pasur y quizás otros. Esto corrobora la creencia de que algunos israelitas provinieron de Egipto.

Es muy posible que algunos antepasados israelitas fueran esclavos que escaparon o fueran expulsados de Egipto. Los egipcios tenían muchos esclavos semitas, especialmente a finales del segundo milenio. Puesto que el clan de Moisés, Leví, llegaría a convertirse en la casta sacerdotal de Israel y la única tribu sin un territorio, la mayoría de los eruditos creen que el éxodo histórico lo experimentaron principalmente los levitas, que infiltraron y, de hecho, convirtieron a las tribus ya asentadas. Otros antepasados israelitas, quizás la mayoría, pueden haber sido verdaderos cananeos que estuvieron dominados por el imperio egipcio durante siglos. Algunos de estos eran, probablemente, descendientes de los hicsos, anteriores gobernantes semitas de Egipto desde c. de 1800, que fueron expulsados en c. de 1500. Si la fecha tradicional del nacimiento de Moisés es acaso correcta, debe haber sido, en realidad, un hicso expulsado.

Sin embargo, la mayoría de los eruditos ponen a Moisés y al «verdadero éxodo» en el siglo XIII, en el reinado de Ramsés II. La imagen de Ramsés como un vigoroso belicista se ajusta bien a la descripción bíblica. Además, su nombre aparece dos veces en el relato, aunque no como un nombre personal (Gn 47.11; Ex 1.11). En realidad, Israel aparece por primera vez como un pueblo tribal asentado en Canaán, en una inscripción del sucesor de Ramsés, Merenptah, en c. de 1220. Justo en este momento, nos dice la arqueología, las tierras altas cananeas experimentaron un crecimiento acelerado de la población. En resumen, mientras que la historia de la expulsión/liberación puede combinar diferentes procesos históricos que tuvieron lugar durante más de tres siglos, los hechos con los cuales la tradición asocia a Moisés pertenecen básicamente al siglo XIII.

Más de un erudito ha comentado que, de no haber existido la tradición de un Moisés, tendríamos que haber supuesto su existencia de todos modos. La religión israelita con relación al antiguo Cercano Oriente parece una innovación deliberada, no un resultado natural. Así como hubo un Mahoma, un Pablo, un Jesús, un Zoroastro y un Buda, tuvo que haber habido un Moisés. Pero, debido a que los relatos escritos que tenemos son de mucho más tarde, es imposible distinguir sus enseñanzas de las de sus seguidores.

¿No hay nada, entonces, que sea mosaico? El cántico del Mar Rojo incluye arcaísmos lingüísticos y estilísticos que posiblemente puedan ser de Moisés (Ex 15.1b-18). Muchos sospechan que los Diez Mandamientos se derivan de un modelo mosaico (Ex 20.2-17; Dt 5.6-21). Quizás, también, debamos acreditar a Moisés las dos enseñanzas más características de la religión israelita: El pacto con Dios y el monoteísmo anicónico (sin imágenes). Ahora sabemos que el pacto israelita se basó en alianzas del antiguo Cercano Oriente entre vasallos y señores feudales. Una de las principales disposiciones de estas alianzas es la lealtad exclusiva a un solo gobernante, Jehová, para Israel.

Si Moisés inventó el monoteísmo israelita, se basó con toda seguridad en la doctrina del faraón Akenatón (éste reinó entre ¿1377-1361?), quien rompió con la tradición egipcia, al adorar al Sol sin imágenes. Así como el Sol ama exclusivamente a su hijo Akenatón, Jehová ama a su «hijo» del pacto, Israel. La idea de una correlación entre Akenatón y Moisés es rechazada normalmente como inverosímil, pero que dos monoteísmos anicónicos hayan surgido independientemente en Egipto, es aún menos creíble. La reconocida dependencia del salmo 104 del «Himno al sol» de Akenatón, es suficiente para confirmar la supervivencia de la peculiar teología del faraón.

En cuanto a cómo habría tenido Moisés un encuentro con la enseñanza de Akenatón, la tradición bíblica de que fue criado como egipcio no es tan romántica como parece. Aunque sigue muy de cerca modelos folclóricos, la historia del nacimiento de Moisés invierte un tema clave: él es un plebeyo elevado a la corte, no un príncipe criado en el anonimato. Esto puede indicar un importante hecho histórico. Sabemos que los hijos de los caudillos semitas eran criados en los palacios de los faraones del Imperio Nuevo, para asegurarse mejor de la lealtad de sus padres, y también la lealtad futura de los hijos (cf. 1 R 11.18-20).

Aparte de la influencia de Akenatón, también hay evidencias de que Jehová era adorado como un dios, no necesariamente como el único Dios, cerca de Madián en el siglo XIV. Además, los conceptos israelitas en cuanto a la deidad deben mucho a Canaán. En resumen, Moisés fue, sin duda, un revolucionario religioso. Pero su logro fue, a lo sumo, una síntesis de ideas preexistentes.

Bibliografía. F. M. Cross, *Canaanite Myth and Hebrew Epic* (Cambridge, Mass., 1973); R. E. Friedman, *Who Wrote the Bible?* (New York, 1987); B. Halpern, «The Exodus and the Israelite Historians,» *ErIsr* 24 (1993): 89*-96*; W. A. Meeks, «Moses in the NT,» *IDBSup* 605-7 (Nashville, 1976); W. H. C. Propp, Exodus 1-18. *AB* 2 (New York, 1999); D. B. Redford, *Egypt, Canaan, and Israel in Ancient Times* (Princeton, 1992).

William H. C. Propp

MOISÉS, TESTAMENTO DE

Profecía de Moisés preservada en un solo manuscrito incompleto del siglo VI. Es un manuscrito latino traducido de un texto griego, el cual, a su vez, fue traducido de un original hebreo. Listas antiguas de libros apócrifos incluyen tanto un Testamento de Moisés como una Asunción de Moisés. No está claro si se trata de dos obras distintas o de una sola composición. Debido a que al Testamento de Moisés le falta su final original, es posible que alguna vez contuviera la Asunción de Moisés o algún otro relato de la muerte de Moisés.

Los 12 capítulos existentes del Testamento de Moisés contienen la exhortación final de Moisés a su sucesor Josué. El libro reescribe libremente Deuteronomio 31-34, y sigue el patrón básico deuteronómico de pecado y castigo. En el cap. 1, Moisés habla de su muerte inminente, y designa a Josué como su sucesor. En el cap. 2 Moisés predice la conquista, el período de los jueces y la monarquía dividida. El cap. 3 predice la caída de Jerusalén ante los babilonios, y ve el exilio como un castigo por el pecado. En el cap. 4, Moisés predice el regreso del cautiverio y la reconstrucción de Jerusalén. En los caps. 5 al 7, vaticina la idolatría judía durante el período helenístico, la degeneración de los Asmoneos, el ascenso de Herodes el Grande y la campaña de Varo en el 4 a.C. En el cap. 8 se refiere a la persecución anterior a Antíoco IV Epífanes. En el cap. 9, el levita Taxo y sus siete hijos deciden morir en vez de dejar de cumplir la ley. El cap. 10 es un himno apocalíptico que profetiza la venida del reino de Dios. La obra concluye con un diálogo entre Josué y Moisés, en el que Moisés le promete a Josué que Dios cumplirá el pacto. El texto se interrumpe entonces en medio de una frase.

La fecha y el autor del Testamento de Moisés están sujetos a debate. Algunos eruditos respaldan su composición a comienzos del siglo I, mientras que otros proponen una fecha en las primeras etapas de la revuelta macabea (168-165 a.C.), con interpolaciones hechas después del período de los hijos Herodes (4 a.C–30 d.C.). El anónimo autor del Testamento de Moisés ha sido identificado como un hasidim del período de los Macabeos, un fariseo, un esenio, o un piadoso miembro de una secta judía desconocida.

Bibliografía. J. Licht, «Taxo, or the Apocalyptic Doctrine of Vengeance,» *JJS* 12 (1961): 95-103; G. W. E. Nickelsburg, ed., *Studies on the Testament of Moses* (Cambridge, Mass., 1973); J. Tromp, *The Assumption of Moses*. SVTP 10 (Leiden, 1993).

Kenneth Atkinson

MOLADA (Heb. *môlāḏâ*)

Lugar o ciudad en el Neguev cerca de Beerseba, asignada primeramente a Judá (Jos 15.26), descrita como situada en dirección a la frontera con Edom, y asignada después a Simeón (Jos 19.2; cf. 1 Cr 4.28). Fue habitada de nuevo por los desterrados que regresaron (Neh 11.26). La única mención del sitio fuera del AT, está en un ostracón encontrado en 1984 en Ḥorvat 'Uza, pero éste no da ninguna idea de su ubicación. La identificación más probable es el Tel Malḥata/Tell el-Milf (152069), ubicado en el Valle de Beerseba entre Arad y Beerseba.

Bibliografía. I. Beit-Arieh and B. C. Cresson, «Ḥorvat 'Uza,» *BA* 54 (1991): 126-35.

Bruce C. Cresson

MOLID (Heb. *môlîḏ*)

Judaíta de la linea de Jerameel; hijo de Abisur y Abihail (1 Cr 2.29).

MOLINO

Dispositivo para moler grano (Is 47.2) u otros alimentos (Nm 11.7, 8). Un molino estaba hecho de dos piedras talladas. Una piedra inferior fija, y una superior móvil (cf. Jue 9.53). La piedra superior podía pesar entre 0.9-1,4 kg (2-3 libras) y 4,50 kg (10 libras). El molinero ponía el grano en la piedra inferior, y friccionaba la piedra superior contra la inferior. Posteriormente se utilizó una manivela para mover la piedra de arriba haciendo un movimiento circular. En los molinos mucho más grandes, la manivela era un madero atado a un burro; el animal caminaba en círculos alrededor de la piedra inferior. El molino era una parte tan esencial de la vida, que los israelitas tenían prohibido tomar como garantía un molino en el caso de un préstamo (Dt 24.6), y la ausencia del sonido de los molinos significaba que a la comunidad le había ocurrido un desastre (Jer 25.10; Ap 18.22). La trituración del grano era un trabajo difícil, hecho generalmente por mujeres (Ex 11.5; Is 47.1, 2; Mt 24.41), los presos podían también ser utilizados para hacer girar las piedra de los molinos (Jue 16.21).

Al referirse a la piedra de molino como un ancla, Jesús dio a entender que a cualquiera que hiciera pecar a otra persona, mejor le habría sido tener una gran piedra de molino atada al cuello y ser lanzado al mar (Mt 18.6 y par.; cf. Ap 18.21).

Bibliografía. J. G. Landels, *Engineering in the Ancient World* (Berkeley, 1978); M. Schwartz, *Machines, Buildings, Weaponry of Biblical Times* (Old Tappan, N.J., 1990).

A. Perry Hancock/Jennie R. Ebeling

MOLOC (Heb. *mōlek̲*)

Deidad cananea-israelita (LXX *Moloch*). La arraigada reacción de fascinación y espanto se deriva de la supuesta asociación de Moloc con la matanza ritual de seres humanos. El nombre está relacionado generalmente con una base de tres consonantes, *m-l-k*, que aparece con frecuencia en la Biblia hebrea. Aunque sus distintas vocalizaciones indican un valor semántico particular asociado con gobierno (p.ej., *melek̲*, «gobernante»; *mĕlûk̲â*, «realeza»), la forma m-l-k ha sido interpretada en alrededor de ocho casos como la referencia a una deidad del mundo inferior o submundo, favorecedora de sacrificio humanos: a Moloc, «gobernante de los infiernos»; Lv 18.21; 20.2-5; 1 R 11.7; 2 R 23.10; Jer 32.35; ¿Am 5.26? [cf. LXX]). Algunos eruditos, aunque respaldan la conexión de la forma *m-l-k* con el sacrificio humano en estos textos, prefieren interpretar estas referencias como un nombre técnico para referirse al sacrificio de niños, del que se tiene conocimiento por fuentes púnicas: un «sacrificio a Molc». Esto es poco probable, sin embargo, como está confirmado en la frase asociada: «prostituyéndose con Moloc» (cf. Lv 20.5; también Is 57.3). En su aproximadamente las otras 40 veces que aparece el AT, la frase «prostituirse con…» tiene que ver con prácticas religiosas asociadas con deidades inmorales, con sus imágenes, o con seres que infunden temor, como los fantasmas (p.ej., los *ʾōb̲ōt̲* y lo *yiddĕʿōnîm*). Nunca se refiere explícitamente a la ofrenda de sacrificios. En Levítico 20.5 y en otras partes, parece que se tiene a un dios Moloc en mente, en vez de ser un término técnico para referirse a sacrificio.

Recientemente, algunos eruditos han tratado de utilizar datos comparativos del Cercano Oriente al parecer relevantes, en cuanto a una deidad *M-l-k* (vocalizada con frecuencia como Malik, pero considerada, no obstante, como afín al Moloc bíblico). Similarmente, y de no poca importancia, está la evidencia bíblica del antiguo Cercano Oriente que confirma la práctica habitual de sacrificios humanos, independientemente de si las fuentes se refieren explícitamente a una deidad *M-l-k*. Las referencias relacionadas con el rito de los sacrificios humanos que subyacen en frases bíblicas como «hicieron pasar a sus hijos y a sus hijas por fuego», y la «dedicación de los primogénitos a Jehová», han sido comparadas, contrastadas y equipararse con las que mencionan a Moloc. Queda la cuestión adicional de si la matanza ritual de seres humanos era una ceremonia en un momento de crisis, o parte normal del calendario de sacrificios. La evidencia disponible sugiere que en ambos podían estar presentes los sacrificios humanos.

La historia deuteronomista, aunque crítica de la práctica de sacrificios humanos, recuerda que los antiguos israelitas y sus vecinos ofrecían, de hecho, a sus hijos en sacrificios rituales: Jefté (Jue 11.34-40); Hiel (Jos 6.26; 1 R 16.34); Acaz (2 R 16.3); y Manasés (2 R 21.16). Además, reconoce el eficaz poder de tal rito, como se ve en el sacrificio del príncipe moabita ofrecido por su padre. La realización de este rito provocó la ira de la deidad (¿Quemós?), obligando a los israelitas a retirarse de Moab (2 R 3.27). No es sino hasta mucho más tarde, durante la reforma de Josías, que el tofet que había en el valle de Hinom (donde se dice que se realizaban sacrificios humanos) fue destruido. Sin embargo, la práctica se mantuvo en Judá hasta finales del período previo al destierro (cf. Jer 2.23; 7.31; 19.5, 6, 11-14; 31.40; 32.35).

Los sacrificios humanos de los que se habla en forma más general en la frase «hicieron pasar a sus hijos y a sus hijas por fuego», son atribuidos con frecuencia y de manera exclusiva a orígenes cananeos por algunos escritores de la Biblia (p.ej., Dt 12.31). No obstante, alguna forma de sacrificio humano era, al parecer, parte del culto a Jehová en el tiempo anterior (o quizás posterior) al exilio. Isaías 30.33 asocia claramente a Jehová con los sacrificios humanos en la tofet (¿debe leerse Moloc donde dice *Melem* en el v. 33b?). Si con esta asociación no había el propósito de insinuar la anunciada destrucción de Asiria, uno habría esperado alguna aclaración en tal sentido. La «dedicación de los primogénitos a Jehová» y el sacrificio a Moloc estaban probablemente muy relacionados, si es que no eran uno y el mismo culto. Aunque en el primer caso se exigía que hijos primogénitos fueran dedicados a Jehová, mientras que en el segundo se dice que usualmente se sacrificaban hijos (de uno u otro sexo), el hecho de que las hijas podían legalmente sustituir a los hijos como los herederos primogénitos varones, favorece el escenario de estos dos cultos (cf. Nm 27.1-8 y los textos de Emar y Nuzi con respecto a la sustitución legal de los hijos por las hijas dentro del contexto de la herencia). Las dos tradiciones podrían reflejar el mismo culto, pero desde perspectivas complementarias, una de lo más particular, y otra de lo más general (¿o es una parte de la otra?). Por tanto, los textos que se refieren a la dedicación de los primogénitos a Jehová (p.ej, Gn 22.1-14; Ex. 13.2; 12, 13, 15; Mi 6.6, 7) pueden estar relacionados con el culto a Moloc. La asociación de Moloc con Baal (en vez de Jehová) en la tradición bíblica (cf. Jer 2.23; 19.5; 32.35) es más probable que sea parte de la ingeniosa polémica retórica deuteronomista para «cananeizar» lo que era antes, no una práctica deuterónomica, pero sí la de sacrificios humanos por parte de los israelitas a Jehová.

Como una confirmación adicional de la supervivencia y difusión de la práctica, Ezequiel implica que Jehová había ordenado a los israelitas que participaran en el sacrificio de sus primogénitos (Ez 20.25, 26), pero califica a esta ley como una forma de castigo. Del mismo modo, Éxodo 22.29, 30 (TM 28, 29) contiene la orden terminante de ofrecer el primogénito a Jehová; la opción de redimir al primogénito no se ofrece aquí como en los textos sacerdotales posteriores. A la luz de la condena de esta práctica en Jeremías, y del reconocimiento en Ezequiel de que Jehová había una vez condonado la matanza ritual de seres humanos, es obvio que para muchos había sido una forma aceptable de adoración a Jehová. Miqueas 6.7 podría dar a entender que el mejor sacrificio que podía ofrecerse a Jehová, era el sacrificio de los hijos; o bien respalda esa práctica, o bien plantea una pregunta cargada con una retórica tal que provoca un rotundo ¡No!

Sea o no que Jehová y Moloc deben ser considerados una y la misma deidad con respecto a sus papeles en el culto de sacrificios humanos, merece que se haga la pregunta. Varios pasajes pertinentes (p.ej., Jer 32.35; Ez 23.38, 39; Lv 20.3; Sof 1.5) indican que el culto a Moloc era considerado por algunos sectores de la sociedad israelita como parte del culto a Jehová. La ubicación del culto a Moloc en el cercano valle de Hinom en vez del recinto del Templo de Jerusalén, podría ser el reflejo de un debate dentro de Israel sobre su estatus relativo en el culto a Jehová. Ese culto bien pudo haberse realizado en el recinto del Templo en los días Acaz (¿Ezequías?) y de Manasés, pero luego mudado al valle de Hinom en las primeras etapas del reinado de Josías, y de nuevo después del mismo (cf. Jer 7.31, 32; 19.5); nótese también que Ezequías nunca se preocupa por prohibir el culto a Moloc que existía (cf. 2 R 18.1-4). Además, 2 R 16.3 y 21.6 (cf. también una forma de sacrificio humano practicado por los reyes del norte, 17.17) no ubican a ese culto en el tofet. La ausencia de una mención explícita del culto a Moloc, y el no atribuir su creación a Acaz o a Manasés en la degradación de la tofet por Josías en 2 Reyes 23.10, puede ser de no poca importancia. El culto a Moloc, tal como está presentado en la tradición deuteronomista y en otras tradiciones conexas, probablemente no estuvo relegado a áreas fuera del recinto del Templo. Tradiciones como 2 Reyes 21.3-6 y 23.11, 12, suponen la adoración a varias deidades cananeas-israelitas en el recinto del Templo de Jerusalén (p.ej., Baal, Asera, el ejército de los cielos, y el dios sol), y lo mismo puede haberse hecho en el caso de Moloc.

La falta de confirmación fuera de la Biblia de la existencia de una deidad específica llamada M-l-k, de un mundo inferior o submundo, y de su estatus como favorecedora de un culto de sacrificios humanos, debe provocar cautela en relación con una lectura histórica pura y simple de la presentación bíblica del culto a Moloc. Además, las tensiones evidentes en las tradiciones bíblicas en cuanto a la naturaleza y a la magnitud de los sacrificios humanos, sugieren otra instancia, en la que la historia deuteronomista utilizó una estrategia de polémica retórica. Al atribuir artificialmente a Moloc el patrocinio del culto de los sacrificios humanos, los deuteronomistas trataron de distanciar por completo del culto a Jehová los orígenes de la práctica. El carácter retórico de la presentación deuteronomista encuentra su más clara confirmación en el hecho de que las tradiciones bíblicas no deuteronomistas (y no sacerdotales), no separan los sacrificios humanos del culto a Jehová (cf. los textos que hablan del sacrificio del primogénito). Si se concede que Moloc era el aspecto de Jehová de un mundo inferior, una deidad independiente del submundo en el culto a Jehová a finales del período previo al exilio, difícilmente se podría esperar que la tradiciones deuteronomista y sacerdotal reconocieran abiertamente esa realidad. Por el contrario, en armonía con la tendencia deuteronomista de reducir la población divina del cielo (en cuanto a un panteón de Jehová), una deidad como Moloc, real o artificial, sería presentada como una deidad cananea, y la adhesión de Israel a su culto explicada como la consecuencia de tendencias «sincretistas» (cf. la polémica deuteronomista en contra de la diosa Asera, conocida como la consorte de Jehová en las formas no deuteronomistas del culto a Jehová, no en los círculos deuteronomistas que la identifican como una deidad cananea, y la esposa de Baal).

Bibliografía. J. Day, Molech: *A God of Human Sacrifice in the Old Testament* (Cambridge, 1989); G. C. Heider, *The Cult of Molek. JSOTSup* 43 (Sheffield, 1985); J. D. Levenson, *The Death and Resurrection of the Beloved Son* (New Haven, 1993); M. S. Smith, *The Early History of God* (San Francisco, 1990).

Brian B. Schmidt

MONOTEÍSMO

La convicción de que sólo existe un dios, no otros (Gr. *mónos*, «solo, único, singular»; y *theós*, «dios»). Esto es contrario al politeísmo, la creencia en varias divinidades; y al henoteísmo o monolatría, la idea de que existe un dios supremo entre otras divinidades menores. El principio del monoteísmo se ha convertido en la columna vertebral del judaísmo, el cristianismo y el islamismo. La investigación clásica sobre los orígenes del monoteísmo ha seguido, en su mayor parte, dos trayectorias distintas. Mientras que algunos han defendido la idea de un monoteísmo original del cual surgieron más tarde creencias politeístas, otros han visto al monoteísmo como una evolución, con frecuencia en etapas claramente definidas, a partir de un ambiente politeísta. La mayoría de los eruditos hoy tienden a seguir esta última dirección.

El antiguo Cercano Oriente

Cualquier documentación sobre la religión en el antiguo Cercano Oriente presenta una serie de dificultades. La literatura sobre la cual está basada la investigación académica, tiende a favorecer a la religión «oficial» del estado sobre las creencias y prácticas de la gente común.

En el Egipto antiguo hubo una tensión permanente entre la concepción politeísta tradicional del mundo divino, y la tendencia hacia la unificación de las deidades y sus atributos. Esto condujo, a menudo, a la formación de amalgamas sincretistas o a múltiples dioses. La tensión continua entre la autonomía local y el gobierno centralizado en Egipto, pudo haber sido una contrapartida a esto. El más asociado con el monoteísmo primitivo es Faraón Akenatón (c. 1350-1334 a.C.). Tras ascender al trono como Amenofis IV, se cambió el nombre a Akenatón para reflejar su estricta devoción a un aspecto del dios-sol (Ra), el Atón, es decir, el «disco del sol». Comenzó también a construir una nueva capital en el Egipto medio en lo que es hoy el-Amarna. Todos los demás sacerdotes y las prácticas religiosa locales fueron prohibidos; incluso los nombres de los dioses tradicionales fueron quitados de los monumentos para borrar el recuerdo de ellos. La gente común no podía rendir culto al Atón, sólo la pareja real como parte de la tríada divina podía hacerlo. El himno a Atón (ANET, 369-71), comparado a menudo con el salmo 104, es la expresión literaria más conocida de la creencia monoteísta de Akenatón. Pero después de la muerte de Akenatón, hubo un rápido retorno al politeísmo tradicional.

Con el inicio de la urbanización (c. 5000 a.C.), la religión mesopotámica comenzó a mostrar una tendencia hacia la unificación de lo divino. Antes de los imperios acadios, Mesopotamia estaba formada por una serie de ciudades-estados independientes, cada una de ellas centrada en un complejo de templos con al menos un dios o diosa protectores. Estas deidades estaban organizadas en familias que seguían líneas de parentesco. La gloria de cada divinidad se manifestaba en la gloria de la ciudad y de su templo; cuando una ciudad lograba tener poder político y ampliaba su esfera de influencia, su deidad protectora era elevada a una posición de preeminencia sobre las deidades de las ciudades y pueblos sujetos. La deidad superior tenía la atención a asumir los atributos de las deidades menores que le estaban sujetas.

Un excelente ejemplo de este movimiento hacia el monoteísmo o la monolatría, es la elevación del dios babilonio Marduk. La epopeya Enuma Elish

(ANET, 60-72) de la creación, comparada a menudo con Génesis 1-2.4a, es un ejemplo de la creación de un mito con el propósito de elevar a Marduk a la categoría de «rey de los dioses» por medio de un conflicto divino. Este mito, en el que Marduk se convierte en el creador y organizador del cosmos, fue copiado después por los asirios, que cambiaron el nombre de su dios Assur por el de Marduk de Babilonia. Tablillas descubiertas en la costa siria en Ras-Shamra (Ugarit) contienen una diversidad de mitos y leyendas, entre ellos el ciclo de Baal (ANET, 129-42) en el que el Baal cananeo, Dios de la tormenta, es también elevado como dios supremo y gobernante del cosmos.

El antiguo Israel

El texto del AT es el producto de un largo y complejo proceso de evolución literaria, y presenta un retrato idealizado de la creencia y práctica religiosa israelita. Por tanto, toda reconstrucción de la religión israelita debe recurrir a los restos materiales de la antigua Palestina, como un equilibrio frente al relato bíblico. Las inscripciones descubiertas en Kuntillet ʿAjrud/Horvat Teman y Jirbet el-Qôm, permiten una asociación entre Jehová y la diosa Asera, lo que sugiere que Jehová pudo haber sido adorado paralelamente con una consorte femenina. El monoteísmo en Israel, en todo caso, parece haber tomado mucho tiempo en desarrollarse, comenzando alrededor del siglo X hasta el final del exilio babilónico.

Es muy probable que el primitivo monoteísmo israelita se haya iniciado en las tierras altas, cuando la religión tribal local de cada tribu adoraba su propia deidad protectora. Los relatos ancestrales de Génesis dan por sentado este tipo de religión tribal (p.ej., Gn 24.27; 31.5, 53). Con la centralización del estado bajo David y Salomón, surgieron algunos defensores que elevaron a Jehová como el Dios supremo sobre todas las otras divinidades (incluyendo a El, Asera y Baal), convirtiendo así a Jehová en el «Dios de Israel». La combinación de una religión nacional con el poder político dio al estado monárquico los medios para ejercer mayor autoridad sobre el pueblo, al mismo tiempo que seguía tolerando la adoración de otros dioses. Poco a poco, el concepto del pacto se convirtió en una expresión para la común relación de bendición entre Jehová y el estado monárquico (1 R 8; 2 R 12 [cf. 11.17]; Sal 2, 72, 89, 110). El fomento continuo de la actividad literaria en la corte real y en el Templo fue fundamental en la elevación de Jehová como el Dios de todo el cosmos, que posee todos los atributos positivos antes asociados con los dioses y las diosas tradicionales. Con la escritura del Segundo Isaías hacia el final del exilio babilónico, el monoteísmo israelita adoptó una forma más efectiva de expresión. Jehová es proclamado como el creador del cosmos (Is 40.21-23, 28). Los dioses extranjeros no existen; hay sólo un Dios verdadero, Jehová (40.12-31; 43.8-13; 46.5-13). Los ídolos no son más que objetos inútiles (40.18-20; 41.21-24; 44.9-20; 46.5-7).

El Nuevo Testamento

El Nuevo Testamento da por sentado las convicciones monoteístas expresadas en el Antiguo Testamento y en el judaísmo primitivo. Cuando uno de los escribas le pregunta a Jesús cuál es «el primero y grande mandamiento», Jesús le responde citando la Shemá (Dt 6.4-5), la confesión esencial de la unidad de Dios (cf. Mt 22.34-40; Lc 10.25-28). Aunque las epístolas del NT no niegan la existencia de otras divinidades, para los cristianos primitivos hay un solo Dios y un solo Señor, Jesucristo (1 Co 8.4-6). El monoteísmo se convirtió en decisivo para la temprana misión cristiana. Puesto que Dios es uno, sólo puede haber un Dios, tanto para los judíos como para los gentiles (Ro 3.29, 30). Cuando la iglesia primitiva tuvo que hacer frente a amenazas de herejía y división, la confesión de un solo Dios y de una sola iglesia, el cuerpo de Cristo, fue decisiva para preservar un sentido de unidad (Ro 12.3-8; 1 Co 12.12-31; Ef 4.14-16; Col 1.18; 2.19).

Bibliografía. D. V. Edelman, ed., *The Triumph of Elohim: From Yahwisms to Judaisms* (Grand Rapids, 1996); T. Frymer-Kensky, *In the Wake of the Goddesses: Women, Culture, and the Biblical Transformation of Pagan Myth* (New York, 1992); E. Hornung, *Conceptions of God in Ancient Egypt* (Ithaca, 1982); P. D. Miller, Jr., P. D. Hanson, and S. D. McBride, eds., *Ancient Israelite Religion* (Philadelphia, 1987); J. C. de Moor, *The Rise of Yahwism: The Roots of Israelite Monotheism. BETL* 91 (Leuven, 1990); M. S. Smith, *The Early History of God: Yahweh and the Other Deities in Ancient Israel* (San Francisco, 1990).

Arnold Gottfried Betz

MONTE

Una designación general para aquellas partes de Palestina, y las áreas al sur del río Jordán, que no son planas, pero de menor altura que una montaña. El monte era especialmente fértil (Dt 11.11), y Moisés pidió que Dios le permitiera cruzar el Jordán, con el fin de ver el «buen monte» de Palestina central (3.25). El monte fue colonizado por varios pueblos, incluyendo Jebuseos (Jos 11.3), anaceos (v. 21), y amorreos (Dt 1.7; Nm 13.29). Durante la Conquista, Josué instruyó las tribus de Efraín y Manasés limpiar el bosque del monte, para proporcionar espacio para los asentamientos (Jos 17.14-18).

En Palestina, el monte comprendía la cordillera central, una cordillera de colinas que corría por el centro del país desde Galilea en el norte, hasta la llanura costera del sur y la Sefela. Cualquier parte de esta cresta podría designarse como monte, que puede ser dividido, de norte a sur, en cuatro regiones: Galilea, Efraín, Judá, y el Neguev.

La Galilea varió en elevación de más de 915 m (3000 pies) en el norte, a menos de 610 m (2000 pies) en el sur. En la antigüedad la región estaba cubierta de bosques, y dividida por una pendiente casi vertical de cerca de 455-610 m (1500-2000 pies) que impedían viajar. Durante la época de Josué, gran parte de esta región montañosa se mantuvo intacta (Jos 13.6). Su mayor asentamiento era «Cades en Galilea en el monte de Neftalí» (Jos 20.7), dividiendo el valle del Jordán hacia el norte.

El «monte de Efraín» (1 R 4.8) consistía en una meseta de la montaña, llegando a más de 915 m (3000 pies) en la parte sur. Estos montes fueron colonizados por Josué con gran dificultad, debido a sus densos bosques (Jos 17.14-18). El norte de Efraín era más bajo y menos fértil que el monte de Galilea era fácilmente atravesado por caminos acesibles en todas las direcciones. El monte de Efraín estaba muy desarrollado, con grandes ciudades en los principales cruces, incluyendo Siquem, Tirsa, y Dotán.

El monte de Judea (Jos 11.21; Luke 1.39) contenía las grandes ciudades de Jerusalén y Hebrón. La región descendía brúscamente en el este, más de 915 m (3000 pies), donde se unía al desierto de Judea. Su parte sur contenía simas y cuevas que proporcionaban escondites convenientes (1 S 23.14). En el NT, el ministerio de Jesús comenzó en el «monte de Judea» (Lc 1.65).

La región del Neguev descendió brúscamente, sur de Hebrón, a 455-550 m (1500-1800 pies), y consistía en colinas bajas (también llamada la Sefela, «tierra baja»).

Bibliografía. Y. Aharoni, *The Land of the Bible*, 2nd ed. (Philadelphia, 1979).

KENNETH ATKINSON

MONTE (MONTAÑA) DE DIOS

Debido a que dos grandes cadenas montañosas dominan la geografía de Israel, no es sorprendente que los montes ocupen un lugar destacado en la Biblia y en el simbolismo de Israel. Como reflejo de la mitología religiosa de los vecinos de Israel, el monte sagrado era el lugar de reunión del consejo divino (cf. Is 14.13), y allí se tomaban las decisiones y se hacían los decretos divinos (cf. Ex 19-20). El monte sagrado simbolizaba la fertilidad, y era una fuente de agua (cf. Hab 3.10; Zac 14.8). Por otra parte, era el lugar de conflicto/combate primigenio o de la creación. Estos elementos son comunes y se encuentran, por ejemplo, en las descripciones ugaríticas del monte de Zafón, la mitológica morada de Baal (cf. Sal 48.2[TM 3]; 89.12[13]), y en el arte del antiguo Cercano Oriente, en el «patrón-escala» de la glíptica mesopotámica.

En los relatos bíblicos, los montes son santos (Abd 16), antiguos (Job 15.7), eternos (Gn 49.26; Hab 3.6) y un lugar donde ocurren teofanías (p.ej., Ex. 3-4; 32-34; 1 R 19, cf. Ap 21.10). Diversos montes están asociados con Jehová, «un dios de los montes» (1 R 20.28) –p.ej., Ebal, Gerizim y Seir– pero las montañas de Dios en el AT son por lo general Sinaí/Horeb (Ex 18.5; 24.13; Nm 10.33) y Sión (Sal 68.16[17]; Is 2.2; 1 Mac 11.37). A pesar de Juan 4.21, los montes figuran también de manera destacada y (probablemente) simbólica en los evangelios. Jesús se encuentra a menudo orando, enseñando y sanando en los montes (Mt 5.1-7.27; 14.23; 15.29, Mr 3.13; 6.46). Parte de la tentación de Jesús tiene lugar en un monte (Mt 4.8), así como la transfiguración (Mr 9.2) y la ascensión (Lc 24.50).

Bibliografía. R. J. Clifford, The Cosmic Mountain in Canaan and the Old Testament. *HSM* 4 (Cambridge, Mass., 1972); D. Pardee and P. Xella, «Mountains-and-Valleys,» en *DDD*, 604-5.

BRENT A. STRAWN

MORÉ (Heb. *môreh*)

1. Roble o terebinto cerca de Siquem. Abraham erigió allí un altar después de su visión de Dios (Gn 12.6, 7). El término hebreo significa «maestro» o «dador de profecía», dando a entender que el nombre está basado en una etimología en honor de la visión de Abraham. En Deuteronomio 11.30, el árbol es un punto de referencia cerca de los montes Ebal y Gerizim desde donde se divisaba la población de Siquem. Jacob enterró sus ídolos debajo de una encina que estaba cerca de Siquem (Gn 35.4), que pudiera ser el mismo árbol. De igual manera, puede ser la misma «encina de los adivinos» (Jue 9.37).

En el Antiguo Testamento (Jos 24.26; Jue 9.6) se mencionan otros dos árboles cerca de Siquem, pero estos árboles se encontraban dentro de la ciudad.

2. Colina en el valle de Jezreel, donde acampaban los madianitas la noche del ataque de Gedeón (Jue 7.1). La mayoría de los eruditos ubican a esta colina cerca de Nebi Daḥī, al norte de ʿAfula.

R. Wade Kotter

MORESET (Heb. *môrešem*),

MORESET-GAT (*môrešem gam*)

Población satélite de Gat en la Sefela; pueblo natal del profeta Miqueas (Jer 26.18; Mi 1.1). El antiguo sitio de Moreset es generalmente identificado con el actual Tell ej-Judeideh (141115), c. a 2,5 km (1,5 mi) al norte de Beit Jibrin/Beth Guvrin (la antigua Eleuteropolis), y c. 10 km (6 mi) al noreste de Laquis. La forma Moreset-Gat («posesión de Gat») aparece sólo en Mi 1.14.

Aaron W. Park

MORIAH (Heb. *mōrîyâ*)

1. La «tierra de Moriah», el lugar adonde Dios le ordenó a Abraham que llevara a su hijo Isaac para sacrificarlo (Gn 22.2). El relato describe esto como un viaje de tres días desde Beerseba (Gn 22.4). Sin embargo, «al tercer día» puede ser simplemente una manera convencional de indicar una distancia corta; por tanto, es de poca ayuda para determinar la ubicación de Moriah. En la tradición judía, la historia del sacrificio de Isaac en Moriah se conoce como la Aqedah, la «atadura» de Isaac.

2. El monte Moriah, el sitio de Jerusalén donde Salomón construyó el Templo (2 Cr 3.1). El mismo versículo identifica también al sitio como el lugar «que [Jehová] había mostrado a David su padre», quien le pidió que construyera un altar allí, en la era de Arauna/Ornán jebuseo (cf. 2 Cr 3.1; 2 S 24.18). Hoy en día, el monte Moriah, la meseta del Templo, es el lugar de dos santuarios musulmanes, la Mezquita de Al-Aqsa y la Cúpula de la Roca. Una parte del lado occidental del muro de contención del monte del Templo, es el Muro de las Lamentaciones, un sitio de oración judío.

No cabe duda de que estos dos lugares no son los mismos. Una posible explicación es que Moriah se refería originalmente al monte del Templo, y que el término reemplazó al nombre original del sitio de Génesis 22, vinculando así a Abraham con el Templo de Jerusalén.

John L. Gillman

MORTERO

1. Receptáculo, hecho por lo general de piedra pulida, en el que se muelen sustancias con un triturador. El material más común triturado en un mortero era el grano, aunque también eran molidos usando un mortero (Heb. *mĕḏōkâ*) y un triturador: cosméticos, pigmentos colorantes, especias y el maná (Nm 11.8). Los morteros eran hechos generalmente de basalto (una piedra volcánica que se encontraba en algunas partes de Palestina), y variaban en forma, desde un bloque con una depresión cóncava en la parte superior, hasta tipos más elaborados de pie. También se conocen bandejas o morteros cosméticos hechos de piedra caliza.

2. Material de construcción blando utilizado para unir ladrillos o piedras. En Palestina y Egipto, el mortero [argamasa] se preparaba generalmente con la misma arcilla utilizada para hacer los ladrillos (Heb. *ḥōmer*). Era mezclado con paja u otros materiales utilizando los pies (Is 41.25; Nah 3.14) y aplicado mientras se encontraba húmedo. En las construcciones de ladrillos o piedras no siempre se utilizaba el mortero; algunas excavaciones han mostrado que muchas paredes se hacían con piedras cortadas con tanta precisión, que no necesitaban argamasa. Los constructores de la torre de Babel utilizaron asfalto en vez de mortero (Gn 11.3).

Jennie R. Ebeling

MORTERO, EL

Distrito comercial en Jerusalén (Sof 1.11), nombre debido probablemente a su topografía (una depresión en forma de cuenco, después que el mortero es usado con un triturador; Pr. 27.22; cf. Jue 15.19). La parte norte del valle de Tiropeón ha sido propuesto como su ubicación.

Jennie R. Ebeling

MOSA (Heb. *môṣāʾ*)

1. Hijo de Caleb y su concubina Ephath (1 Cró. 2.46).

2. Benjaminita, hijo de Zimri y padre de Bina, descendiente del rey Saúl a través de su hijo Jonatán (1 Cr 8.36, 37; 9.42, 43).

MOSCA

Cualquiera de varios insectos alados de la orden diptera. Heb. *zeḇûḇ* (Is 7.18), generalmente interpretado como la mosca doméstica común (*Musca domestica*), realmente puede referirse al tábano más grande y más molesto (*Tabunus arenivagus*). Simbólicamente, los hábitos asquerosos de la mosca son sugeridos en Eclesiastés 10.1, que observa que hasta una sola mosca puede ensuciar el ungüento de un perfumista. En muchas partes del mundo, la materia infecciosa transportada en los pelos de la pierna de la mosca todavía causa decaimiento y extiende la enfermedad.

Heb. *ʿārôḇ*, un nombre colectivo que significa «enjambre», denota a los insectos que azotaron a los egipcios en la cuarta plaga como se describe en Éxodo 8.20-32 (16-26; BJ «tábanos», NBJ «tábanos», NVI «mosquitos»; cp. Sal 78.45; 105.31). Puede haber sido la mosca Tabanida *(Stomoxys calcitrans)*, cuyas larvas se desarrollan en el abono de vaca y que, cuando maduran, viven de la sangre mordiendo los brazos y las piernas de personas y animales. En la literatura rabínica se entiende que la palabra significa una mezcla de bestias salvajes.
Véase Baal-zebub.

JESPER SVARTVIK

MOSERA (Heb. *môsērâ*),

MOSEROT (*mōsērôṯ*)

Decimoquinto campamento israelita después que abandonaron el desierto de Sinaí (Nm 33.30, 31). Deuteronomio 10.6 dice que Aarón murió y fue enterrado en Mosera (monte de Hor, según Nm 33.38, 39). El itinerario de Números 33 presenta a los israelitas viajando de Moserot a Bene-jaacán, mientras que Deuteronomio 10.6 invierte ese orden. Si Mosera/Moserot estaba cerca del monte de Hor, entonces el sitio está ubicado, probablemente, al noreste de Cades-barnea, cerca de Edom.

PETE F. WILBANKS

MOSQUITO

Término general que se refiere a insectos pequeños, alados, que pican o muerden, quizás el mosquito *(Chironomidae)*, asociado con la tercera plaga que cayó sobre Egipto (Ex 8.16-19 [TM 12-15]; Sal 105.31). Traducciones del Heb. *kinnîm* (pl) varían (RVR1960, LBLA «piojos»; NVI «mosquitos»). La imagen de Aarón golpeando con su bastón el polvo de la tierra para traer la plaga de mosquitos adecuadamente comunica su tamaño diminuto, que les permite entrar en los ojos, oídos, y narices de sus víctimas humanas. El término hebreo *kinnim* significa «piojos», mientras que los detalles en el relato de Éxodo parecen indicar alguna clase de insecto volante rápido.

Isaías 51.6 es problemático, ya que la forma singular del término hebreo no ocurre en otra parte (cp. RVR1960 «de la misma manera», «de igual manera», según la LXX).

En Mateo 23.24, Jesús critica a aquellos que cuelan un mosquito (Gr. *kṓnōps;* el asunto más ligero de la Ley: preocupaciones ceremoniales), pero tragan un camello (el asunto más pesado de la Ley: justicia, piedad y fe), olvidando que habría que practicar un mandamiento sin descuidar el otro.

JESPER SVARTVIK

MOSTAZA

Planta cultivada tanto en huertas como en campos por sus semillas, su valor como especia y el aceite de sus semillas (Gr. *sínapi*; Mt 13.31, 32 y par.; 17.20 y par.). La variedad cultivada en Palestina era la mostaza negra (*Brassica nigra Koch* o *Sinapis nigra* L.), que puede alcanzar una altura de hasta 3 m (10 pies), pese a tener la semilla más pequeña de las plantas cultivadas en ese tiempo.

MOZAH (Heb. *mōṣâ*)

Ciudad asignada a la tribu de Benjamín (Jos 18.26). Más tarde, como Colonia Emaús, fue colonizada en el 75 d.C., por ex combatientes de guerra romanos de la guerra de Vespasiano contra Jerusalén. El sitio es el actual Qâlqnya/Moza (166134), c. 6,5 km (4 mi) al noroeste de Jerusalén.

MUCHAS AGUAS

Una expresión (Heb. *mayim rabbîm*) utilizada comúnmente en contextos poéticos, a menudo paralelamente con «ríos» (*nĕhārôṯ*), «abismo» (*tĕhôm*), o «mar» (*yām*). Muy a menudo se refiere a la abundante provisión de agua, de parte de Dios, para estimular el crecimiento exuberante (Nm 24.7). Pero esta abundancia lleva, por lo general, al juicio del beneficiado malagradecido y orgulloso, ya sea Tiro, Egipto o Israel (Is 23.2, 3; Jer 51.13; Ez 17.5, 8). Su rugiente voz se manifiesta también como un aspecto de la gloria de Dios (como un rugido de juicio (Jer 51.55), o como alguna otra manifestación de gloria) en las visiones celestiales de Ezequiel (Ez 43.2; cf. Ap 1.15); o quizás como parte de una teofanía en forma de tormenta (Sal 29.3). Por otra parte, puede indicar el rugido de confusión o la fuerza destructiva de un enemigo, de la que Dios rescatará, sin duda, a los fieles (Cnt 8.7; 2 S 22.16-18 y par.; Sal 32.6; 77.17-20[TM 18-21]; Is 17.12, 13).

En consonancia con la imaginería (p.ej., cananea, Yamm/Mar; o mesopotámica, Tiamat) habitual del antiguo Cercano Oriente, las aguas pueden representar una fuerza primigenia de caos sobre la que se afirma que el Dios de Israel tienen autoridad, ya sea logrando la victoria sobre ella en una batalla cósmica (Hab 3.13-15), o utilizándola como su propia arma de destrucción (Ez 26.19; cf. Gn 7.10, 11; Ex. 15.8-10; Am 7.4; Is 51.9, 10 utilizan frases distintas, pero equivalentes, para expresar este mismo concepto).

ROBIN J. DEWITT KNAUTH

MUERTE

La muerte al nivel más básico significa el cese de vida en un sentido biológico (Gn 25.11; Ec 12.6). También es usado en sentido figurado para las fuerzas que quitan mérito a la calidad de vida (Pr 8.35-36; 1 Jn 3.14).

La muerte es a veces personificada (Job 28.22; Sal 18.4-5 [TM 5-6]; 49.14 [15]; Jer 9.21 [20]; Hab 2.5; Ap 6.8; 20.13-14). En el NT se entiende como un poder que está en contra del orden creado (Gr. *thánatos*).

En el AT la muerte física (Heb. *māweṯ, mûṯ*) causó el regreso del cuerpo a la tierra (Gn 3.19), el espíritu a Dios (Ec 12.7), y la salida del alma o esencia de vida (Gn 35.18; 1 R 17.21; Jon 4.3). La muerte era el final normal de la vida humana (Jos 23.14; 1 R 2.2; Job 5.26); sólo Dios era inmortal (Sal 90.1-6). Aunque la muerte física fuera inevitable, los antiguos hebreos tenían la esperanza de que su muerte viniera al final de una vida larga y distinguida (Nm 23.10; Jue 8.32), donde los hijos fueron dejados para continuar el nombre y sepultar al difunto (Gn 35.29; 50.7-8; Job 42.16).

La muerte prematura (Gn 21.16; Is 38.1-15), la muerte como resultado de violencia (1 S 15.32-33), la muerte de una persona sin hijos (2 S 18.18), y la muerte sin el entierro apropiado (2 R 9.30-37) eran todos destinos terribles. La obediencia a Dios podría causar una vida más larga (Dt 30.15-20; Pr 10.2; 11.4) y el pecado la muerte prematura (1 S 2.31-36; Job 36.13-14; Sal 55.23 [24]), pero había excepciones (Ec 7.15-18).

La ley hebrea antigua prescribió la muerte como el castigo por violaciones que fueron consideradas como seriamente poniendo en peligro la vida de la comunidad. Entre los delitos para los cuales esta pena última fue estipulada estaban el asesinato (Gn 9.6; Ex 21.12), la blasfemia (Lv 24.16), la fornicación (Dt 22.20-21), violaciones del día de reposo (Ex 35.2), el secuestro (Ex 21.16), golpear a sus propios padres (Ex 21.15), la homosexualidad (Lv 20.13), la bestialidad (Lv 20.15-16; Ex 22.19), y muchos otros. La pena de muerte fue llevada a cabo con frecuencia mediante el apedreo (Nm 15.32-36; Lv 20.27; Dt 17.2-7; 21.18-21) y a veces quemando a la persona (Gn 38.24; Lv 20.14; Jos 7.15, 25).

Incluso aunque la muerte al final de una vida plena se entendiera como el final natural de la vida, rara vez era saludada con alegría (Job 3.21; Jon 4.3); por lo general la gente simplemente se resignaba a ella. Era la contradicción de la vida (Jer 21.8-9), y significaba la separación de la vida (Rut 1.17; Sal 39.13 [14]). Se creía que los muertos vivían en el Seol o el Hoyo, un lugar umbrío de tinieblas y silencio (Job 10.21-22; Sal 94.17; Pr 2.18; Jon 2.6 [7]). El poder de Dios se extendía al Seol (Sal 139.7-8; Am 9.2), pero él no estaba presente allí (Sal 88.5 [6]; Is 38.18). Aquellos que moraban en el Seol no podían alabar a Dios (Sal 30.9 [10]; 115.17) o recordarlo (Sal 6.5 [6]; 88.12 [13]). Sólo Enoc (Gn 5.24) y Elías (2 R 1.11) evitaron el destino habitual. Dios tomó a Enoc, y Elías fue llevado al cielo en un torbellino. Eliseo levantó al hijo de la mujer sunamita de la muerte (2 R 4.35), pero probablemente el joven a la larga murió.

En el AT la muerte podría ser usada en un sentido figurado así como literal. Enfermedad (Sal 30.2-3 [3-4]), enemigos (Sal 9.13 [14]; 55.1-4 [2-5]), e injusticia (Sal 116.3) eran todos parte de la muerte en este sentido. Así, uno podría estar biológicamente vivo y espiritualmente muerto (1 S 25.37-38; Jon 2.2-6 [3-6]). En última instancia, uno tenía que elegir entre vida y muerte (espiritual) (Dt 30.19).

La muerte fue representada como avara (Hab 2.5), como una fuerza que trataba de atrapar a la gente (Sal 18.4-5 [5-6]; Pr 13.14), y como una ciudad dentro de la cual los muertos fueron restringidos (Job 38.17; Sal 9.13 [14]). A veces fue personificada en una manera que puede haber sido influenciada por la mitología pagana (Job 28.22; Jer 9.21 [20]).

El carácter definitivo de la muerte fue atenuado en cierto modo por la metáfora del sueño (Job 14.10-12; Sal 13.3 [4]), aunque fuera un sueño del cual no se esperaba que despertara (Jer 51.39, 57). No obstante, la metáfora sugirió la posibilidad de despertamiento. Isaías declaró que en el futuro la muerte sería abolida (Is 25.8). El canto de Ana afirma que Dios tiene el poder de levantar a los muertos del Seol (1 S 2.6), y la profecía de Ezequiel respecto a huesos secos, aunque se refiriera a la comunidad del exilio, también sugiere el poder de Dios de levantar a los muertos (Ez 37.1-14).

Dos pasajes tardíos en el AT de modo explícito sugieren la posibilidad de la resurrección. Isaías 26.19 afirma que los muertos justos compartirán en la próxima liberación. Daniel 12.2 indica la resurrección del justo a la vida eterna y de otros a vergüenza y desprecio eterno. Para los tiempos del NT muchos grupos judíos aceptaron el concepto de la resurrección.

En el NT, como en el AT, los seres humanos son mortales cuyas vidas terminan en la muerte biológica (1 Co 15.21-22). La muerte humana es una experiencia universal (He 9.27), y la única excepción mencionada en el NT es Enoc (Gn 5.24; He 11.5). Tres veces en el NT hay personas que son levantadas de los muertos (Lc 7.11-17; Jn 11.1-44; Hch 9.36-43), pero ellos no se vuelven inmortales. Probablemente ellos con el tiempo mueren.

Según Pablo, la muerte es resultado del pecado humano (Ro 5.12; 6.23; 1 Co 15.21). Sin embargo, gracias a la muerte de Cristo las consecuencias del pecado de Adán, es decir, la muerte humana, son anuladas (Ro 5.10) y la vida para todos es conseguida (v. 18). La muerte de Cristo destruyó al que tenía el poder de la muerte (He 2.14) así como la muerte misma (2 Ti 1.10). Cristo así se hizo el Señor de la vida y la muerte (Ro 14.9) y tiene las llaves de la muerte y el Hades (Ap 1.18). Esto no quiere decir que las personas ya no mueren.

Sin embargo, la muerte es vista en una nueva perspectiva. La resurrección de Cristo de los muertos se entiende como el modelo que todos los creyentes pueden esperar experimentar (Col 1.18; Ap 1.5). Nada puede separar a los fieles del amor de Dios en Cristo (Ro 8.38-39).

La muerte física se menciona en términos positivos, como ganancia (Fil 1.21) y como partir para estar con Cristo (v. 23).

Como en el AT, en el NT la muerte figurada puede ser experimentada mientras está biológicamente vivo. Romanos 7.24 habla «de un cuerpo de muerte.» Alguien que todavía no ha encontrado a Cristo se le describe como muerto en el pecado (Ef 2.1). De la misma manera, uno que ha conocido a Cristo ya tiene vida eterna, aún en la vida mortal presente (Jn 3.3-8). Hay una tensión entre el «ya» y el «todavía no». El último enemigo que será destruido será la muerte (1 Co 15.26). La muerte también es personificada en el NT, y es como un personaje asociado con el Hades (Ap 6.8; 20.13-14). En el primer pasaje la muerte es representada como montando en un caballo amarillo.

Aparentemente la generación que vive durante el tiempo de la parousía no experimentará la muerte, pero será trasladada directamente al cielo (Mt 16.28). En este tiempo, el trasladado y el resucitado comenzarán la vida eterna en su plenitud (1 Ts 4.16-18).

Alice Ogden Bellis

MUGHARA, WADI EL-

1. Wadi el-Mughara (cerca de la moderna Haifa), ubicado en el lado occidental del monte Carmelo, c. 3 km (2 mi) del Mar Mediterráneo. En este wadi se encontraron cuatro cuevas con importantes restos arqueológicos, predominantemente del período paleolítico, pero también algunos importantes restos natufianos: (1) Mugharet el-Ward («cueva del valle»), (2) Mugharet ej-Jamal («cueva del carmelo»), (3) Mugharet es-Sukhul («cueva del cabrito») y (4) Mugharet et-tabun («cueva del horno»). El sitio fue excavado entre 1929-1934 por Dorothy Garrod, de la British School of Archeology de Jerusalén. Además de ofrecer una importante secuencia de roca de pedernal prehistórico, las cuevas contenían también restos óseos humanos (varios articulados); lo más importante es que algunos de los huesos humanos del Mugharet es-Sukhul tienen rasgos característicos tanto de humanos de Neanderthal como del Homo sapiens (es decir, el humanoide moderno). También se encontraron en las cuevas huesos de animales (una evidencia importante para el registro de la fauna y de los patrones humanos del consumo de alimentos); asimismo, fueron hallados unos pocos objetos de «arte».

2. Wadi el-Mughara (en el suroeste del Sinaí), antigua región minera, fuente particularmente importante de turquesa para los antiguos egipcios, como está claramente demostrado por numerosas inscripciones egipcias descubiertas en toda esta área. Esta evidencia epigráfica indica que los habitantes nativos de la región, como también diversos cananeos del sur, fueron contratados o reclutados para participar en la minería. Cabe destacar que en esta región, particularmente en el cercano sitio de Serabin el-Ḥadem, han sido encontradas inscripciones alfabéticas que datan desde c. 1500 a.C. Conocidas como inscripciones protosinaíticas, son las inscripciones alfabéticas más antiguas conocidas; al parecer, fueron hechas por cananeos que trabajaban en la región.

Bibliografía. D. A. E. Garrod and D. M. A. Bate, *The Stone Age of Mount Carmel: Excavations at the Wady el-Mughara 1* (Oxford, 1937); P. K. McCarter, Jr., *Ancient Inscriptions* (Washington, 1996); J. S. Jorgensen, «Inscription Sites,» en *OEANE* 3:171-72; J. Naveh, *Early History of the Alphabet*, 2nd ed. (Leiden, 1987); D. B. Redford, *Egypt, Canaan, and Israel in Ancient Times* (Princeton, 1992).

CHRIS A. ROLLSTON

MUJERES EN EL CULTO ISRAELITA

El término primario para sacerdote en la Biblia hebrea es *kōhēn*, que aparece sólo en el masculino. El feminino *khnt* ocurre en lenguas afines e incluso en el hebreo rabínico, pero no con el significado de la Biblia, y cada referencia debe ser juzgada por sus propios méritos.

Un rol distintivo del culto, aunque sin título, fue promulgado por Miriam, hermana de Moisés y Aarón. En una controversia con Moisés (Nm 12), ella actuó junto con Aarón, el sacerdote del mismo nombre, por lo que uno podría suponer que ella estaba actuando en un rol sacerdotal también. El hecho de que ella fue castigada con lepra muestra el significado de sus acciones. Éxodo15.20 muestra a Miriam, aquí titulada «profetisa,» dirigiendo a las mujeres en la música y el baile, un rol cultual. Aquí se insiste en que ella era la hermana de Aarón, y, de hecho, cantó un canto parecido a un salmo que fue el primer verso del salmo en Éxodo15.1b-18, un salmo de alabanza por la liberación como a menudo se halla en el Salterio.

Ninguna mujer tenía un papel de culto dentro del templo, pero inmediatamente fuera había algunas cuya descripción como tal vez las «mujeres que ministran» o «mujeres que sirven» no puede ser un título. (La raíz *ṣb'* es un término general que significa simplemente «trabajar, servir.») En Éxodo. 38.8 tienen espejos de bronce, y en 1 Samuel 2.22 (si son las mismas personas) ellas pecaminosamente yacían con los hijos del sacerdote Elí. No se dan detalles de sus prácticas; en Éxodo 38.8 sus espejos pueden indicar la belleza, pero si se utilizaban para seducir o no, no es posible decirlo.

La *gĕḇîrâ*, «reina madre,» tenía un lugar importante en la corte, a veces equivalente a la autoridad del rey, al menos ceremonialmente (1 R 2.19; Jer 13.18), incluso coronando la figura llamada rey Salomón en Cantares 3.11. 1 Reyes 15.13 indica un medio cúltico, para entre otras supresiones de las prácticas de culto extranjeras, el rey Asa hizo retirar a su madre el grado de *gĕḇîrâ* porque tenía una imagen abominable hecha para Asera.

Las mujeres a menudo aparecen en los roles de cantante, músico y bailarina, y la mayoría de estos son de culto. Las mujeres participantes fueron probablemente uno de los oficios menores. El AT menciona por lo menos 25 tipos diferentes de instrumentos musicales de bocina, lira, y tipos de percusión, algunos de los cuales fueron interpretados por mujeres. En Éxodo 15.20 Miriam toca un *tōp*, «tambor» o «pandereta», y la hija de Jefté también toca este instrumento (Jue 11.34.) En una historia que puede ser la etiología de un culto perdido; las dos mujeres también bailan. Cantantes masculinos y femeninos se mencionan juntos en fuentes posexílicas (Esd 2.65; Neh 7.67).

Débora canta su magnífica poesía (Jue 5.2-31), y Ana ora (1 S 1.10). La tradición llama el hermoso salmo de alabanza atribuido a Ana (1 S 2.1-10) una oración, pero la forma de verso muestra que es poesía y por lo tanto se cantó. Las mujeres aparecen en las procesiones del templo, que continúan en el «santuario». Los que dan las buenas nuevas de que el enemigo ha sido vencido también son mujeres (Sal 68.11-12[12-13]).

Llanto y luto cultual también tuvieron lugar. Una mujer debe enseñar a su hija y vecinos un lamento sobre la caída de Jerusalén (Jer 9.20[19]), y un verso anterior (v. 17 [16]) indica un grupo de mujeres de luto. Esta misma forma *qînâ* («lamentación») se encuentra en el libro de Lamentaciones. Allí, el llanto se hace por alguien que canta de las preocupaciones de las mujeres, por Jerusalén la «hija de Sión», y esto puede indicar que el libro, o una gran parte de él, fue coreado por las mujeres. Aunque el templo como lugar de culto no aparece en el libro, elementos espirituales se encuentran a lo largo de él.

Las mujeres también tienen roles en las prácticas de culto prohibidas y extranjeras. Aunque su sentarse y llorar por Tammuz (Ez 8.14-15) se describe como «una abominación,» se hizo en una de las puertas del templo. Esta era una variante tardía de un rito del segundo o tercer milenio tomado de los babilonios, que refleja el retorno anual de Tammuz/Dumuzi al inframundo. Las mujeres también hicieron una receta especial de tortas a la reina del cielo (Jer 7.18). Su identidad ha sido muy discutida, pero probablemente fue una de las diosas cananeas de la familia Asera, Astarté o Anat, en última instancia, lo que refleja un culto babilónico a Ishtar. Las mujeres también tejían *battim* (RV «tiendas,» pero lit., «casas» o «cuartos») para Asera (2 R 23.7). Este tejido se realizó en la casa de la *qĕḏēšîm*, una figura de culto controversial; este título aparentemente extranjero se produce tanto en las formas masculinas como femeninas.

La imagen de las mujeres palestinas y de Israel no estaría completa sin la mención de las figurillas de barro prolíficas, por lo general mujeres y por lo general desnudas. Estas han sido encontradas desde el octavo milenio, pero cada vez más en los niveles de hierro de bronce temprano-medio. Las figuras suelen ocupar la zona del pecho y la región púbica se destaca por un triángulo tallado. Más tarde llegan a ser estilizadas en forma de pilar. Los estudiosos no están de acuerdo sobre si estas figurillas representan una diosa o su devoto, y ambos son posibles. Los primeros intentos de identificación de éstos con una diosa conocida en gran parte han sido abandonados. Debido a que las estatuillas se encuentran generalmente en las casas, esto puede reflejar una «religión de la gente,» no registrada en la Biblia. También pueden representar las «imágenes» tan frecuentemente denunciadas (p.ej., Ex 20.4).

La zona prohibida de la adivinación fue rechazada de plano por la ortodoxia hebrea, sin embargo, toda la evidencia apunta a la prevalencia a lo largo de la historia. Tanto los hombres como las mujeres aparecen en estos papeles, generalmente traducido vagamente «bruja» o «hechicería» (Dt 18.10-11; 2 R 21.6; Jer 27.9; Lv 19.26, 31). Algunos títulos ofrecen una idea general de sus prácticas: la nigromancia, interpretación de los sueños, la adivinación mediante flechas, susurros, y el manejo de la serpiente.

Bibliografía. P. A. Bird, «the Place of Women in the Israelite Cultus,» ed. P. D. Miller, P. D. Hanson, y S. D. McBride, *Ancient Israelite Religion* (Filadelfia, 1987), 397-419; R. A. Henshaw, *Female and Male: The Cultic Personnel: The Bible and the Rest of the Ancient Near East.* PTSMS 31 (Allison Park, 1994): K. van der Toorn, *From Her Cradle to Her Grave: The Role of Religion in the Life of the Israelite and the Babylonian Woman.* Biblical Seminar 23 (Sheffield, 1994); C. J. Vos, *Woman in Old Testament Worship* (Delft, 1968).

Richard A. Henshaw

MULO

Miembro de la familia equina, descendiente de un asno y un caballo, o un burro u onagro (asno salvaje). El macho (Heb. *pereḏ*) se distingue de la hembra (*pirdâ*) en el texto bíblico. Como híbrido, el mulo es casi siempre estéril, pero exhibe cualidades de tamaño, fuerza y resistencia. Por estas razones, los mulos eran valorados en el mundo antiguo como cabalgaduras reales (2 S 13.29; 1 R 1.44), tributos (10.25) y animales de carga (2 R 5.17; 1 Cr 12.40[TM 41]). Como el cruce de animales estaba aparentemente prohibido en el Israel bíblico (Lv 19.19), es posible que estos animales se obtuvieran por medio de la importación o el comercio (Ez 27.14).

Mark Ziese

MUPIM (Heb. *muppîm*) (también SEFUFÁN)

Hijo de Benjamín (Gn 46.21). En Números 26.39 es llamado Sufam (cf. 1 Cr 8.5, «Sefufán»), y sus descendientes, sufamitas. La forma plural de Mupim y Hupim sugiere que, en realidad, pueden haber sido poblaciones que se unieron a la tribu de Benjamín (cf. 1 Cr 7.12, 15).

MURATORI, FRAGMENTO

Porción de un antiguo documento cristiano que habla de los libros del NT que fueron aceptados por las iglesias, conocidas por el autor anónimo del fragmento. El fragmento, probablemente del siglo VIII, está escrito en latín vulgar, pero es casi seguro que se trata de la traducción de un documento en griego mucho más antiguo. El fragmento comienza con una referencia a Marcos, probablemente mutilada; Lucas y Juan son mencionados a continuación como los Evangelios tercero y cuarto, respectivamente. Es probable que Mateo haya sido tratado en una parte faltante del original. Trece cartas son atribuidas a Pablo; Judas y dos cartas de Juan se mencionan en forma positiva, al igual que Sabiduría de Salomón y los apocalipsis de Juan y Pedro (aunque de este último se dice que fue rechazado por algunos).

La tradición erudita ha situado la composición de la versión original griega en el siglo II debido a la afirmación de que el Pastor de Hermas fue escrito «muy recientemente en nuestros tiempo». Sin embargo, algunos académicos han propuesto al siglo IV como la fecha del original.

Bibliografía. G. M. Hahneman, *The Muratorian Fragment and the Development of the Canon* (Oxford, 1992); A. C. Sundberg, Jr., «Canon Muratori: A Fourth-Century List,» *HTR* 66 (1973): 1-41.

JAMES R. ADAIR, JR.

MURCIÉLAGO

Mamífero común palestino (Heb. *ʿăṭallēp*), que vive en las cuevas del valle del Jordán y el monte (Is 2.20), a veces por centenares. Por lo general son animales que comen insectos, excepto para el perro volador de Egipto (*Rousettus egyptiacus*), que se alimenta de los frutos de los sicómoros. Los murciélagos tienen una gran envergadura de 90-95 cm (36-38 in). El murciélago era considerado un animal impuro (Lv 11.19; Dt 14.18).

MURMURACIÓN

Expresión abiertamente verbal o en voz baja, de dolor, pena, angustia, malestar, insatisfacción o ira muy grande. La murmuración funcionaba, a veces, como oraciones a Dios para llamarlo a la acción. Los ejemplos incluyen las quejas (Heb. *lûn*) hechas por los israelitas en el desierto (Ex 15.24; 16.2, 7, 8; 17.3; Nm 14.2, 27, 29, 36). Estas murmuraciones tenían una razón concreta, específicamente, el hambre o la sed. Dios respondía a tales clamores «oyendo favorablemente» y dándoles agua y comida para aliviar así la angustia del pueblo.

Pero la murmuración se manifestaba también como murmullos solapados y maliciosos contra Dios o sus líderes escogidos. Coré se quejó contra Moisés y Aarón (Nm 16), y se dice que el pueblo de Israel se puso a murmurar contra el liderazgo de Moisés (cap. 17). Se dice también que los israelitas murmuraron (*rāgan*) en sus tiendas (Dt 1.27; Sal 106.25) en respuesta al informe de los espías. Esta es una imagen gráfica del pueblo quejoso en sus tiendas, en vez de prepararse para la marcha sobre Canaán. Tal murmuración es un desprecio a Dios y a sus líderes elegidos, y exige un castigo severo. Los que se negaron a entrar en la Tierra Prometida morirían en el desierto. Además, el pueblo de Israel murmuró con razón en la Tierra Prometida cuando creyeron que los dirigentes de la nación no estaban siendo obedientes a las normas establecidas por Dios (Jos 9.18).

En el NT, «murmurar» (Gr. *gongýzō*) se refiere generalmente a las quejas de los fariseos y los escribas (Lc 5.30; 15.2; cf. 19.7; Mt 20.11). La iglesia del NT experimentó la murmuración de los helenistas contra los hebreos, porque sus viudas estaban siendo desatendidas en la distribución diaria (Hch 6.1). Pablo exhortó a los Corintios a no murmurar como habían hecho los hebreos en el desierto, porque su murmuración les había acarreado la destrucción (1 Co 10.10; cf. Fil 2.14).

Bibliografía. G. W. Coats, *Rebellion in the Wilderness: The Murmuring Motif in the Wilderness Traditions of the Old Testament* (Nashville, 1968).

JOHN L. HARRIS

MUSÍ (Heb. *mûšî*)

Levita, segundo hijo de Merari (Ex 6.19; Nm 3.20; 1 Cr 6.19, 47[TM 4, 32]; 23.21, 23; 24.26, 30). Fue el famoso antepasado de una familia levítica, los musitas (Nm 3.33; 26.58).

MÚSICA, INSTRUMENTOS MUSICALES

La música y sus instrumentos de producción, y los instrumentos musicales, tal como están mencionados en la Biblia, están entre los fenómenos más desconcertantes del pasado. Esto se deriva tanto del carácter efímero de la música misma, como de las fuentes indirectas de estudio (escritas, comparativas arqueológico-iconográficas), y por el hecho de que sólo unos pocos instrumentos musicales descubiertos en excavaciones (p.ej., platillos, sonajeros) son todavía capaces de producir sonidos.

La documentación más antigua de la tradición oral de la recitación bíblica se conserva en el Codex Cairo (del siglo IX), donde se da el texto bíblico con *ʿamê hammiqrāʾ* (acentos bíblicos), un tipo de escritura ecfonética, que puede servir como una fuente comparativa, aunque no fiable para recrear la cantilación del antiguo Israel (también la notación cuneiforme ugarítica o la transcripción de la música tradicional judía contemporánea se utilizan con frecuencia con este propósito). La Biblia, considerada la fuente principal para el estudio de la música en el antiguo Israel, puede ser útil sólo para el estudio de su contexto social: es decir, el servicio sagrado (1 Cr 23, 2 Cr 29.25) y la alabanza a Dios (Is 12.5, 6; Sal 150); lo apotropaico-protector (Ex 28.33; 1 S 16.16), lo extático-profético (10.5) o los medios sobrenaturales (Ex 19.19); la comunicación (Nm 10.1-9); la guerra (2 Cr 20.28), los acontecimientos gozosos (Ex 15.20) y dolorosos (2 S 1.17-27); o como símbolo del pecado y la prostitución (Is 5.12; 14.11). Los relatos son a veces ambiguos: por ejemplo, el avance de David con el arca como una especie de orgía, con predominio de instrumentos de percusión de carácter dionisíaco (2 S 6.5), o una ocasión un tanto ceremonial con cantos y la fanfarria de trompetas (2 Cr 13.8).

Varios relatos indican que se utilizaban diferentes estilos de canto: el solo (2 S 23.1), coral (2 Cr 20.21; Ex. 32.18, 19), a capella (15.1) o con acompañamiento instrumental (15.20, 21; Sal 149.1-3), responsorial (1 S 29.5; Esd 3.10, 11), o antifonal (1 S 18.6, 7).

El mayor potencial para obtener información en cuanto a la música, tal como se describe en la Biblia, es el estudio de los instrumentos registrados, pero esta información es igualmente limitada. El carácter exacto de la música nunca se describe, a excepción de algunos términos generales relativos al sofar y a las señales de trompeta (Nm 10.2-10). Sólo tres versículos mencionan la materia de que está hecho un instrumento musical (Nm 10.2; 1 R 10.12; 1 Cr 15.19), y rara vez se menciona la técnica de ejecución (1 S 16.23).

Los nombres de los instrumentos musicales no son del todo claros. La LXX, la Peshitta y la Vulgata los traducen sin un conocimiento preciso de su significado. Una versión puede traducir la misma palabra de diferentes maneras: por ejemplo, la LXX traduce la palabra Heb. *kinnôr* como *kithára*, *kinýra*, *psaltḗrion*, *órganon* y *nábla*; a *ʿûgāḇ*, como *kithára*, *psalmós* y *órganon*. Y en las fuentes posbíblicas disponibles: los escritos de Flavio Josefo y Filón de Alejandría, el Talmud, y los rollos de Qumrán, la información es ambigua.

Por estas razones, y en particular por la incertidumbre histórica y cronológica del registro bíblico, debe considerarse a la arqueología como la fuente principal para el estudio de las culturas musicales del mundo bíblico. Hasta el presente han sido excavados unos 700 artefactos, restos reales de instrumentos musicales y de representaciones artísticas. El análisis estadístico de estos artefactos ofrece una indicación importante de los instrumentos musicales presentes en el antiguo Israel y en Palestina. Por ejemplo, no hay confirmación de arpas, por lo que no hay ninguna razón para interpretar al Heb. *nēḇel* como «arpa», el instrumento con que normalmente se presenta tocando al rey David. Del período babilónico-persa, del que los libros de Esdras, Nehemías y Crónicas cuentan que hubo una liturgia y una vida musical excepcionalmente rica, ninguna evidencia musical importante ha sobrevivido.

Los instrumentos más comunes en el Israel de la Edad del Hierro proceden de la cultura cananea. Parecen haber sido de fabricación modesta, pero de una gran variedad y capacidad para una técnica de ejecución relativamente sofisticada. Entre los instrumentos al alcance de las masas estaban los sonajeros de arcilla (probablemente *mĕnaʿanʿîm*), tambores de forma redonda (*tōp̄*) y caños doble similares al oboe y al clarinete (probablemente *ḥālîl*). Las sofisticadas liras egipcias con ocho o más cuerdas dieron paso a los *kinnôr* y *nēḇel*, más pequeños y con menos cuerdas, que se utilizaban principalmente en la música del culto y de la corte. Durante el período babilónico-persa fue evidente una disminución en la vida musical, tal vez como reflejo de las limitaciones religiosa y sociales existentes (cf. Is 5.12; 24.8, 9; Os 9.1). El período helenístico-romano trajo un florecimiento de toda clase de actividad musical, y la introducción de muchos nuevos tipos de instrumentos (p.ej., nuevas variedades de arpas y laúdes, y tubos de hueso con un revestimiento de bronce). Esto encontró resistencia en los círculos ortodoxos, que citaban amonestaciones bíblicas en cuanto a las actividades licenciosas asociadas con la música (m. Sona 9:11; b. Sona 48a-b; Gin-b; 7a-b).

Antiguo Testamento

bĕḵōl ʿăṣê, ḇĕrôšîm

Instrumentos hechos de varias clases de madera (2 S 6.5; 1 Cr 13.8 dice *bĕḵol-ʿōz ûḇšîrîm*, «con todo poder y cantos»). Estos pueden ser badajos dobles de madera de ciprés utilizados por las masas (en contraste con el de marfil de tipo egipcio, o con los badajos Hathor de hueso de los ricos).

ḥālîl

Instrumento de caña de uno o dos tubos semejante al clarinete u oboe (de *ḥll*, «hueco, vacío», también «profano»). Acompañaba a la profecía extática (1 S 10.5), y era utilizado tanto en las celebraciones alegres (1 R 1.40) y en el duelo (Jer 48.36), como también en bacanales mundanas (Is 5.12). Instrumentos sencillos de hueso y también complejos revestidos de bronce han sido encontrados desde el período helenístico-romano; y numerosas representaciones artísticas de todos los estratos ya desde el siglo XIV a.C., presentan a diosas y a bailarinas eróticas, sacerdotes y sátiros, dolientes y alborozados tocando cañas de dos tubos.

ḥăṣōṣĕrâ

La trompeta, hecha de plata martillada (Nm 10.2) o de bronce. Se tuvo originalmente el propósito de que fuera tocada sólo por los sacerdotes para comunicación (con el fin de reunir a la congregación y a los líderes) o alarma, en tiempos de guerra, celebraciones, o en días solemnes, a principios del mes y para el holocausto (Nm 10 .2-10). En el período babilónico-persa la trompeta era tocada en el servicio del templo (2 R 12.13[TM 14]), en las coronaciones (11.14, 2 Cr 23.13), en la construcción del Templo (Esd 3. 10), y en relación con votos hechos a Dios (2 Cr 15.14). Algunos pasajes que se refieren al toque de trompetas deben considerarse añadiduras posteriores para reflejar prácticas litúrgicas (cf. 2 S 6.5; 1 Cr 13.8). Las descripciones que se creían representaban las trompetas del Templo en las monedas de Bar Kojba y el arco de Tito, son ahora cuestionadas. Números 10.4, 5, y especialmente los rollos de Qumrán (1QM 2:15, 3:1, 7:9; 9:9) contienen descripciones generales de las técnicas para tocar la trompeta (sonido sostenido, sonido corto, sonido vacilante, sonido estridente, alarma para la batalla).

Kinnôr

La lira, instrumento popular confirmado en varios textos del antiguo Cercano Oriente, como también en los nombres de dioses y lugares, y en la iconografía sirio-palestina. Era un símbolo de las primeras actividades profesionales musicales (Gn 4.21), y se asocia con casi todo tipo de evento musical, desde la alabanza a Dios (Sal 150.3) y la profecía (1 S 10.5), hasta el duelo (Job 30.31), las celebraciones mundanas (Gn 31.27) y el libertinaje (Is 23.16). Las liras estaban hechas de madera de sándalo (1 R 10.11, 12), con 10 (Josefo, *Ant.* 8.3.8) o siete (m. *Qinnim* 3.6) cuerdas de tripa delgada, y eran tocadas por lo general con un plectro. La *kinnôr* cambió de forma con el tiempo, aunque las diferencias regionales fueron menos evidentes en la sociedad bíblica multicultural.

Mosaico de flautista; Bóvedas de Caesarea, zanja CV11 (siglo V-VI d.C.) (Foto por Aaron Levitz; cortesía de Combined Caesarea Expeditions)

mĕnaʿanʿîm

Idiófono, probablemente una sonaja de barro (de *nûaʿ*, «sacudir») de diversas formas (geométrica, zoomórfica y antropomórfica, de 5-12 cm [2-5 in] de longitud), como lo sugieren más de 70 hallazgos arqueológicos desde la Era del Bronce hasta el período babilónico. Era un popular instrumento usado en las actividades cultuales orgiásticas (2 S 6.5), por lo que no tuvo aceptación en la institución de gobierno teocrático (cf. 1 Cr 13.8).

mĕṣiltayim, ṣelṣĕlîm

Címbalos (aparece sólo en forma plural), mencionados ya en el siglo XIV. Se han hallado muestras en asentamientos cananeos y hasta en sitios helenístico-romanos, cerca de mil años más tarde. Se han encontrado de dos tipos: platillos grandes (7-12 cm [3-5 in]), que eran sostenidos con las manos mediante asas, y que se tocaban principalmente en posición vertical; y platillos más pequeños (3-7 cm

[1-3 in]), sujetos a dos dedos de una mano. Sólo en textos posteriores al exilio se mencionan platillos «de bronce» (1 Cr 15.19, cf. Esd 3.10; Neh 12.27); era para ser tocados por los levitas (1 Cr 15.16), y en actividades del culto (2 Cr. 5.13). Los *ṣelṣĕlîm* mencionados en 2 Samuel 6.5 pueden haber sido simplemente instrumentos pequeños para hacer ruido, una especie de sonajas de metal, mientras que los *mĕṣiltayim* de 1 Crónicas 13.8 son más grandes y, por tanto, mejor adaptados a la adoración en el templo. Salmos 150.5 menciona *ṣilṣĕlêšā-maʿ* («*ṣelṣĕlim* resonantes») y *ṣilṣĕlê-tĕrûʿâ* («*ṣelṣelîm* de júbilo»), quizás los dos tipos autenticados por la arqueología.

nēḇel, nēḇel ʿāśôr

Tipo de lira. Al igual que la *kinnôr*, con la que suele ser mencionada, la *nēḇel* estaba hecha de madera de sándalo (1 R 10.12), pero tenía 12 cuerdas gruesas (m. *Qinnim* 3.6), y era siempre pulsada (Josefo, *Ant.* 7.12.3). La evidencia arqueológica objeta su identificación como arpa, sugiriendo más bien que la *nēḇel* era una lira grande, con bajo de tono menor. La *nēḇel ʿāśôr* era una lira de diez cuerdas (Sal 33.2; 144.9). La *nēḇel* era tocada por los levitas (1 Cr 15.16; 25.1) en actividades del culto (1 Cr 13.8; Sal 150.3), celebraciones de victorias (2 Cr 20.28), acompañamiento de raptos proféticos (1 S 10.5), y también en juergas orgiásticas (Is 5.12).

paʿămôn

Campana (del Heb. *pʿm,* «golpear»). «Campanas de oro» colocadas entre granadas, eran atadas al borde inferior de la túnica del sumo sacerdote (Ex 28.33, 34; 39.25, 26), y tenían un significado apotropaico-protector (28.35). Autenticadas en el Cercano Oriente ya en el siglo XV, las campanas aparecen en el Israel antiguo a partir de los siglos IX y VIII. Los hallazgos del período helenístico-romano incluyen campanas acompañadas de restos de tela que indican su ubicación en una prenda de vestir. El mosaico descubierto recientemente en la sinagoga de Séforis (de comienzos del siglo V) presenta a Aarón con campanas atadas a su túnica.

šôp̄ār

Cuerno de carnero (cf. Acad. *šappāru*, «cabra salvaje»). Es el instrumento musical mencionado con más frecuencia en la Biblia, y ha sido usado al menos desde la Edad del Hierro hasta hoy. Es capaz de producir dos o tres sonidos de diferente tono y de carácter perturbador, caracterizados como *tĕqaʿ* («descarga»), *tĕrûʿâ* («grito de júbilo») y *yabbāḇâ* (sollozo, gemido, temblor»). La más antigua notación musical conocida para el *šôp̄ār* está registrada en el *Siddur* de Sa'adia Gaon (siglo X d.C.). El *šôp̄ār* es un instrumento a solo en importantes eventos nacionales y del culto: teofanías (Ex 19.13, 16), Día de la Expiación (Lv 25.9), fiesta de Luna Nueva (Sal 81.3 [TM 4]), día del juicio (Jl 2.1), transportación del arca (2 S 6.5), durante la batalla (Jue 3.27) y celebraciones de victorias (1 S 13.3). A partir del siglo III d.C., el *šôp̄ār* aparece como un símbolo en mosaicos de sinagogas (Hamat-Tiberias, Bet-seán), en fragmentos de columnas, lámparas de aceite, etc.

qeren hayyôḇēl

Cuerno de carnero, mencionado sólo una vez en relación con la destrucción de los muros de Jericó (Jos 6.5). Puede haber sido una variedad del *šôp̄ār* .

tōp̄

Tambor, pandereta, pandero. Instrumento ampliamente comprobado en todo el antiguo Cercano Oriente; su forma más común en Siria-Palestina era una estructura de 25-40 cm (8-16 in) sobre la que se extendía una piel o membrana. Tuvo uso religioso y cultual, acompañando al canto y al baile (Sal 149.3) y al éxtasis profético (1 S 10.5). Los tambores se tocaban en fiestas (Sal 81.2 [3]), en procesiones (2 S 6.5; Sal 68.25[26]) y en otras celebraciones (Gn 31.27), pero al parecer no en la adoración del Templo. El *tōp̄* parece haber sido tocado con más frecuencia por las mujeres, a menudo como un instrumento a solo y en relación con el baile, también una actividad femenina. Se han encontrado, a partir de la Edad del Hierro, numerosas estatuillas de terracota de mujeres tamborileras; son comunes dos tipos, que al parecer reflejan la síntesis de lo sagrado y lo secular de la cultura musical del antiguo Israel: de mujeres con vestidos en forma de campana, sin joyas, o parcialmente sin ropas y llevando puestas lujosas joyas.

ʿûgāḇ

Identificado a menudo como una flauta vertical (cf. Egip. *maʿt*), aunque la LXX y Josefo lo consideran un instrumento de cuerdas (cf. Gn 4.21; RVA «arpa»). Se presenta como un instrumento de alabanza (Sal 150.4), alegría (Job 21.12) y duelo (30.31).

Daniel

Los nombres de los seis instrumentos musicales que se mencionan en Daniel 3.5, 7, 10, 15 son de origen arameo o griego: la voz *qarnā'* (cf. Heb. *qeren*, «cuerno de animal») es aquí una trompeta de bronce conocida a partir de fuentes neobabilónicas; *mašrôqîṯā'* (de *šrq*, «silbar»), es probablemente un tipo de instrumento de caña; *qayṯrōs* (Gr. *kithára*) es una lira grecorromana; *sabbĕḵā'* es un arpa angular griega o fenicia, comprobada del período seléucida; *pĕsantērîn* (cf. Gr. *psaltērion*) es un arpa grande, angular, sostenida en forma horizontal, que era tocada con dos palos; *sûmpōnyâ* es entendida de maneras diversas como gaita, o timbal, o tal vez una designación para «todo el conjunto» de instrumentos (*kōl zĕnê zĕmārā'*).

Términos colectivos

Hay varios otros términos que designan a clases o variedades de instrumentos, mayormente instrumentos de cuerda: *kēlîm*, literalmente «vasos, utensilios», un término genérico para instrumentos (1 Cr 23.5); *kĕlê-ḏāwîḏ*, «instrumentos de David» (2 Cr 29.26); *kĕlî-neḇel* (Sal 71.22; 1 Cr 16.5; RVR «arpa»); *pĕsantērîn*, «instrumentos resonantes» (2 Cr 30.21); *kĕlê-šîr*, «instrumentos musicales» (p.ej., Am 6.5); *minnîm*, «cuerdas» (Sal 150.4).

Superscripciones a los Salmos

Los términos musicales en los encabezamientos de los salmos están entre los problemas más difíciles al traducir la Biblia. Los musicólogos modernos consideran que muchos son notaciones en cuanto a técnicas de interpretación, o quizás lemas para referirse a melodías populares. La palabra hebrea. *lamĕnaṣṣēaḥ*, «Al músico principal» (o «Maestro de la victoria») que aparece 55 veces en Salmos y también en Habacuc 3, puede indicar instrucciones para el líder. La palabra hebrea *mizmôr*, que está en 57 salmos, puede indicar canto con acompañamiento instrumental. Muchas de las notaciones siguen siendo muy dudosas. Por ejemplo, *'al-'ălāmôṯ* (Sal 46.1) puede significar «con un instrumento de cuerda» (cf. 1 Cr 15.20), o «pandero» (cf. Sal 68.25[26]), o tal vez «en la octava (tono o modo)» (cf. 1 Cr 15.20, 21). La voz hebrea *'alhaggittîṯ* (Sal 8, 81, 84), puede indicar «al estilo de Gat», o «en el instrumento de Gat».

Nuevo Testamento

En los libros del NT se mencionan cuatro o quizás cinco instrumentos musicales.

La flauta sencilla o doble (Gr. *aulos*; Lat. *tibia*). Este popular instrumento de caña grecorromano se tocaba tanto en bodas como en funerales (1 Co 14.7; cf. Mt 9.23; 11.17).

La lira (Gr. *kithára*). La comparación del sonido de las liras con el estruendo de muchas aguas y con el sonido de un gran trueno (Ap. 14.2), puede indicar que fuera el instrumento romano más grande (RVR, «arpa»).

La trompeta (Gr. *sálpinx*; Lat. *tuba*). Es el instrumento más frecuentemente mencionado en el NT (11 veces); su sonido simbolizaba el poder sobrenatural («la trompeta de Dios», 1 Ts 4.16), y la apocalíptica «final trompeta» que anunciará la parusía (1 Co 15.52).

El címbalo (Gr. *kýmbalon*). El «ruidoso gong» (*chalkós ēchṓn*) era probablemente un instrumento atronador, un jarrón de bronce en la parte posterior del teatro griego («metal que resuena», 1 Co 13.1).

El término griego *symphōnía* (Lc 15.25) puede designar a otro instrumento, pero es más probable que sea un término colectivo para referirse a un grupo de instrumentos musicales, o tal vez un término general para «música».

Primera a los Corintios 14.7, 8 es particularmente importante para la historia de la música. Aquí se hace referencia por primera vez en la Biblia a «distinción de voces». Esto, y la preocupación paralela en cuanto a «sonido incierto», sugieren un aprecio estético por la precisión musical que empieza a surgir.

Bibliografía. B. Bayer, «The Finds That Could Not Be,» BAR 8/1 (1982): 20-33; J. Braun, Music in Ancient Israel/Palestine (Grand Rapids, 2002); C. Sachs, The History of Musical Instruments (New York, 1940); A. Sendrey, Music in Ancient Israel (New York, 1969); W. W. Smith, Musical Aspects of the New Testament (Amsterdam, 1962).

JOACHIM BRAUN

MUSLO

Parte superior de la pierna. El término hebreo (heb. *yārēḵ*) tiene connotaciones sexuales y probablemente se refiere a genitales. Cuando se usa junto al verbo *yāzā'* «venir de,» la expresión es entendida como una referencia a «prole», o los que «vienen de» el muslo (Gn 46.26; Ex 1.5; Jue 8.30). En ocasiones, el término se traduce «cadera» o «hueso de la cadera». La palabra hebrea relacionada *yarkâ* también tiene connotaciones cúlticas y significa «lado» (del altar; Ex 40.22, 24; Lv 1.11; Nm 3.29, 35; 2R 16.14) o «base» (de la lámpara de oro; Ex 25.31; 37.17; Nm 8.4).

Las espadas se usaban en el muslo (a veces traducido «lado»; Ex 32.27; Jue 3.16, 21; S 45.3 [TM 4]; Cnt

3.8). Uno puede ser golpeado o «herido» ahí en batalla, o la expresión puede expresar remordimiento (Jue 15.8; Jer 31.19; Ez 21.12 [17]). Los sacerdotes usaban calzones de lino desde las caderas a los muslos (Ex 28.42). Cuando una mujer había sido infiel a su esposo, y un sacerdote le hacía beber las «aguas amargas» (Nm 5.16-28), «su muslo se caería» (vv. 21,22, 27), tal vez significaba que sufría un aborto. El muslo es parte del estofado en la olla de cocinar de la visión de Ezequiel acerca de la casa rebelde (Ez 24.4). Finalmente, el autor de los Cantares describe los muslos de su amada como joyas (Cnt 7.1 [2]).

El siervo de Abraham juró que llevaría a cabo el deseo de Abraham al morir (Gn 24.2) al ubicar su mano bajo el «muslo» de Abraham. Este es claramente un juramento serio, juramentado en los genitales, fuente de la vida y por lo tanto bajo amenaza de pérdida de fertilidad. Cuando Jacob luchó con el ángel en Peniel, Dios lo hirió en los genitales o muslo (Gn 32.25-26 [26-27], y causó que Jacob cojeara (v. 31 [32]). Como el sirviente de Abraham, José pone su mano bajo el muslo de su agonizante padre Jacob y hace juramento (Gn 47.29).

En el NT el Gr. *mērós* aparece solamente en Apocalipsis 19.16, donde la frase «Rey de reyes y Señor de señores» se escribe sobre el «muslo» y el manto de Cristo.

Bibliografía. S. Gevirtz, «Of Patriarchs and Puns: Joseph at the Fountain, Jacob at the Ford,» *HUCA* 46 (1975): 33-54; M. Malul, «More on *paḥad yiṣḥāq* (Genesis XXXI 42, 53) and the Oath by the Thigh,» *VT* 35 (1985): 192-200; S. H. Smith, «'Heel' and 'Thigh': The Concept of Sexuality in the Jacob-Esau Narratives,» *VT* (1990): 464-73.

JOHN R. SPENCER

MUT-LABÉN (Heb. *mûṯ labbēn*)

Término en la superscripción del Salmo 9 (TM, v.1), que significa «la muerte de un hijo». Puede ser el nombre de una melodía muy conocida con la cual se cantaba el salmo.

N

NAALAL (Heb. *nahălāl*)
Ciudad levítica asignada a los meraritas (Jos 21.35) del territorio de la tribu de Zabulón (19.15). No se menciona en la lista de las ciudades levíticas en 1Cr 6.77[TM 62]). De acuerdo con Jueces 1.30, los zabulonitas no pudieron expulsar a los habitantes cananeos que había entre ellos, pero los sometieron a trabajo esclavo. Dos sitios han sido propuestos. Tell el-Beiḍā (168231) se encuentra en la llanura de Esdraelón al noroeste de Jocneam (cf. Jos 19.11), pero carece de apoyo tradicional. Tell en-Naḥl (156245), cuyo nombre es parecido a Nahalal, se encuentra en la llanura costera mediterránea al sur de Aco y al noreste del río Kishon, un territorio asociado con la tribu de Aser, no con la de Zabulón.

Eric F. Mason

NAAM (Heb. *naʿam*)
Judaíta, hijo de Caleb y nieto de Jefone (1 Cr 4.15).

NAAMA (Heb. *naʿămâ*) **(LUGAR)**
Ciudad en la Sefela de Judá, parte del territorio de esa tribu (Jos 15.41). Está incluida en la jurisdicción de Laquis, pero la ubicación exacta sigue siendo dudosa. Algunos eruditos han sugerido algunos sitios en el valle de Sorek, cerca de Timna, en base a la evidencia toponímica, mientras que otros creen que debe de estar ubicada más cerca de Laquis.

Bibliografía. W. F. Albright, «Topographical Researches in Judæa,» *BASOR* 18 (1925). 6-11.

Jennifer L. Groves

NAAMA (Heb. *naʿămâ*) **(PERSONA)**

1. Hija de Lamec y Zila, y hermana de Tubal-caín en el linaje de Caín (Gn 4.22).

2. Mujer amonita que se casó con Salomón; madre de Roboam (1 R 14.21, 31; 2 Cr 12.13).

NAAMÁN (Heb. *naʿămān*)

1. Hijo de Benjamín (Gn 46.21).

2. Hijo de Bela, hijo de Benjamín, antepasado famoso de la naamanitas (Nm 26.40; 1 Cr 8.4).

3. Hijo de Ahiud, bisnieto de Benjamín (1 Cr 8.7).

4. Comandante del ejército sirio que fue curado de su lepra al bañarse en el Jordán (2 R 5). Una criada israelita le dijo a la esposa de Naamán que un profeta de Samaria, Eliseo, podía sanar a Naamán de su lepra. Informado de esto por una carta del rey de Siria, el rey de Israel lo interpretó como un pretexto para crear un conflicto entre Siria e Israel. Sin embargo, por la intervención de Eliseo, Naamán vino a Israel, pero fue curado sólo después de que sus siervos lo exhortaron a seguir las instrucciones de Eliseo de sumergirse en el Jordán. Naamán confesó luego su lealtad a Jehová y se marchó. Al decirle a Naamán que el profeta había cambiado de opinión, Giezi, el criado de Eliseo, obtuvo por engaño regalos de plata y prendas de vestir de Naamán. Al ser confrontado por Eliseo, Giezi fue atacado por la lepra de que había sido sanado Naamán.

El relato demuestra que, aunque Israel era el foco de la actividad de Jehová, los gentiles eran también partícipes de la benevolencia del Señor. A pesar de sus objeciones en contra, Naamán pudo ser limpiado sólo en el Jordán (2 R 5.11-14); confesó que no había ningún Dios en todo el mundo, salvo en Israel (v. 15); y que deseaba regresar a Siria con tierra israelita, porque sacrificaría solamente a Jehová de allí en adelante (v. 17). Jesús recuerda la historia en Lucas 4.27 para enfatizar que la misericordia de Dios se extiende más allá de Israel, a los gentiles.

John E. Harvey

NAAMATITA (Heb. *naʿămāṯī*)
Gentilicio atribuido a Zofar, amigo de Job (Job 2.11, 11.1, 20.1; 42.9; cf. LXX «el mineo»). Al parecer se deriva de Naama o Naame, una ciudad (o comarca) del noroeste de Arabia (posiblemente Jebel el-Naʿameh) o Edom.

NAAMITAS (Heb. *naʿămî*)
Clan de los benjaminitas, los descendientes de Naamán (Nm 26.40).

NAARA (Heb. *naʿărâ*) (**LUGAR**)
Ciudad en la frontera oriental de Efraín (Jos 16.7). Primero de Crónicas 7.28 menciona a Naarán; es probable que sea el mismo sitio. Josefo se refiere a un pueblo llamado Naara (*Ant.* 17.13.1 [340]), y Eusebio nombra un asentamiento judío, Noarat, situado a 8 km (4,5 mi) de Jericó (*Onom.* 136.24). Se desconoce su ubicación exacta, pero Naara ha sido identificada con sitios de la Edad del Hierro, cerca de Jericó, entre ellos Jirbet el-ʿAyâsh, y más comúnmente Tell el-Jisr (190144), c. a 6 km (3,5 mi) Al noroeste de Jericó.

LAURA B. MAZOW

NAARA (Heb. *naʿărâ*) (**PERSONA**)
Una de las dos esposas de Asur, el padre de Tecoa. Fue la madre de Ahuzam, Hefer, Temeni y Ashastari (1 Cr 4.5-6).

NAARAI (Heb. *naʿăray*) (también PAARAI)
Hijo de Ezbai; uno de los valientes de David (1 Cr 11.37). En 2 Samuel 23.35 es llamado Paari arbita.

NAARÁN (Heb. *naʿărān*)
Forma alterna de Naara (1 Cr 7.28).

NAASÓN (Heb. *naḥšôn*; *Gr. Naassṓn*)
Hijo de Aminadab, y hermano de Eliseba esposa de Aarón (Ex 6.23). Representó a Judá como auxiliar de Moisés en el primer censo (Nm 1.7), y capitaneó a esa tribu durante la peregrinación por el desierto (2.3; 10.14; cf. 7.12, 17). Naasón es reconocido entre los antepasados de David (Rt 4.20; 1 Cr 2.10-11) y Jesús (Mt 1.4; Lc 3.32).

NABAL (Heb. *nāḇāl*)
Rico pastor calebita de Maón (1 S 25). Aunque es poco probable que su nombre de pila fuera Nabal («insensato»), sus acciones en la historia lo presentan como tal, mientras que su astuta e ingeniosa esposa, que es todo lo contrario, llega a ser parte del harem del futuro rey por su sagacidad. Esta historia también muestra la temprana relación de David con la estructura de poder cercana a Hebrón, donde posteriormente sería coronado como el primer rey de Judá y luego de todo Israel. David, un forajido de la corte de Saúl, que había estado viviendo con sus hombres cerca de los rebaños de Nabal, le solicita unas dádivas a éste durante la jubilosa temporada de la esquila, recordando a Nabal que sus hombres habían acompañado sus rebaños y sus pastores sin que les hubieran hecho algún daño. Hay, sin duda, un poco de intimidación entretejida en la petición de David, lo que se hace evidente cuando Nabal, por su insensatez, rechaza la petición de David y lo insulta (1 S 25.10, 11), tildándole de ser simplemente uno de los muchos criados que estaban huyendo de sus amos. Al oír esta respuesta, David prepara a sus guerreros para atacar a Nabal. La inteligente Abigail sale al encuentro de David con regalos, evitando el desastre que le habría sobrevenido a Nabal (como lo enfatiza David en 1 S 25.34, donde afirma que sin la intervención de Abigail a Nabal no le habría quedado vivo ni siquiera un varón en un día.) Cuando Nabal despierta de la borrachera la mañana siguiente y se entera de lo cerca que estuvo del desastre «desmayó su corazón en él» y «se quedó como una piedra» (1 S 25.37). Cuando Nabal muere diez días después, David toma como esposa a Abigail. Después de un tiempo, ella le da a luz un hijo llamado Quileab, quien no figura en la sucesión.

Abigail es la heroína de esta historia, al mediar exitosamente entre su insensato esposo y David, el futuro rey que había sido ofendido por el desaire de Nabal. Además, es en sus labios que encontramos las palabras acerca de que David se convertirá en el gobernante de Israel sin tener sangre culpable en sus manos (1 S 25.28-31). Nabal es el insensato que no puede ver lo que hay en el futuro de David (ni en el suyo), mientras que Abigail lo ve todo y astutamente orquesta los acontecimientos en beneficio del futuro rey de Israel. Por consiguiente, el necio Nabal es una frustración para Abigail, y el escritor utiliza la historia de Nabal para mostrar la insensatez de quienes ven a David sólo como un proscrito echado de la corte de Saúl, y por tanto no digno de apoyo (1 S 25.10, 11).

Bibliografía. J. D. Levinson, «1 Samuel 25 as Literature and as History,» *CBQ* 40 (1978). 11-28.

ALAN J. HAUSER

NABAT (Heb. *nĕḇāṭ*)
Padre de Jeroboam I; efrateo de Sereda (1 R 11.26). El apelativo «hijo de Nabat» ocurre con frecuencia en el AT para distinguir entre Jeroboam I y Jeroboam II, hijo de Joás.

NABATEOS (Gr. *Nabataíoi*)
Pueblo que aparece primero como un grupo independiente en el informe de Diodoro Sículo acerca

de una incursión hecha por el general seléucida Antígono en el 312 a.C. Sin embargo, otros autores clásicos se refieren a un pueblo situado a lo largo del borde occidental de la península arábiga, los *nabanû*, quienes, después de fracasar como piratas en el Mar Rojo, se abren paso hacia el norte a lo largo de la costa. Los *nabanû* representaban aparentemente una confederación de seminómadas que buscaban un estilo de vida más permanente. Es en Petra, la fortaleza más meridional de los edomitas bíblicos, donde finalmente hallan refugio, mezclándose con los sedentarios edomitas y convirtiéndolos en los nabateos de la historia. Los edomitas resistieron la asociación con el grupo de beduinos y se mudaron al oeste, para ser conocidos como idumeos; pero los vínculos entre los dos grupos se mantuvieron durante mucho tiempo, como lo demuestra la ascendencia de Herodes el Grande, cuyo padre era idumeo y su madre nabatea.

La asociación de un vigoroso pueblo nómada con una población sedentaria llevó a la formación de uno de las más importantes comunidades comerciales del Medio Oriente en los últimos siglos a.C. hasta el siglo IV d.C. Utilizando el conocimiento que ya tenían de las rutas comerciales de la península arábiga, los nabateos fueron capaces de asegurarse las fuentes y los mercados del lucrativo comienzo del incienso y de la mirra, y luego, con el tiempo, añadieron el de las especias, las piedras preciosas, los bálsamos, los betunes, e incluso el comercio de la seda de China.

Al emirato tribal le siguió pronto la monarquía, y con ella el deseo de imitar a las culturas vecinas más sofisticadas. Bajo la guía del rey Aretas IV (9 a.C-40 d.C), Petra se convirtió en una ciudad metropolitana, en la que había un teatro gigantesco, un ninfeo, baños públicos, templos y más de 800 monumentos funerarios labrados en roca, algunos de los cuales tenían proporciones enormes.

El comercio necesitaba expandirse, y en el siglo I d.C. los nabateos controlaban más de 1000 sitios en la Celesiria y la Arabia Saudí, con contactos que iban desde Damasco al norte, hasta Mada'in Saleh al sur; y a través de la península del Sinaí hasta Egipto y la parte occidental del imperio romano.

Este rico reino provincial en expansión atrajo la atención de Roma desde la conquista de Sirio-Palestina por Pompeyo en el 64 a.C. Los primeros intentos de someter a los nabateos fracasaron por una u otra razón, y se les permitió existir como un estado casi autónomo. El emperador Augusto planteó una objeción en cuanto al ascenso al trono de Aretas IV, mas no hizo nada formalmente para reclamar el reino. Pero Trajano consideró necesario consolidar las posesiones romanas en el Medio Oriente, y cuando sus legiones marcharon hacia Petra en el 106 d.C., el reino nabateo dejó de existir como entidad. Sin embargo, contrariamente a los que se creía antes por los estudios hechos sobre Nabatea, la evidencia actual indica que a usurpación no interrumpió ni la economía ni el estilo de vida de las personas.

Junto con su brillo comercial, las amplias conexiones de los mercaderes abrieron el camino para que los nabateos adoptaran las ventajas del estilo de vida del mundo más general que había a su alrededor. Esta indiscriminada práctica de adoptar elementos de otras culturas oscurece la cuestión de hasta qué grado lo atribuido a la cultura nabatea tiene realmente un origen nabateo, o si los aspectos distintivos representan una adopción, una adaptación o una verdadera innovación. Sin embargo, a pesar de la confusión, las capacidades naturales del pueblo dieron lugar a la creación de un singular mosaico de tecnología, arte, arquitectura, religión y de todos los demás aspectos de la vida cotidiana.

Tal vez la característica más notable de la tecnología nabatea está en sus logros hidrológicos, tanto para el acopio de agua y su distribución en la ciudad capital, como para su uso agrícola en las partes áridas y semiáridas del reino. El entorno urbano era servido por tuberías de cerámica, embalses, alimentación por gravedad, arroyos y cisternas de gran capacidad. En las afueras, había presas al final de los wadis para recoger el agua durante la estación lluviosa, círculos de piedra que reducían la escorrentía de las laderas, y canales de irrigación que alimentaban los cultivos. Es posiblemente en lo relacionado con la conservación del abastecimiento de agua, que puede verse de forma más evidente el trasfondo seminómada de los nabateos.

El mismo grado de sofisticación tecnológica puede observarse en otros aspectos de la vida nabatea: En la arquitectura, la cerámica, la metalurgia, la química, las matemáticas, la construcción e incluso la toxicología. Se imitaron, adaptaron y pusieron en uso formas arquitectónicas grecorromanas, especialmente en las fachadas de los monumentos funerarios; la alfarería común de la época fue simplemente copiada, mientras que la fina (del tipo «cáscara de huevo») sin adornos o pintada, surgió como quizás la mejor cerámica producida en el Medio Oriente hasta ese momento, la minería, el procesamiento y la fabricación de objetos de hierro, cobre, bronce, plomo, oro y plata estaba a la par con el resto del mundo romano; y lo mismo sucedía en prácticamente todas los demás aspectos de la vida.

Después de lo tecnológico vino la sofisticación cultural y el eclecticismo, que se observan en el arte y en las formas arquitectónicas, en la religión, en la vestimenta, en las relaciones diplomáticas, e incluso en la comunicación. Los nabateos, que hablaban arameo, crearon incluso otras letras para añadirlas a los que ya estaban en uso en el Medio Oriente en su tiempo. Desarrollaron una forma de escritura cursiva que utilizaron tanto en el grafiti en piedra como en el más común. Fueron estos caracteres los que se convertirían más tarde, hasta cierto grado, en la escritura «árabe» que todavía se utiliza hoy.

Antes de las excavaciones de George Horsfield en Petra, que comenzaron en 1929, el único indicador de la presencia nabatea en un sitio era la evidencia epigráfica. Horsfield vinculó a los nabateos con la cerámica fina de Petra, lo que permitió la identificación de sitios en todo el antiguo reino y a lo largo de sus rutas comerciales, independientemente de que estuvieran presente o no grafitis u otros materiales codificados. La actividad de prospección empezó a determinar con precisión los sitios nabateos, y a revelar el alcance de su influencia. Las excavaciones siguieron lentamente, comenzando en Petra y, más recientemente en otros lugares de mayor importancia a ambos lados del río Jordán.

Como resultado de un desastroso terremoto que se produjo el 19 de mayo del 363 d.C., Petra fue prácticamente destruida y sus habitantes buscaron otros lugares donde establecerse. Con la pérdida de dominio de la ciudad capital, de los nabateos, como nación, no se supo prácticamente nada más, a no ser por las escasas referencias clásicas que se tienen, por las fuentes bíblicas intertestamentarias y por los muchos miles de grafitis en todas las regiones de su antiguo reino. Se han seguido haciendo excavaciones más extensas, especialmente en Petra, y también ha continuado la investigación de los registros clásicos y bíblicos, armando poco a poco más información sobre la vida nabatea. Pero la falta de registros oficiales, crónicas y materiales comparables, es todavía un gran problema, y muchos elementos de las costumbres nabateas, de su historia, y otros detalles, siguen aun desaparecidos. Igualmente desaparecidos están los detalles de la presencia de la gente, que permaneció mucho tiempo en algunos sitios y que luego buscó nuevos territorios para ejercer sus conocimientos en el comercio y en sus numerosas habilidades que adoptaron y desarrollaron durante la vida del reino.

PHILIP C. HAMMOND

NABLUS (Arab. *Nablus*)
Ciudad al oeste del Tell Balânah (la bíblica Siquem), fundada por Vespasiano en el 72 d.C. como Flavia Neápolis (Gr. «ciudad nueva»), asentamiento para los veteranos de guerra del ejército romano. Justino Mártir nació cerca de este lugar c. en el 100. En la ciudad vive la actual comunidad samaritana.

NABONIDO (Acad. *Nabû-na'id*)
Último rey de Babilonia (556-539 a.C.). Hijo de un sacerdote del dios-luna Sîn de Harrán en la Alta Mesopotamia, no era al parecer de la línea real, y por tanto usurpó el trono. En un relato pseudoautobiográfico de su vida, su madre Adad-guppi (que vivió más de 100 años) afirmó haber tenido un papel decisivo en el ascenso de Nabonido al poder. Promovió el culto a Sîn por encima del de Marduk, el dios principal de Babilonia, y eso causó fricciones entre él y la clase dirigente religiosa de Babilonia.

Por alguna razón que se desconoce, Nabonido se marchó de Babilonia al oasis de Tema en el desierto de Arabia, y se quedó allí durante c. 10 años (c. 553-543). Su hijo Baltasar gobernó Babilonia en su lugar, atendiendo las cuestiones administrativas y militares. Por eso Nabonido no estaba presente para cumplir con su papel de rey en las fiestas de Año Nuevo de Marduk, incurriendo así en la ira de los sacerdotes de Marduk. Nabonido había regresado a Babilonia por sólo un breve tiempo antes de que su reino fuera atacado por Ciro de Persia, quien tomó la ciudad en el 539. Según el escritor babilonio Beroso (c. 250), Ciro nombró después a Nabonido gobernador de Carmania.

Nabonido fue considerado un «rey inicuo» por las tradiciones históricas posteriores. El relato en verso de Nabû-na'id fue un texto propagandístico escrito por los sacerdotes de Marduk para justificar la toma de Babilonia por los persas. El delito de Nabonido fue hacer caso omiso al culto de Marduk.

Los sacerdotes afirman incluso haber ayudado a la causa persa. El Cilindro de Ciro persa exalta la grandeza de Ciro, en tanto que menciona los delitos de Nabonido.

Aunque Nabonido no está mencionado en la Biblia, se encuentra en la curiosa Oración de Nabonido, un texto del siglo I a.C. escrito en arameo. La descripción del rey de Babilonia es parecida a la del relato en verso. Se decía, además, que Nabonido había sido atormentado por una virulenta inflamación que le hizo ser «quitado de entre los hombres» durante siete años, algo no muy diferente a la descripción de Nabucodonosor II en el libro de Daniel. Los acentuados parecidos entre los dos reyes babilonios en relatos posteriores, han sido objeto de mucho debate académico, pero no ha habido consenso para explicar esto.

Bibliografía. C. J. Gadd, «The Harran Inscriptions of Nabonidus,» *Anatolian Studies* 8 (1958). 35-92; R. H. Sack, «Nebuchadnezzar and Nabonidus in Folklore and History,» *Mesopotamia* 17 (1982). 67-131; «Nabonidus of Babylon,» in *Crossing Boundaries and Linking Horizons*, ed. R. E. Averbeck, M. W. Chavalas, and G. D. Young (Bethesda, 1997), 455-73.

MARK W. CHAVALAS

NABOT (Heb. *nābôt*)
Jezreelita asesinado legalmente por Jezabel y Acab con el fin de confiscar su viña, al parecer situada junto al palacio de Acab en Jezreel. La historia de la viña de Nabot (1R 21.1-16) plantea cuestiones de poder y prerrogativas reales, especialmente en cuanto a la propiedad de la tierra en el Israel antiguo. Nabot defiende el viejo rasgo distintivo tribal de que las tierras siguen siendo de la tribu (Lv 25.23; Nm 26.5-9), la herencia (Heb. *naḥălâ*) de sus padres, y una propiedad inalienable recibida de Jehová.

El Primer libro de los de Reyes 21 culpa a Jezabel de la muerte de Nabot. Promulga un ayuno en nombre de Acab, y luego contrata a dos bribones para acusar falsamente a Nabot de haber cometido traición contra Dios y el rey, asegurando así la muerte de Nabot por lapidación (Dt 13.10; 17.5; Ex. 22.28[TM 27]). Jezabel maquina este plan sólo después que Nabot se niega a vender su viña a Acab para convertirla en un huerto de legumbres. Después de la muerte de Nabot, Acab se adueña de la tierra. Como resultado, Jezabel y Acab son castigados por Dios, como había sido profetizado por Elías (1 R 21.17-24).

Estos hechos son citados en 2 Reyes 9.21-37 como la razón de la desaparición de la dinastía de Acab. Sólo Acab es responsable aquí de la muerte de Nabot (2 R 9.26); el viñedo está a corta distancia a caballo del palacio de Acab (v. 21) en vez de estar junto al mismo; y tanto Nabot como sus hijos son asesinados por Acab. Según los rabinos, Acab era primo de Nabot y el heredero legítimo de su propiedad (Sanh. 48b). También dicen que fue el espíritu vengativo de Nabot lo que sedujo a Acab para lanzarse a una batalla que al final llevó a Acab a la muerte (Yalquṭ Šimʿoni R 221).

DEBORAH A. APPLER

NABUCODONOSOR (Heb. *nĕḇûkadneʾṣṣar*)
Rey de Babilonia durante 43 años (605-562 a.C.), más tiempo que cualquier otro monarca de la dinastía caldea. Sucedió a su padre Nabopolasar (Acad. *Nabû-apla-ujur*), quien fundó la dinastía. Nabucodonosor II (Acad. *Nabû-kudurri-ujur*) tenía una experiencia militar previa considerable por haber hecho campaña contra los ejércitos de Egipto al sur de Carquemis y obtenido una importante victoria. Poco después, recibió la noticia de la muerte de su padre y se apresuró a Babilonia para reclamar el trono. Durante c. los siguientes tres años combatió en Siria e impuso tributo a varias ciudades, entre ellas Damasco. Luego hizo campaña contra las fuerzas de Necao II (610-595) de Egipto y en Arabia, donde parece haber logrado éxitos. En marzo del 597 estaba en Palestina, donde puso sitio a Jerusalén y colocó en el trono a un cierto Sedequías, tío del anterior rey de Judá, Joaquín. Según Antigüedades de Josefo, Nabucodonosor volvió a sitiar Jerusalén por segunda vez en el 586. El libro de Jeremías afirma que esta campaña tuvo como resultado la toma de la ciudad, la destrucción del Templo de Salomón y la deportación de los hebreos al cautiverio (que duraría hasta el 538). Desafortunadamente, no se sabe que exista algún relato cuneiforme de esa época en cuanto al acontecimiento, ya que las Crónicas de Babilonia están incompletas después del 594. Lo mismo sucede con los relatos de las campañas contra Tiro y Egipto a que se refiere Josefo; sin embargo, es probable que hayan tenido lugar. El rey murió en el 562, y fue sucedido por su hijo, Amel-marduk (el Evil-merodac del AT), de quien se dice que puso en libertad a Joaquín, el antiguo rey de Judá (Jer 52.31), y que le fijó una pensión.

Cuando Nabucodonosor obtuvo el trono en Babilonia, enfrentó varios problemas. Aunque Babilonia había sido reconstruida por el rey asirio Esarjadón (681-669), no estaba apta para ser la sede de una burocracia administrativa imperial. Para restablecer la supremacía de Marduk como «rey de los dioses», su templo, el Esagila, y el zigurat Etemenanki (la bíblica torre de Babel) tuvieron que ser restaurados y fortificados. Además, según consta en inscripciones, Nabucodonosor tuvo que construir una residencia real para él. Las excavaciones de Robert Koldewey y sus sucesores han revelado ruinas de cinco muros, por lo menos, con tres que conformaban un redondel exterior, y dos una fortificación interior, construidos de ladrillos secados al sol y al horno, y de diversos grados de espesor. En intervalos espaciados hay torres que se proyectan, y toda la ciudad estaba rodeada por un foso defensivo. Aunque Nabucodonosor vivió al comienzo en el palacio de su padre, más tarde construyó su propia residencia al oeste de aquella. Cuando la situación política se volvió más estable, construyó también el llamado Palacio de Verano en la parte de la ciudad que todavía conserva el nombre de Babil. El Palacio del Sur era el más importante, no sólo por su tamaño, sino también porque estaba ubicado cerca de la puerta de Ishtar y de la «Vía procesional». En la construcción del palacio fueron utilizados materiales espléndidos como cedro, marfil, oro, plata y lapislázuli.

Atendiendo a la responsabilidad tradicional de los reyes de Babilonia, Nabucodonosor reparó los santuarios de los templos y restauró las imágenes divinas. Supervisó los trabajos de construcción de no menos de 12 ciudades a lo largo y ancho del reino. También reconstruyó el Esagila y el Ezida (el templo de Nabû), y supuestamente creó los Jardines Colgantes, que los escritores griegos posteriores consideraron una de las siete maravillas del mundo antiguo. Lamentablemente, Koldewey consiguió poca o ninguna evidencia del trabajo de estos templos, ni tampoco hay algún rastro del Etemenanki o zigurat al norte del Esagila. Sin embargo, las excavaciones hechas por arqueólogos iraquíes han dado indicios de una elevación en el lado norte de la ciudad que puede apoyar la fama de Nabucodonosor.

A pesar de que las fuentes cuneiformes de esa época son incompletas, o en algunos casos no dicen nada en cuanto a la extensión de sus logros y actividades, el nombre de Nabucodonosor aparece más veces que los cualquier otro miembro de su dinastía en fuentes más secundarias del período caldeo. Aparte de Jeremías, 2 Reyes, 2 Crónicas y Daniel, del Antiguo Testamento, aparece en no menos de 10 comentarios rabínicos, en seis libros apócrifos, en varios comentarios en árabe, y en los escritos existentes de autores clásicos y medievales griegos y latinos.

Algunos de éstos, sobre todo el Babyloniaca de Berossus, destacan sus actividades de construcción en toda Babilonia. Puesto que la mente griega idolatraba claramente lo monumental, no debería ser una sorpresa ver el nombre de Nabucodonosor asociado con algunas estructuras de calidad perdurable, tales como los muros fortificados alrededor de Babilonia o el zigurat de Marduk mismo. Escritores como Megástenes caracterizan sus logros como el resultado de la habilidad dada al rey por Marduk de crear algo de grandeza eterna, mientras que autores como Estrabón y Diodoro Sículo hablan de sus logros como si fueran la creación de una figura sobrehumana que era un dios o como un dios.

Por el contrario, los escritores hebreos tuvieron que preservar la imagen de un rey- conquistador que tomó la ciudad de Jerusalén, destruyó el templo de Salomón y deportó a los cautivos a Babilonia. Todos estos actos no podían ser interpretados de manera positiva. La destrucción y la maldad tenían que enfatizarse, como se ve en el mensaje didáctico del libro de Daniel. Para fortalecer más su punto, el autor del AT utiliza abundantemente las fuentes del reinado de Nabonido (556-539), quien no sólo había introducido el culto del dios Sin de Harrán en Babilonia, sino que también abandonó su reino por una campaña en el oasis árabe de Tema. Lo que resultó de esta distorsión de la verdad histórica fue la imagen de un monarca babilónico cuyos hechos podrían aplicarse a cualquier rey posterior que hubiera logrado las mismas cosas. Lo concreto se subordinó a lo abstracto, y la persona de «Nabucodonosor» podría aplicarse a prácticamente cualquier período de la historia.

Bibliografía. R. H. Sack, *Images of Nebuchadnezzar* (Cranbury, N.J., 1991); D. J. Wiseman, *Chronicles of Chaldean Kings* (1961, repr. London, 1974); *Nebuchadrezzar and Babylon* (Oxford, 1985).

Ronald H. Sack

NABUSAZBÁN (Heb. *nĕḇûšazbān)*
El Rabsaris, o jefe de los eunucos, de Nabucodonosor, enviado por el rey babilónico para proteger a Jeremías después de la caída de Jerusalén (Jer 39.13; Acad. *Nabû-šûzibanni*, «Nabû sálvame»).

NABUZARADÁN (Heb. *nĕḇûzar'ăḏān*; Acad. *Nabû-zer-iddinam*)

El «jefe de los cocineros» mencionado en una lista de altos funcionarios de Nabucodonosor II de Babilonia (605-562 a.C.; ANET, 307-8). Es también célebre en el relato bíblico de la caída de Jerusalén, por comandar las fuerzas del rey de Babilonia. El título de jefe de los cocineros, al igual que el de jefe de los coperos, era un término anticuado para quienes ocupaban altos cargos en las cortes de los reyes de Asiria y Babilonia. Eran enviados con frecuencia en las misiones militares y diplomáticas (cf. el Rabsaces, 2 R 18.17). Nabuzaradán («Nabu me ha dado descendencia») fue el responsable de la destrucción de la ciudad de Jerusalén, de enviar funcionarios judaítas para ser ejecutados (2 R 25.8-12, 18-21), y de la deportación de muchos judaítas pocos años más tarde (c. 582; Jer 52.24-30). Fue también a quien se le dio la orden de libertar al profeta Jeremías (Jer 39.11-14; 40.1-6; 43.6). Por haber invocado el nombre de Jehová cuando habló con Jeremías, Nabuzaradán fue considerado un converso por la tradición judía posterior (cf. Jer 40.2-6).

Mark W. Chavalas

NACIMIENTO VIRGINAL

La doctrina que favorece la tradición de que por el poder del Espíritu Santo María concibe y da a luz a Jesús aparte de una relación sexual con su esposo José. Sólo dos textos del NT se refieren a una concepción y nacimiento virginal. En Mateo 1.18-25, María descubre que está embarazada «del Espíritu Santo antes que se juntasen [ella y José]» (v. 18). Aunque José decide divorciarse calladamente de María, un ángel le dice que el hijo de María ha sido concebido por el Espíritu Santo, y que el niño, a quien deben llamar Jesús, «salvará a su pueblo de sus pecados» (Mt 1.21).

Inmediatamente siguiendo esta historia, el escritor del Evangelio inserta un pasaje de Isaías 7.14: «He aquí que la virgen concebirá y dará a luz un hijo», para demostrar que la concepción milagrosa de Jesús cumple una antigua profecía. Sin embargo, el escritor cita de la LXX, que usa el Gr. *parthénos* («virgen») para traducir el Heb. *'almâ* («mujer joven»). Algunos comentaristas bíblicos de más tarde han intentado demostrar que la doctrina del nacimiento virginal está basada sobre una traducción inexacta.

En Lucas 1.26-38 el ángel Gabriel aparece a la virgen *(parthénos)* llamada María, le dice que concebirá y llevará un niño llamado Jesús. Ya que María no tenía esposo, pregunta a Gabriel cómo ocurrirá esto, y el ángel le dice: «El Espíritu Santo vendrá sobre ti. . .; por lo cual el santo ser que nacerá. . . será llamado Hijo de Dios» (Lc 1.35). Mientras que el pasaje de Mateo intenta mostrar cómo Jesús cumple la profecía de Isaías, el pasaje de Lucas conecta a Jesús con el reinado de David.

Ningún otro pasaje menciona este nacimiento milagroso aunque un número de versos defienden la paternidad y maternidad humana de Jesús (Mt 13.55; Mr 6.3; Lc 4.22; Ga 4.4). Hebreos 7.3 describe a Melquisedec como «sin padre, sin madre, sin genealogía», y parecido al Hijo de Dios.

La popularmente aceptada tradición de María como la Madre de Dios o *Theotokos*, fue retada por Nestorio en el inicio del siglo V, como una contradicción a la humanidad completa de Jesús. Más tarde en la historia, los teólogos retan la doctrina del nacimiento virginal sobre el fundamento de que está basada en una traducción inexacta del hebreo en la LXX: No existen más alusiones en el NT al nacimiento virginal, y el énfasis de la humanidad de Cristo pudo haber sido mejor sostenida por haber nacido como los otros seres humanos nacen. Algunas teólogas feministas rechazan el nacimiento virginal y se fundamentan en que María fue violada por el Espíritu Santo, y demuestran así el poder del hombre sobre la mujer en la sociedad patriarcal del siglo I en Palestina. Mientras que sólo la Iglesia Católica sostiene la doctrina del nacimiento virginal como autoritativa para la fe y práctica, la mayoría de los protestantes reconocen la sustancia de la doctrina como una explicación de la mezcla de las naturalezas humana y divina de Jesús. En cualquier caso, la doctrina tiene una finalidad más cristológica que mariológica.

Henry L. Carrigan, Jr.

NACIONES

En el AT, el concepto de «nación» (usualmente Heb. *gôy*; LXX Gr. *éthnos*) incluía al menos cuatro componentes: (1) era un grupo afín de personas (2) vivían en su propio territorio (3) tenían su propio gobierno y (4) adoraban a su dios o sus dioses. En consecuencia, Israel y otros grupos podían ser naciones. «Gente» (Heb. *'am*; LXX *laós*) era un término más general, sin un significado político especial, aunque los dos términos podían utilizarse como sinónimos (Ex 33.13; Dt 4.6). El NT parece mantener la diferencia entre los términos *éthnos* y *laos*. Las palabras *gôy* y *éthnos* también significaban «gentiles», y sólo el contexto permite determinar el significado correcto.

El significado político de «naciones» es claro en varios pasajes muy conocidos. La Tabla de las Naciones (Gn 10.1-32) describe a la humanidad ya dividida en naciones, no como una unidad. El pueblo de Israel acudieron a Samuel que les buscara un rey «como tienen todas las naciones» (1 S 8.5). En el día de Pentecostés, judíos «de todas las naciones bajo el cielo» estaban presentes en Jerusalén (Hch 2.5).

Los profetas hebreos, en particular, mencionaron a naciones concretas que merecían un castigo futuro: por ejemplo, Edom, Amón y Moab (Am 1.11-2.03); Babilonia, Asiria y Egipto (Is 13-14, 19). Sin embargo, la especulación escatológica sobre la elevación de Israel también toma nota de las «naciones» en algunas partes, casi como un contraste con la atención especial que recibiría Israel (p.ej., Zac 14).

Paul L. Redditt

NACÓN (Heb. *nāḵôn*)
Era en el camino a Jerusalén, donde tropezaron los bueyes durante una procesión cultual, y donde Uza, un sacerdote oficiante, extendió su mano al arca de Dios, la agarró, y murió (2 S 6.6). Una nota suelta (2 S 6.8) añade que David llamó a aquel lugar Perez-uzzah («el quebrantamiento de Uza»). En el relato paralelo de 1 Crónicas 13.9, la era es llamada Quidón (cf. Gr. *Cheidṓn*, Josefo, *Ant.* 7.81). Una tradición de la LXX dice Nodab, otra Nacor, y en un manuscrito de Qumrán es llamada Nodan. La palabra hebrea ha sido traducida de distinto modo, como nombre propio o como participio pasivo del verbo *kûn* («cierto», «seguro», «permanente», o «preparado» [es decir, era]).

Jesper Svartvik

NACOR (Heb. *nāḥôr*) **(LUGAR)**
Ciudad situada en la parte noroccidental de Mesopotamia a la que Abraham envió a su siervo a conseguir una esposa para Isaac (Gn 24.10). Las Cartas de Mari mencionan a Naḫur, situada al oriente del alto río Baliḫ cerca de Harán (Gn 29.4, 5).

NACOR (Heb. *nāḥôr*) **(PERSONA)**

1. Hijo de Serug, la sexta generación registrada de Sem. A la edad de 29 años Nacor engendró a Taré, quien más tarde se convirtió en padre de Abram. Nacor murió a la edad de 148 años, y por mucho tiempo fue contemporáneo de Abram (Gn 11.22-26).

2. Hijo de Taré y hermano de Abram (Gn 11.27-29). Nacor se casó con Milca, hija de su hermano Harán, quien dio a luz ocho hijos (Gn 22.20-23). Uno de ellos, Betuel, fue el padre de Rebeca, quien se casó con Isaac. Reúma, concubina de Nacor, le dio cuatro hijos más (Gn 22.24). Si los nombres aquí tienen la función de epónimos, este relato presentaría a Nacor —al igual que Ismael (Gn 25.16) y Jacob (49.28)— como el padre de 12 tribus con lazos familiares.

Edwin C. Hostetter

NADAB (Heb. *nādāḇ*,)

1. Primogénito de Aarón y Elisabet (Ex 6.23; Nm 3.2; 26.60; 1 Cr 6.3[TM 5.29]; 24.1). Nadab acompañó a Moisés, a Aarón y a los 70 ancianos, y a su hermano Abiú al monte Sinaí, donde vieron al Dios de Israel (Ex 24.1, 2, 9-11). Él, su padre y sus hermanos fueron nombrados sacerdotes (Ex 28.1). Nadab transgredió la ley (Éxodo 30.9) con Abiú al ofrecer «fuego extraño» al quemar incienso ante Jehová (Nm 26.61). La embriaguez puede haber tenido parte en el delito (Lv 10.8, 9).

2. Rey de Israel, sucesor de su padre Jeroboam I. Se dice que reinó durante dos años (1 R 14.20; 15.25-31). El asesinato de Nadab después de tan corto reinado indica lo inestable que era la situación política en el reino del norte. Su vil reinado terminó cuando fue asesinado por Baasa de Isacar, poniendo así fin a la dinastía de Jereboam y cumpliendo con la profecía de Ahías (1 R 14.1-20). El único hecho digno de mención durante su reinado, fue el asedio de Gibetón por los israelitas (1 R 15.27).

3. Hijo de Samai, de la casa de Jerameel, y descendiente de Tamar, nuera de Judá (1 Cr 2.28, 30).

4. Benjaminita, hijo de Jeiel y Maaca; hermano de Cis, quien fue el padre del rey Saúl (1Cr 8.30; 9.36).

5. Pariente de Ajicar (Tb 11.18), y uno de los invitados a la boda de Tobías. Cuando Tobías regresó con Sara, su novia, Nadab y su tío vinieron a la ceremonia de matrimonio, que fue celebrada durante siete días con una gran fiesta.

Larry L. Walker

NADABOT (Gr. *Nadabath*)
Pueblo de Transjordania. Un grupo de personas que se dirigía a una boda desde Nadabot a Madaba, fue emboscado por Jonatán y Simón Macabeo para ven-

gar la muerte de su hermano Juan, quien había sido capturado y ejecutado por la jambritas de Madaba (1 Mac 9.37). Este pueblo puede ser el mismo mencionado por Josefo (*Ant.* 3.1.4). Entre la sugerencias en cuanto a su ubicación están Main (219120), a 7 km (4 mi) al suroeste de Madeba; en-Nebâ (la antigua Nebo) al noroeste de Madeba; y Jirbet et-Teim (223123), a 2 km (1.25 mi) al sur de Madeba.

Bibliografía. N. Glueck, *Explorations in Eastern Palestine I*. AASOR 14 (Baltimore, 1933-34).

ZELJKO GREGOR

NAFIS (Heb. *nāpîš*)
Hijo de Ismael (Gn 25.15; 1 Cr 1.31); antepasado de una tribu árabe que fue atacada por una coalición de rubenitas, gaditas y la transjordánica media tribu de Manasés (5.19).

NAFTA (Gr. *náphtha*)
Sustancia inflamable utilizada para alimentar el horno donde fueron lanzados Azarías/Abednego, Sadrac Mesac (El canto de los tres jóvenes); nombre antiguo del petróleo. Es descrito como un «líquido espeso» que se inflamó después que brilló el sol sobre el mismo, encendiendo el sacrificio de Nehemías (2 Mac 1.20-22); por consiguiente, el término está vinculado con «purificación» (v. 36, «neftar», cf. Nm 31.23).

NAFTUHIM (Heb. *nabtuḥîm*)
Descendiente de Egipto (Mizraim) mencionado en la Tabla de las Naciones (Gn 10.13 = 1 Cr 1.11), para referirse tal vez a los habitantes del delta del Nilo (cf. Egip. *na-patoḥ*, «los habitantes del delta").

NAGAI (Gr. *Naggai*)
Antepasado de Jesús de quien nada más se sabe (Lc 3.25).

NAG HAMMADI
Moderna ciudad del Alto Egipto, 556 km (345 mi) al sur de El Cairo, y a 118 km (74 mi) al norte de Luxor, en la ribera occidental del río Nilo. El nombre de la ciudad ha sido aplicado a una colección de manuscritos en papiro, que arrojan luz sobre cuestiones religiosas y filosóficas durante el temprano período cristiano.

Descubrimiento de los códices
Según James M. Robinson, los códices de Nag Hammadi (NHC) fueron descubiertos por *fellahin* [campesinos] egipcios, entre ellos Muhammad Ali del clan al-Sman, c. en diciembre de 1945 en una enorme vasija de almacenamiento enterrada al pie del Jebel el-Tarif, el despeñadero que bordea al río Nilo, cerca de la aldea de Hamra Dum, y al otro lado de la ciudad de Nag Hammadi. Aunque es posible que algunas partes hayan sido quemadas, el resto de la colección está ahora conservada y almacenada en la biblioteca del Museo Copto en el Cairo antiguo.

Contenido
Los códices de Nag Hammadi son una colección de 12 libros de papiros (llamados códices, del latín), y de ocho hojas de un 13º libro. Constituyen algunos de los primeros ejemplos de libros encuadernados, en contraste con los rollos de pergamino. Estos códices y hojas adicionales contienen más de 50 textos separados y 48 títulos separados (menos los textos duplicados, de acuerdo con un modo de enumeración). Los textos se conservan en copto, aunque la mayoría de los eruditos han llegado a la conclusión de que fueron compuestos originalmente en griego. El material arcaico del *cartonnage* o los desechos de papiro que recubren las cubiertas de piel de los códices, indican que al menos algunos de los códices pudieron haber sido creados aproximadamente a mediados del siglo IV. La evidencia del cartonaje y otras pruebas circunstanciales, incluyendo los datos arqueológicos, pueden vincular la fabricación de las cubiertas y los códices con un sitio cercano, como Pabau (la actual Faw Qibli), y con el movimiento monástico de Pacomio, pero la evidencia no es concluyente. Algunos numerosos eruditos especulan que la razón del enterramiento de los códices pudo haber sido la promulgación de la Carta Pascual de Atanasio de Alejandría en el 367, con su condena a los herejes y sus libros, pero esto también sigue siendo dudoso.

Los textos muestran una amplia gama de perspectivas religiosas y filosóficas. Predominan las tendencias cristiana, esotérica y ascética, pero los códices también contienen textos no cristianos y textos marginal o secundariamente cristianizados, textos gnósticos judíos, e incluso un fragmento de la *República* de Platón. Entre los numerosos textos gnósticos están los setianos y los valentinianos, como también los herméticos. Sin embargo, la variedad de perspectivas supuestamente gnósticas y no gnósticas entre los textos de Nag Hammadi, ha planteado cuestiones fundamentales sobre la naturaleza del gnosticismo y en cuanto a las maneras como los eruditos definen y clasifican al gnosticismo y a las escuelas filosóficas gnósticas.

Los textos también presentan una gama de géneros literarios. Al igual que el canon del NT, los códices de Nag Hammadi contienen textos que pueden ser llamados evangelios, hechos, epístolas y apocalipsis. Entre los evangelios están el Evangelio de la Verdad (NHC I, 3; XII, 2), el Evangelio de Tomás (II, 2), el Evangelio de Felipe (II, 3) y el Evangelio de los Egipcios (III, 2; IV, 2). (El fragmentario Evangelio de María se encuentra en un códice relacionado, el *Berolinensis Gnosticus* [BG] 8502,1.). Sin embargo, estos evangelios son muy diferentes de los evangelios descriptivos del NT, que se centran en la muerte redentora y en la resurrección de Jesús como la razón para la interpretación de su vida. Los evangelios de los códices de Nag Hammadi se ocupan más de la interpretación de dichos y discursos apocalípticos de Jesús, y de la meditación en el significado más profundo de Jesús. Los Hechos de Pedro y los Doce Apóstoles (VI, I) y la Carta de Pedro a Felipe (VIII, 2) incluyen materiales parecidos a los que se encuentran en el NT y en los hechos apócrifos. (El Hecho de Pedro, del apócrifo Hechos de Pedro, se conserva dentro del mismo códice de Berlín, BG 8502,4.) La Carta de Pedro a Felipe (también identificada, según informes, en otro códice de papiro que no ha sido publicado), comienza con una carta; otros textos de Nag Hammadi tienen también forma de cartas. Varios textos de Nag Hammadi son presentados como revelaciones o apocalipsis (uno de Pablo, dos de Santiago, uno de Adán). Estos se encuentran en el Códice V.

Hay también testimonios de otros géneros. Varios contienen discursos apocalípticos de Jesús o diálogos entre el Cristo resucitado y sus discípulos, como los del Apocryphon (Libro Secreto) de Santiago (I,2) y el Apocryphon de Juan (II,1; III,1; IV,1 ; BG 8502,2). El Apocryphon de Juan, un texto gnóstico judío que ha sido cristianizado secundariamente, incluye una interpretación revolucionaria de los primeros capítulos de Génesis que da una visión mitológica de la delegación y restauración de lo divino y de todos los que manifiestan el espíritu de lo divino. Existen cuatro copias de este texto (en dos recensiones); asimismo, heresiólogos han escrito en cuanto a materiales parecidos a este texto. De esta manera, el Apócrifo de Juan parece ofrecer una presentación clásica gnóstica en cuanto al origen, la caída y la salvación de la humanidad.

Importancia para la religión y la filosofía antiguas

La publicación de los códices de Nag Hammadi ha revelado importantes posibilidades nuevas para el estudio de la religión y la filosofía de los primeros siglos de la era cristiana, particularmente por el hecho de que son temas que dan expresión al cristianismo primitivo. El descubrimiento de los códices ha puesto de relieve la importancia de la región de Nag Hammadi como centro de la vida y el pensamiento cristiano primitivos, particularmente cuando ese descubrimiento es considerado junto con el renovado estudio de los documentos de Dishna (llamados a veces los Papiros Bodmer), que tienen su origen en la misma área común del Alto Egipto, y con los trabajos arqueológicos realizados en sitios monásticos y en otras localidades cristianas de la región.

Los textos de Nag Hammadi arrojan luz sobre las modalidades de judaísmo, cristianismo y gnosticismo entendidos previamente de una manera mucho más limitada. Por ejemplo, las tradiciones esotéricas judías, reminiscentes de lo que se lee en otros documentos apócrifos y pseudoepigráficos judíos, están reflejadas en textos tales como el Apocryphon de Juan, el Apocalipsis de Adán (V,5), las Tres Estelas de Set (VII, 5), Zostrianos (VIII,1), el Pensamiento de Norea (IX,2), Marsanes (X,1) y Alógenes (XI, 3). Enseñanzas de Silvano (VII,4) es esencialmente una obra sapiencial judía que ha sido cristianizada hasta cierto grado. Varios de estos tipos de textos de Nag Hammadi muestran también una clara familiaridad con el pensamiento neoplatónico, y revelan el desarrollo del gnosticismo en un mundo de pensamiento neoplatónico.

El estudio del gnosticismo mismo ha sido transformado fundamentalmente por el descubrimiento y la publicación de los códices de Nag Hammadi. Estos textos llevan al estudio del gnosticismo mucho más allá de los heresiólogos y de los padres de la iglesia, cuyas polémicas descripciones de la vida y el pensamiento gnósticos ofrecen muchas veces sólo una caricatura del gnosticismo. Los textos gnósticos que se encuentran en los códices revelan una rica diversidad de expresiones sincretistas místicas y mitológicas en el gnosticismo. Ellos sugieren que algunas tradiciones gnósticas estaban muy arraigadas en el judaísmo. En la enseñanza judía; en grupos judíos apocalípticos; en tipos marginados de religiosidad judía que hacían preguntas inquietantes acerca de lo divino; en la preocupación en cuanto a Set como el hijo iluminado de Adán; y, finalmente, en un redentor gnóstico. La aparición de Set, Derdekeas, y otros redentores gnósticos en los textos de Nag Hammadi son evidencia del mito de un redentor desarrollado al margen del cristianismo primitivo. Esta evidencia contribuye a la discusión actual sobre si el gnosticismo debe ser considerado simplemente como una herejía cristiana, o más bien como una religión en sí misma, con manifestaciones no cristianas y quizás precristianas. Después de la publicación de los textos de Nag Hammadi, la última posición parece sostenible para muchos eruditos, y la religión gnóstica está surgiendo como una estimulante forma de espiritualidad sumamente reflexiva y autoconsciente.

Importancia para el NT y la literatura cristiana primitiva

El Evangelio de Tomás (II,2) ha atraído más atención que cualquier otro texto de Nag Hammadi por su importancia para el NT y los primeros estudios cristianos. Tomás es un evangelio de enseñanza que presenta «al Jesús vivo» expresando una serie de máximas (usualmente de 114 en número); aunque las máximas no pueden ser clasificadas como gnósticas con certeza, se asevera que todas ellas son susceptibles de ser interpretadas de tal manera que pueden llevar a los lectores a un estado en el que no «gustarán la muerte». Como una recopilación de dichos de Jesús, el Evangelio de Tomás se parece a otras compilaciones de aforismos judíos, grecorromanos y cristianos, especialmente a la fuente del Q de dichos sinópticos. Sigue la discusión sobre si el Evangelio de Tomás es esencialmente dependiente o independiente de los evangelios del NT originales, pero hay argumentos para creer que se trata de una fuente independiente de la tradición de Jesús. Algunas sentencias del Evangelio de Tomás están presentadas en una forma que es anterior a la de los dichos del Nuevo Testamento; por ejemplo, las parábolas de Jesús, que se dan sin adornos alegóricos en Tomás. Otros dichos que no tengan paralelo en el NT ni en la literatura cristiana primitiva pueden ser útiles en la investigación del Jesús histórico y de los dichos del Jesús histórico; por ejemplo, la parábola del recipiente con comida (dicho 97) y la parábola del asesino (dicho 98). Una forma del dicho 17 («os daré lo que ningún ojo ha visto…») puede aludir a 1 Corintios 2.9. El Evangelio de Tomás pudo haber sido escrito originalmente en el siglo I, y debe tener su lugar junto a Q como una fuente primordial de dichos de Jesús, y como uno de los primeros ejemplos del cristianismo con una orientación hacia instrucción.

Además, los códices de Nag Hammadi contribuyen sustancialmente al estudio del Evangelio de Juan y de la literatura juanina. Algunos eruditos han afirmado que el autor de Juan emplea términos, temas y estilos familiares a la literatura gnóstica, y que escribe en el contexto de un mundo de ideas gnósticas. Los textos de Nag Hammadi apoyan esta afirmación al dar ejemplos de discursos apocalípticos, declaraciones aretalógicas de «Yo soy» y reflexiones sobre el Logos (Verbo) divino. El Protennoia trimorfo (XIII,1) presenta al Verbo divino que se revela a sí mismo de una manera aretalógica, y describe su descenso al mundo, su aparición en semejanza humana y su trabajo de reintegrar a la luz a quienes pertenecen al Verbo, todo esto de una manera muy parecida al Evangelio de Juan. Además, la tradición juanina acerca del «incrédulo Tomás» puede ahora ser interpretada, a la luz del Evangelio de Tomás y del libro de Tomás (el Contendiente) (II,7), como parte de la controversia sobre el lugar y el papel de Tomás en el cristianismo primitivo.

Los códices de Nag Hammadi ayudan también al estudio de los relatos acerca de la resurrección de Jesús y de las apariciones de resucitados en el cristianismo primitivo. La Carta de Pedro a Felipe (VIII,2), al igual que otros textos gnósticos cristianos de los códices de Nag Hammadi, presenta al Cristo resucitado como «una gran luz» en el monte de los Olivos que se revela a sí mismo a través de una voz que sale de la luz en la forma de una declaración de «Yo soy». «Yo soy Jesucristo, quien está con vosotros para siempre». Aunque tal presentación de una aparición del Cristo resucitado puede mostrar diferencias con pasajes del NT que enfatizan la realidad física del cuerpo del Cristo resucitado, esta descripción gnóstica recuerda la aparición de Cristo a Pablo como una luz, y como una voz en el camino de Damasco, de acuerdo con Hechos 9.3, 4; la discusión de Pablo sobre la naturaleza espiritual y gloriosa de la resurrección en 1 Corintios 15; y la luminosa visión apocalíptica del Cristo resucitado en Apocalipsis 1. Hay un texto de Nag Hammadi, el Tratado de la Resurrección (I,4), dedicado por completo a un análisis de la resurrección de Jesús, y este texto llega a la conclusión de que la resurrección espiritual es algo que ya ha ocurrido. Aunque esto es precisamente lo que es condenado en 2 Timoteo 2.17, 18 como la impía enseñanza de Himeneo y Fileto, el autor del Tratado de la Resurrección confirma la validez de este argumento sobre la Resurrección dado en este texto, con una cita del mismo apóstol Pablo.

Bibliografía. M. Meyer, *The Gospel of Thomas* (San Francisco, 1992); J. M. Robinson, ed., *The Nag Hammadi Library in English*, 3rd ed. (San Francisco, 1988); D. M. Scholer, *Nag Hammadi* ***Bibliografía***, 1948-1969. *Nag Hammadi Studies* 1 (Leiden, 1971); *Nag Hammadi* ***Bibliografía***, 1970-1994. *Nag Hammadi and Manichaean Studies* 32 (Leiden, 1997).

MARVIN MEYER

NAHALIEL (Heb. *nahălî'ēl*)
Campamento israelita cerca del final de la peregrinación por el desierto, al oriente del Mar Muerto entre Matana y Bamot, y cerca del territorio de Moab. Nahaliel no aparece en el itinerario de Números 33. Los posibles lugares del sitio son el Wadi Wâlā, que desemboca en el río Arnón desde el norte; y el Wadi Zerqā Maʿîn que desemboca en el Mar Muerto, entre 17-18 km (10.5-11 mi) al norte del Arnón.

PETE F. WILBANKS

NAHAM (Heb. *naḥam*)
Judaíta, hermana de la esposa de Hodías (1 Cr 4.19).

NAHAMANI (Heb. *naḥămānî*)
Uno de los líderes israelitas que regresó con Nehemías del exilio en Babilonia (Neh 7.7).

NAHARAI (Heb. *naḥăray*)
Uno de los valientes de David y escudero de Joab ciudad natal fue Beerot (2 S 23.37 = 1 Cr 11.39).

NAHAS (Heb. *nāḥāš*)

1. Rey de Amón de finales del siglo XI a.C. En un relato destinado a demostrar la autenticidad de la dignidad real de Saúl (1 S 12.12), el TM dice que Nahas sitió a la ciudad israelita transjordana de Jabes de Galaad y exigió su rendición. Saúl se enteró de la amenaza amonita, reunió a un ejército y derrotó a los amonitas (1 S 11.1-11). Un rollo de de Qumrán (4QSama) conserva no sólo el mismo material sobre Nahas, como el TM, sino también un prólogo a la perícopa de Nahas que también está contenida en Josefo (*Ant.* 6.5.1[68-71]). De acuerdo con este texto complementario, Nahas había estado avasallando a las tribus transjordanas de Rubén y Gad, y 7000 hombres habían escapado de Nahas y huido a Jabes de Galaad. La forma más larga de la narración es considerada original por algunos eruditos, pero secundaria por otros.

Nahas y su hijo Sobi tuvieron, según parece, una relación amable con David (2 S 10.2; 17.27-29). Tras la muerte de Nahas, David envió mensajeros a su hijo Hanún, al parecer para consolarlo, pero éste los consideró espías y los humilló. Esto llevó a un enfrentamiento militar (2 S 10.1-19; 1 Cr 19.1-19).

2. Padre de Abigail, hermana de Sarvia (la madre de Joab). Abigail (madre de Amasa) se casó con Itra, quien es identificado como israelita (2 S 17.25) y también como ismaelita (1 Cr 2.17). Los materiales en cuanto a este Nahas son textualmente problemáticos.

Bibliografía. A. Rofé, «The Acts of Nahash according to 4QSama,» *IEJ* 32 (1982). 129-33; E. C. Ulrich, Jr., *The Qumran Text of Samuel and Josephus*. *HSM* 19 (Missoula, 1978); R. W. Younker, «Ammonites,» in *Peoples of the Old Testament World*, ed. A. J. Hoerth, G. L. Mattingly, and E. M. Yamauchi (Grand Rapids, 1994), 293-316.

CHRIS A. ROLLSTON

NAHAS (Heb. *ʿîr nāḥāš*)
Hijo de Tehina, que aparece en la lista de descendientes de Judá (1 Cr 4.12). Sin embargo, el heb. *ʿîr* significa «ciudad», y *nāḥāš* es la palabra para cobre, por lo que el nombre significa posiblemente «Ciudad del Cobre». Primero de Crónicas 4.12 pudiera, entonces, indicar que Tehina fundó a Nahas, así como el v. 4 menciona a Efrata como el padre de Belén. Si Nahas era una ciudad, se desconoce su ubicación.

PAUL L. REDDITT

NAHAT (Heb. *naḥaṯ*)

1. Primogénito de Reuel y nieto de Esaú (Gn 36.13; 1 Cr 1.37); jefe tribal edomita (Gn. 36.17).
2. Descendiente de Leví (1 Cr 6.26[TM 11]). Se ha sugerido que el nombre que aparece aquí se entienda como Toa, en conjunción con 1 Crónicas 6.34 (19); o como Tohu, de acuerdo con 1 Samuel 1.1.
3. Uno de los mayordomos nombrados por Ezequías para trabajar bajo la supervisión de Conanías el levita, y de su hermano Simei, para hacerse cargo de la cámara de acopio donde se guardaban las porciones para los sacerdotes y los levitas (2 Cr 31.13).

GOTTFRIED ARNOLD BETZ

NAHBI (Heb. *naḥbî*)
Neftalita, hijo de Vapsi. Fue uno de los 12 espías enviados por Moisés a Canaán (Nm 13.14).

NAHÚM (Heb. *naḥûm*; Gr. *Naoum*)

1. Uno de los Profetas Menores 12, cuyas palabras están registradas en el libro de Nahúm. Era nativo de Elcos (Nah 1.1), una aldea del sur de Judá.

2. Padre de Amós e hijo de Esli, mencionado entre los antepasados de Jesús (Lc 3.25).

NAHÚM (Heb. *naḥûm*), **LIBRO DE**

Séptimo libro de los Profetas Menores. El encabezamiento indica que Nahúm era nativo de Elcos, una localidad no mencionada en otras partes de la Biblia. El tiempo y el lugar de la actividad de Nahúm no están identificados, pero puede inferirse que la fecha fue entre la destrucción de Tebas en el 663 a.C. (3.8) y la de Nínive en el 612. Los intérpretes que entienden el texto como una profecía sugieren fechas diferentes, anteriores a la caída efectiva de Nínive, que van desde las reformas atribuidas a Manasés cerca de 650 (2 Cr 33.14-16), al período posterior a la muerte de Asurbanipal c. 630, y a los meses del asedio de Nínive en el 612. Los intérpretes que ven el texto como una explicación del significado de la caída de Nínive, proponen fechas cercanas o poco tiempo después de la destrucción real. Si Nínive es vista como prototipo del mal, la fecha exacta es de menor importancia, lo que permite sugerir una fecha durante el exilio e incluso después del mismo.

El libro de Nahúm ha sido considerado como un ejemplo de profecía de corte nacionalista interesada. Los intérpretes se han sentido incómodos por la ausencia de un desafío moral a Judá. Mientras que el encabezamiento del libro designa a Nínive como el tema (1.1), a Judá se le dan palabras de confianza (v. 15[TM 2.1]). El yugo y las ataduras de Judá serán rotos (1.13); el poder de Asiria llegará a su fin (caps. 2-3). E incluso en el nombre del profeta hay esperanza, porque Nahúm significa «consuelo» o «consolación». Las duras palabras dirigidas contra Asiria están, en realidad, hechas para los oídos de Judá. Nahúm ofrece refugio a Judá (1.7), y anuncia la destrucción de Asiria (2.10[11]). Nahúm ha sido comparado con falsos profetas como Ananías (Jer 28). Las evaluaciones más positivas del libro han tendido a subrayar el carácter cruel y violento del control y de los métodos asirios; el fin de Asiria, descrito de una manera tan gráfica, es calificado como aceptable por ser visto desde la perspectiva de la víctima, es decir, Judá. La destrucción de Asiria es necesaria para la coherencia moral de la historia.

Varias interpretaciones recientes han cuestionado la idea de que Nahúm es acríticamente alentador. Marvin A. Sweeney ha argumentado que Nahúm se opone a quienes dudaban de la capacidad de Dios de librar. La caída de Nínive requiere que tanto Judea como los asirios reconsideren su punto de vista en cuanto a la soberanía de Dios. La forma central del libro sigue la del «patrón de refutación del discurso argumentativo». Hay un mensaje para Judá y Asiria en la primera parte (1.2-10), para Judá en la segunda (1.11-15[2.1]), y para Asiria en la tercera (2.1[2]—3.19). Michael H. Floyd ha insinuado que Nahúm estaba interrogando a su auditorio de Judea, acusándolos de conspirar contra de Dios. La pregunta en 1.6 («¿Quién permanecerá delante de su ira?») exige la respuesta de que nadie tiene la capacidad de oponerse a Dios. La pregunta en 1.9 («¿Qué pensáis contra Jehová?») dice en realidad que nadie debe enfrentarse a Dios porque las consecuencias son desastrosas. Floyd argumenta que 1.2-10 no debe ser entendido ni como un acróstico en cuanto a técnica (p.ej., faltan demasiadas letras), ni hímnico en carácter (p.ej., los himnos no contienen preguntas confrontacionales); es preferible ver a estos versículos de apertura como una «interrogación profética».

Estos estudios indican también un cambio hacia una lectura más unificada del libro. El género alternante de los pronombres de la segunda persona en 1.9-14, a menudo ha sido un obstáculo para una lectura unificada. Muchos han llegado a la conclusión de que la variación es el resultado de una historia redaccional compleja, con unidades independientes que fueron incorporadas en varias etapas que se extendieron hasta el período posterior al exilio. Sweeney se pronuncia sin rodeos a favor de una coherencia literaria, y Bob Becking ha alegado razones a favor de una coherencia conceptual centrada en la metáfora de la ira de Dios, un refugio protector para los fieles, y un no definitivo a las fuerzas opresoras.

Nahum no es una palabra complaciente de consuelo. Las palabras están llenas de una remembranza bíblica que recuerda la pasada (¿y probablemente futura?) rebeldía de Israel/Judá. Los judaítas y los lectores posteriores no son invitados simplemente a celebrar la escena de destrucción de Nínive. El punto está reforzado en seguida en la última parte de 1.12. «Bastante te he afligido; no te afligiré ya más». Nahúm pinta al destinatario como afligido específicamente por Dios. Las duras palabras dirigidas contra Nínive/Asiria se inician con expresiones que ubican profundamente a Judea como un pueblo que también está teniendo una turbulenta relación con Dios. Los destinatarios de Judea ya han experimentado la indignación de Dios; conocen mejor que nadie el calor de la ira de Dios. El refugio provisto por Dios es un refugio para el día de la angustia, un día que Dios está iniciando.

Además, cuando se leen en el contexto del canon más amplio, las duras palabras dirigidas a Nínive/Asiria han sido o serán dirigidas a Israel/Judá. Esto incluye las palabras más ásperas en el libro. Nahúm 2.13[14] afirma. «Heme aquí contra ti [=Nínive], dice Jehová de los ejércitos. Encenderé y reduciré a humo tus carros, y espada devorará tus leoncillos» (cf. Ez 5.8; Am 1-2; Jer 21.5). El carácter de doble filo de las amenazas se extiende incluso a las imágenes más espantosas. Asiria/Nínive sufrirá lo mismo de Tebas. «Ella fue llevada en cautiverio; también sus pequeños fueron estrellados en las encrucijadas de todas las calles» (3.10; cf. Os 10.14, 15). Comparemos la imagen de la violencia sexual contra Nínive (3.5) con la imagen contra Jerusalén (Jer 13.26). En todo caso, el lenguaje de la violencia debe ser usado con precaución hoy, pero hay que señalar que lo que está dirigido contra Nínive/Asiria es recordado canónicamente como dirigido también contra Israel y Judá.

Bibliografía. B. Becking, «Divine Wrath and the Conceptual Coherence of the Book of Nahum,» *SJOT* 9 (1995). 277-96; M. H. Floyd, «The Chimerical Acrostic of Nahum 1.2-10,» *JBL* 113 (1994). 421-37; J. J. M. Roberts, *Nahum, Habakkuk, and Zephaniah.* OTL (Louisville, 1991); M. A. Sweeney, «Concerning the Structure and Generic Character of the Book of Nahum,» *ZAW* 104 (1992). 364-77.

RICHARD NYSSE

NAÍN (Gr. Naín)

Ciudad de Galilea, donde Jesús resucitó de los muertos al hijo único de una viuda (Lc 7.11-17). El sitio es la actual Neín (183226), una pequeña aldea en las faldas del collado de More (Nebi Dahi), a 9 km (5.5 mi) al sureste de Nazaret. Desde aquí se divisa la llanura de Esdraelón, tal vez la razón por la que era llamada «encantadora» (Gén. Rab. 98.12).

NAIOT (Heb. *nāyôṯ*)

Lugar «en Ramá» a la que huyó David después de escapar de Saúl con la ayuda de Mical (1 S 19.18-24). David moró en Naiot con Samuel y un grupo de profetas. Cuando Saúl perseguía a David hasta Naiot, tuvo un frenesí extático y profetizó. David huyó a Naiot para encontrarse con Jonatán (1 S 20.1). Las repetidas referencias a Naiot «en Ramá» indican que Naiot no es el nombre de un lugar aparte. Aunque su forma lingüística es dudosa, Naiot debe de estar relacionada con la palabra hebrea *nāweh*, que significa campamento de pastores fuera de un ciudad. Tal campamento fue al parecer también el lugar donde vivieron Samuel y sus discípulos.

RONALD A. SIMKINS

NANEA (Gr. Nanaía)

Diosa mesopotámica cuyo templo intentó saquear Antíoco IV Epífanes, lo que resultó en su muerte (2 Mac 1.13-17). El templo de Nanea, ubicado en Elimaida (Elam), probablemente en la ciudad de Susa, era famoso por su riqueza, incluyendo las corazas de oro, las corazas y las armas depositadas por Alejandro (1 Mac 6.1, 2). Con el fin de saquear el templo, Antíoco celebró con engaño un rito sagrado matrimonial con Nanea, con la esperanza de reclamar los tesoros del Templo como la dote. Pero los sacerdotes de Nanea se apoderaron de él y de sus hombres en el recinto del templo, y después los apedrearon desde una abertura secreta que había en el techo.

Nanea, conocida como Nanâ y Nanay(a) en fuentes mesopotámicas, era básicamente una diosa del amor erótico. Su asiento original fue Uruk en el primer milenio a.C., y después Borsippa y Babilonia, donde se realizaban ritos matrimoniales sagrados entre ella y Nabu. Los persas la identificaban con Anahita, y su culto fue fomentado extensamente por Artajerjes II. Nanea fue un miembro famoso del panteón arameo hasta el siglo V d.C. Además de Susa, tuvo grandes templos en Assur, Palmira y *Dura Europos*. Los griegos la identificaron más tarde con Artemisa, Afrodita e Isis.

El relato de la muerte de Antíoco IV Epífanes registrado en 2 Macabeos refleja, sin duda, la fama que tenía Antíoco de saqueador de templos (cf. 2 Mac 9.1-2). Sin embargo, en cuanto a la descripción de su muerte, es posible que haya una confusión con la de su antecesor, Antíoco III, quien según otras fuentes fue asesinado de manera parecida al intentar saquear un templo de Belos en Elimaida.

RONALD A. SIMKINS

NAPHATH (Heb. *nāpeṯ*)

Aldea asignada a la tribu de Manasés, que ésta no pudo tomar (Josué 17.11). Debe distinguirse de Dor y Endor. El texto hebreo es poco claro.

NAPHATH-DOR (Heb. *nāpaṯ dôr*), **NAPHOTH-DOR** (Heb. *nāpôṯ dôr*)
Ciudad en el territorio de Manasés que participó en la liga de los reyes del norte encabezada por Jabín, rey de Hazor (Jos 11.2; Naphoth-dor). Se cree que sea la misma Dor. Aunque el gobernante de Dor fue derrotado por Josué (Jos 12.23), Manasés aparentemente no tomó posesión de la ciudad (17.11, 12; Jue 1.27), y no fueron fundadas ciudades israelitas. David conquistó Dor durante su reinado, y Salomón nombró años más tarde al hijo de Abinadab como gobernador del distrito (1 R 4.11). Dor es identificada con el actual Jhirbet el-Burj (142224), 14.5 km (9 mi) al norte de Cesarea, y 19 km (12 mi) al sur del monte Carmelo.

STEPHEN VON WYRICK

NARCISO (Gr. *Nárkissos*)
Jefe de una familia de Roma en la que había algunos cristianos. Éstos son saludados por Pablo en su Epístola a los Romanos (Rm 16.11)

NARDO
Ungüento (Heb. *nērd*; Gr. *nárdos*) extraído de la planta *Nardostachys jatamansi* que se encuentra en la cordillera Himalaya de la India. La distancia requerida para importar este ungüento a Palestina le añadía valor. Las raíces y los tallos de la planta se utilizan para producir un aceite aromático que sirve como cosmético, perfume (Cnt 1.12; 4.13, 14), y estimulante. Este costoso ungüento era almacenado con frecuencia en vasos de alabastro y abierto sólo en ocasiones especiales, por ejemplo, para ungir a personas honorables, como se ve en el ungimiento de Jesús (Mr 14.3; Jn 12.3).

THOMAS L. FUERTE, III

NATÁN (Heb. *nāṯān*)

1. Hijo de David con Batshua (Betsabé) hija de Amiel; hermano de padre y madre de Salomón (2 S 5.14; 1 Cr 3.5; 14.4). Es mencionado en una profecía escatológica (Zac 12.12), lo que podría explicar la genealogía de Jesús, en Lucas, a través de Natán (Lc 3.31), en lugar de Salomón (Mt 1.6).

2. Profeta del tiempo de David. Llega, sin estirpe de lugar de nacimiento o de genealogía para comunicar la promesa dinástica concedida por Jehová a David (2 S 7.1-17 = 1 Cr 17.1-15), confronta a David por su pecado contra Urías (2 S12.1-25, cf. título del salmo 51(TM 2]), y conspira con Betsabé para convencer a David de que éste había jurado que Salomón sería su sucesor (1 R 1.1-40).

La promesa dinástica (2 S 7.1-17) se asienta en dos fuentes literarias: La historia del ascenso de David (7.1-7), y un añadido deuteronomista (vv. 8-17). En el pensamiento del antiguo Cercano Oriente, la realeza estaba vinculada a la construcción de los templos; los dioses eran descritos como garantes de las dinastías a cambio de la (re)construcción de sus templos. El objetivo de la historia del ascenso de David (1 S 15-2 S 8) fue instaurar el reinado de David en lugar de la dinastía de Saúl, confirmando que Jehová lo había escogido a él. Sin embargo, el escogido de Jehová nunca construyó el esperado Templo. La explicación es que, aunque David había deseado construirlo, Jehová se lo prohibió, basándose en el precedente de los jueces (2 S 7.1-7).

Más de tres siglos después, los deuteronomistas incorporaron la historia del ascenso de David, en una historia extensa escrita en apoyo de una reforma que incluyó el intento de restauración del reino davídico y la centralización de todo el culto en el Templo. Clave en esta reforma era una dinastía davídica eterna establecida por Jehová y estrechamente ligada al Templo; esto explica esta adición (2 S 7.8-17). La añadidura está integrada con el texto preexistente por medio de un juego de palabras entre *bayim*, «casa», como «templo» (2 S 7.1-7), y *bayim*, «casa», como «dinastía» (vv. 11b-16); la profecía de que el hijo de David construirá el Templo y de que su trono será establecido para siempre (v. 13) proporciona la correspondencia ausente entre la dinastía y el templo.

Natán comunica también a David un anuncio de parte de Dios después de su adulterio con Betsabé y el asesinato de su esposo Urías (2 S 12.1-25). En vez de enfrentar directamente el rey, Natán lleva a David a condenarse a sí mismo contándole una parábola judicial, un caso ficticio en el que pide al rey pronunciar juicio en su calidad de juez (2 S 12.1-4; cf. 14.1-20; 1 R 20.35-43). La historia del rico que tiene muchas vacas y ovejas, y que le quita al pobre su amada corderita para preparar una comida para un viajero, provoca la ira de David que le lleva a declarar que el culpable es digno de muerte (2 S 12.5-6). Cuando Natán le dice. «Tú eres aquel hombre» (2 S 12.07a), David se arrepiente y se salva de la pena de muerte, que es transferida al niño resultado del adulterio (vv. 13-23). Sin que se hable de juicio (2 S

12.7b-12), hay una conexión clara entre la sentencia de muerte que David sin saber se aplica a sí mismo, y la transferencia de la misma a su hijo. La mención de juicio es innecesaria ya que, cuando David redirige contra sí mismo la responsabilidad del asesinato y el adulterio cometidos, se crea una doble sentencia. La interpolación fue añadida por el autor del relato de la sucesión de Salomón (2 S 10-12; 1 R1-2) para magnificar los delitos de David y conectarlos con la historia del levantamiento de Absalón (2 S 15.12-14; cf. esp. 16.20-22). Al insertar la historia de David y Betsabé cerca del comienzo del relato de la sublevación, el adulterio y el asesinato cometidos por David son destacados para hacerlos aparecer como la causa de la violación de Tamar por Amón, el asesinato de éste a manos de Absalón, y la rebelión de Absalón. En cambio, las despiadadas medidas de Salomón para su consolidación parecen necesarias para restablecer el orden (1 R 2).

En 1 Reyes 1.1-40, Natán no es un mediador de la palabra de Jehová, sino un profeta de la corte envuelto en una conspiración. La falta de intimidad sexual del envejecido David con la bellísima Abisag indica que la sucesión es inminente (1 R 1.1-4). Como el mayor de sus hijos, Adonías da por supuesto que él será el sucesor, y celebra una gran comida sacrificial. Natán, intencionalmente o no, interpreta esto erróneamente como una fiesta de coronación (1 R1.5-10). Puesto que la corte se ha dividido entre los bandos de Adonías y Salomón, Natán consigue la ayuda de Betsabé en un plan. La convence de que «recuerde» a David que él había jurado que Salomón sería su sucesor, y Natán corrobora después sus palabras (1 R 1.11-27). El plan funciona por la mala memoria de David, y éste ordena a Natán y a Sadoc que proclamen a Salomón (1 R 1.28-40). Esta relato por el historiador de Salomón reconoce que hubo un golpe de palacio, afirmando al mismo tiempo la legalidad de la sucesión de Salomón (cf. Gn 27).

3. Padre de Igal, uno de los 30 selectos guerreros de (2 S 23.36; 1 Cr 11.38).

4. Padre de Azarías y Zabud, dos funcionarios de Salomón (1 R 4.5).

5. Judaíta del linaje de Jerameel; hijo de Atai y padre de Zabad (1 Cr 2.36).

6. Uno de los enviados por Esdras a Iddo para traer de regreso a los levitas (Esd 8.16). Puede tratarse del mismo Natán, un descendiente de Binúi, que se divorció de su esposa extranjera (Esd 10.39).

Bibliografía. P. K. McCarter, II Samuel. AB 9 (Garden City, 1984); J. W. Flanagan, «Court History or Succession Document? A Study of 2 Samuel 9-20 and 1 Kings 1–2,» *JBL* 91 (1972). 172-81.

Marsha White

NATANAEL (Gr. *Nathanaēl*)

1. Antepasado de Judit (Jdt 8.1).

2. Sacerdote que recibió la orden de divorciarse de su esposa no israelita (1 Esd 9.22).

3. Israelita mencionado sólo en el primer y en el último capítulo del Evangelio de Juan. Al ser presentado a Jesús por Felipe, reconoce a Jesús como el Hijo de Dios y el Rey de Israel (Jn 1.45-49); Jesús lo llama «un verdadero israelita, en quien no hay engaño» (v. 47). Su presencia con otros discípulos en el Mar de Galilea después de la resurrección de Jesús, indica que era uno de los Doce (Jn 21.2). Algunos lo han identificado con Bartolomé, debido en parte a que Bartolomé significa «hijo de Ptolomeo», lo que implicaría que tenía otro nombre. Además, Natanael no aparece en los relatos sinópticos, ni hay la mención de Bartolomé en Juan.

Joe E. Lunceford

NATANAEL (Heb. *nĕṯan'ēl*)

1. Hijo de Zuar, jefe de la tribu de Isacar (Nm 1.8).

2. Cuarto hijo de Isaí, y uno de los seis hermanos mayores de David (1 Cr 2.14).

3. Uno de los siete sacerdotes que sonaron las trompetas delante del arca de Dios, cuando fue traída a Jerusalén (1 Cr 15.24).

4. Padre de Semaías, un escriba y levita (1 Cr 24.6).

5. Hijo del portero Obed-edom (1 Cr 26.4).

6. Oficial enviado por Josafat en el tercer año de su reinado para enseñar la Torá en Judá (2 Cr 17.7).

7. Jefe de los levitas, hermano de Semaías; uno de los que añadieron a lo que habían dado para los sacrificios de pascua (2 Cr 35.9, cf. Esdr 1. 1.9).

8. Miembro de la familia de Pasur que se había casado con una mujer extranjera (Esd 10.22, cf. 1 Esd 9.22).

9. Sacerdote, jefe de la familia de Jedaías en los días de Joacim (Neh 12.21).

10. Levita que contribuyó con acciones de gracia y cantos en la dedicación de los muros de Jerusalén (Neh 12.36).

Jesper Svartvik

NATÁN-MELEC (Heb. *nĕṯan-meleḵ*)

Camarero o eunuco (Heb. *sārîs*, del Acad. *ša rēši*, «en la cabeza [del rey]») en el tiempo de las reformas de Josías. Éste quitó los caballos que los reyes anteriores habían dedicado al dios sol Šamaš, que se encontraban cerca de la cámara de Natán-melec a la entrada del Templo (2 R 23.11).

Robin Gallaher Branch

NATURALEZA

Durante la mayor parte del siglo XX, los eruditos bíblicos dieron poca atención al papel de la naturaleza en la Biblia. Destacaron, en cambio, que la Biblia presentaba a un Dios que actuaba en y para la historia humana. Jehová no se parecía a los dioses de Mesopotamia, Egipto y Canaán, que estaban limitados por los interminables e inmutables ciclos de la naturaleza. La naturaleza era considerada como el escenario del drama histórico de la salvación, o como el instrumento de Jehová en ese drama, pero el mundo natural no era conceptuado importante por derecho propio.

El interés en la perspectiva de la Biblia sobre la naturaleza se ha intensificado en las últimas décadas, debido en gran parte a la conciencia ambiental en aumento de la sociedad. La afirmación de muchos de que la objetivación de la Biblia sobre la naturaleza era la base de la explotación que hacemos del medio ambiente natural, llevó a numerosos eruditos a reconsiderar la perspectiva bíblica de la naturaleza. Al dar atención primero a la noción bíblica de la creación, los eruditos han comenzado a reconocer que la Biblia contiene múltiples puntos de vista sobre la naturaleza, y que el mundo natural tuvo un papel importante en la formación y expresión de la religión de Israel. Las diversas perspectivas en cuanto a la naturaleza pueden agruparse en significados de valor distintos, compartidos por los pueblos de la Biblia, pero expresados bajo circunstancias diferentes: en la armonía con la naturaleza, en el dominio sobre la naturaleza, y en el sometimiento a la naturaleza.

La armonía con la naturaleza es el valor expresado con más frecuencia en los textos bíblicos. Este significado de valor da por sentado que los seres humanos y la naturaleza están unidos en un precario equilibrio, de modo que las acciones humanas causan consecuencias en la naturaleza, lo que afecta inevitablemente a los seres humanos. En los textos que reflejan la tradición del pacto, el estado del mundo natural está enlazado con la fidelidad del pueblo a las estipulaciones de la alianza. Si los israelitas siguen los mandamientos de Dios, entonces Jehová enviará las lluvias para que la tierra produzca fruto en abundancia. De lo contrario, Dios detendrá la lluvia, y la tierra se convertirá en un desierto, causando la muerte del pueblo (Dt 11.13-17). Los profetas, asimismo, vinculan las acciones humanas con el medio ambiente. Oseas y Jeremías atribuyen la sequía a los delitos del pueblo de unos contra otros, y contra Dios (Os 4.1-3; Jer 3.1-3). Hageo culpa al pueblo de la sequía, por haber sido negligentes en cuanto a la reconstrucción del Templo de Jehová (Hag 1.9-10). Isaías ofrece la esperanza escatológica de que Jehová redimirá al mundo natural cuando el pueblo sea redimido (Is 51.3).

En el relato jehovista de la creación (Gn 2.4b-3.24), el primer ser humano es descrito como nacido de la tierra, hecho del barro, y que volverá a la tierra cuando muera. Aunque el relato expresa el valor de la armonía con la naturaleza, lo califica con el valor del dominio sobre la naturaleza. La adquisición del conocimiento ha librado a la pareja humana del determinismo de la naturaleza. Son distintos a los animales, que también han sido hechos del barro, y pueden transformar al mundo natural para crear civilización (Gn 4). Sin embargo, al final los humanos están limitados por el mundo natural de que forman parte.

El relato sacerdotal de la creación (Gn 1.1-2.3) es el mejor ejemplo bíblico del significado de valor del dominio sobre la naturaleza: la naturaleza puede y debe ser manipulada teniendo en mente a los humanos. Según el relato, los humanos han recibido la orden de sojuzgar la tierra, y se les ha dado el dominio sobre todas las demás criaturas (Gn 1.28). Sin embargo, en el contexto más amplio del relato sacerdotal, este valor del dominio sobre la naturaleza está moderado por el valor de la armonía con la naturaleza, el cual hace hincapié en el orden de la creación. El dominio humano debe ejercerse dentro de los límites del orden creado, para que las acciones humanas no degraden la creación (Gn 6.11-13). Como resultado, sólo algunos animales son aceptables para la alimentación (Lv 11), los hombres están limitados en cuanto a con quiénes y cuando pueden tener relaciones sexuales (18.6-23), y la tierra no puede ser cultivada durante los años sabáticos (25.1-12).

El valor del dominio sobre la naturaleza está expresado también por las metáforas cósmicas de la ideología real de Jerusalén. Según esta ideología, la realeza humana calca a la realeza divina. El reinado del monarca en Jerusalén estaba basado en una manifestación del reinado de Jehová sobre la creación. Por consiguiente, así como Jehová había derrotado todas las amenazas al orden creado, típicamente personificado como el mar (Sal 89.9-11 [TM 10-12]; 93), el rey mantiene el orden de la creación al derrotar a sus enemigos (89.22-25[23-26]). Las acciones del rey son de primer orden, que traen justicia —fertilidad y abundancia— a la tierra (Sal 72). Pero el dominio del rey sobre la naturaleza no es absoluto. Es sólo en virtud del pacto de Dios, conferido a él como un regalo, y debe estar caracterizado por la rectitud divina.

El sometimiento a la naturaleza (los humanos no tienen control sobre la naturaleza y están sujetos a sus inevitables efectos) fue probablemente el significado de valor dominante de los antiguos agricultores israelitas. Sin embargo, los textos bíblicos, que provienen de grupos de la élite, sólo reflejan este valor esporádicamente. El libro de Job es una notable excepción. En contra de la teología del pacto, Job insiste en que no hay una correlación necesaria entre las acciones humanas y el estado de la creación. Además, los discursos de Jehová (Job 38-41) subrayan la incapacidad de los seres humanos de controlar o calcar a la creación.

Joel también expresa el valor de sometimiento a la naturaleza. El profeta invita al pueblo a lamentar la devastación causada por una plaga de langostas, pero a diferencia de otros profetas no atribuye la catástrofe natural a los pecados del pueblo. Las acciones del pueblo no son responsables de la peste, ni tampoco pueden impedirla. Su única esperanza de salvación es Dios, y por eso Joel los llama a volverse a Jehová con ayuno, lloro y lamento (Jl 2.12-14).

Como resultado de la reciente atención de los eruditos a la perspectiva sobre la naturaleza en la Biblia, la presencia y la actividad de Dios en el mundo no pueden más seguir siendo entendidas en categorías y metáforas históricas exclusivamente. La Biblia da por cierto que la actividad de Dios es visible también en los ciclos de la naturaleza, en señal de bendición. Como el Creador, Dios trae las lluvias estacionales, hace productiva a la tierra, y aumenta la reproducción del ganado lanar y vacuno. La Biblia normalmente vincula la presencia de Dios con lugares naturales, sobre todo con cimas de las montañas, pero también con manantiales, ríos y árboles. Por otra parte, la aparición de Dios en las teofanías es presentada a menudo en forma natural: Dios es asociado con tempestad y con los fenómenos relacionados de aguaceros, nubes y relámpagos; la voz de Dios estremece a tierra como un terremoto (o el retumbo del trueno), y Dios aparece en una zarza ardiente y en una columna de nube y fuego.

Bibliografía. B. W. Anderson, *From Creation to New Creation*. OBT (Minneapolis, 1994); T. Hiebert, *The Yahwist's Landscape* (Oxford, 1996); R. A. Simkins, *Creator and Creation: Nature in the Worldview of Ancient Israel* (Peabody, 1994); O. H. Steck, *World and Environment* (Nashville, 1980).

Ronald A. Simkins

NAVE

Sala principal del Templo (Heb. *hêḵal*), entre el vestíbulo y el lugar santísimo (1 R 6; 7.50; 2 Cr 3.4, 5, 13; 4.22; Ez 41). El término hebreo puede referirse tanto a esta sala como a todo el templo (cf. Sum. *e-gal*, «gran casa»).

NAVIDAD

Del OE *Cristes Mæsse*. Al no conocer la fecha de nacimiento de Cristo, la Iglesia Primitiva buscó una, combinando las especulaciones en el calendario con la exégesis de números bíblicos. Se sugirieron varias fechas, incluyendo 25 de marzo, 2 de abril, 20 de mayo, 8 de noviembre, 25 de diciembre, y 6 de enero. La evidencia más temprana, el *Depositio martyrum*, registra que la fiesta de la Natividad es celebrada el 25 de diciembre para el año 336 en Roma. Un siglo más tarde esta fecha era casi universalmente aceptada.

El 25 de diciembre marcaba, en el calendario Juliano, el solsticio de invierno (el comienzo de la victoria de la luz sobre las tinieblas después de la noche más larga del año) y, después de 274, la fiesta del nacimiento del *Sol Invictus* (el «sol invencible»), deidad patrocinada por el emperador. La asociación entre Jesús y el sol ocurrió temprano y naturalmente; Jesús resucitó el domingo (el «día del Señor»). Ya en Clemente de Alejandría (m. 216) Jesús estaba siendo identificado con el «Sol de justicia» (Vulg. *Sol Iustitiae*) de Malaquías 4.2 (Mt 3.20) (*Exhort.* 11). Una antigua tradición relacionada identificó el 25 de marzo, el «domingo» de la semana de la creación, como la fecha de la concepción de Cristo (¡Nueve meses antes del 25 de diciembre!). Es natural que después que Constantino hubiese abandonado el patrocinio del *Sol Invictus* en 324, *Sol Iustitiae,* la luz del mundo, debía reemplazarlo.

Bibliografía. O. Cullmann, «The Origin of Christmas,» *The Early Church* (Philadelphia, 1956), 17-36; A. T. Kraabel, «The Roots of Christmas,» *Dialog* 21 (1982): 274-80; K. Lake, «Christmas,» *ERE* 3 (New York, 1958): 601-8. Ronald V. Huggins

NAZARENO

Gentilicio (Gr. *Nazarēnós, Nazōraíos*) empleado normalmente para identificar a alguien de la ciudad de Nazaret. En el NT, «Nazareno» se utiliza con mayor frecuencia para aclarar la identidad de Jesús asociándolo con su ciudad natal de Nazaret (Mr 10.47. Jn 18.7). En la historia primitiva de la Iglesia, el término adquirió una connotación más para referirse por extensión a los seguidores de Jesús, que eran llamados «la secta de los nazarenos» (Hch 24.5).

Un uso difícil de *Nazōraíos* aparece en Mateo 2.23, donde se afirma que la familia de Jesús se estableció en Nazaret en cumplimiento de la enseñanza profética de que sería llamado Nazareno. El problema es que no hay ningún pasaje del AT que conecte explícitamente al Mesías con Nazaret. Al parecer, Mateo se refería más bien a la expectativa general de los profetas de que el Mesías sería despreciado y rechazado (Sal 22.6-8[TM 7-9]; 118.22; Is 49.7; 53.2, 3). La asociación de Jesús con Nazaret, una ciudad despreciada (Jn 1.46), lo llevó a ser desechado por algunos (cf. Jn 7.41, 42, 52). En otras partes de su Evangelio, Mateo cita al Antiguo Testamento para subrayar este tema de Jesús como un humilde Mesías que fue rechazado por su pueblo (Mt. 12.16-21; 13.13-15; 21.42; 27.39-44).

Bibliografía. W. F. Albright, «The Names 'Nazareth' and 'Nazoraean,' « *JBL* 65 (1946). 397-401; R. T. France, «The Formula-Quotations of Matthew 2 and the Problem of Communication,» *NTS* 27 (1981). 233-51.

Joel F. Williams

NAZAREO (Heb. *nāzîr*)

Hombre o mujer que se consagraba a Dios por un tiempo determinado por un voto especial (Nm 6.1-21). Durante el período de consagración, los nazareos tenían que abstenerse de beber alcohol, y no se cortaban el cabello. Su condición especial como «santo para Jehová» exigía también que se cuidara especialmente de no tocar un cadáver, incluso si un miembro de su familia fallecía durante el tiempo en que estaba vigente su voto (Nm 6.6, 7). Tanto el contacto deliberado como el accidental con un cadáver anulaban el tiempo de servicio, de acuerdo con el voto. Había que ofrecer sacrificios especiales, y comenzar otra vez el período de consagración (Nm 6.9-12). Después del cumplimiento del voto, había que hacer ofrendas especiales, entre ellas cortarse el cabello y quemarlo junto con una ofrenda de paz (Nm 6.13-20). Las severas regulaciones que fijaban el período de servicio nazareo, ponen de relieve la seriedad de esta condición.

La Ley en Números implica que vivir como nazareo era una cuestión de decisión personal. En otros textos del AT, esto no es tan claro. Sansón fue consagrado como nazareo cuando estaba aún en el vientre de su madre (Jue 13.4-14), y la madre de Samuel hizo la consagración por él (1 S 1.11). Amós 2.11 implica que vivir como un nazareo era una gracia divina en vez de una decisión personal. Al parecer, en un tiempo los nazareos eran un grupo carismático parecido a un círculo profético inicial. Más tarde, las personas podían elegir vivir como estos nazareos por un tiempo, y Números 6 sirvió para regularizar esta práctica. Esta práctica continuó hasta el siglo I d.C. Hechos 18.18 y 21.20-26 implican que Pablo participaba en los ritos relacionados con la terminación del voto nazareo. Mateo 2.23 puede aludir a la condición nazarea, e implicar también que Jesús, al igual que Sansón y Samuel, fue consagrado como nazareo.

La Biblia no declara explícitamente las razones para convertirse en nazareo. La abstinencia del alcohol recuerda a los recabitas de Jeremías 35.1-11. Su abstinencia está relacionada explícitamente con el rechazo de una existencia sedentaria que hacía posible la viticultura. Aunque la palabra hebrea *nāzîr* significa por lo general «persona consagrada», Levítico 25.5 la utiliza para significar «vid no podada». Tal vez el estilo de vida nazareo es una protesta contra el cultivo de uvas destinadas a la producción de vino. La razón para dejar dejarse crecer el cabello y no cortarlo, no está clara. Otras tradiciones religiosas demandan renunciamientos específicos, y la obediencia a ciertas disciplinas para quien busca una relación con Dios especialmente íntima. El voto nazareo puede ser un antiguo ejemplo israelita de esta actitud.

Leslie J. Hoppe

NAZARET (Gr. *Nazarét, Nazaréth*)
Ciudad de Galilea central situada en una cordillera desde donde se divisa el valle de Jezreel al sur, y el valle de Bet-nenofa (Sahl el-Bannof) al norte (170234). No hay ninguna referencia literaria a Nazaret antes del NT, y Josefo nunca menciona el sitio. Algunas variantes ortográficas en el NT griego (Mt 4.13; Lc 4.16) dicen *Nazará*; todas las demás dicen *Nazaréth* o *Nazarét*, y la historia manuscrita griega acentúa su virtual anonimato antes de la cristiandad. En el tiempo de Jesús, Nazaret era una insignificante aldea situada al sur de Séforis. En las excavaciones realizadas debajo de varias iglesias y conventos, se han encontrado viviendas cavadas en roca y alrededor de cuevas. Los silos, las prensas de aceitunas y de vino, así como los tarros contenedores, son indicadores del carácter agrario de la aldea. La evidencia de un cementerio ayuda a determinar la superficie de ruinas del siglo I, que se cotejan con una población de menos de 500 personas. La exclamación de Natanael en Juan 1.46. «¿De Nazaret puede salir algo bueno?», simboliza acertadamente la insignificancia del pueblo en el siglo I. En el NT, Nazaret es llamada a veces ciudad (*pólis*; p.ej., Mt 2.23), pero esto difícilmente puede tomarse en el sentido técnico correcto. Según Lucas 2.4, 5, Nazaret era el lugar de nacimiento de María y José (Mt 2, parece implicar que era Belén). Era considerada el lugar donde vivió Jesús (Mt 13.54; Mr 6.1; Lc 4.16), desde donde partió a Capernaum al comienzo de su ministerio (Mt 4.13). Los Evangelios coinciden en que el ministerio de Jesús fue poco exitoso en Nazaret, precisamente por ser su ciudad (Mt 13.54-58; Mr 6.1-6; Lc 4.16-30). Jesús es llamado a menudo «el nazareno» (Mr 1.24; 10.46; Jn 18.5, 7; Hch 2.22; 3.6), y en Hechos 24.5 sus seguidores son llamados «nazarenos», sin ninguna conexión con la nazareos.

La inscripción en un mosaico de una sinagoga del siglo III d.C., ubica a uno de los cursos de enseñanza sacerdotales judíos en Nazaret después de la destrucción del Templo. Es dudoso que pueda haber una retroyección al siglo I, pero sí indica que Nazaret era un lugar aceptable de morada de los sacerdotes. Nazaret adquirió importancia para los peregrinos cristianos sólo a finales del período bizantino, cuando comenzaron los proyectos de construcciones cristianas, muchas de las cuales siguen dejando su huella en la ciudad moderna, como la Iglesia de San José y la Iglesia de la Anunciación.

Bibliografía. B. Bagatti, *Excavations at Nazareth I* (Jerusalem, 1969); E. M. Meyers and J. F. Strange, *Archaeology, the Rabbis, and Early Christianity* (Nashville, 1981); J. E. Taylor, *Christians and the Holy Places* (Oxford, 1993).

JONATHAN L. REED

NAZOREOS, EVANGELIO DE LOS
Evangelio apócrifo judeocristiano, escrito en hebreo o arameo en Palestina en cerca de 100-150 d.C. Fue al parecer conocido y utilizado por Hegesipo (c. 110-180), Eusebio (c. 260-340), Jerónimo (c. 342-420) y los nazoreos, una de las primeras sectas judeocristianas que existió en Berea. Citas de este Evangelio se encuentran también en la traducción latina del comentario de Orígenes sobre Mateo, y en las notas marginales de cinco manuscritos medievales del NT que hacen referencia a *To Ioudaïkon*, «El (Evangelio) Judío»).

Según Jerónimo, el Evangelio de los Nazoreos estuvo presente en la biblioteca de Cesarea que Pánfilo había reunido. El propio Jerónimo recibió permiso de los nazareos de Berea para hacer una copia de su versión del mismo. Eusebio, que habla del Evangelio en «Cartas Hebreas», tuvo también, al parecer, acceso al Evangelio en la biblioteca de Cesarea.

El contenido del Evangelio no se conoce por completo, pero de los fragmentos existentes puede deducirse que incluía el bautismo de Juan, la tentación de Jesús, el Sermón del Monte, el ministerio de Jesús (p.ej., milagros, parábolas, relatos y aforismos diversos), el envío de los Doce, la confesión de Pedro en Cesarea de Filipo, las profecías sobre la Pasión, la negación de Pedro en el proceso de Jesús, la Crucifixión y la sepultura.

Aunque el Evangelio de los Nazoreos está estrechamente asociado con Mateo, sus relatos del joven rico (Mt 19.16-24) y de la parábola de los talentos (25.14-30) son muy diferentes a los de Mateo, lo que hace pensar que tuvo un origen desconectado del evangelio canónico. Ambos evangelios parecen provenir de un entorno común en el que las historias utilizadas por uno fueron usadas también por el otro.

Bibliografía. R. Cameron, ed., *The Other Gospels* (Philadelphia, 1982), 97-106; J. K. Elliott, «The Gospel of the Nazaraeans,» in The *Apocryphal New Testament*, rev. ed. (Oxford, 1993), 10-14; A. F. J. Klijn, *Jewish-Christian Gospel Tradition*. VCSup 17 (Leiden, 1992); Klijn and G. J. Reinink, *Patristic Evidence for Jewish-Christian Sects*. NovTSup 36 (Leiden, 1973); P. Vielhauer, «The Gospel of the Nazaraeans,» in *New Testament Apocrypha*, ed. E. Hennecke-W. Schneemelcher, 1 (Philadelphia, 1963), 139-53.

George Howard

NEA (Heb. *nēʿâ*)
Ciudad en la frontera nororiental de Zabulón, ubicada en algún punto entre Rimón y Hanatón (Jos 9.13). La ciudad puede ser la Noa mencionada en fragmentos de cerámica samaria que datan de la época del rey Acab.

NEÁPOLIS (Gr. *Neápolis*)
Puerto marítimo de Filipos ubicado a 16 km (10 mi) al sureste de Filipos, en una franja de tierra inclinada que se extendía hasta el mar Egeo con una ensenada en ambos lados. Neápolis («ciudad nueva») estuvo bajo el control de varios imperios a lo largo de su historia. Durante la época bizantina era llamado Christoupolis (la actual Kavala). Entre los descubrimientos arqueológicos están un acueducto, las ruinas de una aldea helénica y un santuario de la diosa Partenos, la deidad principal de Neápolis. Algunas inscripciones latinas han confirmado que Neápolis dependió militar y económicamente de Filipos en la época romana, y que en Neápolis vivían algunas personas notables de Filipos.

Después de su sueño con Macedonia, Pablo dejó a Troas para dirigirse a Europa. Neápolis fue la primera ciudad que visitó allí (Hch 16.11). Pablo viajó de nuevo a través de Neápolis en su tercer viaje misionero (cf. Hch 20.6).

Steven L. Cox

NEARÍAS (Heb. *nĕʿaryâ*)
1. Descendiente de Salomón; hijo de Semaías y padre de Elioenai, Ezequías y Azricam (1 Cr 3.22, 23).

2. Uno de los cuatro hijos de Isi, que lideró a 500 simeonitas en la expulsión del resto de los amalecitas del monte de Seir (1 Cr 4.42, 43).

NEBAI (Heb. *Q nêḇāy*)
Uno de los «cabezas del pueblo» que puso su sello al nuevo pacto bajo Nehemías (Neh 10.19[TM 20]; K *nôḇāy*).

NEBAIOT (Heb. *nĕḇāyôṯ, nĕḇāyōṯ*)
Primer hijo de Ismael (Gn 25.13; 28.9; 36.3; 1 Cr 1.29). Isaías (Is 60.7) lo menciona como antepasado famoso de un pueblo emparentado con los descendientes de Cedar en el norte de Arabia. Los documentos asirios nombran a este pueblo, junto con Cedar, entre los árabes del norte que fueron derrotados por Tiglat-pileser III. La investigación erudita reciente descarta cualquier relación con los nabateos posteriores (Arab. *Naban*) por razones lingüísticas e históricas.

W. Marlowe Creighton

NEBALAT (Heb. *nĕballaṭ*)
Ciudad donde se establecieron los benjaminitas después del exilio (Neh 11.34). Ha sido identificada con la actual Beit Nabala (146154), 32 km (20 mi) al oeste de Hazor, y 7 km (4,3 mi) al noreste de Lod.

NEBO (Heb. *nĕḇô*; Acad. *nabû*) (**DEIDAD**)
Uno de los dos dioses principales del panteón babilónico. El nombre aparece ya a comienzos del segundo milenio a.C., pero el culto a Nebo tuvo su origen a partir de cerca de 925, y llegó a su apogeo en Babilonia en el siglo VII, más o menos en el tiempo de Isaías. Como hijo de Marduk, Nebo era considerado el guardián de las tablas de los dioses, y por tanto un escriba. Como tal, tenía acceso a secretos que otros que sabían leer no lo tenían, dándole sabiduría, y por eso podía tener control de los ritos religiosos. Escribía las decisiones de los dioses, y llevaba cuenta de la conducta de los humanos, especialmente en su «tabla de la vida» y en la «tabla del destino» (cf. Ex. 32.32, 33; Sal 69.28 [TM 29]; Ap 20.12, 15). Isaías 46.1 muestra a Nebo, con Bel, siendo llevado en la procesión de Año Nuevo, incapaz de ayudar a su pueblo (a diferencia del Dios de Israel).

Michael D. Hildenbrand

NEBO (Heb. *nĕḇô*) (**LUGAR**)
1. Ciudad que fue tomada del rey amorreo Sehón y asignada a la tribu de Rubén (Nm 32.3; 37-38). Los rubenitas la reconstruyeron en algún momento (1 Cr 5.8), pero más tarde la perdieron a manos de los moabitas bajo Mesa (Estela de Mesa 14-18). Su destrucción está registrada en Isaías 15.2 y Jeremías 48.1, 22. Esta ciudad es normalmente relacionada con el sitio de Jhirbet el-Mekhayyat (221131) de la Edad del Hierro, sobre la cima meridional del Mukhayyat, a 8 km (5 mi) al suroeste de Hesbón.

2. Población de Palestina occidental, colonizada en el período posterior al exilio (Esd 2.29 = Neh 7.33). Es identificada normalmente con *Nûbā* (153112), a 5 km (3 mi) al noroeste de Bet-sur.

Paul J. Ray, Jr.

NEBO (Heb. *nĕḇô*), **MONTE**
Montaña en la que Moisés murió y fue sepultado,

después de haber contemplado la Tierra Prometida (Dt 32.49-52; 34.1-8). El sitio es también reclamado por las dos y media tribus transjordanas (Nm 32.3). El nombre Nebo parece referirse a la deidad mesopotámica Nabû, o puede más bien ser el cognado de una raíz semítica que quiere decir altura.

El Monte Nebo está situado en Jordania occidental, la antigua Moab, cerca del Mar Muerto, cerca de 19 km (12 mi) al este de la desembocadura del río Jordán. A unos 3 km (2 mi) al sureste de la cumbre se encuentra la antigua ciudad de Nebo (1), el actual Jhirbet el-Mekhayyat (221131), una ciudad que prosperó en los períodos I y II de la Edad del Hierro, demostrado por su inclusión en la Piedra Moabita. El Monte Nebo (*Jebel en- Nebā*) es parte de los montes de Abarim mencionados en Números 33.47, con su pico a 835 m (2740 pies) sobre el nivel del mar, y 1247 m (4030 pies) por encima del Mar Muerto. En consecuencia, la cumbre de la montaña ofrece una vista espectacular de Israel.

MICHAEL M. HOMAN

NECAO (Heb. *nĕḵōh, nĕḵô*; Egip. *nk'w*)
Necao II (610-594 a.C.), rey de la 26ª dinastía (saíta) de Egipto. En el 609, Necao condujo a su ejército hacia el norte a través de Palestina y Siria para ayudar al ejército asirio en su desesperada resistencia en Harrán contra los babilonios bajo Nabopolasar. Josías, rey de Judá, enfrentó a las fuerzas egipcias en el paso de Meguido (Wadi ʿAra) para detener, o al menos frenar, su marcha. En la batalla, Josías fue mortalmente herido y su ejército derrotado (2 R 23.28-30; LXX 4 R 23.29, 30; 2 Cr 35.20-25; comp. TM 2 Cr 35.20-27 y 1 Esd 1.25-31, que confunden a esta batalla con otra que tuvo lugar después en Carquemis. Necao no pudo evitar la caída de los asirios, pero declaró su soberanía sobre Palestina y Siria. Depuso a Joacaz y lo llevó a Egipto, y colocó en el trono de Jerusalén a Eliaquim, hijo de Josías, quien se cambió el nombre a Joacim (2 R 23.31-35).

En el 605, Necao y su ejército entraron en batalla contra Nabucodonosor, el príncipe heredero de Babilonia, en Carquemis (Jer 46.2; Josefo, *Ant.* 10,6). Los egipcios fueron derrotados completamente y obligados a retroceder hasta sus fronteras. En el 601, Necao tuvo que defender a su país contra las incursiones de Nabucodonosor. Ambos ejércitos sufrieron grandes pérdidas, y Nabucodonosor se vio obligado a retirarse. No hay ninguna otra mención de Necao en los registros históricos.

Bibliografía. *A. Gardiner, Egypt of the Pharaohs (Oxford, 1961);* D. J. Wiseman, *Chronicles of Chaldaean Kings* (626-552 B.C.) (1956, repr. London, 1974); *Nebuchadrezzar and Babylon* (Oxford, 1985).

LAWRENCE A. SINCLAIR

NECIO
En la Biblia, la necedad la mayoría de las veces es un concepto ético y va más allá de una falta de inteligencia natural. Contrastado con el sabio (Pr 1.7; 15.5), el necio primero es una persona que actúa sin consejo (12.15) y es indiscreta (v. 23; 13.16), impaciente (14.29; 17.12), ignorante (Ecl 2.14), indolente (4.5), y obtuso (2.12). Él es fácilmente pervertido (Pr 1.22), repitiendo su necedad como un perro que vuelve a su vómito (26.11). La ruina es su final (Pr 10.8). Si él es capaz de aprender (Pr 18.2; 23.9), sólo viene a través de la disciplina brutal (10.13; 19.29).

El necio es el pecador deliberado que persiste en el mal (Ecl 5.1 [TM 4.17]), mintiendo, calumniando, y disfrutando de su mala conducta como deporte (Pr 10.18, 23). Al negarse a obedecer a Dios (1 S 13.13; cp. TM Dt 22.21; 2 S 13.11-14), un necio confía en otros (2 Cr 16.9). El necio así «practica la impiedad» y hace injusticia (Is 32.6). Tal es el ejemplo de Nabal, cuyo nombre significa «necio» (1 S 25.25).

En otros lugares, el necio es el ateo, quien abiertamente declara, «no hay Dios» (Sal 14.1; 53.1 [2]).

En el NT al necio se le describe como insensato (Lc 11.40; 1 Co 15.36; Mt 23.17), uno que se opone a la verdad (2 Ti 3.8-9) y deja de hacer provisiones adecuadas (Mt 25.1-13). Jesús contrasta el sabio, quien obedece sus enseñanzas, con el necio que se niega (Mt 7.24-27). Cuando condena la intención así como la acción, Jesús también denuncia el uso de la palabra «necio» como una invectiva (Mt 5).

KENNETH D. MULZAC

NECODA (Heb. *neqôḏāʾ*)

1. Jefe o fundador de una familia de servidores del Templo, que regresó con Zorobabel de la cautividad en Babilonia (Esd 2.48 = Neh 7.50).

2. Jefe de una familia que regresó del exilio, pero que no pudo probar su ascendencia israelita (Esd 2.60 = Neh 7.62).

NECROMANCIA [MAGIA]
Véanse MÉDIUM, HECHICERO.

NEDABÍAS (Heb. *nĕḏaḇyâ*)
Séptimo hijo del rey Jeconías/Joaquín (1 Cr 3.18).

NEFEG (Heb. *nepeg*)

1. Levita, hijo de Izhar y hermano de Coré y Zicri (Ex 6.21).

2. Uno de los 13 hijos de David nacidos en Jerusalén (2 S 5.15; 1 Cr 3.7; 14.6).

NEFILIM (Heb. *nĕpîlîm*)

Hijos de seres celestiales («hijos de Dios»; cf. Job 1.6; 2.1; Sal 29.1; 82.6) que tuvieron relaciones sexuales con mujeres humanas («hijas de los hombres»; Gn 6 .1-4). Puesto que la frontera entre los reinos divino y terrenal no debía cruzarse de este modo, esta fue la abominación final que llevó a la decisión de Dios de destruir a los Nefilim y a toda la humanidad con el Diluvio (Gn 6.3, 5-7).

Antes de la conquista de Canaán, espías israelitas informaron que había una raza de personas gigantes, los nefilim, que vivían en la tierra de Canaán (Nm 13.33). Estas personas parecen ser supervivientes del Diluvio (cf. Gn 6.4), pero no hay ninguna explicación de cómo sobrevivieron al desastre. Tal vez había dos relatos en conflicto, uno de que los nefilim perecieron en el Diluvio, y otro de que sobrevivieron y se establecieron en Canaán. Si no, puede ser que los gigantes de la Tierra Prometida llegaron a ser conocidos como nefilim por analogía con la raza anterior de caudillos poderosos.

Bibliografía. R. S. Hendel, «Of Demigods and the Deluge. Toward an Interpretation of Genesis 6.1-4,» *JBL* 106 (1987). 13-26; «When the Sons of God Cavorted with the Daughters of Men,» *BibRev* 3/2 (1987). 8-13, 37.

William B. Nelson, Jr.

NEFISESIM (Heb. *K nĕpîsîm*)

Antepasado de un grupo de servidores del Templo; forma alterna de Nefusim (Neh 7.52; *Q nĕpûsîm*).

NEFTALÍ (Heb. *naptālî*)

Sexto hijo de Jacob, el segundo que le nació de Bilha, sierva de Raquel. El relato de su nacimiento está registrado en Génesis 30.1-8. Los primeros cuatro hijos de Jacob le nacieron de Lea, y la estéril Raquel estaba celosa. Raquel le ofreció a Jacob a su sierva Bilha por mujer; todos los hijos concebidos «nacerían en las rodillas de Raquel», una expresión idiomática utilizada para referirse a la adopción legal. El nombre Neftalí en hebreo significa «mi lucha», un juego de palabras por las palabras de Raquel. «Con luchas de Dios he contendido con mi hermana» (Gn 30.8). El estatus de la madre biológica no parece crear desigualdades dentro del sistema tribal. Mientras que algunas tribus de ascendencia directa (Simeón, Rubén) perdieron importancia pronto, algunas tribus de «concubinas», tales como Neftalí, dieron líderes a Israel. Cuando Jacob buscó refugio en Egipto por el hambre, Neftalí y sus cuatro hijos lo acompañaron (Gn 46.24-26; Ex 1.4).

En el censo efectuado en el segundo año después de salir de Egipto, los descendientes de Neftalí ascendían a 53 400 hombres de 20 años o más, aptos para la guerra (Nm 1.42, 43; 2.29, 30). De acuerdo con un segundo censo hecho para la distribución de la tierra entre las tribus, el número era de 45 400 (Nm 26.50).

El libro de Jueces registra varios relatos que destacan las capacidades militares y de liderazgo de la tribu de Neftalí. Durante el proceso de asentamiento, Neftalí no expulsó a todos los habitantes cananeos, pero sometió a algunos a trabajo esclavo (Jue 1.33). Cuando Débora lideró a los israelitas contra Jabín rey de Canaán, las tribus de Naftalí y Zabulón fueron llamadas al servicio militar bajo Barac, un neftalita de Cedes, como comandante militar (Jue 4.6-10). Gedeón convocó a las fuerzas de Neftalí contra los madianitas y los amalecitas (Jue 6.35; 7.23).

El territorio de Neftalí se extendía a lo largo de la ribera occidental del Mar de Galilea hacia al norte; limitaba con el territorio de Zabulón al sur, con el de Aser al oeste, y tenía al río Jordán como su frontera oriental. No se reporta ninguna frontera en el norte (Jos 19.34). La región de Neftalí era montañosa y muy boscosa; por tanto, tenía atractivo estético y político. Las grandes rutas comerciales que conectaban al puerto de Aco y las llanuras costeras con los puntos del norte, atravesaban esta región en la que había muchas ciudades amuralladas (Jos 19.35-38). Neftalí fue conquistada por Ben-hadad de Siria en cerca de 900 a.C. (1 R 15.20 = 2 Cr 16.4), y más tarde fue anexada por Asiria (2 R 15.29).

Bibliografía. Y. Aharoni, *The Land of the Bible,* 2nd ed. (Philadelphia, 1979); R. G. Boling, *Joshua.* AB 6 (Garden City, 1982); N. K. Gottwald, *The Tribes of Yahweh* (Maryknoll, 1979).

Patricia A. MacNicoll

NEFTAR (Gr. *néphthar*)

Véase **NAFTA**

NEFTOA, AGUAS DE (Heb. *neptôaḥ*)

Nombre de un manantial en la frontera entre Judá y

Benjamín (Jos 15.9; 18.15). El sitio es identificado como el actual Liftā /Me Neftoa (168133), a cerca de 5 km (3 mi) al noroeste de Jerusalén. Algunos han asociado al nombre de este manantial con el faraón Merenptah (cuyo nombre es casi idéntico a la frase en hebreo). Si es así, el sitio está mencionado en el papiro egipcio Anastai (siglo XIII a.C.; ANET, 258).

DENNIS M. SWANSON

NEFUSIM (Heb. *K nĕpûšĕsîm*) (también **NEFISESIM**)

Jefe de una familia de servidores del Templo que regresó con Zorobabel de la cautividad (Esd l2.50; Q *nĕpîšĕsîm*). En la lista paralela de Nehemías 7.52 es llamado Nefisesim.

NEGUEV (Heb. *negeḇ*)

Territorio meridional de la antigua Palestina. A diferencia de la expresión bíblica (al parecer de la raíz semítica «seco»), el término actual «Neguev» se refiere a la mitad austral del moderno estado de Israel, desde Beerseba en dirección sur hasta el golfo de Aqaba. Sólo la parte norte de esta región fue colonizada ampliamente en los tiempos bíblicos; por consiguiente, el término bíblico se refiere esencialmente a la cuenca hidrográfica de Beerseba.

El ambiente de la región de Beerseba es semidesierto, con una precipitación anual media de 200 mm (7,9 in), lo que sólo permite una agricultura de subsistencia. En esta región hubo centros urbanos, fortificaciones y aldeas durante la mayor parte de los tiempos bíblicos. Los arqueólogos han descubierto numerosos sitios calcolíticos de la temprana Edad del Bronce, lo que ha llevado a muchos a sostener que el Neguev debió de haber tenido un clima mucho más húmedo antes de cerca de 2500. Al sur de la cuenca de Beerseba se encuentran las «tierras altas» del Neguev. Aquí, la precipitación anual fluctúa entre 150-50 mm (5.9-2 in). Esto está por debajo del mínimo necesario para la agricultura. Los asentamientos en esta área estuvieron asociados principalmente con fortificaciones o caravasares para proteger las rutas comerciales. Ciertos productos básicos, en particular, jugaron un papel en el comercio de las tierras: el cobre, el incienso y las especias.

De los patriarcas, a quienes muchos ubicarían en el Bronce Medio, se dice que habitaron en la región de Beerseba. Aunque se han encontrado ruinas del BM en otros sitios del Neguev, Beerseba aún no ha revelado ruinas importantes del BM. Las peregrinaciones por el desierto se centran alrededor del oasis de Cades-barnea, que se encuentra en el borde occidental de las tierras altas del Neguev. Se dice también que los hebreos lucharon contra los cananeos en Arad y Horma (Nm 21.1-3; 33.40; Jos 12.14). Sin embargo, se ha encontrado poca evidencia de algún asentamiento del Bronce tardío en la cuenca de Beerseba o en las tierras altas; en Timna, al sur, han sido excavadas minas de cobre del siglo XIII.

La actividad en el Neguev aumentó con la monarquía. Saúl y David lucharon contra los amalecitas (1 S 14-15; 30), y Salomón estableció un puesto naval en Ezión-geber (1 R 9.26). En el siglo VIII, Uzías revitalizó al Neguev al restablecer el comercio de Ezión-geber. El transbordo de cobre y otros productos de Ezión-geber requería el establecimiento de fortificaciones por parte de la corona para proteger las rutas (2 Cr 26.10). El auge que hubo en la construcción a finales del siglo VII, puede atribuirse indistintamente a Manasés o a Josías. En sus últimos años, Judá perdió cada vez más control del Neguev frente a los edomitas. Nombres edomitas, ostracas y lugares de culto aparecen en todo el Neguev (p.ej., Qitmit).

La evidencia arqueológica del período persa y helénico está casi totalmente ausente. Las fuentes escritas hablan de la presencia de los nabateos, pero se han encontrado pocas ruinas de estos habitantes de carpas. Con el cambio de un período a otro, los nabateos se convirtieron en mercaderes de especias. Se construyó la carretera Petra-ʿAvdat-Gaza, junto con caravasares para proteger la ruta del incienso y la mirra. Se construyeron ciudades y fortificaciones nabateas, el comercio floreció y hasta se iniciaron proyectos agrícolas. Al final, los romanos anexaron el Neguev y sus tierras altas a la Palestina Tertia. En la época bizantina, la región experimentó su mayor florecimiento. Las ciudades crecieron, se construyeron iglesias, se fundaron monasterios y aumentaron los asentamientos.

Bibliografía. Y. Aharoni, «The Negeb and the Southern Borders,» in *The World History of the Jewish People*, 4/1. *The Age of the Monarchies. Political History*, ed. A. Malamat (Jerusalem, 1979), 290-307; J. R. Bartlett, *Edom and the Edomites.* JSOTSup 77 (Sheffield, 1989); I. Beit-Arieh, ed., Horvat Qitmit. *An Edomite Shrine in the Biblical Negev* (Tel Aviv, 1995); R. Cohen, «Negev. Hellenistic, Roman, and Byzantine Sites in the Negev Hills,» in *NEAEHL*

3.1135-45; «Negev. Middle Bronze Age I and Iron Age II Sites in the Negev Hills,» in *NEAEHL* 3.1123-33; «Negev. The Persian to Byzantine Periods,» in *NEAEHL* 3.1133-35; N. Glueck, Rivers in the Desert, rev. ed. (Philadelphia, 1968).

LYNN TATUM

NEHELAM (Heb. *hanneḥĕlāmî*)
«De Nehelam», apelativo del falso profeta Semaías, quien adversó a Jeremías (Jer 29.24, 31, 32). El término, no atestiguado en otra parte, puede indicar el nombre de una familia o un lugar. Otra sugerencia es que representa un juego de palabras del hebreo *ḥālam*, «sueño», por lo que significaría «Semaías el soñador».

NEHEMÍAS (Heb. *nĕḥemyâ*)

1. Líder israelita que volvió con Zorobabel de la cautividad en el 538 a.C. (Esd 2.2; Neh 7.7).

2. Hijo de Hacalías (Neh 1.1); gobernador posexílico de Jerusalén, cuyo ministerio público está registrado en el libro de Nehemías.

3. Hijo de Azbuc, gobernador de la mitad de la región de Bet-sur, que ayudó a reparar los muros de Jerusalén (Neh 3.16).

NEHEMÍAS (Heb. *nĕḥemyâ*), **LIBRO DE**
Segunda parte de Esdras-Nehemías que registra los hechos del ejercicio de la actividad gubernativa de Nehemías. En las versiones en español es un libro separado.

Nombre y ubicación canónica

Esdras-Nehemías fue originalmente un solo libro llamado Esdras; esto se sabe por los manuscritos más antiguos de la LXX (Vaticano, Sinaítico, Alejandrino) que tratan a los dos libros como uno solo, llamándolos Esdras B, y por las apostillas masoréticas que tienen que ver con ambos libros, pero que están sólo al final de Nehemías. La división en dos libros aparece por primera vez con Orígenes (siglo III d.C.) y con la Vulgata de Jerónimo (siglo IV), que se refiere a Nehemías como *liber secundus Esdrae*. En las Biblias hebreas no existe ninguna separación antes de 1448 d.C. Mientras que el canon hebreo coloca a Nehemías en su tercera sección, los Escritos, y pone a Nehemías después de Esdras, pero antes de Crónicas, el canon griego alejandrino, que constituye la base de nuestra secuencia moderna, ubica a Nehemías entre los libros históricos después de Crónicas. El libro apócrifo 1 Esdras aparece normalmente entre Crónicas y Esdras-Nehemías.

Autoría

Sigue arreciando el vigoroso debate acerca de la autoría de Crónicas, Esdras y Nehemías. La posición del consenso más antiguo, de que los tres libros fueron obra de «el Cronista», se basaba en cuatro argumentos. 1) la repetición de los primeros versículos de Esdras al final de 2 Crónicas; 2) la evidencia de 1 Esdras, que comienza con 2 Crónicas 35-36 y continúa a través de Esdras incluyendo a Nehemías 7.73(TM 72)— 8.13a; 3) el parecido lingüístico; y 4) el parecido de la concepción teológica. Recientemente, un número creciente de expertos se ha convencido de que, si bien los tres primeros argumentos no son concluyentes en cuanto al asunto de la autoría, la investigación sobre el cuarto ha producido al menos cuatro áreas de concepción teológica discrepantes: 1) el énfasis en cuanto a David y al pacto con David, tan prominente en Crónicas, está ausente en Esdras-Nehemías; 2) las historias del éxodo, tan prominentes en Esdras-Nehemías, son prácticamente ignoradas en Crónicas; 3) la postura negativa de Esdras-Nehemías contra los matrimonios con extranjeros es difícil de explicar a la luz de la actitud tolerante expresada hacia los matrimonios mixtos en 2 Crónicas; y 4) el uso siempre presente en Crónicas de la retribución inmediata, como una especie de imán teológico, está ausente en Esdras-Nehemías.

Fecha y lugar de composición

Se han propuesto fechas muy diferentes para la forma final de Esdras-Nehemías, debido en gran medida a la variedad de posiciones sobre la extensión, autoría y teoría de composición de este material, y también por las cronologías desiguales reconstruidas a partir de Josefo. La opinión erudita reciente parece estar a favor de una fecha de cerca de 400 a.C. También ha sido sugerido el primer cuarto del siglo IV para explicar la aparición de «Johanan», el último sumo sacerdote que se menciona, quien ocupó el cargo hasta el 410; y de «Darío el Persa» (Darío II, 425-405) en Nehemías 12.22. Aunque la fecha de estos libros sigue siendo una cuestión sin resolver, hay un fuerte consenso de que Jerusalén, o al menos Palestina, es el lugar de la composición.

Fuentes

El frecuente cambio en el lenguaje de la primera a la tercera persona, y viceversa, es apenas una indicación de que en la composición de Nehemías se utilizaron varias fuentes. La principal de ellas es la llamada Biografía de Nehemías, un relato autobiográfico en primera persona que presenta la interpretación de Nehemías de los primeros hechos de su llamamiento. Hay un acuerdo generalizado entre los eruditos de que la Biografía consiste de Nehemías 1-7; partes de 12.27-43; y de 13.4-31, con el entendimiento de que las listas que figuran en el cap. 3 (una lista de quienes participaron en la construcción del muro) y en 7.5b-73(72a) (una lista de los que regresaron del exilio, prácticamente idéntica a la de Esdras 2), aunque en un principio fueron recopiladas por otros, fueron incluidas por Nehemías en la Biografía. Más controversial es el material contenido en Nehemías 5 (esp. los vv. 14-19), que interrumpe el flujo del relato de la construcción de los muros, que es la preocupación primordial de la Biografía, y que parece originarse en un período posterior; en 11.1-2, que cuenta la terminación del plan de Nehemías para repoblar Jerusalén, iniciado en el cap. 7; y en 12.31-43, que describe la gozosa dedicación del muro.

En la literatura académica continúa un gran debate en cuanto al género de la biografía de Nehemías. Las inscripciones reales; las inscripciones votivas (cf. las reiteradas peticiones de que Nehemías sea «recordado». 5.19; 6.14; 13.14, 22, 29, 31); las inscripciones en tumbas egipcias; las poesías de Salomón; las oraciones de los acusados injustamente; y las justificaciones de las actividades de una persona ante el rey, han sido sugeridas como posibles paralelos, aunque ninguna de estas sugerencias ha recibido apoyo general. Incluso el título de «biografía» ha sido cuestionado en razón de que asume que Nehemías es el autor de la obra, y que es esencialmente una composición autobiográfica. Sin embargo, la falta de acuerdo en cuanto a la forma del pasaje, no debe llevarnos engañosamente a pensar que no tiene estructura. Por el contrario, la primera parte de la Biografía (1.1—7.3) está organizada cuidadosamente y subdividida en un amplia armonía concéntrica destacada por siete episodios introducidos de manera parecida.

La historia de Nehemías (1.1—7.3)

A Informe de Hanani. Nehemías se propone reconstruir Jerusalén (1.1- 2.8)
B Cartas a los gobernadores para apoyar a Nehemías (2.9)
C Oposición (2.10)
D Inspección por la noche, oprobio de Jerusalén (2.11-18)
E Oposición, Gesem lo acusa de traición (2.19-20)
F Construcción del muro (3.1-32)
G Oposición (4.1 [3.33])
H Ridiculización (4.2-3 [3.34-35])
I Oración (4.4-5 [3.36-37])
J Muro «terminado» hasta la mitad de sualtura (4.6 [3.38])
J' Oposición «unida» (4.7-8[1-2])
I' Oración (4.9 [3])
H' Efecto de la ridiculización (4.10-14[4-8])
G' Oposición (4.15[9])
F' Construcción del muro con defensas (4.16-23[10-17])
[Problemas del segundo período de Nehemías (5.1-19)]
E' Oposición. Gesem lo acusa de traición (6.1-9)
D' Nehemías. Amenazas por la noche,infamia (6.10-14)
C' Oposición (6.15-16)
B' Cartas a Tobías para difamar a Nehemías (6.17-19)
A' Hanani puesto a cargo de la reconstrucción de Jerusalén (7.1-3)

Otras fuentes, probablemente documentos de los archivos del Templo y relacionados con Nehemías 3.1-32; 7.6-73(72); 11.1-2; 12.31-43, también se han detectado en varios pasajes: 1) Nehemías 9.38; 10.28-39 (10.1, 29-40); la resolución del pueblo de cumplir con las estipulaciones de la ley de Dios; 2) 10.1-27(2-28), la lista de quienes firmaron la resolución anterior; 3) 11.4b-20, los residentes de Jerusalén; y 4) 13.1-3), una descripción del extrañamiento del pueblo de todas las personas de ascendencia mixta en Israel. Las dos listas, 11.21-36 (de los residentes de Benjamín y Judá), y 12.1-26 (de los sacerdotes y levitas de varios periodos diferentes) se entienden mejor como añadiduras posteriores al libro. No está claro si las partes en tercera persona de la llamada Biografía de Esdras (cf. Esd 7.1-9.15) que aparecen en Nehemías 8; 9.1-5, provienen del redactor final o de alguna otra fuente.

El orden de los reformadores

El punto de vista tradicional sostiene que Esdras llegó a Jerusalén en el 458, en el «año séptimo del rey Artajerjes» (Esd 7.7), y que Nehemías lo siguió en el 445, en el «año veinte» de Artajerjes (Neh 1.1; 2.1; 5.14). Pero de la lectura del material surgen varias incoherencias. La principal de ellas es el preocupante vacío de 13 años que hay entre la llegada de Esdras y su lectura de la Ley en Nehemías 8.1-8, y el patente desconocimiento de la obra de Esdras. La confusión aumenta porque hubo tres reyes persas llamados Artajerjes. I, Longímano (465-424); II, Mnemón (404-359); y III, Ocos (359-338).

Ya en 1890, Albin van Hoonacker sugirió que el Artajerjes de Esdras fue Artajerjes II. Al asignarle el «séptimo año de Artajerjes» a Artajerjes II, estableció que la llegada de Esdras a Jerusalén se produjo en el 398. Esto dio como resultado el cambio del orden de llegada de los reformadores, la negativa de que fueran contemporáneos, y la supresión de los versículos que hablan de ambos reformadores juntos (Neh 8.9; 12.26, 36).

Una posición intermedia asociada con John Bright y Rudolph Wilhelm busca preservar la contemporaneidad de los reformadores, al colocar a Esdras después de Nehemías en el reinado de Artajerjes I. Esto se logra corrigiendo el texto de Esdras 7.7 del «año séptimo de Artajerjes», por el «año 27º/37º de Artajerjes (I)» al año «27/37 de Artajerjes (I). Con esta lectura, Esdras habría llegado a Jerusalén después de Nehemías, bien en el 438, o bien en el 428. La precaria sugerencia de Richard J. Saley de que ubiquemos a Nehemías en el reinado de Artajerjes II, no ha tenido mucho apoyo.

Prácticamente hay consenso general de que Nehemías llegó a Jerusalén bajo los auspicios de Artajerjes I. Entre los papiros en arameo de finales del siglo V descubiertos en Elefantina, está una carta dirigida al gobernador de Judá, con la queja de que Johanán, el sumo sacerdote de Jerusalén, no había atendido el pedido de ayuda que se le había hecho para que ayudara en la reconstrucción del Templo. Este debe de ser el Johanán mencionado en Nehemías 12.22. Sanbalat, el gobernador de Samaria y archienemigo de Nehemías (cf. 2.9, 10), también es mencionado juntamente con sus hijos, quienes parecen estar gobernando en vez de él. Si Sanbalat es gobernador sólo nominalmente en el 407, esto sirve de confirmación a lo que dice Nehemías de su viejo enemigo en su mejor momento (445), durante el reinado de Artajerjes I. Es poco probable que se logre un acuerdo acerca de las fechas de Esdras sin más descubrimientos.

Nehemías, la persona

Nehemías (Heb. «Jehová consuela») fue gobernador de Judá durante el período persa (a mediados del siglo V), mejor conocido por haber supervisado la reconstrucción de los muros de Jerusalén. Lo que sabemos de sus actividades viene de la información escrita en primera persona de la Biografía de Nehemías, la cual constituye la fuente primordial para el libro de Nehemías. Antes de su gobierno, Nehemías era un funcionario de alto rango en la corte de Artajerjes I (465-424). Cuando Nehemías se enteró del ruinoso estado de las defensas de Jerusalén y de las deplorables condiciones en que vivían sus compatriotas judíos en Palestina por causa de sus vecinos, se sintió movido a pedir ayuda a Dios y luego a su rey (Neh 1-2). Esto dio como resultado que recibiera credenciales, apoyo económico y la designación como gobernador durante 12 años (445-433).

El mayor logro de Nehemías fue la refortificación de Jerusalén a pesar de las amenazas, las intrigas y las maquinaciones de los gobernadores circunvecinos. Sanbalat de Samaria, Tobías el amonita, y Gesem el árabe, quienes lo acusaron injustamente de traición (caps. 2, 4, 6). Josefo informa que la reconstrucción tomó casi dos años y cuatro meses (Ant 11.5.8), aunque el texto de Nehemías dice que el proyecto fue terminado impresionantemente en 52 días (6.15).

Nehemías fue también responsable de una serie de reformas sociales y religiosas. Las malas cosechas y las prácticas usureras de las clases altas a expensas de los menos afortunados, dio lugar a graves dificultades económicas en la comunidad durante su mandato como gobernador, incluyendo la esclavitud de los niños (5.1-5). El hábil liderazgo de Nehemías y su generoso ejemplo, llevaron a la restauración de la conducta correcta (5.6-16). El restablecimiento de un diezmo entre la población periférica resolvió el problema de defensa de ataques de una Jerusalén poco poblada, e ilustra el ingenio administrativo del reformador (7.4, 5; 11.1-2), mientras que la gozosa dedicación de los muros indica que el gobernador estaba muy consciente de la importancia de mantener alta la moral del pueblo (12.27-43). Tras una breve ausencia, Nehemías llevó a cabo una serie de reformas que tuvieron que ver con el mal uso del templo (13.4-9), el apoyo económico a los levitas (vv. 10-14), la observancia de las leyes del sábado (vv. 15-22), y la disolución de los matrimonios mixtos (vv. 23-27).

Bibliografía. J. Blenkinsopp, *Ezra-Nehemiah.* OTL (Philadelphia, 1988); T. C. Eskenazi, *In an Age of Prose. A Literary Approach to Ezra-Nehemiah.* SBLMS 36 (Atlanta, 1988); K. G. Hoglund, *Achaemenid*

Imperial Administration in Syria-Palestine and the Missions of Ezra and Nehemiah. SBLDS 125 (Atlanta, 1992); M. A. Throntveit, *Ezra-Nehemiah. Interpretation* (Louisville, 1992); H. G. M. Williamson, *Ezra, Nehemiah.* WBC (Waco, 1985).

MARK A. THRONTVEIT

NEHUM (Heb. *nĕḥûm*)
Uno de los dirigentes que regresaron con Zorobabel de la cautividad en Babilonia (Neh 7.7). El nombre probablemente debe leerse Rehum (1), como en Esdras 2.2.

NEHUSTA (Heb. *nĕḥuštāʾ*)
Hija de Elnatán, de Jerusalén; esposa de Joacim y madre de Joaquín, reyes de Judá (2 R 24.8). Fue llevada cautivo a Babilonia por Nabucodonosor en el 598/597 a.C. (2 R 24.12, 15; Jer 13.18; 29.2).

NEHUSTÁN (Heb. *nĕḥuštān*)
Nombre propio o juego de palabras basado en las voces hebreas *nĕḥōšet*, «bronce/cobre», y *nāḥāš*, «serpiente» (es decir, «sólo un poco de bronce», cf. Heb. «serpiente de bronce», Nm 21.9). Tales animales hechos a mano eran comunes en el antiguo Cercano Oriente. Durante las reformas de Ezequías dirigidas a la eliminación de la idolatría de Judá (2 R 18.4), este nombre se aplicaba a la serpiente de bronce hecha por Moisés durante la peregrinación de Israel por el desierto, que daba curación divina cuando era mirada por cualquier persona que tuviera una mordedura de serpiente mortal (Nm 21.4-9; cf. 1 Co 10.9, 11). El piadoso rey Ezequías destruyó esta estatua ya que estaba siendo adorada como un dios con ofrendas del pueblo de Israel (2 R 18.1-4; cf. 17.35-40). Hay la duda de si la frase final en 2 Reyes 18.4(*wayyiqrāʾ-lô nĕḥuštān*) significaba el título popular, preexistente, del ídolo («y la llamó Nehustán»), o si el nombre le fue dado despectivamente en aquel momento por Ezequías («y la llamó [Ezequías] Nehustán»). Algunos piensan que la palabra suena como el término que significa «cosa inmunda».

Bibliografía. K. R. Joines, «The Bronze Serpent in the Israelite Cult,» *JBL* 87 (1968). 245-56; Serpent *Symbolism in the Old Testament* (Haddonfield, N.J., 1974); J. A. Montgomery, «Hebraica,» *JAOS* 58 (1938). 131.

W. CREIGHTON MARLOWE

NEIEL (Heb. *nĕʿîʾēl*)
Ciudad fronteriza en el territorio de la tribu de Aser (Jos 19.27), llamada Inhi en el texto egipcio de Set. La ciudad ha sido identificada como Jhirbet Yaʿnîn (171255), a 3 km (2 mi) al norte de Cabul en el borde de la llanura de Aco. El sitio ha proporcionado ruinas de las Edades del Bronce y el Hierro.

NEMUEL (Heb. *nĕmûʾēl*) (también **JEMUEL**)
1. Rubenita; hermano mayor de Datán y Abiram, que se adhirió a Coré en contra de Moisés y Aarón (Nm 26.9).
2. Simeonita, famoso antepasado de los nemuelitas (Nm 26.12; 1 Cr 4.24). En Génesis 46.10 y Éxodo 6.15 es llamado Jemuel.

NER (Heb. *nēr*)
Benjaminita, hijo de Abiel y padre de Abner (1 S 14.50, 51). No se sabe nada de su vida, y su relación con Saúl no está clara. No hay seguridad de que el «tío de Saúl» en 1 Samuel 14.50 se refiera a Ner o a Abner. Ner es llamado hermano de Cis e hijo de Jehiel en 1 Crónicas 9.36. En otra parte aparece como el padre de Cis (2 Cr 8.33; 9.39). Josefo (*Ant.* 6.130) considera que Ner era tío de Saúl y hermano de Cis.

KENNETH ATKINSON

NEREO (Gr. *Nēreús*)
Cristiano de Roma a quien Pablo envió sus saludos (Ro 16.15). Los eruditos lo identifican diversamente como hijo de Filólogo, o como hermano de Filólogo y Julia.

NERGAL (Heb. *nērgal*)
Dios babilónico de los infiernos, adorado por los pueblos que volvieron a establecerse en Samaria después de su caída en el 722 a.C. (2 R 17.30). El nombre es una transliteración del sumerio [E]N.ER[I].GAL, literalmente «Señor de la gran ciudad» (es decir, las regiones infernales). Su culto estaba centrado en Kutha (la bíblica Cuth), a 32 km (20 mi) al noreste de Babilonia. Los acadios identificaban a Nergal con Erra, su deidad de las regiones infernales, y por el primer milenio los dos eran sinónimos. Los pueblos semíticos del occidente lo identificaron más tarde con Reshef. Nergal estaba asociado con la peste, la sequía, el hambre, el fuego y la muerte repentina. Por tanto, los reyes de Asiria y Babilonia invocaban su ayuda en sus campañas en el extranjero.

MARK ANTHONY PHELPS

NERGAL-SAREZER (Heb. *nērgal šar-ʾeṣer*)
Sucesor de Amel-marduk (el Evil-merodac del AT)

como rey de Babilonia en el 560 a.C.; gobernó hasta abril del 556. La primera mención conocida de Nergal-sarezer (Acad. *Nergal-šarra-ujur*, el Neriglissar tradicional) se produce en un acuerdo fechado en el noveno año de Nabucodonosor. La evidencia que tenemos actualmente sugiere que era miembro de una familia prominente conocida por sus actividades de negocios en el norte de Babilonia, y que era de edad muy avanzada cuando comenzó a reinar. Según el *Babyloniaca* de Berossus, se apoderó del trono mediante un golpe de estado que tuvo como resultado el asesinato de su predecesor. Berossus dice también que Nergal-sarezer era cuñado de Amel-marduk, aunque no se ha encontrado ningún texto cuneiforme que confirme definitivamente esta relación. Al parecer, Nergal-sarezer hizo una alianza con el *šatammu* del templo de Ezida en Borsippa, Nabû-šuma-ukin, y pidió en matrimonio la mano de Gigitum, la hija del rey, antes de que finalizara el año en que ascendió al poder. También se involucró con el templo de Ebbar en Sippar y con su importante personal, y aparentemente interfirió en los asuntos del templo de Eanna en Uruk al sustituir a oficiales por personas elegidas por él.

Inscripciones reales indican que Nergal-sarezer restauró los templos Esagila y Ezida en Babilonia y Borsippa, que reconstruyó un palacio en las márgenes del Éufrates para su propio uso, y que hizo trabajos en algunos de los canales de Babilonia. También realizó una campaña en el sudeste de Anatolia durante el tercer año de su reinado, que dio lugar a la derrota del estado de Pirindu y de su gobernante, un tal Appuašu. Nergal-sarezer murió en el 556, quizás apenas dos meses después de regresar a casa de su campaña en Cilicia. Fue sucedido por su hijo Labaši-marduk, quien reinó cerca de dos meses antes de ser destronado por Nabonido.

En Jeremías 39.3, Nergal-sarezer está asociado con la caída de Jerusalén (también en Antigüedades de Josefo) y con la liberación de Jeremías. Parece haber pocas dudas, o ninguna, en cuanto a la conexión entre el Nergal-šarra-ujur de las fuentes cuneiformes, y el Nergal-sarezer de Jeremías 39. La mención de Nergal-sarezer como el príncipe de Sin-magir en Jeremías 39.3, 13, es, muy probablemente, una descripción incorrecta o una mala interpretación de un título designando a un funcionario administrativo de Babilonia, lo que sabe desde hace mucho tiempo por los registros cuneiformes de los templos de Babilonia.

Bibliografía. R. H. Sack, «Nergal-šarra-ujur, King of Babylon, as Seen in the Cuneiform, Greek, Latin and Hebrew Sources,» *ZA* 68 (1978). 129-49; Neriglissar, King of Babylon. *AOAT* 236 (Neukirchen-Vluyn, 1994).

Ronald H. Sack

NERI (Gr. *Nērí*)
Padre de Salatiel en la genealogía de Jesús en Lucas (Lc 3.27).

NERÍAS (Heb. *nērîyâ*; Gr. *Nērías*)
Hijo de Maasías (Jer 32.12); padre del escriba de Jeremías, Baruc (v. 16; 36.4, 8; 43.3; 45.1; Bar 1.1) y del camarero del profeta, Seraías (Jer 51.59).

NERON (Lat. *Nero*)
Quinto emperador romano, y el último de la familia de los Césares. Nacido con el nombre de Lucio Domitio Ahenobarbus durante el reinado de su tío, el emperador Cayo (Calígula), como hijo de Agripina, biznieta de Augusto, fue adoptado por el tío y esposo de su madre, el emperador Claudio, y recibió el nombre de Nerón Claudio César Germánico. Nerón se casó con la hija de Claudio, Octavia, y fue el preferido para ser el heredero, en vez del hijo natural de Claudio, el joven Británico. Nerón gobernó desde el 54 d.C. hasta su suicidio en el 68. Murió tratando de escapar de Roma después de haber sido declarado enemigo público por el Senado. Con su muerte llegó a su fin la dinastía Julio-Claudia, principalmente porque Nerón se había encargado de asesinar a otros miembros de la familia a quienes suponía posibles rivales.

El reinado de Nerón comenzó bastante bien. Sus primeros cinco años se consideran como un período de gobierno excelente. Fuentes, tanto antiguas como modernas, no están de acuerdo en cuanto a si el éxito se debió a Nerón mismo, a su madre Agripina, o sus consejeros: el filósofo Séneca y el prefecto pretoriano Burro. Probablemente bajo la guía de Séneca, Nerón tuvo el cuidado de reconocer las prerrogativas senatoriales en ciertas áreas del gobierno civil, y particularmente en cuanto a la administración judicial. Las buenas relaciones con el Senado imperaron durante gran parte del reinado de Nerón.

Nerón continuó con la política exterior de Julio-Claudia, tal como había establecida por Augusto. El acoso persistente en la frontera oriental de Partia fue contenido por el nombramiento del experimentado general Domicio Corbulo en un puesto fuera de lo común sobre los gobernadores de las provincias orientales. Los generales de Corbulo tuvieron éxito haciendo valer las armas romanas, y Corbulo pudo negociar una solución a la rivalidad romana-parta sobre Armenia. Bajo el reinado de Nerón, tropas romanas fueron destacadas a Judea para reprimir a los zelotes, cuyas actividades guerrilleras dieron como resultado muertes y pérdidas de propiedades tanto de judíos como de gentiles en Judea, y cuya toma de Jerusalén motivó que los líderes judíos pidieran que el orden fuera restablecido. Después de la derrota de las tropas bajo Cestio Galo, gobernador de Siria, el lugarteniente de Corbulo, el futuro emperador Vespasiano, fue enviado al frente de las legiones romanas para llevar a cabo la Guerra de los Judíos.

La popularidad de Nerón en Roma declinó después de las muertes de Séneca y Burro, de las cuales es posible que él mismo haya sido a fin de cuentas el responsable. El nuevo prefecto pretoriano, Tigelino, alentó a Nerón en sus excesos de conducta y su crueldad. El extremado amor del emperador a la cultura griega, y la imagen de sí mismo como un gran artista en el sentido griego, contribuyó aún más a que siguiera con sus excesos y con la falta de estima con la clase alta de Roma. Su paranoia en cuanto a conspiraciones para derrocar su gobierno dio lugar a la ejecución de varios generales y senadores, lo cual destruyó aún más la autoridad de Nerón como gobernante. Sólo el pueblo común cuyo favor compraba con «pan y circo» parecía seguir proclamando a Nerón como emperador.

La popularidad de Nerón fue dañada aún más por el gran incendio del 64, que destruyó a tres de las 14 regiones de la ciudad, y que dañó seriamente a otras ocho. Corrió el rumor de que Nerón estuvo involucrado en esto de alguna manera, en su intento por tener tierras para la serie de palacios que quería construir en el extremo sur del Foro. Pese a los esfuerzos de Nerón de echar la culpa del incendio a los cristianos, los rumores y la impopularidad del emperador crecieron. Los cristianos fueron castigados cruelmente por el supuesto delito, incluyendo el uso que hizo Nerón de los ellos como antorchas vivientes para iluminar las carreras en el Circo Vaticano, un acto que, según Tácito, enfrentó el disgusto del Senado.

La cuestión de si las acciones de Nerón contra los cristianos de Roma pueden ser definidas realmente como una «persecución», ha generado debate entre eruditos religiosos, historiadores romanos y estudiantes de derecho romano. ¿Fueron perseguidos los cristianos como criminales por ser culpables del incendio intencional? ¿Fue su castigo un resultado del poder de un magistrado romano, en este caso el más alto magistrado romano, el emperador, de ejercer *coercitio* («fuerza») contra unos delincuentes? ¿Fue aplicada la acusación de *maiestas* («traición») en este caso, como en tantos otros enjuiciamientos que hubo en los comienzos del Imperio? ¿Fue este caso el primero de la persecución *suo nomine* («por causa del nombre mismo»), en otras palabras, simplemente porque eran cristianos? No se dispone de evidencias para llegar a una conclusión definitiva, pero el hecho de que esta acción estuvo limitada a los cristianos de Roma, y no se extendió a los cristianos en otras partes del Imperio, hace poco probable la última opción. El tiempo de las persecuciones a los cristianos como tales simplemente no había llegado todavía, y ni siquiera la crueldad excesiva de Nerón lo logró.

Bibliografía. M. T. Griffin, Nero. *The End of a Dynasty* (London, 1984); H. Mattingly, *Christianity in the Roman Empire* (1954, repr. New York, 1967); B. H. Warmington, *Nero. Reality and Legend* (London, 1969).

John F. Hall

NETAÍN (Heb. *nĕṭāʿîm*)
Lugar de Judá donde vivieron alfareros del rey (1 Cr 4.23). A pesar de que no se conoce su ubicación exacta, se cree que Netaín quedaba en la Sefela, cerca de la ciudad de Gedera. Algunos han sugerido a Jhirbet en-Nuweitiʿ, al sur del Wadi Elah.
Aaron M. Gale

NETANÍAS (Heb. *nĕṯanyâ, nĕṯanyāhû*)

1. Padre de Ismael, uno de los hombres que asesinaron a Gedalías (2 R 25.23, 25; Jer 40.8, 14, 15; 41.1-9).

2. Levita de la línea de Asaf que profetizó con arpas, salterios y címbalos (1 Cr 25.2); líder de la quinta división de cantores levitas (v. 12).

3. Levita enviado a enseñar en las ciudades de Judá durante el reinado del rey Josafat (2 Cr 17.8).

4. Padre de Jehudí, que llevó el rollo de Jeremías a Joacim (Jer 36.14).

NETHINIM (Heb. *nĕṯînîm*)
Clase de sirvientes del Templo (literalmente, «los dados», cf. Esd 8.20). Aparte de 1 Crónicas 9.2 (= Neh. 11.3), son sólo mencionados en Esdras y Nehemías. Las versiones modernas traducen el término como «sirvientes del templo» o «esclavos del templo».

Los nethinim aparecen con otros cuatro grupos en lo que posiblemente sea un orden descendente de estatus: Sacerdotes, levitas, cantores, porteros y sirvientes del Templo (Esd 2.70; 7.7; Neh 10.28), todos estaban exentos de impuestos (Esd 7.24).

Los nombres extranjeros en las listas (cf. Esd 2.43-58), más la posibilidad de que algunos de ellos pueden haber sido descendientes de prisioneros de guerra, han llevado a la conclusión de que los nethinim eran quizás de origen extranjero. Algunos eruditos los han comparado con los gabaonitas de Josué 9.27. En 1 Esdras 5.29 y en *Ant.* 11.128 de Josefo se les llama «esclavos del templo» (Gr. *hierodoúloi*).

Los nethinim aparecen entre los 392 desterrados que acompañaron a Zorobabel a Jerusalén después del exilio. En Esdras 2.43-58 están agrupados con los «hijos de los siervos de Salomón», quizás un término técnico para referirse a una clase de trabajadores del templo. Tenían habitaciones especiales en el distrito de Ofel de Jerusalén, cerca del Templo (Neh 3.26, 31; 11.21). Este pudo haber sido el lugar donde vivían cuando estaban de servicio, ya que Esdras 2.70 y Nehemías 7.73 dicen que vivían en sus ciudades; sin embargo, es posible que la referencia aquí sea al período anterior a la reconstrucción del Templo.

LARRY L. WALKER

NETOFA (Heb. *nĕṭōpâ*)
Ciudad en la región montañosa de Judá, cerca de Belén (1 Cr 2.54). La antigua Netofa es identificada mayormente con el actual Jirbet Bedd Fālûḥ (171119), situado en la cima de un cerro, a cerca de 5,5 km (3,5 mi) al sureste de Belén. Desafortunadamente, no hay ninguna evidencia arqueológica directa que apoye esta identificación. El nombre antiguo está posiblemente preservado en ʿAin en-Natûf, un manantial cercano.

Maharai y Heleb, dos de los valientes de David, eran de Netofa (2 S 23.28, 29; 1 Cr 11.30; 27.13, 15). Seraías, otro netofatita, apoyó a Gedalías después de su designación como gobernador, por Nabucodonosor (2 R 25.23), al igual que Efai y sus hijos (Jer 40.8). Varios habitantes de Netofa se unieron a Zorobabel a su regreso del exilio en Babilonia (Esd 2.22; Neh 7.26). Unos pocos levitas que regresaron se establecieron también en Netofa; algunos, al parecer, cantaron en la dedicación del muro reconstruido de Jerusalén (Neh 12.28).

WADE R. KOTTER

NEZÍA (Heb. *nĕṣîaḥ*)
Sirviente del templo cuyos descendientes regresaron con Zorobabel del cautiverio en Babilonia (Esd 2.54 = Neh 7.56).

NEZIB (Heb. *nĕṣîḇ*)
Ciudad de la Sefela de Judá, y parte de la heredad de esa tribu (Jos 15.43). Eusebio la sitúa a 14 km (9 mi) al este de Beit Guvrin/Beth Jibrin (Eleutheropolis), en dirección a Hebrón (según Jerónimo, a 11 km [7 mi]). El sitio ha sido identificado como Jirbet Beit Nejîb esh-Sharqiyeh (150110), en el valle norte-sur que separa a la Sefela de las colinas de Judea. El nombre bíblico parece haber sido preservado.

Bibliografía. A. F. Rainey, «The Administrative Division of the Shephelah,» *Tel Aviv* 7 (1980). 194-202; «The Biblical Shephelah of Judah,» *BASOR* 251 (1983). 1-22.

JENNIFER L. GROVES

NIBHAZ (Heb. *niḇḥaz*)
Uno de los dos dioses que adoraban los avitas, un pueblo sirio reasentado por los asirios en Samaria (2 R 17.31). Ha sido identificado de distinto modo como «Nebo el Vidente» o «Nebo del Rostro», una deidad babilónica venerada en Siria, o la deidad IbnaDaza elamita.

NIBSÁN (Heb. *hanniḇšān*)
Ciudad en el desierto de Judá (Jos 15.62). El sitio ha sido identificado como Jirbet el-Magari (186123) en el valle de Acor, a 17 km (10,5 mi) al sureste de Jerusalén.

NICANOR (Gr. *Nikánōr*)

1. Uno de las cuatro comandantes enviados por Lisias contra Judas Macabeo (1 Mac 3.38; 2 Mac 8). Aunque 1 Macabeos dice que Gorgias lideró esta campaña (1 Mac 4.1), 2 Macabeos presenta a Nicanor como la figura sobresaliente. Según 2 Macabeos 8, vendió como esclavos a los judíos capturados en la campaña para pagar tributo a Roma (190 a.C.). Judas atacó las fuerzas de Nicanor en Emaús y las derrotó. Durante el gobierno de Demetrio I (162-150), Nicanor lideró otro ataque contra los judíos.

En esta ocasión, planificó atraer con engaño a Judas a una reunión con él donde podría matarlo. Al enterarse del plan, Judas dio al traste con el plan de Nicanor. Los dos trabaron combate en Cafarsalama, donde Judas triunfó. Él y Judas libraron una última batalla en Adasa, en la cual perdió Siria, y Nicanor murió (1 Mac 7.26-50; 2 Mac 14.12-15.36).

2. Uno de los siete hombres elegidos para supervisar la distribución de alimentos a las viudas de los griegos en la iglesia de Jerusalén, después que los griegos se quejaron de que ellas estaban siendo desatendidas (Hch 6.5).

RODNEY A. WERLINE

NICODEMO (Gr. *Nikódēmos)*
Fariseo, miembro del Sanedrín («principal entre los judíos»), y escriba («maestro de Israel», Jn 3.1-14). Nicodemo vino a Jesús de noche (posiblemente para no poner en peligro su posición) como una persona perpleja por el discurso de Jesús sobre el nuevo nacimiento. Más tarde defendió a Jesús ante el Sanedrín (Jn 7.50-52). Después de la muerte de Jesús, Nicodemo suministró una enorme cantidad de especias para la sepultura de Jesús, lo que da a entender que era rico (Jn 19.39, 40).

El Talmud de Babilonia menciona a un cierto Nakdimon (el equivalente hebreo del griego *Nikódēmos*) que alcanzó el éxito por los años 66-70 d.C., pero el Nicodemo de la Biblia probablemente ya habría muerto para esa fecha. Sin embargo, Nakdimon pudo haber sido un miembro de su familia. En varios escritos apócrifos del NT, Nicodemo defiende a Jesús en su juicio, se convierte al cristianismo, es expulsado del Sanedrín, y muere martirizado. Pero es probable que esas historias sean poco veraces.

James A. Brooks

NICODEMO, EVANGELIO DE
Nombre atribuido por la tradición latina de los siglos XIII y XIV d.C. a los Hechos de Pilato.

NICOLAÍTAS (Gr. *Nikolaîtēs)*
Secta de la Iglesia primitiva asociada con las ciudades de Éfeso y Pérgamo (Ap 2.6, 15). El grupo fue acusado, al parecer, de los pecados de comer carne ofrecida a los ídolos y de inmoralidad sexual (probablemente ritual) (Ap 2.14). La asociación de estas mismas prácticas antinómicas (condenadas por el Concilio Apostólico de Jerusalén, Hch 15.20, 28, 29, cf. 21.25) con la profetisa Jezabel de Tiatira (Ap 2.20), puede indicar que la secta tenía también actividad en esa ciudad.

Se han dado dos explicaciones en cuanto al nombre de este grupo. Ireneo (Adv. haer. 7.24) dice que esta secta tuvo su origen en Nicolás de Antioquía, uno de los siete helenistas elegidos para ayudar a los apóstoles (Hch 6.1-5). Clemente de Alejandría (Misc. 2.20) coincidía con Ireneo, pero argumentó que los seguidores del grupo habían alterado en el siglo II las enseñanzas de Nicolás. La mayoría de los eruditos modernos tienen dudas acerca de alguna conexión entre la secta y Nicolás de Antioquía, y muchos, incluso, ponen en tela de juicio que las depravadas sectas gnósticas conocidas por los apologistas con este nombre, sean las mismas mencionadas en Apocalipsis.

La mayoría de los eruditos tienden actualmente a interpretar simbólicamente al nombre como un juego de palabras del nombre Balaam (Ap 2.14, 15). Este nombre puede ser interpretado como una contracción del Heb. *bālaʿ ʿam*, «él destruyó al pueblo», que guarda semejanza con el nombre Nicolás, del Gr. *níkē laoú*, «conquistador del pueblo». Durante este período, Balaam era asociado tradicionalmente con las prácticas antinómicas (2 P 2.15; cf. Jud 11).

TIMOTHY B. CARGAL

NICOLÁS (Gr. *Nikólaos)*
Uno de los siete hombres elegidos y ordenados por los 12 apóstoles para supervisar la distribución diaria de alimentos entre las viudas cristianas griegas en la primitiva iglesia de Jerusalén (Hch 6.5). Era un «prosélito de Antioquía», es decir, un gentil.

Los padres de la iglesia primitiva están divididos en cuanto a si Nicolás apostató o no, y fundó después la secta herética conocida como los nicolaítas (Ap 2.6).

C. WARREN TRENCHARD

NICÓPOLIS Gr. *Nikopolis)*
Nombre común («ciudad de la victoria») en la antigüedad. Pablo le pide a Tito que lo visite en Nicópolis, ya que había decidido pasar el invierno allí (Tit 3.12). Esta era probablemente la ciudad ubicada en el istmo de la bahía de Actium, en Grecia noroccidental, fundada por Augusto después de su victoria sobre Marco Antonio y Cleopatra en el 31 a.C. Fue una colonia romana y la capital de la provincia de Epiro. Herodes el Grande construyó la mayoría de sus edificios públicos, y Epícteto vivió allí cuando

fue expulsado de Roma. La nota en el Código Alejandrino atribuyendo a Nicópolis el lugar de redacción de la epístola a Tito, es incorrecta.

Richard S. Ascough

NIEVE
Es posible que las montañas de la Alta Galilea, el terreno elevado de Edom y el país montañoso central reciban nieve, en tanto que la Baja Galilea, la Llanura del Litoral y el Valle del Jordán generalmente son subtropicales. Cada dos o tres años, Jerusalén tendrá un pie de nieve en el suelo, en tanto que en las granjas de Jericó, a 24 km (15 mi) al este, pero 914 m (3000 pies) más bajas, cultivan frutas cítricas. Por lo tanto, es mucho más probable que las inclinaciones occidentales del terreno elevado reciban nieve.

La caída de nieve no era un factor significativo para la agricultura de Israel, pero el derretimiento de la nieve del Monte Hermón era una fuente importante de agua para el Río Jordán y el Mar de Galilea. Una caída de nieve real se menciona solamente en 2 Samuel 23.20; 1 Crónicas 11.22; 1 Macabeos 13.22. La nieve se menciona más frecuentemente con referencia a Dios como creador de los elementos (Is 55.10-13).

Simbólicamente, la nieve representa la blancura de la piel ocasionada por la lepra (Ex 4.6; 2 R 5.27) y la pureza que resulta de la limpieza que Dios hace de los pecadores (Sal 51.7[TM 9]; Is 1.18).

Donald Fowler

NÍGER (Gr. *Níger*)
Apodo de Simeón, profeta y maestro que vivió en Antioquía (Hch 13.1). El nombre se deriva del latín *niger*, «negro», indicando su origen africano. Algunos eruditos lo identifican con Simón de Cirene (Mr 15.21).

NILO (Gr. *Neílos*; Lat. *Nilos*)
Una de las fuerzas principales que han moldeado la historia de Egipto (Heb. *yĕʾōr*; Egip. *i[t]rw*) La división política del país en dos regiones, el Alto Egipto y el Bajo Egipto, tuvo su origen en el período predinástico. Los términos Alto y Bajo están definidos por la dirección de la corriente del Nilo. Dado que el río fluye hacia el norte, el Bajo Egipto, o aguas abajo, estaba ubicado en el norte, mientras que el Alto Egipto, o aguas arriba, estaba en el sur. El Bajo Egipto se encuentra entre el Mediterráneo y El Cairo. Esta zona llana y fértil tiene la forma de un triángulo con el vértice en El Cairo, y estaba formada por el despliegue en abanico de los brazos del Nilo, de los cuales sólo siguen siendo navegables dos de los siete originales. Heródoto fue el primero que llamó Delta a esta zona, debido a su forma triangular, como la «D»[Δ] mayúscula en el alfabeto griego. El Alto Egipto se encuentra entre El Cairo y Asuán.

En Egipto casi no llueve, y el desierto llega hasta ambos lados de la zona fértil, que es bañada por el Nilo y regada por irrigación. El Nilo está formado por dos ríos que tienen sus fuentes en África. Estos son el Nilo Blanco (BaFr al-Abyad) y el Nilo Azul (Baḥr Al-Azrâq), junto con el tributario Atbara. El Nilo Blanco comienza en el Lago Victoria y se une al Nilo Azul en Jartum. Las otras fuentes están en la meseta occidental de Etiopía, que tiene las cabeceras del Sobat, el cual desemboca en el Nilo Blanco. Las cabeceras del Nilo Azul se encuentran en las tierras altas de Goiam en el Lago Tana, y el río corre en dirección norte, hacia Jartum. El río Atbara nace en la región de Begemir y Simen de Etiopía, y al mismo se une el río Tekeze en el Sudán, desembocando en el Nilo Azul c. a 320 km (200 mi) al norte de Jartum. Los ríos Azul y Blanco reciben sus aguas de dos sistemas independientes, pero relacionados, de tormentas monzónicas. El Nilo Azul y sus tributarios reciben el agua de los monzones que llegan a Etiopía desde el Océano Índico. El Nilo Blanco recibe sus aguas del brazo del monzón del Atlántico que viene a través de África hasta la región del lago de la Meseta. El Nilo Azul y sus tributarios representan el 75 por ciento de la descarga total anual, pero durante la crecida de aguas anual del verano y el otoño, contribuye con el 90-95 por ciento del flujo total. Durante la primavera y comienzos del verano, cuando el Nilo Azul está bajo, el Nilo Blanco aporta el 75 por ciento de la descarga total.

La longitud del Nilo desde el lago Victoria hasta el Mediterráneo es 6450 km (4000 mi). Antes de llegar a Asuán, el río forma más de seis cataratas o cascadas y rápidos, lo que hace casi imposible la navegación total del río. Antes de que fuera construida la represa hidroeléctrica, Egipto dependía de la inundación anual del Nilo para tener los sedimentos y la humedad necesarios para los cultivos. El anegamiento era regular y no destructivo, como sucede con muchos otros ríos, pero no constante de año a año. En los años de gran crecida del Nilo, había más tierras disponibles para los cultivos, y abundancia de alimentos. Pero si la crecida era demasiado grande, el aluvión podía destruir pueblos y aldeas. Es posible que parte de la crecida desaguara en el Fayum aumentando así la superficie de tierras de cultivo en esa zona, pero las aguas desbordadas podían también ser destructivas. Cuando el Nilo estaba bajo, había menos tierras cultivadas y menos alimentos. Si había una sucesión, durante varios años, de bajos niveles de agua en el Nilo, podían producirse hambrunas.

Bibliografía. M. S. Abu al-Izz, *Landforms of Egypt* (Cairo, 1971); J. Baines and J. Malik, *Atlas of Ancient Egypt* (New York, 1980); K. W. Butzer, *Early Hydraulic Civilization in Egypt* (Chicago, 1976); W. B. Fisher, *The Middle East, 7th ed. (London, 1978); F. A. Hassan and B. R. Stucki, «Nile Floods and Climactic Change,» in Climate, History, Periodicity and Predictability*, ed. M. R. Rampino et al. (New York, 1987), 37-46.

LAWRENCE A. SINCLAIR

NIMRA (Heb. *Nimrâ*)

Forma alterna de Bet-nimra (Nm 32.3).

NIMRIM (Heb. *nimrîm*), **AGUAS DE**

Lugar de Moab conocido por sus abundantes recursos hídricos y por su vegetación exuberante. En los oráculos de juicio contra Moab (Is 15.6; Jer 48.34), los profetas anuncian que las aguas se secarían y que la tierra, que una vez había sido fértil, se convertiría en un desierto.

Eusebio ubicó a Nimrim en Bennamarein, al norte de Zoar, en el extremo suroriental del Mar Muerto. Algunos eruditos consideran que Nimrim es el mismo Tell Nimrîn (Bet-nimra, Nm 32.36; Jos 13.27), pero la mayoría de ellos identifican a las aguas de Nimrim con Seil en-Numeirah, una corriente permanente a unos 16 km (10 mi) al norte del Wadi el-Ḥesa; y a Nimrim con Numeirah, un sitio de la temprana Edad del Bronce situado en un acantilado con vista a la entrada del wadi y de la llanura del Mar Muerto. El sitio estaba rodeado por un muro que cercaba a toda la ciudad. Entre las diversas instalaciones industriales se encuentran contenedores poco comunes o pozos de avenamiento. Es abundante la evidencia de una destrucción por el fuego en el período del Bronce.

Bibliografía. W. E. Rast, «Settlement at Numeira,» in *The Southeastern Dead Sea Plain Expedition*, ed. Rast and R. T. Schaub. *AASOR* 46 (Cambridge, Mass., 1981), 35-44; Rast and Schaub, «Preliminary Report of the 1979 Expedition to the Dead Sea Plain, Jordan,» *BASOR* 240 (1980). 21-61.

FRIEDBERT NINOW

NIMROD (Heb. *nimrôḏ*)

Célebre guerrero y cazador (Gn 10.8-12; 1 Cr 1.10; Mi 5.6[TM 5]), sujeto también de la literatura y de leyendas anteriores y posteriores a la Biblia. Si se acepta como aparece en el texto bíblico, está relacionado con el Cus camita de Génesis 10.6, 7, pero el Cus del v. 8 puede ser una casita (Acad. *kaššû/kuššû*). Las teorías en cuanto a su identificación incluyen (1) un dios mesopotámico; (2) un legendario héroe o epónimo mesopotámico; o (3) un rey mesopotámico o egipcio histórico. Génesis 10.10, 11 regionaliza a su reino o su ámbito de influencia al nombrar entre cinco y ocho ciudades en el sur de Mesopotamia (Babel, Erec y Acad; posiblemente «Calne», descritas de nuevo e interpretadas alternadamente como «todas ellas"), y en el norte (Nínive y Cala; posiblemente Rehobot-ir y Resen, con el significado también de «plaza pública» y «canal», respectivamente). Los datos inclinan más a favor de un Nimrod humano e histórico, pero su identidad sigue siendo dudosa.

Bibliografía. K. van der Toorn and P. W. van der Horst, «Nimrod before and after the Bible,» *HTR* 83 (1990). 1-29; E. A. Speiser, «In Search of Nimrod,» in *Oriental and Biblical Studies*, ed. J. J. Finkelstein and M. Greenberg (Philadelphia, 1967), 41-52.

W. CREIGHTON MARLOWE

NIMSI (Heb. *nimšî*)

Padre de Josafat y abuelo (o antepasado) del rey Jehú de Israel (2 R 9.2, 14).

NINFAS (Gr. *Nýmpha*)

Persona cristiana de Laodicea a la que Pablo saluda (Col 4.15). El nombre griego (posiblemente una contracción poco frecuente de Nymphodoras) está sin acento en el modo acusativo. No está claro si el nombre es «Ninfas» (masculino) o «Ninfa» (femenino). Las variantes textuales dicen «su» [«de él»], «su» [«de ella»] y «su» (*autoú*), [«de ellos» o «de ellas»]. El nombre de Ninfa aparece como de mujer en inscripciones latinas y en la literatura griega; aunque no se tiene seguridad textual, ese parece ser el caso aquí. Ninfa, que es presentada sin un compañero masculino, habría sido una viuda o una mujer sola cabeza de una familia donde se reunía una iglesia (cf. Hch 16.15, 40; Ro 16.5). Ella es evidencia de que Pablo tenía mujeres amigas y colaboradoras en lugares que él no había visitado.

BONNIE THURSTON

NÍNIVE (Heb. *nînĕwēh*; Acad. *Ninu[w]a*)
Lugar en las afueras de la actual Mosul, en la confluencia de los ríos Tigris y Khosr. Nínive es mejor conocida como una de las capitales del imperio asirio, pero también fue el asentamiento ocupado durante más tiempo en la región, después de haber sido fundada cerca del séptimo milenio a.C. Su importancia se debe a la abundancia de tierras agrícolas a su alrededor, y también a su ubicación en la intersección de dos rutas: una, siguiendo al Tigris, de norte a sur, y otra, que cruzaba al Tigris y a la planicie asiria, de este a oeste.

Nínive fue uno de los primeros lugares de Mesopotamia en ser visitados y excavados, habiendo sido excavado hasta ahora por 13 diferentes proyectos: franceses, británicos, iraquíes y estadounidenses. El sitio consiste en dos grandes montículos, Kuyunjik y Nebi Yunus, separados entre sí por el curso del río Khosr, y está rodeado por un asentamiento inferior como de 750 ha (1850 acres). El primer asentamiento estuvo concentrado en el montículo Kuyunjik, que con el tiempo creció hasta una altura de 30 m (98 pies), y que ocupaba una superficie de 40 ha (100 acres). Un santuario musulmán dedicado al profeta Yunus (Jonás) ha impedido considerablemente las excavaciones en Nebi Yunus.

Se dice que Nínive fue fundada por el rey Nimrod, nieto de Noé (Gn 10.11). En realidad, tenemos muy poca evidencia de una ocupación temprana de Nínive. Una excavación con sondeo profundo ha permitido determinar una ocupación hasta el tercer milenio; aparte de una edificación de ladrillos de barro con salas abovedadas que datan de finales del periodo Uruk, son muy pocas las ruinas arquitectónicas encontradas. El templo de Ishtar, la diosa de la ciudad, el cual duró mucho tiempo, pudo haber sido fundado a comienzos del tercer milenio, en el famoso período V Ninivita. En el período acadio fue construido un muro fortificado alrededor de Kuyunjik, y el templo de Ishtar renovado por los reyes de la dinastía acadia; la famosa cabeza de cobre de un rey acadio fue encontrada en las capas neoasirias del templo de Ishtar. En el período III de Ur, un rey de Nínive, llamado Tish-atal mantuvo contacto con los reyes de Ur, pero se mantuvo independiente. Ningún material excavado, y prácticamente ninguna referencia textual en cuanto a Nínive sobreviven de la primera mitad del segundo milenio. En la segunda mitad del segundo milenio, Nínive fue gobernada por el estado de Mitanni, y después por el creciente estado de Assur. Nínive creció considerablemente en la primera parte del primer milenio. Los reyes construyeron residencias reales en Kuyunjik, y el asentamiento creció hacia el norte de Kuyunjik en el recientemente identificado «Montículo de la Ciudad Vieja». Nínive se convirtió en la capital del imperio asirio en el reinado de Senaquerib (704-681). Senaquerib construyó su palacio en Kuyunjik y lo llamó el «Palacio sin rival». Contenía más de 3 km (1,9 mi) de relieves en piedra tallada, incluyendo las famosas escenas del asedio de Senaquerib a Laquis.

Senaquerib también construyó jardines y huertos, además de sistemas de abastecimiento de agua de 80 km (50 mi) de largo para traer el líquido desde las montañas. Se ha dicho últimamente que estos sistemas y estos huertos constituían en combinación los famosos Jardines Colgantes de la antigüedad. Entre otras construcciones de Senaquerib estuvieron una carretera real desde el palacio hasta la Puerta de Nergal en el extremo norte de la ciudad; un fábrica de armamento en el montículo Nebi Yunus; y una doble fortificación alrededor de la ciudad, que logró tener un tamaño de 750 ha (1850 acres). El asesinato de Senaquerib por sus hijos en el templo de Nínive está registrado en 2 R 19.36, 37 = Is 37.37, 38.

El nieto de Senaquerib, Assurbanipal (668-627) también construyó un palacio en Kuyunjik. Éste es conocido, entre otras cosas, por una serie de relieves que muestran la caza de leones por parte de los reyes. El palacio tenía también una amplia biblioteca de textos cuneiformes con relatos literarios del Diluvio.

El fin del Imperio Asirio se caracterizó por el saqueo de Nínive en el 612 por los babilonios y los medos; en la puerta Hatzi de la parte sureste de la muralla han sido excavados restos de la masacre. El sitio no fue abandonado por completo después de ese acontecimiento como se creía antes, sino que siguió siendo ocupado durante los períodos helenístico y parto. En tiempos recientes, los habitantes de Mosul han comenzado a vivir dentro del perímetro del muro de Senaquerib, en particular en la zona comprendida entre los montículos de Kuyunjik y Nebi Yunus.
La mayoría de las referencias bíblicas a Nínive se re-

fieren a su papel como capital del imperio asirio y a las predicciones de su caída (Jonás, Nahúm, Sof. 2.13). La falta de detalles en estos relatos sugiere, sin embargo, que los autores no tenían conocimientos de primera mano de la ciudad.

Bibliografía. S. Dalley, «Nineveh, Babylon and the Hanging Gardens. Cuneiform and Classical Sources Reconciled,» *Iraq* 56 (1994). 45-58; D. Stronach, «Village to Metropolis. Nineveh and the Beginnings of Urbanism in Northern Mesopotamia,» in *Nuove fondazioni nel vicino oriente antioco*, ed. S. Mazzoni (Pisa, 1994), 85-114.

GEOFF EMBERLING

NIÑOS, NIÑEZ

Los niños eran una parte importante de la sociedad antigua. El vocabulario asociado con la niñez refleja una conciencia del niño en su entorno social, pero que no está relacionado con ninguna comprensión de las etapas precisas del desarrollo del niño (p.ej., Mr 5.42 une dos etapas de la vida muy diferentes). Los niños eran esencialmente valiosos por su potencial económico (Mt 22.23-28) y como posible cuidado para adultos en edad avanzada (aunque la mortalidad infantil era bastante alta y la duración de vida de la mayoría de las personas era considerablemente más corta que la de hoy.)

La vida del niño estaba formada y orientada dentro del hogar bajo la última autoridad del paterfamilia, que podría (Lc 11.7) o no (en el caso de los hijos de esclavos) ser el padre. Los niños generalmente eran dejados para ser criados hasta la edad de siete años por la madre y otras mujeres; de ahí en adelante, mientras que las hijas continuaban aprendiendo los quehaceres domésticos, los hijos eran socializados en el ambiente del varón adulto. Se hacía especial hincapié en el valor de la obediencia (cf. Dt 21.18-21; Sir 3.2-16; Mt 21.28-31; Ro 1.30; 1 Ti 3.4; 5.8), y ya que no se creía que la persona crecía naturalmente, se exhortaba a los padres a vigilar la disciplina (Pr 3.11-12; He 12.7-11). Dicha disciplina podía ser severa (Sir. 30.1-13). Sin embargo, las prácticas sociales en la crianza del niño reflejan la tristeza de los padres a la muerte de un niño, y tanto el código doméstico como la enseñanza de la bondad de Jesús hacia los niños es claramente defendida (Mt 7.9-11; Col. 3.21; cf. 2 Co 12.14; 1 Ts 2.7; Is 66.12b-13; 4 Mac 15.4).

La comprensión metafórica de la niñez como una perspectiva para el discipulado refleja el rol de los niños expresado negativamente como infantilismo, el niño como una lección objetiva de lo que se debe evitar (1 Co 13.11-12; Ef 4.14; cf. *m. 'Abot* 3.11). Dado que los niños eran considerados esencialmente como adultos en ciernes, era frecuente que los niños eran considerados como débiles en mente, es decir, de racionalidad deficiente. Esto pudo ser reforzado por imágenes relacionadas con distinciones de régimen alimentario (1 Co 3.1-2; He 5.12-14; 1 P 2.2).

Pablo describe al maestro judío como «guía de los ciegos, luz de los que están en tinieblas, instructor de los indoctos, maestro de niños» (Ro 2.19-20). El corolario de esto, donde la imagen del niño tiene un significado positivo, se encuentra en la alabanza del alumno, que puede servir de ejemplo para los adultos como aprendiz. De hecho, la relación entre maestro y alumno puede ser definida en términos de padre e hijo (Jn 21.5; Gá 4.19; 1 Ts 2.11; 1 Jn 2.1), y el discipulado puede ser descrito como obediencia y confianza filial (Sal 131). Si bien no se hace énfasis en la inocencia del niño (aunque el evangelio de Tomás establece un vínculo con la inocencia sexual), la niñez puede ser asociada con el cumplimiento paradisiaco (Is 11.6-9), y se puede pensar que la espontaneidad intuitiva proporciona percepción en el propósito divino (Mt 21.15-16; cf. Sal 8.1-2[TM 2-3]; Mt 11.25-26 = Lc 10.21). En el mundo antiguo la exposición de los hijos no deseados era común (cf. Ez 16.5), pero en el judaísmo a los niños se les consideraba estar bajo la protección divina (Ex 1.15–2.10; Mt 18.10).

En los Evangelios Sinópticos especialmente, se concede una importancia especial a la enseñanza de Jesús en términos de su acogida a los niños y a la importancia metafórica de la niñez. Dos pasajes relacionan la recepción de los niños: el incidente del niño en medio en Marcos 9.36-37 (cf. Mt 18.2, 4-5; Lc 9.47-48) y la bendición de los niños en Marcos 10.13-16 (cf. Mt 19.13-15; Lc 18.15-17). En la primera historia, en contraste con el trasfondo de un bajo estatus social de los niños, el niño es bienvenido y sirve como una lección objetiva para los discípulos. Además, el niño en sí mismo también es declarado como enviado del reino ya que es la naturaleza de Dios cuidar de los más pequeños. En la segunda historia Jesús recibe con alegría y bendice a los niños que son llevados a él (haciendo eco de la bendición de Jacob en Gn 48) y declara que forman plenamente parte del pacto de Dios.

Las dos historias expresan la comprensión de Jesús de la libre gracia de Dios concedida a todos sin relación a estatus o mérito (y así recuerdan la propia experiencia de Israel como un niño: Dt 7.7-8; Os 11.1-4; Ez 16.3-7, 22). Pero dentro de la historia de Marcos de la bendición de los hijos se introduce otro dicho acerca de recibir el reino «como un niño» (Mr 10.15 par.; cf. Mt 18.3). Esto probablemente debe entenderse como recibirlo «como lo hace un niño» (como en Mr 9.37). La niñez de este modo se convierte en una metáfora para la actitud de fe del creyente. Para Marcos y Lucas esto se expresa como una aceptación alegre y sincera del reino como un don, mientras en Mateo (18.4) hay un énfasis en la humildad en el reconocimiento de necesidad y dependencia.

Dos lecciones objetivas más que involucran a los niños se encuentran en Mateo 11.16-19 par., (la parábola de los niños jugando en la plaza) y Mateo 21.15-16 (las voces de los niños en el templo). En el primero no es que Jesús esté criticando a los niños ya que el adivinar es parte del juego. El juego es una referencia visual al apuro de la presente generación que no ha logrado entender las misiones de Juan y de Jesús. El otro incidente (cf. Sal 8.2[3]) regresa a un tema familiar que son los niños que están considerados con lo marginal (Mt 21.14) los que muestran verdadera sabiduría (cf. 11.25).

En general, la acogida de Jesús a los niños y su constante entendimiento metafórico no peyorativo de la niñez son dignos de mención. Sería bastante notable para un adulto pensar que tuviera algo que aprender de un niño, aparte del celo del alumno, pero Jesús recibe a los niños por su propio derecho. Por otra parte, en contraste con la imagen dominante de la niñez como inmadurez, él hace de la niñez una metáfora para la fe. La enseñanza de Jesús acerca de los niños representa una fuerte reevaluación del valor social del honor. Defiende la necesidad de adoptar el modo de un niño tanto en la inmediata confianza como en la identificación con el más pequeño y el desposeído como el camino del reino. Puede ser este llamado a un cambio de perspectiva (Mt 18.3) que influye al cuarto Evangelio a relacionar el discipulado con el nuevo nacimiento (Jn 3.3-6). Las imágenes de nacimiento también describen la venida de la era mesiánica (Jn 16.21; Ro 8.22; 1 Ts 5.3; Ap 12.2; cf. Is 26.17-18; 66.7-9).

El tema de la niñez también ayudó a darle forma a la cristología en los Evangelios. Indudablemente contribuye a un cuadro más amplio de Jesús mismo como hijo de Dios, obediente a través de todo su ministerio a la voluntad de su Padre. También informa los relatos de la niñez de Mateo y Lucas (cf. Lc 2.49-52). En el cuarto Evangelio se hace una distinción donde Jesús sólo es consistentemente referido como el hijo de Dios mientras que los creyentes son los hijos de Dios.

La enseñanza de los niños era parte de la misión de la Iglesia Primitiva, tal vez aunque no exclusivamente asociado con la influencia de las mujeres en el hogar (p.ej., 2 Ti 1.5; cf. Hch 16.1; 1 Co 7.14). Pero la propia enseñanza de Jesús sobre la niñez, dada en medio de un entorno hogareño (Mr 9.33; 10.10), sin duda llegó a influir en la iglesia en su propia conciencia del cuidado de los niños, y de todo aquel que pueda ser descrito como «pequeños» independientemente de la edad (Mt 18.5; Lc 9.48; Bern. 19; cf. Lc 22.26).

Bibliografía. W. Barclay, *Educational Ideals in the Ancient World* (1959, repr. Grand Rapids, 1974); E. Best, «Mark 10:13-16: The Child asModel Recipient,» en *Disciples and Discipleship* (Edinburgh, 1986), 80-97; J. Francis, «Children and Childhood in the New Testament,» in *The Family in Theological Perspective,* ed. S. C. Barton (Edinburgh, 1996), 65-85; H.-R. Weber, *Jesus and the Children* (Atlanta, 1979); T. Wiedemann, *Adults and Children in the Roman Empire* (New Haven, 1989). James Francis

NIPPUR (Sum. *Nibru*)

Ciudad con un papel excepcional en la historia y la sociedad de Mesopotamia por su milenaria condición de centro religioso, pero nunca como una base política. Nippur (Tell Nuffar) fue fundada en las riberas del río Eufrates en el sexto milenio a.C. y, a no ser por períodos relativamente breves, estuvo habitada continuamente hasta su abandono en el siglo IX d.C. En algún momento se convirtió en la residencia principal del dios más importante del panteón sumerio, Enlil, y el control de la ciudad ofrecía legitimidad para el dominio de un rey sobre Mesopotamia. En su momento de mayor expansión, la ciudad cubría unas 150 ha (370 acres), rodeada por un muro casi rectangular cortado por nueve puertas principales. A veces, un brazo del Éufrates corría por la ciudad, mientras que otros fluían por el oeste de la ciudad.

NIPPUR

Los tres montículos de Nippur (Colina de las Tablillas, Colina del Templo y Montículo del Oeste) fueron el centro de las primeras excavaciones estadounidense en el Irak otomano en 1889-1890, llevadas a cabo por el Museo de la Universidad de Pennsylvania. Después, entre 1948-1952 fueron hechas más excavaciones por la expedición conjunta del Museo de la Universidad y el Instituto Oriental; hubo más excavaciones, entre 1953-1962, por *American Schools of Oriental Research* (Escuelas de Estados Unidos de Investigación Oriental; y se terminó con 10 ciclos de trabajo entre 1964 y 1989 por el Instituto Oriental.

La ciudad estaba dominada por el gran complejo del zigurat, construido por Ur-Nammu (c. 2100), situado en el Ekur, el sagrado recinto del templo dedicado a Enlil desde, al menos, comienzos del cuarto milenio hasta mediados del primero. También había en la ciudad otros recintos sagrados de templos, incluyendo el templo de Inanna en la Colina de las Tablillas y el Templo del Norte. La Colina de las Tablillas parece haber contenido tanto estructuras administrativas como viviendas privadas; aquí fueron hechos los mayores descubrimientos de quizás 50 000 tablillas y fragmentos que constituyen la mayoría de los textos literarios y de los léxicos sumerios conocidos, y también numerosos archivos administrativos privados de muchos períodos. El Montículo del Oeste puso al descubierto viviendas particulares adicionales, un templo fundado en el tercer milenio, un palacio casita (c. 1300), una villa parta, y el mayor asentamiento del período islámico.

Los niveles más antiguos de Nippur no han sido muy bien explorados debido a su profundidad por debajo de acumulaciones de escombros de ocupaciones posteriores. Fuentes sumerias atribuyen la construcción del Tammal, un templo dedicado a Enlil, al reinado de Enmebaragesi de Kish, quien vivió en el temprano Período Dinástico II. Pero no fue sino hasta el ascenso de la dinastía acadia bajo Sargón el Grande en el siglo XXIII, que se llevó a cabo la gran construcción del templo de Elil. El Templo del Norte fue construido durante el mismo período; un archivo de la época de un gobernador de Nippur fue excavado en el Montículo del Oeste.

En el período Ur III subsiguiente (siglo XXI), Ur-Nammu inició la construcción del zigurat de tres niveles para Enlil, y una estructura sagrada accesoria que iba a dominar la ciudad durante los siguientes 1500 años. Después del colapso de la dinastía de Ur III y el posterior asentamiento amorreo, Nippur recuperó rápidamente su protagonismo bajo la dinastía Hammurabi, con su capital en Babilonia. Fue durante este período que el culto a Enlil se combinó en parte con el de Marduk, el dios protector de Hammurabi. Hacia la última parte del período de la Antigua Babilonia (finales del siglo XVIII y siglo XVII), Nippur parece haber sido abandonada o quedado muy reducida de tamaño, tal vez por un cambio en el cauce del Éufrates.

A fines del siglo XV, la dinastía casita gobernante había construido un palacio en la Colina del Oeste, un gran edificio, reconstruido templos en Nippur, y también restaurados los muros de la ciudad, mostrados en el importante mapa conservado en una tablilla de arcilla de la época. A mediados del siglo XIII, la ciudad fue atacada, posiblemente por elamitas, y abandonada en su mayor parte, con la excepción, tal vez, del área sagrada de Ekur. Sin embargo, la ciudad se recuperó después de un paréntesis, y a mediados del siglo VIII era otra vez una ciudad floreciente, lo que está bien documentado por el Archivo del Gobernador.

Durante el siglo VII, Nippur estuvo bajo el control asirio, y una vez más sufrió una importante restauración del Ekur. Con tropas asirias apostadas allí, permaneció bajo el dominio asirio hasta que fue tomada por los babilonios después de un prolongado asedio en el 612. Se mantuvo bajo su control de éstos hasta que fueron derrotados en el 539 por Ciro. La ciudad floreció bajo el dominio aqueménida, lo que está bien documentado en los archivos de la gran familia de comerciantes de Murashu. La ciudad siguió siendo un centro importante durante el período seléucida y hasta el período parto, cuando fue sometida a considerables alteraciones por la construcción de una enorme fortaleza que incorporó al zigurat y al Ekur. La posterior ocupación sasánida de los siglos III-VII d.C. es más conocido por las fuentes talmúdicas, que dan testimonio de una próspera comunidad judía en el sitio. Cientos de tazones de conjuros escritos en judeoarameo, mandeo y siriaco, son elocuentes recuerdos de su presencia. Después de la conquista árabe en el siglo VII, la ciudad permaneció bajo dominio islámico hasta que el cambiante curso del río Eufrates la privó de su principal fuente de agua. La ciudad fue abandonada en el siglo IX y la región volvió poco a poco a ser otra vez un desierto.

Bibliografía. S. W. Cole, Nippur, 4. *The Early Neo-Babylonian Governor's Archive from Nippur.* OIP 114 (Chicago, 1996); M. Gibson, «Patterns of Occupation at Nippur,» in M. deJ. Ellis, ed., *Nippur at the Centennial* (Philadelphia, 1992), 33-54; D. E. McCown, R. C. Haines, and D. P. Hansen, *Nippur, 1. Temple of Enlil, Scribal Quarter, and Soundings.* OIP 78 (Chicago, 1978); M. W. Stolper, *Entrepreneurs and Empire. The Murašu Archive, the Murašu Firm, and Persian Rule in Babylonia* (Istanbul, 1985); E. C. Stone, *Nippur Neighborhoods.* SAOC 44 (Chicago, 1987); Stone and D. I. Owen, *Adaption in Old Babylonian Nippur and the Archive of Mannum-mešu-lissur. Mesopotamian Civilizations 3* (Winona Lake, 1991); R. L. Zettler, «Nippur,» OEANE 4.148-52.

DAVID I. OWEN

NISÁN (Heb. *nîsān*; Gr. *Nisan*; Acad. *nisānu*)
Primer mes del calendario hebreo (marzo/abril; Neh 2.1; Est 3.7) llamado Abib antes del exilio.

NISROC (Heb. *nisrōk*)
Deidad asiria en cuyo templo de Nínive le estaba rindiendo culto Senaquerib cuando fue asesinado por sus hijos (2 R 19.37 = Is 27.38). Como no hay ninguna referencia a Nisroc entre los dioses del panteón mesopotámico, ni en ninguno de los textos cuneiformes, los eruditos no están seguros de la identidad de esta deidad. Nisroc puede ser un calificativo para la deidad nacional, Assur, aunque esta interpretación es especulativa, y no se han encontrado paralelos semejantes. Lo más probable es que el nombre sea el resultado de un error de escribiente, y que se refiera a Ninurta, el dios asirio de la guerra.

JULYE BIDMEAD

NOADÍAS (Heb. *nôʿadyâ*)
1. Hijo de Binúi; levita a quien le fueron devueltos los vasos del templo después del exilio (Esd 8.33).

2. Profetisa entre quienes trataron de desanimar a Nehemías de reconstruir los muros de Jerusalén (Neh 6.14).

Fragmento de una tablilla de arcilla con un plano de Nippur que muestra la ubicación de templos, muros, puertas y canales. Temprano Período Casita, c. 1300 a.C. (Frederich-Schiller-Universität, Jena)

NO-AMON (Heb. *nō' 'āmôn*)
Forma alterna del nombre hebreo de Tebas (Heb. *nō'*; Nah 3.8), capital de manera intermitente de Egipto, c. 2000-661 a.C.

NOB (Heb. *nōḇ*)
Lugar del territorio de Benjamín, al norte de Jerusalén. Cuando huía de Saúl, David vino a Nob (1 S 21.1-11[TM 2-12]). Allí se reúne con el sacerdote Ahimelec, quien le da pan sagrado («pan de la proposición», cf. Mt 12.3, 4; Mr 2.25-26; Lc 6.3, 4) y la espada del Goliat. Cuando el edomita Doeg informa que David se ha visto con Ahimelec (1 S 22.9), Sául llama a Ahimelec y a los otros sacerdotes de Nob (v. 11) y los acusa de conspirar contra él. Saúl le ordena entonces a Doeg que mate a los 85 sacerdotes de Nob, pero en vez de eso Doeg «hirió a filo de espada» a todos los habitantes de Nob (1 S 22.11-19).

Isaías 10.32 menciona a la ciudad como la última parada del ejército asirio antes de llegar a Jerusalén (Is 10.27d-32). El líder de esta invasión asiria fue, o bien Tiglat-pileser III, o bien Senaquerib. Por último, Nob es nombrada, en el período posterior al exilio (Neh 11.32), como una de las ciudades Benjamín, situada entre Jerusalén y Betel.

La ubicación de Nob no está del todo clara, pero tal vez deba identificarse al sitio con el-'Isāwîyeh (173134) o el Râs el-Mešârif, sobre el Monte Scopus, al norte de Jerusalén. Algunas autoridades han sugerido que la ciudad de Nebo (Esd 2.29; Neh 7.33), ubicada en la región benjaminita al norte de Jerusalén, debe interpretarse como Nob.

Bibliografía. Y. Aharoni, *The Land of the Bible*, 2nd ed. (Philadelphia, 1979); W. F. Albright, «The Assyrian March on Jersualem,» in *Excavations and Results at Tell el-Fûl* (Gibeah of Saul). AASOR 4 (1924). 134-40; J. Blenkinsopp, *Ezra-Nehemiah. OTL* (Philadelphia, 1988); P. K. McCarter, Jr., *I Samuel. AB* 8 (Garden City, 1980).

John R. Spencer

NOBA (Heb. *nōḇaḥ*) **(LUGAR)**

1. Región de Galaad conquistada por Noba manasita (Nm 32.40-42). Después que los reyes amorreos Sehón y Og fueron derrotados por los israelitas, la tierra fue dividida entre las tribus de Rubén, Gad y Manasés. Esta área específica pertenecía a Kenat, y cambió de nombre a Noba. Su ubicación no es segura, pero es posible que se trate de la actual Qanawat (302241).

2. Ciudad de Galaad oriental, cerca de Jogbeha (Jue 8.10, 11). Gedeón utiliza la ruta caravanera al este de Noba y Jogbeha para sorprender a los madianitas en Carcor. Se desconoce su ubicación, aunque puede la misma Noba 1 de más arriba.

Zeljko Gregor

NOBA (Heb. *nōbaḥ*) **(PERSONA)**
Manasita que tomó a Kenat y sus aldeas en la Transjordania, y le dio su nombre a la ciudad (Nm 32.42).

NOBLEZA
El Israel antiguo, como sociedad, tenía fuertes ideales igualitarios arraigados en su historia. El origen de las tribus israelitas en las estepas arábigas les dio un sistema de autoridad basado en caudillos tribales y de clanes, cabezas de familia, y ancianos tribales. En virtud de este complejo sistema de tradición, autoridad y familia, en el que el rango social estaba basado en la edad, la experiencia (sabiduría) y el mérito, todos los miembros de la sociedad eran tratados más o menos de igual manera por quienes tenían la autoridad, y se esperaba una verdadera justicia de quienes detentaban el poder. Después del asentamiento de estas tribus en Canaán, este sistema se mantuvo, con vestigios que sobrevivieron hasta el período de la monarquía. En realidad, sus aspectos igualitarios se fortalecieron a medida que Israel evolucionaba desde una sociedad tribal seminómada a una sociedad basada en un campesinado terrateniente, con el desdén por la jerarquía basada en el estatus que tales sociedades producen.

En el período de la monarquía dividida, aunque el sistema tribal podía desempeñar todavía un papel político decisivo, como en la sublevación de las tribus del norte contra Roboam, había surgido una sociedad de clases con una nobleza legítima. La imprudente y precipitada decisión de Roboam de no atender las demandas de los israelitas, refleja el surgimiento de una nobleza influyente en la corte. Al comienzo del reinado de Roboam, esta nobleza era joven, advenediza y carente de simpatía por el campesinado (1 R 12.6-11). Durante todos los años siguientes de las monarquías israelitas, creció la división entre el campesino con tierras (o sin ellas) y los nobles en sus «muchas casas» [mansiones] (cf. Amós 3.15). Varios términos dan fe de esta clase noble, por ejemplo, Heb. *gāḏôl*, «los grandes»; *nāgîḏ*, «designado»; y *partĕmîm*, «nobles, grandes» (palabra tomada prestada del persa). La palabra Sem. *śār* se utilizaba mucho en los contextos que podían aplicarse a oficiales militares, comandantes, gobernantes, o nobles (cf. Os 7.16).

En cualquier sociedad basada en la agricultura campesina, donde exista la posibilidad de comprar y vender la tierra, el empobrecimiento gradual y natural de los pequeños propietarios, atrapados por los reveses del clima y de otros problemas o catástrofes naturales, o por la impredecible calidad de la tierra, conduce a la división cada vez mayor entre los grandes y ricos terratenientes y el campesinado. A medida que los grandes terratenientes adquieren cantidades mayores de tierras, ellos pueden, por medios honestos, aplicar economías de escala a la producción agrícola, aumentando así no sólo sus ingresos, sino también su protección contra los desastres económicos. A medida que los pequeños propietarios se ven obligados a recurrir a sus vecinos más prósperos en busca de préstamos y de otros tipos de ayudas, su posición económica relativa se ve cada vez más debilitada. Quienes piden prestado podían acabar teniendo que vender sus tierras a sus vecinos más prósperos, pasando a ser entonces arrendatarios, quedando reducidos a la condición de trabajadores del campo, o vendiéndose a sí mismos o algunos miembros de su familia como esclavos para pagar la deuda. La amarga, y casi general, denuncia profética contra los ricos y los nobles, refleja esta progresiva degradación del campesinado nativo israelita. Por tanto, podemos considerar que la formación de una nobleza terrateniente en Israel se produjo al menos en parte por, y en relación con, la declinación de los pequeños propietarios de tierras. El proceso empeoró por el ejercicio excesivo de poder, ya sea por parte de los grandes terratenientes o del gobierno de los reyes, o por ambos, para dejar a un lado las leyes antiguas destinadas a evitar precisamente que sucediera tal cosa (cf. Ex. 21.2-11; Dt 15.7-18; Lv 25).

La militarización proveyó otro medio para que pudieran formarse las aristocracias o las noblezas. Para hacer frente a las amenazas planteadas por los filisteos al occidente, y los emergentes estados semitas al oriente, los líderes israelitas, como Jefté y Saúl, comenzaron a formar ejércitos privados de soldados profesionales, utilizando el botín como principal medio de remuneración. Cuando Saúl, y después David, procedieron a regularizar el ejército, entre los medios más satisfactorios de pago, que eximían al rey de la necesidad de pagar a sus soldados de su propio peculio, puede haber estado la distribución entre los soldados de las tierras de los pueblos conquistados. Debido a la inflexibilidad del sistema de tenencia de la tierra propio de Israel (cf. 1 R 21), dicha práctica puede haber sido factible sólo en las tierras conquistadas o anexadas del ciudades-estado cananeas de Jezreel y Sarón. La tierra y la posición eran los medios más probables de garantizar la lealtad a largo plazo de los soldados profesionales al rey, no al pueblo de Israel.

Otro factor fue la creación de canonjías feudales concretas para los miembros de la clase guerrera. Salomón formó una milicia de carros, tal vez por la necesidad de crear una clase de guerreros semejantes a los *maryannu* cananeos para apoyar este modo de combate. Al anexarse las ciudades-estado cananeas, David o, más probablemente, Salomón, pudo haber integrado a los *maryannu* al ejército. La nobleza israelita posterior pudo muy bien haber salido de esta nobleza cananea, integrada en su totalidad a la sociedad israelita como parte de la expansión militar y de la reforma de Salomón. El apoyo a esta clase habría sido más aceptable a la población israelita mayoritariamente campesina, ya que exigía relativamente poca tributación nueva (a diferencia de los proyectos de construcción, que exigían el trabajo obligado no remunerado). Los *maryannu* se habrían integrado rápidamente a la vida y a la cultura de Israel; de hecho, los profetas posteriores no hacen una distinción entre los israelitas y la antigua nobleza cananea (pero véase Is 2.6, 7). Sin embargo, la inyección de un fuerte elemento de nobleza extranjera en la sociedad israelita, habría puesto al campesinado nativo en una desventaja aún mayor para enfrentar el problema de sus derechos ancestrales.

Los profetas reprendieron a la nobleza de Israel y de Judá por no proveer el justo liderazgo político y social que se requería de las personas en posiciones de autoridad y poder: justicia, integridad y conocimiento de la Ley (cf. Jer 5.4, 5). El abuso de la posición y del poder, o el abandono de las responsabilidades inherentes a los mismos, provoca un terrible juicio divino (Am 5.10-13; 6.1-7; 8.4-8).

Donald G. Schley

NOCHE

La palabra «noche» aparece en la Biblia tanto en sentido literal (el período entre la puesta y la salida del sol) como metafórico. En ambos casos se relaciona con la idea de, y con frecuencia a la palabra, «oscuridad», hasta en la creación, cuando la palabra de Dios separa la luz de las tinieblas («noche»). Sin embargo, la noche no está demonizada en el AT, ya que la fiesta religiosa más importante, la Pascua, es una comida nocturna para recordar la «noche de la liberación» (Ex 11-12).

Las referencias a la «noche» en el AT aparecen normalmente en combinación o en contraste con el «día», y, por tanto, se convierte en un modo de referirse al tiempo. La noche es el tiempo para un sueño reparador, y por eso una noche de insomnio es una agonía (Job 7.3, 4). Cuando se emplea literalmente, la noche suele dividirse en tres o cuatro vigilas (1 S 11.11; Sal 63.6[TM 7]; 119.148; Mt 14.25, Lc 12.38). Aunque, por lo general, se la asocia con el peligro o la calamidad (Job 24.13-15; Sal 91.5; Mi 3.6), la noche es también el tiempo para los «sueños», valorados con frecuencia como un medio de comunicación divina (Gn 40.5; 41.11; Dn 7.2).

En los escritos apocalípticos del AT, la noche se convierte en un símbolo del mal de una manera más completa y casi cósmica, a la que Dios pondrá fin en su venida (Zac 14.7). Este uso metafórico se amplía en el período intertestamentario, especialmente en la comunidad de Qumrán. La noche es el poder de las tinieblas (1QS 6.6; 1QH 8.29; 10.15). Así, en el Rollo de la Guerra (1QM) el conflicto final es una batalla entre los «hijos de la luz» y los «hijos de las tinieblas».

El Evangelio de Juan hace uso de la «noche» como un símbolo de la muerte (Jn 9.4; 11.10), parte de lo que se opone a Dios. Así, cuando Judas se retira para traicionar a Jesús, es ya de «noche» (Jn 13.30), que puede entenderse tanto en sentido literal como figurado. Jesús puede decir entonces que es la «potestad de las tinieblas».

Para Pablo, para quien Jesús representa el cambio de los eones, la noche es una metáfora para referirse al debilitado gobierno del mal, mientras que la salvación (es decir, la «luz») trae el gobierno de Dios en aumento. Debido a este contraste, Pablo utiliza a la noche para describir la vida que no tiene cuenta la fe (1 Ts 5.3-7). Los creyentes son ahora sacados de la noche, y ésta ya no moldea sus vidas. Aquí se usa la noche metafóricamente para describir una vida moral que no tiene en cuenta a Dios (cf. la súplica de Pablo de que vivan como «hijos de luz»; Ef 5.8-11).

La noche está ausente en la nueva Jerusalén. Porque Dios ha vencido lo que se opone a él, «allí no habrá noche» (Ap 21.25; 22.5).

Wendell Willis

NOCHE, LA VIEJA FEA DE LA

Término (Heb. *lîlîm*) traducido diversamente (Is 34.14) como «bruja de noche/criatura/monstruo», «lechuza» y «Lilit». La LXX griega dice *onokéntauros* («mono sin cola» o «demonio de zonas desoladas»), y la Vulgata Latina, *lamia* («bruja»). Lilit era un demonio femenino de la mitología babilónica/asiria. La noche está asociada, por su semejanza con la palabra hebrea *laylâ* («noche»). El contexto es el juicio de desolación de Dios contra Edom. Es posible que se trate de una imagen hiperbólica de criaturas de lugares desolados, incluyendo criaturas imaginarias; sin embargo, una interpretación mitológica es menos probable, ya que la mayoría de las otras criaturas, si no todas, en Isaías 34.11-15, son animales reales.

Bibliografía. H. Torczyner, «A Hebrew Incantation against Night-Demons from Biblical Times,» *JNES* 6 (1947). 18-29.

W. Creighton Marlowe

NO COMPADECIDA

Lo-ruhama (Heb. *lō' ʿammî*), nombre simbólico dado al segundo hijo de Oseas, una hija, indicando que Jehová Señor no perdonaría más a la casa de Israel (Os 1.6). Cuando el pacto sea restaurado después, Dios tendrá otra vez «misericordia» de Israel (Os 2.23 [TM 25]).

NOD (Heb. *nôḏ*)

Tierra al oriente de Edén donde habitó Caín después de haber asesinado a Abel (Gn 4.16). El nombre (del hebreo *nwd*, «vagando») es probablemente simbólico, para referirse al castigo de Caín.

NODAB (Heb. *nôḏāḇ*)

Clan atacado por las tribus transjordanas de Israel (1Cr 5.19). Por estar asociado con Jetur y Nafis, grupos ismaelitas descendientes de Hagar, puede ser el mismo Cedema mencionado en Génesis 25.15, y 1Crónicas 1.31.

NO DESTRUYAS

Con la mayor probabilidad las palabras iniciales de una canción (Heb. *'altašḥēṯ*) los Salmos 57–59, 75 debían ser cantados de acuerdo a ella, notado en las inscripciones a esos salmos. Una sugerencia alterna es que las palabras representan una instrucción de culto (cp. Is 65.8).

NODRIZA

Las nodrizas (Heb. *mêneqeṯ*, *'ōmeneṯ)* y las parteras (*mĕyalleḏeṯ)* ayudaban a las familias a determinar qué mujeres tendrían hijos, cuándo debían las parejas tener relaciones sexuales, quiénes podían adoptar niños, y quiénes los criarían. En muchas familias, sólo una esposa concebía, daba a luz, adoptaba, y criaba los hijos y las hijas (Gn 21.07; Ex. 2.7; 1 S 1.23; 1 R 3.21; Cnt 8.1; 2 Mac 7.27), pero en algunas de ellas un hijo podía ser tenido por una mujer, adoptado por otra, y hasta criado por otra (Gn 24.59; 35.8; Rut 4.13-17; 2 R 11.2 = 2 Cr 22.11). Jocabed (Ex 6.20) concibe y amamanta a Moisés, pero la hija de Faraón lo adopta (1.22-2.10); Rut concibe a Obed, pero Noemí lo adopta y lo cría (Rut 4.13-17). Amamantar a los niños los inmunizaba contra las enfermedades, y reducía la posibilidad de que la madre resultara embarazada de nuevo antes de haber destetado al niño que amamantaba; las niñas eran destetadas a los dieciocho meses, mientras los varones a los treinta.

La Biblia proclama a Dios como madre, partera y nodriza. Dios acuna a la humanidad en sus brazos (Is 46.3, 4; Os 11.3, 4), la amamanta (Dt 32.13-14; Is 49.15; Os 11.4; 2 Esd 1.28, 29; Jn 7.37, 38; 1 P 2.2, 3), y la desteta para darle alimento sólido (Sab 16.20, 21; Sal 131.1, 2). Las parteras y las nodrizas son metáforas para referise a Dios creando el universo, dando nacimiento a los primeros humanos, comenzando cada día, y enviando el escatón (Lm 4.4; Jl 2.16). El gobierno de un estado (Nm 11.12; Est 2.7; Is 49.23) y el cuidado de las comunidades cristianas (1 Ts 2.7) siguen el ejemplo de servicio de las parteras y las nodrizas del mundo bíblico.

Bibliografía. D. C. Benjamin, «Israel's God: Mother and Midwife,» *BTB* 19 (1989): 115-20; B. Jordan, *Birth in Four Cultures*, 4th ed. (Prospect Heights, Ill., 1993).

DON C. BENJAMIN

NOÉ (Heb. *nōaḥ*; Gr. *Nṓe*)
Hijo de Lamec y padre de Sem, Cam y Jafet; personaje humano central de la historia del Diluvio (Gn 6—9).

Nombre

La etimología popular de Lamec une el nombre de Noé a la voz hebrea *nḥm*, «dar descanso» (Gn 5.29), en alusión a la maldición de 3.17-19. Por el «trabajo agotador» y el «esfuerzo» la tierra produce comida. La predicción de Lamec se cumple cuando Dios permite que los animales sean utilizados como alimento, trayendo descanso de la maldición (Gn 9.3). Entonces Noé, «un hombre de la tierra», planta y cosecha una viña (9.20). El nombre Noé refleja también *nwḥ*, «dar reposo». «Reposo» y «descanso» son dos conceptos recurrentes en la historia del Diluvio. p.ej., «reposó el arca (*wattānaḥ*)», 8.4; «no halló la paloma donde sentar la planta de su pie [posarse, NVI] (*mānôaḥ*)», 8.9; «percibió Jehová olor grato [relajante] (*hannîḥōaḥ*)», 8.21. Menos evidentes son los juegos de palabras en el hebreo: por ejemplo, «se arrepintió (*wayyinnāḥem*) Jehová de haber hecho nombre en la tierra», 6.6; «Noé halló gracia (*ḥān*) ante los ojos de Jehová», 6.8; «la tierra estaba llena de violencia (*ḥāmās*)», 6.11, 13.

Genealogía

Noé es el noveno descendiente en la genealogía de Adán a través de Set (Gn 5.1-6.8). La información sobre cada descendiente es bastante coherente. Se da la edad que tenía la persona cuando engendró a su descendiente inmediato, los años que vivió después de esto, y el número total de años de la persona. La genealogía se rompe con la edad que tenía Noé cuando éste engendra sus tres hijos (Gn 5.32). La fórmula se cierra con el fin de la historia de Noé (Gn 9.28-29), al dar los años posteriores que vivió éste hasta su muerte. La historia de Noé se encuentra enmarcada por la fórmula genealógica de comienzo y fin.

Historia de Noé

La historia de Noé tiene tres componentes. El relato de la depravada condición de la humanidad antes del Diluvio (Gn 6.1-8) pone fin a la lista de los descendientes de Adán, haciendo hincapié en la presencia cada vez mayor del pecado. Esta depravación contrasta con la de Noé, quien «halló gracia ante los ojos de Jehová» (6.8). Este componente tiene su paralelo en el relato sobre Noé y sus hijos después del Diluvio (Gn 9.18-27). La depravada conducta de Cam, el hijo de Noé, y por implicación, de Canaán, el hijo de Cam (tal vez una relación incestuosa con la esposa de Noé, cf. Lv 18.7, 8), contrasta con las conductas de Sem y Jafet. Estos relatos forman el componente central, el relato del Diluvio (Gn 6.9–9.17) en el que Noé, «perfecto en sus generaciones» es el único «justo» entre sus contemporáneos, y quien «caminó con Dios» (6.9; 7.1).

Dios le revela a Noé su intención de destruir a la humanidad y a la tierra, y le da instrucciones para que construya un arca en la cual Noé y su familia se salvarán, junto con un macho y hembra de cada animal. Dios le dice a Noé que reúna suficiente comida, y Noé hace lo que Él le ordena (Gn 6.13-22).

Jehová le dice después a Noé que meta en el arca a su familia y a los animales, incluyendo a siete parejas de animales puros. Después de siete días, 40 días de lluvia destruirán toda vida sobre la tierra. Una vez más, Noé hace lo que Jehová le ordena. Tiene 600 años de edad cuando Jehová lo encierra en el arca. Cuando viene el diluvio, todo muere en la tierra, quedando sólo los que están con Noé en el arca (Gn 7.1-24).

Luego Dios se acuerda de Noé. Envía un viento, y las aguas retroceden. Después de esto, el arca se asienta en los montes de Ararat. Noé libera un cuervo y una paloma. Por no encontrar lugar donde posarse, la paloma regresa. Siete días después, Noé libera de nuevo a la paloma, y ésta vuelve con una hoja de olivo. Cuando Noé suelta a la paloma siete días más tarde, ésta no regresa. La tierra está seca (Gn 8.1-14).

Por orden de Dios, Noé, su familia y los animales salen del arca. Noé construye un altar, y sacrifica algunos animales limpios. Al percibir el olor grato, Jehová decide no volver a maldecir la tierra o destruir toda vida, a pesar de la constante inclinación de la humanidad al mal (Gn 8.15-22). Dios bendice a Noé y a sus hijos, como había hecho con los primeros humanos en Génesis 1.28. Dios anuncia también un nuevo orden mundial. Noé y sus descendientes tendrán dominio sobre los animales y las plantas, y los animales podrán ser usados para la alimentación. Pero Noé y sus descendientes deberán tener control sobre la violencia y la venganza, utilizando a los animales de manera responsable y castigando el homicidio. Dios cierra este anuncio de un nuevo orden, reanudando la bendición con la que había empezado (Gn 9.1-7).

En un pacto con Noé, sus descendientes, los animales y la tierra misma, Dios asevera su decisión de no volver a destruir su creación. El arco iris le recordará a Dios este pacto eterno con su creación (Gn 9.8-17).

Significado

Génesis 5.1–6.8 comienza así. «Este es el libro de las generaciones de Adán», y termina con. «Pero Noé halló gracia ante los ojos de Jehová». Noé es el último patriarca de la era anterior, una era caracterizada por las maldiciones (Gn 3.17-19; 4.11, 12), la inclinación al mal (6.5), y la violencia (6.11, 13). Esa era termina con la decisión de Dios de destruir la creación (Gn 6.7). Génesis 6.9 comienza una nueva historia. «Estas son las generaciones de Noé». Noé, el primer patriarca de una nueva era, es «justo», «caminó con Dios» (Gn 6.9; cf. 7.1), e «hizo todo lo que Dios le mandó (6.22; 7.5). Los humanos de la nueva era siguen sin cambiar, aun inclinados al mal (Gn 8.21). Pero característicos de la nueva era son la atenuación de las anteriores maldiciones de Dios, y su pacto de no volver a destruir otra vez la creación. Dios había utilizado a Noé para preservar a la humanidad y a los animales para una nueva creación. Ahora, en esa nueva creación, Dios usa a Noé y a sus descendientes para contener la violencia, y para proteger y preservar toda vida, tanto humana como animal.

Referencias posteriores

En Isaías 54.9, la promesa de Dios de no seguir enojado con Israel, es semejante a su promesa de que «nunca más las aguas de Noé pasarían sobre la tierra». En Ezequiel 14.14-20, Noé, junto con Daniel y Job, es considerado justo. Eclesiástico señala que fueron la justicia y la integridad de Noé las que llevaron a Dios a dejar a un remanente en la tierra (Eclo 44.17, 18). En el NT, Noé está entre los antepasados de Jesús (Lc 3.36). Jesús compara el estilo de vida de sus contemporáneos con «los días de Noé» antes del Diluvio (Mt 24.37, 38). Noé es un «pregonero de justicia» (2 P 2.5), un «heredero de la justicia que viene por la fe» porque obedeció a Dios (He 11.7). El autor de Primera de Pedro señala la paciencia de Dios «en los días de Noé» mientras era construida el arca (1 P 3.20).

Bibliografía. W. Brueggemann, *Genesis. Interpretation* (Atlanta, 1982); G. J. Wenham, *Genesis 1–15.* WBC 1 (Waco, 1987); C. Westermann, *Genesis 1–11* (Minneapolis, 1984).

Joseph E. Jensen

NOÉ, LIBRO DE

Escrito pseudoepigráfico redactado a comienzos del siglo II a.C. El libro, mencionado en Jub 10.13; 21.10; T. Levi 2.3; 17.02 (un manuscrito), sobrevive solamente en los resúmenes y restos de Jubileos, 1 Enoc, 1QapGen ar, 4QMess ar, 1QNoah, y 4QArameo N, C. Parece haber incluido relatos de la caída de los Vigilantes, de los rasgos no naturales de Noé en su nacimiento, de las seguridades de su verdadero padre dadas por Enoc en el Paraíso, del Diluvio, de su sacrificio después del diluvio y el pacto con Dios, y de la división de la tierra entre sus hijos. El nombre más antiguo de libro es el «Apocalipsis de Noé».

Bibliografía. F. Garcia Martinez, Qumran and Apocalyptic. *STDJ* 9 (Leiden, 1992), 1-44.

R. Glenn Wooden

NOEMÍ (Heb. *noʿŏmî*)
Personaje dominante en el libro cargado de simbología de Rut; suegra de Rut y Orfa, madre de Mahlón y Quelión, y esposa de Elimelec.

Mientras moraba en la tierra de Moab, Noemí («placentera»), queda desolada por la muerte de su esposo y de sus dos hijos. Acompañada de Rut, regresa a su terruño, Belén de Judá, donde se cambia el nombre a Mara («amarga»). Noemí representa a menudo la inversión de normas culturales: Vive en una tierra extraña; insiste en que sus nueras retornen a las casas de sus madres; regresa a su tierra con su nuera extranjera; es dueña de una parcela de tierra; y envía a Rut a la era para consolidar su relación con Booz. En un relato lleno de contrastes e ironía, Noemí es fundamental para el desarrollo de la trama. Deja a Judá estando «llena», con toda su familia, y regresa «vacía», pobre y sin posición social (Rut 1.21). Noemí es una añosa israelita; Rut es una joven moabita. Noemí es pobre; Booz es rico. Noemí, después de perder a sus hijos, es demasiado vieja para tener hijos; Rut da a luz a Obed («restaurador de la vida»), el abuelo de David, quien, según las mujeres de Belén, es hijo de Noemí (4.17).

Bibliografía. E. F. Campbell, Jr., Ruth. AB 7 (Garden City, 1975); D. N. Fewell and D. M. Gunn, *Compromising Redemption. Relating Characters in the Book of Ruth* (Louisville, 1990); J. M. Sasson, *Ruth*, 2nd ed. (Sheffield, 1979).

Alice H. Hudiburg

NOFA (Heb. *nōpaḥ*)
Ciudad de Moab al norte de Dibón (Nm. 21.30 TM; ESV «el fuego se propagó», siguiendo a la LXX, Pentateuco Samaritano).

NOGA (Heb. *nōgah*)
Hijo de David, nacido en Jerusalén (1 Cr 3.7; 14.6). El nombre no aparece en la lista paralela de 2 Samuel 5.15, lo que sugiere que el nombre puede ser un error ditográfico para referirse a Nefeg.

NOHA (Heb. *nôḥâ*) (**LUGAR**)
Lugar habitado por los descendientes de Noha, desde el cual las otras tribus persiguieron a los benjaminitas (Jue 20.43 LXX; una versión dice «desde su lugar de descanso», siguiendo al TM).

NOHA (Heb. *nôḥâ*) (**PERSONA**)
Cuarto hijo de Benjamín (1 Cr 8.2). El nombre no aparece en otras listas de los hijos de Benjamín (p.ej., Gn 46.21).

NOMADISMO, PASTOREO
Los pastos, el agua y el adecuado manejo de los rebaños, son esenciales en cualquier economía de base pastoril. La dificultad que surge en el Cercano Oriente es que las tierras de pastos muchas veces no están disponibles todo el año en una región; y el agua, especialmente en esta zona árida, es un bien precioso celosamente protegido y a menudo causa de enfrentamientos. Por tanto, el manejo de rebaños se convierte en la capacidad de jugar con estas dos realidades. Además, varios otros factores son motivo de preocupación: la contratación de ayuda suficiente; la adecuada producción de lana, leche y carne; el uso prudente de los mercados; y la protección de los rebaños de animales depredadores, de los saqueadores, y de las intenciones de los gobernantes locales.

La forma más común de pastoreo migratorio es llamada pastoreo seminómada. Éste se distingue por la actividad de pastoreo casi constante, y por el cambio periódico de pastizales durante la mayor parte de cada año. Dado que el pastoreo no es un modo de subsistencia autosuficiente, los grupos nómadas deben también suplementar su dieta involucrándose en la agricultura estacional y en el comercio con comunidades sedentarias. Esto hace que las tribus tengan un contacto más estrecho con estas comunidades, y dirige también sus rutas migratorias.

Las categorías, por supuesto, no cuentan toda la historia de un pueblo, sobre todo uno tan grande como el «seminómada». Las variantes pueden reflejar el ambiente físico o político que habitan, o pueden ser un reflejo de la transición de una economía tribal de un solo producto, a una economía multifacética.

Otra categoría de pastoreo es el pastoreo agrícola, en el que la mayoría de la población lleva una vida sedentaria y se ocupa principalmente de la agricultura. Su ganado, o parte del mismo, es mantenido durante todo el año en los pastos, a veces muy lejos del asentamiento, y atendido por pastores especialmente asignados a esta tarea. Estos pastores funcionan como un grupo complementario de los agricultores del pueblo. Pueden ser una parte permanente de la población de la zona, o pueden actuar como trabajadores migratorios, yendo de una situación de pastoreo a otra. En uno u otro caso, su función es complementar la economía del pueblo, no competir con ella.

Una forma algo similar de pastoreo es el pastoreo yaylag. Éste se parece mucho a lo que conoce a menudo como trashumancia. Aunque la base agrícola se mantiene por la mayoría de la gente, el ganado es llevado cada cierto tiempo de los pastos de montaña a las zonas más bajas. Esto se confunde a veces con el pastoreo estacional o pastoreo vertical. Sin embargo, este tipo de actividad económica está concebida para hacer frente a condiciones ambientales particulares. No puede aplicarse indiscriminadamente a todas las situaciones en apariencia semejantes.

La mayoría de las otras categorías tienen que ver con el pastoreo de la aldea. La cría sedentaria de animales es por lo general una actividad complementaria a las actividades agrarias de la población, y por regla general no implica el manejo de rebaños tan grandes como los del pastoreo que no tiene su base en la aldea. La cría de ganado, la creación de lotes de engorde, y el pastoreo libre colindantes, así como el uso de cotos cerrados, son otras variantes dentro de esta categoría.

La actividad de pastoreo nómada, tal como el descrito en los relatos de los antepasados, parece incluir aspectos tanto del pastoreo seminómada como de la cría de animales por los pastores (cf. esp. Gn 13.5-12; 21.25-34; 26.17-33; 29.1-10; 37.12-17). Un esbozo básico de las diferencias entre estas dos categorías comprende: el tamaño y la composición de los rebaños, la duración de la actividad migratoria, las áreas de pastos, y el porcentaje del grupo involucrado en la actividad de pastoreo. El hecho de que los rebaños de las tribus seminómadas podían ser más grandes y con una combinación diferente de ganado (comúnmente de ovejas y cabras en la antigüedad) tiene su base en el itinerario de viaje, los mercados y los pastos disponibles. Puesto que los seminómadas no están siempre sujetos a las restricciones del pasto y del agua de su área inmediata, hay por consiguiente una mayor flexibilidad en lo que tiene que ver con el manejo de sus rebaños.

Al mismo tiempo, los grupos de pastores seminómadas deben funcionar también dentro de la esfera económica y política de las diversas regiones y estados. Esto los hace que sean cautelosos en sus relaciones con los pueblos sedentarios. También desarrollan una actitud rapaz o al menos taimada hacia otros grupos distintos al suyo. En consecuencia, las relaciones entre las aldeas y los pastores nómadas, y entre los gobiernos y los pastores nómadas eran a menudo tensas, en el mejor de los casos.

Otra diferencia entre los pastores sedentarios los y seminómadas tiene que ver con la dinámica fundamental del grupo. Los miembros emparentados de los grupos seminómadas confían en su propio criterio para determinar el itinerario de la marcha, la división de los rebaños para aprovechar al máximo las zonas de pastoreo, y la división en parcelas de los derechos sobre el agua. A los pastores familiarizados con la cultura aldeana, las autoridades más altas les dicen con frecuencia lo que tienen que hacer. Estas mismas autoridades pueden tratar de manejar las actividades y los movimientos de los grupos seminómadas, pero esto puede llevar a conflictos y no es, sin duda, siempre una buena política (como puede verse en los numerosos textos del siglo XVIII a.C. de la antigua Mari; ARM 3.38; 6.30; 14.121).

Por esta razón, los gobiernos que controlan las zonas en las que operan pueblos nómadas pastorales, tratan de restringir la libre circulación de éstos por razones de seguridad nacional. Si a un grupo, o más de uno, se les permite pasar con impunidad de una zona a otra, se puede transmitir información militar importante al enemigo, o pueden agotarse los escasos recursos naturales, privando así a los pastores de la aldea de su medio de vida, sin un cobro apreciable de impuestos o de pago con trabajo por esas pérdidas. Además, estos pastores no permanentes pueden involucrarse en correrías u otras actividades no autorizadas que reducirán drásticamente la economía local, y que obligarán al gobierno a utilizar tiempo y esfuerzos para someterlos a su control, o para expulsarlos de la zona.

Es una lucha continua por parte del gobierno para o bien asentar a los pastores nómadas en aldeas (un sistema que aún se sigue llevando a cabo en el Israel moderno), o bien para controlar los recursos de su área y canalizar la actividad de los hombres jóvenes del grupo seminómada (que pueden estar desempleados en algunas temporadas del año) a labores de cosecha o alguna otra actividad provechosa. Esto puede verse en la lucha por parte de los reyes de Israel por controlar su frontera sur mediante la construcción de una serie de fortalezas, y obligando a las tribus del desierto (amalecitas, etc.) a someterse y a tener una vida sedentaria. Sin embargo, ellos al final fueron muy debilitados por invasores extranjeros (asirios, egipcios, babilonios) para poder mantener esta política, y las tribus simplemente volvieron otra vez a la actividad pastoral nómada.

Bibliografía. F. Barth, «A General Perspective on Nomad-Sedentary Relations in the Middle East,» in *The Desert and the Sown*, ed. D. Nelson (Berkeley, 1973), 11-21; D. G. Bates, «The Role of the State in Peasant-Nomad Mutualism,» *Anthropological Quarterly* 44 (1971): 109-31; A. M. Khazanov, *Nomads and the Outside World*, 2nd ed. (Madison, 1994); Ø. S. LaBianca, *Sedentarization and Nomadization: Food System Cycles at Hesban and Vicinity in Transjordan* (Berrien Springs, 1990); V. H. Matthews, «Pastoralists and Patriarchs,» *BA* 44 (1981): 215-18; M. A. Morrison, «The Jacob and Laban Narrative in Light of Near Eastern Sources,» BA 46 (1983): 155-64.

VICTOR H. MATTHEWS

NOMBRES Y DENOMINACIÓN

Cuando Shakespeare afirmó que «una rosa con cualquier otro nombre tendría la misma fragancia» (Romeo y Julieta II.ii.43) no estaba expresando, definitivamente, una idea que tuviera apoyo en el mundo bíblico, o en cualquier otro lugar del antiguo Cercano Oriente. En el mundo antiguo en general, un nombre no era simplemente una conveniente ocurrencia simultánea de sonidos lingüísticos mediante los cuales podían ser identificados una persona, un lugar o una cosa; sino que el nombre expresaba algo de la esencia misma de lo nombrado. Por lo tanto, conocer el nombre era saber algo de los rasgos fundamentales, de la naturaleza o del destino de aquello a lo cual pertenecía el nombre.

En la Biblia, esta conexión entre el nombre y lo nombrado está particularizada de varias maneras diferentes. Por ejemplo, un nombre puede simbolizar alguna característica considerada fundamental para lo que se designa, ya se trate de un rasgo físico o de algo más abstracto. Dar a un pueblo el nombre de Gabaa indicaba que su situación física sobre una colina se consideraba probablemente su característica más significativa, ya que «colina» es precisamente el significado hebreo de Gabaa (y también de Gabaón). Del mismo modo, el nombre Esaú, que significa «velludo» es muy apropiado para el primogénito de Isaac y Rebeca, ya que lo notable de él, físicamente, era su cuerpo velloso (Gn 25.25; cf. 27.11). En términos de características más abstractas, un ejemplo muy claro se encuentra en la persona de Nabal; el nombre significa «insensato», y efectivamente, como señala su esposa, «la insensatez está con él» (1 S 25.25). Pensemos, también, en el nombre Belén, «casa del pan»; el pueblo era llamado así probablemente por tener fama de producir cereales en abundancia.

La práctica de destacar una característica importante por medio del nombre dado, se ve también en los casos en que el nombre de una persona es el mismo de una planta o de un animal. Es de suponer que se daba ese nombre cuando las cualidades sobresalientes de una determinada planta o animal eran también identificables, o por lo menos esperadas, en la persona llamada así. Débora significa «abeja», y la idea de que la abeja es un insecto dinámico y aplicado se intersecta con las muchos y variados oficios que esta mujer desempeñó en su vida (jueza, profetisa, esposa, madre, guerrera, cantante; cf. Jue 4-5). Jonás significa «paloma», y, con respecto al profeta que tuvo ese nombre, la intención parece ser un comentario irónico sobre el carácter de ese personaje; la vida de Jonás estuvo, en realidad, muy lejos de ser pacífica, una característica normalmente asociada con la paloma (esp. Jon 1, 4).

Una segunda particularidad de la conexión con el nombre, aunque solo afecta a los nombres de personas, se centra en las circunstancias del nacimiento de un niño. Jacob sale de la matriz agarrando el talón de su hermano mellizo mayor. Jacob significa «el que toma el talón» (Gn 25.26). Aquí, las circunstancias del nacimiento (y del nombre) anuncian el carácter adulto de la persona, como es evidente más tarde cuando, primero, Jacob roba la primogenitura que por derecho le pertenece a su hermano mayor Esaú (Gn 27.1-45), y segundo, cuando engaña a su suegro Labán y se hace de esa manera muy rico (30.25-43).

A veces la conexión entre el nombre y las circunstancias del nacimiento del niño tienen, en realidad, poco que ver con el propio; en vez de eso, el nombre se refiere más a la situación general de la comunidad en la que ha nacido el niño. Icabod, que significa «¿Dónde está la gloria?» es el nombre dado a un niño nacido en el momento de una gran catástrofe en Israel. La derrota de Israel a manos de los filisteos, lo que trajo consecuencia después la pérdida del arca de la alianza («la gloria de Israel»); 1 S 4.5-11, 19-22). Cuando el profeta Oseas da a su hija el nombre de Lo-ruhama («No compadecida»), lo hace para simbolizar la falta de compasión que Jehová tiene ahora para con todo el reino de Israel al norte (Os 1.6).

Una tercera manera en que la conexión entre el nombre y el nombrado está particularizada, se centra en el destino de una persona; aquí el nombre augura, de alguna manera, el futuro de la persona. Jesús es la forma griega del nombre hebreo Josué; su significado es «salvador», que Mateo 1.21 entiende como un presagio de la futura tarea del niño de salvar a su pueblo de sus pecados (cf. Lc 1.31). El discípulo principal de Jesús es llamado Pedro, que significa «roca», lo que alude al papel básico que tuvo esta persona en el futuro establecimiento de la iglesia cristiana (Mt 16.18, 19). Moisés, que en hebreo significa «sacar», es una referencia a la tarea final de este niño de sacar a su pueblo de Egipto y de conducirlos a la Tierra Prometida. El nombre, por supuesto, puede referirse también a las circunstancias del nacimiento del niño, ya que al ser sacado del río Nilo, Moisés se salvó del exterminio que estaba haciendo Faraón en ese tiempo de los bebés varones hebreos (Ex 2.1 - 10). Así pues, un nombre puede tener una doble función (cf. Jacob), al referirse tanto a las circunstancias del nacimiento de la persona, como a su papel como adulta.

Por estar el nombre tan consustancialmente unido a lo que nombra, si se produce un cambio en las condiciones de una persona o de un lugar, el nombre debe también modificarse para reflejar la nueva y diferente situación. Cuando Saulo se convierte en un misionero a los gentiles, su nombre se convierte en Pablo, la versión romana del hebreo Saulo; el cambio de nombre es apropiado a su nueva vocación como evangelizador de los pueblos del vasto mundo romano (Hch 13.9). Cuando Noemí regresa a Belén, después de haber perdido a su marido y sus dos hijos mientras estuvo en la tierra extranjera de Moab, pide que su nombre no sea más Noemí, que significa «placentera», sino que quiere ser conocida como Mara, «amarga» (Rt 1.20). Aunque una persona rara vez experimenta más de un cambio de nombre, los nombres de los lugares en la Biblia pueden ser modificados una y otra vez, como consecuencia de su historia, con frecuencia más larga y, por tanto, más compleja. La ciudad conocida como Jerusalén, por ejemplo, es llamada también por los nombres de Moriah, Jebús, Sion, Ariel y Ciudad de David. Algunos de estos cambios de nombre fueron motivados por acontecimientos políticos, como cuando David, después de conquistar y reclamar para sí la ciudad, le dio el nuevo nombre de Ciudad de David (2 S 5.6-9). Otras veces, el motivo del cambio de nombre no está registrado, por lo que no se conoce (una característica más propia de los nombres de lugares que de los personas).

Tipos de nombres

La mayoría de los nombres considerados hasta ahora son del tipo simple, es decir, consisten de un solo elemento (p.ej., Nabal, «Insensato»; Débora, «Abeja»). El otro tipo principal es el compuesto; en éste se combinan dos o más elementos, a veces como una frase descriptiva (Abdías, «siervo de Jehová»), pero más a menudo como una oración completa (Icabod, «¿Dónde está la gloria?»). Los nombres compuestos tienen con mucha frecuencia un significado religioso. De hecho, la gran mayoría de los nombres compuestos son de la clase donde un elemento es alguna forma del nombre divino (por lo general El o Yah/Yahu [abreviatura de Jehová]); la otra parte ofrece entonces algún comentario sobre ese nombre divino. Los nombres de este tipo son llamados teofóricos (Gr. «quc tienen a Dios»); son muy frecuentes en el AT, donde hay aproximadamente 135 compuestos con el nombre de El (p.ej., Elimelec, «Dios [o 'Mi dios'] es rey»; Eliseo, «Dios es salvación»; Elhanán, «Dios ha sido misericordioso»; Natanael, «Dios ha dado»), y más de 150 compuestos con el nombre Jah (p.ej., Josafat, «Jah ha juzgado»; Jonatán, «Jah ha dado»; Josué, «Jah es salvación»; Zacarías, «Jah ha recordado»). Notemos también el nombre Elías [Elijah], que combina ambos nombres divinos en la declaración. «Dios (o «mi Dios») es Jah». Los nombres teofóricos puede aparecer también en forma abreviada, en la que el nombre divino es omitido (aunque está entendido implícitamente); esta forma abreviada se conoce como hipocorismo (p.ej., Natán, «[Dios/Jah ha] dado»; Baruc [Baruchiah], «[Jah ha] bendecido»).

Dadores de nombres

Después de haber sido creado, la tarea explícita que realiza Adán es la de dar nombres a los animales (Gn 2.19); por consiguiente, Adán se convierte de esa manera en participante de la creación de ellos, ya que los nombres son causa de la naturaleza o esencia verdadera de lo que ha recibido un nombre. Siendo así, desde el comienzo mismo de la Biblia los seres humanos están involucrados en la asignación de nombres, una tarea que no sólo requiere discernimiento, sino que tiene también la función potencial, para no decir real, de expresar la autoridad del dador del nombre sobre aquello a que se ha dado un nombre.

En el AT, quienes dan el nombre a los hijos son casi siempre sus padres. Sin embargo, la pareja bíblica rara vez, por no decir nunca, hace junta esta tarea; dar el nombre es, más bien, algo que hace sólo uno de los padres, por lo que el asignarlo es, en realidad, tarea de una sola persona. De los cerca de 46 relatos donde se menciona el dador del nombre, al menos 25 lo hace la madre (p.ej., Gn 4.1, 25; 19.37, 38; 30.6-24; 1 S 1.20; 2 S 12.24; 1 Cr 4.9). Dieciocho veces lo hace el padre (p.ej., Gn 5.3, 29; 16.15; 35.18; 41.51, 52; Ex. 18.3, 4; 1 Cr 7.23; Os 1.4-9). Pocos casos involucran una conexión distinta a la del padre o la madre, como cuando el primer hombre le da nombre a la primera mujer (Gn 2.23); Adán la llama Eva (3.20); y las amigas de Noemí dan el nombre de Obed al hijo de Rut (Rt 4.17). El hecho de que la mayoría de quienes dan los nombres son mujeres, puede atribuirse, al menos en parte, a la familiaridad que había entre madres e hijos en los primeros años de éstos. Sin embargo, no sucede lo mismo con las niñas. En los relatos de asignación de 46 nombres aludidos más arriba, sólo se mencionan siete femeninos; y dos de estos relatos tienen que ver con la «primera mujer» (Gn 2.23; 3.20). La asignación de nombres a las niñas por sus padres se registra sólo en cinco casos en el AT, y sólo una vez una madre le da el nombre a una hija (Gn 30.21).

En el AT, los hijos reciben el nombre poco después de su nacimiento. El NT registra la práctica de esperar ocho días (al menos para los hijos varones), por lo que dar el nombre se produce simultáneamente con la circuncisión (Lc 1.59; 2.21). También evidente en el NT es la práctica de dar a un hijo varón el nombre de algún familiar de sexo masculino (confirmado también en otros textos de la época del segundo Templo, p.ej., Josefo, pero no, por lo general, en el AT). Finalmente, el NT, junto con los libros apócrifos y los textos del AT posteriores al siglo V a.C., muestran a menudo que se daban nombres hebreos y no hebreos, un reflejo de la circunstancia de la diáspora en que se encontraba la mayoría de los judíos (p.ej., Hadasa/Ester, Est 2.7; Simón Pedro, Mt 4.18; Hch 10.5).

Si los nombres son tan esenciales para la dignidad como persona, ¿qué de las personas sin nombre? El anonimato puede tener una función literaria importante, ya sea desviando la atención hacia los otros personajes de la narración, o dando mayor relieve al(os) papel(es) asumidos por la persona anónima. No obstante, dado el alto valor conferido a los nombres en la tradición bíblica, no es de extrañar que muchas de las personas innominadas en el AT y el NT tengan nombres en la literatura pseudoepigráfica. El libro de Jubileos, en su comentario sobre el Génesis y la primera parte de Éxodo, asigna nombres a personas anónimas, como la esposa de Noé (Emzara), la hija de Faraón (Tarmut), y la esposa de Caín (Awan) – de esta última dice que era hija de Eva, aunque su origen no está determinado en el AT. Entre los ejemplos del NT está el de los tres magos que traen regalos al niño Jesús. Aunque no tienen nombres en el Evangelio de Mateo, un texto conocido como la Excerpta Latina Barbari (una traducción al latín de una crónica griega del siglo VI) los identifica como Gaspar, Melchor y Baltasar.

Bibliografía. G. B. Gray, *Studies in Hebrew Proper Names* (London, 1896); I. Ljung, «Women and Personal Names,» in *Silence or Suppression. Attitudes Towards Women in the Old Testament*. Women in Religion 2 (Uppsala, 1989), 15-33; A. Reinhartz, «Anonymity and Character in the Books of Samuel,» *Semeia* 63 (1993). 117-41; R. de Vaux, *Ancient Israel* (1961, repr. Grand Rapids, 1997), 43-46.

Karla G. Bohmbach

NO PUEBLO MÍO

Lo-ammi (Heb. *lōʾ ʿammî*), nombre del tercer hijo de Oseas, un varón. Dios le dice al profeta que le ponga ese nombre a su hijo, simbolizando así el pacto roto (Os 1.9). Cuando Jehová promete después restaurar a Israel, él dirá paranomásticamente: «Tú eres pueblo mío» (Os 2.23 [TM 25]).

NORTE

Desde la invención de la brújula, la orientación geográfica ha sido hacia el norte magnético. Pero en el mundo antiguo, sin embargo, era la salida del sol la que servía de orientación («oriente» significa «este»). La palabra más común utilizada para «este» (Heb. *qeḏem*) significa literalmente «en frente» o «antes». Por tanto, el «norte» es a menudo llamado «el lado izquierdo» (*śĕmōʾl*; Gn 14.15).

El norte direccional llegó a tener diversas connotaciones para los hebreos. Con el Mar Mediterráneo al oeste y el desierto al este, Israel observaba a los ejércitos invasores sólo desde el sur (los egipcios) o desde el norte (p.ej., los heteos, Damasco, Persia). Desde el tiempo de la monarquía tardía había amenaza de peligro, sobre todo de las naciones que podían atacar desde el norte. Por eso, la literatura profética se caracteriza por una expectativa de desastre desde el norte (p.ej., Jer 1.14; Ez 1.4). Babilonia (Jer 25.9-11; Ez 26.7) y Gog (38.14-16) son mencionadas concretamente, pero por lo general el juicio de Dios se esperaba del norte (p.ej., Jer 4.6). De igual modo, las profecías del regreso de los desterrados dicen que vendrán «del norte» (Jer 23.8).

La idea del juicio de Dios que viene del norte encaja con la creencia común con otras civilizaciones del antiguo Cercano Oriente de que los dioses viven en una montaña hacia el norte. Así, la teofanía de Ezequiel 1.4, 5 se origina en el norte, y el inicuo de Isaías 14.13 es tentado a suplantar a Dios en el norte. Esta idea choca en cierto modo con la idea del señorío de Dios sobre toda la tierra (Job 26.7), y con la morada de Dios en el templo, pero tiene una interesante expresión en Salmos 48.1-3 (TM 2-4), que identifica al monte de Sión como una montaña en el norte.

David A. Dorman

NOVIA DE CRISTO

Una metáfora eclesial mediante la cual se presenta a Jesús como el novio de sus seguidores (Mr 2.19-20), y la fiesta de la boda aparece como una imagen recurrente de la comunidad reunida en el tiempo final. La frase exacta «novia de Cristo» para designar a la iglesia nunca se produce. Pablo es el primero en describir a la Iglesia como una esposa («Porque os celo con celo de Dios; pues os he desposado con un solo esposo, para presentaros como una virgen pura a Cristo»; 2 Cor. 11.2), y en Efesios se utiliza esta misma imagen para explicar la relación entre Cristo y la iglesia (Ef 5.21-33). El autor de Apocalipsis se refiere tanto a la iglesia (Ap 19.7) como a la ciudad celestial de Jerusalén (21.2, 9) como una novia.

La imaginería nupcial en el At y el NT denota la intimidad y la fidelidad mutua entre Dios-Cristo y el pueblo de Dios. También señala a la atención y protección necesaria del esposo hacia la esposa. La metáfora nupcial pone de relieve la dependencia y la obligación de mostrar reverencia hacia su esposo, de acuerdo con las exigencias de las relaciones de género en las culturas de «honor y culpa». La infidelidad de Israel, o «prostitución» (Os 2), constituye la forma más desarrollada de esta metáfora matrimonial en el AT.

Barbara E. Bowe

NOVILLA

Una vaca joven (Heb. *ʿeglâ, ʿeglat bāqār*), especialmente una que no ha producido descendencia. Las vaquillas fueron utilizadas para la leche (Is 7.21) y al parecer para el arado (Dt 21.3). Las vaquillas fueron utilizadas ocasionalmente para sacrificios especiales (Gn 15.9; 1 S 16.2) y fueron designadas en el ritual para la purificación de la culpa de sangre en el caso de un asesinato rural donde el culpable sigue siendo desconocido (Dt 21.1-8).

Sansón comparó la intriga con su esposa a haber arado «con mi novilla» (Jue 14.18). Jeremías usa vaquillas como símbolo de la despreocupación de Egipto y Babilonia (Jer 46.20; 50.11), y Oseas presenta a Efraín como una «novilla domada» (Hos. 10.11).

De particular importancia es el ritual para la purificación de una persona contaminada por el contacto con un cadáver (Nm 19.1-22). Una «novilla alazana» NVI (Heb. *pārâ,* la palabra normal para «vaca») es sacrificada fuera del campamento y quemada. Las cenizas se mezclan entonces con agua de manantial para producir el agua de la purificación (Nm 19.17-19). El sacrifico es único, ya que se llevó a cabo lejos del altar del santuario y, aunque el proceso pretendía eliminar la impureza, las personas que habían tenido contacto con la novilla, sus cenizas, o el agua de la purificación eran consideradas impuras (Nm 19.7-10, 21; cf. *Midr. Rabbah, Nm Rab.* 19.5-6). De acuerdo con la Mishná, las cenizas eran divididas en tres partes: una se mantenía en el muro, una en el Monte de los Olivos, y una era dividida entre los 24 cursos de sacerdotes (*m. Para* 3.11). El agua de la purificación se colocaba en un frasco a la entrada del patio del templo. Según *m. Para* 3.5, solo siete (según Rabí Meir) o nueve (según Sages) novillas alazanas fueron en realidad quemadas, ya que después de la destrucción del templo era imposible sacrificar más, pero el uso de las cenizas puede haber continuado en el período talmúdico. Algunas tradiciones posteriores sostienen que el Mesías va a preparar la última de las novillas alazanas o de lo contrario destacar un papel escatológico para el sacrificio.

Daniel C. Browning, Jr.

NUECES
Semillas comestibles de varias especies de árboles frutales. La «nuez» es utilizada tanto como término genérico, y también para referirse específicamente a la nuez común (*Juglans regia*). Aunque la nuez es originaria de Persia, se aclimató en Palestina, donde florecía en las colinas de la región y en los alrededores del mar de Genesaret y el curso superior del río Jaboc. Los árboles crecían silvestres, según parece, aunque a veces eran cultivados (Cnt 6.11; Heb. *'ĕg̱ôz*).

La nuez de pistacho estaba entre lo «mejor de la tierra» enviado por Jacob a Egipto (Gn 43.11; *bonnîm*). Era considerada un manjar en el Cercano Oriente, y un regalo muy adecuado. La ciudad de Betonim (Jos 13.26), al este del río Jordán, puede haber recibido su nombre por las abundantes huertas de nuez de pistacho que tenía.

La almendra (*Amygdalus communis*) es también autóctona de Palestina, pero no así la avellana (cf. Gn 30.37, *lûz*). La palabra hebrea *šāqēḏ* se refiere probablemente a las almendras en Génesis 43.11.

Bibliografía. H. N. Moldenke and A. L. Moldenke, *Plants of the Bible* (1952, repr. New York, 1986), 118-20, 179-80.

T. J. Jenney

NUMENIO (Gr. *Nouménios*)
Hijo de Antíoco, elegido por el sumo sacerdote macabeo Jonatán como embajador de los judíos ante Roma y los espartanos (1 Mac 12.16). El sumo sacerdote Simón lo envió posteriormente a Roma con un gran escudo para confirmar la alianza (1 Mac 14.24). Regresó con cartas del cónsul Lucio detallando el apoyo de los romanos (1 Mac 15.15, cf. Josefo, *Ant.* 14.8.5 [143-48]).

Benjamin C. Chapman

NÚMEROS
A pesar de que los hallazgos arqueológicos de un sistema monetario evidencian un concepto de enumeración en el Medio Oriente «preliterario», no se encuentran ejemplos escritos de números hasta la época protosumeria, con las inscripciones en tablillas de arcilla de Uruk, en el sur de Mesopotamia (3000 a.C.). Éstas muestran unidades de numeración decimal (10), duodecimal (12) y sexagesimal (60). El texto matemático más antiguo que indica un uso avanzado de números, ha sido localizado en la ciudad sumeria de Shuruppak (c. 2650). Los egipcios tenían un sistema decimal integral que incluía símbolos para los números enteros de hasta 1 millón, y también para algunas fracciones. Los textos de Ebla proporcionan también evidencias de un sistema decimal de numeración, ya desde el tercer milenio en Siria-Palestina. Posiblemente por influencia de los egipcios, Israel mostró preferencia por el sistema decimal de numeración.

Es evidente que la mayoría de las culturas antiguas alfabetizadas utilizaban símbolos como el método preferido para expresar números. Sin embargo, se usaban también otras formas. Algunas culturas empleaban el sistema acrofónico, utilizando la primera letra de una palabra que nombraba o indicaba el número, para representar al número. Otras utilizaban el sistema alfabético, representando a las unidades numéricas por los símbolos seguidos del alfabeto. Y otras escribían el número utilizando sólo letras.

La literatura sagrada de Israel tenía favoritismo por la escritura de los números, todos con letras. Sin embargo, los descubrimientos arqueológicos indican que en la práctica literaria pública del Israel antiguo, los símbolos eran de uso corrriente. Durante el período de los Macabeos (168-40), la influencia griega llevó a los judíos a la adaptación de un sistema de numeración alfabética. Aunque los griegos utilizaban los métodos acrofónico, alfabético y simbólico, los números en el Nuevo Testamento griego están escritos siempre totalmente con letras.

En el AT se utilizan cinco palabras hebreas: *sāp̱ar*, «contar» (Lv 25:8; 2 S 24:10); *mispār*, «cantidad numérica» (Jue 7:6; Sal 147:4); *mānâ*, «enumerar» (Gn 13:16; Nm 23:10; 2 R 12:11); *minyān*, «un número específico» (Esd 6:17); *pāqaḏ*, «hacer inventario/un censo» (1 S 11.8; 13:5). En el NT se utilizan tres palabras griegas: *arithméō*, «contar» (Mt 10:30 y par.; Ap 7.9); *arithmós*, «un número» (Lc 22.3; Jn 6.10; Hch 6.7; Ap 13.18); *psēphízō*, «calcular» (Lc 14.28; Ap 13.18).

Aunque la crítica erudita pone en duda la validez de los números aparentemente inflados que aparecen con frecuencia en el relato bíblico, el propósito de los autores originales fue que se tomaran tal y como están escritos. Los numerosos años de los patriarcas antediluvianos son evidentemente para ser tomados literalmente, ya que las edades de los patriarcas posdiluvianos provienen de la misma fuente (p.ej., Gn 5; 9.28, 29, 11; 25.7; 47.28). Además, los números del censo de la población israelita, y de varios ejércitos, tienen como propósito mostrar el poder de Israel (p.ej., Nm 1-3; Jue 20).

Números simbólicos

Los números en la Biblia tienen a menudo una aplicación simbólica o idiomática. El tres (Heb. *šālōš*; Gr. *treís*) indica lo completo. Hay tres grandes fiestas de peregrinación para los varones israelitas (Ex 23.14-19); tres horas tradicionales para las oraciones judías (Dn 6.10; Sal 55.17[TM18]); tres partes en el universo (Fil 2.10); tres divisiones en el santuario (1 R 6.2-22); y la especial eficacia de los sacrificios de animales de tres años (Gn 15.9; 1 S 1.24). Jonás estuvo tres días y tres noches en el vientre de la bestia marina (Jon 1.17), y Jesús estuvo en la tumba tres días (Mt 12.40).

El cuatro (Heb. *'arba'*; Gr. *téssares*) indica límites. Hay cuatro extremos de la tierra (Is 11.12); cuatro vientos (Jer 49.36; Dn 7.2); cuatro carros rondan la tierra (Zac 6.1-5); cuatro ríos proceden de Edén (Gn 2.10-14); cuatro seres vivientes rodean el trono divino (Ez 1.10; Ap 4.6-7), y cuatro jinetes [en los tiempos del fin] (6.2-8).

El siete (Heb. *šeḇa'*; Gr. *heptá*) indica descanso, terminación y restauración. Dios descansó el día séptimo (Gn 2.2, 3; Ex. 20.11); siete animales sellan un acuerdo comercial (Gn 21.28); Faraón sueña con siete años de escasez y siete de abundancia (41.1-36); la tierra debe dejarse de cultivar cada siete años (Lv 25.2-7); siete hombres son elegidos como administradores en la Iglesia primitiva (Hch 6.1-6); la más poderosa bestia del anticristo tiene siete cabezas (Ap 17.7); la restauración de la tierra tiene lugar durante el séptimo sello y la séptima trompeta (8.1-9; 11.15), y después de la séptima plaga (16.17-21).

Los múltiplos de siete también son importantes. Por ejemplo, 70 ancianos (Ex 24.1, 9); el cautiverio de Judá en Babilonia es de 70 años (Jer 25.12; 29.10; Dn 9.2); se determinan 70 semanas proféticas (490 años) para los judíos (Dn 9.24). Jesús comisiona a 70 discípulos (Lc 10.1-17); el Jubileo se produce después de 49 años, cuando se anulan las deudas y los esclavos son liberados (Lv 25.8-55); el número de veces que hay que perdonar es 70 veces siete (Mt 18. 21, 22); el alcance de la venganza es 70 veces siete (Génesis 4.24).

El diez (Heb. *'eśer*; Gr. *déka*) indica consumación. Dios dio a Moisés 10 mandamientos (Ex 34.28); hubo 10 plagas contra Egipto (Ex 7.8–11.10); el diezmo era 10 por ciento del ingreso de una persona (Dt 26.12); la llegada del novio es esperada por 10 vírgenes (Mt 25.1-13); el poder final apocalíptico del anticristo está representado por 10 cuernos, 10 reyes, y 10 dedos de los pies (Dn 2.42; 7.7, 24; Ap 17.7, 12).

El doce (Heb. *šěnêm 'āśār*; Gr. *dṓdeka*) indica orden. Hay 12 tribus de Israel (Gn 49.28; Ex 28.21; Jos 3.12), 12 hijos de Ismael; 12 apóstoles (Mt 10.1; Lc 9.1); 12 canastas de reserva después de la alimentación de los cinco mil (Mt 14.20); 12 puertas, 12 cimientos y 12 frutos en la Nueva Jerusalén (Ap 21.12, 14, 21). Los múltiplos de 12 incluyen el número total de los salvados escatológicamente, 144 000 (Ap 7.4-17; 14.3-5); la Nueva Jerusalén es de 12 mil estadios (21.16).

El cuarenta (Heb. *'arbā'îm*; Gr. *tessarákonta*) indica un ciclo completo. Sobre la tierra cayeron lluvias torrenciales durante 40 días y 40 noches (Gn 7.12); fueron necesarios 40 días y 40 noches para que Moisés recibiera instrucciones sobre el santuario (Ex 24.18); la generación del desierto deambuló durante 40 años (Ex 16.35; Nm 14.20-23); los períodos de los jueces son enumerados a veces por intervalos de 40 años (Jue 3.11; 5.31; 8.28); la inminente destrucción de Nínive es avisada 40 días antes (Jon 3.4); Jesús es tentado durante 40 días (Mr 1.12 y par.).

El mil (Heb. *'eleb*; Gr. *chiliás*, *chílioi*) indica un número muy grande. La misericordia de Dios se extiende hasta por mil generaciones a quienes guardan mandamientos (Dt 5.10); se utiliza la frase mil días para expresar un período de tiempo indefinido (Sal 84.10[11]; 2 P 3.8); los 144 000 incluyen a un grupo que nadie puede contar (Ap 7.9); Satanás es atado por mil años (20.3, 7), la duración del tiempo entre la primera resurrección y la muerte segunda (20.6, 11-15).

Bibliografía. J. J. Davis, *Biblical Numerology* (Grand Rapids, 1968).

KEITH A. BURTON

NÚMEROS, LIBRO DE

Cuarto libro del Pentateuco. Cuenta la historia de los preparativos de los israelitas para su salida desde el monte Sinaí, y su recorrido por el desierto hasta las llanuras de Moab, al otro lado del río Jordán de la ciudad de Jericó.

Nombre

El nombre del libro, basado en el nombre tradicional que tiene en los manuscritos en griego (*Arithmoi*) y latín (*Numeri*), se refiere a las distintas ocasiones en que Moisés recibió la orden de «contar al pueblo» (es decir, hacer un censo, caps. 1, 3-4, 26). El nombre hebreo *Bamidbar* significa «en el desierto», y describe mejor el contenido general del libro.

Estructura

El libro es una mezcla de relatos dramáticos, instrucciones en cuanto al orden de los campamentos, calendarios litúrgicos, listas de rutas de viajes, y leyes sobre temas tan diversos como los votos, el contacto con cadáveres, y el castigo por recoger leña en sábado. Es difícil precisar un esquema que explique todos los detalles del libro, y las sugerencias son tan numerosas como los libros sobre el tema. En términos generales, hay dos secciones principales que se inician por los censos en los capítulos 1 y 26. Números 1–25 abarca el período de la generación de los que salieron originalmente de Egipto, hasta su muerte; esta sección destaca sus numerosos actos de desobediencia contra el Dios que los había liberado de la esclavitud. El capítulo 26 cuenta la segunda generación, de los que no habían estado en Egipto, y los capítulos siguientes los presentan por contraste como un pueblo de obediencia total. De esta manera, el nombre de «Números» apunta a un importante tema teológico en el libro.

Composición

La tradición sostiene que el Pentateuco, incluyendo a Números, fue escrito por Moisés. La relación del material en el Pentateuco con Moisés como la figura fundacional de la comunidad israelita, es teológicamente importante porque da estatus de «constitución» al registro del período de la historia del pueblo antes de que éste tuviera una tierra y un estado. Este estatuto fundacional de los relatos más antiguos se convirtió en fundamental para la identidad y la supervivencia en épocas posteriores, especialmente durante el período del segundo Templo (después del 520 a.C.) A pesar de la tradicional atribución a Moisés, muchos eruditos modernos creen que el material del libro de Números procede de muchos períodos diferentes. Algunos pueden ser tan antiguos como la época de Moisés misma, y algunos provienen de la época de la Monarquía, pero gran parte se originó en los períodos del destierro y del restablecimiento de la vida del pueblo como comunidad. Desde esta perspectiva, el libro ofrece una visión, no principalmente de la historia del período en el desierto, sino más bien de cómo tomaron forma los recuerdos para servir de guía a las generaciones posteriores.

Los materiales del período de la Monarquía son normalmente atribuidos a una fuente «épica antigua», mientras que los del exilio y los de los tiempos de la restauración son llamados «sacerdotales». La erudición reciente en cuanto a Números tiende a restar importancia a este análisis de «crítica de la fuente», en favor de más atención a la creación literaria y a las perspectivas teológicas perceptibles en los pasajes individuales, independientemente de la fecha precisa de su composición.

Cabe señalar que, como ocurre con el AT en general, Números es una composición androcéntrica. Al parecer fue escrito por hombres que, de manera consciente o inconsciente, dan por supuesto los intereses y las preocupaciones de un público masculino. Incluso las historias en cuanto a las hijas de Zelofehad (caps. 27 y 36) y a la legislación relativa a los votos hechos por las mujeres (cap. 30), son para exponer los derechos y las responsabilidades de los hombres en la cultura israelita. Pasajes como 14.1-4 en el que «todos los hijos de Israel» son presentados como preocupados por sus esposas e hijos, revelan también la orientación androcéntrica del texto antiguo.

Valor histórico

Como se ha señalado, se cree que la mayor parte del material de Números fue escrito varios siglos después de los hechos que pretende describir. Muchos (aunque no todos) los eruditos suponen que un grupo de esclavos si partió de Egipto y que, al final, llegaron al territorio que se convirtió en la antigua tierra del Israel bíblico. Se han identificado formaciones rocosas que pueden ser coherentes con los relatos del agua que brotó de la roca hendida (cap. 20; Ex 17). Las historias del maná encajan bien con la existencia de una sustancia pegajosa (la secreción producida por piojos escamosos sobre árboles tamariscos) conocida en la península del Sinaí hasta el día de hoy. Sin embargo, muchas de las características específicas atribuidas a los israelitas del desierto pueden ser retrospecciones posteriores. La organización del sacerdocio, tal como aparece descrita en Números, es probable que sea el resultado, o bien del período monárquico, o bien del período del Segundo Templo. Muchos eruditos asocian la aparición del patrón de organización de las doce tribus con el período de los jueces, o incluso más tarde. El itinerario de la peregrinación descrita no puede ser reconstruido, como tampoco son identificables en la actualidad la mayor parte de los nombres de los lugares dados. Al igual que con las cuestiones en cuanto a la composición del libro, las respuestas a las preguntas sobre detalles históricos no son esenciales para una comprensión de los temas teológicos del libro.

Temas teológicos

Entre los muchos temas presentes en el libro, tres ocupan un lugar destacado: la santidad de Dios, el perdón de Dios, y la providencia de Dios.

Santidad

El Dios de Israel es, por definición, el Santo (aunque esta frase no aparece en Números), y lo que es profano o impuro no debe tener contacto con lo sagrado. Las regulaciones relativas a quienes pueden tener contacto con el tabernáculo y su mobiliario (cap. 4), las instrucciones para la consagración de los levitas (cap. 8), el ritual de purificación después del contacto con un cadáver (cap. 19), y el procedimiento para la expiación en los casos de infracciones rituales por yerro (cap. 15), se encuentran entre los muchos recordatorios de que Israel debe ser un pueblo santo en la presencia del Dios santo.

Perdón

La historia de los 12 espías, y de la negativa del pueblo a subir a la tierra prometida que le había sido prometida (caps. 13–14) es paradigmática para entender el perdón divino. El infiel y desobediente pueblo expresa su intención de escoger un nuevo liderazgo y de regresar a Egipto, «despreciando» así a Dios (14.11). A través de la oración intercesora de Moisés, Dios es persuadido de no destruir al pueblo, y a mantener la relación de pacto con la comunidad. Habrá un castigo, sin duda: la generación original que salió de Egipto no entrará en la Tierra Prometida. No obstante, la fidelidad de Dios para con el pueblo infiel, como se ve en el perdón de Dios para no ponerle fin a la relación de su pacto con ellos, es fundamental para comprender la naturaleza de este Dios Santo a quien Israel adora.

Providencia

La providencia divina se refiere al cuidado seguro con que Dios sostiene la vida de la comunidad. El tema es destacado primero en la entrega de la llamada bendición aarónica (6.24-26). La trascendencia de la voluntad de Dios de bendecir a Israel se ve concretamente en la dramática historia de Balaam, un extranjero contratado por el rey de Moab para maldecir a los israelitas. Aunque Balaam es más famoso por su burra que habló, es mejor recordarlo como alguien que bendice una y otra vez a Israel, a pesar de que ha sido contratado para proferir maldiciones. El narrador es deliberadamente ambiguo acerca de si Balaam dice las palabras de bendición por voluntad propia, o porque Dios entra en su boca y lo «obliga» a hacerlo. En un mundo que tomaba muy literalmente el poder que había en las bendiciones y las maldiciones, el cuidado providencial de Dios por Israel se manifestó a través de palabras de Balaam, y era proclamado siempre que la bendición aarónica era impartida.

Bibliografía. P. D. Miller, «The Blessing of God: An Interpretation of Numbers 6:22-27,» *Interpretation* 29 (1975): 240-51; D. T. Olson, The Death of the Old and the Birth of the New. BJS 71 (Chico, 1985); *Numbers. Interpretation* (Louisville, 1996); K. D. Sakenfeld, *Journeying with God: A Commentary on the Book of Numbers. ITC* (Grand Rapids, 1995).

KATHARINE DOOB SAKENFELD

NUN (Heb. *nûn*)

Efraimita, padre de Josué (Ex 33.11; Jos 1.1; 1 Cr 7.27, cf. Nm 13.8, 16).

NUNC DIMITIS

Término en latín derivado de las palabras de apertura («ahora despides») del Cántico de Simeón (Lc 2.29-32), cantado, desde el siglo V, todas las noches en las Completas, la última de las oraciones diarias monásticas.

El «profeta» Simeón («el Espíritu Santo estaba sobre él», Lc 2.25) declaró que su vida había llegado a su culminación al hacerse realidad la promesa del Espíritu Santo de que no moriría antes de haber visto al Ungido del Señor (v. 26). La declaración de Simeón de que el advenimiento del Mesías era «para gloria de tu pueblo Israel», y su contexto (el Templo de Jerusalén, la obediencia de los padres de Jesús al ritual judío de ofrecer el primogénito, junto con Simeón y Ana, personificando al Israel expectante) tiene coherencia con la mención a los gentiles, para sugerir la universalidad de la salvación, un tema común en Lucas (Lc 3.4-6; 4.16-30; Hch 13.47; 26.23). El himno está lleno de alusiones del AT, en particular del Segundo Isaías (cf. Is 40.5; 42.6; 46.13; 49.6; 52.9, 10). Con el tema del cumplimiento de la promesa, el himno agrega la alabanza directa a Dios.

Los eruditos discrepan en cuanto al origen del Nunc Dimittis. Algunos lo ven como una composición libre de Lucas; otros aseguran que Lucas está citando un himno primitivo, de fuente o judía o bien judeocristiana. Con el Nunc Dimittis, el Magnificat (Lc 1.46-55), y el Benedictus (1.68-79), la primitiva comunidad judeocristiana, y las posterios generaciones cristianas, han expresado su gratitud por el hecho de que Jesús, el largamente esperado, ha irrumpido en medio de ellos.

Bibliografía. R. E. Brown, *The Birth of the Messiah*, rev. ed. (New York, 1993); S. Farris, *The Hymns of Luke's Infancy Narratives*. *JSNTSup* 9 (Sheffield, 1985).

TERRENCE PRENDERGAST, S.J.

NUZI (Acad. *Nuzi*)

Desde comienzos del siglo XX, los textos de Nuzi han jugado un papel importante en el estudio comparativo del AT. En el sitio hurrita de Nuzi (la actual Yorghan Tepe) en el norte de Iraq, han sido descubiertos más de cuatro mil textos cuneiformes. La mayoría de los documentos datan desde c. 1500-1350 a.C., y tienen que ver con asuntos legales, sociales, costumbres familiares, y mitos. Nuzi era, al parecer, parte del pequeño principado de ArrapDa, que estaba sujeto al gran reino de Mitani. Un significativo porcentaje de los nombres personales de Nuzi son hurritas, aunque los textos están escritos en acadio. Estos textos revelan una corte próspera, una producción textil, y una industria de trabajo del metal.

Como la tierra no podía venderse legalmente, sino sólo heredarse, Nuzi tenía una institución de pseudoadopción, donde la persona era adoptada mediante la presentación al «padre» de un regalo que, en realidad, era el precio de la compra. La práctica del contrato de aprendizaje está también confirmada. La persona se comprometía a servir a una familia por cierto tiempo, después del cual quedaba libre; a cambio, la familia de la persona contratada tenía acceso a varios recursos. En Nuzi existían varias instituciones que, por lo general, eran comparables a las de la primitiva sociedad israelita, entre las cuales estaban el levirato, un sistema de precio de la novia y de dote, y la adopción formal de hijas a falta de descendencia masculina. A estas mujeres se les permitía actuar legalmente, al igual que los hombres jefes de la familia, y por tanto podían disponer su propio matrimonio, cuidar los dioses domésticos, y traer a su marido a vivir en su casa.

Los contratos de matrimonio de Nuzi, las adopciones y los convenios sobre pastoreo proporcionan material comparativo importante para la interpretación de muchos de los relatos patriarcales, especialmente los relativos a Jacob y Labán. Por otra parte, los textos de Nuzi permitían al padre garantizar la seguridad de sus hijas vendiéndolas bajo la figura de adoptadas con fines de matrimonio. La ley en Éxodo 21.7-11 se parece un poco a los textos de Nuzi, en que le permite a un padre vender su hija a un comprador al que luego se le exige que se case con ella. Pero en el texto bíblico nunca se menciona la adopción de la hija.

Los textos de Nuzi, en general, parecen reflejar una práctica legal común mesopotámica (ahora se sabe que existía en Emar, sobre el Éufrates sirio), y por eso no puede utilizarse para fijar la fecha de ciertas tradiciones bíblicas en el segundo milenio.

Bibliografía. B. L. Eichler, «Nuzi and the Bible: A Retrospective,» in *Dumu-E2-dub-ba-a*, ed. H. Behrens, D. Loding, and M. T. Roth (Philadelphia, 1989), 107-19; M. J. Selman, «Comparative Customs and the Patriarchal Age,» in *Essays on the Patriarchal Narratives*, ed. A. Millard and D. Wiseman (Winona Lake, 1983), 91-139; *Studies on the Civilization and Culture of Nuzi and the Hurrians 1-5* (Winona Lake, 1981-1995), 7– (Baltimore, 1995–).

MARK W. CHAVALAS

OBAL (Heb. *ʿôḇāl)* (también EBAL)

Uno de los hijos de Joctán, y el epónimo antepasado de una tribu árabe del sur (Gn 10.28). Él es llamado Ebal en 1 Crónicas 1.22.

OBED (Heb. *ʿôḇēḏ;* Gr. *Iōbēd*) (también EBED)

1. Hijo de Rut, la moabita viuda (Rut 4.21), y Booz, el «pariente cercano» (2.21) de su difunto marido Mahlón. Obed fue el abuelo el rey David (Rut 4.16; 1 Cr 2.12) y ancestro de Jesucristo (TM 1.5; Lc 3.32). Curiosamente, fue nombrado Obed («adorador») por las mujeres de Belén en lugar de por sus padres (Rut 4.17). El nacimiento de Obed fue posible gracias a la ley del levirato (Dt 25.5-10), que requería que el hermano mayor o pariente más cercano del difunto marido se casara con la viuda.
2. Hijo de Erlal (1 Cr 2.37) y descendiente de Jerameel (1 Cr 2.37-38).
3. Uno de los valientes de David (1 Cr 11.47). Su nombre no se encuentra en el relato paralelo (2 S 23).
4. Hijo de Semaías, un portero coreíta cuyos cuatro hijos se dice que eran «varones valerosos y esforzados» (1 Cr 26.6-7).
5. El padre del comandante militar Azarías, que siguió al sacerdote Joiada en la ejecución de la reina Atalía y la instalación del niño Joás como rey (2 Cr 23.1).
6. Hijo de Jonatán; uno de los hombres que regresaron de Babilonia a Palestina con Esdras (1 Esd 8.32); llamado Ebed en Esdras 8.6.

DONALD FOWLER

OBED-EDOM (Heb. *ʿōḇēḏ-ʾĕḏôm*)

1.Un gueteo en cuya casa David guardó el arca del Señor durante tres meses, tras la muerte de Uza por haber tocado el arca (2 S 6.10-11; 1 Cr 13.13-14). Cuando David escuchó que Obed-edom fue bendecido por la presencia del arca, ordenó su traslado a la tienda de campaña en Jerusalén (2 S 6.12; 1 Cr 15.25). Su nombre y origen, en la ciudad of Gat, puede indicar que él también fue uno de los filisteos leales a David (cf. 2 S 15.18-22; 18.2).

2.Hijo de Jedutún; un músico levita y portero del tabernáculo de reunión (1 Cr 15.18, 21, 24). Fue nombrado por David, junto con su 68 hermanos, a servir con arpa y lira delante del arca (1 Cr 16.5, 38).

3.Hijo de Coré; un portero que, con su 62 descendientes, sirvió en la puerta del sur del recinto del templo y los almacenes (1 Cr 26.4-8, 15).

4.El custodio de los tesoros del templo cuando el rey Joás de Israel capturó a Amasías de Judá (2 Cr 25.24). No está claro a partir del TM si Obed-edom fue llevado cautivo (como LXX) o simplemente se nombra como el funcionario a cargo en ese momento. Su nombre está ausente en el relato paralelo en 2 Reyes 14.14.

KENNETH ATKINSON

OBEDIENCIA

La traducción castellana de Heb. *šama'*, en referencia al acto físico de oír y, en ciertos contextos, la combinación de oír con la intención de obedecer (Ex 19.5, 8; Dt 28.1; 30.11-14). Si uno escucha verdaderamente la palabra de Dios, entonces la obediencia es inevitable. Por lo tanto, si la gente no puede obedecer, los profetas a menudo acusan a los israelitas de ser sordos (Is 6.9-10). La obediencia es lo que se espera de la relación de uno con Dios (Jr 3.13, 25) y la relación de un hijo con su padre (Pr 4.1-2). Claramente, hay una expectativa implícita de la obediencia en «oír» un mensaje (Gn 3.17; 23.15; Ex 24.7).

En el NT también existe la expectativa de obediencia al escuchar un mensaje. En el Sermón del Monte, Jesús resume todo su mensaje con la parábola de los dos constructores (TM 7.21-27). El que escucha las palabras del sermón y luego traduce en acción lo que escucha es como el que construye su casa sobre una roca: él está en base sólida. No sólo es la obediencia la respuesta esperada a los preceptos éticos de Cristo, pero también debe ser la respuesta de uno al evangelio (Gá 3.2). Pablo recuerda a los lectores de la carta a los Filipenses que la muerte de Jesucristo en la cruz es el último ejemplo de obediencia (Fil 2.8; Gr. *hypḗkoos*).

RICK W. BYARGEON

OBELISCO

Un monumento sagrado originario del antiguo Egipto en la forma de un pilar alto, de cuatro lados que se eleva a un punto piramedal. Construido de piedra, sus cuatro lados por lo general estaban cubiertos de inscripciones reales o religiosas. Numerosos ejemplos de obeliscos sobreviven hasta nuestros días en Egipto.

En la única referencia bíblica a un obelisco egipcio (Jer 43.13), Jeremías profetiza que Nabucodonosor destruiría los obeliscos de Heliópolis. El obelisco probablemente se originó en este centro de culto egipcio, y estaba aparentemente asociado con el dios sol Amón-Ra. En períodos anteriores, se creía que el dios vivía y descansaba en el obelisco; en tiempos del Nuevo Reino, sin embargo, los obeliscos fueron levantados para conmemorar la celebración del Festival de Treinta Años del faraón.

JENNIE R. EBELING

OBIL (Heb. *ʾôḇil*)

Un ismaelita que era el supervisor de los camellos del rey de David (1 Cr 27.30).

OBISPO

Un alto cargo en el ministerio y gobierno de la iglesia primitiva. No está claro cuándo la palabra (Gg. *epískopos*), como se utiliza en círculos cristianos primitivos, pasó de un significado genérico «supervisor» o «guardián» al significado específico de «obispo». El antiguo significado es probable en Hechos 20.28, donde se dice que Pablo ha descrito a los ancianos de la iglesia de Éfeso (v. 17) como *epískopoi* del rebaño, designados por el Espíritu Santo (cf. la asociación de ancianos, rebaño y el ejercicio de cuidar [del verbo *episkopéō*] en 1 P 5:1-2). La conexión pastoral también se encuentra en 1 Pedro 2.25, donde Jesús es descrito como el Pastor y *epískopos* de nuestras almas. Para un significado genérico similar de la palabra relacionada *episkopḗ* («posición de supervisor»), cf. Hechos 1:20 (citando Sal 109:8 LXX).

El significado de «Obispo» parece probable en Filipenses 1.1, donde Pablo se dirige a los *epískopoi* junto con los diáconos. Para el tiempo de las Epístolas Pastorales, la tradición de aspirar al cargo de obispo *(episkopḗ)* estaba bien establecida y aprobada (1 Ti 3.1). Las congregaciones recibieron consejo sobre los tipos de personas aptas para el oficio (1 Ti 3.2-7; Tt 1.7-9). Las características incluyen ser ejemplo personal, doméstico, y de organización. Si bien está claro que los obispos en ese momento eran distintos de los diáconos, su relación con los ancianos es más incierta. Tanto 1 Timoteo como Tito incluyen material acerca de los ancianos que complementan (1 Ti 5.17-22) y se superponen (Tit 1.5-6) sus discusiones sobre los obispos. Este último puede ser un subconjunto superior del anterior o puede ser designado por ellos (posiblemente sugerido en 1 Ti 4.14), o los dos pueden ser diferentes títulos para el mismo cargo. Ciertamente, para el tiempo de Ignacio (principios del siglo II) las dos posiciones eran distintas.

WARREN C. TRENCHARD

OBLACIÓN

El sacrificio de la tarde del templo (1 R 18.29, 36; Heb *minḥâ*).

OBOT (Heb. *ʾōḇōṯ*)

Un campamento israelita cerca del final del viaje por el desierto, situado entre Punon e Ije-abarim (Nm 21.10-11; 33.43-44). Obot estaba probablemente al este del Mar Muerto sobre la Carretera del Rey (Nm 20.17; 21.22) entre las tierras de Edom y Moab. Ubicaciones posibles incluyen ʿAin el-Weiba, ʿAin Ḥoṣob, y varios lugares al norte de Feinân y norte de Bozra.

PETE F. WILBANKS

OBRAS

Los actos de Dios y los hechos de la humanidad en guardar los mandamientos de Dios.

Obras de Dios

En el AT, la(s) «obra(s)» (Heb. *maʿăśeh, mĕlāḵâ*) de Dios son sus obras en la creación, la salvación y el juicio. La narración del Génesis describe la obra de Dios en la creación (Gn 2.2, 3). Escritores en ocasiones emplean lenguaje antropomórfico para describir «la obra (s) de su (sus) manos» (Job 14.15; 24.19; Sal 8.6[TM 7]) y «la obra de tus dedos» (Sal 8.3[4]) con referencia a la creación. En otros casos (cf. Sal 145.4, 9-10, 17; Is 5.12), los escritores hablan de la obra de Dios en la creación y liberación. Personas piadosas deben «meditar» en las buenas obras de Dios (Sal 77.12[13]; 143.5) y «recordarlas» (77.11[12]).

En el NT las obras de Dios se convierten en un tema importante en el Evangelio de Juan. De acuerdo con la descripción coherente de Juan sobre el Hijo como el que se encontró con un mundo hostil que no lo «recibió» (Jn 1.10-11), el escritor retrata un mundo que se divide entre aquellos cuyas «obras son malas» (7.7; cf. 3.19) y el que hace las obras del Padre (8.41). Jesús declara: «Mi Padre hasta ahora trabaja, y yo también trabajo» (Jn 5.17; cf. v. 36), y además, «las obras que yo hago en nombre de mi Padre dan testimonio de mí» (10.25; cf. 4.34; 10.32). El Padre dio a Jesús este trabajo (Jn 5.36; 17.4), y ahora el Padre mora en él mientras realiza estas obras (14.10). Como resultado de la obra de Jesús, los que creen en él, harán obras mayores (Jn 14.12). Este punto de vista, por lo tanto, está totalmente integrado dentro de la comprensión de Juan de la comunidad creyente como las personas que han «vi[sto] su gloria» (Jn 1.14) en las obras que el Hijo realizó.

Aunque Pablo emplea el gr. *érgon/érga* principalmente para la actividad humana, que también se refiere al drama de la salvación como obra inconclusa de Dios. El hermano cristiano es la obra de Dios: « No destruyas la obra de Dios por causa de la comida» (Rom 14.20). La transformación espiritual y ética de la comunidad es la obra de Dios (Fil 1.6). Su demanda de «ocuparse de su propia salvación» es acompañada por la seguridad de que «Dios es el que en vosotros produce así el querer como el hacer» (Fil 2.13).

Obras humanas

Los actos de obediencia a Dios descritos comúnmente como obras. Pablo comparte la evaluación positiva de la tradición judía de buenas obras (cf. Neh 13.14; Mt 5.16; 11.19) en sus comentarios sobre la conducta moral. Dios juzgará a cada uno conforme a sus obras (Rom 2.6, 7; cf. 1 Co 3.13, 15; 2 Co 11.15). En consecuencia Pablo reta a sus lectores a abundar «en toda buena obra» (2 Co 9.8; Col 1.10; 2 Ts 2.17). De hecho, él describe el servicio cristiano como «la obra del Señor» (1 Co 15.58; 16.10) o «la obra de la fe» (1 Ts 1.3; cf. 5.13).

Aunque Pablo reta a sus comunidades a ocuparse en buenas obras, él habla negativamente de «obras de la ley» (a veces abreviado a «obras», por ejemplo, Ro 3:27; 4:. 2, 6; 9:12, 32; 11: 6), especialmente en la situación polémica de Gálatas y Romanos, donde se argumenta a favor de la admisión de los gentiles en la comunidad sin el requisito de entrada por la circuncisión. Hacer la circuncisión un requisito de entrada para la salvación es insistir en las obras de la ley. La frase «obras de la ley», que es sólo raramente atestiguada en el judaísmo contemporáneo con Pablo, es al parecer el equivalente de las «obras de la Torá» que se mencionan en la Rollos del Mar Muerto. Estas «obras de la Torá» consisten en el cumplimiento de las obligaciones del pacto que son requeridos por la ley. Debido a la amenaza de asimilación entre los judíos que vivieron entre los gentiles en los dos siglos inmediatamente anteriores a Pablo, los mojones que más claramente distinguen a los judíos de sus vecinos (circuncisión, el sábado, y las leyes de pureza) tuvo un significado especial en polémicas judías. En Gálatas y Romanos, Pablo argumenta a partir de la experiencia de sus conversos (Gá 3.1-5) y de la Escritura (cf. 3.6-29; Ro 4.1-25) que uno es justificado, no por obras de la ley, sino por la fe (Ro 3.28; 4.3-4; Gá 2.16; 3.2, 5-9). Así, en este polémico contexto fe es la consecuencia normal de las obras. En la mayoría de los casos el objeto de la fe es Jesucristo (Gá 2.16b, 20; 3.26; cf. Ro 10.9-10). Sin embargo, la frase griega *pístis Iesoú Christoú,* que la mayoría de las traducciones vierten como «la fe en Jesucristo,» puede referirse en su lugar a la fidelidad de Jesucristo como el corolario de las obras humanas. En cualquier caso, Pablo insiste en que nadie se salva por los mojones que él describe como obras de la ley.

En la epístola de Santiago la fe y las obras son de nuevo puestas en contraste. Santiago insiste en que «la fe sin obras está muerta» (Stg 2.17) y que la fe de uno se demuestra por las obras (v. 18). A diferencia de Pablo (Ro 4.3-5; Gá 3.6-10), Santiago insiste que Abraham fue justificado por sus obras (Stg 2.21-23). Santiago se refiere a las obras de misericordia, no las «obras de la ley», descritas por Pablo. Él desafía a su comunidad que se dedica a la «religión pura» (Stg 1.27) que consiste en la adhesión al mandamiento de amor (2.8).

Bibliografía. J. D. G. Dunn, «the Theology of Galatians,» in *Pauline Theology,* ed. J. M. Bassler (Minneapolis, 1991) 1.125-46; E. P. Sanders, *Paul y Palestinian Judaism* (Minneapolis, 1977).

James W. Thompson

OBRAS DE AGUA

Los habitantes de la antigua Palestina desarrollaron

técnicas ingeniosas para manejar los recursos hídricos estacionales y escasos. Paredes de terrazas de piedra se construyeron a lo largo de los contornos de las laderas empinadas, proporcionando nuevas tierras para el cultivo, control de la erosión, y obstaculizar el flujo de agua por las laderas por lo que tendría tiempo para infiltrarse en el suelo. En el Neguev y Transjordania, complejos de pared que datan ya desde el comienzo del cuarto milenio a.C., se construyeron a través de lechos de arroyos, creando una serie de represas para controlar las inundaciones estacionales y regar los campos bajos de las granjas de escorrentía del desierto. Los nabateos, amos del manejo del agua durante la época helenística y romana, hicieron que los desiertos del sur de Israel y Jordania florecieran.

Cisternas fueron excavadas para capturar y almacenar agua de lluvia en las zonas donde el nivel freático no podría lograrse o no existían manantiales perennes. Cuevas y cuencas naturales de roca fueron adaptadas fácilmente para este fin. Sin embargo, el desarrollo de tecnologías permitió que se abrieran estructuras en una peña que tenían claramente forma de botella con un cuello estrecho que conduce a la superficie. Una pasta de yeso y cal hizo de las cisternas estancos cuando las circunstancias geológicas lo exigieron, y las aberturas se protegieron con cuellos circulares de piedra y cubiertas de piedra pesadas. Las cisternas sirvieron propósitos tanto públicos como privados, y los hijos de Israel las consideraba una comodidad junto con la vid, el higo, y el aceite de oliva en las descripciones idealistas de su tierra (Dt 6.10-12; 2 R 18.31 = Is 36.16; Neh 9.25; cf. 2 Cr 26.10).

Manantiales y pozos permitían el acceso más fácil a agua fresca, pero estaban a menudo inconvenientemente situados fuera de las murallas de la ciudad o muy por debajo de los montículos sobre los que se construyeron ciudades, requiriendo extensa creatividad para llegar a ellos. Los ejes y túneles que conducen a los acuíferos o manantiales fueron excavados en Hazor, Yoqneam, Gezer, Beer-seba, Arad, Cades-barnea, Gabaón, Meguido, Ibleam, y Jerusalén. En Tell es-Say'idyeh una escalera techada fue construida a lo largo de la pendiente de la loma al manantial. La fuente de Gihón de Jerusalén fue desviada por debajo de la colina de Ofel, donde podría ser alcanzada por un eje vertical («Pozo de Warren») desde el interior de la ciudad. Más tarde, tal vez en el siglo VIII, aunque la fecha no es segura, un túnel de 533 m (1750 pies) de largo («túnel de Ezequías») fue cortado conectando el Guijón con el estanque de Siloé.

Una de las tres «piscinas de Salomón» sur de Belén que abastecía de agua a Jerusalén; Período asmoneo, siglo II a.C. (Phoenix Data Systems, Neal y Joel Bierling)

Las piscinas fueron diseñadas para almacenar el agua de escorrentía y manantiales. Los más famosos mencionados en la Biblia estaban en Gabaón (2 S 2.13), Hebrón (4.12), Samaria (1 R 22.38), Hesbón (Cnt 7.4), y Jerusalén (2 R 18.17 = Is 36.2; Neh 2.14; 3.15-16; Ecl 2.6; Is 7.3; 22.9; Jn 9.7). El crecimiento de la población de Jerusalén en tiempos posexílicos llevó a la necesidad de numerosos embalses allí. Josefo se refiere a la piscina de la Serpiente, el estanque Torre, y el estanque Struthion. Otro, el estanque de Israel, estaba localizado a lo largo del muro norte del recinto del templo. El agua se llevó a Jerusalén desde las piscinas de Salomón y manantiales al sur de Belén por un sistema complejo de acueductos. Las ruinas de un acueducto construido por Herodes el Grande para llevar agua a Cesarea desde las alturas al norte se pueden ver hoy en día.

Bibliografía. R. Amiran, «the Water Supply of Israelite Jerusalén,» in *Jerusalén Revealed,* ed. Y. Yadin (New Haven, 1976), 75-78; D. Cole, «how Water Tunnels Worked,» *BARev* 6/2 (1980): 8-29; W. G. Dever, «the Water Systems at Hazor y Gezer,» *BA* 32 (1969): 71-78; R. J. Forbes, «Irrigation y Drainage,» in *Studies in Ancient Technology,* Ap ed., 2 (Leiden, 1965): 1-79; «bater Supply,» in *Studies in Ancient Technology* 1, 3rd ed. (Leiden, 1993): 149-94; T. E. Levy, «how Ancient Man First Utilized the Rivers in the Desert,» *BARev* 16/6 (1990): 20-31; A. Mazar, «the Aqueducts de Jerusalén,» in *Jerusalem Revealed,* ed. Yadin, 79-84; Y. Olami y Y. Peleg, «the Water Supply of Caesarea Maritima,» *IEJ* 27 (1977): 127-37; J. P. Oleson, «the Origins y Design of Nabataean Water-Supply Systems,» in *Studies in the History and Archaeology of Jordan V,* ed. K. ʿAmr, F. Zayadine, y M. Zaghloul (Amman, 1995), 707-19; J. B. Pritchard, *The Water System of Gibeon* (Filadelfia, 1961); Y. Shiloh, «Underground Water Systems in Eretz-Israel En la Edad del Hierro,» in *Archaeology y Biblical Interpretation,* ed. L. G. Purdue, L. E. Toombs, y G. L. Johnson (Atlanta, 1987), 203-44; T. Tsuk, «Reservoirs,» *OEANE* 4.422-23; J. Wilkinson, «ancient Jerusalem: Its Water Supply y Population,» *PEQ* 106 (1974): 33-51.

James H. Pace

OCOZÍAS (Heb. *yĕhôʾāḥāz*) (también SALUM)

1. Rey de Judá, hijo menor de Joram y Atalía (2 R 8.25-29); 2 Cr 22.1). Su nombre es una variante de Joacaz (2 Cr 21.17). Ocozías fue mortalmente herido por el ejército de Jehú, y murió en Meguido (2 R 9.27-29).

2. Rey de Israel, hijo y sucesor de Jehú (2 R 13.1-9). Según 2 Reyes 13.1, reinó 17 años, pero según el v. 10 su reinado duró sólo 15 años. Durante todo su reinado estuvo bajo el yugo de Hazael y Ben-adad, reyes de Damasco. A pesar de haber mantenido Ocozías el culto idolátrico, Jehová le prometió un «salvador» no identificado (2 R 13.5).

3. Decimoséptimo rey de Judá, y uno de los hijos de Josías (2 Cr 3.15; cf. 2 R 23.31, 36). También es llamado Salum (Jer 2.11; 2 Cr 3.15). Éste pudo haber sido su nombre oficial, mientras que Ocozías fue el nombre oficial que asumió como rey. Ocozías tenía 23 años cuando fue proclamado rey (2 R 23.30, 31), y ascendió al trono después que su padre Josías murió en batalla contra los egipcios. Después de estar tres meses en el trono, Ocozías fue hecho prisionero y derrocado por Necao II, rey de Egipto, y sustituido por su hermano mayor Eliaquim [Joacim], quien apoyaba a Egipto. Ocozías fue llevado primero a Ribla, Siria, y luego encadenado a Egipto, donde murió. Cuando se produjo la deportación de Ocozías, Jeremías compuso un lamento (Jer 22.10-12) declarando que Ocozías no volvería a ver más su tierra (cf. Ez 19.3, 4).

Claude F. Mariottini

OCRÁN (Heb. *ʿoḵrān*)

El padre de Pagiel, jefe de la tribu de Aser (Nm 1.13; 2.27; 7.72, 77; 10.26).

ODED (Heb. *ʿôḏeḏ*)

1. El padre del profeta Azarías (11; 2 Cr 15.1, 8 LBLA).
2. Un profeta en Samaria que ordenó al ejército israelita victorioso del rey Peka liberar a sus prisioneros judaítas. Oded reprendió a los soldados por su masacre y les recordó sus propios pecados contra Jehová, después de lo cual alimentaron, vistieron, y pusieron en libertad a los cautivos (2 Cr 28.8-15 LBLA).

ODIO

El odio es una emoción humana tan básica que no sorprende encontrarla regularmente puesta de relieve en la Biblia, incluso en los antropopatismos aplicados a Dios en el AT (ausente en el NT; pero Ro 9.13). Si bien los hebreos naturalmente tenían toda una gama de tales emociones que van desde la malicia que busca la muerte a la mera preferencia, desprecio, y rechazo, no tenían palabras adecuadas para expresar diferentes matices de significado. Por lo tanto palabras como «amor» y su opuesto «odio» (Heb. *śānē'*; Gr. *miséō*) se utilizaban para expresar la idea de preferencia.

En el AT, Dios que es santo y celoso se describe odiando la adoración de dioses falsos (Dt 12.31); la liturgia de Israel, sus sacrificios, nuevas lunas, y sábados porque carecen de profunda sinceridad y obediencia (Is 1.14; Am 5.21); injusticia (Is 61.8); y los pecadores (Os 9.15). Dos listas se recogen en Proverbios 6.16-19; 8.13. Jehová aborrece a Esaú («prefiere» a Jacob; Mal 1.3). Los hermanos de José lo odian por el favoritismo de su padre (Gn 37.4). Isaac es odiado (Gn 26.27; cf. Jefté, Jue 11.7). En el AT se prohíbe claramente odiar a los parientes (Lv 19.17-18), mientras que se manda amar al extranjero (Dt 10.19). Incluso Dios es odiado (1 S 8.7; Jer 14.19); esto significa ignorar los mandamientos de Dios y perseguir a su pueblo. Así, los enemigos del salmista que van desde lo comunitario a lo personal, lo político a lo religioso, también son los que odian a Dios (Sal 68.1[TM 2]; 81.15[16]). Ellos odian la paz (Sal 120.6) y la disciplina (50.17) y conspiran contra el pueblo de Dios (83.2[3]). Naturalmente uno odia esas personas (Sal 139.21). En Qumrán la comunidad fue llamada a separarse de los hijos de las tinieblas y odiarlos (1QS 3.26–4.1), y perseguir a los hijos de las tinieblas con un «odio eterno en un espíritu de secreto» (1.10). Si bien Dios castiga la maldad de los que odian hasta la tercera y cuarta generación (Dt 5.9), de acuerdo con Ezequiel Dios no desea la muerte del pecador (Ez 18.23), y Sabiduría insiste que Dios no puede odiar ninguno de los seres que ha hecho (Sab 11.24).

Jesús rechaza abiertamente el odio e insiste en que el amor es la única ley, incluso en relación con los enemigos. Esto se explica como orar por los propios enemigos (Mt 5.44-45) y hacer «bien a los que os aborrecen» (Lc 6.27). Paradójicamente, el discipulado implica un cierto tipo de odio, o más bien la jerarquía de compromiso, poniendo a Jesús primero en la vida de uno que el padre, la madre, los hermanos, las hermanas, la esposa y los hijos (Lc 14.26). Asimismo, un discípulo debe incluso odiarse a sí mismo (Jn 12.25). La vida en el antiguo eón se caracterizó por odio (Tt 3.3) pero en el nuevo por el amor (Ro 13.8-10; 1 Jn 2.10). Los escritos de Juan son los más prominentes por el fuerte contraste entre el amor divino y el pecado del mundo de las tinieblas que es odiado por Dios, Cristo, y el pueblo de Dios (Jn 15.23-24; 7.7; 15.18). Una de las claras limitaciones de 1 Juan es su entusiasta dedicación al amor (1 Jn 4.19) en contraste con su amarga condena de los antiguos miembros como anticristos, falsos profetas, y ejemplo de iniquidad y maldad (2.18-19; 4.1-6; 3.4-5). Dios no envió a su Hijo para condenar al mundo, sino porque amó al mundo (Jn 3.16).

Seán Kealy, C.S.Sp.

OESTE

Aunque los hebreos reconocieron los cuatro puntos cardinales (Gn 13.14; 28.14; Dt 3.27; Lc 13.29; cf. Is 11.12; Ez 37.9), el este tuvo el lugar preeminente y las otras direcciones a menudo eran contadas y descritas de acuerdo con su relación con ese punto. Así, el oeste se consideró la parte trasera (Heb. *hayyām hā'aḥărôn,* el Mar Mediterráneo, la frontera occidental de Palestina; Joel 2.20; cf. Dt 11.24; Jos 15.12) y estaba opuesto a la salida del sol (*ma'ărāḇ; Is* 45.6; 59.19).

En el Evangelio de Mateo el oeste y el este se encuentran frente a frente para representar a los confines de la tierra de la que los justos se reunirán (Mt 8.11; cf. Sal 107.3; Is 43.5-6) y la visibilidad universal de la venida del Mesías (Mt 24.27).

OFEL (Heb. *'ōp̱el*)

La cresta sureste entre los valles Cedrón y Tiropeón, fortificada por David como su capital (cf. 2 S 5.9). El Ofel era el sitio de la actividad de construcción por Jotam (2 Cr 27.3) y Manasés (33.14), y después del exilio los sirvientes del templo que vivieron en el Ofel repararon sus muros (Neh 3.26-27; 11.21). En mediados del siglo VIII a.C. (2 Cr 27.3) la palabra «ofel» puede haber sustituido el término «milo» para designar específicamente la ciudadela de Jerusalén. El área fue llamada Oflas por Josefo (*BJ* 5.145; 5.254), una traducción griega de Aram. *'apla*, y era considerada por Josefo como situada por debajo de la esquina sureste del actual monte del Templo. Josefo distinguió el Ofel de la Fortaleza de Akra, más abajo en la misma cresta (*BJ* 5.253; 6.354). La zona ha sido excavada por Kathleen Kenyon y Yigal Shiloh.

El término hebreo significa «colina,» «montículo,» o «bulto» (Is 32.14; Mi 4.8), y con el artículo definido puede designar una colina específica, p.ej., Samaria, donde se situó la casa de Eliseo (2 R 5.24; NVI «colina»). El término también se utiliza en la estela de Mesa de Dibón, que menciona un «muro de Ofel» en Kerak.

Bibliografía. Y. Shiloh, *Excavations at the City of David* 1. Qedem 19 (Jerusalén, 1984).

KENNETH ATKINSON

OFICIAL

Una persona dotada de responsabilidad civil, política, militar, o religiosa. Ninguna palabra en hebreo se usa para «oficio» u «oficial» en el AT porque el oficio de un individuo estaba implícito a través de la descripción de la posición. Los roles de los funcionarios varían mucho debido a los diferentes tipos de estructuras administrativas que se encuentran a lo largo de la historia bíblica: gobierno tribal, la Monarquía, y el gobierno del imperio dominante. El palacio, templo, y ejército contenían un contingente completo de oficiales para la administración. Heb. *śar* es el más ampliamente utilizado para una variedad de títulos oficiales, traducido a menudo como «príncipe,» «jefe,» «noble,» u «oficial.» Los roles de liderazgo también se evidencian en términos más generales como «cabeza» (*rōʾš;* Jos 22.14; 1 S 15.17); «grande» (*raḇ;* Dn 4.22[TM 19]); «sirviente» (*ʿebed;* Gn 40.20; 1 S 18.5); «muchacho» (*naʿar;* 2 S 16.1; traducido a menudo «mayordomo» o «sirviente del hogar»); y la preposición «sobre» (*ʿal;* 2 R 10.5; Is 36.3).

El escriba *(sōp̄ēr)* sirvió como el secretario personal del rey o de otro oficial, como un sacerdote o profeta (2 S 8.17; Neh 8.1; Jer 36.32). El *nĕṣîḇ* era un oficial administrativo regional de los filisteos (traducido a menudo «guarnición,» 1 S 10.5; 13.3) y de los distritos de Salomón (1 R 4.7). Otras palabras designan un cierto tipo de oficial, aunque en algunos casos, los significados precisos se han perdido a través del tiempo. El *sagan* (TM solo pl.) era descrito como un funcionario de Babilonia, Asiria (Ez 23.6), y Judá (Neh 2.16). El *sarîs* era un eunuco que tenía un oficio distinguido en los gobiernos de países como Egipto (Gn 37.36), Babilonia (2 R 20.18; Dn 1.7), y Persia (Est 2.3). Se ha sugerido que *sārîs* en el AT pudiera no referirse a un oficial específico que era un eunuco pero puede ser un término general para un oficial; sin embargo, los eunucos estaban aparentemente presentes en la administración en el antiguo Israel (1 S 8.15; 1 R 22.9; 2 R 24.15; 1 Cr 28.1). El *šōṭēr* (TM generalmente pl.) era un oficial secundario en Israel (Nm 11.16; Jos 8.33).

En el NT una variedad de términos denotan funcionarios y oficiales. Gr. *hypērétēs* denota oficiales, guardias, o sirvientes (Jn 18.3; Mr 14.54; 1 Co 4.1). Gr. *hekatontárchēs* denota el centurión romano (TM 8.5) y *chiliarchos,* un comandante o general (Hch 21.31; Ap 6.15).

BRUCE W. GENTRY

OFICIO

Una posición o responsabilidad oficial. Una función claramente definida significa que la autoridad y legitimidad del liderazgo son seguras y pueden ser transferidas de una generación a otra. Tres tipos básicos de autoridad dan legitimidad a un oficio: autoridad legal (basado en reglas o precedentes), autoridad tradicional (basada en tradiciones y creencias sagradas), y autoridad carismática (basadas en las extraordinarias habilidades de liderazgo de un individuo).

En el Israel tribal, los oficios se derivaban a partir de una combinación de autoridad tradicional y carismática. Los «jueces» entraron en posiciones temporales de liderazgo mediante la unión de las tribus contra un enemigo común. El liderazgo en el nivel local se deriva más de la autoridad tradicional. Samuel administró su autoridad como profeta y juez a través de un «circuito» regular de tres ciudades: Betel, Gilgal, y Mizpa (1 S 7.16). En el mismo período, reyes como Abimelec de Siquem gobernaron sus pequeñas ciudades-estado a través del poder de la autoridad legal (Jue 9).

Una clara administración con oficios basados más en la autoridad legal comenzó a aparecer en el tiempo de la Monarquía Unida de Israel. La dificultad de la transición de la administración tradicional de un profeta-sacerdote a la de un rey se demuestra porque el pueblo tiene que suplicar a Samuel por un rey. El rey tendría la autoridad para recaudar impuestos, el servicio militar obligatorio y el trabajo, y la organización de la economía en una economía «real» (1 S 8.10-17).

La Monarquía Unida de Israel y las monarquías de Judá y Samaria sirvieron en la institucionalización de diversos oficios en todo el antiguo Israel. La singularidad de la religión israelita dentro de su contexto del antiguo Cercano Oriente es atestiguada por la tradición profética que fue capaz de llevar una crítica contra el oficio del rey.

Bibliografía. R. R. Hutton, *Charisma and Authority in Israelite Society* (Minneapolis, 1994).

BRUCE W. GENTRY

OFIR (Heb. *'ôp̱îr*) **(LUGAR)**
Una nación con la que Israel llevó a cabo relaciones marítimas desde la época de Salomón (1 R 9.28; 10.11; 22.48; 2 Cr 8.18; 9.10). Ofir suministró oro, piedras preciosas y madera tanto para Salomón como para Hiram de Tiro a través de Ezión-geber en el Mar Rojo. El oro de Ofir era tan conocido que llegó a simbolizar la riqueza y la decadencia, en contraste con la sabiduría y la fe (Job 22.24; 28.16; Is 13.12).

La identificación de Ofir ha producido una cantidad de posibilidades. Si se cree que existe una asociación entre Ofir y el descendiente de Joctán (Gn 10.29-30), entonces la región montañosa oriental del v. 30 presenta un caso a favor de una identificación de Arabia. La mención de Ofir (1 R 10.11) dentro de la narrativa de la reina de Sabá puede reforzar la identificación de Ofir con Seba en el suroeste de Arabia. La India sigue siendo una posibilidad con su marfil y primates exóticos (1 R 10.22), aunque cap. 10 puede implicar un socio comercial diferente. África también posee las materias primas importadas de Ofir. Una inscripción de Tell Qasile proporciona la única referencia extrabíblica que ha sobrevivido para Ofir, pero carece de información geográfica de utilidad.

OFIR (Heb. *'ôp̱îr*) **(PERSONA)**
De acuerdo con la Tabla de Naciones, un descendiente de Sem, el hijo de Joctán y hermano de Havila (Gn 10.29; 1 Cr 1.23). Él es presumiblemente el epónimo antepasado de una región del sur de Arabia.

Bibliografía. B. Maisler, «two Hebrew Ostraca from Tell Qasîle,» *JNES* 10 (1951): 265-67.

Ryan Byrne

OFNI (Heb. *ḥopnî*)
Uno de hijos de Elí (cf. Egyp. *ḥfn[r]*); un sacerdote en Silo (1 S 1.3). Al igual que su hermano Finees, actuó indebidamente como sacerdote (1 S 2.12-17), acarreando el juicio de Jehová sobre él (cf. vv. 27-36; 3.11-18). Fue muerto en la batalla de Afec, en la que los filisteos capturaron el arca del pacto (1 S 4.1-18).

OFNI (Heb. *ʿopnî*)
Un pueblo en el territorio de Benjamín, que figura entre Quepar-haamoni y Geba (Jos 18.24). La ubicación exacta es desconocida, pero las otras ciudades mencionadas en este grupo sugieren un sitio al noreste de Jerusalén. Ofni a menudo se identifica con moderna Jifna (170152), cerca de 5 km (3 mi) noroeste de Betel. Josefo llama al pueblo Gofna, que indica que la ciudad fue la capital de su toparquía (*BJ* 3.3.5.55).

Willard W. Winter

OFRA (Heb. *ʿoprâ*) **(LUGAR)**

1. Ciudad en el territorio de la tribu de Benjamín (Jos 18.23), probablemente idéntica a la ciudad de Efraín (2 S 13.23) cerca de Baal-hazor, así como la ciudad de Efrón mencionada en 2 Crónicas 13.19. Ofra es situada en moderno eṭ-Ṭaiyibeh (178151), 6.5 km (4 mi) noreste de Betel. Ofra fue el destino de uno de los grupos de ataque de los filisteos durante el reinado de Saúl. Saliendo de Micmas, un grupo de filisteos se acercó a Bet-horón en el oeste, otro hacia el valle de Zeboim en el este, y el tercero hacia Ofra, la cual estaba en dirección norte (1 S 13.17). Efrón figura entre las ciudades recapturadas por el rey Abías de Judá de Jeroboam I (2 Cr 13.19). Ofra fue la capital de uno de los tres distritos samaritanos dados a Jonatán Macabeo por Demetrio II (1 Mac 11.34, Afairema). Sobre la base de la Iglesia Primitiva el padre Jerónimo, la ciudad se equipara con Efraín en Juan 11.54, como un sitio al que Jesús fue a esconderse en el comienzo de su persecución. Ofra fue el escenario de otro enfrentamiento cuando Vespasiano conquistó la ciudad, junto con Betel, en el camino a Jerusalén (Josefo *BJ* 4.9.9).
2. Ofra de Abiezer, asociado con el juez Gedeón (Jue 6–8). El nombre del clan Abiezer indica que la ciudad era parte del territorio de la tribu de Manasés. Situado en el valle de Jezreel, cerca del monteTabor, era el hogar de Gedeón y el lugar donde recibió una comisión divina para liberar a Israel de la opresión de los madianitas. También es el lugar donde Gedeón edificó un altar inscrito «Jehová-shalom» (Jue 6.24) para conmemorar la aparición del ángel del Señor. Luego Gedeón hizo un efod aquí, que se convirtió en fuente de apostasía para Gedeón, su familia, y sus compañeros israelitas (Jue 8.22-28). Gedeón murió en Ofra como un hombre viejo (Jue 8.29-32), y su hijo Abimelec, ambicioso por el poder y el reino, mató a todos sus 70 hermanos menos a uno; Jotam fue el único que escapó (9.1-6). El sitio puede ser moderna el-ʿAffuleh/ʿAfula (177223).

OFRA (Heb. *ʿoprâ*) **(PERSONA)**
Hijo de Meonotai de Judá (1 Cr 4.14).

Willard W. Winter

OFRENDA
Véase Sacrificios y ofrendas.

OFRENDA DE CEREAL
Se traduce también «ofrenda de granos». Heb. *minḥâ* significa «regalo» o «tributo» y a menudo se refiere a pagos a los soberanos que están obligados por tratados de vasallos; como el Señor de Israel, Dios también recibe un *minḥâ*. El concepto religioso de *minḥâ* podría haber incluido alguna vez sacrificios de animales así como ofrendas de granos. En Génesis 4.4 la ofrenda de Abel de las primicias de su rebaño es llamada una *minḥâ*, y en 1 Samuel 2.17 la exigencia de los hijos de Elí de una porción mayor de la carne del sacrificio se dice que muestra desprecio por la *minḥâ* de Dios. Sin embargo, toda la demás evidencia bíblica del uso de culto de esta palabra se refiere claramente a ofrendas de cereal, y no hay bases confiables sobre las que se pueda suponer que *minḥâ* como ofrenda de cereal es un desarrollo lingüístico tardío o posterior al exilio; el equivalente fenicio preexílico también se refirió a ofrenda de cereales. Independientemente de su verdadera etimología, esta palabra sin duda trajo a la mente pensamientos del pacto con Dios. No carece de significado que Levítico 2.13 advierte que la sal del pacto del Señor nunca debe faltar de la ofrenda de cereal.

Hay tres tipos de *minḥâ* de culto atestiguados: (1) ofrenda de cereales que acompañan ofrendas quemadas, (2) ofrenda de cereales en lugar de ofrendas quemadas, y (3) ofrendas de primeros frutos de grano y sus productos. Las del tercer tipo son ya sea *minḥâṯ bikkûrîm*, primeros frutos de la cosecha (molido, grano tostado de nuevas mazorcas), una parte del cual era quemada, o *rēʾšiṯ*, los primeros de productos procesados, que nunca fueron quemados. Presumiblemente, las ofrendas de los primeros frutos se aplicarían a cualquier grano, aunque más a menudo se piensa en la ofrenda de la cebada y la ofrenda de grano asociada con la fiesta de las semanas. La ofrenda de cereales independiente y acompañada debía ser de harina de trigo, que era como el doble de cara que la harina de cebada (2 R 7.16), pero al alcance del presupuesto de la persona común. Ofrecida sin cocer, debía ir acompañada de incienso, una especie bastante cara. Como alternativa, se podía ofrecer sin incienso si era ofrecida en cualquiera de cuatro maneras (Lv 2.4-7). La ofrenda de cereal era siempre sin levadura, mezclada con aceite, y ofrecida con sal. Las indicaciones para la ofrenda por el pecado (Lv 5.7, 11) dejan en claro que la ofrenda de cereal era un sustituto aceptable para la ofrenda quemada si la persona que hacía la ofrenda no podía pagar ni siquiera un par de pajarillos. La ofrenda de cereal es por tanto a menudo llamada la ofrenda del pobre y como tal era común a lo largo del antiguo Cercano Oriente.

Debido a que podía servir como sustituto para las ofrendas quemadas, la ofrenda de cereal sirvió la misma amplia gama de propósitos y ocasiones que las ofrendas quemadas. A diferencia de las ofrendas quemadas, sin embargo, solo una pequeña parte de la ofrenda sacerdotal de cereal era quemada. El resto se contribuía para los sacerdotes. Fuentes no sacerdotales (p.ej., 2 R 16.15) sugieren que la ofrenda de cereal era completamente quemada. Sin embargo, es probable que fuesen comunes prácticas divergentes. Uno podría deducir esto del relato del hijo de Elí (1 S 2) y de 2 Reyes 23.9, que señalan que los sacerdotes de los lugares altos «comían pan sin levadura (esto es, su parte de la ofrenda de cereales) entre su parentela.» La ofrenda de cereales, incluso en el período posterior al exilio, se podían ofrecer en lugares donde las ofrendas quemadas habrían sido impensables (p.ej., Elefantina). Después de la destrucción del templo de Salomón, los fieles devotos continuaron dejando ofrendas de cereales en el lugar del templo, aun cuando no había altar (Jer 41.5). Las ofrendas de cereal eran comunes en otras religiones del antiguo Cercano Oriente, y fueron aun encontradas en Judá en conexión con la adoración de la reina del cielo (Jer 44.19).

Bibliografía. J. Milgrom, *Leviticus 1-16*. AB 3 (New York, 1991), 177-202. William R. Scott

OFRENDA DE LIBACIÓN
Véase Libación.

OFRENDA DE PAZ
Una comida de pacto que sirvió para afirmar la relación entre el adorador, Dios, y la comunidad de los creyentes. El nombre se deriva de Heb. *šālôm*, aunque «sacrificio de comunión» también es apropiado (como NVI).

Como el resto de las ofrendas de animales, el animal a ser sacrificado, macho o hembra, debe ser intachable, y podía ser una vaca, toro, oveja, o cabra (Lv 3). La sangre y la grasa del animal de sacrificio se reservan para Dios (Lv 3.16-17). El muslo derecho del animal es reservado para el sacerdote que oficia en el sacrificio, mientras que los otros sacerdotes se les dará el pecho (Lv 7.30-36). El adorador que trae la ofrenda recibe el resto del animal.

Tres categorías de ofrenda de paz se atestiguan: acción de gracias, votiva, o voluntaria. Una ofrenda de gratitud se diferencia de las ofrendas voluntarias y votivas en que se trata de incluir las tortas de pan sin levadura, además del animal del sacrificio (Lv 7.12-14). La ofrenda voluntaria es dada para el pago de un voto (Lv 27), mientras que una ofrenda voluntaria no se limita a cualquier ocasión especial. La carne y las tortas de una ofrenda de acción de gracias se deben comer en el día de la ofrenda, mientras que la carne de la ofrenda voluntaria o votiva se podía comer el día siguiente (Lv 7.15-16).

Hemchand Gossai

OFRENDA ELEVADA

Una ofrenda de sacrificio. El sentido preciso del heb. *tĕnûpâ* ha sido disputado, ya que los traductores de la LXX lo vertieron de manera irregular. La traducción tradicional «ofrenda mecida» es improbable y es mejor traducida «ofrenda elevada» porque el verbo hiphil *hēnîp* puede ser usado para un puño extendido para golpear (Is 19.16) y porque el movimiento de ofrendas grandes horizontalmente sería difícil (Lv 8.27). Además, supuestos paralelos heteos de movimientos agitadores ocurren en rituales mágicos, no en el sacrificio; ejemplos egipcios de ofrendas elevadas también existen.

Los sacerdotes israelitas realizaron este ritual dentro de los atrios de templo («delante de Jehová», Ex 29.24-25; Lv 7.30; Nm 8.11, 21; pero «a Jehová» en Ex 35.22; Nm 8.13) como parte de «la ofrenda por el pecado» (*ḥaṭṭā'ṯ*; Lv 9.21) y en la purificación de personas con enfermedades de la piel (14.12). El oro dedicado a la construcción del tabernáculo fue presentado a Dios como una señal de su consagración (Éx 35.22; 38.24-29). La elevación de una gavilla de cebada marcó el final de la fiesta de los panes sin levadura y la libertad de comer de la cosecha de grano (Lv 23.15). En Pentecostés una ofrenda mecida de dos panes del pan abrió una serie de sacrificios (Lv 23.17, 20). Un procedimiento similar es presentado en el caso de la mujer acusada de adulterio (Nm 5.25) y en el ritual que concluye la vocación de Nazareo (6.20).

La elevación de las ofrendas por lo visto tenía varios objetivos. En la mayoría de los casos, y siempre cuando la carne de animal y la grasa constituyeron el sacrificio, el ritual marcó un cambio de la propiedad del sacrificio del oferente a Dios, y su consagración para la comida del sacerdote que preside (Lv 7.24-36) los sacrificios principales, como la purificación, holocausto, ofrenda quemada, y las ofrendas por el «pecado» no fueron elevados porque ellos ya pertenecían a Jehová. Además, el sacerdote levantó sólo aquellas partes de la res muerta que él comería (el pecho y la pierna derecha), no las partes que vuelven al adorador. Las excepciones a estas condiciones existen en las ofrendas de grano en Levítico 23; Números 5, todas las cuales se alejan de la norma siendo de cebada, más bien que trigo y careciendo de aceite e incienso. También distinta es la ofrenda por la persona con enfermedad en la piel, que no puede ser pagada en plata, a diferencia de ofrendas de reparación en otros contextos.

La ofrenda elevada podría ocurrir a varios puntos del ciclo ritual: con ofrendas de grano al principio (Lv 23.15) y con la carne y ofrendas mezcladas en el medio (Éx 29.23-26; Nm 5.25; Lv 14.12) o al final (Éx 29.27-28; Lv 9.21) de la ceremonia. Notablemente, la ofrenda elevada marca la transición a la salida ritual (por medio de la bendición) en el servicio inaugural del sacerdote (Lev. 9.21), quizás para significar su nuevo derecho de presidir todos los sacrificios. La elevación de la ofrenda así marcó transiciones importantes en el ritual, sobre todo antes de su punto culminante.

Bibliografía. B. A. Levine, *Leviticus.* JPS Torah Commentary (Filadelfia, 1989); J. Milgrom, *Leviticus 1-16.* AB 3 (Nueva York, 1991).

Mark W. Hamilton

OFRENDA POR EL PECADO

Tipo de ofrenda especial (heb. *ḥaṭṭā't*, «error o transgresión») que desde tiempos antiguos universalmente se le llama ofrenda por el pecado (Lv 4.1-5.3; Nm 15.22-31). Sin embargo, de hecho era una ofrenda de purificación, cuyo propósito no era el de expiar a alguien por el pecado sino de purificar el santuario de la contaminación ocasionada por cualquier clase de contaminación. A lo largo del antiguo Cercano Oriente, incluso en Israel, se consideraba de máxima importancia mantener los santuarios libres de la contaminación o inmundicia ocasionada por error, ya que eso podría hacer que un santuario fuera repugnante a su dios.

La ofrenda se requería en varios casos en los que no estaba involucrado ningún pecado ni transgresión: p. ej., recuperación después del parto (Lv 12), conclusión de un voto nazareo (Nm 6), dedicación de un altar nuevo (Lv 8) y la inducción de sacerdotes levitas (Nm 8). En el caso de impureza ocasionada por alguna transgresión inadvertida (Lv 6), el que causaba la contaminación (o el sumo sacerdote a nombre de la comunidad) tocaba el sacrificio de un animal, correspondiente a la condición del ofensor (que podría ser toda la comunidad), entonces el sacerdote untaba un poco de sangre en el cuerno del altar del santuario.

Bibliografía. J. Milgrom, *Leviticus 1–16*. AB 3 (New York, 1991), 226-92.

William R. Scott

OG (Heb. *ʿôg*)

El rey del territorio transjordano de Basán, a quien los israelitas bajo Moisés afirman haber conquistado en Edrei. Luego capturaron las 60 ciudades de su reino, que estaban cercadas con muros altos, puertas, y barras (Nm 21.33-35; Dt 3.1-10). Él y otro rey amorreo, Sehón, fueron masacrados y despojados de la tierra que Rubén, Gad, y la mitad de la tribu de Manasés heredarían (Dt 3.13). Este evento se convirtió en una leyenda entre los israelitas, y fue celebrado en muchos escritos posteriores (p.ej., Jos 12.4; 13.12, 30-31; 1 R 4.19; Neh 9.22; Sal 135.11; 136.20). Og también es recordado como el último remanente de los refaítas, o gigantes, y su famosa «cama de hierro» gigante (9 codos × 4 codos) puede ser una referencia a su sarcófago (Dt 3.11).

Bibliografía. A. R. Millard, «King Og's Bed and Other Ancient Ironmongery,» in *Ascribe to the Lord*. JSOTSup 67 (Sheffield, 1988), 481-92; W. S. Sumner, «Israel's Encounters with Edom, Moab, Ammon, Sihon, y Og according to the Deuteronomist,» *VT* 18 (1968): 216-28.

Tony S. L. Michael

OHAD (Heb. *ʾōhad*)

El tercer hijo de Simeón (Gn 46.10; Ex 6.15). Él no es mencionado en las genealogías en Números 26.12-14; 1 Crónicas 4.24-25.

OHEL (Heb. *ʾōhel*)

Un descendiente (tal vez un hijo) de Zorobabel (1 Cr 3.20).

OÍDO

La naturaleza oral de la religión israelita puso gran valor al oído. Las ideas de oír, escuchar, entender y obedecer estuvieron estrechamente relacionados (Pr 18.15; Job 13.1) con el oído, que la expresión alude tanto al órgano humano y como al símbolo. Los oídos son el camino a la sabiduría (Pr 2.2) y el conocimiento (18.15). Los oídos prueban palabras y pueden formar una defensa contra los malos pensamientos (Job 12.11). Asimismo, los oídos de las personas pueden ser bloqueados y no prestar atención a la instrucción de Dios, por la terquedad (Is 48.8) o rebelión (Ez 12.2).

Cuando la voz de Dios llegó a ser el medio central para la revelación, entonces el oído del pueblo de Israel llegó a ser el medio central para la recepción de aquella revelación.

«Oye, Israel» (Dt 6.3-5) los convocó a una vocación única de obediencia. Como el siervo está dedicado de por vida a un amo (Ex 21.6) y los hijos de Aarón son consagrados con la sangre, en el oído derecho (Lv 8.23-24), así los justos tienen oídos receptivos (Sal 40.6 [TM 7]; cp. Jer 6.10).

Dios figuradamente también tiene oídos (Is 59.1), y es capaz y está dispuesto a salvar a aquellos que lo llaman. Por el contrario, Baal permaneció silencioso, a pesar del estímulo de Elías a los profetas para gritar más alto (1 R 18.27).

El mensaje de Isaías se burla del ídolo que no contesta y no puede salvar (Is 46.7), mientras el salmista escribe de las deidades de oro y de plata de las naciones que tienen oídos, pero no pueden oír (Sal 115.6; 135.17).

Algunas personas pueden cerrar sus oídos, encontrando la palabra de Dios ofensiva (Jer 6.10), como en respuesta a la enseñanza de Jesús (Mt 13.14-15, citando a Is 6.9-10). En un llamado a prestar atención y oír de verdad, que resulta en obediencia, Jesús manda: «El que tienen oídos para oír, que oiga» (Mt 11.15 par.; cp. Ap 2.7).

William R. Domeris

OJO

Una parte esencial del cuerpo (1 Co 12.16-21), permitiendo a personas y animales ver, tanto físicamente como en sentido figurado (Dt 3.21; 1 Jn 1.1). Los escritos bíblicos, sin embargo, entienden el proceso visual de manera muy diferente que como hace la ciencia moderna.

Mientras que consideramos el ojo como un órgano receptivo que permite que la luz desde fuera entre en el cerebro, en la mayor parte del pensamiento bíblico es un instrumento activo que transmite luz hacia afuera del interior de una persona. Así el ojo (Heb. *ʿayin*; Gr. *opthalmós*) es «la lámpara del cuerpo» (Mt 6.22-23; cp. Zac 4.2-10), creado y «alumbrado» por

Dios (Pr 29.13; Sal 19.8 [TM 9]; 94.9), y relacionado con el entendimiento, «corazón» (Pr 21.4; Ef 1.18).

Los ojos «brillantes» indican salud (1 S 14.27-29), mientras los ojos «oscurecidos» implican visión pobre (Gn 27.1; 1 S 3.2; cp. Dt 34.7). Los seres celestiales (quienes ven mejor que la gente) pueden tener ojos «como llama de fuego» (Dn 10.6; Ap 1) o hasta múltiples ojos (Ez 1.18; Ap 4.6-8; 5.6). Los ojos que son «oscurecidos» (Sal 69.23 [24]; Ro 11.8-10), «cerrados» (Is 6.9-10; Mt 13.15), o «cegados» (Jn 12.40) a menudo se refieren en sentido figurado a una falta de entendimiento, mientras la «apertura» de ojos significa el reconocimiento y el conocimiento (Gn 3.5-7; Lc 24.31). Los ojos también son «cerrados» en sueño (Is 29.10) y muerte (Gn 46.4), y «abiertos» cuando una persona despierta (Job 27.19) o es devuelta a la vida (2 R 4.35; Hch 9.40; cp. Sal 13.3 [4]). Los ojos de una persona que es físicamente ciega también pueden ser «abiertos» (Is 35.5; Jn 9.1-41).

Ya que Dios puede «ver» todo, los propios «ojos» de Dios se mencionan con frecuencia en el AT (p. ej., Dt 11.12; 1 R 9.3; Am 9.8), pero rara vez en el NT (sólo He 4.13; 1 P 3.12). Los ídolos también tienen ojos, pero ellos no pueden ver (Sal 115.5; 135.16), al igual que las personas que no reconocen a Dios (Jer 5.21; Mr 8.18; cp. Is 43.8). Los ojos humanos rara vez ven a Dios directamente (Nm 24.4; Job 42.5; Is 6.5; cp. Ex 33.20), pero a menudo buscan a Dios (Sal 25.15; Is 17.7).

Físicamente, los ojos pueden ser hermosos (1 S 16.12; Cnt 1.15) o embellecidos con cosméticos (2 R 9.30; Jer 4.30), no obstante el color de los ojos casi nunca es mencionado (Gn 49.12; cp. Pr 23.29). Los sacerdotes con ojos «mancillados» son restringidos de ciertas tareas (Lv 21.20), pero pocos textos mencionan el tratamiento de enfermedades y padecimientos de los ojos (Ap 3.18; Mt 7.3-4). Los ojos pueden ser sacados en acción militar (1 S 10.27b), castigo judicial (Éx 21.23-26; Mt 5.38), o automutilación (5.29), causando que la gente sea «tuerta» (18.9 = Mr 9.47) o totalmente «cegada» (2 R 25.7).

Como los ojos producen lágrimas (Job 16.20; Sal 119.136), a menudo se mencionan en expresiones de dolor (Jer 9.1 [8.23]; Lm 1.16). Otras expresiones bíblicas comunes incluyen «poner» o «fijar» los ojos en algo (es decir, poniendo atención; Gn 44.21; Lc 4.20) y «alzar los ojos», bien arrogantemente (2 R 19.22), o en busca de ayuda (Sal 121.1), o simplemente en observación (Gn 13.14; Mt 17.8). «Ante los ojos del Señor» se refiere al juicio favorable o desfavorable de Dios (Éx 33.12-13; 1 R 11.6), mientras «en sus propios ojos» a menudo implica vanidad (Is 5.21). Los ojos pueden ser instrumentos de lujuria (Nm 15.39; 2 P 2.14), mientras «guiñar los ojos» indica malas intenciones (Sal 35.19; Pr 16.30).

Como los acontecimientos ocurren en la presencia o «ante los ojos» del pueblo, el papel de «testigos oculares» es crucial, en contextos religiosos (Dt 4.9; Lc 1.2) y legales (Dt 9.17; 1 R 10.7). La expresión «mal de ojo» se refiere metafóricamente a la gente que es tacaña (Pr 23.6) o envidiosa (Mr 7.22). La frase traducida «el ojo de una aguja» no tiene nada que ver con los ojos, pero es literalmente «el agujero de una aguja» en griego (Mt 19.24 par.).

Bibliografía. H. D. Betz, «Matt. 6:22-23 and Ancient Greek Theories of Vision», en *Essays on the Sermon on the Mount* (Filadelfia, 1985), 71-87.

Félix Just, S. J.

OLIMPAS (Gr. *Olympás*)

Un cristiano en Roma a quien Pablo envió sus saludos (Ro 16.15).

OLIVETE

Nombre alterno para el Monte de los Olivos (Hch 1.12; Gr. *elaiōn*, «de los olivos»; del lat. *olivetum*, «olivar»).

OLIVO

Un árbol de hoja perenne de crecimiento lento *(Olea europeae)* alcanzando 4.5-6 m (15-20 pies) en su madurez si es podado o 12 m (40 pies) si no es podado. Originario de Asia occidental, es atestiguado ya en el cuarto milenio a.C. Los inviernos fríos húmedos y veranos calurosos y secos de la región mediterránea son ideales para el olivo (Heb. *zayiṯ*; Gr. *elaía*). Un extenso, aunque poco profundo sistema de raíces, le permite sobrevivir a los veranos secos y calurosos. Los árboles jóvenes tienen una corteza de color gris plateado suave, pero los árboles más viejos tienen troncos y huecos donde las ramas laterales se han podrido. La floración y el fruto comienzan cuando los árboles tienen cinco o seis años de edad, y se alcanza la producción pico entre los 40 y 50 años. La producción puede continuar durante cientos o incluso 1000 años. El olivo crece bien en las laderas rocosas de Samaria, Judea, y la Sefela, aunque la elevación alrededor de Hebrón es demasiado alta para el cultivo exitoso. El árbol es resisten-

Prensa de olivo en Gezer, Campo VII (Hierro II) (Phoenix Data Systems, Neal y Joel Bierling)

te, pero una fuerte helada lo matará. El «olivo silvestre» (Gr. *agriélaios;* Ro 11.17, 24) ha sido identificado con el olivo ruso (*Elaeagnus angustifolia,* sin relación con el verdadero olivo) o el acebuche *(Olea europaea* var. *sylvestris).*

Los olivos se pueden cultivar a partir de semillas, si posteriormente se injertan a los árboles más antiguos. Sin embargo, el corte de una hoja de un árbol viejo y el enraizamiento o injerto es más común. El corte de un árbol muy viejo en la base del tronco también produce nuevos brotes. Parecida a una hoja de sauce, la hoja es estrecha (1.3 cm [.5 in]) y larga (5-7.6 cm [2-3 in]), verde en la parte superior y blanca en la parte inferior, con pequeñas escalas para evitar la pérdida de agua del árbol. A pesar del tamaño pequeño de la hoja numerosas ramas forman una excelente sombra para los animales.

El olivo produce racimos de pequeñas flores blancas en mayo, y el fruto se forma después de que las flores caen. Las aceitunas verdes de mesa se pueden cosechar en septiembre-octubre, pero la mayoría de las aceitunas se cosechan en diciembre cuando se vuelven negras y el contenido de aceite es mayor (hasta 50 porciento). La fruta madura mide cerca de 2 cm (.75 in) de largo, 1.3 cm (.5 in) de ancho, y tiene piel, carne, y hueso. La fruta puede ser cuidadosamente arrancada a mano o golpeando o sacudiendo los árboles (Is 17.6). Se debía dejar ramas en el árbol para el extranjero, el huérfano, y la viuda (Dt 24.20). Cada árbol produce cerca de 9-20 kg (20-45 lb) de fruto cada dos años, con el riego y la fertilización los mejores árboles pueden producir buenas cosechas cada año. La madera del olivo es muy bonita y se utilizó en todo el templo (1 R 6.23, 33).

El olivo era un elemento básico de la dieta. El fruto o su aceite se servían en casi todas las comidas. Además, el aceite se utilizaba para la iluminación, cosméticos, medicina, y una variedad de rituales, incluyendo los ritos de purificación (Lv 12.32) y la unción de reyes (1 S 16.1-13), sacerdotes (Ex 29.7), estelas (Gn 28.18), y el tabernáculo y su contenido (Ex 30.23-29). Era uno de los tres productos agrícolas más importantes de la Tierra Prometida (Dt 7.13).

La oliva o el olivo era un símbolo de fertilidad (Sal 128.3), belleza (Jer 11.16), utilidad perpetua (Sal 52.8 [TM 10]), y dignidad (Jue 9.9). En Romanos 11 Pablo compara la inclusión de los gentiles en el pacto de Dios con el injerto del olivo.

Bibliografía. F. N. Hepper, *Baker Encyclopedia of Bible Plants* (Grand Rapids, 1992).

JAMES C. MOYER

OLIVOS, MONTE DE LOS

Una cresta de norte a sur justo al este de Jerusalén. La cresta tiene tres cumbres principales, la más septentrional de las cuales es la más alta, cerca de 820 m (2700 pies) sobre el nivel del mar. Esta sección norte ha sido identificada como monte Scopus, que significa la montaña del «puesto de observación» (Josefo *BJ* 5.67-70). El pico central directamente a través del Valle de Cedrón desde el templo es el Monte de los Olivos. El pico más meridional y más bajo identificado como el Monte de la Ofensa (o Corrupción) donde Salomón construyó altares a dioses extranjeros en «los lugar altos que había al este de Jerusalén» (2 R 23.13 NVI). El Monte de los Olivos también ha sido identificado con Nob (1 S 21.1 [TM 20.42]; Is 10.32), pero esto es menos seguro.

El Monte de los Olivos es llamado así porque está compuesto de suelo de piedra caliza que es relativamente fértil para la zona, y por lo tanto olivares han sido cultivados en él. Getsemaní (del Heb. «prensa de aceite») estaba probablemente en o cerca del Monte de los Olivos (Mt 26.36; Mr 14.32). Las aldeas de Betania y Betfagé se encontraban en las laderas orientales del monte (Mr 11.1).

En el AT, el Monte de los Olivos es mencionado explícitamente sólo dos veces. La primera es una imagen de humillación y derrota, cuando David está huyendo después de la exitosa revuelta liderada por su hijo Absalón (2 S 15.30). Zacarías 14 también asocia el monte con derrota y destrucción, describiendo una devastación escatológica de Jerusalén por sus enemigos. Pero esta derrota se revierte cuando Jehová aparece en el Monte de los Olivos, de pie sobre el Monte de los Olivos, que «se partirá en dos de este a oeste » (Zac 14.4). Una descripción muy similar de Jehová abandonando a Jerusalén y luego regresando a ella también se encuentra en Ezequiel 11.23, un pasaje que probablemente se refiere al Monte de los Olivos; más tarde la gloria de Jehová regresa al templo desde el este (43.2-5). El Monte de los Olivos mantiene así implicaciones tanto de derrota como de redención final.

Estas implicaciones de humillante derrota y triunfal victoria también pueden ser vistas en las referencias del NT al monte. La entrada triunfal de Jesús en Jerusalén se sitúa en el Monte de los Olivos (Mt 21.1-9; Mr 11.1-10; Lc 19.29-38). Lucas, sin embargo, sigue esto con Jesús llorando sobre la ciudad profetizando su terrible derrota (Lc 19.41-44). Del mismo modo, el discurso de Jesús de los ayes escatológicos es dado en el Monte de los Olivos (Mt 24.3; Mr 13.3). El tema de derrota y dolor también se puede ver en los acontecimientos de la pasión de Jesús que se ubica en el monte. Los cuatro Evangelios localizan la traición y el arresto de Jesús en o cerca del Monte de los Olivos (Mt 26.30; Mr 14.26; Lc 22.39; Jn 18.1). Los Sinópticos también colocan la oración agonizante de Jesús allí (Mt 26.36-41; Mr 14.32-38; Lc 22.39-46). Pero el triunfo final de Jesús también está asociado con el Monte de los Olivos, ya que es allí donde asciende al cielo (Lc 24.50; Hch 1.12).

Bibliografía. J. Finegan, *The Archeology of the New Testament,* Ap ed. (Princeton, 1992), 154-83.

KIM PAFFENROTH

OLOR

En la mitología del antiguo Cercano Oriente se creía que olor de un sacrificio agradaba a los dioses y así atraía su atención (p.ej., Atrahasis III.5.30-35). Esto se refleja en el relato de la ofrenda de Noé después del Diluvio (Gn 8.20-21).

Heb. *rēaḥ* está bien atestiguado como la palabra común para olor (p.ej., Cnt 4.10), pero la frase *rēaḥ nîḥ nîḥōaḥ,* «olor grato,» sólo se produce en contextos de culto, sobre todo como un término técnico que designa una ofrenda encendida. Los sacrificios que no incluían el incienso también fueron descritos con este término, por lo que debe haber sido la naturaleza del sacrificio, no el olor a menudo desagradable de la carne quemada, que fue concebido como agradable. La única ofrenda quemada a la que nunca se aplica este término es la ofrenda de reparaciones (culpa) (Lv 5.14–6.7 [TM 5.26]). Aparece sólo una vez en relación con la ofrenda de purificación (pecado) (Lv 4.31), y muchos eruditos consideran esta declaración como una adición posterior al texto. Todos los testimonies de «olor grato» en Éxodo, Levítico, y Números pueden ser la obra de la escuela de santidad.

Ezequiel 6.13; 16.41; 20.28 se refiere a los cultos paganos. Ezequiel 20.41 es una referencia metafórica al pueblo de Israel en su conjunto.

Bibliografía. W. R. Scott, *The Booths of Ancient Israel Autumn Festival* (diss., Juans Hopkins, 1993).

WILLIAM R. SCOTT

OMAR (Heb. *'ômār*)

Un jefe edomita, el segundo hijo de Elifaz y nieto (o descendiente) de Esaú (Gn 36.11, 15; 1 Cr 1.36).

OMEGA
La vigésimo cuarta y última letra del alfabeto griego. Fonéticamente representa un sonido de largo de «o»; su valor numérico es 800. Se usa en sentido figurado con Alfa, la primera letra del alfabeto griego, para significar Dios (Ap 1.8; 21.6) y Cristo (22.13) como «el principio y el fin» (cf. 1.17; 2.8).

Véase Alfa y Omega.

OMRI (Heb. *'omrî*)
1. Un rey del reino del norte de Israel. Omri fue el fundador de una dinastía de reyes israelitas («omrita») que gobernó el reino del norte durante la primera mitad del siglo IX a.C. El relato de su ascenso y reinado se encuentra en 1 Reyes 16.15-28.

El establecimiento de una cronología precisa para el reinado de Omri es difícil. Varias propuestas para las fechas de su ascensión y muerte se han hecho, que van desde 886-875 a 879-869. Toda propuesta para fechar su reinado debe tener en cuenta el hecho de que Acab, el hijo de Omri, estaba en el trono de Israel al menos tan tarde como 853, ya que Acab es mencionado como rey de Israel por Salmanasar III en su inscripción que describe la campaña occidental asiria de ese año. Si se supone que 853 es también el último año de Acab y de que se le debe acreditar haber reinado 22 años completos concedidos a él por 1 Reyes 16.29, entonces la muerte de Omri y el ascenso de Acab se podría fechar tan temprano como 875. Dando crédito a Omri por los 12 años que se le atribuyen en 1 Reyes 16.23 colocaría su ascenso en 887/886. Sin embargo, estas fechas entran en conflicto con los sincronismos con el reinado de Asa de Judá dado en 1 Reyes 16.23, 29. En 1 Reyes 16.23 el ascenso de Omri se lleva a cabo en el año 31 de Asa, y el ascenso de Acab se produce en el año 38, dejando sólo un lapso de siete años para el reinado de Omri. Así, uno se ve obligado a elegir entre el acortamiento de la cifra de 12 años para la duración del reinado de Omri, sin tener en cuenta los sincronismos, ya sea 1 Reyes 16.23 o 29, o explicar la discrepancia por algún otro medio (p.ej., que el período de siete años entre los años 31 y 38 de Asa refleja la duración del reinado de Omri después de la fundación de Samaria). En cualquier caso, la fecha del ascenso para Omri en el período entre mediados de 880 y 879 parece apropiada a la vista de la información disponible.

Omri ascendió al trono de Israel en medio del tumulto político. Su predecesor, Ela, fue aparentemente incompetente o impopular o ambos; el texto indica que mientras que el ejército de Israel estaba peleando con los filisteos en Gibetón, Ela estaba en su casa en Tirsa «bebiendo y embriagado» (1 R 16.9). Zimri, comandante de la mitad de los carros del ejército, aprovechó la ocasión para asesinar a Ela, masacrar a la familia real, y reclamar el trono para sí mismo. Sin embargo, cuando la noticia llegó a las tropas en Gibetón, se unieron detrás de su propio comandante, Omri, y marcharon a Tirsa. Zimri se atrincheró en el palacio, pero la situación pronto se convirtió en desesperanza. En un último gesto de desafío, Zimri incendió el palacio y pereció en las llamas.

La muerte de Zimri no dejó a Omri en el trono de Israel sin oposición. En algún punto a principios de su reinado, Omri enfrentó la oposición de un cierto Tibni hijo de Ginat. 1 Reyes 16.21 deja claro que el reino estaba profundamente dividido entre los dos. Después de una Guerra civil, Omri fue capaz de vencer y dar muerte a Tibni; sólo a partir de entonces Omri logra gobernar sin rival serio.

A pesar de la evaluación negativa de Omri ofrecida por 1 Reyes 16.25-26, una cantidad de logros importantes son claros durante su reinado. El primero de esos logros es la construcción de una nueva capital israelita en Samaria (moderna Sebastiyeh). El fuego en el que Zimri murió probablemente causó daños tan extensos al palacio real en Tirsa que no valía la pena reconstruirlo. Pero la necesidad de construir una nueva capital también brindó la oportunidad de mover todo el complejo gubernamental a un sitio ubicado cerca de las principales carreteras que conducen desde el Valle de Jezreel a la costa filistea. La selección de Omri de Samaria hizo que la capital israelita fuera una parada en las grandes rutas comerciales que llevaban el comercio a lo largo de la Media Luna Fértil, y sería, pues, una ciudad cosmopolita, así como un centro político. Las excavaciones en Sebastiyeh I y II han revelado una cantidad de piezas de marfil de fabricación fenicia, lo que demuestra la polinización de cruce cultural que ocurría en la Samaria omrita.

La construcción omrita no estaba limitada a Samaria, sin embargo. Edificios de almacenamiento, anteriormente identificados como establos, en Meguido son ciertamente de origen omrita. Además, un extenso sistema de túneles y el eje para la distribución de agua en el interior de los muros de la ciudad en Meguido es también un logro de la ingeniería de Omri. Las murallas de la ciudad y otros grandes edificios públicos en Meguido y Hazor (estrato VIII) también datan de este período. Todo esto da testimonio de la riqueza relativa y la sofisticación tecnológica de Omri y sus sucesores.

Omri fue el primero de los reyes israelitas en convertirse en protagonista de la política internacional. La inscripción de Mesa (Piedra moabita) de mediados del siglo IX declara que Omri «. . . ocupó toda la tierra de Medeba y . . . habitó en ella durante sus días. . . .» Llegando al oeste, Omri también se involucró con la ciudad-estado de Sidón. Concluyó una alianza con Etbaal de Sidón, sellado por el matrimonio de su hijo Acab con la hija de Etbaal, Jezabel (1 R 16.31). En los años que siguieron a la muerte de Omri, Acab estaba involucrado en una gran coalición de 12 naciones para oponerse al avance de las fuerzas de asiria bajo Salmanasar III en Siria-Palestina. La contribución de Acab al ejército era lo suficientemente sustancial como para merecer comentario de Salmanasar en su propio relato de la confrontación (Monolith inscription; *ANET*, 278-79). En este y en inscripciones asirias posteriores, incluso las registradas mucho después de la muerte de Omri y el fin de la dinastía que fundó, los monarcas asirios se refieren a Israel como *Bīt Ḫumrî*, «la tierra de Omri,» que demuestra el legado perdurable de Omri. El reinado de Omri fue con toda probabilidad un período de crecimiento económico significativo, como se puede deducir tanto de la actividad de construcción a gran escala en Samaria y otras ciudades, y de las posibles oportunidades en el comercio internacional que se abrieron para Israel en virtud de su alianza con los fenicios. Pero la prosperidad económica, sin duda, habría traido consigo un aumento significativo en el sincretismo religioso, en especial con el culto a Baal de Fenicia y Canaán, tanto en la corte como en el reino. Jezabel, la esposa seguidora de Baal, sirve como símbolo de esta influencia, pero sin duda el crecimiento en el culto y la práctica baalista estaban más extendidos de lo que se podría explicar por sí misma. Sin lugar a dudas, esta influencia creciente del culto a Baal durante su reinado contribuye a la evaluación negativa de Omri a manos de los editores deuteronomistas de 1 Reyes.

Con su muerte (en algún momento entre 874 y 869, dependiendo de la cronología elegida) y la sucesión de su hijo, Omri fundó la primera de dos grandes dinastías para gobenar Israel. En total, un hijo y dos nietos (Ocozías y Joram) accedieron al trono de Israel, y una hija (Atalía) gobernó Judá.

Bibliografía. J. M. Miller, «the Eliseo Cycle and the Accounts of the Omride Wars,» *JBL* 85 (1966): 441-55; «So Tibni Died (1 Kings xvi 22),» *VT* 18 (1968): 392-94; Miller and J. H. Hayes, *A History of Ancient Israel and Judah* (Filadelfia, 1986), 251-87.

2. Un miembro del clan de la tribu de Benjamín, hijo de Bequer y nieto de Benjamín (1 Cr 7.8).

3. Un habitante de Jerusalén después del exilio, probablemente de origen judaíta, benjaminita, o de Manasés (1 Cr 9.4).

4. Un líder tribal de Isacar del tiempo de David (1 Cr 27.18).

Paul K. Hooker

ON (Heb. *ʾôn;* Egip. *iwnw, inw*) **(LUGAR)**

La ciudad egipcia de Heliópolis («ciudad del sol»). Situada en el extremo sur del Delta del Nilo, On (moderna Tell Hisn, en Matariyeh, un suburbio al noreste del Cairo) fue la capital de un distrito egipcio y de la época protodinástica a la dinastía de Sais el principal centro de culto del dios-sol Re (Egip. «pilar[-ciudad],» de los fetiches de piedra, más tarde los obeliscos del dios; cf. Jer 43.13). Un pilar de Sesotris I todavía está de pie, pero el sitio ha dado pocos restos. Puede ser la «Ciudad del sol» que se menciona en Isaías 19.18.

Potifera, el suegro de Jos, es llamado el sacerdote de On (Gn 41.50; 46.20). En Ezequiel 30.17 el TM traduce el nombre *ʾāwen*, «mal.»

ON (Heb. *ʾôn*) **(PERSONA)**

Un rubenita, hijo de Pelet que se unió con Coré al rebelarse contra Moisés (Nm 16.1).

Bibliografía. M. Abd el-Gelil, M. Shaker, y D. Raue, «Recent Excavations at Helopolis,» *Or* 65 (1996): 136-46.

Meindert Dijkstra

ONAM (Heb. *ʾônām*)

1.El quinto hijo de Sobal; epónimo antepasado de un clan horeo (Gn 36.23; 1 Cr 1.40).

2.Hijo de Jerameel y Atara (1 Cr 2.26, 28); epónimo antepasado de un clan judaíta.

ONAN (Heb. *ʾônān*)

El segundo hijo de Judá y la cananea Sua. Después de que su hermano mayor Er murió siendo aún joven a causa de su maldad, La esposa de Er, Tamar, se quedó sin un hijo. De acuerdo con la costumbre, el padre de Onán, Judá le pidió que ingresara en un matrimonio de levirato con su cuñada con el fin de levantar descendencia que preservaría el nombre de su hermano (Gn 38.8; cf. Dt 25.6). Onán, sin embargo, repetidas ocasiones frustró su unión con Tamar al derramar su semen en el suelo, evitando así su responsabilidad hacia su hermano fallecido. Por esta razón el Señor provocó la muerte de Onán.

El nombre Onán («vigor, riqueza») connota poder generativo y reproductivo. Algunos han conjeturado que el nombre quizás también abarca la connotación de «malvado,» «pecaminoso»; pero esto sigue sin pruebas sólidas.

Frank Hasel

ONCE, LOS

Una designación para los once discípulos de Jesús (Gr. *hoi héndeka*) en el breve período posterior a la muerte del Judas y anterior a su reemplazo por Matías (Hch 1.26). El Salvador resucitado apareció a ellos en dos, posiblemente tres, ocasiones: en Jerusalén (Lc 24.9, 33), en Galilea (Mt 28.16), posiblemente en otra parte (Mr 16.14). En Hechos 2.14 a Pedro se le describe como el representante de los Once, una interpretación apoyada por el Códice Beza (D), que lee «los diez.»

ONESÍFORO (Gr. *Onēsiphóros*)

Un cristiano de Éfeso que encontró Pablo en Roma y le ayudó durante su encarcelamiento (2 Ti 1.16-18). El nombre significa «apoyo benéfico» y puede indicar un esclavo o liberto. La redacción de 1 Timoteo 1.18 y los saludos a su familia en v. 16; 4.19 sugiere que puede ser que ya había muerto. Onesíforo juega un papel significativo en los Hechos apócrifos de Pablo.

Matthew S. Collins

ONÉSIMO (Gr. *Onēsimos*)

Un esclavo que es objeto de la carta de Pablo a Filemón. Pablo juega con el significado de su nombre («útil» o «provechoso,» un nombre de esclavo común) en su apelación a favor de Onésimo a causa de su utilidad durante el encarcelamiento de Pablo (Flm 11). Onésimo aparentemente se había escapado de Filemón y se encontró con Pablo durante su cautiverio en Roma. Cómo viajó a Roma desde Colosas (una distancia considerable) y cómo evitó ser capturado cómo esclavo fugitivo sigue siendo un misterio. Pablo convirtió a Onésimo y lo devolvió a Filemón llevando una carta de intercesión a su favor, y tal vez la carta a los Colosenses (cf. Col 4.9) también. No está claro si Onésimo había perjudicado a su amo (Flm 18-19) o si simplemente había escapado. En cualquier caso, como un esclavo era responsable ante los caprichos de su amo en cuanto a la severidad de su castigo. La apelación de Pablo sugiere el regreso de Onésimo a él en Roma y la indulgencia de Filemón debido a la conversión de Onésimo. Él implora a Filemón recibir al esclavo como un «amado hermano» y no solicita expresamente la emancipación, aunque puede estar implícita.

La carta de Ignacio a los Efesios (c. 115 d.C.) menciona un obispo llamado Onésimo. Si bien no es imposible que esta sea la misma figura, es muy poco probable dada la fecha de la carta de Ignacio y el hecho de que el nombre Onésimo llegó a ser más común dentro de los círculos cristianos, a imitación de Filemón.

Mthew S. Collins

ONÍAS (Gr. *Onias*)

Un nombre recurrente en una familia sacerdotal prominente en Palestina durante el período helenista del gobierno de los Ptolomeos al período de los Macabeos. Del linaje sadoquita, esta familia de sumos sacerdotes hereditarios es referida confrecuencias como los Oníadas.

1. Onías I, el hijo de Jadúa que sirvió en el sacerdocio con su hermano Manasés a principios del reinado de Alejandro Magno (Josefo *Ant.* 11.8.7). Onías I ascendió al sumo sacerdocio algún momento después de la muerte de su padre y Alejandro Magno. Algunos sugieren que Onías I fue el Onías mencionado como corresponsal de Arrio, a un rey espartano (1 Mac 12.7, 19-20), mientras que otros ven a Onías II u Onías III (*Ant.* 12.4.10) como el más probable candidato. Onías I fue el padre de Simón I.

2. Onías II. Hijo de Simón I y nieto de Onías I, no llegó a ser sumo sacerdote inmediatamente después de la temprana muerte de su padre. De acuerdo con Josefo (*Ant.* 12.4), tanto su tío Eleazar y su tío abuelo Manasés precedieron su mandato sacerdotal. Onías II sirvió como sumo sacerdote durante el reinado Ptolomeo sobre la antigua Palestina se encontró a sí mismo, al menos periódicamente, en contra de los gobernantes seculares. Josefo señala su conflicto con Ptolomeo III Evergetes sobre impuestos y caracteriza a Onías II como avaro. Otros ven a Onías como políticamente apoyando a los seléucidas delante de los Ptolomeos. Si la motivación de Onías fue personal o política, este conflicto fue un elemento crítico en el largo conflicto entre los Onías y los Tobías, Una familia rica relacionada con los Onías por el matrimonio de la hermana de Onías con el jefe de los Tobías. Con el tiempo, el sobrino de Onías José Tobías obtuvo el control del sistema de recaudación de impuestos así como considerable poder político.

Onías fue sucedido por su hijo, Simón II (el Justo), por la época en que los seléucidas finalmente tomaron Palestina de los Ptolomeos.

3. Onías III. Hijo de Simón II y nieto de Onías II, ocupó el cargo de sumo sacerdote durante el reinado de Seleuco IV Filopator. Onías III es mencionado en 2 Macabeos por su piedad y su «odio a la maldad» (2 Mac 3.1). Siguió lo que sus predecesores habían comenzado en su oposición política a la familia Tobíada. Simón, el supervisor Tobíada del templo, fue un adversario particular. Con el tiempo, Simón denunció a Onías a los señores seléucidas como proptolemaico y como alguien que manejaba mal las finanzas. En un intento por calmar la creciente tensión, Seleuco envió a uno de sus principales ministros, Heliodoro, al templo. Heliodoro misteriosamente cayó enfermo de muerte y fue restaurado a la vida por las oraciones y sacrificios a Dios de parte de Onías. Heliodoro regresó a Seleuco y Onías sobrevivió a una ronda de escrutinio; sin embargo, continuó enfrentando acusaciones de Simón por lo que finalmente hizo un viaje personal a Antioquía para defenderse directamente delante del rey seléucida. A su llegada (175 a.C.), Onías encontró que Heliodoro había asesinado a Seleuco y el hermano de Seleuco, Antíoco IV Epifanes, era rey. Mientras tanto, en ausencia de Onias, su hermano Jasón compró el cargo de sumo sacerdote de Antíoco, que tenía problemas financieros. Onías no regresó a Palestina. Algunos piensan que permaneció exiliado, voluntaria o involuntariamente, en Antioquía. Otros piensan que huyó a Egipto y estableció un templo judío en Leontopolis. Algunos asocian a Onías III con el Maestro de Justicia mencionado en los rollos del Mar Muerto.

4. Onías Menelao, generalmente referido como Menelao. El hermano de Simón, el supervisor del templo, Onías Menelao se alió con Jasón, el hermano de Onías III, antes de él usupar como sumo sacerdote en 172. Bajo la administración de Menelao, ocurrieron una serie de eventos que precipitaron la revuelta de los macabeos.

5. Onías IV, hijo de Onías III. Algunos reportan a Onías IV como el sacerdote que huyó a Egipto y recibió fondos de los gobernantes de Egipto para edificar un templo judío en Leontopolis, para ejecutar una colonia militar, y para servir como un general de Ptolomeo. Josefo ofrece versiones contradictorias en *Antigüedades* y *Guerra de los Judíos*.

ALICE HUNT HUDIBURG

ÓNICE

Una piedra cuarcita de bandas apreciada como material para tallar o grabar. El ónice (Heb. *šōham*) era una piedra del mismo valor que el oro (Gn 2.12; Job 28.16). Cada hombro del efod del sumo sacerdote llevaba un ónice grabado con los nombres de los hijos de Israel (Ex 28.9; 39.6), y un ónice grabado estaba presente en el pectoral del sumo sacerdote (28.20; 39.13). Un *šōham* adornó al rey de Tiro (Ez 28.13). La LXX usa una cantidad de palabras para traducir *šōham*, reflejando la confusión en cuanto al tipo y color de la piedra representada: verde o azul (Gn 2.12; Ex 28.9) y rojo o marrón (25.7). La NVI lee «ónice» para Gr. *sardónyx*, un adorno en el fundamento de los muros de la ciudad de la Nueva Jerusalén (Ap 21.20). Las traducciones utilizan también «berilo,» «cornalina,» «esmeralda,» «lapislázuli,» y «sardonio» para los términos hebreo y griegos.

JOSEPH E. JENSEN

ONO (Heb. *ʾônô*)

Ciudad en la Sefela, identificada con Kafr ʿAnā (137159), 10 km (6 mi) noroeste de Lod. Ono y Lod están estrechamente asociadas en todo; Nehemías 11.35 se refiere a las ciudades como «el valle de los artisanos.» Tutmosis III (siglo XV) incluye Ono en su lista de Karnak conquistadas.

De acuerdo a 1 Crónicas 8.12 Semed, hijo de Elpaal el benjamita, construyó la ciudad de Ono, pero una asociación temprana con Dan y Efraín es posible. Lod, Hadid, y Ono proporcionaron una patria ancestral para 725 (Esd 2.33) o 721 (Neh 7.37) exiliados que regresaron (o más, si las cifras indican sólo hombres). Durante la reconstrucción de los muros de Jerusalén, Sanbalat y Gesem solicitaron parlamentar con Nehemías «en una de las aldeas en el campo de Ono» (Neh 6.2), identificado con Wadi Muṣrarah.

STEPHEN VON WYRICK

ONOMASTICÓN

Una lista de nombres propios, por lo general personales pero a veces sitios geográficos. En el primer caso la lista de nombres puede ser derivada de un determinado documento (p.ej., los valientes de David, 2 S 23.8-39; cf. 1 Cr 11.26-47) o compilada a partir de diversas fuentes con un común punto de referencia (p.ej., onomasticón de nombres en inscripciones de osarios de Jerusalén). El estudio onomástico de nombres personales no sólo contribuye a la comprensión de su significado, sino que también proporciona perspicacia en el trasfondo étnico y lingüístico de tales nombres. Esto puede ser útil en la evaluación de los movimientos de población, interacción social, y aculturación (p.ej., la presencia de nombres griegos en las inscripciones de la sinagoga del siglo I proporciona una información valiosa sobre la helenización de la sociedad judía).

Cuando el término se utiliza en un sentido geográfico, por lo general indica un diccionario geográfico de los topónimos. El *Onomasticón* de Eusebio de lugares bíblicos incluye casi 1000 entradas que varían en longitud desde unas pocas palabras hasta una página. Las entradas se clasifican por la primera letra del alfabeto, y luego por su orden de aparición en el texto bíblico. Estos incluyen información tal como ubicación, distancia de otros lugares, eventos que ocurrieron en el lugar, nombre contemporáneo (siglo IV), y estado del sitio (habitado o en ruinas, y si estaba habitado la orientación religiosa de los habitantes).

Bibliografía. T. D. Barnes, «Composition of Eusebius' *Onomasticon*,» *JTS* n.s. 26 (1975): 412-15; N. G. Cohen, «The Names of the Translators in the Letter of Aristeas,» *JSJ* 15 (1984): 32-64; D. E. Groh, «The *Onomasticon* of Eusebius and the Rise de Cristhian Palestine,» in *Studia Patristica* 18/1, ed. E. A. Livingstone (Kalamazoo, 1985), 23-31; J. P. Kane, «The Ossuary Inscriptions of Jerusalem,» *JSS* 23 (1978): 268-82; M. P. O'Connor, «the Ammonite Onomasticon: Semantic Problems,» *AUSS* 25 (1987): 51-64; A. B. Tataki, *Macedonian Edessa: Prosopography and Onomasticon* (Athens, 1994); C. U. Wolf, «Eusebius of Caesarea and the Onomasticon,» *BA* 27 (1964): 66-96.

CHARLES GUTH

OQUINA (Gr. *Okina*)

Ciudad costera al sur de Tiro (Jdt. 2.28). Algunos eruditos la identifican con Aco, en gran parte sobre la base de la similitudes del nombre y la ubicación general.

ORACIÓN

Medio de comunicación primordial que une a Dios y a la humanidad en una relación íntima y recíproca. Su supuesto fundamental es la creencia de que el Creador del mundo es accesible a los seres humanos que se dirigen a él, y que está comprometido en una relación divino-humana que sostiene y, cuando es necesario, restaura al mundo de acuerdo con el designio de Dios para la creación.

En su sentido más amplio, la oración es la comunicación con Dios tanto de palabra como de hecho, discurso verbal y no verbal, y actos performativos. Como palabra, la oración consiste en la expresión verbal especial dirigida por las personas a Dios, que se preserva en las oraciones registradas de la Biblia. Como hecho, la oración establece la conexión con Dios a través de una variedad de medios no verbales tales como el sacrificio, la danza, y los gestos y posturas corporales. Por tanto, se pueden verbalizar la alabanza y la acción de gracias, y también representarlas por medio de los actos ceremoniales de comer, ungir con aceite, y vestirse con atuendo festivo (Sal 66.13-17; 116.12-14; cf. 30.11,12 [TM 12, 13]). Se puede hablar de lamentación y luto, y también dramatizarlos a través de los actos simbólicos del ayuno, ponerse polvo en la cabeza, y rasgarse las vestiduras (Jos 7.6; Esd 9.3, 5; Neh 1.4; Dn 9.3, 4; Jl 2.12, 13). En resumen, la oración es a la vez interpretación lingüística y gestual de las realidades fundamentales que definen la relación con Dios.

Es difícil rastrear con precisión la evolución de la oración, aunque la información histórica y sociológica apoya una percepción general. En el período previo a la formación del estado, la familia y la comunidad de la aldea constituyen el contexto social de una devocional personal en la que la oración se expresa básicamente por medio de breves palabras dirigidas a Dios, que surgen de manera directa y natural por las situaciones de la vida cotidiana. Tales oraciones no requieren de ningún escenario cultual formal, ni de un especialista del culto. Con el surgimiento de la monarquía y del establecimiento del culto en Jerusalén, se institucionaliza y ritualiza un contexto oficial de la religión. La oración asume entonces patrones más formulistas y prescritos a medida que un ritual estructurado orienta a las personas a intereses colectivos que afianzan la solidaridad nacional. Con la disolución de la monarquía en los períodos del exilio y el posexilio, el culto pierde su base institucional y la oración asume una serie de formas y expresiones diferentes que representan el legado, tanto de la devoción personal como de la religión oficial. Esta tendencia continúa en el judaísmo inicial y a lo largo de los primeros siglos de la Iglesia primitiva (c. 250 a.C.–200 d.C.), ya que tanto la oración reglamentaria como la espontánea se hacen en el templo, en la sinagoga, y en el hogar. Aunque estos cambiantes contextos históricos y sociales sugieren cierto desarrollo lineal en las etapas de la oración, que va desde lo espontáneo hasta lo prescrito y formal, hay una conexión genésica entre los modos de orar convencional e improvisado, que indica que ambos existían paralelamente durante el período bíblico.

El vocabulario de la oración en la Biblia hebrea es variado, en armonía con las diferentes formas, escenarios y grados de formalidad o informalidad. Las oraciones, para distinguirlas claramente como tales, podían estar precedidas por –o incluir– ciertas expresiones técnicas clave, tales como las palabras hebreas *pll,* «orar»; *ʿtr,* «implorar»; *ḥnn* hithpael, «rogar,» «suplicar»; *qrʾ bšm YHWH,* «invocar el nombre de Jehová». En otros casos, sin embargo, la oración se hace, no con una terminología especial, sino con las palabras comunes y corrientes cotidianas. Un gran número de oraciones registradas, especialmente de las narraciones en prosa, comienzan con la sencilla declaración de: «y X dijo *(ʾmr)* a Dios»,una introducción que presenta a la oración de una manera teológicamente significativa, comparable al diálogo conversacional de rutina entre personas de igual categoría. Lo que distingue a tal conversación humano-divina del diálogo humano-humano, es la naturaleza significativa de lo discutido. Estas «oraciones conversacionales» surgen típicamente de una crisis que, si no es tratada, amenaza con desestabilizar o subvertir la confianza en Dios.

Puede hacerse una diferencia entre oraciones en prosa, y oraciones en estilo poético. Las oraciones en prosa funcionan como partes integrales de los contextos narrativos, y derivan su significado directamente de lo que precede y sigue en una situación específicamente definida. Hay alrededor de 100 oraciones en prosa en todo el AT, especialmente entre Génesis y Reyes, donde la narrativa es el estilo literario principal. Algunas son muy breves; son apenas una simple petición de algo concreto y práctico (p. ej., información, un hijo, sanidad), cuyo otorgamiento puede ser verificado (cf. Gn 15.2, 3, 8; Jue 13.8; 2 S 15.31; 2 R 6.17, 18, 20). Otras oraciones en prosa contienen peticiones de carácter más abstracto, por ejemplo, de bendecir, recordar y oír. Tales oraciones están a menudo acompañadas de largas explicaciones elaboradas que añadían un incentivo para que Dios escuchara y respondiera favorablemente (cf. 2 S 7.18-29; 1 R 8.22-61; 2 R 19.15-19.).

Las oraciones en prosa sirven para una variedad de funciones literarias y teológicas dentro de los contextos narrativos. Funcionan como un medio literario para presentar el carácter de los actores, tanto humanos como divinos, en un drama narrativo. Las oraciones de Elías (1 R 17.17-24), Salomón (3.4-15) y Ezequías (2 R 20.2, 3 [= Is 38.2, 3) sirven para dar crédito a estas personas como modelos ejemplares de devoción. Las oraciones de Jacob (Gn 32.9-12[10-13]) y Jonás (Jon 4.2, 3; cf. 2.2-9[3-10] [poéticas]), por el contrario, funcionan sutilmente para caricaturizar o parodiar la religiosidad profesada por estas personas. Varias oraciones penitenciales posteriores al exilio (Esd 9.6-15; Neh 1.5-11; 9.6-37; Dn 9.4-19) se rigen retóricamente por la repetida afirmación de que el carácter de Dios, especialmente manifestado en el perdón divino, está definido básicamente por sus cualidades de soberanía, misericordia y justicia. Además, varias oraciones en prosa contienen una petición de justicia divina que se ubica en la disyuntiva narrativa crítica de alguna crisis en la relación con Dios y su posterior resolución (Gn 18.22-33; Éx 32.11-14; Nm 11.11-15; 14.13-19; Jos 7.7-9; 1 R 17.17-19). La secuencia narrativa agregada (de crisis, oración, resolución) presenta teológicamente a la oración como un recurso importante para abordar las cuestiones teodiceas.

Salmos representa la mayor recopilación de oraciones poéticas del AT, aunque los discursos poéticos se dan también en contextos narrativos (1 S 2.1-10; 2 S 22.2-51; Jon 2.1-9[2-10]). La característica distintiva de estas oraciones es el idioma alegórico que las hace apropiadas para la repetición por una variedad de personas en diferentes contextos. La mezcla en el Salterio de oraciones individuales y colectivas, junto con las ceremonias rituales regulares y espontáneas que las acompañan, reflejan la integración de la devoción personal y la religión oficial, que parece caracterizar a la adoración de Israel en el período posterior al exilio.

Las oraciones se producen en una variedad de formas en el Salterio (himnos, cantos fúnebres, bendiciones, maldiciones) pero dominan dos tipos básicos: el lamento y la alabanza. Las oraciones de lamentos (individuales y colectivas) son más numerosas que las de cualquier otro tipo, y comprenden alrededor de una tercera parte de la recopilación (Salmos 3, 12, 22, 42–44, 69, 79, 88, 130). Junto con las «confesiones» de Jeremías (Jer 11.18-23; 12.1-6; 15.10-21; 17.14-18, 18.18-23; 20.7-13, 14-18), los lamentos de Habacuc (Hab 1.2-17) y de Job (Job 3.3-26; 6.1-30; 10.18-22; 13.20-14.22; 19.7-22 , 30.16-31), y las liturgias proféticas de lamentaciones (Jer 14.7-9, 19-22; Is 63.7-64.12[11]; Jl 1–2), estas oraciones brindan el inmenso testimonio de una tradición de lamentos que permitió y promovió la práctica de llevar ante Dios una amplia gama de circunstancias difíciles y amenazantes. El patrón típico de estas oraciones, es decir, invocación, lamento, petición, afirmación/esperanza de respuesta divina, ofrece un vehículo retórico y considerable para articular y hacer frente al dolor y al sufrimiento.

Las oraciones de alabanza y de acción de gracias (individuales y colectivas) están igualmente bien confirmadas en el Salterio (Sal 8, 30, 33, 66, 100, 113, 138, 146-150). Ellas siguen también un patrón general: invocación e invitación a alabar; razones y motivaciones para la alabanza (los hechos salvadores de Dios, y la naturaleza y el carácter inmutables de Él); y una exhortación final a la alabanza. Tanto en forma como en contenido, las oraciones de alabanza están vinculadas con el lamento, y de esa manera a una afirmación medular de la fe bíblica: cuando las personas angustiadas claman a Dios, Él escucha y responde, y eso estimula, a cambio, una gratitud y una adoración genuinas.

El NT utiliza una diversidad de términos con referencia a la oración (*proseúchomai*, «orar»; *déomai*, «pedir/buscar»; *eucaristíaéō*, «dar gracias»; *krázō*, «clamar»). Pero en contraste con el AT, que conserva más de 250 oraciones en prosa y salmos, el NT contiene relativamente pocas oraciones escritas: las oraciones de Jesús (Mt 11.25-27 = Lc 10.21, 22; Mt 26.39 = Mr 14.36 = Lc 22.42; Mt 27.46 = Mr 15.34; Lc 23.34, 46; Jn 11.41, 42; 12.27, 28; 17.1-26); las oraciones de Pedro y la asamblea (Hch 1.24, 25), y la de Pedro y Juan (4.24-30); la oración de Esteban (7.59, 60). La oración es notable en Pablo, particularmente en la acción de gracias introductoria (Ro 1.8; 1 Co 1.4), y en las bendiciones (Ro 16.25-27; 2 Co 13.13) con que termina las epístolas; pero, aparte de eso, las palabras de las oraciones de Pablo no aparecen registradas. También en contraste con el AT, que ofrece muy pocas instrucciones en cuanto a la oración (cf. Job 8.5, 6; 11.13-15; 22.23-27), está la gran atención que da el NT a la enseñanza sobre la oración.

El NT ofrece tanto una continuación de las formas y tradiciones de la oración israelita y judía, como una perspectiva cristiana distintiva sobre ellas. Jesús continúa la práctica del lamento (Mt 27.46 = Mr 15.34 [Sal 22.1(2)]; Lc 23.46 [Sal 31.5(6)] y de la alabanza/acción de gracias (Mt 11.25-27 = Lc 10.21, 22; Jn 11.41, 42), y por eso es venerado por sus seguidores como uno que modeló la esencia de la oración hebrea (cf. Heb 5.7) El Evangelio de Lucas presenta a Jesús orando en los momentos críticos de su vida: en su bautismo (Lc 3.21), en la elección de los discípulos (6.12), en la transfiguración (9.28, 29), en el Getsemaní (22.32, 41, 42), y en su crucifixión (23.46), modelando de esa manera el legado preservado especialmente en la narrativa hebrea sobre la importancia de la oración en las situaciones decisivas de la vida.

La perspectiva distintiva del NT es especialmente evidente en sus instrucciones sobre cómo orar. En el Sermón del monte, Jesús advierte sobre la oración impía y ostentosa (Mateo 6.5-8), y da el Padrenuestro como un modelo para sus discípulos (Mt 6.9-13 = Lc 11.2-4). Esta oración modelo, que combina alabanza y petición de una manera sencilla, personal y espontánea, está arraigada en antecedentes judíos (cf. la Amidá u oración de las dieciocho bendiciones). Otro énfasis en la enseñanza de Jesús en el Sermón del monte, es la exhortación a ser persistentes en la oración (Mt 7.7-11 = Lc 11.9-13), un tema también destacado en Pablo, quien llama a los creyentes a «orar sin cesar» (1 Ts 5.17; cf. Ro12.12; Ef 6.18; Col 4.2). El Evangelio de Lucas amplía este tema en dos parábolas: Lucas 11.5-8; y 18.1-8. Esta última vincula a la oración persistente con la promesa de justicia para los menos favorecidos y los oprimidos.

Otro distintivo de la oración en el NT es la importancia de la intercesión. En la oración sacerdotal de Juan 17, Jesús encarna el papel de intercesor al confiar a Dios la comunidad de la fe y la eficacia de su testimonio en el mundo. Pablo exhorta con frecuencia a las congregaciones a convertirse en comunidades de intercesión por él y por el éxito de su misión (Ro 15.30-32; Col 4.3; 2 Ts 3.1). Pedro y Pablo ruegan por la curación de los enfermos (Hch 9.40; 28.8), una práctica que la epístola de Santiago recomienda a los ancianos de la iglesia (Stg 5.13-16). En otras partes se hacen intercesiones por el crecimiento espiritual (Ef 1.16,17; Fil 1.9), el sostén en tiempos de peligro (Hch 12.5; Fil 1.19; He 13.18), y por las autoridades civiles (1 Ti 2.1, 2). Especialmente notable es la exhortación de Jesús a sus seguidores de orar por el perdón de sus perseguidores (Mt 5.44 = Lc 6.28). Jesús mismo ejemplifica tal intercesión con sus últimas palabras desde la cruz (Lc 23.34). Esteban refleja el ejemplo de Jesús en sus palabras finales (Hch 7.60). La teología de la Cruz, a su vez, da forma definitiva a la oración cristiana, y el principio de bendecir a los enemigos, no de maldecirlos, se convierte en un imperativo fundamental de la piedad y la práctica cristianas (Mt 5.39-48; Lc 6.27-36; Ro 12.14).

En resumen, tanto el Antiguo como el Nuevo Testamento presentan a la oración como un medio de primer rango mediante el cual el Creador y la criatura se unen en una relación continua, vital y mutuamente importante. El objetivo final de esta relación, como está expresado en la oración modelo de Jesús, es que la voluntad de Dios se cumpla «en la tierra como en el cielo».

Bibliografía. S. E. Balentine, *Prayer in the Hebrew Bible* (Minneapolis, 1993); O. Cullmann, *Prayer in the New Testament* (Minneapolis, 1995); M. Greenberg, *Biblical Prose Prayer as a Window to the Popular Religion of Ancient Israel* (Berkeley, 1983); J. Koenig, *Rediscovering New Testament Prayer* (San Francisco, 1992); P. D. Miller, *They Cried to the Lord: The Form and Theology of Biblical Prayer* (Minneapolis, 1994); G. P. Wiles, *Paul's Intercessory Prayers* (Cambridge, 1974).

SAMUEL E. BALENTINE

ORÁCULOS

Un mensaje de Dios a una persona o grupo de personas, por lo general entregados por un profeta. Heb. *maśśāʾ*, en su significado básico «carga,» frecuentemente se refiere a la comunicación profética de Dios a la humanidad (cf. El doble uso en Jer 23.33-40). Cuando es asociado con el discurso profético, *maśśāʾ* usualmente, pero no siempre, tiene una connotación negativa. Se asocia frecuentemente con oráculos de juicio contra las naciones (p.ej., Is 13.1; Nah 1.1), pero también de oráculos contra Judá (Is 22.1) e Israel (Ez 12.10). Los textos posteriores asocian *maśśāʾ* con la «palabra de Jehová,» eliminando de forma eficaz cualquier connotación negativa (Zac 9.1; 12.1; Mal 1.1).

Richard D. Weis ha sugerido que *maśśāʾ* debe entenderse como un género profético distinto en el que las palabras del profeta en lugar de las palabras de Jehová predominan. Por lo tanto el término se traduciría más exactamente «una exposición profética de la revelación divina » y la iniciativa de un *maśśāʾ* no yacería con Dios ni el profeta, sino en la comunidad que solicita aclaración sobre la voluntad divina.

Mientras que los textos etiquetados *maśśāʾ* se distinguen adecuadamente de otros tipos de discurso profético, como los discursos de los mensajeros o discursos proféticos de juicio, no está claro si son lo suficientemente distintos de otros no tan designados pero que contienen material similar (cf. esp., las distintas unidades en Isaías 13–23).

Bibliografía. R. D. Weis, *A Definition of the Genre* Maśśāʾ *in the Bible hebraica* (diss., Claremont, 1986).

JAMES R. ADAIR, JR.

ORÁCULOS SIBILINOS

Colección de oráculos que se incluye entre los pseudoepígrafos. La antigua tradición griega, que más tarde fue aceptada por los romanos y los judíos, veía a la Sibila como una anciana a quien se le atribuían predicciones extáticas. Se creía que había sido una vagabunda, y para el siglo I a.C., 10 Sibilas fueron mencionadas por Varro, junto con 10 lugares geográficos. Poca gente afirmó haber visto realmente a Sibila y los Oráculos eran conocidos principalmente a través de varias colecciones que circularon. Desde los primeros días, los Oráculos Sibilinos fueron escritos en forma de hexámetro, en tanto que el uso del acróstico era visto como señal de autenticidad. La colección más famosa se podía encontrar en Roma. Estos libros solamente se consultaban en épocas de crisis y por orden del senado. Cuando el templo de Júpiter se incendió en 83 a.C., esta colección se perdió con el fuego. Se formó una comisión para reunir oráculos «nuevos». Esta segunda colección romana siguió siendo importante hasta que fue destruida en el reinado del emperador cristiano Teodosio, en 408 d.C. Solamente algunos fragmentos sobrevivieron.

Los judíos y los cristianos escribieron sus propios oráculos que fueron atribuidos a las Sibilas. Los judíos explicaron que la Sibila era una de las nueras de Noé (Or. Sib 3:827), en tanto que los cristianos explícitamente declaraban que la Sibila era pagana, pero que profetizó la venida de Jesucristo. Algunos de los fragmentos paganos que permanecieron pueden encontrarse en la actual colección de 14 libros de los judíos y los cristianos, los libros oscilan de alrededor de 2050 a.C. hasta alrededor de 550 d.C. Los cristianos aceptaron sus propias interpolaciones. Estos Oráculos disfrutaron de gran popularidad entre los escritores y artistas patrísticos, medievales y del Renacimiento.

Bibliografía. J. J. Collins, «Sibylline Oracles,» *OTP* 1:317-472.

James V. Smith

ORDEN

Una sociedad o clase de personas unidas por ciertas características comunes. De acuerdo con 1 Crónicas 6–7, 24 David organizó a los sacerdotes y levitas en divisiones de trabajo en base a unidades familiares (cf. 2 R 23.4; 1 Cr 15.18). El «orden de Melquisedec» (Heb. *diḇrâ;* Sal 110.4; Gr. *táxis;* Heb. 5.6, 10; 6.20; 7.11, 17) es una apelación a la tradición de los sacerdotes legítimos fuera de las filas levitas; se refiere no sólo a la posición de Melquisedec sino también a la naturaleza distintiva de su sacerdocio (y por lo tanto el de Cristo).

ORDENAR, ORDENACIÓN

El nombramiento o la instalación de funcionarios religiosos. Vestidos con las vestiduras del sacerdocio y ungidos con aceite de olivo eran los elementos básicos de la instalación de sacerdotes en Israel (Ex 29; Lv 8). En tiempos de Herodes y Roma la investidura parece haber sido constitutiva en hacer al sumo sacerdote (Josefo *Ant.* 20.6; *m. Hor.* 3.4; *b. Yoma* 12a-b). La ruptura del cristianismo con las tradiciones sacerdotales del AT es bien simbolizada por la ausencia de unción o entrega de una vestidura distintiva en la ordenación hasta bien entrada la Edad Media. Heb. *ml',* «ordenar» (lit., «para llenar»; p.ej., Ex 29.9), se utilizó en el sentido de «nombrar.» La frase completa «llenar la mano» (Jue 17.5, 12) puede referirse a una práctica anterior de colocar partes del animal para el sacrificio (cf. Lv 8.27) o de los lotes sagrados (Dt 33.8) en las manos del sacerdote. La unción indica la elección divina en el nombramiento de los reyes (1 S 10.1; 16.13). Ninguna ceremonia de instalación para los jueces y los ancianos se registra en el AT. La práctica posterior en los sanedrines mayores y menores fue nombrar a las personas para un asiento solemne en el concilio (*m. Sanh.* 4.3-4; *Sipre Nm* 27; cf. As. Mos. 12.2). La información falla en algún método especial de instalación de los funcionarios de la sinagoga y líderes en Qumrán.

Dos episodios del AT se volvieron importantes para la ordenación rabínica y cristiana. En Números 8.10 los israelitas imponen las manos sobre los levitas al apartarlos para el servicio en el tabernáculo, un evento asimilado a la forma de un sacrificio, el motivo principal para este gesto en el AT. En Números 27.15-23 Moisés impone las manos sobre Josué cuando le comisiona para dirigir al pueblo. Deuteronomio 34.9 parece atribuir la posesión de Josué del espíritu a este acto, pero Números 27.18 dice que la posesión de Josué del espíritu fue la razón por qué Moisés puso sus manos sobre él. Tal vez el «espíritu de sabiduría» en Deuteronomio fue un don añadido, o quizás Deuteronomio implica que la imposición de las manos es una evidencia de la posesión del espíritu en lugar del medio de impartirlo. Estos relatos utilizan Heb. *sāmak,* «apoyarse en,» del que la literatura rabínica desarrolló su terminología técnica para la ordenación *(semikuth).* La ordenación rabínica apoyándose en las manos no es ciertamente atestiguada antes del 70 d.C.

Los Evangelios no describen método alguno por el cual Jesús nombró a los apóstoles aparte de llamarlos por nombre (Mr 3.14), una omisión suplida por los Hechos apócrifos P 10, que refleja la práctica posterior de la Iglesia mediante la adición de una imposición de manos.

Hechos y las Epístolas Pastorales proporcionan los principales pasajes del NT referentes a la ordenación. Donde se dan más detalles, se hace mención de la oración acompañada de la imposición de las manos y a veces el ayuno, los cuales sirven para apoyar y reforzar la oración. El relato más completo del nombramiento a un oficio en la iglesia se refiere a los siete en Hechos 6.1-6, que registra los siguientes elementos: el reconocimiento de una necesidad, la declaración de las cualidades, examen y selección por la congregación, presentación de las personas elegidas por los apóstoles, oración y la imposición de las manos. El ayuno, la oración, y la imposición de las manos se mencionan en el envío de Pablo y Bernabé en Hechos 13.1-3, y oración y ayuno en el nombramiento de ancianos en 14.23. El último pasaje utiliza el verbo *cheirotonéō,* del que se derivó la terminología técnica cristiana posterior. En este caso no está claro si la palabra se refiere a selección (más cerca de su sentido original de «elegidos al alzar la mano») o por nombramiento (un uso helenístico que preparó para el significado cristiano de «ordenar»). Comúnmente se cree que la «imposición de manos» cristiana tiene su antecedente en Heb. *sāmak̲,* pero el uso cristiano favorece otra práctica hebrea, el toque suave con la mano en señal de bendición (Gn 48.14, 17-18). Esto explicaría la constante asociación del gesto con la oración, que siempre se le da prioridad en los relatos cristianos. El significado del incidente en Hechos 13.3 se explica por 14.26, «encomendados a la gracia de Dios para la obra.»

Timoteo fue designado para el ministerio mediante profecía (cf. Hechos 20.28), y Pablo y los ancianos impusieron las manos sobre él (1 Ti 1.18; 4.14; 2 Ti 1.6). Un don especial fue impartido por Pablo; la imposición de manos por los ancianos era una circunstancia que lo acompaña. Estos pasajes del NT proporcionaron la base sobre la que se desarrollaron las prácticas de ordenación posteriores de la iglesia.

Véase también Imposición de manos.

Bibliografía. E. Ferguson, *The Church of Christ* (Grand Rapids, 1996), 310-16; «laying on of Hands: Its Significance in Ordination,» *JTS* n.s. 26 (1975): 1-12; J. Newman, *Semikhah* (Manchester, 1950); M. Warkentin, *Ordination: A Biblical-Historical View* (Grand Rapids, 1982).

Everett Ferguson

OREB (Heb. *ʿōrēb̲, ʿôrēb̲*)

Uno de los dos príncipes de Madián decapitados por los hijos de Efraín en el tiempo de Gedeón (Jue 7.25; 8.3; cf. Sal 83.11[TM 12]). Posteriormente su nombre fue dado a la roca donde fue asesinado (Jue 7.25; Is 10.26).

ORÉN (Heb. *ʾōren*)

Judaíta, hijo de Jerahmeel (1 Cr 2.25).

ORFA (Heb. *ʿorpâ*)

Una mujer moabita, la nuera de Nohemí. Después de que su esposo Quelión murió, Orfa buscó acompañar a Nohemí a Belén, pero su suegra inistió que volviera a sus parientes en Moab (Rut 1.4-14).

ORIÓN

Una constelación llamada así por el cazador de la mitología griega representado como un hombre de gran fuerza, un trabajador de hierro, que al morir fue traspasado a los cielos, con destino al cielo, y se convirtió en esta constelación. Situado al este de Taurus, la constelación incluye a Betelgeuse y Rigel, dos estrellas de primera magnitud. Generalmente mencionado con Pléyades, Orión ocurre como testimonio del poder creativo de Dios (Am 5.8; Job 9.9; 38.81; Targ., Peshitta «gigante»). El plural de Heb. *kĕsîl* se utiliza para constelaciones en general (Is 13.10); en otros lugares el término hebreo significa «simple» (Pr 9.13).

Bibliografía. G. R. Driver, «two Astronomical Passages in the Old Testament,» *JTS* n.s. 4 (1953): 208-12.

Aarón W. Park

ORNAMENTOS

Adornos (Heb. *ʿăd̲î*) usados por hombres y mujeres para decoración. La joyería de todo tipo se incluye en esta designación, como son pañuelos, tocados, fajas, túnicas, mantos, capas, turbantes, velos (Is 3.18-23), y tiaras (Jdt 10.3; Gr. *mítra*). Los adornos que se describen en las referencias bíblicas son más a menudo de oro (p.ej., 2 S 1.24), pero la arqueología revela otros metales, lo más significativo de bronce. Tal vez los elementos más comunmente encontrados de adorno en las Eras de Bronce y del Hierro son los pines de palanca de cobre o de bronce que habrían realizado un propósito decorativo y uno funcional para mantener juntas piezas de ropa. La mayoría de los adornos estaban hechos de materiales costosos o eran muy laboriosos para hacer, y eran, por tanto, un símbolo de riqueza, poder, y favor de Dios. Fueron usados en ocasiones especiales, en particular por una novia en el día de su boda (Ez 16.10-13; Is 49.18; Jer 2.32), pero no en momentos de tristeza y luto (Ex 33.4-6). Los ornamentos también aparecen en contextos religiosos en forma de campanas de oro que le colgaban entre las granadas de hilo de varios colores en el borde de la túnica del sumo sacerdote (Ex 28.33-34). Los ídolos eran cubiertos con tela bordada (Ez

16.16-18), considerado en otro lugar entre la ornamentación. Los cosméticos y perfumes están incluidos en esta categoría: las cajas perfumadas en la lista de ornamentos de Isaías (Is 3.20) tiene su contraparte en el registro arqueológico en las cerámicas, vidrio, piedra, conca y paletas, botellas y jarritos que datan de los períodos bíblicos.

KATHARINE A. MACKAY

ORNÁN (Heb. *'ornān*)
Una forma alternativa de Arauna.

ORO
Metal precioso que se menciona en la Biblia muy frecuentemente. En tiempos del AT el oro se usaba como dinero (Gn 44.8); joyas (41.42); decoración, como el adorno del arca del pacto (Ex 25.11); hilo para tejer prendas de los sacerdotes (28.8); e ídolos (20.23). Muchos de los artefactos y utensilios del tabernáculo y el templo se fabricaban de oro puro y sólido (Ex 25.31; 37.6; 1 R 7.49-51). Los filisteos enviaron a los israelitas figuras de ratones y tumores de oro sólido como una ofrenda de expiación (1 S 6.3-5). La posesión de oro y plata frecuentemente se mencionan juntas, ya que ambos metales tienen propiedades físicas y químicas similares e históricamente se han usado para propósitos similares, como el dinero. Los anillos de oro eran una señal de riqueza y posición social en el mundo grecorromano; en el NT aparecen varias amonestaciones en contra del uso del oro como indicio de riqueza personal (1 Ti 2.9; 1 P 3.3).

La riqueza de Salomón en oro está bien documentada, y una fuente principal de su oro era Ofir (1 R 9.28; en un ostracon de Tell Qasile dice «Oro de Ofir»). Nada de la riqueza de oro de Salomón se ha descubierto, pero los descubrimientos arqueológicos en Egipto y en el Cercano Oriente indican que sí existen artículos similares a los de Salomón. El trono de Tutankamón está casi totalmente bañado en oro. También se ha encontrado un cáliz de oro de Ur (alrededor de 2600 a.C.), así como un tazón de oro sólido, atribuido a Darío I o Darío II de Persia (alrededor de 522-404). Muebles bañados en oro fueron enterrados con la Reina Hetepheres de Egipto (alrededor de 2600). Una inscripción de barro del reino de Sargón II registra «seis escudos de oro» como parte del botín de la conquista de la ciudad urartia de Muṣaṣir (714; cf. Salomón, 1 R 10.16-17).

Las monedas de oro comenzaron a circular en Palestina en el siglo VII. Croesus, rey de Lydia (560-546) posiblemente fue el primero en acuñar monedas de oro puro y de plata. Antes de este tiempo, e incluso después, el oro como medio de intercambio se medía por peso, usualmente en siclos (Nm 31.52) o en talentos (Ex 25.39). Ya que las primeras monedas eran de forma y peso irregular, debido al proceso de troquelado conocido como «acuñar», las monedas frecuentemente se volvían a pesar y no se aceptaban por su valor nominal.

Bibliografía. M. I. Finley, *The Ancient Economy*, 2nd ed. (Berkeley, 1985); A. Mazar, *Archaeology of the Land of the Bible, 10,000-586 b.c.e.* (New York, 1990); A. R. Millard, «Does the Bible Exaggerate King Solomon's Golden Wealth?" *BARev* 15/3 (1989): 20-31,34; L. von Mises, *The Theory of Money and Credit*, rev. ed. (Irvington-on-Hudson, 1971); C. L. Thompson, «Rings of Gold—Neither 'Modest' nor 'Sensible,'" *BibRev* 9/1 (1993): 28-33, 55.

ALAN RAY BUESCHER

ORONTES
El principal río de Siria occidental (moderno Nahr el-ʿAṣī), conocido por las importantes rutas comerciales que le siguieron, las campañas militares estratégicas en su área, y las grandes ciudades construidas a lo largo de su curso, en especial Antioquía-en-el-Orontes (moderna Antakya, Turquía). Originado en el lado este de las montañas del Líbano, el Orontes fluye hacia el norte unos 400 km (250 mi) a través de Siria hacia el sur de Turquía antes de inclinarse al suroeste; desemboca en el Mediterráneo 26 km (16 mi) por debajo de Antioquía.

Fundada en cerca de 300 a.C. por Seleuco I, Antioquía se encuentra en el lado sureste del Orontes. Se trasladaba carga por el río hacia y desde Antioquía a su puerto del Mediterráneo, Seleucia (también conocido como Seleucia Pieria; Hechos13.4; cf. 14.26; 15.39-41). El antiguo puerto de Seleucia (cerca de moderna Samandag, Turquía) se ha convertido ahora en una zona pantanosa debido a los sedimentos que fluyen del Orontes a través de los siglos. Otras ciudades importantes en el Valle del Orontes incluyen Ribla, Cades-en-el-Orontes, Emessa, Hamat, y Alalak. En 853 una alianza de Ben-hadad de Damasco, Irḫuleni de Hamat, y Acab de Israel lucharon para detener al rey asirio Salmanasar III en Qarqar en el bajo Orontes, y allí en 720 Sargón II derrotó a los rebeldes de Hamat y Damasco.

JOHN L. GILLMAN

ORTIGAS
Cualquiera de las ásperas hierbas del género *Urtica*, con hojas cubiertas de pelos que segregan un líquido que produce picazón en la piel al contacto (Heb. *qimmôś, ḥārûl)*.

La irritante ortiga se encuentra en toda Palestina, en particular la *Urtica ureus* L. y la *Urtica pilulifera* L. Son comunes en los campos en barbecho, en los jardines no cuidados, y en las ruinas. En los tiempos antiguos, las ortigas eran vistas como señal de desolación (Is 34.13; Os 9.6; Sof 2.9).

La palabra hebrea *ḥārûl* (Sof 2.9; Job 30.7) puede ser en realidad un término general para referirse a las malas hierbas, o tal vez una palabra específica para la mostaza silvestre (*Brassica nigra* [L] Koch o *Sinapis arvensis* L.), que tiende a crecer en sitios abandonados (cf. la aparición paralela de los dos términos, Pr 24.31).

OSAÍAS (Heb. *hôšaʿyâ*)

1. Un líder de Judá que dirigó el segundo contingente de hombres de Judá en la procesión en la dedicación de los muros reparados de Jerusalén (Neh 12.32).

2. Padre de Jezanías (Jer 42.1)/Azarías (43.2), el antagonista de Jeremías.

OSEAS (Heb. *hôšēaʿ*), **LIBRO DE**
El primero de los 12 profetas menores. Atribuido a Oseas ben Beeri, el libro condena a los habitantes del norte de Israel por su infidelidad a Jehová durante los años de la decadencia y caída de la nación (c. 745-721 a.C.).

Texto
Con la posible excepción del libro de Job, el texto de Oseas está entre los más difíciles en todo el AT. Las traducciones del libro varían ampliamente dependiendo de juicios críticos y filolóficos sobre el texto. Se ha dicho que gran parte de la dificultad en el texto se debe al uso de Oseas de un ahora oscuro dialecto septentrional. Hay mucho que encomiar en esta posición, especialmente desde que Oseas es el único profeta escritor que ha venido de Israel. Sin embargo, no hay otra tradición textual israelita con la que Oseas pueda ser comparado. Así, aunque muchas traducciones propuestas de Oseas son altamente sugerentes, siguen siendo intentos provisionales para entender un texto oscuro.

Estructura literaria
El libro está dividido en dos secciones principales, caps. 1–3 y 4–14. Los primeros tres capítulos giran en torno las relaciones entre Oseas y su esposa y Jehová y su pueblo. Los capítulos restantes contienen oráculos que describen el deterioro de la cultura y la sociedad israelita.

Todo el libro ilustra una notable libertad con respecto a las formas y géneros proféticos. Caps. 1–3 ejemplifican esta libertad, conteniendo una narración en tercera persona (cp. 1), un oráculo (cp. 2), y un relato autobiográfico (cp. 3). Sin embargo, esta variedad de formas alcanza la unidad metafórica como los relatos del matrimonio de Oseas se convierten en el marco para explorar el estado de la relación de Jehová relación con Israel. La variedad de formas caracteriza el resto de los capítulos también los discursos de juicio profético típicos son raros; en cambio hay una profusion de otras formas proféticas, entre ellas las citaciones a la Guerra, llamados a la adoración, y los anuncios de los agravios.

Historia composicional
La opinión predominante es que el libro pasó por un largo proceso de recopilación, edición, y remodelación por redactores de Judea. Sin embargo, hay poco acuerdo en cuanto a cómo podría ser detectado como un proceso en la forma final de Oseas. Tampoco se ha explicado por qué peculiariddes lingüísticas del libro se han mantenido intactos después de tanta edición de Judea. Sin embargo, se supone que ciertas características de la obra dan fe de las generaciones suscesivas de interés de Juda en el mensaje del profeta al norte de Israel.

Una de estas características es el sobrescrito, que menciona los reinos de cuatro reyes de Juda primero y entonces un rey israelita, Jeroboam II. Puesto que el ministerio de Oseas estaba dirigido al norte de Israel, este enfoque en las épocas de reinado de los reyes de Judea ha tendido a apoyar la afirmación de que el libro fue redactado para un público de Judea. Otras referencias a Judá parecen confirmar la hipótesis de que un redactor posterior, posiblemente de Josías, fue responsable de este sobrescrito.

Sin embargo, si bien el sobrescrito supone una fecha después de la caída del reino del norte, la falta de referencia a reyes israelitas después de Jeroboam II no implica necesariamente que los editores se dirigían a un público estrictamente de Judea. En cambio, los editores pueden haber utilizado el sobrescrito para continuar el ataque de Oseas sobre la política de Israel que, afirma Oseas, había instalado reyes enteramente aparte de la voluntad de Dios (8.4; 13.11). Dado que ningún rey israelita tenía la legitimación de Jehová, no había rey israelita después de Jeroboam II.

Una segunda característica discutida a menudo como evidencia de la historia redaccional es la presencia de elementos escatológicos. Cada uno de los primeros tres capítulos termina con una visión de restauración después del juicio (1.10-11[TM 2.1-2]; 2.14-23[16-25]; 3.5); de manera similar, 11.1-9; 14.1-9 ofrece una posibilidad de restauración y reconciliación. Donde algunos eruditos ven esas promesas escatológicas como adiciones posteriores, otros los interpretan como consecuencia de la comprensión de Oseas del compromiso de Jehová hacia Israel.

La falta de acuerdo académico sobre estas características del libro ilustra la incertidumbre de los intentos de discernir las capas de tradición en el libro de Oseas. Se puede decir con cierta seguridad que el libro hace un llamado al arrepentimiento en medio del caos de una nación que se desintegra, cuyo sistema de gobierno y culto ya no es un refugio de sus propias mentiras. Que el libro aplica la lección a Judá también es evidente (11.12[12.1]).

Oseas, su esposa, y posición social

Dos aspectos de la vida de Oseas, su matrimonio y ubicación social, a menudo se destacan en debates críticos. La información sobre el primero se deriva generalmente de los caps. 1 y 3, mientras que la información acerca de la última se encuentra dispersa por todo el libro en las referencias a los profetas (4.5; 6.5; 9.7-9; 12.10-11, 13[11-12, 14]).

La interpretación biográfica de caps. 1 y 3 es un desarrollo reciente. Las interpretaciones judías y cristianas tradicionales vieron estos capítulos como visiones: Oseas soñó su matrimonio casi de la misma manera que Ezequiel soñó una transportación física de Babilonia a Jerusalén (Ez 8.1). En el siglo pasado, sin embargo, un interés en definir el trasfondo del Cercano Oriente de la adoración de Baal forzó una lectura más literal de estos capítulos. Dos cuestiones surgieron entonces: qué clase de prostituta era Gomer, y cómo la experiencia de Oseas de su matrimonio lo pudo haber llevado a una comprensión más profunda de la decepción de Jehová con Israel.

La prostitución de Gomer fue entendida como una forma de prostitución ritual. Desde que el dios Baal era un dios de la fertilidad, se argumentó, los israelitas hubieran participado en rituales que garanticen dicha fertilidad. Tales rituales, se suponía, implicaba algún tipo de magia. Por lo tanto, sugería que hombres y mujeres israelitas asumieron las funciones de los dioses y las diosas y ritualmente llevaron a cabo alguna forma de unión sexual. Una variedad de interpretaciones de la participación de Gomer en el culto se ofrecieron entonces: en algunas reconstrucciones, ella era una prostituta ritual; en otras, una muchacha israelita ordinaria cuya participacón en los ritos sexuales fue un evento de una sola vez. En cualquier caso, la prostitución de Gomer adquirió importancia religiosa así como simbólica: no sólo ella se fue alejando de su marido, pero ella literalmente ejemplicó la apostasía de Israel de Jehová.

Aunque esta interpretación dio una motivación religiosa a la prostitución de Gomer, era problemática por razones tanto históricas como literarias. En el plano literario, se hizo difícil de entender cómo el matrimonio de Oseas con una prostituta conocida simbolizaría el compromiso de Jehová con Israel, que había sido fiel, al menos al principio. En el plano histórico, no hay evidencia de que se practicara la prostitución ritual, en Israel o en otros lugares. En Oseas, la mujer buscando a sus amantes es una forma metafórica, si bien peyorativa, de describir la adoración de dioses distintos a Jehová. Por otra parte, no hay evidencia de que tales ritos sexuales fueron practicados en las religiones cananeas vecinas.

Teniendo en cuenta el resultado mixto de estos esfuerzos para interpretar los caps. 1 y 3 en términos históricos y biográficos concretos, parece conveniente volver a una lectura simbólica de estos capítulos. Su enfoque es la teología, no la biografía.

Discusiones de la ubicación social de Oseas son aún más tenues, apoyándose en textos ambiguos referentes a la obra de los profetas. En la década de 1950 Hans Walter Wolff sostuvo que estos textos establecieron la ubicación social de Oseas como un miembro de la clase de *nĕḇîʾîm,* a quienes más tarde identificó como un grupo de sacerdotes levitas que se oponían al culto establecido. Esta hipótesis vinculó a Oseas a la tradición de profecía del norte de Israel y tambén estableció su linaje en el desarrollo de la teología deuteronomista.

A pesar de la popularidad de la tesis de Wolff, es más probable que Oseas condenó a los profetas. Él los ubicó de lleno en el culto (4.5); Además, afirmó que eran los medios por los cuales Jehová llevó a cabo un juicio ambiguo no muy diferente al efectuado a través de los profetas mentirosos de 1 Reyes 20 (6.4-5; 9.7-9; 12.10[11]). Lejos de verse a sí mismo como uno de ellos, Oseas los condenó junto con todos los demás líderes de la sociedad israelita.

La propia ubicación social de Oseas es ahora incierta. Vale la pena señalar que él no se identifica como un profeta en el sobrescrito; tampoco, como se señaló anteriormente, sus formas proféticas siguen los convencionalismos esperados del discurso profético.

Mensaje

Los sobrescritos colocan el ministerio de Oseas en la última mitad del siglo VIII. Aunque las alusiones a eventos históricos son vagas, los eruditos ahora están de acuerdo que ciertos oráculos en el libro reflejan la prosperidad del reinado de Jeroboam II (c. 745), las tensiones de la guerra entre Siria y Efraín (734-32; cf. 5.8–6.10), y la agitación diplomática de los años alrededor del 720 (7.11; 11.5-7).

Los oráculos reflejan una comprensión de la religion jehovista en la que Jehová es visto como el garante de los dones de la tierra. Oseas traza este entendimiento a la promesa a Jacob en Bethel (12.4-5[5-6]), así como la elección y las tradiciones de conquista (11.1; 13.4-5). Los llamados de Israel a Jehová como su deidad patrona («mi Dios») en particular en situaciones de emergencia (8.2; 9.17).

Oseas acusa al pueblo de una dependencia promiscua en otros «salvadores» también. Maniobras políticas frenéticas así como la adoración de otros dioses exponen la expresión de Israel de fe en Jehová como un intento superficial para garantizar su seguridad a través de cualquier medio posible.

El principal interés en Oseas, entonces, es la naturaleza de la relación entre Jehová y el pueblo. Metáforas familiares —padre e hijo (11.1-4), esposo y esposa (caps. 1–3)— sugieren que hay más implicado que una relación de pacto, contractual. Lo que falta es el conocimiento de Dios, un conocimiento que viene de estar en una genuina relación con Dios y que se traduce en obediencia a la voluntad de Dios. Este conocimiento es deficiente porque no hay lealtad *(ḥesed)*. Israel viene a Jehová por las cosas que quiere de él; pero ella no viene a él por causa de él mismo. Dada la prominencia de las metáforas familiares, se podría argumentar que la base de la queja de Jehová contra Israel no es que Israel ha roto el pacto, sino que se ha rebelado contra compromisos más fundamentales, de hecho primarios.

En consecuencia, toda la cultura israelita se desmorona. Desde que Israel hace reyes, pero no a través de Jehová, no hay reyes (1.1). Los altares no quitan la culpa, sino más bien la aumentan (8.11). Los profetas llevan a la gente al peligro, y los sacerdotes no les muestra el camino correcto (9.7-9; 4.1-4). La cultura israelita se convierte así en un espejo de lo que pasa por devoción israelita, y ambas resultan ser huecas, falsas, y condenadas al fracaso.

Sin embargo, Oseas sugiere que la semilla de la renovación está en la relación misma. Cuando la devoción de Israel a Jehová corresponde al compromiso exclusivo de Jehová a Israel, entonces los dones de la tierra volverán a florecer. Oseas demanda de Israel adoración exclusiva de Jehová, y a cambio promete un pacto eterno de prosperidad, fertilidad y paz.

Bibliografía. F. I. Andersen y D. N. Freedman, *Hosea.* AB 24 (Garden City, 1980); A. Brenner, ed., *A Feminist Companion to the Latter Prophets* (Sheffield, 1995); G. I. Davies, *Hosea.* NCBC (Grand Rapids, 1992); M. S. Odell, «Who Were the Prophets in Hosea?» *HBT* 18 (1996): 78-95; H. W. Wolff, *Hosea.* Herm (Philadelphia, 1974).

MARGARET S. ODELL

OSEAS (Heb. *hôšēaʿ*)

Hijo del rey Jeconías (Joaquín), nació mientras su padre estaba en cautiverio

1. El nombre original de Josué (Nm 13.8, 16; Dt 32.44).
2. El último rey del norte de Israel (732-724 a.C.). Oseas, aliado con Asiria, asesinó a Peka (736-732), quien junto con los reyes de otras naciones pequeñas se había rebelado contra la soberanía asiria (2 R 15.30). Tiglat-pileser III a continuación nombró a Oseas rey y recibió tributo de Israel. Cuando Salmanasar V (726-722) sucedió a su padre Tiglat-pileser, Oseas se alineó con otros vecinos antiasirios en la retención de tributo. Salmanasar atacó entonces a Israel e hizo a Oseas su vasallo. Cuando Oseas retuvo el tributo una vez más, Salmanasar sometió a Israel, encarceló a Oseas, y continuó su asedio de Samaria hasta que la ciudad cayó tres años más tarde en 722 (2 R 17.3-7). Aunque el relato bíblico parece dar a entender que Salmanasar conquistó Samaria, los documentos del reinado de Sargón II (722-705) insisten que él fue el verdadero vencedor.
3. Un primer oficial a quien David puso sobre Efraín (1 Cr 27.20).

4. Uno de los sacerdotes levitas que ratificaron la versión de Esdras del pacto de Israel con Dios (Neh 10.23).

5. El profeta del norte del siglo VIII cuyo nombre generalmente se traduce Oseas. Floreció desde la época de Uzías y Jeroboam II hasta el reinado de Ezequías (Os 1.1). Las fechas de su carrera dependen de la fecha del reinado de Ezequías, que se disputa. Sin embargo, no hay evidencia definitiva de que él haya profetizado en fecha tan tardía como la caída de Samaria en 722. Él probablemente estuvo activo de 750-725.

PAUL L. REDDITT

OSIRIS
Véase Serapis.

OSNAPAR (Aram. *'osnappar*)
Un rey asirio que deportó a los pueblos conquistados y los reubicó en Samaria (Esd 4.10). Aunque Salmanasar V y Sargón se adaptan major a las circunstancias del sitio y reasentamiento, el nombre puede ser una forma corrupta de Asurbanipal.

OSTRACA (Gr. *óstraka*)
Tiestos de cerámica que conservan inscripciones. La palabra griega se refiere a veces a un baso de barro, pero con mayor frecuencia sólo a fragmentos rotos (cf. Sal 22.15 [LXX 21.16]).

En contextos arqueológicos, ostraca suelen ser fragmentos de cerámica que conservan inscripciones de varios géneros. El término puede incluir, sin embargo, las inscripciones conservadas en otros materiales, como conchas o piedras pequeñas. Ostraca generalmente fueron escritos en tinta, pero a veces se realizaron incisiones. Ostraca ocurre con más frecuencia en Siria, Palestina, Egipto y son más bien raros en Mesopotamia, donde la escritrua cuneiforme fue más prevaleciente en los períodos anteriores.

Ostraca se utiliza más en el contexto de las actividades diarias de rutina de escritura en lugar de para la preservación literaria más permanente. A menudo se conservan solo los nombres, números o listas, pero también se utilizaron para misivas administrativas (Arad y Samaria), recursos legales ocasionales (Meẓad Ḥashavyahu), e incluso como los comunidades militares (Arad, Ḥorvat 'Uza). Tales inscripciones a menudo ofrecen una visión valiosa sobre los asuntos y preocupaciones de las personas diariamente. Además, son importantes fuentes de pruebas para estudiar el desarrollo de las lenguas y la escritura.

Bibliografía. G. I. Davies et al., *Ancient Hebrew Inscriptions* (Cambridge, 1991); J. Naveh, «briting and Scripts in Seventh-Century a.C. Philistea,» *IEJ* 35 (1985): 8-21.

DALE W. MANOR

OTNI (Heb. *'otnî*)
El hijo mayor de Semaías; un guardia levita durante el reinado del rey David (1 Cr 26.7).

OTONIEL (Heb. *'otnî'ēl*)
Un juez de Israel, el hijo de Cenaz y sobrino (menos probable el hermano menor) de Caleb, que se convirtió en el yerno de Caleb al capturar Debir (Quiriat-seper) y así ganar a Acsa, la hija de Caleb, como esposa (Jos 15.15-19 = Jue 1.11-15). Otoniel más tarde liberó al pueblo de la mano opresora de Cusan-risataim de Aram-naharaim (Jue 3.7-11). El nombre Otoniel funciona como un nombre de clan en una lista genealógica de oficiales y suboficiales (1 Cr 27.15). Caleb y Otoniel puede representar, respectivamente, antepasados epónimos de clanes más viejos y más jóvenes de la tribu de Cenaz (los ceneceos) que fueron absorbidos en Judá.

RICK R. MARRS

OVEJAS
Al igual que las cabras, eran los animales domesticados más comunes durante los tiempos bíblicos, lo cual se evidencia lingüísticamente en fuentes bíblicas y extrabíblicas, y los hallazgos zooarqueológicos de muchos lugares lo apoyan. Son numerosas las referencias bíblicas al pastoreo y al ganado pequeño (heb. *ṣō'n, miqneh*), que incluyen a los dos componentes principales del grupo: ovejas (*kebeś*) y cabras (*'ēz*). Además, en el Cercano Oriente antiguo las riquezas se medían, en parte, por el tamaño del rebaño que una persona poseía.

Las ovejas se criaban para lana o pelo, leche y sus productos (yogurt, mantequilla, quesos), carne, pieles, huesos, cuernos y estiércol. La importancia de la leche (*ḥālāḇ*) en la dieta bíblica es evidente, ya que connota abundancia y riqueza nutricional, especialmente cuando se menciona con otro alimento completo, la miel (*dĕḇaš*), una combinación que se utilizaba en muchas sociedades antiguas para sacrificio (cf. la expresión que describe a la tierra de Israel como «que fluye leche y miel»; p. ej., Ex 3.8).

El ordeño en las sociedades preindustriales se hacía colocando a las ovejas una frente a la otra y atándolas en pares, con un lazo largo, formando dos filas largas (*ribqâ*). En tanto que las ovejas se criaban también por su carne, esta no se consumía a diario. En la antigüedad, la producción de carne y leche eran trabajos muy importantes, en los que participaban las personas, así como los templos y el palacio real (1 Cr 27.29, 31; 2 Cr 26.10). A los levitas se les dio grandes parcelas de tierra que serían «para sus animales, para sus ganados y para todas sus bestias» (Nm 35.3; cf. Jos 14.4). Se apartaba una pequeña cantidad de animales para engordar. Aparentemente, criar y vender animales engordados era lucrativo porque incluso los reyes (2 R 3.4) y otros líderes (Ez 27.21) lo hacían. La gordura (*ḥēleb*) se consideraba un elemento de alimentación nutritivo, por lo tanto, desde tiempos muy antiguos (Gn 4.4) fue un componente importante de los sacrificios (Ex 29.13).

Las representaciones artísticas de Ur (Uruk III), Asiria, Arabia e Israel sugieren que las ovejas que se criaban en la antigüedad estaban muy relacionadas con las ovejas Awassi de rabo gordo, actualmente la raza más numerosa y común del Cercano Oriente (cf. también con Heródoto). Las ovejas Awassi usualmente son blancas y tienen la cabeza y los pies cafés; las totalmente blancas, o las que tienen la cabeza y los pies negros, son frecuentes. Sin embargo, las totalmente negras o gris, así como las moteadas, no son muy comunes, lo que puede explicar la disposición de Labán de aceptar la oferta de Jacob de tomar «todas las ovejas de color oscuro, y las manchadas y salpicadas de color entre las cabras» (Gn 30.31-32).

El proceso de domesticación llevó a que los animales llegaran a ser menos resistentes y, peor aún, más susceptibles a las enfermedades. Las referencias bíblicas a las enfermedades de rebaños están en términos generales y no son muy frecuentes. Entre las maldiciones que acompañan al Pacto está la extensa declaración: «Maldito… la cría de tus vacas, y los rebaños de tus ovejas» (Dt 28.18), pero no hay enumeración, como en las maldiciones que atañen a los humanos o a las cosechas.

La lana es un subproducto importante de las ovejas. El esquileo de la lana (*gēz*, Dt 18.4) se hace una vez al año, en abril-mayo, justo antes de que comience el calor del verano. Si hay agua disponible, se lava a las ovejas previamente (Cnt 4.2; 6.6), de lo contrario, la lana se vende por el vellón y no por el peso, ya que está sucio y pesa mucho. El esquileo era un evento que unía a mucha gente que se dedicaba al cuidado de los animales, y al igual que durante la recolecta de otras cosechas, era una ocasión de gran celebración (1 S 25; 2 S 13.23-28).

Bibliografía. D. Brothwell and P. Brothwell, *Food in Antiquity*, rev. ed. (Baltimore, 1998); H. Epstein, *The Awassi Sheep* (Rome, 1985); S. Hirsch, *Sheep and Goats in Palestine* (Tel Aviv, 1933).

Oded Borowsky

OX (Gr. *Ṓx*)

El abuelo paterno de Judit; padre de Merari y descendiente de Israel (Jdt 8.1).

OZEM (Heb. *ʾōṣem*)

1. El sexto hijo de Isaí, y hermano del rey David (1 Cr 2.15).

2. Judaíta, el cuarto hijo de Jerameel (1 Cr 2.25).

OZNI (Heb. *ʾoznî*) (también EZBON)

Hijo de Gad y antepasado del clan oznita (Nm 26.16). Él es llamado Ezbón en Génesis 46.16.

P

P
Designación de la fuente sacerdotal del Pentateuco. *Véase* Documento sacerdotal.

PAARAI (Heb. *pa'ăray*) (también NAARAI)
Arbita; uno de los treinta de David (2 S 23.35). En 1 Crónicas 11.37 es llamado Naarai el hijo de Ezbai.

PABLO (Gr. *Paúlos*)
A excepción de Jesús, nadie influyó el desarrollo del cristianismo primitivo más que Pablo. Él fue el apologista más importante para la misión gentil, y el más elocuente defensor de la centralidad de las tradiciones, las Ecrituras, deidad, y moralidad judías para sus iglesias predominantemente gentiles. Que 13 de los 27 libros del NT se atribuyen a Pablo da testimonio elocuente a la importancia que tenía para el primitivo movimiento de Jesús. Ese legado permaneció para inspirar a titanes teológicos como Agustín, Lutero, Calvino, y Wesley, y para influir profundamente en la historia intelectual de Occidente.

Fuentes
Las siete cartas que proceden de la mano de Pablo (1 Tesalonicenses, 1 Corintios, Filipenses, Filemón, 2 Corintios, Gálatas, y Romanos) sirven como las fuentes primarias para nuestro conocimiento sobre el apóstol; Hechos, aunque secundario, es, no obstante, útil cuando se usa con prudencia. Las cartas en disputa (2 Tesalonicenses, Colosenses, y Efesios) merecen consideración, y las cartas pseudepigráficas (1 y 2 Timoteo, Tito, y Hebreos) y la literatura apócrifa tardía colabora con la historia de la interpretación de Pablo.

Período «precristiano»
Pablo nació, vivió, y murió como judío. Él escribe que él era de la tribu de Benjamín, circuncidado al octavo día, era intachable ante la ley, siguió la intepretación farisaica (Fil 3.5-6), y fue celoso observante de las tradiciones ancestrales (Gá 1.14). Probablemente nació en Tarso (Hch 22.3), una ciudad próspera y cosmopolita, puerta de acceso urbana al Mediterráneo oriental, un vibrante centro intelectual, y un centro de transporte de importancia estratégica. Allí Pablo aprendió su lengua materna, griego, se le enseñó un oficio, y recibió su educación. Este trasfondo y Gálatas 1.22 contradicen la opinión de Hechos 22.3 que Pablo fue traído a Jerusalén a una edad temprana a sentarse a los pies del gran maestro Gamaliel (26.4). Cualquiera que sea su fuente, nadie discute que Pablo era un hombre erudito y pensador creativo. La extensión y complejidad de sus cartas, la sofisticación de sus argumentos, su conocimiento de la LXX, su familiaridad con la ley y las tradiciones judías, y su poder de persuasión utilizados para fundar iglesias y mantenerlas unidas todos sugieren que Pablo era un hombre educado. Desafortunadamente, sabemos muy poco acerca de la naturaleza exacta de su educación formal.

Además, Pablo se benefició de una rica educación informal. El entorno urbano en el que se crió lo familiarizó con importantes habilidades literarias y retóricas. Debía su uso de la diatriba (Ro 6.1, 15; 7.7; 11.1) y su conocimiento de la ley de la naturaleza (2.14-15) al estoicismo, y su antropología y puntos de vista sobre el celibato, conciencia, y autocontrol fueron influenciados por la religión helenista popular. Su estilo de argumentación refleja una apropiación selectiva de la retórica helenista. Por el contrario, su apocalipticismo, su espiritualización del culto sacrificial (Ro 12.1), su monoteísmo, y convicciones morales provinieron de fuentes judías, y su conocimiento de la pasión, muerte, resurrección, enseñanza de Jesús y el culto sacramental vino de los mesiánicos. Sus cartas revelan cómo esta mente fértil absorbió, sintetizó, e interpretó estas tradiciones para sus iglesias.

Su amplio conocimiento, sin embargo, difícilmente supone un alto estatus o la ciudadanía romana. Dada la rareza de la ciudadanía romana en el este, el silencio de Pablo al respcto aun cuando era amenazado con la ejecución (2 Co 1.8-9), y la importancia teológica de la ciudadanía de Pablo para Lucas (Hch 22.22-29), es poco probable que Pablo haya sido un ciudadano romano. En cambio, él era probablemente un miembro de una *políteuma* o comunidad judía a la que se le había concedido autonomía política relativa y otorgado la libertad para gobernarse a sí misma por la ley y las instituciones judías. En lugar de los orígenes de clase alta, su formación como peletero o fabricante de tiendas probablemente vino de su padre artesano; más tarde utilizaría esa habilidad para mantenerse en su misión a los gentiles (Hch 18.3; 1 Ts 2.9; 1 Co 9.6-18).

Aunque acosado por el recuerdo doloroso de su persecución a los cristianos, Pablo no dice en ninguna parte dónde llevó a cabo la persecución, cuál era la naturaleza de la persecución, quiénes fueron sus víctimas, o lo que la inspiró. ¿El anuncio del reino de Dios hizo que los judíos ya nerviosos por represalias de los romanos estuvieran deseosos de sofocar este mesianismo? ¿Un evangelio libre de la ley provocó represalias por parte de los que veían su identidad amenazada? ¿Fue una respuesta hostil a convicciones aberrantes, o a la crítica al culto del templo? No podemos responder a estas preguntas con certeza. De todas formas, el dramático cambio de actitud de Pablo, nos dice él, vino en respuesta a una epifanía de Cristo resucitado (Gá 1.16-17) que volvió al adversario en un apóstol de Cristo.

Apostolado

Desde el comienzo los críticos ponen en duda la autenticidad del apostolado de Pablo. A diferencia de Pedro, Santiago, y Juan, él nunca vio a Jesús en la carne; él nunca había sido instruido por los apóstoles considerados como «pilar», y él había sido un enemigo acérrimo de la iglesia primitiva (Gá 1.23). Reconociendo esto, los apóstoles cristianos-judíos atacaron la legitimidad del apostolado de Pablo y la integridad de su evangelio. Pablo respondió a estos ataques con información autobiográfica (Gá 1–2), la exégesis creativa de los textos clave de sus adversarios (Gá 3), y apela a la cruz de Cristo (3.10-14). En una observación autobiográfica que recuerda el llamado profético de Jeremías e Isaías, él afirmó haber sido apartado por Dios desde el vientre de su madre (Gá 1.15; Jer 1.5; Is 49.1-6). Él cambió el lugar de su autoridad de la enseñanza de Jesús terreno a la revelación del Cristo resucitado (Gá 1.12, 16). Recitó una cronología de contactos dispersos con las «columnas» de Jerusalén —«después de tres años» y «después de catorce años» (1.18; 2.1)— en apoyo de su pretensión de independencia de las «columnas» de Jerusalén (2.9-10). Tres veces en la carta (Gá 1.7-9; 4.16-18; 6.12-13) Pablo se dirigió a sus oponentes, confrontándolos directamente, pronunciando una maldición divina sobre ellos, menospreciándolos, y denunciándolos. El apóstol, sin embargo, fue más allá de la denuncia, tratando de persuadir a sus conversos de la legitimidad de su evangelio y apostolado recordándoles momentos agradables que tuvo con ellos (Gá 4.12-20), y de su experiencia bautismal (3.26-29).

2 Corintios informa que los apóstoles carismáticos judeo-cristianos armados con los testimonios de otras congregaciones lograron cierto éxito en socavar la confianza en el apostolado de Pablo. Estos rivales usaron su cuerpo frágil y su torpe forma de hablar (2 Co 10.10; 11.6), su aflicción física y su aspecto poco carismático (12.7), y su independencia financiera (vv. 15-16) y la falta de voluntad para presumir de destreza carismática para cuestionar su apostolado. Pablo apela a su sufrimiento y debilidad como señales de la autenticidad de su apostolado (2 Co 11.21-29; 12.7-10; 6.4-10), y con apelaciones a la autobiografía (12.1-10), a un catálogo de sufrimientos (6.3-10; 11.22-29), y la resurrección de Dios de Cristo de entre los muertos, Pablo se defendió al mostrar cómo se manifiesta la fuerza de Dios en la debilidad.

Por 25 años después de su muerte un incómodo silencio acerca de Pablo se cernía sobre el panorama del cristianismo primitivo. Entonces en los Hechos de Lucas emerge como una figura importante, y nada parece capaz de detener la marcha de su evangelio hacia el oeste. Poco después, las cartas pseudoepigráficas comienzan a aparecer y ofrecen interpretaciones y defensas de la teología de Pablo.

Escritor de cartas

Dado el costo de los materiales de escritura, la baja tasa de alfabetización, y la ausencia de una red de entrega de la correspondencia privada, la supervivencia de miles de cartas de papiro de la época helenista es asombrosa. La diplomacia, el comercio, y los viajes fomentan la escritura de cartas, tanto oficiales como no oficiales, y el creciente uso de cartas por la corte imperial y por los ricos que podían permitirse el uso de mensajeros o esclavos para entregarlas contribuyó a su creciente popularidad. Un floreciente negocio surgió para apoyar la escritura de cartas. Aparecieron manuales sobre la escritura de cartas. Los escribas sirvieron a las agencias gubernamentales, los hogares ricos y los pobres analfabetos. Bajo la influencia de la retórica helenística la carta se convirtió en una forma artística con un alto nivel de expresión estética. Pablo tomó de esta rica, venerable y penetrante tradición epistolar para escribir sus cartas. Estas cartas no eran privadas, sino eventos públicos escritos para exhortar, instruir, recordar y consolar a las iglesias. No eran tratados teológicos, sino cartas verdaderas que se ocupan de situaciones reales. Incluso Romanos, la carta más teológica de Pablo, revela la defensa del apóstol contra las falsas acusaciones y rumores maliciosos (Ro 3.8) y se ocupa de las facciones en la iglesia (c. 14). Con el tiempo, estas cartas fueron reunidas, copiadas, distribuidas, e incluso imitadas para fortalecer otras iglesias también.

Estas cartas tenían múltiples funciones. Servían como un sustituto de la presencia del apóstol hasta su venida. Proporcionaron un medio para la exhortación y el consejo (1 Ts 5.23; 1 Co 1.8; Fil 2.15). Ofrecieron consuelo (2 Co 1.3-7), proporcionaron un vehículo para responder a los críticos (esp. en Gálatas y 2 Corintios), y proporcionaron un medio para relacionar el evangelio a las preocupaciones cotidianas.

Mientras que la forma de las cartas de Pablo se asemeja a la carta helenística tradicional, Pablo inclinó la forma a sus fines. En Romanos amplió el saludo para incluir una afirmación para contrarrestar la acusación de que su evangelio era una novedad escandalosa. En Gálatas sustituyó la acción de gracias típica por una expresión de asombro para reprender a sus destinatarios (Gá 1.6). En 1 Tesalonicenses ampió la conclusion para exhortar a los desalentados a prepararse para la venida de Cristo (1 Ts 5.23-24). Estas modificaciones de las formas epistolares estereotipadas ofrecen valiosas pistas a sus propósitos.

Cronología

La dificultad acosa a cualquier intento de sincronizar la cronología de Hechos con las cartas de Pablo. Hechos registra tres viajes misioneros que se ajustan sólo parcialmente a los relatos en las cartas de Pablo, y Hechos reporta cinco visitas de Pablo a Jerusalén, donde las cartas registran sólo tres. Hechos 18.12, 14, 17, sin embargo, se refiere a la comparecencia de Pablo ante el procónsul romano Galión en Acaya, que la mayoría considera que sea histórica, ya que la referencia no sirve a ninguna intención teológica. Si se juzga así, la referencia requeriría la presencia de Pablo allí en 51-52 d.C., durante el proconsulado de Galión. Además, si Hechos está correcto en que Pablo estuvo en Corinto durante 18 meses (Hch 18.11), entonces su ministerio allí probablemente comenzó en 50. A partir de esa fecha se puede trabajar hacia atrás y hacia adelante para aproximarse a una cronología paulina. Antes de esa fecha había fundado las iglesias en Galacia, Tesalónica, y Filipos (ca. 49), y antes de esa misión había estado en Antioquía durante un tiempo (Gá 2.11-14). Un poco más de 17 años transcurrieron entre el llamado apostólico de Pablo (ca. 31) y su visita a Antioquía (Gá 1.17-18; 2.1). Durante esos años (31-48) Pablo pasó tres años en Arabia antes de su primera visita a Jerusalén, y 14 años en Siria y Cilicia antes de su segunda visita.

Después de su comparecencia ante Galión Pablo escribió todas las cartas que poseemos (excepto 1 Tesalonicenses) entre 52–58, pero su orden exacto se disputa. Un arreglo posible colocaría la composición de varias de estas cartas durante su estadía de 27 meses en Éfeso después de su misión a Corinto (53–56; Hechos 19.8-10). Aunque ni las cartas de Pablo ni Hechos se refieren explícitamente a un encarcelamiento en Éfeso, es probable que él se encontrara en custodia allí. Pablo habla metáforicamente de luchar con bestias en Éfeso (1 Co 15.32) y de una gran aflicción en Asia que lo dejó «abrumado sobremanera» que perdió la esperanza de vivir, y sintió que estaba bajo sentencia de muerte (2 Co 1.8-9). Pablo también se refiere a estar en prisión muchas veces (2 Co 11.23), y un encarcelamiento en Éfeso puede ser confirmado por los Hechos apócrifos de Pablo. Durante tal encarcelamiento, Pablo podría haber escrito Filipenses y Filemón (ca. 55). Durante su misión en Éfeso él escribió varias cartas a Corinto y nuestra carta a Galacia. Él escribió la cuarta carta a los Corintios (posiblemente 2 Co 1.1–9.15 menos 6.14–7.1) en ruta para visitar la iglesia allí (finales de 56), y Romanos llegó cuando se embarcó o estaba a punto de embarcarse desde Corinto en su viaje a Jerusalén con la ofrenda para los «pobres de entre los santos» (57; Ro 15.25-27). Temeroso de los «infieles» en Judea (Ro 15.31), Pablo pidió las oraciones de la iglesia romana. A partir de entonces su voz se quedó de repente en silencio. Hechos intenta completar la historia al sugerir que la premonición de Pablo se realizó trágicamente. Fue arrestado, llevado ante el procurador romano Festo (59), presentó una apelación sobre la base de su «ciudadanía romana», y fue llevado a Roma para ser juzgado. Lucas, sin embargo, no nos dice cómo murió Pablo; si fue decapitado en Roma, como sugiere los Hechos de Pablo (10.5), su ejecución hubiera llegado antes del final del 62.

Teologizador

Pablo difícilmente lanzó su misión con una teología sistemática desarrollada en la que podía depender como una plantilla sobre cada cuestión. Desde que él era un teólogo pastoral en lugar de sistemático su teología tenía un carácter ad hoc, creada para cada nueva situación. Las perturbaciones creadas por los apóstoles misioneros rivales, facciones carismáticas, judaizantes, creyentes desilusionados, y religiosos populares provocaron el pensamiento de Pablo en diferentes maneras. Estos puntos de fricción marcan las cuestiones que Pablo consideró dignas de luchar por ellas, y ofrecen una ventana al hacer teológico en proceso.

Esta teología, aunque situacional estaba, sin embargo, enraizada en convicciones subyacentes profundas incrustadas en la historia sagrada de Israel. De importancia primordial era la supremacía del Dios único de Israel, el creador, redentor, y garante del futuro. Crucial para la narrativa del pueblo de Dios eran la elección y la entrega de la ley registrada en las Escrituras. En estos textos sagrados Pablo encontró prescripciones para el amanecer del eschaton, anticipaciones del Cristo, y autoridad para su evangelio. Además de estos textos y la historia sagrada de Israel, la experiencia de Pablo de la revelación de Cristo resucitado le ofreció evidencia adicional de que la nueva era estaba comenzando (Gá 1.12; 1 Co 9.1; 15.8) que llevó a una conclusión apocalíptica. La revelación de Cristo significó que, como Pablo en repetidas ocasiones dice, Dios lo ha resucitado (Ro 4.24; 8.11; 10.9; 1 Co 6.14; 15.15; 2 Co 4.14; Gá 1.1; 1 Ts 1.10) como las primicias de la resurrección general (1 Co 15.20), y él regresaría pronto a reunir a los suyos y juzgar al mundo (1 Ts 4.14). Así, los que están en Cristo ya se les dio una idea de su vindicación en el mundo venidero. Esta visión apocalíptica hizo que Pablo viera la Escritura, su nativo judaísmo, el templo, el mundo, desastres naturales, y celibato y sufrimiento en una forma radicalmente nueva. Su sentido del desenlace inminente dio a su apostolado su urgencia, y bañó sus cartas (p.ej., 1 Co 7.26; Ro 14.10-12; 1 Co 11.32; Ro 13.11-14) desde la primera carta (1 Ts 4.15) hasta la última (Ro 13.12). La intensidad febril de expectativa de Pablo se atenuó ligeramente, si acaso, en todo su período apostólico.

Pablo creía que Jesús el Cristo había traído al mundo a su momento culminante final. Mientras Pablo reconoció la importancia del Jesús terreno (Ro 1.3; 9.5), apeló a su enseñanza menos de 10 veces en todas las cartas. Él se centra en cambio en el Jesús sufriente, muerto, y resucitado que, creía él, volvería, pero su tratamiento de la muerte fue muy matizado. Sirvió como un ejemplo de los perseguidos (1 Ts 1.6), como un ejemplo de la obediencia de Cristo (Fil 2.8), como una herramienta para la redención de los gentiles (Gá 3.13-14), como un sacrificio (Ro 3.25), como un medio por el cual la justicia de Dios se revela (Ro 3.22), y como un vehículo para subvertir la jerarquía carismática de Corinto (1 Co 2.1-5). Si bien reconoció claramente a Jesús como el Mesías (Ro 9.5), más a menudo utilizó el nombre Cristo como un nombre propio al referirse a él como Jesucristo, Cristo Jesús, Cristo, y Jesucristo Señor nuestro.

Pablo creía fervientemente que Dios que había levantado al crucificado Jesús de entre los muertos lo había confirmado como Señor y lo enviaría pronto para reunir a los elegidos y juzgar al mundo. El título «señor», tan altamente idiomático en círculos helenísticos, era ricamente polisémico. Era un título para el respeto a los dioses y diosas como Isis, Asclepio, y Cronos, y así como autoridades gobernantes como Augusto, Herodes, o Agripa. Expresaba deferencia a alguien de importancia en la jerarquía social o política. En la LXX se traduce con frecuencia «Jehová», pero en ninguna parte en las cartas Pablo se dirige a Jesús directamente como «Dios.» 1 Corintios 11.3 deja clara la línea de origen que subordina a Jesús a Dios. Siguiendo la temprana tradición de la iglesia (Fil 2.6-11) Pablo a menudo usó el título Señor como una atribución de aquel a quien Dios resucitó de entre los muertos, lo que lo establece como Señor sobre la muerte y los poderes demoníacos.

Una característica importante del mesianismo de Pablo fue una participación mística en Cristo. Pablo se dirige regularmente en sus cartas a aquellos que están «en Cristo Jesús» o sus variantes (1 Co 1.2; Fil 1.1; 1 Ts 1.1). Él habló a sus conversos en Galacia como los que habían sido «bautizados en Cristo», que habían sido «revestidos en Cristo», y que eran «uno en Cristo Jesús» (Gá 3.26-28), y señaló que los que participan en la eucaristía participan en el cuerpo de Cristo (1 Co 10.15-17). Habló de forma sinónima de estar «en el Señor» y «en Cristo.» Esta identificación mística era una experiencia colectiva no privada, o aislada, y siempre tenía la forma para adaptarse a cada situación. Por ejemplo, a los afligidos por la muerte inesperada de los creyentes en Tesalónica se les tranquilizó que tanto los vivos como los muertos están «en Cristo», unidos en un vínculo común a través del abismo de separación (1 Ts 4.16-17).

El quehacer teológico que vemos en las cartas se desarrolló durante la década de los años 50, y la profundidad y cuestiones prácticas que contenían ayudas que explican por qué estas cartas se convirtieron en la Escritura a finales del siglo II.

Bibliografía. J. C. Beker, *Paul the Apostle* (Philadelphia, 1980); N. A. Dahl, *Studies in Paul: Theology for the Early Christian Mission* (Minneapolis, 1977); D. Georgi, *The Opponents of Paul in Second Corinthians* (Philadelphia, 1986); *Theocracy in Paul's Praxis and Theology* (Minneapolis, 1991); J. C. Lentz, Jr., *Luke's Portrait of Paul.* SNTSMS 77 (Cambridge, 1993); H. Räisänen, *Paul and the Law,* 2nd ed. WUNT 29 (Tübingen, 1987); C. J. Roetzel, *The Letters of Paul: Conversations in Context,* 3rd ed. (Louisville, 1991); E. P. Sanders, *Paul, the Law, and the Jewish People* (Philadelphia, 1983); K. Stendahl, *Paul among Jews and Gentiles and Other Essays* (Philadelphia, 1976).

CALVIN J. ROETZEL

PABLO, APOCALIPSIS DE (V, 2)
Un apocalipsis seudónimo, especialmente popular entre los primeros cristianos. El Apocalipsis de Pablo elabora sobre 2 Corintios 12.2-4, el relato de Pa-

Templo de Atenea en la Acrópolis de Lindos, Rodas, con vistas de la bahía de San Pablo (Phoenix Data Systems, Neal y Joel Bierling)

blo de un hombre (probablemente él mismo) que había viajado al tercer cielo. La narrativa, originalmente compuesta en griego pero que existe en varias versiones, describe su propio descubrimiento cerca de 388 d.C. Pablo ve las muertes contrastante de justos y pecadores, visita el paraíso y la ciudad de Cristo, conoce importantes personajes de la fe como Abraham, Moisés, y María, y recorre el infierno.

Bibliografía. H. Duensing and A. de Santos Otero, «Apocalypse of Paul», in *New Testament Apocrypha,* ed. E. Hennecke and W. Schneemelcher, rev. ed., 2 (Louisville, 1992): 712-48; J. K. Elliott, «The Apocalypse of Paul (Visio Pauli)", *The Apocryphal New Testament,* rev. ed. (Oxford, 1993), 616-44.

Greg Carey

PABLO, HECHOS DE

Uno de los hechos apócrifos de diversas tradiciones sobre el apóstol Pablo. De acuerdo con la Esticometría de Nicéforo, del siglo IX, contenía 3600 líneas (comparar las 2800 líneas de los Hechos canónicos). Alrededor de una tercera parte de la obra se ha perdido. Originalmente escrito en griego, partes sustanciales del texto se conservan sólo en la traducción copta. Puesto que Tertuliano se refiere a él en *De Baptismo,* debe haber sido compuesto antes del 200, probablemente en el último cuarto del siglo II. Varias unidades distintas (los Hechos de Pablo y Tecla, 3 Corintios, y el Martirio de Pablo) parecen ser anteriores a la composición de todo el libro. La autoría es desconocida, aunque algunos eruditos recientes sostienen una autoría femenina, al menos la fuente para los Hechos de Pablo y Tecla.

La obra habla de los viajes misioneros de Pablo y sus milagros y predicación en estos viajes. Muchos de los lugares son los mismos que en los Hechos canónicos, pero ninguna de las historias. El tema constantemente recurrente es la necesidad del ascetismo en general y el celibato en particular. Entre muchos otros hechos, Pablo bautiza a un león que habla, que se convierte en un cristiano. Después de que Pablo es decapitado en Roma, él se levanta de entre los muertos, aparece al emperador Nerón, y lo condena.

Bibliografía. D. R. MacDonald, ed., *The Apocryphal Acts of the Apostles.* Semeia 38 (Atlanta, 1986); *The Legend and the Apostle* (Philadelphia, 1983); W. Schneemelcher, "Acts of Paul," in *New Testament Apocrypha,* ed. E. Henncke-Schneemelcher, 2 (Philadelphia, 1965): 322-90.

J. Christian Wilson

PABLO, LA ORACIÓN DEL APÓSTOL

Un escrito cristiano antiguo, muy probablemente producido en griego a finales del siglo II o principios del tercero, que sobrevive en copto en los códices de Nag Hammadi del siglo IV. Es muy probable que surgiera del cristianismo gnóstico Valentiniano, como se indica por su lenguaje y la teología.

La obra es una oración mágica de invocación que se refiere principalmente a la consecución de la perfección («redención»), conocimiento específicamente revelatorio y la unidad con el reino espiritual. Contiene una serie de nombres o títulos invocados (atribuidos a Jesús). Las cinco peticiones (que tienen un ascendiente del menor al mayor) pueden reflejar los cinco sacramentos valentinianos enumerados en el Evangelio de Felipe (bautismo, crisma, eucaristía, redención, cámara nupcial), aunque los términos exactos varían entre los dos textos valentinianos.

La oración ilustra la importancia de Pablo entre los primeros cristianos y proporciona información detallada sobre los rituales cristianos tempranos, puntos de vista sobre la santidad, el uso de la magia, y experiencias místicas (visionarias.)

Bibliografía. M. R. Desjardins, *Sin in Valentinianism.* SBLDS 108 (Atlanta, 1990); D. Mueller, «Prayer of the Apostle Paul I, 1: A.1–B.10", in *Nag Hammadi Codex I,* ed. H. W. Attridge. NHS 22 (Leiden, 1985), 5-11; K. Rudolph, *Gnosis* (San Francisco, 1987).

Philip L. Tite

PABLO Y SÉNECA, CARTAS DE

Una colección de 14 cartas latinas supuestamente intercambiada entre el apóstol y el filósofo romano del siglo I. Conocidas por Jerónimo y Agustín, la correspondencia, la cual incluye ocho breves cartas de Séneca y seis de Pablo, probablemente se remonta al siglo IV (aunque dos o más pueden ser posteriores). Jerónimo señala que las cartas eran «leídas por muchos» en su época, y las cartas siguieron siendo populares a través de la Edad Media, como lo demuestran los numerosos manuscritos de la época. Las cartas de Séneca a Pablo contienen una alabanza por la «admirable exhortación de la vida recta» de Pablo (carta 1); acuerdo con los sentimientos de Pablo tal como se expresan en sus cartas a los Gálatas, Corintios, y aqueos (carta 7); y una expresión de tristeza en cuanto a la injusta persecución de los cristianos (carta 11). Las respuestas de Pablo están llenas de halagos, cautela en cuanto al emperador, y preocupación por la etiqueta epistolar, alentando de vez en cuando el tratamiento respetuoso hacia los demás. Ninguna de las cartas expresa algo del pensamiento bien conocido de cualquiera de los corresponsales, y en cambio destaca la amistad y el respeto mutuo entre dos iguales.

Parece que hay dos propósitos detrás de la correspondencia pseudepigráfica. Por una parte, las cartas claramente elogian el cristianismo como digno de respeto por los paganos a ejemplo de Séneca. De hecho, algunas tradiciones incluso postulan que Séneca se convirtió al cristianismo, aunque no hay evidencia de tal conversión en sus escritos auténticos. Por otro lado, las cartas también muestran una comprensión cristiana primitiva de la compatibilidad de las ideas paulinas y las ideas estoicas, quizás reconociendo lo que algunos estudiosos modernos consideran como influencias de la filosofía moral pagana en las cartas de Pablo.

Bibliografía. J. K. Elliot, ed., «The Correspondence of Paul and Seneca», *The Apocryphal New Testament,* rev. ed. (Oxford, 1993), 547-53; J. N. Sevenster, *Paul and Seneca.* NovTSup 4 (Leiden, 1996), 11-14.

James R. Mueller

PABLO Y TECLA, HECHOS DE

Un componente en el más extenso apócrifo Hechos de Pablo. Editado sobre la base de 11 manuscritos griegos, además de versiones latina, griega, eslava, y árabe, la narrativa puede haber circulado de forma independiente; el primer testimonio (siglo II; Tertuliano *De bapt.* 17) no es concluyente acerca de su relación con los Hechos de Pablo. Se ha sugerido que a principios del siglo II, los grupos cristianos ascéticos, incluidas mujeres, generaron el texto, propagando una comprensión pro ascética del cristianismo paulino.

La narración comienza con la aceptación de Tecla del llamado de Pablo a la castidad que la llevó a rechazar a su prometido, Tamiris. En consecuencia, la madre de Tecla la condena a la pira funeraria, y Pablo es encarcelado debido a sus enseñanzas antisistema y ascéticas. Milagrosamente, la lluvia salva a Tecla de las llamas y ella escapa para reunirse con Pablo. Tecla pide a Pablo que la bautice, pero Pablo se niega, a pesar de la situación de Tecla como un confesor. Ambos viajan a Antioquía, donde un ciudadano destacado ataca públicamente a Tecla. Pablo no la defiende, y Tecla es nuevamente detenida y sentenciada a muerte. Tecla solicita un custodio para guardar su virginidad la noche antes de ser ejecutada, y ella recibe la protección de una mujer recientemente despojada de la aristocracia, Teocleia. Condenada a ser mutilada por las bestias, Tecla se bautiza a sí misma en el teatro para no morir sin consagrarse, aunque las bestias femeninas evitan que Tecla sufra daño alguno. Tecla se salva una vez que su acusador suspende los juegos por temor a que Teocleia utilizaría medios políticos para vengar la muerte de Tecla. Tecla vuelve entonces a Pablo, quien la comisiona a predicar en su propia misión en toda Seleucia.

Bibliografía. D. R. MacDonald, *The Legend and the Apostle* (Philadelphia, 1983); W. Schneemelcher, «Acts of Paul and Thecla», in *New Testament Apocrypha,* ed. E. Henncke-Schneemelcher, 2 (Philadelphia, 1965): 353-64.

Melissa M. Aubin

PACTO

Un acuerdo solemne entre dos o más partes, hecho obligatorio por alguna clase de juramento (cf. alemán *Bund*). Lo que de mutuo acuerdo suele ser la conducta futura de una o ambas de las partes interesadas. Las relaciones de tipo «pacto» estaban presentes en la antigüedad, y en la Biblia se alude a ellas con más frecuencia que lo que un simple estudio del heb. *bĕrîṯ* y gr. *diathēkē* sugeriría. Tales relaciones pueden incluir pactos o compromisos entre particulares (p.ej., Rut 1.16-17; 3.11-13; Ex 21.2-6), acuerdos o pactos entre un rey y un particular (cf. Jue 4.17; 2 S 19.31-39), tratados o alianzas entre reyes o estados políticos (1 R 5.1[TM 15]; 2 R 24.17; cf. Sal 2.1-3; Is 30.1), juramentos promisorios que proclaman políticas oficiales (Neh 5.11-13; 9.38–10.39[10.1- 40]), y pactos entre Jehová y seres humanos (p.ej., Gn 25.23; 1 R 14.7-19; 2 R 9.6- 10; cf. Gn 12.1-3; 2 S 7; 21.7). (El término *bĕrîṯ* no occurre en las referencias anteriores.)

Pacto y carácter moral

La viabilidad de relaciones de pacto, en marcado contraste con las legales, depende únicamente de la integridad de los involucrados que hacen promesas bajo juramento. Las partes son directamente responsables el uno al otro, no a algún supervisor judicial. Si las partes no son sinceras al hacer promesas o poco fiables en mantenerlas, entonces la relación está en peligro; su viabilidad depende ahora del arrepentimiento de la parte ofensora y de la capacidad de la parte ofendida de perdonar.

Debido a que el carácter ético de los que hacen el pacto es tan crucial, casi todos los pactos tienen una dimensión espiritual en la medida en que dependen de un compromiso tangible a abstracciones como la honestidad, integridad, lealtad, confianza, generosidad, y amor. Como era de esperar, juramentos que invocaban lo trascendente (esto es, los dioses) eran una característica común al hacer un pacto, en la esperanza de que esto ayudaría a solidificar el compromiso a cumplir la promesa. En una época cuando los dioses eran tomados en serio como monitores de la integridad humana y cuando el alcance efectivo del gobierno del estado podía ser bastante limitado, los pactos llenaban el vacío al funcionar como instrumentos de control de la conducta humana.

Antiguo Testamento

Donde Dios no es parte del pacto

Durante el curso del milenio en que los textos bíblicos fueron compuestos el heb. *běrîṯ* no disfrutaba la misma estabilidad que la palabra española «pacto.» Cuando se refiere a ciertas relaciones entre seres humanos, *běrîṯ* en realidad corresponde al término en español (y alemán *Bund*), sin lugar a dudas se refiere a los acuerdos bilaterales tales como pactos, alianzas y tratados. Se incluyen los pactos o promesas entre particulares (p.ej., Gn 31.44; 1 S 18.3; 2 R 11.4; Pr 2.17), acuerdos o pactos entre un rey y particulares (p.ej., Gn 21.27; 26.28; 2 S 3.12; Dn 9.27), tratados o alianzas entre reyes y estados políticos (p.ej., 2 S 5.1-3; 1 R 5.12[26]; 15.19; Os 12.1[2]; cf. Sal 83.5[6]), y ligas que incluyen diferentes grupos sociales (p.ej., Ex 23.32; Jos 9).

Con el tiempo, *běrîṯ* podía aplicarse al juramento activando la relación: un *běrîṯ* podía por lo tanto ser cualquier promesa solemne hecha vinculante por un juramento, independientemente de si constituía o no un acuerdo bilateral. Por lo tanto, en textos bíblicos posteriores se podía aplicar a «juramentos promisorios», donde una parte de manera unilateral se compromete a cierto curso de acción o política (p.ej., Jer 34.8-18; 2 R 23.3; 2 Cr 15.12; en el mejor de los casos, Jehová era invocado [¿por juramento?] para realzar la solemnidad del acto, aunque en ninguno de los tres últimos textos el narrador realmente representa a Jehová como ni siquiera consciente de las acciones, mucho menos siendo parte de ellas). Con frecuencia este compromiso se extrajo por la fuerza, dando la impresión que *běrîṯ* no es un «pacto» sino una «obligación impuesta» (alemán *Verpflichtung*).

Donde Dios está en la obligación

Sin embargo, cuando se refiere a las relaciones entre Dios y seres humanos, no está inmediatamente claro que *běrîṯ* comunica el mismo sentido que el español «pacto.» Cuando Dios hace una promesa solemne otorgando favores a ciertos individuos (p.ej., Abraham, Finees, David), se crea una relación especial, pero parece que se asemeja más bien a una «carta» (una concesión de derechos por un soberano) que a un acuerdo mutuo bajo un «pacto» (p.ej., Gn 6.18-21; 9.1-17; 15, 17; 2 S 23.5; Is 54.9-10). De hecho, este tipo de *běrîṯ* (donde Dios funciona como el soberano) es claramente modelado según las concesiones reales que eran bien conocidas en el antiguo Cercano Oriente.

Donde Israel está en obligación con Dios: Sinaí

El caso es mucho menos claro para el «Pacto de Sinaí» asociado con los Diez Mandamientos y el resto de las leyes bíblicas. No es de extrañar que este pacto recibe la mayor atención en la Biblia: solo explica lo que Israel debe hacer para mantener su especial relación con Dios. Podría decirse que todos los pactos bíblicos donde los israelitas han jurado obligaciones a Dios (p.ej., Ex 19.5; Jer 11.2-10; Dt 29.1[28.69]–30.20; Jos 24; Mal 2.4-9 [cf. Nm 25.12-13]) están o bien comprendidos en el *běrîṯ* de Sinaí o constituyen renovaciones del mismo.

Ni siquiera está claro si este «pacto» fue catalogado inicialmente como *běrîṯ*: Alguna evidencia sugiere que fue denominado como el *dĕbārîm*, «declaraciones (¿u obligación?)» o «términos (¿de un acuerdo?)", *ālâ*, «juramento», o *ʿēdûṯ*, «obligación jurada.» ¿Qué era este *běrîṯ* Sinaí, y cómo fue considerado originalmente por los antiguos israelitas? ¿Era un verdadero «pacto» *(Bund)* entre Dios e Israel, análogo a un tratado/pacto, una relación de mutuo acuerdo? ¿O era una «obligación impuesta» *(Verpflichtung),* un arreglo unilateral por Dios que Israel no tuvo más remedio que aceptar?

Tradiciones posteriores sobre el *běrîṯ* Sinaí

Período posexílico

Hay cuestiones que persisten sobre cómo el *běrîṯ* Sinaí fue considerado por los antiguos israelitas antes del siglo VII; a decir verdad, algunos eruditos dudan de la idea de que un *běrîṯ* Sinaí siquiera existía antes de esa fecha. La cuestión se vuelve más clara durante el período posexílico con el surgimiento del judaísmo primitivo (siglos VI, V y después). A medida que la ley mosaica se convierte en una fuerza más dominante en dar forma a la identidad judaica, *běrîṯ* se vuelve cada vez más sinónimo de *tôrâ*, «ley»: Se refería a las obligaciones que se esperaba que un fiel judío llevara a cabo. Independientemente de lo que pudo haber significado antes, el *běrîṯ* mosaico llegó a ser considerado como obligaciones que Dios impuso sobre los israelitas.

***Período helenista: Sinaí como* diathḗkē**

Cuando se combina con los mandamientos judiciales contra matrimonios mixtos de finales del siglo V (Esd 10.3-5), el *běrîṯ* Sinaí llega a ser asociado con la etnicidad judaica. Para el período helenista había llegado a ser considerado tradicionalmente como la posesión religioso-cultural especial de los judíos, una señal de su «elección» como «pueblo escogido» de Dios (cf. Ro 9.4). Los judíos de habla griega creyeron que este *běrîṯ* era más o menos sinónimo del gr. *diathḗkē*, «un orden o institución establecida por una autoridad» (como Dios), aunque en el sentido técnico podría referirse al «testamento o última voluntad», de una persona muerta que conduce a una paradoja interesante en la afirmación de que el *diathḗkē* era de Dios (cf. Gl 3.15-18; Heb. 9.16-17).

El *diathḗkē* de Sinaí, y sus numerosas leyes (Gr. *nómoi*), llegaron a ser considerados como la última «voluntad» de Dios para Israel, la «herencia» cultural especial o «legado» que había «legado» irrevocablemente a los judíos. Los lectores de la Biblia griega, incluyendo la literatura apócrifa y seudoepigráfica, casi seguramente entendieron que los pactos de Dios eran las expresiones unilaterales y definitivas de su voluntad y disposición obligatoria (ya sea hacia Israel, Abraham, David, o lo que sea), no algunos acuerdos mutuos entre dos partes (lo que habría sido comunicado a través del gr. *synthḗkē*).

Nuevo Testamento

Jesús. Jesús parece no haber aceptado como autorizadas estas últimas connotaciones, pero es difícil trazar su verdadero pensamiento en el asunto ya que él evita usar la terminología *běrîṯ/diathḗkē*. Él parece haber considerado la obligación de Israel con Dios como un proceso dinámico de interrelación (que él llamó «reino/gobierno de Dios»), no un teologúmeno que designa la herencia tradicional de Israel. Su dependencia en patrones más arcaicos de pensamiento de pacto se vuelve más claro cuando lo vemos como un «reformador» que insiste que Israel es ahora *directamente* responsable ante Dios y a la más elevada justicia implicada en la Ley (esto es, las estipulaciones del *běrîṯ* Sinaí), y ya no más responsables ante Dios *indirectamente* a través de la adhesión al *modus operandi* de tradiciones religiosas acumuladas.

Tal vez en una parodia del punto de vista tradicional de que el *běrîṯ* era (¿el «difunto»?) el «testamento» final y obligatorio de Dios (*diathḗkē*) para Israel, las parábolas de Jesús con frecuencia retratan a Dios como un terrateniente ausente, un hombre rico que está de viaje, un rey a una tierra lejana, cuyo regreso siempre significa desastre para aquellos a quienes se les confiaron los negocios del amo (esto es, la supervisión de la comunidad religiosa). Los guardianes de la tradición judía entendieron correctamente que tales parábolas y enseñanzas similares acerca del reino «venidero» de Dios estaban dirigidas a ellos, y respondieron sin piedad (Mt 21.45-46). La fuente de conflicto entre ellos y Jesús eran dos puntos de vista (y autoritarios) en competencia sobre la esencia y relevancia del *běrîṯ* de Israel con Dios: para ellos era un teologúmeno que santificaba las tradiciones sobre los que ellos presidían; para Jesús era una representación histórica que tenía poca consideración por las instituciones o jerarquías humanas (o judías).

Al final Jesús accedió a su impiedad, pero no antes de hablar de un «nuevo pacto» que sería inaugurado por su muerte y atraería a sus discípulos a una relación definitiva con el Dios de Israel (Mr 14.24; 1 Co 11.25). La conexión es sin lugar a dudas el escatológico *běrît* anticipado en Jeremías 31.

Pablo. Cuando se refiere a Sinaí, Pablo usa la terminología *běrîṯ/diathḗkē* muy poco y siempre con calificación significativa. Esto no es sorprendente dada su convicción de que el pacto de Sinaí no había suplantado el de Abraham y que ya no tiene un papel que desempeñar al definir la esencia distintiva de la religión de Israel (Gá 3.15-18).

En Romanos 9.4 él enumera *diathḗkai* (¡plural!) como parte de la herencia o legado distintivo que Dios había legado a Israel. Si bien este uso es típico del judaísmo del siglo I (esp. helenista), no es claro qué *diathḗkai* tenía Pablo en mente. En 2 Corintios 3.14 él explícitamente vincula el «antiguo *diathḗkē*» a la legislación mosaica escrita en el Pentateuco, y probablemente lo entiende en el sentido tradicional de obligaciones instituidas por Dios (cf. «primer *diathḗkē*» en He 9.1).

La animadora creencia de Pablo de que el judaísmo ya no debía basarse en obligaciones impuestas divinamente no solo justificó su uso del adjetivo «antiguo» (Gr. *palaiá*) sino también halló expresión en su alegoría de Agar y Sara, cada una representa un *diathḗkē* (Gá 4.21-31). Agar representa el *diathḗkē* Sinaí (= ¿«antiguo»?), que es claramente una «obligación impuesta» (*douleía*, «servidumbre, esclavitud»). De hecho, cuando se refiere al Sinaí y a su dinámica de operación la palabra de elección de Pablo es por lo general *nómos* («ley» u «obligación habitual»), no *diathḗkē*. Para Pablo, la ecuación de *diathḗkē* con «obligación impuesta» o «ley» resume de manera adecuada y exacta el estado actual del judaísmo tradicional (representado por Jerusalén, Gá 4.25), en el que la religión (como Ismael) se concibe en relación con el principio de confiar en uno mismo en la antigua manera de hacer las cosas (esto es, «la carne»).

En esta alegoría Sara representa un *diathḗkē* celestial (= ¿«nuevo»?) para Israel que claramente no es una obligación impuesta. Resume la visión del mundo religiosa cristiana, que (como Isaac) se concibe en relación con el principio de una relación viva (esto es, «el espíritu») de confianza en la capacidad de Dios de cumplir sus promesas. De hecho, cuando se refiere a este pacto celestial y su dinámica operativa la palabra de elección de Pablo no es *diathḗkē* sino *epangelía*, «promesa.» Pablo, como Jesús, por lo tanto expresa la idea de que el «pacto» conduce a una relación viva de directa responsabilidad con un socio, no conformarse a tradiciones religiosas, instituciones, y personal que dicen mediar esa relación.

Esta idea que la relación especial de Israel con Dios no es una «obligación impuesta» puede no ser tan «nueva.» Podría tener sus raíces en los patrones arcaicos de significado que todavía entendieron el *bĕrîṯ* de Dios con Israel, incluso el *bĕrîṯ* Sinaí, más en el modelo de un acuerdo mutuo.

Cuestiones en la comprensión del Pacto de Sinaí

Durante el siglo pasado los eruditos han debatido vigorosamente la naturaleza, antigüedad, e importancia de la tradición del Pacto de Sinaí. En un extremo están los eruditos (p.ej., George E. Mendenhall, Delbert R. Hillers) que afirman que (1) la tradición del Pacto de Sinaí de hecho se remonta a Moisés; (2) desde el principio era un componente fundamental (si no definitivo) de la religión israelita; (3) su ética religiosa realmente funcionó históricamente como la base de la vida y sociedad israelita en los siglos anteriores a la monarquía hebrea; y (4) cuando se aplica al evento de Sinaí, *bĕrîṯ* en realidad significa aproximadamente lo mismo que la palabra española para «pacto.» En el otro extremo están aquellos (p.ej., Lothar Perlitt, Ernest W. Nicholson) que afirman que (1) la tradición del Pacto de Sinaí surgió más tarde durante la monarquía; (2) era simplemente uno entre muchos elementos de la religión israelita; (3) nunca fue más que una idea o construcción teológica (teologúmeno) que ayudó a santificar una sociedad israelita realmente enraizada en la ética más secular del propio interés nacional; y (4) *bĕrîṯ* cuando se aplica a Sinaí intrínsecamente significa «obligación» *(Verpflichtung)*.

En un punto están de acuerdo: el pensamiento hebreo sobre el *bĕrîṯ* de Israel con Jehová fue formado por una familiaridad con las convenciones de tratado internacional que prevalecían en tiempos bíblicos. Sin embargo, el acuerdo termina aquí. Copias reales de estos tratados han sido descubiertas, principalmente los de los hititas (1400-1200 a.C.—¿época de Moisés?) y de los asirios (750-650—época de los profetas). Presentan similitudes suficientes (preámbulos, estipulaciones, testigos, maldiciones) para sugerir una continuidad general en el modelo de tratado sobre 800 años. Sin embargo, hay diferencias importantes en su forma actual y en el tono retórico, revelando sutiles pero importantes diferencias en los convenios de tratados durante tiempos bíblicos. La pregunta es *qué* convenios de tratado *de qué período* influenció el pensamiento hebreo sobre la relación de Israel con Dios.

Los textos del segundo milenio generalmente incluyen un prólogo histórico representando la historia de anteriores buenas relaciones entre las dos partes, en particular las obras de beneficiencia del soberano a favor del vasallo. Los textos del primer milenio casi siempre carecen de esto.

Los textos del segundo milenio incluyen no solo maldiciones (una letanía de desastres y desgracias que acontecen a un vasallo desobediente) pero también bendiciones (una letanía de beneficios que van a acontecer a un fiel vasallo). Los textos del primer milenio contienen solo maldiciones.

En consecuencia, los textos hititas del segundo milenio reflejan un sofisticado y astuto intento de poner de relieve la supuesta buena voluntad e integridad de todos los involucrados: un vasallo entra en la relación y voluntariamente acepta sus obligaciones debido a que la relación con su Señor es mutuamente satisfactoria y benéfica. La retórica pública apela en estos textos a la gratitud, reciprocidad, compañerismo, y honor. Hay poca duda que estos textos representan verdaderos «pactos» (esto es, acuerdos mutuos; *Bunde*) entre dos partes.

Los textos asirios del primer milenio son relativamente poco sofisticados, constituyendo intentos brutalmente desnudos de forzar a la obediencia. Un vasallo acepta sus obligaciones porque le han sido impuestas y porque tangiblemente tiene miedo de las consecuencias de la deslealtad. La retórica pública apela al miedo y la intimidación; ni siquiera está el pretexto de una verdadera elección, mucho menos el pretexto de que los intereses del vasallo sean de alguna preocupación. Aunque inicialmente considerados como «tratados de (vasallo)», estos textos son realmente «juramentos de lealtad.» No son verdaderos «pactor», sino «obligaciones impuestas» *(Verpflichtungen).*

Todos los eruditos están de acuerdo en que los textos bíblicos que describen el *bĕrîṯ* Sinaí por lo menos han sido «filtrados» a través de los lentes del primer milenio de los escritores bíblicos, y que los paralelos son notables entre los juramentos de lealtad asirios y la tradición de Sinaí (en especial como se recuenta en Deuteronomio). Los que creen que la tradición de Sinaí surgió más tarde recalcan (1) estos paralelos, en especial paralelos de palabras entre maldiciones asirias y las que se asocian con el *bĕrîṯ* Sinaí; (2) el hecho que *bĕrîṯ* tradicionalmente parece haber significado «obligación impuesta»; y (3) la evidente falta de referencias al *bĕrîṯ* Sinaí en los profetas del siglo VIII (en contraste con su enfático uso después).

Los que creen que la tradición de Sinaí surgió más temprano recalcan los paralelos con los tratados hititas del segundo milenio, particularmente (1) el tono retórico de la tradición de Sinaí (Jehová tratando de «seducir» en lugar de asustar a Israel a una relación); (2) la aparente analogía formal al prólogo histórico (Ex 20.2; cf. Jos 24, un texto tardío); y (3) la inclusión de bendiciones (incluso en un texto manifiestamente tardío como Dt 28). Esto sugiere que el *bĕrîṯ* Sinaí (o como se hubiera llamado originalmente) no era originalmente considerado como una «obligación impuesta» sino como un «pacto» en el verdadero sentido de la palabra. Si, con el tiempo, la palabra *bĕrîṯ* llegó a «contaminarse» (p.ej., por la elevación del pacto davídico en la cultura de Judea), los profetas del siglo VIII se habrían sentido incómodos para aplicarla a la tradición de Sinaí. El recurso de Oseas a la analogía del matrimonio e incluso el cuestionamiento de Amós del sentido de Israel de elección privilegiada (Am 9.7; cf. 3.2) presupone algún tipo de «vínculo de pacto» entre Dios e Israel, como lo hace la demanda profética acusando a Israel por no mantener sus obligaciones con Dios.

El Nuevo Pacto

Independientemente de cuándo surgió la tradición de Sinaí, para finales del siglo VII o principios del siglo VI como los escritores deutoronomistas estaban tratando de promoverlo como el mayor *bĕrîṯ* en la cultura de Judea, otros escritores bíblicos estaban convencidos de que había dejado de ser útil. Ellos estaban anticipando un nuevo *bĕrîṯ* entre Dios e Israel (Is 55.3; 59.21; Jer 31.31-34; 32.37-41; Ez 16.60; 37.26; Os 2.18 [20]). En este *bĕrîṯ*, las obligaciones no se imponen por la fuerza pero son abrazados libremente debido a la transformación del corazón humano. Los primeros cristianos vincularon esta esperanza profética con la alusión de la última cena de Jesús a un «nuevo pacto.» Para ellos, la resurrección de Jesús no solo vindicó su enseñanza pero la vinculó a la última «voluntad» o «testamento» de Dios no al *bĕrîṯ* Sinaí sino a la comunión de los que están «en Cristo.»

La tradición cristiana de dividir la Biblia en dos «testamentos» («antiguo» y «nuevo») indica que el cristianismo ha visto el «pacto» como el principio organizador que provee significado y coherencia a todas las Escrituras. De igual modo, el énfasis del judaísmo en el estatus único de Israel como «el pueblo de Dios» señala su consciencia de un papel definitivo que el «pacto» desempeña en la formación de la vida e identidad religiosa. En ambas tradiciones religiosas, la relación de pacto que se ensalzaba es entre Dios y el pueblo de Dios, ya sea entendido como el pueblo judío o la Iglesia fiel. Estudiar la noción bíblica de «pacto» es por tanto estudiar lo que es posiblemente el concepto central de toda la Biblia.

Bibliografía. D. R. Hillers, *Covenant: The History of a Biblical Idea* (Baltimore, 1969); J. Levenson, *Sinai and Zion* (San Francisco, 1987); D. J. McCarthy,

Treaty and Covenant, rev. ed. AB 21A (Rome, 1978); G. E.Mendenhall, «Covenant Forms in Israelite Tradition», *BA* 17 (1954): 50-76; repr. In *BAR* 3, ed. E. F. Campbell and D. N. Freedman (Garden City, 1970), 25-53; E. W. Nicholson, *God and His People: Covenant and Theology in the Old Testament* (Oxford, 1986); R. A. Oden, Jr., «The Place of Covenant in the Religion of Israel», in *Ancient Israelite Religion,* ed. P.D.Miller, P.D.Hanson, and S. D. McBride (Philadelphia, 1987), 429-47.

GARY A. HERION

PACTO, LIBRO DEL

Éxodo 20.23–23.19, una colección de palabras, juicios, estatutos, y mandamientos que ha sido localizada en la teofanía en el Sinaí entre el Decálogo y la ceremonia del Pacto. Este cuerpo de leyes recibe su título de Éxodo 24.7, que sirve además para consolidar este conjunto de leyes en su entorno literario como una característica del pacto mosaico.

Por lo general se acepta que el libro del Pacto es la compilación israelita más antigua registrada de leyes tomadas de una variedad de tradiciones orales. Ha sido editado y revisado en la medida en que la sociedad en las que estas leyes eran autoritativas creció y se desarrolló. La evidencia de esta historia de desarrollo es compleja, y, hasta ahora, ninguna reconstrucción convincente de su historia redaccional ha sido presentada, debido en parte a la falta de una estructura evidente a lo largo de la colección. Los mandamientos pueden ser agrupados en párrafos por temas, pero tanto la lógica interna de los párrafos como las relaciones entre los párrafos parece aleatoria. Esto, sin embargo, es una de varias similaridades entre el libro del Pacto y otros códigos de ley bíblica así como los del antiguo Cercano Oriente.

El libro del Pacto a menudo ha sido dividido en dos secciones basado en el tipo de material legal que predomina en cada una: Éxodo 20.23–22.16 es primordialmente casuístico (parecido a leyes para casos especiales) en su forma; 22.17–23.19 es primordialmente apodíctico (parecido a leyes de carácter absoluto) en su forma. Además las divisiones se pueden hacer de acuerdo con temas generales.

Bibliografía. J. I. Durham, *Exodus.* WBC 3 (Waco, 1987), 305-38; B. M. Levinson, ed., *Theory and Method in Biblical and Cuneiform Law.* JSOTSup 181 (Sheffield, 1994); J.W.Marshall, *Israel and the Book of the Covenant.* SBLDS 140 (Atlanta, 1993); J.M. Sprinkle, «*The Book of the Covenant*»: *A Literary Approach.* JSOTSup 174 (Sheffield, 1994).

CHERYL LYNN HUBBARD

PADÁN-ARAM (Heb. Padán-'ărām) **(también PADÁN)**

Un área en las cercanías de Harán en la alta Mesopotamia. Por lo general traducida como «tierra de Aram» (cf. Os 12.12 [TM 13]), Padán-aram es generalmente considerada como una designación alterna para Aram-naharaim, el territorio abarcado por la gran curva del río Éufrates. Algunos eruditos han argumentado que el término era una traducción aramea de la ciudad llamada Harán. La ubicación exacta de Padán-aram se desconoce.

Todas las apariciones bíblicas se refieren a la tierra natal de la familia de Abraham. Rebeca era de Padán-aram (Gn 25.20); Isaac envió a Jacob allí para conseguir una esposa (28.2-7); Jacob moró con Labán en Padán-aram, y la mayoría de sus hijos nacieron allí (35.26; 46.15; cf. 48.7, Padán).

STEPHEN J. ANDREWS

PADÓN (Heb. *pāḏôn*)

Sirviente del templo cuyos descendientes regresaron con Zorobabel de la cautividad en Babilonia (Esd 2.44 = Neh 7.47).

PADRE

En la cosmovisión patriarcal del Israel bíblico, el padre (heb. *'āḇ*) era la piedra angular de la vida familiar, y su casa (*bêṯ 'āḇ*) era la unidad básica de la sociedad bíblica. La paternidad era la única manera en que un hombre podía perpetuar su nombre y memoria después de la muerte. Por lo tanto, la adquisición de herederos varones frecuentemente es un elemento primordial en los relatos bíblicos (p.ej., 1 S 1).

De acuerdo con los códigos bíblicos legales, los padres tenían privilegios y obligaciones. Su privilegio principal era el honor o el respeto público, valor social dominante en el mundo mediterráneo. Este honor se le debe a los dos padres (Ex 20.12; Dt 5.16; Mal 1.6) y se demuestra con la obediencia (Gn 27.8, 13). La falta de respeto, la violencia física, el lenguaje arrogante o una actitud rebelde conllevaban la pena de muerte (Ex 21.15; Lv 20.9; Dt 22.18-21). Se esperaba que los hijos evitaran cualquier conducta que avergonzara a sus padres (Lv 18.7-8).

El principal deber religioso del padre era ver que su hijo fuera circuncidado en el pacto (Lv 12.3) e instruido debidamente en la Torá del Señor (Dt 11.19). En el libro de Proverbios, el padre proporciona una instrucción adecuada para sus hijos en cuanto a vivir bien y de manera responsable dentro de la sociedad. En los relatos bíblicas, los hijos salen de la casa de su padre para seguir un mandato divino (Gn 12.1), o para escapar del castigo criminal (27.41-45; 2 S 13.34-38). Muy a menudo el padre arreglaba los matrimonios endogámicos para sus hijos y recibía a sus nueras en su hogar (Gn 12.2-6; pero cf. Cnt 4.9-10; 5.1-2). Además, el padre era responsable de supervisar el comportamiento (Nm 12.14) y la sexualidad de las mujeres que vivían en su casa; de esta manera, garantizaba que los hijos que le nacieran a su esposa fueran suyos y que sus hijas fueran vírgenes cuando salieran de su casa para casarse. Ejercía una autoridad absoluta sobre sus hijos, pero especialmente sobre sus hijas, cuya condición dentro de la casa era inferior y precaria (2 S 13). Regresaban a su control si enviudaban sin hijos. Si su comportamiento lo avergonzaba, merecían la muerte (Gn 38.24; cf. Jue 11.35-36).

Desde el segundo milenio a.C., las religiones del antiguo Cercano Oriente se dirigían a sus dioses nacionales con el título de «padre», para identificarlos como proveedores y protectores. El Israel bíblico seguía esta práctica (Dt 1.31; 8.5; Is 43.6; Os 11.1), y extendió la metáfora para incluir a la creación del Señor de Israel como su pueblo (Ex 4.22; Dt 32.6; Is 63.16; 64.7). Esta comprensión de Dios como padre llegó a ser motivo para obedecer la ley (Dt 14.1) y para buscar la compasión y el perdón divino (Sal 103.13-14; Jer 3.19; 31.9, 20; Os 2.1 [TM 3]).

En el NT, la paternidad humana se oscurece parcialmente. Sólo Mateo y Lucas mencionan a José como el padre de Jesús. Jesús refuerza la responsabilidad de los hijos de cuidar de sus padres (Mr 7.10-13), e insiste que sus seguidores tienen que dejar a su padre y a su madre para ir en pos del evangelio (Mt 10.37). Los códigos del hogar mantienen la autoridad paternal y requieren de obediencia por parte de todos los miembros de la casa (Ef 5.22-6.9; cf. Col 3.18-4.1).

Dios es el padre de los creyentes y su amor (Mt 6.5-8; 10.29-31) y perdón (Lc 15.11-32) son un modelo del amor que ellos se deben mutuamente (Mt 5.43-45). Sin embargo, él es el padre de Jesús de Nazaret de una manera única (Mt 11.25-27); los relatos de la Pasión Sinóptica acentúan esta relación (Mr 14.35-39; 15.39). Las tradiciones juaninas desarrollan más la metáfora del padre, por lo que ver a Jesús de Nazaret es ver al Padre, pues solamente Jesús lo conoce (Jn 14.1-14).

PADRENUESTRO, EL

Oración que se atribuye a Jesús en Mateo 6.9-13; Lucas 11.2-4. La oración aparece en dos formas diferentes. La invocación de apertura de Mateo («Padre nuestro que estás en los cielos») es más larga que la sola palabra de invocación de Lucas «Padre». Aunque ambas versiones comparten las siguientes dos peticiones («santificado sea tu nombre», «venga tu Reino»), Mateo tiene un tercero no presente en Lucas («hágase tu voluntad, como en el cielo, así también en la tierra»). Las siguientes tres peticiones, «nuestro/a» relativas al pan, el perdón y la tentación, son esencialmente las mismas. Pero Mateo agrega una petición más ausente de Lucas («líbranos del mal»).

La explicación más común de las diferencias entre las dos versiones sugiere que el Padrenuestro se originó en arameo de alguna forma con Jesús. Entonces fue agregado a la colección de refranes del Q, la fuente común de Mateo y Lucas desconocido a Marcos (por tanto, la ausencia del Padrenuestro en Marcos).

Mateo y Lucas lo incorporaron en sus Evangelios, haciendo cambios que reflejan sus diferentes perspectivas teológicas y situaciones pastorales. Mateo, por ejemplo, pone sus líneas adicionales. Lucas cambia la palabra «deudas» por «pecados», «hoy» por «cada día» y pone en presente el tiempo «dar» y «perdonar» (en lugar del aoristo) para enfatizar el discipulado diario. Joachim Jeremías resume esta opinión: «en *longitud* el texto más corto de Lucas debe considerarse como original y la *redacción* en general, el texto de Mateo es preferible» (*Teología del Nuevo Testamento* 1.196).

También se han propuesto otras formas de explicar las diferencias. Una interpretación atribuye el origen de la oración no a Jesús sino la tradición temprana. El *Jesus Seminar* (Seminario de Jesús) cree que Jesús enseñó a los discípulos a dirigirse a Dios como Padre. Puede que Jesús también, en varias ocasiones, les enseñó a orar con respecto al nombre de Dios, reinado, la provisión de pan y el perdón. Pero fue la tradición del Q que elaboró una oración en base a estas cuatro peticiones. Mateo y Lucas luego elaboraron el Padrenuestro. Michael Goulder ha sugerido que Mateo, no el Q (que Goulder piensa que no existía), ha creado el Padrenuestro de partes del Evangelio de Marcos. Por ejemplo, la enseñanza de Jesús sobre el perdón en Marcos 11.25-26 proporciona la base para la invocación inicial y la petición de perdón. La escena del huerto de Getsemaní (Mr 14.32-42) proporciona las peticiones sobre el hacer la voluntad de Dios y ser librado del mal. Según esta opinión, Lucas altera la versión de Mateo para acomodarla a su situación diferente.

Ulrich Luz propone otra opinión. El arguyó diciendo aunque algunos de los cambios en la versión de Mateo son típicas redacciones mateanas, otras no lo son (por ejemplo, la construcción del sustantivo en Mateo 6.10, «tierra» sin un artículo, la forma singular «cielo», la forma pasiva «sea hecha»).

Sostiene que la presencia del leguaje mateano y no mateano indica que aunque el lenguaje del autor del Evangelio es esencialmente de su tradición y comunidad, los dos no son siempre idénticos. El autor del Evangelio no es responsable por el Padrenuestro en su forma actual. Por el contrario, el autor incorpora la Oración en la forma en que fue utilizada en la liturgia de su comunidad. Esto significa, entonces, que al escuchar el Padrenuestro como parte del Evangelio, el público de Mateo reconoce una unidad familiar y recuerda su experiencia litúrgica de esta oración. El tema de origen continúa, entonces, que se argumente. También se arguye el significado del Padrenuestro.

Aquí son fundamentales dos preguntas: ¿Qué contesta la oración y cuándo? ¿Es la oración totalmente orientada hacia el futuro cuando Dios hará estas cosas? O ¿centra la oración en el futuro y presente, con las tres primeras peticiones centradas más con el futuro y el resto con el presente, o con cada petición que encierra dimensiones del presente y del futuro, de la respuesta divina y la acción por los discípulos? Esta última opinión es la más convincente.

La apertura que se dirige a Dios como «Padre» articula una relación particular entre Dios y los que oran. Ambos Evangelios reconocen que los discípulos de Jesús entran en la misma relación con Dios como goza Jesús (Mt 2.15; 3.17; 5.16, 45, 48; Lc 2.49; 6.36). El «nuestro» distingue a la comunidad de discípulos. El término «en el cielo» reconoce la morada tradicional de Dios y el origen de la iniciativa de la salvación de parte de Dios (Mt 1.18-25; 4.17). Orar que el nombre de Dios sea santo o santificado es orar por la manifestación del poder y la presencia de Dios. Mediante Dios esto se puede hacer (Ez 36.22-38, regreso del exilio) y por los seres humanos a través de la promulgación de la voluntad de Dios ahora, así como en el cumplimiento de los propósitos de Dios.

Además orar por el reino de Dios, reconoce que el reino es la presencia dinámica, poderosa de Dios. Este reinado será manifestado en la gloria futura, pero ambos Evangelios afirman su presencia en el ministerio de Jesús (Mt 4.17; 12.28; Lc 11.20) y en las vidas de aquellos que lo encuentran (Mt 5.3:10; 6.33; Lc 6.20; 8.10). Orar que la voluntad de Dios se haga del mismo modo implica una respuesta de Dios y de los discípulos, en el futuro y en el presente (Mt 7.21; 12.46-50; 26.42).

El argumento sobre la petición de pan se ha centrado en el significado del gr. *epioúsios*. La palabra se utiliza con poca frecuencia, y los eruditos han buscado su significado en posibles originales arameos, la forma (o etimología) de la palabra, el contexto de la oración y el entendimiento de su significado de la tradición de la Iglesia. Posibles traducciones son «el pan necesario para la existencia», «pan diario», «pan para el futuro» (para el banquete escatológico), o el «pan para mañana».

La última traducción está apoyada por la forma de la palabra y una traducción del siglo II. La petición podría entenderse, entonces, como una solicitud para la continuidad del suministro del pan necesario para la supervivencia, aunque no puede descartarse una referencia escatológica adicional. La quinta petición continúa centrando la atención en «nosotros» y es una petición de perdón. Ambos Evangelios reconocen que el perdón de Dios está disponible a través del ministerio de Jesús (Mt 1.21; 9.1-8; 26.28; Lc 5.17-26; 7.47-50). La petición reconoce que el perdón de Dios exige perdón de los demás, un tema que Mateo enfatiza (Mt 6.14-15; 18.21-35). La siguiente petición es problemática en varios aspectos. La noción de que Dios pone a prueba a su pueblo aparece por ejemplo en Salmos 11.5; 26.2. Aunque Santiago 1.13 afirma lo contrario, mientras que 1 Corintios 10.13 promete ayuda en la tentación. Algunos han entendido que la «tentación» se refiere a la época final de la prueba que marca el final de los tiempos. Pero es preferible entender el término para indicar principalmente las tentaciones diarias y la petición como una solicitud de los discípulos vulnerables para que Dios les ayude a resistir esas tentaciones y la apostasía. El agregado de Mateo («líbranos del mal») parece apoyar esta interpretación. Lo cual hace explícito el origen de la tentación en el poder del maligno, el diablo, para resistir los propósitos de Dios (Mt 4.1-11; 13.19, 38). Hay, sin embargo, una dimensión futura en que al final del siglo de Dios traerá una liberación final en la victoria sobre todo mal. Algunas versiones litúrgicas del Padrenuestro incluyen una doxología («Porque tuyo es el reino, el poder y la gloria, por siempre, amén»). Esta doxología fue agregada a algunos manuscritos más tempranos, pero probablemente no estaba en los evangelios originales.

Bibliografía. R. E. Brown, «The Pater Noster as an Eschatological Prayer», *TS* 22 (1961): 175-208; W. Carter, *What Are They Saying About Matthew's Sermon on the Mount?* (New York, 1994), 42-45, 93-95; «Recalling the Lord's Prayer», *CBQ* 57 (1995): 514-30; M. D. Goulder, «The Composition of the Lord's Prayer», *JTS* n.s. 14 (1963): 32-45; R. Guelich, *The Sermon on the Mount* (Dallas, 1982), 272-320; J. Jeremias, *New Testament Theology* 1 (New York, 1971); *The Prayers of Jesus* (Philadelphia, 1978); U. Luz, *Matthew 1-7* (Minneapolis, 1989).

Warren Carter

PADRES APOSTÓLICOS

Una colección de escritos cristianos tempranos, que se cree fue escrita por discípulos o colaboradores cercanos de los apóstoles. Por lo general se incluye en los Padres Apostólicos a la Didajé, 1 Clemente, 2 Clemente, Bernabé, las cartas de Ignacio, la carta (s) de Policarpo a los Filipenses, el Pastor de Hermas, y los escritos de Papías. A veces se incluyen el Martirio de Policarpo, una obra mejor clasificada con la literatura de mártires temprana, y la Epístola a Diogneto, que pertenece a la literatura apologética.

La descripción como «apostólicos» de ciertos individuos que no eran apóstoles se remonta a la iglesia antigua (p.ej., Mar Pol 1.2), pero la designación moderna de un grupo específico de escritos como Padres Apostólicos se deriva a partir del siglo XVII. Una colección de cinco de estos autores fue publicada en 1672 por Jean Baptiste Cotelier, y el término «Padres Apostólicos» fue aplicado por William Wake en 1693 a su traducción de 1 Clemente, Policarpo, Ignacio, Martirio de Ignacio, Martirio de Policarpo, Bernabé, Hermas, y 2 Clemente.

El nombre estaba basado en la supuesta conexión de algunos autores con los apóstoles, una suposición considerada ahora como poco probable en la mayor parte de los casos. La justificación por clasificar estas obras como un cuerpo distintivo de literatura consiste en que ellas constituyen los escritos cristianos no canónicos más tempranos que no pertenecen a otra clasificación, y no están asociados con el desarrollo herético posterior. Sus fechas caen entre la última parte del siglo I (Didajé [?], 1 Clemente) hasta mediados del siglo II (Hermas [?]). Como fue con los autores del NT, a diferencia de los apologistas, los Padres Apostólicos escribieron para cristianos.

Estos escritos fueron muy apreciados en la iglesia temprana, y algunos se acercaron al punto de ser considerados canónicos; p.ej., el Códice Sinaítico (siglo IV) incluyó a Bernabé y al Pastor, y el Códice Alejandrino (siglo V) incluyó 1 y 2 Clemente. Las obras de Clemente e Ignacio en muchos aspectos representan características que surgieron en el cristianismo occidental y oriental respectivamente. Ellos han sido los más influyentes entre los Padres Apostólicos, aunque a través de la mayor parte de la historia esta influencia ocurriera en forma seudónima, a través de expansiones a las cartas de Ignacio y atribuciones falsas de otras obras a Clemente.

El agrupar juntos a los Padres Apostólicos es en muchos aspectos arbitrario. Ellos se superponen en fecha con escrituras más tardías del NT (p.ej. Apocalipsis) y los libros apócrifos cristianos tempranos y los seudoepigráficos (Evangelio de Tomás, Evangelio de Pedro; Bernabé es tal vez seudónima), así como los apologistas tempranos (Quadrato, Arístides) y hechos de los mártires (Mart Pol, Hechos de Justino). Ellos representan una variedad de géneros literarios: orden de iglesia (Didajé); carta (Ignacio, Policarpio); tratado en forma de carta (1 Clemente; Bernabé); sermón (2 Clemente); apocalipsis (Hermas); y quizás comentario (Papías). Ellos muestran la extensión geográfica del cristianismo: Roma (Hermas, 1 Clemente, dirigida a Corinto), Esmirna (Policarpo, dirigida a Filipos), Antioquía (Ignacio, dirigido a ciudades en Asia), Siria (Didajé [?]), y Alejandría (Bernabé [?]). Ellos reflejan varias influencias religiosas y culturales activas en el cristianismo temprano: p.ej., el compilador de la Didajé vive en la atmósfera del judaísmo, pero Ignacio es un helenista y ve a Cristo como reemplazando la herencia judía.

Cada uno de los Padres Apostólicos representa algunas preocupaciones particulares de cristianos de la tercera generación: asuntos de instrucción de nuevos conversos, adoración, y organización de iglesia (Didajé); unidad interna (1 Clemente); vida cristiana (2 Clemente; Policarpo); el asunto relacionado de participación en los asuntos del mundo y disponibilidad de arrepentimiento para pecados posbautismales (Hermas); la relación con los judíos y el lugar del AT (Bernabé); enseñanza falsa y cómo enfrentar su amenaza (Ignacio); y expectativa escatológica (Papías). En su mayor parte ellos se preocuparon de las necesidades prácticas de comunidades cristianas y no de teología especulativa.

Por toda su diversidad en personalidad y preocupaciones, los Padres Apostólicos exponen algunas características generales. Ellos eran individuos serios y piadosos que se esforzaban por conservar las enseñanzas apostólicas en los primeros años después de que la presencia apostólica viva fue quitada. Sin ser grandes pensadores creativos, realmente aplicaron originalidad a ciertos materiales cristianos tradicionales. Ellos procuraron ser fieles a la afirmación cristiana fundamental de un Dios, salvación en su Hijo Jesucristo, y el Espíritu Santo morando en la iglesia visible de creyentes, cuya unidad ellos procuraron mantener frente a varias amenazas. Aunque cada uno usó las Escrituras de su propio modo, hay citas diversas de la Biblia (sobre todo del AT) y un compromiso común a su autoridad como interpretada a la luz de la venida de Cristo. Todos ellos estaban muy preocupados por el estilo de vida cristiano con relación al mundo circundante. Ellos a menudo son acusados de representar un descuido de las doctrinas paulinas de gracia y fe, pero esta inculpación se deriva de un entendimiento unilateral de Pablo y deja de tener en cuenta las situaciones en las cuales los respectivos Padres Apostólicos escribieron. En su mayor parte, ellos asumieron la base de la salvación y consideraron sus consecuencias en las vidas de los creyentes. Ellos son confesadamente inferiores a las Escrituras apostólicas en percepción espiritual e inspiración, pero esto no disminuye el significado de su testimonio de vida y pensamiento cristiano en un tiempo crucial de la historia de la iglesia.

Bibliografía. E. J. Goodspeed, *Index Patristicus* (1907, repr. Peabody, 1993); R. M. Grant, ed., *The Apostolic Fathers,* vol. 1 (New York, 1964); C. N. Jefford, *Reading the Apostolic Fathers* (Peabody, 1996); J. B. Lightfoot, *The Apostolic Fathers,* 2nd ed. (Grand Rapids, 1992); Oxford Society of Historical Theology, *The New Testament in the Apostolic Fathers* (Oxford, 1905).

EVERETT FERGUSON

PADRES DE LA IGLESIA

Aquellas personas cuyos puntos de vista la iglesia considera como fundamentales para el desarrollo de la ortodoxia y espiritualidad cristiana primitiva. El tiempo de los padres se divide clásicamente en tres períodos: los años fundacionales (hasta el Concilio de Nicea [325]); el período de formación (hasta el Concilio de Calcedonia [451]); y el declive de la era patrística (en la iglesia latina, hasta la muerte de Gregorio el Grande [604] o quizás Isidoro de Sevilla [636]; en la iglesia griega, hasta la muerte de Juan de Damasco [749]). Visto como fundadores de la tradición eclesiástica principal, la categoría de padres incluye apóstoles, obispos, mártires, apologistas, heresiólogos, teólogos e historiadores.

El significado del término padres ha cambiado en matices a través de los siglos. En la antigüedad la designación indicaba un maestro en relación con un estudiante, un padre a un hijo. A partir de la cultura helenista tradicional, los primeros cristianos identificaron a los maestros de la fe cristiana como padres, los maestros espirituales de la fe (1 Co 4.15; Pol. Mart. 12.2; Ireneo *Adv. haer.* 4.41.2; Clemente de Alejandría *Misc.* 1.1.2–2.1). Los apóstoles fueron naturalmente incluidos en esta categoría, ya que sirvieron como instructores de comunidades cristianas específicas. Para el siglo II, los obispos asumieron el título debido a su función como pastores de iglesias individuales y como sucesores de los apóstoles (1 Clem. 62.2; Eusebio *HE* 5.4.2). Durante las controversias teológicas de los siglos IV y V, el término fue aplicado a aquellos obispos cuyas enseñanzas específicamente se conformaron a las enseñanzas de la fe ortodoxa (cf. Basilio *Ep.* 140.2), en especial como esa fe llegó a ser definida más tarde en concilios ecuménicos (Éfeso [431] canon 7). Los cristianos posteriores con el tiempo emplearon el término como una manera para identificar ciertos autores reverenciados de la tradición en distinción de los autores eclesiásticos en general. Vicente de Lérins (*Common.* 63, 66) representa un movimiento del siglo V para separar la designación de padre de la posición de obispo por completo, y de ese modo remover cualquier distinción apostólica específica para el uso del término. Algunas listas publicadas de los padres evolucionaron para el siglo VI, como se ilustra por el Decretum Gelasianum, que identifica a los padres de acuerdo con su asociación con la iglesia latina.

Según los criterios actuales, la designación de padres de la iglesia se determina de acuerdo con cuatro criterios principales: ortodoxia de enseñanza y doctrina; santidad en la forma de vida; confirmación por autoridad eclesiástica; y antigüedad. El título de padre es estrictamente un asunto eclesiástico. Aquellos a los que la iglesia considera como dignos de ser listados entre los padres típicamente han proporcionado un testimonio sólido de las normas bíblicas y la tradición cristiana como fuentes para la fe. Su obra y vida son vistas como un testimonio digno de estas realidades.

Ya que los padres son considerados el reflejo de los fundamentos de la fe cristiana primitiva, la determinación o membrecía entre los padres a menudo provoca una fuerte polémica. Como resultado, diferentes listas de padres han evolucionado. La iglesia latina naturalmente ha elegido reverenciar determinadas figuras cuya teología representa la ortodoxia occidental: Ambrosio, Jerónimo, Agustín, Gregorio el Grande. La iglesia griega tiende a dar mayor peso a aquellos que simpatizan más con el pensamiento oriental: Basilio el Grande, Gregorio de Nazianzo, Atanasio, Juan Crisóstomo. Por supuesto, las iglesias latina y griega incluyen una mayoría de los mismos nombres y han dado consideración a circunstancias teológicas, sociológicas, e históricas que afectaron las enseñanzas de los candidatos durante su época. A pesar de la magnitud de sus contribuciones teológicas, sin embargo, algunos maestros siguen en el centro de la controversia ya sea debido a su ruptura con la iglesia católica o debido a sus posiciones doctrinales únicas: Taciano, Tertuliano, Clemente de Alejandría, Orígenes, Teodoro de Mopsuestia.

Algunos de los padres han sido identificados además como Doctores de la iglesia, un título a menudo dado a autores eclesiásticos que han revelado marcas especiales de la enseñanza de la iglesia. Las personas que vivieron después del período patrístico generalmente reciben este título como una marca de que ellos han demostrado contribuciones teológicas de acuerdo con las enseñanzas de los padres. Se incluye los teólogos como Alberto el Grande, Tomás de Aquino, Buenaventura, y Juan de la Cruz.

La autoridad de los padres se basa en su apoyo de la tradición. La enseñanza de cualquier padre en específico que se aparte de la tradición no tiene un peso particular, a menos que sea aprobado por un concilio general. La iglesia acepta el acuerdo unánime de los padres con respecto a la exégesis bíblica como fe sin error. El equilibrio de sus enseñanzas combinadas en teología y doctrina, en especial cuando los padres se toman en relación unos con otros, se da consideración específica en asuntos del debate eclesiástico moderno.

Bibliografía. F. L. Cross, *The Early Christian Fathers* (London, 1960); G. L. Prestige, *Fathers and Heretics* (London, 1940); M. Wiles, *The Christian Fathers,* 2nd ed. (Oxford, 1982). Clayton N. Jefford

PAFOS (Gr. *Páphos*)

Una ciudad en la costa suroeste de Chipre, visitada por Pablo y Bernabé en su primer viaje misionero (Hch 13.6-13). Su visita fue en realidad a Nuevo Pafos, establecida en el siglo IV a.C., como un puerto en el sitio de la moderna Baffo, unos 15 km (9 mi) lejos de la ciudad interior más antigua (moderna Kouklia). Cuando Chipre se convirtió en parte del Imperio Romano en 58 a.C., Nuevo Pafos se convirtió en la capital de la isla. En la época de Pablo era la ciudad más importante en Chipre.

Antiguo Pafos era reconocida en la antiguedad por su templo de Afrodita. Según la leyenda, fue en la costa cerca de Pafos que esta diosa nació de la espuma del mar y apareció por primera vez a la humanidad. Viajando en la calzada romana de Salamis a Pafos, Pablo y Bernabé hubieran descendido de las Colinas del centro de Chipre a una vista del templo y las dos ciudades con el mar al fondo. Fue aquí donde se encontraron con el procónsul Segio Paulo y el mago Elimas. Pafos mantuvo su importancia hasta la época bizantina cuando Salamis, reconstruida como Constancia, se convirtió en la capital de la isla.

David A. Dorman

PAGANOS

Una designación para los gentiles no cristianos en contraste con los gentiles cristianos a los que Pablo se dirige (Gr. *éthnē*; 1 Co 5.1; 10.20).

PAGIEL (Heb. *pag'î'ēl*)
El hijo de Ocrán; el principal de Aser durante la peregrinación por el desierto (Nm 2.27; 10.26) que ayudó a Moisés en el censo (1.13) y que trajo una ofrenda para el tabernáculo (7.72, 77).

PAHAT-MOAB (Heb. *paḥaṯ-mô'āḇ*)
Un nombre (lit., «gobernador de Moab») probablemente dado al antepasado fundador de un clan que regresó del exilio babilónico (Esd 2.6; 8.4; Neh 7.11). Pahat-moab es nombrado como una de las «cabezas del pueblo» que firmaron un pacto con Nehemías para defender la Ley (Neh 10.14 [TM 15]). Este clan se componía de dos familias, descendientes de Jesúa y Joab. Uno de ellos, «Hasub hijo de Pahat-moab», reparó una sección de los muros de Jerusalén y la Torre de los Hornos (Neh 3.11). Ocho miembros del clan son mencionados en Esdras 10.30 como habiendo tomado mujeres extranjeras.

Christian M. M. Brady

PAI (Heb. *pā'î*)
Forma alternativa de Pau, la residencia del rey idumeo Hadar (1 Cr 1.50).

PALABRA
En el AT el término principal de «palabra», Heb. *dāḇār*, significa una declaración articulada e inteligible. Se utiliza con mayor frecuencia en frases tales como «la palabra del Señor» o «la palabra de Dios» que en otros sentidos técnicos, aunque también aparece en referencia a la voz humana (Sal 19.14 [TM 15]). Cuando no se refiere literalmente a la expresión verbal humana, el término tiene un significado principalmente metafórico, lo que implica que Dios, por ejemplo, establece un mensaje, orden, instrucción, o anuncio. A veces ésta palabra viene como una hipóstasis de Dios, es decir, como un agente divino que actúa como una emisión del poder de Dios. Otras veces se describe como una personalización del poder de Dios en el discurso de un agente humano como un profeta. Fue un pequeño paso de tal uso a la identificación de la palabra hablada o escrita de los profetas y los apóstoles como la palabra de Dios.

El NT generalmente utiliza gr. *lógos*, que significa esencialmente lo mismo que *dāḇār* en el AT. El término normalmente implica un diálogo entre el emisor y el receptor de la palabra. En las Escrituras el diálogo es entre los seres humanos, o en el caso de la palabra de Dios es por lo general entre Dios y una persona o personas. Al igual que en toda comunicación, el emisor puede haberse propuesto algo diferente a lo que el receptor oye o percibe. Las palabras tienen una carga de significado que varía con los contextos y las construcciones en las que se utilizan. La Biblia con frecuencia señala que cuando la palabra de Dios es enviada los seres humanos no siempre «tienen oídos para oír» o «corazones para recibir» la palabra. Este es un factor problemático en el diálogo divino-humano, a menudo asociada en la Escritura con la insuficiencia o disfunción humana. A menudo, esto se convierte en la definición virtual del pecado en la Biblia, es decir, la comunicación rota y por lo tanto la relación de pacto alienada. Cuando se escucha la palabra de Dios y es atendida tiene el poder de salvar. La palabra en ambos testamentos, sobre todo cuando se asocia con la expresión divina, es de gran alcance para crear, redimir o juzgar. En el prólogo del cuarto evangelio la Palabra es personalizada como el agente de Dios en la creación del mundo, sosteniendo que en la providencia y la iluminación divina, y redimir a través de la encarnación de Jesucristo, por lo tanto, se describe como el Logos trascendente y preexistente.

Véase Logos.

J. Harold Ellens

PALACIO
Incluso sin las referencias literarias antiguas a los palacios, la existencia de una jerarquía sociopolítica se podría discernir arqueológicamente. Los restos de muchos palacios, que sirvieron como residencias y centros administrativos de la realeza, han sido descubiertos en el mundo bíblico. Su identidad es evidente en su tamaño, diseño, elaboradas decoraciones y contenidos, incluyendo muebles caros, costosos utensilios domésticos y archivos de estado (p.ej., colecciones de tablillas cuneiformes u ostraca). Los primeros palacios identificables datan de principios del tercer milenio a.C.; estos ejemplos vienen de Mesopotamia, donde la competencia por la tierra y los recursos fomentó la evolución del gobierno y puso el poder en manos de la aristocracia.

La terminología antigua no era más precisa que las antiguas traducciones, y las mismas palabras a menudo se pueden referir a «templo», «palacio», o «ciudadela» (p.ej., Heb. *bayiṯ, hêḵāl, 'armôn*). Algunos de los primeros palacios sumerios y residencias reales persas de un período mucho más tarde se conocen por su tamaño, lujosos interiores e instalaciones. El palacio de Mari, que data de la primera dinastía de Babilonia, incluye unas 300 habitaciones. Un palacio en Ai data de cerca de 2500 y refleja la presencia de una clase dominante en Palestina. Otros palacios de la Edad de Bronce temprana se han encontrado en Tell Mardikh (antigua Ebla) en Siria y en Tell Jarmuth/Yarmut y Arad en Israel. Impresionantes palacios del Bronce Medio incluyen aquellos en Ur, Eshnunna, Larsa, y Uruk en Mesopotamia y los de Siquem, Hazor, Meguido, y Laquis. Otras residencias reales y centros administrativos se han encontrado en Luxor, Tell el-Amarna, Knossos, Mycenae, y Boghazköy. Palacios pequeños pero fácilmente identificables han sido desenterrados en Palestina en Gezer, Tell Jemmeh, Tell el-Ḥesi, y Afec. En la Edad del Hierro los asirios construyeron palacios elaborados en sus capitales de Nínive, Nimrod, y Korsabad. El palacio de estilo asirio, el *bīt ḫilāni* o «edificio de audiencia pública», tiene paralelos en palacios en Meguido y Gezer.

No se han encontrado restos relacionados con los palacios de David (2 S 5.9; 7.1-2) o Salomón (1 R 7.1-12) en Jerusalén, pero algunos eruditos detectan influencias sirias en el relato del templo de Salomón. Residencias palaciegas de Hazor y Meguido han sido fechadas en los tiempos de Salomón. Igualmente famoso es el palacio de Omri y Acab en Samaria. Las excavaciones en este sitio recuperaron muebles de marfil y decoración (1 R 22.39). El AT también menciona el palacio de Acab en Jezreel (1 R 21.1), El palacio asirio en Nínive (Nah. 2.6), y el palacio de Babilonia (2 R 20.18; Dn 4.4, 29[TM 1, 26]). El palacio persa en Susa recibe un lugar destacado en todo el libro de Ester.

Las residencias reales de los tiempos del NT incluyen palacios de Herodes en Jericó y Jerusalén (cerca de la puerta de Jaffa) y una serie de complejos de fortaleza-palacio, el más famoso de los cuales estaba ubicado en Masada. Los palacios eran bastante comunes que aparecen en el lenguaje figurado de los profetas del AT, en especial como símbolos de la vida nacional-política (p.ej., Is 34.13; Jer 17.27; Am 2.5).

Bibliografía. A. Kempinski and R. Reich, eds., *The Architecture of Ancient Israel* (Jerusalén, 1992); G. R. H. Wright, *Ancient Building in South Syria and Palestine*, 2 vols. HO 7, 1/2 B/3 (Leiden, 1985).

Gerald L. Mattingly

PALAL (Heb. *pālāl*)
El hijo de Uzai que reparó una parte de los muros de Jerusalén (Neh 3.25).

PALESTINA, TERRITORIO DE
En la descripción de Palestina desde el punto de vista geográfico, los hechos físicos definidos por la investigación moderna se deben combinar con la antigua nomenclatura de la Biblia y otras fuentes antiguas. Se debe tener precaución en el uso de términos antiguos que han adquirido connotaciones modernas diferentes de su sentido original.

Nombres y definición

La Biblia nunca usa el término «tierra prometida», pero ese concepto está detrás de pasajes como Génesis 15.18-21. El territorio abarcado allí es el moderno «Levante», utilizado aquí para significar el litoral oriental del Mediterráneo. Se extiende desde el Éufrates, «el gran río», a «el río de Egipto», la rama oriental del Nilo que pasaba en la antiguedad a lo largo de la frontera Sinaí-Egipcia (que no debe confundirse con el torrente de Egipto). Al este y al sur del Levante está rodeada por desiertos.

En tiempos del AT la zona de la frontera libanesa moderna con el norte de Siria hasta el Wadi el-ʿArîsh era conocida como Canaán. Las descripciones de sus límites (Nm 34.1-2; Jos 13.4; Ez 47.15-20) son bastante explícitas; ellas abarcan el estado moderno de Líbano, el área alrededor de Damasco, y el oeste de Palestina. Transjordania estaba excluida. Canaán se extendía desde Eleuteros (moderno Nahr el-Kebîr) a Wadi el-ʿArîsh. Difiere, por lo tanto, de la tierra de la promesa en Génesis 15 y también de la «tierra de Israel» como fue establecida por las tribus de Israel.

El territorio ocupado originalmente por las tribus de Israel era «todo Israel desde Dan hasta Beerseba» (1 S 3.20; 2 S 17.11; cf. 1 R 4.25 [TM 5.5], «Judá e Israel»). Cuando Transjordania se incluye expresamente es «desde Dan hasta Beerseba, incluyendo la tierra de Galaad» (Jue 20.1).

En la época romana Judea llegó a aplicarse no sólo a la antigua Judá, sino a todo el país (Strabo *Geog.* 16.2.34; Ptolomeo *Geog.* 5.16.1); Herodes era rey de Judea. Después de la revuelta de Bar Kojba (135 d.C.), Adriano cambió el nombre a Siria Palaestina, un término que se había aplicado originalmente sólo a Filistea (Heródoto *Hist.* 7.89). Para el siglo IV se llamaba simplemente Palaestina.

Descripción física

El terreno es claramente representado como una tierra de arroyos de agua, de fuentes y manantiales y valles, que «bebe las aguas de la lluvia del cielo» (Dt 11.11). A diferencia de las grandes naciones de Mesopotamia con su Tigris y Éufrates y Egipto con su Nilo, Palestina no tenía esa fuente de agua natural que se podría utilizar para el riego. Los dos tipos principales de formaciones topográficas, colinas y valles, se destacan una y otra vez. Debido a la gran depresión del Jordán, la orientación general norte-sur se le da a todo el paisaje con las zonas costera y montañosa corriendo de forma paralela. Pero la falla regional ha dado lugar a más divisiones de estas bandas norte-sur en unidades este-oeste que influyeron la distribución de los asentamientos humanos a lo largo de los siglos y encuentra eco a menudo en las divisiones administrativas del país. Desde los primeros tiempos de los asentamientos comunitarios tendían a agruparse en torno a las fuentes de agua en el borde de las llanuras. De este modo, aseguran para sí mismos una fuente de agua cerca de la tierra cultivable. Las líneas de comunicación del país también tendían a seguir los valles y los puertos de montaña menos difíciles a menudo formados por la exposición tiza senoniana blanda entre los estratos de calizas cenomianas y eocenas.

El terreno se describirá brevemente de norte a sur y de oeste a este. Se hace hincapié en la terminología bíblica como se aplicaba en tiempos del AT, aunque términos posteriores (esp. grecorromanos) e incluso algunos nombres modernos son inevitables.

Llanura costera

Fenicia. La costa norte, la del moderno Líbano, se caracteriza por la cercanía de las montañas a la costa. Los principales puertos del Mediterráneo oriental fueron las ciudades fenicias Biblos, Beirut, Sidón, y en especial las islas, Tiro y Arvad. La tierra de cultivo es escasa en el llano, pero las montañas del interior proporcionaron la madera y otros productos tan famosos en la antigüedad. La zona costera del norte era llamada Fenicia en la época grecorromana pero no tiene nombre en el AT excepto Canaán o simplemente Sidón. La población se dedicaba principalmente a las actividades marítimas. El promontorio de Ras en-Naqûra/Rosh ha-Niqra, llamado Escalera de Tiro en la época de las cruzadas, separa la llanura al sur de ella del resto de Fenicia. En el sur está limitada por el Carmelo.

El monte Carmelo es la masa de piedra caliza cenomaniana que corre noroeste-suroeste desde su promontorio a Wadi el-Milḥ/Naḥal Yoqneʿam. Forma una barrera en forma de cuña que divide la llanura costera; dentro de sus riscos había abundantes huertos y viñedos, haciendo de él un símbolo de fertilidad (Is 33.9; Am 1.2; Nah 1.4). El Carmelo formó su cuenca a lo largo de la ladera noreste; los principales arroyos fluyen hacia el oeste a través de barrancos, las cuevas de los cuales dieron cobijo a los humanos prehistóricos.

La zona costera desde la península del Carmelo al sur hasta el río Cocodrilo (Naḥal Tanninim) era evidentemente llamada Nafot-(dor). Es limitada por las crestas de arenisca a lo largo de la costa que alberga una fértil llanura al pie del Carmelo.

Llanura de Sarón. Desde Nafot-dor a Jope el Sarón (Eusebio *Onom.* 162.5-6) consta de suelos aluviales de las Colinas de Samaria en el este, una franja de arena roja Mouseteriana en el centro, y luego cresas de arenisca (Kurkar) que bloqueaban el paso de los varios arroyos que cruzan la llanura de este a oeste. Esto hizo que se desarrollaran pantanos y bosques de matorrales detrás de las crestas de arenisca. El Wadi ʿAuja (moderno Yarkon) atraviesa el tercio sur de la llanura, formando una barrera adicional. De este modo, las antiguas ciudades crecieron a lo largo del lado oriental del Sarón donde el suelo era más alto, más fértil, y rico en fuentes de agua. En tiempos del AT la llanura se utilizó principalmente para el pastoreo. Desde el norte de Afec a Gat-padala corrió un segmento clave de la gran ruta troncal que conecta Egipto con Siria y Mesopotamia.

En Afec las aguas del Yarkon surgen y fluyen en un curso tortuoso hacia el mar al norte de Jope. La antigua ruta conducía hacia el este alrededor de Afec, debido a esta barrera.

De acuerdo con la inscripción fenicia de Ešmunʿazer (l. 19) la zona de influencia de Jope estaba también incluida en «las asombrosas tierras de grano en el territorio de Sarón» (cf. Eusebio *Onom.* 162.5-6). La frontera sur de Sarón debe ser colocada en el valle de Sorek (Wadi eṣ-Ṣarar/Naḥal Sorek), que también era la frontera sur de la herencia de Dan. Otro wadi (Wadi Muṣrarah; moderno Naḥal Ayalon) se extiende desde el valle de Ajalón en diagonal a través de la llanura hacia Jope.

Filistea. Desde la frontera de Jope hacia el sur estaba la costa ocupada por los cananeos. Mientras

Jope y Ascalón estaban justo en la orilla, junto con Yavneh-yam, otras dos ciudades importantes, Asdod y Gaza, se encontraban en el interior detrás de las dunas de arena. Tenían acceso al mar a través de pequeños asentamientos en la costa, por lo general en la desembocadura de un wadi.

La llanura de Filistea es mucho más amplia en el sur, 25 km (15 mi), y se estrecha progresivamente hacia el norte a cerca de 17 km (10 mi). Justo detrás de la arena hay una especie de corredor topográfico, una especie de paso, que gradualmente se eleva hacia las estribaciones de la Sefela al este.

A lo largo de las dunas de arena, en especial alrededor de Gaza, había extensos viñedos. Los suelos interiores son excelentes para los cultivos de cereales y olivares. El área apoyaba a una densa población humana desde la más remota antigüedad.

La gran ruta troncal de Egipto a través del norte de Sinaí y hacia el norte de Damasco y la costa fenicia siguió la «depresión» al este de la línea de dunas. Después de Jabneel daba vuelta al noreste hacia Afec.

Varios wadis atraviesan la llanura filistea, algunos de ellos obligados a girar hacia el norte con el fin de encontrar el paso a través de las dunas.

La ruta comercial de Egipto a Mesopotamia no era la única fuente de comercio de las caravanas. Los puertos marítimos de Filistea eran el destino de las caravanas procedentes de Arabia a través del Neguev hasta el Mediterráneo. Este tráfico comercial

Estribaciones de «la región montañosa de Efraín» en Samaria (Werner Braun)

pesado llevó a las alianzas frecuentes entre las ciudades filisteas y los edomitas y los árabes.

Cordillera central

Líbano. Las montañas de Líbano, una cordillera cerca de 160 km (100 mi) de largo, son las características orográficas más prominentes del Levante. Ellas eran la fuente de la madera para Egipto y Mesopotamia. La extensión hacia el sur de esta cordillera, más allá del río Liṭani, forma el altiplano occidental de Palestina, que constan de varias unidades distintas. Las colinas detrás de la llanura costera de Tiro y de Aco fueron llamadas Sefela («tierras bajas»).

Galilea. El distrito más septentrional, Galilea, está dividido en Alta y Baja (Josefo *BJ* 3.3.1; cf. el orden de ciudades en Jos 19.35-38). La meseta en el norte es más baja hacia el noroeste y se inclina hacia arriba hacia el sur. Era una zona de ciudades cananeas. La parte sur de la Alta Galilea es un macizo (Jebel Jarmuq, ahora erróneamente llamado monte Merón), en gran parte deshabitada hasta el período israelita. Mira hacia abajo sobre el valle de Bet-kerem que lo separa de la Baja Galilea.

La Baja Galilea consiste de una serie de crestas que van de este a oeste, siendo la más importante monte Atzmón y las colinas de Nazaret. En medio de estos cantos estaban algunos valles latitudinales, en especial el de Bet-netofa/Sahl el-Baṭṭôf, la llanura de Asoquis en fuentes grecorromanas. La divisoria de aguas entre el este y el oeste de la línea central de Galilea; al este la pendiente de las cordilleras caen pronunciadamente hasta el Valle de Jula y el mar de Galilea; al oeste señalan largos y delgados dedos a la llanura costera. Existe considerable basalto en el este, mientras que el oeste es de piedra caliza.

Jezreel. Esta depresión triangular entre las colinas de la Baja Galilea y Samaria era la principal vía entre la costa y el valle del Jordán. Su nombre en fuentes griegas y latinas es Esdraelón. En su extremo oriental se situó el monte Tabor y el collado de More, y al este de estas dos colinas está una meseta de basalto que comprende la herencia de Isacar. El valle ʿEn-harod Valley lleva de Jezreel a Bet-san. El Valle de Jezreel (también llamado Esdraelón) era famoso por su producción de granos. Meguido estaba cerca de la cuenca de la avenida principal de Egipto, al entrar en el valle.

La meseta de baja altitud detrás de Meguido y Jocneam (Bilâd er-Rûhah/Ramat Menashe) separa el valle de Jezreel de la Llanura de Sarón y conecta el monte Carmelo con las montañas de Samaria. El punto al sureste de Jezreel, parcialmente rodeado por el brazo del monte Gilboa, está limitado por una loma que conduce al valle de Dotán, que proporciona otro paso fácil al Sarón.

Samaria. Las montañas de Samaria se llaman monte Siquem en una fuente egipcia del período cananeo (Papiro Anastasio I). Las opiniones están divididas en cuanto a si todo podría ser llamado monte Efraín. Una característica central es el valle de Siquem entre el monte Gerizim en el sur y el monte Ebal en el norte. Samaria tuvo varios valles que daban al oeste, que ofrecían fácil acceso a la zona montañosa. El valle de Dotán y el valle de Siquem en el norte y este respectivamente son igualados por el Wadi Farʿah, un corte dramático en las montañas que llega hacia el valle del Jordán en Adam(a). Al suroeste del valle de Siquem, a través del valle de Micmetat, corre el valle de Kana, la frontera principal entre Manasés y Efraín.

Las colinas caen naturalmente hacia el oeste en una continuidad suave. El lado oriental es en gran parte de estepa, mientras que el oeste es bueno para los viñedos, huertos y grano, este último en especial en los valles.

El monte de Efraín y Benjamín es una continuidad. Una división importante, el distrito ocupado por el pueblo de Gabaón (Jos 9.3), forma una silla topográfica entre el monte Efraín y el monte Judá e incluye la cresta de Nebī Samwîl y la llanura por donde pasa el camino a Bet-horón. Esta última se une al «camino» (Jue 21.19) que sigue la cuenca de Siquem pasa Lebona a Ramá en Benjamín, hacia el oeste de Jerusalén a Belén, Halhul, Hebrón, y finalmente a Beerseba.

Jerusalén. En las inmediaciones de Jerusalén hay dos barrancos, el Wadi Beit Ḥanînah y el valle de Refaim, que corta la cordillera por el oeste de la cuenca. Son empinados y peligrosos, y si alguien se acercaba desde el oeste era presa fácil para emboscadas. En consecuencia, la ruta a través de Gabaón a Bet-horón era el vínculo favorito entre Jerusalén y la costa. Jerusalén está situada, por lo tanto, en un punto donde tres puntos principales conectan la costa con la cordillera central. Al este estaba el camino de Jericó, que facilitaba el paso al valle del Jordán y más allá. La cresta oeste de Jerusalén sobre el valle de Hinom era un vínculo entre el monte Efraín al norte y el monte Judá al sur.

Monte Judá. El centro de Cisjordania es la zona alta de la cuenca conocida como monte Judá o el monte de Judá. Se compone de piedra caliza y estratos de dolomita con capas de yeso y marga, el monte forma un bloque macizo cortado desde el oeste por algunos barrancos profundos, y confinado en ese lado por un canal de tiza Senoniana. Al este se encuentra el desierto de Judá.

El punto más alto de las colinas de Judá está en Ḥalḥûl (c. 1000 m [3300 pies]). La meseta central es dominada por Hebrón, situada en una depresión, el lugar de encuentro de los valles profundos, en dirección oeste. El distrito del sur era el Neguev de Caleb, siendo la principal ciudad Debir.

Sefela. La «tierra baja» o Sefela es una unidad separada de piedra caliza posterior en el flanco occidental de las colinas de Judea, separados de ella por un valle de tiza suave que corre de norte a sur. Las colinas redondeadas de la Sefela son bastante uniformes en altura, cerca de 200 m (1200 pies) sobre el nivel del mal. La zona alcanza el área alrededor de Gezer en el norte y en el extremo sur se desvanece hacia Beerseba. Varios wadis cortan la Sefela de este a oeste, siendo el más prominente el valle de Ajalón, el Sorec, el valle de Ela, y el valle de Zefata. La Sefela estaba dividida en tres distritos de norte a sur, siguiendo el patrón de los wadis.

Desierto de Judá. Esta zona tiene pocas ciudades porque era el desecho calcáreo en la sombra de la lluvia al este de la cuenca de Judea. La infertilidad de los suelos y la falta de agua hacían el lugar no apto para el cultivo, excepto con un cuidado especial para la recolección de agua; incluso entonces, el territorio sigue siendo una estepa, una zona de pastoreo para el ganado de los asentamientos de la colina. En realidad, hay varias «zonas desérticar», p.ej., el desierto de Tecoa, Zif, y Maʿon. Las áreas por encima de los acantilados que bordean el Mar Muerto eran aún más silvestres y podrían ser llamadas con precisión «tierra baldía.»

Neguev. Al sur de la región montañosa estaba una zona a menudo traducida «Sur» o «extremo sur.» El Neguev bíblico era principalmente el valle al este de Beerseba y la ondulada llanura rodeada por el arroyo de Besor al oeste. Este Neguev de Judá estaba de hecho habitado por varias tribus satélites o grupos étnicos (p.ej., Simeón, los ceneos, los Jerameelitas, y los cereteos).

El centro administrativo local estaba en Beerseba durante la Monarquía Unida. Está al lado de la unión del wadi de Hebrón del monte y el wadi de Beerseba desde el este; después de unirse forman el Besor, que serpentea su camino hacia el oeste y el noroeste hasta desembocar en el mar al sur de Gaza.

Nahal Zin, frontera entre el norte y el centro del Neguev (Phoenix Data Systems, Neal y Joel Bierling)

No se debe pensar en el Neguev como desierto, a pesar de que es una zona de muy escasa lluvia. Su importancia principal estaba en un eslabón en la ruta de las caravanas del Arabá a la costa filistea. Era para el reino de Judá lo que el valle de Jezreel era para el reino del norte de Israel; el control del Neguev era un signo de la fortaleza de Judea y prosperidad; la pérdida del Neguev con las incursiones de los filisteos y los edomitas o los árabes significó un momento de debilidad y falta de poder político.

Justo al sur del Neguev estaba una estepa llamada el desierto de Beerseba, que pasaba el camino de Sur (que conduce a Egipto). Cades estaba en otra zona, el desierto de Zin, que rayaba en el desierto de Parán (la extensión del Sinaí). Las tierras altas al sur del Neguev fueron consideradas por el autor de Crónicas como el monte de Seir (1 Cr 4.42; probablemente también 2 Cr 20.10).

El término moderno «Neguev» abarca toda la zona desde Beerseba a Elat, pero esto se deriva de una concepción errónea del término bíblico.

Valle del Jordán

Determinando la orientación norte-sur de la principal característica física de toda la tierra es la gran depresión que recorre el largo del Levante y que se extiende hasta Africa.

Beqaʿ. En el norte el valle se conoce como el «Valle» Beqaʿ («valle» de Líbano bíblico), la rica llanura entre las montañas de Líbano y el Hermón-Sirón (Anti-Líbanos). Su cuenca era Lebo-hamath; hacia el norte es drenada por el Orontes, hacia el sur por el Liṭani. El valle al pie del Hermón fue llamado valle o tierra de Mizpa.

Mt. Hermón. Esta es la montaña más alta en la tierra de Israel (2814 m [9166 pies]). Sus nieves proporcionan la mayor parte del agua para el Jordán, del cual hay cuatro fuentes, dos del valle ʿAyûn y dos del Hermón.

Valle Hûleh. Las principales fuentes para el Jordán son las aguas de Tell el-Qadi (Tel Dan) y la fuente en Banias (Paneas). Se unen en el valle del Hûleh (Josefo «Ulatha») y formaron el poco profundo lago Hûleh. Este último ha sido generalmente tomado como las aguas del Merom, pero el sitio de Merom se debe encontrar en la meseta, cerca de Marûn er-Ras. El lago estaba rodeado de pantanos y sirvió como un filtro de limpieza de las aguas del Jordán antes de que fluyera al mar de Galilea.

Desde el norte, se entra en el Hûleh por el paso junto a Abel-bet-maaca o por el que baja pasando Dan. La ciudad principal en el valle era Hazor, el más grande centro urbano del período cananeo.

Entre la cuenca pantanosa en la parte norte del valle y el mar de Galilea hay un dique masivo de antiguo basalto. El Jordán se abre paso a través de este depósito de lava en un estrecho desfiladero en el lado oriental del valle.

Mar de Galilea. El río sale de la garganta, atraviesa una pequeña llanura aluvial, y entra en el lago de Cineret, o el mar de Galilea. Se trata de un cuerpo de agua en forma de corazón, cerca de 200 m (600 pies) bajo el nivel del mar. Mide 18 km, de largo × 12 km, de ancho (c. 12 × 7 mi) y está rodeado por colinas de basalto en casi todos sus lados. Las aguas son generalmente dulces, aunque manantiales con alto mineral alimentaron una vez la orilla noroeste. Aguas termales brotan a lo largo del lado oeste, dejando un pequeño brazo de tierra aislada en el este.

Río Jordán. El Jordán fluye en un curso tortuoso a través del profundo valle del Jordán hasta el Mar Muerto. En una línea recta cubre cerca de 105 km (65 mi) y desciende de 200 m (600 pies) bajo el nivel del mar a cerca de 400 m (1200 pies) por debajo. La primera parte de su curso es a través de los bancos de arcilla empinados hasta llegar a la confluencia del Jaboc desde el este y el Wadi Farʿah en el oeste. En este punto, denotado por el pueblo de Adam (moderno ed-Damiyah), el lecho del río entra a una llanura más abierta.

El valle era parte del bíblico Arabá y sirvió como frontera de Canaán. A lo largo de la orilla oriental del valle estaban las ricas fuentes de agua que alentaron el surgimiento de pueblos en el período cananeo (p.ej., Pella, Sucot), mientras que el lado occidental era más árido con excepción del Valle de Betseán y la región de Jericó, que fue un paraíso tropical (Josefo *BJ* 4.8.3).

Mar Muerto. El bíblico Mar de la Sal o Mar del Arabá (Asfalitis, Josefo *Ant.* 1.9.1) fue llamado el Mar Muerto por los escritores grecolatinos en la segunda mitad del siglo II d.C. Antiguamente recibía 6 millones de toneladas de agua cada 24 horas del Jordán. Al este es limitado por los acantilados escarpados de Moab con solo la «lengua» (Arab. *Lisan*), una península con forma de bota que se proyecta a toda su anchura. Al sur de Lisán es una cuenca poco profunda, pero en el lado noreste es de más de 400 m (1200 pies) de profundidad. A veces uno puede cruzar a pie enjuto desde el Lisan a la orilla oriental. El agua del Mar Muerto es de un alto contenido de minerales como para ser tóxicos para las formas de vida normales. El árido valle al sur del Mar Muerto era llamado el valle de la Sal.

Llanura meridional Arabá. El nombre Arabá fue preservado en árabe solamente con relación al valle al sur del Mar Muerto. El fondo del valle se eleva gradualmente hacia el sur a cerca de 200 m (600 pies) sobre el nivel del mar antes de descender de nuevo en el golfo de Elat. Se trata de una zona desértica de arenas aluviales pesadas en el centro y suelos salados justo al sur del Mar Muerto. Los acantilados rojos del monte de Seir se levantan al este, y la piedra caliza amarilla de las tierras altas del desierto de Cisjordania están en el oeste. Los dos oasis principales son ʿAin Ḥuṣb en el norte y ʿAin Ghaḍyân en el sur. El Arabá era una frontera natural entre Israel y Edom pero también fue una línea de comunicación con Arabia al sur, por tierra y por mar. Como tal, era una zona de controversia entre los estados vecinos.

Mar de los juncos. El Golfo de Elat, el brazo oriental del Mar Rojo, es llamado el «Mar de Juncos», a menudo traducido «Mar Rojo» (1 R 9.26), siguiendo el uso griego (Heródoto *Hist.* 11.8).

Transjordania

En Transjordania la historia de tiempos bíblicos toca principalmente en los distritos limítrofes con el profundo valle del Jordán; estaban delimitados en el este por los desechos del desierto de Arabia. La importanca geopolítica de Transjordania se debía al camino real, o carretera del Rey, la ruta de Damasco a Elat que también llevó a Madián y luego al sur de Arabia.

Basán. Los distritos del norte, a menudo en disputa con Aram-Damasco, eran parte de la tierra de Apum/Upe en el período cananeo. El nombre bíblico para todo el distrito era Basán, que incluyó diversos territorios incluyendo «toda la región de Argob», con sus 60 ciudades amuralladas. En la época grecorromana fue dividida en Gaulanitis (llamada así por el pueblo de Golán) a lo largo del borde occidental de la mesesta y este de Nahr Allân; Batanea (de la forma aramea de Basán), la zona este del mismo valle Allan; y Auranitis (de Haurán del AT), principalmente la montaña llamada Jebel ed-Druze, el pico más alto de los cuales es Jebel Ḥaurân. La región de lava al noroeste de las montañas Haurán se llamaba Traconite (Gr. «país áspero»), moderna el-Leja.

Toda la zona fue incluida en Canaán y contenía el distrito arameo de Gesur (justo al este de Cineret). Su frontera sur era el valle de Yarmuk. El Yarmuk es el río más grande de Transjordania, y fluye a través de un desfiladero para unirse al Jordán debajo del mar de Galilea. Sus aguas se originan en lechos de arroyos muy lejos hacia al este, en especial de la región de Haurán. Así, el Valle de Yarmuk separaba Basán/Golán de Galaad.

Galaad. Transjordania central (bíblica Galaad) es una zona montañosa de piedra de caliza cenomaniana como los montes de Efraín y Judá. No se le cuenta como parte de Canaán, pero fue ocupada por la tribu de Gad así como Basán. Así, la división de la zona en dos mitades por el Jaboc fue reconocida en el asentamiento israelita.

Las montañas alcanzan más de 900 m (3000 pies), el punto más alto está en ʿAjlûn. Las laderas occidentales y las colinas ocupan la mayor parte de la zona; al este se encuentra una meseta estrecha que bordea el desierto. Existe una línea divisoria doble, una cerca del oeste de donde barrancos escarpados fluyen hacia el valle del Jordán; las corrientes de agua del este se recogen en gran parte por el curso del río Jaboc, que corre hacia el norte por la meseta oriental antes de girar hacia el oeste para dividir en dos parte toda la colina llegando al valle por Mahanaim y Sucot.

Ammon. Rabbath-ammon, el centro del territorio amonita, se encuentra en el este a la cabeza de otra serie de valles que separan Galaad de la meseta de Moab. Ammon es estructuralmente una cuenca 32 × 16 km (20 × 10 mi) de noreste a suroeste.

Moab. La meseta, la mitad norte del territorio reclamada por los moabitas (disputada por Israel), consiste en una llanura detrás de las crestas que descienden hasta el Mar Muerto (desde el monte Nebo-Pisgah). Toda la meseta al este del Mar Muerto es dividida en dos mitades por el Valle de Arnón (Wadi el-Môjib), que formaba la frontera entre Israel y Moab. El término *mîšôr,* «meseta», se aplica solo a esta llanura del norte, mientras que el área entre el Arnón y elZered (Wadi el-Ḥesā) fue considerada como el hogar original de Moab puesto que la meseta había pertenecido a los amorreos.

Edom. El sur de Transjordania era conocida como monte Seir o Edom. El nombre puede haber designado también la zona alta al sur del Neguev, pero durante la Monarquía se refería a las montañas de arenisca roja al sur del Zered. Algunos de los picos llegan tan alto como 1736 m (5704 pies). El territorio de Edom propiamente, aunque 120 km (75 mi) de largo, es sólo unos 20 km (12-13 mi) de ancho. La ensenada detrás de Feinân (Punón bíblica) divide el área en dos mitades. La capital en el AT era Sela (Arab. Sila'), mientras que la capital nebatea y romana se movió a Rekem (Petra en fuentes griegas). El pueblo de Edom se encontraba en constante rivalidad con Judá por el control del Arabá al sur del Mar Muerto, y Elath/Ezión-geber cambió de manos varias veces. Al sur de Edom estaba el territorio de Madián y al este estaba Cedar, cuyo rey ganó el control de toda la zona a través de Gaza y Egipto durante el período persa.

Clima

Aunque la tradición rabínica conoce cuatro estaciones, el AT reconoce solo dos: «la siembra y la cosecha», invierno y verano. El año se divide en dos mitades, una con principio en Nisán, el primer mes, y otra con Tisri, el séptimo. Los festivales sagrados del AT caen en el período de siete meses que abarcan la Pascua (en Nisán) y los Tabernáculos (en Tisri). Durante el invierno, las principales actividades agrícolas se dedican a los cultivos de cereales que se esperan en la primavera y el verano; en el verano el trabajo es en los viñedos y huertos, para las frutas de verano.

El patrón de clima en invierno se compone de sistemas de bajas presiones que llegan desde el oeste y el noroeste. Los del norte de Italia pasan a los largo del Adriático a Grecia y el Egeo, llegando a Siria. Los otros vienen del sur de Italia al Mediterráneo central y a través de Palestina. Las lluvias de un año por lo general vienen en tres fases: la «lluvia», «lluvia temprana», y «lluvia tardía.» La «lluvia temprana», una llovizna delicada para suavizar la tierra y facilitar el arado, puede venir en septiembre pero por lo general llega en octubre. La fase principal de la lluvia, cerca de 75 por ciento, cae entre diciembre y febrero. La siembra principal se lleva a cabo en noviembre hasta diciembre, y la siembra tardía por lo general se lleva a cabo durante una pausa en las lluvias de enero. Para marzo la hierba ha crecido lo suficiente para cortar como forraje, y en abril la «lluvia tardía» se necesita como una dosis final para hinchar el grano. Pero si la lluvia en abril-mayo es demasiado copiosa, puede traer desastre.

Las lluvias se depositan con mayor intensidad en las montañas de Judá, Efraín, y Galilea. Hay una diferencia de varios grados en la temperatura durante el invierno entre Jerusalén y la de la costa, siendo esta última la más leve. Más allá de la precipitación pluvial en Efraín y Judá hay una sombra de lluvia, ya que la mayor parte de la precipitación ha caído en las colinas; por tanto, los residuos de tiza secas del desierto de Judea tienen pocas posibilidades de conseguir humedad. Sin embargo, los mismos vientos que provocaron las lluvias del oeste descienden de nuevo a la depresión húmeda del valle del Jordán y el Mar Muerto, donde recogen más humedad que se depositará en las cordilleras de Galaad y Moab. En un año de sequía para el oeste de Palestina, los vientos secos y las altas temperaturas causan una mayor evaporación en el Valle del Jordán para que Transjordania realmente pueda tener una precipitación ligeramente superior a cambio.

Las nieves del monte Hermón proporcionan la principal fuente de agua para el Jordán. La mayor parte del agua de lluvia de invierno es absorbida por las montañas de piedra de caliza de Cisjordania y desciende a una meseta de agua subterránea profunda. Esta no se utilizó en la antigüedad, pero algo del agua se abría paso hacia la superficie en forma de manantiales y pozos generalmetne situados en el borde de la llanuras al pie de las serranías.

Bibliografía. Y. Aharoni, *The Land of the Bible,* 2nd ed. (Filadelfia, 1979), 21-42; D. Baly, *The Geography of the Bible,* Ap ed. (New York, 1974); A. Horowitz, *The Quaternary of Israel* (New York, 1979), 11-43; Y. Karmon, *Israel, a Regional Geography* (London, 1971); A. F. Rainey, review of D. Baly, *The Geography of the Bible,* 2nd ed. *JBL* 94 (1976): 634-35.

Anson F. Rainey

PALMERA

La palmera datilera (Heb. *tāmār, timōrâ;* Gr. *phoínix*), un magnífico árbol, alto, que crece abundantemente en el Cercano Oriente. Sus grandes hojas irradian desde la parte superior de un solo tronco que puede crecer a más de 15 m (50 pies) de altura. Las palmeras datileras (*Phoenix dactylifera* L.) crecen bien en condiciones de calor en suelos salinos. Pueden crecer solos, pero un grupo de árboles de palma en el desierto probablemente señala un oásis (cf. Elim, Ex 15.27; Nm 33.9). Jericó, que hasta hoy es un oásis de verdad, era conocida como la ciudad de las palmeras (Dt 34.3; 2 Cr 28.15).

En la Biblia, la palmera aparece como un símbolo de grandeza y firmeza. Débora juzgó debajo de una palmera, probablemente debido tanto a su sombra como a su prominencia (Jue 4.5). El joven de Cantares 7.7 (TM 8) dice a su esposa: «tu estatura es semejante a una palmera.» La semejanza de la palmera apareció en varios lugares en el templo de Salomón (1 R 6.29-35). Las ramas de palma figuraban en muchas celebraciones y se utilizan en la construcción de las cabañas de Sucot (Lv 23.40; Neh 8.15). Después de la rebelión de los macabeos, los judíos rededicaron el templo llevando ramas de palmera (1 Mac 13.51). Jesús fue recibido en Jerusalén por personas con ramas de palmera (Jn 12.13).

La palmera era un símbolo frecuente de Israel, tanto en la Biblia (Is 9.14; Joel 1.12) como en la sociedad antigua. Los gobernantes asmoneos pusieron ramas de palmera en varias de sus monedas, y los romanos celebraron la captura de Judea en 70 d.C., al acuñar varias monedas que leen *Ioudaias Ealokuias* («Judea ha sido capturada») y representando ramas de palmera.

Casi todas las partes de la palmera pueden ser utilizadas. Cestas, sandalias, esteras y cuerdas están hechas de ramas y fibras de palmeras. La palmera proporciona aceite, un licor dulce y miel (cf. Dt 8.8). Los dátiles, el fruto de la palmera, crecen en racimos grandes y eran un elemento básico de las dietas del antiguo Cercano Oriente. Por lo tanto, las palmeras eran un valioso cultivo y se cultivaron activamente. Las palmeras son hembras o machos. Aunque se desconoce el grado de comprensión de los antiguos de la fertilización de los árboles, la práctica de poner el polen de árboles machos cerca de árboles femeninos aparentemente continuó durante siglos.

MEGAN BISHOP MOORE

PALMIRA

Un oasis importante en el desierto de Siria (Tadmor moderno). El manantial perenne de la ciudad, que todavía proporcionan el agua para la agricultura y la población de Palmira, explica por qué este sitio saltó a la fama en la antigüedad. Presumiblemente el nombre de la antigua ciudad se deriva de su concentración de palmeras y producción de varios tipos de dátiles. La población sedentaria del oasis se enriqueció porque Palmira estaba ubicada entre el río Éufrates y Damasco, y se cargaban aranceles por las mercancías transportadas por las caravanas. Estas caravanas de camellos transportaron los productos locales y cargas de lujo obtenidos mediante el comercio de lugares distantes; productos de la Península Arábiga y de la India y el Lejano Oriente pasaron por Palmira en ruta a las ciudades del Imperio Romano. En este sentido, Palmira fue un importante socio comercial con Roma, como los descritos en Apocalipsis 18. En 269 d.C., sin embargo, la reina Zenobia de Palmira se rebeló contra la hegemonía romana, y la ciudad fue destruida en 272. Aunque el sitio no fue totalmente abandonado, Palmira nunca recuperó su antigua gloria. Fue traída a la atención de Occidente a través de visitas a las ruinas de Robert Wood y James Dawkins en 1751.

2 Crónicas 8.4 se refiere a la construcción de Salomón de «Tadmor en el desierto» (antiguo nombre semítico de Palmira, al que se ha vuelto hoy). Casi la totalidad de los restos descubiertos en Palmira se fechan en el período romano, y el arte de la arquitectura de la ciudad refleja conexiones internacionales en este último período. Una dificultad se presenta con respecto a la relación salomónica con Palmira/Tadmor, ya que 1 Reyes 9.18 se refiere a la construcción de Salomón de «Tadmor en el desierto» (en el territorio de Judá). Algunos eruditos suponen que era poco probable que se hayan realizado proyectos de construcción hebreos tan lejos como Tadmor en el desierto de Siria y piensan que 2 Crónicas ha insertado «tadmor» para la lectura correcta «tamar.» Sobre la base de 2 Samuel 8.3-6, es posible que Salomón haya estado involucrado en actividades de construcción en Palmira/Tadmor, y la antigüedad de este sitio está demostrada por su aparición (como Tadmor) en textos cuneiformes de Kültepe (en Anatolia), Mari, y Asiria. Arqueólogos europeos y sirios han limpiado y reconstruido una buena parte de las ruinas, pero sigue quedando trabajo considerable.

Bibliografía. S. Abou Zayd, ed., «palmyra and the Aramaeanr», *ARAM Periodical* 7 (1995) [22 articles]; I. Browning, *Palmyra* (London, 1979); R. Stoneman, *Palmyra and Its Empire* (Ann Arbor, 1992).

GERALD L. MATTINGLY

PALMO

Medida de longitud (heb. *zereṯ*) que se basa en la distancia del pulgar al quinto dedo de una mano extendida y equivalente a alrededor de 22.2 cm (8.75 in; Ex 28.16; 39.9; Ez 43.13). En una pregunta retórica, Isaías 40.12 se refiere al palmo de Dios como el que «midió los cielos».

PALMO MENOR
Una medida lineal correspondiente a la anchura de la mano (Heb. *ṭep̱aḥ, ṭōp̱aḥ*), cerca de una sexta parte de un codo o 7.4 cm (2.92 en.; Ex 25.25; 1 R 7.26; 2 Cr 4.5).

PALOMA
Pequeña ave extensamente domesticada en los tiempos bíblicos y de la familia *Columbidae.* La paloma es la mensajera de Noé, señalando el final del diluvio (Heb. *yônâ;* Gn 8.8-12), y es una representación del Espíritu Santo en el bautismo de Jesús (Gr. *peristerá;* Mt 3.16; Mr 1.10; Lc 3.22; Jn 1.32). Metafóricamente, la paloma se emplea para describir el luto humano (Is 38.14; 59.11) y la belleza (Cnt 5), y es una expresión de cariño (Cnt 2.14; 5.2; 6.9). El ocultamiento, sobre todo en rocas o acantilados, es un atributo de la paloma (Cnt 2.14; Jer 48.28). El término hebreo es onomatopéyico; su raíz *ynh* («el sonido de lluvia») evoca el llamado de aflicción de la paloma (Ez 7.16; Nah 2.7). Es lo mismo que el nombre propio Jonás.

«El estiércol de paloma» es considerado como comida durante el tiempo del hambre (2 R 6.25), que parece tan poco apetitoso como la cabeza del asno mencionada allí. Sin embargo, el estiércol de la paloma probablemente se refiere a una especie de raíz protuberante o verdura barata (NVI «algarroba»).

Las traducciones al español vierten el término «pichones de paloma» o «palominos» en cuanto al sacrificio. Los palominos o las tórtolas *(tôr)* son ofrecidas como ofrendas por el pecado y holocaustos (Lv 14.22, 30; 15.14, 29) y son notados como sustitutos aceptables de ovejas para los pobres (5.7; 14.22). Los padres de Jesús hacen tal sacrificio con motivo del nacimiento de su hijo (Lc 2.23-24), de acuerdo con la ley levítica (Lv 12.8).

Bibliografía. D. C. Allison, Jr., «The Baptism of Jesus and a New Dead Sea Scroll», *BARev* 18/2 (1992): 58-60; A. J. Hauser, «Jonah: In Pursuit of the Dove», *JBL* 104 (1985): 21-37.
Lisa M Wolfe

PALOMA EN PARAJE DISTANTE
Con la mayor probabilidad las primeras palabras o línea de una melodía (Heb. *yônaṯ 'ēlem rĕḥōqîm*) conforme a la cual el Salmo 56 debía ser cantado (inscripción [TM 1]).

PALTI (Heb. *palṭî*) (también PALTIEL)
1. El hijo de Rafú de la tribu de Benjamín; uno de los 12 espías israelitas enviados a Canaán (Nm 13.9).
2. Un benjamita de Galim, hijo de Lais, a quien Saúl dio punitivamente Mical, la esposa de David como su propia esposa (1 S 25.44). Según 2 Samuel 2.15-16 (donde es llamado Paltiel) cuando Abner e Is-Boset tomó a Mical con él para devolverla a David, Palti(el) la siguió, llorando, hasta Bahurim.

PALTIEL (Heb. *palṭî'ēl*)
1. El hijo de Azán; un líder de Isacar que ayudó a Moisés en la división de Canaán (Nm 34.26).
2. Forma alternativa de Palti **2.**

PALTITA (Heb. *happalṭî*)
Un gentilicio atribuido a Heles, uno de los treinta de David (2 S 23.26). El nombre puede indicar que Helez era de Bet-pelet (Jos 15.27; Neh 11.26) o que él era un descendiente del calebita Pelet (1 Cr 2.47) o quizás Palti. En 1 Crónicas 11.27; 27.10 Heles es llamado «pelonite.»

PAN
Una parte importante de la dieta en el antiguo antiguo Cercano Oriente desde los primeros tiempos. Heb. *leḥem* se refiere a los productos alimenticios a base de cereales como el trigo o la cebada. El grano es molido en harina, se le agregan agua y otros ingredientes, y algunos medios para cocinar se utilizan para producir masa, gachas, pan con levadura y pan sin levadura, pasteles y hojaldres. La cebada se utiliza para pasteles y masa, mientras que la harina de trigo se puede utilizar para pan con levadura

El pan era un alimento básico y proporcionaba la dieta del día (Si. 29.21). Pan y agua era toda la comida de los pobres y los prisioneros (2 R 6.22) y parte de la comida para los ricos. El pan aparece en listas de provisiones de viaje (2 S 16.1) y alimentos (1 S 25.18).

Heb. *leḥem* se puede utilizar en el sentido general como «alimento» para las personas y los animales (Sal 147.9). La leche de la cabra es «alimento» para la familia y los sirvientes del dueño del rebaño (Pr 27.27). Durante la peregrinación por el desierto, los israelitas experimentaron el milagroso don del maná que era llamado «pan del cielo» (Neh 9.15) o «pan de ángeles» (Sal 78.25). La bendición de Dios era esencial para que el alimento no faltara (Sal 65.9-13[TM 10-14]). La gente debe orar por el pan suficiente para cada día (Pr 30.8-9).

El pan se utilizaba para ofrendas y sacrificios. Las ofrendas fueron llamadas el pan para Dios (Lv 21.6) aunque esto se entiende en sentido figurado ya que Dios no necesita alimento (Sal 50.12-13). El pan sin levadura se utilizaba para ofrendas de cereales. Si bien parte del pan o todo debía ser quemado, a veces parte de él era comido por los sacerdotes.

El pan puede ser usado en sentido figurado. Si la gente sufría por el alimento tenía «pan de lágrimas» (Sal 80.5[6]). «Pan de maldad» (Pr 4.17) se refiere a la obtención de alimentos por medios impropios. Comer «pan de balde» significa ser perezoso (Pr 31.27). La Señora Sabiduría invita a la gente a comer su pan (Pr 9.5), que es un alimento didáctico. La Señora Locura invita a la gente a comer «pan en secreto», en referencia a la indulgencia sexual (Pr 9.17).

Gr. *ártos* se puede referir al pan con levadura y sin levadura. El pan es parte de una comida (Mr 6.44) y se toma como provisión para los viajes (v. 8). Los creyentes no deben estar preocupados por el pan, porque Dios se los proporcionará (2 Co 9.10). Deben orar por el pan diario (Mt 6.11).

La práctica judía de dar gracias antes de la comida incluye tomar una barra de pan, dando gracias, partirlo y distribuirlo (Mt 14.19). «Partir el pan» podía designar una comida en común (Hch 2.46) o la eucaristía, que incluía pan como un elemento (1 Co 11.23-26).

El pan puede referirse a alimento espiritual. Jesús es llamado el «pan de vida» (Jn 6.35) y el «pan que descendió del cielo» (v. 41). En Lucas 14.15 se pronuncia una bendición sobre el que coma pan en el reino de Dios.

Bibliografía. J. Behm, «ártor», *TDNT* 1:477-78; W. Dommershausen and H.-J. Fabry, "leḥem," *TDOT* 7:521-29.

STEPHEN ALAN REED

PAN DE LA PROPOSICIÓN
En las traducciones más antiguas de la Biblia en español, es el nombre que se le daba al pan consagrado (DHH) o de la presencia (NVI).

PAN SIN LEVADURA
Pan plano y redondo (Heb. *maṣṣâ;* Gr. *ázymos*) hecho totalmente de harina y agua, sin ningún tipo de fermentación (p.ej., levadura), que era parte integral de la dieta diaria de los del Cercano Oriente (Gn 19.3; Jue 6.19; 1 S 28.24). En los tiempos bíblicos, un pedazo de pan era expuesto al aire para que se leudara y desarrollara una composición ácida. Este proceso, mezclado con masa nueva, causaba la elevación del pan. Los Israelitas veían este proceso de fermentación, la mezcla de un producto podrido, como simbólico de la decadencia moral y la corrupción. Por lo tanto, el pan sin levadura vino ser un símbolo de pureza y se requiere su uso durante los festivales religiosos tal como la observación de la Pascua. Esta celebración de una semana de la Fiesta de Panes sin Levadura, vino a ser la parte más grandiosa en el ritual de la Pascua. Durante estas celebraciones, la levadura y cualquier alimento que contenga levadura eran prohibidos en los hogares, y mucho menos que se consumieran. En la víspera de la Pascua, el hogar es examinado completamente para encontrar cualquier trazo de levadura y si se encontraba algo, era quemado, simbólico de examinar el alma para cualquier decadencia y pecado y luego desecharlo. De las ofrendas de sacrificios traídos al altar, las ofrendas de harina siempre eran sin levadura (Lv 2.5), excepto las ofrendas por agradecimiento de bienestar que podían incluir panes con levadura (7.13).

Los textos del NT hacen referencias simbólicas a la levadura para los propósitos de instruir: Jesucristo les advierte a sus discípulos «guardaos de la levadura de los fariseos y de los saduceos» (Mt 16.6). En una declaración que muchos estudiosos ven como ironía o sarcasmo, Jesús compara el reino de los cielos con la levadura. (Mt 13.33). Pablo enfáticamente le advierte a sus lectores a celebrar la fiesta «con panes sin levadura de sinceridad y de verdad» (1 Co 5.5-8). Quizás el uso más simbólico del pan sin levadura para un cristiano sale de las tradicionales palabras y acciones de Jesús en la última cena (Mt 26.26)

Bibliografía. J. Neusner, *The Idea of Purity in Ancient Judaism.* SJLA 1 (Leiden, 1973); G. J. Wenham, «The Theology of Unclean Food», *EvQ* 53 (1981): 6-15.

TONY S. L. MICHAEL

PANDERO
Ver *Timbrel*

PANES DE LA PRESENCIA
Barras de pan colocadas en el santuario en una mesa de oro, delante de Jehová. Su nombre deriva del hecho de que el pan está en la presencia de Dios y es, por lo tanto, sagrado. El pan de la presencia se describe en más detalle por los escritos sacerdotales en Éxodo 25.23-30; Levítico 24.5-9 en relación con la construcción del tabernáculo. Éxodo 25.23-30 se

centra en la mesa de oro sobre la cual se coloca el pan. Levítico 24.5-9 describe el pan mismo. El pan de la presencia consta de 12 barras, colocadas en dos hileras de seis cada una. Cada uno está compuesto de dos décimas de flor de harina. El pan de la presencia funcionaba como una ofrenda de grano que fue rociado con incienso. Aarón reemplazaría los panes por otros nuevos cada semana. El pan de la presencia simboliza el pacto eterno entre Dios e Israel. Su ubicación en el santuario delante del lugar santísimo indica el estado santo del pan. En vista de su carácter sagrado, una vez que el pan era removido debía ser comido por los sacerdotes dentro de los límites del santuario.

El pan de la presencia se menciona esporádicamente en otras partes de la Biblia. 1 Reyes 7.48 coloca el pan de la presencia en el templo de Salomón. Una serie de referencias ocurre también en Crónicas (1 Cr 9.32; 23.29; 28.16; 2 Cr 2.4[TM 3]; 13.11; 29.18). 1 Macabeos 1.22; 4.49 describe cómo Antíoco Epífanes llevó la mesa de oro utilizada para el pan de la presencia en 170 a.C., y cómo más tarde fue reemplazada por Simón Macabeo. 1 Samuel 21.4-6[5-7] presenta un incidente cuando David y sus hombres comieron el pan de la presencia en el santuario de Nob, cuando huía de Saúl. La historia hace hincapié en que David y sus hombres estaban en un estado de santidad ya que se habían abstenido de tener relaciones sexuales. Por lo tanto, el que ellos lo comieran no contaminaba su condición de santo, a pesar de que no eran sacerdotes. Esta historia se menciona en los evangelios sinópticos (Mr 2.26 par.) en una enseñanza de Jesús como una ilustración de por qué es lícito recoger el grano en el día de reposo.

Bibliografía. M. Haran, *Temples and Temple-Service in Ancient Israel* (1978, repr. Winona Lake, 1985).

THOMAS B. DOZEMAN

PANES SIN LEVADURA, FIESTA DE LOS

Primera de las tres fiestas mencionadas en las más antiguas disposiciones festivas en Éxodo 23.14-17; 34.18-24. Ha sido generalmente argumentado que el peregrinaje del pan sin levadura (*ḥag hammaṣṣôt*), era inicialmente una práctica agrícola de los cananeos, asociada con la cosecha de la cebada y adaptada por los Israelitas. Sin embargo, en textos bíblicos tempranos, el peregrinaje está asociado específicamente con el éxodo de Egipto. Los Israelitas deben evitar el comer levadura por siete días. La fiesta de los siete días se lleva a cabo el primer mes, Abib (abril-mayo) en los calendarios más antiguos, y es observada desde el día 15 hasta el 21 del mes (cf. Ex 12.18; Lv 23.9-16). Levítico 23.9-16 ve la fiesta del pan sin levadura como una ocasión para presentar el primer manojo de la cosecha y pone la fecha de La Fiesta de las Semanas, 50 días después de esta presentación. El pan sin levadura eventualmente quedó asociado con la Pascua de tal manera que las dos fiestas fueron vistas como un solo ritual con dos celebraciones (Ex 12—13; Dt 16.1-8; Lv 23.4—8).

Véase *Pascua, Fiesta de*

FRANK H. GORMAN, J.

PANFILIA (Gr. *Pamphylía*)

Una región (lit., la tierra de «todas las tribus») ubicada al este de Licia en la costa sur de Asia Menor y habitada por personas de origen nativo y griego (cf. Heródoto *Hist.* 7.91; Strabo *Geog.* 14.4.3). Su gran llanura fértil en el Golfo de Antalya proporcionó aceite de olivo, frutas y granos; sus zonas montañosas eran ricas en bosques de pino y roble. El comercio y la comunicación eran facilitados a través del acceso al mar y dos carreteras principales, que se dirigían del norte de Perge a la principal carretera del sur. Las principales ciudades helenistas en la llanura incluían Atalia, Perge, Sillyum, Aspendo, y Side, y tierra adentro estaban Selge y Termeso. Panfilia fue incorporada a la provincia romana de Cilicia de 102-44 a.C., Posteriormente fue incluida como parte de las provincias de Asia y Galacia, respectivamente; finalmente se unió con su vecino al oeste por Vespasiano (c. 69-79 d.C.) para formar la provincia de Licia-Panfilia.

Comunidades judías vivieron en Panfilia desde la época helenista (cf. 1 Mac 15.23; Filón *Ad Gaium* 281), y había judíos de Panfilia presentes en el día de Pentecostés (Hch 2.10). Durante el primer viaje misionero, Pablo, Bernabé, y Juan Marcos llegaron a Panfilia, específicamente la ciudad de Perge, en el camino a Antioquía de Pisidia (Hch 13.13-14), y predicaron en esa ciudad a su regreso antes de navegar de Atalia (14.24-26). Juan Marcos había dejado su compañía después de entrar a Perge, lo que más tarde dio lugar a divisiones en los planes de viaje de Antioquía de Siria entre Bernabé y Juan Marcos, por una parte, y Pablo y Silas, por otra (15.36-41).

Bibliografía. D. Magie, *Roman Rule in Asia Minor*, 2 vols. (1950, repr. New York, 1975); R. Syme, «Galatia and Pamphylia under Augustur», *Klio* 27 (1934): 122-48.

PHILIP A. HARLAND

PAÑUELO

Prenda utilizada para limpiar las mano o la cara (Gr. *soudárion,* de lat. *sudarium;* cf. *sudor,* «sudor»). En la mayoría de las traducciones al español se traduce así solo en Hechos 19.12, en referencia a los pañuelos de Pablo que tenían efecto curativo milagroso. Estos pueden haber sido las telas atadas a su cabeza mientras fabricaba tiendas. La utilización variada de dichos paños se ve en otras ocasiones en el NT, donde la palabra griega se traduce «pañuelo» (Lc 19.20) o «sudario» (Jn 11.44; 20.7).

KENT L. YINGER

PAPÍAS

Obispo de Hierápolis en Asia Menor a principios del siglo II. Papías (c. 60-130) escribió una obra en cinco libros (capítulos) titulada una Exposición de los Oráculos Dominicales, que se ha perdido. Al menos 13 fragmentos han sido preservados en los escritos de varios padres de la iglesia, principalmente Ireneo y Eusebio, y tan tarde como el *Chronicon* de George el pecador, del siglo IX.

Lo más importante de las tradiciones de Papías es su escrito sobre el Evangelio de Marcos. Papías dice que él escuchó de Juan el anciano que Marcos fue un traductor de Pedro, escribiendo «todo lo que [Pedro] recordaba con precisión, pero no orden en cuanto a lo que se ha dicho o hecho por el Señor» (Eusebio *HE* 3.39.15). La Obra de Papías es una disculpa por el desorden de Marcos y una defensa de la exactitud de Marcos, y es la única fuente de la idea de que Marcos obtuvo su información de Pedro. Muchos eruditos han cuestionado esta tradición, afirmando que se trata de un esfuerzo de la iglesia primitiva para vincular a Marcos, que no fue un testigo ocular de la vida de Jesús, a una fuente que fue el testigo por excelencia. Sin embargo, esta crítica supone que Papías busca establecer la canonicidad de Marcos sobre el criterio de la apostolicidad. Esta presuposición es anacrónica; Papías no tiene ninguna idea de un canon del NT, y él prefiere las tradiciones orales de los ancianos sobre los libros (*HE* 3.39.4).

Papías también escribió que Mateo «hizo un arreglo ordenado de los oráculos en el idioma hebreo», que otros tradujeron entonces (*HE* 3.39.16). Aunque la mayoría de los eruditos dudan de Papías sobre esto, algunos no apoyan la idea de un origen semítico de Mateo. Algunos de los padres de la iglesia expresan desprecio de Papías debido a su quiliasmo, la creencia en la venida del reino de mil años de Cristo. Esta creencia indica la probabilidad de que Papías conocía el libro de Apocalipsis.

Bibliografía. J. A. Kleist, *Rereading the Papias Fragment on St. Mark* (St. Louis, 1945); W. R. Schoedel, *Polycarp, Martyrdom of Polycarp, Fragments of Papias. The Apostolic Fathers,* 5, ed. R. M. Grant (New York, 1967).

J. CHRISTIAN WILSON

PAPIRO

Una planta alta, acuática, de junco abundante en las zonas pantanosas del Bajo Egipto en la antigüedad (cf. Job 8.11), aunque ya no se encuentra allí. El papiro *(Cyperus papiro)* fue utilizado en un número de productos en el antiguo Egipto, incluyendo cestas, cuerdas, botes, sandalias y esteras. Su uso más extenso, sin embargo, era como un papel resistente y de bajo costo. (La palabra española «papel» viene de «papiro», aunque el papel fue inventado en China y está hecho de fibras de madera y algodón.) El papiro se hace cortando tiras de médula desde el interior de los tallos de la planta, colocando las tiras en dos capas en ángulos rectos, fusionando las capas juntas golpeando, y secando y alisando la hoja resultante con herramientas de concha o de piedra (cf. Plinio el Viejo *Nat. hist.* 13.11-13). Las hojas podrían ser unidas entre sí para formar rollos de cualquier longitud prescrita. El rollo más largo existente es 39.6 m (130 pies).

El papiro era utilizado como material de escritura en Egipto desde cerca de 3000 a.C., hasta bien entrado el primer milenio de la era cristiana y fue preferido sobre tablillas de arcilla, piedra y madera. El cuero, sin embargo, también se utilizó ampliamente como un medio de escritura. El papiro era un artículo comercial significativo para el antiguo Egipto (*ANET,* 28), y era exportado a Siria-Palestina, Grecia e Italia. Existen documentos de papiro antiguo en muchos idiomas, incluyendo el egipcio, griego, hebreo, copto y latín. Evidencia arqueológica directa e indirecta sugiere que el papiro era un material de escritura común en Palestina durante el primer milenio a.C. Unos pocos fragmentos de documentos de papiro se han encontrado en varios lugares, incluyendo una cueva en Wadi Murabba'at (siglo VII), una cueva en Wadi ed-Daliyeh (siglo IV), cuevas alrededor de Qumrán (siglo III a.C.–siglo I d.C.), y en Naḥal Ḥever (siglo II d.C.). Además, en Samaria, Laquis, Tell el-Hesi, Beth-zur, y Jerusalén, cientos de ampollas de arcilla utilizada para sellar contratos y cartas se han encontrado con restos de fibras de papiro adheridas, indicando que los documentos a los que se adjuntan fueron de papiro. La evidencia confirma la sugerencia de que el papiro se utilizó ampliamente en Palestina, pero el clima era demasiado húmedo para permitir la preservación de documentos de papiro excepto en zonas abrigadas y secas. Los textos del AT fueron escritos principalmente en cuero (aunque algunos pueden haber sido escritos en papiro), mientras que los textos del NT, en especial las cartas, probablemente fueron escritas primero en papiro.

La única clara referencia bíblica al papiro como material de escritura se encuentra en 2 Juan 12. Gr. *chártēs* se refiere al rollo u hoja de papiro en la que se escribe una carta. Isaías 18.2 menciona el uso de tallos de papiro para hacer barcos de vela. El niño Moisés es escondido en una cesta de papiro (Ex 2.3), y las «cañas y juncos» en Isaías 35.7 sin lugar a dudas se refiere al papiro.

Bibliografía. J. Černy, *Papers and Books in Ancient Egypt* (London, 1952); R. S. Hanson, «ancient Scribes and Scripts and the Clues They Leave», *BA* 48 (1985): 83-88; Y. Shiloh, «a Group of Hebrew Bullae from the City of David», *IEJ* 36 (1986): 16-38; B. Watterson, *Introducing Egyptian Hieroglyphs* (Edinburgh, 1981).

NANCY L. DECLAISSÉ-WALFORD

PAPIRO CHESTER BEATTY

Los manuscritos bíblicos griegos adquiridos por Sir Alfred Chester Beatty en 1931 y ubicados en la Biblioteca Chester Beatty y en la Galería de Arte Oriental en Dublín, Irlanda. Son la más importante colección de manuscritos en papiro debido a su número (11) y su fecha temprana (siglos II-IV).

Los papiros son muy valiosos por su contribución a la crítica textual de la Biblia griega. El Papiro X (P967) es uno de los tres únicos testigos principales del griego antiguo de Daniel. La colección también incluye testimonios para Génesis, Isaías, Ezequiel, Ester y Apocalipsis.

Además de la crítica textual, los papiros también son valiosos porque estaban en la forma de códice, lo que muestra que el códice se empezó a usar muy temprano; emplean contracciones para nombres como Dios, Jesús, Cristo, y Espíritu; y preservan órdenes alternos de libros bíblicos o capítulos dentro de los libros. En papiro X, Daniel 7–8 sigue al c. 4; en papiro I, el orden de los evangelios es Mateo, Juan, Lucas, y Marcos; y en papiro II, el orden de los libros del NT es Romanos, Hebreos, Corintios, Efesios, Gálatas, Filipenses, Colosenses, y 1 Tesalonicenses.

Bibliografía. F. G. Kenyon, *The Chester Beatty Biblical Papyri*, 7 vols. (London, 1933-1958). Tim McLay

PAPIRO NASH

Papiro egipcio del siglo II a.C. que contiene uno de los fragmentos más antiguos del texto bíblico. El papiro, identificado por Stanley A. Cook en 1903, contiene versiones del Decálogo y de la Shemá que tienen afinidades textuales con la LXX. Presumiblemente copiado de una obra litúrgica, las afinidades del papiro con la LXX y con Filón, así como la procedencia de su descubrimiento, sugieren una forma del texto hebreo corriente en Egipto que difería significativamente del texto preservado posteriormente por los masoretas.

JAMES R. ADAIR, JR.

PARÁ (Heb. *pārâ*)

Ciudad en el territorio de la tribu de Benjamín (Jos 18.23), identificable con Tell Fârʻah (177137), 10 km (6 mi) noreste de Jerusalén.

PARÁBOLAS

La transliteración del gr *parabolḗ*, usado en el NT para identificar una variedad de formas literarias. Literalmente la palabra significa algo puesto junto a otra cosa para aclararla. Sin embargo, las unidades literarias identificadas como parábolas en el NT ellas mismas generalmente requieren clarificación y son con frecuencia, pero no siempre, acompañadas de explicaciones proporcionadas por el evangelista. Los Evangelios no son consistentes en lo que describen como una parábola. El término se usa para identificar: las historias que tienen comienzo, medio y final (Mr 4.2-9); imágenes breves (13.28); aforismos (7.15-17); y proverbios tradicionales (Lc 4.23). Lucas (14.8-10) incluso considera el consejo de Jesús acerca de la etiqueta de sentarse en el banquete de una boda como una parábola (v. 7). Los evangelistas no siempre están de acuerdo entre sí que unidades literarias son parábolas. Por ejemplo, Lucas 5.36-38 designa los aforismos gemelos como una sola *parabolḗ*, mientras que Mateo 9.16-17; Marcos 2.21-22 no. Generalmente los eruditos del

NT reservan la designación *parabolḗ* para las historias y usan otros términos más acordes con su carácter para el resto de las formas literarias.

Los evangelistas están de acuerdo en que las parábolas son oscuras y necesitan explicación. En general, proporcionan la parábola con una introducción literaria (p.ej., Lucas 18.1, 9) y/o una interpretación (vv. 6-8). El contexto literario aclara cómo entienden la parábola. Algunas parábolas, sin embargo, no tienen introducción ni interpretation para aclarar cómo los evangelistas las entendieron (p.ej., Lucas 3.7-9). Las parábolas no siempre son introducidas por un marco literario que demanda comparación (Lc 12.16-20; 15.8-9). También, algunas parábolas se usan como ejemplos (Lc 10.25-37) en lugar de comparativamente. Doce parábolas de 38 preservadas en la literatura cristiana primitiva se comparan con el reino (es decir, el reinado) de Dios.

La forma habitual de explicar las parábolas en los Evangelios es la unión de una «moral» contigua al final, relacionando la parábola a algún aspecto de vida cristiana en la comunidad de la iglesia (p.ej., Lc 18.6-8. El regreso del Señor). Algunas interpretaciones tratan las historias parabólicas como alegorías. En una alegoría múltiples elementos en la historia tienen una relación de uno a uno con cosas fuera de la historia. Hay sólo tres interpretaciones alegóricas completamente desarrolladas de las parábolas en los Evangelios canónicos: el Sembrador (Mr 4.14-20 par.), la cizaña en el campo (Mt 13.36-43), y la red (13.47-50).

Historias atribuidas a Jesús de Nazaret se pueden encontrar en los Evangelios canónicos de Mateo, Marcos, y Lucas y en dos textos de Nag Hammadi, el Evangelio de Tomás y el Santiago apócrifo. El Evangelio de Juan no preserva historias parabólicas, y ni siquiera usa la palabra *parabolḗ*. En cambio, Juan usa *paroimía,* que parece mejor traducida como «figura» o «frase críptica», ya que este tipo de lenguaje en Juan se contrasta con una forma de hablar abierta o clara (Jn 10.1-6; 16.16-30).

Los Evangelios canónicos proporcionan razones para explicar por qué Jesús habló en parábolas. Según Marcos 4.10-12 Jesús usó las parábolas con el fin de evitar que los extraños comprendieran su enseñanza sobre el reino de Dios, porque si entendieran se «arrepentirían y serían perdonados.» De ahí que la enseñanza sobre el reino de Dios en Marcos estaba destinada para los discípulos solamente. La explicación de Lucas (Lc 8.9-10) es como la de Marcos, excepto que Lucas no incluye la frase ofensiva acerca de arrepentirse y ser perdonado. Mateo 13.10-17, por otro lado, cita Isaías 6.9-10 como una anticipación profética de que la gente no entendería las parábolas. Mateo explica que las personas podrían haber entendido las parábolas si hubieran querido. La razón por la que no lo hicieron es que deliberadamente endurecieron sus corazones y al hacerlo cumplieron la profecía de Isaías. Estas explicaciones para el uso de Jesús de las parábolas son generalmente consideradas como tradiciones eclesiásticas tempranas. Ellas demuestran que la iglesia en la segunda mitad del siglo I tenía dificultades para entender las parábolas. Las historias no podrían fácilmente estar relacionadas con los cambios culturales y teológicos que habían tenido lugar en la iglesia desde la época de Jesús, como el cambio de un ambiente semita a uno helenista.

Las historias son representaciones realistas de la vida del pueblo en el siglo I de Palestina. Tratan temas como los riesgos de la agricultura (un sembrador, Marcos 4.3-8 par.), la propiedad de bienes inmuebles o terrenos (el tesoro escondido, Mt 13.44 par.), actividades del hogar (la moneda perdida, Lucas 15.8-9), la adoración judía (el fariseo y el recaudador de impuestos, 18.10-13), las relaciones familiares (el hijo pródigo/el hermano mayor, 15.11-32), y el cocinar (la levadura, Mt 13.33 par.). Desde la segunda mitad del siglo I su carácter realista, que retrata aspectos de la vida en la antigua aldea palestina, regularmente ha sido dejada de lado a favor de ideas sobre la teología cristiana primitiva y la moralidad. Por ejemplo, Mateo añade un dicho circular (Mt 20.16; cf. Mr 10.31; Lc 13.30) a los obreros en la viña (Mt 20.1-15), una historia que trata de las relaciones empleador-empleado en la antigüedad palestina, para indicar que la historia ilustra la reversión de rango en el juicio final. La historia de la oveja perdida (Mt 18.12-13) sirve a Mateo como una alegoría sobre la preservación del discípulo cristiano (v. 14), mientras que en Lucas (Lc 15.4-6) es una alegoría sobre la conversión de los pecadores que están fuera de la iglesia (vv. 1-2, 7). Estas intepretaciones distintivamente cristianas golpean a muchos intérpretes como fuera de lugar con las historias completamente judías.

Las Escrituras Hebreas contienen solo unos pocos relatos que se asemejan a la característica historia de parábola típica de Jesús. Ezequiel 17.2-10 (las águilas y la vid) es una alegoría *(māšāl)*, seguido por una intepretación alegórica (vv. 11-21) similar a la parábola del Sembrador. Ezequiel 19.1-9 (los leones) y 19.10-14 (la vid) son llamadas lamentaciones *(qînâ)*. Jueces 9.8-15 (los árboles y la zarza) es una fábula que tiene una función de alegoría. 2 Samuel 12.1-4 (la ovejita) es una historia que funciona como una alegoría. 2 Samuel 14.5-7 (la mujer sabia de Tecoa) es una breve narrativa de ficción (vv. 1-3 muestra que es una historia inventada) que no se utiliza ni comparativa o figurativamente. Eclesiastés 9.14-15 es una historia breve (la ciudad sitiada) seguida de un resumen moral sobre la superioridad de la sabiduría (v. 16). Estos dos últimos son más como la parábola típica de los primeros evangelios cristianos.

En la LXX Heb. *māšāl* se traduce habitualmente como *parabolē*, y se utiliza para caracterizar una variedad de formas literarias. *Māšāl* describe: alegorías que son narrativas (Ez 17.2-10) y figures breves (24.3-5); proverbios tradicionales (Jer 23.28; 1 S 24.13; Ez 18.2); y lamentaciones que son narraciones breves (Ez 19.1-9, 10-14) y dichos (Hab 2.5-6; Mi 2.4). En general, un *māšāl* parece describir cualquier unidad literaria cuyo significado no es inmediatamente claro o fácilmente entendido (Sal 49.4[TM 3]; 78.2, Pr 1.6).

Las interpretaciones eclesiástica y alegórica de las parábolas no fueron cuestionadas hasta el final del siglo XIX. El surgimiento del estudio crítico moderno de las parábolas comenzó con el rechazo de la idea de que las parábolas eran alegorías que requieren interpretaciones como la explicación de Marcos de el Sembrador (Mr 4.14-20). En 1886 Adolf Jülicher rechazó el método alegórico, y redujo los muchos puntos de interpretación alegórica a un punto moral general contra el trasfondo hipotético en la vida de Jesús. El entorno literario de las parábolas en los Evangelios no era considerado como el entorno original de las parábolas en la vida social de la antigüedad palestina. Así, una historia acerca de los peligros de la agricultura en la Palestina del siglo I se convierte en «una advertencia a los conversos contra un fracaso para mantenerse firmes en el tiempo de la persecución y contra la mundanalidad» (Jeremías, 150).

El siguiente cambio en la comprensión del carácter de las parábolas ocurrió en 1935 cuando C. H. Dodd argumentó que una parábola era «una metáfora o símil extraída de la naturaleza o de la vida común, atrapando al oyente por su viveza o extrañeza, y dejando la mente en dudas suficientes acerca de la aplicación precisa para provocar un pensamiento activo » (Dodd, 5). Metáforas y símiles son figuras del lenguaje que se utilizan para describir una cosa como otra cosa. Para Dodd, las parábolas presentaron el reinado de Dios bajo la apariencia de historias realistas acerca de la vida común en pequeños pueblos de Palestina. Así, el Sembrador se convierte en una parábola de crecimiento. «Ilustra. . . la venida del reino de Dios en el ministerio de Jesús, bajo la figura de la cosecha » (Dodd, 149).

En 1967 Dan O. Via argumentó que las parábolas eran ficciones narrativas breves que refractan una comprensión particular de la existencia humana. Cuando uno lee las parábolas uno se envuelve en la comprensión de Jesús de la existencia humana. Así, la parábola de los talentos (Mt 25.14-30) describe a un hombre cuya búsqueda de la seguridad produce su propia muerte, pues en su búsqueda de la seguridad se convierte en «el esclavo de las mismas realidades que espera que le den seguridad. . . Arriesgando su vida, pues en ella se es libre del esfuerzo ansioso por proveer la propia seguridad a través del mundo » (Via, 120-21).

Una modificación del enfoque de Via es que las parábolas de Jesús no son historias existenciales, teológicas o morales, sino más bien políticas y económicas. Tienen que ver con el poder político y la explotación de las clases campesinas. Así, la parábola de los labradores malvados (Mr 12.1-12 par.) describe la espiral de violencia relacionada con una «revuelta» campesina local contra una clase élite terrateniente.

Un enfoque reciente sostiene que las parabolas sostiene que las parábolas son narraciones ficticias inventadas libremente que se van a leer en el contexto de las formas que los judíos palestinos del siglo I se entendieron a sí mismos. No son referenciales, pero están diseñadas para llevar al lector a la historia donde se pueden hacer descubrimientos acerca de sí mismos y el mundo. Las parábolas son historias con final abierto que no enseñan, dirigen o responden; sino que se enfrentan provocan, y son capaces de una gama bastante amplia de lecturas razonables, como la historia de la interpretación de las parábolas atestigua. Así, la parábola del fariseo y el publicano (Lc 18.10-13) confronta al lector con el enigma: cuál de los dos personajes defectuosos en la historia será en última instancia capaz de «estar delante del Señor», es decir, será agradable a Dios. Hoy en día no existe un acuerdo común entre los eruditos de lo que es una parábola o cómo funciona. Las parábolas son leídas de muchas maneras diferentes: como alegorías, como historias con moraleja religiosa, como ejemplos de la moral cristiana, como metáforas, como historias que refractan una comprensión particular de la existencia humana, como historias políticas y económicas, y como ficciones poéticas.

Bibliografía. C. H. Dodd, *The Parables of the Kingdom* (New York, 1961); C. W. Hedrick, *Parables as Poetic Fictions: The Creative Voice of Jesus* (Peabody, 1994); W. R. Herzog, II, *Parables as Subversive Speech* (Louisville, 1994); J. Jeremias, *The Parables of Jesus,* Ap ed. (New York, 1963); B. B. Scott, *Hear Then the Parable* (Minneapolis, 1989); D. O. Via, *The Parables: Their Literary and Existential Dimension* (Filadelfia, 1967).

CHARLES W. HEDRICK

PARACLETO

Transliteración de gr. *paráklētos,* derivada del verbo que significa «llamar al lado», a menudo con el propósito de exhortar o animar. Por lo tanto, algunos han interpretado el término como «Consolador.» Otros han señalado el uso de *paráklētos* en contextos jurídicos griegos y helenísticos, que implica un sentido judicial similar a «abogado.» Este sentido está sin duda presente en 1 Juan 2.1, que afirma que Jesucristo actúa como el *paráklētos* del creyente pecador ante el Padre. Las restantes ocurrencias en el NT aparecen en el «discurso de despedida» del Evangelio de Juan (Jn 14.16, 26; 15.26; 16.7). Un comentario editorial insertado en Juan 7.39 identifica este Paracleto con el Espíritu Santo, que había de venir después de la glorificación de Jesús. El evangelista retrata al Paracleto como un maestro de la verdad, un recordador de las enseñanzas de Jesús, un testigo de Jesús, y una fuente de convicción en el mundo. Tales actividades pueden sugerir un sentido general como «ayudante» o «Apoyo.» Varios paralelos con el Paracleto se han sugerido, incluyendo a Miguel y el espíritu de Verdad de los documentos de Qumrán, los *angelus interpres* de la literatura apocalíptica, y el motivo sucesor en el AT (Josué/Moisés, Eliseo/Elías). Tales paralelismos pueden iluminar el carácter del Paracleto, pero el énfasis principal debe recaer sobre los contextos joánicos.

Bibliografía. R. E. Brown, «the Paraclete in the Fourth Gospel», *NTS* 13 (1966-67): 113-32; K. Grayston, «the meaning of *PARAKLĒTOR*», *JSNT* 13 (1981): 67-82; G. Johnston, *The Spirit-Paraclete in the Gospel of John.* SOTSMS 12 (Cambridge, 1970).

PAUL ANTHONY HARTOG

PARAÍSO

Originalmente un «recinto amurallado» o un «jardín arbolado como un parque» (O. Pers. *pairi-daēza*). En el antiguo Irán se refería principalmente al «parque» real adjunto con arroyos, árboles y zonas de casa. Muchas fuentes antiguas indican que los paraísos reales se encontraban en todo el imperio persa, tal vez uno para cada satrapía. Durante el viaje la caravana real usaría esos oasis como una base para actividades reales. Las fuentes persas y griegas mencionan la tumba y el entierro de Ciro en el «paraíso» en Pasargadae, la primera capital del imperio.

En el AT, Asaf era «guarda del paraíso real» (Heb. *pardēs*), responsable de la obtención de madera para el proyecto de reconstrucción de Nehemías (Neh 2.8). La esposa en el cantar de Salomón se describe como un paraíso o huerto de«granados con frutos suaves», especies, y agua refrescante (Cnt 4.13-15). Eclesiastés 2.5 menciona jardines y «huertos» con una variedad de árboles frutales.

En la época helenista la palabra se refiere cada vez más al huerto de Edén y el lugar de recompensa para los fieles. En la LXX la palabra griega prestada *parádeisos* se utiliza para el jardín del Edén que Dios plantó para Adán y Eva. En los escritos del período intertestamentario (p.ej., 1–2 Enoc), paraíso es un futuro exuberante jardín del Edén (2 En 8). Para el siglo II a.C., la resurrección se convirtió en una esperanza para ciertos grupos judíos, el anhelo de un futuro hogar libre de problemas terrenales, y la creencia en un paraíso que se convertiría en su morada, ya sea temporal o permanente, ganó popularidad. Un futuro «Edén» para los justos después de la muerte adquirió las características del ideal «paraíso.» Para el final del siglo I d.C., el término se utiliza tanto para el jardín del Edén de Génesis y el lugar de la morada final de los justos muertos (2 Esdras).

En el NT el paraíso podría referirse a un lugar de habitación temporal para los justos muertos antes de su resurrección, un posible significado de la respuesta de Jesús al ladrón arrepentido de la cruz de que ese día iba a estar con él en el Paraíso (Lc 23.43). La referencia de Pablo a un «tercer cielo» (2 Co

12.2-4) puede también indicar que él fue tomado al Paraíso. En Apocalipsis a los «vencedores» se les concederá «permiso para comer del árbol de la vida que está en el paraíso de Dios» (Ap 2.7).

Paraíso en el Corán aparece como un futuro jardín para los justos que beben, usualmente en la compañía de hermosas mujeres, una bebida (probablemente vino) que no produce embriaguez ni locura (*Sura* 18.32).

William R. Goodwin, Jr.

PARÁN (Heb. *pā'rān*)
Una región desértica sur de Judá, oeste de Edom, y norte del desierto de Sinaí, y probablemente abarcando Cades-barnea. De acuerdo con los relatos del viaje de Israel a través del desierto, los israelitas fueron del desierto de Sinaí al desierto de Parán (Nm 10.11-12) a través de Hazerot (12.16). Moisés entonces envió espías desde Parán para explorar la tierra de Canaán, y regresaron a Cades, identificando los dos lugares (Nm 13.3, 26; en Dt 1.19-25 los espías son enviados desde Cades-barnea). En el itinerario del desierto de Números 33, Parán no se menciona y Cades se asocia con el desierto de Zin (Nm 33.36); sin embargo, la LXX identifica Cades con Parán, sugiriendo una corrupción textual en el TM.

Otras referencias a Parán son consistentes con la región alrededor de Cades-barnea (p.ej., Gn 14.6). Ismael vivió en Parán después de ser desterrado por Abraham (Gn 21.21). Después de la muerte de Samuel, David obtuvo a su esposa Abigail durante su visita a la región de Parán (2 S 25.1). El edomita Hadad pasó a través de Parán mientras huía de Madián a Egipto (1 R 11.18). Dos referencias poéticas asocian Parán con la morada de Jehová en el sur, de la que él marcha para luchar contra los enemigos de Israel (Dt 33.2; Hab 3.3).

Ronald A. Simkins

PARAPETO
Un pequeño muro construido alrededor del borde exterior de un techo para evitar que las personas caigan (Heb. *maʿăqeh;* Dt 22.8). La azotea de una casa habitualmente se utilizaba como parte de los cuartos de trabajo y de estancia (cf. Jos 2.6; 1 S 9.25-26; 2 S 11.2; 16.22).

PARENTESCO
El centro de desarrollo de las relaciones sociales es el parentesco, definido en el sentido más amplio para incluir los vínculos de sangre y los sociales. La gente ve «quiénes son» basados en la red de parentesco, en términos de patrones de descendientes, lazos matrimoniales y amistades. Reclamaciones y obligaciones, lealtades y sentimientos giran en estas relaciones. Relaciones básicas (sea de parentesco o no) pueden también depender en el grado de «tolerancia» (tal vez a equipararse con la «moral») de acciones tanto a largo como a corto plazo y el reconocimiento de los derechos implícitos de reciprocidad. Además, una persona es juzgada por la reputación de su grupo de parentesco, y sus propias acciones tendrán una influencia directa en la reputación de ese grupo.

Los términos de parentesco (p.ej., padre, madre, hermano, hermana, tío, sobrino) aparecen en todas las historias ancestrales en otras secciones del AT también. En la Biblia, el parentesco es una cartera que describe la identidad personal y la posición social.

Las genealogías bíblicas, destacando los lazos de parentesco, funcionan como vínculos históricos con el pasado así como factores determinantes de lugar o nivel social. Mediante el uso de las genealogías para describir el parentesco de sus personajes, los narradores cuentan su estatus social, la riqueza financiera, y cuánta autoridad pueden ejercer en la comunidad en su conjunto. Ellos obtienen su material para las genealogías de una variedad de fuentes incluyendo tradición oral, archivos de familia privados y registros administrativos.

En lo que puede ser una creación genealógica artística, cada miembro de una tribu pertenece a un linaje, y se cree que todos los linajes están relacionados por descendencia común a un antepasado epónimo (es decir, Abraham). Así, el parentesco es la base para la unidad tribal así como la identidad tribal. Una sociedad tribal puede incluir miles de personas, cada una de las cuales pertenece a varias clases de grupos de filiación. En el antiguo Israel existía un sistema de linaje patrilineal, segmentario en el cual cada uno de sus hogares *(bêṯ 'āḇôt)* perteneció a un linaje *(mišpāḥâ).* Estos linajes, en el que la membresía y la herencia se basan en el padre, componen un clan. Los clanes formaron varias fratrías y las fratrías componen la tribu. Sus linajes también fueron (una vez que los israelitas entraron en Canaán) descritas como localizadas, teniendo sus propios territorios designados (Jos 13-19). Estas agrupaciones sociales no son necesariamente evolutivas.

Todas ellas siguieron existiendo, aun cuando se estableció la Monarquía, y no hubo progresión lineal que requería que cada uno existiera a su vez para que la monarquía fuera establecida.

Las unidades sociales y políticas del antiguo Israel, tal como se representan en el texto bíblico, se pueden por lo tanto bosquejar como sigue:

1. Familias nucleares individuales combinadas en una familia extendida *(bêṯ ʾāḇ)*, dependiente de un *paterfamilias* (cabeza de familia).
2. Linajes *(mišpāḥâ)* que comprende personas que trazan su origen en un antepasado en particular, incluyendo clanes, como los levitas, que eran los linajes no localizados, pantribales.
3. Parientes, que demuestran una ramificación de un linaje, como el de la línea de Aarón entre sadoquitas y la línea levítica de Abiatar.
4. Fratrías *(šēḇeṭ)*, una división importante de una tribu (es decir, Judá de la tribu de Israel), que tiene sus propios territorios designados.
5. Tribu, un término que se utiliza aquí en el sentido colectivo de todo el pueblo de «Israel», unido por lazos de parentesco, religión y endogamia.

No sería apropiado diferenciar entre las formas sociales y estratificación de pueblos tribales hebreo y cananeo. A pesar de los intentos en el texto bíblico de trazar una demarcación religiosa entre ellos, su existencia cotidiana, que se basaba en los mismos problemas medioambientales y económicos, habría sido prácticamente la misma. La evidencia arqueológica y textual, aunque algo mezcladas en este tema, indica que cada hogar consistía de una familia extendida de cerca de 10-15 adultos. Era gobernada por el jefe de la casa.

El respeto debido a este sistema social puede ser visto en la autoridad del jefe del hogar y en el mandamiento «honra a tu padre y a tu madre» (Ex 20.12). Este pronunciamiento legal exige lealtad más que la obediencia al jefe de la casa. Representa un valor fundamental de la sociedad israelita, lo que ha determinado que esta relación es un componente clave de su comunidad de pacto y por lo tanto debe ser protegido.

La transferencia de esta posición al frente de la casa era generacional. Los patrones de herencia son establecidos lo que intenta proporcionar una transición ordenada sin afectar significativamente el sistema de herencia en sí. La primogenitura, por ejemplo, se exhibe en el nombramiento de Isaac de Esaú, su hijo mayor, como su heredero (Gn 27.1-4). El hijo menor, Jacob, si este acuerdo en realidad se hubiese llevado a cabo, habría recibido una parte menor (véase la herencia real de Esaú como el menor heredero en Gn 27.33-40) y habría tenido la posibilidad de trabajar para su hermano o separarse de la familia y establecerse por su propia cuenta.

La fragmentación de la casa de la familia extendida en nuevas unidades (todavía dentro de un mismo linaje, sin embargo) es un reflejo de los patrones de herencia, la necesidad del medio ambiente, y el crecimiento demográfico. Es la capacidad de adaptación de la institución que hace esta fragmentación bastante suave y al mismo tiempo inicia cambios que tanto al largo como al corto plazo afectan a la sociedad. Por ejemplo, en Génesis 12.1 Jehová llama a Abram a dejar «la casa de su padre» y fundar la suya propia. Enterrar al padre es un rito de paso, que conduce a Abram a través del umbral de transformación. Enterrar a su padre es un ejercicio de ruptura y la salida del mundo de su padre. Exige que Abram cambie el patrón básico de su vida y establezca uno nuevo.

La fisión del grupo y la fluidez social son componentes básicos de supervivencia en un medio ambiente frágil e inestable. La guerra, la exigencia económica, catástrofe ambiental, los patrones de herencia y el aventurerismo, contribuyen a la cración de nuevas casas y la apertura de nuevas áreas de explotación.

Los hogares fueron las comunidades en las que los israelitas cruzaron tres umbrales importantes: nacimiento, matrimonio y muerte. Era la forma en que cada individuo aborda estos ritos de paso y la forma en que fueron asesorados, programados o restringidos por la comunidad que los hizo tan crucial.

Aunque las parejas espontáneamente concebían y daban a luz varios hijos a lo largo de su matrimonio, la concepción y el nacimiento del heredero varón siempre se anticipó. Esto se demuestra gráficamente por el motivo «la búsqueda del heredero» que circula a través de los relatos ancestrales de Génesis. El deseo de tener un heredero varón era complicado si una hija nacía primero. Aunque no se menciona en la narración, es probable que esta niña pudiera ser destetada antes que un hombre para que la madre reanudara la ovulación.

Otra tarea de los sistemas de parentesco en el hogar es la determinación de que los adultos tienen derecho a contraer matrimonio, que en realidad decide los cónyuges, qué niños viven en el hogar de los padres y quién se convierte en heredero. Familias patrilineales eligen herederos sólo del lado del padre, familias matrilineales sólo del lado de la madre, y familias afines de ambos lados. Los herederos heredan el estado social del padre, la riqueza financiera y la autoridad en la comunidad en su conjunto. De esta manera, el orden social de la comunidad y los principios de poder y autoridad se perpetúan.

Un ejemplo de la influencia potencial de las prácticas matrimoniales preferenciales se ve en el matrimonio entre primos cruzados de Nacor (Gn 11.29). Cumple con los requisitos tanto de endogamia de casarse dentro de la familia y exogamia para casarse fuera de su propia familia. Como Jacob que se casó con Lea y Raquel (sus primas que eran hermanas), Nacor se casa con una prima que tiene una hermana. El matrimonio de Nacor también estableció un vínculo entre él y su tío. La relación paternal entre un hombre y su tío se ha visto que es tan importante como la relación entre un hombre y su padre en el antiguo Cercano Oriente.

El matrimonio era un asunto de negocios, diseñado para reunir a dos familias dispuestas a intercambiar bienes y servicios sustanciales durante un período de tiempo significativo. Cuando se celebraba el matrimonio, un intercambio de bienes tenía lugar en la forma de dote. Esto marcaba la transferencia de los derechos de la novia de la casa de su padre a la de su marido. Se desarrolló un marco jurídico complejo para administrar estos elementos para proporcionar «un fondo común circulante de recursos» utilizado para organizar futuros matrimonios de familia, y en el caso de la muerte del marido, para proporcionar el apoyo financiero de la viuda.

La obligación final de un grupo de parentesco era ejercida por los dolientes que supervisaron el traslado de un miembro de su lugar entre los vivos al lugar apropiado entre los muertos. En los períodos anteriores de la historia de Israel, la muerte no separó a un miembro de la casa. La tumba de un hogar refleja el mismo estilo y muchas de las mismas comodidades que la casa, aunque en algunos casos una arquitectura más conservadora fue seguida en la tumba familiar. Por ejemplo, era bastante común continuar enterrando a los pobladores en las tumbas rupestres mucho después de que el pueblo en sí estaba construyendo casas independientes.

Los rituales por los que un cuerpo era trasladado desde el reino de los vivos al reino de los muertos son prácticamente idénticos a los utilizados por las matronas para transferir a un recién nacido al hogar. En ambos casos, el cuerpo era lavado, ungido, vestido y cuidadosamente colocado para adopción. El recién nacido se coloca en el regazo, o «útero», de su padre, y el cuerpo del muerto en la tumba, el «vientre» de la madre Tierra, que es el padre adoptivo de todos los seres humanos.

Después de la muerte, la memoria de los fallecidos fue preservada a través de rituales que sugieren un culto de veneración de los muertos. El culto a los antepasados formó un ritual privado por el que el grupo familiar, sin la intervención o interferencia de cualquier unidad política o étnica más grande, se mantenía en contacto y proporcionaba el sustento para los difuntos. La naturaleza privada, apolítica de este ritual puede ser una razón por qué Saúl prohibió médiums y otros practicantes de la comunicación con los muertos, pero luego usó una cuando la necesidad personal supera las preocupaciones políticas (1 S 28.3-25).

En el siglo VIII a.C., la monarquía emergente y la jerarquía sacerdotal prohibieron el culto a los antepasados. Esto fue para enfatizar aún más la única adhesión a la adoración a Jehová y para limitar las prácticas mágicas que fueron concebidas como peligrosas porque, por definición, eran «privadas, secretas, y misteriosas.» Por lo tanto, estas ceremonias privadas se convirtieron en un objetivo para el gobierno que planeaba controlar todos los aspectos de la adoración y la expresión política.

A lo largo del período bíblico, la casa y la fuerza de los lazos de parentesco dominaron las relaciones, proporcionaron oportunidades para el progreso, y determinaron los patrones de herencia. Sería imposible entender el antiguo Israel sin hacer referencia a los lazos de parentesco.

Bibliografía. L. Holy, *Kinship, Honour and Solidarity* (Manchester, 1989); V. H. Matthews and D. C. Benjamin, *Social World of Ancient Israel, 1250-587* a.C., (Peabody, 1993); R. A. Oden, Jr., «Jacob as Father, Husband, y Nephew: Kinship Studies and the Patriarchal Narrativer», *JBL* 102 (1983): 189-205; J. Pitt-Rivers, «the Kith and the Kin», in *The Character of Kinship,* ed. J. Goody (Cambridge, 1973), 89-

105; D. Steinmetz, *From Father to Son: Kinship, Conflict, y Continuity in Genesis* (Louisville, 1991); R. R. Wilson, *Genealogy and History in the Biblical World* (New Haven, 1977).

VICTOR H. MATTHEWS

PARMASTA (Heb. *parmaštāʾ*)
Uno de los 10 hijos de Amán asesinados por los judíos después de que su padre fue ahorcado (Est 9.9).

PARMENAS (Gr. *Parmenás*)
Uno de los siete escogidos para ayudar a los apóstoles en la distribución a la viudas de la iglesia (Hch 6.5).

PARNAC (Heb. *parnāk*)
El padre de Elizafán; líder de Zabulón que ayudó a distribuir la tierra (Nm 34.25).

PAROS (Heb. *parʿōš*)
1. Israelita cuyos descendientes regresaron con Zorobabel (Esd 2.3; Neh 7.8) y Esdras del exilio en Babilonia (Esd 8.3). Entre los descendientes de Paros había algunos de los hombres que se divorciaron de sus esposas extranjeras (Esd 10.25) y uno de los que repararon los muros de Jerusalén (Neh 3.25).

2. Un jefe del pueblo que participó en el sello del pacto bajo Nehemías (Neh 10.14 [TM 15]).

PARSANDATA (Heb. *paršandāṯāʾ*)
Uno de los 10 hijos de Amán asesinados por los judíos después de que su padre fue ahorcado (Est 9.7).

PARTE MEMORIAL
La parte de la ofrenda de cereal apartada para Jehová por el fuego (Lv 2.2; cf. Nm 5.26). La palabra Heb. *azkārâ*, que designa esta parte de la ofrenda, está basada en el verbo «recordar». Sin embargo, su función como símbolo o señal de que toda la cosecha le pertenece a Jehová, ha dado lugar a diversas traducciones. Aunque la etimología de la palabra puede ser pertinente, ya que el verbo puede implicar el acto de recordar a nombrar o mencionar. Tal recordación o evocación del Dios de Israel era, sin duda, un componente fundamental de esta parte de la ofrenda del cereal.

KEVIN D. HALL

PARTERA
Mujer que asiste en el parto (Gn 35.17; 38.28). No está claro si las parteras (Heb. *mĕyalleḏeṯ*) constituían una clase profesional.

Véase NODRIZA.

PARTOS
Una tribu iraní de la región suroeste del Mar Caspio. Se zafaron del dominio seléucida a mediados del siglo III a.C., y desarrollaron un imperio que duraría durante casi 500 años. Durante la mayor parte de ese tiempo, Partia competiría con éxito con Roma por el poder en el Cercano Oriente.

Pensado por los persas como de origen escita, los partos utilizaron las mismas tácticas de tiro con arco a caballo como sus parientes bárbaros para construir un imperio que se extendía desde el río Éufrates en Siria hasta el Indo en Pakistán moderno. Una de las pocas naciones que eran vistas por los romanos como una amenaza persistente para su dominio militar, los partos infligieron a los romanos una de las más aplastantes y humillantes derrotas en Carras (Harán del AT) en 53 a.C., Una razón de esta derrota fue el uso efectivo del Parto o «tiro de despedida», que combinaba un lanzamiento de tiro con arco mientras cargaba con otro sobre la cola de sus caballos mientras se retiraban. Es tal vez la amenaza de los partos en general, y esta táctica en particular, a la que se alude en Apocalipsis 9.13-19; 16.12.

La única mención bíblica específica de los partos se encuentra en Hechos 2.9 donde judíos partos, o prosélitos, se encuentran entre las nacionalidades que escuchan su propia lengua en Pentecostés. Algunos toman esto, junto con otras pruebas, como una indicación de que mientras mantenían la reputación de barbarie, los partos ejercieron la tolerancia religiosa hacia una población diversa. Su imperio finalmente colapsó en cerca de 226 a manos de los persas sasánidas, aunque no conquistada por Roma.

JESSE CURTIS POPE

PARÚA (Heb. *pārûaḥ*)
El padre de Josafat (2), funcionario de Salomón en Isacar (1 R 4.17).

PARUSÍA (Gr. *parousía*)
Un sustantivo griego, utilizado para referirse a personas o cosas, que significa «llegada» o «presencia» activa (del verbo *páreimi*, «estar presente»). Antes de la era cristiana, el amplio uso helenístico de *parousía* de la presencia divina en las comidas dio a la palabra un halo sagrado. Gradualmente, el sustantivo ganó fuerza técnica, denotando la visita local de un gobernante u otro alto personaje, manifestaciones de sanidad por los dioses, o la presencia divina

implícita en una visión filosófica. En un mundo de otra manera dominado por una vision de los acontecimientos que se repiten en ciclos eternos, sin embargo, fue la interacción con la creencia judía que prestó a este término un nuevo sentido de finalidad.

La tradición judía precristiana utilizó la imagen de Dios «viniendo» a marcar momentos concretos que Dios ha escogido para juzgar a la humanidad, o eventos que revelan la poderosa presencia y el propósito de Dios. Tal tradición ve la presencia de Dios en términos concretos como «el día», «el tiempo», o «el año» del Señor, o por medio de imágenes gráficas como el arca del pacto, el tabernáculo de reunión, el lugar santo, la nube, el espíritu, la mano, o la palabra de Dios. La LXX, reflejando el origen helenístico de *parousía,* la utiliza sólo en obras escritas primero en griego, sólo en su sentido profano, y claramente prefiere el verbo.

La creciente sensación de Israel de la estatura real de Dios, sin embargo, exigió la sumisión mundial al gobierno de Dios, y la noción de apariciones divinas definitivas dio paso a aquellos agentes que se consideran divinamente elegidos para ejercer esa autoridad en el mundo. El posterior descenso de la realeza judía provocó controversias profundas sobre la autoridad del culto sacerdotal para expresar la voluntad de Dios. En este vacío, florecieron las visiones proféticas, de otro mundo, elípticas, apocalípticas de la automanifestación final de Dios. Para el siglo I d.C., más allá de los círculos cristianos, el uso judío de *parousía* siguió siendo limitado. El filósofo judío alejandrino del siglo I a.C., Filón, nunca la usa. Incluso después de que Roma destruyó la impunidad del templo, el sacerdocio y el culto de Jerusalén en 70 d.C., el historiador judío del siglo I, Josefo, todavía emplea *parousía* para la potente presencia salvadora de Dios a favor de Israel. Pero el sentido apocalíptico, político de tal terminología se ha desvanecido. En el uso rabínico posterior la vívida visión compleja asociada con la prometida parusía de Dios pierde la mayor parte de su fuerza apocalíptica anterior.

Parusía entra en el uso cristiano temprano desde varias direcciones. Pero el principal vector es Pablo, que une la antigua terminología judía tradicional con nociones helenísticas sobre la visita de un personaje dominante (p.ej., 1 Co 15.23; 1 Ts 2.19). La mezcla resultante prevé una inminente, futura «venida» de Jesús con finalidad cataclísmica, global. La fusión de Pablo de imágenes judiciales con imágenes de pacto, combinadas con una ambigüedad temporal en sus puntos de vista sobre el fin del mundo, produce conflictos que continúan desafiando sus intérpretes modernos. Aunque la tradición sinóptica presupone claramente la afirmación global de la venida de Jesús de la autoridad de Dios sobre este mundo, el sustantivo *parousía* está totalmente ausente de Marcos, de Q, y de Lucas y Hechos. El verbo *páreimi* aparece, pero sobre todo en su sentido secular común. Marcos y Q prefieren expresiones judías estándar como «el día del Señor» para el inminente regreso de Jesús en poder como juez mesiánico final de Dios. En comparación, Mateo inserta *parousía* en su material de origen, dando su propia connotación especial a este término al presentar a Jesús resucitado como ya presente, pero oculto, dentro de su iglesia hasta el fin del tiempo (Mt 24.27, 37, 39). En las Epístolas Pastorales pospaulinas *parousía* da paso al uso aún más abstracto de *epipháneia,* ya presagiado en 2 Tesalonicenses 2.8 (cf. Hechos 2.20). Esto complementa las tendencias cristianas del siglo II de alejarse del pensamiento histórico, mesiánico acerca de Jesús a favor de una cristología logocéntrica, atemporal, universalizada. La erudición bíblica moderna ha visto mucho debate sobre el impacto histórico de la parusía retrasada de Jesús en el cambio del cristianismo de un movimiento carismático fluido, a una entidad mundana más estable e institucionalizada.

Bibliografía. A. Oepke, «parousia, pareimi», *TDNT* 5.858-71.

F. Connolly-Weinert

PARVAIM (Heb. *parwāyim*)
Una región de la cual Salomón importó oro para el templo (2 Cr 3.6). Aunque localidades en Yemen o el noreste de Arabia se han sugerido, el sitio exacto es desconocido.

PASAC (Heb. *pāsaḵ*)
Aserita, el hijo de Jaflet (1 Cr 7.33).

PASCUA
Una festividad cristiana antigua e importante que celebra la resurrección de Jesucristo. Al principio llamada *Pascha* debido a su asociación con la pascua judía, la Pascua va precedida por la temporada de 40 días de la Cuaresma, un tiempo de penitencia y preparación. La iglesia primitiva usó la temporada

cuaresmal como un tiempo de preparación para el bautismo, administrado en la salida del sol el domingo de Resurrección.

La controversia cuartodecimana surgió a finales del siglo II respecto al día apropiado para la observancia de la pascua. Roma observó el primer domingo después de la primera luna llena después del equinoccio de primavera. Sin embargo, algunas comuniones orientales, más agudamente armonizadas al calendario del judaísmo, observaron la resurrección durante el tercer día después del decimocuarto de Nisán, la pascua. Ya que el decimocuarto de Nisán, basados en un calendario lunar, podría venir cualquier día de la semana, no había ninguna garantía que la pascua siempre sería observada el domingo. El Concilio de Nicaea (325 d. C.) finalmente decidió que la práctica romana prevalecería. Esta controversia fue la primera en una serie de grietas que a la larga condujeron al cisma de las iglesias oriental y occidental.

D. Larry Gregg

PASCUA, FIESTA DE

Una observancia ritual de Israel que celebra la liberación de Jehová de la comunidad de Egipto. La celebración tuvo lugar en el día 14 de Nisan (Abr.-May; Abib en los calendarios antiguos) e incluyó el sacrificio de un cordero y su consumo en una comida compartida por toda la familia. La Pascua (Heb. *pesaḥ*) con el tiempo llegó a ser asociada con el Festival de siete días de los Panes sin levadura que comenzaba el 15 de Nisán.

Durante mucho tiempo se ha argumentado que la Pascua refleja una antigua observancia nómada. En este antiguo contexto, se pensaba que la sangre del animal sacrificado daba protección para la comunidad nómada, mientras realizaba su migración anual. La preocupación por un «viaje seguro» proporcionó el vínculo temático que permitió a Israel adaptar el festival a su conmemoración del viaje del Éxodo de Egipto.

La discusión más extensa de la Pascua se encuentra en Éxodo 12–13. Estos capítulos reflejan un desarrollo literario complejo con varias capas de distintas tradiciones. En estos capítulos las indicaciones principales para la celebración son entregadas a Israel en el contexto de y en relación con la última plaga de Jehová contra Egipto, la muerte del primogénito. Es importante reconocer que el rito de la Pascua es situado dentro de un contexto narrativo más amplio que ofrece detalles no sólo para la promulgación narrativa del ritual «en el pasado» pero también para la promulgación del ritual «en el futuro.» Los géneros de «historia» e «instrucción» son complementarios e interactivos.

En estos capítulos, la observancia se lleva a cabo dentro del contexto de la familia. Un cordero seleccionado de antemano es sacrificado en el crepúsculo en el día 14 de Nisán (Ex 12.1-6). Su sangre se coloca en el marco de la puerta (Ex 12.7). En el contexto de la historia del Éxodo, la sangre sirve para proteger a las familias israelitas de la plaga divina que va a matar a los primogénitos. El cordero se asa y luego es compartido por la familia en una comida que incluye pan sin levadura y hierbas amargas (Ex 12.8-11). El Festival de siete días de los Panes sin levadura que sigue a la Pascua requiere una peregrinación a un lugar sagrado en el séptimo día del festival (Ex 13.6).

La comida de la familia proporciona el contexto para que el jefe de la familia explicara la naturaleza de la observancia a los hijos (Ex 12.25-27; cf., la función similar de los Panes sin levadura en 13.6-10). «Recordar» se combina con «recontar» de tal manera que los acontecimientos del pasado se actualizan para cada israelita en el contexto de la observancia. La Pascua celebra no sólo lo que Dios ha hecho en el pasado, pero también lo que Dios está haciendo en el presente. La actividad ritualizada proporciona la ocasión para la celebración, reflección, y la formación de la identidad comunitaria.

Es importante observar que la Pascua fue celebrada en Gilgal cuando los israelitas entraron por primera vez en la tierra de Canaán (Jos 5.10-12). Los israelitas comenzaron a comer el producto de la tierra al día siguiente. Así, la Pascua no sólo marca la salida de Egipto, pero también marca la entrada a la tierra prometida. Como tal, proporciona un marco ritual para la historia más grande de la redención que incluye tanto la salida de la esclavitud como la entrada a la libertad de la tierra.

Cambios en la observancia de la Pascua aparecen con el movimiento hacia la centralización de la adoración asociada con Deuteronomio. En Deuteronomio 16.1-8, la Pascua es vista como un festival de peregrinación que requiere que un animal sea sacrificado (v. 2, «el sacrificio de la Pascua») en el santuario central. El día del sacrificio también es visto como el primer día de la fiesta de Panes sin levadura. Deuteronomio es muy específico al relacionar aspectos de la Pascua y los Panes sin levadura a aspectos de la historia del Éxodo. El animal debe ser sacrificado por la tarde a la puesta del sol (Dt 16.6) y toda su carne debía comerse en esa noche (v. 4). Las personas podían entonces volver a sus tiendas, donde debían de abstenerse de comer pan sin levadura. Debían observar una asamblea solemne en el séptimo día (Dt 16.8).

Lo que antes era una celebración de la familia en el hogar es transformado en un festival nacional de peregrinación. Este cambio trajo varios cambios en la observancia de la Pascua y los Panes sin levadura. Primero, el momento del sacrificio del animal fue cambiado a un momento más temprano del día (Dt 16.6; cf. Ex 12.6). Esto hizo que fuera más fácil que llegaran los peregrinos y el sacrificio se ofreciera de manera oportuna. Además, esto permitía que el sacrificio de la Pascua marcara el comienzo de los siete días de los Panes sin levadura. En segundo lugar, los israelitas podían ahora elegir entre las ovejas o el ganado para el sacrificio (Dt 16.2; cf. Ex 12.3). En tercer lugar, el método de cocción se cambió de asar a hervir (Dt 16.7; cf. Ex 12.9). En cuarto lugar, la observancia es ahora construida en términos de una experiencia nacional. Sin embargo, esto no se opone a que una familia coma junta en el lugar de peregrinación. Por último, es probable que la Pascua y los Panes sin levadura fueron vinculados por primera vez en la época de las reformas deuteronómicas.

Las descripciones de las pascuas observadas por Ezequías (2 Cr 30) y Josías (35.1-19) ponen de relieve aspectos del peregrinaje del complejo ritual de la Pascua/Panes sin levadura. Uno puede detectar las inquietudes ideológicas del Cronista en estos textos ya que se proporciona información más detallada sobre el papel de los sacerdotes y levitas en la presentación de la sangre de los sacrificios de la Pascua. Ambos textos hacen hincapié en el gran número de personas presentes en la ciudad capital y la extravagancia de las celebraciones.

La Pascua y los Panes sin levadura reciben una amplia discusión en textos no bíblicos. Por ejemplo, Jubileos 49 (c. 150 a.C.) proporciona instrucciones para la observancia y hace hincapié en el momento del sacrificio en el santuario central. Añade a la celebración el consume de vino en la comida (Jub. 49.6). Filón y Josefo también incluyen discusiones de la celebración en sus obras. Ambos hacen hincapié en el carácter extravagante de las alegres celebraciones y el gran número de peregrinos que participan en las actividades. Por último, *Mishná Pesaḥim* (c. 200 d.C.) ofrece amplios detalles sobre los diversos aspectos de la observancia. En particular, busca reestructurar la observancia a la luz de la destrucción del templo de Jerusalén.

La Pascua juega un papel prominente en el relato del NT de la muerte de Jesús. Los cuatro Evangelios ubican su muerte en relación con la celebración de la Pascua y los panes sin levadura (Mr 14.1-52; Mt 26.1-46; Lc 22.1-53; Jn 13.1-38). Los Evangelios Sinópticos ubican la última cena de Jesús con los discípulos y su arresto en la noche en la que el sacrificio de la Pascua se llevaba a cabo y comido la comida de la Pascua (Mr 14.12-16; Mt 26.17-19; Lc 22.7-13). Para los escritores sinópticos, la Última Cena fue en sí misma una cena de Pascua que fue reinterpretada a la luz de las reflexiones teológicas de la iglesia primitiva. Juan, sin embargo, trata de vincular la muerte de Jesús con el sacrificio real de los sacrificios de la Pascua (cf. Jn 13.1; 19.14, 31, 42). De esta manera, Juan interpreta la muerte de Jesús en términos del sacrificio del cordero pascual (cf. Jn 1.29; 19.36). La asociación de la muerte de Jesús y el sacrificio de la pascua ya había sido hecha por Pablo (1 Co 5.7-8). Así, la observancia ritual israelita de la pascua fue apropiada y adoptada por la comunidad cristiana mientras trataba de comprender e interpretar la vida y la muerte de Jesús en relación con sus propias prácticas rituales.

Bibliografía. B. M. Bokser, *The Origins of the Seder* (Berkeley, 1984); H. L. Ginsberg, *The Israelian Heritage of Judaism* (New York, 1982); A. J. Saldarini, *Jesus and Passover* (New York, 1984); J. B. Segal, *The Hebrew Passover, from the Earliest Times to A.D. 70* (London, 1963).

FRANK H. GORMAN, JR.

PASCUAL (Gr. *páscha*)

Perteneciente a la Pascua, específicamente el cordero inmolado para la Pascua (cf. Ex 12.3-8, 21), una metáfora de la muerte de Cristo (1 Co 5.7).

PASDAMIM (Heb. *pas dammîm*)

Una variante de Efes-damim; un lugar donde las fuerzas de David derrotaron a los filisteos (1 Cr 11.13).

STEVEN M. ORTIZ

PASEAH (Heb. *pāsēaḥ*)

1. Un hijo de Estón de la tribu de Judá (1 Cr 4.12).

2.Sirviente del templo cuyos descendientes regresaron del exilio con Zorobabel (Esd 2.49 = Neh 7.51).

3.El padre de Joiada, que reparó la Puerta Vieja de Jerusalén (Neh 3.6).

PASTOR

Las ovejas y las cabras eran los animales domésticos más importantes del mundo bíblico, y la Biblia contiene numerosas referencias literales y figuradas de estos animales, y de los que los cuidaban. El primer pastor bíblico fue Abel, «pastor de ovejas» (Gn 4.2). Muchos personajes de la historia hebrea pasaron parte de sus vidas como pastores (p. ej., Abraham, Isaac, Jacob y Raquel y sus hijos, Moisés y David). En el AT, la condición del pastor oscilaba desde un humilde apacentador (cf. Am 7.14-15) a un señor criador de ovejas (cf. 2 R 3.4). De hecho, la Biblia contrasta las profesiones de pastor y rey de David (2 S 7.8; cf. Sal 78.70-71). Naturalmente, los pueblos nómadas, como los amalecitas y madianitas, se ocupaban de actividades pastorales, pero muchos campesinos sedentarios también cuidaban rebaños o contrataban pastores para que trabajaran para ellos.

Los pastores pasaban la mayor parte de su tiempo en el trabajo monótono de cuidar a sus rebaños. Las ovejas y las cabras requieren de cuidado constante, ya que prácticamente son indefensas (Ez 34.5-6; Mt 7.15; 18.12). Las ovejas son sumisas (Is 53.7; Jer 11.19) y confían en el pastor (Jn 10.3-5). Debido a que los pastores tenían que encontrar comida y agua para sus rebaños, a menudo pastaban lejos de su hogar y soportaban numerosas dificultades (Gn 31.40; Is 38.12; Cnt 1.8). El pastor protegía de los ladrones (Gn 31.39; Jn 10.1, 8, 10), pero la mayor amenaza provenía de animales como los leones, osos y lobos (1 S 17.34-35; Is 31.4; Am 3.12; Mi 5.8; Jn 10.12).

Las ovejas son altamente gregarias y el pastor tenía que tener cuidado de que no se extraviaran y contar a los animales cuando regresaban al redil en la noche (Lv 27.32; Jer 33.13; Ez 20.37). El pastor era responsable de encontrar a cualquier oveja perdida (Ez 34.11-12; Mt 18.11-14). Las ovejas preñadas, los corderos recién nacidos y los animales enfermos recibían cuidado especial (Is 40.11; Ez 34.16). El trabajo del pastor se llevaba a cabo con equipo sencillo: una capa pesada (cf. Jer 43.12), una vara y un cayado (Sal 23.4), una bolsa para comida y una honda (1 S 17.40). Aun en la antigüedad, los pastores utilizaban a los perros para ayudarse a dirigir a las ovejas (Job 30.1).

Los autores antiguos, incluso los autores bíblicos, utilizaron extensamente el simbolismo del pastor. Los pasajes bíblicos frecuentemente utilizan las costumbres de los pastores para ilustrar principios espirituales (p. ej., Nm 27.16-17; Ecl 12.11; Mt 9.36; Mr 6.34; Jn 21.15-17). Los pueblos antiguos también ilustraban la soberanía de sus deidades al referirse a ellas como pastores (cf. Gn 48.15; 49.24); el escritor hebreo pensaba en Jehová de esta manera, como se ve muy claramente en el Salmo 23; Ezequiel 34 y en muchos otros salmos y expresiones proféticas.

Otra literatura antigua del Cercano Oriente se refiere a los reyes y príncipes como pastores (cf. Nah 3.18), pero el AT normalmente aplica este título a líderes políticos de una manera negativa. Ya que Dios era el verdadero pastor de Israel, los gobernadores humanos frecuentemente no estaban a la altura de los patrones y se les condenaba por su insensatez y mala administración (p. ej., Jer 10.21; 22.22; 23.1-4; 25.34-38; Ez 34.1-10; Zac 10.3; 11.4-17). Sin embargo, David fue un pastor que gobernó «conforme a la integridad de su corazón» y con la «pericia de sus manos» (Sal 78.70-72), e Isaías se refiere a Ciro como pastor de Dios (Is 44.28). Jeremías (Jer 3.15; 23.4) prometió que Dios levantaría pastores nuevos; este compromiso finalmente adquirió significado mesiánico (Ez 34.23; 37.22, 24). Se sostenía que el pastor de Dios vendría de un linaje davídico y que sufriría por las ovejas (Zac 13.7; cf. 12.10).

Sorpresivamente, la única referencia literal a los pastores en el NT se encuentra en Lucas 2.8-20; en otro lado aparecen en parábolas y figuras del lenguaje, más frecuentemente en los Evangelios. Jesús afirma que su misión es «a las ovejas perdidas de la casa de Israel» (Mt 10.6; 15.24). También dice una parábola famosa acerca de la oveja perdida (Mt 18.12-14; Lc 15.3-7) y compara la separación que el pastor hace de las ovejas y las cabras para el juicio (Mt 25.32-33). En una alegoría muy conocida, Jesús se refiere a sí mismo como el «buen pastor» que «su vida da por las ovejas» (Jn 10.1-29).

Afuera de los Evangelios, a Jesús se le llama «El gran pastor de las ovejas» (Heb 13.20), «Pastor y Obispo de vuestras almas» (1 P 2.25), y el «Príncipe de los pastores» (5.4). En su advertencia acerca de los «lobos rapaces» (esto es, falsos maestros), Pablo dice a los ancianos de Éfeso que supervisen y cuiden al rebaño, esto es, «la iglesia del Señor» (Hch 20.28-

30). Esta función se refleja en la palabra «pastor» (gr. *poimḗn*) de Efesios 4.11 (cf. 1 P 5.1-4).

Gerald L. Mattingly

PASTOR DE HERMAS
Véase, Hermas, Pastor de

PASTOREO

Con la agricultura, un componente importante de la economía israelita. El pastoreo fue frecuente durante los períodos patriarcal y el asentamiento, y continuó siendo practicado durante la Monarquía. Aunque en general asociado con nómadas, sería erróneo suponer que el pastoreo tuvo lugar en espacios abiertos como el desierto de Judea y el Neguev. Mucha zooevidencia arqueológica muestra que el pastoreo se practicaba también en los centros urbanos y semiurbanos.

Tres sistemas de producción se encuentran en los tiempos bíblicos, así como en las sociedades de pastoreo actuales del Cercano Oriente: sedentario, transhumantes y nómadas, determinados en cada localidad por la disponibilidad de pastor, la vegetación de la estación, y las condiciones topográficas y climáticas.

En el sistema sedentario, los rebaños se mantienen en o cerca de un establecimiento permanente en todo momento. El pastoreo se lleva a cabo durante el día en terrenos privados o comunes, que incluyen campos de cultivo. Por la noche, los animales se mantienen en el interior del establecimiento. Los pastores acompañan a los rebaños en todo momento. Los rebaños varían en tamaño de los rebaños del pueblo (200-300) a privado (50-300). Rebaños privados más pequeños existen.

El pastoreo bajo el sistema de producción sedentaria fue practicado por la población cananea nativa antes del asentamiento israelita (cf. Jos 6.21). Cuando Gedeón, que vivía en la aldea de Ofra, acogió el mensajero divino y le ofreció comida, un cabrito estaba disponible para ser sacrificado (Jue 6.19; cf. 13.15). El mantenimiento de rebaños dentro de los asentamientos continuó incluso en la época de Ezequías (2 Cr 31.6).

El sistema transhumante demandaba que los pastores trasladaran su ganado a otras regiones en función de las condiciones climáticas que determinan la temperatura, la humedad y las condiciones de pastoreo. Cuando las condiciones mejoran en casa, los rebaños vuelven a pastar y ser alimentados allí. Los ganados pueden ser privados o comunales. En este ultimo caso, las aportaciones de los propietarios a los gastos dependen del número de animales que tienen en el rebaño. Los rebaños transhumantes suelen ser mayores que los sedentarios (200-500). Este puede haber sido el sistema más común de pastoreo en el antiguo Israel.

Mientras que sus antepasados eran pastores nómadas, Jacob conoció la transhumancia en Padán-aram en el norte de Mesopotamia. Labán, su tío, vivía bastante cerca del pozo para que Raquel corriera a su padre con la noticia de la llegada de Jacob. Pero cuando era necesario, Labán mantuvo sus rebaños hasta tres días de camino fuera de casa (Gn 30.36). A su regreso a Canaán, Jacob se estableció en Hebrón, haciéndola su lugar de residencia; como es evidente por la historia de José (Gn 37.12-14), Siquem se convirtió en un punto de circuito de temporada, al parecer haciendo que sus hijos fueran bien conocidos por los habitantes del lugar lo que ayudó a José a encontrar a sus hermanos (vv. 15-17).

Los rebaños nómadas y sus cuidadores siguen el crecimiento estacional de la vegetación y migran de una región a otra según lo dictado por las condiciones de pastoreo. Ellos no tienen un lugar de residencia o cualquier otra forma de refugio permanente. Durante el ciclo nomádico cubren distancias más largas que en cualquier otro sistema de producción. Por razones logísticas, la unidad social de los pastores, la tribu o la familia, puede tener más de un rebaño con el que se mueven de un lugar a otro, viviendo en tiendas de campaña. Los rebaños pueden ser muy grandes (150–200 mil) y están formados por una especie o una mezcla (ovejas y cabras). Deambular es una empresa bien organizada basada en la experiencia adquirida a través de años de práctica. El circuito incluye visitas a lugares sagrados, cementerios y celebraciones de ciertas fiestas.

La naturaleza pastoral de los patriarcas se refleja en los nombres Rebeca (*rip̄qâ,* «una fila de animales atados») y Raquel (*rāḥēl,* «oveja»). Abraham es un buen ejemplo de los pastores nómadas. A su llegada a Canaán, recorrió toda la región montañosa (Gn 12.6, 8), e incluso después de que estableció su tienda entre Betel y Ai, continuó vagando hacia el sur (v. 9). A su regreso de Egipto, donde permaneció por una sequía en Canaán, siguió vagando hasta que llegó a Hebrón y plantó su tienda en las encinas de Mamré (Gn 13.17-18). Abraham descubrió que sus rebaños eran demasiado numerosos para compartir las tierras de pastoreo con los de su sobrino Lot, por lo que éste eligió el área alrededor de Sodoma para sus andanzas (Gn 13.12). Abraham continuó viviendo en una tienda (Gn 18), y vagando hasta el Neguev y Gerar (cp. 20). Su hijo Isaac también era un pastor nómada.

El sistema nómada se practicó hasta el fin de la Monarquía. Los recabitas son un buen ejemplo de un grupo nómada, al ser ordenados por su antepasado Jonadab: «Jamás . . . edificaréis casa, ni sembraréis simiente, ni plantaréis viña, ni poseeréis ninguna, sino que habitaréis en tiendas todos vuestros días» (Jer 35.6-7). Aunque el pastoreo no se menciona específicamente como sus medios de vida, se puede suponer con seguridad.

En todos los sistemas de producción de pastoreo, las responsabilidades de los pastores de los animales incluye dos actividades principales: refugio y alimentación. Los nómadas acomodaban sus rebaños cerca de las tiendas en recintos hechos de plantas espinosas apiladas para formar paredes circulares, y en cuevas naturales. Este método se utiliza también en el sistema transhumante durante la deambulación. Cuando los rebaños se mantienen en una ubicación permanente a la que regresan al final de cada día, son alojados en corrales con paredes de piedra unidos a edificios o recintos o en la planta baja de las casas en la ciudad. Restos de corrales con paredes de piedra se han desenterrado en varios lugares de la región montañosa y el Neguev.

La protección de los rebaños cuando es pastoreado es muy importante. Según 1 Samuel 17.34 David rescató el rebaño de su padre de los ataques de leones y osos. El profeta Amós, que era un pastor, estaba bien familiarizado con este tipo de situaciones y las usó como metáfora de la caída de Samaria y el reino del norte (Am 3.12). En consecuencia, se utilizaron perros tanto para la custodia de la manada de los depredadores y para mantenerla junta (Job 30.1).

Alimentar el rebaño incluye el pastoreo en las plantas verdes durante el invierno y en el rastrojo y la hierba marchita en primavera-verano, y la adición de suplementos de heno y grano de hierba marchita en verano y otoño. Para evitar el sobrepastoreo, los pastores deben limitar el tamaño de la manada a la capacidad de carga de la tierra (cf. Gn 13.5-7).

Las fuentes de agua son otro factor determinante en el cuidado de los animales. Al rebaño se le da agua todos los días durante el año y, en las mejores condiciones, dos veces al día en el calor del verano, por lo general al principio y al final del día. Si no hay una fuente de agua a lo largo de la ruta diaria, a la manada se le da agua en casa antes de salir y después de su regreso. El agua se extrae de una fuente, como un pozo o cisterna, y se vierte en canales (Gn 30.30, 41), a menudo hechos de piedra tallada (cf. 29.2-10). La cuestión de los derechos de agua domina muchas historias bíblicas que representan el pastoreo (p.ej., Gn 21.22-34; 26.15-33).

Oded Borowski

PASUR (Heb. *pašḥûr*)

1. El hijo de Malquías y un descendiente de Immer, identificado en 1 Crónicas 9.12; Nehemías 11.12 como el abuelo de Adaías, un sacerdote en Jerusalén después del Exilio. Él puede ser el mismo que el Pasur (**5**) en Jeremías 21, 38, aunque esa persona no se identifica como un sacerdote.

2. El jefe de una familia sacerdotal que regresó del exilio con Zorobabel (Esd 2.38 = Neh 7.41; 1 Esd 5.25). Varios miembros de la familia renunciaron a sus esposas extranjeras en respuesta a la insistencia de Nehemías (Esd 10.22; 1 Esd 9.22).

3. Un sacerdote posterior al exilio que unió su nombre al pacto que hicieron los israelitas que regresaron bajo la dirección de Nehemías (Neh 10.3 [TM 4]).

4. Un hijo de Imer; sacerdote y primer oficial en el templo de Jerusalén durante la época de Jeremías (Jer 20.1-6). Una de sus tarea fue la de mantener el orden en los recintos del templo, y después de que Jeremías predicó su profecía de la destrucción en el atrio del templo, Pasur ordenó golpear a Jeremías y ponerlo en el cepo. Cuando Pasur lo puso en libertad al día siguiente, Jeremías pronunció sobre él de ver a su familia y a la nación llevada al exilio. Jeremías también renombró a Pashhur *māḡôr missāḇîḇ*, «terror por todas partes.» Lo más probable es que Pasur estaba entre los funcionarios del templo deportados a Babilonia en 598 a.C., ya que poco después su posición fue tomada por Sofonías (Jer 29.25).

5. El hijo de Malquías; un príncipe de Judá (Jer 21.1). El rey Sedequías envió a Pasur para solicitar un oráculo de Jeremías cuando Jerusalén estaba sitiada, y el profeta pronunció un oráculo de condenación (Jer 21.3). Más tarde formó parte de un grupo que oyó a Jeremías aconsejar a Judá rendirse a Babilonia, y pidió el permiso del rey para dar muerte a Jeremías. Sedequías entregó a Jeremías al grupo, y ellos lo bajaron en una cisterna (Jer 38.1-6).

Nancy L. deClaissé-Walford

PÁTARA (Gr. *Pátara*)
El principal puerto de Licia situado en la costa suroeste opuesto a Rodas, 9.6 km (6 mi) este de la desembocadura del río Janto. Una ciudad próspera, Pátara era una de las seis ciudades más grandes de la liga de Licia (Strabo *Geog.* 14.3.2-3). Aquí Pablo cambió barcos para navegar hasta Fenicia durante su último viaje a Jerusalén (Hch 21.1; algunos textos leen «Pátara y Mira»).

PATIO
Un recinto sin techo rodeado por paredes de una casa o edificio público (Heb. *ḥāṣēr;* Gr. *aulḗ*). Los primeros «patios» de los israelitas (sitios de forma eclíptica con grandes patios abiertos rodeados por habitaciones o viviendas a las que estaban abiertos) probablemente se desarrollaron a partir de antiguos modelos nómadas de acampar. Los patios podían contener un pozo (cf. 2 S 17.18). Con frecuencia el ganado compartía el mismo espacio que sus dueños.

Los patios también conectaban intrincados complejos reales. El complejo de edificio de Salomón en Jerusalén, al sur del templo, incluía múltiples patios (1 R 7.8-12; 2 Cr 4.9). El palacio de Asuero en Susa incluía un patio interior y otro exterior, el primero servía como área de recepción (Est 1.5). El palacio de Nabucodonosor al sur contaba con cinco patios flanqueados por oficinas, apartamentos reales, y salas de recepción.

El tabernáculo (Ex 27.9-19; Nm 3.25-26), el templo de Salomón (1 R 6.1-36; cf. 2 Cr 3–4), y el templo de Ezequiel (Ez 40–42) tenían patios o atrios. El segundo Templo contaba con un patio o atrio exterior para los gentiles y un patio interior para los judíos que era adicionalmente subdividido en áreas separadas para mujeres, varones laicos, y sacerdotes, respectivamente. La escena de la negación de Cristo de parte del apóstol Pedro comenzó en el «patio» (del templo; Mr 14.66 par.) y luego se movió al patio «de afuera» (o entrada; 16.68).

Bibliografía. I. Finkelstein, *The Archaeology of the Israelite Settlement* (Jerusalem, 1988).

Mark A. Christian

PATRIARCAS
Los líderes de familias y clanes dentro del antiguo Israel. El término se deriva de Heb. *rāʾšê ʾăḇôṯ* («cabezas de los padres»), traducido en la LXX como «gobernantes de los padres» (Gr. *archaí patriós*) y simplificado como *patriárchēs* en el NT y los apócrifos. Dentro de la disciplina de estudios bíblicos el término ha llegado a referirse más específicamente a las cuatro generaciones de fundadores de Israel descritas en Génesis 12–50. Abraham, Isaac, Jacob, y sus 12 hijos (esp. José). Esto nos lleva al campo de la etnicidad, un principio social de organización basado en la percepción que los miembros del grupo comparten una herencia ancestral común. La etnicidad es un poderoso modo de identidad, ya que extiende los sentimientos naturales de la afiliación del parentesco de la familia inmediata a la sociedad en su conjunto. Los sentimentos de etnicidad son comunmente asociados con antepasados originales a través de los cuales todos los miembros del grupo trazan su linaje, en el caso del antiguo Israel, Abraham, Isaac y Jacob. La investigación sobre la etnicidad ha demostrado que, aunque un antepasado puede ser una figura histórica, también es muy común encontrar que se inventó la tradición para fomentar la cohesión de grupo. Esto plantea una pregunta importante sobre las propias historias patriarcales. ¿Hasta qué punto los relatos proporcionan información histórica?

Historia y género
A principios del siglo XX era cada vez más común para los estudios ver las narrativas patriarcales como leyendas familiares y sagas en lugar de como composiciones históricas. Pero en las décadas posteriores se propuso que se derivan de las epopeyas antiguas que conservan relatos históricos de los antepasados en Mesopotamia y Palestina. Además, algunos han argumentado que los detalles geopolíticos y culturales de las historias encuentran sus afinidades estrechas con textos antiguos de Ebla, Mari y Nuzi (de 2300-1500 a.C.), y esto se toma como evidencia de una supuesta «era patriarcal» del segundo milenio (c. 2000-1800). Obras recientes han puesto en tela de juicio esta evidencia arqueológica y textual, por lo que la mayoría reconoce ahora que hay poca evidencia sólida para conectar las historias patriarcales exclusivamente con un período tan temprano. Una investigación del panorama ideológico muestra que cuatro puntos de vista de las narrativas

patriarcales predominan. Primero, en los campos cristiano y judío siguen existiendo eruditos religiosos conservadores que consideran los textos como narrativas históricas precisas. En segundo lugar, algunos eruditos se siguen adhiriendo a la interpretación «épica» de las historias y las ven como una útil, aunque nebulosa, ventana histórica a los orígenes patriarcales del antiguo Israel bajo Abraham y/o antepasados como él. Tercero, algunos ven las narrativas no como históricas sino como antiguas sagas familiares y tribales representadas por personajes literarios: Abraham, Isaac, Jacob, y sus hijos. Estos primeros tres enfoques tienen en común la idea de que las narrativas patriarcales preservan dentro de ellas una gran cantidad de material antiguo. La cuarta perspectiva se diferencia en que, si bien reconoce algunos materiales más antiguos, ve la historia patriarcal como una tradición posterior, inventada que dice más acerca del período en el que la narrativa fue construida (períodos exílico o posexílico) que sobre la antigua historia israelita. Aunque muchos eruditos no irían tan lejos al negar el valor histórico de las narrativas patriarcales, en la actualidad casi todos los eruditos reconocen que Génesis no nos provee con historia como las que ofrecen los libros históricos de Samuel y Reyes. En consecuencia, se ha vuelto común para los que escriben la historia del antiguo Israel comenzar con el período de David y Salomón en lugar de el de Abraham y Jacob.

Consideraciones literarias

Aunque las historias patriarcales de Génesis se conservan como una sola obra literaria, los eruditos generalmente creen que un proceso muy complejo las ha creado. Varias fuentes literarias de distintas épocas históricas se encuentran detrás de las narrativas, y éstas han sido escritas o editadas por varios autores y redactores. Además, estas fuentes literarias estaban compuestas de unidades más pequeñas de tradición, p.ej., las tradiciones de Jacob del reino del norte, las tradiciones de Abraham/Isaac desde el reino del sur, y una breve historia independiente sobre el antepasado José. Si estos materiales se originaron oralmente o como obras literarias más pequeñas es a menudo difícil de determinar. El proceso por el cual se combinaron las diferentes tradiciones también se debate, con algunos que las ven como la obra de unos autores o editores y otros como un proceso gradual y accidental que dio lugar a la acumulación de muchas tradiciones en una sola narrativa.

Importancia teológica

El origen literario complejo de las narrativas no niega su importancia teológica para las tradiciones judía y cristiana. Especialmente importante es el concepto de «promesa.» Dios prometió a los patriarcas que recibirían bendiciones (una posteridad) y una patria. El cumplimiento de estas promesas se convirtió en preocupación en otras partes del AT, incluyendo las restantes partes del Pentateuco, los libros históricos, y gran parte del material profético. Mientras que en el AT esta promesa fue heredada principalmente por la comunidad étnica del antiguo Israel, la posteridad de Abraham, en el NT la promesa fue espiritualizada (cf. Heb 4.1-11) y extendida a los no judíos por «injertarlos» en el pueblo de Dios (Ro 11.17-24). Sin embargo, esta innovación teológica no necesariamente hace intrascendente las fronteras étnicas que separaban a los judíos de los gentiles, como Romanos 11.25-32 muestra.

«Justificación por fe» es otro concepto teológico importante en las narrativas patriarcales. Esta perspectiva sostiene que uno está en buena posición con la deidad en virtud de la confianza en Dios (Gn 15.1-6), una opinión posteriormente recogida en las tradiciones judía y cristiana (Is 51.1-2; Ro 4).

Bibliografía. W. F. Albright, *Yahweh and the Gods of Canaan* (1968, repr. Winona Lake, 1990); P. G. Kirkpatrick, "Folklore Studies and the Genre of the Patriarchal Narratives," en *The Old Testament and Folklore Study.* JSOTSup 62 (Sheffield, 1988), 73-114; W. McKane, *Studies in the Patriarchal Narratives* (Winona Lake, 1983); A. R. Millard and D. J. Wiseman, *Essays on the Patriarchal Narratives* (Winona Lake, 1983); J. Van Seters, *Prologue to History: The Yahwist as Historian in Genesis* (Louisville, 1992); C. Westermann, *Genesis,* 3 vols. (Minneapolis, 1984-86), esp. 2:23-131.

KENTON LANE SPARKS

PATROBAS (Gr. *Patrobás*)

Un cristiano en Roma a quien Pablo envió sus saludos (Ro 16.14). El nombre es una forma abreviada de Patrobias.

PATROS (Heb. *paṯrôs*),

PATRUSIM *(paṯrusîm)*

Alto Egipto, es decir, la parte sur de Egipto (Egip. *p3-t3-rsy,* «tierra del sur») de justo al sur de Memfis a la primera catarata en Siena, a la que algunos de los israeltas exiliados huyeron (Is 11.11; Jer 44.1, 15;

Ez 30.14). Según Ezequiel 29.14 «la tierra de Patros» era el hogar original de los egipcios (cf. Gn 10.14; 1 Cr 1.12, «Patrusim»).

PAU (Heb. *pāʿû*) (también PAI)
Ciudad edomita, la capital del rey Hadad (Gn 36.39); llamada Pai en 1 Crónicas 1.50. Su ubicación es desconocida. La LXX lee gr. *Phogōr,* su designación habitual de Peor.

PAZ
El término hebreo para paz *(šālôm)* se deriva del verbo «completar, armonizar.» Este verbo se utiliza a menudo para expresar el acabado de los edificios importantes (p.ej., el templo, 1 R 7.51 = 2 Cr 5.1; o los muros de Jerusalén, Neh 6.15). El término se utiliza en el sentido de restauración en Levítico 6.5ss. (TM 5.24ss.) o el pago de deudas en Jeremías 16.18; Levítico 24.18-21. El sustantivo tiene un uso aún más amplio. Como un saludo, la raíz *šlm* se utiliza para preguntar por el bienestar de los individuos o grupos (Gn 29.6; 43.27; Ex 18.7; 1 S 17.18; cf. Ez 13.16, «visiones de paz»; similarmente Is 38.17). Está el sentido adicional de *šālôm* como estado del ser, como en alegría o tranquilidad. Isaías 32.17 traza un paralelo entre «paz» y «reposo y seguridad» como los resultados de la justicia. La idea de paz en la muerte es un tema común (Gn 15.15; 1 R 2.6). El sentido de amistad, o incluso una «amistad» contractualmente arreglada (implícita en «pactos de paz», Nm 25.12), también se puede notar (Is 54.10; Sal 28.3; Pr 12.20). La justicia se combina frecuentemente con la «paz» (Is 32.16-17, cf. Stg 3.18).

En la Biblia «paz» es quintaesencialmente la ausencia de guerra. Jueces 4.17; 1 Samuel 7.14; 1 Reyes 5.12 (26) implica relaciones convencionales como tiempos de paz en oposición a la guerra. Los tiempos de *šālôm* se contrastan con la guerra en 1 Reyes 2.5-6; Josué 9.15. El término se utiliza también de un estado deseado de permanente *šālôm* (cf. Lv 26.6, donde la paz es una parte de la tranquilidad, ausencia de guerra y enemigos). En los profetas (esp. los profetas posteriores, Deutero-Isaías, Zacarías) la paz se convierte en una norma ética y característica de la era mesiánica (cf. Mi 5.4-5[3-4]). En Isaías 2.2-4; 9.2-7, y profundamente en 19.24-25 estas inserciones posexílicas contienen temas de paz que se entrelazan con el tema de la destrucción de armas y reconciliación de los antiguos enemigos (cf. Zac 9.9-10; Jonás). Aunque a menudo hay un debate sobre si algunas formas de «paz» resultan de la aniquilación de Dios de los enemigos (una versión israelita de la Pax Romana), este no es el caso universal en todos los textos que tienen que ver con la liberación de los enemigos. De hecho, no sólo las armas de Israel se incluyen en una visión de destrucción (Is 2), los enemigos a menudo se convierten en lugar de ser aniquilados (Jonás; Is 19.24-25).

El uso del NT de formas del gr. *eirēnē,* así como en la literatura intertestamentaria (cf. Tob 7.11-12; 10.12), es sólo un poco más limitado en su variedad de significados que *šālôm.* El uso típico de «paz» es una referencia a un estado personal de ser (1 Tim 2.2), por lo tanto equivalente al uso de «bienestar.» A un individuo se le puede decir: «ve en paz» (p.ej., Mr 5.34; Lc 7.50; 8.48; Hch 16.36) o «estar en paz» (Lc 24.36; Jn 20.19, 21, 26). Pablo exhorta con frecuencia a la «paz» en los saludos de apertura (Ro 1.7; 1 Co 1.3; 2 Co 1.2; Gá 1.3; cf. 1 P 1.2). «Paz» también puede referirse a un atributo de una relación con Dios (Hch 10.36; Ro 5.1; 8.6; 15.13; Fil 4.7; cf. Ef 6.15). Los términos griegos también incluyen la ausencia de, o contraste con, guerra y violencia interpersonal (Mt 5.9; Lc 14.32; Ro 12.18; Stg 3.18). Si la proclamación de «paz» se toma en la predicación cristiana primitiva, en ocasiones, para referirse a la era mesiánica de paz en contraposición a la realidad actual de la guerra y el sufrimiento, entonces la conexión a las nociones hebreas de paz como «ausencia de guerra» es aún más clara (Hch 10.36; Ro 10.15; Col 3.15). Así, el significado algo limitado de los términos griegos no debería sugerir que la noción hebrea tardía de no violencia está ausente en el discurso ético del NT. Las concepciones del NT también deben tomar en consideración todo el contexto ético de paz y el establecimiento de la paz en las enseñanzas de Jesús y la práctica de la iglesia primitiva. Por esta razón, cualquier discusión de paz que se basa exclusivamente en un análisis léxico, particularmente en el NT, es inadecuada para una apreciación completa del concepto bíblico o la ética de la paz.

Si como resultado de la imposibilidad de una presencia militar hebrea en la circunstancia sociopolítica de subordinación bajo los gobernantes asirios, babilonios, persas o helenísticos, o si se debe atribuir a las visiones cada vez más irónicas de la era mesiánica, la enseñanza bíblica hacia la alabanza de una restricción sabia (Eclo 41.14; 44.6) y una piedad no violenta (Daniel, esp. 11.33-34, contra la sublevación macabea; José en el Testamento de los Doce Patriarcas; Tajo en T. Moisés 9, cf. ethos antiguerra en las fuentes clásicas griegas) en contraste estudiado con el período de la Monarquía. El cristianismo primitivo por lo tanto combina los temas davídicos reales con las expectativas igualmente mesiánicas de una era de paz donde las espadas son transformadas en rejas de arado. La imagen resultante en Mateo y Lucas, particularmente, es un Mesías «militante no violento», tanto davídico y sin armas, y por lo tanto consistente con la enseñanza de Jesús de «amar a los enemigos» (Mt 5.44) y «guardar las espadas» (26.52). Esta combinación irónica da como resultado la imaginería paulina de las «armas» del espíritu, donde la «lucha» no es «contra carne y sangre» (Ef 6.10-17; tomando de Isaías 59.17; cf. la batalla espiritual en Ap 19, etc.). El contexto apocalíptico de la no violencia cristiana primitiva es inconfundible, y claramente se refiere a temas como las batallas angelicales en Daniel 7–12 y en Qumrán. Las prohibiciones contra incluso matar en el ejército están ampliamente documentadas en los primeros tres siglos de cristianismo, y estas prohibiciones también son tomadas de esta tradición interpretativa hebrea y cristiana primitiva. Tales tradiciones hebraicas de paz y no violencia también son discernibles en la enseñanza rabínica temprana, sobre todo en la enseñanza del maestro rabínico del siglo I, Yohanan ben Zakkai.

Bibliografía. S. S. Schwarzschild, «Shalom», in *The Challenge of Shalom,* ed. M. Polner and N. Goodman (Philadelphia, 1994), 16-25; J. H. Yoder, *The Politics of Jesus,* 2nd ed. (Grand Rapids, 1994).

Daniel L. Smith-Christopher

PECADO

Una realidad que denota la relación rota entre Dios y la humanidad. Las ocasiones en las que esta relación se rompe, la necesidad de reconocer esta ruptura y las posibilidades de salvación se detallan en innumerables situaciones a lo largo de las Escrituras.

Antiguo Testamento

La preocupación del antiguo Israel por el pecado reflejaba la antigua naturaleza ética, básica de la fe judía, y la diversidad de los acercamientos teológicos a los problemas del mal. Varios términos hebreos se utilizan para denotar el pecado. El más frecuente es *ḥṭ',* «no cumplir un objetivo o perder el camino». Aunque frecuentemente se piensa en las implicaciones éticas, el término puede indicar un simple error, deficiencia o falta. La persona que «fracasa en encontrar» sabiduría está en riesgo (Pr 8.36). De manera similar, una persona arrebatada a menudo «perderá» el mejor camino (Pr 19.2). Abimelec se pregunta de qué manera había «pecado» en contra de Abraham (Gn 20.9), en tanto que Jonatán aconseja a Saúl para que no «actúe en contra» del inocente David (1 S 19.4). Esos «pecados», en última instancia, llegan a ser una ofensa hacia Dios, porque uno pierde el camino del deber (1 R 18.9; 2 R 18.14) o incurre en culpa a través de alguna acción, ya sea por un error consciente (Lv 5.5) o inconscientemente (Nm 15.28).

El segundo término más común que denota pecado es *'wn,* que significa culpa o iniquidad. Este es principalmente un término religioso, que fue usado originalmente para especificar pecados asociados con culpa y castigo. Aquí se incluyen acciones que se han realizado en contra de Dios o desafiando a los mandamientos que Dios ha estipulado. De allí, se deduce que una persona que deliberadamente actúa en contra de los mandamientos de Dios «comete pecado» (Nm 15.30), que un solo testigo no puede condenar de «crimen» (Dt 19.15) y que Dios puede castigar a los hijos por las «iniquidades de sus padres» (Ex 20.5). En ciertos casos, el término no ofrece una distinción real entre el crimen y su castigo, quizás como un reflejo de la creencia de que el pecado lleva consigo las semillas de la consecuencia. De esta manera, Caín se desespera porque no puede soportar su «castigo» (¿crimen ante Dios?; Gn 4.13). De manera similar, Segundo Isaías afirma que el siervo sufriente que vendría asumiría las «iniquidades» (¿castigos?; Is 53.1) de los que él hará justos.

El último término importante es *pš'.* Frecuentemente se traduce como «transgresión» e indica el crimen deliberado de una persona en contra de otra, de una nación en contra de otras naciones o de un pecador en contra de Dios (Gn 31.36; Am 1.3; Ez 21.24 [TM29]), respectivamente). La implicación de «rebelión» se asocia con la palabra, especialmente rebelión en contra de las cláusulas de un pacto. Como con *'wn,* el término abarca la noción de crimen y consecuencia. Daniel se lamenta de que el pueblo de Israel ha llevado «calamidad» (castigo por el pecado; Dn 9.12-13) sobre sí. De igual manera, Miqueas se pregunta si el sacrificio de un primogénito expiará la «transgresión» (¿como castigo?; Mi 6.7). Como es de esperar, el enfoque en el pecado como un pacto que se ha roto se presta aptamente para las enseñanzas de los profetas de Israel.

El concepto de rebelión, o revuelta, en contra de los mandamientos de Dios aparece pronto en la narración bíblica. Después de la creación del mundo y de la formación de Adán y Eva, Génesis 3.1-7 ofrece un escenario en el que a la humanidad se le ofrece su primer dilema común, la opción entre la obediencia a la voluntad divina o la satisfacción del deseo humano. La ocasión parece cubrir tanto la decisión consciente (Eva) como la participación inconsciente (Adán). Aquí no hay ninguna palabra específica para pecado, sino que claramente se plantan las semillas de la separación entre Dios y la humanidad. Curiosamente, esta rebelión en contra de Dios no se menciona más en el AT, pero sus implicaciones siguen dominando tanto los actos de los primeros participantes de la historia (Gn 1-11) como el progreso de la respuesta propia de Israel a Dios. Más tarde, los intérpretes cristianos del texto, desde Pablo hasta Agustín, hace uso específico y extenso de este episodio de la «caída» de Adán.

Génesis 3 refleja una antigua noción común de que el pecado es básico para la experiencia humana, así como universal en su alcance (cf. Pr 20.9). El reconocimiento de la realidad del pecado en la vida de Israel dio existencia a la necesidad de arrepentimiento y expiación. Así como en las civilizaciones rivales del Cercano Oriente, Israel pronto adoptó un sistema sacrificial, diseñado para restaurar las relaciones rotas entre Dios y el pueblo escogido. Un sistema sacerdotal surgió en nombre de Moisés, y bajo la tutela de los hijos de Aarón, con este mismo propósito. A pesar de varios pactos que Israel hizo con Dios a lo largo de este peregrinaje (Ex 24; Jos 24; Dt 27), la tentación del pecado permaneció. De esta manera, la orden sacerdotal y el culto dio la oportunidad de restauración a través de ofrendas voluntarias, de sacrificios de expiación, de ritos de sangre, de ofrendas de incienso y de otros rituales de aplacamiento para un Dios que había sido ofendido. El sistema sacerdotal de expiación reconocía el pecado del individuo y de la comunidad corporativa y buscaba satisfacer los requisitos que Dios demandaba para restaurar el pacto que se ha roto.

En tanto que el pecado muy frecuentemente se relaciona con las acciones propias de la humanidad en respuesta a la voluntad de Dios, de igual manera parece tener vida propia. Dios le dice a Caín que si no hace el bien, entonces el pecado «está a la puerta, acechando» (Gn 4.7). La tentación de vincular la esencia del pecado con la realidad de una fuente independiente del mal (p. ej., la serpiente del Paraíso o el Satanás de la literatura intertestamentaria), siempre estuvo a disposición de los teólogos del antiguo Israel. Sin embargo, es curioso que los autores bíblicos rara vez especularan con esta conexión dentro de la literatura. En cambio, como con los propios profetas de Israel, el pecado usualmente se asoció con la satisfacción de la ambición individual o la dependencia de Israel de alianzas extranjeras. Al reflexionar en el Salmo 1, los profetas llamaban tanto al pueblo como a los gobernadores de Israel y Judá a un reconocer su pecado (Is 1.2-20; Jer 3.1-5; 5.1-31; Os 4.1-19; Am 5.10-13), a un regreso a la justicia y al arrepentimiento, confianza y justicia. Según el escritor de Deuteronomio, únicamente cuando el pecador se arrepiente de la apostasía (individual o colectiva) Dios decide restaurar los acuerdos del pacto y dar salvación.

Alrededor del período del segundo Templo, el judaísmo había llegado a ser totalmente dependiente de la Torá como la norma por la que debía medirse el pecado. Transgredir la Ley de Moisés era rebelarse en contra de Dios (1 S 2.17). Era una violación del pacto sagrado entre Dios e Israel. Se puso menos énfasis en la responsabilidad colectiva durante este período. Se le dio más enfoque al individuo, especialmente desde que el judaísmo reconoció que todos los pueblos, a fin de cuentas, son víctimas del pecado. Los medios de expiación, como los define el sistema ritual del Templo (sacrificio y penitencia), llegaron a ser esenciales para la restauración de la persona a una correcta relación con Dios.

Nuevo Testamento

El término básico del NT para pecado es el gr. *hamartía,* que tiene una variedad de significados, que incluye reflejos de terminología hebrea paralela: quedarse corto, error, deficiencia, falta, transgresión, rebelión e insurrección (cf. LXX).

En tanto que el judaísmo tradicionalmente definía el pecado como la separación de la humanidad de Dios, el pensamiento griego clásico reconocía la culpa bajo tres condiciones especiales: rebelión en contra del destino (*moíra*); violación de las reglas de hospitalidad y honor (*timḗ*); e infracción de la obligación ritual. Esas condiciones produjeron la venganza de los dioses y, por consiguiente, efectuaron hechos de castigo divino que continúan incomodando a la condición humana. Esto finalmente llevó a las creencias helenísticas de que la existencia humana, a fin de cuentas, es pecaminosa, ya que las actividades humanas regularmente violan las normas del mundo natural. Tales violaciones, que son el resultado de la ignorancia, son inevitables y llevan a la humanidad a sufrir las consecuencias de la desesperación y la culpa.

La perspectiva del cristianismo primitivo del pecado reflejaba la fusión de las tradiciones judías y griegas. Toda la gente en última instancia peca, ya sea por violar la Torá de Dios y las obligaciones rituales, o por su rebelión en contra de los códigos de honor y el propósito divino para sus vidas. El mero reconocimiento de esta condición pecadora y los medios por los que se puede lograr la expiación es lo que ayudó a los cristianos primitivos a definir la naturaleza de su fe.

El NT sugiere que Pablo le dio al cristianismo la primera explicación sistemática del pecado, dentro del contexto de salvación por medio de la resurrección de Jesucristo. Pablo sostiene, desde la perspectiva de la tradición griega, que todas las personas han pecado (Ro 3.23). Basado en la tradición judaica, traza las raíces de este dilema hasta las acciones de Adán (Ro 5.12; cf. Gn 3.1-7). Esta interpretación fue consistente con las convicciones del judaísmo intertestamentario (Sab 2.24; 2 Esd 3.21, 26). La contribución especial de Pablo a esta opinión fue que la venida de Jesucristo, un regalo de la gracia de Dios, es el medio por el que se resuelve la inevitabilidad de la pecaminosidad humana. En tanto que el primer pecado de Adán llevó a la muerte, el evento de Cristo ha conquistado tanto al pecado como a la muerte.

Pablo estimuló a sus seguidores a tener vidas «irreprensibles y sencillas» (Fil 2.15), pero muchos que lo escucharon llegaron a creer que ya compartían completamente en la gloria de Cristo. Como se sugiere en el contexto de 1 Corintios, estas personas interpretaban el perdón del pecado como apoyo a una postura antinómica. Se podrían sacar conclusiones similares del Evangelio de Juan, que parece sugerir que los que oyen las palabras de Cristo pueden vivir en una condición libre de pecado (Juan 15.22, 24) y quizás de 1 Juan, que indica que el pecado no puede vivir donde hay amor (1 Jn 4.12-17). Ciertos intérpretes posteriores, especialmente los que seguían interpretaciones gnósticas de las Escrituras, llegaron a estar convencidos de esas conclusiones (Origen *Com. John* 2.15).

Por último, la interpretación del pecado de los Evangelios Sinópticos y de Hechos es la que llegó a dominar a la Iglesia en general. En los relatos del Evangelio rara vez Jesús enseña directamente acerca de la naturaleza del pecado y sus consecuencias (sin embargo véase Mr 3.28-30 par.). En cambio, al lector rápidamente se le hace saber que el mensaje del evangelio siempre estaba (y está) dirigido a pecadores, a favor de pecadores, ya que Jesús llevó a cabo su ministerio entre personas cuyas vidas estaban atribuladas por el pecado. Se le representa como amigo de pecadores (Mt 11.19), como mensajero cuya tarea era la de llamar específicamente a pecadores (Mr 2.17). Lucas 5.8 incluso recuerda que el discípulo más prominente de Jesús, Simón Pedro, se identificó como pecador.

El relato de Lucas tiene la mayor parte de las referencias y alusiones al pecado entre los textos sinópticos. Lucas enfatiza que los seguidores de Jesús eran aquellos a los que el judaísmo del siglo I consideraba pecadores: pobres, enfermos e inválidos, leprosos, cobradores de impuestos y prostitutas e impuros. El tema constante en la visión lucana es que esas personas estaban condenadas a ser pecadores porque habían roto las obligaciones rituales o habían ocasionado alguna calamidad sobre sí mismos, supuestamente por su pecado. El concepto se había generalizado (cf. Jn 9.2). La parábola del Hijo Pródigo tal vez ofrece el clímax del mensaje de Jesús acerca del pecado: toda la humanidad está propensa al pecado; pero a cualquiera que busque el perdón, Dios, que es misericordioso y compasivo, puede dárselo libremente. La comunidad que Jesús reunió era exactamente eso, una colección de pecadores en busca de perdón.

La visión mateana del pecado está mucho más relacionada con los intereses tardíos de los judíos en la Torá y la justicia. Como lo ilustra el Sermón del Monte (Mt 5-7), las demandas del mensaje de Jesús sobrepasaron al entendimiento antiguo de los requerimientos de la Torá. No es suficiente con simplemente «guardar las leyes» de los mandamientos de Dios; la persona genuinamente justa debe cumplir con la voluntad de Dios por medio de un reconocimiento de la intención divina que está detrás de esas leyes. En tanto que el asesinato, el adulterio y el juicio son males que hay que evitar, ¡igualmente lo son el odio, la lujuria y juzgarse a sí mismo! En la visión de Mateo, el mundo sigue un trazo distintamente dualista, la opción entre el bien y el mal (Mt 7.13-14) y la separación del bien del mal (25.31-46). Así como en el judaísmo intertestamentario en general (cf. T. Asher 2) y en la comunidad de Qumrán en específico (1QS 3.12-4.26), el Jesús de Mateo describe el mal como un elemento beligerante dentro de la experiencia humana. En tanto que el potencial para el fracaso es grande, siempre está la decisión que hay que tomar entre el pecado y la salvación.

La primera concepción cristiana del pecado, como se entiende por medio de la crucifixión y resurrección de Jesús, quizás se considera de mejor manera a través de las palabras de la institución de la Última Cena (Mt 26.26-29 par.). El simbolismo del antiguo Israel específicamente se preserva en la versión mateana, donde la copa se ofrece como la «sangre del nuevo pacto, que por muchos es derramada para remisión de pecados». Aquí hay una reflexión clásica del entendimiento judío del pecado como la relación rota entre Dios y la humanidad, que se define específicamente con las palabras del pacto. En la visión del NT, la Cruz significaba, en cierto sentido, el establecimiento de un nuevo pacto entre Dios y los que serían perdonados y salvos. Este criterio ya es evidente en la teología de Pablo (cf. 1 Co 11.23-26), donde el evento de Cristo sirve para conquistar el pecado, de la misma manera en que Dios es victorioso sobre el pecado.

Los criterios esenciales del pecado asumen, entonces, tres percepciones básicas: (1) el mundo es, por naturaleza, intrínsecamente pecaminoso. En tanto que el «pecado original», como tal, nunca se declara explícitamente ni se define en las Escrituras, se implica fuertemente. (2) el pecado es la actitud rebelde de la humanidad hacia la voluntad de Dios. Las formas de esta rebelión se manifiestan de numerosas maneras. (3) La salvación se deriva de la remisión del pecado, como se entiende por medio del evento de Cristo. A través del mensaje del evangelio de Jesús, se ha declarado el reino de Dios y se ha perdonado a los pecadores por medio de la restauración de la humanidad a Dios en justicia. El antiguo mensaje cristiano permanece como una respuesta directa a la percepción del pecado en el mundo, un mensaje de esperanza para los que no tienen esperanza y de perdón para los condenados.

Bibliografía. H. Conzelmann, *An Outline of the Theology of the New Testament* (New York, 1969); B. A. Levine, *In the Presence of the Lord.* SJLA 5 (Leiden, 1974); S. Lyonnet and L. Sabourin, *Sin, Redemption, and Sacrifice.* AnBib 48 (Rome, 1970); P. D. Miller, Jr., *Sin and Judgment in the Prophets.* SBLMS 27 (Chico, 1982); G. Quell, G. Bertram, G. Stählin, and W. Grundmann, «Hamartáno, hamártēma, hamartía», *TDNT* 1:267-316; E. P. Sanders, *Paul and Palestinian Judaism* (Philadelphia, 1977).

Clayton N. Jefford

PECADO IMPERDONABLE

Referencias específicas incluyen la controversia de Belcebú (Mc 3.20-30), un «pecado eterno» identificado como «blasfemia contra el Espíritu Santo;» un aviso profético de Lucas, en torno a una futura persecución y ayuda del Espíritu Santo (Lc 12.4-12); pecado de muerte en 1 Juan 5.13-21. Otras referencias incluyen el mentirle al Espíritu Santo (Hch 5.3); un aviso a los que una vez fueron iluminados, pero que luego vuelven a su estado anterior de falta de arrepentimiento (He 6.4-6; cf. 10.26-30); y la condenación de aquellos que calumnian (o blasfeman) de las potestades superiores (Jud 8). Referencias también son encontradas en Did 11:7b; Evang Tom 44.

La interpretación teológica de este concepto varía. Algunos lo ven como una forma extrema de rechazo del evangelio. Los que rechazan el evangelio no son candidatos para el perdón de Dios, porque el rehusar creer en el evangelio que necesariamente incluye un rechazo al arrepentimiento del pecado. Esta interpretación básicamente iguala el pecado imperdonable con la condición de no ser salvo. Otros lo ven como una acción definitiva de donde no hay regreso. En esta interpretación, si una persona comete cierto acto prohibido voluntariamente, equivale a cometer un acto deliberado de pecado para el cual no hay esperanza de perdón. Esta interpretación va de acuerdo con el aviso de Marcos 3:30, que es pecado atribuirle lo sobrenatural del Espíritu Santo a un «espíritu inmundo.» Es una demostración definitiva del pensamiento de los opositores del profeta Isaías, quienes «a lo malo dicen bueno y a lo bueno malo; que hacen de la luz tinieblas y de las tinieblas luz; que ponen lo margo por dulce y lo dulce por amargo (Is 5.20).

Bibliografía: J. G. Williams, «A Note on the 'Unforgivable Sin' Logion», *NTS* 12 (1965): 75-77.

Mark S. Krause

PECADO ORIGINAL

El término «pecado original» fue acuñado por Agustín (Lat. *peccatum originale*), aunque sus raíces son patrísticas y bíblicas. Los infantes son «renacidos» en el bautismo (Ireneo), limpiados de las «verdaderas manchas del pecado» en ellos (Orígenes), el «contagio de la muerte antigua» (Cipriano). La contribución más importante del AT es su enseñanza acerca de la universalidad del pecado (1 R 8.46; Job 4.17; 14.4; 15.14; 25.4; Sal 130.3; 143.2; Ecl 7.20). Génesis 3 debe añadirse a esta lista, a pesar de que tenía muy poco impacto directo en el resto del AT (sólo en Ez 28; Sab 2.24; Eclo 25.24). El judaísmo no tiene un concepto de pecado original; en cambio habla de una «inclinación al mal» (Heb. *yēṣer hāraʿ*) en el corazón de todos, sobre la base de Génesis 6.5; 8.21 (cf. Dt 31.21), pero enseña que la gente puede superarlo al guardar con vigilancia la ley. Génesis 2.4b–3.24 es el comienzo de una antigua narración Jehovista de los orígenes (caps. 2–11) y subraya que el pecado humano no proviene de Dios. Su relación con el pecado original fue vista primero por Pablo.

Aunque otros textos del NT señalan al pecado original (p.ej., He 9.26; Jn 1.29; 8.44), su expresión más clara se encuentra en la literatura paulina, siempre en un contexto de salvación por Cristo. «Todos pecaron» (Ro 3.23) y «judíos y gentiles, todos están bajo pecado» (v. 9). Ellos solo pueden ser justificados por la gracia de Dios, «gratuitamente por su gracia, mediante la redención que es en Cristo Jesús, a quien Dios puso como propiciación por medio de la fe en su sangre, para manifestar su justicia, a causa de haber pasado por alto, en su paciencia, los pecados pasados» (Ro 3.24-25). La dimensión universal del pecado de Adán y la redención de Cristo se expresa sucintamente en 1 Corintios 15.22 («así como en Adán todos mueren, también en Cristo todos serán vivificados») y con mayor detalle en Romanos 5.12-21. «El pecado entró en el mundo» a través de Adán y «la muerte pasó a todos los hombres, por cuanto todos pecaron» (v. 12). El pleno significado de la frase final, «por cuanto todos pecaron», no está claro. Implica culpa personal por cometer pecado, pero a la luz de las declaraciones que por el pecado de Adán «vino la condenación a todos los hombres» (Ro 5.18) y que por su desobediencia «los muchos fueron constituidos pecadores» (v. 19), la conexión entre el pecado de Adán y el de todos los otros deber ser muy íntima. Pablo es consciente del dominio del pecado de Adán sobre toda la humanidad, pero todavía no habla de herencia; esa fue la contribución posterior de Agustín.

Joseph F. Wimmer, O.S.A.

PECHO

La palabra «pecho» en el AT y el NT es más comúnmente utilizada en su sentido anatómico, literal para los animales y la humanidad. En Éxodo, Levítico y Números, los pechos de los animales tales como los carneros eran utilizados como ofrendas mecidas ante el Señor (p.ej., Lv 8.29). El pecho es un lugar para la succión (Job 3.12), el destete (Is 28.9), seguridad (Sal 2.9[TM 10]), y quietud (131:2) de un niño. La excitación sexual y sensual proviene de los pechos como objetos de deseo (Cnt 4.5; Ez 23.3; Os 2.2). Los pechos son recipientes de golpes y rasguños como en gran desolación (Ez 23.34) o remordimiento (Lc 18.13).

Aunque los pechos que amamantan generalmente se representan como pechos femeninos o los de animales hembras, dos veces se utilizan metafóricamente: los pechos que amamantan de reyes (Is 60.16) y los pechos consoladores de Jerusalén (66.11). Mientras que los pechos llenos son una bendición e indican doncellez, los pechos secos son una maldición (Os 9.14).

La cercanía al pecho de Jesús significa un lugar de honor para los discípulos (Jn 13.23 LBLA). Mientras la palabra «seno» se utiliza más a menudo en sentido figurado, «pecho» es más comúnmente encontrado en las Escrituras en su uso literal.

Jeanne Stevenson-Moessner

PECOD (Heb. *pĕqôḏ;* Akk. *puqûdu*)

Una tribu aramea que habitó la llanura este de la parte baja (sur) del río Tigris. Registrada entre las conquistas de varios reyes asirios, Pecod se asocia con Babilonia en los oráculos de Jeremías (Jer 50.21; cf. NVI mg «castigo») y Ezequiel (Ez 23.23).

PECTORAL

Una bolsa cuadrada de 23 × 23 cm (9 × 9 in) hecha de telas multicolores, a la que se le pegaban 12 piedras, cada una grabada con el nombre de las 12 tribus. El pectoral (Heb. FZšen) estaba conectado al efod del sumo sacerdote (túnica) con anillos de oro unidos a sus esquinas. Cordones de oro y azul estaban ligados a los anillos, y los otros extremos se unían cerca de la cintura y tirantes (Ex 28.15-28; 39.8-21). El pectoral (*ḥōšen mišpāṭ*, «pectoral de juicio») funcionaba como un contenedor para el Urim y el Tumim (Ex 28.30; Lv 8.8), identificó al sumo sacerdote como el intercesor para un Israel unido, y sirvió como un «memorial» o «recordatorio», que llevaba «sobre su corazón» (Ex 28.29-30).

El término no aparece en el NT, y no debe confundirse con la coraza (Heb. *śiryān*), que formaba parte de la armadura de un soldado.

W. E. Nunnally

PEDAEL (Heb. *pĕdah'ēl*)
Un líder de la tribu de Neftalí que ayudó a Moisés a dividir la tierra de Canaán (Nm 34.28).

PEDAÍAS (Heb. *pĕḏāyâ, pĕḏāyāhû*)

1. El abuelo maternal de Joacim, rey de Judá (2 R 23.36).

2. Un hijo del rey Jeconías/Joacim de Judá; padre de Zorobabel (1 Cr 3.18-19). En otras partes su hermano Salatiel se da como el padre de Zorobabel (p.ej., Esd 3.2, 8; Neh 12.1; Hag. 1.1, 12, 14; Mt 1.12; Lc 3.27).

3. El padre de Joel, que era el jefe de los oficiales de la media tribu de Manasés (1 Cr 27.20).

4. El hijo de Faros; uno de los obreros que reparó el muro de la ciudad frente a la puerta del Agua (Neh 3.25-26).

5. Uno de los hombres que estaban a la mano izquierda de Esdras mientras se leía el libro de la ley en la plaza frente a la puerta del Agua (Neh 8.4; cf. 1 Esd 9.44).

6. Un benjaminita que vivía en Jerusalén después del exilio (Neh 11.7).

7. Uno de los tres levitas designados para administrar los diezmos del templo (Neh 13.13).

C. Mack Roark

PEDASUR (Heb. *pĕḏâṣûr*)
El padre de Gamaliel (**1**), que dirigió Manasés en los viajes del desierto (Nm 1.10; 2.20; 7.54, 59; 10.23).

PEDERNAL
Una variedad de sílex; una sustancia cripto cristalina que consiste de calcedonia, sílice opalina o cuarzo. Es de granos microscópicamente finos, muy dura, y se encuentra en una variedad de colores como blanco, amarillo, gris y negro. El mineral se rompe con fracturas concoidales y se pueden formar en los bordes de corte afilados. Se encuentra en asociación con la piedra caliza con un origen orgánico o como un precipitado. El pedernal es usado para hacer instrumentos de trabajo y de guerra (Ex 4.25; Jos 5.23). En el hogar, se calcina y muele para hacer loza y porcelana de cerámica, así como arcilla para las industrias de refractarios. El término se utiliza muchas veces en un sentido social en el AT. El conocimiento que el pedernal era duro dio lugar a varias comparaciones: la tarea imposible de conseguir agua o aceite del pedernal (Dt 8.15; Sal 114.8), o una expresión facial como pedernal (Is 50.7), o un obstáculo impenetrable.

Richard A. Stephenson

PEDRO (Gr. *Pétros*)
Simón bar Jonás, apodado Cefas o Pedro (arameo y griego que significa «roca») por Jesús. Dado que Simón era un nombre judío común y una serie de otros se mencionan en los Evangelios y los Hechos, el apodo se convirtió en la designación común para el hombre, a pesar de que los Evangelios narran muchas veces que Jesús lo llama Simón.

Pedro era el hijo de un pescador galileo, Jonás (Mt 16.17) o Juan (Jn 21.15), que nunca aparece en los relatos evangélicos. Pedro y su hermano Andrés eran ellos mismos pescadores y socios de otros dos hermanos, Santiago y Juan bar Zebedeo (Lc 5.10). Los evangelios introducen al lector a Pedro de tres maneras diferentes: como llamado por Jesús durante la pesca (Mr 1.16-17 par.), como llamado por Jesús a través de una pesca milagrosa (Lc 5.1-11), y como discípulo de Juan el Bautista presentado a Jesús por su hermano (Jn 1.35-42). Los tres relatos coinciden en que Pedro se convirtió en un discípulo comprometido de Jesús. Los sinópticos también mencionan que Jesús más tarde visitó la casa de Pedro en Capernaum (Mr 1.29), donde curó a la suegra de Pedro. El cuadro pintado de Pedro, entonces, es el de un campesino galileo un poco más acomodado que era un judío semiobservante a los ojos de los fariseos (es decir, él fue uno de los *'am hā'āreṣ*) y sin embargo lo suficiente religioso (o nacionalista) para seguir a Jesús, habiendo seguido quizás primero a Juan el Bautista.

A pesar de, o quizás debido a, su origen humilde, Pedro es representado como un discípulo que fue elegido para ser uno de los Doce (Mr 3.16 par.; Él está en todas las listas de los Doce), y luego uno del núcleo interno de tres, un grupo que excluye su hermano Andrés (Mr 5.37; 9.2 par.). Los cuatro Evangelios registran a Pedro expresando la convicción de los Doce de que Jesús era el Mesías, a pesar de que la colocan en contextos diferentes (Mr 8.29 par.; Jn 6.68-69). Todos coinciden en que Pedro estuvo presente en algunos de los eventos centrales del ministerio de Jesús. Además, hay acuerdo en que Jesús predijo que Pedro lo traicionaría y que en el patio de la casa del sumo sacerdote Pedro, en efecto, tres veces negó que conociera a Jesús. Tres de los Evangelios colocan a Pedro entre los discípulos durante las apariciones de la resurrección, Lucas 24:34 concuerda con Pablo (1 Co 15.5) que Jesús también apareció por separado a Pedro.

Es obvio que la Iglesia primitiva no descalifica a Pedro por su negación de Jesús, ya que en Hechos (esp. caps. 1–5) y Pablo (Gá 1.18; 2.1-10) se descubre a Pedro como un líder importante reconocido de la iglesia primitiva, junto con Santiago, el hermano de Jesús y los hijos de Zebedeo. Sin embargo, desde que Pedro tenía un ministerio itinerante (de nuevo confirmado por Hechos y Pablo), Santiago, el hermano de Jesús pronto se convirtió en el líder principal de la iglesia de Jerusalén. De hecho, Hechos 15 (c. 49 d.C.) describe a Santiago como el principal líder, incluso cuando Pedro estaba presente.

La vida de Pedro no estuvo exenta de polémica. Los Evangelios informan que Jesús tuvo que corregirle en ocasiones (p.ej., Mr 8.32-33 par.). Hechos lo presenta como el centro de la controversia sobre su aceptación de la mesa de comunión del gentil Cornelio (Hch 11.2-3, aunque la historia también indica su vindicación). Pablo informa que cuando Pedro visitó Antioquía Pablo censuró su comportamiento en público (Gá 2.11-14). En este caso Pedro parece haber tenido escrúpulos personales acerca de comunión en la mesa (probablemente significa celebrar la Cena del Señor, que durante los primeros dos siglos era una comida completa) con los cristianos gentiles. Esto encaja con la imagen de Pedro como un judío semiobservante (incluyendo su disposición a vivir con un curtidor en Hch 9.43). Sin embargo, cuando «algunos de parte de Jacobo» aparecieron él se alejó de la mesa de la comunión, la cual era una práctica estrictamente judía. Según Pablo, esto se debió a su «miedo a la circuncisión», es decir, ya sea cristianos o judíos en general. No se nos informa si estas personas de parte de Jacobo fueron enviados por Jacobo con un mensaje que causó el cambio de comportamiento de Pedro o si llegaron en otro negocio y Pedro, por su cuenta, cambió su comportamiento, pero está claro que Pedro fue sensible a lo que judíos o cristianos judíos pensaban acerca de él. Esto encaja con la descripción de Pablo de él como misionero a los judíos (Gá 2.7-8). A la luz de esto, es un poco sorprendente descubrir que 1 Pedro se dirige a los gentiles conversos, aunque la carta viene de un período diferente de la vida de Pedro y probablemente está escrita en coautoría con uno de los compañeros de Pablo.

Aparte de la atribución de dos cartas a Pedro, él desaparece de las páginas del NT en cerca de 50 d.C. Debe señalarse, sin embargo, que cuando se trata de la escritura de los Evangelios, el autor de Mateo mostró un interés especial en él, incluyendo en su Evangelio cinco bloques de material único sobre Pedro (Mt 14.28-31; 15.15-20; 16.18-19; 17.24-27; 18.21-22).

Según la tradición, Pedro finalmente viajó a Roma, aunque la iglesia se levantó mucho antes de su llegada. En Roma, la tradición añade, su predicación evangelística se convirtió en la base del Evangelio de Marcos, aunque hay desacuerdo en cuanto a si precedió o siguió a la muerte de Pedro (Papías en Eusebio *HE* 3.39; Ireneo *Adv. haer.* 3.1.1). Por último, como implica Juan 21.18-19, se dice que Pedro fue martirizado por crucifixión, probablemente después del gran incendio de Roma en el año 64 y desde luego antes de la muerte de Nerón en el año 68 (Hch de Pedro 30–41; Eusebio *HE* 2.25.5-8; 3.1.2–3; Tertuliano *Scorpiace* 15; cf. Apoc. Pedro; 1 Clem 5.4). Él probablemente habría estado a mediados de sus 60 años en el momento. Si bien esta tradición es la más fuerte, algunos eruditos sostienen que Pedro sobrevivió a Nerón y vivió hasta sus 80 años, incluso ordenó a Clemente como su sucesor (Tertuliano *De praescr. haer.* 32; Epístola de Clemente a Santiago 2). Sin embargo, esta tradición posterior puede ser un simple intento de apoyar el primado romano.

Bibliografía. R. Bauckham, «The Martyrdom of Peter in Early Christian Literature», *ANRW* 26,1 (Berlin, 1992): 539-95; R. E. Brown, K. P. Donfried, and J. Reumann, eds., *Peter in the New Testament* (Minneapolis, 1973); O. Cullmann, *Peter: Disciple, Apostle, Martyr,* 2nd ed. (Philadelphia, 1962); W. R. Farmer and R. Kerestzy, *Peter and Paul in the Church of Rome* (New York, 1990); J. R. Michaels, *1 Peter.* WBC 49 (Waco, 1988); «Peter, » in *Dictionary of Paul and His Letters,* ed. G. H. Hawthorne and R. P. Martin (Downers Grove, 1993), 701-3.

Peter H. Davids

PEDRO, APOCALIPSIS DE

El nombre de dos textos primitivos cristianos, uno de la primera mitad del siglo II, y un discurso gnóstico (VII, 3), probablemente del siglo III. Estos son diferentes del Apocalipsis arábigo de Pedro.

El Apocalipsis anterior de Pedro es tratado como Escritura en el Fragmento de Muratori y por Clemente de Alejandría, ambos testigos de finales del siglo II. Originalmente compuesto en griego, su texto más completo es en etíope. El apocalipsis comienza con Jesús y sus discípulos sentados en el Monte de los Olivos (cf. Mr 13.3 par.). En una versión de la parábola de la higuera (cf. Mr 13.28-29 par.), Jesús advierte una persecución en los últimos días por un falso mesías. Jesús extiende su mano derecha, y en ella Pedro percibe el infierno y el cielo. La preocupación por el martirio y la apostasía motivan esta revelación. Los castigos para el perverso igualan sus pecados, y los justos ven a sus homólogos sufrir. La narración termina con la ascensión de Jesús.

El Apocalipsis gnóstico es un diálogo revelador entre el Salvador y Pedro. También muestra una preocupación por la persecución, en este caso de los gnósticos por otros cristianos. El Salvador explica que los opositores de Pedro, que incluyen a los obispos y diáconos, son «sin percepción.» Especialmente llamativa es su visión del «Jesús vivo» riéndose desde la cruz.

Bibliografía. J. Brashler and R. A. Bullard, «Apocalypse of Peter (VII, 3)", in *The Nag Hammadi Library in English,* ed. J. M. Robinson, 3rd ed. (San Francisco, 1988), 372-78; D. D. Buchholz, *Your Eyes Will Be Opened: A Study of the Greek (Ethiopic) Apocalypse of Peter.* SBLDS 97 (Atlanta, 1988).

Greg Carey

PEDRO A FELIPE, CARTA DE

Breve tratado de la biblioteca de Nag Hammadi, atribuido al apóstol Pedro. Para el final del siglo I Pedro era considerado como la autoridad preeminente para la tradición apostólica en la emergente iglesia ortodoxa. Este cristo bajo seudónimo representa a Pedro como el receptor central de una revelación gnóstica que debe ser el contenido de la predicación apostólica. La carta, que consiste en solo unas pocas líneas (Ep.PFel 132.10–133.7a), invita a Felipe y su grupo, que se dice estar «separado de nosotros» (133.2), a reunirse para recibir instrucciones del Cristo resucitado.

La epístola se compone principalmente de un discurso de revelación gnóstica dado por Jesús en respuesta a una serie de preguntas de los apóstoles. Un rasgo ditintivo de la obra es un sermón pronunciado por Pedro en el que afirma la convicción gnóstica que «Jesús es ajeno a este sufrimiento» (139.21). La epístola es una traducción copta de una versión original griega de finales del siglo II o principios del III d.C.

James J. H. Price

PEDRO A SANTIAGO, CARTA DE

Una epístola escrita en nombre del apóstol Pedro a fin de reclamar su autoridad para la vigencia de la ley en contra de la comprensión de Pablo de la fe cristiana libre de la ley. El Santiago a quien va dirigida esta carta seudónima es el hermano de Jesús y líder principal de la iglesia de Jerusalén (Gá 2.9). La carta sirve como la introducción a las *Kerygmata Petrou* (Predicaciones de Pedro), muy probablemente una obra del siglo II de Siria que presenta las enseñanzas y debates de Pedro defendiendo una forma de cristianismo judío. En esta carta Pedro advierte que sus enseñanzas han sido distorsionadas, específicamente las de la ley. Él pide que Santiago «transmita los libros de mis predicaciones» (Ep. P. 3.1) sólo a aquellos que han sido debidamente capacitados con el fin de prevenir una distorsión de la verdadera enseñanza de Pedro sobre la ley. La carta refleja los debates sobre el papel de la ley en la iglesia del siglo I y reclama la autoridad de Pedro para una comprensión de la fe cristiana que requiere la obediencia a la ley.

James J. H. Price

PEDRO, EVANGELIO DE

Una obra literaria seudónima del siglo II d.C., relacionada con los Evangelios Sinópticos. Un manuscrito griego del Evangelio del siglo VII que pretende haber sido escrito por Pedro fue encontrado por arqueólogos franceses en 1886/87 en Egipto. Los estudiosos lo identificaron como el Evangelio de Pedro, testificado sólo dos veces en la antigüedad, por Eusebio (*HE* 6.12.2-6) y Orígenes (*Comm. on Mt* 10.17). El manuscrito, conservado sólo parcialmente, comienza de manera abrupta en el juicio de Jesús ante Pilato, continúa con su muerte, sepultura y resurrección, y termina en el comienzo de una aparición del Señor resucitado a varios discípulos en Galilea. Dos fragmentos de papiros de Oxirrinco se identificaron en 1972 como el Evangelio de Pedro y demuestran que este libro circulaba por el 200.

Los eruditos antiguos vieron el Evangelio de Pedro como gnóstico o docetista, siguiendo a Eusebio. Más recientemente se le ve como principalmente un documento de la Gran Iglesia (probablemente utilizado por Justino y casi con seguridad por Mileto de Sardis), pero también utilizable por los gnósticos. Casi toda la investigación actual se centra en su relación con los Evangelios canónicos. John Dominic Crossan, siguiendo a Helmut Koester, ha argumentado que una fuente que él aísla en el Evangelio de Pedro, «el Evangelio de la Cruz», se remonta a mediados del siglo I y fue una fuente de los cuatro relatos canónicos de la Pasión. Otros agudamente han impugnado esto, sosteniendo que el Evangelio de Pedro es literalmente dependiente para la mayor parte de su composición de los Sinópticos, en especial de Mateo, y complementado con la tradición oral del siglo II de la corriente popular del cristianismo.

Bibliografía. R. E. Brown, «*The Gospel of Peter — A Noncanonical Passion Narrative*», in *The Death of the Messiah* (New York, 1994) 2:1317-49; J. D. Crossan, *The Cross That Spoke* (San Francisco, 1988); C. Maurer and W. Schneemelcher, «The Gospel of Peter», in *New Testament Apocrypha,* ed. Schneemelcher and R. McL. Wilson, rev. ed., 1 (Philadelphia, 1991): 216-27.

ROBERT E. VAN VOORST

PEDRO, HECHOS DE (BG, 4)

Uno de los Hechos apócrifos lleno de milagros, centrado en una contienda entre Pedro y Simón el Mago en Roma (una elaboración sobre el encuentro en los Hechos canónicos) y sobre el martirio del apóstol. En la competencia con Simón, Pedro pide la ayuda de un perro y un bebé, a los cuales se les da el poder de la palabra, y restaura tres hombres a la vida. En un último y desesperado intento de reafirmar su poder sobre los asistentes, Simón vuela sobre la ciudad de Roma. Por medio de la oración Pedro es capaz de traer a Simón a tierra. En el martirio, Pedro es crucificado boca abajo como resultado de haber enfurecido a dos ciudadanos romanos prominentes al predicar la castidad a sus esposas y concubinas. Cada uno de los dos episodios retrata un tema principal de los Hechos: la restauración de la fe de aquellos que han sido atraídos por los cultos paganos y la insistencia en la abstinencia sexual, incluso dentro del matrimonio.

El documento fue casi seguramente compuesto en griego en la segunda mitad del siglo II d.C. Aproximadamente el primer tercio del documento que falta, aunque es probable que las historias de Pedro curación temporalmente su hija paralítica (conservado sólo en una traducción copta y conocida como la Ley de Pedro) y de su curación la hija de un jardinero (resumen en el Epístola del Pseudo-Tito) son de los capítulos que faltan. El resto de la obra se conserva en latín en el manuscrito Vercelli, y el martirio, que también circula de forma independiente, se conserva en griego, siríaco, etíope, árabe, armenio, georgiano, eslavo y copto. El autor es desconocido, y los candidatos más probables para el lugar de la escritura son Roma o Asia Menor.

Bibliografía. J. K. Elliott, ed., *The Apocryphal New Testament,* rev. ed. (New York, 1993), 390-430; W. Schneemelcher, «The Acts of Peter, » in *New Testament Apocrypha,* ed. Schneemelcher-R. McL. Wilson, rev. ed., 2 (Louisville, 1992): 271-321.

JAMES R. MUELLER

PEDRO, PREDICACIÓN DE

Una obra cristiana temprana que existe sólo en citas fragmentarias, principalmente en Clemente de Alejandría (*Misc.* 1.29.182; 2.15.68; 6.5.39-41; 6.5.43; 6.6.48; 6.7.58; 6.15.128; *Ecl. proph.* 58). Si bien Clemente la atribuye al apóstol Pedro, Orígenes pone en duda su autenticidad (*Comm. in Jn.* 13.17), y Eusebio la considera no canónica (*HE* 3.3.2). El escritor gnóstico Heracleon la citó, y los apologistas Teófilo y Aristides parecen haberla conocido. Estos testigos apuntan hacia una composición de principios del siglo II, posiblemente en Egipto.

Los fragmentos incluyen discursos misioneros por Pedro, pero también incluyen las instrucciones de Cristo resucitado al enviar a los apóstoles a predicar a todo el mundo. La obra pone de relieve el monoteísmo, rechazando el culto griego y judío en favor de la «tercera carrera» cristiana. La prueba de la Escritura se valora: los apóstoles «no dicen nada aparte de las Escrituras»; Pedro afirma que la venida de Cristo, su sufrimiento, muerte, resurrección y ascensión se encuentran todos en la Escritura.

La predicación está relacionada con obras apologéticas cristianas primitivas (énfasis en el monoteísmo, los ataques a paganos y el culto judío) y la literatura de los primeros misioneros (p.ej., Hechos de los apóstoles).

Bibliografía. W. Schneemelcher, «The Kerygma Petri», in *New Testament Apocrypha,* ed. W. Schneemelcher and R. McL. Wilson, rev. ed., 2 (Louisville, 1992): 34-41.

MARTIN C. ALBL

PEDRO, PRIMERA CARTA DE

Una carta de aliento dirigido a los «los expatriados de la dispersión» en la esquina noroeste de Asia Menor. Más allá del hecho de géneros y destinatarios, 1 Pedro sigue siendo una carta en disputa que muestra cómo los primeros cristianos animaban unos a otros en una situación de persecución.

Destinatarios

Los «expatriados» viven en una serie de provincias romanas a las que se podía llegar por un camino de la costa del Mar Negro del Ponto y dando vuelta por Galacia, Capadocia, Asia y, para terminar con el mensajero de tomar un barco de Bitinia. 1 Pedro se presenta, entonces, como una carta circular, que no se ocupa de ninguna congregación en particular.

El término «de la dispersión» normalmente haría que los destinatarios fuesen judíos (o judíos cristianos) que viven fuera (y por lo tanto exiliado de) Palestina. Sin embargo, varias referencias en la carta implican que los lectores son cristianos gentiles (p. ej., 1.14, 18; 2.9-10; 4.3-4). Así pues, parece que el autor está tomando un término judío y aplicándolo a los cristianos gentiles que están exiliados de su patria celestial. Este sentido de ser en la actualidad un «extranjero» o «expatriado» en el país que se ha nacido impregna la carta.

Autor

El autor se identifica como (Simón) Pedro, el más prominente de los 12 apóstoles de Jesús. Sin embargo, el hecho de que la misión de Pedro fue a los judíos, no gentiles; la excelente calidad del griego, especialmente en el cap. 1; el uso de la enseñanza tradicional en vez de ideas originales; la aparición de términos y frases típicas de Pablo; y la falta de una tradición que conecta a Pedro con la zona de los receptores han planteado dudas sobre la autoría. Por ello, muchos estudiosos creen que la carta es seudónima, que viene de un «círculo de Pedro» en Roma, en el último cuarto del siglo I. Otros argumentan que el uso de Silvano (5.12), lo que probablemente indica a Silas, el colega de Pablo, como secretario, así como el mensajero explicaría la calidad del griego (incluyendo el uso del Antiguo Testamento griego en lugar de hebreo o arameo) y las frases paulinas. Las otras cuestiones se podrían explicar porque la carta se dirige a personas que Pedro no conoce personalmente, pero de cuya situación había oído hablar. En ese caso, la carta fue probablemente escrita alrededor de la fecha tradicional del martirio de Pedro, 64 d.C. (a menos que Pedro no haya sido martirizado, como algunos sostienen). Esto haría que la autodesignación de la carta de su autoría fuese exacta.

Lo que está claro es que la carta se presenta como escrita por Simón a quien Jesús apodó Cefas («roca» en arameo) o Pedro (la forma griega de Cefas). Este autor se ubica a sí mismo en «Babilonia» (5.13) junto con Marcos (probablemente Juan Marcos, el compañero de Pablo en su primer viaje misionero). Debido a la identificación en Apocalipsis 17:5, 9 de Babilonia con una ciudad construida sobre siete colinas, una descripción común de Roma, este lugar tradicionalmente se ha pensado que sea Roma. Sin embargo, los comentaristas recientes sobre Apocalipsis han señalado que Jerusalén también estaba construida sobre siete colinas. Por otra parte, Babilonia era la ubicación del exilio judío y así podría representar cualquier lugar de exilio en lugar de la capital de un imperio. Así, mientras que la identificación romana tiene mucho de recomendable, incluyendo el peso de la tradición, el énfasis del autor no es tanto por su ubicación física, sino más bien en que también es un exiliado como los cristianos a quienes se dirige.

Propósito

Los destinatarios de la carta están, a juicio del autor, experimentando la persecución. No hay referencias a los procesos legales oficiales contra ellos, y mucho menos a que alguna persona haya sido ejecutada, ni es la persecución vista como inevitable para todo creyente (3.13-14, 17). Su forma parece ser el ostracismo social, rechazo personal, y, en el caso de los esclavos, castigos injustos (1.6-7; 2.12, 20; 3.14-17; 4.4, 12-16; 5.9), los cuales eran extremadamente significativos en una sociedad que se basa en la posición social (el honor y la vergüenza). A la vista de esto 1 Pedro parece tener dos propósitos. En primer lugar, el autor quiere dar a sus lectores un sentido de pertenencia para el verdadero pueblo de Dios, y por lo tanto una razón para mantenerse firme en la persecución. Su futuro está asegurado; tienen una herencia que nadie puede confiscar. Ellos son el pueblo de Dios y tienen un verdadero hogar. Además, su experiencia en la vida no es peor que la del propio Jesucristo, y que ahora ha sido exaltado a la diestra de Dios.

En segundo lugar, el autor quiere recordar a sus lectores a no dar ningún motivo de persecución que no sea el ser cristianos. Él, por lo tanto, los llama a una conducta santa y la defensa de sus roles sociales de maneras que se creían justas y honorables en la sociedad pagana. Esto reduciría la persecución a un mínimo y aseguraría que la persecución que experimentaban se basara en su comportamiento específicamente cristiano, incluyendo su estilo de vida santa (4.3-5).

Forma y estructura

El libro es una carta de exhortación o estímulo. Las estructuras tradicionales de apertura del saludo y agradecimiento (ampliado en una oración más larga, como en el caso de las cartas paulinas) desembocan en la exhortación de apertura. Tres temas se abordan: su seguridad escatológica en Dios; su deber de vivir como hijos de Dios a la luz del juicio venidero; y su identidad como pueblo de Dios unido a Jesucristo. Nos damos cuenta de que es su identidad colectiva como pueblo que se describe, no su identidad individual, que no era la cuestión fundamental.

La exhortación central del cuerpo de la carta se refiere a la vida en una sociedad pagana. Se supone que los líderes del estado, el amo del esclavo, y el marido de la mujer no son cristianos (aunque los esposos cristianos son tratados en un solo versículo de lado, 3.7). Se acepta que el cristiano persistirá en su fe cristiana, a pesar de que la sociedad rechaza tal independencia de criterio por parte de los ciudadanos y, especialmente, por parte de los esclavos y esposas. Sin embargo, debido a su compromiso con Cristo estas personas pueden optar por vivir una vida virtuosa de acuerdo con su compromiso cristiano y normas sociales, en ese orden. Todo esto se pone en un contexto escatológico del juicio final, que relativiza juicios humanos de honor o vergüenza.

Por último, en la última parte del cuerpo de la carta la situación de persecución es abordada directamente, empezando por la arena de conflicto (la sociedad), a continuación, pasa a la arena en la que debe haber solidaridad (la comunidad cristiana), y, finalmente, regresar a la arena de conflicto, esta vez vista como un conflicto con el diablo en vez de con las personas en la sociedad. La carta termina con el saludo (a menudo en la mano del autor, si se utilizó un secretario), a partir de la recomendación del mensajero y continuando con saludos en general, que están en línea con una carta circular a los grupos de los que el autor no conoce personalmente. Por lo tanto el bosquejo es el siguiente:

I. Dirección (1.1-12)
   A. Salutación (1.1-2)
   B. Acción de gracias (1.3-12)
II. Exhortación de apertura (1.13–2.10)
   A. Exhortación sobre la santidad (1.13-25)
   B. Exhortación sobre el compromiso (2.1-10)
III. Vivir como un cristiano en una sociedad pagana (2.11–4.11)
   A. Exhortación introductoria (2.11-12)
   B. Vivir con el Estado (2.13-17)
   C. Vivir como un esclavo (2.18-25)
   D. Vivir como la esposa de un pagano (3.1-7)
   E. Resumen de una vida virtuosa (3.8-22)
   F. Exhortación a la luz de la escatología (4.1-11)
IV. Vivir con la persecución (4.12–5.11)
   A. Persecución y sociedad (4.12-19)
   B. Persecución y solidaridad cristiana (5.1-5)
   C. Persecución y guerra espiritual (5.6-11)
V. Conclusión y saludos (5.12-14)

Teología

Mientras 1 Pedro ha sido considerada por algunos como un documento de catequesis o una homilía bautismal debido a la naturaleza básica de su enseñanza, que no es tan sistemática o inclusiva. Lo que sí hace es aplicar temas centrales de la teología cristiana a la situación percibida de los lectores. Dios se presenta como el que está en control de la historia (5.6). Él es el creador (4.19) y juez (1.17) del mundo, y sin embargo también el padre de su pueblo (1.17). Debido a esto, mientras que la persecución puede hacer que la vida parezca caótica, permanecen el orden y el control. Jesús se presenta en dos formas. En primer lugar, él es el salvador que dio su vida por su pueblo (1.19; 2.24; 3.18). En segundo lugar, es un ejemplo para los creyentes de aquel que fue rechazado y sufrió, sin embargo resucitó y ascendió triunfantemente. Es esta imagen, tomada de interpretaciones judías de Génesis 6.1-4, que aparece en 3.18-22, que muestra a Jesús proclamando su triunfo a los «hijos de Dios» caído presos en el segundo cielo. Los cristianos gentiles perseguidos se presentan como el pueblo de Dios, recibiendo los títulos y la cualidad de ser pueblo de Dios, pueblo de Israel. La historia es vista en términos de conflicto con el diablo y los que él controla, un conflicto en el que la intervención apocalíptica de Dios y el juicio final es seguro. El sufrimiento, entonces, es la experiencia de la persecución ahora como uno participa en este conflicto. La esperanza que se presenta es que en el presente uno ya pertenece al pueblo de Dios y en el futuro uno recibirá la herencia completa a la que dicha pertenencia le da derecho.

Bibliografía. P. H. Davids, *The First Epistle of Peter.* NICNT (Grand Rapids, 1990); N. Hillyer, *1 and 2 Peter, Jude.* NIBC (Peabody, 1992); J. N. D. Kelly, *A Commentary on the Epistles of Peter and Jude* (1969, repr. Grand Rapids, 1981); T. W. Martin, *Metaphor and Composition in 1 Peter.* SBLDS 131 (Atlanta, 1992); J. R. Michaels, *1 Peter.* WBC 49 (Waco, 1988); P. Perkins, *First and Second Peter, James, and Jude.* Interpretation (Louisville, 1995).

PETER H. DAVIDS

PEDRO, SEGUNDA CARTA DE

Una de las siete epístolas «católicas» o «generales.» Sobre la base de 3.1 («esta es la segunda carta que os escribo») se supone que se dirige al mismo público que en 1 Pedro, aunque no se produzca dicha referencia específica. La situación, el estilo y el contenido indican que tanto el escritor y los lectores previstos vivían en ambientes helenísticos pluralistas.

Estructura literaria

2 Pedro se puede bosquejar de la siguiente manera:

1.1-15 *Introducción*
1.1-2 Saludo
1.3-9 Núcleo de enseñanza definitiva de Pedro
1.10-11 Amonestación para hacer «firme vuestra vocación y elección »
1.12-15 Recordatorio: el testamento de Pedro
1.16–3.13 *Cuerpo*
1.16-21 Autenticación de la enseñanza cristiana tradicional
2.1-22 Denuncia de los «falsos maestros»
3.1-13 Certeza escatológica y ética cristiana
3.14-18 *Conclusión*

2 Pedro evidencia dos géneros literarios: la carta y el testamento. En 3.1 el escritor se refiere al documento como una carta. Su apertura (1.1-2) se ajusta a aperturas de cartas judías y cristianas tempranas habituales. La introducción, indicando el tema (1.3-11), seguida por la declaración de la ocasión de la carta (vv. 12-15), es típica. La carta fue enviada a los destinatarios específicos, es decir, los destinatarios de la carta de 1 Pedro (3.1). Así que a pesar del saludo general (1.1), no es una carta «católica» dirigida a todos los cristianos, pero de vez en cuando una carta dirigida a un problema específico.

2 Pedro es también un testamento, o el discurso de despedida. Este género, común en el período intertestamentario se caracteriza por dos rasgos: admoniciones éticas y revelaciones del futuro (cf. Hch 20.17-34; 2 Timoteo; también Hechos de Pedro, Hechos de Juan, Hechos de Tomás). 2 Pedro 1.3-11 es una homilía que sigue un patrón que se encuentra, por ejemplo, en los discursos de despedida de Esdras (2 Esd 14.28-36). 2 Pedro 1.12-15 está repleta de lenguaje típico de los discursos de despedida, y menciona específicamente el conocimiento de Pedro de su inminente muerte. 2 Pedro 2.1-3a; 3.1-4 predice la llegada de falsos maestros.

Relaciones literarias

Se supone comúnmente que 2 Pedro es una revisión de Judas. A diferencia de Judas, 2 Pedro contiene sólo unas pocas alusiones del AT, por lo general a la LXX y hay citas del AT o referencias a la Asunción de Moisés y 1 Enoc, este último un libro muy popular en el cristianismo del siglo II, pero utilizado en el siglo I en círculos judíos de Palestina. Ya que la midrash de Judas se basa en material tradicional con el que los lectores ya estaban familiarizados (Judas 5), 2 Pedro también puede utilizar una tradición similar. La cuidadosa estructura midráshica de Judas está ausente de 2 Pedro. Contrariamente a las suposiciones comunes, las dos cartas se derivan de diferentes situaciones, se oponen a diferentes oponentes, y por lo tanto, hacen un uso adecuado, reajuste y adaptación de cualquier material que puedan tener en común.

El autor de 2 Pedro conocía una colección de cartas paulinas y las consideraba como «Escrituras», con autoridad junto con el AT (3.15-16). Sin embargo, hay poca señal, si hay alguna, de influencia paulina en 2 Pedro, a pesar de que el autor afirma que Pablo se refiere a su tema. Aunque 2 Pedro contiene cuatro alusiones a tradiciones del Evangelio (1.14; 1.16-18; 2.20; 3.10), es imposible decir si es dependiente de cualquiera de los cuatro evangelios canónicos. El relato de la Transfiguración (1.16-18) es bastante primitivo y no del todo como los relatos fuertemente helenizados del siglo II.

La diferencia en el vocabulario y el estilo entre 1 y 2 Pedro es significativa. Ambas cartas son relativamente breves y están dirigidas a situaciones muy diferentes. A diferencia de las cartas paulinas, la terminología común en 1 y 2 Pedro es insignificante y los temas comunes son en su mayoría esas ideas comunes en el cristianismo primitivo. Mientras que el autor de 2 Pedro conocía 1 Pedro, él no siguió la práctica seudoepigráfica del siglo II común de hacer eco de escritos atribuidos a sus seudónimos.

2 Pedro es muy diferente a otros documentos del NT, y parece representar una situación cristiana y el estilo de discurso no se encuentra en el NT. Sin embargo, hay muchos paralelismos en las ideas y la terminología con 1-2 Clemente y el Pastor de Hermas, todos reclamando fechas de la última década del siglo I. Es posible que 2 Pedro comparta con estas obras una deuda común en cierta tradición del cristianismo romano.

Los Opositores

2 Pedro es un documento polémico destinado a contrarrestar la influencia de ciertos maestros que estaban denunciando las expectativas escatológicas cristianas primitivas como una mera invención apostólica (1.16a; 2.3b; 3.4, 9a). Como este escepticismo se prestaba a ignorar las restricciones morales, se rieron de las advertencias de un juicio venidero, así como en el supuesto poder de Satanás y sus ángeles (2.10). La libertad para ellos significaba la falta de restricción respecto a la sexualidad, la embriaguez y el exceso sensual (2.2, 10, 13-14, 18).

En ninguna parte 2 Pedro hace alguna referencia a la espiritualidad, revelaciones proféticas o la perversión de la gracia como a la que se refiere la epístola de Judas. A diferencia de los «hombres impíos» en Judas, que se caracterizan por la negligencia cristológica y una comprensión antinómica de la gracia, los «falsos maestros» en 2 Pedro enseñan libertinaje ético enraizado en el escepticismo escatológico. El único parecido real entre los opositores en las dos epístolas es su libertinaje ético.

Los opositores aquí no son gnósticos. No hay evidencia que los vincula con el dualismo cósmico, ni el retraso de la parusía figura en el argumento gnóstico contra la escatología cristiana tradicional. Las «fábulas» en 1.16 no se refiere a las fábulas gnósticas, sino a la acusación de los oponentes contra los apóstoles. «Conocimiento» aquí no tiene visos polémicos. Sólo en lo que respecta a la desilusión escatológica pudieron los oponentes en 2 Pedro considerarse primitivos precursores del gnosticismo o incluso «gnosticismo incipiente.»

El trasfondo más plausible para los «falsos maestros» es el ambiente pagano con el que han puesto en peligro. Jerome H. Neyrey ha demostrado la similitud entre el debate escatológico en 2 Pedro y la controversia helenística pagana sobre las opiniones de los epicúreos en la escatología. La inmoralidad sexual de los opositores se arraiga en un acomodo a la sociedad pagana. Si los «falsos maestros» podrían librar el cristianismo de su escatología y normas éticas, se podía hacer con los elementos embarazosos en su cultura. En qué medida sostenían otros puntos de vista tradicionales cristianos, no se conoce. Un constructo teológico básicamente negativo podría haber parecido impresionante (2.18).

Carácter teológico

2 Pedro ha sido llamado el clásico ejemplo de «catolicismo primitivo», lo que demuestra la disminución de énfasis en la esperanza escatológica, aumentando la institucionalización en la Iglesia, y la cristalización de la fe en las formas establecidas. Ciertamente el autor no abandona la expectativa de la Parusía común al cristianismo temprano (1.19; 3.14), pero 2 Pedro no hace referencia a cargos eclesiásticos. Si bien el autor se refiere al conocimiento cristiano, no hay nada que se acerque a la ortodoxia del credo formalizado. La respuesta de 2 Pedro a los oponentes no es la respuesta del «catolicismo primitivo» de la insistencia en la autoridad institucional y la ortodoxia del credo, sino como una petición para volver a la perspectiva escatológica común al cristianismo primitivo. Buscando promover el antiguo mensaje apostólico en una situación posapostólica, el escritor combina su propia experiencia en el judaísmo helenístico con una mezcla de la apocalíptica característica de la Iglesia Primitiva (cf. 1–2 Clemente, Hermas).

Fecha

2 Pedro se ha fechado de varias maneras desde 60-160 d.C. La muerte de Pedro ocurrió cerca de 66-67. 2 Pedro conoce las cartas paulinas, que datan de mediados del siglo I, pero se reunieron un poco más tarde. El Apocalipsis de Pedro, que data de la primera mitad del siglo II, conoce 2 Pedro. La falta de referencia a 1 Enoc indica una fecha del siglo I. Asimismo, la ausencia de énfasis del «catolicismo primitivo» en cargos institucionales puede sugerir una fecha anterior. Los opositores no son ciertamente gnósticos del siglo II. 2 Pedro 3.4 puede reflejar que la primera generación de cristianos, la de los após-

toles, están muertos. La objeción de los burladores en 3.4 es plausible en el período 75-90, caracterizada por una gran desilusión con respecto a la Parusía. Ciertamente, no hay base para considerar 2 Pedro como la última composición en el NT.

Autoría y seudonimia

Pedro es representado como un testigo ocular y autenticador del Jesús histórico (1.16-19), quien tenía la autoridad para interpretar la Escritura y la profecía (vv. 20-21) y para corregir interpretaciones falsas (3.15-16). Mientras que Pedro podría haber sido martirizado en Roma tan temprano como 65, es más probable que él fue encarcelado allí poco después del estallido de la guerra de los judíos en el año 66 y murió en el año 67. Si 2 Pedro fue escrita por Pedro, los cambios producidos por la guerra y su propia muerte inminente podrían explicar las diferencias en el contenido y el tono entre 1 y 2 Pedro. La carta, escrita a iglesias específicas (3.15), pudo haberse originado en Roma. 2 Pedro 3.1 sugiere que las iglesias a las que se dirige son las mismas a las que 1 Pedro se dirigió desde Roma (1 P 5.13).

Sin embargo, ciertos factores militan en contra de la autoría petrina. El autor de 2 Pedro era probablemente judío, pero un judío fuertemente helenizado. 2 Pedro evidencia la mayor proporción de *hapax legomena* en el NT: 57 palabras, no ocurren en el NT en otro lugar, y 32 de ellas no ocurren en la LXX tampoco. El vocabulario refleja el de otros escritores judíos helenísticos de la época (por ejemplo, Filón y Josefo) y los Padres Apostólicos. Esto sugiere que el escritor es alguien que ha leído ampliamente, que domina los términos literarios y poéticos, y tiene como objetivo crear un efecto decididamente literario no muy diferente de la retórica griega contemporánea.

Generalmente se sostiene que el documento es seudónimo, empleando el género de testimonio para abordar temas de actualidad como una predicción de una figura venerable del pasado. Esto no implica medios fraudulentos de reclamar autoridad apostólica, sino fidelidad al mensaje apostólico.

Junto con 1 Pedro y un gran cuerpo de literatura petrina no canónica (incluyendo el Evangelio de Pedro, Predicación de Pedro, Hechos de Pedro, el Apocalipsis de Pedro), 2 Pedro ilustra la importancia que se atribuye al apóstol Pedro en círculos ortodoxos y heterodoxos. Aun así, ningún documento del NT está tan débilmente atestiguado entre los padres de la iglesia o fue tan lentamente aceptado en el canon del NT como 2 Pedro.

Bibliografía. R. J. Bauckham, *Jude, 2 Peter.* WBC 50 (Waco, 1983); T. Fornberg, *An Early Church in a Pluralistic Society: A Study of 2 Peter.* ConBNT 9 (Lund, 1977); B. M. Metzger, «Literary Forgeries and Canonical Pseudepigrapha», *JBL* 91 (1972): 3-24; J. H. Neyrey, «The Form and Background of the Polemic in 2 Peter», *JBL* 99 (1980): 407-31.

Carroll D. Osburn

PEDRO Y LOS DOCE APÓSTOLES, HECHOS DE

Un tratado gnóstico, las primeras 12 páginas del códice sexto descubierto en Nag Hammadi. Al igual que la mayoría de los textos de ese corpus, no existe más que en una traducción copta, aunque fue escrito originalmente en griego.

Sobre la base de la evidencia interna, esta obra aparentemente recibió su última redacción en los años inmediatamente después de la persecución de Decio (c. 249-251 d.C.). Esto está dentro de las estimaciones previas de una datación del siglo II-III. Mientras que la procedencia no ha recibido amplio análisis, una ubicación de Alejandría es probable. El texto en sí es una combinación de dos fuentes anteriores (una *narratio fabulosa* o viaje celestial y una aparición de resurrección) unidas por un redactor posterior que añadió una escena de la comisión, creando el efecto de un diálogo de revelación.

Este texto alegórico describe la llegada de Pedro y los otros discípulos a la ciudad llamada Inhabitación (tierra) en la isla donde Pedro se encuentra con la misteriosa figura de Litargoel, un comerciante de perlas. Después de ofrecer sus perlas (salvación/conocimiento) a los habitantes de la ciudad (los ricos, los pobres, y los discípulos representan las tres clases de personas: los carnales, los psíquicos y los espirituales), Litargoel habla con Pedro y lo invita a que venga a recibir una perla, un tesoro que sólo se logra haciendo el viaje peligroso (a través de los reinos hostiles de los arcontes) a la ciudad de los mercaderes de las nueve puertas (el cielo). A su llegada a Nueve Puertas, los discípulos se reencuentran con Litargoel (disfrazado de un médico), que finalmente se revela como Jesús. La comisión, a la vez práctica y muy orientada a la comunidad, incluye mandamientos para enseñar, cuidar a los pobres, sanar como «médicos de cuerpos y almas», y un rechazo absoluto de los ricos como posibles miembros de la Iglesia.

Bibliografía. A. L. Molinari, *The Acts of Peter and the Twelve Apostles (NHC 6.1)*(diss., Marquette, 1997); S. J. Patterson, «Sources, Redaction and *Tendenz* in the Acts of Peter and the Twelve Apostles (NH VI,1)", *VC* 45 (1991): 1-17.

ANDREA LORENZO MOLINARI

PEDRO Y PABLO, LA PASIÓN DE

Dos narrativas diferentes, cada una atribuida a Marcelo, un seguidor de Pedro, que recuenta la pasión de Pedro y Pablo. La versión más larga de las dos, que data tal vez del siglo VI, se atestigua en eslavo, latín y griego y parece ser posterior a los Hechos apócrifos de Pedro y Pablo. La Pasión narra encuentros contenciosos de los apóstoles con Simón el Mago y Nerón en Roma y cuenta con la carta apócrifa de Pilato al emperador Claudio. El relato culmina con la descripción de las ejecuciones de Pedro y Pablo y la disposición de sus reliquias en los sitios asociados con la muerte de los apóstoles. La versión latina más corta (siglo VI-VII) inserta diferentes detalles narrativos extraídos de los Hechos de Pedro, omite la Carta de Pilato, y termina en la condena de los apóstoles. Pablo es eclipsado por el más prominente Pedro en ambos relatos, tal vez debido a la dependencia de los autores en los Hechos propetrinos de Pedro.

Bibliografía. J. Charlesworth, *New Testament Apocrypha and Pseudepigrapha* (Metuchen, N.J., 1987), 329-30.

MELISSA M. AUBIN

PEKA (Heb. *peqaḥ*)

Rey de Israel cerca de 735-732 a.C. Identificado como el «hijo de Remalías», Peka derrocó a Pekaías, a quien servía como funcionario (2 R 15.25) y de quien pudo haber usurpado también su nombre de trono. Es probable que Peka representara un movimiento antiasirio que buscaba la independencia del pesado tributo exigido como pago a Tiglat-pileser III por Menahem, padre de Pekaías (2 R 15.19).

Peka formó una alianza con Rezín de Siria contra Asiria. 2 Reyes 16.5-20 (cf. Is 7.1-9) informa que esta coalición atacó Jerusalén con el fin de deponer a Acaz de Judá y colocar al «hijo de Tabeel» (cuyo nombre sugiere un arameo) en el trono de Judea. 2 Crónicas 28.5-7 describe una masacre y saqueo masivos. Como una respuesta, Acaz recurrió a Asiria por ayuda (2 R 16.7; 2 Cr 28.16). Esto llevó a la caída de Damasco a Asiria en 732, la pérdida de gran parte de Galaad y Galilea (2 R 15.29), y el derrocamiento de Peka por Oseas (v. 30), que, según anales asirios, fue instigada por el propio Tiglat-pileser.

Los años exactos de Peka son parte de la muy difícil cronología de este período. Según 2 Reyes 15.27 reinó 20 años, que no pueden caber entre un *terminus a quo* a principios de los 730s y un *terminus ad quem* de 732/731 cuando Oseas tomó el trono. Es muy posible que Peka realmente controlara una gran parte de Galaad como un rival de Menahem y fue tomado para el campo de Pekaías como un esfuerzo para consolidar el territorio. Esta estrategia fracasó cuando Peka tomó el control con «cincuenta de los galaaditas» y rápidamente (re?)-estableció contacto con Rezín de Siria, lo que puede indicar su anterior liderazgo al este de Samaria. La numeración de sus 20 años incluiría entonces al menos 10-15 años antes de convertirse en rey en Samaria.

Bibliografía. J. H. Hayes and P. K. Hooker, *A New Chronology for the Kings of Israel and Judah* (Atlanta, 1988); E. R. Thiele, *The Mysterious Numbers of the Hebrew Kings*, rev. ed. (Grand Rapids, 1994).

ANDREW H. BARTELT

PEKAÍA (Heb. *pĕqaḥyâ*)

Rey de Israel durante dos años (c. 737-735 a.C.) después de su padre Menahem (2 R 15.23). Pekaía aparentemente continuó las políticas proasirias de su padre, y pronto fue derrocado por Peka (2 R 15.25), probablemente como respuesta al fuerte tributo exigido de Israel como pago a Asiria.

No se conocen detalles del reinado de Pekaía aparte de la descripción negativa estereotipada de 2 Reyes 15.24. Su corto reinado sugeriría que él era un gobernante más débil que su padre, y el usurpador Peka es identificado como uno de sus propios oficiales. La incapacidad de cualquier rey de Israel para mantener la dinastía después de la de Jehú (2 R 15.12) refleja el caos que siguió al surgimiento del imperio neoasirio y llevó a la caída de Samaria en 722.

ANDREW H. BARTELT

PELAÍAS (Heb. *pĕlāyâ*)

1. Un hijo de Elioenai y descendiente de David (1 Cr 3.24).

2. Un levita que ayudó a interpretar el libro de la ley para el pueblo mientras Esdras lo leía (Neh 8.7). Estaba entre los participantes en el sellado del pacto bajo Nehemías (Neh 10.10 [TM 11]).

PELALÍAS (Heb. *pĕlalyâ*)
Antepasado de Adaías, un sacerdote durante la época de Nehemías (Neh 11.12).

PELATÍAS (Heb. *pĕlāṭyâ, pĕlāṭyāhû*)
1. Descendiente de David y el primer hijo de Hananías; posiblemente nieto de Zorobabel (1 Cr 3.21).
2. Uno de los hijos del simeonita Ishi. Un capitán durante el reinado de Ezequías, rey de Judá (727-698 b.c.), expulsó a los amalecitas en el monte Seir y se estableció allí (1 Cr 4.42).
3. Un líder posterior al exilio en Jerusalén que firmó el pacto bajo Nehemías (Neh 10.22 [TM 23]).
4. El hijo de Benaía (Ez 11.1, 13). Él era un líder corrupto de Judea que murió después de que Ezequiel pronunciara juicio contra él.

Carol J. Dempsey

PELEG (Heb. *peleg*; Gr. *Phalek*)
Un hijo de Eber; un antepasado de Abraham (Gn 10.25; 11.16-19; 1 Cr 1.19-25) y, por los anales de Lucas, Jesús (Lc 3.35). El comentario etimológico que «en sus días fue dividida la tierra (Heb. *plg*)» (Gn 10.25; 1 Cr 1.19) puede referirse a la dispersión de la humanidad después de la construcción de la torre de Babel (Gn 11.8-9), o tal vez para las prácticas de riego (cf. Acad. *palgu,* «canal») o una forma de organización geográfica o política asociada a sus descendientes.

PELET (Heb. *peleṭ*)
1. Un calebita, hijo de Jahdai (1 Cr 2.47).
2. Un guerrero benjaminita, uno de los dos hijos de Azmavet que se unieron a David en Siclag (1 Cr 12.3).

PELET (Heb. *peleṯ*)
1. Un rubenita, el padre de On, que participó en la rebelión de Coré (Nm 16.1). El nombre probablemente debe ser Falú (Nm 26.5, 8).
2. Uno de los dos hijos de Jonatán, un descendiente de Jerahmeel de la tribu de Judá (1 Cr 2.33).

PELETEOS (Heb. *pĕlēṯî*)
Parte de la guardia personal del rey David y fuerza mercenaria (2 S 8.18; 20.23; 1 Cr 18.17), al igual que los cereteos reclutados cuando David estaba estacionado en Siclag (1 S 27). Los peleteos y los cereteos formaron una fuerza de combate efectiva, cohesiva en el ejército de David durante todas sus campañas y supresión de rebeliones (2 S 15.18; 20.7; 1 R 1.38, 44). Como estaban tan estrechamente identificados con los cereteos, se cree generalmente que ellos también eran de origen Egeo, pero hay poca evidencia de apoyo.

Bruce W. Gentry

PELLA (Gr. *Pélla*)
Ciudad en Transjordania (207206), moderno Tabaqat Faḥil (de Sem. *Piḥil[um],* que aparece en los textos egipcios ya en 1800 a.C.), 11 km (7 mi) suroeste de Escitópolis/Bet-san y 8 km (5 mi) este del río Jordán. Era destacada en el período romano como una ciudad de la Decápolis (Plinio *Nat. hist.* 5, 74). La ciudad recibió el nombre Pella en el período helenístico, del hogar macedonio de Alejandro el Grande. Tras un breve período de ocupación en el período calcolítico tardío (precerámica neolítica y tiestos de cerámica neolítica [milenios octavo al quinto] también se han encontrado en el tell principal), la historia de Pella se extiende de la Edad de Bronce egipcia (p.ej., tumbas en el norte, este, y sur) al helenístico tardío (destruido por Alejandro Janeo) y la época romana (conquista de Pompeyo, 63 a.C.), a través de su apogeo en la época bizantina, y en los períodos islámicos.

Las excavaciones arqueológicas en Pella han descubierto el complejo West Church y considerables restos de entierro del siglo XVII a.C., al siglo VI d.C., excavado desde la vertiente este de 400 m (1312 pies) de largo del tell principal. También se ha descubierto un complejo cívico, que se extiende desde la baja ladera sur del tell principal y hacia el wadi; un complejo compuesto de un *odeón* y baño del período romano temprano; una iglesia bizantina; una iglesia oriental; y una mezquita. La ciudad, que ya estaba en decadencia en la época bizantina tardía, finalmente se derrumbó en el terremoto del 747 d.C.

Bibliografía. A. W. McNicoll, R. H. Smith, and J. B. Hennessy, *Pella in Jordan,* 1: *1979-1981* (Canberra, 1982); McNicoll et al., *Pella in Jordan,* 2: *1982-1985* (Sydney, 1992); R. H. Smith, *Pella of the Decapolis,* 1: *1967* (Wooster, 1973); Smith and L. P. Day, *Pella of the Decapolis,* 2: *1979-1981* (Wooster, 1989).

W. Harold Mare

PELONITA (Heb. *pĕlōnî*)
Un gentilicio que designa Heles y Ahías, dos de los valientes de David (1 Cr 11.27, 36; 27.10). El térmi-

no probablemente surge de dos errores separados; Heles es llamado «paltita» en 2 Samuel 23.26, y Ahías es llamado «Eliam hijo de Ahitofel el gilonita» en v. 34.

PELUSIO (Gr. *Pēlusion*)
Una fortaleza de la frontera egipcia situada en Tell el-Faramâ en la esquina norte del Delta en la desaparecida rama pelusíaca del Nilo, cerca de 29 km (18 mi) oeste del Canal de Suez y cerca de 3 km (2 mi) hacia el interior. Ezequiel 30.15 describe la ciudad como una fortaleza de Egipto (cf. v. 16). Strabo (*Geog.* 27.1.24) sugiere que Pelusio era un puerto con acceso al Mediterráneo a través de la rama pelusíaca del Nilo. Herodoto (*Hist.* 2.14) fue el primero en nombrar el sitio *(Pēlousios).* Strabo indica que el nombre se deriva del gr. *pēlós,* «barro», debido a la zona pantanosa al oeste y sur de la ciudad. Las primeras menciones de Pelusio (Egip. *Snw;* cf. Heb. *sin*) se encuentran en los registros del Reino Antiguo como una zona productora de vino y más tarde en las del Imperio Nuevo como un importante puesto militar (cf. Josefo *Ag. Ap.* 1. 274, 291, 302). Herodoto (*Hist.* 2.141) describe la derrota del ejército de Senaquerib por los egipcios en Pelusio como ayudado por ratones de campo que comieron las aljabas, arcos, y las manijas de los escudos de los asirios (cf. 2 R 18). Ramsés en la ruta del Éxodo, una vez se pensó que se ubicaba en Pelusio, pero esa identificación se ha abandonado.

Bibliografía. J. Baines y J. Malik, *Atlas of Ancient Egypt* (New York, 1980); A. Sneh y T. Weissbrod, «Nile Delta: The Defunct Pelusiac Branch Identified», *Science* 180 (1973): 59-61.

LAWRENCE A. SINCLAIR

PENDIENTE
Los hombres, las mujeres y los niños del antiguo Cercano Oriente adornaron sus oídos y narices con joyería. Ezequiel 16.12 distingue heb. *ʿăgîlîm,* ornamentos de oído, de *nezem,* un anillo de nariz (Gn 24.22, 30, 47; Is 3.21; Pr 11.22), pero *nezem* también puede referirse a pendientes (Gn 35.4; Ex 32.2-3; Pr 25.12). En otros pasajes la distinción no está clara, y *nezem* puede haberse referido simplemente a cualquier pequeño artículo de joyería de forma anular.

Los anillos tienen que ver con la fabricación de un ídolo u objeto de culto (Ex 32.2-3; Jue 8.27; Gn 35.4), y ellos están entre las piezas de joyería ofrecidas para el uso en el tabernáculo de reunión de Dios (Ex 35.22). El material de un anillo, cuando es mencionado, siempre es de oro (Gn 24.22, 30, 47; Ex 32.2-3; 35.22; Jue 8.24; Job 42.11). Los anillos de oro o de plata son infrecuentes entre los hallazgos arqueológicos de Palestina, pero los anillos de hierro, cobre y latón son comunes. Los anillos de oro a menudo son en forma de media luna, con un punto al final para la introducción en el lóbulo de la oreja o nariz. Otros anillos son penanular, es decir, circular con una ruptura y dos puntos que se superponen. Algunos pendientes eran bastante pesados (Gn 24.22; Jue 8.24-26; cp. *ANEP,* 72).

Los anillos a veces tenían decoraciones adicionales, sobre todo racimos de pelotas (pendientes «de mora») y pendientes formados como brotes de granada. Los herreros de joyería echan estos anillos en moldes de piedra grabados.
Ver *ANEP* para cuadros de varios anillos.
Joseph E. Jensen

PENIEL (Heb. *pĕnîʾēl*) (también PENUEL)
El nombre («rostro de Dios») dado al lugar donde Jacob luchó con un ser divino y «vio a Dios cara a cara» y sin embargo sobrevivió (Gn 32.30 [TM 31]). En otros lugares el nombre aparece como Penuel.

PENINA (Heb. *pĕninnâ*)
Una de las dos esposas de Elcana. Debido a que ella había dado a luz hijos, ella se burló de la otra esposa de Elcana, Ana, que era estéril (1 S 1.2-6).

PENTÁPOLIS
Las cinco ciudades de la llanura/valle (Wis. 10.6), que se rebelaron contra Quedorlaomer (Gn 14) y cuatro de las cuales fueron destruidas a causa de su corrupción (19.24-29). Según Filón, las ciudades representan los cinco sentidos (*De Abrahamo* 147). Otra pentapolis era la liga de las cinco ciudades filisteas (Jos 13.3; cf. 1 S 7.7).

PENTATEUCO
Los primeros cinco libros (Gr. *pénta teúchos*) de la Biblia, la Torá (Heb. «ley, instrucción»). En la antigüedad estos libros fueron atribuidos a la autoría mosaica (p.ej., 4QMMT C.10; Josefo *Ag. Ap.* 1.39; Lc 24.44), de ahí la denominación tradicional, Cinco Libros de Moisés. El contenido de estos libros comprende la historia del mundo desde la creación del mundo hasta la dispersión de las naciones (Gn 1–11), y la historia de Israel desde Abraham a la muerte de Moisés (Gn 12–Dt 34). El punto culmi-

nante de la obra es el pacto entre Jehová e Israel en el monte Sinaí/Horeb, que comprende Éxodo 19–Números 10 y que se resume en Deuteronomio 4–26. La mayor parte del Pentateuco consta de las estipulaciones del pacto.

El estudio moderno del Pentateuco se ha concentrado en la historia de su composición literaria, con una atención creciente en años recientes a los métodos de comprensión de su forma final. La transmisión textual del Pentateuco también ha visto cada vez más atención debido al descubrimiento de los rollos del Mar Muerto. Este artículo explorará los modelos académicos dominantes en el estudio del Pentateuco, al tiempo que se advierte al lector que se han propuesto otros modelos, pero que no se ha demostrado que se acomoden a los datos de la forma más completa.

Transmisión textual

El estudio de los fragmentos de los libros del Pentateuco de los rollos del Mar Muerto indica que el texto tradicional hebreo (TM) es una fiel reproducción de uno de los tipos de texto en circulación en el período asmoneo y herodiano. El Pentateuco Samaritano y la LXX griega parecen pertenecer a otros dos tipos de texto, aunque los tres tipos están estrechamente relacionados y descienden de un solo antepasado textual. No está claro si existían otros tipos de texto y el grado en que la mezcla entre los tipos de texto ha afectado a los textos sobrevivientes.

Aunque todos los textos del Pentateuco descienden de un ancestro común, hay evidencia de que algunas secciones se insertaron, revisaron o ampliaron después de que los tres principales tipos de texto se separaron. La más extensa revisión, que asciende a una nueva edición, ocurre en el relato de la construcción del tabernáculo en Éxodo 35–40. La LXX contiene un texto más corto de este relato, en el que numerosos asuntos ocurren en diferente secuencia que en el relato del texto masóretico (y samaritano.) Se ha argumentado convincentemente que la LXX conserva una fase anterior de este texto, que fue posteriormente revisado y ampliado en la edición conservada en los textos masorético y samaritano. Una implicación importante de este caso de expansión textual es que el tipo de actividad literaria atribuido a las fuentes y a los editores del Pentateuco es detectable en algunos casos en la historia textual del Pentateuco. Este resultado corrobora en cierta medida los métodos por los que los estudiosos han explorado la historia literaria del Pentateuco.

Fuentes literarias

El Pentateuco se compone de un número de diferentes fuentes literarias que se han combinado en una serie de redacciones. Las principales fuentes literarias primarias son identificadas como J (jehovista), E (elohista), P (fuente sacerdotal), y D (deuteronomista). La serie de redacciones por la cual se combinaron estas fuentes se conoce como R^{JE}, R^{JEP}, y R^{JEPD}. Si bien es difícil establecer fechas absolutas en las composiciones y redacciones, es posible dentro de los límites razonables determinar las fechas relativas, ya que varias de las fuentes parecen estar directamente influenciadas por sus predecesores. El caso más claro de la dependencia literaria es la dependencia de D en R^{JE}, como D cita y se expande sobre esta obra en muchos casos, tanto en las secciones legales como en las narrativas. Por lo tanto D, compuesto en su mayoria a finales del siglo VII a.C., (la época de Josías), proporciona un *terminus ad quem* para la fecha de J, E, y R^{JE}. Es posible que el «libro de la Torá» que Esdras lee al público en Nehemías 8 sea el Pentateuco en su forma final o casi final (c. 458).

El uso de fuentes literarias en la composición del Pentateuco es explícito en Números 21.14-15, donde un verso es citado del «libro de las batallas de Jehová», y en Génesis 5.1, que se refiere al «libro de las generaciones de Adán.» Aparte de estos casos la presencia de diversas fuentes debe ser inferida por criterios internos, incluyendo los siguientes:

1. *Dobletes.* Hay alrededor de 25 ocasiones en la narrativa del Pentateuco cuando una historia se cuenta en dos o más versiones (p.ej., Gn 12.10-20; 20.1-18; cf. 26.6-11). A menudo estas versiones se contradicen en detalles. Hay más de 50 ocasiones en las que se da una ley en dos o más versiones, donde a menudo una expande o modifica a la otra (p.ej., Lv 11.1-47; Nm 14.3-20).

2. *Terminología.* Diferentes secciones del Pentateuco tienen consistentemente diferente terminología para ciertos nombres, lugares, y asuntos ordinarios de vocabulario. Los diferentes conjuntos de terminología corresponden sistemáticamente a los diferentes conjuntos de dobletes.

3. *Continuidad narrativa.* Secciones aisladas por las correspondencias de dobletes y terminología a

menudo se conectan entre sí para crear una continuidad narrativa más coherente que la que posee el texto compuesto. Por ejemplo, los detalles de la narración del diluvio en Génesis 6–9 son más inteligibles cuando se leen como versiones paralelos del diluvio (J y P). La rebelión de Datán, Abiram, y Coré en Números 16 es más inteligible cuando se separa en dos historias constituyentes (Datán y Abiram es J; Coré es P; observe que Deuteronomio 11.6 conoce sólo la versión J). Las revelaciones de Dios del nombre Jehová a Moisés en Éxodo 3 (E) y 6.2-8 (P) son inteligibles cuando se separan una de otra y de la fuente J, donde Enos es el primero en invocar el nombre de Jehová (Gn 4.26). Hay numerosos de tales casos.

4. *Teología.* Diferentes fuentes del Pentateuco, cada una marcada por dobletes distintivos, terminología y continuidad narrativa, tienen diferentes teologías. Conceptos de Dios, la relación entre Dios y los seres humanos, y cuestiones del libre albedrío y los ideales éticos difieren considerablemente entre las fuentes del Pentateuco. Mientras el Dios de J es falible y a veces cambia de opinión, como en la historia del Diluvio (compare Gn 6.5-8 con 8.21), y sus personajes humanos tienen libre albedrío (p.ej., Gn 3.6), El Dios de E y P es el autor de los acontecimientos humanos en los que los seres humanos son a menudo los actores involuntarios (para E, Gn 20.6; 45.5-8; para P, Ex 7.3). En P la presencia numinosa de Dios en el tabernáculo es la culminación de la creación y el mediador entre el hombre y Dios (Ex 29.42-46; 40.33-34; cf. Gn 2.1-3), mientras que en D es la palabra de Dios y las tablas de su ley que median entre lo humano y lo divino (Dt 5.22-33; 10.1-5). En muchos aspectos las diversas fuentes están discutiendo entre ellas sobre temas cruciales de la teoría y la práctica religiosa.

Unidad y diversidad

La serie de redacciones en las fuentes del Pentateuco crearon un texto compuesto que posee un carácter único. Cada una de las versiones de la historia sagrada, cuando se combinan juntas, adquiere un nuevo carácter como comentario, desarrollo, y contrapunto a las otras versiones. Así, la naturaleza compasiva de Dios en J, destacada en su título «Jehová, misericordioso y piadoso» (Ex 34.6), proporciona un contrapeso a la calidad jurídica de Dios en P. La corporeidad de Dios en J caminando por el huerto (Gn 3.8) o comiendo con Abraham (18.8) es equilibrada por la invisibilidad de Dios en D (Dt 4.12-15). La virtud de la obediencia absoluta a Dios en E (Gn 22) se equilibra con la virtud de un compromiso ético personal, incluso donde puede entrar en conflicto con Dios, en J (18.23-32). El libre albedrío humano, con sus responsabilidades y consecuencias inherentes, dominante en J y D, es contrarrestado por la predestinación providencial de Dios en E (Gn 45.5-8; 50.20) y por la periodicidad divinamente ordenada del tiempo, medida por los pactos, en P. Una amplia gama de posibilidades de vida son abarcados por esta obra compleja, lo que permite en gran medida la capacidad del Pentateuco para responder a las necesidades religiosas de los fieles a través de los últimos dos milenios y más. En un sentido muy tangible el Pentateuco, como una diversidad unificada, crea un potencial casi ilimitado para la interpretación significativa.

Bibliografía. J. Blenkinsopp, *The Pentateuch* (New York, 1992); S. R. Driver, *An Introduction to the Literature of the Old Testament,* 6th ed. (Edinburgh, 1897); T. E. Fretheim, *The Pentateuch* (Nashville, 1996); R. E. Friedman, *Who Wrote the Bible?* (New York, 1987).

RONALD S. HENDEL

PENTATEUCO SAMARITANO

Forma distintiva de la Torá que se distribuía en la comunidad samaritana. Estos cinco libros constituían las Santas Escrituras de la tradición samaritana.

Entre las características más notables del Pentateuco Samaritano, está su adaptación a la teología samaritana, preeminentemente exhibida en la expansión de los Diez Mandamientos, al incorporar los mandamientos de Moisés de Deuteronomio 11.29-30; 27.2-7, después de Éxodo 20.17, para hacer de la adoración en el Monte Gerizim el Décimo Mandamiento. Después de su inserción, la versión de Éxodo 20.24 del Pentateuco Samaritano dice: «en *el* lugar donde *he hecho* que esté la memoria de mi nombre», en lugar de «en *todo* lugar donde yo *hiciere* que esté la memoria de mi nombre». Este ajuste (que también se hizo a lo largo de Deuteronomio) efectivamente descarta a Jerusalén como un lugar aceptable de adoración. Entre otros elementos de la teología samaritana que se presentan en esta Torá está defender el honor de Dios (al quitar antropomorfismos y al incorporar un ángel de Dios en lugar de un encuentro directo entre la divinidad y los humanos) y diferencias legales ocasionales, arraigadas en la interpretación samaritana de la ley.

Los críticos textuales generalmente coinciden en que el Pentateuco Samaritano probablemente surgió alrededor de 100 a.C. Sin embargo, el tipo de texto que los samaritanos adoptaron en ese tiempo ya estaba en uso más ampliamente entre los judíos de Palestina, en el período asmoneo. Por ejemplo, un rollo importante del libro de Éxodo de Qumrán, 4QpaleoExod^{m}, presenta todas las características textuales del Pentateuco Samaritano, y solamente le falta el así llamado «mandamiento sectario» en cuanto al Monte Gerizim. Esta tradición textual «protosamaritana», como se le llama, se caracteriza por expansiones del texto para lograr armonía dentro y entre los libros bíblicos, por la «modernización» de elementos arcaicos o difíciles del texto hebreo, y por el uso extenso de *matres lectiones* (consonantes hebreas que se emplean como vocales para ayudar en la lectura).

Bibliografía. J. D. Purvis, *The Samaritan Pentateuch and the Origin of the Samaritan Sect*. HSM 2 (Cambrdige, Mass., 1968); J. E. Sanderson, *An Exodus Scroll from Qumran: 4QpaleoExod^{m} and the Samaritan Tradition*. HSS 30 (Atlanta 1986).

JEFFREY S. ROGERS

PENTECOSTÉS

El nombre griego (significa «quincuagésimo») para la fiesta israelita de las Semanas que celebraba el inicio de la cosecha. Esta fiesta tuvo lugar 50 días después de la ofrenda de la gavilla de los primeros frutos en la época de Pascua y Panes sin levadura (cf. Lv 23.9-14). En el judaísmo posterior, el festival llegó a ser asociado con la entrega de la ley y la realización del pacto en Sinaí. En la historia cristiana, el día de Pentecostés se asocia específicamente con el descenso del Espíritu sobre la comunidad de creyentes en Jerusalén (Hch 2). En este momento, la comunidad empezó a proclamar las buenas nuevas de la actividad de Dios en las lenguas de todas las naciones del mundo (Hch 2.1-13). Aunque el texto de Hechos no hace ninguna referencia específica a Sinaí o el pacto de Sinaí, es probable que el escritor de Hechos entendiera el descenso del Espíritu para marcar el principio sagrado de la comunidad cristiana de una manera que fue paralela al origen sagrado de la comunidad israelita en Sinaí. Como tal, Pentecostés funciona como una celebración de la fundación de la comunidad cristiana y el comienzo de su misión de evangelización.

Véase Semanas, fiesta de.

Bibliografía. I. H. Marshall, «the Significance of Pentecost», *SJT* 30 (1977): 347-69.

FRANK H. GORMAN, JR.

PENUEL (Heb. *pĕnûʼēl*) **(LUGAR)**

El lugar en Transjordania donde Jacob luchó con un «varón» (Gn 32.22-32 [TM 23-33]; cf. Os 12.4). Jacob llamó el lugar Peniel (Gn 32.30 [31]), «el rostro de Dios.» Gedeón destruyó una torre construida en Penuel porque los habitantes se negaron a ayudarle a perseguir a los madianitas (Jue 8.8-9, 17). Jeroboam I más tarde reconstruyó la ciudad (1 R 12.25). La ubicación exacta, en algún lugar entre Mahanaim y Sucot, se debate, aunque muchos lo identifican como Tell edh-DhAcab esh-Sherqîyeh (215176) en el río Jaboc (Nahr ez-Zerqā) este de Sucot.

PENUEL (Heb. *pĕnûʼēl*) **(PERSONA)**

1. Hijo de Hur, y nieto del patriarca Judá (1 Cr 4.4).

2. Hijo de Sasac de la tribu de Benjamín (1 Cr 8.25; **K** Peniel).

BRENT A. STRAWN

PEÑA DE LAS DIVISIONES

Un lugar en el desierto rocoso de Maon, quizás un acantilado o peña rocosa (Heb. *selaʻ hammaḥlĕqôṯ*), donde Saúl suspendió su búsqueda de David a fin de defender Israel de la agresión filistea (1 S 23.28; RVR1960 «peña de las divisiones»; NVI «Sela Hamaj-lecot»).

La narrativa sugiere que David fuera capaz de zafarse de Saúl y sus hombres, que él podría ver, sin que ellos fueran capaces de capturarle. Se piensa popularmente que el lugar es dos acantilados separados por un barranco estrecho, tales que podrían existir en el Wadi el-Malâqi, aprox. 8 mi (13 km) nordeste de Maón.

T. J. JENNEY

PEOR (Heb. *pĕʻôr*)

Una montaña de la cordillera de Abarim en el noroeste de Moab, también llamada Baal-peor porque era el punto focal para la adoración de una manifestación local de Baal (también conocido como Baal-peor o simplemente Peor). Muchos israelitas cayeron en la apostasía al adorar al dios de esta montaña (Nm 25.3, 5, 18; 31.16; Dt 4.3; Jos 22.17; Sal 106.28). Fue desde esta montaña que Balaam intentó maldecir a Israel.

Por lo general, se había entendido que el monte Peor se encuentra en algún lugar cerca del monte Nebo (Jebel en-Nebu), ya que el texto bíblico indica que Balaam pudo observar el campo de Israel en Sitim (en la llanura de Moab) desde su cumbre (Nm 23.28; 24.2; 25.1), un punto de vista ventajoso que también proporciona el Nebo. La proximidad de estas dos montañas entre sí se ve apoyada por Deuteronomio 34.1-6, que indica que Moisés murió en o cerca del monte Nebo, pero fue enterrado en un lugar desconocido en el valle «frente a Bet-peor.» Egeria dijo que ella podía ver la prominencia de Peor (Fogor) en un sitio llamado Agri Specula, situado a la «izquierda» de la montaña donde se encuentra la iglesia bizantina conocida como el Memorial de Moisés, «hacia el Mar Muerto» (es decir, suroeste de Râs es-Siyagha, la prominencia occidental del monte Nebo). Otra posibilidad sería la cordillera de Mushaqqar inmediatamente al norte de Siyagha. De hecho, al menos dos sitios en esta cordillera (220131), Khirbet el-Meḥaṭṭa/Khirbet esh-Sheikj Jayil y Khirbet ʿAyûn Mûsā, han sido propuestos como candidatos para Bet-peor, el centro del culto para Baal-peor.

RANDALL W. YOUNKER

PEPINO

El fruto de una planta herbácea cultivada en el antiguo Cercano Oriente (Heb. *qiššu'â*), posiblemente de las especies *Cucumis sativus* L. o *Cucumis chate* L., pepinos de jardín similares a las variedades modernas. También puede haber sido melón (*Cucumis melo* L. var. chatae Nand.), fruta verde similar a los pepinos de jardín. Cuando estaban en el desierto, los israelitas suspiraban por los pepinos que habían comido en Egipto (Nm 11.5).

Isaías describe el cobertizo de un agricultor solo en un campo de melones como símbolo de Jerusalén sola en la desolada Judá (Is 1.8). Jeremías compara los ídolos con los espantapájaros en un campo sembrado de melones (Jer 10.5).

Megan Bishop Moore

PERAZIM (Heb. *pĕrāṣîm*)**, MONTE**

Una montaña nombrada en el oráculo de Isaías contra los líderes de Jerusalén (Is 28.21).

Véase Baal-perazim.

PERDIZ

Dos especies principales de perdiz (Heb. *qōrēʾ*) se encuentran en Palestina. La perdiz griega *(Alectoris graeca)* tiene mejillas blancas en negro con lados barradas es cerca de 35 cm (14 in) de longitud. Habita la llanura costera de las colinas más bajas de la Palestina central. La perdiz del desierto *(Ammoperdix heyi)* es más pequeña y arenosa en color y habita en las regiones desérticas rocosas del centro al desierto del sur del Mar Muerto y el Neguev. La hembra pone entre seis y doce huevos, y la perdiz puede ser un ave intrusa que se roba los huevos de otras aves (Jer 17.11). Se alimenta de insectos y semillas. Ambas especies son kosher y son cazados por su deliciosa carne de pechuga (cf. 1 S 26.20). Sirac 11.30 observa el uso de perdices enjauladas como señuelos.

Bibliografía. J. F. A. Sawyer, «a Note on the Brooding Partridge in Jeremias XVII 11", *VT* 28 (1978): 324-29.

JOHN A. MCLEAN

PEREA (Gr. *Peraía*)

Un territorio transjordano que se extiende de sur a norte de Maqueronte a Pella, o aproximadamente desde el río Arnón (Wadi Mojib) hasta el Wadi el-Yābis (ya que Pella era parte de la Decapolis y por lo tanto no incluida), y este-oeste de Filadelfia (Amman) al río Jordán (Josefo *BJ* 3.3.3 [46]). En el NT el término ocurre sólo en lecturas variantes de Lucas 6.17. Es evidente que se deriva de la frase «del otro lado del Jordán» (Gr. *péran toú Iorodanou*), del Heb. *ʿēḇer hayyardēn*.

Tras el exilio de los judíos de esta zona en 732 a.C. (2 R 15.29), fue repoblada por gentiles después de la conquista de Alejandro. Este último amenazó a una minoría de judíos posexílicos en la época de los macabeos (1 Mac 5.9, 45-54), lo que llevó a la conquista de la zona por Jonatán, ampliada por Juan Hircano y Alejandro Janeo. Perea se convirtió en distrito administrativo bajo Roma en cerca de 57 a.C. En 20 a.C, pasó a formar parte del reino de Herodes y posteriormente fue y vino entre sus descendientes (Antipas, 4 a.C.–d.C. 39; Agripa I, 39-44; Agripa II, 54-c. 100), finalmente llegó a ser parte de la provincial romana de Siria.

PAUL J. RAY, JR.

PEREGRINACIÓN

Viajar a un lugar sagrado para participar en ritos especiales era común en el Mediterráneo antiguo (Olympus, Epidauro) y el Cercano Oriente (Harran, Temán). En Israel también los peregrinos visitaban los sitios claves, incluyendo el monte. Sinaí, Jerusalén, y otros (Betel, Os 4.15 [cf. La etiología del templo en Génesis 28]; Gilgal, 1 S 10.8; Os 4.15; y Silo, 1 S 1). Desde tiempos muy antiguos, las fiestas de peregrinación más importantes fueron la Pascua, Pentecostés y Tabernáculos (Ex 23.14), aunque sus fechas exactas varían según la región (cf. 1 R 12.32-33). La peregrinación era una ocasión para bailar y cantar (Sal 42.4 [TM 5]).

La Biblia da testimonio indirectamente de una práctica de peregrinación al Sinaí. Elías hace una caminata de 40 días a Horeb (1 R 19) con el fin de recibir una revelación. La duración del trayecto corresponde a la estadía de 40 años de Israel en el desierto. El itinerario de Números 33 probablemente refleja paradas a lo largo de la ruta de peregrinación al Sinaí. Una de estas paradas puede haber sido el khan en Kuntillet ʿAjrud/Ḥorvat Teman (0940.9560), donde el excavador Zeev Meshel ha encontrado vasijas con inscripciones «a Jehová y su Asera» y paño tejido mezclado con posible significado cultual.

La estatura de Jerusalén como un lugar de peregrinación debe mucho a la ideología real asociada con la dinastía davídica. La ciudad se convirtió en el centro mítico del universo y de la montaña cósmica (Is 2; cf. Sal 2). Los peregrinos cantaban una serie de himnos mientras se aproximaban a la ciudad (Sal 120–134). Estas pintorescas «canciones de ascenso» capturan los sentimientos religiosos de la comunidad que viene al templo salomónico de las colinas circundantes (Sal 121–122). También celebran el compromiso de Jehová con Jerusalén (Sal 126–127, 133) y sus gobernantes (132).

En el período del segundo Templo el recinto sagrado se convirtió en un importante centro bancario regional, manteniendo su significación ideológica para las comunidades judías y cristianas de formación. Los peregrinos se reunieron fuera de Jerusalén de la diáspora y viajaban a través de Ascalón, Gaza, o Jaffa a la ciudad (*b. Sanh.* 11a; cf. Lucas 2.41-52). Numerosas inscripciones funerarias y otras memorias de peregrinos sobreviven. A pesar de la ambivalencia de Jesús hacia el templo (Mr 13), sus discípulos continuaron visitando, e incluso se informa de Pablo haber hecho una peregrinación en cumplimiento de un voto (Hch 21.23-26). Mientras que la destrucción del templo en el año 70 d.C., y la expulsión de los judíos de la ciudad en el año 138 alteró los ritmos de la peregrinación, la ciudad conserva sus atractivos. La legalización de Constantino del cristianismo marcó el comienzo de un período de construcción de iglesias patrocinado por el imperio (notablemente la iglesia del Santo Sepulcro bajo santa Helena y posteriores emperadores; cf. El peregrino Bourdeaux). Jerusalén se convirtió en el imán para tres religiones, y lo sigue siendo hoy.

Bibliografía. J. D. Levenson, *Sinai and Zion: An Entry into the Jewish Bible* (Minneapolis, 1985); Z. Meshel, *Kuntillet Ajrud* (Jerusalem, 1978).

MARK W. HAMILTON

PERES (Heb. *pereš*)

Descendiente de Manasés, hijo de Maquir y Maaca (1 Cr 7.16).

PÉREZ-UZA (Heb. *pereṣ ʿuzzā*, *pereṣ ʿuzzâ*)

El nombre («el quebrantamiento de Uza») dado al lugar donde Uza fue muerto por Jehová después de haber sostenido el arca del pacto para evitar que se cayera al ser transportada a Jerusalén (2 S 6.8; 1 Cr 13.11). Situado en alguna parte al oeste de Jerusalén, tal vez deba ser identificado con la era de Nacón/Quidón.

PERFECCIÓN

Heb. *tāmîm, šālēm;* Gr. *téleios y* cognados típicamente significa «completo», «entero», «maduro», «sin mancha», o «indivisible.» Es en contextos donde el enfoque está en la disposición humana o divina que la concepción teológica de la perfección se vuelve aguda.

Aparte de Mateo 5.48, no hay declaración bíblica directa de que Dios es perfecto por naturaleza. Ausente también está cualquier noción abstracta de perfección como se encuentra en la filosofía griega, aunque las especulaciones filosóficas judía y cristiana sin duda abordaron este asunto. Los apologistas cristianos utilizaron categorías filosóficas para describir la naturaleza de Dios, y Filón llamó a Dios «el perfecto» al estilo griego.

El enfoque bíblico está en gran medida en lo que hace a los seres humanos «perfectos» en relación con Dios. En el AT *šālēm* se usa frecuentemente con «corazón» para describir personas no divididas en su adoración exclusiva de Jehová (1 R 8.61; 11.4; 15.3, 14; 1 Cr 28.9), mientras que *tāmîm* se utiliza de aquellos a quienes se les ordenó ser irreprensibles en la obediencia a los mandamientos de Dios (Dt 18.13; cf. Gn 6.9). Con frecuencia en Salmos (p.ej., Sal 119.1; 101.6) y Proverbios (p.ej., Pr 11.20; 28.18) *tāmîm* se utiliza con «caminar» para describir irreprensibilidad en la obediencia a la ley de Dios.

En el NT, la perfección se entiende posicionalmente. Los cristianos se mantienen perfectos en relación con Dios como participantes de la naturaleza divina (2 P 1.4). Se les da el Espíritu y abrazan la sabiduría de Dios en Cristo crucificado (1 Co 2.6-16) y están habilitados para comparecer ante Dios en virtud de la obra sacerdotal perfecta de Cristo (He 7.19; 10.1). La perfección se entiende también en términos de madurez, definida como vivir y crecer en el poder de la cruz y resurrección de Cristo (Ro 12.2; 1 Co 2.6; 14.20; Ef 4.13; Fil 3.15). La perseverancia es, pues, fundamental para avanzar en la madurez y perfección (Stg 1.4), y producir esta madurez es la meta del ministerio apostólico de Pablo (Col 1.28). La perfección también implica un componente ético. Esto es claro en Mateo 5.48, donde a los creyentes se les manda ser perfectos como Dios es perfecto. El contexto inmediato sugiere que el enfoque de esta perfección es amor. Los creyentes deben amar a todas las personas como Dios los ama. El amor de Dios por la humanidad, demostrado en el sacrificio de Cristo, es la base de la capacidad cristiana para amar a Dios y a los demás y por lo tanto ser perfeccionado en el amor divino (1 Jn 2.5; 4.12, 18). El camino hacia la perfección es la obediencia al mandamiento de amar a Dios y al prójimo por completo (Mr 12.30-31). El amor es el vínculo a través del cual las demás virtudes cristianas se perfeccionan (Col 3.14).

La perfección se relaciona con la santificación, sugiriendo que la perfección relativa es actualmente alcanzable. Mientras que la perfección absoluta sin pecado está disponible solo en la eternidad, la perfección en el presente es una meta digna de aspiración (Fil 3.12-15). El dicho de Pablo en Filipenses 3.16 es programática: «vivamos de acuerdo con lo que ya hemos alcanzado» (NVI).

Bibliografía. H. K. La Rondelle, *Perfection and Perfectionism* (Berrien Springs, 1971).

Jeffrey S. Lamp

PERFUME

Perfumes, sustancias líquidas, gelatinosas o secas conocidas por sus cualidades aromáticas, juegan un papel importante en la cultura económica, social y religiosa del mundo bíblico antiguo. Las palabras traducidas por «perfume» vienen de la raíz hebrea *rāqaḥ*, «preparar el perfume», y se asocian con el incienso y el ungüento también. La mayoría de los perfumes fueron derivados de las plantas, mientras que unos pocos eran extractos de animales. La mayoría de las fuentes de perfume llegaron a Canaán a través de las rutas comerciales a lo largo de la Media Luna Fértil e incluyen sustancias como el incienso y la mirra de Arabia, nardo de Nepal, aloes y azafrán de la India, canela de Sri Lanka, y uña aromática, derivada de un molusco del Mar Rojo. El comercio de perfumes y especies se convirtió en una parte importante de la economía del antiguo Cercano Oriente y el mundo greco-romano.

Los que fabricaban perfumes, llamados perfumistas, a menudo estaban conectados a comunidades religiosas o sacerdotales. Éxodo 30.37-32; 37.29 describe los aceites aromáticos utilizados para ungir el arca del pacto, y los objetos sagrados en el tabernáculo de reunión. Los perfumistas extraían los aceites esenciales de plantas, flores y frutas, y utilizaban gomas, resinas, especies y secreciones de animales en varias recetas. El embalaje de los perfumes variaba de una sencilla bolsa de tela a elaborados jarros de alabastro y cajas de perfume. Los aceites fueron utilizados para ungir a las personas así como objetos, mientras que las mezclas secas eran quemadas como incienso en los sacrificios y en los santuarios.

Además de las ceremonias religiosas de la comunidad, se utilizaron aceites perfumados y bálsamos para una variedad de propósitos médicos. En climas desérticos, los aceites protegen la piel frente a las condiciones áridas, duras, mientras que los aceites se vertían en heridas para facilitar que cerraran y detener infecciones. Mirra mezclada con vino le fue dada a Jesús como anestésico durante su crucifixión (Jn 19.39). Además, muchos del antiguo Cercano Oriente utilizaron perfumes como parte de sus rituales de la muerte y funeral, en el embalsamamiento o cremación.

Los perfumes también fueron utilizados en situaciones sociales y seculares. En el mundo grecorromano, los individuos utilizaron aceites perfumados después del baño o la participación en competencias atléticas, a menudo para contrarrestar los olores corporales. Bolsitas perfumadas se usaban o se llevaban con la ropa de uso personal o se masticaban para endulzar el aliento. Los perfumes fueron utilizados por hombres y mujeres con fines cosméticos, para aumentar el atractivo y demostrar la condición social o económica. Plinio señala que los invitados, que llegaban para las cenas, se lavaban y perfumaban las manos y los pies antes de entrar en un salón de banquetes. La unción de Jesús en Betania (Mr 14.3) puede indicar esta práctica entre los judíos del siglo I, y era vista como un acto de hospitalidad y amabilidad. Los perfumes se asociaban con los placeres de la vida y se utilizaban para dar fragancia a los muebles como sofás y camas de boda.

Joseph A. Coray

PERGAMINO

Un material para escribir producido a partir de las pieles de los animales domésticos, como ovejas y ganado. El origen de la palabra se atribuye a la ciudad de Pérgamo. Según Plinio el Viejo (*Nat. hist.* 12.21), el pergamino llegó a existir a través de la rivalidad entre las bibliotecas de Ptolomeo V Theos Epífanes de Egipto (205-182 b.c.) y Eumenes II de Pérgamo (197-159); un embargo a la exportación de papiro causó la invención y fabricación de pergamino en Pérgamo.

La vitela, que es generalmente de calidad superior, era produida a partir de las cabras, terneros, corderos, y en ocasiones antílopes. Los cerdos producían pergamino de inferior calidad y por lo general se evitaron. Las pieles se lavaban y se raspaba el pelo, se frotaba con piedra pómez para suavizarlas, y finalmente secarlas.

El rollo de papiro más antiguo era inconveniente para su uso, ya que se tenían dos manos para enrollar y desenrollar el rollo de forma simultánea. Además, se podía escribir en ambos lados del pergamino, mientras que en el papiro no se podía. Desde el siglo IV d.C., en adelante, la demanda de las Escrituras Cristianas en su totalidad hizo el códice de pergamino (un libro con hojas) preferible sobre el rollo de papiro.

James V. Smith

PÉRGAMO (Gr. *Pérgamos, Pérgamon*)

Ciudad en el oeste de Asia Menor que figura entre las siete iglesias de Apocalipsis 1.11 (también 2.12-17). Situada a 24 km (15 mi) del Mar Egeo y 113 km (70 mi) norte de Esmirna, Pérgamo era una famosa e importante ciudad que disfrutó de una rica historia desde el siglo III a.C., al siglo IV d.C. Su acrópolis se ubicaba estratégicamente en la cima de un acantilado de casi 396 m (1300 pies) sobre el río Caico, dándole una excelente vista de la Bahía de Lesbos. Los antiguos reinos griegos basaron su poder aquí como un medio de control de vastas regiones y como refugio durante el asalto. Con la conquista de Alejandro el Grande (334 a.C.) Pérgamo aumentó en importancia como un centro militar y político.

Roma conquistó el área en 133 a.C. Pérgamo se convirtió en la principal ciudad de Asia, lugar de los inicios del culto imperial en el este y un continuo centro de influencia intelectual y económica. En 88 a.C., Pérgamo se unió a una revuelta contra Roma, lo que provocó a Antonio dar su amada biblioteca a la rival Alejandría. Desde 350 Pérgamo fue conocida también por su culto de Esculapio, dios de la medicina, y muchos vinieron a visitar su *asclepium*, o santuario de curación.

Cuando Juan escribió el libro de Apocalipsis, Pérgamo había sido un asiento importante de gobierno por 400 años. La evidencia de una comunidad judía se puede encontrar en fuentes literarias. La iglesia cristiana probablemente se desarrolló aquí durante la estancia de Pablo de dos años en Éfeso. La carta de Juan elogia a la iglesia por su perseverancia — particularmente a la luz de su vida «donde está el trono de Satanás» (Ap 2.13), tal vez una referencia al templo de Zeus o Esculapio. Juan también advierte contra «los nicolaítas» (Ap 2.15), aparentemente una secta que había instado a una avenencia con el paganismo (cf. 2 P 2.15; Judas 11).

Ejemplos de la magnificencia de la ciudad son su altar a Zeus de 12 m (40 pies) de alto, sus numerosos templos, teatro, agora ampliado, y biblioteca (200 mil rollos), haciéndola un importante centro intelectual en la antigüedad.

Bibliografía. E. M. Blaiklock, *Cities of the New Testament* (London, 1965), 103-6; C. Foss, «archaeology y the 'Twenty Cities' of Byzantine Asia», *AJA* 81 (1977): 469-86; C. Hemer, *The Letters to the Seven Churches of Asia in Their Local Setting.* JSNTSup 11 (1986, repr. Grand Rapids, 2000); J. McRay, *Archaeology and the New Testament* (Grand Rapids, 1991).

Gary M. Burge

PERGE (Gr. *Pérgē*)

Una prominente ciudad grecorromana situada cerca del río Cestrus en la región de Panfilia (cf. Strabo *Geog.* 14.4.2), cerca de 12 km (8 mi) norte de la costa del Mediterráneo en el sur de Asia Menor. Importantes carreteras condujeron al norte de la ciudad hacia el interior de Asia Menor. La prosperidad de la ciudad (cuya deidad patrona era Artemisa) todavía puede ser vista en los impresionantes restos arquitectónicos, que incluyen un estadio, teatro, baños romanos, y un gimnasio dedicado al emperador Claudio.

Después de predicar en Chipre durante su primer viaje misionero, Pablo partió de Pafos a Perge, a través de la cual pasó en su camino a Antioquía de Pisidia en Galacia. En este punto Juan Marcos dejó su compañía (Hch 13.13-14). Al final de este viaje, Pablo y Bernabé volvieron a Perge a predicar antes de zarpar de la ciudad costera cercana de Atalia de regreso a Antioquía de Siria (Hch 14.24-26).

Bibliografía. D. Magie, *Roman Rule in Asia Minor.* 2 vols. (1950, repr. New York, 1975); A. M. Mansel y A. Akarca, *Excavations y Researches at Perge* (Ankara, 1949).

PHILIP A. HARLAND

PERIDA (Heb. *pĕrîḏā'*) (también PERUDA)
El jefe de una familia o clan de los siervos de Salomón que regresó del exilio con Zorobabel (Neh 7.57). En el relato paralelo (Esd 2.55) el nombre aparece como Peruda.

PERLA
Una densa concreción esférica de aragonito o calcita, depositada sobre una partícula por diversos moluscos marinos y de agua dulce. Las perlas son generalmente de color blanco o de color claro, y tienen un brillo nacarado. Heb. *pĕnînîm* se traduce como perlas o corales. La perla se refiere a la tercera de las piedras preciosas (la primera es el coral) que no son los suficientemente valiosas para adquirir sabiduría (Job 28.18).

Las perlas (Gr. *margaritēs*) eran muy valiosas, y por tanto no se deben arrojar a los cerdos (Mt 7.6), pero puede valer la pena vender todo para adquirir una de gran valor (13.45-46). Las mujeres ricas usan perlas, pero las mujeres cristianas deben ser discretas y no llevar objetos de valores como esos (1 Tim 2.9), como hace la mujer sobre la bestia escarlata en la visión de Juan (Ap 17.4). Los mercaderes de la tierra lloran cuando ya no hay nadie que compre sus productos, que incluyen perlas, y lloran la pérdida de la ciudad vestida de este tipo (Ap 18.12, 16). Cuando la Jerusalén celestial surge, ecada una de sus 12 puertas es una perla (Ap 21.21).

MARTHA JEAN MUGG BAILEY

PERRO
Mamífero carnívoro domesticado *(canis familiaris).* En Palestina los perros salvajes vagaron en manadas que vivían en las afueras de ciudades. Los esqueletos de perro excavados en Ascalón sugieren que los perros también fueron guardados como animales domésticos. Los esqueletos de perros jóvenes fueron encontrados cuidadosamente colocados en tumbas individuales, como se sepultaría a una mascota, más bien que lanzado en un hoyo como se eliminaría a un animal extraviado. En la Biblia el perro (Heb. *keleḇ*) lleva una imagen muy negativa, representando el despreciado, el inmundo, o el enemigo que espera para devorar. En las leyes alimentarias (Ex 22.31) los israelitas son instruidos a echar la comida no apta para la gente a los perros. Los prostitutos son llamados perros (Dt 23.18), y llamarse a sí mismo un perro indica autodegradación (1 S 17.43; Job 30.1). El NT también usa al perro (Gr. *kýōn*) para referirse al inmundo (Mt 15.26-7 par.; Ap 22.15).

Los perros eran carroñeros y mantenían las ciudades limpias consumiendo basura y cadáveres insepultos (Sal 59.14-15 [TM 15-16]). Era considerado un destino horrible el que se comiera el cadáver de alguien o la sangre de alguien lamida por perros en lugar de tener una sepultura apropiada (cp. el destino predicho de los descendientes de Jeroboam, Baasa, Jezebel, y Acab; 1 R 14.11; 16.4; 21.23-24; cumplido en 22.38; 2 R 9.36).

Los enemigos del salmista son presentados como perros amenazantes (Sal 22.16 [17]), y perros representan a un necio en Proverbios 26.11, donde la necedad o los pecados del necio son comparados con la suciedad del vómito del perro. Los centinelas de Israel son llamados «perros mudos» que duermen, en vez de ladrar, mientras que el enemigo de Israel se le describe como un perro voraz, que devora (Is 56.10-11).

Los perros también eran figuras de culto. En Egipto, como símbolos de deidades, los perros a menudo eran momificados y sepultados con sus dueños, e identificados con dioses de los muertos, Kenti-Amentiu y Anubis. En Mesopotamia los perros fueron usados en el culto de Gula, la diosa de curación, como se representa en relieves y sellos de arcilla. En un ritual de curación un perro y un cerdo fueron agitados sobre el paciente para absorber la enfermedad del paciente, luego quemados. El perro y el cerdo también fueron usados en exorcismos de Lamaštu, el demonio de enfermedad y fiebre. El uso de *keleḇ* para prostitutos (Dt 23.18) puede ser una referencia a tal actividad de culto.

Bibliografía. D. W. Thomas, «'Dog' *Kelebh*: Its Origin and Some Usages of It in the Old Testament», *VT* 10 (1960): 410-27; P. Wapnish y B. Hesse, «Pampered Pooches or Plain Pariahs? The Ashkelon Dog Burialr», *BA* 56 (1993): 55-80.

MICHELLE ELLIS TAYLOR

PERSECUCIÓN

Sufrimiento impuesto sobre personas o grupos, un tema común en toda la Biblia (p.ej., Est 3.6). Los siervos de Dios se enfrentaban con frecuencia a la oposición y hostilidad (1 R 18.13; Mt 23.34-37; 1 Ts 2.14-15). Los salmistas lucharon con perseguidores hostiles y buscaron la liberación divina (Sal 7.1, 5[TM 2, 6]; 31.15 [16]; 69.26-29[27-30]). Los profetas también lucharon con la oposición (cf. Hch 7.52) y oraron pidiendo vindicación (Jer 15.15; 17.18).

El período intertestamentario vio intenso sufrimiento infligido por Antíoco IV Epífanes. Los espantosos martirios macabeos, descritos vívidamente en 2 Macabeos 6–7, desafiaron a judíos y cristianos a ser fieles.

El NT contiene frecuentes referencias a la persecución (Mr 10.30; Lc 11.49-51; Gá 6.12). Jesús fue perseguido (Lc 4.29; Jn 5.16) y sufrió burla, golpes y crucifixion. Les dijo a sus seguidores que esperaran un tratamiento similar (Mt 10.23; 24.9; Mr 13.9; Lc 21.12; Jn 15.20; 16.2). Estas ocasiones no debían ser temidas, porque el Espíritu Santo les daría el valor (Lc 12.11-12; 21.15; Hch 1.8).

La persecución continuó en la iglesia primitiva (Hch 5.17-42; 8.1; 11.19; 13.50; 14.19; 16.19-24); son de destacar las actividades militantes precristianas de Saulo de Tarso (8.3; 9.1-13; 22.4-8; 26.9-15). Herodes Agripa I asesinó a Santiago (Hch 12.2), Esteban fue martirizado (7.54–8.1a), y los cristianos fueron perseguidos por los emperadores Nerón y Domiciano. Sin embargo, el Espíritu facultaría a los discípulos a dar testimonio en esas circunstacias poco prometedoras (Hch 2.4; 4.8-13; 6.10; 7.55).

Pablo escribió de su vergüenza por haber perseguido a los discípulos (1 Co 15.9; Gá 1.13, 23; Fil 3.6; cf. 1 Tim 1.13) y aconsejó a los cristianos bendecir a aquellos que los persiguen (Ro 12.14; 1 Co 4.12-13). Pablo declaró que los recursos que había descubierto en Cristo permitieron a los creyentes a hacer frente a cualquier forma de persecución (Ro 8.31-39). Mencionó sus propias persecuciones para animarlos a enfrentarles (2 Co 1.5-7; 4.8-12; 12.10; cf. 2 Ts 1.4; 2 Tim 3.11-12).

1 Pedro recordó el ejemplo de sufrimiento de Cristo para fortalecer a los creyentes que enfrentaron persecución y ostracismo social (1 P 2.18-25; 3.13-18; 4.1-2, 12-19). De manera similar, Hebreos recordó a los lectores a tomar aliento al hacer frente a la persecución del ejemplo de Jesús y otros héroes de la fe (He 12.1-4; 11.4-40). Juan asimismo llamó a los cristianos a seguir a Jesús, «el testigo fiel y verdadero» (Ap 1.5; 3.14). Antipas ya había sufrido el martirio (Ap 2.13), y otros podrían ser objeto de persecución similar. Sin embargo, podrían superar las fuerzas demoníacas usando las mismas armas espirituales que Cristo había usado (Ap 12.11; 17.14; 21.7).

La persecución es tomada en serio en la Biblia, y a los justos se les dice que la esperen (2 Ti 3.12). A pesar de lo doloroso, la persecución puede llegar a ser un medio de bendición para los que la manejan de la forma correcta (Mt 5.10-12; 1 P 4.12-14).

Bibliografía. G. Ebel y R. Schippers, « Persecution, Tribulation, Affliction» *NIDNTT* 2 (Grand Rapids, 1976): 805-9; C. G. Kruse, «afflictions, Trials, Hardshipr», in *Dictionary of Paul and His Letters*, ed. G. Hawthorne, R. P. Martin, y D. G. Reid (Downers Grove, 1993), 18-20.

ALLISON A. TRITES

PERSEO (Gr. Perséus)

El último rey de Macedonia, sucesor de Felipe V (c. 212-162 a.C.). Su agresión percibida precipitó en 171 La Tercera Guerra Macedonia con Roma. Después de la batalla de Pidna en Tesalia (168), Perseo fue removido del poder y su reino se convirtió en una provincia romana (1 Mac 8.5; NVI mg «rey de Quitim»).

PERSÉPOLIS (Gr. *Persépolis*)

Una capital real aqueménida (junto con Babilonia, Susa, y Ecbatana) hasta el fin del imperio aqueménida en 330 a.C. Su nombre en persa antiguo era Parsa, que significa «persa», por lo tanto «ciudad de los persas.» el sitio moderno es Takht-i Jamshid, ubicado al noreste de Shiraz en la llanura Marvdasht de los montes Zagros. La mayor parte de lo excavado de Persépolis se construyó de 500 a 460. En particular, Persépolis era el centro de despliegue ceremonial para el imperio. Hay que destacar, sin embargo, que gran parte del sitio, incluyendo otras estructuras palaciegas y asentamientos no reales, aún no ha sido excavado y presumiblemente muestra ocupación anterior o posterior. Las tumbas reales en Naqsh-i Rustam, donde fueron sepultados cuatro gobernatnes aqueménida, se encuentra a 6 km (3.7 mi) de Persépolis y debe ser considerada parte de la zona de asentamiento.

El sitio de Persépolis como se conoce actualmente se compone de varios edificios bien conservados, incluyendo un número sorprendente de columnas de piedra de pie con capiteles en la forma de toros o leones. El sitio fue señalado por muchos exploradores antiguos y primero excavado por Ernst Herzfeld y Erich Schmidt durante la década de 1930. Excavación posterior continuó bajo dirección iraní. El complejo del palacio se encuentra en una plataforma de piedra 14 m (643 pies) de alto y provisto de un sistema de drenaje. Darío I construyó un palacio residencial, una sala de audiencia (Apadana), y un edificio de tesorería. Jerjes I construyó un palacio más grande y un harén, murallas, como la Puerta de todas las naciones con una doble escalinata decorada con relieve, y otra sala de audiencia, la Sala de las Cien Columnas. Posterior construcción incluía un palacio de Artajerjes I y una expansión de la Sala de las Cien Columnas. Muchos de los edificios fueron decorados con relieves tallados, notablemente la escalera de Apadana. Los relieves representan una variedad de escenas, incluyendo la entrega de tributo de todas las provincias gobernadas por los aqueménidas, así como filas de soldados. El conjunto demostró la exitosa unificación del imperio y el poder de sus gobernantes. Las excavaciones recuperaron dos grupos grandes de tablillas: las tablillas de la Fortaleza y las ligeramente posteriores tablillas del Tesoro. Escritas mayormente en elamita, con una minoría en arameo, registran los desembolsos de los alimentos a las personas de una amplia gama de estatus.

La Biblia menciona Persépolis sólo una vez (2 Mac 9.2), como una de varias ciudades que se rebelaron con éxito contra el rey seléucida Antíoco IV (175-164 b.c.).

Geoff Emberling

PERSIA (Heb. *pāras;* Gr. *Persís;* A. Pers. *Pārsa*)
Un antiguo imperio del Cercano Oriente que en el apogeo de su poder se extendía desde las fronteras de la India en el este a Jonia en el oeste. Las personas mismas llamaban al imperio Aryana, de un término de las escrituras zoroástricas derivada del sánscrito *arya,* «noble» (cf. «Irán», «aryan»).

Geografía

La zona en que Persia fue establecida es una meseta de cerca de 777 000 km² (300 000 mi²), que consiste en una serie de valles altos y cuencas secas, cerca de 900-2500 m (3000-8000 pies) sobre el nivel del mar. La mesesta está rodeada por una serie de cadena de montañas (el kurdistán y Zagros en el oeste, Elburz en el norte, y Hindu Kush al este). Hacia el sur, a lo largo del Golfo Pérsico y Golfo de Omán, se encuentran llanuras inhóspitas. Dos vastos desiertos llenos de sal, el Dasht-i-Kavir y Dasht-i-Lut, ocupan la mayor parte del centro-este de Persia.

Historia

Período temprano

La evidencia arqueológica indica que las plantas y animales fueron domesticados en varios sitios en la region montañosa de Zagros ya en 9000 a.C., (la «revolución neolitíca») y que aquí se formaron los pueblos civilizados más antiguos que dependían de la agricultura de riego.

El reino de Elam, que es anterior a la formación del imperio Persa, se encontraba en el suroeste de Irán a lo largo de la costa norte del Golfo Pérsico. Suministraba a Sumeria minerales como el cobre, estaño, plata, plomo y alabastro. Piedras preciosas, madera, y caballos fueron también se exportaron de Elam.

Hacia el final del segundo milenio los grupos étnicos del sur y el este del Mar Caspio entraron a Elam. Esta oleada de pueblos arios incluían a los cimerios, escitas, medos y persas. Para el siglo IX los dos últimos grupos se habían asentado en el noroeste de Irán, pero fueron cercados por el poder de Urartu, Asiria, Elam, y Babilonia. Una inscripción del rey asirio Salmanasar III (859-825) incluye la primera referencia a los medos (Acad. *Madai*) y persas *(Parsu),* a quien deportaron en gran número en 837. Estos pueblos también rindieron tributo a Tiglat-pileser III (745-727) y Sargón II (721-705).

Los ataques de los asirios y urartianos en el siglo VII obligaron a los medos a unirse, fundando una capital en Ecbatana (Hamadân moderno). Su líder era Deioces (o Dayakku), que fue llevado a Asiria en 715 y desde allí a Hamat en Siria. Su sucesor, Fraortes (Khshathrita), que gobernó desde 675 a 653, murió mientras sus fuerzas conquistaron a los persas en el suroeste. Los medos vivieron bajo el dominio escita durante 28 años, hasta que Ciaxares (Uvakshatra, 653-585) los liberó. Aliado con los babilonios y escitas, Ciaxares participó en el sitio y destrucción de Nínive. Él luego firmó un tratado con Babilonia y casó su nieta Amitis con Nabucodonosor II el hijo de Nabopolasar (605-562); fue para Amitis que los famosos «jardines colgantes» de Babilonia fueron construidos.

Los persas gradualmente se establecieron al este de Elam, dirigidos por una dinastía dirigida por Aquemenes (Hakamanis) en cerca de 700. Su sucesor Teispes añadió Ansán al territorio persa; sus hijos Ariaramnes (Ariyaramna, 640-590) y Ciro I (Kurash, 640-600) anexaron tierras en el oeste. Cambises I (Kanbujiya, 600-559) se casó con Mandane, hija del medo Astiages, quien le dio Ciro II. La dinastía aqueménida fue fundada cuando Ciro II se rebeló con éxito contra Astiages en 549.

Imperio Persa

La preocupacion de Babilonia con la expansión hacia el oeste dio a Ciro II la oportunidad de añadir Asiria, Cilicia, Sardis y las ciudades griegas jónicas a su reino. Las tierras recién adquiridas fueron organizadas en satrapías, inicialmente cerca de 20 unidades administrativas dirigidas por personas designadas reales de familias nobles. La impopular decisión de Nabonido de remover las imágenes de la mayor parte de deidades de Babilonia a la capital allanó el camino para la conquista de Ciro de Babilonia, y los persas (ayudados por babilonios descontentos) entraron en la ciudad el 13 de octubre de 539.

En un golpe de genio diplomático, Ciro regresó las imágenes a sus templos y decretó que todos los pueblos súbditos de los babilonios regresaran a sus países de origen (cf. 2 Cr 36.23; Esd 1.1-4). Los gobernantes persas fueron cuidadosos en ser coronados reyes de las tierras conquistadas, de acuerdo con las costumbres locales; el babilónico «cilindro de Ciro» representa a Ciro como elegido por Marduk para derrocar a Nabonido y lo alaba por no saquear los templos en Babilonia (*ANET,* 15-16). Ciro murió en batalla contra los masagetas en la frontera noreste en 530.

Cambises II, el hijo mayor de Ciro, se apresuró a continuar la expansión del imperio. Egipto, Chipre, y las islas griegas cayeron en rápida sucesión, pero los persas fueron detenidos en Nubia. En esta coyuntura, el trono fue capturado por Gaumata («Pseudo-Asmerdis»), un miembro de los *magos* que se hizo pasar como el hermano joven de Cambises Bardiya («Asmerdir», asesinado por Cambises en 526). Estallaron revueltas en Media, Armenia y Babilonia. Gaumata se apresuró a consolidar su po-

Pórtico de la Sala de las Cien Columnas, salón de audiencias de Jerjes I en Persépolis (Cortesía del Instituto Oriental de la Universidad de Chicago)

sición al ofrecer exenciones del servicio militar y los impuestos, pero su gobierno duró sólo seis meses. Cambises murió en extrañas circunstancias, tal vez por suicidio, cuando regresó a Babilonia.

Darío I (Daryavaush, 522-486), hijo de Histaspes (Vishtāspa) y sátrapa de Partia e Hircania, tomó a Gaumata prisionero y lo ejecutó en Ecbatana en 522. Le tomó a Darío dos años para sofocar las revueltas de todo el imperio, pero 518 satrapías tan distantes como Jonia y Egipto reconocieron su gobierno. Las tropas persas hicieron campaña por el oeste hasta el río Danubio, pero fueron derrotados por las fuerzas griegas en Maratón en el 490. Un enorme bajorrelieve en un alto acantilado en Behistún (Bisitun moderno) en la ruta comercial Ecbatana-Babilonia representa a Darío, bajo la protección de Ahura Mazda, pisoteando a Gaumata, con nueve líderes rebeldes asistiendo; la inscripción en antiguo persa, acadio, y elamita resultó muy valiosa en descifrar estas lenguas antiguas. Posteriormente se impuso la paz en todo el imperio hasta la primera revuelta jónica (500-494), que terminó con la destrucción de Mileto.

Darío era un administrador capaz que reorganizó el imperio en 22 satrapías. Una buena red de carreteras, servicio postal real, y el uso del arameo como lengua de gobierno (en sustitución del elamita) sirvió para promover la eficiencia. Darío introdujo sistemas unificados de los impuestos, los pesos y medidas, y la moneda. Comercio florecido, se establecieron casas de banca, y Darío construyó un canal que unía el río Nilo y el Mar Rojo. Un opulento nuevo palacio se construyó en Susa en 521 y se comenzó a trabajar en la nueva capital en Persépolis (Parsa) en 518. Fue durante el reinado de Darío que la reconstrucción del templo de Jerusalén finalmente se llevó a cabo por los exiliados que habían regresado; cuando los funcionarios locales cuestionaron la obra, Darío ordenó que la construcción continuara (Esd 5.1–6.15). Cuando Darío murió, Persia estaba en el apogeo de su expansión territorial y riqueza material. Sus fronteras alcanzaban desde los ríos Indo y Jajartes (Syr Darya) en el este a Egipto y el Egeo en el oeste, y desde el Golfo Pérsico en el sur a los mares Caspio y Negro en el norte. Todos los reyes persas después de Darío estuvieron involucrados en mantener el tamaño y el prestigio que el imperio había alcanzado en su reinado.

Anteriormente virrey de Babilonia, Jerjes I (485-465) gobernó Egipto y Babilonia con mano

Tumba de Ciro II en Pasargadae (Cortesía del Instituto Oriental de la Universidad de Chicago)

dura. En 480 un ejército persa, acompañado por los buques atendidos por fenicios, egipcios, jonios y chipriotas, se movió contra Grecia. Después de un retraso temporal en las Termópilas, los persas tomaron Tebas y Atenas. Sin embargo, los reveses sufridos en Salamina, Mileto, Platea, y Micale obligaron a Jerjes a ceder el control de todas las tierras más allá de Asia Menor. Fue asesinado en 465 y sucedido por Artajerjes I.

Durante gran parte de su reinado temprano, Artajerjes estuvo plagado por las revueltas en Egipto (460-454), animadas por los griegos. Otras rebeliones trajeron como resultado la pérdida de algunos territorios en el este. La paz fue restaurada por el tratado de Calias en 449. Darío II ascendió al trono mientras Grecia era desgarrada por la guerra del Peloponeso. A pesar de la interferencia de su consorte Parisatis, al ponerse del lado de los espartanos, fue capaz de recapturar varias ciudades griegas en Asia Menor. Un gobernante débil, Artajerjes II Mnemon (404-359) enfrentó la revuelta en Egipto que duró 60 años e involucró a los egipcios en actividades antipersas junto con Esparta, Atenas y Chipre. Artajerjes hizo la paz con los griegos en 386, pero su posterior invasión de Egipto fue mitigada por la hábil defensa del faraón Nectanebo I. Un gobernante brutal pero ambicioso, Artajerjes III Oco (359-338) montó otra expedición contra Egipto. Nectanebo II repelió sus fuerzas en 351, y los egipcios continuaron su tradición de incansable agitación contra Persia al apoyar una revuelta en Fenicia. Artajerjes finalmente derrotó a los egipcios en 343, pero fue asesinado en 338 por Bagoas, su visir y eunuco. Sus tropas derrotadas por Alejandro el Grande en Iso, Darío III Codomano (336-330) huyó a Bactria, donde murió, el último de la dinastía aqueménida. Alejandro capturó Persépolis en febrero 330 y envió sus tesoros a Ecbatana.

Persia posaqueménida

La muerte de Alejandro en 323 aflojó a Persia del dominio griego. Los seléucidas retuvieron el control de la región, pero brevemente. Los partos del este de Irán establecieron su capital en Ctesifonte (Casifia) y bajo la dinastía arsácida gradualmente tomaron el país. Los partos revivieron el comercio en Irán, y sirvieron como intermediarios en el comercio entre el Mediterráneo y el Lejano Oriente, que se centraba en la ciudad de mediados del Eufrates de Dura-Europus.

La absorción romana de Siria llevó a varios intentos infructuosos de extender la influencia romana a Persia. En 40 a.C., los partos, que invadieron la provincia romana de Siria, fueron considerados libertadores por los judíos. Colocaron a Antígono, hijo de Aristóbulo, en el trono de Jerusalén (40-37)

Puerta de Todas las Naciones de Jerjes I en Persépolis, ofreciendo toros alados sólidos (Cortesía del Instituto Oriental de la Universidad de Chicago)

y dieron apoyo militar a la ciudad durante el sitio de Tito. Judíos y partos trabajaron juntos contra Roma durante los reinados de Trajano y Adriano.

Los partos fueron sucedidos por los Sassanianos (223-651 d.C.), que anexaron parte del noroeste de la India, el norte de Mesopotamia, y Armenia. En sus batallas contra Roma una vez capturaron al emperador Valeriano (260).

Religión

Inicialmente, la India y Persia compartieron una serie de deidades, como era común en todo el antiguo Cercano Oriente. En algún punto el dios Ahura Mazda fue elevado a una posición suprema. Otras deidades incluyen Mithra (Mitra indio), dios del contrato y de la guerra; Haoma (Soma), personificación de una bebida embriagante; Anahita, diosa de los ríos y la fertilidad; y Tishtrya, que trae la lluvia.

En el siglo VI a.C., el profeta Zaratustra (tal vez «el que lleva a los camellos») apareció en escena. Según la tradición zoroástrica, disfrutó del patrocinio de su converso, el jefe local Vishtāspa. Las enseñanzas de Zaratustra, conservadas en los Gāthās (la primera porción del Avesta), amonestan a las personas a tomar el lado con el bien contra el mal mediante el ejercicio de la libre elección. Otros temas, como el mérito de la ganadería y la cría de ganado, se encuentran en los discursos de Zaratustra.

Mientras que el zoroastrismo se inclina hacia el monoteísmo en la figura de Ahura Mazda, contiene fuertes elementos de dualismo, como *aša,* «verdad», se opone a *druj,* «falsedad.» Cuánta influencia tuvo el zoroastrianismo en la dinastía aqueménida no está claro, pero Ahura Mazda aparece en muchos relieves e inscripciones.

Bibliografía. G. G. Cameron, *History of Early Iran* (1936, repr. Chicago, 1976); J. M. Cook, *The Persian Empire* (New York, 1983); R. N. Frye, *The History of Ancient Iran.* Handbuch der Altertumswissenschaft 3/7 (Munich, 1984); A. T. Olmstead, *History of the Persian Empire* (1948, repr. Chicago, 1959).

ROBERT E. STONE, II

PÉRSIDA (Gr. *Persís*)

Una cristiana de Roma a quien Pablo envía saludos (Ro 16.12; «la amada Pérsida»). El nombre era común entre las esclavas romanas.

PERSONALIDAD CORPORATIVA

Por casi un siglo los eruditos han debatido cómo explicar las características corporativas de la religion y la cultura israelita. Muchos relatos bíblicos parecen despreocupados por casos en los que el pecado de un individuo o grupo conduce al castigo de otra persona que no está directamente implicada en la ofensa original (p.ej., Jos 7, en que el pecado de Acán conduce a la ejecución de toda su familia y la destrucción de todas sus propiedades). H. Wheeler Robinson empleó el término «personalidad corporativa» como una clave conceptual para dilucidar estos casos inquietantes. Se apoyó fuertemente en Emile Durkheim y Lucien Levy-Bruhl, quien empleó la noción de «psicología primitiva» al tratar de explicar el totemismo entre los llamados pueblos primitivos. De acuerdo con estos antropólogos, tribus con una religión totémica habitaban una realidad psíquica muy diferente de aquella en la que viven los humanos modernos. La mentalidad primitiva fue descrita como «pensamiento sintético» o «unidad psicológica», implicando una inhabilidad del individuo para separarse él mismo de la naturaleza, y en especial para diferenciarse de los otros miembros de su clán y de las especies totémicas que representaban su clan. A menudo esta psicología totémica fue llamada «prelógica» y fue considerada un tipo de unión mística con realidad como un todo. Robinson claramente nunca sugirió que la antigua religión israelita era totémica de ninguna manera. Sin embargo, él creía plenamente que el antiguo Israel, en especial en el primer período, exhibió una psicología muy parecida, o quizás incluso la misma, como la que estos antropólogos creen haber encontrado entre tribus «primitivas.»

Robinson y otros aplicaron estas nociones como un tipo de panacea invocada para resolver una gran cantidad de problemas de interpretación en el AT. Críticas hechas a la noción de personalidad corporativa caen en cuatro rubros básicos: (1) Esta teoría crea una falsa dicotomía entre la idea del individuo y la idea del grupo, y deja la impresión de que la sociedad israelita tenía poca conciencia del individuo hasta el período bíblico posterior. (2) Los diversos casos reunidos bajo el concepto de personalidad corporativa algunas veces se explican por ideas tales como culpa de sangre, ideas antiguas de derechos de propiedad, y violación de tabús de santidad. (3) La noción de personalidad corporativa surgió a partir de ciertas ideas antropológicas ahora reconocidas como falaces. (4) Robinson usó el término de manera imprecisa y por lo tanto empleó diferentes sentidos del término para resolver diferentes tipos de problemas. Al hacerlo, vació el término de cualquier significado claro y por tanto carente de cualquier utilidad.

Responsibilidad corporativa

Aunque el término personalidad corporativa ahora se utilice muy poco, los eruditos que estudian narrativas bíblicas que envuelven la transferencia del pecado de un individuo o grupo a otra persona o a posteriores generaciones todavía utilizan el término responsabilidad corporativa. El término personalidad corporativa fue más problemático debido a las connotaciones psicológicas, el cual por sí solo hace el uso de responsabilidad corporativa preferible. Por desgracia este término también presenta cierta ambigüedad. Puede significar que una persona puede ser hecha responsable por la acción de su comunidad o parte de esa comunidad porque a él no se le reconocía como un individuo con derechos individuales; o puede significar que un individuo, aunque no directamente involucrado, puede sufrir las consecuencias generadas por los errores de su comunidad. Aunque esta ambigüedad existe, el término todavía es útil siempre y cuando uno deje en claro qué significado tiene en mente. Claramente, el AT contiene casos de ambos tipos de responsabilidad corporativa y algunos casos en que los dos tipos parecen ser exhibidos a la vez. Ningún término moderno será totalmente adecuado para explicar todas las complejidades en la concepción del AT de las relaciones del individuo con la comunidad, pero este término parece capturar algunos elementos importantes de la mentalidad bíblica.

Individualismo

Otra característica importante de la forma que el AT entiende la relación del individuo con una comunidad más grande es la cuestión de si había un movimiento de alejamiento de un tipo más «primitivo» de colectivismo y hacia el tipo de individualismo. Los eruditos a menudo ven textos como Josué 7; 2 Samuel 21.1-14, en que una violación ritual es seguida por algún tipo de castigo corporativo, como abogando por un conjunto de ideas primitivas que fueron finalmente reemplazadas por un impulso religioso individualizado, superior. Los que defienden esta posición tienden a etiquetar textos teológicamente problemáticos como Josué 7 como aberraciones y excepciones que no reflejan los más elevados aspectos de la religión de Israel vistos en textos como Deuteronomio 24.16; Jeremías 31.29-30; Ezequiel 18. Se entiende que los últimos señalan un cambio radical hacia un nuevo individualismo que rechaza las viejas formas de pensar coporativa. Este punto de vista es históricamente inexacto y teológicamente problemático. En el lado histórico parece extraño que un período que parece exhibir un creciente individualismo es el mismo que el de textos asignados al autor sacerdotal del Pentateuco que afirma el concepto de solidaridad comunal (Lv 4). Este período vio también la edición final de Deuteronomio y la historia deuteronomista, cada uno de los cuales utiliza nociones de responsabilidad corporativa. Si en efecto el individuo comenzó a surgir a finales del siglo VI, ¿por qué este individualismo dejó tan poca impresión sobre la vasta literatura producida durante el período del segundo Templo? Esos pasajes dentro del último estrato del AT apoyan la idea de responsabilidad comunal (Dn 6.25; Est 9.7-10), y que este punto de vista está todavía vivo en tiempos del NT (Mt 23.29-36; Jn 9.2; 1 Ts 2.14-16) y más allá (Lv *Rab.* 4.6; *b. Sanh.* 43b-44a; *Tanna Debe Eliyyahu* 12), sugiere que no hubo progresión lineal simple de antiguas formas corporativas a formas posteriores más individualizadas de retribución. Que los estudios han defendido tal progresión a la luz de mucha evidencia en contrario sugiere un sesgo inherente en cierta erudición bíblica moderna. Ciertos eruditos aparentemente han sido influenciados por ideas que valoran el individualismo e implícitamente denigran o rechazan las afirmaciones de comunidad así como por ideas de evolución social progresiva y lineal.

Antes de rechazar por completo todas las nociones corporativas como primitivas uno debe notar la centralidad de tales ideas corporativas en la teología israelita. En muchos aspectos el concepto de misericordia divina se basa en ser tratado como miembro favorecido de un grupo en lugar de ser juzgado exactamente de acuerdo con los méritos de una persona. Precisamente este concepto está detrás de nociones como la promesa de Dios después del diluvio (Gn 8.21; Is 54.9-10), la elección de Israel en especial en lo que se relaciona con la promesa a los patriarcas (Dt 9.4-5), y la disposición de Dios a restaurar a Israel después del exilio (Dt 4.29-31; Jer 31.31-

34; Ez 36.22-32). Además, el punto de vista corporativo de la retribución divina reconoce que los seres humanos inevitablemente cometen pecados y por lo tanto dependen en no ser juzgados de acuerdo con sus caminos (Job 4.12-21; 7.17-21; 1 R 8.46-53; Sal 51.1-14[TM 3-16]; 103.8-14; 130.3; Jer 10.24). De hecho, hay que reconocer que debido a que la teología del AT es fundamentalmente corporativa en su perspectiva, el énfasis bíblico sobre la relación de Dios con una comunidad particular no puede ser tratado como una idea temprana, pero ahora irrelevante. El mensaje del AT no se dirige a una configuración floja de individuos sino a una comunidad viva llamada el pueblo de Israel.

Los escritores bíblicos eran conscientes de que nuestra individualidad solo se puede entender en relación con las diversas colectividades en las que participamos y que ser humano significa que el individuo está ligado a otras personas a través de las consecuencias que se derivan de las acciones de cada persona. Pero esto no significa que la Biblia desconoce la importancia del individuo. La Biblia tiene una teología muy matizada de la relación entre el individuo y la comunidad. En vez de encajar pasajes más individualistas dentro de la Biblia contra los que reflejan un punto de vista más corporativo, se puede ver la manera en que estos elementos califican y se complementan uno con otro.

Bibliografía. J. S. Kaminsky, *Corporate Responsibility in the Hebrew Bible.* JSOTSup 196 (Sheffield, 1995); G. Matties, *Ezekiel 18 and the Rhetoric of Moral Discourse.* SBLDS 126 (Atlanta, 1990); J. R. Porter, «The Legal Aspects of the Concept of 'Corporate Personality' in the Old Testament», *VT* 15 (1965): 361-80; H.W. Robinson, «The Hebrew Conception of Corporate Personality», in *Corporate Personality in Ancient Israel,* rev. ed. (Philadelphia, 1980), 25-44. Joel S. Kaminsky

PERUDA (Heb. *pĕrûḏā'*)
Forma alternativa de Perida (Esd 2.55).

PESAS Y MEDIDAS
La determinación de la masa, la distancia y la capacidad. Si bien la fijación de estándares exactos a los pesos y medidas bíblicos es bastante tentativo, se pueden derivar aproximaciones a partir de tres fuentes: el AT y NT; otras fuentes antiguas del Cercano Oriente (en particular metrologías de Egipto y Mesopotamia); y la arqueología.

Unidades de peso y medida, con los equivalentes métricos e ingleses aproximados

Nombre bíblico[1]	Peso o medida bíblico	peso o medida métrico	Equivalente inglés
PESO			
Antiguo Testamento			
gera	—	0.57 g	0.02 oz
beka	10 geras	5.7 g	0.2 oz
pim	1.33 bekas	7.8 g	0.27 oz
siclo	2 bekas	11.4 g	0.4 oz
Nuevo Testamento			
mina	50 siclos	571.2 g	1.26 lb
talento	60 minas	34.27 kg	75.6 lb
libra2	—	340 g	12 oz
LINEAL			
Antiguo Testamento			
dedo	—	1.85 cm	0.73 in
palmo	4 dedos	7.4 cm	2.92 in
brazo	3 palmos	22.2 cm	8.75 in
codo	2 palmos	44.5 cm	17.5 in
codo largo	7 palmos	51.9 cm	20.4 in
caña	6 codos	2.7 m	8.75 pies
Nuevo Testamento			
codo	—	42-48 cm	17-19 in
braza	4 codos	1.8 m	6 pies
estadio	400 codos	183 m	200 yd
milla	8 estadios	1480 m	1618 yd
CAPACIDAD (Seca y líquida)			
Antiguo Testamento			
kab	4 logs	1.2 l	1.3 qt
omer	0.1 efa	2.2 l	2.3 qt
sea4	2 hins	7.3 l	2 gal
efa	3 seas	22 l	5.8 gal
lethech	5 efas	110 l	29 gal
coro/homer	10 efas	220 l	6.25 U.S. bu
Nuevo Testamento			
modios	—	7.4 l	.5 U.Sbu
Antiguo Testamento			
log	—	0.3 l	0.63 pt 5
hin	12 logs	3.6 l	1 gal
bato	3 seas	22 l	5.8 gal
homer	10 batos	220 l	58 gal
Nuevo Testamento			
kilo	—	95 l	1 qt
modios6	—	38-115 l	10-30 gal

1 terminología NVI excepto donde NVI transpone en unidades modernas.
2 gr. Litra también representa una unidad de capacidad equivalente a cerca de 0,5 l (1,13 gal).
3 Las medidas lineales del NT difieren según se trate de romanas, griegas, o unidades palestinas las que se utilizan.
4 También conocido como «décimo» (es decir, de un efa).
5 unidades inglesas de capacidad son las unidades de líquidos de EE.UU.
6 NVI transpone en galones.

Lineal

El codo representa la longitud media del antebrazo de una persona, desde el codo hasta la punta del dedo, y sirve como la forma predominante de medición lineal en el antiguo Cercano Oriente. Si bien esta longitud varía considerablemente, la evidencia de la arqueología y la literatura sugiere una longitud media para el codo de un hombre de 44,5 cm (17,5 in). Para las mediciones lineales más pequeñas, el codo se divide en 2 palmos, que representan la distancia máxima entre el pulgar y el dedo meñique como en una mano extendida (Ex 28.16). Así, cuando Goliat se describe como 6 codos y un palmo de altura, esta se convierte en 2,9 m (9.5 pies; 1 S 17.4). El codo se divide en 6 palmos (Ex 25.25; 2 Cr 4.5), y 1 palmo consta de 4 dedos (Jer 52.21).

Para las mediciones lineales más grandes que el codo, una braza representa la distancia recorrida por los brazos extendidos (Hch 27.28), cerca de 4 codos, mientras que la caña se compone de 6 codos (Ez 40.3, 5-7; 42.16-19). En consecuencia, el codo común arroja los siguientes conversiones: É/Ø caña = É/Ö braza = 1 codo = 2 palmos = 6 palmos = 24 dedos. El panorama se complica por el hecho de que, así como había dos codos de Egipto y Mesopotamia, aprendemos de Ezequiel 40.5; 43.13 que existía un codo que medía 7 palmos en lugar de 6 Esta medida más larga se refiere con frecuencia como un codo real.

Las distancias más largas en el AT se aproximan mediante tiro de arco (Gn 21.16), la longitud de un surco (1 S 14.14), Un día de camino (1 R 19.4; Jon 3.4; Lc 2.44), y viaje de tres días (Gn 30.36; Jon 3.3). En el NT, el estadio representa 400 codos, cerca de 183 m (200 yd) (Lc 24.13; Jn 6.19; 11.18; Ap 14.20; 21.16). La milla romana en Mateo 5.41 representa 1481 m (1620 yd).

Pesos

El peso de los objetos más pequeños se determinó con mayor frecuencia en el antiguo Cercano Oriente a través de la utilización del equilibrio de la mano. Tales dispositivos aparentemente consistían en una viga que sostenía dos balanzas. Se hace referencia a las balanzas en varios pasajes del AT (Lv 19.36; Job 6.2; 31.6; Sal 62.9 [10]; Pr 11.1; 16.11; 20.23; Is 40.12; Ez 5.1; 45.10; Dn 5.27; Os 12.7 [8]; Am 8.5; Mi 6.11). El sistema israelita de pesos fue en gran parte tomada de sus vecinos de Mesopotamia, como los beneficios creados por una norma de metrología incrementan considerablemente el comercio para todos los participantes. Sin embargo, mientras que los hijos de Israel mantienen la terminología mesopotámica para sus pesos, ellos parecen haber reasignado sus valores. El sistema de Mesopotamia era sexagesimal, es decir, el número 60 se desempeñó como su base. Los israelitas parecen haber incorporado un sistema quinquagesimal, donde la base era ahora 50. Así, en el sistema mesopotámico un talento consta de 60 siclos, mientras que en el antiguo Israel el talento consiste en sólo 50.

El siclo era, con mucho, el peso más común en la Biblia, y piezas de plata, el método más común de pago. La palabra hebrea que se deriva de una raíz que significa «sopesar». Sin embargo, al igual que había dos codos utilizados para las mediciones lineales, había a veces dos pesos por separado asignados al siclo. Se refiere al siclo del santuario en Éxodo 30.24; 38.25-26, como es el «siclo en peso del rey» en 2 Samuel 14.26. Estos pesos parecen ser ligeramente más grande que el peso promedio para el siclo común de 11 405 g (0,4 oz).

El peso más grande de la Biblia es el talento, que consta de 50 siclos. La palabra «talento» se deriva del gr. *tálanton,* «peso.» El término hebreo es *kikkār,* lit., un «objeto redondo», en referencia a la forma circular frecuente del peso. Para los pesos más pequeños, hay una referencia a un pim como el precio para el afilado de hierro (1 S 13.19-21). Un pim promedia 7.8 g (.27 oz), más o menos Ê/Õ de un siclo. El siclo se divide en 2 bekas, una palabra que significa «dividir» (Gn 24.22; Ex 30.13-15; 38.26). Por último, 20 geras componen un siclo, conforme a Éxodo. 30.13; sin embargo, la arqueología proporciona evidencia de que la mayor parte del período del AT, había 24 geras en el siclo promedio.

Existen mucho menos referencias de peso en el NT. El talento griego igualó 6000 dracmas (Mt 18.24; 25.15-28). El peso exacto de la mina (Lc 19.13-25) es incierto. La libra (Gr. *lítra*) de ungüento era igual a 340 g (12 oz; Jn 12.3; 19.39).

Área

La medición de la superficie no está bien atestiguada en el AT, y completamente ausente en el NT. En el AT, dos referencias aproximan la superficie de un terreno mediante un yugo (1 S 14.14; Is 5.10; cf. Sal

129.3). El yugo probablemente representa la cantidad de tierra que una yunta de bueyes puede arar en un día, o un poco menos de un acre. El único otro método de determinación de la superficie terrestre en el AT es la estimación de la cantidad de semilla necesaria para sembrar (1 R 18.32; Is 5.10).

Capacidad seca

El homer sirve como expresión de la capacidad estándar seca en el AT. La palabra «homer» es afín a «asno», y sirve como una aproximación a la carga normal llevada por este animal. El coro es de igual valor al homer, ambos miden cerca de 220 l (6.25 EE.UU. bu; Ez 45.14). El homer/coro estándar se divide en 2 leteks (Os 3.2), 10 efas (Ez 45.11-14), y 30 seahs (Gn 18.6). El homer representa ración de un día de grano, o É/ÓÒÒ de un homer (Ex 16.16-18). La unidad más pequeña parece ser el cab, que se refiere sólo una vez en el AT (2 R 6.25). El cab mide sólo É/ÓÚÒ de un homer. Así llegamos a las siguientes conversiones de medidas de capacidad en seco en el AT: 1 homer = 2 leteks = 10 efas = 30 seahs = 100 omers = 180 cabs.

En el NT, gr. *módios* se emplea para el almud (Mt 5.15; Mr 4.21; cf. Lc 11.33). El modios se convierte a cerca de 7.4 l. (.5 EE.UU. bu).

Capacidad líquida

La medida estándar de capacidad líquida en el AT es el bato, la conversión a cerca de 22 l (5.8 EE.UU. gal; 1 R 7.26, 38; 2 Cr 2.10 [9]; 4.5; Is 5.10). La palabra «baño» se deriva de la palabra hebrea para «hija», y, presumiblemente, representa la capacidad de las jarras de agua llevadas desde el pozo (cf. Gn 24.15, donde la joven Rebeca lleva a cabo esta tarea). Mediciones más grandes se expresan de nuevo por el homer, el mismo término se refiere a capacidad seca (Ez 45.11, 14). El homer líquido se compone de 10 batos. Unidades más pequeñas que un bato incluyen hin, que mide un sexto de un bato (Ex 29.40; 30.24; Lv 19.36; 23.13; Nm 15.4-7, 9-10; 28.5, 7, 14). El hin se divide en 12 logs (Lv 14.10, 12, 15, 21, 24). Por lo tanto, para el AT llegamos a las siguientes conversiones de capacidad de líquido: un décimo de homer líquido = 1 bato = 6 hins = 48 logs.

En el NT el *metrētēs* se ha estimado que contiene cualquier cantidad desde 38-115 l (10-30 gal; Jn 2.6). Un valor menor tentativo puede ser atribuido al *choinix* (NVI «kilo»), que equivale .95 l (1 qt.; Ap 6.6).

Bibliografía. G. Barkay, «Iron Age Gerah Weightr», *ErIsr* 15 (1981): 288-96, 85*; W. G. Dever, «Iron Age Epigraphic Material from the Area of Khirbet El-Kôm», *HUCA* 40-41 (1969-70): 139-204; R. B. Y. Scott, «Weights and Measures of the Bible», *BA* 22 (1959): 22-40.

MICHAEL M. HOMAN

PESCA

La pesca se llevó a cabo en agua dulce, ocasionalmente en el río Jordán y sus afluentes, más a menudo en el lago Huleh, pero sobre todo en el mar de Galilea (Mt 4.18; Mr 1.16). El pescado era una fuente barata de proteína de alta calidad y comúnmente se servía con pan (p. ej., Mt 14.17 par.; Jn 21.9-13; cp. Mt 7.9-10). Los hebreos añoraron el pescado del Nilo (Nm 11.5). El Mar Rojo y el Mediterráneo dieron muchas variedades de peces marinos. La gente de Tiro vendió peces en Jerusalén que eran probablemente pescado marítimo salado o ahumado del Mediterráneo (Neh 13.16). Jerusalén probablemente tenía un mercado de pescado localizado cerca de la Puerta del Pescado (2 Cr 33.14; Neh 3.3; Sof 1.10), la ubicación exacta se desconoce, pero se pensaba que era una de las entradas principales a la ciudad localizada cerca de la Puerta de Damasco. También es posible que los peces fueran cultivados en estanques naturales y construidos, para los cuales hay evidencia en el arte egipcio y asirio. Los romanos ampliamente utilizaron este método, y elaborados estanques de peces fueron localizados en Roma durante el tiempo de Nerón y Trajano.

Los peces eran normalmente obtenidos por tres métodos: redes, sedal y anzuelo y lanzas. Las redes eran de tres variedades: una atarraya, una red de enmalle, y una red de arrastre. La atarraya (Gr. *amphíblēstron)* era una red pequeña, circular, portátil arrojada desde un barco o en aguas poco profundas (Mt 4.18). La red de enmalle o trasmallo *(díktyon)*, era una red larga con flotadores que serían suspendidos y dejados en el agua durante un prolongado espacio de tiempo, por lo general durante la noche. Los peces del tamaño apropiado eran atrapados en la red cuando intentaran nadar a través de ella (Mt 4.20-21). La red de cortina, o red de arrastre *(sagénē)*, era una red larga atada a barcos, tirada en un semicírculo, y arrastrada a la orilla capturando muchos tamaños diferentes de peces (Mt 13.47-48). Se requería mucho trabajo para construir, limpiar (Lc 5.2), reparar y secar estas redes (Ez 47.10). Los peces fueron atrapados en los anzuelos unidos a líneas (Job 41.1-2 [TM 40.25-26]; Is 19.8). Estas líneas habrían sido sostenidas en la mano porque las cañas de pescar nunca se mencionan. Los anzuelos pueden haber sido cebados o usados para enganchar al pescado (Mt 17.27). Los peces también eran atrapados con lanzas en aguas poco profundas o desde barcos (Job 41.7, 26 [40.31; 41.18]).

Juan, Jacobo, Pedro y Andrés eran pescadores, pero Jesús les encargó que se hicieran «pescadores de hombres» (Mt 4.19; Mr 1.17). La pesca era un trabajo difícil, y los que se dedicaban a ella fueron considerados incultos. La ocupación de pescador era una «de las ocupaciones más vergonzosas» según Cicerón (cp. Hch 2.7).

Bibliografía. P. F. Anson, *Christ and the Sailor: A Study of the Maritime Incidents in the New Testament* (Fresno, 1954); F. S. Bodenheimer, *Animal and Man in Bible Lands* (Leiden, 1960); O. Borowski, *Every Living Thing: Daily Use of Animals in Ancient Israel* (Walnut Creek, Calif., 1998); J. D. Wineland, «Hunting and Fishing», en *By the Sweat of Thy Brow,* ed. G. L. Mattingly (Sheffield, próximo).

John D. Wineland

PESEBRE

Comedero donde se alimentaba a los animales (Heb. *'ēḇûs*, Job 39.9; Is 1.3; cf. Pr 14.4), o casilla de establo (LXX, gr. *phátnē*, cf. 2 Cr 32.28; Hab 3.17; 2 Cr 9.25). Los establos estaban situados a nivel del suelo, a 46 cm (18 in) por debajo de las habitaciones de los criados de la familia, o en cavernas debajo de una casa o cerca de ella. Eran recipientes de piedra, separados, colocados contra los muros del establo, o receptáculos formados por rocas que sobresalían hacia el área del establo. En Meguido, los arqueólogos han encontrado pesebres de piedra caliza, que medían 91 cm (3 pies) de largo, 46 cm (1.5 pies) de ancho, y 61 cm (2 pies) de profundidad, bastante amplios para poner un bebé. La tradición ubica el nacimiento de Jesús en el establo de una gruta (Justino Mártir, *Dial.* 78,5; Prot Stg 17-18). La colocación de Jesús en un pesebre después de su nacimiento, anticipaba su papel como un Mesías humilde para toda la humanidad (Lc 2.7, 12, 16; Is 1.3).

Emily Cheney

PESHIṬTA

La traducción siríaca de la Biblia. Esta versión del arameo oriental tardío es la segunda más antigua de las versiones principales y uno de los documentos más antiguos de la literatura siria. La palabra *peshiṭta* (pronunciación, nestoriana oriental; cf. Jacobita «peshiṭto») funciona como un adjetivo que significa «simple.» La traducción fue aparentemente la «versión común» o «simple.» (La mayoría cree que la designación era para distinguir esta versión estándar de la más sofisticada, la siro-hexapla anotada.)

Es una cuestión de debate dónde y cuándo la traducción se originó, y por qué la traducción se hizo y por quién. El consenso es que la Peshiṭta fue la obra de más de un traductor y fue producida durante un período prolongado de tiempo, posiblemente desde el primero o siglo II d.C. La evidencia muestra que los libros bíblicos fueron traducidos de forma individual, y que la traducción señala a un original hebreo muy cercano al TM. Algunos libros muestran un vínculo con las tradiciones judías targúmicas; otros dan evidencia de influencia de la LXX. Continúa el debate sobre si la Peshiṭta es una traducción judía o cristiana.

El valor de la Peshiṭta a la crítica textual y al estudio de la historia textual ha sido reconocido por los estudiosos desde el siglo XVI. No sólo es la Peshiṭta un testigo textual en su propio derecho, pero las lecturas siríacas de esta versión principal arrojan luz sobre la historia del texto hebreo y las tradiciones textuales hebreas que se desvían del TM.

Véase VERSIONES SIRÍACAS.

Bibliografía. P. B. Dirksen, «the Old Testament Peshitta», in *Mikra,* ed. M. J. Mulder. CRINT 2/1 (Filadelfia, 1988), 255-97; Dirksen et al., eds., *The Peshitta: Its Early Text and History.* Monographs of the Peshitta Institute 4 (Leiden, 1988).

Dennis R. Magary

PESTE

En la Biblia, peste (Heb. *deḇer, māweṯ;* Gr. *loimós; thánatos*) usualmente se refiere a la intervención divina en la historia humana en la forma de enfermedad humana con el fin de castigar el mal comportamiento humano. La peste se asocia a menudo con otras calamidades (p.ej., Ex 9.3-15; Lv 26.25; Am 4.10; Hab 3.5; Lc 21.11). También sirvió como una amenaza para provocar la conducta humana correcta (p.ej., Nm 14.12; cf. 16.46).

Aunque la peste y la plaga se asocian a menudo en los escritos antiguos, algunos escritores modernos argumentan que esto no quiere decir que los dos son intercambiables. Flagelos como la peste bubónica, el cólera, la disentería, la viruela y la fiebre tifoidea se describen generalmente como «plagar», mientras que la «peste» se asocia más con las enfermedades que resultan de los suministros de agua contaminados que suelen acompañar al sitio de una ciudad. Sin embargo, algunos pasajes se refieren a la viruela y la peste bubónica como formas de peste. Podría muy bien ser que la antigüedad no hizo una distinción entre la «peste» y «plaga» (cf. Lat. *pestilentia,* que está relacionada con *pestis,* «plaga»).

THOMAS B. SLATER

PETAÍAS (Heb. *pĕtaḥyâ*)

1. El líder de la división sacerdotal decimonovena durante los días de David (1 Cr 24.16).

2. Un levita entre los que se divorciaron de sus esposas extranjeras bajo la dirección de Esdras (Esd 10.23).

3. Un levita que participó en la confesión colectiva de los pecados bajo Esdras (Neh 9.5). Él es probablemente el mismo que **2** anterior.

4. Un judaíta, hijo de Mesezabel. Él era un administrador posterior al exilio del rey de Persia en Judea, tal vez un asesor de la corte persa (Neh 11.24).

PETOR (Heb. *pĕṯôr;* Acad. *Pitru*)

Un lugar en la orilla occidental del río Éufrates, en el norte de Mesopotamia, el hogar de Balaam (Nm 22.5; Dt 23.4). Se menciona en una lista del faraón Tutmosis III y es probablemente el mismo que Pitru, que Salmanasar III conquistó en 856 a.C. El sitio puede ser Tell Aḥmar, 19 km (12 mi) sur de Carquemis.

PETUEL (Heb. *pĕṯûʾēl*)

El padre del profeta Joel (Joel 1.1).

PETRA (Gr. *Pétra*)

Una antigua ciudad capital en el desierto al sureste del moderno Jordania. La Cuenca de Petra estuvo sin duda ocupada desde el Neolítico, pero ganó su primera prominencia como un bastión, si no la capital, de los edomitas bíblicos. La elevada montaña llamada hoy el-Habis es considerada por algunos como el Sela bíblico, desde cuya cima se dice que el rey Amasías arrojó algunos 10 000 edomitas (2 R 14.7).

Protegida en el este y el oeste por cadenas montañosas, con una hendidura defendible como una entrada y amplios muelles, y junto a las principales rutas comerciales de la época, Petra proporcionaba la seguridad y el potencial para la empresa comercial. En los últimos tiempos el sitio sirvió como sede de una alianza entre un grupo de beduinos seminómadas que se había desplazado hacia arriba a lo largo de la costa de la Península Arábiga y los sedentarios edomitas. La fusión de los dos pueblos llegó a ser conocida como los nabateos, con edomitas disidentes retirándose hacia el sur de Palestina y llegando a ser conocidos como idumeos. A través de empresas comerciales exitosas, los nabateos, sobre todo a causa de su lucrativo comercio de incienso y mirra, Petra se volvió urbanizada, muy probablemente durante el reinado del rey Aretas IV (9 a.C.–40 d.C.).

El aislamiento relativo en el desierto oriental permitió a los nabateos escapar de la ocupación inmediata de Roma después de la invasión de Pompeyo en el 64 a.C., pero la influencia grecorromana en el arte, la arquitectura y prácticamente todos los aspectos de la vida cotidiana fue traído de vuelta a Petra por los comerciantes. En última instancia, el emperador Trajano se vio obligado a consolidar las regiones orientales del Imperio, y Petra fue ocupada oficialmente en 110 d.C. Ni esta ocupación o influencia la bizantina posterior, sin embargo, tuvieron mucho efecto en la vida cotidiana nabatea.

El 19 de mayo 363, un terremoto destruyó la ciudad. Las excavaciones modernas indican que no se hizo ninguna reconstrucción importante, y la ocupación a partir de entonces fue relativamente leve.

A finales del siglo VI, la influencia cristiana dio lugar a un resurgimiento de Petra, y se construyeron por lo menos dos iglesias, pero con la conquista islámica el sitio dejó de ser de importancia estratégica. El período de las Cruzadas trajo un nuevo interés en la zona debido a su proximidad a las rutas fiscales de caravanas musulmanas. Una fortaleza importante fue construida a las afueras del borde occidental de la cuenca, con una más pequeña colocada sobre el-Habis dentro del centro de la ciudad antigua. Para este período Petra había acumulado considerable folklore bíblico, especialmente conectado a Moisés y el Éxodo, que mantiene hasta hoy.

Con la caída del reino latino, Petra desapareció de la vista occidental, y no fue hasta que el viaje épico de Johann Burckhardt en 1812 que el sitio fue «redescubierto» y el interés por su pueblo revivió. Debido a la situación política en la región, no fue posible realizar excavaciones en Petra hasta las iniciadas en 1929 por George Horsfield, durante la cual, la bien distintiva cerámica fina encontrada allí se convirtió en el marcador para la identificación de sitios nabateos en toda Siro-Palestina. Petra hoy se ubica como uno de los sitios turísticos más importantes en el Medio Oriente, tanto por su belleza natural como por la magnificencia de sus monumentos excavados en la roca.

PHILIP C. HAMMOND

PEULTAI (Heb. *pĕʿullĕtay*)
El octavo hijo de Obed-edom, un portero, cuya familia fue asignada a la puerta sur del templo y los almacenes del templo (1 Cr 26.5, 15).

PEZ
La Biblia no identifica una sola especie de pescado. Términos genéricos como Heb. *dāg* y *dāgâ* se refieren a cualquier criatura que habita en el agua. Del mismo modo, los términos griegos (*ichthýs,* el más común; *opsárion,* usado sólo en el Evangelio según San Juan; *prosphágion,* sólo en Juan 21.5) son todos términos generales. Esto sugeriría que los peces no jugaron ninguna parte esencial en la vida de la mayoría de los israelitas.

A diferencia de sus vecinos de Mesopotamia y Egipto, Israel no era ni una cultura de río, ni una gente de alta mar. La pesca estaba centrada alrededor de los lagos (Huleh y Galilea) y el río Jordán. El lago de Galilea presenta 19 especies nativas. Tres clases principales de peces se encuentran en el Galilea: *Cichildae* (el famoso pescado de San Pedro llamado tilapia); *Cyprinidae* (pescado parecido a una carpa de varios tamaños); *Siluridae* (siluro o bagre). El Mar Muerto no sostiene ninguna vida de peces, y el resto de las fuentes de agua israelitas eran insignificantes para la pesca.

Además, las orillas costeras del Mediterráneo no eran muy productivas para la pesca. Los peces fueron, sin embargo, importados por comerciantes de Tiro (Neh 13.16) y vendidos sólo dentro de la Puerta del Pescado localizada en la esquina noroeste de Jerusalén (Sof 1.10; Neh 3.3). Es obvio que el pescado importado debe haber sido ahumado, salado, o secado al sol para el transporte.

La mayoría de los términos bíblicos para instrumentos de pesca están relacionados con la caza, lo que sugiere que la pesca no era una práctica común más allá del mar de Galilea y el río Jordán. Las redes y las lanzas eran las herramientas principales para la pesca cuando la caña era aparentemente desconocida. Para los tiempos del NT, la pesca asumió una ma-

El gran templo en Petra, probablemente construido a principios del siglo I d.C., y se utilizado hasta el período bizantino. El recinto de 7000 m² se compone de una propilea, un témenos bajo, y una gran escalera monumental que conduce a los témenos superiores, el recinto sagrado para el templo propiamente dicho
(fotografía, AAW Joukowsky; cortesía de las excavaciones de Brown University)

yor importancia en el texto. Siete de los discípulos eran pescadores de profesión y la mayor parte del relato bíblico se concentró en la región de Galilea.

Mientras los peces no formaban parte de la dieta diaria en Israel como lo fue en Egipto (Nm 11.5), ellos fueron no obstante tratados en las leyes alimentarias de Israel. Era necesario que todas las criaturas parecidas a un pescado poseyeran «aletas y escamas» (Lv 11.9-12; Dt 14.9-10) con el fin de ser «limpio» o aceptable para comer; esto excluiría a todo el marisco, mamíferos de mar, tiburones, anguilas y bagre. También se prohibió hacer una imagen del pescado (Dt 4.18), probablemente a la luz de la diosa Atargatis, una deidad con forma de pescado siria cuyo templo se menciona en 2 Macabeo 12.26.

En los últimos días, el pescado jugaría una parte en la bendición de Dios en Israel (Ez 47.9). El profeta predijo que una corriente fluiría del trono en Jerusalén y purificaría el Mar Muerto de manera que el pescado abundara allí. Jesús comparó el reino venidero del cielo a la pesca con una red y atrapar peces buenos y malos que simbolizan el justo y el malo (Mt 13.47-50).

Los peces fueron especialmente importantes en la vida y el ministerio de Cristo. Él alimentó de pan y pescado a los 5000 (Mt 14.13-21) y más tarde otros 4000 (15.32-39). El Cristo resucitado comió pescado asado a las brasas con sus asombrados discípulos (Lc 24.42). Él decidió comunicar su tiempo en la tumba mediante la experiencia de Jonás (Jon. 1.17 [TM 2.1]), cuyo «gran pez» fue comparado entonces con un monstruo de mar apocalíptico (Mt 12.40). La historia de pescado más famosa, sin embargo, es realmente una posbíblica fundada en el uso de la palabra griega para pescado como un acrónimo para el credo antiguo «Jesucristo, el Hijo de Dios, Salvador».

La primera letra de cada uno de estos nombres del credo reproduce la palabra griega para pescado, *ichthýs*.

DONALD FOWLER

PIBESET (Heb. *pî-beseṯ*)
Una ciudad en el Bajo Egipto en la rama oriental del delta del Nilo, en el moderno Tell Basna 1.5 km (1 mi) sureste de Zagazig moderna y 63 km (39 mi) NNE del Cairo. Pibeset (Egyp. *Pr-B3st*, «casa de Bastet (la diosa-gato]») se menciona con On, otra ciudad en el Bajo Egipto, en el oráculo de Ezequiel contra Egipto (Ezequiel 30:17).

PICHÓN
Cualquiera de varias aves de la familia Columbidae. La NVI traduce Heb. *yônâ* como «pichones de paloma» cuando se refiere a los animales de sacrificio (en otros lugares «paloma»). Las aves se ofrecían en general para el sacrificio como una alternativa a los animales de mayor tamaño; su uso para el sacrificio es, por tanto, un indicador de pobreza relativa (p.ej., Lv 5.7; Lc 2.24), aunque una ofrenda de granos podría ser aún mayor indicación de la pobreza (Lv 5.11).

En el NT el gr. *peristerá* se traduce «paloma» con referencia a las aves sacrificadas en el templo (Mt 21.12; Mr 11.15; Jn 2.14, 16). Los «pichones» sólo se mencionan en Lucas 2:24 para distinguir entre dos especies de aves en una cita de Levítico 12.8.

Heb. *gôzāl* se traduce «pichón» al relatar animales cortados por la mitad para un ritual del pacto (Gn 15.9; cf. Dt 32.11).

JESPER SVARTVIK

PIEDRA ANGULAR
Término arquitectónico utilizado en el NT como una metáfora para Cristo (Mt 21.42; Ef 2.20; 1 P 2.4-8). El uso de este término en el NT (Gr. *akrogōniaíos; kephalḗ gōnías*) viene del AT (Heb. *rōʾš pinnâ;* Sal 118.22; Is 8.14; 28.16-17). «Piedra angular» puede referirse a: (1) la piedra en un nuevo edificio colocada primero con gran cuidado y ceremonia para asegurar una base recta y nivelada; (2) las piedras de esquina que unen y fortacelen dos paredes que conectan; (3) la piedra angular en el tope de una esquina o de una pared; o (4) la piedra angular de una puerta de arco o puerta de enlace, la piedra que está al centro y más arriba que une los dos lados y sostiene el arco mismo (la puerta más importante en la que a menudo se grababa el nombre de la ciudad, el gobernate, y el constructor).

En el NT, Pedro utiliza pasajes del AT en una compleja analogía, refiriéndose a creyentes individuales como «piedras» en una casa espiritual donde Cristo es (1) la esquina de la base; (2) la piedra angular; y (3) la piedra de tropiezo, en la que los edificadores desobedientes son juzgados por buscar una piedra de su propia elección para completar el edificio (1 P 2.4-8). Pablo demuestra que mientras los «apóstoles y profetas» son el fundamento de la iglesia, es Cristo «en quien todo el edificio, [está] bien coordinado» (Ef 2.20).

Bibliografía. R. J. McKelvey, «Christ the Cornerstone», *NTS* 8 (1961/62): 352-59. Dennis M. Swanson

PIEDRAS PRECIOSAS
Véase GEMAS

PI-HAHIROT (Heb. *pî-haḥîrôṯ*)
Un lugar de campamento en la ruta del Éxodo, en el Delta oriental, cerca de Migdol y Baal-Zefón (Ex 14.2, 9; Nm 33.7-8). El nombre no puede ser identificado con ningún otro sitio conocido. La LXX y Siríaca tienen variantes de lectura, entre ellas «la boca de Heritha, el canal» (Nm 33.7 Sir.), Los cuales pueden referirse a zanjas de riego conectados al canal del este (cf. William F. Albright, quien sugiere que el nombre es una forma semitizada que significa «la boca de los canales», Roland de Vaux, «la boca de los canales»).

LAWRENCE A. SINCLAIR

PILAR
Una piedra de pie (Heb. *maṣṣēḇâ*) erigida como un monumento o un objeto de culto. Durante el período de los patriarcas, las piedras se establecieron como monumentos (Gn 28.18; 31.45-52; 35.14, 20; Ex 24.4; 2 S 18.18), a veces representando a la morada de Dios (Gn 28.22). A veces se traduce como «imagen» (RV), el término hebreo se refiere también a las piedras creadas para representar a las deidades cananeas, una práctica aborrecida por los escritores bíblicos. Esta práctica de erigir piedras para representar deidades fue adoptada por los israelitas (Ex 23.24; Lv 26.1; 1 R 14.23; 2 Cr 31.1). A medida que estas piedras se asociaron con el dios cananeo Baal y posiblemente fueron erigidas junto a un pilar de madera que simboliza la deidad femenina Asera, en algunos casos, pueden haber sido símbolos fálicos. El término también se utiliza para referirse a un obelisco egipcio (Jer 43.13); Isaías se refiere a un *maṣṣēḇâ* que se erigió en la frontera de Egipto para significar el señorío de Dios sobre las naciones extranjeras (Is 19.19). Ambas referencias afirman que el *maṣṣēḇâ* es un monumento de la presencia del dios (el dios egipcio del sol Amón-Ra y el dios hebreo, respectivamente) y por lo tanto un objeto de culto.

Muchos ejemplos de pilares se conocen a partir de la Edad de Bronce y de Hierro Palestina. Pilares arquitectónicos utilizados como soportes se encuentran hechos de piedras cortadas rústicamente o piedras de buen corte con capiteles (como en Meguido y Samaria). Las piedras que se encuentran de pie por sí solas o en filas pueden ser interpretadas de manera muy diferente, sin embargo, ya que no tienen ningún propósito estructural, a menudo tienen cimas redondeadas, y se encuentran en asociación con materiales de carácter cultual. El «lugar alto» de la Edad del Bronce Medio en Gezer consta de 10 grandes piedras verticales con tapas lisas y una estructura parecida a un lavabo, y ha sido interpretado por algunos como representando a personas que viven o clanes unidos en la adoración de una deidad encarnada por el pilar sagrado. Un templo de la Edad del Bronce Tardío en Hazor incluye una fila de piedras verticales de basalto con las tapas de punta redondeada, que se encuentra en asociación con una figura de basalto de una deidad masculina. Una de las piedras tiene una representación grabada de dos brazos en alto en señal de adoración bajo el emblema del dios-sol.

Heb. *ʿammûḏ* usualmente se refiere los pilares y columnas arquitectónicas (Ex 26.32, 37; 1 R 7.15-22) y la columna de fuego y la columna de nube en la historia del Éxodo.

JENNIE R. EBELING

PILATO, HECHOS DE
Originalmente escrito en griego, una obra apócrifa que sobrevive en muchos manuscritos medievales, el más antiguo del siglo XII, y en latín, copto, siríaco, armenio y traducciones al árabe. En una serie de manuscritos medievales se encuentran junto a otra obra, El Descenso de Cristo a los Infiernos, y titulado el Evangelio de Nicodemo. La fecha es incierta. Justino Mártir (a mediados de siglo II) se refiere a un Hechos de Poncio Pilato (*Apol.* 5, 21), pero los estudiosos no están seguros que este sea el mismo documento. Eusebio se refiere a los Hechos de Pilato a principios del siglo IV (*HE* 1.9.3; 9.5.1). Una revisión del siglo V (Recension B) hace numerosos cambios y adiciones.

La obra sigue el contorno de los relatos de la pasión y resurrección de los evangelios canónicos. El autor depende más fuertemente de Mateo y Juan, pero conoce el final más largo de Marcos. Él se expande en gran medida este esquema básico, con mucho material adicional, y está particularmente interesado en Pilato, José de Arimatea y Nicodemo.

Cuando Jesús es llevado ante Pilato, los estandartes, que llevan imágenes del emperador, se inclinan ante Jesús. Las autoridades judías afirman que los abanderados los bajaron. Pilato les dice que elijan 12 hombres de los suyos para que porten los estandartes. Cuando lo hacen, los estandartes se inclinan más por su propia voluntad ante Jesús.

Después de la crucifixión y el entierro las autoridades judías encierran a José de Arimatea en un edificio sin ventanas. Él escapa y después les dice que el edificio fue levantado de la tierra y el Jesús resucitado lo dejó salir, lo llevó a la tumba vacía, y luego a su casa, y lo puso en su cama.

Otros judíos dicen a las autoridades judías y la gente la forma en que vieron a Jesús hablar a sus discípulos en el monte Mamlich de Galilea, y la forma en que es recogido corporalmente al cielo. Las autoridades se reservan el juicio sobre esto, y el pueblo alaba a Dios por su cumplimiento de las Escrituras.

Bibliografía. F. Scheidweiler, «The Gospel of Nicodemus; Acts of Pilate, and Christ's Descent into Hell», in *New Testament los Apocrypha,* ed. W. Schneemelcher y R. McL. Wilson, Ap ed., 1 (Louisville, 1991): 501-36.

J. Christian Wilson

PILATO, PONCIO (Gr. *Póntios Pilátos*)

Gobernador romano o procurador de Judea, 26-36 d.C. (Mt 27.2; Josefo *Ant.* 18.2.2 [35]; 18.3.1 [55]; *BJ* 2.9.2 [169]; Filón *Leg.* 299). Según una inscripción encontrada en Cesarea, fue un *praefectus Iudaeae,* un comandante de las tropas auxiliares (500-1000 soldados).

Los relatos evangélicos representan a Pilato como gobernador equitativo pero débil, probablemente para promover las relaciones positivas entre el gobierno romano y el cristianismo (Mr 15.1-15 par.). Los líderes judíos piden a Pilato condenar a muerte a Jesús sobre la base de la traición (esp. Lucas 23.1-2). Después del interrogatorio, Pilato pronuncia a Jesús inocente; sin embargo, él cede a las demandas de las multitudes de la ejecución de Jesús. Pilato cede para satisfacer a la multitud (Mr 15.15), para detener un motín (Mt 27.24), para silenciar a las súplicas del pueblo por la muerte de Jesús (Lc 23.18-25), y afirmar su lealtad al emperador (Jn 19.12-13). Los incidentes adicionales funcionan para transferir la responsabilidad de la muerte de Jesús fuera de Pilato En Mateo 27.19-25, Pilato, escuchando los consejos de su esposa, se disocia a sí mismo de Jesús y «lava» sus manos; a continuación, las multitudes reclaman la responsabilidad de su muerte. En Lucas 23.6-12 Pilato envía a Jesús a Herodes para ser juzgado, quien luego lo devuelve a Pilato sin condena, lo que confirma el juicio de Pilato de inocencia.

Josefo y Filón, sin embargo, describen a Pilato como extremadamente ofensivo, cruel y corrupto. Josefo reporta que Pilato violó la ley judía contra las imágenes de talla, cuando trajo a Jerusalén imágenes del emperador unidos a los estandartes romanos (*Ant.* 18.3.1 [55-59], *BJ* 2.9.2-3 [169-74]). Según Filón, Pilato también ofendió a los judíos cuando puso escudos que llevan el nombre del emperador en el antiguo palacio de Herodes en Jerusalén (*Leg.* 299-305). Su apropiación indebida de fondos del templo para financiar la construcción de un acueducto en Jerusalén provocó un motín que dejó a muchos judíos muertos (*Ant.* 18.3.2 [60-62]; *BJ* 2.9.4 [175-77]). Después de una cruel masacre de los samaritanos, Pilato fue llamado a Roma (*Ant.* 18.4.1-2 [85-89]). No se le volvió a nombrar como gobernador.

Emily Cheney

PILDAS (Heb. *pildāš*)

Un hijo de Nacor hermano de Abraham, y Milca (Gn 22.22).

PILHA (Heb. *pilḥā'*)

Uno de los jefes de las personas que pusieron su sello al nuevo pacto bajo Nehemías (Neh 10.24[TM 25]).

PILTAI (Heb. *piltāy*)

El jefe de una familia sacerdotal en la época posterior al exilio del sumo sacerdote Joiacim (Neh 12.17).

PIM (Heb. *pîm*)

Una unidad de peso equivalente a dos tercios de siclo, o cerca de 7.8 g (0,27 oz) (1 S 13.21).

PINÁCULO

Un elemento arquitectónico del templo de Jerusalén, el lugar donde el diablo llevó a Jesús a una de las tres tentaciones (la segunda en Mt 4.5, la tercera en Lc 4.9). Gr. *pterýgion,* «pináculo» o «parapeto», significa lit., «ala pequeña», y en sentido figurado se refiere al punto extremo o punta de algo. Aunque su ubicación exacta se desconoce, desde la época bizantina la cumbre ha sido por lo general tomada como el Pórtico Real del templo en el lado sureste del patio exterior. Josefo describe esta columnata como un lugar elevado con vistas a un barranco profundo, probablemente el valle del Cedrón. Otra sugerencia es que la cumbre fue parte de la superestructura o dintel de una de las puertas del templo.

John L. Gillman

PINO

Cualquiera de los diversos árboles de hoja perenne de coníferas con agujas largas y delgadas, del género *Pinus.* Los pinos eran comunes en las tierras bíblicas, a pesar de que rara vez se mencionan en la Biblia. El pino piñonero *(Pinus pinea)* prospera en el suelo arenoso y cálido clima de la planicie costera palestina. Este árbol se madura en un árbol en forma de sombrilla (también llamado el pino sombrilla) que crece hasta 24 m (80 pies) de altura. Su corteza es de color marrón claro con manchas (debido a pelar) gris-marrón. Sus agujas crecen en pares a lo largo de la punta de la rama, que termina con un cono de color marrón brillante. En tres años los conos producen semillas maduras, que son comestibles y se comercializa como nueces pignolia. Ezequiel describe un barco de Tiro con una cubierta hecha de madera *tĕʾaššûr*, probablemente el pino piñonero, de las costas de Chipre. El ciprés de primavera, la majestuosa fortaleza del pino, y el dosel imponente del pino piñonero sugieren una imagen apropiada de la riqueza exuberante de la obra salvadora de Jehová (Is 41.19; 60.13).

El pino Aleppo *(Pinus halepensis)* prefiere un suelo más húmedo y puede soportar climas más duros que el pino piñonero. Alcanza una altura de 20 m (65 pies). La corteza gris ceniza se vuelve de color marrón rojizo a medida que madura. Las agujas dispersas crecen en grupos de dos, y los conos producen semillas aladas que maduran en dos años. Los romanos utilizaban su madera fuerte y duradera para la construcción naval, las pilas, y puntales. La corteza es rica en taninos y fue ampliamente utilizada en el curtido de cuero. La resina del árbol puede haber sugerido el nombre *ʿēṣ šemen* (lit., «árbol de aceite»), que algunos eruditos creen que es el pino Aleppo (Neh 8.15; NVI «olivo»). Se mencionó como un signo de la nueva creación de Jehová en el desierto (Is 41.19).

Bibliografía. F. N. Hepper, *Baker Encyclopedia of Bible Plants* (Grand Rapids, 1992); M. Zohary, *Plants de la Biblia* (Cambridge, 1982).

LAURIE J. BRAATEN

PINÓN (Heb. *pînōn*)

El ancestro de un clan edomita (Gn 36.41; 1 Cr 1.52); Posteriormente, el nombre del pueblo o región. Pinón probablemente debería estar asociada con Punón (Khirbet Fênān; 197004), donde los israelitas acamparon poco antes de entrar en las llanuras de Moab (Nm 33.42-43).

PIRATÓN (Heb. *pirʿāṯôn*)

El hogar del juez Abdón (Jue 12.13-15) y de Benaía, uno de los treinta de David (2 S 23.30; 1 Cr 11.31). Situado «en la tierra de Efraín» (Jue 12.15; cf. 1 Cr 27.14), Piratón has sido identificado con Farʿâtā moderno (165177), cerca de 10 km (6 mi) suroeste de Nablus.

PIREAM (Heb. *pirʾām*)

El rey amorreo de Jarmut en el momento de la conquista de Canaán (Jos 10.3). Junto con los otros aliados del rey Adonisedec de Jerusalén que atacaron Gabaón, fue derrotado y asesinado por Josué (Jos 10.22-26).

PIRRO (Gr. *Pýrros*)

Padre de Sópater, uno de los acompañantes de Pablo en su último viaje a Jerusalén (Hch 20.4).

PISGA (Heb. *pisgâ*)

Una montaña o cordillera (Heb. «pico» o «pendiente») en el noroeste de Moab en estrecha proximidad con el monte Nebo (Nm 21.20; Dt 3.17; 4.49; Jos 12.3; 13.20). Es parte del promontorio Abarim de la Meseta moabita que se inclina hacia el Mar Muerto y el Valle del Jordán. Balac edificó siete altares encima del Pisga, y desde allí Balaam pronunció su oráculo sobre Israel (Nm 23.14). Desde Pisga a Moisés se le mostró la tierra prometida y murió allí (Dt 3.27; 34.1).

La mayoría de los eruditos identifican Pisga con Râs es-Siyaghah justo al norte de Jebel en-Nebā (Mt. Nebo). Aunque la ubicación del Pisga es más baja que el monte Nebo, tiene una vista impresionante del valle del Rift y más allá, hasta Jerusalén y el Monte. Hermñn en los días claros. Las excavaciones en la cima del Pisga han revelado una iglesia bizantina erigida a la memoria de Moisés.

Bibliografía. M. Piccirillo, *The Mosaics of Jordan* (Amman, 1993), 133-51.

FRIEDBERT NINOW

PISIDIA (Gr. *Pisidía*)

Una región en el suroeste de Galacia, norte de las montañas de Tauro, y bordeada por Asia, Panfilia, Frigia y Licaonia. Esta región consiste en montañas, valles fértiles y lagos, que produjeron pastos de calidad, bosques, olivos y viñedos.

Los písidas eran un pueblo de la violencia y el bandidaje (2 Co 11.26-27). Políticamente, la región fue dominada por los persas y más tarde por los romanos, con breves períodos de independencia. Los romanos hicieron Antioquía la capital de Galacia antes de los tiempos del NT.

Pablo y Bernabé pasaron a través de Pisidia (Hch 13.14; 14.24), pero su ministerio fue limitado a causa de un pequeño número de judíos como un punto de contacto. En Pisidia Pablo decidió centrarse en los gentiles en su estrategia misionera (Hch 13.46).

Steven L. Cox

PISÓN (Heb. *pîšôn*)
Uno de los cuatro ríos del Edén, del que se dice haber fluido alrededor de la tierra de Havila (Gn 2.11). Los intentos de identificar el Pisón han incluido el Ganges, el Indo, y afluentes del Éufrates.

PISPA (Heb. *pispâ*)
Un aserita, hijo de Jeter (1 Cr 7.38).

PISTIS SOFÍA
Un documento gnóstico, cuyo título significa «fe-sabiduría», tal vez originalmente titulado como el libro del Salvador. Fue descubierto en 1772 por A. Askew y comprado por el Museo Británico en 1785, pero no publicado hasta 1905. Tal vez escrito en Egipto durante el siglo III o IV y que pertenece al género de las conversaciones entre el Cristo resucitado y sus seguidores, contiene cuatro secciones que tratan dos temas distintos. Las secciones 1-3 contienen 46 preguntas formuladas sobre todo por María Magdalena sobre el origen del pecado y el mal, el cielo, la caída y la redención de Pistis Sofía (en representación de la humanidad) a Jesús en su 12 º año de la enseñanza después de la Resurrección. Personificada, Fe-Sabiduría da gracias al «Primer Misterio» en una serie de himnos de alabanza, después de cada una de ellas un discípulo interpreta el himno. Una promesa de la igualdad con Dios para los que descubren la verdad incognoscible de los misterios, concluye esta parte. La sección 4 no menciona Pistis Sofía, pero contiene las respuestas de Jesús dadas en el día de la Resurrección sobre los poderes celestiales, visiones, una descripción de los castigos por los pecados, palabras mágicas y ritos (como la que ofrece el vino, el pan y el agua, junto con las palabras sagradas), y una oración por la compasión.

Richard A. Spencer

PITÓN (Heb. *piṯōm*)
Una de las ciudades-almacenes egipcias construidas por el trabajo forzado de Israel (Ex 1.11). El nombre (Egip. *Pr-îtm*) significa «Casa de Atum», la deidad solar egipcia Re (cf. Jer 43.13, Bet-semes; LXX Heliópolis; la LXX de Ex 1.11 menciona Pitón junto con «El, que es Heliópolis»).

Los primeros excavadores identificaron Pitón con Tell el-Maskhûṭah en el distrito de Sucot. Varias inscripciones egipcias que llevan el cartucho de Ramsés II fueron descubiertas en el lugar, pero más tarde las excavaciones no encontraron restos arquitectónicos de fecha anterior al siglo VII a.C. El consenso actual identifica Pitón con Tell er-Reṭâbeh lejos al oeste en el Wadi Tumilât. Una clara evidencia indica ocupación durante la dinastía 19 (Seti I, Ramses II, y Mernepta).

Bibliografía. B. MacDonald, «Excavations at Tell el-Maskhuṭa», *BA* 43 (1980): 49-58; E. P. Uphill, «Pithom y Raamses: Their Location and Significance», *JNES* 27 (1968): 291-316; 28 (1969): 15-39.

Lawrence A. Sinclair

PITÓN (Heb. *pîṯôn*)
Un benjaminita, hijo de Miqueas y descendiente de Saúl (1 Cr 8.35; 9.41).

PLAGA
Un término general para un juicio, por lo general, infligido por Dios. A veces se utiliza para referirse a lo que hoy se entiende como enfermedad epidémica (p.ej., 1 S 6.4), por lo general indica una gama más amplia de calamidades, incluyendo las enfermedades endémicas, bajas en combate, y los desastres naturales (p.ej., 1 R 8.37). Las 10 plagas de Egipto, rara vez llamadas plagas en Éxodo mismo (Ex 9.3, 14-15; 11.1), se conocen con mayor frecuencia como señales y prodigios (p.ej., 7.3; Dt 6.22; 7.19; 26.8; 34.11; Neh 9.10; Sal 135.9; Jer 32.20-21) y juicios (Ex 6.6; Nm 33.4).

La palabra en español se utiliza para traducir una serie de términos hebreos y griegos. El verbo hebreo *nāgap y* los sustantivos *maggēpâ, negep,* y *makkâ,* lit., «golpe», «ataque», o «toque», lo que indica una lesión, un golpe fatal, masacre en la batalla, o la derrota militar, son traducidos a menudo como sinónimos de «plaga». Gr. *plēgḗ* se traduce «plaga» en Apocalipsis, y *mástix* como «azote» (RVR-60 Mr 5.29, 34) o «enfermedad» en los Evangelios, pero en otras partes significan «paliza» o «flagelación». Aquí el énfasis puede estar en la repentina e inusual aparición de una calamidad. Una epidemia o brote de enfermedad infecciosa aguda pueden describirse sólo en algunos casos (Ex 32; Nm 16, 25; 1 S 5–6; cf. Zac 14.12, 15, 18).

Heb. *deḇer* (usualmente traducido como «peste») siempre se refiere a un brote de enfermedad. La «espada, hambre y pestilencia», tríada frecuente en Jeremías y Ezequiel, describe el efecto devastador de los suministros de alimentos y agua contaminada agotados asociados con el sitio de guerra. Del mismo modo, gr. *loimós* indica una enfermedad grave con alta mortalidad que afecta a un gran número de personas al mismo tiempo (Lc 21.1).

Heb. *negaʿ* (RVR-60 «plaga»; NVI «infección») se refiere en Levítico 13-14 a diversos trastornos de la piel (no la enfermedad de Hansen, como la traducción tradicional de «lepra» parece indicar), y pudrición en la ropa y las casas. Heb. *rešep̱*, aparentemente afín al nombre del dios cananeo de la peste, es personificada en Habacuc Hab. 3.5 (NVI); Dt 32.24 (NJPSV), como es *deḇer* en Salmo 91.6.

Donde la enfermedad epidémica parece estar indicada, todavía es muy difícil de leer diagnósticos médicos modernos en el texto bíblico con el fin de identificar enfermedades específicas. Una posible excepción es la plaga de los filisteos (1 S 5–6): Aquí una infestación de ratas o ratones, junto con una enfermedad que implica hinchazón puede describir la peste bubónica. Sin embargo, incluso en este caso, se han postulado otras enfermedades como la disentería, y la LXX parece sugerir que la plaga es exclusivamente de ratones.

La peste, en su sentido más restringido de enfermedad, era un hecho frecuente de la vida en el antiguo Cercano Oriente. Las enfermedades endémicas, en ausencia de un tratamiento efectivo, y agravadas por la urbanización y la dieta inadecuada y la falta de saneamiento, representaron al menos la mitad de todas las muertes; la guerra y las epidemias, los eventos que a menudo se relacionaban, causaron un aumento en las tasas de mortalidad. Los textos antiguos del Cercano Oriente muestran un conocimiento de las enfermedades epidémicas (por ejemplo, las oraciones de la peste del rey hitita Mursilis; *ANET,* 394-96), atribuyéndolas a varias deidades o demonios. Del mismo modo, en la Biblia es Dios quien trae o amenaza con plaga.

La plaga aparece por primera vez en la Biblia en Génesis 12.17 como un castigo divino del faraón por tomar a Sarai, mujer de Abram, a su harén. Los israelitas experimentaron plaga en el desierto a causa de su apostasía con el becerro de oro (Ex 32.35), sus ansias de carne (Nm 11.33), sus quejas y rebelión (14.37; 16.41-50), y su adoración a Baal de Peor (25.9). Son amenazados con la peste si rompen el pacto con su Dios (Lv 26.21, 25; Nm 14.12; Dt 28.21, 58-61). David escoge una peste de tres días como castigo por su censo (2 S 24; 1 Cr 21), y la oración de Salomón en la dedicación del templo pone en la lista a la peste como una posible consecuencia de la deslealtad al pacto (1 R 8.37 = 2 Cr 6.28). La llegada de Dios se asocia con la plaga en Habacuc 3.5.

Los filisteos, al capturar el arca del pacto, sufren una plaga (1 S 5.6, 11; cf. Sal 32.4) Subrayando la soberanía del Dios de Israel Jehová sobre Dagón, el dios filisteo (1 S 5.4). El mismo tipo de competencia aparece en las 10 plagas de Egipto, donde la soberanía de Jehová debe ser establecida sobre Faraón (Ex 9.3).

Plagas de Egipto

Egipto se asocia por excelencia con las plagas de Éxodo 7-12. La enumeración tradicional de 10 plagas no aparece en el Éxodo y se atestigua explícitamente primero en el libro de los Jubileos (Jub. 48.7). Los relatos en Salmos 78, 105 parece mostrar sólo siete u ocho plagas, y en diferente orden. La meditación de las plagas en la Sabiduría de Salomón (Sab 11-19) presenta siete contrastes entre el tratamiento de Egipto e Israel en las manos de Dios (cf. Ap 8–11, 15–16).

Las 10 plagas son (1) la sangre; (2) las ranas; (3) los mosquitos; (4) las moscas; (5) la peste del ganado; (6) úlceras; (7) el granizo; (8) langostas; (9) la oscuridad; (10) la muerte de los primogénitos. La naturaleza de las tercera y cuarta plagas es especialmente incierta; los *kinnim* o mosquitos (NVI) de Éxodo 8.16-18(TM 12-14) también han sido entendida como piojos (RVR-1960) o gusanos, y la *ʿārōḇ* (lit., «mezcla») o enjambres de moscas de 8.20-32(16-28) podría haber un enjambre de varios insectos (NJPSV) o, como en la literatura rabínica, de animales salvajes.

Variaciones complejas entre la presentación de las plagas individuales, como la fluctuación entre Moisés, Aarón, y Dios como el agente que induce cada plaga o las reacciones erráticas de Faraón a las plagas individuales, así como las discrepancias, como la reaparición de la ganadería egipcia en la séptima plaga después de que han muerto en la quinta (Ex 9.6), han llevado a la teoría de que la narración del Éxodo es una composición de varias tradiciones. En su formulación clásica, una cuenta inicial de siete plagas (generalmente identificados con J) se combinó gradualmente, o complementó por otras fuentes, o tradiciones, finalmente dando forma a la actual cuenta de10 plagas.

Contra este enfoque crítico de diversas fuentes, otros han destacado la estructura unitiva y el equilibrio de la narración de la plagas en su forma completa. Ya reconocido por los comentaristas rabínicos medievales era un patrón formulista de tres tripletes de plagas (1, 2, 3 + 4, 5, 6 + 7, 8, 9) coronadas por una décima plaga más. (Esto es similar al patrón de 3 + 3 + 1 del relato de la Creación en Gn 1.) Otro patrón comúnmente reconocido es el de cinco pares contiguos, basados en el contenido: 1, 2 (Nilo); 3, 4 (insectos); 5, 6 (enfermedades); 7, 8 (daños a los cultivos); 9, 10 (oscuridad).

Las 10 plagas también se han interpretado como una secuencia de fenómenos naturales catastróficos que presentan una relación de causa-efecto científico. Por lo tanto, el barro de color rojizo y algas convirtieron el rojo sangre del Nilo (1), matando a los peces y provocando que las ranas emigraran a la tierra (2). Las ranas muertas proporcionaron un caldo de cultivo para los mosquitos y las moscas (3 y 4), que a su vez transmiten enfermedades al ganado y los seres humanos (5 y 6). El granizo y langostas (7 y 8) fueron los desastres naturales comunes, mientras que la oscuridad de la novena plaga fue causada por una tormenta de arena o eclipse solar. Tales explicaciones naturalistas, sin embargo, no sólo tropiezan con detalles tales como el carácter selectivo o instantáneo de algunas de las plagas, sino que también desacreditan la representación ideológica de las plagas en el relato bíblico como eventos claramente sobrenaturales o milagrosos que suceden por instigación divina.

Dos temas principales se destacan en el relato de las 10 plagas: «para que conozcas que no hay como Jehová nuestro Dios» (Ex 8.10[6]; cf. 9.14), y «para que sepáis que Jehová hace diferencia entre los egipcios y los israelitas» (11.7). Las plagas demuestran la superioridad del Dios de Israel sobre un Egipto que, según su Faraón semidivino, vuelve cada vez más a un estado precreacional del caos. Al mismo tiempo, las plagas son el nacimiento de Israel como una entidad separada o distinta de su matriz egipcia.

Bibliografía. T. E. Fretheim, «the Plagues as Ecological Signs of Historical Disaster», *JBL* 110 (1991): 385-96; R. M. Martinez, « Epidemic Disease, Ecology, and Culture in the Ancient Near East», en la Biblia *a la luz de Cuneiform Literature,* ed. W. H. Hallo, B. W. Jones, y G. L. Mattingly. Scripture in Context 3 (Lewiston, 1990), 413-57.

F. V. Greifenhagen

PLANTAS

Al menos 128 nombres de plantas aparecen en el AT y NT, un número pequeño en comparación con las más de 2780 especies que los botánicos modernos han identificado en Israel. Para mayor comodidad, las plantas herbáceas que se describen en la Biblia se agrupan aquí en función del uso y/o hábitats naturales.

Cultivos del campo y plantas de jardín

Tres granos importantes mencionados en la Biblia son el trigo, la cebada y el mijo. Trigo *(Triticum aestivum y T. Compositum),* uno de los granos cultivados más antiguos del mundo, está representado por Heb. *ḥiṭṭâ* y Gr. *sítos áleuron* y *semídālis.* Este es el «maíz» del sueño de Faraón (Gn 41.5). Heb. *kussemeṯ* (Ex 9.32; Is 28.25; Ez 4.9) probablemente se refiere al farro *(Triticum dicoccum).* Cebada (*Hordeum vulgare* L.) es Heb. *śĕʿōrâ* (Ex 9.31; Lv 27.16; Dt 8.8; Rut 1.22; 2 R 4.42) y Gr. *krīthḗ* (Jn 6.9; Ap 6.6). Millo *(Panicum miliaceum)* o sorgo *(Sorghum bicolor),* que se utiliza para las gachas y el pan, es Heb. *dōhan* (Ez 4.9).

Legumbres bíblicas importantes incluyen la lenteja, garbanzo, y haba. Heb. *ʿăḏāšâ* (2 S 17.28; 23.11) se asocia con la lenteja *(Lens culinaris*), también se utiliza para el potaje de Jacob (Gn 25.34). El garbanzo *(Cicer arietinum)* es Heb. *hāmîṣ* (Arab. *humus; Is* 30.24). El haba *(Vicia faba)* es gr. *kerátion* (Lc 15.16).

Puerros, cebollas y ajos fueron algunos de los vegetales que los israelitas anhelaban de Egipto mientras deambulaban por el desierto (Nm 11.5-6). El puerro (Heb. *ḥāṣîr*) es generalmente identificado con *Allium kurrat,* aunque algunos han sugerido el fenogreco *(Trigonella foenum-graecum).* La cebolla *(Allium cepa)* es Heb. *bāṣāl,* mientras que el ajo *(Allium sativum)* es *šûm.* Los pepinos y melones que los israelitas también añoraban son Heb. *qiššûʾâ* (Nm 11.54; Is 1.8), probablemente el melón *(Cucumis melo) y* la *ʾăḇaṭṭîaḥ* (Nm 11.5) o sandía *(Citrullus lanatus).*

Condimentos utilizados por las personas de la Biblia para darle sabor a sus alimentos incluyen el comino, eneldo y menta. Comino *(Cuminum cyminum)* se identifica seguramente con el Heb. *kammōn* (Is 28.25, 27) y Gr. *kýmīnon* (Mt 23.23). Heb. *qeṣaḥ* (Is 28.25, 27) probablemente se refiere al comino negro *(Negella sativa)*. Maná recordaba a los israelitas de *gaḏ* (Ex 16.31; Nm 11.7), es decir, la semilla de cilantro *(Coriander satovum)*. La semilla de cilantro *(Anethum graveolens)* es mencionada en Mateo 23.23 (Gr. *ánēthon*), al igual que la menta *(Mentha longifolia;* Gr. *kedyosmon)*. Ruda *(Ruta chalepensis)* es probablemente gr. *pḗganon* (Lc 11.42). Jesús se refiere a la semilla de una *sinapi* (Mt 17.20 par.; Mr 4.31 par.) como una ilustración del poder de la fe; esta planta es la mostaza (probablemente *Brassica nigra*). El vegetal viscoso mencionado en Job Job 6.6 *(ḥallomût)* es probablemente verdolaga *(Portulaca oleracea)* o malva *(Malva sylvestris, M. nicaeensis, Alcea setosa)*. Heb. *qinnāmôn* (Ex 30.23; Pr 7.17; Cnt 4.14) y gr. *kinnámōmon* (Ap 18.13) se identifican con confianza con canela *(Canelaoum verum)*, una especia que se importó a Palestina. Heb. *qiddâ* (Ex 30.24; Ez 27.19; cf. 45.8 [TM 9]) es, probablemente, la casia *(Canelaum cassia)*, otra planta importada que era inferior a la verdadera canela.

Dos plantas importantes que se utilizaron para los textiles en lugar de subsidencia eran el lino y el algodón. Heb. *pištâ* (Ex 9.21) y gr. *liňon* (Mt 12.20; Ap 15.6), *bý* (Lc 16.19), *sindōn* (Mr 15.46 par.), y *othónion* (Jn 19.40; 20.5, 7) se identifican con la planta del lino *(Linum usitatissimum)*, de cuyo tallo se extraen fibras para hacer ropa fina. Las semillas son la fuente de aceite de linaza. Algodón *(Gossypium herbaceum)* es Heb. *karpas* (Est 1.6); fue utilizado para las cortinas en el salón de banquetes del rey Asuero.

Muchas plantas se utilizaron con fines medicinales. Heb. *ṣŏrî* (Gn 37.25; Jer 8.22) se traduce generalmente como bálsamo, aunque el bálsamo, en sí es un término general para cualquier ungüento curativo. Indudablemente varias plantas fueron utilizadas en la antigüedad para crear bálsamos. Los bálsamos fueron hechos de la resina del arbusto lentisco *(Pistacia lentiscus)*, las semillas de la encina atlántica *(P. Atlantica)*, resina de ládano de la roca-rosa turca *(Cistus laurifolius)*, y el aceite de la fruta del bálsamo de Jericó *(Balanites aegyptiaca)*. El opobalsamum se deriva de la resina del básamo de Judea *(Commiphoroa Galaadensis)*. Heb. *nĕḵʾōṯ* (Gn 37.25) es la goma tragacanto extraída de las raíces de plantas leguminosas del género astrágalo *Astragalus (A. Gummifer, A. Belénicus)*. Se ha sugerido que el aceite de ricino, derivado de *Ricinus communis,* puede estar asociado con Heb. *qîqāyôn* (Jonás 4.6-10).

Un número de plantas también fueron utilizadas como incienso aromático. Heb. *ḥelbĕnâ* (Ex 30.34) es gálbano *(Ferula galbaniflua)*. Heb. *nērd* (Cnt 1.12; 4.13-14) y gr. *nárdos* (Mr 14.3; Jn 12.3), la especia que María utilizó para ungir a Jesús, se traduce a menudo como nardo *(Nardostachys jatamansi)*, aunque algunos botánicos creen que el término hebreo probablemente debe ser identificado con hierba de camello *(Cymbopogon schoenanthus)*. Heb. *karkōm* (Cnt 4.14), el azafrán, proviene del azafrán *(Crocus sativus)* y se utilizaba como incienso y un colorante. Algunos han sugerido ya que el Heb. *qāneh* aparece en Cantares 1.14, debe haber sido una hierba aromática que podría haber sido utilizada como incienso; Si es así, el cálamo acuático *(Acorus calamus)* es probablemente el mejor candidato.

Hierbas silvestres

Se estima que hay por lo menos 200 hierbas comestibles en Palestina. Palabras hebreas que se refieran a esta amplia categoría de plantas incluyen *ḥāṣîr* y *ʿēśeḇ*. Heb. *mĕrôrîm* (Ex 12.8; Nm 9.11) se refiere específicamente a las «hierbas amargas.» Las plantas incluidas en esta categoría, de acuerdo con la Mishná, se incluye la lechuga *(Lactuca)*, achicoria *(Cichorium intybus* y *C. Pumilum)*, cardo *(Eryngium creticum)*, rábano *(Armoracia rusticana)*, y cerraja *(Sonchus oleraceus)*. Otras plantas que han sido agrupadas en esta categoría incluyen el diente de león *(Taraxacum officinale)*, endibia *(Cichorium endivia)*, lechugilla *(Reichardia tingitana)*, acedera *(Rumex acetosella), y* el berro *(Nasturtium officinale)*.

Plantas acuáticas

Heb. *qāneh* y gr. *kálamos* (1 R 14.15; Mt 27.29) a veces se ha identificado con la caña común *(Phragmites communis = P. australis)*, aunque el cálamo *(Acorus calamus)* también se ha propuesto. Heb. *ʾagmôn* (Is 9.14 [13]; 58.5) probablemente cubre juncias y juncos, e incluye las seis especies locales de *Scirpus* así como varias especies de *Juncus.* Dos especies de totora (*Typha* sp.) son probablemente incluidos en la clase de las plantas de agua conocidas en hebreo como *sûp* (Ex 2.3; Is 19.6; Jonás 2.5). El papiro *(Cyperus papyrys)* probablemente debe ser identificado con *gōmeh* (Ex 2.3; Is 18.2).

Plantas del desierto

Plantas del desierto incluyen arbusto sena, retama blanca y oraje arbustiva. El arbusto senna *(Cassia senna)* es probablemente Heb. *sĕneh* (Ex 3.2-4; cf. Arab. *sene*). La escoba blanca *(Retama raetam)* ha sido identificada con Heb. *rōṯem* (1 R 19.4; Job 30.4). Heb. *malûaḥ* (Job 30.4) es similar al arab. *mulaḥ,* que se identifica con varias especies de *Atriplex* o oraje.

Espinos y cardos

Debido al entorno mediterráneo relativamente seco, las plantas espinosas son abundantes en Palestina. Más de 70 variedades han sido identificadas por los botánicos modernos mientras que al menos 20 términos hebreos y griegos se refieren a esta categoría de las plantas. Entre los probablemente indicados se incluyen como espina de Cristo; pimpinela espinosa; zarza; cardos sirios, santos y globo; cardo español; cardo de oro; ortiga, hierba mora gris; acanto sirio; y zilla espinosa.

Mateo 13.24-25 se refiere a la cizaña o malas hierbas (Gr. *zizánion*) que crecen entre las plantas buenas. La tara es en su mayoría probablemente la cizaña *(Lolium temulentum)*, una maleza nociva que invade rutinariamente los cultivos en Palestina. Heb. *rōʾš* (Os 10.4) también se refiere a una maleza nociva, probablemente la escabiosa siria *(Cephalaria syriaca)* o el beleño *(Hyoscyamus reticulatus)*. Estas mismas especies pueden ser lo que Job tenía en mente (Job 31.40; Heb. *boʾšâ*).

Flores del campo

Es muy difícil identificar las especies específicas de plantas con flores con términos hebreos. Tres términos hebreos se refieren a las flores en un sentido genérico: *peraḥ, ṣîṣ, niṣṣâ.* Heb. *niṣṣānîm* (Cnt 2.12)) probablemente se refiere colectivamente a esas flores que son las primeros en florecer en primavera. Esto incluiría las anémonas (*Anemone coronaria* L.), los tulipanes (*Tulipa montana* Lindl.), amapolas (*Papaver rhoeas* L.), y marimoñas *(Ranunculus asiaticus)*. Otro grupo es el de «flores del campo» (Is 40.6, 8; 1 P 1.24-25), que probablemente incluye margaritas y flores similares a las margaritas, como la manzanilla hedionda (*Anthemis* sp.), marimoña (*Ranunculus asiaticus* L.), y la margarita corona (*Chrysanthemum coronarium* L.). Algunos sugieren que el «lirio del campo» (Gr. *krínon;* Mt 6.28 par.) es la anémona *(Anemone coronaria)*. Varias flores se han identificado con Heb. *šûšan* (1 R 7.19, 26; Cnt 2.2), incluyendo el lirio blanco (*Lilium candidum* L.), manzanilla *(Anthrmis noblis, A. tinctoria)*, narcisos *(Narcissus tazetta)*, narciso de mar *(Pancratium maritimum)*, sternbergia *(Sternbergia lutea, S. clusiana)*, y ranúnculo (*Ranunculus asiaticus* L.). La «rosa de Sarón» (Heb. *ḥăḇaṣṣeleṯ;* Cnt 2.1; Is 35.1) probablemente también se refiere a este lirio, aunque algunos han sugerido la rosa fenicia *(Rosa Fenicia)*.

Bibliografía. M. Zohary, *Plants of the Bible* (London, 1982).

Randall W. Younker

PLATA

Metal precioso que tiene usos múltiples. En los tiempos bíblicos, la plata (heb. *kesep árgyros*) se usaba para dinero (Gn 23.15-16; Mt 26.15; Hch 3.6), para joyas (Ex 3.22), para una variedad de utensilios como tazas, platos y tazones (Gn 44.2; Nm 7.13; 2 Ti 2.20), para ídolos (Ex 20.23; Hch 17.29; Ap 9.20) y para trompetas (Nm 10.2). La plata se utilizó en la construcción del Tabernáculo (Ex 26-27) y en algunos de los utensilios del Templo (1 Cr 28.15-17; 2 Cr 24.14). La posesión de plata indicaba riqueza, así como la posesión de oro, ganado y sirvientes (Gn 13.2; 24.35).

Frecuentemente el oro se menciona junto con la plata en la Biblia, ya que ambos metales tienen propiedades físicas y químicas similares, e históricamente se han utilizado para propósitos similares, como el dinero. Debido a sus habilidades similares de satisfacer las necesidades y deseos humanos, la humanidad ha titubeado por miles de años para escoger entre el oro o la plata para usarlos exclusivamente como dinero. En tiempos bíblicos, la plata fue el medio principal de intercambio. El uso de dinero de cualquier forma requiere de una división de trabajo en la economía, así como de un mercado de intercambio libre; por lo tanto, el uso de oro, plata y bronce como dinero en tiempos bíblicos señala a esa economía mercantil, basada en una división de trabajo.

Croesus, rey de Lydia (560-546 a.C.), probablemente fue el primero en acuñar monedas de oro y plata puros. Antes de su tiempo, y aun después, la plata que se usaba como medio de intercambio se medía por peso, usualmente en siclos (Gn 23.16) o talentos (1 R 16.24). Se usaban otras unidades de peso, pero la mayoría se basaba en siclos o talentos. Ya que las primeras monedas eran de forma y peso irregular, debido al proceso de acuñamiento conocido como «acuñación», las monedas a veces se pesaban para cerciorarse de su peso y no se aceptaban como un valor nominal.

La plata que se usaba en el antiguo Cercano Oriente se obtenía principalmente en el Asia Menor, hasta el primer milenio a.C., durante el cual llegó a ser más abundante y menos valiosa, comparada con el oro (cf. 1 R 10.21, 27). En las montañas judías de Estemoa, a 19 km (12 mi) al sur de Hebrón, se descubrieron cinco jarras de barro que contenían 28 kg (62 lb) de plata, que probablemente representaban impuestos que pertenecían al estado. Algo del tesoro estaba derretido y no tenía ninguna forma en particular; otras piezas consistían de joyas cortadas para que encajaran en las bocas de las jarras. Las piezas varían entre el 79 y el 97 por ciento de pureza, lo cual sugiere que la plata salió de varias fuentes. La posible fecha más antigua de este tesoro es el siglo X, pero la más reciente sería el siglo VIII.

En tiempos del NT, el dinero de plata todavía se pesaba en ciertas ocasiones, pero las monedas se usaron mucho más que antes. La denominación principal de las monedas de plata en el imperio romano fue el denario (Mt. 18.28). Otras monedas de plata que aparecen en el NT son el argurion (Mt 26.15), que usualmente se traduce como «treinta piezas de plata» y el dracma (Lc 15.8), una moneda griega.

Bibliografía. A. R. Burns, *Money and Monetary Policy in Early Times* (1927, repr. New York, 1965); M. I. Finley, *The Ancient Economy*, 2nd ed. (Berkley, 1985); A. Mazar, *Archaeology of the Land of the Bible 10,000-586 b.c.e.* (New York, 1990); L. von Mises, *The Theory of Money and Credit*, 4th ed. (Indianapolis, 1980); D. R. Sear, *Roman Coins and Their Values*, 4th ed. (London, 1988); Z. Yeiven, «The Mysterious Silver Hoard from Eshtemoa», *BARev* 13 (1987): 38-44.

ALAN RAY BUESCHER

PLAZA

Lugar amplio, abierto al público, de los pueblos y las ciudades. La plaza (heb. *rĕḥôḇ*) podía ser un lugar de reunión pública (2 Cr 29.4; 32.6; Esd 10.9; Neh 8.1) o un lugar donde se llevaban a cabo exhibiciones o actos públicos (Dt 13.16 [TM 17]; 2 S 21.12; Est 6.9-11; Pr 1.20; Is 15.3; Ez 16.24, 31). Allí se reúnen los ancianos (Job 29.7), los niños juegan (Zac 8.4-5) y la gente intercambia información (Est 4.6; cf. Jer 5.1) o lleva a cabo negocios (Sal 55.11 [12] cf. Is 59.14). Los transeúntes que no tenían alojamiento podían dormir en la plaza (Gn 19.2; Jue 19.15, 17, 20). En algunos casos, el término se distingue específicamente de «techos» o «tejados», «calles» o «ciudades» (Neh 8.16; Pr 7.12; Cnt 3.2; Is. 15.3; Jer 48.38).

HYUN CHUL PAUL KIM

PLÉYADES (Gr. *Pleíados*)

Según la mitología griega, las siete hijas de Atlas y Pleione, más tarde transformado en un grupo de estrellas (cf. Am 5.8) cuando Orión el cazador estaba a punto de abusar de ellas. En el AT (Heb. *kîmâ*, de la raíz «amontonar, se acumulan») son creados por Jehová (Job 9.9; Am 5.8) y bajo el control de Jehová (Job 38.31).

Bibliografía. G. R. Driver, «two Astronomical Passages in the Old Testament», *JTS* n.s. 4 (1953): 208-12.

AARON W. PARK

PLOMADA

Un dispositivo de la construcción, que consta de una cadena con un peso o plomada, en un extremo. El peso hace que el cordón cuelgue verticalmente para que los constructores y restauradores sean capaces de comprobar la alineación de las paredes que están construyendo y asegurarse de que estén perpendiculares al centro de gravedad de la tierra. La plomada también se utiliza para reconocer si las paredes están inclinadas y tienen que ser demolidas. Se utiliza metafóricamente en la Biblia, la plomada es una herramienta para que el pueblo de Israel pueda delinear la justicia y la verdad de la apostasía (Am 7.7-9). También se presenta como una herramienta de prueba: la justicia es la línea de la plomada y la rectitud que prueba reconstruye Jerusalén (Is 28.17). El cordel de medir y la plomada utilizados para condenar la Samaria de Acab también condenan Jerusalén (2 R 21.13), mientras que el caos y la confusión son llevados a Edom por el cordel y la plomada de Dios (Is 34.11). Zorobabel sosteniendo una plomada en la mano en el momento de la reconstrucción del templo (Zac 4.10) puede ser una referencia literal a su uso normal, pero este pasaje también puede interpretarse metafóricamente.

KATHARINE A. MACKAY

PLOMO

Elemento químico más pesado y más suave que los metales comunes. A veces se encuentra como sulfuro de plomo o galena y no en su forma pura. El plomo tiene un lustre metálico intenso entre plateado-blanco azulado a gris azulado. Es muy maleable y bastante dúctil. Se ha utilizado para muchos propósitos como un sello oficial o como un sellador para envases de alimentos, el plomo mezclado con aceite de linaza. El plomo se utiliza también en la cerámica como un esmalte. El plomo fue utilizado comúnmente por los hebreos, como se encuentra en Egipto, el Sinaí y Palestina (véase Sir. 47.18).

El plomo se empleaba en la metalurgia como cincel (cf. Job 19.24) y a menudo se fundía con otros metales (Ez 22.18). El vidrio temprano probablemente fue hecho con plomo como uno de los ingredientes. Otros usos incluyen cianuro de plomo como un veneno, como una base para las pinturas y en una aleación como plomada. Ahora se considera cancerígeno si se ingiere con agua u otro líquido. Probablemente mucha gente sufrió inmovilidad o parálisis por envenenamiento de plomo, y desconocía su causa.

Richard A. Stephenson

POBREZA

Véase **POBRES.**

POBRES

Alguien carente de bienes materiales, reconocimiento y poder. Recientes estudios antropológicos y sociológicos han demostrado que «pobre» no es sólo un concepto económico, sino más especialmente una cuestión de reconocimiento, estatus social, y de una falta de poder que llevó a la opresión.

En el AT, diferentes bloques de tradiciones enfatizan aspectos diferentes. Los textos legales reglamentan el trato a los pobres, buscando proteger a los pobres, a las viudas pobres, a los huérfanos, y a los extranjeros (Lv 19.9, 10; 25.25, 35). Los profetas muestran una preocupación por los explotados económicamente. Protestan contra la opresión de los pobres a manos de los codiciosos. Isaías ataca de los terratenientes que acumulan grandes propiedades (Is 5.8), y condena la negación de derechos a los pobres (10.2). Amós llama la atención sobre la opresión a los pobres (Am 2.7; 4.1; 5.11). La enseñanza sapiencial ve a la pobreza desde diferentes perspectivas. Proverbios la ve como la culpa de uno mismo (Pr 6.10, 11; 10.4, 15; 13.18; 21.17), mientras que para Job la pobreza es consecuencia de la explotación política y económica. Job afirma su inocencia a través de su defensa de los pobres (Job 29.12, 16; 30.25; 31.16). Los salmos presentan a Dios como el defensor de los pobres (Sal 22.26 [TM 27]; 35.10). La literatura narrativa del Pentateuco y la historia deuteronómica muestran poco interés en los pobres, preocupándose más hacer una crítica a la realeza.

Tres grupos de la sociedad israelita (las viudas, los huérfanos y los extranjeros) experimentaban la pobreza como particularmente dura. En una sociedad estructurada sobre el varón como el trabajador, la viuda y el huérfano luchaban para sobrevivir: sin ningún poder, dependían de la buena voluntad de los demás (Dt 24.17). Los extranjeros, como personas que no eran aceptadas, no tenían nexos con su nueva sociedad. Estos tres grupos compartían una pobreza común: la falta de estatus, por lo que los poderosos e inescrupulosos se aprovechaban de ellos. Hay la manifestación de preocupación por su precaria situación social (Pr 31.9; Sal 82.3): la causa de su pobreza es lo que otros les han hecho (Sal 10.2; Is 32.7).

Además de consideraciones económicas, el NT enfoca también la falta de reconocimiento, de estatus social, y la impotencia que han llevado a la opresión de los pobres. La epístola de Santiago se destaca como un escrito preocupado por los pobres, quienes carecen de poder, por lo cual están a merced de los ricos. Los ricos «han afrentado al pobre», que no tiene derechos; los pobres son llevados a los tribunales por los ricos (Stg 2.6). Los ricos son jactanciosos y arrogantes, y confían únicamente en su poder (Stg 4.13-17). La riqueza ha traído honra al rico y afrenta al pobre (Stg 2.1-7). La religión verdadera es definida como cuidar de «los huérfanos y las viudas en sus tribulaciones» (Stg 1.27), dos grupos identificados con los pobres en el AT, ya que no tienen ningún derecho o poder para defenderse a sí mismos.

En los evangelios sinópticos, los estilos de vida de Juan el Bautista (Mr 1.6), de Jesús (vv. 38, 39; 11.12), y de los discípulos (1.18, 20; 2.23-25) abrazan la pobreza. Mateo abre la enseñanza de Jesús con una bendición sobre «los pobres en espíritu» (Mt 5.3), mientras que Lucas 6.20 dice simplemente «los pobres» cuya condición es humilde, y cuyo espíritu es aplastado por su impotencia. Este dicho implica que los pobres también entran en el reino. Desafía la arrogancia de aquellos que niegan estatus a los pobres rehusando reconocer sus derechos. Éstos serán parte del reino de Dios, que restablece su honra y su poder. El Evangelio de Lucas muestra una empatía por los pobres, y una hostilidad hacia los ricos, más pronunciada que en los otros evangelios. Otra vez, la condición de los pobres es defendida, por ejemplo, en las parábolas de admisión al banquete mesiánico (Lc 14.15-24), y del rico y Lázaro (16.19-31).

Los otros escritos del NT dan poca atención a los pobres. Pablo se preocupa especialmente por la ofrenda para los pobres de Jerusalén (Gá 2.10; Ro 15.26). En 2 Corintios 9.8, hace un llamado a los ricos a dar lo más posible para que la desigualdad económica pueda ser acortada. Primera de Pedro está escrita a los «expatriados» de la dispersión. En cierto sentido, refleja a los «extranjeros» del AT. La buena nueva anunciada a ellos (1 P 1.12, 25) les imparte una sensación de dignidad y estatus (1.5, 9; 2.9, 10).

Bibliografía. T. R. Hobbs, «Reflections on 'The Poor' and the Old Testament», ExpT 100 (1989): 291-94; P. U. Maynard-Reid, Poverty and Wealth in James (Maryknoll, 1987).

Patrick J. Hartin

PODER

Traducción común de varias palabras hebreas y griegas (Heb. *ḥayil, kōaḥ, ʿōz, gĕḇûrâ;* Gr. *dýnamis, exousía*) que se refieren a la capacidad de realizar una tarea. Cuando se aplican a las personas, se refieren generalmente a la fuerza o capacidad físicas. Así, Caleb se jacta de su fuerza (Jos 14.11), y lo mismo se dice de la gran fuerza de Sansón (Jue 16.5, 6). La palabra hebrea *gĕḇûrâ* se usa con frecuencia políticamente para referirse al poder del rey, por ejemplo, a los poderosos «hechos» registrados en las crónicas de los reyes de Israel y Judá (p.ej., 1 R 16.5, 27). Cuando se aplican a Dios, las palabras mencionan, por lo general, la capacidad ilimitada de Dios para actuar. La liberación de Dios por medio del éxodo se cita con frecuencia como un ejemplo de su poder sin límites (Dt 4.37). La palabra hebrea *ʿōz* se refiere principalmente al poder de Dios, y se encuentra a menudo en Salmos (p.ej., Sal 59.11[TM 12]).

En el NT, la palabra griega *dýnamis* se refiere sobre todo a los poderes de Dios, o a los poderes y habilidades que Dios da a las personas. Jesús les dice a los discípulos que aguarden la llegada del Espíritu Santo, que les dará poder para el ministerio (Hch 1.8). El Espíritu Santo es mencionado a menudo en relación con el poder que Dios da. En muchos casos, significa el poder sobrenatural de Dios, y con frecuencia la palabra es traducida como «milagro» o «poderes». En raras ocasiones, Pablo usa *dýnamis* para referirse a las fuerzas demoníacas del mal (Ef 6.12).

Cuando se refiere al poder de los gobernantes, el NT prefiere la palabra griega *exousía*, más comúnmente traducida como «autoridad», aunque a veces es traducida como «poder». Pablo aclara que toda autoridad viene de Dios, y que los «poderes» políticos administran el poder de Dios (Ro 13.1-7). En el caso de Jesús, los milagros demuestran su autoridad divina. Jesús asume el oficio divino de perdonar los pecados de un paralítico (Mr 2.1-12, esp. v.10; cf. Mt 28.18.).

Mark R. Fairchild

POESÍA

La mayor parte de la literatura religiosa del antiguo Cercano Oriente era poética en la forma, como es la mayor parte de la literatura en la Biblia. Los Salmos, por supuesto, han sido ampliamente reconocidos como composiciones poéticas, pero a esta poesía se le puede añadir también las dos principales reflexiones sobre la sabiduría humana: el libro de los Proverbios, una colección de aforismos poéticos breves, y el libro de Job, una sucesión de diálogos poéticos prolongados. Temas tan diversos como la angustia, en el libro de las Lamentaciones, y el amor, en el Cantar de los Cantares, son tratados en forma poética. Pero el principal tipo de expresión poética en la Biblia es profecía. Los profetas entregan oráculos divinos en forma de poesía. Casi la totalidad de los discursos de los grandes profetas, como Isaías, Jeremías, Ezequiel y de los 12 profetas menores, son poesía. Algunos incluso han sugerido que la gran prosa narrativa histórica de Israel, en la que están incorporadas algunas composiciones poéticas (p.ej., Gn 49; Ex 15; Dt 32, 33), era una narración poética en su forma original (tal vez oral). Mucho menos del NT, compuesto principalmente de relatos del Evangelio y cartas, es poesía, a pesar de que estos géneros en prosa contienen algún poema ocasional, como el Magnificat de María (Lc 1.46-55) y de vez en cuando un himno en las cartas (p.ej., Ef 1.3-14; Fil 2.6-11).

Los críticos literarios han estado siempre perdidos para decir exactamente lo que define a la poesía o la hace diferente de la prosa, independientemente del idioma en particular dentro de la cual están trabajando. Sin embargo, existe un acuerdo casi universal de que la poesía es una especie de lenguaje distinto y único. Las definiciones a menudo la describen como lenguaje intensificado, una forma especialmente concentrada y condensada de literatura. La poesía se basa en mayor medida que la prosa sobre los patrones recurrentes de las palabras y sonidos, y hace un uso más concentrado de las imágenes, el símbolo y la metáfora. Además, apela a una amplia gama de la experiencia humana, involucrando no sólo el intelecto, sino los sentidos, las emociones y la intuición del oyente o el lector también.

El elemento básico de la poesía hebrea bíblica es un patrón repetitivo llamado paralelismo. Este es un recurso por el cual el poeta expresa una idea en una línea de verso, y luego en una segunda línea repite, o mejor, forma de nuevo, esta idea a través de matices, extensión, contraste u otra clase de desarrollo. El resultado es una imagen o pensamiento más rica que lo que es posible a través de una simple declaración. Un ejemplo es tres unidades de versos de la profecía de la paz en Isaías 2.4:

Y juzgará entre las naciones,
y reprenderá a muchos pueblos;
y volverán sus espadas en rejas de arado,
y sus lanzas en hoces;
no alzará espada nación contra nación,
ni se adiestrarán más para la guerra.

En cada uno de estos tres versos de dos líneas, la idea expresada en la primera línea es paralela y enriquecida de alguna manera en la segunda línea. En la primera, el verbo «juzgar» en l.1 es paralela a «reprender» en l. 2, y «naciones», es paralelo de «muchos pueblos». Pero aquí se trata de más que la repetición mecánica mediante el uso de sinónimos. Por ejemplo, el término «reprender» amplifica la expresión «juzgar», ya que tiene la connotación más nítida en hebreo de pedir cuentas, y por lo tanto se hace hincapié, dentro de la idea de la adjudicación de una disputa, la idea de la «reprimenda» o «amonestación». Asimismo, en la segunda unidad de verso, «lanzas» es paralelo de «espadas» y «hoces» es paralelo de «rejas de arado». Como es común en el paralelismo, el verbo («volver») se expresa sólo en la primera línea, pero también es asumido en la segunda. Una vez más, más que la repetición mecánica está involucrado en este paralelismo. La idea unificadora en ambas líneas es el paso de una economía de guerra a una era de paz o economía agrícola, pero en líneas paralelas el poeta es capaz de traer a la memoria las dos principales ramas de la agricultura israelita: el cultivo del grano en l. 1 («rejas de arado») y la producción de los cultivos de frutas («hoces») en l. 2. En el tercer verso, ambas líneas describen el final de la guerra, pero la idea se profundiza cuando el abandono de las armas en l.1 es seguido por la ausencia del estudio de la guerra en l. 2.

Si bien, con mucho, la unidad de verso más común en la poesía hebrea se compone de dos líneas paralelas como los anteriores, también se producen unidades de tres líneas, como se ilustra en este versículo de la acusación de Isaías contra los líderes corruptos (Is 2.12):

Porque el día de Jehová de los ejércitos vendrá
sobre todo soberbio y altivo,
sobre todo enaltecido. . . .

En este caso la línea de apertura establece el tema como el «día de Jehová», una frase que podría significar la salvación o juicio. Las siguientes líneas describen el tipo de día que será: un día de juicio, en particular contra los soberbios y la élite de la nación.

La naturaleza de la relación entre las dos, o tres, líneas paralelas en un verso de la poesía hebrea puede variar ampliamente; los poetas ejercieron una gran dosis de creatividad en el uso de este recurso convencional. Por ejemplo, las dos líneas de un verso puede ser casi totalmente sinónimas:

Voz de Jehová con potencia;
Voz de Jehová con gloria.
(Sal. 29.4)

Aquí sólo los elementos descriptivos, «potencia» y «gloria», rompen la repetición exacta al comienzo de cada línea. Sin embargo, la repetición se puede evitar casi por completo, cuando la segunda línea, simplemente sigue el pensamiento de la primera línea, una práctica que la crítica literaria refiere como el encabalgamiento.

Desde el lugar de su morada miró [Dios]
Sobre todos los moradores de la tierra. . . . (Sal 33.14)

Todo tipo de variaciones en la estructura paralelista que caen entre estos dos extremos se encuentran presentes en el verso hebreo. Una de estas variaciones emplea dos imágenes contrastantes para presentar una sola idea desde lados opuestos:

Porque Jehová conoce el camino de los justos,
Mas la senda de los malos perecerá.
(Sal 1.6)

Este tipo contrastante de paralelismo es especialmente común en los dichos de sabiduría cortos en el libro de los Proverbios, en el que la sabiduría y la locura se contrastan con frecuencia en un solo verso de la poesía.

Toda la poesía bíblica hebrea, ya sea en un salmo o un discurso profético o un dicho de sabiduría, se basa en estas unidades de línea de dos (o tres) versos compuestos de acuerdo a las convenciones de paralelismo. Las traducciones más antiguas, como la Reina-Valera, no presentaron las secciones poéticas de la Biblia las líneas y versos para que su forma poética y patrón paralelista pudieran ser fácilmente identificables; toda la Biblia fue simplemente impresa como prosa. Traducciones recientes, como la NVI, trazan las secciones poéticas en las líneas y versos para representar el patrón paralelista según el cual esta poesía fue escrita originalmente. Se añadieron números de versículos mucho después de que la poesía había sido compuesta, y si bien con frecuencia coinciden con las unidades de verso reales, este no siempre es el caso (cf. Is 2.4 arriba).

El poder del paralelismo poético reside en su capacidad para representar el carácter multifacético de la experiencia religiosa. No se acerca a la experiencia principalmente a través de la lógica de un argumento lineal construido sobre proposiciones estrechamente relacionadas o a través de una descripción expositiva de ideas y detalles ilustrativos, aunque estos no están ausentes en el paralelismo poético. Más bien, el paralelismo se acerca a la experiencia a través de la presentación de varias imágenes, imágenes que a la vez están relacionadas y son diferentes. Es como si el objeto de la atención del poeta fuera una joya, a la que el poeta da vueltas y describe la apariencia cambiante de sus diferentes facetas. Es como si el poeta asume diferentes posiciones en un paisaje, y trata de mostrar lo diferente que el mismo paisaje quedaría desde diferentes perspectivas. Este enfoque representa un gran aprecio por la complejidad de la experiencia religiosa, y logra una visión a través de la exploración de su carácter multifacético.

Se ha dedicado mucha atención a la cuestión de si este patrón repetitivo en el contenido es acompañado por un patrón repetitivo de sonido. ¿Tiene la poesía bíblica métrica, un patrón de repetición de sílabas tónicas y átonas, según la cual las líneas individuales de versos fueron compuestas? Una teoría principal propone un sistema métrico en el que un verso se basa en tres énfasis principales acompañados por un número variable de sílabas átonas. Así, una unidad de verso debe ser copiada, o analizada, de la siguiente manera, con cada sección dividida por un guión que contiene un acento primario y una o más sílabas átonas:

Juzgará - entre - las naciones,
y reprenderá - a muchos - pueblos.
(Is 2.4)

De acuerdo con esta teoría, las líneas también podrían estar compuestas de un patrón de dos acentos, y las unidades de verso se podrían construir de métrica 3.3, como la de arriba, o 2.2 o 3.2 metros, siendo esta última supuestamente seleccionada más a menudo por la poesía de Lamentaciones. Una teoría alternativa propone que las líneas poéticas pueden ser mejor analizadas de acuerdo a su longitud, en términos del número total de sílabas, con largas líneas compuestas por siete o más sílabas, las líneas cortas de seis o menos. Según esta teoría, los poetas no contaban mecánicamente las sílabas, sino que estaban trabajando dentro de las restricciones generales de las líneas largas o cortas de versos.

Ambas teorías son capaces de sacar a la luz una especie de simetría dentro de las unidades de verso, pero ninguna de las dos funciona con el tipo de regularidad que podría esperarse si la poesía bíblica, de hecho, empleó un metro distinto y si la teoría particular, en realidad la entiende correctamente. El problema central, y posiblemente insalvable, para detectar y describir el metro de la poesía bíblica es que el hebreo bíblico ya no es una lengua viva que se escucha como se hablaba en un principio, y, por otra parte, su pronunciación ha cambiado a lo largo de los años desde el período bíblico. Así, las teorías contemporáneas sobre metros parecen ser aproximaciones de las convenciones métricas reales utilizadas en la composición de la poesía bíblica en vez de descripciones precisas.

La repetición de sonido para causar efecto está presente en la poesía bíblica en otras formas, más allá de su uso en los patrones métricos más grandes. La asonancia, la repetición de sonidos vocales, y la aliteración, la repetición de consonantes, se presentan con frecuencia en las líneas del verso, la rima, aunque raramente, también se emplea. Un recurso común es la práctica de juegos de palabras que suenan igual. Isaías concluye la Canción de la Viña (Isaías 5:1-7) al contrastar las expectativas de Dios para Israel, con su verdadero comportamiento:

[Dios esperaba juicio *(mišpāṭ)*, y he aquí
vileza *(miśpāḥ)*;
justicia *(ṣĕdāqâ)*, y he aquí clamor
(ṣĕʿāqâ). (5.7)

En cada línea de este verso, Isaías usa términos de la voluntad de Dios y la negativa de Israel a seguir que suenan casi exactamente igual, pero son muy diferentes en su significado. La similitud de los sonidos choca con la diferencia de significado y hace la disparidad entre las expectativas y la realidad divina humana más nítida y más inquietante. Este efecto se pone de relieve por el hecho de que este tipo de juegos de palabras que suenan similares en hebreo se emplean generalmente para reforzar sus significados similares. El caso opuesto aquí hace el punto aún más chocante e increíble.

Por desgracia, los sonidos de la poesía hebrea, ya sea en juegos de palabras o ritmos métricos, casi nunca pueden ser vertidos adecuadamente con palabras o pronunciaciones en español, como el ejemplo anterior de Isaías ilustra. Así, el lector de español inevitablemente perderá muchos patrones y conexiones incorporadas en el original hebreo. Porque la poesía se apoya tanto en la colocación precisa de los sonidos, y porque estos patrones de sonido no se pueden duplicar en otro idioma, algunos han argumentado que la poesía es el tipo de lenguaje que es esencialmente intraducible. Ocasionalmente, sin embargo, los traductores modernos alertan a los lectores a tales usos de sonido en hebreo en las notas a la traducción.

Un aspecto adicional de la poesía bíblica que merece atención es su fuerte dependencia de imágenes y símbolos para explorar y comunicar los elementos centrales de la vida religiosa. Un buen ejemplo es la canción de Isaías de la Viña (Is 5.1-7), en el que el profeta usa la viña como una metáfora para el pueblo de Dios. En este poema, Isaías describe una viña para la que el suelo es despedregado completamente, y en el que los mejores viñedos se habían plantado y tendido con gran cuidado; pero la viña, contra toda lógica agrícola, sólo produce fruta rancia. A través de esta representación de Israel como una viña bien cuidada, pero sin valor, Isaías es capaz de colocar la culpa sobre Israel por sus fracasos y describir tal comportamiento como contradiciendo las propias órdenes de la propia naturaleza. La poesía de los Salmos también está llena de imágenes con el objetivo de describir el carácter de Dios y la experiencia del salmista. Por ejemplo, Dios es representado como escudo (Sal 3.3 [TM 4]), roca (18.2[3]), pastor (23.1), luz (27.1), rey (47.2[3]), y juez (50.6). Para comunicar la experiencia del salmista, imágenes tales como árboles (Sal 1.3), ciervo (42.1 [2]), ovejas (100.3), y la presa del león (17.12) son comunes.

Mediante el uso de simbolismo como este, se consigue perspicacia a través de una comparación de las cosas que son a la vez diferentes e iguales. Al comienzo de la narración de la viña el oyente no tiene ninguna razón para conectarla con el pueblo de Israel en absoluto. Pero cuando la conexión se hizo finalmente, al final, el oyente se ve obligado a reconocer ciertas cosas acerca de la infidelidad de Israel que son únicamente claras por esta comparación. Los símbolos utilizados para esta comparación se han tomado de la experiencia común, por lo que son familiares y de fácil comprensión. Esta calidad de los símbolos del poeta significa que la poesía bíblica es concreta y viva, no teórica y abstracta. Comunica la verdad religiosa, con referencia a las realidades ordinarias de la experiencia en lugar de a través de las ideas y conceptos que apelan solamente a la inteligencia.

Aunque construyeron poemas de unidades de verso de dos y de tres líneas descritas anteriormente, los poetas bíblicos también siguieron convenciones bien definidas en su creación de composiciones más grandes. Estas convenciones prescriben ciertas estructuras para determinados tipos de composiciones. Los Salmos, por ejemplo, son por lo general compuestos de acuerdo con una serie de importantes formas o géneros que proporcionan el marco básico para la expresión creativa del poeta. Las dos formas más comunes de los salmos son el himno y el lamento, cada uno con su propio patrón distintivo. El himno contiene tres partes principales: un llamado a alabar a Dios; una descripción de las razones para alabar a Dios, centrándose en obras benéficas de Dios; y un nuevo llamamiento a la alabanza. Algunos ejemplos notables de la forma himno incluyen Salmos 8, 19, 33, 100, 104. El lamento es una forma más compleja, que contiene en sus ejemplos más completos seis partes: una dirección a Dios; una descripción del problema que enfrenta el salmista; una confesión de fe en Dios; una petición de ayuda; palabras de seguridad entregadas al salmista que prometen la ayuda de Dios; y la promesa del salmista de alabar a Dios después de que llegue la ayuda. Ejemplos notables incluyen Salmos 3, 22, 42–43 (originalmente un solo salmo, como prueba su reflexión en forma lamento), 51, 90, 130. Los salmistas no siguieron estas formas inexpresivamente, pero las adaptaron creativamente por lo que cada salmo es una variación única en el patrón típico. Sin embargo, hay suficiente coherencia en el uso de estos patrones para indicar que los salmistas los emplearon conscientemente en sus composiciones.

Así como hay patrones formales según los cuales los salmos fueron compuestos, igualmente hay patrones más grandes según lo cual fue compuesta la poesía profética. Una de las más comunes de todas las formas de discurso profético es el discurso de juicio, en el que el profeta pronunció una acusación contra la conducta de Israel, seguido por un anuncio de la sentencia impuesta por Dios para castigarlo. Un ejemplo es Amós 6.1-8 en el que Amós acusa a los líderes de Israel por su autoindulgencia y lujo (vv. 1-6) y anuncia su juicio venidero como el exilio (vv. 7-8). La siguiente unidad de verso de dos líneas ilustra bien la acusación más grande de la que forma parte:

Duermen en camas de marfil,
y reposan sobre sus lechos. . . (v. 4)

El discurso de la salvación, en el que una descripción de angustia es seguida por un anuncio de la salvación, es una especie de contraparte positiva al discurso de juicio (cf. Am 9.11-15). Un arsenal casi desconcertante de formas de lenguaje más grandes son empleados por los profetas, dos de los cuales son el oráculo ay (Am 5.18-20) y la oración (7.2, 5).

Dentro de la literatura sapiencial, la forma literaria más característica es el proverbio, un aforismo de dos líneas, que coincide con la unidad de verso de dos líneas ordinaria empleando el paralelismo. Un ejemplo es este proverbio que elogia el valor del trabajo duro:

La mano negligente empobrece,
Mas la mano de los diligentes enriquece.
(Pr 10.4)

La mayor parte del libro de los Proverbios (cps. 10-31) se compone de tales dichos de dos líneas que se han recogido y simplemente se enumeran uno tras otro, a veces aparentemente organizados por tema, pero a menudo bastante dispuestos al azar a la vista del lector moderno. Proverbios 1-9 se compone de poemas más largos sobre la sabiduría, todavía haciendo uso de las unidades de verso de dos o tres líneas características de la poesía hebrea bíblica. Tal es también el caso en el libro de Job, en el que la verdad de la justicia divina y el valor de la sabiduría se debaten por Job y sus amigos en forma de discursos poéticos largos organizados como un largo diálogo.

Estas observaciones sobre la poesía bíblica se han dirigido principalmente al AT, que contiene las principales clases de literatura: salmos, la sabiduría, la profecía, en el que la poesía era el principal medio de expresión. Dado que el NT se compone principalmente de los Evangelios y las cartas, las cuales emplean la prosa narrativa y la exposición, poco de poesía se encuentra aquí. Los pocos casos incluyen citas ocasionales en los Evangelios de los textos poéticos del Antiguo Testamento, principalmente de los profetas (p.ej., Mt 4.15-16; 12.18-21; Lc 3.4-6; 4.18-19). Estas citas ya son el producto de una traducción, ya que no se toman directamente del hebreo sino de la LXX. Incluso en la traducción griega, sin embargo, el paralelismo del hebreo es todavía evidente. En otros casos, los evangelios emplean materiales de himno, como las composiciones poéticas en Lucas 1:46-55, 68-79, que se parecen a varios salmos, y que parecen ser extraídas de ellos. Fuera de los Evangelios, himnos cristianos primitivos o fragmentos hímnicos, que reflejan el paralelismo poético de la poesía hebrea, parecen estar conservados en algunas de las cartas del NT: Ro 11.33-36; Ef 1.3-14; Fil 2.6-11; Col 1.12-14, 15-20; 1 P 1.3-5. A pesar de que los grandes géneros del NT no son poéticos, es claro que la iglesia primitiva estaba familiarizada con el uso de la poesía para la expresión religiosa, como se puede ver en su contacto con los textos poéticos de las Escrituras Hebreas y en los himnos que se conservan de su vida litúrgica.

Bibliografía. R. Alter, *The Art of Biblical Poetry* (New York, 1985); A. Berlin, *The Dynamics of Biblical Parallelism* (Bloomington, Ind., 1985); J. L. Kugel, *The Idea of Biblical Poetry* (1981, repr. Baltimore, 1998); D. L. Petersen and K. H. Richards, *Interpreting Hebrew Poetry* (Minneapolis, 1992); W. G. E. Watson, *Classical Hebrew Poetry.* JSOTSup 26 (Sheffield, 1984).

THEODORE HIEBERT

POLICARPO, EPÍSTOLA DE

La llamada Epístola de Policarpo a los filipenses es el único texto conservado de la pluma del mártir cristiano Policarpo, obispo de Esmirna en el siglo II. Su preeminencia entre las antiguas iglesias de Asia Menor es conocida, como se evidencia en otras partes: en la descripción de su muerte (c. 156) en el *Martirio de Policarpo*, y en el relato novelesco de su carrera, *Una vida del Policarpo*, del siglo V. Según Ireneo y Eusebio, Policarpo representa el vínculo directo entre el testimonio del apóstol Juan, y el testimonio de fe de la iglesia posterior. Policarpo, amigo íntimo de Ignacio de Antioquía, fue un supuesto enemigo del gnóstico Marción.

Ciertas circunstancias detrás de la Epístola están claras. Las palabras de apertura establecen que el lugar de su composición fue la ciudad de Esmirna, y que su destinataria fue la iglesia en Filipos. La preocupación central de la epístola (dividida ahora en catorce capítulos) es el tema de la justicia, que los filipenses habían pedido antes a Policarpo que tratara (Pol. Fil. 3.1).

Otros aspectos de la epístola son controversiales. Las referencias de Policarpo a la situación de Ignacio, alojado temporalmente en Filipos mientras era llevado a su martirio en Roma (cf. 1.1; 9.1; 13.2), han llevado a especulaciones en cuanto a la integridad y a la fecha de la epístola. Tradicionalmente, estas referencias han sido aceptadas como una indicación de que el texto fue escrito poco después de la muerte de Ignacio, en algún momento entre 110-120. El testimonio de la fe de Ignacio, y las circunstancias de su trágica muerte, habrían sido motivo de preocupación inmediata para los cristianos que lo habían conocido. Sin embargo, algunos eruditos más recientes se han preguntado si la epístola no será, en realidad, una combinación de dos breves cartas (ambas de Policarpo), en la que los capítulos 13–14 corresponden a la primera, y los capítulos 1–12, a la segunda. Uno observa, por ejemplo, que el tema de la justicia es abandonado en el capítulo 13 en favor de una discusión acerca de las cartas de Ignacio. Los filipenses habían pedido copias de esas cartas, y Policarpo tuvo la intención al parecer que los capítulos 13–14 sirven como una breve carta de explicación para esa compilación. Al mismo tiempo, el mismo Policarpo solicita información específica a los filipenses en cuanto a la suerte de Ignacio, lo que sugiere que escribió poco después del martirio de Ignacio. En otras partes de la epístola, las referencias de Policarpo a Ignacio (1.1; 9.1), no revelan ninguna urgencia especial en cuanto a la situación, quizás porque habían pasado ya unos años. Si su frase «primogénito de Satanás» (7.1) puede ser tomada como una referencia a Marción, a quien Policarpo conoció poco antes de 140, entonces los capítulos 1–12 pueden preservar una segunda carta, posterior, enviada a Filipos durante los años 120–135. Por tanto, la epístola que tenemos hoy puede haber preservado, en realidad, dos cartas separadas, en la que la más reciente ha sido puesta antes que el texto más antiguo.

La epístola de Policarpo revela su papel como una autoridad reconocida entre las primeras comunidades cristianas. Policarpo revela un amplio conocimiento de los escritos del Israel antiguo, así como de autores cristianos posteriores, especialmente de las cartas de Pablo. De manera muy parecida a Ignacio, Policarpo representa un faro de advertencia contra la disgregadora amenaza del docetismo (cap. 7), y se erige como un defensor de la unidad de la iglesia. Trata asuntos específicos de liderazgo en Filipos, concretamente el caso del «presbítero caído» Valens y su esposa (cap. 11). Pero, de manera especial, Policarpo promueve la visión de una Iglesia joven y en crecimiento, cuyos miembros son «ciudadanos» dignos de la comunidad de Dios (5.2) cuyos cargos y funciones están firmemente organizados de acuerdo con las normas de la fe y orden eclesiásticos (caps.4–6), y cuyo «sumo sacerdote eterno» es Jesucristo mismo (12.2).

Bibliografía. L. W. Barnard, «The Problem of St. Polycarp's Epistle to the Philippianr», in *Studies in the Apostolic Fathers and Their Background* (New York, 1966), 31-39; P. N. Harrison, *Polycarp's Two Epistles to the Philippians* (Cambridge, 1936); W. R. Schoedel, *Polycarp, Martyrdom of Polycarp, Fragments of Papias. The Apostolic Fathers* 5, ed. R. M. Grant (New York, 1967).

Clayton N. Jefford

POLICARPO, MARTIRIO DE

Aparte del relato del NT de la muerte de Esteban (Hch 7.54-60), el *Martirio de Policarpo* preserva el ejemplo más antiguo de un martirio en la cristiandad. El *Martirio* es una descripción estilizada de la muerte de Policarpo, obispo de Esmirna, quien sirvió a la Iglesia hasta la avanzada edad de 86 años (*Mart. Pol.* 9.3). La descripción de su muerte sirvió a la postre como un ejemplo prototípico de relatos de martirios posteriores, con un enfoque en los temas de la fidelidad, el valor y la piedad frente al peligro y la muerte.

El verdadero relato del martirio ha sido preservado en una carta enviada por los cristianos de Esmirna (el lugar de la muerte de Policarpo) a la iglesia de Filomelio en Asia Menor central. Su propósito era honrar la memoria del obispo asesinado, y también alentar a otros cristianos que enfrentaban la amenaza de persecución. Sin duda, el relato se escribió poco después de la muerte de Policarpo, aunque la fecha de ese acontecimiento (y por tanto del texto) es una cuestión muy controvertida. La parte final del texto (cap. 21) coloca a la muerte el 22 (¿o 23?) de febrero, pero no se indica el año. La evidencia interna alega razones a favor de 154-155, aunque Eusebio prefería el 166 (o 167). Eruditos recientes han comentado que el contexto general de la persecución bajo Marco Aurelio podría permitir una fecha en cualquier momento antes del 181.

Aparte de la comunidad cristiana general de Esmirna, ningún autor particular es identificado claramente como autor del escrito. El nombre Evarestus es dado como el autor de la carta (20.2), y algunos cristianos aparecen en el capítulo final como remitentes del texto. El uso del pronombre plural «nosotros» (15.1) indica que más de una persona pudo haber servido como autor (o al menos como testigo) del verdadero relato del martirio.

Los eruditos dan por sentado que el *Martirio* ofrece en verdad un importante elemento de autenticidad como testigo de la muerte de Policarpo. Sin embargo, por la naturaleza polémica del documento, es seguro que el acontecimiento ha sido relatado a través de los ojos de la fe. El mejor ejemplo de esto son los numerosos parecidos de los días finales de la vida, juicio y muerte de Policarpo, con la historia de Jesús de Nazaret en los Evangelios del NT. Al igual que Jesús, Policarpo entra en la ciudad (en este caso Esmirna) sobre un asno. Ora por la Iglesia en general (5.1); es traicionado ante las autoridades por alguien cercano a él (6.1, 2); preside la mesa en una comida final (7.2); y pronuncia una extensa oración antes de su arresto (7.2, 3). Luego es interrogado por un funcionario llamado Herodes (8.2, 3); convertido en objeto de burla por los judíos (12.2-13.1); crucificado un día viernes (7.1); y su cuerpo retirado por fieles seguidores después de su muerte (18.2, 3). El énfasis en estos elementos es evidente incluso para el lector más casual, y refleja los relatos tomados de todos los Evangelios del NT.

El *Martirio* se ha vuelto famoso dentro de la tradición cristiana por los diversos elementos de un heroico sacrificio modelado aquí como un patrón para los relatos de martirios posteriores. Lo más destacado es el enfoque en una tradición de «muerte noble», es decir, el antiguo criterio de que en ciertas circunstancias se hace necesario que una persona sea sacrificada en beneficio de la comunidad en general. Este sacrificio se produce en medio de una lucha entre las fuerzas del bien y del mal, en la que estas últimas están representadas aquí por el «maligno», los judíos, y por las autoridades civiles del Imperio Romano. La muerte de un fiel mártir es presentada como una dulce conclusión a una vida consagrada, el cuerpo de Policarpo es horneado como pan que produce un olor a incienso y perfume. Finalmente, el aniversario del acontecimiento (el «cumpleaños del martirio», 18.3) se convierte en una ocasión de veneración y de discernimiento, y contribuye al desarrollo de la corriente de una mentalidad cada vez mayor de «culto al mártir» que tanto caracterizó a la posterior espiritualidad cristiana.

Bibliografía. W. H. C. Frend, Martyrdom and Persecution in the Early Church (Oxford, 1965), 268-302; C. N. Jefford, K. J. Harder, and L. D. Amezaga, Jr., Reading the Apostolic Fathers (Peabody, 1996), 84-97.

CLAYTON N. JEFFORD

POLILLA

Polilla de la ropa en Palestina, la *Tineola biselliella* del orden de los lepidópteros, cuyas larvas se alimentan de la lana y la piel. La polilla (Heb. *ʿāš*; gr. *sḗs*) es descrita como frágil, pero el ser humano, considerado hiperbólicamente, es aún más frágil (Job 4.19). De manera parecida, la vestimenta que es comida por la polilla ilustra también la fragilidad de la existencia humana (Job 13.28; Is 50.9; 51.8). Dios es descrito como una polilla devoradora, por ejemplo, la larva de la polilla (Sal 39.11[TM 12]; Os 5.12). La destrucción de la ropa por la polilla es una indicación de la temporalidad de las posesiones terrenales (Mt 6.19, 20; Lc 12.33; Stg 5.2).

PONTO (Gr. *Póntos*)

Región en el noreste de Asia Menor, en la costa sur del Mar Negro (Pontus Euxinus), que limita por el sur con Galacia, Capadocia y Armenia. La región consiste de fértiles y angostas llanuras costeras, y de abruptas montañas en el interior que llegan hasta partes de la costa. En la antigüedad, estas prominencias montañosas impedían la existencia de una carretera costera interrumpida, lo que obligaba a las personas a viajar por mar o por las carreteras del interior. La costa fue colonizada por los griegos en cerca de 700 a.C., y Sínope y Samsun fueron sus puertos principales. Los nativos del abrupto interior estuvieron libres de la influencia griega, y tuvieron estrechos vínculos con Armenia y Capadocia. Los productos importantes de la región eran el maíz, las frutas, las aceitunas, y la madera de construcción.

El Ponto había estado bajo el dominio de los imperios asirio, hitita, griego y persa antes de lograr su independencia bajo Mitrídates I en el 302. Mitrídates VI Eupator lideró al Ponto en tres guerras defensivas contra Roma, que culminaron con la derrota de Pompeyo en el 63 a.C. La dinastía de los Mitrídates terminó con la derrota por parte de César de la revuelta de Farnace II en el año 47.

El judaísmo estaba ampliamente difundido en el Ponto en la época del NT. Hechos 2.9 confirma que algunos judíos del Ponto estaban en Jerusalén en Pentecostés, llevando así el evangelio a la región. Primera de Pedro confirma la presencia de cristianos en el Ponto y zonas aledañas (1 P 1.1, 2).

Entre los notables de esta región estuvieron Aquila, el compañero de Pablo; Estrabón, el geógrafo, de la antigua capital Amasia; Aquila, un prosélito y contemporáneo de Adriano, que tradujo el Antiguo Testamento al griego; Alejandro de Abonuteicos, el fundador de un culto pagano; y Marción de Sínope.

Bibliografía. C. J. Hemer, «The Address of 1 Peter», ExpT 89 (1977/78): 239-43.

Steven L. Cox

POQUERET-HAZEBAIM (Heb. *pōkereṯ haṣṣĕbāyîm*)
El progenitor de una familia de siervos de Salomón cuyos descendientes regresaron del exilio (Esd 2.57 = Neh 7.59). El término hebreo que parece ser un nombre propio femenino o el nombre de un oficio, que significa «cazador de gacela».

PORATA (Heb. *pôrāṯā'*)
Uno de los diez hijos de Amán muertos por los judíos (Est 9.8).

PORCIO FESTO
Véase FESTO, PORCIO

PORCIÓN, PARTE
Lo que es distribuido y recibido, por ejemplo, un botín de guerra (Gn 14.24; 1 S 30.24.), y los alimentos que consumían en las comidas ceremoniales (Éx 29.26; Lv 7.33; 1 S 1.4, 5). Los términos (Heb. *ḥēleq, ḥebel, mānâ;* Gr. *méros, merís*) se utilizan en sentido técnico en cuestiones de herencias (Gn 31.14; Lc 15.12) y tierras (Dt 10. 9) que fueron confiadas o asignadas a Israel por Jehová, el verdadero dueño de la tierra. Expresiones como «tener parte en (alguien)» significan estar coligado con esa persona, o pertenecer a la compañía o comunidad de esa persona (2 S 20.1; 1 R 12.16; cf. Jn 13.8.). Las palabras traducidas como «porción» pueden utilizarse también con referencia a lo que es amado por una persona y cercano a ella, por lo que Israel es llamada la porción de Jehová (Dt 32.9), así como Jehová es llamado asimismo la porción de Israel (Sal 16.5; 73.26; 119.57; 142.5; Jer 10.16; Lm 3.24). «Porción» puede referirse también a la suerte o el destino que le acontece a una persona a manos de Jehová (Job 31.2; Jer 13.25).

PÓRFIDO
Piedra de color rojo o púrpura formada por cristales de feldespato de color blanco o rosado, en una matriz de roca sedimentaria de color rojo oscuro (Heb. *bahan*). En los tiempos bíblicos se traía, por lo general, de la costa del Mar Rojo de Egipto, y era cortada y pulida con propósitos ornamentales (Est 1.6).

Área de la puerta de hierro II en Tel Dan. La puerta de abajo tenía dos torres y cuatro salas de guardia, dos a cada lado (Phoenix Data Systems, Neal y Joel Bierling)

PORTERO

Un guardia que protegía las puertas de una ciudad (2 R 7.10-11) o el Templo de Jerusalén (1 Cr 9.22). El rey David designó a 4000 levitas para guardar el Templo (1 Cr 23.3-5; 26.1-32). Estos guardias tenían varios deberes, incluyendo el cuidado del arca (1 Cr 15.23-24), supervisar las ofrendas voluntarias (2 Cr 31.14), y cuidar los almacenes en las puertas (Neh 12.25).

Ester 2.21; 6.2 mencionan los eunucos designados por el rey persa Jerjes I para guardar el umbral; estos hombres eran probablemente los guardaespaldas del rey. Si esto era parte de las tareas del portero en el antiguo Israel se desconoce. En el NT los porteros fueron designados por el rico para guardar casas privadas (Mr 13.34).

Jennie R Ebeling

PÓRTICO DE SALOMÓN

Lugar de reunión pública en el lado oriental de la plataforma del monte del Templo, rodeado de filas de pilares que formaban un pórtico (gr. *stoá toú Solomṓntos*). Según Josefo, que consideraba esta área como un remanente del Templo de Salomón, se dice que su expansión herodiana durante el final del período del segundo Templo abarcaba una distancia de 15 m (49 pies) de columnas monolíticas dobles, de unos 11.5 m (38 pies) de alto, hechas de mármol blanco y que sostenían un techo impresionante, revestido con paneles de cedro. Esta área con columnata del precinto del Templo fue un lugar de reunión para Jesús y sus discípulos (Jn 10.23) así como para la iglesia primitiva de Jerusalén (Hch 2.46; 5.12). Debido a que la gente acostumbraba reunirse en este lugar para discutir asuntos religiosos cuando iba al templo por asuntos ceremoniales, era un lugar ideal para las enseñanzas de Jesús y la ejecución confirmatoria de milagros de los apóstoles (Hch 3.11; 5.12). Actualmente no hay restos, pero algunos han sugerido, basados en un reporte del historiador bizantino del siglo VI, Procopio de Cesarea, que la iglesia de Nea, cuyos restos se han descubierto, fue construida con pilares de esta área.

POSIDONIO (GR. *Posidṓnios*)

Comisionado enviado por Nicanor ante una derrota segura, para negociar una tregua con Judas Macabeo (2 Mac 14.19).

POSTREROS DÍAS

Frase (Heb. *hayyôm hā'aḥărôn, 'aḥărîṯ hayyāmîm*) que connota un tiempo futuro que precederá, coincidirá con o seguirá un juicio divino definitivo. Los términos asociados son «día del Señor», «día del juicio final», o simplemente «el/aquel día». Los primeros usos del término en hebreo describen derrotas y victorias militares. Utilizado en este sentido, el término refiere el juicio de los enemigos de Dios en la batalla (Nm 24.14; «postreros días»). Los días postreros pueden ser un tiempo de tribulación y exilio para Israel (Dt 4.30; 31.29) o de manera similar, un tiempo cuando Israel entenderá la ira de Dios (Jer 23.20; 30.24; véase Ez 38.16). Los últimos días también pueden ser una época de la restauración de las naciones que fueron previamente castigadas (Jer 48.47; 49.39); de Israel, que volverá a buscar a Dios (Os 3.5); de Jerusalén (Is 2.2; Mi 4.1); y de justicia, cuando el Redentor prevalecerá sobre la tierra (Job 19.25-27).

Escritores judíos apocalípticos y cristianos típicamente asocian los últimos días (o «tiempos postreros»; Gr. *éschatos tṓn hēmerṓn*) con eventos cósmicos: la tribulación venidera, el juicio final y la salvación (4 Esdras 10.59, 6.34; véase 1 QM 1, 11; 2 Ap Bar 24.1; 51.1). En Daniel los acontecimientos de los últimos días son misterios que se revelan desde el cielo (Dn 2.28; 10.14). En el NT la frase está asociada con la resurrección (de Jesús), en el juicio final (Jn 6.39-40; 11.24), la era cristiana que comenzó con el derramamiento del Espíritu Santo (Hch 2.17; véase Jl 2.28-32 [TM 3.1-5]), la tribulación y la incredulidad antes del juicio final (2 Ti 3.1; 2 P 3.3; Stg 5.3), el tiempo cuando se revelará la salvación (1 P 1.5) y el tiempo actual caracterizado por la revelación de Dios a través de Cristo (He 1.2).

Alexandra R. Brown

POTIFAR (Heb. *pônîbar*)

Persona que compró a José a los ismaelitas (o madianitas) en Egipto después de haber sido vendido por sus hermanos (Gn 37.36; 39.1-6). Su nombre era, según parece, una forma abreviada de Potifera, el nombre del suegro de José (Gn 41.45; 46.20), que significa «aquel a quien Re (el dios-Sol) ha dado» (LXX Gr. *Petephrēs* para ambos). Es descrito como un «oficial» o «funcionario» de Faraón, y como «capitán» o «jefe» de la guardia (guardaespaldas)». Esta última descripción es problemática. La palabra clave en la frase parece tener el sentido de «carnicería» y quizás por extensión, «cocinero», dando como resultado «jefe de los mayordomos», funcionalmente «un moderno «lord chambelán», o literalmente, «capitán de los carniceros», el comandante de la guardia real que llevaba a cabo las sentencias de muerte del rey. Esta última traducción puede tener apoyo en la identificación de Potifar con el «capitán de la guardia» en la prisión real (Gn 39.20; 40.3, 4; 41.10, 12).

Véase Esposa de Potifar.

Walter E. Brown

POTIFERA (Heb. *pôṭî peraʿ*; Egip. *pꜣ-di-pꜣ-Rʿ*)
Sacerdote («el dado [enviado] por [el dios-Sol-dios] Re») de la ciudad egipcia de On (Heliópolis, «ciudad del sol»), cuya hija Asenat llegó a ser la esposa de José (Gn 41.45, 50; 46.20).

POZO

Un eje excavado para recoger la filtración de un estrato acuífero debajo de la tierra (Heb. *bĕʾēr, bôr;* Gr. *pēgḗ, phréar*). A diferencia de un manantial, el agua no es visible en la superficie.

La idea de excavar en busca de agua debe haber ocurrido en la observación de los manantiales que provienen de la tierra o de ver a los animales arañar la superficie de lechos de arroyos secos para alcanzar aguas de 10-20 cm (4-8 in) por debajo. Hoy en día, los beduinos del Neguev cavan estos pozos de poca profundidad, y en algunas zonas cadenas de pozos *(qanats),* tocando en el mismo acuífero en una línea de hasta 3-4 km (2-2.5 mi). Los pozos fueron revestidos con madera, piedra o ladrillo cocido para dar estabilidad, coronados con cabezas de pozo de piedra, y protegidos por una piedra que cubre las aberturas. Los pozos grandes, como el que 21 m (69 pies) de profundidad en Arad, sirven a las necesidades de comunidades enteras.

La prominencia de pozos condujo a la incorporación del término en muchos nombres de lugares (por ejemplo, Beer-seba), y los pozos mismos recibieron nombre (Gn 26.20-22). La Canción del Pozo en Números 21.16-18 refleja no sólo la alegría de excavar con éxito un pozo, sino también el liderazgo que se requiere para apoyar tal empresa. Los pozos eran objeto de lucha entre los habitantes locales (Gn 21.25-30; 26.18-22) y, a veces se rellenaron por enemigos (26.18). Ellos estaban ubicados dentro de las ciudades (2 S 17.18-19) como en el exterior (Gn 16.7, 14; 24.11; 29.2; 2 S 23.15; Jn 4.6-8), donde también sirvieron al ganado (Gn 29.1-10; Ex 2.15-17). Algunos pozos estaban abiertos a los extranjeros y eran un lugar para la conversación y la información (Gn 24.10-27; 29.1-14; Jn 4.6-8).

«Pozo» se usa en sentido figurado para referirse a una adúltera (Pr 23.27), una amante (Cnt 4.15), una ciudad (Jer 6.7), y una fuente de vida eterna (Jn 4.14).

Bibliografía. R. Amiran, R. Goethert, y O. Ilan, «the Well at Arad», *BARev* 13/2 (1987): 40-44; I. Carmi et al., «the Dating of Ancient Water-Wells by Archaeological y 14C Methodr», *IEJ* 44 (1944): 184-200; M. Evenari, L. Shanan, y N. Tadmor, *The Negev: The Challenge of a Desert,* 2nd ed. (Cambridge, Mass., 1982); R. J. Forbes, «bater Supply», in *Studies in Ancient Technology,* 3rd ed. (Leiden, 1993) 1.149-94; D. Hillel, *Rivers of Eden: The Struggle for Water and the Quest for Peace in the Middle East* (Oxford, 1994); V. R. Mattews, «the Wells of Gerar», *BA* 49 (1986): 118-26.

James H. Pace

POZO (Heb. *bôr, bĕʾēr, šaḥaṯ, paḥaṯ*)
En las fuentes bíblicas, los hoyos físicos pueden ser de formación natural (Sal 40.2 [TM 3]) y pozos de asfalto (Gn 14.10)], de origen inexplicado (37.22), o hechos por el hombre (Sal. 57.6 [7]). Estos últimos fueron excavados en el suelo y, a veces modificados con materiales de revestimiento, tales como losas de piedra o arcilla. Fueron utilizados para recoger y agua y otras sustancias, como tumbas (2 S 18.17), atrapar animales y personas, tanto accidentalmente (Ex 21.33) y deliberadamente (Gn 37.22; Ez 19.4), y para mantener a los prisioneros (Is 24.22). Los pozos se describen como una característica estructural de una prensa de vino (Mr 12.01). Muchos ejemplos de estos han sido reconocidos arqueológicamente, ya que se habían creado pozos para la parte subterránea de las casas de la época del Calcolítico.

Ya que los pozos fueron reconocidos en el mundo antiguo como una fuente de peligro (Ex 21.33), son en consecuencia usados de modo simbólico para describir la destrucción que espera a los que se vuelven hacia el mal: los que inventan malvados planes caerán en el «pozo» que han cavado (Sal 7.15[16]; Pr 26.27); un hombre que se asocia con una mujer de mala vida caerá en el «pozo» de la boca de ella (22.14); y otros que han pecado caerán en el hoyo creado por el juicio divino (Is 24.17-18). El pozo es también un sinónimo para el Seol, el lugar de los muertos (Sal 16.10; Pr 1.12), y para el origen de la destrucción de la tierra y la ubicación de los demonios y el diablo (Ap 9.1-11; 11.7).

Katharine A. Mackay

PREDESTINACIÓN
En su definición amplia, la afirmación teológica de que Dios ha dispuesto de manera soberana, y por su gracia, el destino de todas las cosas. Pero es más conocida por su definición más restringida, de que Dios ha decretado, ya sea la salvación final, o la reprobación final de cada persona. La elección y la reprobación son, entonces, subcategorías de la doctrina de la predestinación. Esta doctrina está asociada principalmente con Juan Calvino y el calvinismo, aunque tiene sus raíces bíblicas en varios textos del AT y el NT. Agustín le dio forma clásica, y fue tratada por muchos teólogos patrísticos y medievales, y también por los reformadores. La doctrina de la predestinación ofrece varias dificultades lógicas enojosas que tienen que ver principalmente con el asunto de la soberanía divina y la libertad humana. Asimismo, plantea dificultades pastorales de importancia y consecuencias críticas. Debido a estas dificultades, la doctrina ha sido a menudo objeto de ataques.

En el AT, la doctrina de la predestinación está relacionada con el llamamiento o la elección. Dios llama colectivamente al pueblo de Israel a ser el pueblo del pacto (cf. Dt 7.6-10) y llama individualmente a personas (cf. Éx 3, a Moisés; Jue 2.16, a los jueces; Jer 1.4-8, a Jeremías). Esta elección era con el propósito de que se cumpliera la voluntad de Dios, para bendecir a las naciones, y para ejecutar el juicio divino. Varios salmos expresan también la confianza, el consuelo y la admiración por la elección de Dios y su presciencia (p.ej., Sal 139. 16; 115.1, 3, 12, 13). En el NT, las distintas palabras griegas traducidas diversamente como «predestinar», «decretar», «disponer» o «anticipar», indican una amplia gama de la actividad de Dios que se centra en Jesucristo como el medio de salvación, e incluye a los seres humanos en este plan de salvación. Los textos clásicos sobre la predestinación son: Romanos 8.28-30; Gálatas 1.15; Efesios 1.4, 5; y 2 Tesalonicenses 2.13. En estos textos, el fundamento de la predestinación es la desobediencia de la humanidad y su rebelión contra Dios; la humanidad se hace acreedora, por tanto, de la justa condena de Dios. Sin embargo, Él no deja desamparada a la humanidad. Por su gracia, elige a los que quiere elegir. Las implicaciones de la elección, para la humanidad, son la gratitud y el servicio a Dios y a todo el pueblo de Dios.

En la tradición cristiana hay varias opciones en cuanto a la formulación y el entendimiento de la doctrina de la predestinación. Una versión, que podríamos llamar la versión «suave», afirma que Dios elige en base a la presciencia divina. Es decir, Dios sabe por su presciencia cómo responderá cada persona al evangelio, para ser elegida o condenada. Según la interpretación de esta doctrina, los puntos de la justicia y la equidad son un tanto mitigados. Cada persona, por así decirlo, recibe lo que merece. Un ejemplo de teólogo que ha tomado, o ha tendido a adoptar, la idea de identificar a la presciencia de Dios con la predestinación es Juan Wesley, así como también la tradición arminiana mayoritaria.

Otra opción en la historia de esta doctrina puede ser identificada con Martín Lutero. Aunque Lutero tenía una concepción muy fuerte de la elección, con afirmaciones relacionadas con la soberanía de Dios, no quiso enunciar la doctrina correspondiente de la condenación. La suya puede quizás ser llamada una posición «intermedia», una posición con los ingredientes necesarios para una postura más fuerte, pero que evita la mayoría de las penosísimas preguntas y dilemas haciéndolas simplemente a un lado.

La versión «más dura» de la predestinación afirma que Dios no se limita a antever, sino que en realidad predestina. Es decir, la elección o la reprobación es un decreto divino fundamental, y no depende de la presciencia de Dios de la libre acción o decisión del hombre. Calvino es el nombre más identificado con esta posición. Aunque Calvino enfatizaba constantemente el objetivo principal de la doctrina de la predestinación como un llamado a la gratitud y a la alabanza, no ocultaba toda su posición en cuanto a la elección y la reprobación. Las dificultades pastorales de esta versión de la predestinación son inmediatas y extremadamente difíciles. ¿Por qué Dios elige sólo a algunos y rechaza a otros? Calvino dijo que hacer tal pregunta era ir más allá de la reducida capacidad de la mente humana. El mejor modo de obrar, según Calvino, es que los creyentes den gracias a Dios por su elección, y no investigar más profundamente los misterios de Dios. La idea de Calvino en cuanto a la predestinación afirma una soberanía divina pura y absoluta; sin embargo, ésta hace responsables a los seres humanos, y luego los previene contra el absurdo de tener una curiosidad morbosa en cuanto a estos asuntos.

Un enfoque nuevo y audaz a la doctrina de la elección fue ofrecida por Karl Barth. Como teólogo de la tradición reformada, Barth compartía con Calvino sus convicciones en cuanto a la soberanía de Dios y la realidad del pecado. Sin embargo, interpretaba la elección como cumplida por medio de Jesucristo, quien es el elegido de Dios. La humanidad, por estar unida con Cristo, tiene parte en esa elección.

En el mejor de los casos, la doctrina de la predestinación hace hincapié en la libre, clemente y salvífica actividad de Dios, y en la agradecida respuesta del creyente. En el peor de los casos, da a entender que Dios arbitrariamente salva a algunos y condena a otros, dejando entrever a un Dios con un menor estándar de amor al prójimo que el que los cristianos están obligados a mostrar. La manera más útil de enfocar la doctrina de la predestinación es lanzar su red conceptual de una manera amplia: ella asegura un plan y una determinación divina para toda la humanidad, que se ajustan a la voluntad eterna de Dios. Vista así, la doctrina de la predestinación no está tan interesada en el destino final de las personas individuales, sino que es una afirmación general de que el amor, la sabiduría y la justicia de Dios son las realidades subyacentes de toda la vida creada, incluyendo a cada persona humana. Es Dios quien nos ha hecho, y le pertenecemos a Él.

LEANDRO VANDYKE

PREDICACIÓN, PROCLAMACIÓN

Tanto en el Antiguo como en el Nuevo Testamento, la comunicación oral juega un papel decisivo en la conformación de la identidad del pueblo de Dios. Los voceros de Dios «predican» y «proclaman» las acciones de Dios al pueblo, desafiándolos a reconocer la voluntad divina para sus vidas. En el NT, los verbos griegos referidos comúnmente a la predicación *kērýssō* y *euangelízō*, pueden utilizarse de forma sinónima. El contenido de la predicación puede ser descrito con los sustantivos correspondientes de *kērygma* y *euangélion*. Otros términos que pertenecen al mismo dominio semántico incluyen «hablar la palabra de Dios», «exhortar» y «testificar».

La LXX rara vez emplea *kērýssō* y *euangelízō* para la proclamación de los profetas (cf. Jonás 1.2, Jeremías 20.8.). El uso del NT se basa principalmente en el lenguaje de Isaías 40–66. Isaías 52.7 emplea *euangelízō* dos veces para describir al que «trae alegres nuevas» y «anuncia la paz». En Isaías 61.1 (NVI), el profeta declara el llamado que le hace Dios de «anunciar buenas nuevas (*euangelízō*) a los pobres» y «publicarr (*kerýssō*) libertad a los cautivos».

La definición de C.H. Dodd de la predicación como «la proclamación pública al mundo no cristiano», es sólo parcialmente válida, ya que los verbos «predicar» y «proclamar» (también como sinónimos) se utilizan también para dirigirse oralmente a la comunidad de los creyentes (Ro 1.15; 1 Ts 2.9; cf 2 Ti 4.2). No obstante, los verbos son empleados más comúnmente para el anuncio profético de los actos escatológicos de Dios, y para el llamamiento a creer, a menudo en términos que son un eco de Isaías 52.7; 61.1. Juan el Bautista (Mt 3.1) y Jesús «predican» (4.17) el evangelio del reino (4.23). De igual modo, los evangelios sinópticos presentan la misión de Jesús en términos de su «predicación» del reino (Mr 1.14; cf. vv 38, 39, 45.). Según Lucas 4.18, Jesús se identifica a sí mismo como el profeta de Isaías 61.1, cuya misión es «predicar buenas nuevas a los pobres». Cuando él llama a los discípulos, los envía a «predicar» a las ovejas perdidas de la casa de Israel (Mt 10.7, 27). Los discípulos siguen adelante con este ministerio, predicando el reino (Hch 20.25; 28.31).

Un tema común en las cartas de Pablo es su recuerdo de su ministerio de predicación, que se inició con la proclamación misionera y que continuó en su trabajo con las iglesias. Pablo entiende su misión como la del heraldo de Isaías 52.7 (Ro 10.15). Describe el contenido de su mensaje diversamente como «Cristo crucificado» (1 Co 1.23), «Jesucristo» (2 Co 1.19), «Jesucristo como Señor» (4.5), y el evangelio (11.7, Gá 1.11; 2.2; 1 Ts 2.2, 9.). Pablo recuerda la fórmula del credo de 1 Corintios 15.3 como el contenido de la predicación que la comunidad había creído originalmente (v. 11). Pablo indica la relación entre la proclamación original y el subsiguiente ministerio pastoral en 1 Tesalonicenses 2.9-13, donde equipara su predicación del evangelio (v. 9) con la tarea de formar a la comunidad, en la que asumió el papel paternal de «alentar, confortar y estimular» a su comunidad para vivir «como es digno de Dios» (v. 12).

Bibliografía. C. Brown, «Proclamation», *NIDNTT* 3:44-68; C. H. Dodd, *The Apostolic Preaching and Its Developments* (Chicago, 1937).

JAMES W. THOMPSON

PREPARACIÓN, DÍA DE LA

La tarde antes de un día de festividad religiosa (Mt 27.62; Lc 23.54; Jn 19.14, 31, 42). Marcos especifica, más aún, que es «la víspera del día de reposo» (Mr 15.42; cf. Jdt 8.6; 2 Mac 8.26; Josefo, *Ant.* 3.255; 16.163).

De acuerdo con Éxodo 16.23, la víspera del sábado judío debía funcionar como un tiempo de preparación para la celebración del día de reposo. Las responsabilidades cotidianas debían realizarse con antelación, para que el santo día pudiera disfrutarse con la mayor tranquilidad posible. Tales responsabilidades llegaron a incluir bañarse, ponerse traje de fiesta, encender las lámparas, y preparar la comida. En el tiempo de Cristo, todas estas actividades tenían que realizarse antes de las 3 p.m. (*Ant.* 16,163; cf *BJ* 6.423).

Citando la literatura rabínica, la mayoría de los comentaristas creen que el «día de la preparación» podía referirse también al día anterior al primer día de cada festividad religiosa, ya que estos días eran también considerados «días de reposo» (cf. Éx 34.22; Lv 16.31; 23). D. A. Carson, sin embargo, señala que tal uso no está confirmado en ninguna parte fuera de Juan 19.14, por lo que la frase «la preparación de la pascua» puede ser mejor traducida como «la preparación del día de reposo que tiene lugar durante la semana de la pascua».

Bibliografía. D. A. Carson, *The Gospel According to John* (Grand Rapids, 1992).

W. E. Nunnally

PRESBÍTERO, PRESBITERIO

Grupo de ancianos (Gr. *presbytérion,* de *presbýteros,* «anciano»). Algunas de las primeras comunidades cristianas adoptaron y adaptaron esta institución de gobierno de los precedentes judíos, y de los cuerpos de ancianos conocidos en las sociedades griega y egipcia. Las nuevas congregaciones cristianas nombraban ancianos (Hch 14.23), y aparecen en Jerusalén, tanto solos (11.30; 21.18) como al lado de los apóstoles (15.2-6, 22, 23; 16.4). El presbiterio, como un cuerpo de ancianos, tenía actividad en las ordenaciones (1 Ti 4.14); y en las epístolas pastorales y universales, los ancianos tuvieron funciones de liderazgo (5.17, 19) y litúrgicas (St 5.14). Los términos «anciano» y «obispo» puede ser intercambiables (Hch 20.17, 28; Tit 1.5, 7). Un concejo de ancianos rodea a Dios en su trono celestial (Ap 4.4, 9-11; 5.6-14).

Bibliografía. J. M. Lieu, *The Second and Third Epistles of John* (Edinburgh, 1986).

David Rensberger

PRESENCIA

Los hebreos creían que ellos tenían una relación única e incomparable con su Dios (Éx 19.5; Jer 30.22; 31.3). Pero aun así las revelaciones de Dios estaban cubiertas con una túnica de misterio para proteger la gloria de la Deidad (Heb. *kāḇôḏ, šěḵînâ;* Éx 3; 33:17-23, esp. 20; cf. Jn 1:18) Abraham y Jacob conmemoraron sus experiencias de la presencia de Dios mediante la construcción de santuarios (en Siquem, Beerseba, Bet-el y Peniel). Jehová prescribió el tabernáculo de reunión (Éx 40.34-38) y el arca del pacto (25.10-30) como ayudas para celebrar su presencia. Más tarde, el templo sirvió para este propósito (1 R 8; cf. Sal 24.7-10). Andando el tiempo, el pueblo dio por sentado que el templo era símbolo de la presencia de Dios y, equivocadamente, como garantía de su favor y protección (Jer 7.1-4). La principal palabra bíblica para «presencia» es «rostro» (Heb. *pānîm;* Gr. *prósōpon*). Adán y Eva se escondieron del rostro (la presencia) de Dios (Gn 3.8); Jehová prometió que su rostro (presencia) acompañaría a Moisés (Éx 33.14); y en el rostro (la presencia) de Dios hay plenitud de gozo (Sal 16.11). Cada vez que Dios se disgustaba con su pueblo, retiraba su rostro o presencia (Ez 10.18; Sal 22.1-21[TM 22.2]).

En el NT, la presencia de Dios está constituida por la doctrina de la encarnación, de que Dios se hizo carne en Jesucristo. Aunque él era humano (Gá 4.4, 5; Fil 2.5-11), fue el medio de reconciliar al mundo con Dios (2 Co 5.19; cf. Jn 1.1-18; 20.28; Col 1.15-20; He 1.1-4), cuya gloria brilló en la faz (la presencia) de Jesucristo (2 Co 4.6). Dios está presente también como el Espíritu Santo o Paracleto (p.ej., Jn 14.25; Hch 2.1-47) y a través de mensajeros angelicales (Mt 1.18-25; Lc 1.26-38; 2.8-20). La esperanza final en cuanto a la expresa presencia de Dios está expresada como la venida (Gr. *parousía,* lit., «presencia») de Cristo (1 Ts 1.10; 2.19; 3.13; 4.13–5.11). Por último, Juan tiene la visión del tiempo del fin cuando Dios estará presente con su pueblo de una vez y para siempre (Ap 21.1-4).

Bibliografía. S. E. Balentine, *The Hidden God: The Hiding of the Face of God in the Old Testament* (Oxford, 1983); L. H. Brockington, «Presence», in *A Theological Word Book of the Bible,* ed. A. Richardson (New York, 1950), 172-76; S. L. Terrien, *The Elusive Presence* (San Francisco, 1978).

Richard A. Spencer

PRETORIO

Originalmente la tienda de un general, la palabra «pretorio» se usaba comúnmente en el tiempo del NT para referirse a la residencia de un gobernador provincial (Hch 23.35; cf. Fil 1.13).

Los evangelios dicen que Jesús fue interrogado por

Poncio Pilato en «el pretorio» (Gr. *aulē*, «palacio»; Mr 15.16; cf. Mt 27.27; Jn 18.28, 33; 19.9). Por mucho tiempo se ha considerado que se trata de la Fortaleza Antonia, en el extremo noroccidental del Monte del Templo. En 35-37 a.C., Herodes el Grande reconstruyó una fortaleza asmonea existente, a la que le dio el nuevo nombre de Antonia, en honor a su señor Marco Antonio (Josefo, *BJ* 1.75, 117, 401-2). Antonia aflora en la referencias del NT a «la fortaleza» (*parembolḗ*; Hch 21.34, 37; 22.24; 23.10, 16, 32). En este lugar comienza la Vía Dolorosa. Al otro lado de la calle, en el actual convento Ecce Homo, hay una calzada que se creía que fue parte de un patio del siglo I (*Lithóstrōton*, Jn 19.13) de Antonia, pero esta calzada ha sido identificada ahora como parte del foro oriental de la ciudad reconstruido por Adriano (132-135 d.C.)

Los antecesores asmoneos de Herodes tenían un palacio en el límite de la ciudad alta al otro lado del valle de Tiropeon, desde donde se divisaba el Templo (Josefo, *Ant* 20.189-96; *BJ* 2.344). La tradición cristiana primitiva llevó a Bargil Pixner a favorecer esta identificación. Las excavaciones hechas en la zona (en el actual barrio judío) han revelado mansiones de la aristocracia de la antigua Jerusalén, pero no el palacio asmoneo.

La primera opción en cuanto al pretorio la tiene el nuevo palacio de Herodes el Grande ubicado en el límite occidental de la ciudad, en la Ciudadela al lado de la actual Puerta de Jaffa. Construido en el 24-23 a.C, el palacio de Herodes era sumamente impresionante, rivalizando con el propio Templo en tamaño y esplendor. Josefo habla de sus enormes torres y de sus elevados muros; de sus salas de banquetes y de sus habitaciones; de sus techos ornamentados; y de sus muebles, pórticos y jardines con estatuas y canales (*BJ* 5,176-183; *Ant.* 15,318). Filón de Alejandría (*Leg.* 299, 306) escribe que el palacio de Herodes servía como «residencia de los gobernadores». La arqueología ha demostrado que se extendía hasta el actual barrio armenio, más o menos hasta el muro sur de la Ciudad Vieja, y cubría una superficie más grande que el de la Ciudadela, que está hoy en el extremo norte del sitio.

Bibliografía. J. Finegan, The Archaeology of the New Testament, rev. ed. (Princeton, 1992), 246-53; R. M. Mackowski, Jerusalem, City of Jesus (Grand Rapids, 1980), 89-111.

Robert Harry Smith

PRIMEROS FRUTOS

El primero de los productos de temporada de la tierra (Heb. *bikkûrîm*, «primero maduro»; *rēʾšît*, «primero tratado»). Se consideró que era intrínsecamente santo, la posesión de Dios. En reconocimiento de que Jehová posee la tierra, así como las cosechas producidas en ella, y también que él trajo a Israel a la tierra, la primera parte de la cosecha debía ser transferida a Dios antes de que el resto pudiera ser consumido. Sin aquella transferencia, no podría haber ninguna bendición en el resto de la cosecha (Lv 19.23-25; 23.14; Dt 26.1-15; Pr 3.9-10). Esta transferencia de los primeros frutos a Dios era requerida no sólo de lo primero listo de la cosecha, sino también de lo primero procesado de algunos productos: el grano, nuevo vino, nuevo aceite de oliva, primer jarabe, comida leudada, masa de pan, y hasta lana (Lv 2.12; Nm 15.20-21; 18.12; Dt 18.4).

La primera gavilla del grano cosechado (probablemente cebada, ya que maduraba primero) debía ser transferida a Dios por la ceremonia de elevación («mecida» en muchas traducciones) delante del Señor (Lv 23.10ss.) que precede al consumo de cualquiera de la nueva cosecha, junto con otros sacrificios. Este acto público proclamó que la cosecha pertenecía al Señor. Siete semanas más tarde una ocasión sagrada debía ser proclamada durante la cual ningún trabajo laborioso podría ser realizado.

En la literatura griega hasta el siglo I, el gr. *aparchḗ* se emplea como un término para los «primeros frutos» sacrificados a los dioses en la literatura no bíblica y al Señor en los LXX. En el NT Pablo usa este concepto de primeros frutos, especialmente en relación con el AT, como una metáfora para Jesús como el primero en resucitar de entre los muertos, el primero en una serie de aquellos que resucitarán de los muertos en el futuro (1 Co 15.20, 23). Él también lo usa para describir a los primeros conversos al cristianismo en ciertas áreas geográficas (1 Co 16.15; Ro 16.5). En Romanos 8.23 Pablo llama el don del Espíritu como primeros frutos. En Romanos 11.16 él utiliza una doble metáfora de la masa como primeros frutos de la masa entera, y en segundo lugar un árbol, mencionando raíces y ramas. Ambas destacan que Israel es santo debido a su origen santo, a pesar de apariencias profanas en este tiempo. Del mismo modo, Santiago (Stg 1.18) utiliza el término para dirigirse a cristianos como «primicias» (primeros frutos) de las criaturas de Dios. En Apocalipsis 14.4 los 144 mil son «primicias» para los cristianos; ellos son inmaculados, sin engaño, e intachables.

Michael D. Hildenbrand

PRIMO

El AT no tiene palabra específica para primo aparte de la frase *ben-dôḏ*, «hijo de su tío» (Lv 25.49; Jer 32.8). Otras frases tales como «hijo del hermano de tu padre» o «padre de tu madre» también se refiere a un primo en primer grado (Gn 28.2; 29.10, 12). En el AT, un primo tiene ciertas responsibilidades. La principal entre estas es la expectativa que un primo evitaría que la tierra fuera entregada a un acreedor en caso de que su primo llegara a empobrecer (Lv 25.49). Esta obligación hacia un primo fue cumplida por el profeta Jeremías (Jr 32.7-9, 12). En tiempos bíblicos era posible que los primos, incluso primos en primer grado, se casaran (Gn 24.15; 28.2; 29.10, 19; 36.3; Nm 36.11; 1 Cr 23.21-22). Tales matrimonios no eran considerados incestuosos (Lv 18.6-18). En el NT la palabra para primo (Gr. *anepsiós*) ocurre solo una vez y describe la relación de Bernabé y Marcos (Col 4.10). Los sustantivos *syngenís* (Lc 1.36) y *syngenḗs* (v. 58), se traducen «parienta» y «parientes» en la RVR 1960.

Mark F. Rooker

PRIMOGÉNITO

El primer descendiente masculino tanto de animales como de personas. Ellos fueron considerados como propiedad de Dios (Ex 22.29-30 [TM 28-29]); esto era un reflejo de la Pascua cuando los primogénitos de Israel fueron salvados durante la plaga final contra Egipto (13.2, 14-15). En épocas posteriores, los levitas fueron apartados para el servicio del santuario en lugar de todos los israelitas primogénitos (Nm 3.12-13). Israel fue considerado como el primogénito de Dios entre las naciones (Ex 4.22; cp. Jer 31.9 [8]).

Ni los primogénitos humanos ni los animales debían ser liberados con propósitos seculares sin redención. Debía haber una sustitución (Ex 13.12-13; 34.20; Lv 27.26ss.; Nm 18.15). Los primogénitos animales impuros y manchados debían ser redimidos (pagando el valor estimado del animal más una quinta parte; Lv 27.26-27 [cf. vv. 9-13]; Ex 34.20). Los animales de sacrificio primogénitos debían ser santificados como una ofrenda quemada o como una ofrenda de paz (Nm 18.17; Dt 15.20). Hay poca evidencia sólida del sacrificio regular de primogénitos humanos, en el antiguo Cercano Oriente o en la Biblia; el incidente de 2 Reyes 3.27, donde el rey de Moab sacrificó a su primogénito, es excepcional.

Al primogénito humano le fue adjudicada una doble parte de la herencia del padre (Dt 21.15-17). Un padre no podía pasar por alto el orden de nacimiento en la asignación de la parte del primogénito de sus posesiones. Aunque el primogénito podría perder su derecho de nacimiento fuera por el acto de Dios (1 Cr 28.4; 1 R 2.15) o vendiéndolo (Gn 25.31-34), el primogénito nunca perdía el título.

El primogénito es presentado primero en genealogías (p. ej., 1 Cr 6.16-30 [1-14]). La línea de familia es mantenida por el primogénito, aun si otros hijos son mencionados (1 Cr 7.1-4). El primogénito es la base de referencia para el resto de la familia (cp. Gn 36.22), lo que indica su posición. El derecho del primogénito nunca se extendió a hijas primogénitas.

En el NT Jesús es presentado como el primogénito (Gr. *prōtótokos*) de María (Mt 1.25; Lc 2.7) y de Dios (He 1.6). En otra parte él es considerado como «el primogénito de toda la creación» (Col 1.15), es decir, un mediador de la creación (cp. vv. 16-17), y como «el primogénito de los muertos» (v. 18; Ap 1.5), indicando su primacía en el orden de resurrección. Jesús es «el primogénito de muchos hermanos» (es decir, aquellos que serían conformados a su imagen; Ro 8.29-30). El término ocurre una vez respecto «al destructor del primogénito» en Egipto (He 11.28; cp. Ex 11.5ss.). Por último, la Iglesia es vista como una asamblea de «primogénitos» que es inscrita en el cielo (He 12.23).

Michael D. Hildenbrand

PRINCIPADO

Una clase de ser espiritual (Gr. *archḗ*), más a menudo maligno (cf. Ro 8:38; 1 Co 15.24; Ef 1.21; 3.10; 6.12; Col 1.16; 2.10, 15). El término siempre aparece junto con otros similares que denotan también seres espirituales malignos: poder *(exousía),* autoridad *(dýnamis),* trono *(thrónos),* dominio *(kyriótēs),* gobernadores de este siglo *(kosmokrátōr toú skótous toútou),* huestes espirituales de maldad en las regiones celestiales *(pneumatikón tḗs ponērías en toís epouraníois).* El uso de términos diferentes indica probablemente diferentes rangos o tipos de seres espirituales del mal. En Efesios 2.2; 6.11, 12, Pablo identifica a un ser espiritual al cual esos otros parecen estar sujetos: «el príncipe de la potestad del aire» o «el diablo». En Daniel 7, «dominio» (LXX Gr. *archḗ*) denota el poder terrenal de la cuarta bestia (vv. 12, 26) hostil a Israel y que se levanta en oposición al poder de Dios y a uno como hijo de hombre (v. 14); que quienes acechan en el trasfondo de los reinos terrenales, especialmente del cuarto reino, son seres espirituales diabólicos, está claro por Daniel 10.

La idea de diferentes clases de seres espirituales no es exclusiva del NT (cf. 1 En 41.9; 61.10; T. Levi 3.8; T. Sol 20.15.). Listas similares se encuentran en los papiros mágicos griegos (*PGM* 1.215, 3.35, 4.1193, 1275, 1599, 2199-99; 22B.2, 4, 7).

En la teología paulina, Cristo destruirá todo «dominio, toda autoridad y potencia» al final, cuando él entregue el reino a Dios (1 Co 15.24). Sin embargo, en el presente estos seres espirituales demoníacos están sujetos a Cristo, porque él se ha sentado a la diestra de Dios en los lugares celestiales (Ef 1.20, 21). Debido a esto, los creyentes pueden resistir las perversas influencias de estos seres espirituales (Ef 6.10-17; cf. 2.1-5). Colosenses destaca la superioridad de Cristo sobre todos los seres espirituales (Col 1.15-20; 2.10), y atribuye la herejía incontrolada en medio de los destinatarios de la carta a la influencia de los «rudimentos del mundo», un nombre colectivo para referirse a estos seres espirituales malignos (2.8). La cruz de Cristo fue el medio por el cual todos los seres espirituales demoníacos fueron derrotados y humillados (Col 2.15).

Bibliografía. C. E. Arnold, *Ephesians: Power and Magic.* SNTSMS 63 (Cambridge, 1989); G. B. Caird, *Principalities and Powers* (Oxford, 1956).

Barry D. Smith

PRINCIPAL CAMARERO

El título de Seraías, uno de los oficiales de Sedequías (Jr 51.59; Heb. *śar mĕnûḥâ,* lit., «oficial de descanso» o «funcionario del lugar de descanso»). NVI «jefe de este viaje» probablemente se basa en la enmienda a *śar maḥăneh,* «oficial del campamento», sugerido por el texto siríaco. La LXX y el Targum reflejan *śar mĕnāḥôṯ,* «jefe del tributo.»

PRINCIPAL DE LA SINAGOGA

Uno de varios cargos de la sinagoga judía. El principal, o «anciano» o «cabeza» (gr. *archisynágōgos*), era responsable de mantener el orden en la asamblea (Lc 13.14), decidía quién dirigiría la adoración pública (Hch 13.15) y hacía que la congregación se mantuviera fiel a la Torá (18.1-17).

El principal no era un escriba sino que su categoría estaba inmediatamente después de la del cargo del escriba. Un grupo de ancianos dirigía las actividades de las sinagogas locales y el principal probablemente era elegido entre esos ancianos. Jairo (Mr 5.22), Crispo (Hch 18.8) y Sóstenes (v. 17) se mencionan por nombre en el NT como principales o cabezas de la sinagoga.

Bibliografía. L. L. Grabbe, «Synagogues in Pre-70 Palestine: a Re-assessment», *JTS* n.s. 39 (1988): 401-10; J. Gutmann, ed., *The Synagogue* (New York, 1975).

Dale Ellenburg

PRINCIPALES SACERDOTES

Término colectivo (Gr. *archiereís*) que designa la aristocracia del sacerdocio de Jerusalén (p.ej., Mt 2.4; Mr 11.18, 27).

Véase Sacerdocio, israelita.

PRISCA (Gr. *Príska*), PRISCILA (*Prískilla*)

Misionera cristiana, maestra y líder del círculo misionero paulino. Probablemente había nacido libre, y estaba desposada con Aquila, un fabricante de tiendas, judío, de Ponto, Bitinia. Priscila y Aquila eran cristianos en Roma, cuando todavía los cristianos adoraban al lado de los judíos en las sinagogas. La controversia entre los judíos y los cristianos en Roma sobre el evangelio, llevó al emperador Claudio a expulsar a los judíos de Roma (49 d.C.), y Priscila y Aquila se mudaron a Corinto (Hch 18.2). Allí conocieron a Pablo, quien se quedó con ellos durante más de año y medio, trabajando a su lado como fabricante de tiendas (Hch 18.1-3, 11).

Al término de la permanencia de Pablo en Corinto, Priscila y Aquila se mudaron a Éfeso (Hch 18.18-19). Allí patrocinaron la formación de una iglesia en su casa (1 Co 16.19). Un hecho notable fue la enseñanza más completa que dieron a un cristiano judío de Alejandría, Apolos (Hch 18.26).

Prisca y Aquila regresaron a Roma a mediados de los años 50, y fundaron otra iglesia en su casa. Pablo les envía a ellos y a su congregación sus saludos en su epístola a los Romanos, y los llama colaboradores (Gr. *synergoí*; Ro 16.3-5.). Es posible que hayan retornado a Éfeso a comienzo de los años 60 (2 Ti 4.19).

El nombre de Priscila precede al de su esposo en la mayoría de los casos, lo que indica que ella era la más destacada de los dos en la actividad misionera. Juntos fueron compañeros de Pablo, y sus colaboradores en la obra misionera de la iglesia primitiva, liderando iglesias y reuniendo a fieles en sus hogares en los centros urbanos de Roma, Corinto y Éfeso.

JoAnn Ford Watson

PRISIÓN

En los tiempos bíblicos, las personas eran privadas de la libertad por diversas razones. José fue acusado de conducta sexual impropia por la esposa de Potifar, y encarcelado en la casa del capitán de la guardia (Génesis 40.3). El código mosaico permitía que alguien fuera encarcelado mientras se aclaraban los hechos de un caso (Lv 24.12; Nm 15.34). Otros relatos tienen que ver con la reclusión en cárceles no israelitas (Gn 39.20; 2 R 17.4; 25.27, 29; Jer 52.11; Jue 16.21).

Posteriormente, las cárceles judías mantenían bajo arresto a las personas que esperaban un juicio (Mt 5.25; Hch 4.3; 5.18-23). El encarcelamiento romano podía ser utilizado para obligar a un prisionero a declarar (Mt 18.30), y como castigo por alteración del orden público (11.2; Hch 16.26). Los primeros cristianos experimentaron arrestos (2 Co 6.5; 11.23), a menudo a manos de sus opositores religiosos. Pablo llamó a esto un servicio para Cristo (Flm 1, 9; Ef 3.1; 4.1; 2 Ti 1.8). Otros pasajes hablan de liberaciones milagrosas de la cárcel (Hch 12.6-10; 16.25, 26).

Las condiciones en las cárceles antiguas eran muy duras. Los presos estaban muchas veces encadenados (He 11.36), ya fuera a cepos o a guardias (Hch 12.6). Los cepos de madera eran usados a veces para confinar a los presos (Hch 16.24) en habitaciones interiores sin ventanas. Los sexos no estaban separados, y la falta de ventilación e instalaciones para una buena higiene causaban enfermedades y propiciaban la multiplicación de ratas. Estas condiciones explican el estímulo frecuente de visitar a los creyentes en la cárcel (Mt 25.36; 2 Ti 1.8; He 13.3).

Bibliografía. B. Rapske, *Paul in Roman Custody*, vol. 3 of *The Book of Acts in Its First Century Setting*, ed. B. K. Winter (Grand Rapids, 1994).

DENNIS GAERTNER

PROCÓNSUL

Funcionario civil y militar romano que había sido antes un cónsul que servía en períodos de un año. Las provincias donde eran apostadas legiones para hacer frente a posibles insurrecciones, estaban bajo el control directo del emperador, y eran administradas por un legado, un procurador, o un prefecto. Las provincias que no requerían de un ejército para pacificar la resistencia a Roma, estaban bajo el control del Senado y eran administradas por procónsules (Gr. *anthýpatos*).

El NT menciona dos procónsules. Sergio Paulo administraba a Chipre, y al parecer fue convertido al cristianismo por Pablo (Hch 13.7-10). Galión administraba a Acaya, y se negó a decidir sobre lo que él consideraba una disputa por cuestiones religiosas entre Pablo y sus adversarios judíos (Hch 18.12-17).

TIMOTHY B. CARGAL

PRÓCORO (Gr. *Próchoros*)

Uno de los siete a quienes se les asignó el cuidado de las viudas helenistas en la Iglesia primitiva (Hch 6.5). La tradición lo considera como el escriba a quien Juan dictó el Cuarto Evangelio.

Véase JUAN, HECHOS DE

PROCURADOR

Título oficial de los gobernadores de rango ecuestre de las provincias más pequeñas del Imperio Romano, tales como Judea, desde el tiempo de Claudio (41-54 d.C.) en adelante. Antes, el título de estos oficiales era prefecto.

Judea fue una provincia imperial (gobernada por el emperador, en vez del Senado) entre 6–41 d.C. (la primera procuraduría), y entre 44–66 (la segunda procuraduría). Otras veces, ésta y otras partes de Palestina fueron reinos satélites. Los legados/procuradores eran representantes personales del emperador, pero también funcionarios del estado. Tenían jurisdicción en materia fiscal, judicial y militar. La mayoría de los nombrados para gobernar Judea fueron hombres con capacidades por debajo de la media, insensibles a la cultura y religión judías, corruptos y tiránicos. Gran parte de la culpa por la revuelta judía de los años 66–70 hay que achacarla a ellos. En algunas traducciones al español del NT, no aparecen las palabras «procurador» y «prefecto», pero sí «gobernador» (p.ej., Mt 27.2; Hch 23.24). Un prefecto (Pilato, cuyo título oficial está en una inscripción encontrada en Cesarea, la capital provincial) y dos procuradores (Félix y Festo) son mencionados en el NT. Se conocen los nombres y las fechas aproximadas de todos los catorce gobernadores de Judea entre los años 6-66 d.C.

JAMES A. BROOKS

PRODUCTOS LÁCTEOS

Junto con el pan, la carne, aceitunas, uvas, y otras frutas y verduras, los productos lácteos eran alimentos importantes en el mundo bíblico. Ellos proporcionaron gran variedad y nutrición significativa a la dieta antigua. Incluidas en esta categoría estaban la leche, mantequilla (batida en piel o contenedores de cerámica), cuajadas (leche cuajada, o coagulada; Gn 18:8; Is 7:15, 22), queso (masas hechas secando o evaporando leche en el sol o por enfriamiento; 1 S 17:18; 2 S 17:29), y yogur (llamado *leben* en el Cercano Oriente; Pr 30:33); estos productos no necesariamente se parecieron a los alimentos modernos que llevan sus nombres.

Los productos lácteos eran una fuente tan importante de alimento que ovejas, cabras, camellos, y vacas a menudo eran considerados como más valiosos vivos (como fuentes de leche y lana) que muertos (como fuentes de carne). Por supuesto, todo el ganado lanar y vacuno era sacrificado de manera selectiva sistemáticamente por su carne, pieles y cuernos.

El proverbio «tierra que fluye leche y miel» reflejó la conciencia israelita que Canaán, a diferencia del desierto, proporcionó vegetación abundante para el ganado lanar y vacuno. Sin embargo, incluso antes de que los israelitas llegaran a Canaán, Moisés les recordó que Dios había proporcionado la «mantequilla de vacas y leche de ovejas» (Dt 32.14). En un tiempo bastante posterior, Joel habló del día cuando «los collados fluirán leche» (Jl 3.18 [TM 4.18]). La leche era usada en la religión cananea, lo que significó que ciertas prácticas estuvieron prohibidas para los hebreos (cp. Ex 23.19). La leche era almacenada en bolsas de piel y servida en platos hondos, como cuando Jael engañó a Sísara para que aceptara su hospitalidad (Jue 4.19; 5).

Uno de los rasgos topográficos más conocidos de Jerusalén en la época del NT era el Valle Tirapeón, cuyo nombre fue sacado de la palabra griega para «fabricantes de queso». Como una indicación de que el procesamiento de productos lácteos era bien conocido en el mundo antiguo, la maduración de Job se compara con la producción del queso de la leche cuajada (Job 10:10).

Bibliografía. J. A. Thompson, *Handbook of Life in Biblical Times* (Downers Grove, 1986).

GERALD L. MATTINGLY

PROFETA, PROFECÍA

Intermediario religioso (Heb. *nāḇîʾ*; Gr. *prophḗtēs*) cuya función es intercambiar mensajes entre los seres humanos y una deidad. Las personas que realizan esta función social se han encontrado en una amplia gama de tiempos, lugares y sociedades, aunque a nivel local no se les haya conocido con el título de profeta.

El AT hace referencia a una serie de figuras como profetas. Quince de ellos están asociados con las colecciones de escritos que llevan sus nombres. Son los libros que van desde Isaías hasta Malaquías, con exclusión de Daniel. Las referencias a otros profetas aparecen en los libros de historia proféticos y deuteronomistas. Ellos son: Natán (2 S 7, 12; 1 R 1.), Gad (1 S 22.5; 2 S 24.11), Ahías (1 R 11.29; 14.2, 18), Elías (1 R 17–2 R 2), Eliseo (2 R 2–9), Micaías (1 R 22), Jonás (2 R 14.25), Hulda (22.14), y Ananías (Jer 28). Estos libros también se refieren genéricamente a profetas anónimos (1 S 28.6; 1 R 13; 2 R 17.13, 23; 21.10; 23.2; 24.2; Am 2.11, 12; Mi 3.5, 6, 11; Jer 14.13-16; 23.9-22), y, a veces, estos actúan en grupos (1 S 10.5, 10-12; en 1 R 22 hay 400). La historia del enfrentamiento de Elías con 450 profetas de Baal y 400 de ʿAnat, indica que en Israel había profetas de otras deidades, aparte de Jehová (1 R 18).

La profecía del AT no es un fenómeno homogéneo. Los grupos de profetas extáticos anónimos mencionadas en Samuel y Reyes contrastan con personas como Amós y Jeremías, quienes desempeñaron su trabajo como individuos. Elías y Eliseo, a quienes se les alude como «hombres de Dios» con más frecuencia que «profetas», tienen afinidades tanto con los extáticos (cf. 1 R 18.46; 2 R 3.13-20.) como con los otros, y añaden algunas peculiaridades propias.

El contexto histórico y cultural de la profecía del AT es el período de las monarquías en Israel y Judá, y continúa a lo largo de todo el exilio y hasta los comienzos del período posexílico. Este contexto afecta el funcionamiento y el mensaje de los profetas bíblicos.

Papel social

Ha habido varios intentos de argumentar que los profetas del AT tenían su base de operaciones en el culto, pero hay evidencias suficientes para apoyar una generalización. Samuel y los profetas anónimos estuvieron asociados con lugares de culto (1 S 3.20; 10.5). Jeremías (Jer 1.1) y Ezequiel (Ez 1.3) procedían de familias sacerdotales, pero esto no parece haber determinado la ubicación de su actividad como profetas. Amós no parece haber tenido alguna relación anterior con el culto (Am 7.14, 15). Más bien, donde más nos permiten los textos identificar la localización de la actividad de un profeta, es a menudo en la interacción con los reyes o con otros líderes de la nación. A veces, eran requeridos para dar asesoramiento en tiempos de crisis, como cuando los reyes de Israel y de Judá consultaron a los 400 profetas y a Miqueas sobre la conveniencia de ir a la guerra (1 R 22); cuando Ezequías llamó a Isaías en el momento de una inminente invasión asiria (Is 37 = 2 R 19); o cuando Sedequías le pidió a Jeremías que consultara a Jehová en cuanto a la suerte militar de Judá (Jer 37).

Los profetas aparecen a menudo sin ser llamados, para ofrecer palabras de ánimo o crítica (p.ej., 2 S 7.1-17; 12.1-14; Am 7.10-17; Jer 26). A veces se involucraban en luchas políticas partidarias. Elías se enfrentó a Acab y a Ocozías (1 R 17–19, 21; 2 R 1); y su sucesor, Eliseo, jugó un papel decisivo en el golpe que llevó a la dinastía de Omri a su fin, e instaló a Jehú como rey de Israel (2 R 9). Amasías, sacerdote en el santuario real de Bethel, acusó a Amós de conspirar contra Jeroboam (Am 7.10, 11); y Jeremías fue miembro declarado de uno de los partidos que luchaban por el control de la política exterior de Judá en los años anteriores al exilio (Jer 27-29).

Por regla general, los profetas eran, entonces, intermediarios religiosos que funcionaban a nivel nacional. Elías y Eliseo interactuaron con personas de menor valía, y también con reyes, pero son muy diferentes a otros profetas en aspectos importantes.

Era implícito que la actividad y el mensaje de los profetas se basaban en algún tipo de comunicación de Jehová. Hay varios relatos de contactos iniciales que estrenaban la carrera de un profeta (Am 7.15; Is 6; Jer 1.4-10; Ez 1-3), y otras referencias a visiones o sueños que fueron la fuente de la afirmación de un profeta de hablar en nombre de Dios (p.ej., 1 R 19.9-18; 22.17-23; Am 7.1-9; 8.1-3; 9.1; Jer 1.11-19; 13.1-11; 14.14; 23.16).

Se asumía, además, que cuando los profetas hablaban, estaban transmitiendo el mensaje de la deidad a su audiencia. Pero no eran simplemente canales de información en un solo sentido, de Jehová a las personas. Como toda comunicación, el discurso profético involucraba una interacción dinámica entre el hablante y la audiencia. La retroalimentación era integral al proceso, y en su posición entre la deidad y su audiencia, los profetas recibían y transmitían mensajes en ambas direcciones. Las personas tenían la libertad de aceptar o rechazar las palabras de un profeta (Am 2.10-12; 7.10-17; Jer 5.12, 13; 11.18-20; 20.7, 8), y los profetas de Dios podían insistir ante Dios con sus propias preocupaciones (Am 7.1-6; Jer 11.18-12.6; 17.14-18).

A veces, aparecían en escena profetas con mensajes conflictivos de Jehová (p.ej., 1 R 22; Jer 14.11-16; 28.1-17), y los miembros creyentes del pueblo tenían que decidir qué decisión tomar en cuanto a ellos. La historia de la confrontación de Jeremías con Ananías ilustra las dificultades inherentes al tener que decidir. En esta historia, Jeremías parece invocar el criterio del cumplimiento como la manera apropiada de resolver las afirmaciones opuestas acerca de quién hablaba por Jehová (Jer 28.5-9; cf. Dt 18.21, 22.), pero al final él no espera la cantidad de tiempo requerida para probar que la pretensión de Ananías es falsa. Otros pasajes sugieren criterios adicionales para juzgar entre la profecía verdadera y la falsa (la inmoralidad personal, Jer 23.14; 29.23; la ausencia de una designación válida, 14.13-14); pero ningún criterio era realmente útil para las personas frente a la necesidad inmediata de decidir entre asertos proféticos en oposición.

El relato sobre la consulta que hizo Saúl a la médium de Endor menciona a profetas con los métodos estándar de adivinación, sueños y Urim (1 S 28.6). La función de los profetas, facilitar la comunicación entre Jehová y su pueblo, es a grandes rasgos la misma que la de los adivinos, que ocupaban otro papel religioso reconocido dentro de la sociedad israelita (aunque condenado a menudo; cf. Dt 18.9-14.) Se hace con frecuencia una diferencia entre estos dos papeles, alegándose que los adivinos esperaban que se les consultara, y que confiaban en medios mecánicos tales como echar suertes para llegar a su mensaje; mientras que los profetas se presentaban por instrucciones de Jehová, y recibían su mensaje directamente de la deidad. Pero esto no es del todo exacto, ya que hay ejemplos de profetas que eran consultados (1 S 28.6; 1 R 22.5-8, 13-14; Jer 42.1-6), y de adivinos que se presentaban sin ser llamados (1 S 10.17-24; 14.36, 37). Los anuncios proféticos pueden ser descritos como adivinación (Mi 3.11; Jer 14.14), y las palabras de los adivinos como profecía (Jer 29.8, 9). Dentro del mundo conceptual israelita, los resultados de la adivinación, al igual que las palabras de los profetas, eran considerados provenientes totalmente «de Jehová» (Pr 16.33).

Mundo conceptual

La existencia reconocida de profetas en cualquier sociedad se basa en la creencia de la realidad de una o más deidades capaces de influir en los acontecimientos en este mundo, y de que al menos son potencialmente susceptibles a la influencia de los humanos. En este sentido, el Israel bíblico no era único. Lo que le da a mucha de la profecía bíblica su sabor distintivo, es la prevalencia de la idea deuteronomista de un profeta como Moisés, que hablaba la palabra de Jehová, quien exigía obediencia (Dt 18.15-22). Por consiguiente, el AT presenta a los profetas como los intermediarios privilegiados entre Jehová y su pueblo. El mensaje de los profetas tiende a reflejar la teología deuteronomista al dar por sentado que existía una relación especial entre Israel y Jehová, que estaba definida por un pacto que requería obediencia a ciertos mandamientos. El resultado de tal obediencia serían la prosperidad y la paz, pero la desobediencia se traduciría en castigo a manos de invasores extranjeros, sobre cuyas actividades se daba por hecho que Jehová tenía poder. Segundo de Reyes 17 es una afirmación típica de esta teología dentro de la historia deuteronomista, y estas ideas aparecen en Jeremías 11.1-13 con un lenguaje muy parecido. Esta interpretación fundamental de la historia nacional puede encontrarse en muchos oráculos poéticos estándar en todos los libros proféticos (p.ej., Am 2.4, 5, 6-16; Jer 4-37).

En el caso de Elías y Eliseo encontramos evidencia de otras ideas que reflejan un trasfondo cultural no evidente en la historia deuteronomista en conjunto. En la medida que Elías y Eliseo son los paladines de Jehová y los críticos de los reyes, se ajustan al mundo conceptual del deuteronomista. Por otro lado, sin embargo, las historias acerca de estos dos «hombres de Dios» incluyen relatos de la multiplicación milagrosa de comida; de la invocación a que descienda fuego del cielo; de un hacha que flota; de curación de leprosos; de resurrección de muertos; y de ataques homicidas contra otros humanos. Tales relatos, únicos en la literatura profética, parecen asumir el mundo conceptual del chamanismo, un conjunto de creencias bastante comunes en los pueblos tribales. Al igual que los profetas del AT, se cree que los chamanes son intermediarios entre los humanos y las deidades. Tienen experiencias de éxtasis, y además de transmitir mensajes de las deidades, tienen una variedad de funciones, entre ellas las de curar y adivinar. Tales creencias están en contradicción con la teología deuteronomista, por lo que estos relatos ofrecen un indicio de complejidad de la situación cultural y religiosa en el Israel monárquico.

Historicidad

Aunque Abraham (Gn 20.7), María (Ex. 15.20), Eldad y Medad (Nm 11.26-30), y Débora (Jue 4.4), son llamados profetas, el contexto histórico primario de la profecía del AT son los períodos de la monarquía, el exilio, y la restauración (siglos XI-VI a. C.). Los relatos hablan tanto de Samuel (1 S 3.20) como de grupos de profetas anónimos en el tiempo de Saúl; de Natán y de Gad en la corte de David; de Elías enfrentando a Acab (1 R 17); y del papel de Eliseo en el golpe de estado que llevó a Jehú al trono de Israel (2 R 9). Todos los libros proféticos (con excepción de Joel, Abdías, Jonás, Nahum, Habacuc y Malaquías) comienzan con sobrescritos que ubican la actividad del profeta durante el reinado de reyes específicos, desde Amós y Oseas a mediados del siglo VIII, hasta Hageo y Zacarías a finales del siglo VI. Los textos proféticos se refieren a hechos y situaciones en la vida de la nación, incluyendo invasiones extranjeras (p.ej., Am 6.14; Is 36–39); luchas políticas internas (p.ej., 2 R 9; Am 7.10-17; Jer 37–38); injusticia social (p.ej., Am 2.6, 7; 5.6, 7, 10-15); mala práctica religiosa (p.ej., 5.21-24; Jer 2; Mal 1.6–2.9); o la indiferencia (p.ej., Jer 5.12; Hageo).

A pesar de estas referencias específicas, no es seguro dar por sentado que los relatos de las actividades de los profetas son siempre históricamente exactos. Porque tanto los oráculos reunidos (los discursos proféticos) como las historias acerca de ellos, están dominados por ideas como las mencionadas más arriba. Elías ofrece un claro ejemplo. Las historias lo presentan en parte como un ardiente paladín de Jehová, y modela su carácter por la figura de Moisés. En 1 Reyes 19, por ejemplo, huye al desierto para salvar su vida, se encuentra con Jehová en una teofanía en Horeb (Sinaí), y se queja de su misión, que el Señor a su vez reafirma (cf. Éx 2–6). Esto sugiere que los compiladores deuteronomistas de estos relatos nos han dado una imagen del profeta que no es meramente biográfica. Las historias también representan a Elías como sanador y obrador de milagros, lo que sugiere un elemento más en su trasfondo cultural; pero dada la naturaleza fantástica de algunos de los acontecimientos, es poco probable que estos relatos sean históricamente exactos. El mismo modelo de «profeta como Moisés» es evidente en el relato del llamamiento de Jeremías (Jer 1.4-10), y en otros sitios del libro de Jeremías.

Uno puede, por tanto, preguntarse si los libros proféticos y los relatos acerca de los profetas ofrecen un acceso a la historia de Israel y de Judea, y a la sociedad de los días de los profetas mismos, o solo al período durante y después del exilio. Por lo menos, podemos estar seguros de que el «profeta» era un rol social bien establecido en la sociedad monárquica preexílica, y la evidencia apunta al nivel de gobierno nacional como la esfera de actividad profética fundamental. Además, la existencia de compilaciones de materiales que contienen los nombres de los profetas individuales (o en el caso de Elías y Eliseo, una compilación considerable de historias acerca de ellos), hace que sea razonable suponer que estas personas existieron realmente, aunque no sea posible tener la seguridad de haber identificado sus palabras exactas, lo que, sin duda, hará imposible escribir sus biografías.

Consideraciones literarias

Es evidente que no todas las palabras de los libros proféticos pueden atribuirse a los profetas mismos. Por ejemplo, Amós 7 comienza con tres informes de visiones narradas en primera persona; Amós parecería ser quien habla (v. 8). Sin embargo, en el v. 10 comienza un relato de una tercera persona en el que un narrador anónimo habla de un enfrentamiento entre Amós y Amasías. Y aunque el relato cita a ambos hombres, ninguno de ellos parece ser su autor.

Cualquier búsqueda de las palabras auténticas de un profeta determinado se complica por el reconocimiento de que el proceso mediante el cual se escribieron los libros que tienen los nombres de los profetas, era con frecuencia largo y complicado. Desde este punto de vista, uno puede pensar en los libros proféticos como el producto de la actividad literaria que comienza con la composición y la recopilación de materiales por, y acerca de, las figuras proféticas, su posible recopilación con el tiempo en un «libro» (rollo), y la posterior edición y revisión de la recopilación. No hay evidencias suficientes para seguirle la pista a este proceso de una manera exacta, pero a menudo es posible formular hipótesis plausibles sobre el mismo. La rama de la erudición bíblica activamente involucrada en este asunto, es llamada crítica de la redacción.

El libro de Jeremías ilustra la complejidad del proceso de redacción. Contiene varios clases de materiales (oráculos poéticos dirigidos a Judá; lamentos individuales; sermones en prosa que reflejan una interpretación de la historia de la nación, similar a la de los deuteronomistas; relatos en tercera persona acerca del profeta; profecías contra las naciones extranjeras; una narración histórica que reproduce en gran medida a 2 Reyes 24–25). El libro no tiene una organización general evidente. A veces es contradictorio internamente; por ejemplo, cuando aconseja en un lugar someterse a Babilonia (caps. 27–29), mientras que en otro lanza invectivas contra esa nación en los términos más duros (caps. 50–51). La traducción griega del libro (LXX) es ocho veces más corta que el texto hebreo, e incorpora la compilación de oráculos contra las naciones extranjeras en la mitad del libro, en vez de hacerlo cerca del final. No obstante, el libro tiene una amplia unidad temática, interpretando los acontecimientos en la historia de Judá como resultado de las infracciones pasadas y presentes del pueblo en cuanto al pacto con Jehová («falsedad» es uno de los términos operativos en este análisis). Ya no es posible discernir con exactitud cómo llegó el libro a tener su forma actual, pero los pasajes que mencionan a la restauración del pueblo a su tierra (p.ej., 3.14-18; 23.1-4, 7, 8; 24.4-7; 27.22; 29.10-14) dan señas de una actividad editorial durante el exilio o después de éste. Debido a que esta actividad editorial refleja una reinterpretación de la tradición de Jeremías a la luz de los intereses de un tiempo posterior, tenemos que tener cuidado de no dar por sentado que podemos construir una biografía del profeta con ese material.

A la luz de estos problemas, algunos eruditos han adoptado un enfoque más estrictamente literario frente a la complejidad de los libros proféticos, que los ve como monumentos literarios del pasado remoto, y que intenta descubrir y describir su coherencia estética al margen de todo contexto histórico específico.

El «fin» de la profecía

Después de los primeros años del período posexilico, el AT no habla de figuras comparables a los profetas del período monárquico, y la opinión dominante es que la profecía de Israel había llegado a su fin. Por lo menos, se había transformado en otra cosa, como la clase de actividad visionaria que lleva a lo apocalíptico. Esta interpretación es el resultado de una concepción muy estrecha que define a la profecía en términos de las figuras clásicas del AT. Mientras haya personas que crean en una deidad que pueda y esté dispuesta a involucrarse en los asuntos de este mundo, y que tenga una tradición de intermediarios que salven la brecha entre las esferas divina y humana, es dudoso que la profecía haya llegado del todo a su fin. Los textos judíos de los últimos siglos a.C. indican una continua creencia en la posibilidad de la profecía, y el Nuevo Testamento da testimonio de la profecía, tanto en el judaísmo (Jn 11.49-52) como en la Iglesia cristiana primitiva (Hch 11.27; 15.32), donde los profetas ocupan un reconocido papel religioso junto a apóstoles, maestros y otros funcionarios (Hch 13.1; 1 Co 12.27-31). Cuando Marcos dice que algunos que se encontraron con Jesús pensaban que él era un profeta (Mr 8.28; cf. 6.4, 15), podemos inferir que dentro de la cultura del siglo I d.C., había en el judaísmo palestino personas que estaban familiarizadas con ese papel religioso, y abiertas a su continuación. La actividad profética cristiana continuó en el movimiento montanista del siglo II. La profecía floreció en el Israel monárquico, pero podemos esperar encontrarla en otros tiempos y en otros lugares donde las personas identifican y reconocen que otros de sus contemporáneos desempeñan la función profética de la intermediación.

Bibliografía. J. Blenkinsopp, *A History of Prophecy in Israel* (Philadelphia, 1983); T. Collins, *The Mantle of Elijah: The Redaction Criticism of the Prophetical Books* (Sheffield, 1993); E. W. Conrad, *Reading Isaiah.* OBT 27 (Minneapolis, 1991); T. W. Overholt, *Channels of Prophecy: The Social Dynamics of Prophetic Activity* (Minneapolis, 1989); D. L. Petersen, *The Role of Israel's Prophets.* JSOTSup 17 (Sheffield, 1981); R. R. Wilson, *Prophecy and Society in Ancient Israel* (Philadelphia, 1980).

THOMAS W. OVERHOLT

PROFETAS ANTERIORES

Según la tradición hebrea, aquellos libros atribuidos a los profetas «tempranos» Josué (libro de Josué), Samuel (Jueces, 1-2 Samuel), y Jeremías (1-2 Reyes). En la tradición posterior (en particular cristiana) ellos son considerados como «los libros históricos».

PROFETAS ANTIGUOS

Según la tradición hebrea, aquellos libros atribuidos a los profetas «tempranos» Josué (libro de Josué), Samuel (Jueces, 1-2 Samuel), y Jeremías (1-2 Reyes). En la tradición posterior (en particular cristiana) ellos son considerados como «los libros históricos».

PROFETAS MAYORES

En el canon hebreo, los libros que representan los principales o profetas «clásicos» Isaías, Jeremías, Ezequiel y los 12 profetas menores.

PROFETAS MENORES

Los 12 breves libros proféticos del canon hebreo, desde Oseas hasta Malaquías.
Véase LIBRO DE LOS DOCE.

PROFETAS, LOS

Segunda de las tres divisiones del canon hebreo (Heb. *nĕbî'îm*), subdividido en «Profetas anteriores», que incluyen a Josué, Jueces, 1–2 Samuel, y 1–2 Reyes (colocados entre los «libros históricos» en la LXX, y en las versiones cristianas del AT); y «Profetas posteriores», consistente en Isaías, Jeremías, Ezequiel, y el Libro de los Doce (Oseas, Joel, Amós, Abdías, Jonás, Miqueas, Nahum, Habacuc, Sofonías, Hageo, Zacarías y Malaquías, llamados a menudo los «Profetas menores» cf Eclo 49.10).

PROHIBICIÓN

El Heb. *ḥērem* no es utilizado en una manera consistente en el AT. En ocasiones aparece como una práctica voluntaria llevada a cabo por los israelitas (Lv 27.28; Nm 21.2) y en otras ocasiones parece que son ordenados por Dios (Dt 20.17; Jos 6.17-18). En general, hay muchas más ocurrencias en las cuales Dios ordena la prohibición en oposición a ocasiones en las cuales son hechas como parte de un voto. La idea voluntaria de la prohibición aparece primariamente en textos de origen sacerdotal (Lv 27.21, 28; Nm 18.14; Ez 44.29). En Deuteronomio y la historia deuteronomista la prohibición nunca aparece como un voto y, a menudo, aunque no siempre, es explícitamente ordenado por Dios (Dt 7.2; 13.15 [TM 16]; Jos 10.40; 11.14, 20; 1 S 15.2-3). En algunas ocasiones uno es permitido quedarse con parte del botín (Jos 8.2), y en otras ocasiones todo debe ser destruido (Dt 13.15-17 [16-18]; 1 S 15.3). Es posible que esta práctica cambiara con el tiempo, o tal vez textos diferentes representan esta institución de diversas maneras.

Así, Josué 6-7 se refiere a una instrucción en la que todo debía ser matado, destruido o dedicado a Dios. Pero a lo menos en dos ocasiones en Deuteronomio permite tomar el ganado y el botín de una nación que había sido puesta en exterminio (Dt 2.34-35; 3.6-7). Curiosamente, después de la desgracia como resultado de la apropiación indebida de Acán de productos prohibidos en Josué 7, la prohibición es reducida en el capítulo 8 y el pueblo ahora puede quedarse con el botín y el ganado (vv 2, 27). En esta ocasión junto con 1 Samuel 15 puede sugerir que la prohibición total era difícil de implementar y que versiones más moderadas fueron desarrolladas por la necesidad de compensar a las tropas.

A menudo el lenguaje alrededor del concepto de la prohibición indica que el objeto es consagrado o dedicado de una manera casi sacrificial (Lv 27.28-29; Dt 13.16 [17]). Otra propiedad sagrada de tales productos prohibidos es su aparente habilidad de transferir su estado dedicado a quienes se apropian de ellos de manera inadecuada (Dt 7.26; Jos 6.18). Esta es la explicación más probable de por qué Josué ejecutó toda la familia de Acán y todo su ganado (Jos 7).

Ideas análogas a la prohibición aparecen en otras culturas del Cercano Oriente. Tales paralelos sugieren que esta práctica ocurrió en ciertos periodos y no debe ser vista como un concepto ficticio inventado por los escritores bíblicos que estaban romantizando sobre un pasado glorioso. El caso análogo más cercano a la manera en la cual la prohibición ocurre en el AT puede estar en la Piedra de Mesa del siglo IX. La línea 17 utiliza la raíz *ḥrm* para describir el asesinato del rey moabita y la dedicación de toda la ciudad a su dios.

Un uso similar es empleado en 2 Reyes 19.11. Aquí, Senaquerib, el rey de Asiria instruye a su oficial que le diga a Ezequías: «tú has oído lo que han hecho los reyes de Asiria a todas las tierras, destruyéndolas». Si la delegación asiria utilizó el verbo *ḥrm* no se puede saber con seguridad, pero el hecho de que la mayoría de las guerras antiguas eran entendidas como pelear para defender o expandir los territorios de los dioses, ciertamente hace de ésta una posibilidad.

El acádico *asakku,* encontrado en textos de Mari, contiene una connotación similar. La persona que se come el *asakku,* se contaminaba y, originalmente, podía ser matada por esta ofensa. Este tabú pudo tener su origen en otro lugar, pero también ocurre en contextos militares. A pesar de estar claro que el concepto de *asakku,* ofrece alguna luz en la noción bíblica de la prohibición, también es cierto que no es una analogía exacta porque *asakku* puede pertenecer al rey o también al soldado, así como a un dios.

Bibliografía. M. Fretz, «Herem in the Old Testament», in *Essays on War and Peace: Bible and Early Church,* ed. W. M. Swartley (Elkhart, 1986), 7–44, 67–95; J. S. Kaminsky, *Corporate Responsibility in the Hebrew Bible.* JSOT Sup 196 (Sheffield, 1995); S. Niditch, *War in the Hebrew Bible* (Oxford, 1993); P. D. Stern, *The Biblical* ḥerem. Brown Judaic Studies 211 (Atlanta, 1991).

Joel S. Kaminsky

PRÓJIMO

La palabra normalmente traducida como «prójimo» en el AT (Heb. *rēʿâ*) se deriva del verbo *rʿh,* «asociarse con». Por tanto, la palabra se refiere a una relación, aunque la naturaleza de esta relación varía según el contexto. «Prójimo» puede ser simplemente otra persona (Gn 11.3); un amigo (o conspirador aliado, 2 S 13.3); un claro rival (1 S 28.17); un amante (Jer 3.1); o el cónyuge (v. 20). Por lo general, la palabra no se refiere a la familia inmediata de alguien (véase, sin embargo, Jer 9.4), sino a alguien que vive o trabaja cerca (Pr 3.29).

En muchos casos, la palabra adquiere el significado específico de «hermano israelita» o «miembro del pacto» (Jer 31.34). Este es especialmente el caso en los textos donde se señalan las responsabilidades mutuas, tanto positivas como negativas. Los israelitas no debían levantar falso testimonio (Ex 20.16; Dt 5.20; cf. Sal 101.5), ni codiciar la casa, la esposa, el esclavo, el buey, el asno, o alguna otra pertenencia (Ex 20.17; Dt 5.21). No debían engañar a su prójimo, ni robarlo, ni retener hasta la mañana el salario del jornalero (Lv 19.13). En general, nadie debía hacer mal a su prójimo (Sal 15.3).

En realidad, los israelitas debían hacer ciertas cosas en beneficio de sus prójimos. Debían juzgar a sus prójimos con justicia (Lv 19.15), y amarlos como a sí mismos (v. 18). Cabe señalar que las responsabilidades mencionadas en Levítico 19 se amplían para incluir también a los extranjeros que vivieran en Israel (vv. 33, 34).

En el NT, el amor al prójimo es un concepto importante; la mayoría de las veces que aparece la palabra «prójimo» en el NT (Gr. *plēsíon*), son citas de Levítico 19.18. Jesús cita a este versículo como inferior sólo al de «Amarás a tu Dios» (Mr 10.17-31; Mt 19.16-30). En Lucas, esto es amplificado por la pregunta, «¿Y quién es mi prójimo?» (Lc 10.29). Luego sigue la historia del Buen Samaritano, en la que Jesús enseña que ser un prójimo mostrando misericordia, es más importante que resolver quién es un prójimo. Jesús enseña también que no sólo debemos amar a nuestros prójimos (Mt 5.43, 44).

Otros usos de «prójimo» en el NT revelan que la connotación original de estrecha asociación sigue vigente. Aunque Jesús parece aplicar la palabra «prójimo» a cualquiera, otros pasajes del NT sugiere que el «prójimo» estaba restringido, o quizás se aplicaba fundamentalmente, a los hermanos cristianos (Ro 15.2; Ef 4.25; Stg 2.8).

Michael Compton B.

PROMESA
Según el antiguo relato jehovista, el Señor prometió a Abraham descendencia, tierra, dirección divina, y el llegar a ser una bendición para el mundo entero (Gn 12.1-4a, 6-9). El nacimiento de Isaac fue prometido (Gn 18.9-15) y cumplido (21.1, 2a), y la tierra que había sido prometida (12.7) le fue concedida, a partir de la compra del campo en Macpela (23.2-20). Surge así un patrón en el que Dios es reconocido como el fiel cuyas promesas se cumplen. Estos importantes eventos no son vistos tanto como logros de la actividad humana, sino más bien como obra de Dios.

Moisés fue llamado como instrumento de Dios para llevar a cabo el éxodo (Éx 3.7, 8, 16, 17), y se le prometió la presencia divina y el éxito (vv. 10-12). Durante la monarquía, Dios le aseguró a David que su dinastía gobernaría para siempre en justicia y paz (2 S 7.4-17.), una promesa que llevó a la esperanza mesiánica (Is 9.2-7; 11.1-9).

Los profetas amenazaban con el castigo por el pecado, pero prometían salvación a los arrepentidos (Os 2.14-16 [TM 16-18]; 14.1-7; Is 1.18.). Jeremías prometió un nuevo pacto (Jer 31.31-34), y Ezequiel, un corazón nuevo (Ez 36.26, 27).

En Salmos, Dios es alabado por su fidelidad a las promesas hechas (Sal 18.30 [31]; 105.9, 42), fiable por causa de ellas (12.6 [7]; 119.50), pero les eran recordadas en las peticiones que le hacían (77.8 [9]; 119.38, 41, 58).

En el NT, Jesús promete hartura, risa, el reino de Dios, una gran recompensa en el cielo (Lc 6.20-23; cf. Mt 5.1-12), y la vida eterna (Jn 4.14; 6.35, 51; 11.26). Quienes oran, ayunan, o dan limosnas, serán recompensados por el Padre que ve en lo secreto (Mt 6.4, 6, 18). Quienes pidan, recibirán; quienes busquen, encontrarán; y a quienes llamen, se les abrirá (Mt 7.7).

Las cartas de Pablo enseñan que la promesa hecha a Abraham está siendo cumplida por los cristianos mediante la fe y la gracia (Gá 3.16-18; Ro 4.13-21; 9.8, 9). Pablo fue llamado a ser apóstol «según la promesa de la vida que es en Cristo Jesús» (2 Ti 1.1), en quien «todas las promesas de Dios son en él Sí» (2 Co 1.20), que los gentiles comparten por medio del evangelio (Ef 3.6). La Epístola a los Hebreos habla de «mejores promesas» (He 8.6), la «promesa» de la vida eterna (4.1; 9.15) heredada por la «fe y la paciencia» (6.12). Quienes aceptan las «preciosas y grandísimas promesas» de Dios se vuelven «participantes de la naturaleza divina» (2 P 1.4).

Joseph F. Wimmer, O.S.A.

PROPICIACIÓN
Véase EXPIACIÓN

PROPICIATORIO
Lámina rectangular de oro puro que cubría al arca del testimonio (Ex 25.17-22; Heb. *kappōreṯ*).

PROSÉLITO
Converso de una fe o de una comunidad a otra. En la LXX griega, *prosēlytos* es la traducción de la palabra hebrea *gēr*, «extranjero residente» o «forastero» (p.ej., Éx 20:10.); este estatus era superior al de *nokrî*, «residente temporal», y por tanto igual al de los nacidos en Israel (cf. Éx 12.49; Nm 15.16, 29).

En los tiempos del AT no parece haber habido ningún «proceso» formal de conversión. El extranjero residente simplemente se afiliaba a la comunidad del pacto (p.ej., 2 S 11.3-12.10), renunciaba a los dioses extranjeros en favor de Jehová (p.ej., Jos 2.11; Rt 1.16), y se sometía a la circuncisión (Éx 12.48).

A lo largo de todo el AT, el Israel ideal estuvo no solo abierto, sino también activo en la búsqueda de extranjeros (cf. Gn 12.3; Éx 12.38; Is 44.5). Aunque ciertas personas (p.ej., Jonás) y ciertos períodos (cf. Esd 9.1, 2) no estuvieron de acuerdo con esta regla general, son claramente la excepción.

El número de conversos gentiles al judaísmo parece haber aumentado considerablemente en el período del segundo Templo, debido en parte a una mayor interacción de los judíos con los gentiles durante la diáspora, y en parte a la actividad misionera de los fariseos (cf. Tob 1.8; CD 14.4; Filón, *Spec. leg.* 1.51-52; Josefo, *Ag. Ap.* 2.282-84; *Šabb.* 31a; *Pesaḥ.* 87b). Jesús se refiere al esfuerzo proselitista (Mt 23.15), pero da a entender que sus resultados son negativos (cf. v. 4 y al dictamen de algunos rabinos que requería que el prosélito aceptara la responsabilidad por todas las normas tanto de la ley escrita como de la oral; t. Dem. 2.5; *Sopra Qod.* 8.5).

Hacia el final del período del segundo Templo puede percibirse un proceso de conversión que, para la mayoría de las autoridades rabínicas, incluía la circuncisión, el bautismo, y el sacrificio (*Ker.* 2.1; *Yebam* 46a,b). De estas prácticas, el cristianismo adoptó solo el bautismo (p.ej., Hch 2.38, 41; 10.47, 48). El prosélito era «como una creación nueva, un niño recién nacido» (*Gen. Rab.* 39.14; *y. Yebam.* 4a; cf. Jn 3.3, 7; 2 Co 5.17; 2 P 1.23).

Las mujeres parecen más propensas a ser prosélitos (Josefo, *BJ* 2.20.2; *Ant.* 18.3.5; *Sukk.* 23a,b), quizás porque no hacía falta la circuncisión (a pesar de la ausencia de este requisito en el cristianismo, cf Hch 13.50; 16.30; 17.4, 12).

Aunque los rabinos discrepaban con frecuencia en cuanto al número de requisitos legales que debían cumplir los prosélitos, parece que se llegó a un consenso con las «leyes de Noé» (*'Abod. Zar.* 64b; *Yebam.* 8d). El cristianismo primitivo, por consideración a los judíos cristianos provenientes del grupo de los fariseos, aplicaba estas mismas reglas a los conversos gentiles (Hch 15.20, 29). Al parecer, los rabinos tuvieron que luchar para lograr la igualdad de los gentiles convertidos al judaísmo (*'Abod. Zar.* 65a; *Pesaḥ.* 21a), al igual que Pablo por los conversos gentiles al cristianismo (Gá 3.28-29, cf. Ef 2.14-20).

W. E. Nunnally

PROSTITUCIÓN

Véase PROSTITUCIÓN SAGRADA; RAMERA

PROSTITUCIÓN SAGRADA

Comportamiento ritual, en el que ciertos funcionarios de culto participaban en actos sexuales sagrados con el fin de asegurar la fertilidad en la tierra. Los eruditos bíblicos a menudo han sugerido que aunque la prostitución cúltica era considerada inapropiada por los escritores bíblicos en la adoración de Jehová, algunos antiguos israelitas, influenciados por las prácticas religiosas de sus antepasados cananeos y también por sus contemporáneos babilonios, participaron en este tipo de actividad. Recientemente, sin embargo, varios comentaristas han argumentado que no hay evidencia clara de algún ritual de prostitución cúltica para el antiguo Cercano Oriente o bíblico.

Los términos hebreos comúnmente traducidos como «prostituta de culto», «prostituta sagrada», o «prostituta del templo» son *qāḏēš* (masc.; Dt 23.17; 1 R 14.24; 15.12; 22.46; 2 R 23.7; Job 36.14) y *qĕḏēšâ* (fem.; Gn 38.21, 22; Dt 23.17; Os 4.14). Ambos provienen de la raíz *qdš,* «ser separado, consagrado, santo», dando a entender que ninguno tiene una connotación sexual explícita. Pero ya que el femenino *qĕḏēšôṯ* (pl.) aparece en conjunción con prostitutas (*zōnôṯ*) en Oseas 4.14, los eruditos bíblicos han argumentado durante mucho tiempo que la «santidad» de al menos el femenino *qĕḏēšâ* debe envolver actos sexuales rituales. El hecho de que el equivalente mesopotámico del israelita *qĕḏēšâ*, el *qadištu*, se ha entendido comúnmente como un funcionario de Istar, la diosa mesopotámica del amor y la fertilidad, sugiere adicionalmente una conexión entre el oficio cúltico de *qĕḏēšâ* y comportamientos sexuales ritualizados. De hecho, si son ritualizados o no, es claro que la mesopotámica *qĕḏēšâ*, que podía tener hijos y servir de nodriza, participaba en actividades sexuales de alguna clase. Herodoto, además, informa que en los templos babilonios de Afrodita (el equivalente griego de Istar) el coito sexual ritualizado era una práctica frecuente.

Sin embargo Herodoto como fuente es tardío (siglo V a.C.) y tendencioso. En cuanto a la mesopotámica *qadištu,* si bien es claro que ella podía participar en comportamientos sexuales, no hay evidencia de que tales comportamientos fuera necesariamente de naturaleza ritual. De hecho, la suposición de que la *qadištu* era un funcionario particular del culto de Istar ha sido cuestionada. Los estudiantes de la religión mesopotámica también han cuestionado si otros funcionarios del culto mesopotámico algunas veces descritas como «prostitutas sagradas» (las sacerdotisas *ēntu*, las *nadītu,* las *ištarītu,* y las *kezertu*) en realidad desempeñaron un rol semejante. Por último, algunos eruditos argumentan que el término *zōnôṯ*, «prostitutas», se usa metafóricamente en Oseas 4.14, como el profeta condena a aquellos que cometen apostasía ante sus ojos al acusarlos de ir a «prostituirse» tras otros dioses. Todo lo que es revelado en la yuxtaposición de *zōnôṯ* y *qĕḏēšôṯ*, de acuerdo con esta interpretación, es que las actividades cúlticas de éstos son vistas por Oseas como religiosamente inapropiadas; que la naturaleza de lo inapropiado es mala conducta sexual no está claro.

Bibliografía. P. A. Bird, «'To Play the Harlot': An Inquiry into an Old Testament Metaphor», in *Gender and Difference in Ancient Israel,* ed. P. L.Day

(Minneapolis, 1989), 75-94; E. J.Fisher, «Cultic Prostitution in the Ancient Near East? A Reassessment», *BTB* 6 (1976): 225-36; M. Gruber, «Hebrew *qĕḏēšâh* and Her Canaanite and Akkadian Cognater», *UF* 18 (1986): 133-48; R. A. Oden, Jr., «Religious Identity and the Sacred Prostitution Accusation», in *The Bible Without Theology* (San Francisco, 1987), 131-53; J. G. Westenholz, «Tamar, *qĕḏēšâ*, *Qadištu*, and Sacred Prostitution in Mesopotamia», *HTR* 82 (1989): 245-65. Susan Ackerman

PROVERBIO

La palabra hebrea *māšāl* (comúnmente traducida como «proverbio» o «dicho») es difícil de definir con precisión. Su etimología puede estar asociada con el verbo hebreo «gobernar» y con el concepto de «comparación». Lo primero sugiere que *māšāl* es una palabra autoritativa que le permite a uno tener el control de su vida; lo segundo implica que ofrece consejo merecedor de confianza basado en un orden reconocido en el mundo. En el AT, *māšāl* se refiere en sentido amplio a muchos tipos de literatura, y se utiliza en diversos contextos (cf. 1 S 10.12; Dt 28.37; 1 R 9.7; Is 14.4-11; Ez 17.2). Como género en los textos instructivos, el término se utiliza generalmente para cualquier forma sapiencial (p.ej., poemas, parábolas, diálogos). El más común es el «proverbio», un dicho conciso compuesto típicamente por dos líneas paralelas escritas en modo indicativo. Esta forma está ampliamente confirmada en los textos didácticos de todo el antiguo Cercano Oriente: la Enseñanza Egipcia de Ani, la Enseñanza de Amenemope, la Enseñanza de Onchscheshonqy, la Enseñanza Sumeria de Shuruppak, y las Palabras Arameas de Ahikar. Su mejor representación bíblica está en el libro de Proverbios.

Las dos líneas de un proverbio pueden estar relacionadas entre sí sinónimamente, antitéticamente o sintéticamente. En una construcción sinónima, la segunda línea recapitula lo dicho por la primera, añadiendo a veces un matiz o giro: «El malo está atento al labio inicuo; y el mentiroso escucha la lengua detractora» (Pr 17.4; cf 16.11; 19.5; 21.12). El paralelismo antitético se produce cuando las dos líneas contrastan entre sí: «El sabio teme y se aparta del mal; mas el insensato se muestra insolente y confiado» (Pr 14.16; cf 11.12-15; 14. 5, 6, 8, 9). En los proverbios sintéticos, la segunda línea continúa y desarrolla el pensamiento de la primera: «Los ojos de Jehová están en todo lugar, mirando a los malos y a los buenos» (Pr 15.3; cf. 16.31; 17.2; 21.6, 7). Los proverbios pueden ser también comparativos, identificando los aspectos comunes de diferentes objetos con el fin de ofrecer la comprensión de uno u otro. Dos tipos particulares son los dichos de «como» («Como el agua fría al alma sedienta, así son las buenas nuevas de lejanas tierras» (Pr 25.25; cf. 10.26; 26.6-11), y las que emplean la fórmula «si *x*, entonces cuánto más o cuánto menos *y*» («El Seol y el Abadón están delante de Jehová; ¡cuánto más los corazones de los hombres!» (Pr 15.11; cf. 11.31; 19.10). Los proverbios con «mejor que» comparan a dos cosas con el juicio de que una es preferible a la otra («Mejor es un bocado seco, y en paz, que casa de contiendas llena de provisiones» (Pr 17.1; cf 15.16, 17; 16.8); mientras que los proverbios con «feliz» (o «bienaventurado») declaran que quienes escogen vivir sabiamente experimentarán gozo («Peca el que menosprecia a su prójimo; mas el que tiene misericordia de los pobres es bienaventurado» (Pr 14.21; cf. 8.32, 34; 16.20; 29.18). Por último, los proverbios numéricos tiene una línea con un título seguido de una lista de dos, tres, cuatro, o siete asuntos que tienen la(s) misma(s) característica(s) de la línea del título: «Tres cosas me son ocultas; aun tampoco sé la cuarta: El rastro del águila en el aire; el rastro de la culebra sobre la peña; el rastro de la nave en medio del mar; y el rastro del hombre en la doncella» (Pr 30.18, 19; cf. vv. 15-31).

El proverbio, conciso y creativo, es una forma artística literaria en la que se entrelazan el contenido y la estética. Como es evidente en hebreo, los proverbios contienen con frecuencia aliteración, asonancia, rima y juegos de palabras. Hay también el uso extendido de la metáfora, el símil, la paradoja y otras imágenes. Tales construcciones dan como resultado adagios poéticos y lacónicos que, al reunir observaciones y conclusiones extraídas del racionamiento y la experiencia humana, son impactantes y memorizados fácilmente. Por consiguiente, los proverbios funcionan de manera efectiva como herramientas didácticas para la educación de los jóvenes, como instrucción ética y/o legal, y como entretenimiento. Pueden ofrecer observaciones sobre la realidad o, de forma más contundente, instruir o influenciar al lector para que sustente determinados valores o conductas. En definitiva, la sabiduría de los proverbios evidencia el intento autoconsciente de motivar al pensamiento y a la imaginación humana de una manera que es consciente de las ambigüedades de la vida y de las propias limitaciones de la sabiduría; es una enseñanza que refleja el esfuerzo humano por encontrar orden y «dirección» en medio de las complejidades de la realidad.

Bibliografía. L. G. Perdue, *Wisdom and Creation* (Nashville, 1994); G. von Rad, *Wisdom in Israel* (Nashville, 1972).

CHRISTINE ROY YODER

PROVERBIOS, LIBRO DE

Recopilación de dichos sapienciales diversos, que parecen provenir de muchos siglos atrás, y de diversas fuentes y trasfondos de vida independientes. El nombre del libro se deriva del encabezamiento que se encuentra en 1.1, y de nuevo al comienzo de una segunda importante recopilación en 10.1, «Los *mĕšālîm* (proverbios) de Solomon». La palabra hebrea *mĕšālîm* significa, por lo general, dichos didácticos que utilizan una comparación o lección ilustrativa, junto con una forma o estilo de presentación poéticos. Su forma singular, *māšāl,* describe una serie de diversos géneros literarios: el proverbio o dicho popular sencillo (1 S 10.12; Jer 31.29), una visión de oráculo de Balaam (Nm 23.7-10), una alegoría extensa (Ez 17.1-10), o un salmo sobre el sentido de la vida (Sal 49). Algunos de los dichos sencillos surgen de la vida cotidiana de la aldea y del hogar (Jer 23.28; Ez 16.44), pero un gran número de los que se encuentran en Proverbios están dirigidos por un maestro a sus estudiantes, y por eso parecen haber sido cultivado por una clase profesional de maestros. Por fuentes sumerias y egipcias sabemos que el aprendizaje memorístico de las lecciones se vio favorecido en las escuelas, y que a menudo consistían de listas de máximas proverbiales sobre la conducta exitosa. Podemos concluir razonablemente que Proverbios se desarrolló a partir de tales textos de las escuelas.

Bosquejo

Proverbios contiene seis grandes grupos que pueden ser identificados como recopilaciones diferentes.

1.1–9.18	constituido por diez grandes discursos instructivos de un maestro a su discípulo, y por tres discursos de la sabiduría personificada;
10.1–22.16	una recopilación de los proverbios de «Salomón», la colección más grande de dichos en el libro;
22.17–24.22	Los «Treinta dichos» (cf. la traducción de la NAB [New American Bible] 22.17-20), otra recopilación de proverbios, que tienen una relación definitiva con una obra egipcia, los Treinta preceptos de Amenemope;
24.23–34	enumerada como un apéndice de proverbios a la recopilación anterior;
25.1–29.27	una segunda recopilación de proverbios atribuidos a Salomón;
30.1–31.31	dos recopilaciones de reyes extranjeros, Agur y Lemuel.

Como es evidente en los capítulos 30–31, que combinan dos fuentes, y a partir de la nota en 25.1, de que los hombres de Ezequías copiaron proverbios más antiguos, estos seis grupos pueden haber sido formados con recopilaciones más pequeñas y más tempranas. El libro también puede dividirse de manera diferente, en dos grandes partes: los capítulos 1–9, que contienen varios «géneros de enseñanza» más extensos, con sólo unos pocos proverbios individuales; y los capítulos 10–31, que contienen sólo cortas frases proverbiales.

Todo el libro, sin embargo, ha sido unificado por dos artificios: una introducción general en 1.2-7, que declara que el propósito es ayudar a todos a alcanzar sabiduría mediante la enseñanza y la piedad; y varias reflexiones sobre la «señora sabiduría», que están cuidadosamente situadas para organizar el conjunto. Ella habla en nombre propio en 1.20-33; 9.1-18, para abrir y cerrar la primera parte; y es descrita en 31.10-31 como la mujer ideal con la que se ha casado un «marido sabio», haciéndola coincidir con la exhortación general de 1.1-7. Este uso editorial de la sabiduría personificada sirve como unificador estructural, pero convierte también al libro más en un libro de texto general de máximas, al anunciarle al lector un carácter religioso, quien debe primero abrazar el llamado de la sabiduría y después vivir según ella, viéndola como un regalo de Dios, y también como una manera de respuesta diaria a Dios.

Fecha

Dado que los proverbios aparecen en los más antiguos trabajos literarios conocidos, en Sumeria, y que se sabe de ejemplos del «género de enseñanza» (capítulos 1–9) en Egipto a comienzos del segundo milenio, el libro de Proverbios tiene raíces muy antiguas. Muchas de las instrucciones y dichos individuales pueden estar entre las partes escritas más antiguas de la Biblia, pero sigue abierta la pregunta de si el cultivo de los proverbios doctos y la recopilación editorial no se produjeron en una fecha posterior. En 1 Reyes 4.32 (TM 5.12) se atribuye a Salomón la composición de muchos proverbios, y los reyes están asociados especialmente con el don de la sabiduría divina en el antiguo Cercano Oriente (cf. 1 R 3.9-28). Por tanto, no hay nada improbable en una tradición que dice que muchos proverbios se originaron en la corte de los reyes de Judá o del norteño reino de Israel. De hecho, es común entre los eruditos modernos la opinión de que, si bien algunos dichos y máximas sapienciales individuales pueden haberse originado en los hogares o en los pueblos donde los ancianos eran los depositarios de la sabiduría popular, los libros sapienciales actuales se originaron, o bien en las cortes de los reyes, y su preparación la hicieron funcionarios sacerdotales y del gobierno (p.ej., Job y Proverbios), o bien en escuelas posteriores para la educación de jóvenes de la clase alta en la Judá posexílica (p.ej., Eclesiastés y Eclesiástico).

En particular, la falta de interés de Proverbios por la historia sagrada, y el no tener agrupados los dichos por temas (una modalidad que sí se encuentra en Eclesiástico, del siglo II), refleja probablemente la composición sapiencial preexílica durante la monarquía, por más que el libro haya recibido más tarde alguna corrección editorial en el período temprano del segundo Templo. Los eruditos de hace medio siglo consideraran que su teología de la justicia y el mal reflejaba una influencia deuteronomista, o una piedad posexílica de «temor del Señor». Como resultado, se inclinaron a ubicar a todos los libros sapienciales en el período helenístico. Ahora que la mayoría de los temas de Proverbios son bien conocidos en fuentes sapienciales del antiguo Cercano Oriente anteriores a David, el consenso general es que el libro básico en hebreo refleja el período de la monarquía, confirmando lo que dicen los encabezamientos individuales. Ninguna de las seis colecciones necesita tener una fecha posterior al exilio. El hecho de que la LXX contiene 130 proverbios adicionales, la mayor parte de ellos de naturaleza muy helenista, apoya esta conclusión, ya que indica que el texto en griego tuvo un animado período de crecimiento después que el TM fue dejado listo y sellado.

Las secciones individuales

1.1-7

Al retar al lector a cultivar la sabiduría, este prefacio general reúne una serie de sinónimos que parecen ser los términos técnicos en cuanto a los aspectos del ser sabio. Los diferentes términos reflejan el interés profesional en las distinciones que pueden utilizarse como herramientas de enseñanza. El pasaje termina con la clara identificación de la observancia religiosa apropiada («el temor de Jehová») al obtener la sabiduría.

1.8–9.18

El cuerpo de la primera parte del libro se compone de claras instrucciones del profesor al alumno, en torno a la búsqueda de la sabiduría durante el período educativo de la juventud, y a un agudo contraste metafórico entre la «señora sabiduría» y la «mujer insensata» que seduce los jóvenes, tanto sexual como intelectualmente, apartándolos de la prudencia y la sabiduría. Las unidades son: 1.8-19; 1.20-33; 2.1-22; 3.1-12; 3.13-35; 4.1-9; 4.10-27; 5.1-23; 6.1-19; 6.20-35; 7.1-27; 8.1-36; 9.1-18. A lo largo de todas las instrucciones no hay ninguna «trama», y éstas vuelven con frecuencia a los mismos temas. Pero, en su conjunto, crean un modelo de conducta y de toma de decisiones basado en la confianza en el Dios de Israel y en su fidelidad. A diferencia de las recopilaciones de proverbios de los capítulos 10–31, Dios es mencionado a menudo en estos capítulos como la fuente de la sabiduría, y las enseñanzas dan forma a una visión por medio de la cual el estudiante encontrará orientación para las decisiones en la vida.

10.1–22.16

Esta recopilación contiene 375 dichos individuales, e incluyen consejos prácticos sobre cómo tener éxito en la vida (p.ej., 12.9: «Más vale el despreciado que tiene servidores, que el que se jacta, y carece de pan»), y también sobre la piedad específicamente israelita (p.ej., 16.6: «Con misericordia y verdad se corrige el pecado, y con el temor de Jehová los hombres se apartan del mal»). Los temas principales incluyen el contraste entre los caminos del impío y del justo; consejos de los padres en cuanto a la educación de los hijos; el trato correcto a los pobres; cómo cultivar buenos hábitos de trabajo; y el uso correcto de las palabras. Los comentarios han evadido hasta ahora un solo plan de agrupación de los dichos, y el principio parece ser que la repetición y la variación son la madre de aprendizaje.

22.17–24.22

Hay semejanzas bien definidas entre esta recopilación y la Enseñanza de Amenemope egipcia. Puesto que esta última fue compuesta entre 1000 y 600 a.C., es probable que los sabios israelitas supieran de ella, y que compusieran su propia tabla de 30 dichos utilizando partes de la obra egipcia. En general, sus temas son similares a los de los capítulos 10–22 de Proverbios.

24.23-34

El encabezamiento del v. 23: «También estos son dichos de los sabios», lo señala como un apéndice de la sección anterior. Sus pocos proverbios se enfocan en hábitos de trabajo y en la justicia en los tribunales, y puede provenir de un texto mucho más antiguo que se perdió.

25.1–29.27

Esta segunda recopilación atribuida a Salomón, repite muchos de los temas de la primera colección. Se hace eco de la sabiduría práctica del éxito, y el nombre de Dios aparece en raras ocasiones. El encabezamiento dice que fueron copiados por los escribas de Ezequías a finales del siglo VIII, y no hay razón para dudar de ello. Se hacen fuertes contrastes entre el sabio y el necio, el perezoso y el diligente. Los problemas de la riqueza, la pobreza, las palabras, la confianza entre compañeros de trabajo, y la amistad, reciben atención.

30.1–31.31

Por los encabezamientos de 30.1; 31.1, parece que hay dos recopilaciones: las palabras de Agur, y las de Lemuel. Pero, por la forma y el contenido, parece que hay cuatro unidades (30.1-6; 7-33; 31.1-9, 10-33). Esto último es más probable, sobre todo porque 31.10-33 es un poema acróstico alfabético compuesto aparentemente como conclusión de todo el libro. El énfasis en ambos capítulos está puesto en reyes o sabios extranjeros (orientales) que buscan también la sabiduría que se encuentra en este libro.

Temas teológicos

La espiritualidad de Sabiduría es práctica y prudente. Aconseja precaución en cuestiones entre los sexos, dedicación al trabajo como fuente de éxito; lenguaje cuidadoso y sereno; respeto a la autoridad; humildad personal; y control de las pasiones en general. Estas eran las cualidades del liderazgo, y virtudes personales muy apreciadas para toda interacción social. Se da por sentado, por lo general, que el libro fue escrito para la clase alta.

El mensaje más frecuente de los proverbios y refranes individuales, es evitar el camino de los «impíos», que incluye a escarnecedores, calumniadores, alborotadores, la conducta desordenada, la arrogancia, las acciones temerarias, las reacciones impulsivas, e incluso el ateísmo práctico en cuanto las consecuencias divinas de las acciones humanas. Los «impíos» pueden ir desde los inconscientes e ingenuos, hasta los crueles y brutales.

El camino del «justo» consiste en el entendimiento, la disciplina, la habilidad para fijarle un rumbo a su vida, y para seguir y dar buenos consejos acerca de Dios y el mundo. Estos contrastes entre el «impío» y el «justo» se encuentran dispersos en todos los capítulos del libro, y forman un hilo que une a los diversos consejos. Curiosamente, están expresados del todo solo en un lugar, en el salmo 1, que parece interpretar al Salterio a la luz de la sabiduría de Proverbios.

El lenguaje y las instrucciones son a menudo contrastantes: por ejemplo, «manantial de vida es la boca del justo» (10.11); «el hombre prudente calla» (11.12). Pero esto carece de importancia, porque la conducta adecuada significa elegir la opción correcta en cada situación. La discreción en las circunstancias nuevas, y la fascinación ante el misterio de la vida con sus límites y fronteras, son toleradas respetuosamente como el conocimiento tradicional transmitido por los maestros.

Las preguntas de por qué Dios permite el sufrimiento o la injusticia o la muerte, rara vez se plantean en Proverbios. Se tratan solo cuando una conducta específica revela que los actos tienen consecuencias malas, donde la causa produce un efecto. En estos casos, el alumno sabio debe dominar las lecciones sobre cómo evitar el mal. Cuando la experiencia no ofrece explicaciones o directrices claras, Proverbios aconseja permanecer cerca del camino del Señor conocido por la fe tradicional o visto en el buen orden de la creación.

En Proverbios 8.22-31 (y con menos claridad en la sabiduría personificada en 1.20-33; 9.1-12) se exalta de manera notable a la sabiduría como la expresión de la voluntad divina. Después de describir el papel de la sabiduría en todo lo que Dios hizo, 8.30, 31 sugiere que la sabiduría era el *'āmôn,* el «arquitecto» o la «divina delicia» (es decir, la hija amada de Dios), que era tanto la inspiradora como la diseñadora del universo por estar jugando con Dios. Detrás de estas imágenes, se ve claramente a la sabiduría como un regalo de Dios para ayudarnos a entender al creador personal divino.

Por último, el retrato de la esposa ideal en los pasajes finales de 31.10-33, resume al prototipo del sabio, y extiende claramente el mensaje del libro más allá de un público objetivo de prometedores jóvenes varones en la enseñanza superior, a todos los hombres y a todas las mujeres por igual, con la misma lección para todos: La sabiduría fructifica en el temor del Señor, lo mismo que comienza diciendo el libro en 1.7.

Véase SABIDURÍA, LITERATURA SAPIENCIAL

Bibliografía. L. Boadt, *Introduction to Wisdom Literature and the Book of Proverbs.* Collegeville Bible Commentary 18 (Collegeville, 1986); W. McKane, *Proverbs.* OTL (Philadelphia, 1970); R. N. Whybray, *Proverbs.* NCBC (Grand Rapids, 1994).

LAWRENCE BOADT

PROVIDENCIA

La palabra «providencia» se deriva del sustantivo latino *providentia:* «previsión, prevención», y del verbo relacionado *providere*: «tener previsto, tomar precauciones a favor o en contra» algo. Su uso secular incluía la creencia común de que un principio ordenador benévolo regía al universo y a la historia humana; que nada sucede por casualidad, o que nada es meramente casual, sino que hay un propósito rector que ordena todas las cosas hacia un fin. El estoicismo veía a este principio como el «alma del mundo» o «la razón del mundo». En otras ocasiones, la noción de providencia dio también lugar a una cosmovisión más pesimista caracterizada por el determinismo o el fatalismo. Esta idea ha contribuido a una sensación de resignación humana pasiva ante el antojo de un destino incontrolable.

Sin embargo, el concepto bíblico de la providencia divina revela una confiada creencia universal de que Dios cuida y protege amorosamente al mundo. Esto se basa en la creencia en Dios como Creador, quien sigue en todo momento preservando y ordenando al mundo, manteniendo el caos a raya, y dirigiendo al mundo y a toda la historia humana hacia la vida y la felicidad plenas. A veces, por imprevisibles giros del destino, la providencia divina puede escribir «derecho con renglones torcidos», como en el caso de José, quien fue vendido como esclavo por sus hermanos, y que más tarde se convirtió en instrumento de Dios para proteger la familia de Jacob en Egipto. José da por cierta la mano amorosa de Dios en acción con las palabras: «Vosotros pensasteis mal contra mí, mas Dios lo encaminó a bien…» (Gn 50.20). Dios promete una y otra vez que la presencia divina se mantendrá en el mundo, y con aquellos que necesitan la protección divina (Éx 3.12). El nombre mismo de Dios revelado a Moisés en la zarza ardiente en el enigmático tetragrama YHWH (Éx 3.14), ha sido traducido a veces como «Yo estaré contigo», señalando la irrevocable presencia protectora de Dios entre el pueblo en medio del mundo por el pacto.

La presencia providente de Dios puede manifestarse tanto en su misericordioso cuidado como en el justo castigo, pero el énfasis bíblico es, sin duda, la afirmación del cuidado final de Dios. Una antigua confesión cultual que ensalza el amor y la misericordia inalterables de Dios resuena a todo lo largo de la tradición del AT (Éx 34.6, 7; Nm 14.18; Neh 9.17, 31; Sal 103.8; Jer 32.18; Jon 4.2). Esta confesión no niega la necesidad del juicio de Dios sobre el pecado, pero promete que la misericordia y el perdón serán la providencia final de Dios. La afirmación de la providencia de Dios no anula la libertad humana ni cancela el misterioso problema de la presencia del mal en el mundo. No obstante, promete simplemente que Dios será un Dios amoroso en medio del mundo, llevando a éste y a toda la creación a un futuro lleno de esperanza (Jer 29.11-14).

La tradición cristiana reitera la misma confianza en el cuidado providente de Dios. «Considerad los lirios del campo…» dice Jesús (Mt 6.26-30), y tengan confianza en un Dios amoroso que se interesa aun por las cosas vivientes más pequeñas. Pablo amplía esta idea aún más, para ver la providencia y la amorosa presencia de Dios atrayendo a toda la creación, a todo el cosmos, hacia el propósito divino (Ro 8.28-39). Por esta convicción, la oración cristiana se caracteriza por la confianza y la certeza de que Dios oye el clamor de la humanidad y responde con amor e interés (Mt 6.8; 7.7, 8).

BARBARA E. BOWE

PTOLOMEO (Gr. *Ptolemaios*)

1. Ptolomeo I Sóter ([323]305-282 a.C.) fue el respetable fundador de la dinastía ptolemaica (su padre fue Lagos, razón por la cual la dinastía es llamada a veces Lágida). Fue un verdadero erudito, no sólo un general y estratega de enormes capacidades, sino también estadista y hombre de gran cultura y conocimientos, e incluso, al parecer, un buen compañero de copas. Escribió una historia de las conquistas de Alejandro, que todavía sirve como la base más confiable del relato que existe hoy, y tal vez dio inicio a la famosa biblioteca de Alejandría (el Museon), aunque posiblemente fue su hijo quien hizo esto. Poco después de la muerte de Alejandro, Ptolomeo se estableció en Egipto, y durante el período de cuarenta años de maniobras políticas y militares (el período de los Diádocos o «Sucesores» de Alejandro), jugó bien sus cartas con un claro objetivo: preservar a Egipto como su feudo, y en esto le fue muy bien. Ayudó a Seleuco I a volver a Babilonia después de que éste fue expulsado por Antígono. Fue por esto que, cuando Ptolomeo se apoderó del sur de Siria y Palestina después de la batalla de Ipsos en el 301, Seleuco no insistió en su derecho legítimo al territorio. Ptolomeo tomó el título de rey en 305 o 304.

2. Ptolomeo II Filadelfo ([285]282-246) tuvo un largo reinado en el que se ocupó de asuntos culturales y también políticos, como la construcción del famoso Faro, y el haber terminado la biblioteca de Alejandría, si no fue él mismo quien la comenzó. Conocido más ampliamente como el Ptolomeo de la Carta de Aristeas, estableció relaciones diplomáticas con Roma, que había emprendido la Primera Guerra Púnica con Cartago (264-241). Sus intentos de influir en los acontecimientos en la región del Egeo fueron frustrados por el rey macedonio Antígono Gonatas (283-239) en la Guerra Cremonidea (267-261). Sabemos poco de la Primera Guerra Siria (274-271) con Antíoco I (281-261), pero algunas posesiones que tenía Egipto en Asia se perdieron en la Segunda Guerra Siria (c. 260-253) con Antíoco II (261-246). Ptolomeo II hizo la paz con Antíoco dándole a su hija Berenice Sira en matrimonio (lo que tuvo consecuencias desastrosas para el hijo de Antíoco, Seleuco II). Ptolomeo se divorció de su primera esposa para casarse con su propia hermana, Arsinoë, una mujer fuerte e independiente, aunque su influencia sobre su hermano ha sido exagerada con frecuencia. El reinado de Ptolomeo ha sido interpretado comúnmente en términos idílicos como de prosperidad económica y también de logros culturales, pero estudios recientes han indicado que su política fiscal fue, en realidad, desastrosa, gastando más de lo que la economía podía permitir, lo que condujo a una crisis financiera en el reinado de su hijo.

3. Ptolomeo III Evergetes I (246-221) comenzó su carrera sofocando una revuelta en Cirenaica mientras era todavía príncipe heredero. Poco después de asumir el trono, recibió un mensaje urgente de ayuda de su hermana Berenice. Ésta se había casado con Antíoco II, pero después de la muerte de éste se vio asediada por la primera esposa de Antíoco. Ptolomeo envió un ejército en su ayuda, pero se encontró con que su hermana ya había sido asesinada. Entonces aprovechó la ocasión para tomar Antioquía, y para dirigirse luego hacia el este para tomar Babilonia y Seleucia del Tigris, y tal vez otras regiones (la Tercera Guerra Siria, 246-241). Pero se vio obligado a hacer la paz con Seleuco II y volver a su país cuando varias inundaciones del bajo Nilo produjeron una hambruna en Egipto.

4. Ptolomeo IV Filopator (221-204) es considerado generalmente como un gobernante débil dominado por sus funcionarios de palacio, aunque algunos eruditos recientes han evaluado su reinado de una manera más positiva. Independientemente de esto, su principal logro fue la derrota de Antíoco III en la batalla de Rafia en la Cuarta Guerra Siria (219-217), aunque para hacerlo utilizó tropas egipcias nativas. Se cree que esto sentó las bases para posteriores desórdenes civiles, ya que los egipcios esperaban, naturalmente, obtener algunos derechos civiles a cambio, aunque algunos eruditos recientes piensan que esto ha sido exagerado. La batalla de Rafia y posiblemente una fehaciente visita a Jerusalén, se mencionan en 3 Macabeos 1.

5. Ptolomeo V Epífanes Theos (204-180) fue un menor de edad durante los primeros quince años de su reinado, y Egipto sufrió considerablemente durante ese tiempo, incluyendo la pérdida de la mayoría de los territorios en el Egeo y Asia Menor. El principal acontecimiento fue la pérdida de Palestina y el sur de Siria ante Antíoco III en el 200. Se selló finalmente un acuerdo al casarse con Cleopatra I, hija de Antíoco. Su coronación es el acontecimiento descrito en la Piedra de Rosetta. Ptolomeo V no había renunciado a su pretensión a las posesiones de Siria, pero fue asesinado antes de que pudiera hacer algo al respecto.

6.-15. Ptolomeo VI Filometor (180-145) era sólo un muchacho cuando accedió al trono, pero sus regentes planearon una invasión al reino de Antíoco

IV, la que lanzaron cerca de 170. Antíoco resultó victorioso y puso a Ptolomeo bajo su tutela; los regentes pusieron entonces a su hermano Ptolomeo VIII Evergetes II (Fiscón) (145-116) en el trono, y gobernó juntamente con Ptolomeo VI, y con la hermana y esposa de éste, Cleopatra II, por varios años. Esta colaboración dio lugar a una nueva invasión por Antíoco en 168, pero esta vez los romanos pusieron sobre aviso al rey seléucida. Ptolomeo VI gobernó entonces solo, aunque a su hermano menor le fue dada Cirenaica. Después de la muerte de Filometor, Evergetes tomó el trono, convirtiéndose en tutor del hijo de Filometor, Ptolomeo VII Neos Filopator, pero pronto lo hizo ejecutar. Sus dos esposas, Cleopatra II y Cleopatra III (madre e hija), se convirtieron en rivales. Cleopatra II lo desterró de Egipto por unos años, durante los cuales ella reinó en su lugar, pero regresó pronto e hizo una precaria tregua con sus esposas.

Después de la muerte de Ptolomeo VIII, las dos Cleopatras volvieron a ser rivales, cada una defendiendo al parecer a uno de los dos hijos, aunque Cleopatra III se impuso y reinó juntamente con cada hijo por turnos. El hijo mayor, Ptolomeo IX Sóter II (Látiro) (116-107, 88-80) gobernó primero, pero fue desplazado por su hermano menor Ptolomeo X Alejandro I (107-88), quien estableció su gobierno en Chipre. Mientras tanto, un hijo ilegítimo de Ptolomeo VIII llamado Ptolomeo Apión asumió el poder en Cirenaica. A su muerte en el 96, su testamento dejó la región a Roma. Ptolomeo X también decidió dejar Egipto a Roma en su testamento, pero fue desterrado de Egipto por una revuelta (muriendo poco después), y Ptolomeo IX regresó para gobernar por segunda vez. Una delegación de Roma vino en el 86 y fue bien recibida, pero los romanos estaban interesados solo en la aparente riqueza de Egipto.

Cuando Ptolomeo IX murió, los romanos comenzaron la primera de una serie de intervenciones cada vez más numerosas en Egipto. Berenice, la medio hermana de Ptolomeo subió al trono, pero los romanos enviaron como rey a un hijo de Ptolomeo X (e hijastro de Berenice), Ptolomeo XI Alejandro II, quien asesinó a Berenice. Pero los habitantes de Alejandría, a su vez, lo asesinaron al poco tiempo. Un hijo de Ptolomeo IX, Ptolomeo XII Neo Dionosio (Auletes) (80-58, 55-51) tomó el poder, al parecer sin la intervención romana, pero Roma era un poder siempre presente al que había que tener en cuenta. Pompeyo no interfirió en sus actividades en el este del 65-63; pero asumió el control del territorio hasta el límite con Egipto. Cuando Roma se apoderó de Chipre, Ptolomeo XII fue expatriado por su pueblo, y su hija Berenice gobernó en su lugar. Buscó la ayuda de Roma y volvió a tomar el trono, después de lo cual hizo asesinar a su hija. (Quien lo trajo de regreso a Egipto fue Gabinio, quien estuvo acompañado de Antípater, el padre de Herodes el Grande.)

Cuando Ptolomeo XII murió, dejó instrucciones de que su hija Cleopatra VII (51-30) debía casarse con su hermano menor Ptolomeo XIII (51-47). Cleopatra se esforzó por fortalecer sus relaciones dentro de su propio país, y fue la única de los Ptolomeos que hablaba el idioma egipcio; sin embargo, ella tenía solo tenía 17 años, y tenía en su contra a funcionarios poderosos. Huyó a Siria, y los romanos se involucraron en su intento de recuperar su trono. Ptolomeo XIII murió peleando, y Cleopatra gobernó juntamente con su hermano menor Ptolomeo XIV (47-44) hasta que lo hizo asesinar. Su relación con César, y más tarde con Marco Antonio, demostró su habilidad en la manipulación de las circunstancias para conseguir lo mejor para Egipto en un período difícil. Esto incluía la recuperación de Chipre para Egipto. Ella

Ptolomeo II con su hermana y esposa Arsinoe II. Cameo ptolemaico (278 a.C.) cortado de las nueve capas de una sardónica india; Kunsthistorisches Museum, Viena (Erich Lessing/Art Resource, N.Y.)

también fue una espina en el costado de Herodes y, probablemente, lo habría depuesto de no haber sido tan útil a Marco Antonio. Sin embargo, los romanos en su totalidad estaban en su contra, y por eso, cuando Marco Antonio fue derrotado en Accio en el 31 a.C., ella no tuvo a nadie a quien recurrir y se suicidó. Cleopatra había asociado su trono con su hijo Ptolomeo XV César (Cesarión) (36-30), alegando que Julio César era su padre. Cesarión fue ejecutado por órdenes de Octavio.

Bibliografía. *CAH*[2], esp. 7/1: *The Hellenistic World*, ed. F. W. Walbank et al. (Cambridge, 1984); 8: *Rome and the Mediterranean to 133 b.c.*, ed. A. E. Astin et al. (Cambridge, 1989); 9: *The Last Age of the Roman Republic, 146-43 b.c.*, ed. J. A. Crook, A. Lintott, and E. Rawson (Cambridge, 1994); N. Davis and C. M. Kraay, *The Hellenistic Kingdoms: Portrait Coins and History* (London, 1973).

LESTER L. GRABBE

16. Hijo de Dositeo y padre de Lisímaco; en el reinado de Ptolomeo IX y Cleopatra III, trajo a Alejandría la carta acerca del Purim (Est 11.1, añadido).

17. Hijo de Abubas y yerno del sumo sacerdote; gobernador de la región al norte del Mar Muerto («la llanura de Jericó»). Llevado por la ambición, tendió una celada y asesinó a su suegro Simón Macabeo y a dos hijos de éste, Matatías y Judas, durante una fiesta en Doc (1 Mac 16.11-17). Enfurecido por este vil acto y por la jactancia del autor del crimen, Juan Hircano tomó venganza, matando a Ptolomeo y a sus secuaces (1 Mac 16.18-22).

18. Ptolomeo Macrón, hijo de Dorimenes. Nombrado gobernador de Chipre por Ptolomeo VI, transfirió su lealtad al seléucida Antíoco IV Epífanes. Sobornado por Menelao, convenció a Antíoco de que declarara inocente al sacerdote acusado de complicidad en el saqueo que hizo Lisímaco del Templo (1 Mac 4.45-47). Considerado como un traidor por su postura projudía, se suicidó (2 Mac 10.12, 13; pero cf. 8.8, 9).

PUBLICANO

Véase IMPUESTO.

PUBLIO (Gr. *Poplios*; Lat. *Publius*)

Principal oficial romano (Gr. *prōtos*) de la isla de Malta, donde llegó Pablo después de sobrevivir a un naufragio. Publio dio alojamiento a Pablo y sus compañeros, se mostró compasivo con ellos durante su estancia de tres días (Hch 28.7), y Pablo curó al padre de Publio de fiebre y disentería (v. 8).

PUDENTE (Gr. *Poúdēs*; Lat. *Pudens*)

Cristiano de Roma que, junto con Pablo, envió saludos a Timoteo (2 Ti 4.21).

PUEBLO

Asentamiento relativamente pequeño; se presume que es más grande que una villa y más pequeño que una ciudad. Aunque los pueblos ocasionalmente se distinguen de las villas (Jos 15.45; Mt 10.11; Lc 13.22; cf. 8.1; Mt 9.35), una clasificación precisa se hace difícil porque se designa en otros sitios bajo los mismos términos usados para «villas» y «ciudades» (p.ej., Heb. *ʿîr*, Jue 17.8; gr. *pólis*, Lc 2.4; *kṓmē*, Jn 7.42). En algunos casos, el término puede indicar un asentamiento de cualquier tamaño (cf. Mt 10.5). Evidencia arqueológica sugiere que los antiguos israelitas estaban muy concentrados en pueblos a lo largo del país montañoso de la Palestina central. No como las villas, los pueblos se pueden fortificar, usualmente con rampas o murallas con puertas y ocasionalmente con un foso (1 S 23.7; Pr 8.3; cf. Tell-el-ʿUmeiri). Los pueblos eran administrados por los ancianos; y los grandes asentamientos también controlaban los asuntos económicos de las tribus de alrededor. Aún durante la Edad de Hierro temprana (Siglos XII-X a.C.), los habitantes se mantuvieron primordialmente migratorios. Cuando dependían de ciudades fortificadas más grandes, se referían a los pueblos con el término parentesco de «hija» del término hebreo *bat*, (p.ej., Josué 15.45, 47; RVR «dependencias»; 1 Cr 2.49; 7.28), lo cual puede también reflejar la historia social y política de sus relaciones.

Allen C. Myers

PUEBLO DE LA TIERRA

Aunque en algunos casos una designación para toda la humanidad (es decir, «todos los pueblos de la tierra »), Heb. *ʿam hāʾāreṣ* difiere en significado en textos de las épocas premonárquicas a las rabínicas. En textos que se refieren a la época premonárquica, el término simplemente significa los ciudadanos libres de la configuración regional que está en discusión (p.ej., los egipcios en Gn 42.6); aquí el término parece excluir a los esclavos y los extranjeros.

En cuanto a la época monárquica, el pueblo de la tierra está involucrado en el derrocamiento de la malvada reina Atalía (2 R 11.13-20), la transición del asesinado Amón al rey Josías (21.24), la sucesión del rey Joacaz, hijo de Josías (23.30), y la transición del rey leproso Uzías a su hijo Jotam (15.5). El pueblo de la tierra ha sido identificado de diversas maneras como las clases sociales bajas, la poderosa élite terrateniente, y la ciudadanía libre del estado. Ha existido un particular debate sobre si *ʿam hāʾāreṣ* es un *terminus technicus* que se refiere a un cuerpo específico de judíos.

Ernst Würthwein argumentó que el término se refiere a los representantes de los ciudadanos de Judea. Él y otros eruditos han observado una lucha recurrente en la historia de Judea entre las políticas centralizadoras de la monarquía davídica y la tradicional política descentralizadora de la vieja liga tribal. Esta interpretación ha dado lugar a un consenso flojo que el pueblo de la tierra debe ser visto en contraste con, y a menudo en oposición a, la administración real en Jerusalén. Defienden una especie de tradicional jehovismo que se situó como un control contra los excesos sincréticos de la institución real. En lugar de ver el pueblo de la tierra como un subconjunto de los ciudadanos tradicionales de Judea, la mejor evidencia indica que ellos deben ser vistos como la ciudadanía libre, *in toto*.

Un cambio semántico se produce en el período posterior al exilio, cuando el término adquiere un aura negativa. Se utiliza, por lo general en la forma plural, para referirse a aquellos que se oponían a las reformas justas de Esdras y Nehemías. El *ʿam hāʾāreṣ* son vistos, junto con los sacerdotes y la realeza, como responsables de las catástrofes del exilio. Ahora son los que han regresado, los purificados por el exilio, que representan la verdadera congregación en contraposición a todos los «pueblos de la tierra(s).» Observe que las formas plurales ahora dominan.

Un cambio en el significado se produce en los textos rabínicos posbíblicos. Allí, el término significa los ignorantes, transgresores no observantes de la Torá. Ellos deben ser vistos en contraste con los estudiosos reverentes de la Torá, que detestaba el pueblo de la tierra.

Bibliografía. A. H. J. Gunneweg, «עם הארץ — A Semantic Revolution, » *ZAW* 95 (1983): 437-40; B. Halpern, *The Constitution of the Monarchy in Israel.* HSM 25 (Chico, 1981), 190-216; E. W. Nicholson, «The Meaning of the Expression עם הארץ in the Old Testament», *JSS* 10 (1965): 59-66; A. Oppenheimer, *The ʿAM HA-ARETZ.* ALGHJ 8 (Leiden, 1977); E. Würthwein, *Der ʿamm haʾarez im Alten Testament.* BWANT 4/17[69] (Stuttgart, 1936); S. Zeitlin, «The Am Haarez», *JQR* 23 (1933): 45-61.

LYNN TATUM

PUERRO

Hierba (*Allium porrum*) considerada originaria de Asia Central. A diferencia de la cebolla, su base no forma un bulbo y es más aromática. Números 11.5 especifica que los israelitas del éxodo deseaban comer puerros. Heb. *ḥāṣîr*, que puede significar hierbas o pastos, ha causado que algunos crean que se suponía por alholva (*Trigonella foenum-graecum*); ambos se encuentran hoy en Egipto. Los puerros comúnmente eran considerados alimentos para los pobres, y se les considera como un símbolo de humildad. Sin embargo, se dice del emperador romano Nerón que disfrutaba de los puerros; después de su muerte, algunos se referían al emperador como *Porrophagus,* el «devorador de puerros».

JAMES V. SMITH

PUERTA

Una apertura (Heb. *peṯaḥ*) usada para lograr entrar en varios edificios o ciudades, acompañadas por una piedra o dintel de madera, postes de lado, y umbral.

La sangre fue rociada en los postes laterales durante la primera Pascua (Ex 12.7, 22-23). La oreja de un esclavo era perforada contra la puerta cuando él decidía permanecer con su amo (Ex 21.6). Las puertas podrían ser evidentemente cerradas con llave en el mundo antiguo (2 S 13.17-18). La puerta del templo estaba hecha de madera de ciprés (1 R 6.34). En el AT, «puerta» se utiliza en sentido figurado para significar proximidad en tiempo y espacio (Gn 4.7), como una apertura a la esperanza (Os 2.15 [TM 17]), y como un símbolo para los labios y la boca (Sal 141.3). La sabiduría del AT compara la pereza con una puerta que gira sobre sus goznes (Pr 26.14), y el que abre su puerta busca la destrucción (17.19).

Jesús se refiere a sí mismo como «la puerta» por la que todos deben entrar al redil (Jn 10.1-9). Muchos enfermos se reunieron a la puerta de la suegra de Pedro porque sabían que Jesús estaba presente (Mr 1.33). Pedro entró a las puertas del patio donde Jesús estuvo ante el sumo sacerdote en el momento de su muerte (Jn 18.16). Las puertas de la prisión son abiertas por un ángel del Señor que conduce a Pedro entre los guardias (Hch 12.6-11).

Los sentidos figurados se encuentran cuando los escritores describen la inminencia de la venida de

Cristo (Mt 24.33 = Mr 13.29; Stg 5.9), «la puerta de la fe» que se abre a los gentiles (Hch 14.27), el camino provisto para el servicio eficaz (1 Co 16.9), la iluminación de la palabra (Col 4.3), y el acceso abierto a la salvación que todos tienen en Cristo (Ap 3.8). Jesús dice: «He aquí yo estoy a la puerta y llamo» (Ap 3.20; cp. Lc 11.10). En una visión apocalíptica Juan ve una puerta abierta en el cielo (Ap 4.1).

Los relieves egipcios de la décimo novena dinastía representan puertas de ciudad en la Siria-Palestina como consistiendo de un dintel sostenido por dos postes laterales. Estas puertas se muestran intactas antes o durante un ataque contra la ciudad; después de la batalla los postes laterales y el dintel se muestran oblicuamente y la ciudad está vacía, indicando su pillaje. Los numerosos relieves del período asirio muestran entradas en forma de arco y puertas. Las pinturas del sitio de Alammu (?) y otra ciudad junto al mar en el palacio de Senaquerib en Nínive muestran entradas en forma de arco con dos puertas. Esto también es verdad de un relieve del palacio de Asurbanipal y otro del palacio de Sargón II en Korsabad retratando a dos soldados incendiando la puerta de la ciudad Kisisim. Otros relieves asirios muestran convenciones de edificio más comunes.

Las excavaciones arqueológicas durante el siglo pasado han revelado que las puertas en forma de arco realmente existieron ya en el segundo milenio a. C. (Ascalón y Dan). Aunque las puertas hayan desaparecido todas debido a su construcción de madera revestidas con metal de varios tipos, varios umbrales de piedra caliza han sido excavados en sitios de todos los períodos. Estos umbrales contuvieron enchufes de puerta y accesorios que indican que la puerta se abrió hacia el interior del edificio o ciudad y podría ser asegurada cerrándola contra los accesorios de piedra.

Bibliografía. *W*. Bleibtreu, «Five Ways to Conquer a City», *BARev* 16/3 (1990): 36-44; J. M. Russell, *Sennacherib's Palace Without Rival at Nineveh* (Chicago, 1991).

Michael G. Hasel

PUERTA

Una entrada a una ciudad (1 R 22.20), un campo (Éx 32.26), el tabernáculo (27.14-16), el templo (Ez 40-48), o un palacio (Jer 22.1-2). En el antiguo Israel las ciudades se defendieron construyendo gruesos muros, sólidos o casamata (hueco) alrededor de la parte más alta y más central de la ciudad. La puerta era básicamente una apertura en la pared por la cual casi todo el mundo pasaba cada día para salir a sus campos o llevar a cabo negocios dentro de los muros. La apertura tenía que ser amplia y fácilmente accesible para necesidades civiles. Sin embargo, las necesidades militares requirieron que la puerta fuera estrecha y difícil de entrar porque era la parte más vulnerable de la defensa de la ciudad. Por lo tanto, muchas entradas a puertas de ciudad fueron construidas con escalones o una vuelta en ángulo recto para hacer más fácil la defensa. La puerta era una estructura elaborada con una azotea (2 S 18.24) y piso superior (18.33 [TM 19.1]). A menudo estaba flanqueada por dos torres que, junto con la cumbre de los muros, podrían ser usadas como plataformas de tiroteo estratégicas para que los soldados protegieran el área delante de la puerta. La puerta incluía puertas dobles que fueron atadas a jambas de la puerta que daban vuelta en cerrojos de piedra (Jue 16.3). Cuando se cerraban (por la noche, Jos 2.5; y cuando eran atacados, 6.1) las puertas fueron atrancadas por dentro con una viga pesada o barra metálica (1 R 4.13) insertada en ranuras en las puertas. Ellas no podían ser empujadas hacia adentro desde el exterior porque descansaban contra un tope interior. Aunque a menudo hechas de madera, ellas eran vulnerables al fuego (Neh 1.3; Jue 9.52). Por consiguiente, ellas eran a veces plateadas con o hechas de metal (Sal 107.16; Is 45.2).

La puerta incluyó un complejo de dos, cuatro, o seis cuartos a ambos lados del pasaje a la ciudad (p. ej., Meguido). Cada par de cuartos podría haber contenido guardias o soldados para ayudar a prevenir el paso del enemigo en la ciudad. Para mejor protección la puerta principal sería construida dentro de una puerta externa con un segundo juego de murallas.

En tiempos de paz este complejo de puerta era el centro de vida de la ciudad. Los ancianos administraron la justicia aquí (Dt 21.19; Jos 20.4; Rut 4.1). Los reyes se sentaron a la puerta para reunirse con sus súbditos o administrar la justicia (2 S 19.8; 1 R 22.10). Los sacerdotes y profetas entregaron discursos y profecías en la puerta (Neh. 8.1, 3; Jer 17.19-20; 36.10). Los comerciantes condujeron negocios en o cerca de las puertas (Neh 13.15-22), y algunas puertas de Jerusalén tomaron los nombres del comercio conducido allí (Puerta del Pescado, 2 Cr

33.14; Puerta de las Ovejas, Neh 3.1, 32).

El NT menciona puertas con poca frecuencia. Jesús sanó a un paralítico cerca de la Puerta de las Ovejas (Jn 5.2-9). La oración fue conducida fuera de la puerta (Hch 16.13), y los muertos fueron sepultados más allá de las puertas (Lc 7.12; He 13.12).

La puerta es un símbolo de poder (cp. Mt 16.18), de defensa y seguridad (Is 28.6), y «poseer la puerta» es capturar la ciudad (Gn 22.17; 24.60). Cuando una ciudad era capturada, la pérdida podría ser personificada como las puertas aullando (Is 14.31), lamentándose y afligiéndose (3.26), y languideciendo (Jer 14.2). La perversión de la justicia para el justo y necesitado puede ser hecha «en la puerta» corrompiendo el sistema legal (Am 5.12; Pr 22.22). Jesús usó la imagen de la puerta para ilustrar la dificultad de entrar en el reino (Mt 7.13-14).

Véase **FORTALEZA, FUERTE.**

James C. Moyer

PUERTA DE DAMASCO

La puerta principal en la muralla norte de la moderna Ciudad Vieja de Jerusalén. Construida cerca de 1538-39 d. C., por Suleimán el Magnífico, que conduce a la principal calle norte-sur, el Cardo Maximus de la ciudad romana Aelia Capitolina. El nombre se deriva de la antigua tradición cristiana que Pablo se marchó de la ciudad por esta puerta en camino a Damasco (Hch 9). Su nombre árabe es Bab el-'Amud («Puerta de la Columna»), indicando la columna erigida allí por Adriano y todavía estando de pie cuando los árabes capturaron la ciudad en 638.

PUL (Heb. *pûl*)

Sobrenombre de Tiglat-pileser III, rey de Asiria (2 R 15.19; 1 Cr 5.26.). Aunque el nombre aparece en la Lista A de Reyes de Babilonia A (Acad. *Pulu*; *ANET* 219), no hay confirmación de esto en las fuentes cuneiformes contemporáneas con el reinado de Tiglat-pileser. No parece haber sido un nombre monárquico.

PULGA

Un insecto sin alas, parásito del orden sifonaptera, cuya boca está particularmente adaptada para perforar la piel y sorber la sangre. Las pulgas (Heb. *par'ōš*) depositan sus huevos en el pelo del animal anfitrión, y las larvas se desarrollan en el suelo seco, arenoso como el de Palestina. Después de perdonar la vida de Saúl, el rebelde David se menosprecia

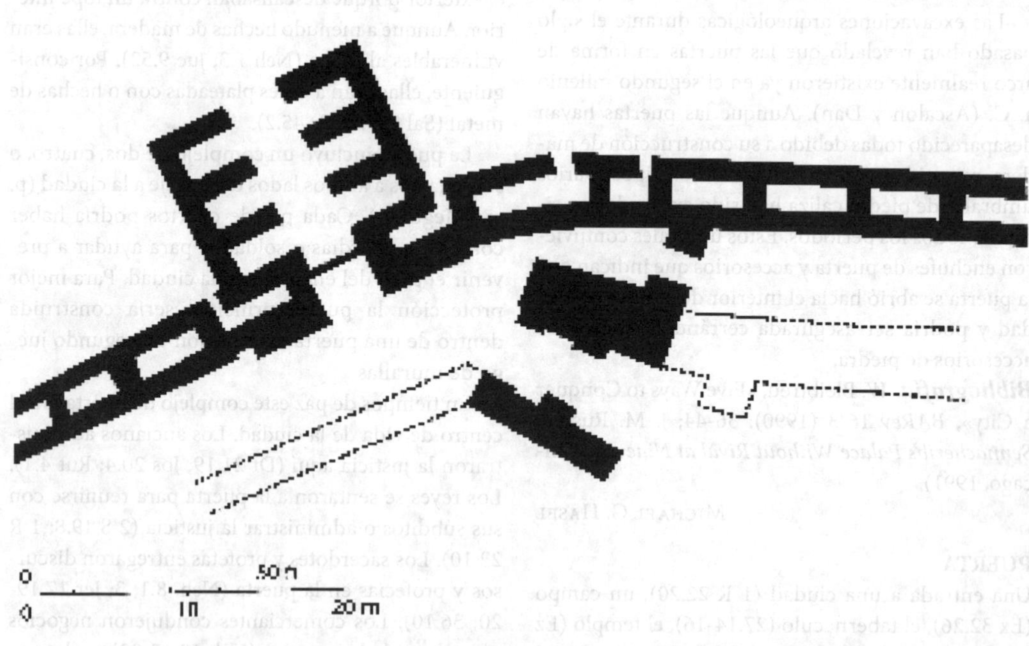

Plano de la puerta de hierro II de seis cámaras en Gezer (siglo X a.C.)

como una pulga diminuta sobre el cuerpo de un perro muerto (1 S 24:14).

PULGAR
El dedo interior de la mano humana (Heb. *bōhen*). La ordenación sacerdotal de Aarón y sus hijos, incluía aplicar sangre sacrificial en cada uno de los pulgares de la mano derecha, el pulgar del pie derecho y el lóbulo derecho de la oreja (Ex 29.20; Lv 8.23-24). La misma actividad es parte del ritual de purificación del leproso (Lv 14.14, 17,25, 28). El rey Adoni-bezec, después de ser capturado por Judá y habiéndosele cortado los pulgares de las manos y de los pies, presume que él mismo cortó los pulgares de las manos y pies de otros 70 gobernantes (Jue 1.6-7). En todos estos pasajes, la palabra hebrea para los pulgares de la mano y del pie, son iguales.

John Kaltner

PUNÓN (Heb. *pûnōn*)
Campamento durante el éxodo israelita de Egipto, situado entre Zalmona y Obot (Nm 33.42, 43). Punón es asociado comúnmente con el actual Fênân (197004), un activo sitio de fundición de cobre en las edades Calcolítica, temprana del Bronce, y del Hierro. Las excavaciones hechas en el sitio han dado estratos de ocupación edomita, romana y bizantina. Punón es asociado con *pwnw*, una región habitada por los nómadas Shasu, como hace mención Ramsés II (siglo XIII a.C.).

Ryan Byrne

PUR (Heb. *pûr*)
Véase **PURIM.**

PURIM (Heb. *pûrîm*)
Festividad de primavera en el calendario litúrgico judío, que cae en el día 14 de Adar, y que celebra la derrota de Amán y la supervivencia de los judíos en el libro de Ester. La palabra *Purim* es una palabra acadia hebraizada que significa «suertes», y está vinculada por tanto a la «suerte» (Heb. *pûr*) echada por Amán con el fin de decidir la fecha para su programa de matanza de todos los judíos persas (Est 3.7; 9.24-28). No está claro cuál fue primero, si el libro de Ester o la fiesta de Purim. En cualquier caso, ambos están unidos indivisiblemente por el rollo de Ester, cuya lectura se hace en su totalidad en el servicio por la noche en la sinagoga. El Purim tiene una atmósfera de carnaval; los niños traen ruidosas matracas a la sinagoga, y la congregación golpea el suelo con lo pies cada vez que es leído el nombre de Amán en el rollo. El Talmud (*Meg.* 7b) ordena a los judíos adultos que beban tanto vino en el Purim, que no sean capaces de decir la diferencia entre «bendito sea Mardoqueo» y «maldito sea Amán». Pero también está claro que, dada la amenaza de la aniquilación descrita por el libro de Ester y las muchas persecuciones sufridas por los judíos a lo largo de los siglos, la fiesta de Purim tiene un signficado más serio.

Bibliografía. T. K. Beal, *The Book of Hiding: Gender, Ethnicity, Annihilation, and Esther* (London, 1997); A. Waskow, *Seasons of Our Joy* (1982, repr. Boston, 1990); E. Wiesel, *The Trial of God* (1979, repr. New York, 1995).

Tod Linafelt

PURO E IMPURO
Lo que es limpio o puro está en su lugar, mientras que lo que es sucio o impuro está asquerosamente fuera de lugar. Lo limpio es limitado por su opuesto, lo impuro, porque lo impuro automáticamente contamina lo que es limpio. Para restaurar a algo o a alguien a un estado de pureza, lo sucio debe ser removido.

Lo limpio y lo sucio se definen por culturas particulares, que determinan los lugares apropiados por personas y cosas. Las realidades que no encajan en las categorías de una cultura provocan ansiedad y malestar. Las reglas de pureza tratan de evitar el malestar y mantener la totalidad e integridad en una sociedad al definir lo que pertenece (el limpio) y lo que no pertenece (lo impuro). La impureza es en especial peligrosa cuando se asocia con la muerte y amenaza ganar acceso al cuerpo.

En la Biblia el concepto de puro e impuro no es idéntico con la noción moderna de salubre e insalubre. La impureza puede ser física, ritual o moral. La impureza es en especial contraria a la santidad, y las leyes del AT tratan de separar lo impuro de lo santo. Los escritos sacerdotales especialmente tenían que ver con tales leyes, porque era la responsabilidad del sacerdote distinguir entre lo santo y lo profano, entre lo limpio y lo impuro. Los sacerdotes también estaban obligados a enseñar a Israel las leyes de pureza a fin de evitar ofender la santidad de Dios (Lv 10.10-11; Ez 22.26; 44.23).

Las leyes de pureza del antiguo Israel se referían a la relación de la nación con Dios. Ya que lo santo y lo impuro eran incompatibles, era necesario que lo sagrado fuese protegido de contaminación. Esto era especialmente verdadero para el santuario, el altar, y aquellos que ministraron en lugares sagrados. Ya que los sacerdotes cruzaban los límites de lo profano y lo sagrado en el desempeño de sus responsabilidades, era importante que evitaran la impureza.

La impureza era considerada infecciosa y contagiosa, porque podía incurrirse en ella a través del contacto con personas o cosas impuras. Tres formas de impureza eran especialmente poderosas y contagiosas (Nm 5.2): *ṣāraʿaṯ*, secreciones corporales y cadáveres. Cada tipo de impureza tiene alguna conexión con la muerte.

Heb. *ṣāraʿaṯ* generalmente se traduce como «lepra», aunque la mayoría de los eruditos hoy niegan que sea idéntica a la enfermedad de Hansen. Esta «enfermedad escala» era probablemente psoriasis o una infección con hongos. Podía incluso atacar vestiduras y casas (Lv 13.47-59). Dado que el cuerpo de la víctma parece estar decayendo, la enfermedad era vista como un castigo de Dios (Nm 12.10-15). Los que padecían *ṣāraʿaṯ* eran separados de la comunidad como el muerto era separado de la vida (Lv 13.45-46).

Las secreciones corporales, en especial de los órganos sexuales, también eran considerados fuertes contaminantes (Lv 15.1-33). La Biblia dice poco acerca de las funciones necesarias de orinar y defecar (Dt 23.12-14). Pero la sangre vaginal y el semen simbolizaban la vida, y su pérdida parece representar la muerte. El parto, también, era peligroso: no solo se perdían fluidos corporales, pero se traspasaba el límite entre la vida y la muerte.

El contacto de animal y en especial cadáveres humanos también trajo impureza (Nm 19.11-22). Los sacerdotes (Lv 10.6-7; 21.1-4; Ez 44.25-26) y nazarenos (Nm 6.6-7), debido a su condición santa, tenían que evitar contacto con muerto. Un sumo sacerdote ni siquiera podía acercarse al cadáver de su propio padre o madre (Lv 21.11).

Las leyes de pureza regulaban otras áreas de la vida donde las fronteras podían llegar a ser borrosas. Las mezclas, ya sean de telas, prácticas agrícolas, o de animales, estaban prohibidas (Lv 19.19; Dt 22.9-11). El adulterio, el incesto y la homosexualidad eran vistos también como cruzar los límites y por lo tanto estaban prohibidos (Lv 18.6-23; 20.10-21). Las tierras extranjeras eran automáticamente impuras (Jos 22.19; Am 7.17).

Ya que la impureza era contagiosa, debía ser removida por medio de ritos. El contacto con la impureza normalmente requería actos sencillos de bañarse, lavar la ropa de la persona, y esperar hasta el anochecer. La contaminación más peligrosa, como la sangre menstrual o un cadáver, requería siete días de espera e incluso ser rociado con agua especial (Lv 15.19-24; Nm 19.11-13). La impureza asociada con *ṣāraʿaṯ*, secreciones irregulars del cuerpo, y el alumbramiento necesitaban acciones rituales de parte de un sacerdote (Lv 12.1-8; 14.1-57; 15.1-15, 25-30). Dado que la inmundicia era contraria a la santidad, tenía una vaga conexión con el pecado y la culpa. Toda impureza era potencialmente dañina para el santuario (Lv 15.31). El altar y el santuario debían ser regularmente purificados de los efectos de la impureza y el pecado (Lv 4.1-35; 16.14-16).

Los alimentos podían ser limpios o impuros. A los israelitas se les prohibía terminantemente «comer» sangre con su carne, ya que la sangre estaba asociada con la vida y con la santidad (Lv 17.10-14; Dt 12.16, 23-25). Había restricciones sobre la clase de animales que podían ser comidos. Por ejemplo, solo los peces que tenían escamas y aletas estaban permitidos (Lv 11.9-12; Dt 14.9-10). Entre los cuadrúpedos solo aquellos que rumiaban y tenían pezuña hendida eran considerados limpios (Lv 11.3-7; Dt 14.4-8). Los animales que cruzaban límites bien definidos o que no pertenecían claramente a ciertas categorías eran normalmente clasificados como impuros (Lv 11.27-31). La distinción entre limpio e impuro era un recordatorio del llamado de Israel a la santidad (Ex 22.31 [TM 30]; Lv. 20.22-26; Dt 14.2). La santidad implica separación de lo común y profano. La vocación de Israel a la santidad por tanto demandaba separación de otras naciones. Las restricciones en la dieta de Israel y en su concepto de limpieza e impureza definieron su propia identidad y lo mantuvo aparte de otros.

La noción de limpieza e impureza también sirvió metafóricamente para describir categorías morales y éticas. «Labios impuros» (Is 6.5) representaban el pecado, mientras «manos limpias y corazón puro» (Sal 24.4) eran símbolo de rectitud moral. Los cristianos, que rechazaron las reglas judías de pureza porque excluían a los gentiles, prefirieron entender la pureza y la impureza principalmente como categorías éticas (Hch 10.15; 15.19-29).

En el NT Jesús critica las regulaciones de pureza judías y permitió a sus discípulos quebrantarlas (Mr 7.1-23). Él tocó y sanó a los que estaban ritualmente impuros (leprosos, Mr 1.40-45; Lc 17.11-19; la mujer con una hemorragia, Mr 5.25-34). Él se asoció con pecados conocidos. Pero también expulsó espíritus «inmundos.» La pureza y la impureza en el NT a menudo se relacionan con la autoridad de Jesús y el significado de su muerte y resurrección (Mr 1.27; Gá 2.15-21).

Bibliografía. M. Douglas, «The Forbidden Animals in Leviticur», *JSOT* 59 (1993): 3-23; *Purity and Danger: An Analysis of the Concepts of Pollution and Taboo* (New York, 1966); J. Milgrom, *Leviticus 1–16.* AB 3 (New York, 1991); R. D. Nelson, *Raising Up a Faithful Priest: Community and Priesthood in Biblical Theology* (Louisville, 1993); J. Neusner, *The Idea of Purity in Ancient Judaism* (Leiden, 1973) Timothy A. Lenchak

PÚRPURA

Los tejidos de púrpura eran muy apreciados en el mundo antiguo. Los fenicios desarrollaron la industria del tinte con púrpura, que estuvo centrada en Tiro y Sidón (Ez 27.7, 16). La fuente del tinte era uno de los diversos caracoles carnívoros que vivían en el mar Mediterráneo: *Murex brandaris, Murex trunculus,* y *Purpura haemostoma.* Las glándulas hipobranquiales de estos moluscos producen un líquido incoloro, que tras la exposición al aire teñían a la tela con un color púrpura que no desteñía. Los arqueólogos han encontrado evidencias de la industria en los montones de conchas de moluscos triturados.

El proceso de extraer el tinte era complejo. Primero, se bajaban cestas de mimbre al agua, cebadas con trozos de pescado o carne, para atrapar al marisco. Cuando los moluscos eran sacados, se les extraía el tinte de la glándula hipobranquial al aplastarles la concha. El líquido resultante se mezclaba con sal, y se dejaba reposar por tres días. Luego, la mezcla era hervida a fuego lento durante diez días, reduciéndola a una sexta parte de su volumen original. En el tinte resultante se ponía lana durante cinco horas. A veces, la lana era teñida dos veces para producir un color más intenso. Doce mil conchas producían menos de 2 g (0.07 oz) de tinte. El proceso era costoso, por lo que el tejido de púrpura era asociado con la realeza y la riqueza.

Artesanos expertos utilizaron fibras púrpura, junto con azul y carmesí, para las cortinas del tabernáculo y las vestiduras sacerdotales de Aarón (Éx 26.1; 28.15-33); Gedeón recibió vestidos de púrpura que usaban los reyes de Madián (Jue 8.26); y el rey Belsasar vistió a Daniel de púrpura (Dn 5.29). Los soldados vistieron a Jesús de púrpura para burlarse de él (Mr 15.17-20; Jn 19.2-5); Lidia vendía púrpura (Hch 16.14); y la púrpura estuvo asociada con la decadencia de «Babilonia» (Ap 17.4; 18.12, 16).

Bibliografía. I. I. Ziderman, «Seashells and Ancient Purple Dyeing», *BA* 53 (1990): 98-101.

Mary Petrina Boyd

PUT (Heb. *pûn*)

O bien, una persona (hijo de Cam, Gn 10.6; 1 Cr 1.8), o bien, el pueblo o el lugar relacionado con sus descendientes en África; aliados militares de Egipto (Jer 46.9; Ez 30.5), Tiro (27.10), Gog (38.5), y No-amón (Tebas) en su caída ante Asiria (Nah 3.9). En todos los pasajes, con excepción de uno, Put es mencionada junto con Etiopía (Cus, o Nubia); Josefo la iguala con Libia. Algunos sugieren a Punt (Somalia) a la luz de «Put» y «Libia» (Heb. *lûḇîm*) en Nahum 3.9, pero éstas probablemente se refieren a otras tribus libias, al igual que con Libia (literalmente, Lubiim) y Sukkim en 2 Crónicas 12.3.

W. Creighton Marlowe

PUTEOLI (Gr. *Potioloi*; Lat. *Puteoli*)

Importante puerto en el golfo de Nápoles (la actual Pozzuoli), al oeste de Nápoles. Fundada en el siglo VI a.C., como la colonia griega Dicaearchia, floreció más tarde como una colonia romana de unos 65 000 habitantes, y era el principal puerto de entrada de los grandes buques que traían grano a Roma desde Oriente. Josefo habla de su considerable población judía (*Ant.* 17.328, 18.160), y Pablo pasó allí siete días con los cristianos del lugar en camino a Roma (Hch 28.13, 14). Esta cosmpolita y empresarial ciudad hacía gala de sus muchos cultos orientales (p.ej., de Serapis), y también del culto normal al emperador en el siglo I d.C.

Kent L. Yinger

PUTIEL (Heb. *lûḇîm*)

Suegro de Eleazar, el hijo de Aarón (Éx 6.25; Egyp. *p3-d'i-* + Heb. *'ēl,* «el dado por Dios» [?]).

Q

Q

Una colección hipotética de dichos de Jesús que se cree que había circulado en el siglo primero y utilizada de forma independiente por los autores de Mateo y Lucas. La hipótesis de Q fue desarrollada primero entre los estudiosos alemanes como un componente de la teoría de las dos fuentes en el siglo diecinueve, la solución al problema sinóptico en el que Marcos es el primer Evangelio (y el más confiable para describir el ministerio de Jesús) y Q una fuente temprana de los dichos de Jesús. La designación Q se deriva del alemán *Quelle*, «fuente». La hipótesis explica Q (1) el acuerdo verbal notable entre grandes bloques de las enseñanzas de Jesús que se encuentra tanto en Mateo como en Lucas, pero no en Marcos (por lo tanto Q es a veces llamado la «tradición doble»), (2) por qué la secuencia de los dichos en Mateo en su mayor parte sigue la secuencia relativa de Lucas, y (3) por qué Mateo especialmente tiene refranes dobles (es decir, refranes similares, uno adoptado de Marcos y uno de Q). Tal vez una de las fuentes mencionadas explícitamente en Lucas 1.1-4, Q contiene algunas de las parábolas más características y las enseñanzas éticas de Jesús, como las Bienaventuranzas, amor a los enemigos, y la Oración del Señor. Sólo hay dos historias narrativas en Q, la tentación y la curación del siervo del centurión, pero incluso en estos pasajes el enfoque principal es el diálogo de Jesús.

Material Q propuesto (Según Lucas)

3.7-9	11.2-4	12.(49,)51-53	16.13
3.16-17	11.9-20	12.57-59	16.16-18
4.1-13	11.21-22	13.18-21	(17.1-2)
6.20b-23	11.23-26	13.23-30	17.3-4
6.27-49	11.29-35(36)	13.34-35	17.(5-)6
7.1-10	11.39-52	14.11 (18.14)	17.23-24
7.18-35	12.2-12	14.16-24	17.26-30
9.57-60	12.22-31(32)	14.26-27	17.33-37
10.2-16	12.33-34	14.34-35	19.12-27
10.21-24	12.39-46	15.4-7	22.28-30

El interés en Q fue reavivado a finales de 1960 a raíz de la crítica de redacción y el descubrimiento del Evangelio de Tomás en 1947. El interés de la crítica de redacción en el estilo y la teología de los escritores de los Evangelios analiza el uso de sus fuentes, entre ellas los dichos en Q. Los 114 dichos de Jesús recogidos bajo el título de el Evangelio de Tomás, que forma parte de la biblioteca de Nag Hammadi, proporcionó un documento cristiano temprano análogo en género a Q y reforzó las reclamaciones de su existencia. Varios estudiosos han tratado de reconstruir el texto original de Q analizando cuidadosamente las diferencias entre Mateo y las lecturas de Lucas, y luego determinar cuál de los dos preserva la lectura de Q y cuál edita la lectura de Q. Estudios recientes se han centrado en la propia y distinta teología de Q, en particular su condena concertada de «esta generación», y sus puntos de vista sobre el judaísmo y los gentiles. Estudios orientados sociológicamente han especulado sobre la comunidad detrás del documento: los dichos pueden haber sido grabados por los misioneros o los profetas errantes primitivos o entre las comunidades en la zona de Galilea que los apoyaron. La teología de Q y su comunidad se encuentran no sólo en lo que contenía, sino también en lo que no contenía: llamativamente ausentes son referencias a una cena eucarística o la resurrección de Jesús, las referencias explícitas a la Crucifixión, el liderazgo de la iglesia, o primacía de algún discípulo. Si estos aspectos fueron simplemente asumidos, rechazados, o aún no desarrollados por los tradentes de Q, se ha disputado. Mientras que algunos eruditos todavía discuten que Q era un documento escrito, otros han especulado que el propio Q contenía dos capas de escritos, una colección temprana orientada sapiencialmente de bloques dichos que luego se complementó con dichos orientados apocalípticamente.

Dado que Lucas sigue la secuencia de perícopa de Marcos de cerca, muchos postulan que Lucas también sigue el orden de Q más de cerca, y por lo tanto pasajes de Q se citan a menudo con la versificación de Lucas (p.ej., Q 11.2-4 para la oración del Señor). Alternativamente, se hace referencia a pasajes Q al citar dos pasajes paralelos (por ejemplo, Mt 6:9-11 = Lc 11:2-4 para la oración del Señor).

Bibliografía. I. Havener, *Q: The Sayings of Jesus.* Good News Studies 19 (Wilmington, 1987); J. S. Kloppenborg, ed., *The Shape of Q* (Minneapolis, 1994).

JONATÁN L. REED

QERE
Véase KETIB Y QERE.

QOHELET (Heb. *qōhelet*) (también KOHELET)
El título hebreo del libro de Eclesiastés y el nombre del orador principal en el libro. El término es un sustantivo verbal del hebreo *qhl* («reunir y por lo tanto se puede traducir como «el que reúne» o «el que llama (personas) juntos» (RVR «Predicador», NVI «Maestro»). Basados en Eclesiastés 1.1, que dice que Qohelet es el hijo de David, algunos han sostenido que Qohelet debe ser identificado con Salomón. La fecha del libro, sin embargo, parece estar en contra de tal conclusión. En otras partes del libro, el término aparece en una variedad de funciones (Ecl 1.2, 12; 7.27; 12.8-10). En general, la función principal de Qohelet se asemeja más a la de un sabio que a la de un rey.

W. DENNIS TUCKER, JR.

QUEBAR (Heb. *kĕbār)*
Canal de Mesopotamia junto a cuyos bancos Ezequiel recibió su visión inaugural (Ez 1.1–3.27) así como una cantidad de otros oráculos proféticos (10.15, 20, 22; 43.3). En la antigüedad su curso dejaba el Éufrates al norte de Sipar y corría hacia el sureste cerca de 300 km (186 mi) a lo largo de la región de Nipur antes de volver a unirse al Éufrates al sur de la antigua Uruk. El Quebar (Akk. *ka-ba-ru*) se menciona también en varios documentos cuneiformes del siglo V a.C., de Nipur.

Bibliografía. R. Zadok, «The Nippur Region during the Late Assyrian, Chaldaean and Achaemenia Periods, Chiefly According to Writte Sources,» *IOS* 8 (1978): 266-332.

STEPHEN J. ANDREWS

QUEDORLAOMER (Heb. *kĕḏor-lāʿōmer)*
Rey de Elam mencionado en Génesis 14 quien se alió con los reyes de Sinar, Elasar, y Goim contra Sodoma y Gomorra y sus aliados. Después de servir a Quedorlaomer por 12 años, las ciudades se rebelaron y Quedorlaomer tomó represalias, capturando a ambas y tomando a su pueblo, incluyendo a Lot, como botín. Abraham con solo 318 hombres los sorprendió en una incursión de noche, liberando a los cautivos y echando a los cuatro reyes fuera del territorio.

Los cuatros reyes representan las principales potencias de las cuatro esquinas del mundo en el antiguo Cercano Oriente: Quedorlaomer de Elam (este), Amrafel de Sinar (Babilonia, sur), Arioc de Elasar (Asur, norte) y Tidal de Goim (Hititas, oeste). Aunque no se conoce batalla o alianza de estos reyes, encaja bien en el contexto de Génesis 10–12, donde Jehová promete que una nueva nación va a ser formada y establecida a partir de los descendientes de Abraham (Gn 12.1-4). El área por la cual Quedorlaomer es empujado por Abraham es un presagio de los límites del reino davídico.

El nombre Quedorlaomer es visto como nombre elamita que consta de dos elementos, Kudur/Kutir, «hijo,» y Lagamar, una deidad elamita. Ningún rey elamita conocido, sin embargo, lleva ese nombre. Una sugerencia alterna es que Quedorlaomer es una lectura equivocada del nombre Ku.Ku.Ku.(Ku).Mal = Kutir- Nuḫḫunte III (siglo XII) en los llamados textos Quedorlaomer, publicados por T. G. Pinches en 1894. Los cuatro reyes de estos textos que destruyen Babilonia y son pagados por sus crímenes por Marduk pudieran ser el modelo para el escritor de Génesis 14 para todos los reyes que invadieran Israel.

Bibliografía. M. C. Astour, «Political and Cosmic Symbolism in Genesis 14 and in Its Babylonian Sources,» in *Biblical Motifs,* ed. A. Altmann (Cambridge, Mass., 1966), 65-112. Russell Nelson

QUEFAR-HAAMONI (Heb. *kĕp̄ar hāʿammōnāy)*
Pueblo (Heb. «aldea de los amonitas») asignada a la tribu de Benjamín (Jos 18.24). Khirbet Kefr ʿAnā (173153), cerca de 5 km (3 mi) al norte de Bethel, ha

sido sugerido como el lugar, pero la identificación no es ampliamente aceptada.

QUELAL (Heb. *kĕlāl*)
Descendiente del israelita Pahat-moab que tuvo que despedir a su esposa extranjera cuando se llevó a cabo el pacto de abandonar matrimonios mixtos (Esd 10.30).

QUELIÓN (Heb. *kilyôn*)
El hijo menor de Elimelec y Nohemí, y el esposo de Orfa (Rut 1.2-4). Quelión, como su hermano Mahlón, murió joven, dejando a su esposa viuda (Rut 1.5).

QUELUB (Heb. *kĕlûḇ*)

1. Un judaita, el hermano de Súa y padre de Mehir (1 Cr 4.11).

2. El padre de Ezri, un capataz de los trabajadores del campo del rey David (1 Cr 27.26).

QUELUBAI (Heb. *kĕlûḇāy*)
Un descendiente de Hezrón de Judá (1 Cr 2.9), una forma variante del nombre Caleb en 1 Crónicas 2.18, 42.

QUELÚHI (Heb. *kĕlûhî*)
Hijo del israelita Bani que fue obligado a despedir a su esposa extranjera (Esd 10.35 **K**).

QUEMOS (Heb. *kĕmôš*)
El dios nacional de Moab. Quemos era conocido y adorado en todas partes, en especial en el norte de Siria (Ebla, Ugarit). La estela de Mesa, rey de Moab, del siglo IX, proporciona la mayor parte de nuestro conocimiento respecto a Quemos. La ideología expresada ahí es semejante a las nociones religiosas israelitas: p.ej., Quemos está airado con su tierra, permitiendo que llegue a estar bajo control extranjero (israelita), pero más tarde la libera (ll. 5, 9; cf. 2 R 3.27). Él era aparentemente de naturaleza militarista (más tarde fue asociado con el dios romano Ares). El nombre Quemos puede significar algo como «conquistador» o «dominador.»

La evidencia bíblica respecto a Quemos agrega poco a la información no bíblica. Moab es el «pueblo de Quemos» (Nm 21.29; Jer 48.46). Salomón edifica un lugar alto a Quemos (1 R 11.7; cf. Estela de Mesa ll. 3-4) que Josías profanó después (2 R 23.13). La adoración de Quemos es una de las razones para la división del reino (1 R 11.33). Jeremías proclama juicio contra Moab y Quemos (Jr 48.7, 13, 46). Se han hecho varios intentos para explicar la referencia en Jueces 11.24 a Quemos como el dios de los amonitas, pero insatisfactorios.

Bibliografía. H.-P. Müller, «Quemos,» *DDD*, 186-89. Brent A. Strawn

QUENAANA (Heb. *kĕnaʿănâ*)

1. Padre de Sedequías, un falso profeta durante el reinado de Acab (1 R 22.11, 24 = 2 Cr 18.10, 23).

2. Hijo de Bilhán y nieto de Benjamín, un «poderoso guerrero» (1 Cr 7.10).

QUENANI (Heb. *kĕnānî*))
Levita en los días de Nehemías, entre los que leyeron de la Ley y expresaron confesión (Neh 9.4).

QUENANÍAS (Heb. *kĕnanyāhû, kĕnanyâ*)

1. Jefe de los levitas y cantores del templo que participó en la ceremonia para traer el arca de la casa de Obed-edom a la ciudad of David (1 Cr 15.22, 27).

2. Levita, nombrado con sus hijos para realizar los «asuntos exteriores» de oficiales y jueces (1 Cr 26.29; cf. Neh 11.16).

QUERÁN (Heb. *kĕrān*)
El cuarto hijo del horita Disón, jefe de un clan que habitaba en la tierra de Seir (Gn 36.26; 1 Cr 1.41).

QUERIOT (Heb. *qĕrîyôt*)
Una ciudad fortificada de Moab (Jer 48.24; Am 2.2; cf. Jer 48.41; NVI «los pueblos,» siguiendo LXX). De acuerdo con la Piedra Moabita, la ciudad contenía un lugar sagrado para Quemos. El sitio sigue siendo incierto.

QUERIOT-HEZRÓN (Heb. *qĕrîyôṯ ḥeṣrôn*)
Un nombre de lugar que designa una o posiblemente dos lugares del sur de Judá (Jos 15.25). Algunos eruditos separan Keriot y Hezrón, considerándolos como dos ciudades. Incluso si el texto se refiere a dos lugares, Keriot no debe confundirse con Keriot de Moab. Como un pueblo independiente, Hezrón puede referirse al asentamiento fronterizo cerca de Cades-barnea (Jos 15.3). Si los dos nombres designan a una sola localidad, es posiblemente los restos modernos llamados Khirbet el-Qaryatein/Tel Qeriyot (161083), 7 km (4.5 mi) sur de Maón.

David C. Maltsberger

QUERIT (Heb. *kĕrîṯ*), **ARROYO**
Una corriente este del río Jordán, donde Elías buscó refugio de Acab y Jezebel (1 R 17.3-7). Algunos eru-

ditos igualan Querit con el Wadi Qelt, arriba de Jericó oeste del Jordán, pero esta ubicación contradice la evidencia bíblica (1 R 17.3). El Wadi el-Yubis es la ubicación aceptada actualmente. Ubicada en el norte de Galaad, Corresponde a 1 Reyes 17.1 donde Elías es descrito como «tisbita, de Tisbi de Galaad.»

PHILIP R. DREY

QUEROS (Heb. *qērōs, qêrōs*)
El jefe de una familia de sirvientes del templo que regresaron con Zorobabel del exilio (Esd 2.44 = Neh 7.47).

QUERUB (Heb. *kĕrûḇ*) **(LUGAR)**
Lugar no identificado en Babilonia, de donde los exiliados regresaron a Jerusalén. De acuerdo con Esdras 2.59 = Nehemías 7.61 estos exiliados no pudieron probar su ascendencia israelita. En 1 Esdras 5.36 Querub aparece con Adán e Imer como los nombres de líderes que regresaron a Jerusalén de Tel-melac y Tel-harsa.

JORGE L. VALDES

QUERUB (Heb. *kĕrûḇ*),

QUERUBÍN *(kĕrûḇîm)*
Mitológicas criaturas aladas, tomadas por los israelitas de tradiciones del antiguo Cercano Oriente. El término hebreo probablemente se relaciona con el acad. *kāribu* o *karūbu* («intercesor») o *karibi, kurībi, karibāti* («guardianes»), este último se refiere a las criaturas mitológicas colosales que flanqueaban entradas de palacios y templos mesopotámicos.

La única uniformidad entre los muchos ejemplos que se conocen del arte del antiguo Cercano Oriente es que los querubines eran criaturas aladas. Estatuas y relieves que representan varios tipos de querubines se han encontrado en muchos lugares del Cercano Oriente, incluyendo Alepo, Carquemis, y Biblos; representaciones de querubines esculpidas en marfil se han encontrado en Samaria y Nimrud. Hay muchos ejemplos de colosales toros alados y otras bestias conocidos en los palacios y templos de Babilonia.

En Génesis 3.24 el Señor coloca querubines con espadas ardientes en el camino al árbol de la vida en el huerto del Edén. En 1 Samuel 22.11 = Salmo 18.10 (TM 11) el Señor es representado cabalgando sobre un querubín mientras vuela por los cielos. Los querubines también flanquean o apoyan el trono de Dios (Sal 80.1 [2]; 99.1; 2 R 19.15 = Is 37.16). Ezequiel ve en visión querubines como «criaturas vivientes» con cuatro alas y cuatro caras acompañadas de ruedas giratorias (Ez 1.4-28; 10.1-22); en su visión, los querubines apoyan la plataforma en la que el Señor está entronizado.

El Señor manda a Moisés poner dos imágenes de querubines de madera cubiertos de oro sobre el propiciatorio cubriendo el arca del pacto (Ex 25.18-20; 37.6-9;Nm 7.89; 1 S 4.4); fue de entre estas criaturas que el Señor habló a Moisés y le revela sus planes para Israel. Imágenes de querubines fueron tejidas en la tela del velo y las cortinas del tabernáculo (Ex 26.1, 31). Más tarde, en el Templo de Jerusalén, se tallaron en la pared imágenes de querubines (1 R 6.29), tejidas en el velo (2 Cr 3.14), y esculpidos en los paneles de las 10 molduras del lavacro de bronce (1 R 7.29 36). Dos enormes querubines hechos de madera de olivo y recubiertos en oro fueron colocados en el lugar santísimo (1 R 6.23-28; 8.6-7), cubriendo el arca del pacto y virtualmente llenando la pequeña habitación. Los querubines eran los guardianes del lugar de descanso del Señor en la tierra, el propiciatorio sobre el arca del pacto en el Templo de Jerusalén.

En Ezequiel 28.14 el rey de Tiro es protegido por un querubín, que lo expulsa a causa de sus transgresiones (v. 16; cf. Gn 3.24).

JENNIE R. EBELING

QUESALÓN (Heb. *kĕsālôn*)
Ciudad en la frontera norte de Judá (Jos 15.10), identificado con Keslā (154132), a cerca de 20 km (12 mi) al oeste de Jerusalén.

QUESED (Heb. *keśeḏ*)
El cuarto hijo de Nacor y Milca (Gn 22.22) y sobrino de Abraham. El nombre de su clan pudiera estar relacionado con los caldeos (cf. Heb. *kakdîm*).

QUESIL (Heb. *kĕsîl*)
Ciudad dentro de la parte sur de la herencia de Judá (Jos 15.30). En listas comparables de las ciudades del sur de Judá, Quesil es reemplazada con Betul (Jos 19.4) y Betuel (1 Cr 4.30). Contextualmente, es ubicada entre Eltolad y Horma, lo que sugeriría una ubicación al este de Beerseba. Laura B. Mazow

QUESITA (Heb. *qĕśîṭâ*)
Una unidad de peso de cantidad desconocida utilizada como una medida monetaria (Gn 33.19; Jos 24.32; Job 42.11; así NVI «pieza [de dinero]»).

QUESULOT (Heb. *kĕsûllōṯ*)
Ciudad en Isacar (Jos 19.18), identificada con moderno Iksâl (180232), 5 km (3 mi) al sureste de Nazaret. El nombre es una forma variante de Quislot-tabor.

QUEZIB (Heb. *kĕzîḇ*)
Pueblo en el sur de Canaán donde la hija del cananeo Súa dio a luz a Sela, el tercer hijo de Judá (Gn 38.5). Quezib ha sido firmemente identificado con el antiguo Aczib en Judá (moderno Tell el-Beida; 145116) cerca de Adulam (cf. Eusebio *Onom.* 172, *Casbi*). Christian M. M. Brady

QUIAMÓN (Gr. *Kyamōnos*)
Lugar asociado con la marcha de Holofernes a Betulia (Jdt. 7.3). Pudiera ser Camona, que Eusebio (*Onom.* 116.21) ubica 10 km (6 mi) al oeste de Aco. El sitio sería Tell Qeimûn (160230), el mismo que Tel Yoqne{am (Jokneam).

QUIDÓN (Heb. *kîdōn*)
La era donde Uza fue muerto por tocar el arca del pacto (1 Cr 13.9). El pasaje no indica si Quidón es el nombre, el lugar, o el propietario de la era. El nombre Nacón se usa en el pasaje paralelo (2 S 6.6). Después de la muerte de Uza, David renombró el lugar Perez-Uza, que significa «quebrantamiento de Uza» (2 S 6.8 = 1 Cr 13.11). Betty P. Lawson

QUIJADA, MAXILAR INFERIOR
La estructura ósea inferior de la boca de los humanos o de los animales (heb. *lĕḥî*). Sansón derrotó a sus enemigos filisteos con la quijada de un asno, y conmemoró el hecho llamando Ramat-lehi, «colina de la quijada» (Jue 15.15-19) al lugar de la matanza. Metafóricamente, poner un garfio o un freno en las quijadas indicaba subyugación (Job 41.2 [TM 40.26]; Is 30.28; Ez 29.4; 38.4), mientras que quebrar las quijadas (o los dientes) simbolizaba liberarse de un enemigo (Job 29.17). En Sal 22.15 [16] el heb. *malqôaḥîm* («quijadas») se refiere específicamente a las encías.

J. A. Vadnais

QUILEAB (Heb. *kil'āb*)
El segundo de los hijos de David, nacido en Hebrón, el primogénito de David y Abigail, la viuda de Nabal de Carmel (2 S 3.2-3). Es llamado Daniel en el TM de 1 Crónicas 3.1 (cf. Josefo *Ant.* 7.21, *Daniēlos*) y Dalouia en la LXX de 2 Samuel 3.3. En base a estas diferentes grafías, se conjetura que el verdadero nombre de Quileab es Daniel o Daluia.

Kenneth Atkinson

QILMAD (Heb. *kilmaḏ*)
Lugar desconocido o región que comerciaba con Tiro (Ez 27.23). Algunos eruditos identifican Quilmad como la ciudad of Kullimeri en el norte de Mesopotamia (enmendando *klmd* a *klmr*) y otros la identifican con todo el país de Media (enmendando *klmd* a *kl mdy*).

QUIMAM (Heb. *kimhām*)
Hijo (como 1 R 2.7; «siervo» en 2 Samuel 19.37 [TM 38]) de Barzilai el galaadita, quien rehusó la recompensa de David por su ayuda al rey durante la rebelión de Absalón, pidiendo que en su lugar favoreciera a su muchacho (vv. 34-37[35-38]). David llevó a Quimam con él a Jerusalén (2 S 19.40[41]), donde proveyó para sus necesidades físicas; es posible que el rey le haya dado un pedazo de tierra cerca de Belén, más tarde llamado Gerut Quimam (Jr 41.17).

QUÍO (Gr. *Chíos*)
Una isla en el mar Egeo, cerca de 19 km (12 mi) al oeste de Esmirna (Izmir). Al final de su tercer viaje misionero Pablo y sus compañeros zarparon de Mitilene pasando Quío antes de arribar a Samos el día siguiente (Hch 20.15).

QUIRIAT (Heb. *qiryaṯ*)
Ciudad en el territorio de la tribu de Benjamín (Jos 18.28), identificada con Kiriath-jearim.

QUIRIATAIM (Heb. *qiryāṯayim*)

1. Una ciudad al este del Jordán asignada los rubenitas, que la reedificaron (Nm 32.27; Jos 13.19). Esta región era políticamente inestable, y para el tiempo de la rebelión de Moab (2 R 1.1) Mesa rey de Moab controló Quiriataim; de acuerdo con la inscripción de Mesa (l.10) él reedificó la ciudad. Quiriataim permaneció en poder de Moab hasta el tiempo de Jeremías (Jer 48.1, 23) y Ezequiel (Ez 25.9). Ubicaciones posibles incluyen el-Qereiyat (215105), 8 km (5 mi) noroeste de Dibón, y Qaryat el-Mekhaiyet (220128), 5 km (3 mi) noroeste de Medeba. Save-Quiriataim, «la llanura de Quiriataim» (Gn 14.5, JER), estaba probablemente asociada con esta ciudad.

2. Ciudad en el territorio de Neftalí asignada, con sus pastos, a los levitas de la familia de Gersón

(1 Cr 6.76 [TM 61]). Probablemente es el mismo que Kartán (Jos 21.32) y debe ser identificado con moderna Khirbet el-Qureiyeh, 10 km (6 mi) oeste de Medeba.

CHRISTIAN M. M. BRADY

QUIRIAT-ARBA (Heb. *qiryaṯ ʾarbaʿ*)
El nombre antiguo («ciudad de los cuatro») de Hebrón (Jos 15.54). El nombre podría significar «ciudad de los cuatro distritos» (una tetrápolis) o «ciudad de los cuatro personajes famosos,» como Jerónimo supuso citando a Adán, Abraham, Isaac y Jacob. Josué 14.15 traza la etimología a Arba, un gran héroe entre los hijos de Anac (cf. 15.13; 21.11).

QUIRIATARIM (Heb. *qiryaṯ ʿārim*) (también KIRIAT-JEARIM)
Una ciudad nombrada en la lista de los que regresaron del exilio (Esd 2.25). La forma usual del nombre, Quiriat-jearim, ocurre in el relato paralelo en Nehemías 7.29.

QUIRIAT-BAAL (Heb. *qiryaṯ baʿal*)
Un nombre alterno de Quiriat-jearim («ciudad de Baal»; Jos 15.60; 18.14; cf. 15.9, «baala»).

QUIRIAT-HUZOT (Heb. *qiryaṯ ḥuṣôt*)
Ciudad moabita a la que Balaam acompañó a Balac (Nm 22.39). Allí Balac sacrificó a Baal en un esfuerzo para obligar a la deidad a maldecir a los israelitas (Nm 22.40). El sitio está probablemente al norte del río Arnón.

QUIRIAT-JEARIM (Heb. *qiryat yĕʿārîm*) (también KIRIATARIM)
Una ciudad de Judá a lo largo de su frontera norte con Benjamín, cerca de 14.5 km (9 mi) oeste de Jerusalén en la región montañosa central cerca de la actual Abu Ghosh. Quiriat-jearim («ciudad de los bosques») era también conocida como Baala (Jos 15.9), Baale-Judá (2 S 6.2), o Quiriat-baal (Jos 15.60; 18.14), ejemplos de la práctica de desmitoligización de la escuela profética, por el que se sustituyeron los nombres derivados de elementos naturales para los nombres deíficos cananeos originales (Baal, Baala). El sitio antiguo se identifica con Tell el-Achar (Deir al-ʿÂzar)/Tel Qiryat Yeʿarim (159135).

Quiriat-jearim estaba entre las ciudades de los gabaonitas, cuyo tratado con Josué (Jos 9.17) les otorgó protección contra los ataques de Israel. Los israelitas, por tanto, acudieron a ayudar a los gabaonitas cuando fueron atacados por la coalición de reyes amorreos liderados por Adonisedec de Jerusalén.

En el relato del traslado del arca del pacto después de su captura por los filisteos, el pueblo de Quiriat-jearim trajo el arca a la casa de Abinadab. Allí su hijo Eleazar fue consagrado como su custodio (1 S 6.21–7.2), y permaneció en la ciudad por 20 años hasta que David trató de llevarla a Jerusalén. Un carro nuevo fue preparado, pero cuando Uza murió al tocar el arca, fue dejada en la casa de Obed-edom el geteo durante tres meses, y luego transportada a la ciudad de David y alojada en una carpa especial construida para el culto al Señor (cf. 1 Cr 13.1-14; 15.1–16.3).

El fiel profeta Urías hijo de Semaías, un contemporáneo de Jeremías, era de Quiriat-jearim (Jer 26.20). Dos hombres de Quiriat-jearim, Cafira y Beerot, estaban entre los exiliados de Judá que volvieron a Jerusalén bajo el liderazgo de Zorobabel (Neh 7.29 [TM 28]).

Más tarde los romanos construyeron un puesto de avanzada en el sitio por el camino de Jerusalén a Antipatris, donde fue guarnecida la Décima Legión. Un cilindro de la columna que lleva inscrita esta referencia fue encontrado en el sitio.

R. DENNIS COLE

QUIRIAT-SANNA (Heb. *qiryaṯ-sannâ*)
Un nombre alterno o error de escriba para Quiriat-sefer, identificado con Debir (Jos 15.49). Esta forma, que aparece sólo en TM, puede ser el resultado de ditografía con el sitio anterior, Danna.

QUIRIAT-SEFER (Heb. *qiryaṯ-sēper*)
El nombre antiguo de Debir (**1;** Jos 15.15-16 = Jue 1.11-12; cf. Jos 15.49).

QUISI (Heb. *qîšî*)
Una forma alternativa del nombre Cusaías (1 Cr 6.44 [TM 29]).

QUISIÓN (Heb. *qišyôn*)
Ciudad en el territorio de Isacar (Jos 19.20) asignada a los levitas de Gersón (21.28), tal vez el *Qšn* mencionado en la lista de ciudades conquistadas de Tutmosis III. En la lista paralela de ciudades levíticas en 1 Crónicas 6.72 (MT 57), su lugar es ocupado por Cedes. Aunque está ubicada al suroeste del mar de Cineret y oeste del río Jordán, la identificación precisa de Quisión se debate. Sugerencias prominentes incluyen Khirbet Qasyûn (187229) sur de monte Tabor,

Tell el-Muqarqash (194228), y Tell el-ʿAjjûl (185225).

ERIC F. MASON

QUISLEU (Heb. *kislēw*)
El noveno mes del calendario hebreo (Nov./Dic.; Zac 7.1). En el día 25 de Quisleu los judíos celebraron la fiesta de la renovación del templo («festival de la Dedicación»; Jn 10.22).

QUISLÓN (Heb. *kislôn*)
Benjaminita, padre de Elidad (Nm 34.21).

QUISLOT-TABOR (Heb. *kislôṯ tāḇōr*)
Pueblo en la frontera sur de Zabulón (Jos 19.12). Moderno Iksâl (180232), cerca de 5 km (3 mi) al sureste de Nazaret, preserva el antiguo nombre. Aunque la mayoría de los eruditos identifican los dos, el término calificativo «Tabor» (una montaña en las fronteras de Isacar, Zabulón, y Neftalí) pudiera distinguir este pueblo de Quesullot en Isacar (Jos 19.18).

QUITIM (Heb. *kittîm, kittîyîm*)
De acuerdo con la Tabla de las Naciones (Gn 10.1-32), un pueblo descendiente de Jafet a través de Javán, por lo tanto los jónicos o griegos (v. 4; cf. 1 Cr 1.7). El nombre probablemente se deriva de la ciudad de los fenicios llamada Kitti *(kty)* y los griegos Kitión, ubicado cerca de Larnaka moderno en la costa centro-sur de Chipre. En otras partes en el AT Quitim designaba un área geográfica cada vez más amplia.

En Números 24.24 los oráculos de Balaam concluyen con una referencia a las naves de Quitim (presumiblemente Chipre), que afligirán a Asur (Asiria) y Eber (hebreos), antes de llegar a su fin ellos mismos. En Isaías 23.1, 12 el término se refiere a Chipre como socio comercial de Tiro (cf. Ez 27.6), y en Jeremías 2.10 se dice que sus habitantes han sido más fieles a sus dioses falsos que lo que Israel ha sido a Jehová. 1 Macabeos 1.1; 8.5 informa que Alejandro el Grande vino de Quitim, identificando así a Grecia, o al menos a Macedonia, con el lugar llamado Quitim. Daniel 11.30 alude a las naves de Quitim en Números 24.24, pero aplica la frase a la intervención romana contra Antíoco Epífanes durante su invasión de Egipto en 168 a.C., Así Quitim llegó a referirse a Roma también. El versículo implica una mayor identificación de los seléucidas con Asur y Eber con los hebreos.

En los rollos del Mar Muerto los Quitim son el enemigo escatológico (cf. 1QpHab). Descripciones de ellos a menudo se aplican a Siria o a Roma, pero el comentario sobre Nahúm (4QpNah) y el Rollo de la Guerra (1QM) se refieren inequívocamente a Roma.

PAUL L. REDDITT

QUITLIS (Heb. *kiṯlîš*)
Ciudad en la asignación tribal de Judá (Jos 15.40), situada en el distrito de Laquis en la Sefela al suroeste. La ubicación exacta es desconocida, pero una sugerencia reciente la pone en la cuenca de Naḥal Adorayim, posiblemente en Khirbet el-Baqar (13006.10427). Quitlis pudiera ser la Kentisha conquistada por Tutmosis III y el *k-n-ti-sa* en una ostraca de Laquis. Steven M. Ortiz

QUITRÓN (Heb. *qiṭrôn*)
Una ciudad cananea en el territorio asignado a Zabulón que los israelitas no pudieron capturar inicialmente (Jue 1.30). Es probablemente el mismo que Kattat. La ubicación aún no se ha identificado; sugerencias incluyen Khirbet Quṭṭeneh (153226), 8 km (5 mi) suroeste de Tell Qeimûn (biblical Jokneam), y Tell el-Far (160242).

QUMRÁN
Khirbet Qumrân (193127), 14 km (8.5 mi) al sur de Jericó con vistas a la costa noroeste del Mar Muerto, las ruinas del sitio fueron habitadas por la comunidad que produjo los rollos del Mar Muerto.

R

RAAMA (Heb. *raʿmāʾ*), **RAAMAH** (*raʿmâ*)
Hijo de Cus (Gn 10.7; 1 Cr 1.9); antepasado epónimo de Sabá y Dedán, pueblos y territorios árabes. Situado en el sureste de Arabia (posiblemente Nagrān moderna), Raama fue un lugar rico en especies, piedras preciosas y oro, y por tanto socio comercial de Tiro (Ez 27.22). Se menciona en varias inscripciones árabes antiguas (cf. Strabo *Geog.* 16.4.24)

RAAMÍAS (Heb. *raʿamyâ*) (también REELAÍAS; RESAÍAS)
Israelita que regresó con Zorobabel del exilio (Neh 7.7). Es llamado Reelaías en Esdras 2.2 y Resaías en 1 Esdras 5.8.

RAAMSÉS (Heb. *raʿamsēs*)
Forma alternativa de Ramsés, una ciudad-almacén egipcia construida por los israelitas y más tarde la capital ramesida (Ex 1.11).

RABÁ (Heb. *rabbâ*) (también RABAT-AMÓN)
1. Ciudad en el territorio tribal de Judá cerca de Quiriat-jearim (Jos 15.60), generalmente identificada con Rubutu en las cartas de Amarna y Rubute en los textos egipcios. El sitio fue probablemente Khirbet Bîr el-Ḥilu/Khirbet Ḥamîdeh (149137), a una corta distancia al sur de Emaús.

2. Una ciudad (Amman moderna; 238151) en la meseta de Transjordania, cerca de 88-105 km (55-65 mi) Por el camino de Jerusalén y cerca de 39 km (24 mi) al este del río Jordán en la cabecera del Jaboc. Rabá («grande» o «larga») era el centro de ciudades y pueblos circundantes (cf. Ez 25.1-11). Se encuentra con mayor frecuencia en referencia directa a los amonitas (Rabbath bene Ammon, Rabbath-ammon, o Bīt-ammanu en los textos asirios).

Rabá consistió físicamente de dos partes. La ciudad o acrópolis superior, conocida como la «ciudad real» (2 S 12.26), una ciudadela con terrazas adjuntas, estaba situada en Jebel Qalʿa. La ciudad baja, la «ciudad de las aguas» (2 S 12.27), corría a lo largo de dos wadis en la base de la colina en el valle. Los dos estaban conectados por un pasadizo subterráneo de largo que va desde la «ciudad de las aguas» hasta una cisterna en Jebel Qalʿa. Este alto depósito de 16 × 6 × 7 m (52 × 19 × 23 pies) estaba aparentemente en uso ya en la Edad del Bronce Medio, y en fecha tan tardía como el período helenístico.

El sitio ha sido ocupado por lo menos desde los períodos Neolítico y Calcolítico. Estructuras BM II son sustanciales, y para BT II la ciudad había crecido considerablemente. La mejor arquitectura BT está representada por el templo en el antiguo aeropuerto de Amman. Reconstrucción continua, especialmente en los tiempos modernos, ha destruido tanto que rara vez es posible discernir los planos de la ciudad. Afortunadamente, algunas estructuras importantes permanecen. Tumbas excavadas en las laderas y los sistemas de defensa de las acrópolis dan testimonio de casi todos los períodos.

Rabbath-ammon exhibía la «cama de hierro», tomada de Og, rey de Basán (Dt 3.11). David capturó Rabá y se coronó con la corona de oro de Milcom, el dios tutelar (2 S 12.30). Él saqueó y se dice que destruyó a Rabá, y «todas las ciudades amonitas,» pero fue reconstruida y posteriormente suministró a David con alimentos, ropa y otros bienes en su momento de necesidad (2 S 17.27-29).

A la ciudad le fue relativamente bien bajo los persas. Se convirtió en una ciudad helenística bajo Ptolomeo Filadelfo II (285-246 a.C.), quien cambió oficialmente su nombre por el de Filadelfia. La ciudad estuvo bajo el dominio seléucida por un corto tiempo, entonces bajo gobierno nabateo, y finalmente romano en 63 a.C., cuando floreció en gran medida como se evidencia en un propileo, calle de columnas, gran teatro, ninfeo, temenos, y el templo de Hércules. En la época bizantina se envió a obispos a los concilios de Nicea (año 325), Antioquía (341) y Calcedonia (451). Bajo el dominio árabe, un palacio omeya coronó la acrópolis.

Bibliografía. M. Burdajewicz, «Rabbath-Ammon,» *NEAEHL* 4.1243-49; R. H. Dornemann, «amman,» *OEANE* 1.98-102.

DONALD H. WIMMER

RABÍ (Gr. *rhabbí*)**, RABONI** (*rhabbouní*)
Un título de respeto (del hebreo *rab,* «grande»). Para el siglo I d.C., «rabí» era una designación floja para referirse a un profesor, que significa «mi señor» o «mi grande.» Este término aparece en tres de los cuatro Evangelios, por lo general en referencia a Jesús.

En Marcos sólo los discípulos llaman a Jesús «rabí», y este trato por lo general sigue a un acontecimiento milagroso (Mr 9.5; 11.21; 14.45; «raboni» en 10.51). En Mateo la única persona que se dirige a Jesús como «rabino» es Judas (Mt 25.26, 49). El resto de los discípulos elije otros títulos, lo que sugiere la naturaleza polémica de Judas y los once restantes. En un discurso pronunciado por Jesús, el término parece referirse a uno que es un maestro de la ley (Mt 23.7-8). La audiencia gentil de Lucas habría encontrado poco sentido en un término como «rabino» que se desarrolló en la cultura judía. Lucas prefiere Gr. *epistátēs,* «maestro de escuela» o un supervisor oficial (Lc 5.5; 8.24, 45; 9.33, 49; 17.13). En el Evangelio de Juan «rabino» se utiliza tanto por los discípulos como por los de afuera para designar a Jesús (Jn 1.38, 49; 3.26; 4.31; 6.25; 9.2; 11.8). Cuando María Magdalena se encuentra con el Cristo resucitado, exclama «Raboni» (Jn 20.16). Dos veces el término se glosa con *didáskalos,* «maestro» (Jn 1.38; 20.16).

En el judaísmo del siglo I la palabra mantiene una designación suelta, que significa «maestro.» El uso de rabí como un término oficial para un estudioso ordenado en realidad pertenece al período posterior a la destrucción del templo en el año 70 d.C. En la literatura rabínica, los individuos de la época previa a la destrucción (p.ej., Hillel y Shammai) no se les conoce como «rabí», mientras que los que están asociados con el período posterior a la destrucción (p.ej., Akiba) se les da consistentemente el título de «rabí».

W. DENNIS TUCKER, JR.

RABIT (Heb. *rabbîṯ*)
Ciudad en el territorio tribal de Isacar (Jos 19.20; LXX B Gr. *Dabirōn*). Probablemente debe ser identificada con Daberath, una ciudad levítica (Jos 21.28) en la frontera de Zabulón (19.12).

RABMAG (Heb. *raḇ-māg*)
El título de Nergal-sarezer, uno de los funcionarios de Nabucodonosor (Jer 39.3, 13). El término se deriva del título asirio *rab-mūgi,* el significado exacto del cual es desconocido.

RABSACES (Heb. *rab-šāqēh*)
Título de un oficial asirio, bien documentado en la literatura acadia (*rab shāqē,* lit., «copero jefe»). Aunque el cargo de copero se atestigua en su sentido más literal en acadio, el título se refiere a un funcionario gubernamental de alto rango. En las listas epónimas, este título por lo general sigue al del rey, el *turtānu* (el funcionario militar de más alto rango), y el *nagir ekalli.* Un texto puede sugerir una función militar para el *rab shāqē,* mientras que un número de otros textos hablan de los distritos administrativos y explotación privada de estos funcionarios. Su función exacta sigue siendo desconocida, aunque su acceso al poder es indubitable (2 R 18.17–19.8 = Is 36.2–37.8).

MARK ANTHONY PHELPS

RABSARIS (Heb. *rab-sārîs*)
Un funcionario asirio. La mayoría de los eruditos sostienen que el título es una fusión del acad. *rab-ša-rēšu,* lit., «eunuco jefe.» El portador de este título a menudo tomó el papel del liderazgo militar en la ausencia del rey. El Rabsaris aparece entre los funcionarios asirios que animaron la capitulación del rey judío Ezequías durante el sitio de Jerusalén (2 R 18.17; Jer 39.13).

MARK ANTHONY PHELPS

RACAL (Heb. *rāḵāl*)
Un lugar en Judá al que David envió una parte del botín tomado en la batalla contra los soldados amalecitas que habían destruido Siclag (1 Sam. 20:29). La lectura LXX «Carmel» (2) es probablemente la correcta.

RACAT (Heb. *raqqaṯ*)
Una ciudad fortificada en el territorio tribal de Neftalí (Jos 19.35). La tradición talmúdica la asoció con el sitio de la posterior Tiberias (201.242), pero algu-

nos estudiosos ahora la ubican 2.4 km (1.5 mi) al norte de Tiberias, pero todavía en la orilla del Mar de Galilea en Khirbet el-Quneinireh/Tel Raqqat.

RACÓN (Heb. *raqqôn*)
Una ciudad en el territorio original del sur de la tribu de Dan (Jos 19.46), que se encuentra tal vez en Tell er-Reqqeit, a poca distancia al norte de el-ʿAujā en el norte Mediterráneo de Jope

RADAI (Heb. *radday*)
El quinto hijo de Isaí, y un hermano de David (1 Cr 2.14).

RAFA (Heb. *rāpāʾ*)
El quinto hijo de Benjamín (1 Cr 8.2). Rafa se omite de la genealogía en Génesis 46.21.

RAFA (Heb. *rāpâ*) (también REFAÍAS)
Benjaminita, hijo de Binea y descendiente del rey Saúl (1 Cr 8.37). En 1 Crónicas 9.43 es llamado Refaías (4).

RAFAEL (Heb. *rĕpāʾēl*)
Un levita guardián del templo, hijo de Semaías de la familia de Obed-edom (1 Cr. 26.7).

RAFAEL (Gr. *Raphaḗl*)
Un ángel, mencionado por primera vez en dos libros judíos después del exilio, Tobías y 1 Enoc. En 1 Enoc, Rafael («Dios sana») es prominente en la jerarquía angélica (1 En 20.3; 40.2, 8–9), y es uno de los ángeles responsables de atar a los ejércitos de Azazel y arrojarlos en el valle de fuego (54.6). Tobit, sin embargo, va más allá en su descripción de la actividad angelical entrando en la esfera humana. Rafael es enviado por Dios en respuesta a las plegarias de Tobías y Sara para «curarlos» (Tob 3.17). Él aparece en forma humana como Azarías («Yah ayuda»), y ayuda a Tobías como guía, siervo, mentor y casamentero. Hacia el final del libro, cuando Tobías y Tobit están a punto de pagarle por sus servicios, Rafael les revela su verdadera identidad (Tob. 12:6-21). Les exhorta a la piedad, explica que él sólo apareció para comer y beber, les pide que escriban un relato de lo que ha sucedido, y asciende al cielo mientras Tobías y Tobit alaban a Dios.

Will Soll

RAFÓN (Gr. *Raphṓn*)
Una ciudad cerca de una de las principales fuentes del río Yarmuk, cerca de 55,5 km (. 34.5 mi) directamente al este del alto Jordán, cuando entra en el mar de Galilea; moderna er-Râfeh. El general amonita Timoteo acampó con sus fuerzas frente a la ciudad, pero Judas Macabeo cruzó el wadi y lo derrotó (1 Mac 5.37).

RAFÚ (Heb. *rāpûʾ*)
Benjaminita, padre del espía Palti (Nm 13.9).

RAGUEL (Gr. *Rhagouḗl*)
1. El padre de Sara (**2**) y suegro de Tobías (**1;** Tob. 3.7-8).

2. Un arcángel (1 En. 20.4; 23.4).

RAGUÉS (Gr. *Rhagoí*; O. Pers. *Râgâ*) (también RAGÁU)
Una ciudad en Media donde Tobías escondió 10 talentos de plata en la casa de su pariente Gabael (Tob. 4.1, 20; Cf 1.14). El ángel Rafael guió el hijo de Tobías a esta ciudad y desde esta ciudad para recuperar el dinero (Tob. 5.5; 6.12 [LXX v. 10]; 9.2). Nabucodonosor hizo la guerra contra Arfaxad en la región montañosa de «Ragáu» (Jdt. 1:05, 15). Las ruinas de ragués están inmediatamente al sur de Teherán moderno

RAHAB (Heb. *rāḥāb*; Gr. *Racháb*)
1. Una prostituta (Heb. *zōnâ*) cuya casa estaba contigua al muro exterior de Jericó (Jos 2.15). De acuerdo con Josué 2.1-24, el rey de Jericó descubrió que los espías de Josué (enviados a reconocer Jericó) estuvieron en la casa de Rahab. Cuando se le pide que los entregue, Rahab insistió en que los dos hombres habían desaparecido (aunque secretamente se escondían en su techo con los manojos de lino). A cambio de su ayuda, los espías acordaron a salvar la familia de Rahab en la batalla que se avecinaba. Le dijeron que atara un cordón de color carmesí en la ventana por la que los espías saldrían pronto; toda su familia debía permanecer en la casa durante la batalla (Jos 2.18), y ella no debía decirle a nadie de su visita (v. 14). Rahab bajó a los espías a través de la ventana, y volvieron al campamento de Josué (Jos 2.22-24). Más tarde, en la batalla de Jericó (Jos 6) Josué salvó la vida a Rahab y a su familia y «habitó ella entre los israelitas hasta hoy» (v. 25). Rahab no es mencionada en el Antiguo Testamento fuera Josué 2 y 6.

En Hebreos 11.31 ella aparece en una lista de héroes de la fe. Según Santiago 2.25 Rahab fue «justificada por las obras» porque «recibió a los mensajeros y los envió por otro camino.» En ambas referencias se identifica como «Rahab la ramera.»

Bibliografía. P. A. Bird, «the Harlot as Heroine,» *Semeia* 46 (1989): 119-39; M. L. Newmann, «Rahab and the Conquest,» en *Understanding the Word,* ed. J. T. Butler, E. W. Conrad, y B. C. Ollenburger. JSOTSup 37 (Sheffield, 1985), 167-81.

2. La esposa de Salmón y madre de Booz (TM 1.5). Ella es la segunda de cuatro mujeres mencionadas en el linaje de Jesús de acuerdo con la genealogía de Mateo.

3. El primigenio dragón del caos (Heb. *rāhab*) derrotado por Jehová durante la creación (Job 9.13; 26.12; Sal 89.10 [TM 11]; Is 51.9). La batalla de Jehová la victoria sobre la bestia mitológica del caos representa una de las cuatro tradiciones de creación distintas en el AT.

Bibliografía. J. Day, *God's Conflict with the Dragon and the Sea.* University of Cambridge Oriental Publications 35 (Cambridge, 1985).

4. Un nombre poético para Egipto (Sal 87.4; Is 30.7).

LINDA S. SCHEARING

RAHAM (Heb. *raḥam*)
Hijo de Sema; un calebita y descendiente de Judá (1 Cr 2.44).

RAM (Heb. *rām*)

1. Hijo de Hezrón, y antepasado de David (Rut 4.19; 1 Cr 2.9-10) y Jesús (TM 1.3-4; Gr. *Aram;* cf. Lucas 3.33).

2. Hijo de Jerahmeel de la tribu de Judá (1 Cr 2.25, 27).

3. Un antepasado de Eliú (Job 32.2).

RAMA
La traducción de varias palabras hebreas y griegas, que se refieren varias veces a ramas verdaderas, tales como las utilizadas para la construcción de tabernáculos en una fiesta (Lv 23.40) o ramas usadas en procesiones festivas (Sal 118.27; Mt. 21.8). Sin embargo, «rama» a menudo tiene significado figurado. Ondear ramas de palma simbolizaba celebrar delante del Señor, y poner ramas de palma en el camino simbolizó la recepción del rey (Mt 21.8). La imagen de un olivo (Os 14.6; Ro 11.16-24), un cedro (Ez 17.23), o una vid y sus ramas (Sal 80.11 [TM 12]; Nah 2.2; Jn 15.1-8) retrata a Israel como estériles o exiliados y como restaurados y plantados en la tierra (Ez 31.6; Mt 13.32). El Mesías de Israel (Is 4.2; 11.1) también se conoce como el «renuevo justo» que brota del linaje real de David (Jer 23.5; 33.15). Cuando los israelitas regresaron a la tierra del exilio y comenzaron a reedificar el templo, Zacarías profetizó que uno llamado «el Renuevo» funcionaría como sacerdote y rey (Zac 3.8; 6.12); él reedificaría el templo del Señor en el tiempo de restauración.

A. B. CANEDAY

RAMÁ (Heb. *rāmâ*)
Denominación común para las ciudades y pueblos elevados en el antiguo Israel (Heb. «la altura»).

1. Un pueblo asignado a Benjamín (Jos 18.25), situado en la frontera de Efraín. Por lo general se identifica con la moderna er-Râm (172140), 8 km (5 mi) norte de Jerusalén. Débora la profetisa se sentaba debajo de un árbol de palma entre Ramá y Betel, y decía las controversias israelitas (Jue 4.5). Cerca de 900 a.C., el rey Baasa de Israel capturó Ramá y fortificó la ciudad en un intento de cortar el acceso norte a Jerusalén. La ocupación de Baasa de Ramá terminó cuando el rey Asa de Judá sobornó a Ben-Hadad de Aram para atacar a Israel (1 R 15.16-22; 2 Cr 16.1-6). A finales del siglo VIII Oseas (Os 5.8) e Isaías (Is 10.29) aluden a un ataque en la ciudad (probablemente por los asirios, aunque algunos han sugerido la coalición siro-efraimita). Los cautivos parecen haber sido recogidos en Ramá para la deportación a Babilonia (Jer 40.1). Jeremías retrata a Raquel (la madre de Benjamín cuya tumba estaba cerca) como que «llora a sus hijos», es decir, por los judíos que son llevados al exilio (Jer 31.15). Mateo aplica la lamentación de Jeremías al dolor experimentado cuando Herodes masacró a los bebés de Belén (TM 2.18). Ramá se menciona en varios contextos posteriores al exilio (Esd 2.26; Neh 7.30; 11.33).

2. Ramá del Neguev; Un pueblo en el territorio de Simeón (también llamado Baalat-beer; Jos 19.8). David envió parte del botín tomado de los amalecitas a un pueblo cercano a Siclag llamado Ramot del Neguev (1 S 30.27), sin lugar a dudas el mismo lugar. El sitio no ha sido identificado con certeza.

3. Una aldea cerca de la frontera norte de Aser, en las inmediaciones de Tiro (Jos 19.29). Ramieh moderno (180280) a veces se ha identificado como el sitio bíblico, aunque esto no es seguro.

4. Una ciudad fortificada en Neftalí (Jos 19.36), usualmente identificado con moderna Khirbet Zeitûn er-Râmeh/Khirbet Jûl (187259), 13 km (8 mi) al suroeste de Safed.

5. La ciudad natal de Samuel. Muchos estudiosos equiparan el lugar de nacimiento de Samuel con Ramá de Benjamín, con el argumento de que el padre de Samuel, Elcana, era un descendiente de Suf (1 S 1.1), levita de los hijos de Coat que se estableció en el norte de Benjamín (9.5; cf. Jos 21.5; 1 Cr 6.22-26, 35, 66-70), o que Ramá (cerca de la frontera de Efraín) estaba habitada por los sufitas. Otros entienden 1 Samuel 1.1 en el sentido de que Ramataim («dos alturas»), usualmente llamada Ramá (cf. v. 19; 2.11), se encontraba en el territorio de Efraín. Esto último a veces se ha asociado con Arimatea del NT, Rentîs moderna (151159; cf. Eusebio *Onom.* 32.21-23). Samuel nació en Ramá (1 S 1.19-20), creció en Silo (v. 24), pero después de que el tabernáculo fue trasladado de Silo regresó a Ramá, donde pasó la mayor parte de su vida adulta (7.17; 25.1).

6. Una forma abreviada del nombre para Ramot-Galaad en Transjordania (2 R 8.29 = 2 Cr 22.6).

Stephen R. Miller

RAMAT-LEHI (Heb. *rāmaṯ lĕḥî*)

Nombre dado al lugar («colina de la mandíbula») donde Sansón mató a 1000 filisteos usando una quijada como un arma (Jue 15.17).

RAMAT-MIZPA (Heb. *rāmaṯ hammiṣpeh*)
Una ciudad fronteriza de Gad, nombrada junto con Hesbón y Betonim (Jos 13.26), y posiblemente el hogar de Jefté. Esta ciudad se ha identificado con un número de sitios incluidos Khirbet Jelʿad, Khirbet eṣ-sSire, Khirbet el-Qar'a, y ʿAraq el-Emir. Tell Rāmîth es una posibilidad si Mizpa en Galaad y Ramot-Galaad deben equipararse.

Paul J. Ray, Jr.

RAMATAIM-ZOFIM (Heb. *rāmāṯayim ṣôpîm*)
El hogar de Elcana, el padre de Samuel (1 S 1.1 TM; NVI «Ramataim»).

Véase Ramá 5.

RAMATÁYIM (Gr. *Rháthamin*)
Uno de los distritos tomados de Samaria y dados por Demetrio a Jonatán Macabeo cerca de 150 a.C. (1 Mac 11.34). El lugar es por lo demás desconocido, pero algunos estudiosos lo identifican (a través de una transposición de las consonantes) con Ramataim (Zofim), el lugar de nacimiento de Samuel.

Ver Ramá 5.

Benjamin C. Chapman

RAMATITA (Heb. *rāmāṯî*)
La designación gentilicia de Simei (**13**), supervisor de los viñedos de David, lo que indica que era uno de los lugares nombrados Ramá (1 Cr 27.27).

RAMERA
Una mujer que tiene relaciones sexuales por dinero (Heb. *zônâ,* de una raíz que significa «fornicar»; Gr. *pórnē,* de un verbo que significa «vender»). La RV-60 también utiliza «ramera» para *qĕḏēšâ* en Génesis 38.21, 22; Oseas 4.14. Si bien *zônâ* y *qĕḏēšâ* a veces se supone que son completamente sinónimos, es posible que los diferentes términos impliquen diferentes funciones o connotan diferentes grados de posición social.

Desde que el femenino *qĕḏēšâ* y su equivalente masculino *qāḏēš* vienen de la raíz hebrea que significa «santo» o «apartado,» los eruditos modernos a menudo asumen que estas palabras se refieren a hombres y mujeres que participan en prácticas de culto cananeas de fertilidad (como opuestos a la «prostitución común»). Así, mientras que la RV-60 usa «ramera» para *qĕḏēšâ* y «sodomita» para *qāḏēš,* versiones recientes traducen tanto la forma masculina como femenina como «prostitución sagrada,» «prostitutos y prostitutas de culto,» o «prostitución ritual» (1 R 14.24; 15.12; 22.46; 2 R 23.7; Job 36.14).

En el AT, «ramera» *(zônâ)* se utiliza para describir a Tamar (la nuera de Judá, Gn 38), Rahab (la mujer de Jericó que albergó a los espías israelitas, Jos 2.1-24), la madre sin nombre de Jefté (Jue 11.1) y las dos mujeres cuya disputa por un bebé fue resuelta por Salomón (1 R 3.16). Los hermanos de Dina dicen que ellos no permitirán que su hermana fuese tratada como una *zônâ* (Gn 34.31), Sansón tuvo relaciones sexuales con una *zônâ* (Jue 16.1), y a los sacerdotes israelitas se les prohíbe casarse con una *zônâ* (implicando que algunos lo hicieron; Lv 21.7). Tamar y Rahab son recordadas por nombre en la genealogía de Mateo de Jesús, y dos de los tres usos de *pórnē* en el NT se refieren a Rahab, cuya fe en Dios y su bondad hacia los espías israelitas se piensa que compensan los aspectos negativos de su profesión (He 11.31; Stg 2.25). Así, una ramera parece haber sido una persona profesional cuyo lugar en la sociedad era reconocido (a pesar de que ella era tenida en baja estima).

Sin embargo, el término «ramera» también aparece en una variedad de metáforas que se utilizan para condenar la idolatría y el sincretismo religioso en Israel. En este uso figurado, *zônâ* adquiere connotaciones más negativas que implican el adulterio y la promiscuidad. Si se cree que Israel está ligado a Dios en una relación de pacto exclusivo, entonces se puede decir que Israel cometió adulterio (o «fornicar») cada vez que buscan poderes distintos a Jehová para sustento, consuelo, o protección (p.ej., Jer 3.3; Ez 16.1-34; Os 1–4; Mi 1.7).

Mientras «ramera» *(zônâ)* pueden referirse a una mujer cuya presencia continuada en la comunidad es tolerada (aunque estigmatizada), los términos «fornicar» *(znh)* y «prostitución» o «fornicación» *(zĕnûṯ/zĕnûnîm)* describe el comportamiento que el hablante piensa que no se puede tolerar ni permitir que continúe. Esta distinción en el uso puede reflejar una doble moral. En Génesis 38 Judá parece perfectamente dispuesto a contratar los servicios de una prostituta y enviarle el pago acordado, pero él planea quemar a su nuera porque «ha fornicado» (v. 24), hasta que se da cuenta de que su comportamiento no es peor que el suyo (v. 26).

Bibliografía. P. A. Bird, «The Harlot as Heroine,» *Semeia* 46 (1989): 119-39; S. Erlandsson, «zānâ,» *TDOT* 4.99-104.

Kathleen A. Farmer

RAMÍA (Heb. *ramyâ*)
Un israelita de la familia de Faros; un retornado del exilio obligado a divorciarse de su esposa extranjera (Esd 10.25).

RAMOT (Heb. *rā᾽môṯ, rāmōṯ, rā᾽mōṯ*)

1. Ramot en Galaad (Dt 4.43; Jos 20.8; 21.38; 1 Cr 6.80 [TM 65]).

Véase Ramot-Galaad.

2. Ramot del Neguev, un pueblo de Simeón al que David envió botín de los asaltantes amalecitas de Siclag (1 S 30.27).

Véase Ramá 2.

3. Una ciudad levítica en el territorio de la tribu de Isacar, asignado a los gersonitas (1 Cr 6.73 [58]). Probablemente era el mismo que Jarmut (2; Jos 21.29) y Remet (19.21).

RAMOT-GALAAD (Heb. *rāmôṯ [hag]gilʽāḏ*)
Una ciudad de refugio en Transjordania ubicada en la parte oriental del territorio de Gad (Dt 4.43; Jos 20.8; 21.38).

Ben-hadad de Siria aparentemente capturó la ciudad de Israel a mediados del siglo IX a.C. (1 R 20, 22). El rey de Israel (probablemente Acab) posteriormente pidió a Josafat de Judá que le ayudara en la recuperación de la ciudad desde Aram (1 R 22.3), pese a las objeciones del profeta Miqueas, quien predijo el fracaso (vv. 15-17). Un segundo intento aliado para recuperar Ramot-Galaad fue realizado por Israel y Ocozías de Judá contra Hazael el sucesor de Ben-Hadad, unos 12 años más tarde (c. 840; 2 R 8.28-29), aunque Joram fue herido en el intento. La confusión resultante en Israel (que llevó al surgimiento de Jehú) habilitó a Hazael para recuperar no sólo Ramot de Galaad, sino también el resto de las posesiones de Israel en Transjordania (2 R 10.32-33).

No hay consenso sobre la identidad moderna de Ramot-Galaad, aunque Tell el-Ḥusn (232210; 16 km [10 mi] suroeste de Ramta) y Tell Rāmîth (244210; 7 km [4 mi] sur de Ramta, cerca de la frontera moderna de Siria) se han propuesto. Tell Rāmîth tiene la ventaja de los vínculos etimológicos con Ramot, una ubicación estratégica como «altura», y cerámica de la Edad de Hierro que data de la época de Salomón a la de Tiglat-pileser III.

Randall W. Younker

RAMSÉS (Heb. *Ramʽamsēs*) **(LUGAR)**
(También RAAMSES)
La región en la que los hebreos se establecieron durante su estadía en Egipto (Gn 47.11) y el nombre de una ciudad bodega que se vieron obligados a construir (Ex 1.11, Raamses). Ramsés fue el punto de partida del Éxodo (Ex 12.37; Nm 33.3, 5). La ciudad fue nombrada en honor a Ramsés II de la dinastía 19 (Egip. *pr-rʽ-ms-sw*, «la casa de Ramsés»). Fue durante este tiempo que la capital de Egipto se trasladó de Tebas, en el sur de Ramsés en el Delta.

Ramsés fue siempre identificada con Tanis (Zoán; moderna San el-Agar) en base a la presencia de numerosos monumentos de Ramsés II, pero el sitio estuvo desocupado antes de la dinastía 21 y se encontró que los monumentos fueron trasladados allí desde otros lugares. Estudiosos anteriores habían sugerido Tell er-Ranabeh y Pelusio. El consenso actual ubica Ramsés en Qantir (Khatana), 24 km (15 mi) sur de San el-Hagar y 14 km (9 mi) norte de Fagus. Evidencia de ocupación incluye palacios y edificios administrativos de la época Ramesida. Importantes hallazgos en los alrededores indican que la ciudad de Ramsés se extendió desde Qantir que era el centro e incluyó sitios como el Tell el-Dabʽa (ubicación de Avaris, capital de los hicsos) y Tell Abu el-Shafiʽa.

Bibliografía. M. Bietak, «Avaris and Piramesse,» *Proceedings of the British Academy* 65 (1979): 225-89; *Avaris, the Capital of the Hyksos* (London, 1996); E. P. Uphill, «Pithom y Raamses: Their Location y Significance,» *JNES* 27 (1968): 291-316; 28 (1969): 15-39.

LAWRENCE A. SINCLAIR

RAMSÉS (Egip. *Rʿ-ms-sw*) **(PERSONA)**
Un nombre real utilizado por un número de reyes egipcios de las dinastías 19 y 20 (o ramésidas) del Imperio Nuevo.

1. Ramsés I. General y visir de Horemheb, el último rey de la dinastía 18, que se convirtió en el sucesor de Horemheb y el fundador de la dinastía 19. Se le atribuye un reinado de dos años, (1306-1305 a.C.) y fue sucedido por su hijo Seti I (1305-1290).

2. Ramsés II. El hijo de Seti I, que reinó durante unos 67 años (1290-1224). En el quinto año de su reinado, se enfrentó en una gran campaña contra los hititas, y en su año 21, concluyó un tratado con el rey hitita Ḫattušili que estableció el control de Egipto sobre Canaán. El tratado ha sobrevivido en egipcio en las inscripciones en el templo de Karnak y en el Ramesseum y en una copia de la escritura cuneiforme babilónica recuperada de la capital hitita. Ramsés también fue responsable de proyectos de construcción monumental, incluyendo estatuas colosales; los templos de Abu Simbel; y su templo funerario, el Ramesseum. Algunos intérpretes identifican las ciudades de Pitón y Ramsés (Ex 1.11) con Per-Atum y Per-Ramsés en el Delta oriental y sugieren que Ramsés II pudo haber sido el rey de Egipto en la época del éxodo israelita. Un monumento erigido por su hijo y sucesor Mernepta (1224-1204) incluye la primera referencia extrabíblica conocida a Israel como un pueblo en el territorio de Canaán.

3. Ramsés III (1183-1152). El hijo de Setnakht, que había fundado la dinastía 20 y gobernó cerca de dos años. Durante su reinado se ocupó de las incursiones de los libios y otros en territorio egipcio. Relieves en el templo funerario de Ramsés III en Medinet Habu ilustran sus batallas contra los Pueblos del Mar en el octavo año de su reinado. Uno de estos grupos, llamado los peleset por los egipcios, se estableció en la llanura costera del sur de Canaán, y son conocidos en el Antiguo Testamento como los filisteos, y quizás también los peleteos de guardaespaldas de David (2 S 8.18).

4. Ramsés IV-XI. Ramsés III fue seguido en el trono por una serie de reyes que también tomaron el nombre de Ramsés y quien gobernó hasta 1085. Durante los reinados de estos reyes el poder del Imperio Egipcio disminuyó y hubo problemas internos en crecimiento. Una serie de factores probablemente estuvieron involucrados en la eficacia decreciente de la monarquía egipcia evidenciados durante los últimos años de la dinastía 20, incluyendo un patrón inusual de sucesión: una serie de reyes de edad avanzada con reinados relativamente cortos que siguieron a Ramsés III, la ineficiencia administrativa, y cambios en las relaciones entre el rey y el gobierno civil y el ejército.

Bibliografía. K. A. Kitchen, *Pharaoh Triumphant: The Life and Times of Ramesses II* (Warminster, 1983); A. B. Knapp, *The History and Culture of Ancient Western Asia and Egypt* (Chicago, 1988); B. G. Trigger et al., *Ancient Egypt: A Social History* (Cambridge, 1983).

KEITH L. EADES

RANA
Una clase de anfibios (generalmente de la familia Ranidae) o criaturas acuáticas. Las ranas (Heb. *ṣĕpardēaʿ*; Gr. *bátrachos*) carecen de aletas y escamas

Colosos de Ramsés II. Exterior de Gran Templo de Abu Simbel (Cortesía del Instituto Oriental de la Universidad de Chicago)

y por tanto son inmundos para la comida (Lv 11.9-12); ellas también pueden calificarse como «reptil que se arrastra», también inmundo (Lv 11.41).

Todas las veces que aparece en el AT están relacionadas con las 10 plagas. Las ranas son la segunda plaga después de que el Nilo ha sido convertido en sangre (Éx 8.2-14 [TM 7.27-8.10]). Ellos son la tercera plaga en Salmo 78.45, después del Nilo convertido en sangre y moscas, y 105.30, después de tinieblas y el Nilo convertido en sangre. La sabiduría de Salomón también menciona esta plaga (Sab 19.10). Una explicación del fenómeno es naturalista: Las ranas tuvieron que salir del Nilo antes que de costumbre en el año porque al retroceder las aguas dejaron pudrición, pescados plagados de insectos en charcas y estanques al lado del río. Los insectos llevaron enfermedades, que mataron las ranas. Otra explicación es literaria: las ranas son un símbolo de fertilidad, asociado con la diosa con la cabeza de rana Heqt (Heket), la consorte del dios Knum, que formó a los seres humanos de la arcilla. Que Heqt asistió parturientas ha sido relacionado con la orden del Faraón que las comadronas mataran a los niños hebreos varones (Éx 1.16); la plaga sería una respuesta a aquella orden. En Apocalipsis 15–16 las siete copas de la ira divina son modelados en la plaga; desde la sexta copa (16.13) el ángel suelta una plaga de espíritus inmundos en forma de rana.

Victoria Andrews

RAPTO

El«arrebatamiento» (del lat. *raptio*) de los santos para recibir al Señor en el aire, mencionado por Pablo en 1 Tesalonicenses 4.17. Los comentarios de Pablo en 1 Ts 4.14-18 son provocados por las expresiones de dolor excesivo por algunos en la congregación joven por la pérdida de seres queridos. Él los consuela profundizando su esperanza en la resurrección, que él asegura que no dejará en desventaja a los difuntos en absoluto, sino que marcará el reencuentro de todos los creyentes y su reunión permanente con el Señor resucitado en gloria.

Clemente de Alejandría se refirió curiosamente a las declaraciones de Pablo a la experiencia del creyente en el momento de la muerte, pero la asociación con la Parusía es evidente en el texto y es reconocida por la gran mayoría de los intérpretes. En el siglo XVIII J. N. Darby popularizó, aunque, evidentemente, no originó, la noción de un «rapto secreto» para venir sin avisar o acompañamiento, dejando al mundo privado de los cristianos a enfrentar al anticristo, a siete años de tribulación, y la ira de Dios. Todo esto precederá al regreso de Cristo a la tierra y el reino milenario siguiente. La comprensión de Darby se ha convertido en un sello distintivo de dispensacionalismo premilenial.

Pablo, sin embargo, al parecer se refiere al rapto de nuevo en 2 Tesalonicenses 2.1-2 como «nuestra reunión juntamente con él» (cf. Mt 13.30; 24.31), que une a «la venida de Cristo» y esto significa «el día del Señor.» El rapto también aguarda, como 2 Tesalonicenses 2.3 indica, la venidera «apostasía» o la rebelión y el advenimiento del «hombre de pecado.» El rapto de los santos es, pues, ese aspecto de la venida de Cristo que efectúa la recogida de todos los creyentes, los que están vivos en ese momento y aquellos que han partido antes al morir, para estar con el Señor para siempre.

Bibliografía. E. Best, *The First and Second Epistles to the Thessalonians.* BNTC 13 (Peabody, 1993); E. R. Sandeen, *The Roots of Fundamentalism: British and American Millenarianism, 1800-1930* (Grand Rapids, 1978); G. Vos, *The Pauline Eschatology* (Grand Rapids, 1961).

Charles E. Hill

RAQUEL (Heb. *rāḥēl*)

La hija menor de Labán, hermana de Lea, y una de las esposas de Jacob. Su nombre probablemente significa «oveja», y se dice que ella «era de lindo semblante y de hermoso parecer.»

Raquel estaba cuidando las ovejas de su padre cuando fue saludada por primera vez por Jacob, que había ido a Harán, ya sea para escapar de la ira de su hermano Esaú (Gn 27.41-45) o para buscar una esposa de los parientes de su madre (27.46-28). Jacob fue a trabajar para Labán, quien también era hermano de su madre. Cuando se le preguntó cuál debía ser su salario, Jacob pidió la mano de Raquel, a quien amaba. A cambio de siete años de servicio, Raquel se convertiría en su esposa (Génesis 29:15-20).

Aunque Labán parecía estar de acuerdo con los términos (Gn 29.19), cuando llegó el momento de dar Raquel a Jacob, Labán la sustituyó por Lea. La razón de Labán para hacerlo es muy irónica: no era la costumbre de casar a la hija más joven primero. Jacob, que había robado la bendición de su otro hermano, él mismo tuvo que aceptar como esposa a la hija mayor en lugar de la más joven que él había elegido. Jacob se vio obligado a dar otros siete años de servicio por Raquel, aunque se le permitió casarse con ella en una semana (Gn 29.28).

Irónicamente Raquel, esposa que Jacob eligió y «amaba», permaneció durante mucho tiempo estéril, mientras que su hermana Lea, la «aborrecida», dio hijos a Jacob. Esto llevó a la tensión y el conflicto entre las dos hermanas como Lea dio a luz a cuatro hijos en sucesión y Raquel no tuvo hijos (Gn 29.31-35). Para superar este estado Raquel ofrece como esposa a Jacob su sierva Bilha, quien tuvo dos hijos (Gn 30:1-8). Lea a su vez ofreció su sierva Zilpa, quien también dio dos hijos (Gn 30.9-13). Esta práctica parece reflejar un procedimiento legal por el cual las mujeres sin hijos podrían adquirir los hijos de sus sirvientas por adopción; recurriendo a esta práctica Raquel probablemente esperaba quitar la vergüenza acarreada por la esterilidad.

A medida que aumentaba la desesperación de Raquel, ella incluso negoció una noche con Jacob por una mandrágora, o «manzana de amor», encontrada por el hijo de Lea, Rubén (Gn 30.14-16). El fruto de la mandrágora (Mandrágora de flor amarilla) fue considerado como un afrodisíaco, que promovía la fertilidad.

Después de que Lea dio a luz a otros dos hijos y una hija, Raquel, finalmente, dio a luz un hijo, José, y el conflicto, o competencia, entre las dos mujeres terminó, aunque no sin esperanza de Raquel de tener otro hijo (Gn 30:24). Aunque el nacimiento de José se produjo poco después de que Raquel ganó la posesión de la mandrágora, el narrador tiene cuidado en atribuir la concepción de José al hecho de que «Dios se acordó de Raquel, y Dios le hizo caso y abrió su matriz» (Gn 30.22).

Después del nacimiento de José Jacob hizo planes para dejar la casa de Labán en secreto, con el consentimiento de sus esposas. Raquel llevó con ella los ídolos domésticos (pequeños objetos de culto, las imágenes de los dioses o, posiblemente, de los antepasados), ocultándolos en una albarda de un camello. Las razones de Raquel para ello no están claras, pero es posible que los ídolos representen la bendición, o el bienestar de la familia, que ella toma en compensación por la injusticia perpetrada por su padre (Gn 31.14-16). Al hacerlo ella casi trajo la muerte sobre sí misma. Jacob, inocente del robo o conocimiento del robo, prometió a Labán que quien había tomado los ídolos domésticos moriría. Raquel usa el engaño para evitar ser descubierta, alegando que era el momento de su período menstrual.

El deseo de Raquel por otro hijo no se cumplió sino hasta después de que Jacob había vuelto a Betel (Gn 35). En el viaje de Betel a Efrata (Belén), Raquel dio a luz a un segundo hijo, llamado Benjamín por su padre, pero murió en el parto (Gn 35:16-18). Jacob la enterró allí en el camino, con un pilar para marcar el lugar (Gn 35:19-20), que más tarde pasó a formar parte del «territorio de Benjamín, en Selsa» (1 S 10.2).

Raquel es recordada en Israel como la única que, junto con Lea, edificaron la casa de Israel (Rut 4.11). El profeta Jeremías habla de Raquel que llora en Ramá por sus hijos perdidos, las tribus del norte descendientes de José y Benjamín (Jer 31.15).

Marilyn J. Lundberg

RAS SHAMRA
Véase Ugarit.

RASSIS (Gr. *Rhássis*)
Una ciudad que fue saqueada por el ejército de Holofernes (Jdt 2.23; DHH «los rasisitas»). El autor parece colocarla en algún lugar en la región de Cilicia. Algunos consideran Rassis como una corrupción del nombre de Tarso (Vulg. Tarsis), mientras que otros creen que es la Rossos (Arsos moderna) mencionada por Strabo (*Geog.* 14.5.19; 16.2.8) y Ptolomeo (*Geog.* 5.14).

H. Wayne House

RATÓN
En el empleo bíblico, cualquiera de cierto número de roedores de la familia *Muridae*, incluyendo ratones, ratas y ratones del campo (Heb. *ʿakbār*). Estos animales no eran aceptables de acuerdo con las leyes sobre la comida del Pentateuco (Lv 11.29; cf. Is 66.17, porque representaban celebraciones paganas). En respuesta a una invasión de ratones enviada por Dios, los filisteos incluyeron cinco ratones de oro como parte de una ofrenda por la culpa cuando devolvieron el arca de la alianza a Israel (1 S 6.4-18).

REAÍA (Heb. *rĕʾāyâ*) (también HAROE)

1. Judaíta, hijo de Sobal (1 Cr 4.2). Él es llamado Haroe en 1 Crónicas 2.52.

2. Rubenita, hijo de Miqueas de la familia de Joel (1 Cr 5.5).

3. Sirviente del templo cuyos descendientes regresaron con Zorobabel del exilio en Babilonia (Esd 2.47 = Neh 7.50).

REBA (Heb. *reḇaʿ*)
Uno de los cinco reyes de los madianitas, todos los vasallos de Sijón, rey de los amorreos, que fueron asesinados por los israelitas en la guerra (Nm 31.8; Jos 13.21). Su territorio fue luego asignado a los hijos de Rubén.

REBAÑO, TORRE DEL
Véase Eder (Lugar) **2.**

REBECA (Heb. *riḇqâ*)
La esposa de Isaac y la madre de Jacob y Esaú; hija de Betuel y hermana de Labán (Gn 22.23; 24.29). Cuando Abraham envía a su siervo a buscar una esposa para Isaac de su tierra mesopotámica, Rebeca se encuentra en un pozo fuera de la ciudad de Nacor (Gn 24.11-49). Ella se describe como bella, y sus acciones le revelaron no ser una mujer pasiva. Inicialmente, su hermano y su padre arreglan con el siervo de enviar a Rebeca como esposa para Isaac. En última instancia, sin embargo, el texto sugiere que Rebeca decide por sí misma volver con el siervo de Abraham y casarse con Isaac (Gn 24.58). El primer encuentro entre los contrayentes, Isaac y Rebeca, se lee como una escena de una novela romántica. Isaac acepta fácilmente su nueva novia, y el texto dice que «la amó» (Gn 24.67). Después de una oración por su marido, la esterilidad de Rebeca se supera y concibe. Durante un embarazo difícil, ora a Dios y se le dice que ella va a dar a luz a dos hijos, dos naciones, y que el mayor servirá al menor. Después nacen sus hijos, Rebeca reconoce las diferencias entre los dos chicos. Ella ama al más joven, Jacob, Isaac, sin embargo ama más a Esaú (Gn 25.21-28). Cuando ella escucha a Jacob diciendo a Esaú que él va a dar a su hijo mayor una bendición, Rebeca idea un plan para engañar a su marido a fin de que dé la bendición a Jacob. Ella instruye a su hijo de todo lo que tiene que hacer con el fin de engañar a su padre, y su plan tiene éxito (Gn 27.5-40). Cuando Rebeca ve la intensa ira de Esaú hacia Jacob, ella decide que debe hacer algo para proteger a su hijo. Ella convence a Isaac que Jacob debe casarse con una mujer de su propia tierra. Por lo tanto, Jacob es enviado a encontrar una esposa, y su vida está a salvo temporalmente (Gn 27.41-46). Después de este acto final de seguridad para su hijo favorito, Rebeca desaparece de la narración. No se menciona su muerte. En Génesis 49.31, sin embargo, su lugar de enterramiento se identifica como integrantes de la cueva familiar en Macpela, junto con Abraham, Sara, Isaac, Jacob y Lea. A través de su astucia y perspicacia extraordinaria, Rebeca se asegura que la palabra del Señor con respecto a sus dos hijos, que le dio durante su embarazo, tiene su pleno cumplimiento. Ella es reconocida como una de las cuatro matriarcas de los israelitas.

Bibliografía. S. P. Jeansonne, *The Women of Genesis* (Minneapolis, 1990); S. Niditch, «Genesis», in *The Women's Bible Commentary,* ed. C. A. Newsom y S. Ringe (Louisville, 1992), 13-29.

Lisa W. Davison

RECA (Heb. *rēkâ*)
El hogar de una rama de los hijos de Judá (1 Cr 4.12). La ubicación de este lugar es desconocida, y el texto también puede estar corrupto. Una recensión importante de la LXX sugiere que el nombre al que hace referencia es Recab, en cuyo caso podría no ser un nombre de lugar, sino una forma de gentilicio que designa a los mencionados aquí como Recabitas (cf. 1 Cr 2.55).

RECAB (Heb. *rēḵāḇ*)
1. Hijo de Rimón de Beerot quien con su hermano Baana asesinó a Is-boset hijo de Saúl (2 S 4.2, 5-8). Por este acto Recab y Baana fueron ejecutados por David (2 S 4.9-12).

2. El padre de Jonadab, cuyos descendientes fueron los recabitas (2 R 10.15, 23; 1 Cr 2.55; Jer 35).

3. El padre de Malquías, el gobernante posterior al exilio de la provincia de Bet-haquerem (Neh 3.14). Él puede ser el mismo que **2** anterior.

RECABITAS (Heb. *rēḵāḇîm*)
Los seguidores de Jonadab, que se unieron a Jehú en su rebelión contra la casa de Acab (2 R 10.15-17); llevan el nombre de Recab, el padre o antepasado de Jonadab. Durante el reinado de Joacim los recabitas se describen como un grupo religioso conservador (Jer 35), caracterizados por un voto de no beber vino y una fuerte oposición contra el culto a Baal y algunas prácticas de una sociedad agrícola sedentaria. Jeremías utiliza los recabitas como un ejemplo de obediencia religiosa, en marcado contraste con el pueblo de Israel y de Judá. Los recabitas también aparecen en las listas genealógicas donde parecen estar asociados con los ceneos (1 Cr 2.55; 4.11-12). También, un pseudoepígrafe diversamente titulado La Historia de los recabitas o La Historia de Zósimo contiene una exégesis más amplia de Jeremías 35.

La teoría antropológica desarrollista utiliza la «doctrina de las supervivencias culturales» para interpretar la abstención de los recabitas del vino, su morada en tiendas de campaña, y su desprecio de la agricultura como vestigios de una manera nómada mucho más antigua de vida. Las teorías difusionistas llevaron al rechazo de los recabitas como sobrevivientes del nomadismo anterior y los reinterpretan como resultado del contacto y la interacción entre los diferentes grupos dentro de una cultura determinada. Su forma de vida se compara con la de los profetas, absteniéndose del alcohol porque éste podría afectar su capacidad profética e itinerante en protesta de los males de la sociedad urbana. La aparición de recabitas en genealogías dio origen a la idea de que eran un gremio de trabajadores metalúrgicos antiguos, organizado según el modelo de las familias y conocido por sus líneas endogámicas y largas genealogías.

La investigación comparativa sobre la función de la autodemarcación ritual como un sustituto para el poder real y la necesidad de autoafirmación simbólica de las comunidades marginadas puede proporcionar hipótesis más satisfactorias en el futuro para comprender a los enigmáticos recabitas.

Bibliografía. F. S. Frick, «The Rechabites Reconsidered,» *JBL* 90 (1971): 279-87; C. Knights, «Who Were the Rechabites?» *ExpTim* 107 (1995-96): 137-40; K. van der Toorn, «Ritual Resistance and Self-Assertion: The Rechabites in Early Israelite Religion,» in *Pluralism y Identity*, ed. J. Platvoet and van der Toorn (Leiden, 1995), 229-59.

Hendrik L. Bosman

RECINTOS
Véase **CÁMARA DE UTENSILIOS.**

RECONCILIACIÓN

«Reconciliar» o lograr la «reconciliación» es restaurar la armonía o la amistad entre dos entidades anteriormente divididas. En la tradición bíblica, la reconciliación denota el hecho fundamental de una relación restaurada, ya sea entre las personas humanas, entre varios elementos en el cosmos, o entre los seres humanos y Dios.

Esta idea bíblica asume que las relaciones de hecho se han roto, según el relato de Génesis 3 relata de manera tan conmovedora. En esa historia, por otra parte, todas las relaciones de la existencia humana tienen la necesidad de reconciliación: las relaciones entre las criaturas y su Creador, las relaciones de género hechas hostiles por los efectos del pecado, y las relaciones entre los seres humanos y la tierra misma que se han estropeado de igual manera por el pecado del Huerto.

El pueblo del pacto de Israel comprendió la reconciliación sobre todo en un sentido cultual por el cual los «sacrificios por el pecado y la ofrenda por la culpa» restaurarían la armonía entre ellos y Dios, una armonía que había sido rota por el pecado y la violación del pacto. Heb. *kāpar,* «cubrir, hacer expiación», expresa la intención de estas ofrendas de culto (Lv 8.15; 16.1-34; Ez 45.15, 17, 20) para purificar y restaurar la relación del pueblo con Dios. En el Antiguo Testamento, los actos de reconciliación o expiación son realizados por las personas a través de la mediación de los sacerdotes.

En el NT, la reconciliación también denota un cambio en la relación en la que personas o elementos que anteriormente estaban distanciados experimentan una armonía restaurada. Los cristianos deben buscar la reconciliación entre ellos y cualquier miembro de la comunidad alejada, sobre todo antes de ofrecer una ofrenda en el altar (TM 5.24) o ir a solucionar las controversias ante un juez (Lc 12.58).

La tradición paulina, sin embargo, desarrolla el tema de la reconciliación más plenamente que cualquier otro texto bíblico. Pablo puede utilizar el término «reconciliación» de una manera muy humana, como en 1 Corintios 7.11 cuando insta a los cónyuges a reconciliarse entre sí. Pero, para Pablo, el énfasis dominante no cae en los esfuerzos de reconciliación humana, sino en lo que Dios ha hecho en el mundo, por medio de Cristo. Esta convicción paulina aparece sobre todo en 2 Corintios 5.14-21; Romanos 5.8-11; 11.15 (cf. Col 1.20-22; Ef 2.12-17).

La muerte y resurrección de Cristo han redefinido y restaurado todas las relaciones en la «nueva creación» (2 Co 5.17); Dios, ahora, se ha convertido en el Reconciliador perfecto. Por medio de Cristo, Dios ha restaurado todas las personas a una relación correcta con el Creador divino y ha convocado a todos los creyentes a cooperar en este «ministerio de la reconciliación» (2 Co 5.18). Todo el cosmos se encuentra actualmente reconciliado ante Dios, invitado a esta reconciliación: «Dios estaba en Cristo reconciliando consigo al mundo» (2 Co 5.19). En Romanos, Pablo se basa en el lenguaje sacrificial de su herencia judía para entender la muerte expiatoria de Cristo como el perfecto acto de reconciliación (Ro 5.10-11) efectuada por Dios, en y a través de Cristo.

Por último, Colosenses y Efesios llevan las implicaciones del acto de la reconciliación de Dios a sus alturas cósmicas. En Cristo, Dios estaba reconciliando «todas las cosas, ya sea en la tierra o en el cielo» (Col 1.20) a fin de «presentaros santos y sin mancha e irreprensibles delante de él» (v. 22). Para el autor de Efesios, la división religiosa fundamental entre judíos y gentiles ha sido finalmente reconciliada; Cristo mismo se ha convertido en la «paz entre nosotros» (Ef 2.14). El efecto de esta reconciliación es nada menos que la creación de una «nueva humanidad» (Ef 2.15) construida en Cristo, el que «todo lo llena en todo» (1.23).

Bibliografía. R. J. Schreiter, *Reconciliation: Mission and Ministry in a Changing Social Order* (Maryknoll, 1996).

BARBARA E. BOWE

RED

Las redes de varios tipos de cuerdas eran un instrumento de trabajo para cazadores de animales para carne y pieles, cazadores de aves y pescadores. Los cazadores colgaban redes entre los árboles o a lo largo de sendas de caza (Sal 140.5 [TM 6]) para atrapar antílopes o piezas de caza semejantes (Job 18.8; Is 51.20); o combinadas con hoyos, las redes se utilizaban para atrapar leones (Ez 19.1-9). Metafóricamente, las redes representaban el juicio de Dios (Lm 1.13; Ez 12.13), o simbolizaban las artimañas de los impíos para atrapar a los justos (Sal. 10.9). La imagen da una sensación de peligro oculto (Os 9.8) o de la incapacidad de la presa de escapar de la red (Ez 32.3; Mi 7.2).

El cazador de aves colgaba una red en secreto (Pr 1.17), y esperaba. En el momento oportuno, la red era dejada caer sobre las aves mientras comían (Jer 5.26; Am 3.5). Bandadas de aves, como las de codornices, que se habían refugiado en la maleza eran atrapadas cuando se les lanzaba una red (Os 7.12). Así también, los malos tiempos, al igual que las redes, caen sobre las personas (Ec 9.12). La muerte es el enmarañamiento de cuerdas de una red (Sal 18.4, 5[5, 6] = 2 S 22.5, 6), pero Dios pone en libertad a los justos, como aves de las redes del cazador (Sal 124.7).

Los pescadores también utilizaban redes (Mt 4.20, 21), que podían ser atarrayas pequeñas (Is 9.8; Mt 4.18) o redes barrederas (de arrastre) que requerían un grupo de personas, en embarcaciones o en la orilla (Hab 1.15; Ez 47.10). Mateo 13.47, 48 da a entender pescadores, como los de Galilea, que dividían en grupos a los peces comestibles (*Cichlidae*, tilapia o pescado de San Pedro; *Cyprinidae*, carpa, tanto el barbo como la sardina) de los no comestibles por la ley judía (*Siluridae*, bagre).

Bibliografía. M. Nun, «Cast Your Net upon the Waters,» *BARev* 19/6 (1993). 46-56, 70; S. Wachsmann, «The Galilee Boat,» *BARev* 14/5 (1988). 18-23.

WILLIAM R. DOMERIS

REDENCIÓN

Exoneración de la obligación legal o liberación de circunstancias desesperadas, estrechamente relacionada con un pago necesario para llevar a cabo esa liberación. En el AT las palabras principales que se utilizan para expresar este concepto son Heb. *pāḏâ y gā'al.* El NT utiliza principalmente cognados de gr. *lytróō y agorázō.*

En la ley de Moisés, la idea básica es la de los pagos monetarios necesarios para liberar a las personas o la propiedad de una obligación. Se aplica a la redención de los primogénitos (Ex 13.11-15; 34.19-20; Nm 3.44-51; 18.15-17), para la redención de la propiedad (Lv 25.23-34; Rut 4.1-12), y para la redención de los individuos (Lv 25.35-55). También se aplica al proceso de lograr la libertad del voto difícil o un diezmo (Lv 27.1-33).

La idea de la liberación de la obligación continúa en los Profetas y Escritos (Sal 49.7-8[TM 8-9]; Jer 32.7-8). Más frecuentemente, sin embargo, la palabra es sinónimo del concepto de rescatar o entregar (Sal 25.22; 26.11; 44.26 [27]; Mi 4.10), a veces en paralelo con la noción de «rescate» (Sal 49.7 [8]; Os 13.14). Esta liberación puede ser de cualquier número de circunstancias, incluyendo el hambre y la guerra (Job 5.20), la opresión y la violencia (Sal 72.14), adversarios (Job 6.23; Sal 69.18 [19]; Jer 15.21), el infierno y la muerte (Sal 49.15 [16]; Os 13.14), e iniquidades (Sal 130.7-8). Por encima de todo, Dios es el redentor (Sal 19.14 [15]; 78.35; Is 41.14; 44.6; 49.26; 50.2) quien vendrá a Sión (Is 59.20) para traer reposo a Israel y el juicio a sus enemigos (Jer 50.34).

Estos énfasis del AT están presentes en el NT, pero se aplican sobre todo a lo que Cristo ha hecho por el creyente (1 Co 1.30) Y sólo secundariamente a lo que Dios hará por Israel (Lc 1.68; 2.38; 24.21). El concepto de obligación legal es claro en que el creyente es «comprado por precio» (1 Co 6.20; 1 P 1.18-19; Ap 5.9; 14.3-4) y también «redimió de la maldición de la ley» (Gá 3.13; 4.5). La idea de un rescate está presente en la declaración de Jesús que vino a «dar su vida en rescate por muchos» (TM 20.28; Mr 10.45) y en la afirmación de Pablo que Jesús «se dio a sí mismo en rescate por todos» (1 Ti 2.6). La idea de la liberación tiene aspectos pasados y presentes. La muerte de Jesús ha cumplido la redención en la obtención del perdón de los pecados (Ro 3.24; Ef 1.7; Col 1.14; Tito 2.14; Heb. 9.11-15). Sin embargo, los creyentes siguen esperando la redención del cuerpo en su vuelta (Lc 21.28; Ro 8.23; Ef 1.14; 4.30).

JOHN D. HARVEY

REDOMA

Recipiente o frasco usado para contener aceite y que era normalmente asociado con la práctica de ungir (Heb. *paḵ*; 1 S 10.1; 2 R 9.1,3,6). El término Gr. *phiálē*, «vial», se encuentra en el NT solo en Apocalipsis, y se refiere a una taza ancha poco profunda (así RVR-60) donde el incienso y la ofrenda de bebida podían derramarse. Algunas copas estaban llenas de incienso, los cuales eran las oraciones de los santos (Ap 5.8). Las siete copas contenían la ira de Dios y los juicios sobre la tierra (Ap 15.7; 16.1-17; 21.9).

J. GREGORY LAWSON

REELAÍAS (Heb. *rĕʿēlāyâ*) (también RAAMÍAS; RESAÍAS)

Un israelita prominente que regresó del cautiverio con Zorobabel (Esd 2.2). Él es llamado Raamías en Nehemías 7.7 y Resaías en 1 Esdras 5.8.

REFA (Heb. *repaḥ*)

Un efraimita, y un antepasado de Josué (1 Cr. 7.25).

REFAÍAS (Heb. *rĕp̄āyâ*) (también RAFA)

1. Un descendiente de Zorobabel (1 Cr 3.21 TM).

2. Uno de los hijos de Isi que lideraron 500 simeonitas en el reemplazo del remanente amalecita en el monte Seir (1 Cr 4.42-43).

3. Un hijo de Tola de la tribu de Isacar (1 Cr 7.2).

4. Un descendiente de Saúl por medio de Jonatán (1 Cr 9.43). También es llamado Rafa (1 Cr 8.37).

5. El hijo de Hur; jefe de la mitad del distrito de Jerusalén en los días de Nehemías (Neh 3.9).

REFAÍTAS (Heb. *rĕp̄āʾîm*)

Los refaitas han sido identificados repetidamente como los antepasados reales muertos, deificados y de ese modo ejemplo de la temprana creencia israelita en el poder benéfico sobrenatural de los muertos. Esto a su vez ha generado un consenso virtual que los refaítas bíblicos reflejan un subyacente culto cananeo-israelita a los antepasados o a los muertos diseñado para manipular los poderes de los muertos. Los intérpretes modernos suponen que está en contra de ese tipo de trasfondo el que los escritores bíblicos tratan de convencer a su público que los muertos no poseen ningún poder ni son objetos dignos de desempeño religioso. Lo más probable, sin embargo, es que los refaítas simplemente representan la muerte común: la suerte de toda la humanidad, una existencia perpetua debilitada en un submundo tenebroso. Sólo más tarde, con el desarrollo de nociones beatíficas de la vida futura en el período helenístico, tal estado de insignificancia llegó a ser aborrecido y finalmente reemplazado por la creencia en la recompensa eterna de los justos y el castigo de los impíos.

La etimología de la palabra se explica comúnmente como derivada de *rpʾ*, «curar,» por lo tanto «sanadores» (cf. LXX Sal 88.11; Is 26:14), pero este aspecto de curación es marginal, en el mejor de los casos. Los textos bíblicos y extrabíblicas podrían apoyar mejor otra raíz semita *rpʾ (< rbʾ)*, «ser grande, largo,» por lo tanto «los poderosos,» refiriéndose a sus hazañas memorables mientras vivían o según lo retratado en la leyenda. Algunos estudiosos han señalado la posible relación con Heb. *rph*, «llegar a ser débil» (cf. referencias en las narrativas históricas a ellos como «los descendientes del débil»); esto probablemente refleja una etimología popular diseñada para disminuir retóricamente el poder de los Poderosos vivos o legendarios.

Antiguo Testamento

El AT da testimonio de dos tradiciones distintas en lo que respecta a los refaítas: (1) Las poblaciones antiguas, autóctonas de Palestina como se representan en los relatos del Pentateuco y la historia deuteronomista (p.ej., Gn 14.5; 15.20; Jos 12.4; 13.12); (2) en las tradiciones proféticas, sálmica y sapienciales, los refaítas, que como débiles sombras de los muertos, habitan en el otro mundo (p.ej., Is 14.9; Sal 88.10 [TM 11]; Job 26.5). Las propias tradiciones bíblicas nunca asocian explícitamente los refaítas «prehistóricos étnicos» y los refaítas que son sombras. Sin embargo, en la historia de la interpretación se ha supuesto alguna relación orgánica entre los dos: lo que una vez fueron las entidades vivientes de un pasado lejano murieron y luego vinieron a habitar el mundo inferior.

1 Enoc 6–14 elabora sobre Génesis 6:1-4 describiendo cómo los refaítas o Nefilim, que llegaron a incluir a los gigantes de los relatos históricos del Antiguo Testamento, fueron arrojados al infierno.

El estado de los refaítas bíblicos como sombras encuentra analogía en los contextos funerarios de dos inscripciones fenicias del siglo VI a.C. (cf. La frase «... un lugar de descanso con el *rp'm*»). Ni los textos bíblicos ni fenicios indican que poseían el estatus social de la realeza o los poderes de los dioses menores. Isaías 14 ha sido citado como una excepción, pero los gigantes en el versículo 9 son paralelos a «Seol», representativo aquí de los muertos comunes; sólo comenzando con el versículo 14 son los fallecidos de entre las élites sociales introducidos con mención de «los líderes de la tierra» y «reyes de las naciones.»

Textos ugaríticos

El punto de vista alguna vez común de que los fenicios y las referencias bíblicas a los refaítas como sombras conservan una tradición cananea más antigua ahora, en opinión de muchos, encuentra confirmación directa de los textos cuneiformes alfabéticos descubiertos en Bronce Tardío Ugarit. El consenso es que estos textos se refieren a los refaítas o Rapi'uma *(rp'um)* como la personificación de los muertos reales, cananeos, poderosos en nombre de los cuales surgió un culto a un antepasado o la muerte en Ugarit. En consecuencia, los textos indican que el Rapi'uma una vez fueron una realidad colectiva viva, a continuación, un grupo heroico mitificado, mucho antes de que se convirtieran en habitantes del infierno como el poderoso muerto. Esta reconstrucción de la tradición de Ugarit se cita rutinariamente en apoyo de la idea de que un conjunto de circunstancias similares subyace en lo que debe haber sido la conexión original entre los refaítas autóctonos como gigantes y los refaítas como los poderosos muertos en la tradición hebrea.

El dato importante para los Rapi'uma como los muertos deificados es el himno Shapsh que concluye el ciclo de Baal-Mot (*KTU* 1.6 VI, 5-49). La evidencia central para el estado de sus antepasados reales difuntos es *KTU* 1.161, una letanía real con motivo de la coronación de un nuevo rey al que todos los guerreros que viven y las élites sociales son convocados, incluyendo los poderosos *rp'um*. La letanía sí incluye algunos elementos menores que son mortuorios en naturaleza y se asocia con la muerte del predecesor del nuevo rey, pero los muertos no se menciona en el texto, los antiguos Poderosos *(rp'im qdmym)*, son retratados como débiles y sólo se requieren para recibir el trono del rey recientemente muerto a medida que desciende ritualmente a ellos abajo en el inframundo.

El himno Shapsh menciona cuatro entidades: los *rp'im* («poderosos»), *'ilnym* («divinidades»), *'ilm* («dioses»), y *mtm* («hombres, mortales»). El ciclo en ninguna parte presenta la humanidad como muertos o deificados. La humanidad se ve amenazada con las perspectivas de su aniquilación, pero nunca se actualiza. Asimismo, la diosa Shapsh no se encuentra en ninguna parte en el mundo de las tinieblas. En cambio, ayuda a Anat en la recuperación del cadáver de Baal en el borde de la tierra y el inframundo, en el campo o estepa. En otras partes del ciclo se retrata como poseedora de la sabiduría y la autoridad para fijar el destino de los dioses y los mortales por igual mediante la restricción de los poderes de Mot, dios de la muerte. El objetivo de estas líneas es subrayar la autoridad absoluta de la diosa para decidir el destino, por encima y debajo de la tierra, de la humanidad, héroes mortales, divinidades menores, y los dioses que todo lo abarcan.

Los refaítas del AT son fantasmas del poder intrascendente y que necesitan atención. Ellos no son los fantasmas benéficos sobrenaturales de los muertos, ni es un estado tal polemizado contra cualquier parte de las tradiciones bíblicas. No hay ningún antepasado o culto a la muerte que subyace en las tradiciones refaítas. A lo sumo, un culto conmemorativo podría ser la base de las referencias en las narraciones históricas como estas tradiciones presuponen estos refaítas ser héroes legendarios de vida de inmenso tamaño y estatura. Se les describe como «los descendientes del uno débil» en un intento de negar sus antiguos poderes. Si una polémica antirefaíta existe en cualquier lugar, aparece aquí en los contextos narrativos donde la base *rph* se asocia con los refaítas étnicos prehistóricos.

Bibliografía. C. E. L'Heureux, *Rank among the Canaanite Gods.* HSM 21 (Missoula, 1979); T. J. Lewis, *Cults of the Dead in Ancient Israel and Ugarit.* HSM 39 (Atlanta, 1989); B. B. Schmidt, *Israel's Beneficent Dead* (Winona Lake, 1996).

Brian B. Schmidt

REFÁN (Gr. *Rhaiphán)*

Una transliteración de Heb. *kiyyûn* («Kaiwan»), el planeta Saturno adorado por los israelitas durante su peregrinación por el desierto (Hch 7.43; de LXX Am 5.26).

REFIDIM (Heb. *rěpîdîm*)
Un punto de parada en el Éxodo entre el desierto de Sin, y el desierto de Sinaí (Ex 17.1; 19.2; Nm 33.14-15). Aquí Moisés, en respuesta a las demandas incesantes de los israelitas, golpeó una roca para proporcionar agua (Ex 17.2-7). Debido a esto, Refidim también llegó a ser conocido como Masá («prueba») o Meriba («contención»), y a los israelitas se les recordó en varias ocasiones de lo que había pasado allí (Dt 6.16; 9.22; 33.8). Poco después, los israelitas lucharon contra los amalecitas en Refidim (Ex 17.8-16). El actual contexto de Éxodo 18 sugiere que el consejo de Jetro sobre el nombramiento de los jueces también fue dado mientras los israelitas acamparon en Refidim. La tradición ha identificado desde hace mucho Wadi Feirân cerca de Jebul Mûsâ como la ubicación de Refidim, aunque investigaciones más recientes prefieren el cercano Wadi Refayid debido a la similitud en el nombre. Ninguno de los sitios ha sido objeto de investigación arqueológica intensiva.

WADE R. KOTTER

REFUGIO

Refugio o alivio de un peligro o ansiedad. El concepto del AT debe su riqueza a varias palabras hebreas: *miśgāḇ,* una roca alta (p.ej., Is 33.16); *mᵃʿōnâ,* una morada segura (p.ej., Dt 33.27); *mānôs,* un lugar para huir (Sal 142.4[TM 5]); y *maḥseh,* un refugio (Is 4.6).

Sión es un refugio contra los invasores (Is 14.32); Asimismo reyes justos y príncipes pueden ser un refugio para la población en su conjunto (32.2). A nivel personal, el «temor de Jehová» es una fuente de confianza y refugio (Pr 14.26); es absurdo buscar un «refugio de la mentira» (Is 28.15-17).

Los salmos proclaman que Dios mismo es, en última instancia nuestro único refugio (p.ej., Sal 14.6; 46.1[2]; 62.7-8[8-9]; 71.7). Afirmar que «Dios es mi refugio» es a menudo un punto de inflexión en la oración de los Salmos, moviendo al suplicante a la confianza y la alabanza (p.ej., Sal 18.2, 30[3, 31]; 34.8, 22[9, 23]) y una vida de testimonio positivo para el poder de Dios (71.7; 73.28).

Sorprendentemente tal vez, el refugio no es tan prominente en el NT. La paz y la restauración son ciertamente una parte del mensaje del evangelio (Lc 12.32), pero el énfasis tiende a ser colocado en el testimonio activo y el ministerio que surge de él. Jesús ofrece descanso (Mt 11.28-30) no como un lugar donde esconderse, sino como un yugo. El «refugio» de los cristianos es la esperanza del triunfo escatológico de Dios en Cristo (Heb. 6.18).

DAVID A. DORMAN

REGEM (Heb. *regem*)
Hijo de Jahdai del clan calebita de Judá (1 Cr 2.47).

REGEM-MELEC (Heb. *regem melek*)
Un habitante del Bethel, quien fue enviado con Sarezer a Jerusalén para preguntar a los sacerdotes y profetas si ciertos días de ayuno y arrepentimiento estaban todavía en vigor (Zac 7.2). La peshiṭta sugiere una forma original hebrea *raḇ-mag hammeleḵ,* un título adaptado del acadio (cf. Jer 39.3, 13).

REGENERACIÓN

La regeneración de la vida, concebida literal o figurativamente, es un tema recurrente en la literatura judía y cristiana, sobre todo en contextos de recuperación después de una catástrofe personal o nacional y/o en contextos cósmicos, escatológicos. Técnicamente, «regeneración» traduce Gr. *palingenesía* («crear de nuevo»). Este término, que se produce sólo dos veces en el Nuevo Testamento (Mt 19.28; Tito 3:5), está fuertemente atestiguado en las enseñanzas de los estoicos sobre conflagración cíclica y la regeneración del cosmos. Filón utiliza el mismo término para referirse a la restauración de la vida a la tierra después del diluvio (*La vida de Moisés* 2,65), y Josefo escribe sobre la regeneración del pueblo de Israel después del exilio (*Ant.* 2,66). Es probable que Mateo, siguiendo las sensibilidades apocalípticas judías, prevé la destrucción cósmica y la renovación de una vez por todas en el juicio final. En Tito el enfoque es personal, no cósmico: «Lavamiento de la regeneración y por la renovación *(anakaínōsis).* Sin embargo, para Tito, como para otros escritores del NT que se ocupan de la regeneración espiritual de la persona (cf. Ro 12.2; 2 Co 4.16; Col 3.10), la renovación del individuo es sólo una parte de la escatológica «esperanza bienaventurada y la manifestación gloriosa de nuestro gran Dios y Salvador Jesucristo Cristo» (Tit 2.13).

La idea de la regeneración se transmite también por varios otros términos en hebreo y en griego. En hebreo, los términos *ḥāḏaš* («renovar») y *ḥalap̄* («cambiar, renovar») transmiten significados relacionados, es decir, respectivamente, la renovación del «espíritu recto» en Salmo 51.10(TM 12) y de «fuerza» en Isaías 40.31; 41.1. Varios otros temas verbales, cuando se combinan con la idea de novedad *(ḥādāš)*, se comportan de manera similar: por lo tanto, *bārāʾ* («crear») y *kārat̠* («cortar, hacer») vierten, respectivamente, «un nuevo corazón» en Salmo 51.10(12) y «un nuevo pacto» en Jeremías 31.31-34. Cabe destacar que el concepto de la regeneración cósmica, primero atestiguado en la profecía de Isaías sobre la creación del nuevo cielo y de la tierra (Is 65.17; 66.22), se reutiliza y se extendió en la literatura apocalíptica judía y cristiana (p.ej., 1 En. 45.4; 72.1; 2 Bar. 32.6; 57.2; 2 En. 65.7; 2 P 3.13; Ap 21.1).

En otros lugares del NT la noción de regeneración también puede ser transmitida por los términos griegos *anagennáōmai* («nacer de nuevo»; 1 P 2.2), *anakainóō* («renovar»; 2 Co 4.16; Col 3.10), *anakaínōsis* («renovación»; Ro 12.2; Tito 3.5), y *anakainízō* («renovar, restaurar»; Heb. 6.6). En el Evangelio de Juan la regeneración está a la vista en el imperativo deliberadamente ambiguo, «Os es necesario nacer *ánōthen* ('de arriba'; 'de nuevo').» En el NT en general, los motivos de regeneración denotan tanto la transformación espiritual salvadora, ya comenzada en los seres humanos por la obra de Cristo y la expectativa de una futura creación nueva. El lenguaje del NT de la regeneración personal ha dado lugar a diferentes y a menudo contradictorias opiniones teológicas sobre la naturaleza del bautismo.

Alexandra R. Brown

REGIO (Gr. *Rhḗgion*)

Una ciudad fundada por colonos griegos cerca de 720 a.C., en el extremo suroeste de la península italiana. En la mitología griega el sitio está asociado con los riesgos para la navegación de Escila (un afloramiento de roca) y Caribdis (remolino). La ciudad se convirtió en aliada de Roma durante las guerras púnicas. Fue destruida por un terremoto en el 91 a.C., y reconstruida por César Augusto como Regio Julium a principios del siglo I d.C. Separada de la isla de Sicilia por el estrecho de Mesina, Regio se convirtió en un lugar de paso para barcos que viajaban desde la costa oeste de Italia en el Mediterráneo oriental. Hechos 28.13 indica que Pablo y sus compañeros esperaron un día allí en su viaje a Roma.

D. Larry Gregg

REGIÓN MONTAÑOSA

Una designación general para aquellas partes de Palestina, y las áreas al este del río Jordán, que no son planas, pero menos elevadas que una montaña. La región montañosa era especialmente fértil (Dt 11.11), y Moisés pidió a Dios que le permitiera cruzar el Jordán, con el fin de ver la «buena región montañosa» del centro de Palestina (3.25 NVI). La región montañosa fue poblada por numerosos pueblos, incluyendo jebuseos (Jos 11.3), anaceos (v. 21), y amorreos (Dt 1.7; Nm 13.29). Durante la Conquista, Josué instruyó a las tribus de Efraín y Manasés desmontar el bosque de la región montañosa, para proveer espacio para los asentamientos (Jos 17.14-18).

Dentro de Palestina, la región montañosa estaba compuesta por la cordillera central, una cadena de Colinas que corría por el centro del país desde Galilea en el norte, hasta la llanura costera en el sur y la Sefela. Cualquier porción de esta cordillera podía ser designada como región montañosa, que se puede dividir, de norte a sur, en cuatro regiones: Galilea, Efraín, Judá y el Neguev.

Galilea oscilaba en elevación de más de 915 m (3000 pies) en el norte, a 610 m (2000 pies) en el sur. En la antigüedad la región era muy boscosa, y estaba dividida por una pendiente casi vertical de casi 455-610 m (1500-2000 pies) que impedía viajar. Durante la época de Josué, gran parte de esta región montañosa se mantuvo sin conquistar (Jos 13.6). Su asentamiento más grande era «Cedes en Galilea, en la región montañosa de Neftalí» (Jos 20.7), con vistas al norte del Valle del Jordán.

La « región montañosa de Efraín» (1 R 4.8) consistía en una meseta de montaña, que llega a más de 915 m (3000 pies) en la porción sur. Estas colinas fueron conquistadas por Josué con gran dificultad, debido a sus densos bosques (Jos 17.14-18). El norte de Efraín era más bajo y menos fértil que la región montañosa de Galilea y era fácilmente atravesado por caminos accesibles en todas direcciones. La región montañosa de Efraín fue fuertemente desarrollada, con las ciudades principales situadas en los principales cruces carreteros, incluyendo Siquem, Tirsa y Dotán.

La región montañosa de Judea (Jos 11.21; Lc 1.39) contenía las ciudades principales de Jerusalén y Hebrón. La región descendía brúscamente en el este, más de 915 m (3000 pies), donde se encontraba con el desierto de Judea. Su porción meridional contenía simas y cuevas que proporcionaban convenientes escondites

(1 S 23.14). En el NT el ministerio de Jesús comenzó en la «región montañosa de Judea» (Lc 1.65).

La región del Neguev declinaba abruptamente, al sur de Hebrón, a 455-550 m (1500-1800 pies), y consistía en colinas bajas (también conocida como la Sefela, «tierras bajas»).

Bibliografía. Y. Aharoni, *The Land of the Bible*, 2nd ed. (Philadelphia, 1979).

Kenneth Atkinson

REGLA DE ORO

Etiqueta popular que se le pone a las palabras de Jesús que se registran, con términos levemente distintos, en Mateo 7.12; Lucas 6.31. La versión popularizada de esas palabras es: «Trata a los demás como quieras que te traten». Preceptos notablemente similares han aparecido en el judaísmo (Tob 4.15; *b. Šabb.* 31a; cf. 2 En 61.2), en el confucionismo (*Analecst 15.23*) y en la literatura griega (cf. Isocrates *Nicocles* 61; Herodoto *Hist.* 3.142; 7.136). Mateo coloca estas palabras inmediatamente después de que Jesús dijera, que hasta la gente mala sabría cómo dar buenos regalos a sus hijos, y que un Dios amoroso haría eso aún más. Mateo también agrega: «...porque esta es la ley y los profetas». Esta frase refleja la declaración de Jesús de que vino a cumplir, no a destruir, la ley y los profetas (Mt 5.17). Lucas coloca la «regla de oro» de Jesús en el contexto de su mandamiento de amar a nuestros enemigos. Esto le da a las palabras una nueva dimensión: debemos tratar no solamente a los amigos y familiares como queremos que nos traten, sino también a nuestros enemigos.

Joe E. Lunceford

REHABÍAS (Heb. *rĕḥabyâ, rĕḥabyāhû*)

Hijo de Eliezer y nieto de Moisés (1 Cr 23.17; 24.21; 26.25).

REHOB (Heb. *rĕḥôb, rĕḥōb*) **(LUGAR)**

1. Un lugar en el extremo norte de Canaán, cerca de la entrada de Hamat en el Líbano moderno (Nm 13.21). Rehob se utiliza aquí para representar el límite norte del territorio explorado por los espías enviados por Moisés para investigar la tierra de Canaán. Es probablemente el mismo lugar Bet-rehob. La ubicación del establecimiento antiguo permanece sin identificar.

2. Una ciudad asignada a Aser (Jos 19.28). Su asociación con Cabul, Abdón, Hammon, Caná, y especialmente Sidón la sitúa claramente en la parte norte del territorio de Asher. También podría ser la Rehob dentro Aser que fue asignada a los levitas (Jos 21.31; 1 Cr 6.75[TM 60]) Y la Rehob de la cual los hijos de Aser fueron incapaces de desalojar a los cananeos (Jue 1.9). Dos identificaciones se han sugerido: Tell el-Balan (177280), ca. 16.5 km (10 mi) este de Rosh ha-Niqra (dentro del Líbano moderno), y Tell er-RaFb (180275), ca. 6.5 km (4 mi) suroeste de Tell el-Balan (en el lado israelí de la frontera). Lamentablemente, ningún sitio ha sido ampliamente investigado por arqueólogos.

3. Otra ciudad dentro del territorio asignado a la tribu de Aser (Jos 19.30). Su asociación con Aczib y Afec parece colocarla en la llanura de Aco. El nombre Ummah (*ʿmh),* también asociado con Rehob en la lista, puede muy bien ser una corrupción de Aco (*ʿkh).* Puede también ser la Rehob dentro de Aser que fue asignada a los levitas (Jos 21.32; 1 Cr 6.75[60]) y la Rehob de la cual los hijos de Aser fueron incapaces de desalojar a los cananeos (Jue 1.9). La mayoría de los eruditos identifica Rehob en la llanura de Aco con Tell Bir el-Gharbī/Tel Bira (166256) en el borde de la llanura cerca de las colinas de Galilea. Evidencia arqueológica documenta ocupación durante los períodos Bronce Medio, Hierro I-II, persa, y helenístico.

4. La principal ciudad del Valle Bet-sen durante el gobierno egipcio de Canaán, cerca de 7 km (4 mi) S de Bet-san. Aunque no se menciona en la Biblia, las referencias a Rehob ocurren en una serie de documentos egipcios. Las excavaciones en Tel Rehob/ Tell eṣ-Ṣârem (197207) atestiguan la ocupación de principios del tercer-primer milenios a.C.

Wade R. Kotter

REHOB (Heb. *rĕḥôb, rĕḥōb*) **(PERSONA)**

1. El padre del rey Hadadezer de Soba, que fue derrotado por David (2 S 8.3, 12). «hijo de Rehob» puede significar «de la casa (es decir, dinastía) de Rehob,» lo que indica una relación entre los dos estados arameos de Bet-rehob y Soba.

2. Un levita que selló el pacto bajo Nehemías (Neh 10.11[TM 12]).

REHOBOT (Heb. *rĕḥōbôt*)

1. El tercero de los tres pozos excavados por los siervos de Isaac en el valle de Gerar (Gn 26.22). La tradición refleja la tensión entre los pastores sobre los derechos de agua. La ubicación del pozo se ha asociado a Wadi Ruḥeibeh/Naḥal Shunra, suroeste de Beerseba, que puede conservar el nombre antiguo.

2. Rehoboth ha-Nahar (*rĕḥōḇôṯ hannāhār,* «Rehoboth en el río »), el hogar de Saúl, uno de los primeros reyes de Edom (Gn 36.37; 1 Cr 1.48). La ubicación es incierta. Se ha supuesto que «el río» describe el Eufrates (NVI), como en otros lugares (p.ej., Gn 31.21), pero en este contexto puede referirse a una ubicación en Edom. Tal vez puede ser identificado con Brook Zered (moderno Wadi el-Ḥesa), que marcaba la frontera entre Moab y Edom (Dt 2.8-14). El sitio puede ser la moderna Râs er-Rihâb (208038).

LAURA B. MAZOW

REHOBOT-IR (Heb. *rĕḥōḇōṯ ʿîr)*
Una de las cuatro ciudades que Nimrod construyó en Asiria (Gn 10.11). Aunque Nínive y Cala son bien conocidos, Resin y Rehobot-ir no han sido explicados fácilmente. Rehobot-ir parece explicarse mejor por acad. *rêbīt āli,* un término genérico que significa «la plaza pública de una ciudad.» En el contexto de Génesis 11, el término es, pues, conectado a Nínive, que significa «la plaza pública de la ciudad de Nínive.» Nínive tenía una gran plaza que fue ampliada por Senaquerib a finales del siglo VIII a.C.

Bibliografía. J. M. Sasson, «Reḥōvōt-ʿÎr,» *RB* 90 (1983): 94-96.

MARK W. CHAVALAS

REHUM (Heb. *rĕḥûm, rĕḥum*)

1. Uno de los 10 líderes que acompañaron a Zorobabel de Babilonia de regreso a Judea (Esd 2.2; cf. Neh 7.7, Nehum).

2. El comandante persa en Samaria, quien junto a Simsai, escribió una carta al rey Jerjes para protestar el trabajo de los judíos por la restauración de los muros y reparación de los cimientos de Jerusalén (Esd 4.8). Jerjes respondió ordenando cesar la obra, y Rejum detuvo el trabajo por la fuerza (Esd 4.17-23).

3. Un levita, hijo de Bani, y el supervisor de otros levitas durante la reconstrucción de una sección del muro en Jerusalén, cerca de la tumba de David (Neh 3.17).

4. Un líder de las personas que firmaron una larga oración de alabanza, confesión y petición pidiendo ayuda al Señor en un momento de angustia después de volver del exilio (Neh 10.25[TM 26]). El gobernador Nehemías, sacerdotes y levitas también firmaron.

5. Un sacerdote y el levita que regresó con Zorobabel (Neh 12.3; cf. Harim en v. 15; 1 Cr 24.8).

ROBIN GALLAHER BRANCH

REI (Heb. *rēʿî)*
Un guerrero (y tal vez funcionario de la corte), que siguió apoyando a David durante la rebelión de Adonías (1 R 1.8).

REINA
La esposa de un rey, la madre, o un gobernante por su propio derecho. Cinco reinas se mencionan en la Biblia: la reina de Sabá (1 R 10), Tafenes de Egipto (11.19-20), Vasti de Persia (Est 1), Ester de Persia (Est 2–10), y Candace de Etiopía (Hch 8.27). De éstas, sólo las de Sabá y Etiopía se presentan como gobernantes soberanos, mientras que las de Persia dependen de la condición de su marido.

Los matrimonios reales ayudaron a establecer alianzas y fortalecer los tratados. Cuatro (quizás cinco) casos específicos de matrimonios mixtos entre Israel y casas reales de Judá y las de otras naciones son: David y Maaca de Gesur (2 S 3.3); Salomón y la hija de faraón (1 R 3.1); Acab y Jezabel (16.31); Joram y Atalía (2 R 8.18); y posiblemente Salomón y Naama (LXX 1 R 12.24). Otras uniones, reales y comunes, se implican (cf. 1 R 11.1-2).

A pesar de la advertencia en Deuteronomio 17.17, algunos reyes de Judá y de Israel tenían numerosas esposas: Saúl (2 S 3.7; 12.8); David (3.2-5; 5.13; 11.27; 15.16; 16.21-22; 20.3); Salomón (700 esposas, 300 concubinas; 1 R 11.3); Roboam (18 esposas, 60 concubinas; 2 Cr 11.21); Abías (14 esposas; 13.21); Acab (1 R 20.3-7); Joaquín (2 R 24.15); Joram (2 Cr 21.14, 17); y Sedequías (Jer 38.23).

Tal vez la posición más influyente ocupada por una esposa real era el de la madre del rey. Estas mujeres, a menudo mencionadas como parte de fórmulas introductorias de reinado de su hijo, rara vez tienen relatos que detallan sus actividades. Sólo Betsabé, Maaca, Hamutal, Jezabel, Atalía, y Nehusta tienen más somera mención en los relatos de su hijo. De éstos, sólo Atalía de Judá (2 R 11) alcanza la base necesaria de poder para el gobierno independiente.

Los estudiosos debaten si la reina madre era una posición institucional en Judá o Israel, si tal posición surgió de la influencia externa (es decir, los hititas) o desde dentro de Israel (es decir, una estructura social matriarcal anterior), y si sus funciones y competencias eran principalmente cultual, política o personal. Zafrira Ben-Barak sostiene que personas como Betsabé, Maaca, Amutal, y Nehusta ganaron poder por obtener el apoyo necesario para un hijo menor sin derecho a sucesión, asiendo así el poder normalmente fuera del alcance de las madres de los reyes. La influencia de la reina madre entonces estaría derivada personalmente en vez de institucional o religiosa. Por el contrario, Susan Ackerman sostiene que los derechos de la reina madre eran tanto políticos (consejera del rey) y de culto (representante de Asera en la corte real de Judea, tal vez incluso como sustituta de Asera). La reina madre sería entonces segunda en el poder sólo detrás de su hijo, el rey.

Bibliografía. S. Ackerman, «The Queen Mother and the Cult in Ancient Israel,» *JBL* 112 (1993): 385-401; Z. Ben-Barak, «the Status and Right of the *Gĕbîrâ*,» *JBL* 110 (1991): 23-24; L. S. Schearing, «Queen,» *ABD* 5.583-86; K. Spanier, «The Queen Mother in the Judaean Royal Court: Maacha — A Case Study,» in *A Feminist Companion to Samuel and Kings*, ed. A. Brenner (Sheffield, 1994), 186-95.

LINDA S. SCHEARING

REINA DEL CIELO

Una diosa adorada por primera vez en Judá a finales del siglo VII y luego por judaítas que huyeron a Egipto después de la destrucción de Babilonia de 586 a.C. (Jer 7.16-20; 44.15-28). Las declaraciones de Jeremías asocian a la diosa con la fertilidad y un tanto con la guerra; ella también, como su título indica, tiene características astrales. Su culto se describe como uno particularmente atractivo para las mujeres, que hornean ofreciendo tortas en la imagen de la diosa.

La diosa cananea que mejor se ajusta a esta descripción es Astarté, que está asociada con la fertilidad y la guerra y que tiene características astrales. Inscripciones fenicias también atribuyen a Astarté el título de «Reina». El culto de Astarté, sin embargo, no se sabe que sea uno en el que las mujeres juegan un papel especial. Sin embargo, las mujeres tienen un lugar importante en el culto mesopotámico contraparte al de Astarté, Istar, cuyas devotas mujeres ritualmente lloran para imitar las lamentaciones de la diosa sobre su amante muerto, Tammuz (cf. Ez 8.14). El culto de Istar también implica el ofrecimiento de tortas llamado *kamānu*, una palabra acadia afín a Heb. *kawwānîm* utilizada para pasteles en Jeremías. La Reina del Cielo es así mejor identificada como un sincretismo de la cananea Astarté y la mesopotámica Istar.

SUSAN ACKERMAN

REINO DE DIOS, REINO DE LOS CIELOS

La soberanía o reino gobernado por Dios. La imagen del reino de Dios/cielo es importante para la comprensión del mensaje y ministerio de Jesús, especialmente en lo que se retrata en los Evangelios Sinópticos. Esta imagen se basa en las imágenes del gobierno real que se encuentran en el AT, y que da lugar a discusiones en el NT del tiempo del fin (o escatón).

Antiguo Testamento

Un enfoque en el monoteísmo de los hebreos a menudo oculta la realidad politeísta del antiguo Cercano Oriente. Para los vecinos de Israel, el poder de su rey descansaba en el poder del dios o dioses que ellos adoraban. Los dioses gobernaban como resultado de haber derrotado a otros dioses malignos en el proceso de crear la tierra; siguieron creando cada año, trayendo fertilidad a la tierra y a sus habitantes. Este poder creador los vinculó para siempre con la tierra misma, y el gobierno de cualquier dios en particular se extendía sólo hasta los límites políticos del país que adoraba a ese dios. En este contexto, los ejércitos no peleaban sólo para obtener beneficios políticos, sino por el honor y el poder de su dios también.

Si bien el concepto hebreo del reino o reinado de Jehová puede haber sido influenciado por este contexto político y religioso, la tierra que el pueblo hebreo recibió como resultado de la «promesa» de Jehová vino como una manifestación del poder de Dios sobre otros dioses en lugar de como resultado de las simples habilidades creativas de Dios. Después de todo, de acuerdo con el AT, Jehová creó la tierra entera y sus habitantes, la promesa de una tierra en particular estaba relacionada con la respuesta justa de obediencia de Abraham. Además, la idea hebrea del reino de Dios también parece haber sido influenciada por su reconocimiento de que el poder de Jehová se extendió mucho más allá de las fronteras de Canaán. Jehová era capaz de llegar a descender a Egipto, liberarlos de la esclavitud de Faraón, y proveer para ellos en el desierto de Sinaí.

El AT también registra algún conflicto por parte del reino de Dios. Con el establecimiento de una línea real, primero Saúl y luego David y sus herederos, se produjo un fuerte desafío a la idea de que Jehová iba a ser rey sobre Israel. Los libros de los profetas anteriores registran progreso irregular de la nación de juez a rey, y sugieren que Dios no estaba del todo satisfecho con el clamor nacional para un rey humano. Los días de gloria de la descendencia de David fueron cortos, pero la revisión y la renovación del pacto de Dios con David (2 S 7) y Salomón (1 R 9) sentaron las bases para un retorno a la idea del reino y el reinado de Dios.

Literatura apocalíptica e intertestamentaria

La decadencia de Israel y sus reyes, que resultó en la cautividad babilónica, presentó un problema teológico. Jehová había prometido a David y Salomón que la línea real continuaría y que el reino de Israel/Judá sería un signo de la presencia y el gobierno de Dios. Las suertes de Judá, sin embargo, parecían moverse en otra dirección. Los profetas posteriores comenzaron a sugerir que el gobierno de Dios no depende de la presencia de un rey terrenal, o incluso de una nación. El éxito de la nación y su rey, en cambio, dependía de su obediencia a Jehová. La historia de Judá entre su regreso de la cautividad babilónica y los acontecimientos del NT es relativamente carente de reyes que reinaron con seguridad y continuidad. En la ausencia de este sentido de seguridad, las ideas apocalípticas comenzaron a surgir; muchas de estas ideas e imágenes estaban vinculadas tanto al reinado de Dios y la esperanza de un rey terrenal que restablecería tanto el gobierno de Dios en la tierra y la línea de David en Judá. Esa esperanza se apoya en la venida del «ungido» de Dios o «mesías» que instauraría el reino de Dios en los últimos días. Este reino vendría con prosperidad para los fieles y juicio para los enemigos de Dios (que, coincidentemente, pasaron también a ser los enemigos de Judá/Judea). El reino de Dios otra vez sería restaurado en Canaán, y los que ocupaban la tierra y oprimían al pueblo de Dios serían expulsados y destruidos en el terrible juicio venidero.

Nuevo Testamento

El breve sabor de libertad para el pueblo hebreo durante la época de los Macabeos hizo la ocupación romana de Palestina aún más mortificante. Para el tiempo que Jesús comenzó su ministerio, la esperanza apocalíptica en la venida del reino de Dios se había convertido en una idea bien establecida. Sólo el establecimiento del gobierno de Dios eliminaría el oneroso dominio romano. De hecho, el Imperio Romano, y el reinado de César, ofrecieron un serio desafío a la idea que Dios reinaba supremo. César no sólo tenía dominio político sobre la mayor parte del mundo mediterráneo; había comenzado a asumir una identidad divina también.

En este contexto vino Juan el Bautista, proclamando la venida del reino de Dios y el mesías y llamando a la nación al arrepentimiento. Poco después, apareció Jesús, anunciando que el reino de Dios había llegado/estaba cerca. De hecho, el reino de Dios parece haber sido el tema central de la proclamación de Jesús, sobre todo durante su ministerio en Galilea. (Mateo usa la circunlocución «reino de los cielos» a veces encontrada en el AT, presumiblemente por deferencia a su audiencia principalmente hebrea que habría resistido a la posible idolatría en el uso del nombre divino.) Los eruditos coinciden en que Jesús utilizó esta imagen para referirse al gobierno celestial y eterno de Dios, el gobierno de Dios en la obediencia de los fieles, y el gobierno futuro de Dios en el escatón. Aquí el acuerdo académico cesa, sin embargo, el debate se agudiza sobre cuál de estas ideas caracteriza mejor la naturaleza del reino. Otra cuestión se ha planteado en relación con el gobierno actual de Dios: es meramente un reino espiritual en los corazones y las mentes de los fieles obedientes, o Jesús tuvo la intención de establecer el reinado de Dios en una forma más política o social.

Lo que está claro es la importancia del reino de Dios en el mensaje y ministerio de Jesús en los Evangelios Sinópticos. Muchas de sus parábolas son pronunciadas con el fin de ayudar a sus oyentes a comprender su concepto de gobierno de Dios. Se extienden en el ámbito de las historias que tienen su origen en las costumbres campesinas a las historias de reyes y terratenientes. Presenta el reino como un tesoro que no tiene precio, un magnífico banquete o una fiesta de bodas. Incluso las parábolas de Jesús, que no parecen tener una conexión superficial con el reino tratan sobre la necesidad de comportamiento y relaciones adecuados a la luz de la venida del reino de Dios.

Fuera de los Evangelios Sinópticos, el interés en el reino de Dios parece desplazarse hacia el enfoque apocalíptico y/o escatológico del período intertestamentario. En el Evangelio de Juan Jesús niega ante Pilato tener un reino terrenal, poniendo el acento más en el gobierno eterno y celestial de Dios. El enfoque de Pablo es también apocalíptico/escatológico, tal vez en una respuesta de urgencia al mensaje de Jesús de un reino ahora presente y próximo a su culminación. A diferencia de Pablo, los escritores del NT que escriben hacia el fin del siglo I están tratando con el problema de la demora en el retorno de

Jesús. Tienen que encontrar alguna manera de enfatizar el eterno poder de Dios en un mundo cada vez más represivo de los cristianos. Ellos deben encontrar nuevas palabras de esperanza, que ofrece el escritor de Apocalipsis en la forma de una visión apocalíptica de la futura venida del reino en triunfo. Esta última visión es la que parece haber capturado la imaginación de los siglos de cristianos, y la mayor parte de la discusión sobre el reino de Dios en toda la historia del cristianismo se ha centrado en una concepción del reino de Dios como un tiempo de juicio para el malvado y liberación para los fieles en algún lugar en el futuro.

Conclusión

Los eruditos bíblicos continúan debatiendo la naturaleza del reino de Dios/cielo. Más recientemente, la discusión se ha centrado en la presencia del reino en el ministerio de Jesús. De hecho, algunos han sugerido que el reino llegó a su máxima potencia en el ministerio terrenal de Jesús, y nuestra atención debe ahora dirigirse a la salvación de los individuos. Otros han contrarrestado con los intentos de ver el reino de Dios en las enseñanzas de Jesús como abarcando la totalidad de la obra of Cristo, de su ministerio terrenal, a través de un tiempo provisional, y culminado en el retorno triunfal (parusía) para gobernar y juzgar. Dios reina ya . . . y todavía no, en la tensión de la proclamación de Jesús.

Bibliografía. G. R. Beasley-Murray, *Jesus and the Kingdom of God* (Grand Rapids, 1986); J. Moltmann, *Theology of Hope* (1967, repr. Minneapolis, 1993); N. Perrin, *The Kingdom of God in the Teaching of Jesus* (Filadelfia, 1963); C. S. Song, *Jesus and the Kingdom of God* (Minneapolis, 1993).

STEVEN M. SHEELEY

RELÁMPAGO

Descarga eléctrica común en las tormentas. El término «relámpago»(Heb. *bārāq*; Gr. *astrapē̂*) es más utilizado en la Biblia, no en un sentido literal, sino como una analogía para representar poder, resplandor y rapidez. El uso de relámpagos para representar al resplandor es muy extendido. Una espada se pule para que brille como un relámpago (Ez 21.10 [TM 15]), una lámpara alumbra como un relámpago (Lc 11.36) y los rostros de los ángeles son a veces tan brillantes, que son comparados con relámpagos (Dn 10. 6; Mt 28.3, cf. Lc 24.4). El uso metafórico del relámpago para representar la rapidez, es también frecuente. Se dice que unos carros veloces salen disparados como relámpagos (Nah 2.4), y que una espada golpea como un relámpago (Ez 21.15 [20]). El concepto de rapidez también puede estar presentes en la descripción que Jesús da a los setenta que regresaron, al decir que «veía a Satanás caer del cielo como un rayo» (Lc 10.18).

Las teofanías del AT están generalmente acompañadas de relámpagos. La aparición de Dios en el Sinaí, incluyó truenos, relámpagos, el sonido de una trompeta, y humo (Ex 19.16; 20.18; cf. Dt 33.2, Zac 9.14). El relámpago figuró también en la visión de Ezequiel de los cuatro seres vivientes (Ez 1.13, 14).

En el NT, el relámpago se encuentra fundamentalmente en contextos apocalípticos. La segunda venida del Hijo del Hombre es descrita como acompañada de un relámpago que resplandece en el firmamento (Mt 24.27; Lc 17.24). En el libro de Apocalipsis, el relámpago aparece con frecuencia en las descripciones acerca del trono de Dios (Ap 4.5; 8.5; 11.19; 16.18); y cada una de las plagas de la serie de siete (los sellos, las trompetas y las copas de la ira) termina con un cataclismo terrestre que incluye truenos, relámpagos y un terremoto (15.1-16.21).

MARK R. FAIRCHILD

RELATOS DE LA PASIÓN

Los relatos del sufrimiento y muerte de Jesús. Tanto los relatos como las referencias a la pasión de Cristo que se conservan en los primeros escritos cristianos canónicos y extrabíblicos son testimonio de la importancia de los relatos de la Pasión en la vida temprana de la iglesia. La primera referencia escrita conservada a la tradición oral de la Pasión en el cristianismo primitivo es la pregunta retórica de Pablo en Gálatas 3.1, «¡Oh gálatas insensatos! ¿quién os fascinó para no obedecer a la verdad, a vosotros ante cuyos ojos Jesucristo fue ya presentado claramente entre vosotros como crucificado?». El apasionado énfasis de Pablo apunta al tema central de su predicación, pero indica que Pablo proclamó más de *que* Jesucristo fue crucificado (una posible comprensión de textos como 1 Co 2.2) o, dando un pequeño paso interpretativo, *que* Cristo murió por los pecados de la humanidad (p.ej., 15.3). La sorprendente reminiscencia de Jesucristo habiendo sido presentado públicamente crucificado ante los ojos de los Gálatas emplea verbos y la metáfora de ver lo que denota vívida representación, incluso representación gráfica más allá de la mera declaración del hecho o el carácter lacónico de la formulación de un credo. Desafortunadamente, Pablo no amplifica ni ilustra esta predicación de Jesucristo siendo crucificado, por lo que uno no es capaz de reconstruir la predicación de la Pasión. En otros puntos en sus escritos, sin embargo, aprendemos de ciertos acontecimientos de la Pasión de la que Pablo tenía conocimiento, y que él *podía* (¿y probablemente hizo?) narrar en su predicación. Estos incluyen que Jesús instituyó la Cena del Señor (1 Co 11.23-26), fue traicionado —por la noche (v. 23), fue crucificado (Gá 3.1), murió (1 Co 11.26), y fue sepultado (Ro 6.4). Así, en lo que probablemente son las piezas más antiguas conservadas de la literatura cristiana se encuentra evidencia de la tradición oral de la pasión de Cristo.

Así, desde el advenimiento de la crítica de las formas los intérpretes sostienen que antes de la composición del primer Evangelio escrito existía una versión bastante bien informada, tal vez incluso definitivamente establecida del relato de la Pasión. La extensión del tiempo entre la muerte de Jesús en 30/33 d.C., y la redacción del primer Evangelio a mediados de los años 60 a 70 requirieron un proceso de trasmisión oral de la tradición. La comparación de los relatos de la Pasión a las otras historias y secciones de los Evangelios encontró que el relato de la Pasión es una secuencia extendida, lógicamente progresiva de escenas que fueron interconectadas e incluso dependientes unas de otras en la formación de una explicación coherente más grande. Por el contrario las porciones de los Evangelios previas al relato de la Pasión eran unidades cortas, aparentemente independientes, que podrían ser, y tal vez fueron, arregladas en el orden que los evangelistas desearan. Por otra parte, mientras que la perícopa que compone el relato del ministerio de Jesús antes de la Pasión podría estar sola y comunicar un mensaje determinado, ciertos elementos podían estar solos y comunicar un mensaje con propósito, ciertos elementos del relato de la Pasión no tenían función apreciable fuera del relato más grande y parecía poco probable que jamás haya existido en forma independiente. Aunque nunca ha habido consenso sobre dónde comenzó el relato de la Pasión previa a los Evangelios, elementos aparentemente incapaces de una existencia independiente incluyen la breve memoria del acuerdo de Judas de traicionar a Jesús, la mención del joven que huyó desnudo del arresto de Jesús, las negaciones de Simón Pedro de Jesús, el incidente de Barrabás, y la referencia a Simón de Cirene. Separadas de los otros relatos de la Pasión los intérpretes no creen que estos elementos hayan sido conservados.

Los argumentos de los primeros críticos de forma han sido objeto de serias críticas por los eruditos que intentan refutar la existencia de un relato de la Pasión anterior a los evangelios. Sin embargo, hay muchos eruditos que, aunque tienen dudas en cuanto al número y diferencia, pero precisas, reconstrucciones del relato de la pasión anterior a los evangelios, todavía encuentran persuasiva la lógica básica del argumento para un relato de la Pasión anterior a los evangelios. Si bien esta importante cuestión interpretativa tal vez nunca sea resuelta de forma definitiva, no hay que perder el acuerdo central entre todas las partes en esta controversia, que todos están de acuerdo en que había tradiciones de relatos de la pasión en el cristianismo primitivo antes de la composición de los Evangelios; de lo contrario trataríamos de identificar al autor del relato ficticio de la Pasión.

Sin tratar de resolver las cuestiones de la existencia y la forma de un relato o relatos de la pasión anterior a los evangelios, uno puede preguntarse si existe evidencia en los Evangelios de los relatos de la Pasión de la tradición o tradiciones oral(es) desde el período anterior a la redacción de los Evangelios. El análisis de los cinco prominentes evangelios cristianos antiguos revela una plétora de materiales especiales en cada una de las obras que sugiere ampliamente un interés en la pasión de Jesús e implica la elaboración constante de la historia más básica. Cuando uno se encuentra con un elemento histórico en un solo evangelio, es posible que el elemento sea una mera invención del evangelista; sin embargo, a partir de la observación de tales características en cada uno de los Evangelios, uno sospecha que los evangelistas están tomando más que de su propia imaginación. El volumen de particularidad no es garantía de dependencia en tradición o tradiciones oral(es), pero mientras más características singulares un evangelista incorpora a los relatos de la Pasión, es más probable que esté dependiendo de algún estímulo externo en lugar de pura inventiva. Que muchos elementos de la historia se conservan en un solo Evangelio no es de por sí un argumento contundente para la influencia de tradición oral en los evangelistas, pero cuando se combina con evidencia adicional este fenómeno puede aumentar la fuerza de un caso a favor de la existencia y la influencia de la tradición oral en la formación y la transmisión de los relatos de la Pasión.

En el relato de Mateo (Mt 26.1–27.66) uno encuentra la pregunta de Jesús a Judas después que él lo besó, la historia de la muerte de Judas, la historia de la esposa de Pilato, el lavado de manos de Pilato y el grito de la gente que acompañaba, el ofrecimiento de vino mezclado con hiel, las señales después de la muerte de Jesús, y la colocación de un guardia en la tumba.

Solo en el relato de la Pasión de Marcos (Mr 14.1–15.47) uno lee del joven que huyó desnudo del arresto de Jesús, el ofrecimiento de vino mezclado con mirra (similar a Mateo, pero no exactamente lo mismo), y la confirmación de Pilato de la muerte de Jesús.

Lucas (Lc 22.1–23.56) ofrece aun otros elementos, incluyendo el enfrentamiento de Jesús a Judas y aparentemente evitando el beso, la presencia de los líderes judíos en el arresto de Jesús, la sanidad de Jesús del hombre cuya oreja fue cortada, Jesús siendo objeto de burla mientras espera en la casa del sumo sacerdote, la asamblea matutina de los líderes judíos para considerar el destino de Jesús, Jesús ante Herodes Antipas, Jesús y las hijas de Jerusalén, dos o tres palabras de Jesús desde la cruz, el informe del intercambio entre Jesús y aquellos con los que fue crucificado, la reacción de la multitud reunida que miraba la muerte de Jesús, y la mención de sus conocidos estando presentes con las mujeres y viendo la crucifixión.

El relato de Juan (Jn 18.1–19.42) se distingue aún más por sus material especiales: el intercambio entre Jesús y la multitud que vino a arrestarlo, incluyendo su dicho «Yo soy» (Gr. *egṓ eími*) y la caída de la multitud al suelo; los detalles de Simón Pedro blandiendo la espada y que Malco perdió su oreja; los soldados apoderándose de Jesús; otro discípulo acompañando a Pedro la casa del sumo sacerdote; el interrogatorio de Jesús por el sumo sacerdote, Anás; el oficial golpeando a Jesús por su respuesta al sumo sacerdote y las palabras de Jesús al funcionario; El envío de Anás de Jesús atado ante Caifás; las conversaciones entre Jesús y Pilato; Pilato y los judíos dialogando; la declaración de los judíos, «no tenemos más rey que César»; Jesús llevando su propia cruz; tres palabras de Jesús desde la cruz; la petición de los judíos de que las piernas de Jesús fuesen quebradas, pero puesto que él ya estaba muerto se le abrió el costado; y Nicodemo trayendo 100 libras de especias para utilizar en el entierro de Jesús.

El Evangelio de Pedro, aunque un fragmento, ofrece una trama del relato de la Pasión con elementos similares a los de los relatos canónicos. Sin embargo, este Evangelio contiene muchas ideas sorprendentes y elementos adicionales de la historia: Herodes se presenta como un judío observador de la ley; él también es un rey, que parece tener autoridad sobre Pilato; el pueblo ejecuta a Jesús; Jesús, tanto como sujeto y como objeto en todo este relato, se le conoce como «el Señor»; cuando se burlan de él, Jesús es desafiado, «juzga con justicia»; el letrero sobre Jesús lee, «este es el Rey de Israel,» y parece ser publicado por el pueblo; Jesús crucificado «guarda silencio, como si no sintiera dolor»; un malhechor increpa a los que crucifican al Señor, porque él no lo merece; la oscuridad provoca la ansiedad de los verdugos, ya que Jesús todavía está vivo, y si se pone el sol ellos están violando la ley; al dar a Jesús hiel con vinagre completa el pecado judío, pero no está relacionado con el cumplimiento de una profecía mesiánica en el relato; Jesús clama, «mi poder, mi poder, tú me has abandonado»; la tierra tiembla cuando el cuerpo de Jesús es colocado en ella; los judíos pasan el cuerpo a José; los judíos y los líderes lamentan su maldad y la relacionan explícitamente a «el [próximo] fin de Jerusalén»; el lector es informado, como si fuera de parte de Pedro, que los discípulos se esconden, ayudan, hacen luto y lloran; los líderes piden a Pilato una guardia para la tumba porque saben que «él» era justo y ahora temen el airado remordimiento del pueblo; «Petronio el centurión con soldados» vigila la tumba; ellos ruedan una gran piedra sobre la entrada del sepulcro; se colocan siete sellos sobre la tumba; y los guardias levantan tiendas al lado.

Ninguna conclusión firme proviene de la observación de estos elementos en el relato de los Evangelios de la Pasión. Pero cualquiera que sea la teoría de interrelación sinóptica que se sostenga, claramente hay material adicional incorporado en el relato de la Pasión por los evangelistas posteriores; a su vez, cualquiera que sea, si hay alguna, la relación del cuarto evangelio y el Evangelio de Pedro a los Sinópticos, sus autores ofrecen una gran cantidad de material adicional del relato de la Pasión. Si bien cada uno de estos elementos únicos en los primeros relatos de la Pasión requeriría análisis individual para determinar si el material es más probable el resultado de la influencia de la tradición oral o de la propia meditación y composición del autor, parece muy poco probable que todas estas tradiciones añadidas fueron los resultados de las meditaciones de los autores.

Además, el examen de los materiales más allá de estos documentos del cristianismo primitivo (que van desde el siglo II hasta el V (incluyendo Eusebio citando a Papías [HE 3.39.2-4], Bernabé, Ignacio [Trall. 9.1], Odas Sol. 28, Justino Martir [*Apol.* 35; *Dial.* 98-106], Melitón de Sardis [Homilía sobre la Pasión], La Ascensión de Santiago [Sal-Clem. 1.41.3], Asc. Isaías 11, Tertuliano [Apol. 21.15-26; *Adv. Marc.* 4.42.5], Didascalia 21.5.17-19, Julio Africano [Epístola a Arístides 18.1], y el Evangelio de Nicodemo [que contiene los Hechos de Pilato]), muestran que una marcada tendencia a agregar detalles e incluso escenas al relato de la Pasión se convirtió en la manera normal de recontar la historia de la muerte de Jesús. El relato de la Pasión era contado a menudo.

Dadas las tendencias observadas en estos escritos y dadas las restricciones naturales relacionadas con antiguos materiales escritos, a lo largo de los primeros siglos de la iglesia, uno puede concluir con seguridad que el relato de la Pasión fue más a menudo dicho que escrito, más a menudo escuchado que leído, más a menudo conocido que físicamente sostenido. El proceso de elaboración fue normal. La dificultad del intérprete al confrontar las evidencias de este proceso es doble, y establece la agenda para futuros estudios: los eruditos deben determinar si las adiciones son creaciones de los autores o reflexiones de tradiciones orales; y deben evaluar la antigüedad de las tradiciones cuando éstas están presentes en los relatos de la Pasión.

Bibliografía. R. E. Brown, *The Death of the Messiah,* 2 vols. ABRL (New York, 1994); J. T. Carroll and J. B. Green, *The Death of Jesus in Early Christianity* (Peabody, 1995); J. D. Crossan, *The Cross That Spoke: The Origins of the Passion Narrative* (San Francisco, 1988); J. R. Donahue, *Are You the Christ? The Trial Narrative in the Gospel of Mark.* SBLDS 10 (Missoula, 1973); D. Senior, *The Passion of Jesus in the Gospel of John* (Collegeville, 1991); *The Passion of Jesus in the Gospel of Luke* (Collegeville, 1989); *The Passion of Jesus in the Gospel of Mark* (Collegeville, 1984); *The Passion of Jesus in the Gospel of Matthew* (Collegeville, 1985); H. Wansbrough, ed., *Jesus and the Oral Tradition.* JSNTSup 64 (Sheffield, 1991).

Marion L. Soards

RELIGIÓN ROMANA

En cada etapa que conocemos, la práctica religiosa romana fue una amalgama de elementos latinos nativos con influencia y revestimiento extranjeros. Debido a que la religión en todas las sociedades es conservadora, y debido a que Roma era una sociedad extraordinariamente conservadora, la subsistencia de las prácticas arcaicas en la religión posterior del estado romano proporciona claves valiosas en cuanto a las prácticas y creencias de la comunidad romana primitiva.

La religión romana nativa consistía de rituales diseñados para proteger o realzar la vida agrícola o familiar de la casa, por un lado, y la integridad de la comunidad, por otro. Los romanos percibían todas las funciones, sociales así como naturales, como manifestaciones de un poder divino. En efecto, el poder divino estaba muy presente en la función y de igual manera estaba al control de ella. Esos poderes podían ser negativos así como positivos. Es decir, los romanos entendían un proceso destructivo como resultado de la presencia de una fuerza negativa, más que la ausencia de su antítesis. Los rituales pretendían, ya sea estimular alguna fuerza positiva en su actividad, o alejar algún poder peligroso o negativo.

Entre algunos de los poderes mejor conocidos están los Lares y los Penates, que protegían la casa y su contenido. El *genio* dominaba a la continuidad reproductiva de la familia y estaba asociado específicamente con el varón. Juno se originó como un espíritu de la fertilidad femenina. Vesta protegía el corazón y su fuego. San Agustín preserva una larga lista de funcionarios agrícolas, y observa que los romanos no estaban satisfechos con un solo dios de la agricultura, sino que reconocían poderes separados para cada proceso, desde la semilla hasta el fruto. El ejemplo que más frecuentemente se cita de un funcionario negativo es *robigus*, el poder que atacó las cosechas en forma de moho. En la comunidad, *terminus* garantizaba la integridad de los límites entre una casa y la siguiente. El culto de Vesta, que dominaba a las mujeres jóvenes de la casa, tenía su equivalente urbana en la escuela de las Vírgenes Vestales.

Las ceremonias religiosas marcaban el cambio de estaciones, tanto naturales como civiles. La *fontinalia* celebraba el poder de los manantiales y pozos. El *tubilustrium* protegía las trompetas que se usaban para llamar a la gente a que se reuniera, mientras que el *armilustrium* purificaba las armas, después de su regreso del territorio hostil.

Es lógico, por la naturaleza estrechamente funcionaria de estos poderes divinos, que la religión romana nativa no fuera antropomórfica y que no hubiera mitología. Sin embargo, desde los tiempos más antiguos que se conocen, esta religión nativa se revistió de elementos que se asimilaron de los vecinos de Roma. Según la tradición romana, una dinastía etrusca se aferró al poder durante el siglo VI a.C., y con ellos llevaron tradiciones religiosas de Grecia, así como de origen etrusco. Que los etruscos fueran un pueblo nativo pretaliota o inmigrantes del Asia Menor, sigue siendo un tema de debate. En cualquier caso, los romanos estaban bajo dominio etrusco cuando construyeron por primera vez un templo e instalaron en la capital sus deidades tutelares, Júpiter, Juno y Minerva. Los nombres son latinos, y por lo menos Júpiter se deriva del padre del cielo indoeuropeo; pero la concepción antropomórfica, con la noción acompañante de que estos poderes requerían de un templo, es algo nuevo. Tan grande fue la influencia etrusca en los asuntos religiosos que la palabra romana de la que derivamos nuestra palabra «sagrado», que no es lingüísticamente latín, podría ser de origen etrusco.

Después de la expulsión de los etruscos, durante el inicio del período Republicano, los romanos siguieron recibiendo deidades de origen extranjero. Las ciudades griegas del sur de Italia fueron la única influencia más significativa, pero los romanos también recibieron deidades de origen semítico (fenicio) durante las guerras con Cartago. Algunas de estas deidades llegaron a Roma por medio del procedimiento conocido como *evocaton*, donde al poder tutelar de una ciudad enemiga se le «llamaba» y se le invitaba a alojarse en Roma. Un ejemplo es la diosa fenicia Astarté, que fue llevada del Erice siciliano bajo el nombre de Afrodita y fue asimilada con la nativa Venus. Con otro proceso, durante la Segunda Guerra de Cartago, en respuesta a un oráculo que supuestamente se encontró en los libros sibilinos, los romanos llevaron de Asia Menor, con gran ceremonia, una piedra negra en la que residía el poder de la Gran Madre Tierra.

En tanto que la mayoría de estas importaciones fueron cuidadosamente controladas por los oficiales religiosos romanos, claro está que la ciudad también estuvo expuesta a influencias que llevaron los inmigrantes y viajeros. El ejemplo más famoso es el culto a Baco, o los Bacanales, que fue proscrito por el senado romano en 186, pero permitido a los no romanos bajo condiciones controladas. Esta fue la primera de las así llamadas religiones misteriosas que se desarrollaron durante el período helenístico de sectas más tradicionales, como el de Deméter en Eleusis y de Isis en Egipto. La resistencia a esas religiones por la élite romana fue inútil, y no sabemos de más intentos de legislar en contra de ellas después de 186, hasta los intentos fugaces y esporádicos de extirpar el cristianismo (y el maniqueísmo) a finales del siglo III y a principios del IV.

Con el surgimiento de estas religiones más individualistas, la religión romana tradicional parece haber declinado, por lo menos dentro de la ciudad en sí. El emperador Augusto, cuyo programa incluía la restauración de valores tradicionales y de la religión tradicional, se jacta de haber restaurado unas 82 sectas solamente en un año. Al mismo tiempo, fomentó una nueva religión de Roma, especialmente en las provincias orientales, con la que su propia persona estaba asociada muy de cerca. Sin embargo, en tanto que se convirtió en costumbre honrar al *genio* del emperador, no se adoraba al emperador en sí (aparte de unas cuantas excepciones megalómanas), directamente cuando todavía estaba vivo. El senado romano honraría la memoria de algún emperador fallecido, a quien confirmaban al declarar que era de un estado semidivino y estableciendo un culto en su honor.

A pesar del embrollo de las religiones misteriosas y de la evidencia de la decadencia de los cultos tradicionales durante la confusión, a finales de la República, la elasticidad y vitalidad de la religión romana tradicional no debe subestimarse. La religión tradicional estaba muy asociada con la idea de Roma en sí, y la élite romana se aferró a ella mucho después de que los mismos emperadores hubieran adoptado el cristianismo. En las áreas rurales, las dedicaciones tradicionales a los dioses tradicionales persistieron en contra de todos los esfuerzos del imperio más reciente de suprimirlas. Ahora todavía pueden encontrarse en Europa evidencias de la antigua religión romana. Los santuarios en los cruces de caminos, dedicados a un santo cristiano, son los descendientes directos de la antigua *Compitalia* romana. La Iglesia de la Virgen María del Monte Erice, en Sicilia, es el equivalente moderno del culto fenicio de Astarté, que fue adoptada por los romanos como Venus. La práctica de asociar a cada santo cristiano con la comprensión de alguna actividad específica, como la salud o el viaje, puede considerarse como descendiente de la antigua concepción romana del «funcionario».

Bibliografía. C. Bailey, *Phases in the Religion of Ancient Rome* (1932, repr. Westport, Conn., 1972); J. H. W. G. Liebeschutz, *Continuity and Change in Roman Religion* (Oxford, 1979); R. MacMullen, *Paganism in the Roman Empire* (New Haven, 1981); L. H. Martin, *Hellenistic Religions* (Oxford, 1987); R. M. Ogilvie, *The Romans and Their Gods in the Age of Augustus* (New York, 1970); H. J. Rose, *Religion in Greece and Rome* (New York, 1959).

ALDEN A. MOSSHAMMER

RELIGIONES HELENISTAS

Las conquistas de Alejandro Magno (336-323 a.C.) alteraron para siempre la historia, cultura, idioma y civilizaciones de los pueblos del Mediterráneo oriental y Asia. Para cumplir su sueño de unir la mayor parte del mundo conocido que podía bajo su gobierno, Alejandro estableció una red de ciudades griegas en todo su imperio que le ayudaron a transformar la variedad de culturas en un mundo cosmopolita, internacional. El griego era el idioma internacional, pero el idioma mismo se transformó en idioma común (Gr. *koinē*) que era accesible al público en general. Alejandro permitió a los pueblos conquistados locales conservar sus formas únicas aun cuando impuso la cultura griega en ellos. El resultado fue una buena mezcla de culturas en una forma híbrida llamada cultura helenística. La época helenística adecuada duró desde la muerte de Alejandro (323) hasta la derrota de Roma de Egipto (30 a.C.), cuando la civilización griega fue sometida por la dominación romana. La influencia del helenismo, sin embargo, continuó hasta la edad del emperador Constantino (d. 337 d.C.).

Acontecimientos importantes ocurrieron en las religiones durante la época helenista. Patrones regionales y naturales de la práctica religiosa que había sido tocada principalmente por las influencias extranjeras y había disfrutado en gran medida la adhesión incuestionable por parte del público se relativizan o al menos se incorporan en una comunidad internacional de alternativas religiosas. Viajes, comercio, y la presencia de personal militar en todo el mundo causaron que las religiones regionales se convirtieran en internacionales. Algunas veces las religiones transportadas conservan una forma muy similar a la original, mientras que en otras ocasiones fueron alteradas para fusionarse con otras tradiciones religiosas locales. Los dioses olímpicos, que habían sido poderosos como dioses de la ciudad-estado, y las deidades asiáticas y egipcias que habían sido parte integral de sus respectivas naciones estaban ahora internacionalizadas y veneradas (o tratadas con escepticismo) lejos de sus costas nativas.

Una nueva mentalidad o visión del mundo nació, que minimizó el racionalismo e hizo hincapié en la espiritualidad personal y el emocionalismo (a diferencia de las públicas, formales e impersonales religiones de estado). Las filosofías helenistas comenzaron a reemplazar o al menos contender la religión como medio de ofrecer a las personas un sentido de significado y valor en la vida. Las variaciones de los antiguos tipos de filosofía dieron forma a la opinión de muchos (p.ej., neopitagorismo, neoplatonismo, y neoaristotelismo), mientras que la introducción de nuevas filosofías sirvió aún más directamente a las necesidades de la mente helenística (p. ej., el epicureísmo, que desconfiaba de los mundos dialéctico y abstracto, pero buscaban la verdadera felicidad confiando en los propios sentimientos y el sentido común, o el estoicismo, que enseñaban que la razón divina impregna el orden material del universo y que sus seguidores deben vivir una vida moral y tranquila).

La nueva visión del mundo era servida no sólo por filosofías, sino también por el florecimiento de las religiones de misterio que se desarrollaron a partir de los cultos en Grecia, Persia, Egipto y Asia Menor. Su foco de adoración eran o salvación personal e inmortalidad o las fuerzas y patrones de la naturaleza o los cultos agrarios. Las deidades eran a menudo «deidades de la tierra» como Isis, Demeter, Hagne, o Magna Mater, la «Gran Madre.» La participación en los cultos era voluntaria, individual, y requería tomar los votos de secreto con respecto a las prácticas del grupo.

No todo de estos misterios era nuevo. La adoración de Demeter en Eleusis comenzó en el siglo XV a.C. Pero incluso las viejas formas de la piedad misteriosa fueron recreadas y rejuvenecidas para una nueva era. Sacerdotes o figuras mediadoras efectuaron la unión del dios y el creyente; se celebraron comidas sagradas o banquetes; se practicaba el hablar en lenguas desconocidas (glosolalia); se realizaron encantamientos y recitaciones sagrados.

Debido a la naturaleza peligrosa y orgiástica del culto de Baco, y debido a que el culto se extendió tan rápidamente entre las clases bajas y los esclavos, el senado romano suprimió el culto en 186 a.C. Representaciones de culto dionisíaco o báquico de Tracia representan juerga desenfrenada y bebida durante el cual los devotos destrozaban un animal vivo y se lo comían crudo.

El mitraísmo, un culto de Zoroastro (persa) que ganó muchos seguidores y, finalmente se convirtió en el culto oficial del Imperio Romano, sostuvo que Mitras, el dios joven de la luz que, como una deidad solsticio, nació el 25 de diciembre, había matado un toro de cuyo semen y sangre vino la nueva vida. La iniciación en este culto era a través del ritual de la taurobolium, en la que el iniciado era bañado en la sangre de un toro, que garantizaba salvación personal. Los devotos de Cibeles o Magna Mater practicaron el corte de sus brazos en la adoración, así como la taurobolium.

El culto egipcio de Isis y Osiris ofrece tanto ayuda con problemas durante la vida y la promesa de inmortalidad para la vida futura. El orfismo (la adoración de Orfeo) ofreció inmortalidad a sus iniciados en el ejemplo de la muerte y resurrección de Dionisio, y enseñó que los impíos soportarían las torturas del infierno.

Además de la participación en los cultos o escuelas filosóficas, muchas personas mantenían una actitud religiosa general la creencia en el azar o el destino (Gr. *Tychē*), que fue personificado y adoptado como la diosa protectora de algunas ciudades helenísticas. La astrología y encantamientos mágicos eran característicos de muchos grupos que trataron de influenciar o al menos averiguar qué había sido predestinado.

Debajo de todos estos cultos y el miedo al destino estaba un dualismo cósmico, el sentido de que había dos mundos, un aquí y un allá (cielo/infierno), un dualismo ético (la lucha entre el bien y el mal o la verdad y el error, la luz y las tinieblas), y a veces un dualismo temporal (el presente y el futuro, lo que es y lo que vendrá). En consecuencia, una visión del mundo dualista conocido como gnosticismo floreció durante el período de influencia helenística. El gnosticismo se puede encontrar en el judaísmo, el cristianismo y las filosofías paganas. Se enseña que la salvación se basa en el conocimiento, no un tipo de conocimiento disponible para la adquisición casual, sino un conocimiento espiritual adquirido solo por los elegidos.

Todas estas filosofías, religiones de misterio, y las visiones del mundo influenciaron el cristianismo, que surgió a su paso.

Bibliografía. F. C. Grant, *Hellenistic Religions* (New York, 1953); M. C. Howatson, *The Oxford Companion to Classical Literature,* 2nd ed. (Oxford, 1990); L. H. Martin, *Hellenistic Religions* (Oxford, 1987); M. W. Meyer, *The Ancient Mysteries* (San Francisco, 1987).

Richard A. Spencer

RELOJ DE ACAZ

Un tipo de reloj de sol formado por dos tramos de escalera, una ascendiendo desde el este y una desde el oeste, que llevaban a la azotea y compartían el escalón superior. A medida que el sol pasaba de este a oeste los escalones serían iluminados y delinearían así el paso del día. La promesa del Señor de sanar a Ezequías fue confirmada por hacer «volver la sombra por los grados que ha descendido con el sol, en el 'reloj' de Acaz (Heb. *ma ʿălôṯ ʾāḥāz*) diez grados atrás» (Is 38.8; 2 R 20.8-11).

Bibliografía. Y. Yadin, «'El reloj de Acaz,'» *ErIsr* 5 (1959): 88*-89*.

Christian M. M. Brady

REMALÍAS (Heb. *rĕmalyāhû*)

El padre del rey Peka de Israel (2 R 15.25; Is 7.1). En Isaías 7.4-5, 9; 8.6 Peka no se menciona pero se llama simplemente «hijo de Remalías.»

REMANENTE

Esa parte de una nación, tribu, clan o familia que sobrevive a una catástrofe divina, ya sean naturales (inundaciones, hambre, peste) o no (la guerra, el exilio). Este grupo forma el núcleo para la posible reconstrucción futura de la comunidad. El remanente, por lo tanto, funciona dentro del marco teológico del juicio y de la salvación.

En el AT, la terminología de remanente (las raíces *šʾr, plṭ, mlṭ, ytr, y* los sustantivos *śārîḏ y ʾăḥarîṯ*) aparecen más de 500 veces en contextos que indican que este concepto tiene sus raíces en las preocupaciones existenciales a la vista de las mortales amenazas: ¿habrá aniquilación total o un grupo sobrevivirá para preservar la existencia? En la mayoría de los casos, se subrayan los elementos destructivos y constructivos, destacando el hecho de que la salvación de gracia de parte de Dios preserva a un grupo fiel.

La primera referencia explícita aparece con el diluvio (Gn 6.5–7.23). Otros ejemplos incluyen Lot y la destrucción de Sodoma (Gn 18.22-33; 19.15-29); la hambruna en Egipto (45.7); y el escape en el Mar Rojo (Ex 14.28). Sin embargo, sólo la fidelidad del pacto podría garantizar la continua protección de Dios sobre Israel (Lv 26.27-39; Dt 4.27).

Remanentes de los cananeos (los anaceos y amalecitas; Jos 11.21-22; Jue 6.1-6; 1 Cr 4.43) se utilizaron para probar la fidelidad de Israel (Jue 2.21-23; 3.1-6). En una teofanía Dios reveló a Elías que había conservado 7000 fieles seguidores (1 R 19.17-18). Esdras (Esd 9.8-15) y Nehemías (Neh 1.2-3) designan tanto a los repatriados como a los que se quedaron en la tierra como el remanente.

Los profetas tienen más que decir con respecto al remanente. Amós declara que sólo un grupo insignificante sobreviviría a la crisis asiria (Am 3.12; 5.3), pero la gracia de Dios va a rejuvenecer el fiel «remanente de José» (5.15; 9.11-15). Isaías denota el remanente como una «simiente santa» (Is 6.13) que sobrevivirán el juicio divino (4.2-4), abraza las promesas de elección, y se convierte en el centro de una nueva comunidad de fieles, reconstruido por Dios (10.20-23; 28.5ss.). Esto es claramente evidente en el nombre de hijo primogénito de Isaías, Sear-jasub, «Un remanente volverá» (Is 7.3). Miqueas y Sofonías hablan de un remanente reunificado que es perdonado (Mi 2.12; 7.18), que se caracteriza por una nueva vida, fuerza (5.7-8), humildad y pureza (Sof 3.12-13). Para Jeremías y Ezequiel, los exiliados constituyen el verdadero remanente ya que llevan las promesas de elección. Dios volverá a reunirlos, bendiciéndolos con el nuevo pacto (Jer 23.1-8; 31.31-34) y un corazón nuevo (Ez 11.16-21; 36.26), por lo que de nuevo podría ser su pueblo (cf. Zac 13.7-9). Los que se quedaron en Judá comprendía un insignificante, pobre agrupamiento (Jer 8.3; 21.8-10).

El concepto de remanente está implícito en los Evangelios, aunque el sustantivo «remanente» está ausente. Jesús, como Juan el Bautista, hizo un llamado universal para que los fieles y penitentes entraran en el reino de Dios (Mr 1.3-8, 15). Pero sólo unos pocos aceptaron la invitación. Este énfasis en los «pocos» (TM 7.14; Lc 13.23), los «escogidos» (TM 20.14-16), y los «pequeños» (Lc 17.2) apunta al remanente de la fe en las enseñanzas de Jesús. Además, las metáforas como «ovejas» (TM 10.6; Lc 12.32), «pastores» (Jn 10.16), y la separación de las ovejas y las cabras (TM 25.32-34) demuestran asociación con los conceptos del remanente del Antiguo Testamento.

Romanos 9–11 (citando el AT) insiste que «sólo un remanente será salvo» (9.27). Estos son los fieles, no necesariamente de linaje judío, que comprenden una nueva comunidad espiritual, la Iglesia (Ro 10.4, 9-13). En la metáfora del olivo, Pablo afirma que los creyentes gentiles serán injertados mientras los judíos incrédulos serán cortados. Sin embargo, si se arrepienten, Dios volverá a unirlos (Ro 11.17-24) de modo que un árbol, compuesto por «todo Israel [,] será salvo» (v. 26). La meta final de Dios es la salvación.

El libro de Apocalipsis usa Gr. *loipós* varias veces; los fieles en Tiatira (Ap 2.24); los «pocos» en Sardis que no han manchado sus vestidos (3.2, 4); un grupo de sobrevivientes que alaba a Dios por su salvación (11.13); los fieles a los mandamientos de Dios y que tienen el testimonio de Jesús (12.17; cf. 14.12; 19.10), mientras que el «resto» (los infieles) son destruidas por Dios (19.21).

Bibliografía. G. F. Hasel, *The Remanente,* 3er ed. AUM 5 (Berrien Springs, 1980); V. Herntrich y G. Schrenk, «leímma,» *TDNT* 4.194-214; K. D. Mulzac, « The Remnant and the New Covenant in the Book of Jeremiah,» *AUSS* 34 (1996): 239-48; *The Remnant Motif in the Context of Judgment and Salvation in the Book of Jeremiah* (diss., Berrien Springs, 1995); J. W. Watts, *A Critique of Interpretations of the Remnant Theme in the New Testament* (diss., Louisville, 1986).

KENNETH D. MULZAC

REMATE

Detalle estructural mencionado en la descripción del palacio real de Salomón (1 R 7.9). Si el heb. *tĕpaḥ* se refiere a las ménsulas (piedras sobre las que descansan las vigas), entonces la expresión «desde el cimiento hasta los remates» simplemente significa que la pared entera, de abajo hacia arriba, estaba cubierta con piedras preciosas.

REMET (Heb. *remeṯ*)

Ciudad en la frontera de Isacar (Jos 19.21). Probablemente debe ser identificado con Jarmut (**2;** Jos 21.29) y Ramot (**3;** 1 Cr 6.73[TM 58]).

REMISIÓN, AÑO DE
Véase Año sabático.

RENQUERA
Véanse **COJERA, TULLIMIENTO**

REQUEM (Heb. *rāqem*)
Hijo de Seres y descendiente de Manasés (1 Cr 7.16).

REQUEM (Heb. *reqem*) **(LUGAR)**
Ciudad en la parte occidental del territorio de Benjamín (Jos 18.27). Su ubicación e identificación moderna son desconocidas. Puede estar asociado con el gobernante madianita del mismo nombre (Nm 31.8; Jos 13.21). Josefo (*Ant.* 4.161) identifica Requem con Petra.

REQUEM (Heb. *reqem*) **(PERSONA)**
El nombre de tres personas, tal vez los antepasados epónimos de los clanes. Los nombres también pueden representar lugares.

1. Uno de los cinco reyes de Madián que eran vasallos del rey de los amorreos Sehón y que fueron asesinados por los israelitas en el camino a Canaán (Nm 31.18; Jos 13.21).

2. Hijo de Hebrón de la tribu de Judá (1 Cr 2.43-44).

3. Un nieto de Maquir y Maaca (1 Cr 7.16).

John R. Spencer

RESA (Gr. *Rhēsá*)
Un descendiente de Zorobabel y antepasado de Jesús nombrado sólo en la genealogía de Lucas (Lc 3.27).

RESCATE
Un precio que se paga para liberar una propiedad en cautividad o apoderada, o el acto de procurar la liberación de esta manera. Heb. *kōper* (de *kpr*, «cubrir»; cf. acad. *kapāru*, «limpiar») suele ser utilizada en el sentido positivo del dinero del rescate (p. ej., Ex 21.30; Nm 35.31-32; Is 43.3; cf. Sal 49.7-8[TM 8-9]). Negativamente, el término puede referirse a un «soborno» (como NVI, 1 S 12.3; Am 5.12). Aunque entre los griegos Gr. *lýtron* podría referirse a la redención de un esclavo, en el uso del NT especifica también «dinero de la expiación.» Mt 20.28 = Mr 10.45 aclara la naturaleza sustitutiva de la expiación de Cristo como «rescate por muchos» (cf. Is 53.4-12; cf. 1 Ti 2.6).

Véase Redención.

Michael Spence

RESEF (Heb. *rešep̱*) (DEIDAD)
Una deidad cananea de la plaga (Ugar. *ršp;* cf. Heb. *rešep̱,* «llama,» tal vez en relación con la fiebre; cf. Acad. Nergal), atestiguada ya en la mitad de segundo milenio a.C., en Ebla. Tal sentido mitológico puede subyacer en el uso bíblico del término hebreo, a menudo traducido como «plaga» (Dt 32.24, «fuerte llama»; cf. Cant 8.6). El uso en Job 5.7 (NVI mg «chispas»); Sal 76.3(TM 4); 78.48 connota el flash de las flechas en vuelo (tal vez en llamas) puede derivar del epíteto ugarítico de Resef, *b'l ḥṣ,* «señor de la flecha» (cf. su identificación en las inscripciones de Chipre con Apolo, cuyas flechas traen enfermedad). En Habacuc 3.5 «pestilencia» y «plaga» (Heb. *deḇer*) escoltan a Jehová como él marcha en teofanía, una reminiscencia de deidades ugaríticas pareadas.

Bibliografía. W. J. Fulco, *The Canaanite God Rešep.* AOS 8 (New Haven, 1976).

Allen C. Myers

RESEF (Heb. *reṣep*) **(LUGAR)**
Una ciudad incluida en una lista leída por un mensajero del rey asirio Senaquerib a Ezequías, rey de Judá (2 R 19.12 = Is 37.12). La lista constaba de ciudades destruidas por los asirios en campañas anteriores y sugiere que Resef (Acad. *Rajappa*) puede estar situada en las proximidades de un sistema tributario norteño del río Éufrates. El mensaje estaba destinado a socavar la voluntad de resistir al ejército asirio invasor. Lo más probable es que Resef fue incorporada en el Imperio Asirio por Salmanasar III (858-824 a.C.). La ciudad se convirtió en un importante centro comercial y fue una capital de provincia dentro del imperio.

C. Shaun Longstreet

RESEF (Heb. *rešep*) **(PERSONA)**
Un efraimita, hijo de Refa y padre de Tela (1 Cr 7.25). El nombre puede representar a un clan o pueblo.

RESÉN (Heb. *resen*)
Una ciudad asiria entre Nínive y Cala (Gn 10.12). La ubicación exacta de la ciudad es incierta, y la ciudad no es atestiguada en las fuentes cuneiformes.

RESURRECCIÓN
Concepto de una persona que está siendo traído de una muerte mortal a un estado de inmortalidad, que generalmente incluye la reunificación del espíritu o del alma con un cuerpo inmortal. En el Anti-

guo Testamento, no hay una sola palabra para resurrección; En el Nuevo Testamento el término griego más común es *anástasis,* «levantar.»

Antiguo Testamento

La evidencia de la creencia en la resurrección en el Antiguo Testamento es escasa y a menudo ambigua. Como Dios formó el cuerpo del hombre del polvo de la tierra, y le dio la vida al respirar el aliento de vida en él (Gn 2.7), por lo que después de la muerte el aliento abandona el cuerpo y el cuerpo vuelve al polvo (Sal 104 .29). El reino de los muertos en el Antiguo Testamento es el Seol. Por un lado, el Seol es descrito como un lugar oscuro y lúgubre, un lugar donde los muertos se separan de la vida y de Dios (Sal 6.5 [TM 6]; 30.9 [10]; 88.1-12 [2-13]; 115.17), donde son olvidados (Sal 88.14 [15]; Ecl 3.19-21; 9.5-10), y como un destino final y un lugar «de no retorno «(Job 7.9-10; 16.22; Is 38.10). Por otro lado, varios textos describen el poder de Dios sobre el Seol (Job 12.22; 26.6; Sal 139.8; Pr 15:.1; Am 9.2), y que el Señor librará del Seol (Sal 49.15 [16]). Varios pasajes aluden específicamente al poder de Jehová sobre la muerte (Dt 32.39; 1 S 2.6; Is 25.7). Del mismo modo, tres pasajes aluden directamente a la resurrección en el contexto de la restauración nacional (Is 26.19; Ez 37.13-14; Os 6.1-2).

La primera declaración clara e inequívoca de la creencia en la resurrección de los muertos en el Antiguo Testamento se encuentra en Daniel (Daniel 12.2). El hecho de que la primera declaración explícita de la resurrección se produce en un libro tan tardío ha llevado a muchos investigadores a suponer que el concepto de la resurrección se desarrolló gradualmente durante el período del AT y alcanzó su forma completa sólo en los círculos apocalípticos del período intertestamentario. Estos estudiosos descartan como figurativa los pasajes tempranos en el Antiguo Testamento que hacen referencia al poder de Dios sobre la sepultura y la muerte, y los pasajes que se refieren a la resurrección en el contexto de la restauración nacional. Otros estudiosos creen que estas alusiones presuponen una creencia inicial en la resurrección.

Literatura intertestamentaria

La ambigüedad de la evidencia del AT se refleja en las creencias de las sectas del judaísmo en el período intertestamentario. Según Josefo, los fariseos creían en la resurrección del cuerpo, los saduceos y los samaritanos no lo hicieron, y los esenios creían en la inmortalidad del alma, pero no el cuerpo (BJ 2.8.11, 14, 154, 163, 165; Ant 19.1 .3-5, 14, 16, 18). La evidencia antigua confirma a Josefo en lo que respecta a los fariseos y saduceos, pero las pruebas relativas a los samaritanos y los esenios no es decisiva. Textos recientemente publicados de Qumrán sugieren que existía la creencia en la resurrección en Qumrán. 4Q521 1:12 dice: «va a curar a los heridos, dar vida a los muertos, y proclamar las buenas nuevas a los pobres» - un paso considerado por muchos estudiosos como una declaración clara de la creencia en la resurrección en Qumrán.

En los textos de esta época el concepto de resurrección se expresa plenamente. Eclesiástico se hace eco de pasajes del Antiguo Testamento acerca de la finalidad de la muerte, que quienes están en el Seol serán cortados de Dios (Eclo 17.27-28), y todo lo que queda de una persona después de la muerte es el honor y el buen nombre (37.26), pero él dice acerca de los jueces y de los profetas: «sus huesos pueden enviar nueva vida desde donde están » (46.12; 49.10). Sabiduría 1-6 incluye una larga discusión sobre la inmortalidad. La resurrección se suele mencionar en el contexto de premios y castigos, como en Daniel 12, y está reservada para los justos y no los malos. 1 Enoc describe la división de los justos de los impíos en el más allá a la espera de juicio (1 En 22) y alude a una resurrección de los justos solamente (91.10). En 2 Macabeos los mártires expresan su creencia en la resurrección de los justos (2 Mac 7.9, 11, 14.); se hace alusión a la ofrenda de oraciones y sacrificios por el pecado de los muertos en la esperanza de la resurrección (12.43-45); y la restauración física de un cuerpo mutilado se describe (14.46). Sin embargo, un pasaje en 2 Esdras sugiere una resurrección para todos (2 Esdr 7.32, 37).

Nuevo Testamento

La resurrección es una doctrina fundamental en el NT. La resurrección de Jesucristo es presentada como el acontecimiento central de la historia. Es el cumplimiento de la profecía del AT y de la enseñanza y el signo más importante de que Jesús era el Mesías (Hch 2.32-36; 13.33; Ro 1.3-4; 1 Cor 15.12). Representa una inversión de las consecuencias de la caída provocada por Adán y Eva (1 Cor 15.22).

En los relatos de los Evangelios, la Resurrección es prominente en las discusiones entre Jesús y los fariseos y los saduceos. Jesús claramente se pone del lado de los fariseos citando pasajes del Antiguo Testamento como evidencia de la resurrección (Mt

22.23-33, Mr 12.18-27, Lc 20.27-40). A lo largo de su ministerio Jesús profetizó su resurrección al tercer día (Mt 16.21, Mr 8.31 y Lc 9.22) como un cumplimiento de la profecía del AT (Os 6.1-2). Jesús resucitó a tres personas de entre los muertos, la hija de Jairo, el hijo de la viuda, y Lázaro, ocasión en la que dijo: «Yo soy la resurrección y la vida. El que cree en mí, aunque esté muerto, vivirá» (Jn 11.25). Estos episodios demuestran el poder de Jesús sobre la muerte y prefiguran su capacidad de levantarse él mismo de entre los muertos. La resurrección de Jesucristo mostró su poder sobre la muerte que dio a toda la humanidad: los justos a una resurrección de vida y los malvados, a resurrección de condenación (Jn 5.25, 29). Mateo dice que otros se levantaron de entre los muertos después de la resurrección de Jesús «y aparecieron a muchos» (Mt 27.53).

El símbolo de la resurrección de Jesús en el NT es la tumba vacía, pero la evidencia de su resurrección es sus varias apariciones antes y después de su ascensión. En una ocasión aclaró la naturaleza de su cuerpo resucitado: «palpad, y ved; porque un espíritu no tiene carne ni huesos, como veis que yo tengo» (Lc 24.39).

Pablo da la más amplia exposición teológica de la resurrección en el NT en 1 Corintios 15. Pablo citó como evidencia de la resurrección las Escrituras y las apariciones de Jesús a Cefas, a los Doce, a 500, a Santiago, y a él mismo (1 Cor 15.1-11), y enseña que la resurrección de Jesús tenía importancia universal: «así como en Adán todos mueren, también en Cristo todos serán vivificados» (vv. 20-22). Pablo explica que la resurrección requiere la transformación, ya que «la carne y la sangre no pueden heredar el reino de Dios» (1 Cor 15.50).

Así, resurrección implica una transformación de lo perecedero a lo imperecedero, de la deshonra a la gloria, de la debilidad al poder, de lo físico a lo espiritual (1 Cor 15.42-46).

La resurrección simboliza el poder de Jesucristo para dar nueva vida a sus seguidores, tanto en un sentido espiritual, como en uno literal. La creencia en la resurrección ofrece a los cristianos una perspectiva distintiva sobre el significado de la vida mortal como un estado temporal de la libertad condicional a seguir por la muerte, el juicio y de la resurrección.

Bibliografía. J. J. Collins, «Excursus: On Resurrection,» *Daniel.* Herm (Minneapolis, 1993), 394-98; R. Martin-Achard, *From Death to Life: A Study of the Development of the Doctrine of the Resurrection in the Old Testament* (1960); G. W. E. Nickelsburg, Jr., *Resurrection, Immortality, and Eternal Life in Intertestamental Judaism.* HTS 26 (Cambridge, Mass., 1972); P. Perkins, *Resurrection: New Testament Witness and Contemporary Reflection* (Garden City, 1984); N. J. Tromp, *Primitive Conceptions of Death and the Nether World in the Old Testament.* BibOr 21 (Rome, 1969).

David Rolph Seely

RETORNO

El período inmediato posterior al exilio, durante el cual los israelitas exiliados dejaron Mesopotamia y se reasentaron en su patria palestina.

Para el uso bíblico del verbo «volver» (Heb. *šûb;* Gk. *metanoéō*), *véase* Arrepentimiento.

RETORNO DE CRISTO

Véase Segunda Venida.

RETRIBUCIÓN

La dispensación de o recibir una recompensa o pago. Ya sea entre Dios y los seres humanos, o entre los seres humanos, la retribución es el acto de obtener lo que uno merece, ya sea para los estándares humanos o por decreto divino. En las primeras tradiciones el material legal dictaba que los individuos deben ser castigados de acuerdo con sus malas acciones. Tanto el Código de la Alianza (Ex 20-23) y el Código de Santidad (Lv 17-26) son los textos clásicos para ver la claridad con que fueron escritas las leyes con respecto a la retribución. Ambos conjuntos de leyes se refieren tanto a la relación divino-humana como a la relación humano-humano. Quebrantar cualquier ley, sin embargo, significaba dañar la relación con Dios. Todos los mandamientos fueron dados por Dios para dar dirección e instrucción a la comunidad de fe (Dt 4.5-8; 5.28-33). Debe hacerse retribución para corregir cualquier mal o para recompensar algún derecho.

Con la ley como su fundamento, la historia de Israel fue un ciclo continuo de toma de represalias. Incluso en el relato de Caín y Abel, Caín es castigado al ser forzado a salir de su casa (Gn 4). Toda la tierra es castigada por una inundación devastadora por el pecado generalizado (Gn 6-9). Por obedecer la voz de Dios e ir a Canaán, Abraham y Sara son recompensados con un hijo, Isaac, para cumplir la promesa (Gn 12-25; 12.1-3; 21.1-7). Las narraciones de Jacob-Esaú-Labán están llenas de giros interesantes sobre el tema de la retribución (Gn 26-36). Más tarde, después de que Moisés ha guiado a los hijos de Israel de la esclavitud en Egipto, el pueblo se rebela contra Dios y contra Moisés y reciben el daño al negársele la entrada en la Tierra Prometida; serían sus hijos en lugar de ellos los que entrarían. Toda la historia deuteronomista está llena de un acto de retribución después de otro (por ejemplo, Jue 10-20).

El problema de la retribución, sin embargo, es serio. A lo largo de la historia deuteronomista y el libro de los Proverbios, e incluso en el material legal y en otros lugares, la idea es que todos tienen lo que se merecen. Deuteronomio 5.28-33 (y muchos otros lugares también) establece que si la gente sólo guarda los mandamientos entonces todo irá bien y van a vivir en la tierra por mucho tiempo. Los proverbios son similares, pero a nivel individual (cf. Pr 3.1-2). La teología en que se basan estos textos es que el universo es correcto, y si uno hace las cosas correctas, entonces las cosas buenas van a pasar con estas personas.

Mientras que el punto de este tipo de textos puede ser entendido en cuanto a su intención, el libro de Job, las preguntas de Jeremías, los lamentos de los Salmos, y la historia de la encarnación de Jesucristo sugieren que una teología de la retribución de este tipo debe incluir una búsqueda de toda la vida por una respuesta a la pregunta de Jeremías: «¿Por qué es prosperado el camino de los impíos, y tienen bien todos los que se portan deslealmente?» (Jer 12.1). La retribución, entonces, está estrechamente conectada a cualquier discusión de la teodicea.

En Job un hombre justo pierde todo lo que tiene a excepción de su vida y de su esposa. Sus amigos, los defensores de la teología «nacional» de la retribución, están convencidos de que ha pecado. Incluso la esposa de Job está igualmente convencida. Pero Job sabe que él no ha hecho nada malo. Él es una amenaza a la teología aceptada. Como Jeremías, Job tiene serias preguntas para Dios (Jer 12.1-4; Job 33; Cf Hab 1.1-2.5). Y, al igual que Jeremías, Job es respondido por Dios, pero la respuesta esperada no se encuentra (Jer 12.5-6; Job 38-41). A los dos se les dice que el mundo no va a cambiar. El orden de la creación no es perfecto todavía. De hecho, la respuesta no se encuentra en esta vida. La retribución adecuada pertenece exclusivamente a Dios y se administrará en la vida por venir (Mt 25.31-46; Ap 21.1-8; 22.1-5). Entonces, y sólo entonces, la teología de la historia deuteronomista y Proverbios llegará a buen término. Hasta entonces, el mal va a suceder con el bien y el bien va a pasar con el mal, y viceversa.

Bibliografía. W. Brueggemann, *Old Testament Theology* (Minneapolis, 1992); K. Koch, «Is There a Doctrine of Retribution in the Old Testament? » in *Theodicy in the Old Testament,* ed. J. L. Crenshaw. IRT 4 (Philadelphia, 1983), 57-87.

MARC A. JOLLEY

REU (Heb. *rĕʿû;* Gr. *Rhagau*)
Un hijo de Peleg, descendiente de Sem, y antepasado de Abraham (Gn 11.18-21; 1 Cr 1.25) y Jesús (Lc 3.35).

REUEL (Heb. *rĕʿûʾēl*)

1. Un hijo de Cetura (Gen. 25:3 LXX).

2. El hijo de Esaú y Basemat que fundó el clan edomita que consta de las tribus de sus hijos Nahat, Zera, Sama y Miza (Gn 36.4, 10-17; 1 Crónicas 1.35-37).

3. El suegro de Moisés y el padre de Hobab (Ex 2.18; Nm 10.29). Suegro de Moisés que se conoce también como Jetro (Ex 3.1; 4.18; 18.1) y Hobab (Jue 4.11; 1.16 LXX). Dado que no existen discrepancias, además de sus nombres, la mayoría de los académicos tienden a ver a Jetro y Reuel como un solo personaje. Curiosamente, los nombres Hobab «amado (de Dios)», y Reuel «amigo de Dios» son esencialmente sinónimos.

4. El padre de Eliasaf, capitán de la tribu de Gad (Nm 2.14, LXX; TM Deuel).

5. El hijo de Ibnías y abuelo de Mesulam, hijo de Benjamín que vivía en Jerusalén (1 Cr 9.8).

CHERYL LYNN HUBBARD

REÚMA (Heb. *rĕûmâ*)
La concubina de Nacor hermano de Abraham; madre de Teba, Gaham, Tahas y Maac, al parecer los antepasados epónimos de los pueblos arameos (Gn 22.24).

REVELACIÓN
La «apertura» o «descubrimiento» de una realidad previamente oculta. Dios se oculta de la humanidad a causa de la maldad humana y sólo puede ser conocido a través de una revelación especial. Mientras que la creación misma revela algo del Creador invisible u oculto (Sal 19.1-6 [TM 2-7]; Sab 13.5; Ro 1.20), el concepto bíblico más a menudo se refiere a un acto de Dios en la historia que revela a Dios como Salvador. Aunque la terminología de la revelación puede aplicarse a los secretos personales (Pr

11.13) o los mensajes privados (Lc 2.26; Gá 2.2.) o asuntos esotéricos (1 Co 14.26; 2 Cor 12.1 - 7), las referencias bíblicas están generalmente destinadas a la difusión pública y el beneficio común. Es decir, las acciones de Dios revelan su deseo de salvar a Israel (Jer 33.6) y las naciones (Is 40.5).

Antiguo Testamento

El amplio alcance del verbo hebreo «revelar» es ilustrado por el hecho de que a menudo aparece en conjunción con términos relacionados como los que significan «ver», «escuchar» y «hablar.» El énfasis recae en visiones o audiciones, y estos se combinan en la teofanía en la que se ven manifestaciones de la presencia de Dios y su voz es escuchada. Este es el caso en el acontecimiento revelador clave del Antiguo Testamento, cuando el Señor desciende en el Sinaí para dar la Ley al pueblo redimido de Egipto (Ex 19-20). Además, Moisés es presentado como el mediador de esta revelación, un papel que también se amplió para incluir a los ángeles (Hch 7.53). Los compromisos de la nación de Israel a Dios su Salvador se reflejan en la máxima: «Las cosas secretas pertenecen a Jehová nuestro Dios; mas las reveladas son para nosotros y para nuestros hijos para siempre, para que cumplamos todas las palabras de esta ley» (Dt 29.29).

El surgimiento de expresiones técnicas en el Antiguo Testamento ilustra aún más el concepto de la revelación: Dios «abre los ojos» (Nm 22.31), o «abre el oído» y «dice. . . » (2 S 7.27). Del mismo modo, los profetas ven una visión (Is 1.1), o la Palabra del Señor viene a ellos (Jer 1.4). El secreto de Dios se revela a los profetas (Am 3.7) y más tarde a los videntes (Dan 2.19). Tal vez la expresión técnica más reveladora es: «Dios se revela a alguien» (Gn 35.7; 1 S 2.27.). Fundamentalmente, la revelación en el Antiguo Testamento es la auto-revelación de Dios a sus siervos escogidos, para que el pueblo de Dios conozca sus obras de salvación y vivan en armonía con su voluntad.

Literatura judía posbíblica

En el período del Segundo Templo, la revelación es a menudo considerada como la revelación de algo oculto en un libro sagrado o en el cielo. Por ejemplo, Ben Sira enseña que la Escritura contiene la sabiduría oculta. Sabiduría personificada oculta en la Torá (Eclo 24.23) y revela sus secretos a aquellos que diligentemente la buscan (4.18; 38.34-39:3; 39.6-8). Como un escriba que halla la sabiduría de la Torá, Ben Sira es un portador de la revelación a sus alumnos.

Los textos únicos para la comunidad de Qumrán retratan a su fundador, el Maestro de Justicia, como mediador de la revelación. Dios se ha revelado a sí mismo y sus maravillosos misterios al Maestro (1QH 4:23, 27). Los misterios implican cosas ocultas en la ley de Moisés y los profetas, que ahora se revelan a la comunidad remanente a través de las interpretaciones del maestro (CD 1:11; 3:13-14; 1QpHab 7:4). Los miembros de la comunidad se comprometen libremente a practicar todo lo que ha sido revelado (1QS 1:3; 8-9; 5:8-12).

Hay una gran cantidad de literatura pseudoepígrafa en el que los personajes que traen la revelación son grandes personajes bíblicos del pasado. Estos textos pueden afirmar que Moisés recibió la revelación (adicional) en el Sinaí (Jubileos, Apoc. Moisés) o los textos pueden relatar cómo una gran figura como Enoc o Abraham viajó al cielo y volvió con la revelación (1 Enoc, Testamento de Abraham). La naturaleza oscura de lo que se ve en el cielo hace necesario el papel de un ángel como el «intérprete de la revelación» (Apoc 3. Bar 11.7).

En resumen, las reclamaciones reveladoras abundan en el período entre los testamentos. El contenido de la revelación puede reforzar observancias peculiares de la ley, quedó al descubierto la estructura y el funcionamiento del cosmos, a arrojar luz sobre las dificultades que se enfrentan los lectores, o describir el juicio venidero.

Nuevo Testamento

El reino de Dios es un misterio o secreto que se revelará a los elegidos (Mr 4.11). Jesús proclamó el reino de Dios y demostró su llegada con sus hechos de poder, pero esta actividad no siempre movió a los destinatarios o testigos al arrepentimiento. El Padre ha «ocultado estas cosas» a los sabios e inteligentes y las ha «revelado a los niños» (Mt 11.25, Lc 10.21). El Padre revela que Jesús es el Mesías, el Hijo de Dios (Mr 8.29; Mt 16.16-17, Lc 9.20). Aunque el término «revelar» no aparece en el Evangelio de Juan, es allí donde Jesús es preeminentemente el personaje que revela (Jn 14.9; Cf Mt 11.27, Lc 10.22). Además, en cada uno de los Evangelios, cuando Jesús abre los ojos de los ciegos o destapa los oídos de los sordos, hay alusiones claras al fenómeno de revelación del AT. La autorevelación de Dios es experimentada por la persona que ve a Jesús y escucha su mensaje. Por último, la tradición evangélica mira hacia el futuro cuando se describe el día del juicio como un momento en que se dará a conocer todo lo cubierto (Mt 10.26, Lc 12.2), y el Hijo del Hombre será revelado (Lc 17.30).

La muerte y resurrección de Jesús se han traducido en su ocultamiento hasta la Parusía. El misterio del reino es ahora más adecuadamente el misterio del Siervo Rey que fue crucificado y levantado en gloria. Dios le concedió al apóstol Pablo una visión del Hijo resucitado y comisionó a Pablo para que lo anunciase entre los gentiles (Gá 1.12, 16). Junto con Cristo, la fe se revela ahora como el camino de la salvación (Gá 3.23). El evangelio o kerygma revela al Señor de gloria crucificado y, cuando es asistido por el Espíritu (1 Co 2.10; Ef 1.17), imparte el poder salvador de Dios a la persona de fe (Ro 1.16-17; 16.25-26). La revelación del misterio incluye la unión de judíos y gentiles en un solo cuerpo (Ef 3.3-6). En el futuro, habrá una revelación del juicio (Ro 2.5) y la gloria (8.18) cuando Jesucristo regrese para traer la salvación a su propia y eterna destrucción de los impíos (2 Ts 1.7-10; 2.3-8; 1 P 1.5, 13; 4.13; 5.1). Este tema se lleva adelante en el desarrollo de género literario apocalíptico por el último libro del NT, que se describe como la «revelación *(apokálypsis)* de Jesucristo» (Ap 1.1).

Bibliografía. M. N. A. Bockmuehl, *Revelation and Mystery in Ancient Judaism and Pauline Christianity* (1990, repr. Grand Rapids, 1997); A. Oepke, «apokalýptō,» *TDNT* 3:563-92; H.-J. Zobel, «gālâ (gālāh),» *TDOT* 2:476-88.

RANDAL A. ARGALL

REVERENCIA

El acto de honrar a alguien haciendo una inclinación o postrarse. Gr. *proskynéō* y Heb. *šḥh (hištaḥăwâ)* expresan la idea de postración física y de honor. Uno debe inclinarse para honrar a una persona poderosa (1 R 1.16, 23, 31, 53; Mt 18.26) o para adorar un dios (Sal 95.6; Is 44.17; Ap 19.10; 22.8-9). Ocasionalmente las palabras expresan la idea de adoración u honor donde la postración física es imposible o improbable (2 S 16.4; Heb 11.21).

CARL BRIDGES

REY, REINADO

En el AT, rey y reinado (derivado de Heb. *mlk*) significan tanto un oficio administrativo y un papel de liderazgo para gobernar los pueblos y territorios. El concepto implica al menos alguna centralización religiosa, política, social, y económica, pero no está claro si la condición de nación-estado en toda regla se prevé necesariamente. Como en otras sociedades del Cercano Oriente, los reyes son soberanos (amos) cuyos vasallos comprenden su propio pueblo, otros a los que conquistan o que voluntariamente se unen a la lealtad, y a veces reyes y reinos menores. Los reyes son responsables de mantener el orden sociopolítico por medio de leyes, batallas, rituales y el ejercicio del juicio sabio y la persuasión efectiva (2 S 5–8). Estos tienen el propósito de garantizar en general la seguridad y el bienestar de sus vasallos. A diferencia de la realeza entre sus vecinos, el reino jehovista no es creado por la deidad, los reyes jehovistas no gozan de filiación divina, y sus decretos no son eternos.

La Biblia describe actitudes ambiguas hacia la institución. El entusiasmo, la resistencia, y la aceptación forzada están presentes. La ambivalencia comienza con la fundación de la monarquía. Samuel, el principal defensor e impulsor profético para la monarquía, vacila (compare 1 S 9.1–10.16; 11 y 1 S 8; 10.17-27). Las diferencias entre los modelos jehovista y vecinos se desean pero se mantuvieron sólo con dificultad, y se teme ser arrastrado hacia prácticas totalitarias (1 S 8.11-18; Am 7.10-16). Las reglas de sucesión y herencia parecen favorecer la primogenitura, pero las reglas a veces parecen ser poco claras, insuficientes o ignoradas (p.ej., 1 R 1.28-37; 11-12). Como resultado, la división y la intriga conducen al cisma, el caos e incluso la muerte. La sanción divina y la investidura oficial no garantizan la competencia, la moral o la eficacia. Pero el principio monárquico sobrevive durante varios siglos (c. 1150-587 d.C.), la monarquía puede ser la base para la renovación (2 R 23), y después de su paso la institución es recordada favorablemente en los himnos y oraciones del Salterio.

El tiempo exacto y las causas del inicio del reinado bíblico se debaten. La descripción bíblica de Saúl como un soberano elegido divinamente ungido por Samuel inmediatamente después del período tribal en el siglo XI se simplifica mucho. Enfrentado a la dominación filistea, los jehovistas se vuelven a Samuel para elegir un líder centralizado que es primero Saúl y luego David (1 S 8-16). Finalmente, David es hecho rey de Judá (2 S 2.1-7) y luego de Israel (5.1-5) antes de mover el centro administrativo de ambas unidades a Jerusalén (5.6-10).

En esta visión, el liderazgo centralizado comúnmente se cree que data del siglo X o IX, cuando los jehovistas del norte (Israel) y el sur (Judá) comparten liderazgo único bajo David y Salomón. La unidad parece haber sido la prerrogativa personal de las llamadas monarquías unidas, en lugar de una unidad política de las regiones. La división postsalomónica, la Monarquía Dividida, puede ser un desprendimiento de un líder en lugar de una desintegración de una alianza política o religiosa. Cualquiera que sea la naturaleza exacta y la causa del giro de los acontecimientos que condujeron al cisma que separa los reinos del norte y del sur, Israel sobrevive una sucesión de reyes hasta que cae ante los asirios en el año 721 (2 R 17), y Judá prevalece hasta que fue invadida por los babilonios liderados por Nabucodonosor en 597 (2 R 24–25).

La arqueología y la sociología comparativa sugieren un proceso más gradual, prolongado y complejo que conduce al establecimiento de la monarquía. En consecuencia, la condición de pleno estado con una monarquía nacional sigue desarrollos y presiones tanto dentro como fuera de la comunidad jehovista. Con el tiempo (las sugerencias van desde un par de décadas a varios siglos) las unidades jehovistas tribales se unen para formar radicales liderados por jefes supremos antes que nuevos acontecimientos impulsen las federaciones a la condición de estado. Las transiciones se acompañan, si no son causadas, por cambios en la base económica y la estrategia residencial tanto como por las amenazas de los enemigos extranjeros. El desarrollo de las tecnologías de la agricultura, la diversificación en la artesanía, especializaciones en los modos de producción, y la introducción del hierro, todos promovieron la vida sedentaria y comenzaron a complementar y cambiar la dependencia del pastoreo y el nomadismo. Estos últimos se conservan en algunas áreas y se integran en la nueva economía en otras. Y se valoran con nostalgia como ideales socioreligiosos imbuidos de poder mítico del pasado. Pero la tendencia general es hacia el agrarismo sedentario y el urbanismo con una necesidad acompañante para el oficio administrativo estable como la monarquía.

Los acontecimientos que conducen hacia la monarquía y la apoyan tienen transformaciones paralelas en la tradición literaria Jehovista. El palacio se convierte en el repositorio y el origen de la tradición. Ahí la tradición se interpreta y reinterpreta a la luz de las necesidades, actitudes y circunstancias actuales. Los textos producidos por escribas de la corte tienen los puntos de vista distintivos de sus patrones. Los cambios en los patrones o en los puntos de vista de los patrones guían a los críticos bíblicos modernos en sus intentos de desentrañar las etapas de desarrollo dentro de la tradición bíblica. La identificación de las etapas demuestra que como una tecnología antigua la escritura contribuye directamente a la propaganda y el poder del rey centralizado. La capacidad de controlar el pasado por la configuración de su relato es una herramienta administrativa eficaz. La unidad y la desunión, los acuerdos y los desacuerdos que constituyen la riqueza y variedad de la historia bíblica es el resultado de las repetidas narraciones de los reyes.

Los rasgos personales de un rey son importantes. Se valoran la buena apariencia, la fuerza física, la altura, la agudeza de ingenio, e incluso el temperamento, y la habilidad con las armas (1 S 9.1-2; 17; 1 R 4.29-34). Al igual que con otros personajes bíblicos, largos años de vida y el gobierno son signos de sabiduría.

A lo largo de la historia de la realeza la medida de la influencia jehovista cambia tantas veces como el destino de los líderes varía. En consecuencia, los límites territoriales de la autoridad del rey son a menudo confusos. Los intentos modernos para reconstruirlos se apoyan en listas de censos, historias de batallas, y relatos de viajes, y otros relatos que contienen los nombres de lugares y características topográficas. Sin embargo, estos pueden ser menos importantes para marcar los límites de lo que es la lealtad de los individuos y grupos que garantizan el poder del rey. El control de un rey sobre el pueblo y, a su vez, su identificación con el lugar definen la esfera de influencia del rey más que una línea de límite o frontera, como a las modernas indicaría en un mapa.

La monarquía jehovista disfruta sólo la aprobación limitada de los profetas hebreos, cuyas advertencias con el tiempo llegan a ser correctas. La política y el comportamiento real provocan las críticas y reprimendas severas. Las violaciones de los valores del pacto traen promesas de las consecuencias más graves, incluidos los castigos personales y la pérdida de autonomía de la nación.

Con la desaparición de la monarquía política independiente entre los jehovistas, el sacerdocio se perfila como el heredero de muchas de las promesas y expectativas que la teología real invierte previamente en reyes. Los ambientes del sacerdocio y los sacerdotes se convierten en el foco de las esperanzas monárquicas. El mesianismo surge de este medio.

Bibliografía. J. W. Flanagan, de David *Social Drama.* JSOTSup 74 (Sheffield, 1988); K. W. Whitelam, *The Just King: Monarchial Judicial Authority in Ancient Israel.* JSOTSup 12 (Sheffield, 1979).

James W. Flanagan

REYES, LIBRO DE

Los últimos libros de la historia deuteronomista y el último de los profetas anteriores. El título refleja el contenido y principio organizador central de estos libros. Reyes estructura la historia de Judá e Israel de acuerdo con reinados individuales y evalúa la lealtad de toda la nación sobre la base de la conducta real. Los reyes son los personajes principales, y el destino de las naciones depende de su fidelidad o infidelidad. La tradición canónica hebrea considera 1-2 Reyes como un solo libro, y la práctica de dividir el libro en dos no surgió sino hasta el siglo XV d.C. El punto de división entre 1 y 2 de Reyes es raro ya que divide el reinado de Ocozías y la carrera de Elías. Esta división se asocia con la fórmula de 2 Reyes 1.1 («después de la muerte de»; cf. Josué 1.1; Jueces 1.1; 2 S 1.1). La colocación dentro de la división canónica hebrea de *Nebi'im* o profetas refleja la parte fundamental que desempeñan los profetas en el libro. La LXX conserva una tradición alternativa que mantiene juntos Samuel y Reyes como una unidad global dividida en cuatro libros de «reinos» o «reinados.» En algunos lugares la tradición textual griega en Reyes se distingue por su contenido y secuencia.

Organización

La estructura de organización más obvia es el sistema de fórmulas de apertura y cierre para los reyes individuales. Las fórmulas de apertura sincronizan el año de ascenso de cada rey con el año de reinado del gobernante del otro reino, y luego da la longitud total de su reinado. El autor narra todo el reinado de un monarca en particular, entonces retrocede para informar sobre el rey o reyes del otro reino que llegó al trono durante el gobierno del primer rey. Así, después de terminar una descripción del reinado de 41 años de Asa rey de Judá (1 R 15.24), la presentación vuelve cerca de 40 años para tratar con Nadab, Baasa, Zimri, Omri y Acab, todos los que habían sucedido en la monarquía de Israel durante el reinado de Asa. Este movimiento de sincronización transmite la idea de que se está contando la historia de un solo pueblo.

Las fórmulas de apertura evalúan constantemente los reyes de Israel como habiendo hecho «lo malo ante los ojos de Jehová » por sacrificar fuera de Jerusalén en Betel. Algunos reyes de Judá también son condenados, mientras que otros sólo la aprobación calificada. La aprobación total se reserva para Ezequías y Josías, que centralizaron el culto sacrificial en el templo de Jerusalén. Las fórmulas de cierre se refieren a otras fuentes e informes sobre la muerte del rey y su sucesor. Se proporciona información adicional para los reyes de Judá: edad al ascender al trono, el nombre de la madre y el aviso de entierro. Estos avisos que enmarcan son fragmentarios hasta que Roboam recibe la forma completa (1 R 14.21-22, 29-31). Las declaraciones de clausura faltan para ciertos reyes, como las víctimas de la purga de Jehú, mientras Jehú carece de una fórmula de presentación, debido a las circunstancias de su ascenso. Joás de Israel es inexplicablemente provisto de dos fórmulas de cierre (2 R 13.12-13; 14.15-16). Estas fórmulas varían en la redacción, pero se vuelven más fijas durante los últimos gobernantes de cada reino. La transferencia de la autoridad profética de Elías a Eliseo (2 R 2) y la historia de la reina Atalía (2 R 11) tienen lugar fuera de la estructura del marco.

Unidad adicional es proporcionada por un patrón de promesa profética y cumplimiento. Los profetas son siervos de Jehová, que anuncian la voluntad divina y el juicio (2 R 17.13, 23; 21.10; 24.2). El ejemplo más llamativo es la predicción infaliblemente precisa de la reforma de Josías (1 R 13.1-10; 2 R 23.15-18). Otros ejemplos estructuralmente importantes son la división del reino unido (1 R 11.29-39; 12.15), la caída de Israel (1 R 14.15-16; 2 R 17.23), el destino de la dinastía de Omri (1 R 21.21-24; 2 R 9.7-10; 10.17), y la destrucción de Judá (2 R 21.10-15; 22.15-17; 24.2). La unidad también es promovida por analogía entre narrativas pareadas. Algunos ejemplos son «dos madres y sus hijos» (1 R 3.16-28; 2 R 6.26-31), «la muerte de la reina malvada» (2 R 9.30-37; 11.13-16), y «sabiduría y necedad con los visitantes» (1 R 10.1-13; 2 R 20.12-19).

Contenido

Reyes se divide en tres partes. 1 Reyes 1–11 se ocupa de Salomón y concluye con su fórmula de cierre en 11.41-43. 1 Reyes 12–2 R 17 cuenta la historia de los dos reinos independientes y termina con un largo discurso valorativo. 2 Reyes 18–25 relata la historia posterior de Judá hasta su destrucción. Después del segmento que trata de Salomón, la mayoría de los reyes son tratados brevemente, con sólo un par de frases que completa el marco formulista desnudo. Un grupo más pequeño de reyes es tratado más ampliamente, el espacio entre las fórmulas de apertura y cierre se llena de narraciones en las que los profetas son típicamente involucrados. Estos reyes y profetas resaltados (Jeroboam y Ahías, Acab y Elías, Joram de Israel y Eliseo, Jehú, Ezequías e Isaías, Josías y Hulda) representan puntos decisivos en la historia.

Después de un relato de ascenso (1 R 1–2), la carrera de Salomón se informa positivamente (caps. 3–10) bajo los temas de sabiduría, el poder real, los programas de construcción y piedad. La representación se vuelve negativa en el cap. 11. Salomón es seducido por mujeres extranjeras hacia la adoración de dioses ajenos y amenazado por adversarios, incluyendo una rebelión nacional por Jeroboam. La hostilidad entre los reinos independientes de Israel y Judá se inicia en los caps. 12–14 y remontada hasta el ascenso de Acab por los caps. 15–16. 1 Reyes 17–2 Reyes 10 se centra en Elías y Eliseo, explorando su conflicto con los reyes apóstatas de la dinastía de Omri. Esto culmina en la revolución proféticamente inspirada de Jehú. Informes más breves siguen hasta 2 Reyes 17, una diatriba sobre las razones de la caída de Israel. La historia que queda de Judá cae en un patrón de alternancia de reyes justos e impíos (Ezequías, Manasés, Josías, sucesores de Josías). La reforma de Josías (caps. 22–23) culmina todo el libro y aparentemente resuelve el tema constante de la apostasía y la reforma. Informes muy breves dibujan la maldad y las rebeliones de los cuatro sucesores de Josías. Reyes termina con un informe enigmático sobre Joaquín como un cautivo honrado en Babilonia (25.27-30). Esto se ha interpretado positivamente como una señal de un futuro potencial de la dinastía davídica y negativamente como el último acto decisivo de la tragedia nacional.

Historia de composición

Reyes es la última parte de la historia deuteronomista, un todo literario que comienza con la introducción a Deuteronomio y la crónica de la vida de Israel de obediencia y desobediencia en la tierra de promesa. La teología de Deuteronomio impregna e inspira su presentación de la historia. Discursos evaluativos aparecen en importantes puntos decisivos, por lo general en la forma de discursos de los personajes principales. Estos repasan el pasado y apuntan hacia adelante a los retos del futuro. La dedicación del templo de Salomón en 1 Reyes 8 y las observaciones de desaprobación de 2 Reyes 17 son dos de estos resúmenes del «fin de la era.»

El historiador deuteronomista utiliza diversas fuentes para la construcción de reyes. Tres de estas fuentes se citan por su nombre. El «libro de los Hechos de Salomón,» caracterizado como la representación de informes sobre los hechos de Salomón y su «sabiduría» (1 R 11.41), listas de carácter administrativo y otras notas históricas, junto con narraciones folklóricas que ilustran su gloria y sabiduría. La información acerca de los reyes posteriores fue obtenida a partir de dos fuentes citadas como el «libro de las crónicas de los reyes de Israel» y «de Judá» (p.ej., 1 R 14.19, 29). Estas dos obras proporcionaron información sobre las guerras, conspiraciones y proyectos de construcción (1 R 14.19, 30; 15.23, 32; 16.20; 22.39, 45[TM 46]; 2 R 20.20). Que eran accesibles a los lectores sugiere que no eran verdaderos anales reales, sino obras literarias publicadas, basadas tal vez en inscripciones y otras fuentes oficiales. Para 1 Reyes 1–2, el historiador empleó la conclusión de la narración de la sucesión del trono para describir la ascensión de Salomón (la primera parte se encuentra en 2 S 9–20). También se utilizaron materiales proféticos de varios tipos. Historias recogidas previamente sobre Elías y Eliseo constituyen la mayor parte de 1 Reyes 17.1–2 Reyes 8.15. Mantenidas unidas por la transferencia del manto de Elías (2 R 2.13-14) y la culminación de su misión (1 R 19.15-17), probablemente fueron tomadas como un todo unificado por el historiador. La aparición de narrativas sobre otros profetas (Ahías, 1 R 11.29-39; 14.1-18; Semías, 12.21-24; Micaías, 22.1-28) sugiere que se utilizaron otros materiales proféticos, pero poco se puede afirmar sobre el carácter de estas fuentes. De éstas, el material sobre Isaías es el más extenso e independiente (2 R 18.13–20.19).

Ideología

Sobre la base de los principios de Deuteronomio, Reyes mantiene una crítica constante de la incapacidad de la nación para preservar la pureza y la unidad del culto. Por ejemplo, los cargos presentados contra Roboam y Acaz (1 R 14.22-24; 2 R 16.3-4) reflejan muy de cerca lo que está prohibido por Deuteronomio

12.2-3, 29-31. Uno de los objetivos de esta crítica es la adoración de los dioses extranjeros, una práctica que se dice haber comenzado con Salomón y continuada por algunos reyes de Israel y de Judá. Esto a veces se llama «el camino de los reyes de Israel» (2 R 8.18; 16.3) o «de la casa de Acab» (8.27). Desprecio especial se atribuye a la adoración de Baal, patrocinada por Acab y Jezabel (1 R 16.31-32), purgado por Jehú (2 R 10.18-28), pero luego revivido nuevamente por Manasés (2 R 21.3). El segundo foco de las críticas es el sacrificio no central, prohibido por Deuteronomio 12. Al sacrificar en Betel, los reyes del norte universalmente recibieron condenación por participar en el «camino» o los «pecados de Jeroboam» (p.ej., 1 R 15.34; 16.2, 19, 26, 31). En Judá el sacrificio no central tuvo lugar en los «lugares altos.» Incluso reyes de Judá que de otro modo fueron fieles recibieron la aprobación calificada porque «los lugares altos no fueron quitados » (p.ej., 1 R 15.14; 22.43). Sólo Ezequías y Josías, que cerraron los lugares altos, recibieron alabanza incondicional. Estas dos líneas de evaluación se reúnen en la reforma de Josías, quien eliminó los cultos exóticas (2 R 23.4-5, 10-14) y los lugares altos (vv. 8-9), incluso profanando el santuario de Betel y los lugares altos de Israel (vv. 15-20). La infidelidad del reino del norte trajo como resultado su destrucción por los asirios (2 R 17.7-18, 21-23). Judá finalmente cayó ante Babilonia como resultado de delitos similares (2 R 17.19-20), especialmente los patrocinados por Manasés (21.10-15; 24.3-4).

Otro tema importante es el favor especial de Dios a David (1 R 11.12-13) y la promesa de una dinastía davídica morando en Jerusalén (11.36; 15.4-5; 2 R 8.19). La devoción de David sirve como modelo para medir la fidelidad real (p.ej., 1 R 3.3; 11.4, 6, 38; 15.3, 11). El favor especial de Jehová a David se da como la razón de la seguridad de Jerusalén en el reinado de Ezequías (2 R 19.34; 20.5-6).

Reyes a veces describe a las mujeres como villanas (las esposas de Salomón, 1 R 11.1-8; Jezabel, 18.19; Atalía, 2 R 11). Betsabé, sin embargo, ayuda a la ascensión de Salomón (1 R 1). Dos prostitutas y la reina de Sabá realzan la reputación de la sabiduría de Salomón (1 R 3.16-28; 10.1-10). Las mujeres también juegan un papel en algunas narraciones proféticas (1 R 14.1-18; 17.8-24; 2 R 4.1-37; 8.1-6), y el oráculo profético de Hulda interpreta el significado de las políticas de Josías (2 R 22.14-20).

Cuestiones en estudio reciente

La cronología de Reyes sigue siendo objeto de controversia. Los años de reinado dado para los reyes de Israel no se coordinan con los de los reyes de Judá, y el sistema de sincronismos no coincide con el sistema de la extensión del reinado. También hay discrepancias con fechas establecidas de Mesopotamia. Al tratar de desenredar estos problemas, los eruditos postulan error en la transmisión textual, diferentes convenios de calendario para los dos reinos en distintos momentos, y corregencias en la que un rey y su sucesor designado reinan al mismo tiempo (cf. 2 R 15.5).

La fiabilidad general de Reyes como una fuente histórica también es motivo de debate. Su uso de fuentes indica un valor histórico considerable en algunos lugares, pero la teoría de la causalidad histórica en reyes es teológica en lugar de política o económica. La poca importancia dada al importante rey del norte Omri (1 R 16.23-28) evidencia una perspectiva histórica completamente diferente de la de los historiadores modernos. Muchos de los relatos, sobre todo las leyendas de profetas y cuentos populares, no se pueden utilizar como fuentes históricas. Se ha sugerido que las narraciones sobre las guerras sirias (1 R 20, 22; 2 R 6.8–7.20; 8.7-15) se han asignado incorrectamente a los reinos de Acab y su hijo Joram. Algunos eruditos han llegado a la conclusión de que la narrativa de la reforma de Josías (2 R 22–23) es tan altamente tendenciosa que debe ser una creación literaria y no se apoya en ninguna fuente de confianza.

La historia de la composición de la historia deuteronomista es objeto de acalorados debates. Algunos sugieren que un solo escritor del exilio trabajando después de la muerte de Joacim (2 R 25.27-30) fue el autor de toda la historia como una explicación para la caída de la nación. El material que suena preexílico fue preservado por respeto de este autor a las fuentes heredadas. Otros postulan un historiador preexílico optimista antes (contraste 2 R 22.20 con 23.29) o justo después de la muerte de Josías (22.1), en apoyo de sus políticas reformistas. En el Exilio éste fue revisado en una dirección más pesimista como una historia de desobediencia, culpando la caída de la nación a los pecados de Manasés (2 R 21.10-15; 23.26; 24.3-4). Todavía otros proponen una obra del exilio posteriormente recubierta por dos redacciones orientadas a la profecía y la ley, respectivamente. Otras propuestas sugieren que la historia originalmente terminó con el reinado de Ezequías (cf. 2 R 18.5) o que una historia profética anterior al exilio sirvió de base original para la obra.

Bibliografía. G. H. Jones, *1 and 2 Kings,* 2 vols. NCBC (Grand Rapids, 1984); B. O. Long, *1 Kings.* FOTL 9 (Grand Rapids, 1984); *2 Kings.* FOTL 10 (Grand Rapids, 1991); R. D. Nelson, *First and Second Kings.* Interpretation (Atlanta, 1987); M. Noth, *The Deuteronomist History.* JSOTSup 15 (Sheffield, 1981); I. W. Provan, *1 and 2 Kings.* New International Bible (Peabody, 1995).

RICHARD D. NELSON

REZIA (Heb. *riṣyāʾ*)
Hijo de Ula, de la tribu de Aser (1 Cr 7.39).

REZÍN (Heb. *rĕṣîn*)

1. El último rey de Siria (Aram), antes de que Damasco cayera ante los asirios en el año 732 a.C., Rezín formó una coalición con Peka de Israel (y posiblemente otros) contra el creciente poder de los asirios bajo Tiglat-pileser III, probablemente después de 738, cuando un texto asirio lo enumera entre otros que pagaban tributo. Esta «liga siro-efraimita» presionó a Acaz de Judá a unirse, y el rechazo aparente de Acaz (o el simple fracaso de actuar) llevó a la invasión de referencia en 2 Reyes 16.5; 2 Crónicas. 28.5; Isaías 7.1-9.

2 Reyes 16.6 sugiere que Rezín incluso restauró Elat para Aram, en este momento, pero la ortografía de Aram es posiblemente un error del escriba para Edom. En cualquier caso, el momento fue un momento de crisis para Judá. El ejército de Rezín y Peka hizo que Acaz apelara a Asiria por ayuda (2 R 16.7), bastante en contra del consejo de Isaías (Is 7.3-9). Asiria respondió moviendo en contra de las ciudades de la costa y luego girando hacia el este hacia Damasco en el 732. Rezín fue muerto en este momento y el poder y la influencia aramea llegó a su fin.

2. Una de las familias que figuran en Esdras 2.48 = Nehemías 7.50 entre el personal del templo que vuelven del exilio.

Bibliografía. W. T. Pitard, *Ancient Damascus* (Winona Lake, 1987).

ANDREW H. BARTELT

REZÓN (Heb. *rĕzôn*)
El hijo de Eliada que escapó de su amo, el rey Hadad-ezer de Soba, y encabezó una «banda de merodeadores». Posteriormente fundó el reino sirio de Damasco y se convirtió, como el gobernante de gran parte de Siria, en un enemigo de Salomón (1 R 11.23-25). Algunos eruditos lo identifican con Hezión, pero se carece de pruebas (1 R 15.18).

RIBAI (Heb. *rîbay*)
El padre de Itai (Itai), uno de los Treinta de David (2 S 23.29 = 1 Cor 11.31).

RIBLA (Heb. *riḇlâ*)
Una ciudad (Ribleh moderna) situada en la orilla este del río Orontes, que ocupa una posición estratégica en el norte del valle de Beqaʿ. En 609 a.C., los egipcios bajo Necao II afirmaron el control sobre Siria-Palestina y depusieron a Joacaz de Judá, encarcelándolo en Ribla, y colocando a su hermano Eliaquim (Joacim) en el trono en Jerusalén (2 R 23.31-35). Veinte años más tarde, fue en Ribla que Nabucodonosor castigó a Sedequías de Judá antes enviarlo al exilio a Babilonia (Jer 39.5-7 = 52.9-11 = 2 R 25.6-7). El Ribla mencionado como parte del territorio de los israelitas en Números 34.11, es un sitio diferente, aún no identificado.

GARY P. ARBINO

RIEGO
A diferencia de las «civilizaciones hidráulicas» de Egipto y Mesopotamia, que eran afortunadas por tener grandes ríos para la agricultura, Israel se vio obligado a depender de los manantiales y el agua de lluvia para el riego de sus cultivos. Los primeros asentamientos en Israel, como Jericó, practicaban la agricultura de parcela fija en un suelo que retenía el agua cerca de las fuentes. Donde estaban disponibles, los manantiales continuaron siendo explotados en la Edad de Hierro. En Jerusalén, p.ej., el canal de Siloé llevó las aguas del manantial de Guijón hacia el sur por el valle de Cedrón a los depósitos en el extremo de la Ciudad de David. Aberturas a intervalos en la pared oriental del canal, que daba al valle, permitía que el agua se desviara para irrigar parcelas agrícolas en el valle abajo.

Los aumentos de población requerían movimiento en zonas sin manantiales, donde la lluvia era la principal fuente de agua para la agricultura. Dado que la lluvia en Israel varía drásticamente, los colonos tuvieron que desarrollar sistemas de terrazas, presas, y conductos para asegurar que la escorrentía alcanzara las parcelas agrícolas. Las terrazas se formaron mediante la construcción de muros de contención de piedra en seco a lo largo de los contornos de las laderas escarpadas. El resultado fue una serie de parcelas escalonadas que impedían el flujo de agua hacia abajo, permitiendo que se infiltrara en el suelo. Las terrazas en Ai y Raddana datan del período del Hierro I.

Se emplearon las más impresionantes técnicas de riego en el Neguev y las franjas del desierto en Transjordania. Sistemas de terraza de muros construidos en el período Calcolítico conservan suficiente agua para producir el trigo y la cebada en Siqmim, en el Naḥal Beerseba. Más al sur, los sistemas de riego florecieron en Oboda (ʿAvdat), Sobata (Isbeita/Shivta), Nessana (ʿAuja el-Ḥafir), y otros sitios durante los períodos israelita, nabateo-romano, y bizantino. Estos sistemas incluyen una serie de paredes a través de arroyos individuales, cultivos en terrazas con alquerías conocidas como «granjas de escorrentía,» y extensos sistemas de desviación que canalizaron las aguas de los principales arroyos en amplios campos de terrazas donde las compuertas permitían el desbordamiento de una terraza para descender al siguiente nivel inferior. Las granjas de escorrentía de la Edad de Hierro se han encontrado en la región Buqeiʿa en la parte noreste del desierto de Judea. Los sistemas de riego se han descubierto en Jawa del Bronce Medio, en el noreste del Jordán, y Humayma nabatea, en el sur del Jordán.

Las referencias a los derechos de agua y una plantación de palma de dátiles en el papiro Nessana indican que el riego se empleó en las regiones áridas del sur de Israel en el siglo VII d.C. La agricultura del desierto llegó a su apogeo en los períodos bizantino y Ummayid y cesó casi al mismo tiempo que los abasíes trasladaron el califato a Bagdad. La agricultura de escorrentía en esta área requirió de los programas de incentivos de los gobiernos centrales fuertes y prosperó en proporción a sus intereses invertidos en la frontera.

Bibliografía. O. Borowski, *Agriculture in Iron Age Israel* (Winona Lake, 1987); R. J. Forbes, «Irrigation and Drainage,» in *Studies in Ancient Technology,* 3rd ed. (Leiden, 1993), 2:1-79; Ø. S. LaBianca, *Sedentarization and Nomadization: Food System Cycles at Hesban and Vicinity in Transjordan* (Berrien Springs, 1990); T. E. Levy, "How Ancient Man First Utilized the Rivers in the Desert," *BARev* 16/6 (1990): 20-31; J. P. Oleson, "The Origins and Design of Nabataean Water-Supply Systems," in *Studies in the History and Archaeology of Jordan V,* ed. K. ʿAmr, F. Zayadine, and M. Zaghloul (Amman, 1995), 707-19; L. E. Stager, «The Archaeology of the Family in Ancient Israel,» *BASOR* 260 (1985): 1-35; «Farming in the Judean Desert during the Iron Age,» *BASOR* 221 (1976): 145-58.

James H. Pace

RIFAT (Heb. *rîbam*) (DIFAT, en la versión RVA)
Pueblo descendiente de Gomer (Gn 10.3; Difat en 1 Cr 1.6). Josefo los identificó con los paflagonianos. Su asociación con Asquenaz y Togarma acentúa su identificación con Asia Menor.

RIMÓN (Heb. *rimmôn*; Aram. *rammān*; Ac. *ramānu*) **(DEIDAD)**
Epíteto de la deidad siria Hadad, a quien el comandante sirio Naamán adoró en Damasco (2 R 5.18; cf. Zac 12.11, «Hadad-rimón»).

RIMÓN (Heb. *rimmôn*) **(LUGAR)**
1. Rimón («tallos de granada»); ciudad asignada originalmente a Simeón (Jos 19.17) que finalmente llegó a ser parte de un distrito del sur de Judá (15.32). En el período posexílico, Rimón fue una de las ciudades en las que los habitantes de Judá se establecieron (Neh 11.29). Un texto posterior que se adjuntó a Zacarías se refiere a toda la tierra de Judá «desde Geba a Rimón», sugiriendo que este Rimón era el pueblo que estaba más al sur de la ocupación de Judá durante ese período (Zac 14.10). Tradicionalmente se ha identificado con Horvat Rimmon/Khirbet Umm er- Ramāmîm (137086), Eusebio identificó a un pueblo que se llama Eremon, a unos 28 km (16 mi) de Eleutheropolis (Bethguvrin) en los alrededores de Horvat Rimón. Sin embargo, excavaciones recientes han demostrado que Horvat Rimón no fue ocupada en la Edad de Hierro. Una identificación más probable es Tel Halif/Tell Khuweilifeh (1373.0879), a menos de 1.6 km (1 mi) al noroeste de Horvat Rimón.

2. Ciudad levita asignada a los meraritas que perteneció a la tribu de Zabulón. En la lista de Zabulón de las ciudades levíticas (Jos 21.35), Dimna es un lugar desconocido y probablemente es un error de escriba en lugar de Rimón (cf. 1 Cr 6.77 RVA [TM 62]). La ciudad usualmente se identifica con la moderna Rummâneh/Horvat Rimona (179243), alrededor de 10 km (6 mi) al Norte de Nazaret.

3. Saliente rocosa a la que 600 benjaminitas huyeron de Gabaa después de haber sido derrotados por los

otras tribus israelitas (Jue 20:45-47). Se quedaron allí cuatro meses, hasta que los israelitas les ofrecieron la paz (Jue 21.13). La peña de Rimón tradicionalmente se ha identificado con una saliente de rocas de alrededor de 6.5 Km (4 mi) al este de Betel, lugar de la aldea moderna de Rammûn.

RONALD A. SIMKINS

RIMÓN (Heb. *rimmôn*) **(PERSONA)**
Habitante de Beeroth de Benjamín cuyos hijos Baana y Recab, en un intento de obtener el favor de David, asesinaron a Is-boset, hijo de Saúl, mientras dormía (2 S 4.2, 5-12).

RIMONO (Heb. *rimmônô*)
Otra variante de Rimón **2** (1 Cr 6.77 RVA [TM62]); probablemente sea la misma que Dimna (Jos 21.35).

RIMÓN-PERES (Heb. *Rimmôn perej*)
Cuarto campamento durante el viaje en el desierto, después de que los israelitas salieran del desierto de Sinaí. Números 33:19-20 ubica el lugar entre Ritma y Libna. No se conoce la ubicación exacta, pero probablemente está situado al suroeste de la Península de Sinaí.

PETE F. WILBANKS

RINA (Heb. *rinnâ*)
Judaíta, hijo de Simón (1 Cr 4.20)

RIÑONES
Los riñones de los animales sacrificados, junto con su grasa, parte del hígado, la ancha cola y el sebo que cubre las entrañas, debían a ser quemados por completo por los sacerdotes (Ex 29.13, 22; Lv 3.4, 10, 15). A veces los riñones (Heb. *kĕlāyyôṯ*; Gr. *nephroí*) representan los órganos en general, p.ej., mientras se estaban formando en el vientre (Sal 139.13) o eran atravesados por los arqueros (Job 16.13; Lam 3.13). Más a menudo, sin embargo, los riñones se refieren a la sede de las emociones y la toma de decisiones. Por lo tanto, uno puede ser llamado «recto en los riñones» (Sal 7.10[TM 11]). Los riñones de una persona pueden desmayar (Job 19.27) o regocijarse (Pr 23.16). Junto con el corazón son conocidos y buscados por Dios (Jer 11.20; Sal 73.21; cf. Ap 2.23). Los que hablan bien pero no dicen nada se dice que tienen a Dios «en sus bocas, pero lejos de sus riñones» (Jer 12.2; las traducciones al español ponen corazón).

GREGORY A. WOLFE

RIQUEZA
La abundancia de bienes materiales (tierra, ganado, agricultura); también sinónimo de «avaricia».

El punto de vista del AT de la riqueza (o «riquezas») se determina mediante una comprensión religiosa. Jehová es el creador y gobernante sobre toda la creación; todas las cosas pertenecen a él (Sal 24.1). Bienes y riquezas pueden ser un signo de la bendición de Dios o de la causa de la ira de Dios. Severas advertencias se dirigen contra los que luchan por la riqueza a través de la codicia, el engaño y la traición (2 S 12.1-14; Is 10.3; Jer 5.27; 17.3; Ez 7.11; Os 12.8[TM 9]; Mi 6.12). Por otro lado, para aquellos que son fieles, Jehová promete la riqueza de las naciones (Is 45.14; 60.5, 11). Un estribillo cada vez mayor de los cargos contra los ricos emerge. La acusación principal es que oprimen a los pobres (Is 10.1-2; Ez 22.25-29; Am 2.6; 5.11). Reflejan un pequeño grupo de gente codiciosa que adquieren riqueza a expensas de los pobres, los sin poder, y aquellos cuyos derechos no son respetados.

La mayoría de las declaraciones del AT sobre la riqueza se dan en la literatura sapiencial. A veces la riqueza es alabada como el fruto de la sabiduría (Pr 3.16) y la humildad (10.22). Más a menudo se critica: Job protesta la opinión de que la bondad trae riqueza y la maldad trae la pobreza. En varios de los Salmos (Sal 10, 12, 37, 41, 52, 72) «rico» es prácticamente idéntico a «malvados», mientras que «pobre» es sinónimo de «justos».

El NT sigue la creciente crítica de la riqueza. Aquí los términos «rico o ricos» son sinónimos de «codiciosos». Moralmente los ricos eran malos porque ellos optaron por dedicar sus vidas a la codicia, en lugar de a Dios. En cierto sentido, la riqueza es una fuerza que compite con Dios, alejando la lealtad de Dios (Mt 6.21, 24). Esto se ilustra en el ejemplo clásico del joven rico que rechaza la invitación de Jesús a seguirlo (Mr 10.17-31 par.). Esta historia apunta a los dichos de Jesús sobre la dificultad que los ricos tienen en entrar en el reino de Dios con respecto a un camello pasar por el ojo de una aguja (Mr 10.25 par.). Una vez más la perspectiva es la de los codiciosos que erigen obstáculos, por lo que es imposible entrar en el reino de Dios (Lc 6.24). La misma incompatibilidad se ilustra en la parábola del hombre rico y Lázaro (Lc 16.19-31). Mientras que los pasajes en los que Jesús habla acerca de la riqueza son pocos, son sin embargo contundentes.

La Epístola de Santiago también representa a los ricos como los que están sin Dios y son codiciosos. Santiago 5.1-6 proporciona la mayor crítica de los ricos: que depositan su confianza en sí mismos y en las fortunas que han acumulado a expensas de los cosechadores a quien han defraudado. Un día de juicio espera a estos ricos codiciosos. Un estudio de la antropología y la sociología del mundo del NT ha demostrado que la condena de la codicia de los ricos surge de una cosmovisión básica que la oferta de la riqueza estaba en realidad limitada, la acumulación de una fortuna por una sola persona se produjo a expensas de otra persona.

Otros escritos del NT también prestan atención a los peligros de la riqueza. 1 Timoteo 6.9-10 describe «el amor al dinero» (avaricia) como «la raíz de todos los males.» El libro de Apocalipsis condena la iglesia de Laodicea, su avaricia se demuestra en su total confianza en sí misma (Ap 3.17). La codicia del mundo romano también se denunció gráficamente en Apocalipsis 18.17.

Bibliografía. D. E. Gowan, «Wealth y Poverty in the Old Testament,» *Int* 41 (1987): 341-53; B. J. Malina, «bealth y Poverty in the New Testament y Its World,» *Int* 41 (1987): 354-67.

PATRICK J. MARTIN

RISSA (Heb. *rissâ*)
Lugar donde los israelitas acamparon después de escapar de Egipto (Nm 33.21-22). Se desconoce la ubicación exacta.

RITMA (Heb. *riṯmâ*)
Lugar donde los israelitas acamparon después de escapar de Egipto (Num. 33:18-19). Su ubicación exacta, al oeste del Golfo de Aqabah, se desconoce.

RITUAL
El ritual juega un papel importante en la práctica religiosa del Israel primitivo, del judaísmo posterior y del cristianismo primitivo. Los esfuerzos por construir una definición de ritual, que le haga justicia a la variedad de actos rituales específicos que se visualizan en los materiales bíblicos, no han tenido éxito. Los rituales religiosos de la Biblia proporcionan un medio para que la comunidad de fe descubra, implemente y reflexione en su fe. Las representaciones rituales proveen de ocasiones para involucrar al ser divino y para responder a todo el rango de experiencias de la vida en el contexto de lo sagrado. Las prácticas rituales proporcionan un medio para mantener los tipos tradicionales de creencias. Sin embargo, también funcionan como una fuerza creativa en la construcción de nuevas formas de fe.

Las prácticas religiosas de Israel, como se evidencia en los materiales bíblicos, exhiben por lo menos tres dinámicas distintas. Primero, las normas festivas del Israel primitivo tomaron forma dentro de un contexto agrícola, que refleja los ritmos de las cosechas anuales. Las presentaciones rituales de los primeros frutos y las ofrendas de la cosecha de alguien proveían del medio para establecer una respuesta de agradecimiento por las bendiciones de Jehová. Al mismo tiempo, estas presentaciones rituales proveían de un medio por el que alguien podía obtener bendiciones continuas de Jehová.

Segundo, las prácticas rituales israelitas también demuestran una participación en la dinámica de la historia. La Pascua es un ejemplo excelente. La comida de la pascua brindaba la ocasión para un «recuerdo» de los hechos de salvación de Jehová hacia la comunidad israelita. Sin embargo, «recordar» daba origen a «volver a narrar» la historia del Éxodo. En esta narración ritualizada se actualizaba el Éxodo de Egipto, de manera que la historia de los hechos de Dios en el pasado llegaba a ser una realidad presente. Israel reconocía el poder de la memoria y de la narración ritualizada.

Finalmente, las tradiciones sacerdotales del Pentateuco reflejan una dinámica ritual, que se enfoca en la santidad del tabernáculo y en la presencia divina que reside dentro del lugar santísimo. La preocupación sacerdotal por la santidad demuestra un interés por el muy buen orden de la creación (cf. Gn 1.1-2.4a). De esta manera, los rituales sacerdotales pueden funcionar para darle vida a algún aspecto del buen orden de la creación (Lv 8-9), para mantener el orden ya existente (Nm 28-29) o para restaurar el orden, cuando ha sido interrumpido por el pecado o la impureza (Lv 13-14, 16). Este sistema ritual busca mantener la pureza y la santidad de la comunidad sagrada, para que la presencia divina pueda seguir morando en este medio.

Los escritos de la iglesia primitiva reflejan dos movimientos con relación a la actividad ritual. Por un lado, algunos textos rechazan ciertos aspectos del sistema de pureza judío (Mr 7.1-23) y del sistema sacrificial (Hebreos). La discusión de Pablo sobre la libertad cristiana de la ley (Ga 2.15-3.29; Ro 1.8) a menudo ha sido entendida como un rechazo del ritual judío. Desde esta perspectiva, la actividad ritual se entiende como un ejemplo primario de «justicia con base en obras» de la que el cristiano es libre.

Por otro lado, algunos textos reconocen claramente que la actividad ritual es fundamental para la fe cristiana. En los textos bíblicos, se hace énfasis particularmente en dos rituales: el bautismo y la cena del Señor. El bautismo funciona, en parte, como un medio ritualizado para entrar a la comunidad cristiana y para llegar a ser parte de ella. Pablo ve el bautismo como una manera de morir al viejo yo y de resucitar a la novedad de vida en Cristo (Ro 6.1-11). Proporciona un medio por el que una persona puede llegar a ser miembro de la comunidad que se conoce como el cuerpo de Cristo (1 Co 12:12-26).

La comprensión de Pablo de la comida ritual, de la cena del Señor, incluye el «recordar» y «volver a contar», la reconstrucción de la cena original y proclamación de la historia (1 Co 11.23-26). La comida ritualizada permite que la persona se identifique con la muerte de Jesús, de tal manera que su historia se convierta en la historia del creyente. Al mismo tiempo, la comida permite que la historia de Jesús se convierta en la historia de la comunidad. Por lo tanto, la cena del Señor sirve, en parte, para actualizar el pasado en el presente de la comunidad creyente. De esta manera, la actividad ritualizada contribuye a la construcción y formación de la identidad cristiana.

Bibliografía. F. H. Gorman, Jr., *The Ideology of Ritual.* JSOTSup 91 (Sheffield, 1990); «Ritual Studies and Biblical Studies», *Semeia* 67 (1994): 13-36; R. L. Grimes, *Ritual Criticism* (Columbia, S.C., 1990).

Frank H. Gorman, Jr.

RIZPA (Heb. *rijpâ*)

Concubina de Saúl e hija de Aja, conocida por su devoción a sus hijos y su insistencia de que tuvieran un entierro apropiado. Llegó a ser una jugadora secundaria en el gran deporte de la realeza, y un factor importante entre las casas gobernantes de Saúl y David.

Después del suicidio de Saúl, su hijo Is-boset se convirtió en rey, solamente de nombre. Acusó a Abner, general de su padre, de tener relaciones sexuales con Rizpa. (2 S 3.6-11), una señal de que Abner estaba usurpando la realeza y reclamando el trono como suyo (cf. 2 S 16.20-22; 1 R 2.22). La objeción de Is-boset le dio a Abner una excusa para negociar con David la realeza, y juró transferir el reino de la casa de Saúl y establecer el trono de David (2 S 3.6-10).

Unos 27 años después (cerca de 970 a.C.), la hambruna de tres años se culpó al hecho de que Saúl había violado el pacto de Israel con Gabaón (Jos 9.3, 15-20). Como recompensa, David dio a los gabaonitas siete de los descendientes de Saúl: los dos hijos de Rizpa, Armoni y Mefiboset, y cinco hijos de la hija de Saúl, Merab (2 S 21:5-6, 8). Los siete fueron asesinados y sus cuerpos fueron expuestos en una montaña (2 S 21:9). Rizpa extendió una tela de cilicio en una roca, señal pública de que la nación se había arrepentido, y comenzó su vigilia para un entierro apropiado, desde la cosecha de la cebada (abril) hasta la época de las primeras lluvias (octubre; 2 S 21.10). Al enterarse de su devoción, David ordenó un entierro público para los miembros de la casa de Saúl (2 S 21.11-14).

Robin Gallaher Branch

ROBLE

Muchas especies de roble (género *Quercus*) habitan en Israel. Varias de ellas han sido identificadas con el roble bíblico (Heb. *'allôn, 'ēlôn*), pero no existe consenso entre los eruditos. Por ejemplo, el roble de Tabor (*Quercus ithaburensis* Decne.) es un árbol de hoja caduca que puede alcanzar 23 m (75 pies) de altura y 18 m (60 pies) de circunferencia, una estatura que coincide con la reverencia bíblica para la fuerza del roble. El roble Valonia *(Q. Aegilops)* aún habita en Basán, y puede ser una de los especies del «roble de Basán» (Is 2.13 DHH; Ez 27.6; Zac 11.2). Los robles son conocidos por su longevidad, hasta 500 años.

Los robles simbolizan la fuerza y el poder (Am 2.9), lo que puede explicar su asociación con los dioses y costumbres rituales en la Biblia. Los árboles grandes también fueron un lugar de enterramiento; Débora, ama de Rebeca, fue enterrada bajo un árbol de roble (Gn 35.8). Los profetas condenan la adoración de ídolos que se llevó a cabo bajo los robles y otros árboles de gran tamaño (Ez 6.13; Os 4.13). En Génesis 18.1 Dios aparece a Abrahan en el encinar de Mamré.

En algunas traducciones, *'allôn* y *'ēlôn* han sido traducidos «encina,» y *'ēlâ* y *'allâ* han sido traducidos «roble». Debate sobre estos términos todavía existe. Es posible que se refieran a árboles grandes, majestuosos en general, ya que muchos tipos de roble y encina se ajustan a esta descripción.

Megan Bishop Moore

ROBO

Apropiación perversa de la propiedad de otro. Cuando está acompañada de violencia o amenaza, el robo se designa normalmente como «asalto». En los códigos legales bíblicos, el castigo estipulado para el robo es la restitución con compensación (Ex 22.1-4 [TM 1b-5]; Lv 6.1-7 [5.20-26]).

El mandamiento contra el robo en el Decálogo (Ex 20.15; Dt 5.19) ha sido entendido como una referencia inicial al secuestro y ataque a personas. En una sociedad donde la esclavitud se practicaba, el rapto de personas podía, por supuesto, ser tratado en códigos legales. La pena capital se recomendaba para el crimen de secuestro (Ex 21.16; Dt 24.7). Es probable, sin embargo, que el mandamiento del Decálogo contra el robo se extendiera más allá del secuestro. Los códigos legales trataban con el daño a la propiedad (Ex 22.5-6 [4-5]), prácticas de negocio deshonestas (Lv 19.35-36; Dt 25.13-16), y aun negligencia de prevenir que otra propiedad sufriera daño (Ex 23.4-5; Dt 22.1-4). Intereses en préstamos eran prohibidos (Ex 22.25 [24]); Dt 23.19-20; Lv 2535-38), y las prácticas de promesas eran reguladas (Ex 22.26-27 [25-26]; Dt 24.6, 10—13). La cancelación periódica de deudas (Dt 15.1-3) y la liberación de esclavos (Ex 21.2-6; Dt 15.12-18; Lv 25.39-55), eran legisladas. Se estipulaba que se pagaran sueldos justos sin plazos a trabajadores pobres (Dt 24.14-15; Lv 19.13).

La preocupación por acuerdos de propiedad justos y regulados fue tomada por los profetas. Las designaciones «robo» y «asalto», se emplean para opresión económica (p.ej, Is 10.2; Jer 21.12; Ez 18.7). Existe una protesta recurrente contra la expansión territorial ilegal (Jer 22.13-14; Hab 2.9; cf. Job 24.2-12; Mt 23.14). En la era posexílica, Nehemías hizo esfuerzos para reducir tales opresiones económicas (cf. Neh 5). Los escritos de Sabiduría continúan las críticas proféticas de opresión económica (Pr 22.22-23; Sir. 4.1-6; 7.3, 20). El NT asume una postura similar (Lc 3.14; Ef 4.28; 1 Ts 4.6; Stg 5.4-6).

Finalmente, la Biblia habla de la realidad de robar los corazones de la gente a través del engaño y la demagogia (Gn 31.20, 26; 2 S 15.6).

Bibliografía. R. Gnuse, *You Shall Not Steal: Community and Property in the Biblical Tradition* (Maryknoll, 1985). Gerald M. Bilkes

ROBOAM (Heb. *rĕhabʿām*)

Rey de Judá (c. 924-907 a.C.), hijo de Salomón y la amonita Naamah (1 R 14.31), y el padre de Abías/Abiam. Él llegó al trono a los 41 y reinó por 17 años (1 R 14.21). 2 Crónicas 11.18-23 identifica dos de sus 18 esposas como Mahalat y Maaca (madre de Abías) y toma nota de que tenía 60 concubinas, 28 hijas, y 60 hijas. El reinado de Roboam se describe en 1 Reyes 12.1-24; 14.21-31, que aparentemente se deriva de los anales reales de Judá (1 R 14.29), y 2 Crónicas 10.1–12.16, que se basa en 1 Reyes y tal vez una fuente profética (cf. 2 Cr 12.15).

En su ascension al trono, Roboam se reunió en Siquem con representantes de las tribus del norte de Israel, que exigían el alivio de las políticas opresivas de Salomón. Después de tres días y consultar con sus asesores, el rey rechazó el consejo de sus funcionarios de mayor edad y con más experiencia que consintiera temporalmente a las demandas de Israel, y tontamente aceptó el consejo de sus compañeros jóvenes, que le instaron a hacer valer su autoridad. En consecuencia, las tribus del norte se rebelaron y eligieron como su rey a Jeroboam, que había huido a Egipto cuando Salomón sospechó que él lo traicionaba (1 R 12.1-16). Este desastre se explica como un castigo de Dios por la infidelidad religiosa de Salomón (1 R 11.9-13, 29-39; 12.15; cf. 2 Cr 10.15). Cuando Roboam envió a Adoram / Hadoram, su oficial sobre el trabajo forzoso, para sofocar la revuelta, el funcionario fue apedreado hasta la muerte, y el rey huyó a Jerusalén (1 R 12.17-18). El conflicto entre los dos reinos continuó en todo los reinos de Roboam y Jeroboam (1 R 14.30; cf. 2 Cr 12.15b).

En el quinto año del reinado de Roboam un ejército egipcio bajo el Faraón Sisac (Shoshenq I) atacó Palestina (1 R 14.25-28; cf. 2 Cr 12.1-12), no para instalar funcionarios egipcios sobre la tierra, pero para saquear sus riquezas y tal vez hacer valer la influencia egipcia. Aunque los relatos bíblicos dejan la impresión de que el ataque estaba dirigido a Judá y constituía un castigo divino por la infidelidad religiosa de Roboam (explícitamente declarado en 2 Cr 12.1-2; implicado por juxtaposición en 1 R 14.21-24, 25-26), la inscripción de Sisac en el templo de Amón en Karnak enumera los lugares que los egipcios habían conquistado y sugiere que Israel, en lugar de Judá, fue el objetivo principal del ataque. Jerusalén no se menciona en la lista, pero algunos sitios en el Neguev son, tal vez una indicación de los esfuerzos del faraón para proteger a sus tropas de las incursiones de los pueblos nómadas de la región. Aparentemente, Roboam pagó tributo a los egipcios para evitar más problemas (cf. 1 R 14.25-26). El informe de estos eventos se ha ampliado considerablemente en Crónicas, donde el profeta Semaías anuncia que la conquista de Sisac de las ciudades fortificadas de Judá (cf. 2 Cr 11.5-12) es el castigo de Dios por sus pecados, los líderes se arrepienten, y Semaías proclama una liberación parcial: los líderes se mantendrán en el poder, pero los egipcios les quitarán gran parte de su riqueza (2 Cr 12.3-8).

Además, 2 Crónicas 11.5-12 informa, como evidencia de la bendición divina, que Roboam construyó y aprovisionó 15 «ciudades». Aunque el rey pudo haber llevado a cabo esto para proteger su tierra de los ataques de Egipto antes de la invasión de Sisac, como lo indica la posición del informe en Crónicas, otros han sugerido que la estrategia de Roboam era asegurar su reino contra una mayor rebelión interna, y aún otros han fechado la lista de ciudades fortificadas a los reinados de Josías o Ezequías.

1 Reyes 14.22-24 caracteriza a las políticas religiosas de Roboam como idólatras, mientras que Crónicas las retrata de forma más ambigua, informando que los sacerdotes y levitas del norte se trasladaron a Judá a causa de las innovaciones religiosas de Jeroboam. Estos fueron seguidos por otros que eran fieles a Dios, y juntos fortalecieron a Roboam durante tres años (2 Cr 11.13-17; cf. 12.14).

Bibliografía. G. N. Knoppers, «Roboam in Cronicles: Villain or Victim?» *JBL* 109 (1990): 423-40; B. Mazar, «The Campaign of Pharaoh Shishak to Palestine,» *VTSup* 4 (Leiden, 1957): 57-66; J. M. Miller, «Roboam's Cities of Defense y the Levitical City List,» in *Archaeology y Biblical Interpretation*, ed. L. G. Perdue, L. E. Toombs, y G. L. Lance (Atlanta, 1987), 273-86.

M. Patrick Graham

ROCA

El área rocosa de Canaán proporcionó el contexto para un simbolismo rico que se encuentra en la Biblia. Aparte de su uso obvio como dureza literal (Jer 5:3; 23:29; cf. Is 50.7), «roca» (heb. *sela'*, *jûr*; gr. *pétra*) también incluía la idea de apoyo estable y seguro, como la estabilidad que Dios da a la vida (Sal 40.2 [TM 3]; Mt 7.24-27; Lc 6.48). De manera similar, se utiliza como una base inmóvil; quitar «la piedra» es equivalente a sacudir el mundo (cf. Job 18.4).

El uso literal de proveer sombra desde una «roca/peñasco» saliente bajo el sol del desierto (Is 32.2), se extendió al uso figurado de Dios, cuando provee refugio para su pueblo. A Dios se le describe como una roca (2 S 22.2 = Sal 18.2[3]; 71.3) que da seguridad y certidumbre a su pueblo (cf. 2 S 22.32, 47 par.; cf. Sal 62.2, 7[3, 8]; 89:26 [27]). Como la roca es dura, el poder de Dios se revela cuando la rompe (Jer 23.29; cf. 1 R 19.11).

A los israelitas se les estimula a recordar la solidez de su herencia con el simbolismo de la roca: «De la roca que te creó» (Dt 32.18) y «la piedra de donde fuisteis cortados» (Is 51.1). Se dice que la iglesia está fundada en una roca y por lo tanto puede resistir los asaltos del enemigo (Mt 16.18).

En Isaías 8.14, *jûr* se utiliza para la piedra mesiánica rechazada por los «edificadores del templo» (cf. Sal 118.22; Is 28.16). Al seguir estos pasajes, «piedra» llega a ser importante para la tipología del NT: Jesucristo, la «piedra de agravio» desechada se convierte en la piedra angular del verdadero templo de Dios, la Iglesia Cristiana (1 P 2.6-8). Como roca, se representa a Cristo como golpeado, para que el espíritu de vida pueda fluir de él a todos los que beban (Jn 4.13-14; 7.37-39; 1 Co 10.4).

Larry L. Walker

ROCÍO

La humedad condensada sobre una superficie fría. Esta humedad transmitida por brisas del mar occidental se convierte en niebla las primeras horas de la mañana causada por el enfriamiento de la noche (cp. Nm 11.9; Job 29.19; Cnt 5.2). Durante los meses secos de verano en la agricultura palestina, el rocío (Heb. *tal*) es un complemento vital para la lluvia (Dt 32.2; 2 S 1.21; 1 R 17.1; Job 38.28). Por lo tanto, se utiliza con frecuencia como una metáfora de bendición del cielo por Dios (Gn 27.28, 39; Dt 33.28; Sal 133.3; Zac 8.12; cp. Os 14.5; Hag 1.10). Por la naturaleza de su desarrollo sutil, el rocío también connota las imágenes de quietud y cautela (2 S 17.12; Is 18.4). Además, su desaparición repentina por la salida del sol se emplea para representar la transitoriedad del amor de Israel por Dios (Os 6.4; 13.3).

Hyun Chul Paul Kim

RODANIM (Heb. *rôḏānîm*)

Pueblo que descendió de Javan (es decir., Grecia; 1 Cr 1.7 DHH, NVI).

Véase Dodanim; Rodas

RODAS (Gr. Rhódos)

Una gran isla en el mar Egeo, al suroeste de Asia Menor, con una ciudad portuaria del mismo nombre. Situada estratégicamente en la entrada al mar Egeo, Rodas prosperó en el comercio y en la política, fundando colonias en Sicilia e Italia. La ciudad de Rodas fue fundada en la parte noreste de la isla en el siglo V a.C. El Coloso de Rodas, una de las siete maravillas del mundo antiguo, era una estatua del dios solar Helios, más de 30 m (100 pies) de altura situada en la entrada a la ciudad (pero no a caballo entre el puerto). Catón y Julio César fueron estudiantes de la escuela de retórica en Rodas.

La referencia bíblica más antigua a habitantes de la isla puede estar en la Tabla de las Naciones (Gn 10.4), donde algunos manuscritos hebreos y el Pentateuco Samaritano leen Rodanim (como NVI; TM «Dodanim»), al igual que el par. 1 Crónicas. 1.7 (Cf. Ez 27.15, TM «los hijos de Dedán»; NVI «rodios»).

Roma envió a Rodas y otras ciudades una carta declarando apoyo a un gobierno de Simón sobre el Estado judío (1 Macc. 15.23). La sumisión de Herodes el Grande ante Octavio y la aceptación de éste ocurrieron en Rodas (Josefo BJ 1.20.1), y Herodes tenía varios intereses allí (1.21.11). En la vuelta de su tercer viaje misionero Pablo se detuvo en Rodas (Hch 21.1).

DOUGLAS LOW

RODE (Gr. *Rhódē*)

Una criada en la casa de María la madre de Juan Marcos (Hch 12.13). Respondiendo a la llamada de Pedro después de su milagroso escape de la cárcel, ella estaba tan emocionada de verlo allí que se olvidó de abrir la puerta y no pudo convencer a los miembros de la familia reunidos para la oración de que el apóstol estaba en realidad de pie fuera (Hch 12.14-15).

ROGELIM (Heb. *rōgĕlîm*)

Ciudad de Transjordania, hogar de Barzilai, el galaadita que acompañó a David al río Jordán (2 S 17.27; 19.31[TM 32]). El nombre viene del heb. *regel*, «pie», y significa «comerciantes» o «bataneros» (artesanos que trabajaban con lana y tela). Las posibles ubicaciones de Rogelim son Tel Barsînyā (223215), 9 km (5.5 mi) al suroeste de Irbid, y Ẓaharet Soq'ah.

PETE F. WILBANKS

ROHGAH (Heb. **Q** *rohgâ*, **K** *rôhăgâ*)

Hijo de Semer, de la tribu de Aser (1 Cr 7.34).

ROJO

Rojo (Heb. *'āḏōm;* Gr. *pyrrós*) pueden abarcar tonos tan divergentes como marrón, así como los colores brillantes de color amarillo y rosa. Por lo tanto, el color marrón de piel de animal es descrito como rojo (Nm 19.2; Zac 1.8; 6.2), así como el color marrón amarillento de sopa de lentejas (Gn 25.30) y el rostro saludable de la persona sana (Cnt 5.10; Lam 4.7). Algunos pasajes del Antiguo Testamento se refieren a objetos teñidos de rojo, como pieles de carnero (Ex 25.5) y escudos (Nah 2.3[TM 4]). Génesis 25.25-30 hace un juego de palabras con el adj. *'aḏmônî*, «rojizo», y Esaú, una figura asociada a Edom *('ĕḏōm)*, la tierra de arcilla roja. Isaías 63.1-2 tiene un juego de palabras similar con Edom *('ĕḏôm) y* rojo *('aḏōm)*. Con el tiempo se introdujeron nuevos términos para crear matices más finos de color.

En el NT, rojo describe el color del cielo al atardecer, una imagen popular que indica buen tiempo por venir (TM 16.2-3). El libro de Apocalipsis incluye rojo como uno de los cuatro colores primarios en imágenes apocalípticas, en representación de la guerra, el derramamiento de sangre, y las fuerzas del mal (Ap 6.4; 12.3).

Bibliografía. A. Brenner, *Colour Terms in the Old Testament.* JSOTSup 21 (Sheffield, 1982).

J. Edward Owens

ROLLOS DEL MAR MUERTO

Los restos de una colección de más de 800 manuscritos bíblicos y otros en su mayoría religiosos encontrados en Kirbet Qumrán («las ruinas en Qumrán») y otros seis sitios a lo largo del lado occidental del Mar Muerto desde 1947 hasta 1956. La mayoría de los textos está inscrito en cuero (es decir, pieles de animal), pero algunos están en papiro, y uno (3Q15) está en cobre. La mayoría está en el idioma hebreo, cerca de una quinta parte en arameo, y unos pocos en griego. La caligrafía de la mayor parte de los rollos hebreos es la judía («cuadrada»); cerca de 16 están en letras del fenicio antiguo, o paleo-hebreo, siendo todos los libros de Moisés, Josué, o Job; es decir, los que se cree que se originaron en el período premonárquico; también hay algunos ejemplos raros de una escritura secreta.

Cerca de las cuevas de Qumrán donde los rollos fueron encontrados, fue excavado un complejo de edificios, y se ha reconocido extensamente que los rollos pertenecieron a un grupo centrado alrededor del edificio.

Había tres cementerios adyacentes, el más cercano tenía cerca de 1100 tumbas alineadas en dirección sur a norte con la cabeza en el sur. De las pocas excavadas, sólo fueron encontrados varones en las más cercanas, pero había restos de mujeres y niños en las demás partes. La fecha de la construcción y de los manuscritos es determinada por una combinación de factores, incluyendo monedas, cerámica, paleografía, y espectrometría de aceleración de masa.

(1) Las monedas desenterradas en las excavaciones del edificio datan desde Antíoco III (223-197 a. C.) al tercer año de la rebelión judía (68 d. C.). (2) el tipo de cerámica que caracteriza los tarros en los cuales algunos de los manuscritos fueron intencionalmente depositados en la Cueva 1 es similar a los tarros y una colección grande de platos hondos escondidos en una despensa en el edificio principal. Data a partir de los últimos siglos a. C. y los primeros siglos d.C. (3) la fecha palaeográfica de los manuscritos en las cuevas de Qumrán, establecidas por el estudio de la caligrafía usada en la copia de los manuscritos, se extiende a partir de toda la última mitad del siglo III a. C., a aproximadamente mediados del siglo I d.C., aunque en Murabbaʿāt se extiende al primer tercio del siglo II d.C. Las fechas tempranas indican que muchos rollos fueron traídos de otros lugares. Algunos textos encontrados en Kirbet Mird escritos en árabe son de fecha tan tardía como el siglo VII d.C. (4) La espectrometría de masa acelerada es un sistema más avanzado que el fechado de Carbono-14, para determinar la edad de artefactos antiguos. Dos pruebas se realizaron en una serie de rollos, incluso algunos que tenían fechas absolutas de la mano del escriba original, y la variedad de fechas de los manuscritos relevantes fue 388 a. C., a 136 d. C. Cuando estos resultados de fechado son colocados dentro del contexto de la historia judía, muchos eruditos fechan el período de la ocupación en Qumrán en cerca de 150 a.C.–68 d.C. (la primera rebelión judía), con los hallazgos en Murabbaʿāt extendiéndose a cerca de 135 d.C. (la segunda rebelión).

Aunque el sitio abandonado de Kirbet Qumrán hubiera sido conocido desde hacía mucho tiempo, el primer manuscrito descubierto por un beduino árabe en 1947 estaba en la Cueva 1.

La cueva 1 está cerca de 1.7 km (1 mi) al norte del edificio, en los acantilados de piedra caliza que se elevan por encima del litoral plano. Siete rollos fueron encontrados: un rollo completo del libro de Isaías (1QIsa[a]), envuelto en lino y encerrado en un tarro alto de cerámica sellado, así como amplios fragmentos de otros rollos, incluso una segunda copia de Isaías (1QIsa*b*), la Regla de la Comunidad (1QS), un *pesher* (comentario) sobre el libro de Habacuc (1QpHab), una obra de narrativa imaginativamente desarrollada basada en Génesis (el Génesis Apócrifo; 1QapGen ar), una guerra apocalíptica de los hijos de la Luz contra los hijos de las Tinieblas (1QM), y una colección de *hodayot* (himnos de alabanza) compuesta dentro de la comunidad (1QH). En excavaciones científicas subsecuentes de la Cueva 1 (dirigidas por Roland de Vaux), se desenterraron pequeños fragmentos de unos 72 manuscritos adicionales. Estos incluyen manuscritos de libros bíblicos y comentarios sobre libros bíblicos, así como textos apócrifos, legales y litúrgicos.
Se encontraron diez cuevas más en o cerca de Qumrán. La cueva 4, descubierta en las cercanías inmediatas, fue la más rica, produciendo fragmentos de cerca de 580 rollos.

La Cueva 7, igualmente cerca, contuvo sólo fragmentos de papiro griegos, incluyendo el Éxodo y la Carta de Jeremías. La cueva 11 fue la última descubierta en el área de Qumrán, en 1956. Las cuevas adicionales fueron encontradas pocos kilómetros al sur en Murabbaʿāt, contenían cartas de Simón Bar Kokba y otros documentos de la segunda rebelión, así como en Naḥal Ḥever/Wadi Seiyal, y Kirbet Mird. Por último, encima de la fortaleza de la montaña de Masada una colección variada de más de 50 textos fue recuperada, incluyendo parte del libro de Sirac en hebreo.

Los rollos y el AT

Indicación de la importancia de las Escrituras en Qumrán, más de 200 rollos, cerca del 25 por ciento de los más de 800 encontrados, eran manuscritos de libros bíblicos. Cada libro del AT tradicional, excepto Ester (y Nehemías si se considera un libro separado de Esdras), está representado al menos como mínimo.

Los libros con más frecuencia atestiguados eran Salmos (39 manuscritos), Deuteronomio (32), e Isaías (22), no sorprende que sean los tres libros más citados en el NT también.

Anteriormente, el manuscrito hebreo extenso más antiguo disponible era del final del siglo IX d.C.

Los rollos son más antiguos por un milenio. Desde los primeros días vienen dos de los descubrimientos más importantes sobre el texto bíblico. En primer lugar, 1QIsa*b* mostró que el texto tradicional conocido como el TM había sido muy fielmente copiado a través de los siglos de una forma antigua del texto. En segundo lugar, 1QIsa[a] mostró que había formas variantes del texto bíblico en circulación en el mundo antiguo antes de la era de un texto uniforme. Mientras que 1QIsa*b* normalmente exhibía sólo variantes menores vis-a-vis el TM tradicional, 1QIsa[a] mostró miles de diferencias en el deletreo, formas de palabras, variantes textuales, y casos de texto mucho más largo o más corto.

A medida que los manuscritos bíblicos (ahora en su mayoría publicados en los 38 volúmenes de la serie *Discoveries in the Judaean Desert*) fueron analizados, este modelo siguió revelándose de modos aún más complicados e instructivos. Antes del siglo II d.C., cuando la forma proto-TM de la colección de las Escrituras llegó a ser la única forma textual transmitida en el hebreo, el texto era pluriforme, muchos libros hasta muestran dos o más ediciones literarias. Numerosas variantes textuales salpican todos los textos, a veces mostrando errores o extensiones, pero en otras ocasiones proporcionando lecturas superiores donde el TM se ha equivocado o se ha ampliado; de ese modo muchas lecturas de Qumrán han sido incorporadas en traducciones revisadas recientes de la Biblia. Los rollos también validan la LXX y el Pentateuco Samaritano en general como testigos fieles de un texto hebreo antiguo que era simplemente un alterno a la forma textual transmitida en el TM. Ellos documentan un período en el cual el texto bíblico todavía crecía orgánicamente y proporciona evidencia de como el texto creció durante su período formativo.

Los rollos y el judaísmo

Los rollos han iluminado enormemente y han cambiado el entendimiento de los eruditos del judaísmo a finales de la era. Mientras que alguna vez se pensó que había un solo judaísmo, «dominante» o «normativo», está claro ahora que el judaísmo era ricamente pluriforme. Había una variedad de partidos y una amplia variedad de puntos de vista de cualquier número de temas, y ningún grupo particular tenía completa autoridad en enseñanza o práctica sobre los demás, aunque los sacerdotes de Jerusalén probablemente sostuvieran el reclamo más fuerte de la lealtad del pueblo promedio.

Los esenios, como un movimiento dentro del judaísmo, habían sido conocidos antes sólo por breves descripciones escritas para extranjeros por Josefo, Filón y Plinio. Mientras Josefo pudo haber adquirido el conocimiento de primera mano de los esenios, Filón y Plinio trabajaban probablemente a

Vista panorámica de la comunidad de Qumrán y área circundante. Cuatro de las cuevas donde se encontraron los rollos del Mar Muerto pueden ser vistas al lado izquierdo del barranco (Werner Braun)

partir de fuentes. Así, aunque estas descripciones ayuden a identificar el grupo Qumrán como esenio, ellos no proporcionan un estándar para entender las creencias del grupo. Los rollos mismos proporcionan abundante corrección y amplificación de nuestro conocimiento de los esenios, que aunque todavía es imperfecto ahora supera nuestro conocimiento de grupos contemporáneos, los saduceos, fariseos y zelotes.

El movimiento esenio es anterior a la comunidad Qumrán, aunque sus orígenes no sean totalmente conocidos. Durante el período macabeo, fueron guiados por alguien conocido como el Maestro Justo, o el Maestro de Justicia. El Maestro, él mismo un sacerdote, entró en conflicto serio con los líderes en Jerusalén, posiblemente sobre la legitimidad del sumo sacerdocio, ya que los macabeos se instalaron en aquel oficio en lugar de los sacerdotes sadoquitas tradicionales, y el Maestro fue forzado al exilio de Jerusalén. Con el tiempo, el grupo se instaló en el desierto en Qumrán, para estudiar la Torá y así «preparar el camino del Señor» (1QS 8.12-16; Is 40.3).

Los rollos revelan una cosmovisión dualista. Había dos caminos: uno de luz y bueno, el otro de tinieblas y malo. La comunidad creía que la historia fue predeterminada por Dios, y que ellos eran parte del remanente del verdadero Israel, que vive bajo un nuevo o renovado pacto con Dios, en continuidad con el pacto en Sinaí, pero con un conocimiento más profundo e incentivo a la obediencia.

En su opinión, como la que se daba en el NT también, la Escritura fue escrita en lenguaje simbólico, obscuro, por profetas que pueden haber entendido un nivel del sentido en lo que escribieron, pero no entendieron el sentido último, que era la revelación sobre «el fin del tiempo.» El verdadero sentido del texto fue revelado, sin embargo, al Maestro de Justicia.

Las Escrituras se refirieron al propio período de los esenios, «los días últimos,» y describen los acontecimientos que ellos mismos experimentaban, como el exilio del Maestro y el gobierno romano.

Los rollos se refieren a otros grupos judíos. Ellos discuten conflictos «con los buscadores de cosas suaves» (probablemente los fariseos) «y Manasés» (probablemente los saduceos), así como conflictos sobre el sumo sacerdocio y el calendario. Algunos rollos antiguos, incluso la Carta de Halakic (4QMMT), contienen opiniones halájicas en común con los saduceos, probablemente reflejando las raíces del grupo en el sacerdocio sadoquita. Opiniones de otros temas, sin embargo, como la predestinación y resurrección, están fuertemente en contra de los puntos de vista de los saduceos. Los esenios de Qumrán vivieron una vida de observancia estricta y mayor ascetismo que los de otros grupos, pero no se piensa que ellos excluyeron otros grupos del Israel verdadero sobre esa base.

Los rollos y el NT

La comunidad en Qumrán fue destruida antes de que la mayor parte del NT fuera escrito, y ninguno de los rollos contienen textos del NT, aunque se hayan hecho algunas afirmaciones no persuasivas en ese sentido (como afirmaciones que 7Q5 contiene el Evangelio de Marcos). Tampoco hay referencia alguna a Jesucristo, Juan el Bautista, o algo expresamente cristiano. No obstante, debido a que las semejanzas en el lenguaje, temas teológicos, personajes, textos y prácticas son penetrantes, los rollos proporcionan iluminación inagotable para entender el texto y el mundo del NT y el cristianismo antiguo. Los rollos revelan una raíz judía común al definir las prácticas de la comunidad, como propiedad de la comunidad compartida en común, una comida sagrada ceremonial, y baño ritual para la pureza.

El complejo de puntos de vista mesiánicos característica de este período se revela adicionalmente en los rollos. Se prevé más de un mesías: uno sacerdotal y un mesías real, que son acompañados por un profeta: «... hasta allí viene el profeta y los mesías de Aarón e Israel» (1QS 9.11). El mesías real debía ser un héroe de guerra victorioso, como David, y gobernar con sabiduría y justicia, como se predijo en Isaías 11.1-5. El mesías sacerdotal todavía era más alto en autoridad. Cristo (la traducción griega para «mesías») como rey es un tema a lo largo de los evangelios sinópticos. Hebreos habla de Cristo como un sacerdote, aunque según el orden de Melquisedec, no de Aarón, y un ministro del santuario divino (He 8.1-2; 10.12-14). Mucho revuelo se hizo del llamado texto del «Mesías traspasado», 4Q285, que fue al principio leído mal y se pensó que describía a un mesías que es asesinado. Una lectura más cuidadosa, sin embargo, revela que el texto menciona a Isaías, cita de Isaías 11, y aquí describe a un mesías davídico que mata a alguien más, como en Isaías 11.4 donde el gobernante davídico mata el malo.

Además de «mesías», se usan varios otros títulos de manera similar en los rollos y el NT: «rama de David» (p. ej., 4Q285 frag. 5.3; 4QFlor Col. III:11) es similar a «la raíz de David» (Ap 5.5). Un paralelo asombroso en terminología con Lucas 1.32, 35 ocurre en el fragmento 4Q246, que lee: «lo llamarán 'el Hijo de Dios'; ellos lo llamarán 'el Hijo del Altísimo.'» Sin embargo, aunque al principio se afirmara apresuradamente que esta era una figura mesiánica segura, el contexto más bien sugiere a un líder malo que se atribuye estatus divino.

Como el NT, los rollos colocan expectativas mesiánicas en un marco escatológico dualista (luz-tinieblas) (cp. 1QS 3.13–4.26; Jn 1; 2 Co 6.14–7.1). Ambos leen textos del AT en una manera escatológica y contemporanizante. Los rollos y el NT también muestran una reverencia para las mismas Escrituras: la ley y los profetas más una colección todavía indeterminada de otros libros sagrados. Incluso hacen hincapié en los mismos textos: los Salmos interpretados proféticamente, Deuteronomio e Isaías. Pero Enoc y Jubileos fueron ambos probablemente considerados entre los libros autorizados, mientras que la literatura sapiencial es escasamente atestiguada.

En contraste con la opinión llana más antigua de un cristianismo distinto contra un judaísmo «normativo» claramente definido, las concordancias entre los rollos y el cristianismo antiguo demuestran cuán profundamente judías son las raíces y el desarrollo del cristianismo. Los rollos muestran un espectro amplio y diverso de creencias y prácticas en el judaísmo, de cuya matriz el cristianismo con el tiempo se desarrolló. El cristianismo naciente era en muchos aspectos una parte integrada del espectro del judaísmo en general. Este conocimiento había sido simplemente suprimido en la medida en que el judaísmo rabínico y el cristianismo se desarrollaron en una distinción polémica consciente el uno del otro.

Para el AT, el judaísmo antiguo, y el NT, los rollos iluminan el mundo antiguo, mostrando para cada uno una etapa anterior del cuadro simplificado que la historia ha recordado: una etapa de pluriformidad en el texto bíblico, el amplio espectro de diversidad dentro de finales del judaísmo del Segundo Templo, y el mundo teológico judío del NT.

Bibliografía. F. M. Cross, *The Ancient Library of Qumran,* 3rd ed. (Minneapolis, 1995); J. A. Fitzmyer, *Responses to 101 Questions on the Dead Sea Scrolls* (New York, 1992); F. García Martínez, *The Dead Sea Scrolls Translated,* 2nd ed. (Grand Rapids, 1996); L. H. Schiffman, *Reclaiming the Dead Sea Scrolls* (Philadelphia, 1994); E. Ulrich and J. C. VanderKam, *The Community of the Renewed Covenant* (Notre Dame, 1994); VanderKam, *The Dead Sea Scrolls Today* (Grand Rapids, 1994); G. Vermes, *The Dead Sea Scrolls in English,* 4th ed. (Baltimore, 1995); M. Wise, M. Abegg, and E. Cook, *The Dead Sea Scrolls: A New Translation* (San Francisco, 1996).
(San Francisco, 1996).

Eugene Ulrich

ROMA (Lat. *Roma;* Gr. *Rhṓmē)*

Nombre de la ciudad antigua sobre el Río Tíber, ubicada a 16 km (10 mi) tierra adentro del puerto de Ostia, así como del imperio expansivo que comenzó a crecer durante la República y que siguió aumentando de tamaño hasta que llegó a su mayor extensión, a principios del siglo II d.C. Durante su extensión más amplia, hacia el final del reino de Trajano (98-117), el Imperio Romano rodeaba la cuenca del Mediterráneo, y abarcaba todo el sur de Europa, Gran Bretaña (hasta la frontera escocesa), el Norte de África (hasta el Sahara), Egipto (más allá de la primera catarata), el Asia Menor, la costa norte del Mar Negro, Armenia y las regiones al sur del Cáucaso, Mesopotamia (hasta el Éufrates), Siria y Palestina: 9650 km (6000 mi) de frontera.

Rollo y fragmentos del Génesis Apócrifo (1QapGen ar) (Foto © Israel Museum, Jerusalem)

El conocimiento de la historia y cultura romana esclarece varios pasajes del AT, de los Apócrifos y del NT. La palabra hebrea *kittîm* es un término ambiguo que se encuentra en el AT (Is 23.1; Jer 2.10; Ez 27.6), donde muy probablemente se refiere a los griegos. En los apócrifos, Kittim también parece referirse a los griegos (1 Mac. 1.1; 8.5), aunque en la literatura casi contemporánea de Qumrán, el término probablemente se refiere a los romanos (1QpHab 2.12-13; 3.9; 4.5-6; 6.1-4; 4QpNah frags. 3-4.I.3). Los judíos estaban muy conscientes de la presencia del poder romano en el Mediterráneo occidental, como lo sugiere el listado de conquistas romanas de hasta mediados de los años 160 a.C. que se encuentra en 1 Mac. 8.1-16. Los vínculos político significativos entre los Macabeos y Roma se narran en 1 Mac 8.17-32; 12.1-4. En el NT, el autor de Lucas y Hechos estaba particularmente consciente de la presencia política general de Roma, y cuidadosamente teje alusiones a la historia y cultura romana a lo largo de su trabajo, comenzando con la mención explícita del reino de Tiberio en Lucas 3.1 y sigue con numerosas referencias a instituciones políticas y sociales romanas en los Hechos de los Apóstoles.

Contexto

El suelo de Italia es más fértil que el de Grecia, aunque el clima es similar. El sistema topográfico también es muy distinto del de Grecia, porque los Montes Apeninos forman la columna vertebral de la península, con tierra cultivable tanto al este como al oeste de la cordillera. Italia está dividida en dos partes. La Italia continental se centra en el Valle de Po, con el Río Po que pasa por el centro. La Italia peninsular está dividida en tres partes: la costa este, la costa oeste y la bota del sur. El hecho de que Italia tuviera pocos puertos buenos como la Bahía de Nápoles, y que el Po y el Tíber fueran los únicos ríos navegables, impedía el desarrollo del tráfico y del comercio. A lo largo de su larga historia, los romanos permanecieron como marineros de agua dulce. La Costa oriental estaba escasamente habitada en la antigüedad, con poca navegación en el Adriático y sin embarques hasta la época de las Cruzadas. La costa occidental consistía de una tierra de cultivo excelente, mientras que la parte noroccidental de la península tenía recursos minerales. El pico del sur también tenía abundancia de tierra cultivable, pero era particularmente vulnerable a la invasión. A diferencia de Grecia, Italia era una tierra apropiada para criar ganado.

Orígenes hasta el Final de la Monarquía (753-509 a.C.)

Según Varro, Roma fue fundada ritualmente el 21 de abril de 753, una de varias fechas legendarias del siglo VIII propuesta en la antigüedad (el cumpleaños de Roma se celebraba durante la República como el *Parilia,* y en el imperio como el *natalis Urbis*). De hecho, había dos leyendas que competían acerca del desarrollo de Roma, que a la larga estaban vinculadas de varias maneras, ambas se remontaban al siglo IV a.C. Una se centraba en el fundador epónimo Rómulo y en su hermano gemelo Remo. La otra en Eneas (a quien Augusto reclamaba como ancestro), príncipe de Troya que huyó al oeste después de que los griegos saquearan Troya, y que finalmente fundó Roma (Dionisio de Halicarnaso *Rom. Arch.* 1.72.2), la cual se narra en un trozo épico en la *Eneida* de Virgilio. El hecho de que los romanos se consideraran descendientes de los troyanos significaba que se diferenciaban de los griegos y de los etruscos. Después de mediados del siglo I a.C., Roma llegó a ser conocida como el *Septimontium* (*septem montes,* «siete montañas»), un concepto que popularizó Varro (*De ling. lat.* 5.41-54; 7.41), aunque su lista (que rápidamente llegó a ser canónica) difiere considerablemente de las listas anteriores de las siete montañas. El primer poblado de Roma estuvo en el Palatino y en el Foro Romano (que se usaba como cementerio), cerca del siglo X y luego, después de 650, se extendió al Quirino, al Esquilino y a otras montañas que no eran las mismas de la lista de Varro. A lo largo de la historia de Roma, el territorio de la ciudad en sí (aunque ocasionalmente aumentó) se llamó *urbs* y estaba definido por un límite sagrado, el *pomerium*, que estaba rodeado por el *ager Romanus,* el «territorio romano» (que también aumentó de tamaño). La monarquía romana no era hereditaria y la organización política romana seguía el patrón indoeuropeo de rey-concilio-asamblea. Mientras que el senado nombraba a los nuevos reyes, estos eran confirmados cuando la asamblea popular (*comitia curiata*) pasaba una *lex de imperio,* que otorgaba los derechos del *imperium* al rey. El mítico Rómulo (que temporalmente compartió la monarquía con el sabino Tito Tacio) fue el primero de una sucesión canónica de siete reyes, entre los que estaban Numa Pompilio (sabino), Tullo Hostilio, Anco Marco, Lucio Tarquinio Prisco (fundador etrusco de la dinastía tarquina), Servio Tulio y Tarquinio el Soberbio (expulsado en 508 según la tradición), una lista obviamente artificial, ya que los nombres de otros reyes sobreviven en varias fuentes. La mención de los siete reyes de Apocalipsis 17.9 podría referirse a la tradición de que siete reyes romanos representaban un número completo y predestinado de gobernadores.

Los romanos descienden de un grupo de tribus relacionadas llamado Latini, que se originó en Europa central y se estableció en la región de Latium, cerca del siglo X. El latín, idioma que hablaba la gente de Latium, pertenece al grupo itálico indoeuropeo, que tiene dos divisiones importantes: osco-umbrio y latín–falisco. El osco era el idioma común típico de la Italia central, hasta que las áreas fueron subyugadas por los romanos durante la República. El que originalmente era idioma de Latium y de la ciudad de Roma, el latín, finalmente desplazó a otros idiomas itálicos como resultado del poder político y militar creciente que Roma ejercía en la Italia central y después a lo largo de la Península Itálica.

La República (509-27 a.C.)

La monarquía fue reemplazada por una república cuyos magistrados principales eran dos cónsules que se elegían anualmente (de esta manera se evitaba la concentración del poder en manos de una persona), y las listas de los cuales, así como los eventos significativos, se preservaban en los *annales maximi,* una crónica compilada por el *pontifex maximus* que fue un recurso importante para los historiadores romanos como Q. Fabio Picto y L. Cincio Alimento (siglo tercer), Gneo Gelio (a finales del segundo siglo) y Licinio Macer (primer siglo). Estos historiadores fueron, a su vez, recursos importantes para Livy y Dionisio de Halicarnaso (*Rom. Arch.* 1.6.2), dos historiadores del primer período de la historia romana. Porciones importantes de sus obras han sobrevivido.

La historia política de la Roma republicana se divide naturalmente en dos períodos, 509-265 y 264-27. Durante el primer período Roma se expandió localmente (509-336), llegó a dominar Italia central (336-290) y finalmente logró obtener el control de toda la península (290-265). La fundación de colonias en áreas que recientemente estaban bajo el control romano, así como el apoyo romano a las aristocracias locales facilitaron parcialmente este control. El expansionismo romano, que continuó a principios del siglo II a.C., no fue motivado por el deseo de construir un imperio sino por el de proteger las posesiones existentes de Roma. Durante este período, Roma experimentó la invasión gálica que culminó con el saqueo catastrófico de Roma, cerca de 386 a.C., y que redundó en la reconstrucción de la ciudad, reorganización del ejército y eliminación de los etruscos como el poder dominante. Los colonizadores griegos en Magna Grecia, acosados por los samnitas, apelaron a Roma por ayuda, la cual estuvo disponible. Las resultantes guerras samnitas duraron de 325 a 306, que llevaron al control romano de la costa occidental de la península. La construcción de la Vía Apia, el primer camino romano, facilitó el

El Foro Romano desde la Colina Capitolina. La más antigua de las plazas públicas de la ciudad, comprendía un complejo de espacios abiertos y edificios de gobierno, templos y tiendas (Allen C. Myers).

conflicto en 312 bajo el censor Apio Claudio. Una segunda serie de guerras se llevaron a cabo de 298 a 290, en contra de los samnitas que se habían aliado con los galos y los etruscos. Sin embargo, aliados con Tarento, los romanos derrotaron a la coalición samnita y se encontraron en control de la mayoría de Italia central. El conflicto con Tarentum en la Bahía de Nápoles llevó a una guerra abierta de 281-272, que terminó con la caída de Tarento.

El segundo período (264-27) vio la expansión romana fuera de la Italia peninsular, que comenzó con una serie de guerras con Cartago (264-201), su principal rival económico y político en la región occidental del Mediterráneo, a las que subsiguieron intervenciones romanas en el este de Grecia (201-146), y concluyó con la disolución gradual de la constitución republicana y la institución del principado (146-27). En 264, debido a una disputa con Sicilia, Roma fue a la guerra con Cartago, una ciudad púnica en el Norte de África, colonizada en el siglo VIII por los fenicios de la costa palestina. La guerra concluyó en 241, cuando los cartagineses cedieron Sicilia a Roma. La segunda Guerra Púnica (220-201) estalló cuando la expansión cartaginés en España entró en conflicto con los intereses romanos allí. En el conflicto subsiguiente, Aníbal dirigió un ejército con elefantes a través de España y las montañas a Italia. Aunque ganó muchas batallas en la Italia peninsular, nunca logró conquistar Roma en sí. La derrota de Aníbal en Zama en 201 llevó a la rendición de Cartago, a la destrucción de su flota y al pago de una enorme indemnización. El período de las dos primeras guerras cartagineses coincidió con una serie compleja de batallas de poder entre las monarquías helenísticas, en el este de Grecia, establecidas por los *diadochoi* o «sucesores» de Alejandro el Grande (que murió en 323). Los tres protagonistas principales (todos fundadores de dinastías en sus respectivas esferas de gobierno) fueron Ptolomeo en Egipto, Seleuco en Mesopotamia y Antígono en Grecia y Macedonia. Roma se opuso a Felipe de Macedonia, un antigónida, por su ayuda a Cartago. La Segunda Guerra Macedonia (200-196), llevada a cabo por el general romano Flaminino, llevó a la derrota de Felipe y a la proclamación que hizo Flaminino de la libertad de Grecia en los juegos ístmicos de Corinto en 196. Después de dos guerras macedonias más, Roma destruyó Corinto en 146 e incorporó a Grecia y a Macedonia como provincias romanas. La Cuarta Guerra Macedonia (148-146) en gran parte coincidió con la Tercera Guerra Púnica (149-146), un conflicto disparejo que resultó en la destrucción de Cartago en 146 (tanto Corinto como Cartago fueron reconstruidas por Julio César en 46, para el centésimo aniversario de su destrucción). Finalmente, el año 133 se convirtió en un hito en la historia romana, cuando Atalo II de Pérgamo murió y heredó su reino a Roma, que se convirtió en la provincia romana de Asia en 129. Roma, para entonces había adquirido mucho de la tierra deseable alrededor del Mediterráneo (España, Cartago, Pérgamo, Macedonia), con excepción de Egipto.

La historia social de Roma durante la República fue dominada por el así llamado Conflicto de los Órdenes, un énfasis importante de los historiadores republicanos difuntos cuya obra fue preservada por el historiador romano Livy (cerca de 59 a.C.–cerca de 17 d.C.) y el historiador griego contemporáneo de Roma, Dionisio de Halicarnaso (cerca de 60 a.C.–cerca de 30 d.C.). Este Conflicto de los Órdenes se centró en los dos problemas de deuda y disponibilidad de tierra de cultivo. El poder político y social estaba concentrado en manos de los patricios aristocráticos (*patres*, «padres») que pertenecían a los clanes privilegiados (*gentes*). Los plebeyos constituían el populacho y es posible que se originaran como clientes de los patricios. Los plebeyos, en sí, estaban divididos en dos grupos: los que pertenecían a familias prominentes y los que eran pobres. Los primeros se consideraban iguales en categoría a los *gentes*, pero constitucionalmente se les evitaba disfrutar de una categoría igualitaria con los patricios. Al final de la monarquía, había cuatro derechos básicos (*ius*), los patricios poseían los cuatro, aunque los plebeyos poseían solamente dos. De los dos derechos públicos, *ius sufragii* (derecho de participar en la asamblea) y *ius honoris* (derecho de ocupar un puesto importante), los plebeyos solamente tenían el primero. De igual manera, de los dos derechos privados, el *ius commercium* (derecho de comprar y vender) y el *ius conubii* (derecho de endogamia), los plebeyos tenían solamente el primero. La prohibición de la endogamia, que se encuentra en las Doce Tablas (cf. Livy *Urb. Cond.* 4.4.5; Dionisio *Rom. arch.* 10.60.5; Cicero *Republic* 2.37.63), la codificación de la ley romana sobreviviente más antigua, fue crítica para mantener los dos órdenes separados. Los patricios monopolizaron los sacerdocios, las magistraturas principales, el procedimiento *interregnum*, la membresía del senado y controlaron efectivamente la asamblea popular por medio de relaciones patrón-cliente. Las dos magistraturas distintivamente plebeyas eran el tribuno y el edil curul. El senado se originó durante la monarquía como un consejo de reyes, que primero eran nombrados por los reyes y después, durante la República, por los principales magistrados. A fines de la monarquía había 300 senadores (quizás se basaba en tres tribus romanas y cada una consistía de 10 *curiae*). Las *comitia*, o asambleas, eran tres en número: la *comitia curiata*, en la que cada una de las 30 *curiae* originales (una forma de organización tipo clan) tenía un solo voto; la *comitia centuriata*, una asamblea militar que se basaba en la riqueza agraria; y la *comitia tributa*, la asamblea plebeya. Después de la *secessio plebis*, el traslado temporal de los plebeyos de Roma a la Aventina en 494, ellos formaron su propio estado dentro de un estado con una asamblea (*concilium plebis*) y anualmente eligieron a sus propios magistrados (10 tribunos, dos ediles) por casi dos siglos. La codificación de las Doce Tablas de la ley romana, por dos comités sucesivos de 10 hombres (Decemvirs) en 451 y 450 y que reemplazó el consulado y el tribunado, representa un éxito plebeyo importante (Livy 3.33-57; Diodoro 12.24-26). Las leyes Sexto-Licinia de 367 permitían a los plebeyos poseer el consulado. La igualdad de los plebeyos llegó a ser más o menos completa alrededor del año 287, con la promulgación de la *lex Hortensia*, que convirtió los decretos de los plebeyos (*plebiscita*) en leyes que vinculaban a todo el pueblo, incluso a los patricios. Desde la época de los Graco (la última tercera parte el siglo II), la vida política romana estuvo polarizada por los *optimates* (que apoyaban al senado) y los *populares* (que trabajaban con la asamblea popular y el tribunado).

Los griegos, que habían colonizado Magna Grecia en el sur de Italia cerca de la mitad del siglo VIII, llegaron a dominar la vida cultural romana a mediados del siglo I. La literatura, mitología e historia griegas fueron centrales en la educación romana, y el griego fue el primer idioma de la educación romana. Cerca del fin del siglo I a.C., muchos jóvenes aristócratas romanos eran educados rutinariamente en Grecia y, por lo tanto, eran bilingües. Alrededor del siglo I, solamente un pequeño porcentaje de la población de los residentes de Roma era de estirpe romana o italiana, quizás el 10 por ciento. Dentro de Roma en sí, varios grupos nacionales a menudo mantenían tradiciones lingüísticas y culturales; la extensa comunidad judía, por ejemplo, que ascendía de 30 a 50 mil, era una comunidad griegoparlante, sin duda, por la helenización de Palestina.

El Imperio (27 a.C.–476 d.C.)

El Imperio Romano, desde su fundación por Agusto en 27 a.C. hasta la caída del imperio occidental en 476 d.C., se divide más o menos en dos períodos, el Principado (27 a.C.–283 d.C.), cuando los emperadores tomaron el título de *princeps* («primer hombre»); y el Dominado (284–476), cuando los emperadores asumieron el título de *dominus* («señor») y el principado fue transformado en una monarquía burocrática y totalitaria.

En los ocho años que siguieron al descontento civil que se desencadenó con el asesinato de Julio César, el 15 de marzo de 44 a.C., Octavio obtuvo el control de Italia y occidente (43-35) y después del este, en la decisiva batalla marítima de Actium, donde derrotó a Antonio y Cleopatra VII (31), terminando así con las caóticas guerras civiles. Octavio, a quien el senado le dio el nombre de Augusto en el año 27 (casi se le dio el nombre de Rómulo, el legendario fundador de Roma), gobernó como el *princeps* desde 27 a.C a 14 d.C. Al inicio, algunos consideraron la época de Augusto como la restauración de la República (Velleius *Hist. Rom.* 2.89; Ovid *Fasti* 1.589), pero otros como el inicio de la autocracia (Dio *Hist.* 52.11.1; 53.11.4). La segunda perspectiva demostró ser la más exacta. Entre tanto que Augusto comenzó estableciendo poderes dictatoriales extraordinarios, gradualmente asumió una serie de poderes políticos y civiles y cargos, entre los que estaban el título de *imperator* («emperador»), de *tribunicia potestas* («poderes tribunicios») en el año 23 (Dio 53.32.5) y de *pontifex maximus* («sumo sacerdote») en 12 a.C. Según Tácito, Augusto «aumentó gradualmente su poder y llevó a sus propias manos las funciones del senado, de las magistraturas y de las leyes» (*Ann.* 1.2). Augusto, el hijo adoptado de Julio César bajo el título de *divi filius* («hijo del dios [Julio]»), continuó con la dinastía Julio-Claudia que incluía a Tiberio (14-37 d.C.), a Gayo (37-41, apodado Calígula «botas de bebé»), a Claudio (41-54) y la finalizó con Nerón (54-68). Después del período inestable de 68-69, cuando tres emperadores reinaron, Vespasiano (69-79) y sus hijos Tito (79-81) y

Domiciano (81-96) establecieron la efímera dinastía Flaviana. Neva, que solamente reinó brevemente (96-98), estableció una nueva dinastía imperial que consistió de una serie de adopciones al adoptar a Trajano (98-117), de ascendencia española y primer emperador que se originó en las provincias. Cuando Trajano murió, el imperio estaba en el mejor punto de su historia. El sucesor adoptado de Trajano, Adriano (117-138), era un pariente de lado de su padre. Adriano, por su parte, adoptó a Antonio Pío (138-161) que, siguiendo la recomendación de Adriano, adoptó a Marco Aurelio (161-180), pariente de Adriano y devoto del estoicismo que había sido admirado ampliamente como un gobernador-filósofo modelo. Finalmente, el hijo de Marco Aurelio, Cómodo (181-190), fue el último de cinco sucesores imperiales de Trajano.

A inicios del imperio hubo dos desarrollos sociales nuevos: (1) la pirámide social (que consistía de una clase superior que ascendía a no más del 5 por ciento de la población, sin clase media y una inmensa clase baja) llegó a un clímax, que integraba a la familia real y (2) los provincianos y las provincias fueron integrados al sistema romano. Las tradicionales órdenes romanas, que consistían de la minoría de la clase alta, el senado (cuyos miembros ascendía a alrededor de 600 durante el siglo I y principios del segundo) y los *equites* o caballeros (que ascendían a alrededor de 20 mil durante el mismo período), llegaron a incluir a los decuriones urbanos, miembros aristocráticos de los consejos de las ciudades provinciales. Bajo Augusto y sus sucesores, el senado retuvo un papel formal (como la investidura de emperadores) pero perdió todo el poder político real. Mientras los equites solamente tenían el cargo de jueces y funcionarios a finales de la República, bajo Augusto fueron empleados como *procuratores Augusti*, y se les puso a cargo de la administración de la propiedad imperial, así como de la administración económica y financiera de todo el imperio. Había dos clases muy distintas de relaciones en la estructura social romana entre los miembros de la clase alta y la baja. El emperador trataba a los senadores y a los equites como *amici* («amigos») o iguales, mientras que su relación con las masas era la de un patrón poderoso con sus clientes dependientes. Augusto tomó el título de *pater patriae* («padre de la tierra de cultivo») en 2 a.C., como una expresión formal de esta relación de dependencia.

Augusto extendió el Imperio Romano e incluyó Egipto, partes de Asia Menor, las áreas al Sur del Danubio, de los Alpes al Mar Negro, y el norte de España. La urbanización creciente fue una característica de inicios del imperio, que incluía unas 1000 ciudades de poblaciones diversas. Mientras la mayoría de las ciudades tenía una población de 10 a 15 mil, Pérgamo era una ciudad intermedia, con una población de alrededor de 50 mil, Antioquía y Alejandría tenían poblaciones de cientos de miles y Roma, la ciudad más grande del imperio, aproximadamente un millón de habitantes. Toda la población del mundo mediterráneo, durante el reinado de Augusto, se calculaba de 50 a 80 millones; por lo menos el 20 por ciento eran esclavos, el 10 por ciento judíos y el 90 por ciento vivía de la tierra (dándole una base agrícola a la economía del imperio). Durante el reinado de Augusto, se desarrolló un sistema provincial doble que consistía de provincias imperiales (originalmente Galia, España y Siria) y provincias senatoriales, gobernadas por procónsules (como Asia y África) que, no obstante, tenían que ser aprobados primero por el emperador. Las provincias romanas fueron integradas a la estructura del imperio por varios medios: (1) construcción de una red de caminos que inició a finales de la República; (2) introducción de la administración provincial coherente; (3) admisión de provincianos en el servicio militar romano; (4) extensión de la ciudadanía romana a los provincianos; y (5) el proceso de urbanización. La extensión de la ciudadanía romana fue particularmente significativa. Bajo Augusto, según su «testamento» llamado *Res Gestae Divi Augusti* («Los logros del Divino Augusto»), había 4 937 000 ciudadanos romanos en 48 (Tácito *Ann.* 11.25). Bajo Caracalla (211-217), la ciudadanía se les dio a todos los habitantes libres del imperio. Pablo de Tarso es un ejemplo de un provinciano que poseía la ciudadanía romana. La distinción entre los provincianos y los ciudadanos romanos que existía a principios del siglo I a.C. fue transformada gradualmente, durante el siglo II, en la distinción entre los *honestiores* (los de cuna noble) y los *humiliores* (los de cuna humilde). Estos recibían trato desigual bajo la ley romana. Las ofensas capitales para los ciudadanos romanos durante el siglo I y los *honestiores* durante el siglo II y más allá, frecuentemente consistían en el exilio, mientras que las ofensas capitales cometidas por los que no eran ciudadanos o *humiliores* eran castigadas con la crucifixión.

La *pax romana* («paz romana»), que comenzó inicialmente como el logro de Augusto, fue un período que se extendió de su reinado al de Antonio Pío (138-161), que disfrutó de relativa tranquilidad domésticamente y en las fronteras. Entre las excepciones a esta era pacífica estuvieron la Primera y Segunda Revueltas Judías (66-73 y 132-35) y las revueltas judías intermedias bajo Trajano en Cirenaica, Egipto y Mesopotamia (115-117). El intento del emperador Gayo de introducir una estatua de oro de sí mismo al templo judío en Jerusalén (un hecho que prácticamente garantizaba desencadenar una revuelta judía), no llegó a nada cuando Gayo fue asesinado en 41 d.C. por miembros de la Guardia Pretoriana (Filón *Leg.* 197-337; Josefo *BJ* 2.184-203; *Ant.* 18.256-309).

Los diversos aspectos de la religión romana, como la religión cívica romana, la religión del ejército romano y el mitraísmo, tuvieron poco impacto significativo en los no romanos, con la excepción del culto imperial romano, esto es, la adoración de los emperadores muertos, y hasta de los vivos, principalmente por los provincianos en el este y oeste. De Augusto a Constantino, no menos de 36 a 60 emperadores fueron idolatrados y se les dio el título de *divus*, «divinos». En Roma, algunos emperadores muertos fueron designados divinos póstumamente por el senado romano y eran adorados junto con Dea Roma (la diosa Roma, una personificación de la ciudad de Roma) y las divinidades romanizadas más tradicionales del culto y mito griego. En el este griego, los emperadores vivos a veces se les otorgaba adoración divina, que era algo tanto político como religioso. A principios del martirio cristiano, el Martirio de Policarpo (escrito durante la tercera cuarta parte del siglo II), a Policarpo se le requiere que haga sacrificios al culto imperial o que sufra el martirio. Apocalipsis 13 sugiere que los cristianos se encontraban en la misma situación difícil en el siglo I.

Bibliografía. G. Alfödy, *The Social History of Rome* (Baltimore, 1988); *The Book of Acts in Its First Century Setting, 2: Greco-Roman Setting,* ed. D. W. J. Gill y C. Gempf (Grand Rapids, 1994); *CAH,* 2nd ed., 3: *Rome and the Mediterranean to 133 B.C.*, ed. A. E. Astin et al. (Cambridge, 1989); 7/2: *The Rise of Rome to 220 B.C.*, ed. F. W. Walbank et al. (Cambridge, 1989); F. Millar, *The Roman Near East: 31 . B.C.– A.C. 337* (Cambridge, Mass., 1993); H. H. Scullard, *From the Gracchi to Nero: A History of Rome from 133 B.C. to A.C. 68*, 5th ed. (London, 1982); *A History of the Roman World, 753 to 146 A.C.*, 4th ed. (London 1980); J. E. Stambaugh, *The Ancient Roman City* (Baltimore, 1988).

DAVID E. AUNE

ROMANOS (Gr. *Rhōmaíoi*)

Apelativo para las personas que pertenecían una o más de estas cuatro categorías: representantes del gobierno extranjero al que los judíos estaban sujetos (Jn 11.48; Hch 25:16; 28.17); judíos que habían nacido en Roma o que habían vivido allí (2.10); los que afirmaban alguna lealtad al Imperio Romano que (se sobreentiende) otros no poseían (16.21); y los que poseían la ciudadanía romana (vv. 37-38; 22.25-29; 23.27). Por ley, los ciudadanos romanos no podían ser azotados ni crucificados y cuando estaban en juicio podían apelar al gobernador.

ROMANOS, CARTA A LOS

La epístola más larga de Pablo, ubicada en la mayoría de las Biblias a la cabeza del cuerpo paulino. Ha tenido una enorme influencia y ha atraído a comentadores como Orígenes, Tomás de Aquino, Philipp Melanch-

Augusto de Prima Porta (poco después del 20 a.C.). Mármol con restos de policromía; Museo Chiaramonti, el Vaticano (Foto Philip Gendreau, NY)

thon, Juan Calvino y Karl Barth. Romanos fue decisiva en la vida y pensamientos de Agustín de Hipona, en su conversión y batallas con Pelagio sobre el «pecado original»; de Lutero, en cuanto a la ley y el evangelio; de Calvino por la predestinación (doble); y de Wesley, sobre la justificación y santificación. En el último siglo de investigación ha habido amplio acuerdo en cuanto a muchos puntos importantes, pero también han surgido nuevas posibilidades interpretativas.

Autor, Fecha, Lugar

Pablo (1.1), apóstol a los gentiles (11.13; cf. 1.5; 15.16, 18), escribe desde Corinto, durante una estadía de tres meses en Grecia, antes de ir a Jerusalén, con la ofrenda de sus congregaciones egeas (Hch 20.3; Ro 15.25-26) para los pobres que había entre los santos cristianos de allí. El tiempo de la escritura es entre 54/55 y 58/59 d.C., dependiendo de la cronología que se siguiera (51/52, si se sigue la cronología «temprana» menos probable). La reconstrucción de las circunstancias se relaciona con las decisiones tocante al texto.

Texto

La alocución en 1.7 es a «todos los que estáis en Roma, amados de Dios», pero no hay referencia a una iglesia allí hasta el capítulo 16, y entonces solamente a la iglesia que está en el hogar de Priscila y Aquila (16.5). El hecho que «en Roma» no esté en algunos manuscritos en 1.7; 15, probablemente se debe a algunos escribas que quisieron darle al documento una referencia menos específica y más universal. Más importante aún, la doxología que se encuentra en algunos de los mejores manuscritos griegos en 16:25-27, con su patrón de «un misterio oculto por mucho tiempo que ahora se ha manifestado», aparece en muchos manuscritos en 14.23, en el P46 en 15.33, en algunos manuscritos después de 14.23 y 16.23, y se omite en algunas fuentes (cf, NVI mg). Algunas versiones latinas no tienen el capítulo 15. Todo esto ha llevado a conjeturas acerca de una versión de 14 capítulos, conocida por Orígenes y usada por Marción; una de 15 capítulos; y una de 16 que se encuentra en la mayoría de las Biblias en español. En la década de 1950, llegó a dominar la opinión de que Pablo envió una versión de 15 capítulos a Roma, y lo que ahora es el capítulo 16 (por lo menos 16.1-20, quizás con una copia de 1-15 también) a Éfeso. Eso significaba que las 28 personas a las que se les saluda en 16.3-16, entre los que estaba Priscila y Aquila, estaban en Éfeso, no en Roma. Pero desde 1970, la corriente ha girado, especialmente en vista del argumento de que el capítulo 16 proporciona una conclusión necesaria a la típica carta paulina. Eso significa que las cinco a siete iglesias que se mencionan están en Roma y, además, que tienen que estar relacionadas con las disputas entre «los fuertes» (en la fe) y «los débiles» de 14.1-15.3, probablemente cristianos gentiles y judíos. En tanto que la pertinencia del capítulo 16 sigue en disputa, la tendencia va hacia el reconocimiento, en vista de la decisión de que los capítulos 1-16 fueron a Roma, de que Pablo sabía bastante de la situación que se daba entre los creyentes divididos de la ciudad capital.

Circunstancias y propósito

No se conoce el origen del cristianismo en Roma. La fe en Jesús probablemente surgió en la gran comunidad judía de allí, a través de los contactos (de mercaderes) con Palestina. Según el historiador romano Suetonio (*Claud.* 25.4), el emperador Claudio expulsó a muchos judíos por disturbios «instigados por Chrestus» (Cristo), entre seguidores judíos y otros judíos, o entre cristianos judíos que habían comenzado a compartir sus buenas noticias con gentiles y cristianos judíos que se oponían a una misión gentil. Esto ocurrió en el año 49 (y menos probablemente más temprano, en el año 42). Algunos de estos cristianos judíos se trasladaron hacia el este; Pablo se puso en contacto con ellos en Corinto (p. ej., Aquila y Priscila, Hch 18.1-3; 1 Co 16.19), en Éfeso y en alguna otra parte. Más tarde, cuando las tensiones se enfriaron (Claudio murió en 54), algunos de estos cristianos judíos volvieron a Roma. Pero en el ínterin, los seguidores gentiles se habían convertido en la forma dominante del cristianismo en Roma. A través de estos exilados que volvieron, Pablo tuvo cierto conocimiento de las iglesias en hogares de Roma, por la carta que sería llevada allí por Febe, una diaconisa del puerto corinto de Cencrea, a quien Pablo recomienda (16:1-2). Otro detalle histórico puede estar detrás de Romanos 13, en el hecho de que Nerón, que entonces tenía cinco años de buen gobierno, consideró en el año 58 abolir los impuestos indirectos y el cobro injusto de estos por los *publicani,* quienes había tenido protestas prudentes allí (Tácito *Ann.* 13.50-51). En 13:6-17 Pablo específicamente aconseja a los cristianos en Roma a que paguen sus impuestos como buenos ciudadanos y a que no se vean envueltos en disturbios.

Varios propósitos surgen al escribir Romanos a un grupo, que ahora era básicamente gentil, de iglesias en hogares que tenían algunos cristianos judíos que habían regresado.

1. El apóstol claramente quiere presentarse, y a su mensaje, a todas las comunidades cristianas de Roma. Él no fundó las iglesias, y no sabemos de ningún «fundador» significativo, pero la idea de que Pablo quería proveer de una base «apostólica» no es convincente. Pablo escribe diplomáticamente, con cierta mutualidad (1.11-15), consciente de los rumores acerca de él en algunos sectores (3.7-8; 6.1-2; 9.1-2). Pero de ninguna manera está claro que confronta a los cristianos judíos que se oponían a los misioneros y que discutían por sus posturas, como en Galacia. Por lo tanto, Pablo presenta su evangelio apologéticamente y de forma atractiva, pero sin que sea una «teología sistemática».
2. Pablo busca armonía a fin de tener apoyo en Roma para el trabajo misionero que se propone en España (15.23-29; cf. Vv. 14-22). Romanos es de interés misionero.
3. Pablo pide oración de los cristianos romanos, para su viaje a Jerusalén con la ofrenda para los santos de allá (15.25-27). No está claramente implícito que esté buscando las contribuciones de Roma. Es probable que tuviera temores en cuanto a cómo esta ofrenda sería recibida en Jerusalén (15.30-32). Pero ver a la comunidad cristiana judía de Jerusalén como el «destinatario secreto» de Romanos (quizás por medio de una «copia al carbón» que se envió allá) es una opinión que las investigaciones no apoyan fuertemente, como hace algunas décadas.
4. El hecho de que Pablo esté preocupado por que el «fuerte» y el «débil» en Roma se acepten mutuamente puede verse en los capítulos 14-15, esp. 15:7. Hasta este punto la carta tiene un propósito eclesiológico de la unidad de la iglesia, en tanto que permite una libertad considerable a cada posición (el mismo Pablo se pone al lado del gentil «fuerte», en contra de las leyes en cuanto a comida, bebida y días especiales; 14.2, 5, 17, 21). A esto se le ha llamado un propósito «pastoral», aunque no carece de aspectos teológicos (15.7b-13), y los otros propósitos de Pablo tienen aspectos pastorales.

A Romanos se le ha llamado «la última voluntad y testamento» de Pablo. Resulta ser, en ciertas hipótesis, la carta final que poseemos de él. Pero Pablo escribió vibrantemente, a medida que cumplía metas en Oriente, con proyectos nuevos en mente en el Mediterráneo occidental (15.28).

Género y otras propuestas

Romanos refleja la forma de la carta en su inicio (1.1-17) y despedida (15.14-16.23). El patrón de la sección «doctrinal» (1.18-8.39 o 11.36), seguido por la sección de exhortación o ética (1.1-15.13), es típicamente paulino. Pero el cuerpo de la carta (1.18-15.13) es tan largo que se justifica un término como el de «carta ensayo». Más recientemente se han aplicado categorías de la retórica antigua que especifican que Romanos es predominantemente «epidíctica» (lat. *Demonstrativus*, que «ensalza» o «culpa», fortaleciendo la personalidad de una audiencia), o «deliberativa» (persuasiva, como en una asamblea), a veces «judicial» (como en una corte) o incluso como una «carta diplomática» o un «discurso de exhortación» (gr. *lógos protréptikos)*. La presencia de la forma «diatriba» es más ampliamente reconocida (p. ej. 2.1-5, 17-29; 3.27-4.2), donde se hace el intento, en intercambios con un interlocutor (imaginario) judío o cristiano, de criticar las opiniones arrogantes y de inducir a la postura del orador. Literalmente, es claro el uso extenso que Pablo hace del material del AT (p. ej. 1.17; 3.10-20; caps. 9-11; 15.3-12), a veces con principios rabínicos de interpretación (que también reflejan la lógica griega), como en 4.3-12 (la historia de Abraham). Hay citas de formulaciones de las que muchos coinciden que son antiguas, a menudo judeocristianas, que se utilizaban para establecer un común denominador entre los creyentes de Roma que no habían sido enseñados por Pablo (p. ej. 1.3-4; 3.24-26a; 4.25; 10.9; 11.33-36). Podría haber adiciones posteriores como 16.25-27 (después de Pablo, para dar el toque final y universalizar Romanos), pero los intentos de señalar 2.16 o 6.17b, por ejemplo, como apéndices, a menudo se han encontrado con la respuesta de que son muy claves para el argumento de Pablo.

Bosquejo

Hay acuerdo general en las divisiones principales.

I. Introducción: saludo (1.1-7), acción de gracias (1.8-15), tema (*propositio*), 1.16-17: el evangelio como poder de Dios para Salvación —justicia de Dios, por fe, para judíos y gentiles por igual.

II. La necesidad de la justicia de Dios en un mundo (o «antigua generación») donde la ira divina está siendo revelada (1.18-3.20)
  A. Sobre toda la humanidad gentil (1.18-32) —el fracaso en honrar y agradecer a Dios resulta en idolatría y toda clase de pecado.
  B. Sobre los judíos también, juicio e ira (2.1-3.9) —confiar en la ley de Moisés lleva a la jactancia, no a guardar la ley
  C. Toda la humanidad es responsable, injusta y está bajo el pecado, no está justificada delante de Dios (3.10-20, con apoyo escritural)

III. El evangelio de Dios como justicia de Dios se revela en la justificación de pecadores impíos, a través de Cristo, por fe (3.21-4.25)
  A. Sin distinción, todos compartimos la justicia de Dios, por medio de la muerte sacrificial de Cristo (3.21-26)
  B. La justificación por fe excluye la jactancia de judíos y gentiles por las obras (3.27-31)
  C. Se ejemplifica con Abraham, que fue justificado por la fe, no por obras, antes de la circuncisión o la ley mosaica (4.1-21)

IV. Significado de justificación y vida nueva en Cristo: nueva generación ahora, pero sus libertades todavía no están totalmente aquí (caps. 5-8).
  A. Libre de la ira y la muerte (cap. 5) —contraste Adán/Cristo
  B. Libre del pecado y del yo (cap. 6), caminar en novedad de vida
  C. Libre de la ley (cap. 7) —el dilema del «Yo»
  D. Libre para vida en el Espíritu Santo y para esperanza (cap. 8), no vivir por vista y esperar la redención (8.23b-25)

V. El evangelio de la justicia de Dios y la incredulidad de (mucho de) Israel (caps. 9-11).
  A. La soberanía y promesas de Dios: ¿un fracaso? (cap. 9)
  B. El fracaso de Israel de responder a la justicia por fe en Cristo (cap. 10)
  C. Esperanzas de Pablo para el futuro (cap. 11): cristianos gentiles, nada de jactancia; Israel, recibir misericordia

VI. El significado de la virtud justificadora para la vida diaria (12.1-15.13)
  A. Exhortaciones para los cristianos en la comunidad (cap. 12), en cuanto al estado (13.1-7), y viendo hacia «el fin» (13.8-14, el mandamiento del amor y escatología)
  B. Amor y aceptación mutua entre los creyentes (14.1-15.13, el «fuerte» y el «débil»)

VII. Conclusión de la carta: sección de viajes, los planes de Pablo de visitar Roma y una misión a España (15.14-33); recomendación de Febe (16.1-2), saludos (16.3-16, 21-23), advertencia sobre los que causan disensiones (16.17-19). Bendición, 16.20; v. 24 omitido por razones textuales; vv. 25-27 (agregados), doxología.

Cómo leer Romanos

Por mucho tiempo, a Romanos se le ha tratado con énfasis en los capítulos 1-8 y en esos temas como el pecado y la gracia; justificación; fe como creencia, confianza, obediencia y fidelidad de Dios a las promesas divinas; paz con Dios y otras bendiciones de la vida nueva en Cristo, como el Espíritu. Los capítulos 9-11, acerca de Israel o la teodicea (justificar que la palabra de Dios no ha fallado), a veces se han visto como un tema impertinente o secundario. Frecuentemente las declaraciones acerca de la predestinación (que comienzan en 8.29; cap. 9) han sido la preocupación principal de los intérpretes. Más recientemente, el enfoque ha sido en la «historia de la salvación» (Adán, Abraham, Moisés, Cristo) y la aplicación a los judíos (en conversación interreligiosa), con el fin de hacer que los capítulos 9-11 sean el centro de toda la carta. Las enseñanzas éticas de los capítulos 12-15 a veces han sido el foco de atención —Pablo quiere demostrar cómo funciona su evangelio en el servicio sacrificial de los cristianos, no a Dios sino a otros en el mundo de todos los días (12.1-2). Aunque las exhortaciones de 12.3-21 parezcan generales, que no surgen directamente del tema de la justificación, sí descansan en todo lo que se ha dicho en 3.21-8.39 (12.1: «así que», «por las misericordias de Dios» enumeradas en capítulos anteriores). El capítulo 13, sobre el estado, refleja el contexto en el que Pablo escribe, y los capítulos 14-15 abordan los problemas reales de Roma, de integrar las iglesias étnicas dividas que se reúnen en hogares. «Recibíos unos a otros» (15.7) entonces puede calificarse como el clímax en el que Pablo edifica su presentación. ¿O es la meta estar unidos para la misión a España?

Épocas e intérpretes distintos han visto los diversos aspectos de Romanos como especialmente aplicables. Una lectura equilibrada percibe la totalidad como lógica, en vista, y como desarrollo, del tema de Pablo (1.16-17) sobre la justicia, el Cristo de Dios y la fe.

Bibliografía. B. Byrne, *Romans.* Sacra Pagina 6 (Collegeville, 1996); K. P. Donfried, ed., *The Romans Debate,* rev. Ed. (Peabody, 1991); J. D. G. Dunn, *Romans 1-8.* WBC 38A; *Romans 9-16.* WBC 38B (Waco, 1988); J. A. Fitzmyer, *Romans.* AB 33 (New York, 1993); E. Käsemann, *Commentary on Romans* (Grand Rapids, 1980); S. K. Sotwers, *A Reading of Romans: Justice, Jews, and Gentiles* (New Haven, 1994); P. Stuhlmacher, *Paul's Letter to the Romans* (Louisville, 1994).

JOHN REUMANN

ROMANTI-EZER (Heb. *rōmamtî ʿezer*)

Levita e hijo de Hemán; líder de la vigésimo cuarta división de cantores en la época de David (1 Cr 25.4, 31). Aunque los nombres de 1 Crónicas 25.4 son considerados como nombres personales después, en el mismo capítulo (vv. 13-31), muchos eruditos sugieren que comenzando con Hananías (v. 23) o Hanani (v. 25) el pasaje realmente es una parte confusa de oración poética. En lugar de un nombre, el texto debería decir: «Exaltaré (a mi) ayudador».

ROS (Heb. *rōʾš*)

Hijo (o nieto) de Benjamín, entre los que acompañaron a Jacob a Egipto (Gn 46.21; «cabeza» o «jefe»). Su nombre no aparece en otras listas de los descendientes de Benjamín (Nm 26.38-41; 1 Cr 7.6-12; 8.1-5).

ROSA

Flor (heb. *ḥăbaṣṣeleṯ*) que en muchas traducciones se le ha llamado rosa (Is 35.1), pero en realidad se refiere a un bulbo (NVI «azafrán»). Probablemente los candidatos son los narcisos (*Narcissus tazetta*) y el lirio (*Lilium candidum).* La Rosa de Sarón de Cantares 2.1 puede ser una de estas plantas u otra planta como la *Tulipa montana.* Estritos posteriores (Sab 2.8; Ecle 24.14; 39.13; 50.8; 3 Mac 7.17; 2 Esd 2.19) mencionan la rosa (gr. *rhódon*), probablemente ya sea la rosa fenicia (*Rosa phoenicia* L.) o la adelfa (*Nerium oleander* L.). En el hebreo rabínico y moderno, la rosa es *wered.*

MEGAN BISHOP MOORE

ROSTRO

En numerosos contextos «rostro» (heb. *panîm*) es sinónimo de «superficie» como «sobre toda la tierra» (Gn 1.29); «la faz de la tierra» (2.6); «faz del abismo» (1.2). En otros contextos asume una relación cercana con una persona, por lo que el «veré su rostro» (Gn 32.20) y el «no escondas tu rostro» (Sal 27.9) ambos son indicadores de la presencia y ausencia, aceptación y rechazo. El último es también un intento de esconder la identidad de alguien (Sal 102.2[TM3]; Is 53.3).

«Postrar el rostro» (Lc 5.12; Ez 1.28, gr. *prósōpon*) es señal de humildad y reverencia. «Volver el rostro» (2 R 20.2) y «poner el rostro hacia/en contra…» (Ez 35.2) son indicadores de determinación e intención. Además, estar «cabizbajo» (Gn. 40.7 NVI, DHH) o tener «mala cara» son señales de descortesía y deshonra, como lo es dar a alguien una bofetada (Jn 18.22). De manera similar, mutilar la cara (Lv 21.18) o tener el rostro cubierto o avergonzado (2 S 19.4-5) es indicador de pérdida, lamento y vergüenza. En contraste, «levantar el rostro» (2 R 5.1, heb., «en alta estima» RVR60) o conversar con alguien «cara a cara» (1 Ts 3.10) es una señal de respeto y honor al tratar a alguien como igual.

En la sociedad mediterránea tradicional, que mantiene un fuerte sentido del honor entre los varones, el rostro es la expresión pública más obvia del carácter de una persona y de su reputación en el grupo social. De esta manera, inclinar el rostro, o bajar la cabeza es un gesto apropiado de respeto a un superior. Que a alguien le levanten el rostro es la manera en que alguien superior otorga un honor a alguien inferior. La esperanza de los creyentes es que ellos también verán a Dios «cara a cara» (1 C 13.12), habiendo recibido el regalo final de aceptación de Dios en Cristo.

T. R. HOBBS

RUBÉN (Heb. *rĕʾûbēn*)

El primer hijo de Lea y Jacob y el antepasado epónimo de la tribu de Rubén. En Génesis 29.31-32 su nombre recibe una explicación simbólica conectada a los acontecimientos que rodearon su nacimiento. Lea fue bendecida por Dios y concibió porque ella no era amada por su marido, Jacob. Cuando nace el hijo, Lea declara: «Ha mirado Jehová mi aflicción; ahora, por tanto, me amará mi marido.» La mayoría de los eruditos aceptan el significado de «he aquí un hijo» del hebreo. Sin embargo, varios otros significados se han sugerido para el nombre: «sustituto» o «jefe» del árabe.

En Génesis 30.14 ss. Rubén es retratado como un hijo devoto de su madre. Él es el niño que encontró las mandrágoras (quizás un antiguo afrodisíaco) y las trajo a Lea. Esto le proporcionó suficiente influencia para conseguir una noche extra con Jacob y para concebir y tener otro hijo. En consonancia con su devoción maternal, después de la muerte de Raquel, Rubén se acuesta con su criada, Bilha, por lo que es impropio para Jacob tener relaciones sexuales con ella de nuevo. Su motivación puede haber sido obligar a su padre a volver a la tienda de Lea. Algunos estudiosos, sin embargo, relacionan este incidente con el relato en 1 Samuel 16.20-22, donde Absalón toma 10 concubinas de David, y atribuyen las acciones de Rubén a un intento de arrebatar la autoridad de su padre. El resultado de este evento fue que Rubén perdió el favor de su padre y, finalmente, su derecho de nacimiento el que pasó a los hijos de José y de Judá (Gn 49.4; 1 Cr 5.1). En la historia de José (Gn 37) Rubén se presenta bajo una luz más positiva. Su intento de salvar la vida de José de las manos de sus hermanos es visto como un intento de destacar su posición como hijo primogénito de Jacob. También es el que ofrece sus dos hijos a Jacob como un seguro para el retorno seguro de Benjamín (Gn 42.37).

Rubén tuvo cuatro hijos: Henoc, Falú, Hezrón y Carmi. La tierra asignada a sus descendientes se encontraba en la Transjordania, sur de Galaad y norte del río Arnón. Hay, sin embargo, descripciones bíblicas conflictivas del asentamiento exacto de la tribu de Rubén (Jos 15.6; 18.17). En Josué 22 Rubén es acusado, junto con Gad y Manasés, por las tribus de Cisjordania de haber puesto en marcha un altar rival para el culto en su propio territorio. Una guerra entre las tribus se evita cuando las tribus transjordanas afirman que el altar es sólo un modelo del altar real y no se utiliza para fines de culto. El resto de la historia de la tribu de Rubén, es un desafío de reconstruir. Rubén se menciona en la canción de Débora (Jue 5) y amonestado por no apoyar la batalla contra Sísara. En 1 Crónicas 5.10, 19 la tribu de Rubén es llamada a la lucha con Manasés y Gad contra los agarenos, durante el reinado de Saúl. La última mención histórica de esta tribu se encuentra entre los que Tiglat-pileser de Asiria exilió (1 Cr 5.6).

Lisa W. Davison

RUBÍ

Los rubíes eran desconocidos en el Cercano Oriente antiguo. Algunas traducciones usan «rubí» cuando el hebreo sugiere una piedra valiosa de color rojo. El heb. *kaḏkōḏ* (NVI, RVR60, RVR95, LBLA, DHH: «rubí») es un producto de Siria (o Edom), que se negociaba con mercancía de Tiro (Ez 27.16). Los almenajes de una Sión idealizada son de *kaḏkōḏ* (Is 54.12). El heb. *pĕnînîm* (NVI, RVR60, RVR95: «piedras preciosas») indica joyas de gran valor (Job 28.18; Pr 3.15; 8.11; 31.10). La NVI traduce *ʾōḏem* como «rubí», una piedra tallada en el pectoral del sumo sacerdote (Ex 28.17; 39.10) y que adorna al rey de Tiro (Ez 28.13). Algunas traducciones interpretan estos términos como «ágata», «ámbar», «cornalina», «coral», «granate», «jaspe», perla» o «sardónice».

Joseph E. Jensen

RUDA

Hierba perenne de olor fuerte (*Ruta graveolens* L.), cuyas hojas verde grisáceas producen un aceite amargo etérico, utilizado como purgante y condimento (gr. *pḗganon*). En tiempos del NT esta planta se importaba de Grecia. Según Lucas 11.42, Jesús se refería a una práctica farisea de diezmar la ruda, pero es posible que el texto originalmente no haya mencionado la ruda, sino el eneldo (gr. *melánthion;* cf. la lectura variante de Mt 23.23); el eneldo, de hecho, se diezmaba, pero la ruda no (*m. Maʿas.* 4.5; *Šeb* 9.1).

RUEDA

Las ruedas de los carros (Heb. *ʾōp̱an*) descritos en la Biblia son de una forma plenamente desarrollada a partir de los ejes de fundición, llantas, radios y bujes (1 R 7.33). Otros tipos también existían, y la evidencia arqueológica muestra un grado de experimentación en los países del Cercano Oriente que indican un desarrollo local de la rueda de disco de madera sólida que se adjuntaba al eje convirtiendo todo el artefacto como uno, a travesaño de la rueda que luego se convirtió en los rayos de la rueda capaz de girar sobre su eje. Este desarrollo creó una rueda más ligera que permitía una mayor maniobrabilidad vehicular. La fabricación de estos elementos requería un gran número de artesanos con muchas habilidades: talabarteros, herreros, carro de decisiones, carpinteros y carreteros.

La rueda, sin embargo, no sólo se utilizó en los vehículos. Las referencias bíblicas indican que era parte de un dispositivo mecánico empleado para mover los 10 tableros en el templo de Salomón (1 R 7.30, 32-33), como una rueda de alfarero (Jer 18.3), en el sistema de poleas se utilizaba para sacar agua de las cisternas (*galgal;* Ecl 12.6), y en la trilla del grano (Is 28.27-28). La rueda también se utiliza simbólicamente. El fragor de las ruedas de los carros representan imágenes de la batalla (Nah 3.2) y del juicio de Dios sobre los filisteos (Jer 47.3), ruedas de fuego ardiente llevan el trono del Anciano (Dan. 7.9), y la visión del trono de Dios de Ezequiel cuenta con cuatro ruedas con ojos cristalinos (Ez 1.15-21).

KATHARINE A. MACKAY

RUFO (Gr. *Rhoúphos*; Lat. *Rufus*)

1. Hijo de Simón de Cirene y hermano de Alejandro (Mr 15.21). La referencia sugiere que era bien conocido para los lectores de Marcos.
2. Alguien a quien Pablo saluda, y a su madre, en Romanos 16.13. Lo llama «escogido en el Señor». Si el evangelio de Marcos fue escrito en Roma, puede ser el mismo del **1** anterior.

JOE E. LUNCEFORD

RUHAMA (Heb. *ruḥāmâ*)
«Compadecida», nombre que se le dio a la hija de Oseas (Os 2.1[TM3]).

RUMA (Heb. *rûmâ*)
Hogar de Zebuda, madre del Rey Joacim (2 R 23.36). Ruma ha sido identificada de maneras distintas con Aruma (Khirbet el-ʿOrmah; 180172), cerca de Siquem (Jue 9.41) y con Khirbet er-Rûmeh/Horvat Ruma (177243), cerca de 10 km (6 mi) al N de Nazaret.

RUT (Heb. *rûm*; gr. *Rhouth*)
Moabita, viuda del judaíta Mahlón (Rut 1.2-5); figura central del libro de Rut y ascendiente de David y Jesús (Mt 1.5; cf. Rut 4.17-22).

RUT (Heb. *rûm*), **LIBRO DE**
El libro de Rut no tiene un autor designado, ninguna fecha de origen y hay un debate moderno en cuanto a si el propósito de la historia fue de establecer los asuntos del universalismo versus el exclusivismo, el matriarcado versus el patriarcado, el estado del matrimonio levirático, la condición del pobre, los derechos de tierra o la genealogía davídica. Por lo tanto, el libro aparece en varios órdenes en los predecesores de la Biblia hebrea y la LXX. El libro de Rut se ha asignado para ser leído en la sinagoga para el Festival de Shavuot (Fiesta de las Semanas o Pentecostés), que celebra la cosecha de granos de primavera, así como la entrega de la Torah. La historia de Rut es una perfecta leyenda folclórica hebrea, porque incorpora asuntos sociales y religiosos complejos en un relato ameno y romántico.

Rut es una historia de relaciones entre miembros de familia, entre naciones, entre Dios e Israel. La historia comienza con Elimelec y Noemí, con sus dos hijos Mahlón y Quelión, que viajan al país de Moab porque la hambruna está atacando a su ciudad de Belén, en Judá. Durante los 10 años que la familia vive en Moab, los hijos se casan con mujeres que se llaman Rut y Orfa. Con el tiempo, los tres hombres de la familia mueren y dejan a Noemí sola con sus dos nueras. Noemí decide volver a su ciudad natal de Judá, cuando se entera de que el Señor ha visitado a la gente allá y les ha provisto de comida. Cuando las tres mujeres se ponen en camino, Noemí dice a Rut y a Orfa que vuelvan a los hogares de sus madres. Ambas viudas jóvenes, al principio, se rehúsan a dejar a Noemí, pero finalmente Orfa le dio un beso de despedida a su suegra y Rut continúa con Noemí hacia Belén.

Rut y Orfa no son nueras comunes y corrientes para la israelita Noemí: son moabitas, esto es, enemigas tradicionales, mujeres fascinadoras y pervertidoras de Israel. Los moabitas sirven a otros dioses y los israelitas frecuentemente tienen problemas por meterse con los extranjeros (Jue 10.6; cf. Nm 22-25; Dt 23.2-6; Es 9.1-2; Neh 13.1-2; Sal 83; Sof 2.9).

Orfa regresa a su pueblo y a sus dioses, pero Rut se aferra a Noemí y al Dios de Noemí. Noemí le hace una súplica más, a la que Rut responde con lo que ha llegado a ser una frase familiar: «no me ruegues que te deje». Noemí finalmente acepta la decisión de Rut de quedarse con ella, y las dos viajan en busca de una tierra más próspera.

Los rabinos del siglo I estaban tan impresionados con esta historia de amistad y compromiso que la utilizaron para explicar cómo los enemigos de Israel llegarían a ser parte de la casa de Israel, aunque ciertas leyes lo prohibían. La historia se convirtió en un paradigma para la conversión por fe. Los ruegos de Noemí y las respuestas negativas de Rut constituyen una forma rabínica que un prosélito prospecto tiene que seguir para llegar a ser judío:

1. *Ruego:* «Y Noemí dijo a sus dos nueras: Andad, volveos cada una a la casa de su madre». (1.8a)
2. *Respuesta negativa*: «Y le dijeron: Ciertamente nosotras iremos contigo a tu pueblo». (1.10)
3. *Ruego:* «Y Noemí respondió: Volveos, hijas mías; ¿para qué habéis de ir conmigo?» (1.11a)
4. *Respuesta negativa (anticipada):* «¿Tengo yo más hijos en el vientre que puedan ser vuestros maridos?» (1.11b)
5. *Ruego:* «Volveos, hijas mías, e idos». (1.12)

6. *Respuesta negativa:* «Y ellas alzaron otra vez su voz y lloraron; y Orfa besó a su suegra, mas Rut se quedó con ella». (1:14)
7. *Ruego:* «Y Noemí dijo: He aquí tu cuñada se ha vuelto a su pueblo y a sus dioses; vuélvete tú tras ella» (1.15)
8. *Respuesta negativa:* «Respondió Rut: No me ruegues que te deje, y me aparte de ti; porque a dondequiera que tú fueres, iré yo, y dondequiera que vivieres, viviré. Tu pueblo será mi pueblo, y tu Dios mi Dios». (1.16)
9. *Aceptación:* «Y viendo Noemí que estaba tan resuelta a ir con ella, no dijo más» (1.18)

Al observar que Noemí le dijo a Rut tres veces que se «volviera» o que «regresara», los rabinos antiguos, como corresponde, declaraban que un aspirante a prosélito tenía que ser rechazado tres veces; si el prosélito persiste después de eso, él o ella será aceptado. Los presuntos convertidos tenían que ser desanimados para determinar su sinceridad, así como para hacerles saber que no es fácil ser judío. Pero el desánimo no tenía que ser por mucho tiempo, porque cuando Noemí vio que Rut estaba empeñadamente dispuesta a irse con ella «no dijo más». La Rut moabita es, por lo tanto, el modelo de un convertido, por su declaración de fidelidad a Noemí.

Booz, un pariente acomodado del esposo de Noemí, Elimelec, y con quien finalmente Rut se casa, describe las maneras en las que Rut ha sido fiel (2.11). Según Booz, Rut demuestra su fidelidad al quedarse con Noemí, al dejar a sus padres y su tierra natal e irse a otro país en el extranjero. En ese mismo discurso para Rut, Booz concluye: «Jehová recompense tu obra, y tu remuneración sea cumplida de parte de Jehová Dios de Israel, bajo cuyas alas has venido a refugiarte» (2.12).

La frase «bajo cuyas alas has venido a refugiarte» también es una metáfora formal del proselitismo que significa «en tu amparo protector». La imagen se sugiere con el cuidado vigilante de un ave madre (cf. Dt 32.11; Sal 57.1[TM2]). En la interpretación del libro de Rut es que la frase aparece primero con el significado de «ser convertido al judaísmo». Como en el caso de otras mujeres que han nacido en el extranjero (p. ej. Tamar la cananea, Gn 38; Rahab la cananea, Jos 2–6; Betsabé la hetea, 2 S 11), Dios escoge a Rut la moabita para que cumpla, de manera apropiada, con las obligaciones de la comunidad judía.

La comunidad de Belén pronuncia una bendición para Booz cuando él habla con la gente y los ancianos de sus planes de casarse con Rut (4.11-12). A pesar del hecho de que Rut es de un pueblo que es considerado enemigo de Israel, su compromiso y amistad con Noemí se ganan el favor de Dios, y Dios la usa para «edificar la casa de Israel».

Rut y Booz sí edifican la casa de Israel y son los bisabuelos del rey David, pero la casa también es edificada por Noemí. Aunque ella es vieja, no puede dar a luz a más hijos y sus hijos están muertos, el Señor la ha bendecido con un hijo a través de su nuera Rut (4.14-15). El elogio no puede pasarse por alto ni sobrevalorarse. Rut demuestra su amistad y devoción a Noemí al compartir su hijo con su suegra (4.16-17a). El nombre del hijo fue Obed y él llegó a ser el padre de Isaí y abuelo del futuro rey David.

El bellamente artístico libro de Rut cumple varios propósitos en la tradición judía, entre los que están la importancia de las mujeres en la historia de Israel: Noemí y Rut; Lea, Raquel y Tamar antes que ellas. Ese propósito avanza en la historia cuando el escritor del Evangelio de Mateo se aprovecha de la tradición e incluye en la genealogía como antepasadas de Jesús a Tamar y a Rut, así como a otras dos mujeres enemigas, Rahab y Betsabé (Mt 1.3, 5, 6b).

Bibliografía. D. R. G. Beattie, *Jewish Exegesis of the Book of Ruth.* JSOTSup 2 (Sheffield, 1977); A. Brenner, ed., *A Feminist Companion to Ruth* (Sheffield, 1993); D. N. Fewell y D. M. Gunn, *Compromising Redemption: Relating Characters in the Book of Ruth* (Louisville, 1990); J. A. Kates y G. T. Reimer, eds. *Reading Ruth: Contemporary Women Reclaim a Sacred Story* (New York, 1994); J. Neusner, *The mother of the Messiah in Judaism: The Book of Ruth* (Valley Forge, 1993); I. Pardes, «The Book of Ruth: Idyllic Revisionism», en *Countertraditions in the Bible* (Cambridge, Mass., 1992), 98-117; J. M. Sasson, *Ruth: A New Translation with a Philological Commentary and a Formalist-Folklorist Interpretation,* 2nd ed. (Sheffield, 1989).

Glenna S. Jackson

S

SAAF (Heb. *šaʿap*)

1. Hijo de Jahdai; judaíta y descendiente de Caleb (1 Cr 2.47).

2. Hijo de Maaca y Caleb; padre (fundador) de Madmana (1 Cr 2.49)

SAALBIM (Heb. *šaʿalbîm*) (también SAALABÍN) Ciudad asignada a la tribu de Dan (Jos 19.42; «Saalabín»). Aunque los danitas no pudieron capturar la ciudad, sus habitantes amorreos posteriormente fueron sujetos a trabajo obligatorio por «la casa de José» (Efraín; Jue 1.35). Más tarde fue incluida en el segundo distrito administrativo de Salomón (1 R 4.9). Es posible que Salbim sea equivalente a Saalbón, pueblo natal de Eliaba, uno de los Treinta de David (2 S 23.32; 1 Cr 11.33). Al igual que Sual, algunos también la han asociado con la «tierra de Saalim», por la que pasó Saúl en búsqueda de sus asnas (1 S 9.4). Los arqueólogos identifican a Saalbim con la moderna Selbît/Tel Sha'alevim (14141), a 5 km (3 mi) al noroeste de Aijalón.

ERIC F. MASO

SAALBÓN (Heb. *šaʿalēḇōn*)
Hogar de Eliaba, uno de los Valientes de David (2 S 23.32 RV1909 = Cr 11.33). El nombre aparece como el gentilicio hebreo *hašaaʿalbōnî*, quizás derivado de Saalbim, Saalabín.

SAALIM (Heb. *šaʿălîm*)
Región de ubicación desconocida, probablemente cerca de una frontera del territorio benjaminita y quizás se le haya puesto el nombre de alguna ciudad, o de algún monumento natural prominente. Saúl y uno de sus siervos pasaron por esta región cuando buscaban las asnas de Cis (1 S 9.4). Generalmente se le asocia con Saalbim, Saalabín, pero también es posible una conexión con Sual, al norte de Betel.

SAARAIM (Heb. *šaʿărayim*)

1. Pueblo de la Sefela, o tierra baja, de Judá y parte de la herencia de esa tribu (Jos 15.36). Está ubicado en la parte norte del valle de Ela, al noroeste de Soco y Azeca. Después de que David conquistara a Goliat, los israelitas persiguieron a los filisteos desde el valle de Ela hacia el noroeste, a Gat y Ecrón, por el camino de Saaraim (1 S 17.52; LXX «...y cayeron los heridos de los filisteos por el camino de Saaraim hasta Gat y Ecrón» no es aceptado ampliamente). Khirbet es- Saʿîreh, al este-sudeste de Bet-semes, ha sido propuesta como el lugar, pero una ubicación más al este parece más probable.
2. Pueblo del Neguev, de la herencia de Simeón (1 Cr 4.31). El listado paralelo de Josué 19.6 no menciona a Saaraim, pero incluye a Saruhén; 15.32, que enumera pueblos del Neguev judío incluye a Silim pero no a Saaraim o Saruhén. Estos pueden representar a tres lugares distintos, a dos lugares o a tres nombres distintos del mismo lugar, pero muy posiblemente las variaciones reflejan situaciones políticas o históricas distintas. Muy probablemente hay que vincular a Saaraim con Saruhén porque los listados de 1 Crónicas 4 y Josué 19 son tan similares en otros respectos. En otro caso, el uso de Saruhén puede tener base en una transcripción egipcia de Silhim, que más tarde fue alterado a Saaraim, lo cual sugiere que hubo solamente un lugar del Neguev. A Saruhén comúnmente se le identifica con Tell el-Farʿah (al Sur; 100076) o Tell el-Ajjul (0934.0976), ambos ubicados a lo largo de la ribera del sur de Naḥal Besor.

Bibliografía. Y. Aharoni, *The Land of the Bible,* 2nd ed. (Philadelphia, 1979); S. Ahituv, *Canaanite Toponyms in Ancient Egyptian Documents* (Jerusalem, 1984); N. Na'aman, «The Kingdom of Judah under

Josiah,» *Tel Aviv* 18 (1991): 3-71; A. F. Rainey, «The Administrative Division of the Shephelah,» *Tel Aviv* 7 (1980): 194-202; «The Biblical Shephelah of Judah,» *BASOR* 251 (1983): 1-22.

JENNIFER L. GROVES

SAASGAZ (Heb. *šaʿašgaz*)
Eunuco de la corte del rey Asuero que estaba a cargo del segundo harem del rey (Est 2.14).

SABÁ (Heb. *šĕḇāʾ*), **REINA DE**
Reina que se le identifica solamente por su país y que visitó al rey Salomón (1 R 10.1-13 = 2 Cr 9.1-12). En 1 Reyes 10 su visita viene después de reportes de las construcciones de Salomón (9.15-25) y de proyectos comerciales (9.26.28) y se desarrolla dentro del contexto de la gran riqueza y logros de Salomón (10.11-12, 14-29). En respuesta a los rumores acerca de la fama de Salomón, la reina (acompañada por un costoso séquito; cf. 1 R 10.2) llegó a Jerusalén a «probarle [a Salomón] con preguntas difíciles» (v. 1). Salomón no solamente respondió sus preguntas de manera satisfactoria (1 R 10.3), sino que también la impresionó con la calidad de su casa a tal punto que «se quedó asombrada» (vv. 4-5). Después de alabar a Salomón ampliamente (1 R 10.6-9) la reina le dio muchos y costosos regalos (v. 10). A cambio, Salomón le dio a la reina de Sabá «todo lo que ella quiso» (el contenido de este regalo no se especifica) y ella regresó a su país con sus sirvientes (1 R 10.13).

En tanto que el contenido del relato del cronista es paralelo al de Reyes, su contexto es distinto. Ya que 2 Crónicas no tiene tensiones que rodeen la ascensión de Salomón (compárese 1 Cr 29 con 1 R 1-2); que antes de 2 Crónicas 9 no se menciona la ascensión de Salomón (compárese con 1 R 3.16-28; 4.29-34) ni ninguna catástrofe política posterior debido a la apostasía de Salomón (compárese 2 Cr 9.13-29 con 1 R 11), la visita de la reina en 2 Crónicas 9 se convierte en el ejemplo de exhibición de la sabiduría de Salomón y en el clímax de su reinado pacífico y próspero.

Aunque el NT no menciona a la reina de Sabá, Mateo 12.42 (= Lc 11.31) sí se refiere a una «reina del Sur» que «vino de los fines de la tierra para oír la sabiduría de Salomón». Otra identificación, que vincula a la reina Candace de los etíopes (Hch 8.27) con la reina de Sabá, es más problemática.

Bibliografía. L. S. Schearing, «A Wealth of Women: Looking Behind,Within, and Beyond Solomon's Story,» in *The Age of Solomon*, ed. L. K. Handy. SHANE 11 (Leiden, 1997).

SABÁ (Heb. *šĕḇā*), **SABEOS** (*šĕḇāʾyîm*)
Tribu y reino de Arabia al que se le llama de manera distinta en tres genealogías del AT, como hijo de Cus (Gn 10.7; 1 Cr 1.9; RVR95 «Seba»), hijo de Joktán (Gn 10.28; 1 Cr 1.22; RVR95 «Seba») e hijo de Jocsán (Gn 25.3; 1 Cr 1.32). La asociación de Seba y Dedán entre los hijos de Cetura, y el relato de una incursión en los bueyes y las asnas de Job por parte de un grupo de sabeos (Job 1.15), ha llevado a algunos eruditos a postular la presencia de sabeos en el norte de Arabia. Por el contrario, la asociación de Sabá (cf. Epigráfico del Sur de Arabia *Sʾbʾ*) con Hazar-mavet (Uadi Hadramaut en Yemén) entre los hijos de Joctán señala con certeza al sur Arabia. La LXX en Salmos 72.10, 15 traduce el Heb. *šĕḇā* como *Arábōn*, *Arabía*, quizás siguiendo una costumbre griega que se demuestra desde el tiempo de Heródoto (*Hist.* 3.107) donde «Arabia» denominaba a la región del sur de Arabia que producía incienso.

Sin embargo, el primer testimonio bíblico de Sabá es el relato de la visita de la reina de Sabá a Salomón (1 R 10.1-13; RVA «Seba») en el siglo X a.C. Aunque la riqueza que se le atribuye a la reina escasamente sugiere que ella salió de un ambiente del norte de Arabia a principios del primer milenio, y es mucho más consecuente con el antiguo reino sabeo del sur de Arabia, es cierto que el incienso, producto prototípico del sur de Arabia, no estaba entre sus regalos para el rey israelita. Las primeras referencias bíblicas del incienso sabeo ocurren en Jeremías 6.20; Isaías 60.6 (cf. Heródoto 3.97, 107). Mientras que alguna vez continuó la polémica sobre la inaceptable fecha temprana de un reino sabeo en el sur de Arabia en 1000, al que se asignaría a la reina que se menciona en 1 Reyes, los descubrimientos arqueológicos recientes han hecho retroceder la fecha de la colonización sedentaria en las montañas del norte de Yemén hacia muy dentro del segundo milenio. En el siglo VIII, los sabeos (*[lú]sabaʿayya*) se mencionan en los anales de Tiglat-pileser III (744-727), y un poco antes aparecen en un texto de Sur Jurʿeh del Éufrates Medio (cerca de Ana, Irak), que describe el ataque a una de sus caravanas por Ninurta-kudurri-ujur, gobernatne de SuDu. Itaʿmara «el sabeo» envió tributo a Sargón II (722-705) así como Karibi'l, el nombrado «rey de Sabá», lo hizo con Senaquerib (705-681). En analogía con la posterior colonia comercial del sur de Arabia (Minean), en Dedán, a veces se sugiere que el crecimiento del estado árabe en el sur de Arabia llevó a la expansión sabea al norte de Arabia, lo cual explica la aparición de un Sabá en el norte y otro en el sur.

Bibliografía. I. Eph'al, *The Ancient Arabs* (Leiden, 1982).

D. T. Pot

SABETAI (Heb. *šabbĕṯay*; gr. *Sabbataíos*)

Nombre de tres levitas posexílicos. Posiblemente todos son la misma persona.

1. Alguien que se opuso a la solución de Esdras al problema de los matrimonios mixtos (Esd. 10.15) o, quizás, ayudó a llevarlo a cabo (entonces, 1 Esd 9.14).
2. Levita que explicó la ley al pueblo cuando Esdras la leyó (Neh 8.7).
3. Jefe de los levitas que supervisó el trabajo exterior del templo (Neh 11.16).

SABIDURÍA DE SALOMÓN

Uno de los más importantes escritos de sabiduría deuterocanónicos. La tradición griega (LXX) atribuyó esta obra a Salomón: «la Sabiduría de Salomón.» Aunque Salomón no se menciona por su nombre en este libro, es obvio que el autor está hablando en la persona de aquel famoso rey. La oración en el cap. 9 es una ampliación de la representación devota de Salomón en 1 Reyes 3.6-9. La obra también es conocida por el título que recibió en la tradición latina, «El Libro de la Sabiduría.» Por lo tanto, es un pseudoepígrafo, y su canonicidad fue puesta en duda en la antigüedad. Una vez más, Jerónimo y Agustín se dividieron en el punto; era un libro favorito de Agustín, y con el tiempo se consideró como parte de la Biblia en las iglesias católicas y ortodoxas.

La fecha del libro no se puede fijar con exactitud. La evidencia depende de las decisiones relativas a las influencias que se pueden detectar en él (¿Filón?). El rango de las fechas va de finales de siglo I a.C., a la primera mitad del siglo I d.C. A partir de la evidencia interna del libro en sí sabemos que el autor era un judío que estaba bien familiarizado con las tradiciones de su pueblo. Trabajó con la traducción LXX del AT, en muchos casos empleando su terminología. La pasión con la que se presenta la tradición judía (p.ej., caps. 10–19) es otra indicación de origen judío. Esto sugiere que el autor probablemente se debe buscar entre la grande y próspera comunidad judía de Alejandría en Egipto. Por tanto, es una obra de la diáspora judía. Al mismo tiempo, el autor muestra un notable conocimiento de la lengua y la cultura griega. A pesar de los esfuerzos de algunos estudiosos en el pasado para reclamar una pluralidad de autores (¡o incluso que se trata de una traducción de un original arameo!), Hay un acuerdo general de que es el trabajo de una persona.

Como será evidente, la sabiduría (Gr. *sophía*) es un concepto clave en la obra; se produce más de 50 veces. Pero muestra diferencias notables de los libros aceptados de «sabiduría» (Proverbios, Job, Eclesiastés, y Eclesiástico). No tiene colecciones de proverbios o poemas de sabiduría. No hay nada de los apasionados discursos de Job o las conferencias de sus tres amigos. La aspereza del pensamiento de Qoheleth está ausente (aunque algunos han pensado erróneamente ver el reflejo de Qoheleth en la presentación de los puntos de vista de los malvados en el cap. 2). Una similitud muy lejana con Eclesiástico podría encontrarse en el hecho de que ambos incluyen la historia de Israel en su ámbito. Y sin embargo, nadie puede negar que este sea un libro de «sabiduría», aunque de un tipo inusual.

Género literario

Estudios recientes han intensificado los esfuerzos por descubrir la forma literaria, sobre todo por las similitudes a la literatura helenística. Algunos estudiosos lo han descrito como una exhortación, o protréptica. Esta designación es algo floja en el que se permite el empleo de otras formas tales como la diatriba, el problema *(aporia)*, y *syncrisis* o comparación. Otros han mirado al género epidéictico descrito por Aristóteles, que incluye el elogio o alabanza. Estos estudios describen el libro en su relación con la cultura helenística. Pero estas determinaciones teóricas no contribuyen mucho a la comprensión real del texto de Sabiduría. Más importante es el reconocimiento de la *inclusio* (la repetición de una palabra o grupo de palabras para marcar una unidad dentro de la obra). Más útil, también, es la partición bastante obvia del libro en tres secciones, en función del contenido. Sin embargo, esta división burda pasa por encima detalles; p.ej., 6.22 es claramente la introducción a los caps. 7-9. Las divisiones se pueden resumir como un don de la Sabiduría de la inmortalidad (caps 1-6.); Descripción de la Sabiduría de Salomón (caps 7-9.); la obra de la Sabiduría en la historia, especialmente los tratos de Dios con el pueblo durante las plagas de Egipto (caps 10-19). C. 10, que describe la actividad salvadora de la Sabiduría a través de las edades, sirve como una introducción a los eventos específicos del Éxodo.

Contenido

La primera parte (caps. 1-6) se abre con un discurso ante los reyes, «los gobernantes de la tierra», que también aparecerán de nuevo en 6.1. Tal discurso no es fácil de entender (¿Salomón se dirige a los reyes terrenales?). Toda la idea central de este libro es judía y se basa en las tradiciones judías, por lo que debe estar dirigido a un público judío ya que sólo ellos podían absorberlo. Algunos insisten en que también está dirigido a un público gentil, al menos en el sentido de que la obra es una especie de propaganda (pero el tratamiento de los gentiles apenas favorece esa opinión). Más bien, parece ser una ficción literaria simple, motivada por la dignidad real del supuesto Salomón. Tal medida tiene un precedente en el papel de Qoheleth (cf. Ecl 1.1, 12), y tal vez en Egipto proporcionó algún estatus de la minoría judía.

Desde el principio queda claro que se trata de la sabiduría judía y los ideales éticos asociados. Uno de ellos es vivir la vida virtuosa que se asocia con la sabiduría, «el espíritu bondadoso» (1.6; lit., «filantrópico»), un espíritu que llena el mundo (una idea estoica) y por lo tanto tiene conocimiento de la conducta humana. *Parallelismus membrorum,* una característica familiar de la poesía hebrea que alinea dos ideas similares o contrastantes, marca las líneas de apertura y continúa durante toda la obra. Casi de inmediato el autor se enfrenta a la cuestión de la muerte y ofrece su propia visión de la misma. No es obra de Dios, sino que es el «amigo» de los malvados que hace pacto con ella. Esta es claramente la muerte espiritual o escatológica (1.13-16). La misma idea se encuentra en 2.23, donde se dice que Dios hizo a los seres humanos para *aphtharsía,* o incorruptibilidad, a su imagen, pero la muerte entró en el mundo a través del diablo, y los que son de su «compañía» (MERIS) la experimentan (2.24; 1.16). El autor es consciente de la muerte física, que afecta a todo el mundo, pero su interés se centra en la muerte que «destruye el alma» (1.11). «La justicia es inmortal» (1.15). Aquí está la esencia de la inmortalidad: una relación correcta con Dios. Puede ser destruida, y el malo, tan vívidamente descrito en el cap. 2, son la prueba viviente de eso. Pero, por sí misma, esta relación con Dios es eterna. Así, el autor parece claramente explicar la inmortalidad de lo que puede llamarse un punto de vista bíblico, no del punto de vista (griego) de la constitución humana o compuesto (cuerpo/alma). Él fácilmente podría haber sido inspirado por la idea típicamente griega de la inmortalidad natural del alma, de la que sin duda estaba enterado, pero nunca razona de la naturaleza intrínseca del alma a su inmortalidad. Para él la inmortalidad era mucho más que la prolongación en el tiempo; era un regalo para los justos. Él está casi desinteresado en el destino de los impíos. Están destinados para el sufrimiento (4.19), pero su verdadero destino es revelado en su grito, «¡tan tontos que fuimos!» (5, 4), cuando ven que el hombre justo a quien persiguieron es aceptado entre los hijos de Dios, la familia divina (v. 5).

La Mujer Sabiduría es el tema de la segunda parte de la obra (caps 7-9.), Pero el autor no pierde de vista a su supuesta audiencia real (1.1). Es precisamente a los reyes que «él dirá lo que la sabiduría es y cómo llegó a ser» (6.22; Cf. v 9). En un típico sorites griego muestra cómo la sabiduría conduce a un reino (6.17-20). Se debe orar a la sabiduría (7.7), pero ella es más valiosa que cualquier posesión humana. Con ella vienen lecciones en todos los misterios de las obras físicas, pues ella es el «modelador de todas las cosas» (7.22; cf. Pr 8.30). Ella también enseña las cuatro virtudes cardinales griegas: la templanza, la justicia, la prudencia y la fortaleza (8.7). Ella debe ser cortejada, amada, tomada como la novia de uno. De ahí que Salomón oró al Señor por el don de la sabiduría, la única manera de adquirirla: «¿Quién ha aprendido tu consejo, a menos que tú hayas dado Sabiduría y enviado tu santo espíritu de lo alto?» (9.17).

La historia de las plagas (caps. 10-19) es precedida por una presentación inusual de la Sabiduría como salvador de la historia, desde Adán hasta Moisés (c. 10). Entonces comienza una serie de comparaciones (Gr. *sýnkrisis*) entre la experiencia de Israel y las plagas que afligieron a los egipcios. Ciertos principios guían la presentación: Israel se beneficia «a través de las mismas cosas por las que se castigan a sus enemigos» (11.5, 16). Este punto se ilustra a continuación por varios dípticos antitéticos; por ejemplo, Israel recibe agua de la roca, en contraste con los egipcios que sufren porque el Nilo se convirtió en sangre. También hay algunas digresiones deliberadas, como el culto a la naturaleza y la idolatría (13.1-15.17). La comparación final trata con el destino de los primogénitos de Egipto y la liberación de Israel (18.5-19.22). El final es un tanto brusco, pero el autor siguió a su plan.

Bibliografía. J. M. Reese, *Hellenistic Influence on the Book of Wisdom and Its Consequences.* AnBib 41 (Rome, 1970); D. Winston, *The Wisdom of Solomon.* AB 43 (Garden City, 1979); A. G. Wright, «Wisdom,» *NJBC*, 512-22.

ROLAND E. MURPHY, O.CARM.

SABIDURÍA, LITERATURA DE

Los diccionarios definen la sabiduría como la capacidad de tomar buenas decisiones en lo que sabemos, sobre todo en lo relacionado con la vida y la conducta. El sabio no valora la cantidad de conocimiento por sí mismo, pero las dimensiones éticas y morales de cómo evaluamos la experiencia humana y actuamos en consecuencia. Los sabios de Israel vivieron en una época de mucho menos conocimiento científico del universo y de sus operaciones, y dependían en mayor medida de las ideas tradicionales y las formas de actuar de la sociedad moderna, por lo que trabajaron a partir de un concepto algo más amplio de la sabiduría. Por un lado, vieron la sabiduría como una actividad intelectual seria de conocimiento sobre el mundo y sus reglas de orden y la dinámica detrás de sus misteriosas operaciones; por el otro, buscaron la respuesta humana adecuada a todas las dimensiones de este mundo, sobre todo en términos de entenderse a sí mismos en relación con su naturaleza humana y a Dios el Creador. Para la mentalidad antigua, el universo era profundamente interpersonal, y todas las cosas fueron producto de la voluntad personal de la divinidad o de las decisiones humanas.

Libros de sabiduría

Tres libros bíblicos están claramente identificados como el producto del pensamiento de sabiduría: Proverbios, Job, y Eclesiastés (Qohelet). Dos libros que se producen entre los libros deuterocanónicos de los cánones católico romano y ortodoxo también deben incluirse: Sirac (Eclesiástico) y la Sabiduría de Salomón. Los estudiosos señalan estrechas relaciones con muchos elementos de estos libros en otras partes de la Escritura, también. Los siguientes se han reconocido generalmente como muestra de similitudes de sabiduría: Gn 2–3, la historia del pecado en la creación; Gn 37–46, la historia de José; Dt 1–4, la introducción general al libro; Dt 32, el Cántico de Moisés; 2 S 9–20, la narrativa de la sucesión de David; 1 R 3–11, la historia modelo de Salomón; Amós, considerado como un profeta de los círculos de sabiduría; Ez 28, metáforas del rey de Tiro; el Cantar de los Cantares, una meditación prolongada sobre la creación y el pacto basado en canciones de boda antiguas; ciertos Salmos, a saber Sal 1, 19, 49, 73, 111, 112, 119, y otros que contienen expresiones y temas similares con Proverbios; y el libro de Daniel, en el que los seis primeros capítulos describen el héroe como un sabio. Los estudiosos han señalado que la sabiduría hace eco aquí y allá en la mayoría de los libros proféticos, esp. Jeremías e Isaías 1–39.

Gran parte del lenguaje que se encuentra en los ejemplos secundarios pueden ser simplemente una parte de la cultura intelectual general, por lo que la definición de las características del juicio debe basarse en información tomada de los cinco libros de sabiduría completos. Sin embargo, dos textos en los profetas sugieren fuertemente que la sabiduría se identifica con un cuerpo definido de sabios eruditos que realizaron un papel que correspondía a las funciones de los sacerdotes y profetas en la búsqueda de la voluntad divina: «Venid y maquinemos contra Jeremías; porque la ley no faltará al sacerdote, ni el consejo al sabio, ni la palabra al profeta» (Jer 18.18; cf. Ez 7.26). Ciertamente, en el período talmúdico, los rabinos fueron considerados sucesores de los sabios de la Biblia. Incluso Jesús es tratado, en parte, como un maestro sabio (Mt 11.19; 13.54; Lc 2.40, 52; Acts 6.3).

Características

Aunque los libros de sabiduría son muy diferentes en forma y estilo, poseen ciertos elementos en común:

1. Poco interés en la historia de Israel y su tradición específica de la revelación: la Torá como un cuerpo de leyes, el pacto, la posesión de la tierra, y el templo o culto.

2. Fuerte interés en el orden del universo y sus reglas de causa y efecto, la naturaleza del tiempo, los límites de dominio humano del mundo, y la posibilidad de encontrar a Dios revelado en la creación.

3. Una voluntad de explorar los misterios difíciles y dolorosos de la experiencia de la vida: la muerte y el más allá, la recompensa y el castigo divino, la desigualdad de la suerte y el destino en la vida de las personas, la aparente arbitrariedad de la bendición divina.

4. El hermetismo de las intenciones y los planes de Dios.

5. La educación de los jóvenes en los caminos probados y verdaderos de la tradición.

6. Un interés en el desarrollo de administradores calificados, líderes y buenos ciudadanos.

7. El cultivo de una vida de un comportamiento prudente y la virtud.

Los libros sapienciales cuentan con ciertos géneros literarios para expresar sus inquietudes:

1. El proverbio, que se encuentra predominantemente en Proverbios y Eclesiástico, y en menor grado en Qoheleth.

2. El diálogo o disputa, el principal género de Job, y prominente en la Sabiduría de Salomón.

3. La lección didáctica, a menudo dirigida a los estudiantes, como en Proverbios 1-9 y Eclesiastés.

4. La metáfora o alegoría, a menudo en forma de himnos o poemas (p.ej., Ez 28; Pr 8, 9; Sab. 7; Eclo 24). También comunes y dispersas por la literatura sapiencial están preguntas retóricas, refranes numéricos, salmos Torá y el llamado de un maestro a prestar atención lecciones de sabiduría.

Marco antiguo

Dos entornos deben distinguirse: el antiguo contexto del Cercano Oriente, y el papel específico de la sabiduría en la fe de Israel. La sabiduría no era una posesión única de la religión israelita. Las sociedades egipcias y mesopotámicas apreciaron la sabiduría y dejaron un considerable cuerpo de obras de sabiduría que a menudo muestran notables similitudes con los textos bíblicos. Incluido son diálogos mesopotámicos sobre el sufrimiento y la teodicea similares a Job y Qohelet, colecciones de proverbios que aparecen entre los escritos más antiguos conocidos en el mundo (entre 3000 y 2000 a.C.), así como fábulas, tratados sobre el valor de los sabios y de los escribas, e instrucciones didácticas a los jóvenes. Los pasajes están a menudo muy cerca del pensamiento israelita. Por ejemplo, las palabras de Ahiqar aconsejan: «no dejes reposar tu hijo en la barra, de otro modo no será capaz de salvar [lo de la maldad]» (ANET, 428), que está cerca de Proverbios 13.24. De hecho, el mismo pensamiento aparece en Proverbios 23.13, que parece venir de imitación de una colección egipcia de Proverbios, la Sabiduría de Amenemope. Ya que la literatura egipcia es aún más rica que la de Mesopotamia en libros de sabiduría, parece muy probable que Israel, al igual que muchas otras naciones más pequeñas en el Cercano Oriente, fue influenciado por las corrientes intelectuales internacionales que se movían libremente desde los ríos Nilo hasta Tigris y se incorporan los tesoros de la sabiduría en su propio pensamiento de una manera que no podía con los textos religiosos de culto específicos de estos pueblos. Los estudiosos han tratado desde hace mucho de aclarar los paralelismos entre la sabiduría de Amenemope y Proverbios 22.17-24.2. Los traductores de la NAB incluso han redescubierto una referencia a Amenemope por su nombre en Provervios 22.19. Si es así, ilustra que Israel no estaba aislado en su exposición y entendimiento cultural, pero participó de buen grado en el mundo del pensamiento del Cercano Oriente excepto cuando las afirmaciones politeístas específicas tuvieron que ser refutadas y rechazadas a la luz del desarrollo de su fe monoteísta.

Casi todos los temas importantes de la sabiduría en los escritos de Israel también son conocidos en obras egipcias o mesopotámicas. Esto sugiere que la sabiduría internacional o universal desempeñó un papel en la fe de Israel que sirvió para la comprensión de los caminos de Dios, pero no desafió directamente los principios centrales de las instituciones religiosas de Israel representados por la Torá y la profecía. Los eruditos generalmente apuntan a dos entornos sociales diferentes para la sabiduría israelita: el hogar y la administración real. Muchos proverbios probablemente se originaron antes de los albores de la escritura, y parecen reflejar el típico consejo de padres a hijos en la preparación para la vida (p.ej., la lección sobre la pereza en Pr 6.6-11). Otros están dirigidos a los padres sobre la educación de los niños (cf. Pr 10.1). Tal vez muchos de los dichos proverbiales de los profetas (p.ej., Is 28.23-28) provienen de la vida cotidiana.

La gran mayoría de nuestros textos de sabiduría actuales parecen ser cultivados en escuelas. Se consideraron a los reyes en las sociedades antiguas como especialmente dotados de sabiduría divina para gobernar, y esto es importante en la historia de José en Génesis 37-46 y el retrato de Salomón. La necesidad de un tribunal totalmente alfabetizado y un equipo de gobierno capaz de hacer frente en el escenario internacional impulsaron el nuevo reino de David para fomentar una formación especial inspirada en los patrones típicos del Cercano Oriente para sus gobernadores, embajadores, contadores y escribanos. Aunque las escuelas rara vez o nunca se insinúan en la Biblia, la escritura y el dominio de la literatura tradicional, esp. máximas proverbiales, parecen haber formado el núcleo de la mayoría de la educación antigua para la élite. Los estrechos vínculos de la sabiduría bíblica a la de otras naciones se derivan de la necesidad de una base común de discurso y el entendimiento cultural entre los pueblos. La sabiduría es a menudo asociada con cortesanos y consejeros reales (cf. esp. 2 S 15–17; Dan 1–6). El término «consejero» asociado a los sabios en Jeremías 18.18; Ezequiel 7.26 se identifica más fácilmente como un consejo político para los tomadores de decisiones. Pero la sabiduría se asocia también con los maestros (Pr 9.9-12; Jer 8.8-9), mujeres perspicaces (2 S 14.1-20, 20.16-22), artesanos calificados (Ex 31.2-6), e incluso magos (Ex 7.11, 22). Por lo tanto, parece ser una categoría más amplia que la mera sabiduría política. Es sinónimo de habilidad que se aprende de los demás, y se asocia sobre todo con la formación y las escuelas. Sirac se identifica como un maestro en la tradición de la sabiduría de finales del siglo II, y el hablante de Proverbios asume el papel de maestro en todas partes.

Valores religiosos

Aunque la sabiduría es comúnmente asociada con el lado no cúltico de la vida de Israel, esto no quiere decir que es simplemente pragmática y arreligiosa. Toda antigua religión tiene que ver con un dios personal o dioses que toman decisiones sobre el mundo de los humanos. Esto se traduce en la preocupación de la sabiduría con el misterio del universo: ciertas preguntas reflejan un problema acerca de Dios, si uno es miembro de la alianza de Israel o un politeísta extranjero. ¿Cómo funcionan las reglas de creación? ¿Cómo se manifiesta la divina providencia para que la gente entienda? ¿Por qué el sufrimiento y la muerte no respetan la piedad y la rectitud moral? La búsqueda del orden, y determinar el papel apropiado de la ambición humana, y hacer frente a los límites del conocimiento consume a los maestros de sabiduría. Todos ellos forman parte de la convicción de que Dios guía el universo y que el descubrimiento de la voluntad de Dios es crucial para el bienestar humano. Debido a esto, la sabiduría puede ser descrita como un «árbol de la vida» (Pr 3.18) o el primer ser creado en el plan de Dios para el mundo (8.22; Eclo 24). Qoheleth puede afirmar que Dios nos da lo que tenemos con el fin de disfrutar y hacer la voluntad de Dios (Ecl 7.15-19); Proverbios nos dice que debemos confiar en Dios con todo nuestro corazón (Pr 3.5), y Job se alegra de que Dios se puede encontrar y ver incluso si es más allá de la comprensión humana (Job 42.2-6). Proverbios 1-9, 31 también desarrolla una metáfora elaborada de la sabiduría como una mujer a la que un joven erudito debe amar y abrazar. A partir de ahí fue un pequeño paso para identificar la Señora Sabiduría con la Torá misma en el período posterior al exilio (Eclo 24.23).

Dos temas destacan por la función religiosa de la sabiduría. La primera es la posibilidad de elegir entre el camino del mal y el camino de la rectitud. La idea de dos caminos entre los que debemos elegir impregna Proverbios y se erige como la declaración tema para el libro de los Salmos en Salmo 1. Ofrece libertad humana la opción de adhesión moral a la voluntad de Dios tal como se manifiesta en la bondad de la creación y en la revelación de Israel. Las referencias, a veces indirectas, a las bendiciones recibidas de elegir fiel y confiada obediencia al Dios de la Alianza y la Torá se tejen a través de los libros de sabiduría. En segundo lugar, uno se encuentra con regularidad la expresión «temor del Señor (es el principio de la sabiduría)» (p.ej., Pr 1.7, 29; 9.10; 14.27; 15.16; 19.23; Ecl 12.13). Al igual que los «temerosos de Dios» del NT (Hch 13.26), que describe a los creyentes fieles que poseen una orientación fundamental a la voluntad de Dios. Pero el concepto también incluye la práctica del culto, la conciencia de la presencia de Dios, la conducta moral adecuada, la observancia de la Torá, y simplemente humillarse ante el Todopoderoso. Al igual que el camino de la rectitud, una actitud de temor del Señor abarca la vida entera y se centra en el comportamiento de una persona en hacer la voluntad de Dios.

«Sabiduría» como una categoría importante dio paso al estudio de la Torá en la reflexión judía posbíblica, pero nunca fue excluida del canon de las Escrituras Hebreas, ya que se identifica con la incansable búsqueda humana por Dios, el respeto por el misterio de la libertad de Dios, y conciencia de la vasta esfera moral de la toma de decisión más allá de la adoración del culto formal. Incluso Qoheleth el escéptico podría ser puesto en esta visión mediante la adición de una nota editorial final (Ecl 12.13-14).

Bibliografía. J. Crenshaw, *Old Testament Wisdom* (Atlanta, 1981); J. Gammie and L. G. Perdue, eds., *The Sage in Israel and the Ancient Near East* (Winona Lake, 1990); R. Murphy, *The Tree of Life,* 2nd ed. (Grand Rapids, 1996); K. M. O'Connor, *The Wisdom Literature.* Message of Biblical Spirituality 5 (Wilmington, 1988).

LAWRENCE BOADT

SABIOS DE ORIENTE

Los personajes del relato de Mateo de la infancia que visitan al niño Jesús en Belén (Mateo 2.1-12). Estos hombres sabios (gr. Magoi) de «Oriente» son guiados a Judea en algún momento después del nacimiento de Jesús con el fin de «rendirle homenaje.» Después de haber sido llevados por una estrella «en el Oriente», le preguntan a Herodes el Grande, la ubicación exacta del «rey de los judíos.» Herodes, temeroso de un rey rival, consulta a los jefes de los sacerdotes y de los escribas con respecto a la ubicación del nacimiento del Mesías. Herodes responde llamando a los sabios «en secreto», investiga de ellos diligentemente el tiempo de la aparición de la estrella, y les solicita encontrar al niño Jesús e informarle a él para que Herodes, en virtud de un ardid, pueda rendirle homenaje él mismo. Los sabios a su vez se dispusieron a encontrar a Jesús en Belén, siendo guiados por la estrella. Ellos rinden homenaje al niño y ofrecen regalos de oro, incienso y mirra. La historia concluye con su partida a su «tierra por otro camino», ya que son advertidos en sueños que no volvieran a Herodes. Esto enfurece a Herodes, que responde ordenando el sacrificio de niños varones en Belén y sus alrededores en un intento de matar al niño Jesús (Mateo 2. 16-18).

En la narrativa general de Mateo, la perícopa (Mt 2.1-12.) funciona como el primero de los dos actos que representan el reconocimiento de Jesús como «rey de los judíos» y la respuesta siniestra de Herodes a ello (vs. 13-23.). La historia de los reyes magos es un componente necesario para la narración de Mateo, ya que su visita trae como resultado la huida de Jesús y su familia a Egipto para evitar la ira de Herodes. Es probable, también, que Mateo 2.1-12 anticipa la pasión de Jesús en la que se identifica de nuevo como «Rey de los judíos» (27.11, 29, 37) y no es reconocido como tal por su propio pueblo. La visita de los reyes magos también demuestra el continuo interés de Mateo en el AT, en alusión a Salmo 72.10-11, 15; Isaías 60: 5-6.

No es casualidad que los sabios son retratados como gentiles. Como tal, ellos son los primeros en adorar a Jesús, que es a la vez el hijo de David e hijo de Abraham, según la genealogía de Mateo (Mateo 1.1). Mientras que los gentiles son los primeros en rendir homenaje a Jesús, su propio pueblo son los primeros en tratar de acabar con él, lo que es visto en varias ocasiones posteriores en el Evangelio de Mateo. Tanto narrativa como teológicamente, la historia es importante ya que, como delegados reales de un país extranjero, los sabios son los que adoran al niño Jesús, mientras que Herodes, el representante real de la tierra y la gente de Jesús, trata de destruir este rival rey.

Se han hecho varios esfuerzos para identificar a los «sabios», como astrólogos, intérpretes de sueños, o magos. La mayoría de los estudiosos los identifican como astrólogos, ya que su visita es en respuesta a la aparición de una estrella, cuyo hogar «oriental» es posiblemente Partia o Persia, Babilonia, o los desiertos árabe o sirio.

Bibliografía. R. E. Brown, *The Birth of the Messiah,* rev. ed. (New York, 1993), 165-201, 608-10; W. D. Davies and D. C. Allison, *The Gospel according to Saint Matthew* 1. ICC (Edinburgh, 1988), 224-56.

Robert A. Derrenbacker, Jr.

SABTA (Heb. *sabtā'*), **SABTAH** (*sabtā*)

Hijo de Cus (Gn 10.7; 1Cr 1.9); ancestro epónimo de un pueblo del sur de Arabia. El nombre puede estar preservado en la moderna Sabota, ciudad en Hadramaut, o ¨q s-Saphtha, ciudad cerca del Golfo Pérsico mencionada por Ptolomeo (*Geog.* 6.7.38).

SABTECA (Heb. *sabtĕkā'*)

Hijo de Cus; ancestro epónimo de un lugar o pueblo del sur de Arabia (Gn 10.7; 1 Cr 1.9).

SACAR (Heb. *śākār*) (también SARAR)

1. Ararita; padre de Ahíam, uno de los Treinta de David (1 Cr 11.35). En 2 de Samuel 23.33 al padre de Ahíam se le llama Sarar.
2. Líder de una de las divisiones de los porteros del templo (1 Cr 26.4); por ser hijo de Obed-edom se le asignó cuidar de la casa de provisiones (v.15).

SACERDOCIO ISRAELITA

Este artículo está centrado en el sacerdocio israelita en el contexto más amplio del antiguo Cercano Oriente, porque es allí donde estuvo activo. Al ejercer precaución contra la paralelo-manía, ya sea con el babilonialismo o el panugaritismo, veremos que el sacerdocio israelita muestra muchas afinidades con la imagen de Mesopotamia, obviamente más compleja, con sus más de 3000 años de historia. Egipto tuvo su propia y especial teología que, sorprendentemente, ejerció muy poca influencia sobre Israel, a pesar de que su proximidad sugiere lo contrario.

Las prácticas en Israel reflejaban las de los pueblos circundantes, por lo que los hebreos pueden ser considerados una clase de «cananeos». Para el culto cananeo, nos basamos en la arqueología y en las tablillas ugaríticas más al norte; y hacia el este, en los amorreos, como se refleja en las Cartas de Mari. Además, las fuentes mesopotámicas representan amplias superficies territoriales, miles de años de historia, y muchas decenas de miles de textos, muchos de los cuales tenían elementos sacerdotales en las áreas de la historiografía, los anales reales, la geografía, la economía, el matrimonio, las matemáticas, la astronomía, el derecho, la medicina, la escuela, el saber, la adivinación, la magia, la liturgia, la lexicografía y la gramática, todo ello interpretado de maneras muy diversa.

En comparación, los antiguos escritos hebreos ofrecen información muy limitada. Entonces, para tener información suficiente sobre el sacerdocio israelita, debemos tener en cuenta toda la gama de escritos en la Biblia, pero aun así le estamos haciendo preguntas que no le toca responder.

Otra limitación es que no sabemos casi nada del sacerdocio en el reino del norte, y lo que se describe en los textos es desde el punto de vista de sus rivales. El AT declara representar prácticas que se extienden por período de quizás más de 1000 años, pero gran parte de este material pudo haber sido modificado más tarde en la historia de los israelitas.

Cada civilización ha tenido su propia manera de manejar su espacio y su tiempo sagrados. En todos ellas, se escoge una figura para representar el movimiento, tanto de lo humano a lo divino, como de lo divino a lo humano; de allí la liturgia en nombre de la humanidad. En Israel, el estamento deuteronómico asume un lugar de culto: el Templo de Jerusalén. Los arqueólogos han descubierto, sin embargo, que había otros lugares donde se realizaba algún tipo de culto. Aparece con frecuencia el culto en los enigmáticos *bāmôṯ* («lugares altos»), cuya organización no está clara. Las excavaciones en los sitios de Arad, Hazor, Bet-seán, Siquem, Bet-el, y muchos otros lugares muestran actividades de culto. Todos estos utilizaban funcionarios cultuales, llamados en hebreo por el término general de *kōhēn*.

Otro término para una dignidad sacerdotal, *kōmer*, aparece en raras ocasiones. Sofonías 1.4 profetiza, en la línea de los profetas preexílicos, que los nombres de los *kōhănîm* y de los *kĕmārîm* serán cortados, es decir, su sacerdocio será quitado. En una típica crítica deuteronómica, 2 Reyes 23.5 dice que Josías depuso a los *kĕmārîm* por hacer ofrendas en los «lugares altos», como también a Baal, al sol, la luna, y las estrellas. Sin embargo, ¡dice que los reyes de Israel les habían asignado estas tareas (cf. 1 R 13.33)! Oseas 10.5 los describe sarcásticamente como regocijados ritualmente por las becerras de Bet-Aven.

La raíz *kmr* es antigua en las lenguas semíticas, apareciendo como la voz acadia *kumruy* en asirio antiguo (siglo XIX) y en mari (siglo XVIII), donde había una sociedad amorrea. El término continúa en el arameo, y en el siríaco aparece junto a *knh* para designar a un sacerdote. En Mesopotamia, los oficiantes del culto recibían decenas de títulos, pero en Israel apenas unos pocos.

La raíz *kōhēn,* en cambio, aparece en casi todas las lenguas semíticas, aunque no en todas tiene el mismo significado. Una excepción es el ugarítico, donde aparece con casi la misma definición que en hebreo. La palabra occidental «sacerdote» viene en último término del griego *presbýteros,* «anciano»; este significado tardío no es el que tiene la palabra original. La norma para el AT, entonces, es el Templo de Jerusalén, con el *kōhēn* como el oficial del culto. El estatus del *kōhēn* se muestra por la teología que los israelitas están llamados a ser un «reino de sacerdotes» (Éx 19.6). El tema del sacerdocio domina gran parte de la narrativa de Éxodo–Deuteronomio, y también de Salmos.

El *kōhēn* era «ordenado» (Heb. *millē'*, lit. «llenar su mano»; Éx 28.41; Jue 17.5). En esta ceremonia, era ungido (Éx 29.7) y consagrado (28.41; *qiddēš*, lit., «tratar como santo»). Se ponía unas vestiduras adornadas meticulosamente (Ez 44.17), de lino en vez de lana, que se quitaba al dejar el santuario (v. 19). Su vestidura principal, el efod, es descrito con gran detalle en Éxodo 28, 39. David, actuando en un papel sacerdotal, estuvo vestido con un efod (2 S 6.14). El *kōhēn* tenía también una tonsura especial (Ez 44.20).

Deberes

Las tareas del *kōhēn* eran muy variadas, y la evidencia literaria es esporádica. Por tanto, debe ser suficiente decir que *en algún momento de la historia hebrea*, la tradición registra al sacerdote como haciendo esto o aquello. El sacerdote era esencialmente el guardián del lugar santo (Nm 18.5). Para ello, tomaba sobre sí mismo la santidad del santuario. Esto lo investía con una clase de autoridad, pero también de responsabilidad. Tenía que llevar la culpa por cualquier falta de decoro en el santuario (v. 1). Aunque todo el pueblo debía obedecer la Torá, y se les ordenaba ser santos (Lv 19.2), los sacerdotes eran el pueblo santo prototípico (Esd 8.28). Tenían que ser como debía ser el pueblo por el cual ellos oraban, porque las piedras zurcidas en el efod tenían escritos en ellas los nombres de los hijos de Israel (Éx 28.9-12).

Las funciones litúrgicas del *kōhēn* consistían, antes que nada, en presidir los numerosos tipos de sacrificios que se hacían en el altar principal; Números 28–29 menciona los principales. La comida llegó a ser parte de su sostén (1 S 2.29; Ez 44.29, 30.). En la fuentes de que disponemos no se dan detalles, salvo de manera indirecta, de lo que debió de haber sido una actividad sumamente física y sucia.

Una parte principal de las funciones del *kōhēn* era orar (1 S 7.5), aunque orar no era exclusivamente su deber (cf. 2 R 6.18; Jer 37.3; también Job 42.8; 1 S 2.1-10). Como un aspecto de esto, el sacerdote hacía preguntas a Jehová a favor de otros (Jue 18.5); era reminiscente del interrogador *ša'ilu* y de la interrogadora *ša'iltu* de Mesopotamia. Una función más literaria era pronunciar la bendición (Dt. 10.8). La forma poética de Números 6.24-26 sugiere que la bendición pudo haber sido cantada; no está claro si se decía una sola vez o si se repetía, o si era parte de una oración más larga.

Las acciones físicas del sacerdote pueden inferirse de algunas palabras en los salmos y en otras partes: desfilar hacia el área sagrada (Sal 68.24-27[TM 25-28]), levantar las manos (134.2), arrodillarse (95.6), danzar (149.3), cantar (149.1), y tocar las trompetas (Nm 10.10). Estos actos rituales no eran tanto para embellecer la liturgia, sino que representaban simbólicamente el corazón mismo de la creencia que había detrás de ella. Otras actividades cultuales incluían la quema de incienso (Ex 30.7-9), atender las lámparas de aceite (27.21), colocar el pan de la proposición (25.30; 1 S 21.4-6[5-7]), echar sal (Ez 43.24), rociar sangre (Lv 3.2), y derramar libaciones (Ex 37.16); esto último era un acto corriente en Mesopotamia.

La analogía con las prácticas mesopotámicas sugiere un carácter cultual a algunos de los relatos de Génesis y Éxodo, tal vez indicaciones de un drama cultual. En la mayoría de las religiones del mundo hay vínculos entre la religión y el drama. Josué organiza una procesión de sacerdotes para dar la vuelta a los muros de Jericó, tocando cuernos y llevando el arca (Jos 6). Las referencias a movimientos, vestiduras, respuestas, límites y trompetas, pueden indicar un ritual que tuvo lugar al pie del monte Sinaí (Éx 19.10-13), y realizado por Moisés, como sacerdote.

Fuera del área del altar, las funciones del sacerdote incluían la consulta de los dados sagrados Urim y Tumim (Nm 27.21), utilizados en los casos de decisiones difíciles. Algunos piensan que ellos podían dar respuestas de sí o no, pero podían haber formado varias configuraciones en su caída (no sabemos su forma ni su número), o podían haberse echado varias suertes, por lo que podrían haber dado una respuesta más compleja. El hecho de que ambas palabras están en plural indicaría eso. En algunos estratos literarios se dice que eran guardados en el pectoral, atados al efod (Éx 28.30). Echar suertes era común en el antiguo Israel; lo hacía Aarón en sus vestiduras sagradas en la ceremonia del chivo expiatorio (Lv 16); y lo hicieron Josué y un sacerdote en la distribución de la tierra por sorteo (Jos 14.1, 2). El uso de los dados continuó aparentemente hasta después del exilio (cf. Neh 10.34[35]). En los últimos tiempos de Asiria se echaban *puru*, «suertes» para determinar el *limmu*-oficial, de quien tomaba su nombre el año.

El AT no habla de médicos, y el sacerdote asumía a veces el papel de sanador. Tomaba decisiones en algunos casos de lepra (Lv 13.30-46; Dt 24.8), pero esto podía hacerlo también un profeta (2 R 5.1-14.).

El sacerdote compartía funciones judiciales con los jueces nombrados (Dt 17.8, 9). En los casos difíciles, utilizaba la ordalía, un acto de culto realizado «delante de Jehová», es decir, del altar. Números 5.11-31 describe vívidamente el caso de una mujer sospechosa de adulterio.

El oficio sacerdotal tenía, a veces, una función educativa (Lv 10.11), un papel compartido con el profeta (Is 28.9; Mi 3.11); la responsabilidad era transmitir la *tôrâ* (Dt 33.10).

La responsabilidad de distinguir entre lo puro y lo impuro (Lv 10.10) estaba totalmente bajo la égida del sacerdote. Entre los numerosos actos que volvían inmunda a una persona estaba el contacto con ciertos animales, aves, comida proveniente del mar, e insectos.

El sacerdote tenía también tareas administrativas. El dinero que entraba en el templo probablemente era supervisado por los sacerdotes. En 2 Reyes 22.4, los «guardianes de la puerta» recaudaban el dinero, y el sumo sacerdote lo manejaba. En el tiempo posexílico, el sacerdote tenía el título de «mayordomo» (Neh 13.13).

El sacerdote operaba también, aunque astutamente, en el ámbito político. El ungimiento de Salomón como rey por Sadoc (1 R 1.39) se remontaba a una práctica descrita en 1 Samuel 10.1, reseñada quizás desde una perspectiva posterior. En un contexto de reforma, el rey obtenía y leía «esta *tôrâ*», bajo el escrutinio de los «sacerdotes levitas» (Dt 17.18, 19); este último fue un término usado especialmente por el deuteronomista.

El sacerdocio compartía con el rey algunas de las tareas sacerdotales, como era el caso en Mesopotamia, donde uno de los títulos del rey era «sacerdote» (*šangu*). David hizo una ofrenda (2 S 6.17; cf. Ez 46.4). Salomón oró en el altar (1 R 8.22) y bendijo al pueblo (v. 14). Jeroboam quemó incienso (1 R 13.1). Posteriormente, en el tiempo de los macabeos, el gobernante se encargó de algunas de las prerrogativas sacerdotales, por ejemplo, pronunciar la bendición (Eclo 50.20), y finalmente asumió el título de «sumo sacerdote» (1 Mac 16.24).

Para hacer un relato equilibrado, hay que mencionar también las muchas veces que los profetas acusaban al sacerdote de maldad. Era un pecador (Os 4.8, 9), y actuaba como un ladrón (6.9). Enseñaba por dinero, y se ufanaba de tener la protección de Dios (Mi 3.11). Se emborrachaba (Is 28.7), adoraba dioses falsos (Jer 2.27; 8.1, 2), no distinguía entre lo limpio y lo inmundo (Ez 22.26), y daba enseñanza equivocada (Mal 2.8). Todo esto debe ser sometido a análisis, y algunas afirmaciones son tal vez metafóricas.

Historia y desarrollo

Lo anterior ha tratado los textos sincrónicamente, como si todos ellos fueron escritos en el mismo tiempo y por el mismo grupo. Sin embargo, hubo una historia y un desarrollo del sacerdocio israelita, aunque es difícil determinar cómo fue, siendo limitado por la probable adaptación posterior de los textos. Las pocas notas que pueden recabarse muestran que el oficio fue desempeñado desde los primeros tiempos por la tribu de Leví (Dt 10.9; 33.8, recibido probablemente de una antigua clase), teniendo a Aarón como el sacerdote epónimo (Éx 28. 1). El sacerdote se convertía en tal por medio del estudio (1 S 3.1), o por linaje (Jer 1.1; cf 1 R 2.26). En el tiempo de Salomón, hay la indicación de un nuevo orden o de una familia al frente del sacerdocio. Sadoc (1 R 2.35) se encuentra en una posición de liderazgo, y esto continuó hasta el final del estado (Ez 48.11). Esdras era también de la familia de Sadoc (Esd 7.1, 2). No se menciona el origen de Sadoc.

Es poco lo que se sabe acerca de otro orden (*diḇrâ*, lit., «manera») del sacerdocio, el de Melquisedec. Salmo 110.4 es la única mención de éste en el AT en un estrato israelita, aunque Génesis 14.18 cuenta la antigua tradición. El rollo 11QMelch de Qumrán, y el Nag Hammadi Melquisedec gnóstico, lo presentan a él como una figura del tiempo del fin, no como un sacerdote. La referencia a Melquisedec en 2 Enoc 71-72, diciendo que se originó de una línea de sacerdotes, es un comentario posterior sobre el pasaje de Génesis, al igual que Hebreos 7.15-17.

Aunque todos los sacerdotes debían ser de la familia de Leví, también servían no levitas (1 R 12.31). Algunas de las funciones menores eran asignadas a los levitas. Números 4.17-45 habla de tres familias: los coatitas, los gersonitas y los meraritas, que no solo tenían funciones sacerdotales en el santuario, sino además el cuidado de los utensilios y los atavíos. La información posexílica muestra a cantores y porteros entre los levitas (Neh 10-12), pero mencionados en forma separada de los sacerdotes. Si 1 Crónicas 24.7-19 representa un arreglo posterior al exilio, el sacerdocio apareció luego en 24 divisiones, en la que cada una tenía su turno (cf. Lc 1.8).

Después del exilio, el oficio de sumo sacerdote desempeña un papel significativo, registrado sobre todo en la literatura posterior al exilio, en la intertestamentaria (Hag 1.1; Sir 50.1), y en los evangelios sinópticos, aunque el término había aparecido mucho antes (Jos 20.6). Al comienzo, la autoridad máxima era llamada, por lo general, simplemente sacerdote (1 R 4.2-4) o sumo sacerdote (2 R 25.18; Jer 52.24).

Con la ocupación del Templo en el 70 d.C., cesaron las funciones cultuales del sacerdocio, aunque las familias sacerdotales siguieron bendiciendo al pueblo en el servicio de la sinagoga.

Véase MUJERES EN EL CULTO DE ISRAEL

Bibliografía. M. Haran, «Priests and Priesthood: Function of the Priests,» *EncJud* (New York, 1971) 13:1076-80; R. A. Henshaw, *Female and Male: The Cultic Personnel: The Bible and the Rest of the Ancient Near East.* PTMS 31 (Allison Park, 1994), §1.4; B. A. Levine, «Priesthood: Jewish Priesthood,» *Encyclopedia of Religion* (New York, 1987) 11:534-36; J. Pedersen, *Israel, Its Life and Culture* III (London, 1940).

RICHARD A. HENSHAW

SACERDOTAL, DOCUMENTO

Una de las fuentes hipotéticas del Pentateuco, comúnmente conocido como «P». Al Documento Sacerdotal se le atribuyen el primer relato de la Creación (Gn 1:1-2:4a), las genealogías en el Pentateuco, y la mayor parte de las leyes relativas al sistema sacerdotal y sacrificial en Éxodo, Levítico y Números. Se cree que se originó en círculos sacerdotales a más tardar en el siglo VIII a.C.

SACRIFICIO, HUMANO

Véase MOLOC

SACRIFICIOS Y OFRENDAS

El fenómeno del sacrificio no puede apreciarse excepto por la noción mítica de que el templo es la misma casa de Dios. Para concretar el hecho de este encuentro físico o sacramental, la ley bíblica tuvo especial cuidado de esbozar las responsabilidades que lo acompañaban. Muy importantes, entre estas, eran los requisitos de atender las necesidades diarias de esta deidad residente y desechar el material que a la deidad le pareciera ofensivo. El primero resultó en el sistema sacrificial, mientras que el último llevó a la preocupación por la pureza.

Las leyes de sacrificio presumen una mentalidad sacramental que cree que Dios pone de manifiesto su presencia dentro de los confines del mundo material (Ex 20.24). Los rituales como el sacrificio evolucionaron para ayudar a concretar la manera en la que la deidad estaba verdaderamente presente en la comunidad humana. Aunque Dios está más allá de la naturaleza y la historia, por medio de su templo pone su presencia de manifiesto. Pero esta presencia no puede ser simplemente declarada; tiene que vivirse y experimentarse. De esta manera —al seguir con esta lógica— si la deidad reside en este templo, entonces tiene que ser reverenciada y honrada con los símbolos apropiados de ese ambiente. Entre estos estaría un elaborado salón del trono, con revestimiento de madera hecho cuidadosamente a mano, con vestiduras elegantes para sus sirvientes y, lo que es más importante, comida suntuosa para ser consumida. Lo que une a todas estas imágenes es la noción de que Dios ha decidido residir y mantiene su residencia en un lugar particular. El sacrificio, que aquí se considera como la provisión de la mesa de banquete de la deidad, es simplemente uno entre una cantidad de actos rituales que simbolizan la disponibilidad milagrosa de la deidad dentro del templo, y permiten que esta realidad sea vivida y experimentada por la comunidad humana.

Dentro de las narraciones bíblicas, el acto del sacrificio es la única característica más importante de la vida litúrgica del templo. La tremenda importancia del sistema sacrificial está absolutamente relacionada al hecho de que —a diferencia de la mayoría de las demás dimensiones de la vida del templo— requiere de conservación y mantenimiento diario por parte de la comunidad de creyentes. En otras palabras, esta manera de ofrecer honor y reverencia a la deidad es única, en tanto que ella requiere de atención humana constante. No debería ocasionar sorpresa que la misma palabra servicio (Heb. *ʿăḇōḏâ*) también sea el término para adoración [divina]. Porque en el acto de ofrecer un sacrificio, el israelita no sólo estaba dando un servicio a la deidad sino que estaba estableciéndose en una posición de sometimiento a esa misma deidad.

El papel activo del sacrificio, por mucho tiempo, ha sido un tema de reflexión entre los antropólogos. A veces este papel ha sido caricaturizado como nada más que la aplicación secundaria del principio fundamental del intercambio mercantil secular: *do ut des,* «He dado [un regalo al dios], así que concédeme [una bendición a cambio]». Aunque nadie dudaría que un aspecto de intercambio esté presente en el acto sacrificial —la gente sí presenta sacrificios con la esperanza de obtener bendición a cambio—, el pensamiento reciente sobre el tema de sacrificio ha sugerido un aspecto más sutil para el tipo de intercambio que se visualiza. Porque el intercambio de regalos entre participantes desiguales nunca es un asunto puramente mercantil; es decir, que una parte da solamente con la intención de asegurar un beneficio futuro. Más bien, el mismo acto de intercambiar en sí sirve para materializar y comunicar el estado relativo de los participantes en cuestión. De esta manera, cuando una persona ofrece un simple animal con la esperanza de que

Dios a cambio le conceda un hijo, la naturaleza desigual de los artículos intercambiados no puede ayudar, sino crea dentro de la persona un sentimiento de dependencia y gratitud. Entendido de esta manera, *do ut des* bien podría traducirse como «He dado [muy poco], aun así concédeme [mucho]». En esta perspectiva, el intercambio que se ha llevado a cabo difícilmente es una negociación burda orientada a «retorcer el brazo» de la deidad, sino más bien una «comprensión» de la absoluta dependencia del dador humano de las bendiciones de su Dios. El sacrificio es un vehículo esencial para establecer y expresar esta relación de Dios con la humanidad; difícilmente podría ser considerado como opcional.

Fuente sacerdotal

Narración de Sinaí

Cuando se mira la fuente P en su totalidad por primera vez, las leyes de sacrificio parecen estar ordenadas de una manera más bien al azar. Comenzando con Éxodo 25 y siguiendo hasta el final de Números, las leyes sacrificiales de P están entretejidas entre los diversos materiales narrativos de J y E. Es difícil, especialmente en Números, entender la función editorial de esta estructura. Pero hay señales claras de diseño editorial dentro de este esquema más grande. Se puede observar la estructura de Éxodo 25–Levítico 9. Éxodo 25–40 describe la entrega de los planos arquitectónicos del tabernáculo a Moisés (caps. 25-31) y la posterior ejecución de esos planes (caps. 35-40). Esta sección particular llega a un clímax con la aparición de la presencia divina («gloria del Señor») en el tabernáculo (Ex 30.34-38). Después de que el tabernáculo ha sido revelado, se presentan las leyes de sacrificio de una manera muy general (Lv 1-7). Luego sigue la narración de la ordenación de Aarón y la ceremonia del octavo día (Lv 8-9). Esta sección concluye con la primera aparición del Señor a toda la multitud reunida de israelitas (Lv 9.23-24).

Leyes para el sacrificio

La Torá tiene tanto reglas generales para la elaboración de sacrificios individuales como aplicaciones particulares para los sacrificios individuales o grupos de sacrificios. Las reglas generales para todos los tipos de sacrificio se encuentran principalmente en un lugar, Lv 1-7. Estas reglas generales proporcionan detalles completos en cuanto a cómo administrar la ofrenda quemada: a dónde llevar el animal, cómo colocar las manos, dónde matarlo y cómo ocuparse de su sangre, cómo preparar el altar y qué quemar en él. La sección termina con la declaración: «Ésta es la ley del holocausto, de la ofrenda, del sacrificio por el pecado, del sacrificio por la culpa, de las consagraciones y del sacrificio de paz, la cual mandó Jehová a Moisés en el monte de Sinaí, el día que mandó a los hijos de Israel que ofreciesen sus ofrendas a Jehová, en el desierto de Sinaí» (Lv 7.37-38).

Pero solamente es en ocasiones muy extrañas que un israelita ofreciera solamente un holocausto u ofrenda de cereales. Los rituales israelitas usualmente requerían de una combinación específica de estos tipos individuales para que fueran eficaces. De esta manera, el resto de las leyes de sacrificio en el Pentateuco pueden considerarse como la aplicación ritual específica de las reglas más bien abstractas y generales de Levítico 1-7 (excluyendo los dobletes de Lv 1-7; p. ej. Nm 5.5-8; 15.22-31). Las aplicaciones específicas de las reglas generales de Levítico 1-7 pueden agruparse en tres categorías:

1. Secuencias fundamentales: ordenación de sacerdotes y levitas (Lv 8-9; Nm 8), dedicación del tabernáculo (Nm 7);
2. Leyes de fiestas y el *tāmîḏ*, «holocausto diario» (Lv 16, 23; Nm 28-29); y
3. Rituales específicos relativos al ciclo de vida de la persona: p. ej., nacimiento de niños (Lv 12), «lepra» (Lv 13-14), votos del nazareo (Nm 6), impureza por flujo (Lv 15.13-15), contaminación por tocar cadáver (Nm 19).

Tipos básicos de sacrificio animal

Holocausto: A su nivel más básico, el *ʿōlâ* era considerado un regalo para la deidad, y que la deidad consume como un «olor grato». El holocausto constituía la comida diaria para la deidad (cf. Ex 29.38-42; Nm 28.3-8). Estos sacrificios se llevaban a cabo en la mañana y la tarde y se ofrecían junto con una ofrenda de cereal y bebida.

Ofrenda de paz (Lv 3). En la fuente P, el sacrificio *šĕlāmîm* se divide en tres subtipos: el sacrificio de «acción de gracias», el «sacrificio de voto» y la «ofrenda voluntaria» (Lv 7.11-18). El sacrificio *šĕlāmîm* es principalmente un sacrificio diseñado para celebración y consumo humano. Esta función ayuda a explicar por qué el *ʿōlâ* y el *šĕlāmîm* son apareados de manera rutinaria en el ritual bíblico. El *ʿōlâ* era el sacrificio que constituía la nutrición básica para la deidad, en tanto que el *šĕlāmîm*, a su vez, nutría a la gente.

Ofrenda de purificación (Lv 4). La traducción tradicional del Heb. *ḥaṭṭā'ṯ* ha sido «ofrenda por el pecado» (p. ej., Lv 4.1-5.13; Nm 15.22-31). Esta traducción, que sigue la LXX, se basa en consideraciones etimológicas. El término se entendería mejor si hiciera referencia al proceso de purificación.

Expiación y sacrificio. La función de purificación del *ḥaṭṭā'ṯ* nos desafía a reconsiderar su papel en los rituales que parecen tener una función de expiación. ¿Pueden estos rituales también entenderse en un sentido purificador? Para entender esta función, hay que poner atención particular al papel de la manipulación de la sangre en cada uno de los rituales aquí descritos, porque es la sangre en sí la que actúa como el agente purgador. En vista de esto, es significativo observar que la sangre nunca se coloca en la persona. Si la persona en sí tuviera que ser purificada, entonces uno esperaría que la sangre se colocara en él o ella. En lugar de eso, la sangre se coloca en varios accesorios rituales. Aun más contundente es la variabilidad de este ritual de sangre con respecto a la condición del pecador. Levítico 4 hace distinciones muy cuidadosas entre la condición de varias clases de personas. Los pecados inadvertidos del sacerdote y la comunidad, como un todo, son más serios que los pecados de la persona, ya sea alguien común y corriente o un gobernador. Y lo más serio de todo, son las ofensas deliberadas de cualquier clase. En cada uno de estos casos, a medida que la seriedad del pecado llega a ser más pronunciada, la sangre se lleva más cerca del santuario más interno del lugar santísimo. De esta manera, la sangre que se utiliza para el más común y corriente se coloca en el altar del holocausto, afuera del santuario en sí (Lv 4.30). La sangre que se utiliza para el pecado del sacerdote o de la comunidad como un todo se coloca dentro del santuario en sí. Se rocía en el velo que separa al lugar santísimo de la cámara exterior y se coloca en el altar del incienso. Finalmente, la sangre de la ofrenda de purificación en el Día de Expiación, que expía los pecados deliberados (ese parecería ser el sentido del Heb. *pešaʿ* en Lv 16.16), se rocía «hacia el propiciatorio» dentro del lugar santísimo en sí (v. 14).

Jacob Milgrom ha sostenido que su secuencia del uso clasificado de la sangre, con respecto a la reja del santuario sagrado, muestra que lo que se está purgando no es el pecado del pecador, sino los efectos del pecado, es decir, la impureza ritual, de los santuarios dentro del lugar santo. Ya que la sangre se entiende que es un agente purgatorio, se esperaría que el pecador recibiera este material (si la intención principal del ritual fuera eliminar su condición pecadora). Ese entendimiento concordaría bien con lo que se dice en cuanto al papel purificador de la sangre *ḥaṭṭā'ṯ* en el caso de los que sufren de flujo: «Así apartaréis de sus impurezas a los hijos de Israel, a fin de que no mueran por sus impurezas por haber contaminado mi tabernáculo que está entre ellos» (Lv 15.31; cf. Nm 19.13). La impureza, concebida de esta manera, llega a ser semejante a una substancia química que es atraída casi de forma magnética al Santo. La ofrenda de purificación está diseñada para quitar este material del santuario en sí. Si se permite que se acumule la impureza, la deidad se verá forzada a irse del santuario.

Crítica profética

Ha sido común que los eruditos denigran la iniciativa del sacrificio bíblico. Un erudito fue tan lejos como para describir el sistema como un medio de «autoayuda». Esta crítica seguramente está apoyada por ese menosprecio profético como el que se encuentra en Jeremías: «…no hablé yo con vuestros padres, ni nada les mandé acerca de holocaustos y de víctimas el día que los saqué de la tierra de Egipto. Mas esto les mandé, diciendo: Escuchad mi voz, y seré a vosotros por Dios…» (Jer 7.21-23). Un erudito caracterizó este texto profético como una «bofetada en la cara del código Sacerdotal». Parece derrumbar la noción Sacerdotal de que todas las leyes rituales habían sido parte de la ley mosaica.

Pero hay que tener cuidado en cuanto a las clases de conclusiones que debería sacarse de esa clase de retórica feroz. En otros textos proféticos se puede encontrar que se condena tanto el ayuno como la oración intercesora. En resumen, no hay que confundir la crítica profética de los ritos con la teología sistemática. El discurso profético ocurre en una atmósfera muy cargada. Es una mezcla de hipérbole, retórica exaltada e incluso polémica. Sería más justo decir que la Biblia contiene dos modelos para tratar con el pecado humano. El más prominente sería el del código P. En el P, el efecto dañino de los pecados mejorado por un sistema de expiación sacrificial. Los pecados que se considera que caen dentro de este esquema son aquellos hechos de desobediencia que se cometen dentro del contexto de un vínculo de pacto más grande. Los profetas, en contraste, están interesados en los pecados de una naturaleza ampliamente distinta: pecados que representan una rebelión ofensiva y voluntaria en contra de la misma estructura de los estatutos del pacto. Tan atroces son estas obras que toda la estructura del pacto se pone en duda. No se trata de rechazar al P, sino de encontrarse en ese contexto tan radicalmente nuevo que las normas del P ya no se consideran pertinentes.

Visto de esta manera, se puede sostener que la comprensión «profética» del sacrificio también fue Sacerdotal. Porque en un texto como Levítico 26, se encuentra una larga lista de las maldiciones que caerán en Israel si descuida sus responsabilidades con el pacto. Este capítulo va más allá de los intereses de purificación y expiación que se encuentran en Levítico 1-25. La desobediencia caprichosa de Israel, que se vislumbra aquí, demanda medidas de castigo divino que no pueden alterarse con la esfera del rito. El idioma de juicio que se encuentra en Levítico 26, especialmente la amenaza de terminar con el orden ritual en sí, está muy cerca del pensamiento profético. Lo que es importante observar es que dentro del código P en sí hay alusiones a la clase de crítica de los ritos que se encuentra dentro de los materiales proféticos. Esta evidencia, en y de sí misma, debería poner en duda cualquier distinción tipológica demasiado rígida que aislara los conceptos de rito sacerdotales de los conceptos de los profetas. La diferencia tiene que ver con el énfasis y el propósito retórico y no con las evaluaciones completamente contradictorias de la herencia espiritual de Israel.

Bibliografía. G. A. Anderson, «Sacrifice and Sacrificial Offerings: Old Testament», *ABD* 5:870-86; B. A. Levine, *In the Presence of the Lord.* SJLA 5 (Leiden, 1974); J. Milgrom, *Leviticus 1-16.* AB 3 (New York, 1991).

Gary A. Anderson

SADOC (Heb. *ṣāḏôq*; Gr. *Sadṓk*)

1. Hombre de genealogía oscura que sirvió primero como sumo sacerdote junto a Abiatar bajo David (2 S 8.17), y luego como único sumo sacerdote durante el largo reinado de Salomón. El hecho de que Sadoc sirvió tanto bajo David como Salomón sugiere que él era considerablemente más joven que Abiatar y, como Benaía hijo de Joiada, pudo haber llegado más tardíamente al séquito de David. Después que Salomón expulsó a Abiatar por su apoyo a Adonías, Sadoc llegó a ser el único poseedor del oficio de sumo sacerdote bajo Salomón y el progenitor del sacerdocio jerosolimitano. Esta sinecura fue la recompensa de Sadoc por apoyar a Betsabé y Salomón en la intriga durante la sucesión del trono de David (1 R 1.8, 34, 38-39). Ahimaas, el hijo de Sadoc, parece haber sido uno de los soldados profesionales de David (2 S 18.19, 22).

A pesar de que las genealogías en 1 Crónicas 5.24-6.3 (TM 5.29); 24.3 convierten a Sadoc en un descendiente de Aarón, la mejor evidencia es que Sadoc fue el fundador de una nueva línea sacerdotal, proyectada a reemplazar el sacerdocio del norte representado por los aaronitas de Silo y Bet-el, y quizás también los de Abiatar y sus descendientes. El lenguaje davídico de la profecía contra el aaronita Elí y sus hijos en 1 Samuel 2.27-36, reminiscente de la profecía de Natán en 2 Samuel 7, puede sólo ser aplicada a Sadoc, y como Salmo 78.65-72 busca reemplazar la tradición del norte con una nueva (basada en Jerusalén). Muchos eruditos buscan el origen de Sadoc en la Jerusalén pre-israelita, tal vez como un rey-sacerdote de Jerusalén que fue establecido en el sumo sacerdocio de Israel como un gesto conciliatorio hacia la conquistada mayoría jebusea. Así, la genealogía aarónica de Sadoc puede haber sido intentos posteriores, probablemente post-exílicos, para incorporar a Sadoc dentro de las tradiciones israelitas más ortodoxas. Esta interpretación implica que los intentos Sadoquitas de establecerse a sí mismos como una nueva línea, reemplazando la antigua casa aaronita del norte, fracasó. Incapaz de triunfar sobre el peso de la tradición, los Sadoquitas tuvieron que ajustarse a sí mismos dentro de la despreciada herencia aarónica en lugar de Elí y sus hijos para poder establecer su completa legitimidad dentro de la religión israelita.

Sin embargo, durante la era post-exílica los Sadoquitas eventualmente prevalecieron en su reclamo de ser el sacerdocio electo, y pudieron haber ejercido el oficio de sumo sacerdote hasta el reino de Antíoco IV Epífanes. Los saduceos del Nuevo Testamento probablemente son los descendientes de esta secta extremadamente antigua y conservadora, cuyos miembros trascendieron sus orígenes cananeos para llegar a ser los garantizadores del culto Yahvista.

2. El padre de Jerusa, la madre del rey Jotán de Judá (2 R 15.33 = 2 Cr 27.1).

3. Uno que tomó parte en la reconstrucción de las murallas de Jerusalén después del exilio, el hijo de Baana (Neh 3.4).

4. El hijo de Imer que reparó la muralla de Jerusalén «frente a su casa» (Neh 3.29).

5. Uno de los «jefes del pueblo» que selló el pacto en el tiempo de Nehemías (Neh 10.21 [22]).

6. Escriba nombrado por Nehemías como uno de los tesoreros de los almacenes de los levitas (Neh 13.13).

7. Padre de Aquim e hijo de Azor (Mt 1.14) de acuerdo con la genealogía de Jesús en Mateo que traza la descendencia de Jesús a tavés de José hasta la casa de David. El nombre no se encuentra en la genealogía de Lucas, excepto en un manuscrito oscuro (D).

Donald G. Shaley/Michael S. Spence

SADRAC (Heb. *šadrak*)
Nombre (cf. ac. *Šudur-Aku*, «mandato de Aku [deidad lunar de Mesopotamia]») que el jefe de los eunucos del rey Nabucodonosor le puso a Ananías, uno de los compañeros de Daniel (Dn 1.7; 2.49; cap. 3).

Véase Abednego

SADRAC, APOCALIPSIS DE
Como un eco a las preguntas acerca de la misericordia y justicia divinas, que se encuentran en otros apocalipsis de «Esdras» (4 Esdras, Apocalipsis Griego de Esdras, Preguntas de Esdras), este pseudoepigráfico comienza con un sermón acerca del amor de Dios por la humanidad (que incluye el sacrificio de su Hijo). Inmediatamente después del sermón, Sedrac escucha la voz de un ángel y es transportado hacia la presencia de Dios en el tercer cielo, donde involucra a Dios en una discusión sobre el castigo divino y la presencia del mal en el mundo. Dios responde que los humanos son creados con libre albedrío y, de esta manera, son responsables del mal. Entonces Dios ordena a su «hijo unigénito» que lleve el alma de Sedrac al paraíso, pero Sedrac le implora misericordia por la humanidad pecadora y presiona a Dios que perdone a cualquier persona que se arrepienta en el período de 20 días. Tan pronto como Dios acepta los términos de Sedrac, éste permite que tomen su alma.

Este apocalipsis todavía existe en un único manuscrito griego del siglo XV, pero su contenido se deriva de una época mucho más antigua. Es posible que el sermón de inicio sea de la fecha del período bizantino, e igualmente posible que el texto ascendente date de los primeros siglos a.C. El texto combinado es claramente cristiano, pero muchos elementos del texto ascendente tienen fuertes similitudes con apocalipsis judíos antiguos. No hay pistas internas ni externas en cuanto a la procedencia de la obra. Además de su preocupación por la justicia divina, la obra también le da a sus lectores la leyenda del rechazo de Satanás de adorar a los humanos (cf. Vida de Adán y Eva), y una perspectiva idealizada y positiva del cuerpo humano.

Bibliografía. S. Agourides, «Apocalypse of Sedrach,»*OTP* 1:605-13; R. J. H. Shutt, «The Apocalypse of Sedrach,» en *The Apocryphal Old Testament,* ed. H. F. D. Sparks (Oxford, 1984), 953-66.

James R. Mueller

SADUCEOS (gr. *Saddoukaíoi*)
Grupo importante dentro del judaísmo palestino del siglo II a.C. al siglo I d.C.

Al igual que con los fariseos, reconstruir a los saduceos históricos significa tejer un posible retrato histórico, con ingeniosidad educada y pistas escasas, de las tres principales colecciones de información: el NT, Josefo y la literatura rabínica. Los saduceos reciben mucho menos atención que los fariseos. Una posible cuarta fuente son los Rollos del Mar Muerto.

Los saduceos apenas aparecen en el NT. Están ausentes en las cartas de Pablo. Marcos los presenta como personajes monótonos bidimensionales, «que dicen que no hay resurrección» (Mr 12.18). Juan los lanza totalmente hacia un liderazgo judío sin diferencias; no aparecen por nombre. Además de preservar el asunto de Marcos en cuanto a la resurrección, Mateo simplemente los asocia con los fariseos para representar el liderazgo unido del antiguo Israel que rechaza a Jesús (Mt 3.7; 16.1-12). Solamente Lucas y Hechos ofrecen un retrato variado. En Hechos 4.1; 5.17 el autor indica que el sumo sacerdote y las autoridades del templo eran saduceos. Esto aclara la sección de cierre de Lucas, donde los más o menos amigables fariseos salen de la historia en la entrada de Jesús a Jerusalén (Lc 19.39). Al tratar con los discípulos, estas figuras continúan con la política de hostilidad agresiva que ellos (no los fariseos) habían comenzado con Jesús. Casi al final de Hechos, el autor reintroduce la negación de los saduceos de la resurrección, como un asunto que Pablo utiliza para dividir al Sanedrín, sólo que Lucas le agrega la declaración incomparable de que ellos también niegan la existencia de ángeles o espíritus (Hch 23.8).

Aunque el mismo Josefo era un miembro orgulloso de la aristocracia sacerdotal asentada en el templo, ninguno de los dos incidentes que reporta de los saduceos expresa alguna admiración. Primero, narra una historia acerca del rechazo del hasmoneo Juan Hircano hacia los fariseos, a favor de los saduceos, que ocurrió porque un saduceo llamado Jonatán enardeció la ira del príncipe hacia los fariseos. En esta historia, nos enteramos que los saduceos eran más severos que los fariseos para castigar a los delincuentes (*Ant.* 13.294). Josefo también indica que el rechazo de los saduceos hacia la tradición de los fariseos «de los padres», y la insistencia en cumplir solamente las leyes de Moisés, fue una causa de conflicto mayor entre los dos grupos (*Ant.* 13.297), pero que los saduceos solamente tenían el apoyo de «los adinerados». Repite estos puntos en *Ant.* 18.16-17, donde admite que aunque los saduceos incluyen a hombres de la más alta reputación, tienen que someterse al programa de los fariseos por el apoyo popular de estos últimos (18.17).

Aunque mucho de esto podría parecer agradable al aristócrata Josefo, los conflictos agudos con sus opiniones aparecen con la negación categórica de los saduceos, comparable a la epicúrea, de una vida eterna y con el rechazo del destino en favor del libre albedrío sin restricciones (*BJ* 2.164-65; *Ant.* 13.173; 18.16-17; cf. 10.277-81). Y cuando relata el segundo incidente que involucra a los saduceos, es notablemente hostil. Esa historia tiene que ver con la ejecución a pedradas de Santiago, hermano de Jesús, y de otros, después de la muerte en el cargo del gobernador romano Festo, pero antes de la llegada del nuevo gobernador Albino. El sumo sacerdote Anás, quien instigó los procedimientos, aparece como miembro de los saduceos que «cuando se trata de juicios, son salvajes en comparación con todos los demás judíos» (*Ant.* 20.199). Aunque Josefo en otra parte elogia la severidad de las leyes judías en contra de los delincuentes (*Ag. Ap.* 2.276-78), considera que todos los saduceos son demasiado crueles.

La literatura rabínica de los siglos III-VI d.C. contiene algunas referencias a los *ṣĕḏûqîm* (hebreo), cuya etimología es incierta. Los eruditos usualmente lo han entendido como cercano al gr. *Saddoukaíoi* y lo vinculan con la familia sumo sacerdotal, bíblicamente autorizada, de Sadoc (1 R 2.35; Ez 40.46), que perdió poder bajo Antíoco IV; sin embargo, esto presenta una dificultad lingüística en la doble *d* del griego, y no está claro por qué el sacerdocio no sadoquita perpetuaría ese nombre. El *ṣĕḏûqîm* rabínico generalmente aparece aliado con los misteriosos boetusianos (nombre griego) y en disputa con los sabios y/o los *pĕrûšîm*. Los *ṣĕḏûqîm* tienen su propia fecha para Pentecostés (*m.* Hag. 2.4; *Menaḥ.* 10.3) y leyes de pureza que difieren de las de la mayoría (*m. Yad* 4.6-7). Aunque aparentemente buscan encontrar fallas con las prescripciones rituales de los demás (*m. Para* 3.3), no aparecen como aristócratas adinerados en la literatura rabínica primitiva. Pueden estar tan aislados de «Israel» como los samaritanos (*m. Nidd.* 4.2).

La literatura rabínica primitiva sí preserva algún indicio de que la aristocracia sacerdotal (aunque no está identificada como saducea) se vio obligada a seguir las prescripciones de «los ancianos» (aunque no se les llama fariseos; cf. *M. Yoma* 1.1-7). Para la época del Talmud Babilonio del siglo VI, tenemos la afirmación explícita de que los principales sacerdotes saduceos tuvieron que seguir los decretos farisaicos (*b. Yoma* 19b). Pero esto es muy tarde y difícilmente útil para reconstruir las condiciones del siglo I.

Lawrence Schiffman ha sostenido que las pequeñas correspondencias entre las posiciones atribuidas a los *ṣĕḏûqîm* rabínicos, y las que sostenían los autores de una carta haláquica de Qumrán (4QMMT), sugieren que el grupo original responsable de los Rollos del Mar Muerto eran protosaduceos. Ambos grupos afirmaban lealtad a la línea sacerdotal de Sadoc. Esta opinión todavía no ha tenido amplia aceptación por los grandes desacuerdos entre las perspectivas de los autores de los Rollos (con fuerte énfasis en poderes espirituales, intervención celestial y juicio venidero) y los atribuidos a los saduceos en el NT y Josefo.

¿Qué puede decirse con confianza en cuanto a los saduceos? Parece que encontraron su apoyo en la aristocracia sacerdotal, aunque no todos los de ese grupo eran saduceos (de acuerdo al testimonio de Josefo). El rechazo de la tradición de la vida de los fariseos, de la vida eterna y de (por lo menos) una angeología o demonología elaboradas sería apropiado, ya que el Pentateuco no elabora esas perspectivas. Sin embargo, tuvieron que haber tenido una tradición interpretativa además de la Ley de Moisés. Cualquier forma que esa tradición haya tomado, ya sea oral o escrita, explícitamente reconocida o inconscientemente provista, tuvieron que haber tenido una, porque la misma Torá requiere de clarificación, si hay que vivir por ella. Las especulaciones en cuanto al preciso programa religioso de los saduceos, motivos, actitudes y plataforma política, o incluso su papel en la Revuelta Judía, hasta aquí, tienen que seguir siendo especulaciones por falta de evidencia confirmadora.

Bibliografía. S. Mason, «Chief Priests, Sadducees, Pharisees, and Sanhedrin in Acts» en *The Book of Acts in Its First Century Setting*, 4: *Palestinian Setting*, ed. R. Bauckham (Grand Rapids, 1995), 115-77; A. J. Saldarini, *Pharisees, Scribes, and Saducees in Palestinian Society* (Wilmington, 1988); E. P. Sanders, *Judaism: Practice and Belief, 63* B. C. E.*–66* C.E. (Philadelphia, 1992); L. H. Schiffman, *Reclaiming the Dead See Scrolls: The History of Judaism, the Background of Christianity, the Lost Library of Qumran* (Philadelphia, 1994); G. Stemberger, *Jewish Contemporaries of Jesus: Pharisees, Sadducees, Essenes* (Minneapolis, 1995).

Steve Mas

SAF (Heb. *sap̱*) (también SIPPAI)
Gigante que peleó por los filisteos. Fue derrotado por Sibecai el susatita en Gob (2 S 21.18). En 1 Crónicas 20.4 se le llama Sipai.

SAFÁN (Heb. *šāp̄ām*)
Jefe de la tribu de Gad que vivió en Basán, hijo de Abihail (1 Cr. 5.12).

SAFÁN (Heb. *šāp̄ān*)
1. Hijo de Azalía; escriba del rey Josías (2 R 22.9; 2 Cr. 34.15). Su abuelo Mesulam y tres de sus hijos —Ahicam, Elasa y Gemarías— también eran escribas (2 R 22.3, 12; Jer 29.3; 36.10). El rey Nabucodonosor nombró a Gedalías, nieto de Safán, gobernador de Judá después de la caída de Jerusalén (2 R 25.22).

Josías comisionó a Safán para que distribuyera los salarios a los trabajadores que estaban renovando el Templo de Jerusalén en 622 a.C. Cuando Safán estaba en el templo, los trabajadores descubrieron «el libro de la ley». El sumo sacerdote Hilcías le dio el libro a Safán, quien se lo leyó a Josías, quien rasgó su ropa al escuchar las palabras de la ley y ordenó a Safán y a otros que llevaran el libro a Hulda, la profetisa, para que verificara su autenticidad como palabra del Señor (2 R 22.13-20; 2 Cr 34.20-30). Entonces Josías instituyó reformas rituales para purificar la adoración a Jehová en el Templo de Jerusalén (2 R 23).

2. Padre de Jaazanías (Ez 8.11), uno de los 70 ancianos que Ezequiel vio en una visión que cometía hechos idólatras en el Templo de Jerusalén (vv. 10-12). Este Safán puede ser el mismo del No. **1** más arriba, pero si así es, Jaazanías se ha apartado de las creencias de su padre.

Nancy L. de Claissé-Walford

SAFAT (Heb. *šāp̄āṭ*)
1. Uno de los 12 espías israelitas enviados a Canaán, hijo de Hor, de la tribu de Simeón (Nm 13.5).

2. Padre del profeta Eliseo (1 R 19.16, 19-20; 2 R 3.11; 6.31).

3. Hijo de Semaías y descendiente de Zorobabel (1 Cr. 3.22).

4. Líder gadita que vivió en Basán, hijo de Abihail (1 Cr 5.12).

5. Hijo de Adlai; que tenía a su cargo el ganado de David «que estaba en los valles» (1 Cr. 27.29).

SAFIR (Heb. *šāp̄îr*)
Ciudad que probablemente estaba ubicada en la Llanura Filistea que se menciona en Miqueas 1.11, con otras ciudades distintas que Senaquerib destruyó a su paso por el suroeste, hacia Jerusalén. Miqueas parece que juega con los nombres de las ciudades, para hacer énfasis en la destrucción que llevó el enemigo. El hecho de que Senaquerib hubiera destruido Safir («reluciente» o «bella») aumenta su crimen. Quizás la palabra también sea un juego del Heb. *šôp̄ār*, y el profeta hace un llamado a los habitantes de Safir para que hagan sonar la alarma.

Richard A. Spencer

SAFIRA (Gr. *Sápphira*)
Esposa de Ananías (**1**; del aram. *šappîrāʾ*, «bella»). Juntos acordaron ocultar a la iglesia parte del dinero que obtuvieron de la venta de una propiedad, en tanto que afirmaron que lo habían llevado todo. Ya que esto implicaba una mentira en contra del Espíritu Santo, ambos cayeron muertos (Hch 5.1-10).

SAGE (Heb. *šāgēh, šāgēʾ*)
Ararita; padre de Jonatán, uno de los Treinta de David (1 Cr 11.34). El relato paralelo de 2 Samuel 23.32-33 dice: «Jonatán hijo de Sama el ararita» (LXX; cf. v. 1, «Sama hijo de Age, ararita»).

SAHARAIM (Heb. *šaḥărayim*)
Benjaminita que vivía en Moab, que tuvo una numerosa descendencia y que despidió a dos de sus esposas (1 Cr 8.8-11).

SAHAZIMA (Heb. K *šaḥăṣûmâ*, Q *šaḥăṣîmâ*)
Ciudad de la frontera del territorio tribal de Isacar (Jos 19.22). Se han sugerido varios sitios entre Tabor y Bet-semes.

SAL
Compuesto cristalizado, conocido químicamente como cloruro de sodio. Se utilizaba generosamente

en el clima árido del Cercano Oriente, donde el exceso de transpiración resultaba en la pérdida de las sales naturales del cuerpo. Para los habitantes de las tierras bíblicas, la sal (Heb. *mělaḥ*; Gr. *hálas, háls*) era necesaria para la vida (Sir 39.26). El Mar Muerto era una fuente principal de sal y se extraía tanto de las playas como de las montañas que lo rodeaban. Sofonías se refiere al foso de sal, que probablemente estaba ubicado en la región de Jebel Usdum, al sur del Mar Muerto (Sof 2.9). La sal del Mar Muerto no era la mejor, y la gente de Palestina a menudo compraba especies superiores de los comerciantes del norte.

La sal tenía una variedad de usos en la antigüedad, más frecuentemente como condimento común para sazonar una variedad de comidas (Job 6.6). Posiblemente hasta la comida animal era sazonada con sal (cf. Is 30.24). Como en todas las culturas antes de la tecnología de la refrigeración, la sal también se utilizaba como un preservante. Aparte del uso culinario, la sal se valoraba medicinalmente y se frotaba con ella a los bebés recién nacidos (Ez 16.4).

La sal era un elemento de la adoración israelita. La gente se aseguraba de que la sal se aplicara a cada ofrenda de granos como una señal del pacto (Lv 2.13). La sal también su utilizaba para «sazonar» algunos holocaustos (Ez 43.24; Josefo *Ant* 3.9.1). Se consideraba duradero un pacto que había sido sellado con sal (Nm 18.19; 2 Cr 13.5).

Los ejércitos antiguos utilizaban la sal como un agente de destrucción, y la derramaban sobre el suelo de los territorios conquistados (Jue 9.45). La tierra que se ha contaminado con sal llega a ser infértil (Job 39.6). Sin embargo, como un cambio irónico, la aplicación de sal que Eliseo hizo fue lo que proporcionó el antídoto para el agua dañina que impedía el crecimiento de plantas en Jericó (2 R 2.19-22).

El NT frecuentemente habla de la sal de manera figurada. Jesús se refiere a sus discípulos como «la sal de la tierra» (Mt 5.13); en tanto que algunos han visto esto como una referencia a la naturaleza «preservante» de la sal, en vista del énfasis en el sabor, es más posible que sea una referencia a su capacidad sazonadora. Colosenses 4.6 aplica la metáfora sazonadora a la forma de hablar de las personas. Si la sal pierde su cualidad distintiva, no tiene valor (Mr 9.50; Lc 14.34).

KEITH A. BURTO

SAL, MAR DE

Nombre que se le da al Mar Muerto (Heb. *yām hammelaḥ*) en el Pentateuco y Josué.

SAL, VALLE DE

Lugar de dos victorias militares israelitas sobre los edomitas, la primera durante el reinado de David (2 S 8.13; 1 Cr 18.12; Sobrescrito del Sal 60 [TM1]) y la segunda por Amasías (2 R 14.7; 2 Cr 25.11). Comúnmente se sugiere su identificación con el Wadi el-Milr (cf. Heb. *hammelaḥ*) al este de Beerseba, aunque debe prestarse atención a un lugar dentro de territorios que tradicionalmente se atribuyen a Edom.

RYAN BYRNE

SALAI (Heb. *sallay*) (también SALÚ)

1. Benjaminita posexílico que se estableció en Jerusalén (Neh 11.8).

2. Familia sacerdotal de la época del sumo sacerdote Joiacim (Neh 12.20), se le llama Salú (2) en el v. 7.

SALAMIS (Gr. *Salamís*)

Ciudad puerto importante de la costa oriental de Chipre, 5 km (3mi) al norte de Famagusta, cerca de la moderna Seryios. Según la tradición, Salamis fue fundada por Teucer después de la Guerra de Troya. La ciudad poseía un buen puerto y era la ciudad principal de Chipre durante el período romano, aunque Pafos, en la costa occidental, era la capital de Chipre. Bernabé, un nativo de Chipre (Hch 4.36), en el primer viaje misionero llevó a Pablo y a Juan Marcos a Salamis, donde comenzaron a predicar el evangelio en las sinagogas de la ciudad (13.5). En el segundo viaje misionero, Bernabé y Marcos se separaron de Pablo y regresaron a Chipre y posiblemente se instalaron en Salamis (Hch 15.39). La tradición afirma que Bernabé fue martirizado en Salamis en el año 61 d.C.

MARK R. FAIRCHILD

SALARIO

Cualquier forma de compensación económica recibida a cambio de mano de obra o la prestación de un servicio. Dicha compensación puede incluir refugio y provisiones, junto con la remuneración adicional, ya sea en especie o algún objeto de valor. Por lo tanto, Jacob iba a recibir una porción de ovejas de Labán a cambio de sus servicios de pastoreo (Gn 30.31-33). El uso del dinero, en forma de monedas, no surgió en la economía palestina antes del período persa, e incluso entonces no estaba muy extendida hasta el período helenístico. Antes de ese tiempo los salarios podrían ser recibidos en cantidades pesadas de metales útiles o valiosos, como el bronce o la plata.

La emergencia de los trabajadores asalariados dentro de una economía requiere progreso agrícola suficiente para la gente libre de la necesidad de satisfacer directamente sus necesidades de subsistencia. Sin embargo, una parte considerable de la población de trabajo asalariado en los tiempos bíblicos continuó trabajando en el sector agrícola, la prestación de servicios tales como la mano de obra agrícola (Mt 20.1-6; Lc 15.17) y el pastoreo (Jn 10.12). Otros asalariados incluyen equipos de pesca (Mr 1.20), soldados mercenarios (2 S 10.6; Lc 3.14), artesanos de la construcción (2 Cr 24.12), sacerdotes (Jue 18.4; Mi 3.11), profetas y videntes (Dt 23.4[TM 5]; 1 S 9.6-9), las nodrizas (Ex 2.9), y prostitutas (Gn 38.16-17; Mi 1.7).

El nivel de compensación que un asalariado recibía fue una cuestión de negociación, y era a menudo objeto de manipulación por parte de cualquiera de las partes en el acuerdo (Gn 30.31-43; 31.41; Mt 20.1-16). Un salario típico de un jornalero en Palestina durante el siglo I d.C., en general se toma como alrededor de un denario (Mt 20.2; cf. Ap 6.6, donde la gravedad de la hambruna se ilustra con los precios exorbitantes). Puesto que tales trabajadores dependían de su salario para su subsistencia, la ley mosaica estipulaba que los trabajadores debían recibir su salario diario (Lv 19.13; Dt 24.14-15). Los profetas denunciaron a los que pagaron un salario insuficiente o no pagaron a sus trabajadores de manera oportuna; algunos retenían los salarios por completo (Jer 22.13; Mal. 3.5; cf. Stg 5.4).

Las palabras hebreas *(śāḵār, pĕʿullâ) y* griega *(misthós)* para «salarios» se utilizan a menudo metafóricamente para referirse a las respuestas positivas y negativas tanto de Dios a la conducta humana, y así traducidos al español, en ciertos contextos, ya sea como «recompensa» respectivamente (p.ej., Is 40.10). Se dice que Dios provee salarios para aquellos que realizan algún trabajo en nombre de Dios (juicio, Ez 29.18-19; la difusión del evangelio, 1 Cor 3.8-9), y los niños son a veces vistos como la moneda de recompensa de Dios (Gn 30.18; Sal 127.3; Jer 31.15-16). La imagen de los salarios como el juicio divino es tal vez más claramente visto en la afirmación de Pablo de que «la paga del pecado es muerte» (Ro 6.23). El languaje de «salarios» o «recompensa de injusticia» también se usa en el NT algo más literalmente de la ganancia material de la conducta pecaminosa (Hch 1.18; Tit 1.11; 2 P 2.3).

TIMOTHY B. CARGAL

SALATIEL (Heb. *šĕʾaltîʾēl, šaltîʾēl*)
Hijo del rey Jeconías (Joaquín) de Judá, a quien Nabucodonosor llevó cautivo al exilio en 597 a.C. (1 Cr 3.17; Mt 1.12). No es el hijo de Neri, como lo afirma la genealogía de Jesús de Lucas (Lc 3.17; gr. *Salathiel*). Salatiel es más ampliamente conocido en la tradición bíblica como el padre de Zorobabel, el gobernador persa de la Judá posexílica, bajo las órdenes de Darío I de Persia (Esd 3.2, 8; 5.2; Neh 12.1; Hag 1.1, 12, 14; 2.2, 23). Sin embargo, en el listado del cronista de los descendientes de David, a Zorobabel se le llama hijo de Pedaías (1 Cr 3.19). El cronista pudo haber cometido un error, o podría haber combinado sus fuentes al identificar al gobernador Zorobabel con un primo que tenía el mismo nombre.

En el apocalipsis de Esdras, a Salatiel se le identifica con el escriba Esdras, que vivió alrededor de 100 años después (2 Esd 3.1). Esta identificación cumple con el propósito literario de ubicar a Esdras 30 años después de la destrucción babilonia de Jerusalén, por lo tanto asocia la época de Esdras con la del autor, treinta años después de que los romanos destruyeran Jerusalén.

RONALD A. SIMKINS

SALCÁ (Heb. *salká*)
Ciudad de la frontera oriental del reino de Og (Dt 3.10; Jos 12.5). Fue capturada por los invasores israelitas y entregada a los gaditas (1 Cr 5.11). Salcá probablemente fue un límite externo del territorio de Basán.

La ciudad es casi unánimemente identificada como la moderna Salkhad (311212), lugar construido sobre el cuello volcánico de un volcán extinto. Según una inscripción nabatea que se encontró en el lugar, fue capturada por el rey nabateo Malik en el año 17 d.C. y en esa época se le llamó Zalhad.

ZELJKO GREGOR

SALEM (Heb. *šālēm*)
La ciudad donde Melquisedec fue rey (Gn 14.18; cf. He 7.2). Se le identifica con Sión en Salmo 76.2(TM3) y, por consiguiente, con Jerusalén, una tradición que fue ampliamente generalizada en la antigüedad. Es probable que la antigua vocalización de Jerusalén fuera *yerûšālēm*. Los tárgumes Onkelos, Neofiti y

Pseudo-Jonatán aprueban la ecuación de Salém con Jerusalén al traducir «Salem» en Génesis 14.18 como «Jerusalén». De manera similar, el Génesis Apócrifo de Qumrán agrega la glosa en Génesis 14.18 como «Salem, es decir Jerusalén» (1QapGen 22.13).

Aun así, esta opinión no se sostenía con unanimidad. Una posible tradición divergente antigua se encuentra en la frase que se expresa ambiguamente en Génesis 33.18, traducida por la LXX «Y vino Jacob a Salem, ciudad de Siquem». Los tárgumes Onkelos y Pseudo-Jonatán interpretan *šlm* aquí como otro nombre de Siquem («Salem, la ciudad de Siquem»). Sin embargo, la frase también podría entenderse en la RVR60: «Jacob llegó sano y salvo a la ciudad de Siquem». Se ve otra tradición en Eusebio (*Onom.* 152), que iguala Salem con Salumias (Salim, Juan 3.23), a 12 km (7.5 mi) al sur de Scythopolis (antigua Bet-seán). A pesar de la poca evidencia, la mayoría de comentaristas aceptan la opinión que identifica a Salem con Jerusalén.

Dexter E. Callender, Jr.

SALIM (Gr. *Salím*)

Lugar cerca de Aenon, donde bautizaba Juan el Bautista durante la primera parte del ministerio de Jesús (Jn 3.23). Aunque se ha propuesto varios lugares al O del río Jordán, la ubicación es incierta.

SALIR Y ENTRAR

Una expresión de seguridad militar y felicidad.

En la estela de la victoria del faraón egipcio Mernefta (19ª Dinastía), la gente va y viene en libertad (*ANET,* 378). Un líder exitoso debe tener la libertad y capacidad «de salir y entrar» delante del pueblo (Dt 31.2; 2 Cr 1.10; cp. 1 R 15.17). En las bendiciones y maldiciones de Deuteronomio 28, la orden del par de palabras se invierte (Dt 28.6, 19). La combinación de palabras de «salir» y «entrar» cubre una amplia variedad de actividades. Se refiere a la libertad de moverse fuera de la puerta de la ciudad sin la amenaza de hostilidad. Este nivel de libertad militar era necesario a fin de cultivar cosechas con éxito fuera de las murallas.

Arnold Betz

SALISA (Heb. *šālišâ*)

Región por medio de la cual Saúl y un siervo pasaron cuando buscaban las asnas perdidas de su padre (1 S 9.4). Poco es seguro acerca de la ubicación de esta región. Baal-salisa (2 R 4.42), a medio camino entre la moderna Tel Aviv y Nablus, pudo haber estado ubicada allí.

SALMA (Heb. *śalmā'*) (también SALA; SALMÓN)

1. Según 1 Crónicas 2.11 (RVA y Biblia de las Américas), el padre de Booz. En otra parte el nombre aparece como Salmón y Sala.

2. Calebita, hijo de Hur, fundador («padre») de Belén (1 Cr 2.51) y Atrot-bet-joab; antepasado de los netofatitas, la parte zoratita de los manahetitas (v. 54), y posiblemente también de las «familias de los escribas» que se nombran en el v. 55.

SALMAI (Heb. *šalmay*) (también SAMLAI)

Antepasado de una familia de sirvientes del Templo que regresaron del exilio en Babilonia (Neh 7.48). Esdras 2.46 en la RVR Antigua registra una lectura variante: «Samlai» (Heb. *šamlay*).

SALMAN (Heb. *šalman*)

Nombre que aparece en una alusión a una batalla aparentemente muy conocida, en la que Bet-arbel fue destruida (Os 10.14). Entre las posibles identificaciones está Salmanaser V de Asiria que atacó Samaria en 722 a.C., Salmanasar III que invadió Israel en 841 y el moabita rey Salmanu, del siglo VIII, cuyo ataque a Galaad fue aproximadamente contemporáneo con Oseas.

SALMANASAR (Heb. *Šalmanʾeser; ac. šulmānu-ašarid)*

1. Salmanasar I, rey de Asiria 1274-1245 a.C.; hijo de Adad-nirari I. Conquistó Hanigalbat (el remanente de Mitanni), deportó a su población y doblegó a la confederación formativa de Urartu. Kalkhu (la Calah bíblica) fue fundada durante su reinado.

2. Salmanasar II (1031-1020), hijo de Asurnasirpal I.

3. Salmanasar III (858-824), hijo y sucesor de Asurnasirpal II, el primer gran rey y fundador del Imperio Neoasirio. Cuando Salmanasar sucedió a su padre, continuó con la política expansionista de su padre, pero concentró su atención en el norte y occidente. Las fuentes escritas de su reinado son numerosas, entre las que están la crónica epónima, textos analísticos y relieves con inscripciones complementarias.

4. Las campañas de Salmanasar en el norte se enfocaron en el reino de Urartu y penetraron la zona central de Urartu desde 856. En la última parte de su reinado condujo otras campañas asirias en la región, pero estas campañas fueron dirigidas por su *turtanu*, Dayyan-assur, y no por el mismo rey.

El avance de Salmanasar hacia occidente comenzó en su primer año de reinado. En algunas campañas sucesivas pudo doblegar a Bit-adini y la anexó al imperio asirio. Sus campañas al occidente del Éufrates fueron dirigidas, supuestamente, para establecer dominio sobre las rutas comerciales y establecer colonias comerciales en la región. En varias de estas campañas Salmanasar le hizo frente a coaliciones occidentales como la formidable coalición siro-palestina de 12 estados, dirigida por Hadadezer de Aram-Damasco e Irḫuleni de Hama. Acab de Israel también fue un participante importante de la coalición. Según sus anales, Salmanasar peleó contra esta coalición en 853, 849, 848 y 845. La primera de estas confrontaciones fue la batalla de Qarqar en 853, registrada detalladamente en la inscripción del Monolito Kurkh (*ANET*, 278-79). Con el norte de Siria firmemente bajo su control, Salmanasar concentró su atención en el centro de Siria, donde saqueó y quemó tres de las ciudades de Irḫuleni. Entonces avanzó en contra de la ciudad real de Qarqar en el Orontes. Después de la destrucción de esa ciudad, el ejército asirio se enfrentó con la coalición siropalestina. Según la inscripción asiria, se observa que Acab de Israel había proporcionado 2000 carrozas (más que cualquiera de los socios) y 10 mil soldados (cantidades que pretendían exagerar el tamaño militar del enemigo de Asiria, en tanto que también afirman su derrota devastadora). La falta de cualquier movimiento adicional del ejército asirio más allá de Qarqar pone en duda su espectacular afirmación; es más probable que la coalición pudiera frustrar el avance sirio en la región. Relatos de otras campañas (*ANET*, 279-80) reportan que Salmanasar se enfrenta con Hadadezer de Aram-Damasco, con Irḫuleni de Hama y con los 12 reyes del litoral y que logra derrotarlos. Sin embargo, esto es dudoso, porque no parece que haya podido avanzar más hacia occidente que apenas más allá del Orontes.

No fue hasta 841 que Salmanasar pudo establecer una presencia asiria fuerte en Siria-Palestina. En esta campaña en su 18º año, marchó más allá del Orontes y se encontró solamente con las fuerzas de Aram-Damasco. El relato de esta campaña menciona a Hazael y no a Hadadezer como rey de Aram-Damasco; no aparece Irḫuleni, que en textos anteriores es un colíder de la coalición, ni «los 12 reyes del litoral»; y ahora Tiro, Sidón y Jehú de Israel le pagan tributo. De aquí se puede inferir la disolución de la coalición, tal vez precipitada, por el cambio dinástico en Aram-Damasco. En otro texto de Salmanasar III, se refiere a Hazael como «el hijo de nadie», y no como descendiente de Hadadezer. Como otros estados, Tiro, Sidón e Israel evidentemente alteraron sus políticas extranjeras y se sometieron a los asirios. Hama pudo haber hecho lo mismo, por consiguiente, le dio entrada al ejército asirio a través de su territorio sin ninguna resistencia. Una campaña occidental final fue conducida en 838, principalmente para encargarse de Hazael de Aram-Damasco.

4. Salmanasar IV (782-773), hijo de Adad-nirari III. La mayor parte de su reinado fue dedicada a defenderse en contra de los usurpadores de Urartu.

5. Salmanasar V (726-722), hijo y sucesor de Tiglat-pileser III. 2 Reyes 17.1-6; 18.9-12 lo recuerda como el rey que sitió a Samaria, lo cual, según las crónicas babilonias, fue su único logro con alguna consecuencia. Quizás es el Salmán que se menciona en Oseas 10.14. Según 2 Reyes 17.3 Salmanasar dirigió una campaña en contra de Israel (probablemente al principio de su reinado), y Oseas se sometió y pagó tributo. Sin embargo, Oseas pronto se rebeló y envió representantes a Egipto para pedir ayuda (2 R 17.4a). En respuesta a la revuelta, Salamanasar lanzó otra campaña en contra de Samaria y arrestó a Oseas. Finalmente, los asirios invadieron Israel y pusieron a Samaria bajo sitio por tres años (2 R 17.5; 18.9). La ciudad finalmente cayó ante los asirios en 722-721 y segmentos de la población fueron exiliados a Asiria (2 R 17.6; 8.10-11). Han surgido preguntas en cuanto a si Salmanasar V fue responsable de la captura de Samaria y deportación de los israelitas, ya que 2 Reyes 17.5-6 no menciona al rey asirio por nombre. Un punto de vista sugiere que fue Salmanasar el que capturó a Samaria pero que su sucesor, Sargón II, deportó a los israelitas. Un segundo punto de vista sugiere que Salmanasar fue solamente responsable de atacar a Oseas, arrestándolo y deportándolo; fue Sargón II (el rey asirio que se menciona en 2 R 17.5-6) el que sitió a Samaria, la conquistó y deportó a los israelitas. Un tercer punto de vista, con base en la lectura directa de 2 Reyes 17.3-6, sostiene que solamente un rey asirio, Salmanasar V, se proyecta en todo.

Bibliografía. M. Elat, «The Campaigns of Shalmaneser III against Aram and Israel,» *IEJ* 25 (1975): 25-35; G. Galil, «The Last Years of the Kingdom of Israel and the Fall of Samaria,» *CBQ* 57 (1995): 52-

65; J. H.Hayes and J. K.Kuan, «The Final Years of Samaria (730-720 b.c.),» *Bibl* 72 (1991): 153-81.
Jeffrey K. Kuan

SALMÓN (Heb. *śalmôn*) **(LUGAR)**

1. Un monte en la vecindad de Siquem donde Abimelec y sus hombres cortaron madera para utilizarla para quemar la gente que se cerraron en barricadas en la «torre de Siquem» (Jue 9.48-49). Debe ser identificada con la pendiente del monte Gerizim o del monte Ebal, a pesar de que puede que sea un nombre alterno para cualquiera de estas dos cimas famosas.

2. Un monte mencionado en el Salmo 68.14 (TM 15). El contexto poético parece equipararlo con los «montes de Basán», que para la mayoría de los eruditos implica una localización al este del río Jordán, tal vez en la vecindad del monte Hermón. A pesar de eso, este pasaje puede referirse a la montaña cerca de Siquem (**1** arriba).

Wade R. Kotter

SALMÓN (LUGAR) (Gr. *Salmṓnē*)
Montículo que señala hacia el norte desde el extremo oriental de la isla de Creta, el moderno Cabo Sidero. Aparentemente, un viento del noroeste evitó que el barco que llevaba a Pablo, camino a Roma, se quedara cerca del continente asiático y que llegara a Cnidus, lo cual llevó a la decisión de navegar hacia Creta. El barco navegó «a sotavento de Creta» (i.e., a lo largo de la costa sureña de la isla), frente a Salmón (Hch 27.7).

SALMÓN (Heb. *śalmôn*) **(PERSONA)** (también ILAI)
Un ahohíta, y uno de los valientes de David (2 S 23.28). En 1 Crónicas 11.29 es llamado Ilai.

SALMÓN (PERSONA) (Heb. *śalmôn; Gr. salmṓn*) (también SALA, SALMA)
Judaíta, padre de Booz y antepasado de David y Jesús (Rut 4.20-21; Mt 1.4-5). En Rut 4.20 el nombre aparece como el Heb. *śalmâ*, en 1 Crónicas cmo 2.11 como Salma (**1**; *śalmāʾ*), y en Lucas 3.32 como Sala.

SALMOS DE SALOMÓN
Véase SALOMÓN, SALMOS DE

SALMOS, LIBRO DE
Llamado con frecuencia el himnario del Segundo Templo, el libro de Salmos ofrece una ventana a través del cual puede verse la respuesta del antiguo Israel a la presencia o no de Dios. Los 150 salmos en el TM dan voz a toda una gama de emociones humanas, a veces sublimes, pero en otros momentos vergonzosamente vengativas. Los salmos surgieron en la experiencia de la adoración; en ellos encuentran expresión tanto la oración individual como la alabanza comunitaria, así como la reflexión y la instrucción docta. No precisamente una «pequeña Biblia» como lo llamó Martín Lutero, el libro de Salmos se diferencia de la gran mayoría de los demás escritos bíblicos que alegan declarar la revelación divina a Israel.

La voz humana en los salmos resuena con la de los adoradores posteriores, cristianos y judíos, que han encontrado la manera de recitar los lamentos y los himnos durante el culto. Según la Mishná, los levitas recitaban un salmo específico cada día de la semana: el salmo 24 el domingo, el 48 el lunes, el 82 el martes, el 94 el miércoles, el 81 el jueves, el 93 el viernes, y el 92 el sábado. *M. Taʿan* asigna el salmo 102 a los días de ayuno; el 104 era utilizado por los cristianos en la fiesta de Pentecostés. El salmo 136 es el gran Hallel para los servicios del sabbat; y los salmos 113-118, el Hallel egipcio. Varios salmos son conocidos como salmos penitenciales (6, 32, 38, 51, 102, 130, 143), y el 79 es recitado en el muro occidental de la Ciudad Vieja de Jerusalén el viernes por la noche, el día 9º de Ab. La LXX y el Talmud asignan el salmo 93 a la víspera del sabbat, cuando Dios terminó la creación del mundo, y la tradición rabínica asocia al salmo 95 con un festival de Año Nuevo.

Inspirados por estos salmos bíblicos, adoradores posteriores escribieron los suyos. Uno de estos se convirtió, de hecho, en canónico, el salmo 151 de la LXX (incluido en los Códigos Sinaítico, Vaticano y el Alejandrino, que hace la observación de que este salmo está «fuera del número»). Un autor judío desconocido escribió dieciocho salmos en el siglo I a.C., que ahora son llamados los Salmos de Salomón. Los pertenecientes a la secta de Qumrán eran particularmente aficionados a los salmos. Además de escribir sus propios Hodayot, que incluían unos veinticinco salmos, dejaron atrás un gran número de salmos bíblicos. Fragmentos de 115 salmos han sobrevivido, junto con un rollo de pergamino (11QPs[a]) que contiene treinta y nueve salmos bíblicos; 2 Samuel 23.1-7 («una Declaración en Prosa de las Composiciones de David»); Eclo 51.13-30 («un

Apóstrofe a Sion»); los salmos 151, 154 («una Petición de Liberación»), 155; 149–150 es «un Himno al Creador». La cueva 11 proporcionó otro rollo con fragmentos de los salmos 141, 133, 144. Sin embargo, otra tiene salmos no canónicos, pero termina con el bíblico 91. En sitios cercanos (al sur de En-gadi, Masada) también se han encontrado textos hebreos de Salmos. Cuatro textos exegéticos tienen porciones de los salmos.

Uno de los más antiguos manuscritos hebreos, el Códice de Alepo, no tiene 15.1–25.2; entre los códices griegos, el Vaticano carece de 105.27–137.6 (añadido en el siglo XV); y al Alejandrino le falta 49.20–79.11. El orden en el TM difiere del de la LXX.

TM	**LXX**
1–8	1–8
9–10	9
11–113	10–112
114–115	113
MT	LXX
116	114–115
117–146	116–145
147	146–147
	148–150
148–150	151

La secuencia en la LXX se apoya en el hecho de que los salmos 9–10 fueron originalmente un solo salmo, pero la separación del 114 del 115 favorece el orden del TM. La LXX y el TM dividen ambos a un salmo en 42–43. La confusión se debe también a que el TM da como título del salmo el primer versículo. Algunas versiones en español siguen esta práctica, pero otras no.

Los primeros cristianos cantaban himnos, aunque no está claro si eran tomados del AT o compuestos por ellos mismos (cf. Mr 14.26; Hch 4.24; 1 Co 14.26; Ef 5.19; Col 3.16). Se calcula que el NT cita algunos salmos de memoria (cincuenta y cinco citas de 365 salmos), pero resulta difícil determinar el número real de citas. Escritores cristianos (p.ej., Clemente de Roma) citan con frecuencia salmos (cuarenta y nueve citas de treinta y dos salmos), al igual que la Didaché. El diálogo con Trifón, de Justino, contiene cuarenta y siete referencias a veinticuatro salmos.

El nombre de «salmos» se deriva del griego *psalmoi*, «cantos de alabanza» (En el Código Vaticano, el título de Salmos es *psalmoi;* el Sinaítico no tiene ningún título, pero termina con «*psalmoi* de David»). «Salterio» proviene del título (*psaltērion*) en el Alejandrino, e indica un instrumento musical, presumiblemente para acompañar el canto de los salmos. El TM no tiene un título, pero eso es típico de todos los libros del AT; al final del salmo 72 está la notación «aquí terminan las oraciones (*tĕpillôṯ*) de David». La literatura rabínica prefiere los términos *tĕhillîm* o *tillîm* («alabanzas») a las «oraciones» masoréticas. Juntas las dos –alabanza y oración– describen el contenido del Salterio.

Al igual que la Torá (Pentateuco), Salmos está dividido en cinco libros (1–41; 42–72; 73–89; 90–106; 107–150). Cada uno de estos libros concluye con una doxología (41.13[TM 14]; 72.19; 89.52[53]; 106.48; 150). En el Libro I, estrechamente asociado con David por medio de inscripciones, dominan los lamentos, pero la alabanza está a la vanguardia en los Libros IV y V. Los últimos cinco salmos están enmarcados por la expresión: «Aleluya», lo que indica que el libro de Salmos lleva a los adoradores de la aflicción a la acción de gracias, de la lamentación a la alabanza.

De los 150 salmos del TM, 116 tienen inscripciones. Prácticamente todos los salmos del Libro I tienen inscripciones que los vinculan con David. Las excepciones son 1, 2, 10 y 33, pero los dos primeros sirven de introducción a todo el libro de Salmos, mientras que los salmos 10 y 33 están vinculados con los salmos inmediatamente precedentes. El Libro II repite dos salmos del Libro I (53 y 14, 70, y 40.13-17[14-18]). Una característica inusual de los Libros II–III es su preferencia por el nombre divino de Elohim sobre el de Jehová, pero las inconsistencias son numerosas. Aunque Elohim aparece 244 veces, Jehová aparece cuarenta y cuatro veces, en los salmos 42–83. En el Libro I, Elohim se usa sólo cuarenta y nueve veces, y ocurre sólo setenta veces en los salmos 84–50. Con cuarenta y cuatro salmos, incluyendo al singular 119, el Libro V es el más largo de los cinco. El salmo 119, que es un acróstico alfabético, tiene ocho líneas que comienzan con las veintidós letras en secuencia del alfabeto hebreo. Además, cada línea tiene uno de ocho sinónimos de ley (excepto el 90, que tiene un noveno sinónimo, y el 122). Los salmos con acrósticos menos complejos son: 25, 34, 111, 112 y 145 (cf. el patrón irregular de 9 y 10, en el que cada segundo verso comienza con una letra del alfabeto en secuencia).

Los títulos de los salmos individuales van desde una sola palabra en el 98 (*mizmôr,* «un salmo») hasta un comentario extenso (p.ej., 18). Sólo treinta y cuatro salmos no tienen títulos (Libro I: 1 y 2, 10, 33; Libro II: 43, 71; Libro IV: 91, 93, 94–97, 99, 104–106; Libro V: 107, 111–119, 135–137, 146–150). Tal vez la invitación a alabar a Jehová funcionaba como el sustituto de un título en 111–113, 117, 135, 146–150. Trece títulos evocan acontecimientos especiales en la vida de David (3, 7, 18, 51, 52, 54, 56, 57, 59, 60, 63, 142). Otros cincuenta y cinco tienen una instrucción litúrgica específica, «al músico principal», mientras que otros se refieren a instrumentos musicales y a cosas desconocidas hasta ahora. Otros registran designaciones de género, tales como oración, alabanza, canto, *maskîl, miktām,* y *šiggāyôn.* En los Libros IV y V de los manuscritos de Qumrán, hay mucha variación en los títulos del TM. El término *mizmôr* acontece cincuenta y siete veces, y *selâ* («pausa») aparece en el texto de algunos salmos (se da también en salmos fuera del libro de Salmos, por ejemplo, en Habacuc 3.3, 9, 13; en 3.19 uno encuentra también: «Al jefe de los cantores, sobre mis instrumentos de cuerdas»).

La tendencia durante el período posexílico de atribuir los escritos sagrados a líderes reverenciados –el Pentateuco, a Moisés; la literatura sapiencial, a Salomón; los textos proféticos, como Isaías 40–66, a Isaías– llevó a la identificación de David como el autor de numerosos salmos. La atribución de los salmos a él en 2 Samuel 1.10-27; 22.2-51 (que también aparece como salmo 18), junto con la tradición de que él era músico (1 S 18.10; Am 6.5), estimuló a esta tendencia. La LXX lleva el asunto incluso más allá que el TM, al aumentar de setenta y tres a ochenta y cinco el número de salmos atribuidos a David. Aunque la palabra hebrea *lĕḏāwiḏ* no significa necesariamente la autoría de David, su intento parece haber sido ése en muchos casos. También podría sugerir que el salmo específico fue escrito para una colección en honor de David. Los miembros de la secta de Qumrán no dejaron ninguna duda en cuanto a su creencia; una nota afirma que David compuso 3600 salmos y 446 cantares, más cuatro para los afligidos, para un total de 4050 (cf. 1 R 4.32[5.12], un comentario semejante acerca de la fecundidad literaria de Salomón: 3000 proverbios, 1005 cantares).

No todos los salmos son atribuidos a David, o incluso que estén relacionados con él de alguna manera. Otras personas honradas de este modo son: Jedutún (39, 62, 77), Hemán (88), Salomón (72, 127), Moisés (90), Etán (89), y dos grupos musicales: los coraítas (42, 44– 49, 84, 85, 87, 88), y los asafitas (50, 70–83). Se dice que la familia de Asaf estuvo activa aún hasta las reformas de Josías (621 a.C.) y durante el tiempo de Esdras y Nehemías, casi dos siglos después.

¿Cuándo fueron escritos los salmos? Ciertas semejanzas con textos cananeos de Ugarit han sugerido una fecha temprana para los salmos 29; 82; 19.2-7, pero textos tardíos (cf. Daniel) muestran también afinidades con esta literatura. Las conexiones verosímiles con David hace que los salmos 2, 10 y 18 sean candidatos viables para el siglo X, o por lo menos implican una fecha durante la monarquía. Varios salmos reflejan interés por el norte, lo que ha llevado a algunos críticos a pensar que tuvieron su origen en el reino del norte, antes de su derrota a manos de los asirios en el 722. Otros salmos parecen dar por supuesto la existencia de una monarquía (p.ej., 2, 18, 20, 21, 45, 72, 89, 101, 110, 132 y 144). Rasgos lingüísticos apuntan a una fecha posexílica para los salmos 103, 117, 119, 124, 125 y 145. Su solo contenido ubica a 137 salmos en el período posexílico. Todo intento de fechar los salmos enfrenta grandes dificultades, porque su contenido es del todo indiferente a acontecimientos históricos, excepto los que tienen un propósito paradigmático (p.ej., el éxodo de Egipto).

La iglesia primitiva tuvo claro que los salmos eran expresiones personales de adoración en contextos históricos determinados. Este punto de vista prevaleció hasta el siglo XIX, cuando eruditos críticos comenzaron a enfatizar los géneros de salmos específicos, y a hacer hincapié en su origen congregacional. El trabajo pionero de Hermann Gunkel elevó la crítica de las formas a un lugar de honor, y este enfoque ha continuado hasta el presente. En esencia, distingue los siguientes tipos literarios: el lamento (tanto individual como comunitario); el himno de acción de gracias (individual y comunitario); los salmos de entronización de reyes; salmos sapienciales y de la Torá; las liturgias de entrada; la exhortación profética; y las formas mixtas. Los lamentos incluyen habitualmente palabras de apertura, la descripción del problema, la petición, la expresión de confianza, y una promesa. Los cánticos de acción de gracias contienen alabanza, la descripción de aflicciones pasadas, un testimonio, y una exhortación. Naturalmente, los salmos específicos varían de elementos, y con frecuencia es imposible distinguir entre un lamento y un canto de acción de gracias, lo que presupone la situación descrita en los lamentos, mientras que la expresión de confianza se asemeja a la acción de gracias. Por otra parte, algunas designaciones de género están basadas en el contenido; ese es caso de los salmos de la realeza, de los cánticos de Sion, y de los salmos sapienciales y de la Torá.

Los críticos de las formas intentaron clarificar el entorno social de salmos específicos. Por consiguiente, postularon festivales especiales (p.ej., el festival de entronización; el festival de la realeza de Sion; la ceremonia de renovación del pacto; los sermones litúrgicos). Se creía comúnmente que el festival de Akitu o Año Nuevo de la antigua Babilonia tenía una equivalencia en Judá, con la coronación anual del rey davídico. Para esta ocasión se cree que se utilizaban los salmos reales (p.ej., 2, 18, 20, 21, 72, 89, 101, 110, 132 y 144). Las liturgias de entrada habrían servido para preparar a los adoradores antes de entrar en el santo Templo (15, 24). Una boda real dio motivo para el salmo 45; la enseñanza didáctica o docta produjo muchos salmos (p.ej., 19, 119, 78, 89); y la exhortación profética produjo los salmos 50, 81 y 95. Los cánticos de Sion dieron voz al afecto por Jerusalén como el lugar de la morada divina (46, 48, 76, 84, 87 y 122). Se cree que otro grupo de salmos eran cantados cuando los peregrinos se dirigían a Jerusalén (120–134), o cuando los sacerdotes subían las escaleras dentro del templo.

Algunos salmos parecen guardar relación con personas en tiempos de extraordinario sufrimiento causado por una enfermedad, el ataque de ejércitos extranjeros, las calumnias, las prácticas mágicas, y otras cosas parecidas. Otros dan voz a expresiones de alegría privada y pública por la honra recibida. Las personas expresan sus emociones más profundas en la oración, a veces cerca del punto de desesperación, y otras veces apenas pueden contener su júbilo. La ubicación de escenarios precisos para todo esto solo ha dado como resultado vagas generalidades.

Por esta y otras razones, los intérpretes han comenzado a dar énfasis a la retórica de los salmos, su elocuente uso del lenguaje. Los avances en la comprensión de la poesía han singularizado numerosas características de los salmos. El equilibrio de unos dos puntos con otros dos puntos se logra a través de diversos medios, pero la preeminencia la tiene generalmente el quiasmo (la formación de una «X» al estructurar un poema de la manera siguiente: AB-B′A′). La repetición tiene lugar de varias maneras, p.ej., preguntas y respuestas; declaración y cita; una expresión de «mejor que»; A varía y B repite: abstracto y concreto; totalidad y sinécdoque; dos términos como un merismo; símil y realidad.

En algunos círculos académicos, la crítica retórica prácticamente ha reemplazado a la crítica de las formas, dando como resultado un énfasis especial en la repetición, el quiasmo, las inclusiones, la estructura y el lenguaje figurado. Si muchas de las características singularizadas de esta manera son el resultado o no de la intención del autor, eso es algo que todavía no ha sido establecido. Ese criterio se aplica especialmente al análisis de la estructura, con frecuencia el resultado de la lectura muy subjetiva, y a las inclusiones, que pueden ser accidentales, teniendo en cuenta las demandas repetitivas de la poesía hebrea, y el limitado vocabulario al alcance de los compositores.

No todos los intérpretes se centran en la estructura de un salmo particular. Algunos críticos examinan la macroestructura, con la esperanza de explicar la configuración general del libro de Salmos. Gerald H. Wilson ha argumentado que la colección completa de cinco libros ha sido organizada para mostrar de qué manera el pacto de Dios con David como rey fracasó, y cómo tomó su lugar el reinado de Jehová. Wilson cree que la presencia de los salmos reales al comienzo del Libro I (salmo 2), y en la conclusión de los Libros II y III (salmos 72 y 89), ilustra el paso de una relación íntima entre el rey y Dios, y su afianzamiento por medio de una ceremonia ritual, a la declaración de un desgarrador rechazo del pacto con David. El propósito de estos salmos (2, 72 y 89, en concreto) era documentar el fracaso del pacto davídico. El salmo inicial (1) hace hincapié en la relación con Dios, mientras que el 2 enfatiza la dimensión colectiva. Los libros IV y V se mueven en otra dirección completamente, mostrando que el verdadero hogar de Israel es Dios, el único gobernante confiable. El corazón del Salterio en cuanto a esta interpretación, está en el Libro IV. Este núcleo teológico aclara la verdadera naturaleza de la monarquía: una teocracia. El Libro V transfiere al pueblo las anteriores prerrogativas reales asociadas con David. El resultado es un triunfo atronador de alabanza escatológica. El Salterio define a la bienaventuranza (cf. 1.1: «Bienaventurado el varón que...» de maneras muy concretas, pero en el meollo de la definición está el concepto de confianza y refugio.

Otros intérpretes entienden la estructura general de los Salmos de manera diferente. Dos de estos puntos de vista merecen atención aquí: un movimiento del lamento a la alabanza, y un movimiento cada vez más litúrgico. El primero atribuye importancia a la orientación original de los lamentos, porque la alabanza no puede lograr su objetivo hasta que las personas religiosas hayan luchado con sus dudas y salido de ellas de la manera tan impresionante como se encuentra en el salmo 73. El segundo enfoque reconoce que los lamentos originales hacen hincapié en la humanidad de David y, por tanto, en la desaparición de su dinastía, pero reconoce la creciente importancia de los grupos litúrgicos (Libro III) y los eventos cultuales (peregrinaciones y festivales; Libro V: 120-134 para los peregrinos; 113 -118 para los tres grandes festivales). Significativamente, la palabra de inicio del salmo 1.1, *(ʾašrê)*, es más secular que *bārûḵ* («bienaventurado»). La exhortación final: «Aleluya», pertenece al discurso sagrado. Este salmo final (150) tiene diez *hallĕlûyāhs* (o *hallĕlûhûs*), o trece, si se cuenta la conclusión en el v. 6, y la apertura y la conclusión. Carroll Stuhlmueller sugiere que estos números concuerdan con el Decálogo y con los trece atributos de Jehová revelados a Moisés en Éxodo 34.6, 7, o con las trece veces que habló Dios en Génesis 1.

La rica dimensión teológica del Salterio se mantiene constante entre judíos y cristianos. Las metáforas en cuanto a Dios sirven en la adoración para transmitir profundos sentimientos de confianza y entrega. Los salmistas alaban a Dios como rey, juez, pastor, roca, porción, luz, guerrero, padre y labrador. Describen al pueblo en un rol de dependencia, como vid, árbol, oveja, aljaba y similares. Hacen diferencia entre el justo y el impío, prometiendo plenitud de vida al primero, y destrucción al segundo. Esos inicuos son comparados con la hierba, la paja y el polvo; en el lenguaje del salmo 1, sus raíces no tienen agua suficiente. Los pecadores prosperan –para gran disgusto de los salmistas– pero su prosperidad será breve. Unos pocos salmistas examinan a fondo las creencias tradicionales, y en un caso abren un camino nuevo, acercándose, por no decir que lo logran, llegar a creer en una vida más allá de la tumba (73).

El libro de Salmos es un depósito en el cual los poetas hallan inspiración para componer himnos, una práctica utilizada ya por los compositores de salmos, los cuales producían utilizando pasajes bíblicos (cf. 96, 97, 119, 135). Algunos salmos específicos han aportado lenguaje y también sentimiento para meditar en Dios y la ley; y un salmo (23) se ha convertido en un verdadero ícono en Estados Unidos. Otro salmo (46) es la base del himno de Martin Lutero: «Castillo Fuerte es Nuestro Dios». Los salmos pueden ser la respuesta de Israel a la manifestación que Dios hace de sí mismo, pero para muchos adoradores modernos, ellos representan la adoración auténtica. Los salmos sondean las profundidades de la desesperación por la que pasan muchos en un momento u otro, y elevan a alturas sublimes de adoración a la que aspiran las personas buenas. En resumen, con estos majestuosos salmos se aprende a orar.

Bibliografía. W. Brueggemann, *The Message of the Psalms* (Minneapolis, 1984); H. Gunkel, *The Psalms: A Form-Critical Introduction* (Philadelphia, 1967); W. L. Holladay, *The Psalms Through Three Thousand Years* (Minneapolis, 1993); H.-J. Kraus, *Psalms 1–59* (Minneapolis, 1988); *Psalms 60–150* (Minneapolis, 1989); J. L. Mays, *Psalms.* Interpretation (Louisville, 1994); P. D. Miller, *Interpreting the Psalms* (Philadelphia, 1986); S. Mowinckel, *The Psalms in Israel's Worship* (Nashville, 1962); C. Westermann, *Praise and Lament in the Psalms* (Atlanta, 1981); G. H. Wilson, *The Editing of the Hebrew Psalter.* SBLDS 76 (Chico, 1985).

JAMES L. CRENSHAW

SALOMÉ (Gr. *Salṓmē*)

Hermana de Herodes, hija de Antípater y Cypros.

Véase HERODES (FAMILIA) **5.**

Hija de Herodes (¿Filipo? No el Tetrarca) y Herodías, nieta de Herodes y Mariamme II.

Véase HERODES (FAMILIA) **12.**

Seguidora de Jesús que lo ministró en Galilea y viajó con él a Jerusalén (Mr 15.40; si Mt 27.56 es un paralelo, puede ser la madre de Jacobo y Juan, hijos de Zebedeo). Salomé, con las dos Marías, llevó especias al entierro de Jesús (Mr 16.1).

PETER RICHARDSON

SALOMÓN (Heb. *šĕlōmōh*)

Tercer rey de Israel, hijo de David y Betsabé. Fue una de las figuras más importantes de la historia y tradición bíblica, famoso por su sabiduría, riqueza y construcción del Primer Templo. Comprender su legado implica entender cómo los escritores bíblicos, intérpretes antiguos y eruditos modernos han interpretado su reinado.

Reyes

No es producto de la casualidad el hecho de que tanto los autores de Reyes como los de Crónicas le dediquen bastante atención a Salomón. La representación de Salomón en ambas historias es crucial para entender la actitud de cada obra hacia la monarquía en general y hacia la división en particular. En Reyes, el reinado de Salomón cae en dos períodos distintos: uno glorioso (1 R 1-10) y el otro desastroso (cap. 11). El ascenso de Salomón al poder ocurre durante el deterioro de David. Después de la aventura amorosa de David con Betsabé, el profeta Natán declara que la espada nunca se irá de la casa de David (2 S 12.7-12); David pasa el resto de sus años peleando con enemigos domésticos y extranjeros (2 S 13-20) y enfrenta un estado que se aproxima a la anarquía en sus últimos años (1 R 1:1ss). Irónicamente, como uno de los hijos menores de David, Salomón se beneficia de estos disturbios. No busca el trono de manera activa, pero se le bendice con él. Betsabé y Natán convencen a David de que ignore la primogenitura y que nombre a Salomón como su sucesor (1 R 1.15-35). Al ser instruido por su padre (1 R 2.2-9) y ungido por Sadoc y Natán (1.39-40), Salomón se moviliza rápidamente para suprimir cualquier desacuerdo (2.12-46). Salomón, entonces, puede enfocar sus talentos en proyectos comerciales, en la reorganización administrativa, en fortificaciones militares y en la construcción del Templo (1 R 3-10).

El deuteronomista describe el primer período del reinado de Salomón como una evolución: ascenso y consolidación, administración eficiente y sabia diplomacia, elogios internacionales y prosperidad sin límites. El sueño de Salomón en Gabaón introduce estos temas. Cuando el Señor le pregunta qué desea, Salomón humildemente pide «un corazón entendido para juzgar a tu pueblo, y para discernir entre lo bueno y lo malo» (1 R 3.8-9). Dios no sólo cumple el deseo de Salomón, sino que decreta que el «corazón sabio y entendido» será único entre sus predecesores y sucesores (1 R 3.12). Además, Dios está tan complacido porque Salomón no le pide larga vida, riquezas ni la vida de sus enemigos, que también decreta las riquezas y gloria sin precedentes de Salomón (1 R 3.13).

En Reyes, la sabiduría de Salomón toma muchas formas. La historia de las dos prostitutas confirma el talento jurídico de Salomón (1 R 3.28), en tanto que su reorganización nacional (cap. 4) revela sus talentos administrativos. Otras declaraciones describen la sabiduría de Salomón como enciclopédica o natural (1 R 4.29-34[TM 5.9-14]). No importa cuántas dimensiones tenga la sabiduría de Salomón, acumulativamente realzan su reputación única, dentro de Israel como más allá de Israel (1 R 4.30, 34[5.10, 14]). La sabiduría real contribuye al bienestar de la sociedad. 1 Reyes 4.20-25 (5.5) ilustra a Israel en términos idílicos. Salomón gobierna un imperio enorme, en tanto que su pueblo vive con seguridad y prosperidad (1 R 4.20; cf. v. 25[5.5]). La paz que Israel experimenta con Salomón cumple una de las promesas divinas que David recibió, particularmente que Israel disfrutaría del «descanso de todos tus enemigos» (2 S 7.10-11; 1 R 5.3-4[17-18]).

El descanso que Dios da a Israel, a cambio, crea las condiciones necesarias para el cumplimiento de otra promesa davídica: la construcción del Templo. Salomón, como muchos otros reyes del antiguo Cercano Oriente, saca provecho de las condiciones afortunadas de su reinado al emprender importantes proyectos de construcción. Ya que el autor considera la construcción del templo un logro importante en la historia israelita, dedica mucha atención a su construcción, mobiliario y dedicación (1 R 6.1-9.9). En la perspectiva deuteronómica, el Templo es el lugar de descanso final para el arca venerable (1 R 8.1-13). La oración de Salomón durante la dedicación, uno de los discursos más importantes de la historia deuteronómica, presenta al templo como un símbolo unificador en la vida de Israel, un lugar en el que la gente puede buscar a Dios en toda clase de aprieto (1 R 8.22-53). El autor no sólo vincula la culminación del Templo con las promesas davídicas, sino también con la ley de Moisés. Como un incentivo para la piedad, el Templo también es un incentivo para la obediencia a la Torá (1 R 8.58-60). Al considerar la asociación de los templos del antiguo Cercano Oriente con los reyes que los construyeron, no es de sorprender que la culminación del Templo de Jerusalén ocasionara un aumento en la admiración internacional hacia Salomón (1 R 10.1-10). El resumen de los logros de Salomón en 1 Reyes 10.23-24 explícitamente confirma su incomparabilidad. De la manera en que el sueño de Gabaón le promete a Salomón sabiduría, riqueza y gloria incomparables, así esta promesa se convierte en una realidad.

La descripción que el autor hace de una fase nueva y negativa en el gobierno de Salomón, establece la plataforma para toda su historia de las monarquías dobles. Salomón abandona el buen precedente que su padre estableció al construir lugares altos para sus muchas esposas, al adorar en estos lugares altos y al adorar a otros dioses (1 R 11.1-8). Las faltas de Salomón hacen enfurecer a Jehová, quien termina la paz de Salomón al levantar una serie de adversarios extranjeros en contra de él (1 R 11.14-25). Más importante aún, Jehová decreta la separación de las tribus del norte y recomienda la formación de un reino israelita (del norte) a cargo del siervo de Salomón, Jeroboam (1 R 11.11-13, 29-38; 12-15). Sin embargo, el desastre no es total. Debido a las promesas que le hizo a David (2 S 7.1-16), Jehová restringe su ira y deja a Judá bajo el gobierno davídico (1 R 12.1-24). El curso negativo que se inició con los pecados de Salomón permaneció sin resolverse por siglos. Solamente con las reformas del rey Josías (2 R 23.4-20) los pecados de Salomón finalmente son abolidos.

Crónicas

El Cronista se basa fuertemente en la representación de Salomón de Reyes. Sin embargo, crea su propia presentación distintiva por medio de omisiones, de reescritura y adiciones. Primero, describe la transición de David a Salomón como totalmente llana y bien planificada. No hay disturbios en los últimos años de David. Salomón no solamente fue elegido por David, sino también por Dios (1 Cr 28.6). David prepara a su hijo para la sucesión, le otorga una administración nacional y le proporciona un plan para el Templo (1 Cr 22-29). Segundo, el Cronista no hace tanto énfasis en la sabiduría de Salomón como el Deuteronomista. Tercero, no describe una segunda fase regresiva en el reinado de Salomón. Esto significa que Salomón disfruta de un reinado uniformemente productivo e intachable.

En Crónicas la consolidación de las instituciones importantes de Israel ocurre durante la Monarquía Unida. Salomón es el complemento perfecto para David. David une a Israel, consolida el reino, organiza una administración nacional para uso de Salomón y planifica la construcción del Templo. Como el sucesor designado de David, Sa-

Puerta de seis divisiones y pared con marcos de Gezer, representante de la extensa actividad constructora de Salomón. La bodega con pilares del fondo data de la dinastía omrida (L. T. Geraty)

lomón hace que estas esperanzas y designios den fruto. Enfoca mucho de su energía a construir y equipar el Templo y dotarlo de personal (2 Cr 2-4). Como en Reyes, el Templo se convierte en el centro de actividad de la vida nacional. Al igual que el Deuteronomista, el Cronista afirma la centralización del culto yahvista y la abolición de todos los demás cultos (Dt 12). Los sacrificios deben llevarse a cabo solamente en el Templo de Jerusalén y las oraciones deben ofrecerse en o hacia este lugar (2 Cr 5.5-6.42). Para esta parte, Dios promete que sus ojos estarán abiertos y sus oídos atentos a las oraciones ofrecidas en el Templo (2 Cr 7.15).

Después de la dedicación del templo, el reino de Salomón es todo glorioso. Se omite cualquier información que potencialmente contamine su reputación (p. ej. 1 R 9.11-16; 11.1-38). Salomón termina su reinado presidiendo un pueblo unificado y próspero, aceptando tributo de las naciones y recibiendo reverencia de otros reyes (2 Cr 8—9). El mandato de Salomón no está contaminado por el pecado ni por desgracias. Tiene éxito en todas las tareas que su padre le asignó (1 Cr 22.7-16; 28.6-10, 20-21). Al idealizar el reinado de Salomón, el Cronista realza el gran beneficio que el liderazgo davídico y el Templo pueden ser para el pueblo. En cambio, ya que todos los israelitas prosperan bajo David y Salomón, los que pudieran desviarse de esta norma serían sospechosos. Por consiguiente, el Cronista considera la separación del norte como subversiva desde el principio. El Cronista exonera a Salomón y culpa a Jeroboam (en gran parte) y a Roboam (un poco) por la división (2 Cr 10-13). Las promesas davídicas siguen aplicándose a todas las 12 tribus (2 Cr 13.4-12; cf. 1 R 11.11-13, 29-38). Aunque todavía considera al reino del norte como israelita, el Cronista no registra su historia independiente. Las instituciones normativas que se establecieron o confirmaron en el reinado de Salomón (el Templo, los sacerdotes y levitas y la dinastía davídica) encuentran su continuidad en Judá y Benjamín (2 Cr 11.1-4).

Primeros Intérpretes

Así como a David, «el dulce cantor de Israel» ya se le asocia en la antigüedad con la composición de los salmos, a Salomón, el sabio incomparable, se le asocia con la composición de la literatura sapiencial. Esta imagen ya se encuentra en las Escrituras Hebreas. Las diversas obras sapienciales como Proverbios (Pr 1.1), Cantar de los Cantares (Cnt 1.1) y Eclesiastés (Ec 1.1) están asociadas con Salomón. Los antiguos intérpretes judíos, cristianos y musulmanes ponen de manifiesto la sabiduría de Salomón (Eclo 47.14-17; Tg. Ec 2.4-6; Mt 12.42; Lc 11.31; Qur'an 27.15, 16, 81, 82; 31.11), aunque algunos también aclaman el esplendor del reinado de Salomón (1 Esd. 1.15; Mt. 6.29; Lc 12.27). Los primeros comentadores se interesaron mucho en el Templo de Salomón, sus dimensiones, construcción e importancia simbólica (Eclo 4.13; *Sanh.* 104b). Algunos también observaron la caída de Salomón en Reyes y la atribuyen a la influencia de sus esposas extranjeras (Neh 13.25-27; Eclo 47.19-21; *Sanh.* 2b, 20c, 21a; Tg. 1 R 11.4). El deterioro de Salomón, de esta manera, llega a ser un argumento en contra del matrimonio mixto. Pero la imagen dominante del legado de Salomón entre los antiguos intérpretes es la de un sabio preeminente y digno sucesor de David.

Historia

Hasta hace muy poco, la mayoría de los eruditos modernos veían el reinado de Salomón como uno de los períodos más seguros de la historia de Israel para la reconstrucción histórica. Asociaban el reino de Salomón con algunos desarrollos de la cultura material del antiguo Canaán. Los historiadores también hicieron una serie de correlaciones entre pasajes de Samuel y Reyes y los desarrollos internacionales conocidos por otras fuentes del antiguo Cercano Oriente. No se dice que Saúl ni David se hayan aventurado con muchos proyectos de construcción, pero de Salomón sí. Las obras públicas, en especial el Templo y su mobiliario, componen una porción considerable del reinado de Salomón (1 R 5.13[27])-7.51; 9.15-19, 24; 11.27; cf. 2 Cr 3.1-17; 4.1-5.1; 8.1, 4, 6, 11). Pero según 1 Reyes 9.15-19, Salomón también inició una cantidad de otras obras públicas: el *millô'*, el muro de Jerusalén, Hazor, Meguido y Gezer. También (re)construyó la Baja Bet-horón, Baalat y Tadmor (1 R 9.18; 2 Cr 8.4). Entre otras obras públicas están las ciudades de provisiones, ciudades de carros, ciudades de gente de a caballo y lugares en Jerusalén, en el Líbano y en todo el territorio de su dominio (1 R 9.17-19).

Los arqueólogos asociaron esas actividades de construcción con el surgimiento de la arquitectura monumental del siglo X a.C. Las excavaciones en tres de las ciudades que Salomón reconstruyó (Hazor, Meguido y Gezer (1 R 9.15-17) revelaron que los sistemas de defensa de estos lugares parecían exhibir patrones de fortificación casi idénticos. Los eruditos también señalaron un patrón general de urbanización de la Edad de Hierro: la reconstrucción y expansión de ciudades antiguas y el establecimiento de nuevas. En tanto que la Edad de Hierro I se caracteriza por un nivel bajo de planificación y una ausencia general de edificios públicos y fortificaciones, la construcción de varias ciudades amuralladas, edificios públicos y fortificaciones se considera que es un rasgo característico de la cultura material de la Edad de Hierro II.

Si las descripciones de la actividad de construcción de Salomón en Reyes parecían correlacionarse con la evidencia material, lo mismo puede decirse de las descripciones de las relaciones diplomáticas de Salomón en Reyes y de los restos epigráficos de este período. Una correlación de esas era la posibilidad de un fuerte estado regional davídico-salomónico en sí. La decadencia de estados grandes, como Egipto y Hatti, hizo posible que surgieran o se afirmaran estados menores. Los estudios que tratan de ubicar el reinado de Salomón más específicamente en el contexto de eventos internacionales se centraron en Egipto, un estado que figura prominentemente en el reinado de Salomón (1 R 4.21, 30[5.1, 10]; 8.51, 53, 65; 11.17-22, 40). Algunos trataron de corroborar la descripción del matrimonio de Salomón con una hija de faraón (1 R 3.1; 7.8; 9.16, 24; 11.1) con evidencias de epigrafía de que los matrimonios diplomáticos entre los miembros de la familia real egipcia y las familias reales de otros estados eran más comunes de lo que los eruditos lo habían admitido. De ninguna manera son menos importantes, en todas las comparaciones hechas con la historia egipcia, las evidencias que proporcionan las fuentes epigráficas y las excavaciones arqueológicas en cuanto a la invasión de Sisac. Se creía que la estela fragmentaria de Meguido, la inscripción del templo fragmentario de Karnak y la destrucción de varios lugares cerca del final del siglo X encajarían con las observaciones de la invasión de Sisac de 1 Reyes 14.25-26; 2 Crónicas 12.1-12. Se creía que el éxito de la invasión de Sisac confirmaría una decadencia en el destino de Israel y Judá.

Sin embargo, en años recientes algunos comentadores han desafiado la validez de esta reconstrucción general al cuestionar la fecha del siglo X de algunas de las fortificaciones pertinentes en Gezer, Hazor y Meguido. Otros han desafiado los vínculos que se hicieron entre la epigrafía y la Biblia. Por ejemplo, la falta de mención de Jerusalén y otros lugares judaítas en el relieve de Karnak se nombra como prueba de que Judá no era un estado en el siglo X. Es incierto qué efecto a largo plazo tendrá esta nueva discusión sobre la reconstrucción histórica. Por lo menos, indica que el legado de Salomón seguirá despertando un debate enérgico.

Bibliografía. L. K.Handy, ed., *The Age of Solomon.* SHANE 11 (Leiden, 1997).

Gary N. Knoppers

SALOMÓN, LIBRO DE LOS HECHOS DE

Libro al que se refiere 1 Reyes 11.41, y se cree que es una fuente importante para 3.1-11.40. No se puede determinar con seguridad lo que contenía este libro y qué se derivó de otras fuentes, pero la referencia tanto a obras como a sabiduría sugiere una variedad de materiales.

SALOMÓN, ODAS DE

Colección apócrifa de 42 odas o himnos, que data de finales del siglo I d.C. En tanto que, expectativamente, reflejan una fuerte relación con la teología judía del siglo I, las Odas de Salomón, sin duda alguna, son una colección cristiana, posiblemente de himnos cristianos antiguos. De ser así, este libro es la colección más antigua de himnos cristianos que se ha preservado.

Los textos disponibles son pocos, y no hay ningún texto completo en cualquier idioma. El manuscrito siríaco H es el más completo, con 3.1b-42.20, pero el manuscrito data del siglo XV. Algunas porciones de las Odas también sobreviven en griego y copto. Debido a que el idioma original es indiscernible, aunque probablemente sea griego o hebreo/arameo, el origen es igualmente difícil de determinar. Sin embargo, la fecha de 100 d.C. sugiere que se considere un centro importante del cristianismo, es decir, Antioquía o Alejandría.

Históricamente, las Odas ofrecen información importante sobre temas como la venida del Mesías, su conexión con los salmos de los Rollos del Mar Muerto, una relación con el Evangelio de Juan y la adoración cristiana primitiva. Las Odas, como himnario de los cristianos primitivos, revelan mucha teología de los primeros creyentes, no por medio de la narración o epístola, sino a través de la adoración y las canciones.

Bibliografía. J. Charlesworth, «Odes of Solomon,» *OTP* 2:725-71.

Marc A. Jolley

SALOMÓN, SALMOS DE

El salterio no canónico más importante. Al reflejar el disturbio de eventos políticos y religiosos del siglo precristiano inmediato, cuando los ejércitos romanos ocuparon Palestina por primera vez, proporciona la expectativa más detallada del Mesías judío antes de del NT.

El período entre 65 y 30 a.C. es el tiempo más probable de su composición original en hebreo. Después hubo una traducción al griego, quizás en Egipto, alrededor del cambio de siglo y una traducción posterior apareció en siríaco, aparentemente basada en ambos textos, hebreo y griego. Los Salmos de Salomón sobreviven en 11 manuscritos griegos y en cuatro manuscritos fragmentarios en siríaco, de los siglos X al sexto. No existe ningún texto conocido en hebreo. Aparece en varios listados canónicos de las Escrituras, entre los que está el catálogo del siglo V del Códice Alejandrino, y en listados canónicos de principios del siglo VI-X. Se han publicado más de 30 ediciones y traducciones desde 1626 al presente.

Varios salmos (1, 2, 8, y 15) son vívidas, aparentemente testigos, reacciones a los eventos de las décadas que rodean la ocupación romana de Palestina, desde la invasión de Pompeya en 63 a.C. hasta el gobierno de Herodes el Grande en 37 a.C. Otros salmos son más genéricos, con temas muy parecidos al salterio bíblico. Salmos de Salomón 17 es un himno mesiánico extenso, que describe la victoria que se anticipa y el reino del rey redentor que se espera, el ungido Hijo de David. Este «Señor Mesías» va a guiar al piadoso a una rebelión en contra de las fuerzas ocupantes, a la expulsión de influencias extranjeras y al desplazamiento de las administraciones corruptas del estado y del Templo. Va a establecer un estado judío independiente y santo al que las naciones extranjeras le jurarán lealtad. Los escritos más sediciosos, como Daniel y Apocalipsis, están ocultos con un vocabulario críptico, inocuo para los ojos de los extranjeros. Sin embargo, los Salmos de Salomón son un llamado abierto a la rebelión en contra del dominio extranjero y de la corrupción interna, aunque con la intervención divina. A menos de que se asegurara que los Salmos tuvieran una circulación estrictamente controlada, la comunidad fue temeraria o se inspiró por su creencia en una inminente intervención divina.

Por los títulos y la tradición, el salterio se le atribuye o dedica a Salomón, aunque no aparecen referencias a él dentro de los poemas en sí. La similitud entre el salmo más prominente (Sal de Sal 27) y el canónico Salmo 72, que ya se conocía como el «Salmo de Salomón», pudo haber impulsado la atribución editorial al que, a la par de David, disfrutaba de una reputación como poeta (1 R 4.32-34[TM 5.12-14]). Al igual que la mayoría de la antigua poesía hebrea, los salmos son de tipos mixtos. Debido a la inusual importancia de Jerusalén en los Salmos de Salomón, hay poca duda en cuanto a su origen. Varios autores y un editor/compendiador parecen haber participado en la composición.

Muy frecuentemente se ha asociado a los fariseos con el salterio, pero esa identificación ahora debe abandonarse. Otros eruditos lo han asociado con los hasidim, con los saduceos, con los esenios, o hasta con los cristianos. En tanto que pocos han sugerido al mismo Qumrán como el lugar del salterio, muchos han señalado similitudes con varios de los Rollos del Mar Muerto. Dentro del complejo de coaliciones religiosas que estaban activas durante este período, la mejor exactitud que podemos tener es decir que un grupo separatista de protestantes judíos mesiánicos del siglo I a.C. es el responsable del salterio.

Hay algunas indicaciones de una sinagoga como lugar de los Salmos de Salomón. La comunidad, aparentemente, adoraba lejos del Templo corrupto y se abstenía de los sacrificios despojados. La piedad se había convertido en un substituto del sacrificio, por lo que entonces los pecados se limpiaban por medio de la confesión y penitencia en «las sinagogas del piadoso» (17.16; 10.7), donde le daban gracias a Dios (10.6).

Al igual que en los profetas bíblicos y en el Qumrán, el salterio ve a Dios como alguien que usa poderes extranjeros para disciplinar a Israel. Hay tensión entre la soberanía de Dios y la decisión humana: los humanos no pueden hacer nada fuera del alcance del control de Dios, pero ellos mismos tienen poder para escoger el bien y no el mal.

Los Salmos de Salomón, que se escribieron durante el siglo de los comienzos del cristianismo, iluminan el escenario de fondo de los Evangelios. Especialmente en Salmos de Salomón 17 y 18 estos poemas muestran cómo la desilusión con el estado y el Templo ha aumentado y han surgido las esperanzas de una intervención divina. El término «mesías», que frecuentemente se utiliza para personas del pasado y el presente, ahora específicamente tiene que ser un descendiente de David (una amonestación para los gobernadores hasmoneos), un futuro rey ideal que restaurará a Israel a un futuro glorioso.

Este Mesías Señor no es un ser sobrenatural. Sin embargo, no tendrá pecado y tendrá un «pueblo santo» a quien «guiará en justicia». Al utilizar lo que pudo haber sido una terminología cada vez más común de la época, la persona justa es una «descendencia amada» (13.9) y un «primogénito» (18.4). Estos santos son «corderos inocentes» (8.23), entre los pecadores. El Mesías llevará la «salvación del Señor» a Israel para siempre (12.6).

Con el título Mesías Señor, estos salmos vinculan por primera vez los conceptos de «Mesías» y «Señorío», hacia un concepto nuevo que está disponible en el ambiente religioso contemporáneo, que Lucas utiliza como título de Jesús (Lc 2.11), y que el NT desarrolla dentro de la imagen de «Cristo el Señor», un tema central en el desarrollo de la cristología del NT.

Bibliografía. K. Atkinson, «Herod the Great, Sosius, and the Siege of Jerusalem (37 b.c.e.) in Psalm of Solomon 17,» *NovT* 38 (1996): 313-22; G. Ward, *A Philological Analysis of the Greek and the Syriac Texts of the Psalms of Solomon* (diss., Temple University, 1996); R. B.Wright, «The Psalms of Solomon,»*OTP* 2:639-70; *The Psalms of Solomon: A Critical Edition of the Greek Text* (forthcoming); «The Psalms of Solomon, the Pharisees and the Essenes,» *1972 Proceedings,* ed. R. A. Kraft. SBLSCS 2 (Missoula, 1972): 136-54.

ROBERT B. WRIGH

SALOMÓN, TESTAMENTO DE

Relato pseudoepígrafo, al estilo hagádico, de cómo el rey Salomón construye el Templo de Jerusalén. Escrito originalmente en griego koiné entre 100 y 300 d.C., no es fácil discernir propósito de la historia. Está completo con historias de demonios, ángeles, hechizos mágicos y astrología. En tanto que la narración parece sobrecargada de esas historias, el propósito del Testamento parece ambiguo. El hecho de que alrededor del siglo III el Templo no fuera importante para los cristianos lleva a cuestionar la importancia.

Quizás el texto está diseñado para ser una «terapia de narración» para los problemas humanos (fragilidad humana, enfermedad, muerte). También, al mantenerse con la larga tradición de los textos salomónicos (Proverbios, Cantares, Eclesiastés, Sabiduría de Salomón, Odas de Salomón, Salmos de Salomón), este texto puede testificar más en contra de la persona que, al igual que Salomón, prefiere los placeres físicos y los deseos y no a Dios. Cualquiera que coloque a Dios primero encontrará «gracia para siempre» (T Sal 26.8).

Históricamente, el texto es una mina de información antigua en cuanto a demonología, angelología, magia, dualismo y cosmología. Pero, por todo esto, existe el hecho curioso de que no solamente no se habla de la fe después de la vida, sino que ni siquiera hay indicio de ella. Solamente existe el *ahora.* Sin embargo, el texto es un recurso valioso para comprender la religión al principio del cristianismo.

Bibliografía. D. C.Duling, «Testament of Solomon,» *OTP* 1:935-87.

MARC A. JOLLEY

SALTAMONTES

Insecto del orden *Orthoptera,* representado por dos familias: los acrídidos de cuernos cortos y el *Tettigonidae* de cuernos largos. Frecuentemente confundido con la langosta, el saltamontes es un insecto relativamente solitario, carente de las características gregarias de las langostas. Sin embargo, algunos saltamontes de cuernos cortos podrían exhibir una fase gregaria, tiempo en el cual apropiadamente se les llama langostas.

La Biblia contiene solamente unas cuantas referencias a los verdaderos saltamontes, todos dentro del AT. El término hebreo general para saltamontes es *ḥāgāḇ*. El Talmud utiliza este término para referirse a cualquier especie de saltamontes de cuernos cortos, pero también puede designar a una langosta gregaria (2 Cr 7.13; posiblemente también Ecl 12.5). El *ḥāgāḇ* se enumera como una de las cuatro excepciones de la prohibición en contra de comer insectos alados que andan en cuatro patas (Lv 11.20-22). El *ḥāgāḇ* es aceptable como comida, porque también tiene un par de patas articuladas que se usan para saltar. Por la misma razón, el *solʿām* y el *ḥargōl* también se enumeran como saltamontes comibles. El *solʿām*, que generalmente se traduce como «langosta calva», es un saltamontes de cuernos cortos de la subfamilia *Tyrxalinae.* Según el Talmud, el *ḥargōl* puede referirse a cualquier especie de *Tettigonidae* de cuernos largos. La cuarta excepción de la prohibición alimenticia es el *ʾarbeh*, la langosta común del desierto.

Véase Langosta

RONALD A. SIMKINS

SALTERIO
Nombre del libro de Salmos

SALTERIO
Instrumento musical que probablemente tenía un cuello largo, cabeza, dos o tres cuerdas y una forma triangular. El Heb. *šālîš* (1 S 18.6) es interpretado por algunos como «laúd»; su nombre (del Heb. *šālôš*, «tres») alude a sus tres cuerdas.

En este pasaje, las mujeres israelitas tocaron estos instrumentos juntamente con panderos (pandereta) en conmemoración de la muerte de Goliat por manos de David. El laúd no era un instrumento que se usaba en el culto del templo. El término hebreo corresponde a Acad. Šalaštu, un instrumento con un cuello largo, similar a la del banjo moderno. Las representaciones de esos instrumentos son conocidas en pinturas de la tumba egipcia y en un relieve en Carquemis; no hay ejemplos conocidos de Palestina. Aunque la RVR traduce el Heb. *nēbel* y *ʿāśôr* como laúd (Sal 150.3; 92:3 [TM 4], respectivamente), estos instrumentos eran probablemente arpas con más de tres cuerdas (Heb. *ʿāśôr*, «diez»).

Jennie R. Ebeling

SALU (Heb. *sālûʾ*)
Jefe de familia de la tribu de Simeón, cuyo hijo Zimri, en compañía de una madianita, fue asesinado por Finees (Nm 25.14).

SALÚ (Heb. *sallûʾ, salluʿ, sallû*)

1. Benjaminita posexílico que vivió en Jerusalén (1 Cr 9.7; Heb. *sallûʾ*; Neh 11.7; *salluʿ*).

2. Familia sacerdotal posexílica (Neh 12.7; Heb. *sallûʾ*), probablemente es la misma que Salai (**2**) del v. 20.

SALUM (Heb. *šallûm, šallūm*) (también MESULAM, SILEM)

1. Rey de Israel que derrocó a Zacarías y que terminó con la dinastía de Jehú (2 R 1.10, 13). Su reinado de un mes, alrededor de 750 a.C., señaló el inicio de un período de caos que llevó a la caída del reino del norte ante Asiria en 722. Oseas habla tanto de la caída de la casa de Jehú (Os 1.4) como de semejantes asesinatos (7.7), y el mismo Salum pronto fue derrotado por Manahem, que ya pudo haber sido un rival cuando Zacarías fue asesinado.

No se sabe nada de los antecedentes de Salum. La identificación «hijo de Jabes» puede ser geográfica y no una designación patronímica, que indica que el golpe de estado que se le dio a Zacarías (y a Samaria en general) comenzó en Transjordania (cf. Peka, que era de esta área).

2. Esposo de Hulda, la profetisa (2 R 22.14), e hijo de Ticva. 2 Crónicas 34.22 lo identifica como el hijo de Tocat (LPD).

3. Descendiente de Judá, hijo de Sismai y padre de Jecamías (1 Cr 2.40-41).

4. Cuarto hijo de Josías (1 Cr 3.15) que sucedió a su padre en el trono de Judá en 609 (Jer 22.11). Se puso el nombre de Joacaz cuando ascendió al trono (2 R 23.30; 2 Cr 36.1). Reinó por tres meses, cuando el Faraón Necao lo depuso y lo sacó de Jerusalén (2 R 23.33-34), quien lo reemplazó con su hermano Eliacim (Joacim).

5. Descendiente de Simeón, hijo de Saúl y padre de Mibsam (1 Cr 4.24-25).

6. Hijo de Sadoc y padre de Hilcías, enumerado entre los descendientes de Leví, a través de Coat, Amram, Aarón y Eleazar (1 Cr 6.12-13[5.38-39]). Esdras 7.2 lo incluye en la genealogía de Esdras. Se le llama Mesulam en 1 Crónicas 9.11.

7. Hijo de Neftalí (1 Cr 7.13), a quien se le llama Silem en Génesis 46.24; Números 26.49.

8. Jefe de los porteros y descendientes de los coreítas, que se enumeran en 1 Crónicas 9.17-19 de los que volvieron primero de Babilonia. Esdras 2.42 = Nehemías 7.45 enumeran a los porteros como «hijos de Salum» (y otros). Según 1 Crónicas 9.19, Salum tuvo el importante puesto en la Puerta del rey que estaba al oriente, por la cual el rey entraría al Templo (Ez 46.1-2).

9. Padre de Ezequías, líder efraimita que se opuso a la subyugación de los cautivos judíos que fueron capturados en el ataque siro-efraimita en Jerusalén (2 Cr 28.12).

10. Uno de los porteros levíticos que, en la comunidad posexílica, se les requirió que se divorciaran de sus esposas extranjeras (Esd 10.24).

11. Uno de los hijos de Bani, que se enumeran en Esdras 10.42, que se había casado con esposa extranjera en la época de Esdras.

12. Hijo de Haloes, alto funcionario de distrito en Jerusalén que con sus hijas ayudó a reparar el muro de Jerusalén en la época de Nehemías (Neh 3.12).

13. Hijo de Colhoze, gobernador de Mizpa, que ayudó a reparar el muro y las puertas de Jerusalén en la época de Nehemías (Neh 3.15).

14. Padre de Maasías, portero del Templo cuando Jeremías llevó a los recabitas allí como una lección objetiva acerca de la obediencia (Jer 35.4).

15. Tío de Jeremías (Jer 32.7), cuyo hijo, Hanameel, vendió a Jeremías el campo que estaba en el pueblo de su familia, Anatot.

ANDREW H. BARTELT

SALVACIÓN, SALVAR, SALVADOR

Liberación de Dios de un pueblo o individuo de una situación amenazante, de la que ese grupo o persona no puede rescatarse a sí mismo. La situación amenazante puede variar, desde opresión política, acusaciones injustas, desastre militar, trabajo difícil o enfermedad física a una consecuencia espiritual de comportamiento pecaminoso o experimentación de la ira de Dios. El agente de salvación puede ser un liberador humano, rey o juez; sin embargo, claramente es Dios quien proporciona el agente, y es únicamente Dios el que en última instancia salva.

La salvación es el tema de mucho de la Biblia. En la vida del pueblo hebreo, Dios es el que salva de la opresión, problemas o destrucción. Esta convicción se expresa a través de una variedad de términos, aparte de la palabra «salvación» (Heb. *hôšîaʿ* o términos relacionados del verbo *yāšaʿ*): *hiṣṣîl* («sacar a alguien de problemas»), *ʿāzar* («ayuda»), *gāʾal* («volver a comprar», «vindicar» o «redimir»), *pādâ* («rescate»), *pālaṭ* («llevar a un lugar seguro, ocasionar un escape, rescatar»). Esa liberación es la obra misericordiosa del propósito salvífico, propio de Dios para Israel y no depende de los méritos de la gente.

El Heb. *yāšaʿ* también puede describir la ayuda que los seres humanos se ofrecen mutuamente (2 S 10.11). Sin embargo, aún en las áreas de actividad humana, la obra de Dios es evidente (1 S 23.2-5; Jos 10.6-11). De esta manera, la fe de Israel expresaba sus experiencias en la guerra como la salvación de Dios (p. ej. Jue 6-7) y a través de la instancia humana en el proceso jurídico (Dt 22.25-27). Hasta el rey tiene que ser «salvador» (*môšîaʿ*) del indefenso (p. ej., 2 S 14). Dios proporciona agentes humanos cuyas responsabilidades incluyen la elaboración de justicia o rectitud para dar lugar a la salvación de alguien que lo necesita.

La afirmación de fe del AT es que Israel ya ha experimentado, y aún anticipa, la salvación prometida de Dios dentro del círculo de la historia. La experiencia paradigmática de la salvación de Israel es el evento del Éxodo, liberación que Dios hace de su pueblo de la esclavitud en Egipto. Cada generación nueva recita estos eventos en una confesión de fe que no simplemente recuerda los hechos históricos, sino que permite a cada generación a que participe de nuevo en el evento (Dt 6.21b-23).

En su adoración, Israel generalmente recitaba detalladamente sus experiencias de la salvación de Dios dentro de sus eventos históricos (p. ej. Sal 105). Otros Salmos dejan claro que Israel conceptualizaba que otros eventos históricos revelaban el propósito salvador de Dios para Israel. Salmos 72.12 recita la creación como un hecho histórico y salvífico de Dios. El Salmo 136 extiende el rango de estos eventos desde la creación, a través de su paso por el desierto, hasta la posesión de Israel de la Tierra Prometida. El Salmo 107 habla de la obra redentora de Dios en términos generales, de manera que la obra salvadora de Dios hacia el que vaga en el desierto, el prisionero, el enfermo y el náufrago también esté disponible en el presente para los que moran en Israel.

La salvación de Dios es la recepción de su amor firme (*ḥeseḏ*) y paz (*šālōm*) en la vida de la nación y del individuo (Sal 29.11; 55.18[TM 19]), aun en medio de problemas. La salvación se expresa no solamente en la liberación de cautividad, sino también en el perdón de pecados (Sal 85), que se caracteriza no solamente con la manifestación de la bondad amorosa y paz de Dios, sino también en la justicia (*ṣeḏeq*) y verdad (*ʾemeṯ*) de Dios.

La experiencia de salvación tiene una naturaleza tanto comunal como individual. Esta comprensión bipolar de la salvación, y la tensión resultante, se mantiene a lo largo de la Biblia. Sin embargo, el AT da evidencia de un cambio en el énfasis de la naturaleza colectiva de salvación a la salvación del individuo que se mantiene en el NT. Este cambio parece haber sido acelerado por la experiencia del exilio. Tanto Jeremías como Ezequiel enfatizan la naturaleza individual del arrepentimiento y del perdón (Jer 31.29; Ez 28.2b). Esto no es para negar la naturaleza comunal de la fe, sino para asegurar que los individuos reconozcan su responsabilidad personal en lugar de culpar a otros. Sin embargo, ese énfasis dio paso a enfocarse en la experiencia personal de la salvación, como frecuentemente se expresa en el salterio (p.ej., Sal 88.1-3[2-4]).

Tanto en la literatura profética como en la literatura apocalíptica emergente, la salvación de Dios se proyectaba cada vez más al futuro. Aun desde que los patriarcas de Génesis recibieron las promesas, siempre hubo un elemento futuro en la naturaleza de la salvación, pero las promesas nunca se cumplieron totalmente. La restauración había alimentado la esperanza de una época de salvación, que iniciaría con un templo nuevo y todas las naciones le darían tributo a Israel (Is 49; Zac 2). Pero Hageo y Malaquías indican que la restauración del pueblo para Israel y la reconstrucción del templo llevaron a decepción y desilusión. Por lo tanto, los hechos salvíficos finales de Dios se colocaron en el futuro, con metáforas de salvación aún más radicales: un cielo nuevo y una tierra nueva (Is 65). En tanto que profetas anteriores habían visto la salvación de Dios como un evento futuro dentro de la historia (Os 2), los escritos bíblicos después de la Restauración avanzan hacia el simbolismo apocalíptico, hasta que la salvación finalmente se expresa totalmente en el ámbito de la eternidad, después de la resurrección de los muertos (Dn 12; Is 26.19). Estos conceptos siguen desarrollándose en la literatura intertestamentaria (p. ej. Enoc, 2 Esdras, el Apocalipsis de Baruc y la Asunción de Moisés), y su influencia se siente en el NT.

La contribución del NT para la comprensión de la salvación está en su testimonio de Jesús, el Cristo (Mesías), el Salvador (gr. *sōtḗr*) del mundo (Jn 4:42; Lc 2.11). Jesús (del Heb. *yāša'*, «salvar») nació para salvar a su pueblo de sus pecados (Mt 1.21). Es Jesús, y solamente Jesús, el agente de la salvación de Dios (Hch 4.12).

El NT habla de salvación como liberación de peligro físico como enfermedad, deformidad, posesión demoníaca, muerte o del «malo», así como liberación del pecado. La salvación incluye un interés por las necesidades terrenales de la gente, como se evidencia en los milagros de Jesús, así como en las enseñanzas de Santiago y 1 Juan, pero su enfoque principal es de naturaleza más espiritual. La salvación significa entrada al reino de Dios, o al reino de los cielos. Jesús estaba interesado en dar vida abundante a la persona total (Jn 10.10). Esta vida en el reino es vida dentro del reino de Dios, que en realidad es presente, pero permanece futura en su realización completa (cf. Ro 8.1, 9). Esta realidad presente de la salvación es la experiencia proléptica del creyente de la vida eterna en la presencia de Dios, por medio de la fe en Jesucristo, el Señor crucificado y resucitado.

El NT también está informado de la naturaleza comunal de la salvación. La Iglesia, y no solamente los individuos, fue el objeto del amor salvador de Cristo, como se demostró en la cruz (cf. Ef 5.25-27).

El NT, al igual que el AT, da testimonio de la naturaleza esencialmente escatológica de la salvación. La salvación todavía tiene que realizarse completamente en la vida de los creyentes. Jesús habla de un final de la historia y de la venida del Hijo del Hombre, la obra salvadora final de Dios (Mr 13.27). Pero ni Jesús afirma saber cuándo vendrá este «día del Señor». Es el libro de Apocalipsis el que da la expresión más grande al concepto de que la salvación final de Dios será revelada en una etapa más allá de la historia, más allá del tiempo y más allá de esta tierra (Ap 21-22). Ese día será uno en el que la salvación de Dios estará disponible para todo el mundo (Mt 28.19-20; Ef 1.9-10; Fil 2.9-11; Col 1.20). Este alcance universal del amor de Dios no era desconocido para el AT (cf. Gn 12.3; Is 19.24-25; Ez 29.9). Sin embargo, es el NT el que le da a la salvación su alcance más amplio, su motivación más grande y su medio único (Jn 3.16).

Gary W. Light

SALVAR, SALVADOR

Véase Salvación, Salvar, Salvador

SAMA (Heb. *šāmā'*)

Hijo de Hotam el aroerita; uno de los Valientes de David (1 Cr 11.44).

SAMA (Heb. *šammā'*)

Aserita, hijo de Zofa (1 Cr 7.37).

SAMA (Heb. *šammâ) (también SIMEA, SAMOT)*

1. Descendiente de Esaú, y jefe de Edom (Gn 36.13, 17; 1 Cr 1.37).

2. Tercer hijo de Isaí, hermano mayor de David y padre de Jonadab (1 Sam 16.9; 17.13). También se le conoce como Simea (1; 2 Sam 13.3, 32; 1Cr 2.13; 20.7).

3. Uno de los miembros principales de los Treinta Valientes de David, hijo de Age el ararita (2 S 23.11-12, 33; cf. 1 Cr 11.34).

4. Sama de Harod, uno de los Treinta Valientes de David (2 S 23.25); conocido también como Samot (1 Cr. 11.27).

John R. Huddlestun

SAMAI (Heb. *šammay)*

1. Judaíta, hijo de Onam y padre de Nadab y Abisur (1 Cr. 2.28).

2. Judaíta, hijo de Requem y padre de Maón (1 Cr 2.44-45).

3. Hijo del judaíta Mered y Bitia la hija de Faraón (1 Cr. 4.17)

SAMARIA (Heb. *šōmrôn;* Aram. *šāměrāyin;* gr. *Samáreia)*

Región

Aunque nunca se delinea explícitamente en el AT, la región de Samaria incluía principalmente los territorios montañosos al sur de la Baja Galilea y del Valle de Jezreel (debajo de la línea Monte Carmelo-Monte Gilboa), al oeste de los valles de Bet-sán y el río Jordán y al este de las llanuras de Sarón y Aco. La frontera del sur fluctuaba con las vicisitudes políticas que había entre el norte y el sur (1 R 14.30; 15.15ss.; 2 Cr 13.19) hasta que el rey Asa de Jerusalén la estableció en el área que está entre Betel y Mizpa (Tell en-Naṣbeh), que de allí en adelante funcionó como estación fronteriza. Los hijos de José, Manasés y Efraín (Jos 16.1-4), se convirtieron en los antepasados epónimos de las tribus israelitas que ocuparon esta región montañosa de la parte central del norte del país, pero Efraín surgió como la tribu dominante al principio y, por consiguiente, toda el área adoptó su nombre. Más tarde, bajo la influencia política de Omri, el territorio asumió el mismo nombre de la ciudad capital de Samaria (a pesar de lo que dice 1 R 13.32). Aun así, algunos profetas judaítas del siglo VIII preservaron una distinción entre la región y la ciudad al referirse a Efraín, con sus vínculos con la casa de José, y a Samaria, con relación al reino fronterizo de Israel (Is 7.9; 9.8-9; Mi 1, compárese Am 3.12; 6.1 con 6.6).

Siquem rápidamente llegó a ser el centro religioso y político de Samaria, porque controlaba un paso crucial entre las montañas de Ebal y Gerizim, ubicadas en una zona céntrica. Por lo tanto, podemos hablar de «Samaria del Norte», el área al norte de Siquem que más o menos se correlacionaba con la tribu de Manasés (Jos 17.7-10), y de «Samaria del Sur», el territorio al sur de Siquem que básicamente representaba a la Efraín tribal (16.5-10). Estas áreas reflejan formaciones geológicas distintas que ayudaron a determinar los patrones de colonización. Las montañas del Sur de Samaria se formaron principalmente de piedra caliza cenomaniana y se alzaron a alturas mayores (915 m [3000 pies]) que las cordilleras del Norte de Siquem. Los sistemas de drenaje, profundamente excavados a ambos lados de la cuenca efraimita del sur, hacían más difícil el acceso a ella y restringían el paso a las rutas primarias de la cadena que se extendían longitudinalmente entre el oeste y el centro de Samaria. El hecho de que el libro de Josué no logre proporcionar un listado de las ciudades de Efraín, a diferencia de otros territorios tribales, puede reflejar las dificultades que se enfrentaron para poblar esta área. Sin embargo, una vez poblada el área, los agricultores de terraza hicieron buen uso del suelo terra rossa plano, pero fértil, producido por las formaciones rocosas que se deterioraban.

En contraste, Samaria del Norte presentaba un retrato geológico multicolor, ya que el arco de Efraín declinaba hacia los valles del norte. Estratos elevados de piedra caliza cenomania dominaban el sector oriental de esta área, mientras que una base de piedra caliza eocena, aún más dura (que se descomponía en una tierra de bosque café menos que fértil), caracterizaba la porción central desde Gilboa a Ebal y Gerizim. El occidente de estas áreas, una mezcla de piedras calizas y calcáreas que experimentaron grados más moderados de fallas, facilitó el establecimiento de una red local y regional de caminos que dio lugar a poblaciones más densas y contribuyó a una mayor comunicación y comercio. Aquí los caminos principales o seguían el Naḥal Siquem a la ruta costera o procedían hacia el norte, a través del Valle de Dotán, a Jezreel y a puntos más al norte y el este. Aunque inicialmente estaba arbolada totalmente, toda el área de Samaria pasó por cambios ecológicos significativos, que resultaron de la deforestación intensa, a medida que el área absorbía grandes cantidades de habitantes, comenzando a principios de la Edad de Hierro (Jos 17.14-18).

Los patrones de colonización de la Edad de Hierro se asemejan a los de principios de la Edad de Bronce Temprana I (3500-3100) y de la Edad de Bronce Mediana IIA (2000-1800). En las tres etapas, los datos de investigaciones parecen sugerir que los pueblos se extendían generalmente de este a oeste y de norte a sur. Los que ven que la población montañosa surge de procesos de desurbanización, entre los estados-ciudades cananeos de las tierras bajas occidentales, deben tener en cuenta este patrón de ocupación. En la Era de Hierro I, hay una mezcla de colonias sedentarias y campamentos esparcidos y de temporada en la ecozona forestal seca, justo al este de la cuenca, donde las precipitaciones llegaban a un promedio de cerca de 200-400 mm (8-16 in) anualmente. Tanto la naturaleza de los lugares estudiados, como su concentración en esta zona en particular, apuntan a una base socioeconómica localizada y dimorfa, en la que los pastores y agricultores existieron con una relación simbiótica.

El acercamiento principal al país central de Samaria de oriente está en el profundamente defectuoso Wadi Fâriʿa, que ascendía hacia Tell el-Fârʿa (Tirsa bíblico), desde el-Mahruq en el Valle Rift, al sur de los vados del río Jordán en Adam. Durante la Edad de Hierro I, este camino principal giraba al sur desde Tirsa y seguía hacia Siquem. Un camino secundario llevaba directamente a Siquem, desde el extremo noroeste del wadi. Un grupo de más de una docena de lugares de la Edad de Hierro I-II, junto con esas rutas, da fe de su mantenimiento y uso en ambos períodos. Este acceso oriental a Siquem servía principalmente a Samaria del Norte, en tanto que otra ruta de la Era de Hierro I, que unía a Silo con el Valle del río Jordán, servía al Sur de Samaria. El último pasadizo ha producido algunos restos de la Edad de Hierro II, que reflejan desarrollos asociados con la monarquía naciente de Jerusalén y la muerte de Silo como centro ritual y político. En cambio, un camino nuevo seguía un curso más hacia el norte, desde el área del valle al este de Silo, procedía a lo largo de la frontera Efraín-Manasés, a través de Khirbet Yānûn (¿la Janoa bíblica?), hacia Siquem.

Para cuando la población se expandió hacia el oeste en la Edad de Hierro II, la sociedad de las tierras altas había llegado a ser más compleja en su estructura política y económica. Numerosas poblaciones de un carácter más uniforme (prácticamente sin campamentos transitorios) aparecieron en las pendientes, en dirección al mar de Samaria, y sobrevivieron o prosperaron como parte de una red de comercio mucho más grande, en tanto que, localmente, un nuevo tipo de dimorfismo se asentaba en la simbiosis que había entre la capital y la campiña. Las cronologías de la Edad de Hierro Temprana II, de finales del siglo X y principios del noveno, todavía no son lo suficientemente seguras arqueológicamente para determinar precisamente cuántos de estos lugares surgieron como resultado de los distritos administrativos de Salomón, versus los programas y demandas económicos de Omri. Pero, claramente, estos lugares servían a la capital en Samaria y participaban en el comercio interregional, aunque fuera solamente ofreciendo servicios auxiliares, como alojamiento por una noche y cuidado de animales para las caravanas que estuvieran de paso. De esta manera, facilitaban el comercio entre los centros de las tierras altas y la ruta costera principal que lleva-

Ruinas de la residencia real omrida en Samaria (Phoenix Data Systems, Neal y Joel Bierling)

ba por el norte a Fenicia, o al noreste por el Valle de Jezreel, a través de Hazor, hacia Damasco. La distribución espacial cercana de estas nuevas poblaciones occidentales indica que no todas eran simples paradas de caravanas; más bien, muchas de estas aldeas reforzaban sus propias economías locales al producir y negociar productos como vino y aceite.

El cambio de centro político que hizo Omri, de la región de Tirsa al oeste de la cuenca a la ciudad de Samaria, a principios del siglo IX, impulsó un cambio demográfico y económico significativo a lo largo de la región. Pocos lugares de la Edad de Hierro I habían existido en esta área (p. ej. Khirbet Kabuba, Khirbet el-Babariya, Khirbet Husein es-Sahel, Khirbet Qaraqaf, Khirbet ed-Duweir/Tel Lachish), y todos habían sido muy pequeños y estaban muy cerca de la propiedad de la familia de Semer, lugar de la futura ciudad capital (1 R 16.24). Pero la expansión occidental de las aldeas rurales de la Edad de Hierro II dejó una huella de poblaciones, que ha permitido la identificación de por lo menos 11 caminos laterales y locales, que conectan las tierras altas del área de Samaria-Siquem con el comercio lucrativo, a lo largo de la ruta costera. Entre estas rutas, las más notables eran las que: (1) conectaban las aldeas del sur de Samaria con el centro más importante de Afec, mediante los sistemas laterales de la cuenca al norte de Silo (Naḥal Qanah), y (2) utilizaban el Naḥal Siquem, de más al norte, para unir los pueblos montañosos del Norte de Samaria con Soco, interceptando la ruta costera, justo al sur de las entradas del suroeste del estratégico Valle de Jezreel. Sin duda, tanto Soco como Afec se convirtieron en estaciones comerciales, o centros de documentación, para productos y artículos producidos o transportados a través de la estructura de aldeas montañosas, que conducían desde la capital israelita y otros centros grandes de grandes alturas (Samaria, Tirsa, Tubas, Tapúa, Dotán, Siquem).

Ciudad

Alrededor del año 884, Omri trasladó su capital política a Samaria, ubicada cerca del centro del reino del norte. Situada a 56 km (35 mi) al norte de Jerusalén y al oeste de la cuenca efraimita, su cumbre se elevaba a una altura de 430 m (1410 pies) por encima del nivel del mar y con vista hacia el principal camino costero (Via Maris), que conectaba a Egipto y Judá con el Valle de Jezreel y las rutas del norte hacia Fenicia y Damasco. Los nombres bíblicos del lugar, *Šāmîr* (Jue 10:1-2) y, un poco después, *Šōmrôn* (1 R 16.24), significan «vigilar» o «vigilante».

Gottlieb Schumacher inició la exploración arqueológica de Samaria (1908), y después George Andrew Reisner y el arquitecto Clarence Fisher (1909-10). Al enfocarse en la parte occidental de la cumbre, estas excavaciones revelaron mucho del palacio real israelita y, directamente a su occidente, un gran complejo de almacén. Este último llegó a ser conocido como la casa Ostraca, debido al descubrimiento de docenas de lacónicas listas de embarques que registraban el traslado de diversos productos de aldeas remotas a la capital, durante los reinados de Joás y Jeroboam II, en la primera mitad del siglo VIII.

Un consorcio dirigido por John W. Crowfoot reanudó las excavaciones en Samaria de 1932 a 1935. Kathleen M. Kenyon, que supervisó todo el trabajo en la región, introdujo técnicas nuevas de análisis de estratos de restos. Después de exponer una sección norte-sur a lo largo de toda la cumbre, Kenyon concluyó en que la cerámica que se encontró proporcionaba evidencia crucial que justificaba que se volviera a fechar la historia estratigráfica y tradiciones cerámicas en otros lugares de Palestina de la Edad de Hierro II, como Meguido y Hazor.

Aunque la superficie rocosa dio señales claras de ocupación en la EB I, la mayoría de los restos señalaron a culturas de la Edad de Hierro. Sin embargo, la fecha de la primera población de la Edad de Hierro resultó problemática. Kenyon interpretó 1 Reyes 16.24 que es imposible cualquier ocupación del lugar antes del reinado de Omri. De allí, delineó fases importantes de construcción con los períodos I-VI, que se extienden desde Omri hsta la caída de Samaria ante Asiria en 722/721. Adicionalmente, la interpretación elaborada de Kenyon sostiene que nuevas tradiciones de cerámica acompañaron cada fase de construcción. Pero otros eruditos propusieron mantener una distinción entre los desarrollos de cerámica y arquitectura de Samaria y la cerámica de la Edad de Hierro, que proporciona evidencia de ocupación preomrida.

La controversia que resultó se derivó principalmente de diferencias de método arqueológico y de interpretación. En tanto que Kenyon fechó los niveles de suelo basada en material que se encontró debajo de ellos (a veces hasta en varias capas sedimentarias), George Ernest Wright y otros fecharon las superficies según el material que yacía directamente en ellas. En tanto que el sistema de Kenyon ofrece la fecha más temprana posible de la construcción de la superficie, el acercamiento de Wright identifica el lapso de tiempo en que el suelo en realidad se utilizó. Reevaluaciones recientes de la evidencia de Samaria, desde los puntos de referencia cerámico y estratigráfico, han confirmado una ocupación en la Edad de Hierro I, pero han demostrado (con Kenyon) que esta fase careció de cualquier característica arquitectónica monumental. En cambio, las instalaciones que descansan sobre la superficie rocosa, o que están grabadas en ella, parecen indicar la presencia de una propiedad familiar modesta que ya producía aceite y vino a finales de la era premonárquica.

Desafortunadamente, mucho de la cerámica y otros materiales llegaron de contextos alterados o secundarios. Como resultado, a disposición hay mucho menos datos arqueológicos, estratigráficamente seguros, de la ciudad del siglo IX, de lo que implicó el reporte oficial de Kenyon. Sin más trabajo de campo, no podemos confiar solamente en esta evidencia para establecer o ajustar cronologías de otras ciudades de Israel o del mundo Egeo.

Historia

La región de Samaria experimentó tres modelos sucesivos de organización social, económica y política: (1) adjudicaciones tribales controladas localmente por Josué en los días de los jueces (Jos 16-17; 19.49-50); (2) distritos administrativos controlados centralmente por Salomón (1 R 4.7-19); y (3) una provincia imperial controlada desde el extranjero, comenzando con la hegemonía asiria en la segunda mitad del siglo VIII (2 R 17.24ss.)

Aunque en la fase de los jueces la región abarcaba la «cuna de la civilización israelita», alcanzó su prominencia más grande después del ascenso de Omri al poder, a principios del siglo IX. Al transferir rápidamente el centro político del país, de Tirsa a Samaria (1 R 16.21-24), Omri y sus sucesores, particularmente su hijo Acab, transformaron esta propiedad, que alguna vez fuera familiar, en una ciudad real, relativamente pequeña, pero cosmopolita. Las paredes, el palacio, las grandes plazas con estanques rectangulares, los edificios públicos y los almacenes parecían tan impresionantes que los escritores hablaban de Samaria como la indiscutible «cabeza de Efraín» (Is 7.9), o como la «hermana mayor» de Jerusalén, que gobernaba e influenciaba a numerosas «hijas» (aldeas remotas) propias (Ez 16.46, 53, 55, 61; 23.4-5). Abundantes descubrimientos arqueológicos de fragmentos de marfil, y enseres que abarcan el período de Acab a Jeroboam II, se correlacionan bien con memorias bíblicas posteriores de casas opulentas, equipadas con marfil y banquetes reales en la capital (1 R 22.39; Sal 45.8[TM]; Amós 3.15; 6.4). El hecho de que la ciudad le diera su nombre a la región más grande da indicios del poder que emanó de este majestuoso centro nuevo. Hasta los mismos aldeanos llegaron a ser conocidos como samaritanos en lugar de israelitas (2 R 17.29).

La nueva orientación económica de Omri hacia los mercados abiertos del Mediterráneo llevó a toda la región a un contacto mayor con culturas extranjeras. Con el matrimonio de Acab con Jezabel, motivado políticamente, Samaria adquirió acceso a la riqueza fenicia, pero también exposición a sus creencias religiosas y costumbres. A medida que llegó a ser cada vez más sincretista bajo esta influencia, el liderazgo político incurrió en el desprecio hacia Elías y la institución religiosa ortodoxa en general (1 R 17-19). Surgieron facciones ultraconservadoras con aspiraciones religiosas y políticas. Con apoyo del liderazgo profético, grupos sociales conservadores como los Recabitas, y segmentos entusiastas del ejército, el populista Jehú se apoderó del trono de Samaria en 842 (2 R 9-10). Pero incluso a finales del siglo VIII, los asirios continuaban refiriéndose a Samaria como la «Casa de Omri» y, al igual que los profetas hebreos contemporáneos, frecuentemente distinguían entre la ciudad/reino capital de Israel (*bît Huum-ri-ia*) y la campiña de Mansés/Efraín (*Same-ri-na-a-a*, aunque también empleaban este término indistintamente para la ciudad).

Desde alrededor de 884-722/721, 14 reyes israelitas gobernaron desde Samaria. Pero la importancia regional, e incluso internacional, que llevaron al área también presentaba a su capital y centros religiosos (p. ej. Betel) como los símbolos más claros y peligrosos de oposición al reino del sur y su religión en Jerusalén. Este cisma norte-sur profundamente arraigado, y la perspectiva judaíta que se toma en la historia deuteronómica final, produjeron un tratamiento juicioso de los gobernadores y actividades de Samaria en el AT, en tanto que fuentes extrabíblicas (la estela de Mesha; anales asirios) frecuentemente señalaban los éxitos políticos militares y económicos de la capital, a pesar de períodos de sequía severa y hambruna (1 R 17.1, 7; 18.2).

Alrededor de finales de siglo VIII, las provincias asirias de Dor, Meguido y Galaad abarcaban el país montañoso efraimita al occidente, norte y oriente respectivamente. En 722/721 ejércitos dirigidos por Salmanasar V y Sargón II penetraron las tierras altas, sitiaron y ocuparon la ciudad de Samaria, deportaron grandes cantidades de israelitas, y volvieron a colonizar la ciudad, principalmente con cautivos de lugares siro-mesopotámicos así como del sur de Arabia (2 R 17.24). De esta manera, Asiria efectivamente transformó la región montañosa en una provincia de Samerina. Aunque su frontera del sur permaneció fija entre Betel y Mizpa (2 R 17.28), parece que Samerina ahora abarcaba el distrito costero de Dor.

Los arqueólogos han recuperado solamente unos cuantos restos de la ocupación asiria, incluso un fragmento de estela (aparentemente de la época de Sargón II) y apreciables cantidades de loza del palacio. Pero fragmentos de varias tablas cuneiformes, algunos que aparentemente representan una carta a Abi-aḥi, el gobernador local, fuertemente sugiere que Samaria fue el centro administrativo de Samerina.

Después de la decadencia de la influencia asiria en el país y en el extranjero, después de 633, Josías reincorporó a Judá por lo menos la región del sur de Samerina, hasta Betel, y quizás la provincia completa. Sus reformas políticas y religiosas lo llevaron a profanar los santuarios locales del norte y a ejecutar a sus sacerdotes (1 R 13.1-2; 2 R 23.15-20), en tanto que simplemente cerró los lugares altos del sur e hizo volver a los sacerdotes locales a Jerusalén. Después de la caída de Jerusalén ante Nabocodonosor en 587/586, Gedalías, el gobernador que fue nombrado para Judá, estableció su centro administrativo en Mizpa y no en Jerusalén (Jer 41.1); esto puede contradecir la orientación del sur hacia Samaria más que a Jerusalén en esta época, posiblemente porque los que sobrevivieron el azote de Judá necesitaban los almacenes de grano, miel y aceite que continuaron estando disponibles en la región (vv. 4-8). Algunos han sugerido que los babilonios ahora consideraban oficialmente el sur destrozado como parte de Samaria.

Cuando Persia conquistó a Babilonia en 539, Ciro y sus sucesores retuvieron a Samaria como el centro administrativo en la «Provincia que Está Más Allá del río (Éufrates)» y la pusieron bajo el gobierno de Sambalat. Las monedas ateneas y sidonias, ostracones en arameo, más cantidades significativas de cerámica importada de centros egeos, dan testimonio de la solvencia de la economía efraimita, que Persia aparentemente respaldó. Parece posible que la dependencia económica de Judá en Samaria aumentara durante este período (cf. Neh 5.1-5). Como resultado, los líderes del norte consideraron esfuerzos para revitalizar Jerusalén como un centro fortificado de actividad a finales de este período, como un acto de sedición en contra de Samaria y el imperio persa por igual (Esd 4; Neh 2, 4, 6; 1 Esdr 2).

Las economías locales e internacionales del norte continuaron floreciendo a lo largo de la mayor parte del turbulento período helenístico. A finales del siglo IV, cuando la gente del lugar asesinó a Andrómaco, general griego investido por Alejandro el Grande como prefecto de Siria, Samaria incurrió en toda la ira de Alejandro. Algunos ciudadanos pudieron huir hacia oriente con numerosos documentos legales y administrativos escritos en arameo (papiros de Samaria), solamente para que el ejército de Alejandro los alcanzara y los ejecutara en una cueva en el escabroso Wadi ed-Daliyeh. A medida que la ciudad que abandonaron llegaba a ser de carácter más griego, el centro de la actividad samaritana se trasladó a Siquem. Una serie de torres redondas bellamente construidas en Samaria y un enorme muro de defensa posterior, con torres cuadradas, dan testimonio de las vicisitudes políticas existentes, ya que los sucesores de Alejandro, los ptolomeos y los seléucidas, competían por el control de la región. Sin embargo, el revés más grande de Samaria surgió más localmente. A finales de este período (alrededor de 108/107), el sacerdote hasmoneo Juan Hircano obtuvo independencia *de facto* en Judea, después de la muerte del gobernador seléucida Antíoco VII en 128, y planificó un asalto frontal en la región y ciudad de Samaria. Después de la captura de Siquem y la quema del templo samaritano en el Monte Gerizim, un sitio de un año en contra de Samaria destruyó mucho del muro de fortaleza y puso a toda la región, temporalmente, bajo control judío (Josefo *Ant.*13.275-81; *BJ* 1.64-65).

La conquista romana de Palestina por Pompeyo en 63 a.C. preparó el terreno para el resurgimiento culminante de Samaria, comenzando con el mandato de Gabinio (57-55 a.C.) como gobernador provincial. Reconstruyó el muro de la ciudad, creó áreas residenciales nuevas y construyó un foro con una basílica contigua al noroeste de la cumbre. Poco después del terremoto de 31 a.C., Herodes el Grande expandió las fortalezas de la ciudad, distribuyó tanto la ciudad como las propiedades territoriales entre sus aliados anteriores (Josefo registra a 6000 colonos), les ofreció derechos constitucionales especiales y, por consiguiente, consideró a Samaria «un tercer baluarte en contra de toda la nación», después de su propio palacio en Jerusalén y la fortaleza de Antonia (*Ant.* 15.292-98; *BJ* 1.403). Hasta la calle que llevaba a la ciudad llegó a ser un bazar próspero, y templos adicionales y altares, así como un estadio y un teatro, adornaban la cumbre y las pendientes de la ciudad. Para honrar al Emperador Augusto, Herodes llamó a este magnífico lugar Sebaste (equivalente griego del lat. *Augusta*). Llegó a ser un centro de celebración, ceremonia y magia (cf. Hch 8.9). Quizás por estas razones, y debido al cisma samaritano-judío, los nativos de Judea generalmente circunnavegaban toda la región cuando viajaban a y de Jerusalén (Mt 19.1; Lc 17.11; cf. Jn 4.4-9), y los seguidores de Jesús lo trataban como un territorio prácticamente extranjero en los primeros esfuerzos misioneros y de plantación de iglesias (Hch 1.8; 8.1-25; 9.31; 15.3).

La grandeza de Samaria-Sebaste gradualmente se desvaneció a finales del período Romano/Bizantino. Los arqueólogos han recuperado unos cuantos restos de esta época.

Bibliografía. B. Becking, *The Fall of Samaria* (Leiden, 1992); D. A. Dorsey, «Sechem and the Road Network of Central Samaria», *BASOR* 268 (1987):57-70; I. T. Kaufman, «The Samaria Ostraca: An Early Witness to Hebrew Writing», *BA* 45 (1982): 229-39; R. E. Tappy, *The Archaeology of Israel Samaria*, 1: *Early Iron Age trhough the Ninth Century* B.C.E. HSS 44 (Atlanta, 1992).

RON E. TAPPY

SAMARITANOS (Heb. *hachssōmĕrōnîm;* Gr. *Samareítēs*)

Secta religiosa hebrea, enfocada geográficamente en el Monte Gerizim y que afirma ser descendiente de Efraín y Manasés, entre las tribus del reino del norte. Creen que preservan la religión mosaica original. Varios cientos sobreviven ahora, divididos casi igualmente entre Nablus, a los pies del Monte Gerizim, y Holón, suburbio de Tel Aviv.

Josefo traza sus orígenes a los extranjeros (que él llama Cuteos) que fueron llevados a la fuerza al territorio de Israel, después de su derrota ante los asirios en 722 a.C. (2 R 17). La evidencia más antigua del cisma entre los judíos y los samaritanos viene del período persa. Esto incluye la mención más ambigua de los samaritanos en Esdras 4, que podría ser una designación geográfica de pueblos y no una referencia a un grupo religioso. Pero los papiros Elefantinos del siglo V a.C. contienen referencia religiosa explícita a los samaritanos. Se incluyen cartas de sacerdotes samaritanos y judíos, y cada uno solicitaba apoyo para construir templos para sus respectivas comunidades. La única fuente de información sobre los samaritanos durante el período griego es la de Josefo, que afirma que se construyó un templo en el Monte Gerizim en ese tiempo. Tanto la tradición judía como la samaritana afirman que ese fue el lugar más sagrado para los samaritanos durante este período, y la mayoría coincide en que fue devastada por el etnarca hasmoneo y sacerdote judío, Juan Hircano, en 111/110.

El NT incluye varias referencias a los Samaritanos. Jesús tuvo problemas en las aldeas samaritanas (Lc 9.52-53) e instruyó a sus discípulos a que no fueran allí (Mt 10.5-6). Sin embargo, habló con la mujer samaritana (Jn 4) y utilizó a los samaritanos como personajes favorables en algunas de sus historias, particularmente en el relato de los 10 leprosos (Lc 17.11-19) y en la parábola del buen samaritano (Lc 10.29-37). Samaria fue un primer campo misionero para el crecimiento de la iglesia (Hch. 8).

La mayoría de nuestro conocimiento de los samaritanos viene de su propia literatura, que se produjo durante dos períodos importantes de renacimiento, en los siglos III y XIV d.C. Durante el primer período Baba Raba organizó un concilio de sacerdotes y laicado y facilitó la construcción de varias sinagogas. Marqah escribió su obra teológica, Memar Marqah, que llegó a ser la base de la teología samaritana, y Amram Darrah escribió poesía que llegó a ser la esencia de la liturgia samaritana.

En el siglo XIV el sacerdote Finees instituyó una reforma intencionalmente, en parte para reconciliar una variedad de sectas samaritanas. Abu'l Fath, comisionado por Finees para que escribiera una historia de la secta, sacó de la Biblia historias tradicionales y crónicas previas para crear una narración única e integrada. El respetado Rollo Abisha, un manuscrito del Pentateuco atribuido al bisnieto de Aarón, pero que generalmente se considera que fue escrito alrededor de 1000 d.C., fue descubierto en 1355 y sobrevive ahora como el objeto más importante de la comunidad samaritana. Un comentario histórico, con paralelos del libro de Josué, también se completó en esta época. Hay un libro de historias fechado poco antes de este período (Asatir), paralelo de los pseudoepigráficos, atribuido a Moisés, que preserva historias de figuras significativas desde Noé hasta Moisés.

Los samaritanos llegaron a ser foco de la erudición europea moderna del siglo XVII, cuando una copia de su Pentateuco llegó a París. El texto que representaba este Pentateuco se convirtió en el foco de hostilidades continuas entre los católicos romanos y los protestantes. Los católicos romanos, bajo el liderazgo de Jean Morin, erudito del Oratorio en París, sostenía que el Pentateuco Samaritano apoyaba a la LXX, el texto favorecido de los Católicos Romanos, a diferencia del TM hebreo, respaldado por los protestantes. La erudición más moderna demuestra que el Pentateuco Samaritano saca lecturas de las tradiciones de la LXX y Masorética y no está alineado exclusivamente con ninguna. El tipo de texto del Pentateuco Samaritano está representado en Qumrán y se convierte en parte de la discusión del desarrollo textual más antiguo.

Sólo la Torá es canónica en la tradición Samaritana, y los manuscritos más antiguos datan desde alrededor del siglo X d.C. El período de producción más grande de los manuscritos sobrevivientes fue durante los siglos XIV y XV. El Pentateuco Samaritano difiere muy dramáticamente del TM en su exaltación del Monte Gerizim, como el lugar del altar de Josué (agregado como uno de los mandamientos en Ex 20.17) y la lectura de «Gerizim» en lugar de «Ebal» en Dt 27.4. También protege la unidad de Dios al cambiar la palabra «Dios» (Elohim) de plural a singular, y hace cambios textuales para proteger el honor de Moisés y para ser más consecuente con las creencias y prácticas samaritanas.

La religión samaritana se enfoca en cinco afirmaciones. El único Dios, Yahvé (hispanizado como Jehová). Su mediador principal es Moisés. El vehículo de la mediación es la Torá. Según su versión de la ley (Dt 27.4), Moisés, por órdenes de Dios, instruyó a Josué para que construyera un altar en el Monte Gerizim, que de esta manera se convirtió en el lugar central de adoración para la comunidad. Finalmente, los samaritanos anticipan un futuro Día de Venganza y Recompensa, iniciado por el Mesías (a quien se le llamó Taheb).

Los samaritanos celebran la Pascua, la fiesta de los Panes Sin Levadura, la Fiesta de las Semanas, la del Séptimo Mes, Yom Kippur, la Fiesta de los Tabernáculos y los «80 días de solemne asamblea», además de servicios regulares del día de reposo. La Pascua, principal entre los festivales anuales, se celebra en el Monte Gerizim, con sacrificio animal, de conformidad con el libro de Deuteronomio.

Durante el siglo XIX, a los samaritanos se les negó el acceso al Monte Gerizim, sus esfuerzos literarios habían menguado y al acercarse al siglo XX, su población total era menor de 200. Esa cifra se ha más que duplicado durante el siglo XX.

Bibliografía. A. D. Crown, ed., *The Samaritans* (Tübingen, 1989); Crown, R. Pummer, y A. Tals, eds., *A Companion to Samaritan Studies* (Tübingen, 1993).

ROBERT T. ANDERSON

SAMBALAT (Heb. *sanballaṭ*)
Líder de la oposición a la reconstrucción de los muros de Jerusalén dirigida por Nehemías. Derivado del acadio *Sinubal-lit*, el nombre significa «que [el dios] Sin le dé vida». En vista de este nombre extranjero, los eruditos especulan que Sanbalat pudo haber descendido de una familia que los asirios establecieron en Israel en el siglo VIII (2 R 17.24; cf. Esd 4.1-3). Sin embargo, uno de los papiros Elefantinos da los nombres de sus dos hijos como Delaía y Selemías, ambos compuestos con el nombre acortado de Dios, Yah. Además, uno de los nietos del sumo sacerdote Eliasib era su yerno. Entonces, parece posible que Sanbalat se creía un leal Yahvista.
A Sanbalat también se le llama «el horonita». Dado su nombre acadio, los eruditos han sugerido diversamente que era originario de Harán, en la parte norte de Mesopotamia, centro de adoración del dios lunar Sin; de Hauran, una anterior provincia asiria del norte de Transjordania; o de Horonamim de Moab. Una posibilidad más plausible es que el nombre se derivó de una de las ciudades llamadas Bet-horón, pobladas por los efraimitas.
El anteriormente mencionado papiro Elefantino llama a Sanbalat gobernador de Samaria, y como tal también era responsable de Judá y Jerusalén. Muy bien pudo haber pensado que tenía jurisdicción sobre Nehemías, quien a cambio afirmaba ser agente del rey Artajerjers y, de esta manera, más allá del control de Sanbalat.
Sanbalat se unió a Tobías el amonita y a Gesem el árabe para oponerse a los planes de Nehemías en

cuanto a Jerusalén (Neh 2.10-19). Acusaron a Nehemías de conspirar con traición, específicamente al querer establecer la monarquía y sublevarse en contra el control persa, de allí la necesidad de un muro alrededor de Jerusalén (Neh 6.6-7). Nehemías consideraba esa clase de pensamiento como producto de sus propias imaginaciones, pero probablemente sí esperaba que la ciudad y sus alrededores estuvieran separados de Samaria y que se le concediera un poquito de autonomía. Un muro también permitiría crecimiento económico adicional. Sanbalat y sus compañeros estaban preparados para obligar a Nehemías a detenerse (Neh. 4.8[TM2]). Cuando los tres propusieron reunirse con Nehemías (Neh. 6.1-9), él tuvo sospechas de sus motivos y no quiso reunirse con ellos. A pesar del éxito de Nehemías, Sanbalat no renunció fácilmente al control de Jerusalén, como lo demuestra el matrimonio de su hija con el nieto del sumo sacerdote Eliasib (Neh 13.28)

Bibliografía. J. Blenkinsopp, *Ezra-Nehemiah.* OTL (Philadelphia, 1988); P. L. Redditt, «Nehemiah's First Mission and the Date of Zechariah 14, *CBQ* 56 (1994): 664-78.

Paul L. Redditt

SAMGAR (Heb. *šāmgar*)

«Hijo de Anat» (quizás de Bet-anat de Galilea o seguidor de la diosa Anat), probablemente un mercenario que liberó a Israel al matar a 600 filisteos con una aguijada de bueyes (Jue 3.31). En «los días de Samgar» (tal vez el hurrita *Shimig-ari,* «Shimike [una deidad] dio»), los viajeros tenían que mantenerse en caminos secundarios y las caravanas eran imposibles debido a los saqueadores (Jue 5.6).

SAMGAR-NEBO (Heb. *samgar-nĕbô*)

Oficial del gobierno de Nabucodonosor que cumplió una función en el sitio babilonio de Jerusalén en 587 a.C. (Jer 39.3). El término usualmente se toma como la combinación de «Simmagar» (título) o «Samgar» (territorio), con el inicio de «Nebo-sarsequim» (nombre personal), probablemente una forma confusa de «Nabuzaradán» de Jeremías 39.13.

SAMIR (Heb. *šāmîr*) (**LUGAR**)

Pueblo del país alto del sudeste de Judá, uno de 38 pueblos que la tribu de Judá heredó (Jos 15.48). Ubicado en el mismo distrito de Debir, el lugar puede ser el moderno el-Bîreh. Entre otras posibles ubicaciones están Khirbet es-sumara (143092), a 20 km (12 mi) al oeste-sudeste de Hebrón, o Khirbet Raddana, al lado norte de la moderna Ramala (1695.1468).

Pueblo del país alto de Efraín, donde el juez Tola vivió y fue enterrado (Jue 10.1-2).

Aaron M. Gal

SAMIR (Heb. *šāmîr*) (**PERSONA**)

Levita coatita, hijo de Micaía (**4;** 1 Cr 24.24; cf. 23.12, 20).

SAMLA (Heb. *śamlâ*)

Antiguo rey de Edom, residente de Masreca (Gn 36.36-37; 1 Cr 1.47-48).

SAMLAI (Heb. *šamlay*) (también SALMAI)

Cabeza o antepasado de una familia de siervos del Templo que volvieron del Exilio (Esd 2.46 en la RVR Antigua). En Nehemías 7.48 dice «Salmai».

SAMOS (Gr. *Sámos*)

Isla montañosa del Mar Egeo, alrededor de 1.6 km (1 mi) de la costa del Asia Menor, al suroeste de Éfeso, con una ciudad que tiene el mismo nombre que su capital. Como centro cultural y naval, Samos fue el lugar de nacimiento de Pitágoras. Roma envió a Samos, y a otras ciudades, una carta que declaraba apoyo al gobierno de Simón sobre el estado judío (1 Mac 15.23). Por algún tiempo, Samos fue parte de la provincia romana de Asia y fue declarada estado libre por Augusto en 17 a.C. Herodes el Grande visitó Samos más tarde (Josefo *BJ* 1.21.11).

Durante el regreso de su tercer viaje misionero, Pablo navegó cerca, o se detuvo en Samos (Hch 20.15). El texto griego es ambiguo y unos cuantos manuscritos, de esta manera, agregan «y habiendo hecho escala en Trogilio» (un montículo que sobresale del continente, cerca de Samos).

Douglas Low

SAMOT (Heb. *šammôṯ*)

Otro nombre de Sama (**4;** 1 Cr. 11.27)

SAMOTRACIA (Gr. *Samothrákē*)

Isla montañosa del noreste del Mar Egeo, alrededor de 32 km (20 mi) de la costa traciana. Aunque la isla no tiene un puerto natural, el barco que llevaba al grupo de Pablo se detuvo allí cuando se dirigía de Troas, en el noroeste del Asia Menor, a Neápolis en Macedonia (Hch 16.11).

SAMSERAI (Heb. *šamšĕray*)
Hijo de Jehoram; jefe de una familia benjaminita que vivió en la Jerusalén posexílica (1 Cr 8.26).

SAMÚA (Heb. *šammûaʿ*) (también SEMAÍAS, SIMEA)

Hijo de Zacur; el rubenita que fue escogido para espiar en Canaán (Nm 13.4)

Uno de los hijos que le nació a David en Jerusalén (2 S 5.14). En 1 Crónicas 3.5 se le llama Simea (**1**).

Padre de Abda, levita posexílico (Neh 11.17). En el relato de 1 Crónicas 9.16 aparece como Semaías (**6**).

Jefe de la familia sacerdotal de Bilga en la época del sumo sacerdote posexílico Joiacim (Neh 12.18)

Gregory D. Jordan

SAMUEL (Heb. *šĕmûʾēl*)
Samuel brindó liderazgo a Israel durante el período crítico de transición, de existencia tribal bajo los jueces al establecimiento de la monarquía. Él es el personaje central de la primera mitad de 1 Samuel, que lleva su nombre. En estas historias aparece en múltiples funciones de autoridad: sacerdote, profeta, juez, líder militar. Samuel ocupa un lugar único en la historia de Israel. Es el representante y defensor de una orden de pacto tribal más antiguo en Israel, pero es el agente profético de Dios para introducir el nuevo día de la monarquía.

Es difícil determinar qué tradiciones reflejan al Samuel histórico. Los historiadores han rediseñado tradiciones más antiguas independientes, que incorporan las historias de Samuel en obras más grandes, con intereses particulares. Parece posible que los círculos interesados en los profetas como legitimadores y personas que confrontaban a los reyes, hayan enfatizado y realzado el papel profético de Samuel (1 S 9.1-10.16; 13.8-15; 15.1-35; 28.3-25). El historiador deuteronómico, que trabajaba en la época del exilio babilónico, utilizó a Samuel para expresar opiniones negativas hacia la monarquía (1 S 8.1-22; 12.1-25). Sin embargo, lo que sin duda parece, es que Samuel jugó un papel catalítico en el establecimiento de la monarquía en Israel. Es una figura central en todas las historias del ascenso de Saúl al trono. Samuel también fue la figura clave para mantener vivas la identidad y tradición religiosa de Israel, durante un período de derrota y ocupación de los filisteos (1 S 4). En esta época de confusión y disolución, bien pudo haber sido posible y necesario para Samuel ejercer autoridad en funciones que normalmente no convergían en una sola persona (sacerdote, profeta, juez).

La historia del nacimiento de Samuel (1 S 1) reporta que su padre Elcana era un efraimita de Ramataim de Zofim. Su madre Ana era infértil y recibió al niño Samuel como respuesta de Dios a su oración ferviente. A cambio, ella dedicó al niño al servicio del Señor, y él llegó a Silo a servir bajo las órdenes del sacerdote Elí, supuestamente para asumir responsabilidades sacerdotales. En una experiencia profética directa del Señor (1 S 3), a Samuel se le da un oráculo para librar a Elí, que denunciaba la corrupción que los hijos de Elí habían introducido al sacerdocio y que anunciaba el juicio en contra de Israel y la casa de Elí (3.11-14). Desde este principio, Samuel llega a ser ampliamente reconocido en Israel como profeta (1 S 3.19-4.1a). Cuando los filisteos derrotan a Israel y capturan el arca, los hijos de Elí son asesinados y el mismo Elí cae muerto (1 S 4.10-18). Después los textos indican que Silo también fue destruido en esta época (cf. Jer 7.14; 26.9).

En la época de la ocupación filistea, se describe que Samuel, por sí solo, mantiene una tradición e identidad israelitas. Al reunir al pueblo en Mizpa, los desafía para que mantengan la obediencia al pacto (1 S 7.3-6). Se dice que «juzgaba» al pueblo (1 S 7.6, 15, 16), que implicaba viajar por un circuito de pueblos en el país montañoso central y «juzgaba» desde su casa en Ramá (vv. 16-17). Cuando los filisteos amenazan con atacar, Samuel preside los sacrificios (1 S 7.7-9) y hace un llamado al Señor en nombre del pueblo. El Señor envía pánico entre los filisteos y los israelitas obtienen una victoria militar sobre ellos (1 S 7.10-11). A Samuel se le atribuye haber sometido a los filisteos durante todos sus días (1 S 7.13). Frecuentemente se dice que 1 Samuel 7 describe a Samuel como el último de los jueces. Su función es más amplia que eso, y la descripción aquí probablemente se idealiza para hacer que la petición de los ancianos de un rey (1 S 8) parezca innecesaria.

Samuel aparece como una figura clave en todas las distintas tradiciones al principio de la monarquía en Israel. Los ancianos de Israel visitan a Samuel y le solicitan: «constitúyenos ahora un rey que nos juzgue, como tienen todas las naciones» (1 S 8.5; cf. vv. 19-20). Samuel interpreta esto como un rechazo personal y está renuente a acceder. Dios le dice que la petición del pueblo es un rechazo de la monarquía divina, pero que tiene que darles un rey después de emitir una advertencia severa acerca de los peligros de la monarquía (1 S 8.11-18).

Tres historias posteriores presentan a Samuel en la función clave de designar o instalar a Saúl como el primer rey de Israel. En la primera (1 S 9.1-10:16), Samuel aparece como un vidente a quien Saúl encuentra mientras busca las asnas perdidas de su padre. Dios le revela a Samuel que Saúl es el que Dios ha designado para que libre a Israel de los filisteos. Samuel unge a Saúl en privado y después de eso el espíritu de Dios posee a Saúl. Este relato hace énfasis en el papel de Samuel como profeta, al ungir y autorizar a Saúl para el reinado. En el segundo relato (1 S 10.17-27), Samuel reúne al pueblo en Mizpa, donde Saúl es elegido rey al echar suertes. Samuel lo instala como rey en una ceremonia pública que incluía instrucciones sobre los «derechos y obligaciones de la monarquía» (v.25). Finalmente, después de la heroica liberación que hizo Saúl del pueblo de Jabes de Galaad (1 S 11.1-13), Samuel invistió «allí a Saúl por rey delante de Jehová en Gilgal» (v.15).

En una asamblea pública final, Samuel declara la integridad de su propio liderazgo en Israel (1 S 12.1-5) y amonesta al pueblo y a su rey para que obedezcan los mandamientos del Señor (vv. 6-25). Promete seguir orando por ellos e instruirlos «en el camino bueno y recto» (1 S 12.23). Discursos públicos como este frecuentemente marcan transiciones entre períodos importantes en la historia deuteronómica, y 1 Samuel 12 frecuentemente es considerado como el punto divisorio entre el período de los jueces y el de los reyes.

Samuel aparece como el profeta que anuncia el juicio en contra de Saúl, en dos historias que describen el rechazo de Saúl por parte de Dios, por fracasar en cumplir la palabra de Dios como Samuel la había dado a conocer. En 1 Samuel 13.8-15, Samuel condena a Saúl por proceder con sacrificios que Samuel tenía que haber hecho. El rechazo se manifiesta al negarle a Saúl una dinastía futura. En 1 Samuel 15.1-35, Samuel pronuncia juicio sobre Saúl por fracasar en llevar a cabo la exterminación total de los amalecitas, en una campaña que Samuel declaró como la guerra santa de Dios. Esta vez, el mismo Saúl es rechazado como el rey de Dios. Samuel, como profeta de Dios puede retirar la autoridad divina de los reyes, así como otorgarla.

Samuel lamenta el fracaso de Saúl, y Dios tiene que llamarlo en su dolor para que lleve a cabo la misión de ungir a un rey nuevo (1 S 15.35-16.1). En Belén Samuel quiere ungir al primero de los hijos de Isaí que le fue llevado, pero Dios lo reprende para que vea el corazón y no las apariencias. Al fin, Samuel unge a David, el octavo hijo de Isaí, que estaba afuera cuidando a las ovejas. De nuevo, el énfasis está en la necesidad de que los reye sean ungidos y autorizados por el profeta de Dios.

Samuel encuentra a Saúl dos veces más. Mientras Samuel está guiando al grupo de profetas en su casa de Ramá, Saúl llega a buscar a David y se queda paralizado en el frenesí de sus profecías, se quita la ropa y se queda desnudo ante Samuel todo el día y la noche (1 S 19.18-24). Aunque Samuel muere (1 S 25.1), Saúl es humillado ante el profeta una última vez. Temeroso por una batalla con los filisteos que se acercaba, Saúl hace que un médium llame al espíritu de Samuel (1 S 28). Samuel reitera el rechazo de Saúl como rey por parte de Dios y predice una victoria filistea en la que Saúl y sus hijos morirán.

Bruce C. Birch

SAMUEL, LIBROS DE

Primero y Segundo de Samuel están incluidos en los Primeros Profetas del canon hebreo, que es considerado parte de la historia deuteronómica. En la Biblia Hebrea, Samuel era un libro, pero en la LXX se dividió en dos libros y aparece como parte de una colección de cuatro volúmenes de los libros históricos titulados 1-4 Reyes, correspondientes a 1-2 Samuel y 1-2 Reyes. El nombre del libro probablemente se deriva del primer personaje clave, Samuel, que aparece como sacerdote (1 S 3), juez/líder carismático (cap. 7) y profeta (caps. 8-28). Samuel no aparece en 2 Samuel.

Contenido y argumento

1-2 Samuel tienen que ver con el final del período de los jueces (1 S 1-7) y el surgimiento de la monarquía en Israel (caps. 8-12). Detalla los reinados de Saúl (1 S 13-31) y David (2 S 1-24). 1 Samuel puede dividirse en las subsecciones siguientes: El alumbramiento milagroso de Ana, su Canto, el sacerdocio de Elí y la vida de Samuel en Silo (caps. 1-3); la narración del Arca, cuando los filisteos derrotan a Israel, capturan el arca del pacto, la colocan en el templo de Dagán y luego la devuelven (caps. 4-6); Samuel como juez (cap. 7); tres versiones distintas del establecimiento de la monarquía, con Saúl como el primer rey de Israel (caps. 8-11); «Discurso de Despedida» de Samuel, que lleva a un final el período de los jueces (cap. 12); la victoria de Jonatán sobre los filisteos y el rechazo de Saúl como rey (caps. 13-15); la unción secreta de David, su introducción a la corte de Saúl como arpista y el asesinato de Goliat (caps. 16-17); David y Saúl como adversarios y la vida de David como un renegado, merodeador y vasallo de los filisteos (caps. 18-30); la muerte de Saúl y sus hijos en batalla (cap. 31). 2 Samuel registra reportes diferentes de la muerte de Saúl y la elegía de David por Saúl y Jonatán (cap. 1); el reino malogrado de Isboset, unción de David como rey de Judá e Israel, y su establecimiento de Jerusalén como su capital (caps. 2-5); la conclusión de la narración del Arca, colocación del arca en Jerusalén y el conflicto de David con Mical (cap. 6); la promesa de sucesión dinástica para la línea davídica (cap. 7); las guerras de David con otros países y su estructura administrativa (cap. 8); cuando David lleva a Mefiboset a Jerusalén (cap. 9); las guerras amonitas y relatos de David y Betsabé, la parábola de Natán y el nacimiento de Salomón (caps. 10-12); la violación de Tamar, exilio y redención de Absalón (caps. 13-14); la revuelta de Absalón (caps. 15-18); la restauración de David después de una segunda revuelta (caps. 19-20); la Oración de David (cap. 22); el canto de David y lista de sus guerreros (cap. 22) y el censo de David y castigo divino posterior (cap. 24).

Texto

Los libros están cargados de problemas de crítica textual, pues el TM parece tener demasiados errores de escriba, y la versión de la LXX es más larga y se considera más confiable (contrario a la usual regla de crítica textual de que el texto más corto y difícil es el más original). Ya que muchas dificultades del texto hebreo surgen de palabras y frases que parecen haberse desprendido en la transmisión, el griego no es visto como expansionista. Con los descubrimientos en Qumrán, las posibilidades de distintos textos hebreos de Samuel ponen en duda algunas de las primeras evaluaciones, en tanto que confirma otras.

Autor

Debido a los muchos problemas de crítica textual, el trabajo crítico de las fuentes sobre la autoría no se desarrolló totalmente hasta principios del siglo XX. Una característica marcada del libro son las varias narraciones duplicadas, como el ascenso de Saúl al reino (1 S 8; 9:1-10:16; 10:17-27; 11); el rechazo de Saúl como rey (caps. 13; 15); la llegada de David a la corte de Saúl (16:14-23; 18); David y Goliat (cap. 17); la discusión de David y Jonatán acerca de los intentos de Saúl de matar a David (caps. 19, 20); el perdón de la vida de Saúl por parte de David (caps. 24, 26); la muerte de Saúl (1 S 31; 2 S 1); y las listas de los oficiales de David (2 S 8.15-18; 20:23-26). La posición de estas narraciones duplicadas en el libro acentúa sus desacuerdos. Por ejemplo, en 1 Samuel 19, Jonatán le dice a David de la conspiración de Saúl para matarlo, en tanto que en el capítulo 20, cuando David reporta la conspiración, Jonatán no lo sabe. Si los capítulos hubieran sido revertidos, el curso de la conspiración sería más llano y la duplicación menos problemática.

Por lo tanto, los estudios críticos de las fuentes más antiguos intentaron rastrear las fuentes J y E del Pentateuco en Samuel, junto con algún reconocimiento de los materiales deuteronómicos como una manera de explicar la duplicación. Otros intentaron identificar las fuentes promonárquicas y antimonárquicas. Sin embargo, a diferencia del Pentateuco, las diferencias de los relatos duplicados carecen de continuidad suficiente para defender las fuentes continuas. Aun así, otros sugieren una fuente profética para justificar los duplicados.

Narración de la sucesión

En 1976, Leonhard Rost sugirió una Narración de la Sucesión, y defendía una fuente antigua que comprendía 1 Samuel 9-20 y 1 Reyes 1-2 que pretendía responder la pregunta que surgió en 1 Reyes 1: «¿Quién se sentará en el trono de David?». Rost sostenía que este material fue escrito por un testigo ocular que estaba familiarizado con el funcionamiento interno de la corte, en un intento de glorificar a Salomón, que aunque no era el primero en línea, sucedió a David. Rost también postuló otras dos colecciones independientes, la narraciones del Arca (1 S 4.1-7.1; 2 S 6.1-16) y las narraciones de la guerra amonita (2 S 10.1-11.1; 12:26-31), como documentos históricos, escritos cerca de los eventos.

Desde la década de 1960, los eruditos han debilitado la teoría de Rost de una Narración de la Sucesión. R. A. Carlson sostiene que 2 Samuel tuvo mucha influencia de la teología retributiva deuteronómica, y lo divide temáticamente en David bajo la bendición (caps. 1-10) y David bajo la maldición (caps. 13-24), con el complejo David-Betsabé-Natán como el punto crucial. R. N. Whybray, y luego Carole Fontaine, identifican la influencia de la sabiduría en la obra. James Flanagan sugiere una historia de la corte en 2 Samuel 15-20, separada y aparte del documento de la Sucesión que se le agregó más tarde. Charles Conroy defiende una fuerte diferencia en el lenguaje entre 2 Samuel 9-12 y 13-20. Ernst Würthwein sostiene que la obra es una propaganda política. John Van Seters propone que las narraciones de la Sucesión fueron adiciones tardías, posexílicas. Randall C. Bailey sostiene que el complejo de 2 Samuel 10-12 es una construcción deuteronómica, que revela las manos de los Primeros y Segundos Deuteronómicos, y que el matrimonio de David y Betsabé fue un matrimonio político como los de Mical y Abigaíl. Más adelante, sostiene que los eventos se llevaron a cabo después de la revuelta de Absalón, pero fueron ubicados en su sitio actual para crear la teología deuteronómica de la justicia retributiva.

Confiabilidad histórica y género

La historicidad de los materiales de Samuel está respaldada por la obra de Albrecht Alt, que ve materiales históricamente confiables detrás de las narraciones de batallas, listas de oficiales y relatos de conquistas. Según Martin Noth y sus seguidores, no se puede hablar de una «Historia de Israel» hasta la Monarquía, por lo que los materiales de Samuel son la fuente principal para una reconstrucción histórica. Otros argumentos para los grandes bloques de material de Samuel surgen de Artur Weiser, que identifica a 1 Samuel 16–2 Samuel 5 como la «Historia del Surgimiento de David», intencionalmente prodavídica.

Hay evidencias de la fuerte influencia de Rost en la obra que Noth escribió en 1943, *Überlieferungsgeschichtlichte Studien*, en la que sostiene la existencia de un historiador deuteronómico, que escribió en Judá durante el período exílico y que utilizó fuentes más antiguas. Noth acepta las designaciones de bloques de materiales que hace Rost y ve poca edición deuteronómica en Samuel, con excepción del Discurso de Despedida de Samuel, en 1 Samuel 12, y un rediseño de la promesa dinástica en 2 Samuel 7. En esencia, Noth sostiene que la obra deuteronómica estableció los bloques preexistentes de materiales en su arreglo actual, con edición menor. El trabajo de Noth casi pone un fin al argumento de las fuentes del Pentateuco en Samuel. De manera interesante, los que siguen la teoría de Noth, de un historiador deuteronómico, y los que siguen a Frank M. Cross con una teoría de doble redacción, basan su posición en libros aparte de Samuel. Sin embargo, algunos eruditos alemanes (Rudolf Smend, Timo Veijola), que mantienen tendencias deuteronómicas proféticas o nomísticas (legales), basan sus posiciones en Samuel.

Gerhard von Rad va aún más allá, y afirma que la Narración de la Sucesión fue el primer ejemplo de escritura histórica del mundo antiguo, observó que los libros contienen únicamente tres notificaciones de intención o intervención divina y señala un fuerte énfasis en la obra entre bastidores, una noción casi «secular» de que cuando se lee el libro de Samuel se hace un gran hallazgo, en cuanto a materiales de la Biblia históricamente confiables. Estos estudios se refuerzan con el trabajo de Walter Brueggeman sobre la teología de los libros en la presentación de David como monarca.

Nueva crítica literaria

Al hacer a un lado los asuntos históricos, los nuevos críticos literarios comenzaron a reivindicar todo el libro de Samuel y volvieron a los estudios de 1 Samuel, así como de 2 Samuel. Más interesado en las cuestiones de argumento y descripción de personalidades, David M. Gunn sostiene que Saúl fue un héroe trágico en el sentido griego, que está destinado a no tener éxito. También aboga por que se vea todo 2 Samuel como una novela de David, en lugar de dividir las unidades en géneros más pequeños. Gunn identifica subargumentos, con ciclos de bien y mal, que dirigen la narración. Naomi Sternberg defiende la función de ambigüedad en la narración como clave para la representación de personaje y argumento en 2 Samuel; Gail Yee la apoya en este aspecto. I. P. Fokkelman sugiere categorías dualistas múltiples que se repiten a lo largo de los materiales de David. Peter D. Miscall se enfoca en la complicación de personajes y argumento, con atención en los personajes y especialmente en la deconstrucción de lecturas más antiguas que se incorporan. David Jobling sostiene que el tema de herencia es clave para el libro de Samuel, que gira alrededor del asunto de la monarquía. Robert Polzin propone leer Samuel como un mensaje a los exilados, en el que se pone en duda a la monarquía. Más particularmente, se concentra en la descripción de personalidades, y discrepa con la lectura comprensiva que Gunn hace de Saúl, y en cambio lo ve como un personaje demasiado supersticioso que ocasionó su propia caída. Polzin ve a Saúl como un personaje negativo y pone en duda las «interpretaciones proproféticas» más antiguas. David es una figura sombría, cuyo verdadero ser no se revela hasta en 2 Samuel. Bailey favorece el mensaje de Polzin a los exilados, y sostiene que no sólo la monarquía sino el sacerdocio y las instituciones proféticas fueron puestos en duda. Junto con estos acercamientos literarios cruciales, Flanagan trata asuntos sociales del mundo asociados con David.

Formación canónica

Brevard S. Childs trata la formación canónica del libro y sostiene que los Cantos de Ana y David (1 S 2; 2 S 23) enmarcaron el libro, de tal manera que el relato termina donde comienza. Brueggemann sostiene que este marco fue proyectado para delinear la historia de Israel, no como un derramamiento de sangre, sino como la historia de la salvación de Jehová. Según Bailey, este marco caracteriza a Jehová como el Dios de la adversidad y salvador, en contraste a la representación de la deidad en el resto del libro.

Interpretación poscolonial: Crítica con orientación feminista, de raza y de sexo

La interpretación feminista del libro de Samuel ha puesto en duda la presuposición básica de toda la investigación anterior, es decir que Samuel (1 S 1-12), Saúl (1 S 13-31) y David (2 Samuel) son los personajes clave en todas las narraciones, y que los demás personajes solamente están presentes como contrapartes. Adele Berlin se concentra en las esposas de David y sus caracterizaciones en la narración. J. Cheryl Exum confronta la ideología patriarcal en la narración, especialmente en la descripción de Mical. Alice Bach hace a un lado las interpretaciones patriarcales, y sostiene que Abigail es el personaje central que dirige la acción en 1 Samuel 25 y no es una contraparte de David. JoAnn Hackett observa que Samuel gira alrededor de los tres varones principales, pero después cuestiona su estrategia arraigada de interpretación y detalla las funciones de las mujeres en la obra.

Los asuntos de raza y orientación sexual han comenzado a destacar en los estudios de Samuel. C. B. Copher observa la larga historia de interpretaciones racistas, más acentuadamente en el tratamiento del etíope en 2 Samuel 18. G. D. Comstock identifica una relación homosexual entre David y Jonatán en la elegía de 2 Samuel 1.

Mensaje

Como lo ha demostrado la Estética de la Recepción, el mensaje del libro depende, en gran parte, de la estrategia de interpretación del lector. La fidelidad de Dios con Ana se cruza con nosotros al principio, como lo hace la fe y fidelidad de Ana con Dios. Las advertencias para el clero como Elí se avecinan.

Las distintas interpretaciones que se hacen de Samuel, desde parangón de virtud a un profeta sagrado, a una persona ensimismada; las distintas interpretaciones de Saúl, de víctima a desobediente; las distintas interpretaciones de David, de «alguien conforme al corazón de Dios» a un villano; las distintas interpretaciones de Dios, de Todopoderoso a una presencia elusiva, son posibles interpretaciones de este libro. La riqueza para nutrir y cuestionar abunda en cada página. La intriga de los tratos políticos y las manipulaciones teológicas, a viva voz piden clarificación.

¿Es Samuel sacerdote solamente porque su madre lo dedicó (1 S 1)? ¿Qué diría esto de una teología del llamado? ¿Es la visitación que el «espíritu malo de parte de Dios» hizo a Saúl un paradigma de aflicción psicológica (1 S 16)? Si así es, ¿cómo llegamos a entender la naturaleza de la enfermedad mental? ¿Es David el «Rey de Teflón» (1 S 21-22)? Si así es, ¿es pertinente la ética actual de «nada más que no te agarren»? ¿Realmente Dios retribuye el adulterio con violación (2 S 11-13)? Si así es, ¿cómo podemos confiar en la justicia divina?

Bibliografía. R. C. Bailey, *David in Love and War: The Pursuit of Power in 2 Samuel 10–12.* JSOTSup 75 (Sheffield, 1990); B. Birch, *The Rise of the Israelite Monarchy: The Growth and Development of 1 Samuel 7–15.* SBLDS 27 (Missoula, 1976); W. Brueggemann, *David's Truth in Israel's Imagination and Memory* (Philadelphia, 1985); D. M.Gunn, *The Fate of King Saul.* JSOTSup 14 (Sheffield, 1980); *The Story of King David.* JSOTSup 6 (Sheffield, 1978); P. K. McCarter, Jr., *I Samuel.* AB 8 (Garden City, 1980); *II Samuel.* AB 9 (Garden City, 1984); L. Rost, *The Succession to the Throne of David* (Sheffield, 1982).

RANDALL C. BAILEY

SAMUT (Heb. *šamhûṯ*)

Izraíta, comandante de la quinta división del ejército de David (1 Cr 27.8). A veces se le identifica con Sama (**4**; 2 S 23.25)/Samot (1 Cr 11.27) de Harod.

SANDALIAS, ZAPATOS

El calzado antiguo es bien conocido por los cuadros, la escultura y los relieves. En tanto que la mayoría de personas usaba una sandalia simple, las zapatillas de cuero suave no eran poco comunes. A los soldados asirios a veces se les representa usando una bota alta; en períodos posteriores, los soldados romanos a menudo usaban una bota de cuero más grande y substancial. El mundo antiguo consideraba los zapatos como la prenda de vestir más humilde; aunque a menudo se reparaban, las sandalias y los zapatos podían comprarse baratos.

El Heb. *na'ălāyîm* sirve de forma intercambiable para zapatos y sandalias. Durante la era del NT el gr. *hypódēma* (Mt 3.11; 10.10) era una suela de cuero simple, sujetada con una correa en el frente. El término menos frecuente *sandálion* significa una suela atada al pie (Mr 6.9).

Una pintura mural de la tumba egipcia de Beni Hasan representa el calzado de semitas que dan tributo con una variedad de sandalias. Algunas de las sandalias atan la suela al pie con correas alrededor del tobillo, a través del empeine, arriba en la pierna o a través de los dedos del pie; las mujeres usan una bota baja. Los campesinos del Egipto antiguo usaban sandalias de cuero, papiro, o estera de palma tejida, comúnmente sostenida por dos correas tejidas a través del arco del pie y que se unen entre los dedos de los pies. El Trono de Oro de Tutankamon (alrededor de 1340 a.C.) muestra al joven faraón que usa una sandalia sencilla, sostenida por una sola correa. Más tarde, las esculturas romanas representan unas sandalias con un patrón complicado de tejido de punto abierto, de correas que cubren los dedos de los pies.

Los zapatos se quitaban a la entrada de una carpa u hogar, antes de entrar (Lc 7.38,44) o durante largos períodos de luto (2 S 15.30). Quitar los zapatos de un invitado era la tarea del esclavo o sirviente del rango más bajo de un hogar. Un estudiante también se inclinaría para retirar los zapatos de su maestro. Sin embargo, la literatura rabínica advertía a sus estudiantes a no hacerlo ante extraños, para que no los confundieran con esclavos en lugar de eruditos.

En la presencia de alguien superior, a menudo se quitaban los zapatos, como en la ocasión de una teofanía (Ex 3.5; cf. Jos 5.15). Los relieves de Laquis del palacio de Senaquerib en Nínive (alrededor de 700) ilustran a los residentes derrotados de la ciudad, que llegan ante su vencedor descalzos, como una señal de humildad.

Una sandalia también podría ser usada para sellar un contrato legal (Rut 4.6-10) o para especificar posesión o señorío de propiedad (Sal 60.8[TM10]). Quedarse descalzo era una indicación de pobreza, reproche o de obstaculización de juicio (Is 20.2). En contraste, tener calzado daba evidencias de buena disposición para un viaje o tarea (Ex 12.11; Mr 6.9)

Bibliografía. E. A. Speiser, «Of Shoes and Shekels,» *BASOR* 77 (1940): 15-20.

David C. Maltsberger

SÁNDALO

Sándalo (Heb. *'algûmîm;* 2 Cr 2.8; 9.10-11) y sándalo (*'almuggîm;* 1 R 10.11-12) se consideran la misma madera, sándalo rojo (*Pterocarpus santolinus* L. f.). La madera de sándalo rojo es pesada, dura y de grano fino y habría sido adecuada para los soportes e instrumentos que Salomón había hecho de algum. También lleva un aroma agradable.

El sándalo rojo es originario de la India y el este de Asia, una de las muchas posibles ubicaciones de Ofir. Aunque 2 Crónicas 2.8 informa que Salomón pidió sándalo del Líbano, 9:10-11 dice que fue traído de Ofir.

Megan Bishop Moore

SANEDRÍN

Forma hebraizada del gr. *snédrion,* que significa «consejo o asamblea». Sanedrín se utiliza por primera vez en la Mishná (alrededor de 200 d.C.) como nombre de un tratado y, ocasionalmente, como un término para las cortes (la palabra hebrea mishnaica para tribunal es *bêt dîn*, lit., «casa de juicio»). El uso de «Sanedrín» en algunas versiones del NT para traducir el término griego es anacrónico.

Los términos para las cortes y consejos son muy imprecisos en el NT, la Mishná y la cultura griega en general, y la reconstrucción histórica de estas instituciones es similarmente incierta. En el NT *synédrion* se usa para las cortes judiciales en general (Mt 5.22; 10.17; Mr 13.9) y la corte suprema y el tribunal legislativo de Jerusalén eran presididos por el sumo sacerdote (p. ej. Mt 26.59; Mr 14.55; Hch 5.21). Pero la terminología es imprecisa y cambiable. En Hechos 5.21, el *synédrion* está unido al «concilio y a todos los ancianos (*gerousía*) de los hijos de Israel». En Lucas 22.66, el «*presbytérion* (otra palabra para 'concilio de ancianos') del pueblo», que consistía de los principales sacerdotes y escribas, se dice que se reunió y luego llevó a Jesús a su *synédrion*. Aquí *synédrion* simplemente significa «reunión» o «asamblea» y el nombre oficial del grupo es *presbytérion*. De manera similar, en Hechos 22.5 Pablo afirma que el sumo sacerdote y todo el *presbytérion* le habían dado la autoridad de arrestar a los seguidores judíos de Jesús en Damasco. El Evangelio de Marcos (Mr 15.1) se refiere a este consejo supremo como *symboúlion* (otra palabra para «consejo»). En general, los términos griegos del NT para el cuerpo legislativo y judicial de Jerusalén varían mucho y las traducciones en español de estos términos son similarmente imprecisas.

Josefo habla de muchos consejos locales y nacionales (*synédria*) cuyos poderes y membresías cambiaban con las circunstancias políticas. Gabinio, el gobernador romano, estableció cinco consejos regionales en Judea y Samaria en 457 a.C. Herodes el Grande estableció consejos frecuentes de su familia y amigos. Se denomina al senado romano como el *synédrion* o un *boulḗ* (ayuntamiento de una ciudad helenística), y Josefo utiliza ambos términos para los consejos de Jerusalén. Josefo no describe un solo y continuo cuerpo que funciona como corte suprema en Jerusalén, ni se refiere a ese cuerpo con algún nombre, ni especifica su membresía ni poderes, probablemente porque la naturaleza del consejo cambió con el tiempo.

El uso mishnaico del término «Sanedrín» refleja la posterior reconstrucción rabínica de las instituciones del templo que hicieron los sabios. La «Gran Corte» (*bêt dîn*) o «Gran Sanedrín» tenía 71 miembros y se reunía en la Cámara de Piedra Tallada del complejo del Templo (*m. Sahn.* 11.2; *Mid.* 5.4), juzgaba la aptitud de los sacerdotes paras servir en el Templo (*m. Mid.* 5.4; *Qidd.* 4.5) y tomaba decisiones acerca de las extensiones para el Templo (*m. Šeb.* 2.2). El panorama exaltado y nostálgico que los sabios tenían del consejo de Jerusalén puede verse en dos declaraciones: la «Gran Corte» del monte del templo era el lugar desde donde «la Torá parte hacia todo Israel» (*m. Sanh.* 11.2) y su pérdida en 70 d.C ocasionó un final al cantar en las fiestas de bodas (*m. Sona* 9.11). La palabra «Sanhedrin» también se usa en la Mishná para las cortes de 23 jueces que deciden casos capitales dentro o fuera de Israel (*m. Mak.* 1.10). Estas cortes, que tienen sabios como jueces sentados en un semicírculo (*m. Sanh.* 4.3-4), parecen reflejar realidades del siglo III como contemporáneas con la Mishná, y no del período del Segundo Templo.

El NT, la Mishná y Josefo no presentan un cuadro consecuente de la autoridad judía ni la función de varios consejos, sino que testifican de la frecuencia de los consejos con las funciones legislativas y judiciales dentro del debate político del imperio romano. Esos consejos habrían estado compuestos por los ancianos y miembros respetados de las clases gobernantes cultas (alrededor del 10 por ciento de la población). En Jerusalén, el consejo supremo habría estado constituido por los altos oficiales y los miembros mayores de las familias aristocráticas acaudaladas y sacerdotales más poderosas. Ya que las leyes religiosas y las prácticas estaban incrustadas en la vida política y social, no debería hacerse ninguna distinción entre un consejo secular y religioso o Sanedrín, tampoco deberían proyectarse al siglo I los eruditos religiosos del período rabínico ni sus intereses legales. El consejo de Jerusalén probablemente legislaba y gobernaba de maneras limitadas, dependiendo de la fortaleza política del sumo sacerdote que estaba en el poder y de la libertad otorgada por los gobernadores romanos y sus clientes herodianos. Como miembros de la clase gobernante, los concejales de Jerusalén probablemente se ocupaban de mantener el orden público, preservando su propio poder y posición en la sociedad judía, y mediando entre el imperio y el pueblo.

Anthony J. Saldarini

SANGRE

La sangre es importante tanto como un término bíblico y como un concepto teológico. Tanto el Heb. *dām* como el gr. *haíma* se utilizan en un sentido teológico para designar el principio de la vida en el ser humano y animales. Desde el principio de los tiempos la sangre ha sido asociada con el misterio, ya que fue reconocida como símbolo de la vida mucho antes de que científicamente haya sido demostrado que es vital para la existencia de vida. La frase «carne y sangre» se refiere a la naturaleza perecedera de los seres humanos, y siempre está conectada con una pérdida de vida o un sacrificio por la vida (claramente declarado en Lv 17.11).

En el AT la sangre es considerada como sagrada, expresando tres principales preocupaciones sobre el uso de la sangre. El primer enfoque se centra en la prohibición del asesinato. La primera referencia real a la sangre se halla en Génesis 4.10, donde Dios confronta a Caín por derramar la sangre de Abel en un asesinato. Mientras el derecho consuetudinario permite la venganza de sangre (Gn 9.6), se hizo provisión para evitar venganzas ilimitadas de sangre (Dt

19.6-13). El fiel apela a Dios para vengar la sangre de sus siervos (Sal 79.10), y Dios promete que Él mismo llevaría a cabo esa venganza sobre la sangre derramada (Is 63.1-6).

Una segunda preocupación es la prohibición de la dieta de la sangre. Ya en Génesis 9.4, se le instruye a Noé: «Pero carne con su vida, que es su sangre, no comeréis».

En tercer lugar, El AT se refiere al uso de la sangre en la expresión de culto. El pacto entre Jehová y su pueblo fue sellado por un rito de sangre (Ex 24.3-8). En todos los sacrificios de animales la sangre era el elemento esencial, derramado sobre el altar (Lv 1.5). Con la observancia de la Pascua, la sangre era colocada en el dintel de los postes de las puertas (Ex 12.7). En el Día de la Expiación, el sumo sacerdote entraba al lugar santísimo y rociaba la sangre sobre el propiciatorio (Lv 16.15). La sangre del sacrificio también tenía un valor consagratorio en la consagración de los sacerdotes (Ex 29.20). El rito de circunsión era también una forma de ceremonia de sangre (Gn 17.10-11).

El NT pone fin a los sacrificios sangrientos del culto del AT, y deroga las disposiciones legales relativas a la venganza de sangre. Ambos cambios son provocados por la «preciosa sangre» de Cristo (Hb 9.11-12; 1 P 1.17-19). Todo en el drama de la pasión de Jesús se enfoca sobre la sangre. En la Última Cena, Jesús presenta la copa diciendo: «Esto es mi sangre del nuevo pacto» (Mt 26.28). Judas traiciona «sangre inocente» (Mt 27.4). Pilato lava sus manos «de la sangre de este justo» (Mt 27:24). Por la sangre derramada de Cristo, los creyentes son justificados (Ro 5.9) y santificados (Hb 10.29; 13.12).

Donald R. Potts

SANGUIJUELA
Gusano chupasangre de la clase Hirudinea (Pr 30.15; Heb. *ʿălûqâ*). Varios tipos de sanguijuela se han observado desde la antigüedad en las aguas estancadas o de movimiento lento de Palestina. El Talmud advierte contra el beber agua directamente de un río o estanque con la boca o las manos por temor de ingerir una sanguijuela (*Abod. Zar.* 12b).

SANIDAD
Véase Enfermedades y cuiddo de la salud.

SANSANA (Heb. *sansannâ*)
Pueblo del distrito suroeste de Judá (Jos 15.31). No aparece en listas similares de pueblos simeonitas, donde Hazar-susa (Jos 19.5) y Hazar-susim (1 Cr 4.31) aparecen como posibles variantes del nombre. Se identifica al lugar con Khirbet esh-Shamsanīyât (140083), alrededor de 15.5 km (9.6 mi) al noroeste de Beerseba.

Laura B. Mazow

SANSÓN (Heb. *šimšôn*)
Último de los grandes jueces (Jue 13-16) que dirigieron al Israel premonárquico. Se dice que el Sansón danita comenzó a librar a Israel de los filisteos, su enemigo más persistente y amenazante.

Al igual que con todos los jueces, la descripción de Sansón (diminutivo de *šemeš*, «sol») como líder nacional es trabajo de un editor. En el caso de Sansón, se mantiene la noción muy levemente. Sansón se involucra en una venganza personal, no en un movimiento de liberación nacional. Actúa solo, no como líder militar. Las historias de Sansón tienen su origen en leyendas folklóricas acerca de un líder local, que era conmemorado por la audacia y fortaleza con la que asedia a los hombres filisteos y por la habilidad y candidez con la que amó a las mujeres filisteas. Las historias habrían circulado independientemente y fueron creadas por compiladores como un todo artístico equilibrado.

El ciclo de Sansón comienza cuando un mensajero de Jehová le anuncia a una mujer estéril que tendrá un hijo (Jue 13). De una manera genuinamente folklórica, la calidad milagrosa de su nacimiento establece a Sansón como un héroe. El mensajero especifica la naturaleza de los actos heroicos de Sansón («y él comenzará a salvar Israel de mano de los filisteos» Jue 13.5) y ordena restricciones nazareas, tanto en la madre como en el niño. Finalmente, la historia asegura al lector que Sansón, héroe nacional atrevido y amoral, es nada menos que el hombre de Jehová. Sansón es el único juez a quien se dice que Jehová bendice (Jue 13.24).

El cuerpo principal del ciclo está organizado alrededor de las relaciones de Sansón con dos mujeres y la traición de ellas. En ambos casos, la aparente derrota de Sansón lleva a la destrucción de sus enemigos, los filisteos. La determinación de Sansón de casarse con una mujer de la aldea filistea de Timnat activa una serie de eventos que se narran en Jueces 14-15. Un viaje a Timnat es el escenario para la primera hazaña sobrehumana de Sansón, al despedazar un león. La celebración de la boda ocasiona su primer conflicto con los filisteos. Sansón apuesta con los asistentes filisteos a que no pueden resolver un enigma. Su novia, a quien amenazaron de muerte si no cooperaba, engatusó a Sansón para que le dijera la respuesta y se la diera a sus compatriotas. Airado, Sansón mata a 30 filisteos como botín para pagar su apuesta. La venganza lleva a la contra venganza, que culmina con el asesinato de 1000 filisteos, que Sansón lleva a cabo con la mandíbula de un asno.

El enredo de Sansón con otra mujer lleva a ambos a la muerte y al triunfo. Dalila, al igual que la mujer timnita, fue persuadida por los filisteos para que engatusara a Sansón y le sacara información secreta. Al igual que la timnita, Dalila persiste, e insistió para que Sansón le demostrara su amor, hasta que le revelara el secreto de su fuerza, su pelo, que en obediencia a las reglas nazareas no había sido cortado. Esta vez la revelación es fatal. Dalila utiliza la información para entregar a Sansón a los filisteos.

El tono de la historia cambia de humor picaresco y hostigamiento erótico al sentimiento. Los filisteos dejan ciego a Sansón, lo encadenan con grilletes y lo encarcelan. Finalmente lo obligan a bailar para ellos en el templo de Dagón, su dios. Una vez más, la traición y derrota aparente llegan a ser la ocasión para que Sansón destruya a sus enemigos. Sansón, al orar por venganza, derriba el templo. «Y los que mató al morir fueron muchos más que los que había matado durante su vida» (Jue 16.30).

Las historias están identificadas como folklore, por su hipérbole y humor. Sansón despedaza a un león con sus propias manos y mata a 1000 hombres con un hueso. Después evade su captura en la Gaza amurallada, donde ha visitado a una prostituta, al derribar las puertas de la ciudad y cargarlas por unas 40 millas a Hebrón. Sansón, muy literalmente posee «las puertas de sus enemigos» (cf. Gn 22.17). Las historias están llenas de etiologías, enigmas y eventos escandalosos como cuando Sansón ata antorchas a las colas de 300 zorras, para incendiar los campos filisteos. Están etiquetadas con temas folklóricos, como el nacimiento milagroso de Sansón. Estas narraciones, primero que nada, son cuentos de aventuras con el propósito de entretener. Las historias de un desvalido despreciado también servían para desahogar una frustración.

Los intérpretes debaten el mensaje teológico de las historias. Dado el carácter violento y enamoradizo de Sansón, muchos sostienen que es un ejemplo negativo. Algunos ven a Sansón como una contraparte de la grandeza de Samuel. Otros ven las historias como que demuestran las consecuencias de romper el voto nazareo o del matrimonio interétnico. En contraste, varios eruditos ven las historias de Sansón como ilustraciones de Dios que obra para cumplir el propósito divino de liberar a Israel de sus opresores. Lo último es más plausible. Los narradores de las historias y los compiladores no censuran a Sansón. El motivo del voto nazareo, que solamente se encuentra en Jueces 13 y 16, tampoco está lo suficientemente integrado con el resto del ciclo de Sansón, para que sirva como su tema global. Además, Jehová está completamente implicado en las acciones de Sansón. Jehová provoca a Sansón (Jue 13.25) y está detrás de su pasión por la mujer timnita (14.4). El espíritu de Jehová capacita a Sansón para que mate no sólo a un león (Jue 14.6) sino a 30 (14.19) y luego a 1000 (15.14-15) filisteos. Jehová también está involucrado en la autodestrucción de Sansón. Cautivo, ciego y humillado, Sansón pide a Jehová venganza y muerte (Jue 16.28-30); su oración es concedida. Como lo ha demostrado J. Cheryl Exum, las historias describen a Jehová que obra en secreto, a través de actos humanos, con toda su ambigüedad y abiertamente en respuesta directa a la oración, para derrotar a los enemigos de Israel y al dios de los enemigos.

Bibliografía. J. L. Crenshaw, *Samson* (Atlanta, 1978); J. C. Exum, «Aspects of Symetry and Balance in the Samson Cycle», *JSOT* 19 (1981): 3-29; «The Theological Dimension of the Samson Saga», *VT* 33 (1983): 30-45; S. Niditch, «Samson as Culture Hero, Trickster, and Bandit», *CBQ* 52 (1990): 608-24; J. A. Soggin, *Judges*. OTL (Philadelphia, 1981); J. L. Wharton, «The Secret of Yahweh: Story and Affirmation in Judges 13-16», *Int 27* (1973): 48-66.

CAROLYN PRESSLER

SANTIAGO EL MAYOR, HECHOS DE

Escrito apócrifo que se encuentra en el Libro IV de la Historia apostólica del pseudo-Abdías (aparece con algunas variantes en textos griegos, coptos y etíopes), que se cree fue escrito entre los siglos II y IV. Los Hechos de Santiago detallan los acontecimientos de la actividad misionera de Santiago, y complementan la breve mención de su martirio, que aparece en Hechos 12.2 (identificado como Jacobo). El relato describe la participación de Santiago en la conversión de los renuentes Fileto y Hermógenes por medio de unos milagros; el haber convencido a los judíos de que Jesús cumplió con las profecías del AT;

y el haber convertido y bautizado a un escriba judío. Los últimos hechos corresponden a una historia que llegó a oídos de Clemente de Alejandría (Eusebio, HE 2.9.2, 3), en el que un guardia fue convertido después del arresto de Santiago, pero decapitado después juntamente con Santiago. Una historia posterior (de entre los siglos VI al VIII) dice que Santiago predicó en España, y que su cuerpo fue llevado por ángeles a Santiago de Compostela, al sitio del santuario de Santiago Apóstol, el patrón de España.

Bibliografía. J. Charlesworth, ed., The New Testament Apocrypha and Pseudepigrapha (Metuchen, 1987), 217-28.

Melissa M. Aubin

SANTIAGO, EPÍSTOLA DE

Epístola del NT, atribuida usualmente a Santiago [Jacobo], el hermano menor de Jesús, y líder de la iglesia en Jerusalén (Hch 12.17; 15.13-21; 21.18; Gá 1.19; 2.9, 12). Otros hombres con el mismo nombre en los Evangelios han sido propuestos como el autor de la epístola. Guiándose por Jerónimo, la iglesia católica romana identifica al autor como Jacobo, hijo de Alfeo (Mr 3.18; Hch 1.13). También se ha dicho que la carta es un seudónimo. Se alega que Santiago, el hijo de un artesano galileo cuya lengua nativa era el arameo, no pudo haber escrito esta carta en un griego tan elegante, ni con un estilo literario inspirado en la LXX.

La evidencia de que Jacobo [Santiago], el hermano del Señor, es el autor, es fuerte, lo que indica que probablemente la carta no es una obra seudónima, confiando en la autoridad que él tenía. Galilea no era una un desierto literario, y la posibilidad de que los discípulos de Jesús hayan sido personas instruidas, e influenciadas por ideas helenistas, se considera ahora más posible. La utilización de un secretario profesional por Jacobo en la redacción de la epístola, puede también explicar su estilo griego. Santiago predicaba a la circuncisión (Gá 2.9), y la carta parece estar dirigida a un auditorio judío-cristiano. Esto se ve en las citas frecuentes del AT y a las alusiones al mismo, a la confesión monoteísta de «Dios es uno» (Stg 2.19), y a la «congregación» en 2.2, que significa literalmente «sinagoga». Hay, asimismo, poca evidencia del desarrollo de una teología cristiana autoconsciente. Estas características dan a entender que hubo un autor que escribió la epístola en una fecha temprana y en un contexto judío, tal como el de la iglesia en Jerusalén.

Según Josefo, Santiago fue lapidado por orden del sumo sacerdote Ananus II, en el 62 d.C. (Ant. 20.197-203), pero según Eusebio fue asesinado justo antes de que Tito Vespasiano invadiera Jerusalén en el 67 (HE 2.23.18). En base a la conclusión de que el autor es Santiago el hermano del Señor, la carta debe ser de una fecha anterior a ese acontecimiento, quizás de la década de los años 50. El contenido de la carta refleja una desintegración de la armazón social de la región a la cual se dirige, que recuerda a la Jerusalén y a la Judea de los años que precedieron la guerra con Roma (66-73 a.C.) La violencia, la ira y la muerte son una preocupación fundamental de la carta (1.19-21; 3.13–4:3). La única evidencia interna en cuanto al lugar donde se escribió, es la referencia al clima de la costa oriental del mar Mediterráneo, que afectaba a Jerusalén.

El público destinatario de la epístola es pobre y está oprimido. Los miembros son arrastrados a los tribunales por los ricos (2.6), y explotados por los ricos dueños de tierras (5.4-6). El auditorio es llamado «las doce tribus que están en la dispersión» (1.1), un título que designa a la iglesia como los reunidos de nuevo, y al nuevo Israel (cf. Mt 19.28; Ap 7.4-8). En el NT, la dispersión es una metáfora para referirse a los cristianos que viven fuera de su hogar celestial, es decir, en la tierra (1 P 1.1). Según Lucas, después de la muerte de Esteban en Jerusalén, los judíos cristianos (helenizados) fueron esparcidos (*diaspeírō*), y llegaron hasta Fenicia, Chipre y Antioquía (Hch 11.19). Es posible que Santiago se estuviera dirigiendo a estos miembros dispersados de su iglesia, que una vez vivieron en Jerusalén.

A primera vista, la epístola se asemeja a una carta, porque comienza con el saludo acostumbrado (1.1). Sin embargo, carece de reminiscencias personales, de referencias a problemas específicos, y de una despedida. No es una carta personal, como las de Pablo, sino una carta más general o universal pensada para más de una iglesia. Santiago es, más específicamente, literatura didáctica, que trata de inducir a un público a vivir una vida virtuosa. También ha sido clasificada como exhortación (enseñanza moral) y diatriba (diálogo de preguntas y respuestas en busca de la verdad). Las partes centrales de Santiago están escritas de acuerdo con el cuidadoso patrón grecorromano en cuanto a la argumentación completa ((2.1-13, 14-26; 3.1-12). En este patrón están incorporados elementos de exhortación y rasgos de la diatriba.

La carta se apoya fuertemente en el AT, la enseñanza sapiencial y la historia de Jesús. Santiago hace alusiones al AT (1.10; 3.9; 5.4), lo cita (2.8, 11, 23; 4.6), y lo usa para dar ejemplos (2.21, 25; 5.10-11, 17,18). La sabiduría es una actitud y una cosmovisión religiosa del mundo propia de las personas piadosas que buscan discernimiento y visión para vivir, confiando siempre en la exhortación (p.ej., Proverbios, Job). Aunque Santiago no cita las palabras de Jesús, sí basa muchas de sus enseñanzas en lo que Jesús dijo, tal como fueron transmitidas en la tradición oral (2:5; cf. Mt 53, 5; 5.12; cf. Mt 5:33-37).

Énfasis teológicos

Sabiduría

Santiago habla de dos tipos de sabiduría: la celestial y la terrenal. La sabiduría celestial es pacífica, mientras que la terrenal es diabólica (3.13-18). La sabiduría celestial es un regalo de Dios (1.5; cf. v. 17). La tentación para hacer lo malo no procede de Dios, sino que tiene su fuente en el corazón humano (1.12-16), en lo que Satanás tiene también parte (4.7). La vida es frágil e incierta (1.9-11; 4.13-16). Los justos sufren en este mundo por las injusticias sociales y económicas. Son rechazados y despreciados por el mundo, y oprimidos por los impíos que tienen el poder. Los justos que sufren acuden a Dios en busca de defensa y bienaventuranza (5.10, 11). Los ricos no tienen temor de Dios (1.9-11; 2.1-7; 5.1-6), sino los pobres (2.5), especialmente las viudas y los huérfanos (1.26, 27) y los obreros sin tierras (5.1-6). Dios los oye (5.4), reciben su gracia (4.6) y son herederos del reino como parte de la inversión escatológica (2.5; 5.10, 11). Santiago no defiende la pobreza por sí misma, pero sí dice que el juicio del mundo de que los pobres son de poco valor, no es el juicio de Dios. Los ricos deben ayudar a los necesitados (1.22-27), en vez de darles solamente palabras piadosas.

Ley, fe y obras

Santiago enseña que la profesión de fe se prueba por las obras (1.19-26; 2.1-13). Ambas, la «perfecta ley, la de la libertad» en 1.25, y la «ley real» en 2.8, se refieren a la ley de amar a nuestro prójimo (Lv 19.18). El amor a los demás es la razón para la acción (2.12), y especialmente hay que demostrarlo atendiendo las necesidades de los pobres (1.27; 2.15, 16).

Perfección

La perfección no está exenta de defectos. El AT ve a la perfección como la obediencia a los mandamientos divinos. La perfección en la fe no es la simple aceptación de un credo (2.19), o la manifestación de un sentimiento (2.15, 16), sino que la fe se perfecciona por las obras (2.22) y soportando el sufrimiento (1.3, 4). Guardar la ley perfecta es hacer acciones bondadosas (1.25) y amar al prójimo (2.8-10). Ponerle freno a la lengua es indispensable para ser una persona perfecta (1.26; 3.2). Lo contrario de ser perfecto, es ser de doble ánimo y actuar de manera pecaminosa y desordenada (1.8; 3.16; 4.8).

Escatología

Santiago afirma la inminente venida de Jesús como Juez (5.7-9). Habrá una recompensa para que soporten la tentación (1.2), perseveren en la perfecta ley (1.25), utilicen bien la lengua y sean misericordiosos con los demás (2:12, 13). Habrá juicio para quienes no utilicen correctamente la lengua y no hagan buenas obras (2.12, 13; 4.11, 12). El juicio será también para los maestros que utilicen mal su condición (3.19), los ricos que no se ocupen de las necesidades de los pobres (5.1-6), y para aquellos cuyas palabras no sean dignas de confianza (5.12).

Como parte de la tradición sapiencial, con su interés por la vida práctica, Santiago contiene mucho material ético, como son el control de la lengua (1.26; 3.1-12; 4.11, 12; 5.9); el trato de los ricos a los pobres (2.1-13; 5.1-6); los pobres como el objetivo de las buenas obras (1.27; 2.15, 16); y el amor, la misericordia y la humildad, como distintivos de las relaciones con los demás (2.8; 3.13-18).

Bibliografía. J. B. Adamson, James, *The Man and His Message* (Grand Rapids, 1989); A. Chester, «James,» en *The Theology of the Letters of James, Peter, and Jude*, ed. A. Chester and R. Martin (Cambridge, 1994); L. T. Johnson, The Letter of James. AB 37A (New York, 1995); R. P. Martin, *James*. WBC 48 (Waco, 1988); E. Tamez, *The Scandalous Message of James* (New York, 1990); D. F. Watson, «James 2 in Light of Greco-Roman Schemes of Argumentation,» NTS 39 (1993): 94-121; «The Rhetoric of James 3:1-12 and a Classical Pattern of Argumentation,» NovT 35 (1993): 48-64.

Duane F. Watson

SANTIAGO, PROTOEVANGELIO DE

Relato de los nacimientos de María y Jesús, posiblemente uno de los más influyentes de todos los evangelios apócrifos, por contener varios relatos de una línea de nacimientos encadenados. María es presentada como la hija de una pareja que no había podido tener hijos: Joaquín, un hombre rico, y su esposa Ana. La concepción y el nacimiento milagroso de María están basados fundamentalmente en la historia de Ana (1 S 1-2). La joven María, descendiente de David, es dedicada al servicio de Dios, y es dejada con los sacerdotes en el Templo de Jerusalén a la edad de tres años. Cuando llega a la pubertad, los sacerdotes hacen arreglos para casarla con el viudo José, un hombre mucho mayor que ella, y que tiene hijos de un matrimonio anterior. María queda embarazada, entonces, a pesar de seguir siendo virgen, un hecho confirmado a José por un ángel y demostrado a los sacerdotes por «el agua de la maldición» (Nm 5) tomada por ella; después, María da a luz a Jesús en una cueva cercana a Belén. La partera Salomé duda del estado virginal de María. Cuando intenta poner a prueba físicamente la virginidad de María, sufre graves quemaduras en sus manos, pero es sanada cuanto toca al niño. La historia termina con la visita de los magos, el infanticidio ordenado por Herodes, y el martirio de Zacarías, el padre de Juan el Bautista, en el Templo de Jerusalén.

El propósito del libro es, a todas luces, la glorificación de María y la defensa del nacimiento virginal. El escrito dice también que Jesús es, indudablemente, de ascendencia davídica por medio de María (no de José, como dice el relato canónico de su nacimiento), y que los hermanos de Jesús mencionados en el NT son sus medios hermanos, los hijos del matrimonio anterior de José.

El Protoevangelio fue escrito en griego en la segunda mitad del siglo II, probablemente en Siria (aunque Egipto es también una posibilidad, en vista de la afirmación de Clemente de Alejandría y Orígenes). Aunque el libro fue prohibido en Occidente, fue muy popular en Oriente, como lo atestiguan los numerosos manuscritos griegos que aún se conservan (algunos muy antiguos, aun del siglo III), y las traducciones del documento al siríaco, el etíope, el georgiano, el copto, el armenio y el eslavo. Aunque el colofón dice que fue escrito por Santiago, el hermano de Jesús, es poco probable que el relato haya sido escrito por un judío, ya que contiene numerosos errores en cuanto a las costumbres judías y a la geografía de Palestina.

Bibliografía. R. F. Hock, *The Infancy Gospels of James and Thomas* (Santa Rosa, 1995); J. K. Elliott, *The Apocryphal New Testament*, rev. ed. (Oxford, 1993), 48-67.

James R. Mueller

SANTIDAD, CÓDIGO DE

El conjunto de leyes en Levítico 17–26, concentrándose específicamente en asuntos religiosos y de culto. Los tipos de leyes civil y criminal, hallados en Éxodo y Deuteronomio, brillan por su ausencia aquí. Haciendo hincapié en el decreto de ser santos porque Jehová es santo (Lv 19.2; 20.7, 26; 21.6, 8), estas leyes se oponen deliberadamente a las prácticas de culto cananeo (18.3ss.). Los teóricos documentales sostienen que, a pesar de que este cuerpo es una adición posterior a los escritos sacerdotales, contienen material que es premonárquico y posiblemente podría incluir algunas de las primeras leyes de la historia de Israel. La naturaleza independiente de este corpus ha sido atacada debido a que no se puede encontrar un orden interno y la amonestación temática «sed santos porque yo soy santo» sólo aparece en Levítico 19–22 así como fuera del corpus (11.44-45).

Bibliografía. J. E. Hartley, *Leviticus.* WBC 4 (Waco, 1992); I. Knohl, *The Sanctuary of Silence: The Priestly Torah and la santidad School* (Minneapolis, 1995); M. Noth, *The Laws in the Pentateuch and Other Studies* (1966, repr. London, 1984).

Tony S. L. Michael

SANTIDAD, SANTO

La idea básica de la santidad es la de «separación» o «retirarse.» Es una cualidad divina, parte de la naturaleza intrínseca de Dios, pero ausente de un mundo caído, tal vez mejor descrita como ajenidad en un sentido religioso o divino. El problema teológico básico es que este Dios santo desea tener compañerismo con los seres humanos pecadores que viven en un mundo caído. Puesto que Dios no puede ser menos santo con el fin de tener comunión con los seres humanos, ellos tienen que ser más santos («santificado»); una vez adquirida, la santidad se puede disminuir o contaminar por el contacto con diversas sustancias prohibidas («inmundicia») y por el sentimiento, pensamiento o por actuar de maneras que Dios ha prohibido («pecado»).

Dios utilizó la noción general de la santidad común en el antiguo Cercano Oriente para revelarse y revelar su voluntad a Israel. Esta puede ser categorizada en tres niveles de intensidad variable. Primero fue la dedicación a una deidad para su uso. Esto no necesariamente implica ser usado por el dios, sino sólo que la persona objeto estaba disponible, así como para otros usos «seculares». Un nivel más alto de la santidad era atribuido a una persona u objeto que el dios realmente usó, porque algo de la presencia divina permaneció con un objeto después de su uso (p.ej., el tridente de Poseidón, el martillo de Thor, así como lo sirvientes humanos de la deidad). El nivel más alto se atribuye a las imágenes o ídolos de los dioses, considerados como receptáculos ideales para esa presencia específica de Dios.

Jehová reveló que la santidad era su principal atributo (Ex 15.11; 1 S 2.2; Is 6.3; cf. Ap 4.8) y quería que sus seguidores de igual manera fueran santos. El mandato de «seréis santos, porque yo soy santo» (Lv 11.44-45; cf. 1 P 1.15-16) era para los israelitas, no sólo para los sacerdotes. El pueblo de Israel debía ser separado del mundo, un «reino de sacerdotes y una nación santa» (Ex 19.6; cf. 1 P 2.9). Ellos debían limitar su contacto con la inmundicia y cumplir con los mandamientos del pacto mosaico. La ley prevé sacrificios para expiar los pecados (Lv 5.5ss.) y rituales de limpieza para eliminar cualquier inmundicia (p.ej., Lv 14). La santidad debía extenderse al diezmo, el primogénito y cualquier cosa dedicada voluntariamente a Dios (Lv 27.14-32).

La unción de sacerdotes, profetas, y reyes los marca como no sólo dedicados a Dios, pero elegidos por Él para su servicio. Sus códigos de conducta, especialmente para sacerdotes, eran más estrictos que para la persona promedio (Ex 28.1–31.11) y las consecuencias de su desobediencia eran más severas (Lv 5.5ss.; 1 S 1; 1 Cr 21).

Diversos objetos, lugares y tiempos asociados con la adoración de Jehová eran considerados santos. Días especiales de celebración religiosa (Lv 23) y objetos de culto (1 R 8.4; Esd 5.14-15; 8.28), especialmente con respecto al arca del pacto (Lv 16.2; 2 S 6.7), eran todos santos. Los grados de santidad son evidentes en el diseño del templo de Jerusalén. Más sagrado era el lugar santísimo, la sala interior en la que residía Jehová; el lugar santo, el atrio de los sacerdotes, y el atrio de los israelitas también eran santos, pero de menor intensidad a medida que uno se alejaba de la presencia de Dios. Mientras que se demostraba reverencia a los objetos asociados con Jehová en el pasado (p.ej., la serpiente de bronce del desierto [Nm 21.9; cf. 2 R 18.4], el efod de Gedeón [Jue 8.27], y tal vez incluso los becerros de oro [Ex 32; cf. 1 R 12.28; 2 R 17.16]), la adoración de ellos se convirtió en una trampa para Israel y fue condenada. Contrario al concepto de santidad del antiguo Cercano Oriente, Jehová prohibió a estos adoradores construir ídolos, incluyendo imágenes de Él (Ex 20.4; Dt 4.15-19; 27.15).

Los profetas condenaron las acciones del pueblo, incluso cuando la independencia de Israel y Judá se acercaba a su fin, pero prometieron que Dios limpiaría la tierra y sus habitantes (Is 4; Zac 13.1). Estas profecías borran la distinction entre la santidad y la limpieza (Jer 33.8; Ez 36.25, 33) y establecen el tono para los que seguirían.

Las sectas judías de la época del NT buscaron la santidad a su manera, convencidos de que esto evitaría que Dios enviara al exilio a Israel de nuevo o incluso persuadirlo para restaurar la independencia de Israel. Los saduceos pensaban que era fundamental que los sacrificios del templo se mantuvieran. Los fariseos trataron de replicar la santidad requerida para los sacerdotes y el templo en sus propios hogares y vida. Los zelotes argumentaron que Dios ayudaría a los judíos en la limpieza de la tierra de los (gentiles) romanos si solo el pueblo tuviera la fe para actuar. Los esenios de Qumrán fundaron una comunidad en las orillas del Mar Muerto para que pudieran celebrar las fiestas y rituales por un calendario distinto al de los sacerdotes de Jerusalén, y también practicaron lavados rituales para eliminar la impureza personal.

Juan el Bautista predicó que los judíos debían arrepentirse de sus pecados y ser bautizados, una práctica reservada anteriormente para los converses judíos, y profetizó que el Mesías pronto traería una mayor limpieza (Mr 1.4-8 par.). El éxito del ministerio de Juan es una buena medida del deseo generalizado de santidad entre los judíos del siglo I.

El concepto del NT de la santidad se basa en el del AT. Dios todavía es visto como santo y exige que los que le sirven compartan esa cualidad (1 P 1.15-16). Gentiles así como judíos podían formar parte del pueblo de Dios bajo el nuevo pacto (Ro 2.28-29; Gá 3.28; Col 3.11). Los que aceptaron la invitación fueron llamados «santos» (Gr. *hágios*; Hch 9.13; 1 Co 1.2; Jud 3; Ap 5.8). La distinción mosaica entre «limpio» y «santo» dio paso a la preocupación por la conducta (1 P 1.15), actitud, y pensamiento apropiados (Mt 5-6; 1 Co 13; Gá 3).

La propia santidad de Jesús fue demostrada por su concepción (Lc 1.35), su afirmación pública de parte del Padre (Mt 3.17), sus obras (Lc 5.20-24), y su resurrección (Ro 1.3-4). El NT representa a Jesús como santo y una fuente de santidad/limpieza. Él puede hacer que sus seguidores sean santos (He 13.12; 1 P 1.2; cf. esp. Mt 8.1-3), algo que sólo Jehová había hecho (Sal 51.7[TM 3]; Ez 20.12). Después de la muerte de Jesús, sus seguidores enseñaron que Dios concedió perdón de pecados («santidad») a cualquiera que tuviera fe en Él (Hch 2.22-39; Ro 3.21-26; 1 Jn 1.7).

El NT también amplía el papel del Espíritu Santo. El Espíritu convence al mundo (Jn 16.7-11) y santifica a los que creen en Jesús (1 Co 6.11; 2 Ts 2.13; 1 P 1.2). En este sentido, es como un manantial de agua viva impetuoso, siempre capaz de limpiar a otros. El Espíritu mismo no se puede hacer impuro (Jn 4.13-14; 7.38-39).

Timothy P. Jenney

SANTIFICAR, SANTIFICACIÓN

Acción de hacer que algo o alguien sea limpio o santo. En la teología cristiana, la santificación usualmente se entiende como un acto o proceso posterior a la salvación que, de hecho, deja al cristiano santo (opuesto a la justificación, que es una declaración legal de inocencia).

En el AT, especialmente en los profetas, la santificación se entendía como el proceso total con el que Dios está limpiando nuestro mundo y su gente. Su meta final es que todo, animado e inanimado, sea limpio de cualquier mancha del pecado o inmundicia (Ez 36.25-29; 37.21-23). El Heb. *qdš* aparece como verbo, «ser apartado, consagrado», y adjetivo («sagrado, santo» [cosa, lugar, persona, etc.]), ya sea que esa cualidad fuera aplicada a Dios o a lugares, cosas, personas o tiempos santificados por (o para) Dios. El pueblo tenía que ser una «nación santa» (Ex 19.6). Para facilitar su santificación, Dios estableció un sacerdocio santo (Ex 29.1; 1 S 7.1).

El término hebreo menos frecuente, *thr* («ser limpio, puro»), describe la limpieza en un sentido físico, ceremonial y moral. Hay animales «limpios» (Gn 7.2, 8; 8.20) y metales «puros» (Ex 25.11-39), gente y cosas «limpias» (Nm 18-19). Las palabras del Señor son «puras» (Sal 12.6[TM 7]), el Señor «muy limpio» es de ojos «para ver el mal» (Hab 1.13).

Algo puede quedar separado de Dios por el pecado y la inmundicia. Se puede obtener perdón del pecado al ofrecer el sacrificio apropiado por el pecado; la limpieza de la suciedad requiere del rito de purificación apropiado. Esos rituales pueden dividirse en rituales de agua, para que la gente y las cosas puedan limpiarse, y los rituales de fuego (usualmente destructivos), para las cosas severamente contaminadas, especialmente las que no se pueden limpiar.

Una persona que ha contraído inmundicia tiene que bañarse, lavar su ropa y esperar hasta la noche (Lv 11.38; 15.1-32; Nm 19.11-13). Cantidades más grandes de suciedad requerían ceremonias más complicadas e ingredientes adicionales (Lv 14.1-9; Nm 19.1-22). Bajo las condiciones apropiadas, hasta el agua podría contaminarse (Lv 11.33-35). Sin embargo, el agua de un manantial («agua viva»), o de una cisterna subterránea, siempre se consideraba limpia. Por esto es que el «agua viva» llegó a ser tan importante (Lv 14.5, 6, 50-52; 14.52; 15.2, 13; cf. Jn 4.10, 11; 7.38).

Finalmente, el NT enseña que la santificación del mundo se lleva a cabo a un nivel personal e individual. Los que deciden ser santificados por el Espíritu tienen que cooperar en el proceso (1 Jn 3.3; Ap 22.11) —así como en los ritos de purificación de agua del AT. Este proceso quita el pecado pero «salva» al individuo. La función del Espíritu en la santificación comienza antes de la conversión, con la convicción (Jn 16.8-11), incluye la limpieza del creyente en la conversión (1 Co 6.11; 2 Ts 2.13; 1 P 1.1-2), a través de su guía en él o ella en una vida justa (Jn 14.26; Ro 8.5-13; 1 Co 2.9-16).

La purificación con fuego incluía una variedad de materiales: ropa o cuero con cualquier clase de moho destructivo (Lv 13.47-59) o una casa de la que no podía quitarse el moho (Lv 13.33ss.; cf. Sodoma y y Gomorra, Gn 19.24; cf. Lc 17.29-30; y la Jerusalén idólatra, Jer 4.4).

A la gente que se rehúsa a cooperar con la obra de santificación del Espíritu se le castiga con fuego. Dios utilizará este método para «limpiar» la tierra de la presencia de gente pecadora (Is 66.24; cf. Mt 25.30, 41, 46; Ap 20.11–21.1; cf. 2 P 3.10-13).

Timothy P. Jenney

SANTO DE ISRAEL

Un título para Jehová que aparece principalmente en Isaías. El nombre hace hincapié en los elementos de la santidad moral de Dios y la relación especial con todo el pueblo de Israel. El título probablemente surgió en el culto, que hacía hincapié en la santidad de Dios, como lo demuestra el tema del código de santidad: «Sed santos, porque yo, Jehová, vuestro Dios, soy santo.»

Paul L. Redditt

SANTO SEPULCRO

La tumba en la que el cuerpo de Jesús fue sepultado, una cueva excavada en la roca destinado para el entierro de José de Arimatea (Mt 27.57-60) situado fuera de los muros de Jerusalén (Jn 19.41; He 13.12). La iglesia del Santo Sepulcro, dedicada el 15 de julio de 1149, el 50 aniversario de la conquista cruzada de Jerusalén, se encuentra en los lugares señalados por la tradición antigua como el Gólgota y la tumba de Jesús. Las excavaciones bajo la iglesia han demostrado que el sitio era una antigua cantera reutilizada como lugar de enterramiento en el siglo I. El area fue cerrada por primera vez dentro de los muros de la ciudad por Herodes Agripa (41-44), unos 10 años después de la crucifixión de Jesús (Josefo *BJ* 5.147-55; *Ant.* 19.326-27).

El emperador Adriano refundó Jerusalén como Aelia Capitolina (a.d. 135) y erigió sobre la tumba de Jesús un templo de Júpiter con una estatua de Venus cerca (Eusebio *Vita Const.;* Jerónimo *Ep.* 58; Dio Cassius *Hist.* 69.12). Despúes del Concilio de Nicea (325), Constantino ordenó que el templo pagano fuera derribado y una iglesia fue erigida en su lugar. Los ingenieros de Constantino, después de remover el templo descubrieron una tumba identificada como la de Jesús (Eusebio *Vita Const.* 3.25-40). Una gran rotonda fue construida sobre la tumba. Inmediatamente al este de la rotunda estaba el Gólgota al aire libre en la esquina suroeste de un gran patio porticado que conecta la rotonda con una enorme basílica llamada el Martirio («testigo,» al lugar de la muerte y resurrección de Jesús). En 1009, el califa egipcio Hakim ordenó la destrucción de la iglesia de Constantino, y en 1048 una nueva iglesia fue construida sobre los cimientos de la rotonda. Los cruzados incorporaron esta iglesia en su gran plan, abarcando la rotonda y el patio de las iglesias predecesoras y un espacio antes ocupado por la parte occidental de la basílica de Constantino.

Los escépticos dudan que los primeros cristianos judíos hayan conservado el recuerdo de los sitios reales y atribuyen la identificación del siglo IV al deseo de Constantino de hacer propaganda de su nueva fe y el deseo de la iglesia de Jerusalén de elevarse por encima de otros centros eclesiásticos. Sin embargo, la ubicación (fuera de la ciudad del siglo I) tiene las marcas arqueológicas necesarias, y Eusebio, quien no era un fuerte defensor de Jerusalén, favorece la identificación, apoyando la idea de un recuerdo cristiano continuo.

Bibliografía. M. Biddle, *The Tomb of Christ* (London, 1999); C. Couasnon, *The Church of the Holy Sepulchre in Jerusalem* (Oxford, 1974); J. Finegan, *The Archaeology of the New Testament,* Ap ed. (Princeton, 1992), 258-82; J. Wilkinson, *Jerusalem as Jesus Knew It* (Nashville, 1983).

Robert Harry Smith

SANTOS

En el uso bíblico no está restringido especialmente a personas santas, más bien es un vocablo para el pueblo de Dios, tanto en el AT como en el NT (p. ej., Sal 31.23[TM24]; Ef 1.1, 15; 2 Ts 1.10; Ap 5.9; 18.20). Se les llama los «santos» de Dios (Heb. *qĕôḏšîm,* Sal 16.3; 34.9[10]) o «fieles» (Heb. *ḥăsîḏîm,* 30.4[5]; 85.8[9]; 145.10). Se regocijan en la bondad de Dios y confían en su cuidado (2 Cr 6.41; Pr 2.8). Su muerte es preciada «a los ojos de Jehová» (Sal 116.15).

El NT frecuentemente habla de «santos» (Gr. *hágioi*). Mateo observa que después de la resurrección de Cristo «muchos cuerpos de santos» que habían muerto resucitaron (Mt 27.52). Ananías protesta en contra de ayudar a Saulo de Tarso, porque ha oído de su persecución de los «santos» en Jerusalén (es decir, cristianos, Hch 9.13; cf. 26.10); 9.32, 41 mencionan a los «santos» que viven en Lida y Jope que son «creyentes». De manera similar, Pablo se refiere a los cristianos (1 Co 6.1-2; Fil 4.21-22; Flm 5, 7), que son «llamados a ser santos» (Ro 1.7), y se dirige a las comunidades cristianas como «todos los santos» (2 Co 1.1; 1 Ts 3.13; Fil 1.1; cf. Col 1.4; Ef 3.8, 18). A veces necesitan ayuda (Ro 8.27; 16.2; 2 Co 8.4; 9.1, 12); a veces la dan (Ro 12.13; 15.25-31; 1 Co 16.1, 15; cf. He 6.10). Los santos se preparan para la venida de Cristo (1 Ts 3.13; 2 Ts 1.10).

Colosenses visualiza a los cristianos compartiendo «la herencia de los santos en luz», y percibe el misterio cristocéntrico como algo revelado a los «santos» (Col 1.12, 26-27; cf. Ef 1.18). Efesios resalta la preparación de los santos «para la obra del ministerio» y hace un llamado a estar alertas en la vida cristiana y a la oración intercesora (Ef 4.12; 5.3; 6.18). En las Pastorales se espera que las viudas, a quienes la iglesia apoya, laven los «pies de los santos» (1 Ti 5.10). La fe del cristianismo «ha sido una vez dada a los santos» (Jud 3). En Apocalipsis los «santos» son cristianos perseguidos (Ap 13.7, 10; 14.12; 16.6; 17.6; 18.24) que oran para permanecer fieles (observe «las oraciones de los santos», Ap). El Apocalipsis termina con una bendición para «todos los santos » (Ap 22.21).

Allison A. Trites

SANTUARIO
Estructura que contenía objetos sagrados, un altar o lugar de adoración. Un santuario puede ser una carpa (Ex 33.7), un lugar alto (2 R 23.19) o un templo (Hch 17.24).

Los antiguos clanes y tribus hebreas establecieron santuarios tanto antes como después de la conquista de Canaán, y frecuentemente ocupaban santuarios cananeos abandonados o consagraban lugares donde habían ocurrido eventos sagrados. Por ejemplo, Abraham construyó un altar en Mamre para conmemorar su pacto con Dios (Gn 13.18). La confederación tribal también poseía su propio santuario ambulante, el arca del pacto, que después estuvo ubicada en varios santuarios permanentes, como Siquem (Jos 24), Gabaa (Jue 20.27), Gilgal (Jos 3-4) y Silo (1 S 3.3). Finalmente, el Templo de Jerusalén llegó a ser el santuario central. Muchos reyes de Israel erigieron santuarios a dioses paganos; estos fueron destruidos en la reforma de Josías, de 622 a.C.

HENRY L. CARRIGAN, JR.

SAQUÍAS (Heb. *śākĕyâ*)
Benjaminita, hijo de Shaharaim y Hodes (1 Cr 8.10).

SARA (Heb. *śārâ*) (también SARAI)
Principal antecesora del pueblo judío, y de cristianos y musulmanes también. Se le presenta a finales de Génesis 11 como esposa de Abraham y se desempeña entre Génesis 11 y 23 como compañera de Abraham. Dios los llama en su hogar del Este (Ur de Babilonia, a través Harán), comienzan su vida bíblica a una edad avanzada, luchando por discernir las implicaciones de las promesas que Dios les ha hecho: tierra, progenie, bendición. Las historias que involucran a Sara pueden verse como la lucha de ella y Abraham para entender su función en recibir la tierra, en concebir descendencia y en ser bendición para los pueblos que los rodeaban y ser bendecidos por ellos. En ninguna instancia su trayectoria es particularmente clara.

Tan pronto como llegan al Canaán prometido, la hambruna los lleva a Egipto, donde la estrategia de supervivencia de Abram pone a Saraí en el palacio de Faraón (Gn 12, y con cambios menores, Gn 20). Cuando Dios interviene con desaprobación, la pareja y su familia salen y vuelven a entrar a la tierra de Canaán, enriquecidos por su encuentro con el extranjero. Otros episodios que involucran a los pueblos de la tierra especifican a grupos con quienes sus descendientes finalmente se relacionan: moabitas, amonitas, reyes cananeos, pueblos de los alrededores del Mar Muerto (Gn 13, 14, 18-19).

Pero la promesa principal para Sara es la procreación de un heredero por medio del cual descendería el pueblo judío. Todos los episodios en los que ella figura pueden ser vistos como complicaciones de su papel como progenitora. Tan pronto como se presenta a Sara, se observa que ella y Abran no tienen hijos; la promesa de descendientes numerosos no incluye direcciones para lograrlo. Abraham evidentemente tiene otras alternativas en vez de que Sara sea la madre del hijo: su apadrinamiento a su sobrino Lot, quizás incluso la negación de su esposa cuando estaba en territorio extranjero, y el adoptar un esclavo de su casa son soluciones posibles para el hecho de que Sara no tenga hijos. La misma Sara finalmente sugiere que su esposo conciba un hijo con su sierva egipcia Agar; ese hijo, Ismael, aunque Dios lo bendijo, no es el hijo de la promesa. Pero finalmente, bajo la dirección de Dios en cuanto a la concepción, el nombre y la circuncisión, Sara le da a Abraham el heredero apropiado, Isaac, a la edad de 90 años y Abraham de 100 (Gn 16-21). Al haber logrado esa hazaña, desvanece y está ausente cuando la vida de Isaac se ve amenazada en el Monte Moriah (Gn 22) y muere a la edad de 127 años.

La erudición bíblica moderna presenta varias preguntas para las historias de Sara y Abraham. Los historiadores se cuestionan si, y cómo, recuperan importante información social, política y económica. Pero las circunstancias de origen, la época de composición y la referencia de los materiales siguen siendo opacas. Los que intentan fechar los eventos de las narraciones tienden a ubicarlos a mediados del segundo milenio a.C. Los que fechan la composición de las fuentes difieren; las sugerencias competentes oscilan entre el siglo X y el V.

La crítica social científica clarifica los esfuerzos en el procrear en particular. Bastante confiados por haber encontrado un paralelo extrabíblico del siglo XIV, de cuando Abraham afirmó que su esposa era su hermana, los eruditos recientes se han ocupado más sistemáticamente de entender asuntos de matrimonio, monarquía y economía. La urgencia de Sara de concebir no es una abstracción ni un ideal, sino una necesidad de proveer a Abraham una determinación clara de quién heredaría verticalmente el nombre, la tierra, los derechos de propiedad; necesita de un hijo para clarificar su propia posición y asegurar un guardián para sí misma. De allí, los episodios que involucran el fracaso de Sara de producir un heredero involucran una mezcla de detalles históricos, legales, sociológicos y psicológicos, así como religiosos o teológicos.

El análisis literal de las historias, en tanto que propone varias voces o fuentes de las historias (la mayoría concuerda con que los textos surgen de los estratos yahvista [p.ej., Gn 12], Elhoista [cap. 20] y Sacerdotal [caps. 17, 23]), también emprende un análisis más holístico de los textos ancestrales. Las genealogías, que una vez fueran consideradas secundarias y tediosas, ahora establecen cronogramas adornados por episodios suplementarios. Para Sara, la pregunta que se postula es cómo, a pesar de su edad y aparente esterilidad, y la de su esposo, producirá el heredero vertical «directo» de Abraham. Un detalle como el silencio de Sara cuando Abraham la consigna en el extranjero se evalúa en términos de caracterización o ideología. Al verse atrapada en circunstancias difíciles, ella puede elegir no contribuir a su propia opresión, o silenciosamente puede ver con pavor cómo ésta se acerca, o sus palabras pueden parecer discutibles. De manera similar, su relación competitiva demuestra que surge menos de la malevolencia que de la amenaza que Sara debe sentir por su condición, a medida que sigue sin hijos o de presuposiciones narrativas.

Las referencias a Sara fuera de Génesis se derivan de sus funciones como esposa y progenitora. En el AT se le menciona solamente en Isaías 51, donde su nombre (con el del Abraham) se presta a las facciones posexílicas. Pablo hace una referencia similar (Ro 9; Gá 4), donde Sara e Isaac representan el ser escogido, prometido, nacido libre, en tanto que Agar y su hijo representan valores opuestos. También se hace una breve referencia a su esterilidad añeja en Romanos 4; Hebreos 11 como parte del desafío de Abraham a la fe. Finalmente, después de viajar cierta distancia de los episodios de Génesis, se dice que es obediente a Abraham (1 P 3).

Bibliografía. A. Brenner, ed., *A Feminist Companion to Genesis* (Sheffield, 1993); N. Steinberg, *Kinship and Marriage in Genesis: A Household Economics Approach* (Minneapolis, 1993).

BARBARA GREEN, O.P.

Hija de Ragüel y esposa de Tobías (Tob. 3.7-8). Había estado casada con siete esposos que habían sido asesinados por el demonio Asmodeo antes de que el matrimonio fuera consumado.

SARAI (Heb. *šāray*)

Uno de los hijos de Bani a los que Esdras les requirió que se divorciaran de sus esposas extranjeras (Esd 10.40).

SARAR (Heb. *šārār*) (también SACAR)

Ararita y padre de Ahíam, uno de los Treinta de David (2 S 23.33). Se le llama Sacar en 1 Cr 11.35).

SARDIS (Gr. *Sárdeis)*

Ciudad del Asia Menor que aparece en la lista de las siete iglesias de Apocalipsis 1:11 (cf. 3.1-6). Sardis fue fundada desde 1200 a.C. y fue capital antigua del reino de Lidia, conquistado por los persas en el siglo VI. La derrota que los persas sufrieron a manos de Alejandro en 334 produjo independencia, pero una vez más fue conquistada y los seléucidas la convirtieron en una capital provincial. La ocupación romana comenzó en 189 y Sardis vivió bajo el gobierno de Pérgamo durante dos siglos.

Las excavaciones en Sardis han descubierto la acrópolis, impresionantes edificios monumentales, un gimnasio y un templo dedicado a Artemis (que emulaba al de Diana en Éfeso). El hallazgo más importante es una basílica que fue transformada en una sinagoga en el siglo III d.C.; su monumental tamaño y decoración sugieren que la comunidad judía disfrutaba de riqueza y prestigio considerables y pudo haber competido con la joven iglesia que crecía en la ciudad (cf. Ap 3.9). Este descubrimiento pone en duda la suposición de que las comunidades judías (y judeo-cristianas) vivían con cierto aislamiento o en su propio enclave religioso.

Sardis y Laodicea reciben la crítica más severa en las cartas de Apocalipsis. Aunque la iglesia corría un serio peligro espiritual, algunos de sus miembros eran fieles y no habían «manchado sus vestiduras» (Ap 3.4).

La iglesia de Sardis siguió creciendo en el período patrístico. Melito fue el obispo de Sardis en el siglo II y escribió prolíficamente, especialmente criticando a la rival comunidad judía. Alrededor del siglo IV, el cristianismo crecía rápidamente en el imperio y en Sardis se construyó el gran complejo de la basílica. Los obispos de Sardis están registrados hasta el siglo XIV, pero las posteriores conquistas turcas pusieron fin al liderazgo eclesiástico de la ciudad.

Bibliografía. C. Foss, *Byzantine and Turkish Sardis* (Cambridge, Mass., 1976); G. M. A. Hanfmann, *Sardis from Prehistoric to Roman Times* (Cambridge, Mass., 1975); J. G. Pedley, *Ancient Literary Sources on Sardis* (Cambridge, Mass., 1972); A. R. Seager, «The Building History of the Sardis Synagogue,» *AJA* 76 (1972): 425-35.

SAREPTA (Heb. *ṣārĕpat̠*; Gr. *Sárepta*)
Ciudad portuaria fenicia (176316; la moderna *Sarafand*) lacalizada en la costa mediterránea entre Tiro y Sidón. Capturada por Senaquerib en el 701 a.C. (acádico Zaribtu), era un próspero centro comercial en el periodo romano.

Durante un tiempo de una hambruna severa Dios ordenó a Elías ir a Sarepta, donde una viuda lo cuidaría (1 R 17.8-24). Como recompensa por su hospitalidad, Elías milagrosamente llenó de nuevo su provisión de aceite y harina y sanó su hijo moribundo (cf. Lc 4.25–26). Abdías 20 promete que los exiliados restaurados poseerán la tierra desde Edom hasta Sarepta.

Joe E. Lunceford

SARETÁN (Heb. *ṣārĕt̠ān*)
Una ciudad o región al este del valle del Jordán cerca del pueblo de Adam (la moderna Tell ed-Dâmiya), y cerca de donde las aguas del Jordán se amontonaron cuando los israelitas cruzaron el río en ruta a Canaán (Jos 3.16). El lugar de fundición de metales del rey Salomón más tarde fue localizado cerca de Saretán (1 R 7.46). Muchos eruditos equiparan la Seredata de 2 Crónicas 4.17 y la Zerera de Jueces 7.22 con Saretán.

La identificación del lugar de Saretán ha sido exacerbada por el hecho de que las localizaciones de los otros lugares asociados con Saretán en el texto bíblico también son, en su mayor parte, inciertas. El hecho que Saretán aparece en la lista de los pueblos del valle norteño del Jordán que están localizados dentro del quinto distrito administrativo de Salomón (1 R 4.12) ha dirigido a los eruditos a situar Saretán más al norte del valle del Jordán. Estos eruditos mantienen que en lugar de traducir el lugar de Adam en Josué 3.16 como «al lado» o «cerca» de Saretán, el texto debe leerse como «desde Adam hasta Saretán» que permitiría una localización más al norte y harían del evento uno más milagroso.

El lugar más favorecido para Saretán ha sido Tell es-Saʿidiyeh (204186; 18 km [11 millas] al norte de Tell ed-Dâmiya), a pesar que Tell Umm H□amâd (205172; cerca de 6 km [4 millas] al noreste de *ed-Dâmiya*), Tell Qos (5 km [3 millas] al este sur este de *Tell es- Saʿidiyeh*), Qarn Sartabeh (193167; ribera occidental, opuesta a *Dâmiya*), y Tell Sleihat (16 km [10 millas] al norte de Deir *ʿAlla*) han sido sugeridas. Desafortunadamente, la información textual y arqueológica disponible al presente es insuficiente para resolver concluyentemente la pregunta de la localización e identidad de Saretán.

Randall W. Younker

SAREZER (Heb. *śar'eṣer*)
Uno de los dos hijos de Senaquerib que asesinó al rey asirio (2 R 19.37 = Is 37.38), y que hundió al imperio llevándolo a una corta crisis dinástica hasta que el hijo más joven, Esarhadón volvió del exilio y asumió el trono en 680 a.C. Sin embargo, aparte de la Biblia no hay ninguna fuente mesopotámica con los nombres de estos hijos, aunque el asesinato de Senaquerib, a manos de sus propios hijos, aparentemente es histórico (inscripción de Nabonido; *ANET*, 309). Basado en la construcción de nombres acadios, Sarezer aquí solamente es un nombre parcial («[El Dios X] proteja al rey» = *šar-uṣur*) y un nombre divino debería estar incluido (p. ej. Nebu, por consiguiente, Nebusarezer).

Uno de los emisarios que el pueblo de Betel envió en 518 a preguntar en cuanto a seguir ayunando (el ayuno más frecuente fue instituido después del Exilio; Zac 7.2). Muchos eruditos sugieren que el texto en realidad debería decir Betelsarezer, «que Betel (la deidad) proteja al Rey».

Daniel L. smith-Christopher

SARGÓN (Heb. *sargôn*; Ac. *Šarru-kēn*)
Sargón II, rey de Asiria (721-705). Aunque el nombre Sargón significa «el rey es legítimo» en acadio, la legitimidad de Sargón II para el trono es incierta. En sus inscripciones, solamente una vez se refiere a Tiglat-pileser III (744-727) como su padre y obtuvo el trono después del asesinato de Salmaneser V, su posible hermano, durante el sitio de Samaria. Después de su primer año de reinado, en el que peleó en Asiria, silenció la rebelión de su país al liberar a los ciudadanos de Assur del «llamado a las armas de la tierra y de la convocación del cobrador de impuestos», aparentemente impuesto en ellos por su predecesor. Su próxima batalla con Babilonia, ahora dirigida por el arameo Marduk-apal-iddina II (el Merodac-baladán bíblico) y con el apoyo de Elam, terminó en un impasse temporal.

Durante el período entre gobernadores de Asiria, en Siro-Palestina estallaron rebeliones. Sargón asume responsabilidad por la captura y exilio de los ciudadanos de Samaria (2 R 17). Derrotó a fuerzas aliadas como Hamat, Arfad y Carquemis (Is 10) y siguió hacia el sur a Judá, donde derrotó a un ejército egipcio en Gaza, en la frontera de Egipto. Sargón lanzó una campaña en contra de los rebeldes y castigó y deportó a muchos. Después se interesó en derrotar a sus enemigos del norte, Mushki y Urartu. En su famoso «Cartas a los Dioses» emplea una terminología vívida para describir su campaña y derrota de Urartu.

Posteriormente en su carrera, Sargón volvió a ocuparse del problema de Babilonia. Marduk-apal-iddina II escapó a Elam y Sargón se nombró rey de Babilonia. Otra rebelión en el oeste, dirigida por el rey de Asdod, fue aniquilada (Is 20.1); un pequeño fragmento de una estela de Sargón fue descubierta en excavaciones en Asdod. Sargón fue asesinado en una campaña bastante insignificante en Anatolia.

Sargón construyó su nueva ciudad capital llamada Dur-Sharrukin («Fortaleza de Sargón», Khorsabad) cerca de Nínive. En tanto que fue uno de los proyectos más ambiciosos de Siria, fue abandonada casi tan pronto como fue habitada.

TAMMI J. SCHNEIDER

SARID (Heb. *śārîḏ*)
Lugar que definía el límite sureño del territorio tribal de Zabulón (Jos 19.10, 11). Sarid probablemente puede identificarse con Tell Shadûd (172229), del Valle de Jezreel, alrededor de 8 km (5 mi) al suroeste de Nazaret.

SARIO [ZARIUS] (Gr. *zários*)
Hermano del rey Joacim a quien Joacim trajo de vuelta (del exilio) de Egipto (1 Esd 1.38). Sin embargo, el autor de 1 Esdras aparentemente confundió 2 Crónicas 36 y 2 Reyes 23.30-35 y Joacim con Joacin, de esta manera asoció este Sario con Joacaz (también llamado Jeconías en 1 Esd 1.34), quien fue hecho rey después de la muerte de Josías en el 609 pero luego exiliado a Egipto (donde, de acuerdo a 2 R 23, murió). El nombre Sario puede haber sido derivado de una corrupción de Sedequías, uno de los hermanos de Joacim (1 Cr 3.16).

DANIEL L. SMITH-CHRISTOPHER

SARÓN (Heb. *laššārôn*)
Lugar conquistado por Josué (Jos 12.18). Siguiendo la LXX, el texto debe leerse «(perteneciente) a Sarón», la llanura costera entre Carmelo y Afec.

SARÓN (Heb. *šārôn*)
Región costera fértil de Palestina («llanura» o «país plano»). Tiene alrededor de 80 km (50 mi) de largo por 16 km (10 mi) de ancho, se extiende hacia el norte a lo largo del Mediterráneo, desde Jope hasta el sur del Monte Carmelo. Un camino para caravanas se extendía a lo largo de esta llanura marítima en tiempos antiguos, que comunicaba a Mesopotamia y al Asia Menor con Egipto. 1 Crónicas 5.16 ubica a los «ejidos de Sarón» al este del río Jordán; una interpretación iguala esta referencia con los pastos que están cerca del Monte Hermón, en tanto que otra traducción opina que Sarón es una referencia a la meseta de Galaad.

La primera referencia bíblica indisputable a la llanura de Sarón se encuentra en 1 Crónicas 27.29, donde se cita a Sitrai el saronita porque cuida los rebaños de David que pastaban en Sarón. Entre las referencias metafóricas al área está la rosa de Sarón, una metáfora de la belleza insuperable (Cnt 2.1). También, la condición de la llanura de Sarón, ya sea seca o floreciente, simboliza en Isaías 33.9; 35.2; 65.10 el estado espiritual de Israel.

El «Lasarón» (RVR Antigua), que está asociado con un rey derrotado en Josué 12.18, muy probablemente es una referencia al valle de Sarón. En Hechos 9.35, Sarón (gr. *Sarōn*) es el mismo, como lo evidencia su asociación con el pueblo de Lida.

ERIC HOLLEYMAN

SARSEQUIM (Heb. *sarsĕkîm*)
«Sarsequim el Rabsaris», oficial babilonio (Jer 39.3). No está claro si éste es el nombre de un oficial o del título de un oficial. Muchos eruditos contemporáneos corrigen este versículo basándose en Jeremías 39.13, que dice así: «Nabuzaradán capitán de la guardia y Nabusazbán el Rabsaris, Nergal-sarezer el Rabmag…» La suposición es que la confusión ocurre con los títulos babilonios de los oficiales de la época de la caída de Jerusalén.

SARUHÉN (Heb. *šārûḥen*)
Ciudad del territorio tribal de Simeón (Jos 19.6, ausente en la LXX) que usualmente se le identifica con Silhim (15.32, asignada a Judá) y Saaraim (1 Cr 4.31). Sahurén se menciona en un documento egipcio de antes de la ocupación israelita (*ANET,* 233), donde es la primera fortaleza de los hicsos asiáticos, después de su expulsión de Egipto en el siglo XVI a.C. Generalmente se cree que el lugar ha estado ubicado en el suroeste. Entre las identificaciones posibles están Tell el-Fâr'ah (al sur;

100076), Tell el-ʿAjjûl (0934.0976), y más recientemente, Tell Abu Hureirah/Tel Haror (08795.11257).

LAURA B. MAZOW

SARVIA (Heb. *ṣěrûyâ*)
La madre de Abisai, Joab, y Asael, los notorios «hijos de Sarvia» (2 S 2.18; 1 Cr 2.16). Abisai era el jefe de los tres (¿o de los treinta?) de David (2 S 23.18), Joab era el comandante del ejército de David (8.16), y Asael uno de los Treinta de David (23.24). Es incierto por qué estos tres hombres son siempre identificados por el nombre de su madre. Sarvia pudo haber sido una mujer prominente, eclipsando a su esposo, o posiblemente fue nombrada para conectar sus hijos con la familia de David. Sarvia y Abigail son enlistadas sólo como las hermanas de David (1 Cr 2.16). 2 Samuel 17.25 identifica a Abigail como la hija de Nahas, tal vez un esposo anterior, ya muerto, de la esposa de Isaí, en cuyo caso Sarvia pudo haber sido la media hermana de David.

RONALD A. SIMKINS

SASAC (Heb. *šāšāq*)
Jefe de la casa de un linaje benjaminita que tuvo varios hijos (1 Cr 8.14, 22-25). Vivió en la Jerusalén posexílica.

SASAI (Heb. *šāšay*)
Exiliado que retornó y a quien Esdras le requirió divorciarse de su esposa extranjera (Esd 10.40).

SATANÁS (Heb. *śāṭān*)
Literalmente, adversario o conspirador, alguien que diseña métodos para oponerse a otro. En el AT, el término (que usualmente va acompañado de un artículo) se aplica tanto a figuras humanas como celestiales, a quienes se les ha asignado la función de obstruir el camino del malhechor y de actuar como agentes de juicio divino (p. ej. Nm 22.22, 32; 1 R 11.14, 23; Sal 109.6; 1 Cr 21.1; Job 1-2; Zac 3.1,2; cf. 1 S 29.4, donde significa saboteador potencial en las filas). El sentido aquí, claramente, no es un ser ni personalidad sino una función o condición que un ser adopta temporalmente.

En el prólogo de Job y Zacarías 3 «el» *śāṭān* es identificado específicamente como uno de «los hijos de Dios», un miembro de la corte celestial con todas las de ley, quien tiene la tarea de acusar y procesar a los pecadores ante el tribunal de la justicia divina. Con ese propósito utiliza el manto, no solamente de espía oriental, de «ojos y oídos del rey» que recopilan información, que va de un lado a otro de la tierra observando a los humanos y que vuelve a la corte a reportar el estado de su lealtad al señor feudal; sino también de *agente provocador* que engatusa a la gente para que cometa crímenes por los que después se les puede castigar. En 1 Cr 21.1 el que actúa como «un» *śāṭān* también es un ser celestial que muy bien puede ser el mismo Dios.

En la literatura intertestamentaria, en el NT y en la literatura judía (especialmente apocalíptica), el término se usa como nombre propio para designar a un ser sobrenatural que está en total oposición a Dios y que se dedica a frustrar su obra. También se le conoce con epítetos como Azazel (1 En 13.1), Mastema (1 QM 13.4, 11; Jub. 10.8), Beelzebú (Mr 3.22, Mt 10.25; 12.24), Samael (Mart. Isa. 1.8, 11; 2.1), Belial/Beliar (2 Co 6.15; 1QS 1.18; 1 QM 13.12; Mart. Is 2.4), «el diablo» (Mt 4.1; 25.41; Lc 4.2; 8.12; Jn 13.2; Hch 10.38; T. Job 3.3; cf. Sab 2.24), «el malo» (Mt. 13.19; Jn 17.15; 1 Jn 5.18, 19; cf. Mt. 6.13; 2 Ts 3.3), «príncipe de los demonios» (Mr 3.22 par.), «el enemigo» (Mt 13.25, 28, 39; Lc 10.19) y el «príncipe de este mundo» (Jn 12.31; 14.30). A esta figura, que frecuentemente se le considera, junto con los demonios convertidos en «secuaces» (llamados «satanases» en 1 En 64.4) y otros espíritus malos, como la causa de sufrimiento, enfermedad, frenesí, pestilencia y hasta de calamidad nacional, era considerada principalmente como alguien que «prueba» al piadoso o al elegido (nunca al malvado que ya está bajo su control), y lo coloca en una situación forzada, donde la naturaleza y extensión de su dedicación a Dios será revelada, por esto se le designa en Mt 4.3; 1 Ts 3.5 como «el tentador». Su meta final es hacer estragos o destruir su fidelidad a Dios y confianza en él y, por lo tanto, producir en ellos las semillas, si no las flores, de desobediencia a las obligaciones del pacto. Según las descripciones clásicas de Satanás «en acción» (p. ej. Mt 4.1-11 y par., la tentación de Jesús en el desierto), Satanás muy frecuentemente emplea una consonante táctica con su carácter de «mentiroso y padre de mentira» (Jn 8.44) y de alguien que, a pesar de todo, frecuentemente se disfraza como «ángel de luz» (2 Co 11.14), es decir que usa argumentos astutos, que a menudo se basan en las mismas Escrituras, para persuadir a los que «prueba», para que «vean» y acepten que lo que Dios les ha ordenado hacer (o en lo que deben confiar) no es posible que sea «de Dios». Pero las aflicciones, persecuciones y otras «pruebas» diversas también son parte del arsenal que se utiliza en el intento de apartar al piadoso de cualquier tarea que Dios le haya indicado (cf. 1 P 5.8).

También, parece que a este mismo Satanás siempre se le ha conocido como alguien que actúa solamente dentro y bajo la voluntad permisiva de Dios (observe la coordinación de los propósitos divinos y satánicos en Mt 4.1) y, hasta en sus funciones malévolas, no obstante, como siervo divino, conscientemente fomentando en el mundo varios aspectos de la justicia de Dios. En Lucas 22.31-34, p. ej., Jesús describe a Satanás como el que filtra para Dios las impurezas que hay en el compromiso de los discípulos. En 1 Co 5.1-5; 1 Ti 1.20 Satanás es alguien que puede ayudar al pecador y al blasfemo, respectivamente, a volver al rebaño. Según CD 8.2 en el juicio final, cuando los malos sean castigados y los justos sean recompensados, es Satanás quien «visitará» a todos los apóstoles con destrucción (cf. Mt 25.41). Como lo observa Apocalipsis 12.7-12, hasta que fue retirado del cargo por la obra expiatoria de Cristo, que invalida todos las acusaciones en contra de los elegidos de Dios, Satanás todavía era el Satanás de Dios, que ejercía desde el cielo la función de Gran Acusador que se le había asignado.

Sin embargo, excepto dentro del judaísmo farisaico (donde Satanás es estrictamente un siervo de Dios), el énfasis en Satanás, principalmente como «el malo», hostil a Dios y su pueblo tiende a predominar. Esto lo explica (1) la identificación de Satanás en el período intertestamentario con la serpiente del Edén (2 En 31.3; La Vida de Adán y Eva 15-16; cf. Sab 2.24; cf. También Ap 20.2) y con el dragón del caos del mito de la creación; (2) la sujeción de los judíos, durante el gobierno persa, a las maquinaciones de vigilantes y acusadores celosos que utilizaban arrestos ilegales para obtener condenas y se satisfacían solamente con una sentencia capital (cf. Ecl 10.20); y (3) el florecimiento en el pensamiento judío (¿debido al contacto con el zoroastrismo persa?) del dualismo moral y ontológico, asociado con una insatisfacción con las explicaciones tradicionales u ortodoxas del origen y persistencia del mal, que ya no parecía adecuada para explicar la enorme cantidad total de sufrimientos, aparentemente inmerecidos, sin lecciones ni fines de redención, con los que el fiel del Israel posexílico se enfrentaba.

Sin embargo, todas las fuentes concuerdan en que en algún punto, las actividades de Satanás se detendrán, y al mismo Satanás se le impedirá darle seguimiento a cualquiera de sus objetivos. Aun así, la descripción de la manera y de los medios con los que esto se llevará a cabo, así como el grado en que Satanás resistirá su propia restricción y extinción, varían considerablemente, aun en un cuerpo que emana de un grupo, de algún modo afín, y parece depender de cuán independiente u hostil a los propósitos de Dios Satanás se creía que era. Una descripción así merece una constancia escrita, es decir, la de Apocalipsis. Aquí, dentro de un trabajo en el que la oposición de Satanás a Dios y a su pueblo es tan implacable como furiosa, donde se dice que Satanás se esfuerza poderosamente en contra de su «expulsión», y donde finalmente es consignado por su maldad a un castigo eterno, no obstante, Satanás es visto como alguien que tiene que soportar su tortura, no en el inframundo (cf. Mt 25.41; 1 En 54.6), sino en el salón del trono del Anciano de Días. Satanás es doblegado al ser llevado a la presencia de Dios.

Bibliografía. P. L. Day, *An Adversary in Heaven: śāṭān in the Hebrew Bible.* HSM 43 (Atlanta, 1988); J. B. Gibson, *The Temptations of Jesus in Early Christianity.* JSNTSup 112 (Sheffield, 1995); L. Jung, *Fallen Angels in Jewish, Christian, and Mohammedan Literature* (1926, repr.New York, 1974); S. H. T. Page, *Powers of Evil: A Biblical Study of Satan and Demons* (Grand Rapids, 1995); E. Pagels, *The Origin of Satan* (New York, 1995); J. B. Russell, *The Devil: Perceptions of Evil from Antiquity to Primitive Christianity* (Ithaca, 1977); W. Wink, *Unmasking the Powers* (Philadelphia, 1986).

JEFFREY B. GIBSON

SÁTRAPA

Título de gobernadores provinciales del Imperio Persa (Heb., aram. *ʾăḥašdarpān*; O.Pers. *xšaśapāvana*; Esd 8.36; Est 3.12; 9.3; Dn 3.2-3; 6.1-7). Ester 1.1; 8.9 reporta unas 127 provincias en el imperio, y Daniel 6.1-2 registra 120 sátrapas bajo tres gobernadores. Heródoto enumera 20 satrapías en el imperio, tal como estaban organizadas bajo Darío Hystaspes (*Hist.* 3.89-94).

SAUCE

Una planta del género Salix, que generalmente se encuentra creciendo alrededor de ríos y arroyos. Heb. *ṣapṣāpâ* ocurre s sólo en la alegoría de Ezequiel de las dos águilas (Ez 17.5), designando a un sauce, las ramitas del cual muy fácilmente echa raíz. Heb. *ʿărāḇâ* puede indicar tanto el sauce o el similar álamo del Éufrates *(Populus euphratica).* El anterior es probablemente el que se tiene en mente en Sal 137.2, pues creció comúnmente por las aguas de Babilonia. Especies particulares son inciertas en las otras referencias, por ejemplo, Levítico 23:40, donde las ramas se utilizan en la construcción de tabernáculos (Neh 8.15.) y eran agitadas para celebrar la Fiesta de los Tabernáculos (Job 40.22; Is 44.4).

SAUCES, TORRENTE DE LOS

Un arroyo (Heb. *naḥal hāʿărābîm*) en la frontera de Moab-Edom, atravesada por los refugiados de Moab que llevaban sus pertenencias (Is 15.7). Se ha identificado con el Seil el-Qurahi, el curso inferior del Wadi el-Hesā, el arroyo bíblico Zered. Puede ser el mismo que el «arroyo del Arabá» (*naḥal hāʿărābâ;* Am 6.14).

SAÚL (Heb. *šāʾûl*)

Uno de los primeros reyes edomitas, nativo de Rehobot junto al Éufrates (Gn 36.37-38; 1 Cr 4.24).

Hijo del patriarca Simeón y de una mujer cananea de quien no se dice el nombre (Gn 46.10; Ex 6.15; 1 Cr. 4.24). A sus descendientes se les llama los saulitas (Nm. 26.13).

Levita de la línea coatita; hijo de Uzías (1 Cr. 6.24[TM9]). Puede ser la misma persona que Joel de 1 Crónicas 6.36(21).

GREGORY D. JORDAN

SAÚL (Heb. *šāʾûl*)

Benjaminita, hijo de Cis, de la ciudad de Gabaa, que llegó a ser el primer rey de Israel. Su historia comienza con su unción por parte del profeta Samuel en 1 Samuel 9 y termina con su muerte por mano propia en 2 Samuel 1.

La historia de Saúl, tal como la tenemos ahora, incorpora tradiciones con diversos puntos de vista sobre Saúl y la monarquía en sí. El historiador deuteronómico, que trabajó en la época del exilio babilonio, pone la ascensión de Saúl al trono en un marco que mantiene a la monarquía como un rechazo pecaminoso a Dios (1 S 8.1-22; 12.1-25). Se presenta al mismo Saúl a manera de leyenda popular, como un joven que está buscando las posesiones de su padre que se han perdido, pero a cambio se encuentra con el profeta Samuel, que lo unge como el futuro rey de Israel (1 S 9.1-10.16). En general, esta narración es bastante positiva con Saúl. Recibe el espíritu de Dios después de la unción, y su tarea es de ser la liberación de Israel del poder opresor de los filisteos. Este relato y las dos historias del rechazo de Saúl por parte de Samuel son de círculos que se ocupan de hacer énfasis en la función de los profetas, de ungir a los reyes y hacerlos responsables ante Dios.

Una segunda historia que detalla cómo Saúl llegó a ser rey (1 S 10.17-27) comienza con el recordatorio de Samuel al pueblo en Mizpa, de que la monarquía en sí es una petición pecaminosa del pueblo, pero el relato continúa hablando de Saúl como el elegido de Dios para rey, designado por medio en una ceremonia donde se echaban suertes. A Saúl lo encuentran escondido entre el bagaje y lo sacan para que el pueblo lo aclame como rey, y para escuchar a Samuel leer un documento acerca de las responsabilidades de la monarquía.

En una narración final, que describe la ascensión de Saúl (1 S 1.1-15), se le describe como libertador militar en un estilo que evoca a los jueces del libro de jueces. Llegan noticias de que Nahas, rey de Amón, ha sitiado el pueblo de Jabes de Galaad. El espíritu de Dios se apoderó de Saúl y dirige a una fortaleza de israelitas hacia la victoria sobre los amonitas. Después de este triunfo, el pueblo proclama como rey a Saúl en Gilgal. Una mano editorial ha tratado de unificarlo al llamar a esta ceremonia una «renovación» del reinado (1 S 11.14). Muchos creen que la función de Saúl como comandante militar efectiva, como se refleja en este relato, es la probable base histórica del reinado de Saúl. Al principio, Saúl probablemente era un poco más que un caudillo local, pero sus éxitos militares en la crisis con los filisteos llevó al desarrollo de una monarquía en Israel. Una victoria significativa sobre las fuerzas filisteas en el territorio de Benjamín se le atribuye a Saúl y a su hijo Jonatán en 1 Samuel 14.1-46. Una notificación en 1 Samuel 14.47-48 le atribuye victorias a Saúl sobre Moab, los amonitas, Edom, los reyes de Zoba, los filisteos y los amalecitas. La vida de Saúl termina en el contexto de una batalla perdida con los filisteos.

La fórmula de ascensión que se acostumbraba para los reyes de la historia deuteronómica señala el comienzo del reinado de Saúl en 1 Samuel 13.1, pero Saúl casi inmediatamente se topa con un conflicto con el profeta Samuel sobre asuntos de obediencia a la palabra de Dios. Hay dos historias del rechazo de Samuel hacia Saúl. Ambas enfatizan la función del profeta como mediador de la voluntad divina para los reyes, y ambas reflejan los conflictos que surgen entre los cargos de autoridad más antiguos y los emergentes en Israel. En 1 Samuel 13.7-14

Saúl procede con un sacrificio, que tenía que ser conducido por Samuel, antes de la batalla. Cuando Samuel lo descubre, pronuncia un juicio que niega la posibilidad de dinastía a los descendientes de Saúl. En 1 Samuel 15.1-35 Saúl desobedece el mandato que el Señor le da por medio de Samuel de exterminar al enemigo amalecita, según las prácticas de la guerra santa. Saúl vuelve con ganado para sus provisiones y lleva al rey amalecita como prisionero. Esta vez, el juicio de Samuel en contra de Saúl por desobediencia a la palabra del Señor es un rechazo del mismo Saúl como rey legítimo de Dios en el trono de Israel. En estas dos historias de rechazo hay una alusión a David como el futuro rey de Israel en lugar de Saúl.

Los relatos del reinado de Saúl después de este rechazo son parte de una narración que detalla el ascenso de David al poder y a la monarquía (1 S 16-31). En estas historias Saúl aparece principalmente como un rey rechazado, impulsado cada vez más por sus celos e ira hacia David, que es descrito como el rey escogido de Dios. Saúl lleva a David a su corte como músico (1 S 16.14-23) y como guerrero (17.1-58), pero es asediado por un «espíritu malo de parte de Dios» (16.14; 18.10) y lo consumen los celos por el éxito de David (18.1-9). Le entrega a David su hija Mical en matrimonio, pero incluso esto es una conspiración para matar a David, al pedirle una dote de cien prepucios de filisteos (1 S 18.20-29). El hijo de Saúl, Jonatán, y su hija Mical, ambos aman a David (1 S 18.1-3, 20) y lo ayudan en contra de su padre cuando Saúl decide matar a David (19.1-17; 20.1-42). Mucha de la energía de los últimos días de Saúl como rey se consume en la persecución de David en áreas desérticas de Judá (1 S 22-24, 26). Saúl parece estar obsesionado e incitado en este período de su vida. Busca a los que lo han apoyado (1 S 22.6-10) y hasta asesina a 85 sacerdotes en Nob por su supuesta ayuda a David (vv. 11-23). Después de que David le perdona la vida a Saúl dos veces, Saúl parece estar resignado al final traslado del poder a David y suspende la persecución (1 S 24, 26).

En una escena llena de rasgos conmovedores, Saúl invoca al espíritu de Samuel, en la víspera de la batalla con un gran ejército filisteo (1 S 28). Busca solaz y una palabra de esperanza, pero aun desde la tumba, el profeta Samuel lo condena y predice la muerte de Saúl, junto con sus hijos, al día siguiente. Saúl vigila desde el Monte Gilboa al día siguiente y ve a su ejército derrotado y que sus hijos caen en la batalla. Con desesperación cae sobre su propia espada (1 S 31.1-13; 2 S 1.1-10). Aunque David elocuentemente lamenta la muerte de Saúl y Jonatán (2 S 1.17-27), el camino ahora queda abierto para su ascensión al reino de Israel.

El reino de Saúl probablemente nunca extendió control efectivo más allá del territorio de Benjamín y al territorio adyacente de las tierras altas del centro de Israel. Sí estableció una corte en Gabaa y los inicios de una burocracia real y un ejército permanente para Israel (1 S 14.49-52). En este sentido, sí puso las bases de una monarquía completamente desarrollada al mando de David. Sin los éxitos militares de Saúl y la existencia de su reino incipiente, la identidad singular de Israel bien pudo haber sido absorbida en la ocupación filistea de la tierra. Aunque se le describe como un rey fracasado en una tradición posterior, su reinado hizo que los éxitos de David fueran posibles.

BRUCE C. BIRCH

SAVE (Heb. *šāweh*), **VALLE DE**

Valle donde Abram se encontró con el rey de Sodoma y Melquisedec, después de su victoria sobre los reyes del este (Gn. 14.17). Más tarde se le conoció como el Valle del rey.

SAVE-QUIRIATAIM (Heb. *šāwēh qiryāṯayim*)

Lugar de Moab donde Quedorlaomer y los reyes que estaban aliados con él derrotaron al Emim (Gn 14.5). Se han propuesto varios lugares para Save-quiriataim con el pensamiento de que era una ciudad. Sin embargo, es posible que el nombre designe a la llanura (Heb. *šāwēh*) que rodea a la ciudad de Quiriataim.

SAVSA (Heb. *šawšā'*) (también SERAÍAS, SEVA, SISA)

Secretario de la corte de David (1 Cr 18.16). En otra parte se le llama Seraías (**1**; 2 S 8.17), Seva (**1**; 20.25), y Sisa (1 R 4.3).

SEAH (Heb. *sĕ 'â*; Gr. *sáton*)

Unidad de capacidad seca, equivalente a 2 hins o 7.3 l (2 gal) (Gn 16.6; Mt 13.33; RVR60 «medida»)

SEAL (Heb. *šĕ'āl*)

Exiliado que regreso y a quien se le requirió que despidiera a su esposa e hijos extranjeros; descendiente de Bani (Esd 10.29).

SEARÍAS (Heb. *šěʿaryâ*)
Benjaminita, hijo de Azel y descendiente del rey Saúl (1 Cr 8.38; 9.44).

SEAR-JASUB (Heb. *šěʾār yāšûḇ*)
Hijo del profeta Isaías (Is 7.3), se le llama así (Heb. «un remanente volverá») para simbolizar la promesa de que solamente un remanente del ejército israelita volvería del sitio de Jerusalén (vv. 4-9; cf. 8.18). Más tarde, el nombre se convirtió en una promesa que se aplicó a Israel en vista de la destrucción escatológica (Is 10.21-23; cf. 11.1, 16).

SEBA (Heb. *sěḇāʾ*)
Hijo de Cus (esto es, Etiopía); ancestro epónimo de una tierra en África o el sur de Arabia (Gn 10.7; 1 Cr 1.9; Sal 72.10; Is 43.3). Seba pudo haber sido el hogar de los sabeos (Is 45.14) o quizás una colonia de la Sabá árabe (**2**).

SEBA (Heb. *šěḇāʾ*, *šěḇaʿ*) (**LUGAR**)
Uno de los pueblos que se enumeran en Josué 19.2-6 y delimita una porción de tierra que se transfirió de la tribu de Judá a la tribu de Simeón. A Seba, que frecuentemente se identificaba con el Sema de Josué 15.26, se le omite en una lista paralela de 1 Cr 4.28. Ya que los pueblos llegan a 13 en el v. 6, muchos eruditos consideran al Seba de Josué 19.2 una ditografía de Beerseba, que la precede en el listado. Dos relatos de Génesis apoyan esta asociación. Cuando Abraham selló un tratado y resolvió una disputa por un pozo con Abimelec, la ubicación de esta transacción se identifica como Beer-seba (Gn 21.31). Isaac también selló un tratado con Abimelec en Beerseba, y después se construyó un pozo al que llamó Siba (Gn 26.33). Estos pozos de Abraham e Isaac pueden ser los pozos profundos de Bir es-Seba de hoy día.

País del suroeste de Arabia que sobresalió por su comercio internacional durante el reinado de Salomón. La reina de Sabá visitó a Salomón para investigar el reporte de su sabiduría y logros.

Véase Sabá, Sabeos

Eric Holleyman

SEBÁ (Heb. *šěḇāʾ*, *šěḇaʿ*) (**PERSONA**)
Hijo de Raama y bisnieto del hijo de Noé Cam (Gn 10.7; 1 Cr 1.9).

Hijo de Joctán y descendiente de Noé por medio de la línea de Sem (Gn 10.28; 1 Cr 1.22).

Hijo de Jocsán y nieto de Abraham y Cetura (Gn 25.3; 1 Cr 1.32).

Hijo de Bicri, benjaminita que dirigió una rebelión en contra de David y que potencialmente fue más peligrosa que la de Absalón (2 S 20.6), quizás por tensiones regionales de muchos años entre las tribus del norte y las del sur. El llamado de David a Judá después del fracaso de la rebelión de Absalón —que tuvo que ver con miembros resentidos de todas las tribus, el apoyo de Judá a David y el papel principal de Judá al llevar a David de nuevo a Jerusalén (2 S 19.8-15[TM 9-16])— causó resentimientos entre las tribus del norte, que probablemente asumieron que el rey favorecería especialmente a Judá (vv. 41-43[42-44]). Sebá utilizó la disputa de las tribus para iniciar su propia rebelión en contra de David entre las tribus del norte (2 S 20.10.1-2). Es posible que la clemencia de David para Simei el benjaminita (2 S 19.16-23[17-24]) y el nombramiento de Amasa, que había sido el general de Absalón, para que reemplazara a Joab (v. 13[14]; 20.4-5) hayan ayudado a David a recuperar el apoyo de las tribus del norte. Como Amasa no regresó a la hora indicada con las tropas de Judá, fue asesinado por Joab, quien dirigía al ejército en la persecución de Sebá. Este se refugió en Abel de Bet-maaca, ciudad fortificada de la frontera norte de Israel. Cuando Joab y el ejército comenzaron a sitiar la ciudad, una mujer sabia negoció con Joab (2 S 20.16; cf. 14.2). Sebá fue decapitado y su cabeza fue lanzada sobre el muro de la ciudad, y Joab salió de la ciudad en paz.

Descendiente de Gad (1 Cr. 5.13).

SEBA (Heb. *šiḇʿâ*)
Pozo (Heb. «juramento») que los siervos de Isaac cavaron (Gn 26.33). Su conclusión coincidió con el juramento que se hizo entre Isaac y Abimelec, el rey filisteo de Gerar. Este relato proporciona una segunda etiología para el lugar (cf. Gn 21.25-31). A Seba se le identifica con Tell Beerseba/Bir es-Saba (130472), a 3 km (2 mi) al este de la moderna ciudad de Beerseba.

Laura B. Mazow

SEBAM (*śěḇām*)
Otro nombre de Sibma, ciudad de Moab que Rubén reclamó después de la derrota de Sehón (Nm 32.3).

SEBANÍAS (Heb. *šěḇanyâ*, *šěḇanyāhû*)
Uno de los sacerdotes nombrados por los levitas cuya función era tocar la trompeta delante del arca de Dios (1 Cr 15.24).

Uno de los líderes que dirigió al pueblo en la alabanza y confesión durante la ceremonia posexílica de renovación del pacto que Esdras dirigió (Neh 9). El nombre Sebanías aparece dos veces en este contexto: en el listado de los que «se levantaron sobre la grada de los levitas» y que clamaron (Neh 9.4) y en el listado de los levitas que hicieron el llamado al pueblo para adorar a Dios (v. 5). Es posible que él, junto con cuatro levitas más que se nombran en ambas listas, hayan dirigido en ambas partes del proceso de adoración. Este Sebanías puede ser el mismo que uno de los Sebanías que firmaron el pacto de Nehemías de apoyo al Templo (véase los puntos siguientes **3-5**).

Casa sacerdotal posexílica de la que se dice que José es el jefe durante la época del sumo sacerdote Joiacim (Neh 12.14). Es posible que este apellido designe a un signatario del pacto de Nehemías (Neh 10.4[TM5]). En algunos manuscritos y versiones dice «Secanías».

4.-5. Nombre que se le dio a dos levitas que firmaron el pacto de Nehemías (Neh 10.10, 12[11, 13]). Algunos eruditos prefieren la explicación de ditografía en esta repetición, en lugar de admitir un problema en la transmisión textual o asumir que los nombres representan a dos personas distintas.

Michael L. Ruffin

SEBARIM (Heb. *haššĕbārîm*)
Lugar donde los hombres de Hai persiguieron a los israelitas después de repeler su intento de capturar a Hai (Jos 7.5). El nombre puede referirse a una característica topográfica (p. ej., «las canteras»).

SEBAT (Heb. *šĕbāṭ*)
El undécimo mes del calendario judío (enero/febrero; Zacarías 1.7, cf. ac. *šabaṭu*; 1 Mac 16.14; gr. *Sabat*).

SEBER (Heb. *šĕḇer*)
Judaíta, hijo de Caleb y su concubina Maaca (1 Cr 2.48).

SEBNA (Heb. *šeḇnāʾ*, *šeḇnâ*)
Oficial de la corte del rey Ezequías de Judá, que aparentemente fue mayordomo de la casa. Sin embargo, según una profecía de Isaías, había intentado apropiarse de demasiada autoridad y/o prestigio para sí mismo y por eso sería reemplazado en este cargo por Eliaquiim (Is 22.15-25). El oráculo hace énfasis en la arrogancia de Sebna al esculpir una tumba refinada para sí, aunque algunos eruditos creen que es posible que Sebna haya incurrido en la ira de Isaías al involucrarse en planes antiasirios. La destitución de Sebna pudo haber ocurrido en la época de la invasión (o invasiones) de Senaquerib, que se describe en 2 Reyes 18.18-37; 19.2-7 = Is 36.3-22; 37.2-7. En esos pasajes se describe a Sebna como «escriba». Acompañó a Eliaquim, que ahora era el «mayordomo», y a Joa, el «canciller» en las negociaciones con el Tartán, el Rabsaris y el Rabasaces, representantes de Senaquerib.

Michael L. Ruffin

SEBUEL (Heb. *šĕḇûʾēl*), **SUBAEL** (*šûḇāʾēl*)
Levita de los «hijos de Gersón», descendiente de Moisés; principal funcionario del tesoro en la organización que hizo David de los levitas para el servicio del Templo (1 Cr 23.16; se le llama Subael en 24.20).

Hijo de Heman y líder (o antepasado) de la 13ª división de los músicos del Templo (1 Cr 25.4; Subael en el v.20).

SECACA (Heb. *sĕkākâ*)
Pueblo del desierto de Judea (Jos 15.61), asignado a la tribu de Judá. Aunque hay controversia en cuanto a la geografía exacta de este distrito, que incluye a Engadi, el descubrimiento arqueológico de tres poblaciones de la Edad de Hierro en el Valle de Buqeiʿah presenta la posibilidad de una identificación más precisa de Secaca.

Bibliografía. L. E. Stager, «Farming in the Judean Desert during the Iron Age,» *BASOR* 221 (1976): 145-58.

SECANÍAS (Heb. *šĕkanyāhû*)
Descendiente de David y Joaquín (Jeconías), nieto de Zorobabel y padre de Semaías (1 Cr 3.21-22). Probablemente es el mismo Secanías de Esdras 8.3; 1 Esdras 8.29, jefe de un clan que volvió del exilio. Al quitar «y los hijos de Seamías» (1 Cr 3.22) hace que el «seis» al final del versículo sea apropiado.

Sacerdote escogido por suertes para hacer los oficios del Templo, en la época de la organización del personal del Templo que hizo David, líder de la 10ª división (1 Cr 24.11).

Levita que ayudó en la distribución de las ofrendas del Templo durante el reinado de Ezequías (1 Cr 31.15).

Hijo de Jahaziel que regresó con Esdras a Judá después del exilio (Esd 8.5; 1 Esd 8.32).

Hijo de Jehiel que le propuso a Esdras la política de despedir a las esposas extranjeras y a sus hijos (Esd 10.2; cf. 1 Esd 8.92).

3. Padre de Semaías, portero que ayudó en la reconstrucción del muro de Jerusalén que estuvo a cargo de Nehemías (Neh 3.29).

4. Hijo de Ara y suegro de Tobías, el amonita, que se opuso a Nehemías en el trabajo de reconstrucción. La influencia de Tobías se debió a la condición de Secanías (Neh 6.18).

5. Sacerdote que regresó a Judá con Zorobabel después del Exilio (Neh 12.3).

En varios escritos dice «Secanías», en lugar de Sebanías, en Nehemías 10.4 (TM5); 12.14.

Harold R. Mosley

SECRETARIO

Persona con habilidades en el arte de escribir (Heb. *sōpēr*; Gr. *grammateús*) que podía desempeñar distintos trabajos en el mundo antiguo, como depositario de registros que redactaba la correspondencia oficial y decretos (2 R 12.10), como secretario militar (25.19) o escriba personal de un profeta (Jer 36.4). Debido a que era alguien culto y que estaba familiarizado con las comunicaciones reales, el secretario proporcionaba consejos sabios de manera natural (1 Cr 27.32).

En el NT, el término aparece solamente en el sentido que se le asocia con un funcionario público importante (Hch 19.35). Sin embargo, Pablo regularmente empleó a un secretario (amanuense) para escribir cartas, una práctica que era común en la antigüedad (cf. Cícero *Ep. ad Fam.* 5.20.1; Plutarco *Vit. Caes.* 17.3; Plinio *Ep.* 9.36). El único secretario que se conoce por nombre es Tercio, secretario de la carta de Pablo a Roma (Ro 16.22). En otra parte, Pablo le dice al lector específicamente dónde agrega su conclusión con su propia mano (Gá 6.11; Flm 19; cf. Col 4.18; 2 Ts 3.17 1 P 5.12).

Gerald L. Stevens

SECRETARIO DE AYUNTAMIENTO

Un oficial de alto rango quien dirige la política del pueblo y a menudo actúa como portavoz de la asamblea de la ciudad. Además, el funcionario del ayuntamiento (Gr. *grammateús*, usualmente «escriba») era responsable de redactar decretos en conjunto con los magistrados locales y por muchos de los detalles de la administración de la ciudad, incluyendo mantener el orden (cf. Hch 19.35). No mucho se conoce sobre esta posición en el gobierno de la ciudad.

El título aplicado al oficial en Éfeso era «guarda del templo (*neōkóros*) de la gran Artemis». El término usado en Hechos y por Filóstrato en la carta 32 de Apolonio de Tiana (1.352.7), se refiere literalmente, al menos en Éfeso, a un secretario o funcionario. Entre los judíos del siglo I d.C., el término también se refiere a un experto en la Ley quien a menudo se relaciona con los escribas y sumos sacerdotes (Hch 23.9).

Joseph Cora

SECRETO

Véase Misterio.

SECTA

Subgrupo de un todo (Gr. *haíresis;* LXX Lv 22.18, 21; Neh 12.40; 1 Mac 8.30; también en la literatura rabínica, Josefo, Filón y el NT). A los saduceos se les considera un partido, grupo o sociedad que funcionaba dentro de la rúbrica de un judaísmo mayor (Hch 5.17; 23.6-8; Josefo *BJ* 2.119, 164-66; *Ant.* 13.171-73, 297-98; 18.16-17; 20.199). Se entiende que los boetusianos son un grupo que está relacionado con los saduceos, aunque la conexión no es totalmente clara (cf. *'Abot R. Nat.* 5; *b. Pesaḥ.* 57[a].). De igual manera, a los fariseos, el grupo más grande y popular del judaísmo del siglo I, también se les llamaba «secta» (Hch 15.5; 26.5; *BJ* 1.110-12; 2.119, 162-63, 166, 411; *Ant.* 13.171-79, 288-98, 401-2, 408-9; 18.12-15). El partido de los zelotes (*BJ* 4.161; 5.3-8; 7.268-74; *Ant.* 18.1-9, 23) tenía creencias similares a las de los fariseos, pero también habían llegado a la conclusión de que el sometimiento a cualquier poder extranjero era equivalente a la idolatría. Su meta era implementar el reino de Dios en la tierra por la fuerza de las armas (cf. Mt 11.12). Los sicarios aparentemente eran un subgrupo radical de los zelotes (*BJ* 2.254-57, 425-26; 4.400-405, 516; 7.253-63, 410-19, 437; *Ant.* 20.164-66, 185-88; Hch 21.38); su método favorito para lograr el ideal zelote eran los asesinatos. Los esenios (*BJ* 2.119-61; *Ant.* 13.172; 15.373-79; 18.18-22; Filón *Quod omn.* 75-91; *Hypothetica* 11.1-18) eran ascetas que se habían retirado de la sociedad para crear una nueva sociedad escatológica, que sería pura y estaría preparada para la época mesiánica. Los herodianos (Mt. 22.16; Mr 3.6;12.13) bien pudieron ser judíos que estaban a favor de un Israel reunido, bajo un gobernador de la dinastía herodiana.

Un matiz negativo de las sectas parece haberse desarrollado durante los tiempos del NT, y llegó a ser más pronunciado en los escritos de los apologistas posteriores al NT. Otros describen al cristianismo en sí, dentro del judaísmo, como una «secta», con algunas connotaciones un tanto negativas (Hch 24.5, 14; 28.22; cf. *b. Ber.* 28b). Los cristianos pronto llegaron a aplicar el término a grupos de la iglesia que seguían a personalidades (1 Co 11.19; Gá 5.20) o que se apartaban de las enseñanzas de los apóstoles (2 P 2.1, a menudo «herejías»).

W. E. NUNNALL

SECÚ (Heb. *śekû*)

Localidad del territorio de Benjamín que Saúl visitó cuando perseguía a David (1 S 19.22). Tiene un pozo y está ubicada cerca de, o quizás en, la ciudad de Ramá. En algunos manuscritos (p. ej. LXX B) dice: «en la cumbre árida », y por eso algunos eruditos han cambiado en el TM al Heb. *špy*, «colina árida». Esto sugiere que Secú es un lugar y no ciudad ni aldea.

SEDA

Textil escaso y valioso, producido por la larva del gusano de seda chino (*Bombyx mori*) y se obtiene al desenrollar su capullo. Esta tediosa labor produce un filamento lustroso y fino, pero fuerte, que se puede teñir, hilar y tejer. Conocida en Occidente alrededor del siglo IV a.C., la seda genuina (Gr. *sērikós*) tiene un origen oriental inconfundible (*Sērēs*, «chino»). Josefo sugiere la extravagancia de este artículo, ya que menciona túnicas de seda como parte del espectáculo de victoria de Roma (*BJ* 7.126), y Apocalipsis 18.12, que incluye a la seda en un listado de artículos preciosos de «Babilonia».

En el AT, las palabras en hebreo *meši* (Ez. 16.10, 13) y *šēš* (Ex 25.4; Pr 31.22) se han traducido como «seda» (algunas traducciones lo traducen como «lino fino»). Estas podrían referirse a una seda inferior, asociada con la isla de Cos, en el Egeo, o a una clase de «lino fino» (como dice en la DHH)

MARK ZIESE

SEDEQUÍAS (Heb. *ṣidqîyâ, ṣidqîyāhû*)

1. Profeta (falso) de la corte de Acab de Israel, hijo de Quenaana, que encabezó 400 profetas asociados con Samaria en su apoyo verbal de una campaña militar contra Aram (1 R 22.1-36 = 2 Cr 18.1-27). En contrate del mensaje corroborado de Sedequías, Miqueas el hijo de Imla, citado posteriormente por Acab a causa de la petición de Josafat, se opuso a la campaña militar y predijo la derrota de Israel en Ramot de Galaad.

2. El último rey de Judá (cerca del 597-586 a.C.), tío (cf. 2 Cr 36.10 «hermano») y sucesor de Joaquín. Nabucodonosor cambió su nombre de nacimiento, Matatías, por Sedequías cuando lo escogió como sucesor de Joaquín (2 R 24.17). Sedequías reinó sobre Judá durante el tiempo más tumultuoso y trágico de su historia. Tenía 21 años en su ascenso y reinó 11 años en Jerusalén; su madre fue Hamutal hija de Jeremías de Libna (2 R 24.18-19). De acuerdo al deuteronomista, Sedequías fue uno de la larga lista de reyes que «hizo lo malo ante los ojos de Jehová» (2 R 24.19). El cronista añade sólo que Sedequías «no se humilló delante del profeta Jeremías, que le hablaba de parte de Jehová» (2 Cr 36.12).

Fuera de los materiales bíblicos, muy poco conocimiento directo de Sedequías o su reino sobrevive. De acuerdo a las fuentes bíblicas, Sedequías se rebeló contra Nabucodonosor y la soberanía de Babilonia sobre Judá y apeló a Egipto por ayuda militar. Este evento recibe considerable atención en 2 Crónicas 36.13-14 (cf. Ez 17.11-21), la historia deuteronomista (2 R 24.20-25.21), y especialmente en el libro de Jeremías. Las últimas dos fuentes ven la rebelión de Sedequías como uno de los factores determinantes que resultaron en la destrucción de Jerusalén en 587 (cf. 1 Esd 1.46-58). En Jeremías el profeta es presentado como consejero y confidente de Sedequías que insistía que el rey se sometiera a Nabucodonosor tanto como a Jehová. A pesar de que la demanda de sometimiento estaba acompañada de promesas de bienestar (p. ej., Jer 38.17-23), Sedequías rehusó prestar atención a Jeremías. Sedequías, quien es representado a través del libro de Jeremías como una figura débil y trágica (en contrate a Joaquín, quien es visto como un rey malo que controla su propio destino y el de la nación para mal; Jer 36), no puede reunir la fe y la valentía para prevenir el desplomarse de Judá.

A pesar de no ser mencionado directamente en Ezequiel, Sedequías es aludido como uno que renegó erróneamente su juramento con el rey de Babilonia (Ez 17.11-21).

3. Hijo de Josías, incluido en la genealogía de Salomón del cronista (1 Cr 3.15-16). Él es asociado con la construcción de utensilios del Templo que fueron eventualmente regresados a la tierra de Judá por Baruc (Bar 1.8).

4. Líder de Judá de otra manera desconocido que firmó el documento prometiendo obediencia al pacto de Nehemías (Neh 10.1 [TM 9.38]).

5. Profeta hijo de Maasías, a quien Jeremías acusó de conducta inmoral y «profetizar falsamente» en el nombre de Jehová a los exiliados que vivían en Babilonia (Jer 29.21-23). Jeremías predijo su ejecución en manos del rey de Babilonia a causa de las palabras engañosas de Sedequías. Junto con Acab el hijo de Colaías y Hananías el hijo de Azur, Sedequías aparentemente representó una ideología del Templo real que afirma la invisibilidad de las instituciones premonárquicas. En contraste, Jeremías insistió que tales instituciones y su sistema de creencias iban a ser derrotadas y anuladas por nuevos significados simbólicos y sociales durante el periodo del exilio.

6. El hijo de Ananías; uno de los oficiales de Judá, que con Micaías conversaron después de escuchar a Baruc leer el libro de Jeremías. Como uno de los oficiales de Joacim, Sedequías «se alarmó» cuando escuchó el contenido del rollo y en respuesta demanda que el mismo sea leído al rey (Jer 36.11-19).

7. Antepasado de Baruc (Bar 1.1)

Louis Stulman

SEDEUR (Heb. *šĕdêʾûr*)
Padre de Elisur, que representó a la tribu de Rubén y ayudó a Moisés durante los viajes de Israel en el desierto (Nm 1.5; 2.10).

SEERA (Heb. *šeʾĕrâ*)
Hija de Efraín (o quizás Bería **2**) que construyó Bet-horón, la alta y la baja, y Uzenseera (1 Cr 7.24).

SEFAM (Heb. *šĕpām*)
Ciudad que fue nombrada como parte de la frontera nororiental de la tierra, al norte del Mar de Galilea (Nm 34.10-11). La ubicación exacta todavía se desconoce. Si la Ribla que posteriormente se menciona en el pasaje se identifica correctamente con la Ribla del Orontes, Sefam sería un lugar arriba en el Orontes. Los límites expansivos delineados en este pasaje no son solamente información geográfica, sino que también sirven para ilustrar la generosidad del Dios de Israel.

Thomas W. Davis

SEFAR (Heb. *sĕpār*)
Lugar que se menciona en la descripción del límite de poblaciones de los descendientes de Joctán (Gn 10.30). Ubicado en el sur de Arabia, Sefar puede identificarse con Zafār en Hadramaut.

SEFARAD (Heb. *sĕpārad*)
Uno de los lugares de exilio de algunos de los judíos de Jerusalén (Abd 20). Sin embargo, el texto bíblico no indica dónde se encuentra exactamente. Entre las posibilidades están Sefarad, lugar de la España moderna; una ciudad en Media; y la ciudad de Sardis, capital del Imperio Lidio (Asia Menor), justo antes de que Ciro la conquistara en 546. Sefarad fue convertido en el centro de una satrapía persa y se le cambió de nombre a Sparda (persa antiguo). Esto le da un apoyo adicional a la idea de que los judíos pudieron haber vivido allí desde la época de las conquistas persas, ya que los persas, después de Darío, hacían en Sardis/Sparda una parada principal en las rutas comerciales desde Susa.

Daniel L. Smith-Christopher

SEFARVAIM (Heb. *sĕparwayim*)
Ciudad mesopotámica de ubicación desconocida, a cuyos ciudadanos Sargón II llevó a Samaria después de su caída en 722 a.C. (2 R 17.24). Aparentemente había devotos de Adramelec y Anamelec cuya adoración incluía el sacrificio de niños con fuego (2 R 17.31).

Sefarvaim es uno de los pueblos que se mencionan en el intento de Senaquerib, por medio de su delegado el Rabsaces, de exponer a Judá lo absurdo de resistirse a Asiria (2 R 18.34 = Is 36.19; 2 R 19.13 = Is 37.13). Si los reyes y dioses de estas ciudades no podían efectuar su rescate, tampoco Judá podía esperarlo de sus reyes y dioses.

C. Mack Roark

SEFATÍAS (Heb. *šĕpatyâ, šĕpatyāhû*)
Hijo de David y su esposa Abital que nació en Hebrón (2 S 3.4; 1 Cr 3.3).

Antepasado de un grupo de benjaminitas que moraron en Jerusalén después del Exilio (1 Cr 9.8).

Harufita de la tribu de Benjamín que se unió a las fuerzas rebeldes de David en Siclag (1 Cr 12.5[TM6]).

Hijo de Maaca, jefe de la tribu de Simeón durante el reinado de David (1 Cr 27.16).

Hijo del rey Josafat de Judá (2 Cr 21.2). Él y cinco de sus hermanos fueron asesinados por su hermano Joram, hijo mayor de Josafat, después de que Joram ascendiera al trono (2 Cr 21.4).

Antepasado de dos grupos de gente que regresaron a Judá después del Exilio (Esd 2.4 = Neh 7.9; Esd 8.8).

Uno de los siervos de Salomón, cuyos descendientes regresaron con Zorobabel del exilio en Babilonia (Esd 2.57; Neh 7.59).

Judaíta cuyos descendientes vivieron en Jerusalén después del Exilio (Neh 11.4).

Uno de cuatro príncipes de Judá que exigieron que el rey Sedequías ordenara la muerte de Jeremías por sus profecías (Jer 38.1-4). Esto ocurrió durante un momento de calma en el sitio babilonio de Jerusalén (Jer 37.11; 588 a.C.). Sedequías les concedió su petición y les entregó a Jeremías, y ellos lo lanzaron a una cisterna seca para que muriera (Jer 38.5-6).
Steven C. bouma-Prediger

SEFELA (Heb. *šĕpēlâ*)
Región baja que está entre la planicie costera de occidente y las montañas de Judea al oriente. La Llanura de Sarón y el Desierto de Neguev componen las fronteras del norte y del sur, respectivamente, un área que está entre las latitudes de las modernas Tel Aviv y Gaza. La Sefela abarca un área de 20 km (12.5 mi) de este a oeste, por 65 km (40 mi) de norte a sur. Las elevaciones oscilan entre los 90 y los 400 m (30-1300 pies).

Ubicada entre elevaciones al nivel del mar al occidente y a más de 1000 m (3300 pies) en la meseta de Judá, fácilmente se puede comprender por qué el término hebreo se traduce diversamente como «tierra baja, país bajo», «falda de montaña», «valle» y «planicie». Josué 11.2, 16 se refiere a la Sefela de Israel, área al norte de la cordillera del Carmelo y al oeste de las montañas de Efraín, o precisamente al este de la costa sureña del Líbano.

Geológicamente, la Sefela está clasificada como una depresión sinclinal, compuesta de montañas de piedra caliza y yeso de la época Eocena, en contraste a los depósitos aluviales y sedimentos marinos de la planicie costera, a la piedra caliza más dura de la Cenomaniana y a la dolomita de la llanura de Judea. El lado occidental de la planicie se compone de yeso más suave del Senoniano, que ha erosionado extensamente, creando un valle longitudinal entre la Sefela y la planicie.

A la Sefela la interceptan varios valles aluviales de oriente a occidente, que tradicionalmente han sido caminos entre ciudades de la costa y de la meseta. De norte a sur, entre los valles principales están: Ajalón, Sorec, Ela, Sefata, Laquis y el-Hesi. Ciudades ubicadas estratégicamente (Ajalón, Zora, Gat, Azeca, Maresa y Laquis) defendían estas rutas del valle, y formaban una línea de defensa para la frontera occidental de Judá y las ciudades del país alto, entre las que estaba Jerusalén.

La Sefela es agrícolamente fértil y recibe 46 cm (18 in) de lluvia al año. Entre la vegetación original, antes del inicio de la deforestación que pudo haber comenzado antes de la Edad de Bronce Temprana (alrededor de 3200 a.C.), había arbustos de lentisco y árboles de algarrobo en occidente, y robles, terebintos y pinos carrascos en oriente, así como sicómoros e higueras (1 Cr 27.28; 1 R 10.27). Las cosechas principales en tiempos antiguos eran cereales, aceitunas y uvas.

Según las asignaciones tribales de Josué 15, la Sefela fue parte del territorio judaíta. Jueces 1 puede presuponer una herencia para Dan en la Sefela también (cf. Jos 19.40-48; 21.23-24; Jue 1.34-35; 18). Es posible que la Sefela haya sido una de las divisiones del reino, que más adelante fue subdividida en cuatro distritos (Jos 15.33-44). Un quinto distrito de la Sefela (Jos 15.45-47) incluía el centro del territorio filisteo y no siempre estuvo bajo control judaíta.

La Sefela fue escenario de numerosas batallas, como el combate de Josúe en contra de la coalición amorrea (Jos 10) y de las hazañas de Sansón con los filisteos (Jue 13-16). Roboam fortificó muchas ciudades de la región después de la rebelión de Jeroboam (2 Cr 11.5-12). Estas mismas fortificaciones también han sido atribuidas a Ezequías y a Josías. Estudios arqueológicos muestran que la región prosperó del siglo noveno al octavo, lo cual terminó abruptamente con la invasión de Senaquerib y la derrota de Laquis y otras ciudades de la región baja en 701. Ciudades como Ecrón y Timna fueron reconstruidas en el siglo séptimo y florecieron solamente para ser destruidas un siglo más tarde en manos de los babilonios (604-600). Es posible que bajo el gobierno persa, la parte del sur de la Sefela haya sido incluida como parte de Idumea. Este arreglo siguió durante el período Helenístico. La revuelta macabea comenzó en el extremo norte de la Sefela y el área, una vez más, fue escenario de batallas.

Yehuda Dagan hizo un estudio de la Sefela en 1979 como parte de la Expedición de Lakís, del Instituto de Arqueología de la Universidad de Tel Aviv, bajo los auspicios de la Sociedad Exploradora de Israel. Un estudio que Zvi Ilan condujo en 1986-87 identificó 20 lugares como sinagogas y la mayoría datan de los períodos Romano y Bizantino. También se identificaron restos de otros edificios entre los que hay iglesias.

Bibliografía. H. Brodsky, «The Shephelah —Guardian of Judea,» *BibRev* 3/4 (1987): 48-52; I. Finkelstein, «The Shephelah of Israel,» *Tel Aviv* 8 (1981): 84-94; N. Na'aman,*Borders and Districts in Biblical Historiography* (Jerusalem, 1986); A. F. Rainey, «The Administrative Division of the Shephelah,» *Tel Aviv* 7 (1980): 194-202; «The Biblical Shephelah of Judah,» *BASOR* 251 (1983): 1-22.

JENNIFER L. GROVES

SEFER, MONTE DE (Heb. *har šeper*)
Lugar donde los israelitas se detuvieron durante su viaje por el desierto, después de Sinaí (Nm 33.23-24). Se desconoce su ubicación.

SEFI (Heb. *šĕpî*), **SEFO** (*šĕpô*)
Cuarto hijo de Sobal, jefe del clan hororita (**1**; Gn 36.23; 1 Cr 1.40).

SÉFORA (Heb. *ṣippōrâ*)
Esposa de Moisés e hija de un sacerdote madianita, Reuel/Jetro (Ex 2.16-22). Séfora dio a luz dos hijos, Gersón y Eliezer.

El papel más importante de Séfora ocurre en la historia misteriosa de la amenaza a la vida de Moisés en Éxodo 4.24-26, en el cual ella es responsable de salvar a Moisés de un ataque divino contra su vida. La razón por este atentado para matar a Moisés no es ofrecida, pero el pensamiento y la acción rápida de Séfora protegen a Moisés contra la amenaza divina. De acuerdo a la historia, ella lleva a cabo un triple acto: cortó el prepucio de su hijo, lo puso a los pies de Moisés (tal vez un eufemismo para referirse a los genitales), diciendo las palabras, «a la verdad, tú eres mi esposo de sangre (Heb. *ḥăṯan dāmîm)*» (Ex 4.25). Esto ha sido comparado a alguna clase de ritual o función sacerdotal, pero hay una serie de problemas de interpretación. ¿A quién se refiere el pronombre «él» en el segundo caso, Moisés o el hijo? La historia no deja claro a quién Séfora dijo las palabras en Éxodo 4.25. Además, hay considerable debate sobre la interpretación de *ḥăṯan dāmîm*. En adición, no hay información acerca de cómo Séfora supo qué hacer para salvar a su esposo. De acuerdo a la tradición encontrada en Éxodo 18.1-9, Séfora y sus hijos permanecieron con Jetro durante la participación de Moisés en el Éxodo. Jetro llevó a Séfora y los niños con él cuando se encontró con los israelitas en el desierto.

LISA W. DAVISON

SÉFORIS (Heb. *Zippori*)
Ciudad ubicada estratégicamente en el centro de Galilea, en una montaña que da hacia el Valle de Bet-Netofa, que conecta al mar de Galilea con el Mediterráneo.

Según Josefo, los romanos hicieron de Séfora la sede del concilio galileo de 57 a 55 a.C. y luego la quemaron por completo después de una revuelta a raíz de la muerte de Herodes el Grande, en 4 a.C. (*Ant.* 14.91; 17.289). Poco después, Herodes Antipas volvió a fundarla como su capital de la Galilea y continuó siendo una ciudad regional importante por siglos, incluso después de que Herodes Antipas reubicara su capital en Tiberias, entre 18 y 20 d.C. Josefo presenta un cuadro de Séforis como la ciudad más grande y más cosmopolita de la Galilea y la describe como «el ornamento de toda Galilea» (*Ant.* 18.27). Durante la Primera Guerra Judía, Séforis siguió siendo prorromana, y las monedas troqueladas allí hasta contienen el epígrafe *Eirenopolis*, «Ciudad de Paz». A Séforis también se le conoce como un centro importante de aprendizaje judío en literatura rabínica, y fue allí donde el Rabí Judá el Príncipe codificó la Mishná.

Las excavaciones arqueológicas han aumentado nuestro conocimiento de la ciudad de manera significativa durante los períodos romano-bizantino. La región doméstica contiene muchas vasijas de piedra (relacionadas con el interés por la pureza ritual) y baños rituales judíos; esto, asociado con una ausencia general de huesos de cerdos en los primeros siglos, confirma la identificación de los registros literarios de la ciudad como principalmente judía. Sin embargo, los materiales de construcción como yeso, mosaico, fresco, y el patrón básico de rejilla, muestran una aceptación de los materiales arquitectónicos romanos ya en el siglo I. Las monedas de finales del siglo I incluso describen un templo pagano, y un teatro con capacidad para alrededor de 4500 también data de algún tiempo en ese siglo. Sin embargo, la mayoría de las estructuras arquitectónicas, que son de orientación romana, datan de después de la Primera Guerra Judía, entre ellas están el acueducto, la plaza pública o mercado con pórticos y los muchos mosaicos con temas paganos que comienzan a aparecer en el siglo III. Irónicamente, el renacer del simbolismo pagano, la arquitectura greco-romana y el nombramiento de la ciudad como Diocesarea («Ciudad de Zeus y el Emperador»), que comenzó en el siglo II, coinciden precisamente con la época en que Séforis llegó a ser conocida como uno de los centros de aprendizaje rabínico más importantes. Las excavaciones arqueológicas también han descubierto restos de una aldea de la Edad de Hierro en Ein Zippori, el nacimiento de Séforis, precisamente al sur de la ciudad romano-bizantina.

Ya que la ciudad natal de Jesús, Nazaret, está solamente a 6.5 km (4 mi) al sur, es curioso que Séforis nunca se menciona en el NT. Tal vez el carácter cosmopolita de la ciudad, la presencia gentil o la riqueza en comparación con las aldeas galileas produjo en Jesús aversión. Al enterarse Jesús que Herodes Antipas había ejecutado a Juan el Bautista, muy posiblemente lo llevó a evitar a Séforis como sede del poder político. Sin embargo, dada la relativa poca frecuencia con la que los nombres de lugares aparecen en los Evangelios, tal vez los contactos de Jesús con Séforis no fueron registrados.

Bibliografía. E.M.Meyers,E. Netzer,and C. L. Meyers, *Sepphoris* (Winona Lake, 1992); S. S.Miller, *Studies in the History and Traditions of Sepphoris*. SJLA 37 (Leiden, 1984); R. M.Nagy et al., *Sepphoris in Galilee* (Winona Lake, 1996).

JONATHAN L. REED

SEFUFÁN (Heb. *šěpûpān*)
Hijo de Bela y nieto del patriarca Benjamín (1 Cr 8.5).

SEGUB (Heb. *śěgûḇ*)

1. Judaíta, hijo de Hezrón y de la hija de Maquir (1 Cr 2.21-22).

2. Hijo menor de Hiel de Betel que murió (con su hermano mayor Abiram), posiblemente como sacrificio humano, cuando Hiel reedificó Jericó en la época del rey Acab (1 R 16.34). La muerte de Segub hizo que se cumpliera la maldición de Josué sobre la ciudad (Jos 6.26).

SEGUNDA VENIDA

La tradición judía precristiana usa la metáfora de la «venida» de Dios para los momentos especiales que Dios ha escogido para juzgar a la humanidad, o eventos que revelan la presencia poderosa de Dios y el plan para Israel como pueblo del pacto de Dios. Un sentido vívido de la presencia activa de Dios surge en imágenes gráficas como «el día», «la hora» o «el año» del Señor, el arca del pacto, la tienda de reunión, el lugar santo, la nube, el Espíritu, la Mano o la Palabra de Dios. La memoria del pacto permanente de Israel se relaciona con Dios desde el tiempo en que Abraham despertó una confianza perma-

Calle con columnata de la Séforis romana, pavimentada con bloques rectangulares de piedra caliza. La acera paralela estaba techada y pavimentada con mosaicos (Phoenix Data Systems, Neal and Joel Bierling).

nente en la intervención protectora de Dios. Las modificaciones más importantes de esta creencia del pacto a cargo de Moisés y David surgieron en vista de una inminente crisis político-moral intensa para Israel. Lo mismo es cierto de muchos momentos cruciales en la historia de Israel, como lo demuestra su tradición profética. Las visiones acerca de la reafirmación de los derechos del pacto se repiten en los oráculos clásicos de Isaías, Jeremías, Ezequiel, del Isaías exílico y posexílico y Zacarías. A pesar del rescate dramático de amenazas pasadas, su reincidencia obstinada desafiaba la confianza de Israel, incitando la esperanza de una intervención total y final por parte de Dios. La emergente esperanza judía de una «segunda» venida representa una metáfora potente de una anhelada y definitiva confirmación divina del pacto. Los hechos acumulados de Dios en la historia de Israel dictaban que podría haber solamente una «segunda» venida, cuyas dimensiones aumentaban en proporción al éxito y fracaso de «venidas» anteriores. Finalmente, la última venida de Dios se fusiona con el final de todo el tiempo e historia presentes, marcando el límite entre este mundo y todo lo que hay más allá. Esa tensión impulsa al simbolismo apocalíptico que le da color a los oráculos de Daniel, de la comunidad de Qumrán, de Juan el Bautista y de Jesús de Nazaret. Aunque varias perspectivas de cómo ocurriría esto abundaron en los escritos finales judíos y en los primeros escritos cristianos, algunas características compartidas sobresalen, esto es, una cadena de males que culminan con una afirmación de autoridad mesiánica, la resurrección de los muertos y el juicio divino sobre la humanidad, que marcan el inicio de una nueva era.

Esta tensión entre la liberación pasada y futura se repite en los niveles más antiguos de la tradición de Jesús, que supone y proclama un cambio final inminente en el destino de Israel. El cambio esperado alimenta una ambigüedad profunda en la enseñanza de Jesús, reflejada en opiniones de Juan el Bautista como inmejorable, pero como un preludio de mucho más que habría de venir (Mt 11.9-15; Lc 7.26-28; 16.16, cf. Gos. Thom. 46). Las corrientes principales de la tradición cristiana apostólica escrita, representa de modos distintos la misión de Jesús como un prefacio de eventos aún más grandes al alcance de la mano. La enseñanza de Jesús claramente provocó expectativas mesiánicas discordantes, positivas y negativas, en su audiencia. Desde el principio, sus discípulos sufren del escrutinio público por el comportamiento inusual, provocado por su confianza en él como el agente mesiánico final de Dios. Los primeros cristianos, de esta manera, envolvieron la tensión que hay entre la primera y segunda venida en el mismo Jesús, cuya vida llega a ser una clave básica cristiana para interpretar la historia pasada y futura de Israel. Al adaptar las nociones y situaciones judías más antiguas a la segunda venida de Dios, el cristianismo primitivo generó una escatología distintiva que concreta los símbolos judíos apocalípticos, en tanto que venera los detalles específicos de la misma persona e historia de Jesús.

La tendencia hacia la cristología logocéntrica, eterna y vertical, que floreció como cristianismo del siglo II y que se desvió del judaísmo rabínico, gradualmente brilló más que las opiniones cristianas más antiguas acerca de la segunda venida de Jesús. Esa creencia gradualmente se desplazó hacia una clave espiritual más individual y transhistórica. Pero el vigor del Montanismo del siglo II demuestra que la esperanza viva por el inminente, tangible y majestuoso retorno de Jesús permanecía vívida en muchos círculos cristianos. El resurgimiento intermitente y poderoso de esa esperanza traiciona a la ambigüedad cristiana permanente en este asunto. En medio del destino cristiano cambiante, desde Constantino hasta Carlomagno y las Cruzadas, desde Joaquín de Fiore, a través de finales de la Edad Media a la Reforma y más allá, la imponente perspectiva de el retorno inminente de Jesús ha dejado una llama que fácilmente se agita con la amenaza de hambrunas, plagas, guerras, escándalos morales o invasiones extranjeras.

El idealismo moderno, el secularismo y el racionalismo han empujado esa esperanza de una segunda venida al margen del discurso público aceptable y de la visibilidad. Académicamente, la perspectiva científica del tiempo, como un curso linear y uniforme de momentos discretos, ha cargado nuestro redescubrimiento de escatología cristiana de este siglo con una presión indebida en el lado temporal del retorno de Jesús. Sin embargo, estudios bíblicos recientes han comenzado a remodelar esa discusión en términos más espaciales, interpersonales y retóricos. Popularmente hablando, todavía existen las visiones, la divulgación oracular y los llamados urgentes a la reforma moral, impulsados por la profundamente arraigada creencia en el regreso final de Jesús. La vitalidad de los movimientos cristianos dispensacionalistas, evangelistas y adventistas de nuestra época refleja una necesidad cristiana permanente de clausura, en cuanto a la demanda moral de Dios sobre la humanidad como se deposita en la segunda venida de Jesús.

Bibliografía. J. D. G. Dunn, «He Will Come Again», *Int* 51 (1997): 42-56; L. J. Kreitzer, «Eschatology,» en *Dictionary of Paul and His Letters,* ed. G. F. Hawthorne, R. P. Martin, and D. G. Reid (Downers Grove, 1993), 253-69; D. C. Allison, Jr., «Apocalyptic,» en *Dictionary of Jesus and the Gospels* (Downers Grove, 1992), 17-20; «Eschatology,» en *Dictionary of Jesus and the Gospels,* 206-9.

F. Connolly-Weinert

SEGUNDO (Gr. *Sekoúndos*)

Cristiano que, con Aristarco, representó a la ciudad de Tesalónica en el último viaje de Pablo a Jerusalén (Hch 20.4). Probablemente los dos eran los responsables de administrar en Tesalónica las recaudaciones para la iglesia de Jerusalén (cf. 2 Co 8.3), y es posible que hubieran acompañado a Pablo en el viaje, tanto para rendir cuentas como para protegerlo. El nombre (del lat. *Secundus,* «el que sigue» o «segundo») es común en los papiros griegos y se encuentra entre la lista de politarcas en el arco triunfal de Tesalónica.

Charles A. Ray, Jr.

SEGUNDO BARRIO

Sector de Jerusalén (Heb. *hammišneh,* «segundo») que se desarrolló en los siglos VIII y VII a.C., al oeste de la ciudad de David, al otro lado del Valle Tyropoeon, en la parte sur de lo que ahora se llama Ciudad Alta (2 R 22.14 = 2 Cr 34.22; Sof 1.10).

SEGUNDO HOMBRE

Término que Pablo aplica a Cristo en vista de que fue el primero en ser resucitado y, por lo tanto, un segundo comienzo (después de Adán, «el primer hombre») de la raza humana (1 Co 15.47; Gr. *ho deúteros ánthrōpos).*

SEGUNDO TEMPLO

Véase Judíos; Judaísmo.

SEHARÍAS (Heb. *šĕharyâ*)

Hijo de Joram; jefe de una familia benjaminita que vivió en la Jerusalén posexílica (1 Cr 8.26).

SEHÓN (Heb. *sîhōn, sîhôn*)

Uno de los reyes amorreos de Transjordania a quien los israelitas derrotaron antes de entrar a Canaán. La capital de Sehón era Hesbón (Dt 2.26, 30) y las fronteras de su reino se extendían al sur al río Arnón y al norte al Jaboc (Nm 21.24). Ya que el territorio de Sehón estaba entre los israelitas y Canaán, Moisés solicitó pasar pacíficamente (Nm 21.22). Sehón no solamente denegó la petición de Moisés, sino que se enfrentó a los israelitas en batalla en Jahaza (Nm 21.23). Los israelitas asesinaron a Sehón y derrotaron a sus fuerzas, y de esta manera obtuvieron el control de la Transjordania del sur. Este territorio recién adquirido fue asignado a las tribus de Rubén, de Gad y a la mitad de la tribu de Manasés, con la condición de que pasaran a Canaán y ayudaran a las demás tribus a despojar a los habitantes de la tierra (Nm 32.33). En su discurso final, Moisés se refiere a esta victoria como el «anticipo» de lo que Dios haría por Israel en Canaán (Dt 29.7[TM6]; 31.4). Además, los mismos cananeos entendieron esta victoria como evidencia de que Dios estaba peleando por Israel (Jos 2.10; 9.10). Esta batalla, que frecuentemente se conecta con la subsecuente conquista israelita de Og de Basán (Nm 21.33-35; Deut. 3.8), simbolizaba el poder y la fidelidad de Dios (Neh 9.22; Sal 135.10-12; 136.19-20).

Bibliografía. A. Haldar, *Who Were the Amorites?* (Leiden, 1970).

Jeffrey C. Geoghegan

SEIR (Heb. *śēʿîr*) **(LUGAR)**

Meseta alta y montañosa dentro de la región de Edom. Se identifica a Seir con la Jebel esh-Sharah moderna, una cordillera entre Wadi el- Hesā al norte y Râs en-Naqb al sur, y que corre entre el Arabá al occidente y el desierto al oriente. Las orillas de la cordillera son bastante áridas, escabrosas e inhóspitas, pero hasta principios del siglo XX, el altiplano era espesamente boscoso. Seir, que significa «peludo», sin duda se refería a este bosque. Según la tradición bíblica, originalmente Seir fue habitada por los horeos (Gn 14.6; 36.20-30). Los descendientes de Esaú, los edomitas, sacaron a los horitas y se establecieron en Seir (Gn 36.8). Aunque Edom se refiere a una región mucho más grande que Seir, los dos nombres frecuentemente se usan indistintamente en la Biblia (cf. Jue 5.4, donde Seir y la tierra de Edom están en paralelismo poético). 1 Crónicas 4.42-43 afirma que 500 simeonitas invadieron el país montañoso de Seir durante los días del rey Ezequías, destruyeron a los amalecitas que quedaban allí y lo habitaron durante toda la época del cronista.

Montaña de la frontera del norte de Judá (Jos 15.10). Algunos identifican a la montaña con Sārîs, alrededor de 14 km (9 mi) al oeste de Jerusalén. Esta es una región boscosa, como lo sugiere el nombre Seir. La Seir de Judá también podría ser el punto más al norte, al que los israelitas llegaron cuando invadieron el país montañoso cananeo desde el sur, en contra del mandato de Dios. Según el texto bíblico, los amorreos hicieron regresar a los israelitas «en Seir, hasta Horma» (Dt 1.44; cf. Nm 14.45). La identificación de esta Seir con la Seir de Edom no es posible, debido al número de problemas geográficos que esto representaría para la historia.

RONALD A. SIMKINS

SEIR (Heb. *śēʿîr*) **(PERSONA)**
Progenitor de los horeos, habitantes originales del Monte Seir (Gn 26.20-21; 1 Cr 1.38; cf. Gn 14.6; Dt 2.12, 22).

SEIRAT (Heb. *śĕʿîrâ*)
Lugar al que Aod escapó después de haber matado al rey Eglón de Moab (Jue 3.26). Como ciudad o característica topográfica, probablemente Seirat estaba en Efarín (cf. Jue 3.27).

SEISCIENTOS SESENTA Y SEIS
El «número humano» de la bestia del Apocalipsis, según Apocalipsis 13.18. Este acertijo ha dejado perplejos a lectores populares y eruditos por igual. Ya que el 666 es «un número humano», y debido a que los caracteres griegos y hebreos tenían valores numéricos, muchos han tratado de identificar el nombre de una persona con el número.

Una solución popular ha vinculado el nombre con el emperador Nerón (54-68 d.C.), y observa que una transliteración de Nerón César al hebreo (*neron qesar*) da un valor numérico de 666. Este acercamiento es especialmente intrigante porque el Apocalipsis, aparentemente, alude a un mito popular de que Nerón volvería después de su muerte (Ap 13.3; 17.8, 11; cf. Or. Sib. 4.137-39; 5.33-34, 93.11). También explica aquellos manuscritos antiguos en los que el número es 616: La pronunciación en latín omitiría la *n* final de Nerón, que tienen un valor numérico de 50, lo cual lleva al valor de 616.

La alusión puede caracterizar al emperador Domiciano (81-96), en cuyo reino la mayoría de eruditos data el Apocalipsis, como un segundo Nerón, y asocian a Domiciano con la persecución brutal que Nerón hizo de los cristianos romanos y judíos en 64. Identificaciones similares de Apocalipsis etiquetan a Roma como Babilonia (Ap 16.17-19.3) y aplican los nombres bíblicos de Balaam y Jezabel a dos profetas cristianos (2.14, 20).

Las lecturas orientadas teológicamente siguen una lógica simbólica y no matemática. A finales del siglo II, Ireneo sugirió que ya que el seis precede al número perfecto siete, el 666 personifica las rebeliones, original, presente y final, en contra de Dios (*Adv. haer.* 5.28.2). Otros han contrastado el 666 con el 888, el valor numérico de Jesús en griego.

GREG CARE

SELA (Heb. *selaʿ*)
Nombre de un lugar («roca») que se refiere a varias ciudades al este del río Jordán. Se le asocia más comúnmente con la ciudad nabatea de Petra, nombre que también significa «roca», que se encuentra en el Wadi Mûsā.

Lugar que designa a una porción de la frontera amorrea (Jue 1.36). Aunque se le menciona cerca de la subida de ʿAqrabim («escorpiones»), es posible que a Sela no necesariamente se le localice en Judá, sino quizás a lo largo de la misma latitud. Cuando en la LXX dice «edomitas», es posible que se refiera a la frontera común de Edom y Amón. Si así es, es posible interpretar esta aparición de Sela como una referencia a una ciudad edomita, no judaíta ni amorrea.

Población edomita fortificada, conquistada por el rey Amasías y a la que cambió de nombre a Jocteel (2 R 14.7). Tradicionalmente se le identifica con Umm el-Bayyârah, con vista a la ciudad nabatea de Petra, alrededor de 75 km (46.5 mi) al sur del Mar Muerto en Jordania. La imposibilidad de ubicar la ocupación edomita antes del siglo VII a.C. en Umm el-Bayyârah (192971) ha impulsado a algunos a buscar el lugar en la moderna es-Selaʿ (205020), que está levemente al norte de Buṣeira. La cultura material que se descubrió en este lugar refleja que hubo ocupación del siglo IX al VII y satisface de mejor manera el relato cronológico de la Biblia.

Lugar que se menciona en un oráculo de lamento en contra de Moab (Is 16.1). Todavía no se ha determinado la ubicación exacta del lugar. La descripción es mínima, por lo que esta Sela podría localizarse ya sea en Moab o en Edom.

Lugar que se menciona como uno de una serie de lugares representativos distantes (Is 42.11), quizás es el mismo del no. 2 más arriba.

Bibliografía. S. Hart, «Sela: The Rock of Edom?» *PEQ* 118 (1986): 91-95.

RYAN BYRNE

SELA (Heb. *šelaḥ, šēlâ;* Gr. *Salá*) (también SALA) Hijo de Arfaxad, descendiente de Sem y padre de Heber (Gn 10.24; 11.12-15; 1 Cr 1.18, 24). Lucas 3.35-36 se adhiere a la LXX al enumerar a Sala como el hijo de Cainán y nieto de Arfaxad.

Tercer hijo del patriarca Judá y la hija de Súa, cananea (Gn 38.5, 11, 14, 26; 46.12; 1 Cr 2.3; 4.21). Fue el ancestro epónimo de los selanitas (Heb. *šēlānî;* Nm. 26.20).

SELAH (Heb. *selâ*)
Probablemente una anotación musical o litúrgica que aparece 71 veces en 39 Salmos y 3 veces en el salmo de Habacuc 3. En la LXX, Selah se traduce como *diáspalma* en griego («pausa en el canto»), y sugiere alguna clase de cesura. Según el Targ., al que se ciñe Jerónimo, el término significa «para siempre» o «duradero». Quizás esto fue una directriz para insertar una bendición, un estribillo o plegaria en ese punto. Las propuestas que se basan en la etimología incluyen «modulación de voz», «aumento de volumen», «postración» y «ritual de oración». Otros han sugerido que las consonantes de Sela forman un acrónimo para «modulación de la voz» o «repetición».

GERALD M. BILKES

SÉLAH (gr. *Salá*)
Según la genealogía de Jesús de Lucas, padre de Booz (Lucas 3.32 DHH, NVI; RVR60 «Salmón» [**1**]).

SELEC (Heb. *ṣeleq*)
Amonita, tal vez un mercenario, entre los treinta de David (2 S 23.37; 1 Cr 11.39).

SELED (Heb. *seleḏ*)
Hijo mayor de Nadab, de la tribu de Judá (1 Cr 2.30). Seled murió sin hijos.

SELEF (Heb. *šelep*)
Hijo de Joctán y descendiente de Sem (Gn 10.26; 1 Cr 1.20); antepasado de un pueblo del sur de Arabia.

SELEMÍAS (Heb. *šelemyâ, šelemiyāhû*) (también MESELEMÍAS)

1. Coreíta, nieto de Asaf y portero de la época de David (1 Cr 26.14). Se le llama Meselemías en 1 Crónicas 26.1 y puede ser el mismo que Salum (**8**) en 9.17, 19, 31.

2.-3. Dos descendientes de Baní o Binúi que se habían casado con mujeres extranjeras (Esd 10.39.41).

4. Padre de Hananías, el hombre que reparó una sección del muro de Jerusalén, a la par de la Puerta Oriental (Neh 3.30).

5. Sacerdote al que Nehemías nombró mayordomo del Templo, junto con Sadoc el escriba y el levita que se llamaba Pedaías, porque a los tres se les consideraba fieles (Neh 13.13).

6. Hijo de Cusi y abuelo de Jehudí, a quien los oficiales de Jerusalén enviaron a decirle a Baruc que leyera del rollo de Jeremías (Jer 36.14).

7. Uno de los tres hombres que el rey Joacim envió a arrestar a Baruc y a Jeremías (Jer 36.26); hijo de Abdeel.

8. Padre de Jucal, a quien el rey Sedequías envió a pedirle a Jeremías que orara por la nación (Jer 37.3) y quien posteriormente recomendó que mataran a Jeremías (38.1).

9. Hijo de Hananías y padre de Irías, capitán de la guardia que fue enviado a arrestar a Jeremías (Jer 37.13).

ROBIN GALLAHER BRANCH

SELES (Heb. *šēleš*)
Hijo de Helem; jefe de un linaje de Aser (1 Cr 7.35).

SELEUCIA (gr. *Seleúkia, Seleúkeia*)
Nombre de por lo menos 10 ciudades, cuatro de ellas del norte de Siria, fundadas por Seleuco I Nicátor en el siglo IV a.C. y que fueron nombradas en su honor.

Seleucia Pieria, de la costa norteña de Siria, fue construida en la costa del sur del Monte Pierius, alrededor de 8 km (5 mi) al norte de la desembocadura del río Orontes. Funcionó como puerto de Antioquía en el Orontes (Samadağ moderna, Turquía), a 26 km (16 mi) al este. Gradualmente aumentó su importancia como ciudad comercial y fortaleza fronteriza, hasta el período romano. Sin embargo, todas las sendas que conectaban el Asia Menor con Siria y Mesopotamia pasaban por Antioquía, y Seleucia finalmente llegó a ser, en gran parte, una salida de Antioquía para la parte occidental del imperio, vía el Mediterráneo. La ciudad cambió de manos varias veces y cayó en manos de Ptolomeo III de Egipto, durante la Tercera Guerra Siria (246-41) y del seléucida Antíoco III en 219. Después de 149, Seleucia brevemente marcó el punto final del dominio de Ptolomeo VII en el norte y a lo largo de la costa mediterránea (1 Mac 11.8), pero en 138 volvió a los seléucidas. Llegó a ser una ciudad libre bajo Pompeyo (60 a.C.). Cuando Pablo y Bernabé partieron a occidente en su primer viaje misionero, navegaron con Juan Marcos de Seleucia a Chipre (Hch 13.4).

Actualmente el puerto se ha obstruido, al igual que muchos puertos de la costa turca, y ha sido reemplazado en importancia por el puerto de Iskenderun (o Alejandreta) a varias millas al norte.

JOHN MCRAY

SELEUCO (gr. *Seleúkos*)

Seleuco I Nicátor ([321]312-281 a.C.); uno de los diádocos («Sucesores») que dividió el imperio de Alejandro después de su muerte. Fue compañero de niñez de Alejandro y desempeñó un buen trabajo para Alejandro como jefe de su grupo élite de escoltas. Seleuco I era sátrapa de Babilonia cuando Alejandro murió y después del asesinato de Pérdicas recibió Babilonia como su ración. Sin embargo, fue expulsado de Babilonia por Antígono Monóftalmos (otro de los diádocos) en 316 y huyó a Egipto en busca de la protección de Ptolomeo I. Con la ayuda de Ptolomeo regresó a recuperar Babilonia en 312 e inició el sistema de la «era seléucida», un sistema ampliamente usado para fechar en la antigüedad. El tratado de paz de 301 asignaba Palestina y el sur de Siria a Seleuco; sin embargo, Ptolomeo se apoderó del territorio y se rehusó a entregarlo. Seleuco se abstuvo de presionar su derecho debido a la ayuda anterior de Ptolomeo; sin embargo, no renunció al reclamo, y sus sucesores lo siguieron en una serie de «Guerras Sirias». El Imperio Seléucida alcanzó su máxima extensión bajo su gobierno.

Seleuco II Calinico (246-226); hijo de Antíoco II (261-246). Poco después de que fuera proclamado rey, el reino seléucida fue invadido por Ptolomeo III, en la Tercera Guerra Siria o Laodicea (246-241). Los sirios no estaban en posición de resistirse, pero una hambruna en Egipto obligó al ejército ptolemaico a volver a casa. Al hermano menor de Seleuco, Antíoco Hierax, se le dio autoridad en Asia Menor; allí estableció un gobierno independiente que Seleuco no pudo tolerar, lo que inició la «Guerra de los Hermanos» (alrededor de 240-237). Seleuco fue derrotado y llegó a un acuerdo, pero entonces el mismo Hierax fue derrotado en una serie de peleas con Atalo I de Pérgamo, que había llegado a ser un poder independiente. El surgimiento de la dinastía arsácida en Persia comenzó la erosión de esa parte del imperio, aunque es posible que Seleuco hubiera recuperado algo de las provincias orientales antes de su muerte.

Seleuco III (226-223). El hijo mayor de Seleuco II demostró ser inmaduro e impetuoso. Trató de subyugar a Atalo I de Pérgamo. Hay controversia en cuanto a que hubiera habido un intento o dos, pero, de cualquier manera, la invasión fracasó. Al perder la confianza en Seleuco, algunos de sus oficiales terminaron con su corto gobierno. Un tío de Seleuco restauró la disciplina, y el hermano menor, que era mucho más capaz, fue coronado y se convirtió en Antíoco III.

Seleuco IV Filopátor (187-175). Fue un gobernador débil según las fuentes antiguas; sin embargo, esto puede ser una difamación, ya que mantuvo un estado de paz durante todo su reinado, con negociaciones astutas con Roma. Según 2 Macabeos 3, Seleuco envió a su oficial Heliodoro a confiscar el tesoro del templo de Jerusalén, pero un ángel lo repelió. El evento preciso que está detrás de esta historia no es claro, aunque es posible que Seleuco considerara desleal al sumo sacerdote que regía, ya que mantenía fondos para el colaborador ptolemaico Hyrcano Tobíada (2 Mac 3.11). Seleuco fue asesinado por Heliodoro no mucho después del incidente de Jerusalén, como resultado directo de eso.

Bibliografía. E. R. Bevan, *The House of Seleucus,* 2 vols. (1902, repr. New York, 1966); *CAH*², esp. 7/1: *The Hellenistic World,* ed. F. W. Walbank et al. (Cambridge, 1984); 8: *Rome and the Mediterranean to 133 b.c.*, ed. A. E. Astin et al. (Cambridge, 1989); N. Davis and C. M. Kraay, *The Hellenistic Kingdoms: Portrait Coins and History* (London, 1973).

LESTER L. GRABBE

SELLO

Dispositivo grabado con un diseño inverso para hacer una impresión. El uso de sellos en el antiguo Cercano Oriente precedió al desarrollo de la escritura, probablemente apareció durante la segunda mitad del cuarto milenio. Posiblemente las impresiones antiguas de sellos denotaban propiedad de artículos y materiales, o actuaban como un resguardo mágico para el artículo. El sello cilíndrico, que a menudo era una piedra cónica con una base grabada, es la forma más antigua que se conoce de los sellos y fueron populares en Egipto y Palestina. En tanto que la mayoría de sellos se hacían de piedra, entre otros materiales se usaba madera, hueso y marfil. Los sellos de los períodos griego y romano frecuentemente estaban grabados delicadamente sobre piedras semipreciosas.

Los sellos autenticaban copias de leyes, tratados, acuerdos públicos contractuales, compra y venta de propiedad del gobierno y certificaban la calidad o cantidad del contenido de un recipiente. Los sellos conmemoraban eventos políticos importantes como el matrimonio, tratados y celebraciones públicas. Las impresiones de sellos privados daban fe de ventas, compras, acuerdos contractuales, cartas, testamentos y adopciones. Los dueños de los sellos creían que estos poseían propiedades mágicas y también se utilizaban en ceremonias religiosas. Los sellos personales a menudo se usaban como amuletos o se dejaban como regalos votivos en los templos de varias deidades. Es posible que los sellos que acompañaban los entierros fueran regalos de los parientes para que el difunto los usara en la vida después de la muerte, o como oraciones para ayudar al difunto en su paso hacia el otro mundo.

La Biblia describe el uso de sellos tanto en términos burocráticos como no burocráticos. Un sello podía entregarse como prenda (Gn 38.18) o usarse como anillo, como símbolo de autoridad política (41.42). Las cartas que tenían el sello de un rey se consideraban como su mandato verbal (1 R 21.8). El amor se compara metafóricamente con la naturaleza inviolable de un sello

Sello de Jaazaniah de Tell en-Naṣbeh e impresión (Badè Institute of Biblical Archaeology, Pacific School of Religion)

(Cnt 8.6). Isaías oró a Jehová, y apeló a Dios para que «sellara la ley» entre los discípulos fieles, cerrándola para evitar que los indignos la vieran (Is 8.16; 29.11). Jeremías colocó su sello en un documento como evidencia de la compra de un campo en Anatot (Jer 32.10-14, 44). Un sello impreso en un contenedor verificaba que el carguero contenía, de conformidad, una medida completa (Ez 28.12). Después de que Daniel fue lanzado en el foso de los leones, la entrada fue sellada con el anillo del rey y de sus asesores para hacer constar el decreto real de muerte (Dn 6.17). También se da testimonio de un sello que fue impreso para evitar la lectura de un documento durante el Exilio (Dn 12.4, 9). Una proclamación pública de lealtad a Jehová y a la ley ritual fue sellada por Nehemías el gobernador, varios representantes políticos y los líderes del sacerdocio levítico en nombre del pueblo (Neh 9.38-10.27[TM10.1-28]). El Apocalipsis menciona varios rollos que fueron sellados tanto para dar testimonio de su autoridad como para esconder su contenido de los extraños.

Bibliografía. *The Iron Age Stamp Seals* (c. 1200-350 b.c.) (Oxford, 1988), xii; D. Collon, *First Impressions: Cylinder Seals in the Ancient Near East* (Chicago, 1988), 6-13; L. Gorelick, «Ancient Seals and the Bible: An Overview,» en *Ancient Seals and the Bible,* ed.Gorelick and E.Williams-Forte. Occasional Papers on the Ancient Near East 2/1 (Malibu, 1983).

David C. Maltsberger

SELOMI (Heb. *šĕlōmî*)

Padre de Ahihud, que fue el representante de la tribu de Aser en la división de Canaán (Nm 34.27).

SELOMIT (Heb. *šĕlōmîṯ*)

El nombre se aplica tanto a hombres como a mujeres. Originalmente, Selomit puede haber sido la forma femenina y Selomot la masculina.

Hija de Dibri, de la tribu de Dan. Su hijo blasfemó el nombre de Dios y murió apedreado (Lv 24.10-23).

Hija de Zorobabel, hermana de Mesulam y Hananías (1 Cr 3.19).

Hijo de Simei (**Q** 1 Cr 23.9; **K** «Selomot»).

Hijo de Izhar, jefe levita (1 Cr 23.18). en 1 Crónicas 24.22 se le llama Selomit.

Hijo del rey Roboam y de Maaca (2 Cr 11.20).

Hijo de Josifías, descendiente de Baní; jefe de una de las familias que volvieron con Esdras (Esd 8.10).

Véase Selomot.

Jesper Svartvik

SELOMOT (Heb. *šĕlōmôṯ*)

Levita, hijo de Simei y descendiente de Jerson (**K** 1 Cr 23.9).

Levita de la línea coatita, hijo de Izhar (1 Cr 24.22). El TM lo llama Selomit en 1 Cr 23.18.

Levita, hijo de Zicri y descendiente del hijo de Moisés Eliezer. Él y sus hermanos tenían a su cargo los tesoros de las cosas dedicadas que se adquirían como botín durante el reino de David (1 Cr 26.25-28).

SELSA (Heb. *ṣelṣaḥ*)
El lugar donde Samuel le dice a Saúl que encontrará la primera de las tres señales confirmando su ungimiento como rey (1 S 10.2). Tal lugar «en la tribu de Benjamín» no es conocido, y las cuatro consonantes sugieren un topónimo no semita. La LXX traduce la palabra «gran salto», y la Vulgata la toma como una referencia temporal «al mediodía». Muchas otras sugerencias han sido hechas, incluyendo enmendar la palabra para que diga *bĕṣelṣĕlîm,* «con música», que caería bien en contexto de 1 Samuel 9-10.

Paul L. Redditt

SELUMIEL (Heb. *šĕlumîʾēl*) (también SALAMIEL)
Hizo de Zurisadai, representante de Moisés y líder de los simeonitas durante el tiempo que Israel vagó en el desierto (Nm 1.6; 2.12; 7.36-41; 10.19). El linaje de Judit se establece a través de Selumiel (Jdt 8.1; gr *Salamiēl*).

SEM (Heb. *šēm;* Gr. *Sēm*)
Hijo de Noé, hermano de Cam y Jafet (Gn 5.32). Sem aparece en la lista como el primogénito (cf. Gn 9.24; 10.21) de Noé, aunque en relatos genealógicos aparece de último (Gn 10.21-31; 1 Cr 1.4, 17-27), quizás para enfatizar su paternidad en las personas que siguen. Sem acompañó a su esposa en el arca (Gn 7.13) y escapó del Diluvio, aparentemente, por la justicia de Noé (6.8-9). Más tarde recibió la bendición de Dios (Gn 9.1). Después de que Cam vio la desnudez de su padre, Sem y Jafet cubrieron a Noé y fueron bendecidos a expensas de Canaán (Gn 9.23-27).

Sem es el antepasado de diversos pueblos, tanto semíticos (a quienes les da su nombre) como no semíticos (Elam), que habitaron en varias áreas (Gn. 10.21-31; 11.10-26). Sem también es el antepasado de los hebreos (por medio de Heber) y de allí el antepasado de Abraham. Quizás por esta razón Sirac dice que recibió «honores» (Sir. 49.16); Lucas lo menciona explícitamente en la genealogía de Jesús (Lc 3.36).

Sem significa «nombre» o «fama». A pesar de alguna evidencia de que *šm* fue utilizado como un epíteto o nombre de un Dios(es), la condición (semi)divina de Sem no es posible.

Bibliografía. B. Becking, «Shem,» *DDD,* 763-64; M. Lubetski, «*ŠM* as a Deity,» *Religion* 17 (1987): 1-14.

Brent A. Strawn

SEMA (Heb. *šĕmaʿ*) (**PERSONA**) (También SIMEI)

Hijo de Hebrón, de la tribu de Judá, posiblemente el nombre de un lugar (1 Cr 2.43-44).

Hijo de Joel, de la tribu de Rubén (1 Cr 5.8). Puede ser el mismo que Semaías o Simei (1 Cr 5.4).

Hijo de Elpaal, de la tribu de Benjamín. Fue habitante de Ajalón, cuyos ciudadanos pelearon con Gat y ganaron (1 Cr 8.13). En Crónicas 8.21 se le llama Simei.

Uno de los líderes laicos que estuvo al lado derecho de Esdras, apoyándolo durante la lectura pública que Esdras hizo de la ley (Neh 8.4).

Laura B. Mazow

SHEMÁ (Heb. *šĕmaʿ*), **EL**
Declaración fundamental de la creencia judía: «Oye, Israel: Jehová nuestro Dios, Jehová uno es» (Dt 6.4). El nombre se deriva de la primera palabra hebrea del versículo, la orden «oye». La declaración de que «Jehová uno es» desecha las manifestaciones locales de Jehová, pero también connota la exclusividad de Jehová. De esta manera, aunque «único» es una traducción inexacta del Heb. *ʾeḥāḏ* («uno»), la afirmación de unidad contiene dentro de ella la idea de exclusividad. En los manuscritos hebreos, las últimas letras de las primeras y últimas palabras están escritas más grandes que las demás para formar la palabra *ʿēd* («testigo»), y reflejan el testimonio del versículo del monoteísmo inflexible del judaísmo. Ha sido la última expresión de mártires a lo largo de la historia.

La oración llegó a incluir Deuteronomio 6.4-9; 11.13-21; Números 15.37-41, y se recita en la mañana y en la noche (cf. Dt 6.7). El texto de Deuteronomio 6.4-9 se coloca dentro de filacterias, atadas en la frente y en el brazo durante la oración, y en una mezuzá, que se pone a la entrada de las casas (cf. vv. 8-9). Jesús identificó a Deuteronomio 6.5 como el mandamiento más grande (Mr 12.29).

John L. McLughlin

SEMAA (Heb. *šĕmāʿâ*)
Padre de Ahiezer y Joás, dos guerreros benjaminitas que se unieron a David en Siclag (1 Cr 12.3).

SEMAÍAS (Heb. *šĕmaʿyâ, šĕmaʿyāhû*) (también SAMÚA)
Profeta judío de la época de la división de la monarquía, después de la muerte de Salomón. Jehová envió a Semaías a amonestar a Roboam, rey de Judá, para que regresara a Jerusalén y que no emprendiera guerra en contra de Jeroboam (1 R 12.21-22; 2 Cr 11.2-4). Después, cuando Jehová castigó a Roboam y a Judá por sus prácticas idolátricas, fue Semaías el que declaró a los líderes de Judá que la invasión de un ejército egipcio, dirigida por Sisac, fue la consecuencia de su infidelidad. También declaró que el juicio final por su idolatría no llegaría por manos de Sisac (2 Cr 12.5-8). Semaías también fue un historiador de la corte y escribió un libro que contenía los eventos del reinado de Roboam (2 Cr 12.15).

Hijo de Secanías; descendiente de David (1 Cr 3.22).

Líder de la tribu de Simeón, padre de Simri (1 Cr 4.37).

Uno de los líderes de la tribu de Rubén, hijo de Joel (1 Cr 5.4).

Levita, hijo de Hasub, del clan de Merari (1 Cr 9.14), que vivió en Jerusalén en la época de que los exiliados regresaron de Babilonia. Fue uno de los levitas responsables del trabajo exterior de la casa de Dios (Neh 11.15-16).

Levita, padre de Obadías e hijo de Galal, del clan de Jedutún (1 Cr 9.16). Su nombre y el nombre de su hijo aparecen abreviados en Nehemías 11.17, como Samúa (3) y Abda.

Jefe de una familia levítica, descendiente de Elizafán. Semaías y 200 levitas cargaron el arca del pacto, cuando la sacaron de la casa de Obed-edom y la llevaron a la tienda que David había preparado en Jerusalén (1 Cr 15.8-11).

Levita, hijo de Netanel y escriba que, en los días de David, registró los nombres de los hombres que constituyeron las 24 divisiones de sacerdotes (1 Cr 24.6).

Levita del clan de Coré; primogénito de Obededom (1 Cr 26.4). Semaías y sus hijos fueron porteros del templo (1 Cr. 26.6-8).

Uno de los levitas que Josafat, rey de Judá, envió a enseñar la ley al pueblo de Judá (2 Cr 17.8).

Hijo de Jedutún; uno de los levitas que pasaron por un proceso de limpieza ritual para ayudar a purificar el Templo durante la época de Ezequías (2 Cr 29.14-15).

Levita de la época de Ezequías que ayudó a distribuir la ofrenda voluntaria y regalos que habían dado para los levitas que vivían en los pueblos de los sacerdotes (2 Cr 31.15).

Uno de los líderes de los levitas que contribuyeron con 5000 ovejas y cabras y 500 toros para ayudar a los levitas a celebrar la Pascua en la época de Josías (2 Cr 35.9).

Uno de los hijos de Adoniacam que llegó de Babilonia a Judá con Esdras, durante el reinado del rey Artajerjes (Esd 8.13).

Uno de los líderes del pueblo que regresaron del exilio en Babilonia. Esdras lo envió con otros a Iddo, líder de Casifia, con unos levitas para que ayudaran en el servicio a Dios (Esd 8.16-17). Puede ser la misma persona del **14** de más arriba.

Sacerdote de la familia de Harim que se divorció de su esposa extranjera (Esd 10.21).

Israelita de la familia de Harim que se divorció de su esposa extranjera (Esd 10.31).

Levita, hijo de Secanías. Semaías era el guardián de la Puerta Oriental del Templo y ayudó a reparar una sección del muro de Jerusalén en los días de Nehemías (Neh 3.29).

Hijo de Delaía, profeta contratado por Tobías y Sanbalat para que intimidara y desacreditara a Nehemías (Neh 6.10-13). Semaías trató de coaccionar a Nehemías para que entrara al Templo y, de esta manera, violara la ley religiosa porque no era sacerdote.

Uno de los sacerdotes que firmaron el acuerdo con Nehemías y los líders de la nación (Neh 10.8[TM9]) que requería que los líderes de Judá, los sacerdotes y los levitas siguieran todos los mandamientos y reglas de la ley de Dios (v. 29[30]). Había regresado de Babilonia con Zorobabel (Neh 12.6) y probablemente fue el padre de Jonatán (v. 18).

Uno de los líderes de Judá, que participó en la dedicación del muro nuevo de Jerusalén (Neh 12.34).

Sacerdote, hijo de Matanías, del clan de Asaf. Su nieto Zacarías tocó la trompeta durante la dedicación del muro nuevo de Jerusalén en los días de Jeremías (Neh 12.35).

Levita que, con los músicos, estuvo celebrando la dedicación del muro nuevo (Neh 12.36).

Uno de los levitas que acompañaron a Nehemías en la procesión, durante la dedicación del muro nuevo (Neh 12.42).

Padre de Urías, profeta de Quiriat-jearim, que fue asesinado por mandato de Joacim (Jer 26.20).

Nehelamita y falso profeta que vivió entre los exiliados en Babilonia. Profetizó el inminente regreso del pueblo a Judá y quería que los sacerdotes de Jerusalén reprendieran y encarcelaran a Jeremías por predicar que el Exilio duraría muchos años. Cuando Jeremías escuchó las palabras de Semaías, profetizó que Semaías no tendría descendientes entre el pueblo de Judá y que no viviría lo suficiente para ver el regreso del pueblo del exilio (Jer 29.24-32).

Padre de Delaía, uno de los funcionarios que trabajó en la corte de Joacim, rey de Judá (Jer 36.12). Estuvo presente cuando Baruc volvió a leer el rollo de las profecías de Jeremías ante un grupo de funcionarios reales que se habían reunido en el palacio del rey.

Claude F. Mariottini

SEMAÍAS (Heb. *sĕmakyāhû*)

Antepasado posexílico de Jesús en la genealogía de Lucas que vincula a José con Adán (Lc 3.26).

SEMANAS, FIESTA DE

Un festival agrícola de primavera (*ḥag šābuʿōt*; Dt 16.10) que requería una peregrinación a un lugar sagrado; también llamada «la fiesta de la siega» (*ḥag haqqāṣîr;* Ex 23.16) y «el día de los primeros frutos» (*yôm habbikkûrîm;* Nm 28.26). Después del exilio babilónico, el festival llegó a ser asociado con la realización de la alianza del Sinaí. En griego, la fiesta se llama Pentecostés porque se observó 50 días después de la Pascua y de los Panes sin Levadura. Originalmente, la peregrinación se hizo a un santuario local, donde el agricultor presentó los primeros frutos de la cosecha de cebada en el comienzo de la primavera (por lo general, el mes de mayo). Ni Éxodo. 23.14-17, ni 34.18-24 intentan fijar la fecha de esta celebración. Ambos la asocian con la presentación de las primicias de la cosecha.

Deuteronomio busca establecer una fecha más precisa para la observancia. La peregrinación debía observar siete semanas (por lo tanto, la fiesta de las semanas) después de que la hoz se puso primero en el grano (Dt 16.9). El énfasis de Deuteronomio en la centralización del culto (c. 12) requiere que se haga la peregrinación al santuario central. Una ausencia tan larga como esa del campo al comienzo de la cosecha, sin embargo, habría sido poco práctica. Así pues, parece que el Deuteronomio convirtió lo que era inicialmente una ofrenda individual de «primicias» en una peregrinación nacional que concluyó la temporada de cosecha de primavera. Levítico 23.15-16 también busca proporcionar una fecha más precisa para esta celebración. Debía ser observada cinco semanas a partir del día siguiente al día de reposo en la que se presentó la gavilla de la ofrenda mecida. No se denomina una «peregrinación» en este texto. El «haz de elevación» se discute en Levítico 23.9-14 y, como el capítulo actual, se asocia con la celebración de siete días de los panes sin levadura. El significado preciso de la frase «el día después del sábado», sin embargo, no está claro, y la controversia sobre su significado continuó en el judaísmo del siglo I. Tres posiciones básicas se desarrollaron: el día inmediatamente después de la Pascua; el día siguiente del día de reposo que cayó durante el Festival de los Panes sin levadura; el día siguiente del día de reposo que se produjo después de la conclusión de los Panes sin Levadura. El texto claramente busca relacionar el Festival de los Panes sin Levadura y la Fiesta de las Semanas en cuanto a la observancia festiva y la práctica de la cosecha. Levítico 23.15-21 enumera en detalle los sacrificios y las ofrendas que se han de presentar en relación con la observancia de las Semanas (cf. Nm 28.26-31).

Después del exilio babilónico, el festival llegó a ser asociado con la realización de la alianza del Sinaí. Esta conexión con toda probabilidad está basada en la combinación de dos textos del Antiguo Testamento. Éxodo 19.1 informa que los israelitas entraron en el desierto de Sinaí en el tercer mes. 2 Crónicas 15.8-15 describe un ritual nacional que fue observado por Asa en el tercer mes en el que las personas entraron en un pacto con Jehová. Por lo tanto, el tercer mes, el mes en el que se observó la Fiesta de las Semanas, se convirtió en la ocasión para hacer convenios y juramentos. El libro de los Jubileos (c. 150 a.C.) localiza una serie de pactos y juramentos importantes en el tercer mes, por ejemplo, el Sinaí (Jub 1.1), Noé (6.10), y Abraham (14.1-20). Es probable que los Jubileos entiende que el festival cae en el día 15 del tercer mes. Esta parece ser también la posición de la comunidad de Qumrán.

Bibliografía. J. van Goudoever, *Biblical Calendars,* 2nd ed. (Leiden, 1961); H. J. Kraus, *Worship in Israel* (Richmond, 1966).

Frank H. Gorman, Jr.

SEMARÍAS (Heb. *šĕmaryâ, šĕmaryāhû*)
Benjaminita que se unió a las fuerzas rebeldes de David en Siclag (1 Cr 12.5[TM 6]).

Hijo del rey Roboam de Judá y su esposa Mahalat (2 Cr 11.19).

Israelita, de los hijos de Harim, a quien Esdras requirió que se divorciara de su esposa extranjera (Esd 10.32).

Uno de los hijos de Bani que se divorció de su esposa que no era israelita (Esd 10.41).

SEMEBER (Heb. *šemʾēḇer*)
Rey de Zeboim, uno de los cinco reyes que se rebelaron en contra de Quedorlaomer y que lucharon infructuosamente en contra de su alianza en el valle de Siddim (Gn 14.2).

SEMED (Heb. *šemeḏ*)
Benjaminita, uno de los hijos de Elpaal que reconstruyeron las ciudades de Ono y Lod después del Exilio (1 Cr 8.12; algunos manuscritos tienen el Heb. *šemer*).

SEMEI (Gr. *Semeïn*)
Antepasado posexílico de Jesús en la genealogía de Lucas que vincula a José con Adán (Lc 3.26).

SEMER (Heb. *šemer*) (también SOMER)
Dueño del monte que Omri compró para edificar Samaria (1 R 16.24).

Levita merarita, hijo de Mahli (1 Cr 6.46[TM 31]).

Aserita (1 Cr 7.34), a quien se le llama Somer en el v. 32.

SEMIDA (Heb. *šĕmîḏāʿ*)
Hijo de Galaad, de la tribu de Manasés (Nm 26.32; Jos 17.2; 1 Cr 7.19), antepasado del clan semidaíta (Heb. *šĕmîdāʿî*).

SEMINIT
Palabra (Heb. *ʿal haššĕmînîṯ*, «sobre la octava») que aparece en los títulos de Salmos 6, 12 y en 1 Crónicas 15.21. Entre las sugerencias en cuanto a su significado están: «octava» (quizás indicando voces que son una octava más bajas), «en un instrumento de ocho cuerdas» y «para la octava etapa de la liturgia».

SEMIRAMOT (Heb. *šĕmîrāmôṯ*)
Músico levita del segundo orden que fue nombrado para que tocara el arpa, al acompañar el arca cuando la llevaban a Jerusalén (1 Cr 15.18, 20; 16.5).

Uno de los levitas que el rey Josafat envió a instruir en la ley a la gente de Judá (2 Cr 17.8).

SEMITAS, IDIOMAS SEMÍTICOS
Aunque la palabra «semita» no ocurre en los materiales bíblicos, podemos hablar apropiadamente de los semitas bíblicos. Esta gente aparece por primera vez en la Tabla de Naciones (Gn 10), una antigua lista etnográfica israelita. La Tabla conceptualiza a los vecinos antiguos de Israel como descendientes de los tres hijos de Noé, y los semitas son la progenie del mayor, Sem. Aunque identificar a esta progenie con naciones particulares es a veces difícil, está claro que Sem tiene que asociarse especialmente con pueblos al este de Israel (p. ej. Persia, Asiria, Babilonia), también con los arameos al noreste y con algunas regiones de África. Lo más importante, quizás, es que Sem es el antepasado étnico de los israelitas, y es ancestro de Eber (el ancestro epónimo hebreo) tres generaciones después y 10 generaciones después del patriarca Abraham. El autor de la Tabla, de esta manera, veía a Israel con vínculos genealógicos antiguos con las grandes civilizaciones de oriente.

La base lógica que está detrás de la construcción de la Tabla no es totalmente clara, pero parece indiscutible que las similitudes lingüísticas jugaron un papel importante en la división triple que ofrece, como lo evidencia su propio testimonio: «Estos son los hijos de Sem por sus familias, por sus lenguas, en sus tierras en sus naciones». Por otro lado, los factores ideológicos también influyeron en su composición, como lo indica el hecho de que los cananeos (grupo que está muy relacionado con los hebreos, tanto lingüística como culturalmente) están enumerados como camitas y no como semitas. También se han sugerido otras explicaciones de la organización de la tabla, particularmente el criterio socioeconómico y sociocultural. Sin embargo, nuestros esfuerzos para entender el esquema de la tabla se entorpecen, de alguna manera, con el hecho de que probablemente se le han hecho algunos cambios editoriales al texto.

La Tabla de las Naciones ha ejercido una influencia considerable en la historia de la antropología occidental, principalmente debido a que para mucho de su historia Europa consideró el material bíblico como una fuente histórica de autoridad. Como resultado, los primeros esfuerzos de catalogar a los pueblos e idiomas del mundo siguieron los perfiles establecidos por la Tabla. Los pueblos que se encontraron durante la expansión occidental imperial (indios, japoneses, chinos y nativos americanos) frecuentemente eran insertados en la taxonomía triple que proveían los listados bíblicos. El estudio crítico del texto bíblico y su género durante los siglos XIX y XX ha cambiado esto, ya que para muchos eruditos el carácter literario de la Tabla ya no se considera historiográfico, sino más bien como antigua especulación israelita, en cuanto al origen de las naciones y los pueblos. Por lo que aunque algunos eruditos judíos y cristianos conservadores todavía consideran la Tabla como un texto taxonómico útil, por lo general este no es el caso.

Idiomas Semíticos

A pesar de este cambio en perspectiva, los lingüistas siguen hablando de los semitas y pueblos semitas, no en sentido étnico, sino más bien en sentido lingüístico (aunque la distinción ética/lingüística frecuentemente se ha empañado). La familia del idioma semítico está representada tanto por lenguas antiguas como modernas y se caracteriza principalmente por el hecho de que los sustantivos, verbos y adjetivos generalmente se derivan de raíces de tres consonantes. Por lo que, p. ej., en el verbo hebreo «hablar» (*dāḇar*) y los sustantivos «palabra» (*dāḇār*) y «oráculo» (*dĕḇîr*) se derivan de la misma combinación de consonantes: *d-b-r*. Aunque a menudo comprobamos que la misma combinación de tres consonantes se utiliza en varios lenguajes semíticos, este no siempre es el caso. Y aun cuando lo es, los significados de la raíz pueden ser bastante distintos. Utilizando el mismo ejemplo de más arriba de *d-b-r*, el ac. *dabāru*, «empujar hacia atrás» no se parece al significado hebreo de «hablar». Sin embargo, el ac. *dabābu*, que utiliza la combinación un poco distinta de *d-b-b*, sí significa «hablar». Así que, aunque no siempre podemos explicar las similitudes y diferencias entre estos idiomas, nuestros esfuerzos de comparar las diversas lenguas semíticas presuponen su similitud esencial.

Los idiomas semíticos, que surgen de un «protosemítico» original utilizado en la región del Creciente Fértil, hicieron su primera aparición literaria en los idiomas semíticos orientales de los acadios y eblaítas (3er milenio a.C.). Aproximadamente al mismo tiempo, otra rama de la familia del idioma se desarrolló en la parte occidental de la región (por consiguiente se llama semítica occidental), que se considera el ancestro lingüístico de los idiomas bíblicos hebreo y arameo. Muy relacionados con el desarrollo del hebreo, tanto histórica como lingüísticamente, están el fenicio, el moabita, el amonita y el edomita. Sin embargo, aunque las primeras formas del hebreo aparecieron eventualmente después de 1200, el idioma de la Biblia hebrea es algo distinto, debido a que mucho de la Biblia fue escrito en un período posterior (y por lo tanto con formas más recientes del idioma) y a que el texto ha pasado por un proceso continuo de «modernización», es decir, el reemplazo de formas y construcciones antiguas por nuevas. Tres lenguas semíticas importantes se siguen utilizando en épocas modernas: el árabe, el amhárico (= etíope) y el hebreo israelí.

Nuevo Testamento

Primero con el exilio babilonio y luego con el advenimiento de las conquistas persas del siglo VI, el idioma del judaísmo palestino cada vez más recibió la influencia del arameo, por lo que para el período del NT este era el idioma común de la región. Como resultado, el ministerio de Jesús y sus discípulos se desarrolló en este idioma, y esto, a su vez, influyó en la composición de los Evangelios del NT, a pesar del hecho de que los Evangelios se escribieron en griego, no en arameo. Estas influencias semíticas a veces son explícitas (cf. la cita de Jesús en arameo en Mr 5.41), pero más frecuentemente son cambios sutiles en el idioma del texto griego, llamados arameísmos o semitismos. Estas características lingüísticas semíticas las identifican los eruditos cuidadosamente, y su importancia para la tarea interpretativa se analiza según el caso.

Bibliografía. G. Bergsträsser, *Introduction to the Semitic Languages* (Winona Lake, 1983); S. Moscati, *The Semites in Ancient History* (Cardiff, 1959); Moscati, ed., *An Introduction to the Comparative Grammar of the Semitic Languages* (Wiesbaden, 1964), 3-21; B. Oded, «The Table of Nations (Genesis 10): A Socio-cultural Approach,» *ZAW* 98 (1986): 14-31; G. M. Schramm, «The Semitic Languages: An Overview,» in *Current Trends in Linguistics,* ed. T. A. Sebeok, 6: *Linguistics in South West Asia and North Africa* (Hague, 1976), 257-60.

Kenton Lane Sparks

SEMUEL (Heb. *šĕmû'ēl*)

Representante de Simeón en la división de Canaán; hijo de Amiud (Nm 34.20).

Hijo de Tola; jefe de una familia de la tribu de Isacar (1 Cr 7.2).

SENAA (Heb. *sĕnāʾâ*)
Grupo de exiliados babilonios que aparecen en la lista de los que regresaron con Zorobabel (Esd 2.35 = Neh 7.38). No está claro si el nombre se refiere a un lugar (posiblemente identificado con Magdal-senna, alrededor de 13 km [8 mi] al noreste de Jericó) o a un apellido. Puede estar relacionado con los «hijos de Senaa», que ayudaron a reconstruir el muro de Jerusalén (Neh 3.3) o con la familia benjaminita de Asenúa (1 Cr 9.7) o Senúa (Neh 11.9).

LAURA B. MAZOW

SENAA (Heb. *hassĕnāʾâ*)
El jefe de una familia cuyos miembros ayudaron en la reparación de los muros de Jerusalén (Neh 3.3). Ellos pueden estar asociados con la familia o pueblo de Senaa.

SENAQUERIB (Heb. *sanĕḥērib̠*; Ac. *Sin-aḫḫē-rība*)
Rey de Asiria (704-681 a.C.) que invadió Judá durante el reinado de Ezequías. Senaquerib heredó un enorme imperio de su padre Sargón II. En tanto que tuvo que preparar algunas campañas importantes, principalmente para reprimir rebeliones, pudo concentrar su atención en otros asuntos, especialmente en grandes proyectos de construcción. Reconstruyó Nínive, la convirtió en una metrópolis y la hizo capital de Asiria. También se recuerda a Senaquerib como la persona que destruyó Babilonia en 689. Abundan fuentes del reinado de este rey, entre las que están anales, cartas, reportes astrológicos y textos legales y administrativos. Los textos bíblicos relacionados con este rey se encuentran en 2 Reyes 18.13-19.37; 2 Crónicas 32.1-23; Isaías 36-37.

Posiblemente, el evento más importante de Judá que involucra a Senaquerib fue la invasión asiria en 701. Después de la muerte de Sargón II, estalló una amplia rebelión en todo el imperio, en Anatolia, Babilonia y Siria-Palestina. Como parte de esta revuelta, Merodac-baladán de Babilonia mandó delegados a Ezequías (2 R 20.12-15). De hecho, Ezequías había estado haciendo preparativos para la revuelta, reconstruyendo el muro de Jerusalén, fortaleciendo y reorganizando su ejército (2 Cr 32.5-6), construyendo almacenes para comida y establos para animales (vv. 28-29) y construyendo el túnel de Siloé para transportar agua del manantial de Gihón, dentro del muro (2 R 20.20; 2 Cr 32.30; *ANET*, 321; cf. con las asas de jarra, que datan del reino de Ezequías y que se han descubierto en toda Judá). Las inscripciones de Senaquerib sugieren que la revuelta de Ezequías fue coordinada con las de otros gobernadores sirio-palestinos. 2 Reyes 18.8 observa que Ezequías atacó a los estados filisteos, probablemente por su falta de cooperación en la rebelión.

Senaquerib pasó sus primeros años lidiando con la rebelión de Babilonia, antes de que pudiera concentrar su atención en Siria-Palestina en 701. Dos inscripciones, la Prisma del Instituto Oriental (*ANET*, 287-288) y el Cilindro Rassam (*ARAB* II, §284), describen esta campaña detalladamente. El rey asirio comenzó en la costa fenicia sin enfrentar mayor oposición, hasta que llegó a territorio filisteo. En Ascalón capturó al rey y su familia y los deportó a Asiria. La campaña en Filistea siguió con la conquista de algunas ciudades que estaban bajo la influencia de Ascalón. De allí, Senaquerib concentró su atención en Ezequías y tomó primero a Elteque, Timnat y Ecrón, ciudades que estaban bajo el control de Ezequías. Senaquerib afirma haber capturado 46 ciudades fuertes amuralladas de Ezequías. Una de estas sería Laquis, que figura prominentemente en relieves de su palacio en Nínive (*ANEP*, 371-74). El asirio entonces sitió a Jerusalén, puso prisionero a Ezequías en su propio palacio y saqueó ciudades vecinas, restituyéndolas al control filisteo. Las inscripciones observan que Senaquerib entonces impuso un gran tributo sobre Ezequías. Hay acuerdo general en que el contenido de 2 Reyes 18.13-16 converge con el que se describe en los textos asirios acerca de esta campaña (y fechan la campaña en el 14º año de Ezequías, generalmente aceptado como 701). El texto describe además que Senaquerib capturó «las ciudades fortificadas de Judá», en tanto que no menciona la captura de Jerusalén ni que recibió un enorme tributo de Ezequías.

Las discrepancias que hay dentro del relato de Reyes (entre 2 R 18.13-16 y 18.17-19.37) y entre las fuentes asirias y los textos bíblicos han llevado a los eruditos a cuestionar si Senaquerib dirigió solamente una campaña en contra de Judá. Dados los dos cursos de acción de Ezequías, como respuesta al ataque asirio, que son divergentes —rendimiento (2 R 18.14-15) y resistencia (19.19)— y la prominencia que tiene la conquista de Laquis en el relieve de Nínive de Senaquerib, pero que no la menciona en ninguna narración analística de la campaña de 701, por mucho tiempo se ha sugerido que Senaquerib dirigió una segunda campaña en contra de Judá, quizás en 688-

687. Esta es la campaña que se refleja en 2 Reyes 18.17-19.36, en un nuevo texto de Senaquerib y en el relieve de Laquis. Fue durante esta campaña que las ciudades judeas de Azeca, Laquis (2 R 18.17-19.7) y Libna (19.8) fueron conquistadas.

Bibliografía. N. Na'aman, «Sennacherib's 'Letter to God' on His Campaign to Judah,» *BASOR* 214 (1974): 25-39; W. H. Shea, «Sennacherib's Second Palestinian Campaign,» *JBL* 104 (1985): 401-18.

Jeffrey K. Kuan

SENAZAR (Heb. *šen'aṣṣar*)

Hijo de Joaquín (Jeconías), el rey cautivo de Judá (1 Cr. 3.18). Algunos identificarían a Senazar (cf. Ac. *Sin-ab-uṣur*) con Sesbazar (Esd 1.8, 11; 5.14, 16).

SENE (Heb. *senneh*)

Uno de dos peñascos rocosos que flanquean un paso a lo largo del Wadi eṣ-Suweinîṭ, entre Micmas y Geba (1 S 14.4). Sene (cf. Heb. *sĕneh*, «arbusto de espinas») está al lado sur del wadi, alrededor de 11 km (7 mi) al NNE de Jerusalén.

SENIR (Heb. *śĕnîr*)

Nombre que los amorreos le dieron al Monte Hermón (Dt 3.9). En 1 Crónicas 5.23, Senir y el Monte Hermón se distinguen (a menos que «y» se tome como un «hasta» epexegético); además, se sabe que Senir ha sido el nombre de toda la cordillera del Antilíbano (a diferencia del único pico de Hermón; cf. Cnt 4.8; Ez 27.5).

SENO

La palabra «seno» se utiliza en referencia a Dios y a la humanidad, hombre y mujer. El seno en sus usos metafórico y literal es la ubicación de intimidad y vulnerabilidad.

En el AT y el NT el seno es ante todo, un lugar íntimo. Es una fuente de alimento para el niño de pecho (Rt 4.16), o de consuelo (Lc 16.22, seno de Abraham), protección (Is 40.11, el seno de Dios como el de un pastor, llevando a los corderos de Sión), honor (49.22), y calor físico (1 R 1.2, Abisag en el seno de David). Es el lugar donde la desconsolada viuda de Sarepta sostiene a su hijo muerto (1 R 17.19) como Dios tiene a Aquel que vive: Jesús en el seno de Dios el Padre (Jn 1.18).

El seno es también un signo de la relación íntima. Así, «la mujer de su seno» o «marido de su seno» (Dt 28.54, 56) o la corderita en el seno del hombre pobre (2 S 12.3) o el amigo íntimo (Sal 41.9[TM 10] NVI) implica las conexiones más intensas y comunión.

El seno es el repositorio de emociones: tristeza (Sal 35.13), burlas (79.12), insultos (89.50[51]), pasión (Pr 6.27), soborno (21.14), ora (Ecl 7.9), iniquidad oculta (Job 31.33), y venganza (Sal 74.11). También es un tesoro de sabiduría (Job 23.12). Por último, el seno es un lugar de excitación sexual y pasión (Ez 23.3, 8, 21).

Jeanne Stevenson-Moessner

SEÑAL

Acto o manifestación que apunta a algo más allá que la señal en sí, en la mayoría de los ejemplos bíblicos, el propósito de Dios o la relación entre Dios y su pueblo.

En el AT, las señales (Heb. *'ôṯ, môpeṯ*) se refieren principalmente a hechos divinos o proféticos. Para entender el simbolismo de cualquier señal, una palabra del Señor es necesaria. Las señales en el AT se agrupan alrededor de dos obras importantes de Dios: el Éxodo, con referencias frecuentes a «señales y maravillas» realizadas milagrosamente por Dios a través de Moisés (Ex 7.3); y las señales simbólicas, menos espectaculares, empleadas por el profeta y que confirman al profeta como mensajero de Dios (Is 7.14; 8.18; cf. Ez 12.6, 11; 24.24, 27). No hay nada milagroso en el hecho de que Isaías caminara «desnudo y descalzo» por tres años como señal de juicio a Egipto y Cus (Is 20.3; cf. Jer 19.1-6; Ez 4.1-8). Las señales proféticas tienen dos elementos reveladores: la palabra profética y el simbolismo intrínseco del hecho. Ambos convergen, por lo que cuando la señal se cumple, se autentica la palabra del profeta como divina.

En el NT, las señales (Gr. *sēmeíon*) reflejan raíces del AT, que se refieren a acciones o cosas que tienen significado simbólico (p. ej., el beso de Judas, Mt 26.48; cf. Lc 2.12; Ro 4.11). Hablar en lenguas es una señal del juicio de Dios por incredulidad (1 Co 14.22; cf. Is 28.11-12). Las señales cósmicas son indicaciones de los últimos días (Mt 24.30; Lc 21.11, 25; Hch 2.19; Ap 2.1, 3; 15.1). Las «señales y maravillas» acompañan a los apóstoles para confirmarlos, a ellos y a su mensaje divino (Ro 15.19; Hch 2.22, 43; 5.12; 6.8; 14.3; 15.12; He 2.4).

Las señales de Jesús son hechos públicos. Aunque la mayoría son milagrosas (Jn 2.1-11; 4.41-54; 5.1-15; 6.1-14; 9.1-41; 11.1-57), la función simbólica de la señal tiene preferencia, porque cada señal apunta desde sí misma, y del reino terrenal, a lo que simboliza en el reino celestial. Por consiguiente, la limpieza del templo (Jn 2.13-25; cf. v. 23; 3.2) también funciona como señal profético-simbólica, señalando hacia el verdadero templo donde los humanos se encuentran con Dios, a saber, el cuerpo de Jesús.

Bibliografía. F. J.Helfmeyer, «'ôṯ ['ôth],»*TDOT* 1:167-88; C. R. Koester, *Symbolism in the Fourth Gospel* (Minneapolis, 1996); A. J. Köstenberger, «The Seventh Johannine Sign,» *BBR* 5 (1995): 87-103; K. H. Rengstorf, «sēmeíon,» *TDNT* 7:200-261.

A. B. Caneday

SEÑOR (TÍTULO DIVINO)

«Señor» como un título para Dios es análogo a su uso para los gobernantes humanos; denota superioridad y autoridad. En el Antiguo Testamento su contrapunto es teofórico nombres que contengan la palabra «siervo» (por ejemplo, Abdías, «siervo de Jehová»). La formulación *'ăḏōnāy* («mi Dios») se refiere sólo a Jehová y eventualmente se pronunció en lugar del nombre divino en sí mismo.

En la LXX, el Gr. *kýrios* traduce ambos *'āḏôn* y YHWH (la última práctica es paralela a la sustitución de *'ăḏōnāy*). El uso de *kýrios* para Dios continúa en el NT.

El Gr. *kýrios* es un título frecuente para Jesús en el NT. Durante su ministerio terrenal, funciona como un título de respeto, correspondiente al arameo *mārî* («mi Señor»), que fue utilizado por los rabinos en alguna literatura judía temprana y era equivalente a «Señor». Inmediatamente después de la Resurrección, sin embargo, comenzó a sugerir divinidad (Jn 20.28). Señor como un título divino para Jesús puede encontrarse tan temprano como la oración pre-Paulina de Filipenses 2.6-11; a la luz de la sustitución de Señor por Jehová en el Antiguo Testamento y la alusión a Isaías 45.23 en Filipenses 2.10, los cristianos judíos ciertamente habría igualado a Jesús con Jehová. Otros textos del AT y conceptos que se refieran a Jehová también son relativos a Jesús en el NT. Por ejemplo, le llaman «Rey de reyes y Señor de señores» (Ap 17.14; 19.16; véase Dt 10.17; Sal 136.3; Dn 2.47), y el «día del Señor» se utiliza del regreso de Jesús (2 P 3.9-10; Am 5.18; Sof 1.14-18). Jesús es el Señor de la creación (He 1.10-12; Sal 102.25-27 [TM 26-28]). A la luz de tales textos, la fórmula del credo «(Jesús (Cristo) es el Señor» (1 Co 13.3; Fil 2.11; Véase Ro 10.9) es una afirmación de su divinidad.

John L. McLaughlin

SEÑOR, AMO

Alguien que tiene autoridad significativa sobre los demás. El término a veces se encuentra en el caso vocativo de hablar, donde indica deferencia y respeto hacia las personas a las que uno se dirige. El término puede transmitir la estima del pueblo a su líder (Nm 32.25; véase Hch 25.26). En Génesis 44.7-16 indica el respeto que exhibe un esclavo a su amo; la parábola de Jesús del siervo malo es un ejemplo del NT de un uso similar (Mt 18.23-25).

Señor también se refiere a los jefes seculares de tribus o naciones, como «los príncipes de los filisteos» (Jue 3.3; 1 S 5.8; Is 16.8). También puede referirse a una clase entera de los nobles o cortesanos (Dn 5.1). Es este tipo de señor humano que Dios es «Rey de reyes, y Señor de señores (1 Ti 6.15; Ap 19.16). Ese señorío puede demostrarse incluso contra la élite corrupta de Judá (véase Jer 22.8; 25. 35 y 34). De acuerdo a Marcos 2.28 Jesús utilizó el término para establecer su autoridad sobre la antigua costumbre: «El Hijo del Hombre es Señor aun del día de reposo.» Como un verbo («se enseñorean») el término se usa ocasionalmente para describir el comportamiento arbitrario (Neh 5.15; Ec 8.9), la misma antítesis del estilo que Jesús instruye a sus discípulos (Lc 22.24-27; véase 2 Co 1.24).

Véase Dios, Nombres de.

Watson E. Mills

SEÑOR, DÍA DEL

La frase «el día del Señor» se encuentra en la Escritura sólo en Apocalipsis 1.10, donde Juan describe las circunstancias en que recibió su revelación. La frase es comúnmente utilizada para referirse al domingo, y está a menudo vinculada con el sabbat [sábado, día de reposo] del AT. No hay duda de que «el Señor» se refiere en este caso a Jesús, no al Padre. En la iglesia cristiana primitiva, los creyentes se reunían para adorar los domingos, en honor del día de resurrección de Jesús (Hch 20.7, 1 Co 16.2). Además, el domingo era el primer día de la semana en el calendario judío y, por tanto, recordaba a las personas el primer día de la creación, y la recreación hecha por Jesús por la redención. También era llamado el día octavo, para indicar el futuro día del juicio. Los cristianos primitivos pueden haber creído que Cristo volvería en su día, el domingo.

Además de domingo, se han propuestos otros dos significados posibles a la frase «el día del Señor» en su contexto del Apocalipsis. Algunos sostienen que puede referirse a la celebración anual de la Pascua. Sin embargo, otros usos del «día del Señor» por parte de los primeros cristianos, indican una observancia semanal, no anual. Otros eruditos han argumentado que se refiere al día del juicio propiamente, en vez del domingo, como tipo del juicio venidero o día octavo antes descrito. Tomado de esta manera, sería sinónimo de «el gran día» mencionado en Ap 6.17; 16.14; sin embargo, esto carece de sentido en el contexto de Ap 1. Para armonizar Ap 1 con esta teoría, algunos han sugerido que Juan fue transportado en su visión al día del juicio.

Bibliografía. D. A. Carson, ed., *From Sabbath to Lord's Day* (Grand Rapids, 1982).

Ann Coble

SEÑOR, LA ORACIÓN DEL [PADRENUESTRO, EL] Oración atribuida a Jesús en Mateo 6.9-13 y Lucas 11.2-4. La oración aparece en dos formas diferentes. La invocación de apertura en Mateo («Padre nuestro que estás en los cielos») es más larga que la de Lucas, donde está sólo la palabra «Padre». Aunque ambas versiones contienen las mismas dos peticiones («Santificado sea tu nombre», «Venga tu reino»), Mateo tiene una tercera que no está presente en Lucas («Hágase tu voluntad, como en el cielo, así también en la tierra»). Las tres peticiones siguientes, que contienen el «nuestro» sobre el pan, el perdón y la tentación, son esencialmente las mismas. Pero Mateo añade una petición más, que está ausente en Lucas («líbranos del mal»).

La explicación más común para explicar las diferencias entre las dos versiones de la Oración del Señor [el Padrenuestro], se originó en cierta forma por el arameo de Jesús. La oración fue añadida a la colección de dichos de Q, la fuente común para Mateo y Lucas, pero desconocida por Marcos (de ahí la ausencia de la Oración en Marcos). Mateo y Lucas la incluyeron en sus Evangelios, haciendo cambios que reflejaran sus diferentes perspectivas teológicas y situaciones pastorales. Mateo, por ejemplo, añade unas líneas. Lucas cambia la palabra «deudas» a «pecados», y «hoy» a «cada día», y pone en tiempo presente (en vez del aoristo) los verbos «dar» y «perdonar» para enfatizar el discipulado diario. Joachim Jeremías resume este punto de vista así: «en cuanto a *extensión*, el texto más corto de Lucas debe ser considerado como original, pero en la *fraseología* general, es preferible el texto de Mateo» (*New Testament Theology* 1:196).

También se han propuesto otras maneras de explicar las diferencias. Un punto de vista atribuye el origen de la Oración [del Padrenuestro], no a Jesús, sino a la tradición antigua. El Seminario en torno a Jesús cree que el Señor enseñó a sus discípulos a dirigirse a Dios como Padre. Pudo también, en diversas ocasiones, haberlos enseñado a orar en cuanto al nombre de Dios, el reino, la provisión de pan y el perdón. Pero fue la tradición de Q la que compuso una oración en torno a estas cuatro peticiones. Mateo y Lucas ampliaron después la Oración del Señor [el Padrenuestro].

Michael Goulder ha sugerido que Mateo, no Q (Goulder piensa que no existió), creó la Oración del Señor [el Padrenuestro] tomando partes del Evangelio de Marcos. Por ejemplo, la enseñanza de Jesús sobre el perdón en Marcos 11.25, 26, proporciona la base para las palabras de apertura y de petición en cuanto al perdón. La escena del huerto de Getsemaní (Mr 14.32-42) ofrece las peticiones en cuanto a hacer la voluntad de Dios y ser liberados del mal. En este punto de vista, Lucas altera la versión de Mateo para acomodarla a su situación diferente.

Ulrich Luz propone un punto de vista adicional. Ha argumentado que algunos de los cambios que hay en la versión de Mateo son una redacción típica de Mateo, pero otros no (p.ej., el sustantivo «tierra» sin el artículo, la forma singular «cielo», la forma pasiva «sea hecha», y la construcción de «como... también» en Mt 6.10). Luz sostiene que la presencia y ausencia del lenguaje de Mateo indica que, si bien el lenguaje del autor del Evangelio es esencialmente el de su tradición y comunidad, los dos no siempre son idénticos. El autor del Evangelio no es responsable de la Oración del Señor en su forma existente, sino que el autor incorpora la Oración en la forma que era utilizada en la liturgia de su comunidad. Esto significa, entonces, que al escuchar la oración del Señor como parte del Evangelio, el público de Mateo reconoce una unidad familiar, y recuerda su experiencia litúrgica de esta oración. El problema del origen sigue siendo, pues, tema de debate.

También se debate el significado de la Oración del Señor [el Padrenuestro]. Aquí son fundamentales dos preguntas: ¿Cómo es respondida la Oración, y cuándo? ¿Está la oración orientada totalmente hacia el futuro, cuando Dios hará estas cosas? ¿O se centra tanto en el futuro como en el presente, donde las primeras tres peticiones tienen más que ver con el futuro, y el resto con el presente, o cada petición involucra dimensiones presentes y futuras, de respuesta divina y de acción por los discípulos? Esta última perspectiva es la más convincente.

Las palabras iniciales dirigidas a Dios como «Padre», expresan una relación particular entre quienes oran y Dios. Ambos Evangelios reconocen que los discípulos de Jesús participan de la misma relación con Dios, como la que Jesús disfruta (Mt 2.15; 3.17, 5.16, 45, 48; Lc 2.49, 6.36). El «nuestro» distingue a la comunidad de los discípulos. La frase «en el cielo», reconoce la morada tradicional de Dios y el origen de la iniciativa redentora de Dios (Mt 1.18-25; 4.17).

Pedir que el nombre de Dios sea santificado, es orar por la manifestación del poder y la presencia de Dios. Esto puede ser hecho por Dios (Ez 36.22-38, en el regreso del exilio) y por los seres humanos, al aceptar la voluntad de Dios ahora mismo, y también al tener su cumplimiento final los propósitos de Dios.

Del mismo modo, orar por el reino de Dios es reconocer que el reino es la presencia dinámica y poderosa de Dios. Este reino se manifestará en gloria futura, pero ambos Evangelios afirman su presencia ya en el ministerio de Jesús (Mt 4.17; 12.28; Lc 11.20) y en las vidas de quienes tienen un encuentro con él (Mt 5.3, 10; 6.33, Lc 6.20, 8.10). Pedir que sea hecha la voluntad de Dios implica, igualmente, una respuesta de Dios y de los discípulos, tanto en el futuro como en el presente (Mt. 7.21; 12.46-50; 26.42).

El debate sobre la petición del pan se ha centrado en el significado del término griego *epioúsios*. La palabra es de uso infrecuente, y los eruditos han investigado su significado en posibles originales arameos, en la forma (o etimología) de la palabra, en el contexto de la oración, y en la comprensión de su significado por parte de la tradición de la iglesia. Entre las traducciones posibles están «el pan necesario para la existencia», «el pan para el día de hoy», «el pan para el futuro» (para el banquete escatológico), o «el pan para mañana». La última traducción es apoyada por la forma de la palabra, y por una traducción del siglo II. La petición debe entenderse, entonces, como una petición por la provisión permanente del pan necesario para la supervivencia, aunque no puede descartarse que haya además una referencia escatológica.

La quinta petición sigue enfocada en el «-nos», y es una petición de perdón. Ambos evangelios reconocen que el perdón de Dios está disponible a través del ministerio de Jesús (Mt 1.21; 9.1-8; 26.28; Lc 5.17-26, 7.47-50). La petición reconoce que el perdón de Dios obliga a perdonar a los demás, un tema que destaca Mateo (Mt 6.14-15; 18.21-35).

La petición siguiente es problemática en varios aspectos. El concepto de que Dios prueba a las personas aparece (p.ej., en Sal 11.5; 26.2). Sin embargo, Santiago 1.13 afirma lo contrario, mientras que 1 Corintios 10.13 promete ayudar en la tentación. Algunos han entendido que «tentación» se refiere al tiempo final de prueba que marcará el fin del mundo. Pero es preferible pensar que la palabra indica básicamente las tentaciones de cada día; que la petición es un ruego que hacen los vulnerables discípulos de que Dios los ayude para resistir las tentaciones y la apostasía. El agregado de Mateo («líbranos del mal») parece apoyar esta interpretación. Aquí se hace explícito que el origen de la tentación es el poder del maligno, el diablo, para resistir los propósitos de Dios (Mt 4.1-11; 13.19, 38). Hay, sin embargo, una dimensión futura en la que, al final del mundo, Dios traerá consigo la liberación final por la victoria sobre todo mal.

Algunas versiones litúrgicas de la Oración del Señor (el Padrenuestro) incluyen una doxología («Porque tuyo es el reino, y el poder, y la gloria, por todos los siglos. Amén»). Esta doxología fue añadida a algunos de los primeros manuscritos; probablemente no estaba en los Evangelios originales.

Bibliografía. R. E. Brown, «The Pater Noster as an Eschatological Prayer,» *TS* 22 (1961): 175-208; W. Carter, *What Are They Saying About Matthew's Sermon on the Mount?* (New York, 1994), 42-45, 93-95; «Recalling the Lord's Prayer,» *CBQ* 57 (1995): 514-30; M. D. Goulder, «The Composition of the Lord's Prayer,» *JTS* n.s. 14 (1963): 32-45; R. Guelich, *The Sermon on the Mount* (Dallas, 1982), 272-320; J. Jeremias, *New Testament Theology* 1 (New York, 1971); *The Prayers of Jesus* (Philadelphia, 1978); U. Luz, *Matthew 1–7* (Minneapolis, 1989).

WARREN CARTER

SEÑORA ELEGIDA

Título que aparece sólo en 2 Juan 1, 5. La «Señora elegida» (Gr. *eklektḗ kyría*) se dice que tuvo hijos y una hermana elegida, que también tiene hijos. Algunos eruditos la identifican como un líder de la iglesia en hogares a quien «el anciano» escribe para animar y advertir para no recibir a impostores en su iglesia en hogar. En este caso, algunos de sus hijos han crecido y su hermana física vive en la ciudad desde la cual el anciano escribe. La mayoría de los eruditos ahora creen que «la señora elegida» es una iglesia, «los hijos» son los miembros de la iglesia. «La hermana» sería entonces la iglesia en la ciudad de la cual «el anciano» escribe.

PETER H. DAVIDS

SEOL (Heb. *šĕʾôl*)

Inframundo, morada de los muertos. Se deriva del verbo *šʾh*, «extinguirse», «tener desgracia», y el sustantivo en griego se traduce *hádēs* y en latín *infernum* o *inferi*. La traducción en español «infierno» es engañosa. Seol, frecuentemente, es sinónimo de la misma muerte (p. ej. 1 R 2.6, 9) y se describe como las profundidades de la tierra (Job 11.8; Pr 15.24; Ez 31.15-18), lugar de penumbra (10.21-22) y decadencia (Is 14.11).

El concepto de la vida eterna, relativamente, no estaba desarrollado en la época antigua de Israel. La historia de la «bruja» de Endor es un ejemplo excelente del concepto del Seol en el período Monárquico de Israel. Samuel aparece después de la muerte como una figura oscura, con la apariencia muy parecida a la que tenía cuando era anciano (1 S 28.14). De esta manera, el Seol es un lugar donde las condiciones de la vida no cambian. Según Samuel 28.15, parece que los que están en el Seol están en alguna clase de descanso y se les puede perturbar esa calma.

Pasajes posteriores del AT representan al Seol como lugar de castigo para el perverso (Sal 31.17[TM 18]). Los justos también están allí (cf. Ez 32.21, 27), pero Dios es capaz de librar al justo del agarre álgido del Seol (Sal 49.15[16]). Aun así, el AT no describe la alternativa al Seol para los que son liberados de él.

JIM WEST

SEORIM (Heb. *śĕʿōrîm*)

Líder de la cuarta división de sacerdotes nombrados en la época de David (1 Cr 24.8).

SEPTUAGINTA

Designación general para las Escrituras judío-griegas, que consiste principalmente de varias traducciones de los libros de la Biblia Hebrea. También están incluidas las adiciones a algunos libros de la Biblia Hebrea, así como obras independientes, algunas de las cuales son traducciones, en tanto que otras están compuestas en griego. Se cree que los textos fueron producidos del siglo III al II o I a.C., y por lo menos en parte en Alejandría, Egipto. El nombre Septuaginta se deriva de la tradición de la Carta de Aristeas, de que 72 (o 70; de allí el símbolo LXX) ancianos tradujeron el Pentateuco al griego.

El término «Septuaginta» es en realidad un motivo de problemas para el campo. Muchos que no son especialistas emplean la lectura de una de las ediciones convencionales impresas (Rahlfs o Brooke-McLean), o un manuscrito, y la señalan como la lectura definitiva de la LXX, como si esto representara la forma más antigua recuperable del texto griego. Por esta razón, los especialistas ahora reservan el término «Griego Antiguo» (GA) u otro, terminología más específica para designar un texto que, a juicio de los eruditos, es más probable que represente lo que se escribió originalmente. Ediciones críticas de muchos libros de la LXX están ahora disponibles, y siguen siendo publicadas en la *Septuaginta* Göttingen.

Hay tres áreas principales de interés en los estudios de la LXX. Primero, el estudio de la LXX y las recensiones posteriores ofrecen conocimiento profundo para las creencias y pensamientos de la comunidad judía de la antigüedad. Segundo, al lado de los Rollos del Mar Muerto, la LXX es el testigo más importante de la crítica textual de la Biblia Hebrea. En su mayor parte, el texto de la LXX es muy parecido al hebreo; sin embargo, hay diferencias significativas entre los dos, en ciertas secciones (p. ej., Ex 35-40; Dn 4-6) o hasta en libros enteros (p. ej., la versión de Job de la LXX es un 17 por ciento más corta y la de Jeremías, el 12 por ciento más corta). Cualquier comparación del griego con el hebreo debe tratar cada libro individualmente. Tercero, las versiones griegas fueron usadas con autoridad igual a la Biblia Hebrea en la iglesia primitiva. Por consiguiente, la LXX tuvo un enorme impacto en el idioma y teología de la iglesia primitiva.

Bibliografía. A. Aejmelaeus, «What Can We Know about the Hebrew *Vorlage* of the Septuagint?» *ZAW* 99 (1981): 58-89; C. E. Cox, ed., *VII Congress of the IOSCS* (Atlanta, 1991); L. Greenspoon, «The Use and Abuse of the Term 'LXX' and Related Terminology in Recent Scholarship,» *BIOSCS* 20 (1987): 21-29; S. Jellicoe, *The Septuagint and Modern Study* (1968, repr. Winona Lake, 1993).

SEPULCRO

Lugares de entierro, como las tumbas de piedra y los huecos comunes excavados o fosos (Ez 32.22; Jer 26.23; Mt 27.7). Los sepulcros eran lugares de lamento y evocación que podían preservarse por siglos (1 S 10.2; 2 S 3.32; 2 R 23.17; Neh 3.16). Los ruegos emocionales en cuanto a los sepulcros ancestrales conmovían incluso a los monarcas (2 S 19.37; Neh 2.3,5).

El entierro adecuado o inadecuado podría conceder favor o desaprobación de Dios o los humanos. Moisés recibió un entierro honorable por el mismo Dios (Dt 34.6). David le dio a la cabeza decapitada de Is-boset y a los restos de Saúl y Jonatán un entierro adecuado, en tanto que despectivamente mutiló los cuerpos de los asesinos de Is-boset (2 S 4.12; 21.14). Joacim demostró su desdeño al profeta Urías al lanzar su cadáver en la fosa común del pueblo (Jer 26.23), en tanto que Dios, a cambio, condenó a Joacim a una sepultura de asno (22.19). El rey de Babilonia sería expulsado de su sepulcro por el derramamiento de sangre (Is 14.20; cf. 2 Cr 16.14; 21.19-20). No lograr ser enterrado adecuadamente, o que los huesos de alguien sean sacados del sepulcro después del entierro, era un destino terrible y juicio de Dios. (2 R 23.16; Ecl 6.3; Is 14.19; Jer 8.1-2; cf. Dt 21.22-23). Esta aberración podría ser reforzada por la creencia popular religiosa de que la felicidad de los muertos, o las bendiciones concedidas a los vivos por los muertos, dependían de que los descendientes practicaran ritos conmemorativos que honraran a los fallecidos.

El sepulcro, que era ceremonialmente inmundo, hacía que los habitantes fueran repugnantes a Dios y, aparentemente, a los sepulcros los había abandonado Dios (Nm 19.16, 18; Sal 88.5, 11[TM 6, 12]; cf. Is 65.4). Los sepulcros eran, de esta manera, terrenos de desecho, apropiados para ídolos detestables pulverizados (2 R 23.6; 2 Cr 34.4).

El sepulcro a menudo tiene un significado figurado en la Biblia. Las versiones en español frecuentemente traducen el Heb. *šĕʾôl*, «Seol», como «sepulcro»; p.ej., «bajar al Seol» se refiere a estar enterrado vivo con carpas y posesiones (Nm 16.30). El sepulcro se usa de manera figurada para la muerte en sí (p.ej., Job 17.1). Idealmente, se podía «ir al sepulcro» a una edad avanzada (Job 5.26). La muerte antes del nacimiento hace que el vientre de la madre sea el sepulcro (Jer 20.17). En otra parte, la pasión es «dura como el Seol» (Cnt 8.6).

Véase ENTIERRO

Bibliografía. H. C. Brichto, «Kin, Cult, Land and Afterlife,» *HUCA* 44 (1973): 1-54; R. L. Harris, «Why Hebrew *Shᵉʾōl* Was Translated 'Grave,' « in *The NIV: The Making of a Contemporary Translation,* ed. K. L. Barker (Grand Rapids, 1986), 58-71; T. J. Lewis, *Cults of the Dead in Ancient Israel and Ugarit.* HSM39 (Atlanta, 1989); A. Mazar, *Archaeology of the Land of the Bible, 10,000–586 b.c.e.* (New York, 1990).

JOE M. SPRINKLE

SEPULTURA

El término para la sepultura en la Biblia puede referirse al proceso de preparación para la sepultura, el enterramiento del cuerpo, o el lugar de la sepultura. Los textos bíblicos tienden a ser breves descripciones de las prácticas funerarias más bien que largas prescripciones de los ritos funerarios. Entre la mayoría de los pueblos del antiguo Cercano Oriente, la sepultura era un acto especialmente sagrado; una perturbación o la profanación de una tumba era considerado un acto atroz. Incluso en tiempos de guerra, los ejércitos conquistadores permitían la adecuada disposición de los muertos.

Ubicaciones

En la época del AT las personas eran sepultadas en cuevas naturales, tumbas excavadas en la roca, tumbas de fosa, montículos de roca, o cementerios. Las familias de mayor estatura económica adquirían instalaciones para la adecuada disposición de ellos mismos y sus antepasados (cf. Gn 23.3-20). Numerosos ejemplos de la Edad del Bronce Medio y Tardío se han excavado en sitios como Jericó, Gabaón, Tell en-Naṣbeh, y Hazor, que proporcionan paralelismos cananeos indistinguibles con la práctica bíblica. En estas multiples instalaciones de uso, los restos corporales previamente enterrados eran trasladados a la parte trasera de la cueva-tumba, y el nuevo cadáver era colocado en la posición primaria. Cada uno iba acompañado de ajuares funerarios necesarios para el tratamiento adecuado del cuerpo o de algún percibido uso en el más allá.

Solo Raquel entre las primeras matriarcas no fue sepultada en Macpela debido a su prematura muerte al dar a luz a Benjamín. En cambio, Jacob la sepultó justo al norte de Efrata junto al camino a Kiriat-arba, y conmemoró el sitio con un pilar de piedra (Gn 35.19-20). Esta descripción puede reflejar el montículo de piedra conocido entre los grupos nómadas durante la Edad de Bronce, donde el cuerpo es sepultado dentro o debajo de un montículo de piedras. Otros fueron enterrados junto a hitos distintivos, como el ama de Rebeca debajo de una encina al pie de Betel (Gn 35.8) y los cuerpos cremados de Saúl y sus hijos en Jabes-galaad debajo de un tamarisco (1 S 31.11-13).

En la época de los Jueces (Hierro I), los cementerios eran a menudo marcadores para establecer o preservar un reclamo al territorio tribal. Los sepulcros familiares para uso multigeneracional dentro de tales regiones tribales parece normativos (p.ej., Jue 8.32; 16.31). Los huesos de José fueron traídos de Egipto y sepultados cerca de Siquem, en la parte del campo que compró Jacob de Hamor (Gn 33.19-20; Jos 24.32), y Josué fue sepultado «en su heredad» en Timnat-sera en el monte de Efraín (Jos 24.30).

Durante la monarquía israelita (Hierro II), los reyes de Judá e Israel por lo general fueron sepultados en tumbas reales en la ciudad capital o en los cementerios ancestrales. Los reyes de Judá de David a Acaz fueron sepultados en las tumbas reales ancestrales en la ciudad de David (p.ej., 1 R 2.10; 11.43). Manasés y Amón fueron sepultados en el jardín de Uza (2 R 21.18, 26). Los Omridas fueron sepultados en Samaria (p.ej., 1 R 16.28; 2 R 10.35; 13.13).

Después de la caída del reino del norte, se introdujeron ataúdes y tarros funerarios asirios. Pero las tumbas excavadas en la roca siguieron siendo utilizadas por familias prominentes en Jerusalén. Ejemplos se han excavados en St. Etienne y la Ecole Biblique en la parte norte de la ciudad, a lo largo de la falla del Valle de Hinom y sus alrededores, y a lo largo del Cedrón y en Silwan frente al Ofel. Este último contenía una inscripción con los nombres del propietario, posiblemente Sebna (Is 22.15-16), y pronunciando una maldición sobre cualquier intruso. En muchos de estos sepulcros, fue hecho un pozo de osario para recoger los huesos de los miembros que murieron anteriormente en una cámara especial o debajo de los bancos en los que se colocaba el último cadáver. La sepultura de los pobres era probablemente en cuevas naturales accesibles o en cementerios simples, lo que resultaba en mal estado de conservación. Como en la edad de Bronce, los niños lactantes ocasionalmente fueron enterrados bajo el piso de la casa.

Durante los períodos persa y helenísticos tumbas de pozo y fosas a cielo abierto eran comunes en Judea. Las tumbas de fosa consistieron de una entrada vertical o inclinada en la cámara de enterramiento, algunas de las cuales contenían nichos perpendiculares *(kokhim)* para la colocación de cuerpos individuales. Ejemplos de tumbas de fosas griegas y fenicias eran communes a lo largo de la planicie costera y el borde occidental de la Sefela, en sitios como Aczib, Dor, Gezer, Laquis, y Maresa. Tumbas de pozo poco profundas eran comunes entre las clases bajas de Palestina.

En las épocas intertestamentarias y del NT se encuentran varios tipos de sepultura. Algunos de los muy ricos tenían tumbas de tipo arcosolia, con estructuras conmemorativas elaboradas construidas al lado de la entrada o por encima de ella. Ejemplos bien conocidos incluye la tumba de Jasón en el suroeste de Jerusalén y las llamadas tumbas de Absalón y Zacarías en el valle de Cedrón. Un segundo tipo de tumba era el lóculo, con una gran cámara central y nichos ramificados (*kokhim*) en tres lados. La puerta de entrada a algunas tumbas de la época de Herodes, como con la de Jesús de Nazaret, fue custodiada por una piedra rodante (1.2-1.5 m. [4-5 plg.] de diámetro) situada en una ranura subterránea. Se han encontrado ejemplos en Jerusalén en las laderas occidentales de la extensión norte del Valle de Hinom, y las llamadas tumbas de los reyes, al norte de la puerta de Damasco.

Muchos cuerpos también fueron colocados en grandes sarcófagos de piedra («comedores de carne»), a menudo con inscripciones de la identidad de la persona o grabadas con diseños simbólicos de fauna, flora, o diseños geométricos. Excelentes ejemplos han sido excavados en Bet-searim, Cades en Galilea, Jerusalén, y la región de Tsefat. Ataúdes de madera, que fueron depositados en loculi excavados en la roca, se han descubierto alrededor de Jericó. Los de las mujeres y los niños a menudo contenían ajuares funerarios como tazones, collares, y sandalias de cuero. Entierros secundarios posteriores en osuarios (depósitos óseos) fueron utilizados; después de la decadencia del cuerpo en el lóculo, los huesos fueron colocados en una caja para su custodia.

Ritos y prácticas

Varias frases descriptivas se emplean en la Biblia para describir la muerte y sepultura de personas importantes. En Génesis los patriarcas por lo general «murieron y fueron reunidos (o 'removidos,' Heb.

ʾāsap̱) a [sus] padres» (p.ej., 25.8; 35;29; 49.33). En Reyes y Crónicas la fórmula común para describir el proceso de enterramiento para los reyes de Israel y Judá era «X durmió (*šāḵaḇ*) con sus padres, y lo sepultaron en Y,» Y denota un lugar tal como la ciudad de David, Samaria, o una tumba especialmente preparada (p.ej., 2 R 10.35; 2 Cr 16.13-14; 1 R 2.10; 11.43; 14.31). Las raras excepciones a la práctica común incluyen la profanación de los cuepos de las personas despreciadas como Jezebel (2 R 9.37).

La preservación del cuerpo y la identidad de la persona por embalsamamiento, una práctica egipcia que implicaba el tratamiento del cuerpo con líquidos especiales y envoltorios durante 70 días o más, solo se describe de Jacob y José (Gn 50.2-3, 26). El cuerpo de José fue puesto posteriormente en un ataúd, una práctica poco común hasta la época del Segundo Templo. Las personas fueron enterradas tan pronto como era posible después de la muerte, una práctica otorgada incluso a los criminales o cadáveres descubiertos a lo largo del camino o en un campo (Dt 21.1-9, 22–23; 1 R 13.24-30).

La inclusión de ajuar funerario acompañante se interpreta como la provision de las necesidades de la otra vida, simbólico de esa necesidad, o indicativo de la vida y estatus del individuo. Artículos de cerámica como cuencos, ollas, jarros, jarrones, y joyas son algunos de los ejemplos descubiertos, y se han descubierto un número de objetos de metal como cuencos, espejos, y pulseras del período persa.

Las descripciones del NT de entierros incluye el tratamiento del cuerpo con especias e incienso para purificar y fines odoríficos (Lc 23.56; Jn 19.40), la envoltura del cuerpo en paños, y la colocación de un sudario especial en el rostro (Jn 11.44). El cuerpo era depositado en un banco (*miškāḇ*, «lugar de descanso»), a menudo con un apoyacabezas especialmente tallado.

Los ritos de lamentación eran esenciales para el respeto de la familia por el fallecido (Jer 9.17-22[TM 16-21]) y se incluyen luto y llanto (p.ej., 1 R 13.29-30; 2 Cr 35.24-25; Hch 8.2; cf. Jer 22.18). Cuando murió Ezequías se hizo un gran fuego (2 Cr 16.14), y en ocasiones se ofrecían sacrificios (Is 57.7). El festival *marzēaḥ* por los muertos fue condenado por Amós (Am 6.6-7), así como las prácticas de afeitar partes de la cabeza y la barba o cortarse uno mismo (Lv 21.1-6).

Dolmen en Khirbet Umm el-Ghozlan cerca de Wadi el-Yabis, al este del río Jordán. Prominentes del Calcolítico a través de períodos Bronce I Temprano, algunas tumbas en el área fueron reutilizadas en las épocas romana y bizantina y más tarde (Jonathan Mabry/Gaetano Palumbo, del Wadi el-Yabis Project)

Bibliografía. E. Bloch-Smith, *Judahite Burial Practices and Beliefs about the Dead.* JSOTSup 123 (Sheffield, 1992); V. H. Matthews, *Manners and Customs in the Bible,* rev. ed. (Peabody, 1991); R. de Vaux, *Ancient Israel* (1961, repr. Grand Rapids, 1997).

R. Dennis Cole

SERA (Heb. *śeraḥ*)
Hija del Patriarca Aser (Gn 46.17; Nm 26.46; 1 Cr 7.30). El nombre puede representar un clan o un lugar.

SERAFÍN
Seres celestiales que Isaías presenció en su visión inicial (Is 6.1-7), probablemente se les llamó así porque resplandecían como el fuego (del Heb. *śrp,* «quemar»). Los serafines tienen seis alas, dos para cubrirse la cara, para que no vean directamente a Dios; dos para cubrirse los «pies» (un eufemismo para los genitales, lo cual habla de modestia y advierte en contra del culto cananeo a la fertilidad); y dos para volar. Cuando Isaías se queja de sus labios inmundos, los serafines lo purifican con un carbón que tomaron del altar.

Los serafines muy probablemente eran de forma serpentina, como lo sugieren las «serpientes ardientes» (RVR95 'venenosas'), que fueron enviadas para que mordieran a los israelitas cuando se quejaron en el desierto (Nm 21.6; Dt 8.15); aquí el nombre puede referirse a sus pieles brillantes o al dolor ardiente que está asociado a sus mordidas. A Moisés se le instruye a formar una serpiente (*śārāp*) y ponerla sobre un palo (Nm 21.8-9); todavía estaba en el templo en la época del llamado de Isaías (2 R 18.4). Isaías se refiere dos veces a «feroces serafines voladores» o «serpientes» (Is 14.29, 30.6), a criaturas mitológicas más que a los serafines celestiales. Las excavaciones han descubierto varios sellos de escarabeo con serpientes con alas, algunos aproximadamente de la época de Isaías. Además, las serpientes con alas rodean el trono de Faraón en el arte egipcio (cf. Is 6, una visión del rey celestial en su trono).

Bibliografía. K. R. Joines, *Serpent Symbolism in the Old Testament* (Haddonfield, N.J., 1974); A. Reifenberg, *Ancient Hebrew Seals* (London, 1950); W. A. Ward, «The Four-winged Serpent on Hebrew Seals,» *RSO* 43 (1968): 135-43.

William B. Nelson, Jr.

SERAÍAS (Heb. *śĕrāyâ, śĕrāyāhû*)
(también AZARÍAS, SAVSA, SEVA, SISA)

Secretario real durante el reinado del rey David (2 S 8.17). En las demás listas de los funcionarios de estado de David se le llama Seva (**1**; 2 S 20.25) y Savsa (1 Cr 18.16). En la lista de la administración de Salomón, a quien sirvieron sus dos hijos, se le llama Sisa (1 R 4.3).

Sumo sacerdote, descendiente de Sadoc, que trabajó en el templo de Jeruslén cuando Nabucodonosor conquistó la ciudad en 587/586 a.C. Junto con otros funcionarios de la ciudad, fue ejecutado ante Nabucodonosor en Ribla (2 R 25.18-21 = Jer 52.24-27). A Esdras se le llama hijo de Seraías (Esd 7.1); pero esto debe referirse a su linaje y no a su verdadera paternidad.

Hijo de Tanhumet el neofatita; uno de los comandantes judíos que había eludido al ejército de Nabucodonosor. Él y sus tropas se sometieron a Gedalías en Mizpa, con la promesa de que serían tratados bien. Huyó a Egipto cuando Gedalías fue asesinado (2 R 25.23-24; Jer 40.7-9).

Hijo de Cenaz, hermano de Otoniel y padre de Joab, de la tribu de Judá (1 Cr 4.13-14).

Príncipe de un clan simeonita; hijo de Asiel, padre de Josibías y abuelo de Jehú (1 Cr 4.35).

Uno de los exiliados que volvieron de Babilonia a Judá con Zorobabel (Esd 2.2). Se le llama Azarías (**23**) en Nehemías 7.7.

Sacerdote que selló el pacto para mantener el templo durante la administración de Nehemías (Neh 10.2 [TM3]).

Sacerdote posexílico (Neh 11.11). En un listado similar de sacerdotes dice Azarías en lugar de Seaías (1 Cr 9.11).

Uno de los «sacerdotes y levitas» que subieron con Zorobabel de Babilonia (Neh 12.1). Durante los días de Joiacim, el hijo y sucesor de Jesúa, Meraías fue el jefe de la casa sacerdotal de Seraías (Neh 12.12).

Funcionario del rey Joacim; hijo de Azriel. Joacim envió a Seraías, junto con Jerameel y Selemías, a arrestar a Baruc y a Jeremías, pero ambos escaparon (Jer 36.26).

Hijo de Nerías, hermano de Baruc; principal camarero del rey Sedequías. Fue con Sedequías a Babilonia durante el cuarto año de su reinado (594/593 a.C.; Jer 51.59-64). En Jerusalén se encontró una impresión de sello que dice «Perteneciente a Seraías, (hijo de) Nerías».

Ronald A. Simkins

SERAPIS (Gr. *Sarapis*)
Dios que fue creado por una fusión de Osiris y el

espíritu del toro Apis que fue sepultado en Menfis, por eso también se le llama Osorapis. A Ptolomeo I se le atribuye la creación de Serapis para acentuar su propio poder, e importó una enorme estatua de Sinope para que representara al dios.

El culto a Serapis llegó a ser muy popular en el mundo griego. Serapis es un buen ejemplo del sincretismo de la época helenística, porque no sólo tenía características de Osiris, el dios de los muertos, sino que adquirió poderes sanadores como Asclepio y hasta fue representado como Zeus Serapis. El único dios egipcio con el que no pudo rivalizar fue Isis, cuya popularidad en el mundo greco-romano era inmensa.

El culto a Serapis se esparció por todo el imperio romano, y se evidenció en África, Francia, Europa noroccidental y Gran Bretaña. Alrededor de los siglos II o III d.C., se reportaba que los romanos habían adoptado el culto totalmente. El emperador Juliano expresó su admiración por Serapis y excusó la identificación de Zeus con el dios.

Sin embargo, para finales del siglo IV, este culto, que anteriormente prosperaba, terminó cuando el patriarca cristiano de Alejandría destruyó una estatua del dios y ordenó la quema del templo de Serapis.

Alicia Batten

SEREBÍAS (Heb. *šērēḇyâ*)

«Varón entendido» que fue enviado de Casifia, con sus hijos y parientes, como «ministros para la casa de Dios» (Esd 8.18, 24).

Levita (también en 1 Esd 9.48; el TM lo distingue de los levitas) entre los que explicaron el Libro de la Ley para el pueblo, cuando Esdras lo leyó (Neh 8.7), y que hizo el llamado a la alabanza, durante la asamblea posterior de ayuno y arrepentimiento (9.4-5).

Levita que participó al sellar el pacto a cargo de Nehemías (Neh 10.12[TM 13]).

Jefe de los levitas que regresaron del exilio con Zorobabel (Neh 12.8, 24).

SERED (Heb. *sereḏ*)

Hijo del Patriarca Zabulón (Gn 46.14); antepasado de los sereditas (Nm 26.26).

SEREDA (Heb. *sĕrēdâ*)

1. Probablemente el lugar de nacimiento, y ciertamente el lugar de residencia de Jeroboam, el hijo de Nebat, que se reveló contra Salomón (1 R 11.26) y finalmente estableció su capital en Siquem (12.25). La identificación de Jeroboam como un descendiente de Efraín indica que Sereda estaba localizada en la zona montañosa de Efraín. Puede ser *Deir Ghassâneh* (159161; cerca de 24 km (15 millas) al sureste de Siquem) o la cercana *ʿAin Ṣeridah*. Sereda es probablemente una forma alterna para Zerera (Jue 7.22).

2. Un lugar en el valle del Jordán (2 Cr 4.17 [Nota. En español dice Seredata.]). El nombre es una forma variante de Saretán (1 R 7.46).

Paul L. Redditt

SERES (Heb. *šereš*)

De la tribu de Manasés, hijo de Maquir y Maaca (1 Cr 7.16).

SERGIO PAULO (Gr. *Sérgios Paúlos*)

Procónsul de Chipre que se convirtió cuando Pablo visitó la isla en su primer viaje misionero (Hch 13.4-12; 47/48 d.C.). Se le describe como un hombre inteligente que creyó por medio de la enseñanza de Pablo y a través del poder que se demostró cuando Pablo dejó ciego al hechicero judío Barjesús (o Elimas), asesor del procónsul que se opuso a la enseñanza de Pablo. Aunque se da buena fe del apellido romano Sergio, los intentos de identificar a este Sergio Paulo a través de evidencias en inscripciones no han sido concluyentes.

Ya que al apóstol se le llama «Paulo» por primera vez en Hechos 13.9, algunos han sugerido que el apóstol tomó su nombre romano por este primer convertido gentil. Es más probable que la similitud de nombres sea una coincidencia.

Bibliografía. C. A. Hemer, *The Book of Acts in the Setting of Hellenistic History.* WUNT 49 (Tübingen, 1989).

Mark L. Strauss

SERMÓN DEL MONTE/DE LA LLANURA

Primero de los discursos de Jesús (Mt 5.1-7.28), que resume sus demandas morales para Israel. El relato inicia con una corta introducción descriptiva (4.23-5.2) y termina con una corta conclusión descriptiva (7.28-8.1). Estas dos unidades comparten varias palabras y frases —«le seguía mucha gente», «el monte», «enseñando»— que marcan el material intermedio como una unidad literaria singular.

El discurso propiamente dicho es simétrico. Las bendiciones escatológicas (Mt 5.3-12) están al inicio, las advertencias escatológicas (7.13-27) al final. En medio están las tres secciones principales, cada una es, principalmente, una compilación de imperativos:

Jesús y la Torá (5.17-48), Jesús y los ritos (6.1-18), Jesús y los asuntos sociales (6.19-7.12). Los dichos preliminares acerca de la sal y la luz de 5.13-16 preceden a estas secciones. Estos se trasladan de la vida del futuro bendecido (descrito en 5.3-12) a las demandas del presente y de esta manaera señalan el punto en el que el tema se cambia de don a tarea.

La historia exegética ofrece varios acercamientos al Sermón. Algunos exégetas medievales, que vivían en un mundo con dos clases de cristianos, los así llamados religiosos (sacerdotes, monjes, monjas, ascetas) y los no religiosos, insistían que algunos de los imperativos (p. ej., el llamado a no almacenar tesoros en la tierra) pueden seguirlos únicamente los que tienen un llamado religioso especial. Leo Tolstoy planteaba una interpretación literal que se aplicaba a todos: los cristianos no deberían hacer juramentos, aunque esto resultara en la abolición de las cortes, y deberían amar a sus enemigos, por lo tanto, no deberían servir en cualquier ejército ni fuerza policial. Muchos protestantes han hecho una distinción entre el orden espiritual y el civil y sostienen que el Sermón se aplica solamente al primero. El Sermón, entonces, no prescribe una política pública sino una moral individual. La víctima de un crimen, por ejemplo, puede renunciar a la venganza personal, pero puede apoyar al estado al ejecutar justicia. Otros protestantes, al estilo paulino, han sostenido que el Sermón no puede llevarse a cabo: como la ley de Moisés, sus demandas son demasiado altas. Más bien, enseña la necesidad de la gracia. Porque cuando alguien busca obedecer a Jesús fracasa, pero esto solamente lo lleva a reconocer la incompetencia personal, que lo devuelve a la gracia de Dios. El Sermón es una preparación para el evangelio.

Mientras se juzga el mérito de estas y otras interpretaciones, se debería mantener en mente que el Sermón no es un compendio de la religión de cualquiera. Nunca se pretendió que se sostuviera por sí mismo. Más bien, es parte de un todo más grande. Sus demandas se corrompen cuando se aíslan de la gracia y cristología que aparecen en todo Mateo.

Efectivamente, el Sermón es en sí un documento cristológico. Isaías 61.1, 2, 7 hablan de buenas noticias para el pobre (cf. Mt 5.3), de consolar a los que lloran (cf. 5.4), y de heredar la tierra (cf. 5.5l). Por lo que las bienaventuranzas de Mateo hacen una afirmación implícita: Jesús es el ungido de Isaías 61. Además de esto, las cualidades mencionadas en las Bienaventuranzas, como mansedumbre y misericordia, se manifiestan en todo el ministerio (cf. 9.27-31; 11.29; 20.29-34; 21.5). Por lo que el Sermón es, en parte, un resumen de las obras de su interlocutor. Mateo 5-7 proclama semejanza con el Dios de Israel (5.48) a través de las virtudes de Jesucristo.

También hay que recordar siempre que el Sermón de Mateo tiene que estar asociado con el reino de Dios. El Sermón no habla a circunstancias ordinarias. En cambio, se dirige a gente que ha sido dominada por una realidad abrumadora que puede transformar al individuo y engendrar una nueva vida. Además, el Sermón ve todo a través de los ojos de la eternidad. No anticipa tanto del presente a la consumación, como de la consumación al presente. Mateo 5-7 presenta la voluntad de Dios no adulterada, porque proclama la voluntad de Dios como será vivida cuando el reino venga en su plenitud. Por eso es que el Sermón hace caso omiso de todas las contingencias terrenales, por eso es que siempre castiga severamente la moral superficial.

La sección más difícil del Sermón es Mt 5.21-48, las seis así llamadas antítesis. Pero cuatro propuestas en cuanto a ella, en general parecen más probables. Primero, las antítesis no comparan las palabras de Jesús con las interpretaciones judías de la ley mosaica; más bien, hay contraste con la Biblia en sí; «Oísteis que fue dicho a los antiguos» se refiere a Sinaí. Segundo, aunque las palabras de Jesús se contrastan con la Torá, no son contradictorias, según el Sermón en sí (cf. 5.17-20). Los que obedecen 5.21-48 no quebrantarán ninguna ley judía. Tercero, la sección no es una interpretación que Jesús hace de la ley. La declaración de que volver a casarse es adulterio, p. ej., es una enseñanza nueva, que se no se basa en la exégesis sino en la autoridad de Jesús. Cuarto, Jesús aquí ilustra por medio de ejemplos concretos qué clase de actitud y comportamiento requiere y cómo sus demandas sobrepasan a las de la Torá, sin contradecirla.

Muchos han expresado inconformidad porque la enseñanza de Mateo 5.21-48 es impráctica. Pero el Sermón, que es tan dramático e ilustrativo, no ofrece un conjunto de reglas (el dictamen sobre el divorcio es la excepción) sino que busca infundir una visión moral. El texto, que implica que Dios demanda una obediencia radical, que no puede ser formulada casuísticamente, funciona más como una historia que un código legal. Su propósito principal es infundir principios y cualidades a través de una inspiración vívida de la imaginación moral. No se termina con un conjunto de estatutos incompletos sino con una impresión impávida de un ideal moral desafiante. Ese ideal puede quedarse lejos del alcance, pero eso es lo que le permite alguna vez atraernos.

Aparte de los lamentos (Lc 6.24-26) y dos proverbios cortos (vv. 39-40), todas las unidades del Sermón del monte de Lucas (Lc 6.20-7.1) tienen paralelos en el Sermón de Mateo; y hasta los dos proverbios aparecen en otra parte de Mateo (Mt 10.24-25; 15.14). En efecto, todos los materiales que son comunes a los dos sermones, con la única excepción de la Regla de Oro, están en el mismo orden:

Lucas 6.20a	cf. Mateo 5.1-2
Lucas 6.20b-23	cf. Mateo 5.3:12
Lucas 6.24-26	
Lucas 6.27-36	cf. Mateo 5.38-48; 7.12
Lucas 6.37-38	cf. Mateo 7.1
Lucas 6.39	(cf. Mateo 15.14)
Lucas 6.40	(cf. Mateo 10.24-25)
Lucas 6.41-42	cf. Mateo 7.3-5
Lucas 6.43-45	cf. Mateo 7.16-18
Lucas 6.46	cf. Mateo 7.21
Lucas 6.47-49	cf. Mateo 7.24-27
Lucas 7.1	cf. Mateo 7.28-8.1

El Sermón de Mateo fue redactado por el autor del resto del Evangelio. Basándose en Q, Marcos, y su tradición distintiva (M), alteró el discurso de acuerdo a sus propios intereses. Pero Lucas 6.20-49 usualmente se considera un discurso que Lucas sólo retocó ligeramente: nos acerca mucho a Q.

El Sermón de Lucas inicia con cuatro bienaventuranzas (Lucas 6.20-23). A estas les sigue una subsección acerca de amar a los enemigos y hacer el bien (vv. 27-36). Esta subsección, como un todo, tiene la Regla de Oro como su centro (v. 31). A un lado de ella está una serie de imperativos paralelos (vv. 27-30) y al otro una serie de tres preguntas (vv. 32-34) y una conclusión (vv. 35-36). Los imperativos iniciales están arreglados ordenadamente en dos cuartetos, el primero utiliza a la segunda persona en plural y el segundo a la segunda persona en singular.

Lucas 6.37-38 continúa con el tema de hacer el bien a extraños. Contiene cuatro imperativos relacionados, paralelos —no juzgar, no condenar, perdonar, dar. Los primeros dos son gemelos estructurales, al igual que los últimos dos. Pero el último componente largo, como la cuarta bienaventuranza larga, rompe con el paralelismo para agregar énfasis.

El tema del discurso parece que cambia con Lucas 6.39-42, que contiene los dichos acerca del ciego que guía al ciego (v. 39), el discípulo que no está por encima de su maestro (v. 40), y la paja en el ojo (vv. 41.42). La aspereza del tratamiento («hipócritas», v. 42) es nueva. También es nueva la orientación eclesiástica, que se señala con el uso de «hermano» (vv. 41, 42). A diferencia de los vv. 27-38, en los que el tema es cómo los discípulos deberían actuar con sus enemigos, en los vv. 39-42 el tema es cómo deberían relacionarse mutuamente. En otras palabras, la primera mitad del Sermón del monte parece ocuparse de cómo los discípulos deberían comportarse con los extraños, en tanto que la segunda mitad tiene que ver con las relaciones comunitarias.

Lucas 6.43-45, que habla del buen árbol y el mal fruto y del mal árbol y el buen fruto, continúa con el llamado a los miembros de la comunidad a examinarse a sí mismos. El enfoque en las relaciones fraternales, en contraste con los vv. 27-38, explica la tensión que hay entre el v. 35, donde los «malos» están claramente fuera de la comunidad, y los vv. 43-45, donde los «malos» están claramente adentro. Es decir, Lucas 6.43-45, al igual que los dichos de los vv. 39-42 y la parábola de los dos constructores de los vv. 46-49, no traza la línea entre los de adentro y los de afuera, sino entre los buenos y malos discípulos. En términos teológicos, Lucas 6.39-49, que demanda que no se juzgue a los demás, sino a sí mismo, trata con la realidad del pecado dentro de la comunidad cristiana.

Bibliografía. H. D. Betz, *The Sermon on the Mount.* Herm (Minneapolis, 1995);W. Carter, *What Are They Saying about Matthew's Sermon on the Mount?* (New York, 1994); R. A. Guelich, *The Sermon on the Mount* (Waco, 1982).

DALE C. ALLISON, JR.

SERPIENTE

Término general para las distintas criaturas en forma de culebra del Cercano Oriente antiguo. (Heb. *nāḥāš, śārāp̄;* Gr. *óphis*).

Las representaciones de serpientes en la literatura y en otros medios (principalmente en barro y bronce) aparecen en todo el antiguo Cercano Oriente. Las serpientes funcionaban mayormente como objetos de adoración o amuletos en contra del mal, frecuentemente el de la mordida de serpiente. El Enuma Elish describe a Tiamat, quizás una criatura con forma de serpiente, como aliada de una horda de criaturas —muchas con formas serpentinas— en su batalla con Marduk. En tanto que Gilgamesh está nadando, una serpiente roba la planta que daría inmortalidad.

En la historia de Génesis 3, de la caída de la humanidad, una serpiente astuta (cf. Mt 10.16) convence a Eva para que coma del fruto del árbol de la ciencia del bien y del mal, que después ella le da a Adán. Dios pronuncia las consecuencias para la serpiente, para Eva, para Adán y para la tierra (solamente la serpiente y la tierra reciben maldición). Esto explica por qué la serpiente no tiene patas; para la humanidad esto significa —entre otras cosas— la pérdida de la inmortalidad (cf. Gilgamesh). En Génesis 3 la serpiente es sencillamente una de las criaturas de Dios. La igualdad explícita de la serpiente con el diablo, el acusador, viene en posteriores obras apocalípticas judías y cristianas (p. ej. Enoc, Apocalipsis).

En Números 21, Dios ordena a Moisés que haga una serpiente de bronce (Heb. *śārāp*) para aliviar los efectos de una plaga de serpientes venenosas (*nĕḥāšîm*) que Dios había enviado para castigar al pueblo. Esta imagen de serpiente más tarde fue erigida en el Templo de Jerusalén, pero la asociación de esta serpiente (Nĕhuštān) con la práctica religiosa cananea finalmente llevó a Ezequías a destruirla (2 R 18.4). Los aspectos sanadores de la serpiente de bronce son un reflejo de otras culturas antiguas (quizás son la base de la referencia a Jesús de Juan 3.14).

La visión de Isaías 6 incluye serpientes feroces y con alas (*śārāpîm*) que revolotean alrededor del trono divino, símbolos de la gloria real de Dios. Descripciones similares de serpientes con alas se han encontrado en Egipto, donde la imagen erigida de la cobra (uraeus) era un símbolo de la realeza del faraón y los dioses.

Bibliografía. R. S. Boraas, «Of Serpents and Gods,» *Dialog* 17 (1978): 273-79; J. Milgrom, «Excursus 52: The Copper Snake,» en *Numbers.* JPS Torah Commentary (Philadelphia, 1990), 459-60; J. Tabick,»The Snake in the Grass:The Problems of Interpreting a Symbol in the Hebrew Bible and Rabbinic Writings,» *Religion* 16 (1986): 155-67.

Matthew A. Thomas

SERPIENTE, PEÑA DE LA

Señal que también se traduce como «peña de Zohelet» (Heb. *'eḇen hazzōḥelet*; 1 R 1.9), aparentemente, lugar de adoración jebusea antes de que David capturara el área. Aquí Adonías, el rival de Salomón para el trono de David, estaba haciendo un sacrificio mientras preparaba su intento de usurpar el trono. En 1 Reyes 1.41 está claro que la ubicación está fuera de la vista de Jerusalén, pero todavía lo suficientemente cerca para que Adonías y sus compañeros escucharan la celebración de la unción de Salomón como rey. Ubicar el lugar en la confluencia de los valles de Cedrón e Hinom, cerca de Rogel, facilita la única solución adecuada.

Bibliografía. J. J. Simons, *Jerusalem in the Old Testament* (Leiden, 1952).

Dennis M. Swanson

SERUG (Heb. *śĕrûg*; Gr. *Seroúch*)

Hijo de Reu, padre de Nacor, por consiguiente, ancestro de Abraham (Gn 11.20-23; 1 Cr 1.26) y de Jesús (Lc 3.35).

SERVIDORES DEL TEMPLO

Un grupo de personal del templo, a menudo simplemente transliterada «sirvientes del templo» (literalmente, «los dados», presumiblemente para el servicio del santuario). Estos servidores son distintos del *nĕṯûnîm* de Números 3.9; 8:19, tomada como una referencia a los levitas. A excepción de una referencia (1 Cr 9.2), se incluyen todas las referencias a los servidores del templo en Esdras y Nehemías. Esdras 2.43-58; Nehemías 7.46-60 lista 392 servidores del templo entre los exiliados que regresaron a Jerusalén con Zorobabel. Un segundo grupo de 220 servidores del templo y 38 levitas regresó con Esdras (Esd 8.16-20).

Según Esdras 8:20 los servidores del templo sirvieron a los levitas. Ellos pueden haber sido dependientes de los ingresos del templo, pero no eran esclavos (por ejemplo, eran dueños de la propiedad; 1 Cr 9.2). Muy probablemente los servidores del templo eran un grupo de gremios de familia que sirvieron a sacerdotes y levitas y trabajaron junto a personal de culto.

La mayoría de los nombres personales son semíticos del noroeste, lo que sugiere que las familias sirvientes del templo se originaron de los pueblos vecinos, posiblemente como prisioneros de guerra. Sin embargo, estas personas habrían sido desde mucho tiempo asimiladas en la cultura israelita y por lo tanto no la referencia de la condena de Ezequiel de entregar el templo a los extranjeros (Ez 44.6-7). No hay evidencia de distinción cultural.

Bibliografía. A. Cody, *A History of the Old Testament Priesthood.* AnBib 35 (Rome, 1969).

Bruce W. Gentry

SESAC (Heb. *šēšak̲*)
Criptograma de Babilonia, que sustituye las consonantes *ššk* por *bbl* (Jer 25.26; 51.41, LBLA, NVI, RVR95 mr *Sheshak*).

SESAI (Heb. *šēšay*)
Uno de los tres descendientes (o clanes) de Anac que vivió en Hebrón cuando los espías israelitas exploraron la tierra de Canaán (Nm 13.22). Cuando Caleb tomó posesión de Hebrón, sacó a los tres (Jos 15.14; Jue 1.10, 20).

SESÁN (Heb. *šēšān*)
Hijo de Isi, de la tribu de Judá (1 Cr 2.31). Sesán no tuvo hijos y, para perpetuar su familia, le dio una de sus hijas a Jarha, su siervo egipcio (1 Cr 2.34-35).

SESBASAR (Heb. *šešbaṣṣar; ac Sin-ab-uṣur*)
«Príncipe de Judá» (Esd 1.8), primer gobernador babilonio de Judá a quien se le encargó la reconstrucción del Templo (5.15); los títulos bien podrían haber sido más honoríficos que precisos. Aparentemente, sí comenzó el proyecto durante el reinado de Ciro (esto es, antes de 530 a.C.), pero no pudo terminarlo (Esd 5.16). No es de sorprender que no aparezca en Hageo ni en Zacarías, por lo menos debido a la insistencia de Zacarías de que Zorobabel había puesto los cimientos y terminaría el Templo. Algunos eruditos identifican a Sesbasar con Zorobabel, pero esto no es posible. Si es el mismo Sesbasar que se menciona en 1 Crónicas 3.18, era tío de Zorobabel.

PAUL L. REDDITT

SET (Heb. *šēṯ*; Gr. *Sēth*)
Tercer hijo de Adán y Eva, que nació para reemplazar a su hermano Abel, que fue asesinado por Caín (Gn 4.25; 5.3). Set fue el padre de Enós y antepasado de Noé (Gn 5.6-7; 1 Cr 1.1; Lc 3.38). Sir 49.16 se refiere a Set y a Sem como «grande para la humanidad».

SET (Heb. *šēṯ*)
Escritura hebrea de Set, hijo de Adán y Eva (Gn 4.25; 1 Cr 1.1).

«Los hijos de Set», aparentemente es una designación de Moab en la predicción de Balaam de la derrota de Moab por parte de Israel (Nm 24.17; RVR95 mr. «setitas»). El término hebreo quizás tenía que haber cambiado a *śĕʾēṯ*: «exaltación, desafío» (cf. RVR95 mr. «hijos de tumulto»), o *šēʾṯ*: «desolación» (cf. *šāʾôn*, «revoltosos» en Jer. 48.45, que deliberadamente hace eco de Num 24.17).

SETAR (Heb. *šētār*)
Uno de los siete príncipes asesores del rey Asuero (Est 1.4).

SETAR-BOZNAI (Heb. *šĕtar bôzĕnay*)
Oficial persa que trató de interferir con la reconstrucción del Templo de Jerusalén (Esd 5.3, 6; 6.6, 13; cf. 1 Esd 6.3, 7, 27; 7.1 «Satrabuzane»), aparentemente un subordinado del gobernador Tatnai.

SETUR (Heb. *sĕṯûr*)
De la tribu de Aser, hijo de Micael. Fue uno de los 12 espías enviados a Canaán (Nm 13.13).

SEUDOEPÍGRAFOS
Literalmente, «escritos atribuidos falsamente». Este término anacrónico se refiere a una diversidad de antiguos documentos judíos no canónicos de los períodos helenista y romano (c. 250 a.C. – 200 d.C.) Los textos no son parte de la Biblia hebrea (AT protestante) ni de los libros apócrifos del AT (más o menos equivalentes a los deuterocanónicos de la Iglesia Católica Romana), pero tal definición no hace justicia a la fluidez de esta «moderna» categoría. No existe un acuerdo generalizado en cuanto a qué textos deben ser incluidos en este corpus, porque no hay consenso sobre los criterios de inclusión. Una visión maximalista incluye casi cualquier texto asociado a un personaje o pasaje del AT, ya sea que el texto sea considerado judío o no, o que se derive o no de los períodos helenista o romano (p.ej., la Visión de Esdras). Los minimalistas tienden a restringir la categoría a los escritos que son claramente judíos, y que datan aproximadamente, con toda seguridad, del c. 250 a.C. al 200 d.C. La confusión se debe a que una mayoría considerable de textos incluidos con frecuencias entre los seudoepígrafos, fueron transmitidos y alterados por cristianos, lo cual hace imposible una categorización estricta.

Aunque no están incluidos en ninguno de los principales cánones occidentales de la Escritura, estos textos, junto con los Rollos del Mar Muerto, son importantes para cualquier intento de comprender al mundo religioso, político y social a principios de las eras. Ellos representan la diversidad de respuestas judías a la invasión del helenismo, al establecimiento del poder de los macabeos, a la conquista y hegemonía romanas, a la destrucción del

Templo de Jerusalén, y al surgimiento del cristianismo. La preservación y adaptación de casi todos estos textos por los cristianos enriquecen también nuestro conocimiento de las relaciones entre judíos y cristianos en los primeros siglos después de Cristo. Además, muchas ideas teológicas presentes en forma embrionaria en el AT son exploradas y expresadas con mayor sofisticación en los seudoepígrafos, por lo que esta literatura constituye un recurso muy valioso para el estudio, tanto de los comienzos del judaísmo rabínico, como del cristianismo primitivo. Por ejemplo, el libro de Judas, del NT, contiene una profecía atribuida al personaje antediluviano Enoc, que se encuentra sólo en 1 Enoc (Apocalipsis Etíope de Enoc). A juzgar por el contexto, el autor de Judas aprobaba claramente este escrito. Incluso, pudo haber considerado «canónico» este seudoepígrafo. El uso de 1 Enoc por Judas nos ayuda a entender los procesos de canonización tanto del AT como del NT.

Muchos de estos textos, pero no todos, están asociados con una figura o personaje de las Escrituras hebreas, como Enoc. Él era un candidato ideal para la «autoría», por la descripción que hace el AT de su destino (Gn 5:24). Los autores antiguos se explayaron sobre este pasaje, y crearon un importante marco interpretativo en el que Enoc se convierte en un escriba en el cielo que registra tanto los secretos de la creación como de la escatología, y que luego revela estos secretos a un grupo selecto. Los personajes Esdras y Baruc son también utilizados por su conexión histórica con la destrucción del primer Templo judío por los babilonios. Autores posteriores, tratando de hacer un esfuerzo para comprender y asimilar la destrucción del Templo de Jerusalén por los romanos en el 70 d.C., utilizaron a Esdras y a Baruc para establecer paralelos entre los dos desastrosos acontecimientos. Pero, en vez de una restauración histórica como en el período persa, cuando se permitió a los judíos volver del exilio y reconstruir el Templo, los autores de los seudoepígrafos esperan con ansias una restauración escatológica final. Como es de suponer, hay documentos asociados con muchos otros grandes héroes de Israel, entre ellos Adán, Abraham, Isaac, Jacob, José, Moisés, Elías y Jeremías.

Otros textos intentan cubrir las lagunas que hay en ciertos relatos del AT, o suavizar los problemas teológicos presentes en esos relatos. Uno de los mejores ejemplos de este tipo de seudoepígrafos tiene que ver con el matrimonio de José y Asenat. Ésta es descrita en AT como la hija de un sacerdote egipcio (Gn 41.45). El texto no aborda la espinosa cuestión teológica del matrimonio entre una mujer extranjera y un judío, una unión muy desestimulada en otras partes del AT (cf. 1 R 11.1-4; Neh 13.26, 27); pero un autor posterior compuso un relato completo de los detalles de la conversión de Asenat al judaísmo, después de su matrimonio con José. La ampliación de la historia bíblica elimina el problema de un matrimonio potencialmente corruptor para José, al haberse casado con una mujer no judía. Entre otras ampliaciones de relatos, o reescrituras, están la historia de la expiación ritual de Adán por haber comido del fruto prohibido en el huerto del Edén (permanece sumergido hasta el cuello en el río Jordán por 40 días; *Vida de Adán y Eva*); un relato que cuenta el descubrimiento de Abraham de la inutilidad de los ídolos de su padre (*Apocalipsis de Abraham*); las palabras testamentarias de Jacob/Israel a cada uno de sus doce hijos (*Testamento de los Doce Patriarcas*); historias acerca de los magos egipcios que se opusieron a Moisés (Janes y Jambres; cf. 2 Ti 3.8, 9); y una descripción gráfica y completa del martirio de siete hijos y su madre, que aparece presentada en forma abreviada en 2 Mac 6, 7 (4 Macabeos). Cada «nueva» historia tiende a abordar cuestiones de interés para los contemporáneos del autor, cuestiones relacionadas directamente con el texto expuesto y/o la situación de inestabilidad social y religiosa de la época.

Además de las ampliaciones o de los recuentos de porciones limitadas del AT, algunos textos ofrecen reelaboraciones casi completas de secciones enteras del texto bíblico. Jubileos narra la historia de Israel desde la creación hasta la entrega de la Ley a Moisés en el monte Sinaí. Este texto seudoepigráfico refunde, complementa, y a veces elimina historias conocidas del AT, de modo que su relato apoya el cálculo de fechas según el calendario solar (en comparación con el calendario lunar/solar que predominaba en el judaísmo). El *Liber Antiquitatum Biblicarum* (Antigüedades Bíblicas) del Pseudo-Filón, describe el período desde Adán hasta David, entretejiendo adaptaciones del texto bíblico con elementos legendarios para dar énfasis a la Ley y a su validez eterna. Es por la Ley que Dios juzgará a todos en el fin del mundo. A los justos se les concederá paz y felicidad en el mundo venidero, mientras que los impíos serán destruidos. Más allá de cualquier intento de entender el énfasis particular teológico y religioso de los escritos seudoepigráfico antes descritos, también es importante tener en cuenta la libertad con que los autores de la época helenística y romana trataban los textos del AT. Los textos bíblicos no eran considerados intocables o definitivos, sino que servían como punto de partida para nuevos relatos.

No obstante, otros textos bíblicos sirvieron como modelos o patrones para varios seudoepígrafos. Esto es más evidente en los himnos, las oraciones y los textos sapienciales, incluidos por lo general en el corpus. Los 18 Salmos de Salomón, que imitan claramente a los salmos bíblicos, describen la anarquía y el desorden de los que han establecido una monarquía no davídica y profanada el templo, pero también la expectativa de los justos que esperan la aparición del Mesías. La Oración de Manasés (enmarcada a veces entre los apócrifos del AT), basada en 2 Crónicas 33, ofrece el contenido de la oración penitencial el malvado rey en el que detalla sus abominables acciones, y ora pidiendo el perdón divino. Varios salmos apócrifos, algunos de los cuales fueron encontrados en un rollo de Qumrán entremezclado con salmos bíblicos (Salmo 11Q), resaltan la fluidez y la maleabilidad del canon bíblico en este período. Varios textos sapienciales incluidos en los seudoepígrafos (p.ej., el Seudo-Focilides, el Menander siríaco, y Aristóbulo), incorporan claramente tradiciones helenistas, ocultando muchas veces, por medio de su sustancia y estilo, cualquier elemento distintivo judío. En estos casos, los autores pueden muy bien haber estado tratando de demostrar la compatibilidad que había entre las tradiciones sapienciales judía y grecorromana.

Cuando menos, unos pocos seudoepígrafos imitan conscientemente a la poesía épica griega. Por ejemplo, los Oráculos Sibilinos dicen ser profecías recibidas en un estado de éxtasis por un personaje legendario de un pasado remoto. Los oráculos judíos y cristianos se centran en los rituales y en las violaciónes éticas que han llevado, o llevarán, al castigo de Dios, aunque también contienen cierta esperanza de una futura restauración. Varios otros textos poéticos fragmentarios, preservados sólo en escritos cristianos posteriores, incluyen una historia de Jerusalén (Filón el Poeta Épico); una revisión ampliada de la historia de la violación de Dina en Génesis 34 (Teodoto); una interpretación dramática de la historia del Éxodo (Ezequiel el Trágico); y una reconstrucción de la vida de Job basada en la versión griega del relato canónico (Aristeas el Exegeta), para mencionar sólo algunos.

Como es evidente por este estudio, los seudoepígrafos cubren una amplia gama de teologías del judaísmo del período helenista y romano. Esta diversidad incluye los intentos de ajustar al tiempo historias bíblicas tradicionales, y también los esfuerzos por reconciliar ideas filosóficas helenistas y judías. Sin embargo, el tema más persistente en el corpus es la esperanza escatológica centrada en la renovación de toda la creación por Dios o por el Mesías de Dios. En casi todos los géneros representados en los seudoepígrafos, la desesperanza del presente está equilibrada con la esperanza de que Dios juzgará al mundo, castigará a los impios y a los que oprimen a Israel, y recompensará a los justos por su fidelidad inquebrantable a los mandamientos.

Bibliografía. J. H. Charlesworth, ed., *The Old Testament Pseudepigrapha,* 2 vols. (Garden City, 1983-85); M. de Jonge, *Outside the Old Testament* (Cambridge, 1995); G. W. E. Nickelsburg, *Jewish Literature between the Bible and the Mishnah* (Philadelphia, 1981); H. F. D. Sparks, ed., *The Apocryphal Old Testament* (Oxford, 1984); M. E. Stone, ed., *Jewish Writings of the Second Temple Period.* CRINT 2/2 (Philadelphia, 1984).

James R. Mueller

SEUDO-MATEO, EVANGELIO DEL [EVANGELIO **DEL SEUDO-MATEO**]

Evangelio apócrifo latino del siglo VI o VII, basado en gran parte en el Protoevangelio de Santiago y en el Evangelio de Tomás sobre la Infancia de Jesús. Su principal material «original» tiene que ver con el viaje de la Sagrada Familia a Egipto, un hecho registrado solo brevemente en Mateo 2.14, 15. En el viaje, el niño Jesús reprende a unos dragones que los atacan (quienes luego le rinden culto, cumpliéndose así el Salmo 148.7); le ordena a una palmera que se incline para dar su fruto y agua a los viajeros; y milagrosamente reduce el número de días del viaje. A su llegada a Egipto, la sola presencia del niño derriba y hace añicos a los ídolos de los egipcios (el cumplimiento de Isaías 19.1). El

Seudo-Mateo, que parece haber sido popular durante la época medieval, es también el que menciona por primera vez al «buey y al asno» (cf. Is 1.3) mirando el pesebre de Belén, un detalle registrado casi universalmente en el arte medieval.

IRA BIRDWHISTELL

SEVA (Heb. *šĕwāʾ*) (también SERAÍAS, SAVSA, SISA) Secretario de David (**Q** 2 S 20.25; **K** *šyʾ*). También se le conoce como Seraías (**2**; 2 S 8.17), Sisa (1 R 4.3), y Savsa (1 Cr 18.16).

Hijo de Caleb y su concubina Maaca (1 Cr. 2.49)

SEVENE (Heb. *sĕwēnēh, sînîm;* Gr. *Syēnē*) (también **SINIM**)
Ciudad del Alto Egipto, ubicada en la ribera oriental del Nilo, precisamente al norte de la Primera Catarata, en la frontera del sur del antiguo Egipto. El nombre aparece dos veces en el contexto de oráculos en contra Egipto, que expresan la extensión geográfica de la devastación venidera («desde Migdol hasta Sevene»; Ez 29.10; 30.6) y una vez en un oráculo de salvación en el que el pueblo esparcido de Israel está reunido (Is 49.12). La mayoría de información en cuanto a Sevene viene de los Papiros Elefantinos arameos, que describen a Sevene como suplemento de Elefantina (colonia militar judía y centro religioso comercial y administrativo del Alto Egipto del período Persa, ubicada en una isla opuesta a Sevene) pero importante por su papel en el comercio y sus abundantes canteras de granito (cuyas piedras se llamaban «sienitas»). Los restos de Sevene están bajo la moderna Aswan, que es mejor conocida como el lugar de una presa que se completó en 1970.

MONICA L. W. BRADY

SEXO
Cuando se investiga la actitud hacia el coito sexual en el antiguo Israel, es importante no imponer suposiciones modernas en cuanto a la sexualidad en una cultura antigua.

Según el antiguo pensamiento israelita, a los humanos se les ha dado un deseo sexual para crear vida por medio de la producción de hijos (Gn 3.16), por lo que el coito sexual establece el vínculo de la gente con Dios, que es el que perpetúa la vida (que está implicado con el nombre Jehová) y la naturaleza. Aunque el significado completo de la palabra «Jehová» no se conoce, algunos eruditos sienten que el nombre está relacionado con el futuro (imperfecto) causativo (hiphil) del verbo «ser o existir». Ya que este tiempo en hebreo implica un flujo del presente al futuro, el imperfecto causativo sugeriría que Dios sustenta y perpetúa el ser/la existencia del presente en adelante. Por consiguiente, debido a que el coito sexual vincula a la gente con Dios, su poder es altamente valorado y se considera el poder supremo que los humanos poseen. Se descarta la idea de que el sexo sea inherentemente sucio. Las funciones masculinas y femeninas siguen los patrones de la naturaleza, donde el hombre es el «fertilizador» y la mujer es la «productora», así que, por medio del coito sexual los humanos participan en el flujo de la creación de Dios.

En pequeñas comunidades agrícolas, que requieren de una labor abundante e intensa (como en el antiguo Israel), el coito sexual es central para la supervivencia física del hogar y de toda la sociedad. Debido a que las personas tienen el sentido de continuación de sus vidas a través de los hijos, el coito sexual es fundamental para su sentido psicológico de salvación. Las mujeres, como las «coproductoras» de hijos con Jehová (cf. Gn 4.1), son las coproductoras de la salvación; no hay poder mayor, ni funcionamiento mayor en esta clase de sociedad. Por lo tanto, las mujeres tienen poder y valor importante dentro de la sociedad. Debido a que las mujeres reciben posición social por el número de hijos que producen, son agresivas sexualmente (p. ej. Tamar o Rut). Pero el coito sexual también es un poder amenazador, en el hecho de que puede producir ya sea vida (nacimiento) o muerte del niño y/o la madre en el parto. Por lo que el coito sexual abarca tanto el riesgo como el placer de la vida; implica vivir plena y auténticamente.

En las Escrituras hebreas, el sexo tiene dos funciones principales: la producción de descendientes que lleva a la salvación, y la creación de vínculos fuertes o unidad, que son esenciales para mantener unido el hogar y la comunidad. El sexo es la unión física de lo que parece físicamente distinto para producir vida, y sugiere que la unión de los opuestos es tanto creativa como esencial para el proceso divino de la vida. En Génesis 1 Dios crea al separar lo que es diferente en el caos original, pero en Génesis 2.24 el coito sexual reconcilia lo que está separado, y que es diferente, en una unidad física (un niño) y psicológica. De igual manera, la unidad entre Israel y Dios frecuentemente se visualiza en los términos del vínculo sexual del matrimonio. El coito sexual se asocia con el amor, que en el AT se percibe en términos físicos y psicológicos, como la integración de cosas diferentes en una unidad.

El coito sexual es el cruce de un límite, que requiere la disminución de los límites que el ego utiliza para definir su identidad y como mecanismo de defensa. En el sexo, se penetra a la identidad y a los mecanismos de defensa, o se los envuelve. Esto se simboliza en el AT con la asociación del sexo con la desnudez, que implica la extracción de la barrera protectora de la ropa que la cultura ha prescrito. La desnudez expone la vulnerabilidad de la gente, tanto las partes vulnerables del cuerpo, los genitales (el lugar del poder humano fundamental, crucial para la continuación de la vida), como la personalidad vulnerable, despojada de las defensas de su ego artificial. Pero cuando los humanos no disminuyen los límites y defensas de su ego en las relaciones íntimas con otro, estos pueden convertirse en barreras para el amor íntimo y genuino y para la unidad. Si la gente no puede desatar estas barreras, unos con otros, lo más probable es que no podrán desatarlas en su relación con Dios. Debido a la asociación del coito sexual con la intimidad, esto también se relaciona con el «conocer», que abarca el conocer intelectual, experimental y sexual. Ya que el coito sexual implica el traspaso de límites, vulnerabilidad, intimidad y unidad, debería implicar el «conocer» a una persona en el sentido total.

Ya que el coito sexual es un poder crucial, pero amenazador, que impacta la vida/salvación del hogar, tiene que utilizarse con mucho cuidado y control. Por ejemplo, el varón tiene que «controlar» el deseo sexual de la mujer (Gn 3.17), porque puede producir vida o muerte y porque si se utiliza afuera del hogar o sociedad, desbarata el poder salvífico del grupo y «edifica la casa» de extraños. Pero la palabra «control» (Heb. *māšal*) connota un poder no coercitivo, que estimula y realza el potencial con límites. Así que el control que el varón hace del deseo sexual de la mujer está establecido dentro del contexto del potencial que no es ilimitado y de las limitaciones que no destruyen el potencial.

También está el sexo no planeado, que no crea vínculos matrimoniales, ni familiares, ni obligaciones (p. ej. Dt 22.28-29), y que viola el vínculo matrimonial existente o vínculos y obligaciones familiares (p. ej. vv. 23-24). Esta clase de sexo se considera insensata y vergonzosa, un «defecto» o «fracaso» que no está a la altura de las metas e ideales integrados de la sociedad, porque viola el propósito del sexo y, por lo tanto, no participa en el proceso de vida divino. De esta manera, se tolera a la prostituta, pero su actividad sexual es marginal, porque no crea vínculos y no edifica el hogar ni la comunidad. La violación, que implica que un hombre domine a una mujer, que clama por ayuda pero que nadie la rescata, es un crimen hostil y explotador en contra de una mujer y de la sociedad (p. ej., Dt 22.25-27; 2 S 13.11-14). Esta clase de actividad sexual se emplea usualmente con el propósito de cimentar el ego individual con poder y control, no para cimentar la comunidad. El coito sexual en el Israel antiguo tiene la intención de ser una actividad que primero edifica a la comunidad y luego suple las necesidades del individuo.

Lyn M. Bechtel

SHEKINA

Término hebreo (*šĕḵînâ*) de los Tárgumes y de la literatura rabínica que reverentemente expresa la Presencia Divina. Se deriva del Heb. *škn*, «morar, permanecer, calmarse». El término no aparece en el AT ni en el NT. El trasfondo histórico de la correlación de la Shekiná («el que mora») con la Presencia de Dios puede encontrarse en Éxodo 25.8; 40.34. Cuando el arca del Señor se coloca en el templo de Jerusalén, una nube que representaba a la Shekiná posteriormente llena el templo y, por lo tanto, simboliza su nueva habitación (1 R 8.10). La tradición bíblica judeo-cristiana representa a la Shekiná que sale del templo y que se va al exilio con los israelitas, después de la primera destrucción del Templo (cf. Ez 10; 11.16, 22-25). Una tradición distinta afirma que la Shekiná regresó al cielo, en tanto que otra tradición afirma que permanece en el Muro Occidental (de los Lamentos), en el monte del Templo. En el período intertestamentario, también se creía que la Shekiná moraba en las sinagogas y entre las asambleas de los justos (cf. *M. ʾAbot* 3.2; 1QS 8.4-10). Varios pasajes del NT implican la creencia de que la Shekiná se encarnó por primera vez en Jesús de Nazaret (p. ej., Jn 1.14) y después en la Iglesia (p. ej. Ef 2.19-22).

Bibliografía. M. E.Lodahl, *Shekhinah/Spirit:Divine Presence in Jewish and Christian Religion* (New

York, 1992); E. M. Umansky, «Shekinah,» *The Encyclopedia of Religion* (New York, 1987) 13:236-39.

David Cleaver-Bartholomew

SHIBOLET (Heb. *šibbōleṯ*)

Palabra («espiga» o «torrente») que los guardias galaaditas utilizaron para detectar a los efraimitas que trataban de cruzar el Jordán (Jue 12.5-6). Como ellos hablaban otro dialecto del hebreo, los efraimitas pronunciarían la parte inicial de la palabra *šin* (sibilante) como la consonante *sin* (espirante, originalmente *that* [*ṯ*], que en el uso palestino se unió a *šin* antes que en el transjordano), lo cual producía *sibbōleṯ* (que se escribe, como en el hebreo originalmente no vocalizado, con una *samek* para distinguir los sonidos).

SHOFAR

Instrumento musical curvo hecho del cuerno de un carnero (Heb. *šôpār*, «trompeta» o «bocina»). El sofar produce dos tonos y es más importante por su cualidad de señalización que por su musicalización. Su sonido llegaba lejos, de esta manera se utilizaba para indicar ataque (Jos 6.4; Jue 3.27), para sonar la alarma de guerra (Jer 4.19), para prepararse para la guerra (51.27), para suspender la batalla y hacer volver a las tropas (2 S 2.28; 18.16) y para declarar victoria (1 S 13.3). También se utilizaba para alabar a Dios en la adoración (Sal 98.6; 150.3), para anunciar la entrada de un rey (2 S 15.10; 1 R 1.34, 39; 2 R 9.13); para convocar a los israelitas a Sinaí (Ex 19.13, 16, 19; 20.18; cf. He 12.19), para proclamar la fiesta del Año Nuevo (Lv 23.24; Num 29.1) y para anunciar la llegada del arca del pacto a Jerusalén (1 Cr 15.28). Advierte del juicio de Dios (Os 5.8; Am 2.2), del día del Señor (Jl 2.1; Sof 1.16) y de la revelación escatológica (Is 27.13; Zac 9.14; Ap. 8.2, 6, 12; 9.13).

Richard A. Spencer

SHUR (Heb. *šûr*)

Región desértica del noreste del Sinaí, al sur de la costa mediterránea y entre Egipto y el Arroyo de Egipto (Wadi el-ʾArish). El desierto de Sur, que también se le llama el desierto de Etam (Nm 33.8), fue la frontera del suroeste de Canaán. Por algún tiempo Abraham se estableció entre Cades y Shur (Gn 20.1) y la criada de Abraham, Agar, huyó hacia Shur a un pozo, donde un ángel la encontró (16.7). Los descendientes de Ismael se establecieron desde Havila a Shur (Gn 25.18). Después, Moisés dirigió a los israelitas por el desierto de Shur por tres días, hasta que llegaron a las aguas amargas de Mara (Ex 15.22). Shur se utilizó para indicar la dirección desde Palestina hacia Egipto (1 s 15.7; 27.8).

Shur (Heb. «pared») también pudo haberse referido a una serie de fuertes fronterizos que los egipcios establecieron para controlar el influjo de extranjeros del este. El Camino a Shur era una ruta importante para caravanas, que se extendía de este a oeste desde el Camino de los Reyes, por el desierto de Zin y Shur hacia Egipto (Gn 16.7).

Bradford Scott Hummel

SIA (Heb. *sîʿāʾ*), **SIAHA** (Heb. *sîʿăhāʾ*)

Jefe de una familia de siervos del Templo que volvió con Zorobabel del cautiverio en Babilonia (Esd 2.44; Neh 7.47).

SIBECAI (Heb. *sibbĕḵay*) (también MEBUNNAI)

Husatita y uno de los Hombres Valientes de David que se desempeñó como comandante de la octava división del ejército de David (1 Cr 11.29; 27.11) y que derrotó al gigante Saf/Sipai (2 S 21.18 = 1 Cr 20.4). En 2 Samuel 23.27 se le llama Mebunai.

SIBIA (Heb. *ṣiḇyāʾ*)

Uno de los siete hijos de Saharaim y Hodes; líder de una casa del padre de los hijos de Benjamín en Jerusalén después del exilio (1 Cr 8.9, 28).

SIBIA (Heb. *ṣiḇyâ*)

La madre del rey Joás de Judá, de Beerseba (2 R 12.1 [TM 2] = 2 Cr 24.1).

SIBMA (Heb. *śi,mâ*) (también SEBAM)

Ciudad moabita del lado oriental del río Jordán, cerca de Hesbón, que se le entregó a la tribu de Rubén después de la derrota del rey amorreo Sihón (Jos 13.19). El nombre de esta ciudad está mal escrito, como Sebam, en el TM de Nm 32.3, y aparece correctamente en el v. 38. Sibma, conocida por sus viñas, después fue recuperada por los moabitas y se le condena en los oráculos en contra de Moab (Is 16.8-13; Jer 48.32-33). Al lugar se le identifica tradicionalmente con Khirbet Qarn el-Qibsh, situada entre Hesbón y Nebo.

Kenneth Atkinson

SIBOLET (Heb. *šibbōleṯ*)

Véase Shibolet

SIBRAIM (Heb. *si,rayim*)

Lugar de Siria que se menciona en la descripción

que hace Ezequiel de la frontera ideal del norte de Israel (Ez 47.16). En la descripción de Sibraim se indica un lugar del extremo norte de las cordilleras del Líbano y Antilíbano y de la fuente del río Orontes como «entre el límite de Damasco y el límite de Hamath».

SICAR (Gr. *Sychár*)
Ciudad de Samaria en donde Jesús habló con la mujer samaritana (Jn 4.5). El evangelio ubica a Sicar cerca del campo que Jacob le dio a su hijo José (Gn 33.18-19; Jos 24.32 mencionan el campo, pero no Sicar), y observa que el Pozo de Jacob estaba allí (Jn 4.6). A pesar del hecho de que el NT asocia a Sicar con el Pozo de Jacob, hay disputa en cuanto al verdadero lugar de Sicar. Algunos identifican a Sicar con la ciudad que se llama de manera similar, Askar, ubicada cerca de Siquem, en tanto que otros asocian a la ciudad con la misma Siquem, de modo que Sicar se corrompió a la más familiar Siquem (lat., gr. «Sychem»; cf. Hch 7.16). Aunque la ubicación exacta de Sicar sigue siendo incierta, el Pozo de Jacob se ha identificado con más seguridad con Bir Yaʿaqûb (177179) en la moderna Balânah, alrededor de 1.7 km (1 mi) al SE de Nablus, cerca de un desfiladero entre el Monte Gerizim y el Monte Ebal.

MonicaL. W. Brady

SICARIOS
Un grupo revolucionario judío (Gr. *sikárioi,* del Lat. *sicarii,* «portadores de daga») que se levantó durante el procuradoría de Félix (52-60 d.C.; Josefo *Ant.* 18.23-25; 20.160-72; cf. *BJ* 2.261-63). Nombrados debido a las dagas cortas (Lat. *sica*) que ocultaban bajo su ropa, mataban a sus enemigos en pleno día, sobre todo durante festivales cuando podrían escaparse entre la muchedumbre (*BJ* 2.252-60, 425-29; *Ant.* 20.185-88; cf. 20.204-10). Los asesinos promovían la libertad y la igualdad, y estaban en contra de cualquier tipo de autoridad humana (incluso judía). Su relación con los zelotes es debatida. Pablo fue confundido por un egipcio líder del grupo (Hch 21.38).

Douglas S. Huffman

SICLAG (Heb. *ṣîqlag*)
Pueblo en el suroeste de Palestina, en la esquina sur de la Sefela. Era una posesión ancestral de Simeón (Jos 19.5) y luego de Judá (15.31). De acuerdo a 1 Crónicas 4.30-31 cuando David vino a ser rey de Judá, Siclag y algunos otros pueblos en su vecindad vinieron a ser parte de Judá. Aparentemente Josué 15.31 refleja el tiempo de la monarquía.

Cuando Saúl gobernó Israel, Siclag estaba en manos filisteas, y Aquis, el rey de Gat, le otorgó Siclag a David como un campo (1 S 27.1-6). Después que David vivió allí por un año y cuatro meses, los amalecitas atacaron el pueblo y lo destruyeron mientras David estaba lejos (1 S 30.1-3). Los amalecitas saquearon Siclag, pero David y su grupo los persiguieron y derrotaron en algún lugar al sur de Gaza. David luego regresó a las ruinas de Siclag. Poco tiempo después, David dejó Siclag por Hebrón, donde los judaítas lo ungen como rey de Judá.

La localización exacta de Siclag es desconocida. Dos lugares modernos son posibles candidatos. Tel Ḥalif (Lahav)/Tell el-Khuweilefeh (137087), cerca de 16 km (10 millas) al noreste de Beerseba, y Tell esh-Shariʿa/Tel Seraʿ (119088), a mitad de camino entre Beerseba y Gaza. Excavaciones en Tel Halif muestran que también estuvo bajo influencia filistea cerca del 1000 a.C. y que floreció durante los siguientes siglos también. *Tell esh-Shariʿa* es la localización más probable dado que está cerca de Filistea. Excavaciones allí han revelado algunas faces de ocupación en la edad de hierro, todos con una fuerte presencia filistea. La actividad de construcción más intensa ocurrió durante los siglos X y IX. Casas típicas israelitas de cuatro cuartos y edificios impresionantes de trabajos de albañería de piedras cortadas han sido encontradas. Si este es el lugar correcto para Siclag, fue reconstruida después de la partida de David y continuó siendo parte de Judá.

Paul S. Ash

SICLO (Heb. *šeqel*)
Unidad estándar de peso del AT. Su nombre se deriva de una raíz semítica que significa «pesar». Aunque variaba significativamente, el peso promedio de un siclo parece haber sido un poco más de 11.4 gm (.4 oz). Con la introducción, a gran escala, de una moneda estándar en Israel durante los períodos intertestamentario y nuevotestamentario, la palabra siclo comúnmente se refiere a una moneda de plata que pesaba alrededor de 14.5 gm. (.5 oz).

SICÓMORO (también CABRAHIGO, RVR60, 95)
L. *Ficus Sycomorus*, higuera, árbol robusto que crece hasta los 14 m (45 pies) de alto. Este árbol tropical crecía abundantemente en la Sefela (1 R 10.27; 2 Cr

1.15; 927). No es el sicómoro americano (*Platanus occidentalis*), el sicómoro del Mundo Antiguo (*Platanus orientalis*), ni el moral (l. *Morus Nigra*), como se pensaba anteriormente. Quizás el sicómoro más famoso es el que Zaqueo trepó para ver a Jesús (Lc 19.4; gr. *sykomoréa*).

Tanto la madera como la fruta del sicómoro son valiosas. La madera suave y porosa se usaba en la construcción de las tumbas y ataúdes egipcios. El higo del sicómoro es inferior al higo común, l. *Ficus carica*, pero se cultivaba y se comía en épocas antiguas. Alrededor de tres días antes de la cosecha del higo del sicómoro, se hacía una cortada en la fruta para acelerar la maduración. Amós era, de oficio, recogedor de higos de sicómoro (Am 7.14; Heb. *šiqmâ*).

El higo del sicómoro de los tiempos bíblicos era fertilizado por las avispas. Los sicómoros modernos producen higos sin semillas y crecen solamente de forma cultivada.

MEGAN BISHOP MOORE

SICÓMORO

En Gr. *sykáminos* (Lc 17.6), se refiere por lo general al árbol o arbusto sicómoro negro (*Morus nigra* L.). El jugo del sicómoro fue utilizado para estimular a los elefantes del ejército de Antíoco V en la batalla contra Judas Macabeo (1 Mac 6.34; Gr. *móron*). Algunos opinan que el Heb. *bāḵāʾ* (2 S 5.23-24; 1 Cr 14.14,15) se refiere a esta misma planta, pero otros argumentan que este término se refiere al álamo temblón.

RANDALL W. YOUNKER

SICRÓN (Heb. *šikkĕrôn*)

Ciudad de la frontera del norte de la asignación tribal de Judá (Jos 5.11), ubicada entre Ecrón y el Monte Baala, en la llanura filistea del norte. Se ha identificado con Tel el-Fûl (132136), un pequeño montículo a unos 8 km (5 mi) al sureste de Yavne.

STEVEN M. ORTIZ

SICUT

Nombre (*skwt*) que aparece como el Heb. *sikkûṯ* en Amós 5.26 y le sigue Quiún (*kiyyûn*). La pronunciación masorética sugiere que ambos son ídolos (abominaciones). La tradición judía antigua (LXX, Qumrán) interpretaba la palabra como un objeto santo. Sin embargo las traducciones modernas difieren entre «Sicut, su (vuestro) rey» (NVI, LBLA, DHH) y «el tabernáculo de vuestro Moloc» (RVR60). Si Quiún es el planeta Saturno deificado, Sicut podría haber sido otro planeta, o una estrella, asociado con el dios babilonio Ninurta. Se sabe de un Dios Sicut (< ^{d}SAG.KUD), copero de los dioses, a veces identificado con Ninurta. Su nombre puede ser de origen elamita. El mismo dios también podría mencionarse en el nombre divino compuesto Sukkoth-benoth (*skwt*, que ahora se pronuncia como *sukkôm*), quizás originalmente Sicut de (la diosa) Bānîtu. Se sugiere que los babilonios han adorado a ambos dioses que se volvieron a establecer en Samaria (2 R 17.30). No está claro si el culto astral de Sicut se expandió a occidente antes o después de la expansión neoasiria, en el siglo VIII a.C. Si llegó con los colonizadores, implica que el texto es una inserción posterior en Amós. Sin embargo, las formas de los nombres sugieren a un intermediario semítico occidental.

Bibliografía. M. Cogan, «Sukkoth-benoth», *DDD*, 821-22; M. Stol, «Sakkuth», *DDD*, 722-23.

Meindert Dijkstra

SIDIM (Heb. *śiddîm*), **VALLE DE**

Valle donde el rey Quedorlaomer de Elam y sus aliados conquistaron a los ejércitos de Sodoma, Gomorra, Adma, Bela (Zoar) y Zeboim (Gn 14). Identificado en Génesis 14.3 como el Mar Salado (Mar Muerto), a Sidim frecuentemente se le asocia con el extremo sur del mar, donde los depósitos modernos de betún evocan a los pozos de asfalto que se mencionan en el v. 10, en los que los soldados de los ejércitos de Sodoma y Gomorra cayeron durante su retirada. Al igualar el Mar Salado con el valle de Sidim, Génesis 14 parece implicar un sumergimiento posterior del valle como resultado de la destrucción de Sodoma y Gomorra (Gn 19).

RYAN BYRN

SIDÓN (Heb. *ṣîḏôn*; Gr. *Sidṓn*)

Metrópolis fenicia y puerto famoso del sur de Líbano, a unos 40 km (25 mi) al sur de Beirut. La ciudad moderna de Saidā está situada en el lugar antiguo y la arqueología ha explorado solamente su perímetro. Sidón tenía un complejo puerto doble, que consistía de un muelle extraterritorial aislado, con múltiples lugares para desembarcar en la playa, al norte de la ciudad. En el sur había un refugio natural llamado Bahía Redonda. La última descripción antigua de los puertos de Sidón está en los escritos del matemático griego de Alejandría, Aquiles Tacio.

La ciudad se menciona en registros egipcios (*Ḍdn*), hititas, ugaríticos (*Sdyn*) y asirios del segundo milenio a.C., su rey Zimr-adda apoyó las rebeliones locales en contra de la autoridad egipcia en el Líbano. Su nombre cananeo era *Sidunu,* que probablemente se derivó de la raíz *ṣwd,* «cazando, pescando» (cf. Heb. *ṣayiḏ*). En el fenicio y el hebreo subsecuentes el nombre fue Sîḏôn, la forma también se confirma en griego (el autor romano Justino consideró que esto era la palabra fenicia para «pez»).

La declaración de Génesis 10.15 de que Sidón era el primogénito de Canaán parece ser una alusión al papel prominente que esta ciudad jugó en la cultura cananea. Según Josué 11.8; 19.29, la conquista hebrea de la Tierra Prometida se extendió hasta el territorio del Gran Sidón (*ṣîḏôn rabbâ*), y la región entonces fue asignada a la tribu de Aser. Sin embargo, otros relatos bíblicos indican que los hebreos no se establecieron en esa área del Líbano (cf. Jue. 18.28). Los escritores greco-romanos (Strabo *Geog.* 16.2.13; Justino 18.3.5) registran una tradición de que los refugiados sidonios reconstruyeron Tiro después de su destrucción en la era de la Guerra de Troya.

Estas tradiciones posteriores en cuanto al papel principal de Sidón en Fenicia también fueron bien conocidas para los primeros griegos. En las épicas de Homero, el título sidonio es sinónimo de la palabra «fenicio», así como en la Biblia sidonio también puede referirse a los cananeos costeros en general (1 R 5.6[TM 20]). Deuteronomio 3.9 preserva una tradición de que los sidonios hablaban un dialecto distinto, supuestamente lo que ahora llamamos fenicio. Entre las numerosas mujeres extranjeras con las que Salomón se casó habían damas «sidonias» (1 R 11.1), y a Etbaal, padre de la reina Jezabel, los hebreos lo conocían como el «Rey de los sidonios» (1 R 16.31) aunque era rey de Tiro.

Sidón perdió mucho de su poder y prestigio bajo el dominio asirio y babilonio del Levante, comenzando en el siglo IX. En varios pasajes proféticos de la Biblia hay alusiones a la decadencia de Sidón, y a la de otros reinos de la región, bajo los golpes aplastantes de ejércitos imperiales invasores (Is 23.4; Jer 25.22; 47.4; Ez 28.20-27; Jl 3.4[4.4]).

Bajo los reyes persas, Sidón recuperó mucho de su gloria y territorio perdidos y de su influencia política. El emperador persa Darío I (alrededor de 522-486) cedió la franja fértil de la costa de Dor a Jaffa, al rey sidonio Eshmunazsr II (alrededor de 501-487), un hecho que llevó a la fundación de varios poblados sidonios en esta región. Durante esa generación, cuando los judíos reconstruyeron el Templo en Jerusalén, los cedros del Líbano para su construcción fueron transportados por los sidonios y los tirios al «mar de Jaffa» (Esd 3.7), quizás al poblado de Tell Qasile.

En la era helenística, cuando Sidón todavía competía con Tiro por la primacía de Fenicia, la ciudad acuñaba monedas que tenían la leyenda: «Perteneciente a los sidonios, metrópolis de Cambe, Hipp, Citium, Tiro». Cambe se refiere a Cartago —ciudad fundada por los tirios— en tanto que Tiro, ubicada solamente a 35 km (22 mi) de Sidón aparece de último en la lista. La región de Tiro y Sidón se menciona en la narración de Jesús y la mujer cananea del NT (Mt 15.21-28; cf. Mr 7.24-31).

Bibliografía. W. F. Albright, «The Role of the Canaanites in the History of Civilization,» in *The Bible and the Ancient Near East,* ed. G. E. Wright (1961, repr. Garden City, 1965), 438-87; H. Frost, «The Offshore Island Harbour at Sidon and Other Phoenician Sites in the Light of New Dating Evidence,» *International Journal of Nautical Archaeology* 2 (1973): 75-94; N. Jidejian, *Sidon through the Ages* (Beirut, 1971); T. Kelly, «Herodotus and the Chronology of the Kings of Sidon,» *BASOR* 268 (1987): 39-56.

Robert R. Stieglitz

SIERVO

Persona empleada o, de otra manera, sujeta a servir a otra persona y a cumplir tareas para ella. Claramente, muchos siervos que se mencionan en la Biblia no son esclavos, sino que están en una forma de labor dependiente, distinta a una esclavitud de posesión personal. Las palabras Heb. *ʿebeḏ* y Gr. *doúlos* cubren amplios dominios semánticos que designan a una variedad de subordinados y frecuentemente no son técnicas en la lengua vernácula antigua.

Los «siervos del rey» incluyen a soldados y marineros de un ejército profesional (1 S 18.5; 2 S 2.13-17; 1 R 9.26-28; 2 Cr 8.18). Ya que reciben pago y se les hace «comandantes de miles y comandantes de cientos», estos claramente no son esclavos de posesión personal sino súbditos libres que se les ha comisionado como oficiales militares (1 S 22.6-10; cf. 1 R 9.22). Otros son funcionarios del rey: asesores reales (1 S 16.15; 2 S 15.34), administradores secretariales o financieros (2 R 22.3-13; 2 Cr 34.8-18), supervisores de trabajo (1 S 21.7[TM8]; 1 R 9.23; 11.26; 2 Cr 13.6), embajadores políticos (2 S 10.2-4; 2 R 19.23; Is 37.24) y cortesanos reales (2 S 8.14; 11.9, 13). Estos siervos poseen respeto y mando como funcionarios del monarca.

Otras referencias del AT designan a gente no con honor sino con entrega militar y sumisión militar (p. ej., los gabaonitas ante Josué, Jos 9.11; los guardianes de los descendientes de Acab en Samaria que le escriben a Jehú, 2 R 10.5). En esta conexión, hasta los monarcas pueden ser descritos como siervos (p. ej., el mensaje de Acaz a Tiglat-pileser II de Asiria, 2 R 16.7; cf. 2 S 10.19; 2 R 18.24). Ejemplos adicionales de esas designaciones negativas —unos cuantos que se vinculan con el ser llamado «perro»— conllevan humillación, deshonra y lamento (2 R 8.13; 2 S 9.8).

El término religioso «siervo de Dios» aparece como una autodepreciación humilde ante una deidad. Su concentración más alta ocurre en una sección de Deutero-Isaías (Is 40-55). Aunque 13 de las circunstancias se refieren claramente a la nación de Israel como el siervo, los versos restantes no son claros y los eruditos debaten en cuanto a si los cantos se refieren a Israel o a otro individuo. Cualquiera que sea su referente, el siervo se asemeja a los reyes preexílicos y especialmente a los profetas. Al tener conocimiento del plan divino de Jehová, el siervo-profeta de Isaías tiene el llamado de guiar al pueblo hacia la obediencia a Jehová (Is. 49.1-6; inspirado en el llamado de Moisés en Ex 3-4). Más tarde, los autores del NT aplican estos «Cánticos de Siervo» a Jesucristo.

Entre las personas del AT que se les llama siervos de Jehová (o Dios) están Abraham (Gn 26.24; Sal 105.6, 42), Jacob (Ez 28.25), Caleb (Nm 24.24), Josué (Jos 24.29), David (Sal 144.10; Is. 37.35; Ez 37.24-25), Ahías de Silo (1 R 14.18; 15.29), Elías (2 R 9.36; 10.10), Jonás «hijo de Amitai, profeta» (14.25), Isaías (Is 20.3), Eliaquim (22.20), Job (Job 1.8; 2.3), Zorobabel (Hag. 2.23) y especialmente el gran profeta Moisés (Ex 4.10; Nm 11.11; 12.7; Dt 3.24; Neh 20.29[30]; Dn 9.11; Mal 4.4[3.22]). Estas referencias ilustran la designación que hace el término del piadoso y fiel en Israel y Judá, especialmente en profetas y gobernadores. Los autores del NT se fundamentan en este uso metafórico, especialmente, Pablo (Ro 1.1; Gá 1.10; Fil 1.1; el apóstol cristiano como «siervo de Cristo»), Lucas (Lc 12.41-46; los esclavos administrativos claramente representan a líderes eclesiásticos) y el autor de Apocalipsis (Ap 1.1; 2.20; 19.5; 22.6; a los recipientes de profecía se les llama esclavos de Dios, como lo es el mismo Juan).

El término más importante que se usa en el NT para siervo es el gr. *diákonos,* que en fuentes griegas antiguas denota a un emisario y portavoz de otra persona. Pablo da la evidencia más antigua y más extensa de este significado a principios del cristianismo. Se describe a sí mismo y a Apolos como *diákonos* («emisarios») y comunica que ambos pertenecen a una deidad, que se les ha confiado el mensaje de la deidad, que tienen la comisión de anunciarlo y, por lo tanto, tienen el derecho de que se les escuche y crea (1 Co 3.5; cf. 2 Co 3.6; 6.4). Con la palabra *diákonos,* Pablo expresa su privilegio específico de portavoz y embajador autorizado de Dios. Pablo, a su vez, tiene a sus propios emisarios entre las iglesias, como Febe (Ro 16.1-2), Timoteo (1 Ts 3.2) y tal vez Onésimo (Flm 13). Según los Evangelios Sinópticos, esta comprensión del ministerio cristiano primitivo de ser embajadores viene de Jesús: «el que quiera hacerse grande entre vosotros será vuestro servidor... Porque el Hijo del Hombre no vino para ser servido, sino para servir» (Mr 10.43-45 par.; cf. Lc 22.26-27). El significado se encuentra en las áreas de mensaje, agencia y presencia como emisario del cielo (la otra posibilidad, «servir las mesas», no tiene paralelo en otras fuentes cristianas y no tiene precedentes en fuentes no cristianas, por lo que aquí no es posible). Entre los conceptos que se relacionan con el siervo como asistente de una autoridad más alta están *hypērétēs* (más frecuentemente en Juan) y *therápōn* (Heb. 3.5, de Moisés).

Bibliografía. J. N. Collins, *Diakonia: Re-interpreting the Ancient Sources* (Oxford, 1990); W. Zimmerli and J. Jeremias, *The Servant of God,* rev. ed. SBT 20 (London, 1965).

J. Albert Harrill

SIERVO DEL SEÑOR

Alguien que pertenece a Jehová y busca hacer su voluntad. El AT designa a muchas personas como siervos de Jehová (*ʿebed YHWH*): Abraham (Gn 26.24), Moisés (p. ej., Ex 14.31; Dt 34.5; Jos 1.2, 13), Josué (Jue 2.8), David (p. ej., 2 S 3.18; Ez 34.23-24), Ezequías (2 Cr 32.16), Isaías (Is 20.3) y Zorobabel (Hag 2.23). A los profetas, como grupo, también se les llama siervos de Jehová (2 R 17.3; Am 3.7; Jer 7.25; 26.5).

Segundo Isaías (Deutero-Isaías)

Cuatro poemas de Segundo Isaías (Is 40-45) se centran en el tema del Siervo de Jehová: Isaías 42.1[5.9]; 49.1-6[7]; 50:4-9[10-11]; 52.13-53.12 (algunos eruditos incluyen los versículos en corchetes, otros los excluyen). Referencias dispersas de lo mismo aparecen en Isaías 41.8-9; 42.19; 43.10; 44.1-2, 21, 26; 45.4, 48.20; 50.10.

En el primer poema (Is 42.1-4 [5-9]), Jehová describe a su siervo como escogido, dotado del Espíritu, humilde y compasivo. Perseverará hasta que lleve justicia a las naciones. En el segundo poema el siervo testifica que ha sido llamado antes de nacer, que ha sido preparado como su arma especial y escondida; el siervo siente que su labor es en vano, pero confiará en Dios para que lo vindique (49.1-4). Aquí, a Israel se le identifica como el siervo (49.3), cuya misión, paradójicamente, es restaurar al Israel caído y ser una luz a las naciones (vv. 5-6). Aunque el término «siervo» no aparece en 50.4-9 [10-11], la mayoría de eruditos considera que este pasaje es parte de la serie. Aquí, el siervo es el discípulo de Jehová, fiel y obediente, que soporta el menosprecio, abuso y golpes dolorosos, pero que sigue confiando en que Dios lo vindicará. En el cuarto poema (52.13-53.12) un grupo, probablemente las naciones, habla de los sufrimientos vicarios del siervo por ellas y de su exaltación final.

Los eruditos han identificado a varias personas como siervos de Jehová. Se resalta a Ciro como alguien a quien Dios ha ordenado para que domine a reinos a fin de que Jerusalén y el templo puedan ser reconstruidos (Is 44.28-45.1). Extraordinariamente, hasta es designado como mesías de Jehová, o el ungido (Is 45.1). Sin embargo, Ciro difícilmente cumple el simbolismo del sufrimiento del tercer y cuarto poemas. Otro candidato, Jeremías, sufrió, pero a diferencia del siervo de Isaías 53.7, que era silencioso, se quejó amargamente (Jer 15.18; 20.7-8). Ya que Segundo Isaías predice un nuevo éxodo (Is 40.3-5; 43.16-19; 48.20-21; 51.9-11), es posible que haya pensado en un nuevo Moisés que sacaría al pueblo de Babilonia y lo llevaría a la Tierra Prometida. Sin embargo, Segundo Isaías declara muy claramente que el siervo es Israel (Is 41.8; 44.1-2, 21; 45.4; 49.3), y de esta manera es un siervo colectivo y no individual. En el segundo Cántico (Is 49.1-6 [7]), «siervo» se utiliza equívocamente. ¿Cómo puede Israel ser el pueblo caído, con necesidad de restauración, y al mismo tiempo el obediente que restaura a los demás? Hay dos Israeles: el pecaminoso y el justo. El siervo de Jehová, entonces, por lo menos en el siglo VI a.C., es el grupo de los fieles que sufren por el resto de Israel, compran su redención del exilio (Is 40.1-2), restauran al Israel caído y testifican a los gentiles.

El judaísmo del Segundo Templo

El mensaje de Segundo Isaías para el siglo VI se convirtió en un paradigma para todos los tiempos. El judaísmo llegó a creer que el sufrimiento vicario de los justos podría expiar el pecado. La muerte era especialmente eficaz. Las muertes de sumos sacerdotes, de niños inocentes y de mártires tenían poder redentor. Además, se identificaba al siervo de Jehová con el Mesías, desde el momento en que a David se le llama «mi siervo» (2 S 3.18; 7.5, 8), en pasajes posteriores que invocan a las tradiciones de Sion y David (2 R 19.34 = Is 37.35) y en un pasaje que anticipa a un mesías futuro (Ez 34.23-24; 37.24-25). En el período posexílico, al gobernador Zorobabel, descendiente de David, se le llamó «mi siervo el Renuevo» (Zac 3.8; cf. Is 11.1; 53.2). En algunos círculos, el judaísmo palestino consideraba que el siervo sufriente de Isaías 53 era el Mesías (cf. Tárgum de Isaías 52.13).

Nuevo Testamento

No es de extrañar que los escritores del NT identificaran a Jesús como el Siervo del Señor. Según Mateo 8.17, la sanidad que Jesús dio al enfermo cumple con Isaías 53.4. De manera similar, Mateo 12.18-21 cita el segundo Cántico del Siervo, Isaías 42.1-4 (cf. también con Mr 1.11 e Is 42.1). Cuando Jesús predice su sufrimiento y muerte (Mr 9.12, 31; 10.33; Lc 24.7) probablemente está reflexionando en los Cánticos del Siervo. En paralelos más específicos, Jesús vino a servir y a dar su vida en rescate por muchos (Mt 20.28 = Mr 10.45; Is 53.11-12); se quedó callado ante sus acusadores (Mt 26.63; 27.12, 14 par.; Lc 23.9; Jn 19.9; Is 53.7) y en la cruz intercedió por pecadores (Lc 23.34; Is 53.12). Cuando la gente no creyó las señales de Jesús, Juan lo vio como un cumplimiento de Isaías 53.1 (Jn 12.38; cf. Ro 10.16). Pedro llama a Jesús el siervo (Hch 3.26; 4.27, 30) y Felipe enseña al eunuco etíope para que crea que Jesús ha cumplido Isaías 53 (Hch 8.32-35). Pablo incluye un himno que exalta a Jesús como el siervo sufriente de Isaías (Fil 2.6-11). Pedro enseña que el Señor sin pecado sufrió en silencio, que cargó con los pecados de otros para que sean perdonados (1 P 2.22-25; 3.18).

Bibliografía. J. Jeremias, *The Eucharistic Words of Jesus* (Philadelphia, 1990); H. H. Rowley, *The Servant* *of the Lord*, 2nd ed. (Oxford, 1965); W. Zimmerli and J. Jeremias. «país theoú,» *TDNT*5:654-717.

William B. Nelson, Jr.

SIERVOS DE SALOMÓN
En sentido general, todos los que estaban empleados en la casa de Salomón y los funcionarios del reino (1 R 4.1-19; cf. 3.15; 5.6[TM 20]). Entre los que regresaron a Judá después del Exilio había un grupo denominado «hijos de los siervos de Salomón» (Esd 2.55-58 = Neh 7.57-60), probablemente descendientes de no israelitas que Salomón esclavizó y que llegaron a representar una clase distinta en Judá e Israel (1 R 9.20-21). Aparentemente constituían una clase de personal del templo posexílico, similar en funcionamiento a los netinim (Esd 7.24).

SIETE PALABRAS, LAS
Los dichos que Jesús pronunció cuando estaba en la Cruz. El orden tradicional de las siete «palabras» registradas es: (1) «Padre, perdónalos, porque no saben lo que hacen» (Lc 23.34); (2) a uno de los que estaban crucificados con él: «De cierto te digo que hoy estarás conmigo en el paraíso» (v. 43); (3) a María su madre y al «discípulo a quien él amaba»: «Mujer, he ahí tu hijo» y «He ahí tu madre» (Jn 19.26-27); (4) «Elí, Elí, ¿lama sabactani? (Mt 27.46 = Mr 15.34); (5) «Tengo sed» (Jn 19.28); (6) «Consumado es» (v. 30); y (7) «Padre, en tus manos encomiendo mi espíritu» (Lc 23.46).

SIETE, LOS
Título que se dio a los siete hombres (Gr. *hoi heptá*) que la Iglesia nombró y que los apóstoles ordenaron para «servir las mesas» («administración», DHH)

Véase Diácono.

SIFI (Heb. *šip̱ʿî*)
Hijo de Alon; líder de una familia simeonita (1 Cr 4.37).

SIFMITA (Heb. *šibmî*)
Gentilicio que se le asigna a Zabdi, encargado de las viñas reales de David (1 Cr 27.27). El término puede indicar su origen de Sefam (cf Nm 34.10-11) o Sifmot (cf. 1 S 30.28).

SIFMOT (Heb. *śipmôṯ*)
Ciudad del sur de Judá a cuyos habitantes David envió parte del botín que había tomado de los amalecitas (1 S 30.28). La ubicación de Sifmot es desconocida. Zabdi «el sifmita», encargado de la viña de David (1 Cr 27.27) pudo haber sido de Sifmot.

SIFRA (Heb. *šiprâ;* Egip. *Šp-ra)*
Una de las dos parteras hebreas a las que Faraón ordenó que mataran a todos los niños varones que nacieran a los israelitas (Ex 1.15-16).

SIFTÁN (Heb. *šiptān)*
Padre de Kemuel, representante de Efraín entre los que ayudaron a Moisés en la división de la tierra. (Nm 34.24).

SIGAIÓN (Heb. *šiggāyôn*), **SIGIONOT** (Heb. *šigyōnôṯ*)
Término que aparece en el título del Salmo 7 y en forma plural en Habacuc 3.1, que es título de un salmo (vv. 2-19). Es posible que el término indique que estos son cantos que deben entonarse en un lamento o en un estilo fúnebre (cf. Ac. *šegu*, «lamento»), o que su estructura y entonación varían de una parte a otra (cf. Heb. *šāgâ*, «oscilar»).

SIGLO (Heb. *ʿôlām*; Gr. *aiṓn)*
Un período largo e indefinido (Heb. *ʿôlām*) que podría provenir del pasado al presente («de la antigüedad») o se extiende en el futuro («por siempre [y siempre]»). La extensión de tiempo está relacionada con el contexto, pero cuando ésta concierne a Dios, que es eterno, puede ser absoluta (Sal 90.2). La LXX por regla general traduce *ʿôlām* como Gr. *aiṓn,* con poco cambio del sentido.

En el siglo I d.C. el judaísmo apocalíptico tenía una extendida expectación de una nueva era (4 Esdras 6.7-10; 7.112-113; 2 En 65.7-8), que se convirtió en la base para la división judeo-cristiana de la historia mundial en dos siglos o eras (Mt 12.32; Ef 1.21): el presente siglo está bajo el gobierno de Satanás y se caracteriza por el mal (2 Co 4.4; Gá 1.4), y el siglo venidero (Lc 18.30; Jn 17.3). El NT sostiene la convicción de que el siglo venidero ya se ha manifestado en Jesucristo (1 Co 10.11; Heb 6.5; 9.26), y será manifestado en plenitud en su Segunda Venida.

Dale F. Leschert

SIHÓN (Heb. *šîʾōn)*
Ciudad del territorio tribal de Isacar (Jos 19.19). Entre las posibles ubicaciones están Sirin, a 22.5 km (14 mi) al sureste del Monte Tabor y ʿAyun esh-Shaʿhin, alrededor de 5 km (3 mi) al este de Nazaret.

SIHOR (Heb. *šîḥôr, šīḥôr, šīḥōr)*
Río que marca la frontera entre Egipto y Palestina. Es posible que el nombre se derive del egipcio P_3*-š-Hr*

(«estanque de Horus»), nombre antiguo de una porción de agua de ubicación incierta, o puede estar relacionado con el Heb. *šāḥōr*, «negro»; ya no se entendía en la época de los traductores de la LXX (cf. Jos 13.3; gr. *aoíkētos*, «deshabitado»; 1 Cr 13.5; *hória*, «fronteras»; Jer 2.18, *Gēōn*, «Gihón»). El término probablemente designa a los brazos de Bubastis o Pelusio del Nilo (p. ej., Jos 13.3; 1 Cr 13.5; Is 23.3). De otra manera, el término puede referirse al Nilo en sí (Jer 2.18).

SIHORLIBNAT (Heb. *šîḥôr libnāṯ*)
Lugar de la frontera occidental del territorio asignado a la tribu de Aser, en los alrededores de Carmelo (Jos 19.26). Ya que el Heb. *šîḥôr* fue utilizado por los escritores bíblicos para referirse al Nilo (Is 23.3; Jer 2.18) o a un río que fue utilizado como frontera del sur de Canaán (Jos 13.3) e Israel (1 Cr 13.5), y la palabra parece haberse derivado de una palabra egipcia que significa «lago/río de Horus», Sihorlibnat muy probablemente se refiere a un río cerca de Carmelo. A menudo se le identifica con el brazo más bajo del río Kison (Naḥal Qishon/Nahr el-Muqatta'), que fluye más o menos del noroeste, desde el Monte Gilboa al Mar Mediterráneo, cerca de Libnat (Tell Abu Huwam), al NE del Monte Carmelo. Sin embargo, se han sugerido otras identificaciones (como el Naḥal Dyah y el Naḥal Tanninim).

ERIC F. MASO

SILA (Heb. *sillā'*)
Quizás un mojón o sección de la Ciudad de David que se menciona en conexión con la casa de Milo (3; 2 R 12.20[TM 21]).

SILAS (Gr. *Sílas*) (también SILVANO)
Líder de la iglesia de Jerusalén y compañero de Pablo en su segundo viaje misionero (Hch 15.22-18.5). Es el mismo que Silvano de las Epístolas (2 Co 1.19; 1 Ts 1.1; 2 Ts 1.1; cf. Hch 16.19-24; 18.1-5; 1 Ts. 2.2). Silvano es la forma latina y Silas es un nombre semítico, o bien una abreviatura griega.

Silas es uno de los «varones principales» de la iglesia de Jerusalén, que fue escogido para entregar y explicar a los creyentes de Siria y Cilicia la decisión del concilio de Jerusalén (Hch 15.22). Él y Judas (Barsabás) acompañaron a Pablo y a Bernabé en esta misión importante, y como profetas (Hch 15.32) animaron y fortalecieron a los de Antioquía. Aparentemente, después de que Silas regresó a Jerusalén (Hch 15.33) volvió a Antioquía.

Después de su desacuerdo con Bernabé, Pablo escogió a Silas para que lo acompañara en su segundo viaje misionero (Hch 15.40), que comenzó en Siria y Cilicia. La presencia de Silas le dio a su ministerio la aprobación de Jerusalén (cf. Hch 16.4) y otro beneficio para sus viajes fue que era ciudadano romano, al igual que Pablo (16.37-38). Al unírseles Timoteo en Listra y Lucas en Troas, se aventuraron en Macedonia (Hch 16.8-11), donde ministraron en Filipos y fueron encarcelados brevemente (vv. 19-40), y después fueron a Tesalónica y Berea antes de que Pablo fuera obligado a huir a Atenas. Aunque es posible que Silas y Timoteo hubieran visitado a Pablo en Atenas por algún tiempo (Hch 17.15), aparentemente ministraron en Macedonia antes de reunirse con Pablo en Corinto (Hch 18.5; 2 Co 1.19). Allí a Silas se le menciona, al igual que a Pablo y Timoteo, como coremitente de las epístolas tesalónicas (1 Ts 1.1; 2 Ts 1.1).

Silas (Silvano) aparentemente estuvo después en Roma, donde ayudó a Pedro con su primera carta (1 P 5.12), ya sea como amanuense o mensajero de Pedro. La recomendación personal de Pedro para Silas y la ausencia de un saludo por parte de Silas a los recipientes (cf. Marcos en 1 P 5.13), favorecen lo segundo.

Bibliografía. F. F. Bruce, *The Pauline Circle* (Grand Rapids, 1985), 23-28; D. E. Hiebert, *Personalities Around Paul* (Chicago, 1973), 88-97; B. N. Kaye,»Acts'Portrait of Silas,» *NovT* 21 (1979): 13-26.

W. EDWARD GLENNY

SILEM (Heb. *šillēm*) (también SALUM)
Hijo de Neftalí (Gn 46.24); antepasado de los silemitas (Nm 26.49). Se le llama Salum en 1 Crónicas 7.13.

SILHI (Heb. *šilḥî*)
Padre de Azuba, esposa del rey Asa y madre de Josafat (1 R 22.42; 2 Cr 20.31).

SILHIM (Heb. *šilḥîm*)
Ciudad que Josué asignó a la tribu de Judá (Jos 15.32). El listado paralelo de la asignación de Simeón (Jos 19.6) puede reflejar la asimilación territorial de Simeón con Judá, así como la asociación geográfica de Silhim con Saruhén y Saaraim (1 Cr 4.31).

RYAN BYRNE

SILLA, ASIENTO
Las sillas datan desde tiempos antiguos en todo el mundo del Cercano Oriente, y consisten de un

asiento, patas y a veces de un respaldo y brazos. Por siglos solamente las utilizaron los acaudalados y poderosos. La terminología bíblica (Heb. *môšāḇ, šeḇeṯ, kissē'*; Gr. *kathédra, prōtokathedría, prōtoklisía*) frecuentemente dificulta distinguir entre asiento, silla, banco y a veces trono.

La mayoría de las referencias bíblicas al asiento se relacionan con honor y autoridad, donde el asiento es un sinónimo del cargo de la persona (sin embargo, cf. Sal 1.1; Pr 9.14). Estar sentado en un trono, como el excesivamente adornado trono de Salomón de oro y marfil (1 R 10.18-20; Heb. *kissē'*), era sinónimo de poseer autoridad real (16.11; 2 R 11.19; Hch 12.21-22). El gr. *thrónos,* «trono» se usa de manera metonímica en lugar de poder real (Lc 1.52). El simbolismo de un rey sentado con autoridad real, mirando por encima de sus súbditos describe la majestad y soberanía de Dios sobre la naturaleza y toda la creación (Sal. 113.5-6; cf. Ez 1.26). El listado del tributo que Senaquerib recibió de Ezequías de Judá (alrededor de 701 a.C.) menciona tanto los sofás como las sillas (*ANET,* 288). El asiento de la carroza de Salomón, así como la carroza en sí, era de un esplendor recargado de adornos (Cnt 3.9-10).

A los que se sentaban en las cortes reales se les ubicaba cuidadosamente de acuerdo al relativo poder y honra, así como a la deshonra (1 S 2.8; 1 R 10.5; Sal 113.8; cf. 1 R 2.19; Est 3.1; también Jer. 13.18).

Los gobernadores y los jueces escuchaban casos y pronunciaban sentencias sentados en un lugar público (2 Cr 19.8; Sal 122.5; Mt 27.19; Juan 19.13; Hch 25.6), frecuentemente cerca de una puerta (2 S 19.8; cf. Jer 26.10). El simbolismo de un juez sentado a menudo describe juicio escatológico (Dn 7.9; Ro 14.10; Ap 20.4, 11).

Sentarse también era importante en las sinagogas. Los «primeros asientos» (Mr 12.39 par.) se reservaban para los ancianos, que se sentaban al frente con la espalda hacia el arca, viendo hacia la congregación. Jesús menciona la «cátedra de Moisés» (Mt. 23.2), que es tanto un cargo figurado de interpretar la ley como una silla de piedra literal, en la parte frontal de muchas sinagogas, asignada a un anciano, supuestamente un erudito de distinción. La sinagoga del siglo III d.C., que fue desenterrada en Capernaúm, tiene dos bancas de piedra a lo largo de ambos lados.

La cátedra (gr. *kathédra*), que originalmente era una silla portátil usada por mujeres romanas y griegas, le dio su nombre a un tipo de silla desde la que los filósofos disertaban. En la iglesia primitiva, el término se aplicó a una silla en la que el obispo se sentaba, y de allí el nombre «catedral».

Las sillas ordinarias juegan papeles importantes en las Escrituras, entre las que estaba la silla de Elí en la puerta del santuario de Silo (1 S 1.9) y junto al camino, o al lado de la puerta (4.13, 18), la silla de Eliseo en su cámara del techo (2 R 4.10), el asiento de Job en el mercado o plaza del pueblo, y los lugares que los vendedores tomaron en el templo (Mr 11.15 par.).

T. J. Jenney

SILO (Heb. *šilōh*)

Antiguo lugar santo del territorio norcentral de Efraín, a unos 27 km (17 mi) al norte de Betel, a 3 km (2 mi) al este del camino principal, en Tell Seilûn (178162). Fue el santuario principal del norte por mucho del período premonárquico, el lugar del arca (1 S 1-3), del tabernáculo de reunión (Jos 18.1; 19.51b; 1 S 2.22b) y del altar (Jos 22.9-34). Según Josué 18.9, Silo también fue el primer lugar del campamento de guerra. Las tradiciones primitivas también asocian a Silo con el sacerdocio aaronita de Finees (Jos 22.13, 30-32; 24.33). Además, Silo es uno de los dos santuarios, ambos del norte, que fueron consagrados en las tradiciones sacerdotales del Hexateuco, el otro es Betel (Gen 35.9-15). De esta manera, no es inapropiado considerar a Silo como el lugar de las tradiciones sacerdotales y, por lo tanto, considerar a estas como del norte, ya que Jerusalén consideraba que ambos santuarios eran heréticos (cf. Sal 78.56-72; 1 R 12.25-33). Silo también pudo haber sido el santuario principal que apoyó a Saúl, ya que el desastre al que se refiere en Salmos 78.56-72 se asocia de mejor manera con el fallecimiento de Saúl en el Monte Gilboa que con una victoria filistea anterior. Tanto la historia de Silo como la de Saúl se han editado para transmitir la opinión davídica de que el reinado de Saúl era ilegítimo, ya que estuvo sin el arca ni el santuario. Pero el arca sí aparece, enigmáticamente, durante el reinado de Saúl en 1 Samuel 14.18, donde la carga un sacerdote silonita que se llama Ahías, nombre que posteriormente se asocia con el santuario (1 R 11.29-40).

Después del reinado de Saúl, Silo fue reemplazada en importancia por la ciudad jebusea de Jerusalén, a donde David llevó el arca, y de esta manera asigna la herencia de Silo a su propio régimen (que probablemente fue presagiado en el pasaje enigmático de Gn 49.10). De esta manera David buscó enlazar las tradiciones sacras del norte con su propia casa del sur. Aun así, es posible que el profeta Ahías el silonita haya representado las tradiciones sacras de Silo, y a finales de la monarquía aparece como un lugar desde el cual los peregrinos viajan hacia el sitio destruido del Templo de Jerusalén (Jer 41.5). Para el profeta Jeremías, la extinción del santuario de Silo fue una advertencia para Jerusalén, del destino que estaba a punto de acontecerle (Jer 7.12-15; 26.6-9).

El debate histórico acerca de Silo se ha centrado en la fecha y circunstancias de su destrucción. Con base en Salmos 78.52-72, E. W. Hengstenberg en 1839, por primera vez, postuló una destrucción real del lugar, y explicó por qué el santuario central podría haberse trasladado legítimamente de Silo a Jerusalén, sin ninguna violación de la ley de centralización de Deuteronomio. Las investigaciones arqueológicas de los daneses, bajo la dirección de Aage Schmidt en 1922-1932, parecieron apoyar una destrucción de Silo durante el período de la Edad de Hierro Temprana I. William F. Albright fechó esta destrucción en 1050, al final del período premonárquico e inmediatamente antes del reinado de Saúl. Excavaciones subsecuentes de Marie-Luoise Buhl y Svend Holm-Nielsen en 1963 revirtieron esta posición y atribuyeron la destrucción a alguna fecha en la Edad de Hierro II. Excavaciones adicionales realizadas por Israel Finkelstein en la década de 1980 parecen confirmar la primera postura de Albright y Schmidt. Sin embargo, las únicas referencias bíblicas de cualquier destrucción de Silo se originan en la fecha tardía del ministerio de Jeremías. En ninguna parte se registra una destrucción del lugar en la Edad de Hierro I.

La datación de la capa de destrucción de la Edad de Hierro I debería realizarse con sumo cuidado. La sugerencia de que esa destrucción ocurrió a finales del reinado de Saúl (contradictoria con una opinión más tradicional de que el desastre que sufrió el sacerdocio de la familia de Elí en 1 Samuel 4, y que se refleja en el Salmo 78, ocurrió después del reinado de Saúl) sería difícil de justificar, o de refutar, dada la amplia extensión de tiempo en la que la capa de destrucción de Tell-Seilûn puede encajar, aun dentro de la Edad de Hierro I.

Bibliografía. I. Finkelstein, *The Archaeology of the Israelite Settlement* (Jerusalem, 1988); Finkelstein, ed., *Shiloh: The Archaeology of a Biblical Site* (Tel Aviv, 1993); D. G. Schley, *Shiloh: A Biblical City in Tradition and History*. JSOTSup 63 (Sheffield, 1989).

Donald G. Schley

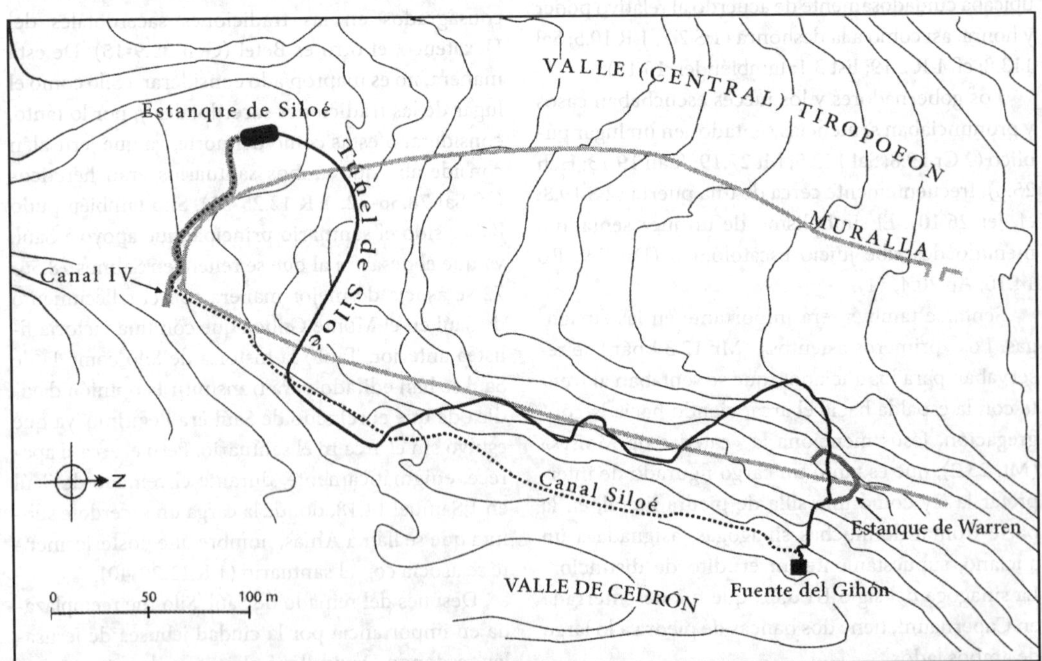

Sistema de suministro de agua de la Edad de Hierro II de la Ciudad de David (estratos 14-10), que representa el Canal de Siloé (Proyecto Arqueológico de la Ciudad de David)

SILOÉ (Gr. *Silōam;* Heb. *šilōaḥ*), **CANAL DE**
Canal II, sistema de abastecimiento de agua de la antigua Jerusalén que se abrió alrededor de 3 m (10 pies) por arriba del suelo del Estanque de Gihón y seguía un curso que se extendía afuera del muro de fortificación, en la pendiente oriental de la Ciudad de David. Es un sistema compuesto que consistía, en parte, de un túnel labrado en roca y, en parte, de un canal labrado en la roca y cubierto con piedra, que varía de 0.4 a 0.6 m (1.3-2 pies) de ancho y de 1.4 a 2.75m (4.6-9 pies) de alto. A grandes rasgos, se ha investigado la mitad de sus aproximadamente 400 m (1312 pies) de largo.

Debido a que Gihón es un manantial cárstico, a manera de sifón, cuyo desagüe brotaba intermitentemente, sus aguas excedentes no se podían usar de manera eficiente, a menos que las captaran, almacenaran y distribuyeran. El Canal de Siloé fue diseñado para controlar las aguas excedentes del Gihón en tres maneras: al conducirlas a una reserva ubicada en los límites del sur del Valle de Tiropeon; al soltarlas en lugares agrícolas en el Valle de Cedrón, a través de aperturas que parecían ventanas en su muro oriental; y al suplementarlas con residuos de agua que se recogían a través de aperturas en el techo. El Canal de Siloé fue sustituido y parcialmente cancelado por el Túnel de Siloé, que desviaba sus aguas y cambiaba la dirección en la que el agua fluía, a través de su extremo sur. De esta manera, aunque la fecha exacta de la construcción del Canal de Siloé no se conoce, debe preceder al Túnel de Siloé y puede identificarse con «las aguas de Siloé, que corren mansamente» (Is 8.6) y con «los manantiales de Gihón de arriba» (2 Cr 32.30) que Ezequías detuvo y condujo hacia el occidente de la ciudad de David.

Bibliografía. Y. Shiloh, *Excavations in the City of David,* 1: *1978-1982: Interim Report of the First Five Seasons.* Qedem 19 (Jerusalem, 1984); L. H. Vincent, *Underground Jerusalem: Discoveries on the Hill of Ophel (1909-11)* (London, 1911).

JANE M. CAHILL

SILOÉ, AGUAS DE (Heb. *mê haššilōaḥ*)
Estanque y acueducto de Jerusalén, parte del sistema de suministro de agua del Canal de Siloé (Is 8.6).

SILOÉ, ESTANQUE DE (Heb. *bĕrēḵam haššelaḥ*)
Reserva del Huerto del rey (Neh 3.15; cf Juan 9.7, «estanque de Siloé», quizás sea el mismo que el Estanque del rey (2.14) o el «estanque de abajo» (Is. 22.9).

SILOÉ (Gr. *Silōam;* Heb. *šilōaḥ*), **TÚNEL DE**
Sistema subterráneo de abastecimiento de agua de la antigua Jerusalén, atribuido al rey Ezequías, que llevaba agua del Estanque de Gihón, la única fuente perenne de agua de la ciudad, al Estanque de Siloé, una reserva ubicada en el límite sur del Valle de Tiropeon. Consiste de cuatro partes: un manantial, un túnel hecho en la roca, una reserva y un canal de desagüe.

Ubicado en el Valle de Cedrón, afuera del muro de la ciudad, el Estanque de Gihón es un estanque cárstico, a manera de sifón cuyo excedente variaba con las estaciones y cuyas aguas no podrían ser usadas de manera eficiente a menos que pudieran captarlas, almacenarlas y distribuirlas. Debido a que el primer sistema de abastecimiento de agua diseñado para explotar el excedente de agua del Gihón, el Canal de Siloé, estaba afuera del muro de la ciudad, no tenía una función estratégica. Por lo tanto, cuando los asirios amenazaron a Jerusalén durante el reinado de Ezequías, el Túnel de Siloé fue diseñado para explotar y proteger las aguas excedentes del Gihón, llevándolas hacia el área fortificada de la ciudad.

Desde el Gihón, un túnel ondulado elaborado en la roca llevaba agua por una distancia de 533 m (1750 pies) al Estanque de Siloé, ubicado solamente a 320 m (1050 pies) de distancia. En tanto que el túnel exhibe solamente leves variaciones de ancho, que oscilan de .58 a .65 m (1.9-2.1 pies), exhibe variaciones extremas de altura, que oscilan entre 1.5 y 5.0 m. (4.9-16.4 pies). La pequeña diferencia de nivel entre su punto de inicio y su punto final actual es de 33 cm (13 pulgadas). Las marcas de herramientas, que son visibles en sus paredes, indican que fue excavado por dos equipos de excavadores de túneles, que trabajaron desde extremos opuestos hasta encontrarse. El encuentro de los dos equipos se describe en una inscripción monumental, la inscripción de Siloé, que está grabada en la pared de piedra, cerca del extremo sur del túnel.

La forma ondulada del túnel, su longitud, la variabilidad de su altura y la forma en que los dos equipos de excavadores de túneles, que trabajaron hasta encontrarse, lograron hacerlo han sido temas de considerable debate. Entre las explicaciones eruditas para estas anomalías están: la necesidad de seguir un estrato suave y fácil de cavar en la piedra; el deseo de evadir las tumbas de los reyes davídicos y la habilidad de seguir una fisura natural. En su estudio hidrogeológico de la Ciudad de David, Dan Gil demuestra que las características anómalas del túnel resultaron del engrandecimiento de un conducto de líquidos natural que originalmente llevaba agua al estanque. El estudio de Gil muestra que todo el túnel está cavado en piedra caliza dura (*mizzi ahmar*) y que su variación de altura evidencia el corte bajo que se requería para revertir el flujo de agua desde la dirección del estanque a la dirección de la reserva.

El túnel de roca se vacía en una pequeña reserva que se llama Estanque de Siloé, conocida también como Birket es-Silwan. Las excavaciones que se llevaron a cabo en sus alrededores han producido evidencia de reservas que datan de los períodos romano y bizantino. Aunque todavía resta encontrar restos físicos de reservas anteriores, probablemente estaban ubicadas en los mismos alrededores.

Más allá del Estanque de Siloé, un canal hecho de roca, conocido como el Canal IV, llevaba agua en una dirección oriental, aproximadamente en la punta del sur de la Ciudad de David, hacia el Valle de Cedrón, ya sea por propósitos de irrigación o para almacenamiento en reservas adicionales. En su extremo sureste, el Canal IV incorporaba el extremo sur del Canal de Siloé y revertía el flujo de agua dentro de él. El excavador del Canal IV, Raymond Weill, creía que representaba una adición al Túnel de Siloé. Sin embargo David Ussishkin lo identifica como el segmento final del Túnel de Siloé que, según cree, desembocaba en los alrededores de Cedrón y no en el Valle de Tiropeon.

La atribución del Túnel de Siloé a Ezequías (alrededor de finales del siglo VIII a.C.) se basa en evidencia bíblica (2 R 20.20; 2 Cr 32.30) y de los apócrifos (Sir. 48.17), así como en la paleografía de la inscripción de Siloé. Aunque los acueductos reemplazaron al Estanque de Gihón, como fuente principal de agua de Jerusalén durante los períodos helenístico y romano, el Túnel y Estanque de Siloé permanecieron en uso (Jn 9.7; Lc 13.4). Durante el período bizantino, la iglesia que se describe en el Mapa de Madaba fue construida encima del Estanque de Siloé. Ahora hay una mezquita encima de los restos de la iglesia. El Canal IV permaneció en uso hasta la Edad Media, cuando fue bloqueado por una pared de piedra.

Bibliografía. D. Gil, «The Geology of the City of David and Its Ancient Subterranean Waterworks,» en *Excavations at the City of David,* 4: *1978-1985: Various Reports,* ed. D. T. Ariel and A. De-Groot. Qedem 35 (Jerusalem, 1996); «How They Met: Geology Solves Long-standingMystery of Hezekiah's Tunnelers,» *BARev* 20/4 (1994): 20-33, 64; Y. Shiloh, *Excavations at the City of David,* 1: *1978-1982: Interim Report of the First Five Seasons.* Qedem 19 (Jerusalem, 1984); D. Ussishkin, «The Original Length of the SiloamTunnel in Jerusalem,» *Levant* 8 (1976): 82-95.

JANE M. CAHILL

SILONITA (Heb. *šilōnî, šilonî*)
Título del profeta Ahías, que quizás lo identificaba con el santuario de Silo (1 R 11.29; 12.15; 15.29; 2 Cr 9.29; 10.15).

Gentilicio que designa a una familia que regresó del exilio (1 Cr 9.5; Neh 11.5). La referencia puede ser a los descendientes de Sela (**2**); entonces el término debería traducirse como «selaítas» (cf. Nm 26.20).

SILSA (Heb. *šilšâ*)
Aserita, hijo de Zofa (1 Cr 7.37). El nombre probablemente representa a un clan o región.

SILVANO (Gr. *Silouanós*)
Otro nombre de Silas en las Epístolas.

SIMEA (Heb. *šimʿāʾ*) (también SAMA, SAMÚA, SIMEI)
Tercer hijo de Isaí; hermano de David (1 Cr 2.13) y padre de Jonatán (**4**)/Jonadab (**1**), que mató a un gigante filisteo (20.7). A Simea también se le conoce como Sama (**2;** 1 S 16.9; 17.13), y Simei (**3**; 21.21).

Hijo de David que nació después de que se había convertido en rey de todo Israel en Jerusalén (1 Cr 3.5). También se le llama Samúa (2; 2 S 5.14; 1 Cr 14.4).

Levita de la casa de Merari (1 Cr 6.30[TM15]).

Levita de los hijos de Gersón, padre de Berequías (1 Cr 6.39[24]).

SIMEAM (Heb. *šimʾām*) (también SIMEA)
Benjaminita, hijo de Miclot (1 Cr 9.38). También aparece como Simea (**2**; 1 Cr 8.32).

SIMEAT (Heb. *šimʿāṯ*)
Mujer amonita cuyo hijo Josacar/Zabad estuvo entre los que mataron al rey Joás de Judá (2 R 12.21[TM22]; 1 Cr 24.26).

SIMEATEOS (Heb. *šimʿāṯîm*)
Una de las «familias de los escribas que moraban en Jabes» que se enumeran entre los descendientes de Caleb y se les consideraba ceneos o grupo de la casa de Recab (1 Cr 2.55).

SIMEI (Heb. *šimʿî*)
Segundo hijo de Gersón, hijo de Leví (Ex 6.17; Nm 3.18; 1 Cr 6.17; 23.7). Los simeitas conformaban una de las familias levíticas más importantes antes y después del exilio (cf. Nm 3.21; Zac 12.13).

Hijo de Gera, pariente benjaminita que Saúl tenía en Bahurim, que públicamente maldijo a David y lo acusó de haber suplantado ilícitamente, y con derramamiento de sangre, a la casa real de Saúl (2 S 16.5-13). Más tarde, con la supresión de la rebelión de Absalón, Simei rogó a David por su vida y entonces David le extendió su juramento de clemencia (2 S 19.16-23[TM17-24]). Sin embargo, en su lecho de muerte, David reveló su sospecha continua en cuanto a Simei y su deseo de vindicar a la casa real del poder de la maldición de Simei. David encargó a Salomón que encontrara un pretexto y oportunidad de ejecutar a Simei (1 R 2.8-9). A cambio de este juramento, Salomón dio a Simei libertad condicional y, sujeto a pena de muerte, lo recluyó en la ciudad de Jerusalén. Sin embargo, después de tres años, Simei violó su juramento, por lo que Salomón ordenó su muerte (1 R 2.36-46).

Tercer hijo de Isaí.

Líder de los últimos días del gobierno de David que no apoyó la usurpación de Adonías (1 R 1.8).

Hijo de Ela, uno de los 12 administradores de Salomón cuya responsabilidad era de proveer comida al rey y a la casa real, estaba a cargo de Benjamín (1 R 4.18). Puede ser el mismo del n.º **4**, más arriba.

Hermano de Zorobabel, hijo de Pedaías, nieto de Jeconías (1 Cr 3.19).

Descendiente de Misma y jefe de una gran clan simeonita (1 Cr 4.27).

Hijo de Gog y jefe de una familia o clan rubenita (1 Cr 5.4).

Levita, uno de los descendientes de Merari (1 Cr 6.29[14]).

Levita, hijo de Jahat, uno de los descendientes de Gersón (1 Cr 6.42-43[27-28]).

Benjaminita (1 Cr 8.21), probablemente es un error, en lugar de Sema (cf. V. 13).

Uno de los seis hijos de Jedutún que fue el jefe de la 10ª orden de los músicos del Templo que David nombró (1 Cr 25.3, 17).

Ramatita que David nombró como encargado de las viñas (1 Cr 27.27).

Levita que descendió de Hemán, que participó en la limpieza y reformas rituales del Templo al inicio del reinado de Ezequías (2 Cr 29.14).

Levita y hermano de Conanías, que era segundo a cargo de un equipo de supervisores quienes recibían contribuciones, diezmos y materiales que se dedicaron al Templo y los levitas durante las reformas rituales de Ezequías (2 Cr 31.12-13). Puede ser el mismo del n.º **14** más arriba.

Levita que despidió a su esposa e hijos que no eran israelitas (Esd 10.23; cf. 1 Esd 9.23).

Desdendiente de Hasum, persona laica que se divorció de su esposa que no era israelita (Esd 10.33; cf. 1 Esd 9.33).

Descendiente de Binúi, persona laica que se divorció de su esposa que no era israelita (Esd 10.38; cf. 1 Esd 9.34).

Descendiente benjaminita de Cis, antepasado de Mardoqueo (Est 2.5; cf. Add. Est 11.2). Puede ser el mismo del No. **2** más arriba.

John D. Fortner

SIMEÓN (Heb. *šimʿôn*)
Segundo hijo de Jacob (Gn 35.23); antepasado epónimo de la tribu cuyo territorio estaba dentro de los límites del sur de Judá (Jos 19.1-9). Simeón y su hermano Leví demandaron una venganza alevosa y violenta por la violación que su hermana Dina sufrió por parte de un príncipe local que se llamaba Siquem (Gn 34); por consiguiente, el testamento de Jacob señala a Simeón y a Leví para escarmiento (49.5-7). Finalmente, Simeón perdió su singularidad como tribu. Durante el reinado de David, el concepto de un territorio para Simeón estaba ausente del todo, quizás debido a cambios administrativos (cf. 1 Cr 4.31). Durante el reinado de Ezequías, los simeonitas se apropiaron por la fuerza de tierras de pasto del territorio original de no israelitas, tanto de occidente como del sureste o sur (1 Cr 4.34-43).

Abuelo del sacerdote hasmoneo Matatías y bisabuelo de Judas Macabeo (1 Mac 2.1-5 Biblia de Jerusalén).

Simeón Macabeo, hijo de Matías y hermano mayor de Judas Macabeo (1 Mac 2.65 Biblia de Jerusalén).

Hombre justo y devoto que encontró a José y a María cuando ellos llevaron al niño Jesús al Templo para presentarlo. Bajo la inspiración del Espíritu Santo, Simeón reconoció al bebé como el Mesías de Israel. Hizo una oración a Dios («Nunc Dimittis») y luego una profecía a María (Lc 2.25-35).

Antepasado de Jesús en la genealogía lucana (Lc 3.30).

Uno de los profetas y maestros de la iglesia de Antioquía (Hch 13.1-3). Su sobrenombre en latín de

Niger sugiere que era de origen africano. Estuvo entre los que Bernabé y Saulo comisionaron.

Equivalente hebreo del griego Simón, otro nombre del Apóstol Pedro (Hch 15.14; 2 P 1.1).

Bibliografía. B. Goodnick, «Simeon the Scapegoat,» *Jewish Bible Quarterly* 20 (1992): 168-73, 181; S. F. Plymale, «The Prayer of Simeon (Luke 2:29-33),» in *The Lord's Prayer and Other Prayer Texts from the Greco-Roman Era,* ed. J. H. Charlesworth (Valley Forge, 1994), 28-38.

Edwin C. Hostetter

SIMEÓN (Heb. *šimʿôn*)

Descendiente de Harim, a quien Esdras le requirió que se divorciara de su esposa extranjera (Esd 10.31).

SIMÓN (Gr. *Symeṓn*)

Profeta y maestro de la iglesia de Antioquía a quien se le apodaba Níger y, por lo tanto, pudo haber sido negro (Lat. *Niger*; Hch 13.1).

Otro nombre de Simón Pedro (Hch 15.14; 2 P 1.1)

SIMÓN (Heb. *šîmôn*)

Jefe de una familia judaíta (1 Cr. 4.20).

SIMÓN (Gr. *Símon*; Heb. *šimʿôn*)

Simón, que se apellidaba el Justo (Gr. *dikaios*, que también significa «justo, y que según Josefo (*Ant.* 12.43) sucedió a su padre Onías en el sumo sacerdocio. Esto lo coloca dentro del período del gobierno de Ptolomeo I en Judea (301-282 a.C.). Un escolio en el Megillat Taʿanit (par. *B. Yoma* 69a) habla de un encuentro entre Simón y Alejandro el Grande. Ya que es dudoso que Alejandro se hubiera postrado ante cualquier sacerdote judío, la historia usualmente se considera como mayormente legendaria. En tanto que la existencia de un sacerdote con el nombre de Simón en la época de Ptolomeo I parece bastante posible, otras evidencias sugieren que el apellido debería aplicarse a Simón II.

Simón II, hijo de Onías II, sumo sacerdote de Jerusalén alrededor de 219-196 a.C. Se le elogia por su liderazgo en la reparación del Templo y la fortificación de Jerusalén en Sir. 50.1-21, un relato que describe ampliamente su presencia y participación en el sacrificio diario. Este parece ser el sumo sacerdote al que Josefo también llama el Justo (**1** de más arriba) en *Ant. 12.157 (cf. 12.224). M. ʾAbot* 1.2 declara que Simón el Justo estuvo entre los sobrevivientes de la Gran Asamblea y le atribuye una máxima rabínica importante. Probablemente los rabinos hicieron esa atribución por la reputación piadosa de Simón II.

Simón el Benjaminita (2 Mac 3.4, DHH). En 2 Macabeos 3.4-6 se le describe como el capitán del Templo que informó a Seleuco IV Filopátor que había tesoros en el templo, más allá de los que se requerían para mantener el sacrificio diario. El rey envía a Heliodoro a calcular esos fondos y, por lo tanto, viola la santidad del Templo. En este caso, «Benjaminita» es probablemente una corrupción textual de Bilgá, uno de los clanes sacerdotales que se enumeran en 1 Crónicas 24.14. Esta evidencia sugiere que la historia refleja una disputa entre los clanes sacerdotales, con Simón como miembro del grupo seléucida (cf. 2 Mac 4.1-6).

John Kampen

Simón (que se apellida Tasí, 1 Mac 2.3), segundo hijo de Matatías y hermano de Judas Macabeo y de Jonatán, a quien él sucedió como sumo sacerdote (143-135 a.C.). Aunque era mayor que sus predecesores, Judas y Jonatán, fue el último hijo de Matatías que dirigió a los judíos en contra de los seléucidas (1 Mac 13.8; 14.41ss). Obtuvo la independencia de Judea (142) y de esta manera estableció la dinastía hasmonea, que duró hasta 63 a.C. Simón agrandó el territorio de los judíos y aumentó sus fortunas (1 Mac 13-16), hasta que su yerno, Ptolomeo, lo traicionó y asesinó (16.14-19). 1 Macabeos 14.4-15 es un poema que exalta la gloria de Simón.

Véase HASMONEOS.

Simón Cosameo (Gr. *Chosamaias*), hijo de Anás, que se enumera en 1 Esdras 9.32 entre los que se habían casado con esposas extranjeras (cf. Simeón en Esd 10.31).

Simón Pedro, hijo de Jonás (Mt 16.17) o Juan (Jn 1.42; 21.15-17, RVR95) y hermano de Andrés, que lo llevó a Cristo (1.40-42). Los tres fueron pescadores y eran nativos de Betsaida (Jn 1.44). Con el apellido de Pedro («piedra») o Cefas (arm. «roca») que Jesús le puso (Mt 4.18; 16.17-18; 1 Co 1.12; esp. Jn 1.42), perteneció al grupo íntimo de tres discípulos (Mt 1.1; 26.37) y llegó a ser el más prominente de los Doce (Mt 10.2-4; Mr 3.16-19; Lc 6.13-16; Hch 1.13). Fue líder de la iglesia primitiva (cf. esp. Hch. 1-15; Gá 1-2) y dos cartas del NT tienen su nombre. La tradición ubica su martirio en Roma.

Simón el Zelote, uno de los Doce (Mt 10.4; Mr 3.18; Lc 6.15; Hch 1.13). Antes de ser discípulo de Jesús fue miembro de los Zelotes, un partido de judíos patrióticos que creían que someterse a la autoridad de Roma era negar el señorío de Dios. En Mateo y Marcos se le llama «el cananista», que es una transliteración del arameo *qan'ān*, «zelote». Esto no significa que sea de Caná o «cananeo» como dice en la DHH en Mateo 10.4 y Marcos 3.18.

Simón el medio hermano de Jesús (Mt 13.55; Mr 6.3). Aparentemente llegó a creer en Jesús después de la Resurrección (Jn 7.5; Hch 1.14; 1 Co 9.5).

Simón el leproso, que poseía la casa de Betania en la que María ungió a Jesús (Mt 26.6; Mr 14.3; Jn 12.1-8). Pudo haber sido el padre de María, Marta y Lázaro, o quizás el esposo de Marta. Si alguna vez tuvo lepra, obviamente había sido sanado, posiblemente por Jesús.

Padre de Judas Iscariote (Jn 6.71; 13.2, 26).

Hombre de Cirene, del África del Norte, a quien obligaron a cargar la cruz de Jesús al Gólgota (Mr 15.21; Mt 27.32; Lc 23.26). Marcos observa que era el padre de Alejandro y Rufo, hombres obviamente conocidos para el lector de su Evangelio, que fue escrito probablemente par la iglesia de Roma (cf. Ro 16.13).

Fariseo que invitó a Jesús a cenar en su casa, donde una mujer penitente ungió los pies de Jesús con lágrimas, y Jesús enseñó la relación entre agradecimiento y el perdón con una parábola (Lc 7.36-50).

Simón, a quien le decían el mago porque practicaba la magia (Hch 8.9, 11). Creyó y fue bautizado cuando Felipe predicó el evangelio en Samaria (Hch 8.5-13). Cuando Pedro y Juan le hacían seguimiento al ministerio de Felipe, Simón intentó comprarles la autoridad de otorgar el Espíritu Santo, y ellos lo amonestaron severamente (Hch 8.14-24). La palabra española «simonía», que significa «compra o venta de cosas sagradas», se deriva de Simón el mago.

Curtidor que vivía en Jope, en cuya casa Pedro se quedó «muchos días» (Hch 9.43; 10.6, 32). Su casa estaba en las afueras de la ciudad, «junto al mar» (Hch 10.6), aparentemente separada de la comunidad judía, porque el contacto con cadáveres hacía que el curtir pieles fuera un oficio inmundo.

Simón bar Kosiba, líder de la Segunda Revuelta Judía (132-135 d.C.).

Véase Bar Kokhba.

W. Edward Glenny

SIMRAT (Heb. *šimrāṯ*)
Hijo de Simei (**11**) de la tribu de Benjamín (1 Cr 8.21), residente de la Jerusalén postexílica.

SIMRI (Heb. *šimrî*)
Hijo de Semaías (**3**) de la tribu de Simeón (1 Cr 4.37).

Padre de Jediael y Joha, dos de los Hombres Valientes de David (1 Cr 11.45).

Portero levita, hijo de Hosa, de la casa de Merari (1 Cr 26.10).

Descendiente de Elizafán que estuvo entre los levitas que limpiaron el templo durante el reinado del rey Ezequías (2 Cr 29.13).

SIMRIT (Heb. *šimrîṯ*) (también SOMER)
Mujer moabita cuyo hijo, Jozabad, fue uno de los asesinos del rey Joás de Judá (2 Cr 24.26). En 2 Reyes 12.21 (TM22) se le llama Somer (**1**).

SIMRÓN (Heb. *šimrôn*) (**PERSONA**)
Hijo del patriarca Isacar (Gn 46.13; 1 Cr 7.1), antepasado (o jefe) de los simronitas (Heb. *šimrônî; Nm 26.24).*

SIMRÓN (Heb. *šimrôn*), **SIMRON-MERÓN** (*šimrôn mĕr'ôn*)
Ciudad real cananea que se alió con el rey Jabín, de la confederación de Hazor, en contra de los israelitas (Jos 11.1). La alianza fue derrotada por los israelitas bajo el liderazgo de Josué (Jos 12.19-20). La ciudad derrotada aparece en el TM como Simron-merón, pero la LXX probablemente es más exacta al enumerar dos ciudades distintas. Posteriormente, Simrón fue asignada al territorio de Zabulón (Jos 19.15). Tradicionalmente se identifica a la ciudad con Khirbet-Sammûniyeh/Tel Shimron (170234), alrededor de 8 km (5 mi) al oeste de Nazaret.

Bibliografía. W. F. Albright, «Bronze Age Mounds of Northern Palestine and the Hauran,» *BASOR* 19 (1925): 9-10.

C. Shaun Longstreet

SIMSAI (Aram. *šimšai*)
Alto funcionario (escriba) de la provincia de «Más allá del Río» (que incluía a Palestina) durante el reinado del rey Artajerjes I de Persia (465-424 a.C.). Simsai y otros oficiales de la provincia protestaron porque los judíos que habían vuelto del exilio estaban reconstruyendo Jerusalén, pensando que los judíos pretendían una rebelión (Esd 4.8-16). La respuesta inicial del rey fue acordar que la reconstrucción debería detenerse (Esd 4.17-23).

SIN (Heb. *sîn*)
Área desértica entre Elim y el Monte Sinaí por la

que Moisés y los israelitas pasaron. Sin está en el lado suroccidental de la Península de Sinaí (ruta del Éxodo del sur) o en los alrededores del centro de Sinaí (ruta del norte). El desierto de Sin (Ex 16-17; Nm 331.11-12) debe distinguirse del desierto de Zin (v. 36); los israelitas cruzaron el desierto de Sin al inicio del Éxodo y entraron al desierto de Zin más de un año después. En el desierto de Sin Dios les dio el maná por primera vez a los israelitas quejumbrosos (Ex 16.2-21), y allí Dios les proveyó de codornices (Nm 11.31-32). La similitud entre Sin (*sîn*) y Sinaí (*sînay*) sugiere una conexión morfológica.

Fuerte de una frontera egipcia del extremo noroeste del Delta del Nilo (Ez 30.15-16).

Véase PELUSIUM

PETE F. WILBANKS

SINAB (Heb. *šin'āḇ; ac. Sin-a-bi*)

Rey de Adma, una de las cinco ciudades que se rebelaron en contra de Quedorlaomer durante la época de Abraham (Gn 14.2).

SINAGOGA

Lugar de reunión que las comunidades judías usaban principalmente para adorar. El gr. *synagōgē* originalmente es un término secular que denota un «grupo de gente» o una «colección de cosas». No hay referencia clara a la sinagoga en el AT. La palabra es común en el NT, donde se refiere a un edificio real.

Se desconoce el significado exacto de sinagoga y los eruditos siguen debatiendo si surgió durante el exilio babilónico o en el período helenístico. Los que sostienen una fecha exílica creen que la sinagoga surgió como un lugar donde los judíos, apartados del Templo de Jerusalén, podían adorar. Muchos creen que Ezequiel jugó un papel esencial para establecer la sinagoga (Ez 11.16), aunque otros citan a Jeremías 39.8 como evidencia de esas casas de adoración antes del Exilio. En tanto que es probable que la sinagoga existiera antes del período helenístico, su ausencia en Esdras y Nehemías sugiere que la institución no les era familiar a los judíos que regresaron del Exilio. Actualmente no hay evidencia directa textual, ni arqueológica, de la existencia de las sinagogas prehelenísticas.

La primera evidencia documental clara de la sinagoga es una inscripción de Egipto, que registra la construcción del edificio de una sinagoga durante el reinado de Ptolomeo III Evergetes (247-221 a.C.). Las inscripciones de la sinagoga egipcia del siglo I a.C. han llevado a algunos eruditos a proponer el

Sinagoga de Gamla en el Golán del sur, construida en la época de Alejandro Janneus (siglo I) y destruida por Vespasiano y Tito (67 d.C.). Las bancas flanquean el salón no pavimentado en los cuatro lados (Phoenix Data Systems, Neal and Joel Bierling).

origen de la sinagoga en la diáspora del período helenístico, posiblemente desde el mismo Egipto. Sin embargo, la fecha exacta y ubicación del origen de la sinagoga sigue siendo un misterio. Aunque no hay evidencia literaria clara de sinagogas palestinas antes del período macabeo, varias referencias a las sinagogas galileas y de Jerusalén en el NT y Josefo, sugieren que la adoración del día de reposo en los edificios de las sinagogas ya era una institución establecida antes del siglo I d.C. (p. ej. Mt 4.23; Mr 1.21; Lc 4.16-30; 7.5; Hch 13.5, 14-15, 43; 14.1; 15.21; Josefo *BJ* 2.285-21; *Vita* 280).

Durante el período del Segundo Templo, la *synagōgḗ*, «casa de asamblea» es el término que se usa más frecuentemente para referirse al edificio de la sinagoga. Sin embargo, en áreas de la diáspora, el griego *proseuchḗ*, «casa de oración», es la designación común para el edificio de la sinagoga. Algunos eruditos sugieren que el término más antiguo *proseuchḗ*, que data del siglo III a.C., después se reemplaza con *synagōgḗ*, que llega a ser la designación predominante del edificio de la sinagoga alrededor del siglo II d.C. El gr. *synagōgḗ* corresponde al Heb. *bêm kĕnesset*, en tanto que *proseuchḗ*, es equivalente al Heb. *bêm tĕpillâ*. Sin embargo, estos dos últimos términos surgen de literatura posterior a 70 d.C., y no se usan en la Biblia con referencia al edificio de la sinagoga.

La arqueología ha dado evidencias físicas de sinagogas del siglo I a.C. al siglo I d.C. en Palestina y en la Diáspora. La sinagoga más antigua que se conoce se preserva en la isla egea de Delos, cuya comunidad judía se menciona tanto en los escritos de Josefo como en las inscripciones. Esta sinagoga, que se construyó en el siglo I a.C., continuó en uso a lo largo de los siglos I y II d.C. Una sinagoga del siglo I también se descubrió en la parte romana de Ostia, que permaneció en uso hasta el siglo IV. Aunque se han descubierto otras sinagogas antiguas de la diáspora, son de fecha posterior al NT.

Nuestra mejor evidencia de la aparición de la sinagoga del NT viene de Palestina, donde se han excavado tres sinagogas previas a 70 d.C. en Gamla, Masada y Herodión. Aunque algunos eruditos sugieren la existencia de sinagogas palestinas del siglo I en otros lugares como Migdal y Capernaúm, la evidencia es dudosa. De las sinagogas previas a 70 d.C. que se conocen, solamente la de Gamla fue originalmente diseñada y construida para la adoración judía. Las de Masada y Herodión eran salones de reunión seculares que después se convirtieron en sinagogas. Estos tres edificios de sinagogas se parecen mucho entre sí, y es probable que su diseño se haya derivado de salones de reunión seculares del período helenístico.

La sinagoga de Gamla, que se construyó entre la última parte del siglo I a.C. y la primera mitad del siglo I d.C., fue destruida por los romanos en 67 d.C. Es la sinagoga más antigua que se conoce, que se encuentra en Israel y que mejor ilustra la apariencia del edificio de la sinagoga de la época del NT. La sinagoga de Gamla era un salón alargado (20 x 16 m [66 x 52 pies]), con su entrada principal al oeste, estaba orientada hacia Jerusalén. Una pequeña entrada trasera también llevaba hacia una calle adyacente. El salón principal estaba dividido por cuatro filas de columnas que formaban una nave principal (9.3 x 13.4 m [30 x 44 pies]) rodeada de cuatro pasillos, uno a cada lado. Las columnas sostenían un techo de madera y a la sinagoga le faltaba un piso superior. Cuatro filas de bancas de basalto, suficientes para sostener alrededor de 300 personas, rodeaban los cuatro lados del salón principal. Un *mikveh* (3 x 13 m [10 x 43 pies]), o baño ritual, ubicado directamente en frente de la entrada principal se usaba para purificación antes de la adoración. Una pequeña habitación con bancas, anexada a la parte trasera del salón principal, posiblemente era una escuela o salón de estudio. La sinagoga en sí estaba adornada con un dintel ornamental, decorado con un florón de seis pétalos, flanqueado por palmas de dátiles y columnas dóricas. Es posible que un descanso elevado, en la parte trasera de la esquina noroccidental del salón principal, tuviera los rollos de la Torá que se usaban durante los servicios de adoración.

La función más importante de la sinagoga era ser lugar de oración, oración y estudio religioso. La inscripción de Teódoto, que se descubrió en Jerusalén y que se cree que data de principios del siglo I d.C., describe una sinagoga de Jerusalén que se fundó como lugar para «la lectura de la ley y enseñanza de los preceptos» (cf. Lc 4.16-20). El mismo diseño de la sinagoga palestina, con bancas a lo largo de las cuatro paredes, facilitaba la adoración al enfocar la atención de la congregación hacia el orador, como se refleja en los relatos del NT acerca de los servicios de la sinagoga (Mr 6.1-5; Lc 4.16-30; Hch 13.13-16). En la época del NT, la adoración en la sinagoga estaba muy estructurada y consistía de lecturas de la Torá y los Profetas y luego un discurso o sermón (p. ej., Lc 4.15-30; Jn 18.20; Hch 13.15). Los asientos dentro de la sinagoga estaban dispuestos en cierto orden, con los lugares prominentes reservados para los miembros distinguidos (Mr 12.39 par.; Lc 20.46). Entre otras funciones de la sinagoga estaba su uso como salón de asamblea general para reuniones seculares y para corrección (Mt 10.17; 23.34; Mr 13.9; Hch 22.19; 26.11; Josefo *Vita* 280). La evidencia epigráfica que describe a las sinagogas de la diáspora previa a 70 d.C. también documenta actividades comunales y emancipaciones de esclavos que se llevaban a cabo dentro del edificio de la sinagoga.

Bibliografía. K. Atkinson, «On Further Defining the First-Century ce Synagogue: Fact or Fiction?» *NTS* 43 (1997): 491-502; J. Gutmann, ed., *The Synagogue* (New York, 1975); H. C. Kee, «The Transformation of the Synagogue after 760 c.e.,» *NTS* 36 (1990): 1-24; «Defining the First-Century c.e. Synagogue,» *NTS* 41 (1995): 481-500; L. I. Levine, ed., *Ancient Synagogues Revealed* (Jerusalem, 1981); D. Urman and P. V. Flesher, eds., *AncientSynagogues.* Studia postbiblica 47 (Leiden, 1995).

Kenneth Atkinson

SINAÍ (Heb. *sînay*)

Nombre de un área desértica y de la montaña en donde el pueblo de Israel hizo un pacto con Dios. También se ha usado para referirse a la península que está entre Egipto y Palestina. Al Monte Sinaí se le llama Horeb en muchas de las tradiciones bíblicas, particularmente en Deuteronomio y Reyes y, según algunos, es el mismo que el Monte Parán (Dt 33.2).

Península de Sinaí

La Península de Sinaí está delimitada al oeste por el Golfo de Suez y el Canal de Suez, al este por el Golfo de Áqaba y el Desierto de Neguev, al norte por el Mar Mediterráneo y al sur por el Mar Rojo. En área ocupa alrededor de 60 865 km² (23 500 mi²), y en su mayoría es tierra árida o desierto. La parte sur de la península está formada de enormes montañas de granito y wadis profundos que escurren la mayoría de la lluvia en los golfos de Suez o Áqaba. Las dos terceras partes de la península, que están al norte, consisten de una gran meseta que baja hacia el Mediterráneo. A esta meseta la drena el Wadi el-ʿArish (el Río de Egipto bíblico). Este wadi, en tiempos antiguos, a menudo formaba la frontera natural de Palestina y Egipto.

En épocas prehistóricas, parece haber habido mucha más lluvia en Sinaí que ahora, ya que parece que los cazadores abundaban tanto allí como en el Desierto de Neguev. Se han encontrado poblaciones que datan hasta el milenio noveno en el sur de Sinaí. El sur y el este de Sinaí parecen haber sido hogar de pastores y mineros de cobre durante el cuarto milenio. Se confirman conexiones entre Egipto y Palestina con las inscripciones de nombres árabes en las minas de cobre de Sinaí, de los milenios tercero y segundo.

La parte norte de la Península de Sinaí formaba el único puente de tierra entre Asia y África en tiempos antiguos. Un camino que llevaba de Egipto por la cima del Sinaí, unía la Vía Maris, el «Camino del Mar». Junto con este camino se han encontrado evidencias de muchas poblaciones pequeñas que datan desde el cuarto milenio en adelante, y más tarde algunos fuertes que vigilan el camino. Debido a estos fuertes es que se dice que los israelitas evitaron la ruta del norte, el «camino de la tierra de los filisteos» hacia Canaán (Ex 13.17).

El Desierto y el monte Sinaí

En el relato del Éxodo, los israelitas llegaron al desierto de Sinaí después de pasar por el desierto de Shur, el oasis de Elim, el desierto de Sin y Refidim. La ubicación del desierto, como la del monte Sinaí, es incierta, pero la tradición lo ubica en la parte sur de la península, en el área de enormes montañas de granito.

El problema de identificar tanto el desierto como la montaña surge por la incertidumbre en cuanto a la ruta que los israelitas tomaron después de salir de Egipto. Números 33 da un resumen de la ruta que tomaron de la ciudad de Ramesés a las llanuras de Moab, pero ninguna de las estaciones entre «el Mar» y Ezion-geber (Eilat), en la punta del Golfo de Áqaba pueden identificarse con seguridad.

Desde el siglo IV d.C. la tradición ha identificado al monte Sinaí con Jebel Mûsā (arab. «Montaña de Moisés», 2300 m [7486 pies]) en la parte sur de la península, cerca del monasterio de Santa Catarina, establecido en el siglo VI y que todavía está habitado por monjes ortodoxos. También se han sugerido otras montañas cercanas como Jebel Katerīn (2600 m [8652 pies]) o Jebel Serbāl (2075 m [6791 pies]).

Algunos eruditos sostienen que todos los lugares que se mencionan en Números 33 deberían ubicarse en el Neguev del sur, cerca de Cades-barnea, que parece haber sido un lugar central durante el período del desierto. Deuteronomio 33.2; Jueces 5.4-5; Habacuc 3.3 parecen asociar la revelación de Dios en el desierto con Seir, o Edom. En ese caso, el Monte Sinaí debe identificarse con Jebel Halal (Har Karkom), a 35 km (22 mi) al oeste de Cades-barnea.

Otras sugerencias ubican al monte Sinaí en el noroeste de Arabia, cerca de Madián (cf. Ex 3.1), o en el norte u occidente de la península de Sinaí.

Para muchos eruditos, la ubicación más probable de Sinaí todavía es la parte sur de la península. La referencia en Deuteronomio 1.2 a las «once jornadas» desde Horeb a Cades-Barnea, a través del Monte Seir, encaja en esta ubicación, así como la tradición antigua que vincula al Monte Sinaí con Jebel Mûsâ. El relato de 1 Reyes 19.8, del viaje de Elías de «cuarenta días y cuarenta noches» de Beerseba a Horeb, apoya la idea de que Sinaí/Horeb estaba lejos de Cades-barnea. Sin embargo, la identificación sigue siendo incierta, ya que la naturaleza temporal de cualquier población israelita hace que la recuperación de evidencias arqueológicas sea poco probable.

Tradiciones bíblicas

El relato más extenso de los eventos de Sinaí se encuentra de Éxodo 19 a Números 10. Además, varios pasajes en Deuteronomio vuelven a relatar partes de la narración de Sinaí, aunque allí a la montaña se le llama Horeb.

La narración comienza en Éxodo 19.1, con la llegada de los israelitas al desierto de Sinaí. Allí acampan en frente de la montaña y después de eso el pueblo se constituye como pueblo de Dios. La narración de Éxodo 19-40 se caracteriza por el desplazamiento de Moisés, el líder del pueblo y su mediador ante Dios, entre la montaña y el campamento. Dentro de este patrón de desplazamiento ocurre la promesa del pacto (Ex 19.3-8a), la teofanía (19.8b-20b), la entrega de los Diez Mandamientos (19.20b-20.21a) y la ley que se encuentra en el Libro del Pacto, y la creación del pacto (20.21b-24.8). El desplazamiento climático triple hacia la montaña comienza con Éxodo 24.9. En Éxodo 24.9 Moisés sube la montaña con Aarón, Nadab, Abiú y 70 de los ancianos. Después sube solamente con su siervo Josué (Ex 24.13). Finalmente, en Éxodo 24.15, Moisés sube la montaña sólo, y permanece allí por 40 días y 40 noches. Allí recibe las instrucciones para el tabernáculo, en el que Dios morará en medio de su pueblo (Ex 25.31).

El patrón se ve interrumpido en Éxodo 32, por la actividad del campamento abajo: la construcción del becerro de oro, un «antitabernáculo», y cuando

Vista aérea de Jebel Mûsâ, que tradicionalmente se identifica con el monte Sinaí (Werner Braun)

Moisés rompe las «tablas del testimonio». Se reinicia el desplazamiento en Éxodo 34, cuando Moisés regresa a la montaña para recibir otra vez las tablas del pacto. Desciende para la construcción del tabernáculo en Éxodo 35-40. El desplazamiento final no lo hace Moisés sino Dios, quien baja de la montaña para morar entre su pueblo (Ex 40.34).

La colocación de Levítico justo después de que la gloria (*kāḇôḏ*) del Señor llena el tabernáculo tiene el propósito de señalar que desde el tabernáculo es que se dan las instrucciones que se encuentran en el libro de Levítico, aunque más tarde en ese libro se vuelve a mencionar el monte Sinaí como el lugar de revelación (Ex 25.1; 27.34).

Números 1-10 trata con la formación del ejército santo de Dios, organizado como campamento en círculos concéntricos. En el centro del campamento está el mismo Señor, rodeado por los levitas, con las demás tribus que acampan a cada lado (Nm 2). En Números 10.11-12 el pueblo sale de Sinaí hacia el desierto de Parán.

El relato paralelo de revelación y pacto de Deuteronomio habla de Horeb en lugar de Sinaí (Dt 1.2, 6, 19; 4.10, 15; 5.2; 9.8; 18.16; 29.1[28.69]), excepto en la bendición de Moisés de 33.2. También es a Horeb que Elías huye después de que la Reina Jezabel lo amenaza de muerte (1 R 19.8).

Bibliografía. Y. Aharoni, *The Land of the Bible*, 2nd ed. (Philadelphia, 1979); G. I. Davies, *The Way of the Wilderness*. SOTSMS 5 (Cambridge, 1979); A. Mazar, *Archaeology of the Land of the Bible, 10,000-586 b.c.e.* (New York, 1990); R. W. L. Moberly, *At the Mountain of God*. JSOTSup 22 (Sheffield, 1983); E.W.Nicholson, *Exodus and Sinai in History and Tradition* (Richmond, 1973).

MARILYN J. LUNDBERG

SINAR (Heb. *šinʿār*)

Nombre de un lugar (Ac. *Šanhara;* Egip. *Sngr*) que se refiere a Babilonia («la tierra de Sumeria y Acadia»), llamado así particularmente por los pueblos que moraban al oeste del Éufrates, cuando Babilonia estaba bajo el gobierno casita, durante la segunda mitad del segundo milenio a.C.

Sinar se menciona por primera vez en documentos egipcios (Tutmosis III, 1457) y también en las cartas de Amarna (la carta hurrita enviada desde Ittanni [EA 24.95] y la enviada desde Alašia [Chipre] a Egipto [EA 35.39]).

En la Tabla de las Naciones (Gn 10.10), Babel, Acad, Erec y Calne estaban ubicadas en «la tierra de Sinar». Sin embargo, según Génesis 11.12, 9 Sinar equivale a Babel (cf. Cf. Is. 11; Zac 5.11). Nabucodonosor colocó algunas de las vasijas del Templo en su propio templo «en la tierra de Sinar» (Dn 1.1-2; cf. 2 Cr 36.6-7). Un documento neohitita reporta la campaña de Muršili *I en contra de «Babilonia», en tanto que el relato babilonio utiliza el nombre Sinar* ([uru]Ša-an-ha-ra).

Amrafel, rey de Sinar, fue uno de los cuatro reyes que derrotó a Abraham (Gn 14.1, 9). Según Josué 7.21 Acán había robado del botín de Ai «un manto babilónico muy bueno» (RVR95 lit. de *Sinar*).

Bibliografía. I. Kalimi, «History of Interpretation: The Book of Chronicles in Jewish Tradition—from Daniel to Spinoza,» *RB* 105 (1998): 5-41, esp. 8-10; R. Zadok, «The Origin of the Name Shinar,» *ZA* 74 (1984): 240-44.

SINEOS (Heb. *sînî*)

Pueblo cananeo que se menciona en la Tabla de Naciones (Gn 10.17; 1 Cr 1.15). Los antiguos historiadores asociaban a los sineos con Sinnu u otros lugares del Líbano, o con Siyyān (Ac. *Sianu*) del norte de Fenicia.

SÍNTIQUE (Gr. *Syntýchē*)

Mujer de la iglesia de Filipos a quien Pablo pide que arregle una clase de disputa con otra miembro, Evodia (Fil 4.2-3).

SIN LEY

Véase el Anticristo

SIÓN (Heb. *ṣîyôn;* Gr. *Sîn*)

Un nombre antiguo para varios aspectos de Jerusalén, Judá, todo el país, y también una metáfora para el pueblo de Jehová. El significado original del término es incierto. Sugerencias posibles incluyen una roca, fortaleza, lugar seco, o agua corriente.

El nombre Sión fue mencionado primeramente para la fortaleza jebusea («la fortaleza de Sión») en 2 Samuel 5.6-10. David tomó Jerusalén de los jebusitas, y Sión fue subsecuentemente equiparada con el nombre de Jerusalén, la ciudad de David (1 R 8.1 = 2 Cr 5.2). Asociada con esto existe el entendimiento que el monte del templo, monte Sión, es el lugar de habitación de Jehová, el rey divino de Israel (Sal 9.11 [TM 12]; 76.2 [3]; Is 8.18; 18.7; 24.23; Jl 3.17 [4.17]). Con la transferencia del arca de la ciudad de David al Templo construido por Salomón, se dice que Jehová habita en el recinto del Templo-Sión. El término es también frecuentemente utilizado para toda Jerusalén (Is 2.3; 33.14; Jl 2.32 [3.5]). Una aparente excepción es su uso paralelo con Samaria (Am 6.1).

Sión también se refiere a los habitantes de Jerusalén o todo el pueblo de Dios. Esto incluye expresiones tales como «hijos de Sión» (Lm 4.2), «hija(s) de Sión» (Cnt 3.11; Is 3.16; 4.4; también Mt 21.5; Jn 12.15), «hija Sión» (Jer 4.31; 6.2; Zac 9.9 [Nota. En español dice «hija de Sión» en lugar de «hija Sión».]), y «virgen hija de Sión» (Is 37.22; Lm 2.13; 2 R 19.21). Este uso metafórico continúa en el NT, en referencia a la Iglesia, «Jerusalén la celestial» (Heb 12.22), o en la batalla escatológica (Ap 14.1).

En el presente la colina al sur de la porción suroeste de la Vieja Ciudad de Jerusalén, donde el lugar tradicional de la tumba de David y el aposento alto de la última cena están localizados, es llamada «Monte Sión». Evidentemente ya para el tiempo bizantino el nombre había sido transferido a la colina del suroeste (cf. Josefo, *Guerra de los judíos* 5.4.1 [137]).

Aaron W. Park

SIOR (Heb. *ṣîʿōr*)
Un pueblo en el área montañosa de Judá al sur suroeste de Hebrón (Jos 15.54).

SIPAI (Heb. *sippay*) (también SAF)
Gigante que peleó para los filisteos y que fue derrotado por Sibecai el husatita (1 Cr 20.4). En 2 Samuel 21.18 se le llama Saf.

SIQUEM (Heb. *šĕḵem*) **(LUGAR)**
Ciudad de la zona central del país alto efraimita (Jos 20.7). El lugar de 6 ha (15 a) está a 67 km (40 mi) al norte de Jerusalén, a 2 km (1.2 mi) al este de la Neápolis romana (la Nablus moderna) y a 10 km (6 mi) al sureste de Samaria. Aunque ciertas fuentes clásicas asociaban a la Siquem bíblica con Neápolis, fundada por Vespasiano en 72 a.C. (Josefo *BJ* 4.8.1; Jerónimo), otras fuentes antiguas ubicaban a la Siquem prerromana en la moderna Tell Balâṭah (177179), a 2.5 km (1.5 mi) al sureste de Neápolis, más cercana al monte Ebal (Eusebio *Onom.*, Peregrino de Bordeaux, Mapa de Madaba). Hermann Thiersch la investigó por primera vez en 1903 y los eruditos generalmente aceptan esta identificación. La referencia del NT a un lugar en esta región llamado Sicar (Jn 4.5; cf. Siquem, Hch 7.16) aparentemente señala a las ruinas helenísticas y romanas ubicadas debajo de la moderna ʿAskar, precisamente al noreste de Balâṭah.

Influenciados por Génesis 33.18-19, los escritores clásicos (Eusebio) y los primeros exploradores modernos (Edward Robinson) dedujeron el nombre Siquem de las tradiciones que rodeaban al hijo de Hamor que violó a Dina (Jos 24.32; Jue 9.28; cf. con las genealogías de Manasés, Nm 26.31; Jos 17.2; 1 Cr 7.19). Es muy probable que el nombre refleje el escenario físico de la ciudad, en el «hombro» (cuesta) del monte Ebal, o su proximidad opuesta a Gerizim, característica topográfica prominente a la que alguna vez se le llamó el «ombligo de la tierra» (Jue 9.37).

Ubicada en un paso estratégico, entre el monte Ebal al norte y el monte Gerizim al sur, Siquem rápidamente se convirtió en un centro urbano de actividad política, económica y finalmente religiosa dentro de la región de Samaria. El sistema de caminos latitudinales y longitudinales que convergían en este valle de tierra muy fértil sin duda explicaba la fundación y el florecimiento de la ciudad aquí, y no en elevaciones más altas y más defendibles de Ebal o Gerizim. El ascenso principal al país alto de Samaria, desde el Río Jordán, procedía por el Wadi Fariʿa, con profundas fallas geológicas, al sur de los vados de Adán y continuaba hacia Siquem, a través de la Tirza bíblica. Alrededor de la Edad de Hierro I (1200-1000 a.C.), hubo muchos asentamientos pequeños a lo largo de esta ruta, que obtuvo aún mayor prominencia durante la Edad de Hierro II (1000-587/586), mientras que declinaba el anterior centro político y ritual de Silo (al sur de Siquem). En ese entonces, un camino alterno divergía de la ruta anterior hacia Silo, asumía un curso más hacia el norte, desde el área del valle al este de ese lugar, y seguía la frontera Efraín-Manasés hacia Siquem (cf. Jos 17.7-9). Desde allí, caminos internos montañosos daban paso, ya sea a la ruta costera lucrativa a través del Naḥal Siquem o a puntos más hacia el norte y al este, a través del Valle Dotán y Jezreel. Estos cruces de caminos distinguían a Siquem como una coyuntura entre la Samaria del norte y la del sur (a grandes rasgos, las asignaciones de Manasés y Efraín).

Excavación

Una exploración de Tell Balâṭah y sus alrededores ha implicado dos series extensas de excavaciones, primero bajo liderazgo austro-alemán y después por una expedición estadounidense conjunta. Después de un trabajo a pequeña escala en el lugar que hizo Carl Watzinger (1907-9), Ernst Selling, durante

1913 y 1914, expuso unos 75 m (245 pies) de una pared (pared A) que Thiersch había observado previamente en el lado noroeste del lugar. Dentro de esta pared estaba incorporado un enorme complejo de puertas de tres entradas. Sellin también hizo una zanja de 52 m (170 pies) desde el lado norte del montículo hasta el centro, lo cual reveló cuatro etapas principales de ocupación, que posteriormente fueron identificadas como helenística, israelística, de la Edad de Bronce Media y de la Edad de Bronce Calcolítica Temprana I. Sellin emprendió cinco campañas adicionales, de 1926 a 1928, con el arquitecto Gabriel Welter. Además del área de un palacio inmediatamente dentro del complejo de puertas del noroeste, descubrieron un enorme templo con cimientos de 5 m (16 pies), de ancho, que datan de la Edad de Bronce Tardía I (alrededor de 1550-1400). En el sector oriental de la ciudad descubrieron una pared de entradas y salientes (pared B), con una puerta de dos entradas (la puerta oriental), que fecharon en la Edad de Bronce Tardía II (alrededor de 1400-1200). El reporte oficial de Sellin que fue completado en 1943, todos los registros de campo y varios artefactos fueron destruidos en la Segunda Guerra Mundial.

De 1956 a 1973 la Universidad de Drew, el Seminario Teológico McCormick, el ASOR y la Universidad de Harvard colaboraron para renovar el trabajo de campo bajo la dirección de George Ernest Wright. Durante siete temporadas completas y tres más cortas, un equipo abrió 14 «campos» de excavación y empleó técnicas mejoradas de análisis de capas de detritos, y de estudio de cerámica, para distinguir 24 estratos que oscilaban del período Calcolítico al Helenístico tardío, tiempo en el que cuatro largas interrupciones de ocupación desestabilizaron los asentamientos en el lugar. Los excavadores también descubrieron un barrio doméstico en la parte norte de la ciudad y lo relacionaron estratigráficamente con la arquitectura pública, ubicada en la acrópolis hacia el occidente. Para suplementar este trabajo en el lugar, Edward F. Campbell condujo un estudio regional de 1964 a 1972.

Historia de la Colonización

Los campos separados de los estratos XXIV a XXIII, que están inmediatamente sobre la capa de roca firme, produjeron pocos restos de estructuras circulares de ladrillos de barro del período Calcolítico (alrededor de 4000-3500). Las colecciones de fragmentos indican que esta ocupación pudo haberse extendido a la Edad de Bronce Temprana (alrededor

Gran piedra parada del antepatio del templo de la Edad de Bronze Tardía I en Siquem (alrededor de 1450 a.C.). (Allen C. Myers)

de 3500-3300). Después de esta limitada ocupación, el lugar fue abandonado hasta alrededor de 1900. De aquí a la destrucción final, tres interrupciones de ocupación dividirían la historia de Şiquem en cuatro fases importantes: Edad de Bronce Media II (1900-1550), Edad de Bronce Ţardía IB–Edad de Hierro IA (1450-1150/1125), Edad de Hierro II–Persa (975-475) y Helenística (331-107).

Siquem se desarrolló de un asentamiento doméstico y sin fortificaciones, en la Edad de Bronce Media IIA (alrededor de 1900; estratos XII-XXI), a una ciudad con una acrópolis fortificada en exceso, flanqueada por regiones domésticas sustanciales en la Edad de Bronce Media IIB (alrededor de 1750-1650; estratos XX-XVII), a un poderoso centro de ciudad-estado en la Edad de Bronce Media IIC (alrededor de 1650–1550; estratos XVI–XV). A principios de este período, Siquem aparecía en los Textos de Execración Egipcia como el centro principal del país alto efraimita (que complementa a Jerusalén en la región montañosa del sur), y su prominencia regional hasta pudo haber atraído a la actividad militar egipcia a finales del siglo XIX. En la acrópolis, en el precinto occidental de la ciudad, un patio reveló un complejo de estructuras que pasaron por lo menos cuatro fases de construcción. Recientemente, la interpretación de Wright de estás como templos se ha enfrentado con oposición más seria. Durante la Edad de Bronce Media IIC se construyó la «pared ciclópea A», el complejo de puertas del noroeste, el templo y, al lado este del lugar, la puerta oriental y muralla fortificada B. También, lo que Sellin creyó que representaba un palacio, más bien parece haber sido un santuario central, rodeado por habitaciones de guardias. Al norte de la acrópolis, y en su muralla, una región de magníficas casas domésticas pudo haber contado con las residencias privadas de algunos de los funcionarios de la ciudad. Los pesados escombros que cubren el estrato XV, posiblemente surgieron de las represalias egipcias en contra de los hicsos, alrededor de 1550. Después de esto hubo una interrupción en la ocupación que duró un siglo.

Durante la Edad de Bronce Tardía y la Edad de Hierro Temprana (estratos XIV–XI), los ocupantes reconstruyeron las puertas del noroeste y del este. En la acrópolis había un templo nuevo, un poco más pequeño que su predecesor *migdal*, pero completo, con altar y *maṣṣeba* grandes («piedras paradas»). Esta estructura posiblemente se correlaciona con la «casa de Baal-berith/El-berith» (que también se le llama «torre de Siquem») de Jueces 9.4, 46 (los excavadores encontraron una estatuilla de bronce de una deidad masculina erguida —una supuesta representación de Baal— en el estrato subsiguiente). El estrato XIII, que corresponde a la época de Amarna (siglo XIV) durante la cual los agresivos Lab'ayu controlaban un reino considerable desde Siquem, también reveló una región doméstica bien planificada en el campo XIII, al lado norte del lugar, en tanto que el área del este albergó un gran edificio público en el campo III. La correspondencia de Tell el-Amarna (EA 289; cf. Nos. 244-45, 249, 252-55, 263, 280) indica que Siquem no solamente dominó todo el país alto norcentral, como lo revelan los anteriores Textos de Execración, sino que los Lab'ayu ocasionalmente extendían su influencia hasta la Llanura de Sarón (EA 250). Una destrucción violenta, que se traza a lo largo del lugar, marcó el final del estrato XIII y del principado de Lab'ayu alrededor de 1300. Los estratos resultantes, XII y XI, reflejan una sociedad menos afluente, cuyo poder político reducido podría proporcionar el trasfondo histórico para el convenio sumiso y relaciones sociales con los israelitas (Jos 24). Estas relaciones no terminaron en desastre hasta que Abimelec intentó imponer su reinado en la ciudad, como se refleja en la enorme destrucción del estrato XI, alrededor de 1125-1100 y en las tradiciones textuales de Jueces 9.

Después de otro siglo sin ninguna ocupación apreciable (1100-1000), Siquem y toda el área que la rodea solamente lograron una recuperación modesta durante la Monarquía Unida (estrato X; observe las vicisitudes políticas que se dan a entender en Sal 60:6-7[TM 7-8] = 108.8-9[9-10]). El lugar volvió a su condición de ciudad, como parte de la red administrativa de Salomón (1 R 4.8ss). Aunque Siquem también aparece en ambos listados de ciudades levíticas (Jos 21.21; 1 Cr 6.67), muchos interpretan esto como una adición secundaria, debido a su condición de ciudad de refugio (Jos 20.7). La datación cerámica confirma la destrucción del estrato X durante la invasión del Faraón Sisac, alrededor de 925 (cf. 1 R 14.25). Jeroboam I posteriormente reconstruyó el lugar (estrato IX) y temporalmente la hizo su capital (1 R 12.25). La mención de Siquem en un Ostracon de Samaria de principios del siglo VIII (n.º 44) indica que la ciudad entonces suplía las necesidades del régimen monárquico que se refugió en el norte; un gran edificio que posiblemente fue un silo, del estrato VIII, apoya esta función. En lugar de representar al socio principal, como lo hizo en las primeras relaciones patrocinador-cliente entre Lab'ayu y varias clases pastorales y mercenarias (*'apiru*), Siquem supuestamente tuvo que subordinarse a un nuevo orden político y social entre la capital y el campo.

Los estratos VI-V, que abarcan los períodos asirio y persa, solamente produjeron pobres restos materiales. Aunque en conjunto la prosperidad e influencia política de la ciudad parecen haber disminuido durante esta época, la excavación de los campos I, VII y IX produjo una cantidad sustancial de loza ática revestida de negro y un ensamble de hallazgos pequeños que incluía una moneda electrum y varias impresiones de sellos. Jeremías 41.4-8 registra que a principios del siglo VI un grupo de siquemitas llegó a Jerusalén con ofrendas de cereales e incienso y con la afirmación de que tenían almacenes de trigo, cebada, aceite y miel, escondidos en el norte.

El lugar, una vez más, queda abandonado desde alrededor de 475 hasta la aparición de Alejandro el Grande en Canaán. Mientras los samaritanos huían hacia el este durante los ataques punitivos de Alejandro, Siquem recuperó su condición de centro de actividad fortificado (Josefo *Ant.* 11.8.6). En los estratos IV-III (alrededor de 323-190), que se fecharon por la recuperación de una serie de monedas ptolemaicas, enormes cantidades de relleno cubrían los parcialmente expuestos restos de períodos anteriores y proporcionaron un área de construcción nivelada, de casas bien planificadas, sobre las primeras terrazas del campo VII. El arreglo de las fortificaciones nuevas se aproximó al del plan de la edad de Bronce Media II; el área de la puerta oriental en sí estaba despejada a los niveles de la Edad de Bronce Media. Un cambio conspicuo a la moneda seléucida en el estrato II refleja la influencia que hubo en toda la región por Antíoco III y Antíoco IV Epífanes, después de la victoria militar del primero en 198, en Banias, al norte de Israel. Aunque Josefo registra que la destrucción final de Siquem ocurrió en 128 (*Ant.* 13.254-56, 275-81), tanto la evidencia cerámica como la numismática sugieren que se baje la fecha a 108/107, y que se correlacione el desastre con la violencia asociada a las invasiones del norte del sacerdote hasmoneo Juan Hircano, que no solamente destruyó el templo samaritano en la cercana Tell er-Ras (en el Monte Gerizim) sino que devastó y luego quemó la ciudad que ocupaba Tell Balâṭah.

Bibliografía. E. F. Campbell, *Shechem II: Portrait of a Hill Country Vale.* ASOR Archaeological Report 2 (Atlanta, 1991); Campbell and J. F. Ross, «The Excavation of Shechem and the Biblical Tradition,» *BA* 26 (1963): 1-27, repr. in *BAR* 2, ed. D. N. Freedman and E. F. Campbell (Garden City, 1964), 275-300;W. G.Dever, «The MB IIC Stratification in the Northwest Gate Area at Shechem,» *BASOR* 216 (1974): 31-52; J. D. Seger, «The Middle Bronze IIC Date of the East Gate at Shechem,»*Levant* 6 (1974): 117-30; L. E. Toombs, «The Stratification of Tell Balânah (Shechem),» *BASOR* 223 (1976): 57-59; G. E.Wright, *Shechem: The Biography of a Biblical City* (New York, 1965); G. R. H.Wright, «Temples at Shechem,» *ZAW* 80 (1968): 1-35.

RON E. TAPPY

SIQUEM (Heb. *šeḵem*) **(PERSONA)**

Hijo de Hamor, príncipe heveo de los siquemitas (Gn 34.2). Después de violar a Dina, la hija de Jacob y Lea, se enamora de ella y le pide a su padre que fije un matrimonio (Gn 34.4). Indignados por el acto violento de Siquem, así como por su deseo de casarse con una mujer hebrea y la propuesta de Hamor de una alianza general de matrimonio entre los hebreos y los siquemitas, los hermanos de Dina insisten en que todos los varones de la ciudad se circunciden como una concesión parcial de las costumbres israelitas (Gn 34.13-17). Mientras que los siquemitas están incapacitados por la operación, dos de los hijos de Jacob, Simeón y Leví, entran y saquean la ciudad indefensa, matan a todos los hombres, incluso a Siquem y Hamor, y se llevan a Dina (Gn 34.25-29).

LUCILLE C. THIBODEAU, P. M.

Descendiente de Manasés y progenitor de la rama siquemita de Manasés (Nm 26.31; Jos 17.2).

Hijo de Semida, de la tribu de Manasés (1 Cr 7.19), quizás sea el mismo del n.º **2** anterior.

SIRA, POZO DE (Heb. *bôr hassirâ*)

Lugar desde el cual Joab citó a Abner antes de matarlo (2 S 3.26), según Josefo (*Ant.* 7.1.5 [34]) a 4 km (2.5 mi) al norte de Hebrón. Se ha sugerido más de una ubicación, como Sîret el-Bellāʿ (159108).

SIS (Heb. *ṣîṣ*)

Cuesta desde En-gedi hasta cerca de Tecoa a través de la cual los moabitas y sus aliados intentaron atacar al rey Josafat de Judá (2 Cr 20.16; cerca del 850 a.C.). A pesar de que este camino empinado era difácil, era la ruta más corta desde Moab a Judá. Posiblemente como resultado de la invasión, fuertes de Judea fueron construidos en las cimas de Masada y En-gadi. La cuesta es identificada con el Wadi Ḥaṣâṣah/Naḥal Haṣeṣôn.

Bradford Scott Hummel

SISA (Heb. *šîšā'*) (también SERAÍAS, SAVSA, SEVA)

Padre de Elihoref y Ahías, secretarios del rey Salomón (1 R 4.3). Sisa probablemente fue el secretario de David, conocido como Savsa (1 Cr 18.16), Seraías (**1**; 2 S 8.17) y Seva (**1**; 20.25).

SIRÁ (Gr. *Sirach*), **SABIDURÍA DE JESÚS, HIJO DE**

También se le llama Sabiduría de Ben Sirá, por el nombre del autor (Heb. *Ben sîrā*), o Eclesiástico (título en latín que significa «[libro] de la iglesia»). Está clasificado entre las obras deuterocanónicas o apócrifas, ausente en el canon judío y protestante, pero los católico-romanos y ortodoxos lo consideran parte de las Escrituras. Fue escrito en hebreo, alrededor de 180 a.C. y traducido al griego por el nieto del autor (que lo presentó con un prólogo importante) alrededor de 130. Eclesiástico tiene una historia inusual. Desde el tiempo de Jerónimo hasta alrededor de 1900, el texto hebreo era prácticamente desconocido para el mundo occidental, y el libro fue transmitido en griego, latín y otras versiones antiguas. Los descubrimientos de porciones del texto hebreo en una geniza del Cairo, y recientemente en Masada y Qumrán, han producido alrededor de dos tercios del hebreo. Esto ha resultado en mejores traducciones modernas (p. ej., en la DHH cuya numeración de capítulos/versículos debe seguirse).

Ben Sirá murió antes de que el período crítico de los macabeos convulsionara a Palestina. Estaba consciente de la amenaza del helenismo (cf. su oración de 36.1-22), y su estrategia era de recibirla con una fuerte exhortación para que fueran fieles a la creencia israelita tradicional. Lo hace en forma de enseñanza de sabiduría que se asemeja al libro de Proverbios: dichos cortos (que usualmente se incluyen en unidades más largas relativamente suaves), instrucciones (que prefieren 22 y 23 líneas de largo; p. ej. 1.11-30), himnos de alabanza (p. ej., 39.12-35; 42.15-43.33), y narración histórica didáctica («la alabanza de los antepasados», 44.1-49.16). Él era escriba, muy probablemente de Jerusalén, que apreciaba su trabajo, como lo demuestra su famosa descripción de los distintos oficios (38.24-39.11).

Contenido

El libro no se presta a un simple esbozo. Aquí solamente podemos seleccionar algunos de los temas más sobresalientes con los que él trató. La sabiduría es, por supuesto, el más importante. La obra inicia con un poema sobre el origen de la sabiduría (1.1-10): Es de Dios, que la ha derramado en todas sus obras y la hizo abundar en sus amigos. Este resumen somero se desarrolla a profundidad en el famoso capítulo 24, donde la Sabiduría claramente se personifica como mujer. Ante los miembros de la corte celestial describe sus orígenes «de la boca del Altísimo», antes de la creación (cf. Pr 8.22-31). Pero quiere morar en algún lado, y el «Creador de todo» le da Jacob/Israel como su herencia. En la ciudad santa de Sión ministra ante Dios. Describe su excelencia en términos de imágenes de árboles y plantas, y emite una invitación a todos a tomar parte de su fruto, un fruto que los hará tener aún más hambre de ella. Cuando termina su discurso, Ben Sirá la identifica directamente con el «libro del pacto», «la ley que Moisés promulgó» (24.23). Por primera vez, la figura elusiva de la Sabiduría del AT se identifica explícitamente. Se alude a esta ecuación de Sabiduría y Torá en Deuteronomio 4.6-8, pero se afirma varias veces en Eclesiástico (p. ej., 15.1; 19.20).

Igualmente importante es el «temor del Señor», un interés favorito por mucho tiempo en la Literatura Sapiencial (Pr 1.7). El primer capítulo tiene un largo poema sobre el temor del Señor: es el «principio de la sabiduría»; en efecto. *Es* la sabiduría, y también la «raíz», «corona» y la «llenura» de la sabiduría. «El temor del Señor deleita el corazón, da gozo, alegría y larga vida» (1.13, Biblia de Jerusalén). Debido a que en los tiempos modernos el «temor» de Dios usualmente se considera un término negativo, es importante reconocer que en la Literatura Sapiencial tiene el sentido de reverencia, obediencia y hasta de amor. En 2.15-16, el temor y el amor aparecen juntos e indican el servicio amoroso, así el temor y el amor frecuentemente se unen en las exhortaciones de Deuteronomio (Dt 6.13, 24; 10.12-13; cf. Job 28.28).

Ben Sirá comparte la perspectiva típica del AT acerca del pecado y sufrimiento y de la doctrina de la retribución. Sí da lugar a períodos de prueba y adversidad, pero estimula a la perseverancia y determinación (2.1-6); las cosas saldrán bien al final (11.26-27). No ignoraba las dificultades de esta doctrina, pero permaneció firme en sus opiniones: la virtud debe ser recompensada con salud y prosperidad, hijos, una larga vida y un «nombre» o reputación perdurable (41.12-13). El malo carecerá de estas bendiciones. A pesar de que parezca lo contrario, tarde o temprano recibirán el castigo justo de Dios. Por supuesto, la retribución divina tenía que llevarse a cabo en esta vida, ya que no había vida real después de la muerte; solamente el Seol, donde todos, buenos y malos por igual, se encontrarían en igualdad de condiciones. No había contacto amoroso con el Señor (17.27-28), tal cual los salmistas también lo lamentaron (Sal 6.5[TM6]; 30.9[10]).

El AT exhibe cierta ambivalencia en la descripción de los hechos humanos. Por un lado, el actuar del Señor siempre se manifiesta. Como lo dijo Jeremías (Jer 10.23), «ni del hombre que camina es el ordenar sus pasos» (cf. Ecl 33.12; Pr 16.9). Pero, por otro lado, la responsabilidad humana se asume e incluso se afirma. Eclesiástico no deja duda: «No digas: «Es Dios quien me hace pecar»… Dios creó al hombre al principio y le dio libertad de tomar sus decisiones» (15.11-14). Eclesiástico difiere de la usual postura sapiencial en que explícitamente visualiza la conversión de los pecadores (17.25-26). Comparte la advertencia del AT de que el sacrificio es fútil a menos que esté acompañado de integridad moral: «El Altísimo no acepta las ofrendas de los impíos; aunque le ofrezcan muchos sacrificios, no les perdona los pecados» (34.19). Exhibe un equilibrio admirable al juzgar el ritual y la moral: el sacrificio es pertinente, pero el dar limosna también es un «sacrificio de alabanza» (35.1-11).

Menos convincente es la perspectiva de Eclesiástico de las polaridades que encuentra en este mundo. Compone varios himnos bellos en alabanza a las obras del Señor (39.12-35; 42.15-43.33). Su ímpetu se encuentra en su simbolismo vívido. Pero su optimismo sin límites es difícil de aceptar: «Todo lo que Dios ha hecho es bueno… Él ve todo lo que todos los hombres hacen… No hay que preguntar para qué sirve esto o aquello» (39.16-21). Sin embargo, está la inevitable distinción entre el virtuoso y el pecador: cosas buenas para el bueno, pero para el pecador, cosas buenas y malas (39.25). El segundo himno (42.15-43.33) es una alabanza de la creación, algo similar a Salmos 144-145; Job 38.41. Juega con la idea de que todas las cosas vienen en pares (p. ej., noche y día) y esta paridad atrapa su imaginación. Pero cuando esa doctrina de opuestos se aplica a la Providencia, aparece la debilidad de sus perspectivas, como en 33.7-15: «¿Por qué se distinguen unos días de otros?». Después de ejemplificar varias polaridades, concluye en que así como lo opuesto del mal es el bien, y así como la vida contrasta con la muerte, el pecador es el opuesto de la persona piadosa (33.14): «Fíjate en todas las cosas hechas por Dios: están por pares, la una frente a la otra» (33.15). Su entusiasmo por las polaridades está errado; no hace nada para resolver el misterio que confrontó tanto al autor de Job como al Qohélet de una manera traumática.

El «Himno de Honor de Nuestros Ancestros» (un título antiguo que se anexó a 44.1-49.16) logra cubrir una porción significativa de tradiciones israelitas. Es el primer sabio en incorporar material histórico en la enseñanza sapiencial, y en esto lo sigue el autor de la Sabiduría de Salomón (Sab 10-19). Al inicio abrupto con Enoc en 44.16 le siguen descripciones de gente que Eclesiástico obviamente favorece, como Moisés y Aarón, Josué, Samuel, David, Elías y Eliseo, Ezequías (aunque los reyes generalmente reciben culpa, 49.4-5) y Ezequiel. La mención del profeta contiene una referencia a Job (cf. Ez 14.14, 20) tan accidental como para dar la impresión de que Eclesiástico nunca batalló con el problema de Job. El capítulo 50, que realmente está fuera del himno, da toda su atención al papel de Simón, hijo de Onías, sumo sacerdote de alrededor de 200, cuyas actividades sacerdotales Ben Sirá describió y admiró.

Finalmente, podemos examinar la propia perspectiva de Sirá de su vida y actividad. Como ya se observó, exaltó la obra del escriba (39.1-11), una clase a la que sin duda pertenecía. También dejó relucir un orgullo comprensible de su propia función como maestro de sabiduría. Después de identificar a la Mujer Sabiduría con la Torá en el capítulo 24, Sirá compara su función con un pequeño riachuelo que se convierte en un mar, y compara su enseñanza a la profecía (vv. 30-34). En el capítulo final ofrece un himno de acción de gracias al estilo tradicional de un salmo, pero no podemos determinar la situación que le dio lugar (51.1-12). Luego sigue un poema acróstico, cuyo texto y significado ha sido realzado considerablemente con el descubrimiento de su forma hebrea en la Cueva 11 de Qumrán. Sirá describe su ardiente búsqueda de la Mujer Sabiduría e invita al lector a compartir su enseñanza.

Bibliografía. R. E. Murphy, *The Tree of Life,* 2nd ed. (Grand Rapids, 1996); P.W. Skehan and A. A. DiLella, *The Wisdom of Ben Sira.* AB 39 (New York, 1987).

ROLAND E. MURPHY, O. CARM.

SIRACUSA (r. *Syrákousai*)
Gran ciudad marítima de la esquina sureste de la isla de Sicilia, fundada por Archias de Corinto en el siglo VIII a.C. Particularmente en los siglos IV y V, Siracusa fue la colonia griega más próspera del Mediterráneo occidental. Estaba conectada por un malecón con el continente, donde la ciudad estableció bases extranjeras. Bajo los romanos, fue la capital de la mitad oriental de Sicilia. Allí se encontraba un templo de la diosa griega Atenea, así como un imponente teatro tallado en la roca. Cícero decía que era la más grandiosa de las ciudades griegas, y la más bella.

Esta fue la primera parada en el viaje de Pablo a Roma, después de que él y su grupo pasaran el invierno en Malta. Estuvieron tres días en Siracusa (Hch 28.12), pero no hay registro de alguna predicación ni ministerio. Aparentemente, el grupo esperó en el barco hasta que hubiera un viento favorable que dirigiera su ruta a Roma.

DALE ELLENBURG

SIRIA
En tiempos antiguos, región que rodeaba el Mediterráneo oriental, que se extendía al norte desde (y a veces inclusive) Palestina y Fenicia hasta el Éufrates en el noreste y a los Montes Tauro en el noroeste. La herencia cultural de Siria comienza con los cazadores de la Edad de Piedra, que perseguían manadas de animales que migraban y se movían hacia el norte, a lo largo del valle del río Orontes, hasta que llegaban al valle de Nahr el-Kabir. En ese punto, la pista de la caza tenía que haber girado a occidente, hacia el Mar Mediterráneo. Los análisis de algunas herramientas, y el escenario geomorfológico en lugares como Sitt Mrko y Latamne, los fechan de 500 mil a un millón de años de edad. Los sitios arqueológicos más antiguos de Siria se asocian con poblaciones de homo erectus, que fueron reemplazadas hace alrededor de 100 a 200 mil años por las modernas poblaciones de homo sapiens y homo sapiens var. neandertal.

Hace diez mil años, los grupos de caza y colecta, que se esparcieron a lo largo de amplias secciones de Siria, comenzaron a fundar aldeas más establecidas como Mureybet y Abu Hureyra. Los huesos de animales y semillas carbonizadas que se han recuperado de estas aldeas neolíticas demuestran que el trigo, la cebada, las ovejas, cabras y ganado doméstico reemplazarían la dieta de gacela salvaje y semillas silvestres que recogían. El cambio de la caza y colecta de comida a la producción de comida a través del cultivo fue de la mano con los aumentos de población, con los avances en la arquitectura doméstica y con el surgimiento de complejos rituales de inhumación, diseñados para honrar a los muertos.

La necesidad de controlar el excedente económico en las poblaciones neolíticas, con el tiempo, daría lugar a un sistema de pequeñas monedas de barro. Las monedas, precursoras de la escritura, seguirían en uso en las poblaciones urbanas hasta la llegada de la escritura cuneiforme, que se hacía en tablillas de barro. En algunos contextos rurales, incluso después de que las poblaciones urbanas del tercer mileno se hubieran cambiado a la escritura cuneiforme, las monedas seguirían en uso como una técnica de control.

Las economías ricas se desarrollaron en Siria durante el tercer milenio, donde Siria formó el arco occidental del Creciente Fértil. Las ciudades modernas de Damasco y Alepo trazan su origen a este período. Los grandes centros urbanos, rodeados de murallas circulares, se desarrollan durante el tercer milenio en el norte de Siria en lugares como Tell Leilan, Tell Chuera y Tell Mozan. Los descubrimientos de Tell Mozan han demostrado que fue la antigua ciudad de Urkesh, gobernada por gente que hablaba hurrita.

Indiscutiblemente, la más extraordinaria de las primeras ciudades de Siria fue la antigua Ebla (Tell Mardikh). Las extensas investigaciones en Ebla han demostrado que la ciudad prosperó por 800 años y que el centro urbano tenía extensos palacios, templos, talleres y tumbas reales. Un archivo importante de tablillas cuneiformes, descubierto durante 1975, sigue aumentando nuestra comprensión de las tradiciones políticas, económicas y religiosas de la ciudad. La economía de Ebla se alimentaba de los excedentes agrícolas y la industria textil, en tanto que el comercio llevó objetos al reino como el lapislázuli de Afganistán y las vasijas de piedra tallada de Egipto. Los textos cuneiformes de Ebla dan pistas de su panteón de alrededor de 40 deidades principales, entre las que están Kura (dios principal de la ciudad), Hadad (dios de la tormenta), Dagan (señor de la región), Rashap (dios del inframundo), Adamma (diosa del inframundo y esposa de Rashap), Ishara (diosa principal de la ciudad), Ishtar (diosa del amor y la guerra) e Idabal (dios asociado con el Valle del Orontes).

Los patrones complejos de crecimiento urbano y abandono, al final del tercer milenio, coincidirían con la expansión y ascensión política de tribus nómadas y seminómadas semíticas de occidente, que frecuentemente se les llamaba amorreos. Un rey amorreo que se llamaba Yaggid-lim estableció un linaje poderoso en Mari (moderna Tell Hariri), que finalmente sería desplazado por Šamši-adad, progenitor del subsiguiente imperio asirio. La historia de Mari comenzó en el tercer milenio y terminó cuando el palacio de Zimri-lim fue destruido (alrededor de 1759 a.C.) por Hamurabi de Babilonia. Mari es de importancia particular por los aproximadamente 15 mil documentos cuneiformes que descubrieron los arqueólogos franceses durante las décadas de excavación. Se han identificado los restos físicos de los tres templos cerca del palacio; los templos fueron dedicados a las diosas Ishtar, Ninizaza e Ishtarat. Los textos cuneiformes dan testimonio de la importancia de varias deidades como Itur-mer (señor de la tierra de Mari), Šamaš (dios del sol), Dagan, y un panteón principal de alrededor de 40 dioses y diosas.

Las fuertes murallas de defensa son una característica distintiva de las ciudades de Siria durante el segundo y tercer milenio. El propósito de las murallas era de defenderse en contra de los ejércitos de la Mesopotamia del sur, Turquía, Egipto y las islas del Mar Mediterráneo. Una invasión de esas fue dirigida por el rey egipcio Tutmosis I (1504-1492), que invadió el reino Mitani, ubicado en Siria y el norte del río Éufrates. La invasión de Tutmosis I fue una retribución por la invasión de los siro-palestinos del delta egipcio, y además le aportó un buen tributo al imperio egipcio. Los ricos recursos agrícolas de Siria la hicieron un blanco para imperios expansionistas. En 1285, en Qadesh, en el río Orontes, las tropas egipcias bajo Ramsés II se enfrentaron con la infantería y carrozas del rey hitita Muwatallis. Ramesés afirmó la victoria en sus relieves monumentales, pero la extensión de la influencia hitita hacia el sur en Damasco sugiere más credibilidad a la versión hitita.

Las ciudades antiguas se establecieron tanto en el interior de Siria como a lo largo de su línea costera en el Mediterráneo. El antiguo Ugarit (Ras Shamra) es el lugar que más se investiga a lo largo de la costa siria. Los constructores de Ugarit pudieron aprovechar la piedra disponible para palacios, templos, casas y el muro de defensa. Los artículos señalan rutas de comercio que llegan a Egipto en el sur y a la cultura micénica de Grecia en occidente. El reino de Ugarit sería víctima de los Pueblos del Mar entre 1180 y 1175. Entre los descubrimientos importantes de Ugarit está una pequeña tablilla que data del siglo XIV y que contiene un abecedario. Los dos templos principales de la ciudad de Ugarit fueron dedicados a Dagan (dios del inframundo) y a Baal (dios de la fortaleza y fertilidad). Los textos cuneiformes se refieren a un panteón que contine a El (padre de los dioses), a Athirat (diosa del mar y esposa de El), a ʻAnat, a Mot (la muerte), a Rashap, a Nikkal y a Kotarot.

Los principados arameos y neohititas ascendieron al poder después de 1200, pero su autonomía se redujo, ya que el imperio asirio anexó las ciudades de Siria. Un templo excepcional de este período se encuentra en Ain Dara, en el Valle Afrin, cerca de Aleppo. La iconografía del templo de Ain Dara lo vincula con Ishtar, diosa de la fertilidad. El exterior del templo está decorado con diseños esculpidos de montañas sagradas, esfinges y leones.

En 612 los babilonios y los medos iraníes destronaron al imperio neoasirio y Siria cayó bajo el control babilonio. Los persas acaemenidas anexaron Siria a su imperio durante el siglo VI, pero la perdieron ante los griegos durante el siglo IV. La mezcla de las tradiciones griegas y sirias resultó en logros artísticos y arquitecturales, que continuarían hasta después de que los romanos desalojaran el control griego de Siria. Los períodos griego y romano produjeron mucho de los monumentos sirios más grandiosos, que todavía se preservan en lugares como Dura, Europos, Palmira, Bosra y Apamea. De gran importancia es el hecho de que dos sirios, Heliogábalo (213-222 d.C.) y Filipo (244-249) lograron obtener el rango de emperador.

Ciudades del período romano como Dura Europos apoyaron prósperas comunidades multiétnicas/multirreligiosas. Varios templos de deidades sirias y romanas tradicionales, una casa que fungía como iglesia y una sinagoga cuidadosamente decorada se encontraron en Dura Europos. Esta mezcla cambió, a medida que las comunidades cristianas crecían y los templos declinaban en poder e influencia.

Bibliografía. H. Weiss, ed., *Ebla to Damascus: Art and Archaeology of Ancient Syria* (Washington, 1985).

Michael J. Fuller

SIRÍACO
Una forma del arameo oriental tardío; miembro de la subfamilia aramea de los idiomas semíticos noroccidentales. El alfabeto, siriaco que se compone de 22 consonantes, está escrito en tres formas: estrangelo, que se encuentra en las inscripciones y manuscritos más antiguos; nestoriano, usado principalmente por los cristianos sirios del imperio persa; y serta, o jacobita, usado por los cristianos sirios del imperio romano. Las consonantes individuales se escriben de manera levemente modificada, dependiendo de su posición inicial, media o final en una palabra y de si están solas o están unidas a otras. El siríaco se escribe de derecha a izquierda. Las raíces léxicas son predominantemente de tres letras. Las formas derivadas se generan al prefijar o sufijar consonantes a una raíz de tres letras (o de dos) y por modificaciones de vocalización.

El siríaco, que originalmente fue el dialecto de Edesa (centro del cristianismo del siglo II), sustituyó a otras formas de arameo en la región y mantuvo prominencia como idioma hablado y literario del Asia occidental, hasta el siglo VIII. Una enorme cantidad de escritos religiosos y no religiosos, tanto poesía como prosa, se produjo durante este tiempo. Desde el siglo octavo en adelante, el siríaco fue sustituido por el árabe como idioma común, aunque el siríaco siguió siendo difundido como el idioma litúrgico del cristianismo oriental, hasta el siglo XIII. En 489 la controversia teológica y disputas eclesiásticas produjeron una separación lingüística. Los sirios orientales nestorios (Nisibis) se separaron de los sirios occidentales jacobitas (Edesa), lo cual dio origen al desarrollo de dos dialectos y ortografías distintos.

Los autores sirios han producido una enorme y rica cantidad de literatura, lo cual convierte al siríaco en el dialecto arameo más extensamente documentado. Aunque los textos religiosos son más abundantes, no debería permitirse que las traducciones del AT y NT a siríaco y los tratados teológicos, exposiciones bíblicas, himnos y homilías de los primeros padres de la iglesia ensombrecieran las contribuciones literarias sirias en las áreas de ciencia, filosofía, matemáticas y medicina.

Bibliografía. G. Bergsträsser, *Introduction to the Semitic Languages* (Winona Lake, 1983); K. Beyer, *The Aramaic Language: Its Distribution and Subdivisions* (Göttingen, 1986).

Dennis R. Magary

SIRIÓN (Heb. *śiryōn*)
Nombre sidonio del Monte Hermón (Dt 3.9; cf 4.48, Heb. *śî'ōn*). En Salmos 29.6b Sirión es el paralelo del Líbano en el v. 6a, y aquí tal vez designa a la cordillera del Antilíbano, de la cual el Monte Hermón es la parte del sur, o posiblemente a la cordillera del Líbano y a la del Antilíbano. Jeremías 18.14 (*śāḏay*, «campo»; como dice en la RVR60) está asociado con el Líbano y frecuentemente se corrige como Sirión (como en la NRSV).

SIROFENICIA (gr. *Syrophoinikissa*)
La mujer gentil («griega») que suplica a Jesús que le saque el espíritu malo a su hija (Mr 7.24-30). El pasaje paralelo de Mateo 15 se refiere a la mujer como cananea. Su «origen sirofenisio» indica que era de la región de Tiro y Sidón, en la provincia romana de Siria. Al principio, Jesús se rehúsa a sanar a la hija por el motivo de que solamente ha venido por el pueblo judío. Jesús le dice a la mujer que los hijos deben ser alimentados antes que los perros, y los lectores entienden que los hijos eran los judíos y los perros los gentiles. Cuando la mujer le recuerda a Jesús que los perros comen las migajas de la mesa de los hijos, Jesús premia su persistencia y sana a la hija.

Michelle Tooley

SIRTE, LA (Gr. *hē Sýrtis*)
Dos bahías poco profundas de un amplio golfo de la costa de las modernas Libia y Túnez, la Sirte Mayor (que ahora se llama Golfo de Sidra o Sirte), al sureste, y la Sirte Menor, al noroeste, sur y suroeste de Sicilia. Los marineros del barco que Pablo abordó en Mira de Licia temían que el viento del noreste que encontraron al salir de Creta impulsara el barco «a la Sirtis» (Hch 27.17).

SISAC (Heb. *šîšaq;* Egip. *ššnq*)
Sheshonq I, primer rey de la vigésimo segunda Dinastía de Egipto. Debido a la incertidumbre en cuanto a la duración de varios reyes de esta dinastía, las fechas exactas y la duración de su reinado no son claras. Su asunción se llevó a cabo alrededor de 950 a.C., y probablemente reinó 21 años. Sisac reunió al Alto Egipto con Bajo Egipto, por medio de una variedad de medios políticos astutos, como la endogamia y el nombramiento de sus parientes para altos cargos.

Según 1 Reyes 14.25-28, durante el quinto año de Roboam, Sisac invadió Palestina y exigió tributo a Roboam, los escudos de oro que Salomón había hecho para el palacio. 2 Crónicas 12.1-12 da más detalles en cuanto al tamaño y estructura étnica del ejército de Sisac, pero el valor histórico de estos detalles es incierto. Es más probable que sean exagerados y que reflejen el ambiente posexílico del cronista.

La invasión de Sisac de Palestina se confirma en el portal Bubastita del templo de Amón, en Karnak de Tebas. Una escena contiene una inscripción que describe la batalla en términos estereotípicos. Debajo de esta inscripción está una lista de ciudades conquistadas o visitadas por Sisac. En esta lista se han identificado alrededor de dos docenas de ciudades en Palestina pero, desafortunadamente, el texto está muy dañado en algunas partes, lo que entorpece los esfuerzos por determinar el itinerario de Sisac. Parece que Sisac circunvaló Judá y se concentró en el norte de Israel y en el Neguev.

Bibliografía. K. A. Kitchen, *The Third Intermediate Period in Egypt (1100-650 b.c.),* 2nd ed. (Warminster, 1986); D. B. Redford, *Egypt, Canaan, and Israel in Ancient Times* (Princeton, 1992).

Paul S. Ash

SÍSARA (Heb. *sîsĕrāʾ*)

Comandante de las fuerzas cananeas a quien Israel, dirigido por Débora y Barac, derrotó cerca de Taanac, en el valle de Jezreel. Jueces 4.2 describe a Sísara como el comandante del ejército de Jabín, rey de Hazor, en tanto que 5.19-20 simplemente asume que es el líder de una coalición de reyes cananeos (cf. 1 S 19.9; Sal 83.9[TM 10]). En ambos capítulos la derrota de los cananeos se expresa muy intencionadamente con el momento de la muerte de Sísara. Los cananeos, con sus poderosas carrozas tiradas por caballos, repetidas veces habían derrotado a Israel en las planicies de Palestina (cf. Jue 1.19, 27-36), haciendo que la derrota de la coalición sea especialmente dulce para Israel. Ya que Sísara personifica a las odiadas fuerzas cananeas, su muerte le da a Israel el momento de liberación purificante.

En el relato en prosa de Jueces 4, Sísara huye del campo de batalla con una necesidad desesperante de salvaguardarse de su enemigo. La mujer beduina, Jael, le da protección. Sin embargo, cuando el exhausto guerrero se duerme en el suelo, ella le metió una estaca de la tienda en la sien, y lo enclavó en el suelo (Jue 4.17-21). Según Jueces 5, ella se gana la confianza de Sísara, aparentemente, al suplir sus necesidades, pero aquí ella lo golpea en la cabeza cuando todavía está de pie, bebiendo la leche que ella le dio. La descripción muy repetitiva de cómo Jael asesinó a Sísara, y su caída al suelo (Jue 5.26-27), permite que la audiencia israelita saboree detalladamente, no sólo la extinción de Sísara, sino también la de las fuerzas cananeas que dirigía. La muerte de Sísara por manos de una mujer se suma al gozo de la victoria de Israel, así como el hecho de que la fuerza principal que estuvo detrás de la reunión de Israel para la guerra, Débora, también es mujer. A la humillación de Sísara se suma su sed, resultado de su huida despavorida (Jue 4.15, 17; cf. la ironía del torrente de 5.20-21).

La humillación final de Sísara llega en Jueces 5.28-30. La madre aristócrata de Sísara y sus damas de honor están preocupadas por su larga demora en volver de la batalla, aun así se obligan a no considerar ningún otro resultado, más que la victoria. La declaración de esta insensatez, justo después de la imagen grotesca de Sísara que yace muerto, acentúa el gozo de la victoria de Israel.

«Hijos de Sísara», que se enumeran entre los siervos del templo que volvieron del exilio (Esd 2.53; Neh 7.55; 1 Esd 5.32). Se desconoce su condición precisa, pero el uso del nombre Sísara podría implicar que en Israel se les consideraba extranjeros, quizás incluso descendientes del derrotado líder cananeo.

Bibliografía. N. K. Gottwald, *The Tribes of Yahweh* (Maryknoll, 1979); A. J. Hauser, «Judges 5: Parataxis in Hebrew Poetry,» *JBL* 99 (1980): 23-41.

Alan J. Hauser

SISMAI (Heb. *sismāy*)

Judaíta descendiente de Jerameel, hijo de Elasa y padre de Salum (1 Cr 2.40).

SITIM (Heb. *šiṭṭîm*)

Último campamento de los israelitas en las llanuras de Moab, antes de cruzar el Río Jordán (Nm 33.49). El nombre es una forma abreviada del toponímico completo Abel-sitim, «Pradera de Acacias» (Nm 33.49). Allí, el rey moabita Balak trató de maldecir a Israel a través de Balaam (Nm 22-24), los hombres de Israel participaron en relaciones idólatras y prácticas inmorales con mujeres moabitas y de Madián (cap. 25), se hizo el censo (cap 26) y Josué fue proclamado públicamente el sucesor de Moisés (27.12-23), quien dio su último discurso al pueblo allí (Dt 31-33). Desde allí Josué envió dos espías (Jos 2.1) antes de que los israelitas se prepararan para cruzar el Jordán (3.1). El profeta Miqueas exhortó a Israel a que recordara lo que Dios había hecho por ellos durante el viaje del pueblo de Sitim a Gilgal, cuando entraban a la Tierra Prometida (Mi 6.5)

Josefo menciona un lugar, «Abila», en esta área. F.-M. Abel identificó primero a Sitim con Tell el-Kefrein (210139), pero Nelson Glueck argumentó a favor del Tell el-Hammâm (214138) más grande, que durante la Edad de Hierro consistía de una fortaleza con enormes torres y un fuerte glacis.

Bibliografía. N. Glueck, «Some Ancient Towns in the Plains of Moab,» *BASOR* 91 (1943): 7-26.

El «Valle de Sitim» (Jl 3.18[TM 4.18]), área al O del Jordán. Probablemente es el Wadi en-Nâr, una continuación del Valle de Kidrón que se extiende por el desierto de Judá hasta el Mar Muerto.

FRIEDBERT NINOW

SITIO

Estrategia de guerra que involucra rodear una ciudad hasta que su población se rinda o se debilite lo suficiente como para vencerla. Un sitio efectivo corta todas las líneas de comunicación de una ciudad, así como todos los suministros de agua cercanos. Aunque la guerra por medio del sitio se practicaba ya en el Reino Medio de Egipto y se conocía a lo largo del antiguo Cercano Oriente, los asirios, y después los babilonios, llegaron a ser los verdaderos expertos de este tipo de guerra.

El sitio de Rabá (2 S 12.27) es el sitio más antiguo de los israelitas que se registra, antes de este asalto directo estaba el medio preferido para capturar una ciudad. Cuando los israelitas sitiaban una ciudad, construían un muro de bloqueo, o montículo de tierra, para proteger a los atacantes abajo (2 S 20.15; 2 R 19.32 = Is 37.33; Jer 6.6; 32.24; 33.4; Ez 4.2; 17.17; 21.22). Se han encontrado ejemplos de esas obras en lugares de toda Palestina, así como túneles de agua que permitían la recaudación de agua sin dejar la seguridad de una ciudad amurallada (como en Hazor, Meguido y Jerusalén).

Los métodos de sitio asirios se confirman bien en relieves y en fuentes cuneiformes. Los asirios usaban arietes y otras máquinas de guerra para derrumbar las puertas y muros de una ciudad; los muros se debilitaban más, cavando trincheras a lo largo del exterior del muro de la ciudad. Cuando las defensas de la ciudad estaban lo suficientemente debilitadas, los atacantes fuertemente armados ascendían altas escaleras, repeliendo flechas y aceite hirviendo que los sitiados lanzaban. Se cree que las murallas y puertas extremadamente gruesas, y bien construidas, de la Palestina de la Edad de Bronce Media se construyeron con el ariete en mente.

Los seléucidas también emplearon métodos de sitio asirios y babilonios notablemente en el sitio de Jerusalén del siglo II a.C. (1 Mac 6.48). Los seléucidas tenían varios métodos para lanzar fuego y piedras a la Jerusalén sitiada; no está claro si los asirios conocían las catapultas o máquinas similares.

JENNIE R. EBELING

SITNA (Heb. *śiṭnâ*)

Uno de los dos pozos del valle de Gerar por los que los siervos de Isaac y los pastores de Gerar pelearon (Gn 46.21). Aparentemente estaba al sur de Gerar y al norte de Rehobot (**1**), en alguna parte al oeste de Beerseba.

SITRAI (Heb. *šiṭray*)

Saronita, encargado del ganado de David en Sarón (1 Cr 27.29).

SITRI (Heb. *siṯrî*)

Levita coatita, hijo de Uziel (Ex 6.22).

SIVÁN (Heb. *sîwān; ac. simānu*)

Tercer mes del año hebreo (mayo/junio; Est 8.9).

SIZA (Heb. *šîzāʾ*)

Rubenita, padre de Adina, uno de los guerreros de David (1 Cr 1.42).

SIZIGO

Véase COMPAÑERO FIEL.

SO (Heb. *sôʾ*)

«Rey de Egipto» a quien Oseas, el último rey de Israel, envió mensajeros antes de rebelarse en contra de Salmanasar V de Asiria (2 R 17.4). Se desconoce qué clase de ayuda recibió de So, si es que la tuvo, así como la identidad del egipcio. So puede referirse a la ciudad de Sais en el Delta del Nilo occidental, ya que esta ciudad llegó a ser fuerte bajo Tefnakt, a finales del siglo VIII a.C. El nombre puede ser una abreviatura del egip. *nswt*, «rey», o una abreviatura de Osorkon (IV) de la 22ª Dinastía que gobernó el Delta del Nilo oriental en la época de Oseas. Esta última sugerencia es la mejor, ya que la Biblia indica que el contacto de Israel con Egipto a finales del siglo VIII fue con Tanis (Zoan), en el Delta oriental (Is 9.11-13; 30.4). Ya que Osorkon gobernó en el Delta oriental, Oseas lo habría contactado para pedirle ayuda.

Bibliografía. G. W. Ahlström, *The History of Ancient Palestine* (Minneapolis, 1993); K. Kitchen, *The Third Intermediate Period in Egypt (1100-650 b.c.),* 2nd ed. (Warminster, 1986); D. F. Redford, *Egypt, Canaan, and Israel in Ancient Times* (Princeton, 1992).

Paul S. As

SOA (Heb. *šôaʻ*)
Pueblo cuyos soldados, probablemente mercenarios, acompañan a los invasores babilonios en una visión de un ataque en contra de Jerusalén (Ez 23.23). Se les identifica comúnmente con los suteos, una tribu árabe nómada conocida por sus inscripciones y otras fuentes, pero esto está lejos de ser cierto.

SOBA (Heb. *ṣôḇâ; Aram. ṣôḇāʼ*)
Aram-soba, un estado arameo poderoso a lo largo del alto río Orontes en el valle de *Beqaʻ* del Líbano. Es mencionado entre los enemigos de Saúl de Israel (1 S 14.47). Durante el reinado de David Hada-ezer era el rey de Aram-soba por medio de una unión dinástica con otro estado arameo, Bet-reob. Este rey arameo gobernó sobre una vasto territorio en el área de Damasco, tenía vasallos en la Transjordania del norte (2 S 10.6; 1 Cr 19.6), tenía influencia hasta Amón en el sur y Hamat en el norte (2 S 8.9-10), y se expandió más allá del Éufrates (8.3; 10.16; 1 Cr 19.16). Hadad-ezer fue finalmente derrotado por David. Poco tiempo después, Aram-soba fue reemplazada por otra dinastía aramea de Damasco (2 S 8.5; 10.16-19).

El «rey de Aram» que capturó dos ciudades del Éufrates de Asiria al comienzo del siglo X puede haber sido Hada-ezer de Aram.

Bibliografía. A. Malamat, «Aspects of the Foreign Policies of David and Solomon,» *JNES* 22 (1963). 1–17; «The Kingdom of David and Solomon in Its Contact with Egypt and Aram Naharaim,» *BA* 21 (1958). 96–102, repr. en *BAR* 2, ed. D. N. Freedman and E. F. Campbell (Garden City, 1964), 89–98; B. Mazar, «The Aramean Empire and Its Relations with Israel,» *BA* 25 (1962). 97–120, repr. en *BAR* 2, ed. Freedman and Campbell (Garden City, 1964), 127–51; W. T. Pitard, *Ancient Damascus* (Winona Lake, 1987).

Mark W. Chavalas

SOBAB (Heb. *šôḇāḇ*)
Judaíta, hijo de Caleb y Azuba (1 Cr 2.18)

Hijo de David y Betsabé que nació en Jerusalén (2 S 5.14; 1 Cr 3.5; 14.4)

SOBAC (Heb. *šôḇaḵ*), **SOFAC** (*šôpaḵ*)
Comandante del ejército del rey arameo Hadadezer de Zoba. El ejército de David derrotó a las fuerzas de Sobac en Helam, y el mismo David mató a Sobac en la batalla (2 S 10.16-18 = 1 Cr 19.6-18, Sofac).

SOBAI (Heb. *šōḇāy*)
Jefe de una familia de levitas porteros que regresaron con Zorobabel del cautiverio en Babilonia (Esd 2.42 = Neh 7.45).

SOBAL (Heb. *šôḇāl*)
Jefe horeo, hijo de Seir (Gn 36.20, 23, 29; 1 Cr 1.38, 40).

Judaíta, hijo de Hur y antepasado de los habitantes de kiriath-jearim (1 Cr 2.50, 52; 4.1-2).

SOBEC (Heb. *šôḇēq*)
Participante en el sello del pacto a cargo de Nehemías (Neh 10.24[TM25]).

SOBI (Heb. *šōḇî*)
Hijo del rey amonita Nahas que dio comida a David y sus colaboradores en Mahanaim, cuando huían de Absalón (2 S 17.27).

SOBRESCRITO
En el Salterio TM, 117 de los 150 salmos están precedidos por una inscripción o epígrafe. Estos contienen cuatro posibles tipos de información: (1) Los nombres personales (con la prep. *lĕ*). Setenta y tres salmos mencionan a David; otros tienen Asaf (Sal 50, 73-83), los hijos de Coré (42, 44-49, 84-85, 87-88), Salomón (72, 127), Etán (89), Hemán (88), Moisés (90), y, posiblemente, Jedutún (39, 62, 77). (2) las clasificaciones de «género» (no géneros de la crítica de forma), incluyendo términos no técnicos (p.ej., Heb. *mizmôr*, «salmo»; *šîr*, «canción») y técnicos (p.ej., *miktām, maśkîl*). (3) Instrucciones litúrgicas, incluyendo la frase *lamnaṣṣēaḥ*, «al director»; y otros términos oscuros que denotan melodías, instrumentos musicales, y/o procedimientos de culto. (4) adscripciones situacionales relacionando salmos individuales a la vida de David (Sal 3, 7, 18, 34, 51-52, 54, 56-57, 59-60, 63, 142).

Los sobrescritos muy probablemente no son originales a los salmos, pero se añadieron poco a poco antes de la compilación del libro. Las instrucciones litúrgicas también pueden haber sido originalmente subíndices (Hab 3.1, 19). Los nombres personales en los superíndices reflejan una antigua tradición, aunque algunos pueden denotar la autoría (o patrocinio). Por ejemplo, la asociación de David con el origen de la salmodia en Israel es claramente antigua (2 S 22.1-51; 1 Cr 16.7-36.), aunque también creció con el tiempo (las referencias cruzadas a la vida de David en algunos sobrescritos son probablemente comentarios midráshicos basados en esta tradición creciente). El significado primario de los sobrescritos es la luz que arrojan sobre la composición y el uso del libro de los Salmos en el antiguo Israel.

Bibliografía. B. Bayer, «The Titles of the Psalms: A Renewed Investigation of an Old Problem,» *Yuval* 4 (1982): 29-123; J. F. A. Sawyer, «An Analysis of the Context and Meaning of the Psalm Headings,» *TGUOS* 22 (1970): 26-38; B. K. Waltke, «Superscripts, Postscripts, or Both,» *JBL* 110 (1991): 583-96.

Tyler F. Williams

SOCO (Heb. *śôḵô*) **(LUGAR)**

Ciudad de la Sefela, dentro del segundo distrito del territorio tribal de Judá (Jos 15.35). Justo antes del enfrentamiento de David y Goliat, el ejército filisteo había acampado entre Azeca y Soco (1 S 17.1), lo cual ilustra la importancia estratégica de la región como zona neutral entre Judá y Filistea. Esta es posiblemente la Soco que Roboam fortificó (2 Cr 11.7), después de la división del reino. Como parte de la zona fronteriza, los filisteos temporalmente le quitaron la ciudad a Judá en la época de Acaz (2 Cr 18.18).

Soco es uno de cuatro nombres que aparecen (escrito *śwkh*) impresos después de la palabra *lmlk* («para el rey»), en las agarraderas de las jarras de reales que se encontraron en Judá de finales del siglo VIII a.C. Estas jarras de *lmlk* generalmente están relacionadas con el reinado de Ezequías, específicamente con sus preparativos para la invasión del rey asirio Senaquerib en 701. De esta manera, Soco pudo haber figurado en la reorganización de los distritos administrativos de Judá que hizo Ezequías (2 Cr 32.27-29). A Soco se le identifica confiadamente con Khirbet ʿAbbâd/Horvat Soco (147121) en el valle de Ela, al este de Azeca. El lugar permanece sin excavar, pero ha producido algunas agarraderas de jarras de *lmlk* y cerámica distinta de los períodos previstos.

Ciudad del país montañoso del quinto distrito de Judá (Jos 15.48), que quizás se le llamó así por Soco, un descendiente de Judá (1 Cr 4.18). Generalmente se le identifica con la Khirbet Shuweikeh (150090) que no ha sido excavada.

Una ciudad que se nombra como el centro del tercer distrito administrativo de Salomón (1 R 4.10), y se le identifica con Shuweiket er-Râs (153194), precisamente al norte de la moderna Tūlkarm. Esta es probablemente la Soco que aparece en varias listas egipcias de ciudades conquistadas, incluso las de Tutmosis II y Sisac.

Bibliografía. Y. Aharoni, *The Land of the Bible*, 2nd ed. (Philadelphia, 1979); S. Ahituv, *Canaanite Toponyms in Ancient Egyptian Documents* (Jerusalem, 1984).

Daniel C. Browning, Jr.

SOCO (Heb. *śôkô*) **(PERSONA)**

Hijo de Heber, judaíta y probablemente el fundador de Soco **2** (1 Cr 4.18).

SODI (Heb. *sôḏî*)

Padre de Gaddiel de la tribu de Zabulón, uno de los 12 espías que fueron enviados a la tierra de Canaán (Num 13.10).

SODOMA (Heb. *sĕḏōm*)

Ciudad legendaria de los alrededores del Mar Muerto. El término pudo haber surgido de la palabra «campo», «abrasador» o «espacio encerrado», aunque hay poco acuerdo de los eruditos en este punto. Según una tradición antigua, para la que hay poca evidencia arqueológica, Sodoma fue una de las cinco ciudades de la llanura (Gn 14.2) que forman la así llamada Pentápolis. Las otras ciudades eran Gomorra, Adma, Zeboim y Zoar. Esta tradición se basa en la única referencia en Génesis, aunque hay otras referencias a algunas de las ciudades. Los habitantes de Sodoma se unieron con otros vecinos para combatir al merodeador Quedorlaomer, rey de Elam (Gn 14.1). Lot, sobrino de Abraham, escogió a Sodoma como residencia (Gn 13.8-13).

De las 44 referencias a Sodoma en la Biblia, 23 tienen una referencia a Gomorra; sin embargo, de las dos, Sodoma es la más significativa. Sodoma se recuerda como una ciudad tan excesivamente mala que la ira de Dios cayó sobre ella. Génesis reflexiona tanto en la perversidad sexual como en la flagrante inhospitalidad (Gn 19.1-11) de Sodoma. Algunos escritores igualan a Sodoma con una advertencia (Dt 29.17-29[TM 16-28]) y a veces con una acusación en contra del pueblo del pacto (Am 4.11; Is 1.9-11). La misma idea se encuentra en el NT (Mt 10.15 = Lc 10.12; Ro 9.29; 2 P 2.6; Jud 7).

No se sabe cuál es la ubicación precisa de la antigua ciudad, aunque la mayoría de las conjeturas se centran alrededor del Mar Muerto. Aunque no hay evidencias fidedignas, algunos investigadores de principios del siglo XX sugirieron que Sodoma, junto con otras ciudades del valle, estaba situada debajo de lo que ahora es el extremo sur del Mar Muerto. Estas teorías señalaban a una población del segundo milenio a.C. Los descubrimientos arqueológicos más recientes han señalado áreas urbanas, precisamente al este y sur del Mar Muerto, durante los milenios segundo y tercero. Con base en las excavaciones de Bab ed-Dhra (ubicada en la lengüa de tierra que se extiende en el Mar Muerto desde su costa oriental) y de Numeira (más hacia el sur en la costa oriental), algunos han propuesto que a estos dos lugares pertenecen las ciudades del valle que se mencionan en la narración de Génesis.

WATSON E. MILLS

SOFAC (Heb. *šôpak̲*)
Otro nombre de Sobac (1 Cr 19.16, 18).

SOFERET (Heb. *sôperet̲*) Uno de los «siervos de Salomón» cuyos descendientes regresaron con Zorobabel del exilio en Babilonia (Neh 7.57).

SOFERET (Heb. *hassōperet̲*; Gr. *Assaphiōth*)
El jefe de una familia o clan de los «siervos de Salomón » que regresó del exilio con Zorobabel (Esd 2.55; 1 Esdr. 5.33; Neh 7.57).

SOFÍA (Gr. *sophía*)
Nombre griego de la «Sabiduría» (Heb. *ḥok̲mâ*). Este personaje femenino aparece en Proverbios 1-9; Job 28; y en los libros apócrifos de Eclesiástico, Baruc y Sabiduría de Salomón.

A la Sabiduría de Proverbios 1-9 se le representa como alguien que clama desde las puertas de la ciudad a los «simples» que podrían escucharla y es una maestra que, a diferencia de la «mujer extraña» que halaga con las palabras (*ʾiššâ zārâ*), ofrece verdad y justicia, consejo sabio, prosperidad y larga vida. Existente antes de la creación, es un *ʾāmôn* («artesano maestro» o «niñito») que está al lado de Dios (Pr 8.30), que juega en la tierra, quizás participando en la creación y deleitándose en la humanidad. Sin embargo, en Job 28 la Sabiduría es inaccesible para la humanidad, un misterio más precioso que el más fino de los metales; solamente Dios conoce el «camino» a ella, que la ha visto y la ha establecido al tiempo de la creación (v. 27). Ben Sirá y Baruc identifican a la Sabiduría directamente con la Tora (Eclo 24.23; Bar 4.1), en tanto que en la Sabiduría de Salomón ella ordena el cosmos como la emanación de la gloria de Dios y un reflejo de la imagen divina (Sab 7.25-26; 8.1).

La «identidad» de la Sabiduría, seguramente un personaje cuya descripción se expandió con el tiempo, sigue siendo compleja: es un don de Dios, pero que tiene que buscarse con disciplina, una figura trascendente que forma el mundo, pero que está inmanentemente presente en la humanidad y se interesa en ella. Algunos eruditos al tratar el origen y el desarrollo de la Sabiduría han postulado que surgió como un paralelo israelita a esas diosas del antiguo Cercano Oriente como Ishtar, Maat o Isis, o que es una hipóstasis de la sabiduría de Dios. Otros sostienen que es la personificación de un «concepto», como la sabiduría académica o el orden misterioso de la creación en sí. También se le ha dado atención a la función literaria de la Sabiduría como una metáfora y a la aparente apropiación del simbolismo de Sofía en los intentos del cristianismo primitivo de definir la naturaleza y función de Cristo (1 Co 1.24; cf. 2.7; Col 2.3).

Bibliografía. C. V. Camp, *Wisdom and the Feminine in the Book of Proverbs* (Sheffield, 1985); B. Lang, *Wisdom and the Book of Proverbs: A Hebrew Goddess Redefined* (New York, 1986).

CHRISTINE ROY YODER

SOFONÍAS (Heb. *ṣĕpanyâ, ṣĕpanyāhû*)

1. Un levita descendiente de Coat, antepasado de Hemán el cantor levita a quien David hizo responsable del ministerio de la música en el Templo (1 Cr 6.36 [TM 21]).

2. El hijo de Cusi y profeta durante el reinado de Josías. Posiblemente ayudó activamente en las reformas del rey. Extraordinario en el cuerpo profético, el encabezamiento del libro traza sus antepasados cuatro generaciones (Sof 1.1), tal vez porque era un descendiente del rey Ezequías. De ser así, Sofonías estaba relacionado con la familia real que estaba criticando.

3. El hijo de Maasías, el «segundo sacerdote» (siguiente en rango al sumo sacerdote Seaías) de Jerusalén (Jer 21.1; 52.54) quien en dos ocasiones vino como emisario del rey Sedequías al profeta Jeremías (21.1; 37.3). Semaías, un profeta falso exiliado a Babilonia, escribió una carta a Sofonías reprendiéndolo por no haber censurado o encarcelado a Jeremías (Jer 29.24-28); en su lugar, Sofonías simplemente leyó la carta al profeta (24.29). Después de la destrucción de Jerusalén él fue uno de los líderes de la ciudad tomado cautivo por Nabuzaradán, el capitán de la guardia de Nabucodonosor, y lo trajo frente al rey de Babilonia en Ribla y lo mató (2 R 25.18-21; Jer 52.24-27).

4. El padre de Josías, a cuya casa el profeta Zacarías fue dirigido a tomar el oro y la plata recogida de los exiliados que regresaron para hacer una corona para el sumo sacerdote Josué (Zac 6.10, 14).

Greg A. King/Michael A. Grisanti

SOFONÍAS, APOCALIPSIS DE

Un texto judío que lleva el seudónimo de Sofonías, el profeta bíblico. Típico de este género apocalíptico, consiste de un informe en primera persona del viaje cósmico del vidente y visiones en la presencia de un ángel que las interpretaba. Sofonías ve cómo los ángeles registran las acciones de la humanidad y observa el castigo de los impíos en el Hades. Pronto se encuentra a sí mismo en el Hades, donde experimenta una experiencia terrible frente al ángel acusador que sostiene un manuscrito de sus pecados. Después de orar por la misericordia de Dios, Sofonías es declarado victorioso por el ángel Eremiel, quien posee un manuscrito de sus buenas acciones. Sofonías luego es testigo de una serie de tocadas de trompetas y aprende que los patriarcas justos interceden por quienes están en tormento para que los pecadores puedan arrepentirse y recibir misericordia antes del día final de la venida de la ira de Dios. Sólo una cuarta parte del texto ha sido preservada en los manuscritos coptos y en una cita griega por Clemente de Alejandría. Probablemente fue compuesto en griego en Egipto algún tiempo entre 100 a.C. y 175 d.C.

Bibliografía. O. S. Wintermute, «Apocalypse of Zephaniah,» *OTP* 1.497–515.

Randal A. Argall

SOFONÍAS, LIBRO DE

Uno de los profetas menores, atribuido al profeta Sofonías quien ministró durante las últimas décadas del siglo VII. Este breve libro de tres capítulos es notable por su enfoque en una sola perspectiva sobre el día del Señor y por sus paralelos a otros libros proféticos del Antiguo Testamento, particularmente los profetas anteriores como Amós, Isaías, y Miqueas.

Trasfondo histórico

Parece que hay muy pocas razones para dudar la información que se encuentra en el encabezamiento del libro (1.1), que sitúa la profecía de Sofonías durante el reinado de Josías (640-609). La condena de la idolatría (1.4-5), la identidad de los enemigos extranjeros (2.4-5), el uso de fraseología del Deuteronomio (p. ej., compare 1.13 con Dt 28.30; 3.19-20 con Dt 30.3) así como otras características del libro, son consistentes con el tiempo de Josías que atestiguó el descubrimiento del «libro de la Ley» (posiblemente incluyendo parte del Deuteronomio) y una vigorosa reforma religiosa, incluyendo la eliminación de prácticas religiosas sincretistas.

Como el libro refiere a adoración idólatra (1.4-5) y carece de cualquier mención explícita a las reformas de Josías, a menudo se asume que Sofonías profetizó antes del 622, el año 18 de Josías, cuando el libro de la Ley fue descubierto en el Templo (2 R 22.3, 8). Sin embargo, el asunto es probablemente no tan claro. Es probable que alguna idolatría sobreviviera a las reformas o que pronto reapareciera después de las mismas. También, las similitudes de la fraseología y pensamiento entre Sofonías y Deuteronomio pueden sugerir que el profeta tuvo acceso al libro de la Ley, argumentando así por una fecha después de su descubrimiento. En adición, 2 Crónicas 34.3-7 indica que las reformas de Josías comenzaron varios años antes del descubrimiento del libro de la Ley y que se expandieron por un periodo de tiempo. Sofonías pudo haber estado activo entre aquellos que ayudaron a fomentar la reforma, pero es difícil de señalar una fecha específica del tiempo de su ministerio durante el reinado de Josías.

Unidad

Mientras casi todos los eruditos aceptan un contexto durante el reinado de Josías, algunos, particularmente aquellos de una generación anterior, han considerado ciertos versos y/o unidades en el libro como secundarias y las atribuyen a un editor posterior del exilio o después del exilio. Esto es especialmente cierto en secciones de los capítulos 2 y 3 que expresan esperanza de salvación (2.7, 9b; 3.9-20 o porciones de ellos), porque estos motivos son considerados incongruentes con el fuerte énfasis en el juicio encontrado en el libro. Sin embargo, algunos factores urgen precaución. El juicio y la esperanza anunciada por Sofonías no son antitéticas la una a la otra, sino dos lados complementarios de la misma moneda. El libro proclama la purificación a través del castigo, un juicio purgador que ofrece salvación. Las características literarias mucho más sorprendentes sirven para integrar el libro en su totalidad, incluyendo los versos que hablan de salvación. En adición, hay buena evidencia que las varias unidades que componen el libro están estructuradas y ordenadas para proclamar un mensaje mayor, uno que excede la suma de sus partes. Este resuelto arreglo literario sugiere que el libro intenta ser tomado como una unidad. Intérpretes más recientes, tanto de Sofonías como de otros libros proféticos, tienden a seguir un acercamiento holístico.

Contenido y mensaje

El libro en su totalidad está dominado por un tema: El día del Señor. Ambos, juicio y salvación son aspectos de este día. El capítulo 1 inmediatamente se lanza en una descripción del aspecto de juicio de este día. Viene pronto (1.7, 14) y resultará en un castigo divino cataclísmico que amenaza con barrer toda criatura viviente (1.2-3). Es un juicio sin paralelo sobrepasando aun el diluvio de Génesis en su totalidad. Este juicio mundial sirve para demostrar la soberanía universal de Jehová.

Las consecuencias de este juicio para los habitantes de Judá y Jerusalén son descritas con detalles escalofriantes y vívidos (1.4-13). Por causa de males tales como la idolatría, la violencia y opresión (cf. 3.1-2), y apatía y complacencia espiritual, Jehová le hará una no esperada «visita» personal (Heb. *pāqad,* a menudo traducido como «castigo»; 1.8-9, 12) a su pueblo del pacto. En una de las más conocidas imágenes de Sofonías, Jehová mostrará como mentirosos a quienes lo consideran un Dios lejano e inactivo, una actitud equivalente a un ateísmo práctico, buscará las áreas oscuras de Jerusalén con lámparas para asegurarse que ninguno de los malvados escapará (v 12). Ningún recurso o habilidad humana podrá librar en el aquel tiempo (v 18), implicando que la única esperanza de liberación se encuentra en Jehová mismo. El banquete sacrificial de Jehová está preparado, pero en lugar de invitados de honor, la gente de Judá son la víctima sacrificada (vv 7-8). A pesar de que una derrota militar por un poder extranjero (vv 13, 16) puede ser incluida en este juicio, es claro que la extensión del juicio transciende cualquier contratiempo militar. Jehová es la fuerza motriz detrás del castigo que se extenderá por el mundo entero (v 18).

El capítulo 2 comienza con una apelación a la luz del castigo a punto de ocurrir. Judá es urgentemente convocada a reunirse en arrepentimiento y humildad, a buscar a Jehová y obedecer sus mandamientos (2.1-3). Tal cambio dramático de su parte puede ofrecer un vistazo de esperanza, pero en este momento es una esperanza tenue (v 3b). Luego el énfasis en el juicio es resumido, con algunos de los enemigos tradicionales de Judá como objetos del castigo. Los filisteos, los moabitas y amonitas, los etíopes, y asirios (especialmente Nínive), nacionalidades representando los cuatro puntos del compás, todos experimentarán destrucción en las manos de Jehová. Esta destrucción es producida por su arrogancia y su trato del pueblo del pacto (vv 8, 10, 15). En el proceso los dioses extranjeros también son juzgados, haciendo evidente su impotencia, y manifestando la supremacía y superioridad de Jehová sobre su clamor a otros dioses (v 11).

Sin embargo, este juicio no es un fin en sí mismo. Más que nada es un anuncio de la nota de esperanza en la cual concluye el libro en su totalidad, viene a ser una fuente de bendición para el remanente de Judá porque les ofrece la oportunidad a dispersarse de su propia tierra y ocupar territorio anteriormente ocupado por sus enemigos (2.7, 9b). La existencia de esta banda de sobrevivientes es otro tema importante, garantizando que habrá sobrevivientes que emergerán del juicio y vivirán bajo la bendición de Jehová. ¡La posibilidad de sobrevivencia en 2.3 se convierte en una promesa para el futuro en v 7! En adición, con la caída de sus dioses, algunas de las naciones también sobrevivirán el juicio y se arrodillarán ante Jehová (2.11).

El capítulo 3 conecta la última parte del capítulo 2 con la continuación de su foco en la ciudad impía destinada al castigo, pero la ciudad ahora es Jerusalén (3.1-7). El conocimiento de los jerosolimitanos del castigo sufrido por otros no hace nada para retornarlos a Dios (vv 6-7). Engañados por sus líderes cívicos y religiosos y siguiendo su ejemplo de opresión (v 1), ellos obstinadamente se rehúsan a arrepentirse y están de hecho listos para involucrarse en corrupciones más profundas (v 7b). Tal rebelión puede resultar en nada menos que el pueblo de Jerusalén ser convocado delante del estrado del juicio de

Dios en conjunto con las naciones impías para recibir sus castigos merecidos (v 8).

Pero el juicio no tiene la última palabra. De acuerdo a Sofonías, el juicio mundial (3.8) no significa aniquilación total. Como ya implicado en el capítulo 2, Jehová salvará y transformará alguna gente de las naciones, engendrando su adoración de Dios (3.9-10). Él también salvará un remanente del pueblo del pacto, gente humilde y agradecida que le buscará y seguirá sus caminos (vv 11-13). A ellos se les promete las bendiciones de la restauración, completa seguridad, y reconocimiento mundial por el amor y la presencia de Jehová entre ellos (vv 15-20). Sin embargo, a pesar que el libro alcanza su clímax en esta presentación de liberación y esperanza, el aspecto salvífico del día del Señor no debe pasado por alto o ignorado.

En varios aspectos y sutilezas de su mensaje, Sofonías no sólo hace eco de sus grandes predecesores proféticos, sino que anticipa la intervención final y la gran consumación más tarde proclamada en el NT, particularmente en el libro de Apocalipsis.

Bibliografía. I. J. Ball, *A Rhetorical Study of Zephaniah* (Berkeley, 1988); E. Ben Zvi, *A Historical-Critical Study of the Book of Zephaniah.* BZAW 198 (Berlin, 1991); A. Berlin, *Zephaniah.* AB 25A (New York, 1994); G. A. King, «The Message of Zephaniah. An Urgent Echo,» *AUSS* 34 (1996). 211–22; J. J. M. Roberts, *Nahum, Habakkuk, and Zephaniah.* OTL (Louisville, 1991); O. P. Robertson, *The Books of Nahum, Habakkuk, and Zephaniah.* NICOT (Grand Rapids, 1990).

GREG A. KING

SOHAM (Heb. *šōham*)
Levita de la casa de Merari, hijo de Jaazías (1 Cr 24.27).

SOL
La realidad física del sol era una presencia constante para la gente de Palestina. Podía ser agobiantemente cálido (1 S 11.9; Neh 7.3) y podía broncear la piel (Cnt 1.6), o quemar las cosechas (Mt 13.6). El oscurecimiento del sol era visto como una señal de juicio (Ez 32.7; Is 13.10; Mt 24.29) y su esplendor un símbolo de inspiración y favor divino (Ex 34.29; Mt 17.2; Hch 26.13).

Dentro del antiguo mundo mediterráneo, el sol regularmente estaba lleno de poderes divinos. En Egipto el sol, bajo una variedad de nombres, era el dios principal y el creador. Los mesopotámicos también adoraban al sol (Šamaš) y, al igual que los egipcios, lo consideraban el omnisciente protector de la justicia. En ese contexto, quizás sea sorprendente que la Biblia solamente hable de adorar al sol en términos de prohibición. Esto está explícito en Deuteronomio 4.19 e implícito en Génesis 1.14-19, donde el Heb. *šemeš* ni siquiera aparece en el relato de la creación del sol. Sin embargo, esto no quería decir que no hubiera nadie que adorara al sol dentro de Israel. Todo lo contrario, como lo evidencia la eliminación que hizo Josías de los caballos y carrozas dedicadas al sol (2 R 23.11), y la visión de Ezequías de 25 hombres que adoraban al sol en el atrio del Templo (Ez 8.16).

Al Señor frecuentemente se le describe en términos relacionados con el sol (p. ej., Dt 33.2: «resplandeció»; Sal 19.8[TM 9]: su precepto «alumbra a los ojos»; Ap 1.16: rostro «como el sol»). A Dios también se le faculta con funciones que usualmente se le asignan al dios sol, como de juez y creador, y el Templo de Jerusalén fue construido a lo largo de un eje este-oeste. Pero a pesar de estas similitudes, la Biblia transmite una imagen consistente del Señor como creador del sol (Dt 4.19) y dueño suyo (Mt 5.45).

Bibliografía. H. G.May, «Some Aspects of SolarWorship in Jerusalem,»*ZAW*55 (1937): 269-81; J. Morgenstern, «The Gates of Righteousness,»*HUCA* 6 (1929): 1-37; M. S. Smith, «The Near Eastern Background of Solar Language of Yahweh,» *JBL* 109 (1990): 29-39.

CHRISTIAN M. M. BRADY

SOMBRAS
Véase REFAÍTAS

SOMER (Heb. *šōmēr*) (también SEMER, SIMRIT)
Madre de Jozabad, uno de los dos que mataron al reyJoás de Judá (2 R 12.21). También se le conoce como Simrit la moabita (2 Cr 24.26).

Uno de los hijos de Heber, de la tribu de Aser (1 Cr 7.32). También se le llama Semer (3; 1 Cr 7.34 RVR 95).

SOMORMUJO
Pájaro de mar (*Phalacrocorax*), del cual existen algunas 30 especies. Algunas especies pasan el invierno en Palestina, a lo largo de la costa y a la orilla del mar de Galilea, haciendo sus nidos en las rocas y en los huecos y grietas. Son nadadores y

buzos excepcionales, capaces de tragarse peces grandes enteros debido a la elasticidad de sus gargantas. Sus cuerpos largos y su cuello alargado y delgado son sorprendentes.

Como ave depredadora, el somormujo está incluido entre las aves inmundas (Lv 11.17; Dt 14.17). Sin embargo, los eruditos continúan debatiendo el significado del Heb. *šālāḵ* (p.ej., «lechuza pescadora,» «pelícano»).

SÓPATER (Gr. *Sṓpatros*)
Compañero de Pablo en el viaje final a Jerusalén para entregar una ofrenda de las iglesias gentiles a la iglesia de Jerusalén (Hch 20.4). Se dice que es de Berea. El nombre (gr. «de paternidad sólida») puede ser una variante de Sosípater (Ro 16.21).
Joe E. Lunceford

SOREC (Heb. *śōrēq*) **VALLE DE**
Wadi eṣ-Sarâr/Naḥal Sorek/Nahr Rubin, que forma un pasaje natural en el país alto de Judea para los viajeros que comienzan en el área costera de Jaffa. El valle sigue los amplios meandros del lecho del Sorec, a lo largo del fértil suelo aluvial. En la base del país alto, el valle se extiende en su coyuntura con el Wadi Ghurab que desciende del norte y con el Wadi en-Najil del sur. Al mirar hacia la confluencia de los tres wadis, las ciudades de Zora y Estaol estaban al lado norte, Bet-semes al sur. Las poblaciones del Sorec (Timna, Bet-semes) mantenían vigilancia sobre el comercio que pasaba por el valle hacia Jerusalén o Belén en el interior, o que giraba al sur hacia los otros valles y poblaciones de la Sefela. El hogar de Dalila estaba en el valle de Sorec (Jue 16.4).

Bibliografía. Y. Aharoni, *The Land of the Bible*, 2nd ed. (Philadelphia, 1979); G. A. Smith, *The Historical Geography of the Holy Land*, 25th ed. (New-York, 1966).

David C. Maltsberger

SOSÍPATER (Gr. *Sōsípatros*)
Cristiano judío que estuvo con Pablo en la época en que escribió la Epístola a los Romanos (probablemente en Corinto, poco antes del viaje final de Pablo a Jerusalén) y cuyos saludos se transmiten a la iglesia de Roma (Ro 16.21). Se le identifica como uno de los «parientes» de Pablo (RVR95; cf. mar. «compatriotas»). Puede ser la misma persona que Sópater (Hch 20.4).

Joe E. Lunceford

SOSÍPATRO (Gr. *Sōsípatros*)
Capitán bajo las órdenes de Judas Macabeo que destruyó la guarnición militar de Cárax. Posteriormente capturó al gobernador Timoteo, que coaxionó a Sosípatro para que lo liberara (2 Mac 12.19-25).

Joe E. Lunceford

SÓSTENES (Gr. *Sōsthénēs*)
«Gobernador» de una sinagoga de Corinto que fue golpeado por una turba porque el procónsul Galio se rehusó a atender las acusaciones «judías» en contra de Pablo (Hch 18.17).

Alguien a quien Pablo se refiere como «nuestro hermano» (1 Co 1.1). Si es el mismo del **1** de más arriba, ahora se ha convertido en cristiano y en colaborador de Pablo.
Joe E. Lunceford

SOTAI (Heb. *sōṭay, sôṭay*)
Jefe de una familia de los «siervos de Salomón» que volvió con Zorobabel del exilio (Esd 2.55; Neh 7.57).

SUA (Gr. *sûaḥ*)
Aserita, primogénito de Zofa (1 Cr 7.36).

SÚA (Heb. *šûaʽ*, *šûʽāʼ*)
Padre de la esposa canaea de Judá (Gn 38.2, 12). En 1 Crónicas 2.3, algunas versiones en español transliteran *baṯ-šûaʽ* como el nombre propio («Bet-súa») de la esposa de Judá en lugar de traducirlo: «hija de Súa».

Hija de Heber, de los hijos de Aser (1 Cr 7.32)

SUAL (Heb. *šûʽāl*) **(LUGAR)**
Región a la que uno de los tres grupos de invasores filisteos se encaminó cuando salieron de su campamento en Micmás (1 S 13.17). También se dice que este grupo de invasores se dirigió «hacia Ofra»; por eso se sabe que se dirigían al norte desde Micmás. Es posible una conexión con Saalim.

SUAL (Heb. *šûʽāl*) **(PERSONA)**
Hijo de Zofa, de la tribu de Aser (1 Cr 7.36). El nombre puede representar un clan o lugar.

SUBAEL (Heb. *šûḇāʼēl*)
Otra forma de Sebuel (**2**; 1 Cr 25.20).

SUCATEOS (Heb. *śûḵāṯîm*)
Una de las familias de «los escribas que moraban en Jabes», que están enumeradas entre los descendientes de Caleb, y quizás un grupo ceneo o recabita (1 Cr 2.55).

SUCOT (Heb. *sukkôṯ*)
Primer campamento de los israelitas durante el éxodo de Egipto, después de salir de Ramesés (Ex 12.37; Nm 33.5-6). Muchos eruditos han sugerido que Sucot es una adaptación del Tyeku Egipcio (egip. *Tkw*), ubicado cerca de la frontera occidental de Egipto, aunque hay un poco de debate en cuanto a si Tyeku se refería a una ciudad fronteriza, y distrito administrativo, o a ambos. Los que creían que Tyeku era una ciudad han propuesto a Tell el-Maskhûṭa en el Wadi Tumilat como la candidata más probable. Las excavaciones en Tell el- Maskhûṭa han revelado estructuras del período romano, y bases de construcciones anteriores, que parecen ser parte de una típica fortaleza fronteriza de Egipto del tiempo del Faraón Neco II. Sin embargo, las excavaciones revelan un lapso ocupacional en el sitio, alrededor de 1650 y 610 a.C.

Lugar en el lado oriental del Valle del Jordán, cerca de la confluencia de los ríos Jabbok y Jordán donde, según Génesis 33.17, Jacob construyó cabañas para su ganado (Heb. *sukkôṯ*) a su regreso de Paddan-aram a Canaán. Alrededor del tiempo de la conquista, Sucot había llegado a ser una ciudad cananea dentro del territorio de Sihón de Hesbón. Posteriormente fue asignada a la tribu de Gad (Jos 13.27). Gedeón pidió a la gente de Sucot (y Peniel) que le diera comida a su ejército cuando perseguía a los madianitas. Gedeón después los castiga por rehusarse a conceder su deseo (Jue 8.5-17). Durante el tiempo de Salomón, se establecieron ferrerías cerca de Sucot para fundir varios implementos de bronce para el Templo (1 R 7.45-46 = 2 Cr 4.16-17). Sucot es uno de los seis lugares del valle de Sucot que Sisac menciona (cf. Sal 60.6[TM 8]).

Por lo menos se han propuesto dos candidatas para Sucot. Una es Tel el-Ekjsas (arab. «cabañas»), alrededor de 2 km (1.5 mi) al oeste de Deir'Allā. La segunda es la misma Deir'Allā (208178), donde las excavaciones han revelado ocupación y/o actividad durante períodos bíblicos antiguos. La población de la Edad de Bronce Tardía parece haber sido destruida a principios del siglo XII a.C., posiblemente por un gran incendio. Yohanan Aharoni ha sugerido que esto podría reflejar la venganza de Gedeón, aunque esa afirmación tiene que seguir siendo puramente especulativa. También son de interés los restos de la posterior Edad de Hierro I, que incluye restos de hornos para derretir bronce y agujeros de los postes de las tiendas de acampar (¿de los obreros metalúrgicos?), que quizás anticipaban la actividad de los obreros de Salomón en la misma área en un tiempo levemente posterior. La cultura material del Deir'Allā es de naturaleza tan ecléctica como se esperaría de un lugar fronterizo.

Randall W. Younker

Fiesta de los Tabernáculos, una de las tres grandes fiestas de peregrinaje.

Véase TABERNÁCULOS, FIESTA DE LOS.

SUCOTBENOT (Heb. *sukkôṯ bĕnôṯ*)
Deidad babilónica que se menciona solamente una vez en la Biblia (2 R 17.30) y nunca en las fuentes cuneiformes. Después de la destrucción del reino del norte de Israel en 722 a.C., por parte del rey asirio Salmanasar V y la posterior deportación de sus habitantes (2 R 17.1-6; 18.9-12), él y su sucesor Sargón II reestablecieron en su lugar a pueblos conquistados de otras regiones (17.24). Los israelitas que quedaron intentaron enseñar a los habitantes nuevos acerca de Jehová (2 R 17.27, 28), pero «cada nación se hizo sus dioses» (v. 29) y los babilonios adoraron a Sucotbenot. El significado exacto del nombre es incierto (cf. Heb. «cabañas de/para niñas»); se ha sugerido «La Imagen de la Creadora (Banitu)».

Bibliografía. M. Cogan, «Sukkoth-Benoth,» *DDD*, 821-22.

CHRIS A. ROLLSTON

SUEÑOS
En el antiguo Cercano Oriente por lo general, los sueños y la interpretación de sueños deben considerarse en la categoría más amplia de presagios e interpretación de presagio (incluso la lectura de deformidades de hígado, las formas y modelos de humo, aceite en el agua, los vuelos de las aves). Sin embargo, los sueños fueron considerados entre las formas menos confiables de la adivinación.

Aunque haya ocasiones en que los sueños (Heb. *ḥălôm*) son comunicaciones importantes de parte de Dios a los hebreos (el famoso sueño de Jacob en Gn 28.12), esta forma de comunicación es contrastada con la franqueza con la que Dios habló a Moisés (Nm 12.6-8), y los sueños son ciertamente condenados como menos dignos de confianza por Jeremías (Jer 23.27, 32; 29.8) y de poco valor para el salmista (Sal 73.20; 90.5). De las sospechas hacia profecía por presagio y sueño en Deuteronomio 13.1-5 a la opinión tardía de Sirac 34.7 («Porque los sueños han engañado a muchos, y aquellos que pusieron su esperanza en ellos han perecido»), uno puede rastrear esta temprana ambivalencia hebrea respecto a los sueños como fuentes de confianza de información.

Parece claro, sin embargo, que no todos los textos bíblicos comparten esta evaluación negativa. Aunque Dios de vez en cuando se comunique a extranjeros en sueños (Abimelec en Gn 20; Labán en Gn 31; quizás amalecitas y madianitas, Jue 7.13-15), la frecuencia más alta de sueños en el AT rodea a las figuras de José (Gn 37–41) y Daniel. Algunos estudiosos contemporáneos piensan que ambos ciclos de relatos hebreos son probablemente del mismo período posterior al destierro, que sería una indicación adicional que los sueños se hicieron más importantes en los períodos persa y helenista. Tanto José como Daniel no son sólo soñadores famosos ellos mismos, pero se hacen famosos en tribunales extranjeros basados en sus interpretaciones acertadas de los sueños del emperador, o Faraón o Nabucodonosor. Mardoqueo sueña, según las adiciones griegas a Ester (Adiciones a Est 11.2-12; compare los sueños apocalípticos de Esdras en 2 Esdras). Los sueños son prominentes, a menudo ocurriendo con «visiones» (Gr. *hórama*) en la literatura apocalíptica, y a menudo son difíciles de distinguir de experiencias visionarias mientras está despierto. Si es verdad que el interés hebreo en los sueños aumenta en el período helenista, seguramente esto es un reflejo del extendido, y animado, interés helenista en los sueños. Las fuentes griegas muestran un interés serio en los sueños, y es de Artemidoro que tenemos el más antiguo (y sorprendentemente completo) manual de la interpretación de sueños.

En el Evangelio según San Mateo, Dios se comunica por sueños (a los «sabios,» Mt 2.12; a José, 1.20; 2.13-22; y en un eco de la tradición literaria hebrea, a la esposa de Pilato, 27.19). De manera significativa, sin embargo, los sueños no ocurren como un factor principal fuera de Mateo (cp. Hch 2.17, citando a Jl 2.28), que con la mayor probabilidad refleja una cierta vacilación cristiana temprana de ser asociado con prácticas paganas.

Bibliografía. Artemidorus, *The Interpretation of Dreams,* traducción. R. J. White (Park Ridge, N. J., 1975); R Gnuse, *The Dream Theophany of Samuel* (Lanham, Md., 1984); A. L. Oppenheim, *The Interpretation of Dreams in the Ancient Near East* (Filadelfia, 1956).

Daniel L. Smith-Christopher

SUERTE

Objetos que se echaban para determinar una respuesta más allá de la comprensión humana o para tomar una decisión que requiere la guía divina. El término hebreo *gôrāl* originalmente significaba «piedra» o «guijarro», pero finalmente vino a significar «destino» o «porvenir». Las suertes fueron presumiblemente pequeñas piedras o trozos de madera y uno siempre se refiere a ellas que se tiran, se sacuden o se echan. La práctica de echar la suerte está conectada con el Urim y Tumin, dispositivos de oráculo sacerdotal que puedan haber sido también una piedra para echar suerte o dados pequeños. En la Biblia el echar suertes tenía varios propósitos diferentes, tanto civiles como sectarios. Se echaban suertes ante Dios en la división de la tierra (Jos 6.18; 19.51), en la distribución de mercancías (Nm 3.10; Sal 22.18 [TM 19]) y en la selección de los residentes de la Jerusalén después del exilio (Neh 10.34 [35]).

Las suertes también se echaban para determinar la identidad de un culpable (Jos 7.10-26; Jon 1.7; 1 S 14.41-42) y en la selección de un rey (1 S 10.20) o un funcionario para el santuario (1 Cr 24 – 26). Se echaban suertes en el día de la expiación para elegir el macho cabrío expiatorio (Lv 16.8-10). En el NT el sucesor de Judas fue seleccionado por echar suertes (Hch 1.23-26) y los soldados romanos echaron suertes (Gr. *klḗros*) para repartir la ropa de Jesús (Jn 19.24; Mr 15.24). La técnica adivinatoria denominada pesomancia o cleromancia se refiere a echar suertes, un método frecuente de adivinación en el mundo antiguo. En la Biblia, sin embargo, el echar suertes era uno de los pocos medios legítimos de la revelación divina (como sueños y comunicación directa con la Deidad). Echar la suerte no se encuentra entre las prácticas adivinatorias tales como agorero, mago, y consulta con los muertos (véase Dt 18.10-12). Por tanto, echar suerte, tenía control y sanción divina. Aunque echar la suerte era una acción humana, la revelación era un mensaje directo de Dios (Pr 16.33).

Bibliografía. W. W. Hallo, «The First Purim,» *BA* (1983): 19-29; J. Lindblom, «Lot-Casting in the Old Testament,» *VT* 12 (1962): 164-78.

Julye Bidmead

SUF (Heb. *sûp*)
Lugar desde el que Moisés dio sus últimos discursos, en la tierra de Moab, al este del río Jordán (Dt 1.5), cuando Israel todavía estaba «en el desierto» (v. 1), para pronto entrar a la Tierra Prometida. La información geográfica que se da aquí es difícil. Se ha identificado a Suf (Heb. «algas marinas») con Khirbet Sufah, a 7 km (4. 3 mi) al sureste de Madeba, o con una ciudad griega llamada Papyron, que Josefo menciona (*Ant.* 14.33). Algunos eruditos enmiendan la frase «frente a Suf» a «desde el Mar Rojo (de las Cañas)», lectura que la LXX y la Vulgata apoyan.
Bibliografía. E. G. Kraeling, «Two Place Names of Hellenistic Palestine,»*JNES* 7 (1948): 199-201.

ROBERT DELSNYDER

SUFA (Heb. *sûpâ*)
Región de Moab, probablemente cerca del valle del río Arnón (Nm 21.14; cf. «Mar Rojo» del Pentateuco Samaritano y Vulg., del Heb. *[yam]- sûp*). Sufa podría tener alguna relación con Khirbet Sufah, alrededor de 6 km (15 mi) al norte de Arnón, y con Suf (Dt 1.1), pero esto no es seguro.

SUFAM (Heb. *šĕpûbām)*
Hijo del patriarca Benjamín y antepasado de los sufamitas (Nm 26.39). La similitud del nombre con los nombres de otros descendientes de Benjamín —Mupim (Gn 46.21); Supim (1 Cr 7.12, 15), y Sefufán— sugiere que una persona, el antepasado de una importante línea benjaminita, puede estar en mente.

SUFAMITAS (Heb. *šûpāmîm)*
Clan benjaminita que decía que Sufam era su antepasado epónimo (Nm 26.39).

SÚHAM (Heb. *šûḥām*) (también HUSIM)
Antepasado de los clanes suhamitas, de las familias de Dan (Nm 26.42-43). En Génesis 46.23 se le llama Husim.

SUHITA (Heb. *šûḥî*)
Título del amigo de Job, Bildad, que probablemente lo identifica como descendiente de Súa (Job 2.11; 8.1; 18.1; 25.1; 42.9).

SULAMITA (Heb. *šûlammîṯ*)
Gentilicio que designa a la mujer de Cantares, a quien su amante busca (Cnt 6.13[TM7.1]). Se sugieren cuatro posibilidades para el origen de la palabra: (1) Ya que Cantares se atribuye a Salomón, y el nombre Salomón aparece algunas veces en el texto (Cnt 1.5; 3.7, 11; 8.11, 12), sulamita puede ser una forma femenina del Heb. *šĕlōmōh* (Salomón). La sulamita («la que pertenece a Salomón») es la homóloga femenina del Salomón de Cantares. (2) El nombre puede indicar a un habitante del pueblo de Sunem, identificado con la moderna Sôlem. Abisag, la joven que cuidó a David en su vejez y a quien después se le buscó para esposa de Adonías, hijo de David, es de Sunem (1 R 1-2). (3) Sulamita puede ser un sobrenombre de Ishtar, la diosa mesopotámica de la guerra y el amor, o de Anat, la consorte de Baal. (4) El nombre puede ser un sustantivo que se derivó de la raíz hebrea *šlm* («bien, completo, en paz»).

NANCY L. DECLAISSÉ-WALFORD

SUMATITAS (Heb. *šumāṯî*)
Familia que vivía en Quiriath-jearim, descendientes de Sobal, hijo de Hur (1 Cr 2.53).

SUMERIO
Idioma que hablaban los habitantes del sur de Mesopotamia hasta algún tiempo del siglo III, o a principios del segundo milenio a.C., cuando dio lugar al acadio semítico. Después, los escribas siguieron usando el sumerio como un lenguaje religioso y erudito hasta el comienzo de la era presente. Los documentos escritos más antiguos del mundo, que hasta ahora se conocen, datan de alrededor de 3100 y se encontraron en el antiguo Uruk, en el sur de Mesopotamia; aunque la mayor parte no se ha descifrado, hay indicios de que su idioma era sumerio.

El progreso en el análisis del idioma sumerio ha sido lento debido a varios factores. No está asociado lingüísticamente con cualquier otro idioma conocido, por lo que no hay información comparativa. Los textos antiguos eran extremadamente selectivos en su representación de los morfemas del idioma hablado, que aparentemente fueron compuestos principalmente como ayuda para la memoria. Los textos posteriores, en tanto que fueron escritos más explícitamente, fueron producidos por escribas que hablaban acadio, que habían aprendido sumerio en las escuelas y cuyo uso era, por consiguiente, menos confiable. Sin embargo, los textos sumerios monolingües ahora pueden leerse con una comprensión considerable; y se están produciendo ediciones confiables de textos literarios.

Varias clases de textos han facilitado la investigación lingüística. La lexicografía se ha beneficiado de listas léxicas que proporcionan traducciones al acadio de varias palabras sumerias, y a veces se incluyen las pronunciaciones, para ayudar con la fonología. La fonología también se ha beneficiado, así como la morfología, de los textos sumerios que se han escrito totalmente en escritura silábica (en contraste con la continuación acostumbrada de signos silábicos y logográficos), aunque estos textos son limitados en número, relativamente tardíos, o no propios de Sumeria. Los textos bilingües, que contienen traducciones acadias de composiciones sumerias relacionadas, han ayudado al desciframiento inicial del idioma y al estudio posterior de la sintaxis. Los textos gramáticos, con sus principios complejos de organización, han ayudado a la morfología y a la sintaxis.

Las cadenas nominales y verbales se formaron en sumerio al colocar los morfemas y las palabras en un orden determinado secuencial, con modificaciones internas limitadas. La principal cadena verbal ocupaba el último lugar en una cláusula. Cierto acceso a las maneras en que los escribas acadios entendían y traducían las formas verbales sumerias viene de dos términos acadios que se usaron en los textos gramáticos sumerios que produjeron, aunque estos textos se derivan del posterior período neobabilónico. El sum. *ḫamṭu (o ḫanṭu)* significa «rápido» e indica algo como *Aktionsart* puntual; *marû* significa «gordo» o, por derivación, «lento» e indica algo como *Aktionsart* durativo. Los sujetos de algunos verbos *ḫamṭu* eran marcados, en tanto que otros y todos los sujetos de los verbos *ḫanṭu* no lo eran. Probablemente hubo diferencias dialécticas en el sur de Mesopotamia durante el período, mientras el sumerio estaba en uso, pero hasta aquí solamente dos pueden identificarse con certeza, un dialecto principal (*eme-gir*$_{15}$) y un dialecto especializado que usaban las mujeres y sacerdotes de lamentación en textos literarios, y posiblemente en otros contextos (*eme-sal*).

WALTER R. BODINE

SUMERIOS

Primera civilización importante de Mesopotamia. Los sumerios surgieron primero en la historia del sur de Mesopotamia, alrededor de 3100. La primera evidencia explícita de su presencia aparece en textos que se encontraron en el lugar de Uruk, escrita en lo que posiblemente puede identificarse como el idioma sumerio. Se establecieron en la parte baja del plano aluvial que se extiende hacia el norte desde el Gofo Arábigo/Pérsico, por lo menos hasta la antigua Shuruppak, y en una fecha temprana su población se extendió más al norte, a alguna parte arriba de Nippur, que llegó a ser su capital religiosa. Este plano debía ser su tierra natal, conocida para ellos como Kiengi, y para los acadios semíticos como Shumeru (de donde se deriva el esp. Sumeria). Es el área general que se ha identificado como el escenario del Jardín del Edén de Génesis 2-3. Los sumerios recordaban que su primera ciudad había estado precisamente arriba de lo que entonces era la cabeza del golfo, en Eridu, que después fuera considerada sagrada para Enki, el dios de la sabiduría y las aguas (el Apsu).

La civilización sumeria desarrolló sus rasgos característicos alrededor de 3400-2900. La escritura surgió primero en documentos administrativos breves, y solamente en el siguiente período pudo emplearse para la reconstrucción histórica. Sin embargo, este ya era probablemente el período creativo de la mitología sumeria, y una literatura rica vendría después. Las ciudades también surgieron, así como la acumulación de capital y una forma primitiva de democracia, que más tarde dio paso a la monarquía. La historia de Ziusudra, que sobrevivió en una embarcación a una inundación que fue decretada divinamente, y que se encuentra en la tradición sumeria al final de este período, tiene conexiones claras con Génesis 6-9.

En el período siguiente (Dinástico Temprano, alrededor de 2900-2334) aparecieron murallas en las ciudades y el liderazgo político que anteriormente había sido temporal, llegó a institucionalizarse en el cargo del rey, indicando aumento en el conflicto armado. La primera sede de la monarquía, después de la inundación, fue en Kis, según el rey Sumerio List, que se refleja en el posterior uso del título «Rey de Kis» por los monarcas mesopotámicos como una afirmación de dominio universal. Los cuentos heroicos de reyes legendarios como Etana, Enmerkar, Lugalbanda, Dumuzi (el Tamuz babilónico; Ez 8.14) y Gilgamesh, que todos menos el primero gobernaron en Uruk, tienen su contexto en esta época. La cultura sumeria se diseminó a lo largo del Cercano Oriente, como lo testifica el uso extenso del idioma sumerio y la escritura cuneiforme de Ebla, lugar del norte de Siria, de mediados del tercer milenio.

Estatua de un personaje masculino, posiblemente un sacerdote, del templo de Abu, Tell Asmar, de la Dinastía Temprana II (principios del tercer milenio a.C.) (Cortesía del Oriental Institute de la Universidad de Chicago)

Las tumbas reales que se excavaron en Ur, que se derivan de la última parte del período Dinástico Temprano, han producido ejemplos importantes de arte y artesanía, así como evidencia de los entierros masivos de toda una corte con el rey fallecido, práctica que, de otra manera, no puede rastrearse hasta ahora. Urukagina/Uruinimgina de Lagash promulgó una reforma que limitaba las prerrogativas reales y corregía agravios sociales. Lugalzagesi de Uma conquistó Lagash, Uruk y el resto de Sumeria, según sus afirmaciones; pero esas aspiraciones reales seguramente pueden reconocerse como algo real solamente en el período siguiente de dominio semítico.

Se puede documentar la presencia semítica en Mesopotamia cerca de mediados del periodo de la Dinastía Temprana, y la simbiosis entre su cultura y la de los sumerios progresó hasta que la segunda fue absorbida, alrededor de principios del primer milenio, pero sin dejar su huella penetrante y duradera. Desde alrededor de 2334-2154 los acadios gobernaron desde Acad, la nueva capital que estableció Sargón, fundador de la dinastía. A los acadios se les nombró para puestos administrativos; el idioma acadio fue empleado en documentos oficiales junto con el sumerio; y Sargón obtuvo la supremacía sobre toda la baja y media Mesopotamia. Al mismo tiempo, Sargón honró a sus súbditos sumerios al instalar a su propia hija, Enheduanna, como suma sacerdotisa de la diosa luna, Nanna de Ur. Esta mujer dotada, primera autora de literatura mundial, compuso himnos sumerios que honran a la diosa Inanna y a los templos de Sumeria y Acad. A lo largo de la dinastía hubo revueltas en el palacio, que finalmente colapsó bajo la presión de varios pueblos externos, entre los que, según se sobreentendía tradicionalmente, estaban los gutis.

Durante el corto período que siguió, los extranjeros gutis ejercieron poder, principalmente en la región de Diyala, en tanto que una dinastía sumeria en Lagash mantuvo considerable influencia en el sur. Gudea, el más conocido de sus gobernantes, reconstruyó el templo Eninnu de Ningirsu en Girsu. Los dos cilindros que relatan este proyecto preservan la composición literaria sumeria más extensa que hasta ahora se ha recuperado.

El gobierno sumerio centralizado, sobre el sur y centro de Mesopotamia y más allá, fue restaurado por la tercera dinastía de Ur (Ur III; alrededor de

2112-2004). La primera colección de leyes anteriores que se conoce se le atribuye al fundador de la dinastía, Ur-nammu, o a su hijo, Šulgi. Durante el reinado de Ur-nammu, si no antes, apareció la ziggurat, una torre de niveles con un santuario en su cima, probablemente la clase de estructura que se describe en Génesis 11.1-9. Después de Ur-nammu, Šulgi dirigió un reino próspero cuyas operaciones militares fueron mayormente exitosas y cuyo comercio fue extenso. Fue un período en el que florecieron la educación de escribas y la literatura sumeria, aunque nuestras copias de los textos literarios sumerios llegan mayormente del período Babilónico Antiguo tardío. Se conocen más himnos reales escritos en honor de Šulgi que de cualquier otro monarca mesopotámico, y él aducía divinidad, como los gobernadores acadios Naram-sin y Shar-kali- šarri antes que él. Los tres asesores de Šulgi, sin éxito intentaron mantener a raya a los amorreos que llegaron del noroeste, quienes finalmente, junto con las fuerzas de oriente, invadieron el imperio.

Siguió un período de poder cambiante, en el que las ciudades-estado de Isin y Larsa jugaron papeles dominantes para mantener la cultura sumeria viva en el sur. Sin embargo, su cultura, con la subyugación de el sur y el centro de Mesopotamia al rey Hammurabi de la Antigua Babilonia, finalmente fue absorbida dentro de la de los semitas. Pero la forma de vida sumeria era respetada por los babilonios y se las arreglaron con la amalgama que dio como resultado. Enlil, cabeza activa del panteón sumerio, dio lugar a los dioses Marduk de Babilonia, y en una época posterior, a Assur de Asiria. Se siguió adorando a otros dioses sumerios en los homólogos semíticos, p. ej., a Inanna en Ishtar, a Enki en Ea, a Utu en Šamaš, y a Nanna en Sin. Las escuelas de escribas preservaron el idioma sumerio en forma escrita, después de que desapareciera del uso común, y transmitieron la literatura sumeria hasta su desaparición, después del período Babilonio Antiguo, después de lo cual la tradición se mantuvo viva por las comunidades de escribas y sus familias.

Muchos elementos fundamentales de las civilizaciones modernas aparecieron primero entre los sumerios. Sus logros y perspectiva influyeron profundamente a todo el antiguo Cercano Oriente en su época, en particular a los babilonios que los siguieron en el sur de Mesopotamia. Especialmente a través de los babilonios, esa influencia se extendió al antiguo Israel y a la Biblia hebrea. A través del segundo medio, así como del impacto subyacente del antiguo Cercano Oriente en la civilización griega, su legado alcanzó a la civilización occidental. Un

Gradas principales del ziggurat en Ur (Jack Finegan)

acercamiento informado a la historia de la civilización occidental, así como a la de la Biblia, no debe dejar de investigar a los antiguos sumerios.

Walter R. Bodine

SUMO SACERDOTE

El funcionario principal del culto israelita. Según la Torá, el oficio de sumo sacerdote se remonta a la revelación del Sinaí. Desde Aarón, una cadena hereditaria ininterrumpida de sumos sacerdotes enlaza el tabernáculo portátil del desierto al Segundo Templo en Jerusalén (Nm 25.10-13). Sin embargo, desde la perspectiva histórica la existencia real de dicha institución antes del exilio babilónico es muy poco probable. Cuando Ezequiel 40–48 describe el templo que será reedificado, las regulaciones en las que el oficio del sumo sacerdocio se basa se presentan como elementos de un nuevo orden que Dios establecería en clara discontinuidad con el pasado. En palabras de Ezequiel, el rey ya no será el propietario y jefe del templo, sino simplemente su custodio. A los levitas ya no se les permitirá ministrar en la presencia de Jehová, y representará un grupo claramente separado de los sacerdotes. Entre todas las familias sacerdotales el liderazgo será tomado por una familia aaronita particular, los hijos de Sadoc. Ninguna de estas condiciones establecidas por Ezequiel existió antes del exilio, y sin ellas no había lugar para la institución del sumo sacerdocio. Fue entre los exiliados que un liderazgo sacerdotal autónomo surgió por primera vez, desafiando el decadente poder de la casa de David. En la época de Darío, cuando se le permitió a los judíos regresar a Jerusalén y construir un nuevo templo, la casa de Sadoc ya era lo suficientemente influyente para obligar a Zorobabel, davídico, a compartir su poder con el sacerdote sadoquita, Josué (Esd 3.8). Este frágil acuerdo duró solo unos cuantos años; la construcción del Segundo Templo marcó el final de cualquier papel político para la casa de David. El sumo sacerdote, ahora la suprema autoridad del judaísmo, ganó las cualidades de prestigio y dignidad que antes había tenido el rey.

Para el tiempo que los libros de Crónicas fueron escritos, el proceso de la sustitución de la autoridad del rey por la del sumo sacerdote estaba tan consolidado que la comprensión misma de la historia judía fue cambiada. Según Crónicas, los reyes nunca desempeñaron ninguno de los deberes sacerdotales (2 Cr 26.16-20) y la triple jerarquía de sumo sacerdote, sacerdotes y levitas (1 Cr 23–24) estaba en pleno funcionamiento durante el período del Primer Templo. Cualquier informe contradictorio en los anteriores libros de Samuel y Reyes fue hábilmente eliminado (compare 1 Cr 18.17 y 2 S 8.18).

Fue durante el período entre Ezequiel y Crónicas que la legislación bíblica sobre el sumo sacerdocio tomó su forma final y se hizo parte de la revelación del Sinaí. Aunque algunas leyes pueden tener raíces anteriores al exilio, eran ahora parte de una visión coherente que marca el espacio geográfico y social del mundo en relación con varios niveles de pureza. Como el templo con sus patios concéntricos alrededor del lugar santísimo reproducía la jerarquía del cosmos, de igual modo el sumo sacerdote estaba en el centro de la santidad humana. Mientras que los gentiles, los israelitas comunes (hombres y mujeres), y el personal del templo (levitas y sacerdotes) tenían asignado el espacio reservado para cada uno de ellos en el templo, sólo el sumo sacerdote podía entrar al lugar santísimo, una vez al año para los rituales del día de la expiación. El sumo sacerdote estaba obligado a cierto grado de pureza ritual, más alto que sólo los judíos comunes sino también de los levitas y sacerdotes ordinarios, con leyes especiales y más restrictivas, contacto con cuerpos muertos, y deberes de sacrificio (Lv 4.1-12; 21.10-15). La Torá también da instrucciones acerca de la investidura ceremonial del sumo sacerdote (Ex 29.1-37; Lv 8.5-35) y una descripción detallada de sus vestiduras (Ex 28.3-43).

Después de Josué, el sumo sacerdocio fue hereditario y conferido de por vida. A pesar de la escasez de fuentes históricas, parece que en los períodos persa y ptolemaico el liderazgo de la casa de Sadoc permaneció sin desafío, aparte de algunos círculos menores cuya insatisfacción hacia el Segundo Templo encontró expresión en la primera literatura enoquita. El final del sacerdocio sadoquita al comienzo del período seléucida se debió a factores políticos y económicos más que a razones religiosas, pero tuvo un impacto tremendo en la autoridad religiosa del oficio. El sadoquita Jasón fue capaz de reemplazar a su hermano Onías III al sobornar a Antíoco IV, sólo para caer víctima de la misma trampa unos pocos años más tarde por el no sadoquita Menelao (2 Mac 4.7-27). El gesto de Jasón destruyó los fundamentos del poder Sadoquita. El sumo sacerdocio ya no pertenecía a una vieja línea hereditaria, y ya no era para toda la vida, pero ahora dependía de las ambiciones de familias sacerdotales judías y en los intereses de los gobernantes extranjeros. Más prejudicial para el oficio, la legitimidad del sumo sacerdocio no fue ampliamente reconocido, sino ampliamente cuestionado y con frecuencia desafiado. Como la experiencia de los asmoneos lo probaría, una línea hereditaria reestablecida, aun cuando se basaba en el poder militar y político, permaneció vulnerable al ataque religioso y depende de la fortuna política.

Tras la muerte de Herodes, que había relegado el sumo sacerdocio a un papel casi marginal, los procuradores romanos dieron al oficio mayores poderes en asuntos locales, con la intención de crear una aristocracia prorromana de sumo sacerdotes (y antiguos sumo sacerdotes). Por una parte, esta política fortaleció el oficio (y la familia más activamente pro romana de Anás y Caifás) pero, por otra parte, hizo a los sumo sacerdotes aún más sospechosos de los que, por razones políticas o religiosas, se opusieron al gobierno romano. No es de sorprender que uno de los primeros objetivos de los grupos radicales que llevaron a la revuelta antirromana en 66-70 d.C., fuera interrumpir la élite sacerdotal que en años recientes ya se había convertido en el blanco de asesinato político. El último sumo sacerdote de Israel fue un laico llamado Fanías, elegido por sorteo durante la revuelta (Josefo *BJ* 1.147-57).

La destrucción del templo por Tito en 70 d.C. marcó el final del sumo sacerdocio. Irónicamente, la larga crisis del oficio que siguió a la deposición de Onías III había preparado a muchos judíos a vivir sin un sumo sacerdocio. El recuerdo de la poderosa institución, sin embargo, siguió siendo una fuente increíblemente creativa de inspiración para los cristianos y judíos.

Bibliografía. L. L. Grabbe, *Judaism from Cyrus to Hadrian,* 2 vols. (Minneapolis, 1992); M. S. Jaffee, *Early Judaism* (Upper Saddle River, N.J., 1997).

GABRIELE BOCCACCINI

SUNEM (Heb. *šûnēm*), **SUNAMITA** (*šûnammîṯ*)

Ciudad del territorio de Isacar (Jos 19.18), ubicada cerca del Monte Gilboa, a los pies de la montaña de More, en el lindero oriental de la Llanura de Jezreel. El lugar está alrededor de 8 km (5 mi) al sur del Monte Tabor, en la pendiente más baja del Nebī Daḥī. El valle que está entre Sunem y la ciudad de Jezreel, al sur forma un paso natural al río Jordán. Los eruditos identifican el lugar como la moderna aldea de Sôlem (181223), a 14.5 km (9 mi) al norte de Jenîn.

Estudios del lugar indican que la primera ocupación comenzó en la Edad de Bronce Media y continuó hasta el final del período islámico. Durante el período cananeo, la ciudad mantuvo el poder como una pequeña ciudad-estado. Tutmosis III (siglo XV) conquistó la ciudad (Sunama), y las Cartas de Amarna (siglo XIV) mencionan su derrota por parte de Lab'ayu de Siquem y que a sus habitantes se les obligó a hacer trabajo forzado. Biridiya, príncipe de Meguido, pronto reconstruyó la ciudad.

Sunem cae dentro del territorio tribal de Isacar (Jos 19.18). A finales del siglo XI, el ejército filisteo se reunió en Sunem antes de la batalla final en la que murió Saúl (1 S 28.4). Abisag, la joven que le llevaron a David en su vejez, era de Sunem (1 R 1.3); la solicitud de Adonías para tomar a Abisag como esposa hizo que Salomón diera la orden de ejecutar a su hermano. Después de la división del reino, en la lista de Karnak, el Faraón Sheshonq (Sisac) enumeró a la ciudad entre las ciudades que conquistó, aunque el registro bíblico no dice nada en cuanto a la conquista egipcia de las ciudades del norte. Una mujer sunamita alimentó y hospedó al profeta Eliseo y después él resucitó a su hijo (2 R 4.8-37). Algunos intérpretes conectan a Sunem con la sulamita de Cantares (Cnt 6.13[TM 7.1]).

NANCY L. DECLAISSÉ-WALFORD/STEPHEN VON WYRICK

SUNI (Heb. *šûnî*)

Hijo de Gad y nieto de Jacob y Zilpa (Gn 46.16); antepasado epónimo de los sunitas (Heb. *haššûnî;* Nm 26.15).

SUPIM (Heb. *šûppîm*)

Uno de los dos hijos de Hir, de la tribu de Benjamín (1 Cr 7.12). «Supim» y «Hupim» probablemente son otras formas de «Sufam (Sefufán)» y «Hufam», que también aparecen en un listado de genealogía benjaminita (Nm 26.39; cf Gn 46.21; 1 Cr 8.5). Su aparición en un listado bastante confuso de la familia de Manasés (1 Cr 7.15) probablemente es resultado de corrupción textual.

Portero levita, de la puerta occidental del Templo, en la época de David (1 Cr 26.16).

SUQUIENOS (Heb. *sukkîîm*)

Uno de los grupos de mercenarios que lucharon en contra de Judá para el Faraón Sisac de Egipto (2 Cr 12.3). El nombre probablemente es el equivalente al egip. *ṯktn*, término técnico de una clase de soldados de los oasis libios.

SUR
Debido a que los israelitas pensaban en los puntos cardinales con relación a una persona que veía hacia el este, entre sus palabras para «sur» estaba el Heb. *yāmîn*, «a la derecha, mano derecha, sur», y la palabra relacionada *têmān*. Otros términos hebreos son *negeḇ*, que también es el nombre de la región del sur de Judá, «el Neguev», y *dārôm*. «El rey del sur» designa a varios gobernadores ptolemaicos de Egipto en Daniel 11. Entre los términos del NT están el gr. *nótos* y *mesēmbría* (Hch 8.26), que también podría traducirse como «medio día» (RVA «mediodía»). «La Reina del Sur» (Mt 12.42; Lc 11.31) es la reina de Sabá (cf. 1 R 10.1-10).

SUR (Heb. *sûr*; Gr. *Soúr*) (También SHUR, RVR60, 95)
Puerta interna en el recinto del noroeste del Templo de Salomón, que llevaba de la residencia real al área del Templo (2 R 11.6, «Shur» RVR60, 95). En la Puerta del Sur, o Puerta del Cimiento (2 Cr 23.5; heb *yĕsôḏ*), fue donde el sacerdote Joiada montó guardia para proteger la coronación de Joás de Atalía, la reina mala.

Ciudad de la costa mediterránea, que de otra manera no se ha confirmado, y que envió delegados a buscar la paz con Holofernes (Jdt 2.28). Sur podría ser una corrupción del nombre Dor (ciudad costera a 24 km [15 mi] al sur del Monte Carmelo), pero esto no coincidiría con el orden de las ciudades como se enumeran en Judit. La referencia podría ser ficticia o simplemente podría estar incorrecta.

Bibliografía. N. Avigad, *Discovering Jerusalem* (Nashville, 1980); J. J. Simon, *Jerusalem in the Old Testament* (Leiden, 1952).

Dennis M. Swanson

SUSA (Heb. *šûšan;* Ac. *šušān*)
Antigua Šušun elamita (la moderna Shūsh), ubicada en el Plano Susiana al suroeste de Irán. El lugar, que se compone de cinco montículos esparcidos a lo largo de 250 ha (615 acres), fue observado por muchos viajeros antiguos, y excavado por William K. Loftus en 1851-52 y Marcel y Jane Dieulafoy en 1884-86. Las excavaciones francesas trabajaron cada año en el lugar desde 1897 a 1979, excepto durante las guerras.

El lugar fue fundado a principios del quinto milenio como uno de los lugares dominantes de Susiana. La población de este período fue dominada por una gran plataforma, sobre la cual había un templo o residencia de élite. Un cementerio que contiene más de 1000 entierros, posiblemente resultado de alguna catástrofe, data de este período.

En Susa se ha excavado con éxito poca arquitectura de los períodos que oscilan entre el quinto y el primer milenio, aunque su función histórica se conoce mejor. Comenzando en el tercer milenio Susa, junto con Anshan, fue la capital de Elam. Susa estuvo en conflicto constante con los estados de Sumeria y Acad, y por último fue incorporada a los imperios de Acad y Urr III. A principios del segundo milenio, Susa y Anshan controlaban de nuevo Elam (uno de los poderes más grandes del Cercano Oriente de la época), y negociaron alianzas con Šamši-adad de Asur, Hamurabi de Babilonia y Zimri-lim de Mari. A finales del segundo milenio, el gobernador elamita Šutruk-nahhunte conquistó brevemente Babilonia y regresó con un botín de reliquias como la estela de Hamurabi. Después de un período de colapso, Susa se convirtió en la capital en un estado neoelamita, que sería conquistado por Asurbanipal en 646.

Susa fue conquistada después por Ciro II en 539 y el Imperio Acaemenida la usó como capital. Darío I (521-486) reconstruyó la ciudad, y construyó un palacio y un auditorio (*apadana*) así como un muro para la ciudad. Su sucesor, Artajerjes II (404-359) construyó un palacio al oeste de los montículos. Estos palacios acaemenidas son notables por sus frisos de ladrillos barnizados que representan arqueros.

Susa fue conquistada otra vez en 331 por Alejandro el Grande, quien usó la ciudad como lugar para matrimonios masivos entre soldados macedonios y mujeres persas. La ciudad nunca más fue capital, pero fue ocupada bajo los gobiernos seléucico, parto, sasánida e islámico. Una tumba medieval en la cima del lugar (apócrifamente la tumba de Daniel) permanece como un centro moderno de peregrinaje.

Las referencias bíblicas a Susa (Neh 1.1; Ester; Dn 8.2) tratan de la comunidad judía que vivía en la ciudad durante el período acaemenida.

Bibliografía. P. O. Harper, J. Aruz, and F. Tallon, ed., *The Royal City of Susa* (New York, 1992).

Geoff Emb

SUSANA (gr. *Sousanna*)

Personaje principal de la obra apócrifa que lleva su nombre.

Véase DANIEL, ADICIONES A.

Una de las mujeres que dio apoyo financiero y de otra clase a Jesús y sus discípulos (Lc 8.3).

SUSANA, LIBRO DE

Véase DANIEL, ADICIONES A

SUSI (Heb. *sûsî*)

Padre de Gadi, de la tribu de Manasés, uno de los 12 espías israelitas enviados a Canaán (Nm 13.11).

SUTELA (Heb. *šûṯelaḥ*)

Hijo de Efraín, antepasado del clan sutelaíta (Nm 26.35-36; 1 Cr 7.20).

Efraimita, hijo de Zabad (1 Cr 7.21). En el texto no está claro si él es el mismo del n.º 1 o un descendiente.

T

TAANAC (heb. *ta'ănāḵ*)
Una ciudad en la esquina sur del Valle Jezreel a los pies de las colinas del campo montañoso de Samaria. Su identificación con el moderno Tell Ta'annek (171214) es indisputable, por la continuidad en el nombre y por su localización en la rama sur de la Vía Maris, cerca del pasaje de Megido. Taanac está a 8 km (5 mi) sureste de Megido y c. 40 km (25mi) de la costa. El montículo en forma de pera mide 340 m (1115 pies) de norte a sur y hasta 140 m (460 pies) de este a oeste. Se levanta c.40 m (130 pies) sobre la planicie de alrededor y 180 m (590 pies) sobre el nivel del mar.

Taanac se menciona en el recuento del Faraón Tutmosis III acerca de la batalla de Megido (c.1468 a.C.) como un desvío a Megido y un lugar donde las tropas egipcias se reunían, y aparece en el catálogo Palestino del templo de Amón en Karnak. Su príncipe, Yašdata, huyó a Megido por una contienda con Siquem (EA 248; 14). Taanac era una de las ciudades israelitas destruidas en la campaña de Sisac c. 918. Su rey era uno de los 31 reyes derrotados por Josué (Jos 12.21), y se nombra entre las ciudades levíticas (21.25). La ciudad se asignó a Manasés, pero no fue conquistada inmediatamente (Jue 1.27; Jos 17.11-12). Taanac vino a estar finalmente bajo control israelita para el tiempo de Salomón y fue uno de sus centros administrativos (1 R 4.12).

El lugar fue excavado inicialmente por Ernesto Sellin en tres campañas arqueológicas, 1902-4. Esta fue una de las primeras excavaciones en Palestina y la primera al norte de Israel y las técnicas de excavación y los sistemas de grabación estaban en pañales. Un observador penetrante y cuidadoso en sus conclusiones, a Sellin le repugnaba interpretar las múltiples inhumaciones de niños como remanentes de sacrificios de infantiles. Además del pequeño archivo cuneiforme, los hallazgos más importantes fueron fragmentos de dos pedestales cúlticos y una imagen en bronce de una diosa de tipo hurriano. Sellin enfatiza los trazos de influencia de Chipre más tarde identificada como micénica durante el período cananeo (c.1400). En 1963-68 Paul W. Lapp excavó el oeste y suroeste y demostró así que la ciudad estuvo protegida por murallas en todos los períodos principales. La cerámica distinguía varias facetas de la ciudad de la Edad de Bronce e identificaba una brecha de ocupación de medio milenio entre la temprana Edad de Bronce II y la mediana Edad de Bronce II (c.1700)

La evidencia arqueológica más antigua muestra a Taanac como un centro prestigioso para el período bronce temprano (c.1700). En fases tardías se añadieron muros de contención y una amplia explanada. Después de la brecha de 500 años, Taanac revivió como una impresionante ciudad del período del bronce medio (c.1700-1350) con una amplia actividad de construcción. La ciudad tuvo relaciones comerciales de mucho alcance, pero siempre dependía del todavía más grande Megido. Nombres personales en cartas y listas muestran una población mixta (c. 60 por ciento semítico, el resto hurrita, hitita e indoaria.) Como hizo Megido, Taanac tomó partido con los poderes sirios contra Egipto y, por lo tanto, se afectó seriamente con la victoria de Tutmosis III en Megido en 1468. Su cultura y población decreció durante el período de bronce tardío. El archivo del c. 1490, menciona al gobernador egipcio en Gaza, y muestra el dominio egipcio en los asuntos locales del Valle de Jezreel. Durante el período Amarna, Taanac se afectó debido al conflicto local entre Megido y Siquem.

Durante el siglo XII, Taanac parecía haber sufrido dos (al menos parciales) destrucciones, pero su población se incrementó otra vez en el siglo X. Estaba ahora bajo el dominio del recién formado estado judío. Un edificio grande encontrado por Sellin pudo haber sido la residencia del gobernador israelita. Destruido por Sisac c. 918 y recobrado bajo los omridas en el siglo IX a.C., la llamada obra exterior del noreste pertenece a las extensas actividades de Omri y Acab.

Taanac pudo haber sufrido como consecuencia de las guerras arameas en el lejano siglo IX y la guerra asiria en el 733 a.C. Su destrucción final c. 600 puede haber estado en manos de los egipcios (Necao) o de los babilonios. En tiempos helenísticos y romanos, la villa estaba localizada al este del terreno. Jerónimo indica que se hizo bastante grande durante el período bizantino. Los 12 textos descubiertos por Sellin fueron los primeros, y hasta ahora los únicos, archivos cuneiformes encontrados en Palestina. Están incluidas cuatro cartas (c. 100 líneas legibles) y nueve listas de nombres (c. 80 nombres personales). Las cartas testifican sobre el dominio del gobernador egipcio Amanhatpa, quien residió en Gaza y visitó Megido. Evidentemente el lenguaje y la escritura acadia no sólo se usaron para la diplomacia internacional, sino también para asuntos locales y aun privados en la región.

Bibliografía. A. E. Glock, «Taanach,» *NEAEHL* 4 (New York, 1993); «Texts and Archaeology at Tell Taʿannek,» *Berytus* 31 (1983): 57-66; 1428-33; P. W. Lapp, «The 1963 Excavation at Taʿannek,» *BASOR* 173 (1964): 4-44; «The 1966 Excavation at Tell Taʿannek,» *BASOR* 185 (1967): 2-39; «The 1968 Excavation at Tell Taʿannek,» *BASOR* 195 (1969): 2-49; L. Nigro, «The 'Nordostburg' at Tell Taʿannek,» *ZDPV* 110 (1994): 168-80; W. E. Rast, *Taanach I: Studies in the Iron Age Pottery* (Cambridge, Mass., 1978).

Siegfried Kreuzer

TAANAT-SILO (heb. *ta'ănaṯ šilōh*)
Una ciudad costera en el territorio tribal de Efraín (Jos 16.6). Tal vez está identificada con Khirbet Taʿna el-Fôqā (185175), c.11 km (7 mi) sureste de Nablus.

TABAOT (Heb. *ṭabbā'ôṯ*)
El ancestro principal de un grupo de sirvientes del Templo que regresaron con Zorobabel del exilio babilónico (Esd 2.43; Neh 7.46).

TABAT (Heb. *ṭabbā'ôt*)
Un lugar donde los madianitas huyeron después del ataque sorpresivo de Gedeón (Jue 7.22). Su ubicación precisa depende de otros lugares cercanos que no han sido identificados. Las sugerencias incluyen Râs Abū Ṭābât en Wadi Kufrinjeh Khirbet Taʿna el-Fôqā este de Bet-sita y el Jordán. Ha sido también ubicada al sur de Jabesh-gilead y Abel-mehola y norte de Zerera y Sucot tan cerca como Carcor y Heres.

Philip R. Drey

TABEEL (Heb. *ṭāḇĕ'ēl, ṭāḇĕ'al*)

1. Oficial samaritano quien le pidió a Artajerjes que detuviera la reconstrucción de Jerusalén (Esd 4.7).

2. El padre, de otra manera desconocido, de la persona que la coalición siroefraimita (c.735 a.C.) planificó subir al trono de Judá (Is 7.6). El cambio de la forma original del nombre, heb. *ṭāḇĕ'ēl,* a *ṭāḇĕ'al* puede ser un juego de palabras hebreas que forma «Dios es bueno» a «no bueno» (o «bueno para nada»).

3. Si el nombre es personal, Tabeel era probablemente un oficial sirio y confidente de Rezín. Una carta asiria del siglo VIII se refiere a un «Tabeelita», e implica que Tabeel era nombre tribal, posiblemente un antepasado de la familia de Tobías en la Judá post exílico. Tabeel pudo haber sido, además, un nombre regional o geográfico conectado a la «tierra de Tob» (Jue 11.3, 5; 2 S 10.6, 8).

Bibliografía. W. F. Albright, «The Son of Tabeel (Isaiah 7:6),» *BASOR* 140 (1955): 34-35; J. A. Dearman, «The Son of Tabeel (Isaiah 7.6),» in *Prophets and Paradigms*, ed. S. B. Reid. JSOTSup 229 (Sheffield, 1996); B. Mazar, «The Tobiads,» *IEJ* 7 (1957): 137-45, 229-38.

Andrew H. Bartelt

TABERA (Heb. *taḇʿērâ*)
Un lugar (heb. «quemándose») a lo largo de la ruta del Éxodo en el sureste de la Península Sinaí tres días norte del Monte Sinaí (Nm 11.3). Aquí el Señor encendió fuego a los extremos del campamento como castigo por la queja del pueblo (Nm 11.1-3; cf. Dt 9.22).

Pete F. Wilbanks

TABERNÁCULO
El santuario portátil que se dijo haber sido construido en el Monte Sinaí en tiempos de Moisés, y que se usó hasta que Salomón construyó el primer Templo. El término (heb. *miškān*) significa «habitación.»

Otros nombres son «tienda de reunión» *('ōhel mô'ēḏ)* y el «santuario» *(miqdāš)*.

La historia de la construcción del tabernáculo domina Éxodo 25—40. Dios mostró a Moisés el diseño celestial para el tabernáculo en el Monte Sinaí (Ex 25.9, 40), pero antes de que la construcción comenzara, el pueblo cometió apostasía al hacer un becerro de oro. Dios amenazó con retirar su presencia de Israel, pero Moisés intercedió después de que la gente brindara material para la construcción del tabernáculo. La construcción fue supervisada por los artesanos de Bezaleel y cuando la obra se completó la gloria de Dios llenó el tabernáculo (Ex 40.34-38).

El diseño dado en la forma final del Pentateuco ubica el tabernáculo en el patio, al centro del campamento israelita. El patio era 46 m (150 pies) de largo, 23 m (75 pies) ancho y encerrado por cortinas que eran 2.3 m (7.5 pies) alto. Dentro del patio estaba una vasija de bronce en la cual los sacerdotes se purificaban, al igual que el altar de bronce para las ofrendas quemadas. El tabernáculo en sí mismo era una especie de tienda hecha de marcos en madera, cubierto por pelo de cabra y piel; era 4.6 m (15 pies) de alto, 4.6 m (15 pies) de ancho y 14 m (45 pies) largo. El interior estaba dividido en dos partes. El atrio delantero que tenía un tamiz multicolor y en su entrada estaba amueblado con un candelabro de siete brazos, una mesa, doce hogazas de pan conocidos como los panes de la proposición, y un altar de incienso de oro. Una cortina multicolor cubría la entrada de la segunda parte del santuario o «lugar santísimo.» En este santuario interior estaba el arca del pacto, una caja hecha de madera de acacia cubierta con oro, en la cual se guardaban las tablas inscritas con los Diez Mandamientos. El Arca tenía una cobertura de oro conocida como el propiciatorio o el asiento de la misericordia, adornada con dos querubines. Objetos que fueron más tarde ubicados en el lugar santísimo, incluyeron una jarra de maná (Ex 16.33-34) y la vara de Aarón, la cual produjo almendras milagrosamente (Nm 17.1-11 [TM 16—26]).

El tabernáculo era el lugar en el cual se hacían ofrendas a Dios y se recibía revelación de Dios. Las ofrendas se hacían diariamente en el altar de bronce en el patio y en el altar del incienso, pero el rito más solemne se llevaba a cabo una vez al año en el día de la expiación, cuando el sumo sacerdote rociaba con sangre de un buey y un macho cabrío delante del propiciatorio, para expiar los pecados de Israel. Revelaciones de la voluntad de Dios, a veces se decía, que se daban en el propiciatorio, en el lugar santísimo (Ex 25.22), y a veces en la puerta de la tienda (Nm 12.5; Dt 31.14-15).

Los israelitas llevaban el tabernáculo mientras viajaban por el desierto hacia Canaán. La responsabilidad de transportar y montarlo en cada nuevo campamento se delegaba a los levitas. Cuando el pueblo llegó a la Tierra Prometida, el tabernáculo se ubicó en Silo (Jos 18.1; 19.51; Sal 78.60); fuentes tardías dicen que estuvo, además, en Gabaón por algún tiempo (1 Cr 16.39; 21.29; 2 Cr 1.3-6, 13). Cuando David trajo el Arca a Jerusalén, la ubicó en una tienda y siguió el mismo patrón del antiguo santuario (2 S 6.17; 7.5-7). Salomón construyó un templo permanente y al momento de la dedicación tenía el tabernáculo de reunión, el Arca y los utensilios sagrados puestos en el Templo para que éste se convirtiera en el sucesor de las antiguas tiendas de santuario (1 R 8.4).

La descripción del tabernáculo en la forma final del Pentateuco está basada en tradiciones múltiples que pueden discernirse a base de incongruencias en el texto. Tradiciones tempranas cuentan de la tienda sencilla que se levantaba en las afueras del campamento israelita antes de que se construyera el tabernáculo. Esta tienda era atendida por un hombre, Josué, el hijo de Nun, más que Aarón, un sacerdote levita (Ex 33.7-11). Aparentemente no se usaba para el sacrificio y no albergaba el Arca del pacto. Dios hablaba con Moisés a la puerta de esta tienda en vez de en el lugar santísimo. El nombre «tabernáculo de reunión» era adecuado para esta tienda, ya que Dios se encontraba allí ocasionalmente con la gente, mientras que el nombre «tabernáculo» o «habitación» era más conveniente para un altar en el cual habitaba Dios continuamente.

Los planes elaborados para el tabernáculo son generalmente respetados como la creación literaria del escritor sacerdotal (P), cuyos rasgos incorporan detalles de varios santuarios israelitas. La cubierta de pelo de cabra y piel recuerda los santuarios sencillos mencionados en fuentes antiguas; el cuadro de madera extenso y el nombre «tabernáculo» o «habitación» es una reminiscencia de los santuarios semipermanentes localizados en Canaán; y el mobiliario del santuario corresponde estrechamente a los del Templo de Salomón. Algunos argumentan que el escritor sacerdotal buscaba legitimar los cultos de su época proyectándolo al período del desierto, pero otros refutan esto ya que los diseños del tabernáculo giran sobre tradiciones pre monárquicas y difieren del Templo de Salomón en numerosos aspectos. La descripción del tabernáculo puede corregir ciertas ideas asociadas con el Templo, ya que el tabernáculo era un santuario diseñado por Dios y hecho de ofrendas voluntarias, mientras que el Templo era un proyecto real que dependía de trabajo forzado. Más aún, Dios a veces se «encontraba» con Israel en la tienda del santuario, pero no estaba confinado allí.

Referencias del NT al tabernáculo (gr. *skēnē*) aparece en el discurso atribuido a Esteban, el cual considera el tabernáculo para manifestar la adoración que era aceptable a Dios, pero critica el Templo como un atentado para usurpar las prerrogativas de Dios (Hch 7.44-50). La Epístola a los Hebreos interpreta el patio interior del tabernáculo como símbolo para el ámbito de la carne y el tiempo presente e identifica el lugar santísimo, donde Jesús cumplió su ministerio de Sumo Sacerdote, con una conciencia limpia y la nueva era de salvación (He 8.1-6; 9.1-14). El Evangelio de Juan anuncia la encarnación al decir que «aquel Verbo fue hecho carne y habitó entre nosotros» como el lugar de la gloria de Dios (Jn 1.14) y el Apocalipsis habla del cielo y de la nueva Jerusalén como el «tabernáculo» de Dios (Ap 13.6; 15.5; 21.3).

Bibliografía. J. I. Durham, *Exodus*. WBC 3 (Waco, 1987), esp. 349-501; M. Haran, *Temples and Temple-Service in Ancient Israel* (Oxford, 1978); C. R. Koester, *The Dwelling of God*. CBQMS 22 (Washington, 1989).

CRAIG R. KOESTER

TABERNÁCULOS, FIESTA DE LOS

La final y más grande fiesta del año agrícola israelita, una de tres festivales de peregrinación anual (Ex 23.14—19; 34.22—24; Lv 23.33—36, 39-43; Nm 29. 12—38; Dt 16. 16-17; 31.9—13) celebra específicamente la cosecha de uvas y olivos y el final de la época de cosecha en general. La Fiesta de los Tabernáculos (Tiendas) es llamada Sukkot(h) (o Succoth) en hebreo (2 Cr 8.13). El AT también se refiere a ésta como la Fiesta de la Siega (ex 23.16; 34.22), la Fiesta del Señor (Lv 23.39, 41) o la Fiesta Señalada (Lm 2.6-7; Os 12.9) o simplemente La Fiesta o Fiesta Solemne (1 R 8.2, 65; 12.32).

La Fiesta de los Tabernáculos comparte una cantidad de elementos con otras fiestas de vendimia en la región. Los griegos y romanos del siglo I d.C. mostraron parecidos en su propia fiesta para Dionisio/Baco (*Tácito Hist*, 5.5; *Plutarco Quaest. Cov.* 4.6. 671 *D-E*) y otros eruditos han especulado en la relación de estas fiestas a la celebración babilónica del Año Nuevo.

La Fiesta de los Tabernáculos debía observarse después de la cosecha (Dt 16.13; Lv 23.39), del 15 al 22 del mes de Nissan, el mes séptimo (sept.-oct.; Lv 23.34; Nm 29.12-38). Seguía a otras dos celebraciones: el Año Nuevo (1 de Nissan) y el día de la Expiación (10 de Nissan).

La Fiesta de los Tabernáculos era un tiempo de celebración. La fiesta del día séptimo comenzaba y terminaba con un Sabbat especial. Completado el trabajo de la cosecha, la gente debía descansar, regocijarse (Lv 23.39-40), comer y beber. (cf. Dt 14.22-26, un diezmo de su siembra anual). Los que celebraban debían construir albergues temporales, «los tabernáculos» o «casetas» en las que comían y dormían durante la fiesta (Neh 8.14-17), para recordarles de la protección de Jehová durante el peregrinaje por el desierto. (Lv 23.42, 43). El sacerdote ofrecía sacrificios especiales que incluían un único número descendiente de bueyes cada día (comenzaba con 13 el primer día y concluía con siete el día final, un total de 71) (Nm 29.13-38). Cada año séptimo durante los Tabernáculos se leía la ley completa (Dt 31.10-11).

Ceremonias posexílicas incluían alumbrar candelabros gigantes en el patio del templo, toda la noche bailando con flautas a la luz de antorchas, procesiones al amanecer con libaciones de agua y vino en el altar de bronce, oraciones por la lluvia y la resurrección de los muertos, los sacerdotes marchaban alrededor del altar y la gente cargaba frutas y mecía ramas de palmas (*m. Sukk.*). Cuando el Sumo Sacerdote Alejandro Janeo (c. 100 a.C.) se rehusó a ofrecer las libaciones propiamente las tropas llamadas a reprimir el alboroto que sucedió dejó 6000 personas muertas (Josefo *Ant.* 13.372—73).

La Fiesta de los Tabernáculos vino a estar unida a las esperanzas judías por el Mesías Davídico y la Independencia nacional. Judas Macabeo usaba la fiesta como modelo para sus celebraciones de la rededicación del altar de Jerusalén en 164 a.C. (1 Mac 4.54-50), la primera conmemoración del Jánuca (2

Mac 1.1-36). Elementos de la solemnidad de la Fiesta de los Tabernáculos figuran en la entrada triunfal de Jesús y la crucifixión (Mr 11.1—11 par.) y refleja el anhelo de la gente por la independencia judía (cf. cita del Hallel, S 118.25-26; el título Hijo de David, Mt 21.9) Los líderes de ambas revueltas contra Roma (66—70 y 132—135 E.C.) también usaron lemas de la fiesta.

Sólo el cuarto evangelio menciona la celebración de la Fiesta de los Tabernáculos (Jn 7.2) con Jesús, al referirse a sí mismo como el agua de vida, tal vez una referencia al sumo sacerdote al ejecutar la libación de agua.

Algunos eruditos han argumentado que esta «Fiesta del Señor» era el origen del concepto del «Día del Señor», un tema mayor en los profetas hebreos y el Nuevo Testamento (Véase el extenso uso de cosecha como una imagen del tiempo final; p. ej. Mt 9.37-38; 13.39; Jn 4.35; Ro 1.13; Ap 14.15).

Bibliografía. J. A. Draper, «The Heavenly Feast of Tabernacles: Revelation 7.1-17,» *JSNT 19* (1983): 133-47; W. Harrelson, «The Celebration of the Feast of Booths according to Zech xiv,16-21,» in *Religions in Antiquity,* ed. J. Neusner. NumenSup 14 (Leiden, 1968), 88-96; N. Hillyer, «First Peter and the Feast of Tabernacles,» *TynBul* 21 (1970); 39-70; G. H. MacRae, «The Meaning and Evolution of the Feast of Tabernacles,» *CBQ 22* (1960): 251-76; J. C. de Moor, *New Year with Canaanites and Israelites,* 2 vols. (Kampen, 1972); H. N. Richardson, «*Skt* (Amos 9:11): 'Booth' or 'Succoth'?» *JBL* 92 (1973): 375-81; H. Ulfgard, *Feast and Future: Revelation 7:9-17 and the Feast of Tabernacles.* ConBNT 22 (Lund, 1989).

TIMOTHY P. JENNEY

TABETH (Heb. *ṭēḇēṯ; Acad. ṭebītu*)
El décimo mes del año Hebreo (dic-ene).

TABITA (Gr. *Tabithá;* Aram. *ṭĕḇîṯā'*)
Nombre arameo de Dorcas («gacela»), cristiana de Jope notable por sus buenas obras que fue resucitada de los muertos por Pedro (Hch 9.36).

TABLA DE LAS NACIONES
Siguiendo la narrativa del Diluvio en Génesis 6—9, una representación esquemática que distribuye la expansión de la humanidad desde la familia de Noé a varias familias en la dispersión en muchas tierras (10.1-32). En su colección inicial, describe la obra de la bendición divina pronunciada en la creación y repetida después del Diluvio: «Fructificad y multiplicaos llenad la tierra» (Gn 1.28; 9.1, 7). En contraste con el incidente en Babel en Génesis 11, la Tabla de las Naciones considera la diversificación del lenguaje humano y la dispersión de la gente por la tierra como un proceso de expansión genealógica más que como un resultado de la intervención divina y de juicio.

La Tabla toma la forma de una genealogía segmentada en la cual los descendientes se ramifican en cada generación sucesiva (compare la genealogía lineal de Sem en Gn 11.10-26, donde una característica individual se nombra en cada generación). Está organizada en declaraciones resumidas al final de cada línea de descendientes desde los tres hijos de Noé: Jafet, Cam y Sem («Estos son los descendientes de los hijos de Noé en sus tierras, con sus lenguajes, por sus familias, en sus naciones»; Génesis 10.5, 20,31). Concluye con un resumen comprensivo en Génesis 10.32. El énfasis en los resúmenes en «tierras, lenguajes y naciones» es una pista importante a la naturaleza de esta genealogía, la cual entabla relación con la etnografía por la geografía política más que por los orígenes étnicos. Los ámbitos geográficos alcanzan desde el norte de África y Etiopía al sur a las montañas Caucásicas al norte y desde Irán al este hacia el Egeo al oeste (y tal vez tan lejos como España).

Los descendientes de Jafet (Gn 10.2-4) se extienden más allá de los alcances en el norte del completo Creciente Fértil y en dirección oeste sobre el Mar Mediterráneo. La línea de Cam (Gn 10.6-20) se extiende desde el sur y oeste (Norte de África y Etiopía) al norte y este (Mesopotamia). Los descendientes de Sem (del que se deriva el «Semita»; Gn 10.21-31) quedan aproximadamente entre los otros dos, extendiéndose desde Anatolia al oeste hacia el sur a Arabia y al este hacia Elam.

Aunque porciones de la Tabla pueden derivarse de tan temprano como el siglo X a.C. (el tiempo de Salomón), otras partes parecen reflejar familiaridad con circunstancias geopolíticas en el siglo VII y redacción sacerdotal del siglo V.

JEFFREY S. ROGERS

TABOR (Heb. *tāḇôr*)

1. Monte Tabor: Montaña aislada con distinguidas laderas empinadas, que se levanta a una altura de 562 m (1843 pies) en la porción noreste de la llanura de Esdraelón (187232). En el pasado sus pendientes estaban densamente forestadas. Su ladera oriental es una cuenca para el río Jordán. La prominencia del Monte Tabor está determinada en parte por la excelente vista que alcanza del valle y que le da control de rutas importantes. Una de las rutas principales desde Hazor y Damasco, al norte, hacia el pasaje de Megido y las planicies costeras que van junto al lado noroeste de la montaña. Las tres tierras tribales de Isacar (Jos 19.22), Zabulón (cf. v. 12) y Neftalí (cf. v. 34) se encuentran en el Monte Tabor. En esta montaña se le dieron instrucciones a Barac para reunir una fuerza armada de 10 mil hombres (Jue 4.14).

Aparentemente no integralmente afiliada con alguna de las tierras tribales, el Monte Tabor fue probablemente un centro cúltico compartido por las tribus del norte. Deuteronomio 33.18-19 se refiere a un Monte de Zabulón e Isacar donde se ofrecían sacrificios. Oseas 5.1 menciona «una red esparcida sobre Tabor», expresión que indica alguna clase de práctica cúltica.

Si bien Tabor no es tan alto en términos absolutos, su prominencia en la planicie llevó al salmista (Sal 89.12 [13]) y al profeta Jeremías (Jer 46.18) a compararlo con el Monte Carmelo y el Monte Hermón, dos picos hermosos que pueden verse desde su cima.

Aunque el Tabor no se menciona en el Nuevo Testamento, desde el siglo IV d.C. ha sido recordado por la tradición cristiana como el lugar de la trasfiguración de Jesús, descrita como que tuvo lugar en un «alto monte» (Mt 17.1; Mr 9.2, cf. Lc 9.28).

2. La encina de Tabor, la cual marcó el lugar en el territorio de Benjamín, donde Samuel ordenó a Saúl que fuera después de haberlo ungido (1 S 10.3). Localizado cerca de Betel, y evidentemente un monumento providente, el lugar exacto de la encina es incierto.

3. Una ciudad levítica asignada a los meraritas (1 Cr 6.77 [TM 62]). Localizada en la frontera de Zabulón, puede ser lo mismo que Quislot-tabor (Jos 19.12).

JOHN GILLMAN

TABRIMÓN (Heb. *ṭaḇrimmōn*)
El hijo de Hezión y padre del rey Ben-adad I de Damasco (1 R 15.18; cf. *ANET*, 655).

TACIANO
Un apologista cristiano del siglo II d.C. que compuso el Diatessaron.

Véase Diatessaron; Versiones Siríacas.

TACMONITA (Heb. *taḥkĕmōnî*)
Un gentilicio adscrito a Joseb-basebet, uno de los guerreros de David (2 S 23.8). El nombre puede ser un error de escriba para «el amonita» *(haḥaḵmōnî* o *ben-ḥaḵĕmônî)*, en este caso Joseb-basebet puede ser la misma persona que Jasobeam, un amonita (1 Cr 11.11).

TADEO (Gr. *Thaddaíos*)
Uno de los 12 discípulos de Jesús de acuerdo a la lista de Mateo (Mt 10.3 y Marcos (Mr 3.18). Lucas y Hechos leen «Judas hijo (¿hermano?) de Santiago (Lc 6.16; Hch 1.13).

Lebeo, una variación textual para el nombre Tadeo, aparece en algunos manuscritos de Mateo y Marcos. Tadeo puede estar conectado al aram. *taddā'*, «seno, pezón,» mientras que Lebeo puede derivarse de *lēḇ*, «corazón.» Lebeo puede también una expresión de cariño. Se desconoce cuál nombre es el original.

En los Hechos de Tadeo, extra canónico, Tadeo estaba activo en la iglesia de Edesa en Mesopotamia y era uno de los Setenta Eusebios (cf. Eusebius (HE 1.13; 2.1.5-7).

BENNIE R. CROCKETT, JR.

TADEO, HECHOS DE
Un escrito griego del siglo V desarrollado a base de la leyenda de que el discípulo Tadeo debía evangelizar Edesa como cumplimiento de una profecía hecha por Jesús al rey Agbar. La leyenda puede ser encontrada en Eusebio (HE 1.13.11-22; 2.1.5-7).

WATSON E. MILLS

TADMOR (Heb. *taḏmōr;* Acad. *tadmar*)
Ciudad oasis en el desierto de Siria, a medio camino entre Mari y Damasco, la cual servía como parada importante a lo largo de las rutas comerciales del desierto entre Siria y Mesopotamia. 2 Crónicas 8.4 acredita a Salomón haber fortificado la ciudad como parte de su imperio comercial. El asunto de si la Tamar de 1 Reyes 9.18 debe leerse como Tadmor (**Q**, LXX Luciano) es todavía incierto. Tadmor fue renombrada Palmyra durante el período helenístico y destruida por los romanos en 273 d.C.

Véase Palmyra.

GARY P. ARBINO

TAFAT (Heb. *ṭāpaṯ*)
La hija del rey Salomón y esposa de Abinadab administrador del distrito de Dor (1 R 4.11).

TAFNES (Heb. *tĕḥap̱nĕḥēs*)
Nombre alternativo de la avanzada de los egipcios (Ez 30.18).

TAFNES (Heb. *taḥpanḥēs*; Egyp. *tȝ-ḥ[t]-[n.t]-pȝ-nḥsy*)
Puesto egipcio que bordea al Sinaí, identificado con el clásico Dafne (Herodoto *Hist.* 2.30), el moderno Tell Defenneh cerca del Lago Manzala en el noreste del Delta. La forma hebrea transcribe el egipcio, que significa «la fortaleza de Penhase». (Penhase era un general en el siglo XI d.C., quien detuvo una rebelión en el Delta.) De acuerdo a la narrativa bíblica, Tafnes era una ciudad de refugio para los judíos que escapaban de Palestina. Fue también el lugar donde Jeremías terminó su carrera (Jer 43.7; cf. 42.19). La ciudad es mencionada cuando Ezequiel condena a Egipto (Ez 30.18, «Tafnes»).

William F. Albright sugiere que Tell Defenneh era la tierra de Baal-zephon, uno de los lugares mencionados en la ruta del Éxodo. W. M. Flinders Petrie, quien escavó el sitio en 1880, estaba incorrecto en su interpretación del estrato. El fechó los muros de ladrillos de barro por debajo de las construcciones del siglo VII al periodo de Ramses II; más tarde, se determinó que eran realmente base para las construcciones del siglo VII. No hay evidencia de ocupaciones más tempranas en el lugar.

LAWRENCE A. SINCLAIR

TAFNES (Heb. *taḥpĕnês*)
Una reina egipcia cuya hermana se convirtió en la esposa del edomita Hadad (cf. egyp. *t.ḥmt.nsw*, «esposa del rey»), el adversario de Salomón (1 R 11.19). De acuerdo con 1 Reyes 11.20, Tafnes ayudó a criar el hijo de Adad hijo de Genubat en la corte Egipcia.

TAHÁN (Heb. *taḥan*)
Descendiente de Efraín y ancestro de los tahanitas (Nm 26.35; 1 Cr 7.25; cf. «Tahath» en v.20).

TAHAS (Heb. *taḥaš*)
El tercero de los hijos de Nacor y su concubina Rehúma (Gn 22.24).

TAHAT (Heb. *taḥat*) **(LUGAR)**
Lugar donde los israelitas acamparon durante su peregrinaje en el desierto (Nm 33.26-27). Su localización exacta es desconocida.

TAHAT (Heb. *taḥat*) **(PERSONA)**

1. Antepasado del profeta Samuel (1 Cr 6.24, 37[TM 9,22]; en v. 33[18] también Hemán el músico del Templo). Aunque las genealogías de Crónicas 6.22-28, 33—38 (7—13, 18—23) son de alguna manera confusas, están previstas para identificar a Samuel como un levita de la familia de Coat.

2. Efraimita, hijo de Bered (1 Cr 7.20).

3. Efraimita, hijo de Eladah y nieto de Tahat 2 (1 Cr 7.20).

TALENTO
En el AT: unidad de peso equivalente a 34.27 kg (75.6 lb; heb. *kikkār*; en el NT: unidad de dinero (actualmente no acuñadas) equivalente c. 6000 dracmas (gr. *tálanton*).

TALITHA CUMI (Gr. *talithá koúm*)
La traducción griega de Marcos de la frase aramea *ṭalyĕṯā' qûmî*, «niña, levántate», dicho por Jesús a la hija de Jairo, mientras la levantaba de los muertos (Mr 5.41).

TALMAI (Heb. *talmay*)

1. Uno de los *Anakim* quien, junto con sus hermanos, fue expulsado por Caleb de Hebrón (Nm 13.22; Jos 15.14; Jue 1.10).

2. Rey de Gesur y padre de Maaca, una de las esposas de David (2 S 3.3; 13.37; 1 Cr 3.2).

TALMÓN (Heb. *talmōn, ṭalmôn*)
El antepasado de una familia de los porteros del Templo posexílico. (1 Cr 9:17; Esd 2.42; Neh 7.45; 11.19; 12.25).

TALMUD
Obra maestra del judaísmo rabínico y libro que distingue el judaísmo de otras comunidades de fe que reclaman la Escritura Hebrea y sus tradiciones de revelación profética. El Talmud (lit. «el estudio») incluye completamente el Mishná y el Gemara (lit. «el cumplimiento»), un trabajo más largo entrelazado desde las discusiones académicas de Babilonia y Galilea en el siglos III-VI d.C. Ya que la mayor parte del Talmud es el Gemara, ambos nombres son intercambiables, excepto cuando se debe hacer una distinción entre las dos partes del texto talmúdico.

El Talmud sigue la estructura tópica del Mishná, pero difiere en muchas maneras. Parte del idioma del Mishná está escrito en el arameo vernáculo de la mayoría del Oriente Medio de ese tiempo. Cuando el Mishná es conciso y enfocado, el Gemara es extenso, cuando el Mishná suma y codifica la Ley, el Gemara analiza y debate al exponer el desarrollo del pensamiento bajo la superficie y compromete activamente a sus lectores en el proceso.

Los autores del Talmud y sus lectores, extendieron el trabajo durante la transmisión oral de la Torá. Como tal, continuamente se refiere más allá de las páginas escritas a las realidades concretas de la vida judía, en la cual la Ley escrita es más importante. Se extiende a sí misma de esta manera a través de dos modos básicos. *halakah* y *haggadah*. Halakah (lit. «caminando» o «yendo») es ley, la determinación de instrucción divina en términos precisos y concretos; *haggadah* (lit. «diciendo») es la fusión de esos términos concretos a la luz de su significado más profundo. El material *halakha* lucha para definir lo divino en normas prácticas de conducta; el *haggadah*, para descubrir la divinidad que se esconde en las realidades cotidianas y revelar el alma viviente que anima la vida definida por la Ley.

Existen actualmente dos Talmudes, el Bavli o Talmud Babilónico producido en la academia de Sassonid, Irak, y redactado primordialmente por R. Ashi y Ravina, y el Yerushalmi o Talmud Jerosolimitano o Palestino que proviene de las escuelas del norte de Israel. El Talmud Palestino es un trabajo más corto y difícil, y menos estudiado. La inestabilidad política y persecución religiosa cerraron las academias allí unos cientos de años antes de completar la redacción del Talmud Babilónico. El Talmud se completó de ambas maneras: al apurar el trabajo de redacción y negar el ambiente en que pudo levantarse una tradición representativa. En contraste, la Yeshiva de Sura, la más grande de las academias babilónicas, se sostuvo como centro de enseñanza por alrededor de cinco siglos después de terminar el Bavli, aseguraba así una continua tradición interpretativa para el texto en parte producido dentro de sus puertas. Por consiguiente, el Talmud Babilónico ha sido el centro de estudios religiosos y es de mayor autoridad legal, mientras que es sólo usualmente el erudito consumado quien se aventura dentro del Talmud Palestino.

El Talmud fue publicado inicialmente durante la posteridad del siglo XV. A pesar de haber sido varias veces prohibido, quemado y alterado por la censura en la Europa cristiana, ha servido continuamente como el centro de los estudios tradicionales judíos. En los casi mil quinientos años desde su redacción, ha inspirado incontables trabajos exegéticos, homiléticos, legales y aun poéticos y místicos. Su estudio permanece hoy día como fundamental para los eruditos judíos.

Bibliografía. A. Guttmann, *Rabbinic Judaism in the Making* (Detroit, 1970); A. Steinsalts, *The Essential Talmud* (1976, repr. Northvale, N.J., 1992).

Shmuel Klatzkin

TAMAR (heb. *tāmār*) **(LUGAR)**

1. Ciudad «en el desierto» restaurada por Salomón (1 R. 9.18), junto con Hazor, Megido, y Gezer (**Q** «Tadmor»).

2. Yacimiento que marca la frontera sureste del restaurado e ideal Israel (Ez 47.18-19; 48.28). Esto ubicaría a Tamar en el Arabá en los bordes orientales del Neguev. El mapa Madeba localiza a Tamar en el Arabá, el cual muchos eruditos han identificado con los restos romanos en Qaṣr el-Juheiniyeh (173048), 21 km (13 mi) oeste suroeste del Mar Muerto. Existe fuerte evidencia, sin embargo, para asociar Tamar con los vestigios de la Edad de Hierro en ʿEn Ḥaṣeva/ʿAin Ḥuṣb (173024), 40 km (25mi) suroeste del Mar Muerto, el lugar posterior se fusiona bien con el mapa Madeba y satisface la conexión del nombre del lugar entre la Edad de Hierro, la romana y el periodo Bizantino. La fortaleza del estrato sexto *Ein Haseva* contiene el potencial para una fecha del siglo XIX a.C., al ubicarla teóricamente dentro del marco salomónico aceptable. Es identificado con *Hazezon-tamar* en 2 Crónicas 20.2.

Bibliografía. R. Cohen and Y. Yisrael, «The Iron Age Fortresses at ʿEn Ḥaṣeva,» *BA* 58 (1995): 223-35.

Ryan Byrne

TAMAR (Heb. *tāmār*) **(PERSONA)**

1. Nuera de Judá (Gn 38). Tamar posiblemente es una mujer cananea dada en matrimonio al hijo primogénito de Judá, Er. Porque Er «fue malo ante los ojos de Jehová», el Señor le quitó la vida antes de que pudiera procrear hijos (Gn 38.7). El próximo hijo de Judá, Onán, es dado a Tamar para llevar a cabo las tareas de un matrimonio en levirato (Dt 25.5-10), pero se retiraba antes del clímax y vertía en tierra el semen, así que Dios lo mató. Quedándole solo un hijo a Judá, rehusó darlo a Tamar.

Entonces Tamar buscó para sí hijos para criarlos por su esposo muerto. Vestida como prostituta, se sienta en la entrada de la ciudad y engaña a Judá para que tenga relaciones con ella. Concibió y cuando ya no podía ocultar su preñez, Judá buscó quemarla como una prostituta. Cuando Tamar muestra el sello, el cordón y el báculo de Judá, como evidencia convincente de que Judá es el padre, éste reconoce que ella es más justa que él, ya que él había violado los requerimientos del levirato al rehusarse darle a ella su hijo, Sela. Ella da a luz gemelos, Fares y Zara, el primero fue un antecesor clave de David (Rt 4.12, 18). Tamar es una de cuatro mujeres incluida en la genealogía de Jesús en Mateo (Mt 1.3).

2. Hija de David y Micaías. Ella era la media hermana de Amnón, primogénito de David y su aparente heredero y hermana completa de Absalón, el segundo en línea para el trono. Amnón se enamora locamente de Tamar y se desespera por tener relaciones con ella (2 S 13). Finalmente logra meterla en sus cámaras, a través de la artimaña de hacerse el enfermo y con la necesidad de que Tamar lo cuidara, pero Tamar resueltamente resistía sus avances y pedía que los casaran primero (2 S 13.12-13). Después que él fuerza a Tamar, el amor de Amnón se convierte en odio y ordena que lo abandone. Tamar se queja que ese acto es peor que la violación en sí misma (2 S 13.16), así que Amnón la empujó fuera de sus cámaras. Absalón la consuela y, esperando el momento oportuno, toma ventaja de la oportunidad para matar a su hermano y de esta forma venga a Tamar (2 S 13.23-39). Hay más en esta historia que venganza, sin embargo, ya que había matado a Amnón, Absalón se convierte en el hijo mayor de David y, por lo tanto, el supuesto heredero al trono.

3. La única hija de Absalón (2 S 14.27), muy probablemente llamada así por la hermana de Absalón. Algunos manuscritos antiguos mencionan Maaca, en vez de Tamar, como la hija de Absalón (LXX, OL), pero parece probable que Tamar es la lectura original y que Maaca, tal vez, aparece como un cambio de escriba que se basa en 1 Reyes 15.2.

Bibliografía. G. W. Coats, Jr., «Widow's Rights: A Crux in the Structure of Genesis 38,» *CBQ* 34 (1972): 461-66; C. Conroy, *Absalom Absalom! Narrative and Language in 2 Samuel 13–20*. AnBib 81 (Rome, 1978); J. A. Emerton, «Judah and Tamar,» *VT* 29 (1979): 403-15; S. Niditch, «The Wronged Woman Righted: An Analysis of Genesis 38,» *HTR* 72 (1979): 143-49.

Alan J. Hauser

TAMARISCO

Doce especies de tamariscos (genus *Tamarix;* heb. *'ēšel*) se encuentran en o cerca de Palestina. Se encuentran en los matorrales del Jordán, en los pantanos del Mar Muerto y a lo largo de las planicies costeras del Neguev y Sinaí. Una especie puede crecer a una altura de 60 m (20 pies); tiene pequeñas hojas y requiere el consumo alto de agua y era lo suficientemente grande para proveer sombra del sol (1 S 22.6).

De acuerdo a Génesis 21.33 Abraham plantó un árbol de tamarisco en Beerseba para identificar el lugar donde invocó el nombre de Dios. El árbol era tan suficientemente significativo que los hombres de Jabes de Galaad enterraron los huesos de Saúl y sus hijos bajo un árbol de tamarisco (1 S 31.13). La tradición cristiana tan temprana como la de san Antonio (250-355 d.C,) sugiere que el maná bíblico vino de la secreción de insectos en las ramas de los árboles de tamarisco.

John A. McLean

TAMUZ (Heb. *tammûz;* Sum. *Dumuzi*)

Una deidad de Mesopotamia certificada desde el tercer-primer milenios a. C. Mientras las variadas tradiciones que retratan a Tamuz casi desafían una caracterización única y coherente de la deidad, está representado consistentemente como un joven que muere a temprana edad, el objeto del profundo dolor femenino. La literatura se enfoca en su boda con Inana/Astarte y su muerte prematura. El mito sumerio relata cómo el joven dios, asesinado mientras cuidaba las ovejas en el desierto, fue llorado por su madre, hermana y esposa. Lamentaciones por Dumuzi, objeto de composiciones sumerias y acadias, se guardaban anualmente en forma de rito, probablemente durante el cuarto mes, el cual en el calendario babilónico lleva su nombre (*Du'uzu*, junio-julio; cf. Ez 8.1, 14). La adoración mesopotámica a Damuzi quien no estaba entre los dioses principales era popular en naturaleza y en su mayoría diferente de la religión oficial de festivales y cultos del templo. El retrato de Ezequiel de la adoración predominantemente femenina de Tamuz (Ez 8.14) es consistente con lo siguiente: una referencia a un grande número de mujeres endechando (aparentemente) a Tamuz en Mari ARM 9:175); la preponderancia del *emesal* (un dilecto literario de los sumerios empleado para el habla femenina) en textos del primer milenio acerca de Damuzi y la persistencia de lamentos rituales por Ta'uz (Tamuz) en el siglo X a.C. entre mujeres sabeas en Harran.

El punto de vista influyente de James G. Frazer y S. H. Langdon que Tamuz era una deidad de vegetación («muriendo y resucitando») que corresponde a la diosa Osiris y el griego-fenicio Adonis, ya no es viable. Es solamente en la identificación de Tamuz con otros dioses menores que toma los atributos de una deidad de la vegetación de temporada. La única evidencia de que Tamuz vuelve de los muertos (un pasaje fragmentario en el mito acadio, el descenso de Astarte al mundo del infierno) se disputa. La Vulgata en Ezequiel 8.14 sustituye el nombre de Adonis por Tamuz e implica la igualdad de ambos dioses que de lo contrario es primero certificada por Orígenes. No existe evidencia para sostener o negar que el «amor de las mujeres» (heb. *ḥemdaṯ nāšîm*) en Daniel 11.37 es Tamuz o Adonis.

Bibliografía. B. Alster, «Tammuz,» *DDD,* 828-34; O. R. Gurney, «Tammuz Reconsidered: Some Recent Developments,» *JSS* 7 (1962): 147-60; T. Jacobsen, «Toward the Image of Tammuz,» *HR* 1 (1961): 189-213; repr. in *Toward the Image of Tammuz,* ed. W. L. Moran (Cambridge, Mass., 1979), 73-101; R. Kutscher, «The Cult of Dumuzi/Tammuz,» in *Bar-Ilan Studies in Assyriology Dedicated to Pinhas Artzi,* ed. J. Klein and A. Skaist (Ramat Gan, 1990), 29-44.

JOEL BURNETT

TANHUMET (Heb. *tanḥumeṯ*)
Un netofatita y el padre de Seraías, un general en Judá cuando Gedalías era gobernador (2 R 25.23; Jer 40.8).

TANIS (Gr. *Tanís*)
Nombre griego de Zoán, una ciudad muy importante egipcia en la rama tanítica del Nilo al este del Delta (Jdt 1.10).

TAPÚA (Heb. *tappûaḥ*) (también EN-TAPPUAH)

1. Pueblo al norte de la Sefela el segundo distrito de Judá (Jos 15.34). Esta población no debe confundirse con Bet-tapúa el cual se nombra en el octavo distrito (Jos 15.53). La identificación moderna del pueblo es desconocida aunque la villa de Beit Natif (149122), c. 19 km (12 mi) al oeste de Belén ha sido sugerida.

2. Pueblo (también llamado En-tapúa) que forma la frontera norte de Efraín (Jos16.8). Aunque la villa pertenecía a Efraín, la tierra de Tapúa pertenecía a Manasés (Jos 17.8). Es comúnmente identificada con el moderno Sheikh Abú Zarad (172168), c. 19 km (12 mi) sur de Siquem.

3. Ciudad en el territorio de Tirsa que el rey Manahem destruyó (2 R 15.16). El TM lee «tipsah (RVR 1995 «Tiphsah») la cual está localizada en el Éufrates y poco probable que fuera saqueada por Manahem. Muchas versiones y comentaristas corrigen el texto a Tappuah y siguen la LXX, la cual lee *Taphōe.* Este pueblo es improbable que pueda ser identificado con el Tapúa de Efraín, ya que este último es localizado muy lejos de Tirsa (Tell el-Fârʿah) –ca. 22 km (14 mi) – a ser consideradas en su territorio.

RONALD A. SIMKINS

TARA (Heb. *tāraḥ*)
Lugar donde los israelitas acamparon durante su peregrinación por el desierto (Nm 33.27-28). Su ubicación es desconocida.

TARALA (Heb. *tarʾălâ*)
Ciudad en el territorio tribal de Benjamín (Jos 18.27) en el distrito noroeste de Jerusalén. Un lugar sugerido es Khirbet Irha, localizado cerca de Tell el-Fûl (Gibeah).

TARDE
El acontecimiento de la tarde (Heb. *ʿereḇ*) antes de la mañana indica que el comienzo del día comenzó con la tarde. El término aparece por primera vez en Génesis 1 respecto a la tarde y la mañana de los seis días de la creación. Que el día comenzara por la tarde es confirmado por el acontecimiento repetido de esta designación de tiempo en Levítico 15 como el tiempo cuando una persona ceremonialmente impura se volvía pura otra vez. En el NT tarde (Gr. *opsía, opsé,* «tarde, a finales del día»; *hespéra*) también es contrastada con la mañana (Mt 16.2; Mr 13.35; Hch 28.23).

El término hebreo se asocia a menudo con tinieblas o sombras (Pr 7.9; Jer 6.4; cp. Ez 12.4, 7; de igual manera *opsía* en Mr 1.32). El crepúsculo es indicado por la frase *bên hāʿarbāyim,* «entre las dos tardes» (p. ej., Ex 12.6; 30.8; Nm 9.3, 5, 11; 28.4).

MARK F. ROOKER

TARÉ (Heb. *terah*)
Descendiente de Sem y padre de Abraham, Nacor, Harán (Gn 11.24, 26). Taré era el último vínculo que conecta la historia primitiva con su hijo Abraham, a través de quien Dios comenzó una nueva clase de trabajo de pacto, un significado aparentemente reflejado en el hecho de que la historia de Abraham se clasifica bajo el encabezamiento estructural «Estas son las generaciones de Taré» (Gn 11.27). Sin embargo, después de la breve referencia de su mudanza a Ur y su asentamiento en Harán (Gn 11.31), la úni-

ca referencia a Taré es la noticia de su muerte (v.32). El hecho de que el informe de esta muerte se publica narrativamente antes de la mudanza de Abraham a Canaán, aunque aparentemente Taré estaba vivo a través de la mayoría de este período, parece reflejarse negativamente en él. Claramente él no tuvo parte en la continua historia de pacto. El nombre Taré puede reflejar adoración a la luna, que era popular en ambos Harán y Ur (cf. la referencia a Taré en Josué 24.2 como uno que servía a otros dioses).

WALTER E. BROWN

TAREA (Heb. *taʾrēaʿ*) (también TAHREA)
Un descendiente del rey Saúl (1 Cr 8.35). En 1 Crónicas 9.41 es llamado Tarea.

TAREA (Heb. *taḥrēaʿ*)
Un hijo de Micaía, y descendiente del rey Saúl (1 Cr 9.41); llamado Tarea en 8.35.

TARGUM
Traducción escrita o paráfrasis de un texto bíblico. La necesidad de traducir la Biblia al arameo o griego se suscitó en el período del Segundo Templo cuando para muchos judíos el hebreo de escrituras antiguas cesó de ser el lenguaje hablado. La LXX griega y el Targum arameo de Job descubierto en Qumrán (11QTJob) son evidencias de que las traducciones prerabínicas se habían ya desarrollado hacia un proceso complejo a través del cual el texto original se expandió con interpretaciones exegéticas interpoladas. Estableciendo reglas y limitaciones el Mishná testifica la lucha del creciente movimiento rabínico para controlar este fenómeno después del siglo I a.C. Estas reglas primero se aplicaron a ambas traducciones: aramea y griega. La necesidad de establecer fronteras entre el judaísmo rabínico y el cristianismo, sin embargo, gradualmente llevó a los rabíes a abandonar el griego como lenguaje legítimo del discurso teológico y a concentrarse exclusivamente en arameo. Así que mientras el «Targum» podía designar una traducción de un texto bíblico a un idioma, es al cuerpo de versiones arameas compuestas en tiempos rabínicos que el término aplica más específicamente. Los rabíes se dieron cuenta de la importancia del Targum como un medio de educación religiosa altamente efectivo en las escuelas, también en los marcos litúrgicos de la sinagoga. El Targum se entendió como parte del Torá hablado. Su haggadah estaban tangencialmente armonizados con los principios teológicos rabínicos y principios del halakha. La culminación de este proceso fue la composición en Babilonia de Targums rabínicos oficiales (Onkelos al Pentateuco y Jonatán a los Profetas).

Las autoridades rabínicas encontraron muy difícil estas técnicas autónomas y creativas de traducción en las cuales los Targums estaban basados. En muchos casos la antigüedad de la tradición targúmica demostró un poder increíble de resistencia, más fuerte que cualquier intención de censura. Su exégesis cautivante nunca cesa de atraer la curiosidad, si no el consenso religioso de lectores y eruditos quienes, incluso hasta tan tarde como en la Edad Media, continuaron la escritura en esta tradición y tomaron placer en hacer copias de Targums antiguos.

Solamente una cronología de Targums rabínicos puede ser tentativamente cambiada. La presencia de los tratados antes del Mishná sugiere que la composición del Targum Neofiti puede ir atrás al siglo II a.C. Cercanamente al Neofiti, pero ciertamente de más tarde es el Targum Fragmentario el cual debe su nombre a su sobrevivencia sólo en los extractos del campo académico. La redacción del Targum Onkelos probablemente tuvo lugar en el siglo IV o V y marcó el intento más consistente de rabinizar el Targum y producir un texto oficial estándar. De los tiempos talmúdicos (siglos VII-VIII) viene finalmente el Targum más amplio del Pentateuco, el Targum Seudo-Jonatán, el cual representa una clase de suma de siglos de creatividad exegética e ingenuidad rabínica (y censura) en una combinación libre, única de tradiciones tempranas y tardías. La composición de los Targums para profetas y Escritos (sólo Esdras, Nehemías y Daniel están sin Targums) data de los tiempos talmúdicos y postalmúdicos, aunque es aparente que algunos de ellos contienen además piezas antiguas exégesis.

Bibliografía. P. V. M. Flesher, «The Targumim in the Context of Rabbinic Literature,» en J. Neusner, *Introduction to Rabbinic Literature* (New York, 1994), 611-29; M. McNamara, *The New Testament and the Palestinian Targums to the Pentateuch.* AnBib 27A (1966, repr. Rome, 1978); McNamara and D. R. G. Beattie, eds., *The Aramaic Bible: Targums in Their Historical Context.* JSOTSup 166 (Sheffield, 1994).

GABRIELE BOCCACCINI

TARSIS (Heb. *taršîš*) **(LUGAR)**
Un puerto marítimo que exportaba plata, hierro, estaño y plomo a Tiro (Ez 27.12). Tarsis estaba localizada

lejos de Fenicia y de la tierra de Israel (Is 66.19); Jonás 1.3; Salmo 72.10, pero su localización exacta es vaga.

Algunos eruditos la ubican en África en algún lugar de la costa del Mar Rojo, la cual es rica en la piedra preciosa con el mismo nombre en hebreo (Ex 28.20; 39.13; Ez 28.13; cf. Cnt 5.14; Ez 10.9; Dn 10.6). De acuerdo a ese punto de vista la designación «naves de Tasis» se refiere a su cargamento: «piedras de Tarsis.» Estos estilos únicos de embarcaciones se distinguían por su fuerza, tamaño grande y formas peculiares, las cuales les permitían navegar grandes distancias en mar abierto. Tales naves estaban al servicio de Tiro tanto como de Israel (1 R 10.22; 22.49; Is 2.16; 23.1, 14; Ez 27.25; Sal 48.7 [TM 8]). Sin embargo, no existe evidencia de que el rey Salomón e Hiram rey de Tiro (cf. 1 R 10.22) importaran esta piedra de Tarsis. Así mismo, 2 Cr 9.21; 20.36—37, el cual ubica a Tarsis en la costa del Mar Rojo a la cual uno navega desde Ezión-geber, son malos entendidos de esta expresión.

Ese Tarsis está localizado en la costa Mediterránea emerge claramente de la inscripción del rey Esarhaddon de Asiria: «Todos los reyes de (las islas) en medio del mar –del país (Iadannana) Chipre, tan lejos como Tarsisi, hacen reverencia a mis pies y recibo fuertes tributos (de ellos)» (*ANET*, 290). Este es también el trasfondo de la historia de Jonás 1.3 que relata que el profeta Jonás huyó de la misión dada por Dios en un barco que navegó del puerto de Jope a Tarsis, oeste del Mar Mediterráneo. La genealogía en Génesis 10.4-5 (=1 Cr 1.7) considera a Tarsis entre otros descendientes de Javán (Grecia): Elisa (Chipre), Quitim y Dodanin están todos localizados en el Mar Mediterráneo.

Es razonable identificar a Tarsis con Tharsis al suroeste de España en el valle Guadalquivir. Este lugar que fue colonizado por los fenicios es bien conocido por sus metales y piedras preciosas. Es llamado Tartesio en las fuentes clásicas (*Strabo Geog.* 3.2.10). El nombre Tarsis puede derivarse del acadio acad. *rašašu*, «ser fundido» como lo sugirió William F. Albright.

Bibliografía. W. F. Albright, «The Role of the Canaanites in the History of Civilization,» en *The Bible and the Ancient Near East,* ed. G. E. Wright (1961, repr. Garden City, 1965), 438-87; M. Elat, «Tarshish and the Problem of Phoenician Colonisation in the Western Mediterranean,» *Orientalia lovaniensia periodica* 13 (1982): 56-69.

ISAAC KALIMI

TARSIS (Heb. *taršîš*) **(PERSONA)**

1. Uno de los descendientes de Javán (Grecia) nombrado en la Tabla de Naciones (Gn 10.4 = 1Cr 1.7).

2. Un Benjamita, el hijo de Bilhán (1 Cr 7.10).

3. Uno de los oficiales Medo Persas que tenía acceso al rey (Est 1.14). Todavía el nombre no ha sido encontrado en fuentes extrabíblicas.

Bibliografía. A. R. Millard, «The Persian Names in Esther and the Reliability of the Hebrew text,» *JBL* 96 (1977): 481-88.

ISAAC KALIMI

TARSO (Gr. Tarsós)

La capital de Cilicia en Asia Menor ubicada a ambos lados del Río Cydnus c. 19 km (12 mi) tierra adentro del Mediterráneo y 40 km (25 mi) sur de las Puertas de Cilicia las cuales por tres milenios han sido el único pasaje a través de las cordilleras Taurus entre Cilicia y Siria. Por su ubicación estratégica (el río Cydnus era navegable sólo hacia el puerto de Rhegma y Tarso donde varios de los caminos más importantes de Cilicia convergían), se convirtió en uno de los más prominentes lugares en Asia Menor, desarrolló importantes relaciones comerciales y sociales con otras ciudades y países. Excavaciones arqueológicas muestran que estaba habitada desde la Era Neolítica hasta las invasiones islámicas.

Mientras la gente de Tarso reclama que su ciudad fue fundada por Perseo y Hércules, fue asentada por griegos después de la Guerra Troyana y se desarrolló durante el período de la colonización griega. Mencionada primero en documentos históricos como reconstruida bajo los asirios por Senaquerib (704—681 a.C.), posee una larga historia como pueblo semítico. Jenofonte la describe durante el siglo V como un lugar grande y próspero (*Anab.* 1.2). Durante el período persa fue dominada por sátrapas (gobernadores de provincia). Alejandro el Grande impidió que los persas quemaran la ciudad (333). Fue disputada por sus sucesores, sometida por un tiempo a la dinastía Tolemaica, pero dominada solamente por la dinastía Seleúcida. Como resultado se le llamó Antioquía en el Cydnus (por Epífanes Antíoco el rey sirio).

Pompeya hizo a Tarso parte de la provincia romana de Cilicia en el 67 a.C. durante su atentado para exterminar los piratas de las costas escarpadas al oeste del país. Cicerón sirvió como procónsul en Tarso durante el año 51-50 d.C. En la guerra civil entre César y Pompeya (47 d.C.) la gente de Tarso se unió a César y para honrarlo cambió el nombre de la ciudad a Julиópolis. Marco Antonio la declaró una ciudad libre y exenta de impuestos. Fue aquí en el 41 d.C. que Marco Antonio conoció a Cleopatra por primera vez, quien navegó el Cydnus disfrazada de Afrodita. Durante el reinado de Augusto Pablo nació en Tarso, la población creció alrededor de medio millón y la ciudad alcanzó su período culminante. Era un lugar estratégico para los romanos durante sus campañas contra los partisanos y persas.

Strabo describe la ciudad durante el siglo I d.C. como una que sobrepasa a Atenas y Alejandría en cultura y aprendizaje (*Gogr*. 14.5.131). La ciudad tenía una larga historia como asiento del conocimiento y escuela de filosofía.

Tal vez el más grande reclamo de fama de Tarso es como el lugar de nacimiento del apóstol Pablo (Hch 9.11, 30; 11.25; 21.39; 22.3). Si Pablo adquirió su educación griega y romana en Tarso o como joven en Jerusalén (Hch 22.3) es debatible.

Bibliografía.. M. Gough, «Tarsus,» en *The Princeton Encyclopedia of Classical Sites,* ed. R. Stilwell (Princeton, 1976), 883-84; W. Smith, *A Dictionary of Greek and Roman Geography* (1873, repr. New York, 1966) 2:1105-6.

RICHARD A. SPENCE

TARTAC (Heb. tartāq)
Una deidad adorada por los aveos (2 R 17.31). Tartac es probable que sea identificada con Atargatis la diosa pez de los sirios consorte de Dagón; ella era adorada en Babilonia como Derceto, madre del legendario fundador de la ciudad, Semiramis.

TARTÁN (Heb. *tartān;* Acad. *turtānu, tartanu*)
Un alto funcionario en el ejercito Asirio, posiblemente comandante en jefe (así RVR en Is 20.1); el que la NBJ traduzca «jefe de copero» sugiere un rango todavía más significativo. El AT alude a dos oficiales por el estilo sin dar sus nombres: uno enviado por Sargón II a destruir a Asdod (Is 20.1; 711 E. C.) y el otro enviado por Senaquerib al rey Ezequías de Judá (2 R 18.17; 701).

TATNAI (Aram. *tattĕnay*)
El gobernador de la provincia de Persia del otro lado del río (Esd 5.3, 6; 6.6, 13). Él informó al rey Darío I Hystaspes lo concerniente a la reconstrucción de Jerusalén (c. 520 a.C.) y fue instruido a no dificultar su trabajo.

TAZÓN
Una vasija o taza abierta poco profunda, representada por varias palabras hebreas. El hebreo *ʾăgarṭāl* es probablemente una canasta (Esd 1.9), mientras que *ʾaggān* indica un tazón (Ex 24.6). El hebreo *mizrāq* (< *zāraq,* «rociar») es un tazón profundo en el cual la sangre de los animales sacrificados se vertía para ser rociada en los lados del altar de ofrenda quemada (Ex 29.15; cf. 38.3). El hebreo *kiyyôr nĕḥōšeṯ* designa la «fuente de bronce» (así la RVR60) situado entre el tabernáculo de reunión y el altar usado para lavados ceremoniales (Ex 30.17-21; cf. 1 R 7.38-39; 2 Cr 4.6).

La vasija (Gk. *niptḗr,* de *níptō,* «lavar») en la cual Jesús lavó los pies de sus discípulos (Jn 13.5) puede haber sido una especie de palangana, a pesar de que normalmente los judíos se lavaban los pies derramando agua sobre ellos.

Véase FUENTE

TEATRO
Una estructura exterior para ejecuciones dramáticas o espectáculos (gr. *théatron,* un «lugar para ver»). Aunque los teatros no son prominentes en la Biblia la palabra ocurre dos veces en conexión con un tumulto del populacho en Éfeso donde la gente se precipitó dentro del teatro y arrastró a los compañeros de Pablo (Hch 19.29-31). La palabra también se usa metafóricamente para describir un espectáculo por lo cual Pablo visualiza a los apóstoles convirtiéndose en «espectáculo al mundo, a los ángeles y a los hombres» (1 Co 4.9; cf. He 10.33). Similarmente los estoicos hicieron uso metafórico del espectáculo (*Discursos* de Epícteto 2.19; 3.22, 59).

Mientras que sus orígenes son oscuros, el teatro puede ser rastreado al menos hasta el 600 a.C., cuando los griegos ofrecían representaciones corales de cantos y baile en honor al dios Dionisio. Más tarde mantuvieron certámenes dramáticos anuales en Atenas que incluían lecturas de danza coral e intercambios hablados entre el líder coral y un partícipe que respondía. Gradualmente el drama se desarrolló en dos formas bien definidas: tragedia y comedia. El siglo V fue el periodo más creativo en el drama antiguo y produjo trabajos de influencia artística perdurable tales como la tragedia de Sófocles Edipo Rey y la comedia de Aristófanes, Las nubes. En la era helenística se producían ampliamente ambas clases de drama y representadas ante una gran audiencia. Eventualmente una «nueva comedia» evolucionó como una forma de sátira social sin el uso del coro. Menandro (d. 29) fue probablemente el más conocido dramaturgo cómico de la época. Su comedia Tais es citada por Pablo en 1 Corintios 15.33.

Los teatros helenísticos eran generalmente construidos en declives naturales. El auditorio usualmente consistía de una cavidad en semicírculo cortada en la ladera de una colina. Los asientos se organizaban concéntricamente en patrón ascendente dividido en varias secciones por pasamanos y cortado de roca, mármol, piedra o madera. El coro estaba ubicado en la orquesta, el espacio circular al frente del escenario a nivel de tierra. El teatro y escenario estaba construido en el diámetro y a menudo parecía el frente de un templo. Varias filas de sillas especialmente labradas y ornamentadas al frente se guardaban para los sacerdotes y oficiales públicos.

Los teatros romanos eran frecuentemente edificios completos y a menudo tenían escenarios techados y auditorios parcialmente techados. Los teatros eran reconocidos como centro de reuniones públicas (Hch 19.24-41); aquí se documentaban los decretos, se coronaban los benefactores y se proclamaban edictos. Los teatros en Éfeso acomodaban más de 24 mil personas.

El drama ocupaba un lugar importante en la vida cultural del mundo helenístico y cada ciudad tenía su propio teatro. Existen ruinas impresionantes de teatros griegos y romanos en ciudades paulinas como Atenas, Corinto, Éfeso, Mileto y Filipos. Similarmente los arqueólogos han desenterrado teatros en Cesarea, Damasco, Gadara, Jerusalen, Filadelfia y Scythopolis. Varios teatros construidos por Herodes se mencionan en Josefo (Anti. 15.8.1; 9.6; 17.8.2; *BJ* 1.21.8). Algunos han sugerido que el libro de Apocalipsis debe ser entendido contra el trasfondo del drama helenístico.

Allison A. Trites

TEBA (Heb. *ṭeḇaḥ*)
El hijo mayor de Nacor y su concubina Reúma (Gn 22.24). Su nombre está asociado con la ciudad de Tibhat (1 Cr 18.8), la cual pudo haber fundado (cf. Betah, 2 S 8.8).

TEBALÍAS (Heb. *ṭĕḇalyāhû*)
Un guardián levítico, el tercer hijo de Hosa y descendiente de Merari (1 Cr 26.11).

TEBAS (Gr. *Thebes*)
La segunda ciudad más poblada e importante en Egipto después de Menfis. Heb. *nō'* corresponde al egip. *nìw(t)*, «la Ciudad,» y No-Amón corresponde al egip. *nìw(t)-'Imn*, «la Ciudad (del Dios) Amun.» Tebas es su nombre griego.

Tebas está localizada c. 483 km (300 mi) sur del Cairo. El lugar abarca ambas orillas del Nilo y está rodeada por una combinación sin rival de precintos sagrados y templos que atestiguan la importancia religiosa de la ciudad. Las ruinas de la antigua ciudad cubren el área de c. 41-47 km cuadrados (16-18 mi cuadradas); por la ocupación esparcida del lugar en los últimos 1500 años muchos edificios antiguos han sobrevivido. El lado este del Nilo está marcado por los dos vastos templos del dios Amón, ahora conocido por los nombres árabes Karnak y Luxor; el lado oeste está marcado por una fila de templos funerarios reales detrás del cual se extiende una amplia necrópolis de tumbas de roca cortada. Tebas se extiende por ambas partes del Nilo al punto donde los planos aluviales se amplían a una anchura de c.15 km (9 mi) y provee a la región una moderada productividad en cosechas.

Tebas era la capital egipcia durante la mayor parte de los períodos de unidad política de esta nación desde el reino medio hasta la invasión asiria bajo Asurbanipal (c.661 a.C.). Durante las dinastías imperiales de los siglos XVIII-XX los tesoros de Asia y África se derramaron en los tesoros de Amón de Tebas. Toda su riqueza más los regalos continuos del Período Tardío faraones como Shishak cayó como despojo de los conquistadores asirios bajo Asurbanipal.

Fue durante la undécima dinastía que Tebas se levantó de relativa oscuridad para convertirse en la capital de Egipto. La ciudad perdió esta posición prominente con la llegada de los hicsos al cierre del Reino Medio, pero volvió a ganar su supremacía al principio del Nuevo Reino.

El profeta del siglo VII, Nahúm, compara la inminente caída de Asiria con la conquista de Tebas, que ya había ocurrido (Nah 3.8, 10). En el temprano siglo VI, ambos, Jeremías (Jer 46.25-26) y Ezequiel (Ez 30.14-16), hablaron contra Tebas.

Larry L. Walker

TEBES
Una ciudad en Efraín que Abimelec el hijo de Gedeón cercó y conquistó, excepto por la torre fuerte,

desde la cual una mujer dejó caer una piedra de molino aplastando su cráneo (Jue 9.50-54; 2 S 11.21). La ciudad usualmente se identifica con la moderna *Ṭūbāṣ* (185192), c. 16 km (10 mi) noreste de Nablus.

TECHO

En tiempos bíblicos, los techos usualmente eran planos y se usaban para muchas actividades domésticas. Los techos se construían sobre dinteles y vigas hechas de madera o piedra; se colocaban postes de madera a través de estos apoyos y después los cubrían con barro u otros materiales orgánicos. Los rodillos de techos son conocidos ahora en el Medio Oriente y ejemplos de piedra se han encontrado en contextos arqueológicos; se utilizan para aplanar el barro y proteger más el edificio de la lluvia.

En el antiguo Israel, las habitaciones para invitados se construían en los techos (2 R 4.10) y las familias frecuentemente dormían en su techo (1 S 9.25). La gente lloraba los fallecimientos en sus techos (Is 15.3; 22.1), adoraba y ofrecía sacrificios allí también (Jer 19.13; 32.29; Sof 1.5). Excavaciones en el lugar de Ascalón descubrieron un pequeño altar de incienso que se encontraba encima de unos restos de techo que se habían preservado. Josué 2.6 sugiere que comida y otros productos agrícolas se secaban y procesaban en los techos, una práctica que todavía es común en el Medio Oriente. Deuteronomio 22.8 demanda la construcción de parapetos alrededor de los techos de las casas, reconociendo el peligro potencial de esas áreas que se usaban mucho.

Jennie R. Ebelling

TECOA (Heb. *tĕqôaʿ*)

Pueblo en la zona montañosa de Judá, fortificada por Jeroboam (2 Cr 11.6). Tecoa también se refiere a la región desértica E de la ciudad (2 Cr 20.20; cf. 1 Mac 9.33, donde el desierto era el escenario de operaciones de Jonatán durante la Revuelta de los macabeos). La antigua ciudad que aparentemente floreció hasta la época de las cruzadas es casi cierto que se ubica en el moderno Khirbet Tequ'a (170115) c. 10 km (6 mi) al sur de Belén (cf. Jos 15.59ª LXX).

Uno de los valientes de David, Ira hijo de Iques, vino de Tecoa (2 S 23.26; 1 Cr 27.9) como el profeta Amós (Am 1.1). Joás buscó la ayuda de una mujer sabia de Tecoa en su tentativa de reconciliar a David con su hijo Absalón (2 S 14.2) y los habitantes de Tecoa estaban entre los que reconstruyeron el muro de Jerusalén después de su regreso del exilio Babilónico (Neh 3.5, 27).

Wade R. Kotter

TEFÓN (Gr. *Tephṓn*)

Ciudad en Judá fortificada por Báquides (1 Mac 9.50). Aunque Josefo sugiere que este lugar es Tecoa (Ant. 13. 1. 3. [15]), es mas probable que se identifique con Tapúa (Vul.; cf. Jos 17:8).

TEHINA (Heb. *tĕḥinnâ*)

Judaíta, hijo de Estón y «padre» (fundador) de Irnahash (1 Cr 4.12).

TEJER

Véase Hilar, tejer, telar.

TEL (también TELL)

Son montículos encontrados a menudo en algún campo. Palabras relacionadas son *tepe*, *huyuk*, y *khirbet*, y todas han sido utilizadas como elementos para nombres modernos y en identificaciones antiguas de lugares hechas para ellos. Referencias bíblicas han sido echas para ambas ubicaciones y ruinas, y para ciudades existentes construidas en montículos.

Tel es el resultado de tipos específicos de arquitectura-ladrillo. Son en su mayor parte características de áreas sin acceso a grandes cantidades de materiales alternativos de construcción, tales como piedra o madera, como es el caso en la mayoría de Siria-Palestina y Mesopotamia. La arquitectura en ladrillo, aunque bastante duradera cuando está propiamente cuidada, debe a menudo ser derribada y reconstruida. El Tel es formado cuando esto ocurre, y cuando las estructuras abandonadas se desintegran, las nuevas se construyen directamente encima de esos restos. De este modo, cada fase de construcción exitosa está en una superficie levantada y el resultado es la formación de un montículo o tel.

Bibliografía. W. G. Dever, «The Tell: Microcosm of the Cultural Process,» en *Retrieving the Past,* ed. J. D. Seger (Winona Lake, 1996), 37-45.

Katharine A. Mackay

TEL-ABIB (Heb. *tēl ʾāḇîḇ*)

Montículo de ruinas en Babilonia (Acad. *Til-abûbi*, «montículo del diluvio») donde un grupo de judíos vivían desterrados (Ez 3.15). Estaba localizado en el rio Quebar, un canal cerca de Babilonia.

TELAH (Heb. *telaḥ*)

Un efraimita, hijo de Resef y antepasado de Josué (1 Cr 7.25).

TELAIM

Lugar donde Saúl reunió y nombró a sus tropas antes que atacaran a la ciudad de Amalec (1 S 15.4)

BDB deriva el nombre de un verbo que significa «lunares» o «abigarrado,» típicamente concerniente a la marca de ovejas y cabras. Un segundo sustantivo *tĕlāʾîm* en plural significa cordero o niños sugiere que Telaim estaba asociado con cabra. Su ubicación es desconocida aunque estaba probablemente al sur de Judá, no lejos de Edom, donde los amalequitas vivían. La LXX lee «en Gilgal», pero eso es probable un ejemplo de una tradición que se mueve a una mejor conocida ubicación con la cual se asocia a menudo el héroe de una historia.

PAUL. R. REDDIT

TELAR

Véase Hilar, Tejer, Telar

TELASAR (Heb. *tĕlaʾśśār, tĕlaśśār*)
Lugar habitado por las «gente del Edén,» nombrado en un mensaje de un oficial asirio al rey Ezequías de Judá como uno de los lugares destruidos por fuerzas asirias (2 R 19.12; Is 37.12). Tal vez debe identificarse con Til Aššuri, un lugar en el Éufrates Medio, o con Til Barsip (Tell Ahmar) en la ribera este del Éufrates.

TELEM (Heb. *ṭelem*) **(LUGAR)**
Ciudad en la región del Neguev de Judá (Jos 15.24). Es generalmente identificada con Telaim.

TELEM (Heb. *telem*) **(PERSONA)**
Un portero levítico post exílico entre aquellos que se divorciaron de sus esposas extranjeras (Esd 10.24)

TEL—HARSA (Heb. *tēl ḥaršāʾ*)
Un pueblo en Babilonia de desconocida ubicación, mencionado en el censo del primer retorno del exilio a Jerusalén en el 537 a.C. (Esd 2.59; Neh 7.61; cf. 1 Esd 5.36). Se menciona entre otras ciudades cuyos ciudadanos no podían probar su linaje judío por genealogías apropiadas.

C. MACK ROARK

TELL EL-AMARNA
Véase Amarna.

TEL-MELA (Heb. *tēl melaḥ*)
Un lugar probablemente en Babilonia, desde donde volvieron los exiliados Judíos a Judá (Esd 2.59; Neh 7.61; 1 Esd 5.36). Estos que regresaban estaban entre los que no podían probar su linaje israelita y por lo tanto era excluido del sacerdocio.

STEPHEN J. ANDREWS

TEMA (Heb. *temaḥ*)
Sirviente del Templo cuyos descendientes regresaron con Zorobabel del cautiverio en Babilonia (Esd 2.53; Neh 7.55).

TEMA (Heb. *têmāʾ*) **(LUGAR)**
Una ciudad al norte de Arabia (Is 21.14; Jer 25.23) asociada con el hijo de Ismael (Gn 25.15; 1 Cr 1.30). Tema (Taymâ'; moderna Teimā, 360 km [220 mi] este sureste de Acaba) fue un importante centro comercial localizado en la convergencia de tres rutas importantes de comercio (Job 6.19). En 553/552 se convirtió en los cuarteles generales de Nabonido, el último neo babilonio (o rey Caldeo). Belsasar, hijo de Nabonido, gobernó en su lugar en Babilonia mientras que el rey residía en Tema. La ciudad era probablemente el centro del poder persa en el norte de Arabia durante el siglo V d.C.

Bibliografía. C. Edens and G. Bawden, «History of Taymāʾ and Hejazi Trade during the First Millennium b.c.,» *JESHO* 32 (1989): 48-103.

C. SHAUN LONGSTREE

TEMA (Heb. *têmāʾ*) **(PERSONA)**
El hijo de Ismael (Gn 25.15; 1 Cr 1.30) ancestro epónimo de una tribu arábica y asociado con una ciudad oasis al noroeste de Arabia (Is 21.14; Jer 25.23).

TEMÁN (Heb. *têmān*), **TEMANITA** *(têmānî)*
El nieto de Esaú e hijo de Elifaz (Gn 16.9-11); ancestro epónimo de un clan edomita.

Temán aparece como una expresión paralela para la nación edomita en varias ocasiones (Jer 49.20; Am 1.12; Gn 36.34; 1 Cr 1.45). Como resultado de la conexión genealógica de Temán a Esaú y la sinonimia lingüística con Edom, la localización de Temán es generalmente ubicada dentro de Edom. (El término hebreo significa «en el lugar correcto o «meridional.») La localidad tradicional es Tawilân (197971), noreste de Elji. La evidencia arqueológica sugiere un lugar de tamaño significativo, mientras que hallazgos de alfarería implican el tráfico de ocupadas rutas comerciales dentro de una ubicación edomita céntrica.

«Temanita» (Heb. têmānî) se refiere a uno del clan de Temán o la tierra de Temán (Gn 36.34; 1 Cr 1.45). Uno de los monarcas de Edom era un temanita llamado Husam (Gn 36.31-34). En Job 2.11 «Elifaz el temanita» puede referirse a uno de Tema en Arabia (Job 6.19).

J. RANDALL O'BRIEN

TEMENI (Heb. *têmĕnî*)
El hijo de Asur y Naara de la tribu de Judá (1 Cr 4.6). El nombre aparece para ser un gentilicio (NBJ «Timities»), significa «la gente del sur.»

TEMOR
Ansioso temor o terror frente al peligro, también reverencia o respeto a Dios.

El temor es una emoción humana común en respuesta al peligro o a lo sobrenatural. Adán y Eva tienen temor de Dios después de haber comido el fruto prohibido (Gn 3.8-10), y Jacob tiene temor de Esaú después de haber tomado la bendición de Esaú (32.11). Cuando los israelitas están listos para cruzar el Mar Rojo, tienen temor por su vida a medida que Faraón y su ejército se acercan (Ex 14.10). El pueblo de la Tierra Prometida está «muerto de miedo por causa de los israelitas» (Jos 2.9, NVI). Los profetas predican que temer el juicio venidero de Dios es una realidad de la que nadie puede escapar (Jer 5.22, 24; Am 3.8; Sof 3.7). Cuando Tobías inicia su viaje, tanto su padre como su madre tienen el temor que los padres tienen por la vida de su hijo (Tob 5.16-21). «El miedo y el terror» se apodera de los habitantes de la costa que se topan con el ejército de Holofernes (Jdt 2.28). Cuando Gabriel visita a María, se le dice que «no tema» (Lc 1.30). El «temor y espanto» se apoderó de las mujeres que encuentran la tumba vacía de Jesús y tienen miedo de hablar con los demás de su descubrimiento (Mr 16.8).

Mientras que el «temor del Señor» puede significar temor absoluto de la presencia de Dios, también significa reverenciar a Dios, una idea que se expresa más directamente en la Literatura Sapiencial (p.ej., Pr 2.5). El temor de Dios está conectado con guardar la Ley y los mandamientos (Ecl 12.13) y es «toda la sabiduría» (Eclo 19.20) y «la raíz de la sabiduría» (1.20). Declarado más sucintamente: «He aquí que el temor del Señor es la sabiduría, y el apartarse del mal, la inteligencia» (Job 28.28).

Temer a Dios, entonces, es estar completamente dedicado a su voluntad y sus recompensas, mientras que se conocen las tremendas consecuencias de no temerlo. Este es el trasfondo del requerimiento de Pablo a los filipenses de «ocupaos de vuestra salvación con temor y temblor» (Fil 2.12).

Marc A. Jolley

TEMPLO
Lugar demarcado, separado, sagrado. El término se deriva del Lat. *templum,* un lugar apartado para el propósito de augurios (Varro *De ling.* lat,; cf. «contemplar»). Un análogo griego, *témenos*, era un precinto, un pedazo de tierra marcado fuera de uso común y dedicado a un dios; el término ahora significa la plataforma en la cual el edificio del templo se levanta, una estructura arquitectónica que separaba el edificio de las actividades diarias comunes. (cf. sum. *temen*, un montón de tierra apilada, como en É- temen-an-ki, «La casa del fundamento de cielo y la tierra,» el zigurat neo babilónico y la torre tradicional de Babel).

El templo babilónico une las tres regiones religiosas primarias en el cosmos –cielo, tierra y el debajo de la tierra– con un pilar central que comunica las tres zonas (cf. temen-abzu, «Fundamento del abismo»). El egipcio *hwt nṯr* significa el solar o mansión donde vive el dios y donde su adoración ritual toma lugar. Las inscripciones llaman al templo Edfu del período tolemaico «La base fundamental de los dioses del principio»; el santuario íntimo en sí mismo era llamado el «Alto Asiento,» el montículo mítico de la creación primitiva, el lugar más poderoso y sagrado imaginable en la tierra.

Varias palabras en hebreo designan el Templo en la Biblia. heb. *hêḵāl* (acad. ekallu, del Sum., é-gal, «casa grande,» por lo tanto «palacio»). El heb. *hêḵāl* es usado frecuentemente para altar, lugares altos, etc. antes del Templo de Salomón, pero también para el santuario celestial (Is 6.1). Más comunes en el AT son *bêṯ YHWH,* «casa de Yahweh,» y *bêṯ ʾĕlōhîm,* «casa de Dios.» heb. *miqdāš* es usado para el templo de Jerusalén (cf. 2 Cr 36.37, heb. *miqdāš,* «casa de santidad»). El espacio sagrado se convirtió en algo tan observado porque era donde primordialmente los actos de creación ocurrían y donde el profeta o el rey se encontraban con la deidad. Porque el templo terrenal es construido por el patrón del modelo celestial, éste representa el prototipo celestial establecido en la tierra. El Templo terrenal incorpora, abarca, encierra este espacio y pasa su poder a la humanidad a través de su contacto con el Templo. En general esto ocurre a través del ritual, altamente prescrito, un grupo detallado de instrucciones y acciones, controlado por funcionarios sacerdotales poseedores de la autoridad de profunda antigüedad y requiriendo exactitud y cuidado en sus actos. Al Templo uno no se podía acercar o entrar casualmente, sin la autoridad apropiada y sin las extensas preparaciones rituales, (por ej., lavado, unción, vestirse de ropas rituales limpias).

Simbolismo

«Templo» de este modo significa una asociación de símbolos y prácticas conectadas en el mundo antiguo con montañas naturales o lugares altos y estructuras construidas. Estos símbolos incluyen la montaña cósmica, el montículo primordial, aguas de vida, el árbol de la vida, espacio sacro, y el prototipo celestial del santuario terrenal. Estas prácticas, las cuales pueden ser llamadas la ideología del templo, enfatiza la orientación espacial y el calendario ritual; la altura de la montaña/edifico; revelación del prototipo divino al profeta o rey por la deidad; el concepto de «centro,» de acuerdo al cual el templo es el centro ideológico, y en muchas ocasiones el centro geográfico de la comunidad, la dependencia del bienestar de la comunidad en atenciones propias del templo y sus rituales; iniciación, e inclusión de representaciones dramáticas dentro del templo del mito cosmogónico del templo como el vehículo primordial del rito; amplia preocupación por la vida futura que incluye entierro dentro del precinto del templo; comidas (asociadas a pacto) sagradas, revelación en el lugar santo al rey o profeta por medio de Tablas del Destino; ceremonias de pacto formales en conexión con la promulgación de la ley; sacrificio animal; secretos y el amplio impacto económico del Templo en la sociedad.

Los dos rasgos de mayor importancia en los templos son el monte y el cielo. En el recuento babilónico de la creación *Enuma Elish*, cuando las aguas del caos se apaciguan siguiendo su derrota por las fuerzas del universo (Marduk), aparece un montículo de tierra, el primer y primordial montículo de la creación, donde apareció primero la deidad. Este montículo se transformó en el monte sagrado, el lugar más santo de la tierra, el arquetipo del Templo.

Virtualmente en todas las culturas, los templos son o la representación del montículo primordial o de una montaña mundial o alguna combinación de las dos. El monte y el templo son inseparables (Is 2.2-3). Todas esas descripciones las cuales causan/crean/determinan lo sagrado de la montaña están vinculados al templo y determina su arquitectura, simbolismo y rituales. La Pirámide Escalera de Zocer egipcia era una concepción del monte primordial, modificada más tarde en la verdadera pirámide. Las ceremonias fundamentales canónicas para templos en el antiguo Egipto incluían el ritual «sachar la tierra» la cual está directamente relacionada al concepto de que el templo es la extensión arquitectónica ascendente de las prístinas aguas de la creación dirigiendo arriba hacia el cielo el montículo primordial.

En el judaísmo antiguo aparece una piedra de fundamento en el lugar del monte primordial. De acuerdo a Midrash Tanhuma (*Ked.* 10) la piedra fundamental está frente al arca, cuyo lugar es el fundamento del mundo. Esta piedra de fundamento jugó el mismo papel que el montículo primordial en Egipto; fue el primer material sólido en emerger de las aguas de la creación y fue sobre esta piedra que la deidad efectuó la creación. De acuerdo a la leyenda judía esta roca primordial fue en la cual durmió Jacob en el lugar posteriormente llamado Betel (Gn 28). Esta misma roca entonces llegó a ser ubicada en el lugar santo *(dĕḇîr)* del Templo de Salomón. Según la tradición islámica, es esta misma roca desde la cual el profeta Mahoma ascendió al cielo, sobre la cual el Domo de la Roca está construido.

La montaña, un poderoso centro terrenal y punto de contacto con los cielos, se convirtió en un lugar de encuentro para la celebración de rituales de temporada y para ceremonias de renovación en año nuevo. Un propósito principal de los festivales de año nuevo era rededicar el Templo, restablecer y reafirmar la unión del pueblo con los dioses en el cielo. Numerosos relieves describen las procesiones de reyes y nobles acercándose a la ciudad para asistir a los festivales de año nuevo donde la re dedicación del Templo señalará la reanudación de la unidad cósmica y armonía.

La vegetación que las aguas creativas producían, que puede ser igualada con el «árbol de la vida,» era exuberante, prístina y dadora de vida. Este simbolismo es excepcionalmente vívido en referencias del AT al Templo mesiánico del tiempo final (por ej., Ez 47.1-12). Otras fuentes indicaban que estas aguas fluían de debajo del lugar santo y eran de hecho sostenidas en su lugar por la piedra fundamental. Arquitectura del Templo, pinturas y relieves describen «el paisaje,» el mundo como era al principio, montículo, agua y árboles de vida (u otra vegetación) en o cerca del lugar santo.

No sólo la creación de vida surge del abismo; venía del firmamento, de los cielos, la clásica habitación de los dioses. La idea básica es que existe en el cielo un lugar perfecto, la «ciudad» de los dioses. La meta de la vida humana es ambas: establecer comunicación con este lugar y volver a él después de morir, así como compartir la vida de los dioses. La forma primordial por la cual los dioses comparten con humanos el conocimiento de este lugar e información de cómo uno llega allí es a través del templo.

Dios revela al rey o profeta el plan arquitectónico para el templo terrenal, el cual es una réplica del templo celestial. Éxodo 19.25 provee el patrón clásico: el profeta asciende al monte santo donde se le muestra el «modelo» (heb. *tḇnîṯ*) del templo celestial para examinarlo (25.9) de forma tal que transfiera su arquitectura a la tierra. El apóstol Juan es transportado a la montaña para ver la ciudad celestial de Jerusalén, la cual en el contexto del libro de Revelación es un amplio templo (Rev 21.10, 15), anterior a la restauración de la tierra al final del tiempo (cf. Ez 40.2-3).

El santuario recóndito del Templo, el lugar santísimo, es un modelo en la tierra del lugar donde Dios habita. Él no vive en los lugares santísimos de templos terrenales; esto está claro desde Éxodo 19.18-20, donde el Señor desciende del cielo a la cima del monte. La deidad ofrece un vistazo del lugar celestial a través del lugar santo del Templo donde su presencia es experimentada, en ocasiones especiales, por el profeta o el rey.

¿Pero cómo uno alcanza el cielo? La respuesta debe encontrarse en la montaña –el arquetipo y el prototipo del Templo construido. Éxodo 19 apunta conveniente y profundamente a la dirección correcta. El camino hacia el monte envuelve rituales o ritos de pasaje, a través de los cuales el profeta es mediador del conocimiento de Dios al pueblo que ha sido preparado por este ritual para acercarse al lugar santo. En muchas de las tradiciones religiosas se pensaba que los dioses vivían en las montañas o que descendían del cielo a un monte, a encontrarse con aquellos que han hecho la ardua jornada al centro para ser instruidos. La montaña es el centro porque es el primer lugar de la creación. Es el polo vertical que comunica el cielo con la tierra, el centro de la tierra. Para hacerse uno con Dios uno debe unírsele en las montañas. La jornada al monte y el ascenso una vez uno ha alcanzado su base son arduos, cargado de peligros y obstáculos (cf. la naturaleza laberíntica del ritual de iniciación). Este es el simbolismo de Éxodo 19—24.

El monte (el templo) es «el lugar de encuentro entre cielo y tierra». A través de su origen en el mundo terrenal, como se simboliza en el montículo primordial de la creación, también une las tres regiones del mundo: infierno, tierra y cielo. Un eje central o pilar que une estas tres zonas provee un medio de acceso a y a través de ellos por los profetas. (cf. Gn 28.10-12, 18—19, 22; esp. v. 17).

Templo de Baalat Gebal, Byblos (cuarto milenio a.C.) (Phoenix Data Systems, Neal y Joel Bierling)

Templo de Jerusalén

Todo este simbolismo se aplica de alguna manera en la Biblia, la literatura intertestamentaria y literatura judía posbíblica a los lugares altos y santuarios pre salomónicos (incluyendo el tabernáculo) y al Templo de Salomón en sí mismo en sus tres manifestaciones: la estructura original, la reconstrucción posexílica de Zorobabel y la expansión herodiana. Básica para la ideología del Templo es el acto de presentarse «delante del Señor» (por ej., 1 S 7.6); la frase (heb. *lipnê YHWH*) es una fórmula técnica de la estirpe del concepto básico del Templo como habitación y a la actividad cúltica relacionada se le puede considerar como un señalamiento del Templo en el lugar.

La diferencia primordial entre los altares del Templo presalomónico y santuarios y el mismo Templo de Salomón es que con el advenimiento de las dinastías de reyes en Israel el pueblo tuvo que construir un Templo nacional, dinástico apropiado «como todas las naciones» (1 S 8.5) para dar legitimidad divina a la dinastía. Israel hizo la transición del caudillo al estado, en términos políticos, y necesitaba todo el equipo de forma de gobierno. Principal entre estos era un gran Templo nacional para construirse en la ciudad nacional santa.

El Templo de Salomón fue construido en el c. 953 a.C., destruido por Nabucodonosor en el 587, rededicado por Zorobabel en el 516, dramáticamente expandido durante el reinado de Herodes el Grande desde el 20 a.C. y destruido por los romanos bajo Tito en el 70 d.C.

Ningún arquitecto es nombrado, pero en el Antiguo Cercano Oriente dioses y reyes eran considerados como arquitectos y constructores. Los reyes recibieron planes arquitecturales de dioses a través de visiones, a menudo mientras pasaban una noche en el santuario. El plan de su templo fue revelado a Salomón durante la noche en el santuario en Gabaón (2 Cr 1.7-13). De acuerdo al modelo antiguo, el rey fue al Líbano para los materiales de construir, principalmente el precioso cedro (2 Cr 2.3-10 [TM 1—9]). También recibió asistencia técnica de los artesanos fenicios allí (1 R 7.13-14, 45), lo cual justifica la suposición de que el producto final era, arquitectónicamente y en términos decorativos, fenicio o tal vez fenicio-egipcio o sirio (paralelos han sido dibujados al Templo D en la Ebla de el Mediano Bronce, al templo neohitita del siglo IX en Tel Ta'yinat y templos del Bronce Tardío excavados en Emar). Nada queda hoy del Templo de Salomón ni de alguno de sus sucesores con la excepción de la

Muro de los Lamentos, los niveles más bajos de los cuales contienen las únicas porciones sobrevivientes de la expansión de Herodes del Segundo Templo en Jerusalén (Phoenix Data Systems, Neal y Joel Bierling)

plataforma herodiana mejor conocida como el Muro Occidental.

El material primario de construcción era piedras de talla finamente revestidas preparadas en una cantera a distancia. El edificio interior fue forrado de cedro y luego lustrado. Puertas de madera de olivo doradas formaban la entrada a ambos *hêkāl* y *dĕbîr*. De acuerdo al cronista, un velo de azul, púrpura y lino carmesí con querubines bordados en ellas se colgaron inmediatamente delante del arca del pacto y se separó así el *hêkāl* del *dĕbîr* (2 Cr 3.14).

El Templo era una estructura tripartita en un eje recto; consistía de tres unidades arquitectónicas distintas y el adorador entraría por la puerta del frente y procedería en la misma línea hacia el santuario. Las tres unidades eran el *'ûlām*, «atrio» o vestíbulo; el *hêkāl*, «cella» o «nave» (esta palabra se vino a usar en todo el edificio); y el *dĕbîr*, el santuario interior o lugar santísimo. El largo del Templo era de 60 cubos, su anchura, 20 cubos, su altura 25 cubos. El 'ûlām era de 20 cubos de ancho y 10 de largo, el *hêkāl* era de 40 cubos larga, 20 cubos en cada lado. El santuario interior era de este modo 5 cubos más corto que el resto del edificio, presumiblemente porque el santuario interior se levantó sobre la roca de fundamento, el lugar original de creación en la cosmogonía. El *dĕbîr* albergaba el arca del pacto, con querubines típicos del Cercano Oriente sobre éste formando de este modo el trono cósmico de la deidad. El *hêkāl* alojaba la lámpara, la mesa de los panes y otros objetos rituales descritos para el tabernáculo. Un anexo de tres pisos rodeaba el *hêkāl* y el *dĕbîr*, pero no el *'ûlām*.

Dos pilares huecos de bronce fundido se erguían frente al *'ûlām* llamadas Jaquín (la más meridional) y Boaz (más septentrional); el templo estaba orientado hacia el este (cf. Ez 8.14-16). Los pilares cargaban connotaciones cósmicas al fundir el templo con el mundo terrenal mientras lo unían a la esfera celestial. Los nombres de las columnas simbolizaban la ley cósmica universal de Jehová y de la dinastía davídica que la construcción del templo fundó y legitimó: Jaquín significaba Dios fundó la dinastía y el templo mientras que Boaz significaba que el poder de Jehová emanaba del templo. Fue frente a estos pilares que el rey Josías volvió a pactar con el pueblo de Judá al seguir la purificación y restauración del templo (2 R 23.2-3; cf. Josué en Siquem, Jos 24.25-27).

La impresión general del precinto del Templo en Jerusalén en tiempos de Salomón es la de un templo cósmico del Cercano Oriente asentado en la cima de un monte sagrado –la expresión arquitectónica esencial de un templo celestial revelado en el monte de Dios y construido según el modelo revelado allí (Ex 25.8-9). Las aguas prístinas del abismo del tiempo de la creación estaban activas, presentes en el simbolismo del mar de bronce. Por doquier había árboles sagrados y vegetación dadora de vida, ambas vivas y decorativas (las paredes de la nave y el lugar santo estaban grabadas con querubines, palmeras, flores, entonces doradas) que representaban «el paisaje prístino,» el estado del mundo en la creación.

La fase del Templo de Salomón que fue reconstruida por los judíos que regresaron del exilio babilónico (conocido como el Segundo Templo) era mucho menos grandiosa que lo que fue el original, debido a la pobreza de la gente (Hag 2.1-3). Fue el decreto del perspicaz rey persa (Esd 6.1-5) que inició el proceso de reconstrucción. El Templo debía ser una casa de Dios de 60 cubos de ancho por 60 cubos de alto construida de piedra y madera. Aquí sacrificios y ofrendas quemadas debían ofrecerse y los vasos de oro y plata llevados a Babilonia por Nabucodonosor, regresaron.

La faceta herodiana del Segundo Templo consistía primordialmente en la extensión de la plataforma del templo a vastas proporciones (144 000 m/c [172 000 m/c] –el témenos sagrado más grande de tiempos antiguos), las añadiduras de varios patios y el uso de enormes cantidades de material lujoso de construcción, primordialmente oro, en la decoración del edificio. El conocimiento del templo herodiano viene del NT, varios escritores intertestamentarios, Josefo y el Mishná.

La destrucción del Templo en el 70 d. C. fue catastrófica; todavía pende sobre el mundo Judeo-Cristiano y, desde la perspectiva de esa tradición, sobre toda la humanidad. Las grandes catedrales europeas de la Época Gótica hicieron continuos intentos para replicar la ideología del templo en todos sus detalles, pero por varias razones, no fueron exitosas en la empresa. Lo mismo puede decirse de la sinagoga judía y la mezquita/santuarios primordiales del Islam, la arquitectura y simbolismo de los cuales han ocupado el simbolismo del templo. La naturaleza catastrófica de la destrucción del Templo es fácil de entender en términos de las concepciones religiosas fundamentales que sustentan la construcción de los templos.

Bibliografía. J. Gutman, ed., *The Temple of Solomon* (Missoula, 1976); M. Haran, *Temples and Temple-Service in Ancient Israel* (1978, repr. Winona Lake, 1985); C. T. R. Hayward, ed., *The Jewish Temple* (London, 1996); V. Hurowitz, *I Have Built You an Exalted House: Temple Building in the Bible in Light of Mesopotamian and North-west Semitic Writings.* JSOTSup 115 (Sheffield, 1992); J. M. Lundquist, «Biblical Temple,» *OEANE* 1:324-30; *The Temple: Meeting Place of Heaven and Earth* (London, 1993); J. Maier, «The Architectural History of the Temple in Jerusalem in the Light of the Temple Scroll,» en *Temple Scroll Studies,* ed. G. J. Brook (Sheffield, 1989), 23-62; R. Patai, *Man and Temple in Ancient Jewish Myth and Ritual,* 2nd ed. (New York, 1967).

JOHN M. LUNDQUIST

TENACILLAS

Véase Apagaderas

TENDÓN QUE SE CONTRAJO

Frase (heb. *gîḏ hannāšeh)* que se refiere a la parte del cuerpo de Jacob que se dislocó cuando luchó con el «hombre» en Penuel (Gn 32.32[TM 33]). El heb. *gîḏ* se usa en otra parte del AT para referirse al tendón. El sustantivo *nāšeh* usualmente se traduce como «cadera», pero ya que no se utiliza en otra parte del AT, esta traducción es dudosa. Se le identifica usualmente con el nervio ciático, pero la conexión entre el tendón de la cadera y este nervio no es clara. El relato proporciona una etiología del tabú judío en contra de comer parte de la cadera de los animales.

GREGORY A. WOLFE

TENTACIÓN, PRUEBA

«Tentación» y «prueba» (ambos heb. *nsh;* gr. *peirázō)* denota uno de los aspectos importantes de la relación entre Dios y los seres humanos en la Biblia. Considerando que los seres humanos no están supuestos a probar a Dios (Dt 6.16) Dios prueba a la fidelidad de los humanos con varias herramientas tales como penalidades o demandas difíciles. Si ellos superan la tentación de apartarse de Dios frente a estas dificultades, podrán demostrar y pasar la prueba divina.

En la tradición del Éxodo, Dios es frecuentemente representado probando a los israelitas (por ej., Éx 15.22-26; 16.1-5; 20.18-21). De acuerdo a la interpretación deuteronómica, estas pruebas divinas tenían propósitos didácticos: Dios prueba la gente para disciplinarlos y beneficiarlos (por ej., Dt 8.2-6). Esta interpretación se hizo popular en tradiciones bíblicas posteriores (por ej., Sir 4.11; Sab 3.1-9; Jdt 8.25-27). Las historias más famosas de pruebas en el AT, sin embargo, son las de Abraham y Job. Dios prueba a Abraham al pedirle que sacrifique su hijo Isaac (Gn 22.1-2). Dios le da permiso al Adversario (heb. *śāṭān*), uno de los ministros de la corte celestial «hijos de Dios,» (Job 1.6; 2.1), a probar a Job con la aflicción más severa (1.12; 2.6). Abraham y Job probaron ser fieles a Dios y fueron recompensados (Gn 22.15-18; Job 42. 11-17).

Los evangelios sinópticos registran que inmediatamente después de su bautismo y justo antes de comenzar su ministerio Jesús fue tentado por el diablo a quien también se le llama Satanás o el tentador (Mr 1.12-13; Mt 4.1-11; Lc 4.1-13). En la versión más larga de la historia (es decir, en Mt y Lc) el diablo prueba a Jesús con tres tentaciones, todas las que Jesús determina superar con éxito. Es notable que Dios esté envuelto en las tentaciones de Jesús por el diablo como en Mateo 4.1 establece explícitamente que el Espíritu llevó a Jesús al desierto para que el diablo lo tentara.

De acuerdo con los sinópticos, Jesús confrontó y superó tentaciones no sólo al principio, sino a través de su ministerio. En estas tentaciones posteriores el envolvimiento de Dios ya no está claro y los seres humanos, no el diablo, aparecen como tentadores. Los compatriotas de Jesús lo probaban preguntándole por una señal del cielo (Mr 8.11); Mt 16.1; Lc 11.16) o al hacer preguntas legales difíciles (por ej., Mt 19.3; 22.35). Aunque la «tentación» o palabras relacionadas no son usadas explícitamente, dos eventos importantes sugieren fuertemente que deben ser entendidas como tentaciones que Jesús soportó. Cuando Pedro reprochó a Jesús, quien acababa de predecir su pasión, muerte y resurrección, Jesús reprendió a Pedro con las mismas palabras que usó cuando el diablo lo tentó (Mt 4.10): «Apártate de mí Satanás (Mr 8.33; Mt 16.23). Similarmente mientras Jesús está en la cruz, los líderes judíos se burlaban con palabras que recordaban la tentación del diablo (Mt 4.6; Lc 4.9) y decían que si Jesús era el Cristo podía bajarse de la cruz (Mr 15.32; Mt 27.42-43; Lc 23.35).

En el AT es siempre por la dirección de la voluntad de Dios que los seres humanos son tentados, pero el propósito de Dios al tentar es positivo, nunca pretende seducir los humanos para hacer el mal. Esto no siempre es verdad en la literatura judía posbíblica y el NT. En varios documentos del judaísmo posbíblico (por ej., 1—2 Enoc, Baruc, Apocalipsis de Abraham, Martirio de Isaías y especialmente el Qumrán), una figura del mal personificado, identificada por varios nombres tales como Belial, Satán, Azazel o Mastema aparece como el tentador en la tribulación escatológica. Como el gobernante del siglo presente, el mal personificado propone seducir al pueblo de Dios en contra de la misma voluntad divina. El concepto de tentación aquí se convierte en sinónimo con «pecado» o «mal». Los primeros cristianos interpretaron sus persecuciones en la misma perspectiva, mientras esperaban ansiosamente la venida de Cristo la cual consumaría el reino escatológico de Dios (por ej., Mt 6 13; Lc 22.40; 1 P 1.6, 7). Los cristianos creían que Cristo, quien por sí mismo experimentó tentaciones en todo aspecto (He 4.15 cf. Lc 22.28) los ayudaría a vencer las pruebas (He 2.18).

Bibliografía. J. B. Gibson, *The Temptations of Jesus in Early Christianity.* JSNTSup 112 (Sheffield, 1995).

Seung Ai Yang

TEÓDOTO (Gr. *Theódotos*)
Uno de los embajadores enviados por Nicanor a Judas Macabeo para establecer la paz (2 Mac 14.19).

TEOFANÍA
Término técnico para la aparición de Dios en el AT. El término, que es griego en su origen (del festival de Delfos; *Herodoto Hist. 1.51*), es un compuesto de *théos* (dios) y *phaínein* (aparecer). Aunque no existe un equivalente exacto en hebreo para el Gr. *theophánia* la forma niphal de la raíz común hebrea *r'h* se acerca. Teofanía puede traducirse la «aparición,» «revelación,» «esplendor» o sencillamente «visión» de Dios. Las teofanías toman muchas formas en el AT y funcionan dentro de diferentes contextos en diversas maneras. La narrativa del Pentateuco contiene numerosas historias de Dios o manifestaciones de la («gloria», «mensajero» o «rostro») de Dios que aparecían a individuos en momentos de tensión narrativa cuando las promesas divinas de terreno, progenie y relaciones eran dudosas (cf. Gn 12.7; 17.1; 18.1; 262, 24; 32.24-32; 35.9; Ex 3.2; Nm 12.5). En Gn 12.4-9, por ejemplo, Abram parte de Harán bajo el cuidado de las promesas divinas sólo para descubrir que la tierra prometida está habitada por cananeos; en ese momento (v.7) Jehová aparece para reafirmar la promesa de la tierra.

En raras ocasiones Jehová aparecía a grupos como en el Sinaí (Ex 19.16-25; cf. 16.10) o cuando a los setenta ancianos de Israel se les permitió la visión de Dios que se describe en términos inusitadamente directos (24.9-18).

Las teofanías en tradiciones narrativas normalmente traían comunicación divina y sólo en ocasiones describen lo que se ve. (cf. Ex 33.21; Ez 1). Muchos textos incluyen lenguaje que simboliza la cercanía de Dios aunque enfatiza que el acceso directo a la presencia de Dios está limitado o si no imposible. Temblores de tierra, truenos, relámpagos, tormentas de viento, sonidos de shofar, brillantez y tinieblas sugieren la cercanía de Dios (Ex 19.16, 18-19). Dios le dice a Moisés «no puedes ver mi rostro porque nadie me ha visto» (Ex 33.20, pero cf. Nm 12.8). La naturaleza extraordinaria de las teofanías es a menudo enfatizado por el sobrecogimiento de miedo de los que se les concede encuentros divinos (cf. Gn 16.13; 32.30; Ex 3.6; 24.11; Jue 13.20).

Otros contextos para las teofanías son las experiencias de llamados proféticos (1 R 22.19; Isa 6.1, 5; Ez 1.1, 27-28; Am 9.1) y visiones posteriores incluyendo la esperanza de que Jehová aparecería en el futuro para restaurar a Israel (Is 35.2; 40.5; 60.2; Zac 9.14) o para juzgar (Mal 3.2-5). La aparición de Jehová está específicamente relacionada al culto o adoración (Lv 9.4, 6, 23-24; 16.2; S 63.2 [TM 3]; 84.7 [8]).

Algunos eruditos encuentran el marco original de la teofanía en el AT en la canción de Débora (Jue 5.4-5) un himno de victoria tras la «guerra de Jehová.» Aunque el himno incluye la respuesta de la naturaleza a la presencia de Jehová, no incluye comunicación divina directa a humanos como en otros contextos. Tal vez el tipo literario se disoció de su original escenario con el final de las guerras de Jehová durante las monarquías y fue libre de moverse a las composiciones narrativas y ser adaptados a los oráculos proféticos.

El lenguaje teológico de la teofanía se retoma en los textos del NT que sugieren la presencia divina en Jesús e incluyen la anunciación a José (Mt 1.18-25), bautismo (Mr 1.9-11), transfiguración (9.2-8) y los relatos de la ascensión (Hch 1.6-11; cf. 9.1-9).

Bibliografía. J. K. Kuntz, *The Self-Revelation of God* (Philadelphia, 1967); C. P. Staton, *«And Yahweh Appeared»: A Study of the Motifs of «Seeing God» and of «God's Appearing» in Old Testament Narratives* (diss., Oxford, 1988).

CECIL P. STATON, JR.

TEÓFILO (Gr. *Teóphilos*)
La persona a quien se dirigen el Evangelio de Lucas y los Hechos (Lc 1.3; Hch 1.1). Gr. *Krátistos*, el adjetivo traducido «más excelente» en Lucas 1.3, favorece la opinión de que Teófilo («amado de Dios» o «amigo de Dios») es el nombre de un individuo real y no meramente un símbolo para los cristianos o lectores temerosos de Dios. Además esta forma honorífica de dirigirse sugiere que Teófilo es altamente respetado en la sociedad, posiblemente un hombre con medios financieros que ayudó a financiar la publicación de los escritos de Lucas. Es también posible que «muy excelente» aluda a una posición oficial sostenida dentro del gobierno romano (cf. Hch 23.26; 24.2; 26.25).

El autor de Lucas-Hechos quiere asegurarse de que Teófilo tuviera una versión ordenada e histórica de los eventos que rodeaban el ministerio de Jesús y de la naciente iglesia (Lc 1.2-3) de modo que Teófilo estuviera completamente seguro acerca de la verdad de tales asuntos (v.4). Si Teófilo abrazó la fe cristiana o no es difícil de determinar, pues el prefacio de Lucas (1:1-4) y el contenido de Lucas-Hechos en general parece ser apropiado para el interés del evangelismo y entrenamiento adiestramiento cristiano.

PETER K. NELSON

TERAFÍN (Heb. *tĕrāpîm*)
Un término técnico usualmente traducido «casa de dioses,» «dios,» «ídolo» o representado. En 1 Samuel 15.23 el término se generaliza para incluir toda idolatría. La etimología del término hebreo es incierta. Algunos eruditos lo relacionan con el hitita *tarpiš,* que denota a un espíritu que puede ser tanto protector como malévolo. Otros lo relacionan con el hebreo *rāpâ,* que significa «hundirse» como los cuerpos celestiales se hunden en el abismo, como término peyorativo que significa «ser débil.» Comparando los textos Nuzi con el hurto de Raquel algunos eruditos piensan que Terafín está relacionado con derechos de herencia, tal vez representan antepasados. Muy probablemente Terafín sirvió como enlace (un canal) con una deidad y representó la presencia de la divinidad.

El Terafín es normalmente pequeño. Raquel escondió el Terafín de Labán en alforjas (Gn 31.34); sin embargo, Mical vistió un Terafín grande para que pareciera David enfermo en cama (1 S 19.13). Como objetos de culto el Terafín se encontraba en ambos: santuarios y casas. Labán llamaba a su Terafín «dioses» (Gn 31.10). Al terafín se le puede asociar con Jehová. Micaía estableció una casa santuario dedicada a Jehová que contenía terafines, una imagen de talla, una imagen de fundición, un efod y un sacerdote levita el cual los danitas llevaron y ubicaron en la ciudad de Dan (Jue 17.18). Oseas relaciona el terafín con el efod, estatua y sacrificio y lo sugiere como uso legítimo en la adoración a Jehová. (Os 3.4). Junto a ídolos Josías removió un terafín de Jerusalén durante su reforma (2 R 23.24). Ezequiel dice que el rey de Babilonia consultó al terafín antes de marchar a Jerusalén (Ez 21.21 [TM 26]).

Los terafines pueden estar entre las pequeñas figuras de terracota tan abundantemente encontradas en lugares del Cercano Oriente, especialmente de la época de la Monarquía Dividida hasta el período persa.

TERRY W. EDDINGER

TERCIO (Gr. *Tértios;* Lat. *Tertius*)
Secretario de Pablo quien escribió la carta a los Romanos dictada por el apóstol, pero añadió sus propios saludos (Ro 16.22).

TEREBINTO O PISTACIA
Heb. *'ēlâ, 'allâ,* a menudo traducido «terebinto,» es también inconsecuentemente traducido «roble»; no es claro si esta palabra se refiere a árboles grandes en general o si se han perdido matices de significado. De las variadas especies de encinas que habitaban en Israel, *pistacia.* Atlántica Desf. es grande y larga y vive mucho como el roble. Es desidiosa y crece en climas relativamente secos. Otras especies comunes al área incluyen *P. lintiscus* y *P. terebinthus palaestina*. La nuez de pistacho (heb. *boṭnâ*; Gn 43.11) más pequeña que la vendida en el oeste se han encontrado en excavaciones en Beerseba y Arad.

Los profetas reprendían la población por sacrificar a otros dioses debajo de árboles grandes tales como el terebinto (Os 4.13). La asociación de árboles grandes, ambos: terebinto y roble, con actividades rituales y la aparición de seres divinos pueden ocurrir por la estatura impresionante y longevidad de estos árboles. Jacob enterró los ídolos de Labán debajo de una encina (Gn 35.4). Los huesos de Saúl y sus hijos fueron también enterrados bajo una pistacia (1Cr 10.12).

MEGAN BISHOP MOORE/RANDALL W. YOUNKER

TERES (Heb. *tereš*)
Uno de los dos eunucos que guardaban la entrada real del rey Asuero y planificaron matar al rey. Mardoqueo descubrió su plan e hizo que Ester informara al rey (Est 2.21-22; 6.2).

TERREMOTO
Una sacudida inusual o temblor de la tierra o alguna parte de ella. Amós (Am 1.1) y Zacarías (Zac 14.5) se refieren a un terremoto literal (Heb. *raʿaš*) durante el reinado de Uzías, rey de Judá. Dado que estos dos profetas se refieren a esto como «el terremoto,» sin ninguna otra identificación, debe haber sido muy destructivo y conocido a sus lectores. Más allá de su sentido literal, «terremoto» llegó a ser un símbolo de la actividad divina, sobre todo en el juicio (Is 29.6). Se dice que la tierra, y el monte Sinaí en particular, temblaron delante de la presencia imponente de Jehová (Ex 19.18; Sal 18.7 [TM 8] = 2 S 22.8; Sal 68.8). El profeta Elías aparentemente esperó que Jehová estuviera presente en un terremoto, aunque en cambio Jehová apareció en un silbo delicado y apacible (1 R 19.11-12).

En el NT hay igualmente un uso literal y uno simbólico del término terremoto (Gr. *seismós*). Un terremoto se menciona en la crucifixión de Jesús (Mt 27.51, 54) y en su tumba (28.2). Un terremoto abrió las puertas de la prisión para Pablo y Silas después de que ellos habían sido encarcelados en Filipos (Hch 16.26).

El uso figurado del terremoto como un símbolo de la actividad de Dios es conservado en los Evangelios Sinópticos (Mr 13.8 par.) Entre varios otros símbolos que representan el juicio de Dios en el fin del mundo. El autor del libro de Apocalipsis vio un terremoto como uno de varios símbolos del juicio de Dios después de rotura del sexto sello (Ap 6.12), como pruebas de la actividad de Dios en respuesta a los oraciones de los santos (8.5), y como resultado de la toma de Dios de los «dos testigos» al cielo (11.13). El mismo escritor vio un terremoto que tenía aspecto del arca del pacto en el templo (Ap 11.19) y, finalmente, como el acompañamiento de los juicios de la séptima copa (16.17-21).

Joe E. Lunceford

TERROR POR TODAS PARTES
El nuevo nombre (heb. *māgôr missābîb*) que Jeremías da al sacerdote Pasur, para indicarle que él sería temible para sus amigos y para sí mismo (Jer 20.3; NVI «Terror alrededor»). Magor, sin embargo, puede significar también «estancia, habitación» y tal vez aún «enemistad, ataque.» Por consiguiente, se ha sugerido que Jeremías debe haber usado en un juego de palabras, sonidos e ideas cuando renombró a Pasur. La frase ocurre en otras partes, y expresa un estado de extremo peligro como personificado en los enemigos de uno (Sal 31.13 [TM 14]; Jer 6.25; 20.10; 46.5; 49.29; cf. Lm 2.22).

Bibliografía. W. L. Holladay, «The Covenant with the Patriarchs Overturned: Jeremiah's Intention in 'Terror on Every Side' (Jer. 10:1-6),» *JBL* 91 (1972): 305-20; *Jeremiah 1*. Herm (Philadelphia, 1986).

DAVID CLEAVER-BARTHOLOMEW

TÉRTULO (Gr. *Tértyllos*)
Un orador profesional traído a Cesarea por el sumo sacerdote judío Ananías y ancianos para apelar su caso contra Pablo frente al gobernador romano Félix (Hch 24.1-8). No está claro si Tértulo era judío o romano o, tal vez ambas cosas: judío helenístico y ciudadano romano –como Pablo». Sus referencias a «esta nación (Gr. *éthnos*)» y «todos los judíos» indica cierta distancia del pueblo judío, pero principalmente Tértulo emplea «nosotros» –lenguaje que efectivamente discute la opinión de las autoridades judías como suyas (la adición Occidental en Hch 24.6b refuerza esta postura: «quisimos juzgarle conforme a nuestra ley»).

En cualquier caso, Tértulo funciona como un abogado experto en retórica forense de calidad. Su táctica de apertura (*exordium*) apela a la inclinación del magistrado por brevedad, halagos, particularmente elogiaba el noble compromiso de Félix con la paz y el bienestar judío. Esto establece la declaración de cargos (*narratio*), en los cuales Tértulo acusa a Pablo «la plaga» de amenazar la paz no sólo en Judea, sino a través de todo el imperio. Finalmente ofrece al corroborar evidencia (*probatio*), el reciente intento de Pablo de profanar el Templo, que lo lleva a su arresto (Hch 21.27-36). De acuerdo a hechos, tales cargos son sin fundamento, como lo aclara la defensa posterior de Pablo (Hch 24.10-21).

Bibliografía. B. Rapske, *Paul in Roman Custody,* vol. 3 of *The Book of Acts in Its First Century Setting,* ed. B. W. Winter (Grand Rapids, 1994), 158-72;

Winter, «The Importance of the *Captatio Beneuolentiae* in the Speeches of Tertullus and Paul in Acts 24:1-21,» *JTS* n.s. 42 (1991): 505-31.

F. Scott Spencer

TESALÓNICA (Gr. *Thessaloníkē*)
Una ciudad localizada en el Golfo Termaico al oeste de la Península Calcídica. El río Axis descansa al oeste y el río Strymon al este. La ciudad fue probablemente construida cerca, pero no en, el lugar original de Therme.

Tesalónica fue fundada en el 316 A.E.C. por Casandro, uno de los generales de Alejandro el Grande, y nombrada tras su esposa, hermanastra de Alejandro. Se convirtió en el puerto principal de la capital de macedónica de Pella. La ciudad se rindió a Roma después de la derrota de Perseo en la batalla de Pydna (168). Cuando Macedonia se dividió en cuatro distritos Tesalónica se convirtió en la capital del segundo. Sin embargo, retuvo el derecho de ser gobernada de acuerdo a sus leyes ancestrales y tener sus propios oficiales. Como resultado de su apoyo a Augusto. Tesalónica fue constituida ciudad libre en el 42 a.C. Retuvo su carácter y lenguaje griego a través del período romano.

Tesalónica siempre había sido un centro prominente de comercio, pero para el período romano estaba en la bifurcación de dos rutas importantes de transportación. La ruta terrestre principal este-oeste, la Vía Ignacia, corría a través del centro de Tesalónica mientras que su puerto era el inicio de la ruta principal desde el Mar Egeo hasta el río Danubio. El mar en sí mismo hacía a Tesalónica accesible de todos los puntos del círculo mediterráneo.

Desafortunadamente muy poco de Tesalónica ha sido excavado a medida que la ciudad moderna se construye sobre el lugar antiguo. Hallazgos significativos del período romano o anterior incluyen el foro y un *Serapeum*. Una inscripción del siglo IV d.C. atestigua la presencia de una comunidad samaritana en Tesalónica.

Durante el siglo I d.C. tenían éxito en Tesalónica cultos misteriosos, particularmente los de Sarapis e Isis, Dionisio, Asclepio, Demetra y el Cabiri/Dioscuri. La adoración de dioses egipcios puede datar de tan temprano como el siglo III a.C. La adoración a los faraones era particularmente fuerte en Tesalónica y existe alguna evidencia para la adoración de la diosa Roma. Muchas inscripciones se crearon por los tesalonicenses que honraban a patrones romanos y gobernadores romanos que habían sido benefactores de la ciudad. Un número de asociaciones voluntarias se confirman en Tesalónica, incluyen los mystai de Dionisio y varias asociaciones profesionales.

La fuente primordial de información para la iglesia en Tesalónica viene de las dos epístolas paulinas dirigidas allí (1 y 2 de Tesalonicenses y de los (Hch 17.1-9; 1 Ts 2.2). De acuerdo al recuento de Lucas, Pablo predicó primero en una sinagoga con resultados limitados entre los judíos y los temerosos de Dios que incluía algunas mujeres ricas. Cuando lo líderes judíos incitaron una turba a atacar la casa de Jasón, el anfitrión de Pablo, Pablo y Silas escaparon a Berea. El restante de la comunidad cristiana era predominantemente gentil y sirvió como un ejemplo a otras iglesias en Macedonia y Acaya (1 Tes 1.8-9). El término *politárchēs,* usado para los magistrados cívicos de Tesalónica en hechos 17.6-8, ha sido ahora encontrado en un número de inscripciones de Tesalónica del Siglo I.

Bibliografía. K. P. Donfried, «The Cults of Thessalonica and the Thessalonian Correspondence,» *NTS* 31 (1985): 336-56; H. L. Hendrix, *Thessalonians Honor Romans* (diss., Harvard, 1984); A. E. Vacalopoulos, *A History of Thessaloniki* (Thessalonica, 1963), 3-18.

Richard S. Ascough

TESALONISENCES, PRIMERA CARTA A LOS
Una carta redactada por el apóstol Pablo para los cristianos que vivían en la ciudad macedonia de Tesalónica. Probablemente escrita c. 51 d.C. 1 de Tesalonicenses es ampliamente recordada como la carta más temprana de las misivas paulinas y por ende, la evidencia más antigua del movimiento cristiano.

Contexto histórico
Pablo, Silvano y Timoteo predicaron en Tesalónica (1 Ts 2.17-19; cf. Hch 17.1-9). Timoteo subsecuentemente volvió a Tesalónica solo y su informe a Pablo sobre la continua fidelidad de los tesalonicenses provocó la carta de Pablo.

La carta provee poca información acerca de los destinatarios. La afirmación en 1.9 de que se convirtieron «de los ídolos a Dios» significa que son gentiles (cf. 4.5) ya que los judíos creían en Dios y no se refiere a estos de esta manera. Aunque Hechos 17.1 indica que los judíos estaban entre los convertidos en Tesalónica, la carta no corrobora este informe. Los eruditos han explorado una variedad de factores adicionales en Tesalónica que puede arrojar luz en las expectativas y experiencias de los destinatarios tales como el culto imperial, el predominio en Tesalónica de la adoración a Dionisio y Cabirus y la actividad extendida de maestros de filosofía.

Estructura y función epistolar

1 Tesalonicenses se ajusta conforme a la estructura común de cartas greco-romanas. Siguiendo el saludo (1.1) las acciones de gracias se extienden desde el 1.2 al menos hasta 1.10. Porque elementos de agradecimiento también aparecen en 2.13-16; 3.9, sin embargo, es difícil demarcar el agradecimiento en esta carta con alguna seguridad. El cuerpo principal de la carta consiste de dos secciones principales. La primera (2.1-3.13) recuerda el comportamiento de los apóstoles en Tesalónica y la ansiedad creada por la ausencia extensa de estos. La segunda sección (4.1-5.24) se refiere a asuntos de conducta sexual (4.1-8), la esperanza del regreso de Jesús y sus implicaciones para ambos creyentes los que han muerto y los que permanecen vivos (4.13—5.11) y una variedad de preocupaciones respecto a la vida comunitaria (4.9-12; 5.12-24). Saludos convencionales concluyen la carta (5.25-28).

Debates extensos se enfocan en la función de la carta. El estudio de antiguas teorías epistolares provoca a algunos a argumentar que 1 de Tesalonicenses es epidíctica (p.ej., una carta de alabanza), mientras otros la ven como retórica intencionada (p.ej., una carta que persuade a los destinatarios a seguir un curso de acción particular). El debate en estos temas continúa, pero emerge el acuerdo de que 1 de Tesalonicenses tiene que ver en general con la consolidación y corrección de los tesalonicenses más que defender a Pablo y sus colegas contra cargos hechos concernientes a su conducta.

Rasgos significativos

Escatología

Expectativas escatológicas impregnan esta carta. Tan pronto como en el 1.9 Pablo resume la fe de los tesalonicenses como fe en Jesús quien está por regresar del cielo y que salva a los creyentes del juicio inminente (cf. 2.16; 3.13; 5.23). 1Tesalonicenses 4.13—5.11 contiene una discusión extensa de este tema aparentemente provocado por la muerte de algunos entre este grupo de creyentes. Basándose en un lenguaje apocalíptico convencional, Pablo asegura a los tesalonicenses que el regreso triunfal de Jesús significará que aquellos que ya han muerto y los que quedan vivos estarán con Jesús (4.13-18). Ese regreso será súbitamente y exige a los creyentes que se conserven vigilantes (5.1-11).

Lenguaje familiar

1 de Tesalonicenses se apoya fuertemente en términos familiares para describir las relaciones dentro de la iglesia, tal vez como una forma de reforzar las conexiones cercanas. Los creyentes son hermanos unos de los otros (por ej., 2.1; 3.7; 4.1; 5.12). Pablo describe a los apóstoles en su relación con los tesalonicenses como madres cuidadosas (2.17); cf. también 2.7, donde varios manuscritos antiguos importantes leen «criatura» más que «tiernos»).

Instrucción ética

El deseo de Pablo de reforzar la incipiente comunidad en Tesalónica también emerge en las enseñanzas éticas de la carta. Advierte contra la inmoralidad sexual (4.1-8) y recomienda un estilo de vida tranquilo y autosuficiente (4.9-12). Ninguna de estas amonestaciones es única en la enseñanza cristiana, pues las enseñanzas filosóficas del momento ofrecían instrucciones similares. Lo que distingue las enseñanzas de Pablo parece ser la meta de agradar a Dios (4.1) y el refuerzo de la vida en comunidad.

Ira contra «los judíos»

La aseveración altamente política en 2.14-16 acerca de la persecución de judíos no tiene paralelo en las otras cartas de Pablo. Pablo raras veces habla acerca de los agentes envueltos en la muerte de Jesús y en ningún otro lugar culpa a los judíos por la muerte de Jesús. Más aún el final de este pasaje («pues vino sobre ellos la ira hasta el extremo») no tiene contraparte en otras cartas. Algunos eruditos sugieren que un editor de la carta incluyó estos versos, pero ningún manuscrito apoya esta hipótesis.

Más convincente es la observación de que las agudas palabras que Pablo emplea aquí era la convención de escritores del siglo I. Además el pasaje se refiere a un número limitado de judíos residentes de la provincia de Judea (judeanos), no a todos los judíos.

Bibliografía. F. F. Bruce, *1 and 2 Thessalonians.* WBC 45 (Waco, 1982); R. F. Collins, *The Birth of the New Testament* (New York, 1993); K. P. Donfried and I. H. Marshall, *The Theology of the Shorter Pauline Letters.* New Testament Theology (Cambridge, 1993); E. J. Richard, *First and Second Thessalonians.* Sacra Pagina 11 (Collegeville, 1995).

Beverly Roberts Gaventa

TESALONICENSES, SEGUNDA CARTA A LOS Una carta dirigida a los tesalonicenses atribuida a Pablo, Silvano y Timoteo. A pesar de esta atribución algunos rasgos de la carta han levantado debates acerca de su relación con 1 de Tesalonicenses. Primero, 2 de Tesalonicenses sigue estrechamente la redacción de 1 de Tesalonicenses (p.ej., compare 2 Ts 1.1-2 y 1 Ts 1.1; 2 Ts 2.17 y 1 Ts 3.13). Segundo, junto a los parecidos existen diferencias significativas entre 1 Ts y otras cartas paulinas, tales como el impersonal y aun distante tono de 2 de Tesalonicenses, la ausencia de referencias a la cruz o resurrección de Jesucristo; la expectativa de un advenimiento retrasado (2.1-4) junto a un lenguaje llamativo que anticipa venganza divina contra los no creyentes (p.ej., 1.6-10).

Aquellos que arguyen que Pablo escribió 2 de Tesalonicenses apuntan que la carta está atestiguada en otros escritos cristianos tan antiguos como del siglo I a.C. y que aparece en listas canónicas primitivas. De acuerdo a este punto de vista la persecución en Tesalónica se había hecho más intensa justo unos pocos meses de la primera carta de Pablo y esa persecución dio paso a desenfrenadas especulaciones sobre la venida de Jesús y una falta de voluntad para trabajar. Pablo escribe para calmar este desorden; los parecidos en forma y lenguaje a 1 de Tesalonicenses ocurren porque esta carta sigue rápidamente a la primera.

Los que sostienen que 2 de Tesalonicenses no fue escrita por Pablo, encuentran improbable que el tono de Pablo e instrucciones en torno a la escatología hubiese cambiado sustancialmente en tan poco tiempo. La referencia a falsificación en 2.2 crea dificultades ya que presumiblemente algún período de tiempo sustancial se hubiese requerido en el cual cartas falsas pudieran circular y escribirse. Además el reclamo en 2.17 de que «toda carta» de Pablo lleva su saludo parece extraño si 2 de Tesalonicenses está entre sus primeras cartas. Si no fue escrita por Pablo 2 de Tesalonicenses pudo haber sido escrita por alguien entre sus colaboradores o discípulos que usó la autoridad de Pablo para tratar una situación bajo la cual los cristianos sufrían persecución intensa. Dada la mención temprana de la carta y las persecuciones esporádicas a través del siglo I una composición que data del final del siglo I, es probable. En este modo de ver la identidad del autor y la audiencia permanecen desconocidos.

Estructura y propósito

En conformidad con la práctica de escritura greco-romana de cartas, 2 de Tesalonicenses abre con un saludo (1.1-2) y agradecimiento (1.3-12). El agradecimiento es inusual por su extensión y porque introduce una larga discusión del regreso de Jesús (v.5-12). El cuerpo de la carta (2.1-3; 15) se ocupa de los eventos que rodean «el día del Señor» (2.1-12) e incluye una sección de instrucciones éticas (3.1-15). Los saludos convencionales concluyen la carta (3.16-18).

De acuerdo con el análisis retórico, la carta es deliberativa, pues intenta persuadir a la audiencia a tomar una acción determinada. En este caso el autor desea urgentemente que su audiencia continúe en su fe cristiana y que no sean turbados por la desaforada especulación apocalíptica.

Rasgos significativos

Justicia divina

2 de Tesalonicenses promete que el futuro regreso de Jesús traerá consigo juicio contra los que han perseguido a los creyentes. El escritor no sólo anticipa el castigo para los que han afligido a los fieles, sino que extiende el castigo para incluir «los que no conocieron a Dios» y los que no «obedecen al evangelio» (1.8). Tales personas recibirán «destrucción eterna» separados de la presencia del Señor Jesús (1.9). Porque la carta no se dirige a los mismos perseguidores, como se esperaría, si su propósito fuera advertirles acerca de su conducta y urgir a una conversión de práctica y pensamiento, esta insistencia en el juicio futuro parece estar dirigida a consolar a los mismos cristianos. 2 de Tesalonicenses asegura a los creyentes que aquellos que actualmente los persiguen recibirán juicio.

El «día del Señor»

En un esfuerzo por asegurar a la audiencia de que el «día del Señor» todavía no había llegado, 2 de Tesalonicenses explica que ese día no podría venir a menos que estuviera precedido por la «apostasía» y el «hombre de pecado». Otros escritores del NT esperan un tiempo de rebeldía contra Dios y un anticristo blasfemo (por ej., Mt 24.4-28; 1 Ti 4.1; 1 Jn 2.18). Discernir lo que el autor entiende por «hombre de pecado», si en realidad el autor tenía una referencia específica en mente, es ahora imposible. Cualquiera sea la naturaleza de la rebelión, el autor confía que Dios triunfará sobre eso.

Bibliografía. F. F. Bruce, *1 and 2 Thessalonians*. WBC 45 (Waco, 1982); K. P. Donfried and I. H. Marshall, *The Theology of the Shorter Pauline Letters*. New Testament Theology (Cambridge, 1993); E. Krentz, «Through a Lens: Theology and Fidelity in 2 Thessalonians,» in *Pauline Theology*, ed. J. M. Bassler (Minneapolis, 1991) 1:52-62; E. J. Richard, *First and Second Thessalonians*. Sacra Pagina 11 (Collegeville, 1995).

Beverly Roberts Gaventa

TESORERO, TESORERÍA

Aunque las ofrendas al Señor son insignes en el relato de Caín y Abel (Gn 3—4) y regalos de dinero y primicias eran ordenadas, en Éxodo 23.16; 30.13 no hay una descripción explícita de una tesorería en el Tabernáculo. De acuerdo con Josué 6.19, 24, toda la plata, oro, bronce y hierro de la captura de Jericó debía ser entregada a Dios y puesta en «la tesorería» (heb. *ʾôṣār*) de (la Casa del) Señor.

Los planes de David para el Templo de Jerusalén incluían las tesorerías de la Casa (= Templo) de Dios y la tesorería para regalos dedicados, se refería al botín ganado en batalla (1 Cr 26.20; 28.11-12). Estos tesoros podían contener una variedad de materiales: dinero, oro, objetos, vasos y muebles del Templo, y piedras preciosas (cf. 1 Cr 29.2-8). 2 Reyes 12.4 menciona el dinero de censo, dinero votos personales y ofrendas voluntarias las cuales eran traídas a la tesorería del Templo.

Tesoros reales también eran mencionados. Los tesoros que recibía Salomón de impuestos, comercio y regalos eran sorprendentes (1 R 10.14 -29), y Ezequías más tarde acumuló tesoros adicionales por su plata, oro, piedras preciosas, especias, escudos y toda clase de objetos costosos. (2 Cr 32.27).

Los tesoreros (heb. *gizbār*) eran mayormente descritos como los que están «por encima» o «a cargo de» los tesoros (1 Cr 26.20). Mientras David ubicó a los levitas en estas posiciones en las tesorerías, en realidad tanto las tesorerías reales como las del Templo estaban bajo el control del rey. En tiempos de crisis política o militar, los reyes no dudaban en usar estos recursos de estas dos tesorerías para comprar alianzas militares (p.ej., Asa, 1 R 15.18, Acaz 2 R 16.8; Ezequías, 18.14—16). Reyes conquistadores saquearon tanto la tesorería del Templo como la real de la misma forma (Sisac, 1 R 14.26; Joás, 2 R 14.14; Nabucodonosor, 24. 13).

La tesorería del Templo aparece muy raras veces en el NT. La viuda que dio todo lo que tenía (Mr 12.41-44 par.), puso su dinero en el *gazophylakeíon*, que significaba «cajas de contribución o receptáculos», que estaba aparentemente en el Patio de las Mujeres o quizá cerca de ese lugar (cf. Jn 8.20. Según la Mishna, había trece receptáculos como estos en forma de trompeta, siete para varias ofrendas requeridas, y seis para ofrendas de buena voluntad (m. *Šeqal*. 6.5). La administración de la tesorería para este tiempo había pasado al sacerdote jefe (Mt 27.6), un hecho confirmado por Josefo (Ant 11.5.2). El eunuco etíope se describe como «responsable de» los tesoros de la reina (Hch 8.27). Erasto, el tesorero de la ciudad (gr. *oikonómos*) de Corinto, envía sus saludos a Roma (Ro 16.23).

Bibliografía. Rl de Vaux, Ancient Israel: Its life and institutions (1961, repr. Grand Rapids, 1997).

John S. Hammett

TESTAMENTO

Un género literario que contiene las últimas palabras de una figura famosa o ideal, a menudo en la forma de bendiciones o exhortaciones morales (por ej., Gn 49; Dt 33). Particularmente comunes en el período del segundo Templo, tales palabras pueden expresar visiones apocalípticas del futuro (por ej., Testamentos de los doce patriarcas, Testamento de Moisés).

TESTAMENTO DE LOS 12 PATRIARCAS

Colección de documentos que pretenden ser la última voluntad y testamentos de figuras principales en el antiguo Israel, se modeló después del discurso de despedida de Jacob a sus doce hijos en Génesis 49 y la bendición final de Moisés a Israel en Deuteronomio 33. Estos trabajos ponen de relieve las fortalezas y debilidades de los patriarcas y predicen la bendición divina y castigo que tomará lugar en el futuro. En el período greco-romano testamentos similares se producían en nombre de Moisés, Salomón, Adán y Job. Entre los Rollos del Mar Muerto se encontraron fragmentos de escrituras de alguna manera parecidas a los Testamentos, atribuidas a Leví, José y Neftalí. Escritas en arameo, tales escrituras atribuidas a Leví pueden haber sido fuentes usadas por el autor de Los doce patriarcas, pero no existen correspondencias literarias directas.

Un propósito principal del Testamento de los Doce es transmitir la esperanza mesiánica por un rey ungido y sacerdote ungido que traería la renovación del pueblo de Dios y del mundo. El modelo para el mundo renovado está basado en dos fuentes: la ley de Moisés y la teoría de un orden moral y cósmico que dominó el mundo greco-romano entre judíos y gentiles. Su percepción básica del universo ordenado por ley natural, al cual los humanos podían responder por medio de la conciencia que cada cual posee, resultaría en una renovación individual y social. El sistema ético y terminología expuesta en estos escritos han sido moldeados por la filosofía helenística y específicamente por el pensamiento estoico. La descripción del cuerpo humano y sus capacidades está basado en la terminología griega, como en T. Naph 2, donde se describen los órganos humanos y sus funciones fisiológicas. La terminología abstracta usada para definir el entendimiento religioso y estructura moral humana se deriva de igual manera de la filosofía helenística. La aspiración mayor de la persona moral es conseguir «control propio» (*sophrosýmē*) y «sencillez» (*haplosteía*) la cual puede obtenerse solamente por aquellos que son «decididos» (*monoprósopos*). Estos términos sólo se encuentran en las partes más antiguas de la LXX y especialmente en la literatura de sabiduría no hebrea la cual confirma la inferencia de que los Testamentos son griegos en origen y crean un ambiente fuertemente helenístico.

La naturaleza básica de este documento judío viene aparentemente de la frecuencia de pasajes mesiánicos en los cuales los papeles cruciales están unidos a Leví (el sacerdote) y Judá (el rey). Leví es la figura superior en el plan redentor de Dios (T. Leví 18.1; T. Jos 19.4) y vencerá el poder del mal (T. Leví 18.12). El Templo sería destruido como un acto divino de justicia (T. Leví 10.13; 15.1; 16.4—5).

TESTIGO

Aquel que ayuda a establecer la veracidad de un asunto al testificar de primera mano sobre lo que fue visto u oído. La necesidad de recordar y reiterar lo que sucedió implica que ser testigo incluye una dimensión histórica. Aunque esta actividad se originó en contextos legales, su vocabulario (Heb. *ʿēḏ;* Gr. *mártys*) se expandió rápidamente a otros entornos sociales y religiosos.

La ley mosaica aseguró veracidad al exigir dos o tres testigos para condenar a una persona por un delito penal y obligándolos a dirigir en la ejecución de las condenas a muerte (Dt 17.6-7). Además, condenó el dar falso testimonio con el castigo de la *lex talionis* (Dt 19.15-19).

Transacciones importantes podrían ser certificadas por vía oral ante los ancianos en la puerta de la ciudad o por escrito, con las firmas de testigos. Incluso un montón inanimado de piedras o un altar podrían servir como testigos conmemorativos a un pacto (Jos 22.26-27; 24.27). Las tablas de la Ley fueron preservadas en el arca del testimonio en calidad de testigo perpetuo del pacto de los israelitas con Jehová; la nación, a su vez, fue testigo de los gentiles de la actividad salvadora de Jehová. Puesto que todas las acciones son vistas por Dios junto con el cielo y la tierra, que se personifican como observadores siempre presentes, pueden ser llamados para testificar de los hechos, incluso los ocultos.

El NT habla de testigos en un sentido legal en relación con el juicio de Jesús (Mr 14.63) y de Esteban (Hch 7.58), y lleva más de la exigencia de varios testigos a los casos de disciplina de la iglesia y de las afirmaciones de Jesús, cuyo testimonio fue confirmado tanto por su Padre como por sus obras. De especial importancia es el testimonio de los apóstoles y otros testigos que han visto a Jesús resucitado (Hch 1.22). Impulsados por una profunda convicción y fervor misionero, dedicaron sus vidas a persuadir al mundo de que no sólo los acontecimientos históricos del Evangelio sino también su significado teológico, que consideraban no menos real: fue Dios que resucitó a Jesús de entre los muertos, y al creer en su nombre se podría recibir el perdón de pecados. Algunos de ellos dieron testimonio hasta la muerte, y de esta forma prepararon la palabra *mártys* para convertirse en un término técnico para un mártir (cf. He 12.1). Además de su testimonio humano, el Espíritu Santo confirma que los creyentes son hijos de Dios (Ro 8.16).

Bibliografía. A. A. Trites, *The New Testament Concept of Witness.* SNTSMS 31 (Cambridge, 1971).

DALE F. LESCHERT

TESTIMONIA

Un término técnico referente al NT citando textos del AT, particularmente con referencia a la identificación de Jesús como Mesías. Los ejemplos incluyen el uso de Habacuc 3.4 por Pablo en Romanos 1.17; Gálatas 3.11 para probar su disputa de que la salvación viene por fe (cf. Fil 3.9). La combinación de ciertos textos del AT por escritores del NT ofrece evidencia de que tales combinaciones eran ya parte de la tradición cristiana. Por ejemplo, Romanos

9.32-33; 1 Pedro 2.6-8 se unen a Isaías 8.14-28 al hablar de salvación. Algunos eruditos contienden respecto a que las referencias del AT en los discursos de Hechos se originaron de una testimonia escrita. Es más seguro que la testimonia, como los dichos de Jesús, circularon de forma oral antes de la escritura del material del NT.

CASEY W. DAVIS

TESTIMONIO

Término que procede del gr. *mártys* («testimonio» o «testigo»), que fue originalmente usado para describir las palabras de un testigo en la corte legal. El término y sus análogos aparecen principalmente para sostener las creencias cristianas acerca de Jesús. Mucho del Evangelio de Juan está estructurado como un debate jurídico en si Jesús es el Mesías, el hijo de Dios (Jn 20.31). Muchos testigos declaran acerca de Jesús: Juan el Bautista (Jn 1.7-8), la mujer samaritana (4.39), el Padre (5.37; 8.18), Jesús mismo (8.18) y las obras de Jesús (10.25). Los discípulos y el paracleto continuarían como testigos (Jn 15.26-27; cf. 1 Jn 5.7) después de la partida de Jesús. La credibilidad del Evangelio en sí mismo depende del testimonio del autor (Jn 19.35; 21.24). El testigo ocular es la clave en los Hechos de los Apóstoles. El apóstol declara la vida de Jesús (Hch 10.39; cf. 1 Co 15.5-8 y el informe del Evangelio acerca de los testigos de la resurrección, que incluyen mujeres). El Espíritu Santo (Hch 5.32) y la Escritura también testifican de Jesús (28.23).

El libro de Apocalipsis presenta varios testigos que son fieles a Jesús hasta la muerte (Ap 2.13; 20.4) y de este modo anticipan al significado técnico de más tarde de «mártir.» El testimonio en sentido estricto legal se encuentra en las versiones de los Sinópticos de la prueba de Jesús (Mr 14.55-56 par.) y como regla de orden en la iglesia de Mateo (Mt 18.16; cf. Dt 19.15).

Véase Testigo.

Bibliografía. A. A. Trites, *The New Testament Concept of Witness.* SNTSMS 31 (Cambridge, 1977).

MARTIN C. ALBL

TETRAGRÁMATON

El nombre sagrado del Dios de Israel. El término (Gr. «cuatro letras») comenzó a usarse en parte por la incertidumbre concerniente a cuál sonido de vocales se usaban en la pronunciación del nombre con cuatro consonantes (*YHWH*) y en parte porque en el TM el nombre inefable estaba escrito con los puntos vocales para el Heb. *'ăḏōnāy,* «mi Señor,» y señala al lector a pronunciar en voz alta sólo la forma de kethib.

Véase Yahweh.

TETRARCA

Originado en la Grecia del siglo V, un título usado tan lejos como en Galacia. Aunque el gr. *tetrárchēs* originalmente significó «gobernador de una cuarta» parte de una tribu o país, para el tiempo de los romanos se convirtió en un señalamiento favorito para gobernadores de provincia en Palestina. «Tetrarca» se refería a un vasallo designado por el emperador que retenía soberanía local, pero cuyo ingreso estaba arreglado y no poseía autonomía concerniente a asuntos extranjeros. El título se usa de tres figuras neotestamentarias: Antipas (llamado siempre Herodes; Mt 14.1; Lc 3.1, 19; 9.7; Hch 13.1) y Felipe (Lc 3.1), quien fue nombrado al morir su padre, Herodes el Grande y Lysanias de Abilene (3.1).

W. E. NUNNALLY

TEUDAS (Gr. *Theudás*)

Líder de un movimiento popular de resistencia judío que mataron los romanos. En Hechos 5.36 Gamaliel informa ante el concilio de Jerusalén

Bibliografía. R. A. Horsley and J. S. Hanson, *Bandits, Prophets, and Messiahs: Popular Movements at the Time of Jesus* (1985, repr. Harrisburg, 1999), 160-67.

F. SCOTT SPENCER

TEXTO DEL ANTIGUO TESTAMENTO

El texto del AT o Biblia Hebrea tiene una historia de más de 2200 años de repetidas copias y ediciones. Los eruditos difieren sobre si la transmisión histórica del texto fue completada y arreglada en su totalidad o con las formas escritas más tempranas de los textos. Claramente composiciones más antiguas como el Pentateuco alcanzaron su forma final mucho más temprano y por lo tanto tiene una transmisión histórica más larga que las composiciones más recientes tales como el libro de Daniel (tal vez el siglo II a.C.). Cada composición en la colección bíblica viene de diferentes períodos y tiene su propia historia de editar y copiar. En diferentes puntos del tiempo, dependiendo del material en cuestión, las composiciones eran asociadas unas a otras (p.ej. los «libros» del Pentateuco) y la historia de transmisión de cada composición individual se convertía en idéntica a la de la colección. Lo mismo es verdad de otras colecciones, tales como los 12 Profetas Menores las cuales fueron probablemente transmitidas como una sola colección en un rollo individual tal vez tan temprano como la quinta centuria.

Transcripción y transmisión

Los textos se copiaban en rollos usualmente hechos de pieles de animales tales como cabras o gacelas. Por lo general, únicamente un lado era alisado y preparado para ser escrito. Si una composición era muy larga para una sola pieza de cuero, el copista o escriba cocía piezas de cuero y las juntaba para hacer el rollo lo suficientemente largo. El escriba podía también imprimir en la piel la escritura y delinear las orillas de las columnas. Varias señales de escriba se usaban a veces para indicar correcciones o pasajes de especial interés. Los manuscritos bíblicos del Qumrán proveen excelentes ejemplos de prácticas escribales desde tan temprano como el 275 a C. a c. 68 d.C. Los manuscritos bíblicos eran por lo general preparados cuidadosamente, aunque aparentemente no se aplicaba estándares en la transcripción hasta tal vez el final de la primera centuria d.C. Por lo general se usaban escrituras semiformales o formales para los manuscritos bíblicos, aunque varios del Qumrán fueron copiados en escritura semicursiva. Los manuscritos bíblicos desde el Qumrán y otro lugar en el desierto de Judea muestran grandes variaciones en prácticas escribales en las últimas tres centurias a.C. Para el siglo I d.C. las prácticas escribales de transcribir manuscritos bíblicos se hicieron uniformes. Esas reglas se preservaron el Talmud babilónico y los tratados Masseket Sefer Torá y Masseket Soferim, el último compilado en la novena centuria d.C.

Composiciones que se pensaron pertenecían juntas tales como los «libros» del Pentateuco pudieron ser transcritas en un solo rollo largo. El formato del rollo dominó hasta la adopción del códice o formato de libro por los cristianos para el NT. De ahí en adelante los cristianos usaron el formato de códice para el texto del AT también. Para el judaísmo el códice fue lentamente adoptado solamente para textos no usados en la liturgia. Los textos litúrgicos, especialmente la Torá continuó en el formato de rollo. La Torá continúa en el formato de rollo sin vocalizar y sin acentuar hasta hoy. Los primeros códices judíos aparecieron entre el 600—700 d.C.

La forma del alfabeto hebreo usada para copiar el texto también ha cambiado en las centurias. La forma más antigua del alfabeto hebreo, surge de la escritura fenicia, está certificada sólo en algunos documentos (por ej. rollos de plata). En el período persa (538—36 a.C.) una forma del alfabeto se derivaba de la escritura aramea usada por los persas y desarrolló diferentes estilos. Sólo entre el 500—700 d.C. se desarrollaron nuevos símbolos gráficos y se añadieron a los textos no litúrgicos para señalas vocales y sintaxis (puntuación). Más de un sistema tal de vocalización se desarrolló, pero dos dominaron: el tiberio (nombrado por la ciudad de Tiberias) y el babilónico. Eventualmente el sistema tiberio fue aceptado por la mayoría de las comunidades, pero sólo lentamente.

Manuscritos antiguos

Qumrán y el Desierto de Judea

Desde el Desierto de Judea y en especial Qumrán, un tesoro oculto de manuscritos bíblicos y comentarios (*pesharim*) han sobrevivido. También numerosas paráfrasis o textos bíblicos que se ha vuelto a escribir los cuales no están estrictamente catalogados como manuscritos bíblicos proveen evidencia importante para la centralidad del material bíblico para el judaísmo palestino en el período greco-romano; la historia de la interpretación de composiciones bíblicas y, ocasionalmente, formas variantes de la tradición hebrea.

Qumrán. Los manuscritos bíblicos del Qumrán alcanza desde la mitad del siglo III a. C. hasta c. 68 d.C. Cada libro de la Biblia Hebrea ha sido encontrado con la excepción de Ester. Una enorme cantidad de literatura secundaria existe en los manuscritos bíblicos. De las cuevas en Qumrán el grupo más extenso de manuscritos, bíblicos y no bíblicos, vienen de la cueva 4. Algunos de los manuscritos más significativos, tales como el 4QSam[a] y 4QJer[b] , han establecido que formas variantes del texto hebreo eran conocidas y usadas en Palestina y Qumrán desde el siglo III a.C. al siglo I d.C. ; y muchos de estos manuscritos hebreos que varían desde el texto hebreo recibido (TM, medieval en fecha) son idénticas a o al menos cercanamente relacionados al hebreo, LXX y/o el Pentateuco samaritano. Los manuscritos bíblicos de Qumrán parecen indicar una diversidad textual mayor de lo que se sospechaba antes de los primeros descubrimientos de estos manuscritos que comenzaron en el 1947. Emmanuel

Tov ha debatido que aunque la diversidad textual existe, la mayoría de los manuscritos bíblicos de Qumrán son protomasoréticos en clase textual y por lo tanto cercanamente relacionado al texto consonántico del TM. Él también ha discutido que los manuscritos protomasoréticos encontrados en Qumrán eran por lo general más cuidadosamente copiados con pocas correcciones escribales que los manuscritos de otra clase de texto. Todavía no existe consenso en estos dos puntos. Los manuscritos bíblicos de Qumrán son enormemente importantes para la comprensión del texto del desarrollo del las tradiciones textuales hebreas y la relación a las tradiciones textuales griegas y la transmisión del texto en ambos idiomas en el período greco romano.

Gracias a los rollos del Mar Muerto hemos verificado la antigüedad del componente consonántico del TM, se entendió ahora que han sido sólo una de muchas tradiciones textuales durante este período. El texto protomasoréticos, (el texto consonántico sin vocalización, acentos o masora) es el texto hebreo en el AT que sobrevivió hasta el final del período y se convirtió eventualmente en el texto canónico.

Desierto de Judea. Entre los textos bíblicos del Desierto de Judea (excluyendo Qumrán) están los de Masada, el Nahal Hever y el Wadi Murabba'āt. Su importancia para el conocimiento de los textos del AT y de su historia va más allá de su obvia antigüedad. Con una posible excepción los textos de los manuscritos hebreos de estos lugares corresponden casi exactamente con el texto del proto-TM. Los datos parecen indicar que la diversidad textual atestiguada en Qumrán y presumiblemente también por toda Palestina desaparece de la evidencia del tiempo de la Segunda Revuelta Judía contra Roma (132—135 d.C.). La evidencia de Masada no está tan clara, pero todos los fragmentos bíblicos de Murabba'āt concuerdan con el proto-TM e incluye los rollos de los Profetas Menores que datan del siglo I d.C. (p.ej., entre las dos guerras judías, c.70—132 d.C.). Finalmente los grandes manuscritos de los Profetas Menores en griego de Nahal Hever reflejan revisión crítica (una revisión consciente) de las traducciones griegas más antiguas (p.ej., LXX) para acercarlo al texto hebreo de los Doce el cual por lo general se describió no tan idéntico al proto TM. 8 Hev XIIgr es clara evidencia de actividad crítica en el siglo I a.C. la cual puede tomarse como evidencia de una conciencia de obvias diferencias entre las tradiciones textuales hebreas y griegas y de la preferencia del texto hebreo como autoritativo en forma. Puede reflejar el abandono de la traducción más antigua: LXX en un período temprano que su adopción por comunidades cristiana en el temprano siglo I.

Biblias impresas

Entre las guerras judías con Roma y probablemente al principio de la Segunda Guerra (132 d.C., el texto de la Biblia Hebrea se había estabilizado. Esto indica en particular por la evidencia del Desierto de Judea, especialmente Waddi Murabba'āt. Los rollos hebreos de los Profetas Menores (segunda mitad del siglo I d.C.) muestran casi ningún desacuerdo del proto-TM. Certificada en Qumrán como una de las muchas formas del texto hebreo, el proto-TM es para el tiempo de la Segunda Guerra virtualmente la única forma del texto hebreo que sobrevive. No está claro cómo esta tradición textual en particular se convirtió en la forma dominante de texto. Por lo general se evoca que de alguna manera debido a la actividad de los fariseos y más tarde rabíes, pero no existe evidencia conclusiva. Del siglo II d.C. hasta la primera Edad Media (c. 896 d.C. para el Código Cairo de los profetas) no tenemos evidencia de manuscrito. Del siglo IX a la primera Biblia impresa es menos de 500 años.

La primera Biblia Hebrea impresa completa fue producida por los hermanos Soncino en 1488. Fue seguida en 1491—1993 d.C. por la Biblia de Nápoles también producida por Soncino. En 1495 Gershom Soncino produjo una versión mejorada de la Biblia del 1488 impresa en un formato de un pequeño octavo ('bolsillo'), más fácil para los judíos transportarlo cuando huían por persecución que el tamaño folio. Esta edición fue usada por Martin Lutero para su traducción del AT. En 1514—1517 se imprimió la primera Biblia Políglota en Alcalá de Henares (Lat. *Complutum*) bajo el patrocinio del Cardenal Jiménez de Cisneros. La primera Biblia impresa producida en España fue autorizada por el Papa Leo X solo en 1520, tres años antes de la muerte del Cardenal Cisneros. Esta primera Biblia fue impresa en una edición facsímil comenzando en 1983. Algo más tarde (1516-17) Daniel Bomberg, un comerciante cristiano asentado en Venecia, contrató a Félix Pratensis para editar la primera Gran Biblia Rabínica. Ésta fue publicada en cuatro volúmenes e incluía los Targums y comentarios. En 1524-25 Bomberg produjo la segunda Gran Biblia Rabínica. Editada por Jacob ben Hayyim ibn Adonijah, se convirtió en el texto estándar de las formas impresas de la Biblia Hebrea por casi 400 años. Fue editada en cuatro volúmenes e incluía los Targums y comentarios de Rashi, Ibn Ezra, David y Moisés Kimhi y Levi ben Gershom. La primera ruptura con esta tradición llegó en el 1611 cuando Johan Buxtorf produjo una edición en formato pequeño la cual, a diferencia de ediciones previas, se basaba parcialmente en los manuscritos Sefardíes. Esto sirvió como la base de las primeras ediciones críticas de Johan Heinrich Michaelis en 1720 al usar 19 ediciones impresas y como cinco manuscritos de Erfurt.

Desde el 1905—1906 se produjo la primera edición de la Biblia Hebraica de Rudolf Kittel. La base para la primera y segunda edición fue la edición de Bomberg del 1524—1525 con algunas variaciones y adiciones. En 1937 para la tercera adición se uso el manuscrito Firkowitch I. B19a (*Leningradensis* [L] porque representaba el manuscrito masorético Ben Asher más antiguo y completo de esa ápoca. Comenzando en 1967 la próxima edición de BH (*Stuttgartensia*) comenzó a aparecer (1967—77) la cual también incluía el masora de L. Otra revisión, *Biblia Hebraica Quinta*, está en proceso con la ayuda de las Sociedades Bíblicas de Estados Unidos.

El proyecto Hebreo Universitario de la Biblia usa el Códice de Aleppo (c. 925) donde existe como base para una edición crítica diplomática. Se ha presentado a Isaías y Jeremías y Ezequiel está en un estado avanzado de preparación. Ambos, el proyecto Hebreo Universitario de la Biblia y la Biblia Hebraica Quinta continúan la tradición de las ediciones críticas diplomáticas. El texto que se ofrece es de un solo manuscrito. BHQ como lo hicieron las ediciones más tempranas, ofrecerá enmiendas sugeridas en el instrumento. Actualmente existe interés por una edición que ofrezca como texto básico un texto enmendado, ecléctico con discusión de la base para la enmienda del instrumento.

Versiones antiguas

Versiones griegas

La traducción más antigua de la Biblia Hebrea es la Septuaginta (LXX) «la traducción de los Setenta». El nombre fue originalmente aplicado solamente a una traducción del Pentateuco que comenzó en Alejandría, Egipto, probablemente durante el reinado del gobernador griego Tolomeo II Filadelfo (285-247 a. C). Gradualmente el nombre se extendió a la traducción griega de los Profetas y Escritos también. La LXX fue probablemente completada para el tiempo de Ben Sira (c. 190). Ya que se hizo sobre más de la mitad de una centuria, la traducción fue el trabajo de muchos traductores y por lo tanto el estilo y calidad de la traducción varía de libro a libro. Algunas secciones fueron ciertamente el trabajo de un solo traductor (p.ej., los Profetas Menores) otros, el trabajo de muchos. Esta traducción fue probablemente emprendida por la comunidad judía de Alejandría por la necesidad de las Escrituras en lo que se convirtió el lenguaje diario. En adición a los libros de La Biblia Hebrea, la LXX contiene los Apócrifos. Aunque hecha por la comunidad judía de habla griega en Egipto, eventualmente cayó en desuso dentro del judaísmo, probablemente por dos razones principales. Primero existe un despertar de diferencias entre el texto de la LXX y el de la Biblia Hebrea contemporánea. Probablemente se asumió que la traducción era imprecisa, no que el texto de la Biblia Hebrea ha continuado evolucionando después de ser traducida. La insatisfacción se refleja en las revisiones de la LXX para producir versiones griegas cercanamente correspondientes al texto Hebreo actual (por ej., el rollo de los Profetas Menores Griegos de Nahal Hever, segunda mitad del siglo I a.C.). Segundo, las comunidades judías abandonaron la LXX debido a su adopción temprana por los cristianos que hablaban griego. Esto probablemente motivó en parte la producción de las revisiones judías posteriores a la LXX, los de Aquila, Symmachus y Teodosio en el siglo II d.C. En el siglo III Orígenes creó una revisión de la LXX como quinta columna en su Hexapla. La revisión basada en comparación con el texto Hebreo proto Masorético existente en esta época, se volvió a copiar, frecuentemente sin el acompañamiento de las marcas diacríticas que Orígenes usó en la Hexapla para indicar lugares donde los textos griego y hebreo diferían y donde había cambiado la LXX para ponerla en conformidad con el texto hebreo.

Versiones latinas

En el occidente, los cristianos latino hablantes probablemente comenzaron traducciones de la LXX al latín tan pronto como en el siglo II d.C. No había aparentemente ninguna traducción del AT completo al «Latín Antiguo.» En el siglo IV el Papa Dámaso comisionó a Jerónimo para producir una sola versión latina de la Biblia para uso común –la Vulgata. Comenzó c. 392 con Salmos, inicialmente y uso el texto de Orígenes revisado de la LXX como base para su trabajo. La primera versión de Jerónimo del Salterio, conocida como el Salterio Galicano, se hizo muy popular. Para el resto del AT, él se convenció que era necesario crear una nueva traducción del hebreo directamente. Este proceso tomó c. 15 años. El trabajo de Jerónimo no fue ampliamente aceptado hasta c. el siglo VI, al mezclarse primero con las traducciones más antiguas que circulaban.

Targums

Targums (traducciones de una composición o composiciones de la Biblia Hebrea al arameo) existen por cada libro en la Biblia Hebrea excepto Esdras, Nehemías y Daniel. Los targums se volvieron importantes tal vez tan temprano como en el período persa tardío, cuando el hebreo de la Biblia no era fácilmente entendido por la mayoría de las personas. Hay Targums oficiales rabínicos para el Pentateuco (Targum Onkelos) y los Profetas (Tárgum Seudo-Jonatán). No existe Tárgum oficial para las Escrituras, aunque existen numerosos targums. Targums recientemente descubiertos incluyen Tárgum Neofiti, un Tárgum palestino al Pentateuco descubierto en 1957 en la librería del Vaticano y el Targum Fragmentado.

Pentateuco Samaritano

Aunque no estrictamente hablando una de las versiones antiguas, el Pentateuco Samaritano por lo general se discute junto a ellas. La escritura canónica de la comunidad samaritana que sobrevive hasta hoy día, fue descubierta por eruditos en el siglo XIX e inmediatamente provocó discusiones concernientes a su antigüedad y relación al proto TM y la LXX. Desde el descubrimiento de los Rollos del Mar Muerto se ha hecho claro que existe un tipo de texto protosamaritano con fuentes similares de expansión que existen en el Pentateuco Samaritano. Aparentemente los manuscritos bíblicos del Qumrán que son textos protosamaritanos (por ej., 4QNum) proveen evidencia para la temprana historia de los tipos de texto que eligieron los samaritanos para su Pentateuco y al cual le añadieron expansiones únicas que no existen en los manuscritos protosamaritanos de Qumrán.

Crítica textual

Cualquier texto, antiguo o moderno, sufre corrupción en su transmisión. Esto siempre ha sido verdad aunque con la transmisión electrónica de los textos es menos probable que ocurra. La remoción de los errores, sean accidentales o deliberados, que fueron introducidos al texto durante el período de su transmisión es el foco de la crítica de textos de la Biblia Hebrea. En esta tarea las versiones antiguas y los manuscritos bíblicos de Qumrán pueden ofrecer una lectura íntegra que permitirá correcciones de un error en el texto hebreo. Las versiones, por supuesto, no existen simplemente para ser minadas por lecturas incorruptas o variantes, sino que son formas importantes e independientes del texto en su propio derecho. Pero si el enfoque es el texto hebreo pueden proveer la forma de corregir errores que se han desarrollado durante la transmisión del texto hebreo.

Algunos eruditos sostienen que la meta apropiada de la crítica textual debería ser la recuperación o reconstrucción de las formas más antiguas del texto es posible reconstruir a base de evidencia. Esto es similar a visualizar la crítica textual en otras disciplinas tales como el estudio del griego o literatura latina. Con la disponibilidad de manuscritos bíblicos del Qumrán, es posible reconstruir una forma del texto hebreo mucho más antiguo del que tenemos ahora. Otros críticos textuales sienten que la meta apropiada de la crítica textual es producir una edición del TM tan libre de errores como sea posible. Todavía otros piensan que la meta apropiada es reconstruir el texto proto TM, la forma consonante del texto cuando se convirtió en canónico para el judaísmo al finalizar el siglo I d.C. y subsecuentemente para muchos protestantes.

Bibliografía. F. M. Cross, *The Ancient Library of Qumran*, 3rd ed. (Minneapolis, 1995); M. J. Mulder, «The Transmission of the Biblical Text,» in *Mikra*. CRINT 2/1 (Philadelphia, 1988), 87-135; L. H. Schiffman, *Reclaiming the Dead Sea Scrolls* (Philadelphia, 1994); N. H. Snaith, «Printed Editions (Hebrew)» en «Bible,» *EncJud* 4:835-41; E. Tov, *Textual Criticism of the Hebrew Bible* (Minneapolis, 1992); E. Ulrich, «Multiple Literary Editions: Reflections Toward a Theory of the History of the Biblical Text,» en *Current Research and Technological Developments on the Dead Sea Scrolls,* ed. D. W. Parry and S. D. Ricks. STDJ 20 (Leiden, 1996), 78-105; repr. en *The Dead Sea Scrolls and the Origins of the Bible* (Grand Rapids, 1999), 99-120; I. Yeivin, *Introduction to the Tiberian Masorah.* SBLMasS 5 (Missoula, 1980).

Russell T. Fuller

TEXTO DEL NUEVO TESTAMENTO

Ninguno de los autógrafos del NT sobrevive. Los textos de estas obras deben ser reconstruidos en base a evidencia que ha perdurado, la cual comprende (a) manuscritos griegos producidos en siglos posteriores, (b) copias de traducciones antiguas a otros idiomas (i.e., las versiones) tales como latinas y siríacas y (c) citas del NT encontradas en autores cristianos especialmente griegos y latinos. La disciplina de crítica textual trabaja para establecer la redacción del texto como fue originalmente producido y para determinar cuándo, dónde y cómo y por qué el texto vino a cambiar sobre el curso de su transmisión.

Historia de la disciplina

Las raíces de la disciplina descansan en una importante confluencia de eventos al principio del siglo XVI. Figuras clave de la Reforma Protestante insistieron en que las palabras de las Escrituras, interpretadas literalmente, serán la única autoridad para la fe y práctica cristianas; al mismo tiempo un resurgir de interés por textos antiguos emergió entre los humanistas del Renacimiento como Desiderio Erasmo, quien en 1516 d.C. publicó la primera edición del NT en griego solo un año antes de que Martín Lutero postulara sus 95 Tesis. El Testamento Griego que Erasmo produjo, sin embargo, fue reconstruido de manuscritos tardíos que estaban incompletos (su texto de Apocalipsis carecía de los últimos seis versos el cual él mismo tuvo que traducir de la Vulgata Latina al griego) y no siempre concordaba uno con otro. La insistencia de la Reforma en la importancia de las palabras de la Escritura y el reconocimiento concomitante de que estas palabras no sobreviven intactas eventualmente condujo a los eruditos a inventar métodos para establecer el texto original del NT.

Sólo escaso progreso fue hecho a lo largo de estas líneas a través de los siglos XVI y XVII que vieron poco más de la republicación de la edición de texto de Erasmo en forma ligeramente alterada. Ya que esta forma básica del texto fue extensamente usada eventualmente se le apodó el *Textus Receptus* (TR) o Texto Recibido. El final del siglo XVII y principio del XVIII, sin embargo, marcó un cambio significativo mientras los eruditos comenzaron asiduamente a coleccionar y comparar copias de manuscritos del NT. Un hito llegó en 1707, cuando John Mill publicó su *Novum Testamentum Graece*, el cual imprimió el TR, pero incluía un aparato que indicaba algunos 30 000 lugares de variaciones entre los cientos y tantos manuscritos griegos, versiones antiguas y citas patrísticas que había examinado. La publicación desató la controversia inmediata y generalizada, especialmente entre los que se preocupaban por la autoridad divina que permanecía en el texto el cual evidentemente ya no estaba disponible.

Los debates que sobrevinieron trajo algunas de las mentes más brillantes y trabajadores asiduos de los siglos XVIII y diecinueve para concentrarse en los problemas del texto (principalmente en Inglaterra y Alemania) e incluían nombres tan eminentes como Richard Bentley, J. A. Bengel, J. J. Wettstein, J. J. Griesbach, Karl Lachmann, Constantin von Tischendorf, B. F. Westcott y F. J. A. Hort. Algunos de estos estudiosos trabajaban principalmente coleccionando evidencia de manuscritos para el texto original (p.ej., Wettstein y Tischendorf); otros se enfocaron en diseñar métodos para la reconstrucción del texto a base de testigos sobrevivientes (Bengel, Griesbach y esp. Westcott y Hort). Sus labores han fundado la disciplina hasta este día como se evidencia en los métodos de evaluar lecturas variantes y en la más ampliamente aceptada forma del texto griego.

Estado del texto

Debido a extensos descubrimientos de manuscritos del siglo XX, la cantidad de evidencia disponible hoy empequeñece completamente lo que estaba disponible para John Mill en el principio del siglo XVIII y aún lo conocido para Westcott y Hort al final del diecinueve. La tabulación oficial de manuscritos griegos es mantenida por el Instituto para la Investigación Textual del Nuevo Testamento en Münster, Alemania, fundado por Kurt Aland y ahora dirigido por Bárbara Aland. Para 1994 el Instituto grabó un total de 5664 manuscritos griegos conocidos, recorren fechas desde el siglo II al XVI y en tamaño desde el de fragmentos del tamaño de una tarjeta de crédito descubiertos en montones de desperdicios en Egipto a tomos masivos alojados en las librerías de Europa. Estos se categorizan normalmente bajo cuatro títulos: (1) manuscritos de papiro, escritos en papiros en letra «uncial» (algo así como nuestras «mayúsculas»); estos son los únicos testigos más antiguos disponibles que datan desde el siglo II – octavo (99 se conocen hasta el momento); (2) manuscritos *mayuscule*, también escritos en uncial, pero en papiros o vitela; estos datan desde los siglos III-X (306 conocidos); (3) los manuscritos minúsculos escritos en una clase de letra «cursiva» la cual se popularizó en la Edad Media, posiblemente porque era más rápida y conveniente para escribir; datan de los siglos IX-XVI (2856 conocidos) y (4) manuscritos leccionarios, selecciones del NT compilados para lecturas litúrgicas, en uncial o letra minúscula, datan desde los siglos IV-XVI (2403 conocidos).

Además de estos testigos griegos están los manuscritos de las Versiones Tempranas del NT; para el final del siglo II el NT se había traducido ya al latín (del cual tenemos miles de copias a través de la Edad Media) y siríaco, un poco más tarde al copto y eventualmente al etíope, armenio, georgiano y a otras lenguas. Estas versiones pueden indicar la forma del texto en el tiempo y espacio que originalmente se hicieron las traducciones. Así también las citas de los padres de la iglesia pueden ser usadas para reconstruir las formas del texto disponible para ellos. Tales fuentes patrísticas son particularmente útiles en la comprensión de cómo el texto fue transmitido regionalmente, ya que en muchos casos conocemos exactamente cuándo y dónde vivían los padres. Desde esta evidencia masiva los eruditos trabajan para determinar, la forma original del texto y la alteración hecha en el curso de su transmisión. La dificultad de la tarea, en parte, es que ninguno de nuestros Testigos primarios, los manuscritos griegos, están en completo acuerdo uno con otro. A veces los desacuerdos son extremadamente menores y de muy poco tiempo y envuelven cosas como diferencias de ortografía. Pero a veces son de suprema importancia: hoy hay un vasto acuerdo, por ejemplo, que la historia de la mujer tomada en adulterio (Jn 7.52—8.11) no era originalmente parte de los cuatro Evangelios, pero que fue añadido por escribas posteriores; lo mismo puede decirse de los últimos 12 versículos del Evangelio de Marcos (Mr 16.9-20). En muchos casos, sin embargo, los Testigos sobrevivientes están tan significativamente divididos que los eruditos no están de acuerdo respecto a la forma original del texto. ¿La voz en el bautismo de Jesús en Lucas originalmente dice «Tú eres mi hijo amado en ti tengo complacencia» (Lc 3.22)? En Lucas, ¿Jesús oró por el perdón de sus enemigos durante su crucifixión (Lc.23.34) o no? ¿El prólogo del Evangelio de Juan termina al llamar a Jesús «el unigénito hijo que está en el seno del Padre» o «el único Dios que está en el seno del Padre» (Jn 1.18)? Los estudiosos continúan debatiendo resultados de tales diferencias entre nuestros manuscritos.

Métodos de crítica textual

Decidiendo cuál forma del texto es original, muchos eruditos aplican un método «ecléctico,» el cual apela, a basa de caso por caso a un número de criterios diferentes que son tradicionalmente categorizados tanto como «externos» (los basados en la clase de manuscritos que sostienen una lectura u otra) o «internos» (los basados en la probabilidad que una lectura retrocede a su autor original o a un error introducido por un escriba). Para estar seguros continúan siendo proponentes del «Texto Mayoritario,» que reclaman la forma del texto encontrada en la mayoría de los testigos sobrevivientes es siempre o casi siempre preferido (un énfasis casi exclusivamente en una clase de evidencia externa); y hay otros que sostienen que ya que todos los manuscritos contienen errores, es incorrecto considerarlos a todos al decidir lo que los autores escribieron originalmente (enfatizar evidencia «interna»). La mayoría de los estudiosos, sin embargo, continúan y adjudican las diferencias entre los manuscritos al considerar toda la gama de evidencia que perdura.

Evidencia externa

Los siguientes están dentro de los principios «exter-

Papiro Chester Beatty II (p. 46), c.200 d.C. contiene Ro 15.29-33; 16.25-27, 1—3 (Instituto para la Investigación Textual del Nuevo Testamento, Münster/Westphalia)

nos» más importantes que algunas veces se invoca al decidir una lectura textual sobre la otra.

Número de testigos de apoyo. Una lectura encontrada más frecuentemente entre nuestros manuscritos puede, teóricamente, tener un reclamo superior de ser el original. Aunque ampliamente favorecida por defensores del «Texto Mayoritario» este principio es no obstante descontado por muchos otros eruditos y por razones convincentes. Si, hipotéticamente, un manuscrito del siglo II es copiado tres veces y otro fue copiado 300 veces, esto no significaría que el último era más acertado (y sus copistas no tendrían manera de saberlo); sólo simplemente significa que fue copiado más a menudo. El número de Testigos sobrevivientes, por consiguiente, en realidad nos dice poco del texto original.

Tiempo de los testigos de apoyo. Más importante, obviamente, que el número de testigos sobrevivientes para cualquier lectura en particular es el tiempo de sus manuscritos de apoyo. En general los manuscritos más antiguos son menos probables que contengan errores ya que no ha pasado por muchas manos. Este criterio tampoco es completamente seguro, sin embargo, ya que un manuscrito del siglo VII posiblemente ha sido copiado de un ejemplar del siglo II mientras que un manuscrito del siglo VI (el cual es por lo tanto más antiguo) pudo haber sido copiado de uno del siglo V.

Diversidad geográfica de los testigos. Menos problemático es una solicitud a la extendida distribución de una lectura: cualquier forma del texto encontrada en Testigos diseminados sobre un amplio ámbito geográfico como opuesto a manuscritos localizados, por ej., en una sola ciudad o región, tiene una oportunidad mayor de ser antiguo.

Calidad de los testigos de apoyo. Como en una corte de ley, algunos testigos textuales son más confiables que otros. Testigos conocidos como productores de un texto inferior cuando el caso puede decidirse con un alto grado de certeza (en terreno «interno» discutido abajo) son también más probables de producir un texto inferior donde la evidencia interna es más ambigua.

Calidad de grupos de apoyo de los testigos. Desde el siglo XVII los eruditos han reconocido que algunos manuscritos están íntimamente relacionados entre sí, en el sentido en que ellos apoyan típicamente las mismas redacciones del texto en un número amplio de pasajes. Los testigos pueden entonces agruparse a la luz de su parecido. Hoy existen tres grupos principales ampliamente aceptados: (1) Testigos «*Alejandrinos*,» que incluyen la mayoría de los más antiguos y «mejores» manuscritos como lo han juzgado su calidad general (por ej., el Código *Vaticanus*); este puede a la larga volver a la forma del texto preservado entre eruditos en Alejandría, Egipto; (2) Testigos «Occidentales» (un nombre equivocado, ya que algunos de estos testigos se produjeron en la cristiandad del este), el cual incluye manuscritos asociados con el famoso Código *Bezae* en los Evangelios y Hechos; estos aparentan preservar una temprana, pero generalmente una poca fidedigna, forma del texto; y (3) Testigos «Bizantinos» los cuales incluyen la amplia mayoría de los últimos manuscritos y un preponderante número de estudiosos juzga que preservan una forma inferior del texto. La regla general para muchos críticos es que la lectura atestiguada sólo en testigos bizantinos o de Occidente son altamente sospechosas; lecturas encontradas entre testigos de Alejandría, por otro lado, son más probables que le den el beneficio de la duda, especialmente cuando también éstas están certificadas por testigos de los otros dos grupos.

A modo de resumen, la mayoría de los estudiosos mantienen que el número de testigos puros que sostiene una lectura u otra escasamente importa para determinar el texto original. Más significativa es la edad, diversidad geográfica, calidad general y agrupación de textos de apoyo externo; esto es, lecturas encontradas en los más antiguos, más diseminados y «mejores» manuscritos son más probables de ser originales.

Evidencia interna

La evidencia interna no se ocupa del testimonio que apoya una lectura u otra, sino de los méritos competitivos de las lecturas variantes en y de ellas mismas. Dos clases de asuntos están envueltos: «probabilidades de transcripción» (y alteraciones ocasionales) del texto y «probabilidades intrínsecas,» por ejemplo, argumentos concernientes a lecturas que se ajustan más cercanamente al lenguaje, estilo y teología del autor en cuestión y por lo tanto, es intrínsecamente más probable que sea original.

Probabilidades de transcripción.

Estudios en nuestros manuscritos más antiguos confirman varias suposiciones de sentido común acerca de la clase de lecturas que los escribas creaban cuando alteraban el texto que copiaban. Por ejemplo, los escribas parecían armonizar más probablemente dos pasajes que estaban en aparente desacuerdo uno con el otro que hacerlos diferir; ellos estaban más de acuerdo en mejorar la gramática de un pasaje que empeorarlo; era más probable que hicieran que un pasaje fuese conforme a sus puntos de vista teológicos que hacerlo no ortodoxo. Como resultado el crítico puede emplear una regla general al considerar probabilidades de transcripción, una regla que puede sonar al revés, aunque esté establecida en principios sanos: la lectura más difícil (p.ej., la lectura que menos armoniza, gramatical y teológicamente «correcta») es más probable que sea original.

Probabilidades intrínsecas

Mientras que las probabilidades de transcripción buscan lecturas que fueron más probablemente creadas por escribas en el proceso de transcripción, las probabilidades intrínsecas buscan la lectura que ha sido creada más probablemente por el mismo autor del libro del NT. El asunto aquí es el lenguaje, estilo y la teología del autor quien originalmente produjo el texto. Lecturas que se ajustan más de cerca al propio pensamiento del autor y forma de expresarlo son más probablemente suyas. Hacer esta determinación, por supuesto, requiere una aplicación sofisticada de formas tradicionales de exégesis y un conocimiento sustancial del autor en cuestión.

El texto al final del siglo XX

Se ha hecho progreso significativo en el estudio del texto del NT en los dos últimos siglos pasados. En vez de los textos griegos pobremente editados, eruditos y estudiantes ahora tienen a su disposición el acceso a versiones cuidadosamente editadas con información textual (por ej., equipo que indica diferencias entre los testigos sobrevivientes), de las cuales las dos más populares son el NT griego de las Sociedades Bíblicas Unidas (principalmente para los traductores de Biblias y estudiantes principiantes; ahora en su cuarta edición) y la edición 28 de «Nestlé-Aland» *Novum Testamentum Graece*, el cual contiene exactamente el mismo texto griego que la edición USB, pero con un aparato textual mucho más extenso. Además los trabajos laboriosos de los eruditos actuales y las oportunidades cruciales abiertas por la computadora han llevado a una explosión de productividad en este campo e incluye una racha de publicaciones invaluables del Instituto de investigación del Nuevo Testamento, probablemente el más importante de los cuales es la muy anticipada *Editio Critica Maior*, una edición que incluirá un equipo impresionante de evidencia textual que eclipsará cualquiera disponible ahora (trabajando al presente en las Epístolas generales. Proyectos significativos están en camino fuera del Instituto también, tales como el Proyecto Internacional Griego del Nuevo Testamento, cuyos comités británicos y americanos han publicado ya extensos aparatos del Evangelio de Lucas y trabajan ahora en uno de Juan.

Probablemente el único requerimiento más grande en el campo al día de hoy es una historia viable del texto (p.ej., un recuento de dónde, cuándo, cómo y por qué el texto cambió en el transcurso de su larga y variada transmisión). Esta historia es de crucial importancia para la reconstrucción del escenario más antiguo del texto (p.ej., forma «original») y para el establecimiento de la relación más cercana entre el texto y el mundo social dentro del cual fue copiado. Este asunto posterior –el contexto sociohistórico de transmisión escribal– ha llegado a ser particularmente significativo para los eruditos en años recientes cuando llegaron a reconocer que las alteraciones del texto pueden reflejar la preocupación teológica y mundos sociales de los escribas que los cambiaron. Una historia competa del texto, sin embargo, requerirá trabajo preliminar sustancial en las versiones tempranas y especialmente, padres de la Iglesia individuales, un inicio significativo en el del cual puede encontrarse en las series El Nuevo Testamento en los padres griegos (Atlanta, 1991-).

Bibliografía. K. Aland and B. Aland, *The Text of the New Testament*, 2nd ed. (Grand Rapids, 1989); B. D. Ehrman, *The Orthodox Corruption of Scripture* (Oxford, 1993); Ehrman and M. W. Holmes, *The Text of the New Testament in Contemporary Research.* Studies and Documents 46 (Grand Rapids, 1995); E. J. Epp, «Textual Criticism,» en *The New Testament and Its Modern Interpreters*, ed. Epp and G. W. MacRae (Philadelphia, 1989), 75-126; B. M. Metzger, *The Text of the New Testament*, 3rd ed. (Oxford, 1992); *The Early Versions of the New Testament* (Oxford, 1977); *Manuscripts of the Greek Bible* (Oxford, 1981); *A Textual Commentary on the Greek New Testament* (Stuttgart, 1971).

BART D. EHRMAN

TEXTO RECIBIDO
La forma del texto neotestamentario que se hizo estándar en los siglos XVI-XVII, Johan Froben, un editor suizo, supo del intento del Cardenal Jiménez de producir un NT griego, pidió a Desiderio Erasmo en abril de 1515 que preparara una edición del NT tan pronto como fuera posible. Usando seis manuscritos a mano sólo uno de los cuales (Códice I) era de relativa antigüedad, la edición de Erasmo comenzó en septiembre y se publicó en marzo del 1516. La edición de Jiménez, la Políglota Complutense fue impresa en 1522 aunque realmente había sido completada en 1514. Robert Stephanus publicó cuatro ediciones del NT griego entre 1546 y 1551 y usó el texto de Erasmo y Jiménez. Su tercera edición (1550) la cual ofreció variadas lecturas de 15 manuscritos, se convirtió en el texto estándar en Gran Bretaña y Estados Unidos. Teodoro Beza, el sucesor de Calvino en Suiza, publicó nueve ediciones del NT griego dese 1565 a 1604, esencialmente presenta el texto impreso por Erasmo y Stephanus; su reputación ayudó a establecer la forma impresa del texto griego.

Los dos hermanos Elzevir publicaron en Holanda siete ediciones del NT griego entre 1624 al 1628, todos basados en el texto presentado por Erasmo, Stephanus y Beza. En el prefacio de su segunda edición (1633) la cual se convirtió en el texto estándar impreso en Europa, escribieron: «Tiene usted por consiguiente el texto recibido por todos: en el cual no ofrecemos nada alterado o corrompido.» El término *texto recibido*, entonces se refiere a un texto «comúnmente publicado.»

Este texto basado en la forma textual de la era bizantina se convirtió en la forma impresa aceptada por pura casualidad. No es un texto «malo» o erróneo, pero es una forma posterior del texto. Tres siglos habrían de pasar antes de que los eruditos tuvieran éxito en reemplazar este texto preparado apresuradamente con uno que tuviera la evidencia de ser más cercano a los autógrafos del NT.

CAROL D. OSBURN

TIATIRA (Gr. *Thyátira*)
Una ciudad (Akhisar moderna) justo al este de la carretera Pérgamo/Sardis en la llanura del río Lico. Poco se sabe de sus primeros años, pero la evidencia sugiere que fue fundada en el siglo II a.C., A raíz de las conquistas griegas del siglo IV y los reinos posteriores de la época helenística, Tiatira se convirtió en una ciudad de guarnición entre imperios occidentales regionales (Pérgamo) y las potencias del este de Siria. Para 190 era súbdita de Pérgamo y en 133 cayó sujeta a Roma. Fue una de las siete iglesias de Asia mencionadas en Apocalipsis 1.11.

Como una ciudad de comercio y manufactura Tiatira se hizo muy conocida por muchos de sus oficios. Inscripciones y referencias literarias mencionan gremios que trabajan en lana, lino, cuero, bronce, armaduras, tinte, curtido, cerámica y panadería. Además los artesanos de Tiatira descubrieron cómo hacer tinte púrpura de la raíz de rubia sin utilizar el costoso murex de mariscos. Lidia, una cristiana prominente en Filipos, era de Tiatira y vendía textiles púrpura, una vocación que se adapta perfectamente a la evidencia arqueológica.

Pablo probablemente evangelizó la ciudad durante su ministerio de dos años en Éfeso (Hch 19.10). Es razonable suponer que Tiatira tenía una población judía como tantas otras ciudades asiáticas. El mayor obstáculo para el discipulado cristiano en Tiatira fue planteado por los gremios de comercio; estos no sólo eran asociaciones empresariales, sino también grupos religiosos y cívicos que se dedicaron a las divinidades patronales y se entregaban a orgías sexuales (cf. Ap 2: 18-29). Para 200 d.C., Tiatira disfrutó de una fuerte presencia cristiana y continuó floreciendo. Pero debido a su vulnerabilidad geográfica (cruce de caminos, no hay defensas naturales), fue saqueada en varias ocasiones.

Bibliografía. E. M. Blaiklock, *Cities of the New Testament* (London, 1965), 107-11; T. R. S. Broughton, *Roman Asia,* en *An Economic Survey of Ancient Rome,* ed. T. Frank (1938, repr. Paterson, N.J., 1959) 4.499-916; C. Foss, «archaeology y the 'Twenty Cities' of Byzantine Asia,» *AJA* 81 (1977): 469-86; C. J. Hemer, *The Letters to the Seven Churches of Asia in Their Local Setting* (1986, repr. Grand Rapids, 2000); J. McRay, *Archaeology and the New Testament* (Grand Rapids, 1991).

GARY M. BURGE

TIBERIAS (Gr. *Tiberiás*)
Situada en la orilla occidental del Mar de Galilea (201242), una ciudad fundada por Herodes Antipas entre 18 y 20 d.C., como su nueva capital de Galilea y nombrada en honor de su patrón y, a continuación, emperador Tiberio.

Desde que fue construida sobre un antiguo cementerio, muchos judíos se negaron a instalarse allí;

solo el aliciente financiero o la compulsión por parte de Antipas llenan la ciudad con los habitantes judíos y griegos (Josefo *Ant.* 18.36-38). Josefo también habla de un suntuoso palacio en Tiberias, con techos dorados y representaciones de animales que rompieron las tradiciones judías anicónicas (*Vita* 65-66). Las monedas acuñadas en Tiberias, sin embargo, no contenían imágenes de Antipas ni humanas o paganas; en cambio las monedas fueron impresas a menudo con una caña, una planta local que creció a lo largo del mar de Galilea. Después de las dos guerras judeo-romanas, Tiberias se convirtió en uno de los más importantes centros de estudios judíos, y por lo tanto ocupa un lugar prominente en la literatura rabínica. Rabí Yohanan dirigió una de las mayores casas de estudio en Tiberias del siglo II. En la Edad Media los masoretas desarrollaron la señalización de vocales Tiberiana de la Biblia hebrea allí.

Las excavaciones arqueológicas se han limitado a las sondas aisladas y las operaciones de salvamento ya que el sitio antiguo se encuentra debajo de una ciudad moderna. Una puerta de la ciudad, protegida por dos torres circulares masivas, fue descubierta, lo que podría datar de fundación de Antipas de la ciudad. Esta puerta, junto con evidencia de un cardo, o eje vial norte-sur (cuyos restos se fechan mejor en el período bizantino), indica que la ciudad original fue probablemente presentada en un patrón de cuadrícula ortogonal. El muro bizantino de la ciudad abarca una superficie de 185 ha (457 a) Y rodea el monte Bernice al oeste y las aguas termales de Tiberias al sur. Las excavaciones en el último sitio de Hamat (Heb. «Aguas termales») Tiberíades, donde los viajeros desde la época romana han disfrutado de sus poderes curativos, han dado a conocer un mosaico de la sinagoga del siglo IV que representa una zodiaco espectacular.

En el NT sólo el Evangelio de Juan menciona Tiberias, en referencia al «mar de Tiberias» (Jn 6.1, 21.1) e indicando la ciudad como la configuración regional de la que muchos vienen en barcos para ver a Jesús (6.23). Al igual que Séforis, otra de las grandes ciudades de Herodes Antipas, ninguna actividad de Jesús se registra o se asocia a Tiberias. Tal vez Jesús evitó Tiberias como sede del poder político de Antipas.

Bibliografía. Y. Hirschfeld, G. Foerster, y F. Vitto, «Tiberias,» *NEAEHL* 4.1464-73; G. Theissen, *The Gospels in Context* (Minneapolis, 1991).

JONATHAN REED

TIBERIAS, MAR DE

Véase Galilea, Mar de.

TIBERIO (Gr. *Tiberios*; Lat. *Tiberius*)

Tiberio César, hijastro e hijo adoptivo de César Augusto; el segundo emperador de Roma tras la muerte de Augusto en el 14 d.C. El reinado de Tiberio continuó hasta su muerte en el año 37, y aunque fundado en la adhesión a las políticas de Augusto, fue, sin embargo, marcado por el descontento político entre una aristocracia senatorial romana mucho menos confiada en las habilidades de Tiberio, en comparación con las muy admiradas de Augusto.

Nacido Tiberio Claudio Nerón, Tiberio fue criado en la casa de su madre Livia y su padrastro Augusto. Gran parte de su vida estuvo marcada por el servicio a Roma ya que Tiberio, junto con otros miembros de la familia imperial, ocuparon importantes puestos militares y administrativos. Tiberio era un general victorioso, trayendo al imperio a Panonia a través de la conquista y otras áreas a lo largo del Danubio. Después de la muerte del amigo de Augusto, Marco Agripa, Tiberio fue obligado a casarse con Julia, la viuda de Agripa y la hija de Augusto, por lo que podría convertirse en el protector de los nietos y herederos de Augusto. Después de la muerte de ellos, Augusto no tenía a nadie a quien podría elevarse como sucesor excepto Tiberio. Sin embargo, Augusto insistió en que Germánico sobrino de Tiberio, esposo de Agripina nieta de Augusto, se colocara en la sucesión sobre el propio hijo de Tiberio, Druso. Las extrañas circunstancias de la muerte de Germánico varios años después de la sucesión de Tiberio despertaron sospechas sobre la posible participación de Tiberio en la muerte y proporcionaron siempre un punto de reunión para los oponentes de Tiberio. Finalmente, cansado de la política, Tiberio se retiró a Capri, dejando Roma a cargo de su prefecto del pretorio, Sejano. La lenta aniquilación de opositores en el Senado, incluyendo miembros de la familia imperial, aseguraron a Sejano un lugar infame en la historia de Roma. La fuente histórica principal de estos eventos, los Anales de Tácito, escritos un siglo más tarde, ofrece un relato acusador del reinado de Tiberio.

Tiberio era emperador durante los eventos descritos en los Evangelios. La alusión a su reinado (Lc 3.1) ofrece la única referencia firme del NT para fechar eventos. Poncio Pilato fue nombrado procurador de Judea por Tiberio y sirvió al emperador en esa capacidad desde 26 hasta 36. En 18 d.C., el cliente de Tiberio, Herodes Antipas, el tetrarca de Galilea, fundó en honor del emperador la ciudad de Tiberias.

Bibliografía. B. Levick, *Tiberius the Politician* (1976, repr. London, 1986); F. B. Marsh, *The Kingdom of Tiberius* (London, 1931).

John F. Hall

TIBHAT (Heb. *tiḇhaṯ*) (also BETAH)
Un lugar en Siria de donde David tomó gran botín después de una victoria (1 Cr 18.8). Llamado Beta en el pasaje paralelo (2 S 8.8), es posible que se asociara a Teba (Gn 22:24). Se cree que Tibhat está situado en la región de Beqaʿ, pero su ubicación exacta es desconocida.

TIBNI (Heb. *tiḇnî*)
El hijo de Ginat; favorecido para ser rey por la mitad del reino del norte de Israel después de la muerte del rey Zimri (c. 882 a.C.; 1 R 16.21.). Pero en la guerra civil de tres años que siguió el suicidio de Zimri, los que siguen a su rival Omri pronto tomaron la delantera, y Tibni perdió la vida (1 R 16.22).

TICVA (Heb. *tiqwâ*)

1. El padre de Salum (2), esposo de la profetisa Hulda (2 R 22.14).

2. El padre de Jahazías, quien se opuso al plan de Esdras para disolver los matrimonios con mujeres extranjeras (Esd 10.15).

TICVA (Heb. *toqhaṯ*) (también TIKVAH)
Suegro de la profetisa Hulda (2 Cr 34.22). Es llamado Ticvah (1) en 2 Reyes 22.14.

TIDAL (Heb. *tiḏʿāl*; cf. Hitt. *Tudḫaliya*)
El rey de Goim; uno de los aliados de Quedorlaomer que ayudaron a someter a los reyes rebeldes de la llanura (Gn 14.1, 9). No se ha identificado a Tidal ni a sus súbditos.

TIEMPO
Como Génesis 1 deja en claro, la creación del tiempo es parte de la creación del universo. Las medidas y las divisiones del tiempo se producen cuando Dios separa la noche del día (Génesis 1: 3-5) y crea el sol, la luna, y las estrellas que «sirvan de señales para las estaciones, para días y años, y sean por lumbreras en la expansión de los cielos» (vv. 14-15). Israel reconoció que su Dios no sólo había creado, pero también siguió sosteniendo este ritmo temporal junto con el ciclo meteorológico de lluvias de invierno y sequía estival que hizo posible sus ciclos agrícolas de arado y siembra, maduración y cosecha. Las acciones liberadoras de este Dios definen el pasado de Israel y ofrecieron renovadas posibilidades para su futuro.

Vocabulario
Si bien el hebreo bíblico usa varias palabras para identificar momentos específicos, carece de un término general para el tiempo como una categoría. Muchos estudiosos sostienen que el sistema verbal hebreo en sí no tiene «tiempos», que indica si una acción se ha completado, pero no si esa conclusión se llevó a cabo, ha tenido lugar, o habrá tenido lugar. Los narradores y poetas del antiguo Israel deben, sin embargo, haber estado familiarizados con alguna noción de tiempo, incluso si no era matemática y lineal; escribieron pasajes llenos de referencias a eventos del pasado, presente y futuro.

Términos espaciales, p.ej., *qedem* («delante de» el momento presente) y *ʾaḥărîṯ* («detrás» del momento presente), transmiten nociones temporales «pasado» y «futuro.» La frase *bĕʾaḥărîṯ hayyāmîm* («en los días venideros») indica un tiempo remoto en el futuro, mientras que *hāriʾšōnîm* («las cosas anteriores») designa sucesos pasados (p.ej., Is 41.22). Para expresar duración, el hebreo bíblico ofrece varias combinaciones de *ʿôlām* (p.ej., «para siempre, para toda la vida») y de *dôr* (p.ej., « generación tras generación,» « generación en generación»). En contraste, *regaʿ*, «momento,» es un intervalo muy corto de tiempo.

Heb. *ʿēṯ* se traduce generalmente «tiempo». Especifica un evento en particular o la duración de un evento, en lugar de un momento o medida de tiempo. En Salmo 10.1 *ʿittôṯ baṣṣārâ* caracteriza a la duración de los problemas del orador; en Josué 5.2 *ʿēṯ* es el motivo de la recircuncisión de los israelitas después de haber cruzado el cauce del río Jordán seco a la tierra de Canaán; en Ester 1.13 «los que conocían los tiempos» (es decir, acontecimientos futuros) son astrólogos; en Amós 5.13 el tiempo malo es sinónimo de la realización de acciones injustas. En 2 Samuel 11.1 *ʿēṯ* significa «tiempo habitual,» la primavera del año que salen los reyes a la guerra.

Para el autor de Eclesiastés 3.1-8, el tiempo está ordenado por una sucesión de eventos que ocurren en una sucesión fija. Hay un tiempo para todo, de acuerdo con esta reflexión pesimista, y «nada nuevo bajo el sol.» Tal rigidez temporal apoya la opinión del predicador que un abismo infranqueable separa la vida humana y la actividad divina; la naturaleza infranqueable de tiempo se opone a cualquier intervención externa.

A menudo la frase *beʿittô* («en su/el tiempo») lleva el matiz de «momento adecuado,» «estación apropiada.» En Deuteronomio 11.14 se refiere a la hora prevista de las lluvias de invierno. En 1 Samuel 18.19 indica la hora señalada para la entrega de Merab la hija de Saúl en matrimonio. A veces el plural de *ʿēṯ* lleva el sentido de «suerte» o «destino» (p.ej., 1 Cr 29.30).

La palabra hebrea para «día,» *yôm,* a menudo funciona como un sinónimo de *ʿēṯ.* Expresiones como «el día de Moab» o «el día de Jerusalén» (Sal 137.7) son generalmente negativos; que indican los acontecimientos, pasados o futuros, que marcan la destrucción de la nación o ciudad cuyo día es. Del mismo modo, el «día del Señor» *(yôm YHWH;* Am 5.18-20; Is 2.12; 13.6, 9; Jl 1.15) es a la vez el evento a través de la cual el Señor ejecuta juicio sobre Israel o sobre sus enemigos y el momento en que se produzca la citada sentencia. En Jeremías 50.31 el profeta usa la frase «el día ha llegado» con el fin de anunciar el desastre y la muerte. El plural de *yôm (yāmîn)* indica un período distintivo de tiempo con un principio y un fin; por ejemplo, 2 Samuel 21.1 informa de una hambruna que se produce durante el reinado de David (*yĕmê dawîd,* «en los días de David»).

Pasado y futuro se expresan en el espacio, con el presente como punto de orientación. Mientras que los occidentales pueden conceptualizar el futuro por delante de ellos, los israelitas bíblicos sitúan el futuro detrás *(ʾaḥărîṯ)* como eventos todavía por aparecer; que se acercan, se desarrollan lentamente para moverse más allá del presente. En Isaías 30.8 el Señor ordena al profeta escribir el mensaje divino en una tableta, por lo que podría ser un testigo eterno en «los próximos días». Del mismo modo, una mujer valiosa se ríe de «se ríe de lo por venir» (Pr 31.25). Del mismo modo, mientras que algunos lectores piensan en el pasado como algo que pueden poner detrás de ellos, para los israelitas bíblicos el pasado está delante *(qeḏem)* de ellos, visibles, conocidos, sus eventos moviéndose cada vez más lejos en la distancia. En Isaías 23.7 Tiro es la ciudad «con muchos días de antigüedad». Jerusalén recuerda los últimos días en que su gente fue conducida al exilio (Lam 1.7).

Mientras *ʿēṯ* generalmente identifica políticos, militares, o personales que pueden ocurrir al azar, *môʿēḏ,* de un verbo que significa «nombrar», se refiere a los acontecimientos que son fijos o determinados de antemano, tales como reuniónes, eventos, o asambleas. En Daniel 8.19 *môʿēḏ* apunta al final escatológico señalado de la historia; en 1 Samuel 20.35 designa la reunión preestablecida de Jonatán con David; en Deuteronomio 31.10 anuncia el Año del Jubileo como «el año de la remisión» de la deuda. La palabra también transmite que hay momentos apropiados en la naturaleza en la que debe ocurrir un evento (p.ej., Jer 8.7).

Los escritores bíblicos también utilizaron *môʿēd* para distinguir el tiempo religioso, apartado para recordar el pasado de Israel y su relación con el Señor, dedicado a la celebración de obras de salvación y cosechas exitosas. El profeta Isaías llama a Jerusalén «ciudad de nuestras fiestas solemnes» (Is 33.20). Durante estas celebraciones litúrgicas (Lv 23), con una duración de días, las personas volvieron a contar las historias de los acontecimientos que los festivales conmemoran, sucesos victoriosos que marcaron su relación con el Señor. Estas narraciones les permitieron experimentar los mismos eventos de los que estaban oyendo, como si les estuvieran sucediendo a ellos, en su propio tiempo (p.ej., Ex 13.8). Dentro de este contexto de recordar las bendiciones, cada generación afirmaba para sí misma su relación de pacto con Dios de Israel, en agradecimiento por un poder salvador que actuó en el tiempo pero fue más allá de él.

Medidas de tiempo

El AT también utiliza un vocabulario que corresponde a las divisiones más universales de tiempo: día, semana, mes y año. «Día» *(yôm)* se extiende desde la mañana a la noche o de la puesta de sol a la puesta del sol (Gn 1.5). En Salmo 55.17(TM 18) «día» tiene tres divisiones de «tarde, mañana y el mediodía»; en otros lugares tiene cuatro (p.ej., Neh 9.3). «Noche» *(laylâ)* tiene tres secciones o vigilias (Ex 14.24; Lam. 2.19).

Heb. *šāḇûaʿ* (lit., «siete») significa «semana.» Los días de la semana no se nombran; se numeran del uno al seis. El día final y séptimo el único que tiene una designación especial, «sabbath,» en referencia al descanso de Dios después de la creación (Gn 2.2-3; Ex 20.10-11). De acuerdo con la historia de la Creación Génesis 1, así como «imágenes divinas» mantener el orden en el universo, los israelitas siguen ejemplo divino, descansando en este día. Otro escritor cita la liberación del Señor de los esclavos hebreos de la esclavitud de Egipto como una razón adicional para que los fieles israelitas, sus esclavos, y sus animales de granja se abstengan de trabajo físico en el último día de la semana (Dt 5.14-15).

Heb. *yārēaḥ* y *ḥōḏeš*, «luna,» también significa «mes». El calendario lunar de Israel mide la duración de un mes de luna nueva a luna nueva. Algunos de los nombres de los meses mencionados en el Antiguo Testamento reflejan los orígenes cananeos de Israel, p.ej., Abib (Ex 13.4), Ziv (1 R 6.1, 37), Etanim (8.2), Bul (6.38). Los textos posteriores utilizan los nombres babilónicos, p.ej., Nisán (Neh 2.1), Siván (Est 8.9), Elul (Neh 6.15), Qisleu (1.1), Adar (Esd 6.15).

El comienzo de un nuevo mes era un día de descanso; los sacerdotes ofrecían sacrificios especiales (Nm 28.11-15.) y tocaron el shofar ceremonial con la esperanza de que el Señor se acordara de Israel (10.10; Sal 81.3[4]; cf. Os 5.7; Am 8.5). Las principales fiestas como la Pascua y Sucot cayeron en luna llena.

Los días por venir

La comunidad judaíta posexílica se posicionó entre un pasado desastroso y un futuro incierto. Delante de ellos estaban los hechos de gracia y liberadores, los milagros, que su Dios había realizado en su nombre: la liberación de Egipto, el pacto, el asentamiento en la tierra, la realeza (en al menos una tradición). Al mismo tiempo, sus propias infidelidades y el olvido de esta bondad divina cubrían ese pasado. Una y otra vez, el Señor tuvo que aplicar la vara, a menudo bajo el disfraz de la derrota a manos de otras naciones, para enseñar a Israel una manera más productiva de vida.

En la parte trasera de Judá y de Jerusalén estaba oculto su futuro, «los días por venir.» Si bien ningún texto da un desarrollo sistemático de este futuro, algunas características son claras. Algún «día del Señor» inaugura esta nueva época en la historia de Israel. Un ejército divino mata a los enemigos del pueblo del Señor (Jl 3.9-14 [4.9-14]) y, en algunos casos, destruye sus propias tierras (v 19.). Los extranjeros acuden a Jerusalén para estudiar la Torá de judaítas fieles (Mic 4.1-2.) O para servir como sus esclavos (Is 60.10-12.). Judá goza de prosperidad agrícola y autonomía política (Joel 3.18-21 [4.18-21]). Esta es la época del nuevo pacto de Jeremías (Jer 31.31). Mediante el uso de imágenes de gran alcance, los poetas de Israel expresan la convicción de que en algún momento desconocido en el futuro, las circunstancias políticas, religiosas y económicas de Judá pasarán por un cambio duradero.

Nuevo Testamento

Los escritores del NT se basan en las nociones de tiempo del AT. En los Evangelios un día sigue funcionando desde el anochecer hasta el anochecer; por lo tanto, la Última Cena y la Crucifixión se producen en el mismo día. También hay diferencias importantes. Debido a que los evangelistas creen que las promesas pasadas y futuras esperanzas se unen en el evangelio de Jesús, a veces no hacen distinciones claras entre pasado, presente y futuro.

El uso del NT del gr. *aiṓn*, «edad» o «eternidad,» probablemente refleja las raíces judías del cristianismo. La literatura judía intertestamentaria a menudo distingue entre el actual mundo controlado por los poderes del mal y el mundo por venir ya bajo el dominio de Dios y los poderes del bien (cf. Mt 12.32; Mr 10.30; Ef 1.21; 2.7). Una forma de entender la trama del Evangelio de Marcos es verlo como una lucha en la que Jesús de Nazaret rompe el poder del diablo en este mundo con el fin de establecer el reino de Dios en la historia. El adjetivo *aiṓnios*, «eterno,» describe el pacto que media Cristo (He 13.20.), La morada en que los cristianos entran cuando mueren (Lc 16.9; 2 Co 5.1; 2 Ti 2.10), el evangelio eterno (Ap 14.6), la esperanza de vida sin fin (Tit 3.7), las llamas perpetuas del castigo (Mt 18.8.), el juicio eterno (He 6.2), la cualidad del pecado que separa a uno definitivamente de Dios (Mr 3.29).

En el NT «eterno» pertenece correctamente a Dios, puesto que solo Dios no tiene fin de días. Aplicado a los cristianos, el adjetivo sugiere que incluso en «este mundo» los cristianos participan en la vida divina. El creyente está a salvo de los males de la actualidad (Gá 1.4) y ya experimenta la salvación futura (He 6.5). La época actual es el momento decisivo, el «ahora» de la salvación (Lc 19.9; 23.43). En el Evangelio de Juan, la vida eterna comienza «ahora», una vez que la gente comienza a creer en Jesús; la venida a la fe es el momento central en la vida de un individuo. Porque Jesús es la resurrección y la vida, aquí y ahora, que levanta a los creyentes de la muerte y otorga la plenitud de la vida aquí y ahora.

Gr. *chrónos* designa un período de tiempo, generalmente descrito por adjetivos como «breve» o «largo». De vez en cuando se trata de un período específico de tiempo (p.ej., Lc 1.57; Hch 7.17; Gá 4.4). La palabra puede ser traducida como «lapso de tiempo», «ajustar la hora,» «plazo».

La palabra más importante relacionada con el «tiempo» en el NT es *kairós*, «oportuno» o «tiempo señalado.» Algunas veces ocurre simplemente como sinónimo de *chrónos* (Lc 4.13; 21.36; Mt 11.25). También puede describir tiempos fijos, que se producen con regularidad: la temporada de cosecha (Mt 13.30.), La temporada en que maduran los higos (Mr 11.13), o fiestas litúrgicas (Gá 4.10.). La importancia de la palabra, sin embargo, se deriva de los pasajes de los Evangelios en los que se refiere a los momentos críticos en la vida de Jesús de Nazaret: su advenimiento; el principio del reinado de Dios; su pasión, muerte y resurrección; y su regreso. Marcos identifica el comienzo del ministerio público de Jesús, la cercanía del reino de Dios, y la invitación al arrepentimiento y la fe (Mr 1.15) como un momento crítico de su cumplimiento. Marcos enfatiza la urgencia implícita en *kairós* con el uso repetido del adverbio *euthýs*, «immediately.» Tanto Mateo (Mt 26.18) como Pablo (Ro 5.6) designan el tiempo de la pasión y muerte de Jesús como *kairós*. 1 Timoteo 6.15 observa que Jesús volverá de nuevo «a su tiempo.»

En el Evangelio de Juan, el gr. *hṓrā*, «hora,» toma el lugar de *kairós* de los sinópticos. Los sinópticos utilizan generalmente *hṓrā* para hacer referencia a la hora de un día (Lc 13.31); un tiempo de persecución de los discípulos (Mr 13.11, Lc 12.12); y, en algunos casos, la pasión (Mt 26.18, 45; Mr 14.35) o retorno de Jesús (Lc 12.40; Mt 24.36, Mr 13.32). En el Evangelio de Juan, «la hora» o «mi hora» ya no se refiere a una categoría temporal. Más bien, la expresión significa el tiempo del paso de Jesús de «este mundo. . . al Padre» (Jn 13.1) y comprende su pasión, muerte, resurrección y glorificación a la diestra de Dios. En Juan 2.4; 7.30; 8.20 la «hora» de Jesús aún no ha llegado, pero en 12.23 ya ha llegado. La hora de Jesús trae la persecución a los creyentes (Jn 16.2); también promete la resurrección (5.25, 28-29) y enseña la adoración verdadera (4.21, 23).

Para el creyente el *kairós* que Jesús origina es un tiempo para usar sabiamente (Ef 5.16; Col 4.5). La hora de despertar del sueño porque la salvación se acerca, un tiempo para conducirse correctamente (Ro 13.11-14). Debido a que el tiempo de espera hasta el retorno de Cristo es desconocido, los cristianos deben llenar esta época del *kairós* velando, esperando, orando por el regreso de Cristo. Dios puede retrasar ese retorno con el fin de ayudar a los cristianos a prepararse mejor para él. Mientras que Dios ha establecido los tiempos de la salvación y ha optado por no revelar información detallada sobre ellos, los cristianos deben aprender a interpretar las señales de los tiempos para estar listos para el *kairós* finales de los últimos días (1 P 5.6). Este evento al que el NT ve es un tiempo de juicio (Mr 13.33; 1 P 4.17).

En el NT todas las categorías de tiempo comienzan y terminan con Jesús de Nazaret. Las genealogías de Mateo y Lucas leen la historia de la creación en adelante como una historia que se prepara y encuentra su significado en su vida y muerte. Juan describe la vida cristiana entre el «ahora» y el «todavía no»; el centro de la historia y su punto final son una y la misma, la presencia de Jesucristo. El Cristo resucitado ofrece el Espíritu a la comunidad creyente para que pueda seguir su ejemplo; al mismo tiempo, que la comunidad debe resistir continuamente los poderes de este mundo, vivir con justicia y con devoción hasta la venida del Señor.

Una vez que el cristianismo se convirtió en la religión oficial del Imperio Romano, los teólogos cristianos interpretaron el nacimiento de Jesús de Nazaret como un *kairós*, un «tiempo señalado» para el mundo, haciendo de ese evento el centro del calendario. El Venerable Beda (m. 735) popularizó la noción de *anno domino*, d.C., o «era cristiana.» El emperador Carlomagno promulgó esa terminología en toda Europa. Sólo en el siglo XVII Jacques Bénigne Bosseut comenzó la costumbre de contar el tiempo antes del nacimiento de Jesús de Nazaret como si su cumplimiento y significado derivan de ese nacimiento.

Kathleen S. Nash

TIERRA

La importancia de la tierra en el pensamiento bíblico ha sido muy subestimada en el siglo XX debido a su fuerte énfasis sobre el carácter histórico de la religión bíblica. Según este énfasis, la religión bíblica trata sobre la redención humana y la revelación y el reconocimiento de su Dios ocurre mediante actos poderosos en las experiencias históricas del pueblo de Dios. Por tanto, el mundo natural y el panorama bíblico se reducen al escenario sobre el cual este drama humano divino se lleva a cabo, o se identifican como el campo en que las deidades paganas de los vecinos de Israel están activas. Así la tierra, juntamente con la esfera de la naturaleza de la cual es una parte, a lo más se ha considerado un área marginal en el pensamiento bíblico y en lo peor un reino pagano del cual la religión histórica de Israel se ha desasociado.

Tal entendimiento de la religión bíblica se ha cuestionado desde varios puntos, incluyendo aquellos que consideran el objetivo histórico de por sí muy estrecho para la visualización de la riqueza de la experiencia bíblica. Los progresos modernos también han contribuido a un nuevo interés en el panorama bíblico. Entre ellas se encuentran la creación del moderno estado de Israel y las tensiones entre israelíes y palestinos sobre los derechos históricos y religiosos a las tierras de la Biblia; nuevas luchas en todo el mundo sobre las reclamaciones y los derechos a la tierra entre los pueblos indígenas y los inmigrantes, a menudo cristianos colonos; y un nuevo interés por el mundo natural y las relaciones humanas que surgen debido a la crisis ambiental. Debido a estos acontecimientos y en parte debido a la incompetencia de la comprensión de la historia de la Biblia misma, la tierra ha sido redescubierta como un actor fundamental e indispensable en el drama bíblico. El significado de la tierra en la Biblia se puede resumir en tres de sus principales funciones.

Agricultura

La tierra de cultivo está en el centro del panorama bíblico. Era la base de la supervivencia física de Israel como un pueblo y de su forma de vida agraria. La economía de Israel a lo largo del período bíblico era agrícola, combinando el cultivo de granos y frutas con el pastoreo de ovejas y cabras en pequeñas granjas familiares. Tan importante era esta forma agrícola de vida para la comprensión misma de Israel, que según uno de sus relatos de la creación, la narrativa acerca del huerto del Edén en Génesis 2.4b–3.24, el primer ser humano fue hecho del polvo de la tierra (Heb. *'ăḏāmâ,* 2.7) y se le encomendó la tarea de labrarla (2.15; 3.23). Por tanto, trabajar la tierra, la misma faena en la que la mayoría de los israelitas se ocupaban, era considerada como la vocación típica para lo cual se creó la humanidad. Era costumbre que múltiples familias posean las tierras para cultivo y contribuyan en la labranza, que en sí mismo eran adaptaciones sociales a las demandas de la agricultura en la región del país.

La tierra era considerada una herencia ancestral (*naḥălâ,* 1 R 21.3) que continuaba permanentemente en la familia. Si era necesario venderla, el pariente más cercano tenía la primera opción de comprarla (Jer 32.6-15). La fuerza de la conexión entre una familia y sus tierras ancestrales se evidencia en la negativa de Nabot bajo una gran presión para vender su viña ancestral al rey Acab (1 R 21.1-16). También se ilustra en este episodio la adquisición de terrenos, no siempre legalmente, por parte de los poderosos de Israel y la élite, una práctica que los profetas criticaban duramente (1 R 21.17-19; Is 5.8-10; Mi 2.1-2). Según una perspectiva teológica, las tierras agrícolas de Israel eran en realidad la tierra de Dios, en la cual las familias israelitas se consideraban acertadamente como extranjeros residentes y siervos (Lv 25).

Así como la identidad humana se basaba en la tierra fértil, su cultivo y sus productos agrícolas, así también la visión de Israel de Dios estaba estrechamente asociada con la tierra. La fertilidad del suelo se consideraba como la obra de Dios en última instancia. Dios, para quien la tormenta era un medio común de revelación (Ex 19.9, 16; Sal 18.7-15 [TM 8-16]), trajo la lluvia sobre el suelo seco, del cual dependía la agricultura de Israel (Gn 2.5; Dt 11.10-12). Dios hizo la tierra fértil (8.22; 27.27-28) y podría hacerla estéril (Gn 3.17-18; 4.11-12). En reconocimiento del control de Dios sobre la producción de la tierra, Israel celebraba sus principales fiestas religiosas en las tres cosechas de su año agrícola, las cosechas de cebada y trigo en la primavera y la cosecha de la fruta en el otoño (Ex 34.18-26; Lv 23.9-22; Dt 16.1-10). En cada fiesta, Israel ofrecía a Dios las primicias de la cosecha. De modo que el calendario litúrgico y la adoración de Israel fueron formados según el cultivo de su tierra.

Nación

Tal como la tierra era la base de la sociedad agrícola de Israel, así era la base de la existencia de Israel como un reino antiguo del Cercano Oriente. Hay dos creencias especialmente prominentes en el entendimiento de Israel de su tierra como de su territorio nacional. Uno es que Israel mismo no era indígena de su tierra. Sus orígenes ancestrales están en otro lugar. La familia de Abraham emigró a Canaán desde Mesopotamia vía Siria (Gn 11.27–12:9) y los descendientes de Abraham más tarde se trasladaron a Canaán desde el Delta del Nilo de Egipto (Ex 1 – 15; Jos 1 – 12). La otra creencia es que al Dios de Israel dio la tierra de Israel, según lo expresado en la narrativa de la migración inicial de Abraham (Gn

12.1-9) y en el relato de la entrada posterior de los descendientes de Abraham a Canaán provenientes de Egipto (Dt 1.6-8).

La permanencia del vínculo entre el Israel bíblico y su tierra se considera de diferentes maneras. En algunos textos, se describe la relación como eterna (Gn 17.8; Dt 4.40; 2 S 7.10, 16; Am 9.15). Otros textos consideran el bienestar de Israel en la tierra y sus afirmaciones de ella como dependientes de su lealtad al pacto con Dios y su obediencia a los mandamientos de Dios (Dt 4.25-27; 11.13-17; Jer 7.1-15; Am 6.1-8). Según esta conjetura posterior, el Exilio y la experiencia de estar sin tierras después de la caída de Samaria y de Jerusalén se entendieron como el castigo definitivo por la infidelidad de Israel al pacto (2 R 17.7-23; 21.1-16). Los profetas del Exilio predijeron la nueva obra de salvación de Dios, sobre todo en cuanto a la restauración a los israelitas exiliados de sus tierras antes del exilio (Is 40. 1-11; 49.19-20; 51-3; Ez 20.40-44).

Adoración

Como se señaló, el calendario litúrgico de Israel, que designa los tiempos y los rituales de su adoración, se formó principalmente por los tres festivales de la cosecha en celebración de la productividad de sus tierras agrícolas. Así como la tierra había influenciado los tiempos y rituales de la adoración de Israel, así también ocurrió con el ambiente de la adoración israelita. Aunque Dios puede estar presente en cualquier lugar, el sitio principal de la revelación de Dios en el Israel bíblico fue en la cima del monte, el Sinaí donde se dio la ley y el monte Sion donde se construyó el Templo. Ambos montes se consideraban espacio sagrado (Ex 3.5; 19.12, 23; Sal 48.1-3 [2-4]; 87. 1-3). Por lo tanto una característica particular de la tierra se consideraba como el lugar especial de comunicación divina-humana. En su noción de espacio sagrado, Israel compartió con otras culturas la noción que el terreno mismo podría ser un medio de la revelación divina. La comunidad judía en la Palestina romana, de la cual emergieron los primeros cristianos, había heredado un sentido de la tierra que incluía las funciones diferentes que ella desempeñaba en la religión de Israel. Por tanto, las Escrituras cristianas tempranas en el NT, especialmente los relatos del Evangelio de Jesús, reflejan estos mismos entendimientos. En primer lugar, el contexto agrícola del Israel bíblico desempeña un papel prominente en los Evangelios. Las pequeñas aldeas agrarias de Palestina romana proveen el contexto para la vida y el ministerio de Jesús y sus primeros discípulos, y con las imágenes de este mundo —la siembra y cosecha de grano (Mr 4.1-20, 26-29), el cuidado de viñas (12.1-12), el pastoreo de ovejas (Mt 18.10-14)— es que Jesús describe el carácter del reino de Dios. Además, el panorama político de Israel bíblico se refleja en una serie de textos del NT, donde se supone la relación entre la nación y la tierra. Se recuerda el regalo de la tierra a los descendientes de Abraham (Hch 7.2-7; He 11.8-9), Palestina se conoce como la tierra de Israel (Mt 2.20-21) y los discípulos de Jesús mencionan la restauración política de Israel como un reino independiente de control romano (Hch 1.6). Finalmente, la tierra sagrada de Israel se refleja en las narraciones del Evangelio. El monte figura prominentemente en el Evangelio de Mateo como el lugar del gran Sermón del monte que dio Jesús (Mt 5.1–7.29) recordando la revelación a Moisés en el Monte Sinaí, la transfiguración de Jesús (17.1-13) y de la Gran Comisión de Jesús (28, 16-20).

El Monte Sion y el Templo, como centro de la adoración judía, proporcionan el contexto de los relatos de la pasión en todos los Evangelios y en Lucas-Hechos, aquí, en Jerusalén, es donde Jesús se reúne con sus seguidores después de la resurrección (Lc 24.33-53) y donde la iglesia comienza en el día de Pentecostés (Hch 1-2). A pesar de estas líneas de continuidad entre el judaísmo y el cristianismo temprano, varios desarrollos con la comunidad cristiana contribuyeron a una visión distintiva de la tierra en la Iglesia emergente. Uno de estos desarrollos fue la rápida urbanización del cristianismo. En una década de la crucifixión de Jesús, el contexto principal del cristianismo había cambiado de los pueblos rurales de Palestina a las ciudades del Imperio Romano. Con este cambio, el mundo de la agricultura, que había tenido una profunda influencia en la definición de la humanidad y en la comprensión de la actividad divina en Israel, fue abandonado y reemplazado con una perspectiva urbana. Mientras que los relatos del Evangelio de Jesús recuerdan este punto de vista agrícola, las cartas de Pablo tomadas directamente del contexto de las circunstancias urbanas actuales de su auditorio muestran sólo rastros débiles de él (1 Ts 2.1-12; Ro 11.17-24).

Un segundo acontecimiento de influencia en la noción cristiana de la tierra fue la conversión al cristianismo de gran número de gentiles, que no compartían los estrechos vínculos políticos que los judíos sentían con los territorios de Judea y Samaria, una vez partes del reino de Israel. Así fue socavado o al menos alterado entre la mayoría de los nuevos cristianos el vínculo entre la tierra y la nacionalidad, y la comprensión de los primeros cristianos como pueblo de Dios ya no incluye un terreno particular como un elemento esencial. Vale destacar que Pablo, quien trata mucho sobre la función de Abraham en la historia de la salvación, no arguye la promesa que Dios le diera Abraham respecto de la tierra (Gá 3.6-18; Ro 4.1-25). Finalmente, el fuerte carácter apocalíptico del cristianismo primitivo cambió su perspectiva de la tierra. Al hacer hincapié en una existencia futura en un reino celestial, sin importarle las realidades de la existencia terrenal —ya sea la supervivencia agrícola o política— el cristianismo disminuyó la función de la tierra en su sentido religioso (Jn 14.1-7; 1 Co 15.1-58; 1 Ts 4.13-18).

Aun así, sus imágenes de la nueva edad nunca se separaron enteramente del ambiente terrenal: el reino de Dios no escapa a los límites de la tierra, sino que está establecido en un mundo transformado (Ap 21.1, 2; 22.1-5). Por tanto, incluso la visión apocalíptica del cristianismo consiste en las realidades naturales, los ríos, los árboles frutales, las ciudades, que eran parte del paisaje bíblico.

Bibliografía. W. Brueggemann, *The Land* (Philadelphia, 1977); W. D. Davies, *The Gospel and the Land* (Berkeley, 1974); N. C. Habel, *The Land Is Mine.* OBT (Minneapolis, 1995); T. Hiebert, *The Yahwist's Landscape* (Oxford, 1996); C. J. H. Wright, *God's People in God's Land* (Grand Rapids, 1990).

THEODORE HIEBERT

TIERRA EN BARBECHO

La tierra que ha sido arada, pero intencionadamente permanece yerma. Cada séptimo año los campos en Palestina debían ser dejados sin sembrar a fin de dar a la tierra un descanso y así conservar su fertilidad (Lv 26.34-35). Cualquier fruto que creciera en aquella tierra durante el Año Sabático debía ser dado como sustento para los pobres y el ganado (Ex 23.11; Neh 10.31 [TM 32]; cp. Pr 13.23). En Jeremías 4.3; Oseas 10.12 la instrucción «arad campo para vosotros» significa «cultivar un nuevo campo» o, metafóricamente, «vengan a renovar sus vidas».

TIERRAS BAJAS

Estribaciones montañosas en dirección oeste, desde las tierras altas de Judea hasta la llanura costera de Filistea. La palabra hebrea *šěpēlâ* es comúnmente transliterada como un nombre propio, Sefela. La misma palabra se utiliza de manera más amplia en Josué 9.1; 11.2 (aquí se refiere, probablemente, a las tierras bajas costeras al norte del monte Carmelo), 16; 12.8.

TIFSA (Heb. *tipsaḥ*)

1. Ciudad en la orilla oeste del río Éufrates, aproximadamente a 110 kilómetros (68 millas) al sur de Carquemis. Un importante cruce del río en Tifsa, era la frontera norte del imperio de Salomón (1 R 4.24; [TM 5.4]). Durante el período Persa, la ciudad fue conocida como Tapsacus y más tarde como Amfípolis.

2. Lugar de una masacre brutal llevada a cabo por el rey Manahem de Israel (2 R 15.16). Aunque en 2 Reyes 14.28, se indica que el reino de Jeroboam II se extendió hasta Hamat, los asaltos hechos por Menahem al Éufrates son históricamente problemáticos. El nombre probablemente debiera leerse Tapúa (como en la LXX), localiza así la ciudad en los límites de Efraín y Manasés (Jos 17.7-8).

GARY P. ARBINO

TIGLAT-PILESER (Heb. *tiglat̠ pilʾeser*; Acad. *Tukultī-apil-ešarra*) (también PUL, TILGAT-PILNESER)

1. Tiglat-pileser I, rey de Asiria (1115-1077 a.C.); hijo de Assur-reša-išši I. Las campañas exitosas contra el poderoso Muški y coaliciones arameas al oeste y los babilonios al sur le trajeron prosperidad y el territorio asirio ampliado en gran medida.

2. Tiglat-pileser II, rey de Asiria, 966-935; hijo de Assur-reša-išši II y padre de Assur-dan II.

3. Tiglat-pileser III (744-727), también conocido como Tilgat-pilneser (1 Cr 5.6, 26; 2 Cr 28.20) y Pul (2 R 15.19; 1 Cr 5.26) en el AT y Pulu en la Lista del rey babilonio (*ANET,* 272); un usurpador que se apoderó del trono de Asiria durante una revuelta en la ciudad de Cala en 745. Su reinado estuvo marcado por renovadas incursiones en el norte, donde tuvo que enfrentarse al formidable Urartu; el oeste, donde conquistó territorios hasta la frontera con Egipto; al este, donde amplió la soberanía asiria en Namri y Media; y el sur, donde finalmente fue coronado rey de Babilonia en 729. Por lo tanto, en el momento de su muerte en 727 el Imperio Asirio estaba en el cenit de su expansión. La fuente material asiria de su reinado es impresionante (*ANET*, 282-84) e incluye su anales, inscripciones de resumen, una estela, y una inscripción de relieve en roca.

Dos eventos son de importancia para la historia de Israel y de Judá durante el reinado de Tiglat-pileser III. El primero, registrado en 2 Reyes 15.19-20, se produjo durante el reinado de Menahem de Israel (745-736). Los eruditos generalmente interpretan este texto como una referencia a una invasión de Israel por Tiglat-pileser, durante el cual Menahem gravó a las clases ricas para pagar al rey de Asiria. Sin embargo, T.R. Hobbs sugiere en cambio que Tiglat-pileser (identificado como Pul) fue a Israel, presumiblemente, a petición de Menahem, para proporcionar a Menahem asistencia militar en momentos en que fue amenazado su dominio sobre el reino. A cambio de la ayuda de Tiglat-pileser, Menahem le dio «mil talentos de plata» como pago por el personal militar que el rey asirio suministró. Este evento probablemente se debe encontrar en el contexto de una importante campaña asiria en el oeste durante el período de 743 a 740, donde Tiglat-pileser tuvo que hacer frente a un movimiento antiasirio de estados sirios de Anatolia y norte. Es probable que, como resultado de esta ayuda Menahem siguiera siendo un súbdito leal de Asiria, ya que el rey asirio nota en dos de sus inscripciones que recibió el pago de los tributos de Menahem (*ANET*, 283).

El segundo caso está relacionado con la llamada crisis sirio-Efraimítica (2 R 16.5-9; cf. Is 7.1-9). Las inscripciones de Tiglat-pileser III revelan que el rey asirio estuvo involucrado en un esfuerzo para reprimir una rebelión antiasiria extendida en Siria-Palestina en 734-731 (*ANET*, 283-84). Los miembros de la coalición incluyen Rezín de Aram-Damasco (el líder de la coalición), Hiram de Tiro, Peka de Israel, Samsi de Arabia, Mitinti de Ascalón, y Hanún de Gaza. El ataque a Acaz de Judá, quien decidió permanecer leal a Asiria (cf. 2 Cr 28.16-21), por Rezín y Peka fue un esfuerzo para obligar a Judá a unirse a la coalición. Como resultado de la invasión asiria de la región, el ataque de Rezín y Peka fue abortado. Durante esta campaña, Tiglat-pileser se ocupó de los rebeldes, uno tras otro. En particular, Rezín fue derrotado y Aram-Damasco se convirtió en una provincia asiria. Israel, sin embargo, perdió algunos territorios a Tiglat-pileser (2 R 15.29) pero Samaria se salvó. En el proceso, Tiglat-pileser también nombró a Oseas como rey sobre Israel (*ANET*, 284). El texto bíblico señala que Oseas finalmente dirigió una conspiración contra Peka y lo asesinó (2 R 15.30).

Bibliografía. T. R. Hobbs, *2 Kings*. WBC 13 (Waco, 1985); H. Tadmor, *The Inscriptions of Tiglath-pileser III, King of Asiria* (Jerusalén, 1994).

Jeffrey K. Kuan

TIGRIS (Gr. *Tígris*)

El más oriental de los dos ríos que dan a la región de Mesopotamia su nombre (Gr. *mesopotamos*, lit., « entre los ríos»). El Tigris (Heb. *ḥiddeqel;* Acad. *idiglat*) puede alguna vez haber desembocado en el Golfo Pérsico, aunque hoy en día él y el Éufrates comparten una boca común de unos 64 km (40 mi), el Shaṭṭ al-ʿArab.

Aunque los dos ríos se entrelazan tanto física como históricamente, la vida ribereña se contrasta marcadamente entre el Tigris y el Éufrates. El Tigris no se utilizó para el riego hasta la época islámica, y sólo en la región sur de Samarra (c. 644 km [400 mi] del Golfo Pérsico). El Éufrates fue empleado en la agricultura de riego por c. 2092 km (1300 mi) de su longitud, desde Siria hasta el Golfo Pérsico. El Tigris tiene un canal mucho más estrecho, y desciende a un grado mucho más marcado que el Éufrates. Además, la región drenada por el río Tigris (por ejemplo, los montes Zagros) incluye más deshielo (cf. Sir. 24.25). Por último, el río se ve afectado en toda su longitud por las lluvias de invierno, que ocurre de marzo a mayo, justo antes del período de deshielo más alto. Estos factores hacen que el Tigris tienda a las inundaciones, haciendo así la vida a lo largo del río precaria.

El valle de Tigris, en su mayor parte, está dentro de la gama de cultivo de secano, por encima de los 200 mm (7,8 in) isohieta. Así, la zona es agriculturalmente productiva a pesar de su falta de agua del río. El río se encuentra en su punto más bajo durante la siembra, y la inundación se produce justo antes de la maduración de los cultivos, a menudo negando los efectos positivos de la temporada de lluvias. La cría de animales prospera en las regiones más marginales. El río era navegable por la mayoría de embarcaciones fluviales de la antigüedad. Sus afluentes principales son el Gran Zab, el Zab Menor, y el Diyala (este último era el término de la ruta de la seda a China).

La totalidad del sistema cayó dentro del ámbito cultural del sur de Mesopotamia. Sargón conquistó la región, con inscripciones descubiertas en el valle de Diyala (c. 2300 a.C.). La región fue la patria de

Asiria, que nunca fue completamente sometida por la cultura del sur de Mesopotamia. Nínive, Cala, Kar-Salmanasar, y Asur están ubicados en el Tigris. El Imperio hurrita llegó a la orilla norte del Tigris (los siglos XVI-XV).

El Tigris se menciona como uno de los ríos que fluyen desde el jardín del Edén (Gn 2.14). La importancia de esta identificación es que es uno de los ríos que Jehová creó con el fin de traer la vida al mundo, en su papel de creador y sustentador de todo. El río es mencionado en otro lugar en el Antiguo Testamento sólo en Daniel 10.4, probablemente como una glosa equivocada por «el gran río,» un epíteto aplicado normalmente al Eufrates (la glosa se conserva en la Peshiṭta).

MARK ANTHONY PHELPS

TILDE

Un detalle minucioso de la ley, citado por Jesús para recalcar la permanencia y valor de la ley del AT (Mt 5.18; Lc 16.17). Mateo lo menciona con la *iota,* el nombre para la letra más pequeña del alfabeto griego. Gr. *keraía,* «tilde» («el ápice de una letra»), se refiere a pequeñas partes de una letra, puede ser una marca de diferencia entre las letras hebreas o, más probablemente, un adorno de escriba añadido a varias letras.

TILGAT-PILNESER (Heb. *tillĕglaṯ pilnʾeser)*

Véase Tiglat-Pileser.

TILÓN (Heb. *tîlôn)*

Hijo de Simón de la tribu de Judá (1 Cr 4.20).

TIMBREL

Un instrumento musical, probablemente un pequeño tambor de mano, tal vez con campanas o pequeñas piezas de metal alrededor de su periferia (Heb. *tōp̄;* p.ej., Ex 15.20; Sal 68.25[TM 26]; Jer. 31.4; NVI «pandereta»).

TIMEO (Gr. *Timaíos)*

El padre del mendigo ciego Bartimeo, a quien Jesús curó en Jericó (Mr 10.46).

TIMNA (Heb. *timnaʿ, timnāʿ*)

1. La concubina de Elifaz hijo de Esaú, la madre de Amalec, y hermana del jefe horeo Lotán (Gn 36.12, 22; 1 Cr 1.39).

2. Un jefe de Edom (Gn 36.40; 1 Cr 1.51).

3. Hijo de Elifaz y descendiente de Esaú (1 Cr 1.36). Puede ser el mismo que **2.** Si se toman los nombres como ancestros epónimos de los grupos sociales, este Timna puede representar una alineación sociopolítica diferente de la misma persona o personas relacionadas como **1.**

TIMNA (Heb. *timnâ*)

1. Una ciudad en la frontera norte de Judá (Jos 15.10), originalmente asignada a la tribu de Dan (19.43). Timna, sin embargo, fue ocupada por los filisteos y fue el escenario del conflicto de Sansón después de haber tomado una esposa filistea (Jue 14-15). Timna probablemente quedó bajo el control de Israel, o de Judea con las conquistas de Uzías (2 Cr 26.6), pero se dice que los filisteos la tomaron de Judá durante el reinado de Acaz (2 Cr 28.18.). La ciudad al parecer pasó al control de Judea bajo Ezequías, ya que se menciona en las inscripciones del asirio Senaquerib en el marco de su campaña contra Ezequías en 701 a.C. (cf. 2 R 18.13).

Timna se identifica de manera convincente con Tell el-Baṭâshī/Tel Baṭash (141132) en el Valle de Sorek (cf. Jue 16.4). Las excavaciones han producido hallazgos en paralelo a los datos bíblicos e históricos. Una muralla de tierra masiva, construida en la Edad del Bronce Medio, determinó el cuadrado característico del montículo y marca el comienzo de la ocupación continua duradera a través de la Edad del Bronce. Esta ocupación hace del sitio un candidato probable para el Timna al que Judá llevó a sus ovejas para ser esquiladas (Gn 38.12-14). Una extensa ocupación filistea en Hierro I fue seguida de una ciudad del siglo X con cerámica israelita característica. Una destrucción, tal vez obra de Sisac (1 R 14.25-28), inició un período de abandono hasta el siglo VIII, cuando la ciudad fue reconstruida. Este nivel contiene extensa fortificación, así como jarras de almacenaje que tienen mangos impresos con sellos de escarabajos alados y Heb. *lmlk* («perteneciente al rey»), conocido hasta la fecha para el período de Ezequías. La destrucción de esta ciudad es casi seguro que se llevó a cabo durante la campaña de Senaquerib en 701. Timna resurgió como una ciudad floreciente en el siglo VII, sólo para sufrir otra destrucción, probablemente por los babilonios c. 603.

Bibliografía. G. L. Kelm y A. Mazar, *Timnah: A Biblical City in the Sorek Valley* (Winona Lake, 1995).

2. Un pueblo de la región montañosa de Judá (Jos 15.57). Aunque no se identifica, presumiblemente está cerca de Maón, con la que está en la lista, c. 16-24 km (10-15 km) sur de Hebrón.

DANIEL C. BROWNING, JR.

TIMNAT (Gr. *Thamnatha*)
Una ciudad en Judea fortificada en 160 a.C., por el general seléucida Báquides (1 Mac 9.50). Situada en la región montañosa de Efraín, es probable que se identifique con Khirbet Tibnah (160157), c. 14 km (9 km) noroeste de Betel.

TIMNAT-JERES (Heb. *timnaṯ-ḥeres*),

TIMNAT-SERA *(timnaṯ-seraḥ)*
La ciudad dada a Josué como su herencia privada (Timnat-heres, Jue 2.9; Timnat-sera, Jos 19.50; 24.30). La mayoría de los eruditos aceptan Timnat-Jeres como el nombre original, aunque hay un debate sobre la diferencia entre las dos variantes. Ya que Timnat-Jeres puede significar «Porción del Sol», algunos han sugerido que fue el lugar de un santuario dedicado a la deidad del sol. El cambio a Timnat-sera, puede haber sido un intento por editores posteriores para eliminar cualquier indicio de una conexión entre Josué y el culto solar. Los más probable *serah* representa una metátesis deliberada de *ḥeres,* en base a una etimología popular, con Timnat-sera, que significa «porción sobrante» porque a Josué se le dio su herencia privada sólo después de que la tierra fue asignada a todas las otras tribus. Kirbet Tibna (160157), c. 24 km (15 mi) suroeste de Siquem en la ladera sur de Efraín, es el candidato más probable moderno por su ubicación (cf. Timnat, 1 Mac 9.50).

WADE R. KOTTER

TIMNATEO (Heb. *timnî*)
Un gentilicio que designa a un habitante de Timna (**1;** Jue 15.6).

TIMÓN (Gr. *Tímōn)*
Uno de los siete elegidos para ayudar en la distribución a las viudas de la Iglesia (Hch 6.5)

TIMOTEO (Gr. *Timótheos)*
1. Comandante de las fuerzas amonitas. Fue derrotado en varias ocasiones en una serie de batallas contra Judas Macabeo y sus hermanos (1 Mac 5.6-7, 11, 34, 37-39; 2 Mac 8.30-33; 9.3; 12.2-25).

2. Un cercano compañero de trabajo y emisario de Pablo. El primer encuentro registrado entre los dos ocurre cuando Pablo entra en la ciudad de Licaonia de Listra (Hch 16.1-5), durante su segundo viaje misionero. Timoteo, hijo de padre griego y madre judía-cristiana, ya es un miembro respetado de la comunidad cristiana. Pablo desea que Timoteo lo acompañe en su misión a las iglesias, pero se dice que hizo que Timoteo fuera circuncidado primero, por causa de los judíos, que sabían que el padre de Timoteo era un gentil (y también, probablemente, que su madre era un judía). La razón para la circuncisión de Timoteo es difícil de entender teniendo en cuenta la postura de Pablo con respecto a la insistencia de los judaizantes que Tito fuera circuncidado (Gá 2.3). La pregunta es en parte una de identidad: ¿se considera Timoteo principalmente un judío o gentil? Se dice que la madre judía de Timoteo y su abuela, Eunice y Loida (2 Ti 1. 5), han sido fieles cristianas e influyentes en su desarrollo espiritual, criándolo en el conocimiento de las Escrituras judías (2 Ti 3.15). Y sin embargo, la familia, evidentemente, no era tan observadora de su herencia judía como para haber circuncidado a Timoteo cuando era un bebé. El papel del padre gentil de Timoteo en su educación, y su respuesta a la circuncisión de Timoteo, no se mencionan, tal vez indicando que el hombre había fallecido en el momento de los hechos descritos en los Hechos. El autor de los Hechos, al menos, parece haber sostenido que Timoteo se habría considerado un judío a causa de su madre, y que su falta de circuncisión habría sugerido erróneamente que Pablo no mostró ningún respeto por las costumbres judías (Hch 21.21).

Desde Listra, Timoteo acompaña a Pablo y Silas (Silvano), primero a través de los pueblos vecinos, y luego hacia el oeste a Macedonia, dando a conocer a las iglesias las resoluciones dictadas por los ancianos de la iglesia en Jerusalén, y evangelizar nuevos territorios. Al parecer, el papel de Timoteo aumenta en autoridad cuando él y Silas se convierten en emisarios de Pablo en Berea (Hch 17.14) y en otros lugares en Macedonia (19.22).

La legitimidad y confiabilidad de Timoteo como representante con autoridad de Pablo se destacaron en las Epístolas Paulinas (1 Co 4.17; 16.10-11; Fil 2.19-22; 1 Ts 3.1-6). Timoteo es enviado por Pablo a las iglesias no sólo para reunir información relativa a su bienestar, sino para promover la obra del evangelio entre ellos, para recordarles de la enseñanza de Pablo, para alentarlos a soportar en medio de la persecución, y de muchas maneras para servir como emisario desinteresado de Pablo. Además, Timoteo se describe como el coemisor de Filipenses, 2 Corintios, 1 Tesalonicenses y Filemón, así como Colosenses y 2 Tesalonicenses. El lenguaje de Pablo al describir a Timoteo enfatiza la relación especial de confianza que se desarrolló entre los dos en el transcurso de su asociación (1 Co 4.17; Fil. 2.22; 1 Ts 3.2).

Que Timoteo es el destinatario con nombre de las cartas pastorales que llevan su nombre (1-2 Timoteo) da fe de su reputación en el siglo I como seguidor importante y cercano compañero de Pablo, a pesar de que se caracteriza en las cartas como un poco inexperto y en necesidad de aliento. En la primera carta, Pablo exhorta a Timoteo a permanecer en Éfeso para hacer frente a los falsos maestros y para establecer patrones apropiados de culto y de orden comunitario. La segunda carta, escrita ostensiblemente durante el encarcelamiento de Pablo (posiblemente en Roma), es ante todo una carta de exhortación y aliento, en el estilo de un testamento final. Pablo advierte a Timoteo a evitar enredarse en controversias, pero seguir siendo audaz en su oposición a las falsas enseñanzas y a defender las tradiciones transmitidas a él. En contraste con la primera carta, Timoteo es aquí instado a no permanecer en Éfeso, sino a volver a Pablo tan pronto como sea posible. Una referencia a Timoteo en Hebreos 13.23 sugiere que estuvo en un tiempo en prisión, pero más tarde fue puesto en libertad.

Bibliografía. F. F. Bruce, *The Pauline Circle* (Grand Rapids, 1985); C. Bryan, «a Further Look at Acts 16.1-3,» *JBL* 107 (1988): 292-94; S. J. D. Cohen, «Was Timothy Jewish (Acts 16.1-3)?» *JBL* 105 (1986): 251-68; M. M. Mitchell, «New Testament Envoys in the Context of Greco-Roman Diplomatic y Epistolary Conventions: The Example of Timothy and Titus,» *JBL* 111 (1992): 641-62; W. D. Walker, «The Timothy-Titus Problem Reconsidered,» *ExpTim* 92 (1980-81): 231-35.

Véase Epístolas Pastorales.

JANE S. LANCASTER

TIMOTEO, CARTAS A

Dos cartas del apóstol Pablo a su compañero de trabajo Timoteo. Por lo general, se consideran junto con la carta de Pablo a Tito, debido a las similitudes en las tres cartas.

Véase Epístolas Pastorales.

TINIEBLAS

La ausencia de luz, una imagen frecuente tanto en el AT como en el NT; el uso del NT tiene mucha influencia del AT. Las tinieblas estuvieron presentes al principio, y el poder de Dios obró contra ellas en la creación (Gn 1).

Las tinieblas son posteriormente una imagen principal para el caos, la separación y la muerte, y un sinónimo de pecado y maldad. En el período intertestamentario, las Rollos del Mar Muerto ilustran el uso metafórico de las tinieblas como una característica de las fuerzas hostiles a Dios y en batalla con él (la guerra de los hijos de Luz y los hijos de las tinieblas; cp. 1 Enoc 108.11-15; T. Leví 9.1).

En el NT, las palabras traducidas «tinieblas» a menudo ocurren y en prácticamente cada caso son usadas en un sentido metafórico. Una excepción es Juan 6.17, donde la palabra es literal. En el relato de la muerte de Jesús (Mr 15.33 par.), las tinieblas pueden ser tanto literal como figuradas.

Cuando se usa metafóricamente, «tinieblas» puede ser equivalente a Satanás (Lc 22.53) y puede referirse al destino eterno sin Dios (Mt 8.12; 22.13; 25.30). La venida de Jesucristo al mundo señala el comienzo de la confrontación de la luz que salva de las tinieblas (Lc 1.79), y su ministerio puede ser descrito como el traer la luz a quienes están en las tinieblas (Mt 4.16, citando a Is 9.2 [TM 1]). La respuesta a Jesús es elegir entre la luz y las tinieblas, y la mayor parte de la gente prefiere las tinieblas para ocultar sus pecados (Jn 3.19). Por consiguiente, la vida pagana es caracterizada por las tinieblas (Ro 1.21; Ef 5.11; 6.12), y los paganos tienen las tinieblas como su destino eterno (Col 1.13; 2 P 2.17; Jud 13). El conflicto entre la luz y las tinieblas como una descripción de la obra de Dios en los últimos días, anticipado en la esperanza apocalíptica del AT, se acentúa en el NT (Mr 13.24 par.). Hechos 2.20 cita Joel 2.31 (3.4) como realizado.

Como las tinieblas y la luz son usadas para denotar los campos contrastantes, de Dios y de Satanás, ellas también a menudo son usadas para designar la diferencia entre el pueblo de Dios y aquellos que se oponen a él (esp. en Pablo). En realidad, volverse a Dios es apartarse de las tinieblas a la luz (Hch 26.18; 2 Co 4.5).

El contraste evidente entre tinieblas y luz es un modo fuerte de declarar el contraste entre el pueblo de Dios y otros (2 Co 6.14; Ef 5.8; 1 Ts 5.4-5; 1 P 2.9).

La oposición fundamental entre Dios y Satanás, o el pueblo de Dios y el no creyente, también se manifiesta en la vida moral. Los cristianos deben evitar «las obras infructuosas de las tinieblas» y andar como «hijos de luz» (Ef 5.8, 11). Este contraste de vida, fuertemente presentado en 1 Juan 1.5-6; 2.8-11, revela a los verdaderos hijos de Dios y la validez de sus afirmaciones teológicas, distinguiéndolos así de aquellos que son falsos.

Bibliografía. E. Trocme, «Light and Darkness in the Fourth Gospel,» *Didaskalia* 3 (1995): 3-13; D. O. Via, Jr., «Darkness, Christ, and the Church in the Fourth Gospel,» *SJT* 14 (1961): 172-93.

WENDELL WILLIS

TINTA

Líquido como el agua o el aceite, hecho con restos de resina quemada, brea o madera mezclada con goma, para uso en la escritura. El negro era el color de tinta más común en el mundo bíblico, aunque otros colores conocidos eran el rojo (hecho con ocre rojo u óxido de hierro), el amarillo (más probablemente de hierro u ocre amarillo), el púrpura (de conchas del molusco murex) e incluso los colores plata y oro. Los ingredientes eran secados en forma de bizcochos, después mezclados con agua en vasos de tinta, y utilizados con un cepillo de junco. Las «plumas» y los tinteros son descritos como parte de una combinación de instrumentos para escribir, puestos en un estuche de madera, cuerno, marfil o metal, que llevaban los escribas en el cinturón (Ez 9.2).

Por su naturaleza precaria, casi no se encuentra tinta en el contexto arqueológico, y por eso la evidencia textual de estos períodos más antiguos se inclina hacia los restos más permanentes de la piedra o la arcilla grabadas. La única referencia bíblica específica cita a un rollo escrito con tinta (Jer 36.18), pero en los pocos contextos arqueológicos disponibles, la tinta se encuentra también en la parte exterior de vasijas de barro, en ostracas, en las paredes de tumbas y de cuevas, en piedras cubiertas con yeso, y en papiros. Y es utilizada en proyectos a escala, tanto pequeña como monumental.

Una característica de la tinta es su mutabilidad; se quita (Ex 32.33; Sal 69.2[TM 29] y se borra (Nm 5.23). Pablo asemeja a los mensajes escritos con tinta, con la permanencia del mensaje del Espíritu Santo en el corazón humano (2 Co 3.3)

KATHARINE A. MACKAY

TINTE, TEÑIDO

El lino en su estado natural es blanco o amarillento, mientras la lana es blanca, marrón o negra. A fin de producir telas en colores además de éstos, las fibras deben ser teñidas. Hay una abundancia de pruebas que las telas teñidas estaban en uso durante el período bíblico. Un trozo de tela de lana roja, encontrada en Naḥal Mishmar en los acantilados al este del Mar Muerto, data del período Calcolítico (cuarto milenio a. C.). Canaán era conocida por telas teñidas. En el canto de Débora, la madre de Sísara espera la vuelta triunfante de su hijo con el botín de la guerra incluso «vestiduras de colores» (Jue 5.30b). La naturaleza de los tejidos significa que la mayoría se desintegra, por lo que existen muy pocos ejemplos del período. Sin embargo, las pinturas de cananeos encontradas en el arte egipcio muestran que las bandas lujosamente bordadas y coloreadas decoraron la ropa.

Los tejidos teñidos se requieren en la fabricación del tabernáculo y vestiduras sacerdotales descritas en Éxodo 25–28, 35–38. Tres colores predominan: azul, púrpura y carmesí. El púrpura fue producido a partir de caracoles de mar del mar Mediterráneo, y el carmesí vino del insecto de escala conocido como Kermes, pero el origen del azul no es claramente conocido. Azul, púrpura y carmesí eran colores de tejidos de lujo y marcaban al dueño como una persona de poder o riqueza. Su uso en el templo indica la santidad del lugar. Otros colores, tanto naturales como teñidos, fueron probablemente usados en otra ropa o colgadura.

Para producir telas teñidas es necesario tener la fibra para el tinte, en la forma de lana en bruto o lino, bola de hilo o carrete, o la tela tejida; tintes, de planta, mineral, o fuentes de animal; instrumentos para moler y preparar tintes; y vasijas o tinas para preparar el tinte y colorear la fibra. Los procesos asociados con la preparación de tintes produjeron olores desagradables, así que los establecimientos de teñido a menudo estaban localizados en promontorios ventosos en el borde de asentamientos. La identificación de las instalaciones como instalaciones de teñido puede ser difícil. William F. Albright identificó las tinas de piedra en Tell Beit Mirsim como cubas de tinte, pero la investigación adicional ha mostrado que eran prensas de aceite de oliva. Sin embargo, los excavadores encontraron montones de cáscaras aplastadas de caracoles que producen el tinte y los tiestos con un residuo del tinte púrpura en Tell es-Samaq/Tel Shiqmona en la costa norte de Israel, que indica la presencia de una industria de tinte. Sarepta, Tell el-Fukhkhâr/Tel Aco, y Tell Keisan/Tel Kison también produjo cascos con rastros de tinte púrpura.

Bibliografía. E. J. W. Barber, *Prehistoric Textiles* (Princeton, 1992), 223-43; S. Robinson, *A History of Dyed Textiles* (Cambridge, Mass., 1969).

MARY PETRINA BOYD

TIPOLOGÍA
Método de interpretación bíblica por el cual una persona, evento o institución («tipo») en el AT corresponde a otro («anti tipo») en el NT, dentro del marco de la historia de la salvación. Fue frecuentemente empleado por los padres de la iglesia y favorecido por los Reformadores. Fue rechazado por los teólogos «iluminados,» pero reanimado en el despertar del movimiento de la teología bíblica. Después de perder terreno, está nuevamente experimentando un renacimiento especialmente entre círculos evangélicos en Norte América.

La comprensión tradicional de la tipología bíblica, visualiza los tipos del AT como ordenados divinamente y representan una detallada predicción prefigurada de Jesús y las realidades del Evangelio traídas acerca de él. La «neotipología poscrítica» descubre relaciones tipológicas en retrospectiva, a menudo deja espacio para un número ilimitado de tipos. Otros tratan de interpretar la tipología en términos de los métodos hermenéuticos del siglo I, y los deja sin controles apropiados. La pregunta se ha suscitado si la tipología es un método del todo hermenéutico. El asunto central aparenta ser si un tipo es profético o no.

De pasajes en el NT que emplean el gr. *Týpos* («ejemplo») hermenéuticamente (1 Co 10.1-13; Ro 5.12-21; 1 P 2.18-22; He 8.5; 9.24), surgen los siguientes elementos de tipología bíblica: El elemento histórico enfatiza que el tipo y el antitipo son realidades cuya historicidad es asumida y esencial al argumento tipológico. Hay una intensificación desde el tipo al antitipo. El elemento profético considera el tipo como una presentación avanzada del antitipo correspondiente. Es divinamente diseñado y posee una cualidad necesaria al dar la fuerza de un presagio predictivo (p.ej., Ro 5.14). El elemento escatológico enlaza al tipo o con el primer advenimiento de Cristo o se enfoca en la dispensación de la, o lo une a la segunda venida de Cristo. El elemento cristológico-soteriológico señala el foco esencial y empuje de los tipos del AT. El elemento eclesiológico designa los aspectos posibles de la iglesia que pueden estar envueltos: el adorador individual, la comunidad corporativa y los sacramentos. Estos elementos proveen un control hermenéutico correcto para definir tipos bíblicos.

Bibliografía. D. L. Baker, *Two Testaments, One Bible,* rev. ed. (Downers Grove, 1991); R. M. Davidson, *Typology in Scripture.* Andrews University Seminary Doctoral Dissertation Series 2 (Berrien Springs, 1981); F. Foulkes, *The Acts of God: A Study of the Basis of Typology in the Old Testament* (London, 1958); L. Goppelt, *Typos* (Grand Rapids, 1982); G. W. H. Lampe and K. J. Woollcombe, *Essays on Typology.* SBT 22 (Naperville, 1957).

Friedbert Ninow

TÍQUICO (Gr. *Tychikós*)
Creyente de Asia Menor, descrito como hermano amado, fiel ministro y consiervo (Col 4.7; 2 Ti 4.12; Tit 3.12), quien sirvió de mensajero y portador de cartas para Pablo (Col 4.7, 16; Ef 6.21-22). Tíquico (Gr. «afortunado») acompañó a Pablo y fue delegado de las iglesias gentiles para entregar regalos a la iglesia de Jerusalén (Hch 20.4). El nombre está certificado en nueve inscripciones en Magnesia, su región nativa. La tradición griega posterior sostiene que Tíquico fue uno de los grandes obispos de Calcedonia.

Bibliografía. S. L. Cox, «Tychicus: A Profile,» *Biblical Illustrator* 21 (1995): 79-80.

TIRANO (Gr. *Týrannos*)
Maestro en Éfeso en cuya aula Pablo enseñó diariamente por dos años, había cesado de predicar en la sinagoga debido a la oposición (Hch 19.9).

TIRAS (Heb. *tîrās*)
De acuerdo a la Tabla de las naciones, era un hijo de Jafet (Gn 10.2; 1Cr 1.5). Sus descendientes se asume eran parte de los pueblos del Mar (llamados Turusa en inscripciones Egipcias y los Tyrsenoi por los griegos) del Ageo y el Mediterráneo Oriental.

TIRATEOS (Heb. *tirʿātîm*)
Una de las «familias de escribas» (o «soferitas») en Jabes, contados entre los ceneos (1 Cr 2.55).

TIRHACA (Heb. *tirhāqâ*; Egip. Thrk; Acad. *Tarqū*)
Rey de Egipto (690-664 a. C.), que vino en ayuda del rey Ezequías durante la campaña militar de Senaquerib en Judá (2 R 19.9 = Is 37.9). 2 Reyes 19.9 describe a Tirhaca como «rey de Etiopía (=Cus)», y refleja su origen Nubio (Sudanés) (cf. la forma Nubia de su nombre, Taharqa). El padre de Tirhaca, Piankhi (Piye) de Napata, fundó la vigesimoquinta dinastía etíope, después de conquistar y unificar un astillado Egipto. Sebitku (Sabataka) hijo de Piankhi, al volverse rey, nombró a Tirhaca a la corte real en

Tebas y probablemente fue Sebitku quien envió a Tirhaca a Judá para ayudar a Ezequías durante la invasión Siria de 701.

Durante el mandato de Tirhaca, Egipto experimentó un tiempo de prosperidad y renovación, al iniciar extensos proyectos de construcción a través de todo el país. En el sexto año de su reinado, el Nilo se inundó enormemente, resultando esto en abundantes cosechas más allá de lo normal, un fenómeno que se entendió como una señal de favor divino por parte del dios Amón, cuyos templos en Tebas y Napata se beneficiaron grandemente por las políticas domésticas de Tirhaca. A pesar de estos favorables comienzos, el reinado de Tirhaca vio la más grande expansión del imperio asirio, primero bajo Esarhadón, quien conquistó Menfis, la capital de Egipto en 671, y luego bajo Asurbanipal, quien reafirmó el control Asirio sobre Egipto en 667. Tirhaca murió en Napata en 664.

Bibliografía. K.A. Kitchen, *The Third Intermediate Period in Egypt* (1100-650 B.C.), 2nd ed. (Warminster, 1986).

JEFFREY C. GEOGHEGAN

TIRHANA (Heb. *tirḥănâ*)

Hijo de Caleb y su concubina, Maca (1 Cr 2.48), probablemente era el nombre de una familia.

TIRIA (Heb. *tîryā*)

De Judá, hijo de Jehalelel (1 Cr 4.16).

TIRO

Puerto fenicio y reino localizado en una isla originalmente situada algunos 700 m (1300 pies) del continente, y c. 35 km (22 mi) sur de Sidón. El moderno pueblo de aj-Òûr cubre la ciudad antigua y poco se sabe acerca de la ciudad en la arqueología. La antigua ciudad tenía dos puertos: el Puerto del norte y el egipcio del sur. El nombre cananeo de la isla era *Òurru,* «La roca» (Fen., heb. *Òôr*). El nombre griego *Týros* está certificado primero en los recursos clásicos.

Tiro es mencionado en egipcio *(Ḏr),* hitita y ugarítico *(Ṣr)*, en textos del segundo milenio a.C. Era un aliado leal de Egipto, en el tumultuoso periodo de la Era Amarna (siglo XIV), como se conoce de las cartas contemporáneas de su rey Abi-milki, encontradas en el archivo el-Amarna en Egipto. Otro documento menciona que Tiro tenía un asentamiento en el continente frente a la isla, conocido como *Usu*, Egip. *ỉṯ,* y llamado más tarde *Palaityros,* «Viejo Tiro,» por los griegos. La isla fue suplida originalmente con agua por botes del continente hasta el advenimiento de cal cocida al principio de la Era de Hierro.

Poco después del 1200, Tiro fue destruida evidentemente por Pueblos del Mar, pero fue reconstruida por refugiados de Sidón y se recobró muy rápidamente. Contrario a otros reinos fenicios, Tiro no pareció capitular ante el rey asirio Tiglath-pileser I (1114-1076), quien conquistó el litoral Levantino. Para el siglo X, bajo una dinastía fundada por Abi-baal (c.1020-980) el padre de Hiram I, Tiro era el puerto fenicio principal, eclipsó a Sidón y retuvo su rol prominente bajo el dominio asirio y los siglos subsiguientes. Durante su sitio a Tiro en el 332, Alejandro el Grande pudo capturar la ciudad construyendo un muelle para comunicar la isla al continente. Debido a sedimentos creados por corrientes de mar y vientos, la isla más tarde se convierte en península.

Las referencias bíblicas tempranas a la ciudad aparecen en Salmo 83, 87, que enlazan a Tiro con Filistea, tal vez debido a su comercio en la era de los jueces. De acuerdo a 2 Samuel 5.11 = 1 Cr 14.1, el rey de Tiro, Hiram I (980-947 a.C.), inició una alianza con el rey David y esta asociación se expandió grandemente en el reino de Salomón (971-932). Los tirianos suplían varios árboles de madera y albañiles para la construcción del Templo salomónico en Jerusalén (1 R 5.10, 18[TM 24, 32]), y un herrero de cobre llamado Hiram (o Huran, Hirom), ejecutó todo el trabajo en bronce para la construcción. Es de notar, que el palacio de Salomón, conocido por sus columnas de cedro, fue denominado Casa Forestal del Líbano. Los albañiles tirianos también participaron en la construcción del Segundo Templo en Jerusalén en el siglo VI (1 Cr 22.4).

Comenzando en el siglo X, Israel suplía a Tiro con grandes cantidades de grano y aceite (1 R 5.11 [25]), del cual el recuento paralelo en 2 Crónicas 2.10 (9) añade vino. Salomón transfirió la tierra de Cabul en Galilea a Tiro (1 R 9.11; cf. 2 Cr 8.2). Como parte de este trato con Hiram I, él también impuso trabajo forzado a los israelitas el cual requería tres grupos de 10 000 hombres cada cual para trabajar en el Líbano en transportes (1 R 5.13-14[27-28]). La principal actividad del pacto tiro-israelí era asegurar grandes cantidades de bienes lujosos por medio de juntar empresas marítimas en el Mar Mediterráneo y el Mar Rojo. Una de tales flotas aliadas navegó a Tarsis (sur de España) para asegurar metales preciosos, marfil y animales exóticos (1 R 10.22 = 2 Cr 9.21), mientras las flotas del Mar Rojo viajaban a Ofir (incierta localización) para adquirir oro, madera y piedras preciosas (1 R 9.26-28; 10.11; 2 Cr 8.17-18).

La alianza tiro-israelí fue perpetuada por el rey Acab de Israel (873-852), quien se casó con Jezabel la hija del rey Et-baal de Tiro (878-847). La canción de la boda real en el Salmo 45, que celebraba la llegada de una princesa tiriana a Israel, fue tal vez compuesta en esta ocasión. Otra princesa tiriana llamada Elissa, también conocida como Dido, fundó la ciudad de Cartagena al norte de África c. 825 (otras fuentes: 814). En el siglo VIII, el profeta judaíta Amós podía aún llamar el pacto entre Tiro e Israel un «Pacto de hermanos» (Am 1.9-10), a saber, de compañeros iguales. Intercambio agrícola extenso con Tiro, llevado a cabo por ambos: Israel y Judá, aun se menciona en Ezequiel 27.17.

El celebrado imperio marítimo de Tiro, su extensa rama comercial en tierra y mar y una gran riqueza, son objeto de declaraciones por varios otros profetas bíblicos (Is 23; Jer 25, 47; Zac 9). Un recuento poético muy conciso de la naturaleza y alcance del comercio tiriano se encuentra en Ezequiel 27. Tiro prosperó a través de las eras persa y helenística, y aun estableció asentamientos en la costa de Palestina entre Dor and Jaffa. La continua importancia del área entre Tiro y Sidón en tiempos del AT se indica por el informe de la actividad de Jesús en esa región (Mt 15.21-28 = Mr 7.24-31).

Bibliografía. H. J. van Dijk, *Ezekiel's Prophecy on Tyre*. BibOr 20 (Rome, 1968); H. J. Katzenstein, *The History of Tyre* (Jerusalem, 1973); B. Mazar, «The Philistines and the Rise of Israel and Tyre,» *Proceedings of the Israel Academy of Sciences and Humanities* 1/7 (Jerusalem, 1964): 1-22; R. R. Stieglitz, «The Geopolitics of the Phoenician Littoral in the Early Iron Age,» *BASOR* 279 (1990): 9-12.

ROBERT R. STIEGLITZ

TIRSA (Heb. *tirṣâ*) (**LUGAR**)

Ciudad en la región montañosa de Samaria, cuyo rey cananeo fue derrotado por Josué (Jos 12.24). Más tarde, Tirsa sirvió como capital del reino del norte, bajo Jeroboam I (1 R 14.17), Baasa (15.21, 33) y Ela, que fue asesinado allí por Zimri (1 R 16.6, 8.10), quien luego fue asediado por Omri, y murió en la destrucción del palacio después de un reinado de 7 días (vv. 15-18). Omri reinó desde Tirsa por seis años antes de mover la capital a Samaria (1 R 16.21-24). Más tarde, Manahem usurpó el trono de Israel (c. 752 a.C.) desde Tirsa (2 R 15.14).

Tirsa es generalmente identificada con el Tel el- Fârʿah al norte (1823.1822), c.11 km (7 mi) noreste de Siquem. El nombre del pueblo (que significa «placer» o «belleza») pudo ser el resultado de su localización en medio de uno de los parajes más hermosos de Tierra Santa. (Cnt 6.4). Excavaciones en el lugar entre 1946 y 1960 por Roland de Vaux descubrieron ocupación en la Temprana, Media y Última Edad del Bronce. No está claro en la Biblia (Jos 12.24), o en la arqueología, si los israelitas dieron término a la Tirsa cananea. La Tirsa israelita del final del siglo X y principio del noveno, se caracterizó por las casas bien planificadas, cada una de similar tamaño y plano, reflejaba poca desigualdad social. Esta ciudad fue destruida violentamente cerca del principio del siglo IX, posiblemente en la invasión del Faraón egipcio Sisac. Pero la fecha de la destrucción también concuerda bien con el relato bíblico del sitio de Omri y el suicidio de Zimri, quemando su propio palacio (1 R 16.17-18). Sobre los restos quemados en el lugar, se han encontrado los fundamentos de estructuras sin terminar. El trabajo abandonado se puede relacionar a la decisión de Omri de mover la capital a Samaria.

En el siglo VIII, Tirsa volvió de nuevo a ser una ciudad vibrante. El resto de este período incluye un grupo de casas privadas grandes las cuales dan testimonio de la prosperidad de los habitantes. Pero este sector estaba separado por una larga y derecha muralla de las miserables viviendas de las pobres, apiñadas que contrastaba crudamente con la comodidad de las villas de los ricos. Tirsa y sus finas casas fueron destruidas por fuego, probablemente por los asirios en 723. Luego de una pobre ocupación, el lugar fue finalmente abandonado c. 600.

Bibliografía. R. de Vaux, «Tirzah» en *Archaeology and Old Testament Study*, ed. D.W. Thomas (1967, repr. London, 1978), 371-83; de Vaux, P. de Miroshedji, and A. Chambon, «Far ʾ ah, Tell el- (North)», NEAEHL 2.433-40.

DANIEL C. BROWNING, JR.

TIRSA (Heb. *tirṣâ*) (**PERSONA**)

Una de las hijas de Zelofehad de Manasés a quien se

le dio una provisión especial para que pudiera poseer la heredad de su familia (Nm 26.33; 27.1; 36.11; Jos 17.3)

TISBE (Heb. *tišbê*), **TISBITA** (*hattišbî*)
Lugar de origen de Elías el profeta (1 R 17.1). Antiguos testigos (LXX, Josefo *Ant.* 8.13.2) y traducciones más modernas, traducen Heb. *mittōšāḇê gilʿāḏ* igualmente de la RVR «de Tisbe en Galaad.» En apoyo a esta lectura es el gentilicio anterior, *hattišbî*, el «Tisbita.» Sin embargo, no hay referencia a un Tisbe en Galaad en otro lugar, en la literatura ya sea bíblica o extrabíblica. Nelson Glueck sugiere que el texto leía originalmente «Elías el jabesita de Jabes-galaad.» Una enmienda muy popular es «uno de los pobladores de Galaad.» Elías, entonces, sería un poblador permanente de Galaad, aunque no un nativo de allí.

Tisbe probablemente fue un nombre de un lugar que no es mencionado en la antigüedad porque era una comunidad pequeña, insignificante villa con un solo reclamo de fama, el gran profeta Elías quien vivía allí. La localización es incierta, pero Tisbe se ha identificado tradicionalmente con la Listib (el-Istib) moderna, c. 13 Km (8 millas) al norte de Jaboc en Transjordania.

Stephen R. Miller

TISRI (Heb. *tišrî*)
El nombre babilónico posexílico del séptimo mes del calendario civil o económico judío, y el primer mes del año religioso (sept. /oct.). El nombre previo del mes hebreo era Etanim.

TITIUS JUSTUS
Véase Justus 2.

TITO (Griego *Titos*)

1. Titus Manius, uno de dos embajadores enviados a los judíos después de la derrota de Lysias en el 165 a.C., para llevar la noticia del consentimiento romano al acuerdo trabajado por Macabeo con Lysias y el rey Antíoco, con relación a la restauración del templo judío y la no interferencia con las costumbres judías.

2. Un colaborador y emisario de Pablo. En la segunda visita importante de Pablo a la iglesia en Jerusalén, que buscaba el aval de su misión a los gentiles, tomó a Bernabé y a Tito como compañeros (Gá 2.1). El rol de Tito era una demostración especialmente significativa, ya que él (un gentil incircunciso) no fue obligado por los líderes de Jerusalén a circuncidarse como un requisito de su conversión al cristianismo (Gá 2.3). De este modo, la misión de Pablo «a los incircuncisos» fue respetada como una contraparte legítima a la misión de Pedro «a los circuncisos» (Gá 2.7-9).

El rol subsecuente de Tito como colaborador y emisario confiable de Pablo es revelado más claramente en la correspondencia a la iglesia de Corinto. Porque en 1 de Corintios no aparece el nombre de Tito, se asume que él no entró en esta obra hasta algún tiempo después de los eventos de esa carta, quizás sólo cuando las relaciones entre Pablo y los cristianos en Corinto comenzaron a deteriorarse aún más. Sin embargo, su nombre sí aparece en ambas secciones de 2 de Corintios 1—9 y 10—13, pensado por muchos eruditos como dos cartas diferentes. Tal parece que Tito fue valorado por Pablo como un hábil mediador por sus tratos con esa fraccionada comunidad. Es posible, que haya sido Tito el que llevó la «carta con muchas lágrimas» (2 Co 2.4) enviada por Pablo a los Corintios, o el llegó poco tiempo después y fue instrumento divino, dando lugar al arrepentimiento de la comunidad con relación al castigo dado a un miembro y su respeto por Pablo. Pablo describe su angustia y ansiedad esperando noticias de los Corintios por parte de Tito, quien no se encontró con él con la prontitud que Pablo esperaba (2 Co 2.13; 7.6). De la descripción que hace Pablo del informe de Tito, podemos deducir que Tito era hábil no sólo dando lugar al deseo de cambio en el corazón de los Corintios, sino también transmitiendo este cambio convincentemente a Pablo (2 Co 7.7).

Pablo mismo enfatiza la talla de Tito como su emisario, asegurándole a los Corintios que Tito tiene en su corazón «la misma solicitud por vosotros» (2 Co 8.16), y que él es «compañero y colaborador» de Pablo (v. 23) en el servicio a ellos. De hecho, la conducta ejemplar de Tito entre los Corintios es una parte de la defensa de Pablo de su propia conducta entre ellos (2 Co 12.18). Además, Pablo le confió en gran parte a Tito la colecta entre los Corintios para Jerusalén, una parte significativa de la validación en curso de la misión de Pablo a los ojos de la iglesia de Jerusalén (2 Co 8.6).

Es un testimonio para la continua reputación de Tito como un colaborador de confianza de Pablo que una carta llevara su nombre como recipiente. La carta ubica a Tito en Creta, donde fue dejado por Pablo para que estableciera el orden en las iglesias allí (Tit 1.5), y se asume que las instrucciones conte nidas en la carta tenían la intención de llevar las tradiciones de Pablo a las vidas de una nueva generación de iglesias. Dando tanta evidencia de la reputación de Tito, resulta notorio que no haya sido mencionado en el libro de los Hechos, aunque tal vez esta omisión evidencia de prolongada controversia alrededor de los asuntos de la circuncisión y las colectas para Jerusalén.

Véase Epístolas Pastorales.

Bibliografía. C.K. Barret, «Titus,» en *Neotestamentica et Semitica,* ed. E. E. Ellis and M. Wilcox (Edinburgh, 1969), 1-14; F.E. Bruce, *The Pauline Circle (*Grand Rapids, 1985); M. M. Mitchell, «New Testament Envoys in the Context of Greco-Roman Diplomatic and Epistolary Conventions: The Example of Timothy and Titus,» *JBL 111* (1992); 641-62; W.D. Walker, «The Timothy-Titus Problem Reconsidered,» *Exp Tim 92* (1980-81); 231-35.

JANE S. LANCASTER

TITO, CARTA A

Una carta atribuida al apóstol Pablo, escrita a su colaborador Tito. Debido a sus similitudes, generalmente se trata junto con las dos cartas de Pablo a Timoteo.

Véase Epístolas Pastorales.

TITO, EPÍSTOLA DE

Un texto seudoepigráfico, certificado en un solo manuscrito, compuesto en un latín no refinado y datado para el siglo VIII d. C. El autor, pretendiendo ser el Tito a quien le fue enviada la tercera Epístola Pastoral, compuso un discurso vehementemente proasceta a una congregación cristiana célibe, un tema irónicamente opuesto al tono antiasceta de las Epístolas Pastorales. La Epístola de Tito demanda una forma de vida casta de un grupo de ascetas masculinos y femeninos, algunos de los cuales se habían apartado del ideal ascético. Para rectificar la situación, el autor recurre a ejemplos y alegorías referentes a matrimonios espirituales del A.T., N.T. y más notable, los hechos apócrifos. La presunta autoridad de los hechos apócrifos sugiere que la Epístola de Tito funcionaba en un escenario donde el ascetismo era común y los hechos apócrifos gozaban de gran popularidad, quizás el movimiento Prisciliano en la España del siglo V.

Bibliografía. J. H. Charlesworth, ed., *The New Testament Apocrypha and Pseudopiographa* (Chicago, 1987), 410-11.

MELISSA M. AUBIN

TÍTULO

La traducción tradicional del griego *keraía*, que consistía de una pequeña marca o corchete, que probablemente servía para distinguir letras hebreas que de otra manera serían similares (Mt 5.18; Lc 16.17).

Véase Punto.

TIZITA (Heb. *tîṣî*)

Un gentilicio aplicado a Joha, uno de los hombres valientes de David (1 Cr 11.45), probablemente designando un lugar de origen de otra manera desconocido en Transjordania.

TIZONCILLO

Una lesión en los cultivos en pie y la vegetación causada por el calor abrasador del temido viento del este. Su relación con el moho (p.ej., 1 R 8.37 = 2 Cr 6.28) podría indicar una enfermedad provocada por un hongo (*Ustilago carbo),* las esporas de los cuales fueron llevadas por el viento. En Deuteronomio 28.22; Amós 4.9; Hageo 2.17 se trata como un juicio divino.

TOA (Heb. *tôaḥ*) (también NAHATH, TOHU)

Un levita del clan de los coatitas, el hijo de Suf y un ancestro de Samuel (1 Cr 6.34 [TM 19]). En otro lado es llamado Naat (2; 1 Cr 6.26 [11]) y Toú (1 S. 1.1).

TOB (Heb. *tôḇ*)

Una ciudad aramea localizada al sur de Haurán, quizás la capital de una región más grande. En esta área, los ancianos de Galaad encontraron a Jefté (Jue 11.3-5). Luego, cuando el rey amonita Haunan se levantó en rebelión contra David, Tob envió 12 mil guerreros para apoyar a Haunan (2 S 10.6-8). En tiempos helénicos los judíos volvieron a establecerse en el área, pero los vecinos gentiles los atacaron, matando a miles de judíos y llevándose cautivos a las mujeres y los niños. La ciudad fue recapturada por Judas Macabeo (1 Mac 5.9-17).

Algunos eruditos identifican esta ciudad con t-b (núm. 22) en la lista de ciudades capturadas de Tutmosis III, *dubu* en las cartas de Amarna, y la moderna et-Tayibeh (266218), localizada 19 km (12 mi) al este de Ramoth-gilead, entre Bozrah y Edrei.

Bibliografía. B. Mazar, «The Tobiads,» *IEJ 7 (*1957); 137-45, 229-38.

ZELJKO GREGOR

TOBANONÍAS (Heb. *ṭôḇ ʾădônîyâ*)

Un Levita que instruyó al pueblo en la Ley bajo el rey Josafat (2 Cr. 17.8). El nombre puede ser una ditografía de escriba, de «Adonías, Tobías»

TOBIAD(S)
Véase Tobías 2.

TOBÍAS (Heb. *ṭôḇîyâ*)
1. El jefe de una familia que retornó a Judá con Zorobabel y Josué y cuyos ancestros israelitas no fueron registrados en las genealogías aceptables para los escribas responsables por las listas en Esdras 2.60; Nehemías 7.62; 1 Esdras 5.37.

2. Uno que, con Sanbalat el horonita y Gesem el árabe, se opuso al regreso de Nehemías a Jerusalén (Neh 2.10, 19) y sus planes para la ciudad. Los tres son vilipendiados en el libro de Nehemías, pero estos parecen considerarse a sí mismos como sirvientes leales al rey persa Artajerjes I y por haber considerado a Nehemías un traidor por desear restablecer a Jerusalén como el centro de gobierno con un rey (Neh 2.19; cf. 6.6-7). Los tres estaban preparados para usar la fuerza, si era necesario, para aplastar las ambiciones de Nehemías (Neh 4.1-8 [TM 3.33-4.2]), lo cual probablemente amenazaba sus propios intereses en Judá. Cuando pidieron reunirse con Nehemías para discutir sus acciones, él rechazo su propuesta (Neh 6.1-9).

Tobías es identificado como «el amonita», lo cual sugiere que ejerció control político sobre esa área. Él estaba aliado a nobles en Judá (Neh 6.17), quienes bien pudieron oponerse a las reformas de Nehemías en lo económico, político, y/o razones religiosas. Aún más, él estaba relacionado por matrimonio al sumo sacerdote Eliasib, quien preparó un espacio de vivienda dentro del precinto del templo mientras Nehemías estuvo fuera de la ciudad (Neh 13.4-9). Si él era descendiente de Tobías **1**, él pudo haberse sentido con derecho a un lugar en el templo; no obstante Nehemías lo hizo desalojar. Aún así, él era la cabeza de la familia posterior de los Tobías, que rivalizaron con los Onías, por el control de Jerusalén durante el período helenístico.

PAUL L. REDDITT

TOBÍAS (Gr. *Tōbías*)
1. El hijo de Tobit y Ana (Tb 1.9) quien, guiado por el ángel Rafael, sanó la ceguera de su padre y expulsó un demonio de Sara, la hija de Raquel.

2. Un prominente y rico terrateniente del período de los Macabeos; ancestro (Gr. «hijo») de Hircano (1; 2 Mac 3.11; c. Josefo *Ant.* 12.160, 186).

TOBÍAS (Heb. *ṭôḇîyāhû*)
1. Uno de los levitas enviados por el rey Josafat para enseñar en las ciudades de Judá (2 Cr 17.8)

2. Un descendiente de Tobías (**1**) quien no pudo autenticar su origen Israelita (Esd 2.60; Neh 7.62).

3. Uno de los tres repatriados (Zac 6.10) de quien Zacarías tomaba plata y oro para llevarle a Josías, el hijo de Sofonías, para confeccionar coronas ya fuera para ponerlas en la cabeza de Josué (o Zorobabel; v. 11) o para tenerla en el Templo por los tres como memoria (v. 14).

PAUL L. REDDITT

TOBÍAS (Gr. Tōbeit), **EL LIBRO DE**
Un libro judío posexílico con claros antecedentes folklóricos, aun así modelado según las escrituras sagradas judías, encontradas en la Apócrifa.

Historia
Exiliado en Nínive en los días del imperio asirio, la casa judía de Tobías, su esposa Ana y su hijo Tobías, combinaban piedad con éxito en el mundo gentil hasta que un rey malvado, Senaquerib, asciende al trono y persigue a los judíos (1.1-18). Como resultado por proveer un entierro decente a sus parientes, Tobías perdió primero su salud y luego su vista. (1.19-2.10).

Tobías ora por la muerte (2.11-3.6), pero también recordó un dinero que había dejado administrado con Gabael, un pariente en Media. ¿No debió haber dicho a Tobías acerca de este dinero antes que Dios le concediera su oración (3.7-4.4)? Así que Tobías envía a su hijo a Media, provisto de muchos consejos buenos (4.5-21) y un guía. El guía se mostró como Azarías, un pariente de la tribu de Tobías, pero en realidad era el ángel Rafael (que significa, «Dios sana»; 5.1-21).

A lo largo del camino, Rafael instruye a Tobías que pesque un gran pez y preserve su hígado, corazón y vesícula para usarse en sanidad y exorcismo (6. 1-9). Entonces Rafael dirige a Tobías a casa de Ragüel y Edna (6.10-7.18). Su hija Sarra es preciosa, virtuosa y una pareja ideal para Tobías, pero ella también está embrujada; el demonio Asmodeo había matado a sus siete primeros esposos en la noche de bodas. Pero por haber atendido a la exhortación de Rafael a la piedad y sus instrucciones acerca del uso del corazón y el hígado del pescado, Tobías se puede casar con Sarra y vive hasta la mañana siguiente (8.1-9).

Ragüel lleva a cabo una fiesta de dos semanas para los recién casados, tiempo en el que Rafael recupera el dinero de Gabael (8.10-10.12). Al final de las dos semanas, Tobías regresa con Sarra a Nínive. En ese momento, la propiedad sanadora de la vesícula del pescado se hace evidente, cuando Tobías lo usa para curar la ceguera de Tobías (11.1-18).

Cuando llega el tiempo de pagar a «Azarías», el guía se revela a sí mismo como Rafael, un ángel enviado como respuesta a sus oraciones, quien los exhorta a continuar en su piedad (12.1-22). Tobías alaba a Dios y predice un futuro glorioso para el Israel restaurado (13.1-14.15).

Antecedentes literarios

Tobías está lleno de motivos folklóricos los cuales los eruditos les han dado nombres con diversos matices: Por ejemplo, el muerto agradecido, o el monstruo en la cámara nupcial. Bajo estos motivos yace una trama clásica de cuentos de hadas, que comienzan cuando un héroe deja a su familia para ir a un viaje para remediar cierta desgracia que ha caído en su familia. En el curso de su viaje, se encuentra una joven mujer afligida. Habiendo obtenido cierto agente especial que le ayuda a tratar con esta aflicción donde otros han fracasado, él se casa con ella, encuentra un remedio para la desgracia de su familia y regresa a casa con su esposa.

En Tobías esta trama de cuentos de hadas es colocada en un contexto que la hace un vehículo para la edificación y el estímulo de los judíos. Distinto al cuento de hadas, Tobías se desarrolla en un tiempo y lugar específico: el Exilio (Asirio). Así como los problemas de Tobías y Sarra fueron traídos a larga por su condición de exilio, así mismo la sanidad de sus problemas apunta hacia el final de su exilio. Este mensaje es reforzado por abundantes referencias a historias, leyes, enseñanzas éticas y profecías procedentes de la Ley, los Profetas, y otra literatura judía sagrada. También hay referencia a la historia de Ahikar, quien es introducido en la historia como el sobrino de Tobías.

Las fuentes del cuento de hadas de Tobías y numerosos anacronismos explican el consenso erudito actual de que Tobías es novelesco. Esta opinión viene de tan lejos como Lutero, quien describió a Tobías como una «ficción útil» y una «comedia piadosa y encantadora».

Fecha, idioma y versiones

Tobías ha sido fechado razonablemente tan temprano como en el siglo V a.C. y tan tarde como el siglo II d.C. Fragmentos del libro (cuatro en arameo, uno en hebreo) fueron encontrados en Qumrán. Asumiendo que Joseph Fitzmyer está correcto en fechar el más antiguo de estos en 100 a.C., una fecha posterior para Tobías no sería posible.

Los fragmentos de Qumrán han apoyado la opinión crítica prevaleciente que Tobías fue escrito originalmente en arameo. El texto completo del libro ha llegado a nosotros básicamente en dos revisiones que han sido marcadamente diferentes: Sinaítico y Vaticano. Las traducciones antiguas dependen del texto Vaticano. Sin embargo, por varias décadas, el Sinaítico ha sido considerado generalmente como la más temprana de las dos revisiones, y esta conclusión es apoyada ahora por el material de Qumrán. Traducciones más recientes han hecho también cierto uso del Vaticano, aunque sólo para llenar las lagunas que ocurren en el Sinaítico en 4.7-19; 13.6-10. Nombres en Tobías a menudo son traducidos de acuerdo a su traducción en griego (p.ej., «Tobías») en lugar de sus antecedentes arameos («Tobiah»).

Temas

Tobit incorpora una abundancia de actitudes y creencias judías. Entre ellas predominan aquellas relacionadas a la familia judía, dar limosnas y los ángeles. Preocupación por el linaje familiar se muestra cuando Tobit busca determinar si «Azarías» es un guía adecuado para su hijo y también en el matrimonio propuesto de Tobías y Sarra. A diferencia de otros libros posexílicos, Tobit abogaba por los matrimonios entre primos (en parte quizás como una forma de consolidar la riqueza familiar). La obligación filial es ordenada por los padres y plasmada en los hijos. Aun así la vida familiar no siempre es ideal. La fricción que existe entre Tobit y Ana cuando ella se vuelve la sostenedora de la familia o cuando ellos temieron por la seguridad de Tobías es descrito elocuentemente. Hay muchas otras escenas de la vida familiar: matrimonios, entierros, comidas, arreglos de dormitorios, despedidas y reuniones.

En un sentido amplio, la comunidad entera judía es la «familia» de Tobit. La obligación que tenía Tobit para con ellos y la cual imponía sobre su hijo, está resumida en la palabra *eleēmosýnē*, tradicionalmente traducida como «dar limosnas». Las acciones primordiales de caridad descritas como dar limosnas en Tobit son alimentar el hambriento, vestir al desnudo y enterrar apropiadamente a los muertos. Esta conducta en última instancia será recompensada por Dios, por lo cual Tobit puede decir «dar limosnas nos libra de la muerte».

Estas palabras son repetidas textualmente por Rafael cuando él explica que fue enviado por Dios para ayudarlos en respuesta a las limosnas y a las oraciones de Tobías. Rafael se describe a sí mismo como uno de siete ángeles quien «se levanta y entra delante de la gloria del Señor» (12.15). El pelea contra demonios y ayuda a mortales, pero su esfera es únicamente celestial y él les recuerda a Tobit y a Tobías que él realmente no comía ni bebía, sólo aparentaba hacerlo. Todo esto refleja la angelología desarrollada en el período posexílico.

Uso posterior de Tobit

Tobit contiene quizás la declaración más antigua de la «Regla de Oro» (en su forma «negativa», 4.15) el cual ha probado ser un manantial de enseñanza moral, judía y cristiana. La presencia de Tobit en Qumrán da fe de la estima que se le tenía en el antiguo judaísmo, pero a pesar de su popularidad y su piedad no fue incluido en la Biblia hebrea. *Midrash Tanḥuma* (c. 500 d.C.) contiene una leyenda popular similar a Tobit, aunque probablemente no haya una dependencia directa de una u otra.

Aunque muchos padres de la Iglesia Oriental no consideraban a Tobit como canónico, en la Iglesia Occidental su canonicidad recibió endoso.

Se han usado lecturas de Tobit en la Iglesia Católica Romana para celebrar días festivos en honor a ángeles; otras lecturas (p.ej., la oración de Tobías, 8.5-8) han sido usadas en ceremonias nupciales.

Bibliografía. J.C. Dancy, *The Shorter Books of the Apocrypha*, Cambridge Bible Commentary (Cambridge 1972), 1-66; G. Nickelsburg, «Stories of Biblical and Early Post-Biblical Times: Tobit,» in *Jewis Writings of the Second Temple Period, ed.*

TOBIT (Gr. Tobeit, Tobeit)

Neftalita, hijo de Tobiel de la línea de Asiel, exilado de su casa en Tisbe en Galilea a Nínive (Tob 1.1-2); y figura central del libro de Tobías. Caracterizado como un judío piadoso, quedó ciego (Tob 2), y eventualmente fue curado por el ángel Rafael obrando a través de Tobías, el hijo de Tobit y Ana (11.1-15).

TOCEN (Heb. *tōḵen*)

Villa simeonita cuya ubicación precisa se desconoce (1 Cr 4.32).

TODOPODEROSO

Un epíteto de Dios (Heb. *šadday*), derivado de la deidad patriarcal El Shaddai (cf. LXX Gk. *pantokrátōr*). El nombre es similar en significado a los epítetos del amorreo Amurru *(bēl šadē)*, Cananeo Hadad *(baʿal ṣapōn)*, y Hurrita El *(ʾil paban-ḫi-wini)* y puede haber sido asociado con teofanías de Yahvé en tormentas de montaña (p. ej., Ex 19.16-19). El nombre aparece en la poesía temprana y arcaizante (p.ej., Nm 24.4, 16; Sal 68:14[TM 15]; 91.1), en pasajes adscritos a la fuente sacerdotal (p.ej., Ex 6.2-3), y en Ezequiel (Ez 1.24) y las porciones de diálogo de (31 veces).

TOFEL (Heb. *tōpel;* Gr. *Tophol*)

Lugar en el desierto al este del Río Jordán, en la vecindad en la que Moisés le recordó la Ley a los Israelitas (Dt 1.1; cf. LXX). Deuteronomio 1.5 ubica el evento en el territorio de Moab. Aunque se desconoce el lugar preciso, puede ser identificado con *et-Tafileh* (208027) basado en una similitud fonológica. Yohanon Aharoni localizó a Tofel en la llamada Avenida de los reyes, entre Punón y Wadi Zered, pero al sur de Moab.

Philip R. Drey

TOFET (o **TOPHETH**) (Heb. *tōpeṯ*)

Lugar en el Valle de Hinón en Jerusalén donde niños eran quemados en sacrificio a Moloc (2 R 23.10). Jeremías condenó el lugar y proclamó que un día vendrá a ser un sepulcro masivo donde los habitantes muertos de Jerusalén serían enterrados (Jer 7.32; 19.4-14). Al final del siglo VII el lugar fue destruido como parte del programa de reforma de Josías (2 R 23.10). Una lectura diferente de Isaías 30.33, se refiere a la inmolación del rey de Asiria (heb. *topteh*, «crematorio»).

La etimología de la palabra es incierta, aunque muchos eruditos asumen que se deriva del arameo *tepat* («chimenea», «fogón»), apuntado con las consonantes del Heb. *bōšeṯ* («vergüenza»). Esto puede representar un homónimo con el Heb. *tōpeṯ* «chiporrotear» (Job 17.6), introducido por los masoretas. Otra sugerencia es una forma original egipcia que significa «ciudad de Ptah».

La localización exacta de Tofet todavía se desconoce, pero muy probable estaba en la parte baja del Valle de Hinom cerca de la punta sur de la Ciudad de David.

Bibliografía. G.C. Heider, *El Culto de Moloc.* JSOTSup 43 (Sheffield, 1985), 347-65, 383-408.

TOGARMA (Heb. *tōgarmâ, tôgarmâ*)

Hijo de Gomer y descendiente de Jafet (Gn 10.3 = 1

Cr 1.6). El nombre se relaciona con la ciudad y la región de Beth-togarmah.

TOI (Heb. *tōʿî*) (también TOU)
Rey de Hamat que envió a su hijo Joram con regalos espléndidos para felicitar a David por haber derrotado a Hadad-ezer, el rey de la vecina Soba (2 S. 8.9-10). En 1 Crónicas 18.9-10 es llamado Toi y su hijo Adoram.

TOLA (Heb. *tôlāʿ*)

1. Hijo mayor de Isacar (Gn 46.13; 1 Cr 7.1), cuyos descendientes – jefes de familias y guerreros durante el reinado de David (v. 2) – fueron llamados tolaítas (heb. *Tolat*; Nm 26.23).

2. Hijo de Púa de la tribu de Isacar. Residente del pueblo de Samir en el monte de Efraín, fue juez de Israel por 23 años (Jue 10.1).

TOLAD (Heb. *tôlaḏ*)
Pueblo simeonita (1Cr 4.29); nombre alterno para Eltolad.

TOLEMAIDA (Gr. *Ptolemaïs*)
Importante ciudad de la costa mediterránea (la actual Tel Aco/Tell el-Fukhkhar, 1585.2585). Conocida primero como Aco, la ciudad es mencionada en varias fuentes extrabíblicas, entre ellas los Textos de Execración del Reino Medio Egipcio, las Cartas de Amarna, el templo de Karnak, y textos ugaríticos, asirios y persa.

La ciudad cambió de nombre durante el período helenístico en honor a Ptolomeo II Filadelfo. Más tarde, durante este mismo período, Antíoco VI le cambió otra vez el nombre a Antioquía en Tolemaida. El gobernante seléucida Antíoco V nombró a Hegemonides gobernador de la región, desde Tolemaida hasta Gerar (2 Mac 13.24, 25). El nombre de la ciudad cambió de nuevo durante la Edad Media, a Acre, en recuerdo de San Juan de Acre.

Según Jueces 1.31, la única referencia a Aco en el AT, la tribu de Aser no pudo conquistar Aco. Hechos 21.7 registra la visita de Pablo a Tolemaida mientras viajaba de Tiro a Cesarea.

ALICE H. HUDIBURG

TOMÁS (Gr. *Thōmás*)
Uno de los 12 discípulos originales de Jesús. Es nombrado en todos los Evangelios Sinópticos y en Hechos (Mt 10.3; Mr 3.18; Lc 6.15; Hch 1.13), pero no ejecuta ningún rol adicional en esos escritos. El nombre es una representación del arameo traducido como Dídimo (gr. Dídymos, «doble») en Juan 11.16; 20.24; 21.2.

Tomás aparece prominentemente en Juan durante las escenas finales de la vida terrenal de Jesús. Cuando Jesús indica que regresará a Judea donde «los judíos habían intentado apedrearlo recientemente, Tomás urge valientemente a los discípulos a los discípulos que acompañen a Jesús «que muramos con él» (Jn 11.16). En Juan 14.5 parece carecer de un profundo entendimiento acerca de Jesús y cuestiona cómo pueden seguir a Jesús sin conocer su destino. Jesús responde que él es el «camino.» Cuando los demás discípulos cuentan que Jesús se les apareció a ellos, Tomás firmemente dice que no creerá que Jesús esté vivo a menos que pueda poner su dedo en las heridas de clavo en las manos de Jesús y poner su mano en el costado de Jesús (Jn 20.24-25). Jesús aparece a sus discípulos ocho días después cuando Tomás está presente y lo invita a satisfacer sus condiciones de fe; Tomás responde: «¡Mi Dios y mi Señor!» (Jn 20.26-28). Tomás es mencionado por último entre el grupo de discípulos a quienes el Jesús resucitado aparece en el Mar de Tiberias/Galilea (Jn 21.2).

TOMÁS, EVANGELIO DE (II, 2)
Un documento copto enterrado cerca de Nag Hammadi, Egipto, c. 340 d.C., y contienen «los dichos secretos que el Jesús viviente habló y Judas Dídimo Tomás documentó.» Como la mayoría de los primeros textos cristianos coptos en la biblioteca de Nag Hammadi, es una traducción de lo que originalmente fue un texto griego. Menos de un 10 porciento del material en el manuscrito copto existe en los manuscritos griegos fragmentarios escritos c. 140 d.C. y encontrados más tarde en los restos de Oxirrinco, Egipto. Dídimo (griego) y Tomás (arameo) significan «los gemelos,» así que Judas, el supuesto autor del texto, tenía un apodo bilingüe. Quién era este hombre es desconocido, pero es altamente improbable que fuera Tomás el discípulo de Jesús.

Una lista de al menos 150 dichos separados atribuidos a Jesús, el evangelio de Tomás es el más importante texto no canónico cristiano para inquirir en las enseñanzas del Jesús histórico. Los eruditos dividen estos dichos en unidades (algunos contienen varios dichos) separados por la muy común frase introductoria «Jesús dice.» Esta forma de división resulta en una serie de 114 dichos, la base del sistema numérico usado por todos los eruditos en la actualidad. La estructura del Evangelio es una casi una lista al azar de dichos separados conectados a veces por «reclamos» (palabras que aparecen en varios dichos en una línea consecutiva) esto es evidencia de que Tomás puede realmente ser lo que dice que es, una lista recopilada de memoria por un individuo. Existen unas pocas glosas y pequeños comentarios en el mismo texto. Lo poco que existe enfatiza una unidad de tema, por ej., hacer de los dos uno, convertirlo en uno, pero la pregunta «¿dos qué en un qué?» nunca es claramente respondida. Q y Tomás son listas de dichos que tienen cerca de un tercio de sus dichos en común, pero no están de otra manera conectados. Tomás no es Q, ni una fuente para Q, ni Q, una fuente para Tomás. La hipótesis Q, sin embargo, gana fuerza del hecho de que Tomás prueba que la lista de dichos sí circulaba en las iglesias primitivas.

Más de la mitad de los dichos de Jesús en el Evangelio de Tomás también aparecen en el Evangelio de Mateo, Marcos y Lucas (muy pocos también aparecen en Juan). La mayoría de los restantes son de otra forma desconocidos. Muchos de los dichos hasta ahora desconocidos indican que el reino del Padre debe encontrase ahora entre la gente y diseminado por la tierra. El descubrimiento del reino del Padre requiere, en el punto de vista Tomasino, el descubrimiento de la luz dentro de uno y la comprensión de que el reino ha estado presente, aunque invisible desde el principio de los tiempos. Desde la perspectiva Tomasina, Jesús vino a la tierra para revelar la presencia oculta del reino. Algunos llaman esta perspectiva «gnóstica,»; otros «protognóstico»; aun otros simplemente encuentran que reflejan ideas comunes en el platonismo del siglo I y no ven necesidad de aplicar el sobre cargado término «gnóstico» a Tomás.

Aunque Tomás contiene dichos paralelos al material único de los Evangelios Sinópticos y un considerable número de dichos que se encuentran en Q, las adiciones y contextualizaciones y elaboraciones de dichos que caracterizan los esfuerzos de Mateo, Marcos y Lucas mientras ellos laboraban para incluir los dichos de Jesús en sus Evangelios están casi completamente carentes aquí. Es altamente improbable que Tomás fuera por los tres Evangelios Sinópticos, cuidadosamente recortando dichos de su contexto narrativo y eliminando en detalle las adiciones a los dichos que tenemos razón para creer que fueron puestos allí por el autor Sinóptico. Las versiones de los dichos en Tomás que también se encuentran en los Evangelios Sinópticos forman a menudo versiones críticamente menos elaboradas carentes de comentarios alegóricos y contextos narrativos y aparentan estar en formas más primitivas. Tales consideraciones permiten a los eruditos concluir que el Evangelio de Tomás vino a ser un documento independiente y deriva sus dichos de tradiciones orales y no de los Evangelios canónicos. Porque fue repetidamente copiado por escribas cristianos, quienes en ningún punto pudieron insertar elementos que conocían de otros Evangelios al texto de Tomás que copiaban (un proceso llamado «armonización escribal» que es bien conocido a los eruditos de la crítica textual del NT), Tomás en algunos lugares muestra conocimiento de detalles encontrados en los evangelios canónicos. Mientras que algunos eruditos creen que estos detalles prueban la dependencia de Tomás de los textos canónicos, esa perspectiva es menos frecuentemente adoptada hoy que en décadas anteriores.

La fecha del Evangelio de Tomás es desconocida. Porque es simplemente una lista de dichos y porque hizo uso de material que circulaba en las tradiciones orales antiguas, Tomás puede derivarse de la misma época que Q, c. 50-80. Ciertamente, eruditos recientes han mostrado que Q era una lista de dichos más organizada que Tomás, un hecho que insinúa una fecha más tardía para Q. Sin embargo, eruditos que toman el punto de vista de que Tomás es un texto gnóstico tienden a fechar su origen en la primera mitad del siglo II. Similarmente, el lugar del origen de Tomás es desconocido. Varios documentos que tienen que ver con el apóstol Tomás parecen haberse originado en Siria, aunque en una fecha considerablemente más tardía que el Evangelio de Tomás y así algunos argumentan que Tomás también probablemente se originó allí. Alternativamente porque era bien conocido en Oxirrinco en una fecha temprana, es posible que Tomás es un ejemplo temprano del cristianismo egipcio.

Dos parábolas encontradas en el Evangelio de Tomás son particularmente interesantes porque muestran todas las señales de haber sido habladas por Jesús mismo y sin embargo no se encuentran en los evangelios canónicos. Estos son:

97. Jesús dijo: «el reino del Padre es como una mujer que llevaba un jarro lleno de comida. Mientras andaba por el camino, aún a poca distancia de casa, el mango de la jarra se rompió y la comida se vaciaba a sus espaldas por el camino. Ella no se daba cuenta de esto; ella no se dio cuenta de tal accidente. Cuando llegó a su casa, soltó la jarra y la encontró vacía.»

98. Jesús dijo: «el reino del Padre es como cierto hombre que quería matar un hombre poderoso. En su propia casa sacó la espada y la clavó en la pared para ordenar encontrar si su brazo podía soportarlo. Entonces dio muerte al hombre poderoso.»

Los dichos que siguen parecen expresar un punto particular Tomasino de las enseñanzas de Jesús:

3. Jesús dijo: «si los que te guían dicen mira el reino está en el cielo, entonces los pájaros del cielo los precederán a ustedes. Más bien el reino está dentro de ustedes y está fuera de ustedes. Cuando se conozcan ustedes mismos, entonces serán conocidos y se darán cuenta de que son ustedes los hijos del Padre viviente. Pero si no se conocen ustedes mismos habitan en pobreza y son ustedes esa pobreza.»

113. Sus discípulos le dijeron: «¿Cuándo vendrá el reino?» Jesús dijo: «no vendrá esperándolo. No será un asunto de decir 'está allí.' Mas bien el reino del Padre está diseminado por el mundo y los hombres no lo ven.»

Bibliografía. S. Davies, *The Gospel of Thomas and Christian Wisdom* (New York, 1983); A. D. DeConick, *Seek to See Him: Ascent and Vision Mysticism in the Gospel of Thomas.* VCSup 33 (Leiden, 1996); M. W. Meyer, *The Gospel of Thomas* (San Francisco, 1992); S. J. Patterson, *The Gospel of Thomas and Jesus* (Sonoma, 1993).

STEVAN DAVIES

TOMÁS, EVANGELIO DE LA INFANCIA DE

Una colección de relatos folklóricos acerca de la infancia de Jesús, desde la edad de cinco a doce años, la cual existe en numerosas traducciones y revisiones críticas textuales algunas de las cuales no atribuyen el texto a Tomás. La versión más conocidas de los cuentos fue editada por Constantino von Tischendorf en el siglo XIX (griego A) y se basa en dos manuscritos griegos que datan del siglo XV, él también editó una versión griega más corta (griego B) basada también en un manuscrito medieval el cual aparenta ser una recopilación deliberada de una revisión crítica más larga y una versión latina. Aunque Griego A se ha convertido en el *texto recibido* del Evangelio de la Infancia no se debe asumir que éste representa la versión textual más temprana. Muchos están escépticos de que alguna vez podamos reconstruir una «autografía» ya que las tradiciones contenidas en los diversos manuscritos estaban en libre circulación y aparentemente se añadieron y quitaron historias completas después de que las tradiciones primeras fueran escritas. Ireneo está familiarizado con las formas escritas de esta tradición y llevó casi hasta hoy día las versiones más tempranas de estas historias a la parte tardía del siglo II. Existe debate en cuanto a si el lenguaje original del texto escrito primero era sirio o griego. También hay debate sobre si uno debe catalogar los relatos como gnósticos o no.

Algunas de las historias más intrigantes incluyen aquellas del joven Jesús dando vida a gorriones de barro que había creado (2.1-5 [Griego A como son todas las referencias]) al encontrar el maestro judío Zaqueo (6.1-7; 4), resucitó de los muertos a un niño que se cayó de una azotea (9.1-3) y alargó una tabla pues José la cortó muy corta (13.1-2). Termina con una versión del viaje de Jesús al templo de Jerusalén (cf. Lc 2.41-51).

Bibliografía. J. K. Elliot, *The Apocryphal New Testament* (Oxford, 1993), 68-83; O. Cullmann, «The Infancy Story of Thomas,» en *New Testament Apocrypha,* ed. W. Schneemelcher and R. McL. Wilson, rev. ed. (Louisville, 1991) 1:439-51.

J. BRADLEY CHANCE

TOMÁS, HECHOS DE

El único de los hechos apócrifos que sobrevive completamente. Los hechos de Tomás relatan el trabajo evangélico del apóstol durante su jornada a la India. Como en la mayoría de los otros hechos el apóstol es descrito como obrador de numerosos milagros que incluyen echar fuera demonios y resucitar los muertos. En varios de los episodios aquellos que vuelven de la muerte dan descripciones explícitas del infierno y del cielo. Hay también incluidos animales que hablan como un asno salvaje que exorciza un demonio y luego predica a la multitud reunida. Tomás es martirizado por un poderoso oficial hindú porque el apóstol había convertido la esposa al celibato y al estilo de vida ascético.

Dos secciones poéticas extendidas, el himno de la Novia y el himno de la Perla, que despliega elementos gnósticos claramente identificables, ha llevado a muchos a caracterizar todo Hechos de Tomás como gnóstico. Por ejemplo, en el himno de la Perla la historia de un príncipe oriental que recobra una Perla y el recibir vestimentas especiales como premio por lo obtenido a menudo se interpreta como una alegoría de la jornada del alma a través del mundo material y su eventual reunión con los ámbitos celestiales. Sin embargo, la mayoría de los cuentos legendarios envuelven muy poco que pueda ser reconocido como gnóstico. A pesar de esto, como muchos de los otros hechos apócrifos, los hechos de Tomás parecen reflejar temas populares del cristianismo temprano de piedad ascética y mundanalidad.

Preservado en varios lenguajes, los testigos primarios de los hechos de Tomás son el siríaco y el griego. El siríaco es el candidato más probable para el lenguaje original, pues el griego despliega varios errores resultantes de mal entendidos del siríaco. Sin embargo, las versiones siríacos sobrevivientes han pasado claramente por algunas enmiendas para hacerlas más compresibles a los cristianos los próximos cristianos «ortodoxos.» El trabajo fue más probablemente originado en Siria en Edesa, en la primera mitad del siglo III. Aunque el texto reclama que Judas Tomás, el gemelo de Jesús, es el autor, la fecha del texto hace tal reclamo improbable. Como tal, los Hechos son generalmente recordados como una composición anónima.

Bibliografía. J. K. Elliott, *The Apocryphal New Testament,* rev. ed. (Oxford, 1993), 439-511; A. F. J. Klijn, *The Acts of Thomas.* NovTSup 5 (Leiden, 1962).

James R. Mueller

TOPACIO

Un mineral (un silicato de aluminio) que ocurre en prismáticos translúcidos o transparentes, cristales ortorrómbicos de varios colores, valorizado como una gema (gr. *topázion*). El topacio es mencionado en Apocalipsis 21.20 como la novena piedra en la fundación de la Jerusalén celestial. En 1900 el topacio fue descubierto en grandes cantidades en una isla del Mar Rojo cerca de la costa egipcia.

Véase Crisólito

TORÁ (Heb. *tôrâ*)

Nombre (Heb. «Instrucción, guía, ley») atribuido a la primera división del canon hebreo, los cinco libros de Moisés, o el Pentateuco. En un sentido más general, torá indica la Ley divina o la instrucción por la cual Israel iba a vivir según lo estipulaba el pacto.

TORBELLINO

Literalmente una torsión, remolino de viento que deja destrucción a su paso. Su uso predominante en la Escritura es simbólico o metafórico. La palabra puede ser entendida en un sentido literal (2 R 2.1; Job 37.9; 38.1; Nah 1.3), pero incluso entre éstos, el torbellino es el vehículo de la aparición de Dios en la teofanía (Job 38.1; Ez 1.4).

En la mayoría de las citas bíblicas el torbellino es un símbolo del rápido y completo juicio de Dios (p.ej., Pr 1.27; Is 21.1; Os 8.7; Zac 9.14). Dios esparcirá a sus enemigos por el torbellino (Is 41.16) y viene como un torbellino para traer la ira (66.15). El torbellino del Señor caerá sobre la cabeza de los malos (Jer 23.19; 30.23), y grande tempestad se levanta contra los «falsos pastores» de Israel (25.32). El Señor dispersó a Israel entre las naciones por el torbellino (Zac 7.14). En Isaías 5.28; Daniel 11.40 el simbolismo es la de un enfrentamiento entre ejércitos enemigos.

Joe E. Lunceford

TORO

Un bovino adulto macho. El toro es una figura muy común en las religiones del antiguo Cercano Oriente. En Egipto el toro Apis, una personificación del Nilo, era el animal sagrado de Osiris. Un toro con un disco solar y el ankh entre sus cuernos, similar a los toros que se encuentran en Egipto, se ha descubierto en Tiro. Esto podría sugerir la influencia egipcia en el uso del toro en Siria-Palestina. El Toro del Cielo aparece en la mitología mesopotámica como un vehículo para el juicio de los dioses. En la práctica religiosa cananea el toro se utiliza a menudo como un símbolo, ya sea para Baal o El. En Hazor un par de toros se ha encontrado con los pies en la espalda, interpretados como una representación de Baal. Existen representaciones similares de Adad, a menudo vistas como una representación mesopotámica de Baal.

El papel principal del toro en el culto israelita era como un objeto de sacrificio, ofrecido en ocasiones tales como festivales (es decir, la Pascua, Sucot) o como ofrendas de purificación (Lv 4, 16; cf. He 9.13; 10.4). A veces la razón para el sacrificio se deja sin especificar (por ej., Esd 6.9).

El uso israelita y el antiguo Cercano Oriente de las imágenes del toro chocaron en un par de incidentes que implicaban toros. Éxodo 32.4 informa la hechura de becerros de oro, o toros, por Aarón a petición del pueblo. 1 Reyes 12.28 informa el establecimiento de los toros de oro por Jeroboam en Betel y Dan.

El toro (Heb. *'āḇîr* o «Poderoso») de Jacob es un epíteto para Dios (Gn 49.24; Sal 132.2, 5; Is 49.26; 60.16). Doce toros sostenían el mar de bronce en el templo de Jerusalén (1 R 7:25).

MATTHEW A. THOMAS

TORRE
Estructura defensiva construida ya sea en la muralla de la ciudad o localizada en una colina como vigía. Las torres (heb. *migdāl*) eran edificadas en las murallas de la ciudad en lugares estratégicos, tales como las esquinas, puertas y entradas, y lugares vulnerables. Torres enormes construidas formando parte de la estructura de la puerta de la ciudad (p.ej., Megido, Samaria, Hazor, Dan, Beerseba, Timna) aumentaban las capacidades defensivas en su localización más vulnerable.

Torres, construidas dentro de las murallas en intervalos para aumentar las capacidades defensivas, usualmente sobresalían más allá de la muralla de la ciudad dando a los defensores una vista clara de los cimientos de la muralla y de cualquiera que intentara hacer brecha en ella. Este tipo de torre es típicamente más alta que el resto de la muralla. Torres defensivas construidas dentro de las murallas pueden ser rectangulares (Edad de bronce tardía Tell Beit Mirsim y Megido), semicircular (Edad de bronce temprana Arad) o redonda (Khirbet es-Saqq), pero usualmente son cuadradas. Dos torres cuadradas en Jerusalén, que datan del período del segundo Templo, se extendían varios metros de la muralla de la ciudad. Estas fueron construidas de piedras cortadas ásperamente y a un espacio de c. 20 metros (66 pies) aparte. Estas torres son de tres partes, estando estas abiertas hacia la parte interior de la ciudad. Tres torres inmensas del siglo I construidas por Herodes en la muralla occidental de la ciudad eran grandes, completamente cerradas y contenían varios cuartos; estas torres, nombradas según unos parientes de Herodes, también servían como pequeños fortines. Relieves del palacio de Senaquerib en Nínive nos muestran torres cuadradas que sobresalían de las murallas de la ciudad de Laquis. Nehemías le dio los nombres a varias de las torres construidas en las murallas de la ciudad: Torre de los Cientos, Hananeel (Neh 3.1), de los Hornos (v. 11; 12.38). Jer 31.38, Zac 14.10, nombraron también unas torres en Jerusalén, Hananeel. Ezequiel predijo la destrucción de las torres de Tiro (Ez 26.4, 9) y describe a los defensores como que ponen sus escudos sobre las murallas (27.11). Isaías se refiere a un guardia de Babilonia que vigila en una torre de vigía (*miṣpeh*; Is 21.8).

Torres de vigías independientes en lo alto de las colinas servían como puestos de observación y de estaciones de defensa previsoras. Estas pequeñas estructuras autónomas parecían más bien pequeñas fortalezas que torres. Pequeñas fortalezas (torres) en el Neguev usualmente se edificaban con paredes en casamata (dos paredes paralelas conectadas en intervalos por paredes transversales), puertas, y estructuras internas. Las fortalezas más pequeñas generalmente son cuadradas, c.20 m (66 pies) en un lado. Las fortalezas más grandes tienen torres construidas en las murallas y están formadas de acuerdo al terreno. Los arqueólogos han descubierto tres torres circulares de la edad de hierro en el desierto de Samaria que miden 19-19.5 m (62-64 pies) y hechas con tres murallas de piedras concéntricas. Un edificio rectangular (¿cuarteles de guardias?) y un muro parámetro de casamata acompaña cada torre. Estas torres guardaban carreteras principales en Transjordania. Las torres de atalaya también estaban conectadas a la agricultura, especialmente a viñedos. Estas torres funcionaban como estaciones de vigilancia para proteger las cosechas (Is 5.2; Mt 21.33=Mr 12.1; gr. *pýrgos*) Uzías construyó torres en el desierto (2 Cr 26.10) y Jotam en los bosques. Evidentemente villas brotaron alrededor de algunas torres de atalaya, así lo reflejan nombres como Migdal-gad (Jos 15.37) y Migdal-el (19.38). Un *migdāl* también puede ser una ciudadela interior o un templo construido como una fortaleza. Una mujer en una torre en el centro de Tebes mató a Abimelec lanzándole una rueda de molino (Jue 9.50-53). Un millar de personas murieron en la torre de Siquem en la cámara interior de la fortaleza del templo (Jueces 9.46-49). Gedeón derrumbó la torre de Peniel (Jueces 8.9, 17), una fortaleza en el interior de la ciudad. Israel pecó por construir lugares altos en las torres de atalaya (2 R 17.9). Aunque no era una estructura de defensa, la Torre de Babel era un *migdāl* (Gn 11.4-5).

Torres temporeras, construidas para sitiar ofensivamente a ciudades, permitían a observadores ver dentro de la ciudad y les daba a los arqueros un mejor ángulo para disparar a los defensores. Los babilonios construyeron estas torres en Tiro (Is 23.13), y Joab preparó de forma similar un sitio contra Abel-Bet-Macá (2 S 20.15). El auxilio a Laquis describe a torres móviles asirias con arqueros en el nivel superior y un ariete con operadores en el nivel inferior. Metafóricamente, las torres ilustran la belleza de partes del cuerpo humano: el cuello (Cnt 4.4; 7.4), nariz (7.4) y pechos (8.10). Dios es descrito como una torre fuerte (Sal 61.3 [TM 4]; Pr 18.10).

Bibliografía. A. Zertal, «Three Iron Age Fortresses in the Jordan Valley and the Origin of the Ammonite Circular Towers», IEJ 45 (1995); 253-73.

TERRY W. EDDINGER

TORTA

Varios productos alimenticios preparados a base de trigo o harina de cebada, higos o pasas, y formado o moldeado en forma compacta. Agua, aceite, y especias se pueden agregar a la masa que se formó en anillo, disco, corazón y formas planas. Se emplean varios términos hebreos para denotar tortas. «Tortas» se usa para verter el Heb *ṣappîḥit*, una torta delgada hecha de miel (Ex 16.31). Tortas para las ofrendas de cereal podrían ser horneadas en un horno, en una bandeja o en una plancha (Lv 2.4-7). Tortas de grano fueron parte de una comida ofrecida a los huéspedes (Gn 18.6). Se usaban tortas de higos para regalos (1 S 25.18) y como provisiones para un viaje (1 Cr 12.40). Panes sin levadura amasados con aceite fueron usados durante la ofrenda ordenación del sacerdote (Ex 29.2, 23) y ofrendas de granos (Lv 2.4). Algunos israelitas hicieron tortas para la reina del cielo que tenían una marca o de ella o estaban formados a su imagen (Jr 44.19).

STEPHEN ALAN REED

TORTAS DE PASAS

Aparentemente un manjar (Cnt 2.5; Is 16.7), se dice que David repartió tortas de pasas a todo el pueblo de Israel después de su gran celebración al traer el arca del pacto a Jerusalén (2 S 6.19 = 1 Cr 16.3). Las tortas de pasas también se pueden conectar con la observancia del culto en Oseas 3.1, aunque los pasteles parecen estar dedicados a la adoración de una deidad o deidades distintas de Jehová. Sin embargo, esto no debería ser una sorpresa, porque la realización de ofrendas de cereal o pan es un acto de culto asociado a la mayoría, si no todos, de los antiguos dioses y diosas del Cercano Oriente. La Biblia, por ejemplo, describe cómo se hacían tortas como ofrendas a una diosa llamada por el epíteto de «Reina del Cielo» (Jr 7.16-20; 44.15-28). Cabe señalar,

Torre central en ar-Rumayl, sureste de Madaba, una de varias torres de vigilancia de la Edad de Hierro ubicadas estratégicamente en la región (MP Michèle Daviau)

sin embargo, que estas tortas particulares no parecen contener las pasas.

Susan Ackerman

TÓRTOLAS
Una designación para varias especies del género *Streptopelia,* pájaros grises-pequeños y de colores brillantes con varias clases de anillos de color alrededor de sus cuellos (Heb. *tôr, tōr;* Gr. *trygṓn*). En Palestina, la tórtola es uno de los precursores de la primavera (Cnt 2.12; Jer 8.7). El término hebreo se deriva del sonido de su llamado. Las tórtolas eran consideradas limpias para el sacrificio y consumo (Gn 15.9; Lv 1.14; 5.7; Lc 2.24). El pueblo indefenso de Dios era representado como una tórtola en el Salmo 74.19 (RVR «paloma»).

TOÚ (Heb. *tōhû*) (también NAAT, TOA)
Hijo de Suf y ancestro de Samuel (1 S. 1.1). En otras partes es llamado Naat (2; 1 Cr 6.26 [MT 11]) y Toa (v. 34[19]).

TOU (Heb. *tōʿû*)
Forma alterna de Toi (1 Cr 18.9-10).

TRABAJO FORZADO
Un tipo de programa de mano de obra esclava, comúnmente conocido como prestación personal o trabajo reclutado. Era por medio del trabajo forzado que los gobernantes del antiguo Cercano Oriente llevaron a cabo sus empresas de construcción, edificación y reconstrucción de ciudades. Además, era a través de la utilización del trabajo forzoso que los reyes mantuvieron el control de los grupos minoritarios en sus reinos.

Por el uso del trabajo forzado el rey egipcio, en el momento del éxodo, construyó las ciudades de Pitón y Ramesés (Ex 1.8-14) y al mismo tiempo intentaba mantener control de los hebreos, un grupo de minoría en su reino. David (2 S 20.23) y Salomón (1 R 9.15-21) también usaron programas de trabajo forzado. Pero mientras que Salomón construyó Hazor, Meguido, y Gezer por medio del trabajo forzado, su servicio militar obligatorio excesivo de trabajadores de entre las tribus del norte (1 R 5.13-14) causó la rebelión y la división del reino (12.1-19).
Los registros egipcios se refieren a gobernantes como Tutmosis III que hizo campañas anualmente en Palestina y Siria como un medio de sistemáticamente saquear aquellas áreas y colectar los recursos que él necesitaba en Egipto, incluso los recursos de mano de obra esclava. Las pinturas de las tumbas egipcias, como las de Ramsés III devolviendo a prisioneros de guerra o esclavos encadenados, proporcionan su propio registro único.

LaMoine F. DeVries

TRACONITE (Gr. *Trachōnitis*)
La región al norte de Transjordania la cual era la parte noreste del reino de Herodes el Grande. Traconite, también conocida como la Haurán, estaba localizada al sureste de Damasco y noreste del Mar de Galilea. En tiempos prehelénicos, el territorio rodeaba los límites del norte de Basán y siempre estaba escasamente poblada. El nombre Traconite se refiere a la topografía «rocosa, áspera» de la meseta basáltica. Después de la muerte de Herodes en el siglo IV a.C., Traconite pasó a Herodes Felipe (Lc 3.1). La administración de la región se pasaba entre los gobernadores de Siria y los herederos de Felipe hasta el 98 d. C. cuando formó parte de la provincia romana de Siria.

Gary P. Arbino

TRADICIÓN
Enseñanza con relación a creencias, prácticas y parénesis que han pasado oralmente o luego en forma escrita, con frecuencia paralelos a textos canónicos u otros de autoridad. Originalmente el término se refería a la entrega o transmisión de esa enseñanza. En el NT el término «tradición» (Gr. *parádosis*), como tal, se refiere al uso del rabino, a las tradiciones cristianas y a la tradición clásica.

Las referencias de los Evangelios a las «tradiciones de los ancianos, a las leyes dietéticas y de purificación», ocurren por los conflictos entre Jesús y los líderes religiosos en cuanto a la intención de la Ley (Mr 7.1-13; Mt 15.1-9). Tales tradiciones son presentadas en contraste con el mensaje de Jesús, por ser meramente de origen humano. Esto fue claramente demostrado en el «oísteis que fue dicho, pero yo os digo», fórmula que fue usada por Jesús en el Sermón del Monte (Mt 5—7).

En las cartas de Pablo, por el contrario, «tradición» es vista de forma positiva, como aquella que el apóstol ha recibido, ha pasado y ha enseñado acerca de la resurrección de Jesús. (I Co 15.3-4), prácticas litúrgicas en la eucaristía (11.23-24), y algunos preceptos éticos (vv. 2-16; cf. 2 Ts 3.6) Pablo reclamó la autoridad tanto para transmitir las instrucciones del Señor y apostólicas que había recibido, y también para ejercitar su autoridad apostólica en situaciones específicas (1 Co 11.23; 15.1-4).

Académicos modernos empleaban el término «tradición» en un sentido diferente, como el reconocimiento de que elementos bíblicos existían antes del final de las formas canónicas. Estos elementos orales o hasta escritos formaban parte de un proceso que resultó en el texto como existe hoy. Estas tradiciones han sido estudiadas con mayor profundidad en el AT. Estudios críticos de la forma y redacción del NT, han examinado la reelaboración de las tradiciones en los Evangelios, mientras en las cartas paulinas (y deuteropaulinas) el aislamiento de material de tradiciones antiguas, fue crítico para entender el significado de comunidad y para comprender el método interpretativo de Pablo.

A pesar de que la definición y extensión de estas tradiciones están rodeadas de polémicas, las siguientes tradiciones kerigmáticas, parenéticas, catequéticas, litúrgicas y la persecución se han discernido. Basado en los primeros trabajos de C. H. Dodd, referente a la composición típica de la predicación apostólica en el libro de los Hechos (el *kerigma*), tales materiales tradicionales son conocidos en el cuerpo paulino (1 Co 15.3) y en el resumen marcano del mensaje de Jesús. Tradiciones exhortativas son aquellas que comprenden normas morales para los creyentes (Ro 6.17, 1 Co 11.2, Col 2.6, 2 Ts 3.6), mientras las tradiciones catequéticas se enfocaban en la muerte de Jesús y en las declaraciones breves confesionales (10.9, 1 Co 15.3, 1 Ti 2.5-6, 1 P 3.18). Las tradiciones litúrgicas incluyen material cuyo contexto o contenido refleja prácticas bautismales o eucarísticas, como también fragmentos de himnos antiguos (Fil 2.6.11, Col 1.15-20, 2 Ti 2.11-13). Finalmente, algunos académicos, aislaban el material que contenía situaciones de conflicto y persecución, modelados en última instancia por el ejemplo de Jesús, el profeta perseguido.

Bibliografía. M. Dibelius, From Tradition to Gospel (New York, 1965); R. P. C. Hanson, Tradition in the Early Church (Philadelphia, 1963); A. M. Hunter, Paul and His Predecessors, rev. ed. (Philadelphia, 1961).

Ian S. MacLean

TRADUCCIONES BÍBLICAS

«Si toda inclinación humana fuera observada, no habría fin en la traducción.» Así habló Richard Bancroft, Obispo de Londres, en la conferencia de 1604 en Hampton Court, donde por primera vez fue propuesta una nueva versión de las Escrituras que llegaría a ser la versión del rey James [versión King James]. Sin embargo, la inclinación de todo el mundo no puede ser seguida. Traducir la Biblia es una tarea ambiciosa y costosa. Ninguna traducción o revisión fresca de una traducción existente puede ser justificada sin un propósito claro y distinto.

Hay dos factores que demandan nuevas versiones o revisiones de tiempo en tiempo: avances en la erudición bíblica y cambios lingüísticos. Dos factores adicionales hacen a lo menos deseable nuevas versiones en el juicio de muchos: traducciones confesionales y audiencias específicas. Estos cuatro factores no son mutuamente exclusivos en ninguna manera, y una nueva versión puede cumplir con más de una de estas necesidades. Además, individuos ocasionales llevan a cabo la *tour de force* de traducir la Biblia, o a lo menos el NT, por sí solos, a menudo por no otra razón que simplemente el reto y el amor a la Escritura. Además, teoría y práctica cambian de cuando en cuando, y traducciones producidas por cualquiera de las razones anteriores y por cualquier grupo o individuo generalmente reflejará alguna teoría que gobierna la práctica de traducción.

Avances en erudición bíblica

Esta es una de las razones avanzadas por los traductores de la KJV para su trabajo, y es uno de los factores que requiere que nuevas versiones o revisiones aparezcan de tiempo en tiempo. Estos avances en erudición son generalmente tres en número.

Textual

La crítica textual, el intento erudito de llegar a un texto hebreo o griego cercano a la forma en la cual fue dejado por las manos de los escritores originales, estaba en su infancia para el tiempo de la KJV, con los eruditos teniendo acceso sólo a la lectura de un pequeño número de manuscritos y pocos medios críticos para evaluar diferentes lecturas. Durante el siglo XIX especialmente una plétora de manuscritos antiguos fue descubierta. Para finales de ese siglo se sabía tanto sobre el texto original de la Biblia, particularmente el NT, que una nueva versión fue necesaria que tradujera un texto más correcto. En los Estados Unidos esta necesidad fue suplida por la versión American Standard (una revisión de la KJV) en 1901, así como por otras traducciones que aparecieron casi al mismo tiempo, como por ejemplo la versión de James Moffat (1913-1924). Ambas eran mucho más correctas que la KJV en presentar el verdadero texto de la Biblia, pero la

ASV en particular hizo poco esfuerzo en modernizar el inglés. Mientras la KJV tenía un timbre arcaico, a lo menos fascinante y atractivo, la ASV sonaba simplemente peculiar. Mientras la ASV, y en cierto grado Moffatt, fue muy usada por varias décadas como un texto en cursos de colegios y seminarios, donde la corrección es más importante que el estilo efectivo, la KJV continuó dominando el uso litúrgico. La ASV misma fue revisada en 1952 como la Revised Standard Version (RSV). Aún en esta última mitad de siglo una cantidad significativa de conocimiento textual había llegado a estar disponible, haciendo posible que la RSV fuese mejorada significativamente sobre su predecesora inmediata.

Hoy en día el progreso en la crítica textual descansa menos en el descubrimiento de nuevos manuscritos que en nuevas maneras de evaluar la evidencia textual. Futuras traducciones y revisiones se beneficiarán de esto, a medida que el estudio de minúsculos y leccionarios progresa, y más información está disponible para estudios computarizados. En el período moderno nunca ha sido necesario que los traductores trabajen directamente con los manuscritos; ellos tienen acceso a evidencia textual a través de sistemas de notas al calce en sus textos hebreos y griegos impresos. Así como los lectores deben depender del trabajo de los traductores, los traductores deben depender del trabajo de los críticos textuales, a pesar de que los traductores son libres de hacer sus propias decisiones textuales.

Lexicográfica

El prefacio de la KJV admitió que los traductores estuvieron forzados a adivinar el significado de muchas palabras poco usadas, particularmente en el AT. Desde entonces el conocimiento de los vocabularios hebreo y griego ha sido grandemente aumentado por el descubrimiento de otras fuentes literarias no bíblicas. En el caso del AT, estas fuentes no necesariamente tienen que ser en hebreo, sino en lenguajes estrechamente relacionados. Estudios de raíces semejantes en lenguajes relacionados (ej., árabe, ugarítico) ha capacitado a los eruditos a llegar a una opinión más informada sobre el significado de palabras desconocidas anteriormente; en muchos casos, había significados inesperados a palabras bien conocidas. Todas las versiones modernas del AT se han beneficiado de este estudio, a pesar de que nadie las usó tan extensamente como la New English Bible (1970), que fue ampliamente criticada por adoptar muy pronto significados que todavía eran especulativos. Mucho de esto fue corregido cuando la NEB fue revisada como la Revised English Bible (REB) en 1989.

En el NT, el descubrimiento de muchos papiros, generalmente de naturaleza completamente no bíblica, hizo posible el entendimiento del vocabulario griego en maneras no incluidas previamente en los léxicos eruditos. Todas las versiones recientes dependen de este trabajo.

Literario

Desde cerca del 1960 los estudios literarios han comenzado a impactar la teoría y práctica de la traducción. La RSV (1952) había relegado a notas al calce Marcos 16.9-20 y Juan 7.53-8.11 basado en evidencia textual que estos pasajes no constituían parte del texto original de los Evangelios. La segunda edición de la RSV (1977) restauró estos pasajes al texto, no por la evidencia textual, sino por razones literarias o canónicas. ¿Qué constituye canonicidad, si no es el uso continuo por la Iglesia por siglos? El reconocimiento que diferentes géneros de escritura (ej., poesía, profecía, saga, proverbios, historias cortas, historia) puede requerir diferentes acercamientos en la traducción se manifestó en la *Today's English Version* (1976). Podemos esperar que estos estudios afecten la traducción mucho más en el futuro, de manera interesante.

Cambios lingüísticos

Aunque nuestro conocimiento de la Biblia fuese estático, el lenguaje es siempre fluido a través del tiempo. Muchas partes de la KJV hoy son incomprensibles. Mucho más peligroso, muchas partes son entendidas hoy de manera nunca prevista por los autores o traductores, porque el significado de muchas palabras ha cambiado (p.ej. «mansiones» en Jn 14.2), y en cierta manera la estructura gramatical del lenguaje. La gran falla de la ASV fue que ignoró en gran manera el estilo contemporáneo del idioma con el fin de preservar el texto de la KJV. Esto fue considerado por la RSV, que proveyó no sólo un texto más correcto sino también una forma más moderna del lenguaje. Lo logró en manera mucho mayor que su predecesor. Pero aun la RSV fue cautelosa. En los 1950s era el estilo común, incluyendo los adolescentes, orar con formas arcaicas de conjugaciones y pronombres («vosotros hacéis...»), y la RSV dejó la forma de dirigirse a Dios en este estilo. En las décadas posteriores este estilo se desvaneció, incluyendo en algunas de las situaciones litúrgicas más formales, y la *New Revised Standard Version* (1989) eliminó el lenguaje arcaico completamente. Esto nunca fue considerado por la TEV o la teológicamente conservadora New International Version (1973-1978).

El cambio lingüístico más notable en los años recientes ha sido el movimiento a un lenguaje de género inclusivo. Para la última década del siglo XX algunos usos (ej. evitar el uso de «hombre» como genérico o el uso del pronombre masculino para referirse a cualquier persona) han llegado a ser tan bien aceptados en el idioma inglés que revisiones substanciales fueron hechas en versiones existentes incorporando tales ajustes. Entre estas estaban la NRSV (1989; mucho éxito), TEV (1993; bastante éxito), y la REB (1989, menos éxito). Ninguno de estos fue tan lejos como para evitar referirse a Dios en términos masculinos. En el 1995 una revisión del NT y los Salmos de la NRSV fue publicada como una versión inclusiva, que intentó a duras penas evitar referirse a Dios en masculino (ej. Padre, Rey) y aún al Jesús exaltado (aunque no al Jesús terrenal). Cambios lingüísticos son impredecibles, y los traductores tratan de evitar la jerga e incluso coloquialismos, ya que muchos de estos usos pronto llegan a ser obsoletos. Parece lo mejor enfocarse en una audiencia de 25-35 años de edad, gente cuyo hablar no está marcado por el lenguaje de jerga pasajera juvenil, pero que todavía no se ha fosilizado.

Traducciones confesionales

Ocasionalmente se hacen nuevas traducciones, o menos frecuentemente revisiones, hechas por miembros de una comunidad religiosa. Los resultados pueden ser altamente tendenciosos y útiles sólo para esa comunidad (ej. La Traducción del Nuevo Mundo de la Sociedad del Atalaya [1951-1960]) o de amplio interés ecuménico (ej. la Nueva Biblia de Jerusalén [Católico-Romana, 1990]). Aun la KJV puede decirse que es confesional. Intentó suplir para las necesidades de la Iglesia Anglicana (y nadie más), en realidad vino a suplir las necesidades de los miembros de la alta iglesia contra los intereses de los puritanos.

Cuando la RSV apareció en el 1952 fue el primer reto viable para balancear la KJV, y fue rotundamente condenada por muchos miembros de iglesias conservadoras. La mayor parte del veneno contra ella fue inspirado políticamente, como fue publicada durante la cima del terror de McCarthy contra los comunistas (algunos señalaron que la primera edición tenía una portada roja). La erudición evangélica era débil durante el tiempo, para quienes deseaban una alternativa a la «liberal» RSV, nada mejor estaba disponible que la versión de Berkeley (1949, 1959), inofensiva teológicamente pero de muchas maneras extraña. Con el resurgimiento de la fuerza evangélica durante la parte final del siglo, la NIV fue producida para servir a esta comunidad. Es una versión responsable tanto en lo textual como en lo referente a su traducción que vino a ser un éxito de ventas en inglés en los Estados Unidos. Su estrategia de traducción es tradicional, realmente no muy diferente de la RSV, pero ofreció una alternativa para los cristianos conservadores que todavía desconfiaban del trasfondo de la RSV. Kenneth Taylor abrió un nuevo campo para los evangélicos con su «paráfrasis» llamada la *Living Bible* (1971), libremente imponiendo su «rígida posición evangélica» al texto con un estilo fresco marcado por frases estilizadas admirables. Esto fue tan exitoso que la comunidad erudita conservadora se organizó para producir una traducción verdadera inspirada en el enfoque estilístico de Taylor: la *New Living Translation* (1996).

Es natural que los judíos de habla inglesa quisieran una versión traducida por judíos. La primera versión judía ampliamente usada fue la de la Sociedad (Americana) de Publicación Judía (1917). Una traducción más exitosa ha sido la *New Jewish Publication Version* (1962-1985). Cualquiera de éstas, pero sobre todo la segunda, puede ser usada provechosamente y sin escrúpulos por lectores cristianos. Para los católico-romanos de habla inglesa, la versión *Douai-Rheims* (1582-1610, fuertemente revisada en 1750) sirvió como la versión estándar por mucho tiempo. En el siglo XX los fieles católicos estaban siendo atraídos a las versiones protestantes que habían recibido el imprimatur de la Iglesia (ej. RSV, TEV) antes que versiones modernas católicas estuvieran disponibles. Traducciones por eruditos católicos ahora usadas ampliamente son la *New American Bible* (1970; parcialmente revisada en 1986, 1991) y la *New Jerusalem Bible*, una revisión de la Jerusalem Bible de 1966. Muchos protestantes usan estas versiones sin vacilación.

Audiencias específicas

La mayoría de las traducciones de las Escrituras se

dirigen a una audiencia tan amplia como sea posible, pero algunos individuos y grupos han auspiciado versiones dirigidas a las necesidades de grupos especiales. En un sentido, las traducciones confesionales están dirigidas así; los eruditos bautistas que produjeron la Improved Version (1912) tenían pocas expectativas de que fuera usada más allá de los círculos bautistas. Pero grupos transconfesionales pueden ser identificados y captados. La audiencia primaria de la TEV fue gente que había aprendido inglés como segundo idioma, fue escrita en «inglés común», definido como inglés que era usado con comodidad por un nativo del idioma altamente educado y que puede ser entendido por el que tiene poca educación. La audiencia de la *New Living Translation* incluida en la serie del Anchor Bible Commentary son los eruditos.

Ocasionalmente porciones de la Biblia se presenta en jerga de algún grupo, así como jóvenes o grupos de pandillas. Éstas tienen poco interés permanente. Una de las pocas que llamó una amplia atención fue la *Clarence Jordan's Cottonpatch Version*, una transculturación inteligente al lenguaje del sur de Estados Unidos de 1968-1973. Hoy ofrece luz sobre la cultura de la época a la cual hablaba.

Traducciones individuales

Las grandes traducciones de la Biblia son virtualmente siempre el producto de un comité de trabajo. (Seis comités, con un total de 50 personas, tradujeron la KJV.) Ocasionalmente, sin embargo, individuos han traducido una gran porción si no toda la Biblia. Tan temprano como el 382 Jerónimo emprendió la tarea de traducir la Biblia a la Vulgata Latina (a lo menos gran parte de su trabajo) por la petición del Papa Dámaso. Más recientemente Helen Barrett Montgomery tradujo el NT (Centenary New Testament, 1924), auspiciada por la Sociedad Publicadora Bautista Americana. Robert G. Bratcher tradujo el NT de la *Today's English Version* (1966) para la Sociedad Bíblica Americana. Otros han visto una necesidad particular o simplemente el reto. La primera traducción completa de la Biblia al inglés fue hecha en gran medida por John Wycliff (cerca del 1382). Varias porciones de la Biblia fueron publicadas desde 1947 por J. B. Phillips, buscando una forma que pudiera utilizar con personas escondidas en subterráneos para escapar de la guerra aérea sobre Londres. Ronald Knox, un sacerdote católico romano en Inglaterra, tradujo la Biblia entera del latín (1945-1949) a un estilo inglés altamente idiosincrático. En el 1995 Everett Fox publicó una versión inglesa de la Torá, buscando comunicar la atmósfera del hebreo antiguo a la misma vez que fuera legible.

Teoría de traducción

Las traducciones pueden ser localizadas en cualquier lugar entre los dos polos de equivalencia formal (literal) y equivalencia dinámica (libre). Una traducción estrictamente literal sería en gran manera imposible de entender, pero las traducciones tradicionales, tales como KJV, RSV, y NIV, han tendido a traducir las estructuras de las oraciones y las figuras del lenguaje en forma literal. Éstas son percibidas como comprensibles y a menudo normales, si algunas veces un poco común en inglés. Equivalencia dinámica (NEB, TEV) hace poco o ningún esfuerzo por preservar la estructura original de las oraciones, pero busca establecer el significado del texto en idiomas naturales contemporáneos. Las metáforas originales pueden ser retenidas si su significado es claro a los lectores contemporáneos. Hoy en día parece estar claro que ambos tipos de traducciones tienen su lugar. Versiones de equivalencia formal son convenientes para estudio académico, la equivalencia dinámica para lectura privada. Ambas son utilizadas en la adoración pública.

El panorama actual muestra tendencias en conflicto. La RSV fue traducida más dinámica en la NRSV, mientras que la NEB llegó a ser menos en su revisión como la REB. Si la NIV sirve a la comunidad evangélica bien como una traducción de equivalencia formal, tal vez la NLT servirá como una versión de equivalencia dinámica.

Bibliografía. L. R. Bailey, ed., *The Word of God: A Guide to English Versions of the Bible* (Atlanta, 1982); E. S. Frerichs, ed., *The Bible and Bibles in America* (Atlanta, 1988); S. Kubo and W. F. Specht, *So Many Versions? Twentieth Century English Versions of the Bible,* rev. ed (Grand Rapids, 1983); J. P. Lewis, *The English Bible from KJV to NIV,* 2nd ed. (Grand Rapids, 1991); H. M. Orlinsky and R. G. Bratcher, *A History of Bible Translation and the North American Contribution* (Atlanta, 1991); A. C. Partridge, *English Biblical Translation* (London, 1973).

Roger A. Bullard

TRAJANO

Marcus Ulpius Traianus, emperador romano (98-117 d.C.). Su reinado es descrito en ocasiones como la Era de Oro, similar a aquella durante el reinado de Augusto el Grande. El primer emperador romano que provenía de las provincias, nació en España en el 53, su padre el primer miembro de la Provincia Ulpin Traiani al que se le otorgara un rango senatorial en Roma. Trajano subió al poder a través de su éxito como comandante militar, y recibió el rango senatorial y honores correspondientes a su posición militar El anciano emperador Nerva seleccionó a Trajano, el gobernador de Alemania del norte, para ser su heredero y sucesor por sus méritos, adoptó a Trajano en el 97. Luego de la muerte de Nerva un año más tarde hubo una transición sin tropiezos, y Trajano fue elevado a la púrpura imperial.

Trajano buscó seguir una política de expansión extranjera y añadió al imperio a Dacia (Romania), Armenia y Mesopotamia. Bajo Trajano el imperio romano alcanzó su extensión territorial más amplia, y las armas romanas lograron una reputación que hizo más para desanimar a los enemigos de Roma, que las fortificaciones de los predecesores y sucesores de Trajano. Relaciones excelentes con el Senado y un alto grado de armonía interna marcaron aún más la administración de Trajano. El historiador Tácito, también uno de los senadores destacados de la era, fue efusivo en alabar a Trajano como *optimus princeps*, «el mejor de los emperadores.»

La administración de provincias fue igualmente importante para Trajano. La correspondencia entre el emperador y el gobernador de la provincia de Bitinia Pontos en Asia menor, la muy conocida figura literaria de Plinio el menor, establecía la amplia participación de Trajano en la administración del imperio y sus provincias. La correspondencia es esclarecedora, mientras revela la clase de situaciones y preocupaciones que el gobernador provincial y el emperador enfrentaban.

Dos de las cartas de Plinio y Trajano (*Ep.* 10.96, 97) proveían información sobre la percepción romana de los primeros cristianos y sus rituales, también como trataban la situación legal de los cristianos y de su religión. Debido al aumento en las acusaciones en contra de los cristianos en su provincia, algunos anónimamente hacían que Plinio escribiera cartas a Trajano para asegurarse de que, o ser cristiano era un delito en sí mismo o si la culpabilidad en un cargo específico tenía que ser probada. La contestación de Trajano proporcionaba la posición oficial del gobierno imperial en cuanto a las preguntas de los cristianos. Él instruyó a Plinio que no podía haber una persecución general; cada caso tenía que ser juzgado por sus propios méritos. La culpabilidad tenía que ser probada a través de un procedimiento legal normal. Ser un cristiano no era por si sólo una causa para persecución, un crimen tenía que ser probado. Todavía, continúa Trajano, si una persona que era acusada y convicta, se arrepentía de su cristiandad, podía ser perdonada. Mientras que no era un delito ser cristiano y que no se debía conducir ninguna persecución de cristianos, claramente el ser cristiano explicaría la participación de una persona en un delito.

Bibliografía. H. Mattingly, Christianity in the Roman Empire (New York, 1967).

JOHN F. HALL

TRANSFIGURACIÓN, LA

Evento en la vida de Jesús que se incluye en los tres Evangelios Sinópticos (Mt 17.1-8, Mr 9.2-8, Lc 9.28-36). Otra posible referencia es 2 Pedro 1.16-18. En los tres Evangelios se menciona que los discípulos Pedro, Jacobo y Juan acompañaban a Jesús al tope de la montaña y fueron testigos de su trasformación. (Gr. *Metamorphóomai*, «someterse a una metamorfosis o transformación»). La ropa de Jesús se tornó en un blanco intenso y brillante, y los profetas Elías y Moisés conversaban con Él.

Pedro responde sugiriendo que prepararan tres tiendas de campaña, una para cada uno, Jesús, Moisés y Elías. Antes de que Pedro pudiera ser reprendido verbalmente (cf. Mr 8.33 par.), una nube se movió hacia al frente y distribuyó una sombra encima de ellos, y una voz que dijo «Este es Jesús Mi Hijo Amado, a Él oíd.» Cuando los discípulos miraron a su alrededor, no vieron a nadie y estaban solos con Jesús. Esto es simbólico de la superioridad de Jesús sobre Elías y Moisés desde la perspectiva de los escritores de los Evangelios.

Detalles del suceso varían, pero uno de los propósitos de cada uno de los escritores de cada Evangelio era vincular a Jesús con personalidades y profecías de las Escrituras Hebreas. No sólo sufrieron Moisés y Elías como grandes profetas y dadores de la Ley, sino que cada uno tuvo una visión de la gloria de Dios en un monte (Moisés en el Monte Sinaí, Ex 24.15; Elías en el Monte Horeb, 1 R 19.8), y ambos parecían haber escapado de la muerte natural. Elías fue transportado al cielo (2 R 2.11), y debido a que la tumba de Moisés nunca fue identificada (Dt 34.5-8), la tradición indica que ascendió directamente al cielo (hipótesis seudoepigráfica de Moisés).

De acuerdo a algunas tradiciones antiguas, se esperaba que ambos regresaran. Los últimos versos en el AT incluían las figuras de Moisés y Elías (Mal 4.4-6[TM 3.22-24]), además, hay varias conexiones entre la historia de la transfiguración de Jesús en el tope de la montaña y la historia de Moisés en el Monte Sinaí: por ejemplo, tres hombres acompañaron a Moisés (Ex 24.1); una nube cubrió el monte por seis días y Dios pidió a Moisés que saliera de la nube (24.15-18), y más tarde cuando Moisés bajó del Monte Sinaí, la piel de su rostro brillaba porque había hablado con Dios (34.29). El deseo de Pedro de acomodar unas tiendas de campaña puede sugerir una reminiscencia de la fiesta de Judá de los Tabernáculos o Tiendas, el festival anual de la siega que conmemoraba las tiendas de campaña usadas durante el Éxodo o de las tiendas de campaña sobre el Tabernáculo descritas durante el encuentro de Moisés en el Sinaí (Ex 26.7-14). El tema mosaico es inconfundible.

Otros temas incluyen un eco del bautismo de Jesús, como un recordatorio de la confesión de Pedro justo antes de esta historia, la prefiguración de la resurrección, y una anticipación de la Parousia, el miedo de los discípulos y un subsecuente silencio. Mateo sigue más de cerca el relato de Mateo que Lucas. Lucas es el único que incluye una premonición de los eventos que ocurrirían en Jerusalén como un tema adicional.

La interpretación tradicional difiere. Algunos académicos sugieren que la base histórica del relato fue originalmente la versión de una aparición de una resurrección la cual fue transferida más tarde a la vida terrenal de Jesús; otros proponen que es una epifanía que describe la divinidad de Jesús o una tradición de entronización, a la luz del sufrimiento del hombre que fue proclamado como el Hijo de Dios. Otras sugerencias incluían el relato como una teofanía o una misteriosa leyenda helenística del mundo de la magia; aun otros sostienen que la historia refleja una experiencia real por parte de los discípulos.

Tradiciones posteriores identificaron el monte donde se llevó a cabo la transfiguración con el Monte Tabor. Si la secuencia de eventos es tomada literalmente en los relatos Sinópticos, esa selección era poco probable ya que el Monte Tabor queda a 72 km (45 min.) de Cesarea de Filipo, donde Jesús y sus discípulos habían estado seis días (ocho días en Lucas) antes. Una mejor posibilidad era el Monte Hermón, una alta montaña justo al norte de Cesarea de Filipo. Cualquiera que fuera la localización, el evento fue una experiencia importante para transmitir la relación de Dios y el propósito para Jesús.

Bibliografía. W. D. Davies and D. C Allison, *The Gospel according to Saint Matthew 2.* III (Edinburgh, 1991); M. D. Hooker, *A Commentary on the Gospel according to St Mark* (London, 1991)

GLENNA JACKS

TRANSGRESIÓN

Véase Pecado

TRANSJORDANIA

Una expresión derivada del hebreo *ʿbr hyrdn* (p.ej., Jos 12.1; Nm 34.14-15), y traducida de diversas formas: «más allá del Jordán» o «el otro lado del Jordán». Aunque técnicamente se refería simplemente al lado opuesto del río Jordán desde la perspectiva del observador, llegó a asociarse casi de forma exclusiva con la región este del Valle de Grietas del Jordán, desde el Monte Hermón en el norte, hacia el golfo de Aqabah/Elath al sur.

Geográficamente, la mayor parte de Transjordania era una meseta, que a pesar de que era interrumpida por marcadas ondas, gradualmente aumentaba en elevación del norte al sur, desde un punto bajo de 400 m (1310 pies) en Basán. A la meseta moabita que alcanzaba los 12 000 m (3940 pies). Esta meseta estaba anclada en el norte por el Monte Hermón, cuya elevación excedía de los 2100 m (6890 Pies), y en el sur por las alturas de Edom que excedía los 1500 m (4921 pies). Esta alta meseta central estaba bordeada por el Mar de Galilea, el Valle de la Grieta del Jordán, el Mar Muerto, el Arabá al oeste y por el desierto al este. También es cruzado del este a oeste por cuatro ríos importantes (de norte a sur): Wadi yarmuk, Wadi Zerga (Jaboc bíblico), Wadi Mojib, (Arnon) y Wadi el-Hesa (Zered). Mientras las tierras altas de Cisjordania creaban una «sombra de lluvia» sobre el Valle de la Grieta del Jordán (significaba que había poca lluvia), las montañas y las mesetas altas de las colinas centrales de Transjordania estaban lo suficientemente altas como para inducir precipitación. Las lluvias generalmente disminuían de norte a sur, a pesar del aumento en la elevación de las montañas de Edom que atraían modestas lluvias en la parte sur del país.

La ocupación en Transjordania se remonta a los tiempos de las culturas prehistóricas de la Antigua Edad de Piedra, a mediados de la Edad de Piedra (Natufiense) Neolítico y Calcolítico, como también a los inicios de la Edad de Bronce. Algunos académicos creían que el famoso «Camino del rey» (Heb. *dereḵ hammeleḵ*), que atravesaba el eje de norte a sur de Damasco hacia Acabá (Nm 20.14-21), se remonta a este último periodo (Gn 14.1-16). Por muchos años se pensó que había un acuerdo de hiato entre el final de EB IV y el Hierro 1. Sin embargo, amplios estudios en los últimos años demostraron que, aunque el tamaño y la frecuencia de los acuerdos disminuyeron durante los períodos de MB y BT, la tierra no fue desocupada en modo alguno. Más bien parece haber habido un cambio en el modo sedentario de ocupación al seminomadismo y nomadismo.

C. 1200 a. C. (la transición de BT IIB-Hierro IA) la evidencia arqueológica testifica de una dramática fase de sedentarización en Transjordania, similar a la que se observaba en el oeste de Palestina durante este mismo tiempo. Varias aldeas y pueblos amuralladlos fueron establecidos en ese período. Trabajos recientes en Tell el- ʿUmeiri, al sur de Amán, han revelado quizás uno de estos primeros asentamientos en tierras altas del Hierro 1, tanto en Cisjordania como en Transjordania. El lugar fue rodeado por una muralla de casamata. Dentro de las casamatas había numerosas jarras de borde de cuello –señales bien conocidas en el periodo de los primeros asentamientos en las tierras altas. Al mismo tiempo, un número de regiones y/o territorios llegaron a ser identificados dentro de Transjordania. Estos incluyeron (de norte a sur) las regiones de Basán y Galaad (donde las tribus de Rubén, Gad y la mitad del Manasés se establecieron; cf. Nm 34.14-15; Jos 12.6), y las tierras de Amón (en la parte superior de los tributarios de los ríos Jabok y Zerga), Moab (N de Wadi Môjib a Wadi el-Hesa –el área entre el Wadi Môjib y Wadi-el-Hesa que en ocasiones se asigna como la meseta Moabita del Sur (o la meseta de Kerak) y Edom (S del Wad el-Hesa).

Allí también parecía haber un enclave israelita que consistía mayormente de la tribu de Rubén ubicado entre Amón y Moab, mayormente durante la primera parte de la Edad de Hierro. Israel también ocupó por un tiempo un tramo del lado este del Valle de Jordán, N del Mar Muerto, conocido como la llanura de Moab. Mientras las fronteras políticas de Amón, Moab y Edom coincidían generalmente con las fronteras naturales, circunstancias políticas cambiantes (que frecuentemente incluían interacción con los reinos de Israel y Judá), resultaron en el movimiento de las fronteras políticas de estos tres reinos transjordanos, de tiempo en tiempo, a través de la Edad de Hierro (c.1200-550).

Hacia el final de la Edad de Hierro (Siglos XVIII-VI) la política local de Transjordania experimentó una secuencia de subyugación por parte de poderosos políticos no locales, comenzando con los asirios (c.735-605), babilonios (c.605-539) y persas (c.539-333). Luego de la conquista griega de los persas, Transjordania siguió siendo controlada por los poderes externos, en primer lugar, los tolomeos (c.333-198) y luego los seleúcidas (c.198-153) asmoneos (153-63) y romanos (c. 63). Durante el periodo romano, los nabateos eran dominantes en el corazón de la antigua tierra de Edom, con Petra como su capital. Sin embargo, ellos fueron eventualmente incorporados al imperio romano c.106 d.C. Luego del periodo bizantino (c.325-632), los musulmanes conquistaron la región.

Excavaciones importantes se han llevado a cabo en muchos lugares en Transjordania que están asociadas con historias bíblicas. Éstas incluyen, Abila, Umm el-Qais, Emir, Hisban/Heshbon. Monte Nebo, Mukawir/Mechaerus, Dhiban/Dibon, ʿAra'ir/Aroer, Kerak/Kir Moab, Buseira/Bozrah, y Petra/Umm, el-Biyarah. Muchas otras excavaciones han sido hechas de lugares que datan del tiempo bíblico, pero de identificación incierta. Éstas incluyen Umm ad-Dananir, Tell Safut, Rujm Malfuf, Tell Deir 'Alla, Tell Iktanu, Tell Jawa, Tell Mazar, Tell Nimrim, Tell Siran, Tell Sahab, Tell el-'Umeiri, Tell Jalul, Ader, Balu'a, Khirbet al-Medeineh, Lehun, Bab edh-Dhra, Feifa, Ghrareh, Khirbet, Khanazir, Tawilan, y Tell el-Kheleifeh.

Importantes e interesantes hallazgos arqueológicos del periodo bíblico incluyen una cantidad de estatuas amonitas y bustos coronados encontrados en o cerca de Amán, el sarcófago antropomórfico en tumbas en y cerca de la tumba de Amán, y una cantidad de inscripciones importantes. Las más importantes incluyen las inscripciones en la ciudadela de Amán, la inscripción de botella de Tell Siran (que incluía los nombres de dos reyes llamados Aminadab), la Inscripción de Balaán de Deir ʿAlla en el Valle del Jordán, y la inscripción de Mesha (también conocida como la piedra Moabita) de Dhībān.

Dos estelas importantes de Transjordania son la estela de Balu'a (c.1200) al norte de Kerak y la estela del guerrero de Shihan de Rujm el-Abd. La estela de Balu'a representa tres figuras imitando el estilo egipcio local aparentemente representando alguna ceremonia inaugural formal. La parte superior de la estela contenía una inscripción que ya no era legible. La estela del Guerrero de Shihan representa un dios guerrero agarrando una lanza. La figura es similar a la representación del dios cananeo Baal.

Transjordania también ha producido un considerable número de sellos de Amón, Moab y Edom. El cuerpo es ahora lo suficientemente grande que es usualmente posible identificar los sellos como amonitas, moabitas o edomitas por las características lingüísticas o paleográficas. Los dioses de estos tres reinos son frecuentemente representados en los sellos como elementos teofóricos de nombres de personas. Milcom para Amón, Chemosh para Moab y Qos para Edom. La vasta mayoría de estos sellos e impresiones datan del Hiero II (Siglos VIII-VI).

TRANSPORTACIÓN, VIAJE

Individuos en tiempos bíblicos viajaban por las mismas razones que la gente siempre viaja: Para la búsqueda de empleo (Jue 17.8), la adquisición de bienes (Pr 31.14), mudarse (1 R 2.36), cortejar (14.5-7), asistir a bodas y funerales (Gn 50.1-14; Jue 14.8-10, Jn 2.1), visitar familiares y amigos (Lc 1.39, 2 R 8.29), y asistir a banquetes (2 S 13.27). Comerciantes atestaban los caminos y los mensajeros viajaban por todo lugar, ejercían como el servicio postal del mundo bíblico. Oficiales de la realeza se trasladaban de un sitio a otro en nombre de sus gobiernos, visitaban dignatarios extranjeros (2 S 10), servían como embajadores (Is 30, 39; Jer 27), cobraban los impuestos (2 R 15.20), buscaban provisiones para el palacio (1 R 4.27-28) y supervisaban los grupos de trabajo (1 R 5.13-17; 11.28-29). La gente viajaba para diversas ocasiones religiosas (cf. 1 S 1; 1 R 12; 2 R 10; Am 5.4-5; Lc 2.41; Jn 2.13). Los ejércitos se movían constantemente para propósitos militares.

Modos de viaje

Los viajes por tierra estaban limitados a formas específicas: a pie, en burro, en mula, a caballo, a camello, en palanquín (raramente documentado) y en carrozas. La gente tanto en los periodos del AT y NT normalmente viajaban a pie (Nm 13.23, Dt 11.24-25; 29.5; Jos 1.3. 3.13, 15; Mt 10.10-14). Viajar montado en un burro también era común, para mujeres y niños (Jos 15.18; Jn 1.14; 1 S 25.20, 23, 42; 2 S 16.1-2) o para ancianos y enfermos (2 S 19.26).

Viajes ocasionales montados en mula se mencionaban desde los tiempos de David en adelante (2 S 13.29, 18.9; 1 R 1.33-34), y se convirtieron más y más comunes para el periodo romano. Viajar a caballo también parecía haber sido una rareza en el antiguo Israel, al menos como un medio para viajar diariamente. Casi todas las referencias de viajes a caballo eran del ambiente militar (cf. 1 R 20.20; 2 R 7.13-15; Is 30.16; Jer 6.23; 50.42; 51.21). Alusiones a viajes en caballo en tiempos de paz, incluyeron 2 de Reyes 9.18-19; Ester 6.8-11; 8; 10; Job 39.18 y posiblemente Eclesiastés 10.7. Durante el periodo romano los oficiales de alto rango del gobierno viajaban frecuentemente en caballo (a pesar de que el estribo aún no había sido introducido). El viaje a camello se menciona sólo ocasionalmente en el periodo bíblico (p.ej., Gn 24.64; Jue 6.5; 7.12; 1 S 30.17, Is 66.20).

Los palanquines (sillas para un pasajero), podían haberse usado ocasionalmente como un medio para viajar en Israel, ya que su uso fue avalado en otros lugares del Mundo Antiguo (cf. Cnt 3.7-10). Durante el periodo del NT, la silla cerrada para un pasajero se volvió más común, particularmente entre los más pudientes.

Las carrozas livianas preparadas para caballos aparecieron por primera vez al principio del segundo milenio a. C., y fueron desarrolladas de los pesados carruajes de caballo del tercer milenio. Con sus dos gomas radiales y por ser livianas, empujadas por dos caballos, la carroza tenía mucha más movilidad que sus predecesoras, convirtiéndole en un vehículo importante para el ejército. Al principio, sólo los cananeos eran sus dueños (Jos 11.4, 6, 9; 17.16, 18; Jue 1.19, 4.3, 7, 13, 15-16). Eventualmente, David comenzó a desarrollar sus propios carros de batalla para Israel (2 S 8.4; 1 Cr 18.4). Salomón tenía 1400 carros de batalla, las cuales acuartelaba en las ciudades de los carros (1 R 4.26. 10.26). La carroza israelita era tirada por dos caballos (cf. Zac 6.1-3), y era probablemente montada en batalla al menos por dos hombres, el conductor y el arquero (1 R 22.34-35; 2 R 9.24-25). Individuos también viajaban en carrozas en tiempos de paz (cf. 2 S 15.1; cf. 1 S 8.11). Los viajes en carrozas en tiempos de paz continuaron durante el periodo del NT, a pesar de que el NT sólo menciona el del eunuco de Etiopía. (Hch 8; cf.

Ap 9.9; 18.13). Más común eran los viajes en carruajes, un vehículo para moverse usado a través de todo el mundo romano, particularmente por los ciudadanos más pudientes. La *verreda* era arrastrada por cuatro mulas y podía transportar dos o tres personas, mientras la *birota* de dos ruedas tenía tres mulas y cargaba uno o dos pasajeros.

Tarifa de viajes

Una jornada típica de viaje a pie era c. 32 km (20 mi), dependiendo del terreno y las condiciones del camino. Durante el periodo persa viajeros ordinarios promediaban c. 29 km (18 mi) en un día en los caminos reales y podían atravesar el imperio completo de Persépolis al Mar Egeo como en tres meses. Josefo declara que el viaje desde el extremo sur de Galilea a Jerusalén, una distancia de c. 105 km (65 mi) a pie se hacía generalmente en tres días y dos días en caballo. La travesía de María y José de Nazaret a Belén, por lo tanto, fue probablemente un viaje de tres días, si ellos tomaron la ruta más corta y más común a través de Samaria.

Viajar en caballo o mula era en cierta manera más rápido (y menos agotador) promediando c. 5 km (3 mi) por hora en terrenos normales. Una persona podía viajar 40-48 km (25-30 mi) en un día a caballo, sin mayores dificultades, y los mensajeros de viejo mundo cubrían distancias mucho más amplias. Los camellos podían viajar 40 km (25 mi) al día, aun con grandes cargas de 225-450 kg (500-1000 lb), y podían continuar por tres días sin agua. Cuando era necesario, distancias de hasta de 96 km (60 mi) podían ser cubiertas en un sólo día. Con carrozas o carruajes, 40-48 km (25-30 mi) podían ser fácilmente cubiertos en un día, o 64-72 km (40-45 mi) si alguien estaba de prisa, aunque esas distancias eran agotadoras.

Los mensajeros y el correo viajaban mucho más rápido. Hamurabi de Babilonia (siglo XVIII) esperaba que un funcionario de Larsa (195 km [120 mi]) viajara día y noche y que llegara a Babilonia en dos días (p.ej., 95 km [60 mi] por día). Mensajeros imperiales de Persia cubrían el Camino Real desde Persépolis a Sardis (una distancia de c. 2510 km [1560 mi]) en nueve días, promediando c. 275 km (170 mi) en un día. El servicio postal eficiente se creó algo así como el «Poni Express» en la antigua América, con estaciones regulares para desplazarse c. 24 km (15 mi) de distancia unas de otras con caballos y jinetes descansados. Los mensajeros del gobierno romano promediaban 8 km (5 mi) por hora (a caballo o en carruajes), 80 km (50 mi) por día.

El ejército generalmente se movía a velocidades de hasta 22-24 km (14-15 mi) en un día. Tutmosis II cruzó Sinaí desde Egipto a Gaza, una distancia de c. 240 km (150 mi) en nueve o diez días (c. 8 km [5 mi] por día). El ejército de Alejandro el Grande, famoso por su velocidad, podía tener un promedio de 29-32 km (18-20 mi) en un día, pero en ciertas ocasiones podían hasta marchar c.72 km (45 mi) en un sólo día.

Condiciones de viaje

Los viajes a través del periodo bíblico no eran tan difíciles como algunos han sugerido. El camino real Persa tenía posadas y estaciones de paso distribuidas a intervalos de 17-24 km (10-15 mi) dependiendo del terreno. Evidencia indica que las posadas y estaciones de paso existían en Israel durante el periodo del AT (cf. Jos 4.3, 8; Is 10.29; Gn 42.27; 43.21; Ex 4.24). Durante el periodo romano una adecuada red de posadas y hoteles existía a través de todo el imperio. Éstas servían comida a los viajeros, un espacio para dormir y cuidado para los animales. A lo largo de la Vía Apia, había posadas disponibles en Bovillae, 19 km (12 mi) de Roma, luego 6.5 km (4 mi) más lejos en Aricia, y luego otros 27 km (17 mi) a lo largo de Tres Tabernas donde algunos cristianos conocieron a Pablo en su viaje a Roma (Hch 28.15). Normalmente, posadas más grandes eran establecidas a intervalos de 40-48 km (25-30 mi) en desierto y áreas no pobladas, mucho más cerca en áreas densamente pobladas. Usualmente había una posada, seguidas de uno o dos hostales más simples, luego otra posada más grande y así sucesivamente.

Transportación

Mercancía y materiales de tamaño y peso considerable era frecuentemente transportado por granjeros, contribuyentes, comerciantes y equivalentes. Con mucho, el medio más común de transporte era el burro, cuya superioridad en transportación se debía al hecho de que podía viajar a través de montañas empinadas y rocosas, que no podían ser usadas por vehículos de ruedas y que serían incómodas o peligrosas para camellos (cf. Gn 22.3; 42.26, 27; 44.13; 45.23; Jos 9.4; Neh 3.15).

Otras bestias de carga incluyen la mula, el camello y el buey (cf. 1 Cr 12.40). El uso del camello para transportación en Israel era limitado durante el periodo bíblico. El camello, o con más precisión, el dromedario (de una joroba *Camelus dramedarius*, o camello árabe), se empezó a usar con mayor frecuencia hacia el final del segundo milenio. Este animal podía llevar una carga mayor que el burro, teniendo quizás, cinco veces más capacidad que el último y era capaz de viajar sin tomar agua por largos periodos de tiempo, y eso lo hacía especialmente valioso para la transportación en el desierto. Su desventaja era su composición física, sobre todo sus anchas y sensibles pezuñas. Le impedían ser una bestia útil de carga en regiones montañosas, y en caminos escarpados y rocosos.

Además de animales de carga, los israelitas usaban vagones (de cuatro ruedas) y carretas (de dos ruedas) para transportar mercancía (Gn 45.19, 21, 27, 46.5; 2 S 6.3-6; Is 5.18; 28.27, 28; Am 2.13). La carreta de dos ruedas aparece en el rescate de Senaquerib en el asedio de Laquis, empujados por bueyes que transportaban dos mujeres y dos niños que estaban sentados encima de una carga. Durante el periodo romano, el medio de transportación terrestre más común era el vagón halado por bueyes, normalmente halado por ocho bueyes o caballos en el verano, diez en el invierno. Mercancía pesada, suministros para el ejército, productos de la hacienda imperial, oficiales de bajo rango, soldados que viajaban largas distancias y personas enfermas eran todos transportados por estos pesados *clabulariae*, que podían cargar hasta 1500 libras romanas. Mercancía expreso, metales preciosos, etc., eran cargados por el rápido *cursus velox* que empleaban varios tipos de carruajes más livianos.

Bibliografía. L. Casson, *Travel in the Ancient World* (1974, repr. Baltimore, 1994), 163-75; V. G.Childe, «Wheeled Vehicles,» en C. Singer et al., eds., *A History of Technology* (London, 1954) 1:716-29; S. M. Cole, «Land Transport Without Wheels,» in Singer, *A History of Technology* 1:704-12; D. A. Dorsey, *The Roads and Highways of Ancient Israel* (Baltimore, 1991); R. G.Goodchild and R. J. Forbes, «Roads and Land Travel,» in Singer, *A History of Technology* 2:493-536; Forbes, «Land Transport and Road-Building,» in *Studies in Ancient Technology,* 3rd ed. (Leiden, 1993) 2:131-92; M. A. Littauer and J. H. Crouwel, *Wheeled Vehicles and Ridden Animals in the Ancient Near East.* HO 7/1, 2/B/1(Leiden, 1979).

David A. Dorse

TRATADO MERCANTIL Y COMERCIO

El tratado o convenio mercantil representa el intercambio institucionalizado de mercancía. Comercio es la venta y compra de mercancía (artículos) en una economía monetaria. Todo comercio envuelve convenios, pero no todo convenio es comercial.

Antigüedad y variedades de los tratados o convenio mercantil

Miles de años antes de que surgiera la gente bíblica de la Edad de Hierro, las relaciones comerciales trajeron obsidianas (vidrio volcánico usado para espadas) al Levante desde fuentes en las tierras altas de Anatolia. Caracoles de orillas lejanas llegaron a las ruinas de las villas pre-Neolíticas. Aún para los tiempos prehistóricos, arqueólogos e historiadores del Cercano Oriente podían describir retratos detallados del comercio, ya que el intercambiar mercancía se destacaba en el registro arqueológico y con frecuencia tenía químicos o huellas digitales que permitía que sus fuentes pudiesen ser corroboradas. Los periodos históricos ofrecen evidencia documentada del comercio. La documentación más extensa se deriva de Kültepe al norte de Iraq (Antiguo Kārum Kanesh), donde había un archivo que contenía miles de documentos que detallaban las transacciones de una vieja colonia mercantil de Asiria (siglos XX-XVIII a.C.). Los comerciantes trasladaban metal y textiles del sur y los intercambiaban por oro y plata de las minas de Anatolia. Las cartas de Amarna del siglo XIV de El Nuevo Reino de Egipto describían intercambios entre varias «cabezas de estado» tales como el Faraón y el rey de Chipre (Alashiya). El AT también hace referencia a esa clase de relaciones diplomáticas de comercio –por ejemplo, las relaciones entre Hiram de Tiro y Salomón– tan bien como expone la vigorosa naturaleza del comercio llevado a cabo por las ciudades de Fenicia, especialmente Tiro, conocida como la que «trafica con muchos pueblos» (he. *rōḵeleṯ hā'ammîm, Ez 27.3).*

Las personas en Occidente, que tiene los mercados orientados al capitalismo, tendían a ver el comercio en términos puramente utilitarios, el producto de decisiones económicas nacionales hechas por los participantes de intercambio basados en sus propios cálculos sobre su costo efectividad. Las decisiones de la economía antigua, sin embargo, incluían una variedad de parámetros no económicos. Mientras que las relaciones comerciales modernas de ninguna forma están desprovistas de motivaciones no económicas, tales parámetros tenían un peso más importante en el mundo preindustrial. Debido a esta «sustancial» comprensión de la economía, algunos historiadores antiguos negaban la existencia de un mercado para acordar precios moldeados según la oferta y la demanda del comercio llevado a cabo por empresarios privados independientes de lo establecido en el Palacio Real. Aun así muchos investigadores han concluido que una variedad de mecanismos promovieron el comercio antiguo. Por ejemplo, las tradiciones literarias de las actividades comerciales de Salomón –especialmente con Saba– pueden ser tomadas para representar la entrega de regalos y las sanciones de intercambio recíproco; p.ej., intercambio que no es de naturaleza comercial.

Estos convenios serían típicos del intercambio orientado en el palacio en donde los «regalos» pasaban entre las partes involucradas en el comercio al más alto nivel político. La reina daba (*ntn*) al rey, oro, especias y piedras preciosas. El rey reciprocaba: le daba (*htn*) lo que ella deseaba (*ḥpṣ*). Aquí, como en cualquier lugar, el verbo *ḥpṣ* parece ser un componente del vocabulario técnico de negociaciones de comercio real (p.ej., 1 R 5.8-10 [TM 22-24]). La importación salomónica de caballos y carrozas puede representar el intercambio de «ahorro» de bienes en el ruedo de un mercado productor de precios, por ejemplo, intercambio comercial. Desafortunadamente, la tradición textual ubica este comercio emprendedor dentro de la iniciativa real –es el trabajo de «los mercaderes del rey» (1 R 10.28) y no existe referencia a ningún mercader independiente que pudiera haber iniciado o llevara a cabo comercio de caballos. Aquí, como en otros lugares, la Biblia no documenta nada acerca del manejo de artículos privados. Esto puede muy bien deberse al enfoque en la monarquía más que en la escases de las operaciones comerciales que no eran de la realeza. Todo esfuerzo para comprender el comercio en el mundo antiguo encuentra la tendencia potencial de documentación.

En una época en la cual los asuntos internacionales de comercio dominaban los foros económicos y las noticias vibraban con informes de negociaciones de tarifa, decisiones de estatus que favorecían naciones, y el flujo y reflujo del balance comercial es bueno recordar que la industria todavía contaba, pero por un porcentaje pequeño de la producción bruta, de una democracia industrial o post industrial.

La fracción de la economía total que producía y consumía los bienes comerciales era en total la menor en la antigua economía agraria de Israel, Judá y sus vecinos. Además la red antigua de comercio no abarcaba enormes volúmenes de la mercancía diaria. La mayor parte de la gente permanecía como agricultores para subsistencia y pastoriles: producían mayormente lo que consumían y consumían la mayoría de lo que producían.

Los bienes comerciales consistían predominantemente de productos especiales, «preciosidades» consumidas por el segmento élite de la sociedad y artículos estratégicos valorados por intereses militares y de manufactura. En contraste a la mayoría de la mercadería actual, estos artículos especiales poseían alto valor de peso y proporción de volumen –como partes de computadora y farmacéuticos, diferente al cemento y mercancías plásticas. Con su dependencia de la fuerza animal –burros, camellos y carros de bueyes– la tecnología antigua de transportación forzaba límites severos en el ámbito de material pesado y/o grueso como la alfarería ordinaria, grano y material de construcción. Esto podía solamente ser movido a gran distancia por mar; comercio por tierra en tales objetos era poco frecuente y costoso.

Las mercancías regulares del comercio internacional constituyen una lista concisa de artículos evidenciada por datos inscripcionales, arqueológicos y literarios. Los informes de los ingresos internacionales de Salomón incluían oro, plata, marfil, animales curiosos (1 R 10.22), prendas de vestir, armas, especias, caballos, mulas (19.25), carrozas (v. 28), y maderas de cedro y del ciprés (5.10 [24]) como importaciones a las casas reales y proyectos de construcción. Inventarios análogos de mercancía valiosa y estratégica se mostraban como demanda del tributo asirio, tales como aquellas impuestas sobre Ezequías: oro, plata, gemas, unos sofás con incrustaciones en marfil, pieles de elefantes, madera negra africana, madera de boj y seres humanos. Desde el final de la Edad de Hierro unas tablas de la Nueva Babilonia documentaron la mercancía importada del oeste: cobre, hierro, lata, tinte, lana azul-violeta y otras fibras, lapis lazuli, alumbre, surtido de mieles, cerdos blancos, especias y resina de enebro. Las cartas de Amarna de la última Edad de Bronce discuten el intercambio de oro, plata, cobre, lapis lazuli, marfil, carrozas y caballos, vestimentas de lino, «aceite dulce», madera para la construcción de barcos y varias categorías de seres humanos. Luego de algunas décadas de esta reciprocidad, el

Mar Mediterráneo reclamó un vehículo de transporte de la costa de Turquía. El Naufragio del Ulu Burunumle ha ofrecido a los arqueólogos justo esta clase de carga: lingotes de cobre y lata, madera negra de África, lingotes de cobalto azul de vidrio, marfil no trabajado, ánforas repletas de la resina del árbol de aguarrás, y envases de almacenaje apilados con alfarería chipriota.

El rol del comercio de largas distancias en los pequeños reinos de Israel y de Judea comenzó y terminó con un sector urbano de la élite, fuera de unos pocos artículos asegurados que circularon por el comercio de largas distancias. Según las referencias demostradas más arriba, el comercio proveyó a este sector con algunas necesidades, por ejemplo, madera para enormes construcciones, metales de ferretería militar. Se procuraron marcadores de estatus para el segmento de la élite de la sociedad, por ejemplo, incrustaciones en marfil para los muebles (Am 6.4), joyería y ropa seleccionada (Is 3.18-23), y vajilla fina. Quizás más significativamente, el comercio representaba el medio por el cual los pequeños reinos en la periferia del poder imperial asirio podían adquirir la mercancía del tributo demandadas por su protector. El comercio a distancia organizó tertulias de especialistas en el comercio, por ejemplo, personas a quienes textos del AT designaban como «comerciantes» *(anšê hattārîm),* «mercaderes» *(rōkĕlîm)* y «comerciantes del rey» *(ʾanšê hattārîm).* Una variedad de textos también utiliza el término «cananeo» como una designación a estos especialistas en intercambios internacionales (p. ej., Is 23.84; Ez 17.4; Os 12.7 [8], Pr 31.24; Sof 1.11), aunque aparentemente sin ninguna connotación al comercio como especialidad extranjera.

Aunque el comercio de mercancía jugaba un rol limitado fuera del sector de la élite social, los efectos de las empresas comerciales se extendieron más allá de lo que componía el palacio. El costo para entrar en la red del comercio para almacenar las mercancías especializadas sale de los productores primarios de la economía antigua. Las posibilidades comerciales engendraron tanto presiones económicas como iniciativas reales directas, para aumentar la producción de materias que podrían ser mercadeadas con facilidad. En una tierra de pocos recursos naturales (p.ej., depósitos de minerales no significativos), el sector agrícola aguantó el peso de esta demanda. La política del comercio estimulaba la producción de los materiales de mayor comercio, a saber: aceite de oliva, vino, los productos del campo con el valor más alto para calcular proporciones de peso. Perfume (bálsamo) era otro de los bienes desarrollados, como excavaciones en el oasis del Mar Muerto de En-gadi (Tel Goren) han sugerido, pero su producción era limitada. Durante la Última Edad de Hierro, las intensificaciones y las especializaciones agrícolas esparcidas convirtieron la tierra cultivable en huertos y las laderas en terrazas inclinadas. Las familias agrícolas aumentaban su producción para el mercado más que para subsistir, esto creaba un aumento en el grado de interdependencia.

El crecimiento en el valor de la tierra y las defensas por las propiedades limitaron el segmento pastoral de la economía de aldea, agravando aún más la vulnerabilidad de una familia agrícola al desastre económico. La pérdida de propiedad ancestral y su aglomeración en números más pequeños parte como resultado (Is 5.8; Mi 2.2, 9).

Tendencias en cuanto a aumentar la interferencia real con la estructura de una vida rural pueden haber sido afectadas por los ingresos de peajes impuestos en el movimiento de comercio a través de Israel y los territorios estratégicamente posicionados de Judea. El peaje impuesto a caravanas que traían incienso, especias y oro del Sur de Arabia a través del desierto hacia el Mediterráneo, pueden haber subvencionado los proyectos de edificios reales y el estilo. El edificio real subvencionado, proyecta en algún grado el estilo de vida de la élite. Esta fuente de ingreso del comercio hubiese sido especialmente significativa durante los periodos cuando el alcance de Egipto a la parte sur de Palestina se había reducido. El reflujo y el flujo de arreglos al sur del Neguev representaban un barómetro de los recursos de Judea, comprometidos a controlar, proteger y proveer el comercio por una porción de sus ganancias. Los peajes de tránsito podrían haber alcanzado el veinticinco por ciento del valor de este tráfico comercial.

Comercialización

La industria a larga distancia promovía la comercialización de las economías israelitas y de Judea, economías en las cuales los productos como también las fuerzas de la producción, –tierra y labor– en sí mismas, aumentaron su disponibilidad para la venta y la compra. En vez de producir diversos repertorios de comestibles para su propia sobrevivencia y el por trueque, por la necesidad de artesanías especializadas, las familias agrícolas experimentaban presión e incentivos para producir bienes para el mercado y por ventas al contado. Los hallazgos literarios y arqueológicos bíblicos han manifestado la existencia del intercambio comercial y su crecimiento prominente en el último periodo tardío del Segundo Hierro. Escenas del mercado urbano animaban la colección profética de Amós. (p.ej., 8.4-6), Jeremías se refería a la producción especializada requerida en una economía comercial; el profeta representó la destrucción en la puerta del alfarero con un frasco comprado (Jer 19.2) y comió pan comprado en la panadería (37.26).

La plata era el medio para pagar por las transacciones. Omri pagó con plata por la propiedad de Semer (1 R 16.24), y los siclos de plata midieron la variación salvaje de los precios de los comestibles durante el tiempo de escasez y banquetes (2 R 6.25; 7.1).

La plata funcionaba más como nivel del valor que como una forma de pago. Aun así, el precioso metal sí cambió de manos durante los intercambios comerciales. Debido a que las monedas no tenían parte en la economía hasta el periodo persa (a finales del Siglo IV), pedazos de plata se pesaban en balanzas. Jeremías 32.10 ofrece una descripción de una transacción de bienes raíces: «Y escribí la carta y la sellé y la hice certificar con testigos, y pesé el dinero en balanza.» Balanzas torcidas y pesos falsos eran castigados ocasionalmente en la literatura legal, (p.ej., Lv 19.36) proverbial (p.ej., Pr 20.23), y profética (p.ej., Os 12.7).

Descubrimientos arqueológicos también han retratado una economía comercial desarrollada. Excavadores han desenterrado pesas estandarizadas en numerosos sitios de Judea que empiezan a fines del siglo de Hierro II (c. 700). Estas pesas de piedra caliza en forma de cúpula (meramente llamadas piedras en la Biblia) que también se han encontrado en lugares filisteos, sugieren su adopción regional como las normas de peso. Muchas de estas pesas están inscritas con sus valores: hasta 40 siclos (por peso, por cada siclo que posee una masa de 11.3 gramos) con los siclos divididos entre 24 geras. Tales pesas fueron utilizadas con las balanzas y las cacerolas de escala del bronce se han descubierto en En-gadi y Megido. Balances de este tipo, con las cacerolas suspendidas de una viga apoyada libremente en su centro, son representadas ampliamente: de una pintura de una tumba egipcia de la décimo octava dinastía –en la cual comerciantes en cabinas colgaban con un conjunto de básculas recibidas de la mercancía de la carga de barcos–, al obelisco del siglo IX de Ashurnasirpal II– donde las básculas servían en la recepción de tributo. Los pedacitos de plata –desechos, piezas de joyería, y lingotes sin forma– emergían de varias reservas tales como las encontradas en Bet-seán (Edad de Bronce-Medio), Edad de Hierro de Estemoa y la En-gadi del final del Hierro.

El Judá del final del Hierro ofrece abundancia de estampas de sellos. Los judaítas presionaban sus sellos en una arcilla suave para una variedad de propósitos administrativos e indudables propósitos comerciales, como demuestran las transacciones de las propiedades inmobiliarias de Jeremías. Docenas de sellos recuperados claramente revelaban su uso por oficiales de la realeza en la burocracia administrativa; junto con nombres personales, que llevan títulos tales como «ministro del rey.» Sellos privados –sellos con nombres de personas o lugares y sin mención de títulos particulares– eran aún más abundantes.

Los sellos estampados servían con mayor frecuencia para sellar o certificar documentos en papiros enrollados. Arqueólogos recuperaron las bullas, trozos de arcilla con impresiones de los sellos en un lado y frecuentemente con la impresión del papiro en el otro lado, señales de la desaparecida escritura o del mismo contrato. Laquis y Jerusalén han producido reservas de bullas con pistas en lugares que sirven como depósitos de documentos desaparecidos por ahora. Ante la ausencia de los mismos documentos, es imposible saber qué transacciones comerciales fueron incluidas en sus números. Sin embargo, la abundancia de sellos personales puede ser tomada como indicador de la prevalencia del comercio o, por lo menos, revela la administración de una especie de economía de producción de mercancía.

Estampados en las asas de la cerámica todavía húmeda, los sellos también indicaban a quien pertenecían los buques y/o la procedencia de su contenido. El sello más predominante de este tipo es el *lmlk* (pertenecientes al rey o a la realeza) estampado usado en las asas de una jarra de c.45 l. (12 gal.) para transportar vino, con gran probabilidad de estar asociada con la producción y distribución real durante la administración de Ezequías, en medio de una economía en tiempos de guerra. La jarra representa la participación de la realeza en la producción de vino, pero los viñedos de la monarquía no estaban solos en la producción de vino durante esa época. Excavadores de Gibeon descubrieron unas enormes bodegas de vino. Asas inscritas estaban entre los artefactos –como dos docenas de inscripciones incluían el nombre Gibeon así como uno de los varios nombres personales, quizá, propietarios y gerentes de los viñedos. Esas jarras de pequeña capacidad (c. 10-15 l. [2.6-4 gal]) hicieron que el vino de Gibeon estuviese disponible para intercambio comercial. Operando simultáneamente, los viñedos de Gibeon y aquellos de la casa real reflejaban la compleja interacción entre los empresarios privados y las empresas de la realeza en la época final de Hierro en Judá.

Contra estos indicadores, vale la pena recalcar que las informaciones arqueológicas para el comercio no son particularmente extensas. Los artefactos de comercio son distribuidos de forma limitada. Es como decir que los diseños de la ciudad de la Edad de Hierro generalmente no incluyen un «cuadrado» abierto como el ágora griega para la recolección del mercado regular (a pesar de que algunos académicos han tratado de entender el edificio común tripartito como un mercado). Mientras una pequeña constelación de textos bíblicos señala la presencia de múltiples comercios, sus números también traicionaban su relativa poca importancia, especialmente, por ejemplo, cuando la legislación bíblica es comparada con otras colecciones jurídicas cerca del Oriente. Estas deficiencias ayudan a medir el relativamente bajo nivel de orientación comercial de las sociedades de Israel y de Judá. Sólo una pequeña porción del total del producto agrícola se movía con el fin de intercambio comercial. La mayoría de la producción se quedaba en casa o se tomaba como impuestos. La misma zona rural requería pocos productos y por lo tanto, no había una demanda masiva que emanara del interior para guiar la comercialización de la economía. Sin importar la distancia y por cualquier agencia, de la realeza o privada, la comercialización de la economía antigua de Israel y Judea progresó, la utilización final de los productos básicos se mantuvo en el marco del control y para el consumo de la élite.

Bibliografía. M. Elat, «The Monarchy and the Development of Trade in Ancient Israel,» en *State and Temple Economy in the Ancient Near East,* ed. E. Lipinsky (Leuven, 1979), 527-46; J. Holliday, «The Kingdoms of Israel and Judah: Political and Economic Centralization in the Iron IIA-B (c.1000-750 b.c.e.),» en *The Archaeology of Society in the Holy Land,* ed. T. E. Levy (New York, 1995), 369-98; M. Liverani, «The Collapse of the Near Eastern Regional Systemat the End of the Bronze Age: The Case of Syria,» en *Centre and Periphery in the Ancient World,* ed. M. Rowlands, M. Larsen, and K. Kristiansen (Cambridge, 1987), 66-73; D. C. Snell, *Life in the Ancient Near East, 3100-332 b.c.e.* (New Haven, 1996); N. Yoffee, «The Economy of Ancient Western Asia,» *CANE* 3:1387-99. David C. Hopkins

TREINTA, LOS

La designación estándar del cuadro especial de los guerreros de élite de David también llamados «hombres valientes» (heb. *gibbôrîm,).*

El AT contiene dos listas similares, casi idénticas, de estos guerreros: 2 Samuel 23.24-39; 1 Crónicas 11.26-47, ninguna de las cuales contiene 30 nombres. 2 de Samuel enumera 32 sin mencionar a los «hijos de Jasén», mientras que 1 de Crónicas 11 da 46 y omite los diversos grupos cuyos miembros tampoco son nombrados y no tienen número.

A pesar del dominio de la lectura tradicional, «los treinta» *(haššĕlôšîm),* heb. *šālîšîm,* leemos heb. *šālîš,* no tiene nada que ver con guerreros en carruajes, pero aparece con infantería de élite al lado de otras unidades especiales poco conocidas tales como los «corredores» *rāṣîm,* (cf. 2 R 10.25). Una posible explicación del término en este contexto es que los *šālîšîm* estaban organizados en escuadras de tres, como comandos especiales que peleaban apoyándose uno a otro. De este modo, las historias prefijan a las dos listas y cuentan la hazaña de «los tres», luego prosiguen a la historia de los anónimos tres que irrumpieron a través de la línea palestina a Belén a sacar agua del pozo allí para David. Cuándo estos *šālîšîm* se convirtieron en un cuadro separado dentro del ejército de David no está claro, pero la inclusión de este incidente dentro de las guerras filisteas y el nombre de Asael a quien mataron temprano en la guerra con la casa de Saúl y Hurías el hitita enviado a matar por David durante las guerras amonitas (2 S 11.12), tanto como el que llega más tarde Banaía ben Jeoiada quien sirvió como comandante del ejército durante el reinado de Salomón, indica que la lista no contiene serie de hombres, pero en cambio sí tiene el nombre de grupos que obtuvieron este estatus de partidarios élite a través del reino de David. Ambos términos hebreos se refieren al mismo cuerpo de partidarios élite, ligados directamente a la persona del rey y elegidos para este servicio por actos especiales de valor. Eran por profesión hombres de infantería y fuertemente armados, «campeones.» Como tales, solos o en grupos de tres podían estar estacionados a lo largo de una línea de batalla para fortalecer los levitas o agrupados en masa en un punto específico para romper la línea del enemigo, una táctica empleada por Joab y Abisaí contra los sirios y amonitas (2 Sam 10). Algunos de estos guerreros eran asignados a posiciones de oficiales de alto rango en la milicia de David (p.ej., Abisai, Benía).

Bibliografía. D. G. Schley, «The *Šālīšîm:* Officers or Special Three-man Squads?» *VT* 40 (1990): 321-26.

DONALD G. SCHLEY

TRES TABERNAS

Una estación c. 48 km (30 mi) al sur de Roma sobre la gran carretera romana, la Vía Apia. Los cristianos de la iglesia de Roma se reunieron con Pablo aquí para animarlo cuando llegó a juicio en la capital imperial (Hch 28.15).

TRIBU

En los tiempos de la Biblia, desde la época de los patriarcas hebreos (Gn 49.28) hasta los primeros apóstoles cristianos (Fil 3.5), pertenecer a una tribu significaba ser parte de un grupo establecido, cuyos miembros estaban obligados a cooperar por una variedad de propósitos prácticos e ideológicos, y que a su vez, gozaban de varios derechos y privilegios importantes para la vida cotidiana. Típicamente, las tribus tenían la idea de la descendencia de un ancestro de nombre común, como un medio para unirse con fines políticos y otros propósitos de clanes y familias, como sub-unidades dentro de la tribu de mayor tamaño (Jos 7.16-18). Poder reclamar tal membrecía ha sido absolutamente esencial para la identidad de la persona promedio como individuo y para su sobrevivencia física (Nm 27.1-11), sobre una base diaria desde los tiempos antiguos hasta los modernos en el Medio Oriente.

La Biblia está llena de ejemplos de lo que significaba pertenecer a una tribu. Ser descendiente de Abraham significaba estar relacionado con el padre de todos los seres humanos, Adam (Gn 5.1-32). Eso significa pertenecer a una federación de doce tribus que comparten ciertas fortunas históricas y destinos (Gn 49.1-33), y saber dónde ir para encontrar esposas aceptables para sus hijos e hijas (Gn 24.1:67). Significaba, además, tener derecho de uso de ciertos pastos, fuentes de agua, lugares para rituales, y cementerios (Gn 13.1-8; 23.1-20, 1 R 21.1-3). Significaba también unirse como los «hijos de Jacob» para escapar de la servidumbre en Egipto (Ex 6.28-7.13; Nm 1.1-4.49); alcanzar un sistema distintivo de creencias y prácticas rituales, como «el pueblo del pacto con Dios» mientras estaban errantes en el desierto de Sinaí (Ex 19.1-24; 18); y tomar posesión de la Tierra Prometida como «las tribus de Jehová» (Dt 3.12-22; Jos 2.1-11.23). Más importante que todo, quizás, significaba que se le asignara un pedazo de tierra dentro del territorio de las tribus, donde pudieran ganarse la vida en la nueva tierra conquistada. (Jos 13.1-21; 45). Una vez las tierras eran asignadas permanecían perpetuamente en posesión de los clanes y familias, según se ilustra en la historia de Rut.

Mientras las organizaciones sociales de las tribus era obviamente el centro de estas primeras experiencias de los israelitas y sin duda también las de sus vecinos, académicos tendían a ver el ascenso de las monarquías en el sur del Levante durante los inicios de la Edad de Hierro como una manera de reemplazar la tribu como una fuente de identidad y apoderamiento económico durante el reinado de los reyes. Con tantos profetas protestando en contra de los abusos, no sólo de los reyes de Israel y Judá sino también en contra de los reyes de sus vecinos (p.ej., los filisteos, los amonitas, los moabitas y los edomitas), la continua importancia de los sentimientos y las lealtades es menos obvia, por lo menos en cuanto a lo que concierne a los textos bíblicos. Hay buenas razones para suponer, sin embargo, a pesar del aumento de estas «políticas supratribales» o «reinos» de la Edad de Hierro, que las tribus continuaron casi sin cesar como una fuente de identidad y desarrollo económico entre la vasta mayoría de las poblaciones de estos reinos. En otras palabras, a pesar del surgimiento de reyes en estas sociedades y la referencia a ellos como «reinos», estos eran fundamentalmente sociedades tribales o «reinos tribales». Las principales características de estas políticas pueden resumirse como sigue:

La gente que fundó los reinos de Israel, Amón, Moab, y Edom, por lo general, estaban vinculados a la línea de pastores (Nm 32.1; 2 R 3.4; Jer 49.20) y granjeros vinculados a la tierra (Gn 36.7; Nm 20.17; Rt 2-3). A través de sus historias, la medida en que una u otra de estas dos ocupaciones por hogar o grupo de familias, era determinado por las condiciones del clima y las condiciones del terreno, y por las oportunidades cambiantes para involucrarse en el comercio local y regional. Los principios organizacionales de cambio y adaptación en cualquiera de las ocupaciones de pastorear o de agricultura eran tribalismo, que era una ideología basada en el reclamo de descendencia de un antepasado común, con posibilidades para manipulación y para dar cabida a los cambios de unos y otros, entre los vinculados a la tierra o los vinculados a su ocupación en el nivel del hogar de cualquier individuo, grupos de hogares o comunidades enteras.

La búsqueda económica de la mayor parte de la gente estaba centrada en la producción vinculada a la producción de la tierra de cereales y árboles frutales, o en la producción de carne o leche, que estaba en pie por medio de una agricultura alineada de ovejas y cabras. Dependiendo de cuál de estas actividades se acentuaban, las condiciones de la organización social de las tribus podían variar. Un cambio en el énfasis hacia la producción vinculada a la tierra a través de la sedentarización, implica ascenso en aldeas fundadas en clanes que unen a la gente con parcelas particulares de tierras agrícolas.

Y un cambio a la dirección opuesta hacia la nomadización, típicamente llevaba a un mayor énfasis en la creación de redes de tribus que se extendían a regiones más amplias. Mientras los hogares que se especializaban en una u otra de estas ocupaciones coexistían en la misma aldea y caserío, la proporción representada por una u otra ocupación podrían variar considerablemente de una aldea a la otra. Esta proporción podía variar considerablemente a través del tiempo dentro de una casa en particular, aldea, villa o región.

Por medio de manipulación de ancestros reclamantes, los individuos y casas eran capaces de afiliarse con nombres de grupos y secciones dentro de las tribus más grandes (Nm 13.6; 32.12). Tal genealogía generativa permitía a individuos y poseedores de casas tanto como a las unidades sociales mayores a dividirse, subdividirse o fusionarse dependiendo en oportunidades económicas o conflictos que se levantaban dentro de una unidad social dada (Gn 36). Dada la suficiente amenaza externa también permitía la fusión de las tribus en entidades supra tribales para formar reinos.

Mientras que el ascenso de los reyes envolvía la introducción de una capa fugaz de organización burocrática supratribal, no extinguió el orden tribal premonárquico (1 R 4.7-19). A su vez, este otro se acomodó a un nuevo orden monárquico supratribal. Tal acomodo fue facilitado en parte por el mecanismo de genealogía generativa. La persistencia del orden tribal se refleja, en parte, en la asociación continua de tribus particulares con su territorio tribal tradicional a través del periodo monárquico. También se reflejaba en proximidad residencial de modelos similares de cooperación y conflicto a través del periodo.

Mientras que en Egipto y Mesopotamia, el ascenso de las políticas supratribales en la forma de estados centralizados llevó a una división de la sociedad en dos reinos (p.ej., la élite urbana y hombres tribales rurales) ninguna pronunciada división de la sociedad ocurrió en la Edad de Hierro en el Levante Sur. Mientras que una forma naciente de tal división puede haber surgido en ciertos centros urbanos principales, no estaba por ningún motivo a la par con el que se fundó en Egipto y Mesopotamia. Para el alcance de que sí ocurrió, sería en Cisjordania más que en Transjordania durante el período del Hierro II. Esto es porque la predatación de hombres tribales rurales por hombres tribales de elites urbanas podía ser hecha con menor riesgo de resistencia en Cisjordania debido a condiciones más favorables de agricultura.

Durante el Hierro II, la administración de territorios tribales del interior se centraba en «pueblos fortificados» que usualmente consistían de un grupo de edificios administrativos localizados en el tope se una montaña de alguna clase y rodeados por murallas o paredes y en ocasiones protegidos por un foso y se entraba por compuertas. En varios grados, cada pueblo principal tenía una burocracia administrativa que consistía de un cuadro de burócratas cuyo rol era administrar los asuntos económicos de las circundantes tribus del interior. La existencia y extensión de poder de tales burócratas puede ser establecido del estudio de instrumentos de poder delegado tales como sierres, sellos y artefactos relacionados.

La vida diaria de la mayoría de los miembros de estos reinos antiguos se resumía en actividades relacionadas con la búsqueda de alimentos. Las personas vivían en pequeñas villas y aldeas rodeadas de pastos y tierra de agricultura. Villas y aldeas consistían de varias configuraciones de casas, cuevas y tiendas que dependían de las condiciones de producción en varias regiones geográficas. Como regla general, mientras más «riesgosas» fueran las condiciones de producción de alimentos, ya sea por las vicisitudes del clima, intercambio o políticas, mayor era el fluido de las redes de sociedad tribal y mayor el movimiento en los patrones rurales de asentamientos. Ciclos de sedentarización y nomadización generalmente parecen haber sido más pronunciados en Transjordania que en Cisjordania. En Transjordania tales ciclos se convirtieron en más pronunciados mientras uno se mueve en dirección sur desde Amón a Moab hacia Edom.

Relaciones de poder dentro de los reinos tribales de la Era de Hierro son mejor descritas como equilibradas más que como por grados dentro de alguna escala de jerarquía. Sí era posible que hubiera allí varios centros políticos de gravedad dentro de cada reino, cada centro basaba su poder en un recurso político diferente. Por ejemplo, un centro podía ser políticamente poderoso por su localización en la unión de dos o más caminos cruzados (p.ej., Gezer y Hesbón). Otro podía basar su poder en ser el centro del procesamiento y la distribución para ciertos productos de agricultura, quizá en Beersheba. Un tercero puede basarse en ser el hogar de un importante servicio religioso o santuario (p.ej., Jerusalén). Tales estructuras se levantan en crudo asociadas con las sociedades hidráulicas de Egipto y Mesopotamia. Están además en mayor consonancia con los ideales igualitarios de las sociedades tribales.

Consistente con la existencia de estructuras de poder jerárquico coincidían las unidades territoriales. Las fronteras que separaban los diversos niveles locales de unidades políticas serían mejor descritas como confusas y fluidas más que como claras y fijas (Jos 15; 19.1-9). Esto es porque la variedad de actividades económicas engranadas en un grupo pueden ser tales que fácilmente pueden coexistir con las llevadas a cabo por otro. Por ejemplo, un segmento tribal puede ser primordialmente pastoral y otro puede ser primordialmente de agricultura. Así ambos se benefician unos sobre otros como animales de pasto que pertenecen a un grupo se les podía permitir pastar en los campos de rastrojo reclamados por otro.

Mientras que la evidencia bíblica puede interpretarse para sugerir que los reyes surgieron ya al final del Hierro I, la evidencia arqueológica apunta al Hierro II a. C. como el periodo cuando la producción de alimentos, la sedentarización, el control burocrático enlazado a la tierra y la integración regional alcanzó su punto más alto. El Hierro II A aparenta haber sido un período transicional. El ímpetu inicial para la fusión de estas tribus seguramente incluía la llegada de los filisteos en el Hierro I A, lo cual forzó a las tribus israelitas a unirse bajo un «rey.» El ascenso de la monarquía en Israel, a cambio, muy probablemente fue uno de los factores que obligó primero a las tribus amonitas, luego las tribus moabitas y por último a las tribus edomitas a coexistir bajo un «rey.»

Bibliografía. P. Bienkowski, «The Date of Sedentary Occupation in Edom,» en *Early Edom and Moab* (Sheffield, 1992), 92-112; I. Finkelstein, «The Great Transformation: The 'Conquest' of the Highlands Frontiers and the Rise of the Territorial States,» en *The Archaeology of Society in the Holy Land,* ed. T. E. Levy (Sheffield, 1994), 349-65; N. K. Gottwald, *The Tribes of Yahweh* (Maryknoll, 1979); L. G. Herr, «Tell el- 'Umayri and the Madaba Plains Region during the Late Bronze–Iron Age I Transition,» en *Mediterranean Peoples in Transition,* ed. S. Gitin, A. Mazar, and E. Stern (Jerusalem, 1998), 251-64; Ø. S. LaBianca, *Sedentarization and Nomadization: Food System Cycles at Hesban and Vicinity in Transjordan.* Hesban 1 (Berrien Springs, 1990); LaBianca and R. W. Younker, «The Kingdoms of Ammon, Moab and Edom,» en *The Archaeology of Society in the Holy Land,* ed. Levy (Sheffield, 1994), 399-445; J. M.Miller, «EarlyMonarchy inMoab?» in *Early Edom and Moab,* ed. Bienkowski (Sheffield, 1992), 77-91; R.W.Younker, «Moabite Social Structure,» *BA* 60 (1997): 237-48.

ØYSTEIN S. LABIANCA

TRIBULACIÓN

Término que designa aflicción de varias clases (heb. *ṣar, ṣārâ;* gr. *thlípsis*). En el AT, es el destino esperado del justo (S 34.19 [TM 20]; 71.20), y a menudo vino sobre Israel desde sus enemigos políticos (1 S 10.18-19). Se reconocía como una parte integral en la historia de la salvación del pueblo de Israel, y algo de que Dios les iba librar aun cuando fuese enviado como castigo divino por la desobediencia del pueblo. (Ex 3.9-10; Dt 4.30-31). En la literatura intertestamentaria la tribulación se refiere al sufrimiento del justo (2 Ap Bar. 15.8; 1QH 2.6-12; 5.12) al igual que la última gran tribulación antes del día del Señor (1QM 1.12; 15.1). En el NT la tribulación que perteneció a Cristo es el destino de aquellos que le siguen (Jn 16.33; Col 1.24; 1 Ts 3.3; 2 Ti 3.12). Produce paciencia (Ro 5:3) y glorificación en el cristiano (8.17; 2 Co 4.7-8, 17). La tribulación es el destino del malvado tanto en el mundo (Ap 2.22) como también en el juicio final (Ro 2.9).

La persecución de los judíos por el rey seleúcida Antíoco IV Epífanes (167 a.C.), estableció la muestra de la tribulación de los fieles por fuerzas malvadas (Dn 12.1), la cual se repite en la caída de Jerusalén. Esta persecución será completamente manifestada en la Gran Tribulación de los últimos días previos al regreso de Cristo (Mr 13.14-27 = Mt 24.15-31). La tribulación es una intensificación de la batalla entre el bien y el mal en los últimos días (2 Ts 2.1-12; Ap 3.10, 7.14). Es un período de intensa persecución de la iglesia por fuerzas maléficas, tipificadas por el anticristo, y el juicio de esas fuerzas por parte de Dios.

Bibliografía. S. Harding, «Imagining the Last Days: The Politics of Apocalyptic Language,» en *Accounting for Fundamentalisms,* ed. M. E. Marty and R. S. Appleby (Chicago, 1994), 57-78; L. Thompson, «A Sociological Analysis of Tribulation in the Apocalypse of John,» en *Early Christian Apocalypticism,* ed. A. Y. Collins. *Semeia* 36 (Atlanta, 1986), 147-74.

Duane F. Watson

TRIBUNAL

Una plataforma elevada en la cual el juez se sentaba, o por extensión, la corte misma (Gr. *bēma, kritērion;* Lat. *rostrum*). Cuando Pilato se dirigió a la multitud, se sentó en su silla de juicio (Mt 27.19; Jn 19.13). Pablo compareció ante Gallo en su *bēma* (Hch 18.12-17), una plataforma adornada como la que está entre los restos de Corinto. Pablo también estuvo frente al tribunal de Festo en Cesarea (Hch 25.6-21).

Gary S. Shogren

TRIBUNAL

Una plataforma elevada (Gr. *bēma*) para un orador público (Neh 8.4 LXX; Hch 12.21) o un juez, y por extensión, un juzgado o tribunal (cf. *kritērion*). Lisias habló desde un *bēma* (2 Mac 13.26), y Pilato se sentó en un trono de juicio montado sobre una plataforma elevada cuando preguntó a los judíos qué se debía hacer con Jesús (Mt 27.19; Jn 19.13). Pablo se presentó ante el tribunal de Galión en Corinto (Hch 18.12-17), y antes de eso de Festo en Cesarea (25.6, 10, 17).

Pablo menciona dos veces el *bēma* del juicio divino. Él argumenta que Dios (Ro 14.10) y Cristo (2 Co 5.10) ocupan un tribunal de juicio, y todos tendrán que comparecer ante él y dar cuenta de sus vidas (cf. Ap 20.11-15). Es dudoso que Pablo tenga dos juicios separados en mente, y los tres pasajes probablemente describen el mismo acontecimiento escatológico.

En otras referencias, el juicio divino viene cuando Dios o Cristo toman su «trono» (Sal 9.7[TM 8]; Dn 7.9; Mt 25.31; Ap 20.11). Dado que en la antigüedad un juez podría sentarse en un trono colado en una plataforma elevada, «trono» y «tribunal» podrían ser idénticos en función del contexto.

Gary S. Shogren

TRIBUTO

Recaudo de impuesto por un soberano, usualmente sobre pueblos conquistados. Envolvía tributos monetarios o servidumbre, o ambos. Los tributos (Heb. *mas;* Gr. *phóros, kēnsos*) podían ser pagados a reyes extranjeros, reyes de Israel o al rey escencial, Jehová. Se ha dicho que Isacar era una tribu bajo impuestos (Gn 49.15; Heb. *ʿōḇēḏ;* RVR «labor forzada»). No existe indicio de que el «tributo» de Isacar envolvía una obligación monetaria; en este caso, la servidumbre esta probablemente prevista, o a un poder extranjero o a sus compatriotas. Aunque Salomón parece haber usado primordialmente extranjeros para sus proyectos de construcción (1 R 9.20-21 = 2 Cr 8.7-8), en un momento dado uso treinta mil israelitas (1 R 5.13-14).

Los israelitas pagaban tributo monetario a Moab (Jue 3.15-18), pero más tarde David extrajo tributo de Moab (2 S 8.2) y Siria (v. 6). Salomón recibía tributos y servicio de «todos los reinos, desde el Éufrates hasta la tierra de los Filisteos, aun hasta el borde de Egipto» (1 R 4:21[TM 5:1]). Los filisteos le llevaban tributos de plata a Joacaz (2 Cr 17:11), pero Joacaz fue forzado a pagar tributo a Egipto (2 R 23.33). El tributo que los judíos posexiliados estaban obligados a pagar al imperio persa era un asunto en oposición a la reconstrucción de Jerusalén (Esd 4.13, 20; 6.8; cf. Neh 5.4); la gente del Templo estaban exentos del pago (7.24). El tributo a Jehová incluía los botines de guerra (Nm 31.28, 37-38, 40), y los sacrificios de paz por toda la provisión que Jehová les suplía (Dt 16.10).

La mayoría de las referencias al tributo en el NT ven como licito el pago del tributo al César (Mt 22.17, 19; Mr 12.14; Lc 20:22; cf. 23.2; Ro 13.6-7). Jesús pago el tributo en forma de impuesto al Templo (Mt 17.24-25).

Joe E. Lunceford

TRIFENA (Gr. *Trýphaina*)
Mujer cristiana en Roma a quien, junto a Trifosa, Pablo envía sus saludos (Ro 16.12).

TRIFÓN (Gr. *Tryphṓn*)
Epíteto («magnífico, lujoso») de Diodoto, general y luego rey en los tumultuosos días finales del gobierno seléucida en Siria, que incluía Palestina. Las consecuencias de sus hechos políticos y eventos en Judea son documentados en 1 Macabeos 11–15.

Trifón primero aparece en fuentes históricas como un general bajo Alejandro Balas, quien arrebató el trono seléucida de Demetrio I Sóter en batalla (150 a.C.). Balas, en cambio, fue derrotado por los partidarios del hijo de Demetrio, Demetrio II Nicátor (145). Trifón usó esta situación para adelantar su propio poder; hizo el joven hijo del rey Balas Antíoco VI su pupilo y reclamó el trono a su nombre. En el 142, Trifón mató a Antíoco VI y reclamó el trono para sí mismo. Trifón se suicidó después de su derrota en el 138 por Antíoco VII Sidetes, hermano de Demetrio II.

Para el tiempo de estos eventos, los asmoneos incrementaban su poder en Judea. Bajo el liderazgo de Jonatán, ellos intentaron representarse como demandantes rivales unos de otros, generalmente con éxito. Jonatán se unió con Antíoco VI y Trifón poco después de que reclamaran el trono (1 Mac 11.54-59). Sin embargo, en el 143, Trifón, aparentemente temiendo que el resurgimiento del poder judío llevaría a un reino independiente, se tornó hostil hacia los asmoneos. Se encontró con el ejército de Jonatán en Bet-seán, pero reclamó intenciones pacíficas y colmó a Jonatán de honores. Persuadió a Jonatán a disolver su ejército y mantener solamente una guardia de 1000 hombres e ir con él a Tolomeo. A su llegada, la guardia de Jonatán fue masacrada (1 Mac 12.29-48). Jonatán mismo fue tomado como rehén y subsecuentemente lo mataron en el 142 (1 Mac 13.12-30).

El liderazgo de los asmoneos cayó ahora sobre el hermano de Jonatán, Simón, quien por supuesto se alió con Demetrio II. Simón tomó ventaja de la posición relativamente débil de Demetrio respecto a Trifón, para obtener promesas de independencia judía. Mientras, Demetrio (y subsecuentemente Antíoco VII) más tarde intentó revocar estos privilegios, y los asmoneos vieron el año 142 como el comienzo de una nueva era, cuando «el yugo de los gentiles fue removido de Israel» (1 Mac 13.41-42).

Will Soll

TRIFOSA (Gr. *Tryphṓsa*)
Cristiana en Roma a quien Pablo envía sus saludos (Ro 16.12). Ella y Trifena «trabajan en el Señor» y fueron tal vez hermanas.

TRIGO
El cereal preferible en la preparación de alimentos y para la cocción. Uno de los cultivos y árboles frutales con que fue bendecida la tierra de Israel (Dt 8.8), que fue domesticado a principios de la época neolítica. El trigo *(Triticum; Heb. ḥiṭṭâ)* es un cultivo de invierno y tiene más éxito en la alta temperatura invernal media y una precipitación anual de 500 a 700 mm (19,7 a 27,5 in). Su siembra se inicia a finales de octubre y continúa hasta noviembre; el trigo está listo para la cosecha, dependiendo de la región, entre finales de abril y finales de mayo, que termina con la fiesta de las semanas *(šāḇuʿôṯ)*.
Hay varias especies de trigo, incluyendo einkorn (*T. monococcum* L.), espelta *(kussemeṯ;* Éxodo 9.32; *T. dicoccum Schübl.)*, trigo duro (*T. durum* Desf.), espelta (*T. spelta* L.), y pan de trigo (*T. Aestivum* L.). El trigo agota el suelo, por lo que debe integrarse dentro de un ciclo de rotación de cultivos, y otras medidas para la restauración de la fertilidad del suelo, tales como la fertilización del suelo con el estiércol o la ceniza, se debe emplear.

El trigo se puede comer crudo, tostado *(qālî)*, o en forma de harina *(qemaḥ)* para productos de panadería (Ex 29.2). También puede ser molido *(gereś)* y se utiliza también en otros alimentos como gachas.

Bibliografía. O. Borowski, *Agriculture in Iron Age Israel* (Winona Lake, 1987); J. M. Renfrew, *Palaeoethnobotany: The Prehistoric Food Plants of of the Near East and Europe* (New York, 1973).

Oded Borowski

TRINIDAD
El distintivo conocimiento cristiano que el Dios Creador, presentado en la historia como el Dios de

Israel y el Dios y Padre de Jesucristo, es un personaje trino. Este conocimiento trinitario ha sido sostenido por una parte contra las afirmaciones que aseveran que un solo Dios se ha manifiesto en tres formas sucesivas; y por otro lado, en contra del triteísmo que asevera que hay esencialmente tres dioses, el Padre, el Hijo y el Espíritu Santo. El término «trinidad» emerge temprano en la historia cristiana, como una designación única del entendimiento monoteísta de Dios el Padre, Dios el Hijo y Dios el Espíritu Santo como trino.

El término puede ser rastreado hasta Tertuliano, como el padre latino del siglo III, que usaba el término *trinitas* para expresar esta relación intradivina única. Mientras que el término trinidad en sí no es bíblico, la doctrina de la Trinidad está fundamentada tanto en el AT como en el NT. El AT frecuentemente usa los términos «Espíritu de Dios» (p.ej. Gn 1.2) y «el Ángel de Jehová» (Ex 23.23), que sugieren la pluralidad de la naturaleza personal de Dios. Además, el uso frecuente del nombre divino en su forma plural (Gn 1.26; 11.7), y las intimaciones de la divina personificación en las referencias a la Palabra de Dios (Sal 33.6) y la Sabiduría de Dios (Pr 8.12), todas implican raíces de la doctrina de la trinidad desde el AT.

Mientras no hay una doctrina explícita de la Trinidad en el NT, uno puede fácilmente rastrear su reflexión trinitaria. La divinidad de Jesús es claramente expuesta (Mt 16.16; Jn 20.28), y la naturaleza divina del Espíritu Santo o Consolador es igualmente atestiguada. Más significativas son las fórmulas trinitarias encontradas a través de la literatura del NT: 2 Corintios 13.13 probablemente presenta la más antigua fórmula trinitaria que Pablo usa para bendecir a la comunidad de fe, y la doctrina de la trinidad es claramente articulada en la fórmula bautismal en Mateo 28.19. Las tres personas de la trinidad se unen en el bautismo de Jesús (Mt 3.16). La salvación del creyente está íntimamente asociada con el Padre, el Espíritu Santo y Jesucristo en 1 Pedro 1.2. Por tanto, la doctrina de la trinidad está íntimamente integrada entre las doctrinas centrales de la fe cristiana en la primera literatura confesional.

En los primeros siglos de la era cristiana, la doctrina de la trinidad fue desarrollada en el contexto de los debates cristológicos pre y posnicenos. En los primeros siglos, particularmente bajo la dirección de los padres capadocios, la atención se enfocó en *oikonomía* o la trinidad con su enfoque soteriológico. En la Edad Media se vio un cambio de atención hacia *theología* o hacia la pregunta de la naturaleza trinitaria de Dios *en sí*, la trinidad inmanente. Muchos teólogos contemporáneos, tanto entre la tradición católica como en la protestante, argumentan que cualquier distinción en torno a cómo Dios ha manifestado su figura en la historia de la salvación, o cómo Dios, es en sí, es una distinción artificial. La doctrina de la trinidad es una parte central del diálogo contemporáneo con otras religiones del mundo.

D. Larry Gregg

TRIPOLI (Gr. *Trípolis*)
Puerto de Fenicia a 70 km (43 mi) al norte de Biruta. Fundada sobre una prominente península al lado de las ciudades fenicias de Tiro, Sidón y Biblos, donde cada cual controlaba un sector amurallado de la cuidad (por tanto, su nombre literalmente significa «tres ciudades»). Durante la época pérsica, esta ciudad se convirtió en el centro administrativo de Fenicia. La ciudad no resistió a Alejandro, y luego se convirtió en un bastión seléucida. Fue la escena de la primera batalla (161 a.C.) por el trono seléucida, entre Demetrio I Soter (el vencedor eventual), recientemente escapado de la detención en Roma y su primo Antíoco V Eupator (1 Mac 7.1-4; 2 Mac 14.1). Trípoli se independizó en 111 a.C., al comienzo del colapso del poder seléucida en la región. Fue organizada como una provincia romana en 65 a.C. Al apóstol Pedro se le acredita haber fundado una comunidad cristiana en la ciudad. Aún existe una lista de los obispos de Trípoli comenzando con el 325 d.C.

Mark Anthony Phelps

TROAS (Gr. *Trōás*)
Puerto principal en el mar Egeo, localizado al noroeste de Asia Menor c. 20 km (12 mi) al sur suroeste de la Troya antigua (*Ilium*). La ciudad fue fundada como Antigonia c. 310 por Antígono, sucesor de Alejandro el Grande. Después de derrotar a Antígono, Lisímaco la renombró Alejandría de Troas, por Alejandro el Grande (301). Una de las ciudades más importantes del imperio romano, Troas se convirtió en una posesión romana en 133, y posteriormente en una colonia romana bajo Augusto.

Lucas ubica a Pablo dos veces en Troas. Desde Troas, Pablo zarpa hacia Macedonia en respuesta a una visión que tuvo (Hch 16.8-11). El primer pasaje con la palabra «nosotros» aparece aquí, que sugiere que Lucas se reunió con Pablo en Troas. Pablo se quedó una semana en Troas durante su viaje hacia Jerusalén, después de su tercer viaje misionero (Hch 20.5-12). Ahí Pablo resucita a Eutico después de éste caer de una ventana durante la predicación del apóstol.

Pablo menciona un solo viaje a Troas (2 Co 2.12-13), que se considera que fue un viaje distinto hecho entre a los mencionados en el libro de los Hechos.

De acuerdo con 2 Timoteo 4.13, Pablo dejó su capote, libros y pergaminos en Troas. Ni Pablo ni Lucas mencionan el haber fundado la iglesia en Troas.

Bibliografía. J. H. M. Cook, *The Troad: An Archaeological and Topographical Study* (Oxford, 1973), esp. 198-204; C. J. Hemer, «Alexandria Troas,» *TynBul* 26 (1975): 79-112.

Richard S. Ascough

TRÓFIMO (Gr. *Tróphimos*)

Basado en la palabra griega *tróphos*, «nodriza» (1 Ts 2:7), Trófimo significa «hijo adoptivo» o un nombre propio. En el NT, Trófimo es un efesio, probablemente un gentil incircunciso convertido al cristianismo, quien junto a Tíquico representa la provincia de Asia en el último viaje de Pablo hasta Jerusalén (Hch 20.4). Su alegada presencia en el Templo de Jerusalén era prohibida por la Ley judía (sancionado por el gobierno romano), y condujo al arresto de Pablo (Hch 21.29:cf. la referencia a la pared intermedia de separación en Ef 2.14).

2 Timoteo 4.20, indica que Pablo dejó a Trófimo enfermo en Mileto, una ciudad cerca de Éfeso. Sin embargo, de acuerdo con el libro de los Hechos, Pablo no regresó a la provincia de Asia después de su arresto en el templo. Algunos eruditos usan este pasaje para respaldar la tradición de la iglesia primitiva de un segundo encarcelamiento romano.

Charles A. Ray, Jr.

TROGILIO (Gr. *Trōgýllion*)

Promontorio del monte Mycale, una península en la costa de Asia Menor que se extiende hacia la isla de Samos. De acuerdo con el texto occidental del libro de los Hechos 20.15, la embarcación que llevaba al grupo de Pablo llegó a la isla de Samos y ahí tuvieron problemas de navegación, en un estrecho marítimo entre la isla y el promontorio, que obligó a la tripulación a permanecer en Trogilio antes de salir hacia Mileto al día siguiente.

TROMPETA

La palabra castellana «trompeta» o «cuerno» se traduce del griego *sálpinx,* que envuelve a ambas palabras hebreas *šôpār* («cuerno de un carnero») y *ḥăṣōṣĕrôt* («trompeta de metal»). Las trompetas y cuernos eran multifuncionales. Eran usadas en la guerra (Nm 10.9; Jos 6.4-20, Jue 3.27; 6:34), para dar señales (1 S 13.3; Is 18.3; 27.13; 58.1), para reagruparse en las batallas (Jue 7.19), para convocar la congregación y para hacer mover los campamentos (Nm 10.2). La trompeta también era usada por los atalayas (Jer 6.1, 17; Ez 33.3-6). En la adoración, la trompeta o *shophar* era sonada para señalar el Día de la Expiación al igual que otras fiestas y celebraciones (Lv 25.9). Los holocaustos y sacrificios de paz eran acompañados por el sonido de la trompeta (Nm 10.2, 10). Más tarde, según la tradición, aparentemente la trompeta era sonada por los sacerdotes en vez de los levitas (2 Cr 5.12; 29.26); aunque, por otro lado, se atribuyen las trompetas también a los levitas (1 Cr 16.42).

El griego *sálpinx* se refiere a una variedad de instrumentos musicales y es significativo en el contexto militar, cultural y religioso. Es el sonido del *sálpinx* que anunciara los tiempos mesiánicos (1 Ts 4.16), o la resurrección de los santos (1 Co 15.52). También está asociada con el fuego y el juicio (Ap Sof 9—12; Mt 24.31). El *sálpinx* juega un papel importante en Apocalipsis, donde los temas de juicio, devastación y el anuncio del día del Señor se unen en las escenas de trompetas (Ap 8.6–9.21; 11.15-20).

Melissa L. Archer

TROMPETAS, FESTIVAL DE

«Día de sonar las Trompetas» es una fiesta en el primer día del mes séptimo, Tishri (sep. – oct.), mes más sagrado para Israel, pues también incluye la Fiesta de los Tabernáculos y el Día de Expiación. La fiesta comienza al toque de la trompeta (Nm 29.1). Toda obra cesaba, y el pueblo se reunía para escuchar la lectura pública de la Ley (Neh 7.73b–8.12). Los sacrificios incluían un becerro, un carnero, siete corderos de un año sin defecto, acompañados por ofrendas de granos (Nm 29.2-6). Además de esto, los holocaustos diarios y mensuales, y las ofrendas de granos, un macho cabrío sería sacrificado como una ofrenda por el pecado para la expiación del pueblo. Quizás esto era en anticipación del Día de la Expiación que ocurriría nueve días después.

Aunque los textos bíblicos prescriben los detalles necesarios para la celebración del festival, no hay mención del propósito original ni la función de la celebración. Desde el advenimiento del judaísmo posbíblico, el día de sonar las Trompetas ha sido celebrado como si fuese la celebración del día de Año Nuevo. No hay mención de una celebración de año nuevo en el AT, Josefo, ni Filón (cf. Ez 40.1 que se refiere solamente al principio del año.). Algunos especulan que el significado de la celebración del año nuevo hubiera sido opacado por su prominencia entre las religiones politeístas de los vecinos de Israel, pero que si un evento hubiese sido celebrado, hubiera sido en este día.

Melissa L. Archer

TRONO

Un asiento que simboliza la autoridad y majestad, en particular la de un rey (Gn 41.40; 2 S 3.10). El rey es el representante de Dios, y el trono del rey tipifica el trono divino celestial (1 Cr 28.5-7; 1 R 22.10, 19; Is 6.1). Como tal, el trono y su ocupante deben emular el carácter y los mandamientos de Dios (Pr 16.12; 20.28). A David se le prometió que sus descendientes estarían en el trono como hijos de Dios, disciplinados por el pecado, pero que reciben constantemente el amor fiel de Dios en un trono eterno (2 S 7.13-16; cf. Sal 89.4[TM 5]).
A María se le prometió que Jesús va a ocupar el trono de David para siempre (Lc 1.32; cf. Is 9.7[6]; 16.5; Hch 2.30; He 1.8; 8.1; 12.2). Los 12 apóstoles que han seguido a Jesús en este mundo reinarán con él en 12 tronos en el mundo venidero (Mt 19.28; Lc 22.30). Los poderes angelicales, tanto buenos como malos, también se describen como tronos (Col 1.16; cf. Ef 1.21; Ap 2.13).

El libro de Apocalipsis se centra en Dios, el único que está sentado en el trono (Ap 4.2–5.1). Sin embargo, Jesús, concebido como el Cordero, es digno de alabanza como el mismo Dios, y reinará con Dios para siempre (Ap 5.6-13). Tal vez los enigmáticos 24 ancianos (p.ej., Ap 4.4) que se sientan en 24 tronos simbolizan al pueblo de Dios, compuesto por Israel (las 12 tribus) y la Iglesia (12 apóstoles). El juicio final procede de Aquel que está sentado sobre un gran trono blanco (Ap 20.11-15).

David L. Turner

TRUENO

Los pueblos del antiguo Cercano Oriente creían que el trueno era la manifestación de la voz de Dios (Heb. *qôl*), un aspecto de la autorrevelación divina en las tormentas (Ex 19.19; 20.18; 2 S 22.14 = Sal 18.13[TM 14]). Rayos y truenos podrían significar el poder y la majestad de Dios (Job 37.2-5; Sal 29.3-9) o podrían ser parte del ejercicio de su ira contra su pueblo cuando pecaron (1 S 12.17-18; Is 29.6) o en contra de los enemigos de su pueblo (Ex 9.23; 1 S 2.10; 7.10). Juan 12.29 señala que algunos de la multitud interpretaron la voz del cielo respondiendo a Jesús al final de su ministerio público como un trueno. En Apocalipsis el trueno se asocia con la majestad divina (Ap 4.5, posiblemente una alusión a Ex 19.16) y con el juicio (p.ej., Ap 10.3-4).

TRUENO, HIJOS DE

Véase Boanerges.

TUBA

Véase Música, Instrumentos musicales.

TUBAL (Heb. *tubal*)

Hijo de Jafet enumerado en la Tabla de las Naciones (Gn 10.2; 1 Cr 1.5), y la nación alegadamente desciende de él. Tubal estaba ubicado en algún lugar del este de Asia Menor, tal vez Cilicia. Está unido a Javán (Ionia; Is 66.19; Ez 27.13) y Mesec (Frigia; Is 66.19 LXX; Ez 27.13; 32.26; 38.2-3; 39.1). Herodoto (*Hist.* 3.94) vincula a Mesec y Tubal (Gr. *Tibarānoi*) en la satrapía del siglo XIX de Darío I. Los tres comerciaban esclavos, bronce y naves con Tiro (Ez 27.13). Sargón II, quien finalmente subyugó a Tubal, reclamó tazones de la tierra de *Tabal* con asas de oro como botín. En Ezequiel 32.26, Mesec-tubal (sin conjunción) es un ejemplo para Egipto de una nación ahora muerta, juzgada por esparcir el terror. De acuerdo con Ezequiel 38.2-3; 39.1, Gog será el príncipe jefe de (¿una rejuvenecida?) Mesec y Tubal.

Paul J. Kissling

TUBAL-CAÍN (Heb. *tû,al qayin*)

Hijo de Lamec y Zila, y descendiente de Caín (Gn 4.22). Tubal-caín es llamado el forjador de todo instrumento de bronce y hierro, y aparentemente vivió en un periodo de expansión cultural (cf. Gn 4.20-21).

TUMBA

Las tumbas y cementerios se encuentran frecuentemente cercanos a ruinas arqueológicas. Aunque el robo de sepulcros ha destruido mucha evidencia acerca de entierros antiguos, la excavación legal de tumbas en el mundo bíblico ha revelado mucha información acerca de la vida en la antigüedad. Naturalmente, los entierros –como en la literatura antigua– aportan mucha información sobre prácticas mortuorias, más los artefactos encontrados también revelan mucho acerca de cómo vivían las personas en la antigüedad. Prácticas de entierro y la construcción de tumbas sufrieron muchos cambios en el Cercano Oriente durante el período bíblico; hay mucha diversidad entre los tipos y contenidos de la tumbas, pero también habían prácticas y rituales comunes.

En el mundo greco-romano, los muertos eran frecuentemente quemados, pero los israelitas y los judíos, junto a la mayoría de las personas en la antigüedad, normalmente cavaban sepulcros o construían tumbas para los difuntos de sus sociedades. De hecho, los hebreos tenían fuertes creencias acerca de la importancia de enterrar apropiadamente a sus muertos, y temor a la exhumación (1 R 14.11; 16.4; 2 R 9.37; Sal 79.3; Ez 29.5; Ap 11.9). En términos grotescos, Jeremías predicó acerca de la exposición de cadáveres (Jer 7.33; 8.1-2; 16.4-6; 22.19). Los entierros se hacían rápido, generalmente en 24 horas (Nm 19.11-19; Dt 21.22-23; Ez 43.6-9; Hag 2.13; cf. Mt 27.57-61). Como en tiempos modernos, los procedimientos mortuorios antiguos consistían de tres etapas: Preparación de la tumba, disposición del cuerpo para el entierro, y ejecución de ritos que acompañaban el entierro. A través de su historia, los israelitas eran enterrados en tumbas superficiales, las cuales eran a menudo cubiertas con pilas de piedra. Tales tumbas sencillas, en ocasiones, tenían renglones de juncos o piedras, pero no se usaban ataúdes para enterrar en el antiguo Israel, excepto en el caso de José (Gn 50.26).

En tiempos prehistóricos los muertos eran a veces enterrados bajo el piso de las casas, o se ponían en hoyos poco profundos; los infantes eran enterrados a veces en jarras de cerámica. En la temprana Edad de Bronce los muertos se sepultaban en cuevas o en cuevas de roca cortada mientras monumentos megalíticos llamados dolmens continuaron en uso desde el periodo Calcolítico. Al mismo tiempo, los egipcios y sumerios construyeron tumbas elaboradas para su nobleza; la Gran Pirámide y el Cementerio Real de Ur están entre las tumbas más elaboradas de la antigüedad. Entierros con pequeñas cámaras abovedadas en el fondo con ejes verticales, eran también comunes en este periodo, como se ilustra en las miles de «tumbas ahuecadas» descubiertas en *Bab edh-Dhra'* cerca del Mar Muerto. Génesis 23 describe la adquisición de Abraham de la cueva de Macpela para el entierro de Sara; esta cueva fue también usada como el solar de entierro para los miembros de la familia de Abraham (25.8-9; 49.31; 50.13). Durante la mayoría del segundo milenio a.C., y más adelante en el periodo de la monarquía israelita, familias alquilaban artesanos para preparar pequeñas cámaras de piedra cortada en las colinas calizas de Palestina (Is 22.16). Estas tumbas incluían patios exteriores y entradas bajas, y los cuerpos se ubicaban en bancos tallados dentro de las tumbas. Cuando la tumba se usaba nuevamente, los esqueletos que quedaban de entierros anteriores se empujaban hacia el lado en hoyos de reposición dentro de la misma tumba. Tumbas familiares eran comunes en Israel (Jue 8.32; 2 S 2.32; 17.23) y cementerios comunales se localizaban fuera de los pueblos y villas (2 R 23.6), en *Beth-shan* y *Tell es- Sa'idiyeh.*

En tiempos helenísticos y romanos, las tumbas elaboradas en Palestina eran similares a las construidas en cualquier lugar del mundo Mediterráneo (p. ej., tumbas del sanedrín en Jerusalén). Cientos de monumentos funerarios tallados en piedra arenisca en Petra, reflejan la influencia de la arquitectura griega y romana en el Cercano Oriente. Nichos que irradiaban de la cámara de la tumba principal hacían posible que muchos cuerpos fueran enterrados en una misma tumba compleja. En ocasiones, osarios o «cajas de huesos» se usaban para entierros secundarios; esta preocupación por la preservación cuidadosa de esqueletos probablemente reflejaba la creencia judía en la resurrección. Tumbas cortadas en rocas que incluían piedras que rodaban y que se eran colocaban para bloquear entradas, fueron usadas para el tiempo del entierro de Jesús (Mt 27.60, 66; 28.2).

Las preparaciones del cuerpo a ser enterrado se llevaban a cabo por los parientes y amigos del difunto, usualmente por mujeres (Lc 23.54-24.1; cf. Jn 19.39). El cadáver era cargado frecuentemente sobre una camilla hasta el lugar del entierro, como en la procesión de Herodes el Grande (cuya tumba nunca se ha encontrado) y el entierro era acompañado por una variedad de ritos funerarios –por ejemplo llanto, ayuno, música. Los cananeos ponían joyas, armas, alfarería, envases con comida y hasta muebles en las tumbas (según lo ilustrado en el famoso cementerio en Jericó); las tumbas hebreas frecuentemente contenían bienes que reflejaban la situación económica del difunto y el respeto que el o ella tuvieron en vida y muerte. A los hebreos no se les permitía hacer ofrendas por los muertos (Dt 26.14).

Véase Entierro.

Bibliografía. R. Gonen, *Burial Patterns and Cultural Diversity in Late Bronze Age Canaan*. ASORDS 7 (Winona Lake, 1992); S. Loffreda, «Typological Sequence of Iron Age Rock-Cut Tombs in Palestine,» Liber Annuus 18 (1968): 244-87; D. Ussishkin, *The Village of Silwan: The Necropolis from the Period of the Judean Kingdom* (Jerusalem, 1993). Gerald L. Mattingly

TUMIM
Véase Urim y Tumim.

TUMORES
Un castigo infligido por Dios a los habitantes de Asdod (1 S 5.6–6.17) y mencionado entre las maldiciones de Deuteronomio 28.27 (RVR «úlceras»), probablemente identificados como hemorroides. Los filisteos incluyeron cinco «tumores» de oro como parte de una ofrenda de culpa cuando devolvieron el arca del pacto a Israel (1 S 6.4-18).

TÚNICA
Ropa interior hecha de dos piezas de lino o lana cosidas a los lados y en los hombros con huecos para la cabeza y los brazos (Heb. *kuttōnet*; Gr. *chitṓn*). Era a menudo monocromático, pero en ocasiones, decorado. Con o sin mangas, y con un dobladillo extendido hasta las rodillas o tobillos, se usaba ocasionalmente con un cinturón. Una túnica era el vestido que Dios hizo para Adán y Eva (Gn 3.21) y la que usó José (37.3-33). Era parte del vestuario del sacerdote (Ex 28.4; Josefo *Ant.* 3.7.2).

Juan el Bautista decía que dar una de dos túnicas era prueba de arrepentimiento (Lc 3.11). Jesús le dice a sus discípulos que lleven solo una túnica (Lc 9.3), y entregar la capa *(himátion)* si la demandaban en pleito (Mt 5.40; cf. Lc 6.29). La túnica de Jesús era originalmente sin costuras (Jn 19.23). Las túnicas blancas romanas (lat. *túnica*), sobre las cuales se usaban togas formales, tenían amplias rayas verticales para los senadores y rayas angostas para los tribunos militares de la orden ecuestre e hijos de familias distinguidas.

Richard A. Spencer

TURBANTE
Cofia para la cabeza hecha de tela y enrollada alrededor de la cabeza. El Heb. *pĕʾēr* es un término para la cofia en general, que incluye coronas ceremoniales (Is 3.20; 61.3, 10); una vez fue usada para el turbante de lino del sumo sacerdote (Ez 44.18). La remoción de la cobertura de la cabeza era una parte normal de la práctica del luto (cf. Ez 24.17, 23).

Otra palabra general para turbante es el Heb. *ṣānîp*, el cual es usado para el turbante del hombre libre común (Job 29.14; Is 3.23), el turbante del sumo sacerdote (Zac 3.5) y la corona real (Is 62.3). Un turbante de lino (heb. *miṣnepet*) era usado por el sumo sacerdote de Israel (Ex 28.4, 39). Adherido a su turbante estaba un pendiente de oro o diadema inscrita con «Santidad a Jehová» (Ex 28.36-38; 29.6; 39.30; Lv 8.9; Sir. 45.12). Otros sacerdotes, aparte del sumo sacerdote, usaban «capas» de lino fino (*[paʾărê ham]migbaʿōt*; Ex 28.40; 29.9; 39.28; Lv 8.13), tal vez parecidos a los gorros turcos. En tiempos posteriores aparentemente todos los sacerdotes usaban turbantes (Gr. *kídaris;* Jdt 4.15).

Richard E. Menninger

TUTMOSIS (Egip. *ḏhwty-ms*; Gr. *Tythmósis*)
El nombre de los cuatro reyes de 18a dinastía de Egipto. Tras la expulsión de los hicsos por Amosis y la posterior unificación de Egipto, los primeros reyes de la 18 Dinastía labraron un Imperio egipcio de Nubia (Cus) hasta el norte de Siria. Los Tutmosis jugaron un papel integral en la expansión, especialmente en Palestina y Siria, a través de una serie de campañas contra la presión del reino de Mitanni situado al este del río Éufrates. Las victorias militares y proyectos de construcción de estos reyes propulsaron Tebas y Amón (Amón-Ra), la deidad local de Tebas, a la prominencia nacional.

1. Tutmosis I (1525-1512 a.C.), yerno de Amenotep I. Hizo campaña profundamente en Nubia, extendiendo el control egipcio más allá de la tercera catarata. Más importante aún, dirigió una expedición militar hacia el norte cruzando el Éufrates y enfrentó al ejército de Mitanni, un evento conmemorado por una estela erigida en la orilla oriental del río. Esta incursión fue el precursor de los esfuerzos más concentrados para traer el Levante bajo control egipcio.

2. Tutmosis II (1512-1504), se casó con su media hermana Hatsepsut. Aplastó una revuelta en Nubia y dirigió una razzia contra el sur de Palestina, pero la mala salud lo llevó a una muerte prematura. El heredero, Tutmosis III, era demasiado joven para asumir sus deberes reales; Hatsepsut asumió el papel de corregente al principio, pero gobernó de forma independiente durante 20 años (1502-1482).

3. Tutmosis III (1504-1450). Él salió de la sombra de Hatsepsut para convertirse en uno de los reyes más capaces del antiguo Egipto. Un jefe militar extraordinariamente dotado, que lanzó una campaña (c. 1482/1481) contra una coalición de reyes levantinos rebeldes encabezados por el rey de Cades, una coalición sin duda inspirada por el rey de Mitanni. Tutmosis III derrotó a la coalición, dice que incluía 330 reyes de varias ciudades, en Meguido. Cuentas detalladas de la victoria, incluyendo un largo texto en el templo de Amón-Ra en Tebas, describen las tácticas de combate egipcias y el botín recuperado de la región. Tres listas de ciudades conquistadas también inscritas en las paredes del templo contienen los nombres de 119 ciudades y pueblos de Palestina y el sur de Siria, una fuente inestimable de Bronce Final Palestina. Posteriormente, Tutmosis III hizo por lo menos 15 campañas más en el Levante, estableciendo un imperio asiático egipcio que se extendió al menos hasta el sur de Siria. En su octava campaña, Tutmosis III cruzó el Éufrates y derrotó a las fuerzas de Mitanni, creando una estela de victoria al igual que su abuelo décadas antes.

4. Tutmosis IV (1425-1417), sucesor de Amenotep II (1450-1425). Él siguió a su padre en la continuación de la hegemonía egipcia de los reyes del Levante establecidos por Tutmosis III. Estudios recientes sugieren que Tutmosis IV, aunque no hizo campaña tan vigorosamente como su padre, no perdió ninguno de los controles o el prestigio de Egipto duramente ganado en Asia. Una distensión cada vez mayor entre Egipto y Mitanni durante el final del siglo XV se consumó en el matrimonio de una Mitanni con Tutmosis IV.

Bibliografía. B. M. Bryan, *The Reign of Thutmose IV* (Baltimore, 1991); M. S. Drower, «Syria *c.* 1550-1400 b.c.,» *CAH*³ 2/1.417-525; W. C. Hayes, «Egypt: Internal Affairs from Tuthmosis I to the Death of Amenophis III,» *CAH*³ 2/1.313-416.

Tomás V. Brisco

TYROPOEON, VALLE

Uno de los valles principales que define la topografía del Jerusalén antiguo. Jerusalén se desarrolló sobre dos cordilleras bruscamente paralelas que se extienden de norte a sur. Valles profundos protegen los ceros al este (el Valle Cedrón), oeste y sur (el Valle Hinom). El Valle Tyropoeon (moderno el-Wad) corre entre los dos cerros que dividen la ciudad en dos secciones. El Monte del Templo, Ofel y la Ciudad de David o «Baja Ciudad» ocupaban el monte del este, mientras que el cerro más alto al suroeste era conocido como «Ciudad Alta» en tiempos del NT. Innominado en fuentes bíblicas, el nombre griego Valle Tyropeon se deriva de una sola referencia en Josefo (*BJ* 5.140) y significa «Valle de los Fabricantes de Queso» (gr. *hē tōn tyropoiōn pháranx*). Modernas descripciones topográficas de Jerusalén a menudo usan el término «Valle Central» como sinónimo de este valle.

El verdadero curso y profundidad del Valle Tyropoeon se ha oscurecido por acumulación de escombros, que en ocasiones alcanza 20-30 m (65-98 pies) de grueso. El valle comienza justo al norte de la Puerta de Damasco, su curso superior sigue una dirección a la esquina suroeste del Monte del Templo. El Valle entonces desciende más precipitadamente en el lado oeste de la Ciudad de David hacia el estanque de Siloé, y una confluencia con el Valle de Cedrón. Excavaciones han revelado secciones del Camino Herodiano en lugares de 10 m (33 pies) de ancho que seguían el largo del valle. Un sistema de drenaje amplio bajo el camino hace un embudo de agua sale al estanque de Siloé, el cual también era suplido por el manantial de Guijón. Un puente construido en una serie de grandes bóvedas abarca el Valle Tyropoeon y une la Ciudad Superior con el Monte del Templo. El arco de Wilson, aunque parcialmente construido en tiempos árabes, preserva una de las bóvedas que sostienen el Puente que llevaba tráfico de a pie y agua, junto a un acueducto al otro lado del valle. En la esquina sureste del Monte del Templo un monumental vuelo de escalinatas asciende del Camino Herodiano en el valle arriba a una entrada hacia los precintos del Templo. El Arco de Robinson, sobresale desde el extremo sur del Muro Oriental, era parte de esta escalinata. Dos puertas adicionales (hoy conocidas como la Puerta Barclay y Puerta Warren) llevaba al Monte del Templo en un nivel más bajo desde una rama del Camino Herodiano y se alinea con el Muro Occidental. Numerosas tiendas junto al valle se juntan con acceso al Monte del Templo y hace del Valle Tyropoeon una vía muy ocupada de la Jerusalén Herodiana.

Thomas V. Brisco

U

UCAL (Heb. *'ukāl*)
Si se considera como un nombre propio, puede ser una de las dos personas: posiblemente un hijo o sobrino, a quien Agur se dirige en su discurso de (Pr 30.1). Sin embargo, el hebreo no es tan claro y algunos estudiosos, como LXX y la Vulg., no traducen la palabra como nombre, sino como una expresión, tal como, «estoy cansado».

Véase Ithiel 2.

UEL (Heb. *'û'ēl*) (JOEL)
Israelita del período posexílico que había tomado como esposa una extranjera (Esd 10.34). También fue llamado Joel (Esd 9.34).

UFAZ (Heb. *'ûpāz*)
Lugar reconocido por su oro (Jer 10.9; Dn 10.5). Algunos intérpretes leen ufaz como ofir (según la Peshitta, Targ. y algunos manuscritos hebreos), un reconocido origen para el oro (cf. 1 R 9.28) Otros enmiendan el texto para leer el heb. *mûpāz*, «refinado, puro» (según LXX).

R. David Moseman

UGARIT
Una ciudad antigua en la costa norte del este Mediterráneo, actualmente conocida en árabe como *Ras (esh-) Shamra* («Cabo Fennel»). Fue una ciudad próspera durante el segundo milenio a.C. hasta el año 1200 d.C. Está localizada a 1 km (.6 mi) al norte del moderno Lādiqīye (antigua ciudad griega de Laodicea). Excavaciones comenzaron en Tell Ras Shamra en el 1929, después de un descubrimiento accidental de una cámara sepulcral en el pequeño puerto de Minet el-Beida. Seguidamente la atención fue reenfocada hacia Ras Shamra, 1 km al este. Las excavaciones han continuado desde entonces año tras año, excepto durante la década de la segunda guerra mundial (1939-1948). La presente colina cubre 50 acres, aunque la antigua ciudad del período de bronce era más grande.

La antigua ciudad fue moldeada por su localización en el Mar Mediterráneo. Al norte, sur y este estaba rodeada de montañas. El antiguo Monte Sapanu (1780 m o 5840 pies) por el horizonte norte (también conocida con el mismo nombre en la literatura bíblica, Mons Casius en la literatura latina y hoy día como Jebel el-Aqraʿ) era el lugar donde habitaba Baal, el dios de la tormenta. Un valle al noreste de la ciudad era la entrada a los reinos antiguos de Mesopotamia. La planicie alrededor de Ugarit era fértil y producía trigo y cebada en abundancia. En las colinas y montañas alrededor de Ugarit se cultivaban viñedos y olivas. Las montañas proveían los famosos «cedros del Líbano», usados tanto para la construcción como para su mercadeo. Al ser un puerto internacional, la economía de Ugarit se involucraba en la exportación e importación. Ugarit desarrolló industrias basadas en su localización marítima tal como la manufactura de la tintura púrpura (que provenía de caracoles) y la construcción de naves marítimas. La ciudad desarrolló industrias de artesanía relacionadas a su mercado de materia prima como el cobre. El interior fértil fue también explotado para el mercado de granos y aceite. En el internacionalismo que moldeó el final del segundo milenio (siglos XV-XIII a.C.) se desarrolló una inquietud entre los intereses conflictivos de los poderes de Egipto, hititas, mitanis, casitas, Babilonia y Asiria. Ugarit estaba bien situada para servir como intermediaria para los intereses comerciales de estos estados. El adelanto de Ugarit en este tiempo refleja una hábil explotación de sus ventajas geográficas.

Tell Ras Shamra tiene una larga historia. Las fechas de sus primeras colonias del lugar datan de cerca de sexto milenio a.C., y continúan casi sin interrupción hasta el segundo milenio, cuando se convierte en uno de los principales centros comerciales. Aún antes del descubrimiento del lugar antiguo, los estudiosos conocían de la existencia y el significado de Ugarit a través de otros textos. Es mencionada en las cartas *Amarna*, incluyendo una que contradice su grandeza, «Mira, no hay residencia del alcalde como la que hay en Tiro. Es como la residencia en Ugarit. [Grande es la riqueza [e]n ella.» (EA 89.48-53; W. L. Moran, ed., *Las Cartas Amarna* [Baltimore, 1992], 162). La importancia comercial de Ugarit se deriva de su localización geográfica. Colocada en la avenida costal de Siria con todas las ventajas del mercadeo Mediterráneo, Ugarit conectaba el Mediterráneo con el norte interior de Siria. Aunque Ugarit nunca se convirtió en un poder grande, si se convirtió en un centro de comercio en adición a un reino de mediano tamaño que cubría más de 3212 km^2(1240 mi^2). Una fase importante de la historia de Ugarit comenzó en el año 2000 a.C. Tanto el listado de los reyes de Ugarit como la literatura épica encontradas en Ugarit señalan la llegada de unas tribus pastorales seminómadas conocidas como los amorreos que se establecieron en la antigua Ugarit y comenzaron su fase urbana. La historia del reino estuvo íntimamente conectada a los grandes imperios del Cercano Oriente: Primeramente a Mari, en los comienzos del segundo milenio, luego a Egipto y finalmente al reino Hitita. La destrucción final de Ugarit, por lo general, se atribuye a los llamados pueblos del mar en los comienzos del siglo XXII, aunque la desintegración de la economía ugarítica del templo-palacio ya había comenzado antes de la migración de esos pueblos. El final de la Era de Bronce fue marcado por el proceso general de ruralización del campo que subestimó el respaldo de la economía urbana y finalmente contribuyó a la caída de Ugarit al igual que a los otros reinos de la Época de Bronce.

La cultura Ugarítica fue mixta. Todo a la misma vez: un puerto sirio con mercadeo Mediterráneo, una ciudad-estado occidental semítica la cual era vasallo del reino Hitita, y una población occidental semítica en un mundo cuneiforme. Sin importar cómo lo medimos (nombres personales, lenguaje, religión o cultura económica) Ugarit aparenta ser una mezcla ecléctica de cananeos, sirios, anatolianos, mesopotámicos, egipcios y culturas mediterráneas. Ya que Ugarit estaba situada en la costa que unía a Asia Menor con Siria-Palestina, además de ser el puerto más cercano al Este Mediterráneo a Chipre, no es sorprendente que la sociedad era multilingüe. Este carácter cosmopolita se refleja en los distintos lenguajes y escritos encontrados en las excavaciones de Ras Shamra. Tabletas de barro fueron encontradas inscritas con una variedad de letras y símbolos (p.ej., cuneiforme, cuneiforme alfabético, y jeroglífico) y lenguajes (p.ej., ugarítico, acadio, sumerio, hurriano, egipcio, cypro-minonano), aunque los lenguajes primarios eran el ugarítico y acadio. Casi todos los restos del lenguaje ugarita fueron encontrados en este lugar por Claude Schaeffer y sus sucesores desde el 1929. Una cantidad pequeña de textos ugaríticos fueron encontrados en el puerto de Ras Ibn Hani, a 5 km (3 mi) al sur de Ras Shamra. Algunos textos cortos, usando el alfabeto de Ugarit, han sido encontrados en otros lugares del oeste Mediterráneo en Chipre (Hala Sultán Tekke cerca de Larnaca), en Siria (Tell Sukas, Tell Nebi Mend [Kedesh]), en Líbano (Kamid el-Loz, Sarepta) y en Israel (Mt. Tabor, Taanac, Beth-shemesh). Archivos fueron encontrados primordialmente en el área del templo y el palacio de Ras Shamra, aunque algunos textos fueron encontrados en los hogares de algunas personas aparentemente importantes. La biblioteca de la antigua Ugarit muestra evidencia de una sociedad multilingüe y altamente culta. Los escribas aparentan ser personas muy reconocidas por la sociedad con una educación extensa. La biblioteca de Ugarit incluye textos literarios (mitología), textos económicos, cartas y textos escolares (p.ej., ejercicios, léxicos y sílabos). Un escriba muy distinguido llamado Ilimilku fue responsable de la transcripción y colación de muchos de los trabajos literarios encontrados en Ugarit. El mejor preservado de estos es la leyenda del rey Keret (o Kirtu), la leyenda de Anat y el ciclo de Baal. Esta literatura ha abierto una ventana a la cultura cananea del final del segundo milenio y ha proporcionado un sorprendente tesoro de conocimiento cultural, religioso y lingüístico del antiguo Israel.

El jefe de estado del antiguo Ugarit era el rey, que tenía una sanción divina y en quien la autoridad era considerada una obligación religiosa. Existe evidencia que sugiere que el rey pudo haber tenido un estatus divino en Ugarit (en contraste al antiguo Israel). El buen rey defiende a la viuda, al huérfano, al pobre y a los abatidos (cf. Anat 1.21-25; 2.V.6-8; 127.33-34, 45-48). Miembros del clan del rey ejercían control en las instituciones seculares y religiosas, particularmente sobre el Sumo Sacerdocio.

La Épica Kirtu asocia el rey con el clan de *ṯaʻ* y también glorifica el clan de *ditana*. El rey Niqmad es llamado un *ṯaʻi-ite (ṯʻy)*. Los guerreros de carrozas (*maryanûma*) incluyen un grupo de sacerdotes llamados los «hijos de los *taʻites*» e «hijos de los *dedanitas*») quienes eran los miembros mejor remunerados del ejercito. Los miembros de sus familias también aparecen en las listas de la nómina militar.

El poder militar se derivaba de los listados de reclutas de las comunidades y levas (cf. 1 R. 9.15-21). Había dos ramas del servicio militar: la armada (incluyendo la infantería y los de las carrozas) y la naval. El ejército de carrera era pagado en plata. Los soldados profesionales posiblemente recibían concesiones de tierras y animales. Basado en el código de Hammurabi (§§27-29, 31-32, 35-37, 41), podemos asumir que una protección legal especial era concedida a estos soldados.

La religión de Ugarit es conocida básicamente a través de los mitos en la épica literaria: Keret, Anat y el ciclo Baal. El último, son historias tomadas de unas tabletas de la biblioteca del Sumo Sacerdote, que probablemente fueron de una «serie» de seis volúmenes producidas por Ilimilku. De lo que quedan de las tabletas podemos reconstruir tres historias sobre (1) Baal, el dios de la tormenta y el dios del mar Yam; (2) la construcción del palacio de Baal; y (3) Baal y su hermano Mot, el dios de la muerte. Como las tabletas no están completas, es difícil conocer con precisión el orden del ciclo de las historias.

La historia de Baal y Mot es en muchas maneras típica de las historias cosmológicas del Cercano Oriente (p.ej., Enuma Elish; cf. Ex 15), y marca el ascenso al poder de Baal al derrotar a Yam (cf. La victoria de Marduk sobre Tiamat). La última historia describe a Mot (es decir, la muerte) matando a Baal y confinándolo al infierno, resultando en la interrupción del ciclo de fertilidad. La diosa Anat mata a Mot y socorre a su hermano Baal, quien es restaurado a su trono. Pero Mot no muere y solamente a través de la intervención del personaje llamado El, quien es el jefe del panteón ugarítico, queda restaurada alguna clase de orden. El ciclo Baal, aunque incompleto, aparentemente era fundamental a las creencias religiosas ugaríticas; ya que Baal era adorado a través de Siria-Palestina, el ciclo Baal forma un recurso principal para nuestro entendimiento de las creencias religiosas de todo el antiguo Cercano Oriente.

Bibliografía. P. C. Craigie, *Ugarit and the Old Testament* (Grand Rapids, 1983); M. Heltzer, *The Internal Organization of the Kingdom of Ugarit* (Wiesbaden, 1982); G. del Olmo Lete, *Canaanite Religion: According to the Liturgical Texts of Ugarit* (Bethesda, 1999); M. S. Smith, ed., *The Ugaritic Baal Cycle*. VTSup 55 (Leiden, 1994); Smith et al., *Ugaritic Narrative Poetry* (Atlanta, 1997); M. Yon, *The City of Ugarit at Tell Ras Shamra* (Winona Lake, 1999).

WILLIAM M. SCHNIEDEWIND

ULAI (Heb. *ʼûlay*)

Río en la provincia de Elam, cerca de la capital de Susa, donde Daniel tuvo la visión del carnero y un macho cabrío (Dn 8.2, 16). Mencionado en una inscripción Asiria de cerca de 640 (Acad. *U-la-a*) y llamado Eulaeus por autores clásicos, el Ulai era realmente un canal que conectaba los ríos Choaspes (actualmente llamado Kerkja) y el Coprates (el actual Abdizful).

ULAM (Heb. *ʼûlām*)

1. Manasita, hijo de Seres, descendiente de Maaca y Maquir (1 Cr 7.16-17)

2. Hijo mayor de Esec, descendiente de Saúl, jefe de una familia benjaminita de flecheros diestros. (1 Cr 8.39-40; 2 Cr 14.18b [TM 7b]).

ULLA (Heb. *ʻullāʼ*)

Jefe de una tribu de Aser (1Cr 7.39).

ÚLTIMA CENA

El término «Última Cena» (en lugar de «Cena del Señor») amplía el foco de sólo las palabras eucarísticas y acciones a toda la comida, que Juan y Lucas describen también como el contexto para el discurso de despedida de Jesús. La Última Cena, la que Jesús comió con sus discípulos antes de su muerte (1 Co 11.23-25; Mr 14.17-26; Mt 26.20-30; Lc 22.14-38; Jn 13 – 17; Jn 6.51-58), es un momento tan trascendental en la vida de Jesús y tan fundamental para las creencias y prácticas de la mayoría de las denominaciones cristianas, que sus diversos relatos bíblicos han generado frecuentes y a veces fuertes, no pocos, intercambios académicos a lo largo de las líneas de las denominaciones.

Preguntas con respecto a la Última Cena son muy variadas. Algunas son de asuntos estrictamente textuales y exegéticos, por ejemplo cómo se relacionan las diferentes versiones de la Cena, o si la lectura breve o extensa del manuscrito del relato de Lucas de la institución de la Eucaristía es original o no. Otras son preguntas históricas, por ejemplo, si la Última Cena fue una cena de Pascua, o cuánto del relato refiere al Jesús histórico. Otras son preguntas más teológicas, interpretativas y sacramentales: la relación entre la Última Cena y el sacrificio de la Cruz; su relación con la eucaristía; el significado de las palabras, «esto es mi cuerpo» «esto es mi sangre» (o variantes). Una pregunta que se ha debatido fuertemente ha sido si la Última Cena fue una cena de Pascua (como refiere algunos de los relatos sinópticos) o celebrada en el día de preparación antes de la Pascua (como se afirma en el Evangelio de Juan). Las soluciones propuestas como el uso de un calendario alternativo sectario no valieron. Hay consenso que la Cena fue un jueves por la tarde la noche en que Jesús fue traicionado, que murió el viernes antes del sábado, y que el relato del descubrimiento de la tumba vacía fechó ese evento un domingo por la mañana después del sábado como el nuevo «Día del Señor» cristiano.

También hay un creciente acuerdo de no concentrarse en la discrepancia de que la Última Cena históricamente fue o no una cena de Pascua, ya que en cualquier caso todas las narrativas tratan la comida en el contexto de la temporada de Pascua con alusiones y referencias a la Pascua. Estas reminiscencias de la Pascua contribuyen a la imagen del NT de Jesús como el Cordero de Dios que fue inmolado por los pecados de la humanidad (Juan y Apocalipsis) y de Jesús como el pan de vida. Ellas contribuyen a la Última Cena como expresión del contexto de un nuevo pacto para la salvación a través del sacrificio de Jesús y por comer su carne y beber su sangre (Jn 6.53-58; 1 Co 11.26-27).

También se debaten ampliamente las relaciones de la Última Cena al sacrificio de la Cruz, la eucaristía, la práctica histórica de Jesús de comer con los pecadores y las comidas de ágape cristiano temprano. Aunque relacionadas con las comidas que Jesús compartía con los pecadores y las comidas de ágape tempranas, la Última Cena tiene un significado distintivo, como una acción final y regalo de Jesús a sus discípulos con particular referencia a la muerte por ellos y a la eucaristía.

Forma de los relatos

Los relatos de la institución eucarística han sobrevivido en dos formas básicas: uno representado en Marcos y Mateo y el otro en la primera carta de

La calle principal de la ciudad de Ugarit (Ras Shamra). A la derecha se encuentran los Archivos del oeste del palacio real, que contenía documentos administrativos ugaríticos y acadios y correspondencia (David Toshio Tsumura)

Pablo a los Corintios y Lucas, con alusiones importantes en Juan 6.51-58. No existe consenso sobre cuál de las dos formas principales es previa, o si solamente la forma paulina, o también la de Marcos, está formada litúrgicamente. La solución más plausible es argumentar que los recuerdos históricos de las palabras y acciones de Jesús son necesarias para explicar el origen de los diferentes relatos del NT de la Última Cena y usos de la eucaristía, pero estos relatos del NT generalmente han llegado hasta nosotros en un lenguaje que, en diversos grados, ha sido influenciado y corresponde a enunciaciones de la liturgia eucarística. Preguntas frecuentes especiales acerca de la versión de Lucas son la secuencia anómala copa/ pan de la forma más larga del manuscrito (Lc 22.17-20), así como la autenticidad de los vv. 19b-20. Con la creciente conciencia que Lucas usa una estructura de despedida, esta secuencia encuentra una explicación natural. La primera copa pertenece al anuncio de despedida de una muerte inminente: «No la comeré más, hasta que se cumpla en el reino de Dios.» La secuencia pan y (segunda) copa es correctamente eucarística: «Esto es mi cuerpo, que por vosotros es dado; haced esto en memoria de mí.» «Esta copa es el nuevo pacto en mi sangre, que por vosotros se derrama» (Lc 22.17-20).

En cuanto a Juan 13–17, mucha discusión se centra en la relación del simbolismo del lavamiento de pie a la ausencia de una narrativa de la institución en ese relato de la Última Cena. Sin embargo, aunque se debate cuánto del discurso en Juan 6 del pan de vida es eucarístico, la mayoría de los eruditos concuerdan que Juan 6.51-58 trata de la eucaristía y tiene resonancias con las «palabras de institución» presentes en el sinóptico y los relatos paulinos de la Última Cena.

Significado

Desde la perspectiva de las iglesias cristianas, las preguntas más importantes acerca de los tratamientos del NT de la Última Cena refieren su significado y su relación con el sacrificio expiatorio de Cristo en la Cruz y más tarde a las prácticas eucarísticas sacramentales. Los debates sobre el significado de «esto es mi cuerpo», «esto es mi sangre», han tendido a seguir las líneas de las denominaciones: católicos, ortodoxos y algunos otros la comprenden juntamente con Juan 6.51-58; 1 Corintios 11.23-29 como que expresa la presencia real de Jesús en la eucaristía.

Los creyentes deben comer su carne y beber su sangre sacramentalmente y dignamente. Otros subrayan la falta de Jesús en el arameo original del verbo «es» de enlace. Destacan las dimensiones parabólicas o simbólicas de estas palabras, y su relación con los símbolos de los actos proféticos (por ejemplo, cuando Ezequiel quemó una tercera parte de sus cabellos, cortó una tercera parte y una tercera parte la esparció y entonces declaró: «Esta es Jerusalén» [Ez 5.1-5]). A las palabras fundamentales sobre el pan y el vino o la copa, ambas versiones paulinas y marcanas agregan al menos una mención de «por vosotros». Expresiones como «nuevo pacto en mi sangre» y «derramada por vosotros» conlleva significado expiatorio y alude a un sacrificio (en la Cruz) que salva o libera a los pecadores, no un «Egipto» terrenal sino de Satanás, «el príncipe de este mundo» (Jn 14.30).

Además de las discusiones sobre cómo la Última Cena se relaciona con el sacrificio expiatorio de una vez por todas de Jesús en la Cruz, otras interrogantes muy relacionadas tratan sobre la relación de la Última Cena con el nuevo pacto, la institución de la Eucaristía, y la ordenación sacerdotal (especialmente en «haced esto en memoria de mí») y la esperanza escatológica «la muerte del Señor anunciáis hasta que él venga» (1 Co 11.26). Por un lado, las varias versiones de la Última Cena ofrecen múltiples pruebas de su base en la vida del Jesús terrenal. Por otro lado, su variedad testifica para la salvación (con relación a la Cruz) y para la vida actual de la iglesia (en la eucaristía). Quedan muchas controversias sobre aspectos específicos de los diversos textos del NT y su significado histórico y teológico. Pero un enfoque canónico en ellos a la luz de la Pascua y el Siervo que da su vida por «muchos» (Is 53.11-12), en referencia a las muchas interpretaciones del NT y otros documentos cristianos tempranos y las evidencias de las prácticas eucarísticas, las reflexiones y las creencias de las iglesias, pueden abrir la riqueza y la centralidad de los tratamientos del NT de la Última Cena para los cristianos de todos los tiempos.

Bibliografía. N. A. Beck, «The Last Supper as an Efficacious Symbolic Act,» *JBL* 89 (1970): 192-98; R. J. Daly, «The Eucharist and Redemption: The Last Supper and Jesus' Understanding of His Death,» *BTB* 11 (1981): 21-27; J. Jeremias, *The Eucharistic Words of Jesus* (Philadelphia, 1990); W. S. Kurz, *Farewell Addresses in the New Testament* (Collegeville,

1990); I. H. Marshall, *Last Supper and Lord's Supper* (Grand Rapids, 1981); J. Meier, «The Eucharist at the Last Supper: Did It Happen?» *TD* 42 (1995): 335-51; D. Wenham, «How Jesus Understood the Last Supper: A Parable in Action,» *Themelios* 20/2 (1995): 11-16.

WILLIAM S. KURZ, S.J.

UMA (Heb. *ʿummâ*)
Ciudad dentro del territorio de la tribu de Aser (Jos 19.30). Uma pudiera ser un error de escriba por «Acco» (heb.*ʿakkô* ; las consonantes *kaph y mem* se escribían similares y por lo tanto eran fácilmente confundidas); una ciudad significativa de Canaán dejada fuera de la lista de Josué (Jos 19.24-31; Jue 1.31).

UMBRAL
La base o travesaño de la puerta, por lo general de piedra, que contiene los orificios en los que los ejes de la puerta giran (Heb. *sap*).
En Jueces. 19.27 la concubina de un levita es asesinada y el cuerpo es dejado tirado en la entrada de su casa con las manos sobre el umbral. Dagón yace caído en el umbral de su templo en Asdod, donde la cabeza y las manos se han roto, provocando que los filisteos no pisen el umbral de ese día en adelante (1 S 5.4-5). Cuando la reina cruza el umbral de la casa, el hijo de Jeroboam muere, cumpliendo el oráculo del Señor por medio del profeta Ahías (1 R 14.17).

Numerosas referencias indican que los guardias protegían los umbrales de las ciudades. Ester 2.21 (cf. 6.2) describe el complot contra Asuero por dos eunucos que custodiaban las puertas del palacio. Los porteros que estaban a la puerta del rey y en los umbrales hasta el campamento de los levitas y el santuario eran 212 (1 Cr 9.17-22). El umbral del templo de Salomón está lleno de oro (2 Cr 3.7). Durante la Monarquía dividida el umbral del templo es custodiado por individuos seleccionados (2 R 12.9; 22.4; 23.4; 2 Cr 34.9; Jer 35.4), a veces en número de tres (2 R 25.18 = Jer 52.24).

En la apocalíptica del AT el umbral tiene un significado religioso y espiritual. Es al umbral del templo que Jehová va a entregar un mensaje (Ez 9.3; 10.4). Durante el oráculo de Ezequiel el umbral del nuevo templo de Jehová es medido (Ez 40.6-7). La adoración se asocia con el umbral de la puerta (Ez 46.2), y la zona del umbral del templo debe tener suficiente espacio de las casas comunes de las personas (43.8). La práctica de saltar por encima del umbral es denunciada (Sof 1.9) y puede referirse a una costumbre pagana (cf. 1 S 5.5). La teofanía de Dios es a menudo acompañada por los terremotos que sacuden los umbrales (Is 6.4; Am 9.1).

Piedras umbrales se han encontrado a lo largo de Siria-Palestina. A menudo, hecho de una pieza sólida de piedra caliza, se encuentran en las puertas de las principales ciudades de varios períodos (Gezer, Hazor, Laquis, Meguido, Siquem). Los templos también presentan el mismo tipo de umbral en sus entradas (Asdod, Tel Miqne-Ecron, Laquis, Hazor). En Tel-Miqne Ecrón tres piedras de umbral sólidas marcan la entrada a un templo de tipo asirio dedicada al dios *ptgyh*. El significado religioso del umbral es evidente en numerosos contextos arqueológicos donde los depósitos de fundamentos «lámpara-y-cuenco» o sepulturas de niños han sido encontrados por debajo de la zona donde se encontraban los umbrales.

Bibliografía. S. Bunimovitz y O. Zimhoni, « 'Lamp-and-Bowl' Foundation Deposits in Canaan,» *IEJ* 43 (1993): 99-125; S. Gitin, T. Dotán, y J. Naveh, «a Royal Dedicatory Inscription from Ekron,» *IEJ* 47 (1997): 1-16; A. Kempinski y R. Reich, eds., *The Architecture of Ancient Israel* (Jerusalén, 1992).

MICHAEL G. HASEL

UNCIAL
Forma redondeada de las letras mayúsculas griegas y romanas. Aunque algunos eruditos derivan la palabra uncial del latín, *uncus* «gancho» (refiriéndose a su forma curveada o doblada), la gran mayoría dice que se deriva de la palabra *uncía*, «una duodécima parte,» término usado por Jerónimo en la introducción a su traducción del libro de Job, para referirse con disgusto a los manuscritos griegos que usaban letras ostentosas de «una pulgada de ancho.» Textos en griego y latín del tercer al siglo IX d.C. fueron escritos con la letra uncial y luego de este tiempo se reemplazaron con letras conectadas en minúscula casi por completo.
Las letras unciales eran usadas para escribir los primeros leccionarios y manuscritos en papiro, pero el término «uncial» casi siempre se refiere a esos manuscritos del AT y NT escritos en letras unciales en pergaminos. Hay más de 300 manuscritos unciales, mayormente fragmentados, existentes. Entre los más importantes están los códigos Alejandrino, Vaticano y Sinaítico.

JAMES R. ADAIR, JR.

UNGIR
Aplicar aceite o ungüento ya sea a una persona o cosa. Las personas eran diversamente ungidas ya sea por razones cosméticas (Rut 3.3; cf. Lc 7.46) o propósitos medicinales (Is 1.6; Lc 10.34; cf. Jn 9.6, 11) o como parte del proceso de embalsamamiento (Mr 16.1; cf. Mt 26.12). En cada uno de estos casos el acto era esencialmente mundano, aunque la unción cosmética por lo general se relacionaba con ocasiones alegres y por lo tanto no eran realizadas durante períodos de luto (Dn 10.2-3) o ayuno (cf. El consejo de Jesús al contrario de la costumbre en Mt 6.16-18).

La unción física en sí, casi siempre con aceite, podía también tener importantes sentidos simbólicos. El más importante en las tradiciones bíblicas era ungir con aceite para separar, o consagrar, un objeto o persona a Dios (Ex 30.25-29). La unción de un pilar de piedra significó que el lugar donde fue erigido era sagrado (Gn 28.16-18). Del mismo modo, el tabernáculo y su mobiliario e instrumentos fueron ungidos con aceite para ponerlos aparte de usos comunes y profanos, para una función santa y sagrada (Lv 8.10; Nm 7.1). La unción de Aarón (Ex 29.7; Lv 8.12) y los sumos sacerdotes subsecuentes de Israel (Lv 21.10) debe ser probablemente entendida con el mismo objetivo de consagrar.

En el caso de la unción de reyes y profetas, sin embargo, el simbolismo del acto físico parece haber ido más allá de simplemente apartar a la persona de las otras. En tales casos la unción sirvió también para comunicar el poder y la capacidad de realizar la función para la cual se estaba siendo ungido. Mostraba además que la persona había sido elegida por Dios (1 S 9.16), y por lo tanto los reyes en particular podrían denominarse como «el ungido de Jehová» (24.6). Aunque haya numerosas referencias a la unción de los reyes de Israel (1 S 10.1; 16.3; 1 R 1.39; 2 R 9.6; 11.12), hay sólo una referencia a la unción literal de un profeta (1 R 19.16).

Sin embargo, los profetas realmente consideraban su servicio como una forma de unción por parte de Dios, aun si fuera más metafórica que física. Esta unción metafórica podría tener que ver con la recepción del Espíritu divino como una forma de investidura de poder para la tarea profética (Is 61.1). Esta noción que fue la más explícitamente vinculada a Jesús como el ungido de Dios (Gr. *Christós,* «Cristo»; Heb. *māšîaḥ,* «Mesías») en el NT (Lc 4.18-21; Hch 10.38). Tal unción no era, sin embargo, única de Jesús; Pablo reclamó para él y otros cristianos una unción de Dios por la recepción del Espíritu Santo (2 Co 1.21-22). Aunque el NT aluda a varias creencias contemporáneas acerca de un Redentor «ungido» o mesiánico que traería la liberación política, generalmente distingue sus convicciones sobre Jesús de estas creencia populares.

TIMOTHY B. CARGAL

UNI (Heb. *ʿunnî*)
1. Músico levita asignado a acompañar el arca del pacto cuando el rey David la trajo a Jerusalén. (1 Cr 15.18, 20).

2. Levita que regresó con Zorobabel de la cautividad en Babilonia (Neh 12.9 Q; RVR «Unno»). El nombre es omitido de la LXX.

UNI (Heb. *ʿunnô*)
Músico levita que regresó del exilio con Zorobabel. (RVR Neh 12.9, siguiendo a K); lectura alterna de Uni 2.

UÑA AROMÁTICA
Una especie que cuando se quema emite un olor almizclado. Se puede derivar de la jara o ládano, el tallo y las hojas de los cuales producen una resina de color marrón oscuro. Los más probable es que la uña aromática se obtuvo del opérculo o los músculos de cierre de un molusco llamado stromb o concha ala, que se encuentra en las aguas del Mar Rojo. La uña aromática, junto con partes iguales de estacte, gálbano, e incienso, era un componente acre del incienso sagrado utilizado en el templo (Ex 30.34-36). Tales fórmulas tanto para el incienso y el aceite sagrados no debían ser duplicadas para usos no sagrados (Ex 30.33, 37-38).

JAMES V. SMITH

UR (Heb. *ʾûr;* Sum. *Urim*) **(LUGAR)**
Ciudad prominente de la antigua Mesopotamia. Tell al-Muqayyar, descubierta al principio del siglo XVII por el explorador Pietro della Valle, es un lugar grande e imponente de forma ovalada que sube unos 18 m (60 pies) sobre el plano de inundación. Fue excavada por primera vez en el 1849 por William Kennett Loftus, seguido en el 1855 por el cónsul británico en Basra, J.E, Taylor, quien encontró las primeras inscripciones cuneiformes. Henry Rawlinson identificó el lugar basado en la inscripción excavada por Taylor, pero no fue hasta las exca-

vaciones conjuntas entre el Museo Británico y la Universidad de Pennsylvania, entre los años 1922 al 1924, bajo la dirección de C. Leonard Woolley, que el lugar fue sustancialmente explorado. Desde entonces solamente restauraciones, y no excavaciones, se han llevado a cabo en el lugar.

La ciudad fue establecida en algún momento durante la época Ubaid a mediados del quinto milenio a.C., y fue ocupada hasta su abandono en el periodo Aqueménida. Al final del cuarto milenio, Ur aparece convertida en un asentamiento significativo, aunque las áreas excavadas de este periodo son limitadas. La ciudad continuó prosperando a través de los periodos Uruk y Jemdet Nasr (3900-2900 a.C.), de donde sale una plataforma enorme del templo con miles de conos usados para decorar las fachadas de los edificios públicos. Un vasto cementerio, usado durante el periodo de Uruk hasta los periodos de la segunda dinastía temprana, pero originalmente fechado al periodo Jemdet Nasr, también fue parcialmente excavado. A comienzos del periodo del la Temprana Dinastía (c. 2900-2350 a.C.) renovaciones extensas se llevaron a cabo en el precinto del templo, y en un basurero cercano, fue encontrado el llamado cementerio real. Las aproximadas 2000 tumbas en este cementerio fueron hechas durante los períodos de la segunda Temprana Dinastía III, la Acadia, y la pos-Acadia (2600-2100 a.C.), aunque los famosos alegados 16 entierros reales son fechados desde el comienzo del cementerio. Estas tumbas, juntamente con sus objetos preciosos (p.ej., joyas, armas de guerra ceremoniales en oro, estandartes de guerra y paz, instrumentos musicales) y sus sacrificios humanos y animales, quedan como los más vivos remanentes de esta época. Hay poca evidencia excavada del periodo Acadio, aunque escritos contemporáneos indican que se mantuvo como un centro importante. Un disco inscrito de alabastro encontrado en Ur fue dedicado por Enheduanna, la sacerdotisa de Nannar, el dios lunar patrón de Ur, e hija de Sargón, fundador de la dinastía acadia.

Sin embargo, no fue hasta el siglo XXI, durante la Dinastía III de Ur (2100-2000 a.C.) que la ciudad se convirtió en la capital del Imperio que se extendió desde el golfo Pérsico hasta el norte de Siria. Ur-namma, fundador de la dinastía, comenzó un programa de crecimiento ambicioso. Se concentró en el centro religioso de Ur, que era dominado por un gigantesco zigurat y templo dedicado a Nannar. La ciudad creció hasta los 50 ha (124 a). Este periodo es caracterizado por los cientos de miles de tablas y archivos encontrados en las excavaciones, y de las fuentes literarias de los periodos postreros atribuidos a los reyes de la dinastía. Entre los monumentos contemporáneos, están la estela de Ur-namma encontrada en el área zigurat, que muestra a Ur-namma al recibir la directriz para llevar a cabo la construcción del templo, y las celebraciones asociadas con su terminación. La ciudad fue destruida por los invasores elamitas quienes dieron fin a la dinastía. El deceso es patéticamente relatado en el Lamento sobre la Destrucción de Ur, escrito en sumerio y preservado en una antigua copia babilónica. Poco después de su destrucción, la región fue retomada por los reyes de la ciudad cercana de Isin y fue extensamente reconstruida y muchos edificios viejos fueron restaurados. Ur fue expandida a su extensión más grande, c. 60 ha (148 a), y continuó como un importante centro comercial y religioso. Una cantidad sustancial de restos han sido recuperados junto a numerosos textos encontrados en edificios públicos y privados. Los textos proveen vivos detalles de las funciones oficiales y vidas privadas de los que vivieron y trabajaron en la ciudad.

En el siglo XVIII, el control político de la Dinastía Hammurabi en Babilonia y otros factores causaron una baja en la prosperidad de Ur al igual que en otras ciudades en el sur de Babilonia. La ciudad emprendió numerosas fases de reconstrucción y fue continuamente ocupada durante el periodo final de la antigua Babilonia continuando a la época Kasita/ Babilónica Media. Durante el reinado de Kurigalzu (c. 1400), el área témenos fue restaurada nuevamente y la ciudad y el campo adyacente aparentan haber prosperado. Sin embargo, Ur nunca recuperó la importancia obtenida en otras épocas tempranas. Durante el primer milenio, el área témenos continúo recibiendo la atención de parte de varios gobernantes. En el siglo VII, uno de los gobernantes restauró algunas de las estructuras. Bajo los reyes neobabilónicos, Nabucodonosor (604-562) y Nabonido (555-539), el zigurat, la pared témenos y algunas áreas residenciales fueron restauradas. Nabonido favorecía el culto al dios lunar Sin en Ur, y asignó a su madre como sacerdotisa y construyó un palacio ahí para ella. La importancia de la ciudad disminuyó después de eso, y cerca del año 400, durante la era Aqueménida, cayó en el olvido y fue abandonada.

Bibliografía. P. R. S. Moorey and C. L. Woolley, *Ur*

of the Chaldees, rev. ed. (Ithaca, 1982); S. Pollock, «Chronology of the Royal Cemetery of Ur,» *Iraq* 47 (1985): 129-47; «Ur,» *OEANE* 5:288-91; J. M. Sasson, ed., *CANE,* 4 vols. (New York, 1995); C. L. Woolley, *Ur Excavations,* 2-10 (London, 1934-1974).

David I. Owen

UR (Heb. *'ûr*) (PERSONA)
Padre de Elifal, uno de los guerreros valientes de David (1 Cr 11.35).

URBANO (Gr. *Ourbanós*)
Creyente en Roma a quien Pablo le envió saludos (Ro 16.9). Porque el nombre era común entre los esclavos romanos nombrados en las listas de la servidumbre de la casa romana imperial (cf. Lat. *Urabanus*, «perteneciente a una ciudad»), Urbano pudo haber sido miembro de la servidumbre del César (Fil 4.22). Es llamado un «colaborador» (griego *synergós*) de Pablo (Priscila y Aquila Rom 16.3; Tim 5.21).

URI (Heb. *'ûrî*)

1. Judío, padre de Beezaleel, artesano que supervisó la construcción del tabernáculo (Ex 31.2; 35.30; 38.22; 1 Cr 2.20; 2 Cr 1.5).

2. Padre de Geber, oficial de Salomón en Galaad. (1 R 4.19).

3. Portero posexílico que había tomado una esposa extranjera (Esd 10.24).

URÍAS (Heb. *'ûriyâ, 'ûrîyāhû*))

1. Urías el Heteo, esposo de Betsabé (2 S 11.1-26) y uno de los 30 guerreros elite del rey David (23.39; 1 Cr 11.41). Los heteos de Palestina eran un grupo étnico con una relación incierta a los estados neoheteos del norte. Los heteos étnicos podían ser asimilados entre la sociedad israelita, como se muestra con el nombre yavista de Urías y su alto rango en el ejército de David (Abimelec el Heteo, 1 S 26.6). Si Eliam, el padre de Betsabé, era el Eliam hijo de Ahitofel el gilonita (1 S 23.34), entonces Urías también se casó bien. Su suegro era un guerrero elite y también hijo del estimado consejero del rey David (2 S 15.12; 16.23). El matrimonio de Urías podría explicar la cercanía de su casa al palacio real (2 S 11.2-3).

La historia de David y Betsabé condena a David por el pecado de adulterio y asesinato (2 S 11.1-12.25). Después de haber embarazado a Betsabé, David saca a Urías de la guerra y lo trae a su casa, y asume que una visita a su esposa haría ver como que él era el padre (2 S 11.1-8). Sin embargo, Urías no desciende a su casa, sino que pasa la noche con los siervos del rey. (2 S11.9). Cuando David le cuestiona, Urías profesa solidaridad con los demás soldados que se abstienen del sexo durante la guerra santa (2 S. 11:10-11; cf. 1 S. 21:5 [MT 6]). También es posible que Urías se haya enterado del adulterio a través de los siervos del rey que fueron los que buscaron a Betsabé para el rey. (cf. 1 S. 11:4). Consciente o inconscientemente, Urías se rehúsa visitar a su esposa aun cuando David lo embriaga (2 S. 11:12-13). Obstruidos sus planes por su insubordinado, David entonces le dice a Joab que se asegure de que muera en la guerra para poder casarse con Betsabé y así el niño aparenta ser legítimo (2 S. 11:14-27). El contraste entre la lealtad incondicional a las demandas yavistas más restringentes, siendo Urías un extranjero y la transgresión más desvergonzada contra los mandamientos de parte del rey se pone de manifiesto.

2. Sumo sacerdote bajo Acaz (735-715), que construyó un altar siríaco y llevó a cabo ofrendas y sacrificios de Jehová en el altar (2 R 1610-16). También fue llamado por Isaías para ser testigo al nombre Maher-salal-hasbaz («el saqueo avanza, el despojo viene aprisa»), que significa el inminente despojo de Damasco y Asiria (Is 8.2).

3. Profeta en el tiempo de Jeremías, asesinado por Joacim por profetizar en contra de Jerusalén y Judá (Jer 26.20-23).

4. Padre de Meremot, sacerdote en los tiempos de Esdras y Nehemías (Esd 8.33; Neh 3.4, 21).

5. Uno que se paró junto a Esdras en la lectura de la Ley de Moisés (Neh 8.4), posiblemente el mismo del número 4.

Bibliografía. P. K. McCarter, Jr., *II Samuel.* AB 9 (Garden City, 1984); M. Garsiel, «The Story of David and Bathsheba,» *CBQ* 55 (1993): 244-62.

Marsha White

URIEL (Heb. *'ûrî'ēl;* Gr. *Ouriēl*)

1. Jefe de los coatitas (1 Cr 15.5) que asistió al rey David a traer el arca de Dios a Jerusalén. (vv. 11-12); hijo de Tahat y padre de Uzías (6.24 [MT 9]).

2. Residente de Gabaa; abuelo materno del rey Abías (2 Cr 13.2).

3. Arcángel, uno de los que dirigió a Enoc en sus jornadas visionarias a través de los cielos (p. ej., 1 En 21.5; 80.1). De acuerdo a algunos manuscritos, también es nombrado entre los cuatro ángeles de la Presencia (1 En 9.1). En 2 de Esdras, Uriel era el ángel enviado a Esdras como respuesta a su queja en contra de Dios y sus costumbres (2 Esd 4.1; 5.20; 10.28).

URIM y TUMIM (Heb. *ʾûrîm*) y *(tûmmîm)*
Seguramente son piedras divinas usadas por los sacerdotes para inquirir sobre juicios de Dios. Son mencionadas por primera vez en Deuteronomio 33.8, como pertenecientes a los levitas en general, por su celosa devoción a Dios ante sus familias. Como consecuencia, los levitas adquieren tres funciones: trasmiten la Ley divina a Israel, queman incienso y hacen sacrificios en el altar. La función de exponer los juicios divinos a través de la enseñanza puede estar asociada con el Urim y Tumim.

Los escritores santos limitan el uso del Urim y Tumim al sumo sacerdote. En Éxodo 28.30, el Urim y Tumim son incluidos en el efod de la vestimenta del sumo sacerdote, situada en el pectoral en un cuadrado tejido. Cuando el sumo sacerdote llevaba consigo el Urim y Tumim al lugar santísimo, no sólo representaba al pueblo delante de la deidad, sino que también buscaba el juicio divino para ellos. Los detalles de la consulta no se proveen. Si el Urim y Tumim eran piedras, entonces el ritual posiblemente se parecía al de echar la suerte, en donde las preguntas puestas delante de Dios requerían una contestación de un «sí» o «no».

La historia de cómo se eligió a Josué como sucesor de Moisés en Números 27.12-23, provee una ilustración de cómo se usaba el Urim y Tumim en la relación del sumo sacerdote. Aquí Dios informa a Moisés de su muerte cercana y Moisés le pide un sucesor. Dios escoge a Josué. Pero para que esta elección sea oficial, Josué debe ser presentado delante de Eleazar, el sumo sacerdote, quien debe consultar por el juicio del Urim delante del Señor (Nm 27.12).

La declaración corta de Saúl en 1 Samuel 14.41 provee una muestra de cómo el Urim y Tumim funcionaba al echar la suerte. En esta historia Saúl designa al Urim como pecado sobre él y Jonatán, y el Tumim como pecado sobre el pueblo de Israel. El Urim y Tumim también son mencionados en Esdras 2.63 y Nehemías 7.65, sin explicación ni comentario.

Bibliografía. M. Haran, *Temples and Temple-Service in Ancient Israel* (1978, repr. Winona Lake, 1985).

THOMAS B. DOZEMAN

UTAI (Heb. *ʿûṯay*)

1. Hijo de Amiud, un judío de la familia Fares. Fue de los primeros en regresar del exilio para restablecerse en su propiedad en Jerusalén (1 Cr 9.4).

2. Jefe de la familia Bigvai que regresó con Esdras del cautiverio babilónico (Esd 8.14).

UVA
La fruta más prominente de la Biblia y producto agrícola importante del antiguo Cercano Oriente. Las uvas (Heb. *ʿēnāḇ*; Gr. *staphylḗ*) crecen en parras (*Vitis vinifera* L.), que hay que podar para asegurar un fruto abundante. Las uvas maduran en el verano y se cortan poco tiempo después para evitar el daño de insectos y que se pudran. Las uvas se comían frescas y como pasas que podían prepararse como tortas (Os 3.1). De las uvas también se hacía jarabe, vinagre y vino, que era el uso más común de las uvas en el antiguo Israel. El jugo de uva se extraía al pisar las uvas en un lagar. Pisar las uvas parecía ser una ocasión alegre en la que participaba toda la comunidad (Jue 9.27).

Los espías que Moisés envió a Canaán volvieron con un racimo de uvas tan grande que lo tuvieron que cargar dos hombres con un palo (Nm 13.23). Varias leyes bíblicas se aplican a las uvas, como la provisión que permite que se coman uvas de la viña de un vecino, pero prohíbe que se meta algo de eso en un contenedor (Dt 23.24). Las uvas también tienen usos simbólicos. En el Canto de la Viña de Isaías (Is 5.1-7) las uvas podridas representan la depravación de Judá. El proverbio famoso «los padres comieron las uvas agrias y los dientes de los hijos tienen la dentera» (Jer 31.29), que se refiere a la consecuencia de hacer el mal en las generaciones posteriores, fue refutado por Ezequiel (Ez 18.2-3).

UZ (Heb. *ûṣ*) (LUGAR)
Lugar de donde proviene Job (Job 1.1). Dos tradiciones existen en cuanto a la localización de Uz: Edom en el sureste y Siria en el noreste. Ninguna de las tradiciones es completamente persuasiva y la evidencia sobre el lugar no puede ser reconciliada. Entre los argumentos a favor de la localización edomita, es que el nombre Uz aparece entre la genealogía edomita (Gn 36.28; 1 Cr 1.42), y adicionalmente los nombres personales en el libro de Job probablemente son edomitas en origen (Job 2.11). El nombre Uz está relacionado con Buz (Gn 22.21), que también aparece como el nombre de un lugar asociado con Edom (Jer 25.23). En el apéndice de Job en la LXX, se describe a Uz en el borde de Idumea y Arabia (Jer 42.17b). También, Uz es poéticamente paralelo a «hija de Edom» en Lamentaciones 4.21. Otros argumentos sitúan a Uz en

Aram (Siria) cerca de Damasco o al sur de Damasco (en el Hauran) La persona Uz, es un descendiente de Aram (Gn 10.23; 1 Cr 1.17) y el hijo mayor del hermano de Abraham, Nacor (Gn 22.21). De acuerdo a Josefo, Ouses (Uz), el hijo de Aram, fundó Damasco y Traconite. La tradición bizantina y árabe sitúa la tierra natal de Job en Hauran.

UZ (Heb. *ʿûṣ*) (PERSONA)

1. Hijo de Aram y nieto de Sem (Gn 10.23). En 1 Cr 1.17 es llamado hijo de Sem.

2. Hijo de Milca y Nacor, hermano de Abraham (Gn 22.21).

3. Hijo (o descendiente) de Disán, jefe de los horeos (Gn 36.38; 1 Cr 1.42). El nombre puede representar una familia o grupo social similar.

UZAI (Heb. *ʾûzay*)

Padre de Palal, uno que ayudó a construir el muro de Jerusalén (Neh 3.25).

UZA (Heb. *ʿuzzāʾ*) (Lugar)

Huerto del palacio donde fueron sepultados los restos de los reyes de Judá, Manasés y su hijo, Amón (2 R 21.18, 26). La razón por lo cual lleva ese nombre es disputado. El pasaje paralelo en 2 Crónicas 33.20, 25 omite el nombre.

UZA (Heb. *ʿuzzāʾ*) (Persona)

1. Benjamita, hijo de Gera y descendiente de Aod (1 Cr 8.7).

2. Ancestro de los sirvientes del templo; entre los primeros en regresar con Zorobabel del exilio en Babilonia. (Esd 2.49; Neh 7.51)

UZA (Heb. *ʿuzzāʿ, ʿuzzâ*)

1. Hijo de Abinadab, el arca del pacto estuvo en su casa por 20 años. Uza y su hermano Ahío, guiaron el carro que cargaba el arca mientras se transportaba hacia Jerusalén. Cuando los bueyes tropezaron, Uza tocó el arca para sostenerla, que constituyó un acto de irreverencia por lo cual fue herido por Dios y murió (2 S 6.3-7; 1 Cr 13.7-11).

2. Un levita, hijo de Merari (1 Cr 6.29 [TM]).

UZAL (Heb. *ʾûzāl*)

Hijo de Joctán y descendiente de Sem (Gn 10.27; 1 Cr 1.21). Sus descendientes constituyen una tribu árabe tradicionalmente localizada en Azal, la capital de Yemen. De acuerdo a Ezequiel 27.19, Usal era una fuente de vino.

UZEN-SEERA (Heb. *ʾuzzēn šeʾĕrâ*)

Uno de los tres pueblos edificados por Seera, la hija de Bería y descendiente de Efraín (1 Cr 7.24). Es presuntamente localizada en la vecindad de Bet-horón altos y bajos.

UZI (Heb. *ʿuzzî*)

1. Sacerdote de Aarón descendiente de Eleazar, hijo de Buquí y padre de Seraías (1 Cr 6.5-6, 51 [TM 5.31-32; 6.36) y ancestro de Esdras (Esd 7.4).

2. Jefe de la familia de Isacar, hijo de Tola (1 Cr 7.2-3).

3. Hijo de Bela de la tribu de Benjamín (1 Cr 7.7).

4. Padre de Ela, uno de los primeros benjaminitas en restablecerse en su propiedad en Jerusalén después del exilio Babilónico (1 Cr 9.8).

5. Hijo de Bani, descendiente de Asaf; jefe de los levitas posexiliados en Jerusalén (Neh 11:22).

6. Jefe de Jedaías, del linaje sacerdotal en tiempo de Joacim (Neh 12.19).

7. Sacerdote que participó en la dedicación de los muros reconstruidos de Jerusalén (Neh 12.42)

UZÍAS (Heb. *ʿuzzîyāʾ*)

Uno de los guerreros del rey David; el «astarotita» de Astarot en Basán (1 Cr 11.44). Está ausente de la lista en 2 Samuel 23.24-39.

UZÍAS (Heb. *ʿuzzîyâ, ʿuzzîyāhû*; Gr. *Ōzias*) (también Azarías)

1. Rey de Judá durante el siglo VIII. Las fechas exactas de su administración son debatibles, por el problema grande de la asignación de las fechas de los reinados de los reyes de Israel y Judá, y porque 2 Reyes 15.2; 2 Crónicas 26.3 le asignan 52 años a su reinado. William F. Albright le asignó un reinado más corto de 783 a 742. Jotam, su hijo, vino a ser el regente desde el 750. Recientemente, los eruditos han respaldado el reinado de 52 años, incluyendo una temprana regencia con su padre Amasías desde 791/790, regente sólo desde 768/767, y luego regente con su hijo Jotam, de 750 hasta su muerte en 740/739. Cualquiera que fuesen las fechas, el reinado de Uzías coincide aproximadamente con la merma en la influencia asiria en Israel y el reinado extenso del rey Jeroboam II en Israel. Como consecuencia, los años de Uzías fueron marcados con relativa paz y prosperidad.

El nombre de Uzías es usado por el rey en las narrativas de su reinado en 2 Crónicas 26.1-23 mientras que en 2 Reyes 15.1-7 usa el nombre de Azarías. La presencia o ausencia de la letra «r» es la diferencia más notable de los nombres. Probablemente no es a consecuencia de una corrupción textual, como algunos eruditos han sugerido. Sino más bien porque Uzías puede haber sido su nombre de rey, mientras que Azarías era su nombre propio. (Similarmente como otros reyes tales como Jehoahaz/Salum y Jehoiachin/Jeconías, hijos de Josías que le sucedió como rey.) De acuerdo con 2 Reyes 14.21, ascendió al trono a la edad de dieciséis años, al morir su padre Amasías en manos de rebeldes. Si las fechas mencionadas están correctas, su edad de dieciséis años debe aplicarse al comienzo de su correinado, unos veintitrés años antes. Recibió críticas mixtas en 2 Reyes 15.1-7. Unos dicen que hizo lo recto ante los ojos de Jehová, conforme lo hizo su padre, sin embargo, también se dice que dejó permanecer los lugares altos juntamente con el templo de Dios. Esa es la explicación que dan por haber contraído lepra y haber completado su vida con su hijo Jotam como corregente.

2 Crónicas 26 añade información a esta narrativa de dos formas. Primero, amplifica el bien que hizo Uzías, describiendo sus victoriosas campañas militares en contra de los filisteos, el sometimiento de los amonitas, y la mejoría de las capacidades militares de Judá. Segundo, explica por qué a un rey tan bueno le da lepra. Se volvió soberbio y pecó al entrar al Templo y usurpar las funciones sacerdotales de ofrecer sacrificios. Cuando los sacerdotes le llamaron la atención, se llenó de ira y fue afligido de lepra. Finalmente, 2 Crónicas 26.21 cuidadosamente explica que Uzías no fue sepultado con los demás reyes, como se dice en 2 Reyes 15.7, sino en un terreno aparte separado para los monarcas.

2. Sacerdote levítico descendiente de Coat (1 Cr 6.24)

3. Padre de un hombre llamado Jonatán, encargado de los tesoros de los campos, de las ciudades, de las aldeas y de las torres para el rey David (1 Cr 27.25).

4. Sacerdote levítico, descendiente de Harim, que regresó del exilio Babilónico. Fue uno de los sacerdotes que se casó con una extranjera a quien Esdras le requirió divorciarse.

5. Uno de los 468 descendientes de Feres que se mudó a Jerusalén al completar la reconstrucción de los muros alrededor de Jerusalén bajo la dirección de Nehemías.

6. Jefe anciano de la ciudad de Betania, pueblo natal de Judith (Jdt 6.15-16,21), que le suplicó al pueblo para que resistieran a los de Asiria por 5 días para así permitir que Dios los salvara (7.30-31).

Paul L. Reddit

UZIEL (Heb. *ʿuzzîʾēl*)

1. Nieto de Leví y cuarto hijo de Coat; y supuesto fundador del gremio levítico de uzielitas (Ex 6.18; Nm 3.19, 27; 1 Cr 6.2, 18 [TM 5.28; 6.3]; 23.12). Es el padre de Misael, Elzafán y Sitri (Ex 6.22). Esta genealogía refleja la estructura política de los gremios levíticos al final de la monarquía. Algunas referencias a los Uzielitas (Heb. *ʿāzzîʾēlî*) sugieren que durante la época temprana de Israel eran un poderoso gremio (1 Cr 15.10). Luego, cuando el papel de los levitas uzielitas disminuyó, Uziel fue subordinado a Coat y Elzafán a Uziel. Elzafán, el hijo de Uziel, se menciona como el jefe del linaje de las familias coatitas y se le encarga el arca, la mesa, el candelero, los altares, los utensilios del santuario y el velo con todo su servicio (Nm 3.30-31). Micaía e Isaías también se mencionan como hijos de Uziel (1 Cr 23.20; 24.24), jefes de los uzielitas durante la organización del gremio levítico de parte del rey David. Los uzielitas juntamente con los coatitas tuvieron cargo de los tesoros de la casa de Jehová (1 Cr 26.23).

2. Uno del los cuatro hijos de Isí, que durante el reino del rey Ezequías llevó a 500 simeonitas en contra de los de Amalec, quienes habían buscado refugio en el monte Seir (1 Cr 4.42). Después de destruir a los de Amalec, Uziel y los simeonitas se establecieron en Edom.

3. Tercer hijo de Bela, el hijo de Benjamín (1 Cr 7.7). Uziel está ausente de la genealogía de Bela en 1 Crónicas 8.3, pero las genealogías benjaminitas tienen numerosas inconsistencias.

4. Hijo de Hemán, el presunto fundador del gremio pos exiliado de los cantores levíticos (1 Cr 25.4).

5. Levita, hijo de Jedutún, que se unió a los demás levitas en la limpieza del Templo bajo Ezequías (2 Cr 29.14).

6. Hijo de Harhaía, un platero, que ayudó en la reedificación de los muros de Jerusalén (Neh 3.8).

Ronald A. Simkins

V

VAIZATA (Heb. *wayzāṯāʾ*)
Uno de los 10 hijos de Amán matados en Susa por los judíos, en el día de represalia contra sus enemigos (Est 9.9).

VALIENTES, LOS
Véase HOMBRES FUERTES.

VALLE, VALLES
Valles de varios tamaños y formas están localizados a través de la tierra de Palestina. Algunos son profundos y desfiladeros angostos y escarpados, tales como los ubicados entre Belén y el área del Mar Muerto. Otros son amplios planos fértiles, como el Valle de Jezreel.

Varias palabras hebreas traducidas en diversas versiones, indican un valle o llano. Heb. *biqʿâ* denota una hendidura o separación de montañas. El término, más a menudo, indica una amplia y extensa planicie como Babilonia (Gn 11.2; Ez 3.23; 37.1), el Líbano al pie del Monte Hermón (Jos 11.17), y Megido (Zac 12.11).

Heb. *gayʾ* indica un valle o región plana. El término específicamente designa el Valle de los Artesanos en la planicie de Filistea (Neh 11.35); el valle de los Hijos de Hinom (Ben-Hinnom), fuera de Jerusalén donde se ofrecían sacrificios a Moloc (2 R. 23.10); y el valle de la Visión (Is 22.1).

Otro término *ʿēmeq* se deriva del verbo «ser profundo.» Esto puede indicar un valle de amplia extensión arreglado para la agricultura (Job 30.10; Sal 65.13 [TM 14]) o para la guerra (Job 39.21). El valle del Jordán se indica en Josué 13.19-27.

La palabra *nāhal* puede indicar una corriente o torrente, o el valle que contiene el torrente. Entre los wadis así designados están, por ejemplo, Escol (Nm 32.9), Sorec (Jue 16.4), Sitim (Jl 3.18 [4.18]) y el wadi de Egipto, o wadi El Arish (Jos 15.4).

Una palabra final que indica una región baja es *šĕp̄ēlâ* o Sefela. Todas las referencias (excepto Jos 11.12, 16b) la ubican al pie de las colinas al Oeste de las tierras altas de Judea. La designación es un término técnico para la región baja cerca del Mar Mediterráneo que se extiende desde Jope a Gaza.

Bibliografía. D. Baly, *The Geography of the Bible*, rev. ed. (New York, 1974).

HAROLD R. MOSLEY

VALLE DEL REY
El lugar donde Abram se reunió con los reyes de Sodoma y Salem (Gn 14.17), originalmente llamado «Valle de Save» (Heb. *ʿēmeq šāwēh*). Si la raíz hebrea *šāwâ* tiene la connotación ugarítica afín de «gobernante,» puede ser una base semántica para esta explicación (Heb. *ʿēmeq hammelek̠*), aunque la propia designación original puede haber venido de una asociación real, ya sea por propiedad imperial o la presencia de tumbas reales. En 2 Samuel 18.18 Absalón erigió una estela conmemorativa en este lugar. Según algunas fuentes extra bíblicas la ubicación más probable es una llanura en la confluencia del Cedrón, Tiropeón, y Valle de Hinom al sur de la ciudad de David (cf. 2 S 15.23).

Bibliografía. J.M. Allegro, *The Treasure of the Copper Scroll,* 2nd ed. (Garden City, 1964); A. A. Wieder, «Ugaritic-Hebrew Lexicographical Notes,» *JBL* 84 (1965): 160-62.

J. RANDALL PRICE

VANÍAS (Heb. *wanyâ*)
Un israelita del tiempo de Esdras que había tomado una esposa extranjera (Esd 10.36).

VANIDAD
La traducción tradicional de *hebel*, lit., «un soplo de aire,» «aliento» o «vapor» y el gr. *mataiotēs* poseen una gama de significados que van desde «la nada» o «vaciedad» a «inútil» o «fútil» (cf. Hch 14.15; Ro 8.20; Ef 4.17; 2 P 2.18).

En el uso del español moderno, vanidad a menudo se refiere a falso orgullo o arrogancia, y posee significados que aluden a «carecer de valor.» Pero el sentido fundamental de la palabra, como es usado en los textos bíblicos, está enlazado al concepto de brevedad (p.ej., Pr 21.6, donde los tesoros obtenidos por engaño se comparan con el «aliento» que pronto se desaparece). La vanidad frecuentemente se compara o equipara a palabras tales como «viento» (Is 57.13), «nada» (41.29) o «vacío» (30.7).

En un número de pasajes poéticos vanidad se usa para describir la fugacidad de la vida humana y la naturaleza transitoria de las preocupaciones, comparadas con la eternidad divina y la durabilidad de lo que concierne a Dios (cf. Job 7.16; Sal 39.5, 11 [TM 6.12]; 62.9 [10]; 78.33; 94.11; 144.4). Vanidad se encuentra más frecuentemente en el libro de Eclesiastés (donde se usa 38 veces, comparado a sólo 35 otros usos en el resto del AT.) Ningún término en español puede representar el amplio ámbito de significados que esta palabra toma cuando es usada en varios contextos que implican connotaciones que abarcan desde «maldad» a meramente «temporero.»

El uso de la palabra «vanidad» en la versión RVR puede estar influenciada por la traducción latina de Jerónimo (Vulgata). El nombre abstracto latino *vanitas* puede significar «insustancial» y «falta de permanencia», al igual que «inútil, fútil o ilusorio.» Las connotaciones negativas asociadas con «vanidad» se ajustan bien al uso bíblico del plural de *hebel* para referirse a «ídolos» (p.ej., Jon 2.8; Jer 8.19; 10.8; Sal 31.6[7]). Los profetas usaban *hebel* para implicar que los ídolos eran «ligeros como el aire» (es decir, transitorios y carentes de sustancia), y advertían al pueblo que los que adoraban *hebel* (entidades que son iguales) se convertirían *hebel* (Jer 2.5; 2 R 17.15). Sin embargo, cuando las traducciones modernas reemplazan «vanidad» (RVR) con palabras tales como «futilidad» (p.ej., Job 7.3 NVI), «lo que es sin valor» (15.31 NVI) o «carente de significado» (Ec NVI), oscurecen el hecho de que en hebreo a lo que se refiere *hebel* es a la falta de permanencia, más que a la carencia de valor.

La RVR también ocasionalmente usa vanidad para traducir el heb. *ʿāwen* el cual más propiamente significa «desafortunado,» «problema,» o «maldad» (cf. Pr 22.18; Job 15.35; Sal 10.7).

Bibliografía. K. Farmer, *Who Knows What Is Good?* ITC (Grand Rapids, 1991); K. Seybold, «*hebel* [hebhel],» *TDOT* 3:313-20.

Kathleen A. Farmer

VAPOR

Aguas subterráneas (Heb. *ʾēd*; cf. Acad. *edû*; Sum. *a-dé-a*) usadas por Dios en la creación de las plantas y, posteriormente, de la vida humana (Gn 2.6, «manantial»). Según Job 36.27, Dios transforma al vapor para producir lluvia. En otros lugares, el Heb. *něśiʾîm* designa la niebla vaporosa, una de las muchas formas del agua y la precipitación bajo el control que tiene Dios de los elementos (p.ej., Jer 10.13; 51.16).

Las referencias al vapor son a menudo metafóricas, para referirse a la brevedad de la vida (Gr. *atmís*; Stg 4.14), a los ídolos (Os 13.3), a las enseñanzas falsas (*hómichlē*, 2 P 2.17) y al perdón de Dios de los pecados (Heb. *ʿānān*; Is 44.22). En Hechos 13.11, la palabra griega *achlýs* se refiere a la ceguera temporal de Pablo.

VAPSI (Heb. *wobsî*)

De la antigua tribu de Neftalí; padre de Nahbi, uno de los 12 espías enviados a explorar la tierra de Canaán (Nm 13.14).

VARA

Un pedazo largo de madera que se utiliza como apoyo y como arma. Los viajeros usaban un bastón largo (heb. *manneh*) para apoyarse y los pastores para guiar a sus rebaños (Ex 4.2; Is 10.26. También fue la vara milagrosa de Aarón y la de los magos egipcios (Ex 7.9-12) y se usó metafóricamente como opresión y castigo (Is 30.32). Tanto *manneh* como *šēbeṭ* significaban figuradamente «tribu», supuestamente por la noción de que un grupo de personas fue guiado por un líder con una vara. El heb. *šēbeṭ* también lleva consigo una connotación más fuerte de castigo y pudo haber sido un instrumento más corto, como un garrote (Sal 23.4; Mi 7.14). También era un cetro, símbolo de autoridad (Jue 5.14). En el NT el gr. *rhábdos* designa tanto a una vara de apoyo (Mt 10.10) como a una de castigo (1 Co 4.21).

Christian M. M. Brady

VARÓN DE DIOS

Término usado principalmente para referirse a los profetas. Sirve como apelativo de Moisés (el profeta prototipo para los historiadores deuteronómicos), Samuel, Semaías, Elías, Eliseo, Igdalías, varios profetas no identificados, e incluso de David (este último sólo en el relato del autor de Crónicas). Aunque el término se aplica con más frecuencia a Eliseo que a cualquier otro personaje, quizás el más conocido «varón de Dios» es el profeta no identificado de Judá de 1 Reyes 13, quien viaja a Betel para anunciar el juicio de Jehová contra Jeroboam I y su idolátrico altar, para ser luego engañado por un colega profeta, y pierde la vida como castigo.

En el NT, la frase aparece en las epístolas pastorales y en algunos manuscritos de 2 Pedro 1.21. Aquí está ausente la connotación profética, y la frase se usa para los seguidores de Dios, especialmente los líderes de la iglesia.

James R. Adair, Jr.

VASTI (Heb. *waštî*)

La reina del rey de Persia Asuero (Jerjes I, 486/485-465 a.C.). En la culminación de un gran despliegue de sus riquezas ante sus sátrapas, Asuero ordena a Vasti (cf. Pers, *vahišta*, «la mejor»; *uas*, «la amada» o «la deseada») a desplegar su belleza ante la asamblea (Est 1.11). Su negativa (Est 1.12) enfurece a Jerjes, quien la destrona y proclama que todas las mujeres mostraran obediencia a sus esposos (vv. 16-22). Los ayudantes del rey buscaron por todo el reino bellezas jóvenes para reemplazar a Vasti, y la joven judía Esther la sucede como reina (Est 2.2-17).

Los intentos de los eruditos de identificar a Vasti con alguna figura histórica (p.ej., Amestris, Herodoto *Hist.* 7.61; 9.108-12; Stateira, la reina de Artajerjes II), no han sido convincentes. La tradición judía la describe como nieta de Nabucodonosor e hija de Belsasar, ninguno favorablemente inclinado hacia los judíos. Las tradiciones judías visualizan más tarde a Vasti (Est 1.9) como a cargo de las intrigas políticas del palacio; las esposas de los nobles estaban cautivas, y eran usadas como una especie de seguro de que sus esposos no se rebelarían contra Jerjes. Una historia describe a Vasti como inmodesta e inmoral, completamente intencionada de posar desnuda ante los invitados del rey, pero pronto se encontró que tenía lepra. Otra versión dice que ella pensaba que alguien mataría al rey cuando los nobles vieran su belleza «pues ellos querrían disfrutarme y te matarían» (Est Rab. 3.14); cuando Jerjes repite su pedido, ella lo insulta y le recuerda que él una vez fue un niño de establo en el establo del rey Belsasar. Algunos judíos sostienen que a Vasti la mataron un sábado, porque durante su reinado ella forzó a las sirvientas judías a despojarse de la ropa y trabajar desnudas el día de reposo.

Robin Gallahr Branch

VEGETALES

Los vegetales (Heb. *yārāq, 'ōrōt*) eran un importante sostén dietético del mundo antiguo, junto al aceite y vino (Plinio *Hist. Nat.* 19.52-189). Las variedades del antiguo Cercano Oriente incluyen pepinillos, endivias, ajos, puerros y cebollas, por las cuales Egipto era especialmente bien conocido (cf. Dt 11.10). El heb. *zērūʿîm* («cosas sembradas») incluye legumbres (2 S 17.28; Dn 1.12,16).

Los griegos apreciaban los vegetales como comida sencilla saludable (Platón *República* 2.372; cf. Pr 15.17). Generalmente los vegetales (gr. *láchana*) eran plantas arboladas distintas de las legumbres. Incluidas en el término estaban las alcachofas, espárragos, endivias, berros, lechugas, pepinillos, varias coles y algunos vegetales de raíces, tales como rábanos, zanahorias, cebollas y ocasionalmente yerbas. Vegetales silvestres podían también ser *láchana* (Josefo BJ 5.437).

En el NT, *láchana* incluye vegetales y yerbas (cf. la semilla de mostaza que se convierte en la más grande de todas las hortalizas, Mr 4.30-34 par.; y el diezmo de hortalizas de los fariseos Lc 11.42). De acuerdo a Romanos 14.2, los débiles sólo comen vegetales. Ya que el vegetarianismo consistente (opuesto al ayuno ocasional) era ajeno al judaísmo oficial, los eruditos debaten sobre el significado de este pasaje. Algunos estudiosos dicen que «comer vegetales» representa cualquier abstinencia de ciertos alimentos, y otros argumentan que la frase evidencia que los judíos cristianos practicantes en Roma, sólo comían vegetales por la imposibilidad de obtener carne limpia ritualmente y vino.

Bibliografía. G. Bornkamm, «láchanon,» *TDNT* 4:65-67; F. Watson, «The Two Roman Congregations: Romans 14:1–15:13,» en *The Romans Debate*, ed. K. Donfried, rev. ed. (Peabody, 1991), 203-15.

Thomas Scott Caulley

VELO

Una paño cubriendo que disimula el rostro o cabeza (heb. *ṣāʿîp*). Es por lo general una pieza separada, pero también puede ser parte de la ropa exterior envuelta alrededor de la cabeza (1 R 19.13). La versión masculina del velo es el turbante hecho de lino u otras telas usados por los sacerdotes (Ex 29.6; Zac 3.5) y la realeza (Ez 21.26 [TM 31]).

Aunque la mujer no se cubría siempre, en referencias bíblicas el velo está asociado con ellas más a menudo que con los hombres. Un velo identifica a una mujer como prostituta (Gn 38.14-15, 19), aunque aparentemente era también parte de las galas usadas por la realeza (Is 47.2) y las mujeres arrogantes (3.23). Un aire de misterio podía también añadirse a esta pieza, y le permitía contribuir a la belleza de una mujer (Cnt 4.1, 3; 6.7). Rebeca usó un velo cuando conoció a Isaac el día de su boda (Gn 24.65); esto podía indicar su estatus de mujer soltera (aunque la mujer soltera en otros lugares no llevaba un velo siempre), o podía ser parte del atuendo de bodas de una mujer. La presencia de un velo de bodas puede explicar por qué Jacob no se dio cuenta que había sido engañado al casarse con Lea en vez de con Raquel (Gn 29.18-25).

Moisés usó un velo para esconder su brillante rostro después de haber hablado con el Señor en el Monte Sinaí (Ex 34.33-35), para no causar más miedo entre su pueblo. Pablo explica este velo como un medio por el cual la naturaleza temporal del viejo pacto podía ser cambiada (2 Co 3.13), y usa esto metafóricamente para explicar el malentendido de los judíos de las Escrituras (2 Co 3.4-18).

KATHARINE A. MACKAY

VELO DEL TEMPLO

De las cortinas del Tabernáculo (Ex 26) y el Templo (cf. *Yoma* 5.1), dos eran de particular importancia. El «velo interior» (heb. *pārōḵeṯ*) cubría el lugar santísimo *(dĕḇîr)*, separándolo del lugar santo *(hêḵāl)*; dentro de este espacio el sumo sacerdote oficiaba una vez al año en el Día de la Expiación (Ex 26.31-33; Lv 16.12-15; Josefo *BJ* 5.219; Filón *Vida de Moisés* 2.101: He 9.3). El «velo exterior» *(māsāḵ)* colgaba a la entrada del Tabernáculo; dentro los sacerdotes ofrecían el sacrificio diario de incienso (Ex 26.36; Josefo *BJ* 5.212; Filón *Spec. leg.* 1.171, 274; Ep. Arist. 86). La distinción lingüística entre los términos es por lo general mantenida en hebreo, pero no en la LXX que utiliza el gr. *katapétasma* para ambos, ni en los escritos de Josefo o Filón. La «casa del velo» (más bien la cortina interior) designa el santuario del Templo en Sirac 50.5.

La interpretación en torno al velo *(katapétasma)* del Templo, en respuesta a (Mt 27.51; Mr 15.38), o al parecer (Lc 23.45), la muerte de Jesús, pudo referirse a cualquiera de las cortinas, aunque muchos lo usan para referirse a la interior por su particular significado. En los tres pasajes, la referencia parece ser primordialmente una mala señal para el Templo y su culto, aunque menos enfático en Lucas. Puede también expresar el sentido positivo de un nuevo comienzo. En Hebreos (cf. He 10.19-20), Jesús, pasando al velo interior, abre un nuevo camino a Dios para los creyentes.

Bibliografía. H. W. Attridge, *The Epistle to the Hebrews*. Herm (Philadelphia, 1989); R. E. Brown, *The Death of the Messiah* (New York, 1994) 2:1097-1113; F. Ó. Fearghail, «Sir 50, 5-21: Yom Kippur or the Daily Whole-Offering?» *Bibl* 59 (1978): 301-16; O. Hofius, «Katapétasma, -atos,» *EDNT* 2:266; D. D. Sylva, «The Temple Curtain and Jesus' Death in the Gospel of Luke,» *JBL* 105 (1986): 239-50.

FEARGHUS Ó. FEARGHAIL

VENGADOR DE LA SANGRE

Un miembro varón de la familia de una víctima de asesinato, obligado a encontrar y matar a la persona que había tomado la vida de su miembro de la familia. La obligación existía ya sea que la persona fue muerta con intención o por casualidad. El principio subyacente puede ser visto en la traducción de la palabra hebrea *gō'ēl* . Por lo general traducida, «redentor» un sentido más exacto podría ser «restaurador.» El asesinato fue considerado como la toma inadecuada de la sangre que pertenece al grupo, que el vengador (*gō'ēl haddām*) era responsable por reconquistar, matando a aquel que derramó la sangre. La práctica de la venganza de sangre, encontrada en todas partes del Oriente Cercano antiguo y en muchas partes del mundo hasta este día, está relacionada con una conciencia de grupo o identidad tribal: el daño hecho a un miembro es el daño hecho al grupo entero. Esto por lo general se produce en sociedades no centralizadas y es querido como una salvaguardia y fuerza disuasiva en ausencia de un sistema de justicia formal.

Tres de los cuatro pasos que mencionan al vengador de la sangre están relacionados con la provisión de ciudades de refugio: Nm 35.9-34; Dt 19.1-13; Jos 20.1-9 (cf. Ex 21.12-14; Dt 4.41-43). Esta práctica es la base de la narrativa de la mujer de Tecoa delante de David (2 S 14.5-11).

El establecimiento de ciudades de refugio puede ser visto como un esfuerzo para limitar y controlar la venganza de sangre, basada sobre una distinción entre muerte con malicia (asesinato) y muerte por casualidad o sin intención. Las ciudades de refugio debían ser puestas aparte como sitios a los cuales un asesino involuntario podría huir del vengador de la sangre, que por otra parte podría ejecutar al asesino sin recibir castigo. Si un asesino pidiera asilo en una de estas ciudades, una especie de cuerpo judicial dentro de la ciudad (los textos son ambiguos) estaba autorizado para determinar la culpa o la inocencia. Si la muerte era determinada como casual, se daba al asesino asilo hasta la muerte del sumo sacerdote, cuando él era libre de volver a su propia casa. De ser encontrado culpable, el asesino debía ser entregado al vengador de la sangre para su ejecución.

Bibliografía. D. Patrick, *Old Testament Law* (Atlanta, 1985); R. de Vaux, *Ancient Israel* (1961, repr. Grand Rapids, 1997).

MARILYN J. LUNDBERG

VENGANZA

Castigo como retribución por algún daño contra las personas. Parece bien claro que el AT endosa la noción de ambos: venganza humana y divina (del heb. *nqm*), al menos bajo ciertas circunstancias. El AT recopila ejemplos específicos donde Dios declara la guerra contra algún enemigo de los israelitas como un acto de venganza por una atrocidad anterior (Nm 31; Dt 25.17-19). De hecho, al menos un profeta, aparentemente, consideraba la venganza como un atributo de Dios (Nah 1.2). Un punto de vista similar de Dios puede ser encontrado en el NT (Ro 12.19; 2 Ts 1.5-10).

La pregunta acerca de la venganza humana es algo más complicada. El AT reconoce el derecho de los parientes de una víctima de homicidio a tomar venganza contra el autor. Sin embargo, el AT también busca limitar este derecho al permitir al perpetrador huir a una de las ciudades de refugio (Ex 21.13; Nm 35; Dt 19.1-13). Mientras algunos personajes bíblicos sí toman venganza (1 R 2.5-9), es también cierto que el AT condena la venganza cuando está dirigida hacia otro israelita (Lv 19.18). Este intento de desalentar la venganza humana se convierte en una parte importante del mensaje de Jesús (Mt 5.38-48).

Bibliografía. K. Koch, «Is There a Doctrine of Retribution in the Old Testament?» en *Theodicy in the Old Testament,* ed. J. L. Crenshaw. IRT 4 (Philadelphia, 1983), 57-87; G. E. Mendenhall, *The Tenth Generation* (Baltimore, 1973).

JOEL S. KAMINSKY

VENTANA

Una abertura rectangular en la pared de una casa. Se podría abrir según fuese necesario (2 R 13.17), y con frecuencia se cubrió con un enrejado a través del cual se podía mirar hacia fuera (Jue 5.28; 2 S 6.16 = 1 Cr 15.29; Pr 7.6) o hacia adentro (Cnt 2.9). Las ventanas eran generalmente pequeñas y poco numerosas, con el fin de mantener la temperatura dentro de la casa caliente en invierno y fresca en verano. Algunas eran todavía lo suficientemente grande como para permitir que un intruso (Joel 2.9; cf. Jer 9.21[TM 20) o un fugitivo (Jos 2.15; 1 S 19.21; 2 Co 11.33; cf. 2 R 1.2; 9.2) pasara fácilmente a través de ella, y por lo general se colocaba en los pisos superiores del edificio si había más de un piso (Dn 6.10[11]; la planta baja sería convenientemente iluminada por la puerta). Las referencias a las «ventanas con marcos empotrables» del templo de Salomón (1 R 6.4) y el templo escatológico de Ezequiel (Ez 40.16, 22, 25, 29; 41.16), así como a las ventanas elaboradamente planeadas en la casa de Joaquín (Jer 22.14), implicaría la contrastante sencillez del diseño general de la ventana. Se ha sugerido también que estas últimas ventanas, y la ventana de Jezabel en 2 Reyes 9.32, incluían balcones para apariciones públicas, imitando la arquitectura real egipcia.

Heb. *'ărubbâ* denota una abertura en lugar de un elemento arquitectónico en sí. La imagen de «ventanas de los cielos» por lo tanto parece representar grandes aberturas a través de las cuales la bendición o juicio pueden caer en cascada a la tierra (Gn 7.11; 8.2; 2 R 7.2, 19; Is 24.18; Mal 3.10).

VERDAD

El término más común para «verdad» utilizado en el AT es el heb. *'ĕmeṯ*, que significa una realidad que es «firme» o «cierta.» Incluye la idea de solidaridad, validez, fidelidad y resolución. Cuando se refiere al discurso de un individuo, acción o pensamiento, la verdad denota una cualidad de integridad alineada con lo verdadero. En la LXX, esto es más a menudo traducido por el gr. *alḗtheia* «verdad» o una de sus formas.

Como término legal, *'ĕmeṯ* denota hechos auténticos que pueden ser verificados. Si los cargos formulados contra una novia no eran falsos, sino «verdaderos,» entonces se justificaba la acción legal basada en la evidencia (Dt 22.20). Un cargo de idolatría podía ser castigable por una sentencia de muerte, si «el cargo se probaba como cierto» (Dt 17.4). La reina de Saba verificaba si las noticias acerca de los logros y la sabiduría de Salomón eran «verdaderos», al visitarlo y verlo por sí misma (1 R 10.6-7). En la visión de Daniel, acerca de los días finales, la palabra revelada era «verdadera» e indisputable (Dn 10.1)

La verdad procede de la naturaleza de Dios como se ve en las palabras de un profeta. Cuando Elías resucita al hijo de la viuda, es prueba para ella de que la «palabra de Jehová» en su boca es verdad (1 R 17.24). Zacarías expone la esencia de la enseñanza moral profética al «juzgar conforme a la verdad», junto a mostrar amabilidad y misericordia (Zac 7.9). El aspecto judicial de *'ĕmeṯ* está también presente en las instrucciones de Zacarías de «hablad verdad cada cual con su prójimo, juzgad según la verdad y lo conducente a la paz en vuestras puertas» (Zac 8.16-17).

El concepto de la verdad en el AT aparece con más frecuencia en el sentido religioso y denota una realidad o sentir experimentado, aparte de cualquier significado esencial causídico. Dios desea «la verdad en lo íntimo» (Sal 51.6 [TM 8]). Uno que habla «verdad desde el corazón» posee las cualidades morales» para una posición cúltica en la congregación; «tiene una mente fija en la verdad», «anda en integridad» y «hace justicia» (Sal 15.2). Los juicios de Dios son llamados *'ĕmeṯ* por el salmista, quien parece identificar la verdad con la Escritura (cf. Dn 8.12; cf. 1 Esd 4.36-40).

En la literatura rabínica, «verdad» denota una actitud humana que refleja la realidad divina. Rabí Simeón establece que «el mundo descansa en tres cosas: en la rectitud, la verdad y la paz» (*'Abot.* 1.18). En la esfera legal, la ejecución de la ley por los humanos posee una dimensión religiosa. Dios es el juez divino que juzga todas las cosas, de acuerdo con el término *'ĕmeṯ*.

En el himno de alabanza a la «verdad» (1 Esd 4.36-40), el gr. *alḗtheia* es personificado como un actor poderoso en la naturaleza y sociedad, cuya rectitud se levanta en crudo contraste a la injusticia del vino, el rey, las mujeres y todos los seres humanos (4.37). Ella perdura y es fuerte para siempre. Mientras que este himno en alabanza de la verdad «la cosa más fuerte en el mundo», nace de la literatura general de sabiduría del Antiguo Cercano Oriente, ha sido adaptado para adecuarse al carácter de Dios como Señor de la naturaleza y sociedad tal como se encuentra en el AT.

En el NT el significado de *alḗtheia* está determinado parcialmente por el uso semítico de *'ĕmeṯ* y parcialmente por el uso griego y helenístico de *alḗtheia*. En el uso original griego *alḗtheia* tiene el significado básico de revelar aquello que ha estado oculto. El historiador lo usaría para indicar un estado real de asuntos en contraste con mitos o leyendas en los cuales la realidad ha sido ocultada o escondida. Los filósofos usarían el término para distinguir un estado real de existencia de uno que sólo tiene la apariencia de realidad. En Platón el mundo real era el mundo de ideas que sólo podría ser comprendido a través de los sentidos. En ciertas áreas helenísticas, sin embargo, la «verdad» toma un significado «escatológico», con la comprensión de esta realidad disponible a los mortales sólo a través del éxtasis o revelación desde el ámbito divino. Esta comprensión de la «verdad» es desarrollada en los escritos gnósticos tanto como en Platón y Plotino.

El uso cristiano antiguo de *alḗtheia* refleja la diversidad de significados que *'ĕmeṯ* tiene en el AT y en las fuentes rabínicas, como también en los usos griegos y helenísticos. El autor a los Efesios usa *alḗtheia* en el sentido de aquello que «tiene certeza y fuerza», en contraste a los caminos paganos y a la «verdad» que estaba en Jesús. De igual manera, para Pablo «verdad» significa una norma legítima que es «genuina» o «propia», la cual puede ser usada para medir los reclamos de sus oponentes (Gá 2.5). También es usada en el sentido de «rectitud» (p.ej., «practicar la verdad», Jn 3.21; 1 Jn 1.6). «Verdad» es lo opuesto a hacer lo incorrecto (1 Co 13.6). Puede también designar aquello que es fidedigno o confiable, opuesto a la falsedad humana; de igual manera puede referirse a la justicia de Dios, en contraste con la injusticia humana (Ro 3.3-7). «Verdad» puede también simplemente significar «sinceridad» u «honestidad» (2 Co 7.14).

Verdad puede además indicar «el estado real de los asuntos», en el sentido filosófico griego, como cuando Pablo habla de la gente que cambia «la verdad de Dios por la mentira» y sirve a la criatura en vez de al Creador (Ro 1.25). Esto se refleja en 1 de Juan 3.18, que exhorta al lector a amar «no de palabra ni de lengua, sino de hecho y en verdad.» «Hablar la verdad» puede también tener este significado, pero parece permitir también la interpretación de la verdad con la revelación divina (Jn 8.40; 5.33). A veces el término «verdad» simplemente significa «lo certero o cierto» o «una declaración de los hechos», como cuando Pablo responde al juicio de Festo acerca de que su defensa reflejaba su demencia (Hch 26.25), y la declaración de hechos de Jesús acerca de las viudas en Israel en días de Elías (4.25). Pablo llama al Evangelio «verdad» (2 Co 4.2); Colosenses 1.5 habla de la predicación del Evangelio como «palabras de verdad.»

Para Juan, la «verdad» puede significar un conocimiento salvador, no un simple conocimiento general. Puede libertar a una persona del pecado y la esclavitud (Jn 8.32). Aunque algunos ven algunos dejos gnósticos en su antítesis con la realidad divina, la cual Juan dibuja en su Evangelio, es más probable que Juan entendiera «verdad» y «falsedad» como una posibilidad real para la vida humana más que elementos cosmológicos permanentemente opuestos (Jn 8.44). El Espíritu Santo prometido por Jesús es el «Espíritu de verdad» (Jn 14.17; 15.2; 16.13 cf. Mr 13.11; Hch 1.8). Esta «verdad» funciona como parte de una revelación, un espíritu de testimonio en la comunidad (1 Jn 5.6).

Bibliografía. R. E. Brown, *The Gospel According to John I–XII.* AB 29 (Garden City, 1966); R. Bultmann, G. Quell, and G. Kittel, «alétheia,» *TDNT* 1:232-51.

William R. Goodman, Jr.

VERDAD, EVANGELIO DE LA

Un sermón gnóstico o reflexión acerca del Evangelio, descubierto en Nag Hammadi. Este folleto es una pieza de arte en retórica y puede ser descrita como gnóstica y valentiniana. Existe en dos revisiones críticas coptas, encontradas en los Códices I, 3 (Subakhimic) y XII, 2 (Sahidic). Ya que el último existe en una forma extremadamente fragmentaria, el anterior, por necesidad, se ha convertido en el foco de los análisis académicos.

Desde su descubrimiento, este texto ha provocado especulaciones entre los eruditos respecto a su autoría. El debate comienza con el comentario de Ireneo c. 180 de que «imprudentes» valentinos reclamaban poseer numerosos Evangelios que incluían un «Evangelio de Verdad» el cual «ellos mismos solos habían escrito recientemente» y que no «acordaba en punto alguno con los Evangelios de los apóstoles» (*Adv. haer.* 3.11.9). De esta declaración, muchos eruditos han atribuido este trabajo al maestro gnóstico Valentino (d.C. 100-ca. 175). Como apoyo, los comentaristas han apuntado a parecidos estilísticos entre el Evangelio de Verdad y los existentes fragmentos que se atribuyen a Valentino, el carácter conceptual valentiniano del texto, y la línea inicial del folleto en sí que se refiere al «evangelio de verdad.» Sin embargo, Ireneo no atribuye directamente el Evangelio de Verdad a Valentino mismo, pero sí a sus seguidores. Los parecidos estilísticos son dubitables debido a la brevedad de los fragmentos comparables y la ausencia del original griego; pueden meramente reflejar un entrenamiento retórico similar. Realmente, la impaciencia de los comentaristas de atribuir este trabajo a Valentino puede ser más elaboración que hecho.

Bibliografía. H. W. Attridge and G. W. MacRae, «The Gospel of Truth (I,3 and XII,2),» en *Naq Hammadi Codex I,* ed. Attridge. NHS 22 (Leiden, 1985); J. A. Williams, *Biblical Interpretation in the Gnostic Gospel of Truth from Nag Hammadi.* SBLDS 79 (Atlanta, 1988).

Andrea Lorenzo Molinari

VERSIÓN GÓTICA

Traducción de la Biblia al idioma gótico por Ulfilas (alrededor de 310-380 d.C.), quien creó un alfabeto gótico especial y redujo el idioma hablado a la forma escrita. La traducción se inició alrededor de 341, cuando Ulfilas fue a Bizantino y fue consagrado «obispo de las Tierras Góticas», por Eusebio de Nicomedia. Fue completada después de 348, cuando los cristianos góticos, incluso Ulfilas, fueron expulsados y cruzaron el Danubio hacia Moesia. Aparte de alrededor de 50 versículos de Nehemías 5-7, el AT gótico no ha sobrevivido. Basado en el texto bizantino o koiné, la traducción del NT es el documento literario teutónico más antiguo que se conoce. Las interpretaciones «occidentales», particularmente de las epístolas paulinas, se introdujeron de manuscritos latinos antiguos.

El más completo de la media docena de los manuscritos fragmentarios es una copia del siglo V o VI de la biblioteca de la universidad de Uppsala. Escrito en pergamino púrpura con tinta de palta, el Códice Argénteo presenta alrededor de la mitad del texto de los Evangelios en el orden de Mateo, Juan, Lucas, Marcos. Todos los demás manuscritos del NT gótico, con la excepción de una hoja de pergamino de un latín bilingüe y manuscrito gótico que ahora está en Giessen, son palimpsestos. Alrededor de 40 versículos del libro de Romanos existen en un latín bilingüe y manuscrito gótico en Wolfenbüttel.

No existe nada de Hechos, de las Epístolas Católicas ni de Apocalipsis.

Carroll D. Osburn

VERSIONES DE LA BIBLIA

Véase Traducciones de la Biblia.

VERSIONES GRIEGAS

Una de las razones principales para el surgimiento de múltiples versiones griegas de las Escrituras hebreas en los primeros siglos d.C. fue la discusión teológica entre los eruditos judíos y cristianos. Sin embargo, la revisión de la traducción del griego antiguo (la así llamada Septuaginta o LXX) y/o las nuevas traducciones de libros, probablemente se iniciaron incluso antes del inicio de los años de la Era Común. Esto se sabe porque algunos de los libros de la LXX presentan una relación cercana con las características de traducción en otros libros que se atribuyen a Teodoción. El hecho de que citas del material de Teodoción aparezcan en el NT significa que el material que se le atribuye tuvo que haber sido producido incluso antes. En contraste al Antiguo Griego, que a veces tiene amplias desviaciones del TM, la versión de Teodoción presenta una correspondencia formal cercana con el TM. De esta manera, es probable que otra razón para la producción de versiones griegas en el comienzo de los años de la Era Común, fuera la existencia de múltiples formas semíticas de algunos libros bíblicos.

Además de Teodoción, hay otras dos revisiones famosas de la LXX. Aquila (128 d.C.) produjo una traducción sumamente literal del hebreo. Intentó mantener una correspondencia de uno a uno entre las palabras hebreas y griegas. En contraste con Aquila, Símaco (finales del siglo II) proveyó una revisión que era más del estilo del griego común, en tanto que aun traducía el texto hebreo fielmente.

La fuente principal de conocimiento del trabajo de Teodoción, Aquila y Símaco son lecturas que se preservan de la Hexapla, que fue compuesta por Orígenes (alrededor de 230-240). En seis columnas paralelas Orígenes expuso: 1) el texto hebreo como él lo conocía; 2) una transliteración griega del hebreo; 3) Aquila; 4) Símaco; 5) la LXX; y 6) Teodoción. Orígenes empleó símbolos de Aristarco para indicar la relación entre la LXX y el texto hebreo. Las palabras griegas que no tenían contraparte en su texto hebreo fueron colocadas entre un obelo y metobelo, en tanto que las traducciones de las palabras hebreas que no tenían contraparte en la LXX fueron insertadas en el texto de otra versión (generalmente Teodoción) y marcadas con un asterisco y un metobelo. Un testigo importante del trabajo de Orígenes es la Siro-Hexaplar, una traducción muy literal de la quinta columna al siriaco por el obispo de Tella (618).

Jerónimo menciona otras dos recensiones: una de Hesiquio para usar en Egipto y la otra de Luciano para Antioquía. No hay evidencia que confirme la existencia de la primera, en tanto que la segunda solamente puede estar aislada en ciertos libros.

Bibliografía. S. Jellicoe, *The Septuagint and Modern Study* (1968, repr. Winona Lake, 1993).

VERSO O VERSÍCULO

La división de los libros bíblicos en números de capítulos y versos o versículos no proviene de los textos originales. Existen, sin embargo, precursores a este paso.

La evidencia primaria para la división temprana del texto hebreo en unidades más pequeñas es masorética, pero existe evidencia premasorética para actividades similares tan temprano como en Qumrán y el Misná. Los masoretas dividían el texto en lo que puede ser el término «capítulos» *(parashoth)* y «versículos» *(pasuq)*. Además, los masoretas marcaron secciones y dejaban una línea en blanco (de este modo hacían una sección «abierta»), o saltaban algunos espacios dentro de una misma línea (una sección «cerrada»). Que los masoretas estuvieran dividiendo texto en lo que equivalía a versículos, se observa en su uso del acento *silluq* para marcar el final de una unidad con sentido. La división del texto hebreo en capítulos enumerados y versículos, como ahora los tenemos, fue consumada bajo la influencia de la tradición Vulgata después del siglo XIII.

Divisiones de capítulos en el NT van atrás tan lejos, al menos, como los Codex Vaticanus del siglo IV, y otras divisiones del texto se pueden rastrear a través del desarrollo leccionario. La división del NT en versos ocurre por vez primera en la edición publicada por Robert Stephanus (Estienne) en París en 1551.

Bibliografía. B. M. Metzger, *The Text of the New Testament*, 3rd ed. (Oxford, 1992); E. Tov, *The Textual Criticism of the Hebrew Bible* (Minneapolis, 1992).

Michael L. Ruffin

VERSIONES
Véanse Traducciones Bíblicas; Texto del Antiguo Testamento; Texto del Nuevo Testamento.

VERSIONES LATINAS ANTIGUAS
Una tradición textual de la Biblia que precedió a la Vulgata de Jerónimo. No está claro si el antiguo latín procedió de un original o de varias tradiciones independientes, pero como varias provincias romanas alteraron textos en sus propias maneras, difieren cada vez más del texto más antiguo y uno de otro. Dos formas, africana y europea, ocupan un lugar destacado, con variaciones provinciales leves, como en España e Irlanda.

Los textos africanos de los siglos V y VI son prácticamente idénticos a las citas de Cipriano (Codex Bobbiensis, copiado en el norte de África c. 400; Palimpsesto Fleury, siglo V) o Agustín.

La unidad de los textos europeos se muestra por su acuerdo en las lecturas a diferencia del texto africano; los textos muestran acuerdo con Novaciano en la mitad del siglo III (Codex Vercellensis, copiado en el norte de Italia antes de 370) y Lucifer de Cagliari (m. 371, Cerdeña). Todos los demás manuscritos europeos de los evangelios están de acuerdo con Codex Veronensis (siglo V o VI) más que de uno con el otro; Veronensis puede representar el tipo de texto que Jerónimo utilizó como base de la Vulgata. En las Epístolas, Codex Claromontano está en estrecho acuerdo con Lucifer de Cagliari; Codex Boernerianus coincide frecuentemente con Ambrosio (c. 375, Roma). Speculum exhibe en las Epístolas Católicas una forma española del texto africano, coincidiendo con las citas en Prisciliano (m. 385). Si el texto en el lado norte del Mediterráneo surgió de manera independiente o como un desarrollo del texto africano es incierto.

Incluso después de la aparición de la Vulgata de Jerónimo, muchos mantienen el texto latino antiguo. Codex Colbertinus (siglo XII, Francia) refleja las huellas de lecturas africanas en un texto europeo contaminado en lugares por la Vulgata. Codex Gigas (siglo XIII, Bohemia) coincide con Lucifer de Cagliari, particularmente en Hechos y Apocalipsis.

Carroll D. Osburn

VERSIONES SIRÍACAS
Las traducciones de la Biblia al siríaco son numerosas, comparadas al número de versiones que produjeron otras comunidades cristianas primitivas. La primera traducción al siríaco del AT es la Vetus Syra, la versión Antigua Siríaca. Todavía se debate en cuanto a si el origen de esta traducción está en la conversión del reino de Adiabene al judaísmo, o si coincide con la introducción del cristianismo a Mesopotamia. En cualquier caso, esta primera traducción del AT al siríaco data de alrededor de mediados del siglo I d.C., y fue una adaptación o traducción de alguna forma de Tárgum arameo (ya sea arameo occidental o palestino).

Dos textos completos de los cuatro Evangelios, que pertenecen a la primera parte del siglo V, dan testimonio de la versión Antigua Siríaca del NT, que tuvo su origen en el siglo III. El título siríaco de estas versión, *Evangelion da-mepharreshe* («el Evangelio de los Divididos»), establece una relación con el Diatessaron de Taciano, que fue constituido *Evangelio de-mehallete* («el Evangelio de los Mezclados»). El consenso es que el Códice Siro Curetoniano y el Códice Siro Sinaítico, los dos manuscritos más importantes de la Antigua Siríaca, representan dos tradiciones textuales independientes de la misma versión. Entre las diferencias de los dos manuscritos están el orden de los Evangelios en el Curetoniano (Mateo, Marcos, Juan y Lucas, y falta la mayoría de Marcos y mucho de Juan) y el final más largo de Marcos que se confirma en el Curetoniano, pero no se encuentra en el Sinaítico. Los Evangelios existen en el NT de la Antigua Siríaca. Aunque se puede encontrar citas de Hechos y de las Cartas Paulinas en los primeros comentarios de los padres de la iglesia, no sobrevive ningún texto de Hechos ni Efesios de la Antigua Siríaca.

El sirio que se convirtió al cristianismo y estudiante de Justino Mártir, Tacio (alrededor de 110-72), produjo su *Evangelio da-mehallete* alrededor de 170 d.C. Esta antigua versión siríaca, mejor conocida por su nombre griego, Diatessaron («a través de cuatro»), es la armonía de Taciano de los cuatro Evangelios. Desafortunadamente, no sobrevive ningún manuscrito del Diatessaron. Nuestro conocimiento de esta versión se deriva totalmente de citas y fuentes secundarias. El idioma original del Diatessaron ha sido un tema de disputa. Aunque la evidencia sugeriría que Taciano compuso su armonía en siríaco, se ha sostenido que esta versión se compuso originalmente en griego y luego se tradujo al siríaco. El Diatessaron fue el esfuerzo de Taciano de tramar el material disparejo y detallado de los cuatro Evangelios del NT, con lecturas selectas de fuentes apócrifas, en una narración continua de la vida de Jesús. Por más de un siglo, dentro de la iglesia siria se consideró fidedigna la narrativa del Evangelio Siríaco de Taciano. Su amplia aceptación y popularidad fuera de la comunidad que hablaba siríaco se confirma con la amplia traducción del Diatessaron a varios idiomas distintos. Permanece la incertidumbre en cuanto a la relación entre el Diatessaron y la versión de la Antigua Siríaca. Los argumentos han avanzado a favor de que el Diatessaron es la primera obra, y de esta manera influye en la composición de los Evangelios de la Antigua Siríaca. Otros han adoptado la prioridad del los Evangelios de la Antigua Siríaca, que de alguna manera fue la fuente para el Diatessaron.

A partir del siglo V, la Peshiṭta Siríaca fue la versión estándar de la iglesia siria. Esta traducción posterior del AT y NT al arameo oriental es la segunda más antigua de las versiones principales, y uno de los primeros documentos de la literatura siria. Su nombre, *Peshiṭta*, la «versión simple» o «común», muy probablemente pretende distinguirse de la más sofisticada y anotada Syro-Hexapla. Todavía no se sabe con certeza cuándo y dónde se originó la traducción, y por qué y quién la hizo. Han surgido argumentos en cuanto al origen de la traducción desde el primero y siglo II d.C., y continúa el debate en cuanto a si la Peshiṭta es una traducción judía o cristiana. La evidencia sigue sugiriendo que los libros bíblicos fueron traducidos individualmente en un período extenso de tiempo, que la traducción representa la obra de más de un traductor y que se remonta a un original en hebreo que es muy cercano al TM. Algunos libros exhiben una conexión con tradiciones targúmicas judías. Otros libros dan evidencias de influencia de la LXX, pero la influencia del Tárgum y del texto griego varía de libro a libro.

La versión Peshiṭta del NT (que se completó a principios del siglo V) no fue una traducción nueva, más bien una revisión de la Antigua Siríaca, que la acerca más al griego. Entre los distintivos del NT Peshiṭta están la omisión de varios versículos en Mateo, Lucas, Juan y Hechos y la ausencia de cinco libros canónicos (2 Pedro, 2 Juan, 3 Juan, Judas y Apocalipsis).

A principios del siglo VI, Filógeno, obispo de Mabbug, expresó insatisfacción con la versión Peshiṭta, porque los traductores habían cometido tantos errores y porque la traducción al siríaco no era lo suficientemente cercana al griego original. Para remediar estas deficiencias, Filógeno nombró a Policarpo para que preparara una revisión minuciosa y exhaustiva de la versión Peshiṭta del NT. La revisión de Policarpo, una corrección acuciosa de distintas lecturas, partículas, sintaxis y estilo fue realizada en 508.

Un siglo después, otra versión parecía dar evidencias del esfuerzo continuo de llevar el NT siríaco en conformidad exacta con el griego fundamental. En 616 Tomás de Herakleia (Harkel) produjo una versión siríaca del NT, que se consideraba una revisión de la versión Filogenia, completa con notas al margen de lecturas distintas que se encuentran en los manuscritos griegos.

Los fragmentos de un texto siríaco palestino preservan un dialecto que se clasifica más exactamente como arameo occidental (palestino). La escritura es siríaca, pero una forma arcaica de la estrangela. La traducción se hizo de la LXX. Algunos han afirmado que hay influencia de la Peshiṭta y de los Tárgumes. La fecha de la versión es asunto de conjetura (probablemente el siglo IV o V).

A petición de Atanasio I, el Obispo Pablo de Tella, junto con un contingente de compañeros de trabajo, hizo una traducción siríaca del texto de la LXX que se encuentra en la quinta columna de la Hexapla de Orígenes. La técnica de traducción que empleó y el gran cuidado que los traductores ejercieron produjeron la Siro-Hexaplar, de valor incalculable para restaurar la perdida Hexapla de la LXX.

Finalmente, Jacobo de Edessa (640-708) produjo una revisión tanto de la Peshiṭta como de la Siro-Hexaplar. El trabajo de Jacobo en la Peshiṭta fue, no obstante, otro intento de mejorar la traducción siríaca. Su labor en la Siro-Hexaplar fue de restablecerla de acuerdo al estilo y dialecto del idioma siríaco. Estas recensiones, que solamente sobreviven en parte, marcaron el fin de casi ocho siglos de traducción bíblica entre los sirios.

Véase PESHITTA.

Bibliografía. K. Luke, «The Old Syriac Version of the Bible,» *Bible Bhashyam* 18 (1992): 105-23; «The Syriac Versions of the New Testament,» *Bible Bhashyam* 19 (1993): 300-314; 20 (1994): 124-38; «The Syriac Versions of the Old Testament,» *Bible Bhashyam* 18 (1992): 163-77; B. M. Metzger, *The Early Versions of the New Testament* (Oxford, 1977); A. Vööbus, *Early Versions of the New Testament* (Stockholm, 1954); W. Wright, *A Short History of Syriac Literature* (1894, repr. Amsterdam, 1966).

Dennis R. Magary

VESPASIANO

Tito Flavio Vespasiano, emperador romano, 69-79 d. C. Nació en una familia romana de clase media, el 17 de noviembre 9 d.C. en Falacrinae, noreste de Roma. Su carrera impresionante incluía un tribuno en Tracia, un cuestor en Creta y en Cirene, un pretorio bajo Calígula, comandante de la Segunda Legión «Augusta» en Bretaña, y gobernador de África. En el 67, Nerón lo nombró gobernador de Judea, a cargo de suprimir la rebelión judía. Sus esfuerzos fueron exitosos con Galilea, que estuvo pronto bajo control romano. A la muerte de Nerón, en el 68, Roma vivió un período de inestabilidad imperial. Vitelio, quien era sostenido por legiones de occidente, emergió de la contienda civil como emperador, al principio del 69. Vespasiano dejó a su hijo Tito a cargo del cierre de la guerra judía, que incluyó el sitio y la destrucción de Jerusalén. Desde su base en Alejandría, la cual controlaba el comercio de grano, Vespasiano ganó apoyo de otras legiones y reemplazó a Vitelio en julio.

Aunque era una persona de formación militar, las reglas de Vespasiano eran principalmente pacíficas. Él estableció los flavianos como legítimos sucesores a la dinastía Julio-Claudia, e ingenió la sucesión de sus hijos Tito y Domiciano a cambio. Sus logros de construcción incluyeron el Coliseo y el Templo de Claudio Deificado. También repuso el tesoro del estado que había disminuido por la pugna civil a la muerte de Nerón y la guerra judía, pero sus métodos fueron implacables e incluían impuestos exorbitantes. Fue renombrado por ser justo, limpio y leniente en asuntos legales y políticos y por la cooperación con el senado. Murió el 23 de junio del 79.

Bibliografía. F. Millar, *The Roman Near East: 31 b.c–a.d. 337* (Cambridge, Mass., 1993); C. Scarre, *Chronicle of the Roman Emperors* (London, 1995).

Scott Nash

VESTIDO

A pesar de los varios cientos de referencias bíblicas a la ropa o vestido, los traductores enfrentan dificultades para verter con precisión muchas de las palabras, hebreas, arameas, y griegas para prendas específicas. Como los textos tomaron forma a través de 1000 años las palabras adquirieron nuevos significados, la tecnología de hechura de ropa mejoró, y las modas cambiaron. Los relatos bíblicos se ubican en diferentes zonas geográficas, con diversos climas, recursos, nacionalidades, y culturas. Los estilos de vestir pueden variar de acuerdo con la ocupación (p.ej., Zac 13.4), condición social (p.ej., 2 S 13.18) y riqueza (p.ej., Stg 2.2-3), y pueden ser influenciados por estilos de otras culturas (p.ej., 2 Mac 4.12). La complejidad que los traductores enfrentan se hace aparente cuando uno compara las traducciones; p.ej., en Gn 37.3, 23, 32 la *kĕṯōneṯ passîm* de José: «túnica de diversos colores» (RVR-60), «túnica de muchos colores» (LBLA), «capa de muchos colores» (LBS), «túnica de manga larga» (NBJ), «túnica muy elegante» (DHH), «túnica especial de mangas largas» (NVI).

No se ha recuperado ninguna prenda de vestir de la época del AT en Palestina. Sin embargo, algunos vestidos de fines del período del NT han sobrevivido. Fragmentos de ropa y sandalias de Masada y Qumrán con fecha de 70-73 d.C. Túnicas, mantos y sandalias enteros de las cercanías de la Cueva de las Letras datan de la rebelión de Bar Kochba (135).

Las imágenes y estatuas de los pueblos alrededor son útiles. Un pintura de un muro egipcio en Beni Hasan de la tumba de Khnum-hotep III (aprox. 1890 a.C., contemporáneo de los patriarcas de la Biblia) muestra dos funcionarios egipcios encontrándose con una caravana de hombres, mujeres y niños orientales (*ANEP,* 3). El Obelisco Negro del rey asirio Salmanasar III (858-824) representa a Jehú, rey de Israel (2 R 9–10) y a 13 ayudantes trayendo tributo (*ANEP,* 351-55). Grabados de pared de Nínive representan el sitio de Laquis (sureste de Jerusalén) en 701 muestran soldados asirios y judíos, y hombres, mujeres, y niños de la ciudad (*ANEP,* 371-73).

El heb. *beg̱eḏ* se usa como término colectivo para «vestido» (Lv 11.25) o genéricamente para cualquier prenda (13.47). Se utiliza para el atuendo de un rey y sus sirvientes (2 S 13.31), vestiduras sacerdotales (Ex 28.2), y vestidos de mujeres (Gn 38.14). Gr. *himátion* funciona de manera similar (Mr 2.21 par.). La ropa incluye mantos (traducidos alternadamente como «abrigo,» «capa,» «bata»), túnicas («bata»), fajas («cinturón,» «delantal,» «taparrabos,» «cinto»), tocados («turbante,» «velo,» «corona»), y sandalias («zapatos»).

Génesis 3.7 es la primera referencia al vestido. El hombre y la mujer cosieron hojas de higuera para hacerse «delantales» (Heb. *ḥăg̱ōrâ*). En 2 Samuel

18.11; 1 Reyes 2.5, *ḥăḡōrâ* describe el atuendo de soldados. Esta prenda parecida a la camisa se envolvía alrededor de la cintura y cubría los muslos. Un «taparrabos» (Heb. *'ēzôr;* Gr. *zṓnē*) era similar (Is 5.27; Ez 23.15). Podía doblarse como faja en la forma de un cinturón.

Los delantales de hojas de higuera contrastan con las «túnicas de piel» con que Dios «vistió» al hombre y a la mujer (Gn 3.21). La «túnica» (Heb. *kuttōneṯ;* Gr. *chitṓn*), una especie de camisa suspendida por uno o ambos hombros, era usada por hombres (2 S 15.32) y mujeres (Cnt 5.3). Un «cinturón o faja de piel» era característico de Elías (2 R 1.8) y Juan el Bautista (Mt 3.4 = Mr 1.6). Zacarías 13.4 menciona un «manto velloso» vestido por profetas; las vestiduras de Juan el Bautista eran de «pelo de camello.» Hebreos 11.37 habla de los santos de la Biblia que viajaban «cubiertos de pieles de ovejas y de cabras.» Las túnicas de piel de oveja fueron encontradas en la Cueva de las Letras.

La lana y el lino eran productos de la agricultura palestina durante los tiempos bíblicos. Hay referencias frecuentes a hilar (Pr 31.19; Lc 12.27), tejer (Is 19.9; Jn 19.23), y bordar (Ex 28.39). Diferentes tonos de lana teñidos con tintes naturales proporcionan una gama completa de colores. En la pintura de Beni Hasan los delantales y túnicas de los visitantes muestran múltiples colores y modelos, mientras que los egipcios visten delantales de lino blanco. Las prendas de lana procedentes de la Cueva de las Letras tienen tonos café, marrón, rojo, amarillo, con rayas negras, azules y verdes. Las prendas de cuero, lana y lino pueden llegar a infectarse (Lv 13.47-59).

Una prenda exterior se puede vestir encima de una túnica (Esd 9.3, 5; Ez 26.16; Mt 5.40 = Lc 6.29; Jn 19.23). Varias palabras (*śimlâ, meḏew, kěsûṯ, me'îl, 'addereṯ;* Gr. *ependýtēs, himátion, peribólaion, phainólēs* se refieren a un manto rectangular que cubría los hombres y envolvía el cuerpo. Un manto era indispensable (Job 31.19). Servía como una manta para la noche (Ex 22.27; Dt 24.12-13) y un medio para llevar otros artículos (Ex 12.34; Rt 3.15; Hag 2.12). Los mantos estaban decorados con flecos y borlas (Dt 22.12; cf. Mt 23.5; Lc 8.44) con hilos de color azul o violeta que recordaba al que lo vestía de los mandamientos (Nm 15.37-41). En el Obelisco Negro Jehú y sus ayudantes vestían túnicas, mantos con flecos, y fajas. Borlas de hilo esperando ser agregadas a las prendas fueron encontradas en la Cueva de las Letras.

El tocado (Heb. *pě'ēr, ṣānîp̄*) era un paño que cubría la cabeza, o se envolvía como turbante (Ez 24.17; Zac 3.5). En los relieves de Laquis las mujeres que abandonan la ciudad usan un paño a lo largo del tobillo sobre su cabeza y cae sobre sus espaldas. Las mujeres a veces usaban un velo (*ṣā'îp̄*) para cubrir su rostro (Gn 24.65; Cnt 4.1, 3). Pablo insistió sin ninguna concesión que las mujeres de Corinto cubrieran su cabello mientras oraban en las reuniones de la comunidad (1 Co 1.4-16).

Las sandalias (Heb. *na'ălāyim;* Gr. *hypodḗmata, sandália*) eran calzado común (Dt 29.5[TM 4]; Mr 1.7; Hch12.8). En las pinturas de Ben Hasan los hombres llevan sandalias o están descalzos, mientras que las mujeres usan calzado. En el Obelisco Negro los ayudantes de Jehú usan zapatos puntiagudos.

Si bien los autores bíblicos utilizaron las mismas palabras para la vestimenta de hombres y mujeres, Deuteronomio 22.5 implica que hay diferencias. Las decoraciones tejidas en capas halladas en la Cueva de las Letras pueden reflejar distinciones para hombres y mujeres. Las viudas llevaban ropa que las identificaba (Gn 38.14; Jdt. 8.5). En Isaías 3.18-24 un detallado poema enumera las prendas y adornos de las mujeres de clase alta de Jerusalén en el siglo VIII, pero las traducciones para muchos artículos siguen siendo muy inciertas. Ezequiel 16.13-14 metafóricamente describe las vestiduras de Jerusalén como «de lino fino, seda y bordado,» como una reina podría vestir (cf. LXX Est 15.1-2; Jdt. 1-.3-4).

Ropa distintiva era asociada con el santuario y el Templo. El joven Samuel (1 S 2.18), los sacerdotes de Nob (1 S 22.18), y David (2 S 6.14) vestían un efod de lino (Heb. *'ēpōḏ bāḏ),* un taparrabos, mientras estaban en el santuario. Éxodo 28, 39 describe las vestiduras de Aarón y sus hijos. Los sacerdotes vestían ropa interior especial de lino *(mik̲nĕsê pištîm)* para evitar exponerse mientras ministraban. Sobre estos se llevaba una túnica de lino, un manto de lana, y una faja bordada. Los sacerdotes también llevaban turbantes de lino. El sumo sacerdote agregaba un efod decorado con múltiples colores, un pectoral de piedras preciosas, y un emblema grabado en oro en su turbante. Más tarde, los sacerdotes levíticos pueden haber usado solo vestimentas de lino (Ez 44.15-19).

Bibliografía. L. Bonfante and E. Janunzems, «Clothing and Ornament,» en *Civilization of the Medite-*

rranean, ed.M. Grant and R. Kitzinger (New York, 1988), 3:1385-413; Y. Yadin, *Bar-Kokhba* (New York, 1971); *Masada* (New York, 1966).

Joseph E. Jensen

VESTIDURAS, GUARDA DE LAS

La persona a cargo de las vestimentas usadas por el rey y los sacerdotes. Uno de estos individuos, Harhas, se nombra en 2 Reyes 22.14 y en 2 Crónicas 34.22. En 2 Reyes 10.22 los adoradores de Baal fueron suministrados con prendas especiales de la guarda de las vestiduras (cf. Jer 38.11).

John R. Huddlestun

VÍA APIA (Lat. *Via Appia*)

La segunda carretera romana más antigua, comenzada por Apio Claudio en 312 a.C. y que con el tiempo se extendió por 579 km (360 mi) desde Roma a Brundisium (Brindisi moderno) en la costa Adriática. Con un ancho promedio de 5.5 m (18 pies), había espacio para que pasaran dos carros. Era la ruta principal para todos los viajes de tierra entre Roma y Grecia y señala al este. Aunque no se menciona explícitamente, esta fue la ruta que Pablo tomó de camino a Roma, un hecho confirmado por la mención «del Foro de Apio» y las «Tres Tabernas» (Hechos 28.15). De Puteoli, él habría viajado 32 km (20 mi) a Capua, donde él podría tomar la Vía Apia y en cinco o seis días cruzar los 212 km restantes (132 mi) a Roma.

Kent L. Yinger

VÍA DOLOROSA

El camino tradicional de Jesús desde el pretorio de Pilato a través de la Ciudad Vieja de Jerusalén a la Iglesia del Santo Sepulcro (Lat. «camino del afligido»).

Tan temprano como en el siglo IV d.C., los peregrinos visitaban a Jerusalén con el deseo de orar en los lugares santificados por las últimas horas de Jesús. Egeria (c. 380) reporta una procesión anual (no semanal): Después de pasar la noche del jueves santo en el Monte de los Olivos, adoradores descienden al amanecer a Getsemaní para hacer lecturas conmemorando la agonía de Jesús y su traición. Entonces, salen hacia la ciudad y entran a primera hora cantando a través de la Puerta Oriental. Pasan por la ciudad por aproximadamente la misma ruta que la presente Vía Dolorosa y se mueven sin detenerse a la Iglesia del Santo Sepulcro.

El camino actual creció de la nueva devoción a la humanidad y las heridas de Jesús, que fueron elementos esenciales en la piedad de Bernard de Clairvaux (1090-1153), Francisco de Asís (1182-1226), Buenaventura (1221-1274) y St. Gertrudis (1256-1301).

La ruta no ha cambiado mucho desde el siglo XIII, pero el número y orden de estaciones se ha desarrollado. La Vía actual, con exactamente 14 estaciones, fue definitivamente arreglada en el 1914. Las estaciones conmemoran en sucesión (1) la condena de Jesús, (2) la imposición de la cruz, (3) su caída bajo el peso de la cruz, (4) encuentro con su madre, (5) poner la cruz sobre Simón de Cirene, (6) Verónica seca el rostro de Jesús, (7) caída por segunda vez, (8) sus palabras a las hijas de Jerusalén, (9) caída la tercera vez, (10) remoción de sus ropas, (11) clavarlo en la cruz, (12) muerte en la cruz, (13) su cuerpo tomado de la cruz, (14) su entierro. Jesús, cayendo tres veces, y el encuentro con su madre y con Verónica no están certificados en el NT, pero se han convertido en parte integral de la Vía.

La ruta fue establecida en un tiempo en el cual se creyó que tomó lugar la condena de Jesús en la Fortaleza Antonia, que servía como el pretorio de Pilato. Se cree ahora que el pretorio se debe identificar con el palacio de Herodes al oeste de la Iglesia del Santo Sepulcro y no con la Antonia al este. Aunque los peregrinos, al caminar la Vía Dolorosa, están probablemente viajando en dirección opuesta del paso histórico.

Bibliografía. A. Storme, *The Way of the Cross* (Jerusalem, 1976); H. Thurston, *The Stations of the Cross* (London, 1906); J. Wilkinson, *Egeria's Travels in the Holy Land,* rev. ed. (Jerusalem, 1981).

Robert Harry Smith

VÍA IGNACIA

Un camino que unió las costas oriental y occidental de Macedonia (Lat. *Via Egnatia*), construido después de que Macedonia se convirtió en una provincia romana en 146 a. C. Las tropas y los comerciantes que viajaban desde Roma alcanzarían el punto oriental de la Vía Apia en Brundisium, cruzarían el mar Adriático, tocarían tierra en Apolonia o Durres en la costa occidental de Macedonia, seguirían por tierra junto a la Vía Ignacia hasta Neápolis (el puerto c. 14 km [9 mi] este de Filipos), y luego navegarían el este a través del Mar Egeo.

El apóstol Pablo navegó de Troas a Neápolis y luego viajó a Filipos, donde se convirtieron Lidia y su casa (Hch 16.11-15). Él después predicó en Tesalónica (Hch 17.1-9), viajando así hacia el oeste de Neápolis por la Vía Ignacia (cp. 20.1-6), antes de ir al sur a Berea (17.10-14) y Atenas (v. 15).

James A. Kelhoffer

VIAJEROS, VALLE DE LOS

Lugar de enterramiento de los derrotados ejércitos de Gog, y uno al que posteriormente se le cambiaría el nombre por el valle de «Hammon-gog», (las tropas de Gog, Ez 39.11; Heb. *gê hāʿōbĕrîm*) . A pesar de que el TM apunta a *hʿbrym* como un participio («los viajeros» «los que iban de paso»), la mayoría de los académicos siguen la versión copta y leen *hāʿăbārîm* (Abarim), una región montañosa en Moab, al este del Mar Muerto (Nm 27.12; 33.47-48; Dt 32.49; Jer 22.20). No obstante, Abarim no se ajusta a los requisitos de que el valle fuera «en Israel», y las especificaciones «al este del Mar» describen mejor al Mediterráneo que al Mar Muerto.

La identificación del valle es incierta. Algunos académicos sugieren el valle de Jezreel, una importante vía que va de este a oeste con una larga historia militar y una región adecuada para los requerimientos de textos simbólicos para un lugar de enterramiento de gran tamaño. Otros propusieron el Valle de Hinnom en Jerusalén. Recientemente, académicos sugirieron que el *hāʿōbĕrîm*) alude al paso hacia el infierno. El nombre del valle enfatiza el hecho de que sería un lugar donde el ejército de Gog pasaría al infierno.

Bibliografía. B. P. Irwin, «Molek Imagery and the Slaughter of Gog in Ezekiel 38 and 39,» *JSOT* 65 (1995): 93-112; M. S. Odell, «The City of Hamonah in Ezekiel 39:11-16: The Tumultuous City of Jerusalem,» *CBQ* 56 (1994): 479-89.

Brian P. Irwin

VÍBORA

Entre las aproximadamente 35 especies de serpientes en Israel, siete son venenosas y pueden infligir una mordida fatal. Seis de estas serpientes venenosas son víboras: la víbora palestina, la víbora Burton, víbora Field, cerastes pequeña y la más grande y la víbora de la mole de En gadi. La víbora palestina habita el lago Huleh, Galilea, las planicies de Jezreel, los llanos de la costa, las montañas centrales y el Sefela. Las otras viven en el desierto y en regiones semiáridas.

Zofar habla de personas malas, y las describe figurativamente como que tienen «la lengua de una víbora» (Job 20.16). En su advertencia a Judá, concerniente a una alianza egipcia, Isaías menciona a la víbora como uno de los diversos animales dañinos que habitan el Neguev, una tierra de «tribulación y de angustia» (Is 30.6). Isaías también describe la iniquidad del pueblo de Dios que «incuban huevos de áspides» (Is 59.5). El heb. *ʿakšûb*, puede ser traducido «víbora» o posiblemente «araña» (Sal 140.3[TM 4]).

Juan el Bautista llama a los fariseos y saduceos que vinieron a verlo, «generación de víboras» (gr. *échidna;* Mt 3.7; en Lc 3.7 se dirige a las multitudes). Jesús, de igual forma, condena a los fariseos como a «generación de víboras» (Mt 12.34; 23.33), e indica así su hipocresía y maldad. Sólo en Hechos 28.3, donde una víbora muerde la mano de Pablo, se menciona una víbora literalmente.

Bibliografía. Atlas of Israel, 3rd ed. (Tel Aviv, 1985); E. Orni and E. Elisha, *Geography of Israel*, 4th rev. ed. (Jerusalem, 1980).

Alan Ray Buescher

VID, VIÑEDO

El origen de la viticultura en el sur del Levante data del periodo del Calcolítico (4000-3500 a.C.), basado en el descubrimiento de instalaciones para pisar uvas en la región. La geografía, tierra y clima de la estepa y montaña de los países mediterráneos eran favorables para el cultivo de viñas. En la cuenca del Alto Mediterráneo se encuentran dos tipos singulares de uvas, *Vitis silvestris* (una especie silvestre de uva, común a partes de Europa y el Norte de África) y *Vitis vinifera* (uvas domesticadas), que han sido datadas del periodo neolítico (8000-3500). No se han encontrado ejemplos de *Vitis silvestris* Israel.

El primer ejemplo de viticultura en la Biblia es el recuento de cuando Noé planta una viña, la cual presume un conocimiento anterior de la práctica de este «hombre de tierra» (Gn 9.20). Ejemplos de *Vitis vinifera* se encontraron en los estratos del Bronce Temprano en Laquis y las regiones permanecían como productores de uvas hoy día. En la región del moderno Israel, Palestina y el Líbano se producía una abundancia de vino en la Edad Mediana de Bronce, donde, de acuerdo a los anales de Sinué, «había higos y uvas, y tenía más vino que agua» (*ANET,* 19). Durante la Era del Bronce Tardío, la viticultura era un elemento vital de la economía de Canaán. Tutmosis III trajo parras y otras variedades botánicas desde Canaán a Egipto. Salomón mercadeó vino junto al trigo, cebada y aceite de oliva en maderas seguras, y otros productos y servicio para la construcción del Templo de Jerusalén (2 Cr 2.8-10).

La horticultura de viñas se describe variadamente en la Biblia y en textos antiguos. En el terreno rocoso del antiguo Israel, la preparación extensa del terreno era necesaria (Is 5.1-8). Quitar piedras y azadonar precedía la selección y siembra de la selección elegida de reservas de viñas. Aparentemente, las uvas rojas eran las preferidas, como el heb. *sōrēq* sugiere (Jer 2.21; Is 5.2). Otras variedades, tales como las *gepen sĕmādar* (Cnt 7.12 [TM 13]) y *gepen bôqēq* (Os 10.1), algunas de las cuales producían uvas verdes o blancas, son contadas. El viñador debía construir un muro de piedras o juntar piedras o maleza y zarzas alrededor de la viña para la protección de la gente y animales, y para definir las fronteras, y luego una torre de vigilancia de piedra era erigida dentro de un cercado. La ley antigua permitía comer uvas mientras estuvieras dentro de la viña de un vecino, pero remover uvas al usar cualquier clase de envase era prohibido (Dt 23.24). Pasadizos entre las viñas amuralladas vecinales eran comunes, como el lugar donde estaba el ángel que blandía una espada ante Balaam y su burro (Nm 22.24-33).

Las viñas podían diseminarse junto a los contornos de la tierra en un campo de pequeñas colinas, o entrenadas a crecer en palos que las aguantaran y en enrejados, y creaban filas lineares o doseles (*ANEP*, 156). Podar era necesario para maximizar la producción de la uva y asegurar la cosecha del fruto (Is 18.5; Jn 15.2). El cuchillo para podar *(mazmerâ)* era pequeño y curvo. No se podaba o se hacía cualquier otra forma de viticultura en la tierra durante el año sabático (Lv 25.4-5).

El gozoso tiempo de cosecha ocurría desde el final del verano hasta otoño, de acuerdo a la región y elevación (Jue 9.27; cf. Is 16.9-10). Los racimos de la uva eran removidos con cuchillo de las vides que al menos tenían cuatro años de sembradas. La producción del cuarto año se dedicaba al Señor como ofrenda de alabanza, y luego, el año siguiente, el viñador podía recoger los beneficios del producto (Lv 19.23-25). Uno que era llamado al servicio militar podía ser liberado al tiempo de cosecha para disfrutar el fruto de la vid, si no lo había hecho aún (Dt 20.6). Recoger la uva era provisión especial para el pobre, extranjeros, viudas y huérfanos, quienes de otra forma no serían capaces de disfrutar el producto de la tierra (Lv 19.10; Dt.24.21).

Aunque algunas uvas eran consumidas, la mayoría eran traídas a las presas de vino para la actividad familiar de pisar las uvas. Las prensas de uvas de los periodos del AT y NT han sido descubiertas a través del país montañoso y valles del Israel moderno y Palestina. La mayoría de las instalaciones de la Era del Hierro eran del tipo de extracción rocosa *(yeqe,)* y encontradas próximas a la viña; otras construidas de piedra y argamasa *(gam)* se daban en los alrededores de pueblos y ciudades, más comunes en los períodos romano y bizantino.

A través de la historia israelita, la viña jugó un rol importante en sus aspectos de desarrollo literario y religioso. Una viña fructífera era símbolo de la fiel beneficencia de Dios. Un racimo grande de las viñas del Valle Escol, fue traído al campo israelita en Cades, como evidencia de la gran productividad de la Tierra Prometida (Nm 13.23-24; Dt 6.11). Las viñas continuarían siendo fructíferas si la gente cumplía los mandamientos del Señor (Dt 8.6-10). Jesús usó las imágenes similares de la viña y el viñador, para describir la naturaleza del discipulado, por el cual las ramas de sus discípulos llevarían fruto abundante mientras se sostuvieran y nutrieran de la vid al guardar sus mandamientos (Jn 15.1-17). El sabio salmista establecía que el que teme a Dios sería bendecido con una esposa maravillosa que es como una vid fructífera (Sal 128.1-3).

La viña podía también ser el símbolo de juicio sobre la nación. La «Canción de la viña» de Isaías retrata a Israel como la viña escogida plantada y nutrida por el Señor, pero que daba fruto agrio. El resultado sería la devastación de la viña y su protección por la injusticia de Israel impiedad (Is 5.1-7; cf. Sal 80.8-16[9-17]; Os 10.1-2; Jer 8.13). Las viñas se secarían y serían asoladas por sus enemigos saqueadores (Jl 1.6-12). Juicios sobre las naciones circundantes a Israel puede también contextualizarse en la imagen de la viña (Jer 48.32-33).

Abstenerse de la viña y su producto conllevaba una connotación especial de consagración en la Biblia. A los nazareos se les prohibía el contacto o consumo de todo lo originado en la viña, fueran uvas, jugo y vino producido de ellas (Nm 6.1-4). Los fieles recabitas también se abstenían de consumir vino y de cultivar las viñas (Jer 35.1-11). Los sacerdotes se refrenaban del consumo del vino durante el tiempo de servicio cúltico (Lv 10.8).

La restauración de Israel después del exilio y la cautividad debía ser evidenciada en la productividad de las viñas, con el vino que chorreaba por las montañas mientras el pueblo plantaba viñas y bebía su vino (Am 9.13-15; cf. Os 2.15 [17]; 14:7[8]). El Señor regaría y velaría sobre sus viñas continuamente para que llevara fruto abundante (Is 27.2-4; Jer 31.1-14).

Bibliografía. O. Borowski, *Agriculture in Iron Age Israel* (Winona Lake, 1987); R. Frankel, *The History of the Processing of Wine and Oil in Galilee in the Period of the Bible, the Mishnah, and the Talmud* (diss., Tel Aviv, 1984); J. M. Renfrew, *Palaeoethnobotany* (New York, 1973); *Wine and Oil Production in Antiquity in Israel and Other Mediterranean Countries.* JSOT/ASORMS 10 (Sheffield, 1999).

R. Dennis Cole

VIDA

La calidad básica de la existencia, en la Biblia se afirma principalmente de Dios y de los seres humanos, los animales y las plantas. Los términos hebreo y griego generalmente traducido «vida» son varios y variados. En el AT *ḥayyîm*, «vida» (probablemente un abstracto pl.), a menudo connota el tiempo de la existencia humana (Gn 23.1); a veces son las circunstancias de la vida (Job 10.1). Su equivalente *ḥayyâ* significa «viviente». Otros términos hebreos son *nepeš*, «alma, vida», que hace un ser vivo. En el NT Gr. *bíos* se refiere al orden natural y *zōḗ* a la vida de Dios y la salvación que conlleva la vida eterna. El Gr. *psychḗ*, «alma, vida», generalmente corresponde al Heb. *nepeš*. A través de la Biblia, la vida en sus diversos sentidos a menudo se contrasta con la muerte.

En el Antiguo Testamento toda vida proviene y es sustentada por Dios, quien existe desde el principio (Gn 1.1) y vive para siempre. Dios es el único ser que está verdaderamente vivo, invocado por el juramento común «Dios viviente». Solo Dios es «Dios vivo» (Dt 5.26; Jer 10.10). Aunque las plantas son de hecho vivas, y los animales con su *nepeš* incluso más aún, solamente los seres humanos tienen la vida que viene por haber sido hecho a imagen de Dios. Esto trae un significado cualitativo a la «vida» desde el principio del AT. La vida no es mera existencia, o aun la longevidad, sino la salud y el bienestar (Pr 3.13-17; 14.30). La vida tiene una dimensión moral esencial que implica atender los mandamientos de Dios (Dt 30.15-20). Al final del período del AT emerge un sentido escatológico de la vida, especialmente con la creencia de la resurrección a la vida (Dan 12.2). Este significado escatológico se amplía en la literatura judía intertestamentaira (por ejemplo, 2 Mac 7.9; 1 *En*. 58.3).

El NT continúa estos significados del AT de la vida, pero el énfasis cambia a la vida eterna. En los evangelios sinópticos casi todas las referencias a la vida ocurren en las enseñanzas de Jesús. La vida (*zōḗ*) no consiste en los bienes (Lc 12.15), y la *psychḗ* es más que la comida (v. 23). La vida (*zōḗ*) viene de guardar los mandamientos de Dios (Mt 19.17) y por renunciar a la propia vida (*psychḗ*) para seguir a Jesús (Lc 14.26). El aspecto de autosacrificio de la vida verdadera se encuentra en la afirmación de Jesús que vino «para dar su vida (*psychḗ*) en rescate por muchos» (Mr 10.45). Los Hechos de los Apóstoles tiene el mismo enfoque de la vida y agrega el punto especial que el cristianismo podría ser conocido como «esta vida» (Hch 5.20). Mientras que los sinópticos resaltan la naturaleza escatológica futura de la vida, las escrituras juaninas consideran la plenitud de la vida escatológica como una realidad presente. Jesús dice que el que oye su palabra y cree al que lo envió tiene vida eterna (presente) porque Jesús tiene vida en sí mismo (Jn 5.24-26) y ha venido a traer vida al mundo (por ejemplo, 1.4, «la vida era la luz de los hombres».) Jesús se llama a sí mismo «el pan de vida», «la resurrección y la vida» y «el camino, la verdad y la vida» (6.48, 11.25; 14.6). A pesar de la «comprendida escatología» del cuarto evangelio, conserva una fuerte escatología futura y audazmente empareja los dos: «todo aquel que ve al Hijo, y cree en él, tenga vida eterna; y yo le resucitaré en el día postrero» (6.40).

Pablo considera que la vida viene mediante la fe en el Cristo crucificado y resucitado. No se puede encontrar por depender de las obras de la ley, que lleva a cambio a maldición (Gá 3.10-11) y a muerte (Ro 7.10). La vida resucitada de Jesús se ha convertido ya en la del creyente (Gá 2.19-20). El bautismo en Cristo lleva a vivir una nueva vida en el presente, que se basa en la muerte de Jesús (Ro 6.4). Por obra del Espíritu, la vida eterna se ha trasladado en el presente y se cumplirá completamente en la parusía con la resurrección del cuerpo (Ro 6.13; Gá 5.25). Por tanto, el creyente vive entre el presente anticipo y el futuro cumplimiento; la resurrección de Cristo es la promesa de nuestra resurrección a la vida plena. En el presente, vivir por y para Cristo implica vivir para los demás responsablemente en todo tipo de circunstancia social, lo cual Pablo destacó especialmente en la primera carta a los Corintios. Las cartas cuya autoría Paulina se disputa acentúan este aspecto actual de la vida aún más fuertemente, insistiendo en que el creyente ya ha sido resucitado con Cristo (Col 2.12; 3.1; Ef 2.6).

En el libro de Apocalipsis, la vida (*zōē*) siempre está vinculada a otra palabra, a menudo simbólica: el árbol de la vida, que comen los justos (Ap 2.7; 22.2, 14, 19); la corona de la vida que llevan (2.10); el libro de la vida, el rollo en que sus nombres están escritos (3.5; 13.8; 17.8; 20.12, 15; 21.27); el agua de la vida, que beben (21:6; 22:1, 17). Como se adapta el estilo apocalíptico y la teología de esta escritura, la vida es escatológica y futura, pero está unida al que Vive que ha vencido a la muerte y vive para siempre (Ap 1.8).

Bibliografía. G. Bertram, R. Bultmann, and G. von Rad, « záō,» *TDNT* 2:832-75; L. Goppelt, *Theology of the New Testament* (Grand Rapids, 1982), 2:98-106; D. Hill, *Greek Words and Hebrew Meanings.* SNTSMS 5 (Cambridge, 1967), 163-201; H. W. Wolff, *Anthropology of the Old Testament* (Philadelphia, 1974).

ROBERT E. VAN VOORST

VIDA DESPUÉS DE LA MUERTE

La preocupación occidental, o más específicamente la judeocristiana, por el destino de la humanidad más allá de la muerte física ha proporcionado el impulso subyacente a gran parte de los estudios modernos de la muerte y el más allá en el antiguo Israel. Desafortunadamente, las nociones judeocristianas en cuanto a los aspectos materiales de la vida de ultratumba han dominado los tratamientos occidentales de otras culturas en detrimento de otros aspectos a menudo presentes en los propios datos primarios. En aquellos casos excepcionales en los que la evidencia de cierta cultura ha resistido la interpretación judeocristiana, esa tradición cultural ha sido considerada como «primitiva,» sea en términos de su «mérito intelectual inferior» o su «deficiente virtud religiosa.» Esta tendencia también perpetúa supuestos intelectuales eurocéntricos de la edad moderna que tienen que ver con la evolución de las culturas y las religiones en las que las culturas antiguas y extranjeras se caracterizaron como primitivas, y por lo tanto se pensaba que defendían creencias religiosas primitivas y observaban prácticas religiosas arcaicas. Entre los elementos primitivos detectados en las tradiciones del AT y en el registro arqueológico donde dichas prácticas y creencias asociadas con cultos a la muerte y cultos a los antepasados que, como se solían definir por los primeros pensadores de la edad moderna, suponían un temor mórbido y superstición en cuanto a los espíritus. En términos más generales, los primeros pensadores de la edad moderna normalmente vieron que este temor y su culto encargado proporcionaban el impulso inicial subyacente en el desarrollo de los modos de pensamiento religioso de los primeros humanos.

El consenso de los estudios anteriores subraya el hecho de que el mundo del antiguo Israel era muy diferente del judaísmo posterior y el cristianismo, y esto atañe también a sus respectivas creencias y rituales asociados con la muerte y el más allá. La disparidad en las opiniones de los expertos se plantea ahora sobre cuestiones de menor importancia, tales como si las transformaciones en las creencias en el más allá tuvieron lugar a principios o a finales en la historia israelita, historia religiosa judía; si los catalizadores de estas transformaciones fueron influencias internas o externas; y si fueron externas, de la región local o más allá de la región: egipcias, mesopotámicas, o persas.

Durante la mayor parte del tiempo el consenso fue que el Israel anterior al exilio no tenía creencias sobre la vida futura dignas de mención, al menos no en el sentido que los judíos posteriores o los cristianos con el tiempo llegaron a conceptualizar sobre la materia: una existencia bendita, material, física para los piadosos (y a la inversa, una experiencia horrible y perpetua para los malvados). Lo siguiente va a considerar lo que constituyó una vida plena y una muerte «aceptable» en la antigua Asia occidental del Mediterráneo y en antiguo Israel en particular.

Morada de los muertos

En el AT varios términos hebreos como *šĕʾôl* («Seol»), *māweṯ* («muerte»), *ʾereṣ* («tierra»), *šaḥaṯ* («hoyo»), *bôr* («hoyo»), y *ʿăḇaddôn* («lugar de destrucción») podían referirse al inframundo o morada de los muertos. Algunos de estos términos son calificados adicionalmente por *taḥtît* o sus diversas formas significando «las partes más bajas.» Seol más a menudo designa las regiones del inframundo, aunque tenía pocos, si alguno, cognados en el antiguo Cercano Oriente, por lo que hacía su origen etimológico aún más oscuro. Por supuesto, incluso si hemos sido capaces de descubrir su historia etimológica completa, no necesariamente clarifica la importancia o función de Seol.

Al igual que sus homólogos del Cercano Oriente, el inframundo en la antigua tradición israelita suele ser retratado como un lugar al que alguien debe descender. Es oscuro, polvoriento, y un lugar de silencio. Se puede conectar con las aguas del caos sobre las que la persona suele viajar para entrar al inframundo. Se describe Seol como un lugar con barras, puertas, cuerdas y trampas, las cuales sugieren la improbabilidad de escapar del inframundo (al menos no en la capacidad plena que uno tenía antes de morir) y se aproxima a lo que sabemos era el caso en la tradición de Mesopotamia en la que se representa al inframundo como la «tierra sin regreso» (a la tierra de los vivos en la anterior capacidad total de cada uno). El inframundo también se superpone con los diversos términos del AT para la «tumba,» sugiriendo que la tumba era considerada como incorporada en el ámbito más amplio de Seol. Uno podría entrar a Seol desde la propia tumba, indicando que podría funcionar como una entrada al inframundo. En contextos poéticos, el inframundo es personificado como teniendo un apetito insaciable por el que se traga todo. Puede agarrar a alguien con una fuerza tan implacable que nunca libera a su víctima. Estos elementos transmiten algo de la permanencia y penetración de la muerte en la antigua sociedad israelita.

Habitantes del inframundo

Los que habitan el inframundo en el antiguo Israel son llamados *mēṯîm* («muertos») y *rĕpāʾîm* («muertos»; cf. esp. Sal 88.11[TM 12]; Isa 26.14). El término «refaim» (o *rpʾm*) se usa en dos textos fenicios del siglo VI para denotar simplemente a los muertos (KAI 13.7-8; 14.8-9). Los fantasmas de los muertos son designados repetidamente como «los que saben» *(yiddĕʿōnîm)* y «los que regresan» *(ʾōḇôṯ)* en los textos bíblicos más bien tardíos cuando la práctica de la necromancia también se recoge por primera vez como una adaptación de Mesopotamia. En Isaías 19.3 se les llama *ʾiṭṭîm* («fantasma»), probablemente el equivalente hebreo de Akk. *eṭemmu.* Se suele afirmar que se puede referir a los muertos como «dioses» (*ʾĕlōhîm*) sobre la base de una traducción dudosa del texto deuteronomista de 1 Samuel 28.13-14 y la dudosa suposición de que fantasmas y dioses eran equiparados en la tradición Mesopotamia e israelita. Aunque algunos textos acadios parecen representar dos clases de seres de otro mundo, los dioses *(ʾ ilu)* personales o de la familia y los fantasmas de los parientes fallecidos *(eṭemmu),* su relación exacta sigue siendo difícil de alcanzar.

El heb. *mēṯîm* («muerto») y *ʾĕlōhîm* («dioses») igualmente ocurren en relación estrecha en Isaías 8.19, lo que a su vez ha dado lugar a equiparaciones erróneas. Es más probable que los dos términos se refieran a dos grupos distintos de seres de otro mundo; los dioses ctónicos convocados para ayudar a traer a un fantasma conjurado y el fantasma mismo atestiguados en tradiciones nigrománticas de Mesopotamia. Con estas consideraciones en mente, una traducción alternativa de 1 Samuel 28.13-14, una composición del siglo VI relacionada con la nigromancia, es posible. En la primera mitad de la búsqueda del rey Saúl la mujer se refiere a la aparición de los dioses del inframundo («dios ctónicos [*ʾĕlōhîm*] que suben de la tierra») que normalmente eran invocados en ritos nigrománticos en Mesopotamia por su habilidad en ayudar a traer fantasmas particulares. En la segunda parte ella se refiere al fantasma de Samuel que los dioses han traído a la mujer de Endor para consultarlo. Los «dioses» no deben ser equiparados con el fantasma de Samuel como una referencia a su condición divina (= el muerto deificado). Por el contrario, el texto preserva un eco de dos grupos de seres de otro mundo que suelen participar en ritos nigrománticos.

El término *rĕpāʾîm* («Refaim») aparece en dos contextos en el AT, en los textos narrativos del Pentateuco y la historia deuteronomística como gigantes y como representantes de las poblaciones autóctonas de Palestina-Israel, y en los textos proféticos y poéticos como los muertos debilitados. La similitud en forma ha llevado a la especulación de alguna conexión orgánica entre los dos usos. Al igual que sus homólogos ugaríticos, el *rpʾim qdmym* («la antigua Refaim»), el refaim bíblico del inframundo son impotentes (en la tradición bíblica se han democratizado para incluir al plebeyo, así como la élite). En ningún lugar se les identifica como sobrehumanos, héroes guerreros de la antigüedad venerable, tanto vivos como muertos como con frecuencia se suponía. El Refaim de los relatos, sin embargo, adquiere dimensiones míticas y heroicas como los más antiguos habitantes de Palestina, y en este aspecto encuentran sus análogos en las tradiciones *rpʾum* de Ugarit. En *KTU* 1.161 el ugarítico *rpʾum* (no calificado por *qdmym*) representa a un guerrero vivo y la élite de la nobleza que adoptó esa designación como medio para identificarse ellos mismos con las tradiciones míticas o heroicas acerca de Rp'um y Ditanu. Cualquier supuesta conexión entre las dos tradiciones bíblicas Refaim, las tradiciones heroicas de las narrativas y las tradiciones *post mortem* de los textos poéticos y proféticos, sigue siendo un enigma. En ninguna parte se les atribuye a los Refaim poderes *post mortem* 'sobrenaturales, aunque tales poderes no son menospreciados. La polémica bíblica contra las tradiciones Refaim se limita a su estatura mítica, heroica de los habitantes que viven en la tierra de Canaán o *yĕlîḏê hārāpâ* («descendientes del débil»).

Transformaciones en tradiciones israelitas tardías

Tras el exilio de Babilonia de 586/7 a.C., tuvieron lugar transformaciones significativas vis-à-vis creencias israelitas-judías sobre la muerte y el más allá. Estas se han explicado como el resultado de una combinación de factores, influencia religiosa extranjera (persa, griega o de otra manera) crisis social e individual, y la insuficiencia de las construcciones convencionales de la teodicea.

La resurrección del cuerpo se convierte en una expresión dominante de una vida futura bendecida en el judaísmo del segundo Templo. Daniel 12.2, se reconoce generalmente como indicador de este concepto. Se han citado otros pasajes como ejemplos de la existencia de esta creencia en la tradición israelita anterior (por ej., Ez 37; Isa 26.19; 53), pero la opinión está dividida en cuanto a si estos pasajes suponen una creencia en una resurrección corporal o si emplean «morir-y-levantar-dios» o imágenes de fecundidad para referirse metafóricamente a la restauración histórica de la nación. Es más probable que estos pasajes dieron cuenta de desarrollos que con el tiempo culminaron en la creencia a la que se le da clara expresión en Daniel 12. Además, podrían haber derivado su ímpetu de las imágenes de morir-y-levantarse-dios en un texto mucho más anterior, Oseas 13–14, que a su vez podría indicar dependencia en imágenes cananeas más antiguas. Estos factores, junto con la posible influencia de la religión persa, en particular la creencia en la resurrección corporal de Zoroastro durante el período posterior al exilio, podrían haber culminado en la creencia judía tardía en la resurrección corporal como se expresa Daniel 12 y otras fuentes apocalípticas judías.

Las nociones sobre la ascensión y la inmortalidad también encuentran su camino a las tradiciones y textos judíos en este período, desde aproximadamente el siglo VI en adelante. Pasajes como Génesis 5.24 (un texto sacerdotal tardío) y 2 Reyes 2.1-12 (una producción deuteronomista) preservan tradiciones acerca de la ascensión corporal al cielo sin pasar a través de la muerte, como en los casos de figuras heroicas como Enoc y Elías. Enoc muestra una cantidad increíble de paralelos con figuras conocidas de fuentes mesopotámicas (Enmeduranki, un rey antediluviano, y Utnapishtim, un héroe del diluvio) que fueron directamente admitidos en la presencia de los dioses o trasladados corporalmente al cielo. Mientras que las nociones de la inmortalidad posiblemente estuvieron a flote en varios períodos de la historia religiosa israelita, solo con el paso del tiempo ciertas formas fueron seleccionadas para una elaboración y desarrollo plenos.

La literatura sapiencial del judaísmo del segundo Templo preserva elementos de la inmortalidad del alma como una recompensa para el justo. Obras como 4 Macabeos, Jubileos, y 1 Enoc apuntan en una sola dirección. La Sabiduría de Salomón (aprox. 100 a.C.) se dirige varias veces al tema de la inmortalidad (Sab. 1.15; 3.4; 4.1; 8.17; 15.3) mientras que nunca aborda explícitamente el tema de la resurrección; algunos ven una fuerte influencia de la filosofía platónica griega aquí. La inmortalidad del alma también ha sido identificada en dos salmos de sabiduría posteriores al exilio, Salmo 49 y 73. Salmo 49.15 («Dios redimirá mi vida del poder del Seol,») plantea un contraste directo con los vv. 8-10, donde se afirma que nadie puede redimirse a sí mismo como para vivir para siempre y nunca ver la tumba; Dios debe ser visto aquí como aquel a quien se le atribuye ese poder, poder que nadie puede ejercer por sí mismo: el poder de otorgar vida inmortal.

Resumen

La evidencia indica que antes del exilio los israelitas, al igual que muchos de sus antiguos vecinos del Cercano Oriente, dieron principal, si no único, énfasis a la perpetuación de la memoria de la familia muerta y en hacer lo mejor de la vida en este lado de la tumba. Tanto los plebeyos como la élite llegaron hasta cierto punto para asegurar que el nombre de la familia personificada por las tumbas de muchas generaciones contenían los huesos de los familiares muertos y situados en tierras de la familia nunca serían descuidados, mucho menos olvidados. Al realizar regularmente diversos ritos comunales y públicos los nombres y los recuerdos de los familiares fallecidos eran preservados del olvido. Las palabras y los hechos asociados componían lo que ha sido descrito por los antropólogos como la conmemoración de la muerte. Adoración, veneración, o temor morboso de los muertos no tenía parte necesaria en este complejo de ritos como siempre se ha supuesto. La idea de que los antiguos israelitas observaron la muerte desde hacía mucho tiempo o culto a los antepasados entendida convencionalmente (para incluir la adoración o veneración de los muertos) simplemente no tiene fundamento. Se fundaba en suposiciones antropológicas anticuadas, prejuicios culturales, y la interpretación forzada o cuestionable de los textos. Lo que los antiguos israelitas temían era la «muerte después de la muerte»: La posibilidad de que el recuerdo de su nombre y el recuerdo de sus obras realizadas mientras vivían podrían ser para siempre olvidados por sus descendientes, su comunidad, o, en el caso de la realeza, incluso por su nación.

Para estar seguro, al parecer existía la creencia de que en el caso de negligencia, uno podía esperar la represalia airada del fantasma del fallecido, pero esto difícilmente requería o suponía que los vivos debían adorar o venerar a los muertos. Por el contario, exigía la persistencia en el cuidado y la alimentación del muerto como parte de su conmemoración y, en caso de que hubiese habido negligencia, los ritos de iniciación para evitar o apaciguar al fantasma, es decir, se deberían llevar a cabo rituales de exorcismo (por desgracia, se carece de los datos primarios en este respecto del antiguo Israel). Además, solo en las últimas etapas de la religión israelita anterior al exilio se introdujo la práctica de la nigromancia, lo que explica su mención ocasional en textos tardíos del código de santidad, tradiciones de sabiduría, y las adiciones proféticas y deuteronomistas posteriores. La mención de la nigromancia (p. ej., Dt 18.11; 1 S 28.3-25; 2 R 21.6; 23.24; Is 8.19; 19.3; 29.4) encuentra ímpetu en la adaptación de la nigromancia mesopotámica en la religión israelita pluralista de la Edad de Hierro. Ahora, los de otra manera débiles fantasmas poseían el poder que viene con el conocimiento acerca del futuro. Esta práctica fue posteriormente prohibida en las tradiciones bíblicas y deuteronomistas tardías relacionadas al atribuirle artificialmente un origen «cananeo» como una estrategia polémica dirigida a menospreciar prácticas religiosas israelitas en competencia y evitar la consternación de sus señores mesopotámicos.

Un puñado de otros textos ha sido identificado como relacionados con la muerte y las prácticas de culto a los antepasados, pero estos tienen que ver con el luto y de esa manera en nada contribuyen a la cuestión de si los antiguos israelitas observaron ritos a la muerte y a sus antepasados. Deuteronomio 14.1; 26.14 no se refiere a prácticas de culto relacionadas con la muerte o los antepasados, sino a los ritos de duelo de tonsura y al corte y la prohibición en contra del uso del diezmo como un regalo de consolación para los que estaban de luto. Del mismo modo, Amós 6.7; Jeremías 16.5 menciona el *marzēaḥ*, que se refiere a una asociación organizada con el propósito de promover las transacciones económicas entre las altas esferas de la sociedad. En el caso excepcional esta asociación debía también buscar reconocer la muerte de uno de sus miembros, y algunos de sus asistentes podían darse el gusto de llegar a embriagarse durante este ritual funerario. Sin embargo, el *marzēaḥ* no tiene nada que ver con la muerte y el culto a los antepasados y solo en conexión ocasional con preocupaciones fúnebres.

Conclusión

Todo indica que los muertos del Asia occidental del antiguo Mediterráneo se percibían como débiles y frágiles, y su persistencia material más allá de esta vida era caracterizada en el mejor de los casos como una existencia sombría y silenciosa, y en el peor de los casos como descuidada de parte de los vivos. En la tradición mesopotámica, tal negligencia podría dar lugar a la maleficencia del fantasma, lo cual requería rituales de exorcismo para contrarrestar tal comportamiento. Del mismo modo, los fantasmas de los que murieron una muerte prematura o violenta pueden requerir formas rituales de control de parte de los vivos. Sin embargo en las fuentes asiáticas occidentales del Mediterráneo tal malevolencia fantasmal sigue sin ser atestiguada. Desde luego, hay casos en donde los demonios de varios y diversos tipos deben ser evitados mediante rituales, pero encantamientos y similares que fueron dirigidos específicamente hacia fantasmas hostiles de los muertos humanos no se han encontrado en ninguna parte en las fuentes arqueológicas, epigráficas, o literarias (véanse los encantamientos de Arslan Tash y algunos encantamientos ugaríticos recientemente descubiertos). De hecho, la evidencia sugiere que lo que ocupó un lugar más central en el pensamiento y acción de los antiguos israelitas mientras ellos contemplaban sus perspectivas más allá de la tumba era la preocupación de perpetuar la memoria de los fallecidos en la mente de los vivos. Esto, junto con el énfasis en hacer lo mejor de la vida en este lado de la tumba, una larga y saludable vida; recursos materiales suficientes, muchos hijos, familiares, y amigos; un mínimo de dolor y sufrimiento, se presentan con la perspectiva de obtener un grado elevado de satisfacción en esta vida.

Bibliografía. J. Day, «The Development of Belief in Life after Death in Ancient Israel,» en *After the Exile,* ed. J. Barton and D. J. Reimer (Macon, 1996), 231-57; B. B. Schmidt, *Israel's Beneficent Dead: Ancestor Cult and Necromancy in Ancient Israelite Religion and Tradition,* rev. ed. (Winona Lake, 1996).

Brian B. Schmidt

VIDA ETERNA

Una vida bendecida libre de la muerte. La enseñanza de la vida eterna surgió gradualmente en la Biblia, pero en el NT tiene un lugar central.

Los antiguos hebreos, al igual que muchas culturas circundantes, creían en un mundo sombrío en las partes bajas de la tierra, una tierra de la muerte llamada Seol a donde van los espíritus de los que han partido (Dt 32.22; Am 9.2; Pr 9.18). Debido a su naturaleza sombría, esto no fue considerado «una vida después de la muerte», y la duración de cualquier persona individual en el Seol es incierta. Ponerse en contacto con ello estuvo prohibido (1 S 28).

La primera idea detectable de la vida eterna viene en el período posterior al destierro al final del AT. A menudo se atribuye a la influencia persa, de Zoroastro. Daniel 12.1-2 es la primera referencia bíblica cierta a la vida eterna. A los mártires fieles se les promete una resurrección a vida eterna, la vindicación de Dios por su fidelidad. Que la primera mención segura de la vida eterna esté relacionada con la resurrección del cuerpo es importante para el NT y la enseñanza cristiana posterior. Esto distingue la enseñanza bíblica de la de Zoroastro y otras religiones, que no tienen lugar para la resurrección. Casi junto a esta opinión está la enseñanza de la inmortalidad del alma de Sabiduría de Salomón más influida por los griegos, sin la mención de la resurrección. Este era el punto de vista de la minoría en el judaísmo del Segundo Templo, pero sirve para refutar el argumento fácil que los primeros cristianos tuvieron que expresar su fe en la vida eterna de Jesús sólo proclamando su resurrección.

Tampoco todos los judíos del período del Segundo Templo creen en la vida eterna de cualquier clase. Los saduceos no lo creyeron, como es atestiguado por Josefo (*Ant.* 18.11-22) y el NT (Mr 12.18-27; Hch 23.6-9). Esta posición saducea refleja la enseñanza hebrea más antigua en el AT. Jesús y la iglesia cristiana primitiva eran más cercanos a los fariseos en sus opiniones de la escatología, en especial resurrección, juicio y vida eterna.

El centro de la creencia del NT en la vida eterna es la resurrección de Jesucristo de entre los muertos. El NT interpreta esto de diversos modos: una vindicación de la fidelidad de Jesucristo (Mr 14.62), haciéndose eco de Daniel; un cumplimiento de la profecía del AT (Lc 24.44-46); una nueva creación mediante un nuevo Adán (Ro 5.12-21); una exaltación divina (Fil 2.9; Ef 4.6-8). La mayor parte de estas interpretaciones son compatibles la una con la otra; en efecto, el NT tiene una uniformidad notable en su enseñanza en la resurrección de Jesucristo.

Como en Jesús la resurrección de los muertos se ha movido del final de tiempo (Daniel) a la edad presente, la vida eterna en Cristo ha irrumpido en el presente también. Esto es sobre todo prominente en Juan y Pablo. Jesús enseña la presencia de la vida eterna (Jn 5.24). Paradójicamente, la muerte todavía es una realidad para el creyente como lo era para Jesús, entonces una futura dimensión de la vida eterna se concentra en la resurrección (Jn 5.28-29). En Pablo, la acción del Espíritu en el bautismo trae la muerte del viejo yo y una entrada preliminar en la vida eterna (Gá 2.20).

La enseñanza cristiana temprana de la vida eterna a menudo era desarrollada en respuesta a problemas y malentendidos en varias iglesias. En 1 Tesalonicenses 4.13-18 Pablo se dirige a creyentes que piensan que la muerte separará a creyentes difuntos de creyentes vivos en la venida del Señor. Pablo responde que Dios «traerá con él» a aquellos que han muerto en Cristo, lo que ya implica la vida con Cristo inmediatamente en la muerte (cf. Fil 1.23). En 1 Corintios Pablo corrige a algunos creyentes que sostienen que la vida eterna puede ser obtenida sin la resurrección. Él contesta que, aparte de la resurrección, tanto Jesús como los creyentes (que están esencialmente relacionados), no pueden tener ninguna vida eterna y la fe cristiana entera colapsa (1 Co 4.8; 15.12-19; cp. 2 Ti 2.17-18). En el Evangelio de Juan el choque para algunos en la muerte de Lázaro (cap. 11) y la muerte del discípulo amado antes de la venida del Señor (cap. 21) llevan a la aclaración adicional de la enseñanza sobre la vida eterna. Esos pasajes muestran que el NT busca un equilibrio sobre la vida eterna entre presente y futuro: el creyente ha pasado en Cristo de la muerte a la vida eterna, pero esto queda por ser totalmente realizado en el futuro de Dios, sobre todo en la resurrección y nueva creación en el escatón.

La naturaleza de la vida eterna sólo es dibujada en sus elementos esenciales en el NT. El énfasis en todas partes está en un aseguramiento básico de la vida eterna, no en una representación imaginaria de detalles. Esto concuerda con la restricción notable en el NT en el tratamiento de la resurrección de Jesucristo, el centro de la vida eterna, que no se describe en ningún detalle aparte de la aseveración de su actualidad. (Los cuatro Evangelios incluyen narrativas de *apariciones* de resurrección, pero ninguna narrativa de la resurrección misma.) En los Evangelios Sinópticos Jesús enseña que la vida eterna es la vida con Dios en su reino, sea que aquel reino esté en la tierra o en el cielo. Pablo lo representa desde el punto de vista del cumplimiento de la promesa de vida con Cristo, sobre todo compartiendo su resurrección. Incluso en el libro de Apocalipsis, las imágenes apocalípticas de la vida eterna en el cielo son usadas simbólicamente para animar a creyentes bajo la persecución mortal a permanecer fieles y obtener la corona del mártir de la vida eterna.

Bibliografía. G. B. Caird, *New Testament Theology*, editor. L. D. Hurst (Oxford, 1994), 238-78; G. W. E. Nickelsburg, *Resurrection, Immortality, and Eternal Life in Intertestamental Judaism*. HTS 26 (Cambridge, Mass., 1972); K. Stendahl, editor, *Immortality and Resurrection* (Nueva York, 1965).

Robert E. Van Voorst

VIDENTE

Alguien que experimenta, reporta o interpreta un sueño o visión (p. ej. 1 S 9.9; Am 7.12; 2 Cr 9.29). Esas figuras (heb. *rēʾeh, ḥōzeh*) frecuentemente se asocian con estados eufóricos (cf. 2 Cr 29.25, 30). Los videntes pudieron estar asociados con la corte real (p. ej. 2 S 24.11; 1 Cr 25.5).

Véase Profeta, Profecía.

VIENTO

El movimiento horizontal del aire (Heb. *rûaḥ*; Gr. *ánemos*). Ciertos vientos eran conocidos por su reputación, como el poderoso y destructivo viento del este (Gn 41.6, 23, 27; Ez 19.12). El viento del oeste, en general, el viento predominante en Palestina, moderó el calor del verano y trajo la lluvia necesaria (1 R 18.45). Del mismo modo, el viento del norte suministraba la lluvia (Pr 25.23), y el viento del sur traía calor abrasador (Job 37.17; Lc 12.55).

Se creía que Dios controlaba el viento (Gn 8.1; Sal 78.26). La separación del Mar Rojo se produjo por el viento de las fosas nasales de Dios (Ex 15.8-10). De la misma manera, Jesús demostró su poder sobre el viento al aquietar la tormenta en el mar de Galilea (Mr 4.37-41).

El viento fue socio bienvenido en el proceso de trilla, llevándose la paja; sin embargo, ambos fueron usados como una figura para los malvados, dispersos por el Señor (Job 21.18; Is 41.16). El viento representa el vacío del discurso vano (Ecl 1.14, 21) y la naturaleza transitoria de la existencia humana (Sal 78.39; 103.15-16).

Heb. *rûah* también a menudo se traduce «aliento», entendido como la fuerza animadora de la vida, el aliento de vida, y por lo tanto «espíritu.» Esta interconexión es evidente en la visión de Ezequiel del valle de los huesos secos (Ez 37.1-14). De manera similar, el verbo griego *pneúma*, «soplar,» se traduce en su mayoría «espíritu.» Jesús afirma que todos los que nacen del espíritu son como el viento, que sopla donde quiere (Jn 3.8). Del mismo modo, la venida del Espíritu Santo el día de Pentecostés (Hch 2.2) se describe como un viento recio *(pnoē)*.

Mark R. Fairchild

VIENTO ORIENTAL

Rasgo climático notable de Israel en el cual potentes vientos soplan de este a oeste, negando la brisa normal de mar del Mediterráneo. Ocurriendo dentro de un período de 50 días a principios de otoño, estos vientos (Heb. *qādîm*) son conocidos hoy como *Khamsin* (del árabe «50») o *siroco*. Ellos son notables por su fuerza (a menudo 95 + km/h [60 + millas por hora]), humedad muy baja (menos del 7 %), y tiempo sumamente caliente (aumentos de 40° de temperatura en pocas horas han sido registrados). Capaz de reducir cosechas verdes a cáscaras secas en un solo día, ellos también generan fuego incontrolable. Estos vientos fueron vistos como un instrumento del juicio de Dios, siendo conocido como «viento de Jehová» (Is 59.19; esp. Os 13.15). Este mismo modelo meteorológico es notado en Gn 41.6; Is 27.8; Jer 4.11.

DENNIS M. SWANSON

VIERNES SANTO

El viernes que precede al Domingo de Resurrección, que se guarda en conmemoración de la Crucifixión (Mr 15.42; Lc 23.54; Jn 19.31; cf. Mt 27.62); llamado Gran Viernes en la Iglesia Oriental. En el año de la iglesia, tradicionalmente es un día de ayuno y penitencia. La práctica posterior a la reforma que guardan los católicos romanos y protestantes incluye un servicio desde el medio día hasta las 3 p.m., que marca la agonía de Jesús en la cruz (Mt 27.45; Mr 15.33; Lc 23.44).

VIGA

Ocho palabras hebreas, una aramea, y dos griegas se traducen indistintamente como «viga,» «tabla,» «madera,» «columna,» «travesaño,» y «panel.» Las ocurrencias más comunes de estos términos en el AT se dan en el contexto de la construcción de edificios, sobre todo en el templo de Salomón (1 R 6.6, 9, 36; 7.6). Los techos de la mayoría de las casas israelitas fueron construidos con vigas de madera cubierta o descubierta y luego terminada con barro o yeso (Esd 6.11; Hab 2.11); ninguno de dichos techos ha sobrevivido hasta el presente. En Salmo 104.3 se dice que Dios pone las vigas de sus altos aposentos (LBLA). «Viga» se utiliza metafóricamente para la gran barra de madera de telar del tejedor para describir la anchura de la punta de la lanza de los enemigos de Israel (1 S 17.7; 2 S 21.19; 1 Cr 11.23).

En el NT, Jesús habló de la viga o tabla en el ojo del hipócrita (Mt 7.3-5), y los viajeros náufragos se salvaron al aferrarse de tablones mientras flotaban hacia la playa (Hch 27.44).

DONALD FOWLER

VIGILANTE

Un ángel, mensajero, o agente de Jehová (Aram. *ʿîr;* Dan. 4.13, 17, 23 [TM 10, 14, 20]).

VILLA

Pequeño asentamiento, por lo general no fortificado (Dt 3.5; 1 S 6.18; Est 9.19; Heb. *ḥāṣēr*), o recinto que, en el uso bíblico, es difícil distinguir del pueblo (cf. Lc 13.22). Aunque algún tipo de vida urbana pudo haberse desarrollado de las villas agrícolas, tales asentamientos no necesariamente representan un estado evolutivo directo de urbanización. Generalmente, las villas constituían la base de los antiguos palestinos (y también del antiguo Cercano Oriente) trashumantes (cf. Gn 13.2, 12; 26.12-14), y puede ser un poco más que una aldea, escasamente distinguible de un campo abierto (Ez 38.11; cf. Lv 25.31, 34).

Las villas podían ser fundadas por una ciudad (cf. heb. *baṯ X,* «hija de un X,») y era común la relación genealógica (p.ej., 1 Cr 2.3, 21, 35, 49; cf. Sal 48.11 [TM 12]). Un número de villas pueden estar asociadas con una ciudad, de este modo se explican las referencias a la ciudad «y sus villas» (p.ej., Jos 15.21-62; cf. Neh 12.29; Jer 49.2-3). Las villas generalmente eran dependientes de los asentamientos mayores para protección y fuerza, a cambio les proveían servicio (Jue 5.7, 11; cf. Hab 3.14).

La evidencia arqueológica indica un aumento significativo en el número de estos asentamientos en el periodo de Hierro I, particularmente en el campo montañoso central palestino. Se estima que en el Hierro I, algunas 250 mil personas vivían en villas; para el Hierro II (c.1200 a. C.) ese número había aumentado a 750 mil. A menudo agrupados fuera de la vista unos de otros, las villas variaban en tamaño desde .3–1 ha (.75–2.5 a), y consistían de varias configuraciones de casas, cuevas y tiendas. La ley tradicional prevalecía en la sociedad de las villas. *Véase* Campesinado.

VINAGRE

El producto de vino agrio o sobre fermentado. Booz invita a Rut a mojar su comida en vinagre para sazonarla (heb. *ḥōmēṣ;* Rt 6.21; RVR «vino agrio»). Vinagre diluido era comúnmente servido para quitar la sed de los trabajadores, aunque a los nazareos se les prohibía beber vinagre (Nm 6.3). El salmista siente la burla de sus enemigos, quienes le sirven vinagre para calmar su sed (Sal 69.21 [TM 22]), tal vez porque el vinagre no diluido inducía a la sed. Proverbios se refiere al vinagre como un irritante a los dientes (Pr 10.26) y a las heridas (25.20).

Los Evangelios informan que en la cruz a Jesús se le ofreció vino (gr. *oínos*) y vinagre (*oxós;* Mt 27.34 par.). Los soldados romanos guardaban comúnmente vino avinagrado a mano para calmar su sed, y esto pudo ser un acto de bondad o un intento para revivir a Jesús. Otros elementos de burla en esta escena, sin embargo, hacen la ofrenda de vinagre más probablemente un acto de escarnio.

Bibliografía. R. E. Brown, *The Death of the Messiah* (New York, 1994) 2:1058-66.

CHRIS CALDWELL

VINO

Existen varios tipos de vino y otras bebidas de frutas se consumen regularmente en el mundo del antiguo Cercano Oriente. Estos incluyen Heb. *yayin,* el término más común para el vino; *tîrôš,* «nuevo o vino dulce»; *šēkār,* «bebida fuerte»; *hemer,* «vino (¿rojo?)»; *ʿāsîs,* «vino dulce»; y Gr. *oínos,* una palabra genérica para el vino. El estudio de la filología y etimología de Heb. *yayin y* Gr. *oínos* sugiere un origen común con *uiian* cuneiforme, jeroglífico *uianas* jeroglíficas, y micénica Gr. *woi-ne-wei.* Todas las formas bíblicas eran capaces de producir intoxicación (Os 4.11; Joel 1.5).

Los orígenes de la producción de vino deben ser de fecha del período neolítico en la cuenca mediterránea superior. Las primeras instalaciones de comercio de vinos descubiertos en Israel datan del período Calcolítico (4000-3500 a.C.). El Levante fue conocido por su abundancia de vino durante la Edad del Bronce Medio, donde, según los anales de Sinuhé, «los higos estaban en él, y las uvas. Tenía más vino que agua» (*ANET,* 19). El vino fue comercializado por Salomón junto con el trigo, la cebada, y aceite de oliva en la obtención de madera y otros productos y servicios para la construcción del templo de Jerusalén (2 Cr 2.8-10).

El vino se procesaba de las viñas a finales del verano y principios del otoño cuando las uvas estaban maduras. La producción se llevó a cabo en ocho etapas: (1) la producción de un primer mosto, (2) pisando la uva a pie en cubas de piedra tallados, (3) presionando las pieles y los tallos de la uva restantes, (4) colando el mosto, (5) añadiendo agua a las pieles prensadas para hacer vino inferior, (6) la producción de mosto concentrado por ebullición, (7) primera fermentación, (8) segunda fermentación. Murales de pintura de Egipto representan el antiguo proceso de pisar, fermentación, y verter el vino en jarras de almacenamiento (*ANEP,* 345). Las excavaciones en Gabaón y cerca de el-Burj han evidenciado labradas bóvedas subterráneas en forma de campana que se utilizaban para el almacenamiento de vino durante sus diferentes etapas de producción. Una temperatura durante todo el año se mantuvo entre 17-19 ° C (63-67 ° F) para el control de calidad. Jarras de almacenamiento que puedan contener 02.10 l. (0,5 a 2,6 gal) fueron utilizadas en las etapas de fermentación y de almacenamiento a largo plazo.

El fruto de la viña fue visto por los pueblos antiguos como un regalo especial de sus deidades (*ANET,* 48, 214). En la Biblia el vino fue visto como un don de Dios (Dt 7.13; 11.14) que iba a ser utilizado en la celebración de su bondad que acompaña diversos sacrificios en el culto (Nm 15.5, 7), así como en las ceremonias comunales del matrimonio y de la Fiesta de la Pascua (Jn 2.1-11; Lc 22.14-20). La ofrenda de libación acompañaba los diversos sacrificios diarios, mensuales y anuales del calendario festivo (Nm 28–29). El vino nuevo fue uno de los productos agrícolas traídos como ofrendas de los primeros frutos para el sacerdote y levitas (Nm 18.12). Pero los sacerdotes no debían consumir vino o bebidas fuertes en el servicio del culto, para que no cumplan con su servicio de forma inadecuada (Lv 10.9; Is 28.7). Asimismo, el Nazareo debía abstenerse de todos los productos de la vid durante el período de consagración (Nm 6.1-4). El diezmo del vino nuevo era para ser consumido en el lugar de culto central en un rito de celebración comunitaria por el pueblo (Dt 12.15-18).

Numerosas metáforas que utilizan vino reflexionan sobre la bondad de la vida. El que teme al Señor tendrá una esposa como parra fecunda (Sal 128.3). Dios provee el vino que alegra el corazón (Sal 104.15), pero lo retiene como una forma de juicio (Is 16.10; 24.7-13). Beber vino y comer pan fueron símbolos de paz y prosperidad (2 R 18.31-32; Pr 3.10). La restauración de Israel del juicio y el cautiverio se concibe como una época de abundancia de productos de los viñedos (Jer 31.12; Jl 2.19, 24; Am 9.13-14).

El exceso de consumo de vino que conduce a la embriaguez es condenado sumariamente en la Biblia. El abuso de vino evidencia una falta de sabiduría (Pr 20.1), que puede conducir a la confusión sin sentido (23.30-35), la violencia (4.17), o la pobreza (21.17; 23.20-21). La embriaguez conduce a la disipación (Ef 5.18), arrogancia (Hab 2.5), y el abuso de los pobres (Am 6.6). Los devastadores efectos de la borrachera por ingerir vino son una metáfora común para el juicio de Dios (Jer 25.15; Ap 18.3). Por lo tanto, los líderes de la Iglesia han de ser los que no se entregan a mucho vino (1 Tim 3.3, 8; Tit 1.7; 2.3).

Bibliografía. O. Borowski, *Agriculture in Iron Age Israel* (Winona Lake, 1987); R. Frankel, *The History* *of the Processing of Wine and Oil in Galilee in the Period of the Bible, the Mishnah, and the Talmud* (diss., Tel Aviv, 1984); *Wine and Oil Production in Antiquity in Israel and Other Mediterranean Countries.* JSOT/ASORMS 10 (Sheffield, 1999); J. B. Pritchard, *Gibeon, Where the Sun Stood Still* (Princeton, 1962); A. F. Rainey, «Wine from the Royal Vineyards,» *BASOR* 245 (1982): 57-62; J. M. Renfrew, *Palaeoethnobotany: The Prehistoric Food Plants of the Near East and Europe* (New York, 1973).

R. Dennis Cole

VIOLENCIA

El concepto hebreo de «violencia» (desde heb. *ḥāmās,* «tratar o actuar violentamente») se relaciona tanto con el mal ético como el físico; extrema debilidad, testigo malicioso; injusticia institucional; lenguaje injurioso, mecanismos violentos. Designa sufrimiento inocente, con sujetos y objetos, y resultante de codicia u odio, pero no catástrofes naturales. Otro término, *gāzal,* significa «tomar por fuerza; robar; arrancar» o «atracar; una cosa saqueada o estropeada; extorción de justicia.» Palabras griegas incluyen *bíā,* «fuerza hostil»; *biastḗs,* «persona violenta»; y *biázō,* «entrar violentamente» o «destruir, matar.»

En el Pentateuco la violencia dificulta la creación, maldice la humanidad y problematiza al cosmos. La violencia humana a menudo requiere respuesta violenta de Dios, al afectar la nueva creación divina (Gn 3). Jehová —que es «un guerrero» (Ex 15.3) que *milḥāmâ* («batalla»)— usa violencia para rescatar a Israel. Dios, percibido como el soberano patrocinador de Israel, está siempre con ellos, aun en violencia. Dios paga por la guerra *(lāḥam)* en beneficio de Israel y llama a Israel a la guerra contra el enemigo, sus oponentes mutuos. Mientras sólo Dios se compromete con el resultado, puede atacar a Israel por desobediencia. Dios condona la violencia doméstica en Deuteronomio, sanciona la violencia en la tierra conquistada y admite el deceso del reinado. La saga de David refleja violencia humana colectiva, deseo de poder, rivalidad y chivos expiatorios.

La literatura profética alaba el día del Señor y critica especialmente la ganancia egoísta que devasta la sociedad y la tierra. Algunos profetas protestan sobre su impotencia. Otros usan imágenes de maltrato y algunas metáforas misóginas del matrimonio contra la mujer, para entregar un mensaje divino. En Job el caos encuentra violencia gratuita y el sufrimiento humano queda sin respuesta en medio de una letanía divina en la creación.

La práctica de *ḥāram,* «prohibir, dedicarse, destruir completamente,» requiere que uno «dedique» algo que resista la obra de Dios. Los textos de guerra del AT contienen justificaciones complejas para la guerra, violencia humana y sacrificio, glorificación de guerreros y decepciones relacionadas con guerra. Atentados humanos para dar sentido a matanzas en medio de compasión y malicia.

Los pueblos antiguos deseaban estabilidad, íntimamente relacionada con Jehová, la cual fundamentaba el sistema sacrificial. Los pactos proveían seguridad divina de que la vida continuaría. Disturbios a tal orden envolvía la maldad, el sufrimiento y la muerte. Aunque Dios escogió a Israel, la historia deuteronómica defiende la retribución de Dios contra Israel. A veces los salmistas niegan que el mal exista. Salvando el honor de Dios, los textos hebreos sacrifican la integridad y dignidad humana.

El AT distingue entre la fuerza legítima y la violencia, y habla acerca del final de la violencia por el Mesías y que establecería la justicia (Siervo Sufriente). El NT establece la intervención y la resistencia sin violencia. La violencia y el abuso de poder, se disparan desde la revuelta estructural, rebelión, represión. Tal violencia produce la alerta institucional que causó la muerte de Jesús.

Los Evangelios Sinópticos describen la violencia divina y humana: Jesús echa fuera espíritus inmundos; un espíritu lleva a Jesús al desierto; la clase dirigente y la turba querían destruir a Jesús. Tal violencia preserva el estatus quo. El NT expone la violencia aunque es ambiguo respecto a si Jesús es un pacifista o un zelote (cf. Lc 22.35-38, 49-51). La actitud de Jesús hacia el estado era el resultado de su creencia en que pronto Dios juzgaría, vindicaría y daría poder a su pueblo (cf. Mr 12.14-17; cf. Ro 13).

Dentro del ministerio de Jesús y de la Palestina judía del siglo I, los disturbios sociales existían. En esa cosmología comunal de lo religioso y secular, Jesús es un catalizador de la revolución social no violenta. Jesús se opuso a toda violencia represiva y opresiva, pero probablemente no era un pacifista. Jesús y sus discípulos percibían un cumplimiento inminente del gobierno de Dios y su vindicación (Mr 8.35-38; Lc 17.33). Jesús era visto como un líder revolucionario, peligroso, popular, que entendía su obra dentro de actos salvíficos históricos de Dios, renovaciones en curso y cumplimiento. Jesús predicó la liberación de Dios donde «ama a tus enemigos» indirectamente causó cambios políticos, y directamente cambió las realidades socioeconómicas.

La Biblia expone la violencia social en una cosmología que instiga a la violencia. Más de 600 pasajes de violencia humana y algunos 1000 pasajes de violencia divina se producen en el AT. De una divinidad violenta que puede entenderse como irracional, buscadora de venganza, y que sanciona a través de seres humanos, emerge un Dios que se mueve hacia una nueva unidad comunal de paz y amor.

Dios usa violencia para liberar en Éxodo; Dios experimenta la violencia en la cruz. La violencia divina existe dialécticamente opuesta a la gracia. Textos bíblicos revelan una Tierra Prometida, una sociedad patriarcal elegida y un Evangelio que descarta estas ideas al revelar la violencia de la culpa. Violencia generada dentro de la religión institucionalizada que ordena poderes sociales es en sí misma violencia sagrada. Jesús retó la autoridad de la violencia sagrada, representada por el Templo (Mr 11). Violencia desviada en la víctima, es sacrificio; la fe y la oración renuncian a la venganza y reemplazan el sistema sacrificial. La violencia es daño multifacético y coerción. Destruye, describe, es personal y sistémica y forma valores, símbolos y hábitos.

Bibliografía. R. Girard, *Violence and the Sacred* (Baltimore, 1977); R. G. Hammerton-Kelly, *The Gospel and the Sacred: Poetics of Violence in Mark* (Minneapolis, 1994); R. Horsley, *Jesus and the Spiral of Violence* (1987, repr. Minneapolis, 1993); B. J. Malina, «Establishment Violence in the New Testament World,» *Scriptura* 51 (1994): 51-78; S. Niditch, *War in the Hebrew Bible* (Oxford, 1993); R. Schwager, *Must There Be Scapegoats? Violence and Redemption in the Bible* (San Francisco, 1987); A. F. Venter, «Biblical Ethics and Christian Response to Violence,» *Theologia Evangelica* 24/2 (1991): 25-39; R. J. Weems, *Battered Love: Marriage, Sex, and Violence in the Hebrew Prophets.* OBT (Minneapolis, 1995); J. G. Williams, *The Bible, Violence, and the Sacred* (Valley Forge, 1995).

Cheryl A. Kirk-Duggan

VIRGEN

Heb. *bĕṯûlâ,* típicamente traducido «virgen,» es más certeramente comprendido como una mujer que ha alcanzado la pubertad y quien, por ende, era potencialmente capaz de tener hijos. Esta fertilidad potencial significaba que la joven mujer era, de acuerdo a las costumbres y valores de su cultura, de edad casadera.

En Génesis 24, el siervo de Abraham está en búsqueda de novia para Isaac cuando encuentra a Rebeca, descrita como «de aspecto muy hermoso», una *bĕṯûlâ* que ningún hombre ha conocido» (v. 16). Semejante a esto, en el contexto de hallar compañeras matrimoniales para los sobrevivientes de los derrotados benjamitas, 400 mujeres jóvenes de Jabes-galaad son descritas como *bĕṯûlâ,* otra vez con el requisito «que no habían conocido ayuntamiento de varón» (Jue 21.12). En ambos pasajes o las cualificaciones son redundantes o *bĕṯûlâ* no significa virgen. También, ambos pasajes están preocupados con conseguir novias. El libro de Ester provee más evidencia. En el capítulo 2, las jóvenes mujeres con quienes el rey Asuero ya se había acostado en su búsqueda de una nueva esposa y quienes, por lo tanto, claramente no son vírgenes, son no obstante referidas como *bĕṯûlôṯ.* Mientras que estos textos hacen claro que *bĕṯûlâ* y «virgen» no son términos sinónimos, un término relacionado, *bĕṯûlîm,* puede haber tenido el significado especializado de «virginidad» en un contexto estrictamente legal (Dt 22.13-19).

La antigua cultura patriarcal de Israel reguló estrechamente la sexualidad femenina. El sistema patrilineal de calcular descendencia y el compromiso de transferir la propiedad estaba bajo la premisa de controlar la sexualidad femenina para que la paternidad pudiera ser determinada de buena fuente. Aunque, una vez que la familia de una joven la hubiera comprometido formalmente a un futuro compañero matrimonial a cambio de un precio en intercambio para la boda *(mōhar),* se esperaba que ella permaneciera sexualmente continente. La voluntaria transgresión de esta restricción era castigada con muerte, para ella y su compañero sexual ilícito (Dt 22.13-21, 23-27). Hombres que tuvieran relaciones sexuales con jóvenes potencialmente fértiles que no habían sido formalmente comprometidas para matrimonio eran obligados a casarse con ellas. De acuerdo con Éxodo 22.16-17(TM 15-16), el padre de la joven debía consentir al matrimonio, pero un precio de boda debía pagarse en cualquier caso. Deuteronomio 22.28-29 no especifica consentimiento paternal y la fuerte formulación implica que el hombre, en este caso, había forzado a la joven mujer a acceder. Escalofriante es la ley que prescribe que una mujer violada sexualmente debía casarse con su asaltante, a quien no se le permitía divorciarse de ella. Vírgenes deseables capturadas en el campo de guerra podían ser forzadas a casarse con sus captores. Si el hombre subsecuentemente consideraba tal esposa insatisfactoriamente, podía divorciarse de ella, pero no la podía vender como esclava (Dt 21.10-14). Los padres podían vender sus hijas (vírgenes) como esclavas por deudas a otros israelitas. Diferente a esclavos por deudas, las mujeres no eran liberadas de servidumbre después de seis años de servicio. Mejor dicho, porque la servidumbre incluía acceso sexual y al presumir que el dueño quería mantener el arreglo, las esclavas por deuda no eran liberadas después de un tiempo especial de servicios. Podían ser «redimidas» (p.ej., su libertad podía ser comprada al pagar la deuda), si el dueño consentía terminar el acuerdo, y sería liberada sin paga, si el dueño fallaba en cumplir sus obligaciones prescritas (Ex 21.2-11).

Bibliografía. J. Bergman, H. Ringgren, and M. Tsevat, «b^{e}mûlâ (b^{e}thûl#h),» *TDOT* 2:338-43; P. L. Day, «From the Child Is Born the Woman: The Story of Jephthah's Daughter,» in *Gender and Difference in Ancient Israel* (Minneapolis, 1989), 58-74; G. J. Wenham, «*betûlāh* 'A Girl of Marriageable Age,' « *VT* 22 (1972): 326-48.

PEGGY L. DAY

VIRGEN, APOCALIPSIS DE LA

Dos Apocalipsis tempranos, propiamente distinguidos como el Apocalipsis de la Virgen María y el Apocalipsis de la Santa Madre de Dios, tratan temas concernientes a los castigos. Ambos narran jornadas ultramundanas de María, enfatiza su visión de los castigos específicos asignados a clases particulares de pecadores. Estos recuentos dependen del Apocalipsis de Pablo, y son composiciones después del 388 d.C. En ambos apocalipsis, María intercede por los pecadores cristianos que obtienen alivio temporal durante el Pentecostés en el Apocalipsis de la Santa Madre de Dios, y perdón de aquellos que se arrepienten en el Apocalipsis de la Virgen María.

Bibliografía. M. R. James, *The Apocryphal New Testament* (Oxford, 1924), 563-64.

GREG CAREY

VIRTUD

Una habilidad o disposición hacia la excelencia, por lo general en el sentido moral (Heb. *ḥayil;* Rut 3.11; Pr 12.4; esp. 31.10); en el NT una excelencia de cualquier clase (gr. *aretḗ;* Fil 4.8; 1 P 2.9; 2 P 1.3, 5). En Aristóteles la virtud es aquello que permite que algo lleve a cabo bien su función (p.ej., la virtud del caballo es correr). Referente a personas virtud son aquellas cualidades que constituyen el carácter de una persona (p.ej., la excelencia del carácter de uno). Una virtud es una disposición que hace a uno bueno y causa que uno haga bien su trabajo.

Una lista de virtudes aparece en todas las Cartas de Pablo, excepto 1-2 de Tesalonicenses y Filemón. Contrario a la reflexión moral clásica griega, el NT da muy poco énfasis a la virtud. En particular, las cuatro virtudes cardinales de prudencia, justicia, templanza y fortaleza no están en los catálogos de ética del NT (lo cual puede revelar un trasfondo judío en las listas). Sin embargo, mientras que es cierto que el lenguaje de virtud no está presente en la forma que está en Aristóteles, la virtud y el carácter son temas presentes a través de la Biblia. Verdaderamente, la continuidad de historias de grandes personas de fe por necesidad enfatiza la importancia de la virtud en la vida piadosa.

Lo importante aquí es que la virtud no se separe del carácter. El carácter del creyente debe estar formado a la imagen de Dios, y las virtudes son los hábitos que forman el carácter. En el NT el énfasis es definido después como ser conforme a la imagen de Cristo (Gá 4.19; cf. Fil 3.17; 1 Ts 1.6; 2.14) quien es la imagen encarnada de Dios (Col 1.15).

Por lo tanto, mientras catalogaciones de la virtud pueden ser encontradas solo esporádicamente a través del NT, la noción de virtud permea la Biblia. El énfasis, sin embargo, no está en un análisis formal de la virtud, sino en el discipulado. Lo que entonces significa la virtud para el cristiano puede solamente ser comprendido en referencia al carácter de Jesucristo.

Bibliografía. B. W. Farley, *In Praise of Virtue* (Grand Rapids, 1995); E. Schweizer, «Traditional Ethical Patterns in the Pauline and Post-Pauline Letters and Their Development,» en *Text and Interpretation,* ed. E. Best and R. McLachlan Wilson (Cambridge, 1979), 195-209.

ALLAN R. BEVERE

VISIÓN

Un evento visual o auditivo que revela algo de otra manera desconocido. Visiones y sueños están cercanamente relacionados en el antiguo Cercano Oriente en general, e incluye la tradición bíblica. Fueron un medio aceptado de comunicación y revelación a través de la historia de Israel y en las primeras iglesias cristianas. Las visiones ocurren en el AT, en la Torá, los Profetas y los Escritos. Aunque menos frecuentes en el NT, son importantes en Hechos y Apocalipsis. Las visiones se relacionan a, aunque diferentes de, otros fenómenos de revelación como las teofanías, angelofanías y viajes celestiales; en éstas, el énfasis está, por lo general, en el mensaje expresado o el secreto revelado, más que en la imagen como en las visiones.

Las visiones pueden clasificarse en las siguientes categorías: visiones de la deidad o concilio divino (Ex 24.9-11; 1 R 22.19-23; Is 6; Ez 1.1-3, 15; Ap 4.2-11); visiones de otras escenas o eventos que no requieren interpretación (1 R 22.17; Jer 4.23-26; Ez 8–11, 40–48; Am 7.1-3, 4-6; Zac 2.1-5[TM 5-9]; 3.1-10; Hch 16.9-10); visiones basadas en juegos de palabras (Jer 1.11-12; Am 8.1-3); visiones simbólicas que requieren interpretación (Jer 1.13-19; Ez 37.1-14; Dn 7–8; Am 7.7-9; Zac 1.7–2.5[9]; 5:1-11; Hch 10.9-16); y visiones alegóricas encontradas primordialmente en Apocalipsis (Ap 12, 17). Las primeras dos categorías a menudo son delineadas después si el vidente es o no partícipe de la escena.

Ciertos elementos son comunes a toda clase de recuentos de visiones. Por lo general, se narran en primera persona por el vidente. Como en las historias de sueños, hay a menudo un «cuadro» introductorio que provee la información de la fecha, hora y lugar donde la visión ocurrió. Esto es seguido por la narración del contenido de la visión e interpretación, si es necesario. La historia por lo general concluye al anotar las reacciones del visionario.

En el AT, las experiencias visionarias son, por lo general, identificadas por nombres derivados de raíces hebreas *r'h* o *ḥzh*. Algunas visiones simplemente proveen una ocasión para un oráculo acompañante. En estos casos, el oráculo lleva el mensaje primario, y la visión es secundaria. En otros momentos, particularmente en visiones simbólicas, la visión misma es el medio primordial de comunicación que revela a menudo eventos futuros.

El NT comúnmente usa el gr. *hórama* y *optasía* al igual que el término más general *eídos* encontrado en la narración de experiencias de visiones. Las visiones contadas en el NT se encuentran primordialmente en el libro de los Hechos y en el Apocalipsis, y tienden a ser del tipo simbólico. Los libros apocalípticos (Daniel y Apocalipsis), en particular, tienden hacia visiones altamente simbólicas o alegóricas con muchas imágenes vívidas y extrañas.

Jenny Manasco Lowery

VISIÓN DEL MUNDO

Una manera de ver la realidad; los supuestos básicos que una persona tiene sobre el mundo. Una visión del mundo se deriva de la experiencia de sus entornos social y físico de las personas, y proporciona una manera más o menos coherente de pensar sobre el mundo. Sirve a su vez como base cognitiva para la interacción de la gente con sus entornos social y físico. La visión del mundo de los israelitas incluía supuestos sobre el yo y su relación con otros yo, el género, la causalidad, el espacio y el tiempo.

La distinción entre el yo y el medio ambiente de uno es fundamental para todas las visiones del mundo, sin embargo, cómo el yo se entiende es culturalmente específico. La mayoría de personas en los Estados Unidos, por ejemplo, definen el yo en términos individuales; el yo es colindante con el cuerpo y la conducta del individuo está determinado en gran medida por los objetivos personales. Aunque generalizado en toda la cultura occidental, el individualismo es poco común en la historia de la humanidad. Los israelitas en contraste definen el yo en términos colectivos. El yo pertenece a un grupo y la propia identidad está incrustada en el grupo. El comportamiento social de la persona está determinado en gran medida por los objetivos del grupo. Los deseos y valores individuales están subordinados a los deseos y valores del grupo.

En las sociedades colectivistas, como Israel, otros yo (incluyendo sus recursos como tierra y animales) se clasifican de acuerdo a qué grupo pertenecen. Todos los miembros del grupo comparten objetivos y valores similares, mientras que los objetivos de fuera del grupo serán ajenos, incoherentes o incluso hostiles a los del grupo. La identidad de un israelita estaba personificada principalmente en su grupo de parentesco. Otros grupos en los que un israelita estaba inmerso incluyen profesionales (sacerdotes, profetas, sabios), clase (administradores, terratenientes, ancianos, «gente de la tierra»), geográficas (clanes, tribus), y los grupos políticos (israelita, judaítas).

Los supuestos de los israelitas sobre el género estaban arraigados en su comprensión de la procreación y de la contribución que los hombres y mujeres cada uno hacen al proceso. Aunque las diferencias biológicas entre hombres y mujeres en la reproducción sexual no tienen significado en sí mismo, los israelitas definen estas diferencias en términos de la agricultura. El hombre es como un agricultor y la mujer tierra cultivable. Del mismo modo que un hombre siembra semillas en el suelo y por lo tanto hace que la tierra produzca la vegetación, un hombre puede sembrar su semilla (semen) en una mujer lo que la hizo dar a luz a un niño. En ambos casos, el hombre ofrece lo que es esencial para la vida: la semilla y el semen. El semen del hombre, como la semilla, determina el carácter o la calidad de lo que se produce; contiene todas las características esenciales del niño que va a nacer. La mujer, que es como la tierra, alimenta al pleno desarrollo de la semilla plantada en su interior. Ella no aporta nada esencial a la composición del recién nacido. Su papel en la procreación depende de la semilla del hombre.

Esta relación metafórica se presenta en el mito yahvista de creación que, entre otros propósitos, sirvió para simbolizar y con ello reforzar la construcción israelita de género. El hombre (Heb. *hāʾāḏām*) nace de la tierra cultivable *(hāʾăḏāmâ),* anticipándose a los nacimientos humanos de Eva, la madre de todos los vivientes. Sin embargo, las tierras de cultivo depende del hombre para labrar y sembrar; la tierra permanece estéril sin la contribución del hombre, y por esta razón él fue creado (Gn 2.4-7). De manera similar, la mujer *(ʾiššâ)* se toma del hombre *(ʾîš),* la construcción de una metáfora entre la mujer y la tierra (Gn 2.21-23). Al igual que la tierra cultivable, la mujer dará a luz a una nueva vida, y con la adquisición de conocimientos que la mujer sabe para tener hijos. Sin embargo, ella también depende de su marido para sembrar la semilla en ella, como él ara y siembra el campo (Gn 3.16-19). Esta comprensión del género también se articula en las numerosas referencias que identifican la «semilla» de un hombre con sus descendientes. Supuestos de los israelitas de género se expresan a través de sus valores sociales de honor y vergüenza.

Los supuestos de los israelitas acerca de la causalidad se describen mejor en contraste con las suposiciones hechas por la mayoría de los occidentales, que incluyen tanto la causalidad personal y natural. Los israelitas, en cambio, perciben sólo la causalidad personal. Todo cambio en el mundo se atribuye a agentes personales, a cualquiera de los seres humanos (y animales por personificación) o los dioses. Los eventos naturales eran manifestaciones de la actividad divina. Un ejemplo común es que los hijos de Israel atribuyen el parto y la infertilidad a la agencia de Dios en lugar de causas naturales; Dios abrió y cerró el vientre de la mujer (cf. Gn 29.31; 30.2).

Los supuestos de los israelitas sobre el espacio fueron moldeados por su experiencia de teofanía. La aparición de Dios dio orientación al espacio e introdujo distinciones cualitativas dentro del espacio. Dos orientaciones complementarias al espacio pueden ser detectados. De acuerdo con una orientación horizontal, la actividad de Dios para mantener la vida en la creación se encuentra en el centro del mundo y disminuye en su significado y efecto a medida que uno se traslada a la periferia. La teofanía de Dios hace a la tierra el centro sagrado en un sentido cosmológico. La tierra se caracteriza por el orden divino; es el punto desde el que se originó la creación. La santidad divina del centro está en contraste con la periferia que se experimenta como demoníaca y diabólica. La periferia es caótica, hostil a la vida. Se simboliza por el desierto y el mar, que forman el límite entre la tierra de los vivos y el inframundo. La periferia es una región estéril habitada por demonios, animales salvajes y monstruos marinos. Los seres humanos no pueden vivir allí, aparte de la ayuda divina.

De acuerdo con una orientación vertical, el mundo se orienta en torno a una montaña cósmica. La base de la montaña es el mundo común de los seres humanos. A medida que se asciende a la cima, se llega a los cielos, la morada de Dios. Por lo tanto, los israelitas construyeron sus templos y santuarios en los picos de las montañas. Debajo de la montaña se encuentra el inframundo, el reino de los muertos. A menudo un manantial surge de la base de la montaña, procedente de una fuente de agua en el mundo subterráneo. La montaña sirve para unir el cielo, la tierra y el inframundo, posibilitando la comunicación entre los tres reinos del mundo.

Los supuestos de los israelitas sobre el tiempo se pueden describir mejor como una orientación actual. En contraste con la mayoría de los occidentales que miran hacia el futuro para lograr metas y resolver los problemas, los israelitas se centraban en el presente. En lugar de simplemente un momento en el tiempo, el presente abarca una gama de experiencias humanas: todo lo que se ha experimentado en el pasado con respecto a lo que se experimenta en la actualidad y lo que uno está a punto de experimentar como resultado del pasado y el presente. El presente es repetitivo, marcado por intervalos regulares, durante el cual las tareas de la vida (trabajar, comer, dormir, jugar) se llevan a cabo. Como resultado, el presente está sujeto a las restricciones ambientales. Las épocas de siembra y cosecha, por ejemplo, están determinadas por las condiciones ecológicas de la región. Tiempos de comer y defecar son necesarios por las exigencias biológicas del cuerpo humano. Los meses más lluviosos de invierno eran típicamente un período de reducción de la actividad exterior.

Más allá del presente es un tiempo imaginario. Está fuera del ámbito de la experiencia humana actual, y como tal, no está sujeto a las limitaciones de la experiencia humana. El tiempo imaginario es el tiempo de monstruos y seres mitológicos, héroes y hazañas heroicas, los milagros y las interrupciones de los ritmos de la naturaleza. Desde la perspectiva de los hijos de Israel, el tiempo imaginario era el dominio exclusivo de Dios. Los posibles mundos del pasado y el futuro son posibles por Dios; están fuera del control humano. Como el tiempo de Dios, el pasado y el futuro dan orden a la sociedad israelita en el presente. Preocupaciones y aspiraciones actuales se proyectan sobre el pasado y el futuro. Los israelitas se volvieron al pasado con el fin de explicar ciertas costumbres, como la redención del hijo primogénito del sacrificio (Gn 22.1-18; Ex 13.11-16), o para justificar las demandas sociales, como las leyes del pacto. Israel también hace cumplir las exigencias de las leyes volviendo hacia el futuro con advertencias proféticas del juicio venidero de Dios.

Bibliografía. R. J. Clifford, *The Cosmic Mountain in Canaan and the Old Testament.* HSM 4 (Cambridge, Mass., 1972); M. Kearney, *World View* (Novato, Calif., 1984); B. J. Malina, «Christ and Time: Swiss or Mediterranean?» *CBQ* 51 (1986): 1-31; R. A. Simkins, *Creator and Creation: Nature in the Worldview of Ancient Israel* (Peabody, 1994); H. C. Triandis, «Cross-Cultural Studies of Individualism y Collectivism,» en *Cross-Cultural Perspectives,* ed. J. J. Berman (Lincoln, 1990), 41-133.

RONALD A. SIMKINS

VIUDA

Heb. *'almānâ,* generalmente traducida como «viuda», significa algo más matizado que simplemente una mujer cuyo marido ha muerto. Principalmente sobre la base del afín *almattu* en la Ley 33 de asirio medio, algunos eruditos han argumentado que una *'almānâ* en el antiguo Israel era una mujer cuyo esposo y suegro habían muerto, y que no tenía hijo. Con el fin de dar cabida a esta definición a los textos bíblicos que hablan de una *'almānâ* que tiene un hijo o hijos (p.ej., 2 S 14.4-8; 1 R 17.8-24), la falta de un hijo ha sido calificada como una referencia a la falta de un hijo adulto con los medios económicos para mantener a su madre. Sin embargo, en 1 Reyes 11.26 la madre de Jeroboam, claramente un hombre adulto con medios, sin embargo, llamada una *'almānâ* (cf. 7.13-14). También, en Génesis 38 la *'almānâ,* Judá el suegro de Tamar, está muy vivo. Aquí Tamar no se llama una *'almānâ* hasta que Judá la instruye para volver a casa de su padre (Gn 38.11), por lo que sólo cuando Tamar se ve privada del apoyo de su suegro se le denomina *'almānâ.* Esto supone que la retirada del apoyo material del suegro es el equivalente funcional de su muerte.

Dado que la propiedad de la tierra en el antiguo Israel fue normalmente transmitida de padre a hijo (s), una viuda que no tenía ningún hijo para heredar propiedades patrilineales se encontraba en una situación económica precaria y socialmente vulnerables. Aunque se trate explícitamente de perpetuar el nombre de un marido muerto, la ley del levirato, que animó a los parientes de un hombre a engendrar un hijo con su viuda, benefició a la viuda, asegurando su acceso a la propiedad de la tierra y por lo tanto un medio de apoyo (Dt 25.5-10; Rut 4; cf. 2 S 14.5-7). Un pariente podría, sin embargo, negarse a cumplir con su deber (Dt 25.7-10; Rut 4.1-6). En ausencia de levirato u otra forma de volverse a casar los textos bíblicos presentan las viudas como estereotípicamente vulnerables y por lo tanto en la necesidad de una protección legal especial (p.ej., Dt 10.18; 24.17; 27.19; 2 S 14.4-11; Job 24.3; Sal 94.4-7; 146.9; Is 10.2). Mientras que ciertas viudas podrían haber sido capaces de volver a sus hogares natales en busca de apoyo (Gn 38.11; Lv 22.13), el acceso de las viudas a espigar y diezmar productos proporciona una forma legislada de asistencia social (Dt 14.28-29; 24.19-21). La promesa o voto de una viuda era inmediatamente vinculante, sin recurrir a la aprobación masculina (Nm 30.10).

Ciudades personificadas podrían describirse como viudas (Is 47.8-9; Lam 1.1; cf. Is 54.4). La viudez en estos contextos puede expresar metafóricamente el vasallaje de las ciudades anteriormente independientes. Esta correspondencia metafórica de la viuda y el vasallo se basa en la dudosa tipificación del matrimonio como un estado o condición de la independencia femenina. Más bien, la metáfora de la ciudad (o nación) viuda se basa en una analogía entre una mujer privada de su marido y una entidad geopolítica privado de su ciudadanía masculina y/o abandonado por su deidad masculina.

Bibliografía. C. Cohen, «the 'Widowed' City,» *JANES* 5 (1973): 75-81; F. S. Frick, «widows in the Hebrew Bible,» in *A Feminist Companion to Exodus to Deuteronomio,* ed. A. Brenner (Sheffield, 1994), 139-51; P. S. Hiebert, «'Whence Shall Help Come to Me?': The Biblical Widow,» en *Gender and Difference in the Ancient Israel,* ed. P. L. Day (Minneapolis, 1989), 125-41; R. Westbrook, «the Law of the Biblical Levirate,» *Property and the Family in Biblical Law.* JSOTSup 113 (Sheffield, 1991), ch. 4; F. Yurco, «Merenptah's Canaánite Campaign,» *Journal of the American Research Center in Egipt* 23 (1986): 189-215, esp. 189.

PEGGY L. DAY

En el NT, Lucas asocia a Jesús de Nazaret con el profeta Elías y con el cuidado del Señor por las viudas, por haber restaurado a la vida el único hijo de una viuda (Lc 7.11-17). Las viudas también aparecen en las parábolas como personificaciones de generosidad (Mr 12.41-44) y persistencia (Lc 18.1-8). La comunidad de Jerusalén proporcionó alimentos a las viudas (Hch 6.1), y la Dorcas griega gana elogios por tener ropa hecha por ellos (9.39). El cuidado de las viudas y los huérfanos es una marca del compromiso religioso (Stg 1.27). Para el siglo II d.C., el cuidado de las viudas se había convertido en un ministerio institucionalizado. Para poder recibir la ayuda, una viuda tuvo que cumplir con ciertos criterios: tenía que ser de 60 años, sin hijos, con una buena reputación y no tienen familiares en apoyo de ella, y dispuestos a vivir una vida de oración y buenas obras (1 Ti 5.3-16). Por tanto, los líderes comunitarios asumen la responsabilidad de los familiares varones para regular la sexualidad de las mujeres de la familia y para determinar las funciones ministeriales abiertas a las mujeres.

KATHLEEN S. NASH

VOTO

Una promesa solemne hecha a Dios tanto para hacer o para abstenerse de hacer alguna acción. Heb. *nādar* parece significar «separar del uso profano; consagrar a Dios.» Hecho a Dios, un voto es un acto de adoración; es una promesa condicional de dar algo a Dios, si primero el Señor concede un gran favor. Los votos eran hechos más a menudo en situaciones de necesidad, y hay una cantidad de acuerdos acerca de ellos (Sal 132.2 parecen ser la excepción).

Cuando Jacob se va de Betel para Harán, promete que si Dios lo protege en su jornada y lo trae de regreso a salvo, le devolvería fielmente al Señor una décima parte, el diezmo (Gn 28.20-22; 31.13). Cerca de entrar a la tierra, Israel debe enfrentar y pelear contra Arad. Israel promete que si Dios le entrega esta gente, ellos los «matarían» (consagrarían completamente a Dios) y a sus ciudades (Nm 21.2-3). A cambio de la victoria sobre los amonitas, Jefté hace voto de sacrificar a Dios a quien viniera primero de su casa a saludarlo. Ésta resulta ser su hija, y él, aunque asolado por el dolor, cumple su voto (Jue 11.30-39). La mujer sin hijos, Ana hace voto de que si ella da a luz un hijo, lo consagraría al servicio de Dios (1 S 1.11). Absalón, mientras estuvo en Aram, hace voto de adorar a Dios en Hebrón, si Dios lo devuelve a salvo a Jerusalén (2 S 15.7-8).

Mientras que el judaísmo tardío dedica un tratado completo de la Misná a los votos *(Nedarim),* la Biblia en sí misma, en las secciones legales de Levítico, Números y Deuteronomio, contiene sólo referencias aisladas a los votos. Esto trata particularmente con los objetos de votos. Adicional a los diezmos, personas conquistadas y ciudades, personas y adoración, como se ve en los ejemplos narrativos, el voto más frecuente parece haber envuelto el ofrecimiento de alguna clase de sacrificio: holocaustos (Lv 22.18-20), ofrendas de paz (7.16; 22.21-22). Podía estar acompañado de una ofrenda de cereal secundaria y libaciones (Nm 15:3, 8; resume en 29.39). Cosas que ya pertenecían o se habían consagrado a Dio (Lv 27.26) o que fueran ofensivas a la santidad de Dios (p.ej., ingresos de ritos sagrados de fertilidad; Dt 23.18) no podían ser objeto de votos. Uno podía hacer voto de uno mismo a Dios, por un periodo determinado de tiempo. Este era el voto de un nazareno *(nazîr),* como resume Números 6.1-21. Hay indicaciones de que el *nazir,* originalmente, representaba un llamado de toda la vida (Sansón, Jue 13.3-5; Samuel, 1 S 1.11), pero que luego podía hacerse por un espacio de tiempo determinado (Nm 6.2). Otras personas ofrecidas al Señor debían ser redimidas por una suma arreglada de dinero (Lv 27.2), con acomodo especial para los pobres (v. 8).

El voto de un hombre no se podía anular; el voto de una mujer podía anularse por su padre o esposo. Si, no obstante, ella era independiente (divorciada o una viuda), entonces su voto debía permanecer (Nm 30). Un voto es un compromiso serio y debe ser cumplido o «pagado.» Heb. *šillēm* (piel), de la misma raíz que *šālôm,* indica que el voto, como era, se sostenía en el aire incompleto hasta «pagarlo» por medio de la actuación del voto (Dt 23.21-23[TM 22-24]). Deuteronomio más tarde especifica que los votos deben ser cumplidos solamente en el lugar que el Señor elige (p.ej., Jerusalén; Dt 12.6, 11, 17, 26).

Oprimido por Asiria, Judá aparentemente hizo votos a Dios y oró por liberación. Con la caída de Asiria, el profeta Nahúm dice a Israel que celebre y cumpla sus votos (Nah 1.15 [2.1]). Ante la amenaza de Babilonia, algunos de los jerusalemitas hicieron votos a la reina del cielo; y Jeremías denuncia su idolatría (Jer 44.25). Los navegantes con miedo a la tormenta, hicieron votos a Dios (Jonás 1.16), como lo hizo Jonás mismo desde el vientre del pez (2.9 [10]). Malaquías denuncia a los que hacen voto a Dios, pero tardan en cumplirlo (Mal 1.14). En el día venidero del Señor, Egipto se volverá al Señor y hará votos y orará por liberación (Is 19.21).

Ya que los votos se hacían más a menudo en situaciones de angustia, los salmos de lamento contienen especialmente referencias al cumplimiento de votos con sacrificios de acción de gracias (p.ej., Sal 116.14, 18). El acto de cumplimiento de votos en la asamblea sagrada constituía reconocimiento de lo que Dios había hecho y era en sí mismo un acto público de alabanza y acción de gracias (p. ej., Sal 22.25 [26]; 50.14; 56.12 [13]; 61.5, 8[6, 9]; 66.13-14; 76.11 [12]).

En general, los textos de Sabiduría no dicen mucho acerca de comportamiento cúltico, pero aparecen referencias a votos. La mujer seductora tienta al necio, «sacrificios de paz había prometido hoy, he pagado mis votos por tanto he salido a encontrarte» (Pr 7:14-15). La madre de Lemuel comienza sus palabras de consejo al llamarlo «hijo de mis votos» (Pr 31.2), y sugiere una situación como la de Ana cuando ora por el hijo (1 S 1.11). Elifaz advierte a Job, en su aflicción, a volverse a Dios para que Dios lo escuchara y Job pudiera pagar sus votos (Job 22.27). La seriedad de pronunciar y cumplir un voto es también enfatizada (Pr 20.25; Ec 5.4-5[3-4]; Sir. 18.22-23).

El voto (Gr. *euchḗ*) se menciona solo dos veces en el NT. En ambos momentos se involucra a Pablo (Hch 18.18; 21.23-26), y parecen ser ejemplos de nazareato temporal (Nm 6.1-21).

Michael D. Guinan, O.F.M

VOZ

La misma palabra heb. *qôl,* es usada en el AT para expresar el sonido de la voz humana (1 S 26.17), una multitud (Ex 32.18), instrumentos musicales (19:16), animales (Job 4.10), y sonidos naturales, como el trueno (Ex 9.23). La expresión «alzó su voz y lloró», marca tiempos de gozo (Gn 29.11) y tristeza (27.38). La obediencia a los mandamientos de Dios descansa detrás de la frase común «obedecer» (lit., «escuchar») la voz de Dios (Dt 27.10). La frase para establecer una proclamación es «pasar pregón» (Neh 8.15).

La revelación bíblica es esencialmente una experiencia oral. Recuentos de teofanías están repletas de sonidos (Ex 9.23-34; Is 6.8; Ez 1.24; cf. Ap 7.10). Las voces de varios mensajeros de Dios resuenan, desde la sangre de Abel (Gn 4.10) a el heraldo en el desierto (Is 40.3), desde el siervo sufriente quien no abre su boca (53.7), a la voz del Cordero cuya voz es como una espada de dos filos (Ap 19.15). Dios puede hablar en silencio (1 R 19.12) o como una potente tempestad (Job 372-5; Sal 29.3-9).

En el NT Gr. *phōnḗ* («sonido») y *phōnéō* («producir un sonido») ocurre regularmente, especialmente en los Evangelios (la voz de Jesús; Jn 5.25; 10.27) y Hechos (proclamación; 2.14). La voz de Dios marca momentos claves en la vida de Jesús (Mark 1.11).

Bibliografía. C. Rowland, *The Open Heaven* (New York, 1982).

William R. Domeris

VULGATA

La versión latina de la Biblia preparada por Jerónimo (c. 347-420). En vista de variaciones proliferadas en el Antiguo Texto Latino, el Papa Dámaso solicitó a Jerónimo, el sobresaliente erudito del momento, a que preparara un nuevo texto latino, estandarizado por el «Verdadero Texto Griego.» Él aceptó la asignación renuentemente, pues anticipó que la gente en las iglesias no les gustaría el cambio — y no les gustó. Dos años después, en el 384, Jerónimo había terminado los Evangelios haciendo cambios solamente donde sintió que era necesario. Alteró el orden occidental de los Evangelios al que se conoce hoy y restauró textos peculiares a cada evangelista que habían armonizado en el Antiguo Latín. Si Jerónimo completó la revisión, junto a alguien más, no se sabe.

La Vulgata fue adoptada en Roma, pero aún en el tiempo del Papa Gregorio (siglo VI) ambas, la Vulgata y la Antigua Latina eran ampliamente usadas. De hecho, la supremacía de la Vulgata no se aseguró hasta el siglo IX, hasta el Concilio de Trento (1546) en el cual la Vulgata se convirtió en el texto estándar para la Iglesia Católica.

Los manuscritos de la Vulgata fueron corregidos constantemente a la Antigua Latina y alterada a través de los siglos. En un esfuerzo por la estandarización, el Papa Sixto V publicó una edición de la Vulgata en 1590, y declaró que «debía ser recibida y sostenida como verdadera, legítima, auténtica e indubitable, en toda disputa pública y privada, lecturas, sermones y explicaciones.» Desafortunadamente, se descubrió que la edición fue defectuosa y necesitaba ser reemplazada. Una nueva edición apareció en 1592 bajo Clemente VIII, e introdujo más de 5000 cambios en el texto, aunque la edición «Sixtina» había amenazado la excomulgación por los cambios. Aunque más cuidadosas que la Sixtina, ni la edición del 1590 o 1592 tuvo éxito de representar el texto original de Jerónimo o su base griega con exactitud. Como 8000 manuscritos de la Vulgata existen. La recuperación del texto original de la Vulgata es el propósito de John Wordsworth, H. J. White, y H. F. D. Sparks, *Novum Testamentum Domini nostri Iesu Christi latine* (3 vols.; Oxford, 1889), y Robert Weber, *Biblia Sacra* (3rd ed., 1975).

Carroll D. Osburn

W

WADI (Arab. *wâdî*)
Un río, arroyo, o lecho de un arroyo. Muchas de estas corrientes fluyen sólo en temporada, y por lo tanto son una fuente de agua poco confiable. Wadis significativos incluyen Wadi Murabba ʿāt (a medio camino entre Qumrán y En-gadi) y Wadi Mukhmas (cuya fuente se encuentra en las colinas de Bethel), dos lugares que contienen cuevas donde se han realizado importantes descubrimientos. Otro ejemplo es el Wadi Qelṭ en Jericó, tres manantiales cuyas aguas hacen de esta zona un oasis floreciente para la agricultura.

John L. Gillman

XÁNTICO (Gr. *Xanthikos*) Un mes del calendario macedonio correspondiente al mes judío de Nisán (marzo-abril). El nombre aparece en dos cartas escritas a los judíos en el 164 a.C. por Antíoco V y los romanos (2 Mac 11.30, 33, 38).

Y

YAHVISTA

Una de las fuentes literarias que muchos eruditos disciernen como parte del Pentateuco o Torá. A pesar de que la hipótesis de un texto compuesto ha dominado los últimos 200 años del estudio del Pentateuco, existe desacuerdo sustancioso sobre virtualmente cada faceta de la hipótesis Yahvista. Sin embargo, un bosquejo útil puede ser presentado.

El yahvista, abreviado por la sigla «J» (del alemán *Jahweh*), es típicamente reconocido como el más brillante de los historiadores del Pentateuco, responsable por la mayor parte del material en Génesis y porciones sustanciales de la historia en Éxodo y Números. Por consiguiente J incluye la historia desde los orígenes de la existencia humana hasta la víspera de la entrada en la Tierra Prometida, un lapso que compone 22 generaciones, episodios primigenios, aventuras de los antepasados fundadores de Israel, viajes de Moisés y del grupo del Éxodo en el desierto. Puede asumirse que el Yahvista estaba activo en la corte de David, por consiguiente escribiendo cerca del siglo diez a.C. Dado que el interés de los materiales es sureño, la localización supuesta del escritor es Judá, específicamente Jerusalén. La localización en Jerusalén y su edad temprana sugiere a algunos que el Yahvista es un apologista de la monarquía y empresa davídica, una relato de la historia épica de las raíces tribales del estado emergente.

A pesar de no estar claro si el Yahvista debe ser visto más como un compositor, un colector, o un compilador, algunas características persistentes del estilo y contenido identifican los textos comúnmente atribuidos a J. Desde el comienzo ha sido reconocida la tendencia de llamar la deidad con el nombre de Jehová [*Yahweh*], una afición por juego de palabras y etiologías, un conjunto de personajes llenos de vitalidad que se conducen con valentía, diálogo afinado, y soliloquio reveladores; J utiliza la técnica de señalar a un individuo aparte del grupo mayor, proveyendo una matriz para personajes menores mientras ofrece un foco primario. Las historias del Yahvista son ricas en imágenes. La deidad en la historia J no es tan omnipotente y competente como en las otras fuentes, y los humanos que emergen del J a menudo son imperfectos pero memorables. El enemigo clave en la historia del Yahvista es Egipto, con sus estilos opresivos. Algunos temas longitudinales que encontramos en J incluyen la promoción de la bendición, el cumplimiento de los propósitos divinos, y el establecimiento de instituciones culturales claves. Existe una resonancia sustancial entre material extrabíblico (p.ej., material épico que presenta enredos de las deidades y los humanos sumerio, acadio, y ugarítico) y muchos elementos estructurales de temas menores en J.

Mayor disensión a la posición bosquejada aquí incluye la posible identidad de J (se ha propuesto que era una mujer, o un bardo popular), el género (historia o teología más que apología), la fecha (extendiéndose desde el tiempo de Salomón hasta el exilio), y los propósitos (generalmente descritos más teológicos que sociales). Dado que cualquier discusión del Yahvista está enraizada en conversaciones sobre estudios del Pentateuco, las personas que dudan de las teorías de diferentes niveles o hipótesis de fuentes considerarán los textos «Yahvistas» de manera muy diferente que quienes lo consideran como modelo de autor viable.

Bibliografía. R. B. Coote and D. R. Ord, *The Bible's First History* (Philadelphia, 1989); R. Rendtorff, «The Yahwist as Theologian? The Dilemma of Pentateuchal Criticism,» *JSOT 3* (1977). 2–10 and responses, 11–32; J. Van Seters, *Prologue to History. The Yahwist as Historian in Genesis* (Louisville, 1992); H. W. Wolff, «The Kerygma of the Yahwist,» en *The*

Vitality of Old Testament Traditions, ed. W. Brueggemenn and Wolff, 2nd ed. (Atlanta, 1982), 41–66.

Barbara Green, O. P.

YAMLIKÚ (Gr. *Imalkoue*)
Un gobernante árabe a quien Alejandro Balas le encargó su hijo Antíoco VI. Trifón persuadió a Yamlikú para que le entregara a Antíoco y que albergara tropas contra Demetrio (1 Mac 11.39).

YARMUK
Šerīat el-Menādireh, el más al norte de los ríos perennes en Transjordania. Separando a Basán del norte de Galaad, el río y sus afluentes drenan ambos Basán y Haurán. Desde la confluencia de tres de sus mayores tributarios (*Wadi el-Meddān*, Wadi el-Ehreir, y *Wadi eš-Šallāla*) en Maqarin hasta el río Jordán, el Yarmuk es cerca de 35 km (22 mi) de largo. El Yarmuk se une al Jordán cerca de 6.5 km (4 mi) al sur del Mar de Galilea donde ambos son cerca de 9 m (29.5 pies) de ancho en este punto. En este lugar el Yarmuk es más profundo y carga tanta agua como el Jordán mismo.

Mientras que la parte norte del río y sus afluentes tienen espaciosos terraplenes descendiendo de las pendientes altas, el lado sur es en su mayor parte muy empinado con considerable crecimiento. Así pues, hay más tierra útil en el lado norte del Valle del Yarmuk.

El Yarmuk no es mencionado en la Biblia, aunque posiblemente es el «río» mencionado en 1 Macabeos 5.40. La primera persona que lo menciona es Plinio (*Hist. Nat.*) en el primer siglo d. C.

Bibliografía. K. Yassine, T. M. Kerestes, B. G. Wood, and J. M. Lundquist, «an Archaeological Survey of Three Reservoir Areas in Northern Jordan, 1978,» *ADAJ* 22 (1978). 108–35.

Paul J. Ray, Jr.

YO SOY EL QUE SOY
Descripción de Jehová, el nombre del Dios del pacto de Israel, dado a Moisés cuando éste tuvo el encuentro con la zarza ardiente (Ex 3.14; Heb. *ʾehyeh ʾăšer ʾehyeh*). Se traduce también como "Yo seré lo que seré" o tal vez "Yo creo [todo] lo que creo".
Véase JEHOVÁ

Robert E. Stone, II

YOM KIPPUR (Heb. *yôm kippûr*)
El más santo de los días sagrados judíos desde el tiempo bíblico.
Véase Expiación, Día de la.

YUGO /YUNTA
Mecanismo para enjaezar el poder de animales domesticados (Heb. *ʾōl, ṣemeḏ, môṭâ;* Gr. *zugós*). Más a menudo el buey y el asno (1 S 11.7; 1 R 19.19, 21; Job 1.3; Lc 14.19), pero también el ganado (Nm 19.2; Dt. 21.3; 1 S 6.7), eran enyuntados para el arado (Dt 22.10 prohíbe enyuntar juntos un buey y un asno).
Como el yugo era un instrumento agrícola tan común, vino a ser un símbolo gráfico con muchos significados. En algunas ocasiones era utilizado para describir la opresión y servidumbre, a nivel político (Gn 27.40; Lv 26.13; 1 R 12.4–14 = 2 Cr 10.4–14; Is 58.6, 9; Jer 28.1–14) y religioso (Hch 15.10; Gá 5.1; 1 Ti 6.1). Lamentaciones 1.14 emplea la figura para describir los resultados negativos del pecado. La imagen de humanos unidos por yugos usualmente representa una relación poco saludable (2 Co 6.14; confróntese Sal 106.28).

En otros lugares la figura del yugo es utilizada de manera positiva. Lamentaciones 3.27 se refiere al yugo como la corrección administrada por Dios. Mucho más notable es el uso del término por Jeremías como una metáfora de la autoridad de Dios, probablemente expresada en el pacto y la palabra de Dios (Jer 2.20; 5.5). El uso rápido del término por Jesús en Mateo 11.28-30 se refiere al concepto rabínico del «yugo del reino de los cielos/Torah/mandamientos» (véase *m. Ber.* 2.2; *b. Sanh* 94b; Sir 6.24-30; Sal Solomón 7.9).

W. E. Nunnally

Z

ZAANAIM (Heb. *ṣaʿănannîm*)
Lugar en el borde sureño de la herencia de la tribu de Neftalí (Jos 19.33) y lugar del campamento de Heber el ceneo (Jue 4.11). El nombre completo es «encina de Zaananim (Heb. *ʾēlôn bĕṣaʿănannîm*), probablemente se refiera a un monumento más que a un pueblo. La localización de Zaananim es desconocida, y no está claro si ambas referencias indiquen un mismo lugar.

Kenneth Atkinson

ZAANÁN (Heb. *ṣaʾănān)*
Lugar no identificado en la Sefela de Judá (Miq 1.11). Puede que sea la misma que Zenán en Josué 15.37, que aparece en el contexto de Laquis.

ZAAVÁN (Heb. *zaʿăwān*)
El segundo hijo de Ezer el horeo, antepasado de un clan edomita (Gn 36.27; 1 Cr 1.42).

ZABAD (Heb. *zābād*) (también JOZACAR)

1. Descendiente de Jerameel de la tribu de Judá; hijo de Natán y padre de Efal (1 Cr 2.36-37).

2. Hijo de Tahat y descendiente de Efraín (1 Cr 7.21).

3. Uno de los hombres fuertes de David, el hijo de Ahlai (1 Cr 11.41).

4. Hijo de Simat, la mujer amonita que conspiró con Jozabad para asesinar a Joás, rey de Judá (2 Cr 24.26). En 2 Reyes 12.21 (TM 22) es llamado Josacar.

5. Israelita hijo de Zatu que tomó una esposa extranjera (Esd 10.27)

6. Israelita de los hijos de Hasum a quien se le requirió divorciarse de su mujer extranjera (Esd 10.33)

7. Hombre entre los hijos de Nebo que se casó con una mujer no israelita (Esd 10.43)

Gary M. Burge

ZABADEOS (Gr. *Zabbadaíoi*)
Pueblo árabe, aparentemente llamado así por su aldea de Zabad, atacada y destruida por Jonatán el asmoneo cuando los oponentes seléucidas que perseguían lo eludieron a través del río Eleuterus (probablemente cerca de Nahr el-Kebir en el Líbano central; 1 Mac 12.31). Como Jonatán regresó pronto a la región de Damasco (1 Mac 12.32), el poblado estaba probablemente al noroeste de la ciudad, posiblemente la moderna Zebdani, cerca de 28 km (17 mi) de Damasco (cf. Keferzabad, «pueblo de Zabad», noroeste de Hamat).

ZABAI (Heb. *zabbay)*

1. Israelita que había tomado una mujer extranjera (Esd 10.28)

2. Padre de Baruc, que ayudó a reparar una sección de la muralla (Neh 3.20 **K; Q** «Zacai»). Puede que sea el mismo de 1 arriba.

ZABDI (Heb. *zaḇdî*) (también Zicri, Zimri)

1. De Judá, antepasado de Acán (Jos 7.1, 17-18). Es llamado Zimri (3) en 1 Cr 2.6.

2. Hijo de Simei de la tribu de Benjamín (1 Cr 8.19)

3. Sifmita, administrador de una viña de David (1 Cr 27.27).

4. Levita hijo de Asaf (Neh 11;17), Es llamado Zicri (5) en 1 Cr 9.15.

ZABDIEL (Heb. *zaḇdîʾēl;* Gk. *Sabdiēl*)

1. De la tribu de Judá; el padre de Jasobeam, comandante de la primera división del ejército de David (1 Cr 27.2).

2. Hijo de Gedolim, supervisor de los sacerdotes de Jerusalén después del exilio (Neh 11.14).

3. Árabe que decapitó a Alejandro Balas cuando buscaba refugio en Arabia del rey egipcio Tolomeo VI Filometor. Zabdiel después envió la cabeza a Tolomeo (1 Mac 11.17).

ZABUD (Heb. *zāḇûd*)
Hijo de Natán; un sacerdote en el tiempo de Salomón que ejerció el oficio de «amigo del rey» (1 R 4.5).

ZABULÓN (Heb. *zĕḇûlûn;* Gr. *Zaboulṓn*)
El décimo hijo de Jacob y sexto y último de Lea (Gn 30.19-20); el epónimo antepasado de la tribu que habita en un territorio de la región de Galilea. En Génesis 30.30 el nombre es relacionado por etimología popular al Heb. *zbl*, «exaltar, honrar», también juega con la raíz relacionada *zbd*, «don» o «regalo». Además, el significado de «exaltar» puede tener importancia topográfica, dado que el territorio de la tribu de Zabulón incluye la región montañosa (exaltada, levantada) de la región norte de Jezreel.

El territorio tribal de Zabulón comparte bordes con Aser al oeste, Neftalí al este, Manasés al suroeste, e Iscar al sureste. A pesar de que este territorio pudo haber incluido parte del llano de Jezreel o el llano de Aco, estaba mayormente confinado al borde montañoso al norte de Jezreel. Así, Zabulón estaba situado en una región ricamente forestal, sin salida al mar y removida de los centros principales de asentamiento cananeo. Referencias a Zabulón habitando cerca del mar (Gn 49.13) y gozando de la abundancia de los mares (Dt 33.19) sugiere que la tribu en algún tiempo se extendió hasta el mar Mediterráneo (Josefo *Antigüedades* 5.1.22).

A pesar de que Zabulón está en la lista de las tribus que fallaron en expulsar a los cananeos de su territorio (Jue 1.30), otros informes sugieren que ellos fueron miembros fieles a la liga tribal israelita. El cántico de Débora alaba a los de la tribu de Zabulón por su valentía excepcional al derrotar las fuerzas de Sísara (Jue 4.6, 10; 5.14, 18). Gedeón convoca a los de la tribu de Zabulón para que le acompañen en sus victorias contra los madianitas y los amalecitas (Jue 6.35). El zabulonita Elón dirigió a Israel por 10 años como juez (Jue 12.11-12). Además, la tribu de Zabulón provee a David con un gran contingente de tropas (1 Cr 12.33), y los zabulonitas participaron en la pascua de Ezequías (2 Cr 30.11). Finalmente, el profeta Jonás vino de Gat-hefer, una ciudad localizada dentro de los límites de Zabulón (2 R 14.25).

Las tribus de Zabulón e Isacar están íntimamente conectadas en varios pasajes, incluyendo la bendición de Moisés (Dt 33.18; cf. Jue 5.14; Ez 48.26, 33), reflejando su proximidad en origen y localización (Gn 30.17-20; Jos 19.10-23). Similarmente, Zabulón es pareada con Neftalí (Jue 4.6; 5.18; 6.35; Sal 68.27 [TM 28]). Digno de notar es la profecía de Isaías sobre el futuro glorioso de Zabulón (Is 9.1-2 [8.23-9.1], que Mateo 4.13 conecta con el ministerio de Jesús en la región de Galilea.

Bibliografía. Z. Kallai, *Historical Geography of the Bible. The Tribal Territories of Israel* (Leiden, 1986).
Jeffrey C. Geoghegan/Daniel L. Hawk

ZACAI (Heb. *zakkay*)
Israelita cuyos descendientes regresaron de la cautividad en Babilonia con Zorobabel (Esd 2.9 = Neh 7.14; cf. 3.20 **Q**).

ZACARÍAS (Heb. *zĕḵaryâ, zĕḵaryāhû;* Gr. *Zacharías*) (también ZEQUER)
El nombre significa «Jehová recuerda», evidentemente una súplica para que Dios recuerde su pacto con Israel y extienda su ayuda divina, lo cual probablemente explica su popularidad durante los periodos del exilio y después del exilio.

1. Rey del reino del norte (746 a.C.), el hijo de Jeroboam II (2 R 14.29; 15.8-12). Zacarías reinó sólo seis meses antes de ser asesinado por Salúm. Con la muerte de Zacarías llegó el final de la dinastía de Jehú, un cumplimiento de la profecía que esta dinastía reinaría por cuatro generaciones (2 R 10.30; 15.12).

2. Padre de Abi (Abías), la madre del rey Ezequías (2 R 18.2 = 2 Cr 29.1). Probablemente el mismo que el **28** más abajo.

3. Príncipe de una familia de los descendientes de Rubén (1 Cr 5.7).

4. Portero levita inteligente y prominente durante el reinado de David (1 Cr 9.21-22; 26.2, 14).

5. Miembro de la tribu de Benjamín de Gabaón (1 Cr 9.37). Su hermano Ner fue el padre de Cis, el padre del rey Saúl (1 Cr 9.36, 39). En 1 Crónicas 8.31 es llamado Zequer, una abreviatura del nombre sin el final teofórico.

6. Músico levítico que tocó el arpa cuando el arca fue llevada a Jerusalén durante el reinado de David (1 Cr 15.18, 20; 16.5).

7. Uno de los sacerdotes trompetistas que dirigieron la procesión cuando el arca fue llevada a Jerusalén (1 Cr 15.24).

8. Levita e hijo de Isaías, un contemporáneo de David (1 Cr 24.25).

9. Portero levita durante el tiempo de David; hijo de Hosa de los descendientes de Merari (1 Cr 26.11).

10. Padre de Iddo, uno de los oficiales de David que gobernó sobre la media tribu de Manasés en Galaad (1 Cr 27.21).

11. Oficial del rey Josafat asignado para que enseñase el libro de la Ley en las ciudades de Judá (2 Cr 17.7-9).

12. Levita y padre de Jahaziel (2 Cr 20.14), que profetizó que Josafat sería victorioso sobre los moabitas y los amonitas (vv 15-17).

13. Hijo de Josafat asesinado por Joram, su hermano (2 Cr 21.2, 4).

14. Hijo del sacerdote Joiada. Zacarías denunció públicamente a Joás por su pecado y fue posteriormente apedreado hasta morir por órdenes del rey (2 Cr 24.20-22). El asesinato fue particularmente atroz a la luz del lugar donde ocurrió, el atrio del Templo, y la bondad que Joiada, el padre de Zacarías, había mostrado a Joás. Por causa de esta acción repulsiva algunos de los oficiales de Joás asesinaron al rey (2 Cr 24.25). Jesús aludió al martirio de Zacarías cuando condenó los líderes religiosos hipócritas de sus días (Mt 23.35; Lc 11.51).

15. Instructor de Uzías (2 Cr 26.5). Zacarías le enseñó a Uzías «el temor del Señor», evidentemente una alusión a las Escrituras hebreas (cf. Sal 19.9 [TM 10]. Ha sido identificado de varias maneras: como el Zacarías de Isaías 8.2 (**28**), el hijo de Joiada (**14**), o algún otro individuo.

16. Descendiente levítico de Asaf que participó en la purificación del Templo durante las reformas religiosas de Ezequías (2 Cr 29.13).

17. Descendiente levítico de Coat que supervisó las reparaciones del Templo durante el reinado de Josías (2 Cr 34.12).

18. Uno de los tres sacerdotes de alto rango que contribuyó literalmente con animales para la ofrenda de la pascua durante el reinado de Josías (2Cr 35.8 = 1 Esd 1.8).

19. Jefe de la familia de Paros quien con 150 familiares regresó de Babilonia a Jerusalén con Esdras a mediados del siglo quinto (Esd 8.3).

20. Jefe de la familia de Bebai quien con 28 familiares regresó a Jerusalén con Esdras (Esd 8.11).

21. Líder de los exiliados judíos, enviado a buscar ministros en Casifia (Esd 8.16); posiblemente el mismo que **19** o **20**.

22. Judaíta del siglo quinto que se casó con una mujer extranjera (Esd 10.26).

23. Líder que estuvo en el estrado de madera con Esdras durante la lectura pública de la Ley (Neh 8.4); probablemente el mismo que **21**.

24. Hijo de Judá descendiente de Fares, un habitante de Jerusalén en el periodo persa (Neh 11.4).

25. Antepasado del sacerdote Maasías, descendiente de Judá, un habitante de Jerusalén en el periodo persa (Neh 11.5).

26. Antepasado del sacerdote Adaías, un habitante posexílico de Jerusalén (Neh 11.12).

27. Sacerdote trompetista que participó en la dedicación de las murallas de Jerusalén con Nehemías (Neh 12.35, 41).

28. Uno de dos líderes de Jerusalén prominentes y confiables a quienes Isaías llamó para que fueran testigos de la profecía de la destrucción asiria de Samaria y Damasco (Is 8.1-4). El hijo de Jeberequías, probablemente era el mismo Zacarías que el padre de Abi mencionado en 2 Reyes 18.2 = 2 Crónicas 29.1.

29. Profeta de la última parte del siglo sexto a quien es atribuido el libro de Zacarías (Zac 1.1, 7; 7.1, 8; Neh 12.16; Esd 5.1; 6.14). Zacarías también era sacerdote y contemporáneo del profeta Hageo.

30. Padre de José, un general judío durante la guerra de los Macabeos (1 Mac 5.18, 56).

31. Representante de Josías en la fiesta de la pascua (1 Esd 1.15); un nombre alterno para Hemán (cf. 2 Cr 35.15).

32. Padre de Juan el bautista, un miembro de la división sacerdotal de Abías (Lc 1.5-25, 57-80). El ángel Gabriel se apareció a Zacarías en el Templo y le informó que su esposa Elisabet daría a luz un hijo extraordinario. Debido a su incredulidad, Zacarías fue incapaz de hablar hasta que su hijo había nacido. El día en que el niño iba a ser nombrado, la voz le regresó a Zacarías. Entonces pronunció una bella profecía relacionada con la esperanza mesiánica de Israel, comúnmente conocida como el Benedictus (Lc 1.68-79).

Stephen R. Miller

ZACARÍAS, LIBRO DE

El undécimo libro entre los profetas menores. Zacarías típicamente se divide en dos o tres secciones. Los capítulos 1-8 contienen la predicación del profeta Zacarías del final del siglo sexto a.C. Los capítulos 9-14 en conjunto puede llamarse el Segundo o Deutero-Zacarías. El hecho de que 9.1; 12.1 tienen encabezamientos casi idénticos, sin embargo, ha hecho que muchos eruditos dividan los capítulos 9-14 en Deutro-Zacarías (capítulos 9-11) y Trito-Zacarías (capítulos 12-14).

La opinión de que Zacarías 9-14 se desarrolló de forma separada a Zacarías 1-8 se origina, a lo menos, con el erudito del siglo dieciséis, Joseph Mede, quien observó que Zacarías 11.12-13 es atribuido a Jeremías en Mateo 27.9-10. Además, Zacarías 12-14 exhibe características estilísticas muy diferentes de Zacarías 1-8, y nada en Zacarías 9-14 se dirige a las condiciones o personas del siglo VI prominente en Zacarías 1-8.

Zacarías 1-8

Autor y Fecha

Tres encabezamientos (1.1, 7; 7.1) atribuyen los capítulos 1-8 a Zacarías. Él era un contemporáneo de Hageo cuya predicación parece haber sido editada por la misma mano que la de Zacarías 1-8. Todos los encabezamientos datan entre el 520 y el 518. Como estas fechas son redaccionales, algunos eruditos las han cuestionado, argumentando que algunas visiones entre 1.7 y 6.15 en realizad se originaron algunos años antes.

Entorno histórico

Cuando Ciro en el 538 emitió su edicto permitiendo a los exiliados regresar a Judá, unos pocos aceptaron la oferta. De acuerdo a Esdras 1.11 Sesbasar dirigió un grupo de regreso (Esd 1.11) y comenzó a reconstruir el Templo (5.16). Ese trabajo cesó antes de la muerte de Ciro en 530 y no se volvió a iniciar hasta 520, bajo la insistencia de Hageo y Zacarías cuando Zorobabel, el nieto del rey Joaquín, llegó a Jerusalén. Hageo lo llamó «anillo de sellar» de Dios (Hag 2.23), un título claramente revocando Jeremías 22.24, donde Joaquín es comparado a un anillo de sellar que Dios arrancaría de su dedo y lo desecharía. Hageo probablemente consideró que Zorobabel era el nuevo rey davídico. De la misma manera, Zacarías 4.9 atribuye a Zorobabel la tarea real de cimentar el nuevo templo.

Mensaje

Proto-Zacarías tiene tres secciones, cada una con su encabezamiento.

1.1-6. La primera sección, fechada entre mediados de octubre y mediados de noviembre del 520, fue probablemente una composición del redactor. Contiene una admonición general para los lectores para que eviten los errores de sus antepasados preexílicos.

1.7-6.15. La segunda sección, fechada al comienzo del 519, contiene ocho visiones, intercaladas con dos exhortaciones.

1.7-17. En la primera visión Zacarías informa que Dios será misericordioso con Jerusalén. Esta visión podría presuponer una audiencia babilónica antes de su regreso a Jerusalén, justo antes del 539 o, más probable, cerca del 520.

1.18-21 (TM 2.1-4). La segunda visión informa la aparición de cuatro cuernos y cuatro carpinteros. Los cuernos representan las naciones que oprimieron a Israel, y los carpinteros representan los agentes de Dios que las derribarán.

2.1-5 (TM 2.5-9). En la tercera visión Zacarías ve un hombre (¿ángel?) midiendo a Jerusalén para determinar cuántos habitantes la podrían habitar. Se le dice que no debe estar preocupado. Como Dios será su muralla, no habrá límite para su crecimiento.

2.6-13 (2.10-17). La primera exhortación llama a los exiliados en Babilonia para que regresen al hogar. Esa exhortación sugiere una fecha después del 539, cuando tal viaje era posible.

3.1-10. La cuarta visión es suficientemente diferente de las demás que algunos eruditos consideran secundaria, a pesar de haber sido escrita por Zacarías. La visión muestra a Dios ordenando o instalando a Josué como sumo sacerdote de Jerusalén. La referencia al Renuevo en 3.8 y el cuadro de paz mesiánica en 3.10 tal vez se refería originalmente a Zorobabel.

4.1-14. La próxima visión describe la presencia de Dios entre su pueblo. Es interrumpida en 4.6b-10a con dos cortos anuncios proféticos sobre el papel de Zorobabel en la reconstrucción del Templo donde Dios hará morada.

5.1-4. La sexta visión es de un gran rollo que volaba el cual purgará la tierra de ladrones y mentirosos.

5.5-11. La séptima visión describe la maldad siendo encerrada en una efa y enviada a Babilonia [Sinar], donde será adorada.

6.1-8. La última visión describe el futuro de Jerusalén, donde la vida volverá a ser placentera y Dios puede tomar un reposo.

6.9-15. En vista de lo que Dios está por hacer entre su pueblo, una segunda exhortación también llama a los exiliados a regresar a Jerusalén. Una instrucción original para que Zacarías hiciera y tomara (¿cuatro?) y las pusiera en el Templo como memorial fue cambiada por una instrucción para que las pusiera como corona para el Josué (6.11). El nombre Josué es tan inesperado que muchos eruditos sugieren que aquí el nombre debe ser reemplazado por Zorobabel.

7.1-8.23. La tercera sección de proto-Zacarías es una colección de instrucciones, tal vez no todas son originales de Zacarías, enmarcadas entre preguntas que le hicieron emisarios de Bet-el en 7.1-7 y son contestadas en 8.18-19.

Zacarías 9-14

Fecha y contexto histórico

Varias fechas han sido asignadas a Zacarías 9-14. La mención de Hadrac en 9.1 se dice que requiere una fecha anterior al 738, cuando la ciudad perdió su estatus independiente. También la mención de Gaza se dice que señala a la derrota de la ciudad por Sargón II en el 720, y 10.10 se dice que presupone el periodo asirio después del 660, probablemente en el tiempo de Josías. La mayoría cree que la campaña de Alejandro el Grande es reflejada en 9.1-8, y que la mención de «Grecia» en 9.13 se dice que remacha una fecha durante el periodo griego. En realidad, las ciudades mencionadas no representan, de hecho, la ruta de Alejandro hacia o desde Egipto, y Judá tuvo contactos con Grecia mucho antes del siglo cuarto. Fechas tan tardías como los asmoneos han sido ofrecidas de la referencia de los tres pastores despedidos en 11.8 y el que ha sido «traspasado» mencionado en 12.10.

El periodo persa parece ser una mejor fecha que cualquiera de estas sugerencias por varias razones. Primero, Zacarías 9.8 presupone la destrucción y reconstrucción del Templo, así que el capítulo 9 y la redacción de los capítulos 9-14 son fechados de después del 515. Además, Zacarías 14 es ampliamente considerado como la última parte de Deutero-Zacarías, y 14.10 describe los límites de la futura Jerusalén. Al hacer esto, menciona las puertas conocidas desde tiempos preexílicos (la Puerta de Benjamín y la Puerta del Ángulo), pero no reparadas por Nehemías. Esto puede sugerir que el redactor trabajó antes de la misión para reparar las murallas por Nehemías y utilizó sólo los límites conocidos por él y sus contemporáneos. Si esto es así, Zacarías 14 fue escrito antes del 445, y la redacción de Zacarías 9-14 pudo haber ocurrido cualquier tiempo después.

La vida en la pequeña subprovincia de Judá en la primera mitad del siglo quinto pudo haber sido caracterizada por muchas tensiones a las cuales Deutero-Zacarías alude. La primera fue la división entre las personas que experimentaron el exilio y las personas que no lo experimentaron. Las áreas más obvias de competencia eran sobre la posesión y control de oficios, especialmente el sacerdocio. Aun los exiliados repatriados, regresando en grupos por diversas razones, pudieron competir entre ellos por la obtención de la comunidad posexílica. Una segunda división que se muestra en Nehemías 13 es la lucha entre los habitantes de Jerusalén y algunos que vivían en otros lugares, particularmente terratenientes nobles de Judá. La tercera división era geográfica, norte versus sur, sobre el control de Judá y Jerusalén, como las dificultades de Nehemías con Sanbalat y Tobías hacen claro.

Autor

Deutero-Zacarías era anónimo. Tal vez fue añadido a Proto-Zacarías porque parece explicar por qué las fiestas jubilosas y la espiritualidad y prosperidad contagiosa visualizada en 8.18-23 todavía no se habían hecho una realidad. Dos escuelas de pensamiento han surgido para situar el contexto social del autor y su comunidad. Una sugerencia es que Zacarías 9-14 es el producto de personas fuera del sacerdocio a quienes se les habían quitado los privilegios, de corte más o menos apocalíptico. El punto de vista opuesto es que estos capítulos son el producto de sacerdotes, quienes, sin embargo, ya no estaban en poder. De cualquier manera, el grupo y su portavoz se percibían a sí mismos como fuera de la estructura real del poder en la Judá de después del exilio y estaban escribiendo un programa para un futuro mejor.

Zacarías 9-14

Mensaje

En ese programa, Deutro-Zacarías lidió con el problema de expectativas incumplidas en Israel después del exilio utilizando, con modificaciones, esperanzas tradicionales de la comunidad.

9.1-17. Deutero-Zacarías visualiza la futura restauración de la monarquía sobre el antiguo imperio davídico.

10.1-12. En el proceso, Israel y Judá serán reunificados.

11.1-17. Desafortunadamente, estas esperanzas no estaban cerca de dar frutos en manera alguna, porque los pastores, los líderes del pueblo, estaban más interesados en la ganancia personal que en ser buenos pastores.

12.1-9. El redactor utiliza la imagen de un ataque futuro contra Jerusalén para advertir que la ciudad no alcanzaría más importancia que Judá cuando Dios establezca las cosas en orden.

12.10-13.9. De hecho, lo que se necesitaba antes de que Dios pudiera realizar una restauración completa era crear compasión y arrepentimiento en las familias líderes y altaneras en Jerusalén y hacer que los falsos profetas se avergonzaran de lo que estaban haciendo.

14.1-21. Cuando la ciudad sea purificada de su pecado, Dios la podrá transformar en el lugar de bendición que estaba destinada a ser.

Bibliografía. C. L. Meyers and E. M. Meyers, *Haggai, Zechariah 1–8.* AB 25B (Garden City, 1987); *Zechariah 9–14.* AB 25C (Garden City, 1993); R. F. Person, Jr., *Second Zechariah and the Deuteronomic School.* JSOT Sup 167 (Sheffield, 1993); D. L. Petersen, *Haggai and Zechariah 1–8.* OTL (Philadelphia, 1984); *Zechariah 9–14 and Malachi.* OTL (Louisville, 1995); P. L. Redditt, *Haggai, Zechariah, Malachi.* NCBC (Grand Rapids, 1995); J. E. Tollington, *Tradition and Innovation in Haggai and Zechariah 1–8.* JSOT Sup 150 (Sheffield, 1993).

Paul L. Redditt

ZACUR (hebreo. *zakkûr*)

1. Padre del espía Samúa de la tribu de Rubén (Nm 13.4).

2. Descendiente de Simeón, el hijo de Hamuel, y descendiente de Misma (1 Cr 4.26).

3. Levita de la línea de Merari (1 Cr 24.27).

4. Levita hijo de Asaf que fue líder de la tercera división de músicos del Templo durante el reinado de David (1 Cr 25.2, 10; Neh 12.35).

5. Descendiente de Bigvai que regresó del exilio con Esdras (Esd 8.14).

6. Hijo de Imri que estuvo entre los que reconstruyeron las murallas de Jerusalén (Neh 3.2).

7. Levita que selló el nuevo pacto bajo Nehemías (Neh 10.12 [TM 13]).

8. Padre de Hanán, levita que vivió durante el gobierno de Nehemías (Neh 13.13).

Gregory D. Jordan

ZAFIRO

En el uso bíblico, probablemente lapislázuli, una piedra semipreciosa azur que contenía manchas doradas de pirita de hierro (cf. Job 28.6, 16). Se encuentran referencias al zafiro (heb. *sappîr;* gr. *sáppîrâ*) en descripciones de la gloria de las epifanías divinas (Ex 24.10; Ez 1.26), en descripciones proféticas-apocalípticas de la gloria de la Nueva Jerusalén (Is 54.11; Ap 21.19) y en descripciones poéticas de la majestad de algún personaje (Cnt 5.14; Lm 4.7; Ez 28.13). Es una de las piedras que representa a una tribu de Israel en el pectoral del sacerdote (Ex 28.18).

Jeffrey S. Lamp

ZAFNAT-PANEA (hebero *ṣāpĕnaṯ paʿnēaḥ*)

Nombre egipcio dado a José cuando el faraón lo estableció «al frente de toda la tierra de Egipto» (Gn 41.45). El significado del nombre es incierto; su derivación del egipcio *ḏd-pꜣ-ntr-w.f-ʿnh* («la deidad habla y [el portador del nombre] vive») es comúnmente aceptada, pero tiene que ser fechada después de José.

Gary M. Burge

ZAFÓN (Heb. *zāpôn*) **(CIUDAD)**

Ciudad al lado oriental del río Jordán, tomada de Sehón y dada a la tribu de Gad (Jos 13.27). Más tarde vino a ser el lugar de guerra entre las fuerzas de Jefté y los efraimitas que atacaron Jefté por no invitarlos a perseguir los amonitas (Jue 12.1). Zafón probablemente aparece en los registros egipcios de la 18ª dinastía como Dapuna, y en las cartas Amarna como Sepuna. Generalmente es identificada con la moderna Tell el-Qôs (208182), 5 km (3 mi) al norte de Deir *ʿAlla* al norte del *Wadi Raġib.*

Bibliografía. N. Glueck, «Three Israelite Towns in the Jordan Valley. Zarethan, Succoth, Zaphon,» *BASOR* 90 (1943). 2–23.

Zeljko Gregor

ZAFÓN (Heb. *ṣāpôn*) **(MONTAÑA)**

Montaña alta (cerca de 1770 m (5807 pies) en la frontera costera entre Siria y Turquía (semítico occidental *ṣpn/ṣpwn* [**ṣapūnu*], clásico Mons Casius, la moderna *Jebel el-Aqraʿ*). Es la morada divina del dios del clima Hadad/Haddu, Señor de Zafón (Baal-zafón). La montaña juega un papel central en la tradición mitológica ugarítica/cananea y como tal es el trasfondo de historias bíblicas (Sal 48.2 [TM 3]; Is 14.13; cf. Sal 89.12 [13]; Ez 1.4). El Heb. *ṣāpôn,* «norte» (en referencia a la dirección del viento), y nombres tales como Baal-zefón (Ex 14.2) y Zefón (Jos 13.27) pueden derivarse de la morada mitológica de Baal.

Bibliografía. H. Niehr, «Zaphon,» *DDD,* 927–29.

Meindert Dijkstra

ZAHAM (Heb. *zāham*)
Hijo del rey Roboam y Mahalat (2 Cr 11.19).

ZAIR (Heb. *ṣāʿîr*)
El lugar de la batalla fracasada del rey Joram para mantener la soberanía Judea sobre los edomitas (2 R 8.21). Zair probablemente estaba en o cerca de Edom (Seir; cf. Zoar, Gn 19.20-22); la identificación de Sior, un pueblo en el área montañosa de Judea (Jos 15.54) según sugerida por algunos manuscritos de la LXX, es poco probable.

ZALAF (Heb. *ṣālāp*)
Padre de Hanún, uno que trabajó con Nehemías para reparar las murallas de Jerusalén (He 3.30).

ZALMONA (Heb. *ṣalmōnâ*)
Campamento israelita durante la peregrinación en el desierto, localizado entre el monte Hor y Punón (Nm 33.41–42).

ZALMUNA (Heb. *ṣalmunnāʿ*)
Uno de los dos reyes madianitas capturados por Gedeón, a quienes mató porque ellos habían asesinado a sus hermanos (Jue 8.4–21; Sal 83.11 [TM 12]).

ZANOA (Heb. *zānôaḥ*) **(LUGAR)**

1. Pueblo al noreste de la Sefela de Judá y parte de la herencia de la tribu (Jos 15.34). Puede haber servido como un subdistrito en el distrito de Keila después que los exiliados regresaron de Babilonia (Neh 11.30); sus habitantes ayudaron a reparar la Puerta del Valle (3.13). El lugar es comúnmente identificado con Khirbet Zānûʿ/Ḥorvat Zānôaḥ (150125), situado en la cordillera sur del valle de Sorek, que tiene a la vista el valle norte-sur que separa la Sefela del área montañosa, cerca de 3.5 km (2 mi) al Sur de Bet-semes. Ruinas de un edificio público del tiempo tardío de Roma/Bizantino han sido identificadas.

2. Pueblo al oriente de la región montañosa de Judá, dentro del mismo distrito que Maón y Zif (Jos 15.56). Está incluido en la lista de los descendientes de Judá (1 Cr 4.18). Los otros lugares mencionados en proximidad cercana (Soco, Jecutiel, Keila, y Estemoa) no necesariamente son lugares en el área montañosa. La localización de Zenoa es incierta, pero puede estar en la vecindad del wadi Abu Zenak.

Bibliografía. Y. Aharoni, *The Land of the Bible*, 2nd ed. (Philadelphia, 1979); Z. Ilan, «Ancient Synagogues Survey. Judean Shephelah,» *Excavations and Surveys in Israel* 7–8 (1988/89). 5–6; A. F. Rainey, «The Biblical Shephelah of Judah,» *BASOR* 251 (1983). 1–22.

ZANOA (Heb. *zānôaḥ*) **(PERSONA)**
Hijo de Jecutiel, y descendiente de Mered y su esposa judía (1 Cr 4.18); quizás el fundador del pueblo celebita de Zanoa **2.**

Jennifer L. Groves

ZAPATOS

Véase Sandalias

ZAQUEO (Gr. *Zakchaios*)

1. Oficial en el ejército macabeo (2 Mac 10.19)

2. Jefe de los publicanos que subió a un árbol para ver al caminante Jesús, una historia exclusiva de Lucas (Lc 19.1-10) y contiene muchos temas importantes. La designación de «jefe de los publicanos» (Gr. *architeînēs*), un término sólo encontrado aquí en toda la literatura griega existente, identifica a Zaqueo como un judío marginal (un «pecador», Lc 19.7), un miembro de los «perdidos» (v 10) a quien Jesús vino a salvar. La hospitalidad extendida por Zaqueo subraya la naturaleza de la práctica inclusiva de Jesús de la fraternidad de la mesa; que el «rico» Zaqueo (Lc 19.12) está dispuesto a compensar sus víctimas cuatro veces demuestra la posición correcta con respecto a las riquezas que encuentra énfasis particular en la sección del viaje del evangelio de Lucas (16.13-14, 19-31; 18.18-30). Con respecto a si Zaqueo se está defendiendo contra cargos de extorsión o expresando determinación de corregir errores del pasado, el tiempo presente de los verbos en Lucas 19.8 permite cualquiera de las interpretaciones. En el caso del segundo, la historia enfatiza la conversión de un «hijo de Abraham» (Lc 19.19) que demuestra los justos frutos del arrepentimiento (3.8). El que toda la familia de Zaqueo experimente la salvación que Jesús trae sitúa la historia justamente en el contexto del matriz de «salvación de la familia» de Lucas y Hechos (Hch 10.3; 11.14; 16.14-15, 31-34; 18.8) e inviste el patrón con significado señorial. Una consecuencia desafortunada del poder descriptivo del tercer Evangelista es el hecho que para muchos lectores la característica más notable de Zaqueo es su corta estatura.

Bibliografía. D. L. Bock, *Luke* (Grand Rapids, 1996) 2.1513-24; A. A. Just, Jr., *The Ongoing Feast. Table Fellowship and Eschatology at Emmaus* (Collegeville, 1993), 184-93; D. L. Matson, *Household*

Conversion Narratives in Acts. JSNTSup 123 (Sheffield, 1996), 70-75.

David Lertis Matson

ZARATUSTRA (persa antiguo *zrdrwšt*), **ZOROASTRO** (Gr. *Zōroástrēs*)
Fundador del zoroastrismo, la mayor religión preislámica de Irán. Él es típicamente fechado cerca de 628-551 a.C., pero algunas autoridades arguyen por una fecha entre 1500 y 1200, y algunos devotos aun creen que vivió varios siglos antes. El reclamo de los periodos anteriores gira alrededor de la fecha de 17 himnos, los *Gāthās*, que son la evidencia escrita primaria de su existencia y que contienen formas arcaicas del lenguaje tan antigua como el Rig Veda en el hinduismo.

Medo llevando una barsom o fajo de varillas utilizadas en el ritual de Zoroastro. Oro plaquette del tesoro de Oxus (Derecho de Autor Museo Británico)

Zoroastro nació en el Irán central a una familia adinerada, que le proveyó educación formal en las manos de un tutor. A los 20 años abandonó a sus padres para viajar, buscando respuestas al sentido de la vida. A los 30 años tuvo una visión, que incluyó la visita de un arcángel. Pasaron 10 años antes de registrar su primer converso, un primo. La carrera de Zoroastro alcanzó un giro cuando viajó al Irán oriental a la corte del rey ario *Vishtāspa*. Los sacerdotes de *Vishtāspa* resistieron sus ideas y lograron echarlo en la prisión, pero Zoroastro sanó uno de los caballos favoritos del rey. A cambio, el rey y la reina aceptaron sus enseñanzas, su hijo estuvo de acuerdo de luchar por Zoroastro, y los sacerdotes que lo habían apresado fueron castigados. Los últimos 20 años de la vida de Zoroatro fueron dedicados a promover y defender su nueva religión. Murió a la edad de 77 en una batalla contra los turanios (nómadas saqueadores del norte de Persia).

Véa Zoroastrisismo

Paul L. Redditt

ZATU (Heb. *zattû'*)
Israelita cuyos descendientes regresaron del exilio en Babilonia con Zorobabel (Esd 2.8); Neh 7.13; [nota, la NRSV incluye el nombre en Esd 8.5, siguiendo la versión LXX, pero no aparece en la RVR-1960, siguiendo el texto hebreo.] 1 Esd 8.32). Seis miembros del clan son nombrados como teniendo esposas extranjeras (Esd 10.27), y el líder firmó el pacto renovado bajo Nehemías (Neh 10.14 [TM 15]).

ZAZA (Heb. *zāzā'*)
Un desdenciente de Judá, hijo de Jonatán (**18**) y descendiente de Jerameel (1 Cr 2.33).

ZEBA (Heb. *zeḇaḥ*)
Rey madianita capturado por Gedeón y asesinado en venganza por lo muerte de sus hermanos (Jue 8.4-21; Sal 83.11 [TM 12]).

ZEBADÍAS (Heb. *zĕḇadyâ, zĕḇaḏyāhû*)

1. Benjamita, uno de los nueve hijos de Bería (1 Cr 8.15).

2. Benjamita, uno de los siete hijos de Elpaal (1 Cr 8.17).

3. Uno de los dos hijos de Jeroham de Gedor que vino a David en Siclag (1 Cr 12.7 [TM 8]). Un guerrero benjamita y pariente de Saúl, podía tirar piedras de hondas con ambas manos (1 Cr 12.2 [3]).

4. Portero del Templo, el tercero de siete hijos de Meselemías; de acuerdo al texto masorético un hijo de Coré y uno de los hijos de Asaf (1 Cr 26.2).

5. El hijo del Asael, hermano de Joab. Él fue el sucesor de Asael para comandar la cuarta división del ejército de David (1 Cr 27.7).

6. Levita enviado por el rey Josafat a enseñar el libro de la Ley en las ciudades (2 Cr 17.8).

7. El hijo de Ismael y líder de la tribu de Judá durante el reinado de Josafat (2 Cr 19.11). Él supervisó a los jueces responsables de la ley real.

8. Hijo de Micael, cabeza de los descendientes de Sefatías, y líder de un grupo que regresó a Jerusalén con Esdras durante el reinado de Artajerjes (Esd 8.8).

9. Descendiente de la familia sacerdotal de Imer. Zebadías se había casado con una mujer extranjera y se divorció de ella por la insistencia de Esdras (Esd 10.20).

Robin Gallaher Branch

ZEBEDEO (Gr. *Zebedíos)*
Pescador galileo y padre de los apóstoles Jacobo y Juan. Zebedeo pudo haber sido adinerado dado que tenía pescadores empleados y era dueño de un bote (Mr 1.19-20). La partida de sus dos hijos ejemplifica el rompimiento de lazos familiares que se encuentra en las enseñanzas de Jesús (Mr 10.29 par.; Mt 10.37; Lc 14.26). Zebedeo vuelve a aparecer sólo en referencia a sus hijos y la madre de éstos, Salomé (Mt 27.56; cf. Mr 15.40), que pidió a Jesús que permitiera que Jacobo y Juan se sentaran a su derecha y su izquierda en su reino (Mt 20.20-21).

Emily Cheney

ZEBINA (Heb. *zĕḇînāʾ*)
Descendiente posexílico de Nebo que se divorció de su esposa extranjera (Esd 10.43).

ZEBOIM (Heb. *ṣĕḇōʾîm, ṣĕḇōyîm)*
Una de las cinco «ciudades de la llanura» destruidas por el Señor, junto con Sodoma y Gomorra, a causa de su iniquidad (Gn 19.24-29). A pesar de que el relato de la destrucción Sodoma y Gomorra por Dios no menciona a Zeboim, su destrucción es asumida en Deuteronomio 29.23 (TM 22); Oseas 11.8. Zeboim marcaba la frontera sureña de los cananeos (Gn 10.19), y era una de las cinco ciudades atacadas por Quedorlaomer y tres otros reyes; Semeber, rey de Zeboim, y sus cuatro aliados, se opuso a Quedorlaomer y fue derrotado en el valle de Sidim (Gn 14.1-10).

Kenneth Atkinson

ZEBOIM (Heb. *ṣĕḇōʿîm)*
1. Valle en Benjamín, localizado al sureste de Micmas, posiblemente identificado con la moderna *Wadi Abū Ḍabāʿ*, hacia donde un grupo de reconocimiento de soldados filisteos de Micmas fue enviado durante el reinado de Saúl (1 S 13.18).

2. Pueblo ocupado por los hijos de Benjamín después del exilio (Neh 11.34). Su localización es incierta.

Kenneth Atkinson

ZEBUDA (Heb. *zĕḇîḏâ)*
Hija de Pedaías de Ruma; madre de Joacim, rey de Judá (**K** 2 R 23.36; **Q** *zĕḇûḏâ*).

ZEBUL (Heb. *zĕḇul)*
El gobernador de la ciudad de Siquem que informó al juez Abimelec sobre los planes de Gaal de organizar una sublevación de los siquemitas contra Israel. Después que Gaal fue derrotado, Zebul hechó fuera de la tierra de Siquem a Gaal y sus familiares (Jue 9.30-41).

ZEDAD (Heb. *ṣĕḏāḏâ)*
Lugar en la frontera norteña de Israel (Nm 34.8; Ez 47.15), probablemente debe ser identificada con la moderna Ṣadâd (330430), cerca de 105 km (65 mi) al noroeste de Damasco en la vecindad de Ribla.

ZEEB (Heb. *zĕʾēḇ)*
Príncipe madianita que, junto a Oreb, fue capturado por los hombres de Efraín, quienes lo decapitaron en su lugar (o un lugar así llamado a causa de este incidente; Jue 7.25; 8.3). La derrota de los madianitas y en particular de Oreb y Zeeb fue recordada en Israel por largo tiempo (Sal 83.11 [TM 12]; cf. Is 10.26).

ZEFAT (Heb. *ṣĕpaṯ)*
Ciudad cananea en el Neguev, no lejos de Arad. Fue tomada en la conquista original israelita, pero más tarde los hijos de Judá y los hijos de Simeón destruyeron la ciudad y la llamaron Horma (Jue 1.17).

ZEFATA (Heb. *ṣĕpaṯâ)*
Valle en Judá cerca de Maresa (*Tell Sandaḥannah*) donde el rey Asa enfrentó y derrotó las fuerzas etíopes de Zera (2 Cr 14.10 [TM 9]). Puede ser identificada con el Wadi eṣ-Ṣâfiyeh.

ZEFI (Heb. *ṣĕpî*), **ZEFO** (*ṣĕpô*)
El tercer hijo de Elifaz y nieto de Esaú (Zefo, Gn

36.11; Zefi, 1 Cr 1.36). Nombrado entre los «los jefes de entre los hijos de Esaú» (Gn 36.15; TM «jefes»), aparentemente era un antepasado epónimo de un sub grupo edomita.

ZEFÓN (Heb. *ṣĕpôn*) (también ZIFIÓN)
El hijo mayor de Gad; antepasado de los zefonitas (Nm 26.15). En Génesis 46.16 es llamado Zifión.

ZELA (Heb. *ṣēlaʿ*)
Lugar en el territorio de Benjamín (Jos 18.28), la sepultura de Saúl y Jonatán y de Cis, el padre de Saúl (2 S 21.14) y de esa manera aparentemente el hogar ancestral de la familia de Saúl. Algunos han sugerido que el nombre originalmente pudo haber sido *ṣēla haʾelep*, «costilla de *ʾeleph*», en referencia a la unidad militar básica (el «mil») de la aldea. El lugar es desconocido.

John R. Spencer

ZELOFEHAD (Heb. *ṣĕlopĕḥād*)
Descendiente de José a través de Manasés (Nm 26.28-33) que murió en el desierto sin un heredero varón y, supuestamente, sin una viuda que pudiera beneficiarse de invocar la costumbre del levirato. El significado de la situación de Selofehad es enfatizada literalmente por un rompimiento en el patrón del informe del censo que enfatiza los hijos, los clanes, y los descendientes (Nun 26.33), por la inclusión de «hijas» enmarcando la repetición de la frase «el hijo de» (27.1), y por contraste de la frase repetida «el hijo de» con la declaración «no tuvo hijos sino hijas» (26.33; cf. Jos 17.3). La posibilidad de que la familia de Zelofehad no tuviera herederos en Canaán parecía severa, por consiguiente, sus hijas defendieron el caso de que él no estaba entre aquellos que se rebelaron con Coré y que su pecado personal no era más severo que otros antepasados que habían muerto en el desierto (Nm 27.1-4).

Walter E. Brown

ZELOFEHAD (Heb. *ṣĕlopĕḥād*), **HIJAS DE**
Las hijas de Zelofehad, de la tribu de Manasés, que pidieron a Moisés la herencia de la propiedad de su padre (Nm 27.1-11). La petición es notable porque en todo otro lugar de la Biblia la propiedad pasaba a los familiares varones sobrevivientes (Dt 21.15-17; Rt 4.3; Jer 32.6-15), y Zelofehad «no tenía hijos, sin hijas» (Nm 26.33). Las hijas heredan con los hermanos del padre, y una nueva ley es establecida para que hijas hereden la tierra cuando no hay hijos (Nm 27.6-11). El precedente legal implica que las mujeres eran capaces de trabajar y vivir de la tierra (Pr 31.16; Cnt 8.12). En Números 36.2-12 una provisión adicional añade que las hijas tienen que casarse con miembros de su propia tribu con el fin de mantener la propiedad dentro de la tribu. Esto también viene a ser la ocasión para una ley general, que cualquier hija heredando tierra de su padre se tiene que casar dentro de la tribu de su padre. Las hijas retenían el nombre paterno heredando su tierra, y son ellas mismas recordadas por nombre en textos bíblicos. Maala, Noa, Hogla, Milca, y Tirsa (Nm 26.33; 27.1; 36.11; Jos 17.3). Dos de estos nombres, Hogla y Noa, son mencionadas en una ostraca de Samaria en la región de Manasés. Job, tal vez en una extensión de esta ley, les otorga a sus hijas generosamente una herencia en conjunto con sus hijos, y ellas también son nombradas en el texto (Job 42.13-15).

Bibliografía. J. Weingreen, «The Case of the Daughters of Zelophchad,» *VT* 16 (1966). 518–22.

Carey Walsh

ZEMARAIM (Heb. *ṣĕmārayim*)

1. Pueblo en el territorio tribal de Benjamín (Jos 18.22). A menudo es identificado con Râs eṭ-Ṭāḥûneh (170147), en la vecindad de Ramalla y el-Bireh.

2. Montaña en el área montañosa de Efraín (2 Cr 13.4), desde donde el rey Abías de Judá se dirigió a Jeroboam y el ejército de Israel antes de derrotarlos en una batalla (vv 4-18).

ZEMAREO (Heb. *ṣĕmārî*)
Pueblo relacionado a los cananeos (Gn 10.18; 1 Cr 1.16). Probablemente debe ser asociado con Sumra, una ciudad en la costa fenicia entre Trípoli y Arvad, llamada Ṣimirra en textos asirios y Ṣumur en las cartas de Amarna.

ZEMER (Heb. *ṣemer*)
Ciudad en la costa fenicia, de donde vinieron pilotos diestros que servían en las embarcaciones de Tiro (Ez 27.8; TM «Tiro»). El lugar puede ser la moderna Sumra, relacionada con los Zemaritas.

ZEMIRA (Heb. *zĕmîrâ*)
Hijo de Bequer de la tribu de Benjamín (1 Cr 7.8).

ZENÁN (Heb. *ṣĕnân*) (también ZAANAN)
Pueblo en la Sefela, o llanuras, de Judá y parte de la herencia de esa tribu (Jos 15.37). La localización del lugar es desconocida, pero está en la lista dentro del distrito de Laquis y Eglón. Zenán también está in-

cluida en la lamentación de Miqueas sobre las ciudades de Judá con la forma variante de escribirla, *ṣaʾănān* (Zaanán; Miq 1.11).

Jennifer L. Groves

ZENAS (Gr. *Zēnás*)
El portador aparente, junto con Apolos, de la carta a Tito que es instruido a ayudarles (materialmente) en sus viajes futuros (Tit 3.13). La designación de Zenas como «intérprete de la Ley» (Gr. *nomikós*), que en los Evangelios Sinópticos significa un escriba versado en la Torá, puede indicar aquí un experto en la ley romana o griega.

ZEQUER (Heb. *zekēr*) (también ZACARÍAS)
Descendiente de Benjamín de la línea de Gedeón (1 Cr 8.31). El nombre es una forma abreviada de Zacarías (**5**) en 1 Crónicas 9.37.

ZER (Heb. *ṣēr*)
Ciudad fortificada en el territorio tribal de Neftalí (Jos 19.35). El nombre que de otra manera no aparece refleja una repetición del precedente Heb. *wĕʿārê miḇṣār,* «ciudades fortificadas» (cf LXX Gr. *Týros,* «Tiro»).

ZERA (Heb. *zeraḥ*) (también ZOHAR)
1. Edomita, hijo de Reuel y nieto de Esaú. Sus descendientes llegaron a ser una sub tribu de Edom (Gn 36.1, 17; 1 Cr 1.37). **2.** Rey edomita, padre de Jobab (Gn 36.33; 1 Cr 1.44).

3. Hijo gemelo de Judá y Tamar (Gn 38.30; 46.12); fundador de una de las familias de Judá (Nm 26.20; 1 Cr 9.6; Neh 11.24), y el antepasado de Acán (Jos 7).

4. Hijo de Simeón, que fundó una de las familias de Simeón (Nm 26.13; 1 Cr 4.24). En Génesis 46.10; Éxodo 6.15 es llamado Zohar.

5-6. Dos levitas, uno descendiente de Gersón (1 Cr 6.21 [TM 6]) y el otro descendiente de Coat (v 41 [TM26]).

7. «Zera el etíope» [TM. cusita], que atacó a Judá con un gran ejército pero fue derrotado por Asa, el rey de Judá (2 Cr 14.9-15 [8-14]). Cus (también referido como Nubia o Etiopía) era una nación negra africana al sur de Egipto, y soldados cusitas frecuentemente servían en el ejército egipcio. Este individuo probablemente era un comandante bajo el faraón Osorcon. Algunos eruditos, sin embargo, arguyen que este Zera era un madianita, un árabe, o un beduino, anotando la mención de camellos y citando Habacuc 3.7 como una conección cusita/madianita. Sin embargo, el ejército de Zera no vino montado en camellos, como los beduinos, los árabes, o los madianitas, sino en carros como los egipcios y los cusitas (cf 2 Cr 12.3); también, los camellos de las fuerzas de Zera no son mencionados con el ejército, sino con el botín, aparentemente capturado por Zera según avanzó a través de Arabia y capturado por Asa después de la derrota de Zera.

Bibliografía. J. D. Hays, «The Cushites. A Black Nation in the Bible,» *BSac* 153 (1996). 396–409.

J. Daniel Hays

ZERAÍAS (Heb. *zĕraḥyâ*)
1. El hijo de Uzi y padre de Meraiot, un descendiente de Aarón (1 Cr 6.6, 51 [TM 5.32; 6.36]) y antepasado de Esdras (Esd 7.4).

2. Hombre del linaje de Pahat-moab, cuyo hijo Elioenai regresó del exilio con Esdras (Esd 8.4).

ZERAÍTAS (Heb. *zarḥî*)
Nombre que puede referirse a varios grupos mencionados en el AT. Los más prominentes son un clan de los hijos de Judá, descendiente de Zera, hijo de Judá a través de su nuera Tamar (Gn 38.30); 1 Cr 9.6; 27.11, 13; Neh 11.24), y un clan de los hijos de Simeón (Nm 26.13; 1 Cr 4.24). La relación entre los dos puede reflejar la temprana historia social de Israel; Simeón fue subsecuentemente absorbido en la tribu de Judá (cf. Gn 49.7; Jos 19.1). Otros grupos zeraítas incluyen la descendencia de Zera, hijo de Reuel el edomita (Gn 36.13, 17; 1 Cr 1.37), y el clan levítico de Zeraías de Meraiot (1 Cr 6.6; [5.32]).

John Kaltner

ZERED, ARROYO DE (Heb. *naḥal zereḏ*)
Wadi o arroyo señalando el final del peregrinaje en el desierto de los hijos de Israel (Nm 21.12; Dt 2.13-14) y formando el borde tradicional entre Moab y Edom. Eruditos del pasado lo conectaban con la afluente de Wadi Kerak o Wadi Môjib, pero al presente es identificado con el Wadi el-Ḥesa. Otras referencias a menudo asociadas con este wadi son «el torrente de los sauces» (Is 15.7), el «arroyo del Arabá» (Am 6.14), o simplemente «valle de muchos estanques» (2 R 3.16).

Comenzando en el desierto de Arabia en la Transjordania oriental, el Wadi el-Ḥesa es 56 km (35 millas) de largo y fluye en dirección noroeste, vaciándose en el Ghor del sur (planicie del sureste) del Mar Muerto en eṣ-Ṣafi. El área es marginal para agricultura de tierra seca, e informes de inspecciones recientes en 1074 de lugares encontrados al sur del wadi han mostrado que ha sido habitado desde el tiempo paleolítico hasta tiempos modernos, con la única excepción de algunos periodos.

Bibliografía. B. MacDonald, *The Wadi el-Hasa Archaeological Survey, 1979–1983, West-Central Jordan* (Waterloo, Ont., 1988).

PAUL J. RAY, JR.

ZERERA (Heb. *ṣĕrērâ*)
Lugar a través del cual los madianitas huyeron después de su emboscada por Gedeón (Jue 7.22). El nombre puede ser una variante de Sereda (margen de la NRSV) o Saretán.

ZERES (Heb. *ṣereš*)
Esposa de Amán, el oponente de Mardoqueo (Est 5.10). Al comienzo ella aconsejó a Amán que hicieran horcas para Mardoqueo (Est 5.14), pero pronto predijo la caída de su esposo delante de su enemigo judío (6.13).

ZERET (Heb. *ṣereṯ*)
Descendiente de Judá, primogénito de Asur y Hela (1 Cr 4.7).

ZARET-SAHAR (Heb. *ṣereṯ haššaḥar*)
Ciudad moabita al este del río Jordán, otorgada a la tribu de Rubén (Jos 13.19). La LXX menciona dos nombres, Sereda y Sior en la cima del monte Emak (una transliteración del Heb. *ʿemek*, «valle»). La localización del lugar no ha sido confirmada, a pesar de que *ʿez-Zārât* (203111), cerca de *ʿAttarus* al este del mar Muerto, es una posibilidad. La identificación tradicional es *ez-Zārâ*, cerca de *Wadi Zerqā Maʿîn*, pero sólo ruinas romanas han sido encontradas allí.

PHILIP R. DREY

ZERI (Heb. *ṣĕrî*) (también IZRI)
Uno de los hijos de la familia levítica de Jedutún, apartado por David para el servicio musical en el Templo (1 Cr 25.3). En 1 Crónicas 25.11 su nombre es dado como Izri (Heb. *yiṣrî*).

ZEROR (Heb. *ṣĕrôr*)
Descendiente de Benjamín y antepasado del rey Saúl (1 S 9.1).

ZERÚA (Heb. *ṣĕrûʿâ*)
Desdendiente de Efraín, la viuda de Nabot y madre del rey Jeroboam I (1 R 11.26).

ZETAM (Heb. *zētām*)
Levita hijo de Gersón descendiente de Laadán (1 Cr 23.8; 26.22).

ZETÁN (Heb. *zêṯān*)
Benjamita, hijo de Bilhán y descendiente de Jediael (1 Cr 7.10).

ZETAR (Heb. *zēṯar*)
Uno de los siete eunucos que servían al rey persa Asuero como chamberlain (Est 1.10).

ZEUS (Gr. *Zeús*)
La deidad griega considerada ser el más grande de los dioses del Olimpo. Zeus era claramente de origen indoeuropeo, y el genitivo de Zeus (Gr. *Diós*) era la palabra para dios en varios lenguajes indoeuropeos. Zeus era presentado como el dios del cielo y el clima (especialmente relámpagos). Homero a menudo lo llama «el padre de los dioses y los hombres», el gobernante y protector de todos. Los romanos lo asociaban con su Júpiter. De acuerdo a la *Theogonía* de Hesiodo, al nacer, Rea, la madre de Zeus lo escondió de su padre Cronos en una cueva. Cuando Cronos quiso devorar a su hijo, Rea lo timó para que se tragara una gran piedra en su lugar. Más tarde, Zeus, junto con otros dioses del Olimpo, destronó los antiguos Titanes, incluyendo a Cronos (*Theog.* 472-508; 6221-825). En la mayoría de la mitología, Zeus era el legítimo esposo de Hera (a pesar de que en algunas ocasiones era apareado con Dione), pero se involucró en una serie de asociaciones infieles con otras diosas y mujeres. A través de esas relaciones vino a ser el padre de Atenea, Perséfone, Apolo, Artemis, Ares, Hefateus, Hermes, las Musas, y Dionisio, entre otros. Zeus era descrito como la fuente de leyes universales, defensor de la justicia, benefactor de la victoria, guardián de la hospitalidad, revelador del futuro, dispensador de los destinos buenos y malos, y salvador de la humanidad (Zeus Soter). A pesar de ser supremo entre los dioses, parece estar limitado por el poder de Fortuna. La personalidad de Zeus inspiró mucha arte y literatura, incluyendo el famoso Coloso de oro y marfil de Fidia en Olimpia y los himnos de Cleantes a Zeus.

De acuerdo a Hechos 14.8-18 los habitantes de Listra identificaron a los hacedores de milagros Pablo y Bernabé con Hermes y Zeus respectivamente. Una leyenda antigua describía a Hermes y a Zeus como visitantes en la tierra en forma humana en las «colinas frigias» cerca de Listra (Ovid, *Metam.*

L8.616-724). Inscripciones en ruinas (tercer siglo d.C.) también muestran asociaciones de estos dioses con cultos indígenas en las regiones cercanas. La versión de Hechos 14.13 del Codex Beza habla del «Zeus-de-la-ciudad local» inplicando la existencia de un culto nativo.

2 Macabeos 6.2 informa que Antíoco IV Epífanes tenía planes de nombrar el Templo de Jerusalén como «templo del Zeus Olímpico» y el templo en Guerizim como el «templo del Zeus Hospitalario» (cf. «abominación Desoladora», 1 Mac 1.54; Dn 11.31; 12.11).

Bibliografía. K. W. Arafat, *Classical Zeus* (Oxford, 1990); H. Lloyd-Jones, *The Justice of Zeus,* 2nd ed. (Berkeley, 1983); C. R. Long, *The Twelve Gods of Greece and Rome.* EPRO 107 (Leiden, 1987).

Paul Anthony Hartog

ZIA (Heb. *zîaʿ*)

Hijo de Gad que vivía en Basán (1 Cr 5.13).

ZIBA (Heb. *ṣîḇāʾ*)

Mayordomo de la casa de Saúl. Como David deseaba tratar con misericordia a la casa de Saúl por causa de Jonatán (1 S 20.14-17, 42), David consulta a Siba, quien trae a Mefi-boset, el hijo de Jonatán, a la atención del rey (2 S 9.1-4). Después de incluir a Mefi-boset en el reparto de alimentos, David le regaló todas las posesiones anteriores de Saúl. David luego pone a Siba, sus 15 hijos, y sus 20 siervos (2 S 19.17 [TM 18]) a la disposición de Mefi-boset para que administre y trabaje su tierra (9.9-10).

Cuando David desalojó Jerusalén durante el intento de golpe de estado de Absalón, Siba llega con transportación para David y provisiones para su compañía. Las acciones de Ziba provocan interrogantes en la mente de David sobre el paradero y las motivaciones de Mefi-boset. Cuando Siba implica a Mefi-boset en un esfuerzo de traición con el fin de restaurar la casa de Saúl al trono, David transfiere todas las posesiones de tierra de Mefi-boset a Siba (2 S 16.1-4).

Después de la muerte de Absalón, Siba son sus hijos y siervos ayudan al rey a cruzar el Jordán durante su regreso a Jerusalén. Cuando Mefi-boset llega también, una audiencia legal se lleva a cabo espontáneamente en la cual él acusa a Siba de engaño y difamación. David divide las antiguas propiedades de tierras de Saúl entre Siba y Mefi-boset (2 S 19.24-30 [25-31]).

John D. Fortner

ZIBEÓN (Heb. *ṣiḇʿôn*)

1. Padre de Aná y el abuelo de Aholibama, la esposa de Esaú (Gn 36.14; llamado heveo en v 2).

2. Jefe de un clan horeo, el tercer hijo de Seir (Gn 36.20, 24, 29; 1 Cr 2.38, 40).

ZICRI (Heb. *zikrî*) (también ZABDI)

El nombre es posiblemente una versión corta de Zacarías

1. Levita, hijo de Izhar y hermano de Coré (Ex 6.21).

2. Benjamita, hijo de Simei (1 Cr 8.19).

3. Benjamita, hijo de Sasac (1 Cr 8.23).

4. Benjamita, hijo de Jeroham (1 Cr 8.27).

5. Levita, el hijo de Asaf y antepasado de Matanías (1 Cr 9.15). En Nehemías 11.17 es llamado Zabdi.

6. Descendiente de Eleazar que estuvo a cargo de los tesoros de los dones dedicados al Señor (1 Cr 26.25). Fue el padre de Selomit e hijo de Joram

7. Rubenita y padre de Eliezer; un oficial en la corte de David (1 Cr 27.16).

8. Descendiente de Judá y padre de Amasías (2 Cr 17.16).

9. Padre de Elisafat, uno de los cinco comandantes que ayudaron a destronar a la reina Atalía (2 Cr 23.1).

10. Guerrero y descendiente de Efraín que mató tres hombres, incluyendo a Maasías, hijo del rey Acaz (2 Cr 28.7).

11. Benjamita, el padre de Joel; un supervisor durante el tiempo de Nehemías (Neh 11.9).

12. Jefe de una familia sacerdotal de Abías en los días del sumo sacerdote Joiacim (Neh 12.17).

Robin Gallaher Branch

ZIDDIM (Heb. *ṣiddîm*)

Ciudad fortificada de otra manera desconocida asignada a la tribu de Neftalí (Jos 19.35). El texto hebreo no está claro y puede que no indique el nombre de un lugar.

ZIHA (Heb. *ṣîḥāʾ, ṣiḥāʾ*)

1. Cabecera o líder en una línea de sirvientes del Templo (netinim) que regresó del exilio con Zorobabel (Esd 2.43; Neh 7.46).

2. Supervisor de los sirvientes del templo después del exilio (Neh 11.21).

ZILA (Heb. *ṣillâ*)

Una de las dos esposas de Lamec, y la madre de Tubal-cain (Gn 4.19, 22-23).

ZILETAI (Heb. *ṣillĕṯay*)

1. Hijo de Simei; cabeza de la casa de una familia benjamita en Jerusalén después del exilio (1 Cr 8.20).

2. Líder militar de los de Manasés que desertó hacia David en Siclag y vino a ser un comandante en su ejército (1 Cr 12.20 [TM 21).

ZILPA (Heb. *zilpâ*)
La criada de Labán, que le fue entregada a su hija Lea cuando se casó con Jacob (Gn 29.24). Posteriormente Lea, que era estéril, le dio a Zilpa «como esposa» a Jacob; ella le concibió a Gad y Aser (Gn 30.9-13; cf. 35.26; 37.2; 46.18).

ZIMA (Heb. *zimmâ*)
Levita descendiente de Gersón, el padre de Joás (1 Cr 6;20, 42 [TM 5, 27]; 2 Cr 29.12).

ZIMRAM (Heb. *zimrān*)
El primer hijo de Abraham y Cetura (Gn 25.2; 1 Cr 1.32); antepasado de un clan árabe.

ZIMRI (Heb. *zimrî*) **(PERSONA)** (también ZABDI)

1. Líder entre los descendientes de Simeón; el hijo de Salu (Nm 25.6-18). Él llevó la princesa madianita Cozbi a su tienda, por lo cual ambos fueron ejecutados por Finees. El evento es presentado como parte de la apostasía de Israel en Peor y la legitimización del sacerdocio sadocita.

2. Rey de Israel en la primera parte del siglo IX a.C. Zimri era el comandante de la mitad de los carros de Israel cuando comenzó su golpe y asesinó al rey Ela; luego orquestó la muerte de todos los varones de la casa de Baasa (1 R 16.8-14). Sin embargo, el apoyo cayó sobre Omri, el comandante del ejército de Israel, y el reinado de Zimri duró sólo una semana. Cuando Omri estaba a punto de conquistar Tirsa, la capital, Zimri cometió suicidio prendiendo fuego al palacio real (1 R 16.15-20). Luego, «Zimri» vino a ser un epíteto insultante en relación a uno que asesina su amo bajo el pretexto de paz (2 R 9.31).

3. Hijo de Zera y nieto de Judá y Tamar (1 Cr 2.6). Es llamado Zabdi en Josué 7.1.

4. Descendiente de Saúl; padre de Mosa e hijo de Joada/Jara (1 Cr 8.36; 9.42).

GARY W. LIGHT

ZIMRI (Heb. *zimrî*) **(LUGAR)**
Reino que sufrirá la ira de Jehová (Jer 25.25, «copa de la ira»). Tal lugar es desconocido. Puede ser que el nombre Zimri debe leerse como Zimki y entendido en el código hebreo atbas como Elam (siguiente mencionado en Jer 25.25). Esto es sugerido por el uso de atbas en el Texto Masorético para Babilonia, Sheshak (Jer 25.26) y el hecho que la LXX omite ambas referencias en su traducción.

GARY W. LIGHT

ZIN (Heb. *ṣin*), **DESIERTO DE**
Área desértica en el noreste del Sinaí que incluye Cades-barnea. El Neguev está al norte, el Arabá y Edom al este, y el desierto de Paran al sur. El desierto de Zin constituía parte del borde del sur de Canaán (Nm 34.3; Jos 15.1) y era la extensión sureña de la tierra espiada por los israelitas durante el peregrinaje por el desierto (Nm 13.21). María murió mientras los israelitas estaban encampando en el desierto de Zin en Cades-barnea, y Moisés pecó en las aguas de Meriba perdiendo el derecho de entrar en la Tierra Prometida (Nm 27.14; Dt 32.51). El desierto de Zin debe ser distinguido del desierto de Sin (Heb. *sin*; no diferenciado en la LXX o la Vulgata).

BRADFORD SCOTT HUMMEL

ZINA (Heb. *zînāʾ*)
Levita, el hijo de Simei de la familia de Gersón/Gersom (1 Cr 23.10); probablemente un error de escriba por Zizá en el v 11

ZIF (Heb. *zîp*) **(LUGAR)**

1. Pueblo en el área montañosa de Judá al sur de Hebrón (Jos 15.55), que se dice que fue fortificado tiempo más tarde por Roboam (2 Cr 11.8). El pueblo comparte su nombre con la región desértica al este (el desierto de Zif) donde David y sus hombres se escaparon después de separarse de Saúl (1 S 23.14-15). Después de una visita de Jonatán, la gente de Zif traicionó a David por Saúl (1 S 23.16-24; 26.1). Durante la resultante campaña David y Abisai entraron al campamento de Saúl y robaron su lanza y la vasija de agua, pero rehusaron matarlo (1 S 26.6-25; cf. El encabezamiento al Sal 54 [TM 1-2]). La mayoría de los eruditos identifican el antiguo pueblo con el moderno Tell Zîf (162098), cerca de 5 km (3 mi) al suroeste de Hebrón, a pesar de que la historia de la ocupación de este lugar es desconocida.

2. Pueblo en el sur de Neguev cerca del borde con Edom (Jos 15.24). Un lugar llamado *Khirbet ez-Zeifeh* (156048) está localizado en la región apropiada, pero todavía no ha sido examinado por arqueólogos. Algunos eruditos cuestionan la mera existencia de este pueblo, dado que en varias versiones de la versión LXX el nombre Zif está corrupto o es omitido en su totalidad.

WADE R. KOTTER

ZIF (Heb. *zîp̂*) **(PERSONA)**

1. Descendiente de Caleb (1 Cr 2.42); antepasado de un clan o región en Judá.

2. Hijo de Judá de la línea de Caleb; el hijo mayor de Jehalelel (1 Cr 4.16).

ZIFA (Heb. *zîpâ*)
Segundo hijo de Jehalelel de la tribu de Judá (1 Cr 4.16)

ZIFIÓN (Heb. *ṣipyôn*) (también ZEFÓN)
El primogénito de Gad, nieto de Jacob y Zilpa (Gn 46.16); llamado Zefón en Números 26.15.

ZIFRÓN (Heb. *ziprôn*)
Ciudad a lo largo del borde norteño de la tierra de Canaán entre Zedad y Hazar-enán (Nm 34.9). La localización exacta es desconocida.

PETE F. WILBANKS

ZIPOR (Heb. *ṣippôr, ṣippōr*)
Padre del rey moabita Balac, que buscó contratar a Balaam para que maldijera a Israel (Nm 22.2, 4, 10, 16; 23.18; Jos 24.9; Jue 11.25).

ZIV (Heb. *ziw*)
Nombre cananeo antiguo para el segundo mes del año religioso judío (abril/mayo). Su posible nombre después del exilio era Iyyar.

ZIZA (Heb. *zîzā*)

1. Hijo de Sifi quien con otros líderes de familias simonita dirigió una expansión de su tribu hacia Gedor (1 Cr 4.37–40).

2. Hijo del rey Roboam de Judá y Maaca, su mujer favorita (2 Cr 11.20).

ZIZAH (Heb. *zîzâ*) (también ZINA)
Levita descendiente de Gersón, el segundo hijo de Simei (1 Cr 23.11). El nombre ocurre como Zina en 1 Crónicas 23.11.

ZOÁN (Heb. *ṣōʿan*)
Nombre bíblico para la capital egipcia de la 21ª y 22ª dinastías, *Djaʿnet* (Gr. Tanis; Is 19.11, 13). La ciudad está localizada en una rama del Nilo en Delta oriental, en el moderno San el-Hagar, cerca de 47 km (29 mi) al sur del Mediterráneo. La ciudad fue excabada por Auguste Mariette (1850s), W. M. Flinders Petri (1883-86), y extensivamente por Pierre Montet (1929-1951). La ciudad fue inicialmente identificada con la capital de los hicsos, Avaris, y la capital Ramesita, Pi-Ramases, a causa de los numerosos bloques y monumentos que llevaban nombres Ramesitos e hicsos. Sin embargo, ahora es seguro que Avaris debe ser identificada con *Tell ed-Dabʿa* y Pi-Ramases con un lugar justo al norte de Avaris cerca del moderno Qantir, cerca de 48 km (30 mi) al sur de Zoán. Bloques y monumentos de estas ciudades fueron rescatados por constructores posteriores de Zoán.

Zoán llegó a la prominencia en Egipto cuando Smendes (1070-1044 a.C.), un residente de Zoán y gobernador del bajo Egipto bajo Ramasés XI, estableció la 21ª dinastía cuando Ramasés murió. Zoán vino a ser el centro administrativo del bajo Egipto. El rasgo sobresaliente de Zoán es el gran templo de Amón construído por Psusene I (1040-922), con adiciones por Siamun (978-59), Osorkon III (833-55), y Sosenq III (835-783). Las tumbas de Psesenes I, Amenemope (993-84), Osorkon III, y Sosenq III, junto con dos tumbas anónimas, fueron encontradas intactas dentro del complejo del templo, bajo el nivel del suelo. A pesar de que el centro administrativo cambió para Sais en el periodo tardío, Zoán continuó sirviendo como la capital de la 19ª provincia y ser objeto de proyectos de construcciones reales hasta el periodo de los Ptolomeos.

La frase bíblica «campo de Zoán» (Sal 78.12, 43) es una traducción hebrea precisa de la frase egipcia («campo de la tormenta») que se refiere al distrito de *Djaʿnet*.

RONALD A. SIMKINS

ZOAR (Heb. *ṣōʿar*)
La ciudad más al sur del «valle de Jericó» (Dt 34.3; Gn 13.10). Una de las cinco «ciudades del valle» en una coalición (con Sodoma, Gomorra, Adma, y Zeboim) que se rebelaron contra Quedorlaomer el rey de Elam (Gn 14.2, 8). Como los reyes de estas ciudades son llamados por nombre, los eruditos han sugerido que Bela era el nombre original del rey de Zoar, sin embargo, Bela puede ser simplemente el nombre anterior de Zoar, como testifican todas las versiones. Zoar se escapó del destino de las otras ciudades del valle, y proveyó un refugio temporal para Lot y sus hijas (Gn 19.22-23, 30). Textos proféticos más tarde mencionan a Zoar en el contexto del juicio de Dios contra Moab. Fugitivos de Moab huirán hasta Zoar (Is 15.5), y el sonido de su clamor se

escuchará en Zoar (Jer 48.34).

Zoar continúa siendo atestiguada en archivos hasta la Edad Media. Todas las referencias a Zoar, incluyendo su identificación en el mapa de Madeba, sugieren que estaba localizada en la rivera del Arroyo de Zede (*Wadi el-Ḥesa*) en el área de eṣ-Ṣāfi (194049), en el territorio de Edom.

RONALD A. SIMKINS

ZOBEBA (Heb. *ṣōbēbâ*)
Hijo (o subgrupo) de Cos de la tribu de Judá (1 Cr 4.8).

ZOFA (Heb. *ṣôpaḥ*)
Guerrero selecto y cabeza de familia de la tribu de Aser, hijo de Helem/Hotam (1 Cr. 7.35–36).

ZOFAI (Heb. *ṣôpay*) (también ZUF)
Hijo de Elcana, un levita de la familia de Coat y antepasado de Samuel (1 Cr 6.26 [TM 11]). Es llamado Zuf en 1 Crónicas 6.35 (20); cf 1 Samuel 1.1.

ZOFAR (Heb. *ṣôpar*)
El naamatita, uno de los tres amigos de Job que intenta compadecerse de Job (Job 2.11) pero termina discutiendo con él (Job 16.2). El nombre de Zofar no aparece otra vez en el Antiguo Testamento; no es oriundo de Naama en Judá (Jos 15.41). Se arguyen conecciones edomitas.

En los primeros dos ciclos de diálogos en el libro de Job, cada amigo ofrece un discurso de aproximadamente la misma extención; Zofar habla último. El tercer ciclo no contiene discurso de Zofar, y varias explicaciones han sido ofrecidas a favor de una dislocación accidental o deliberada.
El primer discurso de Zofar (Job 11.1-20) reprocha a Job por sus reclamos de inocencia (vv 2-6), enfatiza la inescrutabilidad de Dios (vv 7-12), y recomienda arrepentimiento (vv 13-20). Él argumenta que Dios no ha castigado a Job en la medida de su merecido (Job 11.6). El segundo discurso de Zofar (Job 20.1-29) enfatiza el destino inescapable del impío. Encerrado en una teología retributiva, su tono es agresivo y despectivo. Finalmente, Zofar es reprendido por Dios (Job 42.7-9).

PATRICIA A. MACNICOLL

ZOFIM (Heb. *ṣōpîm*)
Un lugar al cual Balac tomó a Balaam para que pudiera ver los hebreos y los maldijera (Nm 23.14). El «campo de Zofim» (o posiblemente «campo de vigías») estaba localizado cerca de la cima del monte Pisga en las planicies norteñas de Moab.

ZOHAR (Heb. *ṣōḥar*)
1. Padre de Efrón el heteo (Gn 23.8; 25.9), de quien Abraham compró la cueva de Macpela.

2. Nombre alterno para Zear, el hijo de Simeón (**4;** Gn 46.10; Ex 6.15).

3. Lectura alterna para el judaíta Jezoar (**2**), hijo de Hela (1 Cr 4.7).

ZOHET (Heb. *zôḥēṯ*)
Hijo mayor de Isi de la tribu de Judá (1 C. 4.20).

ZOMZOMEOS (Heb. *zamzummîm*)
Nombre dado por los amonitas a un grupo de gigantes [refaim] que vivían en Canaán. Los amonitas los desplazaron, a pesar de su gran número, fuerza, y tamaño (Dt 2.20–21; cf. Gn 14.5; Dt 3.11).

ZORA (Heb. *ṣorʿâ*)
Pequeña aldea en la herencia tribal de Dan (Jos 19.41), luego anexada a Judá (15.33). El lugar es identificado con Ṣarʿah/Tel Zorʿa (148131), cerca de 21 km (13 mi) al oeste de Jerusalén. Alto en la montaña, el asentamiento controlaba el camino alto a través de la «gran fosa» que pasaba a lo largo de la base occidental del área montañosa conectando la Sefela de Judá y el camino a Jerusalén. Zora pudo haber limitado el acceso a los campos en el valle, pero la cercana Bet-semes mantenía control meticuloso sobre el área. Las cartas Amarna llaman a Zora *Sia-ar-ha*.

El padre danita de Sansón, Manoa, era de Zora (Jue 13.2). La aldea fue fortificada por Roboam antes de la invasión de Sisac de Egipto (2 Cr 11.10) y fue repoblada en el periodo después del exilio (Neh 11.29).

Bibliografía. G. A. Smith, *The Historical Geography of the Holy Land*, 25th rev. ed. (New York, 1966).

DAVID C. MALTSBERGER

ZOROASTRISMO
La tradición religiosa que lleva el nombre de su profeta fundador Zoroastro (Gr. *Zōroastrēs;* persa antiguo *Zaratustra*). Sobrevive hoy principalmente en Irán e India. El zoroastrismo surgió como resultado de una migración dual de grupos arios, una hacia Irán («la tierra de los arrios»), la otra hacia India, algún tiempo antes del 1000 a.C. Los arios occidentales eran politeístas, sus dioses más importantes eran el sol, la luna, las estrellas, la tierra, el fuego, el agua, y el

viento. Su dios principal era Mitra, dios de la guerra, la luz y la lealtad. Los rituales religiosos incluían encender un fuego, derramar jugo de *haoma* como libación, y sacrificio de cereales o animales.

Zoroastro aparentemente revisó esta religión a lo largo de líneas dualistas. En su cosmovisión, dos fuerzas básicas luchaban para el control del mundo. Spenta Mainyu, el espíritu bueno, y Angre Mainyu, el espíritu malo. El origen de los dos espíritus no está claro, pero Angra Mainyu parece haber venido a la existencia sólo con la creación del mundo. Zoroastro evitó el dilema moral del dualismo (p. ej., ¿qué espíritu seguir?) postulando la existencia de un dios supremo Ahura Mazda, que es simbolizado por el fuego, a quien sólo se le debía adoración. Ahura Mazda hace saber su voluntad a través de Spenta Mainyu.

Esta creencia en dos espíritus refleja la percepción existencial de que los humanos son atraídos moralmente en dos direcciones diferentes. Aparentemente, la carne es mala y atrae a uno hacia el Angra Mainyu, mientras el espíritu es bueno y atrae a uno hacia Spenta Mainyu. Por lo tanto los humanos a menudo toman decisiones morales equivocadas y hacen lo malo. La solución a los males humanos es seguir tareas prescritas, incluyendo la adoración, la oración, pureza moral, pero no celibato. Ritos de membrecía incluía una iniciación de todos los niños antes de la pubertad, bodas, y funerales, en los cuales el cuerpo es envuelto en una tela blanca y puesto en lo alto de una Torre de Silencio para su disposición a través de la exposición; nunca es quemado porque la carne muerta contaminaría el fuego puro.

Algunos eruditos ven al Zoroastrismo como la fuente del pensamiento dualista en el judaísmo. Ciro el Grande supuestamente era un seguidor del Zoroastrismo, a pesar de que textos acaemenidos sólo mencionan Ahura Mazda, no Zoroastro. Cualquier influencia directa en el Nuevo Testamento es dudosa.

PAUL L. REDDITT

ZOROBABEL (Heb. *zĕrubbābel*)
Figura un tanto enigmática del tiempo después del exilio con quien se asocia lenguaje mesiánico en los libros de Zacarías y Hageo. Identificado frecuentemente como el «hijo de Salatiel» (Esdras, Hageo), Zorobabel era claramente el colíder del segundo grupo mayor con el sacerdote Josué. Bajo su liderato, se le permitió a un grupo de judíos viajar desde la diáspora oriental a Palestina (note el legado continuo de su coliderato en Eccl 49.11-12).

El nombre mismo es difícil (literalmente, ¿«nacido/sembrado en Babilonia»? ¿«semilla de Babilonia»?), a pesar de que no era inaudito para figuras judías importantes después del exilio llevar nombre no-hebreos (cf. Sesbasar y Mardoqueo, el último construido bajo el dios patrón de Babilonia, Marduc; nótese también que algunos nombres fueron cambiados intencionalmente, según indicado en Daniel 1). Si, sin embargo, Zorobabel era un descendiente de David, entonces un nombre de la diáspora es aún más interesante. El linaje real de Zorobabel es sugerido por una fuente tardía (1 Cr 3.16-19), que menciona a Salatiel como entre los siete hijos de Joacim («Jeconías»). Pero el cronista incluye a Zorobabel en la lista como el hijo de Peadías, el hermano de Salatiel, en contraste de los testigos de Zorobabel como el hijo de Salatiel en Esdras y Hageo. El Nuevo Testamento, cuando incluye a Zorobabel en la lista de la genealogía de Jesús, establece claramente la creencia helénica de que Zorobabel estaba, de hecho, en la línea real (Mt 1.12, 13; Lc 3.27). Algunos eruditos niegan el linaje real, prefiriendo ver a Zorobabel como uno nombrado oficial de la corte, que originalmente sirvió en la corte de Cambises o Ciro. Esta perspectiva podría sugerir a lo menos algún trasfondo histórico a la de otro modo extravagante leyenda en 1 Esdras 3-4, donde un consejero del rey Darío prueba su sabiduría demostrando que las mujeres son más fuertes que los reyes, el vino, el oro, y el poder; pero la verdad es el poder más grande de todos. Esta historia encantadora (claramente en línea de los cuentos de las cortes de Daniel 1-6, José, y Ester) es acerca de tres asesores de Darío, a pesar de que la identificación del tercero como Zorobabel puede no ser original al cuento popular, y es algo embarazosamente basado en una referencia simple en 1 Esdras 4.13.

Zorobabel aparece en Esdras como uno de los dos líderes (con el sacerdote Josías) de un grupo de hebreos que obtuvieron permiso del emperador persa para regresar a Palestina para comenzar a reconstruir el Templo (Esd 2.2; 3.2, 8; 4.2, 3; 5.2). Es referido como «gobernador» (Heb. *peḥâ*) en Hageo 1.1; 2.21, a pesar de estar pareado con Josué, supuestamente compartiendo la autoridad con el líder del Templo (1.12).

Parte del misterio que rodea a Zorobabel es el lenguaje fuertemente mesiánico de Zacarías 4.6-10. A pesar de esta presentación inicial de Zorobabel, es Josué quien recibe la corona en Zacarías 6.9-14 y es llamado «renuevo», un término que puede haber sido referido a Zorobabel previamente, dado que 3.8 parece referirse a alguien diferente de Josué. LeRoy Waterman, en un estudio ampliamente citado, propuso que el texto bíblico ha suprimido evidencia de una rebelión encabezada por Zorobabel, instigada con la muerte del monarca persa, Cambises, que fue suprimida por Darío I cuando su reinado fue claramente establecido. Jon L. Berquist, sin embargo, señala que la cronología de esta revuelta propuesta no funciona, dado que la construcción del Templo de Zorobabel comienza en el 520 a.C., dos años completos después de comenzar la revuelta en el 522, y también después que Darío había sofocado exitosamente estas rebeliones en el 521.

Bibliografía. J. L. Berquist, *Judaism in Persia's Shadow* (Minneapolis, 1996); L. Waterman, «The Camouflaged Purge of Three Messianic Conspirators,» *JNES* 13 (1954). 73–78.

DANIEL L. SMITH-CHRISTOPHER

ZORRO

Un miembro carnívoro de la familia del perro (Canidae), género *Vulpes*. Heb. *šûʿāl* designa tanto al zorro como el chacal (Sal 63.10 [TM 11]; Lm 5.18). El zorro rojo y su primo del desierto, el fennec, son criaturas pequeñas, solitarias, nocturnas, e inteligentes.

Al salir de su madriguera para cazar en la noche, el zorro es omnívoro, comiendo pequeña caza, insectos y frutas (Cnt 2.15) y hurgar si es necesario. Posee un agudo sentido de la vista, olfato, y en especial el oído. El zorro es considerado como un parásito en la literatura rabínica ya que tomó aves de corral o el ganado joven (*Bek.* 8a; *Mak.* 24b; *Ned.* 81b; *Ketub.* 111b; *Ḥul.* 53a; Ec *Rab.* 98a).

Jesús indica que, a diferencia de él, los zorros (Gr. *alṓpēx*) tienen guaridas (Mt 8.20 = Lc 9.58), y él se refiere a Herodes metafóricamente como «aquella zorra» (Lc 13.32).

DONALD FOWLER

ZUAR (Heb. *ṣûʿār*)

Padre de Natanael, el líder de la tribu de Isacar durante el viaje por el desierto (Nm 1.8; 2.5; 7.18, 23; 10.15).

ZUF (Heb. *ṣûp̱*) **(LUGAR)**

Distrito donde Saúl buscó las asnas perdidas de su padre (1 S 9.5). Supuestamente la «tierra de Zuf» estaba en Efraín y recibió su nombre de la familia de Zuf (cf. Ramataim-zufita, 1 S 1.1 TM).

ZUF (Heb. *ṣûp*) **(PERSONA)** (también ZOFAI)

Antepasado de Samuel, designado como efrateo en 1 Samuel 1.1 y levita en 1 Crónicas 6.35 (TM 20; **K** «Zif» Es llamado Zofai (un levita) en 1 Crónicas 6.26 (11).

ZUR (Heb. *ṣûr*)

1. Uno de los cinco reyes de Madián asesinado en batalla contra Israel (Nm 31.8) y los amoreos (Jos 13.21). Su hija Cozbi y su esposo israelita Zimri fueron asesinados por Finees (Nm 25.15).

2. Descendiente de Benjamín, el segundo hijo de Abigabaón [Nota. La DHH dice Jehiel.] y Maaca (1 Cr 8.30; 9.36).

ZURIEL (Heb. *ṣûrîʾēl*)

Levita, hijo de Abihail, y cabeza de los de la casa de Merari durante el peregrinaje en el desierto (Nm 3.35).

ZURISADAI (Heb. *ṣûrîšadday*)

Padre de Selumiel, el líder de la tribu de Simeón durante el peregrinaje en el desierto (Nm 1.6; 2.12; 7.36, 41; 10.19).

ZUZITAS (Heb. *zûzim*)

Pueblo destruido por Quedorlaomer y su alianza (Gn 14.5). Su territorio estaba al este del Jordán y su principal ciudad era Ham. Los zuzitas probablemente son los mismos que los zomzomeos (Heb. «gente fuerte»; cf. LXX Gr. *éthnē ischyrá*) mencionados en Deuteronomio 2.20. En Génesis están en la lista junto a los refaítas y los emitas, pero en Deuteronomio los zomzomeos y los emitas son equiparados com los rafaítas.

CHRISTIAN M. M. BRADY

NOTAS

NOTAS

NOTAS

NOTAS

NOTAS

NOTAS

NOTAS

NOTAS

NOTAS

NOTAS

NOTAS

NOTAS

Mapa físico de Palestina
Ciudad
Montaña
Mar Mediterráneo
Sidón
Mt. Líbano
Damasco
Mt. Hermón
R. Farpar
FENICIA
R. Litani
Tiro
Dan
ALTA GALILEA
Cedes
Lago Huleh
Hazor
Mt. Merom
BASÁN
Aco
BAJA GALILEA
Capernaum
Mar de Galilea
Mt. Carmelo
R. Cisón
Nazaret
R. Yarmuk
Astarot
Dor
Mt. Tabor
Llanura de Esdraelón
Collado More
Meguido
Edrei
Cesarea
Mt. Gilboa
Taanac
Bet-sán
Ramot de Galaad
Ibleam
Dotán
SAMARIA
Tirza
Llanura de Sarón
R. Jordán
W. Faria
Samaria
Mt. Ebal
Siquem
Mt. Gerizim
R. Jaboc
GALAAD
A. Yarkon
Jope
Afec
Silo
AMÓN
Rabá-amón
Betel
Llanura Costera
Gezer
Jericó
Hesbón
Asdod
Ecrón
Mt. de los Olivos
Mt. Nebo
Jerusalén
Medeba
Ascalón
Gat
Belén
MISHOR
Sefela
Llanura Filistea
Llanura de Moab
Hebrón
Desierto de Judea
Gaza
Dibón
JUDEA
Mar Muerto
R. Amón
A. Besor
Rafia
MOAB
Beerseba
Kir-hareset
IDUMEA
Neguev
R. Zered
W. el-Arish
Tamar
Desierto de Sin
EDOM
Arabá
Bosra
Cades-barnea
Sinaí
0 10 20 30 millas
0 10 20 30 40 kilómetros
© MAPQUEST.COM

Sitios Arqueológicos
Excavaciones mayores
Otras excavaciones
Cuevas prehistóricas
Cuadrícula arqueológica
Mar Mediterráneo
LÍBANO
SIRIA
ALTURAS DEL GOLÁN
ISRAEL
RIVERA OCCIDENTAL
JORDANIA
FRANJA DE GAZA
Lago Huleh
Mar de Galilea
Mar Muerto
R. Jordán
Tiro
Dan
Cedes
Irón
Achzib
Kafr Bir'im
Hazor
Nahariya
Merón
Nabratein
Cavernas
Tell el-Ureimeh
Corazín
Aco
Cabul
Capernaum
Sicmona
Tell Abu Hawam
Cavernas Carmelo
Séforis
Tiberias
Hipos
Atlit
Nazaret
Bet-yerah
Bet She'arim
Ubeidiya
Cavernas Wadi el-Mughara
Gadara
Dor
Meguido
Belvoir
Ramot de Galaad
Taanac
Beit Alfa
Cesarea
Bet-sán
Pella
Tell Zeror
Dotán
Tell Mar Ilyas
Qal'at er-Rabad
Samaria
Tirza
Gerasa
Tell Poleg
Tell es-Saidiyeh
Tell Deir 'Alla
Tell Michal
Siquem
Tell Qasile
Afec
Peniel
Tell Gerisa
Jope
Bene Berak
Shilo
Azor
Mesad Hashavyahu
Betel
Hai
Jericó A.T.
Khirbet el-Mefjir N.T.
Rabá-amón
Araq el-Emir
Gezer
Mizpa
Gibeón
Gilgal
Emaús
Tell el-Ful
Jericó N.T.
Heshbon
Asdod
Miqne
Timna
Jerusalén
Tuleilat el-Ghassul
Bet-semés
Belén
Ramat Rahel
Qumrán
Medeba
Ascalón
Tell es-Şâfi
Azeca
Ain Feshka
Moraset-gat
Herodium
Maresa
Cavernas Umm Qatafa
Bet-zur
Laquis
Tell el-Hesi
Mamre
Cavernas Murabba'at
Gaza
Tell Nagila
Hebrón
Dibón
Tell el-'Ajjul
Tell Beit Mirsim
Estemoa
En-gedi
Aroer
Tell esh-Shari'a
Tell Halif
Cavernas de las cartas
Bezer
Tell Jemmeh
Tell Arad
Rabbath Moab
Tell Sharuhen
Masada
Zoar
Beerseba
Bab edh-Dhra'
Tell Abu Matar
Ain Boqeq
Kir-hareseth
Numeria
Alusa
Kurnub
Zoar
Khirbet Tannur
Shivta
Nizzana
Avdat
Cades-barnea
300
250
200
150
100
050
000
100
150
200
0 10 20 30 millas
0 10 20 30 40 kilómetros
©MAPQUEST.COM

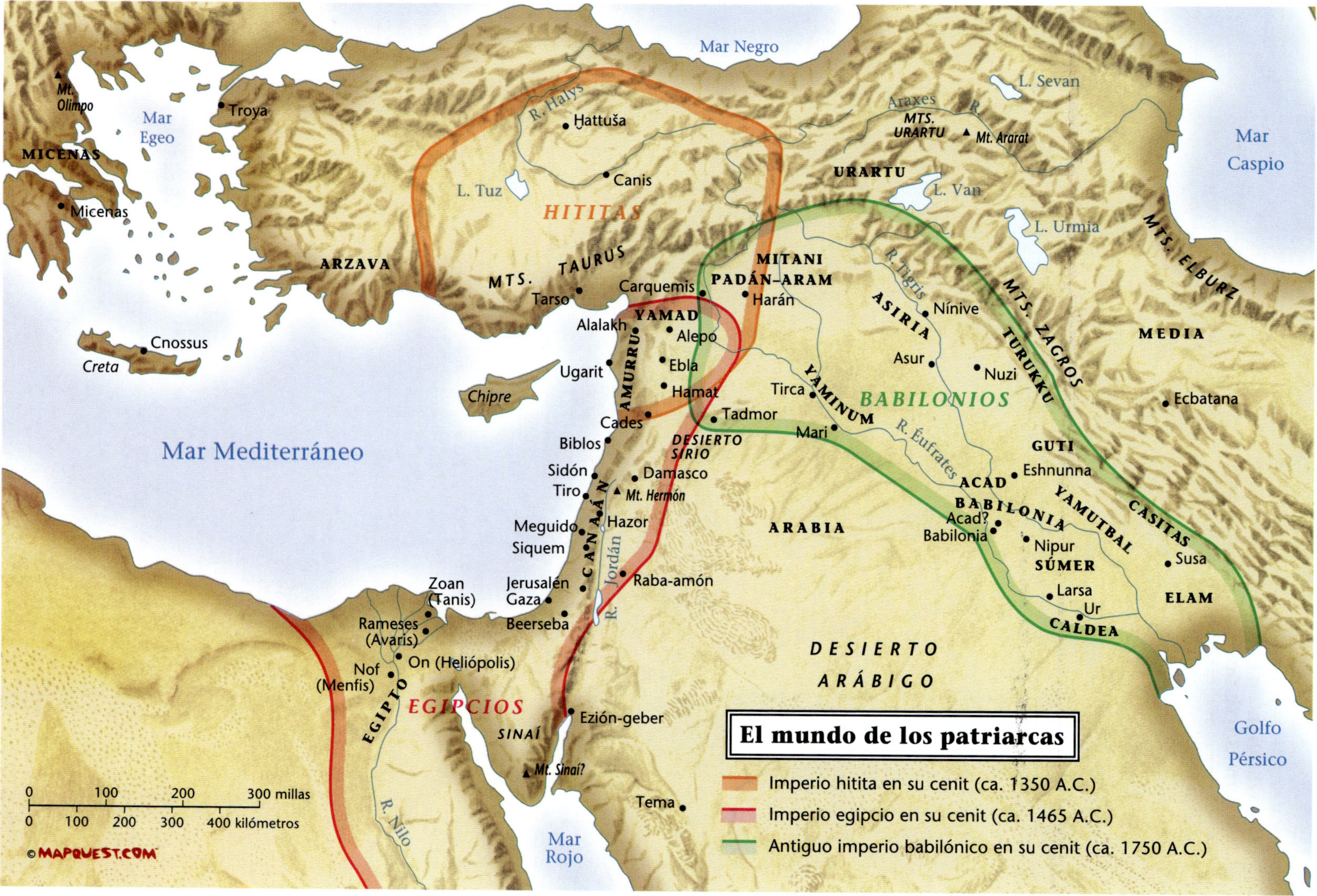
El mundo de los patriarcas
Imperio hitita en su cenit (ca. 1350 A.C.)
Imperio egipcio en su cenit (ca. 1465 A.C.)
Antiguo imperio babilónico en su cenit (ca. 1750 A.C.)
Mar Negro
Mar Caspio
Mar Egeo
Mar Mediterráneo
Mar Rojo
Golfo Pérsico
Mt. Olimpo
MICENAS
Micenas
Troya
Cnossus
Creta
ARZAVA
HITITAS
R. Halys
Hattuša
Canis
L. Tuz
MTS. TAURUS
Tarso
Chipre
Carquemis
MITANI
PADÁN-ARAM
Harán
YAMAD
Alalakh
Alepo
AMURRU
Ugarit
Ebla
Hamat
Cades
Biblos
Sidón
Tiro
Mt. Hermón
Damasco
DESIERTO SIRIO
Tadmor
CANAÁN
Hazor
Meguido
Siquem
Jerusalén
Gaza
Beerseba
R. Jordán
Raba-amón
Zoan (Tanis)
Rameses (Avaris)
On (Heliópolis)
Nof (Menfis)
EGIPTO
EGIPCIOS
R. Nilo
SINAÍ
Mt. Sinaí?
Ezión-geber
Tema
L. Sevan
Araxes
R.
MTS. URARTU
Mt. Ararat
URARTU
L. Van
L. Urmia
MTS. ELBURZ
MTS. ZAGROS
TURUKKU
MEDIA
Ecbatana
R. Tigris
Nínive
ASIRIA
Asur
Nuzi
BABILONIOS
YAMINUM
Tirca
Mari
R. Éufrates
GUTI
Eshnunna
ACAD
BABILONIA
Acad?
Babilonia
YAMUTBAL
CASITAS
Susa
Nipur
SÚMER
Larsa
Ur
CALDEA
ELAM
ARABIA
DESIERTO ARÁBIGO
0 100 200 300 millas
0 100 200 300 400 kilómetros
© MAPQUEST.COM

Distribución de los territorios tribales
Ciudad de refugio
Ciudad levítica
Capital
Otras ciudades
Sidón
Damasco
ARAM
R. Farfar
R. Leontes
Ijón
Mt. Hermón
Tiro
Caná
Dan (Lais)
NEFTALÍ
Cedes
Rehob?
Abdón
Hazor
ASER
Merom
MANASÉS ORIENTAL
Aco
Cabul
Mishal?
Mar de Galilea
Acsaf?
Nahalal?
Golán
Rimón
Mt. Carmelo
Astarot
ZABULÓN
Halcat?
Hamat
Daberat
Mt. Tabor
R. Yarmuk
Jocneam
Collado de More
Endor
Edrei
Dor
ISACAR
Lo-debar?
Meguido
Jezreel
Jarmut?
Ramot de Galaad
Mar Mediterráneo
Taanac
En-ganim?
Bet-sán
Ibleam
Jabes de Galaad?
MANASÉS
R. Jordán
Samaria
Tirsa
Mt. Ebal
Peniel?
Mahanaim?
Mt. Gerizim
Siquem
Sucot?
R. Jaboc
R. Jarcón
Afec
GAD
Gat-rimón?
Silo
Jope
EFRAÍN
Jazer?
Raba-amón
DAN
Betel
AMÓN
Bet-horón
Mizpa
Gilgal?
Elteque?
Gezer
Abel-sitim
Gibeon
Geba
Heshbon
Gibetón
Ajalón
BENJAMÍN
Jericó
Jerusalén(Jebús)
Bezer
Asdod
Ecrón
Timna
Kiriat-jearim
Mt. Nebo
Medeba
Bet-semes
Belén
Gat
Ascalón
RUBÉN
Libna?
Maresa
Laquis
Hebrón
Mar Muerto
Jahaz?
Eglón?
JUDÁ
Dibón
Gaza
Juta
Aroer
Debir?
En-gedi
Estemoa
R. Arnón
Gerar
Ziclag?
A. Besor
MOAB
Asán?
Saruhen
Beerseba
Horma
Kir-hareset
SIMEÓN
Zoar
A. Zered
EDOM
NEGUEV
Bosra
0
10
20
30
40 millas
0
10
20
30
40 kilómetros
ARABÁ
©MAPQUEST.COM

Los imperios de
David y Salomón
Reino de Saúl
Territorio conquistado por David
Área bajo el control
económico de Salomón
Reino de Salomón
0 25 50 75 100 millas
0 25 50 75 100 kilómetros
© MAPQUEST.COM
Alepo
YAMHAD
R. Éufrates
Tifsa
(Tapsacus)
R. Orontes
HAMAT
Hamat
Chipre
Arvad
Cedes en el Orontes
Tadmor
Lebo-hamat
Zedad
Biblos
Hazar-enán
Mar
Mediterráneo
FENICIA
R. Litani
Sidón
Damasco
Tiro
Dan
ARAM
Hazor
Aco
Meguido
Salca
Ramot de
Galaad
Bet-sán
R. Jordán
Siquem
DESIERTO ORIENTAL
Jope
Gezer
Raba-amón
FILISTEA
Gibea
Asdod
Jerusalén
Medeba
Gat
Gaza
Mar
Muerto
Siclag?
Rafia
Beerseba
Kir-hareset
MOAB
Tamar
W. el-Arish
AMALEC
Bosra
EDOM
Cades-barnea
Ezión-geber
SINAÍ
Golfo de
Aqaba

La monarquía dividida:
Israel y Judá
Beirut
Sidón
Tiro
FENICIA
R. Litani
R. Abana
Damasco
Mt. Hermón
R. Farfar
Dan
ARAM
Cedes
Hazor
Mt. Jarmuc
Aco
Mar de
Galilea
Mt. Carmelo
R. Kishon
Mt.
Tabor
Astarot
R. Yarmuk
Mar
Mediterráneo
Meguido
Mt. More
Edrei
Taanac
Bet-sán
Ramot de Galaad
Ibleam
Mt.
Gilboa
R. Jordán
Jabes de Galaad?
Tirsa
Samaria
Mt. Ebal
Peniel?
Mahanaim?
Sucot?
A. Yarkon
Siquem
R. Jaboc
Mt. Gerizim
Jope
Afec
Silo
ISRAEL
Rabá-amón
AMÓN
Betel
Gezer
Jericó
Ajalón
Hesbón
Asdod
Jerusalén
Mt. Nebo
Medeba
Gat
Belén
Ascalón
Maresa
Hebrón
Dibón
Mar
Muerto
Gaza
R. Arnón
Gerar
A. Besor
JUDÁ
Rafia
Beerseba
MOAB
Kir-hareset
FILISTEA
A. Zered
DESIERTO
W. el-Aris
Región
periódicamente
reclamada
por Judá
y Edom
Bosra
EDOM
0 10 20 30 40 millas
0 10 20 30 40 kilómetros
Cades-barnea
DESIERTO
©MAPQUEST.COM

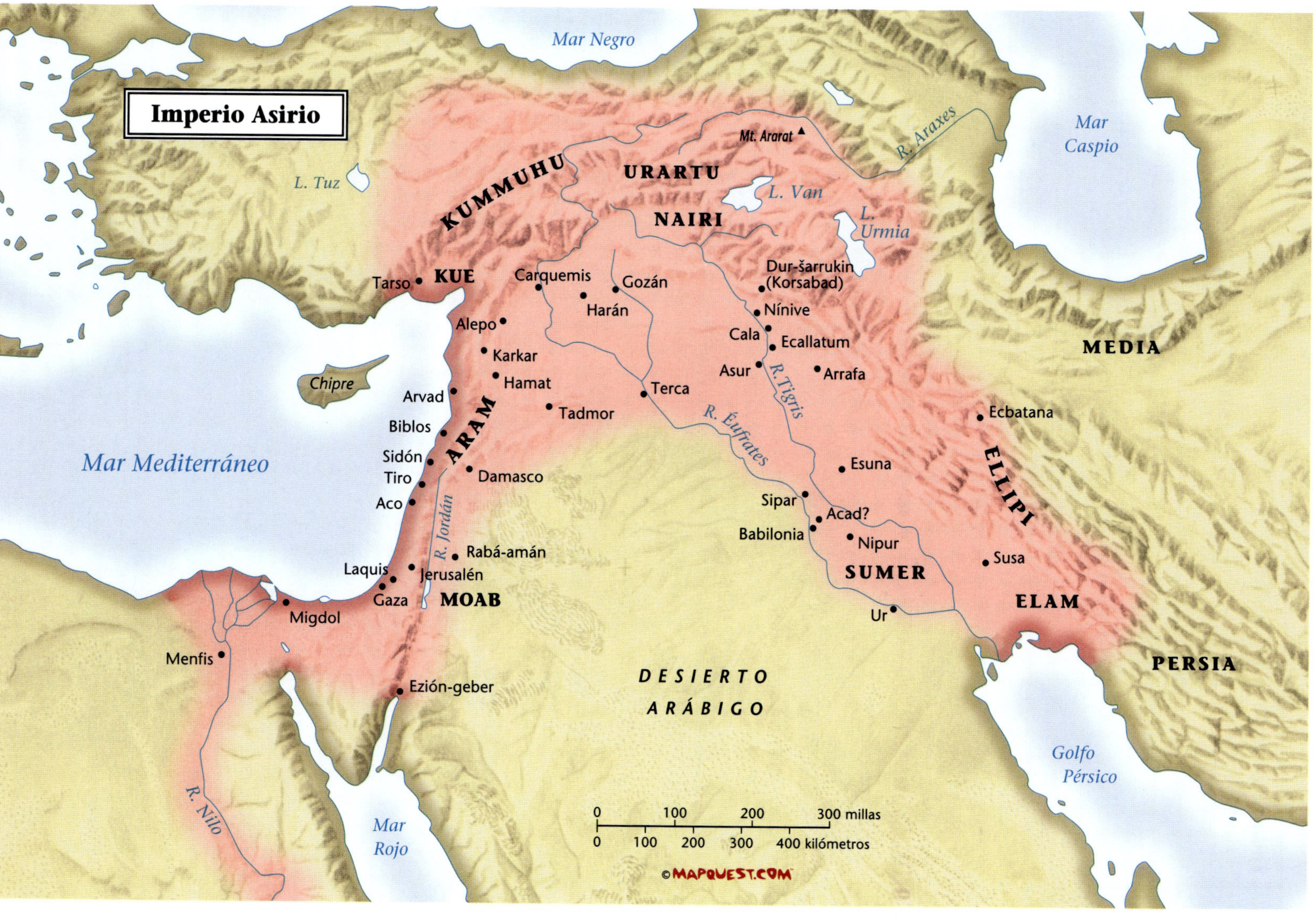
Imperio Asirio
Mar Negro
Mar Caspio
L. Tuz
KUMMUHU
URARTU
L. Van
NAIRI
L. Urmia
Mt. Ararat
R. Araxes
Tarso
KUE
Carquemis
Gozán
Harán
Dur-šarrukin (Korsabad)
Nínive
Cala
Ecallatum
Asur
R. Tigris
Arrafa
MEDIA
Alepo
Karkar
Hamat
Chipre
Arvad
Terca
Tadmor
Ecbatana
Biblos
ARAM
R. Éufrates
Mar Mediterráneo
Sidón
Tiro
Damasco
Esuna
ELLIPI
Aco
Sipar
Acad?
Babilonia
Nipur
R. Jordán
Rabá-amán
Laquis
Jerusalén
Susa
Gaza
MOAB
SUMER
ELAM
Migdol
Ur
Menfis
Ezión-geber
DESIERTO ARÁBIGO
PERSIA
Golfo Pérsico
R. Nilo
Mar Rojo
0 100 200 300 millas
0 100 200 300 400 kilómetros
©MAPQUEST.COM

Judá después de la caída de Israel
Reino independiente
Reinos semiindependientes
Provincias asirias
Límite provincial
Mar Mediterráneo
Sidón
SIDÓN
MANSUATE
Damasco
Mt. Hermón
Ijón
R. Leontes
R. Farpar
Abel-bet-Maaca
Tiro
TIRO
Dan
DAMASCO
Cedes
Hazor
Aco
QUARNAIM
Cineret
Mar de Galilea
Jotba
Quarnaim
Mt. Carmelo
MEGUIDO
Afec
Mt. Tabor
R. Yarmuk
Dor
Meguido
Sunem
Jezreel
Taanac
Bet-sán
Ramot de Galaad
Ibleam
GALAAD
DOR
Dotán
Jabes de Galaad?
HAURÁN
Samaria
SAMARIA
R. Jordán
Siquem
Sucot
Peniel
Mahanaim
Mt. Gerizim
R. Jarkon
R. Jabac
Afec
Acrabeta
Jope
Bene-berac
Silo
AMÓN
Bet-dagón
Raba
Lod
Jazer
Betel
Hai
Bet-gilgal
Jabneel
Gezer
Ramá
Mizpa
Jericó
Sitim?
Gibetón
Ajalón
Geba
Gibeón
Anatot
Sibma
Hesbón
Asdod
Ecrón
Jerusalén
Mt. Nebo
Timna
Bet-semes
Medeba
Gat?
Azeca
Belén
Jahaz
Ascalón
Moreset de Gat
Adulam
Gat?
Atarot
FILISTEA
Maresa
Bet-sur
Mar Muerto
Laquis
Hebrón
Dibón
Gaza
Adoraim
Aroer
Betel-ezel
Zif
En-gedi
R. Arnón
A. Besor
Gerar
Siclag?
Debir?
MOAB
Saruen
JUDÁ
Ar?
Rafia
Beerseba
Kir-hareset (Kir, Kir-heres)
Zoar
A. Zered
Tamar
EDOM
0 10 20 30 millas
0 10 20 30 40 kilómetros
©MAPQUEST.COM

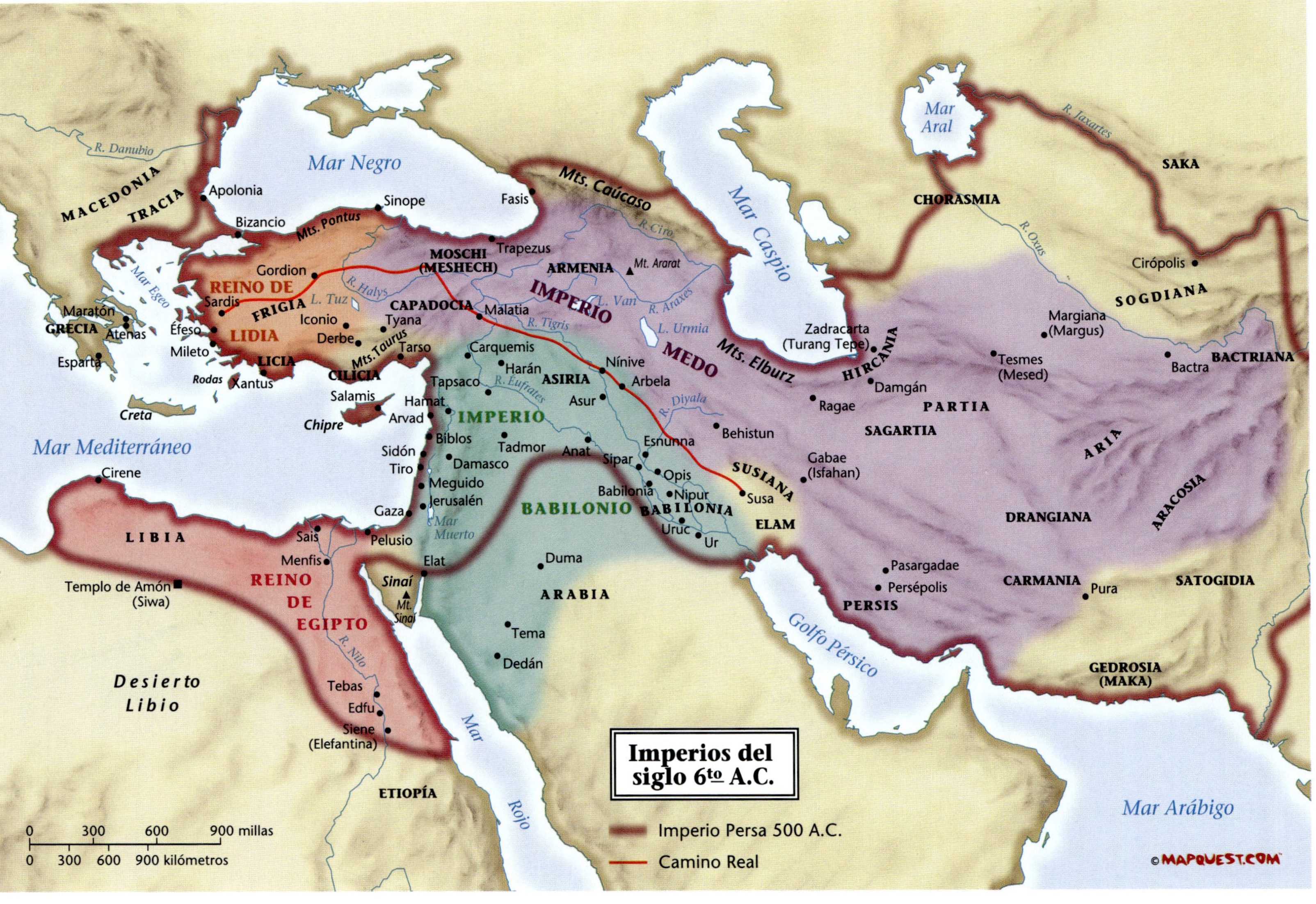
Imperios del siglo 6to A.C.
Imperio Persa 500 A.C.
Camino Real
0 300 600 900 millas
0 300 600 900 kilómetros
©MAPQUEST.COM
Mar Negro
Mar Caspio
Mar Aral
Mar Mediterráneo
Mar Egeo
Mar Rojo
Golfo Pérsico
Mar Arábigo
Mar Muerto
R. Danubio
R. Jaxartes
R. Oxus
R. Ciro
R. Araxes
R. Halys
R. Tigris
R. Eufrates
R. Diyala
R. Nilo
L. Tuz
L. Van
L. Urmia
Mts. Cáucaso
Mts. Pontus
Mts. Taurus
Mts. Elburz
Mt. Ararat
Mt. Sinaí
MACEDONIA
TRACIA
GRECIA
REINO DE LIDIA
FRIGIA
LICIA
CILICIA
CAPADOCIA
MOSCHI (MESHECH)
ARMENIA
IMPERIO MEDO
ASIRIA
IMPERIO BABILONIO
BABILONIA
SUSIANA
ELAM
HIRCANIA
PARTIA
SAGARTIA
CHORASMIA
SAKA
SOGDIANA
BACTRIANA
ARIA
ARACOSIA
DRANGIANA
CARMANIA
SATOGIDIA
GEDROSIA (MAKA)
PERSIS
ARABIA
REINO DE EGIPTO
LIBIA
ETIOPÍA
Desierto Libio
Sinaí
Creta
Rodas
Chipre
Apolonia
Bizancio
Sinope
Fasis
Trapezus
Gordion
Sardis
Maratón
Atenas
Esparta
Éfeso
Mileto
Xantus
Iconio
Derbe
Tyana
Tarso
Malatia
Salamis
Hamat
Arvad
Tapsaco
Carquemis
Harán
Nínive
Arbela
Asur
Biblos
Sidón
Tiro
Damasco
Tadmor
Meguido
Jerusalén
Gaza
Pelusio
Elat
Anat
Sipar
Esnunna
Opis
Babilonia
Nipur
Uruc
Ur
Susa
Behistun
Gabae (Isfahan)
Ragae
Damgán
Zadracarta (Turang Tepe)
Tesmes (Mesed)
Margiana (Margus)
Cirópolis
Bactra
Pasargadae
Persépolis
Pura
Duma
Tema
Dedán
Cirene
Sais
Menfis
Templo de Amón (Siwa)
Tebas
Edfu
Siene (Elefantina)

Israel bajo Persia
(Posexílico)
Sidón
SIDÓN
Damasco
Mt. Hermón
R. Leontes
R. Farpar
DAMASCO
Tiro
TIRO
Cedes
Hazor
ACZIB-ACO
Aco
KARNAIM
Karnaim
Mar de Galilea
Mt. Carmelo
GALILEA
HAURÁN
Bet-yera
R. Yarmuk
Dor
Mar Mediterráneo
Bet-sán
Pella
GALAAD
DOR
Samaria
SAMARIA
Mt. Ebal
Siquem
Mt. Gerizim
R. Jordán
R. Jaboc
Me Jarkon
Afec
Acrabeta
Jope
Silo
Ono
Neballat
Rabá
Lod
Hadid
Betel
Beerot
Hai
Bet-gilgal
Gittaim
Jamnia
Bet-horón
Mizpa
Ramá
Jericó
AMÓN
Gezer
Gibeón
Geba
Kiriathaim
Anatot
Hesbón
Asdod
Bet-acerem
Jerusalén
Zanoa
YEHUD
Belén
Medeba
Ascalón
ASDOD
Azeca
Adulam
Netofa
Keila
Nebo
Tecoa
Maresa
Bet-sur
Laquis
Mar Muerto
Gaza
Hebrón
En-gedi
Siclag
R. Arnón
Gerar
IDUMEA (EDOMITAS)
En-rimmón
A. Besor
Rafia
MOAB
Jesúa?
Beerseba
Horma
Bet-pelet?
ÁRABES
NABATEOS
A. Zered
0 10 20 30 millas
0 10 20 30 40 kilómetros
NABATEOS
ÁRABES
© MAPQUEST.COM

Israel bajo los Macabeos
Judea antes del levantamiento del 166 A.C.
Dominio macabeo en su máximo esplendor
Mar Mediterráneo
FENICIA
GALILEA
GAULANITIS
SAMARIA
GALADITIS
TOBIADS
JUDEA
FILISTEA
IDUMEA
ACRABATENE
NABATEOS
Mar de Galilea
Mar Muerto
Mt. Hermón
Tiro
Panias
Cadasa (Cedes)
Asor (Hazor)
Seleucia
Tolemaida (Aco)
Carnaim
Arbela
Gamala
Mt. Carmelo
Seforis
Hipo
Dion
Geba
Mt. Tabor
Filotería (Bet-Yera)
Abila
Gadara
Edrei
Dora
Torres Estrata
Escitópolis (Bet-sán)
Pella
Narbata
Samaria
Mt. Ebal
Mt. Gerizim
Siquem
Ragaba
Gerasa (Jerash)
Amatus
Apolonia
Cafarsaba
Faratón
Alexandrium
Jope
Ramataim
Timna
Gedor
Bet-dagón
Adida
Gofna
Aferema
Lyda
Modín
Betel
Filadelfia (Ammán)
Elasa
Mizpa
Doc
Jamnia
Bet-horón
Gazara (Gezer)
Cafar-salama
Micmas
Jericó
Adasa
Azoto (Asdod)
Quidrón
Emmaús
Jerusalén
Hesbón
Mt. Nebo
Samaga
Bet-acerem
Qumran
Belén
Hircania
Bet-zacarías
Bet-basi
Medeba
Ascalón
Marisa (Maresa)
Adulam
Tecoa
Bet-zur
Machaerus
Hebrón
Antedon
Adora (Adoraim)
Gaza
En-gedi
Masada
Rafia
Arad
Beerseba
Zoar
0 10 20 30 millas
0 10 20 30 40 kilómetros
©MAPQUEST.COM

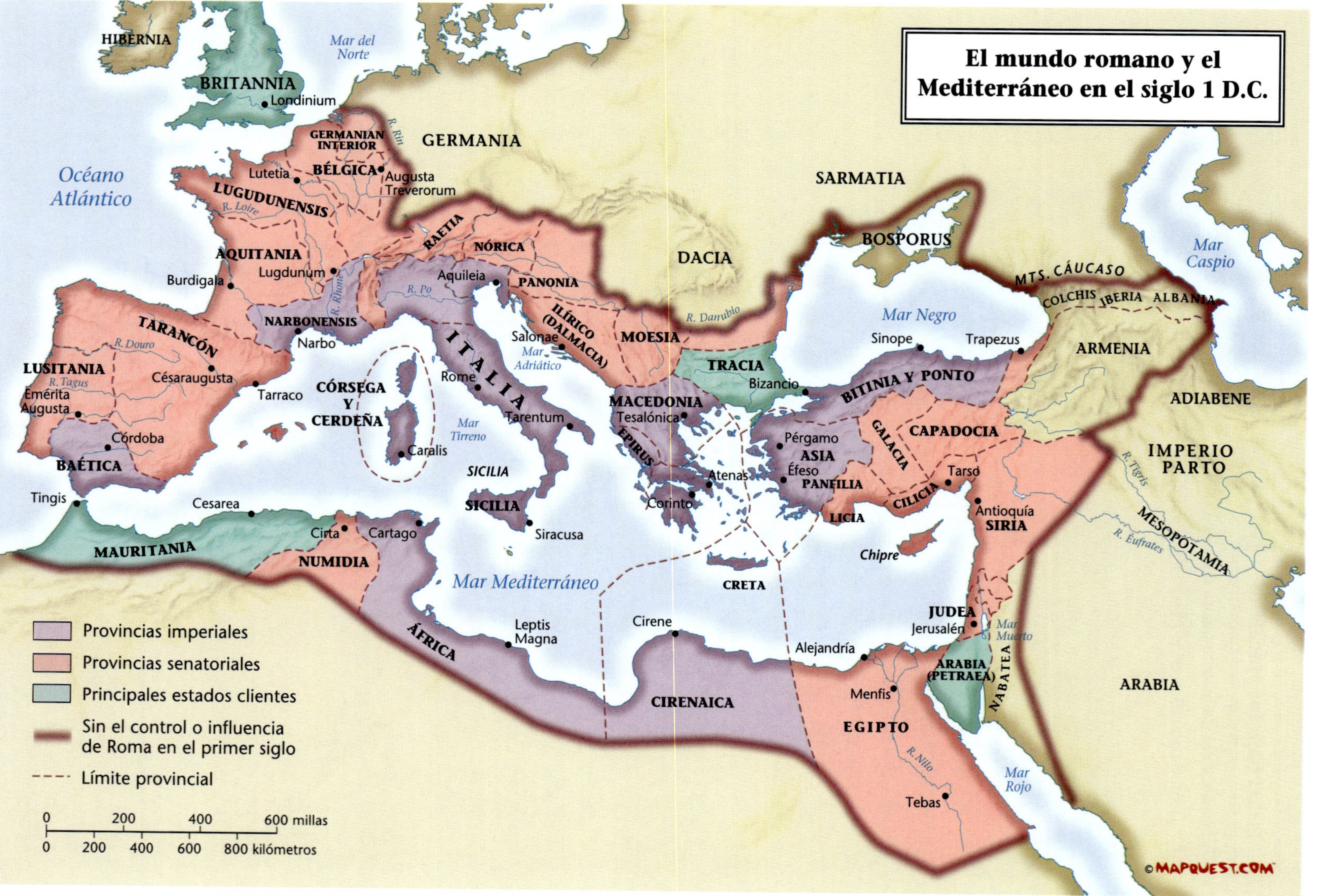
El mundo romano y el Mediterráneo en el siglo 1 D.C.
HIBERNIA
BRITANNIA
Londinium
Mar del Norte
Océano Atlántico
GERMANIAN INTERIOR
R. Rin
GERMANIA
BÉLGICA
Lutetia
Augusta Treverorum
LUGUDUNENSIS
R. Loire
AQUITANIA
Burdigala
Lugdunum
R. Rhone
NARBONENSIS
Narbo
TARANCÓN
R. Douro
LUSITANIA
R. Tagus
Emérita Augusta
Césaraugusta
Tarraco
Córdoba
BAÉTICA
Tingis
Cesarea
MAURITANIA
Cirta
NUMIDIA
Cartago
CÓRSEGA Y CERDEÑA
Caralis
RAETIA
NÓRICA
Aquileia
R. Po
PANONIA
ITALIA
Rome
Mar Tirreno
Tarentum
SICILIA
SICILIA
Siracusa
Salonae
Mar Adriático
ILÍRICO (DALMACIA)
MOESIA
DACIA
R. Danubio
SARMATIA
BOSPORUS
TRACIA
Bizancio
MACEDONIA
Tesalónica
EPIRUS
Atenas
Corinto
CRETA
Mar Mediterráneo
Leptis Magna
ÁFRICA
Cirene
CIRENAICA
Mar Negro
Sinope
Trapezus
BITINIA Y PONTO
Pérgamo
ASIA
Éfeso
PANFILIA
LICIA
GALACIA
CAPADOCIA
CILICIA
Tarso
Chipre
Antioquía
SIRIA
MTS. CÁUCASO
COLCHIS
IBERIA
ALBANIA
ARMENIA
Mar Caspio
ADIABENE
IMPERIO PARTO
R. Tigris
MESOPOTAMIA
R. Éufrates
JUDEA
Jerusalén
Mar Muerto
ARABIA (PETRAEA)
NABATEA
ARABIA
Alejandría
Menfis
EGIPTO
R. Nilo
Tebas
Mar Rojo
Provincias imperiales
Provincias senatoriales
Principales estados clientes
Sin el control o influencia de Roma en el primer siglo
Límite provincial
0 200 400 600 millas
0 200 400 600 800 kilómetros
© MAPQUEST.COM

Palestina en época del Nuevo Testamento
Extensión del reino de Herodes
Ciudades fortaleza herodianas
Ciudades de Decápolis (época de Herodes)
Otras ciudades
Mar Mediterráneo
Sidón
Abila
ABILINIA
ITUREA
R. Abana
Damasco
SIRIA
Mt. Hermón
R. Farpar
R. Leontes
Tiro
FENICIA
Cesarea de Filipo
GAULANITIS
TRACONITE
Rafana
L. Huleh
C. Jarmuk
Hazor
GALILEA
TETRARQUÍA DE FILIPO
Tolemaida (Aco)
Corazín
Capernaum
Genesaret
Betsaida
Gergesa
Mt. Carmelo
Caná
Magdala
Mar de Galilea
Hipos
BATANAEA
Séforis
Tiberias
AURANITIS
R. Cisón
Nazaret
Mt. Tabor
R. Yarmuk
Gadara
Abila
Dor
Naín
Meguido
Cesarea (Torres de Estrato)
Escitópolis
Pella
Dion
SAMARIA
DECÁPOLIS
Sebaste (Samaria)
Salim?
Gerasa
Mt. Ebal
Amatus
Mt. Gerizim
Sicar
R. Jordán
R. Jaboc
Me Jarkon
Antipatris (Afec)
Alexandrium
Jope
PEREA
(MUNICIPALIDAD SEMIINDEPENDIENTE)
Filadelfia (Amón)
Jamnia
Jericó
Cyprus
Esbus (Hesbón)
Azoto (Asdod)
Emmaús
Mt. De los Olivos
Jerusalén
Betania
Betania más allá del Jordán
Medeba
Belén
Hircania
Ascalón
JUDEA
Herodium
Macaerus
Hebrón
Adora
Gaza
Mar Muerto
R. Arnón
Rafia
Masada
Arad
IDUMEA
A. Besor
Beerseba
Malata
NABATEA
A. de Zered
0 10 20 30 millas
0 10 20 30 kilómetros
©MAPQUEST.COM

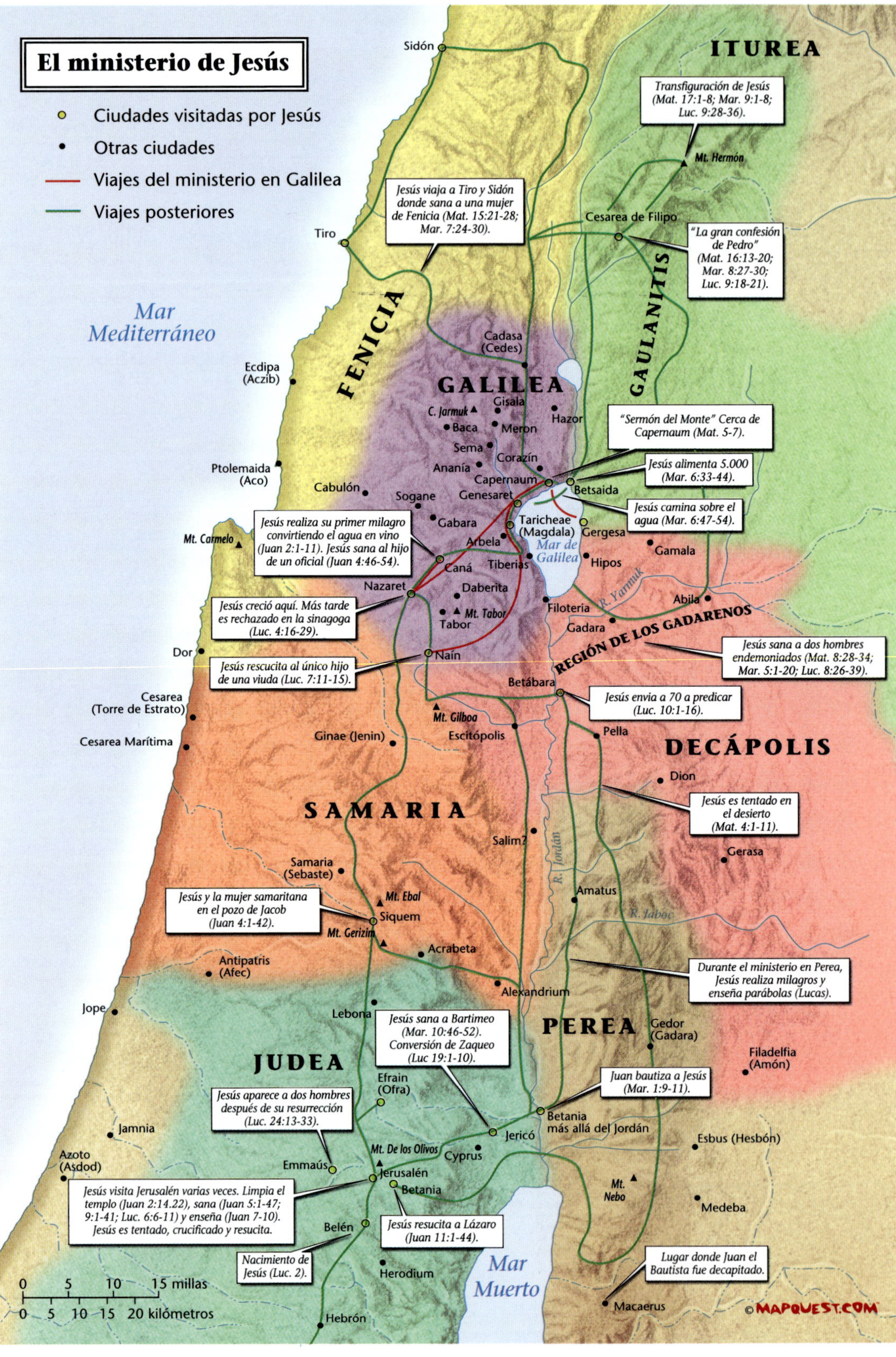
El ministerio de Jesús
Ciudades visitadas por Jesús
Otras ciudades
Viajes del ministerio en Galilea
Viajes posteriores
Sidón
ITUREA
Transfiguración de Jesús (Mat. 17:1-8; Mar. 9:1-8; Luc. 9:28-36).
Mt. Hermón
Jesús viaja a Tiro y Sidón donde sana a una mujer de Fenicia (Mat. 15:21-28; Mar. 7:24-30).
Cesarea de Filipo
Tiro
"La gran confesión de Pedro" (Mat. 16:13-20; Mar. 8:27-30; Luc. 9:18-21).
Mar Mediterráneo
FENICIA
GAULANITIS
Cadasa (Cedes)
Ecdipa (Aczib)
GALILEA
C. Jarmuk
Gisala
Hazor
Baca
Meron
"Sermón del Monte" Cerca de Capernaum (Mat. 5-7).
Sema
Corazín
Ananía
Jesús alimenta 5.000 (Mar. 6:33-44).
Ptolemaida (Aco)
Capernaum
Betsaida
Cabulón
Sogane
Genesaret
Jesús camina sobre el agua (Mar. 6:47-54).
Taricheae (Magdala)
Gergesa
Gabara
Jesús realiza su primer milagro convirtiendo el agua en vino (Juan 2:1-11). Jesús sana al hijo de un oficial (Juan 4:46-54).
Mt. Carmelo
Arbela
Mar de Galilea
Gamala
Caná
Tiberias
Hipos
Nazaret
Daberita
R. Yarmuk
Abila
Jesús creció aquí. Más tarde es rechazado en la sinagoga (Luc. 4:16-29).
Mt. Tabor
Tabor
Filoteria
Gadara
REGIÓN DE LOS GADARENOS
Dor
Naín
Jesús sana a dos hombres endemoniados (Mat. 8:28-34; Mar. 5:1-20; Luc. 8:26-39).
Jesús rescucita al único hijo de una viuda (Luc. 7:11-15).
Betábara
Cesarea (Torre de Estrato)
Jesús envia a 70 a predicar (Luc. 10:1-16).
Mt. Gilboa
Pella
Cesarea Marítima
Ginae (Jenin)
Escitópolis
DECÁPOLIS
Dion
Jesús es tentado en el desierto (Mat. 4:1-11).
SAMARIA
Salim?
R. Jordán
Gerasa
Samaria (Sebaste)
Amatus
Jesús y la mujer samaritana en el pozo de Jacob (Juan 4:1-42).
Mt. Ebal
Siquem
R. Jaboc
Mt. Gerizim
Acrabeta
Antipatris (Afec)
Durante el ministerio en Perea, Jesús realiza milagros y enseña parábolas (Lucas).
Alexandrium
Jope
Lebona
Jesús sana a Bartimeo (Mar. 10:46-52). Conversión de Zaqueo (Luc 19:1-10).
PEREA
Gedor (Gadara)
JUDEA
Filadelfia (Amón)
Efrain (Ofra)
Juan bautiza a Jesús (Mar. 1:9-11).
Jesús aparece a dos hombres después de su resurrección (Luc. 24:13-33).
Betania más allá del Jordán
Jamnia
Jericó
Esbus (Hesbón)
Mt. De los Olivos
Cyprus
Azoto (Asdod)
Emmaús
Jerusalén
Betania
Mt. Nebo
Jesús visita Jerusalén varias veces. Limpia el templo (Juan 2:14.22), sana (Juan 5:1-47; 9:1-41; Luc. 6:6-11) y enseña (Juan 7-10). Jesús es tentado, crucificado y resucita.
Medeba
Jesús resucita a Lázaro (Juan 11:1-44).
Belén
Nacimiento de Jesús (Luc. 2).
Lugar donde Juan el Bautista fue decapitado.
Mar Muerto
Herodium
0 5 10 15 millas
0 5 10 15 20 kilómetros
Macaerus
Hebrón
©MAPQUEST.COM

Viajes misioneros de Pablo
Primer viaje misionero (47-48 D.C.)
Segundo viaje misionero (49-52 D.C.)
Tercer viaje misionero (53-57 D.C.)
Viaje a Roma (59-62 D.C.)
ITALIA
Roma
Foro de Apio
Tres Tabernas
Puteoli
Mar Tirreno
Mar Adriático
Sicilia
Regio
Siracusa
Malta
Mar Jónico
MOESIA
TRACIA
MACEDONIA
Filipos
Neápolis
Anfípolis
Apolonia
Berea
Mt. Olimpo
Tesalónica
EPIRUS
Delfi
Corinto
Cencrea
ACAYA
Esparta
Atenas
Mar Egeo
Troas
Asos
Mitilene
Quios
Samos
Patmos
Cos
Bizancio
Calcedonia
BITINIA Y PONTO
GALACIA
CAPADOCIA
Mar Negro
MISIA
Pérgamo
Tiatira
Sardis
Esmirna
LIDIA
Éfeso
ASIA
Filadelfia
FRIGIA
Laodicea
Colosas
Mileto
Cnido
Rodas
LICIA
Pátara
Mira
Atalia
Perge
PAMFILIA
PISIDIA
Antioquía en Pisidia
LICAONIA
Iconio
Listra
Derbe
Tarso
CILICIA
Isus
Antioquía
Seleucia Pieria
Alepo
R. Éufrates
SIRIA
Chipre
Salamina
Pafos
Creta
Fénix
Lasea
Buenos Puertos
Salmona
Mar Mediterráneo
FENICIA
ABILENE
Damasco
Sidón
Tiro
Tolemaida
Cesarea
JUDEA
R. Jordán
Jerusalén
Mar Muerto
ARABIA
Alejandría
R. Nilo
EGIPTO
0 100 200 millas
0 100 200 300 kilómetros
©MAPQUEST.COM

Sitios modernos
Frontera internacional
Límite del armisticio de 1949
* Ocupación israelí
Capital nacional
Mar Mediterraneo
Trípoli
LÍBANO
Beirut
Zala
Sidón
Damasco
Mt. Hermón
Metulla
SIRIA
Al Qunaytira
*ALTURAS DEL GOLÁN
Nahariyya
Aco
Zefat
Haifa
Tiberias
Mar de Galilea
Meguido
Afula
Dar'a
Irbid
Hadera
Janin
Netanya
Nablus
Al Mafraq
R. Jordán
Tel Aviv
*RIVERA OCCIDENTAL
ISRAEL
Ramla
Jericó
Amman
Rehovot
Jerusalén
Medeba
Belén
Gaza
Hebrón
Mar Muerto
JORDANIA
FRANJA DE GAZA
Alejandría
Puerto Said
Beerseba
Kerak
Al-Arish
Dimona
Delta del Nilo
Canal de Suez
Mizpe Ramon
Tafila
Ismailia
EGIPTO
Ma'an
El Cairo
Suez
Al 'Aqaba
PENÍNSULA DEL SINAÍ
Bani Suwayf
Golfo de Suez
Golfo de Aqaba
ARABIA SAUDITA
Al Minya
Al Gardaqa
Assuit
Río Nilo
Mar Rojo
Sohag
0 40 80 120 millas
0 40 80 120 160 kilómetros
©MAPQUEST.COM
Quena